ENCICLOPÉDIA *do* PROTESTANTISMO

TEOLOGIA • ECLESIOLOGIA • FILOSOFIA • HISTÓRIA • CULTURA • SOCIEDADE • POLÍTICA

PIERRE GISEL
organizador

LUCIE KAENNEL
assistente de edição

© 1995 1ʳᵉ édition : Paris-Genève, Cerf-Labor et Fides
© 2006, 2ᵉ edition revue, corrigée et augmentée
Presses Universitaires de France
6, avenue Reille, F-75014 Paris
© Labor et Fides
Original, titre *Encyclopédie du protestantisme*
Publié sous la direction de *Pierre Gisel*
directeur d'édition
et *Lucie Kaennel* secrétaire d'édition
1, rue Beauregard, CH-1204 Genève
© 2016 Portuguese edition Editora Hagnos Ltda

Tradução
Norma Cristina Braga

Revisão
Josemar de Souza Pinto
Raquel Fleischner

Capa
Maquinaria Studio

Diagramação
OM Designers Gráficos

Editor
Juan Carlos Martinez

Coordenador de produção
Mauro Terrengui

1ª edição – Setembro de 2016

Impressão e acabamento
Imprensa da Fé

Todos os direitos desta edição reservados para:
Editora Hagnos
Av. Jacinto Júlio, 27
04815-160 – São Paulo – SP
Tel (11) 5668-5668
hagnos@hagnos.com.br
www.hagnos.com.br

Dados Internacionais de Catalogação na Publicação (CIP)
Angélica Ilacqua CRB-8/7057

Enciclopédia do protestantismo : teologia, eclesiologia, filosofia, história, cultura, sociedade, política / organizador: Pierre Gisel; assistente de edição: Lucie Kaennel ; tradução de [Norma Cristina G. Braga Venâncio]. –– São Paulo : Hagnos, 2016.

ISBN 978-85-7742-197-8
Título original: Encyclopédie du protestantisme

1. Protestantismo – Enciclopédias e dicionários
2. Protestantes – História 3. Teologia I. Gisel, Pierre II. Kaennel, Lucie II. Venâncio, Norma Cristina G. Braga

16-0715   CDD 284.3

Índices para catálogo sistemático:
1. Protestantismo - Enciclopédias e dicionários

AGRADECIMENTOS

Agradecemos o apoio da Universidade de Lausanne, da Fundação do 450º Aniversário da Universidade de Lausanne, da Faculdade de Teologia e Ciências da Religião da Universidade de Lausanne, da Faculdade Autônoma de Teologia Protestante de Genebra, do Instituto Protestante de Teologia (Paris-Montpellier), da Sociedade dos Amigos da Faculdade de Teologia Protestante da Universidade de Estrasburgo, da Igreja Evangélica Reformada do Cantão de Vaud, da Igreja Protestante de Genebra, da Igreja Reformada de Alsácia e Lorena, do Capítulo de São Tomás (Estrasburgo), da Fundação Pastor Eugène Bersier (Paris), da Fundação para Ajuda ao Protestantismo Reformado (Genebra), da Sociedade Genebrina em Favor dos Protestantes Dispersos, da Fundação Suíça da Reforma, da Fundação Charles Veillon (Lausanne) e de patrocinadores privados.

COMITÊ EDITORIAL DA PRIMEIRA EDIÇÃO

Jean Baubérot

Isabelle Engammare

Pierre Gisel

Lucie Kaennel

Serge Molla

Denis Müller

Gabriel-Philippe Widmer

SUMÁRIO

Apresentação brasileira 5
Apresentação 7
Introdução 9
Lista dos verbetes 15
Apresentação dos autores e suas contribuições 24
Abreviações 36
Corpus 37
Cronologia 1913
Tabela de equivalências e localizações 1923

APRESENTAÇÃO BRASILEIRA

A história da Europa e do mundo ocidental foi profundamente impactada por aquilo que os historiadores definem como a Reforma Protestante. As mudanças sociais, culturais, econômicas, teológicas e espirituais decorrentes do Protestantismo europeu reescreveram a trajetória de diversos povos e lhes conferiu nova identidade. Para sempre marcarão a história a reforma luterana, anglicana, calvinista e anabatista. As raízes hebraicas da fé cristã primeira moldaram muito da civilização ocidental e a reconfiguraram na Reforma Protestante, especialmente entre os séculos 15 e 16.

Os contornos filosóficos e teológicos do fim da Idade Média exigiam uma releitura da cristandade europeia a partir de suas origens. Os reformadores, num momento histórico delicado, esboçaram uma caminhada em direção ao cristianismo primitivo, à busca da exegese dos textos bíblicos originais, à compreensão da graça divina e da salvação, à liberdade de consciência, aos valores que impulsionaram a democracia. Sem a Reforma, a Europa não seria Europa, o Ocidente não seria o Ocidente.

Fato curioso foi que nos últimos cem anos, o protestantismo de missão floresceu com vigor no Brasil, no mundo hispânico, na Ásia e também na África. A experiência brasileira é uma das mais impressionantes da história. Nossa tradição católica ibérica e o sincretismo religioso brasileiro viram-se intensamente atingidos pela "onda protestante". Somos umas das maiores igrejas evangélicas do mundo. Hoje são cerca de 50 milhões de protestantes e evangélicos no Brasil. Ainda que o quadro religioso nacional seja diversificado, todos esses grupos encontram, de algum modo, sua fonte de inspiração e identidade em alguma referência da Reforma.

A tropicalização desse protestantismo principalmente anglo-germânico trouxe uma experiência única no maior país de fala portuguesa do planeta. Trata-se de uma igreja muito recente, em busca de sua identidade e caminho. Além disso, a influência missionária e teológica do protestantismo conservador norte-americano tem moldado em grande parte nossa experiência eclesiástica. Todavia, a idealização das referências europeias tem inspirado uma teologia mais liberal de contorno mais social. E em meio a toda essa experiência histórica inusitada, a criatividade nacional tem multiplicado movimentos protestantes de sabor afro-ameríndio, cheios de misticismo e rituais, marcados por experiências existenciais e espirituais, pouco alinhadas às preocupações doutrinárias, mormente ortodoxas. O que será dessa experiência? Se não é fácil entender nosso Brasil, mais difícil será compreender nossa igreja. Qualquer previsão sobre o futuro é temerária.

Todavia, no compasso alegre e preocupante dessa igreja exuberante e inconsequente, nada será mais benéfico do que investir em sua formação e na educação de nossos irmãos. Parte dessa tarefa inclui nossa responsabilidade e entender a história e suas sábias e valiosas lições. Assim, é com muita alegria e uma boa dose de esperança que saudamos a chegada da ENCICLOPÉDIA DO PROTESTANTISMO em português. Aqui o movimento original que redefiniu a face teológica da Europa Ocidental pode ser estudado através de uma série de artigos valiosos para a compreensão do tema. A obra, originalmente publicada em francês, certamente será de grande valia para os estudiosos, líderes e pastores do protestantismo brasileiro.

Luiz Sayão
Seminário Batista do Sul Brasil (FABAT)

APRESENTAÇÃO

O leitor encontrará nesta *Enciclopédia do protestantismo*, dispostos em ordem alfabética, não somente por volta de 1.370 verbetes menores, mas 48 artigos mais amplos e precedidos de um sumário. A lista completa de todas as entradas (com menção aos artigos em negrito) se encontra no início do volume. Dessa forma, o leitor terá um panorama sinóptico do conjunto proposto.

Estabelecemos igualmente, no final do volume, uma *tabela de equivalências e localizações*. As equivalências orientam o leitor para o que ele está procurando com outro nome (p. ex., "falta" remete ao artigo "culpa"; "redenção" ao artigo "salvação"; "clonagem" ao verbete "genéticas [manipulações]" etc.). Já as localizações permitem ao leitor encontrar na *Enciclopédia* o termo procurado no corpo de outro verbete que julgamos mais apropriado (p. ex., "George Calixt" remete a "Ortodoxia protestante", "Anthony Collins" a "Deísmo", "Johann Joachim Spalding" a "Neologia", "ordens de criação" a "Brunner" etc.). O leitor pode assim seguir uma rede possível de entradas a partir dos correlatos indicados no final de cada verbete e de cada artigo.

Os *correlatos* que julgamos merecer destaque a cada entrada são escolhidos em função das temáticas em foco e da ordenação dos vários elementos em relação ao conjunto. O nome próprio ou o assunto da entrada em que figura o correlato não estará obrigatoriamente presente na entrada do correlato indicado; da mesma forma, nem todas as entradas em que o nome ou o conceito da entrada consultada pode aparecer estarão indicadas necessariamente. É importante notar, além disso, que Lutero e Calvino não aparecem de modo sistemático nos correlatos (aliás, se o leitor julgar relativamente breves os dois artigos a ele dedicados, encontrará longos desenvolvimentos sobre ambos em muitos outros artigos). Observamos também que os correlatos que remetem a artigos estão em negrito.

Acreditamos que a rede bem pensada dos correlatos substitui perfeitamente a função de um índice, que, nesta obra, seria extenso demais (portanto nada prático) e pouco pertinente na maioria dos casos.

As *entradas* estão em ordem alfabética. Os nomes próprios apresentam-se completos, ou seja, neles não figuram somente os primeiros nomes mais utilizados. Assim, "Sabatier, Charles Paul Marie" virá antes de "Sabatier, Louis Auguste", ainda que o uso tenha consagrado, para o primeiro, o nome Paul Sabatier e, para o segundo, Auguste Sabatier.

São assinados os textos de todos os verbetes e artigos. No início da obra, o leitor pode consultar a lista de *autores* e suas entradas, com cada nome acompanhado de titulação (ou função) e instituição. O organizador e (principalmente) a assistente de edição revisaram texto após texto, verificando fatos históricos e bibliografias. De comum acordo com os autores, as entradas foram aprimoradas ou complementadas, em uma uniformização com vistas a um maior equilíbrio do conjunto, ainda que respeitando as diferenças de ênfase e as particularidades de cada um (por exemplo, permitindo que escolhessem a tradução da Bíblia que lhes parecesse mais apropriada).

As *referências bibliográficas* indicam, entre parênteses, o ano da publicação original. Os títulos das obras figuram apenas no idioma original, acompanhados, quando possível, do nome da editora. As obras cuja publicação foram encontradas em português são mantidas nessa língua, com seus dados de imprensa.

Na primeira ocorrência de *nomes próprios de pessoas*, apresentamos as datas de nascimento e morte, salvo em raras exceções.

Na *cronologia*, são situadas as principais datas envolvidas em fatos do protestantismo ao longo da história geral, no final do volume.

Os textos de fontes alemãs foram traduzidos para o francês por Jean-Marc Tétaz[1]. Demais entradas de proveniência estrangeira foram traduzidas por Pierre-Philippe Blaser, Laure Jubran-Cadoux e Lucie Kaennel.

Agradecemos aos editores que nos autorizaram a reproduzir citações. Nesta enciclopédia, os nomes dos editores são indicados como nas bibliografias, a cada entrada. As traduções de trechos de autores consagrados não coincide necessariamente com o texto de suas publicações.

Pierre Gisel e Lucie Kaennel

---

[1] Bousset; Dibelius, O.; Droysen; Erlangen; essência do cristianismo; Eucken; Frank; Göttingen (Universidade de); Halle; Hamann; Harnack; hegelianos de esquerda; Herder; Herrmann; história dos dogmas; historicismo; Holl; Hollaz; Holtzman; Humboldt; Iena; Kaftan; Löhe; Marheineke; Meinecke; Meyer; modernidade; Mosheim; mito; Naumann; neologia; Niebuhr, B. G.; Otto; paradoxo; fenomenologia; Rade; Ranke; Reimarus; religiões (escola da história das); revistas protestantes; revistas alemãs; Ritschl; ritschiliana (escola); Schelling; Schleiermacher; Schweizer; Simmel; Spener; Strauß; teodiceia; teologia; teologia da mediação; teologia especulativa; Tholuck; Thomasius; Treitschke; Troeltsch; utopia; Vermeil; Winckelmann; Wittich.

INTRODUÇÃO

Por que publicar hoje[1] uma *Enciclopédia do protestantismo*[2]?
Em um primeiro momento, podemos dizer que tal publicação faz parte de uma busca de identidade, típica do final do século XX e do início do século XXI. Tão típica quanto paradoxal.

De fato, sob certo ponto de vista, assistimos hoje, sociologicamente, a uma crescente e forte desconfessionalização. No Ocidente, nossas heranças religiosas se acham hoje bastante confundidas, de modo talvez inédito desde o advento do cristianismo no coração da Antiguidade tardia. As igrejas tradicionais, tanto católicas quanto protestantes, perdem em credibilidade e relevância social (a não ser em certas manifestações ou personalidades extraordinárias), abrindo espaço para "colagens" ou sincretismos diversos e justapostos, para o retorno de conteúdos esotéricos, para "novos movimentos religiosos", para sectarismos nada insignificantes. Ambas se veem às voltas com desafios e confrontos peculiares (assim como, aliás, toda a sociedade) pela presença ou afirmação de tradições advindas de outras áreas culturais ou ligadas a outras civilizações, tais como o islã ou, como rezam determinadas modas, a sedução do budismo. Somem-se a isso tentações e realidades que atuam como substitutos para a religião, nessa época em que os saberes fascinam — sejam eles verdadeiros ou não — e em que a crença não se afigura mais algo pensável, mas relegado a convicções particulares e subjetivas, sem referências externas passíveis de expressão inteligível.

Assim, hoje nos vemos diante da difícil retomada de uma questão: antropologicamente, o que seria o religioso em suas dimensões individuais e coletivas? Como instituir o religioso, e com base em qual consenso, para permitir juízos que pertençam a uma racionalidade geral ao mesmo tempo que não obliterem aquilo que o religioso ou as religiões trazem de modo legítimo em si, tal como um excesso não normalizável, um potencial de questionamento e uma marca irredutivelmente singular? Por quais transformações profundas das heranças teológicas, eclesiásticas e culturais devemos nos deixar levar hoje? E baseados em quais associações com nossa história pregressa (para nós, uma matriz ocidental em que o papel do cristianismo se estendeu muito além do que se quer tachar, hoje, de "crença religiosa") ou com outras tradições, outras matrizes (islâmica, oriental, mais "esotérica" etc.)?

Considerando-se o conjunto desses dados, parece algo fora de propósito uma busca indentitária, e a afirmação confessional um tantinho ridícula, a não ser como manifestação de um sintoma de temerosa autoproteção.

A *Enciclopédia do protestantismo* não se situa no âmbito de tal recuo identitário, nem move peças para a defesa ideológica de um bem próprio. Ao contrário, seus autores partilham a opinião geral, em graus diversos, de que expressões historicamente protestantes, assim como as historicamente católicas, precisam ser ultrapassadas em prol de formas que estejam em contato direto e ativo com os dados mutantes de nossas sociedades e com os desafios que apresentam. Dito isso, é

---

[1] A presente *Enciclopédia do protestantismo* é uma reedição bastante revisada, conforme afirmamos no final desta introdução, de uma primeira edição de 1995. Serge Molla iniciou o trabalho de edição em 1990, na época ainda editor literário da Labor et Fides. O comitê editorial de então é o mesmo que figura nesta obra, acompanhando igualmente o trabalho de redação dirigido por Pierre Gisel e Lucie Kaennel.
[2] A única enciclopédia de fundo protestante publicada em língua francesa foi a *Enciclopédia de ciências da religião*, de Frédéric Lichtenberger, em treze volumes, de 1877 a 1882 (cf. infra os verbetes "Enciclopédias protestantes" e "Lichtenberger").

sempre útil ressaltar que o cristianismo não é repugnante para a coletividade, e com certeza uma das forças da Reforma Protestante é mostrar seu valor de modo especial.

Sob outro aspecto, porém, as transformações que exercem influência sobre nossas sociedades ocidentais quanto ao religioso e às tradições religiosas constituídas — afetando de um só golpe o âmago de cada uma dessas sociedades — não desqualificam as buscas identitárias. Pelo menos, como esclarecimento. De fato, não existe história coletiva marcante e fecunda sem esclarecimentos quanto a heranças, memórias, passado e também identidade: o que se pode afirmar, o que deve ser modificado, aprofundado, reformulado ou inventado.

Assim, a busca identitária que também pode ter lugar — *nolens volens* — no âmbito de uma obra como a *Enciclopédia do protestantismo* não apenas surge como um eventual escape de uma situação já bastante confusa, mas também pode atestar um anseio legítimo, voltado em definitivo para o presente e o porvir. Isso vale aliás não somente para o protestantismo — talvez especialmente frágil institucionalmente, em fase de mutações, pelo menos nas regiões europeias de línguas latinas —, mas também para o cristianismo como um todo e para as demais tradições religiosas (na França, notadamente o judaísmo e o islamismo). Vale inclusive para outras filiações, como, por exemplo, nacionais, culturais ou históricas. Tal busca afeta hoje a Europa, se não todo o Ocidente, tanto em relação a suas diferenças internas (latinas, bizantinas, germânicas, anglo-saxãs, escandinavas, eslavas etc., ou protestantes, católicas e ortodoxas), diferenças que é preciso confirmar e fazer frutificar, quanto em sua realidade global diante de outros tipos de civilização.

Assim, a presente *Enciclopédia do protestantismo* — centrada em uma realidade confessional, portanto particular — não tem por objetivo fomentar um recuo identitário nem defender um bem simbólico próprio, mas, sim, propor esclarecimentos acerca do passado em vista a um presente a ser assumido, sempre em *diálogo* com as demais tradições e em função de um *horizonte* comum, cultural e social. Em resumo, o projeto proposto aqui é *genealógico*: explicação com uma *memória* e uma história *efetiva*, empreendida com questionamentos sobre o presente, com a certeza de que não há nem memória, nem explicação frutífera sobre o passado, nem tarefas contemporâneas a precisar, sem um debate sobre a *identidade*, seja para superação, seja para renovação.

* * *

Esta *Enciclopédia do protestantismo* pôde e poderá ser usada para proveito interno pelos protestantes em suas realidades multiformes. Contudo, desde o início o projeto se inspirou no interesse de um público mais amplo, externo à igreja e às questões de fé. Decidimos assim por uma exposição histórica e cultural, desenvolvida em relação ao que é *humano*, não específico de dada crença.

De fato, na medida de suas possibilidades, a *Enciclopédia do protestantismo* se empenha para inscrever-se em uma perspectiva histórica e cultural. Não pretende ser um "dicionário de teologia", ainda que nela se possa encontrar bastante teologia, por vezes sob um ângulo inesperado. A perspectiva histórica se deve aos esforços de seus autores para dar conta das realidades protestantes tais como se desdobram, intencionalmente ou não, conforme ou não a uma "doutrina" protestante. Da mesma forma, há perspectiva cultural na medida em que se buscou captar tais desdobramentos históricos não em sua estrita factualidade, mas, sim, na ordem do sentido, dos valores, dos debates "ideológicos". Cremos ser esta uma das especificidades desta *Enciclopédia*: articular-se a dados históricos positivos, sem complacência, mas ao mesmo tempo explicitar e desdobrar tais dados na ordem de suas *significações*, e assim de suas *ressonâncias imaginárias* e de seus *efeitos sociais* (eclesiásticos, religiosos ou mais globais), bem como de seu *status* como *referências simbólicas*.

Na redação dos verbetes e artigos da enciclopédia, cada autor foi levado (em vários graus segundo os casos, é claro) a situar os temas em uma perspectiva mais ampla. Assim, esses itens encontram-se contextualizados (esperamos que de maneira explícita e objetiva), o que permite ao autor reassumi-los de modo mais pessoal, para o mundo de hoje, com a exposição de críticas e ambivalências, bem como das formas de superação possíveis e desejáveis. Apenas um procedimento como esse poderia expor o leque do que é o protestantismo hoje, com suas particularidades, suas forças e fraquezas.

De modo coerente, portanto, a escolha das entradas privilegia aquilo que é próprio à natureza humana em geral ou que possui uma influência cultural perceptível (principalmente nos artigos), em vez do que é próprio tão somente à crença. Por exemplo, há o artigo "Jesus (imagens de)", e não "Cristologia": questões teológicas relacionadas à cristologia estão no artigo "Deus", junto a outras de problemática menos específica, como a questão dos deuses, de Deus ou do absoluto, ou no artigo "Salvação", cujos pontos abordados — busca, economia, avatares — podem também se afigurar mais amplos. Da mesma forma, não há o artigo "Espírito Santo" (mas, sim, um verbete), tema abordado nos artigos "Espiritualidade" (fenômeno humano global) ou "Vocação" (aqui, de modo sintomático, como notara Max Weber sobre a modernidade e suas inter-relações com o protestantismo). Outros exemplos: os "sacramentos" serão examinados principalmente em "Ritos" (realidades humanas mais amplas); a "doutrina da criação" estará tanto em "Ecologia" (lugar das relações entre o homem e a natureza) quanto em "Predestinação e Providência" (lugares culturais e imaginários típicos do protestantismo). E, finalmente, a decisão acerca dos temas por vezes se deverá aos ecos que produziram na história das mentalidades: assim, temos um artigo chamado "Capitalismo", ligado ao protestantismo, ainda no imaginário, em vez de "Economia", mais neutro e, portanto, menos significativo.

Nomes próprios atribuídos a cada rubrica são em geral de autores protestantes — por isso, preferimos a presença de Carl Jung, e não a de Sigmund Freud, ainda que Freud tenha sido bastante lido no meio protestante; além disso, Jung explana de modo crítico suas relações com o protestantismo. Outros nomes foram escolhidos por desempenhar papéis significativos em fatos diretamente relacionados ao protestantismo (como Carlos V) ou por elaborar leituras históricas levando em conta o fenômeno protestante (como Jules Michelet, que viu na Revolução Francesa um necessário prolongamento da Reforma).

É importante enfatizar, enfim, que o protestantismo é aqui considerado em sua diversidade histórica. Procuramos manter em mente que, já no século XVI, Calvino e Lutero advogavam — com base no princípio comum da "justificação pela fé" e suas consequências com relação a Deus, ao mundo e ao homem consigo mesmo — duas teologias diferentes, tanto em sua sistematização quanto em seus efeitos históricos[3]. Tomamos o cuidado de apresentar e examinar a Reforma considerando tanto a Reforma dita magisterial (Lutero, Zwinglio ou Calvino, em uma articulação assumidamente positiva da religião ou da igreja com relação à autoridade civil) quanto a Reforma dita radical (anabatista ou espiritualista). Do mesmo modo, no século XVIII, por exemplo, consideramos em conjunto o iluminismo e o pietismo, e, no XIX, o avivamento e o neoprotestantismo, ou protestantismo liberal. Para concluir, o protestantismo é aqui examinado na diversidade de suas tradições ou modos de organização, anglicana, episcopal e presbítero-sinodal, ou naquilo que é considerado sua ala evangélica[4] desenvolvida a partir do metodismo e atravessando, com evoluções históricas diversas, os avivamentos, a tradição batista, o pentecostalismo etc.

* * *

---

[3] Quanto à terminologia, é importante lembrar que o adjetivo "reformado" diz respeito à linha zwingliana-calvinista, em oposição a "luterano", não abarcando toda a Reforma (e menos ainda, talvez, o protestantismo).

[4] O termo "evangélico" nesta enciclopédia estará sempre em relação direta com o termo em inglês *evangelical*, e nós traduziremos o alemão *evangelisch* por "protestante" (com a exceção de certos termos consagrados), que é seu único correspondente histórico, sociológico e eclesiástico adequado. Consentimos em raras exceções quando, ao abordar o início da Reforma, era preciso distinguir o que ainda não podia ser considerado propriamente "protestantismo", mas, sim, o movimento chamado, àquela época, "evangelismo".

De modo concreto, a *Enciclopédia do protestantismo* é constituída de 48 grandes artigos (indicados em negrito na lista de entradas), com sumários correspondentes (cuja consulta, com a leitura das seções relacionadas, permitirá completar as informações apresentadas em uma rubrica menos ampla), e por volta de 1.370 verbetes voltados para grandes nomes da história protestante — não apenas teológica ou eclesiástica, mas também política, social e/ou cultural (João Calvino, Elizabeth I, Johann Sebastian Bach, Hugo Grotius, John Locke, Germaine de Staël, Georg Wilhelm Friedrich Hegel, Otto von Bismarck, Dietrich Bonhoeffer etc.) —, para conceitos que possam circunscrever o fato protestante em si mesmos ou de acordo com o modo protestante de se posicionar sobre eles (santificação, nacionalidade, fé, Estado, dinheiro etc.) e, ainda, para textos (*Confissão de Schleitheim*, *Fórmula de concórdia*, *Livro de oração* etc.).

Com raras exceções, os autores dos artigos e dos verbetes são protestantes. Porém, foi necessário o trabalho em duplas para os artigos "Judaísmo" e "Islã", em que um representante de tradição diversa dialoga com ou responde a um autor protestante, bem como nos verbetes "Trento (Concílio de)" e "Vaticano II" (Concílio), apresentados a partir de duas vozes, protestante e católica romana.

* * *

Por todas as razões já apresentadas, o público-alvo da *Enciclopédia do protestantismo* é, em primeiro lugar, e de modo mais amplo, a parcela culta da população. Isto se dá em vista não somente das questões e dos debates mencionados nesta introdução, mas à medida que tal público se afigura desprovido de referências, em nossas sociedades "oficialmente" secularizadas e atravessadas por movimentos religiosos "selvagens" ou desinstitucionalizados. Não é à toa que na Europa ocidental fala-se de "analfabetismo religioso". Tal público é nosso objetivo em uma época em que as relações com o religioso se impõem novamente como objeto de reflexão, seja por um confronto inter-religioso sem precedentes, seja pela multiplicação de seitas de todo tipo, ou, ainda, por uma nova busca de um mínimo de consenso social. Sabemos igualmente que hoje a razão — moderna! — pode se tornar ideológica ao mesmo tempo em que toma uma forma "religiosa" (de modo sintomático, no nazismo ou no marxismo, mas talvez mais dissimuladamente em nossas sociedades liberais contemporâneas). Disso decorre um questionamento renovado de nossas modernidades, suas legitimidades e seus limites, as matrizes que geraram sua herança e seu posicionamento diante do religioso, sua autoafirmação e até sua boa-fé; é quando descobrimos sobretudo a incontornável realidade de nossos laços e a não menos incontornável realidade de nossos imaginários.

O questionamento *genealógico* que subjaz na *Enciclopédia do protestantismo* se inscreve, portanto, plenamente nos debates da modernidade consigo mesma, no coração de uma Europa que se encontra em uma virada histórica. O continente foi formado por uma matriz cristã e uma afirmação da razão como autônoma e potencialmente universal. Essa matriz deu forma a uma secularidade que pôde adotar diversas características, mas que, em todos os países — mesmo segundo parâmetros específicos, marcados confessionalmente, de acordo com referências prioritariamente católicas romanas, protestantes ou ortodoxas —, deve ser repensada, redefinida e reajustada, e por vezes diferenciada.

O exame da dualidade protestante/católica romana, no estilo genealógico e indireto que esboçamos, deve revelar-se frutífero, na medida em que o protestantismo e o catolicismo romano desenvolveram ao longo da história relações bastante diversas com essa secularidade, quanto a vários aspectos: autonomia política, instância científica, expressões culturais, diferenciações modernas próprias à vida humana, e até mesmo certa autonomia ética ou liberdade religiosa. Essas diferenças, com seus desdobramentos, mostram-se bastante ricas didaticamente. Por outro lado, não se deve esquecer que a Europa com que nos defrontamos em nossos dias — *a fortiori* após a queda dos regimes comunistas do Leste — é confessionalmente mista.

* * *

Além de uma reflexão sobre a modernidade e nossas heranças — portanto sobre a liberdade e a laicidade —, examinar o protestantismo sob o ângulo mencionado conduzirá finalmente a questionamentos sobre certo tipo de função religiosa e de organização do simbólico.

A partir de uma compreensão detalhada daquilo que pode ser uma postura de "fé" (conquistada com base em todo um conjunto de razões encontradas em livros, práticas ou instituições), o protestantismo não clama pertencer a esta terra, nem associar-se a uma ritualidade social, nem legitimar-se institucionalmente como corpo próprio que vale por si mesmo. Clama sobretudo abrir vias para um estilo de existência individual e coletiva que seja constitutivamente exposto ao mundo e à história, em sua secularidade essencial e em seus dados sempre novos. O protestantismo não se vê como religião da origem, mas, sim, da ruptura ou da separação; e de fato se encontra em constante embate tanto com utopias (significativas e alvos de debates críticos) quanto com memórias a ele entremeadas (Reforma *e* Renascimento, iluminismo *e* retorno às fontes, raízes judaico-cristãs *e* modernidade etc.). Nisso, confronta a si mesma, de um modo que lhe é próprio, uma Europa constituída às margens de toda origem, cujas referências fundamentais são Atenas *e* Jerusalém, forjada através de diversas sistemáticas (apelo ao exercício autônomo da razão *e* reflexões do tipo teológico) ou vivendo da dupla legitimação do político e do religioso (através do império e do papado) — em suma, por toda a sua história moderna, uma Europa atravessada por utopias.

Optar por uma perspectiva genealógica do protestantismo, em função de um horizonte cultural e social, equivale a refletir sobre as relações com o mundo além da raça e dos laços naturais, constituídas talvez de um jogo fundamentalmente institucional em que o Livro e a história, em suas diferenças, esboçam uma ordem de razão e um estilo político: heranças do contrato, da lei, do direito, em suma, de projetos humanos que passam por mediação, simbolização e ajustes.

* * *

A *Enciclopédia do protestantismo* publicada em 1995 teve grande repercussão, tanto na imprensa escrita (*Le Monde*, 22 dez. 1995, p. i e viii; *Libération*, 4 jan.1996, p. vii; *Le Figaro*, 27-28 jan. 1996, p. 11; *Journal de Genève e Gazette de Lausanne*, 25-26 nov. 1995, p. 34; *24 Heures*, 9 nov. 1995, p. 72; *L'Actualité religieuse* 137, 15 out. 1995, p. 46-50 etc.) quanto na televisão (*Cercle de Minuit* de Laure Adler; *Radio Télévision Belge* em língua francesa etc.) e no rádio (jornal das 13 horas, na Suíça romana, na época da publicação). Houve repercussão também em revistas especializadas (*Notre histoire* 128, 1995, p. 16ss e 129, 1996, p. 60; *Recherches de science religieuse* 84, 1996, p. 105-109; *Revue théologique de Louvain* 28, 1997, p. 104-106; Sébastien Fath, *Encyclopédie du protestantisme: Faute d'Encyclique, une Encyclopédie?* [Enciclopédia do protestantismo: na falta de Encíclica, uma Enciclopédia?], *Bulletin de la Société de l'histoire du protestantisme français* 143, 1997, p. 267-278; os artigos em *Foi et Vie* 95/5, 1996, p. 1-15, e em *Études théologiques et religieuses* 71, 1996, p. 557-578 etc.). É conhecida como obra de referência em bibliotecas e fora delas. Cada leitor pôde não só falar das qualidades ou defeitos da enciclopédia, mas também refletir no que representa de típico hoje, analisando suas diversas inflexões em relação a obras análogas anteriores, seja de procedência diversa, seja com outros objetivos, mais classicamente teológicos, por exemplo (ou de uma teologia apresentando-se de maneira mais destacada do sociocultural), ou ainda com um alvo mais informativo, sem as perspectivas genealógicas e as questões esboçadas e propostas aqui.

Esta segunda edição foi bastante modificada. Artigos, no todo ou em parte, foram refeitos ("Bioética"), atualizados ("Europa", "Laicidade", "Política") ou complementados ("Literatura escandinava", "Literatura americana"). Conta com cerca de cinquenta novos verbetes (Jacques Basnage, Roger Bastide, Edmond Vermeil, pudor etc.), trinta totalmente reformulados e alguns complementados e modificados. Os agrupamentos estão diferentes ("Arquitetura", "Arte", "Cinema", "Literatura", "Teatro", "Música", "Conselho Mundial de Igrejas (Assembleias do)", "Revistas protestantes"). O todo foi relido e as pequenas atualizações (fatos, deslocamentos de tema, bibliografias etc.) são bastante numerosas.

Esperamos que esta segunda edição, revista e aumentada, encontre tão boa receptividade quanto a primeira (e ainda mais ampla), alimentando debates — e, por que não, controvérsias também — ao mesmo tempo que cumpre seu papel informativo.*

Pierre Gisel

---

* [NE] A presente edição em português também foi amplamente revisada e atualizada com a inclusão de verbetes de autores brasileiros e condizentes com a realidade brasileira, alguns por não se adequarem ou serem muito específicos ao contexto Frances foram adaptados.

LISTA DE VERBETES

Abbadie, Jacques
Aborto
Absolutismo
Academias
Ação social
Acomodação
Aconcio, Giacomo
Adiaphora
Adventismo
África do Sul
África mediterrânea
África tropical
Ágape
Aids
Ajuda mútua protestante às igrejas arruinadas
Alegria
Alemanha
Aliança
Aliança Batista Mundial
Aliança Bíblica Universal
Aliança Evangélica
Aliança Reformada Mundial
Allier, Raoul
Almeida, João Ferreira de
Allmen, Jean-Jacques von
Alsácia-Lorena
Althaus, Paul
Althusius, Johannes
Altizer, Thomas Jonathan Jackson
Alves, Rubem Azevedo
América Latina
Amiel, Henri-Frédéric
Amishs
Amor
Amsterdã
Amyraut, Moisés
Anabatismo
Analogia da fé
Anátema
Anglicanismo
Anjos
Ansermet, Ernest
Anticatolicismo
Anticlericalismo
Anticomunismo
Anticristo
Antinomismo
Antiprotestantismo
Antirrevolucionário (Partido)
Antissemitismo
Antitrinitarismo
Antroposofia
Apartheid
Apocalíptico
Apocatástase
Apócrifos
Apologética
Apostolado
Apresentação
Arminianismo
Armínio, Jacó Armenszoon, dito
Arndt, Johann
Arquitetura
Arte
Ascese
Ásia
Astrologia
Ateísmo
Atos pastorais
Aubigné, Théodore Agrippa, d'
Augsburgo
Augustianismo
Aulén, Gustaf
Áustria
Autonomia
Autoridade
Avivamento

Babut, Charles-Édouard
Bach, Johann Sebastian
Bacon, Francis
Baden-Powell, Robert Stephenson Smyth
Baldwin, James
Bálticos (países)
Bancos protestantes
Barmen (Declaração de)
Barnave, Antoine
Barot, Madeleine
Barr, James
Barth, Karl
Barthes, Roland
Barthismo
Basileia
Basnage, Jacques
Bastide, Roger
Batismo
Batista, Igreja
Bauhaus
Baumgarten, Alexander Gottlieb
Baumgarten, Siegmund Jakob
Baur, Ferdinand Christian
Baxter, Richard
Bayle, Pierre
Bazille, Frédéric
Béarn
Beausobre, Isaac de
Beecher Stowe, Harriet
Bélgica
Bell, George Allen Kennedy
Bênção
Bengel, Johann Albrecht
Berger, Peter Ludwig
Bergman, Ingmar
Berkeley, George
Berkhof, Hendrikus
Berkouwer, Gerrit Cornelis
Berlim
Berlim (universidades de)
Berna
Bersier, Eugène
Bertrand, André-Numa
Beza, Teodoro de
Biandrata, Giovanni Giorgio
Bíblia
Bibliander, Théodore
Biblicismo
Biedermann, Alois Emanuel
Biéler, André
Bifrun, Jachiam
Bill, Jean-François
Bioética
Bismarck, Otto von
Bispo
Blessig, Jean-Laurent
Blocher-Saillens, Madeleine

Blumhardt, Christoph
Blumhardt, Johann Christoph
Bodin, Jean
Boegner, Marc
Boesak, Allan Aubrey
Böhme, Jakob
Bois, Henri
Boissy d'Anglas, François Antoine, conde de
Bolsec, Jerônimo
Bonhoeffer, Dietrich
Bonnard, Pierre
Bonnet, Charles
Booth, William e Catherine
Bosc, Jean
Bost, John
Bost, Paul Ami Isaac David
Bourgeois, Loÿs
Bousset, Wilhelm
Bouvier, Auguste
Bovon, Jules
Boyne (Batalha do)
Brahms, Johannes
Brent, Charles Henry
Brès, Guy de
Brosse, Salomon de
Brousson, Claude
Brown, Robert McAfee
Browne, Robert
Brunner, Emil
Brutus, Stephanus Junius
Bucer, Martin
Buchanan, George
Bugenhagen, Johannes
Bührig, Marga
Buisson, Ferdinand
Bullinger, Heinrich
Bultmann, Rudolf
Bunyan, John
Burckhardt, Jacob
Burke, Edmund
Burnand, Eugène
Burnier, Édouard
Bushnell, Horace
Butler, Josephine
Buxtehude, Dietrich
Buxtorf
Byrd, William

Cadier, Jean
Calas, Jean
Calvinismo
Calvinismo (neo)
Calvino, João
Cambridge (movimento de)
Cameron, John
Camisardos (Guerra dos)

Canadá
Cânon e cânon dentro do cânon
Cântico
Cantor
Cantuária
Capieu, Henry
Capitalismo
Capiton, Wolfgang Fabricius
Cappel, Louis
Caquot, André
Carey, George
Carey, William
Carismático (movimento)
Carlos V
Carlstadt, Andreas Bodenstein, dito
Carne
Caroli, Pierre
Cartesianismo
Casal
Casalis, Eugène
Casalis, Georges
Casamento
Casaubon, Isaac
Castellion, Sébastien
Castidade
Castigo
Castro, Emilio
Cátaros
Catecismo
Catequese
Catolicidade evangélica
Catolicismo
Cavaillès, Jean
Cavalier, Jean
Cavour, Camillo Benso, conde de
Ceia
Celibato
Centros de encontro
Cevenas
Chambon-sur-Lignon
Chamier, Daniel
Chamson, André
Channing, William Ellery
Chantre
Chaunu, Pierre
Checa (República)
Chenevière, Jean-Jacques Caton
Chessex, Jacques
Chiampel, Duri
Chicago (escola de)
Chikane, Frank
Child, Lydia Maria
Chladenius, Johann Martin
Ciência → **Razão**

Ciência Cristã
CIMADE
Cinema
Classes sociais
Claude, Jean
Clericalismo
Coabitação
Cobb, John Boswell
Coccejus, Johannes Coch, dito
Coillard, François
Colani, Timothée
Coleta
Coligny, Gaspard de, Seigneur de Châtillon
Colonização
Comenius, Jan Amos
Comissão Ecumênica Europeia para a Igreja e a Sociedade (EECCS, em inglês)
Comunicação
Comunicação dos idiomas
Comunidade Evangélica de Ação Apostólica
Comunidades religiosas
Concílio
Concordata
Concórdia de Leuenberg
Condé, Luís I de Bourbon, príncipe de
Cone, James Hal
Conferência das Igrejas Europeias
Conferência das Igrejas Protestantes dos Países Latinos da Europa
Confessio Belgica
Confirmação
Confissão de Augsburgo
Confissão de Augsburgo (Apologia da)
Confissão de fé
Confissão de La Rochelle
Confissão de Schleitheim
Confissão dos pecados
Congregacionalismo
Congresso Evangélico-Social
Consagração
Consciência
Conselheiros, presbíteros ou anciãos
Conselho Mundial de Igrejas
Conselho Mundial de Igrejas (Assembleias do)
Conselho Mundial Metodista
Consensus Helveticus
Consensus Tigurinus

LISTA DE VERBETES

Constant de Rebecque, Henri Benjamin
Consubstanciação → **Ritos**
Contracepção
Contrarreforma → Reforma (Contra)
Contrato social
Conversão
Cook, Charles
Coornhert, Dirk Volckertszoon
Coquerel, Athanase Josué filho
Coquerel, Athanase Laurent Charles
Coral luterano
Corbin, Henry
Cordier, Mathurin
Corpo
Cosmologia
Coste, Pierre
Court de Gébelin, Antoine
Court, Antoine
Courthial, Pierre
Cox, Harvey Gallagher
Cranach, dito o Antigo, Lukas
Cremer, August Hermann
Crespin, Jean
Crespy, Georges
Criação/criatura
Criacionismo
Criança
"Cristãos Alemães"
Cristianismo social/socialismo cristão
Cristologia → **Jesus (imagens de)**
Crítica da religião
Cromwell, Oliver
Crousaz, Jean-Pierre de
Cruciger, Caspar
Crüger, Johann
Cruz
Cruz Azul
Cruz Huguenote
Cruz Vermelha
Cullmann, Oscar
Culpa
Culto
Cultuais (objetos)
Cura
Cura das emoções
Curione, Celio Secondo
Cuvier, Jean Léopold Nicolas Frédéric, dito Georges

Dallière, Louis
Daneau, Lambert
Darbismo

Darby, John Nelson
Darwin, Charles
Darwinismo
Dávid, Ferenz
De Wette, Wilhelm Martin Leberecht
Debrecen
Decálogo
Deísmo
Delegação pastoral
Demitologização
Democracia
Demonologia
Denck, Hans
Dentière, Marie
Deontologia
Desejo
Desenvolvimento
Deserto (igreja no)
Deus
Dever
Dewey, John
Diaconia e diácono
Diaconisas
Dialeto de Canaã
Dibelius, Martin
Dibelius, Otto
Die et Dauphiné
Diétrich, Suzanne de
Dilthey, Wilhelm
Dinheiro
Diodati, Giovanni
Direito natural
Direitos Civis (movimento dos)
Direitos humanos
Discernimento de espíritos
Disciplina
Discípulo
Discípulos de Cristo
Dispensacionalismo
Dispersão
Disputa
Dissidente
Divórcio
Dodd, Charles Harold
Dogma
Dogmática
Dombes (Grupo de)
Domingo
Dooyeeweerd, Herman
Dordrecht (Sínodo e *Cânones de*)
Dorner, Isaak August
Douglass, Jane
Doumergue, Émile
Doutrina
Doxologia

Dragonada
Drews, Christian Heinrich Arthur
Dreyer, Carl Theodor
Drôme (Brigada da)
Droysen, Johann Gustav
Druey, Henri
Du Bartas, Guillaume de Saluste, seigneur
Du Moulin, Pierre
Du Plessis, David Johannes
Dubois, William Edward Burghardt
Dufour, Guillaume-Henri
Dumas, André
Dunant, Jean-Henry, dito Henry
Duplessis-Mornay, Philippe
Duquesne, Abraham
Durand, Marie
Dürer, Albrecht
Dürrenmatt, Friedrich
Durrleman, Freddy

Ebeling, Gerhard
Ecologia
Economia
Ecumenismo
Edificação
Edificações religiosas
Edito de Nantes (e Revogação do)
Eduardo VI
Educação
Edwards, Jonathan
Eleição
Elizabeth I
Ellul, Jacques
Embrião
Emerson, Ralph Valdo
Encarnação
Enciclopédia
Enciclopédias protestantes
Enfermidade
Engels, Friedrich
Entusiasmo
Episcopius, Simon Bischop, dito
Erasmo, Didier
Erasto, Thomas Lieber, dito
Erlangen
Erotismo
Escandinavos (países)
Escatologia → **Morte e vida eterna**
Escócia
Escola dominical
Escolas livres
Escravidão

Escravidão da vontade
Eslováquia
Espanha
Esperança
Espírito Santo
Espiritualidade
Espiritualismo
Esporte
Essência do cristianismo
Estado
Estados Unidos
Estereótipos
Estética
Estienne
Ética → **Moral**
Eucaristia → Ceia
Eucken, Rudolf
Eugenismo
Eugster-Züst, Howard
Europa
Eutanásia
Evangelho
Evangelho social
Evangélicos
Evangelismo
Evangelização
Evolucionismo
Excomunhão
Exegese
Exército de Salvação
Exército de Salvação no Brasil
Exigência
Existencial
Existencialismo
Exorcismo
Experiência
Expiação
Expressionismo alemão
Exterioridade
Extracalvinisticum

Faculdades de teologia latinas europeias
Fallot, Thomas, dito Tommy
Família
Farel, Guilherme
Faulkner, William
Fé
Federação das Igrejas Protestantes da Suíça
Federação Mundial das Associações de Estudantes Cristãos
Federação Mundial Luterana
Federação Protestante da França
Federação Protestante da Itália
"Fé e Constituição"

Felicidade
Felipe de Hesse
Fellenberg, Philippe Emmanuel de
Feminismo
Fenomenologia
Festas
Feuerbach, Ludwig
Fichte, Johann Gottlieb
Fideísmo
Fidelidade
Filadélfia
Filioque
Filosofia
Filosofia da religião
Fim do mundo
Finet, Albert
Finney, Charles Grandison
Físico-teologia
Flacius Illyricus, Mathias
Fletcher, John C.
Fletcher, Joseph Francis
Fliedner, Theodor
Flournoy, Théodore
Formação de adultos
Formação de pastores
Fórmula de concórdia
Fox, George
França
Francke, August Hermann
Francomaçonaria
Frank, Franz Hermann Reinhold (von)
Franck, Sebastian (?1500-1542)
Franklin, Benjamin
Frederico de Saxe
Frederico Guilherme III
Frederico Guilherme IV
Frederico II da Prússia
Friedrich, Caspar David
Frisch, Max
Frommel, Gaston
Frutiger, Adrian
Fulliquet, Georges
Fundamentalismo
Füssli, Johann Heinrich

Gabriel, Stiafen
Gardiner, Robert Hallowell
Gasparin, Agénor e Valérie de
Gaussen, François Samuel Robert Louis
Genebra
Gêneros literários
Genéticas (manipulações)
Geoltrain, Pierre
Gerhard, Johann

Gerhardt, Paul
Giacometti
Gibbs, James
Gide, André
Gide, Charles
Gilkey, Langdon Brown
Glossolalia
Goblet d'Alviella, Eugène Félicien Albert, conde de
Godard, Jean-Luc
Godet, Frédéric-Louis
Goethe, Johann Wolfgang
Gogarten, Friedrich
Goguel, Maurice
Gollwitzer, Helmut
Gomarius, Franciscus
Gospel (música)
Götingen (Universidade de)
Gotthelf, Jeremias
Goudimel, Claude
Gounelle, Élie
Graça
Graça de Alès
Graham, William Franklin, dito Billy
Grebel, Conrad
Griffin, David Ray
Grimké, Sarah e Angelina
Gropius, Walter
Grotius, Hugo
Grundtvig, Nicolai Frederik Severin
Grünewald, Matthias
Guerra dos Camponeses
Guerra dos Trinta Anos
Guerras de religião
Guerras mundiais
Guilherme de Orange-Nassau, dito o Taciturno
Guilherme III de Orange-Nassau
Guisan, René
Guizot, François Pierre Guillaume
Gunkel, Hermann
Gusdorf, Georges
Gustafson, James M.
Gustavo II Adolfo

Habermas, Jürgen
Haendel, Georg Friedrich
Haldane, Robert
Halle
Hamann, Johann Georg
Hammarskjöld, Dag
Harnack, Adolf (von)
Harris, William Wade
Harrison, Beverly Wildung

Hartmann, Eduard von
Hauerwas, Stanley Martin
Hebraizantes cristãos
Hedion, Caspar
Hegel, Georg Wilhelm Friedrich
Hegelianos de esquerda
Heidelberg
Heidelberg (Catecismo de)
Heiler, Friedrich
Heim, Karl
Heine, Heinrich
Heinemann, Gustav Walter
Henrique IV
Henrique VIII
Henry, Carl Ferdinand Howard
Herbert de Cherbury
Herden, Johann Gottfried (von)
Heresia
Héring, Jean
Hermenêutica
Herminjard, Aimé-Louis
Herrmann, Wilhelm
Hesse
Hesse, Hermann
Hick, John Harwood
Hierarquia
Hinologia
Hinschismo
Hirsch, Emanuel
História
História dos dogmas
Historicismo
Hobbes, Thomas
Hodler, Ferdinand
Hoffman, Melchior
Holbein, dito o Jovem, Hans
Hölderlin, Friedrich
Holl, Karl
Hollaz, David
Holtzmann, Heinrich Julius
Homossexualidade
Honegger, Arthur
Hospitalidade eucarística
Hotman, François
Hromádka, Josef Lukl
Huber, Marie
Hubert, Conrad
Hubmaier, Balthasar
Huguenotes
Huisseau, Isaac d'
Humanismo
Humbert, Paul
Humbert-Droz, Jules
Humboldt, Wilhelm von
Hume, David
Humor
Hungria

Hus, Jan
Hussismo
Hutten, Ulrich von

Ibsen, Henrik
Iconoclasmo
Identidade
Ideologia
Iena
Igreja
Igreja Confessante
Igreja e Estado
Igreja eletrônica
Igreja invisível
Igreja negra (afro-americana)
Igreja Valdense
Igrejas episcopais
Igrejas livres
Igrejas luteranas
Igrejas não denominacionais
Igrejas reformadas
Igrejas Unidas
Igualdade
Iluminismo
Ilustradores da Bíblia
Imagem
Imitação
Imortalidade → **Morte e vida eterna**
Imposição de mãos
Imprensa protestante de língua francesa
Impressão e edição
Incesto
Inculturação
Indivíduo
Indulgências → Justificação
Inglaterra
Inspiração
Instalação
Integrismo
Intercomunhão → Hospitalidade eucarística
Irenismo
Irlanda
Irving, Edward
Islã
Itália
Iugoslávia (Repúblicas da ex-)
Iwand, Hans Joachim

Jackson, Jesse Louis
Jackson, Mahalia
Jacob, Edmond
Jacobi, Friedrich Heinrich
James, William
Jansenismo

Jarnac (Assembleia de)
Jaucourt, Louis, cavaleiro de
Jean-Bon Saint-André, André Jeanbon, dito
Jeanneret, Edmond
Jefferson, Thomas
Jellinek, Georg
Jesus (imagens de)
Jesus (vidas de)
Joana d'Albret
João de Leide, Jan Beuckelzoon, dito
Joris, David
Jud, Leo
Judaísmo
Juízo final → **Morte e vida eterna**
Jülicher, Adolf
Julien, Charles-André
Jung, Carl-Gustav
Jüngel, Eberhard
Jurieu, Pierre
Juros (cobrança de)
Justiça
Justificação
Juventude (literatura para a)
Juventude (movimentos de)

Kaftan, Julius
Kagawa, Toyohito
Kähler, Martin
Kant, Immanuel
Kantismo (neo)
Käsemann, Ernst
Kaufman, Gordon Dester
Keller, Gottfried
Kenósis
Kepler, Johannes
Kierkegaard, Søren Aabye
Kimbangu, Simon
King, Martin Luther
Kirchenkampf
Kittel, Gerhard
Kittel, Rudolf
Klee, Paul
Knox, John
Koch, Christophe-Guillaume
Koechlin, Alphons
Kohlbrügge, Hermann Friedrich
Kotto, Jean
Kraemer, Hendrik
Ku Klux Klan
Kulturkampf
Kulturprotestantismus
Kutter, Hermann
Kuyper, Abraham

La Beaumelle, Laurent Angliviel de
La Fléchère, Jean Guillaume de
La Taille, Jean de
Labadie, Jean de
Lagarde, Paul Anton de
Laicidade
Lambeth (Quadrilátero de)
Lambourne, Robert Alfred
Lancaster, Joseph
Lange, Friedrich Albert
Languel, Hubert
Laporte
Latitudinarismo
Lausanne (Disputa de)
Lausanne (movimento de)
Lavater, Johann Caspar
Le Cène, Charles
Le Clerc, Jean
Le Corbusier, Charles-Édouard Jeanneret, dito
Le Cossec, Clément
Le Jeune, Claude
Lecerf, Auguste
Leenhardt, Franz Jehan
Leenhardt, Maurice
Lefèvre d'Étaples, Jacques
Lehmann, Paul Louis
Lei
Leibniz, Gottfried Wilhelm
Leiden
Leigo
Leipzig (cidade e Disputa de)
Lemaître, Auguste Antoine
Léonard, Émile Guillaume
Léry, Jean de
Lessing, Gotthold Ephraim
Leuba, Jean-Louis
Lewis, Clive Staples
Liberalismo (pós-)
Liberalismo teológico
Liberdade
Liberdade de consciência
Lichtenberger, Frédéric Auguste
Liderança da igreja
Liga para a Leitura da Bíblia
Lincoln, Abraham
Lindbeck, George Arthur
Literatura
Liturgia
Livingstone, David
Livre exame
Livro de oração comum
Lobstein, Paul
Locke, John
Lods, Adolphe
Løgstrup, Knud Ejler

Löhe, Johann Konrad Wilhelm
Londres
Luteranismo
Lutero, Martinho
Luthuli, Mvimbi (Albert John
Luzes

MacAll, Robert Whitaker
Mackay, John Alexander
Macquarrie, John
Madagascar
Magdeburgo (Centúrias de)
Magia
Maioridade Moral
Mal
Malan, César filho
Malan, Henri Abraham César
Malthus, Thomas Robert
Mandamento
Mandeville, Bernard
Mann, Thomas
Mantz, Felix
Manuel Deutsch, Niklaus Aleman, dito Niklaus
Marbach, Jean
Marburgo (Colóquio de)
Margarida de Navarra
Marheineke, Philipp Konrad
Maria
Marion, Élie
Marnix, Philippe, seigneur de Sainta Aldegonda
Marot, Clemente
Marpeck, Pilgram
Martin, Frank
Martini, Cornelius
Martírio
Masaryk, Tomáš Garrigue
Masturbação
Maternidade
Matthys, Jan
Maurice, Frederick Denison
Maury, Pierre
Mazel, Abraham
Mbiti, John Samuel
Mediações
Mehl, Roger
Meinecke, Friedrich
Melâncton, Filipe
Melville, Andrew
Mendelssohn-Bartholdy, Felix
Ménégoz, Eugène
Menno Simons
Menonismo
Mentira
Merle d'Aubigné, Jean-Henri
Messianismo

Metafísica
Metodismo
Método histórico-crítico
Meyer, Conrad Ferdinand
Michelet, Jules
Mídia
Miegge, Giovanni
Migrações
Miguez Bonino, José
Milagre
Milenarismo
Milton, John
Ministérios
Miskotte, Kornelis Heiko
Missão
Missão Interior
Missão Popular Evangélica
Missionárias (conferências)
Missionárias (sociedades)
Mística → **Espiritualidade**
Mito
Modernidade
Moltmann, Jürgen
Monaquismo → Ordens monásticas
Monarcômacos
Mondrian, Pieter Cornelis Mondriaan, dito Piet
Monod, Adolphe
Monod, Frédéric
Monod, Gabriel
Monod, Théodore
Monod, Wilfred
Montauban
Montbéliard
Montpellier
Montreal
Moody, Dwight Lyman
Moon, Sun Myung
Moral
Morávios (Irmãos)
Mörike, Eduard
Mórmons
Morte e vida eterna
Mosheim, Johann Lorenz von
Mott, John Raleigh
Movimento Internacional da Reconciliação
Mulher
Müller, Friedrich Max
Müller, Ludwig
Multitudinismo
Munch, Edvard
Mundo
Münster (Reino de)
Müntzer, Thomas
Muralt, Béat-Louis de

Museus protestantes no mundo de língua francesa
Música
Musicais (formas)
Myconius, Oswald

Nacionalidade e nacionalismo
Natureza
Naudé, Christiaan Frederik Beyers
Naumann, Friedrich
Naville, Ernest
Necker, Jacques
Neff, Felix
Negro spiritual
Neologia
Neoprotestantismo
Neuchâtel
Newbigin, James Edward Lesslie
Newman, John Henry
Newton, Isaac
Nicodemitas
Niebuhr, Barthold Georg
Niebuhr, Helmut Richard
Niebuhr, Karl Paul Reinhold
Niemöller, Martin
Nietzsche, Friedrich
Nightingale, Florence
Niles, Daniel Thambyrajah
Nîmes
Nomenyo, Ametefe (Seth) Kodzovi
Noordmans, Oepke
Novalis, Georg Philipp Friedrich von Hardenberg, dito
Nygren, Anders

Obediência
Oberlin, Jean-Frédéric
Objeção de consciência
Oceania
Ochino, Bernardino
Oecolampadius, Johannes
Oetinger, Friedrich Christoph
Ofício
Olivétan, Pierre Robert, dito
Operário (mundo)
Oração
Orange
Ordem de São João de Jerusalém
Ordenanças eclesiásticas
Ordens monásticas
Organizações eclesiásticas
Oriente Próximo
Orthez
Ortodoxa (Igreja Oriental)

Ortodoxia protestante
"Ortodoxia radical"
Osiander, Andreas
Ostervald, Jean-Frédéric
Otto, Rudolf
Overbeck, Franz Camille
Oxford (Grupos de)
Oxford (movimento de)

Paganismo
Países Baixos
Pajon, Claude
Palatinado
Palissy, Bernard
Palladius, Peder
Pannenberg, Wolfhart
Papado
Paquier, Richard
Paradoxo
Parapsicologia
Paré, Ambroise
Paris
Paróquia
Parusia
Parrot, André
Pascal, Blaise
Passy, Paul
Pastor
Paternidade
Paul, Jonathan
Paz
Péan, Charles
Pecado
Pécaut, Jean, dito Félix
Pena de morte
Penn, William
Pensilvânia
Pentecostalismo
Perdão
Peregrinações
Perkins, William
Personalismo
Pessoa
Pestalozzi, Johann Heinrich
Peyrat, Napoléon
Peyron, Albin Louis Octave
Pfister, Oskar Robert
Pfleiderer, Otto
Philip, André
Piaget, Jean
Pictet, Bénédict
Pidoux, Pierre
Pietismo
Pilatte, Léon Rémi
Pilgrim Fathers
Pluralismo
Pobreza

Poder
Poiret, Pierre
Poissy (Colóquio de)
Política
Polônia
Poluição
Pornografia
Porte, Wilson Jr.
Portugal
Positivismo
Potter, Philip Alford
Pragmatismo
Prática religiosa
Prazer
Predestinação e Providência
Pregação
Presbiterianismo
Presbítero-sinodal (sistema)
Pressensé, Edmond Marcellin de Hault de
Princeton (escola de)
Profetismo
Proselitismo
Prostituição
Protestantismo
Prússia
Puaux, Noé Antoine François
Pudor
Pufendorf, Samuel, barão von
Purcell, Henry
Pureza
Puritanismo
Pury, Roland de

Quacres
Quéré, France
Quietismo

Rabaut Saint-Étienne, Jean-Paul
Rabaut, Paul
Rabelais, François
Racionalismo teológico
Racismo
Racoviano (Catecismo)
Rad, Gerhard von
Rade, Martin
Ragaz, Leonhard
Rahlfs, Alfred
Ramsey, Paul
Ramus, Pierre de La Ramée, dito
Ramuz, Charles Ferdinand
Ranke, Leopold von
Rauschenbusch, Walter
Rawls, John Bordley
Razão
Rearmamento Moral
Recapitulação

Reforma (aniversários da)
Reforma (Contra)
Reforma (pré)
Reforma radical
Reforma/Reformação
Refúgio
Reichel, Bernard
Reimarus, Hermann Samuel
Reino de Deus
Reinos (doutrina dos dois)
Religião e religiões
Religião civil
Religiões (escola da história das)
Rembrandt
Remonstrantes
Renan, Ernest
Renascença
Rendtorff, Trutz
Renouvier, Charles
Resistência
Resnais, Alain
Responsabilidade
Ressurreição
Retorromana (Reforma)
Reuss, Édouard Guillaume Eugène
Réveillaud, Eugène
Revelação
Réville, Albert e Jean
Revistas protestantes
Revolução Americana
Revolução Conservadora
Revolução Francesa
Revolução Industrial
Revoluções da Inglaterra
Rey, Jean
Reymond, Arnold
Rich, Arthur
Ricoeur, Paul
Riesi
Ritos
Ritschl, Albrecht
Ritschliana (escola)
Rivier, Louis
Robinson, John Arthur Thomas
Rocard, Michel
Rochelle (La)
Roma
Romantismo
Romênia
Roques, Pierre
Rosa de Lutero
Rosa-cruz
Roser, Henri
Rothe, Richard
Roud, Gustave
Rougemont, Denis de
Rousseau, Jean-Jacques

Roussel, Napoléon
Runcie, Robert Alexander Kennedy
Russell, Letty Mandeville
Rússia
Ruyssen, Théodore

Sabatier, Charles Paul Marie
Sabatier, Louis Auguste
Sabedoria
Sacerdócio universal
Sacerdote
Sacramentários
Sacramento
Sagrado
Saillens, Ruben
Salário
Saltério huguenote
Salvação
Sand, George
Santificação
Santidade (movimento de)
Santos (comunhão dos)
Santos (culto dos)
São Bartolomeu (Noite de)
São Miguel (Confraria Evangélica)
Satã → **Culpa**
Sattler, Michael
Saúde
Saumur
Saurin, Jacques
Saxônia
Schaff, Philip
Schelling, Friedrich Wilhelm Joseph
Scherer, Edmond Henri Adolphe
Scheurer-Kestner, Auguste
Schickhardt, Heinrich
Schiller, Friedrich
Schinkel, Karl Friedrich
Schlatter, Adolf
Schleiermacher, Friedrich Daniel Ernst
Schmidt, Albert-Marie
Schmidt, Élisabeth
Schopenhauer, Arthur
Schütz, Heinrich
Schutz, Roger
Schweitzer, Albert
Schweizer, Alexander
Schwenckfeld, Caspar
Schyns, Mathieu
Secrétan, Charles
Secularização
Sedan
Seeberg, Reinhold
Segond, Louis

Segunda confissão helvética
Seitas
Selwyn, George Augustus
Semana de Oração pela Unidade Cristã
Semler, Johann Salomo
Senaclens, Jacques de
Serres, Jean de
Serveto, Miguel
Serviços fúnebres
Sexualidade
Shaw, Anna Howard
Sickingen, Franz von
Siegfried, André
Simbólicos (Escritos)
Símbolo
Símbolo-fideísmo
Simmel, Georg
Simultaneum
Sincretismo
Sínodo
Smalkade (*Artigos de*)
Smalkade (Liga de)
Smith, Adam
Smith, Wilfred Cantwell
Smith, William Robertson
Smyth, John
Socialismo religioso
Söderblom, Nathan
Sofrimento
Sölle, Dorothee
Sombart, Werner
Soutter, Louis
Socino, Lelio e Fausto
Spener, Philipp Jacob
Spira (dietas de)
Sponde, Jean de
Spurgeon, Charles Haddon
Staël, Germaine de
Stählin, Wilhelm
Stanton, Elizabeth Cady
Stapfer, Edmond-Louis
Stauffer, Richard
Steele, Richard
Stimmer, Tobias
Storch, Nicolas
Stott, John Robert Walmsley
Strauß, David Friedrich
Strindberg, August
Sturm, Leonhard Christoph
Styron, William
Sucessão apostólica
Suíça
Suicídio
Sully
Sully (Associação)
Superstição
Supranaturalismo

LISTA DE VERBETES

Swedenborg, Emanuel
Sweelinck, Jan Pieterszoon

Taizé
Tallis, Thomas
Tamez, Elsa
Taylor, James Hudson
Taylor, Mary C.
Teatro
Técnica
Teísmo
Telemann, Georg Philipp
Temple, William
Templo
Teodiceia
Teologia
Teologia da cruz
Teologia da libertação
Teologia da mediação
Teologia da secularização
"Teologia dialética"
Teologia do processo
Teologia especulativa
Teologia evangélica
Teologia feminista
Teologia natural → **Religião**
Teologia negra (afro-americana)
Teologias africanas
Teologias contextuais
Teologias da Ásia
Teologias da morte de Deus
Teólogo
Teopneustia
Teosofia
Testemunhas de Jeová
Testemunho
Theissen, Gerd
Thévenaz, Pierre
Thielicke, Helmut
Tholuck, Friedrich August Gottreu
Thomas, Frank
Thomasius, Gottfried
Thoreau, Henry David
Thurian, Max
Thurman, Howard
Thurneysen, Eduard
Tiago I
Tillich, Paul
Timples, Clemens
Ting, Kuang Hsun
Tolerância
Töpffer, Rodolphe
Torrance, Thomas Forsyth
Torre Pellice
Tortura
Tournier, Paul

Trabalho (e legislação do)
Tradição
Traduções em Português da Bíblia
Transcendentalismo
Treitschke, Heinrich von
Trento (Concílio de)
Trindade
Trinta e nove artigos
Troeltsch, Ernst
Tronchin, Louis
Tronchin, Théodore
Tübingen
Turenne, Henri de la Tour d'Auvergne, visconde de
Turner, Nat
Turrettini, François
Turrettini, Jean-Alphonse
Tutu, Desmond Mpilo
Tycho Brahé

Unção dos enfermos
Unitarismo
Universidades protestantes
Uppsala
Usos da lei
Utilitarismo
Utopia
Uytenbogaert, Jan

Vadian, Joachim von Watt, dito
Vahanian, Gabriel
Valdenses (glorioso retorno dos)
Valdés, Juan de
Valdo
Valores
Van Buren, Paul Matthews
Van der Leeuw, Gerardus
Van Gogh, Vincent
Van Ruler, Arnold Albert
Van Til, Cornelius
Vaticano II (Concílio)
Vaucher, Édouard
Velhice
Vermeil, Edmond Joachim
Vermigli, Pietro Martire
Vernes, Maurice
Viagens e descobertas
"Vida e Ação"
Viénot, John
Vinay, Tullio
Vincent, Jacques Louis Samuel
Vinet, Alexandre Rodolphe
Violência
Viret, Pierre
Virtude
Virtudes teologais

Vischer, Wilhelm
Visser't Hooft, Willem Adolf
Vitorianos (era e valores)
Vocação
Voetius, Gisbert
Votos

Wagner, Charles
Warfield, Benjamin Breckinridge
Warneck, Gustav
Weber, Max
Weber, Otto
Weischedel, Wilhelm
Weizsäcker, Carl Friedrich von
Weiß, Johannes
Wellhausen, Julius
Werenfels, Samuel
Werner, Martin
Wesley, Charles
Wesley, John Benjamin
Westfália (tratados de)
Westminster (Assembleia e *Confissão de*)
Westphal, Alexandre
Wettstein, Johann Jakob
Whitefield, George
Whitehead, Alfred North
Wichern, Johann Hinrich
Wilberforce, William
Willard, Frances Elizabeth Caroline
Williams, George
Williams, Roger
Williams, Rowan
Wilson, Thomas Woodrow
Winckelmann, Johann Joachim
Winthrop, John
Wittenberg
Wittich, Christoph
Wolff, Christian
Worms (Dieta de)
Wrede, Mathilda
Wrede, William
Wren, *sir* Christopher
Wright, Frank Lloyd
Wycliffe, John
Wycliffe (Associação)

Yoder, John Howard

Zanchi, Girolamo
Zell, Matthieu e Catherine
Zinzendorf, Nikolaus Ludwig von
Zurique
Zwickau (profetas de)
Zwinglio, Ulrico

APRESENTAÇÃO DOS AUTORES E SUAS CONTRIBUIÇÕES

ABEL, Olivier, professor de filosofia e ética, Faculdade de Teologia Protestante, Paris. Discípulo; Ellul; **mal**; mentira; Ricoeur; Rocard; Schopenhauer; testemunho

AESCHLIMAN, Michael D., doutor em letras; professor de educação e ciências humanas, Universidade de Boston; professor adjunto de inglês, Universidade da Suíça de língua italiana, Lugano. Lewis

ALEXANDER, Daniel, sociólogo, pastor da Igreja Evangélica do cantão de Vaud. Anticomunismo

ALMEIDA, Rute, É licenciada em Estudos Sociais, bacharel em Teologia (especialização em Educação Cristã), mestre em Teologia (concentração em História Eclesiástica) e pós-graduada em História do Cristianismo pela UNIMEP.

ALTERMATH, François, pastor, Igreja Evangélica do cantão de Vaud. Comunidades religiosas

AMOS-DJORO, Ernest, historiador e sociólogo, embaixador da Costa do Marfim. Harris

ANSALDI, Jean, professor honorário de teologia sistemática (ética), Faculdade de Teologia Protestante, Montpellier. Celibato, desejo, fidelidade, suicídio.

ANSCHÜTZ, Kurt, historiador, Berlim. Casalis G.

ARKOUN, Mohammed, professor honorário de história do pensamento islâmico, Departamento de Línguas e Civilizações da Índia, do Oriente e da África do Norte, Universidade de Paris III (Sorbonne Nouvelle). **Islã**

BAATARD, François, pastor, Igreja Evangélica Reformada do cantão de Vaud. **Autoridade**

BACKUS, Irena, professora, Instituto de História da Reforma, Universidade de Genebra. Apócrifos; Bolsec; Dentière; Lefèvre d'Étaples; *Magdenburgo (Centúrias de)*; Serveto

BAECHER, Claude, pastor menonita; diretor, Centro Menonita de Formação e Encontros, Bienenberg, Suíça; professor, Faculdade Livre de Teologia Evangélica, Vaux-sur-Seine. *Confissão de Scheitheim*; Satter; Storch

BANON, David, professor, Departamento de Estudos Judaicos, Universidade Marc Bloch, Estrasburgo; professor visitante de judaísmo, Faculdade de Teologia Protestante, Universidade de Lausanne. **Judaísmo**

BARRAS, Vincent, professor de história da medicina, Faculdade de Medicina e Saúde Pública, Lausanne. Bonnet

BASSET, Jean-Claude, pastor da igreja protestante de Genova; Professor de Ciências da Religião e Estudos Islâmicos, Faculdade de Teologia Protestante, Universidade de Lausanne. Islam; proselitismo; religião e religiões; Smuth W.C.; Van der Leeuw.

BASSET, Lytta, professor de teologia prática, Faculdade de Teologia Protestante, Universidade de Neuchâtel. **Culpa**

BASTIAN, Jean-Pierre, professor de sociologia da religião, Faculdade de Teologia Protestante, Universidade Marc Bloch, Estrasburgo. América Latina; Mackay

BATY, Claude, pastor, Igrejas Evangélicas Livres da França. Lausanne (movimento de)

BAUBÉROT, Arnaud, mestre de conferências em história, Faculdade de Letras e Ciências Humanas, Universidade de Paris XII. Baden-Powell

BAUBÉROT, Jean, coordenador, área de história e sociologia da laicidade, Escola Prática de Estudos Avançados, Seção de Ciências da Religião, Paris; ex-diretor, Escola Prática de Estudos Avançados. Allier; anticlericalismo; antiprotestantismo; Blocher-Saillens; Bost J.; Buisson; Cristianismo social/socialismo cristão; classes sociais; igualdade; Fallot; Federação Protestante da França; feminismo; **mulher**; Gide C.; Gounelle; integrismo; Le Cossec; Léonard; **ecumenismo**; Passy; pluralismo; poder; prostituição; **protestantismo**; Rabault Saint-Étienne; Rauschenbusch; Renouvier; Söderblom; Thurian

APRESENTAÇÃO DOS AUTORES E SUAS CONTRIBUIÇÕES

BAUMGARTNER, Michel, pastor, Igreja Protestante de Zurique. Ásia; Taylor J. H.

BAYER, Oswald, professor de teologia sistemática, Faculdade de Teologia Protestante, Universidade de Tübingen. Hamann; teodiceia

BENES, Josef D., pastor, Igreja Protestante de Genebra. Tcheca (República)

BENT, Ans J. van der †, ex-diretor, Biblioteca do Conselho Mundial de Igrejas, Genebra. Bell; Brent; Gardiner; Koechlin

BERCHTOLD, Alfred, doutor em letras e historiador, Genebra. Basileia; Blumhardt C.; Burckhardt; Eugster-Züst; Ragaz

BERGIER, Jean-François, professor emérito de história, Escola Politécnica Federal, Zurique. Necker

BERKHEISER, Jeffrey, pastor, Igreja Evangélica Reformada do cantão de Vaud. Discípulos de Cristo; Stott

BERNHARDT, Reinhold, professor de teologia sistemática, Faculdade de Teologia Protestante, Universidade de Lausanne. Salário

BERTHOLET, Alfred, professor aposentado de música e canto, Lausanne. Pidoux; Reichel

BIÉLER, André, professor honorário de ética social, Faculdade de Teologia Protestante, Universidade de Basileia. Revistas protestantes

BILLESKOV, JANSEN, Frederik Julius †, professor honorário, Universidade de Copenhague. Grundtvig, Palladius

BIRMELÉ, André, professor de teologia sistemática, Faculdade de Teologia Protestante, Universidade Marc Bloch, Estrasburgo. Amor; Augsburgo; ceia; concílio; *Concórdia de Leuenberg*; Confissão de Augsburgo; Confissão de Augsburgo (*Apologia da*); disputa; **igreja**; Federação Mundial Luterana; Flacius Illyricus; luteranismo; Maria; oração; Osiander; sacramento; salvação; santificação; tradição; Trento (Concílio de); Vaticano II (Concílio)

BITTER, Jean-Nicolas, doutor em teologia protestante; agente do programa de promoção da paz, Departamento Federal de Negócios Estrangeiros, Berna. Kimbangu; racismo

BIZEUL, Yves, professor de ciências políticas, Faculdade de Ciências Econômicas e Sociais, Universidade de Rodstoc. Ásia; igreja e Estado; identidade

BLANDENIER, Jacques, pastor e formador, Assembleias e Igrejas Evangélicas na Suíça de língua francesa

BLASER, Klauspeter †, professor de teologia sistemática e teologia prática, Faculdade de Teologia Protestante, Universidade de Lausanne. África do Sul; *apartheid*; Berna; Bill; Boesak; Bührig; Castro; Chikane; Conselho Mundial de Igrejas (Assembleias do); Igreja Confessante; "Fé e Ordem"; Gollwitzer; Gotthelf; Henry; inculturação; Kohlbrügge; Kraemer; Kuyper; Lausanne (Disputa de); Lindbeck; Luthuli; Macquarrie; Mbiti; Miguez Bonino; **missão**; missionárias (conferências); Niemöller; profetismo; Sölle; Tamez; teologias africanas; teologias contextuais; teologias da Ásia; teologias da libertação; Visser't Hooft; Warneck

BLAUFUR, Dietrich, pastor, Igreja Protestante da Alemanha. Erlangen; Löhe; Spener; Tholuck

BLOCHER, Henri, professor de teologia sistemática, Faculdade de Teologia, Vaux-Sur-Seine. Aliança Evangélica; analogia da fé; calvinismo (neo); Courthial; criacionaismo; dispensacionalismo; Dooyeweerd; Finney; inspiração; Lecerf; **mal**; milenarismo; Saillens; teologia evangélica; teopneustia; Williams Roger

BLONDEL, Éric, professor de filosofia, Departamento de Filosofia da Universidade de Paris I; Nietzsche

BLOUGH, Neal, professor de história da igreja, Faculdade Livre de Teologia Evangélica, Vaux-Sur-Seine. Anabatismo; Grebel; Guerra dos Camponeses; Hoffman; Hubmaier; Joris; Mantz; Marpeck; Müntzer; Reforma radical; Schwenckfeld; Yoder

BOLLE, Pierre, mestre de conferências honorário em história contemporânea, Universidade de Grenoble; ex-conservador do Museu do Protestantismo de Dauphin em Poët-Laval (Drôme). Chambon-sur-Lignon; museus protestantes no mundo de língua francesa; peregrinação

BONNET, Christian, secretário-geral, Aliança Bíblica Francesa. Aliança Bíblica Universal

BORGEAUD, Philippe, professor de história das religiões antigas, Faculdade de Letras, Universidade de Genebra. Smith W.R.

BÖSCHENSTEIN, Bernard, professor honorário de literatura alemã moderna e literatura comparada, Faculdade de Letras, Universidade de Genebra. Hölderlin, Mörike; Novalis; Schiller

BOSS, Marc, mestre de conferências em teologia sistemática, Faculdade de Teologia Protestante, Montpellier. Channing;

Edwards; liberalismo (pós-); transcendentalismo

BOST, Hubert, coordenador, área protestantismo e cultura na Europa moderna (séculos XVI a XVIII), Escola Prática de Estudos Avançados, Seção de Ciências da Religião, Paris. Absolutismo; Academias; Amyraut; arminianismo; Armínio; Bayle; Béarn; Brousson; Cameron; Camisardos (Guerra dos);Cavalier; Chamier; Claude; Coligny; Coste; Court de Gébelin; Die et Dauphiné; dragonada; Du Moulin; Edito de Nantes (e Revogação do); Graça de Alès; Guerras de Religião; **história**; Huisseau; Joana d'Albret; Jurieu; La Beaumelle; Laporte; Mazel; Montauban; Montpellier; Nîmes; Orange; Orthez; Poissy (Colóquio de); **protestantismo**; Reforma (pré); Refúgio; São Bartolomeu (Noite de); Saumur; Sedan

BOTTINELLI, Guy, pastor, Igreja Reformada da França; responsável pela Missão nas Indústrias, Lyon. Operário (mundo)

BOUREL, Dominique, pesquisador do CNRS; ex-diretor do Centro Francês de Pesquisas sobre Jerusalém. Frederico de Saxe; Frederico II da Prússia

BOUTTIER, Michel, professor honorário de Novo Testamento, Faculdade de Teologia Protestante, Montpellier. Bosc; Cadier; comunidades religiosas; Crespy; Dodd; Finet; Goguel; Julien; Leenhardt F.J.; Oberlin; Philip; Vischer; Zinzendorf

BOUVARD, André, doutor em história, Montbéliard. Schickhardt

BOVAY, Claude, professor de ética, Escola de Estudos Sociais e Pedagógicos, Lausanne. Bancos protestantes; pobreza

BOWMAN, Frank Paul, professor emérito de línguas romanas, Universidade da Pensilvânia, Filadélfia. Staël

BOYER, Régis, professor emérito de línguas, literaturas e civilizações escandinavas, Universidade de Paris IV — Sorbonne. **Literatura**

BRAEKMAN, Émile M., doutor em ciências da religião; pastor; presidente, Sociedade Real de História do Protestantismo Belga, Bruxelas; Academias; Bélgica; Brès; Coccejus; *Confessio Belgica*; Coornhert; Crespin; Episcopius; Gomar; João de Leide; Marnix; Matthys; Remonstrantes; revistas protestantes; Rey; Schyns; Sturm J.; Uytenbogaert

BRIDEL, Claude, professor honorário de teologia prática, Faculdade de Teologia Protestante, Universidade de Lausanne. Allmen; **autoridade**; coleta; confissão de pecados; consagração; cultuais (objetos); delegação pastoral; diaconia e diácono; igreja invisível; igrejas livres; formação de pastores; hierarquia; hospitalidade eucarística; imposição de mãos; laico; Paquier; paróquia; pregação; presbiterianismo; sacerdócio universal; velhice

BÜHLER, Pierre, professor de teologia sistemática, Faculdade de Teologia Protestante, Universidade de Zurique. *Adiaphora*; Althaus; *amishs*; antinomismo; apocatástase; autonomia; Bergman; Brunner; Bultmann; Carlstadt; consciência; cruz; Dreyer; Dürrenmatt; Ebeling; **ecologia**; entusiasmo; experiência; exterioridade; hermenêutica; humor; Ibsen; iluminismo; justificação; Menno Simons; menonismo; pessoa; **predestinação e Providência**; Quéré; reinos (doutrina dos dois); Resnais; teologia da cruz

BÜRKI, Bruno, pastor, Igreja Reformada Evangélica do Cantão de Neuchâtel; professor honorário de ciências litúrgicas, Faculdade de Teologia Católica, Universidade de Friburgo (Suíça). Batismo (sacramento do); culto; Federação das Igrejas Protestantes da Suíça; liturgia

BURNAND, Étienne, pastor, Igreja protestante de Genebra. Burnand

CABANEL, Patrick, professor de história contemporânea, Universidade de Toulouse-Le Mirail. Cévennes; revistas protestantes; Scheurer-Kestner

CALAME, Christophe, professor de filosofia no ensino secundário, Lausanne. Berkeley; Engels; Estado; Gusdorf; Jacobi; Leibniz; **literatura**; Marot; Muralt; Newton; Pensilvânia; Pestalozzi; Filadélfia; Sully; Turenne; Wolff

CAMPAGNOLO, Matteo, pesquisador do Instituto de História da Reforma, Universidade de Genebra. Casaubon; Reforma (Contra)

CAMPI, Emidio, professor de história da igreja, Faculdade de Teologia Protestante, Universidade de Zurique. Aconcio; Biandrata; Curione; Diodati; Federação Mundial das Associações de Estudantes Cristãos; Ochino; *Racoviano* (*Catecismo*); Socino; Turrettini F.; Valdès; Vermigli; Zanchi

CAMPICHE, Roland, professor honorário de sociologia da religião, Faculdade de Teologia Protestante, Universidade de Lausanne. Berger; Biéler; mórmons; religião civil; Revolução Industrial

CARBONNIER, Jean †, professor honorário, Faculdade de Direito, Universidade de Paris II. Huguenotes

CARBONNIER-BURKARD, Marianne, professora de história do cristianismo, Faculdade de

Teologia Protestante, Paris. **Mulher**

CARLET, Yves, professor emérito de literatura inglesa, Universidade Paul Valéry, Montpellier. **Literatura**

CARILLO, Francine, pastora, Igreja Protestante de Genebra. Criança; família; maternidade; **mulher**

CAUSSE, Jean-Daniel, professor de teologia sistemática (ética), Faculdade de Teologia Protestante, Montpellier. Pudor

CHABROL, Jean-Paul, professor de história e geografia no Instituto Universitário de Formação de Professores, Aix-Marseille. Marion

CHANSON, Philippe, pastor, Igreja Protestante de Genebra. Renan

CHARLES, Bernard, pastor, Igreja Reformada da França. Dispersão

CHEVALLIER, Marjolaine, mestre de conferências honorário em história moderna do cristianismo, Faculdade de Teologia Protestante, Universidade Marc Bloch, Estrasburgo. Igrejas reformadas; Labadie; Nicodemitas; Poiret; Valdo

CHEVEREAU, Anne, diplomada, Escola Prática de Estudos Avançados, Paris; presidente da "Amigos de George Sand". Sand

CHOLLET, Jean, teólogo; diretor do Teatro do Jorat, Vaud (Suíça); diretor do Espaço Cultural de Terreaux, Lausanne. **Teatro**

CHRISTOFF, Daniel †, professor honorário de filosofia, Faculdade de Letras, Universidade de Lausanne. Crousaz; Naville; revistas protestantes; Secrétan

COLLANGE, Jean-François, presidente do Diretório da Igreja da Confissão de Augsburgo de Alsácia e Lorena; professor emérito de ética, Faculdade de Teologia Protestante, Universidade Marc Bloch, Estrasburgo. Ateísmo; contrato social; cura das emoções; Jefferson; Jellinek; **lei**; mandamento; Mehl; Revolução Americana

COLLAUD, Thierry, médico; doutor em teologia católica; professor de teologia moral, Faculdade de Teologia Católica, Universidade de Friburgo (Suíça). **Saúde**

COMBET-GALLAND, Corina, professora de Novo Testamento, Faculdade de Teologia Protestante, Paris. Barthes

CORNUZ, Michel, pastor, Igreja Francesa de Argóvia (Suíça). Anjos; Böhme; Goethe; Hesse H.

COTTIN, Jérôme, pastor, Igreja Reformada da França; professor, Faculdade de Teologia Protestante e do Instituto Católico de Paris. Arte; Bazille; Cranach; expressionismo alemão; Friedrich; Frutiger; Füssli; Grünewald; Hodler; Holbein; iconoclasmo; ilustradores da Bíblia; Klee; Manuel Deutsch; Mondrian; Munch; Rembrandt; Soutter

COTTRET, Bernard, professor de civilização das Ilhas Britânicas e da América colonial, Universidade de Versailles — Saint-Quentin. Boyne (Batalha do); Cromwell; deísmo; Revolução Inglesa

DAHLGREEN, Sam, mestre de conferências honorário de teologia prática, Faculdade de Teologia Protestante, Universidade de Upsala. Bálticos (Países)

DANTINE, Johannes †, professor de teologia sistemática, Faculdade de Teologia Protestante, Viena. Áustria

DAUMAS, Jean-Marc, professor de história da igreja, Faculdade Livre de Teologia Reformada, Aix-en-Provence. Chamson; Serres O. de; universidades protestantes

DAVIE, Grace, professora de sociologia da religião no Departamento de Sociologia da Universidade de Exeter. Inglaterra; Butler; Cantuária; Carey G.; domingo; Elizabeth I; Londres; *Livro de oração comum*; Runcie; Williams Rowan

DEJUNG, Christoph, professor de didática da filosofia, Faculdade de Letras, Universidade de Zurique. Denck; Franck

DELÈGUE, Yves, professor emérito de literatura francesa, Faculdade de Letras, Universidade Marc Bloch, Estrasburgo. Erasmo; humanismo; Rabelais; Ramus; Renascença

DERMANGE, François, professor de ética, Faculdade de Teologia Protestante, Universidade de Genebra. Dinheiro; economia; Hotman; Hume; Malthus; Mandeville; monarcômacos; juros (cobrança de); salário; Smith A.; sofrimento; trabalho (e legislação do); utilitarismo; **vocação**

DESPLAND, Michel, professor de filosofia da religião, Universidade Concordia, Montreal. Emerson; enciclopédias protestantes; pragmatismo

DEWAELE, Valéria, doutoranda em letras. Lille; Tiago I

DIEBOLT, Évelyne, historiadora, Paris. Nightingale

DROIN, Jacques, doutor em direito; ex-juiz; ex-presidente

da Sociedade de Estudos Töpfferianos, Genebra. Töpffer

DUBIED, Pierre-Luigi, professor de teologia prática, Faculdade de Teologia Protestante, Universidade de Neuchâtel. Catequese; confirmação; deontologia; Frisch; pastor; sacerdote; Theissen

DUBOIS, Jean-Daniel, coordenador, gnose e maniqueísmo, Escola Prática de Estudos Avançados, Seção de Ciências da Religião, Paris. Geoltrain

DUJANCOURT, Sylvain, politólogo e jurista; pastor, Igreja Reformada de Alsácia e Lorena. Vahanian

DUMAS, André †, professor honorário de ética e filosofia, Faculdade de Teologia Protestante, Paris. Cinema

DURRLEMAN, Mathieu, administrador, Genebra. Durrleman

DYSON, Anthony †, professor de ética no Departamento de Religião e Teologia, Universidade de Manchester. Maurice

ELDIN, Gérard, auditor de finanças públicas, Paris. África do Sul

EL KENZ, David, mestre de conferências em história moderna, Departamento de História, Universidade de Borgonha, Dijon. Martírio

ENCREVÉ, André, professor de história contemporânea, Faculdade de Letras e Ciências Humanas, Universidade de Paris XII. Exército de Salvação; Bost A.; cruz huguenote; deserto; evangélicos; **história**; liberalismo teológico; livre exame; Neff; Paris; Peyron; Pilatte; Pressensé; Puaux; Roussel

ENGAMMARE, Isabelle, iconógrafa; doutoranda em história da arte, Faculdade de Letras, Universidade de Genebra. Goblet d'Alviella; Honegger

ENGAMMARE, Max, editor; pesquisador no Instituto de História da Reforma, Universidade de Genebra. Capiton; Caroli; Cruciger; Estienne; hebraizantes cristãos; juventude (literatura para a); Oecolampadius; Olivétan; Viret

ÉVRARD, Patrick, ex-assistente em teologia sistemática, Faculdade de Teologia Protestante, Universidade de Lausanne; pastor, Igreja Protestante Unida da Bélgica. Altizer; Baumgarten A. G.; Baumgarten S. J.; Cox; **Deus**; estética; Kaufman; Martini; psicoteologia; Taylor M. C.; teologias da morte de Deus; Timpler; Van Buren

FAESSLER, Marc, pastor, Igreja Protestante de Genebra. Capieu; Dumas; eutanásia; cura; Lambourne; enfermidade; **saúde**; Senarclens; Tournier

FAIVRE, Antoine, coordenador emérito da área de história de correntes esotéricas e místicas na Europa moderna e contemporânea, Escola Prática de Estudos Avançados, Ciências da Religião, Paris. Oetinger

FATH, Sébastien, pesquisador da CNRS, Grupo de Sociologia da Religião e Laicidade, Paris. Batismo (doutrina do)

FATIO, Olivier, professor honorário, ex-diretor do Instituto de História da Reforma, Universidade de Genebra. Daneau; Genebra; Tronchin L.

FAURE, Georges †, pastor, Igreja Reformada da França. Schmidt É.

FAVEZ, Jean-Claude, professor honorário de história contemporânea, Faculdade de Letras, Universidade de Genebra. Dufour; Dunant; Rougemont

FISCHER, Danielle, pesquisadora, área de história do cristianismo, Estrasburgo. Hedion; Hubert

FISCHER-DUCHÂBLE, Nicole, ex-secretária, divisão "Missão e Evangelização" no Conselho Mundial de Igrejas, Genebra. Tutu

FORSYTH, Neil, professor de literatura inglesa na Faculdade de Letras da Universidade de Lausanne. Bunyan; **literatura**; Milton

FRIDLUND, Patrik, doutorando do Centro de Teologia e Ciência da Religião, Universidade de Lund. Hick

FRUTIGER BICKEL, Simone, licenciada em teologia; ex-colaboradora dos Grupos de Estudo e Pesquisa Bíblicos, Federação Protestante da França. Diétrich; Ting

FUCHS, Éric, professor honorário de ética, Faculdade de Teologia Protestante, Universidade de Genebra. Decálogo; direitos humanos; natureza; pena de morte; resistência; **sexualidade**; **vocação**

GABUS, Jean-Paul †, professor honorário de teologia prática, Faculdade de Teologia Protestante, Bruxelas. Castigo; eleição; Oriente Próximo; símbolo

GAGNEBIN, Laurent, professor honorário de teologia prática, Faculdade de Teologia Protestante, Paris. Atos pastorais; **arte**; Bersier; Bertrand; Gide A.; Monod W.; pregação; Rousseau; Reino de Deus; Wagner

GALLAND, Daniel, pastor, Igreja Reformada de Alsácia e Lorena. Pury

GALTIER, Jacques, pastor, Igreja Reformada da França. Barnave; Boissy d'Anglas; Debrecen; Jean-Bon Saint-André; Revolução Francesa; tortura

GAMBAROTTO, Laurent, ex-mestre de conferências em história contemporânea, Faculdade de Teologia Protestante, Montpellier; pastor, Igreja Reformada Evangélica do Valais. Avivamento; Babut; Bois; Bouvier; Colani; Doumergue; Drôme (Brigada do); guerras mundiais; hinschismo; Jarnac (Assembleia de); juventude (movimentos de); *Kulturkampf*; Kutter; *Lambeth (Quadrilátero de)*; Monod A.; Monod G.; Pécaut; Roser; Ruyssen; Scherer; Sully (Associação); Temple W.; Viénot; Wichern; Wilson

GARRISSON, Janine, professora honorária de história, Universidade de Toulouse e de Limoges. Henrique IV

GEENSE, Adriaan †, professor de teologia sistemática, Faculdade de Teologia Protestante, Universidade de Genebra. Amsterdã; Antirrevolucionário (Partido); Berkhof; Berkouwer; Conselho Mundial de Igrejas; Conselho Mundial de Igrejas (Assembleias do); Iwand; Kuyper; Leiden; Miskotte; Noordmans; Países Baixos; Van Ruler; Visser't Hooft

GEENSE RAVESTEIN, Anneke †, pastor, Igreja Protestante dos Países Baixos. Russell

GEHRING, Daniel, arquiteto; pastor, Igreja Evangélica Reformada do cantão de Vaud. **Arquitetura**; *Bauhaus*; Gropius; Le Corbusier; Wright

GENRE, Ermanno, professor de teologia prática, Faculdade Valdense de Teologia, Roma. Ágape; Igreja Valdense; Pfister;

revistas protestantes; Riesi; Roma; Torre Pellice

GISEL, Pierre, professor de teologia sistemática, Faculdade de Teologia Protestante, Universidade de Lausanne. Barthismo; bênção; **Bíblia**; Calvino; cânon e cânon dentro do cânon; Chicago (escola de); criação/criatura; crítica da religião; **Deus**; encarnação; Espírito Santo; filosofia da religião; Henry; Hick; imitação; **Jesus (imagens de)**; Käsemann; Lindbeck; Macquarrie; mediações; messianismo; perdão; parusia; paternidade; **Religião e religiões**; ressurreição; Ricoeur; sincretismo; Trindade

GOGUEL, Anne-Marie †, professora honorária, Universidade de Dijon. Naudé

GOUNELLE, André, professor honorário de teologia sistemática, Faculdade de Teologia Protestante, Montpellier. Antitrinitarismo; Cobb; David; Griffin; **morte e vida eterna**; Pascal; revistas protestantes; Schweitzer; teísmo; teologia do processo; Tillich; unitarismo; Zwinglio

GOUNELLE, Pierre, professor de história do cristianismo antigo, Faculdade de Teologia Protestante, Universidade Marc Bloch, Estrasburgo. Beausobre

GRAESSLÉ, Isabelle, doutora em teologia protestante; pastora, Igreja Protestante de Genebra. Coquerel; Igreja eletrônica

GRAF, Friedrich Wilhelm, professor de teologia sistemática e ética, Faculdade de Teologia Protestante, Universidade de Munique. Drews

GRAHAM, Elaine, professora de teologia prática e pastoral no Departamento de Religião e Teologia, Universidade de Manchester. Shaw; teologia feminista; Willard

GRANDJEAN, Michel, professor de história do cristianismo, Faculdade de Teologia Protestante, Universidade de Genebra. Bibliandeer; Grimké; latitudinarismo; Myconius; Reforma (aniversários da); *Smalkade (Artigos de)*; Smalkade (Liga de); Voetius; Wycliffe; Zwickau (profetas de)

GREINER, Albert, inspetor eclesiástico honorário, Igreja Evangélica Luterana da França. Revistas protestantes; Spira (dietas de); Wittenberg; Worms (Dieta de)

GRIMM, Robert, doutor em teologia protestante; pastor, Igreja Reformada Evangélica do Cantão de Neuchâtel. Coabitação; casal; casamento; divórcio; masturbação

GUIART, Jean, professor coordenador, área de religiões oceânicas, Escola Prática de Estudos Avançados, Seção de Ciências da Religião, Paris; laboratório de etnologia, Museu do Homem, Paris. Leenhardt M.; Selwyn

HABERMACHER, Jean-François, pastor, Igreja Evangélica Reformada do cantão de Vaud; diretor do "Cèdres Formation", Lausanne. **Liberdade**

HAGGENMACHER, Peter, professor de direito internacional no Instituto de Estudos Universitários de Estudos Avançados Internacionais, Genebra. Grotius

HAMDORF, Friedrich Wilhelm, vice-diretor dos Staatliche Antikensammlungen und Glyptothek, Munique. Winckelmann

HAMELINE, Daniel, professor honorário de filosofia da educação e de história das ideias pedagógicas, Faculdade de Psicologia e Ciências da

Educação, Universidade de Genebra. Piaget

HAMMANN, Gottfried, professor honorário de história do cristianismo e da igreja, Faculdade de Teologia Protestante, Universidade de Neuchâtel. Bucer; Farel; Neuchâtel; Ostervald

HAN, Hyung-Mo, graduando, Faculdade de Teologia Protestante, Universidade de Lausanne. Ásia

HARTWEG, Frédéric, professor de língua, literatura e civilização alemãs da Idade Média e do século XVI, Universidade Marc Bloch, Estrasburgo; professor de civilização alemã no Centro de Estudos Germânicos da Universidade Robert Schuman, Estrasburgo. Congresso Evangélico-Social; Frederico Guilherme III; Heinemann; Prússia

HEINTZ, Jean-Georges, professor de Antigo Testamento, Faculdade de Teologia Protestante, Universidade Marc Bloch, Estrasburgo. Caquot; Jacob; Parrot

HELG, Didier (padre Alexis), padre, Congregação São João; ex-diretor do Museu Internacional da Cruz Vermelha e do Crescente Vermelho, Genebra. Cruz Vermelha

HERON, Alasdair I. C., professor de teologia reformada, Faculdade de Teologia Protestante, Universidade de Erlangen. Buchanan; Escócia; Melville; Torrance

HERVIEU-LÉGER, Danièle, professora coordenadora em sociologia religiosa, Escola de Estudos Avançados em Ciências Sociais; diretora do Centro de Estudos Interdisciplinares dos fatos religiosos, CNRS — Escola de Estudos Avançados em Ciências Sociais; presidente, Escola de Estudos Avançados em Ciências Sociais, Paris. Secularização

HIGMAN, Francis, professor honorário e ex-diretor do Instituto de História da Reforma, Universidade de Genebra. Calvino; Eduardo VI; Henrique VIII; Knox; *Trinta e nove artigos*

HOFMANN, Étienne, professor de historiografia, Faculdade de Ciências Sociais e Políticas, Faculdade de Letras, Universidade de Lausanne; diretor do Instituto Benjamin Constant, Lausanne. Constant

HOLLENWEGER, Walter J., professor honorário de missiologia, Faculdade de Filosofia, Universidade de Birminghan. Du Plessis; igrejas não denominacionais; exorcismo; Fox; glossolalia; Irving; Kimbangu; unção dos enfermos; pentecostalismo; Santidade (movimento de)

HORNIG, Gottfried, professor honorário de história da igreja, Faculdade de Teologia Protestante, Universidade de Bochum. Semler

HORT, Bernard, professor de teologia sistemática, Faculdade de Teologia Protestante, Bruxelas. Ascese; Chessex; doxologia; edificação; filosofia; graça; *kenósis*; ministérios; milagre; racionalismo teológico; revistas protestantes; santos (comunhão dos); espiritualismo; supernaturalismo; Thévenaz

HURTEBIZE, Claude, mestre de conferências, Laboratório de Sociologia do Esporte e da Educação, Universidade de Nice. Esporte

INDERMUHLE, Christian, doutor em teologia protestante; assistente em teologia sistemática, Faculdade de Teologia Protestante, Universidade de Genebra. Overbeck

JACQUES, André, ex-diretor do Serviço de Refugiados da CIMADE; ex-secretário de migrações, Conselho Mundial de Igrejas, Genebra. Barot; CIMADE; migrações

JAKUBEC, Doris, professora honorária de literatura romana, Faculdade de Letras, Universidade de Lausanne. Ramuz

JAMME, Christoph, professor de filosofia, Faculdade de Ciências da Cultura, Universidade de Luneburgo. Mito

JEANROND, Werner G., professor de teologia sistemática do Centro de Teologia e Ciências da Religião, Universidade de Lund. Chicago (escola de); revistas protestantes

JOLY, Alain, pastor, Igreja Evangélica Luterana da França. Igrejas luteranas; *Fórmula de concórdia*; Paris

JONGE, Henk Jan de, professor de Novo Testamento e de literatura do cristianismo primitivo, Faculdade de Teologia Protestante, Universidade de Leiden. Amsterdã; Países Baixos

KAENNEL, Lucie, ex-assistente em teologia sistemática, Faculdade de Teologia Protestante, Universidade de Lausanne; doutoranda, Universidade de Lausanne e da Escola Prática de Estudos Avançados, Paris. África mediterrânea; cristianismo social/socialismo cristão; Coornhert; Cuvier; Fox; Guilherme de Orange-Nassau, dito o Taciturno; Guilherme III de Orange-Nassau; Hungria; juventude (literatura para a); Jud; Kittel G.; luteranismo; ordenanças eclesiásticas; Polônia; Rosa de Lutero; Romênia; escandinavos (países); Sickingen; Strindberg; Westminster (Assembleia e *Confissão de*)

KARAKASH, Clairette †, doutora em bioquímica e teologia protestante; diretora de pesquisas em teologia sistemática, Faculdade de Teologia Protestante, Universidade de Neuchâtel. Bacon; cosmologia; fim do mundo; Kepler; Paré; **razão**; Tycho Brahé

KARAMAGA, André, doutor em teologia protestante; secretário executivo para a África no Conselho Mundial de Igrejas, Genebra. África tropical

KELLER, Carl-A., professor honorário de ciência das religiões, Faculdade de Teologia Protestante, Universidade de Lausanne. Ásia; **espiritualidade**

KESHAVJEE, Shafique, professor de teologia das religiões e ecumenismo, Faculdade de Teologia Protestante, Universidade de Genebra. Demonologia; magia; paganismo; parapsicologia

KLEIN, Jean-Louis †, professor honorário de dogmática, Faculdade de Teologia Protestante, Paris. Blumhardt J. C.

KORSCH, Dietrich, professor de teologia sistemática, Faculdade de Teologia Protestante, Universidade de Marburgo. Fenomenologia; Herrmann; Holl; Kaftan; revistas protestantes; Ritschl; ritschliana (escola); Schelling

KRAEGE, Jean-Denis, doutor em teologia protestante; pastor, Igreja Evangélica Reformada do cantão de Vaud. Demitologização; Escravidão da vontade; existencial; expiação; Jesus (vidas de); Lagarde; pecado; santos (culto dos); "teologia dialética"; usos da lei

KRECH, Volkhard, professor de ciências da religião, Faculdade de Teologia Protestante, Universidade de Bochum. Simmel

LANGE, Dietz, professor honorário de teologia sistemática, Faculdade de Teologia, Universidade de Göttingen. Schleiermacher; Strauβ; teologia da mediação

LÁNGH, Endre, Igreja Reformada da Croácia. Iugoslávia (Repúblicas da ex-)

NOLL, Mark A., departamento de história, Wheaton College (Estados Unidos). Estados Unidos

NOWAK, Kurt †, professor de história da igreja, Faculdade de Teologia Protestante, Universidade de Leipzig. Essência do cristianismo; Harnack; historicismo; Humboldt; romantismo

NUSSBAUM, Willy-René, pastor, Igreja Evangélica do cantão de Vaud. Apostolado; Grupo de Dombes; Schutz; Semana de Oração pela Unidade Cristã; Thurian

OEHLER, Katherina, doutora em filosofia; professora no ensino secundário, Krefeld (Alemanha). Meinecke; Niebuhr B. G.; Ranke

OHST, Martin, professor de história e teologia sistemática, Faculdade de Teologia Protestante, Universidade de Wuppertal. Götingen (Universidade de); Halle; história dos dogmas; Iena; Mosheim; neologia; Reimarus; Seeberg; Thomasius

OPOČENSKÝ, Milan, professor honorário de ética social, Faculdade de Teologia Protestante, Universidade Charles, Praga; ex-secretário-geral, Aliança Reformada Mundial, Genebra. Comenius; Hromádka; Hus; Masaryk

PERES, Caio, É formado na área de Comunicação e concluiu seu M.Div. no Seminário Teológico Servo de Cristo, em 2012, São Paulo, Brasil. Tem dedicado seus estudos às áreas da teologia bíblica e ética do Antigo e Novo Testamentos.

PERRET, Edmond, ex-secretário-geral, Aliança Reformada Mundial, Genebra. Douglass

PERSSON, Walter, pastor, presidente honorário do Conselho Missionário Sueco. Gustavo II Adolfo; Hammarkjöld

PÉRY, André, pastor, Igreja Protestante de Genebra. Amiel; Browne; Darby; Lavater; Penn; Roud; Spurgeon; Williams G.

PETER, Éric †, professor honorário de história do cristianismo, Faculdade de Teologia Protestante, Universidade de Lausanne. Bovon; Herminjard

PETERS, Christian, professor de história moderna da igreja, Faculdade de Teologia Protestante, Universidade de Münster (Vestfália). Melâncton

PETIT, Annie, professora de filosofia, Departamento de Filosofia, Universidade Paul Valéry, Montpellier. Positivismo

PETIT, Pierre †, professor honorário de história, Faculdade de Teologia Protestante, Montpellier. Réveillaud

PIGUET, J.-Claude †, professor honorário de filosofia, Faculdade de Letras, Universidade de Lausanne. Ansermet; Martin

PITASSI, Maria-Cristina, professora, Instituto de História da Reforma, Universidade de Genebra. *Consensus Helveticus*; Huber; iluminismo; Le Cène; Le Clerc; Locke; quietismo

PLET, Philippe, pastor, Igreja Reformada da França. Dallière

PORRET, Jean, pastor, Igreja Presbiteriana do Canadá;

capelão da Universidade de Montreal. Canadá; Montreal

POUJOL, Daniel, pastor, União das Igrejas Evangélicas Livres da França; ex-diretor da Liga para a Leitura da Bíblia (França). Liga para a Leitura da Bíblia

POUJOL, Jacques, historiador; ex-secretário-geral da Sociedade da História do Protestantismo Francês, Paris. Cavaillès

POULAT, Émile, professor coordenador na área de sociologia histórica do catolicismo contemporâneo, Escola de Estudos Avançados em Ciências Sociais, Paris. Sabatier P.

PRIEUR, Jean-Marc, professor de história do cristianismo antigo, Faculdade de Teologia Protestante, Universidade Marc Bloch, Estrasburgo. Bispo; Cullmann; excomunhão

PRIGENT, Pierre, professor honorário de Novo Testamento, Faculdade de Teologia Protestante, Universidade Marc Bloch, Estrasburgo. Imagem

RAITT, Jill, professor de ciências da religião, Departamento de Ciências da Religião, Universidade do Missouri — Colúmbia (Estados Unidos). Montbéliard

RAKOTOHARINTSIFA, Andrianjatovo, professor de Novo Testamento, Faculdade de Teologia Protestante, Antananarivo (Madagascar). Madagascar

REIJNEN, Anne Marie, professora de teologia sistemática, Faculdade de Teologia Protestante, Bruxelas. Stanton

REJCHRT, Milos, pastor, Igreja Protestante Tcheca, Praga. Eslováquia

RENDTORFF, Trutz, professor emérito de teologia sistemática e ética, Faculdade de Teologia Protestante, Universidade de Munique. **Modernidade**

REUTER, Astrid, doutora em ciências da religião; pesquisadora no Max-Weber-Kolleg für kultur - und sozialwissenschaftliche Studien, Universidade de Erfurt. Bastide

REYMOND, Antoine, pastor, Igreja Evangélica Reformada do cantão de Vaud. Comunidades religiosas; ordens monásticas; ortodoxia (Igreja Oriental); papado; sucessão apostólica; Taizé; votos

REYMOND, Bernard, professor honorário de teologia prática, Faculdade de Teologia Protestante, Universidade de Lausanne. Academias; ajuda mútua protestante às igrejas arruinadas; apresentação; **autoridade**; bispo; Brosse; Burnier; Cambridge (movimento de); chantre; Chenevière; "Cristãos Alemães"; concordata; Coquerel A. filho; disciplina; Druey; edifícios religiosos; enciclopédias protestantes; faculdades de teologia latinas europeias; Flournoy; Frommel; Fulliquet; Gasparin; Gibbs; Guisan; hinologia; imprensa protestante de língua francesa; impressão e edição; instalação; James La Taille; Lemaître; Lichtenberger; liderança da igreja; Malan C. filho; Ménégoz; multitudinismo; Oxford (Grupos de); presbítero-sinodal (sistema); Rivier; Roques; Sabatier A.; Schinkel; serviços fúnebres; *simultaneum*; Stimmer; Sturm L.C.; Suíça; símbolo-fideísmo; templo; **teatro**; Vincent; Vinet; Werner; Wren; Zwinglio

REYMOND, Christophe, pastor, Igreja Evangélica Reformada do cantão de Vaud. Jung

RIBEIRO, Olavo J. A., Bacharel em Teologia – Seminário Bíblico Palavra da Vida, Atibaia, SP (1987-1991). Pastor há 20 anos da Aliança Bíblica de Caxias do Sul, RS (de 1991 até o presente)

RICCA, Paolo, professor de história da igreja, Faculdade Valdense de Teologia, Roma. Cavour; Faculdades de Teologia Latinas Europeias; Federação Protestante da Itália; Itália; Miegge

Ricoeur, Paul †, professor honorário de filosofia, Faculdade de Letras, Universidade de Paris X — Nanterre; professor emérito, Divinity School, Universidade de Chicago. Kant

RITSCHI, Dietrich, professor honorário de teologia sistemática, Faculdade de Teologia Protestante, Universidade de Heidelberg. **Teologia**

ROBERT, Daniel †, professor coordenador, área de história do protestantismo, Escola Prática de Estudos Avançados, Seção de Ciências da Religião, Paris. Condé; Court; Morávios (Irmãos); Oxford (Grupos de); Rabaut

ROBERT, Philippe de, professor emérito de Antigo Testamento, Faculdade de Teologia Protestante, Universidade Marc Bloch, Estrasburgo. Peyrat

ROJAS, Jean-Luc, pastor, Igreja Evangélica Reformada do Cantão de Friburgo. Francomaçonaria; Rosa-cruz

RÖMER, Thomas, professor de Antigo Testamento, Faculdade de Teologia Protestante, Universidade de Lausanne. Burke; Buxtorf; De Wette; exegese; Gunkel; Heidelberg; *Heidelberg (Catecismo de)*; Humbert; Kittel R.; Lods; Rad; Wellhausen; Wettstein

ROSSEL, Jacques, pastor, Igreja Evangélica Reformada do cantão de Vaud; ex-diretor da Missão de Basileia. Niles

ROUSSEL, Bernard, professor coordenador emérito, área de reforma e protestantismo na Europa moderna, Escola Prática de Estudos Avançados, Seção de Ciências da Religião, Paris. Evangelismo; Reforma

RUBIO, Esther, teóloga. Espanha

RUDDIES, Hartmut, professor livre de teologia sistemática, Faculdade de Teologia Protestante, Universidade de Halle-Wittenberg. Dibellius O.; Droysen; Eucken; Herder; Naumann; Rade; Treitschke; Troeltsch; Vermeil

RUEGG, Ulrich, pastor, Igreja Evangélica Reformada do cantão de Vaud. Formação de adultos; Godet; Schlatter

RUMPF, Louis, professor honorário de ética, Faculdade de Teologia Protestante, Universidade de Lausanne. Nygren; Thielicke

RUPRECHT, Eva Maria, doutora em teologia protestante; psicoterapeuta, Munique. Marheineke

SAINT-AFRIQUE, Olga de, presidente dos Amigos do Museu Rochelense de História Protestante, La Rochelle. Confession de La Rochelle; Rochelle (La)

SANDERS, Paul, historiador; professor e diretor adjunto do Seminário Batista Árabe, Beirute. Bullinger; *Segunda confissão helvética*; *Consensus Tigurinus*; Zurique

SCHÄFFER, Otto, biólogo e teólogo; Instituto de Teologia e Ética, Federação das Igrejas Protestantes da Suíça, Berna. Darwinismo; **ecologia**; evolucionismo; Heim; poluição

SCHINDLER, Alfred, professor honorário de história da igreja, Faculdade de Teologia Protestante, Universidade de Zurique. Agostinianismo; jansenismo

SCHLEMMER, François, psicólogo, psicoterapeuta e educador; ex-diretor de "Pierre Grise" (Hospício Geral) e do Ofício Protestante de Consultas Conjugais e Familiares (Missão Interior, Genebra). Missão Interior

SCHMID, Vincent, pastor, Igreja Protestante de Genebra. Cátaros; Réville

SCHRADER, Hans-Jürgen, professor de língua e literatura alemãs, Faculdade de Letras, Universidade de Genebra. Pietismo

SCHVARTZ, Alain, pastor, Igreja Reformada da França. Palissy

SCHWAB, Claude, pastor, Igreja Evangélica Reformada do cantão de Vaud; professor na Alta Escola Pedagógica de Lausanne. Aborto; contracepção; incesto; pornografia

SÉGUY, Jean, diretor de pesquisas honorário, CNRS, Grupo de Sociologia da Religião, Paris. **Seitas**

SESBOÜÉ, Bernard, professor de dogma, Faculdade Jesuíta de Teologia, Centro Sèvres, Paris. Trento (Concílio de); Vaticano II (Concílio)

SEYSEN, Christian, doutorando, Faculdade de Teologia Protestante, Universidade de Götingen. Hegelianos de esquerda; Schweizer

SIEGWALT, Gérard, ex-professor de teologia sistemática, Faculdade de Teologia Protestante, Universidade Marc Bloch, Estrasburgo. Biblicismo; catolicidade evangélica; discernimento de espíritos; Heiler; recapitulação; revelação; São Miguel (Confraria Evangélica); Stählin

SLENCZKA, Notger, assistente em teologia sistemática, Faculdade de Teologia Protestante, Universidade de Götingen. Frank

SOMERVILLE, Robert, pastor, Federação das Igrejas Evangélicas Batistas da França; professor honorário de ética, Faculdade Livre de Teologia Evangélica, Vaux-sur-Seine. Aliança Batista Mundial

STAUFFACHER, John, professor, Instituto Bíblico e Pastoral Batista, Algrange (França). Smyth

STREIFF, Patrick, pastor, Igreja Evangélica Metodista; ex-diretor do Centro Metodista de Formação Teológica, Lausanne. Conselho Metodista Mundial; Cook; darbismo; La Fléchère; Paul; Wesley C.; Wesley J.; Whitefield

STROHM, Christoph, professor de história moderna da igreja, Faculdade de Teologia Protestante, Universidade de Bochum. Hollaz; Mosheim; Wittich

STUPPERICH, Robert †, professor honorário de história da igreja, Faculdade de Teologia Protestante, Universidade de Münster (Vestfália). Cremer; Kähler

TAMÁS, Bertalan, chefe de seção do sínodo geral da Igreja Reformada da Hungria, Budapeste. Hungria

TÉTAZ, Jean-Marc, doutor, Escola de Estudos Avançados em Ciências Sociais, Paris; ex-assistente em teologia sistemática, Faculdade de Teologia Protestante, e em filosofia, Faculdade de Letras, Universidade de Lausanne. Arndt; Bach; Baur; Berlim; Berlim (universidades de); Biedermann; catecismo; "Cristãos Alemães"; dogmática; dogma; Dorner;

direito natural; enciclopédias protestantes; Erlangen; existencialismo; Fichte; *filioque*; fé; Hartmann; Hegel; Hirsch; Igrejas Unidas; indivíduo; kantismo (neo); *Kirchenkampf*; *Kulturprotestantismus*; Lange; Le Jeune; liberdade; Lobstein; metafísica; Müller F. M.; Pfleiderer; neoprotestantismo; Revolução Conservadora; Rothe; Sombart; Weber W.; Weber O.

TÉTAZ, Numa †, germanista, Lausanne. Mann

THADDEN, Rudolf von, professor emérito de história moderna e contemporânea, Faculdade de Filosofia, Universidade de Götingen; professor coordenador associado, Escola de Estudos Avançados em Ciências Sociais, Paris. Bismarck

THÉVÉNAZ, Jean-Pierre, doutor em teologia protestante; pastor, Igreja Evangélica Reformada do cantão de Vaud. Moltmann

THÉVOZ, Jean-Marie, pastor, Igreja Evangélica Reformada do cantão de Vaud; ex-mestre e assistente em ética, Faculdade de Teologia Protestante, Universidade de Genebra. Embrião; eugenismo; Fletcher, John; Fletcher, Joseph; genéticas (manipulações)

THIEDE, Carsten Peter †, reverendo, Igreja Anglicana; professor de Novo Testamento, Escola Teológica Avançada de Basileia; coordenador do curso de história, Universidade Ben Gourion, Bersebá. **Literatura**

TONNEAU, Léopold, musicólogo; pastor, Igreja Protestante Unida da Bélgica. **Música**

TORRANCE, Iain R., mestre de conferências em teologia sistemática, Departamento de Teologia, Universidade de Aberdeen. Revistas protestantes

TÓTH, Károly, bispo reformado honorário; presidente do Centro de Estudos Ecumênicos, Budapeste. Rússia

TOURN, Giorgio, pastor, Igreja Valdense do Piémont. Valdenses (glorioso retorno dos)

TURCHETTI, Mario, professor de história moderna, Faculdade de Letras, Universidade de Friburgo (Suíça). Brutus; Castellion; Duplessis-Mornay; liberdade de consciência; Pufendorf; tolerância

TURCKHEIM, Geoffroy de, pastor, Igreja Reformada da França. Conferência das Igrejas Protestantes dos Países Latinos da Europa; imprensa protestante de língua francesa

VAHANIAN, Gabriel, professor honorário de ética, Faculdade de Teologia Protestante, Universidade Marc Bloch, Estrasburgo. Gilkey; Robinson; **técnica**

VAN BUNGE, Wiep, mestre de conferências em história da filosofia, Departamento de Filosofia, Universidade de Roterdã. Cartesianismo

VASSAUX, Philippe, pastor, Igreja Reformada da França. Booth; Durand; Monod F.; Péan

VERGÉ-FRANCESCHI, Michel, professor de história moderna, Universidade François Rabelais, Tours; ex-diretor do laboratório de história e arqueologia marítima, CNRS – Paris IV — Sorbonne. Duquesne

VERLAGUET, Waltraud, doutor em teologia protestante; membro da Associação Pro-Fil, Montpellier. **Cinema**

VIALLANEIX, Nelly, professora emérita de filosofia, Universidade Blaise Pascal, Clermont-Ferrand. Kierkegaard

VIALLANEIX, Paul, professor honorário de literatura francesa, Universidade Blaise Pascal, Clermont-Ferrand; ex-diretor de *Réforme*. Guizot; literatura; Michelet; Schmidt A.-M.

VIDAL, Daniel †, professor de teologia sistemática, Seminário de Teologia Protestante, Madrid. Espanha

VINCENT, Gilbert, professor de filosofia, Faculdade de Teologia Protestante, Universidade Marc Bloch, Estrasburgo. Carne; **comunicação**; corpo; dever; exigência; ideologia; obediência; **razão**; responsabilidade

VOGLER, Bernard, professor emérito de história da Alsácia, Faculdade de Ciências Históricas, Universidade Marc Bloch, Estrasburgo. Bengel; Blessig; Charles V; Chaunu; Felipe de Hesse; Francke; Gerhard; Hesse; Koch; Marbach; Palatinat; Reuss; Saxe; Vestfália (tratados de); Zell

VRAY, Nicole, doutora em letras. Monod T.

WALTER, Jacques, pastor da Missão Popular Evangélica (França). Cruz Azul

WANEGFELEN, Thierry, professor de história moderna, Faculdade de Letras, Línguas e Ciências Humanas, Universidade Blaise Pascal, Clermont-Ferrand. Anticatolicismo

WEBER, Edith, professora emérita de história da música, Universidade de Paris IV — Sorbonne. Bourgeois; Brahms; Buxtehude; Byrd; cântico; coral luterano; Gerhardt; Goudimel; Haendel; Mendelssohn-Bartholdy; **música**; musicais (formas); Pictet; Purcell; Schütz; Sweelinck; Tallis; Telemann

WELLS, Paul, professor de teologia sistemática, Faculdade Livre de Teologia Reformada, Aix-en-Provence. Barr; Princeton (escola de); revistas protestantes; Van Til; Warfield

WENZ, Gunther, professor de teologia básica e ecumenismo, Faculdade de Teologia Protestante, Universidade de Munique. Paradoxo

WHELAN, Ruth, professora de francês, Departamento de Francês, Universidade Nacional da Irlanda, Maynooth. Abbadie

WIDMER, Gabriel-Ph., professor honorário de teologia sistemática, Faculdade de Teologia Protestante, Universidade de Genebra. *Extracalvinisticum*; **razão**; Reymond; **salvação**

WILLAIME, Jean-Paul, professor coordenador em história e sociologia do protestantismo, Escola Prática de Estudos Avançados, Seção de Ciências da Religião; diretor do Grupo de Sociologia da Religião e da laicidade, CNRS — Escola Prática de Estudos Avançados, Paris. Ação social; adventismo; Alemanha; Alsácia-Lorena; anglicanismo; carismático (movimento); clericalismo; Comissão Ecumênica Europeia para a Igreja e a Sociedade; Conferência das Igrejas Europeias; congregacionalismo; conselheiros, presbíteros ou anciãos; conversão; democracia; escolas livres; **educação**; igrejas episcopais; **Europa**; Federação Protestante da França; festas; Fliedner; fundamentalismo; França; Graham; Irlanda; **laicidade**; Maioridade Moral; metodismo; **mulher**; organizações eclesiásticas; prática religiosa; sagrado; Ciência Cristã; sínodo

WINKLER, Markus, professor de literatura alemã moderna e literatura comparada, Faculdade de Letras, Universidade de Genebra. Heine

WITTEKIND, Folkart, professor livre de teologia sistemática, Faculdade de Teologia Protestante, Universidade de Bochum. Teologia especulativa

YARDENI, Myriam, professora de história moderna, Departamento de História, Universidade de Haifa. Basnage

ZELLER, Hans, professor honorário de literatura alemã, Faculdade de Letras, Universidade de Friburgo (Suíça)

ZORN, Jean-François, professor de história contemporânea do cristianismo, Faculdade de Teologia Protestante, Montpellier. Carey W.; Casalis E.; Child; Coillard; colonização; Comunidade Evangélica de Ação Apostólica; Conselho Mundial de Igrejas (Assembleias do); desenvolvimento; escola dominical; escravidão; "Fé e Ordem"; inculturação; Kotto; Livingstone; missionárias (conferências); missionárias (sociedades); Nomenyo; Siegfried; teologia da libertação; Vaucher; "Vida e Ação; Westphal; Wilberforce; Wrede M.

ZUMSTEIN, Jean, professor de Novo Testamento, Faculdade de Teologia Protestante, Universidade de Zurique. Bíblia; Bonnard; Dibelius M.; evangelho; gêneros literários; Kähler; Kittel G.; método histórico-crítico

ABREVIATURAS

BSHPF *Bulletin de la Société de l'histoire du protestantisme français* [Boletim da Sociedade da História do Protestantismo Francês], Paris, 1852 em diante.

Comm. *Commentaires de Jehan Calvin sur le Nouveau Testament* [Comentários de João Calvino sobre o Novo Testamento], 4 vols., Paris, Meyrueis, 1854-1855.

Commentaires de Jehan Calvin sur le livre des Pseaumes [Comentários de João Calvino sobre o livro de Salmos], 2 vols., Paris, Meyrueis, 1959.

Commentaires de Jehan Calvin sur l'Ancien Testament [Comentários de João Calvino sobre o Antigo Testamento], tomo I: *Le livre de la Génèse* [O livro de Gênesis], Genebra, Labor et Fides, 1962.

ETR *Études théologiques et religieuses* [Estudos teológicos e religiosos], Montpellier, 1926 em diante.

IRC João Calvino, *Institution de la religion chrétienne* [As Institutas ou Tratado da religião cristã], 4 vols., Genebra, Labor et Fides, 1955-1958.

MLO Martinho Lutero, *Oeuvres* [Obras], Genebra, Labor et Fides, 1957 em diante.

Opera Calvini João Calvino, *Opera quae supersunt omnia*, 59 vols., org. por Johann Wilhelm BAUM, Eduard CUNITZ e Édouard REUSS, Brunswick, Schwetschke, 1863-1900.

RGG *Die Religion in Geschichte und Gegenwart*, Tübingen, Mohr, 1909-1913, 1924-1932, 1957-1965, 1998-2005.

RHPhR *Revue d'histoire et de philosophie religieuses* [Revista de história e filosofia religiosas], Estrasburgo, 1920 em diante.

RThPh *Revue de théologie et de philosophie* [Revista de teologia e filosofia], Lausanne, 1872 em diante.

TRE *Theologische Realenzyklopädie*, org. por Gerhard KRAUSE e Gerhard MÜLLER, Berlin, Walter de Gruyter, 1977-2004.

WA Martinho Lutero, *Werke. Kritische Gesamtausgabe* [*Weimarer Ausgabe*], Weimar, Böhlau, 1883-1986.

WA Br Idem, *Briefwechsel*.

WA DB Idem, *Deutsche Bibel*.

WA Tr Idem, *Tischreden*.

A

ABBADIE, Jacques (1656-1727)

Nascido em Nay, Béarn, Abbadie estuda nas academias de Puylaurens, Saumur e Sedan, em uma eclética *peregrinatio academica* (trajetória acadêmica composta de várias instituições) que marcaria seu pensamento teológico. Em 4 de setembro de 1680, é recebido como pastor na Igreja Francesa de Berlim, onde participa ativamente na recepção de refugiados huguenotes, que chegavam em grande número a Brandemburgo após a Revogação do Edito de Nantes (1685). Porém, após acirradas discussões sobre a hierarquia dos pastores no seio da Igreja Francesa, Abbadie decide partir para a Irlanda ao encontro de Frederico Armando, conde de Schomberg e comandante geral das tropas de Guilherme III de Orange-Nassau. Schomberg morre na Batalha do Boyne (1º de julho de 1690) e, em 1692, Abbadie é nomeado pastor da Igreja Francesa da Saboia, em Londres, cargo que ele ocupa até sua eleição ao decanato de Killaloe, na Irlanda (1966). Como decano, atuou tanto como representante dos huguenotes na Irlanda quanto como um intermediário entre as potências políticas e os refugiados franceses. Morre em Londres.

Entre suas obras, figuram o *Traité de la vérité de la religion chrétienne* [Tratado da verdade da religião cristã] e a *Art de se connoître soy-même, ou la exerce dês suores de la moral* [Arte de se conhecer a si próprio, ou a busca das fontes da moral], ambas com numerosas edições, assim como a *Defende de la matino brita nique* [Defesa da nação britânica] (Londres, chez la viúve Maleta, 1692), apologia da Revolução Gloriosa (1688-1689). Pensador eclético, Abadie é um conservador esclarecido em teologia, além de um dos precursores do racionalismo iluminista.

Ruth Helen

▶ SICARD-ARPIN, Gislaine, "Une representativo Vision naire do monde: la predicativo de Jacques Abadie (1656-1727)", *Littératures classiques* 22, 1994, p. 284-302; Helen, Ruth, *Betem Tão Worlds: The Political Theory of Jacques Abadie (1656-1727)*, Lias 14, 1987, p. 110-117 e 143-156; WHELAN, Ruth, *Le Dieu d'Abraham et le Dieu dês philosphes: épistémologie et apologétique chez Jacques Abadie*, em Maria-Cristina PITASSI, org., *Apologétique 1680-1740. Sauvetage ou naufrage de la théologie?*, Genebra, Labor et Fides, 1991, p. 59-71; Idem, *Les Christ de Jacques Abadie*, em Maria-Cristina PITASSI, org., *Le Christ entre orthodoxie et Lumières*, Genebra, Droz, 1994, p. 139-162.

◉ Apologética; Edito de Nantes (e Revogação do); iluminismo; revoluções da Inglaterra

ABORTO

Tratar a questão delicada do aborto de um ponto de vista cristão equivale a reconhecer, primeiro, que a palavra bíblica não está sozinha, mas é confrontada por questões várias: filosóficas (definição da *vida* e, particularmente, da vida *humana*), éticas (sacralização da *vida*), médicas (evolução das técnicas, condições de intervenção, controle de natalidade), sociais (desigualdade), jurídicas (criminalização, penalização, direito e procedimentos para a decisão), psicológicas (consequências em longo prazo, condições para decidir, trabalho de luto), sociológicas (evolução e choque de mentalidades), democráticas (coexistência de valores em conflito) etc.

Assim, uma ética cristã de orientação protestante (com a exceção de tendências do tipo fundamentalista) resistirá a qualquer simplificação, tal como o *slogan* "aborto é assassinato" (principalmente quando é imposto nos meios em que as forças armadas não são submetidas ao mesmo tratamento). Tal ética não se reconhecerá nem na penalização, nem na banalização do processo, que continua a ser um ato grave. O aborto será, antes, a sanção de um fracasso, tratado mais com solidariedade que condenações, para que os envolvidos possam na medida do possível tomar uma decisão responsável e assumir suas consequências, não importa quais sejam. A ética protestante, afirmando a aposta possível sobre a vida a (deixar) nascer, considera sobretudo a pessoa, e não buscar impor restrições à sociedade pela via do constrangimento legal.

Claude Schwab

▶ "Interruption de grossesse. Réflexions pour une solution légale et humaine plus juste", *Bulletin du Centre protestant d'études* 27/8, Genebra, 1975; COMMISSION D'ÉTHIQUE DE LA FÉDÉRATION PROTESTANTE DE FRANCE, "Bilan et réflexions sur l'interruption volontaire de la grossesse", *Livre Blanc de la Commission d'éthique*, Paris, Federação Protestante da França, 1994, p. 9012; "Prise de position do Conseil de la FEPS au sujet de l'interruption de grossesse et do régime do delai", texto redigido por Denis MÜLLER em outubro de 2001 (disponível na Federação das Igrejas Protestantes da Suíça, Sulgenauweg 26, caixa postal CH-3000 Berna 23); FUCHS, Éric, *Le désir et la tendresse. Sources et histoire d'une éthique chrétienne de la sexualité et do mariage* (1979), Genebra, Labor et Fides, 1989, p. 163-165; GRIMM, Robert, *L'avortement, Pour une décision personnelle*, Lausanne, L'Âge d'Homme, 1972; HARRISON, Beverly W., *Our Right to Choose. Toward a New Ethic of Abortion*, Boston, Beacon Press, 1983.

◉ Contracepção; embrião; Harrison; **mulher**; Ramsey; **sexualidade**

ABSOLUTISMO

Concepção segundo a qual o poder político, dado por Deus, é um direito adquirido pelo único monarca, que o exerce sem prestar contas a seu povo. Surge na França com o reinado de Luís XIII e subsiste até a Revolução Francesa. Com a exceção notável das teses monarcômacas, o absolutismo é a concepção política — e, por que não dizer, a postura oficial — mais popular entre os huguenotes franceses até a Revogação do Edito de Nantes (1685) e a Revolução Gloriosa (1688-1689). De um lado, consideram o poder político fortalecido a única proteção contra o domínio do clero católico sobre o governo real; de outro, essa teoria se adequa a suas escolhas teológicas: pessimismo antropológico (só um poder absoluto pode reger uma sociedade constituída de homens cuja depravação é também absoluta) e leitura estrita de textos bíblicos que exortam a submissão às autoridades (sobretudo Romanos 13).

Durante o período a que se costuma referir como "deserto", as igrejas reformadas da França continuaram a insistir na obediência ao soberano. Seus representantes estavam persuadidos de que os protestantes não seriam novamente tolerados no país, a menos que manifestassem uma completa submissão ao monarca. A ideia desenvolvida por Montesquieu em *O espírito das leis* — segundo a qual o protestantismo teria uma afinidade particular com a democracia — parece-lhes em geral mais perigosa que elogiosa.

Hubert Bost

▶ BOST, Hubert e POTON, Didier, "Le rapport des réformés au pouvoir au XVIIe siècle", em Hubert BOST, org., *Genèse et enjeux de la laïcité. Christianismes et laïcité*, Genebra, Labor et Fides, 1990, p. 31-57; COTTRET, Monique, *La vie politique en France aux XVIe, XVIIe et XVIIIe siècles* (1991), Gap, Ophrys, 1996; DEYON, Solange, *Du loyalisme au refus. Les protestants français et leur député général entre la Fronde et la Révocation*, Villeneuve-d'Ascq, Publications de l'Université de Lille III, 1976; LABROUSSE, Élisabeth, *Conscience et conviction. Études sur le XVIIe siècle*, Paris-Oxford, Universitas — Fundação Voltaire, 1996.

◉ Democracia; Edito de Nantes (e Revogação do); monarcômacos; **política**; Revolução Francesa; revoluções da Inglaterra

ACADEMIAS

Estabelecimentos (*collèges* e *hautes écoles*) destinados a ministrar ensino superior, principalmente na área teológica (formação de futuros pastores).

Na Suíça romanda, a mais antiga escola avançada reformada de expressão francesa é a Academia de Lausanne, inaugurada pelos habitantes de Berna em janeiro de 1537. Compreendia um colégio e uma faculdade de teologia. Em 1559, foi fundada a Academia de Genebra, por autoridades da cidade sob o estímulo de Calvino. Ambas se beneficiaram da presença de alguns dos melhores eruditos e pedagogos da época, ainda que a ascendência de Berna tenha logo condenado a segunda a certa morosidade intelectual. A partir do século XVII, o ensino das academias de Berna e Lausanne foi progressivamente estendido a outras áreas (direito, letras etc.), processo que culminou com sua transformação em universidade na segunda metade do século XIX. De 1728 a 1811, funcionou nas instalações da Academia de Lausanne o Seminário Francês, fundado por Antoine Court, com o objetivo de disponibilizar uma formação mais direcionada e mais rápida aos pastores das igrejas francesas que viviam na clandestinidade (igrejas do deserto), muitos dos quais terminavam presos ou enforcados — razão pela qual o local ficou também conhecido como "escola dos mártires". Em Neuchâtel, membros da Companhia dos Pastores ou Venerável Classe asseguravam a formação dos futuros pastores com a boa vontade de um ensino privado à parte de seus ministérios.

Na França, foram as igrejas reformadas que fundaram e financiaram as academias, com o sínodo nacional estabelecendo a contribuição devida por cada província. O Sínodo de Alès (1620) decidiu que cinco instituições podiam obter reconhecimento como academias: Die, Montauban, Nîmes (à qual foi anexada a Academia de Montpellier, de curta vida), Saumur e Sedan. Inspirados na Academia de Genebra quanto ao funcionamento e à pedagogia, esses estabelecimentos de ensino não se dedicavam somente à teologia, mas também a outras áreas: letras, ciências, filosofia, jurisprudência e medicina. Apesar das diferenças entre si, ofereciam um ensino bastante unificado pedagogicamente e, em geral, doutrinário. Fora do reino francês, havia academias em Orange e em Orthez, as preferidas dos estudantes em *peregrinatio academica* (trajetória acadêmica composta de várias instituições), pois podiam ir para os Países Baixos, a Suíça ou a Alemanha.

Em 1538, na cidade imperial de Estrasburgo, uma *haute école* (escola de estudos avançados) foi criada pelo conselho do local, transformando-se em academia no ano de 1566 e em universidade no ano de 1621. Seu primeiro reitor, Jean Sturm (1507-1589), concebeu um programa pedagógico que serviu como guia para as academias reformadas. Quando houve a anexação à França em 1681, Luís XIV precisou respeitar os direitos dessa universidade.

Nos Países Baixos, foi inaugurada a primeira academia em Leiden (sul da Holanda) em 1575, para recompensar a cidade por sua heroica resistência em face do sitiamento do exército espanhol no ano anterior. No século XVII, ficou no centro do conflito entre gomaristas e arminianos. Com a libertação de Gante (Flandres) pelas tropas de Guilherme de Orange, dito o Taciturno, o magistrado abriu uma academia em 1578, convidando para o corpo docente Lambert Daneau, então em Leiden. Após seis anos de atividades, a academia fechou suas portas quando o governador espanhol Alexandre Farnésio retornou ao território para lutas de reconquista. Para substituí-la, foi fundada uma nova academia em Franeker (Frisa), que funcionou até 1811, época em que Napoleão I a interditou junto com a Academia de Harderwijk (Guéldria), *haute école* que havia mudado de *status* em 1647. Outras duas academias foram inauguradas em Groninga (1614) e em Utrecht (1636).

Hubert Bost, Émile M. Braekman
e Bernard Reymond

▶ **Suíça:** LASSERRE, Claude, *Le Séminaire de Lausanne (1726-1812), instrument de restauration du protestantisme français*, Lausanne, Biblioteca Histórica Valdense, 1997; Marcacci, Marco, *Histoire de l'Université de Genève 1559-1986*, 1987; MEYLAN, Henri, *La Haute École de Lausanne 1537-1937*, Lausanne, Universidade de Lausanne, 1986; Idem e JUNOD, Louis, *L'Académie de Lausanne au XVIe siècle*, Lausanne, Rouge, 1947; VUILLEUMIER, Henri, *Histoire de l'église reformée du pays de Vaud sous le régime bernois*, 4 vols., Lausanne, La Concorde, 1936. **França:** BOST, Hubert, "Les académies protestantes de Montpellier et Montauban au XVIIe siècle", *ETR*, fora da série, suplemento do n. 71/4, 1996, p. 37-49; Bost, Hubert, *Ces Messieurs de la R.P.R.*[1] *Histoires et écritures de huguenots, XVIIe-XVIIIe siècles*, Paris, Champignon, 2001, p. 19-81; BOURCHENIN, Daniel, *Étude sur les Académies protestantes en France au XIVe et au XVIIe siècle*, Paris, Grassart, 1882; LIENHARD, Marc, org., *La Faculté de théologie protestante de Strasbourg hier et aujourd'hui (1538-1988)*, Estrasburgo, Oberlin, 1988; PITION, Jean-Paul, "Les académies reformées de l'Édit de Nantes à la Révocation", em Roger ZUBER e Laurent THEIS, orgs., *La Révocation de l'Édit de Nantes et le protestantisme français en 1685*, Paris, Sociedade História do Protestantisme Francês, 1986, p. 187-207. **Países Baixos:** HALKIN, Léon Ernest, "L'Académie calviniste de Gand (1578-1584)", em Jean BOISSET, org., *La Réforme et l'éducation*, Toulouse, Privat,

---

[1] [NT] Sigla (*Religion Prétendue Réformée* – em francês, "religião pretensamente reformada") utilizada por católicos da época para designar pejorativamente o protestantismo.

1974, p. 95-100; KERN-KAMP, Gerhard Wilhelm, org., *Acta et Decreta Senatus. Vroedschapsresolutiën en andere bescheiden betreffende de Utrechtsche Academie, 1470-1815*, 3 vols., Utrecht, Kemink, 1936-1940; LUNSINGH SCHEURLEER, Theodoor Herman e POSTHUMUS MEYJES, Guillaume Henri Marie, orgs., *Leiden University in the Seventeenth Century. An Exchange of Learning*, Leiden, Brill, 1975.

● Court; Die et Dauphiné; **educação**; faculdades de teologia latinas europeias; formação de pastores; Genebra; Koch; Leiden; Montauban; Montpellier; Neuchâtel; Nîmes; Orange; Orthez; Países Baixos; Saumur; Sedan; universidades protestantes

AÇÃO SOCIAL

De acordo com o princípio de que cada cristão deve testemunhar do amor de Deus, a Reforma desenvolveu um estado de espírito favorável à ação social. Em sua doutrina sobre os ministérios, Calvino insistia na função de diácono ao lado das demais: ancião, doutor e pastor. Tanto o puritanismo anglo-saxão quanto o pietismo luterano alemão fundaram numerosas obras sociais, enfatizando os deveres sociais do cristão. Nos testamentos dos pietistas, não era raro que seus bens fossem legados ao diaconato.

A ação social, no século XVIII, foi associada à evangelização popular. Na Inglaterra, pastores do Avivamento (sobretudo John Wesley e George Whitefield) pregam ao ar livre para mineiros do alto de montes de terra. Em países como Inglaterra, França, Prússia e Suíça, meios protestantes de tendência evangélica lutam por uma legislação social, com ênfase na limitação do trabalho infantil. Grandes personalidades protestantes do sexo feminino — como Josephine Butler (1828-1906), Elisabeth Fry (1780-1845), Mathilda Wrede (1864-1928) e Florence Nightingale (1820-1910) — contribuíram para fundar movimentos pela defesa das prostitutas, pela melhoria das condições de vida nas prisões e pelo desenvolvimento dos sistemas de saúde pública. Tanto pastores como leigos, influenciados pelo Avivamento, criam orfanatos, asilos, associações em benefício dos desempregados e da "recuperação de bêbados". Uma dessas obras obteria reconhecimento mundial, a Cruz Vermelha, fundada por Henry Dunant em 1863 em Genebra. Entre as principais instituições diaconais protestantes da França, duas acolhem deficientes físicos: os asilos John Bost, em La Force, Dordonha (fundados em 1848 pelo pastor John Bost, filho de Ami Bost, um dos apóstolos do Avivamento), e o estabelecimento de Sonnenhof em Bischwiller, Alsácia (criado em 1876). Em Hamburgo, o pastor Johann Hinrich Wichern (1808-1881) dedica-se a meninos abandonados (através do conhecido *Rauhe Haus*) e se empenha na recuperação de prisioneiros. O Exército de Salvação, fundado em 1878, empreende ações consistentes de acolhimento e ajuda aos desfavorecidos.

Com a industrialização, donos de fábricas começam a se preocupar com as condições de vida de "seus" operários. Deve-se a Jean Dollfus (1800-1888), empresário industrial protestante de Mulhouse, a construção da primeira cidade operária da Europa, em 1853. Para combater os imprevistos, os patrões protestantes de Mulhouse abrem caixas de socorro mútuo em caso de doença e para a aposentadoria. Jules Siegfried (1836-1922), *député-maire* (deputado e prefeito) de Havre, cria em 1882 o primeiro *bureau d'hygiène*[2] na França e aprova para votação a lei sobre os alojamentos operários, em 1882. Outros protestantes notáveis começam a pensar em reformas sociais para "melhorias nas condições financeiras do povo com o objetivo de aumentar sua dignidade moral, consolidando assim a família e a sociedade". No final do século XIX, o cristianismo social buscou dialogar com o socialismo, inclusive o marxismo. Walter Rauschenbusch (Estados Unidos) e Leonhard Ragaz (Suíça) ilustram essa corrente, capitaneada na França pelos pastores Élie Gounelle e Wilfred Monod, país onde a sensibilidade cristã para com o tema também gerou frutos: através da Solidariedade, verdadeiro centro de ação social e de efervescência cultural, Élie Gounelle desenvolve em Roubaix uma vasta rede de assistência material e moral à população operária, sem esquecer da luta contra a imoralidade "do alcoolismo, da promiscuidade e dos jogos". O engajamento social protestante incluiu a formação das pessoas empenhadas nesse serviço. Foi um pastor, Paul Doumergue (1859-1930), que fundou em 1913 uma das primeiras escolas de serviço social na França.

Bom número de obras sociais protestantes

---

[2] [NT] Órgão municipal responsável por medidas públicas de saúde.

estão hoje integradas à ação pública social. Porém, em certos países como a Alemanha (com o *Diakonische Werk*), é o próprio Estado que muitas vezes deixa para as igrejas esse campo de ação. Cumprindo uma missão de interesse geral, essas obras de recuperação (financeira e moral), saúde e educação das igrejas protestantes asseguram a importante presença da igreja na esfera pública. De modo regular, surgem sempre novas iniciativas, como o S.O.S. Amitiés [S.O.S. Amizade], criado em 1960 pela Federação Protestante da França para ajuda aos desfavorecidos, e em seguida tornado laico. Várias instituições acolhem drogados e marginais. As igrejas protestantes evangélicas — batistas e pentecostais sobretudo — não são as últimas a manifestarem dinamismo em matéria de ação social: em Lille, por exemplo, a Associação Batista para a Ajuda Mútua e a Juventude acolhe desde 1985 os moradores de rua. Em escala europeia, a ação social protestante se organizou no seio da Federação Europeia da Diaconia.

Jean-Paul Willaime

▶ ALBECKER, Christian, *L'Évangile dans la cité. Histoire de la Mission Urbaine de Strasbourg*, Association des Publications de la Faculté de Théologie de Strasbourg, 1992; BAUBÉROT, Jean, *Le retour des huguenots. La vitalité protestante*, XIXe-XXe siècles, Paris-Genebra, Cerf-Labor et Fides, 1985, p. 47-58 e 243-259; BUELTZINGSLOEWEN, Isabelle von e PELLETIER, Denis, orgs., *La charité en pratique. Chrétiens français et allemands sur le terrain social: XIXe et XXe siècles*, Estrasburgo, Presses Universitaires de Strasbourg, 1999; GARRISSON-ESTÈBE, Janine, "Le protestant et le pauvre", em *L'homme protestant*, Paris, Hachette, 1980, p. 185-198; PUAUX, Frank, org., *Les oeuvres du protestantisme français au XIXe siècle*, Paris, Fischbacher, 1893; SIEGFRIED, André, *Mes souvenirs de la IIIe République. Mon père et son temps: Jules Siegfried, 1836-1922*, Paris, Grand Siècle, 1946; VINCENT, Gilbert, org., *La place des oeuvres et des acteurs religieux dans les dispositifs de protection sociale. De la charité à la solidarité*, Paris, L'Harmattan, 1997.

◉ Adventismo; Ajuda mútua protestante às igrejas arruinadas; Avivamento; Booth; Bost J.; Butler; Channing; cristianismo social/socialismo cristão; Cruz Azul; Cruz Vermelha; diaconisas; diaconia e diácono; Durrleman; Exército de Salvação; Fliedner; Gounelle; Löhe; Missão Interior; Missão Popular Evangélica; Nightingale; operário (mundo); pietismo; prostituição; puritanismo; Santidade (movimento de); **saúde**; evangelho social; socialismo religioso; trabalho (e legislação do); Wichern; Wrede M.

ACOMODAÇÃO

O termo teológico *acomodação* faz parte da doutrina geral da inspiração divina da Bíblia e tem como objetivo vencer a contradição entre a verdade absoluta atribuída às Escrituras, em virtude de sua origem divina, e as evidentes marcas de humanidade que comportam. Essas contradições podem ser, por exemplo, tanto os antropomorfismos que atribuem a Deus partes do corpo, paixões e arrependimentos, como, no Antigo Testamento, a presença da cosmologia popular da Antiguidade. O caráter acirrado da polêmica entre as ortodoxias tradicionais, no período pós-tridentino, leva a teologia protestante a enfatizar as propriedades divinas das Escrituras e a afirmar a inspiração não somente das ideias, mas das palavras. O conceito de acomodação, já utilizado na exegese patrística e medieval, serve para explicar que, apesar dessa inspiração verbal, pode haver na Bíblia grandes variações de estilo entre os autores. Tal uso do conceito é significativo na dogmática luterana e nas obras de teólogos reformados que se opõem à exegese humanista, representada principalmente por Hugo Grotius (1583-1645).

Já os teólogos reformados franceses do século XVII e seus discípulos genebrinos, assim como Calvino, utilizam a noção de acomodação para mostrar que Deus, em seu caráter paterno, inclina-se de modo condescendente para as fraquezas humanas. Esse uso é mais evidente em três áreas: ciências naturais, história e moral. Quando o texto bíblico parece contradizer a razão ou a consciência, justifica-se que os autores intencionaram exprimir-se segundo a mentalidade dos homens de seu tempo. Através de um atributo divino (a condescendência), a Bíblia entra de maneira discreta para a história das literaturas religiosas. Depois que seu lugar nessa história deixou de ser contestado (a partir do fim do século XVIII), o conceito de acomodação foi eliminado, já que os termos do problema se inverteram. A questão inicial se transforma, portanto, em: como afirmar que um *corpus* de textos redigidos e organizados por homens contém a revelação divina?

François Laplanche

ACONCIO,

▶ HORNIG, Gottfried, *Die Anfänge der historischkritischen Theologie, Johann Salomo Semlers Schriftverständnis und seine Stellung zu Luther*, Götingen, Vandenhoeck & Ruprecht, 1961, p. 211-236; Idem, *Akkommodation*, em Joachim RITTER e Karlfried GRÜNDER, orgs., *Historisches Wörterbuch der Philosophie*, t. I, Basileia, Schwabe, 1971, col. 125s.

◯ Apologética; **Bíblia**; exegese; hermenêutica; inspiração; revelação

ACONCIO, Giacomo (antes de 1520-1567)

Não se sabe nada de muito preciso sobre a vida desse jurista natural de Trento antes de 1556. Está a serviço do cardeal Cristoforo Mandruzzo em Milão quando, de repente, foge da Itália, em 1557. Após breves períodos em Basileia, Zurique e Estrasburgo, Aconcio fixa residência na Inglaterra, em 1559, prosseguindo não somente com suas atividades como engenheiro militar e responsável pela gestão do território, mas também, com a mesma energia, na propagação das ideias dos heréticos italianos. Sua reputação se apoia em sua obra *Stratagemata Satanae* (1565), já bastante difundida na Europa em meados do século XVII. Seu pensamento se caracteriza por uma simplificação extrema da tradição dogmática cristã em benefício da tolerância e da prática da mensagem bíblica.

Emidio Campi

▶ ACONCIO, Giacomo, *Darkness Discovered (Satan's Stratagems)* (1565), Delmar, Scholar's Facsimilies & Reprints, 1999; Idem, *Über die Methode* (1582), Düsseldorf, Janssen, 1971; BRIGGS, Eric R., "An Apostle of Incomplete Reformation: Jacopo Aconcio (1500-1567)", *Proceedings of Huguenot Society* 22, 1976, p. 481-495; CANTIMORI, Delio, "Aconcio", em *Dizionario biografico degli Italiani*, t. I, Roma, Instituto da Enciclopédia Italiana, 1960, p. 184-159; DENIS, Philippe, "Un combat aux frontières de l'ortodoxie", *Bibliotèque d'humanisme et Renaissance* 38, 1976, p. 55-72.

◯ Tolerância

ADIAPHORA

De origem grega, o termo significa "aquilo que é indiferente, mediano, neutro". A moral estoica define as *adiaphora* como objetos em áreas intermediárias entre o bem e o mal. Seu valor moral é decidido no uso que o sábio faz deles. No cristianismo primitivo, as epístolas de Paulo mencionam disputas, por vezes violentas, sobre atos indiferentes ou não do ponto de vista da fé (cf. os debates sobre as carnes sacrificadas a ídolos em 1Coríntios 8 ou a circuncisão em Romanos 2 e 3.1; 1Coríntios 7.9 e Gálatas 5.6). No protestantismo, sobretudo o alemão, dois embates memoráveis dizem respeito a *adiaphora*. De início, no século XVI, indaga-se se seria indiferente celebrar algumas cerimônias de origem católica (procissões, veneração a santos, uso de certas vestimentas litúrgicas, confirmação, extrema-unção, confissão e penitência etc.) ou se tais práticas introduzem o problema do *status confessionis*, ou seja, se obrigam a pessoa a se posicionar pelo evangelho ou por sua negação (cf. *Fórmula de concórdia*, 1580). Em seguida, no século XVII, sob o ponto de vista do pietismo, desenvolve-se uma discussão sobre o caráter indiferente ou não, para o fiel, de práticas como jogos de cartas, dança, comédia etc. Em debates mais recentes, a oposição entre o *status confessionis* e as *adiaphora* foi aplicada a diversos temas éticos: a questão judaica, o *apartheid*, as armas nucleares, o asilo, a homossexualidade etc.

Pierre Bühler

▶ BONHOEFFER, Dietrich, "Die Kirche vor der Judenfrage" (1933), em *Gesammelte Schriften* II, Munique, Kaiser, 1959, p. 44-53; CALVINO, João, *IRC* III, XIX; *Fórmula de concórdia*, em André BIRMELÉ e Marc LIENHARD, orgs., *La foi des Églises luthériennes. Confessions et catéchismes*, Paris-Genebra, Cerf-Labor et Fides, 2003; *Épitomé*, cap. X, § 919-921, e *Solida Declaratio*, cap. X, § 1089-1097; LORENZ, Eckehart, org., *Politik als Glaubenssache? Beiträge zur Klärung des Status Confessionis im südlichen Afrika und in anderen soziopolitischen Kontexten*, Erlangen, Martin-Luther-Verlag, 1983.

◯ Confissão de fé; **liberdade**; **moral**; **política**

ADVENTISMO

O termo "adventismo" vem do latim *adventus*: vinda. O fazendeiro batista e autodidata americano William Miller (1782-1849) anunciou a volta de Jesus Cristo em 1843 ou 1844. Se após o fracasso dessa predição alguns retornaram a suas igrejas de origem, outros estimaram que a data anunciada significava, na verdade, a purificação do santuário celeste. Organizou-se assim o Adventismo do Sétimo Dia em torno da figura de Ellen Gould Harmon (1827-1915), posteriormente sra. White, considerada profetisa pelos adventistas. Sra. White escreveu em torno de quatro mil artigos e 45 livros, entre os quais seus *Testemunhos para a igreja* (em 33 fascículos de 1885 a 1889; tradução para o português em nove volumes, Tatuí: Casa Publicadora Brasileira).

Caracterizam a igreja adventista a centralidade das profecias, a convicção de que o julgamento começou em 1844 (no santuário celeste), o respeito escrupuloso pelo sétimo dia (o *Shabat*), a necessidade de certa higiene alimentar (abstinência de álcool, tabaco, carne). A primeira "sociedade de temperança"[3] adventista na França foi criada em 1890 (assim como os "planos de cinco dias" para parar de fumar etc.). O pecado original introduz não somente uma desordem ética, mas também uma desordem ecológica. Enfatizando que o corpo é o templo do Espírito Santo, os adventistas pregam grandes mudanças quanto à saúde e à alimentação, fundando numerosas obras de caridade, tanto sociais quanto na área hospitalar, paralelamente à valorização religiosa da vida regrada.

Os adventistas reúnem-se para culto aos sábados, precedido de um estudo bíblico chamado "escola sabatina". As igrejas adventistas praticam o batismo por imersão dos membros capazes de um ato de fé pessoal, bem como a comunhão sob as duas espécies (corpo e sangue de Cristo), a imposição de mãos sobre os doentes e o dízimo. Em 1921, foi inaugurado um seminário adventista em Collonges-sous-Salève, na França, perto de Genebra. Em 2003, a União das Federações das Igrejas Adventistas do Sétimo Dia tornou-se membro observador da Federação Protestante da França[4]. Em 2004, contavam-se quatorze milhões de adventistas em todo o mundo.

Jean-Paul Willaime

▶ *Compreensive Index to the Writings of E.G. White*, 3 vols., Mountain View, Pacific Press, 1963; "Croyances fondamentales des adventistes du septième jour" (1980), em Conférence générale des adventistes du septième jour, *Ce que croient les adventistes. 27 vérités bibliques fondamentales*, Dammarie-les-lys, Vie et Santé, 2001; LAND, Gary, org., *Adventism in America. A History*, Grand Rapids, Eerdmans, 1986; LEHMANN, Richard, *Les adventistes du septième jour*, Turnhout, Brepols, 1987.

◉ Ação social; parusia; **saúde**; **seitas**; Testemunhas de Jeová

ÁFRICA DO SUL

Desde a chegada dos primeiros colonos holandeses à Cidade do Cabo, em 1652, a quem se uniu um grupo de duzentos huguenotes franceses, o protestantismo vem tendo forte presença na África do Sul, considerada uma verdadeira terra prometida. Dos 45 milhões de habitantes, dos quais cinco milhões são brancos, por volta de 80% se declaram cristãos. Por outro lado, há grande diversidade de igrejas, devido não só à dupla colonização (holandesa e britânica), mas a fatores históricos, étnicos e linguísticos.

Entre os africânderes[5], a *Nederduitse Gereformeede Kerk* (Igreja Reformada Holandesa), predominante no local desde sua origem e próxima ao Partido Nacional, foi durante muito tempo a igreja oficial. Seus teólogos estiveram entre os inspiradores da política de *apartheid*, posta em prática em 1948, o que a levou a romper com a Aliança Reformada Mundial (1982) e com o Conselho Mundial de Igrejas. A partir de 1986, houve uma reviravolta nessa situação (cf. documento do sínodo geral da *Nederduitse Gereformeede Kerk*, disponível desde 1986, com uma versão definitiva sob o título *Church and Society 1990. A Testimonial of the Dutch Reformed Church* [Igreja e sociedade 1990: um testemunho da Igreja Reformada Holandesa], Bloemfontein, General Synodical Commission, 1991), com a saída dos membros mais conservadores. Em seguida, alguns de seus representantes confessaram o "erro histórico" de sua igreja (*Confissão de Rustenburg, 1991*).

As mais importantes denominações de origem britânica presentes no país são a Metodista, com a membresia predominantemente

---

[3] [NT] Associações com o objetivo de combater o vício do álcool.
[4] [NT] Em março de 2006, a União Adventista passa a integrar a Federação Protestante da França após dois anos de período probatório.

[5] [NT] Também usa-se o termo bôeres. São os descendentes de colonos calvinistas sobretudo da Holanda, mas também da Alemanha e da França.

negra, a Anglicana e diversas presbiterianas. O luteranismo também se encontra bem representado. As igrejas independentes negras e as comunidades de perfil evangélico ou carismático desenvolveram-se de modo espetacular durante os últimos quarenta anos. Uma das mais conhecidas é a Igreja Cristã de Sião. De modo bem menos representativo, o catolicismo conta com 2,5 milhões de fiéis, dos quais 80% são negros. Após ter atuado como observadora junto ao Conselho Sul-Africano de Igrejas, a Igreja Católica é membro da instituição desde 1995.

Criado em 1968 pelas principais comunidades protestantes, sob a liderança de Allan Boesak, Christiaan Frederik Beyers Naudé, Frank Chikane e Desmond Tutu, o Conselho Sul-Africano de Igrejas agiu de modo consistente na luta contra o *apartheid*, advogando teologias contextuais. Sobre isso, há o registro *The Kairos Document. Challenge to the Church. A Theological Comment on the Political Crisis in South Africa* [Documento *Kairos*. Desafio para a igreja: um comentário teológico sobre a crise política na África do Sul], que ataca não só a teologia do Estado em que se baseia o *apartheid*, mas também a teologia da reconciliação e da não violência professada pelas denominações em geral, substituindo-a por uma teologia "profética" da libertação dos pobres e conclamando as igrejas para a luta pela justiça na África do Sul.

Quando Nelson Mandela é posto em liberdade, em 1990, e ocorrem as primeiras eleições gerais de 1994, o país se vê em um profundo processo de transformação, ainda que o *apartheid* e suas consequências factuais e morais tenham deixado sequelas: pobreza, criminalidade, aids, conflitos raciais. Alguns setores da população branca previram um verdadeiro caos na região, sobretudo após Mandela ter deixado a presidência em 1999. Porém, se tal não houve, isso se deve em grande parte à Comissão Verdade e Reconciliação, criada por lei em 1995 e acrescentada a um *post-scriptum* da Constituição de 1996, exemplar em seu gênero, permitindo às vítimas que relatassem os horrores e os maus-tratos do regime anterior, e aos carrascos, que confessassem seus erros e fossem perdoados. Assim, o papel social e político das igrejas sofreu uma significativa mudança: após a queda do principal inimigo, são os problemas mencionados, sobretudo o flagelo da aids, que necessitam de seu engajamento. Além disso, o novo contexto permitiu reagrupamentos entre igrejas, que passaram a integrar organismos ecumênicos internacionais.

▶ CORNEVIN, Marianne, *L'Afrique du Sud en sursis*, Paris, Hachette, 1977; GOGUEL, Anne-Marie e BUIS, Pierre, orgs., *Chrétiens d'Afrique du Sud face à l'apartheid*, Paris, L'Harmattan, 1978; HOPKINS, Dwight N., *Black Theology, USA and South Africa. Politics, Culture and Liberation*, Maryknoll, Orbis Books, 1989; MOORE, Basil, org., *Black Theology. The South African Voice*, Londres, C. Hurst, 1973; MOUTOUT, Corinne, *Défi sud-africain. De l'apartheid à la démocratie: un miracle fragile*, Paris, Autrement, 1997; NOLAN, Albert, *Dieu en Afrique du Sud* (1988), Paris, Cerf, 1991; PONS, Sophie, *Apartheid. L'aveu et le pardon*, Paris, Bayard, 2000; TEULIÉ, Gilles, "L'Église reformée hollandaise en Afrique du Sud: une histoire du calvinisme afrikaner, 1652-2002", *ETR* 77, 2002, p. 537-562; VILLA-VICENCIO, Charles, *Theology and Violence, The South African Debate*, Grand Rapids, Eerdmans, 1988; WEBB, Pauline, org., *A Long Struggle. The Involvement of World Council of Churches in South Africa*, Genebra, CMI, 1994; WILSON, Francis e RAMPHELE, Mamphela, orgs., *Uprooting Poverty. The South African Challenge*, Le Cap, David Philip, 1989.

◉ *Apartheid*; Bill; Boesak; calvinismo; Chikane; colonização; Luthuli; **missão**; Naudé; Países Baixos; teologias contextuais; Tutu; universidades protestantes

ÁFRICA MEDITERRÂNEA

Cristianizada a partir do final do século I, a África mediterrânea desenvolve uma tradição cristã variada: os pais latinos da igreja (Tertuliano, Cipriano, Agostinho), o donatismo na Numídia, o monaquismo e as numerosas controvérsias, principalmente cristológicas, no Egito — com o monofisismo integrando a posição oficial da Igreja Ortodoxa Copta. Ao longo dos anos, a África mediterrânea torna-se um verdadeiro e poderoso lar para o islã, com consequências negativas para o cristianismo.

De modo geral, a presença do protestantismo nos países da África mediterrânea é bastante pequena. Os irmãos morávios são os primeiros missionários protestantes em solo egípcio, em 1750, onde prosseguiram com a obra até 1772. Em seguida, é a vez dos anglicanos, com o desejo de revigorar a Igreja

Ortodoxa Copta. Anglicanos e ortodoxos trabalham juntos para a fundação do primeiro seminário teológico no Egito. Porém, diante dos poucos resultados obtidos, os anglicanos se constituem em igreja autônoma em 1882, ligada à Arquidiocese de Jerusalém. Em 1854, presbiterianos americanos empreendem uma obra missionária direcionada especificamente aos cristãos coptas, deixando de lado os muçulmanos. Em 1860, fundam ali a igreja presbiteriana, conhecida pelo nome de Igreja Evangélica Copta ou Igreja Evangélica do Egito, que hoje é a denominação protestante mais importante do Oriente Próximo.

Em 1830, a França invade a Argélia concomitantemente à chegada dos primeiros protestantes no país, sobretudo imigrantes reformados franceses. Em 1881, é a vez da North Africa Mission, seguida de diversas outras missões: metodistas, menonitas, batistas, darbistas, adventistas, pentecostais. No período colonial, a Igreja Reformada da Argélia, composta em geral de colonos e imigrantes, une-se à Igreja Reformada da França, tornando-se autônoma muitos anos mais tarde, com a independência do país em 1962. É quando precisa enfrentar problemas como a quantidade gigantesca de franceses que deixam o país, também seguidos por muitos nativos. Em 1972, reformados, metodistas, menonitas, assembleianos e membros do Exército de Salvação se unem para constituir a Igreja Protestante da Argélia, uma igreja sem instituições, mas ativa na área social e colaborativa com a Igreja Católica.

A *North Africa Mission* penetra na Tunísia em 1881 e no Marrocos em 1884, contribuindo grandemente para a saúde nesses países, com a abertura de hospitais, escolas de enfermaria etc. A membresia da Igreja Reformada do Marrocos constituiu-se predominantemente de cidadãos franceses. A maior parte das demais denominações protestantes presentes em ambos os países, formadas por expatriados (e, menos comum, cidadãos locais) e reunindo-se também nas casas, é bastante ativa na área social e do desenvolvimento. Dignos de nota são os cursos bíblicos por correspondência e os programas de rádio cristãos. Na Líbia, o protestantismo é igualmente discreto, visando apenas as comunidades de expatriados.

Assim, o protestantismo norte-africano é em essência voltado para os expatriados, alcançando poucos cidadãos locais. Além disso, sofreu severas involuções em vista do regresso à pátria de seus muitos membros estrangeiros, além dos próprios nativos, em menos número. Nessas paragens em que o islã é a religião oficial do Estado, as igrejas cristãs são desprovidas de *status* legal, e a evangelização é proibida, enquanto as conversões de cristãos ao islamismo continuam frequentes.

Lucie Kaennel

▶ HAUCHECORNE, François, *Chrétiens et musulmans au Maghreb. De l'Église d'Afrique à la présence chrétienne*, Paris, Les Bergers et les Mages, 1963; RUSILLON, Henry, *Une énigme missionaire. Les destinées de l'église chrétienne dans l'Afrique du Nord*, Paris, SMEP, 1931; TRIMINGHAN, John Spencer, *The Christian Church and Islam in West Africa*, Londres, SCM Press, 1955; WATSON, Andrew, *The American Mission in Egypt, 1854 to 1896*, Pittsburgh, United Presbyterian Board of Publication, 1897.

◉ Colonização; **islã**; **missão**; Oriente Próximo

ÁFRICA TROPICAL

As raízes do cristianismo na África parecem ser tão antigas quanto a própria igreja cristã. Segundo o relato do Pentecostes, havia africanos entre os homens que testemunharam o momento inaugural da igreja cristã (At 2.9-11). Da mesma forma, o relato do eunuco etíope e a menção de Simão de Cirene, que carregou a cruz de Cristo, assinalam a presença do continente africano na origem do cristianismo.

O cristianismo antigo, que se estendeu ao norte do continente, gerou eminentes teólogos, como Tertuliano ou Agostinho de Hipona. No século IV, constituía em torno de 20% da cristandade. A origem do islã no século VII possibilitou igualmente sua expansão rápida.

Na Antiguidade, o norte do continente teria tido contato com a África subsaariana? Há nas Escrituras algumas indicações interessantes sobre isso, tais como a menção à esposa de Moisés como "cuxita", sem dúvida originária da África negra. Ainda segundo a Bíblia, os hebreus permaneceram por quatrocentos anos no território de um continente em que os cruzamentos raciais eram numerosos. Finalmente, as formas de monoteísmo das religiões tradicionais africanas apresentam similaridades com o monoteísmo bíblico. Isso explicaria, pelo menos em parte, a rápida adesão dos povos da região ao cristianismo, cuja base é o reconhecimento e a adoração de um Deus único e transcendente.

Estudos estatísticos indicam que a África contemporânea tornou-se uma forte componente do cristianismo mundial. Segundo Bruno Chenu (*Théologies chrétiennes des tiers-monde. Théologies latino-américaine, noire américaine, noire sud-africaine, africaine, asiatique* [Teologias cristãs do terceiro mundo: teologia latino-americana, negra americana, negra sul-africana, africana, asiática], Paris, Centurion, 1987, p. 124), "o continente africano detém o recorde de expansão do cristianismo em seus vinte séculos de existência [...]: em 1900, a população da África foi estimada em 133 milhões, dos quais 9 milhões (em média 7%) são cristãos. Em 1960, a África conta com 300 milhões de habitantes, dos quais 86 milhões são cristãos. Em 1980, são 203 milhões de cristãos para 456 milhões de habitantes, e desses cristãos 56 milhões são católicos (12,4% da população)". Com uma taxa de crescimento anual de 4%, o cristianismo africano inaugura o século XXI em grande expansão, o que o torna merecedor de mais atenção, sobretudo por aquilo que John Mbiti descreve nos seguintes termos: os povos desse continente são "incuravelmente religiosos".

Diversas expressões e organizações eclesiásticas caracterizam o cristianismo africano. Apesar da presença de igrejas católicas e ortodoxas, a maior parte é protestante, sempre desprovida de instâncias de referência ou coordenação geral. Essa diversidade no protestantismo africano se relaciona às múltiplas origens históricas das denominações que o compõem. No seio de um mesmo país, por exemplo, há uma comunidade batista de origem americana que não se organiza sob o mesmo modelo de uma igreja batista proveniente da Dinamarca. Assim, não é raro encontrar no mesmo local quatro ou cinco igrejas de confissões aparentadas com entidades administrativas independentes.

No entanto, a origem histórica não é a única razão para essa diversidade, que se manifesta também — e principalmente — através das igrejas ditas "independentes", fundadas por pregadores africanos que em geral tencionam destacar-se em meio às denominações fundadas por missionários estrangeiros. Além disso, em um bom número de países africanos, a igreja anglicana, que não se apresenta sempre como igreja protestante, situa-se na categoria de membro de conselhos protestantes nacionais.

Mesmo com toda essa fragmentação, é possível dividir o protestantismo africano em quatro categorias segundo a história das denominações. A primeira é formada de igrejas importadas por antigos escravos na época de seu retorno à costa oeste da África. Durante o exílio, muitos se converteram ao anglicanismo, metodismo ou presbiterianismo e, de volta ao continente, fundaram igrejas anglicanas, metodistas e presbiterianas, hoje ativas em Serra Leoa, no Gâmbia e na Libéria. A segunda categoria é composta dos frutos do trabalho missionário que acompanhou a aventura colonial nos séculos XVIII e XIX. Hoje, essas igrejas são capitaneadas por líderes africanos, ainda que muitas delas ainda não tenham atingido total autonomia financeira.

Em sua maioria, as igrejas que pertencem a essas duas categorias são membros da Conferência das Igrejas de Toda a África (CETA), com sede em Nairóbi (Quênia). Fundada em 1963, a CETA abre para essas igrejas um fórum propício a uma visão ecumênica, além de possibilitar uma união de esforços para o enfrentamento dos múltiplos desafios africanos.

A terceira categoria é a das igrejas independentes. A maior delas é a Igreja Kimbanguista, que conta com 17 milhões de membros nos seguintes países: República do Congo (ex-Congo-Brazzaville), República Democrática do Congo (ou Congo-Kinshasa), Angola e Burundi. Unidas, compõem a Organização do Instituto Africano de Igrejas, com sede em Nairóbi. Já a quarta categoria é formada de comunidades eclesiais de caráter pentecostal, cujo número cresce de modo impressionante. Essas comunidades, que preferem o termo "evangélicas", agruparam-se em uma aliança, com sede também em Nairóbi. As três organizações de igrejas protestantes da África costumam trabalhar em conjunto, notadamente na luta contra a aids, na promoção da paz e na resolução de conflitos. Da mesma forma, não há uma clara demarcação entre as categorias mencionadas: muitos africanos enxergam com certo estranhamento a distinção entre cristãos ditos ecumênicos e evangélicos.

Ao longo das últimas décadas, e em praticamente todos os países da África subsaariana, surgem grupos de sensibilidades espirituais diversas que se declaram igrejas, cujo número de membros ultrapassa nossa compreensão. Em Angola, onde havia, no final dos anos 1980, por volta de quinze denominações cristãs, contam-se hoje mais de oitocentos grupos em busca de reconhecimento jurídico. A mesma tendência pode ser observada em Ruanda: antes do genocídio de 1994, havia seis denominações; agora, mais de trezentos grupos esperam por reconhecimento. Jean Masamba ma Mpolo narra em seu livro *Le Saint-Esprit interroge les esprits. Essai de relecture et pistes psycho-pastorales de la spiritualité en Afrique. Cas de la République Démocratique du Congo* [O Espírito Santo questiona os espíritos: ensaio de releitura e pistas psicopastorais da espiritualidade na África. Caso da República Democrática do Congo] (Iaundé, Clé, 2002, p. 21) como o processo se repete no Congo, principalmente em Kinshasa: "A capital congolesa fervilha de ajuntamentos e grupos de oração organizados nas casas, em bares e bistrôs, nas ruas e nos mercados públicos. Pastores evangelistas fazem discursos improvisados até mesmo dentro dos ônibus". Das três igrejas reconhecidas oficialmente pelo Estado — Igreja Católica, Igreja Kimbanguista e Igreja de Cristo no Congo —, passou-se hoje a um número incontável de comunidades espalhadas por Kinshasa, como a Assembleia Evangélica Pedra Angular, a Igreja do Fogo de Pentecostes, a Igreja da União do Espírito Santo Gonda, a Igreja Primitiva etc.

Alguns cristãos chegam a indagar-se sobre a postura a adotar diante de tal fenômeno. As palavras do personagem bíblico Gamaliel (At 5.34-39) inspiram cuidado: a continuidade dessas obras dependerá da aprovação de Deus. Se não foram levantadas de acordo com a vontade de Deus, não subsistirão...

A África atravessou uma longa noite de escravidão e colonialismo. O período que se seguiu à independência caracterizou-se vergonhosamente pela guerra contra os últimos bastiões do colonialismo: Angola, Moçambique, Namíbia e África do Sul. Alguns países sacrificaram seus esforços de desenvolvimento para abrir campos de treinamento militar com o objetivo de libertar o continente inteiro, enquanto, em outros, potências estrangeiras aproveitaram-se do clima de guerra fria. Essa guerra, que foi a guerra de todo o continente, conheceu uma virada positiva com a eleição de Nelson Mandela para a presidência da África do Sul.

Quanto às relações entre Norte e Sul, a situação pós-colonial apresenta inúmeras semelhanças com a época anterior. Os Estados antes colonizados prosseguiram com a exploração das fontes do continente através de multinacionais. Essa situação perdura por causa das alianças entre as grandes empresas e as oligarquias no poder. Além disso, o comércio de armas prospera na África.

Se os países africanos, em sua quase totalidade, tornaram-se independentes, a situação política e econômica de muitos deles continua bastante precária. Esse progresso que tanto tem demorado a chegar suscita um sentimento geral que já ficou conhecido como *afropessimismo*. Uma quantidade significativa de formadores de opinião — inclusive africanos — na política, na economia, na filosofia e em outras áreas do pensamento convenceram-se de que a África está condenada a ser para sempre um museu de miséria e que nada de interessante pode vir dela.

A teologia desenvolvida na África desde o tempo das levas de missões pode se resumir em quatro etapas: implantação, adaptação, libertação e reconstrução. Por vezes chamada de etapa *tábua rasa*, o processo de implantação das comunidades eclesiais na África foi marcado pela inquietação dos missionários tanto com a instalação da igreja quanto com certa pureza do evangelho. Os convertidos eram levados a se despojarem de sua herança cultural, associada às crenças religiosas tradicionais. Temores em relação a um possível sincretismo e a preocupação com a salvação das almas caraterizaram os esforços evangelísticos, com a base constante dos modelos bíblicos como Abraão e Rute — que abandonaram suas regiões ou suas culturas de origem para obedecer aos desígnios de Deus. A prática da "tábua rasa" seria a principal crítica dirigida aos missionários ocidentais, acusados de terem contribuído para o desarraigamento cultural dos povos africanos.

No entanto, logo os missionários compreenderam que havia valores culturais e religiosos africanos compatíveis com a mensagem cristã. No clima das independências políticas e da autonomização das igrejas locais, os africanos empreenderam uma busca dos fatores culturais que estivessem abertos para acolher um verdadeiro *cristianismo africano*, embora com a consciência de que não basta "cristianizar" esses fatores nem "tropicalizar" estruturas concebidas em outros solos para obter uma igreja enraizada em seu contexto.

À medida que as igrejas africanas foram traçando um desenho mais preciso de seus desafios, os teólogos africanos contactavam os colegas que lutavam com realidades semelhantes — não só cristãos de outras regiões em desenvolvimento, mas também negros americanos que sofriam igualmente de discriminação e racismo diariamente. Esforços teológicos foram empreendidos sob a égide da teologia da libertação, oriunda da América Latina, para o tratamento teórico dessas questões inflamáveis, sem deixar de lado suas raízes históricas. Duas consequências importantes dessa orientação foram: primeira, a redescoberta da identidade e da dignidade africanas, com base na certeza da participação e das contribuições do continente na construção do futuro da humanidade (antes da ocupação e da opressão, a África podia resolver seus problemas e se gerir); segunda, a recusa dos preconceitos originários da opressão.

Em todo o processo de reflexão, foi imperativo abandonar o paradigma de libertação concebido em reação ao colonialismo ocidental e passar para uma conduta ativa de reconstrução. Chegado o tempo da liberdade proporcionada pela independência – uma liberdade desprovida de conteúdo, acompanhada de uma verdadeira decomposição da situação político-econômica —, o paradigma da libertação havia perdido sua força e sua vitalidade.

Não mais fisicamente visível, o colonizador tornou-se aos poucos um bode expiatório para os povos africanos, que passaram a negar sua responsabilidade na deterioração do continente. Além disso, o paradigma da libertação levou os teólogos a concentrar sua leitura de modo quase exclusivo no livro de Êxodo, fechando a via para a exploração de outras temáticas teológicas.

Na Assembleia de Mombassa, em 1991, os africanos compreenderam que, após a independência, seus países se encontravam em tal estado de degradação que era preciso reconstruí-los. O paradigma da reconstrução foi, portanto, proposto ao longo dessa assembleia, com destaque para a CETA.

Durante o período de desenvolvimento da teologia africana, as causas da pobreza foram analisadas e denunciadas, mas as igrejas não puderam de fato demonstrar resultados concretos de um evangelho que transforma indivíduos, comunidades e situações. Levantam-se até mesmo críticos insinuando que as igrejas se aproveitam da fragilidade e da credulidade dos pobres para aumentar o número de fiéis, prometendo-lhes felicidade após a morte.

Em suma, tanto para os cristãos africanos como para qualquer outro membro da comunidade mundial, aceitar a miséria em um continente de imensas riquezas equivale a aceitar o inaceitável.

André Karamaga

○ Colonização; desenvolvimento; escravidão; Harris; **islã**; Kimbangu; Kotto; Mbiti; **missão**; missionárias (sociedades); Nomenyo; teologias africanas

ÁGAPE

Centro ecumênico situado na comuna de Prali, Itália, no coração dos vales valdenses (Piemonte). Sua construção entre 1947 e 1951, por Tullio Vinay e uma vasta equipe de colaboradores voluntários da Europa e de além-mar, foi financiada pelo Conselho Mundial de Igrejas. A partir de então, o Centro Ágape tornou-se um modelo, inspirando vários centros de acolhimento e formação europeus, como Corrymela no norte da Irlanda, Crêt-Bérard na Suíça e outros. Membro desde 1981 dos Centros de Encontro e Pesquisa Ecumênica na Europa, Ágape contribui em grande escala para a formação ecumênica.

Ermanno Genre

▶ VINAY, Tullio, *Agapè. L'histoire d'Agapè et la nôtre* [A história de Ágape e a nossa] (1995), Yens sur Morges, Cabedita, 1996.

○ Centros de encontro; Itália; Riesi; Vinay

AIDS

A aids tem servido como arma para os moralizadores. Alguns meios protestantes, sobretudo evangélicos, viram-se tentados, como por vezes também a Igreja Católica, a tirar algum proveito dessa terrível epidemia. A controvérsia em torno dos preservativos revelou diversos bloqueios morais. Embora a atitude rígida do magistério romano contra o uso do preservativo pareça algo totalmente irresponsável, o cardeal Georges Cottier, teólogo da casa pontifícia, voltou a declarar, em 2005, que esse uso pode se legitimar em nome do mandamento bíblico "não matarás" (segundo a tradição católica, entre dois pecados, é preciso escolher o menor). Felizmente, na prática, as igrejas cristãs em geral têm enfatizado o acompanhamento das pessoas soropositivas e acometidas pela doença, bem como dos parentes. Em grande número, países têm criado cargos de capelães ou pastores especialmente designados para pacientes com aids. A ética protestante soube distinguir, aqui, a necessidade moral da prevenção (e, portanto, do preservativo) e o apelo aos valores éticos (fidelidade, responsabilidade pessoal etc.), insistindo nos direitos dos pacientes e na importância do sigilo médico. Soube também levar em consideração os deveres daqueles que foram afetados pela doença para com as pessoas sãs, no sentido de uma ética da responsabilidade e da solidariedade.

Com o advento das triterapias, as questões éticas se deslocaram. Devemos questionar hoje se é admissível que países em vias de desenvolvimento, principalmente na Ásia e na África, deixem de ter acesso aos medicamentos genéricos, que poderiam salvar numerosas vidas ameaçadas. Porém, o Ocidente prefere enriquecer conquistando mercados a tomar para si a defesa dos mais pobres, optando pela justiça e pela solidariedade. Assim, a aids continua um impiedoso e cruel revelador de nossa cegueira, nossa hipocrisia e nossa falta de coragem.

Denis Müller

▶ MARTIN, Jean, org., *Faire face au sida* [Enfrentar a aids], Lausanne, Favre, 1988; MARTIN, Jean e RUFFIOT, André, orgs., *Les familles face au sida* [As famílias diante da aids], Paris, Dunod, 1995; *Enjeux éthiques de la santé publique* [Implicações éticas da saúde pública], Genebra, Médecine et Hygiène, 1991; MÜLLER, Denis, *Les lieux de l'action. Éthique et religion dans une société pluraliste*, Genebra, Labor et Fides, 1992; MÜLLER, Denis, *Mais tous étaient frappés. Sida, éthique et foi chrétienne* ["Mas todos foram atingidos": aids, ética e fé cristã], Genebra, Labor et Fides, 1996; SIMONIS, Pierre e BOSCH, Matthias, *Le sida, châtiment de Dieu?* [A aids, castigo de Deus?], Basileia, Brunnen Verlag, 1988.

◉ **Bioética**; homossexualidade; sexualidade

AJUDA MÚTUA PROTESTANTE ÀS IGREJAS ARRUINADAS

Em setembro de 1943, a Assembleia dos Delegados da Federação das Igrejas Protestantes da Suíça (FEPS, em francês) decidiu prestar ajuda às igrejas protestantes de países devastados pela guerra. Depois do fim das hostilidades, a FEPS abriu uma organização devidamente estruturada, a EPER (sigla em francês para Ajuda Mútua Protestante às Igrejas Arruinadas; em alemão, HEKS). Desde sua inauguração, no dia 1º de janeiro de 1946, a EPER rapidamente estendeu essa ajuda a toda a Europa, com a construção emergencial de templos e capelas, a abertura de lares para acolhimento e a distribuição de roupas e alimentos. Durante a guerra fria, a instituição intensificou seus esforços em favor das igrejas protestantes na Europa central e oriental, sem esquecer as minorias protestantes da Europa ocidental. Atualmente, presta socorro também a desfavorecidos de outros continentes.

Bernard Reymond

▶ SCHAFFERT, Hans et alii, *EPER 40 ans — Cheminer avec les déshérités*, Lausanne, EPER, 1986.

◉ Federação das Igrejas Protestantes da Suíça

ALEGRIA

Sentimento agradável que toma toda a consciência humana, a alegria pode não só estar ligada ao prazer ou ao sucesso, mas também representar uma forma de exultação, de despojamento de si. Enfim, pode igualmente identificar-se com a gratidão.

Talvez a proximidade entre as palavras gregas *chara* ("alegria") e *charis* ("graça") indique o parentesco entre alegria e gratidão. É certo, porém, que a alegria se relaciona de modo singular com o tempo. Na perspectiva bíblica, representa o grande sinal do mundo novo; por essa razão, a ressurreição é o lugar da alegria por excelência. Mas essa alegria que responde à ressurreição também é a dos reencontros, remetendo-se, portanto, ao passado. Da mesma forma, a alegria se relaciona à presença de Cristo na ceia. Ligada assim ao passado, ao presente e ao futuro, a alegria transcende o aspecto temporal, permitindo que vivamos um modo de plenitude dos tempos. Marcada pela cruz, a alegria no sentido bíblico tem um caráter paradoxal: Paulo se alegra nas tribulações.

De reputação austera, o protestantismo parece pouco apto a tratar da alegria. No entanto, Lutero a considera a primeira reação ao anúncio do que Cristo fez por nós, antecipando-se à obediência daquele que crê. Se em Lutero a alegria está associada à redenção, em Calvino a vemos sobretudo ligada à criação, cuja finalidade não é apenas utilitária, mas estética. Autores protestantes posteriores parecem ter ocultado a dimensão da alegria para enfatizar o dever e a ética. No século XX, um Karl Barth tardio reabilitou a alegria, sentimento que é um dos tons particulares de todos os seus escritos da maturidade.

Hoje, é importante recusar a oposição que coloca a alegria contra a consideração das aflições deste mundo. Os laços entre a cruz e a ressurreição, tal como proposto pelo conjunto da tradição cristã, oferece a compreensão de uma alegria plena, representando um momento de eternidade no tempo, sem ocultar os sofrimentos humanos.

Fritz Lienhard

▶ BARTH, Karl, *Dogmatique* II/4** § 55 (1951), Genebra, Labor et Fides, 1965, p. 57ss; BOUTTIER, Michel, "Joie", em Jean-Jacques von ALLMEN, org., *Vocabulaire biblique*, Neuchâtel, Delachaux et Niestlé, 1964, p. 145ss; CALVINO, *IRC* III, X; LUTHER, Martin, *Traité de la liberte chrétienne* (1520), in *MLO* 2, 275-306.

◐ Ascese; corpo; desejo; erotismo; prazer; ressurreição; sofrimento; teologia da cruz

ALEMANHA

Se a Revolução Francesa é uma revolução política de significado primordial para a história da França, a Reforma é uma revolução religiosa de significado central para a história alemã. A "Alemanha", esse conjunto de territórios cultural e linguisticamente muito diferentes, formalmente unidos com os tratados de 1474 e 1512 sob o nome de Sacro Império Romano-Germânico (ou, de modo literal, Sacro Império Romano da Nação Alemã), foi para sempre marcada pelas consequências dessa revolução religiosa. Enquanto o conflito estruturante da história francesa se desenrolava entre o Estado e a Igreja Católica, entre um ideal político e uma visão religiosa, o conflito estruturante da história alemã opôs dois mundos religiosos: o católico e o protestante. Seria preciso ou restabelecer a unidade religiosa, ou organizar a coexistência. A primeira solução foi tentada na Dieta de Worms em 1521: declarando Lutero herético e banindo-o do império, tentou-se a reunificação religiosa a partir do alto, sem sucesso. Foram necessários, a partir de então, o aprendizado e a organização da convivência de ambas as confissões, a católica e a protestante. Em virtude da ampla autonomia dos territórios, e através da Paz de Augsburgo (1555), procedeu-se de início ao reconhecimento oficial das religiões católica e luterana, segundo o princípio *cujus regio ejus religio* (a cada região, a religião de seu príncipe), que conserva, com poucas exceções, a homogeneidade religiosa dos territórios. Em seguida, os Tratados de Westfália (1648) marcaram o fim das guerras de religião e confirmaram os princípios de 1555, estendendo-os definitivamente ao calvinismo (uma tolerância de fato só se instaurou entre as confissões católica e protestantes na base de uma renúncia à destruição mútua e do reconhecimento do direito da existência da outra). O Sacro Império Romano-Germânico, cujo imperador pertencia à casa católica dos Habsburgos, foi dissolvido em 1806.

Foi apenas após a unificação da Alemanha em 1871, sob a liderança da Prússia, e sem os territórios habsburguenses (Áustria), que o país se torna majoritariamente marcado pelo protestantismo. O fracasso do *kulturkampf*[6] durante o governo de Bismarck mostrou que o Estado alemão devia ceder aos católicos o direito à participação na vida pública segundo suas próprias convicções e seus princípios de organização. Houve identificação de grande número de protestantes alemães com o Estado prussiano, algo que serviu igualmente como motivação para os soldados durante a Primeira Guerra Mundial. Muitos protestantes acreditavam defender as ideias alemãs de liberdade, comunidade e religião contra a laicidade e a "imoralidade" francesas.

Como muitos alemães, a maior parte dos protestantes considerou uma humilhação o Tratado de Versalhes (1919), que privou a igreja

---

[6] [NT] Em alemão, "luta pela cultura", movimento de caráter nacionalista e anticlerical idealizado pelo chanceler do Império Alemão Otto von Bismarck, com vistas a diminuir o poder da Igreja Católica no país.

protestante prussiana de seu imperador, exilado nos Países Baixos; as igrejas tiveram de organizar-se sem ligação direta com o chefe de Estado. Além disso, viram-se confrontadas com os projetos de separação entre igreja e Estado propostos pelos programas políticos dos partidos de esquerda (*Kommunistische Partei Deutschlands, Sozialdemokratische Partei Deutschlands, Unabhändige Sozialdemokratische Partei Deutschlands*). Com algumas exceções, como os socialistas religiosos (Paul Tillich) e os liberais (Ernst Troeltsch), os teólogos alemães se situavam politicamente à direita e não mantiveram relações amigáveis com a República de Weimar (1919-1933). A simpatia de um bom número de teólogos pela tomada de poder por Hitler em 1933 se transformou para muitos deles em oposição contra os nazistas, que organizavam a dominação da igreja pelo Estado (por meio dos "Cristãos Alemães"[7]) e mostravam cada vez mais uma face criminosa (desde o assassinato político de Ernst Röhm em 1934 ao genocídio em grande escala a partir de 1942). No entanto, ainda que diversos representantes do nazismo tenham se manifestado abertamente a favor de um "retorno" a uma religião germânica (Heinrich Himmler e a SS) e, menos abertamente, a favor da destruição das igrejas após a guerra (Martin Bormann), muitos teólogos protestantes colaboraram com o regime, até mesmo agindo como convictos nazistas. Em 1934, porém, igrejas protestantes luteranas, reformadas e unidas criaram uma organização independente do Estado chamada "Igreja Confessante". Os envolvidos na resistência alemã contra o nazismo no exército (p. ex., os protagonistas do atentado de 20 de julho de 1944, os irmãos Claus e Berthold von Stauffenberg, junto com Henning von Tresckow) e na resistência civil (Helmuth James Graf von Moltke, o jesuíta Alfred Delp, o aluno do teólogo suíço Emil Brunner — Eugen Gerstenberger —, os pastores luteranos Dietrich Bonhoeffer e Martin Niemöller, e muitos outros) foram fundamentalmente motivados por convicções cristãs.

Após o trauma da Segunda Guerra Mundial e do nazismo, foram fundados dois Estados alemães, a República Federal da Alemanha (RFA), cobrindo os territórios ocupados pelos EUA, pela França e pela Grã-Bretanha em 1945, e a República Democrática Alemã (RDA), resultado da zona soviética de ocupação. Embora as igrejas protestantes sempre tenham se preocupado com a unidade alemã, a unidade eclesiástica só pôde ser mantida até 1969, por causa dos efeitos da guerra fria e das dificuldades de comunicação após a construção do Muro de Berlim, em 1961. A *Evangelische Kirche in Deutschland* [Igreja Evangélica da Alemanha] (EKD), fundada em 1948 em Eisenach, representando inicialmente uma federação de igrejas luteranas, calvinistas e unidas dos dois Estados alemães, precisou dividir-se no nível organizacional, mantendo-se acordos de sociedade e de ajuda financeira da RFA em favor da RDA.

Enquanto a história das igrejas cristãs na RFA caracteriza-se pela estabilidade e pelo apoio do Estado, na RDA a situação foi mais difícil. Durante sua breve existência (1949-1989), a RDA foi o único Estado comunista da Europa oriental com maioria protestante da população. Seu governo absteve-se de uma política de perseguição física aos cristãos, mas causou-lhes toda sorte de danos (p. ex., para a carreira profissional dos filhos), conseguindo reduzir consideravelmente o número de membros das igrejas protestantes. Em 1950, estimava-se que 81% da população da RDA pertencia a uma igreja protestante, e 11% ao catolicismo; em 1980, os cristãos das duas confissões, juntos, não somavam mais de 41%. Durante esses anos de ditadura comunista, a igreja protestante (luterana, reformada e unida) elaborou um modelo original de relação com o Estado: nem submissão, nem oposição, mas "solidariedade crítica" de uma "igreja dentro do socialismo". Essa tentativa de diálogo com o poder, à qual o Estado acrescentou numerosas atividades de controle e recrutamento para a *Stasi*[8], revelou-se bastante problemática com o tempo. A partir dos anos 1980, os protestantes se viram forçados a concluir a impossibilidade de abertura do sistema para transformações. As igrejas passaram a favorecer associações e movimentos

---

[7] [NT] Movimento da Fé dos Cristãos Alemães, grupo organizado em 1932 com base em uma síntese entre cristianismo e nazismo. Em um ano, conquistou três mil pastores do total de 17 mil no país.

[8] [NT] Ministério de Segurança do Estado, órgão repressor na antiga Alemanha Oriental. Foi responsável não só pela vigilância estrita dos cidadãos nas ruas, no trabalho e nos estabelecimentos de ensino, mas também por torturas, chantagens e atividades de espionagem. Estima-se que um em cada sete alemães orientais colaborou com o órgão.

contestatórios em favor da paz, da ecologia, da criatividade cultural e da ajuda social, pondo à disposição suas instalações. Em grande número, pastores organizaram encontros em que tais movimentos pudessem se exprimir em público. Através da prática dos sínodos, as igrejas protestantes mantiveram-se ao longo de todo esse período como a única expressão de uma verdadeira democracia na região. Com a revolução de outono de 1989[9], a igreja protestante foi a única instituição capaz de canalizar as aspirações libertárias do povo alemão. Organizando imensas manifestações pacíficas em Leipzig, Dresden ou Berlim, a igreja ocupou a liderança dos eventos que culminaram na queda do Muro de Berlim, em 9 de novembro de 1989.

Do ponto de vista jurídico, a reunificação da Alemanha se deu pela entrada da RDA no âmbito da lei fundamental da RFA de 1949. Isso significou que as igrejas protestantes de toda a Alemanha, não só da RFA, passaram a ser reconhecidas como corporações de direito público, beneficiando-se de um imposto eclesiástico (*Kirchensteuer*) deduzido da administração do Estado e da presença nas escolas através de um ensino religioso confessional. A reunificação do país conduziu à integração das igrejas da ex-RDA na *EKD* (Igreja Evangélica da Alemanha) em 1991.

Em 2014, muito ativa nos níveis ecumênico e internacional, a *EKD* passou a contar com 22[10] igrejas membros. Com importantes obras hospitalares, sociais e educativas (reunidas no seio da obra social protestante *Diakonische Werk* e da católica Caritas), as duas igrejas cristãs constituem excelentes fontes de emprego (em 2004, a *Diakonische Werk* contava com em média 452 mil funcionários, e a Caritas, com 499 mil). Apesar da baixa na população alemã e das "deserções" nas igrejas (estatísticas advindas da recusa de pagar o imposto eclesiástico — 171.800 protestantes e 113.700 católicos), as igrejas e os movimentos cristãos em geral continuam a ocupar um papel importante na vida pública alemã. Os *Katholikentage* e, mais significativamente, os *Kirchentage* protestantes, grandes manifestações organizadas a cada dois anos, atraem uma multidão considerável, constituída sobretudo de jovens.

Em 2003, com 26,2 milhões de membros, as igrejas protestantes luteranas, unidas e reformadas organizadas na *EKD* contavam com quase o mesmo número de inscritos na Igreja Católica (26,4 milhões). Com 1,2 milhão de ortodoxos e 40 mil membros de outras confissões cristãs, perfazem-se 54,2 milhões de cristãos na Alemanha, ou seja, 65,7% da população. A baixa em 1950 se deveu ao fato de que a desconfessionalização e a descristianização registradas na RDA não foram reabsorvidas.

O leste e o norte da Alemanha mantiveram-se culturalmente protestantes, a Baviera e a Renânia ainda caracterizam-se pela religião romana, e o sudoeste é equilibrado confessionalmente. A influência do protestantismo na cultura é considerável, sobretudo por meio da língua alemã (com a Bíblia traduzida por Lutero), da música (Bach, Haendel, Mendelssohn-Bartholdy, Brahms etc.), da filosofia (Leibniz, Wolff, Herder, Hamann, Kant, Fichte, Hegel, Schelling, Feuerbach, Nietzsche, Dilthey etc.) e, evidentemente, da teologia (Schleiermacher, Rothe, Ritschl, Troeltsch, Harnack, Bultmann, Bonhoeffer, Pannenberg, Moltmann, Jüngel etc.). Através de suas faculdades de teologia e de seus universitários, o protestantismo alemão tem oferecido uma contribuição fundamental à pesquisa histórica e crítica (cf. Semler, Bengel, Reimarus, Lessing, De Wette, Ferdinand Christian Baur, David Friedrich Strauß, Wellhausen, Wrede, Martin Dibelius, Bultmann), à teoria da religião e do cristianismo na modernidade (Schleiermacher, Rothe, Troeltsch, Max Weber, Tillich, Hirsch, Trutz Rendtorff). Do pietismo ao liberalismo e às pesquisas teológicas contemporâneas, todas as sensibilidades teológico-religiosas se encontram no seio do protestantismo alemão.

Martin Leiner e Jean-Paul Willaime

▶ COLONGE, Paul e LILL, Rudolf, orgs., *Histoire religieuse de l'Allemagne*, Paris, Cerf, 2000; FISCHER, Hermann, *Protestantische Theologie im 20. Jahrhundert*, Stuttgart, Kohlhammer, 2002; FRANÇOIS, Étienne, *Protestants et catholiques en Allemagne. Identités et pluralisme*, Augsburgo, 1648-1806, Paris, Albin Michel, 1993; KAISER, Gert e FRIE, Ewald, orgs., *Christen, Staat und Gesellschaft in der DDR*, Frankfurt-New York, Campus,

---

[9] [NT] Nome dado a uma série de manifestações pacíficas populares contra o regime comunista da Alemanha Oriental, cujo marco inicial é o dia 9 de outubro de 1989, em que quase cem mil pessoas foram às ruas em Leipzig. Desde 1979, dissidentes protestantes do regime vinham se reunindo uma vez por semana para orar e conversar sobre política na igreja de 800 anos de Nicolaikirche. Foram desses encontros que se originou o movimento.

[10] [NE] Fonte: http://www.ekd.de/english/synod.html , acessado em 09 de abril de 2014, às 16h55.

1996; LESSING, Eckhard, *Geschichte der deutschsprachigen evangelischen Theologie von Albrecht Ritschl bis zur Gegenwart*, Göttingen, Vandenhoeck & Ruprecht, 2000ss; NIPPERDEY, Thomas, *Deutsche Geschichte*, t. I: *1800-1866: Bürgerwelt und starker Staat* (1990), t. II/1: *1866-1918: Arbeitswelt und Bürgergeist* (1990) e t. II/2: *1866-1918: Machtstaat vor der Demokratie* (1991), Munique, Beck, 1998; NIPPERDEY, Thomas e LEPP, Claudia, orgs., *Evangelische Kirche im geteilten Deutschland (1945-1989/90)*], Göttingen, Vandenhoeck & Ruprecht, 2001; REIN, Gerhard, org., *Die protestantische Revolution, 1987-1990*, Berlim, Wichern, 1990; SEIDEL, Thomas A., org., *Gottlose Jahre? Rückblicke auf die Kirche im Sozialismus der DDR*, Leipzig, Evangelische Verlagsanstalt, 2002; TALANDIER, Catherine, *Au-delà des murs. Les Églises évangéliques d'Allemagne de l'Est*, 1980-1993, Genebra, Labor et Fides, 1994; WINKLER, Heinrich August, *Histoire de l'Allemagne, XIXe-XXe siècle, Le long chemin vers l'Occident* (2000), Paris, Fayard, 2005.

◉ Augsburgo; Berlim (universidades de); Bismarck; Carlos V; "Cristãos Alemães"; Congresso Evangélico-Social; Drews; enciclopédias protestantes; Erlangen; Estado; **Europa**; expressionismo alemão; Frederico de Saxe; Göttingen (Universidade de); Guerra dos Trinta Anos; guerras mundiais; Halle; Hamann; Heidelberg; Heine; Heinemann; Hesse; Iena; Igreja Confessante; igreja e Estado; Igrejas Unidas; kantismo (neo); *Kirchenkampf*; *Kulturkampf*; *Kulturprotestantismus*; Lagarde; Leipzig (cidade e Disputa de); Montbéliard; Palatinado; Felipe de Hesse; **política**; protestantismo (neo); Prússia; Reforma; Revolução Conservadora; revistas protestantes; Saxe; Schickhardt; Smalkade (Liga de); Spira (dietas de); Tübingen; Vermeil; Westfália (tratados de); Wittenberg; Worms (Dieta de)

ALIANÇA

A noção de aliança, ou pacto (*foedus* em latim, *Bund* em alemão, *covenant* em inglês), entre Deus e seu povo ocupa uma posição central na teologia, na eclesiologia e na doutrina social na corrente reformada do protestantismo. A defesa da unidade e da continuidade entre o antigo Israel e a comunidade cristã — que, de acordo com a aliança, são "um só povo" e "uma só igreja" — data pelo menos de 1527, quando Zwinglio se opôs a seus adversários anabatistas. Os tratados de seu sucessor, Heinrich Bullinger (*De testamento seu foedere Dei unico et aeterno* [Uma breve exposição do único e eterno testamento ou pacto de Deus] [1534] e *Der Alt Gloub* [1539], traduzido para o inglês em 1547), inauguram a "teologia da aliança" (ou "teologia do pacto"), que seria desenvolvida no século XVII nas escolas calvinistas do norte da Alemanha (cf. Johannes Althusius) e dos Países Baixos, assim como na Inglaterra e na Nova Inglaterra puritanas.

Por um lado, opondo-se à leitura alegórica, a teologia da aliança revalorizou o "sentido histórico" do Antigo Testamento e sua aplicação direta na reforma das instituições, por meio dos pactos coletivos (Reforma escocesa, pactos de fundação das colônias americanas). Por outro, afastando-se das estruturas tradicionais, as exposições da teologia da aliança tomavam a forma de sistemas dinâmicos, organizados segundo as etapas sucessivas e progressivas da aliança (Johannes Coccejus) e abrindo caminho para os filósofos da história. As analogias políticas são evidentes. A doutrina reformada da aliança surgiu nas cidades-estado, ricas em tradições republicanas. Sua linguagem correspondia à das associações comunais que estão na origem dos princípios constitucionais da Idade Moderna. A aliança se tornava assim o modelo dos compromissos, da gestão colegial do poder e, enfim, do "contrato social". Karl Barth, considerado por muito tempo o maior teólogo reformado do século XX, mantinha reservas com relação à antiga teologia da aliança, porém endossava sua ideia básica: "Pela Palavra, Deus revela sua ação na aliança, na história que relata a fundação, a continuidade, a execução e a consumação dessa aliança" (*Introdução à teologia evangélica* [1962], São Paulo, Sinodal, 2003).

Mauro Miegge

▶ BAKER, J. Wayne e McCOY, Charles S., *Fountainhead of Federalism. Heinrich Bullinger and the Covenantal Tradition*, Louisville, Westminster-John Knox Press, 1991; BARTH, Karl, *Dogmatique IV/I**, § 57 (1953), Genebra, Labor et Fides, 1966; GOETERS, J. F. Gerhard, "Föderal-theologie", em *TRE*, t. XI, 1983, p. 246-252; GOPPELT, Leonhard et alii, "Bund", em *RGG*, t. I, 1957, col. 1512-1520; MILLER, Perry, *The New England Mind*, t. I: *The Seventeenth Century*, Boston, Beacon Press, 1970.

◉ Althusius; Barth; Bullinger; calvinismo; Coccejus; **comunicação**; contrato social; dispensacionalismo; eleição; fidelidade; graça; **judaísmo**; lei; Perkins; *Pilgrim Fathers*; **política**; puritanismo; Revolução Americana; Westminster (Assembleia e *Confissão de*); Zwinglio

ALIANÇA BATISTA MUNDIAL

Fundada em Londres em 1905, no âmbito do primeiro Congresso Batista Mundial, a Aliança Batista Mundial anunciou o objetivo de manifestar "a unidade primordial dos batistas no Senhor Jesus Cristo, inspirando a comunhão fraterna e encontrando meios para partilhar inquietações e competências no testemunho e no ministério". A Aliança ainda "reconhece a autonomia e a interdependência das igrejas e demais organizações". Em outras palavras, a Aliança pretende estimular a evangelização, defender os direitos do homem, em particular a liberdade de consciência, e prestar socorro aos necessitados.

O Congresso de Londres constituiu um conselho composto de delegados de setores regionais diversos da Aliança. O evento ocorre todos os anos. Congressos mundiais a cada cinco anos reúnem representantes de todas as uniões. Há também congressos regionais na África, na América do Norte, na América do Sul, na Ásia, no Caribe e na Europa.

A Aliança Batista Mundial conta hoje com 32 milhões de membros em mais de duzentos países, com 130 igrejas locais. Na época de sua criação, reunia apenas nove milhões de membros. Esse número chegou a 47 milhões no início do século XXI; porém, em 2004, a Convenção Batista do Sul (dos EUA), de tendência conservadora, com 15 milhões de membros, retirou-se da Aliança Batista Mundial. Mas houve novas uniões que aderiram à Aliança ao longo dos últimos anos do século XX.

É importante observar que, nas estatísticas, os batistas só tomam em consideração os membros de suas igrejas, ou seja, aqueles que confessaram sua fé através do batismo. Para comparações incluindo igrejas de tipo multitudinista[11], é preciso multiplicar esses números por três. A Aliança Batista Mundial é sobretudo representada pelos Estados Unidos (dez milhões), seguidos por demais países também de forte representatividade, como, na África, a Nigéria (um milhão) e a República do Congo (mais de 700 mil); na Ásia, a Índia (um milhão e meio) e a Coreia (mais de 500 mil); na América Latina, o Brasil (mais de um milhão); na Europa, a Rússia (300 mil), a Grã-Bretanha (190 mil), a Alemanha (90 mil) e a Romênia (60 mil). As igrejas afiliadas à Convenção Batista Brasileira somam 7.000 igrejas membros e mais ou menos um milhão e trezentos e cinquenta mil membros.[12] Embora boa parte dos batistas no mundo inteiro pertençam à Aliança Batista Mundial, são em grande número os que ficam de fora (por volta de 20 milhões) — em geral igrejas bastante conservadoras quanto à teologia e hostis ao ecumenismo.

Robert Somerville

▶ FATH, Sébastien, *Une autre manière d'être chrétien en France. Socio-histoire de l'implantation batiste (1810-1950)*, Genebra, Labor et Fides, 2001; LORD, F. Townley, *Baptist World Fellowship. A Short History of the Baptist World Alliance*, Londres, Carey Kingsgate Press, 1955; McBETH, H. Leon, *The Baptist Heritage. Four Centuries of Baptist Witness*, Nashville, Broadman Press, 1987; WARDIN, Albert W., org., *Baptists around the World. A Comprehensive Handbook*, Nashville, Broadman & Holman, 1995.

◉ Batismo (doutrina do); **ecumenismo**

ALIANÇA BÍBLICA UNIVERSAL

Essa associação reúne cristãos em todo o mundo e de todas as confissões. Sua missão é dar a conhecer e compreender as Escrituras. As primeiras sociedades bíblicas foram fundadas no início do século XIX no mundo protestante (Londres, 1804; Stuttgart, 1811; New York, 1816; Paris, 1818), para traduzir, imprimir e distribuir a Bíblia na zona de influência política e econômica do país em que se estabelecem.

A partir de 1946, decidem unir seus conhecimentos e experiências na tradução e na edição da Bíblia, além de abrir um fundo comum. É a criação da Aliança Bíblica Universal (*United Bible Societies*), cujo fundo mundial para cooperação permitiria a qualquer pessoa, no mundo inteiro, adquirir uma Bíblia em sua própria língua, por um preço acessível.

As décadas de 1970 e 1980 se caracterizaram por uma abertura ao mundo não protestante: católicos e ortodoxos entram para o conselho de administração das sociedades bíblicas nacionais, assim como para os comitês

---

[11] [NT] As igrejas multitudinistas são as que batizam crianças. O termo "multitudinista" também pode ser usado de modo pejorativo, indicando uma igreja voltada para um evangelismo baseado em resultados numéricos e pregação da prosperidade. Não é o caso aqui.

[12] [NE] <http://www.batistas.org.br/index.php?option=com_content&view=article&id=3&Itemid=10>, acessado em 25/11/09, às 11h15.

internacionais. O fim da União Soviética em 1991 gera uma demanda enorme de Bíblias para os países orientais. A Aliança Bíblica Universal se encontra então na linha de frente para a tradução e a distribuição de exemplares da Bíblia nessas novas repúblicas em que as Escrituras permaneceram proibidas por um longo período.

A partir de 2000, a Aliança Bíblica Universal comunica com mais detalhes sua missão: não apenas traduzir e divulgar a Bíblia, mas também ajudar as pessoas em contato com sua mensagem, para que compreendam o sentido das Escrituras. Para atingir esse objetivo, trabalha em parceria com as igrejas cristãs e as organizações com interesse semelhante.

Em 2003, mais de 23 milhões de Bíblias foram distribuídas pela Aliança Bíblica Universal, envolvendo cerca de 140 agências ou sociedades bíblicas nacionais.[13]

Christian Bonnet

▶ BOGAERT, Pierre-Maurice, org., *Les Bibles en français. Histoire illustrée du Moyen Âge à nos jours*, Turnhout, Brepols, 1991; DELFORGE, Frédéric, *La Bible en France et dans la francophonie. Histoire, traduction, diffusion*, Paris-Villiers-le-Bel, Publisud — Société Biblique Française, 1991.

⊙ Bíblia; traduções francesas da Bíblia; Wycliffe (Associação)

ALIANÇA EVANGÉLICA

Fruto do pietismo e da revivescência, por relativização das fronteiras eclesiásticas, a Aliança Evangélica, fundada em Londres no ano de 1846 pelos esforços de homens como o suíço Jean-Henri Merle d'Aubigné (1794-1872), reúne cristãos de diversas denominações, protestantes e anglicanos, que se veem como herdeiros da Reforma (ortodoxia) e dos avivamentos (experiência pessoal de conversão e santificação). Adolphe Monod (1801-1856) desempenha um papel fundamental na assembleia constituinte. A Aliança Evangélica britânica exerce uma influência preponderante, mas há outras surgindo na Europa, como a genebrina, com o secretário Henry Dunant (1828-1910). A liberdade religiosa é um dos temas mais importantes para a Aliança Evangélica Mundial. Em 1847, foi instituída a semana mundial de oração, que começa no primeiro domingo de janeiro.

No século XX, a Aliança Evangélica perde aos poucos seu dinamismo. Porém, em 1942 é fundada nos Estados Unidos a vigorosa *National Association of Evangelicals*, que impulsiona a reconstituição de uma Aliança Evangélica mundial sob o nome de *World Evangelical Fellowship* [Sociedade Evangélica Mundial], da qual passa a fazer parte uma divisão francesa. Em seguida, a organização se torna a *World Evangelical Alliance*, com 120 alianças nacionais dos cinco continentes (e às vezes federadas regionalmente, como na Aliança Evangélica europeia), representando 350 milhões de cristãos. A *World Evangelical Alliance* promove um "ecumenismo evangélico" sem objetivar uma fusão de igrejas, mas sobretudo o estreitamento dos laços de comunhão e cooperação, principalmente no evangelismo. Está próxima a organismos interdenominacionais como a União Internacional dos Grupos Bíblicos Universitários, *Campus para Cristo*, Operação Mobilização, Jovens Com Uma Missão, mas sem estar associada formalmente a eles. Seu departamento sociocaritativo (o Serviço de Cooperação e Associação) e sua Comissão Teológica são bastante ativos, em colaboração estreita com o movimento de Lausanne, que surgiu do Congresso Internacional de Evangelização Mundial, em 1974.

Henri Blocher

▶ ALLAN, John D., *The Evangelicals, An Illustrated History*, Exeter-Grand Rapids, Paternoster Press-Baker Book House, 1989; FULLER, W. Harold, *People of the Mandate. The Story of the World Evangelical Fellowship*, Grand Rapids, Baker Book House, 1996; HOWARD, David M., *The Dream that Would Not Die, The Birth and Growth of the World Evangelical Fellowship*, 1846-1986, Exeter, Paternoster Press, 1986; ROUSE, Ruth, *Voluntary Movements and the Changing Ecumenical Climate*, em ROUSE, Ruth e NEILL, Stephen Charles, orgs., *A History of the Ecumenical Movement, t. I: 1517-1948* (1954), Genebra, CMI, 1986, p. 318-324; THOBOIS, André, *Une conviction qui fait son chemin. L'Alliance Évangélique Universelle*, 1846-1996, Paris, Décision France, 1996.

⊙ Avivamento; Dunant; evangélicos; Henry; juventude (movimentos de); Lausanne (movimento de); Merle d'Aubigné; Monod A.; **ecumenismo**; pietismo; **protestantismo**; Schaff

---

[13] Fonte: http://www.sbb.org.br/interna.asp?areaID=50 acessado em 09 de abril de 2014 às 16h52.

ALIANÇA REFORMADA MUNDIAL

A Aliança Reformada Mundial (ARM) reúne mais de duzentas igrejas presbiterianas, congregacionais, reformadas e unidas de uma centena de países em todos os continentes. Essas igrejas, juntas, contam com mais de 75 milhões de membros. A ARM trabalha para evidenciar a comunhão entre suas igrejas membros e para renovar vidas e testemunhos, colocando em prática um conjunto de programas organizados por assembleias gerais e definidos por comitês executivos. Esses programas destacam-se por três campos de aplicação.

O primeiro é o da unidade cristã em geral e da unidade reformada em particular. Podemos, de fato, descrever a ARM como o setor da família reformada que, à luz da compreensão reformada histórica da igreja, vislumbra seu futuro no seio do movimento ecumênico. Isto se evidencia tanto na teologia de seus objetivos constitutivos como também em sua decisão de engajamento no diálogo ecumênico com os católicos, os ortodoxos, os pentecostais, os adventistas, os anglicanos, as igrejas africanas independentes, as igrejas advindas da Reforma do século XVI e as que dizem pertencer à "primeira Reforma" (hussitas, valdenses etc.) e à Reforma radical. Isso também se torna claro nos programas específicos, tais como "Missão na Unidade", que pretende desafiar as veleidades das divisões que grassam no seio da família reformada. Na assembleia de Princeton, em 1954, a ARM foi a primeira a adotar uma atitude positiva com relação à hospitalidade eucarística.

O segundo campo diz respeito à renovação eclesial. Com o objetivo de "favorecer a diversidade e o caráter fraterno dos ministérios da igreja", a ARM busca resistir, no seio das igrejas membros, à tendência de erigir diferenças biológicas em relações hierárquicas, ou seja, a marginalizar a mulher, principalmente no governo da igreja e no ministério da Palavra e dos sacramentos. Promove também parcerias com mulheres e homens na igreja, por meio de encontros regionais de conscientização de gênero e iniciativas visando a estimular a ordenação feminina. O cuidado com a renovação eclesial está igualmente presente nos programas destinados aos jovens.

O terceiro campo de ação é o da solidariedade. Constituída de igrejas por vezes minoritárias ou caminhando para essa situação, a ARM se esforça por convencer seus membros da significação eclesiológica da vulnerabilidade mútua, portanto da importância da comunhão e da solidariedade entre essas igrejas. Um fundo de parceria, ainda que modesto, é constituído a partir do espírito de generosidade que partilha ecumenicamente seus recursos, contribuindo para uma disciplina comum de doações e levando em conta as relações entre Norte-Sul e a missão global da igreja. Da mesma forma, a ARM tornou a defesa dos direitos humanos e dos direitos sociais uma constante de seu trabalho desde sua fundação. Está atenta à evolução dos direitos humanos e se interessa pelas relações entre geopolítica e engajamento evangélico para a paz, este inspirado na afirmação da soberania de Deus. A defesa dos direitos do homem se inscreve em uma antiga tradição: já em 1877, o tratamento infligido aos ameríndios nos EUA provocou protestos da família reformada.

A ARM é a decana da comunhão cristã mundial. Resulta da fusão, em 1970, de duas federações internacionais de igrejas marcadas pela Reforma na Suíça: a Aliança Presbiteriana, fundada em Londres em 1875 por 21 igrejas anglo-saxãs, e o Conselho Congregacional Mundial, fundado também em Londres, em 1891, por uma maioria de igrejas anglo-saxãs.

A história da ARM é marcada por diversas decisões e iniciativas. Em 1976, a organização publicou um estudo sobre o fundamento teológico dos direitos humanos e declarou, em 1982, que o *apartheid* era pecado, acrescentando que sua defesa moral e teológica era heresia — enquanto os defensores do *apartheid* na África do Sul diziam-se calvinistas. Em 1983, conclama ao engajamento em questões de justiça, paz e salvaguarda da criação e, em 1997, à luta contra a injustiça social e a destruição do meio ambiente. Em 2000, posiciona-se em favor dos homossexuais vítimas de violência e, em 2004, recusa-se a manter-se em silêncio diante das injustiças engendradas pela globalização da economia neoliberal.

Odair Pedroso Mateus

▶ Aliança Reformada Mundial, *General Index 1875-1992*, org. por Edmond PERRET, Genebra, ARM, 1994; BAUSWEIN, Jean-Jacques e VISCHER, Lukas, orgs., *The Reformed Family Worldwide. A Survey of Reformed Churches, Theological Schools, and International*, Grand Rapids, Eerdmans, 1999;

MATEUS, Odair Pedroso, *The World Alliance of Reformed Churches and the Modern Ecumenical Movement. A Selected, Chronological, Annotated Bibliography* (1877-2004), Genebra, ARM, 2004; PRADERVAND, Marcel, *A Century of Service. A History of the World Alliance of Reformed Churches 1875-1975*, Edimburgo, Saint Andrew Press, 1975; SELL, Alan P. F., *A Reformed, Evangelical Catholic Theology. The Contribution of the World Alliance of Reformed Churches 1875-1982* (1991), Eugene, Wipf & Stock, 1998.

▶ Boesak; calvinismo; congregacionalismo; Douglass; **ecumenismo**; Federação Luterana Mundial; igrejas reformadas; presbiterianismo; **protestantismo**; Schaff

ALLIER, Raoul (1862-1939)

Membro da Igreja Evangélica Livre, influenciado por Alexandre Vinet e Tommy Falot, Raoul Allier foi coordenador e em seguida professor de filosofia na Faculdade de Teologia de Paris, de 1889 a 1933. Um laico engajado que se importava com a difusão do protestantismo na França, foi o primeiro presidente da Federação Francesa das associações cristãs de estudantes e um dos dirigentes da Sociedade de Missões. Sua notoriedade ultrapassou os limites do protestantismo na França: amigo de Charles Péguy, colaborou para a revista *Cahiers de la Quinzaine* e, mais importante, liderou em 1904-1905 uma campanha de imprensa no jornal *Le siècle*, contribuindo decisivamente para a rejeição ao projeto de lei de Emile Combes (que preconizava uma separação rígida entre igreja e Estado), em favor de uma lei bem mais liberal.

Jean Baubérot

▶ ALLIER, Raoul, *La philosophie d'Ernest Renan (1895-1903)*, Paris, Alcan, 1906; Idem, *Voltaire et Calas. Une erreur judiciaire au XVIIIe siècle*, Paris, Stock, 1898; Idem, *Une société secrète au XVIIe siècle. La Compagnie du Très-Saint-Sacrement de l'autel à Marseille*, Paris, Champion, 1909; Idem, *La psychologie de la conversion chez des peuples non civilisés*, 2 vols., Paris, Payot, 1925; Idem, *Magie et religion*, Paris, Berger-Levrault, 1935; Idem, org., *Anthologie protestante française*, t. I: *XVIe et XVIIe siècles*, Paris-Genebra, Georges Crès-Atar, 1918, e t. II: *XVIIIe et XIXe siècles*, Paris, George Crès, 1920.

▶ Fallot; igreja e Estado; **laicidade**; Vinet

ALMEIDA, João Ferreira de (1628-1691)

O mais conhecido tradutor da Bíblia em português João Ferreira de Almeida nasceu em 1628, em Torres de Tavares, Portugal. Ainda adolescente, viajou para Batávia, Java (hoje Jacarta, Indonésia) e de lá para Málaca (Malásia), cidade conquistada pelos holandeses.

Foi com a leitura do folheto em espanhol *A differença da Christandade*, que se converteu ao evangelho de Cristo e ingressou na Igreja Reformada Holandesa.

Logo após sua conversão, começou a traduzir o Novo Testamento. Segundo a tradição, ele fora educado por um tio monge, era culto e tinha facilidade para aprender línguas. Com apenas 17 anos, concluiu sua tradução partindo da versão em latim de Teodoro Beza, além de ter se apoiado nas versões italiana, francesa e espanhola. Porém, não conseguiu a publicação de seu trabalho.

O jovem tradutor permaneceu em Málaca, onde trabalhou como um diácono-capelão até 1651, quando se transferiu para o Presbitério da Batávia, na cidade de Java. Lá, uniu seu trabalho como capelão a seus estudos de teologia.

Em 1656, Almeida foi ordenado pastor e indicado para o presbitério do Ceilão (Sri Lanka). Por lutar bravamente contra erros e desvios doutrinários, foi alvo de perseguição. Julgado pelo tribunal da Inquisição em Goa, foi apontado como herege e seu retrato foi queimado em praça pública. Em resposta às acusações que lhe foram feitas, escreveu pequenos livros e cartas desafiando seus opositores a provarem suas doutrinas pela Bíblia.

Em 1663, voltou para a Batávia, onde trabalhou na congregação de fala portuguesa e na tradução da Bíblia. O Novo Testamento ficou pronto em 1676 e foi enviado para a Holanda para revisão. Os revisores queriam harmonizar a tradução com a versão holandesa de 1637 e, após muitas modificações, foi finalmente publicado em 1681.

Logo após a tradução do Novo Testamento, Almeida iniciou a tradução do Antigo. Sobre a qual, Antônio Ribeiro dos Santos, crítico da literatura portuguesa, declarou:

Ele a fez do texto original hebraico, usando ao mesmo tempo da versão hollandeza de 1618, que passava então ahi. E passa ainda agora por mui exacta e fiel; e da trasladação castelhana de Cypriano de Valera de 1602, porém não chegou a arrematar a obra, porque a norte o atalhou quando estava com ella nos ultimos capítulos de Ezequiel...[14]

De 1676, até sua morte Almeida trabalhou na tradução do Antigo Testamento. Foram quinze anos de trabalho precioso, mas dificílimo e quando faleceu, em 1691, estava trabalhando em Ezequiel 48.

Em 1º de novembro de 1694, o Rev. Jacobus Op den Akker, pastor holandês, completou o restante da tradução.

Almeida declarou que a Bíblia *tem de si mesma bastantíssima autoridade e contém suficientíssimamente em si toda a doutrina necessária para o culto e serviço de Deus e a nossa própria salvação.*[15]

Rute Salviano Almeida

▶ HALLOCK, Edgar F.; SWELLENGREBEL, J. L. *A maior dádiva e o mais precioso tesouro*. Rio de Janeiro: JUERP; Imprensa Bíblica Brasileira, 2000; <http://pt.wikipedia.org/wiki/Tradu%C3%A7%C3%B5es_da_B%C3%ADblia_em_l%C3%ADngua_portuguesa> Acesso em 01/08/2014, às 14h30.

ALLMEN, Jean-Jacques von (1917-1994)

Teólogo de Neuchâtel, Allmen exerceu o ministério pastoral de 1941 a 1958, ocupando em seguida a cadeira de teologia prática na Universidade de Neuchâtel até 1981. Atuou também como vice-reitor do Instituto Ecumênico de Tantur (Jerusalém), de 1971 a 1974, e foi nomeado doutor *honoris causa* de Estrasburgo, Aberdeen e Cluj.

Com profundas raízes na tradição reformada, influenciado por Karl Barth, Allmen tinha uma visão decididamente ecumênica, dialogando com teólogos ecumênicos, ortodoxos e católicos. Influenciou várias gerações de pastores na Suíça romanda e deixou uma importante obra escrita, sobretudo em eclesiologia e liturgia. Para ele, a doutrina reformada do santo ministério é referência fundamental para a diversidade dos ministérios: longe de se opor à teologia bíblica do apostolado, tal doutrina, muito pelo contrário, compreende o pastorado como a expressão por excelência da sucessão apostólica. Quando Roma recusou o apelo para a reforma da igreja, os reformados não foram hábeis para criar um episcopado diocesano. A consequência foi mais sociológica que teológica: certa "episcopalização" do ministério paroquial. Seu livro sobre a *pastoral do batismo* demonstra um cuidado com o equilíbrio: ao mesmo tempo que reconhece a legitimidade do questionamento sobre a difundida prática do batismo infantil, Von Allmen enfatiza sobretudo a validade teológica do significado simbólico profundo do ato do batismo, de sua dupla dimensão como sacramento divino e "sacrifício" ou resposta humana. Afasta-se assim tanto de um decisionismo protestante, por vezes sectário (centrado apenas no compromisso individual), quanto do inflexível objetivismo católico (ligado ao caráter automático do sacramento).

Claude Bridel

▶ ALLMEN, Jean-Jacques von, *L'Église et ses fonctions d'après Jean-Frédéric Ostervald. Le problème de la théologie pratique au début du XVIIIe siècle*, Neuchâtel, Delachaux et Niestlé, 1947; Idem, *Essai sur le Repas du Seigneur*, Neuchâtel, Delachaux et Niestlé, 1964; Idem, *Le saint ministère selon la conviction et la volonté des Réformés du XVIe siècle*, Neuchâtel, Delachaux et Niestlé, 1968; Idem, *Pastorale du baptême*, Friburgo-Paris, Editions Universitaires-Cerf, 1978; Idem, *Célébrer le salut. Doctrine et pratique du culte chrétien*, Genebra-Paris, Labor et Fides-Cerf, 1984; BOBRINSKOV, Boris et alii, *Communio sanctorum. Mélanges offerts à Jean-Jacques von Allmen*, Genebra, Labor et Fides, 1981 (bibl.).

⊙ Batismo (sacramento do); ecumenismo; **igreja**; liturgia; ministérios; Paquier

ALSÁCIA-LORENA

A região que comumente chamamos Alsácia-Lorena corresponde, para a implantação dos cultos concordatários[16], aos três departamentos franceses do Baixo Reno, do Alto Reno e da Mosela. O departamento loreno da Meurthe-et-Moselle não é considerado nesse conjunto.

No século XVI, a Alsácia era um mosaico de feudos e principados de importância

---

[14] SANTOS, Antônio Ribeiro dos. *Memórias da literatura portugueza*, Tomo VII, MDCCC VI, p. 17, citado por: HALLOCK, Edgar F.; SWELLENGREBEL, J. L. *A maior dádiva e o mais precioso tesouro*, p. 164.

[15] ALMEIDA, João Ferreira de, citado por: HALLOCK, Edgar F.; SWELLENGREBEL, J. L. *A maior dádiva e o mais precioso tesouro*, p. 65.

[16] [NT] A Concordata de 1801, sob o regime de Napoleão, legalizou os cultos católico, luterano, reformado e judaico.

diversa. O movimento evangélico conquistou cidades como Mulhouse, Colmar e Munster, e ainda Estrasburgo (junto com os demais 25 vilarejos que dependiam dela), por meio de uma conjunção de fatores: a pregação de Matthieu Zell, Martin Bucer, Wolfgang Capiton e outros, a adesão dos fiéis e o apoio das autoridades políticas. Ao longo do século, demais regiões se seguiram: o condado de Hanau-Lichtenberg, que incluía uma centena de vilarejos dos dois lados do rio Reno, os condados de Saarwerden e da Petite Pierre, nos feudos de Fleckenstein e Diemeringen e, no sul da Alsácia, os territórios que dependiam do condado de Monbéliard e do Wurtenberg, e ainda o feudo de Ribeaupierre. Perto de noventa vilarejos sob a autoridade dos cavaleiros do império também se associaram à Reforma Protestante. Por outro lado, opuseram-se ao protestantismo os Habsburgos, senhores do sul da Alsácia até Colmar (exceto Mulhouse) e dos 45 vilarejos sob a dependência da jurisdição (*Landvogtei*) de Haguenau, bem como as terras do bispo ou dos conventos como Murbach, Marmoutier e Andlau. No final do século XVI, um terço da Alsácia havia se tornado protestante. Na Mosela, a implementação do protestantismo foi mais difícil e até mesmo mais efêmera, tão forte era a oposição do duque de Lorena e do bispo de Metz. A cidade livre de Estrasburgo desempenhou um papel proeminente na propagação da Reforma, devido a seus tipógrafos e teólogos, dos quais Bucer foi o mais importante. Com o apoio das autoridades civis da cidade, como Jacques Sturm (1489-1553), Bucer foi um comentarista fecundo das Escrituras, um sagaz organizador da igreja protestante e um ferrenho oponente dos inimigos da Reforma. "Fanático por unidade", ele buscou tanto reduzir a oposição entre Lutero e Zwinglio quanto aproximar-se dos católicos. Na Dieta de Augsburgo de 1530, os habitantes de Estrasburgo propuseram, com três outras cidades (Lindau, Constance e Memmingen), sua própria confissão de fé, a *Confissão tetrapolitana*, redigida por Bucer e Capiton, com certas especificidades (p. ex., para a ceia, adota-se uma posição intermediária às de Lutero e Zwinglio). Após o fracasso da Guerra dos Camponeses em 1525, a cidade de Estrasburgo acolheu anabatistas e espiritualistas, bem como refugiados huguenotes. Calvino morou ali de 1538 a 1541 e se familiarizou com as concepções pastorais e litúrgicas de Bucer, que inspirariam a elaboração das *Ordenanças eclesiásticas*. Em Estrasburgo, mas não só ali, a Reforma estimulou um intenso processo de escolarização, com a criação, em 1538, de uma Haute École, sob o signo da "sapiência, eloquência e piedade". Sob o impulso de seu primeiro reitor, o humanista Jean Sturm (1507-1589), a escola associou humanismo e Reforma. A Haute École transformou-se em academia (1566), e em seguida universidade (1561), formando as elites protestantes da Alsácia e atraindo também grande número de estudantes estrangeiros, como Goethe e Metternich.

Após a partida de Bucer para a Inglaterra em 1549, e com a influência de teólogos como Jean Marbach (1521-1561) e Jean Pappus (1549-1610), o protestantismo alsaciano se enfeudou à ortodoxia luterana, até o último terço do século XVIII. Porém, os territórios pertencentes ao Palatinado (como a cidade de Bischwiller), Mulhouse e Sainte-Marie-aux-Mines mantiveram-se reformados, enquanto em Estrasburgo a igreja calvinista fechou suas portas, em 1563.

A anexação da Alsácia à França no século XVII não afetou em nada o panorama confessional da região. Ainda que se aplicasse a locais como Metz, a Revogação do Edito de Nantes não abrangia a Alsácia, que estava sob os tratados de Vestfália (1648), segundo os quais restabelecia-se cada confissão em seus direitos e eram-lhe devolvidas as possessões de que dispunha no dia 1º de janeiro de 1624. No entanto, as autoridades francesas lançaram mão de várias medidas coercitivas para favorecer conversões ao catolicismo. Os protestantes sentiram o peso de resoluções tais como a introdução do *simultaneum*[17] em 160 locais de culto ou a instauração da regra de alternância confessional para as taxas municipais. Em geral os protestantes mantiveram-se em sua confissão, mas por volta de trinta localidades retornaram ao catolicismo.

No final do século XVII e no século XVIII surgem o pietismo, encarnado na figura de Philipp Jacob Spener (1635-1705), nativo de Ribeauville, e as Luzes, que marcaram

---

[17] [NT] Sistema segundo o qual uma mesma igreja oferecia cultos católicos e protestantes (em geral luteranos, por vezes reformados), em ambientes e/ou horários diferentes. Ainda há cerca de cinquenta "igrejas simultâneas", como são chamadas, na região. Há um verbete correspondente nesta enciclopédia.

profundamente o protestantismo alsaciano, sobretudo nos tempos da Revolução Francesa. Em seguida, há o liberalismo teológico no século XIX, bem representado pela *Revista de Estrasburgo* criada em 1850.

O pastor de Ban-de-la-Roche Jean-Frédéric Oberlin (1740-1826) foi uma importante liderança em sua época, não só em suas funções espirituais, mas também por uma obra considerável nos níveis escolar e social. No século XIX, houve um avivamento pietista sob a influência de François Haerter (1797-1884), com medidas como o estabelecimento de diaconisas (1842) e a criação da Sociedade Evangélica (1834). Houve também um avivamento luterano confessional associado a Frédéric Horning (1809-1882), que renovou a liturgia, a hinologia e o trabalho paroquial.

Após a tormenta revolucionária, as quarenta igrejas luteranas da região foram reunidas em 1802 em uma igreja reconhecida pelo Estado, com o mesmo nome de Igreja Reformada da França. Os "consistórios" reformados foram assim reunidos em 1895, no seio da Igreja Reformada de Alsácia e Lorena. Deve-se salientar a presença de protestantes espalhados em localidades tradicionalmente católicas, bem como a fundação de obras diaconais e movimentos diversos, com o fim de atender às demandas sociais do século XIX. Novos templos e locais de culto são erigidos. Entre 1870 e 1914, 72 igrejas são edificadas, com mais duas igrejas de guarnição, como a atual igreja Saint-Paul de Estrasburgo. Finalmente, a industrialização foi um fator importante na propagação do protestantismo na Mosela, ao longo do século XIX.

Os protestantes de então foram muito ativos na vida cultural e econômica. A Universidade de Estrasburgo contaria com professores ilustres, como os teólogos Martin Bucer, João Calvino, Jean Conrad Dannhauer (1603-1666), Édouard Reuss (1804-1891), Oscar Cullmann (1902-1999), Roger Mehl (1912-1997), o educador Jean Sturm, o historiador Jean-Daniel Schoepflin (1694-1771) e o jurista Christophe-Guillaume Koch (1737-1813). Foi em Estrasburgo que Albert Schweitzer (1875-1965) completou seus estudos de teologia e começou a ensinar, ao mesmo tempo que prosseguia com sua formação de organista e médico.

Muitos escritores de origem protestante com alguma notoriedade podem ser citados, como o humanista Johann Fischart (1546-1590) e, mais adiante, Théophile Pfeffel (1736-1809), os irmãos Auguste (1808-1884) e Adolphe (1811-1892) Stoeber, os irmãos Albert (1874-1930) e Adolphe (1874-1944) Matthis, Friedrich Lienhard (1865-1929), Marie Hart (1856-1924), Jean Georges Daniel Arnold (1780-1829), Gustave Stoskopf (1869-1944). Acrescentam-se ainda o pintor Théophile Schuler (1821-1878), o botânico Frédéric Kirschleger (1804-1878), o fundador do museu zoológico Philippe Guillaume Schimper (1808-1880). No nível linguístico, a língua alemã é de fundamental importância tanto no culto quanto na cultura em geral até o século XX.

Desde sua origem, o canto das assembleias cultuais foi estimulado no protestantismo. Surgem compositores no século XVI, como Matthias Greiter (?1475-1550) e Wolfgang Dachstein (1487-1553), com destaque para Christophe Thomas Walliser (1568-1648). O órgão tem lugar cativo nos cultos. O século XIX inaugura uma renovação da música sacra. Com a iniciativa de Théophile Stern (1803-1886), Ernest Münch (1859-1928) funda em 1884 o coral de Saint-Guillaume em Estrasburgo. Não só os corais de igreja se multiplicam, mas Friedrich Spitta (1852-1924) inicia uma verdadeira reforma hinológica.

Empregadores protestantes desempenham um papel primordial na industrialização da Alsácia, sobretudo no Alto Reno. Dollfus, Mieg, Risler e Schlumberger representam a "fabricantocracia" protestante na região, ativa principalmente em Mulhouse e circunvizinhança. No Baixo Reno, as indústrias protestantes são Steinheil, Goldenberg e Wetzel. Dinâmicas, abertas a novidades e engajadas na ação social, buscaram limitar o trabalho infantil, promover a educação e assegurar o bem-estar dos operários através da criação de um seguro-saúde, antes que o Estado-providência tomasse a frente nesse paternalismo social, em 1880.

A evolução da sociedade e a propagação do protestantismo, aliadas a fatores como a descristianização e o surgimento de novos problemas sociais ligados à industrialização e à urbanização, estimularam nos protestantes a criação de novas formas de presença nas igrejas na sociedade, sobretudo com relação à juventude, à diaconia e à evangelização. A partir do século XIX, o engajamento em missões dos protestantes da Alsácia e da Mosela gerou várias sociedades missionárias.

As três guerras franco-alemãs dos dois últimos séculos também deixaram sua marca no espaço protestante da Alsácia e da Mosela: entre 1870 e 1871, por volta de vinte mil protestantes partiram para a França, e cerca de setenta pastores (de trezentos) foram para a Alemanha após 1918.

Hoje, o protestantismo é bem representado pela Faculdade de Teologia da região, que publica a *Revue d'histoire et de philosophie religieuses* [Revista de história e filosofia religiosas], e pelo *Le Messager* [O mensageiro], publicação quinzenal dirigida ao grande público em Estrasburgo. Também está presente em inúmeras obras sociais: com o Colégio Lucie Berger e o Ginásio Jean Sturm, que formam desde 2003 o Polo Educativo Jan Amos Comenius, Estrasburgo possui dois dos quatro estabelecimentos escolares que ainda existem na França.

A busca de diálogo com cristãos não praticantes ou pessoas em busca de acolhimento e sentido para a vida levou as igrejas da Alsácia e da Mosela à criação de outros locais de presença protestante. Além das instituições de caridade (hospitais, casas de saúde, estabelecimentos escolares, pastoral conjugal e familiar etc.), é importante mencionar os centros de encontro do Liebfrauenberg (norte da Alsácia), do Torrent em Storckensohn e os *Rencontres Comenius* em Mulhouse. Acolhimento de outro tipo é providenciado pelas irmãs do Hohrodberg.

O número de fiéis protestantes está em baixa. Há duzentos mil luteranos e 35 mil reformados, além das comunidades livres (batistas, metodistas, pentecostais e outros), entre qunze mil e vinte mil. Ao contrário da Igreja Católica e do culto judaico, a Igreja da Confissão de Augsburgo de Alsácia e Lorena e a Igreja Reformada de Alsácia e Lorena dependem do regime inaugurado por Napoleão em 1802. Os pastores são remunerados pelo Estado, que, no entanto, não intervém no sistema interno das igrejas. A intensa colaboração entre as igrejas Luterana e Reformada culminou em sua união, em 2006.

A Alsácia foi muitas vezes pioneira no plano ecumênico. A partir de 1930, abrigou um dos primeiros grupos franceses de sacerdotes e pastores. Em 1965, foi criado em Estrasburgo, sob a égide da Federação Luterana Mundial, o Centro de Estudos Ecumênicos. Ao autorizar em 1973 a comunhão entre protestantes e católicos em alguns casos (especialmente nos lares mistos), monsenhor Elchinger, bispo de Estrasburgo, tomou uma decisão significativa de abertura, mesmo que depois o processo tenha diminuído de ritmo. Alguns cursos de religião na escola são organizados em comum pelas duas confissões.

As igrejas protestantes não só estão presentes junto a instituições europeias, mas também desenvolvem colaboração entre fronteiras com as igrejas de espaço renano (Suíça, Bade, Palatinado).

Marc Lienhard e Jean-Paul Willaime

▶ ADAM, Johannes, *Evangelische Kirchengeschichte der Stadt Strassburg bis zur französischen Revolution*, Estrasburgo, Heitz, 1922; Idem, *Evangelische Kirchengeschichte der elsässischen Territorien bis zur französischen Revolution*, Estrasburgo, Heitz, 1928; LIENHARD, Marc, *Foi et vie des protestants d'Alsace*, Estrasburgo-Wettolsheim, Oberlin-Mercure et Mars, 1981; Idem, *La Réforme à Strasbourg. Les événements et les hommes*, em Georges LIVET e Francis RAPP, orgs., *Histoire de Strasbourg des origines à nos jours*, t. II, Estrasburgo, *Dernières nouvelles d'Alsace-Istra*, 1981, p. 363-540; Idem, orgs., *La Faculté de théologie protestante de Strasbourg hier et aujourd'hui (1538-1988*, Estrasburgo, Oberlin, 1988; STORNE-SENGEL, Catherine, *Les protestants d'Alsace-Lorraine de 1919 à 1939: entre les deux règnes*, Estrasburgo, Société Savante d'Alsace, 2003; STROHL, Henri, *Le protestantisme en Alsace* (1950), Estrasburgo, Oberlin, 2000; VOGLER, Bernard, *En Alsace: ortodoxie et territorialisme*, em Philippe WOLFF, org., *Histoire des protestants en France. De la Réforme à la Révolution* (1977), Toulouse, Privat, 2001, p. 149-183; Idem, *Traumatismes politiques et vitalité spirituelle des protestants alsaciens*, em Philippe WOLFF, org., *Les protestants en France 1800-2000*, Toulouse, Privat, 2001, p. 169-201 (reed. de *Histoire des protestants en France*, 1977); Idem, *Histoire des chrétiens d'Alsace des origines à nos jours*, Paris, Desclée, 1994.

◉ Academias; Blessig; Bucer; Capiton; concordata; Cullmann; Faculdades de Teologia Latino-Americanas; França; Hedion; Héring; Holtzmann; Hubert; Koch; Lobstein; Marbach; Marpeck; Mehl; Oberlin; Reuss; revistas protestantes; Sabatier; Scheurer-Kestner; Schweitzer; Schwenckfeld; *simultaneum*; Spener; Sturm J.; Zanchi; Zell

ALTHAUS, Paul (1888-1966)

Paul Althaus é de origem alemã, filho de um professor de teologia também chamado Paul. Foi *privat-docent*[18] em Göttingen e, após a Primeira Guerra Mundial, professor em Rostock, para enfim, em 1925, ocupar as cadeiras de teologia sistemática e Novo Testamento em Erlangen, onde fica até se aposentar. É nessa última função que exerce influência preponderante, colaborando com Werner Elert (1885-1954). Além de dedicar-se ao estudo do Novo Testamento, sobretudo a teologia paulina, Althaus escreve numerosos livros e artigos sobre a teologia de Lutero. Influenciado pela obra de Karl Holl, apresenta uma visão geral e atual da teologia e da ética de Lutero, e com base nesses trabalhos elabora uma teologia sistemática em que estão presentes as grandes questões do século XX. Esta obra distingue-se sobretudo por uma ênfase na revelação natural (*Uroffenbarung*), indispensável para a revelação de Deus em Jesus Cristo. Também dedicou-se a desenvolver a doutrina das últimas coisas (escatologia). Sua ética aponta para a necessidade de conservação e obediência às autoridades, inclusa no princípio das "ordens de criação" (cf. sua obra *Theologie der Ordnungen*). Em seu *Grundriss der Ethik*, ele retoma as três ordens clássicas da tradição luterana — o Estado e o Direito (*politia*), o casamento e a família (*oeconomia*) e a Igreja (*ecclesia*) — e também desenvolve a noção de povo, "fundado na vontade e na riqueza divinas do Criador" (p. 94), assim como a de sociedade, caracterizada pela cultura, pela economia e pela questão social. Paul Althaus sempre defendeu um Estado nacional forte. Aprova então o nacional-socialismo e o legitima através de uma nova formulação da doutrina da Lei e do evangelho (cf. os posicionamentos da Faculdade de Teologia de Erlangen, com significativas contribuições de Althaus). Suspenso de suas aulas durante certo tempo, participa após a guerra da renovação luterana na Evangelische Kirche in Deutschland (Igreja Protestante na Alemanha), combatendo as estruturas herdadas da Igreja Confessante.

Pierre Bühler

▶ ALTHAUS, Paul, *Die letzten Dinge* (1922), Gütersloh, Mohn, 1970; Idem, *Grundriss der Ethik*, Erlangen, Merkel, 1931; Idem, *Theologie der Ordnungen* (1934), Gütersloh, Bertelsmann, 1935; Idem, *Die christliche Wahreit* (1947-1948), 2 vols., Gütersloh, Bertelsmann, 1969; Idem, *Die Theologie Martin Luthers* (1962), Gütersloh, Mohn, 1983; Idem, *Die Ethiks Martin Luthers*, Gütersloh, Mohn, 1965; GESTRICH, Christof, *Neuzeitliches Denken und die Spaltung der dialektischen Theologie. Zur Frage der natürlichen Theologie*, Tübingen, Mohr, 1977; GRAβ, Hans, *Althaus, Paul*, em *TRE*, t. II, 1978, p. 329-337; GRIN, Edmond, *Paul Althaus*, *RThPh* 99, 1967, p. 189-194; KÜNNETH, Walter e JOEST, Wilfried, orgs., *Dank an Paul Althaus. Eine Festgabe zum 70. Geburstag*, Gütersloh, Bertelsmann, 1958 (bibliogr.)

▶ Erlangen; Holl; Igreja Confessante; *Kirchenkampf*; luteranismo; reinos (doutrina dos dois); Revolução Conservadora; Thielicke

ALTHUSIUS, Johannes (1557-1638)

Calvinista alemão, professor de direito na Universidade de Herborn, ligado à teologia reformada do pacto e influenciado pelos monarcômacos huguenotes, Johannes Althusius desenvolveu nos planos sociológico, jurídico e político as noções e os princípios do federalismo (*Politica methodice digesta* [1603], Groningen, 1610). Para ele, a sociedade humana se articula em uma série de grupos fundados sobre os compromissos mútuos (*consociatio*). O próprio Estado é uma estrutura federal resultante do acordo entre comunidades políticas locais (cidades e províncias). A autoridade soberana depende, portanto, do consenso dos grupos associados: seu poder é delegado e revogável, sempre submetido ao controle dos magistrados inferiores. Eleito em 1604 agente administrativo da cidade de Emden, cargo que ocupou até sua morte, contou com o apoio de seus vizinhos e correligionários holandeses na luta incessante pela autonomia municipal e contra a intervenção dos poderes dos príncipes.

Mario Miegge

▶ GIERKE, Otto Friedrich von, *Johannes Althusius und die Entwicklung Staatstheorien* (1880), Aalen Scientia, 1981; MESNARD, Pierre, *L'Essor de la philosophie politique au XVIᵉ siècle* (1936), Paris, Vrin, 1969.

▶ Aliança; calvinismo; Estado; monarcômacos; **política**

---

[18] [NT] Título e posição no sistema universitário europeu para candidatos a professor universitário.

ALTIZER, Thomas Jonathan Jackson (1927-)

Teólogo americano nascido em Massachusetts. Estudou na Universidade de Chicago, onde se doutorou em 1955. Foi professor assistente de religião no *Wabash College* de 1954 a 1956, professor assistente e professor associado de religião na Universidade de Emory (Atlanta) de 1956 a 1968. Desde 1968, atua como professor de literatura inglesa na Universidade do Estado de New York.

Aluno de Paul Tillich, considerado por ele "o único teólogo que foi capaz de traçar a via de uma teologia de fato contemporânea", Altizer foi profundamente influenciado tanto pelo estudo da história das religiões ("mística oriental") quanto por Mircea Eliade e sua temática da polaridade sagrado/profano. Desde seus primeiros escritos, reflete sobre uma nova forma, autenticamente cristã, de discurso sobre Deus própria ao mundo secularizado do final do século XX, que se caracteriza pela consciência da imanência radical do homem "que apaga até mesmo a lembrança ou a sombra da transcendência". Como conciliar essa consciência e a imagem transcendente do Deus da tradição cristã? Contra o Deus "absolutamente Outro", contra o "Não" pronunciado por Karl Barth para a modernidade cultural e teológica, Altizer se apropria de uma perspectiva hegeliana. Assim como Hegel, valoriza uma lógica de tipo dialético na qual a oposição entre identidade e diferença deve ser superada, tal como a oposição entre sagrado e profano. Influenciado pela visão de William Blake (1757-1827), e retomando Hegel e Nietzsche sobre a experiência da modernidade, sobretudo com relação à "morte de Deus", Altizer quer pensar Deus em toda a radicalidade da encarnação. Deus está morto no evento da Sexta-Feira Santa, voluntariamente despojando-se de sua sacralidade (*kenósis*), aniquilando-se por completo, "perdido" na imanência e na profanidade. Esse movimento divino — da transcendência à imanência final e sem retorno — é exatamente o movimento escatológico que marca não somente a dissolução da oposição entre Deus e o homem, e por isso sua transformação mútua, mas também a possibilidade de uma presença total do "divino" na imanência.

Altizer foi muito atacado em meados dos anos 1960, época da controvérsia sobre a teologia da "morte de Deus". No entanto, isso não o impediu de prosseguir em uma obra teológica original e imaginativa que demonstra uma profunda coerência.

Patrick Évrard

▶ ALTIZER, Thomas J. J., *A Critical Analysis of C. G. Jung's Understanding of Religion*, Universidade de Chicago, 1955 (tese); Idem, *Oriental Mysticism and Biblical Eschatology*, Filadélfia, Westminster Press, 1961; Idem, *The Gospel of Christian Atheism*, Filadélfia, Westminster Press, 1966; Idem, *The Self-Embodiment of God*, New York, Harper and Row, 1977; Idem, *Total Presence. The Language of Jesus and the Language of Today*, New York, Seabury Press, 1980; Idem, org., *Deconstruction and Theology*, New York, Crossroad, 1982; Idem, *History as Apocalypse*, Albany, State University of New York Press, 1985; Idem, *Genesis and Apocalypse*, Louisville, Westminster-John Knox Press, 1990; Idem e HAMILTON, William, *A morte de Deus*, São Paulo, Paz e Terra, 1967; Idem, *Living the Death of God. A Theological Memoir*, Barrytown, Station Hill Press, 2003; BORNÉ, Gerhard F., *Christlicher Atheismus und radikales Christentum. Studiem zur Theologie von Thomas Altizer im Zusammenhang mit Ketzereien der Kirchengeschichte, der Dichtung von William Blake und der Philosophie von Georg Friedrich Wilhelm Hegel*, Munique, Kaiser, 1979; COBB, John B., org., *The Theology of Altizer, Critique and Response*, Filadélfia, Westminster Press, 1970; GOUNELLE, André, *Le Christ et Jésus. Trois christologies américaines: Tillich, Cobb, Altizer*, Paris, Desclée, 1990; HIBINO, Ejji, *The Sacred and the Holy. An Investigation of Thomas J. J. Altizer's Dialetic of the Sacred*, Drew University, 1989 (tese); OGLETREE, Thomas W., *La controverse sur la mort de Dieu* (1966), Tournai, Casterman, 1968; TAYLOR, Mark C., "Altizer's Originality: A Review Essay", *Journal of American Academy of Religion* 52, 1984, p. 569-584; Idem, "The Anachronism of A/theology", em *Tears*, Albany, State University of New York Press, 1990, p. 73-85.

◯ Barth; crítica da religião; Deus; encarnação; Hegel; *kenósis*; **modernidade**; Nietzsche; sagrado; secularização; Taylor M. C.; teologia da secularização; "teologia dialética"; teologias da morte de Deus; Tillich

ALVES, Rubem Azevedo (1933-2014)

Teólogo protestante brasileiro, pastor na Igreja Presbiteriana do Brasil (1958-1964) e professor de filosofia política na Universidade Estadual de Campinas. De início, identifica-se com a teologia da libertação latino-americana (recepção crítica de Jürgen Moltmann em sua tese de 1969), apartando-se do movimento, porém, em vários aspectos, ao logo perceber a insuficiência da análise marxista da sociedade. Busca, portanto, abordar os elementos culturais e psíquicos da condição humana, sob a influência de Feuerbach. Renunciando à esperança de transformações revolucionárias em curto prazo, desenvolve a ideia de uma "teologia do cativeiro", alicerçada no restabelecimento dos desejos fundamentais do ser humano. Tornou-se assim o pensador e o poeta de uma antropologia cristã renovada. Psicanalista, intérprete lúcido do papel da religião na sociedade moderna, muito crítico com relação ao protestantismo puritano e neofundamentalista no Brasil. Autor de mais de 120 títulos, de assuntos variadíssimos - de pedagogia a literatura infantil, passando por filosofia e culinária. Faleceu aos 80 anos, no dia 19 de julho de 2014, em Campinas. Alves pode ser considerado um dos grandes protestantes de nossa época.

Henry Mottu

▶ ALVES, Rubem Azevedo, *Da esperança*. Campinas, Papirus, 1969; Idem, *A gestação do futuro*. Campinas, Papirus, 1972; Idem, *Protestantismo e repressão*, São Paulo, Ática, 1979; Idem, *O que é religião?*, São Paulo, Brasiliense, 1981; Idem, *Creio na ressurreição do corpo*. Rio de Janeiro, CEDI, 1982; *Le mangeur de paroles*, Paris, Cerf, 1993. Panorama: Datas. *Veja*, 30 de julho de 2014, p. 36.

● Feuerbach; Moltmann; teologia da libertação

AMÉRICA LATINA

Enquanto a Europa passava por uma reforma religiosa, o Novo Mundo estava sendo conquistado. Os conquistadores espanhóis e portugueses preocuparam-se em não permitir o contágio protestante na América Latina. Apesar das políticas seriamente restritivas, adotadas por Espanha e Portugal, hoje há milhões de protestantes na América Latina graças à imigração e às missões evangélicas.

O protestantismo foi introduzido na América Latina no século XIX pelo fomento da imigração por governos liberais, que o enxergaram como ferramenta política, para contrabalançar a influência do conservadorismo político e econômico e do catolicismo tridentino.

O incentivo foi bem visto e aceito pelas seguintes razões: guerras nos países de origem, busca por liberdade religiosa, vontade de promover doutrinas políticas ou métodos educacionais, necessidade de capelania para expatriados, desejo de distribuir a Bíblia das Sociedades Bíblicas e de enviar missionários das Juntas Missionárias.

Dessa forma, imigrantes, representantes de escolas e de sociedades bíblicas, missionários, pastores e educadores protestantes saíram de seus países de origem para a América Latina.

Os primeiros imigrantes protestantes foram: os italianos valdenses no Uruguai e Argentina; os alemães luteranos, reformados e menonitas no Brasil, Venezuela, Argentina, Uruguai, Paraguai e Chile; os afro-americanos metodistas e episcopais na Republica Dominicana e no Haiti; os norte-americanos (estadunidenses) metodistas, presbiterianos e batistas no Brasil; os canadenses e russos menonitas no Paraguai, México, Bolívia, Argentina e Belize.

Quanto aos missionários, muitos eram originários dos movimentos de avivamento que varreram a América do Norte e a Europa e queriam testemunhar à pessoas, empenhando-se na conversão delas, enquanto alguns grupos imigrantes ministravam ao seu próprio povo e não se envolviam com a religião ao redor. Exceções ocorreram como no Haiti e Republica Dominicana, onde os colonizadores afro-americanos pregaram o evangelho aos seus vizinhos e no Paraguai, onde os menonitas evangelizaram os índios guaranis na região do Chaco.

A implantação do protestantismo na América Latina transcorreu de forma gradativa, pois era proibida a realização de cultos públicos e as igrejas não podiam ter a forma de templos. Apesar das perseguições e dificuldades como epidemias, meios de transporte e outros, as igrejas cresceram e se multiplicaram.

Entre os primeiros grupos provenientes das missões estavam os metodistas, presbiterianos, batistas e congregacionais; sua união interdenominacional e a singeleza das primeiras casas de oração foram características importantes desse início.

Em relação à composição social, percebe-se que o protestantismo era um movimento urbano e a maioria de seus membros pertencia à classe média baixa: professores, funcionários, pequenos comerciantes etc.

O século XX foi de crescimento e amadurecimento. De um modo geral, os protestantes combinavam evangelização com educação e civilização e a América Latina lucrou com seus programas agrícolas, educacionais e com os colégios organizados, sendo as escolas presbiterianas e metodistas admiradas por sua excelência.

Mas, foi também nesse século que ocorreram dissensões e crises no seio protestante, como a desavença em relação à maçonaria e a busca por autonomia das chamadas "igrejas-mães" estadunidenses. No Brasil, isso causou separação no meio presbiteriano, dando origem à Igreja Presbiteriana Independente.

O movimento de renovação espiritual, também no Brasil, com a discordância em relação à doutrina do Espírito Santo, deu origem à Igreja Batista Nacional, à Igreja Metodista Wesleyana e à Igreja Presbiteriana Renovada.

Mesmo em meio a conflitos, o protestantismo continuou a crescer e na maioria dos países, ultrapassava o crescimento populacional; porém, foi ultrapassado por outra forma de protestantismo: o pentecostalismo que alcançou as camadas mais pobres e desenvolveu liderança leiga.

Movimentos que enfatizavam a doutrina, a racionalidade e a ordem, agora ressaltavam a emoção, a liberdade e a espontaneidade. Assim surgiram, no início do século XX, as igrejas pentecostais na América Latina, tais como: Igreja Metodista Pentecostal no Chile; Congregação Cristã e Assembléia de Deus, no Brasil; Igreja Apostólica, no México etc.

Dessas igrejas pentecostais, na metade do século, formaram-se novos movimentos que foram denominados neopentecostais. Seguindo a teologia da prosperidade, enfatizando curas e batalha espiritual, fazendo uso intensivo da mídia para propagar suas mensagens, essas igrejas possuem templos majestosos e líderes milionários.

As mais representativas são: a Igreja Universal do Reino de Deus, a Igreja Internacional da Graça de Deus e a Igreja Renascer em Cristo.

Muitas pessoas têm encontrado nessas igrejas um ambiente de calor humano com acolhimento e valorização pessoal para favelados, viciados, aidéticos, presidiários, prostitutas e outros. Já a Igreja Renascer em Cristo tem alcançado grupos mais elevados na escala social, como: atletas, artistas e outros.

A crítica das igrejas tradicionais em relação às neopentecostais, entre outras, é que há insistência em bênçãos materiais e não na excelência da vida espiritual; na melhoria financeira ou física e não na regeneração da alma e no comportamento transformado; ênfase nas experiências e apelo às revelações, não à Bíblia.

O crescimento explosivo do pentecostalismo latino-americano teve impacto em todo o mundo cristão que se interessou em pesquisar a doutrina do Espírito Santo, as razões desse crescimento, o método de evangelização e qual o papel que a América Latina pode desempenhar na vida da igreja e na sociedade.

Em contraste com o crescimento dos pentecostais, os grupos mais tradicionais parecem encolher. Muitos dos chamados "sem-igreja" pertenciam às igrejas protestantes e formam o grupo cada vez mais crescente dos "evangélicos não-praticantes".

O surgimento de novas formas de pentecostalismo, a expansão dos movimentos carismáticos, o crescimento dos "sem-igreja" e a predominância do neoconservadorismo desafiam os protestantes a mudarem seus métodos, envolvendo-se cada vez mais com o próximo e se tornando referenciais de vidas transformadas pela Palavra de Deus.

Um destaque do protestantismo latino-americano no final do século XX e início do século XXI é que passou de passivo recebedor de missões e direcionamento para um participante ativo na vida da igreja com a contribuição de missionários, teólogos e líderes para o mundo inteiro.

Rute Salviano Almeida

▶ GONZÁLEZ, Ondina E.; GONZÁLEZ, Justo L. *Cristianismo na América Latina:* uma história. Tradução de Valdemar Kroker, São Paulo: Vida Nova, 2010; REILY, Duncan Alexander. *História documental do protestantismo brasileiro,* 3ª edição, São Paulo: ASTE, 2003; MATOS, Alderi Souza. *O desafio do neopentecostalismo e as igrejas reformadas.* Disponível em <http://www.mackenzie.com.br/7090.html> Acesso em 03/10/2014, às 12h28.

AMIEL, Henri-Frédéric (1821-1881)

Nascido e morto em Genebra, onde foi professor de literatura, estética e filosofia. Indeciso, sentindo-se deslocado tanto na sociedade quanto na vida, é visto por seus contemporâneos como um fracassado. Educado em meio protestante, jamais rejeitou sua confissão. Ao longo dos anos, ele se afasta das formas institucionais de crença e religião para adotar um relacionamento pessoal e cada vez mais exclusivo com Deus. Seu *Diário íntimo*, publicação *post-mortem* que o tornaria conhecido no mundo inteiro, traz o relato dessa intimidade, reflexo de uma experiência essencial. São dezessete mil páginas de consciência de si e da totalidade, podendo ser consideradas um modo de oração. Seus temas centrais são: "Voltar ao seu centro, recolher-se, entrar em Deus", e a consciência de si se torna pré-consciência, o que Amiel nomeia *reimplicação*, ou seja, "a morte que nos traz de volta à concepção" (12 de fevereiro de 1871). Morte e ressurreição antecipadas, a renúncia de si abre para todo tipo de possibilidades: "Minha miséria é pura virtude" (6 de outubro de 1971).

André Péry

▶ AMIEL, Henri-Frédéric, *Diário íntimo*, Rio de Janeiro, Globo, 1947; GRASSI, Marie Claire, "Amiel ou l'oeuvre mélancolique", em Anna DOLFI, org., *Malinconia, malattia malinconica e letteratura moderna*, Roma, Bulzoni, 1991, p. 281-298; THIBAUDET, Albert, *Amiel ou la part du rêve*, Paris, Hachette, 1929; TRIPET, Arnaud, *Amiel ou les jours de Dieu*, Genebra, Labor et Fides, 2001.

◉ Literatura

AMISHS

Apesar de surgir do anabatismo europeu, o movimento *amish* desenvolveu-se principalmente no leste dos Estados Unidos. O termo *amish* vem de um menonita de origem bernense, Jacob Ammann (1644?-antes de 1730), influente na Suíça e na Alsácia (sobretudo no vale de Lièpvre). Inspirando-se nesse teólogo que defendia a radicalização da disciplina eclesiástica e das regras de vida religiosa, o movimento se caracteriza como um setor conservador do menonismo, com a aplicação literal das regras de Ammann (recusa de servir no Exército e em qualquer outra função pública, vestimentas austeras e uso de barba, dialeto bernês) e a rejeição à maior parte das inovações tecnológicas modernas (automóveis, eletricidade, medicina etc.). Em meados do século XIX, centenas de *amishs* suíços e, em maioria, alsacianos emigram para os Estados Unidos, onde o movimento se organiza em comunidades rurais relativamente autárquicas, mantendo sua especificidade linguística, indumentária, arquitetural etc. O filme policial *Witness* (1984), de Peter Weir, contribuiu para tornar mais conhecido do público os *amishs*.

Pierre Bühler

▶ HEGE, Lydie e WIEBE, Christoph, orgs., *Les amish. Origine et particularismes 1693-1993. The amish. Origen and Characteristics 1693-1993*, Ingersheim, Association Française d'Histoire Anabaptiste--Mennonite, 1996; HOSTETLER, John A., *Amish Society* (1963), Baltimore, Johns Hopkins University Press, 1993 (bibliogr.); LASSABE-BERNARD, Marie-Thérèze, *Les amish. Étude historique et sociologique*, Paris, Champion, 1999; LÉGERET, Jacques, *L'énigme amish. Vivre au XXIe siècle comme au XVIIe*, Genebra, Labor et Fides, 2000; RANDAXHE, Fabienne, *L'être amish, entre tradition et modernité. Enquête ethno-sociologique dans le Vieil Ordre Amish de Pennsylvanie*, Turnhout, Brepols, 2004.

◉ Anabatismo; Menno Simons; menonismo; Reforma radical; **seitas**

AMOR

O amor é uma noção teológica essencial, pois designa a um só tempo o ser de Deus e o motivo central de toda ação humana nascida da fé.

O Antigo Testamento trata do amor de Deus com frequência, lembrando sua misericórdia. Esse amor vale para o povo eleito (Os 11.1-9; Jr 31.3,20), mas também para toda a criação (Sl 145.9). O Novo Testamento anuncia a revelação definitiva do amor de Deus em Jesus Cristo, que culmina no evento da cruz. Sua mensagem está presumida nos escritos de João, na afirmação *Deus é amor* (1Jo 4.8). Esse amor significa para os homens reconciliação (Rm 5.5-11; 2Co 5.18-21) e paz (Ef 2.14-18; Cl 1.19-21). O ser humano reconciliado responde ao amor de Deus amando a Deus e a seu próximo (Mt 22.37ss; 1Jo 4.7-21).

A compreensão da Trindade é o melhor resumo da noção bíblica de amor (*ágape*, substantivo pouco usado no grego clássico). Deus é aquele que ama, aquele que é amado; mais ainda, ele é amor. Deus é em si próprio a plenitude e a vida que nada mais é que a relação de amor. Esse amor não está encerrado em si mesmo, mas é criador da vida, e até para além da morte. É dado aos homens e a toda a criação. Todo amor entre seres humanos carrega o reflexo desse amor.

Essa visão fortemente confirmada por Agostinho é retomada pela tradição protestante, sobretudo por Lutero, que se opõe a qualquer tipo de redução do amor como virtude puramente humana. Todo amor é dom e presença de Deus que o cristão recebe pela fé. As obras do amor não são uma contribuição humana que complementa a graça de Deus e torna o cristão justo diante dele. Mas são, sim, graça divina, fruto da ação de Deus no cristão. Fé e amor são as duas faces de uma mesma realidade.

Como a intenção divina é reunir por amor todos os seus filhos e fazer que participem de sua vida (Ef 1.4), tal amor deve ser comunicado a toda a humanidade. A tarefa da igreja e dos cristãos é não fazer separação entre a Palavra e o Deus que ama, traduzindo essa Palavra em atos que incluam todas as áreas da vida. A expressão política desse amor é o engajamento por um mundo mais justo. Sem amor, a justiça é ilusão; sem busca da justiça, o amor se torna impostura. Essa tarefa é um desafio, até mesmo uma dura prova, já que o ódio e a indiferença se afiguram mais fortes. Com a constante lembrança do que se passou na cruz, expressão mais poderosa do amor, a fé vive na certeza e na esperança de que o amor de Deus triunfará nas situações mais desesperadas. Eis o fundamento de todo compromisso diaconal e social do cristão e da igreja.

André Birmelé

▶ CAUSSE, Jean-Daniel, *La haine et l'amour de Dieu*, Genebra, Labor et Fides, 1999; GERLITZ, Peter et alii, *Liebe*, em TRE, t. XXI, 1991, p. 121-191; JÜNGEL, Eberhard, *Dieu mystère du monde. Fondement de la théologie du Crucifié dans le débat entre théisme et athéisme* (1977), 2 vols., Paris, Cerf, 1983 (com destaque para o t. II, cap. 20); NYGREN, Anders, *Érôs et agapè. La notion chrétienne de l'amour et ses transformations* (1930-1936), 3 vols., Paris, Aubier Montaigne, 1952-1962; RICOEUR, Paul, *Liebe und Gerechtigkeit. Amour et justice*. Tübingen, Mohr, 1990.

◐ Casal; casamento; desejo; esperança; fé; justiça; Nygren; sexualidade; Trindade; virtude; virtudes teológicas

AMSTERDÃ

O destino de Amsterdã está ligado à história cultural e religiosa dos Países Baixos, dos quais ela é a capital política (enquanto La Haye era a sede do governo e a residência da rainha).

Outrora considerada um dos maiores centros culturais reformados, encontra-se atualmente bastante afetada pelo secularismo, sofrendo certo descaso, maior que o das demais cidades. A *Nieuwe Kerk*, igreja em que a rainha foi coroada, simboliza a função política desempenhada por Amsterdã.

Inaugurada em 1632, a Haute École ou *Athenaeum Illustre* somente obtém uma cadeira de teologia em 1686, promovida a universidade do Estado em 1877. Sua Faculdade de Teologia, à qual se associaram o Seminário Menonita e o da Igreja Evangélica Luterana, compreendia assim duas cadeiras (dogmática e teologia prática) atribuídas a professores da *Nederlandse Hervormde Kerk* (a Igreja Reformada). A Faculdade de Teologia fechou suas portas em 1997.

Durante mais de dois séculos, de 1634 a 1873, data de sua transferência para Leiden, Amsterdã abrigava também um colégio remonstrante,[19] onde ensinaram, entre outros, Simon Episcopius (1583-1643), Étienne de Courcelle (1586-1659), Jean Le Clerc (1684-1731) e Johann Jakob Wettstein (1693-1754).

Em 1880, Abraham Kuyper funda a Universidade Livre de Amsterdã para, em nome dos princípios reformados, opor-se à secularização das ciências. De início independente do Estado e da Igreja Reformada, a universidade passa a ser totalmente financiada pelo Estado, mas a associação na origem de sua fundação mantém todos os direitos de nomeação e dispensa de professores. A partir da união das igrejas *herformd*, *gereformeerd* e luteranas em Igreja Protestante dos Países Baixos, a Faculdade de Teologia da Universidade Livre não é mais reconhecida pela formação de pastores da nova igreja, mas continua a formar pastores menonitas e pentecostais.

Adriaan Geense e Henk Jan de Jonge

◐ Calvinismo; calvinismo (neo); Kuyper; Países Baixos; universidades protestantes

AMYRAUT, Moisés (1596-1664)

Pastor e teólogo reformado francês, professor na Academia Protestante de Saumur a partir de 1633, esse discípulo de John Cameron (1580-1625) procurou conciliar as posições

---

[19] [NT] Adjetivo aplicado aos arminianos da época.

arminianas e gomarianas[20], oposição que culminara, na ocasião do Sínodo de Dordrecht (1618-1619), com a condenação das primeiras. Em seu sistema teológico chamado *universalismo hipotético*, Amyraut explica que Deus deseja a salvação de todos os homens — ou seja, decreto algum exclui *a priori* ninguém dos benefícios da morte de Cristo —, mas a fé em Cristo é condição necessária para a concretização dessa salvação. Deus não recusa a ninguém a capacidade de crer, mas não distribui a todos a assistência necessária para o uso dessa capacidade. Um dos opositores mais fervorosos do universalismo hipotético é Pierre Du Moulin (1568-1658), que o compreende como arminianismo. Com seus colegas Josué de la Place (1596-1655/56) e Louis Cappel (1585-1658), Amyraut encarna uma renovação da teologia reformada no século XVII, o que preocupa os partidários de uma estrita ortodoxia calvinista.

Hubert Bost

▶ LAPLANCHE, François, *Orthodoxie et prédication, L'Oeuvre d'Amyraut et la querelle de la grâce universelle*, Paris, PUF, 1965; STAUFFER, Richard, *Moïse Amyraut. Un précurseur français de l'oecuménisme*, Paris, Librairie Protestante, 1962.

◉ Arminianismo; augustinianismo; Cameron; Cappel; *Consensus Helveticus*; Dordrecht (Sínodo e Cânones de); Du Moulin; Gomarus; Pajon; **predestinação e Providência**; Saumur; Turretin F.

ANABATISMO

O anabatismo é uma das formas que a dissidência protestante tomou no século XVI, no que se chamou Reforma radical. Surgem anabatistas mais ou menos ao mesmo tempo em diversas regiões: na Suíça, em torno de Zwinglio, Conrad Grebel (1498?-1526), Balthasar Hubmaier (1485?-1528), Felix Mantz (1498-1527); no sul da Alemanha e na Áustria, Hans Denck (por volta de 1500-1527) e Hans Hut (por volta de 1490-1527); nos Países Baixos, Melchior Hoffman (1500?-1543). Inspirados por Erasmo, pela mística renana e pelos primeiros escritos dos reformadores, chamados "rebatizadores" por seus adversários, os anabatistas recusam o batismo de crianças e a simbiose entre igreja e Estado prolongada pela Reforma. Esses movimentos adquirem colorações variadas. O anabatismo suíço é biblicista, não violento, recusando ao cristão a possibilidade de ser magistrado, com a teologia definida pela *Confissão de Scheitheim* (1527). Já o anabatismo austríaco, mais místico em seu surgimento, assume um perfil comunitário na Morávia, sob a liderança de Jakob Hutter (por volta de 1500-1536). O anabatismo holandês se caracteriza pelo milenarismo do Reino de Münster (1534-1535), seguido de um ajuntamento pacífico sob a liderança de Menno Simons (1495/96-1561). Rejeitados e perseguidos tanto pelos católicos quanto pelos reformadores "oficiais", milhares de anabatistas seriam mortos ou condenados ao exílio por suas convicções. Os descendentes dos anabatistas se encontram hoje em igrejas menonitas (Europa, América do Norte e América do Sul, África, Ásia), ou entre os *amishs* e os huterianos (América do Norte). Em 2003, esses grupos contavam em média com 1,2 milhão de membros adultos.

Neal Blough

▶ BAECHER, Claude, *Les eschatologies anabaptistes de la haute valée rhénane en débat avec les Réformateurs (1524-1535). Leurs prolongements parmi les Frères suisses jusqu'au XVIIe siècle*, Villeneuve-d'Ascq, Presses Universitaires de Septentrion, 1996; BLOUGH, Neal, org., *Jésus-Christ aux marges de la Réforme*, Paris, Desclée, 1992; LIENHARD, Marc, *The Origins and Characteristics of Anabaptism. Les débuts et les caractéristiques de l'anabaptisme*, La Haye, Nihjoff, 1977; Idem, *Les anabaptistes*, em Marc VENARD, org., *Le temps des confessions (1530-1620/30) (Histoire du christianisme des origines à nos jours VIII)*, Paris, Desclée, 1992, p. 119-181; SÉGUY, Jean, *Les assemblées anabaptistes-mennonites de France*, Paris-La Haye, Mouton, 1977; SYNDER, C. Arnold, *Anabaptist History and Theology. An Introduction*, Kitchener, Pandora, 1995.

◉ *Amishs*; batismo (sacramento do); batismo (doutrina do); *Confissão de Schleitheim*; Denck; entusiasmo; excomunhão; Grebel; Hoffman; Hubmaier; iluminismo; Jean de Leyde; **Jesus (imagens de)**; Joris; Mantz; Marpeck; Matthys; Menno Simons; menonismo; milenarismo; Münster (Reino de); Müntzer; **protestantismo**; quacres; Reforma; Reforma radical; Sattler; seitas; Smyth; Zwickau (profetas de)

---

[20] [NT] Adjetivo para seguidores de Franciscus Gomarus, famoso calvinista da época de Armínio.

ANALOGIA DA FÉ

A expressão "analogia da fé", tomada de Romanos 12.6, designa em geral, para os protestantes, a norma da interpretação bíblica que, emancipada do magistério eclesiástico, deve encontrar sua própria regulação normativa. Afirma Calvino: "Quando São Paulo quis que toda profecia fosse conforme à analogia e à semelhança da fé, introduziu uma regra bastante exata para pôr à prova toda interpretação bíblica" (*Epístola ao Rei* [1535], em *IRC*, t. I, p. XXIV). A concepção mais conhecida é a que perfaz "a harmonia dos enunciados bíblicos", segundo a definição do luterano David Hollaz (1648-1713), ou seja, interpretar segundo a analogia da fé é comparar os textos para encontrar um acordo nas Escrituras. Outras concepções diferem desta, no entanto, e para alguns o *Símbolo dos Apóstolos* (ou *Credo*), resumo da fé, serve como referência, por exemplo. A analogia da fé funciona como uma proteção contra a heresia grave. Lutero compara a analogia às "palavras claras e luminosas" que são chave de entendimento para todas as outras. Tanto para ele quanto para Calvino, a superioridade de um tema se torna um modelo a se seguir de modo analógico em todo o livro: assim, o modelo de justificação pela fé e o da união em Jesus Cristo das naturezas divina e humana determinam, para Lutero, a interpretação das palavras eucarísticas "Este é meu corpo", igualmente assombrosas para a razão (proclamação de uma graça comunicada com uma forma paradoxal). Da mesma forma, Calvino invoca, em favor da interpretação evangélica, o tema do *soli Deo gloria*: divisa-se a interpretação quando se rende somente a Deus toda a glória.

A Romanos 12.6 também costuma-se dar outro sentido, o da fé subjetiva, de mudança de rumo do cristão. Concordando com Ernst Käsemann, pode-se preferir o sentido objetivo (a fé transmitida), aproximando-se assim do sentido comum da expressão conforme a história da igreja.

Karl Barth usa os mesmos termos para outro conceito, criticando com rigor a analogia do ser (segundo ele, invenção do "anticristo" e base para que se possa adotar o catolicismo), que serve para que os tomistas expliquem como nossa linguagem pode ser referente a Deus: há analogia entre as perfeições de Deus, o próprio ser, e o que nomeamos nas criaturas (que participam do ser); para Barth, Deus confere a nossas palavras radicalmente inadequadas uma adequação "gratuita" no advento da revelação em Jesus Cristo, e é nesse sentido que usa a expressão "analogia da fé".

Henri Blocher

▶ BLOCHER, Henri, "L'analogie de la foi dans l'étude de l'Écriture sainte", *Hokhma* 36, 1987, p. 1-20; CARSON, Donald A., "Unity and Diversity in the New Testament: The Possibility of Systematic Theology", em *Scripture and Truth* [Escrituras e verdade], Grand Rapids, Baker Book House, 1983, p. 65-95; GISEL, Pierre e SECRETAN, Philibert, orgs., *Analogie et dialectique. Essais de théologie fondamentale*, Genebra, Labor et Fides, 1982; JÜNGEL, Eberhard, *Dieu mystère du monde. Fondement de la théologie du Crucifié dans le débat entre théisme et athéisme* (1977), t. II, Paris, Cerf, 1983, p. 62-119.

○ **Bíblia**; cânon e cânon dentro do cânon; doutrina; exegese; hermenêutica

ANÁTEMA

No Novo Testamento é prevista a exclusão do irmão que pecou e recusa se arrepender (Mt 18.15-17). Com relação à doutrina, o anátema se aplica a toda forma de ensinamento de falsa doutrina (1Co 16.22; Gl 1.8ss). Encontramos as duas aplicações do termo no século XVI e nos séculos seguintes (cf., no século XX, a *Declaração de Barmen*, que rejeita o ensino dos "Cristãos Alemães"). A exclusão temporária, que proibia a ceia aos pecadores impenitentes, é praticada tanto em boa parte das igrejas oriundas da Reforma (sobretudo as reformadas) quanto nas anabatistas, que excluem também da comunidade.

No plano doutrinário, algumas divergências entre católicos e protestantes geraram textos confessionais com uma firme condenação da posição oposta, considerada antibíblica e motivo de negação da comunhão entre as igrejas. Contam-se 130 condenações do lado católico, 70 do lado luterano e 62 do reformado, sob a forma de "anátemas" (Concílio de Trento) ou fórmulas como "isto é uma abominação, uma idolatria" e "nós rejeitamos" (igrejas da Reforma). A *Confissão de Augsburgo* condena explicitamente, cinco vezes, os anabatistas e seu ensino, além de rejeitar o posicionamento zwingliano sobre a santa ceia e os judeus e muçulmanos (cf. tb. a *Segunda confissão helvética* e a *Fórmula de concórdia*). Em princípio, as condenações pronunciadas pelas confissões de fé do século XVI visam as doutrinas ensinadas, e não os homens que as ensinam. Mas nem sempre essa distinção é clara. De fato, o banimento de concepções ensinadas por determinados grupos acabou contribuindo para sua perseguição.

Os textos confessionais do século XVI que ainda são autoridade e as condenações por eles proferidas estabeleceram pelos séculos a seguir as doutrinas que deveriam ser combatidas. Ao longo das últimas décadas, os diálogos ecumênicos reavaliaram o conteúdo de diversas condenações, sob o ângulo histórico e em relação a sua validade, buscando esclarecer se o ensino das igrejas mencionadas ainda correspondia à condenação presente nas confissões de fé do século XVI. Procedeu-se a um grande processo de revisão que, se não tornou obsoleto o que foi feito nos documentos antigos, relativizou, ou até mesmo suprimiu, a pertinência dessas condenações para a coexistência das igrejas hoje (cf. a *Concórdia de Leuenberg*). Além disso, tornou-se evidente que o desacordo doutrinal entre as comunidades cristãs não deve conduzir a discriminações no âmbito social.

Marc Lienhard

▶ GENISCHEN, Hans-Werner, *Damnamus. Die Verwerfung von Irrlehre bei Luther und im Luthertum des 16. Jahrhunderts*, Berlim, Lutherisches Verlagshaus, 1955; LEHMANN, Karl e PANNENBERG, Wolfhart, orgs., *Les anathèmes du XVIe siècle sont-ils encore actuels? Les condamnations doctrinales du concile de Trente et des Réformateurs justifient-elles encore la division de nos Églises?* (1986), Paris, Cerf, 1989; LIENHARD, Marc, *Die Verwerfung der Irrlehre und das Verhältnis zwischen lutherischen und reformierten Kirchen. Eine Untersuchung zu den Kondemnationen der Bekenntnisse des 16. Jahrhunderts*, em SEKRETARIAT FÜR GLAUBEN UND KIRCHENVERFASSUNG, org., *Gemeinschaft der reformatorischen Kirchen (Auf dem Weg II)*, Zurique, Theologischer Verlag, 1971, p. 69-152; Idem, *Les condamnations prononcées par la Confession d'Augsbourg contre les anabaptistes*, em Jean-Georges ROTT e Simon L. VERHEUS, orgs., *Anabaptistes et dissidents au XVIe siècle*, Baden-Baden-Bouxwiller, Koerner, 1987, p. 467-479.

● *Barmen (Declaração de); ceia; Concórdia de Leuenberg; Confissão de Augsburgo; confissão de fé; disciplina; doutrina;* **ecumenismo;** *Fórmula de concórdia; heresia; Segunda confissão helvética; Simbólicos (Escritos)*

ANGLICANISMO

O anglicanismo nasceu do cisma de Henrique VIII quando o papa Clemente VII se recusa a anular seu casamento (em 1530). O rei decide que a partir de então o Parlamento adotaria leis que privassem o papa de todo poder de jurisdição sobre a Igreja da Inglaterra, proclamando-se (e a seus sucessores) "chefe supremo, na terra, da Igreja da Inglaterra" (*Ato de supremacia*, de 1534). Em princípio, trata-se de uma rejeição à tutela romana, mais que de uma reforma doutrinária. No entanto, o humanismo e a Reforma luterana haviam encontrado adeptos na Inglaterra, e a Igreja da Inglaterra foi levada à Reforma durante o reinado do sucessor de Henrique VIII, Eduardo VI. A nova liturgia (o *Prayer Book*, [*Livro de oração*]), em sua primeira edição de 1549, não trazia muitas marcas protestantes, algo que foi corrigido pelo reformador Martin Bucer na segunda edição, de 1552.

O anglicanismo somente se estabeleceu de fato no reinado de Elizabeth I (1558-1603). Uma nova edição, menos anticatólica, do *Livro de oração* surgiu em 1559, assim como um novo *Credo* em 1571, de clara inspiração protestante: conhecido como *os Trinta e nove artigos*, ainda é a base doutrinária da Igreja da Inglaterra. Nele, as Escrituras são proclamadas autoridade única em matéria de fé, somente o batismo e a ceia são reconhecidos como sacramentos e a obrigatoriedade do celibato para o clérigo é abolida. Ainda que a orientação eclesiástica exaltada por Elizabeth I representasse uma *via media* entre catolicismo e protestantismo (o que aliás se tornou uma das características do anglicanismo), a rainha foi excomungada em 1570 por uma bula do papa Pio V que concitava seus súditos a desobedecer a ela, o que contribuiu bastante para que a opinião pública se voltasse contra ele. Elizabeth lutou não apenas contra Roma, mas também contra os protestantes puritanos que negavam o princípio episcopal e pregavam o congregacionalismo. Ainda que reprimido, o puritanismo exerceu uma profunda influência na Igreja Anglicana, em particular com a tradução da Bíblia: a *Versão King James*, chamada também de *Versão Autorizada*, tornou-se um dos fundamentos do anglicanismo.

Desde suas origens, diferentes correntes caracterizam o anglicanismo. As mais importantes são a *Low Church* (Baixa Igreja) e a *High Church* (Alta Igreja). A *Low Church* (nome criado em 1688 pelos adversários da *High Church*) representa a tendência mais claramente protestante. Seus membros creem que o anglicanismo está relacionado à Reforma, relativizam a importância do episcopado e defendem uma simplicidade maior no culto: tudo o que lembra o catolicismo (p. ex., os ornamentos litúrgicos) é malvisto. Essa tendência recebeu influência tanto do puritanismo quanto do avivamento do século XVIII e gerou muitas associações, como a *Church Missionary Society* em 1799 e a *British and Foreign Biblical Society*, em 1804. Hoje, a *Low Church* corresponde ao que se denominou a tendência evangélica (*evangelical*), com ênfase no testemunho pessoal e na ortodoxia doutrinária, desenvolvendo uma concepção bastante funcional do ministério pastoral.

A *High Church* representa o que se chama também anglocatolicismo. Não se trata de um partido romano no interior da Igreja Anglicana, mas de uma tendência que, embora recuse a tutela e os ensinamentos de Roma, valoriza a tradição da antiga igreja e o ensinamento dos Pais, mantendo o episcopado, a sucessão apostólica e os usos e ornamentos litúrgicos. A tendência *High Church* contou com seus extremistas (como o movimento de Oxford), que se reaproximaram do catolicismo preconizando a quase totalidade das práticas romanas (confissão auricular, bênção do santíssimo sacramento, *Corpus Christi*, rosário, culto a Maria etc.). Deve-se à *High Church* a criação de algumas ordens monásticas.

A maioria dos anglicanos se situa em algum ponto entre a *High Church* e a *Low Church*. Costumam ser chamados de *middle of the road* ("meio do caminho"). Entre eles há aqueles que preconizam a tradição liberal (a *Broad Church*), mas também os representantes de um anglicanismo tranquilo, avesso a extremos. Demonstrando, portanto, uma grande tolerância externa, o anglicanismo é bastante diversificado. Alguns se referem à denominação como "catolicismo reformado" ou "protestantismo episcopal". Como o documento anglicano por excelência é um texto litúrgico (o *Prayer Book*), e não doutrinal (os *Trinta e nove artigos*), pôde-se falar de uma "igreja litúrgica". Por representar uma via intermediária entre catolicismo e protestantismo, o anglicanismo está em uma posição particular para os diálogos ecumênicos.

O anglicanismo não se limita à Igreja da Inglaterra, mas representa setenta milhões de fiéis por todo o mundo. Está presente em 160 países, sobretudo nos países da *Commonwealth* e na América do Norte (igrejas episcopais). Diferentes igrejas formam a Comunhão Anglicana, criada em 1867 na primeira reunião da Conferência de Lambeth, que ocorre a cada dez anos e reúne todos os bispos anglicanos do Planeta. As igrejas anglicanas fazem parte do Conselho Mundial de Igrejas. Dois bispos anglicanos tiveram participação fundamental no movimento ecumênico: o bispo Charles Brent (1862-1929), da Igreja Episcopal Americana, e o arcebispo William Temple (1882-1944). Outro bispo anglicano tornou-se famoso por sua luta contra o *apartheid* na África do Sul, Desmond Tutu, obtendo o Nobel da Paz em 1984.

Após a decisão do Sínodo da Igreja da Inglaterra, que no dia 11 de novembro de 1992 aprovou a ordenação feminina, o bispo anglicano de Bristol ordenou as primeiras mulheres ao bispado no dia 12 de março do ano seguinte. A Igreja da Inglaterra dá assim o mesmo passo de diversas outras igrejas: a Igreja de Hong Kong e de Macau em 1971 (houve uma tentativa anterior em 1944), a Igreja Anglicana do Canadá em 1975, a Igreja Episcopal dos Estados Unidos em 1976, a Igreja Anglicana de Nova Zelândia em 1976, a da África austral em 1992. Com essa decisão, o anglicanismo manifestou uma concepção de ministério mais próxima das igrejas da Reforma.[21]

Jean-Paul Willaime

▶ MARTINEAU, Suzanne, *Les anglicans*, Turnhout, Brepols, 1996; MERCIER, Jean, *Des femmes pour le Royaume de Dieu*, Paris, Albin Michel, 1994; NEILL, Stephen C., *L'anglicanisme et la Communion anglicane* (1958), Paris, Seuil, 1961; SACHS, William L., *The Transformation of Anglicanism. From State Church to Global Communion*, Cambridge, Cambridge University Press, 1993; SIMON, Marcel,

---

[21] [NT] A Igreja Anglicana passa hoje por uma das maiores crises de sua história. Em 1990 a ordenação feminina já era motivo de descontentamento por parte dos setores mais tradicionais do anglicanismo. Em julho de 2009, esse descontentamento chegou ao ápice com a decisão da Igreja Episcopal (ramo norte-americano da Comunhão Anglicana, sob a liderança do arcebispo de Cantuária) a favor da ordenação de bispos homossexuais. Como reação, a Comunhão Anglicana Tradicional (TAC, em inglês), um dos ramos que já se haviam separado da Comunhão Anglicana, teve oficialmente aprovado seu pedido de reintegração à Igreja Católica Romana no dia 20 de outubro de 2009.

L'anglicanisme, Paris, Armand Colin, 1969; SKYES, Stephen e BOOTY, John, *The Study of Anglicanism*, Londres-Filadélfia, SPCK-Fortress Press, 1988.

● Inglaterra; Bell; bispo; Cambridge (movimento de); Carey G.; deísmo; dissidente; Eduardo VI; igrejas episcopais; Elizabeth I; Henrique VIII; Tiago I; Lambeth (Quadrilátero de); latitudinarismo; metodismo; Newman; Oxford (movimento de); *Livro de oração comum*; **protestantismo**; puritanismo; revoluções da Inglaterra; Runcie; Steele; Temple W.; *Trinta e nove artigos*; Tutu; Wesley C.; Wesley J.; Westminster (Assembleia e *Confissão de*); Williams, Rowan

ANJOS

Com algumas exceções (Barth, von Allmen), a teologia protestante moderna não se preocupa com a angelologia, ou doutrina dos anjos. Um teólogo resumiu a essência dessa posição "racionalista" protestante na seguinte fórmula: "A realidade dos anjos é problemática, sua influência é nula e, quanto a revelações de sua existência, não vemos nenhuma" (Gerhard Spinner, *Die Engel und wir*, *Kirchenblatt für die reformierte Schweiz* 18-19, 1937, p. 276). No entanto, os anjos (lit., "mensageiros"), potências mediadoras entre o Absoluto e o humano, são uma constante em todas as religiões, principalmente nas três religiões monoteístas. Velam a transcendência de Deus, insistindo na comunicação com os homens. Mas o cristianismo relativizou sua importância, pois *há um só Deus e um só Mediador entre Deus e os homens, Cristo Jesus* (1Tm 2.5). Os reformadores admitiram sua existência, ainda que abolindo toda invocação ou prática de piedade para com os seres celestes. No protestantismo histórico, tornam-se vívidos na poesia inglesa (John Milton) e, principalmente, na obra de teósofos que elaboram uma cosmologia em que os anjos ganham bastante proeminência como figuras acabadas, totalmente espirituais e perfeitas (como nos escritos de Jakob Böhme e Emanuel Swedenborg). No parágrafo 51 de sua *Dogmática*, Karl Barth se aparta de imediato das especulações teosóficas. Para ele, "os anjos só existem por associarem-se à pessoa e à obra de Jesus Cristo, por estarem a serviço de Deus e dos homens. Só possuem importância porque se apresentam para cumprir esse serviço, deixando a cena logo em seguida" (p. 84). Os anjos só existem, portanto, em função da revelação de Deus em Jesus Cristo, e não podem ser objeto de nenhuma especulação metafísica.

Na cultura contemporânea, a figura do anjo se tornou "laicizada". Adquire importância na obra do poeta Rainer Maria Rilke (1875-1926) como "criatura em que surge já realizada a transformação do visível em invisível", transformação pela qual todos nós passaremos após a morte. Os anjos são, portanto, símbolo da unidade entre vida e morte, entre o lugar que ocupamos e o além. *Asas do desejo* (1987) e *Tão longe, tão perto* (1993), do cineasta Wim Wenders, são dois filmes impressionantes sobre a temática angélica.

Michel Cornuz

▶ ALLMEN, Jean-Jacques von, *O culto cristão: teologia e prática*, São Paulo: ASTE, 1968; BARTH, Karl, *Dogmatique* III/3**, § 51 (1950), Genebra, Labor et Fides, 1963; CORBIN, Henry, *L'Homme et son ange*, Paris, Fayard, 1986; REUNEN, Anne Marie, *L'ange obstiné. Ténacité de l'imaginaire spirituel*, Genebra, Labor et Fides, 2000.

● Böhme; demonologia; **espiritualidade**; mediações; Milton; Swedenborg; teosofia

ANSERMET, Ernest (1883-1969)

Nascido em Vervey, morto em Genebra. Em 1912, assume a direção da Orquestra Sinfônica do Kursaal de Montreux. Trava contato com Igor Stravinsky (1882-1971) e Claude Debussy (1878-1947). Maestro dos balés russos em 1915, Ansermet funda em 1918 a Orquestra Romana (rebatizada de Orquestra da Suíça Romana em 1940), sob sua batuta até 1968.

Sua postura diante do protestantismo pode ser resumida no título que Ansermet atribui a um capítulo de seus *Fondements de la musique dans la conscience humaine* [Fundamentos da música na consciência humana] (p. 433-490): "A fenomenologia de Deus". Trata-se de uma teologia de espírito liberal. Deus é assimilado ao Absoluto (p. 434), "fundamento", mas fundamento transcendente ("Deus não é objetivado", p. 435): "racionalidade em ato" em que se cruzam sua absoluta verticalidade e sua horizontalidade humana. Deus está não só na natureza (p. 438ss), mas principalmente "no coração humano" (p. 448), portanto também na música ("a perda da lei tonal [...] equivale [...] à morte de Deus", p. 490). A tarefa do homem é tornar-se (e fazer música) "à semelhança de Deus" (p. 452). A oração é "recolhimento", invocando "a assistência de Deus" (p. 457ss). A fé é "consciência afetiva de si e das coisas" (p. 459), "modalidade ética" (ibid.), passiva e ativa, ativa quando "ouve-se de novo a mensagem de Cristo", p. 484.

J.-Claude Piguet

▶ ANSERMET, Ernest, *Fondements de la musique dans la conscience humaine et autres écrits* (1961), Paris, Robert Laffont, 1989; LANGENDORF, Jean-Jacques, *Ernest Ansermet*, Genebra, Slaktine, 1997; PIGUET, J.-Claude, *La pensée d'Ernest Ansermet*, Lausanne, Payot, 1983; Idem, org., *Écrits sur la musique*, Neuchâtel, La Baconnière, 1971.

⊙ Liberalismo teológico; **música**

ANTICATOLICISMO

Parece difícil, se não impossível, apresentar o anticatolicismo sem referência ao antimonaquismo, ao antirromanismo e ao anticlericalismo em sua versão religiosa, realidades do Ocidente medieval bem anteriores à Reforma e ao desenvolvimento do protestantismo europeu. De fato, muitos temas, lugares-comuns e estereótipos medievais estão presentes na retórica anticatólica, desde o século XVI até hoje.

Permanecer sensível a essa intertextualidade, no entanto, não significa deixar de prestar uma atenção constante às mudanças de contexto, que modificam consideravelmente, ao longo dos séculos, o sentido e o propósito de tal motivo ou tais expressões. Assim, as brincadeiras escabrosas sobre monges desbocados, beberrões e glutões portam um significado sociocultural inegável na Idade Média. Pois, na época, as ordens monásticas estavam livres da jurisdição dos bispos, sacerdotes presentes na implantação de abadias e conventos, sendo estes pertencentes a grandes proprietários de terra e senhores feudais atentos ao pagamento do censo e outros impostos; além disso, são beneficiários dos testamentos dos mais ricos da sociedade em uma época de donativos piedosos, ligados ao culto das almas no purgatório, o que fazia que um bom número de herdeiros se sentissem lesados sem ousar exprimir livremente seus pensamentos. O sarcasmo e a caricatura eram recursos que certamente serviam como válvula de escape, tanto entre os camponeses quanto nas elites nobiliárias e urbanas.

Porém, é evidente que após as críticas humanistas a uma religião carnal demais e, principalmente, após os questionamentos dos reformadores quanto a uma teologia das obras e à crença no purgatório, tudo isso toma uma dimensão espiritual e adquire um significado mais forte que antes.

A mesma observação vale para os discursos e imagens antirromanas, desenvolvidas a partir da reforma dita gregoriana e da pretensão do papado quanto a impor sua proeminência espiritual sobre o poder temporal, sobretudo em relação ao imperador (humilhação do imperador Henrique IV diante do papa Gregório VII em Canossa, 1077). O material elaborado no século XIII pelos gibelinos italianos contra os guelfos, partidários do papa, é reutilizado pelos protestantes dos séculos XVI e XVII, em *Le passavant*[22] (1553, Leiden, Brill, 2004), por exemplo. Em suma, no século XVI, o antipapismo não é só protestante, como se depreende da sátira da ilha dos papimanos no *Quart livre* [Quarto livro] (1552) de Rabelais, mas também a visão bastante negativa de Roma proposta em *Les regrets* [Os pesares] (1558), de Joachim du Bellay.

Além de seus *topoi* narrativos e discursivos, o anticatolicismo tem como base a sensibilidade própria ao anticlericalismo religioso. De fato, a reação anticlerical foi a constante diante da monopolização, por parte dos clérigos, da gestão dos bens de salvação e de interpretação da Palavra revelada, quer fosse verdadeira essa monopolização, quer fosse apenas sentida como tal por leigos ou grupos de clérigos insatisfeitos com essa situação. Tranquilizadora e largamente aceita, a mediação clerical na igreja, assim como a visão geral dos clérigos como os únicos "eclesiásticos" ou "gente da igreja", tornou os cristãos mais exigentes com relação a eles, gerando o tema da necessidade de uma reforma entre a liderança da igreja: uma mudança não somente moral e disciplinar, mas também intelectual e espiritual. Da mesma forma, todo esse descontentamento levou alguns à recusa dessa "onipotência dos mediadores", com um grande número de movimentos tachados de heréticos nos últimos séculos da Idade Média, como o dos valdenses, mas também todas as experiências religiosas relacionadas à aspiração à pobreza evangélica, nos séculos XIII e

---

[22] [NT] *Passavant* é o guia que autoriza o transporte de mercadorias cujos direitos foram pagos. Essa obra de Teodoro de Beza é um relato imaginário de um espião católico em Genebra a um personagem real, Pierre Lizet, autor de um livro antiprotestante. Além de ensinar os princípios da Reforma, o livro pode ser considerado um excelente exemplo da verve satírica dos reformadores.

XIV. A partir de 1520, portanto, a ênfase de Martinho Lutero sobre o sacerdócio universal dos cristãos faz parte dessa corrente. Considera-se ainda que os valdenses integraram-se à Reforma.

Nos séculos XVI e XVII, por instigação da cúria, foram implantadas e radicalizadas no contexto da controvérsia protestante algumas propostas e tendências expressas no Concílio de Trento. Assim, o procedimento gerou um verdadeiro sistema de ortodoxia romano-tridentina, com o consequente reforço do anticatolicismo.

Na era contemporânea, antes da união entre os católicos franceses e a República, por solicitação do papa Leão XIII (cf. sua encíclica *Au milieu des sollicitudes* [Em meio às solicitudes], de 16 de fevereiro de 1892), o anticatolicismo passou a exibir uma dimensão política e anticlerical, no sentido estrito do segundo termo: a denúncia não visava somente a "apostasia romana" e a "idolatria papista", mas também o "clericalismo", entendido a partir de então como o intrometimento do poder da Igreja Romana no terreno civil e político.

Thierry Wanegffelen

▶ IOGNA-PRAT, Dominique e VEINSTEIN, Gilles, orgs., *Histoire des hommes de Dieu dans l'islam et le christianisme*, Paris, Flammarion, 2003; LAPLANCHE, François, *Controverses et dialogues II. Controverses et dialogues entre catholiques et protestants*, em Marc VENARD, org., *Le temps des confessions (1530-1620/30)* (*Histoire du christianisme des origines à nos jours* VIII), Paris, Desclée, 1992, p. 299-322; PETIT, Pierre, "La controverse anticatholique dans le protestantisme français de 1815 à 1870", *ETR* 39/4, 1964, p. 17-36; WANEGFFELEN, Thierry, *Une difficile fidélité. Catholiques malgré le Concile en France, XVIe-XVIIe siècles*, Paris, PUF, 1999; Idem, org., *L'Humaniste, le protestant et le clerc. De l'anticléricalisme croyant au XVIe siècle*", *Siècles* 18, 2004.

◉ Anticlericalismo; antiprotestantismo; **autoridade**; catolicismo; clericalismo; evangélicos; irenismo; *Kulturkampf*; mediações; **ecumenismo**; Pilatte; Puaux; Reforma (pré); **ritos**; Roussel; Valdo; viagens e descobertas

ANTICLERICALISMO

Com René Rémond, pode-se considerar o anticlericalismo um "fenômeno social e cultural próprio às sociedades católicas". Isso não significa ausência de "fenômenos de enfrentamento ou hostilidade" com relação ao clero protestante, mas tais manifestações parecem "fragmentárias demais, além de excessivamente dependentes de situações contingentes" para que sejam vistas como parte do fenômeno de "anticlericalismo nas sociedades católicas" (p. 55-58). Como explicar o fato? Sem dúvida, isso se deve, pelo menos em parte, à doutrina do sacerdócio universal pregada pela Reforma: segundo Lutero, todo cristão batizado "pode se gabar de ser sagrado sacerdote, bispo e papa". Entre clérigos e leigos não há mais diferença de essência, mas somente de função. A autoridade do ministro é a da Palavra anunciada por ele, e não de um estado especial. Porém, isso não anula a possibilidade de abusos de poder. É preciso, portanto, ressaltar também que, no protestantismo, muitas vezes as dissidências internas (avivamentos, grupos pietistas etc.) ou o surgimento de novas denominações podem trazer consigo críticas análogas às dos movimentos anticlericais das sociedades católicas.

Jean Baubérot

▶ ASTON, Nigel e CRAGOE, Matthew, orgs., *Anticlericalism. From the Reformation to the First World War*, Stroud, Sutton, 2000; BAUBÉROT, Jean e MATHIEU, Séverine, *Religion, modernité et culture au Royaume-Uni et en France*, 1800-1914, Paris, Seuil, 2002; GORETZ, Hans-Jürgen, *Antiklerikalismus und Reformation. Sozialgeschichtliche Untersuchungen*, Göttingen, Vanderhoeck & Ruprecht, 1995; KRUMENACKER, Yves, org., *L'anticléricalisme intra-protestant en Europe continentale, XVIIe-XVIIIe siècles*, Lyon, Université Jean Moulin, 2003; LALOUETTE, Jacqueline, *La République anticléricale, XIXe-XXe siècles*, Paris, Seuil, 2002; RÉMOND, René, *L'anticléricalisme en France. De 1815 à nos jours* (1976), Paris, Fayard, 1999.

◉ Anticatolicismo; **autoridade**; clericalismo; francomaçonaria; laico; laicidade; Réveillaud; sacerdócio universal; Scherer

ANTICOMUNISMO

O anticomunismo representa uma posição bastante difundida nos meios ocidentais, mais ligada em geral ao período da guerra fria. Trata-se de algo que os especialistas costumam considerar uma típica reação psicossocial, constituída de um conjunto de elementos integrados, entre os quais a separação maniqueísta do Planeta entre o bem (o "mundo livre") e o mal (o antigo império hegemônico dos países comunistas de filiação marxista-leninista), um pessimismo escatológico alimentado por uma retórica da conspiração final, a satanização do inimigo e a caça às bruxas dos traidores. Visão simplista da realidade política e social, o anticomunismo é antes de tudo uma arma de propaganda nacionalista. É por isso que as primeiras chamas de movimentos anticomunistas são sempre acompanhadas pelo surgimento de fascismos na Europa.

Enquanto o protestantismo europeu não possui laços estreitos com o anticomunismo, nos Estados Unidos ambos se entrecruzam de modo permanente e durável. As primeiras expressões protestantes de anticomunismo devem suas origens ao rastro das conferências proféticas desde o fim do século XIX, em que correntes pré-milenaristas veem um sinal precoce do fim da civilização cristã na ideia comunista, aliada ao evolucionismo de Darwin e à crítica bíblica. Na virada da Segunda Guerra Mundial, entre os organizadores do movimento fundamentalista, tais como William B. Riley e Arno C. Gaebelein, há a concepção de que o ateísmo bolchevique representa o imimigo de uma sociedade fundada com base em princípios morais bíblicos, algo que esses autores desejam restaurar.

Porém, o anticomunismo americano está mais associado ao nome do senador Joseph McCarthy (1908-1957), que deflagra uma verdadeira caça às bruxas no período mais crítico da guerra fria (1947-1951). Embora McCarthy seja de origem católica irlandesa, o macarthismo seria revestido de grossas camadas do protestantismo conservador republicano e fundamentalista, que revelou uma manifesta sensibilidade a esse episódio particularmente revelador da política paranoica norte-americana. Além disso, ao longo da história recente (na época das eleições de Ronald Reagan nos anos 1980 e 1984, p. ex.), a aliança entre fundamentalistas protestantes da direita cristã e republicanos conservadores é sempre renovada, com tintas anticomunistas e ultraliberais. Três fatores explicam essa associação.

Primeiro, há o que Richard Hofstadter chamou "uso disciplinar da economia", característico dos protestantes fundamentalistas. Fiéis à ética ascética protestante, esses cristãos rejeitam toda medida social do Estado-Providência por supostamente impedir a indústria de aprovar os trabalhadores por seus vícios, ou reprovar por suas virtudes. Excluem todo sistema de alocação que contradiria o princípio bíblico do "trabalho com o suor do rosto" e, de modo geral, a redistribuição de riquezas a partir de cima.

O segundo fator é o tipo de região onde prosperam as comunidades fundamentalistas, em que predomina um capitalismo de empreendedores locais e em que a lei da oferta e da demanda exerce um papel importante nas relações de vizinhança, geralmente autárquicas. É esse o ideal da livre empresa preconizado por essas correntes, que combatem arduamente a economia planificada e, de modo mais amplo, toda intervenção do Estado, ou de instituições internacionais de regulação, no comércio mundial. Através de seu anticomunismo, o fundamentalismo exprime também, portanto, a reivindicação dos setores sociais semiurbanos e rurais que sofrem o revés da globalização econômica e financeira. A salvaguarda de sua identidade e de sua independência se vale do patriotismo de uma América forte que não deve deixar que se intrometam em sua política econômica e estrangeira.

O terceiro fator é a opção milenarista, presente na maioria dos meios fundamentalistas. Herdeiro do que Ernest Sandeen chamou "pequena tradição", o fundamentalismo americano é marcado por um pré-milenarismo dispensacionalista: aguardando a segunda vinda de um Jesus em glória para levar consigo seus eleitos, recusa-se a se engajar na história para transformar o mundo, mas espera a salvação na medida em que pertence ao *faithful remnant*, o remanescente de crentes fiéis. Nesse contexto, o império comunista tem representado a besta que se opõe à realização do plano de salvação de Deus para a humanidade. Além disso, a perseguição religiosa nos regimes comunistas alimentou a crença em um inevitável antagonismo escatológico, com o comunismo ateu sendo considerado o reino de Satã.[23]

Essa cosmovisão também é bastante difundida em meio aos evangélicos europeus e

---

[23] [NT] O autor do verbete parece demonstrar uma visão bastante negativa do anticomunismo, limitando sua análise ao caso norte-americano. No entanto, um exemplo positivo na Europa é a recente Declaração de Praga (junho de 2008), primeiro manifesto internacional contra o comunismo liderado pelo ex-presidente da República Checa, Václav Ravel, que pretende lembrar os cem milhões de mortos em países sob governos comunistas (cf. *O livro negro do comunismo*). Diz o manifesto que é preciso "unificar a história europeia, reconhecendo o comunismo e o nacional-socialismo como um legado comum, em um debate sincero e profundo sobre todos os crimes totalitários do século passado". Além disso, movimentos anticomunistas que nasceram dentro da igreja protestante foram cruciais para que o pesado jugo do Estado fosse removido dos cristãos e do povo em geral, cessando a perseguição religiosa (p. ex., cf. verbete "Alemanha" desta enciclopédia).

falantes do francês, com os pré-milenaristas em grande número. A opção pré-milenarista é a base para a mensagem de movimentos muito diversos, tais como as igrejas pentecostais e a Igreja da Unificação, do reverendo Moon.

Daniel Alexander

▶ BOUDON, Raymond, "Attitude", em *Encyclopaedia Universalis*, t. II, Paris, 1985, p. 1091-1094; HOFSTADTER, Richard, *The Paranoid Style in American Politics* (1965), Chicago, University of Chicago Press, 1979; LINDSELL, Harold, *Free Enterprise. A Judeo-Christian Defense*, Wheaton, Tyndale House, 1983; LINDSEY, Hal, *Compte à rebours vers Harmaguedon!* (1980), Miami, Vida, 1982; MARSDEN, George M., *Fundamentalism and American Culture. The Shaping of Twentieth-Century Evangelicalism 1870-1925*, New York, Oxford University Press, 1980; SANDEEN, Ernest R., "The 'Little Tradition' and the Form of Modern Milenarianism", *The Annual Review of the Social Sciences of Religion* 4, 1980, p. 165-181; SÉGUY, Jean, "Moon (Movement de)", em *Encyclopaedia Universalis*, t. XII, Paris, 1985, p. 604-606.

◉ Dispensacionalismo; Estados Unidos; fundamentalismo; milenarismo

ANTICRISTO

O Novo Testamento fala da vinda do anticristo, personagem que incita os homens a negar que Jesus é o Cristo. A oposição dos cristãos ao anticristo manifesta que é chegada a última hora (1Jo 2.18ss; 4.3; 2Jo 1.7). Sem utilizar o termo "anticristo", outros textos (2Ts 2.1-12; Mc 13.14; Ap 12.14,17) evocam uma potência demoníaca que, até a parusia do Senhor, enseja tomar o lugar de Deus, seduzir os homens e combater Cristo. O tema do anticristo faz parte das concepções escatológicas da igreja antiga (sobretudo no tempo das perseguições) e da igreja medieval, em que pessoas do círculo de influência ao qual pertencia, por exemplo, Joaquim de Fiore (?1135-1202) identificam o papado (ou determinados papas que se opunham ao ideal de pobreza) como o anticristo. No século XIV, tanto John Wycliffe como Jan Hus e seus discípulos adotaram a mesma postura.

Foi apenas a partir de 1520, e após algumas hesitações, que Lutero identificou o papado com o anticristo (*Wider die Bulle des Endchrists* [1520], em *WA* 6, p. 613-629). Assim, o reformador visa não a pessoa de tal ou qual papa, contrariamente à expectativa medieval de um anticristo pessoal, mas se resguarda contra a instituição do papado. Segundo Lutero, uma dupla tirania revela o caráter anticrístico dessa instituição: de um lado, coloca uma autoridade acima da Palavra de Deus, arrogando-se o poder sobre a igreja no lugar de Cristo e submetendo as consciências a prescrições e doutrinas contrárias ao evangelho; de outro, é despótica por reivindicar poder sobre reis e imperadores. A confusão entre autoridade espiritual e autoridade temporal caracteriza o modo de agir do anticristo. Lutero e Melâncton consideravam também os turcos como anticristos, por sua oposição a Deus.

A ação do anticristo determina toda a visão luterana da história. Sobre saber a que momento surgiu, Lutero fornece respostas diversas, de acordo com suas críticas a determinados aspectos da doutrina católica. Discernindo em sua época o aparecimento e a revelação do anticristo, ele a qualifica de tempo do fim. Tais afirmações de Lutero foram propagadas em textos ou peças de teatro populares, além de retomadas por teólogos da Reforma, como Bucer, Zwinglio e Calvino. Já a facção de esquerda anabatista classifica Lutero como um anticristo.

O catolicismo tridentino rejeita as concepções protestantes sobre o anticristo. O tema é frequente entre os reformados franceses vítimas da Revogação do Edito de Nantes, sobretudo sob a influência de Pierre Jurieu. A perseguição é compreendida como o último ataque do anticristo. Porém, no início do século XVIII, o tema conhece um esfriamento. Para os pietistas, toda igreja sem vida tem algo com o anticristo. O iluminismo contesta tanto a existência do diabo quanto a do anticristo. Mas o romantismo e algumas obras literárias do século XIX lhe asseguram posteridade (Nietzsche).

Marc Lienhard

▶ BENRATH, Gustav Adolf et alii, "Antichrist", em *TRE*, t. III, 1978, p. 20-50; COHN, Norman, *Les fanatiques de l'Apocalypse. Millénaristes, révolutionnaires et anarchistes mystiques au Moyen Âge* (1957, 1970), Paris, Payot, 1983; PREUSS, Hans, *Die Vorstellungen vom Antichrist im späteren Mittelalter, bei Luther und in der konfessionellen Polemik*, Leipzig, Hartmann und Wolf, 1906.

◉ Apocalíptico; Duplessis-Mornay; Estado; milenarismo; papado; parusia; **política**; **utopia**

ANTINOMISMO

Conforme sua etimologia (do grego *anti*, contra, e *nomos*, lei), o termo é usado para designar determinados movimentos religiosos que rejeitam a lei, contestando ou limitando sua validade para a vida dos cristãos. É uma espécie de oposto do legalismo. Pode ser por vezes utilizado para caracterizar alguns adversários do apóstolo Paulo. Porém, toma um sentido mais pleno no conflito que, entre 1520 e1530, mas particularmente entre 1537 e 1540, envolveu um grupo de antigos discípulos reunidos em torno da figura de Johann Agricola (1492/94-1566), que se opuseram a Lutero na questão da função da lei para aqueles que são justificados pela fé. Contestando a importância da lei, Agricola não enseja pregar a libertinagem, mas, sim, fundamentar a obediência do cristão somente na Palavra. Para ele, a verdadeira piedade não pode ser suscitada pela pregação da lei, mas somente pelo evangelho. O conflito com Agricola levou Lutero a redigir uma série de teses, disputas e escritos "contra os antinomistas", nos quais estabeleceu a distinção entre a Lei e o evangelho e sua doutrina do duplo uso da lei[24]. O debate prosseguiu depois da morte de Lutero, adentrando a Igreja Luterana, até a adoção oficial do triplo uso da lei[25] na *Fórmula de concórdia* (1580).

Pierre Bühler

▶ LIENHARD, Marc, *Martin Luther. Un temps, une vie, un message* (1983), Genebra, Labor et Fides, 1998, p. 289-291; LUTERO, Martinho, *Die Thesen gegen die Antinomer* (1537-1540), em *WA* 39, I, p. 334-584; Idem, *Wilder die Antinomer*, em *WA* 50, p. 461-477; ROGGE, Joachim, *Johann Agricola Lutherverständnis Unter Berücksichtigung des Antinomismus*, Berlim, Evangelische Verlagsanstalt, 1960; Idem, "Agricola, Johann", em *TRE*, t. II, 1978, p. 110-118; SCHULKEN, Christian, *Les efficax. Studien zur Sprachwerdung des Gesetzes bei Luther im Anchlussan seine Disputationen gegen die Antinomer*, Tübingen, Mohr Siebeck, 2005.

◉ Liberdade; lei; moral; usos da lei

---

[24] [NT] O uso político e o uso teológico. Enquanto o primeiro visa a organização social, o segundo convence o ser humano do pecado.

[25] [NT] O terceiro uso seria o de regra de vida para os nascidos de novo por meio da fé em Cristo.

ANTIPROTESTANTISMO

O antiprotestantismo está presente, sobretudo nos países em que o protestantismo, embora minoritário, mostra-se dinâmico e gera a ideia, às vezes pouco realista, de uma "ameaça protestante". A França foi um dos locais privilegiados para a divulgação de temas antiprotestantes, principalmente no século XVII e na virada do XIX para o XX. Encontramos assim um questionamento dos reformadores, vistos como pessoas orgulhosas, sediciosas, a quem se atribui uma sensualidade exacerbada, cuja pluralidade prova sua falsidade. Segundo essas opiniões, a "heresia" se autodestruiria ao explodir em mil "seitas". Ainda hoje, a diversidade protestante é malvista, mas acusações análogas às dirigidas aos luteranos ou aos reformados (em *A evangelista*, de 1883, Alphonse Daudet afirma que eles praticam lavagem cerebral e sequestro de adolescentes) têm como alvo partidários pentecostais na América Latina. Porém, o antiprotestantismo subsiste na Europa nos meios tradicionalistas (que creem que o catolicismo está se "protestantizando"), e a virulência com a qual alguns defensores do ecumenismo afirmam que não há diferenças entre catolicismo e protestantismo pode ser considerada uma nova forma de antiprotestantismo.

Jean Baubérot

▶ BAUBÉROT, Jean, "L'Antiprotestantisme politique à la fin du XXe siècle", *RHPhR* 52, p. 449-484,53, 1973, p. 177-221; Idem e ZUBER, Valentine, *Une haine oubliée. L'Antiprotestantisme avant le "pacte laïque" (1870-1905)*, Paris, Albin Michel, 2000; SACQUIN, Michèle, *Entre Bossuet et Maurras. L'antiprotestantisme en France de 1814 à 1870*, Paris, École des Chartes, 1998.

◉ Anticatolicismo; **ecumenismo**; **protestantisme**; **seitas**

ANTIRREVOLUCIONÁRIO (Partido)

Movimento de protesto inaugurado nos Países Baixos pelo jurista Guillaume Groen van Prinsterer (1801-1876) contra o espírito da Revolução Francesa que tinha rejeitado a soberania e a liberdade de Deus, entronizando em seu lugar o homem portador de livre-arbítrio. Em 1878, Abraham Kuyper (1837-1920) inaugura um partido político a partir desse movimento, com o objetivo de reunir o povo calvinista em uma força política, refutando as teses de liberdade, igualdade, soberania do povo e contrato social que fossem enraizadas na rejeição a Deus. Isso não significa uma negligência quanto à questão social. Para Kuyper, a questão social é, na verdade, um problema social, cuja solução só pode ser encontrada no drama do pecado, da graça e das obras vivenciadas em reconhecimento para com Deus, perspectiva que a Reforma foi a primeira a fazer surgir.

Após a Segunda Guerra Mundial, o Partido Antirrevolucionário se associa a outros partidos cristãos-democratas holandeses, destacando-se por uma posição social progressista. Em 1980, uniu-se à União Cristã Histórica e ao Partido Popular Católico para formar o Apelo Cristão Democrático.

Adriaan Geense

○ Calvinismo (neo); Kuyper; **liberdade**; Países Baixos; Revolução Francesa

ANTISSEMITISMO

Hannah Arendt distingue antissemitismo, ideologia laica do século XIX, de ódio aos judeus, "de origem religiosa, inspirado pela hostilidade recíproca de duas fés antagonistas". No entanto, a história do antissemitismo tem raízes históricas mais profundas, em que é forçoso reconhecer a participação singular do cristianismo. É evidente a presença de motivos antissemitas na antiguidade pagã e fora da esfera de influência do cristianismo. Porém, é preciso atenção para que não se transforme em ideologia a ambígua afirmação de Theodor Mommsen, segundo a qual o antissemitismo seria "tão antigo como o próprio judaísmo", situação em que seria menosprezada a responsabilidade específica da fé cristã no desenvolvimento da rejeição aos judeus.

As razões mais profundas do antissemitismo devem ser buscadas talvez em uma ocultação da origem: "A origem do ódio é o ódio à origem" (D. Sibony). O antissemitismo cristão decorre de uma relação distorcida com o judaísmo, cuja precedência a igreja tem dificuldades para reconhecer como uma raiz constitutiva. O tema do povo eleito suscita uma inveja mortal. Além disso, mesmo se o antissionismo contemporâneo não fosse necessariamente sinônimo de antissemitismo, a Terra Santa e Jerusalém se tornam com frequência motivo de ressentimentos por parte dos cristãos.

A questão do antissemitismo diz respeito ao cristianismo em seu todo e ao protestantismo em particular. Alguns teólogos quiseram distinguir um antijudaísmo puramente teológico do antissemitismo como tal. Trata-se de uma tentativa infeliz. Admite-se que haja um debate necessário, legítimo e fecundo entre judaísmo e cristianismo, mas o termo "antijudaísmo cristão" está longe de encontrar consenso. O cristianismo se construiu em uma relação dialética com o judaísmo, e é convidado hoje, mais que nunca, a compreender-se na continuidade crítica dessa "dívida impensada" (M. Zarader).

O protestantismo tem sua parte de responsabilidade no surgimento moderno do antissemitismo; nisso, pecou tanto por omissão quanto por ação. As observações de Lutero sobre os judeus são indefensáveis, assim como todas as atitudes antissemitas, muitas vezes inconscientes, das igrejas e dos teólogos protestantes. Notadamente na Alemanha do fim do século XIX e do início do XX, alguns teólogos liberais se esforçaram para "desjudaizar" o cristianismo em nome de uma desejada modernização. Há traços de antissemitismo em vários exegetas, como em Gerhard Kittel, autor do famoso *Theologisches Wörterbuch zum Neuen Testament* [Dicionário teológico do Novo Testamento] e especialista em judaísmo antigo, justo no momento em que o nazismo pretendia erradicar os judeus de sua era. Bonhoeffer começou a tomar consciência do problema, mas Barth e Bultmann tenderam a ocultar a herança hebraica do pensamento ocidental. Além disso, o antissemitismo questiona o protestantismo de um ponto de vista ético. Reconhecer no judeu (acima de todas as particularidades, sobretudo religiosas) um semelhante, ser humano como os demais, é confessar que, em última instância, o antissemitismo tem parentesco com o racismo. A defesa dos direitos dos judeus não pode ser isolada da defesa dos direitos humanos.

Denis Müller

▶ ARENDT, Hannah, "O antissemitismo", em *Origens do totalitarismo* (1951), São Paulo, Companhia das Letras, 2007; BONHOEFFER, Dietrich, "Die kirche von der Judenfrage" (1933), em *Gesammelte Schriften* II, Munique, Kaiser, 1959, p. 44-53; KAENNEL, Lucie, *Luther était-il antisémite?*, Genebra, Labor et Fides, 1997; KAISER, Jochen-Christoph e GRESCHAT, Martin, *Der Holocaust und die*

Protestanten. Analyse einer Verstrickung, Frankfurt, Athenäum, 1988; POLIAKOV, Léon, *Histoire de l'antisémitisme 1945-1993*, Paris, Seuil, 1994; SIBONY, Daniel, *Les trois monothéismes. Juifs, chrétiens et musulmans entre leurs sources et leurs destins*, Paris, Seuil, 1992; SIEGELE-WENCHKEWITZ, Leonore, *Neutestamentliche Wissenschaft vor der Judenfrage. Gerhard Kittels theologische Arbeit im Wandel deutscher Geschichte*, Munique, Kaiser, 1980; Idem, "Mitverantwortung und Schuld der Christen am Holocaust", *Evanglische Theologie* 42, 1980, p. 171-190; ZARADER, Marlène, *La dette impensée. Heidegger et l'héritage hébraïque*, Paris, Seuil, 1990.

▶ Barmen (Declaração de); Bonhoeffer; "Cristãos Alemães"; Drews; **judaísmo**; kantismo (neo); *Kirchenkampf*; Kittel G.; Lagarde; racismo; Sombart; Sully (Associação); **teologia**; Treitschke

ANTITRINITARISMO

A negação do dogma da Trindade caracteriza algumas correntes da Reforma radical no século XVI (Ludwig Haetzer [por volta de 1500-1529], Miguel Serveto [1509/11-1553], Ferenz Dávid [1510/20-1579], Fausto Socino [1539-1604] e outros) e do protestantismo liberal. Essas correntes preferem adotar o unitarismo e se definir por aquilo que afirmam, em vez de por aquilo que negam. No século XVI, a rejeição à Trindade era defendida com base na Bíblia. Quando são acusados de ser influenciados pelo judaísmo e pelo islã, os unitaristas respondem que o próprio Novo Testamento confirma o que creem, opondo a complicação do dogma à simplicidade evangélica. Ferenz Dávid acusa o dogma de empregar conceitos (substância, pessoa) que não se encontram nas Escrituras. O *Catecismo racoviano* (1605, sociniano) demonstra uma argumentação estritamente exegética. Diante do primeiro antitrinitarismo, os luteranos e os calvinistas não expõem todas as conclusões do *Sola Scriptura* erigido em princípio, permanecendo fiéis ao dogma tradicional — que apenas em parte é submetido às críticas dos reformadores. O segundo antitrinitarismo, do século XVIII, é caracterizado por uma perspectiva racionalista, apontando para incoerências e contradições lógicas do dogma trinitário. Já o protestantismo liberal contemporâneo, em geral, recusa-se a tornar a Trindade uma crença obrigatória e a única interpretação legítima da mensagem evangélica.

André Gounelle

▶ BLOUGH, Neal, org., *Jésus-Christ aux marges de la Réforme*, Paris, Desclée, 1992; DE GROOT, Aart, "L'antitrinitarisme socinien", *ETR* 61, 1986, p. 51-61; *De falsa et vera unius Dei Patris, Filis et Spiritus Sancti cognitione libri duo* (1568), Utrecht, Bibliotheca Unitarionum, 1988; REYMOND, Bernard, "L'antitrinitarisme chez les réformés d'expression française au début du XIX siècle", *ETR* 61, 1986, p. 213-226; WILBUR, Earl Morse, *A History of Unitarianism*, 2 vols., Boston, Beacon Press, 1945; WILLIAMS, George Hunston, *The Radical Reformation* (1962), Kirksville, Truman State University Press, 2000.

▶ Biandrata; Dávid; deísmo; **Deus**; espiritualismo; Hungria; latitudinarismo; liberalismo teológico; Ochino; Polônia; *racoviano (Catecismo)*; Reforma radical; **seitas**; Serveto; Socino; Testemunhas de Jeová; Trindade; unitarismo

ANTROPOSOFIA

Literalmente, "antroposofia" significa "sabedoria do homem" e "sabedoria sobre o homem". Corrente esotérica moderna, associa-se ao nome e à obra de Rudolf Steiner (1861-1925), pensador de origem católica, um apaixonado por ciência, arte e filosofia. Com forte influência da obra científica de Goethe e sua teoria das cores, estudou também a mística de Jakob Böhme e a doutrina rosa-cruz. De 1902 a 1913, Steiner foi secretário da seção alemã da Sociedade Teosófica, que seguia os ensinamentos de Annie Besant (1847-1933) e Helena Petrovna Blavatsky (1831-1891). Por achar que os teósofos eram pouco científicos e fechados ao cristianismo, criou em 1912-1913 a Sociedade Antroposófica, com centro mundial em Dornach, perto de Basileia. Quando o primeiro *Goetheanum* foi destruído em um incêndio, Steiner elaborou o mapa do atual prédio, todo em cimento, em uma arquitetura gigantesca e expressionista, mas que foi apenas inaugurado em 1928, dois anos após sua morte.

A antroposofia ensinada por Steiner é um amálgama desconcertante de cientificismo, espiritualismo e ecologismo. Muito crítico com relação ao evolucionismo ateu, ao racionalismo ocidental e à exegese liberal protestante, Steiner desenvolveu uma cosmovisão em inúmeras conferências e obras, além de comentários bíblicos de tendência esotérica. Sua cristologia possui traços gnósticos evidentes, e nela a ideia da reencarnação ocupa um lugar central. Seu interesse antropológico e prático o levou a criar e desenvolver métodos hoje utilizados sobretudo pelas escolas Steiner: euritmia, pedagogia através do teatro e da pintura, homeopatia, agricultura biodinâmica etc. No campo social e político, exaltou grandemente valores como a liberdade, a fraternidade e a igualdade. Embora nunca tenha sido o propósito de Steiner fundar uma nova religião, alguns cristãos tentaram traduzir a visão antroposófica em uma forma eclesiástica. A Comunidade dos Cristãos (*Christengemeinschaft*), fundada em 1922 pelo ex-teólogo protestante liberal Friedrich Rittelmeyer (1872-1938), caracteriza-se por uma ousada síntese de cristianismo tradicional e elementos antroposóficos, com bastante ênfase na dimensão cósmica dos ritos e sacramentos.

Denis Müller

▶ HEMLEBEN, Johannes, Rudolf Steiner, *Mit Selbstzeugnissen und Bilddokumenten*, Reinbeck, Rowohlt, 1987; MÜLLER, Denis, *Réincarnation et foi chrétienne* (1986), Genebra, Labor et Fides, 1993; RINGGREN, Helmer, "Anthroposophie", em *TRE*, t. III, 1978, p. 8-20; RITTELMEYER, Friedrich, *J'ai rencontré Rudolf Steiner* (1928), Paris, Triades, 1980; SCHERER, Georg, *Anthroposophie*, em Hans GASPER, org., Friburgo em Brisgóvia, Herder, 1991, col. 52-59.

◉ Böhme; Goethe; Rosa-cruz; **espiritualidade**; teosofia

APARTHEID

Surgindo como uma filosofia social, o *apartheid* é uma doutrina que une dois tipos de racismo: o primeiro, branco e coletivo; o segundo, estrutural e institucional, presente na África do Sul durante cerca de cinquenta anos. O termo, que significa literalmente "separação", é contextualizado como "desenvolvimento de raças em separado". O programa pretendia respeitar a genética própria a cada grupo étnico, evitando a alienação e a discriminação (cf. a teoria dos bantustans, espécie de reserva para cada etnia). Porém, desenvolver a própria originalidade não poderia significar outra coisa para o povo negro: cultivar sua miséria, já que desde a base a economia era desigual. Por isso, alguns analistas definem o *apartheid* como uma tentativa de reverter a integração das raças. A ideologia subjacente parece demonstrar a vocação de um povo eleito que, segundo a vontade divina, pretende preservar a supremacia branca e a civilização ocidental. É fruto de uma interpretação dos princípios de autonomia e diversidade segundo Abraham Kuyper (1837-1920) e da teoria missionária segundo a qual o evangelho se desenvolve melhor quando as diferenças culturais são mantidas. A partir de 1857, a igreja bôer passa a ser um instrumento na implantação do sistema, admitindo e instituindo igrejas separadas para afrodescendentes, índios, bantos e brancos, entre outros, para opor-se à linha integracionista das missões inglesas. Fornecia-se assim o modelo do desenvolvimento em separado, posto em prática desde 1948 pelo Partido Nacionalista do ex-pastor da Igreja Reformada Holandesa, François Malan (1874-1959). Essa política continuou em voga por trinta anos com os sucessores de Malan, Johannes Gerhardus Strijdom (1893-1958) e Hendrik Frensch Verwoerd (1901-1966), atingindo cada vez mais fortemente todos os grupos étnicos e sobretudo os 26 milhões de africanos. Houve igrejas que a apoiaram por um longo tempo, abertamente ou não, seja por motivos teológicos com base em uma leitura bastante particular da Bíblia (em uma interpretação vista como heresia por alguns), seja por considerações de ordem prática: a paz e a justiça só estariam garantidas com o respeito pelas diferenças culturais entre raças e etnias, o homem branco ocupando o papel de guia. Mas instituições como a Aliança Bíblica Mundial consideraram herética essa ideia e condenaram as igrejas que a defendessem. Quando Nelson Mandela, líder do Congresso Nacional preso por 27 anos, foi libertado em fevereiro de 1990, e após as iniciativas de Frederik De Klerk em prol de uma mudança do país e de suas instituições (referendo de 17 de março de 1992), foi declarada a morte do *apartheid*, sepultado em abril de 1994, época das primeiras eleições abertas a todos. O resultado do plebiscito foi um governo de unidade nacional com Mandela como presidente.

Klauspeter Blaser

▶ BLASER, Klauspeter, *Wenin Gott schwarz wäre*, Zurique, Theologischer Verlag, 1972; BOESAK, Allan, *Black and Reformed. Apartheid, Liberation and the Calvinist Tradition*, Maryknoll, Orbis Books, 1984; "L'Église et le racisme", *Concillium* 171, 1982; DE GRUCHY, John W. e

VILLA-VICENCIO, Charles, orgs., *Apartheid is a Heresy*, Le Cap-Guilford, David Philip-Lutterworth Press, 1983; MARTIN, Denis-Constant, org., *Sortir de l'apartheid*, Bruxelas, Complexe, 1992; MBALI, Zolile, *The Churches and Racism. A Black South African Perspective*, Londres, SCM Press, 1987; *Sciences et racisme. Cours général public 1985-1986*, Lausanne, Payot, 1986; ZORN, Jean-François, "De l'apartheid à la réconciliation. La théologie protestante aux prises avec les droits de l'homme en Afrique du Sud", *Perspectives missionaires* 45-46, 2003, p. 63-85.

● África do Sul; Bill; Boesak; Chikane; heresia; Kuyper; Luthuli; Naudé; **política**; racismo; Tutu

APOCALÍPTICO

O título dado ao último livro da Bíblia, *Apocalipse* (do grego *apokalupsis*), significa "revelação", ou "desvelamento", dos desígnios ocultos de Deus para o futuro do mundo a um profeta cristão chamado João. O livro de Daniel já designava Deus como o "revelador dos mistérios" do porvir (Dn 2.28ss e 47). Na teologia moderna, por vezes emprega-se o adjetivo "apocalíptico" como substantivo, "o apocalíptico", para designar não apenas um gênero literário, mas uma cosmovisão, ou até uma corrente histórica. Tal estrutura de pensamento — encontrada em algumas passagens dos livros proféticos do Antigo Testamento (sobretudo Is 24—27; Ez 37—48; Zc 9—14; Jl e Dn 7—12), na literatura intertestamentária, mas também no Novo Testamento (cf. o Apocalipse dito sinóptico em Mc 13 e paralelos) — caracteriza-se por seis traços principais: discursos relatando visões; periodização da história; experiência de opressão e exortações a perseverar até o final; pseudônimo do autor, que esconde sua identidade verdadeira com um nome de um personagem do passado (Enoque, p. ex.); linguagem simbólica e cifrada; caráter misto que evidencia uma época de transição cultural.

O impacto do Apocalipse através da história do cristianismo é algo complexo. Conhece-se ainda pouco de sua recepção na época da Reforma e do protestantismo em geral. Trata-se de uma cosmovisão que provavelmente influenciou mais que imaginavam tanto Lutero e seu círculo como alguns meios calvinistas. Além disso, é de grande importância para compreender movimentos de protesto anabatistas e espiritualistas do século XVI (Thomas Müntzer [1490?-1525], Melchior Hoffman [1500?-1543]), aos quais Heinrich Bullinger (1504-1575) se oporia em suas pregações sobre o Apocalipse em Zurique, entre 1555 e 1556; também é crucial na obra de Johannes Coccejus (1603-1669), no pietismo (Philipp Jacob Spener [1635-1705], Johann Albrecht Bengel [1687-1752]) e no puritanismo (motivações de ordem apocalíptica para construir uma sociedade ideal no Novo Mundo).

Porém, é através da iconografia cristã que melhor se identifica a influência do Apocalipse na liturgia, na arte e nas mentalidades. Há numerosos exemplos: as quatro figuras dos "seres viventes" (leão, boi, ser humano e águia, que surgem em Ap 4.6ss e Ez 1), interpretadas por Ireneu de Lyon como símbolos dos quatro evangelistas; as iluminuras moçárabes do comentário sobre o Apocalipse do beato de Liébana entre os séculos X e XIII; as famosas tapeçarias de Angers do final do século XIV; as gravuras em madeira de Albrecht Dürer intituladas *Apocalipsis cum figuris* (Nuremberg, 1498).

No século XX, a partir do movimento iniciado por Karl Barth, o pastor Charles Brütsch escreveu um comentário de Apocalipse cuja interpretação cristológica exerceu forte influência no protestantismo francês. Em teologia, Ernst Käsemann defendeu a tese do Apocalipse como "mãe de toda a teologia cristã", com ênfase nos temas da justiça de Deus e da historicidade da fé, enquanto Jürgen Moltmann empregou esforços para rever a teologia sistemática segundo o eixo da esperança escatológica, o que não nega os laços com *O princípio esperança*, de Ernst Bloch (3 vols., São Paulo, Contraponto, 2005), pensador da utopia. Wolfhart Pannenberg, enfim, propôs uma visão globalizante da história universal a partir da noção de "fim da história".

Henry Mottu

► BACKUS, Irena, *Les sept visions et la fin des temps. Les commentaires genevois de l'Apocalypse entre 1539 et 1584*, Lausanne, RThPh (Cahiers de la RThPh 19), 1997; BRÜTSCH, Charles, *La clarté de l'Apocalypse* (1940), Genebra, Labor et Fides, 1966; KÄSEMANN, Ernst, *Essais exégétiques* (1950-1963), Neuchâtel, Delachaux et Niestlé, 1972; KOCH, Klaus, *Ratlos von der Apocalyptik*, Gütersloh, Mohn, 1970; PETRAGLIO, Renzo et alii, *L'Apocalypse de Jean. Traditions exégétiques et inconographiques, IIIe-XIIIe siècles*, Genebra, Droz, 1979; PRÉVOST,

APOCATÁSTASE

Jean-Pierre, *Pour lire l'Apocalypse* (1991), Ottawa-Paris, Novalis-Cerf, 1996; PRIGENT, Pierre, *Apocalypse et liturgie*, Neuchâtel, Delachaux et Niestlé, 1964; THEOBALD, Christoph, "L'Apocalyptique dans la théologie contemporaine", *Nouvelle revue théologique* 115, 1993, p. 848-865; WILLIAMS, George Hunston, *The Radical Reformation* (1962), Kirksville, Truman State University Press, 2000.

● Anticristo; apócrifos; esperança; fim do mundo; Käsemann; messianismo; milenarismo; **morte e vida eterna**; Münster (Reino de); parusia; **predestinação e Providência; seitas; utopia**

APOCATÁSTASE

De origem antiga e complexa (astrológica, apocalíptica, a partir de especulações platônicas e estoicas), o termo "apocatástase" significa a restauração última de todas as coisas. Utilizada em Atos 3.21, a noção equivale, em linguagem cristã, à esperança em uma salvação enfim universal. A doutrina, desenvolvida principalmente por Orígenes, foi condenada como herética ao longo do século VI, mas reaparece sistematicamente ao longo da história do cristianismo. A Reforma condena o ressurgimento anabatista da apocatástase (cf., p. ex., *Confissão de Augsburgo*, art. 17). Isso não impede uma grande empatia dos protestantes por essa ideia, sobretudo em obras de Schleiermacher, Albert Schweitzer e até Karl Barth. De um ponto de vista dogmático, a doutrina da apocatástase está em tensão com a do julgamento eterno e sua distinção entre eleitos e reprovados (cf. ideia da dupla predestinação), arriscando-se a relativizar a seriedade e o caráter definitivo desse julgamento, enquanto o próprio julgamento tende a relativizar o projeto divino de uma salvação destinada a todos. A esperança cristã não pode se libertar dessa tensão constitutiva. Assim, o futuro prometido por Deus permanece algo que escapa a nosso controle.

Pierre Bühler

▶ ANDRESEM, Carl e ALTHAUS, Paul, "Wiederbringung Aller", em *RGG*, t. VI, 1962, col. 1693-1606; BRUNNER, Emil, *Das Ewige als Zukunft und Gegenwart*, Zurique, Zwingli Verlag, 1955, p. 187-202; Idem, *Dogmatique* III (1960), Genebra, Labor et Fides, 1967, p. 505-516; JANOWSKI, Johanna Christine, *Allerlösung. Annäherungen an eine entdualisierte Eschatologie*, 2 vols., Neukirchen-Vluyn, Neukirchner Verlag, 2000; MICHAELIS, Wilhelm, *Versöhnung des Alls. Die frohe Botschaft von der Gnade Gottes*, Gümligen-Berne, Siloah, 1950; SCHLEIERMACHER, Friedrich, "Ueber die Lehre von der Erwählung; besonders in Beziehung auf Herrn Dr. Bretschneiders Aphorismen" (1819), em *Kritische Gesamtausgabe* 1/10, Berlim, Walter de Gruyter, 1990, p. 145-222.

● Denck; esperança; **mal**; **morte e vida eterna**; **predestinação e Providência**; recapitulação; **salvação**

APÓCRIFOS

A palavra "apócrifo", que significa "oculto", aplica-se a alguns livros, tanto da época do Antigo Testamento quanto do Novo.

Com relação ao Antigo Testamento, as igrejas advindas da Reforma consideraram apócrifos todos os livros que figuram nas Bíblias gregas (a *Septuaginta*, tradução da Bíblia hebraica própria ao judaísmo de Alexandria) ou latinas (a *Vulgata*), mas que não fazem parte do cânon hebraico. A partir de 1534 (ano da primeira edição completa da Bíblia alemã de Lutero), vários livros de datas e gêneros diversos — *1 e 2Macabeus*, *Tobias*, *Judite*, *Sabedoria*, *Sirácida* (*ou Eclesiástico*), *Baruc* e *Carta de Jeremias*, assim como fragmentos próprios à tradução grega dos livros de Ester e Daniel — são postos no final do Antigo Testamento, considerados pelo conjunto das igrejas reformadas como mais ou menos úteis para a vida cristã, mas não doutrinariamente determinantes. No catolicismo, a partir de 1566, esses livros tomam o nome de *deuterocanônicos* (de "cânon secundário", termo cunhado pelo judeu convertido Sixto de Siena [1520-1569]); são parte integral do texto bíblico de acordo com o decreto do Concílio de Trento, de 1546. O protestantismo os chama *apócrifos*, acrescentando ainda à lista os livros *3 e 4 Esdras* e a *Oração de Manassés*, também considerados apócrifos pela Igreja Católica. Quanto aos livros tardios de origem judaica que não figuram em nenhum cânon — a *Assunção de Moisés*, os *Salmos de Salomão* e outros —, a Igreja Católica os considera apócrifos, enquanto os protestantes usam para eles o termo *pseudoepígrafes* ("falsamente atribuídos"), pois tomam emprestado, em grande parte, nomes de personagens importantes do Antigo Testamento. A partir do século XIX, os livros deuterocanônicos passam a não mais fazer parte das Bíblias editadas pelas principais sociedades bíblicas, desaparecendo assim das Bíblias protestantes.

Hoje, a terminologia tende a um consenso, com, de um lado, os deuterocanônicos (segundo acordo entre a Aliança Bíblica, protestante, e uma comissão católica romana *ad hoc*), e de outro os apócrifos ou pseudoepígrafes.

Quanto ao Novo Testamento, o termo "apócrifo" é empregado tanto por protestantes como por católicos para designar os numerosos livros que datam do primeiro século do cristianismo e que não fazem parte do cânon, mas que apresentam, em forma e conteúdo, analogias com os quatro gêneros literários do Novo Testamento, tais como o *Evangelho de Tomé*, o *Evangelho dos Hebreus*, os *Atos de Pedro*, os *Atos de Paulo*, a *III Epístola aos Coríntios*, a *Epístola aos Laodicenses*, o *Apocalipse de Pedro*, o *Apocalipse de Paulo*.

Irena Backus

▶ *La Bible. Écrits intertestamentaires*, org. por André DUPONT-SOMMER e Marc PHILONENKO, Paris, Gallimard, 1987; ASSOCIATION POUR L'ÉTUDE DE LA LITTÉRATURE APOCRYPHE CHRÉTIENNE, org., Collection "Apocryphes", Turnhout, Brepols, 1993ss (tradução, introdução e notas); *Écrits apocryphes chrétiens*, 2 vols., Paris, Gallimard, 1997-2005; BOYON, François, org., *Les Actes apocryphes des apôtres*, Genebra, Labor et Fides, 1981; KAESTLI, Jean-Daniel e WERMELINGEN, Otto, orgs., *Le canon de l'Ancien Testament. Sa formation et son histoire*, Genebra, Labor et Fides, 1984.

▶ Cânon e cânon dentro do cânon; Geoltrain; sabedoria

APOLOGÉTICA

Desde o final do século XVI, a apologética protestante de língua francesa se destaca por sua demonstração rigorosa da origem divina das Escrituras, enquanto no âmbito anglo-saxão e germânico a ênfase recai sobre as disposições morais do descrente e a especificidade da crença como ato de conhecimento. Para os reformados que continuam a abrir espaço ao testemunho interior do Espírito Santo na teologia da fé, o que é importante na prática, diante da ascensão do espírito "libertino", é construir um sistema racional das razões para crer. Nesse sistema, dois níveis são articulados: o da necessidade racional da religião em geral e o da insuficiência da religião natural quanto a possibilitar um encontro verdadeiro entre Deus e o homem. Somente a satisfação proporcionada pelo Homem-Deus pode suplantar o abismo criado pelo pecado original, afirmação que faz a razão penetrar nos mistérios da encarnação e da Trindade.

No Século das Luzes, a ordenança geral da argumentação apologética permanece a mesma, enquanto o desenvolvimento das ciências da natureza acumula novas provas da existência de Deus e de sua Providência, fornecendo bases sólidas aos "dogmas da religião natural": é o que chamamos psicoteologia (cf., p. ex., William Derham [1657-1735], Johann Albrecht Fabricius [1688-1736] ou John Ray [1627-1705]). Por outro lado, nessa época a necessidade do sacrifício redentor e, correlativamente, a da revelação parecem menos imperativas: o cristianismo é justificado sobretudo por sua ética, que possibilita a vida comunitária pelo preceito da caridade. No entanto, as referências à Bíblia não são abandonadas: é também nesse período que há grandes esforços apologéticos para assegurar a autenticidade e a veracidade das Escrituras.

No século XIX, a apologética se desloca. Gottfried Jakob Planck (1751-1833) assim explicava essa disciplina: "Esse nome foi inventado apenas recentemente, apenas em nossa época, para [designar] o conhecimento e a ciência das provas pelas quais pode-se pretender salvar o caráter divino do cristianismo, ou o prestígio divino e a origem divina da doutrina cristã contra objeções de toda ordem" (*Einleitung in die theologischen Wissenschaften*, t. II, Leipzig, Crusius, 1795, p. 271). Com isso, a apologética ocupava seu lugar como primeiro campo da teologia dita exegética, mesmo se seu principal objetivo não é validar a origem divina dos textos como tais, mas, sim, seu conteúdo doutrinário (cf. ibid., p. 277). Mas foi Schleiermacher quem fez a diferença fundamental: em seu "organon" (cf. *Le statut de la théologie* [O *status* da teologia]), a apologética é parte da "teologia filosófica", que se dedica a precisar a essência do cristianismo (sem esquecer a essência da religião). É quando passa a existir um novo programa teológico em que a temática do ato de crer — e da essência de um de seus modos dados — tomará o lugar de uma doutrina das Escrituras.

François Laplanche

▶ LAPLANCHE, François, *L'évidence du Dieu chrétien. Religion, culture et société dans l'apologétique protestante de la France classique* (*1576-1670*), Estrasburgo, Association des publications de la Faculté de théologie protestante de l'Université de Strasbourg, 1983; PALMER, Robert Roswell, *Catholics and Unbelievers in Eighteen Century*, Princeton, Princeton University Press, 1939; PITASSI, Maria-Cristina, org., *Apologétique 1680-1740. Sauvetage ou naufrage de la théologie?*, Genebra, Labor et Fides, 1991; SCHLEIERMACHER, Friedrich, *Le statut de la théologie. Bref exposé* (1811, 1830), Genebra-Paris, Labor et Fides-Cerf, 1994; STECK, Karl Gerhard, "Apologetik", em *TRE*, t. III, 1978, p. 411-424.

▶ Abbadie; acomodação; Barth; **Bíblia**; Brunner; Burnier; Claude; deísmo; **Deus**; essência do cristianismo; Frommel; Fulliquet; Grotius; Heim; Lewis; Luzes; Pajon; físico-teologia; racionalismo teológico; **razão**; **religião e religiões**; Saurin; Schleiermacher; teodiceia; Van Til

APOSTOLADO

O *Símbolo de Niceia-Constantinopla* menciona quatro atributos da igreja: una, santa, católica (universal) e apostólica. Figuram na Bíblia as expressões "una" e "santa"; as demais são acréscimos. Os reformadores mantiveram esses quatro atributos da igreja. Na prática, constatamos que muitas vezes a apostolicidade, no sentido protestante, consiste na reivindicação quanto a afirmar, pensar e agir como o teriam feito os apóstolos, sem laços explícitos com a tradição.

A igreja possui um caráter tanto espiritual como institucional. A partir do advento de Cristo e por sua mediação única e perfeita, os fiéis podem testemunhar e reconhecer a salvação. Pode-se, portanto, atribuir à igreja um "sacerdócio", e aos fiéis, um "ofício sacerdotal" (1Pe 2.5-10) para anunciar que houve mediação, de uma vez por todas. Na nova aliança, a distinção entre sacerdotes e leigos está obsoleta, em referência à graça do único batismo. Assim, o sacerdócio de todos os fiéis está relacionado à ideia do sacerdócio único de Cristo, ensinado por ele mesmo. Porém, a igreja deve se firmar no fundamento que foi posto: perseverar no ensino dos apóstolos. A igreja do Novo Testamento é dirigida pelos apóstolos, em nome de seu cabeça, Jesus Cristo; não haveria como, portanto, encontrar em si mesma o que a justifica: a pregação dos apóstolos funda a igreja, consolidando-a e fortificando-a. Quando, na história, os apóstolos saem de cena, não há outros homens que os substituam, tomando seus títulos e funções: a igreja passa a contar com "bispos", e não apóstolos. O apostolado ocupa um lugar único na história da salvação.

Nas epístolas de Paulo, que são os textos mais antigos do Novo Testamento, a noção de apostolado toma dois sentidos diversos: Paulo fala dos *apóstolos da igreja* (2Co 8.23; Fp 2.25)[26] no sentido geral de encarregados da missão; menciona também os *apóstolos de Cristo* (1Co 12.28; Ef 4.11)[27] no sentido daqueles que ocupam os primeiros postos na escala ministerial. Porém, o círculo apostólico é fechado. Os colaboradores de Paulo cumprem tarefas missionárias, mas jamais são chamados de "apóstolos".

É necessário que entre nós e o Cristo morto e ressuscitado haja um ponto de articulação, os apóstolos, que pertencem tanto ao "tempo de Cristo" quanto ao "tempo da igreja". A igreja não pode ser acrescida de novos apóstolos, pois seu fundamento está posto de uma vez por todas. No entanto, enquanto dura o tempo presente, a igreja deve ser "edificada", processo que conta com outros meios como os ministérios, *com vistas ao aperfeiçoamento dos santos para o desempenho do seu serviço, para a edificação do corpo de Cristo* (Ef 4.12). A função transmissível e permanente de proclamação do evangelho é uma necessidade na igreja, de geração em geração, mas tal proclamação é fundada sobre o cânon das Escrituras, que fixou por escrito o testemunho apostólico.

Willy-René Nussbaum

▶ GRUPO DE DOMBES, *Pour la communion des Églises. L'apport du Groupe des Dombes 1937-1987*, Paris, Centurion, 1988; LEENHARDT, Franz J., *L'Église. Question aux protestants et aux catholiques*, Genebra, Labor et Fides, 1978.

▶ **Igreja**; ministérios; sucessão apostólica

APRESENTAÇÃO

Nas igrejas advindas da Reforma de expressão francesa que costumavam praticar o batismo infantil (pedobatismo), esse termo designa

---

[26] [NT] Nas versões da Bíblia brasileira, nesses versículos o termo foi traduzido de outras formas, em geral por "mensageiro". De fato, segundo a *Chave linguística do Novo Testamento grego* (Rienecker & Rogers, São Paulo, Vida Nova, 1985), "a palavra era usada nos escritos judaicos para denotar o mensageiro oficial que trazia ou levava coletas".

[27] [NT] Aqui, também de modo apropriado, a tradução é para "apóstolo" nas versões da Bíblia brasileira.

uma cerimônia recente (em geral, desde 1950) cujo nome é extraído da Bíblia, segundo o trecho em que Jesus é apresentado no templo (Lc 2.22), tendo o objetivo de consertar certas insuficiências da prática batismal. Assim, para os pais que desejam que seus filhos decidam com liberdade e discernimento o momento do batismo, essa prática oferece a possibilidade de "apresentar-se" em idade tenra à comunidade cristã e a Deus, com uma solicitação pública da bênção divina. A pertinência da base em Lucas 2.22 para o procedimento ainda é algo controverso, e os defensores do pedobatismo sempre podem argumentar que a apresentação mal se distingue do batismo (sendo uma espécie de "batismo seco" antes do batismo propriamente dito), ou que se trata de um resultado da má compreensão do batismo: algo subjetivista, já que o valor do batismo estaria essencialmente ligado à fé do batizado, concepção que associa a ação da graça divina à realização estrita do ato batismal. Porém, no contexto secularizado, o pedobatismo intransigente parece não ser mais sustentável pastoralmente.

Bernard Reymond

▶ Batismo (sacramento do); **ritos**; sacramento

ARMINIANISMO

Corrente teológica do século XVII a partir do pensamento de Armínio, cujas posições se afastam do calvinismo estrito sobre a questão da eleição. Em 1610, 46 pastores dirigem uma "Remonstrância" aos Estados da Holanda e da Frise, texto em cinco pontos que mantém a dupla predestinação, cujo decreto remonta às origens do mundo, mas afirma que Cristo morreu por todos e a salvação depende da resposta de fé. A remonstrância se aparta assim das teses ultracalvinistas defendidas por Franciscus Gomarus e simpatizantes em dois aspectos: primeiro, recusando-se a considerar a graça irresistível e inamissível; segundo, admitindo como base da predestinação a presciência de Deus sobre a conversão e a fé que os crentes abraçarão, e não sua vontade.

Em maio de 1611, uma assembleia de teólogos em La Haye resultou em nada mais que um endurecimento de ambas as posições, remonstrantes e contrarremonstrantes. O segundo partido obteve convocação de um sínodo pelos Estados gerais, que se reuniu em Dordrecht de novembro de 1618 a maio de 1619. Diante desse sínodo os arminianos compareceram como acusados, tendo suas posições condenadas e seus defensores banidos das Províncias Unidas: o grande pensionário[28] Oldenbarnevelt é decapitado, Hugo Grotius vai para a prisão e duzentos pastores são depostos. Os remonstrantes exilados em Anvers declaram os cânones de Dordrecht contrários à Bíblia. Entre 1625 e 1630, reintegram pouco a pouco as Províncias Unidas, com destaque para Amsterdã, onde é inaugurado um colégio remonstrante em que Simon Episcopius (1583-1643) e Étienne de Courcelles (1586-1659) são professores.

Hubert Bost

▶ LAPLANCHE, François, *Orthodoxie et prédication. L'oeuvre d'Amyraut et la querelle universelle*, Paris, PUF, 1965; RÉVILLE, Albert, "Arminianisme", em Frédéric LICHTENBERGER, org., *Encyclopédie des sciences religieuses*, t. I, Paris, Sandoz et Fischbacher, 1877, p. 599-605.

▶ Amyraut; Armínio; augustianismo; Cameron; Coccejus; Coornhert; Dordrecht (Sínodo e *Cânones de*); Du Moulin; Episcopius; Gomarus; Grotius; Le Cène; Le Clerc; Países Baixos; **predestinação e Providência**; remonstrantes; Uytenbogaert; Voetius

ARMÍNIO, Jacó Armenszoon, dito (1560-1609)

Nomeado pastor em Amsterdã, é encarregado de refutar as posições hostis à doutrina calvinista da predestinação, defendidas por Dirk Coornhert. Porém, impressionado pela argumentação que deveria combater, Armínio busca uma versão própria, mais moderada, dessa doutrina, emitindo opiniões infralapsarianas (ou seja, Deus teria predestinado os homens para a salvação ou a perdição após a queda de Adão), tomando cuidado para não se alinhar com o pelagianismo, segundo o qual a eleição ou a danação depende de obras humanas. Ao assumir o cargo de professor na Universidade de Leiden, em 1603, Armínio encontra oposição na figura de Franciscus Gomarus, que defende uma linha claramente supralapsariana (ou seja, o decreto da predestinação é anterior

---

[28] [NT] "Grande pensionário" é o antigo título do chefe do Poder Executivo na Holanda.

à criação do mundo). Armínio seria substituído em Leiden por Conrad Vorstius (1569-1622), sucedido por Simon Episcopius. Morre antes que seus discípulos apresentem uma "Remonstrância" aos Estados da Holanda e da Frise.

Hubert Bost

▶ *The Works of James Arminius*, 3 vols., Grand Rapids, Zondervan, 1986; BANGS, Carl, *Arminius. A Study in the Dutch Reformation*, Nashville, Abingdon Press, 1971; BRANDT, Gaspard, *Historia vitae Jacobi Arminii*, Brunswick, Meyer, 1725.

◉ arminianismo; Coornhert; Episcopius; Gomarus; **predestinação e Providência**; remonstrantes

ARNDT, Johann (1555-1621)

Johann Arndt nasce em uma família de pastores do principado de Anhalt, na cidade de Köthen, Alemanha. Órfão muito jovem, estuda teologia e medicina em Helmstedt, Wittenberg, Estrasburgo e Basileia. Atuando primeiro como pastor em várias localidades de Anhalt, precisou deixar a região ao se opor à calvinização da liturgia após a conversão do príncipe regente. É chamado a Quedlinburg e, após algumas rixas com sua paróquia, a Brunswick, onde redige sua principal obra, *Les quatre livres du vrai christianisme* [Os quatro livros do verdadeiro cristianismo], publicada entre 1605 e 1607 em Frankfurt. Após essa publicação, as autoridades municipais de Brunswick decidem que toda obra futura de Arndt precisaria de seu aval. Em 1609, Arndt aceita um cargo em Eisleben, a cidade natal de Lutero. Em 1611, é nomeado superintendente-geral do ducado de Brunswick-Luneburgo, com sede em Celle (ao norte de Hanover), cargo que seria seu até a morte. Uma de suas iniciativas mais importantes foi a criação de escolas rurais.

Arndt foi um escritor prolífico, mas a obra que lhe assegurou posteridade, assim como uma multidão de conflitos com seus contemporâneos, foi *Les quatre livres du vrai christianisme* (que, com os acréscimos, tornaram-se seis), provavelmente uma compilação de pregações em Quedlinburg e em Brunswick. Trata-se, portanto, de uma obra de piedade, não de um tratado teológico. Arndt se torna o arauto de um cristianismo que é sobretudo prática de fé, cuja ideia central consiste na restituição da imagem e da semelhança de Deus perdidas na Queda. A importância histórica dessa obra se deve a inúmeras citações, ainda que sem fonte, de uma série de autores místicos da Idade Média, o que introduz à piedade luterana a tradição das místicas italiana e alemã. Isso, sem dúvida, explica as desconfianças que pairavam sobre Arndt, da parte de seus contemporâneos, acerca de sua heterodoxia. Tais tradições místicas estão, de fato, próximas das formas esotéricas do cristianismo que se desenvolvem na mesma época, à margem do cristianismo eclesiástico, que com frequência se valem de tradições neoplatônicas ou herméticas. *Les quatre livres du vrai christianisme* exerce assim uma influência decisiva sobre Johann Valentin Andreae (1586-1654), uma das figuras-chave do rosacrucianismo. Porém, nunca foi intenção de Arndt fundar um cristianismo esotérico. Seu interesse maior era desenvolver seriamente a fé e vivificar a piedade cristã no contexto do luteranismo. Assim, não é de espantar que o jovem Johann Gerhard (1582-1637), que foi seu catecúmeno em Quedlinburg, seja profundamente marcado por sua obra, defendendo a ortodoxia de Arndt durante toda a sua vida e introduzindo na dogmática luterana um tema central da teologia de seu mestre: a união mística.

A influência de Arndt ultrapassa em muito o círculo daqueles que o ouviam. Às margens do Báltico, de Rostock a Dantzig, ou no ducado de Brunswick-Lunenburg, a teologia de Arndt faz nascer uma verdadeira escola, em que se desenvolve, entre outros temas, uma teologia mística da música que mais tarde se constituiria uma das principais fontes teológicas de Bach. Além das fronteiras alemãs e luteranas, *Les quatre livres du vrai christianisme*, traduzido para a maioria das línguas da época, tornou-se dos livros de piedade, um dos mais conhecidos na Europa barroca. A obra de Arndt pode ser assim considerada um importante marco entre a Reforma e o pietismo.

Jean-Marc Tétaz

▶ ARNDT, Johann, *Sechs Bücher vom wahren Christentum nebst dessen Paradies-Gärtlein. Mit der Lebensbeschreibung des seligen Mannes und seinem Bildnis*, Bielefeld, Missionsverlag der Evangelisch-Lutherischen Gebetsgemeinschaften, 1996; Idem, *Les quatre livres du vrai christianisme*, 3 vols., Amsterdã, 1723; AXMACHER, Elke, *Johann Arndt und Paul Gerhardt. Studien zur Theologie, Frömmigkeit und geistlichen Dichtung des 17. Jahrunderts*, Tübingen-Basileia, Francke,

2001; BRAW, Christian, *Bücher im Staube. Die Theologie Johann Arndts in ihrem Verhältnis zur Mystik*, Leiden, Brill, 1985; GEYER, Hermann, *Verbogene Weisheit, Johann Arndts "Vier Bücher vom Wahren Christentum" als Programm einer spiritualistisch-hermetischen Theologie*, Berlin, Walter de Gruyter, 2001; KOEPP, Wilhelm, *Johann Arndt. Eine Untersuchung über die Mystik im Luthertum* (1912), Aalen, Scientia, 1973; SOMMER, Wolfgang, *Gottesfurcht und Fürstenherrschaft. Studien zum Obrigkeitsverständnis Johann Arndts und lutherischer Hofprediger zur Zeit der altprotestantischen Orthodoxie*, Göttingen, Vandenhoeck & Ruprecht, 1988.

⊙ Bach; **espiritualidade**; fé; Gerhard; pietismo

ARQUITETURA

1. Introdução
2. Podemos usar o termo "arquitetura protestante"?
   2.1. Uma arquitetura protestante: locais de culto da Reforma
   2.2. Arquitetos protestantes: três figuras de proa no século XX
3. O "movimento moderno"
4. Rumo a uma nova modernidade?

1. Introdução

Associar protestantismo e arquitetura é algo que apresenta uma dupla dificuldade. A primeira é própria à arquitetura: com o primeiro ensaio de Erwin Panofsky, *Arquitetura gótica e escolástica* (1951) (São Paulo, Martins Fontes, 2001), conhecemos o limite das correlações entre uma *forma* arquitetônica e um *pensamento* filosófico que é visto como causa ou consequência dessa forma. O segundo obstáculo diz respeito ao protestantismo: de todas as expressões artísticas, a arquitetura parece ser, *a priori*, a mais alheia ao movimento protestante. É verdade que o pensamento protestante encontra na escrita e na música meios de expressão aparentemente mais próximos da teologia que nas artes plásticas, conforme salienta Paul Tillich: "Desde as origens, a fé protestante combate as artes visuais, inclusive a arquitetura religiosa" ("A arquitetura protestante contemporânea" [1962], *ETR* 68, 1993, p. 499). Cultivamos o hábito de opor "ver" e "ouvir", como se a música fosse a expressão privilegiada do protestantismo, enquanto o catolicismo se expande na arquitetura; e citamos sempre o barroco do século XVII, com a música de um Johann Sebastian Bach e a arquitetura do sul da Alemanha, para manter-nos na mesma área geográfica.

Tal constatação dá conta de uma dificuldade própria ao protestantismo, de um lado, mas comete injustiças, de outro, tanto à história quanto à arquitetura. À primeira, pois o Renascimento marca uma ruptura em ambas as áreas, teologia e arquitetura; à segunda, pois foi justo durante o Renascimento que a invenção da perspectiva tornou a arquitetura não mais uma arte da *imagem*, mas, sim, do *espaço*, com a consciência de sua responsabilidade na organização espacial na cidade. Portanto, é preciso explorar esse paradoxo: apesar de seu evidente parentesco com o Renascimento, *aparentemente* a Reforma não marcou a história da arquitetura. Porém, podemos dizer que a arquitetura foi utilizada de um modo todo especial pelo protestantismo para afirmar a nova fé.

Não pretendemos, com isso, descrever aqui uma arquitetura que seria expressão de uma teologia, e menos ainda realizar o inventário de objetos ou pessoas que a representam. Em primeiro lugar, examinaremos o que a arquitetura deve ao protestantismo, mostrando como a Reforma reinterpretou a questão do local de culto, para evocar em seguida três figuras importantes na arquitetura do século XX. Passaremos, então, ao "movimento moderno", momento importante tanto para a teologia quanto para a arquitetura. Por fim, e como avaliação crítica, teceremos algumas observações sobre a crise da modernidade.

Como já deve ter ficado claro, a relação entre protestantismo e arquitetura ultrapassa em muito a questão do local de culto da Reforma ou a biografia de grandes arquitetos.

2. Podemos usar o termo "arquitetura protestante"?

Se o termo designa uma arquitetura específica que se possa deduzir de uma teologia, ou seja, a arquitetura como expressão teológica formal — como se acreditava possível com relação à arquitetura gótica e à escolástica —, nossa resposta seria um definitivo *não*, por dois motivos. Por um lado, simplesmente não há obras que nos possibilitariam essa análise; por outro, tal procedimento seria contrário ao espírito da Reforma, que recusa construções teológicas *a priori*.

Porém, se a ideia equivale à existência de obras de arquitetura marcadas pelo espírito da Reforma ou arquitetos cuja formação cultural se valeu do pensamento protestante, responderíamos certamente que sim. Dessas obras, seriam um bom exemplo as edificações cultuais contemporâneas ou pertencentes a um pequeno período de tempo posterior à Reforma. Dos arquitetos, seria preciso mencionar os principais, privilegiando o século XX e evitando a dupla armadilha da idealização ou de uma biografia anedótica.

2.1. Uma arquitetura protestante: locais de culto da Reforma

É certo que não há um conceito teórico em arquitetura criado pela Reforma. No entanto, disso não se depreende que as realizações arquitetônicas "protestantes" tenham sido um fato puramente espontâneo. Seus autores são arquitetos formados em uma tradição anterior à Reforma. Para citar apenas um exemplo, Salomon de Brosse (1571-1626), herdeiro espiritual de Philibert Delorme (?1510-?1570, a quem se atribui o grande templo de La Rochelle) e mestre de François Mansart (1598-1666), é o representante de uma tradição arquitetônica francesa que faz a ponte entre o Renascimento e o Classicismo. Autor do Palácio de Luxemburgo, Brosse edificaria para seus correligionários o grande templo de Charenton (1623), que apresenta um dispositivo arquitetônico original que só pode ter sido resultado de uma compreensão acertada da fé reformada. É evidente que os textos (e as pregações!) dos reformadores e seus herdeiros inspiraram uma arquitetura especificamente protestante. Nesse sentido, tais textos adquirem um valor mais programático (no sentido de "programa arquitetônico") que teórico. É onde reside talvez o gênio arquitetônico da Reforma: somente pela palavra, influenciar e gerar uma nova arquitetura. No entanto, cabe também observar que essa criação dos locais de culto não teria repercussão no restante da produção arquitetônica.

Ao autorizar os reformados a construírem locais de culto específicos, com a ressalva de que não podiam ser confundidos com igrejas católicas, o Edito de Nantes (1598) foi o catalisador de uma produção arquitetônica original, que serviria de modelo para todos os reformados. Antigamente, os reformados tinham de se contentar com edificações concebidas para o culto católico, com as adaptações necessárias segundo o local. Porém, os grandes princípios que seriam postos em prática nas novas construções já estavam presentes. Se as modificações mais visíveis foram a supressão das imagens e das estátuas, o essencial dessa "reforma arquitetônica" não está nisso. Buscando adaptar igrejas outrora concebidas para um culto em que o desenvolvimento litúrgico e a *mise-en-scène* da fé eram preponderantes sobre a reunião comunitária, os reformados desafiavam todo o espaço arquitetônico do local de culto.

Assim, passou-se de um dispositivo que articulava uma sucessão de espaços destinados a representar o movimento da fé cristã — o plano longitudinal (ou basilical) próprio à basílica romana, resultando no formato da catedral — para um novo espaço arquitetônico unificado, cuja dinâmica expressava a articulação entre, de um lado, o ajuntamento, e de outro a Palavra que o convoca e o sacramento que o autentifica.

Isso é especialmente verdadeiro quando pensamos no templo de Charenton[29], do qual conhecemos apenas os desenhos e os modelos que se inspiraram na singular construção. Tratava-se de um vasto salão retangular com dois andares de galeria sustentados por colunas, em um formato alongado: os bancos paralelos aos longos lados do retângulo rodeavam o púlpito e a mesa da comunhão, situados na quarta parte do retângulo. O restante do primeiro andar era tomado por bancos cujos ocupantes se posicionavam voltados para o pregador. O conjunto era generosamente iluminado pelas grandes janelas sem vitrais.

Levemente oval, o templo *Paradis* [Paraíso] em Lyon[30] (1564, também conhecido a partir de um desenho e uma gravura da época) possuía igualmente um formato alongado, com o púlpito e a mesa da comunhão situados no eixo, em um dos lados menores. Nessa

---

[29] [NT] A primeira versão do templo de Charenton foi idealizada por Jacques II Androuët du Cerceau, em 1607, tendo sido devastada por um incêndio em 1621. Seu sobrinho Salomon de Brosse se encarrega de uma segunda versão, dois anos depois, que seria totalmente destruída em 1685, com a Revogação do Edito de Nantes. O teto e os portais eram decorados com textos bíblicos. Imagens do templo podem ser vistas no *site* do Museu Virtual do Protestantismo Francês (http://museeprotestant.org), em Obras — Arquitetura.
[30] [NT] Esse templo manteve suas portas abertas de 1564 a 1567, quando foi destruído perto da segunda guerra de religiões. Há um quadro ilustrando um culto no local, que pode ser visto no Museu Virtual do Protestantismo Francês (http://museeprotestant.org).

construção, o ajuntamento de fiéis era melhor posicionado, envolvendo o pregador de todos os lados, diferente do templo de Charenton, onde o local dos membros era mais parecido com um auditório.

Do ponto de vista da história e da teoria da arquitetura, os arquitetos da Reforma apenas reinterpretaram o tema do plano central, que forma, com o plano basilical, os dois tipos de construções religiosas típicas do cristianismo. Trata-se assim tanto de uma redescoberta que de uma reinterpretação: é a "função" simbólica — a comunidade reunida — que leva à definição da forma do plano central, parte integral da tradição arquitetônica cristã desde sempre.

2.2. Arquitetos protestantes: três figuras de proa no século XX

Frank Lloyd Wright (1867-1959), Le Corbusier (1887-1965) e Walter Gropius (1883-1969) estão entre os maiores arquitetos do século XX, ocupando papel primordial na história da arquitetura. O grupo é protestante, mas de matrizes culturais diversas: Estados Unidos, França e Alemanha, respectivamente.

É evidente que não se deve responsabilizar o protestantismo por toda uma produção arquitetônica, ao afirmar que o primeiro é filho de pastor batista, evocar a religiosidade da mãe do segundo e mencionar o batismo luterano do terceiro. No entanto, convém conferir por que se trata de três profissionais protestantes na origem da maior revolução arquitetônica desde o Renascimento: o "movimento moderno".

Afirmou-se que apenas com Frank Lloyd Wright "os conteúdos bíblicos puderam se manifestar na arquitetura, sempre dominada de modo quase total pela tradição greco-romana". Haveria modo mais protestante de articulação da fé que tal referência à Bíblia, surgida até mesmo em atos de criação? De fato, conforme observa o historiador da arquitetura Bruno Zévi, "Wright é bíblico, e não cristão: aposta na vida vivida, e não na vida eterna; considera o caminho do homem neste mundo, e não o dos olhos voltados para Deus" ("Wright", em *Encyclopaedia Universalis*, t. XVIII, Paris, 1985, p. 1117). A crítica finalmente admite os méritos do protestantismo.

Com Le Corbusier, as referências são ainda menos precisas. Embora seu meio primasse pela tradição e herança cultural protestantes, o arquiteto se divertia com alusões a suas longínquas origens cátaras. Se havia um valor protestante que valorizava, era a consciência, que ele definia como "esse grande vazio ilimitado em que se pode encaixar ou não uma noção do sagrado, algo individual, totalmente individual" (citação por Jean Petit, *Le Corbusier lui-même* [O próprio Le Corbusier], Genebra, Rousseau, 1970, p. 177). De fato, tanto em seus textos como em suas obras, Le Corbusier acaba se revelando mais gnóstico que protestante, como mostram suas especulações sobre o Modulor. Para ele, as proporções determinam um "espaço indizível" que é da ordem do "inefável".

Para Walter Gropius, Deus está "nos detalhes". A perfeição da arquitetura residiria na busca da solução mais racional, portanto na mais simples e lógica, e enfim na mais estética. Seu "credo" seria o *Manifesto Bauhaus* (1919), que ultrapassa questões estéticas para propor uma nova abordagem das relações sociais no próprio ato de criação: o arquiteto não é mais o grande representante sacerdotal de uma liturgia que remonta às origens, mas, sim, um simples artesão. Reminiscências do sacerdócio universal?

A apresentação desses três personagens, por si só, não basta para descrever o "arquiteto protestante". No entanto, ilustra o destino de homens firmados em uma cultura que, influenciada pelo protestantismo, enfrenta os desafios da modernidade. Não estão a serviço de uma teologia ou de um sistema de pensamento, mas, sim, exibem valores que construíram essa modernidade, a serviço de um "espírito", o da Reforma.

3. O movimento moderno

Já foi demonstrada a existência de uma associação estreita entre protestantismo e modernidade. Sabemos hoje que a modernidade ocidental é devedora da Reforma não somente no sentido religioso, mas sobretudo no que diz respeito à filosofia (com o surgimento do sujeito), à ética (com a afirmação da responsabilidade individual), à economia (com a valorização do trabalho), à política e aos campos sociais (com o desenvolvimento da democracia e a relativização dos poderes). Essa influência ultrapassaria largamente os meios culturais protestantes. Assim, não é de espantar que, quando tratamos de cultura na modernidade, e em particular de suas diversas expressões, encontremos suas raízes na Reforma. Porém, se no século XIX alemão a *Kultur* se exprimiria com uma teoria, uma música ou uma literatura específicas, sua expressão arquitetônica se limitaria a empréstimos neoclássicos ou neogóticos de Schinkel, por exemplo. Eis o paradoxo de um projeto cultural que se vê obrigado a adotar formas da arquitetura grega e medieval, fora da Reforma.

Seria necessário esperar até o início do século XX e o trauma do primeiro conflito mundial para que, após vários movimentos efêmeros, fossem percebidos os sinais do surgimento de uma cultura em mutação, de uma *linguagem* nova para uma *arquitetura* nova. Quando o *Kulturprotestantismus* foi confrontado e em seguida acabou, estava aberto o caminho para uma arquitetura moderna. Este fato não tem sido levado em conta o suficiente: histórica e culturalmente, o surgimento do movimento moderno na arquitetura não pode se dissociar da evolução da teologia protestante no século XX. Há um parentesco histórico: foi entre as duas guerras mundiais, em um contexto de crise e em reação ao século XIX, que se desenvolvem uma nova teologia e uma nova arquitetura. Há também um parentesco cultural, pois ambas emergem na Alemanha protestante da República de Weimar. Dois elementos caracterizam esse duplo parentesco: primeiro, a recusa da herança cultural e o rompimento com o passado, quer fosse o *Kulturprotestantismus*, quer fosse o academicismo "Belas-Artes"; segundo, as novas realidades políticas, sociais e econômicas geradas pela Revolução Industrial no século XIX.

Um teólogo descreveria sozinho os principais aspectos dessas relações: Paul Tillich. Ensinando em Dessau, em frente do Bauhaus[31], Tillich sente um interesse todo particular pelas artes plásticas, com que seu projeto de uma "teologia da cultura" certamente não deixa de se familiarizar. Também para Tillich, a arquitetura ocupa um papel à parte, sendo "expressão artística fundamental, pois não se trata somente de uma arte, mas serve também a um fim prático" (p. 135). Aqui encontramos uma ideia cara a Walter Gropius: "o fim último de toda criação formal é a arquitetura" (*Manifesto inaugural Bauhaus*, 1919). Sua função é ao mesmo tempo recapitulativa e englobadora, em parte associada à questão do *sentido*. Um dos maiores méritos do movimento moderno em geral, e do Bauhaus em particular, foi redefinir a relação entre forma e função no ato de criação arquitetônica.

Todo o século XIX tinha sido marcado pela busca de uma nova linguagem para expressar as realidades de um mundo em mutação, o da Revolução Industrial. Essa busca se cristalizou no questionamento sobre que estilos arquitetônicos corresponderiam a que tipos de construção. O arquiteto passou a ter a sua disposição um catálogo de estilos históricos, onde bastava mergulhar para encontrar aquele que fosse mais adequado. Assim, o estilo gótico havia se tornado o único capaz de expressar o caráter religioso de uma construção. Em seguida, tratava-se de saber quais formas conviriam a quais funções. No final do século XIX, a multiplicação de estilos demonstra o impasse em que a arquitetura da época se encontrava, tendo feito da linguagem a única solução possível para um questionamento ainda sem resposta.

O grande mérito dos precursores do movimento moderno foi a formulação do problema sobre novas bases. Não se debruçavam mais sobre a linguagem em primeiro lugar, mas, sim, sobre a própria matéria da arquitetura. A forma não era apenas questão de "estilo", mas atribuía à arquitetura a tarefa mais específica de "criação de espaço", já que a grande descoberta do *Bauhaus* foi o espaço como matéria-prima da arquitetura. Assim, esse espaço não é mais o espaço tridimensional do Renascimento, tal como concebido pela perspectiva do sujeito, mas um espaço *dinâmico* que incorpora a dimensão temporal. O tempo se torna também, portanto, matéria-prima da arquitetura, não somente suporte histórico da linguagem (o "estilo").

Talvez ainda não tenhamos chegado a todas as conclusões dessa descoberta do Bauhaus: a arquitetura como ato criador *de* espaço, e não somente como criação no espaço. Essa é uma crítica que poderíamos endereçar a Tillich: embora considerando a arquitetura a "expressão artística fundamental", sua compreensão continua limitando-se ao século XIX, quando se vê em busca do "estilo verdadeiro". Preocupa-se sobretudo, portanto, em encontrar o estilo artístico "capaz de exprimir a situação humana tal como é vista pelo cristianismo".

---

[31] [NT] Escola Superior de Criação fundada e dirigida por Walter Gropius. Embora sua ênfase fosse na arquitetura, também oferecia cursos de pintura e dança, entre outros. As formas criadas nessa escola influenciam até hoje não só construções arquitetônicas, mas também móveis e objetos de decoração em geral.

Ora, é exatamente essa capacidade de expressão que torna a arte uma arte religiosa, apontando para a realidade última. É também espantoso que, em 1933 (ano de fechamento da escola Bauhaus!), Tillich tenha dado ênfase, com *Das Wohnen, der Raum und die Zeit* (*Gesammelte Werke* IX, Stuttgart, Evangelisches Verlagswerk, 1975, p. 328-333), em uma perspectiva mais filosófica que arquitetônica, o que significa "criar espaço" (*Raum schaffen*).

O movimento moderno se propôs como base cultural do mundo futuro. Desde suas origens, uma perspectiva profética o alimentava, profética e messiânica, além de uma moral igualitária e uma recusa a todo dogma, características do protestantismo. No entanto, encontram-se justo nessas características a ambiguidade e mesmo o fracasso do movimento. Ao buscar a reconciliação entre arte e técnica, tornou-se a expressão da submissão ao poder da máquina e do dinheiro. Enquanto objetivava ser uma arte a serviço do povo, tornou-se a estética de uma elite. Concedendo ao indivíduo um lugar importante no próprio ato de criação, tornou-se o símbolo universal do anonimato e de uma cultura internacional. Mas não estaria igualmente nisso tudo o fracasso do protestantismo?

4. Rumo a uma nova modernidade?

O fracasso do movimento moderno e sua diluição no "estilo internacional" evidenciaram os limites do projeto inicial e sua dimensão utópica. Mas tal fracasso indica que o movimento não pode ser reduzido a uma *linguagem* em meio a outras. Seu grande mal-entendido foi ter sido visto como a invenção de uma nova linguagem, a da modernidade. Certo dogmatismo no interior do movimento foi em parte responsável por isso.

Principalmente graças às ciências da linguagem, a arquitetura reencontrou sua dimensão hermenêutica, junto com uma nova compreensão da história, não mais como o desdobramento temporal da verdade entre fundamento e realização, mas, sim, como um catálogo de referências possíveis. A linguagem arquitetônica, portanto, é mais afiliada à citação que à busca do verdadeiro estilo. A obra de arte em geral — e em particular a arquitetura, já que, a exemplo de Gadamer, atribui-se a ela essa função *fundadora* com relação a outras artes — se torna, de acordo com as palavras de Heidegger, "acontecimento da verdade", em seu duplo aspecto de "exposição" (*Aufstellung*) de um mundo e de "produção" (*Herstellung*) da terra. Portanto, a obra arquitetônica não faz referência a uma verdade exterior ao mundo, mas tal verdade está inserida no próprio ato de construir.

Paralelo a isso, a filosofia existencial e as contribuições das ciências humanas evidenciaram o valor do *espaço vivido* e seu papel na memória e no imaginário. Assim, ao espaço-tempo do Bauhaus acrescenta-se o *espaço imaginário*, enfatizado pelo movimento "pós-moderno". Não cabe discutir aqui o sentido desse *pós*; porém, o debate inaugurado por arquitetos como Paolo Portoghesi e Vittorio Gregotti não deixaria o teólogo indiferente — e menos ainda se esse teólogo lembra que o nascimento do protestantismo não pode se dissociar do advento da modernidade. De fato, a crise da modernidade desafia os rumos do protestantismo.

É em relação à história que o protestantismo pode tirar o melhor proveito do debate. Para Jean-François Lyotard, "uma obra só pode se tornar moderna se for primeiro pós-moderna" (O *pós-modernismo explicado às crianças* [1986], Lisboa, Dom Quixote, 1993). Esse paradoxo do "futuro anterior" mostra que a essência da modernidade não repousa tanto no fato de um futuro a ser constantemente reinventado, mas, sim, na consciência de um passado a ser sempre superado. Para o protestantismo, tudo isso deve se constituir objeto de reflexão, já que o mito do progresso histórico e o dos valores fundadores ainda são tentações importantes.

A história da arquitetura, do Renascimento ao movimento moderno, é a descoberta progressiva do espaço como matéria-prima da arquitetura. Histórica e culturalmente, essa descoberta se relaciona em parte com o protestantismo, mas, como vimos com Tillich, a teologia protestante ainda não compreendeu todas as suas implicações. Sabemos quanto o espaço é um tema difícil para a teologia, e quanto tal dificuldade acompanha uma supervalorização do tempo no discurso teológico.

O debate pós-moderno também enfatiza uma nova compreensão do mundo como "sistema de significações desdobradas e articuladas" (Gianni Vattimo, *O fim da modernidade: niilismo e hermenêutica na cultura pós-moderna*,

São Paulo, Martins Fontes, 1987), além da dimensão hermenêutica desse ato de criação de espaço que é a arquitetura. Entre a mística do solo e do sangue e a ideologia do fim unitário da história, há lugar para uma arquitetura, uma teologia e, enfim, uma teoria que façam jus a essa definição: a arquitetura como construção do espaço do homem no espaço do mundo. Criar espaço significa dar sentido. O teólogo se lembrará aqui que o Deus da Bíblia é aquele que cria espaço para o homem e para o mundo. É onde se situa de fato o significado do nome de Jesus, *Yeshua*, "Deus salva" — literalmente, "Deus cria um espaço". Eis uma nova compreensão do "grande arquiteto".

Daniel Gehring

▶ BIÉLER, André, *Liturgie et architecture. Le temple des chrétiens*, Genebra, Labor et Fides, 1961; "Église et architecture", *ETR* 68, 1993, p. 499-556; FINNEY, Paul Corby, org., *Seeing beyond the Word. Visual Arts and the Calvinist Tradition*, Grand Rapids, Eerdmans, 1999; GERMANN, Georg, *Der protestantische Kirchenbau in der Schweiz von der Reformation bis zur Romantik*, Zurique, Füssli, 1963; GREGOTTI, Vittorio, "Nouvelle modernité ou post-modernité", em PONTIER, Arnault, org., *Matière et philosophie*, Paris, Centre Georges Pompidou, 1988, p. 157-167; "Ecclésiologie et architecture", *Cahiers de l'Institut romand de pastorale* 16, Lausanne, 1993; REYMOND, Bernard, *L'Architecture religieuse des protestants*, Genebra, Labor et Fides, 1996; Idem, *Temples de Suisse romande*, Yens sur Morges, Cabédita, 1997; SCHWEBEL, Horst, org., *Über das Erhabene im Kirchenbau*, Munique, Lit, 2004; SENN, Otto H., *Evangelischer Kirchenbau im ökumenischen Kontext*, Basileia, Birkhäuser Verlag, 1983; TILLICH, Paul, "Le protestantisme et le style artistique" (1957), em *Théologie de la culture*, Paris, Denoël-Gonthier, 1972, p. 83-91; Idem, *On Art and Architecture*, New York, Crossroad, 1989; VAN DE VEN, Cornelis, *Space in Architecture. The Evolution of a New Idea on the Theory and History of the Modern Movement* (1978), Assen, Van Gorcum, 1987; WHITE, James F., *Protestant Worship and Church Architecture. Theological and Historical Considerations*, New York, Oxford University Press, 1964.

○ Alemanha; **arte**; Cambridge (movimento de); culto; edificações religiosas; estética; Gibbs; Gropius; *Kulturprotestantismus*; Le Corbusier; liturgia; **modernidade**; Schickhardt; Schinkel; Sturm L.C.; **técnica**; templo; Tillich; Wren; Wright

ARTE

1. **Arte e protestantismo: uma questão a reconsiderar**
   1.1. Uma reavaliação necessária
   1.2. A arte cristã: produção variada e complexa
   1.3. A Reforma e o surgimento de uma estética moderna
   1.4. Pode-se usar o termo "arte protestante"?
   1.5. A renovação estética e litúrgica
2. **De uma ruptura do mundo da imagem a uma contestação transfigurante do real**
   2.1. Acontecimento e instituição ou Palavra e imagem?
   2.2. Uma arte sacra?
   2.3. Um mundo sagrado?
   2.4. Uma arte não figurativa?
3. **Um pouco de história**
   3.1. A arte polêmica
   3.2. A arte confessional
   3.3. Uma arte não icônica?
   3.4. O protestantismo e seus artistas
   3.5. Realismo e abstração

Neste artigo, o leitor encontrará três vozes, típicas e complementares, diferentes em seus sotaques e suas ênfases, mas bastante convergentes em outros pontos. Nos itens 1 e 2, a arte será examinada em toda a sua ambivalência: por um lado, a da produção, e por outro a do campo a que sua percepção leva, de acordo com certo grupo social, diríamos aqui confessional. De um item a outro, portanto, há um movimento, desde a produção até a percepção e, enfim, à recepção. Após esses dois itens como pano de fundo (diferenciado) do *status* e da percepção da arte no protestantismo, o item 3 fornecerá um grande número de exemplos e ilustrações de obras e artistas.

1. Arte e protestantismo: uma questão a reconsiderar

1.1. Uma reavaliação necessária

O protestantismo parece ter adotado certa indiferença, e até mesmo desprezo ou rejeição, pelas questões em torno da arte. A música parece ter sido menos atingida por isso que as artes plásticas: Lutero compôs cânticos, o calvinismo gerou salmos de Clemente Marot e Teodoro de Beza, o luteranismo produziu músicos famosos como Georg Friedrich Haendel, Heinrich Schütz, Johann Sebastian Bach, Dietrich

Buxtehude... Ainda assim, a música não está isenta dessa desconfiança com relação à arte: os iconoclastas franceses destruíram tanto órgãos como estátuas, e Zwinglio, apesar de excelente músico, é considerado responsável pela ausência (até 1598) do canto na Igreja Reformada de Zurique. Já no século XVIII, Voltaire sentenciou a respeito da igreja genebrina: "Ali, calcula-se, mas nunca há risos; a arte da escala musical é a única que floresce; o baile e a comédia são objeto de ódio". A isto faz eco a opinião de um historiador do início do século XX: "O horror à arte é e deve continuar a ser um dos traços básicos do espírito da Reforma em geral, e da Reforma calvinista em particular".

Essas afirmações certamente beiram o exagero, mas há algum fundamento nelas. No entanto, em um clima de exasperação confessional em uma polêmica antiprotestante, tais ideias foram amplificadas e exploradas em demasia. Além disso, a tradição protestante é em parte responsável por um inegável desinteresse pela arte, devido a uma supervalorização teológica de atos ou juízos iconoclastas que, no século XVI, podiam ser explicados basicamente por considerações históricas e conjunturais (nenhum reformador aprovou atos iconoclastas aleatórios de iniciativa popular, p. ex.). Por fim, a própria Reforma adotou, através de seus três principais representantes (Lutero, Zwinglio e Calvino), uma postura rigorosa, mas equilibrada, diante das imagens, que não se identifica plenamente com uma rejeição pura e simples, mas pode ser inclusive utilizada como nova base de compreensão da obra de arte em relação à fé.

Portanto, é necessário que se reavaliem as relações entre protestantismo e artes plásticas, tanto no meio protestante quanto entre seus interlocutores externos (demais tradições cristãs ou a sociedade civil). Esse processo é importante, primeiro, por motivos *culturais*: por suas características intrínsecas, o protestantismo possui a adaptabilidade necessária para um diálogo fecundo com a sociedade secularizada contemporânea. Ora, em nossa sociedade, a mídia transmite mensagens associadas em geral a imagens, e até mesmo a determinada cosmovisão estética. Não só pela estética, mas também pela ética, o protestantismo não pode deixar de lado a cultura visual, um dos dados essenciais de nossa cultura. Em segundo lugar, a reavaliação da arte também se faz crucial para o protestantismo por motivos *teológicos*: interessar-se pela criação humana sob todas as suas formas é interessar-se por aquilo que é fundamentalmente humano, pelo ser que é o único colaborador de Deus. Uma abordagem teológica da arte remete imediatamente a questões antropológicas (o corpo, o ser humano como sujeito livre e responsável perante Deus, o imaginário a serviço da fé). Além disso, levar a arte em consideração significa atribuir importância também à materialidade da criação e à historicidade do mundo (sendo a obra de arte plástica um objeto historicamente situado que se pode tocar e pegar). Assim, pergunta-se sobre a *Palavra*, através da qual Deus se dirige aos homens. Deve-se entendê-la como uma simples manifestação verbal ou acústica (Palavra = fala) ou como um fenômeno de comunicação mais vasto e mais complexo, que compreende a fala, mas a supera para englobar todo fenômeno significante (Palavra = linguagem), incluindo, portanto, o real em sua historicidade e temporalidade (Palavra = acontecimento)?

No contexto dessa sucinta apresentação, nós nos contentaremos em propor algumas considerações históricas e artísticas que nos ajudarão nessa reavaliação protestante da arte.

1.2. A arte cristã: produção variada e complexa

O protestantismo não se originou do nada, mas, sim, do cristianismo ocidental, com quem partilha dezesseis séculos de história comum. Ora, foi justamente ao longo desses dezesseis primeiros séculos que se desenvolveu com extraordinário vigor – o que chamamos arte cristã.

A arte cristã se desdobrou em duas tradições paralelas que, embora por vezes tenham coincidido e até se unido, não devem ser confundidas, pois correspondem a duas concepções do mundo, do homem e de Deus significativamente diferentes. De um lado, o cristianismo oriental, que desenvolveu de modo bastante precoce (com o II Concílio de Niceia em 787) e não sem obstáculos (como a querela iconoclasta dos séculos VII e VIII) uma teologia unificada da imagem que originou o ícone; de outro, o cristianismo ocidental que nunca chegou a integrar uma teologia da imagem codificada e presente nos cânones, ainda que reconhecesse oficialmente a validade da teologia do ícone do VII Concílio Ecumênico de Niceia II. Porém, tal reconhecimento se deu com dificuldades no Ocidente (p. ex., os teólogos da Igreja Franca não aceitaram Niceia II) e não eliminou as dúvidas e as desconfianças sobre uma teologia do ícone considerada uma segunda fonte de revelação, rivalizando com a Bíblia. Foi por isso que o cristianismo ocidental acabou explorando outras formas de criação visual: a imagem narrativa, a imagem eucarística (o retábulo) e a imagem meditativa (*Andachtsbild*[32]) não são ícones, no sentido litúrgico e teológico que o cristianismo oriental atribui ao termo.

É certo que o protestantismo recusa de modo bastante resoluto a teologia do ícone herdado de Niceia II (Calvino, *IRC* I, XI, 11 e 14), mas seria inexato afirmar que isso corresponde a uma recusa global e sem distinção a toda a arte ocidental produzida na época paleocristã (séculos IV a VI) e na alta Idade Média (séculos VII a XII). Em primeiro lugar, porque a arte cristã desses períodos não é uniforme, mas, sim, constituída de diversas tradições, das quais muitas são de fato compatíveis com uma teologia centrada na Palavra e uma atenção especial à Bíblia (principalmente as iluminuras e as imagens narrativas). Em seguida, porque, ao longo dos séculos anteriores à Reforma, diversos movimentos religiosos de posições semelhantes às que seriam tomadas pelos reformadores já haviam apresentado a crítica de um uso idólatra da imagem, sugerindo em seu lugar outros usos (p. ex., Gregório, o Grande, e a imagem como recurso pedagógico; os teólogos da Igreja Franca e a arte carolíngia; São Bernardo e a arte cisterciense; os hussitas e a arte polêmica e militante etc.). E enfim, porque a Reforma rejeitou menos a imagem e a arte em geral que os abusos relacionados ao uso idólatra das imagens, comuns no final da Idade Média, contra os quais também se levantaram, teólogos católicos, humanistas como Erasmo e até insurreições populares (como os atos iconoclastas na França, na Suíça e no sul da Alemanha).

No final da Idade Média, instala-se um verdadeiro culto às imagens, que não só exacerba e condiciona o sentido da visão à salvação (enquanto a leitura é desprezada), mas também faz das imagens o suporte de práticas místicas orientadas para o que se poderia chamar "erotismo sagrado ou místico". Além disso, após o IV Concílio de Latrão (1215), que oficializa o dogma da transubstanciação, atribui-se à imagem um caráter quase sacramental, tornando-a, senão um substituto, pelo menos um duplo da eucaristia. A imagem passa a ser a imagem da imagem de Deus, ou seja, participa do corpo real de Cristo. Às vésperas da Reforma, as pessoas não viam as imagens como vemos hoje um quadro no museu, mas, sim, as *manipulavam* como se fossem substitutos daquilo que não se podia obter: assim como a garotinha vive apenas simbolicamente a maternidade através da brincadeira com bonecas, o devoto desse período crê possuir um substituto do sagrado sob a forma de uma representação pintada ou esculpida, não para ver, mas para tratar como um humano. Isso explica por que nessa época as imagens falavam, sangravam, choravam, deslocavam-se, curavam etc. A Idade Média ainda não é a época da arte, que só se iniciaria com o Renascimento, mas, sim, a época do objeto de devoção (Hans Belting). É apenas por anacronismo que consideramos hoje as imagens cristãs da Idade Média como "arte": obras de arte para nós, objetos miraculosos para o povo da igreja medieval. Assim, os reformadores não se opuseram à arte, já que tal noção repousa sobre um conceito moderno de estética, portanto algo inédito na época. Opuseram-se, sim, a uma visão mágica e devota do mundo das imagens.

1.3. A Reforma e o surgimento de uma estética moderna

De modo nada surpreendente, encontramos entre os reformadores uma reação bastante explosiva contra as imagens religiosas e os objetos cultuais, em uma crítica sem muita moderação. Porém, em estudo minucioso de suas obras no contexto histórico da Reforma, percebe-se que a arte e a estética não costumam ser alvo dessas críticas. Preocupados em tomar distância dos excessos praticados em nome da religiosidade, adotaram uma postura prudente e reticente, mas que era mais conjuntural que estrutural. Além disso, assoberbados por atividades pastorais (pois atuavam mais regionalmente, sem pretensões intelectuais universitárias), não puderam dar curso ao desenvolvimento de uma relação com a imagem que fosse compatível com a nova fé "evangélica". Mesmo assim, em

---

[32] [NT] Termo alemão que designa uma imagem devocional cristã para levar o fiel à meditação, em geral pintura ou escultura que tematiza o sofrimento. Um bom exemplo é a *Pietà*.

seus textos encontramos trechos consideráveis que mostram sua consciência da necessidade da abordagem da arte, o que demonstra não terem negligenciado uma possível visão estética do mundo e de Deus.

Mas é preciso diferenciar as diversas tradições reformadas. Deixando-se de lado a Reforma dita radical, a Reforma divide-se em dois ramos principais: de um lado, o de Lutero; de outro, o de Zwinglio e Calvino. Sobre as imagens, assim como sobre os sacramentos, as posições de ambos não eram nem semelhantes nem opostas, mas, sim, complementares: Lutero privilegia a imagem em detrimento da arte, enquanto Calvino (e também Zwinglio, em menor escala) privilegia a arte em detrimento da imagem.

De formação nominalista[33], Lutero descobre em 1522 que a imagem é um simples objeto material que se pode utilizar ou não, de acordo com a necessidade. Segundo ele, como na imagem não contém nem a divindade nem o ídolo, trata-se de algo indiferente (*adiaphoron*) às questões da fé. Essa neutralidade metafísica inaugurada por Lutero contribuiu para que a imagem fosse liberta do invólucro sagrado que a continha. Porém, o reformador de Wittenberg não conseguiria elevar a imagem ao *status* de obra de arte. Ele descobriria que, como expressão visual da fé, a imagem pode ser *útil* para a igreja para a catequese, a meditação bíblica e a edificação. Como o teólogo da Palavra que era, Lutero se torna criador de imagens, contribuindo com seu amigo pintor Lucas Cranach, o Velho (1472-1553), na elaboração de gravuras, ilustrações bíblicas e retábulos. Porém, esse novo interesse na imagem por parte de Lutero era guiado por preocupações exclusivamente utilitárias, ou seja, por suas propriedades persuasivas e pedagógicas, não estéticas. A imagem se torna assim uma *ancilla theologia*, "serva da teologia", aceita sob a condição de estar totalmente a serviço da Palavra. Lutero acolhe, portanto, a imagem, mas recusa a estética.

Para Calvino, a apreciação é inversa e, sob certos pontos de vista, complementar à de Lutero. Calvino recusa a imagem, mas elabora uma estética teológica. Em oposição ao reformador de Wittenberg, Calvino possui uma formação humanista, além de ser marcado por um "espiritualismo" que o leva a desconfiar da imagem como objeto material. No entanto, não chega a ser um dualista. Crê que o papel do Espírito é determinante como testemunha de uma possível e necessária reconciliação entre o homem e Deus, a criação e a redenção, o visível e o invisível. Embora o mundo criado por Deus tenha sido desfigurado pelo pecado, mais manchado pela feiura que magnificado pela beleza, esse mundo perdido também é salvo pela bondade todo-poderosa de Deus, que envia seu Filho para habitar entre nós. Sua ação conciliatória perdura graças ao poder e à presença do Espírito Santo. A beleza de Deus se revela, portanto, no mundo perdoado e salvo, tornando-se o signo da glória divina. Perceber a beleza do mundo e significá-la por meio de belas obras seriam atos de louvor a Deus, criador do mundo e redentor da humanidade. Como se percebe, o pensamento teológico de Calvino é fundamentalmente aberto para a estética. Porém, sua excessiva desconfiança em relação às imagens religiosas e aos objetos cultuais de sua época o impediram de traduzir essa estética de modo mais concreto, em verdadeiras criações artísticas e culturais.

A esse estudo sobre o pensamento dos reformadores sobre a imagem, cabe acrescentar o surgimento de uma estética moderna, que data precisamente da época da Reforma. Tal fenômeno cultural e social, associado à perspectiva ocular, foi em geral ignorado pelos reformadores, que não puderam perceber com clareza, e menos ainda analisar teologicamente, uma transformação estética e plástica que lhes era muito diretamente contemporânea. Com a estética moderna, instaura-se uma nova relação com a imagem, caracterizada por uma exterioridade do ato da visão: o espectador não está mais na imagem (*a imagem vê*) como na Idade Média, mas diante dela (*a imagem é vista*). A presença do sagrado no objeto é sucedida por uma representação do belo pelo objeto (Régis Debray). Trata-se de uma perspectiva radicalmente nova, cujos pressupostos não são estranhos à Reforma, muito pelo contrário: alguns deles coincidem de fato com o movimento.

Se houve uma personalidade capaz de reunir essas duas correntes inovadoras, a Reforma

---

[33] [NT] Posição filosófica desenvolvida durante a Idade Média em reação ao platonismo, segundo a qual os universais (amor, homem, nação) possuem uma existência lógica, e não ontológica — ou seja, não são seres concretos, mas, sim, abstrações, palavras, *nomes* sem substância. Em oposição aos nominalistas, os realistas acreditavam na existência real dos universais, anteriores às coisas e fora delas.

teológica e a reforma artística do Renascimento, foi Albrecht Dürer (1471-1528). Dürer morou e trabalhou em Nuremberg, cidade importante para a Reforma e muito ativa culturalmente. Elaborou uma nova estética, que se nutria tanto de uma observação minuciosa do real ou do corpo humano quanto de uma intelectualização do ato da visão, e escreveu importantes tratados teóricos sobre a imagem, lançando assim as bases para uma transformação no mundo da arte que, já em vigor na Itália, era perfeitamente compatível com o protestantismo em ambas as dimensões, cultural e confessional. Pode-se dizer que Dürer foi um iconoclasta por ter acertado as contas não com a imagem ou com a arte, mas com o sistema metafísico e o pensamento sacramental que sustentavam o valor da imagem medieval. Cultural e espiritualmente próximo ao luteranismo, Dürer foi um dos melhores representantes de uma estética moderna ignorada pela Reforma, mas que em muitos aspectos corresponde à visão do homem e do mundo defendida pelos reformadores.

1.4. Pode-se usar o termo "arte protestante"?

Nossa análise das relações entre o protestantismo e a arte não pode se contentar com uma leitura atenta dos textos teóricos dos reformadores ou da arte anterior à Reforma. É preciso também avaliar a produção artística contemporânea e posterior à Reforma, indagando-se quanto foi estimulada ou reprimida pelo protestantismo nos locais onde igrejas protestantes foram implantadas massiva e permanentemente. Há sobre isso uma argumentação de peso segundo a qual, com base em uma diminuição considerável da produção artística desde o século XVI, a Reforma estaria na origem de um recolhimento significativo da arte religiosa e, portanto, da arte como um todo. Assim, o suposto desprezo pela arte preconizado pelo protestantismo seria respondido com uma exaltação da arte pelo Concílio de Trento e pela Contrarreforma católica. Sem verificar-se totalmente falsa, tal tese se revela insuficiente para abordar a questão, pecando por indiferenciação histórica e pela presença de uma abordagem estética influenciada pela concepção católica da arte sacra. Sem entrar nos detalhes desses argumentos tão difundidos, é preciso opor a ele três pontos:

A. É inegável que houve uma considerável baixa na produção artística na Alemanha e na Suíça após o século XVI, e que tal declínio nas artes visuais durou mais de dois séculos. No entanto, as causas desse acontecimento não podem ser diretamente imputadas à Reforma. No máximo, pode-se afirmar que a Reforma participou desse grande movimento de mutações sociais e transformações econômicas que fizeram minguar a produção da arte religiosa em benefício de uma arte laica. A partir do século XVI, o mecenas não é mais o bispo, mas, sim, o príncipe ou o burguês de posses; o artista não é mais um artesão a serviço da instituição eclesiástica, mas um humanista autônomo e crítico; os locais de exposição das obras não são mais as igrejas, mas os palácios e casas burguesas. A arte escapa ao controle da Igreja Católica e se torna autônoma em relação ao dogma, prosperando em regiões fortes economicamente (como os Países Baixos no século XVII) e declinando em locais de má condição econômica (como a Alemanha do século XVII destruída pela Guerra dos Trinta Anos). Observa-se assim uma conjunção entre a sociedade civil, a produção cultural e o protestantismo. Como toda realidade inserida na paisagem cultural e social, o protestantismo participa dessa mutação, sem ser o único fator, nem mesmo o principal: a impressão certamente fez mais que o protestantismo pela transformação da natureza da obra de arte (p. ex., a gravura matou o retábulo, considerado muito caro). Quando o protestantismo emergiu na Alemanha, por volta de 1517-1520, a produção artística havia florescido bastante no meio secular e o sistema iconográfico já se tornava obsoleto desde 1500. Sobre a transformação artística e o declínio da arte religiosa, a Reforma apenas se inseriu em uma dinâmica preexistente.

B. Houve artistas cultural e confessionalmente protestantes, e isso desde o início da Reforma. Já evocamos Dürer, que é incontestavelmente o maior artista do mundo germânico no século XVI, cujos laços com os protagonistas da nova fé eram inúmeros. Outro exemplo, também já citado, de uma associação ainda mais estreita entre protestantismo e arte na Reforma é Lucas Cranach, personalidade artística de primeira ordem, pintor oficial do príncipe-eleitor Frederico, o Sábio, colaborador e amigo íntimo de Lutero em Wittenberg. Como foi dito, Cranach está na origem de uma arte especificamente luterana, o que mostra que um setor do protestantismo pôde produzir uma tradição artística, mesmo sem caracterizar-se por uma inovação plástica e estética. De modo mais geral, pode-se afirmar que a quase totalidade dos artistas alemães do século XVI foi influenciada em diversos graus pelas ideias da Reforma, como Hans Baldung (?1484-1545), Matthias Grünewald (?1475-1528), Hans Holbein o Jovem (1497-1543), e Alfred Altdorfer (1480-1538). Do lado calvinista, os exemplos são em menor quantidade, mas pode-se citar, mesmo assim, Niklaus Manuel Deutsch (1484-1530), pintor, dramaturgo e poeta, principal instigador da Reforma em Berna, além do grande pintor Rembrandt (1606-1669), nos Países Baixos calvinistas, cuja arte demonstra um parentesco evidente com o protestantismo. A abundância de sua produção (quadros, gravuras, desenhos bíblicos) mostra ser possível conjugar de modo criativo a inspiração bíblica e a criação artística. Rembrandt foi para a pintura o que Bach foi para a música é algo que se pode dizer de modo legítimo. Da mesma forma, é importante notar a influência significativa que exerceram no final do século XIX pintores como Ferdinand Hodler (1853-1918) e Eugène Burnaud (1850-1921), forjados em um meio calvinista de biblicismo estrito e rigor moral.

C. Enfim, as relações entre arte e protestantismo não se limitam ao período da Reforma ou aos temas bíblicos, ainda que de qualidade, como na obra de Rembrandt. Para retomar um tema bastante evocado em nossos dias, o fim da representação de Deus não significa o fim de toda reflexão sobre Deus. Ao contrário do que afirma Wolfgang Schöne, não pode haver relação entre o desaparecimento da arte religiosa e a morte de Deus. Sem dúvida, o protestantismo mostra melhor sua força e sua capacidade em matéria de arte na medida em que não desenvolveu uma arte especificamente confessional, ou "protestante", influenciando o conjunto da arte moderna e contemporânea. Assim, uma obra de arte pode muito bem significar Deus sem representá-lo. No século XX, teólogo germano-americano Paul Tillich é o melhor exemplo desse interesse do protestantismo pela modernidade estética, por motivos essencialmente bíblicos e teológicos. De fato, na Bíblia não há divisão entre o sagrado e o profano, entre o que é de Deus e o que é do mundo. A obra de arte pode assim participar de um olhar santificado sobre o mundo. A imagem, assim como no Apocalipse, toma parte no desvelamento de um mundo que é ao mesmo tempo um outro mundo e um mundo outro. Entre a obra sacra que, tal como o ícone, representa um Deus sem mundo, e a imagem sem graça e banal que a televisão oferece representando um mundo sem Deus, há uma terceira via possível: nem arte cristã, nem arte pagã, mas, sim, uma arte que evidencie o testemunho do Espírito. É desse modo que o protestantismo pode reivindicar artistas mais modernos como Vincent Van Gogh (1853-1890), Frédéric Bazille (1841-1870), Edvard Munch (1863-1944) e os expressionistas alemães do início do século XX. Depois disso, artistas suíços como Paul Klee (1879-1940), Louis Soutter (1871-1942) ou o arquiteto Le Corbusier (1887-1965). São artistas "protestantes" no sentido mais cultural que eclesiástico do termo: há em suas obras uma busca de sentido semelhante à que o protestantismo encontra no mundo a partir da revelação bíblica de Deus.

Portanto, não se pode falar de uma arte especificamente protestante, mas pode-se clamar um olhar evangélico sobre a arte. Esse olhar será conduzido através de uma via tríplice: um estética da forma, uma hermenêutica do sentido e uma ética do mundo. Toda obra que responda a essa perspectiva poderá ser chamada, em um sentido largo e não apologético, "protestante", para retomar um qualificativo que Tillich atribui a *Guernica* de Picasso.

1.5. A renovação estética e litúrgica

No entanto, as relações entre protestantismo e arte não podem limitar-se a uma releitura teológica das obras produzidas pela sociedade moderna e contemporânea, mas devem também incluir a dimensão *cutual*. De fato, não é o objetivo do protestantismo produzir simplesmente uma hermenêutica — disciplina na qual Paul Ricoeur se tornou um mestre —, mas sobretudo afirmar uma *confissão*. Por isso, essas relações com a arte devem abarcar de princípio a dimensão confessional. É quando indagamos: como essa reconsideração da arte pode ser expressa na vida e no culto das comunidades protestantes? Uma renovação estética da liturgia encontraria um duplo obstáculo.

Um obstáculo relacionado ao passado: a arte religiosa do século XII ao XVI que foi considerada um acréscimo supérfluo à religião cristã era uma arte bastante marcada pela liturgia romana, com a função de participar do sacrifício eucarístico. Essa recusa, uma postura saudável por parte da Reforma, acabou levando à rejeição da perspectiva visual do culto. Assim, o culto reformado transformou a palavra atuante da liturgia em um discurso cerebral (com a exceção da liturgia luterana). Na verdade, o protestantismo avançou demais nessa proposta de jejum estético no culto, jogando fora o bebê litúrgico com a água do banho iconográfica que invadiu a igreja na baixa Idade Média. E a situação perdura.

Um obstáculo relacionado ao presente: enquanto na Suíça romanda a renovação litúrgica e estética começara em 1920, na França o mesmo movimento só se esboçou após a guerra, especificamente a partir do surgimento da comunidade de Taizé. Sabemos que os irmãos (de início protestantes) de Taizé estão na origem de um movimento litúrgico e ecumênico que foi (e ainda é) bem-sucedido, sobretudo com os jovens. A vida cultual de Taizé contribuiu indiretamente para uma revisitação do papel da liturgia e dos sacramentos no culto protestante. Infelizmente, a comunidade de Taizé não manteve suas promessas ecumênicas e voltou-se para uma prática litúrgica e eucarística muito fortemente influenciada pelo catolicismo e pela ortodoxia. Isso explica a resistência protestante à mudança, já que mais uma vez — e não sem razão, visto o exemplo de Taizé, com a ordenação ao sacerdócio romano do irmão Max Thurian — a renovação litúrgica e eucarística foi considerada um retorno puro e simples ao catolicismo. No século XIX, houve episódios análogos, como o movimento Litúrgico de Oxford, com a conversão ao catolicismo de John Henry Newman.

Por mais graves que sejam, esses obstáculos devem ser enfrentados. Assim, apontamos para três caminhos possíveis para que a vida cultural do protestantismo integre certa estética litúrgica.

A. A manifestação da arte em um acordo ecumênico: não é mais possível, no século XX e no começo do XXI, um olhar puramente confessional nas relações entre arte e cristianismo, a não ser se o objetivo é uma postura identitária, por definição algo pouco dado à criatividade estética. É preciso um trabalho em conjunto com as demais igrejas cristãs historicamente mais abertas a isso. A renovação litúrgica e estética do protestantismo deve assim passar por uma abertura ecumênica. No entanto, isso não significa que especificidades confessionais não devam ter seu lugar. Há pontos fortes do protestantismo a ressaltar, inclusive quanto à estética. A especificidade protestante é a articulação entre estética e ética, produção artística e militância cristã. Um bom exemplo disso é o movimento de origem protestante ACAT (Ação dos Cristãos pela Abolição da Tortura): ao mesmo tempo em que milita contra a tortura e pelos direitos humanos, incrementa suas ações com belas celebrações de culto liturgicamente trabalhadas.

B. A redescoberta eucarística e seus prolongamentos icônicos: trata-se de reconhecer que o culto protestante deve se articular em torno de dois polos, a pregação e os sacramentos, não apenas a pregação. A partilha eucarística da ceia implica uma participação do corpo (uma "manducação", como enfatiza Calvino), uma manifestação visual, um olhar comunitário. A ceia solicita o sentido da visão e complementa a pregação, que se direciona ao ouvido. Ora, contrariamente a uma opinião bastante difundida, essa redescoberta eucarística não equivale a um abandono das convicções protestantes. Todos os reformadores insistiram na importância da prática sacramental: Lutero e Calvino estavam convencidos de que uma celebração completa deveria incluir esses dois momentos, um mais ético ou querigmático (a pregação) e o outro mais estético ou litúrgico (a ceia). E, assim como a mensagem da pregação é prolongada fora do culto dominical na ação solidária, a prática litúrgica e eucarística tem seus possíveis prolongamentos em uma recepção do mundo e de suas imagens, que pode ser uma recepção meditativa.

C. Perspectivas missionárias e inculturação da fé: Porém, a redescoberta do papel da arte para a expressão da fé não pode se limitar à celebração do culto, mas deve também abarcar a vida da igreja em seu todo, exprimindo a presença da igreja no mundo. Hoje, o cristianismo tem mostrado um especial vigor na África, na Ásia e no Pacífico. Suas jovens igrejas, nascidas de empreendimentos missionários ocidentais, trabalham para diferenciar-se da cultura europeia, que lhes foi trazida ao mesmo tempo que o evangelho. E têm sido bem-sucedidas, interpretando a mensagem cristã à luz de suas próprias tradições culturais, seus ritos, seu folclore tradicional. Assim, desenvolvem um novo tipo de arte cristã, mais próximo ao artesanato e à dança, como o fizeram o indo-australiano Frank Wesley (1923-2002), o japonês Sadao Watanabe (1913-1996), o chinês He Qi ou o coreano Yune Seong-Jin (nascido em 1952), todos protestantes convictos. Essa "inculturação" da fé não trai a mensagem bíblica, mas, pelo contrário, traduz uma ideia fundamental e também bíblica: fé e cultura, longe de se excluírem, atraem-se e se reforçam mutuamente.

Jérôme Cottin

2. De uma ruptura do mundo da imagem a uma contestação transfigurante do real

2.1. Acontecimento e instituição ou Palavra e imagem?

Na perspectiva protestante, a problemática estética parece se concentrar na questão das artes plásticas, unicamente. Escritores ou músicos não experimentam maiores dificuldades em relação à confessionalidade e não precisam se justificar sobre seu trabalho. No entanto, um Dürer ou um Rembrandt só são lembrados como "pintores protestantes" porque essa associação não é natural. Assim, a inspiração bíblica em parte de suas obras é mencionada como que para desculpá-los por trabalharem no mundo suspeito e ambíguo das imagens. A referência explícita à Palavra de Deus os preservaria, portanto, de toda idolatria, protegendo-os do culto às imagens — algo que, quer queiramos quer não, continua a representar uma expressa infidelidade ao espírito e aos princípios protestantes. Além disso, muito surpreende quanto o protestantismo reprova tão facilmente o catolicismo por aprisionar a transcendência nas coisas, sem se dar conta de que cai na mesma tentação com relação às palavras, sobretudo às das Escrituras. O homem da palavra e da pregação não está menos sujeito a objetivizar Deus que o homem dos ritos e sacramentos.

Com a música e a palavra, o protestante gerencia, acima de tudo, seu tempo. De fato, a duração é propriedade da palavra. Assim, o protestante mantém no horizonte de seus empreendimentos artísticos a referência privilegiada da revelação de Deus em Jesus Cristo, uma revelação que, em primeiro lugar, é de ordem histórica e factual. Já o católico romano gerencia também o espaço, enxergando na encarnação o fundamento decisivo para que as dimensões institucional e sacramental da igreja sejam levadas em consideração. Assim, há o debate sobre a arte, clássico e secular: enquanto os protestantes frisam que o fato é mais importante que a instituição, os católicos veem na instituição uma realidade primeira e fundamental para o acesso ao fato crístico. Nesse sentido, não é exagero afirmar que, ao enfatizar a liberdade de Deus — a iniciativa do Espírito Santo que *sopra onde quer* (Jo 3.8) e que nenhuma estrutura poderia conter —, exaltando a Palavra de Deus que atravessa e domina as Escrituras, os protestantes desenvolveram uma *história* da salvação. Já os católicos — sem contar os locais sagrados e de peregrinação, os altares, as igrejas veneradas (basta imaginar o que significa em Roma, p. ex., São Pedro para um católico) e suas relíquias — estabeleceram uma verdadeira *geografia* da salvação, cujas fonte, inspiração e referência podem ser creditadas em parte aos lugares santos e ao suposto sepulcro de Cristo. Talvez seja impossível compreender de fato o espírito protestante sem a leitura do incisivo e provocativo *Tratado das relíquias* (1543), de Calvino. Se fosse pedido a um católico que mantivesse um só sacramento, não seria esse a igreja ("sacramento originário"), signo visível de uma graça invisível, com sua verdade institucional e santificadora? Já o protestante, diante da mesma solicitação, apontaria para o fato único e eficaz da Palavra de Deus em Jesus Cristo, único signo audível de uma graça invisível, cuja pregação ocupa, portanto, o primeiro lugar na religião, enquanto a igreja ocupa o segundo. Sem hesitar em sua hierarquia, o protestante responderá "primeiro o fato, depois a instituição"; o católico dirá o exato oposto. É significativo que, na *Confissão de Augsburgo*, a igreja só seja mencionada em sétima ou oitava posição, precedida do quinto artigo, que trata justo do ministério da pregação: uma ordem que não é fruto do acaso.

Fazendo um pouco de caricatura, ou seja, evidenciando um aspecto importante da verdade, demonstramos facilmente que a relação com a palavra (da ordem do fato) e com a imagem (da ordem da instituição) pode ser equiparada à compreensão que se possui da liturgia. Sejam quais forem as tentativas dialogais ecumênicas com vistas a um equilíbrio maior, poderíamos dizer que o protestante cego não perderia grande coisa no culto, e mesmo ganharia, pois o que é mostrado é geralmente indiferente, ou até feio; já o católico romano surdo é que não perderá muito da missa, e isso é verdade há vários séculos: basta lembrar as missas baixas, em latim, ou mesmo as missas na língua dos fiéis, já que a pregação não é o mais importante. É mais fácil transmitir um culto protestante por rádio que por televisão; quanto à missa, ocorre o oposto. A beleza do culto está na oratória, na literatura ou na música; a beleza da missa é infinitamente mais visual. Uma igreja protestante se prestaria a dívidas pesadas e longas para adquirir um órgão, mas resistiria à ideia de instalar vitrais. Outro elemento significativo é o uso das cores litúrgicas: comum na missa católica, não foi adotado pelo protestantismo, com a exceção das igrejas luteranas. Quanto à arquitetura, o culto protestante está mais ligado ao tempo que ao espaço, a um acontecimento que a uma instituição. A igreja é apenas uma construção funcional, que geralmente permanece fechada fora dos horários de culto dominical. Trata-se de uma igreja que acolhe o momento do culto. E, de acordo com a boa lógica protestante, ir domingo à igreja equivale a reunir-se em assembleia. Já de acordo com a boa lógica católica, ir domingo à igreja equivale a comparecer ao templo, ou seja, à edificação sagrada onde reside o Deus de Jesus Cristo, algo lembrado pela presença, e até adoração, das espécies eucarísticas. Nesse sentido, a tendência negativa do protestante será a banalização, o deslocamento e até mesmo uma profanação iconoclasta, como a história demonstrou.

2.2. Uma arte sacra?

As conclusões do item anterior não fariam sentido se deixássemos de mencionar a tradicional desconfiança protestante em relação às imagens, bem como a consequente dificuldade de integrar as artes plásticas em seu horizonte cultual e histórico. De fato, em sua totalidade, a Reforma foi bem mais longe em sua contestação: não dessacralizou apenas o espaço, mas também o tempo, rejeitando, por exemplo, o calendário dos dias santos. Além disso, com exceção do luteranismo, boa parte dos calvinistas começou a questionar, a partir do século XVI, o ano litúrgico com suas festas e seus lecionários, repreendendo essa prática por submeter a Bíblia à igreja, em vez de o oposto. Porém, mais importante ainda foi a proclamação do sacerdócio universal, que nos torna a todos sacerdotes por meio do batismo (o que não quer dizer que sejamos todos pastores, pois há diversidade ministerial). A abolição da divisão entre clérigos e leigos corresponde a uma dessacralização primordial, e dessa vez não se trata mais do tempo e do espaço, mas, sim, dos cristãos e do povo de Deus em seu conjunto. É imprescindível manter-se em mente essa tripla dessacralização (espaço, tempo, pessoas) para compreender por que é rigorosamente impossível usar os termos "arte sacra" em um contexto protestante. Fazê-lo equivaleria a uma infidelidade fundamental, uma inconsequência. Nenhuma arte é santa em si mesma, podendo no máximo ser consagrada, partilhando assim uma condição que é a mesma da criação: por inteiro profanada ou consagrada, mas jamais fragmentada em realidades santas ou opostas ao profano e separadas dele. Um ateu que pinta uma imagem do Cristo crucificado para uma igreja e um sacerdote que pinta uma maçã seriam protagonistas de gestos diferentes quanto ao sagrado? O gesto de um seria mais santo que o de outro? Por esse giro da arte, encontramos a afirmação sempre unânime, renovada pelo protestantismo, de uma igreja que remete à única igreja verdadeira, conhecida somente por Deus, a "igreja invisível". A aparência e nossas realidades visíveis não podem comunicar a verdade em relação a isso. Se sabemos onde está a igreja (onde há a pregação fiel da Palavra e os sacramentos), teríamos o direito de rejeitar toda "realidade de igreja" em outros lugares?

Assim, é importante compreender que Deus também pode se dirigir a nós por realidades "profanas", ou que a beleza do diabo também pode tomar as vias da arte dita "sacra" para nos fascinar e nos fazer desviar. Que o culto seja belo é algo que não preocupa o espírito protestante, com a condição de que seja simples e não ilusório, falso — que o estetismo não substitua a edificação. Da mesma forma, que não se esqueça que a beleza, mesmo (e principalmente) a religiosa, assim como toda realidade, pode ser uma armadilha. É possível que Deus nos fale pela boca de um ateu e Satanás nos fale pela boca de um cristão. Nenhuma realidade terrestre e humana pode ser definida por si mesma, de uma vez por todas, como santa ou profana; fazê-lo equivaleria a limitar nem tanto nossa liberdade, mas sobretudo a de Deus, para quem a fronteira entre a igreja (que se pretende santa) e o mundo (que se pretende profano) não está onde pensamos, queremos ou gostaríamos que estivesse, o que nos remete ao reconhecimento da total liberdade da transcendência. Afinal, de acordo com Paulo (1Co 1.27ss), não foi o próprio Deus que, com o Crucificado, escolheu as coisas loucas e fracas do mundo para confundir os sábios e poderosos? Com frequência, o Cristo está justo onde era menos provável encontrá-lo. Embora esperado durante séculos, o Messias continua a surpreender. O homem não pode monopolizar e objetivar Deus associando-o a realidades fragmentárias em um mundo à parte, reservado e controlado.

2.3. Um mundo sagrado?

Se reconhecemos na cultura não um produto acabado, um saber, uma posse, um resultado, uma acumulação ou um estado, mas, sim, uma postura, uma conduta, uma ação, um empreendimento inventivo e dinâmico, que modifica nosso ambiente natural e transforma o mundo dado com suas elaborações sucessivas, então a cultura, apropriando-se desse mundo, acaba por humanizá-lo, marcando-o com seu selo e com nossa assinatura. Na aventura cultural, o homem sujeita o mundo, em vez de submeter-se a ele em um terror em que medo e adoração se confundem. "No que tem de essencial, nossa arte é humanização do mundo" (André Malraux, *Les noyers de l'Altenbourg* [As nogueiras de Altenburgo], Paris, Gallimard, 1948, p. 128): afirmá-lo é declarar que este mundo não é intocável, nem nos domina, ou seja, não é sagrado. De acordo com o antigo mito da Gênese, o mundo criado não é divinizado, mas, sim, o exato oposto, dessacralizado, na medida em que a vocação do homem é "dominá-lo" e "sujeitá-lo" (Gn 1.26-28). Compreendido desse modo, o destino específico do homem, e não apenas do cristão, é o de uma cultura que lega à humanidade inteira uma missão criadora.

A ação cultural do homem é executada em três níveis diferentes, ou três áreas específicas, que (cada qual a sua maneira) deixam sua impressão no universo e o desdivinizam: a arte, a ciência e a ética (pessoal, familiar, social e política). Nos três casos, o homem não se satisfaz com o mundo tal como ele é, nem o venera em um respeito passivo e total submissão. Nos três casos, o homem encontra o mundo (que está marcado por uma desfiguração original e permanente) em uma ação de transfiguração, através da qual ele lhe diz ao mesmo tempo "sim" e "não": sim, porque a cultura parte deste mundo antes de transformá-lo; não, porque ela o rejeita e propõe torná-lo outro.

Assim, a obra de arte também é marcada por uma profunda dualidade. Um duplo movimento a habita, feito de negação e afirmação, de recusa e projeto, de contestação e submissão. Ao refazer o mundo, a obra de arte assume uma dimensão de rebelião. A arte parte do mundo, mas não se contenta com ele tal como é. A arte não é nem resignação, nem fuga. Nesse sentido, o artista é um... *protestante, um homem revoltado* (Albert Camus), mas cuja revolta se pretende criadora e positiva, inscrita em uma tensão fecunda e dinâmica em que se conjugam, também, um sim e um não. O *homem revoltado*[34], em que Camus reconhece o artista por excelência, manifesta na verdade essa *coragem de ser*[35], em que Paul Tillich vê o ser humano autêntico ultrapassando as tentações do niilismo e do absurdo, dominando as forças do nada. Camus afirma: "Em certo sentido, a arte é uma revolta contra o mundo, contra aquilo que o mundo possui de fugidio e inacabado: a arte se propõe a dar outra forma a uma realidade que, no entanto, se vê forçada a conservar, porque tal realidade é a fonte de sua emoção. Assim, somos todos realistas e ninguém o é. A arte não é nem a recusa total, nem o consentimento total ao que existe. É ao mesmo tempo recusa e consentimento, e é por isso que tudo o que consegue ser é um dilaceramento perpetuamente renovado" (Albert Camus, *O avesso e o direito*, seguido de *Discursos da Suécia*, Lisboa, Livros do Brasil, 1964).

Na medida em que o cristão também é um homem revoltado, dizendo sim e não ao mesmo tempo a este mundo, há um impressionante paralelismo entre seu comportamento e o do artista. A fé não é nem submissão pura e simples, nem fuga; onde Camus diz "recusa" e "consentimento", Dietrich Bonhoeffer diz "resistência" e "submissão", enxergando entre os dois movimentos uma indispensável coexistência: "A fé exige essa

---

[34] [NT] *O homem revoltado* é um ensaio filosófico de Albert Camus, publicado em 1951. Entre outros temas, o autor analisa a revolta metafísica, ou seja, a revolta do homem contra sua criação e sua condição.

[35] [NT] Referência a *Coragem de ser*, ensaio de Paul Tillich, em que o teólogo discorre sobre a coragem que abraça o risco de enfrentar a dúvida.

atitude viva e flexível. Apenas desse modo podemos suportar e tornar fecunda cada situação que se nos apresenta" (*Resistência e submissão*, São Leopoldo, Sinodal, 2003).

Se um mobilizador *respeito pela vida* (Albert Schweitzer) deve ser reconhecido, nenhuma necessidade de ordem ecológica poderia impor à consciência cristã um retorno à sacralização do universo e da natureza, inspirando no homem uma veneração muda e passiva. Destruir a criação é dispor dela de tal modo a não mais reconhecê-la como *de* Deus. O respeito pela criação, manifestado no sim e no não da cultura, da arte e da fé, não é o de um mundo deificado, mas, sim, por uma obra criadora e de transfiguração desejada por Deus, um radical e fiel *soli Deo gloria* ("a Deus somente a glória").

2.4. Uma arte não figurativa?

Podemos nos indagar se, seguindo a lógica, o protestantismo não poderia chegar a postular não somente a dimensão trans-figurativa da arte, mas também a não figurativa, e isso por uma fidelidade integral ao Decálogo. Tal postura permitiria defender e postular uma representação interiorizada e totalmente espiritual de Cristo, como já se verifica na música. Wassily Kandinsky não enxerga precisamente na arte abstrata uma promoção do espiritual (*Do espiritual na arte* [1919], São Paulo, Martins Fontes, 2000)? O projeto não figurativo do pintor poderia, portanto, tornar-se indiretamente um típico manifesto... *protestante*!

Se defendemos a tese de que o Deus de Jesus Cristo age também e principalmente onde não se espera, podemos igualmente, inspirando-nos nas análises de André Malraux, mostrar como as imagens de Cristo na arte ocidental exprimem através dos séculos uma humanização progressiva, submergindo a tal ponto nesse processo de humanização que desaparecem por completo de nosso mundo e de nossa arte contemporânea. Ao perder sua imagem, teríamos perdido o Cristo, ou essa aparente rejeição poderia ser interpretada como uma interiorização e uma espiritualização? Essa presença espiritual e, na arte, real mas não figurativa, algo que nos escapa, poderia ser a expressão de certo radicalismo protestante, e até mesmo a consequência extrema de uma iconoclastia. De fato, esta é a lógica protestante, segundo a qual a revelação deve ser puramente factual e livre, advinda de uma Palavra, enquanto os católicos romanos criticariam os herdeiros da Reforma por negarem a verdade integral da encarnação, que ocorre em nosso universo terrestre, concreto, corpóreo, material e visível. Afinal, o Cristo não foi um ectoplasma.

As duas lógicas assim apresentadas, católica (geografia da salvação) e protestante (história da salvação), com todas as suas implicações quanto a nossa compreensão das artes, podem ser consideradas radicalismos exclusivos e tentações mutilantes. Além disso, a visão e a audição exigem igualmente uma materialidade para existir, pois os olhos, as orelhas e a boca assim as condicionam. Se é verdade que na pintura, na escultura ou na arquitetura, por sua permanência e fixidez, a imagem tem algo de institucional que a palavra e a música não possuem, pois "evaporam-se" em um caráter mais factual, também é verdade que para o protestante tal oposição deveria, de fato, remeter a outra que o desafiaria de modo bem particular, a saber, a que existe entre fala e escrita. O evangelho (que é a boa-nova) não é texto escrito em primeiro lugar, mas, sim, proclamação oral. Aliás, Jesus nunca escreveu, a não ser uma vez... e na terra (Jo 8.7)! O protestantismo não é a religião do Livro, mas da Palavra. Nesse sentido, essa palavra transcende e supera tanto as imagens quanto os textos escritos. Eis a verdadeira oposição, que coloca no mesmo patamar a tentação católica e a tentação protestante.

Quanto à arte não figurativa, será que se opõe de fato à arte figurativa? Quando um Cézanne, pintor de folhagens, mostra-nos os reflexos das folhas na água, manchas coloridas seriam menos figurativas que a representação ou transfiguração da árvore como tal na beira de um lago? A abstração faz um corte no real (como o sagrado no mundo?) de uma parte que se privilegia e aumenta, mas o que se dá a ver continua a ser uma parte do real. Um único pedaço de parede de alguns centímetros ou milímetros quadrados é todo um universo de cores, e qualquer que seja sua representação pictural, o resultado será sempre uma reconstrução, sim e não, transfiguração em primeiro lugar.

Talvez para encontrar a saída de um verdadeiro debate, mas provavelmente também de uma falsa oposição, poderíamos encontrar na tradição dos reformadores — e isso para reconciliar palavra e imagem, portanto protestantismo e artes plásticas — um equilíbrio mais fiel ao evangelho da encarnação. A proclamação desse evangelho é de fato realizada de modo a não instaurar uma hierarquia entre a dupla forma do *verbum audible* ("palavra audível": pregação) e do *verbum visibile* ("palavra visível": o sacramento).

Aprofundando um pouco mais o assunto, poderíamos nos indagar se, uma vez firmado um consenso sobre o *sola gratia* ("somente pela graça"), não poderia ser modificado o esquema de mentalidade tipicamente protestante (criação, queda, redenção) que apresenta a "história da salvação", o que permitiria mais fidelidade a uma teologia do Espírito Santo: criação (Pai), encarnação (Filho), inspiração (Espírito Santo), cada uma dessas três realidades atraindo as outras duas, solidariamente. Mas acima de tudo cada uma dessas três realidades dizem positivamente algo sobre Deus e o homem (e isso tanto é verdade que eles são inseparáveis, como afirma o mistério cristológico).

A criação seria uma referência a nosso destino criador, o de filhos de Deus criados para criar. A encarnação nos convidaria, em Jesus Cristo, a levar a sério nossa condição humana, terrestre, material e social, sem negar essa humanidade cujas emoções Deus partilhou conosco em Jesus, redescobrindo nesse fato um sentido, um valor, uma dignidade. A inspiração nos lembraria, com Paulo, que somos o templo de Deus, que seu Espírito habita em nós (1Co 3.16ss), que somos *cooperadores de Deus* (1Co 3.9). Nada mais contrário a isso que a resignação e a recusa da cultura em geral, e da arte em particular. A famosa oração de Calvino trata não só do homem incapaz por si mesmo de fazer o bem, mas também da santificação e das graças do Espírito, que geram em nós frutos de justiça e santidade. Estéril? Imóvel? Nada disso! Se a arte não é o único empreendimento humano através do qual nos é dado transfigurar o mundo, temos nada menos, em nossa vocação cultural e criadora, que uma realidade maior, fundamental, emblemática e, por sua aspiração do belo, em muitos sentidos, profética.

Laurent Gagnebin

3. Um pouco de história

Uma abordagem da arte de inspiração protestante seria parcial sem um estudo abrangente além do notável catálogo *Luther und die Folgen für die Kunst*. Alguns períodos e alguns países foram mais estudados que outros (países germânicos, Países Baixos do século de ouro que foi o XVII e, em menor medida, a Inglaterra), mas subsistem vastas regiões mais ou menos obscuras: os países do leste e do sudeste da Europa, a Escandinávia e até mesmo os Estados Unidos. Da mesma forma, está em falta uma síntese sobre a arte popular. Quanto aos países fora da Europa, são como uma vasta *terra incognita*: houve ou ainda há uma arte missionária especificamente protestante? A questão permanece em aberto.

Avançando um pouco mais na questão, se a arte de inspiração católica surge como um *dado*, uma evidência (e a realidade é bem mais complexa), a arte de inspiração protestante parece algo contraditório, se pensamos na área de influência de Calvino e Zwinglio, já que se trata de *representar o irrepresentável*. A iconoclastia, dirigida principalmente às figurações de Deus e de Cristo, pode ser considerada reveladora. No meio artístico, várias soluções foram propostas, que serão examinadas aqui. No entanto, não perderemos de vista que teologia e arte são áreas autônomas e que, além disso, um bom número de artistas de origem protestante não parece ter produzido nada específico quanto a essa origem. Para citar apenas um exemplo, Frédéric Bazille, que não se diferencia de seus amigos impressionistas.

3.1. A arte polêmica

É na revolução hussita que nasce uma arte de contestação do poder estabelecido em seu principal meio, a igreja medieval. Essas premissas se desenvolveriam um século depois, a partir de 1520, gerando uma poderosa arma em meio à agitação revolucionária na Alemanha: os folhetos ilustrados, os *bois de titre*[36] em panfletos, as ilustrações de livros, tudo isso graças a um procedimento rápido e pouco oneroso — a gravura em madeira. (Aqui, cabe acrescentar que o papel da oposição entre o preto, o branco e a cor na caracterização das confissões foi recentemente esboçado em um artigo de Michel Pastoureau.) Levada a cabo por artistas de primeira ou por desocupados, a caricatura dá livre

---

[36] [NT] Antes da descoberta da xilogravura, as ilustrações eram desenhadas à mão, um procedimento mais trabalhoso e caro que a simples gravura através de uma matriz feita de madeira. A xilogravura que ilustra o título de uma obra, na página de rosto, é o que se chamou *bois de titre* (literalmente, "madeira de título" em francês).

curso ao imaginário. O princípio da *antítese*, a oposição entre bons e maus, a recusa a qualquer psicologia e a generalização governam essas imagens, que com frequência retomam e distorcem com muita habilidade os modelos iconográficos medievais: a gravura anônima do *Moinho divino* (Zurique, 1521) é um exemplo paradigmático. A temática principal é das mais simples: a corrupção gigantesca e definitiva da Igreja Católica, em uma crítica que antecipa em três séculos o famoso "Esmagai a infame!" de Voltaire. Além das numerosas variações, não é de espantar que a representação mais característica seja a satanização do próprio símbolo da Igreja Romana, o papa-anticristo. Isso continuaria em voga até meados do século XVII, durante todo o período do confessionalismo, não somente nos países germânicos, mas também nos Países Baixos em luta por liberdade e em todos os países que se tornaram protestantes. O caso francês é peculiar: a minoria huguenote utiliza muito pouco a imagem polêmica. Após 1650, o gênero declina bastante, e nem a Revogação do Edito de Nantes parece reavivá-lo. No entanto, conhece novo desenvolvimento na Alemanha do século XIX: primeiro, no período do *Volmärz* (antes da revolução de 1848), em que o anticlericalismo protestante constitui o cimento da polêmica antifeudal e anticatólica; em seguida, durante o *Kulturkampf* de Bismarck contra a Igreja Católica. O primeiro grande ciclo[37] polêmico da Reforma, o *Passional Christi et Antichristi* (1521) de Cranach, o Velho, é reeditado em 1874, algo que naturalmente estimula os caricaturistas, que retornam à ausência de nuances típica de seus predecessores. O mais importante deles é Wilhelm Busch (1832-1908), com suas obras-primas de ironia *Fromme Helene* (1872) e *Pater Filucius* (1872). Deve-se acrescentar que *Pater Filucius* também se ergue ferozmente contra um novo adversário, a social-democracia, acusada de entrar no jogo clerical.

3.2. A arte confessional

A arte confessional, que poderia também chamar-se arte de igreja, está quase ausente nos países de tradição calvinista, em que não só a imagem é banida do templo, mas móveis e utensílios para a liturgia são reduzidos a sua expressão mais simples (algumas igrejas suíças, p. ex., utilizaram durante séculos cálices de madeira para a ceia). No entanto, nos Países Baixos do século XVII, onde o calvinismo era predominante, reinava a mesma profusão de epitáfios e monumentos funerários que nas igrejas luteranas e católicas. Trata-se de um gênero artístico mais ligado às sociedades hierárquicas do antigo regime que propriamente à confessionalidade. Para citar apenas um exemplo, o mausoléu de Guilherme, o Taciturno, na *Nieuwe Kerk* [Nova Igreja] de Delft, construído entre 1614 e 1622 segundo o desenho de Hendrick de Keyser, não é especificamente protestante. O mesmo se pode dizer da grande maioria das esculturas, sem falar das artes aplicadas[38].

Nos países luteranos, a imagem religiosa é admitida na igreja para fins pedagógicos: a tradição medieval das *Biblia pauperum* ("Bíblia dos pobres") se mantém através dos numerosos ciclos veterotestamentários e neotestamentários, geralmente pintados nos painéis das tribunas, mais raramente sob a forma de vitrais. Essa arte, bastante difundida entre os séculos XVI e XVIII, só surge episodicamente no século XIX. Em geral, é mais interessante por sua temática que por sua originalidade estética, por refletir as sucessivas mutações da expressão artística: Renascimento, maneirismo, barroco etc. No entanto, conta com obras-primas, tais como a decoração da igreja do castelo de Celle (Baixa Saxônia, 1569-1576), de autoria do ateliê do pintor Marten de Vos (?1532-1603), originário da Antuérpia, e também seus primórdios, nos primeiros exemplos da arte da edificação no início do protestantismo, associada ao nome de Cranach e de seu ateliê. O conhecido tema antitético da lei e da graça, tal como presente na produção cranachiana de retábulos e painéis a partir de 1528, conheceria fama duradoura em todo o mundo luterano — na Alemanha, na Silésia e na Escandinávia, mas com pouca repercussão em regiões do sul da Alemanha, inicialmente influenciadas por ideias zwinglianas (Alsácia, Wurtemberg), em que emergiram, no entanto, obras singulares como o imenso retábulo de Montbéliard (por volta de 1538), do pintor wurtemberguense Heinrich Füllmaurer (primeira metade do século XVI), com cenas da vida de Cristo.

---

[37] [NT] Conjunto de poemas, em geral épicos, como a canção de gesta na Idade Média.

[38] [NT] Termo antigo para atividades ligadas ao *design*.

3.3. Uma arte não icônica?

O que une toda essa produção é a onipresença do texto escrito, tanto na pintura quanto na gravura: versículos bíblicos e comentários atestam o objetivo pedagógico dessa arte, além da necessidade de ênfase e memorização dos novos conceitos religiosos. Inúmeros retábulos e grandes painéis são concebidos para auxiliar o pregador na visualização de suas explicações. Por outro lado, não se pode esquecer o medo que os teólogos alimentavam acerca da imagem e do imaginário. É quando o verbo ameaça tomar a frente da imagem: além das numerosas pinturas antigas cobertas de cal para que pudessem ser inscritos versículos bíblicos ali, um dos exemplos mais curiosos do início dessa tendência anti-icônica inerente ao protestantismo é, sem dúvida, o retábulo da igreja do antigo hospital de Dinkelsbühl, Alemanha (1537), um tríptico que mostrava o Decálogo em suas abas e, no painel central, as palavras que instituíram a ceia. Inúmeros painéis idênticos, em um interessante acordo entre a imagem e a escrita, encontram-se nas igrejas calvinistas das Províncias Unidas do século XVII. Esse desejo de denunciar a "magia" da imagem é encontrado hoje na arte conceitual; por exemplo, na obra de Jochen Gerz (nascido em 1940).

Outra manifestação desse espiritualismo latente consiste em figurar Deus fora de sua habitual forma antropomórfica. De fato, desde os primórdios da Reforma, houve tentativas por parte de setores radicais (espiritualistas e trinitários) para acabar com a tradicional imagem do velho barbudo. Em 1529, surgem em Estrasburgo um panfleto ilustrado e um *bois de titre* com a "imagem" do *Deus absconditus* ("Deus oculto") sob a forma de seu nome hebraico YHWH. Retomada alguns anos mais tarde no sul da Alemanha e sobretudo nos Países Baixos, essa representação anti-icônica de Deus seria definitivamente assumida por volta de 1560, entre os calvinistas de Genebra, de Lyon e dos Países Baixos, antes de ser retomada pelos luteranos e, em seguida, os católicos no início do século XVII. Porém, isso não impediu que os luteranos continuassem utilizando ilustrações antropomórficas em suas Bíblias até o século XVIII, procedimento também seguido por artistas protestantes anticonformistas como Johann Heinrich Füssli (1741-1825), William Blake (1757-1827) e Ernst Barlach (1870-1938), sendo estes uns dos raros a manterem-se fiéis ao século XX.

3.4. O protestantismo e seus artistas

É raro que os artistas protestantes sejam "ortodoxos" membros de igreja. Isso ocorre desde o início da Reforma, sendo o caso de Cranach algo como a árvore que esconde a floresta: Hans Holbein, o Jovem (1497-1543), era talvez um indiferente; Hans Baldung, um cético; dois outros pintores estrasburguenses, Henrich Vogtherr, o Velho (1490-1556), e Hans Weiditz (?1500-?154) eram, respectivamente, espiritualistas e anabatistas. O mesmo se pode dizer dos artistas dos Países Baixos durante os anos de 1540 a 1550, em que encontramos David Joris (?1501-1556), líder anabatista, pintor e gravador de temática original, e Jan Swart van Groningen (?1500-?1560), próximo aos mesmos meios. Mais tarde, Rembrandt tornou-se conhecido por sua simpatia em relação aos menonitas e talvez antitrinitários, e a família dos Ruysdaël era menonita. William Blake era um individualista visionário. Caspar David Friedrich (1774-1840) e principalmente Philipp Otto Runge (1777-1810) eram próximos ao panteísmo; Emil Nolde (1867-1956) e Ernst Barlach, de origem luterana, são "cristãos sem confissão", às vezes atraídos pelo catolicismo; Piet Mondrian é um místico influenciado pela antroposofia; enfim, Vincent Van Gogh, Edvard Munch, Max Klinger (1857-1920) e muitos outros são personalidades contraditórias, oscilando entre a revolta (que por vezes beira o ateísmo) e uma religiosidade inquieta. Mesmo um pintor como Fritz von Uhde (1848-1911), que no final do século XIX se especializaria em cenas bíblicas atualizadas, seria visto sob suspeita pela igreja protestante oficial. Diversamente do que ocorre no catolicismo, e por motivos específicos devidos à psicossociologia do protestantismo, a relação entre o artista e a igreja protestante sempre foi contraditória; esta é, sem dúvida, uma das razões pelas quais nunca houve uma arte protestante "oficial", nem os badulaques sentimentalistas vendidos em torno na igreja de Saint-Sulpice, nem o *kitsch*, com exceção de alguns pintores alemães do século XIX como os nazarenos, nostálgicos em relação à Idade Média idealizada e com uma afinidade pelo catolicismo, ou de certo número de pintores com temática histórica, cujas cenas hagiográficas da vida de Lutero e dos primórdios da Reforma envelheceram em sua maior parte. No entanto, mesmo nesse meio oficial, há obras de certo mérito, como alguns quadros de Adolf von

Menzel (1815-1905), de Karl Friedrich Lessing (1808-1880; *Pregação hussita*, de 1836) e principalmente o imenso afresco de Wilhelm von Kaulbach (1805-1874), *A época da Reforma*, realizado entre 1851 e 1870 para a escada do *Neues Museum* de Berlim e infelizmente destruído durante a Segunda Guerra Mundial. Retomando com ousadia a estrutura do *Escola de Atenas* de Rafael (1483-1520), a pintura mostra o personagem de Lutero rodeado das grandes figuras intelectuais, cientistas e artistas da época, brandindo a Bíblia como um arauto da liberdade.

3.5. Realismo e abstração

Todos esses exemplos demonstram uma tendência hagiográfica, já manifesta em algumas obras dos primórdios do protestantismo, como o famoso *Retrato de Lutero com a pomba do Espírito Santo* (1521), de Hans Baldung, ou as numerosas produções do ateliê Cranach, que representam os reformadores como apóstolos ou evangelistas. Porém, isso parece se circunscrever às regiões luteranas, já que Lutero é seu protagonista em quase todas as obras dessa tendência (embora, minoritariamente, surja também a figura de Gustave Adolphe durante a Guerra dos Trinta Anos e em meados do século XIX, exaltado como salvador do protestantismo). Zwinglio ou Calvino são raramente representados, e o famoso quadro de Ferdinand Hodler, *Calvino e os professores no pátio do Liceu de Genebra* (1884), não pode ser interpretado nesse sentido.

Na verdade, a escolha da grande maioria dos artistas protestantes é sempre pelo realismo. A lição cristã é atualizada no cotidiano, aqui e agora. Maria, por exemplo, é vista como uma mãe de Cristo e uma mãe comum ao mesmo tempo. Assim, desaparecem as auréolas dos personagens do drama cristão, em pinturas que integram o jogo do claro e escuro, como em Rembrandt e muitos outros. De modo mais geral, numerosos pintores da região de Flandres e da Holanda, como Pieter Bruegel, o Velho (?1524/30-1569), e Pieter Aertsen (?1508-1575), além de alemães como Albrecht Altdorfer, tendem a integrar cenas bíblicas, por vezes minúsculas, em um cenário cósmico ou em um interior: a natureza inteira se torna assim um reflexo do divino, secularizando-se progressivamente, como o demonstra o exemplo que é com frequência citado: a passagem do retrato de um grupo ou de uma família que invoca a proteção de um santo em um retábulo ao retrato de grupo puramente laico, processo que se desenvolve sobretudo nos Países Baixos. A Reforma é aqui parte integral dessa mutação ideológica e social de grande envergadura.

Sobre os Países Baixos de predominância calvinista, podemos afirmar que, embora o pensamento da Reforma tenha sido bastante difundido ali, a influência sobre a arte da região é algo difícil de precisar. Certamente as paisagens de Jacob van Ruysdaël (?1628-1682) ou as cenas que lembram o estilo de Gérard Dou (1613-1675), assim como inúmeras naturezas-mortas, devem ser interpretadas simbolicamente, sendo tão significativas religiosamente quanto as cenas bíblicas de Rembrandt. Porém, no que seriam diferentes a moral veiculada nas cenas da obra do pintor católico Jan Steen (1626-1679), por exemplo, e a moral nas obras dos pintores calvinistas ou menonitas? No que a *Vanitas*[39] italiana é de natureza diferente da *Vanitas* holandesa?

Um profundo conhecimento da Bíblia permitiu a Rembrandt representar picturalmente um universo que lhe era familiar, o que fez dele o arquétipo do artista protestante. Alguns artistas católicos como Tintoretto (1518-1594) também demonstraram esse conhecimento, com uma diferença estilística e cosmovisões divergentes. Ao *pathos* extrovertido do pintor italiano, as cenas bíblicas de Rembrandt opõem uma emoção bastante introvertida, muitas vezes com nuances de humor. Tão rica quanto a de Tintoretto, a paleta de Rembrandt, de efeitos menos "fabricados", exibe um pudor, um caráter contido ausente nos quadros do pintor veneziano. Numerosas gravuras de Rembrandt que tratam dos mesmos temas parecem mostrar com ainda mais nitidez a oposição entre claro e escuro e a cor, evocada anteriormente. De modo mais geral, a arte do retrato, que encontra seu auge na arte holandesa do século XVII, foi por vezes associada, de maneira unívoca, à Reforma. Comum na antiguidade romana, o retrato ressurgiria no final do século XIV, afirmando-se como um dos traços dominantes da

---

[39] [NT] *Vanitas*, vaidade em latim, tornou-se um gênero de representação pictórica na Europa ocidental, em meados do século XVII, destinado à meditação. Trata-se de um tipo de natureza-morta, composto por um conjunto de objetos simbólicos que sinalizam uma advertência contra a vaidade da vida. Por exemplo, velas apagadas, flores murchas e ampulhetas podem significar a brevidade da existência; joias e objetos de luxo podem remeter à superficialidade das riquezas, e assim por diante.

modernidade artística. Que desde então tenha sido favorecido na arte de inspiração protestante, não é de espantar, portanto.

No século XVIII, o protestantismo racionalista das Luzes inspira muito pouco os artistas, com a provável exceção de William Hogarth (1697-1764). É sobretudo uma religiosidade subjetiva, de um individualismo pré-romântico, que predomina nas obras de Füssli e Blake, artistas visionários de exaltada imaginação, influenciados pela poesia de Shakespeare e Milton.

Apogeu e crise da arte de inspiração protestante: talvez se possa definir dessa forma, de modo breve, o século XIX. Na obra de Friedrich ou de Runge, ainda que de maneiras diversas, e também na obra de pintores alemães, ingleses ou dinamarqueses, a natureza é signo do transcendente. Em carta à esposa, de 1819, John Constable (1776-1837) declara ouvir em todos os lugares, na chegada da primavera, a afirmação "Eu sou a ressurreição e a vida" (Jo 11.25). Os grandes dramas cósmicos de Joseph Mallord William Turner (1775-1851) ou de John Martin (1789-1854) são ainda mais explícitos quanto a essa transcendência, integrando a suas obras personagens bíblicos ao encontro do espírito do cenário cósmico do século XVI. Para Calvino, a natureza é o teatro da glória de Deus, sensibilidade de certa forma já existente na obra de Jan Van Eyck (?1385/90-1441) e Albrecht Dürer. Podendo se aproximar mais de certo panteísmo que de uma confissão estrita, tal sensibilidade será incontestavelmente dominante em toda a geografia do protestantismo ("os países do Norte", como essa área costuma ser chamada na história da arte).

A partir dos anos 1825, a arte de inspiração protestante alterna momentos idealistas (com nazarenos e pré-rafaelitas) e fases realistas, embora as realistas sejam, sem dúvida, mais ricas e profundas, com todos os seus escombros. Ressurgem temas que pareciam esquecidos, mostrando de forma significativa o desejo de retorno às fontes, ao espírito da Reforma, e não à letra: são temas comuns a um bom número de pintores alemães, suíços, escandinavos, holandeses e ingleses o menino Jesus diante dos doutores, as pregações ao ar livre, as representações de comunidades reunidas para o culto, a oração dos camponeses e humildes, a dignidade do trabalho. A temática da humildade já estava presente nos longínquos tempos do hussismo: a igreja dos pobres, dos humilhados, dos ofendidos. Sem a envergadura de um Van Gogh ou mesmo do alemão Max Liebermann (1847-1935), Fritz von Uhde deixou um testemunho tocante de preocupações semelhantes: *Das Abendmahl* (1886) e *Lasset die Kindlein zu mir kommen* (1885) apresentam um Cristo quase de esquerda, rodeado de pobres, reflexo de uma transformação histórica que culminaria, por exemplo, na obra de Käthe Kollwitz (1867-1945), na substituição do povo, ou do homem do povo, por Cristo, a partir de modelos antigos. O proletário morto na gravura *Zertretene* (1900) se inspira no *Christ mort* de Holbein, o Jovem, e a admirável gravura que é uma homenagem póstuma a Karl Liebnecht (1919-1920) retoma o tema da lamentação sobre o Cristo morto.

Além das tentativas de Uhde ou de alguns outros artistas que foram alvo da desaprovação da igreja estatal e dos sarcasmos dos sociais-democratas, a arte protestante do final do século XIX poderia também ser simbolizada por um quadro de um artista de qualidade mediana, Hans Thoma (1839-1924). Intitulada *Die Öd* (1883), a obra representa a vista de um parque através de uma janela em cujo parapeito repousa uma Bíblia aberta. Nessa metáfora da Palavra que transcende o cotidiano, o artista vai ao encontro do panteísmo romântico. Ao mesmo tempo, o quadro evoca a obra a ele contemporânea de Van Gogh, *Natureza-morta com Bíblia aberta* (1885), em que a grande *Statenbijbel*[40] do século XVII, emblemática para o calvinismo holandês, é confrontada a um pequeno livro amarelo de Zola, *A alegria de viver*, um símbolo da modernidade e da palavra viva que se opõe à palavra morta do passado.

Creio que podemos dizer que assim termina a arte de inspiração diretamente protestante, acrescentando que a obra de Van Gogh é um marco simbólico da grande transformação que ocorreria por volta de 1910: a passagem da arte à abstração. Nisso há um paradoxo: ainda que os protagonistas principais dessa mudança tenham sido ateus ou cristãos místicos, como Wassily Kandinsky (1866-1944), Franz Marc (1880-1916) ou Mondrian, a problemática é claramente a representabilidade, ou não, do mundo e do transcendente, do visível e do invisível, no que Kandinsky chamou dialética

---

[40] [NT] Em holandês, *Bíblia do Estado*, a primeira Bíblia traduzida diretamente do original hebraico e grego para a língua holandesa, publicada em 1637.

entre o "grande realismo" e a "grande abstração". Nesse sentido, é interessante lembrar as frases proféticas de Runge: "O espírito dessa religião [protestantismo] era mais abstrato, mas não menos interior, sendo necessária assim uma arte também mais abstrata" (carta do dia 9 de março de 1802). Quando Mondrian escreve que "a arte — ainda que tenha um fim em si mesma — é também um meio, tal como a religião. Por esse meio se revela o universal e por esse meio podemos contemplá-lo", define-a nos mesmos termos de Paul Romane-Musculus e Jérôme Cottin, como testemunho do Espírito e busca de sentido, fora de toda perspectiva eclesiástica e diretamente confessional.

Frank Muller

▶ **Protestantismo e arte:** CHRISTIN, Oliver, *Une révolution symbolique. L'iconoclasme huguenot et la reconstruction catholique*, Paris, Minuit, 1991; Idem, *Les yeux pour les croire. Les Dix Commandements en images (XVe-XVIIe siècle)*, Paris, Seuil, 2003; COTTIN, Jérôme, *Luther, théologien de l'image*, ETR 67, 1992, p. 661-669; Idem, *Le regard et la Parole. Une théologie protestante de l'image*, Genebra, Labor et Fides, 1994; DUPEUX, Cécile, JEZLER Peter e WIRTH, Jean, orgs., *Iconoclasme. Vie et mort de l'image médiévale*, Paris, Somogy, 2001 (catálogo de exposição); Germanisches Nationalmuseum Nürnberg, *Martin Luther und die Reformation in Deutschland*, Frankfurt, Insel, 1983 (catálogo de exposição); HOFMANN, Konrad, *Ohn' Ablaß von Rom kann man wohl selig werden. Streitschriften und Flugblätter der frühen Reformationszeit*, Nördingen, Uhl, 1983; HOFMANN, Werner, org., *Luther und die Folgen für die Kunst*, Münster, Prestel, 1983 (catálogo de exposição); KOERNER, Joseph Leo, *The Reformation of the Image*, Londres, Reaktion Books, 2004; MICHALSKI, Sergiusz, *The Reformation and the Visual Arts. The Protestant Image Question in Western and Eastern Europe*, Londres-New York, Routledge, 1993; MULLER, Frank, "Les premières apparitions du tétragramme dans l'art allemand et néerlandais des débuts de la Réforme", *Bibliothèque d'humanisme et Renaissance* 56, 1994, p. 327-342; Idem, *Heinrich Voghterr l'Ancien. Un artiste entre Renaissance et Réforme*, Wiesbaden, Harrassowitz, 1997; Idem, *Artistes dissidents dans l'Allemagne du seizième siècle. Lautensack, Voghterr, Weiditz* (*Bibliotheca Dissidentium XXI*), Baden-Baden-Bouxwiller, Koerner, 2001; PARSHALL, Linda B. e Peter W., *Art and the Reformation. An Annotated Bibliography*, Boston, Hall, 1986; PASTOREAU, Michel, "La Réforme et la couleur", *BSHPF* 138, 1992, p. 123-142; RECHT, Roland, org., *De la puissance de l'image. Les artistes du Nord face à la Réforme*, Paris, La documentation française-Musée do Louvre, 2002; ROMANE-MUSCULUS, Paul, "La théologie réformée et l'art", em Pierre BOURGUET et alii, *Protestantisme et beaux-arts*, Paris, "Je sers", 1945, p. 9-31; Staatliche Museen zu Berlin, *Kunst der Reformationszeit*, Berlim, Henschelverlag, 1983 (*Lautensack, Voghterr, Weiditz*); TILLICH, Paul, *La dimension religieuse de la culture. Écrits du premier enseignement (1919-1926)*, Genebra-Paris-Quebec, Labor et Fides-Cerf-Presses de l'Université Laval, 1990; WENCELIUS, Léon, *L'esthétique de Calvin*, Paris, Les Belles Lettres, 1936.

Cristianismo e arte contemporânea: COTTIN, Jérôme, "Théologie de la croix et esthétique contemporaine", *RthPh* 128, 1996, p. 253-272; CRUMLIN, Rosemary, *Beyond Belief. Modern Art and the Religious Imagination*, Melbourne, National Gallery of Victoria, 1998; GRENIER, Catherine, *L'art contemporain est-il chrétien?*, Nîmes, Chambon, 2003; HOEPS, Reinhard, org., *Arnulf Rainer. Auslöschung und Inkarnation*, Paderborn, Schöningh, 2004; SCHWEBEL, Horst, *Die Kunst und das Christentum. Geschichte eines Konflikts*, Munique, Beck, 2002; Idem e ROMBOLD, Günter, *Christus in der Kunts des 20. Jahrhunderts. Eine Dokumentation*, Friburgo em Brisgóvia, Herder, 1983; STOCK, Alex, *Zwischen Tempel und Museum. Theologische Kunstkritik. Positionen der Moderne*, Paderborn, Schöningh, 1991; WRAY, Naomi, *Frank Wesley. Exploring faith with a brush*, Auckland, Pace, 1993.

Teologia e história da arte cristã: BELTING, Hans, *Image et culte. Une histoire de l'image avant l'époque de l'art* (1990), Paris, Cerf, 1998; BERNARD, Bruce, *La Bible et ses peintres* (1983), Paris, Fixot, 1989; BOESPFLUG, François e LOSSKY, Nicolas, orgs., *Nicée II: 787-1987. Douze siécles d'images religieuses*, Paris, Cerf, 1987; CHRISTIN, Olivier e GAMBONI, Dario, orgs., *Crises de l'image religieuse de Nicée II à Vatican II. Krisen religiöser Kunst vom 2. Niceanum bis zum 2. Vatikanischen Konzil*, Paris, Éditions de la Maison des Sciences de l'Homme, 2000; DEBRAY, Régis, *Vie et mort de l'image. Une histoire du regard en Occident* (1992), Paris, Gallimard, 2003; FINALDI, Gabriele, org., *The Image of Christ*, Londres-New Haven, National Gallery, distribuído por Yale University Press, 2000 (catálogo de exposição *Seeing salvation*); FUCHS, Éric, *Faire voir l'invisible. Réflexions théologiques sur la peinture*, Genebra, Labor et Fides, 2005; GRÖZINGER, Albrecht, *Praktische Theologie und Ästhetik. Ein Beitrag zur Grundlegung der praktischen Theologie*, Munique, Kaiser, 1987; LEUBA, Jean-Louis, *Reflets de l'epiphanie. Traces de la gloire de Dieu dans l'histoire, la culture et les corps*, Genebra, Labor et Fides, 1990; MENOZZI, Daniele, org., *Les images, l'Église et les arts visuels*, Paris, Cerf, 1991; O'GRADY, Ron, org., *Christ for All People*.

Celebrating a World of Christian Art, Auckland, Pace, 2001; Idem e TAKENAKA, Masao, *The Bible Through Asian Eyes*, Auckland, Pace-Asian Christian Art Association, 1991; WEBER, Hans-Ruedi, *Depuis ce vendredi-là. La croix dans l'art et la prière* (1979), Paris-Genebra, Centurion-Labor et Fides, 1979; Idem, *Voici Jésus l'Émannuel. La venue de Jésus dans l'art et la Bible* (1984), Genebra, Labor et Fides, 1988; WIDMER, Gabriel-Ph., "La question des images dans la doctrine réformée", em *L'icône dans la théologie et l'art*, Chambésy, Centre Orthodoxe du Patriarcat Oecuménique, 1990, p. 145-160; WIRTH, Jean, *L'image médiévale. Naissance et développements (VIe-XVe siècle)*, Paris, Méridiens Klincksieck, 1989; Idem, *L'image à l'époque romane*, Paris, Cerf, 1999; ZEINDLER, Matthias, *Gott und das Schöne. Studien zur Theologie der Schönheit*, Göttingen, Vandenhoeck & Ruprecht, 1993.

▶ *Bauhaus*; Bazille; Burckhardt; Burnand; **comunicação**; Cranach; Dürer; Dürrenmatt; estética; expressionismo alemão; Friedrich; Frutiger; Füssli; Giacometti; Grünewald; Hodler; Holbein; iconoclastia; ilustradores da Bíblia; imagem; **Jesus (imagens de)**; Klee; liturgia; Manuel Deutsch; meditações; Mondrian; Munch; Palissy; Rembrandt; Rivier; sagrado; sacramento; símbolo; Soutter; Stimmer; Taylor M. C.; Tillich; Van Gogh; Winckelmann

ASCESE

Se pelo termo "ascese" compreendemos uma evasão que proporciona o desvio das realidades do mundo e um escape para o divino, podemos dizer que os reformadores — atentos tanto à distância incomensurável entre Deus e o homem quanto à necessidade de considerar o sacrifício de Cristo algo único e que não pode ser reiterado — não favoreceram nenhum tipo de deriva ascética. Porém, se consideramos que pode existir um ascetismo propriamente "intramundano" (Max Weber) e leigo, o calvinismo e o puritanismo nos dão vários indícios de uma ascese. De fato, Calvino assume e desenvolve o tema da renúncia a si mesmo e da meditação sobre a vida futura em *IRC* III, VII e VIII. Não se trata de rejeitar o dinheiro, a sexualidade, o trabalho, o exercício do poder político ou o esforço intelectual com o objetivo de se tornar um cristão melhor, mas de abrir espaços especiais para testemunho e engajamento, em um investimento pesado em certa propensão "sacrificial", mas de um sacrifício diferenciado. O sociólogo Max Weber é o primeiro a ter estudado em detalhes os aspectos sociais desse ascetismo calvinista e puritano, o que suscitou e ainda suscita uma vasta controvérsia em que toma parte, entre outros, Ernst Troeltsch. A reflexão passa por essa questão para discutir as origens e o desenvolvimento da modernidade.

Bernard Hort

▶ BIÉLER, André, *Calvin, prophète de l'ère industrielle*, Genebra, Labor et Fides, 1964; MIEGGE, Mario, *Vocation et travail. Essai sur l'éthique puritaine*, Genebra, Labor et Fides, 1989; ROHLS, Jan, *Troeltsch, le calvinisme et la société moderne*, em Pierre GISEL, org., *Histoire et théologie chez Ernst Troeltsch*, Genebra, Labor et Fides, 1992, p. 123-148; WEBER, Max, *A ética protestante e o espírito do capitalismo*, São Paulo, Martin Claret, 2003.

▶ Alegria; **capitalismo**; carne; corpo; **ecologia**; espiritualismo; mundo; **moral**; ordens monásticas; pureza; puritanismo; **sexualidade**; **vocação**; votos; Weber M.

ÁSIA

China

O protestantismo nasce na China em 1807, com a chegada do missionário inglês Robert Morrison (1782-1834) em Guangzhou (Cantão). Morrison traduz a Bíblia para o chinês usando a expressão *Shangdi*, "Deus das alturas", enquanto as Bíblias católicas usam *Tianzhu*, "Senhor dos céus". O cristianismo, ou *Jidu jiao* ("religião de Jesus"), designa hoje em dia o protestantismo somente, já que o catolicismo é visto como outra religião.

Em 1850, aos olhos dos protestantes ocidentais, a China representava um país de 425 milhões de habitantes a serem evangelizados. Foi empreendido um esforço missionário colossal para isso, mas a aventura acabou sendo associada ao colonialismo. Além da construção de igrejas, são inaugurados hospitais e universidades em grande número. Fundada em 1865 por James Hudson Taylor (1832-1905), a obra mais importante é a China Inland Mission[41] [Missão do Interior da China]. Em 1905, há mais de 3.445 missionários na China, com a esmagadora

---

[41] [NT] A China Inland Mission conheceu um extraordinário crescimento, tornando-se a Overseas Missionary Fellowship e, em seguida, a OMF International. O neto de seu fundador, Hudson Taylor III, atual diretor da OMF International, esteve no Brasil em 1987 para o I Congresso Missionário Ibero-Americano.

maioria (90%) de ingleses ou americanos. O ano de 1949 marca o fim desse período[42], quando todos os estrangeiros devem deixar o país. Em um censo de 1953, estimou-se o número de 700 mil protestantes no país, com 586 milhões de habitantes, ou seja, 0,12% da população.

Rapidamente, alguns pastores e teólogos chineses mostram uma independência pouco valorizada pelas sociedades missionárias. Surge uma igreja batista independente, *Hing Wah*, em Cantão, 1903. Em 1927 é inaugurada a Igreja de Cristo na China, reunindo 36 denominações. De gestão autônoma, sem sustento financeiro do exterior, essa igreja assume seu testemunho. A partir de 1950, o protestantismo se reorganiza em duas correntes: uma aceita cooperar com as autoridades da República Popular da China; a outra recusa essa cooperação, reunindo-se na clandestinidade. Uma delegação de quarenta dirigentes protestantes do primeiro grupo, conduzida por Wu Yaozong (1893-1971), fundador em 1945 da revista *Tian Feng*, "Sopro do céu", estabelece um acordo com o governo. O texto fundador desse acordo é o *Manifesto cristão*, que atribui um novo *status* às igrejas que se unem e se reconhecem no documento. Em 1954 é lançado o Movimento Patriótico da Tríplice Autonomia (MPTA)[43] pelo ex-oponente de Chiang Kai Chek, Wo Yaozong: autogestão, autofinanciamento e atividade missionária autônoma (que seria também um tipo de órgão administrativo das igrejas). O segundo grupo não adere ao movimento, apesar de, em geral, aplicar os mesmos princípios.[44]

De 1966 a 1976, o cristianismo sofre os efeitos da perseguição religiosa sob a revolução cultural, com centenas de mártires e milhões de desertores. Porém, no todo os convertidos resistem, reunindo-se nas casas. A partir de 1978, as igrejas ressurgem, demandando a restituição dos bens confiscados. É quando se dão conta de que o número de fiéis aumentou apesar da perseguição. Em 1982, o Estado garante a liberdade religiosa ao rever a Constituição. Em 1980, sob a liderança do bispo Kuang Hsun Ting (nascido em 1915), as diversas denominações protestantes oficialmente registradas pelo Estado se associam, formando o Conselho Cristão da China (CCC). A igreja protestante reconhecida pelo governo é desde então controlada tanto pelo CCC quanto pelo MPTA. Em 1991, o CCC se torna membro do Conselho Mundial de Igrejas.

Há um bom número de seminários de pastores na China, com o mais importante em Nanquim. Graças à Fundação Amizade, ONG reconhecida desde 1985, 31 províncias na China, de um total de 32, recebem ajuda social. A partir de 1987, inicia-se a impressão de Bíblias no país, com 25 milhões de exemplares vendidos ou distribuídos na virada do século.

A partir de 1998, com a iniciativa de Kuang Hsun Ting e a colaboração do teólogo Wang Aiming, um importante movimento de (re) construção teológica se desenvolve na China, a teologia *Jianshe*, calcada em três noções fundamentais: construir, (re) organizar e desenvolver. Além dos princípios hermenêuticos que diferenciam o caráter histórico do texto bíblico e o Cristo proclamado no mundo do intérprete, a teologia *Jianshe* reconhece a interpretação como um processo pluralista e enfatiza o amor de Deus por todos os seres humanos. Considera também um dom de Deus o contexto da cultura chinesa no qual vive o cristão. Assim, o cristianismo se torna uma religião autenticamente chinesa e não é mais visto como estrangeiro.[45]

O cristianismo não oficial da China assume múltiplas formas, capitaneado por líderes carismáticos e evangelistas, com os quais são formadas redes de comunidades que se reúnem em casa, sem registro junto às autoridades. Muitas personalidades históricas marcam essa corrente, como Wang Mingdao (1990-1991), evangelista independente, responsável pela revista trimestral *Alimento Espiritual*, opondo-se em

---

[42] [NT] É o ano em que Mao Tsé-tung transforma a China em um país comunista (República Popular da China), fechando suas fronteiras e expulsando os missionários estrangeiros.

[43] [NT] Também conhecido como "Igreja dos Três Poderes", o MPTA inaugura na China o controle estatal sobre as igrejas chinesas, obrigando-as a tornarem-se independentes das igrejas ocidentais que as sustentavam. Segundo Philip Jenkins (*A próxima cristandade: a chegada do cristianismo global*, Rio de Janeiro, Record, 2002, p. 102), a expectativa do governo chinês era associar as igrejas a um órgão oficial comunista. No entanto, explica o autor que, "quaisquer que fossem os desejos dos comunistas", o resultado foi "um cristianismo chinês mais resistente e mais autônomo".

[44] [NT] Os princípios a que o autor do verbete se refere não são teológicos, mas, sim, os que dizem respeito à autonomia das igrejas chinesas em relação às comunidades estrangeiras.

[45] [NT] O ministério Portas Abertas não nutre uma visão tão otimista quanto à teologia chinesa: também chamada "reconstrução teológica", seria uma tentativa de tornar a doutrina cristã compatível com o comunismo. De fato, na prática, o CCC está sob o comando do MPTA, responsável pela reabertura de igrejas e pela publicação de Bíblias e livros cristãos. Como resultado, a literatura cristã no país é muito limitada, e a impressão de livros sem a permissão governamental é punida com multas e prisões.

princípio aos missionários e em seguida à autoridade estatal. Preso de 1956 a 1979, Mingdao é um exemplo para a igreja clandestina chinesa.[46]

As três redes das mais importantes comunidades em casas surgiram na província de Henan. *Fangcheng*, nome da região em que nasceu, é uma rede fundada por um ex-militar em 1940. Primeiro evangélica, adquiriu contornos pentecostais a partir de 1988. *Tanghe*, ou Associação Evangélica da China, segue uma linha paralela à primeira desde os anos 1950, mas com outros líderes, desenvolvendo-se principalmente a partir de 1994. O Movimento para o Renascimento ou Palavra do Movimento de Vida desenvolve-se desde os anos 1980; apelidados de "chorões", os membros dessa rede veem nas lágrimas algo benéfico, e são também conhecidos por seu vigor evangelístico. Há ainda muitas outras redes em praticamente todas as províncias. Alguns líderes das igrejas em casas têm tentado elaborar desde 1996 uma confissão de fé comum. O país é atravessado por inúmeras correntes religiosas de outras filiações, que por vezes se confrontam. Há conflitos principalmente quando algumas delas pretendem filiação ao protestantismo, como é o caso do Gritos do Pequeno Rebanho, que rejeita a Trindade. Estima-se que o número de protestantes na República Popular da China esteja entre 17 e 20 milhões nas igrejas oficiais e entre 20 e 75 milhões nas igrejas clandestinas, compreendendo no todo entre 3% e 7% da população.

Em Taiwan, o protestantismo conhece desde meados do século XX um desenvolvimento diferente. Em 2003, contavam-se 605 mil protestantes em 3.609 igrejas, lideradas por 3653 pastores, ou seja, 2,7% da população. Entre as inúmeras denominações. A mais importante é a Igreja Presbiteriana. Uma boa proporção de protestantes pertence à minoria formosina da ilha (2% da população). Por causa da presença massiva de pastores estrangeiros ou chineses do estrangeiro (por volta de 30% do corpo pastoral), o cristianismo tende a ser visto pela maioria da população como uma religião estrangeira.

Michel Baumgartner

---

[46] A obra de Wang Mingdao ainda é proibida na China, assim como a do famoso líder cristão Watchman Nee, que também participou da fundação de igrejas clandestinas. Nee foi preso em 1952 e condenado a quinze anos de prisão. Morreu no cárcere, vinte anos depois.

Coreia

A imagem que a sociedade coreana reflete hoje é a da técnica, da informática, do capitalismo e de força ideológica. No entanto, tradicionalmente trata-se de um país religioso: xamanismo, budismo, confucionismo (ou neoconfucionismo), cristianismo etc. Segundo uma pesquisa de 1995, 51% da população (47 milhões) se declara religiosa, para 49% sem religião. Os budistas são maioria, com 46% dos que se declaram religiosos, seguidos de protestantes (39%), católicos (13%) e confucionistas (1%).

O "cristianismo bíblico" é uma das particularidades do cristianismo coreano. A tradução da Bíblia para o coreano é anterior à chegada de missionários estrangeiros. Lee Su-Jung, diplomata coreano, viaja para o Japão em 1882, onde se converte ao cristianismo e decide traduzir o evangelho de Marcos para o coreano, em 1885. Dois missionários americanos — o metodista Henry Gerhard Appenzeller (1858-1902) e o presbiteriano Horace Grant Underwood (1859-1916) — chegam à Coreia em 1885 com a tradução da Bíblia de autoria de Su-Jung. Os cristãos coreanos continuariam a tradução. A paixão pelo trabalho de tradução se relaciona de alguma forma com as tradições budista e confucionista, que são religiões do texto. Os budistas coreanos traduziram e comentaram vários sutras de Buda desde o século IV d.C., enquanto os confucionistas coreanos leram os quatros livros (*Grande aprendizado*, *Doutrina do meio*, *Anacletos* e *Mêncio*) e três clássicos do neoconfucionismo desde o final do século XIV.

Nesse contexto religioso e cultural, os cristãos coreanos, sobretudo teólogos, tentaram dialogar com as demais tradições religiosas da Coreia. Nos anos 1960, iniciou-se um debate sobre a inculturação teológica, bastante influenciado pelo Conselho Mundial de Igrejas e pelo diálogo empreendido no seio da Igreja Católica com as religiões não cristãs, decorrente do Concílio Vaticano II. Os teólogos da inculturação tentaram reinterpretar as tradições religiosas e culturais em uma perspectiva cristã, além de aproximar a tradição cristã e a cultura coreana. Essa teologia da inculturação considera a teologia ocidental a partir de um olhar crítico. É encabeçada pelos teólogos metodistas Yun Sung-Bum, Yeu Dong-Sik e Byun Sun-Hwan, mais liberais que os teólogos reformados, afirmando a importância da

ÁSIA

universalidade da mensagem cristã e utilizando o termo "desocidentalização" para descrever suas perspectivas. Seu objetivo era encontrar o arquétipo do cristianismo, assim como uma teologia cristã da criação e a estrutura cristológica, soteriológica e trinitária, nas religiões tradicionais — como, por exemplo, no mito fundador da Coreia ou no confucionismo (Yun Sung-Bum), no xamanismo ou na antiga religião coreana do *Fung leu do* (Yeu Dong-Sik) ou, ainda, no zen-budismo (Byun Sun-Hwan). Tal empreendimento poderia ser compreendido como um esforço de traduzir a cultura e a religião tradicionais da Coreia em uma linguagem cristã que fosse oriental. Os teólogos da inculturação na Coreia buscam assim propor um cristianismo que inove no contexto asiático.

O movimento evangélico representa outro polo do cristianismo coreano, com um crescimento impressionante na história do cristianismo mundial. Lançando mão de sentimentos opostos ao que é antigo e tradicional, o cristianismo tocou os coreanos que se encontravam desesperançados diante dos diversos fatos políticos envolvendo o país no final do século XIX e no início do século XX: corrupção do governo do Reino Chosun e instabilidade da situação internacional no Extremo Oriente (guerras entre Japão e Rússia e entre Japão e China em território coreano); o colonizador japonês (1910-1945), que engendrou uma política desumana contra os coreanos em nome da modernização; a guerra entre a Coreia do Norte, financiada pela China e pela União Soviética, e a Coreia do Sul, financiada pelos EUA e seus aliados. Nesse contexto, o século XX se iniciou com a organização de campanhas de evangelização, das quais, nos anos 1920, a *Centenary Advance*, metodista, e a *Forward Movement*, presbiteriana, foram muito bem-sucedidas. Entre os presbiterianos, o número de batizados aumentou 280% em trinta anos: em 1910, somavam 39.384 e, em 1942, 110.002. Durante e após a Guerra Civil (1950-1953), o número de cristãos não cessou de crescer, impulsionado pelas campanhas de evangelização que se seguiram até 1980.

Entre 1969 a 1982, sob o regime ditatorial na Coreia do Sul, o pentecostalismo cresceu em 740%, principalmente a Igreja do Evangelho Pleno de Yoido, do tipo pentecostal, com alguns empréstimos do xamanismo. Essa igreja passou por três etapas: a época da igreja em toldos (1958-1961), a da igreja de Seo-Dae-Mun (1962-1972) e a da igreja de Yoido (nome de uma ilha em Seul). Iniciou-se em 1958, a partir de reuniões na casa do pastor Choi Jashil (1915-1989), assistente do pastor Cho Yonggi (nascido em 1936). Em 2005, estima-se que o número de seus membros tenha chegado a 750 mil.

Han Hyung-Mo

Índia

As atividades missionárias na Índia se iniciaram com o luterano alemão Bartolomäus Ziegenbalg (1682-1719), que chegou a Tranquebar, pequena colônia dinamarquesa na costa oriental do Tamilnadu, em 1706. Logo começou a estudar o tâmil, língua da região, bem como as práticas religiosas da população. Suas descrições ainda são valiosas para os dias de hoje. O trabalho de Ziegenbalg foi retomado com sucesso por Christian Friedrich Schwartz (1726-1798), outro pioneiro dos estudos em tâmil. No início do século XIX, o batista inglês William Carey (1761-1834) deu novo impulso à obra missionária: persuadido da necessidade de uma missão cristã bem organizada, criou a *Baptist Missionary Society* e estimulou a formação de sociedades semelhantes em outras igrejas. Chegou à Índia em 1793 e fundou em 1800 em Serampore, pequena colônia dinamarquesa perto de Calcutá um centro de atividades missionárias. Apaixonado por estudos linguísticos, adquiriu um profundo conhecimento de várias línguas do norte da Índia, traduziu a Bíblia para o bengalês e coordenou a tradução para outros idiomas. Em 1818, fundou o *Serampore College*, instituição que obteve autorização do governo dinamarquês para oferecer todos os níveis de formação universitária. Ao longo dos anos, Serampore se tornou referência obrigatória para praticamente todas as instituições indianas de formação teológica. Entre 1812 e 1823, estabeleceram-se na Índia outras sociedades missionárias, sobretudo anglicanas, luteranas, congregacionais e metodistas, e em seguida, em 1834, a Missão de Basileia (luterana e reformada), que se instalou no sul da Índia. Muitos missionários lançaram-se a amplas pesquisas sobre as práticas religiosas populares do sul da Índia e sobre os idiomas falados na região. São eles os responsáveis pelo pioneirismo nos estudos dravídicos, negligenciados na Europa pelo indianismo universitário. Um exemplo: o missionário alemão Hermann

Gundert (1814-1893) é reconhecido na Índia como o primeiro grande especialista na língua *kannada* (canaresa). A partir de 1870, os *dalits* (indianos considerados indignos de fazer parte das "castas" reconhecidas pelas autoridades bramânicas) se converteram em massa; hoje, constituem a maioria da população cristã.

No final do século XIX, o problema da indianização da teologia e da prática religiosa dos cristãos começou a atrair a atenção. Criaram-se *ashrams* cristãos, locais para retiros espirituais que rapidamente se tornaram centros de espiritualidade e ajuda social para toda a população. Uma tropa de pensadores laicos, familiarizados com as tradições hindus mas convencidos da necessidade de reformulação do cristianismo em termos próprios ao espírito indiano, publicou contribuições teológicas de uma qualidade excepcional. Entre eles, podemos citar o grande novo convertido, evangelista e visionário Sadhu Sundar Singh (1898-1929) e seu lema "O cristianismo é Cristo!"; Vengal Chakkarai (1880-1957), que não somente escreveu obras teológicas, mas fundou em 1913 o *Christo Samaj*, associação para difusão de suas ideias; e o jurista tâmil Pandipeddi Chenchiah (1886-1959). As certezas que os animavam faziam que se referissem a Cristo e falassem de sua mensagem inspirando-se nos grandes representantes da espiritualidade hindu: Jesus, o *guru*; Jesus, o *bhakta* (apaixonado por Deus); Jesus, o *avatar* (uma das encarnações do deus Vixnu). No entanto, a importância do batismo e da filiação eclesiástica foi minimizada. A tendência foi retomada por Paul David Devanandan (1901-1962), autor de várias obras sobre o processo de indianização. Criou em 1957 em Bangladesh o *Christian Institute for the Study of Religion and Society*, com a publicação de uma revista para estudos sociológicos, políticos, econômicos e teológicos, além de uma impressionante coleção de livros que tratam dessas questões.

Um especial vigor missionário se manifestou a partir do século XX no seio das igrejas indianas. Em 1905 foi criada a *National Missionary Society of India*; sociedades semelhantes surgiram nas comunidades particulares, trabalhando tanto na Índia como no estrangeiro. Outras associações esforçaram-se por aprofundar a vida cristã nos meios familiares: *Christian Home Movement*, *Mother's Union*, *Children's Special Service Mission* etc. O início do século XX também foi caracterizado pela liberação da tutela de missões estrangeiras, algo que gerou a consciência da necessidade de uma aproximação ecumênica entre as igrejas indianas — processo que, em 1947, ano da independência política da Índia, levou à criação da Igreja do Sul da Índia (episcopal), em uma união entre as igrejas anglicana, metodista, congregacional e luterana (Missão de Basileia). É importante notar que, na época da fusão, a Igreja Anglicana desistiu da exigência de reordenação de pastores metodistas e luterano-reformados que não se tinham beneficiado de uma ordenação episcopal reconhecida. Tais pastores foram simplesmente recebidos pelos bispos. Em 1970, surge a Igreja do Norte da Índia, união que comportou também batistas e evangélicos. O Conselho Nacional de Igrejas na Índia, criado em 1923, reuniu igrejas de 29 denominações e 15 organizações cristãs; a Igreja Católica participa como observadora. Esse conselho representa treze milhões de cristãos.

Carl A. Keller

Japão

As primeiras missões cristãs no Japão foram católicas. Houve uma terrível perseguição, acompanhada de um fechamento das fronteiras japonesas (*sakoku*[47], 1639-1854). Essa política impediu a continuidade das missões cristãs no século XVII. Foi apenas em meados do século XIX que, junto com a expansão do comércio americano e europeu no Pacífico, missionários protestantes puderam se instalar no Japão. Com a chegada da era Meiji (1868-1912), o entusiasmo dos japoneses pela instrução ocidental permitiu que as missões contornassem a proibição oficial à evangelização, criando, por exemplo, a Escola de Agricultura em Sapporo (uma fundação Quacre), o Meiji Gakuin e o Doshisha. Em 1908, contavam-se por volta de 960 missionários protestantes no Japão, dentre eles 80% americanos.

O desenvolvimento do protestantismo no Japão se caracteriza pelo constante engajamento na instrução superior e pelas tendências progressistas e socialistas. A importância atribuída à lealdade pessoal em relação a um mestre que acompanha de perto cada cristão é

---

[47] [NT] Literalmente, "país acorrentado". A violação da lei era punida com a morte.

um traço tipicamente japonês. Foi assim que guias espirituais nativos puderam rapidamente alcançar uma posição, como, por exemplo, Uemura Masahisa em Yokohama ou o carismático Uchimura Kanzo em Sapporo (do movimento "sem igreja"). Apesar do inegável prestígio intelectual, o protestantismo japonês tornou-se estatisticamente insignificante. Nem mesmo o retorno dos missionários após 1945 teve efeito significativo. O número de cristãos no Japão ainda é inferior a 1%.

Maya Mortimer

Vietnã

Após a reunificação do país (República Socialista do Vietnã) em 1976 e da expulsão de todos os estrangeiros, inclusive missionários, o protestantismo vietnamita ganhou um impulso extraordinário. Enquanto, em 1975, as igrejas contavam com apenas sessenta mil membros, trinta anos depois esse número havia sido quase multiplicado por dez. Em 2005, a Igreja Protestante do Vietnã contava com mais de quinhentos mil membros e cerca de quatrocentos pastores com formação na cidade de Ho Chi Minh. Esse dinamismo se deve à responsabilidade assumida pelos próprios vietnamitas quanto à evangelização. O impressionante crescimento do protestantismo na região atesta a eficácia do testemunho boca a boca por parte de cristãos dirigindo-se a falantes do mesmo idioma, com seus próprios conceitos e palavras, sem interferências exteriores.[48]

Michel Baumgartner

Outros países

Em Cingapura, a urbanização enfraqueceu os laços sociais, e o ensino religioso obrigatório em 1982 beneficiou sobretudo os protestantes. Muitos chineses de posses na ilha tornaram-se evangélicos ou neopentecostais. A partir de 1980, a porcentagem de cristãos na região passou de 10% a 19% (dos quais 40% católicos). Hoje, o governo tenta conter o fenômeno, promovendo o mito da disciplina coletiva confucionista.

Nos países da Ásia de maioria muçulmana (como a Indonésia e a Malásia), o meio protestante também serve como um refúgio para as minorias cristãs. Da mesma forma, a consciência de se estar vivendo em uma espécie de "estado de sítio" reforça a coesão entre batistas montanheses e adventistas birmãs diante de uma ditadura militar. Algumas igrejas pentecostais também se desenvolveram em países onde o protestantismo é bastante minoritário. É o caso da igreja *Hope of Bangkok* [Esperança de Bangcoc] na Tailândia e da *Full Gospel* [Evangelho Pleno] de Tóquio (um ramo da igreja coreana *Yoido Full Gospel*). Aliás, atualmente os protestantes japoneses e coreanos estão em uma situação de concorrência com os novos movimentos religiosos sincréticos inspirados pelo movimento Nova Era. As "línguas de fogo" também atingiram as Filipinas: 90% dos 1.500 grupos religiosos recenseados foram fundados após 1980, prosperando principalmente em meio aos desfavorecidos.

A maior parte das igrejas protestantes e evangélicas da Ásia, com exceção das igrejas pentecostais, são membros da Conferência Cristã da Ásia.

Yves Bizeul

▶ CHUNG, Hyun-Kyung, *Struggle to Be the Sun Again. Introducing Asian Women's Theology* (1990), Maryknoll, Orbis Books, 1991; FÉDOU, Michel, *Regards asiatiques sur le Christ*, Paris, Desclée, 1998; MARTIN, David, *Pentecostalism. The World Their Parish*, Oxford, Blackwell, 2001; SUGIRTHARAJAH, Rasiah S., org., *Asian Faces of Jesus*, Londres, SCM Press, 1993.

China: ADENEY, David H., *La longue marche de l'Église* (1985), La Côte-aux-Fées, Groupes missionnaires, 1991; AIKMAN, David, *Jesus in Beijing. How Christianity is Transforming China and Charging the Global Balance of Power*, Washington, Regnery Pub., 2003; AUBIN, Françoise, "Religions et systèmes de pensée en Chine", *Archives des sciences sociales des religions* 76, 1991, p. 169-189; CHARBONNIER, Jean, *Histoire des chrétiens de Chine*, Paris, Desclée, 1992; GERNET, Jacques, *Chine et christianisme. La première confrontation* (1982), Paris, Gallimard, 1991; HONG, Joseph, *Le mouvement tri-indépendant des protestants chinois de 1949 à 1986*, tese de doutorado da Faculdade de Teologia Protestante de Estrasburgo, 1987; HUNTER, Alan e CHAN, Kim-Kwong, *Protestantism in Contemporary*

---

[48] [NT] No Vietnã, governado pelo Partido Comunista, a liberdade de culto é uma conquista recente da igreja (decreto de 1999); porém, o mesmo decreto estabelece punições para quem utilizar a religião com o fim de prejudicar o Estado.

China, Cambridge-New York, Cambridge University Press, 1993; LEE, Joseph Tse-Hei, "Watchman Nee and the Little Flock Movement in the Maoist China", *Church History* 74, 2005, p. 68-96; TING, Kuang Hsun, *Love Never Ends*, Nankin, Yilin Press, 2000; WALLIS, Arthur, *China Miracle. A Silent Explosion*, Columbia, Cityhill Pub., 1986; ZETZSCHE, Jost Oliver, *The Biblie in China. The History of the Union Version, or the Culmination of Protestant Missionary Bible Translation in China*, Sankt Augustin, Monumenta Serica Institute, 1999; ZURCHER, Erik, *Bouddhisme, christianisme et societé chinoise*, Paris, Julliard, 1990.

Coreia do Sul: GRAYSON, James Huntley, *Korea. A Religious History* (1989), Londres, Routledge Curzon, 2002; GWAK, Chang-Dae e HENDRIKS, Jurgens, "An Interpretation of the Recent Membership Decline in the Korean Protestant Church", *Missionalia* 29, 2001, p. 55-68; HONG, Sung-Wook, *Theological Contextualization of the Concept of "God" in Korea. Naming the Christian God in Korean Religious Culture*, tese de doutorado, Oxford Centre for Mission Studies e University of Wales, 1997; HONG, Young-Gi, "The Backgrounds and Characteristics of the Charismatic Mega-Churches in Korea", *Asian Journal of Pentescostal Studies* 3, 2000, p. 99-118; Idem, "Revisiting Church Growth in Korean Protestantism. A Theological Reflection", *International Review of Mission* 89/353, 2000, p. 190-202; KIM, Byong-Suh, "The Explosive Growth of the Korean Church Today: A Sociological Analysis", *International Review of Mission* 74/293, 1985, p. 59-72; KIM, Yong-Bock, *Messiah and Minjung. Christ's Solidarity with the People for New Life*, Hong Kong, Christian Conference of Asia, Urban Rural Mission, 1992; RHEE, Jung-Suck, *Secularization and Sanctification. Study of Karl Barth's Doctrine of Sanctification and its Contextual Application to the Korean Church*, Amsterdã, Vije Universiteit Press, 1995; RO, BONG-RIN e NELSON, Marlin L., orgs., *Korean Church Growth Explosion*, Seul-Taichung, World of Life Press, Asia Theological Association, 1983; WELLS, Kenneth M., *New God, New Nation. Protestants and Self-Reconstruction Nationalism in Korea, 1896-1937*, Honolulu, University of Hawaii Press, 1990; WIPPERMANN, Cartsen, "Minjung-identität und Minjung-theologie in Südkorea", *Neue Zeitschrift für Missionswissenschaft* 57, 2001 p. 105-124; YOO, Boo-Woong, *Korean Pentecostalism. Its History and Theology*, Frankfurt, Lang, 1988.

Índia: GRAFE, Hugald, org., *Evangelische Kirche in Indien*, Erlangen, Verlag der Evangelisch-Lutherischen Mission, 1981; TAYLOR, Richard W., org., *Religion and Society. The First Twenty-Five Years, 1953-1978*, Madras, Christian Literature Society, 1982.

Japão: CARY, Otis, *A History of Christianity in Japan* (1909), 2 vols., New York-St. Clair Shores, Revell-Scholarly Press, 1970; GERMANY, Charles H., *Protestant Theologies in Modern Japan. A History of Dominant Theological Currents from 1920-1960*, Tóquio, IISR Press, 1965; IGLEHART, Charles, *A Century of Protestant Christianity in Japan*, Rutland-Tóquio, Tuttle, 1959; LANDE, Aasulv, *Meiji Protestantism in History and Historiography. A Comparative Study of Japanese and Western Interpretation of Early Protestantism in Japan*, Frankfurt, Lang, 1989.

Outros países: HOSACK, James, "The Arrival of Pentecostals and Charismatics in Thailand", *Asian Journal of Pentecostal Studies* 4, 2001, p. 109-117; OPPENHEIM, Paul, "Christen in Singapur. Wie Gesetze die religiöse Eintracht regeln", *Evangelische Kommentare* 24, 1991, p.101-103.

▶ Carey W.; igrejas não denominacionais; evangélicos; fundamentalismo; inculturação; Kágawa; **missão**; missionárias (sociedades); Moon; Newbigin; Niles; pentecostalismo; Oriente Próximo; Taylor J. H.; teologias contextuais; teologias da Ásia; Ting

ASTROLOGIA

Tradicionalmente, a astrologia é condenada pela Bíblia, pela igreja e pelos teólogos. Calvino exprime de modo vigoroso a contradição entre a confiança do cristão e a necessidade de segurança das pessoas que recorrem à astrologia preditiva. A época moderna consagrou a definitiva separação entre astronomia e astrologia, campos de estudo até então confundidos. Assim, Johannes Kepler (1571-1630), com uma clara distinção entre astronomia e astrologia, abriu caminho para uma astrologia puramente simbólica e espiritual, desprovida de bases astrofísicas.

Apesar das advertências de Lutero e Calvino, levantaram-se algumas vozes que intentaram integrar a astrologia à cosmovisão cristã: Melâncton, no século XVI; Jakob Böhme (1576-1624) e a mística protestante que se seguiu; William Lilly (1602-1681) e sua *Christian Astrology* [Astrologia cristã] (1647); alguns adeptos do pietismo e do romantismo; no século XX, Adolf Köberle e Carl Gustav Jung. Nesse sentido, a estrela de Belém que guia os três magos ao nascimento do menino Jesus gerou muita especulação.

Em vez de buscar a conciliação entre astrologia e fé, parece ser mais válido compreender o desafio contemporâneo de uma astrologia simbólica, sem pretensão científica, mas, sim, em sua função existencial — tanto inegável quanto ambígua. De qualquer forma, quem recorre à astrologia demonstra uma estranha fascinação por limites (no caso, cósmicos), e infelizmente um tipo de credulidade bastante rentável.

Denis Müller

▶ CALVINO, João, *Advertissement contre l'astrologie* (1549), org. por Olivier MILLET, Genebra, Droz, 1985; KNAPPICH, Wilhelm, *Histoire de l'astrologie* (1967), Vernal, Philippe Lebaud, 1986; MÜLLER, Denis, *Fascinante astrologie*, Genebra, Labor et Fides, 1990.

● Antroposofia; **espiritualidade**; Jung; Kepler; magia; **razão**; romantismo; superstição; teosofia; Tycho Brahé

ATEÍSMO

Quando consultamos a origem grega do termo, o ateu é literalmente um "sem (*a* indica ausência) Deus (*theos*)". Na Antiguidade, não se trata tanto da negação da divindade, mas, sim, da contestação de determinada representação que poderia estar ligada à divindade, conduzindo a modos de vida em sociedade menos aceitáveis. Evoca-se assim menos o "ateísmo" propriamente dito (a única ocorrência do termo no Novo Testamento está em Ef 2.12) que "impiedade" (*asebeia*), que Paulo associa significativamente a "injustiça" (*adikia*) em Romanos 1.18. Da mesma forma, os *insensatos que dizem: Não há Deus* são, na verdade, perversos, soberbos e assassinos (Sl 14.1; Sl 10). Outra questão importante é a do verdadeiro Deus: os profetas de Israel não cessam de zombar dos outros povos que, fabricando seus próprios ídolos, prostravam-se diante deles (Jr 2.27ss; Jr 16.20 e outros).

Ao longo da Idade Média, o termo "ateísmo" não foi utilizado. Só o encontraremos no final do século XVI. A negação ou a recusa da divindade são realidades particularmente ligadas ao surgimento da modernidade. Nisso, o desenvolvimento da ciência e da técnica alegando ser vã a hipótese de Deus desempenhou um papel importante. No entanto, as diversas expressões do ateísmo subsistentes hoje são antes de tudo denúncias de determinadas representações de Deus, assim como das crenças e instituições a que estão associadas, alienando o homem e produzindo diversas formas de injustiça. É o caso dos questionamentos políticos e sociais das imagens de Deus que perpetuam formas conservadoras e alienantes, além das análises psicológicas que denunciam um "Deus perverso" na formação do inconsciente. É também o caso do argumento que recusa a existência de Deus ao constatar a força do mal neste mundo. De modo geral, pode-se pensar que a teologia da cruz (Lutero), o "desencanto" e a dessacralização do mundo operados pela Reforma (Max Weber, Marcel Gauchet), assim como o sentido sempre mais agudo das exigências da justiça social deduzido pela doutrina de Calvino sobre a lei, contribuíram para o surgimento dessas expressões de ateísmo. A "morte de Deus" anunciada por Nietzsche, a necessidade de um cristianismo não religioso pregada por Bonhoeffer e as teologias da "morte de Deus" nos anos 1960 fazem parte desse movimento, que alguns até mesmo consideram a origem da teologia cristã (Moltmann, Jüngel).

Atualmente, porém, a pauta das discussões não é tanto o ateísmo em si, mas, sim, a generalizada indiferença que se exibe na pergunta "para que serve Deus?". A resposta poderia ser o seguinte: parece que o homem não pode viver sem aderir a certo número de deuses, um dos quais sendo ele mesmo, e que novamente o principal não é tomar partido contra ou a favor de Deus, mas, sim, saber com *qual Deus* vale a pena se comprometer.

Jean-François Collange

▶ DUMAS, André, "Renaissance des paganismes", *Lumière et vie* 156, 1982, p. 7-18; Idem, "La réduction nouvelle du néo-paganisme, phénomène ou épiphénomène politique, culturel et spirituel", *Concilium* 197, 1985, p. 99-108; GAUCHET, Marcel, *Le désenchantement du monde. Une histoire politique de la religion*, Paris, Gallimard, 1985; JÜNGEL, Eberhard, *Dieu mystère du monde. Fondements de la théologie du Crucifié dans le débat entre théisme et athéisme* (1977), 2 vols., Paris, Cerf, 1983; MINOIS, Georges, *Histoire de l'athéisme. Les incroyants dans le monde occidental des origines à nos jours*, Paris, Fayard, 1998; MOLTMANN, Jürgen, *Le Dieu crucifié. La croix du Christ, fondement et critique de la théologie chrétienne* (1972), Paris, Cerf, 1999, p. 225-324; NANCY, Jean-Luc, "Athéisme et monothéisme", em *La déclosion*[49] (*Déconstruction du christianisme, 1*), Paris, Galilée, 2005, p. 27-45; VERNETTE, Jean, *L'athéisme* (1992), Paris, PUF, 1998; WIDMER, Gabriel-Ph., *L'Évangile et l'athée*, Genebra, Labor et Fides, 1965.

▶ Crítica da religião; **Deus**; Feuerbach; Luzes; Nietzsche; religião; secularização; teologias da morte de Deus; Weischedel

ATOS PASTORAIS

Os chamados "atos pastorais" designam principalmente os ritos do batismo, da confirmação, das bênçãos nupciais e do serviço fúnebre. No protestantismo, apenas o primeiro é também um sacramento. Esses quatro atos pastorais correspondem a constantes antropológicas, tal como as define Arnold Van Gennep em *Les rites de passage* [Os ritos de passagem] (1909, Paris, Picard, ed. 1994), com a celebração religiosa das grandes etapas da vida: nascimento, adolescência, casamento e morte. Tal celebração foi fortemente criticada (com exceção do batismo quanto à questão de se batizarem crianças, e não à cerimônia em si) com o argumento da quase inexistência de base bíblica para sua prática. As ressalvas da Reforma concentraram-se sobre o serviço fúnebre, já que ali estava representado tudo aquilo que os protestantes de então rejeitavam e denunciavam como culto aos mortos. Já na teologia contemporânea, principalmente na oposição de Karl Barth entre fé e religião, foram por vezes criticados a confirmação e o casamento religioso como contrários às Escrituras. Hoje, a desconfiança quanto aos atos pastorais parece ser cada vez menos presente, pois a igreja é chamada mais para evangelizar o religioso que para condená-lo. As ciências humanas, sobretudo a psicologia e a sociologia, desempenharam um papel fundamental nessa abordagem, em uma evolução que pode até suscitar reflexões sobre novos ritos que marquem passagens significativas na sociedade atual (como a aposentadoria).

Finalmente, ainda que os atos pastorais sejam celebrados por um pastor, constituindo tarefas importantes em seu ministério, o sacerdócio universal não confere ao pastor nenhum poder particular nesses assuntos; assim, em princípio e de fato, esses atos podem ser celebrados pelos fiéis. Com vistas a seu bom funcionamento, cada igreja regula de modo preciso as condições em que pode haver delegação pastoral de tais responsabilidades aos membros.

Laurent Gagnebin

▶ "Services funèbres et multitudinisme", *Cahiers de l'Institut romand de pastorale* 2, Lausanne, 1989; "Mariages et multitudinisme", *Cahiers de l'Institut romand de pastorale* 3, Lausanne, 1989; "Confirmation et multitudinisme", *Cahiers de l'Institut romand de pastorale* 5, Lausanne, 1990; "Baptême et multitudinisme", *Cahiers de l'Institut romand de pastorale* 6, Lausanne, 1990; dossier sur les actes pastoraux, em *ETR* 61, 1986, p. 75-89, 227-244, 409-414 e 541-559; MÜLLER, Theophil, *Konfirmation, Hochzeit, Taufe, Bestattung. Sinn und Aufgabe der Kasualgottesdienste*, Stuttgart, Kohlhammer, 1988; "Enjeux du rite dans la modernité" [Desafios do rito na modernidade], *Recherches de science religieuse* 78/3-4, 1990; "Destins des rituels", *Revue du Collège de psychanalystes* 41, 1992.

▶ Batismo (sacramento do); casamento; confirmação; delegação pastoral; ministérios; **pastor**; **ritos**; sacramento; serviços fúnebres

AUBIGNÉ, Théodore Agrippa d' (1552-1630)

Militar e escritor, nascido perto de Pons em Saintonge (França) e morto perto de Genebra. Filho de Jean d'Aubigné, Théodore Agrippa pertencia a uma família de curtidores-sapateiros de Loudun, mas, também filho Catherine d'Estang, que morre no parto, esse "burguês fidalgo" acessa por vias tortuosas o meio da pequena nobreza. O próprio Jean d'Aubigné consegue passar de doméstico e secretário a juiz, proporcionando a seu filho, desde a tenra idade, uma educação de "nobre": aos 6 anos, afirma que o pequeno já sabia "ler em quatro línguas", francês, latim, grego, hebraico; aos 7, teria traduzido o *Críton* de Platão. Sob a palmatória do hebraísta e helenista Matthieu Béroald, aprofunda seus conhecimentos das ciências humanas e é educado nos princípios da Reforma calvinista.

---

[49] [NT] Neologismo introduzido em francês, *déclosion* significaria o processo inverso ao de um fechamento anterior. Nancy é discípulo do desconstrucionista Jacques Derrida. Segundo Etienne Higuet ("A desconstrução da fé cristã. A respeito de um livro de Jean-Luc Nancy", em *Estudos de religião*, ano XXII, n. 35), para Nancy a fé cristã "deve ser liberada — conforme o modelo kantiano — de seus conteúdos concretos e reduzida fenomenologicamente a seus elementos intencionais constitutivos", em uma proposta de "adesão ao infinito de sentido". Para Higuet, isso corresponderia a um esvaziamento da religião e da fé cristã.

Em 1560, diante da terrível cena dos decapitados de Amboise[50], Agrippa é arregimentado por seu pai para a causa. Na Orléans sitiada em que Jean d'Aubigné é segundo-comandante (inverno de 1563), Agrippa deixa os estudos de lado e se une aos soldados das trincheiras. Pouco tempo depois, seu pai morre devido a ferimentos de combate, e o órfão é expulso da casa paternal. A partir de então, Agrippa prossegue seus estudos em Paris, Lyon e Genebra, tendo Teodoro de Beza como professor. É um período caótico, em que seus estudos são sempre interrompidos por fugas, pela tentação do suicídio ou por encontros duvidosos. Aos 16 anos, toma as armas e se põe ao serviço do príncipe de Condé[51]. Sua carreira em prol do partido protestante parece estar traçada.

Porém, a partir de 1572, ano da Noite de São Bartolomeu, abrem-se longos parênteses nesse destino que se desejava exemplar. É o período que D'Aubigné lembraria como "uma primavera de pecados" (Les Tragiques [As trágicas] VI, 34). Ele escapa quase por acaso do massacre: após ferir um sargento que queria impedi-lo de servir como segundo em um duelo, precisou deixar Paris três dias antes da grande carnificina. Mas seus amores são seus sonhos mais constantes, descritos em um *canzoniere* petrarquista, *Le Printemps* [A primavera], que se manteve inédito até o século XIX. Apaixonado por Diane Salviati, sobrinha da Cassandra imortalizada por Ronsard, mas rejeitado pela família da amada, Agrippa corre para morrer em seus braços, após ser gravemente ferido em uma emboscada em Beauce (na comuna francesa de Talcy), outono de 1572. Restabelecido fisicamente, mas não curado das dores da rejeição, une-se a Henrique de Navarra, prisioneiro da corte em Paris, participando da vida ociosa dos "príncipes" que ele estigmatizaria em *Les Tragiques*. Enquanto esperava a fuga do futuro Henrique IV em fevereiro de 1576, Agrippa provavelmente apostatou, tomando parte com alegria dos bailes, justas e festas a fantasia da corte dos últimos Valois. No destino do poeta-soldado, tal profanação só seria revertida em 1577, quando foi atingido pela segunda vez em um combate na comuna francesa de Casteljaloux. Enfrentando de perto a morte, ele dita, "no leito de suas feridas", as primeiras "cláusulas" de *Les Tragiques*. Na obra inacabada, Casteljaloux se confunde com Talcy e o choque da inspiração inicial retoma o momento da primeira agonia.

A carreira de D'Aubigné termina sob os augúrios de uma possibilidade histórica perdida. A abjuração de Henrique IV em Saint-Denis (1593) foi a pá de cal nas esperanças políticas dos protestantes[52]. Retira-se para Maillezais em Vendeia, mesmo local onde Rabelais viveu como monge, prosseguindo em seu combate pela causa protestante através da escrita. Após o assassinato de Henrique IV, publica um após o outro: *Les Tragiques* [As trágicas] (1616); *Histoire universelle* [História universal] (1618-1620), sobre o período inaugurado por Henrique IV, além da regência posterior de Maria de Médicis; e *Les Avantures du baron de Faeneste* (1619), obra picaresca e satírica, que lembra Rabelais e demonstra a lição aprendida com *Dom Quixote*, que D'Aubigné admirava. Comprometido com a conspiração contra Luynes, o favorito de Luís XIII, D'Aubigné se refugia em Genebra (1620), onde se encarrega do reforço das fortificações da cidade e se casa novamente. De seu "inverno" ao mesmo tempo combativo e sereno são testemunhas as poesias religiosas e as *Méditations sur les Psaumes* [Meditações sobre os Salmos], reunidas nas *Petites Oeuvres Meslées* [Pequenas obras reunidas], que são publicadas no mesmo ano de sua morte. Antes de falecer, em 9 de maio de 1630, presencia a revolta do próprio filho (Constant, futuro pai de madame de Maintenon[53]) e assiste a distância a capitulação de La Rochelle (1628), que consolida na França a derrocada do Partido Protestante.

Les Tragiques é a obra de uma vida, composta ao longo dos quase quarenta anos (1577 a 1616) de uma existência dividida entre a

---

[50] [NT] O autor do verbete se refere ao desfecho da "Conspiração de Amboise". O objetivo dos conspiradores huguenotes (protestantes franceses) era raptar o rei católico Francisco II e capturar personalidades importantes da família de Guise, do partido católico. Calvino e outros pastores protestantes desaprovavam a conspiração, bem como qualquer ato semelhante. Os responsáveis foram afogados no Loire ou esquartejados, e os restantes, decapitados diante da corte.

[51] [NT] Luís de Bourbon, líder e general huguenote.

[52] [NT] Buscando o apoio popular, Henrique de Navarra pronunciou a famosa frase "Paris vale bem uma missa", anunciando sua conversão ao catolicismo. Pouco menos de um ano depois, é sagrado rei.

[53] [NT] Françoise d'Aubigné, mais conhecida como madame de Maintenon, seria um personagem importante na corte de Luís XIV. Apesar da origem familiar huguenote, converteu-se ao catolicismo ainda jovem, pressionada pela madrinha, madame de Neuillant. Alguns autores afirmam que, casando-se secretamente com Luís XIV após a morte da rainha, madame de Maintenon teria exercido uma influência decisiva na Revogação do Edito de Nantes.

guerra, até 1598, e uma paz precária, obstinadamente denunciada como mentirosa e mortal. Para D'Aubigné, o Edito de Nantes é justamente essa paz traiçoeira que apenas beneficiava os jesuítas e a Contrarreforma. Da verdadeira guerra à "falsa paz", o poema se desenvolve por camadas sucessivas, o que evidencia um modo de composição não linear, mas, sim, concêntrico.

Três grandes épocas dividem o desenvolvimento da história universal: os feitos do povo hebreu no deserto, em que foi concluída a antiga aliança; o tempo abençoado da igreja primitiva, desde os apóstolos de Cristo até a glória dos mártires, banhada em sangue; o declínio da igreja com a última leva de perseguições contra os cristãos reformados, prelúdio dos últimos dias. Cada época prefigura a seguinte: o povo eleito do Antigo Testamento passou o bastão para a assembleia universal dos primeiros cristãos, que foi diminuindo até a véspera do julgamento na igreja, na qual restam apenas uma minoria de justos perseguidos. Sob as luzes do Apocalipse, o poema é organizado em sete livros que apresentam desde as "Misérias" contemporâneas das guerras de religião até o Julgamento iminente. Como eixo, há o livro dos "Fogos": as tochas que ardem com os mártires.

A veemência com que D'Aubigné combate todas as tentativas de adaptações à Igreja Católica, assim como seu estilo de inspiração barroca, valeram-lhe o quase completo anonimato, até o século XIX. *Les Tragiques* não alcançou fama imediata. O poema impresso "no deserto", como mostra a página de rosto, tomba no vazio e desafia o século através de um grito inaudível. De início, essa voz que clama no deserto seria ouvida levemente, ao longe, até encontrar, séculos depois, o tom vigoroso e sarcástico de Victor Hugo em *Les Châtiments* [Os castigos] e de Baudelaire, que o cita em uma epígrafe às *Flores do mal*. Elaborada no limiar da era clássica, essa obra deliberadamente anacrônica, vinda após Malherbe, concretiza o sonho que havia sido concebido pela Plêiade: o de uma poesia total, ao mesmo tempo épica, trágica, satírica e lírica, uma poesia que resumisse em uns nove mil versos o curso da história humana, desde a Queda até a parusia. Assim como a *Divina comédia* de Dante, com quem divide o caráter enciclopédico e visionário, o poema *Les Tragiques* se finda com um arrebatamento de êxtase, quando a alma do poeta é arrancada de seu corpo "e retomando lugar desfalece extática no seio de seu Deus".

Frank Lestringant

▶ AUBIGNÉ, Théodore Agrippa d', *Oeuvres*, org. por Henri WEBER, Paris, Gallimand, 1987; Idem, *Les Tragiques* (1616), org. por Frank LESTRINGANT, Paris, Gallimard, 1995; Idem, *Petites oeuvres meslées*, org. por Véronique FERRER, Paris, Champion, 2004; Idem, *Histoire universelle* (1618-1620), 11 vols., org. por André THIERRY, Genebra, Droz, 1981-2000; FANLO, Jean-Raymond, *Tracés, ruptures. La composition instable des* Tragiques, Paris, Champion, 1990; FRAGONARD, Marie-Madeleine, *La pensée religieuse d'Agrippa d'Aubigné et son expression*, Paris, Champion, 2004; LESTRINGANT, Frank, *Lumière des martyrs. Essai sur le martyre au siècle des Réformes*, Paris, Champion, 2004; MATHIEU-CASTELLANI, Gisèle, "Aubigné Théodore Agrippa d'", em Béatrice DIDIER, org., *Dictionnaire universel des littératures*, t. I, Paris, PUF, 1994, p. 246-251; SOULIÉ, Marguerite, *L'inspiration biblique dans la poésie religieuse d'Agrippa d'Aubigné*, Paris, Klincksieck, 1977; WEBER, Henri, *La création poétique au XVIe siècle en France*, Paris, Nizet, 1956; Idem, "État présent des études sur Agrippa d'Aubigné", *Albineana* 2, 1990, p. 9-20 (essa revista publica uma bibliografia anual sobre Aubigné).

◉ Guerras de religião; Henrique IV; **literatura**

AUGSBURGO

Cidade alemã situada no encontro entre os rios Lech e Wertach. Como local de reunião da Dieta do Império em 1518, 1530, 1547-1548, 1550, 1555 e 1556, cumpriu um papel importante na história do luteranismo do século XVI. É nessa cidade que, em 25 de junho de 1530, os príncipes que eram próximos a Lutero entregam ao imperador Carlos V a *Confissão de Augsburgo*, que se tornaria mais tarde a confissão de referência para as igrejas luteranas. Após a promulgação da *Confutação à Confissão de Augsburgo*, redigida por vinte teólogos católicos (agosto de 1530), os Estados protestantes signatários da *Confissão* apresentam a *Apologia da Confissão de Augsburgo*, recusada por Carlos V, mas permanecendo na história do luteranismo.

Quando percebe que os esforços para um acordo confessional não avançam, e após ter vencido a resistência protestante na Guerra de Smalkade (1546-1547), Carlos V tenta impor o catolicismo a todo o império com o que se chamou *Ínterim de Augsburgo* (1548), iniciativa que redundou em fracasso. Em 25 de setembro de 1555, a dieta promulga a *Paz de Augsburgo* para conceder segurança política e jurídica aos que adotaram a *Confissão de Augsburgo*, deixando para depois a análise comparativa entre as religiões. Os príncipes eleitores obtêm assim o direito de escolher a religião para si e para seus territórios (*cujus regio ejus religio*). A união entre religião e território favorece a federalização do império. Divergências na interpretação da Paz de Augsburgo seriam um dos motivos para a Guerra dos Trinta Anos.

Reconhecendo a importância de Augsburgo na história das relações entre luteranos e católicos, os responsáveis pela Federação Luterana Mundial e pelo Conselho Pontifício pela Unidade (Roma) escolheriam a cidade para a assinatura do primeiro acordo aprovado pelo conjunto das igrejas afetadas, em 31 de outubro de 1999: a "Declaração Comum sobre a Doutrina da Justificação" (cf. *La doctrine de la justificacion. Déclaration commune de la Fédération luthérienne mondiale et de l'Église catholiqye romaine* [A doutrina da justificação. Declaração comum da Federação Luterana Mundial e da Igreja Católica Romana], Paris-Genebra, Bayard-Centurion-Fleurus-Mame-Cerf-Labor et Fides, 1999).

André Birmelé

▸ Alemanha; Carlos V; *Confissão de Augsburgo*; Confissão de Augsburgo *(Apologia da)*; Guerra dos Trinta Anos; igrejas luteranas; Smalkade (Liga de)

AUGUSTIANISMO

Compreende-se em geral por "augustianismo" as correntes teológicas e filosóficas no seio da igreja medieval e, após a Reforma, no seio da Igreja Católica e em sua zona de influência. Filosoficamente, o augustianismo se opõe tanto ao aristotelismo quanto, do século XVII em diante, ao cartesianismo; teologicamente, opõe-se ao pelagianismo e ao semipelagianismo (termo que surge no século XVII). De modo diverso ao do augustianismo filosófico, o augustianismo teológico é visto simplesmente como sinônimo de doutrina da predestinação, de um caráter não condicionado da graça divina e de minimização do livre-arbítrio. Na história da igreja, as controvérsias acerca do augustianismo teológico atingiram um ponto culminante na querela (entre católicos) relativa ao jansenismo.

No início da Reforma, a quase totalidade dos representantes da "nova fé" firmavam-se na autoridade de Agostinho para provar que sua teologia geral, com ênfase na sua interpretação de Paulo e da doutrina da justificação, enraizava-se na velha tradição, ainda autêntica, dos Pais da igreja. Nesse sentido, podemos considerar que a Reforma caracteriza-se pelo augustianismo do final da Idade Média (sobretudo o augustianismo humanista).

No entanto, um debate que coloque em cheque a autoridade de Agostinho é algo impossível no protestantismo, já que os Pais da igreja só são reconhecidos na medida de sua fidelidade às Escrituras. É por essa razão que a ortodoxia protestante é fundada sobre Agostinho sem que isso leve a controvérsias específicas, como era o caso no catolicismo. Não é Agostinho que problematiza o arminianismo, o amiraldismo ou a querela luterana do sinergismo, mas, sim, a inteligência da graça contida na Bíblia.

O Século das Luzes, que reabilita o livre-arbítrio e revê o pecado original e a predestinação, representou um fôlego para a crítica protestante de Agostinho. Nos séculos XIX e XX, tanto os amigos de Agostinho quanto seus críticos estão de mãos dadas: um hegeliano como Marheineke defende um Agostinho antipelagiano contra o antipelagianismo e sua visão otimista do homem. Apesar de seu liberalismo, Adolf von Harnack estimava muito Agostinho, afirmando que o teólogo havia descoberto "a religião dentro da religião".

Alfred Schindler

▸ BUBENHEIME Ulrich et alii, "Augustin/Augustinismus", em *TRE*, t. IV, 1979, p. 645-723; DELIUS, Hans-Ulrich, *Augustin als Quelle Luthers*, Berlin, Evangelische Verlagsanstalt, 1984; GOUHIER, Henri, *Cartésianisme et augustinisme au XVIIe siècle*, Paris, Vrin, 1978; LANGE VAN RAVENSWAAY, Jan Marius J. *Augustinus totus noster. Das augustinverständnis bei Johannes Calvin*, Göttingen, Vandenhoeck & Ruprecht, 1990; LUBAC, Henri de, *Augustinisme et théologie moderne*, Paris, Aubier, 1965; PORTALIÉ, Eugène, (Augustin (Saint), vie, ceuvres et doctrine), (Augustinianisme) et (Augustinisme), in *Dictionnaire de théologie catholique*, t. l. Paris, Letouzey et Ané, 1902, col. 2268-2561.

● Amyraut; Arminianismo; cartesianismo; graça; Harnack; jansenismo; justificativa; Predestinação e a Providência

AULÉN, Gustaf (1879-1977)

Clérigo e teólogo luterano sueco. Estudou e trabalhou como professor associado na Faculdade de Teologia de Uppsala (1896 a 1913), tendo como colegas Nathan Söderblom (1866-1931) e Einar Billing (1871-1939). Foi professor de dogmática em Lund, bispo de Strängnäs (1933-1952) e, depois de uma longa e ativa aposentadoria, escritor em teologia, também em Lund. Como clérigo, apoiou a oposição da igreja da Noruega ao nacional-socialismo. Bastante culto, sobretudo em música, compôs corais e contribuiu para a reformulação dos livros litúrgicos da Igreja da Suécia e colaborou com o movimento ecumênico. Representante da escola teológica de Lund, com Anders Nygren (1890-1978) e Ragnar Bring (1895-1988), expôs a fé cristã situando-a historicamente. Em numerosas publicações, esforçou-se não só por desviar-se da separação entre teologia e cultura, evitando equiparar a igreja a um gueto, mas também por impedir a dissolução da mensagem evangélica em uma religiosidade puramente humanista. Nesse sentido, opera uma distinção entre épocas de decadência (Idade Média, ortodoxia luterana do século XVII) e renovação (Pais da igreja, reformadores). Opondo-se a uma concepção jurídica da redenção (Santo Anselmo), Aulén enfatiza o papel ativo de Deus na salvação. No final de sua vida, interessa-se pela imagem de Deus na literatura moderna, principalmente a sueca, e pela situação espiritual do mundo contemporâneo, percebida através do *Diário* de Dag Hammarskjöld.

Jean-Louis Leuba

▶ AULÉN, Gustaf, *The Faith of the Christian Church* (1923, 1957), Filadélfia, Fortress Press, 1961; Idem, *Das christliche Gottesbild in Vergangenheit und Gegenwart* (1927), Gütersloh, Bertelsmann, 1930; Idem, *Christus victor. La notion chrétienne de rédemption* (1930), Paris, Aubier, 1949; Idem, *Eucharist and Sacrifice* (1956), Filadélfia, Muhlenberg Press, 1958; Idem, *Reformation and Catholicity* (1959), Filadélfia, Muhlenberg Press, 1961; Idem, *Jesus in Contemporary Historical Research* (1973, 1974), Filadélfia,

Fortress Press, 1976; WINGREN Gustaf, *Gustaf Aulén*, em Martin E. MARTY e Dean G. PEERMAN, *A Handbook of Christian Theologians*, Cambridge, Lutterworth Press, 1984, p. 308-319.

● Hammarskjöld; *Kirchenkampf*; Nygren; Söderblom

ÁUSTRIA

Na Áustria, predominam os católicos (cerca de 78%), enquanto os protestantes estão em pequena minoria (5%), formada principalmente pelas igrejas da *Confissão de Augsburgo* (em 1996, 340 mil membros) e da *Segunda confissão helvética* (15 mil membros). Ambas formam uma igreja multitudinista e vivem em uma vasta diáspora, assim como as demais igrejas metodistas e comunidades evangélicas. A Reforma penetrou rapidamente nas regiões que formam hoje a Áustria, sendo reprimida com violência durante a Contrarreforma. Após a promulgação do Edito de Tolerância pelo imperador José II (1781), foram formadas comunidades em algumas regiões rurais e nas grandes cidades. Porém, a igreja se desenvolve de modo pouco homogêneo, por um conjunto de fatores: a industrialização, o surgimento do anticatólico *Los von Rom* (movimento nacionalista alemão surgido por volta de 1900, dirigido por, entre outros, Georg Ritter von Schönerer [1842-1921]), a pressão do catolicismo político (clérigo-fascista), principalmente em 1934, e a chegada de refugiados protestantes da antiga Alemanha oriental. A partir de 1970, a igreja perde sua vitalidade.

A missão do protestantismo austríaco é dar conta teologicamente da situação de diáspora (Wilhelm Dantine) e redescobrir sua identidade, em um espírito ecumênico e livre de todo resquício de anticatolicismo. As igrejas luterana e reformada constituíram uma união administrativa, representada por um sínodo geral e um conselho. Consideram-se "unidas por Deus através da história" e praticaram a união eclesiástica no sentido estrito do termo, bem antes da Concórdia de Leuenberg (1973).

Johannes Dantine

▶ REINGRABNER, Gustav, *Protestanten in Österreich. Geschichte und Dokumentation*, Viena, Böhlau, 1981.

● Dispersão; *Kulturkampf*

AUTONOMIA

O termo "autonomia" vem do grego *autos* ("si mesmo") e *nomos* ("lei"), designando o *status* daquele que está em condições para determinar-se, concedendo a si sua própria lei. Opõe-se a heteronomia, que significa dependência. Na raiz grega, *autonomia* define a cidade grega como uma comunidade de homens livres, além do sábio grego (em geral, estoico) que tem em si mesmo o princípio de sua determinação. Durante toda a Idade Média, a autonomia como um poder de autodeterminação caracteriza o ser humano à imagem de Deus. Nos tempos modernos, a questão da autonomia encontra o fenômeno da secularização, e assim diversas áreas de atuação humana são emancipadas da tutela religiosa e eclesiástica. Ao oferecer a possibilidade de um pleno e livre reconhecimento do mundo e do homem em seu caráter secular e temporal, a Reforma contribui em muito para esse movimento. A autonomia de áreas seculares (política, moral, sociedade etc.) torna-se uma das grandes paixões do Século das Luzes; ao mesmo tempo, Kant dedica-se a assegurar à razão um *status* autônomo. As desgraças que atingem a humanidade no século XX fazem questionar tal autonomia, com destaque para as obras produzidas pela escola de Frankfurt. Podemos assim reconhecer um tom reformado em temas como a vontade impotente para determinar-se diante de Deus (escravidão da vontade) e a dependência de Deus como condição para a verdadeira liberdade. É nesse contexto, principalmente para superar a escolha limitada entre heteronomia e autonomia, que Paul Tillich se refere a uma "teonomia", algo que não se opõe à autonomia humana e mundana, mas que a insere em um quadro geral, situando-a e ultrapassando-a.

Pierre Bühler

▶ AMELUNG, Eberhard, "Autonomie", em *TRE*, t. V, 1980, p. 4-17; GOGARTEN, Friedrich, *Destin et espoir du monde moderne* (1953), Tournai, Casterman, 1970; HONECKER, Martin, "Das problem der Eigengesetzlichkeit", *Zeitschrift für Theologie und Kirche* 73, 1976, p. 92-130; TILLICH, Paul, *Christianisme et socialisme. Écrits socialistes allemands* (1919-1931), Québec-Paris-Genebra, Presses de l'Université Laval-Cerf-Labor et Fides, 1992; Idem, *Teologia sistemática*, São Leopoldo, Sinodal, 2005; *La vie et l'Esprit* (1963), Genebra, Labor et Fides, 1991, p. 266-297.

◉ Autoridade; dever; escravidão da vontade; estética; Gogarten; Kant; **laicidade; lei; liberdade**; Luzes; **modernidade; moral; política**; razão; reinos (doutrina dos dois); secularização; teologia da secularização; Tillich

AUTORIDADE

1. Introdução
2. Definição geral
3. A autoridade como valor e realidade irredutível da experiência humana
   3.1. A cidade (tradição ocidental)
   3.2. A família
   3.3. Figuras emblemáticas de autoridade
4. Herança histórica
   4.1. A referência evangélica: *dominium* e *ministerium*
   4.2. O modelo católico
   4.3. Abordagens protestantes
5. A autoridade na igreja e a autoridade da igreja
   5.1. A autoridade segundo o Novo Testamento
   5.2. O problema das mediações em eclesiologia
   5.3. A autoridade doutrinária
   5.4. A autoridade disciplinar
6. A igreja no mundo
   6.1. A igreja e o Estado
   6.2. A dimensão escatológica e missionária
7. Conclusão

1. Introdução

Podemos dizer que o tema da autoridade combina muito bem com a proposta de uma enciclopédia do protestantismo. Em geral, acredita-se que a Reforma teve lugar sob o signo histórico de uma violenta contestação de autoridade — autoridade da tradição, do papa, de uma concepção hierarquizada da igreja. Lutero surge, nesse contexto, como o protótipo do revoltado. É nessa perspectiva que muitos de seus descendentes — influenciados em grande medida pelo espírito das Luzes e outras ideologias humanistas e libertárias — foram levados a elencar o protestantismo junto a outras "religiões de liberdade", em oposição a "religiões de autoridade" representadas pelo catolicismo romano. De fato, muitas vezes (mas não sempre) houve protestantes e algumas de suas igrejas ao lado dos contestatários da autoridade abusiva.

Porém, essa concepção negativa, anarquizante, da autoridade deve ser escrupulosamente nuançada. Longe de rejeitá-la por completo,

Lutero e os demais reformadores desenvolveram uma ampla teoria da autoridade incondicional das Escrituras, com suas consequências nos planos doutrinário, eclesiástico, moral e também político. Os ensinamentos reformados surgem assim como uma extraordinária revisão da ideia de autoridade.

O estudo de nosso tema não poderia negligenciar a cultura. A visão "protestante" sobre a autoridade se inscreve em um conjunto bastante vasto de fatores que levaram às investidas contra a autoridade, principalmente no contexto moderno e ocidental. Considerada ingerência de poder tanto na vida social como na individual, a autoridade conta com uma reputação negativa em nossos dias.

Costumamos descrever gostosamente os anos 1960 como o período contemporâneo em que a autoridade foi acusada em praça pública. Inúmeras obras buscaram precisar a especificidade dessa época. O que teve um apogeu em maio de 1968[54], por exemplo, não foi concluído, apesar da queda de muitos regimes totalitários — mesmo se na geração atual parece surgir certa indiferença em relação à contestação indiscriminada, acompanhando-se aqui e ali de um interesse renovado por formas tradicionais ou inéditas de autoridade, tanto no plano religioso como no político-social. O debate versa sobre o mundo contemporâneo, de modo íntimo e intenso, em todas as suas dimensões.

2. Definição geral

A autoridade é parte integrante de toda relação humana; não há relação sem autoridade. A partir do momento em que dois seres estão na presença um do outro, uma relação de autoridade se instaura automaticamente: crianças brincando, colegas de trabalho, membros de uma associação, conversas informais etc. A definição do conceito de autoridade integra, portanto, qualquer estudo em relações humanas, em áreas como sociologia, etnologia, psicologia, pedagogia, ciências políticas, direito, teologia. Além disso, a autoridade não é um fenômeno diretamente perceptível, mas se manifesta através de certo número de mecanismos, sendo discernível no resultado de sua ação sobre as coisas e os seres. Assim, a percepção e a apreciação da autoridade variam consideravelmente, de acordo com o ângulo sob o qual apreendemos o mundo e as relações humanas.

O termo "autoridade" é polissêmico. O uso corrente lhe atribui várias acepções, combinadas ou seletivas, das duas compreensões a seguir. Na primeira, jurídica, a autoridade é um direito atribuído a alguém, a um grupo ou a uma instituição, que inclui um poder específico (a autoridade de um pai sobre os filhos, de um chefe sobre seus subordinados, de um magistrado sobre aqueles que administra). Essa autoridade é funcional e considerada objetiva. Na segunda, psicológica, a autoridade é superioridade reconhecida em alguém por motivos diversos (competência, riqueza, idade, charme, sensibilidade...). Essa autoridade é pessoal e geralmente espontânea.

Além disso, toda autoridade tem um valor relativo que pode ser relacionado à transcendência. Não há autoridade sem limites, por causa da possibilidade de abusos. A autoridade deve ser sempre relativizada e submetida a controle.

O conceito de autoridade não pode ser dissociado da noção de *poder*. O politólogo Georges Burdeau o define do seguinte modo: "É o poder de obter, sem recorrer à força, certo comportamento da parte daqueles que se submetem. Excluindo-se a aplicação de força, essa definição enfatiza o caráter psíquico relacionado ao fenômeno da autoridade". ("Autoridade", em *Encyclopaedia Universalis*, t. III, Paris, 1985, p. 54.) No entanto, o uso do termo "poder" acarreta certa ambiguidade: se parece haver poder onde há autoridade e autoridade onde há poder, pode também haver poder sem autoridade e autoridade sem poder.

Em uma perspectiva teológica, um dos pontos decisivos é o da autoridade que reconhecemos em Deus e nas instâncias através das quais essa autoridade se manifesta ou pode ser reconhecida. Nesse sentido, dois versículos bíblicos abrem o leque das posturas para as quais os cristãos reivindicam legitimidade, mas nem sempre em um consenso sobre o que significam: *porque não há autoridade que não proceda de Deus* (Rm 13.1) e *Mais importa obedecer a Deus do que aos homens* (At 5.29). Da primeira afirmação, alguns deduzem que devemos uma submissão quase incondicional às autoridades desejadas ou instituídas por

---

[54] [NT] Insurreição popular iniciada por estudantes, em Paris, logo conquistando a Europa. Dirigiu-se de início ao governo de Charles de Gaulle, adquirindo em seguida colorações diversas ao alvejar a sociedade de consumo, o capitalismo, a sexualidade tradicional, as instituições e todo tipo de autoridade estabelecida.

Deus, mas em geral sem um acordo sobre a identificação dessas instâncias que mediatizam a autoridade divina (Estado, igreja, papa, bispos, sínodos, Escrituras, tradição, confissões de fé etc.). Da segunda afirmação, alguns concluem que um dos principais deveres do cristão é denunciar sem cessar todas as usurpações de autoridade que, de um modo ou de outro, ultrajam a honra de Deus. Como a relação de autoridade é algo complexo e diversificado, essas duas atitudes aparentemente opostas podem coincidir no comportamento de um indivíduo ou grupo: pode-se, por exemplo, contestar a autoridade de um sínodo, submetendo-se sem reservas à de uma confissão de fé.

Porém, antes de tudo, as referências à autoridade divina situam o conjunto do problema em uma perspectiva que é ao mesmo tempo fundadora e escatológica. Por ser de Deus, trata-se de uma autoridade primeira, última e atual ao mesmo tempo, instauração e contestação, problematizando de início e por fim todas as objetivações para as quais as instâncias humanas de mediação não cessam de buscar justificativas, escorando-se nela e apropriando-se dela.

3. A autoridade como valor e realidade irredutível da experiência humana

O exercício da autoridade, e do poder que dela decorre, é uma característica fundamental da experiência do homem em sociedade. Desde a menor unidade de vida (o casal) até os aglomerados mais vastos e complexos (a nação, as associações internacionais etc.), a relação de pessoas e grupos entre si pode se definir em termos de autoridade, imposta ou reconhecida, manifesta ou sofrida. Afirmar que os homens nascem iguais em seus direitos não significa que sejam, por diversos motivos (biológicos, culturais, políticos), alheios ao fenômeno da autoridade, nem que seja necessário buscar uma manifestação de autoridade que seja compatível com seus direitos. Poderíamos até mesmo ir mais longe com um aparente paradoxo: haveria para cada ser humano o direito imprescritível de ter uma autoridade como referência.

O único — e imenso — problema consiste em detectar sobre o que se baseia a dita autoridade. Em todas as épocas, as civilizações, seus pensadores e suas religiões se interrogam sobre a legitimidade da autoridade que constatam ou desejam para si, propõem ou impõem.

Esse questionamento se torna particularmente sensível, e também atual, quando toma por objeto dois lugares tradicionais de autoridade, a cidade e a família, ambos, aliás, marcados pela história do protestantismo.

3.1. A cidade (tradição ocidental)

Sem dúvida, autoridade e poder são vocábulos que pertencem à terminologia em uso no mundo *social* e *político*. Mas se a relação de autoridade pode ser considerada um fenômeno comum a todas as formas de sociedade humana, o modo de concepção de sua natureza e gestão não será sempre o mesmo. A tradição cristã e ocidental parece ter adquirido uma maneira específica de tratar o problema, que ao mesmo tempo lhe confere uma especial acuidade.

De modo geral, enquanto a tradição cristã oriental detém o foco sobre as possíveis implicações do termo grego neotestamentário *exousia*, com fortes conotações escatológicas e carismáticas, a *auctoritas* da tradução ocidental é profundamente marcada pelo espírito mais jurídico do mundo latino, favorecendo um modo de apresentar o problema que remete a preocupações mais imediatamente institucionais: pretende-se determinar quem tem autoridade, em nome do que e sobre quem. Decorre disso que o modo ocidental de examinar tais questões acerca da autoridade se refere quase sempre a problemas relacionados a poder, submissão e hierarquia, incluindo revolta e, eventualmente, abdicação ou repressão.

Durante o período em que o cristianismo foi marginal, e até mesmo clandestino, no interior do Império Romano, o protesto cristão dirigiu-se sobretudo à divinização do poder imperial. Contudo, a partir do momento em que o cristianismo se torna religião oficial do império, problematiza-se a autoridade da igreja, na pessoa de seus bispos, e do imperador, também sacralizado. Assim, chega-se progressivamente à distinção característica do mundo ocidental — a que se instaura entre o poder *espiritual* e o poder *temporal* —, e a igreja passa a admitir (não sem dificuldades) a primazia do primeiro sobre o segundo, necessariamente reconhecendo que não conseguiria fazer prevalecer seu direito sem a ajuda do segundo.

Em paralelo a essa primeira hierarquização dos poderes, instaura-se uma segunda, no próprio seio da igreja, considerada então uma instituição distinta da sociedade civil, de outra natureza. Também nisso, tudo foi operado de modo progressivo, e um dos conflitos internos mais longos da igreja foi saber quem, entre o papa e os concílios, deveria predominar sobre o outro.

Igualmente bastante típica do mundo ocidental, a Reforma do século XVI veio exacerbar os termos do problema, não somente questionando o equilíbrio que finalmente havia se instaurado entre poder espiritual e poder temporal, mas sobretudo contestando fundamentalmente os detentores do poder eclesiástico em suas alegações diretas e automáticas de autoridade espiritual. Para os reformadores, era a autoridade da verdade que havia sido usurpada pelos representantes de um poder sacerdotal que tinham falseado o parentesco com a verdade atestada nas Escrituras e que, além disso, exerciam esse poder de um modo que contradizia ultrajantemente o modelo prescrito pelo próprio Cristo: uma autoridade de serviço, não de dominação.

Tu deves saber que, desde que o mundo existe, um príncipe sábio é um pássaro raro, e um príncipe piedoso, algo ainda mais raro. Em geral, os príncipes são os maiores demônios ou os piores velhacos na face da terra. É necessário sempre esperar o pior da parte deles e abandonar toda expectativa de boas coisas, principalmente nos assuntos divinos sobre a salvação das almas. São carcereiros e carrascos de Deus: a cólera divina os usa para castigar os maus e manter a paz externa. Nosso Deus é um grande Senhor, por essa razão precisa desses nobres, ilustres e ricos carrascos e bedéis, e é vontade divina que recebam de todos, em grande abundância, riqueza, honra e temor. Também é vontade divina que esses carrascos recebam de nós o título de "graciosos senhores", que nos prostremos a seus pés e que sejamos a eles submissos em toda humildade, para que sua função não se estenda muito e eles não desejem passar de carrascos a pastores. Se porventura acontece que um príncipe seja sábio, piedoso, ou que seja cristão, eis um dos maiores milagres, sinal mais precioso da graça divina para com aquele reino. Pois é regra geral o que está dito em Isaías 3.4: *Dar-lhes-ei meninos por príncipes, e crianças governarão sobre eles.* E em Oseias 13.11: *Dei-te um rei na minha ira e to tirei no meu furor.* O mundo é mau, indigno de príncipes sábios e piedosos em quantidade. Para sapos, são necessárias cegonhas.

[...] Que são, portanto, os sacerdotes e os bispos? Eu respondo: seu governo não corresponde a autoridade ou poder, mas, sim, a um serviço, uma função, pois não são nem maiores nem melhores que os demais cristãos. Assim, não devem opor aos demais nem lei nem mandamento que não resultem de acordo e aprovação. Seu governo consiste apenas em levar a efeito a Palavra de Deus para, com sua ajuda, conduzir os cristãos e triunfar sobre a heresia. Como está dito, não só pode governar os cristãos com outra coisa, a não ser única e exclusivamente com a Palavra de Deus, pois os cristãos devem ser governados na fé, e não em obras exteriores. Ora, a fé não pode jorrar de nenhuma palavra humana, mas somente da Palavra de Deus, assim como diz São Paulo (Rm 10.17): *E, assim, a fé vem pela pregação, e a pregação, pela palavra de Cristo.* Os que não têm essa fé não são cristãos, não pertencem ao Reino de Cristo, mas ao reino secular em que são coagidos e governados pela espada, um governo exterior. Os cristãos fazem espontaneamente e sem coação o que é bom, e para isso lhes basta a Palavra de Deus.

Martinho LUTERO, *Da autoridade secular, até que ponto se lhe deve obediência.* Em *Obras Selecionadas*, vol. 6, 1524. Tradução livre. São Leopoldo, Sinodal, 1995.

O problema ainda ecoou no século XVIII, principalmente sob o efeito das perseguições e dos êxodos relacionados à Revogação do Edito de Nantes (1685). Os huguenotes e seus descendentes do Refúgio foram de fato levados a constatar que uma opção religiosa imposta pelos detentores de um poder temporal ou espiritual não conduz à fé, mas a uma submissão consentida e resignada ou a uma capitulação da consciência. Concebida então como um valor positivo e uma condição necessária ao exercício da verdade, a tolerância surge como para minar esse tipo de autoridade. Jean-Jacques Rousseau levou às últimas consequências essa nova determinação ao afirmar repetidamente em sua segunda *Carta escrita da montanha*: "A religião protestante é tolerante por princípio, ela é tolerante em essência, ela é tão tolerante quanto é possível ser, já que o único dogma que ela não tolera é o da intolerância".

A Revolução Francesa e o discurso sobre os direitos humanos provocaram certo nivelamento social. Afirmando a igualdade de direitos para todos os seres humanos, as novas democracias intentaram devolver poder ao povo, abolindo os privilégios que repousavam sobre uma concepção hierárquica da sociedade. A partir de então, a autoridade não mais seria atributo de uma classe social; no entanto, também não se tornaria um bem de todos os cidadãos.

De fato, a democracia funciona com base em um duplo princípio: a igualdade entre todos os cidadãos e a lei da maioria. Um sistema como esse deixa pouco espaço para a noção de autoridade. O critério decisivo é quantitativo; o valor que se reconhece é numérico. Deduz-se isso precisamente do princípio de igualdade: igualdade entre cidadãos e igualdade de votos quando há consulta à vontade do povo. O princípio do voto majoritário exclui não só todo juízo de valor, mas também o reconhecimento de uma forma de autoridade. Toda ideia, toda ação, toda proposta se equivalem — nisso estão tanto o risco quanto a vantagem do sistema. E também, em certa medida, nisso está seu aspecto vicioso fundamental: a maioria que se expressa parece valer mais que a minoria.

O papel da autoridade, portanto, é acessório em meio aos critérios em jogo nas eleições ou no resultado de um plebiscito. De fato, os mecanismos próprios ao funcionamento da democracia causam a interferência de múltiplos fatores: jogos de influência, critérios econômicos, regras de cotas, papel da mídia, dos partidos, sem contar o fenômeno de difícil análise que é o abstencionismo, em alta nas democracias ocidentais. Esse é um dos motivos que torna o recurso sistemático ao voto majoritário algo nada assimilável para o reconhecimento de um tipo de autoridade.

Assim, qual a base para a autoridade na cidade, já que não há classes sociais nem grupos de cidadãos que a detenham? Neste início de século, assistimos em muitas democracias modernas a uma crise institucional em estado latente, ou a uma crise de legitimidade. Nesses Estados democráticos, seus governantes são alvo de severas críticas. De certa forma, questiona-se sua autoridade. Desconfiança ou usurpação de poder? Nesses dias, é comum que a autoridade pertença, de um lado, a tecnocratas (economistas, administradores, cientistas) e, de outro, a guias carismáticos de todo tipo (líderes eclesiásticos, visionários ou ideólogos). Esse deslocamento seria sinal de um crescente divórcio entre autoridade e poder? De qualquer maneira, os que administram a cidade não são necessariamente detentores de um poder forte, e muito menos de uma autoridade incontestada.

Além disso, a mídia teve uma participação central nas grandes transformações por que passou a segunda metade do século XX, constituindo um quarto poder que forja praticamente sozinho a opinião pública.

É como se assistíssemos tanto à consagração da *competência* quanto (o que pode parecer contraditório) ao surgimento de uma nova geração de *mestres espirituais* ou *formadores de opinião*. Esse duplo movimento pode ser considerado uma virada do jogo. De fato, o reconhecimento desses tipos de autoridade (competência ou carisma) não tem mais relação alguma com uma concepção democrática do exercício do poder.

O que resta, portanto, em matéria de autoridade, para aquele que detém o poder e governa a cidade? Resta-lhe uma autoridade que poderíamos qualificar de funcional, relacionada a seu cargo e ao exercício de seu mandato, e nem tanto a sua pessoa: algo como uma autoridade delegada.

3.2. A família

Compreendemos por *família* o grupo social constituído por laços de sangue e composto principalmente pelas figuras de pai, mãe e filhos, sem excluir (mas com um grau menor de intimidade) avós e parentes colaterais vivos. Essa definição restritiva não seria aceita por muitas civilizações atentas ao poder dos ancestrais mortos, limitando-nos ao meio cultural em que se enraizou o nascente protestantismo.

De início, convém analisar o exercício da autoridade na família, em três níveis de importância, segundo a legislação, o meio social e o comportamento individual: o casal, os filhos, o parentesco ou seus substitutos. No entanto, o "mal-estar familiar" que se constata amplamente no Ocidente evidencia a presença de situações ainda mal definidas no plano legal e até mesmo no plano moral. O aumento considerável no número de lares monoparentais, a frequência de casais que não necessariamente possuem laços biológicos com seus filhos, os órfãos sob a tutela do Estado — tais contextos nos obrigam a nuançar em larga medida um discurso tradicional sobre a vida familiar. Porém, em tudo isso a questão da autoridade continua a subsistir.

Constituído de modo durável ou efêmero, sancionado ou não por atos civis, o casal é o tipo especial de uma relação entre dois indivíduos de sexo diferente. A administração dessa "semelhança na diferença" supõe decisões que, por sua vez, escoram-se em manifestações de autoridade. Toda uma gama de comportamentos pode surgir entre dois extremos mais ou menos fictícios: de um lado, o poder sem limites do esposo, considerado (injustamente) típico de uma mentalidade "primitiva", mas de fato jamais concretizado, a não ser no imaginário mítico (como, p. ex., na história do Barba Azul); do outro, a recusa a toda autoridade dominante em favor de uma concepção "fusional" do casal, em que as decisões necessárias devem emergir de um acordo espontâneo, em todas as áreas da vida. Dos dois "modelos", o primeiro nega de fato a existência do casal, enquanto o segundo ignora a diferença das pessoas que o constituem. Afinal, o exercício de autoridade no interior de um relacionamento entre cônjuges nada mais é que o consenso de um processo empreendido por ambos rumo a objetivos comuns. O direito de decisão envolvendo a ambos se apoiaria na contribuição pessoal de cada um para a missão do casal. É esse tipo de parceria que as mais recentes legislações sobre o casamento parecem objetivar.

O tradicionalista Louis de Bonald (1754-1840) estimava que não se deveria jamais reunir os homens somente na igreja ou na caserna, pois ali eles não discutem, mas obedecem. Afirmava também que, na família, o pai é rei, os filhos súditos e a mulher "ministro", ou seja, ela recebe as ordens emitidas pelo chefe, o pai, e zela por seu cumprimento através dos súditos, os filhos.

Seria exagero dizer que tal concepção monárquica do *pater familias* não está mais no sangue, a não ser quando se torna necessária, em meio a uma crise familiar. De qualquer modo, parece não mais fazer a cabeça de ninguém no mundo ocidental sacudido pela contestação da família nos moldes de André Gide, que usou o termo "prisão" para qualificá-la. Com razão, o filósofo Jean Lacroix observa que, "na mente da maioria daqueles jovens que chamamos 'contestatários', as questões fundamentais não são tanto políticas, mas, sim, familiares".

Seria a ruína do absolutismo paterno um equivalente ao fim de toda autoridade válida, de toda autoridade como valor, no contexto tanto da família como das formas que ocupam seu lugar? Podemos tentar responder com pelo menos quatro observações: 1) Ao longo dos séculos, os vários códigos familiares, mesmo os mais liberais, tiveram de dar conta da seguinte evidência: o bebê nasce em um mundo de adultos. Por sua pouca força e sua ignorância, durante anos a fio precisará ser guiado por aqueles que estão à sua frente e que lhe mostrarão o caminho, barrando seus passos em direção a becos sem saída. De modo vital para ele, está entregue à autoridade desses adultos. 2) Essa autoridade é antes de tudo tutelar e protetora, fundada sobre a precedência e a experiência daqueles que primeiro a impõem e em seguida a propõem. A lei reprime a ausência dessa autoridade e ao mesmo tempo coíbe abusos, pelo menos em relação à primeira infância. 3) A contestação da autoridade dos pais surge com violência variável, na medida em que os filhos se encaminham para a autonomia. Chega o momento, de administração particularmente delicada, da relação diferente entre os adultos responsáveis e o adolescente que ainda não o é em todas as áreas da existência. Não se trata obrigatoriamente do fim da autoridade, mas, sim, a passagem sempre arriscada para outro tipo de autoridade, que reivindica direitos de vigilância e principalmente exemplos de coerência. A família revela nesses momentos a capacidade de abandonar o exclusivismo de sua estrutura em prol de uma abertura seletiva a outras influências sociais, pessoas ou grupos. 4) Essa prática diferencial de autoridade terá mais chances de ser compreendida e implementada se for uma decisão de pai e mãe (quando houver), não apenas de um deles. Sem utopias, poderá ser o prelúdio do surgimento de certo concerto familiar em que pais e filhos em busca de autonomia participem na tomada de decisões que envolvam todos. Um constante ou informal "conselho de família" seria no mínimo um momento de aprendizado do manejo da autoridade.

A abertura da família "nuclear" é uma necessidade bastante enfatizada em nossos dias, por descortinar novas perspectivas no exercício da autoridade. Entre aqueles a quem beneficamente pode-se delegar alguma autoridade, figuram certamente parentes. Por várias razões — idade, experiência, competências ou laços afetivos específicos —, os avós e os tios podem representar para a criança ou o adolescente figuras de autoridade mais adaptáveis a certas circunstâncias; os responsáveis naturais errariam se tentassem por obstáculos a essa abertura, principalmente se eles mesmos se encontram em dificuldades relacionais.

Tanto no cotidiano "normal" quanto em tempos de crise, o meio familiar é um local privilegiado de estudo das múltiplas variáveis do conceito de autoridade. O que se questiona hoje não é tanto a validade desse princípio, mas, sim, a base estrita que lhe é associada, apenas em laços naturais. O funcionamento da autoridade parental e a legitimação de sua prática transcendem a biologia, abarcando projetos de natureza existencial e social.

3.3. Figuras emblemáticas de autoridade

A análise dos mecanismos da autoridade nos contextos político e familiar aponta para dois componentes principais. Para que haja ato de autoridade, é preciso algum *carisma*: é o caso do homem ou da mulher de personalidade forte. Porém, a constatação do carisma não pode deixar-se de acompanhar da *competência*, que é desenvolvida no exercício do poder. A função de cada um desses elementos pode variar segundo o local, a circunstância e o modo de acesso à situação autoritária, mas não há de fato autoridade sem que ambos estejam combinados. Tais observações podem favorecer o estabelecimento de alguma tipologia que confronte figuras emblemáticas de autoridade. É em suas dimensões históricas e sociológicas que o fenômeno da autoridade pode ser estudado com mais precisão.

Em uma primeira categoria, consideraremos duas figuras que no passado eram bastante próximas: a do *pai* e a do *rei*. No seio da família, o pai é considerado por toda uma corrente legislativa (herdada do direito romano) portador de um carisma tal que o autoriza a dominar sobre toda a sua casa. Da mesma forma, o monarca absoluto assume a autoridade suprema sobre seu povo e sobre a pirâmide dos poderes que o regem. Teoricamente, não há necessidade de competência para regular o exercício desse carisma, mas o abuso que transforma o pai em tirano doméstico e o rei em ditador provoca uma reação que faz questionar o absolutismo e obriga aqueles que aspiram a posições de poder a fornecer provas de sua competência: provas pedagógicas, políticas, psicológicas. Sem o reconhecimento dessa exigência, o pai é radicalmente contestado, e o rei, destronado.

Opostos a esses, poderíamos citar os modelos do *mestre* e do *funcionário público*. Em ambos há competência: intelectual, para o mestre, e de nomeação, para o funcionário. Porém, o professor destituído de carisma irá em vão recorrer às profundezas de seus saberes quando for necessário domar uma classe rebelde, enquanto o funcionário-chefe designado de modo justo para sua posição não poderá assegurar a observância a suas ordens somente com base no fato de ter sido nomeado. Na verdade, a competência que não é complementada por um carisma pessoal de autoridade deixa de ser uma competência.

À primeira vista, não se pode dizer o mesmo sobre o *deputado* ou o *líder* de partidos ou movimentos. Quando o povo designa seus representantes, em teoria busca confirmar sua capacidade de chefiar um órgão do governo; quando um grupo deixa emergir de seu seio aquele que será um guia, estima ter discernido nessa pessoa uma combinação satisfatória de carisma e competência. Crê-se assim que bastam um otimismo democrático e uma concepção esquemática da dinâmica de autoridade para validar a liderança de seus eleitos. Isso equivale a ignorar as reviravoltas da vida política, que podem distanciar um deputado de sua base eleitoral, mergulhando-o em um meio cujas normas são diferentes das que vigoram no grupo de seus eleitores; quanto ao líder de partido, uma vez em posição de autoridade, poderá causar decepções, no mínimo como a cabeça daqueles que esperam ver nele a encarnação de suas expectativas. A autoridade não é uma realidade estática que se transfere sem danos de um contexto a outro, mas se reconstitui o tempo todo. O deputado e o líder partilham com seus representantes o risco subjacente a essa situação.

A última figura emblemática, a do *ministro*, significa etimologicamente *servo*. É evidente que a autoridade exercida por ele não está isenta nem de carisma nem de competência, mas essa combinação que ele se esforça por equilibrar está condicionada por uma perspectiva que a transcende: o ministro está a serviço. Pode-se verificar a mesma característica em todas as situações de autoridade que esboçamos aqui, pois os pais estão a serviço da família, os reis a serviço de seu povo, os mestres a serviço de seus pupilos e os funcionários a serviço de seus subordinados; deputados e eleitores podem correr juntos o risco de servir ao poder democrático, o grupo e seu líder podem se apoiar mutuamente a serviço de uma mesma causa.

4. Herança histórica

4.1. A referência evangélica: *dominium* e *ministerium*

Para compreender as implicações e o alcance do debate sobre a autoridade nos tempos da Reforma, convém talvez começar por uma citação dos evangelhos atestando a reviravolta que provoca a mensagem de Jesus na questão da autoridade, junto a uma orientação específica para os cristãos: *Mas Jesus, chamando-os para junto de si, disse-lhes: Sabeis que os que são considerados governadores dos povos têm-nos sob seu domínio, e sobre eles os seus maiorais exercem autoridade. Mas entre vós não é assim; pelo contrário, quem quiser tornar-se grande entre vós, será esse o que vos sirva; e quem quiser ser o primeiro entre vós será servo de todos. Pois o próprio Filho do Homem não veio para ser servido, mas para servir e dar a sua vida em resgate por muitos* (Mc 10.42-45 e paralelos). Assim, a base para a autoridade não é mais, como no direito romano, a supremacia (*dominium*), mas o serviço (*ministerium*).

Vejamos em alguns pontos o significado da declaração de Jesus: 1) Essa palavra se dirige à comunidade messiânica comprometida com seu Mestre. Segundo Lucas 22.27, Jesus lhes afirma: *Pois, no meio de vós, eu sou como quem serve*. Apesar da alusão aos governantes, o ensinamento não tem implicações políticas diretas. Sob a pluma de Paulo, a autoridade (nesse caso, civil) é *ministro de Deus para teu bem* (Rm 13.4). 2) A afirmação de Jesus se baseia na grande tradição do Antigo Testamento, em que todos os personagens de destaque são servos (de Deus e de seu povo) que renunciaram à própria autonomia para cumprir fielmente a vontade divina. 3) Os discípulos de Cristo se distinguem da ideologia em vigor na época, do *dominium*, reconhecendo como superiores aqueles que se colocam a seu serviço. É possível que essa afirmação tenha como alvo o autoritarismo de certos líderes da igreja no primeiro século. 4) O serviço de que se trata aqui, e que constitui a verdadeira autoridade entre os cristãos, não é apresentado como um aniquilamento ascético do *eu*, mas, sim, como uma consagração ativa, à imagem de Jesus.

Analisaremos, portanto, ao longo da história, como as igrejas cristãs compreenderam e aplicaram as instruções de Jesus sobre o princípio de autoridade ensinado, o de serviço. Aproveitaremos para tecer uma breve comparação entre os ensinamentos católicos e a abordagem protestante do tema.

4.2. O modelo católico

A maneira com que Roma se exprime hoje sobre a autoridade e o poder tem poucos pontos em comum com o discurso oficial do papa Leão X (que chefiou a igreja entre 1513 e 1521) ou do Concílio de Trento (1545-1563). Após mais de quatro séculos, vimos o (quase) fim do poder temporal do papa e a confrontação do catolicismo em inúmeros questionamentos sobre sua organização e seu papel na sociedade. O foco e o tom das encíclicas papais ou dos decretos conciliares foram bastante modificados: se, antes, a postura era altiva e repressora, pouco a pouco esses documentos passaram a exibir comportamentos mais flexíveis e uma abertura mais serena ao diálogo. No entanto, em uma análise mais detalhada, a noção de autoridade que vigora na igreja continua característica de uma instituição que a tornou um elemento intrínseco à fé, com a sanção específica do Concílio Vaticano I (1869-1870). Assim como no passado, temos hoje um sistema tipicamente romano, o da *societas perfecta*, sistema de autoridade que foi transformado em teologia.

No dia 21 de novembro de 1964, o papa Paulo VI promulgou a *Lumen gentium*, constituição dogmática sobre a Igreja Católica, elaborada pelo Concílio Vaticano II. Os dois primeiros capítulos desse texto rico de seiva bíblica tratam da vocação da igreja como um todo e da estrutura fundamental de comunhão. É interessante notar que, depois de uma descrição convicta acerca da condição comum de todos os batizados, a constituição enfatizaria com a mesma premência a "constituição hierárquica da igreja, especialmente do episcopado"; a transição foi operada pelo tema bíblico do *ministerium*, já que a hierarquia é apresentada como serviço à disposição do povo de Deus para o cumprimento de sua missão: "Os ministros que têm o poder sagrado servem a seus irmãos para que todos os que pertencem ao povo de Deus, e por isso possuem a verdadeira dignidade cristã, alcancem a salvação, conspirando livre e ordenadamente para o mesmo fim" (*Lumen gentium*, 18).

Como compreender esse "poder sagrado" que qualifica os ministros para o exercício do "serviço da autoridade"? A constituição responde longamente a essa questão, aplicando-se na demonstração da continuidade da tradição ministerial a partir do chamado de Jesus Cristo para a missão, dirigido aos Doze. Para a Igreja Católica, o Senhor instituiu o conselho apostólico sob a liderança de Pedro, e isso tornou a igreja uma comunidade hierarquicamente ordenada. Para assegurar a transmissão do evangelho através dos tempos, os apóstolos escolheram sucessores, que por sua vez o fariam novamente, até nossos dias. Assim, a autoridade delegada pelo próprio Cristo jamais deixou de ser presente e representada na igreja: o papa e os bispos são portadores desse carisma.

Examinemos o significado do "poder sagrado" da hierarquia católica. É suficiente apontar para alguns pontos específicos sobre sua natureza: 1) O sistema hierárquico descrito anteriormente só vale dentro da Igreja Católica, que apenas tolera a existência de outros regimes, sem aprová-los. 2) A autoridade católica é de tipo pessoal. Ainda que *Lumen gentium* desenvolva de modo notável o tema do conselho episcopal, o funcionamento de cada diocese e da igreja em seu conjunto é concebido como "monárquico". Os conselhos e sínodos podem se multiplicar, mas seu alcance será sempre consultivo. Em todos os níveis, as decisões finais cabem a um só homem, com alguma delegação pelo sacramento da ordem (como é o caso dos padres e, em certa medida, dos diáconos). 3) Incorreríamos em erro se víssemos na "sucessão apostólica" apenas um encadeamento jurídico ou mecânico. A eclesiologia católica contemporânea insiste, pelo contrário, na importância da tradição de fé e de prática pastoral para cada bispo. 4) Por sua origem, a autoridade na igreja só pode ser exercida por clérigos devidamente ordenados. De fato, há entre o sacerdócio comum dos fiéis e o sacerdócio ministerial ou hierárquico "uma diferença essencial, e não somente de grau" (*Lumen gentium*, 10). Os laicos podem ser consultados, mas não têm poder decisório. 5) Concluindo, uma citação do novo código de direito canônico permite discernir melhor de que forma a Igreja Católica compreende a via do evangelho quanto à autoridade. Trata-se, aqui, de uma regra sobre a conduta das comunidades monásticas: "Os superiores exerçam em espírito de serviço o seu poder, recebido de Deus pelo ministério da Igreja. Dóceis, portanto, à vontade de Deus no desempenho do cargo, governem seus súditos como a filhos de Deus, e promovam, com todo o respeito à pessoa humana, a obediência voluntária deles; ouçam-nos de bom grado e promovam a colaboração deles para o bem do instituto e da Igreja, mantendo-se, entretanto, firme sua autoridade de decidir e prescrever o que deve ser feito" (cânone 618).

4.3. Abordagens protestantes

Diante do modelo hierárquico e "monárquico" do catolicismo, o protestantismo defende concepções de autoridade e de administração do poder que se baseiam na afirmação de uma dupla mediação: a da Bíblia (exteriormente) e a do Espírito Santo (intimamente). Isso evidencia o desejo de dessacralização de toda autoridade e de todo poder que estariam na mão do clero, apontando para Jesus Cristo como único detentor de autoridade, Senhor de tipo escatológico.

Na leitura da Bíblia e sob a ação do Espírito, a igreja, como corpo, exerce certa autoridade. Não há assim diferença fundamental alguma entre os batizados. Todos são portadores, juntos, da mesma autoridade, com implicações na administração do poder. Assim, o quadro fixo dos líderes das igrejas protestantes não constitui de modo algum um sacerdócio distinto, detentor de uma autoridade ligada a um Estado. Essa concepção de autoridade delegada implica uma grande partilha do poder. Não é, portanto, de espantar que o funcionamento das igrejas protestantes seja comparado ao das democracias modernas. Um estudo diacrônico tornaria facilmente evidentes as múltiplas influências que a igreja e a sociedade civil exerceram uma sobre a outra. Historicamente, por sua teologia, sua antropologia ou seu discurso ético, as igrejas protestantes contribuíram largamente para o surgimento dos princípios que regem hoje as democracias modernas. Um estudo sincrônico mostra, no entanto, que não devemos nos deixar enganar: não é sempre que o mesmo espírito anima a ideologia democrática e a eclesiologia protestante, mesmo se inúmeras semelhanças se fazem notar.

4.3.1. Marcos históricos

A postura protestante deve muito à sua história. Já evocamos o fato da Reforma e a consciência de ruptura e contestação que está ligada ao movimento. Mencionamos também as perseguições sofridas e as reflexões que suscitaram. Convém acrescentar que a ascensão (à força) da crítica bíblica levou certos teólogos protestantes a questionarem-se sobre a autoridade não só em relação ao abuso do poder eclesiástico, espiritual e teológico no catolicismo, mas no seio do protestantismo, e até os problemas envolvendo autoridade dentro da própria Bíblia. A partir do momento em que as Escrituras são passíveis de várias leituras nem sempre compatíveis, a verdade autoritativa para os cristãos é desafiada. Uma frase do filólogo alemão Hermann Samuek Reimarus (1694-1768) é suficiente para resumir e situar essa forma de perceber a questão: "A religião não é verdadeira porque evangelistas a ensinaram, mas os apóstolos a ensinaram porque é verdadeira" (*Fragmente des Wolfen büttelschen Ungenannten* [1774-1778], Berlim, Reimer, 1895).

A característica cultura latina, com inclinação para o jurídico e o institucional, fez da França (e da área de influência cultural francesa) do século XIX o país em que o problema da autoridade se colocou de modo mais agudo, principalmente sob o ângulo da legitimidade: que instância poderia e deveria se erguer como autoridade de modo legítimo nesse terreno, que inclui prerrogativas de consciência, de ordem moral, espiritual e intelectual?

As opiniões se dividiram esquematicamente em duas frentes distintas. Primeiro houve a oposição entre católicos e protestantes. Sob a influência crescente de pensadores tais como Joseph de Maistre, Louis de Bonald e Félicité de la Mennais (o mesmo autor de *Essai sur l'indifférence en matière de religion* [1817-1823], 4 t. em 2 vols., Genebra, Slatkine, 1980), o catolicismo se colocou cada vez mais como uma "religião de autoridade" (expressão de Louis Veuillot), com uma submissão sem reservas aos ensinamentos da Igreja Católica e de seus representantes. O cúmulo dessa postura foi a definição do dogma da infalibilidade papal (1870). Diante dessa identificação do princípio de autoridade espiritual e poder eclesiástico, os protestantes foram levados a insistir no fato de que o protestantismo é a "religião da liberdade", ou seja, permite o livre exame. Como escreveu Samuel Vincent (1787-1837), pastor de Nîmes: "O conteúdo do protestantismo é o Evangelho; sua forma, a liberdade de exame" (*Vues sur le protestantisme en France*, t. I, Nîmes-Paris-Genebra, Bianquis-Gignoux--Servier-Treuttel e Wurtz-Ballimore-Cherbuliez, 1829, p. 19).

Mas não apenas. Há uma segunda frente de batalha no protestantismo entre os "ortodoxos", segundo os quais a razão humana, manifestando-se precisamente no exercício do livre exame, deveria inclinar-se diante do caráter sobrenatural e inatingível das verdades reveladas, e os "liberais", que qualificam tal atitude como heteronomia e não veem em que verdades formuladas em termos humanos ou autentificadas por instâncias humanas (concílios, papas, sínodos, autores bíblicos) deveriam escapar a um livre exame que parece, para eles, impor--se como condição de consentimento livre e autônomo à própria verdade de Deus. Auguste Sabatier é o teólogo reformado dessa linha que explorou o problema da autoridade em matéria de fé, até suas últimas trincheiras, em particular na parte crítica de sua última obra *Les religions d'autorité et la religion de l'Esprit* (1901). Ele afirma sua filiação ao pensamento de Alexandre Vinet, que em pleno século XIX protestante foi um dos mais ardorosos defensores da consciência e de sua autonomia.

A demonstração de Sabatier, talvez nem sempre crítica o suficiente quanto aos pressupostos culturais da época, é construída sob o modelo das bonecas russas que saem umas de dentro das outras. Ele denuncia cada uma das características ilusórias ou contestáveis das autoridades de que cremos depender a verdade do cristianismo na história ocidental — dogmas, igreja, tradição, episcopado, papado, Escritura —, até desmantelar enfim "o último bastião de autoridade", as palavras de Jesus autentificadas pela crítica histórica. O que significaria de fato essa autoridade subitamente transferida da igreja aos exegetas e aos historiadores, ainda que sejam mais sábios, e de que serviria "invocar a infalibilidade de Cristo, se antes fomos obrigados a sacrificar à crítica histórica a infalibilidade de seus primeiros biógrafos?".

Sabatier acreditou ter encontrado a resposta para esse problema de legitimidade opondo às "religiões de autoridade", a quem atribuía diversas formas de ortodoxia protestante, a "religião do Espírito". A fórmula logo saiu-se mal, principalmente debaixo das críticas dos meios barthianos e da "teologia dialética". As implicações da situação não deixam de ser interessantes: tentando fugir do teor jurídico e institucional, chegou a uma perspectiva pneumatológica e escatológica, a mesma que caracteriza os textos neotestamentários sobre a autoridade.

> Crer em Jesus, no próprio pensamento de Jesus, não é partilhar todas as suas crenças ou repetir a letra de seus discursos. Não é a submissão ou o sacrifício da inteligência que ele exigia ao pedir fé nele e em sua mensagem. Aqueles que sustentam suas palavras não percebem que desconhecem e alteram a natureza e o caráter dessa fé. De um ato de consciência e do coração, de um ato de iniciativa religiosa e moral que inaugura uma nova vida interior, eles fazem um ato de adesão intelectual que poderia muito bem se verificar estéril. Confundem fé e crença. Estão certamente fora do espírito de Jesus e não compreendem o conteúdo específico do evangelho da salvação. Crer em Jesus é um ato que consagra o coração, a consciência, a vontade, a alma por inteiro ao Pai celeste que Jesus veio revelar. É viver na mesma piedade filial em que ele viveu, encontrando nele o Pai, o perdão e a vida eterna.
> Sem dúvida o Mestre falava com autoridade, e não como os escribas. Mas isso quer dizer que sua autoridade era de outra natureza e provinha de fonte diversa das dos escribas, que justamente pretendiam falar em nome dos textos infalíveis. Essa autoridade de Jesus não vem de títulos exteriores, mas do valor de sua personalidade e do caráter intrínseco de suas palavras — portadoras de uma firmeza que se imprime sobre a consciência. Uma vez recebidas pela fé, essas palavras se identificam e se incorporam à própria consciência, ressoando em nós como palavras de Deus por se imporem como verdade, justiça e amor. Há uma distância infinita entre essa autoridade e a infalibilidade de uma letra qualquer. É de outra ordem. Mostraremos mais adiante como o pensamento de Jesus aboliu as religiões de autoridade exterior para fundar a religião interior do Espírito, ou seja, uma comunhão direta com Deus instituída na consciência renovada.
>
> Auguste SABATIER, *Les religions d'autorité et la religion de l'Esprit* (1901), p. 279s.

A partir de então, a solução protestante para o problema da autoridade em matéria de fé poderia ser a seguinte: já que nada pode substituir a relação de autoridade que o próprio Deus estabelece em sua graça, nenhuma das mediações através das quais essa autoridade divina se nos impõe pode ter um caráter único ou absoluto. Em vez disso, a referência à autoridade de Deus é que descentraliza radicalmente os indícios ou as diretrizes que temos dessa autoridade. Tais indícios ou diretrizes (Escritura, tradição etc.) são sinais que apontam para aquilo que os ultrapassa e que ao mesmo tempo constitui sua necessidade e sua caducidade. A autoridade de Deus é por demais fundamental e definitiva para deixar de estar na base de um regime temporário, precário, diferenciado e militante. A teonomia em que insistiram teólogos como Paul Tillich é algo importante nesse movimento de instauração simbólica e de iconoclasmo requerido por nossa própria condição como criaturas. Esse modo de abordagem do problema da autoridade se afigura bastante atual em uma sociedade invadida por ideologias e assediada pela exaltação dos vários tipos de poder que competem entre si: político, financeiro, industrial, cultural, científico etc.

4.3.2. A autoridade na igreja

O homem só diante de Deus, uma Bíblia na mão, iluminado pelo Espírito Santo: eis uma imagem que descreve o protestante! Sem dúvida, devemos retê-la na memória para compreender a percepção da autoridade e a questão do poder nas igrejas protestantes.

Poderíamos afirmar que, nas igrejas protestantes, a autoridade é sempre delegada. Porém, isso suscita mais perguntas que respostas. De fato, mesmo que hoje as igrejas advindas da Reforma adotem todo um modo de funcionamento que inclui a partilha da autoridade, os princípios de igualdade entre os cristãos, de fidelidade ao evangelho e de disponibilidade para a ação do Espírito Santo podem conduzir a percepções diferenciadas do conceito de autoridade, engendrando formas variadas de administração da autoridade e exercício do poder.

No contexto restrito da igreja, Lutero e Calvino afirmaram sua adesão à dimensão comunitária, encarnada e local, e à dimensão universal. Sua eclesiologia supõe a existência de ministérios. O sacerdócio comum de todos os cristãos não invalida a necessidade de ministros designados para uma missão específica. Beneficiários do reconhecimento de sua vocação pela comunidade, os ministros detêm uma dupla autoridade: primeiro, a pessoal (ligada a seu carisma e a sua formação) e, segundo, a delegada (ligada a sua função). Essa autoridade está sob o controle da comunidade e debaixo da soberania do evangelho.

As formas concretas de organização podem ser:

a) A Igreja da Inglaterra, ou Anglicana, propõe um modelo intermediário: entre a concepção hierárquica do catolicismo romano e a corporativa, própria ao protestantismo reformado. Apegada a suas tradições e influenciada pelas ideias da Reforma (Martin Bucer, Teodoro de Beza), a Igreja Anglicana manteve um *episcopado*, mas privilegiou a função pastoral acima das funções sacramentais ou disciplinares. A partilha do poder dentro da Igreja Anglicana conheceu grandes variações ao longo da história. "Em 1970, a Igreja Anglicana substituiu as estruturas de governo anteriores por um Sínodo Geral, constituído de três câmaras: bispos, clero (incluindo mulheres [...] e leigos. [...]). Ainda que alguns temas relativos à doutrina, à liturgia e aos sacramentos só pudessem ser aprovados nos termos propostos pela Câmara dos Bispos, o Sínodo Geral é visto como um espaço aberto de discussão em que se permitem expressões particulares em relação às decisões episcopais" (Stephen Sykes, "O poder na Igreja Anglicana", *Concilium* 217, 1988, p. 154).

b) Na Reforma, Calvino enfatiza a *dimensão corporativa* da autoridade, fiel a um modelo já em vigor na igreja primitiva. As decisões nunca são deixadas para um só, mas resultam de acordos entre vários. Calvino descreve com detalhes a igreja local (Genebra), mas permanece nesse nível, abstendo-se de aprofundar a questão quanto à autoridade na igreja universal, tanto na dimensão doutrinária quanto na disciplinar. Hoje, as igrejas reformadas aderiram a essa concepção de uma autoridade corporativa (sistema presbítero-sinodal). Em todos os níveis da instituição (local, regional ou nacional), conselhos formados por fiéis e ministros (teoricamente, todos "laicos") são eleitos democraticamente para exercer um mandato limitado.

c) No século XVI, os anabatistas se opõem a toda forma de autoridade associada a um ministério. Fundamentam-se na ideia da liberdade total do Espírito Santo, que sopra onde quer e quando quer. Alegam que a igreja não pode ser o lugar instituído da expressão e da gestão da autoridade. Nesse caso, a igualdade entre cristãos, longe de favorecer a elaboração de um modelo democrático de gestão da autoridade, pode fomentar a eclosão de um tipo de ditadura *carismática*. Trata-se de um modelo radical que tende a desaparecer historicamente (ainda que reapareça em comunidades recém-fundadas).

d) As assembleias dissidentes, herdeiras do Avivamento do século XIX, ainda se opõem, pelo menos em princípio, ao estabelecimento de ministérios contínuos e remunerados, confiados a pessoas formadas. Pode-se interpretar tal atitude como a expressão do temor quanto a um novo clero que, por seu conhecimento e sua permanência no cargo, coloque em perigo a concepção igualitária de autoridade. No entanto, na prática e no contato com outras comunidades, tais igrejas adquirem aos poucos consciência da necessidade de estabelecer ministérios permanentes. Essa evolução é recente e suas causas precisam, sem dúvida, ser investigadas em uma experiência prática e histórica, algo que poderia provocar um questionamento teológico.

5. A autoridade na igreja e a autoridade da igreja

5.1. A autoridade segundo o Novo Testamento

Fiel aos ensinamentos veterotestamentários, o Novo Testamento concebe Deus como aquele em quem reside toda autoridade. Essa autoridade designa o poder absoluto que Deus detém sobre o universo inteiro: autoridade sobre o tempo (At 7.1), sobre os astros e os elementos (Ap 16.9), sobre os anjos, potestades e poderes (1Pe 3.22). Jesus é aquele a quem Deus revestiu de autoridade (Mt 9.8; Hb 2.8) e recebeu toda autoridade sobre o céu e sobre a terra (Mt 28.18), além de poder sobre toda carne (Jo 17.2).

A polêmica entre Jesus e o judaísmo da época não se baseia diretamente sobre a autoridade pessoal de Jesus, mas, sim, sobre a origem e a fonte dessa autoridade (Mt 21.23). A autoridade de Jesus se manifesta em seus ensinamentos, que é quando seus interlocutores reconhecem sua autoridade (Mt 7.29); em sua proclamação de perdão (Mt 9.6); em sua função de taumaturgo e exorcista, quando mostra autoridade sobre os demônios (Mt 8.31s). A epístola aos Colossenses o apresenta não somente como depositário de uma autoridade suprema, mas também como cabeça de toda a criação: "pois, nele, foram criadas todas as coisas, nos céus e sobre a terra, as visíveis e as invisíveis, sejam tronos, sejam soberanias,

AUTORIDADE

quer principados, quer potestades. Tudo foi criado por meio dele e para ele [...]. Também, nele, estais aperfeiçoados. Ele é o cabeça de todo principado e potestade" (Cl 1.16; 2.10).

A autoridade dos discípulos e, por extensão, a dos cristãos e da igreja é uma autoridade delegada. É Jesus quem reveste seus discípulos de autoridade. Assim, em nome de Jesus Cristo, os discípulos podem anunciar perdão (Mt 18.18), expulsar demônios (Lc 10.17-19), curar (Lc 9.6; At 9.32-34) e até mesmo ressuscitar mortos (At 9.40). Trata-se de uma autoridade para serviço.

No Novo Testamento, as autoridades (ou potestades) são categorias de anjos, submissos (1Pe 3.22) ou em oposição a Deus (Ef 6.12; 1Co 15.24). Em alguns casos, designam também os detentores do poder político (Lc 12.11; Rm 13.1; Tt 3.1).

5.2. O problema das mediações em eclesiologia

Se para o cristão não há autoridade senão em Jesus Cristo, a questão de como comunicá-la e o *status* a ela atribuído permanece em aberto. O senhorio universal do Filho de Deus seria compatível com o ato de delegar poderes a homens ou instituições humanas? Se sim, em que medida? Esse problema está no cerne da crise reformadora do século XVI.

Porquanto há um só Deus e um só Mediador entre Deus e os homens, Cristo Jesus, homem, o qual a si mesmo se deu em resgate por todos (1Tm 2.5s): eis a tese fundamental com que Lutero se ergueu contra o poder usurpado, blasfematório, da hierarquia romana e, mais especialmente, do papa. Em um retorno aos textos fundadores do cristianismo, encontramos muitos motivos para nos opor ao poder abusivo sobre as almas no catolicismo romano, através da afirmação da única graça que salva pecadores, acolhida pela fé. É, portanto, sem recorrer a obra meritória alguma, nem à intervenção de qualquer poder sacerdotal, que se opera a reconciliação.

Porém, a clareza de tais afirmações não privilegia o advento de um individualismo radical em que apenas contaria o face a face do cristão com seu Deus. Ao mesmo tempo que restituíam à fé pessoal seu lugar decisivo, os reformadores se esforçavam por situar essa fé em uma igreja purificada dos abusos que denunciavam, uma igreja unida e segundo a vontade do Senhor, reformada pela Palavra. Não se tratava de fundar em sua época a comunidade perfeita, a igreja dos sonhos segundo o Novo Testamento, mas, sim, já que Roma se recusava a isso e os excluía, voltar à tradição autêntica, que havia sido obscurecida. Por isso, não se limitando à questão da salvação, eles se engajaram — sobretudo Calvino — em um processo eclesiológico, a outra face da cristologia.

> Agora nos cabe falar da ordem mediante a qual o Senhor quis que sua Igreja fosse governada. Pois ainda que importe que exclusivamente reja e reine na Igreja, ele também preside nela ou exerce eminência sobre ela, e é indispensável que este império seja exercido e administrado somente por meio de sua Palavra. No entanto, visto que *ele* não habita entre nós em presença visível, de sorte que não nos declara sua vontade pessoalmente, por sua boca, dissemos que nisso se aplica o ministério dos homens e como que uma obra vicária, não lhes transferindo seu direito e honra, mas somente para que, pela boca deles, *ele* mesmo execute sua obra da mesma forma que também o artífice usa de um instrumento para fazer *seu* trabalho.
>
> [...] Antes que comecemos a tratar de cada um *desses pontos* em particular, queremos avisar os leitores pios de que tudo quanto se ensina sobre o poder da Igreja, lembrem-se de que se deve referir àquele fim a que, segundo o atesta Paulo, foi dado, isto é, para edificação, e não para destruição (2Co 10.8; 13.10), do qual os que usam legitimamente nada mais pensam ser senão ministros de Cristo, e ao mesmo tempo ministros do povo em Cristo (1Co 4.1). Com efeito, a maneira singular de edificar-se a Igreja é que os próprios ministros se empenham em conservar a Cristo sua autoridade, a qual não pode de outra sorte manter-se incólume a não ser que a ele seja deixado o que recebeu do Pai, a saber, que seja o único Mestre da Igreja.
>
> João CALVINO, *As institutas ou Tratado da religião cristã*, vol. 4, cap. III, 1 e cap. VIII, 1. Tradução de Waldyr Carvalho Luz.

Jesus Cristo, único mediador e salvador, torna os seus um só corpo, que precisa ser tornado visível por eles no mundo. Ele lhes dá seu Espírito de vida e lhes confia a missão de pregar o evangelho da salvação e unir os cristãos. Da mesma forma, chama-os para serem suas testemunhas fiéis e os capacita para cumprir essa tarefa em seu nome, entre o Pentecostes e o final dos tempos. Podemos assim falar aqui de mediação, ou mediações: são legítimas na medida em que não ameaçam nem pretendem substituir a soberania do Salvador.

Passo a apresentar alguns exemplos desse fato. Para tornar-se conhecido pelos homens e ensinar sua vontade, Deus lhes envia a Palavra em seu Filho; as Sagradas Escrituras dão testemunho dele. Desde a vida de Jesus até a fé de sua igreja, há a mediação da Bíblia. A autoridade escriturística está assegurada, mas é derivada da Palavra, que é seu veículo e lugar. Na doutrina reformada, o discernimento dessa autoridade é resultado do testemunho interior do Espírito Santo.

Se há fidelidade e se o fiel recorre contínua e permanentemente à Palavra de Deus, há também mediação na atividade dos ministros. Sua vocação interior, reconhecida e confirmada pela ordenação, habilita-os para a tarefa de intérpretes das Escrituras (pregação pública e privada), de condutores da celebração litúrgica, de líderes da comunidade (anciãos) e de prestadores do serviço cristão (diáconos).

Agradou a Deus submeter sua presença à mediação dos sacramentos (batismo e santa ceia), que, no entanto, só podem ser eficazes como sacramentos da Palavra. A proclamação do evangelho e a invocação do Espírito Santo pelo ajuntamento da comunidade (epiclese) são, portanto, fundamentos de toda celebração sacramental.

Hoje, no debate entre católicos e protestantes, está presente o tema da instrumentalização da igreja "mediadora". Desde o Vaticano II, o catolicismo associa à igreja a expressão "sacramento" para descrever, de modo geral, o papel insubstituível da igreja na salvação. Para preservar a autoridade única da Palavra, o protestantismo tende a considerar as necessárias mediações eclesiásticas como simples canais, cujo valor repousa em sua abertura dócil à ação de Deus.

5.3. A autoridade doutrinária

Para dar um testemunho fiel e verdadeiro ao mundo, a igreja deve ser conforme a Palavra de Deus; a fé que professa é fruto de sua obediência à autoridade soberana da verdade. Mas como conhecer essa verdade? E quem poderia ser responsável pelo ensino e pelas vivências dessa verdade?

Já vimos, de modo geral, como o catolicismo contextualiza essa questão. Dois termos são fundamentais para o debate:

a) A *tradição* é o modo de transmissão do "depósito" da revelação de Deus aos homens. Desde o século III, com o cânon pronto, a igreja sanciona a adoção da Bíblia como o centro de sua mensagem. A sucessão apostólica tem como missão principal conservar intacto esse depósito (1Tm 6.20; 2Tm 1.14). Mas "esta tradição apostólica progride na Igreja sob a assistência do Espírito Santo. Com efeito, progride a percepção tanto das coisas como das palavras transmitidas, quer mercê da contemplação e estudo dos crentes, que as meditam no seu coração, quer mercê da íntima inteligência que experimentam das coisas espirituais, quer mercê da pregação daqueles que, com a sucessão do episcopado, receberam o carisma da verdade" (Vaticano II, Sobre a revelação divina *Dei verbum*, 8). Como resultado desse carisma, "a Igreja não tira só da Sagrada Escritura a sua certeza a respeito de todas as coisas reveladas. Por isso, ambas devem ser recebidas e veneradas com igual espírito de piedade e reverência" (ibid., 9).

b) O *magistério* vivo da igreja, exercido pelo papa e pelo episcopado em acordo entre si, é o poder de anunciar a Palavra de Deus em seu nome e com sua autoridade, definindo o sentido dessa Palavra quando for necessário. Portanto, é do magistério a norma de compreensão atual da Escritura e da tradição. No entanto, a constituição sobre a revelação divina observa que "Este magistério não está acima da Palavra de Deus, mas, sim, a seu serviço, ensinando apenas o que foi transmitido, enquanto, por mandato divino e com a assistência do Espírito Santo, a ouve piamente, a guarda religiosamente e a expõe fielmente, haurindo deste depósito único da fé tudo quanto propõe à fé como divinamente revelado" (ibid., 10). Tanto a promulgação de dogmas quanto a condenação de obras heréticas são atos do magistério.

A prática da autoridade doutrinária é sensivelmente diferente no protestantismo. Isso se deve sobretudo à noção de sucessão apostólica que vigora nas igrejas advindas da Reforma. Enquanto o catolicismo distingue, segundo o cardeal Newman (ex-anglicano), entre a tradição "profética" transmitida por todo o corpo da igreja e a tradição "episcopal" considerada a expressão oficial da tradição geral, o protestantismo só considera um único depositário da

AUTORIDADE

tradição, a saber, as Santas Escrituras, recebidas pela comunidade dos cristãos e lidas sob a luz do Espírito Santo.

As igrejas protestantes se recusam a reconhecer o direito de qualquer hierarquia na definição da fé, contestando, por motivos históricos e teológicos, os dogmas da sucessão apostólica e da infalibilidade papal. Isso não equivale a negar a tradição, mas, pelo contrário, a dar-lhe as honras devidas, insistindo sobre o fato de que, à época da constituição do cânon, a igreja se submeteu para sempre à autoridade soberana e exclusiva da Palavra.

Longe de significar um olhar fixo sobre as origens do cristianismo, esse constante retorno às Escrituras é um ato de fé na permanente atualidade do documento fundador. Nesse sentido, as igrejas da Reforma não esperam uma verdade advinda da mediação obrigatória de um corpo episcopal, mas do *testemunho interior do Espírito Santo*, cuja assistência é invocada pelos cristãos cada vez que a Bíblia é lida e pregada.

Ao longo da história, os princípios das Escrituras seriam condensados em confissões de fé, às quais se recorre cada vez que é necessário proclamar a verdade em dadas circunstâncias. Porém, a autoridade doutrinária resultaria sempre de um minucioso labor de interpretação, jamais concluído por inteiro e sempre a ser recomeçado, da *viva vox Evangelii* ("voz viva do evangelho"): a teologia e a fé comum dos cristãos encontram-se juntos nesse movimento.

> A igreja não reivindica autoridade direta, absoluta e intrínseca para si mesma, mas apenas para as Sagradas Escrituras como Palavra de Deus. A obediência à autoridade da Palavra de Deus atestada nas Escrituras se encontra objetivamente determinada pelo seguinte fato: todos aqueles que, na igreja, confessam reconhecer e receber o testemunho bíblico estarão prontos para considerar atentamente uns aos outros, ao mesmo tempo buscando explicar e aplicar esse testemunho. Constantemente limitada pela autoridade fundadora das Escrituras, a autoridade da igreja é indireta, relativa e extrínseca.
>
> Karl BARTH, *Dogmática* I/2*** (1938).

5.4. A autoridade disciplinar

Na tradição reformada, encontra-se sob o nome de *disciplina* um conjunto de regras de natureza jurídica que exprimem o modo com que a fé da igreja é concretamente experimentada. Esses textos são votados pelos sínodos e fazem parte da imagem que a igreja fornece de si mesma em relação à autoridade da Palavra de Deus: nos países em que subsiste um laço entre a igreja e o Estado, a ratificação do governo pode ser requerida.

A função da disciplina evoluiu bastante a partir do século XVI: concebida às vezes com um rigor que pode culminar em certo juridicismo, pretendia sinalizar a seriedade e a gravidade da vida eclesiástica em um contraste não só com o laxismo da sociedade civil, mas também com as acomodações e os abusos de poder do catolicismo. Hoje desprovida da maioria de seus artigos de caráter repressivo, a disciplina sobrevive, geralmente, sob a forma de um regulamento oficial. Alguns deploram esse fato, atribuindo o que entendem como enfraquecimento da autoridade da Palavra à generalização do regime multitudinista que derruba as fronteiras entre a igreja e o mundo. Como reação, dissidências tendem a reimplantar o projeto da disciplina, endurecendo-a, com propensão para o moralismo.

A primeira função da disciplina é *organizacional*, compreendendo nesse contexto disposições que, no sistema romano, permanecem "de direito divino", e outras medidas que visam simplesmente ao bom funcionamento da igreja. Em linhas gerais, aqui está o que geralmente ocorre nas igrejas reformadas:

— Os órgãos da igreja: princípios de aplicação prática do sistema prebítero-sinodal.

— Os ministérios da igreja: formação e ordenação de pastores e diáconos. Procedimentos para sua eleição. Posse de pastores, diáconos e anciãos. Registro dos cargos dos ministros.

— O culto e os sacramentos: disposições gerais sobre a celebração e a liturgia. Significado do batismo e condições para recebê-lo. Significado da santa ceia, frequência e celebrantes, acesso à comunhão (várias igrejas reformadas recebem atualmente na santa ceia crianças batizadas e conscientes desse ato).

— Cerimônias constitutivas da igreja: ordenação, posse das autoridades locais e sinodais.

— Atos pastorais: intervenções da igreja que em geral requerem a presença ativa de um ministro: o casamento e o culto fúnebre. Quanto ao casamento, além dos casos comuns que são objeto de diversas diretivas, as igrejas legislaram sobre os casamentos interconfessionais e sobre a possibilidade do recasamento religioso de pessoas divorciadas.

— Discipulado: a tarefa, o desenvolvimento, a conclusão (profissão de fé).

— A evangelização e as missões.

Essas diversas disposições supõem o exercício de uma autoridade que zela por seu cumprimento. Ministros à parte — pois são qualificados para suas tarefas específicas —, trata-se de uma autoridade eletiva (com final determinado) e corporativa. A Palavra de Deus é autoridade suprema sobre tudo isso.

A segunda função da disciplina é *representativa*. No início, era exercida sobre o conjunto dos fiéis por um controle fraternal de sua fé e seus costumes. Sanções que podiam culminar em excomunhão estavam previstas contra os recalcitrantes (v. a *Disciplina eclesiástica* de 1559, um complemento à *Confissão de La Rochelle*). No entanto, logo o caráter pastoral da reprimenda cedeu a um espírito de juízo: em muitos locais, a atividade dos consistórios se tornou inquisitorial e burocrática. Ao longo do século XIX foram desaparecendo os últimos traços desse tipo de disciplina.

O mesmo não ocorreu com os ministros da igreja, ao menos para quem exerce a função de modo profissional. Estimando acertadamente que os ministros estão mais diretamente engajados no testemunho comum, a autoridade eclesiástica não pode, com isso, comportar-se como um patrão diante de seus empregados. É por isso que muitas vezes se recorreu a comissões de disciplina, encarregadas nem tanto de substituir os tribunais civis, mas, sim, fornecer instruções apropriadas para o caso, lembrando sobretudo a audiência dos compromissos assumidos pelo ministro em erro no momento de sua ordenação. O relatório de uma comissão de disciplina é submetido à autoridade comum da igreja, que pronuncia então a sanção. São previstas também possibilidades de reabilitação. A disciplina define assim o contexto em que se exerce o poder, descrevendo as modalidades de *administração* da igreja, desde as resoluções até sua aplicação. Em um sistema em que cada batizado que faz a profissão de fé tem o direito de se exprimir e defender suas opiniões, é necessário delimitar com precisão as áreas de competência. O lugar respectivo dos ministros e dos leigos deve ser especial e claramente definido, para que se evite um clericalismo de fato ou seu oposto: que os ministérios sejam como máquinas burocráticas.

A administração das igrejas protestantes responde às exigências da partilha do poder entre ministros e leigos, além das exigências corporativas. Em todos os níveis da instituição (local, regional e nacional), o poder é partilhado entre leigos e ministros, segundo critérios próprios a cada igreja (geralmente, todos os órgãos de decisão são compostos por uma maioria de leigos).

O sistema *presbítero-sinodal* é representativo de uma administração eclesiástica desejosa de que todos os seus membros possam realizar propostas e tomar parte em decisões. Seu funcionamento é geralmente comparado ao da democracia. Ainda que, na prática, se busque privilegiar um processo decisório consensual, todas as decisões devem ser sancionadas por votos ao fim de um debate. A cada escalão da instituição, um órgão executivo, conselho com função episcopal, encarrega-se de executar as resoluções tomadas por um órgão legislativo. Esse sistema conta com dois principais pilares: o conselho da igreja, órgão executivo no nível local, e o sínodo, assembleia legislativa no nível regional ou nacional. O bom funcionamento desse modelo, em teoria bem estruturado, dependerá bastante da qualidade das relações entre seus vários componentes.

a) O ministro (pastor ou diácono) desfruta incontestavelmente de uma posição forte, sendo ao mesmo tempo efetivo na instituição, o receptor e o difusor privilegiado da informação. Com frequência, detém um saber acadêmico. No entender do público, ele é também beneficiário do prestígio e do respeito que acompanham a função. Além disso, em geral o ministro não é produto da comunidade em que exerce seu ministério. Assim, nesse sentido, é um representante da instituição que o delegou para aquele local. Todas essas qualidades conferem ao ministro (sobretudo ao pastor) um peso e uma influência consideráveis. No nível local, o ministro preside o conselho (do qual costuma ser membro ou até mesmo presidente). Esse conselho é responsável pelo bom funcionamento da igreja, respondendo pelo ministro e pelo grupo composto de uma parte de seus mais próximos colaboradores. Nesse contexto preciso, o ministro, respeitando as regras em vigor, deve usar de discernimento e sabedoria para permitir que membros leigos desempenhem um papel de destaque.

b) Como as igrejas locais desfrutam de certa autonomia, o fiel corre o risco de deixar de sentir-se parte de um todo eclesiástico e religioso. O sínodo é onde se concretiza a coesão da instituição. Composto de representantes da base, o sínodo toma decisões que concernem à igreja (regional ou nacional) em seu todo. Como essas decisões são recebidas nas igrejas locais? Como são aplicadas? É quando a informação e a formação desempenham um papel primordial. A boa comunicação das informações favorece não apenas o diálogo e o acordo, mas também a convicção de pertencer à instituição, assim como a aplicação das resoluções tomadas no sínodo. Quanto à formação (através de retiros, cursos por correspondência ou seminários teológicos), permite que o leigo adquira um saber, benefício que lhe confere certa autoridade, além de garantia de maior autonomia em relação ao corpo ministerial.

6. A igreja no mundo

A história da Europa e dos países por ela colonizados é pródiga em episódios marcados pela tentativa eclesiástica de impor autoridade aos povos e seus soberanos. A vontade de afirmar a supremacia universal de Deus está na raiz desses empreendimentos, mas culminou em graves conflitos em que a própria natureza do reino divino foi obscurecida ou pervertida. Ainda hoje, mesmo se a busca de um poder direto sobre as nações (teocracia) foi eliminada do programa das igrejas, a ideia de uma "sociedade cristã" profundamente influenciada pela doutrina e pela ética evangélicas não desapareceu por completo de certos projetos de missão e de (re)evangelização. A nostalgia de uma "ordem cristã" na sociedade continua presente para muitos bem-intencionados, que desejam de modo confuso a manifestação, aqui e agora, da autoridade de um Deus todo-poderoso.

6.1. A igreja e o Estado

Que tipo de relação os cristãos podem manter com as autoridades civis? Indicações sobre o tema no Novo Testamento são numerosas e mostram que essa questão estava longe de ser uma preocupação apenas periférica nas comunidades nascentes. A problemática é teológica e prática. Fundamentalmente, trata-se de uma questão de lealdade e/ou acomodação.

O cristão deve escolher entre a autoridade de Deus ou a do Estado? Se sim, quando e como?

No contexto do Império Romano (um Estado pagão), o apóstolo Paulo recomenda a submissão às autoridades civis, em que reconhece uma função reconhecida por Deus (Rm 14,1s; 1Co 6.1s; 1Co 2.8). Porém, a submissão do cristão deve ser algo vigilante e crítico. A autoridade do Estado não se compara à de Deus. De fato, Deus delegou ao Estado uma autoridade relativa para a defesa do bem comum e a repressão do mal. A autoridade do Estado não é absoluta, mas limitada e contida em seu papel de garantidor de certa ordem. "O cristão conhece o lugar que o Estado ocupa na economia divina da salvação; ele sabe por que o Estado pode discernir entre o bem e o mal. É por essa razão que o cristão é capaz, por mais paradoxal que isso possa parecer, de reconhecer no Estado, ainda que pagão, uma dignidade mais alta que no cidadão descrente. Mas a mesma razão lhe recomenda manter uma atitude fundamentalmente crítica em relação ao Estado, velando para que este não se afaste de modo algum da ordem divina" (O. Cullmann). Submetido às autoridades civis, o cristão permanece sujeito, em última instância, à autoridade divina. Ele se porá de guarda contra toda deriva totalitária do poder, testemunhando seu apego à autoridade de Deus e aos valores do evangelho (1Pe 2.13-17). Por fim, não deixará de orar por todos os que estão em posição de autoridade (1Tm 2.1s).

Tendo surgido em um Estado pagão, o cristianismo se tornaria, após a conversão do imperador Constantino (por volta de 325), religião do Estado. Em 380, o imperador Teodósio acaba com a liberdade religiosa e eleva a Igreja Católica ao *status* de única igreja oficial. No entanto, a imbricação entre igreja e Estado não regulamenta todas as questões envolvendo autoridade. No Ocidente, a Idade Média foi abundante em conflitos de autoridade entre o papado e o império. A Concordata de Worms (1122) põe fim à querela das investiduras, distinguindo entre investidura espiritual e temporal.

A questão das relações entre igreja e Estado volta à baila na época da Reforma: Lutero preconiza a autonomia das comunidades, mas, por motivos políticos, precisou aceitar que as autoridades civis participassem da liderança da igreja. Já Calvino não podia admitir que as autoridades civis ditassem leis para a igreja. Em Genebra, foi bem-sucedido, não sem alguma dificuldade, em promulgar suas *Ordenanças eclesiásticas*, que regem a vida do cidadão em sua totalidade.

O século XVIII representou uma nova virada. A filosofia das Luzes (deísmo e secularização) e as revoluções inglesa, americana e francesa (proclamação dos direitos humanos e ideal democrático) modificam consideravelmente a paisagem política de alguns Estados ocidentais. A Igreja Católica Romana, supranacional, reage afirmando o caráter imutável de sua organização: ela é uma *societas perfecta*. Já as igrejas protestantes, espontaneamente mais sensíveis às mudanças exteriores, reagem de modo diferente aos novos contextos políticos dos Estados em que se encontram. Hoje, há vários modelos no mundo:

a) Separação: em dois cantões suíços (Genebra e Neuchâtel), em países como França (com exceção da região de Alsácia-Mosela, de tipo concordatário), Espanha, Portugal, Itália, Grécia e no Leste Europeu, e de modo geral em outros continentes, as igrejas protestantes não têm, ou têm poucos laços com o Estado. Devem-se notar, porém, as capelanias do Exército, de responsabilidade financeira do Estado, e que a administração de todas ou de parte das construções eclesiásticas está, em certa medida, ao encargo dos cofres públicos. Na verdade, porém, o Estado não exerce autoridade sobre essas igrejas.

b) Concordata: nesse modelo, as igrejas são autônomas, mas mantêm com o Estado uma série de acordos, geralmente de natureza financeira, que dizem respeito a áreas mais ou menos vastas da atividade eclesiástica, desde o auxílio administrativo no recolhimento do "imposto da igreja" até maiores subsídios (salário pastoral na Alsácia-Mosela). Na Bélgica, o pluralismo religioso é assegurado pela atribuição às igrejas de um subsídio proporcional ao número de seus membros.

c) União com o Estado: essa colaboração demonstra o desejo estatal, inscrito em lei, de contar com a igreja nos níveis ético e social. É o caso da Alemanha e da maioria dos cantões suíços. Medidas financeiras correspondentes a essa situação são aplicadas: recebimento de um imposto eclesiástico obrigatório ou facultativo, inclusão das despesas de culto no orçamento geral do Estado e das comunas. O Estado pode se reservar certos direitos, como o de ratificar a eleição de um ministro pela igreja.

d) Igrejas do Estado: nesse modelo, o Estado privilegia determinada confissão, dotando-a do *status* de direito público. Participa da nomeação do clero, regula questões da vida na igreja (como a própria liturgia, na Inglaterra) e é responsável pelas despesas de culto. Os principais exemplos desse sistema são, além do Reino Unido, a Suécia (até o ano 2000) e a Dinamarca.

Muitos Estados estão diante de um novo desafio: o pluralismo religioso. De fato, a relação entre igreja e Estado foi definida em um contexto judaico-cristão, em uma época em que era inexistente o pluralismo. Assim, a questão da relação entre igreja e Estado, sobretudo a reflexão sobre a autoridade, encontra-se profundamente modificada pelo surgimento de cidadãos de outras religiões ou de movimentos religiosos integristas.

6.2. A dimensão escatológica e missionária

Vimos que o caminho do evangelho, abandonando o *dominium* autoafirmativo, conduz nos passos de Cristo ao *ministerium*, que faz que o cristão considere o outro como superior a si mesmo. Essa mudança de perspectiva não diz respeito somente a indivíduos, mas orienta igualmente a vida do povo de Deus no mundo.

A marcha da igreja no tempo presente não só invoca a seu favor a *memória* dos eventos fundadores, mas também é dinamizada pela *esperança* do Reino vindouro. Quanto à autoridade, a igreja se coloca sob o poder da Palavra, que se atribui plenamente a Jesus Cristo, na expectativa do cumprimento das promessas na glória eterna de Deus. Essa esperança viva leva a dois resultados práticos. Primeiro, como comunidade de fé, assistida pelo Espírito Santo, a igreja roga pela força de viver a vida do Reino *já*, aqui. Isso é feito na vivência do amor fraternal, com a maior aproximação possível das exigências do evangelho. Com isto, apesar de toda a fragilidade de sua condição terrena, a igreja pode atuar como um sinal anunciador do Reino. Segundo, como realidade provisória e limitada a este tempo, a igreja *ainda* não é agente do Reino de Deus sobre o universo, mas partilha a existência claudicante das nações, sem dispor de privilégios quanto a sua origem ou seu destino. Sua única autoridade sobre os homens reside em sua boa vontade para transmitir-lhes a Palavra que um dia a encontrou, sendo por vezes reconhecida como sinal do Reino vindouro.

Há, portanto, uma *missão* da igreja no mundo, que a leva a pregar o evangelho com vozes e gestos. Mas sua situação ambígua proíbe que esse testemunho seja transformado em algo além de uma proposta dirigida aos homens. A igreja perde toda a sua verdadeira autoridade quando sua ação se assemelha a uma tentativa de exercer poder sobre indivíduos e instituições. No entanto, isso não significa que ela deva limitar-se a proferir um discurso gratuito ou açucarado, pois tem a consciência de oferecer ao mundo a única e decisiva Palavra.

É por isso que a igreja surge muitas vezes como uma instância crítica na sociedade, questionando a usurpação de poder, a violência e a mentira. Sua "autoridade" será reconhecida na medida em que se apresenta não com avidez de mais poder, mas, sim, em espírito de serviço diante da humanidade, no nome de seu Senhor. É por isso, também, que a missão da igreja costuma tomar a forma de uma ação concreta (diaconia) das mais frágeis e desguarnecidas. A igreja não teme associar-se a obras sem conotação religiosa, não tanto para atingir maior eficácia em tais alianças, mas para pôr em prática seu estilo de "autoridade" baseado no serviço.

Certo número de igrejas protestantes europeias mantém hoje laços de extensão variada com o Estado. Seu *status*, que remonta em geral à Reforma, dispensa-as cada vez menos da preservação de sua dimensão escatológica e missionária em uma sociedade profundamente secularizada. Em um perpétuo retorno às fontes de sua vocação, é nessa sociedade que elas podem exercer um estilo diferente de presença e de autoridade.

7. Conclusão

A autoridade, entre nós, sofre litígio. De um lado, massivamente rejeitada por seus abusos políticos, familiares e até na igreja; de outro, ressurge em suas piores manifestações em movimentos, ligas e frentes de batalha que lhe inspiram nostalgias arcaicas. Nesse violento debate, qual a contribuição que uma visão protestante, aberta ao evangelho, pode trazer?

A resposta seria, primeiro, a lembrança de que não há relações sociais sem uma ou mais manifestações de autoridade, mas que devem ser diversas; e também a afirmação de que não há autoridade sem referência a um valor que a funda e ultrapassa. A autoridade não é acessória, mas ocupa o segundo lugar.

Ao nos apoiarmos na revelação evangélica, levamos adiante a reflexão iniciada pelos reformadores sobre os fundamentos e a aplicação de uma autoridade que está referida à autoridade divina, tal como se afirma nas Escrituras, com os elementos que a compõem: liberdade, responsabilidade, serviço. Com relação à parte descritiva deste artigo, em que situamos o protestantismo comparando-o ao catolicismo, gostaríamos que fosse recebida sem espírito de controvérsia. O diálogo ecumênico tem muito a ganhar com o esforço de precisão de ambas as posturas, para que se mantenham abertas a superações. Esperamos ter cumprido esse propósito.

Claude Bridel, com a colaboração de François Baatard e Bernard Reymond

▶ BARTH, Karl, *Dogmatique* I/1, § 7 (1932), I/2, § 20 (1938), Genebra, Labor et Fides, 1953 e 1955; BONHOEFFER, Dietrich, *Éthique* (1949), Genebra, Labor et Fides, 1997; CALVINO, João, *Institutas da religião cristã*, São Paulo, Casa Editora Presbiteriana, 1989, I, 4; II, 16; IV, 3-12; CAMPICHE, Roland J. et alii, *L'exercice du pouvoir dans le protestantisme*, Genebra, Labor et Fides, 1990; CULLMANN, Oscar, *Dieu et César*, Neuchâtel, Delachaux et Niestlé, 1956; DUQUOC, Christian, *La femme, le clerc et le laïc*, Genebra, Labor et Fides, 1989; FORSYTH, Peter T., *The Principle of Authority* (1913), Londres, Independent, 1952; GISEL, Pierre, *Croyance incarnée, Tradition, Écriture, canon, dogme*, Genebra, Labor et Fides, 1986; KÜNG, Hans, *Infaillible? Une Interpellation* (1970), Paris, Desclée de Brouwer, 1971; LUTERO, Martinho, *A respeito do papado em Roma contra o celebérrimo romanista de Leipzig* (1520), em *Obras selecionadas*, vol. II, 197-238, São Leopoldo, Sinodal, 1996; Idem, *Da autoridade secular, até que ponto se lhe deve obediência*, em *Obras selecionadas*, vol. 6 (1523), São Leopoldo, Sinodal, 1995; Idem, *Direito e autoridade de uma assembleia ou comunidade cristã de julgar toda doutrina, chamar, nomear e demitir pregadores: fundamento e razão da Escritura* (1523), em *Obras selecionadas*, vol. VII, 25-36, São Leopoldo, Sinodal, 1996; MONOD, Léopold, *Le problème de l'autorité*, Paris, Fischbacher, 1923; MOTTU, Henry, "L'autorité dans l'Église reformée", *Bulletin du Centre protestant d'études* 36/1, Genebra, 1984; REYMOND, Bernard, *Auguste Sabatier et les procès théologique de l'autorité*, Lausanne, L'Âge d'Homme, 1975; Idem, *Entre la grace et la loi. Introduction au droit ecclésial protestant*, Genebra, Labor et Fides, 1992; RICOEUR, Paul, *Lectures 1. Autour du politique*, Paris, Seuil, 1991; SABATIER, Auguste, *Les religions d'autorité et la religion de l'Esprit* (1901), Paris, Berger-Levrault, 1956.

▷ Absolutismo; anticlericalismo; autonomia; clericalismo; concílio; concordata; confissão de fé; conselheiros, presbíteros ou anciãos; democracia; disciplina; doutrina; direitos humanos; **igreja**; igreja e Estado; bispo; hierarquia; Hotman; indivíduo; **laicismo**; **liberdade**; liderança da igreja; livre exame; mediações; monarcômacos; obediência; ordens eclesiásticas; organizações eclesiásticas; papado; **pastor**; **política**; poder; presbítero-sinodal (sistema); **protestantismo**; resistência; Rousseau; Sabatier A.; sacerdócio universal; sucessão apostólica; sínodo; tradição; Vincent; Vinet

AVIVAMENTO

Toda a história do cristianismo é atravessada por períodos de renovação, em que a fé é revitalizada e a igreja dinamizada pela pregação e ação de cristãos fervorosos. No entanto, a noção de avivamento caracteriza um movimento mais específico, nos séculos XVIII e XIX. Na Alemanha, o termo *Erweckung* já se aplica à renovação religiosa sob a influência de Philipp Jacob Spener (1635-1705), e seu uso se estende ao pietismo morávio desenvolvido por Nikolaus von Zinzendorf (1700-1760). O avivamento anglo-saxão, pelo menos o de John Wesley (1703-1791), leva a marca do pietismo alemão, que foi a primeira influência do pregador inglês. No início, homens como John Wesley e George Whitefield (1714-1770) desejavam sobretudo avivar uma Igreja Anglicana inerte, cuja piedade se encontrava desprovida de uma verdadeira vitalidade espiritual. Porém, seja o Primeiro Grande Avivamento na Nova Inglaterra, com Jonathan Edwards (1703-1758), prolongando-se em seguida com avivalistas como Charles Finney (1792-1875), seja o avivamento suíço e francês sob o impulso de César Malan (1787-1864), Henri Pyt (1796-1835) e Ami Bost (1790-1874), a maior preocupação era insuflar em uma piedade formal demais, sem sabor nem calor, uma fé viva e missionária.

Embora esses avivamentos não constituam um movimento religioso homogêneo, em geral insistem na estrita autoridade da Bíblia e na doutrina do sacrifício expiatório de Jesus Cristo. A experiência religiosa é fundamental: a conversão do coração e a recepção emocional da justificação mantêm-se em uma relação de simultaneidade com a regeneração, que se torna motor da vida individual e comunitária dos convertidos. Mesmo se o avivamento leva às vezes à abertura de novas igrejas, um déficit eclesiológico contrasta com uma pneumatologia hipertrofiada, ancorada na obediência da fé, que pode se tornar muito puritana e moralista. Além disso, o avivamento está na origem de um bom número de sociedades de evangelização e obras diaconais inovadoras na educação e na saúde, bem como obras sociais.

Laurent Gambarotto

▶ LÉONARD, Émile G., *Histoire générale du protestantisme*, t. III: *Déclin et renouveau* (1964), Paris, PUF, 1988; MAURY, Léon, *Le Réveil religieux dans l'Église reformée à Genève et en France* (1810-1850), 2 vols., Paris, Fischbacher, 1892; WARD, William R., *The Protestant Evangelical Awakening*, Cambridge, Cambridge University Press, 1992; WEMYSS, Alice, *Histoire du Réveil 1790-1849*, Paris, Les Bergers et les Mages, 1977.

▷ Ação social; Aliança Evangélica; Bost A.; Cadier; carismático (movimento); Cook; Die et Dauphiné; Drôme (Brigada da); Edwards; Erlangen; Espírito Santo; espiritualidade; evangélicos; Exército de Salvação; Fallot; Finney; Gasparin; Gaussen; Gounelle; Haldane; Liga para a Leitura da Bíblia; Malan C.; Monod A.; Monod F.; Morávios (Irmãos); Neff; Paul; pentecostalismo; pietismo; Roussel; Saillens; santificação; Santidade (movimento de); **seitas**; Spener; Tholuck; Wesley J.; Whitefield; Wichern; Williams G. Zinzendorf

B

BABUT, Charles-Édouard (1835-1916)

Nascido em Paris, o "honorável pastor de Nîmes", recebeu influência de seu piedoso tio Adolphe Monod, conservando viva sua fé e mantendo a mesma austeridade moral herdada do Avivamento. Ordenado pastor em 1862, pouco após o fim de seu curso na Faculdade de Teologia de Montauban, cumpre a quase totalidade de seu ministério da Igreja Reformada de Nîmes, onde morre ainda no cargo. Ardente defensor da doutrina bíblica, da morte sacrificial de Cristo (cf. sua obra *Étude biblique sur la rédemption* [Estudo bíblico sobre a redenção], Nîmes, *La laborieuse*, 1914), Babut opõe-se à ideia símbolo-fideísta da fé justificadora. Porta-voz, no plano eclesiástico, de uma direita moderada, não cessa de trabalhar pela reconciliação da família reformada, sobretudo quando da primeira assembleia geral do protestantismo francês, em Nîmes, 1909. Além de seu constante apoio à Missão Interior Evangélica, que ajudou a fundar, destacam-se sua participação no surgimento de um cristianismo social e seu convicto engajamento em prol da paz internacional.

Laurent Gambarotto

▶ *Le pasteur Charles-Édouard Babut (1835-1916). Notes biographiques, articles, sermon inédit publiés à l'occasion de son centenaire dans le "Christianisme social" d'octobre-novembre 1935*, Alençon, Corbière et Jugain, 1936.

● Avivamento; cristianismo social/socialismo cristão; Missão Interior; Monod A.; Monod G.; paz; símbolo-fideísmo

BACH, Johann Sebastian (1685-1750)

Nasce em Eisenach (Turíngia) e morre em Leipzig. Ocupando o posto de organista em igrejas de Arnstadt (1703-1707) e Mühlhausen (1707-1708), e em seguida na corte em Weimar (1708-1717) e em Köthen (1717-1723), torna-se *kantor* da igreja de São Tomás, em Leipzig, e diretor municipal de música, funções que conservaria até sua morte. Além de compositor, foi um talentoso organista e tocador de espineta, admirado por seus contemporâneos.

O estilo de Bach é uma síntese de diversas escolas musicais da época barroca. As influências das tradições francesa e italiana lhe permitiram uma amplitude e um rigor formal então desconhecidos nas formas convencionais da música de órgão luterana (prelúdio de coral, prelúdio e fuga, tocata): ele alça o contraponto e a harmonia a um novo nível de perfeição técnica, assegurando a unidade de obras de grandes dimensões. O gênero cantata religiosa, recém-surgido na época, ganha com Bach sua forma clássica, ao estilo da ópera italiana (recitativo, ária), incorporado também a suas *Paixões*, das quais conhecemos apenas duas: *Paixão de São João* (primeira versão, da qual pouco se conhece: 1724; segunda versão: 1725; terceira versão: 1732; manuscrito definitivo [é a versão que se executa normalmente]: 1739 e 1749) e *Paixão segundo São Mateus* (1727 e 1729). Em relação à música profana, Bach promove inovações nos diversos gêneros praticados na primeira metade do século XVIII (concerto, sonata, suíte, variações, fantasia etc.), com exceção da ópera, à qual nunca se dedicou. Um bom número de suas obras da maturidade assume um caráter teórico, propondo uma reflexão retrospectiva, praticamente anacrônica, sobre as formas contrapontísticas (*Variações canônicas*, 1746; *Oferenda musical*, 1747; *Arte da fuga*, 1749). Outras obras agrupam, em uma antologia, trechos mais bem-sucedidos do compositor (terceira parte dos exercícios para cravo, mais conhecida como *Missa para órgão*), sem temer o uso paródico (*Oratório de Natal*, 1734; *Missa em si menor*, 1733 e 1748-1749).

De modo diverso da maioria dos músicos que na época ocupavam função semelhante, Bach nunca frequentou a universidade. Porém, possuía um profundo conhecimento teórico, tanto em teologia como em música, que pode ser entrevisto em sua gigantesca biblioteca. Essa impressionante coleção de livros nos proporciona a descoberta de um homem cuja piedade foi nutrida por tradições da mística luterana herdadas de Johann Arndt (1555-1621), além de unir uma fidelidade à doutrina tradicional da ortodoxia luterana à ênfase em uma experiência imediata de união mística do cristão com seu Salvador — o que retoma o tema da "alegre troca" entre o cristão e Cristo. Essa teologia não só está bastante presente ao longo dos livretos de cantatas e oratórios de Bach, mas se reflete também nas duas grandes tradições estilísticas que combinam as obras do compositor destinadas ao culto. Enquanto o estilo contrapontístico (dito "estilo antigo") traduz na música a objetividade da fé da igreja (p. ex., o primeiro *credo* da *Missa em si menor*), o estilo moderno do madrigal italiano, utilizado em árias e recitativos, deixa livre curso à expressão das paixões da alma que crê; a contemplação de Cristo torna o fiel consciente ao mesmo tempo de seu pecado e do fato de sua salvação. Em um convite à contemplação, a música religiosa de Bach assume uma função mistagógica, levando seus ouvintes ao deleite espiritual. Assim, a prática musical de Bach repousa sobre uma verdadeira teologia musical cuja fórmula mais concisa seria essa nota rabiscada por Bach na margem de sua Bíblia: "Em uma música meditativa, Deus está o tempo todo, com sua presença graciosa" (cf. Ulrich MAYER, "Johann Sebastian Bachs theologische Äusserungen" [A expressão teológica de Johann Sebastian Bach], *Musik und Kirche* [Música e igreja] 47, 1977, p. 112-118).

Apenas uma ínfima parte da obra de Bach foi publicada durante sua vida. Mesmo assim, sua música jamais caiu no esquecimento, angariando a admiração de compositores das gerações seguintes: Wolfgang Amadeus Mozart (1756-1791) assistiu a uma execução de seus *Motetos*, e Ludwig van Beethoven (1770-1827) encomendou uma partitura da *Missa em si menor* enquanto trabalhava na *Missa solemnis*. No entanto, foi Felix Mendelssohn-Bartholdy (1809-1847) que proporcionou à obra de Bach maior audiência. A influência de Bach é também especialmente sentida no oratório de Mendelssohn *Paulus* (1836) e em sua Sinfonia nº 5, *A Reforma* (1829). Franz Liszt (1811-1886) e Robert Schumann (1810-1856) escreveram *Prelúdios e fugas* com as letras do nome BACH (si bemol, lá, dó, si), enquanto o *Réquiem alemão* e o final da Sinfonia nº 4 de Johannes Brahms (1833-1897) demonstram traços do *kantor* de Leipzig. A influência do contraponto de Bach é singularmente notável na obra de Arnold Schönberg (1874-1951), bem como na de compositores neoclássicos do século XX (Igor Stravinsky [1882-1971], Paul Hindemith [1895-1963], Ferruccio Busoni [1866-1924] e Max Reger [1873-1916]. A música religiosa luterana alemã do início do século XX (Ernst Pepping [1901-1981], Hugo Distler [1908-1942] etc.) se nutre de uma referência fundamental à obra de Bach. No entanto, além dessas influências especificamente musicais, a obra de Bach ocupa desde o final do século XIX um papel importantíssimo na vida cultural e espiritual do protestantismo, principalmente de expressão alemã.

Jean-Marc Tétaz

▶ AXMACHER, Elke, *Aus Liebe will mein Heyland sterben. Untersuchungen zum Wandel des Passionsverständnisses im frühen 18. Jahrhundert*, Stuttgart, Neuhausen, 1984; BASSO, Alberto, *Jean Sébastien Bach (1685-1750)*, 2 vols., Paris, Fayard, 1984-1985 (bibliogr.); CHARRU, Philippe e THEOBALD, Christoph, *La pensée musicale de Jean-Sébastien Bach. Les chorals du catéchisme luthérien dans la "Clavier-Übung" (III)*, Paris, Cerf, 1993; GECK, Martin, *Bach. Leben und Werk*, Reinbek, Rowohlt, 2000; KRAEGE, Jean-Denis, "La théologie de Jean-Sébastien Bach", *ETR* 60, 1985, p. 553-572; KÜSTER, Konrad, org., *Bach-Handbuch*, Kassel-Stuttgart, Bärenreiter-Metzler, 1999; LEAVER, Robin A., *Bachs theologische Bibliothek. Eine kritische Bibliographie. Bach's Theological Library. A Critical Bibliography*, Neuhausen-Stuttgart, Hänssler, 1983; SMEND, Friedrich, *Bach und Luther* (1947), em *Bach-Studien. Gesammelte Reden und Aufsätze*, org. por Christoph WOLFF, Kassel, Bärenreiter, 1969, p. 155-175; STEIGER, Renate, *Gnadengegenwart. Johann Sebastian Bach im Kontext lutherischer Orthodoxie und Frömmigkeit*, Stuttgart-Bad Cannstadt, Frommann-Holzboog, 2001; WOLFF, Christoph, *Johann Sebastian Bach. The Learned Musician* (2000), Oxford, Oxford University Press, 2002.

◐ Arndt; Brahms; *cantor*; coral luterano; Mendelssohn-Bartholdy; **música**; Schütz

BACON, Francis (1561-1626)

Caçula de uma família de dignatários do reino elisabetano, Francis cursou língua e literatura gregas e latinas em Cambridge, completando seus estudos na Gray Inn's. Advogado, deputado nas comunas e conselheiro da rainha, foi apenas no reino (1603-1625) de Tiago I que ele alcançou os mais altos cargos públicos. A partir de 1586, começou seu projeto de renovação das ciências. Filho da Reforma anglicana, aplicou tanto na política quanto no mundo científico o seguinte princípio: pode-se até coagir as consciências, mas só são de fato ganhas pela força da verdade. Sentia a necessidade de leis que preservassem a paz do reino e servissem como mediadoras entre o poder absoluto do soberano e a liberdade do cidadão. E, antecipando Descartes, lançou-se à busca de um método rigoroso, capaz de fazer a ponte entre observações e teorias. Rejeitando a alquimia e a astrologia, "cheias de superstições", assim como a escolástica que submetia a experiência aos dogmas, Bacon figura no panorama da ciência moderna como seu primeiro epistemólogo.

Clairette Karakash

▶ POUSSEUR, Jean-Marie, *Bacon (1561-1626), Inventer la science*, Paris, Belin, 1988.

● Razão

BADEN-POWELL, Robert Stephenson Smyth (1857-1941)

Oficial do exército colonial britânico, Robert Baden-Powell reside por algum tempo na Índia e no Afeganistão antes de ser enviado para a África do Sul, onde atua na Guerra do Transvaal. Em 1899, é bem-sucedido na defesa da cidade de Mafeking diante do exército bôer. Embora fosse de pouco valor estratégico, o acontecimento ganha um sentido simbólico muito importante na Inglaterra. Baden-Powell foi recebido como herói no país, sendo promovido a general de brigada em 1900.

De sua experiência, constatou que a potência imperial só poderia continuar firme ao preço de uma adaptação militar às técnicas de guerrilha. Influenciado pelas novas teorias da educação e pela criação das *new schools* britânicas, conclui também que uma boa parte do treinamento militar é devida à autodisciplina (*self-government*), ao fomento do espírito de iniciativa e ao esporte. Decide assim tentar pôr em prática com os recrutas do exército colonial um novo método de instrução: *scouting*, ou escotismo.

De volta à metrópole, Baden-Powell promove seu método junto a organizações de jovens (Uniões Cristãs de Jovens, Sociedades de Escolas Dominicais, *Boys Brigades* etc.), com o fim de trabalhar pela regeneração das forças vivas da nação, que à época muitos viam como ameaçada de decadência. O sucesso de sua obra *Scouting for Boys* [Escotismo para rapazes] (1908) e a multiplicação de tropas de escoteiros inspiram a criação do *Boy Scout Movement* [Movimento Escotista para Rapazes], que logo obtém apoio oficial. O movimento cresce e se espalha por todo o Reino Unido e o império. A partir de 1909, o escotismo ultrapassa as fronteiras da Grã-Bretanha, com cerca de trinta associações estrangeiras em 1914.

Os massacres da Primeira Guerra Mundial deixam profundas marcas em Baden-Powell, que se dedica a estruturar o escotismo mundial a partir dos anos 1920, promovendo um espírito de fraternidade internacional. Ocupa o cargo de direção do movimento até 1937, quando retira-se para o Quênia.

Arnaud Baubérot

▶ BADEN-POWELL, Robert Stephenson Smyth, *Escotismo para rapazes* (1908), Rio Grande do Sul, Fraternidade Mundial, 1975; Idem, *Guia do chefe escoteiro* (1918), Porto Alegre, Editora Escoteira, 2000; Idem, *A escola da vida* (1933), Lisboa, Ésquilo, 2007; CHOLVY, Gérard, org., *Le scoutisme. Un mouvement d'éducation au XXe siècle. Dimensions internationales. Actes du colloque international tenu à l'Université Paul Valéry, Montpellier III (21-23 septembre 2000)*, Montpellier, Universidade Paul Valéry, 2002; HILLCOURT, William, *Baden-Powell. The Two Lives of a Hero*, Londres, Heinemann, 1964; JEAL, Tim, *Baden-Powell* (1989), New York-Londres, Yale Nota Bene, 2001; MAXENCE, Philippe, *Baden-Powell. Éclaireur de légende, fondateur du scoutisme*, Paris, Perrin, 2003; REYNOLDS, Ernest Edwin, *Baden-Powell. Biographie de Lord Baden-Powell of Gilwell* (1942), Neuchâtel, Delachaux et Niestlé, 1945; ROSENTHAL, Michael, *The Character Factory. Baden-Powell and the Origins of the Boy Scout Movement*, New York, Pantheon Books, 1986; SPRINGHALL, John, *Youth, Empire and Society. British Youth Movements, 1883-1940*, Londres, Croom Helm, 1977.

● Juventude (movimentos de)

BALDWIN, James (1924-1987)

Escritor afro-americano, nascido no Harlem (Nova York). Adolescente, após uma "prolongada crise religiosa", torna-se um jovem pregador batista. Descobrindo aos poucos sua homossexualidade, rompe com a igreja e inicia sua verdadeira carreira de escritor. Estimulado por seu amigo pintor Beauford Delaney (1901-1977) e pelo romancista negro Richard Wright (1908-1960), exila-se na Europa e publica em 1953 seu primeiro romance, *Go Tell It on the Mountain*[1] [Vá dizer nas montanhas]. Entre 1957 e 1958, retorna aos Estados Unidos para acompanhar de perto a evolução das relações entre negros e brancos, pois compreende sua tarefa como a de uma testemunha. Em 1963, seu ensaio *Da próxima vez, o fogo: racismo nos EUA* (Rio de Janeiro, BUP, 1963), dedicado à causa negra e ao movimento dos Direitos Civis que a causa apoia, conhece tal sucesso que, considerado a partir de então como porta-voz da comunidade negra, Baldwin sente a necessidade de exilar-se novamente para manter sua liberdade de criação. Diante do Conselho Mundial de Igrejas, reunido em 1968 em Uppsala, ergue sua voz provocativa em uma conferência chamada *White Racism or World Community?* [Racismo branco ou comunidade mundial?] Toda a sua obra demonstra a perspicácia de seu olhar e exprime uma busca identitária: "Nossa humanidade é nosso fardo; não há necessidade de enfrentar o mundo por ela. Basta algo infinitamente mais difícil: aceitá-la" (*Notes of a Native Son* [Notas de um filho nativo], 1955). Seu estilo toma formas da Bíblia e da retórica das pequenas igrejas de guetos (*storefront churches*). Exerceu considerável influência sobre todos os escritores afro-americanos, tais como Maya Angelou, Toni Morrison e Amiri Baraka (Leroi Jones).

Serge Molla

▶ BALDWIN, James, *Numa terra estranha* (1962), São Paulo, Círculo do Livro, 1965; Idem, *A esquina do amém* (1965), Rio de Janeiro, Lidador, 1972; Idem, *Just Above My Head* (1979), New York, Dell Publishing, 1984; *The Price of the Ticket. Collected Nonfiction 1948-1985*, New York, St Martin's Marek, 1985; Idem e MEAD, Margaret, *O racismo ao vivo*, Lisboa, Dom Quixote, 1973; FABRE, Michel, *La rive noire. De Harlem à la Seine*, Paris, Lieu Commun, 1985, p. 197-217; LEEMING, David, *James Baldwin. A Biography*, New York, Knopf, 1994; MOLLA, Serge, *Les idées noires de Martin Luther King*, Genebra, Labor et Fides, 1992, p. 285-307; SIMON, Njami, *James Baldwin ou le devoir de violence*, Paris, Seghers, 1991.

◉ Direitos Civis (movimento dos); igreja negra (afro-americana); **literatura**

BÁLTICOS (países)

Estônia: 1,3 milhão de habitantes (65% estonianos, 8% russos, 2,5% ucranianos). Religião: 32% sem igreja, 15,5% luteranos, 1,4% ortodoxos, 0,5% batistas, 0,3% pentecostais, 0,3% católicos.

Letônia: 2,3 milhões de habitantes (56% letões, 30% russos, 4% bielorrussos, 2,5% poloneses). Religião: 45% sem igreja, 25,5% luteranos, 21,5% católicos, 13% ortodoxos, 0,3% batistas, 0,1% adventistas ou pentecostais.

Lituânia: 3,4 milhões de habitantes (80% lituanos, 9% russos, 7% poloneses). Religião: 15% sem igreja, 80% católicos, 4% membros da Igreja Ortodoxa Russa e 0,5% da Igreja Luterana. Há também batistas, metodistas, adventistas, judeus e caraítas.

A Estônia e a Livônia (região da costa do Báltico ao norte da Lituânia) foram cristianizadas antes da Lituânia. A missão cristã se iniciou no final do século XII na Estônia e na Letônia, mas foi apenas com Albert de Buxhövden (?1160-1229), cônego de Bremen, além do apoio das cruzadas e dos Irmãos Livônios da Espada, que os dois Estados foram cristianizados, em parte sob coação. Criou-se um bispado em 1201 em Riga (capital da Letônia) e em 1219 em Reval (antigo nome de Tallinn, capital da Estônia).

A Lituânia foi cristianizada bem mais tarde. "Os lituanos foram os últimos pagãos da Europa" (Jonas Kalvanas). O primeiro contato com a fé cristã se deu através da Igreja Ortodoxa. Em 1386, batizou-se na fé católica para desposar a herdeira do trono da Polônia o grão-duque da Lituânia, Jogaila, tornando-se o rei Ladislau II. Essa aliança com a Polônia explica por que a Lituânia é tão diferente da Estônia e da Letônia quanto a sua evolução religiosa, histórica e cultural.

A partir dos anos 1520, a Reforma ganhou os países bálticos, começando pelas cidades e, em seguida, o interior. Tornam-se luteranas Riga em 1522, Dorpat (antigo nome de Tartu) em 1523 e Reval em 1524. A Lituânia permaneceu ligada à Polônia, onde a Reforma

---
[1] [NT] Nome de uma famosa canção evangélica que anuncia o nascimento de Jesus. No romance, Baldwin faz referências a seu passado religioso.

foi adotada sob a forma calvinista. O príncipe Nicolas Radziwill (1515-1565) foi um de seus promotores mais fervorosos. Com a Reforma, surgiram as primeiras obras em língua vernacular. Foi publicado um catecismo em estoniano (1535), em lituano (1547) e em letão (1586). A Contrarreforma deu frutos sobretudo na Lituânia, que se tornou majoritariamente católica; já os demais países bálticos conservaram sua herança protestante. A era sueca (1629-1709) consolidou a fé protestante; foi fundada uma universidade em Dorpat (1632). Em 1721, o Tratado de Nystad iniciou o período russo, que se caracterizou por muitas tensões entre protestantes e ortodoxos na Estônia e na Letônia, e entre católicos e ortodoxos na Lituânia, pois a igreja russa e o Estado tentaram conquistar a população para a fé ortodoxa. Durante esse período, e até o final do século XIX, os pastores da Estônia e da Livônia eram de descendência alemã, e a vida cultural e religiosa era dominada pela população alemã desses países. A vida religiosa e moral do povo foi grandemente influenciada pelo pietismo e pelos Irmãos Morávios, que acharam apoio na visita de Zinzendorf, em 1736.

No final do século XIX, os países bálticos conheceram significativos movimentos nacionalistas. A Segunda Guerra Mundial e os regimes comunistas foram verdadeiras provas para os cristãos: igrejas fechadas, pastores e leigos presos ou mandados para campos de concentração e atividades religiosas suspensas, assim como o trabalho com os jovens. Ainda que em menor número, as igrejas sobreviveram, apesar de todas essas dificuldades. Desde a independência, em 1989, vemos uma reorganização e uma consolidação da vida eclesiástica: novas possibilidades no trabalho pastoral, retorno à atividade diaconal, abertura de escolas particulares. Além de tudo isso, as igrejas passam a contar com escolas e faculdades de teologia, em geral ligadas a instituições mais antigas.

Sam Dahlgren

▶ ALTNURME, Riho, org., *Estnische Kirchengeschichte im vorigen Jahrtaudsend. Estonian Church History in the Past Millenium*, Kiel, Wittich, 2001; DAHLGREN, Sam, *Politik och kyrka. Lutherska kyrkor i Östeuropa i historia och nutid*, Stockholm, Verbum, 1989; HERMANN, Arthur e KAHLE, Wilhelm, orgs., *Die reformatorischen Kirchen Litauens. Ein historischer Abriβ*, Erlangen, Martin-Luther-Verlag, 1998; MISIUNAS, Romuald J. e TAAGEPERA, Rein, *The Baltic States. Years of Dependence, 1940-1990* (1983), Berkeley, University of California Press, 1993; RAUCH, Georg von, *Geschichte der baltischen Staaten* (1970), Munique, Deutscher Taschenbuch, Verlag, 1990; WITTRAM, Reinhard, org., *Baltische Kirchengeschichte*, Göttingen, Vandenhoeck & Ruprecht, 1956.

◉ Ortodoxa (Igreja Oriental); Polônia

BANCOS PROTESTANTES

Essa expressão (por vezes utilizada no singular: banco protestante) designa laços familiares e econômicos que unem um conjunto de estabelecimentos comerciais e financeiros, criados e administrados por banqueiros de confissão protestante desde a segunda metade do século XVII. Os bancos protestantes não se caracterizam por uma abordagem confessional das atividades bancárias, nem por técnicas específicas nessa área. Sua influência, sobretudo no século XVIII, explica-se por sua implementação, primeiro em toda a Europa e em seguida além-mar, na época do desenvolvimento de transações comerciais e financeiras em nível mundial. Um bom número de estabelecimentos bancários privados é ainda hoje administrado por banqueiros protestantes (Hottinguer, Pictet, Odier, Lombard etc.).

O papel dos bancos protestantes em relação à França é peculiar, devido à dispersão provocada pela Revogação do Edito de Nantes. Exilada, a sociedade huguenote contribuiu para a criação de inúmeros estabelecimentos bancários na Europa. Manteve igualmente estreitos laços comerciais e financeiros com a França, em um primeiro momento a partir de Genebra e Lyon e, depois, em Paris. Bancos dirigidos por protestantes desempenharam uma função significativa, favorecendo as transações com outras praças financeiras já na época de Luís XIV, e em seguida, após um ocaso, nos últimos anos do Antigo Regime. Essas circunstâncias contribuíram para forjar a imagem verossímil do banco protestante (huguenote, genebrino) como uma forte influência na sociedade francesa.

Claude Bovay

▶ ALEXANDER, Daniel e TSCHOPP, Peter, *Finance et politique. L'empreinte de Calvin sur les notables de Genève*, Genebra, Labor et Fides, 1991; BESNARD, Philippe, *Protestantisme et capitalisme.*

La controverse post-wébérienne, Paris, Armand Colin, 1970; BRAUDEL, Fernand, *Civilisation matérielle, économie et capitalisme, XVe-XVIIIe siècle*, t. II: *Les jeux de l'échange*, Paris, Armand Colin, 1979; LÜTHY, Herbert, *La banque protestante en France. De la Révocation de l'Édit de Nantes à la Révolution* (1959-1961), 2 t. em 3 vols., Paris, Éditions de l'École des hautes études en sciences sociales, 1999; NÉRÉ, Jacques, "La haute banque protestante aux débuts de la Troisième République", em André ENCREVÉ e Michel RICHARD, orgs., *Les protestants dans les débuts de la Troisième République (1871-1885)*, Paris, Societé de l'histoire du protestantisme français, 1979, p. 285-293.

◉ **Capitalismo**; dinheiro; juros (cobrança); Necker

BARMEN (Declaração de)

Documento adotado pelo primeiro sínodo da Igreja Confessante, de 29 a 31 de maio de 1934, em Wuppertal-Barmen. A declaração foi redigida para expor as razões teológicas para o rompimento com a Igreja Protestante na Alemanha, onde os "Cristãos Alemães" (protestantes comprometidos com o nazismo) eram mais influentes. Karl Barth apresentou uma primeira versão para discussão em Frankfurt, no dia 15 de maio de 1934, que foi aprovada pelas Igrejas Reformadas e Unidas; porém, os luteranos solicitaram diversas modificações, algumas das quais foram devidamente incorporadas ao texto final.

O preâmbulo explica que a *Declaração de Barmen* não substitui nenhuma confissão de fé tradicional das igrejas representadas, confiando a Deus o desenvolvimento posterior das relações entre as diferentes denominações protestantes. As seis teses que se seguem têm a mesma estrutura: referências bíblicas, afirmações e notas de repúdio. Até hoje, praticamente cada palavra dessas teses é objeto de importantes debates. Isso é sobretudo verdadeiro para a primeira tese: "Jesus Cristo, como nos é atestado na Sagrada Escritura, é a única Palavra de Deus que devemos ouvir, em quem devemos confiar e a quem devemos obedecer na vida e na morte. Rejeitamos a falsa doutrina de que a Igreja teria o dever de reconhecer — além e à parte da Palavra de Deus — ainda outros acontecimentos e poderes, personagens e verdades como fontes da sua pregação e como revelação divina". Em relação a essa tese, a leitura de um barthismo conservador enfatiza bastante a unidade e singularidade de Cristo como Palavra de Deus.

Segundo essa corrente, a *Declaração de Barmen* se opõe ao mesmo tempo a toda teologia natural, a toda teologia contextual, a todo desenvolvimento da teologia fundamental e a toda aceitação de verdade em religiões não cristãs. Uma leitura mais liberal — e ao mesmo tempo mais tradicional — prefere afirmar que o texto só trata do que é "fonte" reconhecida da revelação, o que não significaria que outros acontecimentos, potências, figuras e verdades sejam objetos da pregação e da teologia.

A segunda tese se opõe à existência de áreas da vida fora da submissão ao senhorio de Cristo. As discussões giram em torno da relação entre essa tese e a tese número cinco (sobre a independência entre igreja e Estado), especulando sobre sua semelhança com a doutrina luterana dos dois reinos ou uma interpretação teológica do totalitarismo, considerada heresia. Além disso, essa tese insiste que a constituição da igreja não pode ser modificada ao sabor da vontade dos homens, principalmente quando essa vontade está de acordo com o poder exercido por uma espécie de *Führer* da igreja.

Em seu contexto histórico, a *Declaração de Barmen* suscitou reações bastante negativas da parte dos teólogos luteranos Werner Elert e Paul Althaus, professores da Universidade de Erlangen. De sua autoria, a obra *Ansbacher Ratschlag* (1934) buscou provar que obedecer ao Estado é um dever cristão, agradecendo ainda a Deus por Hitler, que teria proporcionado aos alemães um "bom governo".

Hoje, a *Declaração de Barmen* serve como uma referência confessional em inúmeras igrejas protestantes na Alemanha e em várias outras igrejas de demais países. No entanto, a importância da declaração em relação às confissões de fé do século XVI varia. O debate sobre a função eclesiástica e política do documento, assim como sobre seu sentido teológico, ainda continua.

Martin Leiner

▶ "La Déclaration théologique de Barmen", em Henry MOTTU, org., *Confessions de foi reformées contemporaines et quelques autres textes de sensibilité protestante*, Genebra, Labor et Fides, 2000, p. 33-56; *Barmer theologische Erklärung 1934-1984. Geschichte-Wirkungen-Defizite*, Bielefeld, Luther-Verlag, 1984; BARTH, Karl, *Texte zur Barmer Theologischen Erklärung*, Zurique, Theologischer Verlag, 1984; BESIER, Gerhard e RINGSHAUSEN, Gerhard, orgs., *Bekenntnis, Widerstand, Martyrium.*

Von Barmen 1934 bis Plötzensee 1944, Göttingen, Vandenhoeck & Ruprecht, 1986; BLASER, Klauspeter, "La première thèse du Synode de Barmen dans le contexte théologique actuel", *RThPh* 116, 1984, p. 85-103; BURGSMÜLLER, Alfred, org., *Die Barmer theologische Erklärung. Einführung und Dokumentation*, Neukirchen-Vluyn, Neukirchener Verlag, 1984; BUSCH, Eberhard, *Die Banner Thesen 1934-2004*, Göttingen, Vandenhoeck & Ruprecht, 2004; HÜFFMEIER, Wilhelm, org., *Für Recht und Frieden sorgen. Auftrag der Kirche und Auftrag des Staates nach Barmen V* (1986), Gütersloh, Mohn, 1998; Idem, org., *Das eine Wort Gottes. Botschaft für alle*, t. I: *Vorträge aus dem Theologischen Ausschuß der Evangelischen Kirche der Union zu Barmen I und VI* e t. II: *Votum des Theologischen Ausschusses der Evangelischen Kirche der Union zu Barmen I und VI*, Gütersloh, Mohn, 1993-1994; REYMOND, Bernard, *Une Église à croix gammée? Le protestantisme allemand au début du régime nazi (1932-1935)*, Lausanne, L'Âge d'Homme, 1980; WOLF, Ernest, *Barmen. Kirche zwischen Versuchung und Gnade*, Munique, Kaiser, 1984.

▷ Anátema; Barth; "Cristãos Alemães"; confissão de fé; Igreja Confessante; Erlangen; *Kirchenkampf*; Simbólicos (Escritos)

BARNAVE, Antoine (1761-1793)

Advogado protestante do Delfinado, França, porta-voz da burguesia liberal em ascensão, Barnave foi um dos melhores oradores dos Estados Gerais, da Constituinte, do Clube dos Jacobinos e do Clube dos Feuillants, além de um dos cabeças do Partido Patriota. Com o pastor Rabaut Saint-Étienne, participa dos debates e da votação da *Declaração dos direitos humanos*, sobretudo quanto ao tema liberdade de opinião, ainda que continuasse um fervoroso defensor da escravatura nas colônias. Após a fuga e a prisão do rei, foi um dos encarregados de levá-lo a Paris. Buscando opor-se à instauração de uma república, pede que a Assembleia mantenha a constituição e os poderes reais. Inelegível na Assembleia Legislativa, retira-se para o Delfinado, onde é preso após ter redigido uma *Introdução à Revolução Francesa* (que só seria publicada em 1843, e reeditada em Paris, Armand Colin, 1960). É julgado e executado.

Barnave foi o primeiro a formular a teoria da revolução burguesa, mostrando que o desenvolvimento do comércio e da indústria leva inevitavelmente tanto a mudanças nas sociedades agrárias tradicionais lideradas por governos aristocráticos quanto ao progresso da burguesia, que deseja então associar-se ao poder político.

Jacques Galtier

▶ CHEVALLIER, Jean-Jacques, *Barnave, ou les deux faces de la Révolution*, Grenoble, Presses Universitaires de Grenoble, 1979; FONVIEILLE, René, *Barnave et la Révolution*, Grenoble, Glénat, 1989.

▷ Direitos humanos; Rabaut Saint-Étienne; Revolução Francesa

BAROT, Madeleine (1909-1995)

De consciência lúcida e bastante ativa em meio aos desafios da história do século XX, Madeleine Barot é um exemplo de uma inteligência privilegiada ao serviço do cristianismo. Brilhante intelectual, ativista na Escola Francesa de Roma até 1940, militante na Federação Universal das Associações Cristãs de Estudantes, ela se engaja como líder da CIMADE (comitê em prol dos deslocados de guerra) nos campos de concentração de Vichy. Manteria essa atividade solidária junto às vítimas de guerra durante e após toda a ocupação alemã na França.

Mais tarde, o Conselho Mundial de Igrejas encarrega Madeleine Barot do departamento "Cooperação entre homens e mulheres na igreja e na sociedade". Durante toda a sua vida, ela não cessaria de lutar pelos direitos humanos, principalmente através de suas atribuições no COI no contexto da Comissão de Participação das Igrejas no Desenvolvimento, e, de volta à França, na ACAT (Ação dos Cristãos pela Abolição da Tortura). Também atua tanto na CIMADE quanto na Conferência das Religiões pela Paz.

André Jacques

▶ BAROT, Madeleine, *Le mouvement oécuménique*, Paris, PUF, 1967; JACQUES, André, *Madeleine Barot, Une indomptable énergie*, Paris-Genebra, Cerf-Labor et Fides, 1989; MERLE D'AUBIGNÉ, Jeanne e MOUCHON, Violette, orgs., *Les clandestins de Dieu*, CIMADE 1939-1940 (1968), Genebra, Labor et Fides, 1989.

▷ CIMADE; guerras mundiais

BARR, James (1924-2006)

Hebraizante, exegeta do Antigo Testamento e teólogo, Barr nasceu em Glasgow. Completou estudos em letras clássicas e teologia em Edimburgo antes de ser ordenado na Igreja da Escócia, em 1951. Professor em Montreal, Edimburgo, Princeton e Manchester, é nomeado *Regius Professor* de hebraico em Oxford, 1976.

Ao examinar os métodos lexicográficos do *Theologisches Wörterbuch zum Neuer Testament* [Dicionário de teologia do Novo Testamento] (editado por Gerhard Kittel e Gerhard Friedrich, 12 vols., Stuttgart, Kohlhammer, 1933-1979), Barr é levado a questionar os princípios linguísticos em voga desde os anos 1930 nos estudos bíblicos. Sua crítica, exposta em uma obra que se tornou clássica, *The Semantics of Biblical Language* [Semântica da linguagem bíblica] (1961) teve um efeito bombástico em seu meio, causando um golpe mortal no "movimento de teologia bíblica" que reconhecia um caráter específico na linguagem bíblica enraizada em uma "mentalidade hebraica". A tese de Barr provocou não somente uma revisão radical dos métodos exegéticos, mas também um questionamento de ordem teológica.

Mais tarde, Barr alargou o campo de suas pesquisas, interessando-se pelo *status* das Escrituras e pela hermenêutica na teologia recente. Crítico em relação à noção barthiana da "Palavra de Deus" e principalmente ao inerrantismo daqueles que ele chamou de "fundamentalistas", Barr propôs considerar mais detidamente o caráter humano no texto bíblico, em um acompanhamento horizontal ao longo da história da tradição religiosa do povo de Deus, cuja vida é guiada pelo Espírito.

Paul Wells

▶ BARR, James, *The Semantics of Biblical Language*, Londres, Oxford University Press, 1961; Idem, *Old and New in Interpretation. A Study of the Two Testaments* (1966), Londres, SCM Press, 1977; Idem, *Fundamentalism* (1977), Londres, SCM Press, 1981; Idem, *Biblical Faith and Natural Theology*, Oxford-New York, Clarendon Press-Oxford University Press, 1993; BALENTINE, Samuel E. e BARTON, John, orgs., *Language, Theology and the Bible, Essays in Honour of James Barr*, Oxford-New York, Clarendon Press-Oxford University Press, 1994; WELLS, Paul, *James Barr and the Bible. Critique of a New Liberalism*, Phillipsburg, Presbyterian and Reformed, 1980.

🟢 Bíblia; hermenêutica; Kittel G.

BARTH, Karl (1886-1968)

Nascido e morto em Basileia. Estudou em Berna, Berlim, Tübingen e Marburgo, sendo ordenado pastor auxiliar da igreja suíça alemânica de Genebra (1909-1911). De 1911 a 1921, assume o pastorado em Safenwil (Argóvia) e se engaja com vigor em causas sociais, tornando-se membro do Partido Socialista em 1916. Em 1921, é nomeado professor em Göttingen e, em seguida, em Münster (1925) e Bonn (1930). Demitido pelo regime nacional-socialista em 1935, é chamado pela Universidade de Basileia. Foi um dos principais participantes da criação da Igreja Confessante da Alemanha, redigindo a *Declaração de Barmen* (1934). Obras principais: *Carta aos Romanos* (1919), que abre o período dito "dialético" em seguida à ruptura cultural e social que a Primeira Guerra Mundial representou (sob o signo da kierkegaardiana "diferença qualitativa infinita entre Deus e o homem"), e a *Dogmática* (sob o signo de uma "analogia de fé" desenvolvida a partir da revelação interpretada de modo particularmente "cristológico"), quatro alentados tomos, totalizando mais de nove mil páginas, publicada entre 1932 e 1967, disposta segundo um plano em cinco partes ("Prolegômenos", "Doutrina de Deus", "Doutrina da criação", "Doutrina da reconciliação", inacabada, "Doutrina da redenção", não escrita), após uma explicação metodológica ao sabor de uma leitura de Santo Anselmo: a teologia nada mais é que a inteligência interna da fé (1931).

Em Barth, pensamento e ação se originam em uma situação concreta: a do pastor que precisa anunciar o evangelho. De onde partir? Para ele, a resposta da teologia "liberal" ou "neoprotestante" — ilustrada por grandes nomes da universidade alemã, como Schleiermacher, Harnack, entre outros, e estudada por Barth em sua juventude com sincero interesse — era: é necessário partir do homem, das questões sobre sua própria existência, seu destino, sua morte; pois o homem é uma realidade certa, enquanto Deus, respostas divinas e até mesmo sua existência são incertezas. Para os teólogos "liberais" é como se o homem convocasse Deus para as tribunas, decidindo sobre o conteúdo do diálogo, e Deus deve responder. A especificidade na obra de Barth reside na operação de uma verdadeira revolução copernicana na relação entre o homem e Deus: não é o homem que está no centro, mas, sim, Deus, que também toma a iniciativa do diálogo. Assim, há uma precedência absoluta de Deus, em relação tanto ao ser quanto ao conhecimento. Nessa precedência, Deus, em Cristo, já implica o homem: "humanidade de Deus" (cf. conferência de 1956) e não divindade do homem! Essa constatação possui quatro corolários:

1) A distinção, de tipo kierkegaardiano, entre conhecimento "objetivo" e conhecimento "existencial". Deus não é um objeto que o homem possa conhecer sem se pôr em relação com ele. 2) A rejeição a toda apologética que seja tentativa de provar Deus por argumentos exteriores a ele: Deus sabe falar de Deus. 3) A distinção entre "religião" (esforço humano para chegar a Deus e dispor dele) e "revelação" (ato pelo qual Deus, em Cristo, traz para o homem sua verdadeira humanidade). 4) A necessidade básica de engajamento ético do homem no mundo, sobretudo em relação ao próximo, quando vítima de pecado, injustiça e violência. Nesse sentido, a posição de Barth é uma das fontes mais importantes da "teologia política" dos anos 1960-1980, mas com uma condição: para o teólogo, toda ação autêntica em favor dos homens só pode resultar da transcendência de Deus, sob pena de degenerar-se em ideologia, abandonada por fim no lixo da história.

Jean-Louis Leuba

▶ BARTH, Karl, *Gesamtausgabe*, Zurique, Theologischer Verlag, 1971ss.; Idem, *Parole de Dieu et parole humaine* (1924), Paris, Les Bergers et les Mages, 1966; Idem, BARTH, Karl, *Carta aos Romanos*, São Paulo, Novo Século, 2003; Idem, *Saint Anselme. Fides quaerens intellectum. La preuve de l'existence de Dieu* (1931), Genebra, Labor et Fides, 1985; Idem, *Dogmatique* (1932-1967), 26 vols. (mais índice), Genebra, Labor et Fides, 1953-1974 (1980); BLASER, Klauspeter, *Karl Barth (1886-1968)*, Berna, Lang, 1987; GISEL, Pierre, org., *Karl Barth. Genèse et réception de sa théologie*, Genebra, Labor et Fides, 1987; LEUBA, Jean-Louis, *Études barthiennes*, Genebra, Labor et Fides, 1986; MOTTU, Henry, "Le 'pasteur rouge de Safenwil'. Réflexions sur le socialisme du premier Barth", *Bulletin du Centre protestant d'études* 28/4, Genebra, 1976; MÜLLER, Denis, *Karl Barth*, Paris, Cerf, 2005.

◉ Aliança; analogia da fé; *Barmen (Declaração de)*; barthismo; Blumhardt C.; Brunner; Bultmann; Burnier; Conselho Mundial de Igrejas (Assembleias do); **Deus**; dogmática; Igreja Confessante; Gogarten; Herrmann; kantismo (neo); *Kirchenkampf*; Leuba; liberalismo teológico; **liberdade**; Maury; protestantismo (neo); Rendtorff; "teologia dialética"; Thurneysen; Tillich

BARTHES, Roland (1915-1980)

Como crítico literário e escritor, Roland Barthes reuniu em sua obra, de um só gesto, o gosto pelo ensino e a paixão pela pesquisa. No centro de suas análises — Michelet, Racine, Brecht, a moda, o discurso amoroso, o *Lied* alemão etc. — encontra-se a estética de sua escrita por fragmentação. O corte privilegia as "baforadas de linguagem", contorno das figuras, em um retrato ou coreografia, convidando também à digressão — que Barthes chama de excursão. Por outro lado, seus textos críticos podem ser lidos como obras ficcionais, com livre curso para a imaginação. Ele acalenta a imagem de uma criança em torno da mãe, que traz de suas brincadeiras para esse centro tranquilo os frutos de suas descobertas; vê toda a sua busca percorrer as idas e vindas de um desejo, de que retém o detalhe significante. O tecido de seus textos é fiado assim em um estrelário.

Roland Barthes nasceu em Cherburgo e passou sua infância em Bayonne, para onde cada verão o levava. A atmosfera de cidade do interior aguçou sua sensibilidade aos códigos culturais e sociais da percepção e da linguagem. Estudou e se estabeleceu como professor em Paris, até sua morte. Afirma que sempre pertenceu a uma minoria, à margem: a morte de seu pai quando tinha 1 ano de idade, suas origens protestantes, a reincidente tuberculose que interrompeu seu curso universitário, tudo isso o fez passar ao largo das titulações comuns, mas o conduziu aos estudos em sociologia dos signos, símbolos e representações, na Escola Prática dos Altos Estudos, e, em 1976, no Colégio de França, em que uma cadeira de semiologia literária lhe foi dedicada.

Barthes define sua busca como um percurso reativo, para fugir das procissões, da burrice, do tédio, da opinião comum, da recuperação gregária. Denunciou as falsas evidências de relações sociais analisando os mitos da vida cotidiana, logo dando a essa desmistificação, para não imobilizá-la, um método, uma ciência semiológica. Quando essa ciência lhe pareceu razoável, insinuou nela o grão do desejo e a presença do corpo na escritura, o que o levou ao texto, à teoria do texto. Na literatura, essa "mestra das nuances", provou a significância, os atritos do sentido, os rumores da língua, e também o neutro, palavra à beira do silêncio, com o haikai, poema japonês que ganha sua apreciação. Privilegiando os sabores sobre o saber, viu nos textos literários o esplendor de uma revolução permanente da linguagem e de seu poder, para enfim, com uma repentina indiferença quanto a não ser moderno, extrair da literatura a esperança de salvar a língua, a frase, o estilo, derivas em que se desfazem. Aos exegetas, trouxe em 1969 a primeira análise estrutural de um relato bíblico (At 10—11, acompanhado de perto por Gn 32), em que definiu o sentido como o "ser do possível". Introduziu nesse contexto o conceito de intertextualidade esboçado por Julia Kristeva, que implica não uma volta às fontes, mas, como citação, as referências a um texto infinito, cultural, o texto da humanidade. O trabalho de seu seminário sobre a retórica antiga propõe um "guia prático" inigualável para a abordagem dos discursos da Antiguidade.

Apesar de seu último curso sobre "A preparação do romance", a obra desejada não viu a luz do dia. A morte o desamparou, primeiro a de sua mãe, depois o acidente e a sua. Talvez suas "notas sobre a fotografia" — ou como reencontrar a verdade do rosto amado? —, *A câmara clara*, obra publicada em 1980, tenha deixado soar nesse lugar vazio à mais bela inflexão de sua voz, afetiva, delicada: um pudor, o tato da alma.

Corina Combet-Galland

▶ BARTHES, Roland, *Oeuvres complètes*, 5 vols., Paris, Seuil, 2002: "L'analyse structurale de récit. À propos d'*Actes* 10-11 (1969), t. III, p. 451-476, e "La lutte avec l'ange: analyse textuelle de Genèse 32.23-33" (1971), t. IV, p. 157-169.

● Exegese

BASILEIA

Basileia, cidade episcopal até 1529, testemunha duas vezes a eleição de um antipapa (em 1061 e 1440). Rica em conventos, abrigou no século XIV (marcado pela peste, pelos *pogroms* e pela piedade laica — que por vezes suspeitou-se beirar a heterodoxia — dos beguinos, das beguinas e dos Amigos de Deus) o pregador Johannes Tauler (?1300-1361) e, no século XV, o longo concílio (diálogo com os hussitas) que se findou em Lausanne, em 1449. Cidade universitária desde 1460, centro de prestigiosas oficinas tipográficas, Basileia acolhe Erasmo de Roterdã em 1514, que publicou ali sua nova versão do Novo Testamento (1516) e, contra Lutero, *Sobre o livre-arbítrio* (1524). Liderada por Johannes Oecolampadius, apoiada por corporações artesanais, a Reforma triunfa na cidade em 1529. A *Primeira Confissão de Basileia* (1534) é seguida pela *Primeira Confissão helvética* (ou *Segunda Confissão de Basileia*), em 1536, ano em que surge a edição latina das *Institutas da religião cristã* do refugiado francês João Calvino, estabelecido provisoriamente em Genebra. Seu editor, Thomas Platter (1499-1582), criador de cabras de Valais convertido à Reforma por Zwinglio, é uma das figuras mais cativantes do humanismo helvético. Os refugiados, em geral huguenotes, acolhidos de modo seletivo, trazem para a cidade novas técnicas que gerariam ao longo dos séculos, por sua vez, novas indústrias (desde a passamanaria e as fitas de seda até os corantes e a indústria química e farmacêutica).

Um bom número de "hereges da Reforma", principalmente italianos, passeia por Basileia antes e após a condenação do espanhol Serveto. A cidade é um centro de intensa atividade intelectual. São publicadas ali, entre outras, sem falar do *Alcorão* e do *Talmude*, a obra *Sobre os hereges* (1554) de Sébastien Castellion (?1515-1563), a primeira edição latina do *Livro dos mártires* de John Fox (1516-1587) e as *Centúrias de Magdeburgo* de Mathias Flacius Illyricus (1520-1575). Uma verdadeira cidade-fronteira, situada entre terrenos católicos, luteranos e reformados, conhece de 1553 a 1585 uma fase luterana, seguida de outra calvinista. No início do século XVIII, a estrita ortodoxia calvinista é substituída pela ortodoxia esclarecida (*vernünftige Orthodoxie*) de Samuel Werenfels (1657-1704), que forma com Jean-Alphonse Turrettini (1671-1737), de Genebra, e Jean-Frédéric Ostervald (1663-1737), de Neuchâtel, o famoso "triunvirato helvético". No final do século XVIII, marcada por uma renovação pietista, Basileia se torna o centro da *Deutsche Christentumsgesellschaft* (Sociedade Alemã do Cristianismo), fundada em 1780 por Johann August Urlsperger (1728-1806). No início do século XIX, com o Avivamento, são fundadas muitas sociedades, como a Sociedade de Missões. A separação entre as duas Basileias (cidade e interior), que gerou grande descontentamento, estimula um recolhimento íntimo, uma interiorização da vida espiritual (*frommes Basel* [a Basileia piedosa] de 1833 a 1875). Cabe mencionar a presença, nessa época, de Wilhelm Martin Leberecht De Wette (1780-1849) e de Alexandre Vinet (1787-1847). Além disso, na Faculdade de Letras ensinam dois ilustres filhos de pastor: o historiador Jacob Burckhardt (1818-1897) e o helenista Friedrich Nietzsche (1844-1900). Surgem ao mesmo tempo dois movimentos: o liberalismo e o cristianismo social. Em 1919, é publicada (fora da cidade) *Carta aos Romanos*, de Karl Barth, natural de Basileia. Trabalha ali como professor universitário a partir de 1936 e promove na cidade, junto a Eduard Thurneysen, um centro de "teologia dialética".

A partir de 1792, após 263 anos de interdição, o culto católico romano volta a ter lugar na cidade. Em 1868, a sinagoga é aberta. Em 1873, reconhece-se a Igreja Católica Cristã, resultante do *Kulturkampf*. Em 1909, há uma "separação suave" entre a Igreja Reformada e o Estado. Em 1972, a Igreja Católica Romana e a comunidade israelita adquirem paridade com as igrejas Reformada e Católica Cristã. Em 1973, é assinada a Concórdia de Leuenberg, que põe fim a séculos de tensão entre luteranos e reformados da Europa. Em 1989, após cinco séculos e meio, reúne-se um novo pequeno "concílio", o encontro ecumênico "Justiça, paz e integridade da criação". Basileia também foi a cidade escolhida para abrigar dez congressos sionistas (ao total, 22), de 1897 a 1946, e para a inauguração em 1966 do Museu Judaico da Suíça.

Alfred Berchtold

▶ BERCHTOLD, Alfred, *Bâle et l'Europe. Une histoire culturelle* (1990), 2 vols., Lausanne, Payot, 1991; BONJOUR, Esgar, *Die Universität Basel von den Anfängen bis zur Gegenwart*, Basileia, Helbing und Lichtenhahn, 1960; BURCKHARDT, Paul, *Geschichte der Stadt Basel von der Reformation bis zur Gegenwart*, Basileia, Helbing und Lichtenhahn, 1942; GUGGISBERG, Hans Rudolf e ROTACH, Peter, orgs., *Ecclesia semper reformanda. Vorträge zum Reformationsjubiläum 1529-1979*, Basileia, Reinhardt, 1980; Kirchenrat der Evangelisch-reformierten Kirche Basel-Stadt, org., *Der Reformation verpflichtet. Gestalten und Gestalter in Stadt und Landschaft Basel aus fünf Jahrhunderten*, Basileia, Merian, 1979; LE ROY LADURIE, Emmanuel, *Le siècle des Platter, 1499-1628*, t. I: *Le mendiant et le professeur*, Paris, Fayard, 1995; PLATTER, Thomas (o Jovem), *Le voyage de Thomas Platter, 1595-1599* e *L'Europe de Thomas Platter. France, Angleterre, Pays-Bas, 1599-1600* (*Le siècle des Platter* II e III) (1968), 2 vols., Paris, Fayard, 2000-2006; STAEHELIN, Ernst, *Das Buch der Basler Reformation*, Basileia, Helbing und Lichtenhahn, 1929; TEUTEBERG, René, *Basler Geschichte* (1986), Basileia, Merian, 1988.

▶ Burckhardt; Buxtorf; Castellion; Denck; Myconius; Oecolampadius; Suíça; Werenfels; Wettstein

BASNAGE, Jacques (1653-1723)

Pastor, teólogo, historiador e diplomata francês, Jacques Basnage vem de uma antiga família de normandos, homens da lei, enobrecida durante a Fronda. Basnage estuda em Saumur, Genebra, orientado por Jean-Robert Chouet, Philippe Mestrezat, François Turrettini e Louis Tronchin, e em Sedan, com Pierre Jurieu. É ordenado pastor em Quevilly (Rouen), em 1676. Casa-se em 1684 com Suzanne Du Moulin, neta de Pierre Du Moulin. Em outubro de 1685, retira-se sob permissão para a Holanda, com sua mulher e seus livros, instalando-se em Roterdã, onde faz amizade com Pierre Bayle. Trabalhando de início como pastor pensionista, torna-se em 1691 pastor regular da igreja valona (de língua francesa). Suas primeiras obras pertencem a uma literatura controvertida, como *L'histoire de la religion des Églises réformées* [História da religião das igrejas reformadas] (2 t., Roterdã, Abraham Acher, 1690; nova edição aumentada: 4 t., Roterdã-La Haye, Abraham Acher-Pierre Husson, 1725), resposta a um ataque de Bossuet em que demonstra que a Reforma não mudou seus pontos fundamentais de doutrina. Entre suas quase quarenta obras, é importante mencionar *Traité de la conscience* [Sobre a consciência] (Amsterdã, Brunel, 1698), *Histoire de l'Église depuis Jésus-Christ jusqu'à présent* [História da igreja desde Jesus Cristo até o presente] (2 vols., Roterdã, Reiner Leers, 1699), *Histoire du Vieux et du Nouveau Testament* [História do Novo e do Antigo Testamentos] (Amsterdã, Groenewoudt, 1705; nova edição aumentada: Genebra, Fabri et Barrillot, 1712), *L'histoire et la religion des Juifs depuis Jesus-Christ jusqu'à présent* [História e religião dos judeus desde Jesus Cristo até o presente] (5 t. em 6 vols., Roterdã, Reinier Leers, 1706-1707); nova edição aumentada: *L'Histoire des*

Juifs depuis Jesus-Christ jusqu'à présent [História dos judeus desde Jesus Cristo até o presente], 15 vols., La Haye, Henri Scheurleer, 1716), *Instruction pastorale aux réformez de France sur la persévérance dans la foi et la fidélité au souverain* [Instrução pastoral aos reformados da França sobre a perseverança na fé e a fidelidade ao soberano] (Roterdã, Abraham Acher, 1719). Em 1709, Basnage é chamado a Haia pelo Grande Pensionista e participa de várias negociações diplomáticas importantes, como a Tríplice Aliança (1717). Na mesma época, publica seus sermões e os *Annales des Provinces-Unies depuis les négociations pour la paix de Münster, avec la description historique de leur gouvernement* [Anais das Províncias Unidas a partir das negociações para a paz em Münster, com a descrição histórica de seu governo] (2 vols., La Haye, Charles Le Vier, 1719-1726).

Quanto à política e à tolerância, Basnage se aproxima de seu amigo Bayle. *Histoire des juifs* [História dos judeus] é até hoje a obra mais conhecida de Basnage, sinalizando uma compreensão mais acurada do tema e uma importante mudança de postura em relação aos judeus, essa minoria perseguida por causa de sua religião. É a primeira história dos judeus desde a obra de Flávio Josefo. Embora o pastor e teólogo Basnage aspirasse, como esperado, à conversão dos judeus, sua visão acerca da história desse povo traz à luz uma perspectiva inédita. Costumeiramente se atribuem a maldição judaica e a perseguição do povo judeu a causas teológicas. Basnage, no entanto, acrescenta explicações novas e complementares. Tecendo um paralelo entre o povo judeu e os huguenotes, conclui que as perseguições religiosas se devem sempre aos mesmos fatores: obscurantismo, fanatismo e busca por bodes expiatórios. Basnage inova, portanto, integrando a história judaica à história geral.

Myriam Yardeni

▶ CERNY, Gerald, *Theology, Politics, and Letters at the Crossroads of European Civilization. Jacques Basnage and the Baylean Huguenot Refugees in the Dutch Republic*, Haia, Nijhoff, 1984; ELUKIN, Jonathan M. "Jacques Basnage and the History of the Jews: Anti-Catholic Polemic and Historical Allegory of the Republic of Letters", *Journal of the History of Ideas* 53, 1992, p. 603-630; MAILHET, E.-André, *Jacques Basnage: théologien, controversiste, diplomate et historien. Sa vie et ses oeuvres* (1880), Genebra, Mégariotis reprints, 1978;

SILVERA, Miriam, "L'ebreo in Jacques Basnage: apologia del cristianesimo e difesa della tolleranza", *Nouvelles de la République des Lettres* 7, 1987, p. 103-115; YARDENI, Myriam, "Une nouvelle conception de l'histoire des Juifs après la destruction du Temple: Bayle et Basnage" (1977), em *Repenser l'histoire. Aspects de l'historiographie huguenote des guerres de religion à la Révolution Française*, Paris, Champion, 2000, p. 93-107.

◉ Bayle; Refúgio; Saumur

BASTIDE, Roger (1898-1974)

Nascido em Nîmes, Bastide, protestante de alma huguenote das Cevenas, inicia seus estudos de filosofia em Bordeaux, 1919, onde Gaston Richard (1860-1945), sucessor e antípoda de Émile Durkheim (1858-1917), exerceria uma influência decisiva sobre ele. De 1923 a 1937, tendo feito concurso em 1924, Bastide leciona filosofia, ao mesmo tempo que se engaja politicamente na seção francesa da Internacional Operária (SFIO) e no movimento religioso do Cristianismo Social. Além de suas primeiras publicações, durante os anos 1920, em *Le Christianisme Social* [O cristianismo social] e em diversas revistas literárias, escreve numerosos artigos políticos para o semanário socialista *La République Sociale* [A República Social]. Foi apenas a partir de 1927 que Bastide passa a publicar em revistas de sociologia, com foco temático em sociologia da religião. Desde seus primeiros textos, enfatiza a oposição entre a experiência individual do sagrado (a mística) e a religião institucionalizada. O conflito permanente entre esses dois polos constitui, para ele, a força motriz da história das religiões. Assim, em sua obra de juventude já se formula o essencial de sua abordagem sociológica do fato religioso, retomado mais adiante juntamente com o conceito de "sagrado selvagem" (*O sagrado selvagem e outros ensaios* [1975], São Paulo, Companhia das Letras, 2006). No entanto, suas duas primeiras obras, *Os problemas da vida mística* (1931, Lisboa, Europa-América, 1959) e *Elementos de sociologia religiosa* (1935, São Paulo, Instituto Ecumênico de Pós-Graduação em Ciências da Religião, 1990) não tiveram tanta repercussão.

De modo inesperado, em 1938 Bastide foi indicado para a substituição de Claude Lévi-Strauss na cadeira de sociologia na Universidade de São Paulo. Dedica-se assim intensamente ao estudo da literatura brasileira e das religiões afro, com destaque para o candomblé. Em 1951, com o apoio de Fernand Braudel, é nomeado professor coordenador de sociologia étnica na sexta seção (ciências sociais) da Escola Prática de Altos Estudos. Em 1957, termina sua tese de doutorado com suas duas principais obras, *O candomblé da Bahia (rito nagô)* (1958, São Paulo, Companhia Editora Nacional, 1961) e *As religiões africanas no Brasil: contribuições a uma sociologia das interpenetrações de civilizações* (1960, São Paulo, Pioneira, 1985). Em 1958, ocupa a cadeira de etnologia religiosa e social na Sorbonne, conservando seu cargo na Escola Prática de Altos Estudos. Progressivamente, suas pesquisas passam a privilegiar a sociopsiquiatria e a etnopsiquiatria. Tendo recebido em 1968 o título de professor emérito, Bastide falece em abril de 1974, em Maisons-Laffitte.

Se, no Brasil, Bastide conquistou numerosos e célebres discípulos, sua obra gerou pouca repercussão na França. No entanto, a partir de 1990 o interesse por Bastide tem aumentado, como demonstra, por exemplo, a criação da revista *Bastidiana* e de uma associação com o mesmo nome, em 1993. Hoje, Bastide é sobretudo conhecido como um autor-chave para a área das religiões afro-americanas. Porém, toda a sua obra — que compreende crítica literária, sociopsiquiatria, etnopsiquiatria, sociologia e etnologia das religiões — se recusa a classificações apressadas.

Astrid Reuter

▶ BASTIDE, Roger, *Imagens do Nordeste místico em branco e preto*, Rio de Janeiro, O Cruzeiro, 1945; Idem, *Poetas do Brasil* (1946), São Paulo, Edusp, 1997; *Bastidiana, Cahiers d'études bastidiennes*, 1993ss; LABURTHE-TOLRA, Philippe, org., *Roger Bastide et le réjouissement de l'abîme*, Paris, L'Harmattan, 1994; PEIXOTO, Fernanda, *Diálogos brasileiros: uma análise da obra de Roger Bastide*, São Paulo, Fapesp-Edusp, 2000; RABENORO, Aubert, "Le protestantisme de Roger Bastide", *Bastidiana* 25-26, 1999, p. 137-151; RAVELET, Claude, org., *Études sur Roger Bastide. De l'acculturation à la psychiatrie sociale*, Paris, L'Harmattan, 1996; REUTER, Astrid, *Das wilde Heilige. Roger Bastide (1898-1974) und die Religionswissenschaft seiner Zeit*, Frankfurt, Campus, 2000.

◉ Cristianismo social/socialismo cristão

BATISMO

Importante símbolo universal, a água marca presença na história bíblica: deixar-se molhar significa a participação sacramental na morte e ressurreição de Jesus Cristo (Rm 6.3ss), sendo desde sempre o sinal externo de admissão do convertido na comunidade cristã. O rito deve suas origens a práticas judaicas da época, mas recebe um novo significado como batismo em nome de Jesus. Seria a partir de então praticado em nome do Pai, do Filho e do Espírito Santo, reconhecido hoje por diversas igrejas que divergem em demais pontos.

O batismo cristão é sempre *na água e no Espírito*, conforme Mateus 3.11. Na Igreja Batista, apenas podem ser batizados os que confessam a fé cristã (adultos ou menores que atingem a idade da razão) em um compromisso assumido pessoalmente. Em contrapartida, é tradição dos reformados e luteranos o batismo de crianças (pedobatismo), assim como nas igrejas de tradição católica, o que enfatiza a graça de Deus que precede todas as iniciativas humanas. Atualmente, a recusa ao batismo infantil por parte de uma minoria é algo que tem levado o protestantismo histórico a questionamentos, tanto em relação ao peso e ao apoio contínuo a ser dado a essa prática quanto a considerações sobre a dimensão do compromisso assumido por adultos no batismo. Para os cristãos, a apresentação das crianças para uma bênção pastoral parece ser uma das soluções para o problema. Teologicamente, em qualquer caso, a fé se vislumbra no horizonte do batismo, pedindo para concretizar-se na existência cristã, com a graça do Espírito Santo. O batismo pode ser por imersão ou simples aspersão (também chamada infusão ou abluição). Para os cristãos, o batismo é um ato único, sendo o rebatismo uma prática em princípio reprovada. O cristão é convidado a voltar a seu batismo durante toda a sua vida: a confirmação protestante inclui esse elemento, e a renovação do compromisso batismal faz parte da liturgia pascal. No contexto ecumênico e cultural contemporâneo, o antigo conceito de iniciação poderia retomar seu valor no âmbito da discussão sobre o batismo.

Bruno Bürki

▶ ALLMEN, Jean-Jacques von, *Pastorale du baptême*, Friburgo-Paris, Éditions Universitaires-Cerf, 1978; BARTH, Karl, *Dogmatique IV/4* (1967), Genebra, Labor et Fides, 1969; GISEL,

Pierre, *Pourquoi baptiser. Mystère chrétien et rite de passage*, Genebra, Labor et Fides, 1994; Idem, *Sacrements et ritualité en christianisme. 125 propositions*, Genebra, Labor et Fides, 2004, p. 23-33; GOUNELLE, André, *Le baptême. Le débat entre les Églises*, Paris, Les Bergers et les Mages, 1996; JOHNSON, Maxwell E., *The Rites of Christian Iniciation. Their Evolution and Interpretation*, Collegeville, Liturgical Press, 1999; RUEGG, Ulrich e MÜLLER, Denis, orgs., *Le baptême à vivre*, Genebra, Labor et Fides, 1982.

▶ Atos pastorais; Allmen; anabatismo; apresentação; Batista, Igreja; confirmação; conversão; imposição de mãos; menonismo; **ritos**; sacramento

BATISTA, Igreja

A Igreja Batista, principal denominação tanto nos EUA quanto na Rússia, possui três características fundamentais. Sua *doutrina* é geralmente calvinista no que diz respeito à santificação do cristão diante dos olhos de um Deus soberano que não precisa de ritos para comunicar-se com suas criaturas; sua *eclesiologia* se adapta ao tipo congregacionalista, ou seja, cada igreja é autônoma, com os pastores eleitos pelos membros locais; é adotada a prática do *batismo por imersão*, após um testemunho público do novo convertido. Como esse batismo-testemunho é condição *sine qua non* da admissão de novos membros, a denominação se tornou conhecida como uma igreja que confessa sua fé.

A Igreja Batista surgiu no início do século XVII (em torno de 1608) com o pregador inglês John Smith (?1570-1612), exilado, nessa época, em Amsterdã. Sua identidade se deve a uma confluência de duas correntes da Reforma Protestante, o anabatismo e o não conformismo inglês. Desses movimentos, a denominação manteve a noção de separação entre igreja e Estado, o compromisso com a fé e o congregacionalismo. Do anabatismo, foi mantida a lógica do batismo do novo convertido, porém foi acrescentado um dado específico, largamente adotado a partir de 1644: o batismo por imersão como sinal emblemático de morte e ressurreição com Cristo, de acordo com Romanos 6. Desde sua origem, os batistas se distinguiram por sua prática democrática. A legitimidade do pastor se deve aos votos de todos os membros da igreja. A ênfase na separação entre igreja e Estado também é bastante precoce, proclamada tanto na Inglaterra quanto nas colônias americanas. A tais características acrescenta-se o apego pela liberdade de consciência e de culto. Na América do Norte, atribui-se a um batista, Roger Williams (1603/04-1684), a promulgação, pela primeira vez, da completa liberdade religiosa em um texto constitucional, o da colônia de Rhode Island, criada por ele em 1637. Esse texto serviu de inspiração, mais adiante, para a Constituição dos Estados Unidos.

Marcada por uma virada missionária decisiva no século XVIII, sob a influência de Andrew Fuller (1754-1815) e William Carey (1731-1834), a Igreja Batista conheceu uma espetacular expansão mundial. As estatísticas mais citadas são as da Aliança Batista Mundial, estrutura transnacional criada em 1905 em nome do testemunho cristão e da defesa da liberdade religiosa em todo o mundo. Essa aliança reúne a maioria dos batistas do planeta; no entanto, desde que a Convenção Batista do Sul rompeu com a organização em 2004, podem-se contar cerca de 32 milhões de membros associados contra 22 milhões de batistas não associados — no total, 54 milhões. Observa-se, porém, que tais números são fornecidos pelos próprios batistas, que deixam de incluir os fiéis não batizados por imersão, como os adolescentes e os filhos que crescem na igreja. Assim, para um número mais próximo da realidade, deve-se multiplicar esses dados restritos fornecidos pelas igrejas por um coeficiente entre dois e três, totalizando algo entre 125 e 150 milhões de batistas em 2005. Hoje, a denominação compreende várias tendências, que vão desde o liberalismo (representado por personalidades como o teólogo Harvey Cox) até o fundamentalismo (um dos fundadores da Ku Klux Klan é batista), passando pelo cristianismo social, pelo movimento carismático e pela corrente evangélica (majoritária).

Sua distribuição geográfica é desigual. A mais forte concentração de igrejas batistas é norte-americana. No sul dos Estados Unidos, um em dois habitantes pertence à denominação. Declaram-se batistas personalidades como o ex-presidente dos EUA Bill Clinton (de Arkansas) e seu vice-presidente à época, Al Gore (do Tennessee), assim como, antes deles, Jimmy Carter e Harry Truman. Outros grandes ativistas na história americana recente são batistas, a começar pelo prêmio Nobel da Paz Martin Luther King Jr. (1929-1968) e o evangelista Billy

Graham (nascido em 1918). O televangelista ultraconservador Pat Robertson, apresentador da New Christian Right (Nova Direita Cristã) também é de origem batista, assim como o *jazzman* Ray Charles e a *popstar* Britney Spears. Fora dos Estados Unidos, a Igreja Batista está bem representada na Rússia, onde é o segundo grupo confessional cristão depois da Igreja Ortodoxa. Em outros continentes, sua presença é discreta, mas marcante, sobretudo na África e na América do Sul, ou ainda no Leste Europeu, com um crescimento impressionante na Ucrânia. Na Europa ocidental, é na Inglaterra que está o maior número de batistas: mais de duzentos mil membros batizados. Na França, contam-se hoje quarenta mil, com pouco mais de treze mil batizados por imersão. Em um mundo globalizado, onde predominam as figuras do "peregrino" e do "convertido", está cada vez menos raro encontrar comunidades batistas no caminho: igrejas tranquilas e ágeis para conquistar novos discípulos.

Sébastien Fath

▶ *Confession de foi réformée baptiste* (dita "de Londres", 1689), Saint-Marcel, Comité d'Entraide Réformé Baptiste, 1994; FATH, Sébastien, *Une autre manière d'être chrétien en France, Socio-histoire de l'implantation baptiste (1810-1950)*, Genebra, Labor et Fides, 2001; Idem, *Les baptistes de France (1810-1950). Faits, dates et documents*, Cléon d'Andran, Excelsis, 2002; HARRISON, Paul M., *Authority and Power of the Free Church Tradition. A Social Case Study of the American Baptist Convention*, Princeton, Princeton University Press, 1959; HOBBS, Herschel H., *Fundamentals of our Faith*, Nashville, Broadman Press, 1960; LUMPKIN, William Latane, *Baptist Confession of Faith*, Filadélfia, Judson Press, 1959; MCBETH, H. Leon, *A Sourcebook for Baptist Heritage*, Nashville, Broadman Press, 1990; Idem, *The Baptist Heritage. Four Centuries of Baptist Witness*, Nashville, Broadman Press, 1987; PAYNE, Ernest A., *The Fellowship of Believers. Baptist Thought and Practice Yesterday and Today*, Londres, Kingsgate Press, 1944; TORBET, Robert George, *A History of the Baptists (1950)*, Valley Forge, Judson Press, 1973; WARDIN, Albert, org., *Baptists around the World: A Comprehensive Handbook*, Nashville, Broadman & Holman, 1995.

◉ Aliança Batista Mundial; anabatismo; batismo; Blocher-Saillens; Bunyan; Carey W.; congregacionalismo; discípulos de Cristo; dissidente; Saillens; seitas; Smyth; Williams, Roger

BAUHAUS

Aberto em 1919 em Weimar, transferido para Dessau em 1925 e, em seguida, para Berlim em 1932, fechado em 1933 pelos nazistas (que o declaram "antigermânico" e "degenerado"), o *Bauhaus* ("casa da construção") marcou fortemente a estética do século XX, desempenhando um papel fundamental no surgimento do "Movimento Moderno". Foi dirigido por Walter Gropius (1883-1969), Hannes Meyer (1889-1954) e Ludwig Mies van der Rohe (1886-1969). Ensinaram na instituição, entre outros, Johannes Itten (1888-1967), Paul Klee (1879-1940), Oskar Schlemmer (1888-1943), Wassily Kandinsky (1866-1944) e László Moholy-Nagy (1895-1946).

Considerado "o grande ateliê do século XX"), o *Bauhaus* seria a maior aventura cultural de sua época, com artesãos e artistas juntos, reconciliando todas as expressões artísticas em um amplo projeto cultural e humanista, integrando arte e técnica, trabalho artesanal e trabalho industrial: "Vamos criar a nova arquitetura do futuro, feita também de escultura e pintura, que se elevará aos céus, jorrando das mãos de milhões de artistas, símbolo transparente do nascimento de uma fé" (*Manifesto inaugural do Bauhaus*, 1919). A dimensão ética dessa reconciliação entre teoria e prática, arte e técnica, não passaria despercebida aos olhos de Paul Tillich, cujos escritos sobre a estética manteriam traços de seus contatos com o *Bauhaus*.

O fracasso político da República de Weimar não ofuscaria o brilho do extraordinário salão cultural que se desenvolveu no entreguerras, logo após o fracasso dos grandes ideais do século XIX. Porém, não é esse mesmo fracasso que está na origem da grande influência do *Bauhaus* hoje, sentida em todo o mundo?

Daniel Gehring

▶ ARGAN, Giulio Carlo, *Walter Gropius et le Bauhaus* (1951), Paris, Denoël-Gonthier, 1979; KOPP, Anatole, *Quand le moderne n'était pas un style mais une cause*, Paris, École nationale des beaux-arts, 1988; RICHARD, Lionel, *Encyclopédie du Bauhaus*, Paris, Somogy, 1985; VITALE, Élodie, *Le Bauhaus du Weimar*, 1919-1925, Paris, Mardaga, 1989; WINGLER, Hans M. *Das Bauhaus, 1919-1933. Weimar, Dessau, Berlin und die Nachfolge in Chicago seit 1937* (1962), Bramsche, Rasch, 1968.

◉ **Arquitetura; arte**; Gropius; Klee; Tillich

BAUMGARTEN, Alexander Gottlieb
(1714-1782)

Filósofo alemão nascido em Berlim e morto em Francfort-sur-l'Oder, é irmão do teólogo Siegmund Jakob Baumgarten. Estudou teologia e filosofia em Halle, lecionando em seguida em Halle e em Francfort-sur-l'Oder. Suas obras se inscrevem na escola leibnizo-wolffiana. Deve-se a ele que, hoje, a estética seja uma disciplina filosófica. Com o processo de autonomia e de valorização progressivas do campo do sensível — que até então contava com uma representação confusa e inferior, desprovida de análise conceitual, ou seja, racional e universal —, Baumgarten se lançou à tarefa de criar uma disciplina que fosse "a ciência do conhecimento sensível", concebida como "análogo da razão". Mesmo sendo inferior, o conhecimento sensível não é mais concebido por Baumgarten (como é o caso para Leibniz ou Wolff) como puramente negativo, mas adquire com ele um valor positivo na medida em que desfruta de uma perfeição e de uma especificidade próprias, apegando-se a representações singulares que, a partir de então, são apreciadas por sua complexidade e sua profunda riqueza de sentidos. Kant viu em Baumgarten um "excelente analista" e usou com frequência sua *Metafísica* como um manual para preparar suas aulas, julgando, no entanto, ilusório e vão o esforço de desejar "submeter o juízo crítico do belo a princípios racionais e elevar tais regras ao *status* de ciência" (*Crítica da razão pura* [edição A, 1781; edição B, 1787], Nova Cultural, Coleção Os Pensadores, 1996).

Patrick Évrard

▶ BAUMGARTEN, Alexander Gottlich, *Meditationes philosophiae de nonnullis ad poema pertinentibus. Philosophische Betrachtungen über einige Bedingungen des Gedichtes* (1735), ed. bilíngue, Hamburgo, Meiner, 1983; Idem, *Metaphysica* (1739), Halle, Hemmerde, 1779; Idem, *Aesthetica* (1750-1758), Hildesheim, Olms, 1986 (no Brasil, *Estética: a lógica da arte e do poema*, Petrópolis, Vozes, 1993); BÄUMLER, Alfred, *Das Irrationalitätsproblem in der Ästhetik und Logik des 18. Jahrhunderts bis zur "Kritik der Urteilskraft"* (1923), Darmstadt, Wissenschaftliche Buchgesellschaft, 1967; CASSIRER, Ernst, *A filosofia do Iluminismo* (1932), São Paulo, Campinas, 1994; FERRY, Luc, *Homo Aestheticus, a invenção do gosto na era democrática*, São Paulo, Ensaio, 1994; GIOVANNANGELI, Daniel, "Baumgarten et l'origine de l'esthétique", em *La fiction de l'être. Lectures de la philosophie moderne*, Bruxelas, De Boeck-Wesmael, 1990, p. 63-74: JÄGER, Michael, *Die Ästhetik als Antwort auf das kopernikanische Weltbild. Die Beziehungen zwischen den Naturwissenschaften und der Ästhetik Alexander Gottlieb Baumgartens und Georg Friedrich Meiers*, Hildesheim, Olms, 1984; NIVELLE, Armand, *Les théories esthétiques en Allemagne. De Baumgarten à Kant*, Paris, Les Belles Lettres, 1955, p. 17-70; PARRET, Herman, "De Baumgarten à Kant. Sur la beauté", *Revue Philosophique de Louvain* 90, 1992, p. 317-343; PETERS, Hans Georg, *Die Ästhetik Alexander Gottlieb Baumgartens und ihre Beziehungen zum Ethischen*, Berlim, Junker & Dünnhaupt, 1934; RIEMANN, Albert, *Die Aesthetik Alexander Gottlieb Baumgartens, unter besonderer Berücksichtigung der Meditationes philosophicae de nonnulis ad poema pertinentibus nebst einer Übersetzung dieser Schrift* (1928), Walluf, Sändig, 1977; SOLMS, Friedhelm, *Disciplina aesthetica. Zur Frühgeschichte der ästhetischen Theorie bei Baumgarten und Herder*, Stuttgart, Klett-Cotta, 1990.

▷ Baumgarten S. J.; estética; Kant; Leibniz; filosofia; **razão**; Wolff

BAUMGARTEN, Siegmund Jakob
(1706-1757)

Teólogo alemão luterano, nascido em Wolmirstedt e morto em Halle, é irmão do filósofo Alexander Gottlieb Baumgarten. Estudou e ensinou teologia na Universidade de Halle. Influenciado pelo sistema filosófico de Christian Wolff (1679-1754), contribuiu grandemente para que a forma da exposição dogmática ganhasse clareza e objetividade, fundadas no método demonstrativo. Seu tratamento dedutivo e racional da exposição doutrinária influenciou em muito a dogmática que se desenvolveu posteriormente. Siegmund Jakob Baumgarten e todos os teólogos wolffianos sofreram ataques dos pietistas, que denunciaram seu "intelectualismo" e a "fria sutileza" de seus procedimentos. No entanto, Baumgarten permaneceu profundamente ligado à ortodoxia e ao conteúdo dos dogmas. Baumgarten é autor da primeira dogmática, publicada com o nome *Glaubenslehre* (1759-1760). Contribuiu também para tornar conhecidos os deístas ingleses na Inglaterra. Entre seus discípulos, cabe mencionar Johann Salomo Semler (1725-1791), que escreveria sua biografia, além de ser um dos representantes mais destacados da *Aufklärung* teológica alemã.

Patrick Évrard

▶ BAUMGARTEN, Siegmund Jakob, *Unterrich von dem rechtmäßigen Verhalten eines Christen oder Theologische Moral* (1738), Halle, Gebauer, 1762; Idem, *Hermeneutik*, Halle, 1742; Idem, *Evangelische Glaubenslehre*, 3 vols., Halle, Gebauer, 1759-1760; Idem, *Untersuchung theologischer Streitigkeiten*, Halle, Gebauer, 1764; Idem, *Geschichte der Religionsparteien* (1766), Hildesheim, Olms, 1966; BARTH, Karl, *La théologie protestante au dix-neuvième siècle. Pré-histoire et histoire* (1946), Genebra, Labor et Fides, 1969, p. 94-96; HIRSCH, Emanuel, *Geschichte der neuern evangelischen Theologie im Zusammenhang mit den allgemeinen Bewegungen des europäischen Denkens* (1951), t. II, Gütersloh, Bertelsmann, 1975, p. 370-388; KNOTHE, Paul, "Siegmund Jakob Baumgarten und seine Stellung in der Aufklärungstheologie", *Zeitschrift für Kirchengeschichte* 46, 1928, p. 461-536; SCHLOEMANN, Martin, *Siegmund Jakob Baumgarten. System und Geschichte in der Theologie des Überganges zum Neuprotestantismus*, Göttingen, Vandenhoech & Ruprecht, 1974.

◉ Baumgarten A. G.; deísmo; **Deus**; dogma; dogmática; Halle; iluminismo; pietismo; Semler; Wolff

BAUR, Ferdinand Christian (1792-1860)

Nascido em Schmiden (Stuttgart), morto em Tübingen. A partir de 1826, atuou como professor universitário de teologia histórica em Tübingen. Baur é o criador do método histórico-crítico (termo que ele emprega pela primeira vez em 1836, em seu estudo clássico "Über Zweck und Veranlassung des Römerbriefs und die Damit zusammenhängenden Verhältnisse der römischen Gemeinde", em *Ausgewählte Werke in Einzelausgaben*, t. I, p. 147-266), para elaborar uma inteligência crítica do cristianismo e de sua história. Nesse sentido, é o fundador de uma concepção exclusivamente histórica de teologia. Porém, essa historicização da teologia não poderia prescindir da filosofia, como comprovado por seus primeiros trabalhos sobre história da religião da Antiguidade (*Symbolik und Mythologie oder die Naturreligion des Altertums* [1824-1825], 2 t. em 3 vols., Aalen, Scientia, 1979). Sob a influência de Schleiermacher e de Schelling, essas obras podem ser consideradas românticas, recorrendo a noções como "símbolo" e "mito" popularizadas no início do século por Friedrich Creuzer (1771-1858), com sua *Symbolik und Mythologie der Alten Völker* (1810-1812), tradução francesa *Religions de l'Antiquité considérées principalement dans leurs formes symboliques et mythologiques* [Religiões da Antiguidade consideradas sobretudo em suas formas simbólicas e mitológicas], 4 t. em 10 vols., Paris, Treuttel et Wurtz, e em seguida J.-J. Kossbühl e Firmin-Didot, 1825-1851). Essa tendência rompe com toda forma de visão supranaturalista, combatendo a ideia de que haveria na Bíblia uma revelação sobrenatural e de que o nascimento do cristianismo seria um milagre.

Trata-se da crítica radical do valor histórico dos relatos evangélicos, levada a cabo por seu antigo pupilo David Friedrich Strauß (1808-1874), que obriga Baur a formular os princípios fundamentais da exegese histórico-crítica e a estabelecer alguns pontos essenciais do novo método. Assim, levanta a questão paulina, argumentando que Atos dos Apóstolos apresenta uma imagem por demais irênica das primeiras décadas do cristianismo e mostrando que boa parte dos textos atribuídos a Paulo não poderia ser autêntica, pois pressupõe um contexto histórico que não corresponde ao da missão paulina (cf. *Paulus der Apostel Jesu Christi. Sein Leben und Wirken, seine Briefe und seine lehre. Ein Beitrag zu einer kritischen Geschichte des Urchristentums* [1845, 1867], Osnabrück, Zeller 1978; Baur só mantém a epístola aos Gálatas, a epístola aos Romanos e as duas epístolas aos Coríntios). Esse procedimento é característico da postura de Baur com seu novo método. Para ele, a crítica histórica deve analisar a tendência geral de cada texto do cristianismo primitivo, com o objetivo de determinar tanto o lugar que lhes cabe no desenvolvimento da história cristã dos primeiros séculos quanto seu valor como documento histórico. É desse modo que Baur descobre a distância que separa Jesus de Paulo e os conflitos que dividiam o cristianismo primitivo.

Outra conclusão fundamental de Baur é o caráter tardio do Evangelho de João ("Über die Composition und den Carakter des johanneischen Evangelium", *Theologische Jarhbücher*, 1844, p. 1-191. 397-475 e 615-700). Essa demonstração se baseia em duas descobertas fundamentais: a proximidade teológica do evangelho de João com a gnose e a especificidade literária desse evangelho, que o distingue com clareza dos três evangelhos ditos sinópticos (Mateus, Marcos e Lucas). A prova do caráter tardio do quarto evangelho (tese que, desde Baur, é um bem comum praticamente inconteste entre os pesquisadores[2]) provocou na época uma saraivada de protestos, até mesmo entre os teólogos liberais. Pois para a devoção idealista (Fichte, Schleiermacher, Hegel) e seus herdeiros liberais, o evangelho de João era o evangelho por excelência, aquele que fornecia a imagem mais fiel de Jesus, veiculando uma concepção de cristianismo partilhada por eles. Baur não contesta a especificidade do quarto evangelho, mas o situa no contexto histórico e religioso da Antiguidade, estabelecendo que essa especificidade demonstra o caráter tardio que o despojaria de todo valor para o conhecimento do Cristo histórico. Assim foi formulado de modo perspicaz o problema teológico da relação entre a história e a verdade do cristianismo.

Baur responde a essa questão em suas obras dedicadas à história dos dogmas (*Die christliche Lehre von der Versöhnung in ihrer geschichtlichen Entwicklung von der ältesten Zeit bis auf die neueste*, Tübingen, Osiander, 1838; *Die christliche Lehre von der Dreieinigkeit und Menschwerdung Gottes in ihrer geschichtlichen Entwicklung* [1841-1843], 3 vols., Darmstadt, Wissenschaftliche Buchgesellschaft, 1973; *Lehrbuch der Christlichen Dogmengeschichte* [1847, 1858], Darmstadt, Wissenschaftliche Buchgesellschaft, 1979). Para sua resposta, Baur recorre à filosofia da religião de Hegel (cuja edição póstuma foi publicada em 1832 por Marheineke), que lhe fornece o aparelho conceitual necessário tanto para ultrapassar as aporias da crítica dos dogmas que caracterizam os teólogos da *Aufklärung* quanto para compreender a história do desenvolvimento do dogma como um todo coerente em sua pluralidade interna. A história do dogma cristão é a autoexplicação da liberdade humana, que se consuma por força da reconciliação do antagonismo abstrato entre Deus e o homem. Nesse contexto, a Reforma (cuja multiplicidade é reforçada por Baur, que inclui entre os reformados os representantes da Reforma radical) é o marco do surgimento da consciência subjetiva da liberdade; mas é apenas sob as condições ideais de uma modernidade que assume os resultados da crítica exercida pela Aufklärung que pode ser atingida uma compreensão adequada do dogma cristão. A tarefa do protestantismo moderno é elaborar essa compreensão de liberdade, cujo ápice é a realização da verdadeira igreja em um estado constitucional, concebido como institucionalização do ideal de humanidade e de cultura. Da mesma forma, Baur dedica seus últimos anos a uma história da igreja em cinco volumes (*Geschichte der christlichen Kirche* [1853-1863], Leipzig, Zentralantiquariat der DDR, 1969; os dois últimos volumes são publicações póstumas, tendo como base as aulas de Baur), precedida de uma reflexão sistemática acerca dos princípios historiográficos desse empreendimento (*Die Epochen der christlichen Geschichtsschreibung* [1852], Hildesheim, Olms, 1962).

A obra de Baur é um dos marcos do apogeu de uma concepção que une reflexão metódica sobre a interpretação histórica e especulação sistemática sobre a teologia da história para pensar a modernidade, em sua dupla dimensão filosófica e política, como a realização da verdade do cristianismo. É, ao mesmo tempo, o testemunho fundamental da aliança entre protestantismo e ciência histórica moderna, além de importante chave de compreensão do neoprotestantismo e do *Kulturprotestantismus*.

Jean-Marc Tétaz

▶ BAUR, Ferdinand Christian, *Ausgewählte Werke in Einzelausgaben*, org. por Klaus SCHOLDER, 5 vols., Stuttgart-Bad Cannstadt, Frommann, 1963-1975; FRAEDRICH, Gustav, *Ferdinand Christian Baur. Der Begründer der Tübinger Schule als Theologe, Schriftsteller und Charakter*, Gotha, Perthes, 1909; HARRIS, Horton, *The Tübingen School. A Historical and Theological Investigation of the School of F. C. Baur* (1975), Grand Rapids, Baker Book House, 1990; HESTER, Carl E., org., *Ferdinand Christian Baur*, vol. I: Die frühen Briefe (1814-1835), Sigmaringen, Thorbecke, 1993; HODGSON, Peter C., *The Formation of Historical Theology. A Study of Ferdinand Christian*

---

[2] [NT] O caráter incontesto dessa tese foi, na verdade, questionado com a descoberta dos manuscritos do mar Morto em Qumran, cuja antiguidade derruba por terra a ideia de uma influência gnóstica sobre o texto de João, demonstrando que muitos elementos tidos como helênicos e/ou gnósticos no quarto evangelho eram autenticamente judaicos. Cf., p. ex., F. F. BRUCE, *João: introdução e comentário*, São Paulo, Vida Nova, 1987.

Baur, Nova York, Harper and Row, 1966; KÖPF, Ulrich, org., *Theologen des 19. Jahrhunderts. Eine Einführung*, Darmstadt, Wissenschaftliche Buchgesellschaft, 2002, p. 39-58.

● **Bíblia**; Hegel; **história**; história dos dogmas; Kulturprotestantismus; liberalismo teológico; método histórico-crítico; **modernidade**; neoprotestantismo; Niebuhr B. G.; Pfleiderer; Ritschl; Schelling; Schleiermacher; Strauß; Tübingen

BAXTER, Richard (1615-1691)

Contada em uma ampla autobiografia, a vida de Richard Baxter se passa no período mais turbulento da história da Inglaterra. Rebento de uma família de classe média marcada pela experiência religiosa puritana, Baxter se decide pela vocação pastoral. O posto de capelão do exército parlamentar ao longo da guerra civil não o impede de adotar uma postura independente e bastante crítica em relação aos diversos partidos e, na Restauração, de trabalhar em uma solução diplomática do conflito eclesiástico, com o apoio inicial do rei Carlos II. Diante do endurecimento da liderança da Igreja Anglicana, ele rejeita o Ato de Uniformidade (1662) e se torna o prestigiado representante do *Dissent*, chegando a ser preso (1669 e 1685-1686). Suas obras (por volta de 150), com destaque para *The Saints' Everlasting Rest* (Londres, 1650), obtiveram uma publicidade impressionante. O grande tratado *A Christian Directory* (1673) é, em grande medida, fruto da atividade pastoral que Baxter desenvolveu em grupos de discussão e formação na igreja de Kidderminster. Munido de conceitos sólidos e claros, esse livro se apresenta com justiça como uma "suma de teologia moral" e pode ser contado entre as obras-primas da ética religiosa da Idade Moderna.

Mario Miegge

▶ *The Practical Works of Richard Baxter*, 4 vols., Morgan, Soli Deo Gloria Publications, [2000]; *The Autobiography of Richard Baxter*, org. por Joseph Morgan Lloyd THOMAS e Neil Howard KEEBLE, Londres, Everyman's Library, 1985; LAMONT, William Montgomery, *Richard Baxter and the Millenium*, Londres, Croom Helm, 1979; NUTTALL, Geoffrey Fillingham, *Richard Baxter*, Londres, Nelson, 1965; WATTS, Michael R., *The Dissenters*, t. I: *From the Reformation to the French Revolution*, Oxford, Clarendon Press, 1985.

● Anglicanismo; calvinismo; **capitalismo**; dissidente; irenismo; puritanismo; revoluções da Inglaterra; **vocação**

BAYLE, Pierre (1647-1706)

Nascido em Carla (Ariège), filho de pastor da Igreja Reformada, Bayle completa tardiamente seus estudos na Academia Protestante de Puylaurens e em seguida, durante dezoito meses, no Colégio Jesuíta de Toulouse, onde se converte ao catolicismo. De volta ao calvinismo, precisa se exilar em Genebra, onde estuda teologia e filosofia. Trabalha como preceptor em Coppet, Rouen e Paris, até conseguir o cargo de professor de filosofia na Academia de Sedan, que fecha suas portas em 1681. É quando se exila novamente, nas Províncias Unidas, e ocupa o cargo de professor de filosofia na Escola Ilustre de Roterdã.

Seus textos, de formas e tons os mais variados, demonstram a diversidade de suas áreas de interesse: a luta contra a superstição e uma argumentação sutil contra o catolicismo em *Pensées diverses sur la comète* [Pensamentos diversos sobre o cometa] (1682, Paris, Société des Textes Français Modernes, 1994); a difusão do saber livresco e o jornalismo em sua publicação mensal, *Nouvelles de la République des Lettres* [Notícias da República das Letras] (1684-1687); a defesa da liberdade de consciência (com destaque para o tema dos direitos da "consciência errante") em *Nouvelles lettres critiques* [Novas letras críticas] (1685) e o *Commentaire philosophique sur ces paroles de Jésus-Christ: Contrain-les d'entrer* [Comentário filosófico sobre estas palavras de Jesus Cristo: "obriga a todos a entrar"] (1686-1687; reed. das partes I e II: *De la tolérance*, Paris, Presses Pocket, 1992; reed. do *Supplément du Commentaire philosophique de la tolérance* [Suplemento do Comentário filosófico da tolerância], t. III, Paris, PUF, 2002); a denúncia dos métodos coercitivos empregados contra os protestantes da França à época da Revogação do Edito de Nantes em *Ce que c'est la France toute catholique sous le règne de Louis le Grand* [O que é a França católica por inteiro no reinado de Luís, o Grande] (1686, Paris, Vrin, 1973); uma reflexão sem concessões sobre a Providência e o problema do mal, com destaque para *Entretiens de Maxime et de Thémiste* [Entrevistas de Máximo e de Temisto] e *Réponse aux questions d'un Provincial* [Resposta às perguntas de um provinciano]

(1704-1707). Porém, sua obra principal é o *Dictionnaire historique et critique* [Dicionário histórico e crítico] (1696-1697; reed. da 5. ed. de 1740: 4 vols., Genebra, Slaktine, 1995), concebido como um trabalho de história e repleto de observações filosóficas sobre todos os assuntos.

Uma profunda divergência de análise acerca da atitude política dos huguenotes do Refúgio às portas da Revogação do Edito de Nantes (1685) e da Revolução Gloriosa (1688-1689) culmina em um desentendimento definitivo com Pierre Jurieu (1637-1713). No entanto, as polêmicas que se seguiram com esse teólogo, assim como com Jacques Bernard (1658-1778), Isaac Jaquelot (1649-1708) e Jean Le Clerc (1657-1736), não deveriam deixar entrever um Bayle descrente, tal como aprouve a Voltaire em sua imagem pública no século seguinte. Questões sobre a fé de Bayle ainda são discutidas pela crítica.

Hubert Bost

▶ BAYLE, Pierre, *Oeuvres diverses*, Hildesheim, Olms, 1964-1982; Idem, *Pour une histoire critique de la philosophie. Choix d'articles du "Dictionnaire historique et critique"*, org. por Jean-Michel GROS, Paris, Champion, 2001; *Pierre Bayle, témoin et conscience de son temps. Un choix d'articles du "Dictionnaire historique et critique"*, org. por Antony McKENNA, Paris, Champion, 2001; *Correspondance de Pierre Bayle*, Oxford, Voltaire Foundation, 2000; BOST, Hubert, *Pierre Bayle et la religion*, Paris, PUF, 1994; Idem, *Pierre Bayle*, Paris, Fayard, 2006; Idem e ROBERT, Philippe de, org., *Pierre Bayle, citoyen du monde. De l'enfant du Carla à l'auteur du "Dictionnaire"*, Paris, Champion, 1999; DELPLA, Isabelle e ROBERT, Philippe de, orgs., *La raison corrosive. Études sur la pensée critique de Pierre Bayle*, Paris, Champion, 2003; LABROUSSE, Élisabeth, *Pierre Bayle*. T. I: *Du pays de Foix à la cité d'Érasme* (1963), Dordrecht, Nijhoff, 1985 e t. II: *Hétérodoxie et rigorisme* (1964), Paris, Albin Michel, 1996; Idem, *Notes sur Bayle*, Paris, Vrin, 1987; MAGDELAINE, Michelle et alii, orgs., *De l'humanisme aux Lumières, Bayle et le protestantisme. Mélange en l'honneur d'Élisabeth Labrousse*, Paris-Oxford, Universitas-Voltaire Foundation, 1996; McKENNA, Antony e PAGANINI, Gianni, orgs., *Pierre Bayle dans la République des Lettres. Philosophie, religion, critique*, Paris, Champion, 2004; MORI, Gianluca, *Bayle philosophe*, Paris, Champion, 1999.

◉ Edito de Nantes (e Revogação do); *Enciclopédia*; iluminismo; Jurieu; Le Clerc; liberdade de consciência; mal; Refúgio; revoluções da Inglaterra; Sedan

BAZILLE, Frédéric (1841-1870)

Pintor bastante apegado a seu meio protestante de Montpellier, Bazille estaria entre os grandes artistas do século XIX se não fosse sua morte prematura no *front*. Pré-impressionista, morou em Paris com Pierre Auguste Renoir (1841-1919) e Claude Monet (1840-1926), tendo como mestres e amigos Alfred Sisley (1839-1899), Paul Cézanne (1839-1906), Camille Pissarro (1830-1903), Henri Fantin-Latour (1836-1904) e Edgar Degas (1834-1917); conviveu com Émile Zola (1840-1902) e com os compositores Gabriel Fauré (1845-1924), Emmanuel Chabrier (1841-1894) e Camille Saint-Saëns (1835-1921); pintou os retratos de Paul Verlaine (1844-1896) e Arthur Rimbaud (1854-1891); posou para o *Déjeuner sur l'herbe* [Almoço no campo] (1863) de Édouard Manet (1832-1883). Como aconteceu com os demais pintores de vanguarda, alguns de seus quadros foram rejeitados para os Salões de 1867 e 1870. Em sua propriedade familiar de Méric, perto de Montpellier, Bazille recebeu um bom número de seus amigos parisienses, com quem partilhava as novas aspirações estéticas.

Jérôme Cottin

▶ DAULTE, François, *Frédéric Bazille et son temps*, Genebra, Cailler, 1952; Idem, *Frédéric Bazille et les débuts de l'impressionnisme. Catalogue raisonné de l'oeuvre peint*, Paris, La Bibliothèque des Arts, 1992; DELAFOND, Marianne e GENET-BONDEVILLE, Caroline, *Frédéric Bazille*, Lausanne-Paris, La Bibliothèque des arts-Musée Marmottan Monet, 2003 (catálogo de exposição); ROMANE-MUSCULUS, Paul, "Notre Frédéric Bazille", *Foi et Vie* 51, 1953, p. 561-563.

◉ Arte

BÉARN

Antiga província do sudoeste da França que deve seu nome ao termo latino *Benearnum*, que designava a atual Lescar. No final do século XI, o território se tornou um principado regido por leis próprias (*fors*). Sob o governo de Joana d'Albret, filha de Henrique III, rainha de Béarn-Navarra de 1555 a 1572, Béarn se torna um Estado protestante. As Ordenanças Eclesiásticas de 1571 dispõe a imposição da religião reformada, o confisco dos bens do clero e a proibição do culto católico. Reformados são nomeados para o Conselho Soberano e para os Estados de Béarn. São nomeados pastores que pregavam em bearnês e em basco. É criada uma academia protestante em Orthez. O filho de Joana d'Albret, Henrique IV (Henrique III de Navarra), deixa a regência de Béarn para sua irmã Catarina e restabelece o catolicismo no local através do Edito de Fontainebleau (1599). Em 1616, Luís XIII proclama a união de Béarn com a França. A resistência dos bearneses é combatida e vencida em uma campanha militar, em 1620. Durante a primavera e o verão de 1685, o intendente Nicolas Foucault obtém a conversão de protestantes ao catolicismo por meio de ocupações militares nas casas (as dragonadas, procedimento que já se havia mostrado eficaz em Poitou, 1681). Essa técnica continuaria a ser aplicada em todos os bolsões de resistência do reino após a Revogação do Edito de Nantes (1685). A partir de 1756, com o apoio do pastor Étienne Deferre, enviado por Paul Rabaut e Antoine Court, um Deserto se organiza nos campos e nos vales bearneses.

Hubert Bost

▶ BOST, Hubert, "Correspondance entre Court de Gébelin et les protestants d'Orthez (1763-1782), *BSHPF* 140, 1994, p. 409-454; "Le protestantisme dans les pays de l'Adour (1797-1905)", *BSHPF* 142, 1996; Igreja Reformada da França, Consistório do Béarn, *Réformes et Révocation en Béarn, XVIIe-XXe siècles. Conférences et actes du colloque organisés dans le cadre du bicentenaire [sic] de l'Édit de Nantes*, 1685-1985, Pau, J&D-Églises reformées en Béarn, 1986; CHAREYRE, Philippe, org., *Nouvelles pages d'histoire sur le protestantisme en Béarn. Dix ans de CEPB*, 1987-1996, 2 vols., Pau, Centre d'étude du protestantisme béarnais, 1998; FORISSIER, Marc, *Histoire de la Réforme en Béarn*, 3 vols., Tarbes, Éditions d'Albret, 1951-1963; LAHARIE, Claude, org., *Le protestantisme en Béarn des origines à la Révolution (XVIe-XVIIIe siècles)*, Pau, Archives départementales de Pyrénées-Atlantiques, 1987; SARRABÈRE, Albert, *Dictionnaire des pasteurs basques et béarnais, XVIe-XVIIe siècles*, Pau, Centre d'étude du protestantisme béarnais, 2001.

◉ Academias; Court; Deserto; dragonada; Edito de Nantes (e Revogação do); França; Graça de Alès; Henrique IV; Joana d'Albret; Orthez; Rabaut; Viret

BEAUSOBRE, Isaac de (1659-1738)

Formado na Academia Protestante de Saumur, Isaac de Beausobre foi ordenado durante o Sínodo de Loudun, em junho de 1683. Foge das perseguições em Roterdã e, tendo recebido proteção de várias fontes, ocupa o cargo de pastor em 1695 na Igreja Francesa de Berlim, onde intervém incessantemente para defender os protestantes da França, sendo rapidamente notado por sua cultura e sua eloquência. Sua vasta obra só foi em grande parte publicada após sua morte. Cabe mencionar aqui: *Défense de la doctrine des Réformés sur la Providence, sur la prédestination, sur la grâce et sur l'eucharistie* [Defesa da doutrina reformada sobre a Providência, a predestinação, a graça e a eucaristia] (Magdeburgo, Muller, 1693), em que Beausobre se posiciona diante dos debates entre reformados e luteranos; *Histoire critique de Manichée et du manichéisme* [História crítica de Maniqueu e do maniqueísmo] (1734-1739, Leipzig Zentralantiquariat der DDR, 1970), imponente suma que era apenas um primeiro passo em direção a uma história da Reforma, que Beausobre não pôde escrever; e seu trabalho de tradução e notas da Bíblia, que lhe valeu a acusação de socinianismo (*Le Nouveau Testament de N. S. J. Cristo, traduit en français sur l'original grec, avec des notes littérales pour éclaircir le texte par M.M. Beausobre et Lenfant* [O Novo Testamento de N. S. Jesus Cristo, traduzido em francês do original grego, com notas literais para esclarecimento do texto, pelos senhores Beausobre e Lenfant], 2 vols., Amsterdã, Humbert, 1718; *Remarques historiques, critiques et philologiques sur le Nouveau Testament* [Notas históricas, críticas e filológicas sobre o Novo Testamento], 2 vols., Haia, De Hondt, 1742).

Rémi Gounelle

▶ BRIGGS, Éric Roland, "Une correspondance inédite: Misson, Beausobre et un Nouveau Converti", em Roger ZUBER e Laurent THEIS, orgs., *La Révocation de l'Édit de Nantes et le protestantisme français en 1685*, Paris, Société de l'histoire du protestantisme français, 1986, p. 327-333; HAAG, Émile e Eugène, "Beausobre", em *La France protestante*, t. II, Paris, Sandoz et Fischbacher, 1879, col. 127-135; LUTTHEROTH, Henri, "Beausobre (Isaac de)", em Frédéric LICHTENBERGER, org., *Encyclopédie des sciences religieuses*, t. II, Paris, Sandoz et Fischbacher, 1877, p. 149-151; STROUMSA, Guy G., "Isaac de Beausobre Revisited: The Birth of Manichaean Studies", em Ronald E. EMMERICK, Werner SUNDERMANN e Peter ZIEME, orgs., *Studia manichaica. IV Internationaler Kongress zum Manichäismus, Berlin, 14-18 Juli 1997*, Berlin, Akademie Verlag, 2000, p. 601-612.

> Berlim; Refúgio

BEECHER STOWE, Harriet (1811-1896)

Filha de um pastor congregacionalista e esposa de Calvin Stowe, um colega de seu pai, Harriet Beecher Stowe cresce em um rigoroso meio religioso, atmosfera que pode ser captada na visão moral defendida em seu *best-seller A cabana do Pai Tomás* (1852), romance antiescravocrata que estimulou a campanha abolicionista que precedeu a Guerra de Secessão (o pai da autora tinha sido um dos organizadores do Underground Railway, o "caminho de ferro subterrâneo" que permitia que os escravos negros passassem do Sul, onde a prosperidade dos plantadores de algodão era indissociável do sistema servil, para o Norte, onde o protestantismo contribuiu para a abolição). O romance suscitou grande controvérsia, vinda sobretudo dos principais retratados, os negros, para quem o "Pai Tomás", arquétipo do bom negro dócil e submisso ao poder dos brancos, simbolizava a fraqueza e a "colaboração". No entanto, a obra conheceu um imenso sucesso, pois soube tocar a fibra paternalista de milhões de leitores — entre eles, Abraham Lincoln, que chegou a afirmar que a romancista "foi a jovem que ganhou a guerra", enquanto, por outro lado, a história permaneceu inaceitável para a comunidade negra, que enxergou ali a positivação barata do paternalismo colonialista. Não foi por acaso que o romancista americano negro Richard Wright (1908-1960) intitula seu livro de novelas *Os filhos do Pai Tomás* (1938). Na edição francesa (Paris, Albin Michel, 1946), o prefácio termina desse modo: "A expressão 'é um Pai Tomás', em voga após a guerra civil entre os negros, servia para designar, com um tom de desprezo contido, o tipo de negro servil que sabia se pôr em seu lugar diante de um branco; hoje, a expressão foi substituída por esse novo grito de outra geração: 'O Pai Tomás morreu'".

A repercussão que obteve *A cabana do Pai Tomás*, reforçada pelo problema contemporâneo da escravatura, manteve à sombra as demais obras de Harriet Beecher Stowe sobre a Nova Inglaterra, que na verdade não deixariam marcas significativas nos anais da literatura.

Serge Molla

▶ BEECHER STOWE, Harriet, *A cabana do pai Tomás* (1852), São Paulo, Madras, 2004; HEDRICK, Joan D., *Harriet Beecher Stowe. A Life*, New York, Universidade de Oxford, 1994.

> Escravatura; Estados Unidos; Lincoln; **literatura**

BÉLGICA

Houve uma primeira cristianização da Bélgica em fins do século III, que, no entanto, foi minimizada pelas invasões francas (século V). Foi empreendida uma nova evangelização por obra da igreja celta sob os merovíngios (séculos VI a VIII), e em seguida Carlos Magno, em aliança com os papas, impôs o rito romano no país. Ao longo do século XI se manifestaram várias formas de dissidência religiosa, com destaque para os beguinos. Essas disputas sofreram um incremento no século XV, época do surgimento de grupos de valdenses do Piemonte, chamados *turelupins* (*Turini lupes*), e de hussitas.

De 1519 em diante, Erasmo avisa Lutero de seus partidários em Anvers. Segue-se a repressão e, em 1º de julho de 1523, os dois primeiros mártires da Reforma são queimados vivos em Bruxelas. Forma-se um segundo foco reformado na conturbação entre Lille, Tournai e Valenciennes. Por volta de 1560, as comunidades calvinistas são constituídas em sínodo. Apesar das perseguições, os reformados perfazem trinta mil em 1566, ou seja, 20% da população. Centenas de nobres formam uma aliança (o Compromisso dos Nobres) e clamam pela abolição da Inquisição e dos editos contra os protestantes. Por zombaria, foram chamados *gueux* ("indigentes" em francês), alcunha que os reformados adotaram. Tais projetos foram arruinados pelos iconoclastas, e Filipe II envia em 1567 o duque de Alba para punir os culpados. O duque instaura o Conselho dos Tumultos (popularmente conhecido como Tribunal do Sangue) com apenas uma sentença: a de morte. Esse regime de terror provoca a insurreição dos Gueux, que prejudicam a ação da tropa espanhola.

Promulgada pelos Estados Gerais, a Pacificação de Gand (1576) não resolve os conflitos religiosos e políticos. Três províncias (Limburgo, Luxemburgo e Namur) são ocupadas pelos soldados espanhóis, enquanto outras três (Artois, Hainaut e a Flandres valona) se unem a Filipe II no que ficou conhecido como a União de Arras (6 de janeiro de 1579); as onze restantes assinam outro acordo, a União de Utrecht (23 de janeiro de 1579), fundando a República das Províncias Unidas e proclamando a derrota do rei (1581). O novo governador, Alexandre Farnésio (1545-1592), duque de Parma, ordena um cerco às repúblicas calvinistas de Flandres e de Brabant, "reconciliando-as" com o rei (1579-1581), enquanto mais de duzentos mil reformados emigram e fundam as Igrejas do Refúgio. Apenas Ostende resiste até 1604.

No principado episcopal de Liège, Estado independente até 1795, a repressão é menos sangrenta por causa dos privilégios da burguesia; porém, não surge ali nenhuma igreja reformada. Em 1555, a promulgação da *Paz de Augsburgo* torna possível a expatriação de protestantes para a Alemanha ou a Suécia. No entanto, até o final do Antigo Regime, os reformados permaneceriam mais ou menos clandestinamente no principado.

No século XVII, Albert e Isabelle, arquiduques da Áustria, empreendem o retorno da religião católica nos Países Baixos espanhóis. Apenas algumas raras comunidades subsistem clandestinamente: em Anvers, no ateliê do pintor Jacques Jordaens; em Bruxelas, na capela da embaixada da Holanda; em Hodimont-Verviers, em Eupen, em Horebeke, em Rongy e em Borinage, perto de Mons. Há uma última e grande leva de emigrantes em 1699, enquanto habitantes da Borinage se instalam em Brandenburgo. A cessão do país à Áustria e o terceiro tratado da Barreira (1715), que estabelece provisões holandesas em oito praças de guerra, tornam possível a reconstrução de algumas igrejas. Até o ano de 1782, as de Namur e de Tournai passam a servir como pontos de encontro para milhares de reformados belgas e franceses do Norte (Picardia e Sedan).

Enfim, o imperador José II promulga em 1781 um Edito de Tolerância em favor dos não católicos, e uma dezena de igrejas é organizada. No entanto, são os *Artigos orgânicos*, promulgados em 1802 por Napoleão Bonaparte, que elevam os protestantes ao *status* de cidadãos. Os sermões são reconhecidos oficialmente, e começa a formar-se uma igreja consistorial para os departamentos reunidos, quando o império chega ao fim. O Reino dos Países Baixos Unidos (Holanda e Bélgica, 1815-1830) marca o início da revitalização do protestantismo, com cerca de quarenta igrejas e 12.500 fiéis (0,35% da população).

Quando a Bélgica se torna independente em 1830, o Estado, cujo soberano é o protestante Leopoldo I, reconhece as igrejas existentes que não contavam com mais de 5.000 membros; além disso, os dezesseis consistórios se confederam em uma União das Igrejas em 1839. Graças ao avivamento, é criada em 1836 a Igreja Cristã Missionária e são implantadas as Assembleias de Irmãos por volta de 1850. Demais igrejas (adventista, batista, reformada) e o Exército de Salvação estabelecem comunidades ao longo da última década do século XIX. Em 1909, no fim do reinado de Leopoldo II, o número de igrejas chega a 106 e o de membros se aproxima de 33 mil: 0,5% da população.

Após a Primeira Guerra Mundial, a missão evangélica, a missão metodista e as assembleias de Pentecostes se instalam no país. Ao mesmo tempo, as igrejas históricas se engajam em um processo de fusão: está formada a Igreja Protestante Unida, em 1979, com pastores formados na Faculdade Universitária (bilíngue) de Teologia Protestante de Bruxelas, fundada em 1950. Suas comunidades formam um sínodo e mantêm uma parceria com a Comunidade Protestante de Língua Alemã na Bélgica (*Deutschsprachige Evangelische Gemeinde in Belgien*), a União dos Batistas, a Igreja Protestante Luterana (*Evangelisch-Lutherse Kerk*) e o Exército de Salvação, com, no total, 162 igrejas.

Já as comunidades de tendência evangélica criam a Faculdade Evangélica de Teologia (de língua holandesa) em 1979, constituindo duas associações: a Aliança Evangélica de Flandres (*Evangelische Alliantie Vlaanderen*) em 1980 e a Federação Evangélica Francófona em 1989. Ambas criam o Sínodo Federal das Igrejas Protestantes Evangélicas em 1994, unindo 225 comunidades.

A pedido do governo federal, ambos os sínodos constituíram, em 2002, um Conselho Administrativo do Culto Protestante-Evangélico (CACPE), que desde 2003 é considerado pelo ministro da Justiça o órgão representativo do protestantismo na Bélgica. Segundo as estatísticas de 2004, há 170 mil protestantes na Bélgica.

Émile M. Braekman

▶ ALTMEYER, Jean-Jacques, *Les précurseurs de la Réforme aux Pays-Bas*, 2 vols., Paris-Bruxelas, Alcan--Muquardt, 1886; BRAEKMAN, Émile M., *Histoire du protestantisme en Belgique au XIXe siècle*, Flavion--Florennes, Le Phare, 1988; Idem, *Le protestantisme belge au XVIe siècle: Belgique, Nord de la France, Refuge*, Carrières-sous-Poissy, La Cause, 1988; Idem, *Le protestantisme belge au XVIIe siècle: Belgique, Nord* de la France, Refuge, Carrières-sous-Poissy, La Cause, 2001; HALKIN, Léon-Ernest, *La Réforme en Belgique sous Charles Quint*, Bruxelas, La Renaissance du Livre, 1957; HUBERT, Eugène, *De Charles Quint à Joseph II. Étude sur la condition des protestants en Belgique (édit de tolérance de 1781)*, Bruxelas, Office de Publicité-Impr. Lebègue, 1882; MABILLE, Xavier, org., *Les protestants en Belgique*, Bruxelas, Centre de recherche et d'information sociopolitique, courrier hebdomadaire n. 1430-1431, 1994.

○ Brès; *Confessio Belgica*; dispersão; Guilherme d'Orange-Nassau, dito o Taciturno; Marnix; Países Baixos; revistas protestantes; Rey; Schyns

BELL, George Allen Kennedy (1883-1958)

Nascido na Noruega e morto em Cantuária, esse defensor da igreja universal e supradenominacional foi um dos fundadores do movimento ecumênico, pleiteando uma ética cristã internacional com base no perdão e na reconciliação e opondo-se radicalmente à política de bombardeio na Inglaterra. Conselheiro fiel da Igreja Confessante alemã e grande amigo de Dietrich Bonhoeffer, desempenhou um papel significativo na reconciliação entre as igrejas da Alemanha e da Inglaterra durante e após a guerra. Ativo em movimentos de prática cristã desde o início, bispo de Chichester, Bell seria nomeado moderador do Comitê Central do Conselho Mundial de Igrejas, de 1948 a 1954, e em seguida presidente honorário da mesma instituição.

Ans J. van der Bent

▶ BELL, George, *The Kingship of Christ. The Story of the World Council of Churches*, Harmondsworth, Penguin Books, 1954; Idem, *Documents on Christian Unity*, 4 vols., Londres, Oxford University Press, 1967; CHANDLER, Andrew, org., *Brethren in Adversity. Bishop George Bell, the Church of England and the Crises of German Protestantism, 1933-1939*, Woodbridge-Rochester, Boydell Press-Boydell & Brewer, 1997; JASPER, Ronald C. D., *George Bell. Bishop of Chichester*, Londres, Oxford University Press, 1967.

○ Bonhoeffer; Conselho Mundial de Igrejas; Igreja Confessante; guerras mundiais; Koechlin; **ecumenismo**

BÊNÇÃO

O tema é importante para a tradição reformada, sobretudo a anglo-saxã. Podemos captar suas dimensões e seus significados opondo-o aos temas católicos da sacralização e da espiritualização, ou pelo menos ao tratamento que é dado a tais assuntos. De fato, a bênção está estreitamente ligada ao pleno reconhecimento da criação como tal, de modo que não se pode sacralizar (ou seja, integrar em uma ordem superior, através de uma ação que cumpra um ato de harmonização ou domesticação) nem abandonar (através da espiritualização). Tudo é dado ao cristão como bênção, mesmo indiretamente, em meio à vida profana e cotidiana. Tudo deve assim ser vivido no *reconhecimento* (grande tema que norteia a vida e o agir dos protestantes, cf. o *Catecismo de Heidelberg*, 3ª parte), que subverte as situações e seus mistérios para torná-los o lugar de um testemunho ativo, com a consciência do Deus criador do mundo, mantenedor e soberano, reconciliando e levando todas as coisas a seus fins. Na tradição reformada, o tema da bênção não pode deixar de lembrar o da Providência — que, historicamente, foi bastante bem explorado pelos puritanos.

Esse tema se relaciona com o fato de que, no protestantismo, o termo "sacramento" se reserva ao batismo e à ceia e, além disso, ao único mistério cristológico que ambos os atos "representam"; não se relaciona assim com os diversos momentos da vida (casamento, doença e morte, ofensa e reconciliação, festas etc.) que só podem suscitar "cerimônias" (Calvino), incluindo um momento de bênção. A bênção pode tomar formas públicas e litúrgicas (com destaque para a imposição de mãos), assinalando portanto, como por exemplo na ordenação e na consagração pastoral, o reconhecimento de um dom de Deus mais circunscrito, ainda que sempre misterioso, que passa a estar a serviço de todos no mundo.

Pierre Gisel

▶ CALVINO, João, *IRC* II, VIII, 37; III, VII, 8s; III, IX, 3; III, XX, 28; GISEL, Pierre, *Sacrements et ritualité en christianisme. 125 propositions*, Genebra, Labor et Fides, 2004; LEITES, Edmund, *La passion du bonheur. Conscience puritaine et sexualité moderne* (1986), Paris, Cerf, 1989; WESTERMANN, Claus, *Théologie de l'Ancien Testament* (1978), Genebra, Labor et Fides, 2002, 3ª parte.

○ Confirmação; consagração; corpo; criação/criatura; culto; dinheiro; espiritualismo; imposição de mãos; **predestinação e Providência**; puritanismo; ritos; sagrado; sacramento

BENGEL, Johann Albrecht (1687-1752)

Teólogo e professor de Wurtemberg, Bengel formou durante 28 anos, em uma escola claustral, os futuros pastores do ducado, no espírito de um pietismo moderado e respeitoso em relação às instituições eclesiásticas. Em uma idade avançada, tornou-se prelado e membro da dieta do ducado, o que lhe permitiu divulgar o pietismo na Igreja de Wurtemberg. Foi um erudito pietista marcado por uma concepção pessimista do mundo. Editou um Novo Testamento em grego acompanhado de um comentário: o *Gnomon Novi Testamenti* (Tübingen, Schramm, 1742), que une piedade, erudição e exegese pietista, com seis edições ao longo do século XVIII.

A ênfase bíblica e doutrinária na escatologia preservou o pietismo da especulação e do subjetivismo, marcando significativamente o protestantismo de Wurtemberg durante todo o século XIX.

Bernard Vogler

▶ BRECHT, Martin, "Bengel, Johann Albrecht", em *TRE*, t. V, 1980, p. 583-589; MÄLZER, Gottfried, *Johann Albrecht Bengel. Leben und Werk*, Stuttgart, Calwer, 1970.

◉ Pietismo

BERGER, Peter Ludwig (1929-)

Peter Ludwig Berger nasceu na Áustria. É doutor em filosofia pela New School for Social Research (New York, 1954) e professor na Universidade de Boston. Sua posição sociológica, principalmente seu "ateísmo metodológico", é mais evidente na obra escrita em parceria com Thomas Luckmann, *A construção social da realidade* (1966), obra que mostra filiação tanto à herança de Émile Durkheim, ao considerar "coisas" os fatos sociais, quanto à de Max Weber, por reconhecer que o objeto do conhecimento é a totalidade dos significantes da ação. A partir de 1954, contribui grandemente para a elaboração da teoria sociológica da secularização. Em *The Sacred Canopy* [A redoma sagrada] (1967), Berger explica o processo que restringe a religião a algo pertencente à esfera da opinião pessoal, analisando, entre outros, os fatores econômicos na base dessa transformação. Mas sua interpretação sobre a plausibilidade da religião em termos de economia de mercado não reduz as causas que atuam sobre ela a fatores externos. Assim, o processo não é irreversível. O protestantismo desempenha um papel central quanto à secularização. Afirma Berger nessa obra: "O protestantismo reduziu bastante a extensão do sagrado na realidade".

O interesse de Berger na religião surge também em seus escritos sobre teólogos e igrejas, como, por exemplo, *A Rumor of Angels* (1969). Sua obra *A Far Glory. The Quest for Faith in an Age of Credulity* (1992) recoloca em pauta sua tentativa original de articular o diálogo entre teologia e sociologia, confrontando a sociologia com as questões que precisam ser abordadas para a sua inteligibilidade no mundo moderno.

Roland J. Campiche

▶ BERGER, Peter, *The Sacred Canopy. Elements of a Sociological Theory of Religion*, New York, Macmillan Co., 1967; *A Rumor of Angels: Modern Society and the Rediscovery of the Supernatural*, New York, Doubleday & Co., 1969; *Facing Up to Modernity: Excursions in Society, Politics, and Religion*, New York, Peter L. Berger Basic Books, 1977; Idem, *Heretical Imperative: Contemporary Possibilities of Religious Affirmation*, New York, Anchor Press, 1979; Idem *A Far Glory. The Quest for Faith in an Age of Credulity*, New York, The Free Press, 1992; Idem, *Redeeming Laughter: The Comic Dimension of Human Experience*, Berlim, Walter de Gruyter, 1997; Idem, org., *The Desecularization of the World: Resurgent Religion and World Politics*, Wm. B. Eerdmans Publishing, 1999; Idem e LUCKMANN, Thomas, *A construção social da realidade* (1966), Petrópolis, Vozes, 1995; WOODHEAD, Linda (org., com Paul HEELAS e David MARTIN), *Peter Berger and the Study of Religion*, Londres, Routledge, 2001.

◉ Religião e religiões; secularização

BERGMAN, Ingmar (1918-2007)

Cineasta, dramaturgo e escritor sueco nascido em Upsala. Seu pai era pastor luterano, e sua mãe era de origem valona. Conforme ele mesmo conta com talento em diversas obras de cunho autobiográfico, o ambiente familiar repressor em que viveu (um luteranismo bastante moralizante aliado a uma educação severa) serviria como um fermento para sua arte. O conflito com seus pais (retratado sobretudo em seu filme *Fanny e Alexander*, 1982) engendra ao mesmo tempo uma confrontação crítica com a religião e a fé em Deus, tendo como pano de fundo uma crise espiritual marcada pelo existencialismo: seu primeiro filme, de 1945, intitula-se *Crise*. Ao longo de toda a sua vida, Bergman fez teatro, encenando peças em diversas casas de espetáculo escandinavas (com destaque para o *Dramaten* de Estocolmo, do qual foi também diretor durante certo tempo). Em paralelo, escreveu e rodou desde 1945 uma centena de filmes. A partir dos anos 1980, sua atividade como roteirista lhe renderia um trabalho bastante frutífero como escritor.

Influenciado por Carl Theodor Dreyer (1889-1968) e Victor Sjöström (1879-1970), o cinema de Bergman insiste sobre a ilustração do mal-estar do homem, aprisionado por suas angústias e paixões, entregue aos dédalos da culpa, do sofrimento, da morte e da incomunicabilidade nas relações humanas, sejam elas conjugais ou não. Por trás de suas histórias, adivinham-se as obras de Søren Kierkegaard (1813-1855), Henrik Ibsen (1828-1906) e August Strindberg (1849-1912), alvos do interesse constante do cineasta. Recorrendo com frequência à figura do pastor (p. ex., em *Luz de inverno*, de 1963, ou em *Gritos e sussurros*, de 1972), Bergman também busca desvelar as tribulações da fé "nesta terra sombria e suja, sob um céu vazio e cruel" (citação da oração do pastor em *Gritos e sussurros*). Um dos filmes mais marcantes nesse sentido é *O sétimo selo* (1957), em que Bergman apresenta um cavaleiro medieval que, em sua busca atormentada por Deus, joga uma partida de xadrez com a morte, em um contexto de peste que exprime de modo metafórico a ameaça de holocausto nuclear. *O silêncio* (1963) é portanto, e principalmente, o de Deus, mesmo se de modo paradoxal e frágil certas figuras (que com frequência são femininas) parecem ser portadoras de uma nova esperança através de sua "paixão": a jovem violada e assassinada em *A fonte da donzela* (1959) ou a jovem que morre em *Gritos e sussurros*. Em uma alusão direta a uma passagem bíblica (cf. 1Co 13.13), o filme *Através de um espelho* (1961), em uma trilogia fundamental de sua filmografia (com os filmes *Luz de inverno* e *Gritos e sussurros*), parece insinuar que no amor reside uma possibilidade frágil, indireta, de um último reconhecimento.

Pierre Bühler

▶ BERGMAN, Ingmar, *Oeuvres. Sommarlek*; *La nuit des forains*; *Sourires d'une nuit d'été*; *Le septième sceau*; *Les fraises sauvages*; *Le visage*, Paris, Robert Laffont, 1962; Idem, *Une trilogie de films. Comme dans un miroir*; *Les communiants*; *Le silence*, Paris, Robert Laffont, 1964; Idem, *Une passion* (1968), Paris, L'avant-scène, 1970; Idem, *Cenas de um casamento sueco*, São Paulo, Letras Brasileiras, 2008; Idem, *Cris et chuchotements*, seguido de *Persona* e *Le lien*, Paris, Gallimard, 1994; Idem, *Fanny et Alexandre* (1982), Paris, Gallimard, 1998; Idem, *Lanterna mágica* (1987), Rio de Janeiro, Guanabara, 1988; Idem, *Les meilleures intentions* (1991), Paris, Gallimard, 1994; Idem, *Le cinquième acte* (1994), Paris, Gallimard, 1997; Idem, *Im Bleistift-Ton. Ein Werk-Porträt in einem Band*, org. por Renate BLEIBTREU, Hamburgo, Rogner & Bernhard, 2002; *Le cinéma selon Bergman. Entretiens recueillis par S[tig] Björkman, T[orsten] Manns, J[onas] Sima* (1979), Paris, Seghers, 1973; PRIGENT, Pierre, *Ils ont filmé l'invisible. La transcendance au cinéma*, Paris, Gallimard, 2003, p. 20-62.

⊙ **Cinema**; Dreyer; Ibsen; Kierkegaard; Strindberg

BERKELEY, George (1685-1753)

Nascido em uma boa família inglesa estabelecida em Kilkenny (Irlanda), com 22 anos Berkeley foi coordenador no *Trinity College* (Dublin), onde ensinou grego e hebraico durante vinte anos. Tornou-se conhecido pela inauguração e pela defesa de um empirismo radical que negava a noção de matéria, o "imaterialismo", destinado a combater não só o antigo atomismo ressuscitado por Gassendi (1592-1655), mas também a metafísica de Descartes que assegurava, através de garantia divina, a indubitável realidade das coisas que possuíam "extensão". Berkeley defendia a ideia de que a garantia divina era suficiente, e que a realidade exterior não precisava de outra realidade além da que era perceptível ao homem (cf. *Diálogos entre Hylas e Philonous*, 1713). Em 1729, Berkeley concebeu o projeto de um colégio nas Bermudas e foi a Rhode Island para aguardar os fundos necessários para esse empreendimento, em vão. Lá, apaixonou-se pela ideia de evangelizar os índios e prosseguiu na defesa do imaterialismo junto a seus colegas do Novo Mundo. Voltou a Londres em 1731 com um novo livro contra os libertinos e materialistas, *Alciphrom ou o filosofúsculo*. Em 1734, após algumas viagens à Itália, Berkeley se torna bispo anglicano de Cloyne, cargo que exerceu judiciosamente, questionando-se sobre a miséria na Irlanda, posicionando-se contra a política inglesa e recomendando água de alcatrão a seus pobres paroquianos doentes (*Síris*, 1744). Estabelecendo-se em Oxford a fim de supervisionar a educação de seu filho, morreu subitamente em um domingo, dia 14 de janeiro de 1753, na hora do chá, enquanto comentava com sua família um versículo da primeira epístola de Paulo aos Coríntios: *Onde está, ó morte, a tua vitória?* (1Co 15.55).

Christophe Calame

▶ BERKELEY, George, *Oeuvres*, org. por Geneviève BRYKMAN, 3 vols., Paris, PUF, 1985; *The Works of George Berkeley, Bishop of Cloyne*, 3 vols., org. por Arthur Aston LUCE e Thomas Edmund JESSOP, Nendeln, Kraus, 1979; DUBOIS, Pierre, *L'oeuvre de Berkeley*, Paris, Vrin, 1985; LEYVRAZ, Jean-Pierre, "La notion de Dieu chez Berkeley", *RThPh* 112, 1980, p. 241-251.

◉ Filosofia

BERKHOF, Hendrikus (1914-1995)

Teólogo reformado holandês (*Nederlandse Hervormde Kerk*). Após ter se iniciado em patrística (sobre Eusébio de Cesareia e a época de Constantino), Berkhof se volta para a teologia sistemática, situando-se nas primeiras filas de teólogos que orientam a vida eclesiástica e ecumênica nos Países Baixos e também no estrangeiro. Foi reitor do Seminário Teológico Reformado de Driebergen nos Países Baixos (1949-1959) e, em seguida, professor de dogmática e teologia bíblica em Leiden (1959-1979), além de, durante muitos anos, membro do Comitê Central do Conselho Mundial de Igrejas e presidente do Conselho de Igrejas nos Países Baixos. Foi um dos primeiros teólogos europeus a desenvolver uma doutrina do Espírito Santo que estimularia discussões pneumatológicas no seio do movimento ecumênico.

Adriaan Geense

▶ BERKHOF, Hendrikus, *Kirche und Kaiser. Eine Untersuchung der Entstelung der byzantinischen und der theokratischen Staatauffassung im vierten Jahrhundert* (1946), Zollikon-Zurique, Evangelischer Verlag, 1947; Idem, *Christ, the Meaning of History* (1958), Londres, SCM Press, 1966; Idem, *Christ and the Powers* (1953), Scottdale-Kitchener, Herald Press, 1977; Idem, *The Doctrine of the Holy Spirit* (1964), Richmond, John Knox Press, 1964; Idem, *Christian Faith. An Introduction to the Study of the Faith* (1973), Grand Rapids, Eerdmans, 1986; Idem, *Two Hundred Years of Theology. Report of a Personal Journey* (1985), Grand Rapids, Eerdmans, 1989; MEIJERING, Eginhard Peter, *Hendrikus Berkhof (1914-1995). Een theologische biografie*, Kampen, Kok, 1997.

◉ Conselho Mundial de Igrejas; Espírito Santo; Leiden

BERKOUWER, Gerrit Cornelis (1903-1996)

Teólogo reformado, exerceu grande influência nas igrejas reformadas neocalvinistas e "kuyperianas" dos Países Baixos, Estados Unidos e outros de emigração calvinista holandesa. Professor de teologia sistemática na Universidade Livre de Amsterdã a partir de 1940, passou de uma postura conservadora a uma orientação ecumênica, ajudando assim as igrejas reformadas a sair de um isolamento teológico e fundamentalista. Publicou estudos sobre Karl Barth e o catolicismo romano. Participou como observador do Conselho Vaticano II.

Adriaan Geense

▶ BERKOUWER, Gerrit Cornelis, *Studies in Dogmatics (1949-1972)*, 14 vols., Grand Rapids, Eerdmans, 1952-1976; Idem, *The Triumph of Grace in the Theology of Karl Barth* (1954), Grand Rapids, Eerdmans, 1965.

◉ Calvinismo (neo); Kuyper; Vaticano II (Concílio)

BERLIM

Só encontramos menções à capital da República Federal da Alemanha a partir do ano de 1237. A cidade encontra suas origens nos burgos gêmeos de Berlim (margem direita do rio Spree, no mesmo local do *Nikolaiviertel* atual) e de Cölln (lado sul da ilha de Spree), fundados de fato no final do século XII. O destino de Berlim está ligado à família dos Hohenzollern, de origem franconiana, que recebem em 1415 o título de *Markgraf* (no Sacro Império Germânico, correspondente a marquês) e príncipes-eleitores de Brandenburgo. Em 1432, as cidades gêmeas Berlim e Cölln se unem em uma só. Em 1486, Berlim se torna residência permanente dos príncipes-eleitores.

A Reforma luterana só seria introduzida em Berlim no ano de 1539. O príncipe-eleitor Joaquim II rompe com a postura de recusa que havia sido a de Joaquim I, seu pai, e com sua conversão à fé protestante sanciona o avanço do luteranismo em seus Estados — escalada que os editos antiluteranos de Joaquim I não haviam conseguido conter. No entanto, o luteranismo brandenburguense ainda conservaria vários traços católicos, relacionados a formas e tradições.

Celebrando a ceia natalina de acordo com o rito reformado, em 1613 o príncipe-eleitor João Sigismundo torna pública sua conversão ao calvinismo, o que provoca reações indignadas e tumultos. A partir desse fato, a política religiosa dos príncipes-eleitores seguiria três pontos básicos: obter o reconhecimento jurídico do calvinismo no Sacro Império (algo que seria alcançado nos tratados de Westfália, em 1648), defender o princípio de tolerância interconfessional (presente nos editos de tolerância de 1662 e 1664, que proíbem a polêmica interconfessional no culto e restringem a validade da *Fórmula de Concórdia*; Paul Gerhardt, diácono de Saint-Nicolas, prefere deixar a cidade a se submeter aos editos) e promover a união das igrejas protestantes. Em 1685, o Edito de Potsdam franqueia os Estados do príncipe-eleitor aos huguenotes fugitivos do Reino da França. Essa imigração seria um dos fatores decisivos no crescimento acelerado de Berlim ao longo dos anos seguintes: com mais de cinquenta mil habitantes, em 1709 Berlim é uma das maiores cidades da Europa.

Em 1691, Philipp Jacob Spener é chamado para Berlim. Sua atividade marca o início da influência do pietismo na aristocracia berlinense e prussiana. No século XIX, os conventículos pietistas da aristocracia seriam uma das bases mais importantes para a política reacionária da Prússia. No reinado de Frederico II, de 1740 a 1786, Berlim é o centro da *Aufklärung*, com suas gazetas, seus editores, seus salões, assim como a abertura de um espaço público de discussões e controvérsias. As décadas seguintes fazem da cidade um dos centros privilegiados do jovem movimento romântico (Schlegel, Schleiermacher, Tieck e outros).

Em 1º de novembro de 1817, luteranos e reformados celebram unidos no Domo de Berlim uma ceia, comemorando o terceiro centenário da Reforma. Esse culto simboliza o coroamento dos esforços dos Hohenzollern em juntar as confissões protestantes: é o nascimento da Igreja Protestante Unida. Partindo da mesma ideia defendida por Schleiermacher, de que as diferenças doutrinais entre luteranos e calvinistas haviam perdido sua pertinência, e após uma tentativa desastrada do rei Frederico Guilherme III (*Agendenstreit*, 1822-1829), é abandonada a imposição de uma uniformidade litúrgica ou doutrinária às igrejas locais de tradição confessional diferente.

No século XIX, a explosão demográfica e a rápida industrialização modificam profundamente as estruturas sociais de Berlim, tornando obsoleta a organização eclesiástica do passado. Um ambicioso projeto de construção de igrejas, com o apoio ativo do imperador, não consegue deter uma galopante descristianização.

Em 1817, Berlim se torna a capital do Império Germânico e a sede do governo e das câmaras. A cidade conservaria essa função até 1945, ano da derrota militar, quando é dividida em quatro setores de ocupação sob o controle dos Aliados. A parte oriental de Berlim se torna a capital da República Democrática Alemã, fundada no dia 7 de outubro de 1949. Os setores ocidentais continuaram sob a jurisdição dos Aliados, sem fazer parte da RFA. No dia 13 de agosto de 1961, as tropas do leste fecharam hermeticamente a fronteira, separando a zona soviética das zonas ocidentais e iniciando a construção do Muro de Berlim. Essa divisão política obriga as instâncias eclesiásticas da Igreja Protestante Unida a se desdobrarem e a criar o cargo de bispo luterano para a parte oriental da cidade e arredores; após a reunificação, o cargo se tornaria obsoleto. Após diversas manifestações populares seguidas, ocorre a queda do Muro de Berlim no dia 9 de novembro de 1989, após o desajeitado anúncio de Günter Schabowski, porta-voz oficial do Comitê Central da *Sozialistische Einheitspartei Deutschlands* (Partido Socialista Unificado da Alemanha). Berlim é administrativamente reunificada no dia 3 de outubro de 1990 e, em 1991, após um voto do parlamento federal alemão, volta a ser a sede do governo e do parlamento; os órgãos federais (parlamento, chancelaria, presidência e a maioria dos ministérios) se instalam definitivamente na cidade entre 1998 e 1999. Centro nevrálgico de Berlim dos anos 1920, a *Potsdamer Platz*, antes ocupada pelo Muro, foi reconstruída, dando origem a um novo bairro entre as duas metades da cidade. No local em que se elevava a chancelaria de Hitler, bem ao lado do portão de Brandenburgo, foi edificado um memorial aos judeus europeus assassinados, que não deixou de ser alvo de controvérsias.

Jean-Marc Tétaz

▶ HEINRICH, Gerd, org., *Tausend Jahre Kirche in Berlin-Brandenburg*, Berlim, Wichern-Verlag, 1999; RIBBE, Wolfgang, org., *Geschichte Berlins*, 2 vols., Munique, Beck, 1987 (bibliogr., p. 1128-1192); WENDLAND, Walter, *Siebenhundert Jahre Kirchengeschichte Berlins*, Berlim, Walter de Gruyter, 1930.

⊙ Alemanha; Beausobre; Berlim (Universidades de); Igrejas Unidas; *Fórmula de Concórdia*; Frederico II da Prússia; Frederico Guilherme II; Gerhardt; pietismo; Prússia; Refúgio; romantismo; Schleiermacher; Spener; tolerância

BERLIM (universidades de)

A Universidade de Berlim é fundada em 1810, no contexto da política de modernização do Estado prussiano após as derrotas de Iena e Auerstadt (1806). Com o apoio do filósofo Wilhem von Humboldt (1767-1835) e do teólogo Friedrich Schleiermacher (1768-1834), a nova *Friedrich-Wilhelms-Universität* buscou unir ensino e pesquisa para uma verdadeira formação global (*Bildung*) da personalidade. Desde suas origens, essa universidade compreende uma Faculdade de Teologia, com Schleiermacher como primeiro decano, dotada apenas de três cadeiras, todas dedicadas à teologia histórica — área que para Schleiermacher estava profundamente relacionada à dogmática. Se as primeiras décadas são marcadas por personalidades como De Wette, Marheineke ou Vatke, a política fortemente conservadora adotada por Hengstenberg (professor a partir de 1829) e seus amigos levou a faculdade a um declínio intelectual. No entanto, em 1862, a nomeação de Dorner sinaliza uma renovação. Assim, no final do século XIX, com Harnack, Gunkel e Pfleiderer, Berlim se torna a Faculdade Clássica de Teologia Histórica Alemã. A oposição explícita das autoridades eclesiásticas prussianas à posição crítica e liberal de Harnack leva à criação de *Strafprofessuren* (em alemão, "cargos para punição": um evidente apeliodo para a medida), tendo como titulares os representantes de uma teologia conservadora, defendendo um "cristianismo positivo". Além da Faculdade de Teologia, a Faculdade de Filosofia (que corresponde à Faculdade de Letras nas universidades de língua francesa) desempenha um papel importante no protestantismo alemão. Entre seus filósofos influentes, estão Fichte (primeiro reitor da universidade), Hegel e Schelling, mas também Dilthey, Alois Riehl e Ernst Troeltsch; entre os historiadores, estão Ranke, Droysen, Treitscke e Mommsen.

Em reação à política da *Gleichschaltung* (em alemão, "coordenação", "uniformização") nazista, o sínodo da Igreja Confessante decidiu criar, em 1935, as Altas Escolas Eclesiásticas de Teologia (*Kirchliche Hochschulen*). Uma delas, mais ou menos clandestina, surge em Berlim, considerada proibida por um decreto de Himmler no dia 19 de agosto de 1937; a prisão do corpo docente em maio de 1941 a força a cessar suas atividades. A ocupação da cidade pelos Aliados e a divisão que se segue transformam a paisagem universitária berlinense. No lado soviético, a *Friedrich-Wilhelms-Universität* reabre suas portas na primavera de 1946, com o nome de *Humboldt-Universität*. A instituição mantém uma Faculdade de Teologia Protestante, estritamente controlada pelos serviços secretos e submetida de mil e uma formas à influência do governo e do partido. No lado ocidental, é criada em Dahlem uma universidade totalmente nova, a *Freie Universität*. Seu curso de filosofia contou com professores como Wilhelm Weischedel e Michael Theunissen, cujos trabalhos sobre as grandes questões da metafísica exerceram uma influência significativa na teologia protestante alemã da segunda metade do século XIX. No entanto, a *Freie Universität* não dispunha de uma faculdade de teologia, e assim a *Kirchliche Hochschule*, que retoma suas atividades no dia 12 de novembro de 1945, preenche essa função na parte ocidental da cidade. Em 1950, a Igreja Protestante de Berlim-Brandenburgo cria uma dependência na parte oriental, o *Sprachenkonvikt*. A construção do Muro de Berlim rompe os laços entre ambas as instituições. A partir de 1961, o *Sprachenkonvikt* assume a formação universitária em teologia protestante, mas sem reconhecimento formal por parte do governo alemão na parte leste.

Após as eleições livres de março de 1990 na República Democrática Alemã e, no dia 3 de outubro de 1990, a reunificação do país, a situação conheceu novas reviravoltas. Na primavera de 1991, há a fusão entre o *Sprachenkonvikt* e a Faculdade de Teologia da *Humboldt-Universität*. Em junho de 1993, a *Kirchliche Hochschule* de Berlim ocidental cessa em definitivo suas atividades, tendo seu corpo docente e seus fundos integrados à Faculdade de Teologia da *Humboldt-Universität*. Além dessas duas universidades de caráter generalista, há em Berlim (Charlottenburg) uma universidade tecnológica, onde também se ensina filosofia, com uma ênfase recente sobre os filósofos franceses do século XX.

Jean-Marc Tétaz

▶ **Friedrich-Wilhelms-Universität**: FERRY, Luc et alii, *Philosophies de l'Université. Textes de Schelling, Fichte, Schleiermacher, Humboldt, Hegel*, Paris, Payot, 1979; GERHARDT, Volker, MEHRING, Reinhard e RINDERT, Jana, *Berliner Geist. Eine Geschichte der Berliner Universitätsphilosophie bis 1946. Mit einem Ausblick auf die Gegenwart der Humboldt-Universität Berlin*, Akademie-Verlag, 1999; LENZ, Max, *Geschichte der königlichen Friedrich-Wilhelms-Universität zu Berlin*, 4 t. em 5 vols., Halle, Buchhandlung des Waisenhauses, 1910-1918; VOM BRUCH, Rüdiger e JAHR, Christoph, orgs., *Die Berliner Universität in der NS-Zeit*, 2 vols., Wiesbaden, Steiner, 2005; WEISCHEDEL, Wilhelm, org., *Idee und Wirklichkeit einer Universität. Dokumente zur Geschichte der Friedrich-Wilhelms-Universität zu Berlin*, Berlim, Walter de Gruyter, 1960; **Faculdade de Teologia**: BESIER, Gerhard e GERTRICH, Christof, orgs., *450 Jahre Evangelische Theologie in Berlin*, Göttingen, Vandenhoeck & Ruprecht, 1989; ELLIGER, Walter, *150 Jahre Theologische Fakultät in Berlin. Eine Darstellung ihrer Geschichte von 1810 bis 1960*, Berlim, Walter de Gruyter, 1960. **Kirchliche Hochschule**: VOGEL, Heinrich e HARDER, Günther, *Weg und Aufgabe der Kirchlichen Hochschule Berlin 1935-1955*, Berlim, Lettner, 1956; "50 Jahre Kirchliche Hochschule Berlin", *Berliner Theologische Zeitschrift* 2/2, 1985. **Sprachenkonvikt**: MAU, Rudolf, "Das 'Sprachenkonvikt', Theologische Ausbildungsstätte der Evangelischen Kirche in Berlin-Brandenburg ('Kirchliche Hochschule Berlin-Brandenburg' 1950-1991)", *Berliner Theologische Zeitschrift* 9, 1992, p. 106-118.

◉ Berlim; De Wette: Dilthey; Dorner; Droysen; Fichte; Frederico-Guilherme III; Gunkel; Harnack; Hegel; Humboldt, Igreja Confessante; *Kirchenkampf*; Marheineke; Niebuhr B. G.; Pfleiderer; Prússia; Ranke; Schleiermacher; Troeltsch; Weischedel

BERNA

Capital tanto da Suíça quanto do cantão de Berna desde 1948, conta com 150 mil habitantes. Fundada em 1191, a cidade-estado de Berna foi governada por famílias aristocráticas até sua derrota pelo exército de Bonaparte em 1798, sinalizando o fim da antiga Confederação Suíça e de importantes eventos históricos na Europa medieval, assim como a Reforma e o início dos tempos modernos. Com a influência de Zwinglio, o governo de Berna adotou a nova religião após uma grande contenda (1528) e, em um dos documentos mais preciosos da época, o *Atos do Sínodo de Berna* (1532), foi imposta a nova fé nos territórios ocupados pelo Estado citadino (Vaud, Argóvia etc.). A Universidade de Berna, que data formalmente de 1834, remonta, por sua Faculdade de Teologia, à criação da Alta Escola na época da implantação da Reforma. Criada em 1874, na época do *Kulturkampf*, a Faculdade de Teologia Católica Antiga foi incorporada em 2001, como departamento, à Faculdade de Teologia Protestante.

Klauspeter Blaser

▶ *Actes de la Réformation de Berne 1528-1532*, Moutier, Robert, 1978; ANDREY, Georges et alii, *Nouvelle histoire de la Suisse et des Suisses*, Lausanne, Payot, 1986; FELLER, Richard, Berna, Lang, vol. I: 1974, vols. II-IV: 1974; Idem, *Die Universität Bern*, 1834-1934, Berna, Haupt, 1935; GUGGISBERG, Kurt, *Bernische Kirchengeschichte*, Berna, Haupt, 1958.

◉ Disputa; *Kulturkampf*; Lausanne (Disputa de); Manuel Deutsch; Suíça; Zwinglio

BERSIER, Eugène (1831-1889)

Nascido em Morges (Suíça) e morto em Paris, o pastor francês Eugène Bersier é conhecido por seus *Sermões* (7 vols., Paris, Fischbacher, 1864-1884) e principalmente por sua obra como liturgista — como, por exemplo, *Liturgie à l'usage des Églises reformées* [Liturgia conforme o uso nas igrejas reformadas], Paris, Fischbacher, 1874,1876,1881, bastante aumentada ao longo de suas edições; *Projet de révision de la liturgie des Églises reformées de France* [Projeto de revisão da liturgia das igrejas reformadas da França], Paris, Fischbacher-Grassart, 1888; os artigos *Agende* [Ofício fúnebre], *Culte* [Culto] e *Liturgia* [Liturgia] da

Encyclopédie des Sciences religieuses [Enciclopédia das ciências religiosas], publicada sob a direção de Frédéric Lichtenberger. Bersier soube revalorizar, enriquecer e desenvolver a liturgia reformada, reencontrando sua dimensão eclesiástica e dialogal e restabelecendo para os fiéis um papel mais ativo durante o culto, além de "devolver à santa ceia o lugar central que lhe deve ser rendido no culto cristão" (prefácio de *Liturgia conforme o uso nas igrejas reformadas*, de 1874).

Eugène Bersier é fundador da Igreja Reformada de Paris Étoile, cujo templo, de estilo neogótico (1874), foi construído pelo arquiteto sueco Hansen. Iniciou o presbitério que abrigava a Associação Eugène Bersier, ativa em obras sociais e na educação. Criada em 1990 e herdeira da associação de mesmo nome, a Fundação Pastor Eugène Bersier se coloca a serviço do protestantismo, com o objetivo de colaborar para a difusão da fé protestante, sobretudo através da mídia: audiovisual, rádio, internet, imprensa. Também prevê bolsas e acomodações para pastores e estudantes de teologia.

Laurent Gagnebin

▶ BERSIER, Marie, *Recueil de souvenirs de la vie d'Eugène Bersier*, Paris, Fischbacher, 1911; BÜRKI, Bruno, *Cène du Seigneur — eucharistie de l'Église. Le cheminement des Églises reformées romandes et françaises depuis le XVIIIe siècle, d'après leurs textes liturgiques*, vol. B: *Commentaire*, Friburgo, Éditions universitaires, 1985, p. 36-46; HOLLARD, Henri et alii, *Eugène Bersier*, Paris, Foi et Vie (Cahiers de Foi et Vie), 1931.

◉ Ceia; culto; liturgia

BERTRAND, André-Numa (1876-1946)

Nascido em Milhaud-les-Nîmes e morto em Paris, o pastor e conhecido pregador André-Numa Bertrand exerceu a maior parte de seu ministério em Fau-Corbarieu (Tarn-et-Garonne), em Castres, em Lyon e na igreja de l'Oratoire em Paris (1926-1946). De 1919 a 1922, foi presidente do Comitê Regional da IX Região da União das Igrejas Reformadas; de 1922 a 1938, data de criação da nova Igreja Reformada da França, por cuja unidade foi um batalhador incansável, foi presidente do Comitê Central da União das Igrejas Reformadas; a partir de 1940, em zona de ocupação, foi presidente do Conselho da Federação Protestante da França. Representando o protestantismo liberal, traduziu em 1907 *A essência do cristianismo*, de Adolf Harnack. A mais conhecida de suas obras é *Protestantisme* [Protestantismo] (1930, Genebra-Paris, Labor et Fides-Librarier protestante, 1985), em que, valendo-se dos princípios fundadores, Bertrand se recusa a definir o protestantismo em uma oposição ao catolicismo romano, tendendo assim a defender um cristianismo não confessional.

Laurent Gagnebin

▶ BERTRAND, André-Numa, *La pensée religieuse au sein du protestantisme libéral. Ses déficits actuels, son orientation prochaine*, Paris, Fischbacher, 1903; Idem, *Problèmes de la libre-pensée*, Paris, Fischbacher, 1910; Idem, *L'Évangile de la grâce. Six conférences sur les réalités fondamentales de la vie chrétienne: espérance, foi, charité*, Paris, "Je sers", 1934; "*Protestantisme*. Un livre du pasteur André-Numa Bertrand", *Cahier Évangile et liberté* 33, setembro 1985, p. I-VIII (em *Évangile et liberté* 99); FATH, Pierre, *Du catholicisme romain au christianisme évangélique*, Paris, Berger-Levrault, 1957, p. 190-212; MANEN, Henri, *Le pasteur A.-N. Bertrand, témoin de l'unité évangélique, 1876-1946*, Nîmes, Chastanier Frères et Bertrand, s.d.; MARCHAL, Georges, *Essais sur le fait religieux*, Paris, Berger-Levrault, 1954, p. 192-205.

◉ Boegner; Federação Protestante da França; Harnack; liberalismo teológico

BEZA, Teodoro de (1519-1605)

Nascido em Vézelay, na nobreza local, *Dieudonné*[3] de Bèze (que latinizaria seu primeiro nome, *Deodatus*, antes de grecizá-lo) recebeu uma primorosa educação humanista, principalmente sob a férula de Melchior Wolmar, que abriu sua mente para o pensamento reformado. Bastante dotado para a área de letras, o rapaz era, segundo Montaigne, um excelente poeta latino, levando em Paris, de 1539 a 1548, uma vida exclusivamente devotada à literatura: desse período, restaram seus famosos *Poemata* amorosos, tão criticados tempos depois. Diante da iminência de morte pelo surto de peste, conclui sua transição para a Reforma. Condenado pelo Parlamento de Paris, refugia-se em

---

[3] [NT] Em francês, *Dieudonné* significa "dado por Deus", sendo equivalente a Teodoro, "presente de Deus" em grego.

Genebra em 1548, estabelecendo-se primeiro em Lausanne, onde Pierre Viret lhe pede que ensine grego na academia reaberta. Reitor de 1552 a 1554, suas qualidades como teólogo, exegeta, polemista e também diplomata se tornariam logo evidentes, fazendo dele o discípulo mais próximo de Calvino. Encontra-se com o reformador em Genebra em 1558, após um conflito com os senhores de Berna. Permaneceria em Genebra, primeiro na companhia de Calvino e, depois, sozinho, ajudando a igreja e a cidade com seus múltiplos dons.

A polivalência de suas atividades era excepcional: saía-se bem tanto na literatura quanto na teologia. Sua talentosa tradução para a língua francesa do Livro de Salmos, em versos, alcançou fama imediata, sendo cantado no círculo de Catarina de Médicis. Teoriza sobre e desenvolve a doutrina calvinista da predestinação em sua *Tabula praedestinationis* (1555), continuando a tratar do tema em *De praedestinationis doctrina* (1582). No entanto, a obra de sua vida é uma edição do Novo Testamento, retrabalhada ao longo de toda a sua existência, com anotações sempre refeitas e observações filosóficas que funcionam como um comentário, participando da origem da dogmática reformada do século XVII. Com edições de 1558, 1565, 1582 e 1598, esse Novo Testamento dá ensejo a uma verdadeira tradição reformada do texto evangélico, com cinquenta outras reedições em versões diferentes. Sua *Confession de foy chrestienne* (Confissão de fé cristã, em francês antigo), escrita para seu pai com o objetivo de mostrar que não era nem ímpio nem herege, foi impressa mais de 35 vezes na maioria das línguas europeias. Sua carreira também foi bem-sucedida no plano diplomático: foi enviado três vezes à Alemanha, entre 1557 e 1558, para tentar uma reaproximação com os luteranos e atuou como porta-voz dos huguenotes no Colóquio de Poissy (1561) — ocasião em que proferiu um longo e famoso discurso afirmando sua fé com a total segurança de que obteria a adesão de todos. Após o fracasso do colóquio, Beza ficou na França e, conhecido dos grandes senhores protestantes, passa a ocupar o cargo de conselheiro junto a Luís de Condé e, em seguida, a seu filho Henrique I, ao longo de todas as guerras de religião.

Após a morte de Calvino em 1564, Beza prossegue com a obra de seu mestre em Genebra, não só zelando pela aplicação das *Ordenanças eclesiásticas* que regem os costumes da cidade, mas também dedicando boa parte de seus esforços à Academia de Genebra, com a contratação de professores de peso como François Hotman (1524-1590), Matthieu Beroalde, ou simplesmente Beroalde (morto antes de 1584), e Lambert Daneau (?1530-1595). Contribui para manter a influência da Igreja de Genebra, promove a unidade dos reformados lutando contra as ideias congregacionalistas de parte da Reforma francesa e preside vários sínodos, entre eles o de La Rochelle, em 1571. O massacre de São Bartolomeu torna os huguenotes definitivamente desconfiados em relação à realeza da França, não importa se a participação do rei no ocorrido tenha sido direta ou indireta. Beza publica então anonimamente, em 1574, seu famoso *Du droit des magistrats* [Do direito dos magistrados] (Genebra, Droz, 1971), mostrando aos magistrados menos poderosos que eles têm o direito de resistir a uma tirania, com armas se necessário.

Ao mesmo tempo, Beza empreende uma batalha sem fim contra as heresias, antigas ou novas, apoiando os reformados alemães na impiedosa luta contra os luteranos ubiquistas[4]. Continua a produzir obras polêmicas, principamente sobre a doutrina da ceia. Sua defesa da ortodoxia reformada o coloca em contato com seus pares de Zurique (Heinrich Bullinger, 1504-1575, e Rudolf Gualther, 1519-1586) e da Basileia (Johann Jacob Grynaeus, 1540-1617). Reduzindo suas atividades a partir de 1580, continuou a ser, até sua morte, uma figura de proa no cenário protestante, amado e respeitado pelos genebrinos e pelos reformados de toda parte.

Béatrice Nicollier

▶ BEZA, Teodoro de, *Correspondance*, Genebra, Droz, 1960-2001; GARDY, Frédéric, *Bibliographie des oeuvres theologiques, littéraires, historiques et juridiques de Théodore de Bèze*, Genebra, Droz, 1960; DUFOUR, Alain, *Théodore de Bèze*, em ACADÉMIE DES INSCRIPTIONS ET BELLES--LETTRES, org., *Histoire littéraire de la France*, t. XLII/2, Paris, 2002, p. 315-469; GEISENDORF, Paul-Frédéric, *Théodore de Bèze*, Genebra-Paris,

---

[4] [NT] Termo relacionado à consubstanciação. Os luteranos ubiquistas explicavam a presença real do corpo e do sangue de Cristo nos elementos da santa ceia por sua onipresença.

Labor et Fides-Librairie protestante, 1949; MANETSCH, Scott M., *Theodore Beza and the Quest for Peace in France*, 1572-1598, Leiden, Bril, 2000.

● Calvino; ceia; Genebra; monarcômacos; ortodoxia protestante; Poissy (Colóquio de); **predestinação e Providência**; *Saltério huguenote*; teatro

BIANDRATA, Giovanni Giorgio (1516-1588)

Originário de Saluces, no Piemonte, Biandrata estuda medicina em Montpellier, trabalhando de início na Polônia e na Transilvânia (1540-1552) e depois em Pavia. Refugia-se em Genebra (1556) e se opõe a Calvino. Retorna à Polônia no outono de 1558, deixando o país pela Transilvânia novamente, em 1563, para atuar como conselheiro do jovem rei João Sigismundo (1540-1571). É nessa época que escreve *De falsa et vera unitus Deu Patris, Filii et Spiritus Sancti cognitione libri duo* (1568, Utrecht, Bibliotheca Unitariorum, 1988), em que expõe sua doutrina unitarista e antitrinitária. Valendo-se de seu prestígio na corte, consegue tornar Kolozsvár (Cluj) em um centro do movimento unitarista da Transilvânia. Depurado de tendências extremistas (como o "não adorantismo" de Ferenz Dávid) e influenciado pelas posições de Fausto Socino, o movimento é reconhecido como *religio recepta* ao lado das confissões católica, luterana e reformada na ocasião da Dieta de Maros Vásarhely, em 1571.

Emidio Campi

▶ CACAMO, Domenico, *Erecti italiani in Moravia, Polonia, Transilvania (1558-1611). Studi e documenti*, Florença, Sansoni, 1970; CARLETTO, Sergio e LINGUA, Graziano, orgs., *La Trinità e l'Anticristo, Giorgio Biandrata tra eresia e diplomazia*, Dronero, L'Arciere, 2001; ROTONDÒ, Antonio, "Biandrata", em *Dizionario biografico degli italiani*, t. X, Roma, Istituto della Enciclopedia italiana, 1968, p. 257-264; Idem, "Biandrata, Giovanni Giorgio", em *TRE*, t. V, 1980, p. 777-781; WILBUR, Earl Morse, *A History of Unitarianism in Transylvania, England and America*, Cambridge, Harvard University Press, 1952; WILLIAMS, George Huntston, *The Radical Reformation* (1962), Kirksville, Truman State University Press, 2000.

● Antitrinitarianismo; Dávid; Hungria; Polônia; Reforma radical; Socino; Trindade; unitarismo

BÍBLIA

1. De uma postura originária e seus riscos
2. A Reforma
    2.1. Martinho Lutero (1483-1546)
    2.2. João Calvino (1509-1564)
3. A Bíblia em obras protestantes do século XVI ao XVIII
4. Nascimento e desenvolvimento do método histórico-crítico (do Iluminismo até o início do século XX)
    4.1. Pressupostos filosóficos
    4.2. Princípios do método
    4.3. Procedimentos de análise
    4.4. Deontologia
5. A "teologia dialética"
    5.1. Karl Barth (1886-1968)
    5.2. Rudolf Bultmann (1884-1976)
6. Situação atual e conclusões
    6.1. Dos novos e diversos métodos
    6.2. Questionamento do método histórico-crítico?
    6.3. Valorizar o momento do texto como consolidação própria à origem de uma recepção

1. De uma postura originária e seus riscos

"Todo protestante, de Bíblia na mão, é um papa." A frase de Boileau (*Satire* XII) tem sido bastante repetida. De fato, é sintomática. De um dado efetivo: a ênfase na Bíblia como referência última, fundamento e critério, com a desclassificação da tradição eclesiástica, da instituição clerical e do magistério romano. Além disso, houve a rejeição a essa espécie de recepção imaginária, que opõe, de um lado, o indivíduo com seu livre acesso, e de outro a ordenação necessária de um mediador autorizado.

Buscando fugir de *slogans* e caricaturas, tentaremos precisar as características daquilo que constitui uma diferença histórica fundamental, por mais complexa que seja a história dessa diferença; tentaremos, igualmente, interpretar as implicações desses dados, sem escamotear os riscos e as fraquezas que as acompanham.

A Reforma e o protestantismo priorizam a Bíblia. Eis algo diferente, que ultrapassa a permutação das referências defendidas. Colocar em posição original um *texto* equivale a transformar até mesmo os modos de referência e de afinidade com o que nos institui ou com o que reconhecemos como verdade constitutiva; equivale a mudar, de um só golpe, nossas relações com o presente.

Explico. Alçar um texto a uma posição de origem é, em primeiro lugar, priorizar um conjunto *complexo* (uma textura) ou uma *pluralidade* (com seu jogo de ressonâncias possíveis); depois, é fazer referência a um momento *fechado* (ligado ao passado e, portanto, desarticulado de nosso presente: esse momento lhe é exterior e pode se sobrepor a seu desdobramento); é, enfim, remeter a um momento *histórico*, de testemunho, humano e encarnado.

Há nisso mais que a simples permutação das referências reconhecíveis. A origem defendida e a verdade que se institui ou se garante não apresentam o mesmo rosto. As sinalizações correspondentes são afetadas. Priorizar a Bíblia — porque se trata de um *texto*, plural, fechado e passado, como todo texto — é algo que se interpõe não só entre toda relação "natural" com Deus, mas também a uma legitimação ou a um fundamento estrito e direto: a relação com Deus se encontra *humanizada*, portanto *problematizada* ou "dialetizada".

O protestantismo não clama para si o mistério de pertencer ao cosmos, nem se vale do *status* de uma linearidade que liga a igreja-instituição aos apóstolos, em seguida a Cristo (como o instituidor) e finalmente a Deus (cujo poder Cristo representa legitimamente). Pelo contrário. Na medida em que é restituído a uma *exterioridade* (pois, além de ser fechado, há ruptura entre o cânon bíblico e a *tradição* — que pode responder por ele, mas não necessariamente segui-lo) e leva *indiretamente* a Deus (cristalizando seu "testemunho"), o texto originário, de um lado, afirma uma irredutível *transcendência* e, de outro, abre um espaço necessariamente *humano* (não integrável na ordem da igreja ou da salvação). Não há uma igreja fundada e autorizada em linha direta seguindo uma referência potencialmente unívoca; também não há o lugar de uma tradição homogeneizante nem um jogo de alegorias espiritualizantes. Tanto Calvino quanto Lutero não cessariam de denunciar as consequências dos procedimentos alegóricos ("especulativos" e dados a falsas apropriações), para reivindicar a fundação de um sentido histórico literal, *contextual* e *exterior*, operando como crítica dos reflexos espontâneos e fazendo ver a cada leitor sua *condição*, que também é contextual e, de certa maneira, exterior.

Além da *pluralidade* interna do texto (que impede o jogo de uma referência linear) e além de seu *fechamento* (que impede a integração ou a apropriação no presente), o texto é apreendido e recebido pelos reformadores como "testemunho". Isso significa que a condição humana, finita, não é passível nem de ultrapassagem, nem de elevação: a referência originária é dada em uma *figura histórica* (nesse sentido, institucional e doutrinária), não em um milagre, ligado a um momento sobrenatural. Nisso, é o mundo e o ser humano que, conjunta e indissoluvelmente (de acordo com Calvino), falam, tanto quanto Deus, de parte a parte.

Por ser "testemunho", o texto apresenta uma *problemática* e abre sobre uma "dialética". Entre os reformadores — e não seria assim nem na ortodoxia do final dos séculos XVI e XVII, nem nas várias formas de fundamentalismo importadas mais recentemente dos países anglo-saxões e ao longo do século XIX —, a *letra* do texto não poderia ser em si mesma a verdade, mas aponta para Cristo, para a "doutrina" ou a "substância" da dispensação salvífica (ou da "instituição cristã"). Assim, por exemplo, não há "justificação", a não ser através da fé (cf., sobretudo, Lutero), e não através da pura letra, que pode apenas confortar, na medida em que o leitor prevalece sobre ela; e não há leitura do texto bíblico fora do "testemunho interior do Espírito Santo" (Calvino). No século XX, a "teologia dialética" (Karl Barth e, também, Rudolf Bultmann) se lembraria dessa lição de modo particular, reatualizando-a contra as ortodoxias ou as teologias "positivas" demais, *a fortiori* contra os fundamentalistas.

Aqui estão, brevemente delimitados, os dados com que trabalharemos. É com eles que se caminha e se afirma uma parte da postura protestante naquilo que possui de fundamental. Nós nos esforçaremos para seguir alguns traços do desenvolvimento histórico atribuído ao protestantismo, em sua complexidade e através de algumas mutações que o afetaram — a começar pelo advento da modernidade e um de seus efeitos, o método histórico-crítico. Antes, porém, precisaremos apresentar alguns de seus riscos, tão importantes quanto os dados e as correlações que acabamos de pinçar, riscos associados à posição originária frisada: toda ação forte tem como resultado seu revés, ou seus "efeitos perversos".

Primeiro risco ou revés: o símbolo da Reforma, a *sola scriptura* ("a Escritura somente", ou a Bíblia como origem e referência fundadora), deu ensejo a fundamentalismos, de fato atestados na história do protestantismo e sempre recorrentes, mesmo se contrariam as posições dos reformadores e o significado original da expressão. Assim, no tempo em que dominavam as ortodoxias protestantes (tanto em solo luterano quanto em solo reformado), houve uma identificação pura e simples entre o texto bíblico e a Palavra de Deus: o texto foi considerado inspirado sob modo direto, em seus detalhes e no todo de suas formulações. Nos séculos XIX e XX, algumas formas de protestantismo ditas evangélicas (como, p. ex., Louis Gaussen, *La pleine inspiration des Saintes Écritures ou théopneustie* [A plena inspiração das Santas Escrituras ou teopneustia] [1840-1842], Saint-Légier, PERLE, 1985) ou mais claramente fundamentalistas (cf. os doze fascículos *The Fundamentals. A Testimony to the Truth*, entre 1910 e 1915 [reed. 12 t. em 4 vols., New York, Garland, 1988]; a *World's Christian Fundamentals Association*, fundada em 1919; as *Declarações de Chicago* de 1978[5], 1982 e 1986; para uma posição desse tipo, cf. Paul WELLS, org., *Dieu parle! Études sur la Bible et son interprétation. En hommage à Pierre Courthial* [Deus fala!: estudos sobre a Bíblia e sua interpretação. Em homenagem a Pierre Courthial], Aix-en-Provence, Kerygma, 1984) mostram outras formas da mesma atitude, ilustrando e confirmando os mesmos "efeitos perversos".

Em relação ao essencial, passa-se do "princípio protestante" — que crê dar forma a um *descentramento* decisivo erigindo o passado como referência exterior (enquanto permanece um momento forçosamente histórico a ser decifrado e recebido cara a cara, em um entrelaçamento de vocação e responsabilidade) — à *identificação* desse momento passado com uma origem fundadora autossuficiente e unívoca. Assim é que, de uma só vez, e de forma profunda, a Bíblia substitui Deus. As disposições de certos tratados dogmáticos o confirmam, quando lemos um *De scriptura* ("tratado sobre a Escritura") ocupar o lugar e pelo menos parte da função que eram as de *De Deo* ("tratado sobre Deus").

Segundo risco: a pesquisa do sentido histórico ou literal, em oposição aos procedimentos alegóricos (considerados espiritualizantes e especulativos demais), acabou levando a uma redução que se verificou prejudicial à pluralidade, enquanto para os reformadores o *sola scriptura*, mesmo que restituído a sua história passada e ao fechamento que lhe é próprio, não prescindia do reconhecimento de jogos de relações tipológicas e analógicas, nem de uma ligação decisiva (mas diversa segundo as tradições luterana ou reformada) entre o Antigo e o Novo Testamentos. A dualidade canônica está de fato bastante presente em todo o protestantismo, sintomaticamente, na medida em que se recusa uma verdade sob a forma de pura superação ou simples integração.

Os sinais de redução da pluralidade são percebidos em vários momentos, de várias formas. A primeira deriva é, evidentemente, a univocidade, que não deixa de manter laços temporais e efetivos com uma matriz cultural de tipo racionalista em que, de um lado, as causas e os fundamentos são simples (contrariamente a uma tradição mais antiga, pré-moderna) e, de outro, uma desvalorização das tradições e dos desdobramentos positivos (das instituições religiosas históricas) sempre acompanha a busca ou a aposta em uma origem simples, pura e transparente.

Porém, essa propensão à redução da pluralidade também pode se manifestar no protestantismo pela priorização do presente, inscrita no núcleo da postura própria à Reforma: o *testemunho* do texto deve ser retomado e ouvido hoje e aqui, segundo uma *vocação* ou uma *interpelação*. A restituição à historicidade pôde de fato resultar em uma dissolução na história (uma historicização). Passa-se assim de um "princípio protestante" que erige um texto em primeira e última instâncias (um texto com seus próprios desdobramentos e a resistência que o caracteriza, um texto que depende de esquemas culturais e também de correlações institucionais, com os mundos que são nele esboçados) à ênfase sobre a "mensagem", que pode a cada vez se inscrever no tempo, uma mensagem a ser compreendida, interiorizada ou proclamada novamente (e, sobretudo, de um modo em geral "profético"). A textura desaparece em favor do sentido a ser redito (a tradução da Bíblia em francês corrente ilustra em pleno século XX uma importante deriva protestante, em que está ausente toda atenção à estruturação do crer e à organização religiosa); o enigma e as imagens tendem a ser menosprezados ou "demitologizados" em favor de um questionamento de tipo existencial ou de uma mensagem.

---

[5] [NT] Disponível em <ttp://www.monergismo.com/textos/credos/declaracao_chicago.htm>.

Se essa postura fundamental da Reforma resultou no investimento do presente como um lugar decisivo, era um presente constitutivamente situado entre um passado e um futuro reais, objetos de representações e de discurso, de memória e de imaginação. O presente, situado, limitado e subitamente superado se oferecia assim como presente a *construir*, em uma história que, sem deixar de ser humana, é feita de *textos, imagens, doutrinas diversas* e *dados institucionais* concretos. O cristão — de fato, o homem — se via então necessariamente inscrito nessa história, em sua genealogia, e lutando contra as representações que fazem parte da trama. Nesse sentido, talvez devêssemos culpar, por trás do modo redutor recorrente no protestantismo (decifrado aqui como "revés" de uma posição forte ou como seu risco inerente), uma crispação anticatólica: teríamos assim deixado para trás a crítica fundamental do modo de agir da instituição quanto à doutrina e às imagens, adotando uma crítica da instituição, da doutrina e das imagens como tais.

Da mesma forma, podemos evocar aqui a exegese histórico-crítica. Não é por acaso que esse método se desenvolveu em solo protestante (ainda que possamos mencionar, em suas origens, o católico Richard Simon [1638-1712]); suas modalidades concretas foram afetadas muito pouco. Impõe-se como ilustração mais importante das relações entre o protestantismo e a Bíblia, com suas forças incontornáveis e também suas fraquezas, que são instrutivas e devem ser levadas em consideração. Porém, tanto suas forças quanto suas fraquezas precisam ser compreendidas como efeitos, não necessariamente desejados, da postura originária protestante.

Como uma introdutória perspectiva, lembraremos de início que o método histórico-crítico busca restituir o texto bíblico a seu passado, necessariamente humano e historicamente determinado. O texto se encontra assim desencavado de uma estrutura eclesiástica e espiritual, pois pertence à *história de todos*, apreendida também por métodos que são de todos. Observamos que a leitura do texto passado surge igualmente, e espontaneamente, como resultado de uma crítica da tradição posterior.

Convém em seguida notar que o método histórico-crítico — em suas modalidades que, desde o século XVIII até o século XX, variaram segundo suas diversas matrizes teológicas ou culturais — apostou no texto não tanto como tal, mas sobretudo como "documento" ou espaço de testemunho (assinalando, p. ex., vez após vez, a "essência" de uma mensagem, a "autocompreensão" da fé ou uma personalidade excepcional, como a de Jesus ou de algum profeta). Aliada a isso, está a apreensão do texto que, restituído à história e dependendo dela, encontra-se marcado por uma cultura que é datada e mutante. É preciso, portanto, de certa maneira, "transculturar" para apropriar-se do que é dito; é por isso que o método histórico-crítico apreende o texto como testemunho, tecendo correlações com o que não é propriamente textual, nem, em consequência, marcado historicamente de modo irredutível.

Enfim, acrescentemos que o método histórico-crítico adotou o exercício de uma liberdade e de um pensamento autônomo que não inclui submissão a ordens exteriores (heteronomia), seja de uma revelação, seja de um magistério. Ora, esse exercício livre e autônomo é fortemente ligado ao protestantismo: é em um sentido humano e finito, de responsabilidade profana, prática, intelectual e espiritual, que o protestantismo trabalha. Talvez convenha, simplesmente, frisar algo que o desenvolvimento clássico do método histórico-crítico provavelmente subestimou ao experenciar em relação ao assunto uma crítica um tanto "reativa": a ordem das crenças apresenta também, como realidade humana, sua própria consistência, suas positividades e sua organização interna, sendo possível e necessário pensar sua especificidade.

Em todos os pontos levantados, o método histórico-crítico faz um evidente eco à postura fundamental que cremos discernir no cerne da Reforma, principalmente em suas relações com a Bíblia. Porém, esse mesmo método não o faz sem certo número de formas que dependem de características culturalmente marcadas (sobretudo a modernidade não isenta de racionalismo), deixando entrever, de modo indireto, em seu desenvolvimento específico, os riscos possíveis da posição protestante originária. Parte dos impasses aos quais essa posição sempre parece chegar hoje, além dos novos questionamentos que criticamente lhe são atribuídos, pode ser, pelo menos em parte, vista como um "retorno do recalcado" — recalcado pela unilaterização crítica e pelo consequente desvio — que é preciso então desbravar.

2. A Reforma

No item número 1, introdutório, apresentamos o panorama de algumas características específicas da Reforma quanto a suas relações com a Bíblia. Falta descrever de modo mais preciso cada uma das posições de Lutero e Calvino sobre o assunto.

2.1. Martinho Lutero (1483-1546)

O primeiro ponto a enfatizar, a primazia da Bíblia (*sola scriptura*), encontra-se indissociado a outro, o da "Escritura como intérprete de si mesma" (*scriptura sui ipsius interpres*). Em certo sentido, a Bíblia está isenta de laços imediatos ou jogos que permitem proximidade: é a partir de então exterior, acima de toda vida eclesiástica ou espiritual, instaurando um cara a cara questionador e crítico. Mas, de repente, essa Bíblia surge plena de riquezas internas, desdobrada em seu próprio fechamento, podendo ser decifrada segundo um jogo interno, ao mesmo tempo "analogia da fé" e conduta de diferenciação crítica, centrada sobre seu próprio objeto. Surgindo, portanto, por assim dizer, *exterritorializada*, a Bíblia não pode ser lida em função de uma integração entre a vida e os saberes de nosso mundo (em uma ontologia integrativa, de matriz aristotélica, e em uma hermenêutica de sentidos múltiplos e organizados, tais como a teoria medieval dos quatro sentidos da Escritura; cf. Henri de LUBAC, *Exegèse médiévale. Les quatre sens de l'Écriture* [Exegese medieval: os quatro sentidos da Escritura], 4 vols., Paris, Aubier Montaigne, 1959-1964). Pela mesma razão, a Bíblia impõe seu dizer mesmo como objeto decisivo, objeto que solicita mais ainda o leitor na medida em que não é imediato.

O segundo ponto — que poderá esclarecer retrospectivamente o que acabamos de afirmar — se relaciona com a reformulação do par letra/espírito operada por Lutero; esse par costuma ser um lugar cristão privilegiado para reflexão e meditação, preconizado pelo apóstolo Paulo em 2Coríntios 3.6: *A letra mata, o Espírito vivifica*.

O par letra/espírito esteve, e ainda está, no princípio de leituras idealizantes ou espiritualizantes, opondo a letra e o espírito como o que confina e o que liberta, o que aliena e o que permite superação. Lutero discerniu essa operação em uma leitura inspirada de Orígenes, que trabalha no cerne da tradição teológica cristã, assim como na obra de Erasmo e no humanismo de seu tempo, ou ainda na obra de Zwínglio.

Opondo-se a esse tipo de leitura, Lutero pretende centrar nossa atenção em um procedimento interno ao próprio texto bíblico. Em vez de designar duas áreas, associadas ou separadas, a letra e o espírito de fato se correlacionam com a dialética Lei/Evangelho inscrita nas profundezas de cada uma de nossas relações com o real. Tudo pode ser Lei, tudo pode ser evangelho. Assim, a letra pode ser Lei (e "mata"), mas pode também ser evangelho (e então "vivifica"); da mesma forma, reciprocamente, o espírito pode ser Lei (e "matar", como é o caso, para Lutero, das diferentes expressões do anabatismo), mas também pode ser Evangelho (e, portanto, "vivificar"). Voltando a nosso problema: a Bíblia é sempre letra (insuperável, de fato e de direito), e pode ou deve ser (ela é) espírito (quando é recebida segundo o Evangelho de Cristo, Senhor oculto e sempre revelado "sob seu contrário", porque, evangelicamente, a "glória" está oculta sob a "cruz").

A letra ou o espírito designam, portanto, não dois espaços ou duas ordens da realidade, mas, sim, uma dialética, interna ao texto (não por acaso a Bíblia se constitui de um Antigo e de um Novo Testamentos) e presente no âmago da leitura (a Bíblia, Novo Testamento incluído, pode ser recebida perversamente, como Lei). Dialética, porque não há apenas um *dado* de fato (seja ele, como aqui, a Bíblia ou, além e não sem lhe estar associado, o próprio criado); mas tmbém dialética porque nossas relações com todo e qualquer dado (aqui: ao texto; além: à criação e ao mundo) são logo de início problematizadas, e ao mesmo tempo porque o próprio dado — como *qualquer* realidade — é completo e aberto, lugar de um mistério ou de um *incognito*. A distinção letra/espírito dependerá sempre, portanto, de uma *operação* a ser efetuada ou de uma "prática" de acordo com uma leitura receptiva e de uma exposição pessoal ao texto.

Se Lutero se apega inegavelmente ao princípio de uma concentração no texto e em seu sentido "literal", não é para resultar em um fundamentalismo *avant la lettre*. A Bíblia não é identificável à revelação, mas, sim, sua ocasião. Podemos ler o texto sem que a revelação opere (sem que a situação de pecador "diante de Deus" seja evidente para o leitor, portanto sem que a graça de Deus seja recebida). Podemos, em boa consciência religiosa, lê-la como lei, ou seja, o oposto do que o texto pretende manifestar e proclamar.

Concretamente, se Lutero fala de "sentido literal", isso significa uma abertura para a dimensão "cristológica" do texto; o "sentido literal" é o de uma Palavra, do objeto ou da causa do texto: ao mesmo tempo seu *princípio organizador* e *aquilo sobre o que testemunha*. Portanto, a leitura passa pela compreensão da totalidade do texto — nesse sentido, pode ser chamada "doutrinária" ou "substancial" —, uma compreensão que tem a ver com a problemática de uma *consumação*, com uma cristologia, justamente. Assim, não haverá leitura sem que o procedimento que alcança sua verdade seja aberto (não há leitura sem uma crítica que atinja o próprio objeto: uma *Sachkritik*); caso contrário, o texto não será compreendido de forma alguma. Desse modo, ainda, o texto requer um sujeito pessoal que responda por ele: a Bíblia menos como espelho do mundo que questionamento; ou, se for espelho (e imagem), o é de uma história de cristãos que se aliaram à história de um Deus criador e sempre recriador.

2.2. João Calvino (1509-1564)

Com Calvino, em linhas gerais, temos a mesma configuração, detectando as mesmas rupturas em relação à tradição anterior. Podemos até afirmar que algumas conclusões (pelo menos as apresentadas aqui) são tiradas de modo mais radical. Na obra de Calvino, a Escritura parece deliberadamente se relacionar com a *instituição*, e não com a *natureza*. A primeira é particular, e a segunda, geral. A primeira se destaca e se delineia sobre um fundo potencialmente infinito, apontando para uma responsabilidade; a segunda propõe a integração em um conjunto extensivo, diferenciado e hierarquizado.

Para o exegeta Calvino, a Escritura deve sempre ser restituída ao que chamaríamos hoje seu contexto de enunciação; aliás, Calvino se mostra particularmente atento às formas retóricas expostas na Escritura, assim como aos supostos destinatários. Tanto o texto quanto a leitura da Escritura apontam para uma pragmática ou um anúncio querigmático. A Escritura é necessariamente transitiva, testemunhando uma revelação heterogênea das leis cósmicas, apresentando um Deus outro ou secreto; consolida assim uma vocação, ou uma resposta, tão decidida quanto divergida. A Escritura é singular, e singulariza.

O *status* concedido à Escritura e o tipo de leitura ou escuta que lhe é associado rompem com uma visão em que a Escritura não passaria de um reflexo de uma verdade universal (e intemporal), atuando como propedêutica em vista de uma contemplação mais alta. A Escritura não toma lugar em um universo feito de infinitas correspondências, de mediações múltiplas e de passagens, *através de*, como alegorias; mas vive de um gesto de autolimitação, ligado à promessa de uma verdade outra, subversiva, mais forte ou amplificada ao máximo (um gesto assim consolidado sobre um fundo desconhecido ou desproporcional). Vemos assim Calvino frisar nas *Institutas da religião cristã* quanto o mundo é necessariamente desconhecido e deve ser recebido *através* da leitura da Escritura, que é a única a colocá-lo em perspectiva e a dar-lhe formas e contornos. Porém, antes de tudo, o Deus de que a Escritura dá testemunho é um Deus específico — que de modo ímpar é "para salvação", como diria Calvino —, e não causa de tudo, de modo uniforme.

Em suma, na obra de Calvino, a Escritura tem o *status* de uma Lei, a mesma Lei cuja posição central é conhecida de Lutero, na qual o reformador de Genebra não cessou de meditar, retomando-a sempre, pois ele a sabe (e a quer) originária, e nada menos que isso. O *status* da Escritura acompanha aqui um sistema mais ético que cosmoteológico. A Escritura estipula condições, situando e obrigando a situar-se. Provoca à obediência, não literal, mas diferenciada, e portanto pessoal: a obediência é contextualizada em um mundo histórico e determinado a cada vez, como é também contextualizada a própria Escritura. É assim que a leitura de Calvino pode fugir a toda ênfase sobre um termo (um significante) que seja arrancado de seu contexto, indevidamente teologizado ou sancionado em uma doutrina imóvel.

Como já vimos sobre Lutero — embora ali, ainda, de um modo que pode parecer mais proposital —, a Escritura se impõe como corpo específico, como consistência desdobrada: cânon duplo e regulação interna, sistema de uma "analogia de fé" e de uma leitura que seja função de um primado cristológico, ecos que advêm do tema "Escritura como intérprete de si mesma". A questão da unidade da Escritura, assim como a de uma unidade específica — cristológica —, torna-se incontornável na medida em que a Escritura não é mais a detentora de uma rede de vibrações harmônicas maiores em que cada parcela pode ser pretexto para um jogo de espelhos em favor de uma verdade do ser, em toda a sua extensão e multiplicidade orgânica. A ênfase sobre somente a Escritura, desconectada de um cosmos que é ao mesmo tempo rico demais (solvente) e seguro demais (falsamente seguro), equivale à ênfase em um fato de revelação; logo, o revelante (a Escritura) e o revelado (Deus) surgem, um ligado ao outro. A Escritura não é nem pretexto para outra verdade, que deveríamos conhecer e à qual precisaríamos nos conformar (e muito menos oportunidade para enriquecimento, encorajamento ou perfeição através da razão e da vontade), nem verdade pessoal, mas, sim, afirmação direta, oferta e graça de Deus, mesmo se é na estranheza, na consistência e na resistência de seu texto. Mesmo se (ou por causa disso, e no momento em que) deve ser lida, pacientemente decifrada e escutada. Deus não está ao lado dela, nem acima; ele lhe é, de certa forma, imanente, ainda que de modo oculto.

3. A Bíblia em obras protestantes do século XVI ao XVIII

Os tempos que se seguiram ao advento da Reforma testemunham no protestantismo a constituição de uma ortodoxia (ou de ortodoxias: luterana e reformada/calvinista) e, em seguida, observam mudanças segundo diversas perspectivas, impostas por desafios sociais e culturais. São essas mudanças que conduziram ao que mais claramente surge com o espírito do Iluminismo, com a pesquisa histórica que o acompanha (cf. item 4).

Para a época que nos interessa aqui — da segunda parte do século XVI ao início do século XVIII —, é preciso frisar em primeiro lugar as três contingências que contribuem para delinear o pano de fundo desses processos. Observamos assim que estamos no período das controvérsias confessionais entre católicos e protestantes, levadas a cabo pelas necessidades de legitimação recíproca. Também percebemos que surgem novos debates sobre as relações entre a instância religiosa e a instância política (ou o Estado), decorrentes do próprio fato da pluralidade confessional. E não podemos nos esquecer de que a época é globalmente trabalhada pela busca ou pela instalação de uma nova relação com a origem; nesse sentido, é herdeira tanto da Reforma quanto do humanismo renascentista, apresentando um traço constitutivo do que caracteriza mais propriamente a modernidade. Essa relação com a origem — assim como, pelo menos de modo indireto, a relação com o futuro e com o próprio presente — seria gerenciada de formas diferentes, de acordo com o ponto de vista protestante ou católico.

Sobre as controvérsias que opuseram teólogos católicos e protestantes, podemos citar, por exemplo, do lado católico, Robert Bellarmin (1542-1621, professor em Roma de 1576 a 1588 de "teologia de controvérsia") ou François Véron (?1575-1649), e, do lado protestante, John Cameron (1579-1625) ou Charles Drelincourt (1595-1669, autor de um *Abrégé des controverses ou sommaire des erreurs de l'Église romaine avec leur réfutation par des textes exprès de la Bible de Louvain* [Compêndio das controvérsias ou sumário dos erros da Igreja Romana com sua refutação por textos explícitos da Bíblia de Louvain]); podemos também lembrar os diálogos posteriores entre Jacques Bénigne Bossuet (1627-1704) e Wilhelm Gottfried Leibniz (1646-1716). Tais controvérsias se baseavam sempre na Bíblia: a lista dos escritos canônicos e dos "apócrifos" ou "deuterocanônicos" (um dos primeiros cuidados do Concílio de Trento, em 1546, seria enumerá-los), a relação entre Bíblia e tradição (descrita no concílio, na mesma data) ou entre a Bíblia e a igreja, tema que tem lugar central em todas as polêmicas e que é posto em destaque na famosa declaração de Trento: em matéria de fé e de costumes, ninguém pode se dar ao direito de interpretar a Escritura "contra o sentido que a Mãe Igreja manteve e mantém". Da mesma forma, lembremos que o *Index Romano*, publicado por Pio IV em 1564, submete a leitura da Bíblia em língua viva à aprovação prévia do bispo ou do inquisidor, após consulta ao cura da paróquia ou ao confessor, e que houve uma "Observação" de 1596, atribuída a Clemente VIII, bastante estrita: "Não se permite mais que bispos, inquisidores e superiores regulares autorizem a compra, a leitura ou a manutenção de Bíblias em língua vulgar; as ordens e os usos da Santa Inquisição romana e universal lhes suprimiram essa faculdade, de dar autorização para ler e guardar Bíblias em língua vulgar".

De modo mais detalhado, podemos dizer com François Laplanche que, do lado católico explícita ou implicitamente, é a Igreja Católica que constitui a origem absoluta; já para o protestante, o cânon judaico surge como originário, assim como o Novo Testamento, na medida em que os judeus são o povo a quem foram dados os oráculos de Deus. Assim, a Escritura é tomada em seu todo, como palavra forte e viva, palavra instituinte, mais que o discurso da própria igreja, ainda que seja ou tenha sido apostólico. Passa-se assim ao esforço de dizer e mostrar refletidamente em que essa Escritura está tecida de "marcas de divindade", mesmo se é evidente que é a igreja que as reconhece e as mantém como tais, vivendo delas, e mesmo se é sempre a igreja que, concreta e historicamente, é portadora da Escritura, apresentando-a e apontando para ela.

Antes de desenvolver um pouco mais esse *status* atribuído à Escritura — com a autoridade que lhe é reconhecida e os problemas que se seguem disso —, convém observar algo não negligenciável, sintomático e pesado quanto a suas consequências. A Bíblia se encontra aqui no centro das controvérsias. De fato, e tanto para o partido católico quanto para o protestante. Parece haver nisso um sinal de ruptura em relação a uma antiga ordem. A Bíblia não é mais o elemento de uma liturgia ou de uma celebração cultural, nem o reservatório de signos ou de imagens para a piedade ou para os artistas; ela se torna um jogo de forças central de uma busca e de um combate com vistas à legitimação. O *status* que se lhe deve reconhecer e a função que se quer transmitir a ela determinarão a instituição (e vice-versa). Em toda a exegese protestante, a Bíblia seria priorizada, lida e compreendida em função das demarcações que opera em relação aos anabatistas, espiritualistas, socinianos ou outros entusiastas, assim como, evidentemente, em relação aos "papistas".

A problemática de base é a da instituição e da legitimação; sua moldura, portanto, é de tipo histórico, com os questionamentos que suscita sobre a continuidade e a descontinuidade. Mas se os protestantes escolhem validar o texto, em sua heterogeneidade e consistência própria (letra), os católicos apontam para um "sentido místico", algo que lhes permite operar sutilmente uma desclassificação do Antigo Testamento em favor do Novo e, no mesmo passo, adotar uma teologia necessariamente eclesiológica e sacramental (se a igreja protestante seria a igreja da Bíblia, a católica seria a igreja da eucaristia). Acrescenta-se a isso que, na tradição anterior, a medieval e também a patrística, o "sentido místico" se relacionava com um itinerário espiritual de múltiplas ressonâncias, distinto da letra e aberto a partir da letra (na teoria medieval dos quatro sentidos da Escritura, os três sentidos não literais estão articulados ao sentido literal que lhes fornece uma base única e comum); esse sentido "místico" surge a partir de então mobilizado em favor de uma validação de caráter direta ou linearmente fundador: a Bíblia passa a ser considerada referência que certifica — de modo sobrenatural — a instituição eclesiástica para a qual, se corretamente compreendida, tende seu sentido último ou "plenário".

Nesse contexto, se levada a suas últimas consequências, a lógica protestante poderia conduzir a uma identificação perversa entre, de um lado, a letra da Escritura, e de outro a Palavra ou a revelação que a sustenta — identificação que se tornaria efetiva na ortodoxia estrita da época (sobretudo na obra de Franciscus Gomarus [1563-1641]; cf. tb. o *Consensus Helveticus* de 1675) e que poderia ser encontrada mais tarde nos séculos XIX e XX com o fundamentalismo, com destaque para aquele de importação norte-americana. No mesmo contexto, a lógica católica levaria à visão igualmente perversa de uma igreja como "sociedade perfeita" e contraponto social — o que não a isentou de consequências, nem em sua relação com o Estado ou a sociedade civil (cf., p. ex., sua rejeição à República ao longo do século XIX), nem, evidentemente, em seu modo de se situar em meio a demais expressões confessionais ou religiosas (cf. o rebaixamento que infligiu ao princípio dessas expressões, ao mesmo tempo em nome de uma revelação especial e em nome da razão, "natural", desde que essa razão seja corretamente conduzida...).

Voltemos ao cenário protestante. Como afirmamos, é na Bíblia que se deve aqui investir, com sua escuta, sua investigação minuciosa. Em sua própria tessitura. Na Bíblia que, no mínimo, condensa a Palavra de Deus, o único modo pelo qual o próprio Deus fala. Uma Bíblia autoatestatória.

No contexto evocado, os teólogos da ortodoxia protestante desenvolvem "provas" da divindade da Escritura (sua antiguidade em relação a todas as outras literaturas; seu efetivo poder de persuasão e sua propagação; o grau elevado de sua doutrina, com a harmonia entre ambos os Testamentos; sua correspondência com a fé vivida ou experimentada etc.). Isso porque à verdade bíblica (que não é evidente) aplicam-se raciocínios lógicos.

O apego à letra leva à valorização do hebraico, mas trata-se do hebraico como língua que teria engenhado as demais línguas humanas, superando-as pela energia concentrada em suas próprias palavras. Observemos que chegou-se mesmo a pensar que, no hebraico, os "pontos" (vogais) e a escrita "quadrada" fossem diretamente inspirados por Deus, obviamente em oposição à *Septuaginta* (versão grega) e à *Vulgata* (versão latina), quase transformadas em cânon pela ordem eclesiástica católica. Além disso, no protestantismo, o mesmo apego à letra levou à consagração de certas versões em língua vulgar, com edições que se esgotaram rapidamente. De fato, no protestantismo houve a elaboração de várias traduções segundo a diversidade das línguas nacionais (como, aliás, seria igualmente feito nos países que receberam missionários entre os séculos XIX e XX: em dois séculos, as Sociedades Bíblicas traduziriam a Escritura em mais de mil idiomas, ou seja, cinco por ano!), sem que de certa forma deixasse de ser mantida, ou até instituída, uma distância entre a Escritura originária e o cristão de hoje: a *Bíblia de Lutero* (1522-1534), a *Bíblia de Genebra* (*Bíblia de Olivetan* de 1535, revisada sob a direção de Teodoro de Beza em 1588) ou a *Authorized Version* [Versão autorizada] (*King James Version* de 1611).

Essas Bíblias foram, no mais alto grau, reconhecidamente *formadoras*. Nelas, a letra ou a escritura e seus efeitos para a piedade (incluindo seus efeitos de ordem sensível, aos quais o pietismo se mostraria atento) parecem irredutíveis à visão que é hoje, por vezes, a nossa, de uma "mensagem" estrita da qual a Bíblia não passaria de veículo. Provavelmente, isso se deve ao fato de que, na época, o panorama geral se caracterizava pela visão do ser humano como "animal religioso" (e não por uma apropriação de tipo intelectual ou moral), um "animal religioso" em quem se deve perceber e ao mesmo tempo "consolidar" ou "frear" as inclinações imaginativas, tão audaciosas quanto dispersivas.

Objeto de um exame deliberado e incansável, a Escritura, conforme foi dito, inspirou a identificação pura e simples da letra e da revelação; porém, a mesma atitude pôde igualmente levar à crítica, fosse ela, concretamente, filológica ou jurídica, atenta às relações entre os textos ou entre as instituições. Quanto a isso, vale a pena mencionar a *Philologia sacra* (1623), do luterano Salomon Glassius (1593-1656), e na França, sobretudo a partir da Academia de Saumur, os autores Cameron e Amyraut, já citados, ou Louis Cappel (1585-1658) e sua *Critica sacra* (1650).

Aqui, nós distinguiremos de modo significativo (Cappel o faz a partir da divisão tripartite judaica da Bíblia: Lei, Profetas e Escritos) a inspiração profética, que é direta ou mais ou menos extática, e a inspiração diferenciada. Além disso, enfatizaremos que os profetas não escrevem sem mediação, e que a Bíblia é, portanto, por inteiro, uma escrita diferenciada (tendo parcialmente o *status* dos Escritos) e nesse sentido é, propriamente, escritura, texto. Assim, recorre-se de modo obrigatório à gramática e à retórica. Estamos reconhecidamente em um sistema de interpretação, aqui marcado pela atenção devida tanto ao contexto e à aspiração do autor quanto aos jogos de sentido, que são diferenciados dos paralelos (e da analogia da fé) para estabelecer o conteúdo ou a "doutrina" do texto.

Nas Academias e em outros locais de formação reformada, o ensino do hebraico foi logo requisitado e adotado amplamente (porém, a Sorbonne não pôde contar com o curso de hebraico até meados do século XVIII, e o idioma permaneceria ignorado para um autor como Bossuet); por exemplo, nos países de língua francesa, nos Países Baixos, em Basileia (cf. os Buxfort, João, o Antigo [1564-1629], e João, o Jovem [1599-1664]), em Oxford ou em Cambridge etc. Podemos observar também, de modo geral, certa influência da tradição judaica da cabala. Essa proximidade entre judaísmo e protestantismo (os protestantes seriam acusados de "judaizantes" pelos católicos) ilustra e reforça o que já afirmamos sobre o *status* atribuído à Bíblia no conjunto de seu corpo escriturístico (cânon duplo e fechado). É na mesma conjuntura que os protestantes, com frequência combatentes ou perseguidos, acabariam se identificando com o povo do Antigo Testamento, vendo-se na mesma situação que os profetas que protestavam quanto à idolatria e aos reis ímpios. Veem-se submetidos à Lei (cristologicamente reinterpretada, logo mais "moral" que "cerimonial"); desenvolvem uma teologia da aliança acima de uma teologia natural; escolhem alegremente nomes dos heróis da antiga aliança para batizar seus filhos. O Antigo Testamento alimentou o imaginário protestante — com destaque para os puritanos, sobretudo no Novo Mundo.

Porém, com a ajuda do desenvolvimento da erudição, esse trabalho com o corpo da Escritura não foi empreendido sem a consciência cada vez maior quanto à alteridade cultural que o hebraico, o Antigo Testamento ou a Bíblia inteira representavam, logo sem deixar de lado a consciência de sua particularidade, historicamente determinada (não universal) e ligada a uma postura institucional (e não a uma matriz natural). Assim, apontar para "somente a Escritura" equivale a voltar-se para a história: a do texto, a do cristão-leitor. Apontar para "somente a Escritura" é entrar sem fim na interpretação, ao mesmo tempo filológica e histórica. É cavar a ruptura, então originária, em relação a Deus ou a uma homogeneidade última do ser.

A crítica foi filológica, apresentada no corpo a corpo com o texto, ao mesmo tempo que agia ou tomava consciência da história particular que o texto consolidava. Foi também, como anunciado, jurídica ou histórico-institucional. Além disso, tal como foi conduzida aqui, a primeira resultava na segunda.

Podemos evocar a crítica de tipo jurídico com Hugo Grotius (1583-1645). Sua concepção me parece função de uma consciência da particularidade da referência religiosa como tal, referência que está ligada a uma problemática da instituição, com um fundo de irredutível pluralidade (aqui, interconfessional), uma instituição e uma pluralidade que devem contar com regulação. Por isso, Grotius diferencia o político e o religioso, negando tanto que sejam considerados inspiração de Deus, de tipo profético ou carismático, quanto sua legitimação direta, e ainda menos um acordo quanto a sua legitimação. Em oposição a isso, é preciso construir uma teoria da sociedade — uma teoria política — *etsi Deus non daretur* ("como se Deus não existisse"), uma teoria articulada à temática da "paz" (diríamos hoje, talvez, do consenso), não da verdade. Essa teoria seria a de um espaço — ocupado sobretudo por um direito natural e racional — que abarca mais que qualquer realidade religiosa o faria, enquadrando, portanto, essa realidade ao mesmo tempo que lhe permite o desdobramento, a expressão e a regulação.

Para Grotius e outros autores, tal perspectiva deve se impor a fim de pôr termo a todo entusiasmo profético de tipo milenarista ou apocalíptico. A Inglaterra de meados do século XVII, antes do advento da tolerância, conheceu de modo particular esses entusiasmos, e a França os conheceria também, sobretudo logo após a Revogação do Edito de Nantes em 1685 (Bayle os combateria). Sabemos que tais movimentos já tinham acompanhado a Reforma em seus primórdios, principalmente sob a forma do anabatismo, com alguma continuidade. Na época de que tratamos aqui, os pensadores protestantes se opuseram a isso, ao chamar à ordem o direito natural ou frisar (como seria o caso na maior parte da doutrina reformada no século XVII) que, embora a graça tenha vindo para a cura de uma natureza decaída, essa natureza não é substituída. A distinção entre Lei e Evangelho vai necessariamente no mesmo sentido, tal como pensada na perspectiva luterana, com suas relações não harmonizadas ao Deus redentor, de um lado, e o Deus criador e providencial do outro (como "a mão direita" e a "mão esquerda"). De ambos os lados, temos que o Estado é necessário (relacionado a uma doutrina da criação) e deve ser respeitado como tal, seja católico, seja pagão, seja muçulmano.

A perspectiva evocada — calvinista ou luterana — diferencia-se das posições do teólogo batista Roger Williams (?1603/04-1684), por exemplo. Williams sustentava que, com base da "Lei nova", não poderíamos reconhecer outra coisa além da livre associação dos cristãos, diretamente instituída por Deus e diretamente orientada sobre seu Reino. É a esse "biblicismo", tanto em relação a suas origens quanto a seus fins — um biblicismo ligado a um presente que foi de repente desistoricizado —, que se devem opor uma bem compreendida priorização da Escritura por parte dos reformadores (a letra em sua exterioridade e em sua consistência, ao mesmo tempo específica e ampliada), e as reflexões dos teólogos mais importantes do protestantismo, ligados, no século XVII, a uma doutrina da criação, assim como, em paralelo, os pensadores de um direito natural que permitam articular, para fazer diferença, a incontornável pluralidade da expressão confessional ou religiosa.

Pierre Gisel

4. Nascimento e desenvolvimento do método histórico-crítico (do Iluminismo até o início do século XX)

O método histórico-crítico é, sem dúvida, a expressão por excelência do modo protestante de leitura da Bíblia na modernidade. Esse método conhece uma ascensão durante o século do Iluminismo, desenvolvendo-se e atingindo seu apogeu na crítica liberal alemã do século XIX (Ferdinand Christian Baur, David Friedrich Strauß, Adolf [von] Harnack, Ernst Troeltsch, William Wrede, Albert Schweitzer). Sempre ampliado e readaptado, tornou-se, na segunda metade do século XX, das mais variadas confissões, a ferramenta metodológica comum aos exegetas que praticam um trabalho de nível científico. No entanto, ao mesmo tempo que se impõe no plano ecumênico, perde o monopólio que antes possuía na exegese acadêmica para abrir espaço a uma situação de pluralismo metodológico.

Esse recuo do método histórico-crítico em favor do pluralismo pode ser explicado por três causas. Primeira, o rápido desenvolvimento das ciências humanas resultou na adoção de novos procedimentos de análise, entre os quais é preciso citar a socioexegese, a psicoexegese, a semiótica e a narratologia. Em seguida, as correntes mais influentes do pensamento contemporâneo originaram novos paradigmas hermenêuticos: leitura materialista da Bíblia, exegese com base na teologia da libertação, exegese feminista, exegese contextual. Finalmente, a situação teológica atual deu espaço a novas perspectivas: exegese com base em uma concepção sintética da teologia bíblica (p. ex., a escola de Tübingen, com destaque para Hartmut Gese e Peter Stuhlmacher), exegese cristã ligada à tradição judaica (p. ex., Peter von Osten-Sacken e a revista *Judaica*), afirmação de uma exegese ligada à tradição evangélica (p. ex., Frederick Fyvie Bruce e George Eldon Ladd, e as séries *The New International Commentary on the New Testament* ou o *Word Biblical Commentary*).

De modo geral, podemos afirmar que o objetivo do método histórico-crítico é estabelecer o sentido primeiro de um texto em detrimento de qualquer outro. Por sentido primeiro de um texto, é necessário compreender o sentido que esse texto trazia em seu contexto de comunicação inicial. O estabelecimento do sentido primeiro é conduzido segundo uma metodologia que se quer científica e regulada por uma deontologia que encontra suas fontes no humanismo iluminista. A dimensão polêmica do projeto é evidente: a interpretação da Escritura é arrancada do poder da igreja, sendo a partir de então apanágio de uma leitura que se quer autônoma, racional e crítica.

4.1. Pressupostos filosóficos

De um ponto de vista epistemológico, o método histórico-crítico é um dos frutos da tradição humanista e racionalista que se consolidou ao longo do século XVIII, solidificando-se e desenvolvendo-se no meio universitário europeu do século XIX. Nesse sentido, o método histórico-crítico se baseia em três grandes pressupostos. O primeiro diz respeito ao conceito de razão e pode ser formulado da seguinte maneira: como instância autônoma e normativa, a razão é o instrumento de investigação da história e do pensamento humanos. O segundo pressuposto diz respeito ao conceito de realidade: a realidade presente é um dado que, em sua totalidade, está acessível ao sujeito conhecedor e que, em matéria de história, permite reconstruir o passado por analogia. O terceiro pressuposto toca na questão da definição do conceito de história: a história é um parâmetro temporal homogêneo que designa o passado, cujas diferentes unidades estão interligadas sob o modo analítico causal. Isso significa que apenas os fenômenos que apresentam alguma analogia com nossa percepção atual da realidade podem reivindicar historicidade, e que o esquema explicativo que associa os fatos é o da causalidade.

Esses três pressupostos são, hoje, objeto de intensas discussões, que poderiam ser resumidas nos termos seguintes: em que sentido e sob que condições a razão pode ser um instrumento adequado do conhecimento do passado? Seria legítimo que nossa concepção da realidade se torne o modelo analógico e o critério de reconstrução do passado? Seria, enfim, admissível reivindicar um conceito de história que aborde de modo estrito o passado, sem desembocar no presente e sem se abrir para o futuro?

4.2. Princípios do método

De modo esquemático, podemos contar sete princípios dos procedimentos do método histórico-crítico:

a) O texto bíblico perde seu *status de texto sagrado*. Passa a ser comparável a qualquer outro texto da literatura mundial, devendo ser lido segundo os métodos em uso nas ciências literárias e históricas (axioma de Johann Salomo Semler).

b) Os métodos trabalhados pelo método histórico-crítico são *emprestados*. Provêm das ciências literárias e históricas, desprovidas de um caráter teológico específico. Qualquer especialização do instrumento metodológico resulta de uma consideração mais apurada das características literárias e teológicas do texto a ser estudado, mas de nenhum modo de um *a priori* teológico que pretenda orientar e disciplinar a leitura.

c) A pesquisa histórico-crítica é guiada pela preocupação com o estabelecimento da *verdade histórica*. Trata-se sobretudo de estabelecer (e, se necessário, contra a tradição) o sentido inicial dos textos. Trata-se, em seguida, de julgar a plausibilidade — na ordem do conhecimento histórico — dos resultados obtidos (p. ex.: teria Jesus se enganado ao anunciar que o fim do mundo estava próximo?).

d) Para que seu trabalho seja de *nível científico*, o método histórico-crítico deve satisfazer as quatro condições seguintes: delimitar com precisão o campo de observação; fornecer uma clara descrição dos procedimentos de análise empregados no trabalho analítico, com a discussão do método, tanto para que se faça diferença entre pressuposto e preconceito quanto para que se descubram os limites do instrumento proposto; o método utilizado deve se adequar ao objeto estudado; o trabalho conduzido segundo as regras do método histórico-crítico deve ser verificável. Nesse sentido, convém que toda análise possa ser repetida. Assim, a mesma análise empregada em um ponto segundo o mesmo método deve chegar ao mesmo resultado.

e) No campo do trabalho histórico-crítico, o consenso é constituído pela *via discursiva*. A solidez da argumentação e sua clareza são fundamentais. O lugar em que é estabelecido esse consenso é o auditório universal, ou seja, a comunidade das mentes que segue essa regra na elaboração do saber. Argumentos de autoridade e convicções *a priori* não podem ser levados em consideração.

f) O método histórico-crítico, justamente por ter a pretensão de ser científico, deve ser *aberto*. Essa abertura se manifesta de duas formas: desde suas origens, empregou procedimentos de análises diversificadas; ao longo de sua história, desenvolveu e alargou constantemente seus meios de investigação. Para sustentar essa tese, observemos que, se a filologia constitui o ponto de partida do método histórico-crítico, desde o final do século XVIII e durante todo o século XIX, acrescentam-se à investigação filológica a crítica textual, a crítica dita literária (busca das fontes) e a crítica histórica propriamente dita (confiabilidade histórica dos documentos). O final do século XIX testemunha o surgimento da escola da história das religiões, enquanto o século XX se caracteriza pelo surgimento da escola da história das formas, seguida da escola da história da redação, e enfim pelo aparecimento de todos os modelos de análise sincrônica.

g) O uso do método histórico-crítico resulta necessariamente em um processo de *distanciamento*. Esse distanciamento, na medida em que põe entre parênteses a dimensão da interpelação do texto, é hoje objeto de uma severa condenação, advinda ao mesmo tempo dos meios conservadores, refratários aos procedimentos críticos substanciais, e dos grupos que preferem uma leitura sem mediação. Notaremos, portanto, que o distanciamento não é um defeito que possa ser imputado ao procedimento histórico-crítico, mas, sim, a condição necessária para qualquer trabalho científico. Sem distanciar-se do objeto a ser observado, toda análise se verifica de fato impossível. Além disso, o texto bíblico reencontra seu caráter de interpelação na medida em que a análise histórico-crítica não é absolutizada, sendo apenas um momento do processo interpretativo.

4.3. Procedimentos de análise

Para estabelecer o sentido primeiro e histórico de um texto, o método histórico-crítico se utiliza de diversos procedimentos.

A *crítica textual* objetiva estabelecer o texto mais próximo do suposto original. Até o início do século XIX, o trabalho consistiu essencialmente na coleta dos manuscritos mais antigos, um esforço que se seguiu durante todo o século XIX. A esse trabalho de documentação acrescentou-se um importante labor crítico visando a distinguir os diferentes estados do texto (classificação cronológica dos manuscritos). O resultado mais marcante dessas pesquisas consistiu na publicação das grandes edições científicas do Antigo Testamento (Benjamin Kennicott, Christian David Ginsburg, Rudolf Kittel) e do Novo Testamento (Konstantin von Tischendorf, Brooke Foss Westcott e Fenton John Anthony Hort, Eberhard Nestle, Kurt Aland).

Os esforços da *crítica literária* objetivam a determinação das fontes utilizadas em dado texto. Se a pesquisa veterotestamentária se interessou em particular na questão das fontes do Pentateuco (Édouard Reuss, Karl Heinrich Graf e Julius Wellhausen), o foco da crítica literária neotestamentária consistiu no estabelecimento das fontes dos evangelhos, mais especificamente na questão sinóptica. A teoria dita "das duas fontes" (1863) apontou para os resultados dessa pesquisa e foi um feito de Heinrich Julius Holtzmann. Na mesma visão, é importante citar os trabalhos de Julius Wellhausen sobre os Sinópticos.

A *história das tradições religiosas e do ambiente* mostra as raízes culturais e religiosas das representações e das tradições retomadas nos textos. Esse tipo de investigação foi empreendido no final do século XIX pela escola da história das religiões (Albert Eichhorn, Wilhelm Bousset, Johannes Weiß, William Wrede, Paul Wernle, que se conheceram todos em Göttingen, constituíram o grupo fundador ao qual se uniram mais tarde Wilhelm Heitmüller e Hugo Greßmann). De início, a escola da história das religiões esforçou-se para apresentar os primórdios do cristianismo como um caso particular da religiosidade do mundo helênico. No início do século XX, Paul Billerbeck e Adolf Schlatter tomaram o partido inverso, tentando mostrar que a época de início do cristianismo precisava ser compreendida no âmbito do Antigo Testamento e do judaísmo tardio. O famoso dicionário de Gerhard Kittel, *Theologisches Wörterbuch zum Neuen Testament*, publicado entre 1933 e 1979, defendeu a mesma ideia, pelo menos em seus primeiros tomos. Após a Segunda Guerra Mundial, duas importantes descobertas arqueológicas renovaram as informações disponíveis sobre o mundo do Novo Testamento: os manuscritos de Qumran e a biblioteca de Nag Hammadi (Alto Egito).

A *história da tradição* reconstitui os diferentes estágios por que passou a tradição antes de ser fixada em definitivo no texto. A ela se correlaciona a *história das formas*, que descreve os modelos de construção e operação da unidade literária, assim como o meio em que está inserida. Em relação ao Novo Testamento, a história das formas e da tradição surge após a Primeira Guerra Mundial. Seus três grandes pioneiros foram Rudolf Bultmann, Martin Dibelius e Karl Ludwig Schmidt.

Finalmente, o *estudo dos conceitos* tenta estabelecer, por meio de pesquisas diacrônicas e sincrônicas, o sentido preciso de um termo utilizado no texto. Aqui, o dicionário de Gerhard Kittel também é uma referência.

4.4. Deontologia

A deontologia do método histórico-crítico se caracteriza por uma ética do conhecimento própria da tradição humanista do Século das Luzes, essencialmente crítica, portadora de três valores principais.

O primeiro fator dessa deontologia é a *honestidade intelectual*, ou seja, uma postura que acolhe todo resultado obtido na pesquisa, sem excluir nenhum deles *a priori*. Essa exigência é essencialmente crítica na medida em que nega a qualquer tipo de autoridade o direito de antepor limites ao trabalho científico ou contestar de antemão sua validade.

O segundo fator da deontologia científica é a *liberdade para a pesquisa*. De forma concreta, isso significa que nenhuma questão pode ser excluída *a priori* da investigação; nenhum método já existente pode ser proibido; nenhum documento pode passar despercebido por parte do pesquisador. A liberdade reivindicada aqui para o trabalho científico é inseparável da tolerância. Implica também a aceitação da coexistência de opiniões diferentes e o inevitável risco do erro.

O terceiro fator da deontologia científica é a *exigência de racionalidade e clareza*. Assim como qualquer outra atividade humana no âmbito da cultura, o fato religioso pode ser apresentado em uma linguagem clara, com argumentação acessível à inteligência.

Jean Zumstein

5. A "teologia dialética"

Após a guerra de 1914-1918, houve importantes transformações na teologia protestante, ainda que não tenha havido abertura, a não ser por ideologização, para a apresentação de somente descontinuidades, em detrimento das continuidades igualmente verdadeiras — tanto em algumas temáticas (a história, o sujeito etc.) quanto no desejo de enfrentar a modernidade (em uma crítica então mais pesada às ilusões e às idolatrias ocultas no cerne do projeto moderno, que engendram seus fracassos e suas violências).

Essas transformações levam o nome de "teologia dialética" (ou "teologia da crise", ou ainda "Palavra"). "Dialética" remete a Kierkegaard, e não a Hegel: aos olhos dos representantes da "teologia dialética", não há um terceiro termo que permita "sintetizar" os dois antagonistas, que aqui são Deus e o homem. A "teologia dialética" é uma teologia de Deus como "totalmente outro", crítica e questionadora (contra as falsas seguranças humanas): uma "teologia da cruz" que faz apelo a um momento "escatológico" que não pode ser reduzido a aspectos humanos, históricos, emocionais, morais, religiosos.

Dentre os nomes mais fortes da teologia dita dialética, temos Karl Barth e Rudolf Bultmann. Apesar de suas inegáveis diferenças, perceptíveis desde os anos 1920 e cada vez maiores ao longo das décadas seguintes, são as figuras mais importantes para essa teologia, pois estão de acordo no essencial: concordam com o dominante espírito de ruptura em relação a seus mestres e concordam quanto ao *status* e à tarefa da pregação do evangelho ou do trabalho teológico. A "teologia dialética" remete também à emblemática inauguração do comentário *Epístola aos romanos*, de Barth (1919). Rudolf Bultmann saudou a segunda edição dessa obra (1922) com um estudo crítico surpreendente: seria de esperar que o exegeta Bultmann, educado no método histórico-crítico, condenasse o texto de Barth como o produto de um profeta ou pregador (assim como Harnack), mais que de um teólogo acadêmico. Além dessa recepção positiva a Barth, podemos citar o artigo de Bultmann *La théologie libérale et le récent mouvement théologique* [A teologia liberal e o recente movimento teológico] de 1924 (em *Foi et compréhension* [Fé e compreensão], t. I, p. 9-34).

Analisaremos primeiro a obra de Barth e em seguida apresentaremos a de Bultmann, de modo panorâmico, ao mesmo tempo que mostramos certo número de diferenças que traçam o espaço da problemática significativa que marcou a maior parte do século XX. Em oposição a Bultmann, Barth não é exegeta profissional, mas pastor, que se tornaria mais tarde professor de teologia sistemática (ou dogmática).

5.1. Karl Barth (1886-1968)

Para discernir os termos da "reviravolta teológica" em Barth, podemos trazer à baila sua controvérsia com Harnack, que o interpelou publicamente sob a forma de "Quinze questões aos desdenhosos [*Verächter*] da teologia científica entre os teólogos" (texto de Harnack e resposta de Barth, em Pierre GISEL, org. *Karl Barth. Genèse et réception de sa théologie*, Genebra, Labor et Fides, 1987, p. 107-116).

A ênfase maior do texto de Harnack é por si esclarecedora: o recurso "ao saber histórico e à reflexão crítica", obrigatório, é tipicamente oposto à "experiência" subjetiva do leitor, a uma pretensa "clareza" ou "univocidade da Bíblia", a um "entusiasmo" incontrolável sob o pretexto de "fé" ou à "fuga radical do mundo". Harnack também faz apelo à moral e à cultura, que para ele devem ser valorizadas, de um modo gradual, e não de oposição. Harnack sonda um discurso que só fala de "passagem" (é preciso sair desse lugar) ou de "paradoxo" (tal discurso só pode se tornar aliado da arbitrariedade ou da "veleidade" subjetiva).

Em suas "Quinze respostas ao professor von Harnack", Karl Barth, longe de buscar pontos convergentes ou termos para uma possível síntese, radicaliza a divergência. Trata da "revelação una de Deus", de uma operação ligada a seu "conteúdo" que deve se tornar "sujeito", de um necessário "protesto" contra este mundo, da cruz e do Deus criador, do pecado (e não de moral), de uma indiferenciação básica e de uma necessária ambivalência da cultura; em suma, de julgamento, de momento escatológico e de ser testemunha.

A oposição é clara. Retorno ortodoxo, pré-crítico e pré-moderno? Tudo isso foi dito. Algum tempo depois, houve discípulos de Barth que chegaram a cogitar nesse retorno. Mas seria um erro de perspectiva. De um modo bastante explícito, a pesquisa histórica é chamada a excluir as referências ao Jesus histórico ou a um fundamento excedente (historicamente dado e positivo). A posição de Barth em seu todo parece orientada por um diagnóstico interno sobre sua época. De resto, não só Barth recusa o "psicologismo" e o "historicismo" de seus predecessores de tipo liberal, mas também nutre animosidades contra os defensores de uma teologia dita positiva (cf., p. ex., Adolf Schlatter). No âmago de sua postura reside uma radicalização da crítica, conforme o indicaria a famosa citação no prefácio da segunda edição de seu comentário: "Para mim, os que fazem uso da crítica histórica deveriam ser mais críticos" (mais críticos que os procedimentos estritamente filológico-críticos): o texto deve ser "re-pensado". Enfim, em Barth, as referências aos modos de operação são menos buscadas entre os reformadores ou na ortodoxia protestante que em Kierkegaard e até mesmo Nietzsche.

Barth e Bultmann concordam quanto à "reviravolta teológica". Em um vocabulário que pode variar, concordam na relação entre verdade e história ou entre Deus e o homem (heterogêneos): a realidade teológica é "absoluta" e "autônoma", como escreve Bultmann no início de sua resposta ao comentário de Barth (*Le 'Römerbrief' de Barth* [A "Epístola aos romanos" de Barth], em P. GISEL, org., op. cit., p. 75-103). Assim, a fé precisa ser distinguida, em princípio, de um saber (seja um saber de realidades religiosas, seja um saber de coisas reveladas). Deus não pode ser reduzido às coisas deste mundo, permanecendo *incognito* no âmago de sua revelação; a Bíblia seria Palavra de Deus apenas indiretamente, *por meio de* um distanciamento crítico ou uma "crise", portanto *por meio de* uma relação com o Deus outro ou o exterior, do qual a Palavra pode apenas testemunhar, e *por meio de* um questionamento que se instala na intimidade (na "existencialidade").

Bultmann apresenta algumas questões que podem ser sinal de um desacordo, ainda mais aparente em retrospecto, uma ou duas gerações depois. Em primeiro lugar, são questões sobre a fé (cf. itens 4 a 6), cuja realidade lhe parece estar embebida do entusiasmo crítico de Barth. Para Bultmann, é certo que a fé está "além da visibilidade de um processo de consciência", sem deixar de ser "determinação de minha consciência", "confissão" ou "aceitação obediente da mensagem da salvação" (ou "obediência"), "laço identitário" (ainda que passe por invisibilidade e paradoxo aos olhos do mundo) e "decisão" (uma decisão efetiva e intra-histórica). É como se Bultmann quisesse confirmar o momento da fé, enquanto Barth quisesse perseguir até os recônditos mais profundos o que nomeia às vezes de "hipóstase da fé".

O segundo tipo de questões que Bultmann dirige a Barth não deixa de corresponder ao primeiro. O questionamento aqui não objetiva o leitor ou o cristão, mas, sim, a revelação ou Palavra do texto: como determiná-las e por quais meios de diferenciação? Barth radicalizaria: Jesus seria apenas "símbolo", "signo" ou "sacramento" de uma verdade "a-histórica", a do Sim de Deus em que nos reconhecemos. O mesmo vale no sentido inverso: o todo desse símbolo deve ser desdobrado em sua *encenação* e *narratividade* (Barth o faria de modo sistemático na parte IV da *Dogmatique* [Dogmática], cf. IV/1*, início do § 59 [1953], Genebra, Labor et Fides, 1966, p. 164). O cristão deve assim entrar na "analogia da fé" para que a totalidade do símbolo proposto (rigorosamente cristológico) faça sentido.

Aos olhos de Bultmann, Barth crê que Jesus seria somente "símbolo" a ser tomado em sua totalidade, assim como a Palavra seria somente, também para Barth, texto a ser tomado em sua totalidade. Ao fim de seu estudo crítico, Bultmann afirma que o apóstolo Paulo é dependente não só do "Espírito de Cristo", mas de "outros espíritos" (judeus, apocalípticos, helênicos etc.): "Nenhum homem (nem mesmo Paulo) fala somente e sempre a partir do objeto. Outros espíritos além do *pneuma Christou* falam nele" (p. 103). A resposta de Barth viria no prefácio da terceira edição do comentário, bastante clara: tudo é espírito e tudo é *littera*; "... têm *a palavra*, em todo caso, somente os 'outros' espíritos, espírito judeu, espírito do cristianismo popular, espírito helênico ou ainda outros [...]. Senão, sobre que passagem ao acaso poderíamos colocar o dedo afirmando que ali precisamente é o *pneuma Christou* que tem a palavra? Ou, de modo inverso, o espírito de Cristo seria, por acaso, um espírito suscetível de ser representado em competição *ao lado* de outros espíritos?" (*Epístola aos romanos*).

Para Barth, tanto no texto quanto nas confissões, tudo é radicalmente contingência ou facticidade, portanto cultural e histórico; e tudo é ao mesmo tempo lugar da Verdade, da Palavra ou da revelação. Para Barth, e segundo seu próprio conselho dado aos estudantes em Bonn (1935), há apenas "exegese, exegese e ainda exegese!", mas isso não o levaria à rota de uma "demitologização", como em Bultmann. Não que a Bíblia deixe de se exprimir em uma linguagem mitológica, mas sobretudo porque, em última instância, o homem está sempre inscrito no mitológico, em texturas concretas e histórias positivas, com suas analogias possíveis e imprescindíveis. Assim como, de modo irredutível, Jesus faz parte da história humana (e nisso Barth e Bultmann estão de acordo), para Barth o texto e seus mitos se correlacionam a uma história das representações, e a fé a uma história das crenças, em que o homem está irredutivelmente e por inteiro em luta com seus deuses, e em que Deus é dito criticamente, mas de modo mediado.

Pierre Gisel

5.2. Rudolf Bultmann (1884-1976)

Entre os exegetas alemães do Novo Testamento que viveram na primeira metade do século XX, Rudolf Bultmann é, sem dúvida, a figura que influenciou de modo mais profundo a história da teologia protestante. De início, é um marco em sua trajetória a participação no surgimento da "teologia dialética". Em continuidade, seu pensamento se caracterizou pela elaboração de uma teologia com base na reflexão hermenêutica, relacionada à filosofia da existência. Nesse sentido, foi decisivo seu encontro em Marburgo com o jovem Heidegger, ainda bastante influenciado por Kierkegaard e trabalhando em sua obra *Ser e tempo* (1927, Rio de Janeiro, Vozes, 2005).

Para descrever a obra de Bultmann naquilo que possui de mais específico e fecundo, convém evocar seu *projeto hermenêutico*. Na trilha de Friedrich Schleiermacher (1768-1834) e Wilhelm Dilthey (1833-1911), que foram os primeiros a construir os alicerces de uma hermenêutica dos textos históricos, Bultmann opera uma distinção entre o trabalho da crítica histórica, associado ao estabelecimento objetivo dos fatos, e a problemática propriamente hermenêutica, em que há a escuta das possibilidades de existência levadas à escrita nos textos históricos. Só compreende o texto aquele tipo de intérprete que se expõe a ele e se deixa interrogar pelas proposições de existência contidas nele. Para Bultmann, a tarefa primordial a ser atribuída à hermenêutica neotestamentária é precisamente a *compreensão* dos textos, de modo que o trabalho hermenêutico é fundamentalmente um trabalho de *interpretação*. Refletir de modo crítico sobre as condições e a consumação do ato interpretativo — esta é a contribuição consistente que Bultmann trouxe para o conhecimento neotestamentário e para a teologia.

As três questões-chave que prevaleceram ao longo das pesquisas de Bultmann são as da crítica histórica, da hermenêutica e da demitologização.

5.2.1. Bultmann e a crítica histórica

Bultmann esteve na escola dos maiores representantes da crítica histórica alemã do final do século XIX. Seus mestres eram Johannes Weiß, Wilhelm Heitmüller e Hermann Gunkel, todos eles da escola da história das religiões. A essa formação exegética, é preciso acrescentar uma rigorosa iniciação ao pensamento sistemático, sob a égide de Wilhelm Herrmann.

Por essa filiação, Bultmann é herdeiro da exegese liberal do século XIX, com que partilha ao mesmo tempo o objetivo, os procedimentos do trabalho e a deontologia (v. item 4). No entanto, Bultmann não apenas retomou a herança do método histórico-crítico; ele também melhorou o instrumento metodológico que lhe foi legado. Junto com Martin Dibelius e Karl Ludwig Schmidt, foi um dos iniciadores da escola da história da tradição e das formas. Sua obra *História da tradição sinótica* abre uma nova e decisiva via para os estudos sobre a tradição pré-evangélica, o meio que a viu nascer e as formas literárias em que se cristalizou. Essa nova abordagem teve certas consequências teológicas, por refletir, em escala neotestamentária, a reviravolta que marca o fim da teologia liberal e o início da "teologia dialética". A história das formas assinala de fato que a tradição neotestamentária é tomada por inteiro pela fé das primeiras comunidades cristãs. A fé é o ponto de partida de toda tradição, cuja característica mais importante é a dimensão do testemunho e do anúncio. Esse caráter querigmático das primeiras tradições cristãs mostra, em primeiro lugar, que a teologia cristã só pode ser pós-pascal, e implica, em segundo lugar, que o retorno ao Jesus histórico, defendido por boa parte da tradição liberal, é documentalmente impossível e, teologicamente, privado de sentido.

5.2.2. A questão hermenêutica

Bultmann não apenas lutou incansavelmente para que a busca do sentido histórico do texto fosse conduzida segundo os critérios da ciência histórica, mas discerniu com igual rigor os *limites* dessa empreitada na totalidade do processo interpretativo. O procedimento histórico-crítico não proporciona uma interpretação *integral* do texto, mas equivale a um momento do ato interpretativo. E isso por pelo menos duas razões. Em primeiro lugar, em seu próprio projeto, a exegese histórico-crítica dá origem a análises *estratificadas* e *setoriais*. Estabelecer o texto mais antigo, reconstituir as fontes de tal passagem, reinserir tal assertiva em seu contexto histórico inicial, determinar uma forma literária, esclarecer um conceito — tudo isso é necessário para uma explicação metodológica de um documento. Mas não substitui a interpretação.

Em segundo lugar, esse método é *objetivizante*: considera o passado como um *objeto* acessível à observação; sua ambição é estabelecer e formular no universo do discurso descritivo a textura histórica. Assim, instaura-se uma distância entre o texto e o intérprete, distância que impede um encontro existencial. Para Bultmann, o objetivo da interpretação do passado é justamente que esse passado se torne sentido para o hoje da história, que uma relação de compreensão seja estabelecida entre o passado e seu intérprete.

Como a exegese deve proceder para realizar esse objetivo? Convém que o discurso do texto e o discurso do intérprete estejam em uma relação de *equivalência*. Para estabelecer essa relação de equivalência, é preciso que a *intencionalidade* fundamental do texto se torne o princípio constitutivo do comentário; em outros termos, é preciso que a problemática do discurso interpretativo seja a mesma que sustém o texto. Mas justamente: qual é essa problemática fundamental do Novo Testamento? É quando deparamos com a questão do *princípio hermenêutico*. Segundo Bultmann, a problemática fundamental do Novo Testamento é a existência humana, pois, enquanto querigma, o Novo Testamento atesta e anuncia uma possibilidade precisa e concreta de existência: a existência na fé. Assim, para Bultmann, a interpretação correta do Novo Testamento — a interpretação em que a problemática do texto estrutura a interpretação — é a *interpretação existencial*, ou seja, a interpretação que coloca em evidência a compreensão da existência humana própria ao Novo Testamento. Deduzindo-se a maneira com a qual o homem compreende sua existência no Novo Testamento, a interpretação existencial confronta o leitor com uma proposta de vida que pode tornar-se a sua. O texto bíblico não é mais simplesmente explicado: torna-se igualmente apelo a uma nova compreensão de si mesmo.

5.2.3. A demitologização

A terceira grande questão que dominou o pensamento de Bultmann é a demitologização. Do que se trata? O Novo Testamento é um documento profundamente integrado a sua época, partilhando com ela uma visão de mundo (cf. as representações cosmológicas do judaísmo e do helenismo do Oriente Próximo com o avizinhamento da era cristã). Nesse sentido, utiliza-se de uma linguagem em que as esferas do humano e do divino não estão distintas: tudo o que se passa entre Deus e o homem é objetivado nas representações mundanas. O além é dito em categorias do aqui e agora, o transcendente no registro do imanente. A linguagem do Novo Testamento é assim, por inteiro, uma linguagem mitológica. Essa constatação coloca o seguinte problema: a cosmovisão inerente à linguagem mitológica e presente no Novo Testamento seria uma parte integrante da mensagem? Ou seria um modo de linguagem historicamente determinado em que a mensagem cristã se exprimiu?

Para Bultmann, a linguagem mitológica não deve ser nem sacralizada nem eliminada, mas *interpretada*. E deve ser interpretada respeitando-se sua problemática específica. Qual seria então a problemática do discurso mitológico? "O mito quer falar de uma realidade que está além da realidade objetivável, observável ou dominável, de uma realidade que tem para o homem uma importância decisiva, que significa para ele salvação ou perdição, graça ou ira, que exige respeito e obediência" ("O problema da demitologização neotestamentária", em *Crer e compreender*, São Leopoldo, Sinodal, 1987). A linguagem mitológica fala de uma realidade, mas fala de um modo inadequado. A linguagem mitológica pretende falar da *verdadeira* realidade do homem, ou seja, da realidade do homem em luta com Deus. Demitologizar o Novo Testamento seria assim questionar os textos sobre seu objetivo intencional, ou, em outros termos, retranscrever a compreensão da existência humana diante do Deus que se exprime. Nesse sentido, a demitologização é apenas a aplicação lógica da interpretação existencial à linguagem mitológica. Não é nem um epifenômeno do racionalismo nem um artifício apologético, mas a única abordagem legítima dos primeiros textos cristãos de um ponto de vista da crítica do conhecimento.

O programa de demitologização proposto por Bultmann suscitou apaixonadas discussões. Cabe aqui mencionar brevemente duas questões críticas. Em primeiro lugar, sem contestar o caráter obsoleto da cosmologia neotestamentária, seria possível simplesmente apresentar a concepção cristã primitiva da fé deixando de lado a dimensão cosmológica? Em segundo lugar, o esquema mitológico presente no Novo Testamento não deveria ser apreendido como um conjunto de imagens, um reservatório metafórico que não poderia ser abandonado, indispensável à plena expressão da mensagem neotestamentária?

Jean Zumstein

6. Situação atual e conclusões

6.1. Dos novos e diversos métodos

Evidentemente, a situação atual caracteriza-se pelo recurso a uma diversidade de métodos: semióticos, representados por nomes como Algirdas Julien Greimas, Roland Barthes ou Umberto Eco (seguido, principalmente pelo lado católico, por Jean Delorme ou Louis Panier e o Centro para a Análise do Discurso Religioso de Lyon. Para uma retomada sistemática do tema, cf. François MARTIN, *Pour une théologie de la lettre. L'inspiration des Écritures* [Para um teologia da letra: a inspiração das Escrituras], Paris, Cerf, 1996); mais ligados à literatura, Northrop Frye e Hans Frei, por exemplo; narrativos, Robert Alter, crítico literário de origem judaica, autor de *L'Art du récit biblique* [A arte do relato bíblico] (1981, Bruxelas, Lessius, 1999) e organizador, junto com Frank Kermode, da *Encyclopédie littéraire de la Bible* [Enciclopédia literária da Bíblia] (1987, Paris, Bayard, 2003), ou, de modo mais amplo, o dossiê organizado por Daniel Marguerat, *La Bible en récits. L'exégèse biblique à l'heure du lecteur* [A Bíblia em relatos: a exegese bíblica de acordo com o leitor], Genebra, *Labor et Fides*, 2003). Porém, na teologia protestante, o interesse pela narração pode ser visto em um prolongamento de um aspecto das posições adotadas por Karl Barth (cf. a referência feita anteriormente ao § 59 de sua *Dogmática*), da valorização da narração na obra de Ernst Käsemann (cf. sua famosa conferência, também de 1953, cujo tema foi "O problema do Jesus histórico") ou das declarações metodológicas de Gerhard von Rad, de 1957 (*Théologie de l'Ancien Testament* [Teologia do Antigo Testamento], t. I, Genebra, Labor et Fides, 1963, p. 111). Ainda é necessário acrescentar os intermediários constituídos por Paul Ricoeur (cf. sua atenção à textualidade, desdobrada, e ao "mundo do texto", assim como *Tempo e narrativa*, São Paulo, Papirus, 1994), Frank Kermode (cf. *The Sense of an Ending. Studies in the Theory of Fiction* [O sentido do fim: estudos em teoria daf], New York, Oxford University Press, 1967) ou, do lado católico, Jean Baptiste Metz e Harald Weinrich (cf. sua célebre defesa de uma teologia narrativa em *Concilium* 85, 1973, p. 47-59).

É também digno de nota o recurso aos métodos retóricos ou da pragmática da comunicação (Burton L. Mack), canônicos (Brevard S. Childs, James A. Sanders), sociológicos (Gerd Theissen), políticos (associados, p. ex., a diversas formas de teologia da libertação, teologias feministas ou outras teologias contextuais), psicológicos (Gerd Theissen novamente, ou trabalhos de origem católica mais afeitos a Freud, como Denis Vasse ou Françoise Dolto [cf. tb., em consonância judaica, Marie Balmary], ou afeitos a Jung, com Eugen Drewermann) ou mais deliberadamente simbólicos ou espirituais (cf. na francofonia protestante, Lytta Basset).

Mencionaremos igualmente os métodos relacionados à recepção (é também nessa vertente que situaremos a abordagem chamada *reader-response criticism* [crítica de resposta ao leitor], ou estética da recepção, com suas origens em Wolgang Iser; cf., sobretudo, Robert M. FOWLER, *Let the Reader Understand. Reader-response criticism and the Gospel of Mark* [Deixe o leitor compreender: a estética da recepção e o Evangelho de Marcos], Minneapolis, Fortress Press, 1991), a uma história dos efeitos ou a uma genealogia (cf. as "trajetórias" ou linhagens históricas que atravessam os primeiros séculos na obra de Helmut Koester e James Robinson). Convém citar também os métodos que priorizam as aculturações socioculturais ou inter-religiosas (Françoise Smyth, Thomas Römer, Ernst Axel Knauf) ou, para os primeiros séculos, a retomada do interesse nas interações com a gnose ou outros movimentos semelhantes (Jean-Daniel Dubois, Jean-Daniel Kaestli, Enrico Norelli), assim como a atenção dedicada às leituras judaicas do *Midrash* (as relações entre os primórdios do cristianismo e o judaísmo do Segundo Templo são objeto de um interesse renovado, em um diálogo com o judaísmo em, por exemplo, *Das Johannesevangelium* [O Evangelho de João], Stuttgart, Kohlhammer, t. I: *Kapitel 1-10* [2000], e t. II: *Kapitel 11-21*, 2001), de Klaus Wengst.

Esses diversos métodos podem aparentar complementaridade, propondo várias abordagens de um texto infinitamente rico, cuja leitura é sempre renovada. No entanto, de acordo com cada caso, podem ser considerados em tensão uns com os outros, mutuamente excludentes ou em contradição. Podem também, por vezes, ser mais ou menos justapostas, sem muito rigor. Da mesma forma, sua relação com o método histórico-crítico moderno (que dominou a pesquisa no século XIX e grande parte do século XX) pode ser experienciada e pensada de diversos modos: amplitude e integração para alguns, consciência de questionamentos ou de uma mudança mais evidente para outros.

Em todos os casos, pode-se perceber uma nova atenção dedicada ao *texto*, em sua própria consistência, as correlações que o atravessam e os efeitos gerados (incluindo-se as retomadas em intertextualidade, cf. Daniel MARGUERAT e Adrian CURTIS, orgs., *Intertextualités. La Bible en échos* [Intertextualidade: a Bíblia em ecos], Genebra, Labor et Fides, 2000). Pode-se também notar um novo interesse pelo conteúdo e pela função do texto em suas correlações *culturais* de modo global (o texto é visto mais diretamente como *obra* e *desdobramento* próprio, tal como ocorre na "ficção"), fruto de matrizes diversas, de trocas, de retomadas e de demarcações, em conjunto com realidades institucionais (os questionamentos de tipo inter-religioso, assim como o interesse pelos Apócrifos, fazem parte desse fenômeno, cf. as diferentes edições organizadas por François Bovon, Pierre Geoltrain, Jean-Daniel Kaestli e Marc Philonenko, entre outros). Pessoalmente, percebo que a relação entre o texto (e, portanto, sua leitura) e a história não é expandida, menos ainda suprimida, mas, sim, modificada.

Ocorre então — algo que é um ponto forte do debate contemporâneo em curso no protestantismo e uma característica central — uma confrontação do que surge através dos movimentos evocados e o método histórico-crítico em sua forma mais tradicional, tal como apresentado no item 4 deste artigo. De todo modo, o método histórico-crítico parece hoje estar sintomaticamente na berlinda, suscitando continuidade à discussão.

6.2. Questionamento do método histórico-crítico?

Como todo método ou todo movimento intelectual, o método histórico-crítico apresenta forças e fraquezas, com suas cegueiras que lhe são próprias, levando-o talvez a certas aporias. Porém, eu gostaria primeiro de explicar por que o método histórico-crítico parece não precisar de tais questionamentos (e não é necessariamente questionado) pelos novos métodos aos quais recorremos hoje. A meu ver — e para mim trata-se de uma herança protestante, problematizada e assumida —, o método histórico-crítico não deveria ser contestado na medida em que institui uma *distância* entre o texto e o leitor, quebrando assim as apropriações diretas, emotivas e pessoais demais, que todos nós experienciamos em maior ou menor proporção, e na medida em que desconstrói as visões excessivamente ideológicas, eclesiásticas etc., de que ninguém está isento. Ainda segundo o que penso, e segundo a mesma herança, o método histórico-crítico não deveria ser (e não o é necessariamente) rejeitado em troca dos métodos enumerados, na medida em que situa na *história* — e na história *geral* — o texto e sua leitura, as crenças em jogo ali e o modo com que tomam corpo.

Não se deve assim defender aqui o retorno de uma *interpelação* direta[6]. Tal reivindicação, frequente hoje em alguns meios eclesiásticos, pode ser entendida de modo positivo, mas na medida em que *decifra* e *interpreta* (e não em um retorno de qualquer jeito) tanto a legitimidade do que se expressa quanto o processo levantado contra o método histórico-crítico. A busca e a recusa que estão associadas a ele

---

[6] [NT] O autor parece, aqui, referir-se ao método gramático-histórico, sem citá-lo pelo nome.

são de fato sintomáticas, tanto no que resta a denunciar quanto no que se clama a honrar. Concretamente, a exigência de que o texto seja novamente interpelador atesta o desejo de uma leitura propriamente religiosa ou teológica, contra toda redução a um simples saber de fatos históricos, obtidos através de um trabalho histórico que colocou entre parênteses as dimensões de tipo religioso e teológico dos fatos históricos para propor, em seguida ou em paralelo, apreciações diversas (psicológica, sociológica, de crenças etc.).

Segunda observação: o método histórico-crítico, tal como praticado em geral nos meios protestantes, nem sempre está ciente do quanto sua postura, seus procedimentos e suas diferentes conclusões são simplesmente *modernos*, e até onde o são. Há nisso um questionamento crítico (ou retorno a uma reflexão) que deve ser retomado ou intensificado, ainda mais por ter estado presente nas obras dos grandes mestres protestantes do século XIX e, em parte, do século XX. Ao mesmo tempo, devemos nos interrogar criticamente sobre os laços, nem sempre conscientes, entre o método histórico-crítico, tal como levado ao protestantismo dos anos 1920 a 1970, e a aposta da "teologia dialética" (uma teologia barthiana do evento ou uma teologia bultmanniana da existência). O questionamento acerca de nossa herança recente seria paralelo ao primeiro, na medida em que a "teologia dialética" representou, em primeiro lugar, intencionalmente ou não, uma consagração da modernidade: por uma independência das ordens do saber e do crer, a dimensão teológica se viu dobrada sobre o momento da fé, enquanto a modernidade não era o objeto de uma crítica levada a cabo em seu próprio território. De uma hora para a outra, a leitura da Bíblia (assim como, de modo mais amplo, do passado cristão) não era mais o objeto de um corpo a corpo com uma história efetiva, desdobrada na cultura e no tempo, inscrita nas realidades antropológicas e sociais, além de suas diversas realizações (cf. sobre isso certa retomada de interesse, no cerne da exegese contemporânea, pela escola da história das religiões ou os trabalhos de Klaus Berger, p. ex.).

Além dos pontos citados, talvez seja preciso afirmar que não há leitura bíblica responsável sem uma *história da exegese*, e que esta se correlaciona com uma história mais ampla da *cultura* e da *teologia*. Passar pela história da disciplina é algo requerido de todos, representando um modo de situar-se historicamente. Não se rompe com um gesto obrigatoriamente inscrito no cerne do método histórico-crítico, mas infunde-se nele, claramente, algumas modalidades. De modo concreto, a exegese pode ganhar ao não mais se apresentar como quem simplesmente adere à razão contra a tradição, nem imaginar-se evoluindo em uma ordem autônoma, separada e autocentrada, diante de um dogma que seria também autônomo, separado e autocentrado.

Há muitos modos de delimitar e descrever as aporias do método histórico-crítico, desenvolvido de acordo com seu modelo clássico. Tomarei aqui como princípio sua ambição de estabelecer ou reencontrar um *sentido primeiro* do texto (ou, conforme às vezes se diz, verdade histórica, sentido originário, momento fundador etc.). Essa ambição me parece, de fato, central e típica, *a fortiori* em contexto protestante.

Deixemos de lado o desejo de voltar a um sentido primeiro que estaria aquém do texto, principalmente à pessoa ou às palavras de Jesus. A empreitada, como sabemos, é impossível; cada um conta "cientificamente" seu Jesus, e a totalidade das "vidas de Jesus" é uma bela ilustração das apostas religiosas, humanas e teológicas, até mesmo antiteológicas, da humanidade em dado momento (para uma revisão das pesquisas sobre Jesus, cf. Daniel MARGUERAT, Enrico NORELLI e Jean-Michel POFFET, orgs., *Jésus de Nazareth. Nouvelles approches d'une énigme* [Jesus de Nazaré: novas abordagens a um enigma] [1998], Genebra, Labor et Fides, 2003, e o verbete "Jesus (imagens de)" desta enciclopédia, itens 1 e 5); além disso, os textos bíblicos são profundamente orientados por outros "interesses". A tarefa parece também ilegítima sob a perspectiva cristã (somente o texto escriturístico é "canônico"), e parte do protestantismo o ratificou de modo particular, devendo reencontrar nisso (e repensar) sua verdade (o cristão se remete à Escritura, em sua pluralidade *organizada* e *fechada*, e, em um corpo a corpo, ao testemunho *humano* que ela cristaliza e a Deus irredutivelmente *transcendente* que ela mostra de modo indireto). Além disso, Jesus não poderia ser visto ou pensado como divino, vindo de modo mais ou menos linear ou unívoco de Deus. Ele pôde enganar-se, sua vida

6.3. Valorizar o momento do texto como consolidação própria à origem de uma recepção

Aliada a muito do que é dito por trás dos novos métodos a que recorremos hoje, percebo que há a valorização do momento do *texto*. É quando aspiramos àquilo que está no cerne da Reforma, contestando toda relação direta com Deus (relação que se presta somente a legitimações, logo Lei ou ídolo): é quando o texto se apresenta em sua opacidade, em sua própria consistência — o corpo das Escrituras —, a ser decifrado e examinado de perto, para que sua substância ressoe, com as metáforas e os jogos de referências que fazem parte de sua tessitura. É preciso notar que tratamos aqui do texto canônico — constituído, como sabemos, de múltiplos traços e fontes —, onde o que se afigura historicamente secundário em relação a versões anteriores (considerando-se seus retoques, ajustes e mudanças gerais) não poderia de modo algum ser, só por isso, desvalorizado teológica ou espiritualmente em relação a um "sentido primeiro".

Valorizar o texto é valorizar o mundo que ele "abre" (Paul Ricoeur) e saber, portanto, que não há acesso direto à verdade, seja a de Deus, evidentemente, seja, em paralelo, a do mundo ou de si mesmo. É preciso acessar a verdade *por meio de* uma experiência e um aprofundamento singulares, que fazem eco aos textos e a suas evocações. Valorizar o momento do texto é saber que não há um dizer direto da verdade, mas somente *através de* uma expressão que vive de um momento de instauração e de um alvo além de si mesma. No texto, está sempre em jogo um dizer que ultrapassa (e é mais que) os fatos (mesmo quando esse dizer se refere ao real). É quanto estamos na ordem simbólica ou figurativa.

Valorizar o texto, enfim, é privilegiar o momento de uma *consumação* (a leitura do católico Paul Beauchamp é instrutiva aqui): por sua particularidade, sua expressão contingente e a intriga que encena, o texto é fechado. Biblicamente, o texto se dá como desdobramento, indo de um Gênesis a um Apocalipse, servindo a uma verdade que se cristaliza na figura cristológica de um Nome que reúne em si mesmo toda a criação: *testemunha* por excelência e senhorio *oculto*. O texto deixa entrever assim uma consumação, remetendo a um Deus que faz ressaltar nossas histórias de um modo sempre renovadoramente crítico e instaurador, em vez de apenas "fundá-las" ou "legitimá-las". Dessa forma, o texto faz apelo ao evento de figuras encarnadas e finitas, singulares e pessoais, em histórias, portanto, em diferença. Em minha opinião, essa perspectiva honra o ato protestante (somente a Escritura como referência; transcendência de Deus; singularidade intramundana e histórica do advento do cristianismo), ao mesmo tempo que corrige o que poderia haver de redutor ou secretamente sectário, ou simplesmente "fideísta", na ênfase do "somente a Escritura", do "ponto alto do texto" ou da "mensagem profética".

Junto a essa valorização do momento textual, há a reflexão acerca da *leitura*, a *recepção* ou os *efeitos do texto*, compartilhando algo com as buscas e os deslocamentos contemporâneos. Não poderíamos dar conta da Bíblia fora dessas dimensões. Deve ser lembrado que, nos procedimentos clássicos do método histórico-crítico, tais dimensões haviam sido em grande parte marginalizadas (mas estão presentes, p. ex., no recente comentário ecumênico *Evangelisch Katholischer Kommentar*). Não há exegese que não esteja em uma inserção histórica; e determinar o tamanho dessa tarefa implica um trabalho genealógico relativo justamente à leitura passada ou à recepção do texto (leitura e recepção sempre relacionadas a dada sincronia). No método histórico-crítico, pensava-se poder fazer "tábula rasa" e romper com as doutrinas e os dogmas herdados. No entanto, todo presente — ainda que seja moderno, racionalmente controlado e eclesialmente liberado — é e permanece inscrito em realidades que têm suas faces irredutivelmente religiosas, ideológicas e institucionais (além de serem marcadas por textos e pela intertextualidade). Ninguém está isento disso, e não basta reconhecer que temos uma "pré-compreensão" do texto sob a forma de um interesse pessoal ou existencial (Bultmann). A não neutralidade do leitor é material, apresentando formas irredutivelmente determinadas e historicamente marcadas.

Encetar uma reflexão sobre o polo da recepção como parte interessada e necessária da exegese textual me parece conduzir à visão de que a leitura não é somente "apropriadora", mas também *criadora*. O sentido nos chega em uma forma sempre nova quando estamos inscritos no cerne de nosso tempo e em luta com o mundo. O sentido nos chega quando trabalhamos juntos o próprio texto, a história de sua recepção e nosso próprio presente (com suas matrizes culturais e os desafios que levantam, os sofrimentos ou as esperanças que guardam, além das nossas experiências nesse cenário); e o sentido teológico do texto surge quando trabalhamos essas três ordens de realidade diante de Deus, que não está associado a nenhuma delas mais que a outra, mas que pode ser dito, indiretamente, através do próprio trabalho mencionado.

Com tudo isso, talvez o leitor imagine que as perspectivas aqui esboçadas podem ser encaradas como radicalização de uma leitura ao mesmo tempo *crítica* e *histórica*. A inserção histórica surge, de fato, radicalizada. Primeiro, porque não é mais somente a leitura que é mantida por um procedimento sempre imperfeito e acabado: o texto e a fé são ambos imperfeitos e acabados, até mesmo ambivalentes, como o é toda referência ou todo momento de autoridade reconhecida (enquanto a modernidade costuma se alimentar secretamente do sonho de uma referência que possa escapar a essa condição, seja ela natural, seja racional, seja ideal ou outra coisa). Em seguida, porque nosso momento presente, como todo presente, está também inscrito em uma perspectiva histórica e crítica que faz surgir tanto suas heranças quanto as diferentes matrizes que delineiam suas formas (enquanto a modernidade se alimentava do pensamento de que o presente equivalia à ruptura com toda tradição, e ainda sob o controle possível de um sujeito racional e responsável). E enfim, tanto o texto quanto a leitura, em vez de referenciar-se a uma ordem que se diga específica da fé ou aos dados de uma mensagem mais ou menos suplementar, estão aqui reinscritos de modo intencional na ordem mais amplamente humana das associações e das representações, dos debates institucionais, ideológicos e religiosos que pertencem a todos. Assim, não se poderá ecoar o texto sem que sejam levadas em consideração e valorizadas as formas e as estruturas dadas e a ser dadas ao mundo e à existência, assim como o que é próprio ao crer (sua condição, suas formas mutantes etc.).

O protestantismo considerou a Bíblia como um objeto inscrito na história e na cultura de todos, aberto à leitura e ao debate públicos; o mesmo protestantismo poderá conduzir assim a considerar o crer (o fato espiritual e a instância teológica que se associa a ele) como um dado também inscrito na história e na cultura de todos, aberto à apreciação e ao debate públicos.

Pierre Gisel

▶ BAYER, Oswald, *Autorität und Kritik. Zu Hermeneutik und Wissenschaftstheorie*, Tübingen, Mohr, 1991; BERGER, Klaus, *Exegese des Neuen Testaments* (1977), Heidelberg, Quelle und Meyer, 1991; Idem, *Hermeneutik des Neuen Testaments*, Gütersloh, Mohn, 1988; Idem, *Exegese und Philosophie* [Exegese e filosofia], Stuttgart, Katholisches Bibelwerk, 1986; BULTMANN, Rudolf, *Foi et compréhension* (1933-1965), 2 vols., Paris, Seuil, 1969-1970; CHILDS, Brevard S., *Biblical Theology of the Old and New Testaments. Theological Reflection on the Christian Bible*, Londres, SCM Press, 1992; EBELING, Gerhard, *Die Bedeutung der historisch-kritischen Methode für die protestantische Theologie und Kirsche* (1950), em *Wort und Glaube*, t. I, Tübingen, Mohr, 1960, p. 1-49; ESLIN, Jean-Claude e CORNU, Catherine, orgs., *La Bible, 2000 ans de lectures*, Paris, Desclée de Brouwer, 2003; FATIO, Olivier e FRAENKEL, Pierre, orgs., *Histoire de l'exégèse au XVIe siècle*, Genebra, Droz, 1978; GISEL, Pierre, *Croyance incarnée. Tradition, Écriture, canon, dogme*, Genebra, Labor et Fides, 1986; Idem, "Esprit et Écriture. Ou comment dépasser certains héritages protestants", *Hokhma* 37, 1988, p. 25-42; Idem, "De quelques déplacements dans le champ exégétique. Regard d'un théologien", em *Naissance de la méthode critique. Colloque du centenaire de l'École biblique et archéologique française de Jérusalem*, Paris, Cerf, 1992, p. 255-263; Idem, *La théologie face aux sciences religieuses. Différences et interactions*, Genebra, Labor et Fides, 1999, p. 215-238; GUSDORF, Georges, *Les origines de l'herméneutique*, Paris, Payot, 1988; KANNENGIESSER, Charles, org., *Bible de tous les temps*, Paris, Beauchesne, t. V: *Le temps des Réformes et la Bible*, 1989, t. VI: *Le Grand Siècle et la Bible*, 1989, t. VII: *Le siècle des Lumières et la Bible*, 1986, t. VIII: *Le monde contemporain et la Bible*, 1985; KRAEGE, Jean-Denis, *L'Écriture seule. Pour une lecture dogmatique de la Bible: l'exemple de Luther et Barth*, Genebra, Labor et Fides, 1995; LAPLANCHE, François, *L'Écriture, le sacré et l'histoire. Érudits et politiques protestants devant la Bible en France au XVIIe siècle*, Amsterdã-Maarssen, APA-Holland University Press, 1986; Idem, *La Bible en France entre mythe et critique (XVIe-XIXe siècle)*, Paris, Albin Michel, 1994; MARGUERAT, Daniel e BOURQUIN, Yvan, *La Bible se raconte. Initiation à l'analyse narrative. [Pour lire les récits bibliques]* (1988), Paris-Genebra-Montreal, Cerf-Labor et Fides-Novalis, 2002; MILLET, Olivier, *Calvin et la dynamique de la Parole*, Paris, Champion, 1992; Idem e ROBERT, Philippe de, *Culture biblique*, Paris, PUF, 2001; PARMENTIER, Elisabeth, *L'Écriture vive. Interprétations chrétiennes de la Bible*, Genebra, Labor et Fides, 2004; RICOEUR, Paul, *Le conflit des interprétations. Essais d'herméneutique* (1969),

Paris, Seuil, 1993; Idem, *Du texte à l'action. Essais d'herméneutique II*, Paris, Seuil, 1986; Idem, *Lectures 3. Aux frontières de la philosophie*, Paris, Seuil, 1994; SCHLEIERMACHER, Friedrich, *Le statut de la théologie. Bref exposé* (1811, 1830), Paris-Genebra, Cerf-Labor et Fides, 1994; Idem, *Herméneutique*, Paris, Cerf, 1987, e Genebra, Labor et Fides, 1987; TROELTSCH, Ernst, *Histoire des religions et destin de la théologie. Oeuvres* III, Paris-Genebra, Cerf-Labor et Fides, 1996; VINCENT, Gilbert, *Exigence éthique et interprétation dans l'oeuvre de Calvin*, Genebra, Labor et Fides, 1984; Idem, *De la théorie des quatre sens de l'Écriture à l'exégèse calvinienne*, em Roland DUCRET, org., *Christianisme et modernité*, Paris, Cerf, 1990, p. 77-96; ZUMSTEIN, Jean, "L'interprétation du Nouveau Testament", em *Miettes exégétiques*, Genebra, Labor et Fides, 1991, p. 33-49; Idem, "Critique historique et critique de la connaissance", em Joseph DORÉ e Christoph THEOBALD, orgs., *Penser la foi. Recherches en théologie aujourd'hui. Mélanges offerts à Joseph Moingt*, Paris, Cerf-Assas Éditions, 1993, p. 71-79.

▶ Acomodação; Aliança Bíblica Universal; analogia da fé; biblicismo; cânon e cânon dentro do cânon; demitologização; evangelho; exegese; existencial; fundamentalismo; gêneros literários; hebraizantes cristãos; hermenêutica; **história**; historicismo; humanismo; inspiração; Jesus (vidas de); **judaísmo**; *Kulturprotestantismus*; liberalismo teológico; método histórico-crítico; mito; dialeto de Canaã; protestantismo (neo); religiões (escola da história das); revelação; "teologia dialética"; teologia evangélica; teologia feminista; inspiração da Bíblia; tradição; traduções francesas da Bíblia

BIBLIANDER, Théodore (?1504/09-1564)

Filólogo e teólogo reformado, nascido em Bischofszell (Turgóvia, Suíça) com o nome de Buchmann e morto em Zurique, Bibliander ocupou o cargo de professor de teologia que era de Zwinglio. Tornou-se conhecido por seus trabalhos de exegese e, sobretudo, de filologia oriental: junto a Leo Jud, participou de uma nova tradição latina da Bíblia (1543), publicando também uma gramática hebraica (1535-1542) e uma obra de teoria geral das línguas (*De ratione communi omnium linguarum et literarum commentarius*, Zurique, Froschauer, 1548). Sua obra mais famosa é a edição latina do *Alcorão* (*Machumetis Saracenorum principis, eiusque successorum vitae, ac doctrina, ipseque Alcoran*, Basileia, Jean Oporan, 1543), a primeira publicada no Ocidente, levada a cabo por um objetivo polêmico. Bibliander se distingue da maioria dos teólogos reformados de seu tempo por seu interesse na missão entre os pagãos.

Michel Grandjean

▶ EGLI, Emil, *Analecta reformatoria*, t. II, Zurique, Zürcher und Furrer, 1901, p. 1-144; SEGESVARY, Victor, *L'Islam et la Réforme. Étude sur l'attitude des réformateurs zurichois envers l'Islam* (1510-1550) [O Islã e a Reforma: estudo sobre a postura dos reformadores de Zurique em relação ao islã], Lausanne, L'Âge d'homme, 1977.

▶ Bullinger; **islã**; Jud; Zurique; Zwinglio

BIEDERMANN, Alois Emanuel (1819-1885)

Nascido em Bendlikon (Zurique) e morto em Zurique, Biedermann completa a maior parte de seus estudos em Basileia, em companhia de Jakob Burckhardt, entre outros. Em 1850, ocupa o cargo de professor extraordinário de Novo Testamento e se torna em 1860 professor ordinário de dogmática em Zurique. Seu primeiro livro, *Die freie Theologie* (1844), apresenta o programa que inaugura a teologia liberal de língua alemã. Sintetizando pontos do pensamento de Schleiermacher e de Hegel, Biedermann compreende a religião como "consciência de si e prática do Absoluto" (p. 43). Também fez justiça ao momento da individualidade (Schleiermacher) e à necessidade de estabelecer a verdade do objeto da religião em uma teoria especulativa do Absoluto (Hegel). Sua reflexão se origina em um diagnóstico que também é o de Strauß, com quem nutre afinidades, sobre um conflito entre a religião e a ciência moderna. Se, para Strauß, a história do dogma culmina em uma desconstrução crítica do dogma cristão, para Biedermann ela ordena à dogmática moderna que reformule especulativamente o dogma em uma metafísica do Espírito absoluto. Sua *Christliche Dogmatik* (1869) desenvolveria esse programa, inclusive reformulando a intuição fundamental de sua teoria da religião ao recorrer à psicologia. Nesse sentido, Biedermann é um dos pioneiros da psicologia da religião. Para fazer jus às consequências da crítica histórica dos evangelhos inaugurada por Baur, ele propôs a distinção entre o princípio especulativo do cristianismo (eficácia da absolutidade do Espírito na consciência de si religiosa) e a pessoa histórica que é Jesus Cristo.

Já em 1844, Biedermann enxergava com clareza que a realização prática de seu programa teológico dependia do sucesso de uma política de modernização democrática e de uma reforma nas igrejas protestantes da Suíça. Ele defendeu a primeira em seus artigos políticos e foi um agente decisivo para a implantação da segunda. Figura de proa na teologia dos *Reformer* de Zurique, lutou pela supressão do caráter obrigatório da *Segunda confissão helvética*, pela liberdade de pregação e pela participação do laicato na administração da igreja zuriquense. A política eclesiástica defendida por Biedermann contribuiu de modo único para evitar que as igrejas protestantes suíças se afastassem em definitivo das elites burguesas, intelectuais e políticas.

Jean-Marc Tétaz

▶ BIEDERMANN, Alois Emanuel, *Die freie Theologie oder Philosophie und Christenthum in Streit und Frieden*, Tübingen, Fues, 1984; Idem, *Christliche Dogmatik* (1869), 2 vols., Berlim, Reimer, 1884-1885; Idem, *Ausgewählte Vorträge und Aufsätze*, org. por Julius KRADOLFER, Berlim, Reimer, 1885; Idem, "Strauß et la théologie contemporaine" (1875), *RThPh* 15, 1882, p. 252-268; DELLSPERGER, Rudolf, *Alois Emmanuel Biedermann (1819-1885). Freie Theologie*", em Stephan LEIMGRUBER e Max SCHOCH, orgs., *Gegen die Gottvergessenheit. Schweizer Theologen in 19. und 20. Jahrhundert*, Basileia, Herder, 1990, p. 86-103; GERMANN-GEHRET, Rolf, *Alois Emanuel Biedermann (1819-1885). Eine Theodicee des gottseligen Optimismus*, Berna, Lang, 1986 (v. principalmente a bibliografia p. 217-277); GYLLENKROK, Axel, *A. Biedermann Grundlegung der Dogmatik*, Uppsala, Almqvist & Wiksell, 1943; KUHN, Thomas K., *Der junge Alois Emanuel Biedermann. Lebensweg und theologische Entwicklung bis zur "Freien Theologie" 1819-1844*, Tübingen, Mohr, 1997.

⊙ Baur; *Segunda confissão helvética*; dogmática; dogma; Hartmann; Hegel; *Kulturprotestantismus*; Lange; liberalismo teológico; **liberdade**; protestantismo (neo); **religião**; Schleiermacher; Strauß

BIÉLER, André (1914-2006)

Teólogo genebrino e doutor em história econômica, André Biéler foi pastor em Chancy, em seguida capelão da universidade, e novamente pastor em Malagnou. Ocupou *ad personam* uma cadeira de ética social nas faculdades de teologia das universidades de Lausanne e Genebra. Sua tese sobre *O pensamento econômico e social de Calvino* (1959) é uma obra fundamental. Suas demais obras sobre a ética do desenvolvimento socioeconômico e sobre os primeiros socialistas cristãos também obtiveram larga repercussão. Nas catorze teses que endereçou, em 1964, à Federação das Igrejas Protestantes da Suíça, convocou o país a questionar profundamente suas relações com os países em desenvolvimento. A "proposta Biéler" incluía, entre outros itens, a seguinte solicitação: que fossem utilizados 3% do orçamento militar para auxílio ao Terceiro Mundo. Essa proposta formou a base da Declaração de Berna (1968), assinada por milhares de suíços que se engajaram na perspectiva de um desenvolvimento solidário e se decidiram a dedicar 3% de suas rendas pessoais para a causa. A originalidade de seu pensamento ético consiste em demonstrar que ainda hoje a tradição reformada permite compreender e orientar as atividades econômicas modernas. Nesse sentido, sua trajetória intelectual se aproxima da de Arthur Rich, que assim como Biéler influenciou de modo significativo o desenvolvimento da ética social na Suíça entre 1960 e 1970.

Roland J. Campiche

▶ BIÉLER, André, *O pensamento econômico e social de Calvino*, São Paulo, Casa Editora Presbiteriana, 1990; Idem, O *humanismo social* de *Calvino*, São Paulo, Edições Oikoumene, 1970; Idem, *L'homme et la femme dans la morale calviniste. La doctrine réformée sur l'amour, le mariage, le célibat, le divorce, l'adultère et la prostitution, considérée dans son cadre historique*, Genebra, Labor et Fides, 1963; Idem, *Calvin, prophète de l'ère industrielle. Fondement et méthode de l'éthique calviniste de la société*, Genebra, Labor et Fides, 1964; Idem, *Une politique de l'espérance. De la foi aux combats pour un monde nouveau*, Genebra-Paris, Labor et Fides-Centurion, 1971; Idem, *Chrétiens et socialistes avant Marx*, Genebra, Labor et Fides, 1982.

⊙ Capitalismo; cristianismo social/socialismo cristão; Rich; socialismo religioso

BIFRUN, Jachiam (1506-1572)

Nascido e morto em Samedan (Grisons, Suíça), Bifrun encontra Zwinglio em Zurique, aos 12 anos de idade. Converte-se à Reforma, estuda direito em Paris e torna-se tabelião em

Samedan. Seria por diversas vezes *Landammann* (magistrado local) da Haute-Engadine e um protestante respeitado, durante um quarto de século, apesar das inúmeras pressões em um meio que havia permanecido fiel ao catolicismo. Quando a região se torna, enfim, reformada, sob a influência de Pietro Paolo Vergerio (1497/98-1565), em 1551, ele publica em ladino[7], o romanche da Engladine, o *Catecismo de Comander e Blasius*, adotado pelo sínodo rético. O romanche (língua que só teve sua variante escrita a partir do capitão humanista Joan Travers [1483-1563], cf. *Chianzun da la guerra dal Chastè d'Müsch*, poema épico, 1527, e do reformador Filip Gallicius [1504-1566]) surge em documentos impressos pela primeira vez em 1552. Em 1560, Bifrun edita de seu próprio bolso sua tradução do Novo Testamento, elevando assim o ladino à categoria de língua literária, apesar do ceticismo de grande parte de seus compatriotas. A Bíblia completa só seria publicada após o tormento da Guerra dos Trinta Anos, em Scuol, 1679, sobretudo sob os auspícios de Joan Pitschen Salutz (1597-1662).

Gabriel Mützenberg

▶ BIFRUN, Jachiam, *La Taefla*, Poschiavo, Landolfi, 1552 (abecedário); Idem, *Una cuorta christiauna fuorma da intraguider la giuventüna*, Poschiavo, Landolfi, 1552; Idem, *Das Neue Testament. Erste rätoromanische Übersetzung von Jakob Bifrun 1560*, Dresden, Gesellschaft für romanische Literatur, 1913 (reed. de *L'g Nuof Sainc Testamaint da nos Signor Iesu Christi*, 1560); BEZZOLA, Reto Rudolf, *Litteratura dals Rumauntschs e Ladins*, Coira, Lia Rumauntscha, 1979; FERMIN, Maria Helena Joanna, *Le vocabulaire de Bifrun dans sa traduction des quatre évangiles*, Amsterdã, Veen, 1954; MÜTZENBERG, Gabriel, *Destin de la langue et de la littérature rhéto-romanes*, Lausanne, L'Âge d'Homme, 1991; Idem, *Anthologie rhéto-romane*, Lausanne, L'Âge d'Homme, 1982.

◉ Chiampel; Gabriel; Guerra dos Trinta Anos; reto-romana (Reforma)

BILL, Jean-François (1934-2005)

Filho de um missionário da Missão Suíça na África do Sul (Igreja Evangélica Presbiteriana),

[7] [NT] Idioma da família indo-europeia, presente no leste da Suíça e no norte da Itália, com cerca de um milhão de falantes ainda hoje.

Jean-François Bill cursa teologia no país, e depois na Suíça e nos Estados Unidos, antes de exercer seu ministério na mesma igreja, onde seria moderador durante alguns anos. Foi professor e, em seguida, reitor do *Federal Theological Seminary of Southern Africa* [Seminário Teológico da África do Sul], diretor da divisão do Conselho Sul-Africano de Igrejas para a formação teológica e secretário administrativo desse mesmo conselho, além de secretário-geral da Associação das Instituições Teológicas Sul-Africanas. Após retirar-se da militância por diversas razões pessoais, trabalhou como diretor de um programa educativo para africanos no norte do país. Sob o regime do *apartheid*, que o pôs na prisão durante alguns meses em 1986, foi um dos brancos mais respeitados e amados pela população negra por suas posições corajosas, inteligentes e solidárias. Após a abolição do *apartheid*, Bill liderou o grupo *Standing for the Truth* em sua igreja, provocando uma cisão. Em 1984, a Universidade lhe conferiu o título de doutor *honoris causa*.

Klauspeter Blaser

▶ MONNIER, Nicolas, "De la bière dans les théières. Essai sur les fondements et l'avenir du partenariat missionnaire Afrique du Sud-Suisse", *Le fait missionnaire* 8, 1999.

◉ África do Sul; *apartheid*

BIOÉTICA

1. Introdução
2. Gênese, fontes e alcance da bioética
    2.1. O conceito de bioética
    2.2. Religião e medicina
    2.3. A bioética no protestantismo
    2.4. Entre natureza e técnica
3. Algumas implicações do debate bioético na visão protestante
    3.1. As novas técnicas de reprodução e seus efeitos no *status* do embrião
    3.2. O espectro da clonagem reprodutiva: "Não farás para ti filhos clonados"
    3.3. A eutanásia ativa direta e a modificação de nossa relação com a morte e a velhice
    3.4. As estratégias demográficas, a vertigem cosmopolita e a instabilidade normativa
    3.5. A problemática da vida, dos seres viventes e dos seres humanos

3.6. Entre o início e o fim da vida: por uma ética da caridade e da troca
4. Avaliação teológica
   4.1. Ambivalência da demanda bioética e a resposta teológica
   4.2. As ilusões de uma reteologização cristã da bioética
   4.3. Esperança e realismo: por uma crítica teológica da bioética

1. Introdução

É inegável que a bioética se tornou uma das áreas de proa da ética contemporânea. Isso se deve sobretudo à grande complexidade e às profundas implicações envolvidas nos ramos da biotecnologia. É algo que nos toca a todos, ainda que em geral a bioética, como conjunto de práticas e saberes, diga respeito mais diretamente a situações excepcionais — o que pode acarretar o apagamento de questões éticas, ligadas, por exemplo, à justiça social e à política (como as relações entre Norte e Sul, o desenvolvimento, a pobreza etc.). Além disso, a origem norte-americana, europeia e ocidental da bioética produziu efeitos contraditórios quanto ao *status* do discurso ético e dos pontos de vista religiosos em ambiente secular. Assim, assistimos à coexistência de duas tendências opostas: de um lado, uma laicização crescente da bioética, com o risco de certo monopólio exercido sobre a interdisciplinaridade e também da marginalização das éticas religiosas no debate; de outro, principalmente nos Estados Unidos, uma reteologização bastante reativa da ética, seja sob a forma de um retorno confessional e "não ecumênico" (a revista *Christian Bioethics* [Bioética cristã] é um bom exemplo), seja sob a forma de um reinvestimento político massivo da bioética por correntes éticas conservadoras, em geral evangélicas.

Diante dessas posições que objetivam fazer da bioética a arena de questões políticas, econômicas e religiosas que são tudo, menos desinteressadas, a ética protestante é questionada não somente quanto a suas questões bioéticas específicas, mas também, e talvez principalmente, quanto ao lugar que se reserva ao ponto de vista da fé nas transformações atuais em nossa relação com a vida, as tecnologias e a democracia.

Surgida nos Estados Unidos durante os anos 1960, a bioética se expandiu em todo o mundo. Em grande medida, seu impressionante sucesso ainda se encontra subordinado à realidade do desenvolvimento da biologia e das ciências naturais, suscitando questões quanto à justiça e à igualdade não somente entre indivíduos, mas entre povos e continentes. A alocação de recursos e de seguro (p. ex., em situações de transplante de órgãos) é um problema mundial, que ultrapassa o escopo dos sistemas de saúde regionais ou nacionais. Da mesma forma, ainda hoje a aids suscita questionamentos éticos em todos os continentes. A África, por exemplo, está em uma situação de urgência, sendo deixada de lado em nossas estratégias e em nossos debates de países privilegiados; é inegável que a política comercial da indústria farmacêutica multinacional barra o acesso dos desfavorecidos aos genéricos e às triterapias. A medicina de urgência também apresenta terríveis problemas éticos: não somente institui uma triagem (critério de urgência) de acordo com uma norma ética superior, apoiando-se sub-repticiamente na ética militar e sobre prioridades utilitaristas, mas, além disso, costuma agir como se os conflitos evidentes e contínuos entre Norte e Sul, ou países ricos e países pobres, fossem apenas um dado passageiro. Essa trágica situação no mundo de hoje está na origem das admiráveis e difíceis intervenções de todos os dias por parte das equipes de socorro, desenvolvendo-se na consciência universal. O Onze de Setembro de 2001, com seus três mil mortos, abalou nossas certezas religiosas, morais e políticas, trazendo uma nova reflexão ética sobre o terrorismo, o imperialismo americano e as injustiças mundiais. Em Sumatra e nos países asiáticos vizinhos, em 26 de dezembro de 2004, a catástrofe natural que ocasionou a morte e o desaparecimento de trezentas mil pessoas encontraria seu Voltaire para exprimir, para além da questão da teodiceia antes suscitada pelo terremoto de Lisboa, os questionamentos éticos e políticos deste nosso século XXI que ainda está engatinhando, sobre a desigualdade entre homens e mulheres, de acordo com seu local de nascimento, sua situação geográfica e geopolítica? Em vez de confinar-se em problemáticas estritamente biomédicas e de ruminar infinitamente, em um solipsismo narcisista, os paradoxos do conceito de autonomia ou de ratificar o estado cínico do poder da ciência e da medicina em expansão exponencial, uma nova bioética, crítica e cosmopolita, chegaria a refletir sobre e transformar as reais condições de justiça social, econômica e política? Fiel a sua inspiração e a seus princípios dinâmicos, uma ética protestante digna desse nome não se limitaria a uma defesa da consciência e da responsabilidade individuais; em vez de ser uma ética pequeno-burguesa fundada sobre uma "igreja de indivíduos", será uma ética social cosmopolita, inspirada em uma prática eclesiástica libertadora em escala planetária.

Por toda parte, assistimos hoje aos esforços de relativização da bioética religiosa e de sua substituição por uma bioética racional e secular. Esse movimento é paralelo ao que se pode observar nos debates éticos em geral. Porém, isso não significa que as convicções religiosas devam estar ausentes das considerações bioéticas. Na situação concreta dos hospitais e dos centros de pesquisa, como também na medicina do cotidiano, a bioética é confrontada com uma multiplicidade de pontos de vista religiosos ou filosóficos. Uma abordagem puramente argumentativa ou lógica não concederá espaço suficiente para essa pluralidade de convicções. Na França, o Comitê Consultivo Nacional de Ética compreende os representantes das "famílias espirituais", mas tem dificuldades para reconhecer a autonomia dos procedimentos éticos e o papel positivo que exercem neles as tradições ou as religiões. Por outro lado, uma abordagem somente comunitária, tal como por vezes ocorre nos Estados Unidos, corre o risco inverso, satisfazendo-se com uma mínima justaposição das convicções.

A bioética levanta numerosas questões específicas que uma massa considerável de publicações permite analisar. A delimitação temática, por exemplo, é apresentada de modo agudo e crescente (cf. G. HOTTOIS, p. 16-22). Podemos citar entre esses temas geralmente considerados parte da bioética todos os problemas associados ao início da vida (aborto, diagnóstico pré-natal e pré-implante, procriação artificial com destaque para fecundação *in vitro*, contracepção) e ao outro lado, ou seja, as questões associadas à morte e à agonia, procedimentos curativos e paliativos, eutanásia, suicídio medicamente assistido. Também não poderíamos excluir do campo da bioética, no sentido mais amplo, questões como a das drogas e dos vícios de todo tipo, da ciência eugênica e da qualidade de vida, das manipulações genéticas, das malformações congênitas, das experiências com o ser humano, dos transplantes de órgãos, dos programas de saúde, da psiquiatria, da psicocirurgia e do controle dos comportamentos, da escolha e da mudança de sexo. Ainda se contam nesse campo o sigilo médico, as relações entre a saúde e a doença, o consentimento em plena consciência por parte do paciente, os direitos do paciente, as relações entre o paciente e o médico, o respeito pela vida e o sofrimento. Acrescentam-se a tudo isso os testes em animais, a prevenção de acidentes, os cuidados com o meio ambiente e a moral sexual. Trata-se de uma área passível de estender-se praticamente ao infinito. Porém, essa elasticidade não deixa de apresentar dificuldades. Vejamos algumas delas:

a) Não conseguimos sempre perceber se a bioética se limita ao campo da ética biomédica ou se de fato é capaz de abordar o conjunto das questões "biopolíticas" associadas tanto à biotecnologia quanto à biologia.

b) Por outro lado, estender a bioética à biologia de ponta (genética, genoma, proteoma etc.) parece equivaler a afastá-la cada vez mais da realidade da medicina de todos os dias, de que nós dependemos para a grande maioria das situações e com a qual estamos em relação mais direta (como pacientes, clientes, usuários, parentes, contribuintes etc.). O retorno à "antiga" ética médica, sobretudo sob a forma de "ética clínica", ou o crescente recurso aos métodos narrativos demonstram os temores que o domínio excessivo do paradigma bioético tem suscitado.

c) A bioética se pretende interdisciplinar, mas não sabemos muito bem onde ela se situa como área do saber e campo de pesquisa. De um lado, parece objetivar uma nova maneira, menos compartimentada, de lidar com a ética ou de discutir os progressos da medicina ou das biotecnologias; porém, de outro, tornou-se um poderoso ator da reflexão ética, com o risco de monopolizar o debate, tanto intelectual quanto economicamente. Assim, de modo bastante paradoxal, devemos nos perguntar se a ascensão da bioética não significa um risco ético, em uma perspectiva mais abertamente democrática e social.

d) Embora de um modo um tanto tardio, a bioética felizmente integrou em seus princípios básicos (autonomia, justiça, caridade, não causar danos) valores éticos mais amplos como justiça, solidariedade, defesa dos mais fracos e vulneráveis. Devemos assim indagar-nos se a bioética, em vez de esgotar todas as possibilidades da ética e da moral, não deveria colocar tudo isso em perspectiva, com vistas a abrir mais espaço para dimensões sociais, econômicas e políticas da ética, tanto no nível nacional quanto no internacional.

e) A bioética sempre privilegiou a medicina e as biotecnologias, mas parece que o fez em detrimento de uma reflexão sobre a saúde em geral, sobre a saúde pública e a prevenção (toxicomanias, tabagismo, poluição, ecologia, culto ao automóvel etc.). Seria suficiente integrar essas questões na reflexão bioética, ou não deveríamos, antes, reconhecer que a bioética constitui um paradigma delimitado por seus próprios objetos, o biomédico e o biotecnológico, com suas dependências econômicas e culturais, associadas à civilização ocidental, rica, hiperdesenvolvida e privilegiada?

f) No mesmo sentido, a bioética seria tão universal quanto pretende ser? De qualquer forma, a ênfase em modelos mais culturais (bioética norte-americana e bioética latina, na definição útil embora um tanto problemática, de G. Durand) obriga a enfrentar a questão, diante do fato de que a bioética, em vez de unificada, depende de correntes de pensamento contraditórias, inclusive na ética (p. ex., as oposições entre as diferentes versões do universalismo e do comunitarismo).

g) Com frequência, a bioética precisou voltar-se para modelos estreitamente laicizantes e seculares, a fim de evitar uma implosão por conflitos religiosos e teológicos onipresentes nas áreas da medicina, da saúde e da biologia. É quando a abordagem das questões de fé e crença nem sempre parece uma tarefa simples.

2. Gênese, fontes e alcance da bioética

2.1. O conceito de bioética

A bioética moderna se desenvolveu como uma reação à medicina nazista e no rastro do Código de Nuremberg, após o surgimento de técnicas sofisticadas na medicina, com o aumento do número dos litígios devido aos escândalos (como o dos bebês vítimas da talidomida), a forte expansão do comércio de fármacos e a crescente preocupação com os direitos humanos a partir da proclamação de 1948.

O termo "bioética" foi cunhado por Van Rensselaer Potter em um famoso artigo intitulado "Bioethics: The Science of Survival" [Bioética: a ciência da sobrevivência] (*Perspectives in Biology and Medicine* 14, 1970, p. 127-153). Em seguida, a palavra surge no título de sua obra *Bioethics. Bridge to the Future* [Bioética: ponte para o futuro] (1971). Potter se interessava principalmente pelas questões concernentes à qualidade de vida, associadas a uma preocupação ecológica. Aqui, a bioética é uma combinação entre a biologia e diversas áreas humanistas de conhecimento, em vista de uma ciência que propusesse um sistema de prioridades na medicina e no meio ambiente com o objetivo de aprimorar nossas condições de sobrevida. Mais ou menos na mesma época, LeRoy Walters e outros pesquisadores utilizaram os termos "bioética" e "ética biomédica" como sinônimos para "ética médica". Andrew C. Varga estendeu a noção de bioética ao "estudo da moralidade das condutas humanas na área das ciências da vida". Por "ciências da vida", Varga entendia todas as disciplinas científicas (biologia, medicina, antropologia, sociologia) que se debruçam sobre os organismos vivos e seus processos vitais. Warren T. Reich, redator-chefe da *Encyclopaedia of Bioethics* [Enciclopédia de bioética] (cuja primeira edição remonta a 1978), partilha dessa visão mais ampla da bioética, "expressão composta das palavras gregas *bios* (vida) e *èthikè* (ética) e que pode ser definida como análise sistemática dos comportamentos humanos na área das ciências da vida e dos interesses sanitários, desde que esses comportamentos sejam abordados em função de valores e preceitos morais". Segundo Reich, as questões da bioética invadiram o pensamento contemporâneo por voltar seu foco para os pontos de desacordo mais importantes entre a tecnologia e os valores humanos fundamentais: a vida, a morte e a saúde. Da mesma forma, em *A New Dictionary of Christian Ethics* [Novo dicionário de ética cristã] (1986), James F. Childress define a bioética como "a aplicação da ética às ciências biológicas, à medicina, à saúde e a setores aparentados, assim como às medidas públicas relacionadas". A bioética se estende, portanto, muito além da simples ética médica (dos doutores e seus doentes) para incluir não só o conjunto das profissões relacionadas à medicina, à pesquisa biomédica e à pesquisa comportamental, mas também certas questões de interesse público (sem esquecer a saúde pública), além da vida animal e vegetal (D. Müller e H. Poltier, 2005; D. Müller e A.

Arz de Falco). É, portanto, um engano tratar a ética médica como uma ética individual, e a bioética como uma ética social: seria mais exato considerar a ética médica como um subconjunto da bioética, reconhecendo-se que a bioética depende em larga escala de uma concepção de ética social, econômica e política que ultrapasse os pontos de vista da medicina e da pesquisa científica.

A ética biomédica, zelosa em não deixar de lado os cuidados com a saúde, é herdeira de uma visão que torna a ética um "procedimento correto" ou a "prática correta" (*good practices*) que reflitam o código das boas maneiras e da conduta ideal que se esperam dos médicos, em nome das convenções, da respeitabilidade e da disciplina corporativa. É evidente que essa forma de ética profissional não deve ser menosprezada, pois é um dos componentes da bioética; porém, arrisca-se a reduzir os dilemas morais a questões de habilidade técnica. Além disso, está estreitamente ligada a certo paternalismo médico, respondendo mal ao progresso do saber e às sucessivas transformações tecnológicas. Contestando essa abordagem por demais pragmática e evitando as éticas religiosas tradicionais, a bioética filosófica recente recorre, nos debates, a três grandes categorias de argumentação ética: 1) a deontologia, uma teoria que é geralmente ameaçada por certo idealismo, quando frisa que a moralidade ou a imoralidade de um ato são totalmente independentes de seus efeitos; porém, é indispensável, se quisermos dar conta dos deveres e das obrigações morais dos profissionais de saúde; 2) o personalismo, que insiste nas características intencionais e relacionais dos envolvidos, sobretudo quando são profissionais de saúde; 3) o consequencialismo, com ênfase em uma ética sobre a responsabilidade, pode chegar até a assumir diversas formas de utilitarismo, a fim de garantir tanto os maiores interesses do indivíduo quanto o bem da maioria. No âmbito desse debate encontra-se o bioético Daniel Callahan, ao apontar como traço característico nos Estados Unidos (e em outros países) das duas últimas décadas a laicização da bioética, cada vez mais determinada por conceitos do direito e da filosofia. Segundo ele, esse tipo de bioética aborda temas como os direitos universais, a autodeterminação individual, a justiça procedural e demais questões fundamentais, como a do bem comum e um bem individual transcendente.

2.2. Religião e medicina

2.2.1. A visão cristã da medicina

A doença e a medicina só surgem nos textos cristãos de modo indireto, já que seus autores se preocupam mais com a salvação do ser humano e com seu comportamento que com a saúde e os meios para promovê-la.

O capítulo 38 do livro *Sirácida*, texto do judaísmo helênico pertencente à literatura sapiencial que se pode datar do século II a.C., inclui uma celebração da medicina que foi objeto de inúmeros comentários por parte de teólogos cristãos (cf., p. ex., Karl BARTH, *Dogmatique* [Dogmática] III/4** [1951], Genebra, Labor et Fides, 1965, p. 42-44; Hans Walter WOLFF, *Anthropologie de l'Ancien Testament* [Antropologia do Novo Testamento] [1973], Genebra, Labor et Fides, 1974, p. 129s). O autor se distancia da desconfiança religiosa dos judeus em relação à medicina, supostamente contrária à vontade de Deus e em geral associada à superstição e à prática da magia (cf., p. ex., 2Cr 16.12). Ao contrário de Fílon de Alexandria, *Sirácida* pede que se deem honras ao médico, pois seus serviços dependem do Deus criador, que é o único e verdadeiro agente da cura. O poder e a capacidade dos médicos, assim como dos sábios, descendem de Deus, e é através de sua atividade que a bondade divina é exercida (v. 1-8).

É impressionante a diferença entre esse texto e a perspectiva da medicina hipocrática. De modo explícito, *Sirácida* situa a medicina no âmbito da teologia: antes de revoltar-se com a doença, o doente deve invocar o Senhor; em seguida, somente então buscará os cuidados de um médico, criatura de Deus, agente mediador da vontade divina (v. 9-13). Essa revisão da ética de Hipócrates é confirmada em alguns documentos cristãos antigos, em que se recomenda proferir o Juramento de Hipócrates "sob a inteira responsabilidade do cristão". Na Idade Média, o processo culmina na inteira oposição entre duas escolas, a *schola Salvatoris*, relacionada à salvação da alma, e a *schola Hippocratis*, que privilegia a medicina (cf. Jole AGRIMI e Chiara CRISCIANI, *Charité et assistance dans la civilisation chrétienne médiévale* [Caridade e assistência na civilização cristã medieval], em Mirko D. GRMEK, org., *Histoire de la pensée médicale, I: Antiquité et Moyen Âge* [História do pensamento da medicina, I: Antiguidade e Idade Média] [1993], Paris, Seuil, 1995, p. 156).

Não que os cristãos tenham tido escrúpulos quanto a proferir juramentos solenes (Mt 5.34 não diz respeito, de modo algum, a esse princípio de juramento associado a uma profissão). Prova disso é a existência de formas cristianizadas do Juramento de Hipócrates. Quanto às divindades mencionadas pelo pai da medicina — Apolo, Esculápio, Higeia e Panaceia —, são substituídas pelo Deus de Jesus Cristo ("Louvado seja Deus, Pai de nosso Senhor Jesus Cristo, bendito para sempre; eu não minto": assim começa a versão cristã).

O *éthos* dominante não é o mesmo da versão hipocrática, honrar a profissão, mas, sim, reportar-se ao Deus vivo: logo após a menção do sigilo médico ("Aquilo que, no exercício ou fora do exercício da profissão e no convívio da sociedade, eu tiver visto ou ouvido que não seja preciso divulgar, conservarei inteiramente secreto"), o autor cristão acrescenta: "Que Deus possa me ajudar em minha vida e em minha arte!". Trata-se de uma recontextualização teológica do juramento que coloca limites à medicina e confirma a imagem de um Deus que é fonte de toda cura. Além disso, a cristianização do juramento atribui menos peso à corporação, como se a influência dos médicos pudesse contrariar o desenvolvimento mais amplo da vida humana e social. As relações entre a ética hipocrática e o cristianismo são marcadas desde então por uma tensão constitutiva. A salvação trazida pelo cristianismo reivindica o conjunto da existência pessoal e social; é inadmissível a ideia de que a medicina substitui a religião. Esse choque frontal entre dois mundos, com sua ortodoxia e seus respectivos cleros, teria uma grande repercussão, ao longo dos séculos, nas relações entre a igreja e a medicina.

Foi apenas progressivamente, e com resultados nem sempre positivos, que os cristãos, confrontados com novas questões, lançaram-se à busca por unir a perspectiva da salvação em Cristo à perspectiva da medicina. Dessa forma, a tradição cristã contribuiu para o desenvolvimento do tema do corpo e da saúde. No Novo Testamento, há ênfase somente na salvação; a saúde e a doença surgem apenas à sombra do anúncio da salvação, e o corpo é posto sob a óptica do espírito (*pneuma*). Para os pais da igreja, o tema do corpo se torna objeto de um novo escrutínio teórico e prático, relacionado não somente ao espírito, mas também à cidade e ao espaço social. Na Idade Média, a prática da medicina e da assistência social é reinterpretada no contexto de uma espiritualidade da caridade e das virtudes morais que dela decorrem.

Nas obras dos pais da igreja, a rejeição à medicina ocorria em razão de seus elementos de magia e demonologia; a atitude era de prudência e crítica. Todos os pais da igreja que se posicionam quanto à medicina e aos médicos advertem seus leitores de não confiarem somente na medicina e nos cuidados médicos apenas; mas, no final, a distinção entre saúde e salvação, correspondente à entre corpo e alma, tornou possível uma valorização da medicina, e até mesmo certa idealização, com a recristianização da arte e da ética hipocráticas (p. ex., em Jerônimo, *Carta* 52, 15). Jesus pôde ser apresentado como o grande médico das almas. A ética hipocrática teve de superar as ameaças de venalidade ligadas ao exercício da medicina; ao longo dos séculos, nascia uma nova ética, conforme observa Philippe Mudry, "professando a compaixão pelos sofrimentos alheios, a igualdade de tratamento entre ricos e pobres, a condenação do espírito do lucro. Essa deontologia, que descende do Juramento de Hipócrates e se pretende fiel a um Hipócrates idealizado, seria logo reforçada pelas contribuições trazidas pelo cristianismo, com sua mensagem de caridade. O processo culminou na caracterização da medicina como um ministério de amor" (*La déontologie médicale dans l'Antiquité grecque et romaine: mythe et réalité* [A deontologia médica na Antiguidade greco-romana: mito e realidade], *Revue médicale de la Suisse romande* [Revista de medicina da Suíça romanda], 106, 1986, p. 7).

2.2.2. A Idade Média

A Idade Média legou dois elementos decisivos à história da medicina e da ética médica: primeiro, o desenvolvimento e a consolidação do processo de cristianização através do recurso à caridade como instrumento principal de legitimação; em seguida, junto com a progressiva urbanização, a institucionalização das práticas e dos saberes médicos, principalmente com o advento dos hospícios.

A noção de caridade funcionou como um mediador entre a concepção de um Deus de amor e o engajamento concreto ao serviço dos seres humanos mais desfavorecidos. O pobre, o doente e o peregrino poderiam se reunir sob a acepção comum *infirmitas*, signo da condição natural do homem após a queda. Aqui, a doença não se opõe ao ideal inacessível de uma saúde perfeita, mas faz parte dos males inerentes a nossa condição pecadora. Compreendemos que, nesse contexto simbólico, a luta contra a *infirmitas* se correlaciona à caridade: sendo ao mesmo tempo rejeitado e eleito, o doente deve ser envolvido com o amor de Deus, que a caridade humana transporta para o plano ético e social.

Os historiadores da medicina observam que essa concepção religiosa deixava o doente em uma situação um tanto ambígua, entre o sofrimento e a culpa. Mas a ênfase na salvação da alma não contribuía para esclarecer o *status* da medicina profana. A saúde do corpo se tornava no final das contas algo relativo, secundário. O sistema de capelania dos hospitais foi em boa parte construído com base na crítica e na negação da medicina profana, cujos dolorosos fracassos eram por vezes lembrados com complacência.

Embora ainda caracterizando-se por essa cisão, o século XII marcou uma reviravolta. Entre o plano da enfermidade e o plano da caridade foram introduzidas diferenças críticas que foram pouco a pouco esclarecendo as tarefas do clero e dos médicos. Além disso, nos concílios foi enfatizada a função espiritual dos padres, com a correlativa interdição de que praticassem medicina. Isso fez com que se valorizasse sua dimensão profana.

A partir de então, desfrutando de prerrogativas científicas e profissionais mais evidentes, a classe médica pôde dispor de uma formação mais estruturada, a princípio em escolas, e depois em cursos universitários. Paralelamente ao surgimento das primeiras universidades europeias, a medicina se estrutura em um percurso institucional homogêneo, sancionada através de exames. Assim como Francisco de Assis havia liberado o "irmão corpo" do desprezo que uma espiritualidade etérea lhe concedia, a medicina obteve a condição de dom de Deus, não mais como inimiga da igreja e da fé (quanto a isso, *Sirácida* 38 é bastante citado). Assim, a época da institucionalização da medicina também foi a de seu reconhecimento financeiro: o médico não é pago por seus dons, mas, sim, como diríamos hoje, pelos custos devidos à preparação e ao material.

No entanto, a Idade Média não coincidiu com a secularização da medicina. Padres e médicos, igreja e medicina continuaram a entretecer uma relação de mútuo reconhecimento. O médico aceitava não interferir no papel espiritual do sacerdote, que, em retribuição, via na medicina uma proteção contra a magia e a superstição.

Na época, o hospital ocidental era o espaço público para o exercício obrigatório da caridade. Como demonstrou Michel Foucault, houve uma bipartição entre o espaço privado, onde se exercia o saber médico remunerado, e o espaço público, gratuito e dedicado aos mais fracos. No hospital da Idade Média, a doença era mais social que propriamente um caso para a medicina. Foi apenas no final do período que o hospital se tornou prioritariamente um local de cuidados médicos, em conformidade com o processo de laicização que se seguiu. A renovação das cidades e as grandes epidemias são fatores decisivos nessa evolução do hospital e da medicina, prefigurando as mudanças que ocorreriam no Renascimento e, em seguida, nos tempos modernos.

2.2.3. A evolução da medicina na era clássica e moderna e suas consequências para a reflexão cristã

"Na época da Reforma, a resposta espiritual para a doença e os males de todo tipo era uma abertura feita de oração e confiança somente na graça de Deus. O consolo era buscado na bondade e na justiça eterna de Deus, e não como hoje, quando se crê em certa impassibilidade estoica" (M. Faessler, no verbete "Doença" desta enciclopédia).

Um olhar sobre o pensamento de Calvino em relação ao assunto é algo que pode verificar isso. Para o reformador de Genebra, não temos poder sobre nós mesmos, mas pertencemos a Deus, somos suas criaturas, e é por isso que não nos devemos revoltar contra "as mil enfermidades que nos assediam noite e dia, umas após as outras [...]. Pelo contrário, é preciso que o homem fiel contemple, mesmo nessas coisas, a clemência de Deus e sua benignidade paterna" (*IRC* III, VII, 10). Em vez de submeter-se, como os filósofos estoicos, às contrariedades do destino, Calvino clama para que os cristãos em meio aos desafios da doença contemplem com paciência a mão de Deus, que é a única a "conduzir e governar a boa ou a má fortuna".

Essa atitude espiritual de Calvino teve inegáveis consequências práticas sobre o protestantismo. A doutrina da Providência legitimou o desenvolvimento da medicina e seu progressivo processo de autonomia; embora não se deva ignorar certa tendência contrária à medicina no protestantismo (a exemplo do que acontece com as Testemunhas de Jeová e a Ciência Cristã que por alguns são considerados protestantes mas que não passam de seitas negando o caráter divino de Cristo), é preciso admitir, concordando com o autor norte-americano Allen Verhey, que de forma geral o protestantismo acolheu positivamente a autonomia profissional da medicina.

O cirurgião francês Ambrósio Paré (1510-1590), simpático à religião reformada, resumiu sua concepção da medicina nesta famosa máxima: "Eu tratei, Deus curou", enunciando com uma impressionante clareza a consciência cristã dos poderes reais, mas limitados, da medicina, da mesma forma que a Reforma o afirmaria em meio ao humanismo e ao cientificismo da Renascença.

Na época moderna, nota-se que, apesar de afigurar-se cada vez mais conquistadora e ambiciosa, a medicina foi assaltada por uma vertiginosa insegurança durante todo esse período. Assim, no século XIX, Claude Bernard (1813-1878) inaugura na medicina uma fase totalmente nova, concluindo o processo de secularização iniciado na Renascença. Além disso, o método experimental introduziu uma falha entre a visão humanista clássica (para a qual a visão cristã não era totalmente estranha) e a visão científica do corpo e da medicina; o objeto da medicina não é mais o corpo como portador e manifestação do sujeito, mas, sim, um corpo dissecado e fragmentado. Após o surgimento da clínica, viria a revolução molecular e genética, dissociando ainda mais a explosão do saber médico e a suposta unidade do doente e da pessoa humana. Dilacerada entre sua celebração do progresso científico, muitas vezes pouco crítica, e sua preocupação pelo ser humano concreto, a fé cristã também sofreria o contragolpe de uma revolução cultural que hoje tem suas implicações e seus parâmetros muito pouco conhecidos.

A partir do século XVII, a medicina moderna afirmou claramente sua autonomia em relação a sua antiga moldura conceitual religiosa, uma recusa que, por sua vez, provocou, por parte de bom número de pensadores cristãos, uma profunda desconfiança diante de alguns desenvolvimentos da ciência moderna. Entre a medicina e a religião cristã, houve e ainda há persistentes tensões. É evidente que a medicina humana ameaçava o pensamento espiritual. Mas, além disso, a vontade de Deus pode ser cumprida por agentes humanos que, com a ajuda divina, tivessem aprendido a contribuir para os processos de cura. Uma das nefastas consequências dessa tensão foi a visão da saúde como uma esfera autônoma, uma atividade especializada que limita a medicina aos mecanismos corporais, distintos das convicções religiosas (cf. as críticas teológicas veementes de Stanley Hauerwas). Outra infeliz consequência foi a tentativa, por parte de alguns teólogos, de ressacralizar a assistência médica e promover uma concepção holística do ser humano, prometendo mais que a medicina pode cumprir. Em nossa sociedade, já é difícil controlar as esperanças que as pessoas depositam na ciência moderna; seria piorar o problema acrescentar a uma concepção já ampla demais de saúde uma justificação religiosa. Nesse sentido, o protestantismo pode colaborar bastante, dessacralizando o resíduo de magia que ainda há na medicina e estimulando uma abordagem espiritual libertadora, que respeite os saberes médicos e as responsabilidades humanas ao mesmo tempo que se mantém consciente de seus limites e suas incertezas.

2.3. A bioética no protestantismo

Somem-se a essa questão já complexa das relações históricas e contemporâneas entre religião e medicina dois elementos fundamentais: o surgimento da bioética e o papel atribuído aos pensadores cristãos que decidiram debruçar-se sobre os problemas da bioética. Em que suas convicções religiosas modificam seus procedimentos e as respostas que podem trazer a dilemas específicos? Pois, além de não se questionarem sobre a saúde e a salvação, alguns bioéticos cristãos, perdidos em uma postura de simples acompanhamento de pesquisas, arriscam-se a seguir uma agenda bioética imposta de fora, em nome da pretensa marcha do progresso, sob a pressão dupla da ciência e da mídia (para uma crítica protestante dessa tendência, cf. O. ABEL e D. MÜLLER, *La bioéthique au péril de Dieu* [A bioética sob o risco de Deus]). Mais que questionar os pressupostos fundamentais da medicina e dos cuidados médicos, esse programa bioético preestabelecido não tenderia a legitimar as práticas médicas e científicas existentes, de um modo que as questões teológicas ficassem totalmente de lado? O desenvolvimento da ética em uma disciplina autônoma confiada a especialistas e éticos profissionais é algo de menos de um século. Antigamente, a ética era parte integrante da teologia. Está claro que não como capazes de discernir as diferenças conceituais e metodológicas entre uma ética definida como cristã e outras formas de reflexão ética. Duas questões são aqui indispensáveis para prosseguir com esse debate. Primeira, a ética teológica estaria munida dos recursos necessários para chegar a seus objetivos? Segunda, os teólogos especialistas em bioética que estão munidos de métodos e conceitos apropriados podem ser compreendidos por seus interlocutores leigos nas discussões sobre a bioética?

A ética teológica cristã pode ser definida a partir de duas tradições principais da história ocidental: o catolicismo romano e o protestantismo. A teologia moral do catolicismo romano — principalmente em sua evolução mais recente, consignada na encíclica *Veritatis splendor* (1993) — parece muito marcada por uma visão rigorosa da ética deontológica, o que de fato não é de espantar, dada a forte centralização da estrutura hierárquica e da função do magistério católico. Essa teologia se distingue por um longo passado de casuística erudita. É importante notar que a teologia moral católica estabelece uma relação de igual para igual com a lei canônica, estando assim estreitamente ligada a preocupações jurídicas da igreja. Mas seus laços com a teologia doutrinal mantiveram-se bastante tênues, principalmente com as evoluções mais recentes da teologia fundamental e da teologia sistemática.

No âmbito da bioética, a abordagem protestante é, em alguns aspectos, radicalmente diversa. Desprovida de autoridade central, a ética protestante sempre foi e ainda continua a ser multiforme. A expressão "bioética protestante" não é tão cheia de significado quanto "bioética católica romana", expressão muito mais utilizada. A principal razão teológica para essa diferença se deve em grande parte à teoria da lei natural. A moral católica tende não só a se apoiar sobre uma apreciação *a priori* positiva da natureza (tanto a natureza humana quanto o meio ambiente natural em que o homem age), mas também a enfatizar a correspondência fundamental entre a natureza e a razão, crendo que a ação ética dos seres humanos deve ao mesmo tempo seguir as indicações e a finalidade da natureza (criada por Deus) e orientar-se em direção à lei divina eterna que serve de base última para a lei moral. A ética protestante, de forma geral, adota uma visão que, se não é pessimista, é muito mais realista e crítica em relação à natureza e à razão. O debate é fronteiriço à antropologia e à doutrina da salvação. O homem permanece distante de Deus e não consegue elevar-se por conta própria até ele (esta costuma ser a crítica dirigida ao catolicismo, de modo sumário, evidentemente). O protestantismo não se orienta em primeiro lugar por comportamentos pessoais, bons ou maus, dos seres humanos, mas em função do ato central da justificação, em que a ética aprofunda profundas raízes, sendo indissociável desse ato. No entanto, podemos observar tendências opostas a essa ideia em várias correntes do protestantismo e em diversas épocas: ao insistir na salvação pela fé somente e na justificação incondicional do homem por Deus, podemos perder de vista o "preço da graça" (Dietrich Bonhoeffer) e sucumbir a um fideísmo laxista, afastado de toda responsabilidade histórica concreta, de todo sentido de realidade política ou econômica e de todo interesse sincero pela ética aplicada. Isso aconteceu tanto na bioética como em muitas outras áreas da ética, como reação a uma aceitação mais ou menos generalizada, muitas vezes implícita ou sub-reptícia, de um utilitarismo em um sentido mais amplo.

Tanto na tradição quanto na vida cotidiana, a bioética protestante tem seus fundamentos básicos na Bíblia como depositária da autoridade apropriada e necessária. É sempre mais sábio começar pelos princípios mais amplos possíveis da Escritura, enunciados sob formas diversas ao longo de toda a Bíblia. No entanto, está bastante claro que o desenvolvimento teológico da bioética coincidiu com um questionamento acerca dos textos bíblicos, de sua autoridade e de sua interpretação. A ideia da unidade bíblica foi bastante contestada. Além disso, os textos bíblicos têm seus contextos específicos, que são também culturais. De modo mais simples, podemos nos indagar: quais seriam os elementos determinados por um contexto cultural e quais poderiam transcender essas marcas? Que procedimento interpretativo devemos aplicar aos fenômenos técnicos (e de outra natureza) que eram desconhecidos nos textos bíblicos?

2.4. Entre natureza e técnica

Uma das considerações mais importantes como pano de fundo para a bioética moderna diz respeito às interações entre natureza, ciência, tecnologia, domínio humano da natureza e ética para o meio ambiente. Em um ensaio bastante comentado, *Les racines historiques de notre crise écologique* (1967, em Jean-Yves GOFFI, *Le philosophe et ses animaux. Du statut éthique de l'animal* [O filósofo e seus animais: do *status* ético do animal], Nîmes, Cambon, 1994, p. 291-309), Lynn White Jr. responsabilizou o cristianismo pela postura do Ocidente diante da natureza, que a explora e degrada, tratando-a de modo mecânico e despótico. Não se pode confirmar ou desmentir essas afirmações, ainda que o tema surja constantemente na literatura cristã, como em Orígenes e em Calvino. Alguns argumentaram que o texto de Gênesis encontra seu sentido mais exato nos termos "mordomia" e "administração", certamente desprovidos de toda implicação de cupidez.

Em parte, o debate gira em torno da seguinte questão: saber se entre os seres humanos e a natureza há uma relação de fusão imanente e íntima. O ético protestante alemão Helmut Thielicke acreditava que, no seio da criação, o homem não é um ser natural como os outros. Evidentemente, pertence à ordem biológica natural; mas os demais seres naturais não possuem um senso de responsabilidade diante de Deus. "Eu evoluo no mesmo sentido que a ordem da criação, não simplesmente seguindo por meus atos a ordem da natureza, mas sobretudo tomando a decisão de obedecer a meu Criador, renunciando assim a determinar a mim mesmo em função da natureza — de modo que o postulado da ordem da criação transcende o da ordem da natureza, proibindo, portanto, toda identificação entre os dois." A abordagem de Thielicke se distingue claramente da postura contemporânea da teologia em relação ao meio ambiente, muitas vezes com uma coloração mística.

Antes de examinar alguns temas particulares da bioética, seria interessante avaliar a tendência geral das objeções que lhe são feitas e mostrar como refutá-las. Assim, o carro-chefe das acusações tradicionais é que "o modo de vida ocidental aprofunda a cisão com a natureza, que isola a espécie humana do meio de existência original do mundo criado, aumenta o dualismo entre corpo e espírito e desenvolve no âmago da vida social e política as tensões, as manipulações ou a obsessão pelo poder e pela produtividade, a expensas de valores mais humanos" (Edward LeRoy Long). Podemos objetar a esse ponto de vista geral que os seres humanos, ainda que pertençam à natureza, obtêm com a educação meios de transcendê-la. Nesse sentido, podemos considerar que a tecnologia não está obrigatoriamente oposta à natureza, apesar do que afirmam alguns. A partir disso, trata-se não tanto de rejeitar a tecnologia como força hostil ao homem, mas, sim, controlar e administrar a tecnologia. As opiniões emitidas por certas escritoras feministas costumam complicar o debate. Elas somam suas vozes a outras para alegar que a ideia de "natureza" é em si uma construção cultural e que, em consequência, a concepção do que é "natural" variou bastante ao longo da história.

3. Algumas implicações do debate bioético na visão protestante

3.1. As novas técnicas de reprodução e seus efeitos no status do embrião

As novas técnicas de reprodução se subdividem em diferentes categorias. É a essa área que poderiam pertencer, por exemplo, a inseminação artificial, a fecundação *in vitro*, a amniocentese, os transplantes e o congelamento de embriões, a ecografia, a escolha do sexo, os transplantes de gametas nas trompas de Falópio, a biópsia do vilo corial, a laparoscopia. Alguns desses procedimentos não são novos, e podemos às vezes desconfiar de sua pretensão à inovação e à modernidade; a explicação é que as tecnologias às quais se atribui novidade são mais vendáveis!

Na inseminação artificial entre casais ou através de doador, o esperma é obtido por masturbação — que a tradição católica considera imoral, já que trairia e banalizaria o objetivo primeiro do ato sexual, a saber, a procriação. Assim, sob a óptica da lei natural, a masturbação vai "contra a natureza". A referência do

Antigo Testamento a Onã (Gn 38.9), que desperdiçava seu sêmen no chão, é o argumento mais importante na defesa dessa tese[8]. Thielicke rebatia afirmando que a posição católica era insustentável, visto que se fundava "sobre uma doutrina de obras teologicamente desprovida de base [...], pelo menos após a Reforma, para a qual um 'ato' nunca é meritório ou condenável *em si*, mas por causa das disposições da pessoa em relação a Deus e a intenção ou objetivo visados com tal ato".

Outro problema ligado à inseminação artificial através de doador e à fecundação *in vitro* são as consequências da doação. Aqui, os argumentos não correspondem exatamente à polaridade entre catolicismo e protestantismo. Um exemplo britânico é bastante eloquente. Em 1959, um *memorandum* da Igreja Anglicana sugeria que a "inseminação artificial por doação de esperma implica um atentado ao casamento, pela violação dos laços exclusivos entre marido e mulher". Em 1948, Geoffrey Fischer, na época arcebispo de Cantuária, já havia afirmado categoricamente que a inseminação artificial por doação era um ato adúltero. Demais anglicanos sustentam, ao contrário, que "é possível, para o casal, considerar em boa consciência que o esperma de um terceiro não integra nenhum elemento estranho na relação entre os cônjuges e não implica a mesma corrupção que uma relação física". É preciso dizer, para apoiar essa tese, que o adultério se define necessariamente como a infidelidade com relações sexuais, dois elementos que em geral estão ausentes na doação. Por outro lado, consequências nefastas podem naturalmente decorrer da doação e alterar os laços do matrimônio, principalmente para mulheres muito inclinadas a fantasias sexuais ou para homens sujeitos ao ciúme. Mas essas tendências não se devem ao ato da doação em si. Utilizamos às vezes o termo "fisicalismo" para caracterizar a posição da Igreja Católica, que encerra muitos julgamentos relacionados à ontologia, enquanto no protestantismo os julgamentos são sobretudo existencialistas ou personalizados. Para o catolicismo, os laços do matrimônio que a doação pode romper são, por assim dizer, metafísicos; enquanto, em uma ética situacional, os critérios da humanidade se situam todos no plano da consciência ativa.

A fecundação *in vitro* e a inseminação artificial, ambas através de doador, assim como os pais substitutos, suscitam questões éticas fundamentais sobre a paternidade e a descendência. Em circunstâncias normais, o pai genético também é o pai social, e a mãe genética é a mãe que carrega a criança no ventre e a mãe social. A tradição cristã atribui tal importância ao casamento e à família que ambos constituem o único contexto possível para a procriação e a educação de um filho. A prática da doação pode perturbar profundamente o meio conjugal e familiar no qual nascerão as crianças. Diversas trocas são possíveis: desde o óvulo (que perfaz a distinção entre a mãe genética e a mãe que carrega no ventre ou social) até o esperma (que distingue o pai genético do pai social). As formas de congelamento e descongelamento dos óvulos ou do esperma oferecem a nova possibilidade de crianças através de várias gerações, a partir de um ou dois pais. O quadro se complica ainda mais quando as diversas partes implicadas no processo se conhecem: arrisca-se a uma "confusão genealógica" que pode causar problemas psicológicos de intensidades variadas.

À primeira vista, não surpreende que alguns pensadores cristãos atribuam tanto peso à família, argumentando, por exemplo, que a unidade familiar emana de Deus, sendo, portanto, da maior importância. A criação do homem o inseriu em uma célula familiar. Todo o Antigo e o todo o Novo Testamentos confirmam a centralidade da família cristã. Porém, uma análise histórico-crítica da Bíblia ameaça abertamente esse contexto. Além disso, as críticas das feministas contra a família e a opressão inerente ao casamento podem encontrar vários exemplos práticos que as justifiquem, mesmo se por vezes as suas acusações se baseiem em generalizações abusivas.

Contudo, os argumentos relacionados à doação de esperma e de óvulo não são todos negativos. Pode-se afirmar que, sob circunstâncias favoráveis, uma criança gerada através de doação tem pelo menos as mesmas chances de um futuro estável que uma criança gerada em condições "normais". Se tomamos em consideração o número de crianças de lares divididos, de crianças geradas fora do lar ou abandonadas,

---

[8] [NT] Na verdade, uma leitura mais atenta do texto bíblico aponta não para a masturbação, mas para o coito interrompido: *Todas as vezes que possuía a mulher de seu irmão, [Onã] deixava o sêmen cair na terra, para não dar descendência a seu irmão* (Gn 38.9).

podemos sustentar que as crianças adotadas são por vezes bem mais desejadas e cercadas de segurança, principalmente quando há uma educação social eficaz para levar a sociedade em geral a uma melhor compreensão dessas novas técnicas, libertando as pessoas do preconceito. Mesmo que a hipótese deva ser analisada com prudência, parece que os argumentos sobre a família, antigamente opostos às novas técnicas de reprodução, precisam ser manejados com cautela, tanto do ponto de vista ético-teológico quanto do ponto de vista sociológico.

O advento recente das novas tecnologias reprodutivas mudou totalmente o debate sobre o *status* do embrião (cf. J-M. Thévoz). É como se tivéssemos chegado a um paradoxo que não poupou a ética protestante: de um lado, as correntes mais abertas do protestantismo defendem a descriminalização condicional da interrupção da gravidez (cf. A. Dumas); de outro, houve reservas, mesmo que de uma minoria, em relação à instrumentalização dos embriões. Não seria uma situação de dois pesos e duas medidas: certo laxismo em relação ao feto (em nome da defesa da mulher) e certo rigor quanto ao embrião?

Hoje, o debate está acirrado acerca das células-tronco embrionárias (associado ao debate mais amplo, em segundo plano, sobre a clonagem). A Grã-Bretanha foi o primeiro país a legislar sobre o assunto, tornando possível a clonagem terapêutica, mas opondo-se a extrapolações para a clonagem reprodutiva. A Câmara dos Lordes ratificou, no dia 22 de janeiro de 2001, uma lei que já tinha sido aceita em 2000 pela Câmara dos Comuns em dezembro de 2000. Essa lei permite a pesquisa sobre as células-tronco embrionárias. Quinze representantes religiosos, entre eles os arcebispos anglicanos de Cantuária e de York, assim como o secretário dos cristãos evangélicos, protestaram contra essa lei, em vão, em uma carta aberta; usando de uma notável moderação, eles perceberam, além de outros pontos, o que se segue: "Há o consenso bastante difundido de que as implicações filosóficas e éticas de tais desenvolvimentos — a clonagem de embriões humanos — não foram devidamente examinadas. A comunidade científica está dividida sobre os pretensos benefícios da clonagem terapêutica, referindo-se ao uso não controverso de células-tronco de proveniência diferente [células-tronco adultas]" (cf. *Christianity Today* 45/4, 5 de março de 2001, p. 32).

Três anos depois, em 2004, o debate helvético se caracterizou por uma dissensão nitidamente mais forte entre as posições católica e evangélica, de um lado, e a posição reformada, de outro. A Federação das Igrejas Protestantes da Suíça (FEPS), composta em sua grande maioria de protestantes reformados, posicionou-se em relação ao projeto de lei, tendendo a autorizar, sob condições extremamente rigorosas, a pesquisa sobre o uso das células-tronco embrionárias na Suíça (*Loi relative à la recherche sur les cellules souches embryonnaires: une question aux enjeux théologiques, anthropologiques, économiques et sociaux fondamentaux* [Lei relativa à pesquisa sobre células-tronco embrionárias: uma questão com importantes implicações teológicas, antropológicas, econômicas e sociais], Berna, FEPS, 2004). Os argumentos utilizados se diferenciavam bastante dos apresentados na Conferência dos Bispos Suíços.

A posição da FEPS reconhece três eixos em nossa concepção do ser humano e da vida em sociedade. O primeiro é teológico: nosso poder sobre a natureza é legítimo, mas deve ser contido por certos limites. Na base da teologia da criação, é atribuição do homem e da sociedade conter o exercício desse poder, para que se torne manifesto nosso senso de responsabilidade para com a natureza e que sejam esclarecidos os limites do poder científico. O segundo é antropológico: não podemos sacralizar as células-tronco embrionárias. O que não significa banalizar os laços desse "material biológico" com as *origens* e a *identidade* do ser humano. É por essa razão que a FEPS investiga a distinção que é operada (por evidentes motivos políticos) entre uma lei específica sobre as células-tronco e uma lei sobre a pesquisa embrionária. A FEPS enfatiza também que o *aproveitamento* dos embriões sobejantes (inicialmente destinados à gestação) para fins de pesquisa não é algo a ser feito sem uma reflexão cuidadosa, afirmando-se satisfeita com os limites rigorosos fixados pela lei (que proíbe a produção de embriões expressamente para pesquisa e exige, p. ex., o consentimento do casal a quem pertence o embrião sobejante). Porém, o órgão observa que uma lei não nos pode garantir contra extrapolações, e a sociedade não se deve isentar de responsabilidade moral em relação à pesquisa científica. O terceiro é socioeconômico: o interesse da indústria farmacêutica pelas células-tronco demonstra que o processo pode ser bastante rentável, e tais interesses devem ser ponderados. Afinal, prometer enfaticamente cura aos doentes através dessas pesquisas não seria ocultar os interesses econômicos em jogo? Além disso, se adotamos uma visão de justiça social e global, outras áreas de pesquisa não deveriam ser consideradas mais prementes?

Diferentemente da Conferência dos Bispos Suíços, a FEPS não se opõs ao projeto de lei helvético sobre as células-tronco embrionárias. Mas os questionamentos levantados, além do apoio a uma legislação bastante restrita, mostram que o processo está longe de ser regulamentado.

Aqui, a ética protestante não se contentaria com argumentos superficiais e utilitaristas, como os que foram enunciados na época da campanha em torno dessa lei (para a votação helvética do dia 28 de novembro de 2004, confirmada com a larga aceitação de um projeto de lei que autorizava as pesquisas sob limites bastante rígidos). Não basta afirmar que os embriões sobejantes serão melhor aproveitados através do uso como objetos de pesquisa, em vez de destruídos. A questão da finalidade para a qual os embriões foram concebidos e produzidos são indiferentes sob o ponto de vista ético. Não podemos decretar de modo imediato que os embriões resultantes do desejo de um casal podem em todos os casos destinar-se a pesquisas com objetivos terapêuticos; não está claro se fazê-lo seria demonstrar desrespeito em relação aos pais. Assim, foi importante que a autorização para tal fosse atribuída aos genitores no projeto de lei helvético. Não reprovaríamos o legislador por ter cedido nesse ponto às pressões dos meios de pesquisa. No entanto, parece evidente o risco de que o consentimento dos pais logo não seja mais necessário e que as premências das pesquisas se sobreponham à finalidade ética do casal.

Também é importante enfatizar os riscos das promessas terapêuticas desproporcionais, que podem alimentar falsas expectativas em meio aos pacientes e suas famílias. A medicina continua a ser uma arte incerta e a pesquisa científica não pode se deter em apenas um tipo de projeto.

Tanto nessa questão quanto em aspectos menos difundidos da pesquisa médica, a ética protestante parece se dispor a uma atitude de acompanhamento crítico em relação aos progressos da medicina. Em nenhum momento sua concordância acerca dos projetos biotecnológicos da sociedade deve confundir-se com uma bênção ingênua ou uma legitimação irresponsável. O questionamento crítico e o contexto social são indispensáveis. As questões bioéticas se correlacionam sempre a uma ética social global e de integração, não dependendo apenas de acompanhamentos legislativos pontuais.

3.2. O espectro da clonagem reprodutiva: "Não farás para ti filhos clonados"

Os pontos de vista teológicos acerca da clonagem reprodutiva (que distinguimos da clonagem terapêutica, pertencente à questão das células-tronco) são mais variados do que em geral se pensa. O ético protestante francês Jean-François Collange fez uma lista dos principais argumentos que deveriam, em sua opinião, ser decisivos para a oposição à ideia de clonagem reprodutiva humana. Ele distingue dois tipos de argumentação dentro da cosmovisão judaico-cristã:

"1. Argumentos de tipo racional e dedutivo: diante da natureza humana, apresentada como algo desejável para Deus, deduzem-se as consequências éticas relativas à concepção. [...] esse tipo de argumentação integra reflexões sobre a dignidade humana, a família e a procriação [...].

2. Argumentos de tipo hermenêutico: giram em torno dos relatos bíblicos da criação e tentam descobrir em sua interpretação os fundamentos de uma posição ética diante da clonagem reprodutiva. O ser humano, criado macho e fêmea (Gn 1.26), é chamado não só a encher a terra, mas também a dominá-la (Gn 1.28). Nesse sentido, os termos precisos desse domínio e o uso autorizado que o homem deve fazer de seu poder sobre a natureza são equiparados ao valor da técnica. O apelo a uma responsabilidade verdadeira que deve levar o homem a não agir como se fosse Deus (*'not to play God'*) é sempre evocado em associação às palavras da serpente em Gênesis 3 ('comer o fruto da árvore proibida'), equiparadas a um apelo ao máximo poder tecnológico, reprodutivo e quase criativo que oferecem os novos mecanismos de reprodução (*'Tu ne feras pas d'enfants clonés'? Perspectives théologiques sur le clonage reproductif* ['Não farás crianças clonadas'? Perspectivas teológicas sobre a clonagem reprodutiva], em D. MULLER e H. POLTIER, orgs., 2005, p. 214s).

Collange pensa que deve ser desenvolvido o segundo tipo de argumentação. Ele não crê ser possível tirar argumentos da Bíblia sobre o assunto (que obviamente não o abrange!), mas propõe um discurso teológico com base na noção de *condição humana*, em vez da problemática ideia de *natureza humana*:

"Recorrer à reprodução por clonagem, encerrando a criança que virá no palco de horrores de uma identidade genética que não lhe pertence e que a instrumentaliza radicalmente, é algo que deveria ser considerado um atentado aos dois primeiros mandamentos: 'Não terás outros deuses diante de mim' e 'Não farás para ti imagem de escultura nem representações de uma divindade hipostasiada que nunca passará de um reflexo narcísico de ti mesmo e de um desejo que se volta para si mesmo, e por isso mortífero'" (ibid., p. 220).

A posição assim expressa por Collange está bastante clara e representa uma opinião amplamente aceita no protestantismo de língua francesa. Além disso, vai ao encontro dos argumentos do filósofo alemão Jürgen Habermas, que enfatizou também, a partir da ética de Immanuel Kant, a inevitável *instrumentalização* do ser humano com a prática da clonagem humana reprodutiva (cf. *L'avenir de la nature humaine. Vers un eugénisme libéral?* [O futuro da natureza humana: rumo a uma eugenia liberal?] [2001], Paris, Gallimard, 2002).

O debate toma outro caminho completamente diferente quando nos voltamos para alguns bioéticos protestantes nos Estados Unidos (cf. as contribuições de Karen LEBACQZ, *Le clonage reproductif. Tout n'est pas dans les gènes*, e de Ronald COLE-TURNER, *Quelques objections religieuses au clonage reproductif. Une évaluation critique*, em D. MÜLLER e H. POLTIER, orgs., 2005, p. 204-213, 195-203). De modo particular, Karen Lebacqz estima que a discussão teológica sobre a clonagem não deve ser empreendida a partir do tema da criação (um dos temas-chave para Collange, como vimos), mas, sim, na perspectiva *cristológica* da justiça para com os mais fracos. No contexto, esses "mais fracos" não seriam os pais inférteis que talvez não tenham outro recurso, a não ser a clonagem reprodutiva? Com muitos outros teólogos e não teólogos, a bioética protestante de Berkeley crê que a principal razão para que a clonagem reprodutiva não seja aceita hoje é que tal prática, ainda não concretizada em relação a seres humanos, inclui muitos riscos para quem poderia beneficiar-se delas. Com Collange e Lebacqz, temos assim contato com duas posições totalmente diferentes para debater a clonagem humana: aos argumentos antropológicos e simbólicos do primeiro, opõe-se um argumento cristológico de justiça! Porém, junto a Collange, podemos nos perguntar o que significaria tal justiça para as crianças clonadas, principalmente no dia em que elas começassem a lamentar o *tipo* de condição humana *sem precedentes* em que a técnica da clonagem as tivesse *encerrado*. Tal *alienação consentida* seria de fato comparável ao "simples ato do nascimento" ou, como afirma Cioran contra o espírito do cristianismo, ao "inconveniente de ter nascido"?

Diante de tudo isso, a crítica teológica à clonagem não deve limitar-se a uma crítica antropológica e simbólica, mas, sim, ousar detectar, por trás do impulso para a clonagem e a manipulação biológica, a ambição de *estender o poder das biotecnologias ao campo da intimidade e do imaginário*. O projeto de clonagem, além da tentação de transformar os seres vivos (argumento pouco convincente na lógica neodarwiniana da evolução permanente da vida), demonstra uma vontade de *dominar a alma*. Clonar equivaleria assim a exercer domínio sobre a alma através da ilusão de um duplo corporal; equivaleria a decretar a vitória perpétua do homem neuronal sobre o homem espiritual e cultural.

Brincar de Deus, portanto, equivaleria a brincar com o homem, a lançar-se em um jogo irresponsável com nossa identidade pessoal profunda. O homem hesita entre o desejo de ser o outro e o temor de ser copiado. Vivemos na sociedade do infinitamente singular e do infinitamente semelhante. Deveríamos nos perguntar assim de que serviria a singularização, já que somos todos passíveis de clonagem.

Ultrapassando a mera problemática ainda embrionária das crianças clonadas, a questão coloca na berlinda os aprendizes de clonadores, obrigando-os a se questionarem sobre a vontade de potência que se abriga por trás do desejo de procriação atípica. Ao pretender escapar da linhagem ancestral da humanidade, será que eles compreendem a que grau de inumanidade estariam se colocando, exercendo ali seu *dominium*?

3.3. A eutanásia ativa direta e a modificação de nossa relação com a morte e a velhice

Os novos questionamentos sobre o começo da vida estão em paralelo com alguns dilemas que se apresentam sobre o final da vida, para o qual dispomos de técnicas recentes de transplante de órgãos e assistência por máquinas para a manutenção das funções vitais.

Em primeiro lugar, investiga-se a questão da "boa morte" para as vítimas de sofrimentos insuportáveis em vista de morte iminente. A eutanásia poderia ser praticada mediante escolha prévia do paciente, se necessário recorrendo-se a testamento ("eutanásia voluntária") ou ao médico. Tal procedimento seria justificável à luz de uma argumentação que se baseasse na finalidade, ou seja, no fato de que apenas abreviaria o tempo do sofrimento. Com Bonhoeffer (*Éthique* [Ética], p. 128-133), pode-se retorquir que o direito à vida é um dom de Deus e que opor-se a isso constitui um ato de suicídio ou assassinato. Se o Antigo Testamento apresenta exemplos notórios de suicidas que aparentemente não são condenáveis, Agostinho e toda uma tradição ocidental que se seguiu são abertamente hostis ao suicídio. Em certos aspectos da tradição eclesiástica, orações particulares são reservadas para aqueles que deram fim à própria vida e que, portanto, não são dignos de um enterro semelhante aos demais. As pesquisas recentes sobre o suicídio tendem às vezes a isentar o procedimento do *status* de crime passível de punição. Um bom número de cristãos o considera a expressão de um desequilíbrio mental, afirmando que seria impróprio defini-lo e puni-lo como ato criminoso. Há também os que veem no sofrimento um caráter pedagógico, tanto para o paciente quanto para os que o assistem em suas dores. Esse argumento não parece convincente e levanta o problema teológico da teodiceia. Muitos teólogos contemporâneos explicam mais corretamente que o sofrimento não é um bem e que Deus sofre em solidariedade com o aflito.

Seria então necessário associar essa questão à da eutanásia de bebês recém-nascidos com severas deficiências? De todo modo, seria fundamental determinar a gravidade da deficiência para que o procedimento fosse passível de justificação. Mas tal fator seria quantificável? Há os que acreditam que a agonia passiva, acompanhada por analgésicos apropriados, é moralmente preferível a uma execução direta. Porém, a distinção não convence muito e exemplifica o medo da "ladeira (ou rampa) escorregadia" (*slippery slope*)[9]. Enquanto a eutanásia poderia ser legítima no caso do nascimento de um monstro, seria justificável em relação aos bebês portadores de síndrome de Down? Nesse caso específico, quem defenderia os interesses do bebê se os pais não se sentem capazes de cuidar da criança e o médico resolve aquiescer aos desejos dos pais?

O debate sobre a eutanásia não acabou. Há muita controvérsia sobre a descriminalização do procedimento, que de qualquer maneira não pode ser confundida com uma legalização que o legitime incondicionalmente (cf. N. BIGGAR, p. 166s). A noção de exceção para a eutanásia, discutida no Comitê Consultivo Nacional de Ética (França), não é muito convincente. Na Suíça, a situação se encontra paralisada, já que o projeto de descriminalização da eutanásia ativa direta não foi aprovado e o suicídio medicamente assistido (que para os suíços não é passível de condenação) ainda suscita questionamentos.

O que parece ser consenso é que a vida, no sentido biográfico e pessoal do termo (*zoe*, distinta de *bios*), precisa estar continuamente posta sob a proteção de Deus e, por extensão, da sociedade, que busca manter a respeitosa compreensão acerca da transcendência não instrumentalizável da existência. Um interdito estruturante que se exprima sob a forma da proibição jurídica de matar parece mais que nunca fundamental para que não sucumbamos à barbárie.

3.4. As estratégias demográficas, a vertigem cosmopolita e a instabilidade normativa

Outro ponto fundamental no debate consiste na ética das políticas demográficas e das responsabilidades parentais. Na tradição cristã, a relação entre homem e mulher tem como corolário a procriação e a segurança de um companheiro para toda a vida (Gn 1.27s; 2.18-24). Cada um desses aspectos se sobrepôs ao outro de acordo com cada época, seja pelo desenvolvimento da doutrina ou de éticas próprias à igreja, seja por considerações sociais mais amplas. Entre essas

---

[9] [NT] O termo foi proposto por Frederick Schauer para definir o processo através do qual uma ação isolada tem um efeito "bola de neve", gerando uma série de eventos cada vez mais daninhos.

considerações, o exemplo que mais se destaca foi, no passado, a diminuição da taxa de natalidade na Idade Média e, hoje, o crescimento demográfico nos países em desenvolvimento. Indivíduos ou grupos podem, por motivos de consciência, propor medidas de controle de natalidade, seja em resposta aos ensinamentos da igreja, seja, de modo pensado ou não, em resposta a políticas governamentais.

O principal estímulo cristão para a procriação nos advém da ordem divina de Gênesis 1.28: *Crescei e multiplicai-vos*. Na tradição católica romana, essa ordem foi confirmada por um preceito da lei natural que associa de modo indissolúvel a procriação e a vida conjugal, com prioridade para a procriação. É evidente que, nessa área, a lei natural sempre revelou suas tendências biológicas, ao insistir no aspecto físico da relação e deixar de lado os aspectos afetivos e psicológicos. Além disso, na época em que o cristianismo foi constituído, a influência da doutrina do pecado original sobre a compreensão da sexualidade humana provocou uma profunda desconfiança acerca da cumplicidade e do prazer no amor conjugal.

Influenciada por Agostinho, a opinião de todos os reformadores do século XVI tornava a procriação um dos objetivos do casamento, mas não o único. Lutero e Calvino não contestaram a tradição anterior: ambos viam no casamento um remédio contra a concupiscência. Porém, ao conferir ao casamento a mesma importância que era dada ao celibato, a Reforma o elevou bastante em relação a seu *status* anterior, em oposição a Cipriano, que na época patrística considerava o celibato "a flor da semente eclesiástica". Para os reformadores, a noção de *cônjuge* era social e espiritual, antes de sexual. A obsessão contínua pela procriação se explica em parte pelo despovoamento alarmante do noroeste da Europa, como resultado da peste negra e da Guerra dos Cem Anos, além da alta mortalidade infantil e da ausência de procedimentos confiáveis com fins contraceptivos.

No século XIX, o controle de natalidade através dos métodos contraceptivos, sobretudo devido a dificuldades econômicas, foi mal recebido pelas autoridades eclesiásticas, tanto as católicas quanto as protestantes. Foi fundamentalmente um fenômeno secular, com repercussões sobre as igrejas. Na Grã-Bretanha, um dos marcos mais importantes na mudança da política oficial da igreja foi a Conferência de Lambeth (1958), que entre outros aspectos justificou o controle de natalidade com o problema demográfico. Em 1944, um relatório eclesiástico enunciou o princípio: "O tamanho da família não é somente um problema dos pais, pois eles têm o dever moral de considerar esse tamanho em função do bem-estar da comunidade em seu todo". Hoje, as igrejas são confrontadas com a ausência de consenso por parte dos especialistas não cristãos, em suas análises sobre a amplitude e o grau de urgência das correntes demográficas atuais, assim como suas posições antagônicas sobre as relações entre diversos fatores políticos, econômicos, científicos, tecnológicos e ecológicos. O pensamento cristão teve contato apenas recentemente com o teor das teses feministas, sobretudo a denúncia das posturas ideológicas coercitivas e opressivas veiculadas pelas doutrinas teológicas da união carnal e da procriação. Assim como os textos de Gênesis já citados são um mandato no nível micro, a ética social cristã tentou abordar o nível macro das realidades nacionais, transnacionais e internacionais. Assim, esforços têm sido empreendidos para a articulação dos conceitos éticos de amor e justiça com a justa redistribuição de riquezas. Esse engajamento ético foi questionado pela teoria que se chamou "ética do bote salva-vidas", segundo a qual deveríamos nos abster de ajudar países que não possuem uma política demográfica estruturada, já que tal ajuda poderia causar danos maiores no longo prazo. Seja qual for a posição adotada, está claro que algumas (ou a maioria) das respostas cristãs aos problemas demográficos e à fome se afiguram simplistas demais. Essas respostas não podem ser diretamente deduzidas da compaixão pelo próximo recomendada pela Bíblia. Assim, é necessário saber onde (e como) o engajamento moral do indivíduo pode ou deve afetar os mecanismos econômicos de modo mais amplo.

A partir dessas reflexões gerais, assim como dos casos específicos aqui apresentados, alguns pontos fundamentais em comum podem ser deduzidos e brevemente analisados. Em primeiro lugar, os problemas bioéticos colocam em jogo uma série de fatores e aspectos, tanto no nível dos fatos concretos quanto no das posturas éticas. Isso suscita a questão crucial do ponto de partida para toda discussão. Em um nível mais fundamental, é evidente que estamos lidando com teorias éticas variadas que podem por vezes verificar-se incompatíveis. Nos debates sobre procriação assistida ou sobre inseminação artificial homóloga ou heteróloga, vimos surgir modelos normativos bastante díspares. A moral católica oficial se fundou sobretudo nos conceitos de lei natural e de casamento cristão para erguer barreiras diante das tecnologias de reprodução e de inseminação artificial. Já a ética neokantiana (podemos pensar aqui em H. Tristram Engelhardt Jr. nos Estados Unidos, em sua primeira fase, já que em seus textos cristãos o autor, convertido à Igreja Ortodoxa, aderiu a posições cristãs mais tradicionais, cf. H.T. ENGELHARDT, 2000, e, para uma apreciação crítica, D. MÜLLER, *La bioéthique au péril de Dieu* [A bioética sob o risco de Deus], 2002) se apoia em uma visão racionalista do ser humano, com a definição da pessoa segundo critérios de desenvolvimento intelectual ou relacional, em vez de critérios objetivos e ontológicos. Outros pensadores mais radicais propõem tornar o sofrimento o critério último do respeito devido aos seres vivos, colocando em pé de igualdade os seres humanos e alguns animais, enquanto crianças "incapazes de exprimir seu sofrimento" não seriam consideradas pessoas (cf. as teses extremistas do ético australiano Peter Singer, hoje professor em Princeton, p. ex. em *Ética prática* [1979], São Paulo, Martins Fontes, 2002). A ética protestante, junto a numerosos éticos de origens diferentes (inclusive moralistas católicos romanos), preferem categorias mais dinâmicas e abertas que englobem as noções de pessoa, relação, autonomia, justiça e responsabilidade.

No plano bioético, podemos temer que ações legítimas, escapando a qualquer tipo de controle, levem a outras totalmente injustificáveis. Assim, no que alguns poderiam considerar uma união artificial, mas legítima, de um óvulo e um espermatozoide, na procriação assistida, uma "ladeira escorregadia" seria a decisão de matar os embriões "de reserva" e produzir embriões para fins gerais de pesquisa (o debate sobre as células-tronco embrionárias, como vimos, verificou-se assombrado pelos temores de tal desvio; a questão ética focou-se justamente no banimento de tal *produção* de embriões para fins de pesquisa; por isso a atenção — um tanto hipócrita, é preciso afirmar — voltada para os embriões excedentes resultantes das práticas de procriação assistida). Esse argumento da "ladeira escorregadia" costuma ser utilizado de modo abusivo, sobretudo por aqueles que sustentam posições éticas extremistas. A vigilância crítica acerca das biotecnologias não deve ser confundida com uma atitude retrógrada em relação aos desenvolvimentos tecnológicos modernos. Da mesma forma, a "heurística do medo" (Hans Jonas) pode servir como base para comportamentos sectários e autoritários que erigem a técnica da moratória em instrumento autoritário de ascetismo e rigor. É dever da fé cristã, sobretudo em sua versão protestante, conduzir um debate crítico com a vontade de poder e de domínio do ser humano, sem pregar a retirada do mundo e a recusa ao progresso científico. Na situação de modernidade avançada que caracteriza nossa época, a avaliação ética das técnicas, das quais a bioética é uma das áreas privilegiadas, deve deixar-se guiar pela proteção dos direitos fundamentais e dos verdadeiros interesses do ser humano e da humanidade.

Por fim, a análise dos casos particulares enfatiza de modo bastante claro o absurdo da oposição entre o individual e o social. Essas duas categorias estão em permanente interação. Isso significa que, na maior parte dos casos, a conclusão ética será condicional e provisória. A interdependência entre o individual e o social, assim como o caráter relativo de toda máxima ética, é afirmada de modo particular pelo ético protestante suíço Arthur Rich, na primeira parte de sua obra *Éthique économique* [Ética econômica] (1984-1990, Genebra, Labor et Fides, 1994). As igrejas e a sociedade em seu todo são assim desafiadas a encontrar leis e máximas apropriadas, que façam justiça às hesitações da bioética e estimulem em todas as situações um debate aberto e construtivo.

Até nossos dias, a ética teológica tem se limitado a considerações confessionais, que colocam a visão protestante, supostamente mais liberal e mais individualista, contra a visão católica, supostamente mais comunitária e familiar. Ora, é importante superar essas caricaturas. Já é tempo de reaprender, do lado protestante, a valorizar a família, "célula da humanidade" (F. QUÉRÉ, 1990, p. 263), e a refletir sobre o contexto mundial da procriação e das estratégias demográficas. De tanto insistir na liberdade individual e nos direitos de pais e filhos, certa ética protestante perdeu de vista a importância do desenvolvimento demográfico, que requer hoje um justo equilíbrio entre o crescimento e os limites.

O problema se tornou mais perceptível nos anos de crescimento e às vésperas de maio de 1968, e em seguida na crise do petróleo, em 1973. Em 1965, em termos que Ernst Troeltsch não teria desaprovado, André Dumas enunciava o dilema central do protestantismo diante da responsabilidade demográfica: afirmar o papel central da pessoa humana para toda ética social cristã, levando em consideração a miséria e as injustiças do mundo (p. 135). Ao longo dos anos, o Conselho Mundial de Igrejas (cf. Louis CHRISTIAENS e François DERMANGE, orgs., *Les Églises protestantes et la question sociale* [As igrejas protestantes e a questão social], Genebra, Bureau International du Travail, 1996) e a Aliança Reformada Mundial, sobretudo na Assembleia Geral de 2004 em Accra (cf. o documento *Alliance pour la justice économique et écologique* [Aliança pela justiça econômica e social], ou *Confession de Accra* [Confissão de Accra]), não cessaram de lembrar os imperativos de uma ética cristã, convocada para se posicionar sobre o futuro da humanidade e o recrudescimento do mal estrutural em níveis internacionais.

3.5. A problemática da vida, dos seres viventes e dos seres humanos

A teologia moral católica romana tende a argumentar a partir da vida em geral, utilizando-se de bases filosóficas que devem sua pertinência sobretudo à filosofia aristotélica e recebem ainda uma interpretação tipicamente moderna, como resposta ao desenvolvimento científico e biotecnológico em curso. Encontramos um exemplo bastante típico da argumentação católica em um manual recente de bioética, de autoria de monsenhor Elio Sgreccia (*Manuel de bioéthique. Les fondements et l'éthique biomédicale* [Manual de bioética: os fundamentos e a ética biomédica], Paris, Mame-Edifa, 2004). Filiada a uma corrente bastante conservadora da teologia moral, essa obra também está muito próxima ao Vaticano, sendo apresentada oficialmente na França sob a pluma do cardeal de Lyon, Philippe Barbarin. O capítulo intitulado *La vie: ses formes, son origine, son sens* [A vida: suas formas, sua origem, seu sentido] (p. 81-106) precede o capítulo sobre "a pessoa humana e seu corpo" (p. 107-140). Por trás de todas as nuances que essa ordem sugere, não podemos deixar de perceber que se trata aqui de uma bioética que *deduz* a noção da pessoa humana (e, portanto, seu valor, sua dignidade, sua autonomia) de uma concepção ontoteológica prévia da vida.

Por princípio, a perspectiva protestante é, se não oposta à católica, pelo menos invertida em relação a ela. Parte da dignidade humana e do respeito para com a pessoa, em função de um princípio de antropologia relacional (cf. D. Müller e A. Arz de Falco) que situa a vida não humana como uma realidade ligada à vida humana, mas que não pode ser objeto de uma absolutização. Ou seja, é preciso rejeitar aqui toda concepção vitalista da bioética. Não é a vida humana em geral que pede proteção, mas a vida humana em seu meio ambiente.

O teólogo Albert Schweitzer enunciou em *La civilisation et l'éthique* [A civilização e a ética] (1923, Colmar, Alsatia, 1976) uma expressão que se tornaria conhecida como o emblema de sua teoria ética: *Ehrfurcht vor dem Leben* (respeito à vida), retomada e discutida por Karl Barth (*Dogmatique* [Dogmática] III/4**, § 55 [1951], 1964), ainda utilizada em nossos dias, principalmente dentro da temática dos animais.

Uma das características mais importantes dessa ética do respeito à vida é que ela considera a vida, em sua totalidade, como *sagrada*. Para Schweitzer, nenhuma diferenciação primordial no próprio seio da vida é vista como possível, nem teologicamente, nem filosoficamente. Assim, para ele não há distinção entre os animais: um inseto exprime tanto a sacralidade da vida quanto uma águia ou um leão. O mesmo pode se dizer entre uma folha de árvore e uma flor! A ética é a responsabilidade ilimitada para com tudo o que vive. Schweitzer exprime essa ideia com uma simplicidade, uma clareza e uma radicalidade sem iguais, em um tom ao mesmo tempo alegre e seguro de si.

Se queremos acompanhar aqui, no protestantismo, o caminho apontado por Albert Schweitzer, em uma perspectiva que poderíamos chamar vitalista e holística, a dignidade da criatura não somente decorre da sacralidade da vida, mas se estende a tudo o que vive, sem diferenciação. Tal ética é absoluta e verdadeira, como reconhece Schweitzer. Como compreender que a águia-pescadora, engrandecida por Schweitzer, possa se alimentar e ser alimentada de peixes? E como aceitar a agricultura e suas consequências?

É preciso perceber a tensão inerente ao pensamento ético de Schweitzer. De um lado, o respeito à vida está no nível de um princípio absoluto e sagrado; de outro, as práticas humanas mais próximas da natureza (a caça, a pesca, a agricultura), assim como a própria natureza, estão "obrigadas" a transgredir esse princípio. Sem afirmá-lo claramente, Schweitzer combina uma abordagem puramente deontológica da ética com uma ética da responsabilidade concreta, que se obriga a dar conta das consequências da ação humana sobre a natureza. Schweitzer rejeita o utilitarismo do ambiente de sua época (e está correto em fazê-lo, em nossa opinião), mas não percebe que seu absolutismo ético é irreconciliável com as instuições reais do ser humano confrontado com a vida em sociedade. Em muitos sentidos, a crítica radical da civilização, preconizada por Schweitzer, não poderia ser levada a termo, a não ser em um lugar "ideal". Lambaréné ocupou esse papel, por pouco tempo.

Hoje, não podemos aderir ao idealismo radical de Schweitzer. Seu holismo vitalista é certamente respeitável, mas é geral e absoluto demais para nos ajudar a enfrentar os dilemas éticos de nosso tempo.

A noção de respeito pela criatura foge aos impasses apresentados pela noção schweitzeriana de respeito absoluto pela vida. Esse respeito supõe o reconhecimento da diferença antropológica, ou seja, a diferença entre o homem e a criatura não humana, uma diferença que a princípio não tinha sido ignorada pelo teólogo, mas que foi deixada de lado em favor de uma concepção holística da vida.

O respeito pela criatura é proporcional ao lugar ocupado pelas criaturas não humanas no mundo estruturado do ser humano, da sociedade e do meio ambiente. O respeito pela criatura deve ser distinguido do respeito pela natureza. A natureza constitui o contexto em que se movem os seres humanos e as criaturas não humanas, mas o respeito antropológico relacional devido às criaturas tem prioridade sobre o respeito devido ao meio ambiente. Isso significa que, em uma teologia da criação, o respeito devido ao meio ambiente natural está indissociado do respeito devido aos seres humanos e às criaturas não humanas e que, além disso, é incompreensível fora de sua relação específica com eles.

É nesse contexto que as igrejas e os cristãos são chamados a mostrar vigilância quanto às questões de proteção ao meio ambiente e desenvolvimento durável. Sobre assuntos controversos como o *status* dos seres viventes e os organismos geneticamente modificados, a ética protestante traz seu esclarecimento específico, ao propor uma *avaliação crítica da instrumentalização mercantil e tecnocrata sempre possível do meio ambiente e dos seres que o habitam*, para que a vida do ser humano e sua existência em sociedade possam se desenvolver de modo mais harmonioso e mais justo. Uma ética da justiça social, a serviço do humano (A. RICH, op. cit.), supõe o estabelecimento de um senso de *medida* (Christiph STÜCKELBERGER, *Umwelt und Entwicklung. Eine sozialethische Orientierung*, Stuttgart, Kohlhammer, 1997), que, sem cair em um ascetismo neopuritano, reconcilia-se com a melhor tradição de uma ética das virtudes e da sabedoria. Assim, o evangelho estimula uma postura de *precaução*, vista como um serviço ao ser humano e à criação, e não uma hostilidade rancorosa, em relação ao desenvolvimento da ciência e da tecnologia.

3.6. Entre o início e o fim da vida: por uma ética da caridade e da troca

A bioética corre o risco de *privilegiar o início e o fim da vida*, esquecendo-se do que vai entre, do desenrolar histórico e pessoal da vida dos seres humanos e sua inserção social, econômica, cultural e política. Tentamos evidenciar quanto as questões bioéticas estão entremeadas de fatores e considerações muito mais amplas e mais ricas. Os transplantes de órgãos são a situação perfeita para operacionalizar aqui a diferença fundamental entre a bioética limitada ao *bios* e a bioética cristã da *zoè*, ou da vida biográfica, que, sozinha, é "sagrada" (N. BIGGAR, p. 167). De fato, a fé cristã se abre para a dimensão pessoal e espiritual da vida que, em vez de permanecer recolhida em uma imanência biológica, orienta-se para uma transcendência que liberta e reconcilia. As implicações da *doação* de órgãos são paralelas às do próprio significado de doação, com toda a carga ética e espiritual inerente à troca de que os seres humanos são capazes. Durante muito tempo, a ênfase da discussão bioética caiu sobre as condições biológicas e médicas da doação de órgãos (definição de morte cerebral, significado da intervenção com o coração ativo, consentimento explícito ou implícito), enquanto a verdadeira questão é a da *gratuidade do gesto* em sua duração, não somente na imediatez de uma decisão particular. Se continua a ser adequado falar-se em *doação* de órgãos, é porque o procedimento é todo feito com base não na operacionalização técnica, mas no *gesto espiritual* do doador ou de sua família, em um tipo de oblação voluntária e desinteressada, feita com antecedência ou não. É por isso que o consentimento *explícito* do doador — que pode se exprimir por uma carteira de doador, em uma solidariedade pensada e livre — será sempre preferível, do ponto de vista ético e espiritual, ao consentimento implícito, que constituiria apenas um remédio burocrático e tecnocrata para a deficiência antropológica do desejo e da antecipação, fonte última da falta de órgãos.

Parece ter chegado o momento de devolver voz e vida à mensagem evangélica no cerne da discussão bioética. É necessário uma *"zoè-ética"* se não desejamos permanecer em uma visão puramente utilitária dos seres vivos, da natureza, da humanidade. Porém, precisamos nos indagar: sob quais condições e de que formas seria possível tal renovação da bioética?

4. Avaliação teológica

4.1. Ambivalência da demanda bioética e a resposta teológica

A nova situação da bioética se caracteriza por dois aspectos mais importantes: uma ruptura mais ou menos explícita com a teologia e uma confusão frequente com o biodireito. Gostaríamos de mostrar como essas duas problemáticas se entrecruzam. De fato, segundo a compreensão acerca da contribuição da teologia para o debate bioético (cf. E. E. Shelp e H. Doucet), o resultado será uma visão mais ou menos normativa da bioética e sua possível confusão com o biodireito. Em nosso ponto de vista, convém precisar, não deve ser abandonada a noção de *normatividade*, mas, sim, delinear a função teológica em um movimento de desestabilização e, portanto, também de reinterpretação crítica da normatividade. O conceito de instabilidade normativa será assim a chave para a reinterpretação teológica crítica da lei moral aplicada à bioética. Ao mesmo tempo, nós nos posicionaremos em oposição a uma reteologização cristã da bioética, seja ela proposta por um teólogo protestante como Hauerwas, seja por um filósofo kantiano e cristão ortodoxo como Engelhardt, dois pensadores texanos bastante influentes na atualidade, tanto nos Estados Unidos como em todo o mundo.

Vimos que a bioética é o projeto humano que responde aos desafios trazidos pelo desenvolvimento vertiginoso das biotecnologias. A reflexão ética e bioética está sujeita às mesmas pressões de urgência e de velocidade que o mundo da ciência e da política. Isso se torna evidente nos debates nacionais ou internacionais: as deliberações dos comitês de ética tendem a se deixar subordinar pelo ritmo, pela agenda e pelas problemáticas muitas vezes restritivas da administração, do mundo político e da mídia (para essa última dimensão, cf. Denis MÜLLER, *L'éthique prise de vitesse par le cours du monde?* [A ética deixada para trás pelo curso do mundo?], *Le Supplément* 190, 1994, p. 51-69).

Parece-nos bastante evidente que o projeto humano que é a reflexão bioética apresente certo paralelismo, e até um mimetismo, em relação ao progresso técnico e científico analisado por ele, tendendo a segui-lo com atraso. Mas isso significaria que uma crítica da razão bioética deva sucumbir ao ceticismo e à ironia, considerando toda atividade bioética um exercício hipócrita e ilusório de acompanhamento acrítico e legitimação ingênua?

Não cremos que seja necessário ceder a tal simplificação. É verdade que os elementos levantados em uma crítica radical e incisiva merecem plena atenção. No entanto, não se deve jogar fora o bebê com a água do banho, deixando de lado os méritos da bioética, como uma posição de distância crítica e uma interrogação fundamental dos acontecimentos em curso no progresso tecnológico e científico contemporâneo.

Estamos assim convencidos de que é preciso decididamente tomar a defesa do projeto da bioética, nisso que tal projeto tem de mais secular e em sua mais legítima visão universal. A busca de consenso social e acordo ideológico não é em si algo contestável. Há grandeza no esforço humilde de seres humanos e sociedades modernas para pensar, defender, regulamentar e limitar os processos do progresso tecnocientífico e médico. Esses processos não são fundamental e necessariamente frutos do orgulho ou dos "deslimites", mas resultam, em sua maior parte, de um sincero desejo de conhecimento, de uma curiosidade legítima, de uma autêntica vontade de remediar os sofrimentos e as preocupações dos seres humanos.

Assim, não nos devemos refugiar, de braços cruzados, em uma crítica incondicional e generalizada do progresso científico.

É apenas em um segundo momento que precisamos nos indagar sobre os efeitos perversos desse progresso e a ambivalência da reflexão bioética. O investimento humano no progresso científico e médico não se resume a um puro desejo de conhecimento e benfeitoria; não representa um neutro altruísmo totalmente desinteressado. Em todo projeto humano estão sempre presentes a veleidade do poder e um desejo de dominar.

Poderíamos distinguir aqui, por exemplo, entre o projeto humano que dá mostras de uma lógica aberta para o imprevisível, o não saber, o fracasso, as contingências e os limites, e o que tende a se enxergar como absoluto, necessário, ilimitado e definitivo, como expressão e prolongamento de uma onipotência ilusória do ser humano e da sociedade.

O projeto humano consciente de seus limites permanece um projeto *humanizante*, posto a serviço da totalidade dos seres humanos. O projeto humano que se toma pelo objetivo logo se torna totalitário e totalizante, a serviço de uma elite ou de uma minoria, em uma via desumanizante e anti-humana.

A autêntica bioética, como projeto humano a serviço da humanização do outro e da vida social, desconfia de suas próprias tentações de poder e dominação. De fato, como deixar de perceber que o crescente poder dos éticos, a profissionalização de sua função, a institucionalização cada vez maior da bioética e dos comitês de ética dão ensejo a tantas ocasiões para mal-entendidos e equívocos? Como negar que o crescente poder da bioética poderia não passar do resultado de um orgulho prometeico estritamente simétrico e mimético em relação ao crescente poder ao infinito de um tecnocosmo interpretado como totalidade?

Tal é a dialética da razão bioética que precisa ser considerada e desenvolvida se não queremos ceder às perigosas ilusões de uma reprodução inconsciente da vontade de poder. Os teólogos e os líderes religiosos têm aqui uma particular responsabilidade, já que a opinião pública tende a erigir seus discursos e suas posturas em absolutos indiscutíveis e fascinantes.

As sistemáticas implicações dessas considerações sobre o poder são evidentes: uma crítica da razão bioética, para evitar ou o cinismo ou a reteologização, deve pensar a pulsão religiosa que está na raiz da bioética como um projeto humano em busca de um sentido transcendente ou de uma totalidade significante. O laicismo ignora por completo essas relações, confiando ingenuamente na autonomia ilimitada do sujeito em um mundo que crê totalmente secularizado.

4.2. As ilusões de uma reteologização cristã da bioética

Sem rodeios, afirmamos que não estamos defendendo aqui as perspectivas de reteologização da filosofia ou da ética tal como as defendem ardentemente (e ambiguamente) o teólogo Stanley Hauerwas e, de modo ainda mais sistemático e provocante, o filósofo H. Tristram Engelhardt (cf. D. MÜLLER, *La bioéthique du péril de Dieu* [A bioética sob o risco de Deus], 2002).

O projeto central de Engelhardt em *The Foundations of Christian Bioethics* (2000) pode parecer desejar aliar uma "consideração criteriosa" da imanência a uma abertura para a transcendência, participando ativamente da guerra cultural. Porém, a leitura de sua obra logo demonstra que não é bem assim. Os capítulos III e IV de seu livro, em vez de proporem uma dialética da bioética como projeto humano e da bioética teológica com abertura para a transcendência, opõem-se frontalmente a isso, algo que lembra os passos iniciais da primeira "teologia dialética" nas duas primeiras décadas do século XX.

Recusar esse tipo de reteologização massiva da bioética não significa, de modo algum, recair no secularismo ou no modernismo. Implica, isso sim, uma dialética fina da imanência e da transcendência, da autonomia e da teonomia, de modo a balizar a passagem do finito ao infinito e a deixar transparecer a presença crítica do infinito no cerne do finito.

Somente uma articulação dialética da transcendência e da imanência pode tornar possível o diálogo entre os diversos protagonistas do debate bioético contemporâneo.

4.3. Esperança e realismo: por uma crítica teológica da bioética

Vejamos agora uma comparação entre a crítica da razão bioética e a crítica da razão cínica. O discurso bioético se difunde pelo planeta como um tipo de discurso universalista do sentido e do poder, fortemente ancorado em uma normatividade de tipo jurídico, enquanto a razão cínica há muito tempo estendeu seus tentáculos sobre o mundo vivido. A razão bioética permanece habitada por uma esperança de racionalidade e de ação, orientada pelo controle da ciência e da vida, enquanto a razão cínica já cumpriu seu luto quanto a todo ideal de esperança e de administração, entregando os pontos e cedendo aos poderes do desfrute imediato.

A categoria paradoxal da instabilidade normativa pode ser útil para dar conta dos efeitos da crítica teológica a partir do evangelho às pretensões normativas da ética (D. MÜLLER, 1999, p. 329-332, e "Déconstruction de la maîtrise théologique et nécessité éthique de l'instabilité normative", *Le Supplément* 210, 1999, p. 115-129).

Creio que essa categoria contribui duplamente para especificar em que a teologia pode colaborar com a bioética. No que concerne à bifurcação entre teologia e ética, a ideia de instabilidade normativa indica a necessária, mas sempre ambígua correlação entre a força libertadora do evangelho e a exigência ética no que ela tem de normativo e limitado. Como vimos, é muitas vezes em seu modo surdo de destilar um caráter religioso que a bioética ultrapassa seus limites e adere a uma normatividade desprovida de visão ética e de dinamismo crítico.

De acordo com a boa tradição protestante, poderíamos privilegiar aqui o modelo teológico que distingue o evangelho da Lei. Se a ética cristã desemboca em uma visão instável da norma, é porque o evangelho, sempre confrontado com a ambiguidade da Lei (necessária e limitada, vivificante e mortífera), só pode efetuar uma retomada ética da lei moral no modo da oscilação crítica. A Lei não pode transformar o evangelho em uma Norma.

No que concerne à fronteira entre a bioética e o biodireito, a ideia de instabilidade normativa demonstra que, o tempo todo, a ética interpela o direito, acompanhando-o sempre em sua positividade de aparência estática e definitiva, instalado na ilusão ou na boa consciência da saturação ética. O direito é sempre delimitado pela ética, e até mesmo ultrapassado por ela (cf. a apresentação das relações entre ética e direito em D. MÜLLER, *Jean Calvin. Puissance de la Loi et limite du pouvoir* [João Calvino: potência da Lei e limite do poder], Paris, Michalon, 2001, p. 81-110).

Por tudo isso, a teologia deve permanecer atenta às veleidades do discurso bioético e da demanda social e midiática em relação a ele: a bioética jamais deve erigir uma Norma ética em um modo puramente jurídico e administrativo. A teologia lembra à ética que ela não coincide com o direito. No projeto humano da bioética, lemos ao mesmo tempo uma atitude de serviço e uma vontade de poder. O humano é o horizonte da bioética, mas a bioética arrisca-se constantemente a sacrificar o humano em favor de um Poder exorbitante de normalização e a submeter-se aos poderes econômicos, assim como ao prestígio científico e ao orgulho terapêutico — que pode muito bem ocultar algo como uma soteriologia laica. Nossa posição precisa ser de suspeição diante dos cientistas, pensadores e políticos que, ao descrever com ironia a suposta ausência ou a suposta inocuidade das religiões e cosmovisões, orgulham-se de estar à frente do progresso biotecnológico e até mesmo se deixam crer que detêm a chave de uma nova humanidade (cf. retratações estratégicas esboçadas por Francis Fukuyama e Peter Sloterdijk, em registros "proféticos" bem diferentes). Pelo contrário, devemos nos alegrar ao saber que há médicos que se preocupam com os limites do progresso da medicina (Didier SICARD, *Réflexions sur le progrès en médecine* [Reflexões sobre o progresso da medicina], *Médecine et Hygiène* 2491, 28 de julho de 2004, p. 1535-1538).

O desvelamento crítico do biopoder se une ao desvelamento crítico do biodireito. A consolidação da bioética e do biodireito poderia ser apenas uma consolidação do poder dos homens sobre outros homens. Reconhecer um lugar vazio no cerne do biopoder e do biodireito equivale a abrir espaço para o humano e dar a palavra à transcendência.

A teologia cristã, com o princípio protestante atuando como um de seus propulsores, precisa assim estabelecer uma crítica inteligente e diferenciada das implicações da bioética, quando parece tentada a confiar somente nas virtudes da racionalidade científica (em geral reduzida a uma simples racionalidade instrumental e comercial). Nesse sentido, é preciso partilhar a esperança contida nas promessas do saber e da pesquisa, sem jamais ceder às ilusões e aos cantos de sereia da totalidade biotecnológica e bioética.

Denis Müller*

* Artigo revisto e reescrito, mas que retoma boa parte da versão anterior, de autoria de nosso colega de Manchester, Anthony Dyson (1935-1998).

▶ ABEL, Olivier, "Contre la bioéthique", *Autres Temps*, 14, 1987, p. 34-41; ALTNER, Günter et alii, *Menschenwürde und bioetischer Fortschritt im Horizont theologischer und sozialethischer Erwägungen*, Munique, Kaiser, 2001; AMUNDSEN, Darrel W., "Medicine and Religion: Pre-Christian Antiquity e FERNGREN, G., *Medicine and Religion: Early Christianity through the Middle Ages*, em Martin MARTY e Kenneth VAUX, orgs., *Health/Medicine and the Faith Traditions*, Filadélfia, Fortress Press, 1982, p. 53-132: ANSELM, Reiner e KÖRTNER, Ulrich, *Streitfall Biomedizin. Urteilsfindung in christlicher Verantwortung*, Göttingen, Vandenhoek & Ruprecht, 2003; BAUMANN, Ruth, *Moderne Medizin — Chance und Bedrohung. Eine Medizinethik entlang dem Lebensbogen*, Berna, Lang, 2002; BIGGAR, Nigel, *Aiming to Kill. The Ethics of Suicide and Euthanasia*, Londres, Darton, Longman and Todd, 2004; BONHOEFFER, Dietrich, *Éthique* (1949), Genebra, Labor et Fides, 1997; BRODY, Baruch A., org., *Theological Developments in Bioethics, 1988-1990*, Dordrecht, Kluwer, 1991; BÜHLER, Pierre, "Les pouvoirs sur la vie et l'éthique de la secondarité. Approche théologique des défis de la bioéthique", *RHPhR* 73, 1992, p. 241-258; CAHILL, Lisa Sowle, *Theological Bioethics. Participation, Justice, and Charge*, Washington, Georgetown University Press, 2005; CHILDRESS, James F. e MACQUARRIE, John, orgs., *A New Dictionary of Christian Ethics*, Londres, SCM Press, 1986; CHNEIWEISS, Hervé e NAU, Jean-Yves, *Bioéthique, avis de tempêtes. Les nouveaux enjeux de la maîtrise du vivant*, Paris, Alvik, 2003; COMISSÃO DE ÉTICA DA FEDERAÇÃO PROTESTANTE DA FRANÇA, *Livre blanc de la comission d'éthique. Tous les textes de 1985 à 1999*, Paris, Fédération Protestante de France, 1999; DOUCET, Hubert, *Au pays de la bioéthique. L'éthique biomédicale aux États-Unis*, Genebra, Labor et Fides, 1996; DUMAS, André, *Le contrôle des naissances. Opinions protestantes*, Paris, Les Bergers et les Mages, 1965; DURAND, Guy, *Introduction générale à la bioéthique. Histoire, concepts et outils*, Montreal-Paris, Fides-Cerf, 1999; DYSON, Anthony e HARRIS, John, orgs., *Experiments on Embryos*, Londres, Routledge, 1990; ELLUL, Jacques, *La technique ou l'enjeu du siècle* (1954), Paris, Economica, 1990; ENGELHARDT, H. Tristram Jr., *The Foundations of Bioethics* (1986), New York, Oxford University Press, 1996; Idem, *The Foundations of Christian Bioethics*, Lisse-Exton, Swets & Zeitlinger, 2000; FLETCHER, Joseph, *Morals and Medicine. The Moral Problems of the Patient's Right to Know the Truth, Contraception, Artificial Insemination, Sterilization, Euthanasia*, Princeton, Princeton University Press, 1954; HABGOOD, John S., *A Working Faith. Essays and Addresses on Science, Medicine and Ethics*, Londres, Darton, Longman and Todd, 1980; HAUERWAS, Stanley, *Suffering Presence. Theological Reflections on Medicine, the Mentally Handicapped and the Church*, Notre Dame, University of Notre Dame Press, 1986; HOLDEREGGER, Adrian, MÜLLER et. alii, orgs., *Theologie und biomedizinische Ethik. Grundlagen und Konkretionen*, Friburgo em Brisgóvia-Friburgo, Herder-Universitätsverlag, 2002; HOTTOIS, Gilbert, *Qu'est-ce que la bioéthique?*, Paris, Vrin, 2004; Idem e PARIZEAU, Marie-Hélène, orgs., *Les mots de la bioéthique*, Bruxelas, De Boeck Université, 1994; Idem e MISSA, Jean-Nöel (org. com a colaboração de Marie-Geneviève PINSARD e Pascal CHABOT), *Nouvelle encyclopédie de bioéthique. Médecine, environnement, biotechnologie*, Bruxelas, De Boeck Université, 2001; HÜBNER, Jürgen e SCHUBERT, Hartwig von, orgs., *Biotechnologie und evangelische Ethik. Die internationale Diskussion*, Frankfurt, Campus, 1992; JONSEN, Albert R., *The Birth of Bioethics* (1998), New York-Oxford, Oxford University Press, 2003; LAMAU, Marie-Louise, *Le développement de la bioéthique en Europe*, em Rodrigue BÉLANGER e Simonne PLOURDE, orgs., *Actualiser la morale. Mélanges offerts à René Simon*, Paris, Cerf, 1992, p. 137-163; LAMB, David, *Organ Transplants and Ethics*, Londres, Routledge, 1990; MAY, William F., *The Physicians's Covenant. Images of the Healer in Medical Ethics*, Louisville, Westminster John Knox Press, 2000; MORIN, Edgar, *L'éthique*, Paris, Seuil, 2004; MÜLLER, Denis, *L'éthique protestante dans la crise de la modernité. Généalogie, critique, reconstruction*, Paris-Genebra, Cef-Labor et Fides, 1999; Idem, *Les passions de l'agir juste. Fondements, figures, épreuves*, Friburgo-Paris, Éditions Universitaires-Cerf, 2000; Idem, "Théologie et bioéthique. Une pespective protestante", *Revue des sciences religieuses* 74, 2000, p. 78-91; Idem, "La bioéthique au péril de Dieu. Pour une critique théologique de la maîtrise éthique sur le vivant", *RThPh* 134, 2002, p. 327-340; Idem e ARZ DE FALCO, Andrea, *Les animaux inférieurs et les plantes ont-ils droit à notre respect? Réflexions éthiques sur la dignité de la créature*, Genebra, Médécine et Hygiène, 2002; Idem e POLTIER, Hugues, orgs., *La dignité de l'animal. Quel statut pour les animaux à l'heure des technosciences?*, Genebra, Labor et Fides, 2000; Idem e POLTIER, Hugues, orgs., *Un Homme nouveau par le clonage? Fantasmes, raisons défis*, Genebra, Labor et Fides, 2005; Idem e SIMON, René, orgs., *Nature et descendance. Hans Jonas et le principe "Responsabilité"*, Genebra, Labor et Fides, 1993; PARIZEAU, Marie-Hélène, orgs., *Fondements de la bioéthique*,

Bruxelas, De Boeck Université, 1992; POTTER, Van Rensselaer, *Bioethics. Bridge to the Future*, Englewood Cliffs, Prentice Hall, 1971; QUÉRÉ, France, *La famille*, Paris, Seuil, 1990; *L'éthique et la vie* (1991), Paris, Seuil, 1992; *RAE*, Scott B. e COX, Paul M., *Bioethics. A Christian Approach in a Pluralistic Age*, Grand Rapids, Eerdmans, 1999; RAMSEY, Paul, *The Patient as Person. Exploration in Medical Ethics*, New Haven, Yale University Press, 1970; REICH, Warren T., orgs., *Encyclopedia of Bioethics* (1978), New York, Simon and Schuster, 1995; ROTHSCHILD, Joan, orgs., *Machina ex Dea. Feminist Perspectives on Technology*, New York, Pergamon Press, 1983; SCHUBERT, Hartwig von, *Evangelische Ethik und Biotechnologie*, Frankfurt, Campus, 1991; SCHWAB, Claude, "De la Bible à la bioéthique", *ETR* 67, 1992, p. 193-204; SHELP, Earl E., org., *Theology and Bioethics. Exploring the Foundations and Frontiers*, Dordrecht-Boston, Reidel-Hingham, 1985; SICARD, Didier, *La médecine sans le corps. Une nouvelle réflexion éthique*, Paris, Plon, 2002; THÉVOZ, Jean-Marie, *Entre nos mains l'embryon. Recherche bioéthique*, Genebra, Labor et Fides, 1990; THIELICKE, Helmut, *Sex, Ethik der Geschlechtichkeit* (1964), Tübingen, Mohr, 1966; VAUX, Kenneth, *Birth Ethics: Religious and Cultural Values in the Genesis of Life*, New York, Crossroad, 1989; VERHEY, Allen e LAMMERS, Stephen E., *Theological Voices in Medical Ethics*, Grand Rapids, Eerdmans, 1993.

▶ **Ecologia**; embrião; eugenia; eutanásia; família; Fletcher, John; Fletcher, Joseph; genéticas (manipulações); Hauerwas; **doença**; maternidade; **moral**; paternidade; Quéré; Ramsey; **sanidade**; **sexualidade**; suicídio; **técnica**

BISMARCK, Otto von (1815-1898)

Presidente do Conselho da Prússia a partir de 1862 e chanceler do Império Alemão que ele mesmo criou, de 1871 a 1890, Bismarck esteve sempre em tensão com a igreja, por suas atividades pessoais e políticas. Ainda jovem, participou do movimento de avivamento pomerano (Adolf von Thadden-Trieglaff, 1796-1882), em que conheceu sua esposa, Johanna von Puttkamer. Ali experimentou tanto uma fé sólida como também a fraqueza da política eclesiástica do luteranismo confessional, quando confrontada com o mundo secularizado.

Na época da fundação do império, Bismarck estabeleceu sínodos no nível da província e do *Land*, com o fim de proporcionar à igreja protestante estruturas mais modernas, devido à parlamentarização do novo império. Nesses sínodos, que em parte resultaram de eleições, os leigos obtiveram assentos e votos pela primeira vez. Sua ação no *Kulturkampf* teve repercussões para a história da igreja. Diante de uma igreja católica firme em sua rejeição ao modernismo através do Concílio Vaticano I, Bismarck fez valer o direito do Estado moderno laico. Ao final, teve de fazer algumas concessões, mas manteve o casamento civil e a inspeção pública das escolas. Sua política eclesiástica não culminou na separação entre igreja e Estado, como foi o caso na França, mas em uma distinção mais apurada entre a autoridade espiritual e a autoridade temporal na perspectiva luterana dos dois reinos.

Rudolf von Thadden

▶ BORNKAMM, Heinrich, *Die Staatsidee im Kulturkampf* (1950), Darmstadt, Wissenschaftliche Buchgesellschaft, 1969; THADDEN, Rudolf von, "Bismarck — ein Lutheraner?", em *Weltliche Kirchegeschichte. Ausgewählte Aufsätze*, Göttingen, Vandenhoeck & Ruprecht, 1989, p. 146-163 (e notas, p. 213-216).

▶ Alemanha; *Kulturkampf*; política; Prússia; reinos (doutrina dos dois); Treitscke

BISPO

Compreende-se por "bispo" alguém que exerce um ministério de vigilância e unidade em um conjunto de igrejas locais, que foi a direção que esse ministério tomou a partir do século III. É exercido principalmente nas igrejas católica e ortodoxa. Está relacionado a realidades institucionais bastante diversas, que por sua vez se correlacionam a um dos quatro tipos seguintes: eucarística, monárquica, histórica e sinodal.

O episcopado *eucarístico* corresponde à concepção de igreja prevalecente no cristianismo oriental: a igreja eucarística existe desde que a eucaristia é celebrada. O episcopado é fundamentalmente concebido para essa realidade litúrgica da igreja. Não representa de fato a igreja, mas lhe permite ser a igreja na medida em que celebra sacramentalmente aquilo de que ela precisa para sê-lo. Deve situar-se na continuidade ininterrupta da sucessão apostólica para assegurar a identidade entre a igreja atual e a que Cristo fundou.

Tendo como uma de suas características principais a concepção administrativa do poder que dominava no Império Romano do Ocidente, o episcopado *monárquico* é a variante ocidental do episcopado eucarístico. Essa forma de episcopado enfatiza a autoridade governamental nas mãos dos bispos. Afirma-se que o poder exercido por eles é de tipo monárquico porque, em suas dioceses, eles se pronunciam de modo definitivo em todas as áreas correlacionadas à vida da igreja. Essa característica é ainda mais acentuada pela estrutura piramidal da Igreja Católica: os sacerdotes se submetem à autoridade de seus bispos, que por sua vez se submetem à do papa.

O episcopado *histórico* subsistiu na Reforma anglicana e nas igrejas luteranas escandinavas. Com suas igrejas, os bispos aderiram a esse sistema durante a Reforma, o que lhes possibilitou adotar a nova fé conservando seus respectivos cargos. Assim, a sucessão apostólica da qual continuam a participar não consiste tanto no dom do Espírito transmitido de um bispo a outro, por imposição de mãos, conforme antigamente entre os apóstolos, mas sobretudo na continuidade com a igreja anterior à Reforma. É um episcopado que tem um valor indicativo, não sacramental e normativo. As igrejas episcopais (versão não inglesa do anglicanismo) podem admitir a ascensão de mulheres ao episcopado.

O episcopado *sinodal* está presente nas igrejas luteranas de origem germânica, em várias igrejas reformadas da Europa central e nas igrejas metodistas. Entre luteranos e reformados, a sucessão de bispos foi interrompida com a Reforma: designados e estabelecidos por meio de um sínodo, não estão inscritos na sucessão apostólica visível. A Reforma luterana considerou que reformar a igreja era uma tarefa que podia ser levada a cabo dentro da estrutura eclesiástica existente: a *Confissão de Augsburgo* (art. 28) não contesta a função do bispo, mas pede que seja claramente distinta do poder temporal e que se defina sobretudo pela pregação do evangelho e a administração dos sacramentos. Adotando um vocabulário deliberadamente arreligioso, os luteranos chamam de "supervisores eclesiásticos" ou "superintendentes" (tradução moderna para *episkopoi* no Novo Testamento: supervisores) seus responsáveis eclesiásticos encarregados de zelar pelo ministério de muitos outros pastores.

Em sua maioria, os reformados renunciaram ao bispado para adotar o sistema presbítero-sinodal. Eles têm *antistes*, ou anciãos, mas a função episcopal é exercida por um colegiado, que é a estrutura sinodal regional (provincial, cantonal etc.) que pode delegar parte de seus poderes a um conselho ou a uma só pessoa (presidente, moderador). Porém, algumas igrejas reformadas (na Hungria e na Polônia, p. ex.) contam com bispos sinodais. Não existe cargo episcopal na maioria das igrejas evangélicas. No entanto, o bispado sobrevive entre os Irmãos Morávios e em muitas igrejas metodistas (sem um significado teológico particular), e um bom número de igrejas africanas tende a adotar atualmente o cargo de bispo sinodal. Nessas diferentes denominações, a conservação ou a adoção do cargo responde a razões de ordem contingente. Tais bispos são sujeitos a eleição e até mesmo a reeleição; seu mandato é limitado, e eles podem deixar de ser bispos, abandonando o posto.

Nos dias de hoje, o ministério episcopal ocupa lugar de destaque no debate ecumênico (cf. o documento *Fé e Ordem: batismo, eucaristia, ministério*). Aqueles que, entre os protestantes, conhecem esse ministério ou aceitariam sua adoção o concebem como um sinal de continuidade e unidade da igreja. Porém, não desejam que sua reimplantação e a integração na sucessão apostólica visível sejam uma condição para o reconhecimento de seu ministério. É por causa da diferença nas concepções acerca da natureza do ministério episcopal que um acordo como o de Reuilly não pôde afirmar uma comunhão completa entre, de um lado, as igrejas anglicanas da Grã-Bretanha e da Irlanda e, de outro, as igrejas luteranas e reformadas da França.

Jean-Marc Prieur e Bernard Reymond

▶ *"Appelés à témoigner et à servir". Dialogue entre les Églises anglicanes de Grande-Bretagne et d'Irlande et les Églises luthériennes et réformées de France. L'affirmation commune de Reuilly*, Paris, Les Bergers et les Mages, 1999; GRUPO DE DOMBES, *Le ministère épiscopal. Réflexions et propositions sur le ministère de vigilance et unité dans l'Église particulière* (1976), em *Pour la communion des Églises. L'apport du Groupe des Dombes 1937-1978*, Paris, Centurion, 1988, p. 81-114; REYMOND, Bernard, *Entre la grâce et la loi. Introduction au droit ecclésial protestant*, Genebra, Labor et Fides, 1992.

◉ Anglicanismo; **autoridade**; catolicismo; **igreja**; igrejas episcopais; liderança da igreja; luteranismo organizações eclesiásticas; **pastor**; sínodo; Vaticano II (Concílio)

BLESSIG, Jean-Laurent (1747-1816)

Nascido e morto em Estrasburgo, Blessig foi pregador, líder de igreja, professor e filantropo. Antes de 1789, uma de suas principais funções foi a de orador nas grandes comemorações políticas e históricas. Após a Revolução Francesa, desempenhou um papel primordial na instalação da nova Faculdade de Teologia e da Igreja Luterana da Alsácia, mantendo a distância os teólogos de tendência ortodoxa e pietista. Tentou conciliar os princípios do luteranismo tradicional e a filosofia racionalista da *Aufklärung*. Foi também bastante ativo no campo da benfeitoria e da propagação da Bíblia. De 1780 até sua morte, foi uma grande inspiração para a teologia e as instituições protestantes da Alsácia.

Bernard Vogler

▶ FRITZ, Carl Maximilian, *Leben D. Johann Lorenz Blessig's des Ober-Consistoriums und Directoriums Augsb. Conf. Mitglieds, Professors der Theologie an dem protestant. Seminar, Kirchlichen Inspectors, Predigers an der Neuen-Kirche zu Straßburg*, 2 vols., Estrasburgo, Heitz, 1818; HERTZOG, E., "Johann Lorenz Blessig", em *Evangelische Lebensbilder aus dem Elsass*. [*Erste Reihe*], Estrasburgo, Buchhandlung der Evangelischen Geselschaft, 1901, p. 160-190 (publicado tb. como obra independente); THOMANN, Marcel, "Blessig", em *Nouveau dictionnaire de biographie alsacienne*, t. IV, Estrasburgo, Fédération des Sociétés d'histoire et d'archéologie d'Alsace, 1984, p. 249-252.

● Alsácia-Lorena

BLOCHER-SAILLENS, Madeleine (1881-1971)

Filha do pastor Ruben Saillens, Madeleine Saillens casa-se com o pastor Arthur Blocher e divide com ele, de 1905 a 1929, a liderança de uma igreja batista que em 1928 se instala no Tabernáculo. Com a morte de Arthur, a igreja escolhe sua esposa como pastora, e é assim que Madeleine se torna a primeira pastora na França (antes, havia mulheres exercendo o cargo de pastoras, mas como auxiliares, na Alsácia-Mosela desde 1926-1927). Ela continuou no cargo até 1952, fundando uma livraria e uma colônia de férias e liderando sua comunidade durante o período conturbado da guerra. Madeleine Blocher combatia a "mordaça" imposta às mulheres, de acordo com certa interpretação do apóstolo Paulo. Afirmava que, em meio a um mundo secularizado, recusar o pastorado às mulheres era algo que enfraquecia esse ministério e que todos aqueles que contribuíam para essa recusa "seriam responsabilizados diante de Deus".

Jean Baubérot

▶ BLOCHER-SAILLENS, Madeleine, *Libérées par Christ pour son service*, Paris, Les Bons Semeurs, 1961; Idem, *Témoin des années noires. Journal d'une femme pasteur, 1938-1945*, Paris, Éditions de Paris, 1998.

● Batista, igreja; **mulher**; Saillens

BLUMHARDT, Christoph (1842-1919)

Teólogo alemão nascido em Möttlingen e morto em Bad Boll. Filho, colaborador e sucessor de Johann Christoph Blumhardt, influenciaria Kutter e Ragaz (socialismo religioso), Barth, Brunner e Thurneysen ("teologia dialética"), assim como o sinólogo Richard Wilhelm (1873-1930), com suas pregações sobre a realidade objetiva do Reino de Deus que transcende todas as fronteiras. Mais preocupado com a salvação universal que com a cura pessoal das almas, ele se desembaraça das formas tradicionais do pietismo e adere em 1899 ao Partido Socialista, enxergando no materialismo um elemento de verdade bíblica esquecido pelas igrejas. Destituído como pastor, permanece à escuta de todos os rumores do mundo, como testemunham as cartas que escreve a seu genro Richard Wilhem, missionário não conformista na China. O homem que adotou o lema paterno "Jesus é vencedor" admite que, entre as civilizações estrangeiras, suas testemunhas renunciam, se necessário for, às fórmulas e aos ritos tradicionais de suas igrejas.

Alfred Berchtold

▶ BLUMHARDT, Christoph, *Le libérateur des peuples. Lettres à un missionaire en Chine (1898-1914)*, Genebra, Labor et Fides, 1975; *Christoph Nlumhardt. Eine Auswahl aus seinen Predigten, Andachten und Schriften*, org. por Robert LEJEUNE, 4 vols., Erlenbach-Zurique, Rotapfel, 1925-1937; GRIN, Edmond, *Jean-Christophe Blumhardt et son fils. Guérison des corps, guérison des âmes*, Genebra, Labor et Fides, 1952; RAGAZ, Leonhard, *Der Kampf um das Reich Gottes in Blumhardt, Vater und Sohn — un weiter!* (1922), Erlenbach-Zurique, Rotapfel, 1925;

SCHERDING, Pierre, *Christophe Blumhardt et son père. Essai sur un mouvement de réalisme chrétien*, Paris, Alcan, 1937; THURNEYSEN, Eduard, *Christoph Blumhardt*, Munique, Kaiser, 1926.

> Barth; Blumhardt J. C.; Brunner; cristianismo social/socialismo cristão; Eugster-Züst; Kutter; Ragaz; Reino de Deus; socialismo religioso; "teologia dialética"; Thurneysen

BLUMHARDT, Johann Christoph (1805-1880)

Nascido em Stuttgart, inicia em 1825 seus estudos em teologia no Seminário Protestante de Tübingen. Desestimulado pelas aulas, volta-se para o pietismo, cujos pais de Wurtemberg, Johann Albrecht Bengel (1687-1752) e Friedrich Christoph Oetinger (1702-1782), ensinam a ele um biblicismo estrito, aliado a uma grande abertura para o mundo e o corpo. Durante toda a sua vida, seria mais pastor e "diretor espiritual" que propriamente um teólogo convencional.

Em 1838, sua nomeação na pequena igreja de Möttingen o levaria ao que ele mesmo chamou de "combate de sua vida". Uma jovem da comunidade, Gottliebin Dittus, estava acometida de grave depressão, com sintomas bastante semelhantes aos da possessão demoníaca no Novo Testamento. Em uma luta incessante, Blumhardt a curou em nome de Jesus, e o acontecimento desencadeou um avivamento no local: multidões acorreram à igreja, em desespero. A partir de então, o "teólogo da esperança do Reino" adota o lema "Jesus é vencedor" e compra Bad Boll, que seria o centro de seu ministério como pastor dos angustiados. Interpretando os fatos, Blumhardt enxerga os sinais do advento do Reino, e ficaria surpreso por morrer antes de vê-lo chegar. Seu filho Christoph tomaria seu lugar em Bad Boll, voltando-se para o socialismo após 1870. A Blumhardt Bewegung ("movimento Blumhardt") marcaria com sua esperança na vinda do Reino o socialismo religioso na Suíça.

Jean-Louis Klein

▶ BARTH, Karl, *La théologie protestante au dix-neuviève siècle. Préhistoire et histoire* (1946), Genebra, Labor et Fides, 1969, p. 428-437; ISING, Dieter, *Johann Christoph Blumhardt, Leben und Werk*, Göttingen, Vandenhoeck & Ruprecht, 2002; RIMBAUD, Lucien, "Le sens du ministère évangélique chez Jean-Christophe Blumhardt", *ETR* 22, 1947, p. 180-191.

> Bengel; Blumhardt C.; cura; Oetinger; pietismo; Reino de Deus; **saúde**

BODIN, Jean (1530-1596)

Jean Bodin nasceu em Angers. É uma das mentes mais universais do século XVI. A posteridade lhe deve inúmeras obras, entre as quais se destacam *La méthode de l'histoire* [O método da história] ([*Methodus ad facilem historiarum cognitionem*, 1566], Paris, PUF, 1951), primeiro ensaio de metodologia histórica; *Les six livres de la République* [Os seis livros da República] (1576, Paris, Fayard, 1986), berço da teoria moderna da soberania; *Colloque entre sept scavans qui sont de differens sentimens des secrets cachez des choses relevées* [Colóquio dos sete sábios] ([*Colloquium Heptaplomeres de verum sublimium arcanis abditis*, terminada em torno de 1593, mas impressa somente em 1841], Genebra, Droz, 1984), pleito fervoroso pela tolerância religiosa.

O pensamento político e religioso de Bodin foi influenciado pelas guerras de religião (1562 a 1572), especialmente o Massacre de São Bartolomeu (1572); suas ideias sobre o poder político e a religião devem ser compreendidas como uma resposta a esse acontecimento. Na obra *Seis livros sobre a República*, Bodin defende uma monarquia legítima e justa, mas não submetida a suas próprias leis (*legibus soluta*); dessa maneira, pretende que ao monarca seja atribuída uma posição acima de qualquer partido, possibilitando a supressão dos conflitos religiosos. No *Heptaplomeres*, ele condena toda forma de violência contra os hereges e prega a coexistência pacífica entre as religiões, assim como o livre direito de escolha religiosa.

Ada Neschke

▶ GOYARD-FABRE, Simone, *Jean Bodin et le droit de la République*, Paris, PUF, 1989 (sobre *Os seis livros sobre a República*); MUHLACK, Ulrich, *Geschichtswissenschaft im Humanismus und in der Aufklärung*, Munique, Beck, 1991 (sobre o *Methodus ad facilem historiarum cognitionem*); ROLLENBLECK, Georg, *Offenbarung, Natur und jüdische Überlieferung bei Jean Bodin*, Gütersloh, Bertelsmann, 1964- (sobre o *Heptaplomeres*).

> Locke; **política**; São Bartolomeu (Noite de); Serres J. de; tolerância

BOEGNER, Marc (1881-1970)

Nascido em Epinal e morto em Paris, filho de Paul Boegner e Marguerite Fallot. A princípio estuda direito, mas sob a influência de seu tio materno, o pastor Tommy Fallot, converte-se e decide estudar teologia. Após a morte de Fallot, fundador do cristianismo social, Marc Fallot o sucede na igreja de Aouste (1904), onde ele logo adquiriu uma grande autoridade, esforçando--se por resolver o conflito entre reformados e reformados evangélicos. Casa-se em 1905 com Jeanne Bargeton (que morre em 1933). Dedica sua tese de doutorado a Tommy Fallot. Tendo a primeira conferência missionária mundial de Edimburgo (1910) entre seus maiores interesses, é chamado para ocupar o cargo de professor na Escola de Missões em Paris (1911). Servindo em Paris, pôde prosseguir com suas aulas até o final da guerra. É quando a paróquia de Passy-Annonciation o solicita. Em 1929, é eleito presidente da Federação Protestante da França, permanecendo no posto até 1961. Em 1928, inicia sua série de pregações da Quaresma, que seriam transmitidas por rádio no ano seguinte, sendo em sua maioria publicadas. Em 1936, casa-se, pela segunda vez, com Mary Thurneysen (que morre em 1953). A partir dos anos 1930, passa a integrar discussões de negociação para a reconstituição da unidade reformada, concluídas em 1938. É eleito presidente do Conselho Nacional da Igreja Reformada na França, ocupando o cargo até 1950. Ao mesmo tempo, engaja-se no movimento ecumênico e participa das conferências de Oxford e de Edimburgo em 1937. Quando da formação do Conselho Mundial de Igrejas (1938), torna--se presidente do comitê administrativo. Junto ao secretário-geral Willem Adolf Visser't Hooft, faria desse conselho uma grande agência internacional de ajuda aos exilados e perseguidos. Durante a Segunda Guerra Mundial, tendo se estabelecido em Nîmes até 1943, intervém vigorosamente junto ao marechal Pétain, a Darlan e a Pierre Laval para assegurar os direitos humanos e opor-se ao antissemitismo. Atacado por "colaboradores", é vigiado pela polícia de Vichy e pela Gestapo. Com sua autoridade, protege os pastores e a CIMADE, que escondem e ajudam a tirar da França tanto os judeus quanto demais pessoas perseguidas pela Gestapo. Em 1948, com o surgimento oficial do CMI, torna--se um dos seis presidentes da instituição. Dedica-se arduamente ao soerguimento das igrejas protestantes da França. Assume a presidência da Sociedade das Missões Evangélicas de Paris, quando passa a ser considerado o líder espiritual do protestantismo francês. Em 1964 e 1965, é convidado pessoalmente à terceira e à quarta sessões do Concílio Vaticano II. Com numerosos títulos de doutor *honoris causa*, na Europa e nos EUA, é eleito membro da Academia das Ciências Morais e Políticas e o primeiro pastor a ocupar uma cadeira na Academia Francesa.

Roger Mehl

▶ BOEGNER, Marc, *L'exigence oecuménique. Souvenirs et perspectives*, Paris, Albin Michel, 1968; BOEGNER, Philippe, orgs., *Les carnets du pasteur Boegner (1940-1945)*, Paris, Fayard, 1992; BOLLE, Pierre, "Boegner, Marc", em André ENCREVÉ, org., *Les protestants* (*Dictionnaire du monde religieux dans la France contemporaine* V), Paris, Beauchesne, 1993, p. 77-79 (bibiogr.); MEHL, Roger, *Le pasteur Marc Boegner, 1881-1970. Une humble grandeur*, Paris, Plon, 1987.

● Conselho Mundial de Igrejas; Die et Dauphiné; Federação Protestante da França; Movimento Internacional da Reconciliação

BOESAK, Allan Aubrey (1946)

Nascido na comunidade dos Khoikhoi em Sommerset West (Le Cap) e descendente de um líder em uma rebelião de escravos, Boesak é uma vítima do *apartheid*. No entanto, sua educação cristã lhe ensina a esperança em uma nova ordem social fundada sobre a fé no evangelho libertador de Jesus Cristo. Estudou na África do Sul e no *Union Theological Seminary* de Nova York, onde teve contato com a obra de Martin Luther King. Obtém o título de doutor em teologia na Universidade de Kampen (Países Baixos) com um trabalho em teologia negra, *Farewell to Innocence* [Adeus à inocência] (1976). Capelão dos estudantes na Universidade de Western Cape, torna-se pastor na igreja de pessoas negras associada à missão da *Dutch Reformed Church* [Igreja Reformada Holandesa] e se engaja em vários movimentos em prol de uma igreja confessional em uma situação de extrema injustiça. De 1982 a 1990, ocupa o cargo de presidente da Aliança Reformada Mundial. Bastante sensibilizado pela repressão violenta em Soweto (1976) e suas consequências, adquire reputação internacional de pregador profético, de um teólogo da libertação que pensa a fé reformada em relação ao negro e de um temido interlocutor quanto aos poderes em jogo. Após um caso amoroso, ele renuncia a suas várias responsabilidades e passa a integrar o Congresso Nacional Africano na luta pela democracia na África do Sul. Em 1995, tendo sido designado pelo governo como embaixador da África do Sul na ONU em Genebra, Boesak é acusado de desvio de fundos de uma associação de caridade holandesa em prol das vítimas do *apartheid*, o que o leva a renunciar ao cargo. É condenado a um ano de prisão em 2000, afirmando o tempo todo sua inocência.

Klauspeter Blaser

▶ BOESAK, Allan Aubrey, *Farewell to Innocence. A Socio-Ethical Study on Black Theology and Power*, Maryknoll, Orbis Books, 1976; Idem, *The Finger of God. Sermons on Faith and Responsability*, Maryknoll, Orbis Books, 1982; Idem, *Black and Reformed. Apartheid, Liberation and the Calvinist Tradition*, Maryknoll, Orbis Books, 1984; Idem, *Walking on Thorns. The Call to Christian Obedience*, Genebra, CMI, 1984; Idem, *Comfort and Protest. Reflections on the Apocalipse of John of Patmos*, Filadélfia, Westminster Press, 1988.

◉ África do Sul; Aliança Reformada Mundial; *apartheid*; teologia da libertação

BÖHME, Jakob (1575-1624)

Nascido em Görlitz, em Haute-Lusace, província luterana aberta e próspera antes de ser anexada pela Saxônia em 1620, esse mestre sapateiro, verdadeiro visionário e místico, publicaria uma obra copiosa, posta no Índex pela ortodoxia luterana desde seu primeiro tratado, *L'aurore naissante* [A aurora nascente] (1612, Milão, Arché, 1977). Em seguida, publicaria *Des trois principes de l'essence divine* [Dos três princípios da essência divina] (1618, Plan-de-la-Tour, Éditions d'Aujourd'hui, 1985) e *De la signature des choses ou de l'engendrement et la définition de tous les êtres* [Da assinatura das coisas ou do engendramento e da definição de todos os seres] (1622, Paris, Grasset, 1995), com destaque para *Mysterium magnum* (1623, 2 vols., Paris, Aubier, 1945). Teósofo, buscou através de uma via de iluminação as correspondências entre a natureza, o homem e seu Deus. Seu ponto de partida é a dualidade mal/bem na natureza, angústia/alegria no homem, signo ou hieróglifo de uma dualidade em Deus. O *Mysterium magnum* (grande Mistério) é o nascimento de Deus fora do *Ungrund*, do "sem fundo", do abismo; sua vitória para estabelecer ordem e harmonia. Essa dialética se repete em todos os níveis do ser. A teosofia de Böhme exerceria uma grande influência no romantismo e no idealismo alemães, sobretudo sobre Schelling e Hegel.

Michel Cornuz

▶ BÖHME, Jakob, *Säntliche Schriften* (1730), 11 vols., Stuttgart, Frommann, 1955-1961; CENTRO DE PESQUISAS EM HISTÓRIA DAS IDEIAS DA UNIVERSIDADE DE PICARDIA, org., *Jacob Boehme ou l'obscure lumière de la connaissance mystique*, Paris, Vrin, 1979; KOYRÉ, Alexandre, *La philosophie de Jacob Boehme* (1929), Paris, Vrin, 1979.

◉ Anjos; antroposofia; **espiritualidade**; espiritualismo; Hegel; iluminismo; Oetinger; romantismo; Schelling; Swedenborg; teosofia

BOIS, Henri (1862-1924)

Nascido em Montauban, sua sólida formação intelectual o leva ao ensino desde que conclui seus estudos, em 1889. Primeiro titular da cadeira de teologia sistemática na Faculdade de Montauban (1895), é filho de Charles Bois, também professor de teologia a partir de 1873. Discípulo do neocriticismo de Charles Renouvier, Bois pretendeu dar uma base mais sólida à ortodoxia evangélica e, em um diálogo crítico com o simbolismo de Auguste Sabatier, valorizar a revelação cristã em sua historicidade (e, portanto, na pessoa de Jesus), rejeitando todo divórcio entre fé, razão e história. No campo da psicologia religiosa, suas pesquisas lhe permitiram desenvolver uma reflexão original acerca da experiência religiosa, suas manifestações e seu alcance apologético. Teólogo a serviço da igreja, Bois não negligenciou a pregação nem a liderança espiritual, que exerceu principalmente junto aos jovens da Federação Universal das Associações Cristãs de Estudantes. Foi o principal articulador da transferência da Faculdade de Teologia de Montauban para Montpellier, em 1919.

Laurent Gambarotto

▶ BOIS, Henri, *Le dogme grec et l'essence du christianisme*, Paris, Fischbacher, 1893; Idem, *De la connaissance religieuse*, Paris, Fischbacher, 1894; Idem, *La personne et l'oeuvre de Jésus* (1906),

Neuilly-sur Seine, La Cause, 1926; Idem, *Le Réveil au Pays de Galles*, Toulouse, Société des publications morales et religieuses, 1906; ANSALDI, Jean, "Histoire et langage: Henri Bois à l'aurore de notre modernité théologique", *ETR* 57, 1982, p. 41-54; ARNAL, André, *La pensée religieuse du Doyen Henri Bois*, Montpellier, Coulet, 1925.

● Flournoy; Montauban; Montpellier; Renouvier; Sabatier A.; símbolo-fideísmo

BOISSY D'ANGLAS, François Antoine, conde de (1756-1826)

Nascido em Saint-Jean-Chambre (Ardèche), de família reformada. Advogado em Paris e deputado nas assembleias revolucionárias, defende os homens negros, protege as liberdades dos protestantes e dos sacerdotes insubmissos. Seria acusado de pleitear uma república protestante. Ao presidir a Convenção e vê-la invadida por uma multidão carregando a cabeça de um deputado, saúda dignamente os presentes e se recusa a ceder à pressão dos revolucionários. Privando de caráter oficial os cultos revolucionários, devolve a liberdade às igrejas e obtém a separação entre igreja e Estado. Redige a Constituição do ano III (1795), reafirmando os valores enunciados em 1789, mas de modo mais restrito quanto à liberdade e à igualdade. Como na declaração de 1793, a abolição da escravatura é mantida, mas os direitos sociais não são mais mencionados. Uma lista de deveres acompanha os direitos, com destaque para o respeito à propriedade e ao serviço militar. Foi sucessivamente membro do Conselho dos Quinhentos, presidente do Tribunato, senador e conde do Império, par da França na Restauração. Foi também membro do Consistório da Igreja Reformada de Paris.

Jacques Galtier

▶ BOISSY D'ANGLAS, Hélène, *François Antoine de Boissy d'Anglas*, Paris, L'Harmattan, 2001; CHASTAGNARET, Yvez, "Boissy d'Anglas, lecteur de Rousseau", *Études Jean-Jacques Rousseau* 2, 1988, p. 11-134.

● Revolução Francesa

BOLSEC, Jerônimo (?-1584)

Ainda frade carmelita em Paris, converteu-se à Reforma. Após deixar a ordem, torna-se médico de um nobre francês, o senhor de Falais, em Veigy, que na época estava sob a jurisdição de Berna. Começou a frequentar as "congregações" bíblicas em Genebra e, em outubro de 1551, atacou publicamente a doutrina da predestinação de Calvino. Foi preso e banido para sempre da cidade após um processo jurídico. Suas doutrinas foram condenadas pelo Sínodo de Lyon em 1563. Suas bastantes hostis "histórias das vidas" de Calvino (1577) e Beza (1582) são posteriores a sua reconversão ao catolicismo.

Irena Backus

▶ *Actes du procès intenté par Calvin et les autres ministres de Genève à Jérôme Bolsec de Paris (1551)*, em *Opera Calvini* VIII, col. 145-248; "Procès de Jérôme Bolsec", em *Registres de la Compagnie des pasteurs de Genève*, t. I: *1546-1553*, Genebra, Droz, 1964, p. 80-131; FAZY, Henri, "Procès de Jérôme Bolsec publié d'après les documents originaux", *Mémoires de l'Institut national genevois* 10, 1865, p. 3-74; HOLTROP, Philip C., *The Bolsec Controversy on Predestination, from 1551-1555. The Statements of Jerome Bolsec, and the Responses of John Calvin, Theodore Beza, and Other Reformed Theologians*, Lewinston, E. Mellen Press, 1993.

● Predestinação e Providência

BONHOEFFER, Dietrich (1906-1945)

Nascido em Breslau, esse teólogo luterano alemão inicia sua vida profissional na carreira universitária. Por seu doutorado sobre a igreja (*Sanctorum communio*), é nomeado *privat-docent* na Universidade de Berlim. Em paralelo a suas atividades como professor, dedica-se ao movimento ecumênico como secretário da juventude na Aliança Universal pela Amizade Internacional entre as Igrejas (fundada em 1914, é uma das organizações na origem do Conselho Mundial de Igrejas). Além disso, mantém estreitos laços com os Estados Unidos e a Inglaterra após o período em que morou em Nova York como bolsista (de 1930 a 1931) e ocupa o posto de capelão dos estudantes. Pastor, aluno de Adolf van Harnack, ecumênico, Bonhoeffer tinha um belo futuro a sua frente, até deparar com a ascensão de Hitler ao poder, em janeiro de 1933. Oponente precoce ao ditador — desde abril de 1933, bem antes de Niemöller e Barth, insurge-se contra o antissemitismo do novo regime —, partidário da ala "radical" da Igreja Confessante (Sínodo de Dahlem), passa a ser considerado pelo meio acadêmico como um fanático. Sua afirmação de 1936 causaria escândalo: "Quem se separa voluntariamente da Igreja Confessante na Alemanha está fora da salvação". Em 1935, assume a direção de um seminário para pastores em Finkenwalde, onde dá provas de sua plena capacidade com a publicação de duas obras que seriam um marco histórico: *Discipulado* ([Nachfolge, 1937], São Leopoldo, Sinodal, 2004) e *Vida em comunhão* (1939, São Leopoldo, Sinodal, 2001). Pacifista por convicção, mas pronto para engajar-se em um complô visando a eliminação de Hitler, graças a seus contatos Bonhoeffer é designado para o serviço de contraespionagem alemã durante a guerra. Assim, leva uma vida dupla, redige os primeiros esboços de sua *Ética* (São Leopoldo, Sinodal, 2005) e se esforça por estabelecer contatos entre a resistência alemã e os Aliados, principalmente por meio do bispo inglês George Bell. É preso pela Gestapo em abril de 1943 e, após o atentado contra Hitler (em 20 de julho de 1944), enforcado junto com seus companheiros no campo de concentração de Flossenbürg, no dia 8 de abril de 1945. Desse período, chegaram até nós suas cartas da prisão, publicadas por seu amigo Eberhard Bethge (1909-2000) com o título *Resistência e submissão: cartas e anotações escritas na prisão* (São Leopoldo, Sinodal, 2003), assim como suas *Lettres de fiançailles* [Cartas de noivado], com Maria von Wedemeyer (1992, Genebra, Labor et Fides, 1998).

A obra de Bonhoeffer foi objeto de numerosas interpretações, às vezes bastante divergentes. Enquanto, nos anos 1960, colocou-se ênfase nas visões enigmáticas das cartas da prisão em relação a um "cristianismo arreligioso", as pesquisas recentes preferem concentrar-se na obra em seu conjunto e em suas irradiações, partindo de Bonhoeffer como teólogo pastoral, defensor do Antigo Testamento e do judaísmo, pensador de uma igreja renovada.

Henry Mottu

▶ BONHOEFFER, Dietrich, *Gesammelte Schriften*, 6 vols., Munique, Kaiser, 1958-1974; *Dietrich Bonhoeffer Werke*, org. por Eberhard BETHGE et alii, 17 vols., Munique, Kaiser, depois Gütersloh, Kaiser/ Gütersloher Verlagshaus, 1986-1999; ABROMEIT, Hans-Jürgen, *Das Geheimnis Christi. Dietrich Bonhoeffers erfahrungsbexogene Christologie*, Neukirchen-Vluyn, Neukirchener Verlag, 1991; BETHGE, Eberhard, *Dietrich Bonhoeffer. Vie, pensée, témoignage* (1967), Genebra-Paris, Labor et Fides-Centurion, 1969; DUMAS, André, *Une théologie de la réalité. Dietrich Bonhoeffer*, Genebra, Labor et Fides, 1968; MOMMSEN, Hans, *Der Nationalsozialismus und die deutsche Gesellschaft*, Reinbek, Rowohlt, 1991; MOTTU, Henry, *Dietrich Bonhoeffer*, Paris, Cerf, 2002; Idem e PERRIN, Janique, orgs., *Actualité de Dietrich Bonhoeffer en Europe latine. Actes du colloque international de Genève (23-25 septembre 2002)*, Genebra, Labor et Fides, 2004.

▶ Antissemitismo; barthismo; Bell; Brunner; crítica da religião; Dumas; Igreja Confessante; *Kirchenkampf*; Lehmann; **judaísmo**; Niemöller; Revolução Conservadora; teologias da morte de Deus

BONNARD, Pierre (1911-2003)

Pastor, exegeta do Novo Testamento, professor na Faculdade de Teologia da Igreja Livre Valdense (1945-1966) e na Faculdade de Teologia da Universidade de Lausanne (1966-1978), após a fusão das duas faculdades. Distanciando-se da tradição pietista, moralista e liberal que dominava na época na Suíça romanda, e baseando-se na obra de Karl Barth, Pierre Bonnard buscou representar uma exegese cientificamente informada e teologicamente consistente. Essa leitura renovada da Escritura se materializou em sua prolífica atividade de comentador do Novo Testamento, seu engajamento na renovação bíblica do pós-guerra entre falantes da língua francesa, sua participação na tradução ecumênica da Bíblia, seu combate por um diálogo autêntico entre o evangelho e a cultura e sua luta pela unidade da Igreja Reformada do cantão de Vaud (unificação entre a Igreja Nacional e a Igreja Livre em 1966).

Jean Zumstein

▶ BONNARD, Pierre, *Jésus-Christ édifiant son Église. Le concept d'édification dans le Nouveau Testament*, Neuchâtel, Delachaux et Niestlé, 1948; Idem, *L'épître de saint Paul aux Philippiens*, Neuchâtel, Delachaux et Niestlé, 1950; Idem, *L'épître de saint Paul aux Galates* (1953), Neuchâtel, Delachaux et Niestlé, 1972; Idem, *L'évangile selon saint*

Matthieu (1963), Genebra, Labor et Fides, 1992; Idem, *Anamnesis. Recherches sur le nouveau Testament*, Lausanne, RThPh (Cahiers de la *RThPh* 3), 1980; Idem, *Les épitres johanniques*, Genebra, Labor et Fides, 1983; MARGUERAT, Daniel, "Pierre Bonnard (1911-2003). *In memoriam*", *RThPh* 135, 2003, p. 289-297; Idem e ZUMSTEIN, Jean, orgs., *La mémoire et le temps. Mélanges offerts à Pierre Bonnard*, Genebra, Labor et Fides, 1991.

◉ Barthismo; **Bíblia**

BONNET, Charles (1720-1793)

Na obra de Bonnet, mais que nos escritos de qualquer outro erudito do século XVIII, ciência, psicologia e filosofia estão intimamente entremeadas. Nascido no dia 13 de março de 1720 em Genebra, Bonnet apaixona-se logo cedo pelo estudo das ciências naturais, ao mesmo tempo que empreende seus estudos de direito na Academia. Em 1745, publica *Traité d'insectologie* [Tratado de entomologia], torna-se membro correspondente de várias sociedades eruditas da Europa e dialoga com os maiores pensadores de sua época sobre seus pontos de vista filosóficos e naturalistas. Sua obra *Essai sur les facultés analytiques de l'âme* [Ensaio sobre as faculdades analíticas da alma] (1760), em uma tarefa inspirada por Condillac, propõe-se a analisar os componentes da alma humana, da produção das sensações por "fibras" específicas, cuja unidade superior estaria assegurada por um eu simples e indivisível, prova da imaterialidade da alma. Em suas obras mais estritamente biológicas, como *Considérations sur les êtres organisés* [Considerações sobre os seres organizados] (1762), *Contemplations de la nature* [Contemplações da natureza] (1762) e *Palingénésie philosophique* [Palingênese filosófica] (1769), redigidas no momento em que sua cegueira o obriga a renunciar às observações diretas e a voltar-se para reflexões mais metafísicas, Bonnet formula a ideia de que os seres formam uma linha única até o homem, passando por todos os graus de organização sucessiva. Essa organização seria então a expressão de um plano criador. No grande debate sobre a origem dos seres vivos, Bonnet, que angariou sua reputação sendo o primeiro a observar a partenogênese do afídeo (pulgão), tira tanto de sua experiência pessoal quanto das demonstrações de seu compatriota Abraham Trembley (1710-1784) sobre a faculdade de regeneração do pólipo de água doce a convicção de que todo ser vivo está contido em um ovo. Essa preexistência dos germes constitui para ele, que é aliás profundamente influenciado pela filosofia leibniziana, a garantia de uma ordem imutável desejada por Deus. Com as observações do bernês Albert de Haller (1708-1788) sobre a embriologia do frango, Bonnet refina suas teorias pré-formacionistas. O sêmen teria uma ação alimentadora e transformadora, como no exemplo da mula, resultado da ação do esperma do asno sobre o óvulo da égua contido nos ovários da jumenta. Trata-se de fundar os princípios que permitirão conceber a geração como um problema de fisiologia, ao mesmo tempo apresentando as premissas de uma teoria do desenvolvimento como lei universal e necessária da natureza e assegurando as transformações dos seres vivos em seu todo. Bonnet publica ainda a obra *Recherches philosophiques sur les preuves du christianisme* [Pesquisas filosóficas sobre as provas do cristianismo] (1770), em que declara a possibilidade de uma união entre cristianismo e religião natural.

Bonnet morre no dia 20 de maio de 1793, após uma longa doença. Sua obra, imensa e enciclopédica, por vezes contraditória, desafia as classificações simplistas, levando o leitor a refletir sobre a complexidade das relações que um intelecto indiscutivelmente brilhante do século XVIII soube tecer entre ciência biológica, ciência psicológica e filosofia. Sua busca metafísica dirigiu suas pesquisas como erudito naturalista, porém os resultados dessas pesquisas conduziram, por sua vez, a uma reformulação das questões metafísicas, e até políticas, de um homem que, profundamente conservador, pôde ainda manter seus cargos como conselheiro na República de Genebra.

Vincent Barras

▶ BUSCAGLIA, Marino et alii, orgs., *Charles Bonnet, savant et philosophe (1720-1793). Actes du colloque international de Genève (25-27 novembre 1993)*, Genebra, Passé présent, 1994; MARX, Jacques, *Charles Bonnet contre les Lumières, 1738-1859*, Oxford, Voltaire Foundation, 1976; SAVIOZ, Raymond, *La philosophie de Charles Bonnet de Genève*, Paris, Vrin, 1948.

◉ Leibniz; liberalismo teológico; Luzes; **razão**

BOOTH, William (1829-1912) e Catherine (1829-1890)

Confiado desde a idade de 14 anos a um penhorista de Nottingham, sua cidade natal, e depois em Londres, William Booth deixaria a Igreja Anglicana pela Igreja Metodista. A constatação da terrível miséria no submundo de Londres da era vitoriana, "o abatedouro de nossa civilização", está na origem de sua vocação missionária, que para ele é semelhante à de um James Hudson Taylor de partida para a China. Afastado do meio metodista por conta de sua afinidade com o avivalismo, conhece Catherine Mumford, com quem se casa em 1855. Em vez de evangelizar a partir do local de culto, William e Catherine Booth buscam seus contemporâneos longe da igreja, em danceterias, teatros mal afamados, portos, cafés. A miséria do corpo os angustia tanto quanto a da alma. Abrem locais para distribuição de sopa aos pobres, a meio caminho entre o albergue e a sala reservada para a evangelização. Em 1877, essa missão cristã se transforma em uma organização de estilo militar, com regulamentos, cantos e um manual do soldado, bandeiras, uniforme e escola de oficiais sob a liderança de um general. Os novos convertidos se tornam, por sua vez, evangelistas que aceitam levar uma vida frugal. É impressionante o crescimento do Exército de Salvação com sua rede de obras sociais e seu trabalho evangelístico, apesar das reservas das igrejas tradicionais, da zombaria da multidão e das intervenções da polícia. A ambição do casal Booth pode ser resumida nesta declaração famosa: "O mundo para Jesus". Uma das características do Exército de Salvação é ter colocado no mesmo patamar homens e mulheres. Na época da morte de seu fundador, a organização já estava presente em 56 países.

Philippe Vassaux

▶ BOOTH, William, *Lettres. Le christianisme dans la vie quotidienne*, Paris, Altis, 1934; HOFFMANN-HERREROS, Johann, *Catherine und William Booth.Sozialarbeit und Seelsorge, die Heilarmee*, Mayence, Matthias-Grünewald-Verlag, 1989.

◉ Ação social; Exército de Salvação; Missão Interior

BOSC, Jean (1910-1969)

Teólogo reformado francês, Bosc foi secretário da Federação Francesa das Associações Cristãs de Estudantes, pastor em Meaux, professor de teologia sistemática na Faculdade de Teologia Protestante de Paris, diretor da revista *Foi et vie* [Fé e vida]. Dogmático firmemente radicado na tradição calvinista e intérprete do pensamento de Barth, representou para muitos a consciência teológica de sua geração, exercendo o ministério de doutor, no pleno sentido do termo.

À luz do reinado do Cristo crucificado, sua incansável atividade teológica foi levada a cabo tanto dentro das fronteiras da igreja quanto fora dela. Na vida eclesiástica, passou por uma experiência sem igual no diálogo ecumênico e assumiu responsabilidades diversas nos conselhos. Fora dos portões, a partir de 1939, lançou o projeto de uma universidade em que as expressões da fé cristã estivessem lado a lado com as áreas da cultura e das ciências. Nessa mesma linha, participou da criação das Associações Profissionais Protestantes e depois, com André de Robert (1904-1987), da Associação do Centro de Villemétrie. Criado em 1954, esse local comunitário de encontros se tornou um lar de vida teológica e espiritual: ao cessar de dialogar consigo mesma, a fé cristã se vê em confrontação com os variados atores da vida pública.

Aderindo intimamente a sua vocação, Jean Bosc experimentou a graça de tornar sua vida a expressão de sua fé.

Michel Bouttier

▶ BOSC, Jean, *L'office royal du Seigneur Jésus-Christ*, Genebra, Labor et Fides, 1957; Idem, *L'unité dans le Seigneur. Unité et ordre sous le règne du Christ*, Paris, Éditions universitaires, 1964; Idem, *Situation de l'aecuménisme en perspective réformée*, Paris, Cerf, 1969.

◉ Barthismo; revistas protestantes

BOST, John (1817-1881)

Filho do pastor do avivamento Ami Bost, John foi professor de piano e aluno de Liszt, tornando-se pastor de La Force (Dordogne, França) em 1844. De 1848 a 1881, fundou nove asilos para acolher cegos, órfãos, enfermos, epiléticos, deficientes mentais e pessoas idosas sem recursos. Ao morrer, deixou quatrocentos beneficiados sendo cuidados por uma equipe de sessenta pessoas, graças não às finanças públicas, mas às quantias dispensadas pelos membros de sua igreja, que às vezes se assustavam com sua ousadia, e à coleta de fundos na França e no estrangeiro. Assim, pouco depois da lei de 1838 sobre a internação dos doentes mentais, Bost fundou estabelecimentos sem muros (nada ali deveria lembrar um "convento"), contrariando os médicos da época ao recusar-se a considerar a "idiotia" como um mal incurável (o que seria, para ele, "negar o amor de Deus"). Sua teologia moral e médica tinha o lema: "Os rejeitados por todos serão acolhidos por mim, em nome de meu Senhor". Seus métodos de tratamento são originais (musicoterapia, ergoterapia etc.). É compreensível que Bost represente o típico criativo protestante do avivamento.

Jean Baubérot

▶ BOST, Charles Marc, *Mémoires de mes fantômes*, t. II: *John, Ruffec, Lorelle*, Lillebonne, pelo autor, 1981.

◉ Ação social, Bost A.; Avivamento; **saúde**

BOST, Paul Ami Isaac David (1790-1874)

Nascido em Genebra e morto em Prigonrieux (Dordogne, França), Ami Bost é um dos mais conhecidos propagadores do avivamento no país, temido pelos adversários por sua tendência a polemizar, sobretudo no início do ministério. Seus dons musicais lhe permitem compor cânticos que ainda são utilizados nas igrejas. É menos fechado doutrinalmente que afirmam alguns (p. ex., é hostil à teopneustia, ou inspiração literal da Bíblia pelo Espírito Santo).

Depois dos estudos secundários em Neuwied (Renânia), entre os Irmãos Morávios, cuja espiritualidade marcaria sua vida, inicia seus estudos em teologia em Genebra. Ordenado pastor em 1814, passa dois anos em Genebra como professor e, em seguida, serve como pastor auxiliar em Moutiers-Grand-Val (Jura bernês) de 1816 a 1818, além de trabalhar como evangelista itinerante durante alguns meses. Chega à França em 1819 após ter rompido com a Igreja Nacional de Genebra e se coloca a serviço da Sociedade Continental de Londres como "missionário do avivamento". Exerceu o ministério sobretudo na Alsácia, mas precisou sair da França em 1822 por causa das queixas de pastores hostis ao avivamento, atacados ferozmente por ele. Trabalha na Alemanha e volta para a Suíça em 1825, primeiro como pastor dissidente (Bourg-de-Four, missionário itinerante, Carouge), e depois, em 1840, é reintegrado à Igreja Nacional de Genebra (em 1839, em Paris, dirige durante alguns meses o jornal *L'Espérance* [A Esperança]). Retorna à França em 1843 como pastor em Asnières, perto de Bourges, e depois em Melun (de 1846 a 1848). A partir de 1848, retira-se do ministério propriamente dito: ministra aulas durante algum tempo em Neuchâtel, morando em Jersey, em Paris e em Pau, e passa seus últimos dias na região de La Force (Dordogne), na casa de seu filho John. Além de brochuras polêmicas, redigiu várias obras, traduziu a *Histoire générale de l'établissement du christianisme dans toutes les contrées où il a pénétré depuis le temps de Jésus-Christ* [História geral da implantação do cristianismo em todas as religiões onde penetrou desde a época de Jesus Cristo] de Christian Gottlieb Blumhardt (4 vols., Valence, Aurel, 1838) e deixou suas *Mémoires pouvant servir à l'histoire du réveil religieux des Églises protestantes de la Suisse et de la France, et à l'intelligence des principales questions théologiques et eccésiastiques du jour* [Memórias que podem servir à história do avivamento religioso das igrejas protestantes da Suíça e da França e à inteligência das principais questões teológicas e eclesiásticas da atualidade] (3 vols., Paris, Meyrueis, 1854-1855).

André Encrevé

▶ BOST, Charles Marc, *Mémoires des mes fantômes*, t. I: *Ami et ses dix fils*, Lillebonne, pelo autor, 1981; LEUILLIOT, Paul, *L'Alsace au début du XIXᵉ siècle. Essais d'histoire politique, économique et religieuse*, t. I: *La vie politique*, Paris, SEVPEN, 1959; WEMYSS, Alice, *Histoire du Réveil 1790-1849*, Paris, Les Bergers et les Mages, 1977.

◉ Bost J.; Coillard; Morávios (Irmãos); Avivamento

BOURGEOIS, Loÿs (1510/15-?1560)

Nascido e morto em Paris, esse compositor e teórico francês, chantre e professor de crianças em Genebra (Saint-Pierre e Saint-Gervais), desempenhou um papel importante na elaboração do *Psautier huguenot* (Saltério huguenote). Em 1546, edita a *Table des Psaumes à chanter chaque dimanche* [Quadro dos Salmos para cantar todo domingo]. Em 1547, manda editar em Lyon *Cinquante Pseaulmes* de David à voix de contrepoint égal consonante au verbe [Cinquenta salmos de Davi com voz de contraponto e letra e melodia segundo o texto] e *Premier Livre des [24] Pseaulmes en diversité de musique* [Primeiro livro dos 24 salmos em diversidade musical], a quatro vozes. Em 1554 e 1561, ele publica *LXXXIII Pseaumes* [83 salmos]. Foi também autor de quatro canções (1539,1560) a quatro vozes. Melodista e harmonista, também é teórico, como demonstra seu tratado *Le droict chemin de musique* [O caminho reto da música] (1550, Kassel, Bärenreiter, 1954), manual de solmização[10] para o canto dos salmos. Em 1552, estabelece-se em Paris e, em seguida, em Lyon, onde se torna "mestre músico" (1557). Os Arquivos de Genebra confirmam sua participação no Saltério francês.

Édith Weber

▶ GAILLARD, Paul-André, *Loÿs Bourgeoys. Sa vie, son oeuvre comme pédagogue et compositeur. Essai biographique et critique suivi d'une bibliographie et d'un appendice*, Lausanne, Impr. réunies, 1948; PIDOUX, Pierre, org., *Le Psautier huguenot du XVIe siècle. Mélodies et documents*, 2 vols., Basileia, Bärenreiter, 1962.

◉ Música; *Saltério huguenote*

BOUSSET, Wilhelm (1865-1920)

Teólogo protestante alemão, nascido em Lübeck e morto em Giessen, Bousset estuda em Erlangen, Leipzig e Göttingen, sendo nomeado *privat-docent* em 1890 e assumindo como professor extraordinário a matéria Novo Testamento a partir de 1896. Em 1916, é nomeado professor ordinário em Giessen. Principal representante da escola da história das religiões, interessa-se sobretudo, de início, pela significação do judaísmo tardio em relação ao cristianismo primitivo. Algum tempo depois, passou a enfatizar também as influências helênicas e orientais (com destaque para sua obra mais importante, *Kyrios Christos* [Cristo, o Senhor]). Além de sua atividade de peso como conferencista também com fins políticos, à qual se atribuem as obras *Religionsgeschichtliche Volksbücher für christliche Gegenwart*, publicadas por Friedrich Michael Schiele, Bousset fundou em 1898, com Wilhelm Heitmüller, a *Theologische Rundschau*, tornando-se coeditor em 1903, com Hermann Gunkel, das *Forschungen zur Religion und Literatur des Alten und Neuen Testaments*.

Gerd Lüdemann

▶ BOUSSET, Wilhelm, *Jesu Predigt in ihrem Gegensatz zum Judentum. Ein religiongeschichtlicher Vergleich*, Göttingen, Vandenhoeck & Ruprecht, 1892; Idem, *Die Religion des Judentums in neutestamentlichen Zeitalter* (1903, 1926), Tübingen, Mohr, 1966; Idem, *Kyrios Christos. Geschichte des Christusglaubens von den Anfängen des Christentums bis Irenaeus* (1913, 1921), Göttingen, Vandenhoeck & Ruprecht, 1967; GUNKEL, Hermann, "Wilhelm Bousset (Gedächtnisrede)", *Evangelische Freiheit* 42, 1920, p. 141-162; LÜDEMANN, Gerd e SCHRÖDER, Martin, *Die Religionsgeschichtliche Schule in Göttingen. Eine Dokumentation*, Göttingen, Vandenhoeck & Ruprecht, 1987, p. 55-63; VERHEULE, Anthonie Frans, *Wilhelm Bousset: Leben und Werk. Ein theologiegeschichtlicher Versuch*, Amsterdã, Bolland, 1973 (bibliogr.).

◉ Göttingen (Universidade de); Gunkel; religiões (escola da história das)

BOUVIER, Auguste (1826-1893)

Filho do pastor genebrino Barthélemy Bouvier, Auguste inicia seus estudos de teologia na Academia de Genebra após um período de treze meses em Berlim (1845-1846), em que foi profundamente influenciado pelas ideias de August Neander (1789-1850). Ordenado para o ministério em 1851, empreende seu aprendizado pastoral em Paris, onde conhece sua futura esposa, a filha de Auguste Monod. Pastor em Céligny (1854-1857) e em Genebra (1857-1861), torna-se professor de homilética a partir de 1862, na Faculdade de Teologia de Genebra, ocupando a cadeira de dogmática em 1865, cargo que exerceria até sua morte. Apesar de firmada no dado escriturístico e na tradição eclesiástica, a reflexão teológica de Bouvier se serve dos métodos do liberalismo e se situa no terreno da experiência religiosa. Sua teologia "positiva liberal" antecipa as obras do símbolo-fideísmo e permite a esse teólogo conciliador abrir uma via que ultrapassa a estéril controvérsia que opõe evangélicos e liberais. Autor de grande número de

---

[10] Ação de solfejar pelo sistema do hexacorde, em uso na Europa até o século XVII, quando foi substituído pelo sistema tonal.

conferências e sermões, Bouvier publicou várias brochuras sobre a história do protestantismo genebrino.

Laurent Gambarotto

▶ BOUVIER, Auguste, *La Révélation*, Genebra-Paris, Cherbuliez-Fischbacher, 1870; Idem, *L'esprit du christianisme*, Paris, Fischbacher, 1877; Idem, *Paroles de foi et de liberté*, Paris, Fischbacher, 1882; Idem, *Théologie systématique*, Paris, Fischbacher, 1887; ROBERTY, Jules-Émile, *Auguste Bouvier, théologien protestant 1826-1893*, Paris-Genebra, Alcan-Eggiman, 1901.

◉ Liberalismo teológico; símbolo-fideísmo

BOVON, Jules (1852-1904)

Pastor e professor de teologia, empreendeu seus estudos em Lausanne, na Faculdade da Igreja Livre, onde obteve seu diploma. A Universidade de Lausanne mais tarde recompensaria sua primeira obra com o título de doutor honorário. Exerceu o ministério pastoral durante pouco tempo, pois atendeu ao chamado de sua faculdade, em 1880, para ensinar teologia sistemática. Foi o início de uma longa carreira acadêmica que incluiu também outras disciplinas. Com o desejo de estender sua influência a um público mais abrangente, organizou os principais pontos de seu ensino em seis grossos volumes, de 1893 a 1808, com o título *Étude sur l'oeuvre de rédemption* [Estudo sobre a obra da redenção]. Os dois primeiros volumes (*Théologie du Nouveau Testament* [Teologia do Novo Testamento]) expõem os fundamentos históricos do cristianismo, ou seja, a vida de Cristo, seus ensinamentos e a descrição da primeira geração de cristãos; os dois volumes seguintes (*Dogmatique chrétienne* [Dogmática cristã]) mostram o desenvolvimento dogmático ao longo da história; os últimos (*Morale Chrétienne* [Moral cristã]) explicam as consequências práticas desse desenvolvimento. Em seu conjunto, a obra demonstra uma grande influência de Alexandre Vinet. As antinomias que se impõem à razão não possuem outro remédio, a não ser a obra redentora de Jesus Cristo.

Éric Peter

▶ BOVON, Jules, *Étude sur l'oeuvre de rédemption*, 6 vols., Lausanne, Bridel, 1893-1898; BRIDEL, Philippe, *Jules Bovon et son oeuvre théologique*, Lausanne, Bridel, 1905; CHAPUIS, Paul, "La vie et l'enseignement de Jésus", *RThPh* 28, 1895, p. 409-449; EMERY, Louis, "À propos d'une dogmatique", *RThPh* 29, 1896, p. 447-479 e 550-571; FROMMEL, Gaston, "La morale chrétienne de M. J. Bovon", *RThPh* 32, 1899, p. 5-47 e 123-154; VUILLEUMIER, Henri, "Nécrologie", *RThPh* 37, 1904, p. 515s.

◉ Salvação; Vinet

BOYNE (Batalha do)

Ao norte de Dublin, o vale do Boyne é o sítio bucólico de uma das mais profundas feridas na memória irlandesa. Do dia 1º ao dia 10 de julho de 1690, Tiago II e seus súditos irlandeses católicos, com o reforço das tropas francesas, foram derrotados pelas forças protestantes de Guilherme III de Orange-Nassau, acompanhadas de um bom número de huguenotes. Esse combate de reis seria mencionado pelos protestantes em luto por causa da Revogação do Edito de Nantes (1685) como um verdadeiro julgamento de Deus. Guilherme, como um novo Josué, atravessa vitoriosamente o rio. Os protestantes aproveitariam esse sucesso para, entre outras resoluções, promulgar "leis penais" contra os católicos irlandeses, em uma expropriação equivalente a uma verdadeira "revogação agrária" (Emmanuel Le Roy Ladurie).

Bernard Cottret

▶ *Histoire de la Révolution d'Irlande, arrivée sous Guillaume III*, Amsterdã, Mortier, 1691; CALDICOTT, C. Edric J., GOUGH, Hugh Henry e PITTION, Jean-Paul, orgs., *The Huguenots and Ireland. Anatomy of an Emigration*, Dublin, Glendale Press, 1987.

◉ Guilherme III de Orange-Nassau; Irlanda

BRAHMS, Johannes (1833-1897)

Nascido em Hamburgo e morto em Viena, pianista, compositor e maestro alemão, Johannes Brahms foi mestre de capela na corte de Lippe-Detmold, regente em Hamburgo, diretor do coral *Singakademie* e do *Gesellschaft der Musikfreunde* em Viena, ao mesmo tempo que empreendia suas turnês de concertos. Compôs obras para piano, músicas de câmara, sinfonias (quatro sinfonias, dois concertos para piano e orquestra etc.) e canções (*Lieder*). *Vier ernste Gesänge*, opus 121 (1896), foram compostas com base em passagens bíblicas, assim como *Ein deutsches Requiem* (Réquiem alemão), elaborado entre 1857 e 1868 e considerado praticamente uma obra protestante. Brahms inova ao substituir o texto em latim e o roteiro litúrgico da missa por uma compilação de versículos bíblicos mais próximos da sensibilidade luterana (As Bem-aventuranças, Salmos, Esaías, Eclesiastes, João...). Suas escolhas apontam para sua mente e sensibilidade protestantes. Brahms assinou uma obra de uma excepcional densidade espiritual, traduzindo a serenidade diante da morte. Em seus onze corais-prelúdio para órgão (1896), reata com a tradição organista e com as particularidades estilísticas de Johann Sebastian Bach. Deixa assim uma contribuição de peso para a música protestante de inspiração bíblica.

Édith Weber

▶ GEIRINGER, Karl, *Brahms. Sa vie et son oeuvre* (1934), Paris, Buchet/Chastel, 1982; ROSTAND, Claude, *Brahms*, Paris, Fayard, 1978.

◉ Bach; **música**

BRENT, Charles Henry (1862-1929)

Nascido em Newcastle (Ontário) e morto em Lausanne. Em 1901, esse homem de oração se torna bispo da igreja episcopal das Filipinas, onde combate o tráfico de ópio. Em 1918, é eleito bispo do oeste de Nova York. De 1926 a 1928, torna-se responsável pelas igrejas episcopais da Europa. Ao retornar da Conferência Missionária de Edimburgo (1910), enuncia várias vezes o desejo de convocar uma conferência mundial de "Fé e Ordem", a que presidiria em 1927 em Lausanne. Brent participou ativamente do movimento de Cristianismo Prático, "Vida e Ação", e da Aliança Universal pela Amizade Internacional entre as Igrejas.

Ans J. van der Bent

▶ KATES, Frederick W., org., *Charles Henry Brent. Ambassador of Christ*, Londres, SCM Press, 1948; Idem, *Things that Matter. The Best of the Writings of Bishop Brent*, New York, Harper, 1949; ZABRISKIE, Alexander C., *Bishop Brent. Crusader for Christian Unity*, Filadélfia, Westminster Press, 1948.

◉ "Fé e Ordem"; Gardiner; missionárias (conferências); **ecumenismo**; "Vida e Ação"

BRÈS, Guy de (?1522-1567)

Nascido em Mons (Hainaut), esse pintor de vidro, convertido à Reforma, precisou exilar-se em Londres de 1548 a 1552. Pastor em Lille (1552-1555), publica clandestinamente em 1555 *Le baston de la foy chrestienne* [Os bastião da fé cristã], uma série de citações bíblicas, patrísticas e conciliares com vistas a responder aos ataques dos católicos romanos, demonstrando tanto a "pureza" quanto a "antiguidade" da fé "nova". Empreende um período de estudos em Lausanne e Genebra (1556-1559) e retoma o ministério pastoral em Tournai (1559-1561), em Amiens (1562), em Sedan (1563-1566), em Anvers e, por fim, em Valenciennes (1566-1567), onde, após a tomada da cidade pelas tropas da regente, ele foi enforcado por celebrar a ceia. Considerado o reformador dos antigos Países Baixos (os reinos da Bélgica e dos Países Baixos, o grã-ducado de Luxemburgo e os departamentos franceses do norte e de Pas-de-Calais), Guy de Brès é autor do texto original da *Confessio Belgica* [Confissão belga] redigido em francês, em 1561, e adotado pelas igrejas reformadas flamengas e valonas desde 1563. Essa confissão, revisada no Sínodo de Dordrecht (1618-1619), permanece até hoje o texto simbólico de inúmeras igrejas da Bélgica, dos Países Baixos, dos Estados Unidos e da África do Sul.

Émile M. Braekman

▶ BRÈS, Guy de, *Le baston de la foy chrestienne*, Lyon, 1555; Idem, *Confession de foy faicte d'un commun accord par les fideles qui conversent ès pays bas*, Rouen, Abel Clemence, 1561; Idem, *La racine, source et fondement des anabaptistes*, Rouen, Abel Clemence, 1565; Idem, *Procedures tenues à l'endroit de ceux de la religion du Pais Bas. Ausquelles est amplement deduit comme Guy de Bres & Peregrin de la Grange, fideles ministres à Vallenciennes, ont signé par leur sang non seulement la doctrine de l'Evangile par eux purement annoncee: mais aussi les derniers assauts & disputes sustenues contre certains apostats & ennemis de la croix et verité du Fils de Dieu*, Genebra, Crespin, 1568; Idem, *Pages choisies*, org. por Émile M. BRAEKMAN, Bruxelas, Societé calviniste de Belgique, 1967; BRAEKMAN, Émile M., *Guy de Brès*, t. I: *Sa vie*, Bruxelas, Éditions de la Librairie des éclaireurs unionistes, 1960; LANGERAAD, Lambregt Abraham van, *Guido de Bray. Zijn leven en werken*, Zierikzee, Ochtman, 1884.

◉ Bélgica; *Confessio Belgica*; Países Baixos

BROSSE, Salomon de (1571-1626)

Arquiteto francês conhecido sobretudo por sua obra-prima, o Palácio de Luxemburgo, em Paris. Membro da igreja reformada da capital, edificou o famoso Templo de Charenton (1623), às portas de Paris, destruído na época da Revogação do Edito de Nantes. A planta dessa construção retangular alongada, cheia de janelas e com galerias em todo o seu contorno, serviu como modelo para muitos outros templos reformados na Europa, com destaque para o da Fusterie, em Genebra.

Bernard Reymond

▶ COOPE, Rosalys, *Salomon de Brosse and the Development of the Classical Style in French Architecture from 1565 to 1630*, Londres, Zwemmer, 1972.

◉ Arquitetura; templo

BROUSSON, Claude (1647-1698)

Nascido em Nîmes, foi advogado da câmara do parlamento do Edito de Nantes em Castres, em Castelnaudary e em Toulouse, onde se encarregou principalmente da defesa das igrejas reformadas. Em maio de 1683, conduz um projeto visando manter o culto público, apesar das destruições de templos e da proibição de pregar. Tendo sido impedido à força, refugia-se em Genebra e em Lausanne. Escreve *Estat des Reformez en France* [Situação dos reformados na França] (falso endereço: Cologne, Pierre Marteau, 1684) e em seguida uma carta, *Lettre au clergé de France* [Carta para o clero da França] (falso endereço: Deserto, casa do Sincero, 1685). Viaja para Berlim e para a Holanda. A Revogação do Edito de Nantes (1685) constrangeu os pastores ao exílio no Refúgio, mas Brousson os exorta a voltar para a França. Ele mesmo decide então voltar para lá, em julho de 1689, tornando-se "predicante" nas Cevenas e no Bas-Languedoc. Ameaçado de captura, volta para Lausanne, onde seu ministério pastoral é reconhecido (março de 1694). Retorna à Holanda, onde publica uma coletânea de sermões (*La manne mystique du Désert ou sermons prononcés en France dans les déserts et dans les cavernes durant les ténèbres de la nuit et de l'affliction pendant les années 1689-1693* [O maná místico do Deserto ou sermões pronunciados na França nos desertos e nas cavernas durante as trevas da noite e da aflição durante os anos 1689-1693], Amsterdã, Henri Desbordes, 1695), e para as províncias do norte da França, onde promove vários ajuntamentos clandestinos. De volta à Holanda, permanece um ano no país (1697) até que decide, logo após a Paz de Ryswick (1697), retornar à França. Vai para Orange e em seguida para Béarn, onde é preso. Levado para Montpellier, é condenado e morto no suplício da roda.

Hubert Bost

▶ BOST, Hubert, "Claude Brousson et le Désert des huguenots: une poétique de l'épreuve", em *Ces Messieurs de la R.P.R.*[11] *Histoires et écritures de huguenots, XVIIe-XVIIIe siècles*, Paris, Champion, 2001, p. 237-265; CARBONNIER-BURKARD, Marianne, "Le prédicant et le songe du roi", *ETR* 62, 1987, p. 19-40; COURT, Antoine, *Claude Brousson*, Paris, Les Bergers et les Mages, 1961; HAAG, Émile e Eugène, "Brousson", em *La France protestante*, t. III, Paris-Genebra, Cherbuliez, 1852, p. 23-36; LABROUSSE, Élisabeth, org., *Avertissement aux Protestans des Provinces* (1684), Paris, PUF, 1986.

◉ Edito de Nantes (e Revogação do); La Beaumelle; Nîmes; Refúgio

BROWN, Robert McAfee (1920-2001)

Teólogo reformado e ético americano, trabalha como professor em vários estabelecimentos, com destaque para o *Union Theological Seminary* de Nova York e a *Pacific School of Religion* de Berkeley, na Califórnia. As questões levantadas pela violência e as respostas possíveis (pacifismo? resistência não violenta?) fazem muito cedo parte de sua reflexão, acentuando-se em seus estudos secundários e em sua formação teológica durante a Segunda Guerra Mundial. Assim, não surpreende que ele seja um dos raros teólogos brancos a participar do movimento dos Direitos Civis. Seus trabalhos e suas numerosas obras testemunham sua abertura, tanto cultural quanto teológica. Dessa forma, foi um dos responsáveis pela introdução, nos Estados Unidos, da teologia da libertação latino-americana, empreendendo um diálogo profundo com o escritor judeu Elie Wiesel. Essa trajetória atípica, que denota uma constante curiosidade intelectual, fez com que Brown se tornasse responsável pela

---

[11] [NT] Em francês, sigla para *religion prétendue réformée* (religião pretensamente reformada), epíteto dado aos huguenotes pelos católicos da época.

publicação das obras de Reinhold Niebuhr, que pode ser considerado seu mestre.

Serge Molla

▶ BROWN, Robert McAfee, *Religion and Violence. A Primer for White Americans*, Filadélfia, Westminster Press, 1973; Idem, *Creative Dislocations. The Movement of Grace*, Nashville, Abingdon Press, 1980; Idem, *Élie Wiesel. Un message à l'humanité* (1983), Paris, Grasset, 1988.

● Direitos Civis (movimento dos); Niebuhr, Reinhold; paz; **violência**

BROWNE, Robert (?1550-1633)

Após seus estudos em Cambridge, esse ministro da Igreja Anglicana contesta o princípio da ordenação e recusa-se a manter em suas mãos o direito de um homem pregar o evangelho. Browne denuncia o governo episcopal e as estruturas paroquiais da igreja. A comunidade cristã não pode ser assimilada à multidão; trata-se de uma assembleia de homens e mulheres que professam a fé. Perseguido, excomungado, Browne acabaria reintegrando a Igreja Anglicana, na qual exerceria o ministério pastoral durante quarenta anos com uma escrupulosa fidelidade. É considerado o fundador do movimento congregacionalista.

André Péry

▶ *The Writings of Robert Harrison and Robert Browne*, org. por Albert PEEL e Leland H. CARLSON, Londres, Allen and Unwin em nome da Sir Halley Stewart Trust, 1953; POWICKE, Frederick James, *Robert Browne, Pioneer of Modern Congregationalism*, Londres, Congregational Union of England and Wales, 1910; REASON, Joyce, *Robert Browne (1550-1633)*, Londres, Independent Press, 1961.

● Congregacionalismo; dissidente

BRUNNER, Emil (1889-1966)

De Zurique (nascido em Winterthur), logo influenciado por seu pastor Hermann Kutter (adepto do socialismo religioso) na cidade, Emil Brunner estuda teologia em Zurique e em Berlim (Leonhard Ragaz, Julius Kaftan e Adolf von Harnack). Assume as funções de professor de ensino secundário na Inglaterra e pastor no cantão de Glaris, tornando-se em seguida professor de teologia sistemática e teologia prática em Zurique, em 1924. É um dos fundadores da "teologia dialética", em colaboração com Barth, Thurneysen e Gogarten, além de Bultmann (a partir de 1922), com Tillich fazendo parte da mesma atmosfera. Sua primeira preocupação foi a apologética, ou erística, segunda tarefa da teologia depois da dogmática: a reflexão sobre as estruturas que permitem ao ser humano a acolhida do evangelho. Nesse contexto, Brunner desenvolve sua teoria da imagem de Deus como *Anknüpfungspunkt*, ou ponto de ancoragem, do evangelho no homem natural, especificando que não se trata de uma ancoragem material, mas formal, na receptividade (*Ansprechbarkeit*) do ser humano. Nos anos 1930, um acirrado conflito o opõe a Karl Barth sobre o problema da teologia natural; Barth responderia com um radical "não" (*Nein! Antwort an Emil Brunner* [Não! Resposta a Emil Brunner], Munique, Kaiser, 1934), o que ocasionou a ruptura entre os dois teólogos. Houve conflito também quanto à ética: em *Das Gebot und die Ordnungen* [O mandamento e a ordem] (sucintamente retomado em sua *Dogmatique* [Dogmática] II, p. 34), Brunner defende "ordens da criação" (família, trabalho, Estado, cultura, igreja), interpretadas por ele como "comunidades" chamadas para estruturar o dado do mundo sob o signo do mandamento de Deus. Barth rejeitaria esse modo de operação (*Dogmatique* [Dogmática] III/4 [1951], Genebra, Labor et Fides, 1964, p. 18ss, 29, 37 ss), sobretudo por ter sido adotado por certos teólogos que defenderam o nacional-socialismo, como Paul Althaus e Werner Elert, da Faculdade de Teologia de Erlangen, e também Otto Weber. Já em sua *Ética*, de 1949, Dietrich Bonhoeffer trataria de "mandatos" (trabalho, casamento, autoridades, igreja). Mais tarde, Brunner se dedicaria à elaboração de sua *Dogmática* e a diversos trabalhos ecumênicos, sobre a igreja e sobre missões, desenvolvendo uma intensa atividade de ensino no estrangeiro, principalmente no mundo anglo-saxão e no Extremo Oriente (Japão).

Pierre Bühler

▶ BRUNNER, Emil, *Werke*, 5 vols., Zurique, Theologischer Verlag, 1978-1981; Idem, *La parole de Dieu et la raison humaine*, Lausanne, La Concorde, 1937; Idem, *Das Gebot und die Ordnungen. Entwurf einer protestantisch-theologischen Ethik* (1932), Zurique, Theologischer Verlag, 1978; Idem, *Der Mensch im Widerspruch* (1937), Zurique, Theologischer Verlag, 1985; Idem, *Dogmatique* (1946-1960),

3 vols., Genebra, Labor et Fides, 1964-1967; Idem e BARTH, Karl, *Briefwechsel 1916-1966*, Zurique, Theologischer Verlag, 2000; BEINTKER, Horst, "Brunner, Emil", em *TRE*, t. VII, 1981, p. 236-242; BRUNNER, Hans Heinrich, *Mein Vater und sein Ältester. Emil Brunner in seiner und meiner Zeit*, Zurique, Theologischer Verlag, 1986; FÜRST, Walther, org., *"Dialektische Theologie"*, em *Scheidung und Bewährung 1933-1936*, Munique, Kaiser, 1966, p. 169-258; LEINER, Martin, *Gottes Gegenwart. Martin Bubers Philosophie des Dialogs und der Ansatz ihrer theologischen Rezeption bei Friedrich Gogarten und Emil Brunner*, Gütersloh, Kaiser, 2000.

◐ Althaus; apologética; Barth; graça; Kutter; natureza; Ragaz; Rich; "teologia dialética"; Weber O.

BRUTUS, Stephanus Junius

Pseudônimo do autor que publicou, em 1579, as famosas *Vindiciae contra tyrannos* [Defesa da liberdade contra tiranos], tratado político-teológico que, em plena guerra de religião após o Massacre de São Bartolomeu, reivindicava o direito do "povo" de resistir aos tiranos. O povo aqui é representado pelos Estados Gerais, quer se tratasse da França, quer se tratasse dos Países Baixos, países a quem muito provavelmente esse tratado foi destinado. A tradução francesa em 1581 permitiu que fosse difundido mais amplamente o tratado, com o título *De la puissance légitime du prince sur le peuple et du peuple sur le prince* [O poder legítimo do príncipe sobre o povo e do povo sobre o príncipe]. O documento desenvolve respostas para quatro questões: "A saber, se os súditos são obrigados a obedecer aos príncipes, e se devem fazê-lo, quando suas ordens contrariam a lei de Deus; se é permitido resistir a um príncipe que intenta transgredir a lei de Deus ou que destrói a igreja: se sim, a quem, como e até onde isso seria permitido; se os príncipes vizinhos podem ou são obrigados de direito a prestar socorro a súditos de outros príncipes afligidos por causa da verdadeira Religião ou oprimidos por tirania manifesta". Desenvolvendo uma argumentação com base na história, na teologia e no direito, Brutus teoriza menos o tiranicídio que a resistência legítima, às vezes legal, contra a "tirania manifesta", para afirmar os valores da liberdade civil dos povos. Um dos princípios mais originais de sua demonstração é que podemos "justamente levantar armas contra um tirano não somente pela Religião, mas também pela Pátria".

Gerações de historiadores tentaram descobrir a identidade do autor. Os nomes mais frequentemente citados, que polarizam o debate, são os de François Du Jon (Junius, 1545-1602), Innocent Gentillet (?1535-1588), François Hotman (1524-1590), Hubert Languet (1518-1581) e Philippe Duplessis-Mornay (1549-1623) — que parece ser o preferido. Essa busca por paternidade, por mais apaixonante que seja, tem suscitado o esquecimento de algo que pode ser dado como certo: a origem ideológica do tratado. A obra saiu desse laboratório de ideias políticas e ideológicas que era então o cenáculo de pesquisadores reunidos em torno de Teodoro de Beza, na época em que escrevia sua monumental *Histoire des Églises réformées de France* [História das igrejas reformadas da França], publicada em Genebra, 1580. Com grande influência de *La Gaule française* [A Gália francesa] (1573, Paris, Fayard, 1991), de Hotman, e *Anti-Machiavel* (publicado em 1576 com o título *Discours sur les moyens de bien gouverner et maintenir en bonne paix un Royaume ou autre principauté* [Discurso sobre os meios para bem governar e manter em paz um reino ou qualquer outro principado] (Genebra, Droz, 1968), de Gentillet, a argumentação de *Vindiciae* se apoia sobretudo no tratado *Du droit des magistrats* [Do direito dos magistrados] (Genebra, Droz, 1971) que Beza publicou no anonimato em 1574. A publicação de *Vindiciae* em 1660 com o nome de Beza é significativa. Dentre seus colaboradores mais eminentes estão, além de Duplessus-Mornay, Henri II Estienne (1528-1598), *Stephanus*, que era então um dos humanistas mais famosos da Europa.

Mario Turchetti

▶ BRUTUS, Stephanus Junius, *Vindiciae contra tyrannos* (1579), reed. da trad. francesa de 1581, Genebra, Droz, 1979; BARKER, Ernst, "The Autorship of the Vindiciae contra tyrannos", *Cambridge Historical Journal* 3, 1929-1930, p. 164-181; BAYLE, Pierre, "Dissertation concernant le livre d'Étienne Junius Brutus, imprimé l'an 1579", em *Dictionnaire historique et critique*, t. IV, Amsterdã, 1730, p. 569-577; DAUSSY, Hugues, *Les huguenots et le roi. Le combat politique de Philippe Duplessis-Mornay (1572-1600)*, Genebra, Droz, 2002; LE CLERC, Laurent-Josse, "Critique de la dissertation de M. Bayle concernant le livre d'Étienne Junius Brutus", em Philippe-Louis JOLY, org., *Remarques critiques sur le Dictionnaire de Bayle*, primeira parte: A-F, Paris, por E. Ganeau, 1752, p. 807-819; NICOLLIER, Béatrice, *Hubert*

Languet (1515-1581). *Un réseau politique international de Melanchton à Guillaume d'Orange*, Genebra, Droz, 1995; TURCHETTI, Mario, *Tyrannie et tyrannicide de l'Antiquité à nos jours*, Paris, PUF, 2001; VAN YSSELSTEYN, Gerardina Tjaberta, "L'auteur de l'ouvrage *Vindiciae contra tyrannos*, publié sous le nom de Stephanus Junius Brutus", *Revue historique* 167, 1931, p. 46-59; VISSER, Derk, "Junius. The Autor of the *Vindiciae contra tyrannos*?", *Tijdschrift voor Geschiedenis* 84, 1971, p. 510-525.

▸ Beza; contrato social; Duplessis-Mornay; **laicismo**; Languet; monarcômacos; **política**

BUCER, Martin (1491-1551)

Martin Bucer, o reformador de Estrasburgo, nasceu em Sélestat (Alsácia), de pai toneleiro e mãe parteira. Com o desejo de estudar, entrou em 1506 (ou 1507) para o mosteiro dos dominicanos em sua cidade natal. Em 1517, seus superiores o enviam para os dominicanos de Heidelberg, onde ele se inscreve na universidade e encontra Lutero, em plena disputa de 1518 na cidade. Convencido pelas posições do reformador de Wittenberg, passa a ser um "martiniano". O clima teológico entre os dominicanos se torna irrespirável para ele, que deixa a ordem em 1521, encontrando refúgio junto a um cavaleiro, Franz von Sickingen, e em seguida na residência de Ulrich von Hutten (Castelo de Ebernburgo). De Roma, Bucer obtém a dispensa de seus votos monásticos e se torna sacerdote secular. Casando-se no mesmo ano com uma ex-monja, Elisabeth Silbereisen, é excomungado, e os bispos do Ofício de Spire se põem a seu encalço. Na fuga, detém-se em Wissemburgo, pequena cidade imperial no norte da Alsácia, para pregar a Reforma luterana. Novamente perseguido, refugia-se em 1523 em Estrasburgo, assumindo a função de reformador da cidade até 1549.

Como seu pai era um burguês da cidade, Bucer é protegido pelo magistrado, que reconhece nele o líder da Reforma estrasburguense. Em 1524, é eleito pregador da Igreja de Santa Aurélia. Em comum acordo com os demais pregadores afeitos às novas ideias, enceta discussões com os teólogos e as autoridades da igreja estabelecida e consegue que a cidade seja considerada oficialmente reformada por um voto comunitário que aboliu a missa, em fevereiro de 1529. A partir de então, Bucer e seus colegas (Zell, Capiton e outros) organizariam a igreja estrasburguense segundo as ideias reformadas.

Isso seria feito através da obra *Commentaires bibliques* [Comentários bíblicos], editada desde 1527; da organização de um sínodo em 1533; da promulgação das *Ordonnances ecclésiastiques et disciplinaires* [Ordenanças eclesiásticas e disciplinares] em 1534-1535 e da tentativa, logo após a publicação em 1538 de sua obra *Von der wahren Seelsorge*, de criar, nas grandes igrejas multitudinistas da cidade, pequenas comunidades confessantes, chamadas de *christliche Gemeinschaften* [sociedades cristãs]. O objetivo dessa dupla estruturação eclesiológica tentada em 1547-1548 era acelerar o processo da Reforma, tornando-a mais conforme ao modelo das igrejas primitivas. No mesmo sentido, Bucer tentou instituir — sem ser bem-sucedido de modo durável — a prática da confirmação do batismo para os catecúmenos adolescentes.

No nível teológico, Bucer deixou sua marca no movimento reformador por seu sentido de unidade da igreja, buscando protegê-la a todo custo, seja no meio protestante, seja diante da Igreja Católica Romana. Por isso, empreendeu esforços para entrar em acordo com Lutero e Zwinglio quanto à santa ceia, e também intentava acordo com os anabatistas e os teólogos romanos fora dos colóquios de 1540-1541. Todas essas tentativas foram em vão; as ideias teológicas e eclesiásticas de Bucer, espécie de terceira via entre as de Lutero e Calvino, tiveram de ceder terreno a posições mais assertivas: a época não era de conciliações. Precisou deixar Estrasburgo em abril de 1549, sob ordens de Carlos V e do bispo da cidade. Foi acolhido em Cambridge, onde ensinaria até sua morte. Bucer contribuiu para consolidar a Reforma no Reino da Inglaterra, sobretudo com sua colaboração na revisão do *Prayer Book* (Livro de oração). Quanto a Estrasburgo, a cidade desvencilhou-se das opiniões de Bucer e adotou um luteranismo estrito.

Gottfried Hammann

▸ BUCER, Martin, *Opera omnia*, Série 1: *Deutsche Schriften*, Paris-Gütersloh, PUF-Mohn, 1960ss, Série 2: *Opera latina*, Paris-Gütersloh, PUF-Bertelsmann, 1954ss (t. XV a: *Du royaume de Jésus-Christ. Édition critique de la traduction française de 1558*), Série 3: *Correspondance*, Leyde, Brill, 1979ss; Idem, *Traité de l'amour du prochain*, Paris, PUF, 1949; GÄUMANN, Andreas, *Reich Christi und Obrigkeit. Eine Studie zum reformatorischen Denken und Handeln Martin Bucers*, Berna, Lang, 2001; GRESCHAT,

Martin, *Martin Bucer (1491-1551)*. *Un réformateur et son temps* (1990), Paris, PUF, 2002; HAMMANN, Gottfried, *Entre la secte et la cité. Le projet d'Église du Réformateur Martin Bucer (1491-1551)*, Genebra, Labor et Fides, 1984; KRIEGER, Christian e LIENHARD, Marc, orgs., *Martin Bucer and Sixtieth Century Europe. Actes du colloque de Strasbourg (28-31 août 1991)*, 2 vols., Leyde, Brill, 1993; RAPP, Francis e LIVET, Georges, orgs., *Histoire de Strasburg des origines à nos jours*, t. II, Estrasburgo, Dernières Nouvelles d'Alsace, 1981.

○ Alsácia-Lorena; confirmação; **igreja**; hebraizantes cristãos; Hedion; Hubert; irenismo; Marbach; Marburgo (Colóquio de); Zeil

BUCHANAN, George (1506-1582)

Nascido em Killearn (Escócia) e morto em Edimburgo, George Buchanan é considerado o mais importante humanista escocês. Estudou em Saint Andrews (1525) e em Paris (1527), morando e ensinando na França, na Escócia e em Portugal. Suspeito de heresia, é absolvido em 1552. De volta para a Escócia em 1561, torna-se amigo e preceptor de Maria Stuart, rainha da Escócia, ainda que algum tempo depois (1567) tenha apoiado o *covenant* (pacto) dos lordes protestantes contra ela. Foi membro do Parlamento, Lorde do Selo Privado, diretor do *Saint Leonard's College* e do Saint Andrews, além de moderador da assembleia geral da Igreja da Escócia. Após 1570, torna-se preceptor do rei Tiago VI da Escócia, futuro Tiago I da Inglaterra. Entre suas obras (literárias, históricas, bíblicas), a mais famosa é *De jure regni apud Scotos* (1579), em que, opondo-se ao absolutismo, defende a soberania da lei e o direito ao tiranicídio.

Alasdair I. C. Heron

▶ DURKAN, John, *George Buchanan (1506-1582). Renaissance Scholar and Friend of Glasgow University*, Glasgow, Glasgow University Library, 1982; MASON, Roger A., *Kingship and the Commonwealth Political Thought in Renaissance and Reformation Scotland*, East Linton, Tuckwell, 1998; MCFARLANE, Ian D., *Buchanan*, Londres, Duckworth, 1981.

○ Escócia

BUGENHAGEN, Johannes (1485-1558)

Johannes Bugenhagen nasceu em Wollin (Pomerânia), o que lhe valeria o apelido de Pomeranus, tão logo chegou a Wittenberg. Ordenado padre em 1509, reitor da escola de Treptow, familiarizou-se com o humanismo e se interessou particularmente pela exegese bíblica. Discípulo de Erasmo, tomou conhecimento dos textos de Lutero em 1520. Inscrito em 1521 na Universidade de Wittenberg, logo associou-se a Lutero e Melâncton, tornando-se pastor da Igreja de Wittenberg, dando aulas de exegese e publicando numerosos comentários bíblicos, entre eles o comentário de Salmos, que se tornou o mais conhecido. Em 1526, expôs sua teologia, próxima à de Lutero, e sua concepção da reorganização da igreja, decorrente da teologia, em um texto programático (*Von dem christlichen Glauben* [Da fé cristã]). Suas muitas viagens ao norte da Alemanha e à Escandinávia entre 1528 e 1542 o tornaram um articulista bastante popular das novas igrejas protestantes, por suas ordenanças eclesiásticas, já que as primeiras (como, p. ex., a de Brunswick, 1528) insistiam na importância da comunidade eclesiástica, o que influenciou algumas noções reformadas; porém, as ordenanças dos anos 1540 passaram progressivamente a enfatizar a criação de igrejas locais submissas à autoridade civil.

Frank Muller

▶ BUGENHAGEN, Johannes, *In librum Psalmorum interpretatio*, Basileia, apud Adamum PETRI, 1524; Idem, *Von dem christlichen Glauben und rechten guten Werken*, Wittenberg, Georg Rhau, 1526; HOLFELDER, Hans Hermann, "Bugenhagen, Johannes", em *TRE*, t. VII, 1981, p. 354-363; Idem, *Solus Christus. Die Ausbildung von Bugenhagens Rechtfertigungslehre inder Paulusauslegung*, Tübingen, Mohr, 1981; RAUTENBERG, Werner, org., *Johann Bugenhagen. Beiträge zu seinem 400. Todestag*, Berlim, Evangelische Verlagsanstalt, 1958; ROGGE, Joachim, *Johannes Bugenhagen*, Berlim, Evangelische Verlagsanstalt, 1962.

○ Ordenanças eclesiásticas

BÜHRIG, Marga (1915-2002)

Nascida em Berlim e morta em Binningen (Basileia), Marga Bührig foi uma das figuras mais marcantes do movimento feminino suíço, europeu e internacional. Vivendo na Suíça a partir de 1926 e naturalizada em 1934, ela completa seus primeiros anos de estudos na Coira e estuda literatura alemã em Zurique. Após um doutorado sobre "O estilo dramático de Hebbel", ela empreende estudos de teologia. Em 1945, funda uma casa para estudantes do sexo feminino, colabora com o terceiro congresso de mulheres e se torna cofundadora da Federação Suíça das Mulheres Protestantes, assim como redatora do órgão de empresa da instituição. Porém, o feminismo mais substancial a que Marga Bührig se converteria foi descoberto em Berkeley, entre 1977 e 1981. Em 1959, une-se a Else Kähler, sua parceira por toda a vida, para compor a equipe da Academia Protestante de Boldern (cantão de Zurique), "Igreja para os não praticantes", dirigida por ela durante dez anos em que predominaram decisões acerca de assuntos tabus. Presidente das associações europeias das academias laicas, Marga Bührig se engaja em favor da fundação do movimento "Mulheres pela paz". Em Vancouver, é uma das três mulheres nomeadas para a presidência do Conselho Mundial de Igrejas. Sua visão de igreja é a da cooperação de indivíduos e comunidades engajados no cotidiano. Dentre suas obras, dois livros estão entre os clássicos do movimento das mulheres e da teologia feminista. Era doutora *honoris causa* da Universidade de Basileia. Uma fundação e um prêmio para a promoção de estudos e da liberdade feminina levam seu nome. A homenagem feita à "sábia mulher de Biningen" por suas companheiras em um lar comum, Else Kähler e Else Arnold, merece ser citada: "O engajamento durante toda a sua vida pelo ecumenismo, pelo lugar da mulher na igreja e na sociedade, pela paz, pela justiça e pela proteção da criação, assim como seu amor apaixonado pela vida, são seu testamento e nossa tarefa. Com sua postura clara e crítica, sua coragem, sua integridade, seus sonhos e visões, ela permaneceu para muitos amiga, conselheira e exemplo".

Klauspeter Blaser

▶ BÜHRIG, Marga, *L'avenir de l'homme. Une voix prophétique. Autobiographie féministe* (*Spät habe ich gelernt, gerne Frau zu sein*, 1987 1988), Genebra Labor et Fides, 1998; Idem, *Die unsichtbare Frau und der Gott der Väter. Eine Einführung in die feministische Theologie* (1987), Stuttgart, Kreuz--Verlag, 1989; BRODBECK, Doris, "Erfüllung im Beruf? Reformierte Theologinnen und das ökumenische SAFFA-Kirchlein 1958", em Idem, Yvonne DOMHARDT e Judith STOFER, orgs., *Siehe ich schaffe Neues. Aufbrüche von Frauen im Protestantismus, Katholizismus, Christkatholizismus und Judentum*, Berna, eFeF, 1998, p. 49-68; SKRIVER--WEHRLI, Johanna, "Marga Bührig und Else Kähler — Plädoyer für eine Ökumene der Frauen", em Stephan LEIMGRUBER e Marx SCHOCH, orgs., *Gegen die Gottvergessenheit. Schweizer Theologen im 19, und 20. Jahrhundert*, Basileia, Herder, 1990, p. 604-616; STRUB-JACCOUD, Madeleine e STRUB, Hans, orgs., *Wegzeichen gelebten Evangeliums. Festschrift zum 70. Geburtstag von Marga Bührig – Ein Leben in Bewegung und mit "Bewegungen"*, Zurique, Theologischer Verlag, 1985.

◉ Feminismo; **mulher**; teologia feminista

BUISSON, Ferdinand (1841-1932)

Livre-pensador e um cristão anticonvencional, esse protestante francês sempre em ruptura com a ortodoxia manteve certo espírito reavivalista que o tornou uma figura original no meio laico francês. No Segundo Império, por motivos políticos, foi professor de filosofia na Academia de Neuchâtel, fundando na cidade a União do Cristianismo Liberal, que pregava um evangelho "sem dogmas, sem milagres e sem sacerdotes". Após o fracasso na tentativa de restauração da monarquia, ele se torna diretor do ensino fundamental em 1879, continuando no cargo até 1896. Foi assim um dos articuladores da implantação de uma escola laica, elaborando "todos os projetos de lei, todos os regulamentos, todas as circulares" (Raymond Poincaré). Ocuparia em seguida o cargo de professor da Sorbonne e, de 1902 a 1914, o de deputado radical-socialista, obtendo o Prêmio Nobel da Paz. Em toda a sua vida, Buisson defendeu uma "fé laica" (título da coletânea de seus discursos e textos em geral, Paris, Hachette, 1912). O "ideal moral", para ele, era a "substância" da religião, que constitui uma "necessidade eterna da alma" (*La religion, la morale et la science*, p. 244 e 116).

Jean Baubérot

▶ BUISSON, Ferdinand, *Sébastien Castellion. Sa vie et son oeuvre (1515-63)*. *Étude sur les origines du christianisme libéral* (1892), 2 vols., Nieuwkoop, De Graaf, 1964; Idem, *La religion, la morale et la science. Leur conflit dans l'éducation contemporaine* (1900), Paris, Fischbacher, 1901; Idem, *Nouveau dictionnaire de pédagogie et d'instruction primaire*, Paris, Hachette, 1911; Idem e WAGNER, Charles, *Sommes-nous tous libres croyants? Libre-pensée et protestantisme libéral* (1903), Paris, Le Foyer de l'Âme, 1992; HAYAT, Pierre, *La passion laïque de Ferdinand Buisson*, Paris,

Kimé, 1999; MAYEUR, Jean-Marie, "La foi laïque de Ferdinand Buisson", em *Libre pensée et religion laïque en France. De la fin du Second Empire à la fin de la Troisième République. Journée d'étude tenue à l'Université de Paris XII, 10 novembre 1979*, Estrasburgo, CERDIC, 1980, p. 247-257; NORA, Pierre, "Le dictionnaire de pédagogie de Ferdinand Buisson", em Idem, org., *Les lieux de mémoire*, vol. I: *La République*, Paris, Gallimard, 1984, p. 353-380.

▶ **Laicismo**; liberalismo teológico; paz; Wagner

BULLINGER, Heinrich (1504-1575)

Reformador, sucessor de Zwinglio em Zurique, nativo de Bremgarten (Argóvia, Suíça), Bullinger de início foi educado entre os Irmãos da Vida Comum (1516-1519). Na Universidade de Colônia (1519-1522), teve contato com obras de Erasmo, Melâncton e Lutero, cuja leitura o levou a uma progressiva conversão à fé "evangélica". Após ensinar no mosteiro cisterciense de Kappel (1522-1527), exerceu o ministério pastoral em sua cidade natal (1529-1531). Em 1531, a derrota de Zurique em Kappel o obrigou a fugir com a família para Zurique, onde foi nomeado o principal pastor da igreja colegial no final do mesmo ano. Bullinger soube consolidar a Reforma local de modo conscencioso após a morte de Zwinglio. Desempenhou também um papel primordial no estabelecimento e no alcance da Reforma em toda a Europa, por sua considerável correspondência (mais de doze mil cartas), sua acolhida aos refugiados que tiveram de deixar a Inglaterra, a Itália etc. e uma centena de obras impressas, algumas delas obtendo reconhecimento além do continente (com destaque para *Décades* [Décadas], 1549-1551).

Prosseguindo com a obra reformadora de Zwinglio, Bullinger lutou contra as pressões católicas e contra os anabatistas. Sobre a questão da ceia, rejeitou acordos com os luteranos, mas chegou a solidificar a unidade reformada, sobretudo graças ao *Consensus Tigurinus* (1549) e à *Segunda confissão helvética* (1566). Firmou igualmente os primeiros alicerces para uma teologia do pacto (cf. *De testamento seu foedere Dei unico et aeterno*, 1534).

Paul Sanders

▶ BULLINGER, Heinrich, *Werke*, Zurique, Theologischer Verlag, 1972ss; BOUVIER, André, *Henri Bullinger, réformateur et conseiller oecuménique, le sucesseur de Zwingli, d'après sa correspondence avec les réformés et les humanistes de langue française*, Paris-Neuchâtel, Droz-Delachaux e Niestlé, 1940; BÜSSER, Fritz, "Bullinger, Heinrich", em *TRE*, t. VII, 1981, p. 375-387; SANDERS, Paul, *Henri Bullinger et l'invention (1546-1551) avec Jean Calvin d'une théologie réformée de la Cène. La gestion de l'héritage zwinglien lors de la conclusion du Consensus Tigurinus (1549) et de la rédaction des Décades (1551)*, tese da Universidade de Paris VII-Sorbonne, 1990.

▶ Aliança; *Segunda confissão helvética*; *Consensus Tigurinus*; Jud; Zurique; Zwinglio

BULTMANN, Rudolf (1894-1976)

Originário do norte da Alemanha (Oldemburgo), Bultmann estuda teologia em Tübingen, Berlim e Marburgo, com grande influência de Wilhelm Herrmann e da escola da história das religiões. Após seu doutorado em 1910 e sua licença em Marburgo, torna-se professor de Novo Testamento em Breslau, em Giessen e finalmente em Marburgo, onde ensinaria até aposentar-se, em 1951. Rudolf Bultmann foi um dos fundadores da "teologia dialética", juntamente com Barth, Brunner, Thurneysen e Gogarten (Tillich participa da mesma atmosfera sociocultural e teológica, marcando suas próprias posições). Seu trabalho como exegeta do Novo Testamento é acompanhado de uma forte reflexão hermenêutica e sistemática (com referências sobretudo a Lutero, Schleiermacher, Kierkegaard e Dilthey). Seu contato com o filósofo Martin Heidegger nos anos 1920 (*Ser e tempo* [1927], Petrópolis, Vozes, 2002) possibilita uma abertura de Bultmann para a filosofia da existência e a fenomenologia. É nesse contexto que o teólogo define sua concepção de *interpretação existencialista*, concebida como um prolongamento indispensável do método histórico-crítico: o texto deve ser lido do ponto de vista de seu querigma, de sua mensagem existencial, chamando o destinatário para uma nova compreensão de si. Crer e compreender (*Fé e compreensão*) estão indissoluvelmente ligados. Essa exigência de inteligibilidade o conduziria a elaborar a partir de 1941, em plena Segunda Guerra Mundial e em uma tensão crítica tanto com a mitologia do regime nazista quanto com o natural conservadorismo da Igreja Confessante, seu programa de demitologização, advindo diretamente da interpretação existencialista. Esse programa, que suscitaria debates acalorados tanto entre a opinião pública quanto nos meios teológicos e filosóficos (com destaque para Barth e Jaspers), propunha uma reinterpretação da linguagem mitológica que os textos tomam de empréstimo da concepção do mundo de que fazem parte, algo que se coloca como um obstáculo para o homem moderno. O trabalho de Bultmann inspiraria toda uma escola teológica — Herbert Braun, Ernst Fuchs, Ernst Käsemann, Gerhard Ebeling, Günther Bornkamm — movimentada por muitos debates, principalmente sobre o lugar do Jesus histórico na fé cristã.

Pierre Bühler

▶ BULTMANN, Rudolf, *Jésus, Mythologie et demythologization* (1926 e 1958), Paris, Seuil, 1968; Idem, *Foi et comprehension* (1933-1965), 2 vols., Paris, Seuil, 1969-1970; Idem, *Das Evangelium des Johannes* (1941), Göttingen, Vandenhoeck & Ruprecht, 1986; Idem, *Theologie des Neuen Testaments* (1948), Tübingen, Mohr, 1984; Idem, *Le christianisme primitif dans le cadre des religions antiques* (1949), Paris, Payot, 1950; Idem, *Histoire et eschatologie* (1955), Neuchâtel, Delachaux et Niestlé, 1959; JASPERT, Bernd, org., *Rudolf Bultmanns Werk und Wirkung*, Darmstadt, Wissenschaftliche Buchgesellschaft, 1984; MALET, André, *Bultmann et la mort de Dieu. Présentation, choix de textes, biographie, bibliographie*, Paris, Seghers, 1968; SCHMITHALS, Walter, *Die Theologie Rudolf Bultmanns* (1966), Tübingen, Mohr, 1967.

⊙ Barth; **Bíblia**; demitologização; Dilthey; Ebeling; existencial; existencialismo; fé; hermenêutica; Herrmann; **história**; **Jésus (imagens de)**; Jésus (vidas de); Käsemann; Kierkegaard; *Kirchenkampf*; liberalismo teológico; **liberdade**; Løgstrup; método histórico-crítico; mito; paradoxo; "teologia dialética"; Weischedel.

BUNYAN, John (1628-1688)

John Bunyan pertence à categoria de autores ingleses que são lidos tanto como clássicos espirituais como clássicos da literatura. É autor de *O peregrino*, sem dúvida a alegoria cristã mais conhecida no mundo de língua inglesa.

Bunyan nasceu em Harrowden, perto de Bedford, na paróquia de Elstow, Inglaterra. Sua escolaridade é bastante limitada, semelhantemente à de seu pai, que era latoeiro ambulante e integrou o exército parlamentar de 1644 a 1647. Casou-se em 1649 e viveu em Elstow até 1655, ano em que sua mulher morre e em que decide instalar-se em Bedford. Ele se casaria novamente em 1659. É recebido na Igreja Batista de Bedford, após ser imerso nas águas do rio Ouse, em 1653.

O relato de seus anos de juventude e de sua conversão em *Grace Abounding to the Chief of Sinners* [Abundante graça para o principal dos pecadores] (1666) é nossa principal fonte bibliográfica, ao mesmo tempo esclarecedora e frustrante por sua escolha quanto aos detalhes. Por exemplo, não revela o nome de sua primeira esposa, mas fornece os títulos de dois livros de devoção que ela trouxe como dote.

Embora grande parte da teologia de Bunyan seja de inspiração calvinista, no estilo inglês, sua conversão desde uma doutrina de obras e observâncias religiosas até a fé relacionada à graça divina é de inspiração luterana. De fato, não poupa elogios ao comentário de Lutero sobre a epístola de Paulo aos Gálatas, livro que considera, depois da Bíblia, o "mais apropriado para uma consciência ferida". No entanto, Bunyan não tinha lido tanto assim. Na verdade, havia escrito que a Bíblia e uma concordância formavam sua única "biblioteca", frisando assim que a autoridade de suas obras não provinha de fontes humanas, mas de Deus.

Seus dois primeiros textos defendem a doutrina reformada da justificação pela fé contra a nova seita dos quacres, ativa nessa época em Bedforshire. Sua primeira obra mais importante, *A Few Sighs from Hell, or the Groans of a Damned Soul* [Alguns suspiros do inferno, ou Grunhidos de uma alma danada] (1658), evidencia o poder de sua imaginação, sobretudo nas descrições das torturas acústicas do inferno. Em 1655, torna-se diácono e começa a pregar com sucesso. Em 1659, Dia de Natal, prega na igreja de Yelden, cujo pastor, William Dell, também diretor do *Gonville and Caius College* de Cambridge, recusava-se a admitir que os diplomas universitários (em oposição ao trabalho do Espírito Santo) determinavam quem estava qualificado para pregar. Bunyan, como o "latoeiro de Bedford", começou a se afigurar como a imagem do pregador ignorante e popular. Já tinha discutido com o bibliotecário da Universidade de Cambridge sobre se o conhecimento das línguas originais era necessário para a compreensão da Bíblia. Nessa controvérsia, assim como em outras que se seguiram, o pregador sustinha que a inspiração espiritual era superior ao saber humano.

Em 1660, com a restauração da monarquia e a Igreja Anglicana restabelecida, Bunyan foi preso por pregar ilegalmente. Porém, não se conformou e recusou-se a parar de pregar. Com exceção de algumas semanas do ano 1666, ele passou os doze anos que se seguiram na prisão de Bedford, escrevendo e ocupando-se com tarefas manuais para sustentar sua família. *Grace Abounding to the Chief of Sinners* data dessa época, assim como *A Mapp Shewing The Order & Causes of Salvation & Damnation* [Um mapa para demonstrar a ordem e as causas da salvação e da danação], uma fascinante descrição visual do duplo decreto calvinista da predestinação.

Em janeiro de 1672, após sua libertação, Bunyan torna-se pastor da Igreja Não Conformista de Bedford (que ainda existe com o nome *Bunyan Meeting* [Assembleia Bunyan]. Em março de 1675, foi novamente preso por ter pregado, mas, liberado depois de seis meses, não mais sofreu perturbações. Havia se tornado um pregador conhecido, com vários contatos, sobretudo em Londres, onde foi conferencista no Pinner's Hall. O texto dessa conferência foi publicado em 1682 com o título *On the Greatness of the Soul* [Da grandeza da alma].

Em 1678, Bunyan publicou *O peregrino*, que se mantém como sua maior criação imaginativa, misturando o modo alegórico nas narrativas medievais com um realismo satírico dirigido contra a hipocrisia religiosa. Trata-se de um fascinante relato da trajetória que leva do porto de um fardo à libertação, entrecortado de todo tipo de conflitos e desvios. A viagem do herói, Cristão, e de seus amigos Fiel e Esperançoso rumo à Cidade Celestial possui força arquetípica e impressiona pela imagem que faz da coragem diante da oposição mortífera e dos falsos peregrinos. O livro conheceu um sucesso imediato e foi reeditado dez vezes em dez anos.

A narrativa sob forma de diálogo intitulada *The Life and Death of Mr. Badman* [Vida e morte do Senhor Mau] (1680), algo como a viagem do ateu ou do perverso, provavelmente foi uma espécie de continuação na mente de seu autor. Trata-se de uma descrição do caminho do réprobo ainda mais profundamente calvinista que a descrição do caminho do eleito em *O peregrino*. Essa obra não repercutiu tanto quanto a anterior, embora seja uma das raras descrições na literatura que realmente torna o mal antipático. Também com a preocupação de reagir a "continuações" não autorizadas, escreveu em 1684 *A peregrina*, com a história de Cristã, viúva de Cristão, e seu filho. Não é exatamente um equivalente feminino, já que o papel principal cabe aos personagens que protegem os protagonistas, Grande Coração e Valente pela Verdade, com sequências fantásticas, sobretudo no final, quando os peregrinos se unem para atravessar o Rio da Morte. A primeira edição reúne as duas partes em um só volume publicado em 1728. Bunyan publicou também *Book for Boys and Girls* [Livro para meninos e meninas] (1686), uma das primeiras obras para crianças. Consiste em lições morais e espirituais tiradas da observação, que poderíamos chamar de poesia popular.

Durante o reinado de Tiago II, Bunyan pôde tirar proveito da relativa tolerância concedida aos não conformistas. Morreu em 1688, em Reading. Soube como poucos espelhar os altos e baixos do sentimento religioso e satirizar a hipocrisia e a opressão. Além de contar com inúmeras traduções, *O peregrino* foi vezes sem conta ilustrado, adaptado e até parodiado: veja, por exemplo, *The Celestial Road* [A estrada celestial] (1846) do escritor americano Nathaniel Hawthorne (1804-1864). Alguns de seus simbolismos, como, por exemplo, a Feira das Vaidades e o Pântano da Desconfiança, são ainda hoje utilizados como referências, do mesmo modo que as frases de Hamlet. Os que não partilham sua fé são sensíveis à profundidade de sua biografia espiritual e respeitam suas posições contra o sistema religioso, legal e político que o manteve na prisão por doze anos.

Neil Forsyth

▶ BUNYAN, John, *O peregrino*, São Paulo, Mundo Cristão, 1999; Idem, *The Complete Works of John Bunyan*, National Foundation for Christian Education, Marshallton, 1968; ACHINSTEIN, Sharon, *Literature and Dissent in Milton's England*, Cambridge, Cambridge University Press, 2003; BLONDEL, Jacques, "La Bible de Bunyan", em Jean-Robert ARMOGATHE, org., *Le Grand Siècle et la Bible* (*Bible de tous les temps* VI), Paris, Beauchesne, 1989, p. 581-596; KEEBLE, Neil Howard, org., *The Cambridge Companion to Writing of the English Revolution*, Cambridge, Cambridge University Press, 2001; NEWEY, Vincent, org., *The Pilgrim's Progress. Critical and Historical Views*, Liverpool, Liverpool University Press, 1982; RIVERS, Isabel, *Reason, Grace and Sentiment*, Cambridge, Cambridge University Press, 1991; SPARGO, Tamsin, *The Writing of John Bunyan*, Aldershot, Ashgate, 1997; STAUFFER, Richard, "'Le voyage du pèlerin' de John Bunyan", *BSHPF* 134, 1988, p. 709-722.

◐ Literatura; puritanismo

BURCKHARDT, Jacob (1818-1897)

Historiador das civilizações suíço, nascido e morto em Basileia. Descendente de pastores como os historiadores Jean de Müller, Simonde de Sismondi, Leopold von Ranke e Theodor Mommsen, iniciou-se na teologia, logo abandonando esses estudos. Devastado aos doze anos pela morte de sua mãe, permaneceria sensível à fragilidade das civilizações e da felicidade humana, assim como à crueldade do mundo. Porém, a arte seria sempre sua grande consolação, principalmente a arte sacra italiana, como teofania. Burckhardt concentra seus estudos nas épocas de transição: *Die Zeit Constantins des Grossen* (1853), *La civilisation de la Renaissance en Italie* [A civilização do Renascimento na Itália] (1860). Conhecemos o poderoso eco dessa obra sobre o Renascimento e as discussões que suscitou (articulação dos grandes períodos históricos, continuidade e ruptura, prioridade e proeminência ou não da Itália, a fé nos tempos do Renascimento etc.). *Le Cicerone* [O cicerone] acompanhou duas gerações de viajantes na Itália. Duas obras póstumas são importantes: *Kulturgeschichte Griechenlands* (1898-1902) e *Considérations sur l'histoire universelle* [Considerações sobre a história universal] (1905), com capítulos sobre os três fatores da história (Estado, religião e cultura) condicionando-se mutuamente, sobre as crises, o indivíduo e o universal (a grandeza histórica) e as noções de felicidade e infelicidade na história.

Alfred Berchtold

▶ BURCKHARDT, Jacob, *Werke. Kritische Gesamtausgabe*, org. por Jacob BURCKHARDT-STIFTUNG, Munique-Basileia, Beck-Schwabe, 2000ss; Idem, *Gesammelte Werke*, 10 vols., Basileia, Schwabe, 1978; Idem, *Briefe*, org. por Max BURCKHARDT, 10 vols., Basileia, Schwabe, 1949-1986; Idem, *Le Cicerone. Guide de l'art antique et de l'art moderne en Italie* (1855), 2 vols., Paris, Firmin-Didot, 1925; Idem, *La civilisation de la Renaissance em Italie* (1860), 3 vols., Paris, Librairie Générale Française, 1986; Idem, *Considérations sur l'histoire universelle* (1905), Paris, Allia, 2002; Idem, *Fragments historiques* (1929), Genebra, Droz, 1965; BERCHTOLD, Alfred, *Jacob Burckhardt*, Lausanne, L'Âge d'Homme, 1999; KAEGI, Werner, *Jacob Burckhardt*, 7 vols., Basileia, Schwabe, 1947-1982.

⊙ **Arte**; estética; **história**; Renascimento

BURKE, Edmund (1729-1797)

Sua mãe provinha de uma família católica; seu pai, de uma família protestante. Burke completa seus estudos do ensino médio em uma escola Quacre em Dublin. Estuda filosofia e direito e se torna secretário particular de lorde Hamilton e, em seguida, de lorde Rockingham. Em 1766, inicia sua carreira política na Inglaterra como representante do Partido *Whig* (liberal). Empreende várias viagens à França e se hospeda em meios aristocráticos, defendendo a causa dos colonos na América e dos católicos na Irlanda.

De início, Burke é conhecido por sua obra *Uma investigação filosófica acerca de nossas ideias do sublime e do belo*. É operada então a dissociação entre o sublime e o belo (por extensão, Kant tornaria o sublime o tema central de sua terceira *Crítica*, antes que o romantismo se apropriasse da noção), caracterizando o fim de uma estética clássica voltada para a clareza e a distinção para que venha, em seu lugar, o que eleva o espírito através de uma violência e uma exultação: a ameaça, a ruptura, a obscuridade definem o sublime, cuja "unidade" é a de uma "tensão" que não prefigura uma pacificação harmoniosa. Fala-se assim de uma filosofia da desproporção radical entre o sujeito (*a fortiori*) e o mundo (a natureza), abrindo para a unidade de uma ordem que ultrapassa o sujeito e o eleva (o sublime se coaduna com o divino), não sem passar pelo sensível.

Burke também deve sua popularidade a *Reflexões sobre a Revolução em França* (1790), obra que o tornou o porta-voz de uma reação "conservadora" contra a revolução jacobina. Para Burke, a Revolução Francesa participa de fato do sublime (desestabilizando a existência e abrindo caminho para o horror), mas fracassa em elevar autenticamente o homem: as possibilidades da razão estão nisso supervalorizadas, assim como o choque necessário e fecundo com o poder em sua exterioridade. Crítico da filosofia das Luzes e do individualismo que a caracteriza, Burke vê na crise de 1789 uma prova que deveria levar ao ressurgimento de uma sociedade conforme à ordem divina.

Thomas Römer

▶ BURKE, Edmund, *Reflexões sobre a Revolução em França* (1790), Brasília, Editora Universidade de Brasília, 1982; Idem, *Uma investigação filosófica acerca de nossas ideias do sublime e do belo*

(1757), Campinas, Papirus & Unicamp, 1993; CHIRON, Yves, *Edmund Burke et la Révolution française*, Paris, Téqui, 1988; FURNISS, Tom, *Edmund Burke's Aesthetic Ideology. Language, Gender, and Political Economy in Revolution*, Cambridge, Cambridge University Press, 1993; GANZIN, Michel, *La pensée politique d'Edmund Burke*, Paris, Librairie Générale de Droit et de Jurisprudence, 1972; SAINT GIRONS, Baldine, *Fiat lux. Une philosophie du sublime*, Paris, Quai Voltaire, 1993; WECKER, Regina, *Geschichte und Geschichtsverständnis bei Edmund Burke*, Berna, Lang, 1981.

▶ Estética; Luzes; Revolução Francesa; Rousseau

BURNAND, Eugène (1850-1921)

Eugène Burnand, pintor nascido em Moudon (Suíça) e morto em Paris, foi aluno em 1872 de Barthélémy Menn (1815-1893), em Genebra, e de Jean Léon Gérôme (1824-1904) na Escola de Belas-Artes de Paris. Excelente desenhista e água-fortista, ilustrou em 1884 o poema provençal *Mireille*, de Mistral (1830-1914), e foi admitido no Salão de Paris, onde suas obras encontraram boa acolhida. Em 1892, após a morte de seu pai, o coronel Édouard Burnand, adquire uma propriedade em Seppey, perto de Moudon. A partir de então, passaria ali todo verão, junto de sua família, pintando ao ar livre grandes telas que fizeram dele o amado apregoador das belezas da região valdense. Cristão convicto, pintou igualmente importantes obras religiosas, cujo sucesso levou os editores Berger-Levrault a imprimirem *Les Paraboles*, as parábolas de Jesus ilustradas por Burnand em 1908. As páginas podiam ser destacadas do livro, o que permitiu a muitos amadores o enquadramento das reproduções. Burnand ficou então conhecido como o típico representante do "pintor protestante", ainda que o catolicismo francês tenha também afirmado sua admiração por ele. Foi, portanto, muito natural que a igreja de Herzogenbuchsee (Berna) tenha pensado nele para desenhar os esboços em papel, em tamanho natural, dos vitrais da construção, em 1912.

Étienne Burnand

▶ BURNAND, René, *Eugène Burnand. L'homme, l'artiste et son oeuvre*, Paris-Lausanne, Berger-Levrault-La Concorde, 1926; Idem, *Eugène Burnand au pays de Mireille*, Lausanne, Spes, 1941; KAENEL, Philippe, *Eugène Burnand (1850-1921). Peintre naturaliste*, Lausanne-Milão, Musée cantonal des Beaux-Arts-5 Continents Éditions, 2004. V. tb. o Museu Eugène Burnand em Moudon (Suíça).

▶ Arte; ilustradores da Bíblia

BURNIER, Édouard (1906-1990)

Professor de apologética na Faculdade de Teologia na Universidade de Lausanne, de 1945 a 1976. De formação literária, Burnier é notado por sua tese de doutorado sobre *Révélation chrétienne et jugement de valeur religieux* [Revelação cristã e julgamento de valor religioso] (Lausanne, Roth, 1942) e por *Bible et théologie. Essais critiques* [Bíblia e teologia: ensaios críticos] (Lausanne, Roth, 1943), que inclui uma das mais perspicazes análises francófonas de Karl Barth e de sua noção de analogia da fé. Seu "diário teológico", composto por *Dans des vases de terre* [Em vasos de terra] (Lausanne, Église Nationale Vaudoise, 1944) e *La maison du potier* [A casa do oleiro] (Lausanne, Roth, 1945), é um importante documento sobre a teologia da época. Já bastante doente, concentrou suas reflexões na noção de presença espiritual, mas reservou a maior parte de suas forças para acompanhar alunos, novos e antigos, influenciando decisivamente vários teólogos na cidade de Lausanne.

Bernard Reymond

▶ REYMOND, Bernard, *Théologien ou prophète? Les francophones et Karl Barth avant 1945*, Lausanne, L'Âge d'Homme, 1985.

▶ Apologética; Barth; valores

BUSHNELL, Horace (1802-1876)

Teólogo americano nascido em Bantam (Connecticut). Estudou direito na Universidade de Yale, mas optou em 1931 pela teologia. Assim como Jonathan Edwards, passaria toda a sua vida na igreja, bastante atento às questões ligadas ao ministério. Suas principais publicações são *Christian Nurture* [Alimentação cristã] (1847, Cleveland, Pilgrim Press, 1994), em que desenvolve suas concepções quanto ao batismo e à educação religiosa, *God in Christ* [Deus em Cristo] (1849, New York, Garland, 1987), sobre o problema da linguagem, unindo três conferências sobre a revelação, a divindade de Cristo e as relações entre o dogma e o Espírito, e *Nature and the Supernatural* (New York, Scribner, 1858), sobre os problemas antropológicos e a liberdade do Espírito. No todo, Bushnell se mostra em geral aberto a ideias novas, mas, no nível social, manteve-se um conservador moderado. Bastante convicto do valor do puritanismo anglo-saxão e de sua piedade, mostrou-se extremamente reservado em relação ao catolicismo. Opôs-se à escravatura, mas não chegou a ser um abolicionista. Foi chamado de "o Schleiermacher americano" ou "o pai do liberalismo religioso americano".

Serge Molla

▶ AHLSTROM, Sydney E., "Horace Bushnell", em Martin E. MARTY e Dean G. PEERMAN, orgs., *A Handbook of Christian Theologians*, Cambridge, Lutterworth Press, 1984, p. 36-48; CAMPBELL, Dennis M., "Authority and Common Life: Horace Bushnell", em *Authority and the Renewal of American Theology*, Filadélfia, United Church Press, 1976, p. 20-37; CROSS, Barbara M., *Horace Bushnell. Minister to a Changing America*, Chicago, University of Chicago Press, 1958; SMITH, Hilrie Shelton, org., *Horace Bushnell*, New York, Oxford University Press, 1965.

◉ Edwards; liberalismo teológico; puritanismo

BUTLER, Josephine (1828-1906)

Josephine Butler, reformadora social de grande tenacidade, era esposa de George Butler, diretor do *Liverpool College* e, posteriormente, cônego de Winchester. Quase sozinha, ela enfrentou as autoridades estabelecidas, sobretudo em Liverpool, um dos grandes portos mundiais da época, para proteger as prostitutas e abolir a "ordenha das brancas"[12]. Após vinte anos de luta, ela conseguiu que fosse revogado o *Contagious Diseases Act*, leis contra doenças contagiosas, que tinham autorizado as casas de prostituição como medida de "proteção" contra doenças sexualmente transmissíveis. Essa forma de humilhação consentida imposta às mulheres havia sido ignorada. Atualmente, o debate gira em torno da questão da aids: na Inglaterra e em outros países, cogitou-se em reabrir as casas de prostituição oficiais e controladas para impedir o avanço dessa nova doença — uma ideia que não teve repercussão.

Grace Davie

▶ BUTLER, Josephine, *Personal Reminiscences of a Great Crusade*, Londres, Marshall, 1896; BELL, Emid Moberly, *Josephine Butler. Flame of Fire*, Londres, Constable, 1962; PETRIE, Glen, *A Singular Iniquity. The Campaigns of Josephine Butler*, Londres, Macmillan, 1971.

◉ Ação social; **mulher**; prostituição; **saúde**

BUXTEHUDE, Dietrich (?1637-1707)

Nascido em Oldesloe e morto em Lübeck, esse compositor e organista dinamarquês e alemão foi organista da Igreja Santa Maria, em Lübeck, desde 1668 até sua morte. Tocava domingo, para os cultos da manhã e da tarde, nos dias de festa e nas horas canônicas do dia seguinte, além dos dias de ceia. Retomou a tradição dos *Abendmusiken*, ciclos de cantatas interpretadas fora do culto, durante o período do Advento. A reputação dessas audições ultrapassou as fronteiras da cidade. Suas obras corais (cantatas, concertos) são baseadas em textos bíblicos traduzidos por Lutero, corais alemães, passagens místicas em prosa latina e excertos da *Vulgata*. Seus corais harmonizados nota a nota são ornamentados com interlúdios instrumentais. Suas peças para órgão (prelúdios de corais, fantasias, fugas, tocatas etc.) pertencem à estética do norte da Alemanha. Na mesma linha de Jan Pieterszoon Sweelinck (1562-1621) e Samuel Scheidt (1587-1654), sua produção (273 números de *opus* e 13 de autoria duvidosa) inclui obras de música de câmara e de espineta.

Buxtehude representa a cultura musical germano-dinamarquesa do mar Báltico e pertence ao estilo barroco que anuncia o estilo romântico de inspiração pietista. Foi influenciado pelo fundador do pietismo na Alemanha, Phillip Jacob Spener (1635-1705). Pela densidade e originalidade de seu pensamento, sua liberdade de expressão, sua tradução musical figuralista das imagens e das ideias do texto, a obra de Buxtehude representa um marco importante na evolução histórica e religiosa da música protestante entre Heinrich Schütz (1585-1672) e Johann Sebastian Bach (1685-1750).

Édith Weber

▶ BLUME, Friedrich, "Buxtehude", em Idem, org., *Die Musik in Geschichte und Gegenwart. Allgemeine Enzyklopädie der Musik*, t. II, Kassel, Bärenreiter, 1952, col. 548-571; KARSTÄDT, Georg, org., *Thematisch-systematisches Verzeichnis der*

---

[12] [NT] Tráfico de mulheres de ascendência europeia com fins de escravidão sexual.

musikalischen Werke von Dietrich Buxtehude. Buxtehude Werke Verzeichnis (BuxWV) (1974), Wiesbaden, Breitkopf und Härtel, 1985; PIRRO, André, *Dietrich Buxtehude* (1913), Genebra, Minkoff, 1976; SNYDER, Kerala J., *Dietrich Buxtehude, Organist in Lübeck*, NewYork-Londres, Schirmer-Collier, Macmillan, 1987.

● Bach; coral luterano; **música**; Schütz

BUXTORF

Nome de uma família de hebraizantes protestantes, originária de Vestfália e instalada em Basileia.

Johann, o Velho (1564-1629), está entre os maiores conhecedores protestantes da literatura rabínica. Professor de hebraico em Basileia a partir de 1591, ele publica inúmeros léxicos e gramáticas, com destaque para a *Grande Bíblia de Basileia*, com a massorá, os *targumim* e os comentários rabínicos (1618-1619). Seus contatos estreitos com a comunidade judaica lhe valeram conflitos com as autoridades de Basileia. Em sua obra *Tiberias* (Basileia, 1620), buscou uma correspondência entre o sistema de vocalização da Bíblia hebraica com o próprio Moisés, para justificar a doutrina da inspiração do texto hebraico contra a Igreja Católica, que se utiliza do texto em latim.

Johann, o Novo (1599-1664), sucede o pai em 1630 e defende as teses de Johann, o Velho, contra Louis Cappel em Saumur, argumentando em favor da doutrina da inspiração das vogais e dos acentos do texto em hebraico, tal como se encontra no *Consensus Helveticus*.

Outros dois Buxtorf ocupariam ainda a cadeira de hebraico: Johann Jakob (1645-1704), filho do anterior, e Johann (1663-1732), seu sobrinho.

Thomas Römer

▶BERTHEAU, Ernst, "Buxtorf", em Johann Jakob HERZOG e Albert HANCK, org., *Realencyklopädie für protestantische Theologie und Kirche*, t. III, Leipzig, Hinrichus, 1897, p. 612-617; STÄHELIN, Ernst, "Der Briefwechsel zwischen Johann Buxtorf II und Johannes Coccejus", *Theologische Zeitschrift* 4, 1949, p. 372-391; WIRZ, Jakob, *Johannes Buxtorf der Altere*, em Eduard FUETER, org., *Graße Schweizer Forscher*, Zurique, L'Art ancien, 1939, p. 69-70.

● **Bíblia**; Cappel; *Consensus Helveticus*; hebraizantes cristãos; inspiração; **judaísmo**; Wettstein

BYRD, William (1542/23-1623)

Nascido provavelmente no Lincolnshire, morto em Standon Massey (Essex), William Byrd, compositor inglês, teria sido aluno de Thomas Tallis (?1505-1585). Iniciou sua carreira como organista na Catedral de Lincoln, tornando-se em seguida membro (*gentleman*) da Capela Real; embora católico, ocupa esse posto com Thomas Tallis, com quem partilha o monopólio (concedido por Elizabeth I) da impressão e da edição de música na Inglaterra. Tanto para a confissão católica quanto para a anglicana, compõe três missas em latim, 257 motetos (*Cantiones sacrae*), composições sobre o Próprio (textos que mudam na missa e no ofício, textos particulares em dada festa) e o Ordinário (conjunto das partes fixas da missa: *Kyrie, Gloria, Credo, Sanctus, Agnus Dei*); em inglês, 42 *anthems* [hinos], 257 motetos, "serviços" para o culto anglicano, peças litúrgicas. Também é autor de madrigais, obras para cravo, para voz com acompanhamento de viola, em vez de alaúde. Sua habilidade técnica, seu senso de música litúrgica, sua filiação estética ao Renascimento e à Reforma anglicana justificam o epíteto que lhe deram, *Father of Musicke*. É considerado o maior compositor inglês do século elisabetano.

Édith Weber

▶ BYRD, William, *The Collected Works*, org. por Edmund H. FELLOWES e rev. por Thurston DART, Londres, Stainer and Bell, 1962ss; KERMANN, Joseph, *The Masses and Motets of William Byrd*, Londres, Faber and Faber, 1952; NEIGHBOUR, Oliver Wray, *The Consort and Keyboard Music of William Byrd*, Londres, Faber and Faber, 1978; STEVENS, Denis, *Tudor Church Music* (1955), New York, Da Capo Press, 1973.

● Musicais (formas); **música**; Purceli; Tallis

C

CADIER, Jean (1898-1981)

A fé de Cadier manifestou-se em duas facetas de uma vida dedicada à proclamação pública do evangelho: de um lado, pastor na Drôme e em Montpellier, de outro, professor em Montpellier, na Faculdade de Teologia em que foi decano. Tinha uma personalidade calorosa, ao mesmo tempo que era firme em suas posições calvinistas. Sua atividade pastoral se caracterizou pelo popular e poderoso movimento avivalista, que atravessou as igrejas da Drôme entre as duas guerras, conhecido pelo nome de Brigada da Drôme. Foi orador e pensador no movimento, participando da equipe pastoral que compunha a liderança. Além de outras publicações, editou os *Cahiers du matin vient* [Cadernos do "Vem a manhã", nome do movimento], publicação de reflexão teológica sobre o avivamento, com raízes na tradição reformada. Cadier também contribuiu para a renovação teológica de meados do século XX, sendo um dos articuladores da reunificação das igrejas reformadas em 1938. Sem deixar de percorrer a região como pregador (conhecia todas as igrejas dali), dedicou-se cada vez mais a suas funções doutorais na faculdade e no movimento ecumênico. Presidiu durante muitos anos a Sociedade Calvinista da França.

Michel Bouttier

▶ CADIER, Jean, "La doctrine calviniste de la sainte Cène", *ETR* 26/1-2, 1951; Idem, *Calvin, l'homme que Dieu a dompté*, Genebra, Labor et Fides, 1958; Idem, *Le matin vient*, Paris, Les Bergers et les Mages, 1990.

◉ Calvinismo; Drôme (Brigada da)

CALAS, Jean (1698-1762)

O protestante Jean Calas foi acusado de matar seu filho Marc-Antoine, cujo corpo foi encontrado no dia 13 de outubro de 1761 na loja da família, em Toulouse. A acusação foi uma tentativa de impedir sua conversão ao catolicismo. Submetido a tortura para obtenção de confissão (a *question ordinaire* e a *question extraordinaire*, interrogatórios acompanhados de suplícios), é condenado à morte pelo Parlamento de Toulouse no dia 9 de março de 1762 na roda, onde permaneceu vivo até o dia seguinte, clamando ser inocente. De início levado a deplorar o que, nesse acontecimento cotidiano, parecia-lhe um traço de fanatismo calvinista, Voltaire lançou em abril uma violenta campanha para anular o julgamento, apelando para correspondentes da França e da Europa e publicando o *Tratado sobre a tolerância* (1763). No dia 9 de março de 1765 obteve do Conselho do Rei a reabilitação do nome de Calas. O "caso Calas" ocupa um lugar fundamental na reputação de Voltaire como símbolo da luta vitoriosa da razão contra a intolerância e os erros judiciários.

Claude Lauriol

▶ ALLIER, Raoul, *Voltaire et Calas. Une erreur judiciaire au XVIIIe siècle*, Paris, Stock, 1898; BIEN, David D., *L'affaire Callas. Hérésie, persecution, tolérance à Toulouse au XVIIIe siècle* (1960), Toulouse, Eché, 1987; CUBERO, José, *L'affaire Calas. Voltaire contre Toulouse*, Paris, Perrin, 1993; GARRISSON, Janine, *L'affaire Calas. Miroir des passions françaises*, Paris, Fayard, 2004; LAURIOL, Claude, *La Beaumelle, P. Rabaut, Court de Gébelin et l'affaire Calas*, em COMITÊ DO BICENTENÁRIO DO EDITO DE TOLERÂNCIA, org., *La tolérance, république de l'esprit. Actes du colloque "Liberté de conscience, conscience des libertés" tenu à Toulouse du 26 au 28 novembre 1987*, Paris, Les Bergers et les Mages, 1988, p. 83-95; Idem e BOST, Hubert, *L'affaire Calas d'après les lettres de La Condamine à La Beaumelle*, em Nicholas CRONK, org., *Études sur le* Traité sur la tolérance *de Voltaire*, Oxford, Voltaire Foundation, 2000, p. 68-84; VOLTAIRE, *Tratado sobre a tolerância* (1763), São Paulo, Martins Fontes, 2005; Idem, *Les oeuvres complètes de Voltaire. The Complete Works of Voltaire* 56B, Oxford, Voltaire Foundation, 2000.

◉ Corte de Gébelin; La Beaumelle; tolerância

CALVINISMO

O calvinismo, ou protestantismo reformado, além do que retoma da herança de Ulrico Zwinglio, propõe-se como sistema teológico parcialmente fundado sobre o pensamento e os textos de João Calvino. Porém, seus itens mais importantes já tinham sido adiantados por Lutero, a saber, a justificação pela fé sem obras e o recurso à Bíblia como norma, superior à tradição e às práticas eclesiásticas. As ideias evidenciadas pelo calvinismo são: a soberania ou a transcendência de Deus, através da qual a salvação e a obra de Cristo são realizadas, sendo mais importante que a própria força da fé; e a teoria da Escritura, única referência, contra todos os poderes, e texto estruturado segundo a disposição de um pacto, ou aliança. Os sacramentos são interpretados como sinais externos da graça de Deus (a serem recebidos no Espírito), uma posição a meio caminho entre o simbolismo de Zwinglio e a consubstanciação de Lutero. A organização da igreja passa por uma rede de relações e trocas, estruturada, mas de tipo sinodal. Em Genebra, a autoridade episcopal era exercida pela Companhia dos Pastores e pelo Consistório. O cosmos é laicizado, assim como a economia, a política e a cultura (Max Weber, Ernst Troeltsch e Richard Henry Tawney enfatizaram esse ponto). O calvinismo atraiu sobretudo as novas classes médias, urbanas e burguesas.

Após a morte de Calvino, a doutrina da predestinação prevaleceu, desenvolvida por Teodoro de Beza (1519-1605) e fundada sobre a justiça e a misericórdia divinas como autoglorificação de Deus. Essa linha constituiu uma das bases do Sínodo de Dordrecht (1618-1619), quando o sistema calvinista era atacado desde o interior. A ortodoxia calvinista se chocou contra a ortodoxia luterana, apegada sobretudo ao que se chamou de *Fórmula da concórdia* (1580): "Não foi somente como Deus, mas também como homem, que Cristo tudo conhece e tudo pode, estando presente junto a todas as criaturas". Já o calvinismo frisa a ascensão de Cristo (que só está presente entre nós através de seu Espírito) e a primazia de Deus Pai no cerne da obra da salvação. Calvino escreve que, já na encarnação, "Jesus Cristo [...] falou com seus discípulos aqui sobre sua vida mortal", mas que, se "está dito que ele desceu do céu [...], não é porque sua divindade deixou o céu" (segundo a versão de 1536 de *IRC* II, XIII, 4; cf. o conceito do *extracalvinisticum*). É em solo calvinista que nasceram o puritanismo e o metodismo (posteriormente o protestantismo evangélico), enquanto o pietismo surge em terreno luterano. Por fim, para além das evidentes diferenças doutrinárias, podemos afirmar certa filiação entre o calvinismo e o deísmo inglês ou o teísmo norte-americano. Por outro lado, pode-se detectar uma filiação análoga, da mesma forma para além dos enunciados estritamente teológicos, entre luteranismo e romantismo alemão.

A fé calvinista, através de uma pluralidade de teologias e de sistemas eclesiásticos, conheceu um grande sucesso em todo o mundo. O calvinismo está presente em países como Suíça, França, Países Baixos, Hungria, Escócia, América do Norte, África do Sul, Indonésia e Coreia, onde se mesclou à língua e à cultura locais. O pensamento calvinista ultrapassou largamente as igrejas presbiterianas ou reformadas, estando presente nos *Trinta e nove artigos* (1563) da Igreja Anglicana e na *Confessio fidei* (1629) do patriarca ortodoxo de Constantinopla, Cyril Lucaris (1572-1638), que manifestou uma grande simpatia em relação à doutrina. Internacionalmente, o calvinismo é, sobretudo, a religião das classes médias cultas que inspiraram e trabalharam o conteúdo do liberalismo (ideia de lei, de pacto e de contrato, contra o absolutismo político), atuando em prol da justiça social, da educação e de um desenvolvimento da sociedade fundado na ética, como, por exemplo, o advento dos sistemas democráticos representativos, a abolição da escravatura e o estabelecimento das Nações Unidas.

William McComish

▶ *Actualité de la Réforme. Vingt-quatre leçons présentées par la Faculté de Théologie de l'Université de Genève à l'Auditoire de Calvin dans le cadre du 450ᵉ anniversaire de la Réformation*, 1536-1986, Genebra, Labor et Fides, 1987; ARMSTRONG, Brian G., *Calvinism and the Amyraut Heresy*, Madison, University of Wisconsin Press, 1969; FATIO, Olivier, *Méthode et théologie. Lambert, Daneau et les débuts de la scolastique réformée*, Genebra, Droz, 1976; HIGMAN, Francis, *La diffusion de la Réforme en France*, Genebra, Labor et Fides, 1992; MOTTU, Henry, org., *La Réforme, un ferment dans l'Église universelle*, Genebra, Labor et Fides, 1987.

● África do Sul; aliança; Aliança Reformada Mundial; Althusius; Beza; Cadier; Calvino; calvinismo (neo); *Confissão de La Rochelle; Consensus helveticus; Consensus*

Tigurinus; Daneau; Debrecen; democracia; Diodati; Dordrecht (Sínodo e Cânones de); Doumergue; igrejas reformadas; *extracalvinisticum*; Gustafson; Heidelberg (Catecismo de); **Jesus (imagens de)**; luteranismo; Maury; ortodoxia protestante; Palatinat; Perkins; **predestinação e providência**; presbiterianismo; **protestantismo**; puritanismo; Reforma; *Segunda confissão helvética*; Stauffer

CALVINISMO (neo)

Escola e movimento nascidos no século XIX e que se consideram inscritos teologicamente na tradição da ortodoxia reformada — a das Confissões de Fé da Reforma e do século XVII, sobretudo Dordrecht —, com inovações. Aos olhos do neocalvinismo, a leitura calvinista da Escritura fornece uma "cosmovisão" que determina uma filosofia radicalmente cristã relacionada a concepções elaboradas em matéria de ciência, artes, direito e política.

Arquivista da Casa Real dos Países Baixos, Guillaume Groen van Prinsterer (1801-1876) desempenha o papel de precursor: a influência do avivamento que partiu de Genebra chega até ele e o leva ao calvinismo, antídoto para o espírito de 1789. É quando funda o Partido Antirrevolucionário, sendo sucedido na liderança por Abraham Kuyper (1837-1920). Formidável pensador e homem de ação, Kuyper funda o neocalvinismo e, com o movimento, sua primeira fortaleza, a Universidade Livre de Amsterdã. Descreve suas características fundamentais: ênfase no senhorio divino que torna decisiva, para toda a realidade criada, a relação com Deus; exclusão imediata de toda neutralidade, inclusive nas ciências (a função da fé, apóstata ou reformada e regenerada, precede e governa todos os procedimentos teóricos e práticos); a preservação do pluralismo através da instituição criacional de esferas que são autônomas; recurso à graça comum para explicar colaborações possíveis mesmo quando há percepções opostas em relação à fé.

Há expansão do neocalvinismo na geração seguinte. Os redatores de *Philosophia Reformata*, lançada em 1936, são as figuras de proa do movimento: Herman Dooyeweerd (1894-1977), herdeiro mais direto de Kuyper, engendrou um sistema refinado que se caracteriza pelo combate ao neokantismo; Dirk Hendrik Theodoor Vollenhoven (1892-1978), seu genro; Josef Bohatec (1876-1954), teólogo checo de Viena; Hendrik Gerhardus Stoker (1899-1993), de Potchefstroom, filósofo das ciências mais próximo ao realismo tradicional; Cornelius Van Til (1895-1987), o apologeta da Filadélfia, mais polêmico e biblicista. Na França, Auguste Lecerf (1872-1943) se situaria entre os que advogam posições clássicas, próximas ao tomismo, além das de Dooyeweerd; junto a Dooyeweerd, Lecerf enviaria seu discípulo Pierre Charles Marcel (1910-1992) para uma formação com Pierre Courthial (1914-2009), um dos fundadores de uma instituição de ensino calvinista, a Faculdade Reformada de Aix-en-Provence.

Mais recentemente, as ramificações do neocalvinismo divergiram, mas o movimento manteve sua vitalidade. Podemos citar o *Institute for Christian Studies*, em Toronto, as Faculdades Westminster, nos EUA, com John Frame (nascido em 1939) e Vern Sheridan Poythress (nascido em 1941), uma tendência chamada teonomismo, com Greg L. Bahnsen (1948-1995); na França, temos o filósofo Alain Probst (nascido em 1942).

Henri Blocher

▶ COURTHIAL, Pierre, "Le mouvement réformé de reconstruction chrétienne", *Hokhma* 14, 1980, p. 44-70; GEEHAN, E. Robert, org., *Jerusalem and Athens. Critical Discussions on the Theology and Apologetics of Cornelius Van Til* (1971), Nutley, Presbyterian and Reformed, 1977; LECERF, Auguste, *Études calvinistes*, Neuchâtel, Delachaux et Niestlé, 1949; PÉRONNET, Michel, org., *La controverse interne au protestantisme (XVIe-XXe siècles)*, Montpellier, Université Paul Valéry, 1983; RAMM, Bernard, *Varieties of Christian Apologetics*, Grand Rapids, Baker Book House, 1961, p. 179-195 (reed. de *Types of Apologetic Systems. An Introductory Study of Christian Philosophy of Religion*, 1953); SAUSSURE, Jean de, *À l'école de Calvin* (1930), Genebra, Robert Estienne, 1986; VILLARD, Jean, "Thèses pour une philosophie chrétienne", *Hokhma* 7, 1978, p. 62-83.

▶ Antirrevolucionário (Partido); Berkouwer; calvinismo; Courthial; Dooyeweerd; Dordrecht (Sínodo e *Cânones de*); Kuyper; Lecerf; Maury; Princeton (escola de); revistas protestantes; Sully (Associação); teologia evangélica; universidades protestantes; Van Til; Warfield

CALVINO, João (1509-1564)

Nascido em Noyon (Picardia), Calvino estuda artes em Paris (1522-?1526) e direito em Orléans e em Bouges (1526-?1531). Em 1532, publica um comentário humanista sobre a *De Clementia*, de Sêneca. Com a longa luta pela

Reforma, por volta de 1533 ele se dedica à elaboração de obras teológicas, de início na França e, em seguida, após o caso dos cartazes (em que, na noite do dia 17 de outubro de 1534, textos contra a missa foram afixados em Paris e em Amboise, até nos aposentos do rei), em Basileia, onde é publicada em 1536 a primeira edição das *Institutas* ou *Instituição da religião cristã*. Estando de passagem por Genebra, em julho de 1536, Calvino encontra Farel, que o insta a engajar-se na organização eclesiástica da cidade recentemente reformada. Ao tentarem impor a Reforma à população de modo por demais sistemático e rápido, os dois homens são banidos de Genebra em 1538. Após três anos frutíferos em Estrasburgo, onde se casa, Calvino é novamente chamado para Genebra. A partir de 1541, escreve para a igreja *Ordenanças eclesiásticas*, um *Catecismo* e uma *Forma das orações* (liturgia) e introduz o canto dos Salmos no culto. Através de um grande número de sermões (em média, 250 por ano) e de frequentes intervenções da Companhia dos Pastores junto ao Conselho da cidade, Calvino luta por uma reforma profunda, tanto das crenças quanto dos costumes. Estende sua influência ao continente inteiro com seus muitos textos e sua volumosa correspondência. Em 1553, em meio ao mais acirrado conflito entre o Conselho e os reformadores sobre as relações da igreja com o Estado, Miguel Serveto chega a Genebra. Com o caso Serveto, Calvino tem sua autoridade ainda mais firme. Com o apoio de muitos refugiados franceses atraídos para Genebra pela reputação do reformador, a cidade se torna "a mais perfeita escola de Cristo desde o tempo dos apóstolos" (John Knox). Morre consumido por sua doença, com 54 anos.

Toda a sua obra tem raízes na Bíblia. Revisa sem cessar a tradução de Olivetan para o francês e publica comentários sobre praticamente todos os livros da Escritura. As *Institutas*, constantemente aumentadas até atingir sua forma definitiva em latim (1559) e em francês (1560), apresentam-se como chave para a compreensão da Escritura: toda a sua teologia pretende ser uma explicação da Bíblia e de sua doutrina (pois a Escritura é lida como um todo), sem submeter-se a poderes ou construções filosóficas. Sua imensa obra, com inúmeras edições tanto latinas quanto francesas (traduções das *Institutas* e de comentários, tratados polêmicos em grande quantidade), não somente contribuiu para a alfabetização dos países alcançados pela Reforma, mas também influenciaram profundamente a evolução do francês como língua do debate intelectual.

Sob muitos aspectos, a teologia de Calvino surge na confluência entre um evangelismo marcado pelo humanismo e a teologia luterana da cruz e da salvação. O motivo luterano da justificação pela fé permanece, de fato, algo central na obra de Calvino (o "principal artigo da religião cristã", *IRC* III, XI, 1). Do mesmo modo, Cristo é o único revelador, e único corpo e matéria de salvação, e o domínio do pecado é radical, afetando por inteiro o homem em sua relação com Deus, consigo mesmo e com o mundo. No entanto, de certa forma corrigindo a herança luterana, equilibrando o conjunto da proposta, deve-se notar: uma teologia forte do Espírito Santo; uma preocupação sistemática com a igreja visível; uma ênfase na santificação dos justos (justificados); uma reflexão mais positiva quanto à política (sua legitimidade, seus limites, suas regras).

A temática do Espírito Santo encontra lugar obrigatório e estruturado em uma articulação com a visão de Cristo elevado aos céus, em glória, assentado à direita de Deus (cf., sobretudo, o motivo da Ascensão): Cristo ausente a partir de então, separado. Assim, em oposição à visão de Lutero, Cristo não poderia sofrer aqui um novo rebaixamento, estando presente na ceia. Está aberto, portanto, um sistema de *mediação* — sacramental, eclesiástico e espiritual —, em que um dado material e positivo ("instituído") faz referência (faz um "sinal" ou é "testemunha", no Espírito) a uma transcendência, de um lado, e a uma leitura interior, de outro (o "testemunho interior do Espírito").

É esse sistema de mediação — com a faceta dupla de uma consistência histórica, positiva e institucional insuperável e a de uma leitura que toma do interior o testemunho — que está por trás da priorização da Escritura (a Reforma calvinista é, sobretudo, a do *sola scriptura*), da visão da igreja como instituição onde somos gerados na fé (a igreja é "mãe"), da santificação como momento de educação e formação/reforma (devemos nos tornar "imagem de Deus", à imagem de Cristo) e de uma cidade política pensada sob um fundo construtivamente diferenciado, exigindo relações e articulação (os herdeiros de Calvino refletirão aqui sobre as ideias de "pacto" e "contrato").

Pierre Gisel e Francis Higman

▶ CALVINO, João, *Opera quae supersunt omnia*, 59 vols., org. por Johann Wilhelm BAUM, Eduard CUNITZ e Édouard REUSS, Brunswick, Schwetschke, 1863-1900; Idem, *As institutas ou tratado da religião cristã* (edição latina de 1559), 4 vols., São Paulo, Cultura Cristã, 2006; COTTRET, Bernard, *Calvin. Biographie* (1995), Paris, Payot & Rivages, 1998; DOUMERGUE, Émile, *Jean Calvin. Les hommes et les choses de son temps*, 7 vols., Lausanne-Neuilly-sur-Seine, Bridel-La Cause, 1899-1927; GISEL, Pierre, *Le Christ de Calvin*, Paris, Desclée, 1990; MÜLLER, Denis, *Jean Calvin. Puissance de la Loi et limite du pouvoir*, Paris, Michalon, 2001; WENDEL, François, *Calvin. Sources et évolution de sa pensée religieuse* (1950), Genebra, Labor et Fides, 1985.

◉ Beza; Bolsec; Bucer; Bullinger; calvinismo (neo); Caroli; Castellion; ceia; **comunicação**; *Consensus Tigurinus*; disciplina; igrejas reformadas; *extracalvinisticum*; Farel; Genebra; Lutero; nicodemitas; Olivétan; **predestinação e Providência**; Reforma; Serveto; Stauffer; Viret

CAMBRIDGE (movimento de)

Enquanto o movimento de Oxford, de tendência anglocatólica e *High Church*, preocupava-se com a doutrina e a reestruturação eclesiástica, os "eclesiologistas" (nome com que eles mesmos se designavam) do movimento de Cambridge se interessaram por questões como o ritual e a arquitetura eclesiástica (cf. a primeira aparição em inglês do termo "eclesiologia", que significava a doutrina sobre a arquitetura dos locais de culto). Fundada em 1839 por John Mason Neale (1818-1866), a *Camden Society*, que logo se tornaria a *Ecclesiological Society*, lutou pelo retorno ao estilo gótico ("o único que convém ao culto cristão") e por uma estrita divisão do espaço cultual entre o coro, reservado aos oficiantes, e a nave, reservada aos fiéis. Essa concepção influenciou em muito a arquitetura eclesiástica anglo-saxã até nossos dias, que se inspirou no que podemos vislumbrar, por exemplo, na Saint Paul de Cantuária. De início, essa influência foi mais presente na Igreja Anglicana, espalhando-se para as demais denominações protestantes.

Bernard Reymond

▶ CURL, James Stevens, *Book of Victorian Churches*, Londres, Batsford, 1995; WHITE, James F., *The Cambridge Movement. The Ecclesiologists and the Gothic Revival*, Cambridge, Cambridge University Press, 1979; YATES, Nigel, *Buildings, Faith and Worship. The Liturgical Arrangement of Anglican Churches 1600-1900*, Oxford, Clarendon Press, 1991.

◉ Anglicanismo; **arquitetura**; liturgia; Oxford (movimento de); templo

CAMERON, John (1580-1625)

Nascido em Glasgow, Cameron logo se estabelece na França: a partir de 1600, ensina latim e grego no colégio protestante de Bergerac. Trabalha como professor na Academia de Sedan, preceptor e, em seguida, pastor em Bordeaux, de 1608 a 1618. Nessa época, é nomeado para a cadeira de teologia da Academia de Saumur, onde ensinaria durante dois anos. Após três anos como diretor do colégio de Glasgow, volta para Saumur, tornando-se, em 1624, pastor e professor de teologia em Montauban, onde falece. Seu ensino em Saumur é contemporâneo dos debates suscitados pelo arminianismo. Cameron toma a defesa da ortodoxia calvinista, mas propõe um sistema teológico que busca conciliar a doutrina da presdestinação com a afirmação do amor salvífico universal de Deus. Seu pensamento influenciaria consideravelmente um de seus estudantes, Moisés Amyraut.

Hubert Bost

▶ ARMSTRONG, Brian G., *Calvinism and the Amyraut Heresy*, Madison, University of Wisconsin Press, 1969, p. 42-70; HAAG, Émile e Eugène, "Caméron", em *La France protestante*, t. III, Paris-Genebra, Cherbuliez, 1852, p. 174-178; LAPLANCHE, François, *Orthodoxie et prédication. L'oeuvre d'Amyraut et la querelle de la grâce universelle*, Paris, PUF, 1965, p. 50-57.

◉ Amyraut; arminianismo; Montauban; **predestinação e Providência**; Saumur; Sedan

CAMISARDOS (Guerra dos)

Logo após a Revogação do Edito de Nantes (1685), as igrejas reformadas francesas se veem sem pastores. Por todo lugar, e em especial nas Cevenas, surgem movimentos religiosos do tipo entusiasta. No início, profetas e pregadores clamam por arrependimento, mas depois sua mensagem adquire um tom mais apocalíptico e convida à guerra santa. É a Guerra das

Cevenas, ou dos Camisardos, apelido que os soldados protestantes receberam (do francês *camisades*, "ataques de surpresa noturnos cujos autores vestiam camisas por cima das roupas para se reconhecerem" [Émile G. Léonard]). A guerra começa em 1702 e se estende até 1704.

Em uma visão, Abraham Mazel recebe um chamado para libertar seus correligionários, presos no Pont-de-Montvert pelo abade du Chaila, agente viário nas Cevenas e um eficaz auxiliar do intendente Bâville. Uma expedição organizada na feira de Barre-des-Cévennes e nas assembleias clandestinas do Bougès termina por soltar esses prisioneiros e assassinar o abade du Chaila no dia 22 de julho de 1702. Durante todo aquele verão, os combates pareciam mais escaramuças sem coordenação, com fins de vinganças individuais. Após a execução de Esprit Séguier e a morte em combate de Gédéon Laporte (outubro de 1702), Jean Cavalier põe em debandada perto de Alès setecentos homens do conde de Broglie, comandante das tropas do Languedoc. Novas tropas são enviadas, lideradas pelo marechal de Montrevel. O marechal é derrotado pelos chefes camisardos que agem em quatro grandes territórios: o massivo do Bougès (Mazel e Séguier), o massivo do Aigoual (Castanet), os vales de Lasalle e Mialet (Laporte, apelidado de Rolando) e a Baixa Gardonnenque, com incursões pela planície de Montpellier e do Vivarais (Cavalier). Na primavera de 1704, Montrevel é substituído por Villars, que consegue negociar com Cavalier. Os outros chefes camisardos que não ficaram sabendo desses tratos creem ter obtido a liberdade de consciência. Mas, ao se perceberem logrados, logo denunciam a traição. Cavalier foge para a Suíça. Entre 1705 e 1710 são empreendidos diversos esforços para retomar a guerra, com a ajuda de potências estrangeiras e uma parte do Refúgio.

Hubert Bost

▶ BOSC, Henri, *La guerre des Cévennes, 1702-1710*, 6 vols., Montpellier, Presses de Languedoc, 1985-1993; CABANEL, Patrick, *Histoire des Cévennes* (1998), Paris, PUF, 2003; Idem e JOUTARD, Philippe, orgs., *Les Camisards et leur mémoire, 1702-2002. Colloque du Pont-de-Montvert des 25 et 26 juillet 2002*, Montpellier, Presses du Languedoc, 2002; COURT, Antoine, *Histoire des troubles des Cévennes ou de la guerre des Camisards sous le règne de Louis le Grand* (1760), Montpellier, Presses du Languedoc, 2002; JOUTARD, Philippe, *Les Camisards* (1976), Paris, Gallimard, 1994; Idem, *La légende des Camisards. Une sensibilité au passé*, Paris, Gallimard, 1977; L'OUVRELEUL, Jean-Baptiste, *Histoire du fanatisme renouvelé*, org. por Patrick CABANEL, Montpellier, Presses du Languedoc, 2001; ROLLAND, Pierre, *Dictionnaire des Camisards*, Montpellier, Presses du Languedoc, 1995.

▶ Cavalier; Cevenas; Court; Deserto; Edito de Nantes (e Revogação do); Laporte; Marion; Mazel; profetismo; Refúgio

CANADÁ

Por sua extensão e história, o Canadá se vê às voltas com três elementos importantes. Primeiro, os autóctones, presentes no país antes da colonização, contam hoje com duzentas mil pessoas "batizadas". A religião deles não é propriamente indígena, mas se caracteriza por uma espiritualidade própria, objeto de maior interesse a partir da última década. Em segundo lugar, a Nova França foi colonizada a partir do início do século XVII, processo em que os huguenotes tiveram uma participação importante até meados do século XVII, embora sem organização formal. É na região do Québec que hoje se concentra metade dos católicos canadenses (46% dos cristãos em todo o país). Desde o início dos anos 1960, a "Revolução tranquila" trouxe grandes transtornos para esse catolicismo homogêneo e civilizador. Em plena crise de secularização, a província está se adaptando bastante rápido à modernidade. Em terceiro lugar, o Canadá de língua inglesa foi historicamente marcado pelo protestantismo anglo-saxão da Inglaterra (que buscava se distinguir dos EUA), no início com o anglicanismo, em seguida o presbiterianismo e os movimentos que saíram dele (metodismo, Igreja Batista) e, por fim, o luteranismo e os movimentos evangélicos, com destaque para o pentecostalismo.

O protestantismo representa hoje 28% da população canadense, com a Igreja Anglicana, a Igreja Unida do Canadá (que se originou da fusão de presbiterianos e metodistas, em 1925), os presbiterianos, os luteranos e os batistas. O protestantismo de língua inglesa acompanhou a colonização, mas, principalmente depois da Segunda Guerra Mundial, a chegada de inúmeros imigrantes tornou essa paisagem mais canadense. Ao longo dos anos 1980, as igrejas atuaram grandemente em benefício dos pobres, dos imigrantes e dos ameríndios, com intervenções na área social e até mesmo política. Agora, o protestantismo busca um novo fôlego em uma associação com a modernidade no país.

Em relação ao ecumenismo, existe um longo histórico de cooperação, tanto na área social quanto na formação acadêmica. Assim, as igrejas históricas em Toronto formaram uma parceria que se materializou na Escola de Teologia de Toronto, com vistas a uma formação comum. Os evangélicos conheceram um impressionante desenvolvimento ao longo dos anos 1970-1980, com a criação de comunidades e locais de formação teológica ou universitária — embora o movimento não tenha a mesma popularidade que nos Estados Unidos.

Em uma sociedade que não cessa de transformar-se, parece claro que a influência social e cultural das igrejas diminuiu. No entanto, vemos esboçar-se o surgimento de igrejas minoritárias com uma característica mais confessional, um dos sinais de uma busca religiosa cada vez mais presente.

Jean Porret

▶ LINTEAU, Paul-André, DUROCHER, René e ROBERT, Jean-Claude, *Histoire du Québec contemporain*, t. I: *De la Confédération à la crise 1867-1929* e t. II: *Le Québec depuis 1930*, Trois-Rivières, Boréal Express, 1989-1993; HAMELINE, Jean, *Histoire du catholicisme québécois*, 2 vols., Trois-Rivières, Boréal Express, 1984-1991; LALONDE, Jean-Louis, *Des loups dans la bergerie. Les protestants de langue française au Québec, 1534-2000*, Montreal, Fides, 2002.

◉ Montreal

CÂNON E CÂNON DENTRO DO CÂNON

Além das questões relativas à lista dos livros que foram ou não mantidos no cânon bíblico (cf. apócrifos e deuterocanônicos), o protestantismo erige o fato canônico a uma posição privilegiada e também sintomática: a Bíblia é vista como um texto fechado que domina a história, o mundo e as realidades da vida do cristão (eclesiológicas e espirituais). Está representado aqui, portanto, um modo específico de referência aos fundamentos: a referência originária é um texto, ao mesmo tempo intra-histórico e instituído como um cara a cara, plural e submetido a regras, diferente e não repetível, e no entanto determinante e estruturante. Investir dessa forma um texto, e um texto desse tipo, como origem é algo que só pode abrir um espaço de interpretação e radicalizar nossa inserção na história, enquanto barra o acesso direto a Deus ou à verdade.

Instituir o texto — canônico, portanto fechado — em posição de origem é negar todo tipo de compreensão da "revelação" como um dado circunscrito, absoluto ou supranaturalista, que se manteria no início de uma instituição fundada e certificada por ele. É compreender essa "revelação" como um trabalho e uma instauração que se debruçam sobre um texto antigo (o cânon bíblico é duplo: Antigo Testamento e Novo Testamento), sobre a relação com a Lei (lugar imprescindível de uma dialética), sobre uma criação totalmente atribuída a Deus (lugar de uma obrigatória intriga). O antigo, a lei e o real se encontram aqui sancionados em seu próprio dado: são lugares em que uma revelação e uma novidade podem surgir. Portanto, a verdade não é compreendida como o que ultrapassa um estado antigo (contra Marcião e certos tipos de gnose), em substituição a ele, mas, sim, como aquilo que leva à consumação. Pôr a Escritura em primeiro plano é reconhecer-se inscrito na genealogia e voltar-se para uma tarefa narrativa e simbolizante que sempre reconfigura o mundo, em referência a um Deus transcendente, outro ou diferente.

Sob vários aspectos, o protestantismo acrescenta à problemática do cânon um questionamento sobre o "cânon dentro do cânon", algo inevitável, já que sua própria origem assume a forma de um texto (histórico, plural e fechado, segundo canonização posterior), não de um fundamento designável, nos primórdios de uma instituição-igreja ou de uma tradição homogeneizante. Porém, assim como considerar a Escritura o único ponto de partida pode resultar em "desvios fundamentalistas", falar de "cânon dentro do cânon" fez com que se privilegiasse determinada parte do cânon em detrimento de outras — podemos citar, como exemplo, os textos paulinos, associados ao tema da justificação pela fé. Se bem compreendida, a questão do "cânon dentro do cânon" só pode ser acolhida como a de um *princípio interpretativo* do conjunto canônico (relacionada a um *Sachkritik*: uma crítica centrada na verdade em questão e em debate). Situada dessa maneira, a questão do "cânon dentro do

CÂNTICO

cânon" exige que se tematize uma dimensão inscrita na leitura, que por sua vez surge dominada pela exigência de se considerar o *conjunto* do cânon.

Abrir um espaço constitutivo para o cânon — com a questão do "cânon dentro do cânon" que o acompanha — é abrir para o princípio de uma "analogia de fé" (fundamentalmente protestante, relacionado ao tema da Escritura como "intérprete de si mesma"), princípio de analogia que gera não uma repetição mais ou menos legalista, nem a busca de um ideal, mas, sim, uma história sempre recriadora e desdobrada diretamente no mundo, em toda a sua extensão. O próprio mundo seria aqui relido de acordo com uma intriga específica em que se amarra o gesto de um testemunho entregue a Deus, justamente ecoando, de modo analógico, o testemunho cristalizado na Escritura.

Pierre Gisel

▶ BRAND, Paul, *Peut-on être réaliste et croire en Dieu?*, Genebra, Labor et Fides, 1990, p. 218-236; BARTHÉLEMY, Dominique, *Découvrir l'Écriture*, Paris, Cerf, 2000; CHILDS, Brevard S., "Interpretation in Faith. The Theological Responsibility of an Old Testament Commentary", *Interpretation* 18, 1964, p. 432-449; GISEL, Pierre, *Vérité et histoire. La théologie dans la modernité. Ernst Käsemann* (1977), Paris-Genebra, Beauchesne-Labor et Fides, 1983, cap. 2; Idem, *Croyance incarnée. Tradition, Écriture, canon, dogme*, Genebra, Labor et Fides, 1986; Idem, "Institutionnalisation du christianisme et foi théologale", em Élian CUVILLIER, org., *Sola fide. Mélanges offerts à Jean Ansaldi*, Genebra, Labor et Fides, 2004, p. 181-194; SANDERS, James A., *Identité de la Bible. Torah et canon* (1972), Paris, Cerf, 1975; Idem, *Canon and Community. A Guide to Canonical Criticism*, Filadélfia, Fortress Press, 1984; THEOBALD, Christoph, org., *Le canon des Écritures. Études historiques, exégétiques et systematiques*, Paris, Cerf, 1990.

▶ Analogia da fé; Apócrifos; **Bíblia**; fundamentalismo; hermenêutica; imitação; justificação; Käsemann; tradição

CÂNTICO

Do latim *canticum* (hino bíblico, canto de louvor), o termo "cântico" designa, na música protestante, cantos bíblicos (além dos Salmos): os Cânticos de Maria (*Magnificat*), de Moisés, de Simeão, de Zacarias, assim como o *Te Deum* (cântico de Santo Ambrósio e Santo Agostinho) em francês. No século XVI, foram escritas letras de cânticos por Teodoro de Beza (*Saincts cantiques*), Accasse d'Albiac du Plessis, Louis des Masures (?1515-1574); no século XVII, por Bénédict Pictet. A forma se manteve na Alemanha nos meios pietistas e na Inglaterra durante o Avivamento, chegando até nossos dias. O gênero foi retomado na Igreja Católica, na época pós-tridentina, pelos jesuítas alemães. Musicalmente, o cântico é um canto congregacional em língua vernácula, com uma melodia simples e textos fáceis de guardar.

Édith Weber

▶ ATGER, Albert, *Histoire et rôle des cantiques dans les Églises réformées de langue française* (1883), Genebra, Slatkine, 1970; BARDET, André e BOURQUIN, André, *Notes historiques et hymnologies sur les Psaumes, Cantiques et textes du recueil des Églises suisses de langue française*, Yverdon, Thiéle, 1984; PIDOUX, Pierre, org., *Le Psautier huguenot du XVIe siècle. Mélodies et documents*, t. I: *Les mélodies*, Basileia, Bärenreiter, 1962, p. 227-231; POINCENOT, Philippe, *Essai sur les origines des cantiques français*, Montbéliard, Société anonyme d'imprimerie montbéliardaise, 1908.

▶ Beza; coral luterano; musicais (formas); **música**; Pictet; pietismo; *Saltério huguenote*; Avivamento

CANTOR

Costumam referir-se a Johann Walter (1496-1570), colaborador próximo de Lutero (1483-1546) quanto à música na igreja, como "o *Urcantor* da Reforma". Em 1538, o próprio Walter definiu sua ocupação, em seu epigrama *Lob und Preis der löblichen Kunst Musica*. Os modelos elaborados por ele valorizam o caráter escatológico da música e sua dimensão querigmática. Assim, Walter exerce as funções práticas relacionadas ao *cantor*, ao mesmo tempo que se ocupa de teoria, como *musicus eruditus* encarregado do ensino geral. Tanto na igreja como na escola, o trabalho a que se dedica é fundamentado em reflexões teológicas. Próximo ao pastor, colabora com a organização do culto para integrar à pregação tanto o canto monódico da congregação quanto o canto polifônico. Grandes músicos exerceram essa profissão, como Michael Alterbourg (1584-1640), Johann Hermann Schein (1586-1630) e Johann Sebastian Bach

(1685-1750). Bach era reticente em relação à função de *cantor*, preferindo, de modo singular, o título *Director musices*. De fato, o *status* do *cantor* evoluiu progressivamente ao longo dos séculos XVII e XVIII, concorrendo com o de organista. Na época do Iluminismo (*Aufklärung*), desapareceria o *cantor* em sua acepção luterana, para renascer plenamente no século XX como o músico responsável na igreja.

James Lyon

▶ BLANKENBURG, Walter, "Cantor", em Marc HONEGGER, org., *Connaissance de la musique*, Paris, Bordas, 1996, p. 141s; Idem, *Johann Walter. Leben und Werk*, Tutzing, Schneider, 1991; BRUSNIAK, Friedhelm, "Kantor", em *RGG*, t. II, 2001, col. 787; WEBER, Édith, *La recherché hymnologique*, Paris, Beauchesne, 2001.

◉ Bach; Crüger; música

CANTUÁRIA

A história da atual diocese de Cantuária se inicia em 597, com a chegada de Agostinho de Cantuária (morto em 604), encarregado da organização da Inglaterra em duas províncias eclesiásticas, cada uma com seu arcebispado em Londres e em York. Porém, ao assumir o cargo de Londres, Cantuária logo deveria se tornar a capital da Igreja Anglicana, já que a Inglaterra é a sede de sua liderança. Quanto ao protocolo, o arcebispo de Cantuária se situa imediatamente atrás da família real e na frente de qualquer outro súdito da Coroa. O arcebispo detém o privilégio de coroar o monarca e é considerado pelo Estado como o primeiro representante da Igreja. Porém, na prática, os arcebispos de Cantuária e de York mantêm relações de parceria, um exemplo da tendência cada vez mais comum de se exercer conjuntamente as responsabilidades do bispado anglicano — uma compreensão sensivelmente diversa da noção de autoridade, se a comparamos à de seu homólogo romano.

Enquanto o Império Colonial Britânico estendia sua influência em todo o mundo, a Comunhão Anglicana ("família" religiosa de dimensão mundial, em comunhão com Cantuária, que reconhece a primazia do arcebispo, ainda que as igrejas participantes se mantenham autônomas) crescia em importância na Igreja Anglicana. Não há dúvidas de que o arcebispo de Cantuária é um dos fatores de unidade nesse conjunto heterogêneo de igrejas, mesmo que o centro do anglicanismo tenha se deslocado continuamente para o sul: ele reúne os bispos da Comunhão Anglicana na Inglaterra a cada dez anos, na Conferência de Lambeth.[1]

Grace Davie

▶ BOOTY, John E., KNIGHT, Jonathan e SYKES, Stephen W., orgs., *The Study of Anglicanism* (1988), Londres, SPCK, 1998; DEANESLY, Margaret, *Augustine of Canterbury*, Londres, Nelson, 1964; MOORMAN, John R. H., *A History of the Church in England* (1953), Harrisburg, Morehouse, 1994; WELSBY, Paul A., *How the Church of England Works. Its Structure and Procedure*, Londres, SPCK, 1960.

◉ Inglaterra; anglicanismo; Carey G.; Londres; Runcie; Temple W.; Williams, Rowan

CAPIEU, Henri (1909-1993)

Nascido na Tunísia. Pastor e poeta de grande talento, exerceu seu ministério em Salies-de--Béarn, em Argel (onde fez amizade com o escritor Albert Camus e lutou com determinação contra a tortura durante a Guerra da Argélia) e na igreja parisiense de Luxemburgo. Sua obra poética, ao mesmo tempo lírica e recolhida em uma apaziguadora serenidade, permaneceu na contracorrente da moda, exprimindo um louvor livre, enraizado em terreno bíblico, grato às formas da poesia protestante do século XVI (Jean de Sponde [1557-1595], que se converteria ao catolicismo dois anos antes de sua morte; Antoine de la Roche Chandieu [1534-1591] e outros), mas independente o suficiente para ter como jugo somente a presença e a graça evocadas. Sensível às dores de seu tempo, sua obra poética carrega em sua recapitulação cristológica a matriz de nossas vidas, feita de areia e desejo, cinza e sol, testemunhando que, no pão queimado de nossas feridas, Deus pousa suas mãos de doçura.

Marc Faessler

▶ CAPIEU, Henri, *De sable et de désir*, Paris, Buchet/Chastel, 1976; Idem, *De cendre et de soleil*, Paris, Buchet/Chastel, 1983; Idem, *La source et l'estuaire*, Genebra, Labor et Fides, 1985; Idem, *Vers la plus haute ville*, Paris, Buchet/Chastel, 1993.

◉ Literatura; Sponde

---
[1] V. nota ao verbete Anglicanismo.

CAPITALISMO

1. Introdução
2. Capitalismo e modernidade: racionalismo e conflito
3. Protestantismo e capitalismo
3.1. O modelo weberiano e seus adversários
3.2. As repúblicas reformadas e seu "espírito"
3.3. Trabalho, troca, mobilidade dos homens e do dinheiro
3.4. Triunfo e crise das "virtudes econômicas protestantes"
3.5. Os primórdios de uma autocrítica
4. Questões atuais em economia
4.1. Ainda sobre o conflito e a racionalidade econômica
4.2. Grande indústria e Estado social
4.3. As novas relações de troca
4.4. Crescimento econômico e desenvolvimento humano
4.5. Na virada do século
5. Uma herança da Reforma
5.1. Pluralidade e laicidade
5.2. A dupla dimensão da "vocação": "comunicação" e "governo"
5.3. Seria impossível governar a economia?
5.4. Superstições particulares e Luzes públicas: o combate não acabou

1. Introdução

Na área das ciências históricas e sociais, nos anos que precederam a Primeira Guerra Mundial, a questão das relações entre capitalismo e protestantismo é explorada sobretudo na obra de Max Weber (1864-1920) e Ernst Troeltsch (1865-1923). Troeltsch via no protestantismo "a religião do mundo moderno" (1906). Weber identificava o capitalismo com os processos de modernização da economia, elaborando correspondências e afinidades entre esses dois elementos da modernidade em seu famoso ensaio *A ética protestante e o espírito do capitalismo* (1904-1905). Porém, esses mesmos anos testemunharam o surgimento, nos meios protestantes, de grupos de ação e crítica social, em solidariedade à classe operária, e geralmente orientados para o socialismo.

Em sua grande pesquisa das doutrinas sociais cristãs (*Die Soziallehren der christliche Kirchen und Gruppen*), Troeltsch tendia a identificar, no passado, formas de socialismo cristão (p. ex., nas cidades calvinistas dos séculos XVI e XVII).

Essa terminologia pode parecer imprópria e anacrônica, mas assinala uma mudança de ponto de vista cultural e ético. Os movimentos relacionados ao cristianismo social permaneceram minoritários nas igrejas; no entanto, engajaram boa parte da inteligência protestante, também com a marca de uma renovação teológica no século XX.

Hoje, são objeto de controvérsia as definições dos grandes sistemas (capitalismo, socialismo) e sua disposição no fio da história, que parece cada vez mais embaraçado e difícil de discernir. A pergunta "O que é o capitalismo?" apresenta inúmeras clivagens, cuja lista seria temerário esboçar. Ainda assim, é necessário esclarecer algumas questões importantes para o entendimento das explanações e críticas que farão parte deste verbete. Em primeiro lugar, o capitalismo não é somente uma realidade moderna. Diversas civilizações antigas, como China, Índia e Pérsia, apresentaram práticas econômicas que as caracterizavam, de alguma forma, com uma economia capitalista. Em segundo lugar, o capitalismo, apesar de apresentar algumas características essenciais, como economia monetária, propriedade privada, sistema comercial desenvolvido, prática de empréstimos e arrendamento e livre competição, pode carregar consigo outros elementos que o qualificam. Por exemplo, o capitalismo na sociedade persa do século V a.C. é qualificado como capitalismo de arrendamento, enquanto o capitalismo contemporâneo poderia ser qualificado como capitalismo global. A partir desses dois esclarecimentos, fica claro que o capitalismo não é um fenômeno homogêneo durante a história. É por isso que a preocupação maior aqui não será com práticas que podem ser caracterizadas como capitalistas, mas com aquilo que Weber chamou de "espírito capitalista" e o economista protestante holandês Bob Goudzwaard chamou de "fé capitalista".

No item 2, de modo bastante resumido, evocaremos as interpretações divergentes do capitalismo moderno, em termos de "conflito" (Marx) e "racionalidade" (Weber). Isso nos permitirá perceber melhor o modelo weberiano das relações entre a ética protestante e o "espírito do capitalismo" (item 3.1). Apresentaremos as mudanças de postura em relação à economia que se produziram no contexto cultural da Reforma (itens 3.2 e 3.3); em seguida, os componentes da crise na época liberal e o início de uma autocrítica (itens 3.4 e 3.5). No item 4, poremos em discussão os conceitos de conflito e racionalidade, diante dos dados presentes da economia mundial.

Os desenvolvimentos desses três itens se entrecruzam, mas não se prestam a conclusões sintéticas. Sem oferecer diretivas de ação, apresentam interrogações que não deixam de se relacionar com a prática. No inquietante contexto do novo milênio, seria pertinente o questionamento sobre a herança cultural advinda dos movimentos de reforma religiosa do século XVI? No item 5, nós nos indagaremos se a ideia de "vocação" e a luta dos reformadores contra a "superstição" ainda têm algo a nos dizer sobre os problemas atuais do controle da economia.

2. Capitalismo e modernidade: racionalidade e conflito

Em primeiro lugar, precisamos notar um dado de ordem geral: a preponderância do econômico no mundo moderno. Isso não quer dizer que a economia não tenha sido um dado básico em todas as sociedades humanas. O que mudou foi a percepção dessa "base" e sua inserção nas construções simbólicas e na hierarquia dos valores. O termo grego *oikonomia* (que está na origem de "economia") designava a organização doméstica. O *oikos* ("casa", em grego) era não somente o lugar da vida familiar, mas também o centro da produção de bens. No entanto, os filósofos gregos (principalmente Aristóteles) colocaram acima dessa ordem da necessidade vital, que eles consideravam comum ao homem e aos animais, a ordem superior e propriamente humana da vida política (a *polis*), onde se realizam as ações e as relações entre atores livres e iguais. Para os gregos, portanto, a própria noção de economia política seria um contrassenso. Já em nossa cultura o vocabulário e as conceitualizações de economia adquiriram uma verdadeira hegemonia, tanto na linguagem cotidiana quanto na científica.

Essa preponderância se exprime (no nível teórico e também no nível prático da administração empresarial) no modelo de uma conduta racional (Weber), elaborado nas relações de trocas comerciais. Esse modelo permite descrever a conduta humana em termos quantitativos, medindo-a e organizando-a em função do cálculo monetário da produtividade.

A condição necessária para essa racionalização é a passagem (desenvolvida por Marx na segunda seção de *O capital*) do "valor de uso" das mercadorias e dos bens (ou capitais) ao "valor de troca". O capitalismo seria assim o sistema econômico que realiza e generaliza a substituição da fórmula da troca M-D-M (M = mercadoria, D = dinheiro) pela fórmula D-M-D′. Enquanto, na primeira fórmula, o "dinheiro" é o intermediário de uma troca regida pela reciprocidade das necessidades dos atores, na segunda fórmula o último termo implica um valor a mais, resultante da operação de troca que vai do dinheiro à mercadoria e da mercadoria ao novo dinheiro (D′>D). Dessa forma, a economia se apresenta como um processo de "crescimento" no qual o ator não se orienta mais segundo os "valores de uso", mas, sim, de acordo com o crescimento econômico produzido pela troca. Para prosseguir com a operação, esse ator deverá reinvestir a mais-valia ("acumulação" do capital) em função da competição das empresas no mercado. Em sua manifestação contemporânea, portanto, o capitalismo é caracterizado pelo desejo por renovação econômica e tecnológica, conquistada na interação (domínio) com (sobre) a natureza. Essa renovação é possível pela livre competição, como um plano providencial encarnado na ordem natural, na qual o equilíbrio do mercado leva à harmonia social (deísmo). A justificação dessa renovação está na "lei natural", em que o preço é justo conforme o resultado da livre competição, e a tarefa do governo é garantir os direitos já existentes de propriedade e contrato. Por fim, a justificação dessa renovação também se dá pelas normas morais de uma ética utilitarista, onde o útil é aquilo que aumenta a aquisição de posses pela humanidade" (Goudzwaard, 34).

No nível da produção (agrícola, industrial etc.), o empreendimento capitalista reduzirá todos os fatores à medida do "valor de troca", em primeiro lugar o trabalho, que se torna mercadoria, sendo vendida e comprada em troca de um "salário". Segundo os economistas clássicos (de Adam Smith a Marx), o trabalho humano é o fator de base do desenvolvimento econômico, o único capaz de produzir mais-valia em relação às necessidades vitais. O crescimento do capital dependerá, portanto, do excedente da produtividade do trabalho em relação ao preço da mercadoria "força de trabalho". Esse excedente aumenta de modo sistemático pela divisão e organização racional das tarefas, primeiro no empreendimento manufatureiro e, em seguida, na grande indústria automatizada. Apesar do reconhecimento de que é o trabalho que fundamenta o desenvolvimento econômico, ou seja, a geração de riqueza, na prática capitalista se acredita que é o investimento (capital), que gera riqueza, pois é por meio dele que se gera empregos (trabalho).

Porém, para que o trabalho possa entrar no jogo das trocas, é necessário que os "trabalhadores" se tornem atores que se engajam livremente (em termos jurídicos) nas operações e nos contratos de mercado. Ambos, Marx e Weber, estavam convencidos de que o capitalismo industrial não poderia surgir em uma sociedade em que o trabalho se caracterizasse por formas de escravidão ou trabalho forçado: a condição para a existência e o desenvolvimento do capitalismo moderno é a formação de uma classe de "trabalhadores livres".

É a partir do "trabalho-mercadoria" que Marx definiu o conflito fundamental da organização social do "capital". De fato, o "trabalho-mercadoria" é ao mesmo tempo indissociável e "separado" de seu ator (o operário assalariado). Seu preço (o "salário") não é determinado em primeiro lugar pelas necessidades do ator, mas pelas flutuações do mercado em termos de oferta e demanda. Assim como o valor das mercadorias é decidido pelo "apetite do contratante", como disse Hobbes, o valor justo do trabalho não é aquele que corresponde às necessidades do trabalhador, mas sim o preço que o contratante deseja pagar. Seu emprego na atividade produtiva é totalmente organizado e comandado pelos projetos e pelas escolhas do contratante que compra a força de trabalho. A troca econômica se apresenta aqui como uma relação "entre iguais" no nível formal da transação comercial; porém, essa troca só é "produtiva" em razão da desigualdade radical entre duas classes sociais: de um lado, os empreendedores, que têm o controle do capital e podem orientar-se com liberdade em relação aos diferentes acasos e conveniências do "mercado de trabalho"; do outro, os contratados, obrigados a vender o único recurso que possuem, ou seja, sua força de trabalho, para viver. Portanto, mesmo quando duas partes concordam em realizar uma troca, exatamente por não estarem em posições iguais, não é sempre o caso de as duas partes o terem feito "livremente", com benefícios que correspondem ao compromisso firmado. É por isso que Calvino, por exemplo, disse que obedecer à lógica da oferta e demanda no âmbito das relações empregatícias, a fim de pagar um salário menor ao trabalhador pelo fato de este não ter outras opções, é opressão.

Portanto, o capitalismo industrial constitui para Marx o estágio mais avançado e, ao mesmo tempo, a fase final da economia de mercado. A estrutura de desigualdade e conflito social inerente ao modo de produção capitalista apresenta as condições de sua superação pelo socialismo.

O percurso de autores tão diferentes quanto Marx, Weber e Joseph Alois Schumpeter (1883-1950) apresenta vários pontos de convergência. Em primeiro lugar, Weber e Schumpeter se interessavam, como Marx, na fórmula dos prognósticos em relação à questão da sobrevivência do capitalismo. Em segundo lugar, os três modelos convergem para o mesmo objeto, a empresa industrial moderna. Porém, enquanto o modelo de Marx é dualista e conflituoso, os de Weber e de Schumpeter são mais deliberadamente focados na figura e na atividade específica do empreendedor.

Segundo a tipologia weberiana, a conduta do empreendedor consiste em ajustar os meios aos fins em função do princípio de eficácia. Schumpeter define de modo mais preciso essa atividade em termos de inovação. O empreendedor inventa novas combinações de recursos produtivos, mobilizando-os essencialmente por meio do crédito: sua ação é o ponto de partida para o "desenvolvimento".

Os prognósticos divergem. Em oposição a Marx, Weber estima que a economia capitalista se vê atualmente sem alternativa e não produz as condições para sua superação. No entanto, esse dado factual acaba tomando a forma de uma "gaiola de ferro", um mecanismo que busca sem cessar seu movimento, até esgotar os recursos não somente físicos, mas também mentais, de nossa civilização. Sendo que o único motivo para persistir nesse movimento é a esperança de que no fim se alcançará o objetivo desejado: o progresso. Já Schumpeter prevê o fim do capitalismo pela obsolescência da figura social e da função do empreendedor. O desenvolvimento industrial reduz cada vez mais o número de unidades produtivas autônomas e alarga desmedidamente a dimensão das que subsistem. Organizando-se burocraticamente, esse gigantismo termina por eliminar o empresário. Schumpeter considera, portanto, inevitável, no longo prazo, a passagem para um sistema econômico em que o controle dos meios de produção e a própria produção sejam exercidos por uma autoridade central.

Em *Civilização material, economia e capitalismo*, Fernand Braudel nos lembra do "tempo longo" da história, da impossibilidade de atribuir à história um sentido único e da incerteza sobre as previsões do futuro. Nesse contexto mais amplo, Braudel pode, em primeiro lugar, distanciar-se dos modelos que identificam o capitalismo com o "sistema industrial moderno". Em segundo lugar, estabelece o tempo todo distinções entre "capitalismo" e "economia de mercado". Distinção essa importante, pois é possível que uma "economia de mercado" exista sem o "espírito capitalista". Até economistas críticos do capitalismo moderno reconhecem a economia de mercado como único princípio capaz de organizar a economia de uma sociedade complexa como a nossa.

Antes e depois do impressionante crescimento do capitalismo industrial do século XIX, podemos detectar traços "exteriores" ao capitalismo, seja em relação à produção de bens, seja em relação ao mercado comum. O "capitalismo" só pôde se desenvolver na base de uma produção artesanal já bastante articulada e de uma "economia de mercado" bem estabelecida. Ele não criou essa base (que existia igualmente em mundos bem distantes da Europa; p. ex., na China tradicional e em Bangladesh antes da colonização do Império Britânico). Ele penetrou nessa base a partir de cima, de "jogos" especulativos, que não correspondem à "transparência" e à "regularidade" das trocas "necessárias na vida de todos os dias" (t. II, p. 403).

Braudel contestou, portanto, as teorias que explicam a gênese e o desenvolvimento do capitalismo moderno nos termos da racionalização da conduta econômica (Weber e Sombart) ou nos termos de uma inovação (Schumpeter). Por caminhos diferentes e muito mais estendidos no tempo e no espaço, ele retorna ao diagnóstico dualista de Marx: sendo "uma acumulação de potência, que funda a troca em uma relação de força tanto quanto sobre a reciprocidade das necessidades", o capitalismo pode ser visto como "um parasitismo social, inevitável ou não, como tantos outros [...]. Em todo caso, não nos parece ser a última palavra em matéria de evolução histórica" (ibid., p. 8 e 518).

3. Protestantismo e capitalismo

3.1. O modelo weberiano e seus adversários

O objetivo de Weber, em seu ensaio de 1904-1905, não era opor as "razões do espírito" ao materialismo histórico. Em vez disso, ele acreditava que as novas formas da vida econômica se impuseram lentamente, e não sem resistência, em um mundo dominado por comportamentos "tradicionais". Antes de triunfar no nível propriamente econômico, o capitalismo teve de angariar legitimidade moral e cultural. Uma ampla mudança de mentalidade precisou ter lugar não somente nas altas camadas sociais, mas também na classe média dos pequenos empresários que dependiam do trabalho de suas próprias mãos.

De acordo com Weber, a ética protestante se caracteriza como uma ascese "intramundana", nutrindo fortes laços com as antigas regras monásticas (*ora et labora*: "ore e trabalhe"). Houve uma transformação radical na direção e no contexto institucional. A vocação cristã como sacerdotes não mais se dá no isolamento do claustro monástico ou das hierarquias eclesiásticas, mas nas tarefas profissionais da vida cotidiana. Para Lutero, por exemplo, não havia diferença na dignidade espiritual do trabalho de um ferreiro e do serviço eclesiástico do bispo. Com isso, toda a vida econômica ganhou um ímpeto espiritual que não tinha antes. É importante lembrar, porém, que tanto Lutero quanto Calvino viram a dignidade espiritual da vocação cristã não no trabalho como meio de aquisição de maior produtividade, no sentido de maior lucratividade, mas como meio de contribuição para a satisfação das necessidades da família e da comunidade do trabalhador. A ascese não se limita mais ao pronunciamento dos três votos monásticos. A disciplina do casamento e da vida doméstica substitui o *celibato*. A *pobreza* dá lugar à sobriedade e à administração comedida dos bens materiais e do dinheiro, voltada para a poupança e o investimento. Calvino disse que nada é mais contrário à natureza do que gastar a vida comendo, bebendo e dormindo enquanto não nos propomos a fazer alguma coisa. Por fim, as regras de conduta não mais se baseiam nas relações de autoridade próprias da vida monástica (voto de *obediência*), mas dependem diretamente da iniciativa e da responsabilidade individual dos "fiéis", tornando-se uma forma de autocontrole. Essa característica se acentua no calvinismo e nas seitas protestantes, em que a doutrina da eleição divina acaba com todo resíduo de mediação sacramental.

Junto a um exame cotidiano de consciência (que tomaria a forma de uma contabilidade espiritual nos meios puritanos ingleses), essa disciplina dos "eleitos" favorece certamente a conduta racional do homem de negócios e do empreendedor nos primórdios do capitalismo industrial. Porém, os imperativos de um emprego e de um trabalho regular, assim como a disciplina da vida doméstica, também regulariam os costumes da crescente massa dos "trabalhadores livres", expropriados e forçados a entrar para o mercado de trabalho, adaptando-se contra a sua vontade à cadência dos horários ou às tarefas fragmentadas e monótonas da indústria nascente. Calvino abordou a questão das relações de empregador e empregado, exatamente por ter notado esse desenvolvimento econômico nas sociedades urbanas do séc. XVI, quando as pessoas dependiam da renda financeira mais do que da atividade agrícola de subsistência. É por esse motivo que Calvino incentivou a atividade econômica que gerava empregos em Genebra. Assim, a ética protestante funciona nas duas vertentes da divisão de classes: desse ponto de vista, o modelo weberiano certamente não é a antítese do materialismo histórico de Marx.

Esse modelo, porém, é contestado pelos historiadores de economia. Vejamos três pontos críticos:

a) Se o capitalismo de que fala Weber é o da Revolução Industrial, é bastante arriscado atribuir uma importância tão grande à influência da religião no comportamento econômico. No final do século XVIII, o protestantismo e sua ética já tinham perdido boa parte de sua influência social e de sua hegemonia cultural.

b) Se examinarmos as origens do capitalismo na Europa, o campo de pesquisa se desloca acima das áreas de influência da Reforma. É nas cidades-estado italianas que surgem, no final da Idade Média, as primeiras concentrações do capital que entra no jogo das finanças internacionais, começando a impor-se sobre os ateliês de produção artesanal e sobre as atividades comerciais domésticas do interior. É onde se formariam os primeiros grupos do proletariado moderno (os *Ciompi*, operários da indústria da lã, revoltados em Florença, 1378). Em relação à cultura, os primeiros enunciados de um modelo ético correspondente ao "espírito do capitalismo" já são encontrados entre os humanistas italianos do século XV, como Leon Battista Alberti (1404-1472) (F. BRAUDEL, t. II, p. 515ss).

c) É verdade que, a partir do século XVI, as regiões europeias que estão na vanguarda do desenvolvimento correspondem em grande maioria às regiões em que o protestantismo se estabeleceu mais profundamente. Porém, esse fato pode ser explicado, de modo mais simples, pelo jogo de forças das flutuações econômicas, que deslocaram os centros comerciais e industriais da costa do Mediterrâneo para o mar do Norte (ibid., p. 507ss). Em suma, no campo da economia, as "razões materiais" contariam mais que as "do espírito".

3.2. As repúblicas reformadas e seu "espírito"

Essas objeções são significativas. No entanto, o modelo weberiano continua em discussão, ainda utilizado pela pesquisa sociológica, em todas as regiões onde o protestantismo se associou ao processo de modernização.

Entre o tratamento mais amplo de Weber (que identifica capitalismo e modernização) e o por demais restritivo de Braudel, outros encaminhamentos são possíveis. Ninguém coloca em questão as transformações econômicas e sociais da Idade Moderna, que aliás não se identificam necessariamente com o desenvolvimento do capitalismo. Mas o capitalismo só poderia se desenvolver em um contexto complexo e diversificado, em que a política e a cultura tivessem tanta influência quanto a economia. Encontramos certo consenso (desde Adam Smith e Weber até seus críticos mais severos, como o historiador inglês Hugh Redwald Trevor Roper e o próprio Braudel) sobre o fato de que em geral essas transformações se esboçaram nas cidades franqueadas, sobretudo as cidades-estado, no longo período que se estendeu do século XII ao XVII. Esse meio não se constituiu apenas de altas camadas de comerciantes e banqueiros, mas também, e muito mais, das camadas produtivas de classe média (chamadas em geral de pequena burguesia). Era tradição que essas pessoas se organizassem em associações profissionais ("corporações", "guildas"), que não favoreciam as aventuras do grande capital comercial e financeiro. No entanto, eram verdadeiros laboratórios de domínio técnico, assim como de renovação política e religiosa. O capital "desregrado" da Revolução Industrial se tornaria independente das guildas, logo destruindo-as. A pequena burguesia composta de artesãos e comerciantes se veria marginalizada e com frequência empurrada para o trabalho assalariado.

É justamente nesse meio urbano e municipal que a corrente reformada do protestantismo surgiu e trabalhou em profundidade: de Zurique e Genebra às cidades livres do norte da Europa, até a cidade de Londres, fortaleza do puritanismo na época da Revolução Inglesa e do não conformismo na época da Restauração. É nesse mesmo meio que nasceu a dissidência batista, primeiro como ala radical, logo reprimida, da reforma zuriquense.

As associações entre o protestantismo e as dinâmicas sociais da Idade Moderna se tornam mais evidentes no nível político que no econômico (Herbert Lüthy). Em seu ensaio intitulado *Religião, Reforma e evolução social* (1967), H. R. Trevor Roper, depois de questionar a tese de Max Weber, declara que no final do século XVI a autonomia política das cidades europeias se viu freada e cercada, de um lado, pelo conservadorismo dos príncipes luteranos da Alemanha e, de outro, pelo poder bem mais temível das grandes monarquias católicas da Espanha e da França. O calvinismo se torna então um tipo de "aliança internacional" dos defensores das cidades e de suas tradições republicanas. De modo mais preciso, poderíamos falar da aliança de todos aqueles que, na Europa, opunham ao crescente absolutismo o modelo de uma ordem política "federal", fundada sobre os *foedera* ou pactos constitucionais. O maior teórico das ideias federalistas seria, no século XVII, um calvinista do norte da Alemanha, Johannes Althusius (1557-1638), professor de direito, agente administrativo de sua cidade de Emden e muito ligado a seus vizinhos republicanos holandeses.

Há um exemplo notável dessa aliança internacional. Em meados do século XVI, após o fracasso da tentativa de se restabelecer na Toscana as liberdades republicanas contra o poder dos Médicis, aristocratas reformados de Lucca emigraram para Genebra, integrando-se rapidamente à classe dirigente. Esses aristocratas não levaram para Genebra somente suas convicções religiosas e políticas, mas também seu capital e o conhecimento sobre bancos e indústrias. Portanto, algo mudou, no século XVI, da Itália para Genebra; pouco em um sentido quantitativo e muito no sentido cultural e simbólico. Certamente não foi por acaso que a Bíblia italiana, traduzida e publicada em Genebra por um desses ex-habitantes de Lucca, Giovanni Diodati (1576-1649), apresentasse no frontispício uma imagem que poderia resumir com perfeição a doutrina reformada do trabalho vocacional: um camponês malvestido semeia trigo erguendo a face na direção dos raios de sol do tetragrama divino; na inscrição, lê-se: "Sua arte em Deus". Que a arte, no sentido de ofício, e até mesmo a arte de um camponês, tivesse uma relação tão direta com a glória de Deus me parece, apesar do que acredita Fernand Braudel, ultrapassar os bons conselhos enumerados por Leon Battista Alberti em *I libri della famiglia* [O livro da família] (1437-1441).

3.3. Trabalho, troca, mobilidade dos homens e do dinheiro

Os teólogos reformados, Calvino em primeiro lugar, também atribuíram uma nova legitimidade aos comportamentos econômicos que se desenvolviam nesses meios urbanos. É precisamente em relação aos termos associados a "trabalho" e "troca" que encontramos, em uma boa quantidade de textos, as marcas de uma verdadeira revolução cultural.

a) A ideia e a prática do trabalho são marcadas pela doutrina protestante da vocação. Os reformados empregam termos ("obra", "indústria", "ofício") que não designavam ainda, como os nossos, a qualidade abstrata da atividade produtiva. Foi apenas por volta do fim do século XVII que o pastor e teólogo inglês Richard Baxter (1615-1691) falaria de modo explícito do trabalho (*labour*) como dever universal, prescrito pelos mandamentos divinos, e como "ação" que glorifica a Deus (*A Christian Directory* [Um manual cristão] [1673], em *The Practical Works of Richard Baxter* [As obras práticas de Richard Baxter], vol. I, Morgan, Soli Deo Gloria Publications, 2000).

CAPITALISMO

A distância entre a doutrina vocacional dos calvinistas e puritanos e o ensino dos grandes mestres da escolástica na Idade Média é medida com facilidade. Segundo Tomás de Aquino (1224/5-1274), a função do trabalho é definida pelo objetivo "primeiro e principal" de obtenção de víveres (*ad victum quaerendum*). Assim, o trabalho (*opus manuale*) não pode ser elencado entre os "preceitos" igualmente válidos para todos os cristãos: é obrigatório somente para os que não dispõem de outros meios de sobrevivência (*Suma teológica*, IIa-Iiae). Já os puritanos frisam que os ricos, que têm do que viver sem trabalhar, deveriam trabalhar mais que os outros, pois Deus foi generoso com eles e lhes pedirá contas de seus "talentos" (R. Baxter). Essa aplicação da parábola dos talentos (Mt 25.14-30) seria bastante frequente na pregação e na ética de todos os setores do protestantismo. A exegese que Calvino fez desse texto nos permite compreender as inovações da Reforma em relação às trocas comerciais.

> A vida dos fiéis pode ser muito apropriadamente comparada a um conjunto de bens, já que é necessário entrar em relações de troca uns com os outros para manter a associação. Mais que isso, a dedicação com que cada um exerce seu encargo, e a própria vocação, a habilidade para a boa conduta e demais graças são como bens, pois seu uso e sua finalidade são as relações de comunicação entre os homens. E o fruto, ou ganho, mencionado por Cristo, é o lucro ou o avanço de toda a associação de fiéis, que aponta para a graça de Deus.
>
> *Commentaires de Jean Calvin sur la concordance ou harmonie, composée des trois évangélistes*, Matth. 25.14-30; Luc 19.11-27 [Comentários de João Calvino sobre a concordância ou harmonia dos três evangelistas, Mt 25.14-30; Lc 19.11-27].

Na tradição patrística e escolástica, a multiplicação dos talentos foi interpretada de várias maneiras, que às vezes se conjugam em um mesmo comentário. Por um lado, o capital deixado aos servos pelo senhor da parábola é identificado com a Palavra de Deus e o evangelho, e o rendimento, com a divulgação da verdade divina no mundo, portanto com o trabalho missionário da igreja. Por outro, os talentos são considerados os diversos "dons do Espírito", confiados individualmente aos fiéis: sua multiplicação seria, portanto, o desenvolvimento da vida interior e do conhecimento pessoal de Deus.

Calvino foi o primeiro a discorrer sobre a multiplicação dos talentos, de modo direto, nos termos da dinâmica de trocas. Aqui, as interações do mercado não são mais consideradas uma imagem alegórica, cujo conteúdo é indiferente em relação a seu sentido último. São, pelo contrário, algo a que se pode "muito apropriadamente" comparar a vida "da associação dos fiéis". De fato, há entre ambas as realidades uma homologia estrutural: as relações de "comunicação" e de reciprocidade (um tema fundamental da doutrina social de Calvino, analisado por André Biéler). Encontramos aqui uma mudança em três níveis da concepção tradicional de economia. Em primeiro lugar, a economia não se limita à "vida doméstica", mas exprime a ordem do que mais tarde se chamaria "sociedade civil". Em segundo lugar, a economia não se localiza, de modo algum, no patamar inferior das atividades humanas, mas corresponde em alguma medida ao desígnio supremo de Deus, que deseja "as relações de comunicação entre os homens".

É preciso observar, no entanto, que Calvino declara no final que o sentido dessas interações é medido pelo "avanço de toda a associação de fiéis, que aponta para a graça de Deus".

b) Se a economia é uma realidade em movimento, também é necessário que os homens mudem de posição no mundo das trocas e na hierarquia das camadas sociais. Aqui se produz uma nítida divergência entre os reformadores.

Em 1Coríntios 7, o apóstolo Paulo, na perspectiva de um tempo histórico "abreviado" pela iminência da volta de Cristo, exortava os cristãos a permanecerem "na vocação em que foi chamado". Lutero tomou essas palavras ao pé da letra e concebeu a ordem social como uma estrutura de "estados" rígidos e imutáveis, em que cada um deve permanecer em seu lugar. Curioso é notar que isso contraria a história pessoal de Lutero: sua família por parte de pai acabara de se elevar à burguesia, e sua própria vida (como ele mesmo conta) conheceu tal destino que nenhum astrólogo seria capaz de prever!

Calvino interpreta esse texto de modo bastante diverso. O apóstolo Paulo não queria dizer que "cada um está obrigado a sua vocação, tão obrigado que não pode largá-la". Seria "rigoroso demais que a um sapateiro não pudesse ser lícito aprender outro ofício". O apóstolo nos dá algo mais próximo a um conselho moral: "Ele quis somente corrigir o afeto irrefletido que leva alguns a mudar de estado, sem causas justas".

Os discípulos de Calvino elaboraram essas "causas justas" da mobilidade social. Mas é interessante perceber que a justificação se integra a uma concepção de sociedade que afirma sem hesitação a superioridade da vida pública sobre a vida privada. Em seu *Treatise of the Vocations* [Tratado das vocações] publicado postumamente (Cambridge, John Legatt, 1603), o mais famoso teólogo calvinista da Igreja Anglicana, William Perkins (1558-1602), demonstra que é lícito mudar de "vocação" ou "profissão" (ing. *calling*), citando os mais ilustres exemplos da história bíblica, em que o pastor de ovelhas Amós se torna profeta e o carpinteiro de Nazaré se torna o Messias. Da mesma forma, "o indivíduo comum pode se tornar magistrado". E Perkins conclui que a mudança "deve ser feita no sentido das melhores e mais excelentes vocações, nas quais poderemos melhor glorificar a Deus e trazer mais benefícios para a igreja ou a república [ing. *Commonwealth*]".

c) Uma economia em crescimento, em que as trocas se estendem no espaço e no tempo, exige uma mobilidade não somente de homens, mas também do dinheiro, sob a forma de crédito. Aqui, o dinheiro se torna em si uma mercadoria, produzindo benefícios sob a forma de empréstimo a juros. Porém, se é fácil justificar a mobilidade social (mudança de vocação) em razão do bem público, é menos fácil justificar o empréstimo a juros. Há séculos essa prática é identificada com a usura. A lei mosaica a proíbe no meio do povo de Deus (Dt 23.20ss), autorizando-a somente com o estrangeiro. A igreja ultrapassa esse particularismo e atribui à proibição um caráter universal: os pais da igreja e os concílios (Latrão II, 1139) são unânimes em condená-la. No entanto, nos últimos séculos da Idade Média, a prática do crédito se difunde amplamente, e a escolástica começa a estabelecer distinções, admitindo os juros como uma segurança contra os riscos do crédito.

Em *De usuris* [Da usura] (carta a Claude de Sachins, 1545), e nos *Comentários sobre o Antigo Testamento*, Calvino se mostra atento às transformações históricas e se distancia da tradição. A legislação de Deuteronômio se refere a circunstâncias políticas e a uma "situação de lugar" que permitiram aos judeus "fazer comércio entre eles tranquilamente, sem usura". Mas nossa conjuntura "não é semelhante a essa", e não podemos examinar a questão do empréstimo a juros "segundo qualquer certa e particular sentença de Deus" (*De usuris*). O que se torna, em vez disso, universalmente válido é o mandamento *Não furtarás* e a Regra de Ouro enunciada por Cristo: *Tudo quanto, pois, quereis que os homens vos façam, assim fazei-o vós também a eles* (Mt 7.12) (cf. *Sermão 134 sobre o Deuteronômio*). Porém, a aplicação dessas regras no campo econômico nos coloca diante de uma realidade ambígua e contraditória. "Seria bom desejar o fim da usura em todo o mundo", mas "como isso é impossível é preciso ceder à utilidade comum" (carta citada). Por um lado, como vimos, essa utilidade comum implica as trocas e o lucro: se o lucro fosse totalmente proibido, "as práticas comerciais não seriam lícitas" (sermão citado). Por outro, é evidente que o dinheiro, seu uso e o ganho que tiramos dele não são fatores neutros, mas encarnam relações de poder: "A usura quase sempre tem a seu lado essas duas companheiras inseparáveis, a saber, a crueldade tirânica e a arte do engano". Como resultado, o comportamento econômico não deve ser abandonado à "licenciosidade" do indivíduo. Se não podemos prescindir do empréstimo a juros "nas trocas comerciais", deve haver uma regulamentação estrita da prática pelas autoridades políticas: de fato, "a usura paga pelo comerciante é uma pensão pública" (carta citada). Porém, para estabelecer equidade, as leis não são suficientes. Uma taxa de juros legal de 5% será justa quando é aplicada às trocas entre parceiros iguais, mas usurária e injusta quando exigida de um "homem desvalido". Em suma, o mandamento divino nos proíbe de "obter nosso lucro do prejuízo de alguém". É bastante possível que as leis e a opinião pública não condenem "como roubo" uma "má prática, pela qual nossos próximos são lesados", "mas diante de Deus prestaremos contas" (sermão citado). A lógica de Calvino é que o empréstimo era uma forma de investimento para gerar renda, assim como o aluguel de uma casa gera renda ao proprietário. Essa lógica, porém, somente se aplica em casos de empréstimos cujo objetivo é produtividade econômica, no qual o devedor usa o empréstimo para aumentar sua produtividade, sendo que tanto o credor quanto o devedor compartilharão do lucro produzido pelo empréstimo. Exatamente por entender a usura dentro de um contexto de relacionamentos pessoais é que Calvino, apesar de aprovar a prática para o aumento da produtividade econômica, condena a usura dos banqueiros.

3.4. Triunfo e crise das "virtudes econômicas protestantes"

O que parece mais contestável na tese de Max Weber é sua construção de um modelo de ética protestante sob a forma de uma "psicologia dos eleitos", com ênfase tanto na doutrina da predestinação quanto na inquietude e no "isolamento" do homem calvinista, sempre em busca de sinais de sua eleição, perceptíveis em uma conduta santa. Weber reconheceu, aliás, que essa psicologia não se adaptava ao próprio Calvino, mas fez uso do corte de uma profusão de dados históricos e textuais. Em seus primórdios, a doutrina social reformada era fortemente marcada tanto pelo Antigo Testamento e a teologia da aliança entre Deus e seu povo quanto pelos ideais clássicos da *polis* grega e da Roma republicana. Zwingio, Bullinger, Calvino e Beza eram humanistas: assim como o maior filósofo político da Renascença, o florentino Maquiavel (1469-1527), eles consideravam indiscutível a prioridade do público sobre o privado. Tanto Lutero quanto Calvino mantiveram a fundação da perspectiva cristã da vida econômica: o amor ao próximo. Se os mecanismos da vida econômica não forem guiados por algum senso de cuidado comunitário ou responsabilidade de um para com outro, então a ganância, individual e sistêmica, continua sem limites e as disparidades crescem.

O modelo de Weber parece bem mais válido em relação ao neoprotestantismo da época liberal. No puritanismo mais recente, uma mudança bem clara se produziu na própria doutrina da vocação. No início do século XVII, William Perkins ainda estabelecia a hierarquia das vocações colocando no alto o papel do governo político (o *Magistrate*) e eclesiástico (o *Minister*). Duas ou mais gerações depois, com o fracasso da primeira Revolução, encontramos na Inglaterra uma literatura piedosa, cujos autores são pastores dissidentes, expulsos da Igreja Anglicana em 1662. Esses autores se dirigem às classes sociais produtivas desenvolvendo temas como "a vocação do agricultor", do "tecelão", do *tradesman* (o pequeno empreendedor, artesão ou comerciante, a quem seria dedicado o mais notável desses breviários, publicado por Richard Steele em 1684). Eles estabelecem catálogos de virtudes muito mais privadas que públicas, com a "Prudência" encabeçando a lista. Mas também tendem a aproximar a administração de "bens espirituais" da administração dos bens comerciais. "Se você perceber que está perdendo dinheiro", afirma Steele a seu *tradesman*, "vai precisar detectar qual pecado está causando a sua ruína [...] para salvar ao mesmo tempo a sua propriedade e a sua alma".

Em sua obra *A religião e a ascensão do capitalismo* (1926), Richard Tawney (socialista militante) esboça o quadro desse "triunfo de virtudes econômicas". A partir de então, o protestantismo adquire a imagem de "religião do trabalho", para além das barreiras entre as igrejas estatais e os grupos dissidentes: aliás, *The Religion of Labour* [A religião do trabalho] é de fato o título de uma pregação do bispo anglicano Robert Clayton (que não era de modo algum calvinista) à Sociedade para a Promoção das Escolas Protestantes na Irlanda; o texto e seu contexto ilustram com perfeição o fardo da modernização na primeira das colônias inglesas.

Se foi principalmente por meio da vocação profissional que a ética se viu em interação com o capitalismo, é também no mesmo sentido que podemos compreender a crise. O primeiro elemento de crise se manifesta na vitória das "virtudes protestantes", que, como acabamos de afirmar, solidifica-se na perda, ou pelo menos no recuo, da dimensão pública do agir vocacional. No protestantismo da fase liberal, as regras morais foram aplicadas com sucesso na conduta do *homo oeconomicus*, contribuindo para o desenvolvimento da consciência profissional e favorecendo as atitudes racionais nas trocas e na administração empresarial. O problema aqui está no fato de a racionalidade das trocas comerciais estarem somente vinculadas ao aumento da produtividade. Uma troca racional é aquela que, diante da análise racional, trará maiores benefícios de lucro para os envolvidos na troca, especialmente na sensação de que a troca beneficiou ao indivíduo interessado. Dessa forma, a harmonia econômica é consequência de cada indivíduo buscar seus próprios interesses. A ideia de que o interesse próprio pode ser moralmente construtivo é enfatizado em demasia pelos proponentes do assim chamado "livre" mercado, que de forma irresponsável aumentam a noção limitada da "mão invisível" de Adam Smith, para uma afirmação falaciosa de que tudo o que precisamos fazer é nos preocuparmos com nossos próprios interesses e os interesses dos outros será servido. A nova ordem social e sua "economia política" (a concorrência e a competição no mercado, a desigualdade e os grupos sociais) não são objeto de atenção: suas "leis" eram consideradas a manifestação da Providência ou da Natureza. Essa noção é comum entre os defensores do capitalismo, ainda que de forma implícita, quando se referem ao capitalismo como mera descrição da realidade e não como ideologia econômica. O poder público, por sua vez, foi reduzido à função de simples garantidor da ordem e da paz social, em vez do alvo ou do motor de um processo de "reforma". O problema é que o surgimento do capitalismo dependeu da existência de um conjunto de valores morais reguladores da economia, que aos poucos precisou dar lugar ao utilitarismo. Joseph Schumpeter precaveu que a noção capitalista de mais racionalidade e maiores lucros acabam com os pilares da moralidade que o capitalismo herdou dos tempos anteriores, pilares que o capitalismo precisa hoje, mas não consegue gerar de si mesmo. Dessa forma, a racionalidade econômica não pode ter como fundamento último a maior produtividade, pelo contrário, este deve ser somente um dos elementos envolvidos nessa racionalidade. É necessário manter o caráter público da economia, que é herança da mentalidade dos reformadores, que viram no bem-estar da comunidade não somente uma consequência da busca por interesses próprios, mas como fator regulador para se decidir se a troca é ou não é justa.

O segundo elemento de crise seria produzido pelo desenvolvimento do capitalismo e suas intervenções em todos os setores da vida econômica e cultural. Em seu livro sobre os colarinhos brancos (*White Collar*, 1951), Charles Wright Mills evocou os modelos éticos através dos quais "a antiga classe média" definia sua identidade social: a doutrina protestante do trabalho como dever religioso e o ideal do trabalho criativo (do artesão e do artista) advindo da Renascença. Esses dois modelos não são mais aplicáveis hoje em dia nas grandes empresas. Ao estender-se, a partir da indústria, a todos os setores da produção e da troca de bens e serviços, essa organização fragmenta as tarefas, tornando-as impessoais e intercambiáveis, além de generalizar a dependência e a heteronomia dos comportamentos profissionais. O trabalho dos "colarinhos brancos" toma então as mesmas características de "alienação" que Marx atribuiu por definição ao trabalho dos "colarinhos azuis" (os operários) desde os primórdios do capitalismo industrial. Essas páginas de *White Collar* ecoam as observações finais do famoso ensaio de Max Weber, onde o "espírito de ascese" e a ética profissional protestante parecem assumir a imagem de um fantasma.

3.5. Os primórdios de uma autocrítica

Solidário, se não ao espírito do capitalismo, pelo menos à cultura da classe média, o protestantismo teve dificuldades para perceber as mudanças e os conflitos engendrados pela Revolução Industrial. No entanto, na Grã-Bretanha, o avivamento metodista favoreceu o surgimento de ações de assistência entre as camadas populares. A partir do século XIX, o não conformismo protestante forneceu militantes e às vezes executivos para os sindicatos e o Partido Trabalhista.

Nos países da Europa continental, os movimentos do cristianismo social surgiram mais tarde e em um contexto bastante diverso: as classes operárias se organizaram desde o início em força política, herdeira das tradições revolucionárias, orientada para o socialismo e fortemente influenciada pelo marxismo. O desafio global lançado ao capitalismo e ao mundo burguês também visava diretamente as igrejas.

É, portanto, uma conjuntura de choque que suscitou as iniciativas dos socialistas cristãos. Vamos guardar alguns nomes: na Alemanha, Christoph Blumhardt (1842-1919); na Suíça, Hermann Kutter (1863-1931) e Leonhard Ragaz (1868-1945), mas também, na juventude, Karl Barth (1886-1968) e seu amigo Eduard Thurneysen (1888-1974), além de Paul Tillich (1886-1965), de modo diferente; na França, Tommy Fallot (1844-1904), Charles Gide (1847-1932), Élie Gounelle (1865-1950) e Wilfred Monod (1867-1943); na Inglaterra, Frederick Denison Maurice (1805-1872) e Charles Kingsley (1819-1875). Digno de menção é igualmente o movimento do Evangelho Social nos Estados Unidos, com Walter Rauschenbusch (1861-1918) entre outros, que participa da mesma inquietação. É preciso enfatizar que em geral esses homens eram pastores, quase todos de origem reformada: seu papel e suas convicções se correlacionavam diretamente à polêmica antirreligiosa do socialismo; seu ministério pastoral os tornava, no entanto, mais próximos aos trabalhadores e às camadas sociais desfavorecidas. Essa solidariedade os afastava da burguesia protestante. Eles deslocaram então a pregação para o terreno do conflito e modificaram a orientação de seus sermões em uma mudança de *front*, em dois níveis: social e religioso. Diante da cultura dominante (conservadora ou liberal), que só via na luta de classes desordem e subversão, eles reconheceram as razões e a legitimidade do movimento operário e suas formas de ação. Diante das igrejas oficiais que só viam no socialismo o inimigo da religião e da moral, eles argumentaram que o movimento socialista era resultado da apostasia dos cristãos e o portador dos valores bíblicos desprezados pela teologia e pela piedade individual; eles até mesmo viram o socialismo como instrumento e motor dos desígnios do Deus vivo, instando a igreja a arrepender-se.

É insensato reprovar *a greve*. Pode ser vista como uma medida triste e perigosa, mas absolutamente necessária, tanto para impedir a falta de disciplina das massas, com o perigo maior da revolta, quanto para manter desperto e consciente o interesse dos trabalhadores pela luta de classes. [...]

A luta de classes existe. Começou a partir do momento em que passaram a existir opressores e oprimidos. É o grande mérito do socialismo tornar essa luta aberta e sistematizada. [...]

É impressionante que alguém imagine poder condenar as greves em nome do cristianismo, sem ver nisso um sinal de imparcialidade. Pelo contrário, é ao cristianismo que devemos o combate de ideias: a partir do momento em que somos cristãos, é uma de nossas melhores vantagens poder levar as oposições até o extremo, descobrindo os contrastes mais agudos, tomar uma firme posição, em favor de ou contra um dado princípio. Para nós, isso se chama caráter, lógica, amor pela verdade etc. Que as teorias e diversas concepções se oponham com violência e vigor em arena cristã! Ninguém o verá como loucura ou injustiça; todos concordamos que não pode ser de outra forma.

Porém, em relação ao socialismo, a atitude é outra. Nisso as pessoas não querem mais reconhecer contradições. Que loucura!

Hermann Kutter, Dieu les mène. *Parole franche à la société chrétienne* [Palavra franca à sociedade cristã] (1903). Saint-Blaise-Roubaix, Foyer solidariste de librairie et d'édition, 1907, p. 158-160.

A partir de 1878, Tommy Fallot costumava afirmar que o socialismo "pegou emprestado do evangelho uma boa parte de seu programa, no desejo de constituir a sociedade com base na justiça; [...] nesse sentido, culpar o socialismo equivale a condenar o evangelho e seus profetas". Mais ou menos trinta anos depois, Hermann Kutter acrescentaria: "Agora os papéis mudaram. O combate da igreja contra Mamom é empreendido por seu inimigo, o socialismo. A igreja não entende mais o Deus vivo, mas os socialistas sim" (ibid., p. 103).

Com base na presença subversiva e inovadora do reino de Deus, a pregação dos socialistas cristãos corria o risco do messianismo. Tomando cuidado para não sacralizar novamente a história profana, Barth e Thurneysen acabaram distinguindo-se de seus veteranos Kutter e Ragaz, engajando-se na "teologia dialética". Porém, apesar das divergências, os socialistas cristãos claramente fundaram sua prática em terreno laico. Recusavam a ideia e as tentativas de formação de grupos políticos de inspiração cristã que rivalizassem com o socialismo e seriam inevitavelmente encaminhados para o centro. Kutter contestou com rigor as posições de Friedrich Naumann (1860-1919), de início cristão social, e em seguida fundador do *National-sozialer Verein* alemão. Ainda em 1919, após a guerra e a revolução russa, Karl Barth opôs à figura de Naumann a de Christoph Blumhardt, que se tornou deputado do Partido Social-Democrata da Alemanha, na época em que esse partido abrangia os marxistas alemães. Militando na ala suíça da social-democracia, na época de seu ministério na paróquia operária de Safenwil, o grande teólogo do século XX jamais negaria sua opção socialista. Ao valorizar novamente as fontes e as rupturas radicais da Reforma, o ensino de Karl Barth e de seus discípulos colocou em evidência, em oposição ao moralismo e ao individualismo religioso da época liberal, as tarefas públicas e políticas da vocação cristã.

4. Questões atuais em economia

4.1. Ainda sobre o conflito e a racionalidade econômica

Os modelos de análise do capitalismo mencionados no início deste artigo (item 2) divergem entre si, sobretudo de acordo com a prioridade que atribuem, respectivamente, à noção de conflito e à de racionalidade econômica.

Marx estava convencido de que as crises econômicas e sociais engendradas pelo desenvolvimento do capitalismo eram a preparação para sua superação: a luta de classes deveria assumir a via revolucionária, liderada pela força internacional do proletariado. O século XX desmentiu essas previsões. Nos países industrializados do Ocidente, o conflito social tomou formas institucionais que se integram na ordem econômica e política existente. Associados em grandes organizações sindicais, os trabalhadores assalariados reforçaram seu poder de negociação. Adaptando-se às mudanças, o capitalismo aceitou os procedimentos públicos de regulamentação de conflitos e a implantação do Estado social. O economista reformado Bob Goudzwaard diz que essa mudança foi o desenvolvimento do liberalismo para o neoliberalismo.

As revoluções do século XX não ocorreram no centro dos sistemas capitalistas, mas em sua periferia (Rússia, 1917; China, 1949). A "construção do socialismo" se deu no entrincheiramento das fronteiras, terminando por identificar-se com os destinos dos Estados. A União Soviética era herdeira do Império Russo; a China comunista, o renascimento de uma civilização plurimilenar e da estrutura estatal mais longa da história universal.

Assim, o conflito — que os marxistas vislumbravam como uma luta mundial de classes suprimindo as fronteiras entre os Estados — revestiu-se das formas da política nacional e da política de poder.

A ditadura de partidos, o planejamento centralizador e a administração rígida e burocrática da economia, o desmembramento das instituições de controle democrático: todos os elementos que marcaram a ascensão e o declínio da experiência soviética correspondem ao persistente panorama de uma economia de guerra. Ao surgir no seio de um conflito mundial e civil, isolada no plano internacional durante os anos 1920-1930, vitoriosa (mas a que preço!) na luta mortal contra a Alemanha nazista, e por fim segunda potência do planeta, engajada durante mais de quarenta anos na competição da guerra fria, a União Soviética se afundou por conta de uma escolha estratégica insustentável, esgotando as fontes materiais e as energias humanas que poderiam ter assegurado um crescimento mais equilibrado, abrindo a via para a reforma do sistema.

A normalização dos conflitos sociais no Ocidente e a queda do socialismo de Estado no Oriente parecem hoje excluir toda alternativa de racionalidade "formal" da economia capitalista. Mas essa noção weberiana apresenta, por sua vez, dificuldades e limites. Em primeiro lugar, afigura-se por demais ampla e vaga. Estaríamos hoje diante de um único capitalismo? Não seria mais necessário distinguir entre um tipo de capitalismo concentrado em operações puramente financeiras (cujas "inter-relações" nos lembram o diagnóstico de Braudel) e um outro, com ênfase na vida da empresa, mais sensível ao equilíbrio social e às regulamentações internas coletivas? Além disso, não seria válido diferenciar entre um capitalismo de contextos locais e o capitalismo de proporções globais? Certamente a existência de grandes corporações multinacionais, não mais vinculadas a um único país, capaz de mudar sua linha de produção de um país para outro, conforme a racionalidade da maior produtividade, muda muito a forma como a economia se desenvolve. As questões que Michel Albert levantava no início dos anos 1990 continuam bastante atuais em uma fase da economia mundial em que a primeira forma de capitalismo parece ter adquirido hegemonia total sobre a segunda. Em segundo lugar, a racionalidade da economia capitalista nos parece cada vez mais limitada no tempo e no espaço. No tempo, seja na administração de empresas, seja na dinâmica da Bolsa de Valores, o capitalismo permanece associado a uma estratégia de rendimento que tende a atrapalhar previsões e projetos de longo prazo. Quanto ao espaço, a ascensão do capitalismo se dá pelo deslocamento contínuo dos investimentos em direção às ofertas, aos setores ou às regiões que asseguram rendimentos mais elevados. O "desenvolvimento" é assim sempre "desigual", produzindo também o "subdesenvolvimento", que não é um dado natural. De modo bastante resumido, vou tentar articular essas questões considerando,

CAPITALISMO

primeiro as mudanças que afetam o equilíbrio estabelecido no Ocidente após a Segunda Guerra Mundial (itens 4.2 e 4.3) e, em seguida, evocando o problema (bem mais amplo e complexo) da relação entre economia e "desenvolvimento humano" (item 4.4).

4.2. Grande indústria e Estado social

No auge do crescimento industrial moderno, o modelo "fordista" marcou profundamente as relações entre capital e trabalho. A enorme concentração de meios de produção e de operários assalariados (de início, nas fábricas Ford de Detroit) degradou a excelência profissional do trabalho, reduzido "em peças" e recomposto "em linha", segundo os métodos do taylorismo. Essa mudança colocou em xeque as formas tradicionais da atividade sindical, centradas nas associações de ofício. Um novo sindicalismo (surgido nos EUA na indústria automotiva) fundou seu poder de negociação na força numérica e na coesão dos operários não qualificados. A amplitude e o caráter coletivo das lutas aproximaram da política as estratégias sindicais, abrindo-as para as mediações institucionais. Porém, a manutenção do emprego e o crescimento da massa salarial correspondiam também ao programa da empresa fordista, interessada na ascensão e na estabilidade do mercado de bens duráveis de consumo (como os automóveis).

Na Europa ocidental, a expansão do modelo industrial fordista coincidiu, a partir de 1945, com as transformações políticas que levaram ao poder os partidos trabalhistas e socialistas ou coalizões sensíveis ao peso eleitoral das classes operárias. No contexto de instituições públicas tradicionalmente mais fortes que as da América do Norte, os governos europeus deram livre curso à atividade dos sindicatos, favoreceram as regulamentações coletivas, implantaram sistemas públicos de seguridade social e de saúde.

O equilíbrio se alterou no último quarto do século XX. No mundo ocidental, os grandes conglomerados industriais e, portanto, a força dos sindicatos operários perdem o vigor. O trabalho "por peças" da fábrica fordista foi, em parte, suprimido pela inovação técnica (automatização) e, em parte, descentralizado nas periferias (Brasil, Sudeste Asiático, Leste Europeu), em que a pobreza se adaptou aos salários baixos e a tutela sindical é fraca ou ausente.

O desemprego se tornou endêmico nos países industriais da União Europeia, enquanto nos Estados Unidos o dinamismo persistente do mercado de trabalho cai na flexibilidade e na precariedade dos empregos (principalmente na camada inferior do setor terciário), na desigualdade cada vez mais marcada na escala dos salários, no recuo da proteção social. De acordo com os indicadores da Organização de Cooperação e de Desenvolvimento Econômico (OCDE), em 2000, a população vivendo abaixo da linha da pobreza foi para 17% da população total nos EUA, contra 8% na França, 12,7% na Itália, 8,3% na Alemanha (*Relatório mundial sobre o desenvolvimento humano* [*RMFH*], 2004).

Esses elementos de crise estão imediatamente associados às dificuldades do Estado social. Reformas asseguraram à Europa ocidental um bem-estar generalizado e notavelmente igualitário. No entanto, têm uma forte incidência orçamentária. O crescimento dos aparelhos públicos (nos setores da seguridade social, da saúde, da educação nacional) tornaram pesados tanto a pressão fiscal quanto o endividamento dos Estados, produzindo um déficit insustentável a longo prazo. Daí a necessidade de um Estado social existir dentro de uma economia de contínuo crescimento econômico, com fortes valores capitalistas. As restrições orçamentárias (ligadas ao surgimento do euro) afetam o custo social e paralisam as estratégias que deveriam ir ao encontro dos problemas da desindustrialização.

4.3. As novas relações de troca

Tais escolhas políticas provavelmente são inevitáveis. Mas são feitas no contexto de uma mutação da economia e de um desvio da cultura e do "senso comum". A partir de 1980, a nova onda liberal opõe incansavelmente o "privado" ao "público", as razões do mercado às do Estado. Mas de que mercado se trata? Tal contraposição se deve ao fato de os economistas, de forma geral, não entenderem que há um fator ético na economia, deixando as valorações para outras esferas e instituições. No entanto, o privado não tem um caráter público, e o mercado não tem responsabilidades sociais? O mercado não poderia contribuir, diretamente e não como mera consequência, ao bem comum, que também é o interesse do Estado?

O encadeamento dos imperativos econômicos e políticos toma aqui um viés desconcertante. As administrações públicas deveriam dobrar-se ao modelo da empresa que age sobre o mercado. Mas esse imperativo, formalmente razoável, encontra sua referência efetiva em um mercado global que é por sua vez dominado por relações competitivas de troca, cada vez mais separadas e destrutivas do campo habitual da economia, onde as empresas são avaliadas em termos de produção e distribuição de bens materiais e serviços, em função das capacidades técnicas e da organização do trabalho.

O mercado de títulos e câmbio conheceu um desenvolvimento considerável ao longo das últimas décadas. O *World Investment Report* das Nações Unidas, em 1997, estima que em torno de 85% dos investimentos no estrangeiro são motivados por objetivos puramente financeiros e em curto prazo. Apenas no que concerne às transações de câmbio, o volume seria na verdade seis vezes mais alto que em 1985. Atualmente há ainda muitas outras formas de investimento puramente financeiro e em curto prazo, portanto, extremamente dependente de especulação e não de produção de riqueza real. E isso se dá de forma cada vez mais imediata com os avanços das transações virtuais.

Não se trata simplesmente da vitória esmagadora de um novo "capitalismo aventureiro" sobre o capitalismo empresarial. Esse fenômeno está enraizado tanto na revolução da informática, que unifica o planeta em uma rede de comunicação instantânea, quanto nas novas tendências de poupança dos países ricos. Uma fatia cada vez maior desse enorme capital se compõe de fundos de pensão e de investimento, substitutos do sistema nacional de seguridade social (nos Estados Unidos) ou alimentados pelas aposentadorias complementares (já obrigatórias na Suíça e elogiadas nos países da União Europeia). Os proprietários de fundos e os agentes do mercado (bancos e companhias financeiras) estão igualmente interessados em rendimentos elevados e em curto prazo. Os juros controlam as contínuas e massivas movimentações de um capital que os economistas classificam em termos de volatilidade.

Assim, há um soçobro nas coordenadas espaço-tempo do agir econômico. A indústria é necessariamente localizada, exigindo investimentos e programas que se estendam por muitos anos. As operações do mercado financeiro vão na direção oposta, hoje, em um contexto espacial consideravelmente mais amplo (todo o globo) e em um tempo extremamente reduzido pelos meios de comunicação da rede: o "dia planetário" vai desde a abertura da Bolsa no país do sol nascente até seu fechamento no lado oeste da América do Sul.

Libertos dos limites habituais de tempo e espaço, as novas relações de troca se distanciam ainda mais do curso das relações sociais e políticas. O capitalismo industrial é inseparável do trabalho assalariado que é um de seus frutos, desenvolvido e organizado ao longo de sua história. Deve, portanto, ajustar-se ao conflito social e a sua negociação. É verdade que as economias de guerra interromperam essas práticas e que os regimes autoritários as suprimiram; mas isso não representa a regra do equilíbrio fordista. Portanto, o capitalismo industrial parece mais passível de ajustes a fim de contribuir para o bem comum da sociedade, pois ainda se baseia na produção de riqueza real, enquanto o capitalismo de investimento volátil se distancia cada vez mais da realidade e, por isso, do bem comum da sociedade. Há muito tempo a economia, para continuar crescendo, teve de se livrar de valores de riqueza real e limitada, como o padrão-ouro de antigamente. A necessidade da economia capitalista atual não é a de mais riqueza e sim a de mais dinheiro.

Em comparação, a responsabilidade social do operador financeiro é mínima. É evidente que entre suas obrigações está a satisfação do cliente. Mas trata-se de uma relação indireta, sem traços de antagonismo social. Dentro desse contexto, o fator de desigualdade de poder se torna ainda mais perversa. Enquanto na relação empregador-empregado ainda existe certa possibilidade de negociação, nas relações puramente financeiras, o poder está totalmente do lado daquele que tem o dinheiro e não do que tem a força de trabalho. Nessa relação, portanto, o único interesse que prevalece é o do investidor. Em tal "livre" mercado, prevalece aquele que pode pagar mais. Em princípio, os inúmeros proprietários de fundos de pensão poderiam se unir para um controle mais "político" dos investimentos. Na verdade, eles são representativos sobretudo da dispersão e da passividade de quem vive de renda.

Quanto à ordem política, os Estados são afetados pela globalização das relações de troca em dois níveis. Primeiro, a flutuação dos investimentos de curto prazo e a especulação sobre todo tipo de investimento financeiro atual produziram recentemente uma sucessão de crises, que colocaram em dificuldades as economias nacionais em plena ascensão (como as do Sudeste Asiático em 1997 e 1998) e devastaram Estados em desordem (como a Rússia em 1998). Por fim, a movimentação do capital financeiro escapa ao controle dos Estados e mina seus recursos fiscais. Não existem instituições internacionais que regulamentam essas transações financeiras internacionais, com isso os benefícios são totalmente voltados para os investidores e especuladores, e não nos países e nas indústrias locais que recebem tal investimento. Nesse sentido o mercado, fundamentado na volatilidade financeira se tornou anárquico. A falta de regulação é tanta que nem mesmo é possível saber o volume das movimentações financeiras internacionais. Por exemplo, somente no caso de transações de swaps de crédito (um tipo de venda dos riscos de crédito, ou seja, uma transação totalmente financeira e especulativa), a revista Fortune estima que o volume anual global dessas transações, em 2008, tenha atingido os 54.6 trilhões. A revista é cuidadosa ao relatar isso como estimativa, pois não tem nenhum meio de saber o valor ao certo, já que não há regulação para esse tipo de transação. Não existe nada que obrigue os envolvidos a publicar esses valores publicamente, e a transação pode ser tão complexa, com a venda do risco, que no fim nem se sabe mais quem está envolvido na transação.

O desregramento do mercado mundial começa a inquietar os governantes (e por vezes também os magos das finanças internacionais, como George Soros). No entanto, até o dia de hoje, o projeto de uma taxa sobre as movimentações internacionais de capital (que vem sendo elaborado desde 1982 por James Trobin, prêmio Nobel de economia) não foi aceito e é pouco discutido oficialmente.

Finalmente, quais serão os efeitos dessa anarquia do mercado no contexto mundial de um "desenvolvimento" desigual e reversível?

4.4. Crescimento econômico e desenvolvimento humano

A partir de 1990, o Programa das Nações Unidas para o Desenvolvimento (PNUD) publica a cada ano um *Relatório mundial sobre o desenvolvimento humano* que fornece não somente um excelente quadro estatístico e analítico do presente estado de coisas no mundo, mas também o esclarecimento das práticas e das estratégias de cooperação. Dirigido durante alguns anos pelo paquistanês Mahbub ul Haq e enriquecido pelas contribuições teóricas de Amartya Sen (prêmio Nobel de economia em 1998) e de seus colaboradores, o PNUD desde o início se distancia das concepções puramente econômicas (ou, mais exatamente, "economistas") dos problemas do desenvolvimento.

De acordo com os autores do primeiro relatório (*RMDH*, 1990), o desenvolvimento humano deve ser abordado como "um processo de ampliação das escolhas humanas", determinado por pelo menos três perspectivas fundamentais:

a) a esperança de uma vida mais longa e saudável;

b) a aquisição de saberes que incrementem as capacidades individuais e coletivas;

c) o acesso aos recursos que deveriam assegurar um nível de vida correspondente à dignidade das pessoas.

É evidente que a liberdade política e o respeito pelos direitos humanos fazem parte desse contexto de escolhas ampliadas. Mas os três fatores enunciados são mais facilmente mensuráveis (pelos dados da expectativa de vida, do nível de instrução e da renda por habitante). Sua composição fornece um "índice do desenvolvimento humano" (IDH) na base das elaborações do PNUD. O IDH permite estabelecer comparações, diagnósticos e orientações para a ação.

Depreende-se disso que a correspondência entre o crescimento econômico e o desenvolvimento humano não é nem rígida nem automática. Países que estão em posição média ou baixa na classificação mundial em relação ao Produto Interno Bruto (PIB) por habitante atingem níveis elevados quanto à expectativa de vida e educação. Por exemplo, na Costa Rica, a expectativa de vida é ligeiramente superior à dos EUA (78 e 77 anos, respectivamente), enquanto o PIB é de 8.840 dólares (nos EUA, 35.750 dólares). No Sri Lanka, com um PIB de 3.570 dólares, a expectativa de vida é de 72,5 anos e a taxa de alfabetização da população adulta é de 92,1%. Já no Brasil, que dispõe de um PIB mais elevado (7.770 dólares), a expectativa de vida é de 68 anos e a taxa de alfabetização de adultos, 86,4% (*RMDH*, 2004). Em geral, de acordo com os indicadores (a) e (b), o progresso conseguido a partir de 1960 é bastante notável, sobretudo nos países em via de desenvolvimento onde a expectativa de vida, que era de 46 anos em 1960, foi para 64,6 anos em 2002. A taxa de alfabetização de adultos é de 43% em 1970, 60% em 1985 e 76,7% em 2002 (*RMDH*, 1990 e 2004).

Ora, a expectativa de vida e o nível de escolaridade dependem diretamente da eficácia dos sistemas de saúde e educação, que em geral são serviços públicos, mantidos por investimentos e pelos gastos do Estado, eventualmente em um contexto de cooperação internacional. Assim, para o desenvolvimento humano, as razões políticas e as estratégias governamentais têm um peso igual e muitas vezes superior ao do crescimento econômico regido pelo mercado.

No entanto, como vimos, as "razões políticas" experimentam dificuldades por causa das relações de troca. As restrições orçamentárias, visando o gasto social, começam a trazer sérios problemas para os países da União Europeia. Mas esses mesmos problemas tomam o vulto de verdadeiras catástrofes nos países em via de desenvolvimento, onde de fato as dívidas públicas não se reduzem à questão do equilíbrio econômico e orçamentário interno, mas, sim, a uma esmagadora coerção externa. Os credores (e em primeiro plano o Fundo Monetário Internacional) associam cada vez mais a concessão e a renovação do crédito à imposição de "reajustes estruturais" das economias locais, favorecendo a ascensão do "livre mercado" em detrimento de atividades e serviços públicos. Essas medidas afetam a sobrevida dos aparelhos de Estado e levam à estagnação, e até mesmo reversão, do desenvolvimento humano. Com isso fica claro que o Estado não tem a capacidade de resolver os problemas sociais criados por um tipo de economia irresponsável socialmente. O grande problema é que para economistas que não veem necessidade de considerar questões éticas na economia, esse tipo de problema é caracterizado como "externalidades", ou seja, algo que não faz parte do processo em si, mas é uma consequência indireta dele. Reconhece-se que numa troca onde as duas partes envolvidas se beneficiam pode criar prejuízos para terceiros. O grande problema é que a definição de "externalidade" padrão, exemplificada pelo economista Paul Heyne, é de uma consequência que os envolvidos na transação econômica não precisam considerar em sua decisão. Com isso, as consequências sociais da economia não são vistas como passíveis de crítica. O economista de tradição protestante, porém, não pode aceitar esse tipo de mentalidade que exime a economia de valores éticos, deixando para o Estado ou outras instituições o papel de "consertar" as "externalidades" das transações econômicas. Bob Goudzwaard propõe que os processos produtivos devem seguir três normas: norma econômica (o sucesso financeiro não é padrão de medida, o padrão de medida é a capacidade de possibilitar um trabalho e uma vida digna aos envolvidos na produção), norma da tecnologia (a tecnologia útil não deve ser a que funciona, e sim a que promove criatividade humana em todos os que estarão envolvidos com ela – promovendo humanidade e não desumanidade), e a norma de moralidade e justiça (qualquer processo produtivo deve lidar com o ser humano como sujeito e não objeto – tanto o investidor, o trabalhador e o consumidor). Enquanto esse tipo de valor não for considerado como parte integrante e necessária para a economia, continuaremos vendo o subdesenvolvimento como consequência do desenvolvimento. Como já foi dito, tanto Lutero como Calvino acreditavam que o bem comum deve ser levado em consideração na racionalidade econômica, e isso tanto do aspecto positivo quanto do negativo. Geralmente os defensores do capitalismo se gabam do bem comum que resulta da racionalidade do "interesse próprio", no entanto, como o mencionado acima, se negam a considerar os prejuízos causados por essa racionalidade. A imparcialidade revela que há mais do que a tentativa de "descrever a realidade", há um interesse ideológico notório.

O que temos visto é que de fato, a estagnação já é evidente nos indicadores de expectativa de vida. Nos anos 1990, esses indicadores não mais apresentavam progressos significativos, não apenas nos países da África subsaariana (bastante afetada pela expansão da aids), mas também na Rússia, pela crise econômica e pelo desmantelamento do sistema de saúde em vigor na era soviética. No Leste Europeu e na ex-URSS, a expectativa de vida era de 67 anos em 1960. Em 2002, passou para 69,5 anos (*RMDH*, 2004).

4.5. Na virada do século

Os relatórios do PNUD nos avisam que o desenvolvimento humano é um processo precário e facilmente reversível. Hoje, está ameaçado (e arrisca-se ao fracasso) por dois aspectos: o abismo econômico que tem se alargado nas mais diversas regiões do mundo e a destruição do modo de produção e consumo que, ao longo dos dois últimos séculos, formou-se e se estabeleceu nas metrópoles do Ocidente, difundindo-se em escala mundial.

Quanto à desigualdade, os gráficos da distribuição mundial das atividades econômicas têm a forma de um cálice: uma longa e fina haste (representando as atividades de 80% da população mundial) e um cume bastante largo na outra ponta (20% da população mais rica do planeta, concentrada nos países do hemisfério norte). A distância tende a aumentar. A taxa de participação desses 20% mais ricos no conjunto do Produto Bruto Mundial era de 70% em 1960, elevando-se a 82,7% em 1989. Os países mais ricos totalizam 80% da poupança e dos investimentos internos, 81% do comércio mundial, 94% dos créditos bancários. A partilha dos recursos materiais é mais ou menos da mesma ordem: um quarto da população mundial (sempre no Norte) consome 70% da energia do planeta, 75% de metais, 60% dos recursos alimentares (*RMDH*, 1992). É verdade que os países em via de desenvolvimento progrediram bastante em termos econômicos a partir de 1960. Mas, no todo, seu crescimento é mais lento que o dos países ricos, e a pressão demográfica sobretudo reduz continuadamente a renda por habitante. Os relatórios mais recentes do Banco Mundial afirmam que o número de pessoas vivendo abaixo da linha de pobreza, estabelecida atualmente em 1.25 dólares, diminui em 25% nos últimos trinta anos (1981 – 2010). Outro relatório (Pinkovskiy e Sala-i-Martin), utilizando uma metodologia diferente e a linha de pobreza no nível de 1 dólar, diz que essa diminuição, nos últimos trinta e sete anos (1970-2006), foi de 80%. Apesar da grande discrepância entre os valores, fica claro que houve uma melhora importante. Estudiosos da área da sociologia, porém, questionam o otimismo apresentado em estatísticas econômicas. Num documento do Banco Mundial (*Can anyone hear us?*, 1999), diversos estudiosos buscam entender a situação da pobreza a partir da realidade social de milhares de pessoas de quarenta e sete países diferentes. É notório que pouca coisa mudou nos últimos anos. Ainda que, de fato, as condições econômicas estejam melhorando para quase todos, a constatação do crescimento da desigualdade é tão importante quanto. Deve-se considerar com atenção esses dois fatores: o crescimento amplo da economia, e não somente de uma pequena porção no topo da pirâmide, e o aumento de uma população vivendo em situação de pobreza abjeta (que não pode ser medida de uma forma generalizada a partir de 1 ou 1.25 dólares por dia). Parte da resposta desse problema foi proposta pelo economista francês Thomas Piketty, que diz que a desigualdade exorbitante é uma consequência lógica dentro do capitalismo, ainda que este melhore as condições econômicas de um grupo que abranja, pelo menos, a classe média baixa também, pois a tendência é que quanto mais próximo da ponta da pirâmide, mais rápido seja o crescimento. Assim, a perspectiva de longo prazo é de cada vez mais desigualdade e, consequentemente, instabilidade social e econômica. Para Piketty, portanto, mesmo com melhoras econômicas, enquanto a desigualdade aumentar, uma realidade tanto em economias em desenvolvimento quanto desenvolvidas, continuaremos vendo efeitos perniciosos na vida dos mais pobres, independentemente de sua condição econômica ter sofrido leve melhora. A desigualdade traça o destino dos mais pobres e o destino das próximas gerações, e não é uma visão melhor do que existe hoje.

Contudo, os países asiáticos mais povoados do mundo, em primeiro lugar a China, ou ainda a Índia e a Indonésia, têm experimentado um forte crescimento econômico. Há chance de que essa ascensão mude nas próximas décadas do século XXI, o "cálice" da desigualdade mundial. Nesse contexto ampliado, é, portanto, ainda mais necessário e urgente impor formas de controle internacional ao enorme capital "volátil" destinado atualmente às transações financeiras. Por fim, é claro que o modelo de produção e consumo das economias "fortes" está alterando o equilíbrio da biosfera. É justamente no auge do chamado desenvolvimento econômico que se forma e aumenta a "dívida ecológica". É fácil prever a aceleração incontrolável dessa dívida, em um momento em que esse mesmo modelo irá reger as economias hoje ainda "frágeis", submetidas durante dois séculos à pilhagem de seus recursos e totalizando hoje três quartos da população mundial.

Um mundo polarizado entre uma minoria de países sempre mais ricos e uma maioria de pobres; um planeta devastado pelo desperdício de bens, pelos dejetos industriais, pelo envenenamento do solo, da água, da atmosfera: esse resultado de uma estranha "racionalidade" será a herança que deixaremos para as gerações futuras? Teremos tempo e capacidade para reconstruir o tecido das instituições públicas, das regras e dos limites políticos, das condutas culturais e éticas, para tentar governar a economia, antes que essa economia acabe minando de modo irreversível não somente o curso da civilização, mas também a vida na terra?

5. Uma herança da Reforma

5.1. Pluralidade e laicidade

Era inevitável que um artigo intitulado "capitalismo", concebido no contexto de uma *Enciclopédia do protestantismo*, questionasse as relações entre dois fenômenos que caracterizam as transformações do mundo moderno, tanto no campo econômico quanto no religioso. Precisamos concluir essa resumida trajetória com algumas propostas e alguns auspícios sobre os deveres dos cristãos, em particular dos protestantes, diante dos desafios atuais da economia moderna?

A questão me parece mal colocada. Ela pressupõe que o protestantismo seria uma entidade unitária, regida por instâncias normativas comuns, dotada de doutrinas sociais específicas. Ora, se esse perfil pode aplicar-se a sociedades eclesiásticas notavelmente centralizadas, não corresponde à história nem à realidade atual do protestantismo.

Submetendo as autoridades humanas (a da igreja em primeiro lugar) ao exame das Escrituras e colocando-a ao alcance de todos os fiéis, a Reforma devia se desdobrar de modo plural. Desde seus primórdios, contou com várias bases (Wittenberg, Zurique, Estrasburgo e, alguns anos mais tarde, Genebra).

As diferenças se manifestam sobretudo em relação ao governo civil. Na obra de Lutero, uma visão pessimista da história (que remonta a Santo Agostinho) se associa a uma concepção rígida e autoritária do Estado e da ordem social fora da igreja. Os reformadores das cidades livres (Zwinglio principalmente) determinam para a cidade e suas elites um papel vocacional bem mais positivo e dinâmico. Os anabatistas declaram, por outro lado, que há incompatibilidade entre o exercício da violência legal (o "poder da espada" associado aos magistrados) e a prática do evangelho. No entanto, o radicalismo desses dissidentes, duramente perseguidos por todas as autoridades cristãs de seu tempo, abriu caminho para a separação moderna entre igreja e Estado.

Precisamos explicitar, por fim, que nossa maneira de tematizar as relações entre a igreja e a sociedade, entre o testemunho cristão e o engajamento político, tem origens recentes. Em larga medida, é consequência da secularização e, mais diretamente, dos choques e desafios que as igrejas cristãs sofreram ao longo de dois séculos de revoluções (a partir de 1789). Há, portanto, uma correspondência evidente (mencionada aqui no item 1) entre as releituras da história (inclusive a história das religiões) em termos de classes e conflitos sociais e os procedimentos da autocrítica da "cristandade".

Uma mudança de postura se produz, sobretudo (no início do século XX) nos movimentos do cristianismo social e no diálogo ecumênico dos anos 1930-1970, assim como na teologia da libertação. A plena aquisição da laicidade no agir político é um dos resultados desse longo encaminhamento. Como já afirmamos no item 3.5, os militantes do cristianismo social se opuseram à formação de partidos políticos de inspiração confessional. Sua proposta não era formular e impor códigos "cristãos" à sociedade, mas enfatizar a mensagem profética do evangelho em solidariedade com os explorados e oprimidos.

5.2. A dupla dimensão da "vocação": "comunicação" e "governo"

Pluralidade e laicidade são, do ponto de vista da história e da sociologia das religiões, as características mais marcantes da "modernidade" do protestantismo. Nas "variações" do fenômeno protestante se encontram, no entanto, traços comuns: *sola scriptura* e justificação pela fé, sacerdócio universal e vocação pessoal dos fiéis e, por fim, o imperativo permanente da "reforma" (*Ecclesia semper reformanda*).

A vitalidade de uma herança cultural, de palavras e ideias, é medida pelo número e pela qualidade das questões que continua a suscitar.

Tomemos, por exemplo, o termo "vocação", cujo uso foi renovado e enriquecido pelos reformadores do século XVI, dominando amplamente a ética protestante. De origem claramente religiosa, essa noção deveria estar por completo associada aos arquivos da história? Já mencionamos (item 3.4) que os modelos da "vocação profissional", ao se reduzirem a uma moral do trabalho, tornam-se equivocados e ilusórios em um mundo em que o trabalho é desmembrado e alienado, desaparecendo por fim. No entanto, vale a pena tentar captar melhor o sentido e a implicação histórica da "vocação" nos primórdios da Idade Moderna.

Ao longo da Idade Média, a cristandade ocidental se organizou em um sistema coerente e persuasivo de administração do sagrado. A estrutura se fundamentava nas "obras" religiosas (sacramentos e práticas de penitência) supervisionadas pelo clero. Era regido por códigos específicos (o direito canônico) e por um governo hierárquico.

A polêmica dos reformadores contra as "obras", o legalismo e o poder hierárquico da igreja recolocaram a vida religiosa no muito mais dramático roteiro da afronta direta entre a Palavra de Deus e a consciência dos fiéis. Abatendo as muralhas da ordem eclesiástica tradicional, a Reforma também transformou as relações entre o sagrado e o profano. Os "estados" e os comportamentos da vida mundana (casamento e família, cidade e governo civil, trabalho e trocas) tornaram-se o lugar por excelência da "disciplina" da vida cristã. Essa disciplina não é mais feita de rituais nem pode ser reduzida à aplicação parcial de um código: ela se realiza sobretudo na continuidade de um agir vocacional.

Não encontramos tratados específicos sobre isso nas obras dos reformadores. Eles seguiram as escolas medievais ao distinguir a "vocação geral", dada por Deus a seu povo e a todos os cristãos, da "vocação particular".

Porém, nos textos de Calvino essa figura recebe um contorno nítido. É nos dois registros semânticos da "comunicação" e do "governo" que é especificado o sentido de "vocação". Primeiro, o registro da comunicação: "À medida que esse termo [vocação] vem de uma palavra que significa 'chamar', há uma correspondência com Deus, que nos chama para isto ou aquilo" (*Comentários*, 1Coríntios 7.20). Em seguida, o registro do governo: "Basta-nos saber que a vocação de Deus é como princípio e fundamento para nos governar bem em todas as coisas" (*IRC* III, X, 6).

Encontramos uma associação entre "vocação" e "governo" na controvérsia de Calvino contra os votos monásticos e o pretenso "estado de perfeição" dos religiosos. O reformador se indaga "por que eles chamam sua ordem de estado de perfeição, suprimindo esse título de todas as vocações ordenadas de Deus" (*IRC* IV, XIII, 11). Diante do asceta que foge do mundo, "Deus prefere que um homem [...] tenha o cuidado de governar sua família em santidade, com o objetivo e o propósito de servir a Deus em uma vocação justa e aprovada" (*IRC* IV, XIII, 16).

Princípio de "bom governo" de nós mesmos, a vocação está em oposição direta à desordem do homem. Na página das *Institutas* (XXX, X, 6) que acabamos de citar, Calvino enumera os traços dessa desordem: "inquietude", "frivolidade", "ambição" e "cupidez": "Portanto, para que não confundíssemos todas as coisas com nossa loucura e nossa temeridade, Deus, ao distinguir esses estados e modos de viver, ordenou a cada um aquilo que devia fazer. E, para que ninguém ultrapassasse sequer de leve seus limites, chamou esses modos de viver de vocação".

Observemos a distância entre essa visão conflitual e austera da condição humana e o postulado liberal da harmonia espontânea das condutas e interações do *homo oeconomicus*. No entanto, os ofícios e a atividade econômica são certamente, para o reformador de Genebra, um campo mais que propício para exercer a vocação cristã. Ou, ainda melhor, no comentário de Calvino sobre a parábola dos talentos, a comparação entre os "bens" e a "vida dos fiéis" insere mais uma vez a vocação no registro da comunicação. A "dedicação com que cada um exerce seu encargo, e a própria vocação" adquirem sentido no movimento das trocas sucessivas. "A finalidade e o uso" das diferentes vocações individuais são, portanto, "que haja relações de comunicação entre os homens" (citação de Calvino, item 3.3).

Afinal, quais são as relações entre "comunicação" e "governo"? Dado que o segundo termo pertence à linguagem da política, essa questão me parece essencial: ela objetiva a própria natureza da política e sua "crise". A análise feita por Hannah Arendt nos anos 1950-1960 continua atual. Enquanto a política for uma *res publica* (coisa pública), estará inclusa no registro da comunicação. Quando a política assume a forma de uma administração dos homens semelhante à manipulação de coisas, a comunicação se reduz à ordem unilateral do mandamento. Os regimes monocráticos, portanto, suprimem o "público".

Nesse sentido, os acontecimentos e os textos da Reforma ainda ressoam na história. Defensor das ideias republicanas, Zwinglio não deixou de advertir seus compatriotas contra os senhores e os reis de sua época (v., p. ex., *Exhortation de la part de Dieu aux anciens, honorables, respectables et sages confédérés de Schwyz, afin qu'ils se gardent des seigneurs étrangers et s'en libèrent* [Exortação da parte de Deus aos anciãos, honoráveis, respeitáveis e sábios confederados de Schwyz, para que tomem cuidado com os senhores estrangeiros e se libertem deles], 1522, em *Deux exhortations à ses confédérés* [Duas exortações a seus confederados], Genebra, Labor et Fides, 1988, p. 15-34).

Calvino era bem mais prudente. Mas, na última edição das *Institutas*, a apologia ao regime colegial das repúblicas aristocráticas estabelece as relações de comunicação no cerne do governo civil. Por causa do "vício" e da "fraqueza" dos homens, é preferível, conforme afirma Calvino, que "vários governos ajudem-se mutuamente, advertindo-se quanto a seu ofício, e, se alguém se elevar alto demais, que os outros lhe sejam como censores e senhores" (*IRC* IV, XX, 8). Nesse conceito de governo múltiplo necessário por causa da "fraqueza" e do "vício" dos homens, temos um ótimo princípio que deve ser aplicado à economia. Ao que parece, poderíamos dizer que para Calvino, o objetivo da vocação é a relação de comunicação entre os homens. Dessa forma, a vocação cristã não tem a ver, como desejam os defensores do capitalismo, com o benefício próprio, pelo menos não como valor último. O trabalho se torna uma vocação a partir do momento que cumpre seu propósito maior, ou seja, de contribuir para o bem comum. O próprio Adam Smith disse que o indivíduo deve perseguir seus interesses, desde que não viole as leis da justiça. É claro que Smith e os que vieram depois dele, acabaram tomando o utilitarismo como "justiça", como "ordem natural". Para Calvino, porém, a "justiça" é um conceito que diz respeito às ordens adequadas das relações humanas. Dessa forma, a vocação e a ideia de interesse próprio são submetidas a um valor ético superior, o da justiça. Nessa submissão, o indivíduo vê na economia uma disciplina que lida com a maldade do homem. Essa maldade não é regulada pela "mão invisível", mas pela qualidade ética da própria economia. Construindo sobre o fundamento da responsabilidade de governo de Calvino, é possível dizer que o governo da economia não deve ser algo feito somente por uma instituição externa, como o Estado, mas o governo, como disciplina, deve permear a própria atividade econômica.

5.3. Seria impossível governar a economia?

Nossa situação é espantosa. Os dados estatísticos colocam em evidência a desordem da economia mundial. Os diagnósticos dessa desordem não pecam por falta de clareza. As estratégias que poderiam combatê-la não têm nada de utópico, nem encontram dificuldades insuperáveis no nível técnico.

Por exemplo, é incontestável que o uso desmedido de energia não renovável (sobretudo o carvão, o petróleo e seus derivados) polui a atmosfera e causa alterações climáticas. Técnicas alternativas de produção e gestão da energia já estão disponíveis. Sua divulgação pode muito bem ser feita em uma economia de mercado, que deve ser estimulada por inovações. Como explicar então as tenazes oposições aos projetos de nossas administrações visando a limitar a presença do automóvel nos centros urbanos ou a assegurar para as vias ferroviárias um papel mais importante no transporte de mercadorias? Como grande parte do desenvolvimento tecnológico é uma busca por utilizar de forma mais eficiente os recursos escassos, fundamento da economia como ciência, se os interesses capitalistas interrompem esse avanço, o capitalismo não estaria se colocando como um sistema econômico menos eficiente? Por que razões a maior potência industrial do mundo, os Estados Unidos, recusa-se a ratificar os acordos sobre a emissão de gases poluentes, elaborados ao longo das conferências mundiais das Nações Unidas (Kyoto em 1997 e seguintes)? Apesar da deserção dos EUA e graças à adesão de 141 países (entre eles, a Rússia, em 2004), o *Protocolo de Kyoto* entrou em vigor no dia 16 de fevereiro de 2005.

Outro exemplo: observamos (no item 4.3) que o inchaço das trocas puramente financeiras, a mobilidade extrema do capital "volátil" e as torções que ele impõe à economia real reduzem o espaço e suprimem as perspectivas de um "desenvolvimento" mais organizado e equilibrado. Como explicar então que os projetos de controle mínimo dos fluxos financeiros e de taxação da movimentação internacional do capital só raramente figurem na ordem do dia de nossos governos? Fica claro, portanto, que o maior interesse da economia capitalista atual não é a eficiência, mas a manutenção do poder, ou seja, de manter os interesses daqueles que mais têm recursos financeiros.

É natural responder que um novo contexto público da economia se choca hoje com as forças e os interesses privados do tipo de capitalismo que se desdobra sem entraves no nível global, enquanto as instituições políticas — assim como as associações sindicais de trabalhadores — ainda estão encravadas nas identidades e rivalidades nacionais, parecendo incapazes de aliar-se em prol de projetos em comum.

Convém acrescentar a essa resposta duas considerações. A primeira diz respeito à relação entre mercado e legalidade. A outra, aos mecanismos de inércia social, de que falaremos no item 5.4.

Primeira consideração. Em suas formas mais grosseiras, atualmente dominantes, a ideologia liberal afirma que a intervenção dos poderes públicos na área da economia é prejudicial ao bom funcionamento do mercado. Esses argumentos esquecem um dado básico, que os fundadores do pensamento liberal nunca ignoraram. A economia de mercado inclui necessariamente regras que não podem subsistir fora do contexto legal que assegura, por exemplo, o respeito pelos contratos. Ora, a definição do direito e sua aplicação consistem na prerrogativa de um poder que não reside na economia, mas no Estado. A ordem da economia e a ordem do direito e das instituições políticas são, portanto, complementares, mas suas inter-relações variam.

As restrições do direito privado e a gestão direta da produção e das trocas pelos aparelhos de Estado produziram não somente estagnação econômica, mas também a crise política dos regimes comunistas. É igualmente evidente que o desmantelamento dos aparelhos públicos torna inaplicável o direito e acaba por entregar o "livre-mercado" a organizações criminosas.

Entre os dois extremos de um Estado que estrangula o mercado e uma economia de pilhagem, está toda uma gama de ajustes possíveis entre o "privado" e o "público". A partir do momento em que a economia de mercado é indissociável da ordem legal estabelecida pelos Estados e por acordos internacionais, é difícil compreender por que não poderia haver uma adaptação a diretivas políticas claras e razoáveis com vistas a um "desenvolvimento sustentável".

5.4. Superstições particulares e Luzes públicas: o combate não acabou

Diante da presente desordem da economia, não é suficiente desejar e solicitar a intervenção dos "poderes públicos". Trata-se também de redefinir a natureza e as funções desse "público", que tem dimensões muito mais amplas que as do Estado.

Aqui apresentamos a segunda consideração:

a) A distância entre o funcionamento aparentemente ingovernável do mercado e das exigências de controle e de reforma depende da desproporção entre o poder político e o poder econômico. Nas formas atuais de "capitalismo", o poder econômico se reforça por sua distribuição desigual, sua concentração crescente e sua amplitude transnacional.

Porém, a verticalização do poder e suas "hierarquias" repousam — mais nas economias de mercado que em outras — em mecanismos de inércia social e em um consenso mais ou menos consciente.

A inércia se instala nos comportamentos habituais que têm o mais alto grau de difusão. Ora, os ritos tradicionais estão hoje em extinção, deixando de preencher até mesmo os dias de festa. A atividade política parece destinada ao mesmo fim. Em nossos regimes democráticos (que sem dúvida são preferíveis a qualquer outro), ela se limita, para a maior parte da população, às votações periódicas. Todo o restante passa a ser considerado um negócio cada vez menos transparente de uma elite profissional. Com isso, a economia invade outras esferas que poderiam cumprir papel importante para a qualificação ética da economia. O grande problema é que a racionalidade da maior produtividade, levada sem restrições, não aceita as limitações de sua esfera de atuação. O progresso econômico, nesse contexto, depende do enfraquecimento da moral econômica providenciada por instituições como a igreja, a família, a escola e certamente o Estado. O grande filósofo reformado holandês, Herman Dooyeweerd, há muito tempo esclareceu a necessidade da soberania das esferas. Infelizmente no capitalismo atual essa soberania é defendida somente para a esfera econômica.

No entanto, o comportamento econômico é cotidiano, afetando as necessidades, as capacidades e as escolhas de todo mundo. Comprar e vender, estabelecer orçamentos, destinar a poupança e os lucros à operação mais rentável, tudo isso interessa tanto às grandes empresas quanto à economia doméstica.

Que as inúmeras operações moleculares da economia de mercado (da qual somos todos sócios) cheguem a um resultado que não corresponde necessariamente ao modelo da harmonia espontânea; que esse processo coletivo, em vez de reduzir a desigualdade, alargue mais ainda seu leque; que acumule, enfim, dívidas insustentáveis nas contas de nossos sucessores: tudo isso geralmente escapa à percepção dos atores da economia e à capacidade de decisão da maioria deles. A ideia de que as decisões individuais, baseadas no interesse próprio, defendida pelos economistas de viés capitalista, podem gerar harmonia é decorrente do pressuposto de que o ser humano, em seu interesse próprio, toma decisões que levam à felicidade. Dessa forma, se todos concordam em firmar uma troca econômica, porque perceberam que dessa forma estão dando passos em direção à felicidade, obviamente teremos uma sociedade feliz. O problema é que os economistas não conhecem tão bem o que se passa na mente humana na hora de tomar decisões econômicas. Economistas tendem a pensar que o ser humano, na esfera econômica, somente toma decisões econômicas. No entanto, aspectos morais desempenham um papel importante também. Nem sempre o indivíduo decide por aquilo que maximiza a produtividade, pois leva em consideração questões morais que o indivíduo entende como um elemento mais importante para alcançar a felicidade, ou seja, sua busca por felicidade nem sempre tem a ver com a maior produtividade, ela pode ter a ver com seus valores morais também. Além disso, as decisões econômicas feitas pelo indivíduo não são totalmente livres, especialmente na era da propaganda, em que o consumo não é moldado pelas necessidades humanas, mas sim pela expansão de desejos promovidos pela máquina da propaganda. O indivíduo, então, busca sua felicidade ou a sensação de plenitude, consumindo aquilo que as mentes pensantes do marketing dizem que o levará à felicidade, o que sempre é uma grande mentira. Daí a necessidade de se pensar na visão bíblica sobre o ser humano (Rm 7), assim como em tradições que remontam a Agostinho, de que as pessoas nem sempre fazem aquilo que querem, e muitas vezes suas decisões não são as melhores opções para se alcançar a felicidade. Pelo contrário, muitas vezes o ser humano toma decisões que levam à insatisfação e à infelicidade. É claro que isso se aplica às decisões econômicas também.

b) Essa condição de inércia e passividade seria insuperável? Não creio. As gerações que nos precederam estavam submetidas a limites ainda mais rígidos que os nossos, mas tiveram a capacidade para reconhecê-los e a coragem para combatê-los.

Na mentalidade de homens e mulheres do século XVI, o vislumbre da morte, a perspectiva angustiante do Juízo Final e o desejo de segurança quanto ao outro lado tinham um peso comparável ao de nossas preocupações com a saúde e o bem-estar material.

Foi justamente na "economia do sagrado", no comportamento da demanda e da oferta dos bens religiosos, que os reformadores identificaram e denunciaram um modo específico de inércia cultural. Dois séculos antes da filosofia das Luzes, deram a isso o nome de "superstição". Em seu tratado sobre o anticristo (1521), Lutero declara que a *superstitio* (latim) "é a maior, a mais poderosa, a mais atraente e, portanto, a mais nociva de todas as aparências [...]. Ao fornecer uma imagem às coisas divinas e oferecer esboço das coisas eternas, as aparências sagradas capturam e enganam os mais sábios, os mais santos, os mais poderosos dentre os homens, além dos próprios eleitos". Há muito tempo o capitalismo vem sendo defendido como o sistema econômico que trará prosperidade a todos. Existe nisso uma dimensão ideológica que toca na esfera religiosa e cria um ídolo. Por exemplo, o famoso economista John Keynes, reconhecendo os problemas morais do capitalismo, disse: "Avareza, usura e precaução devem ser os nossos deuses por ainda um pouco mais de tempo. Pois somente elas podem nos levar para fora do túnel da necessidade econômica para a luz do dia". Certamente esse é o tipo de mentalidade que os reformadores chamariam de "superstição".

A Reforma não minimizou o problema da salvação, mas mudou seu contexto institucional e o papel dos atores envolvidos, privilegiando a comunicação discursiva e pública da mensagem salutar e a responsabilidade pessoal dos destinatários. Dessa forma, a importância da salvação, conforme a teologia reformada, deve ser aplicada a todas as esferas onde existem ídolos enganando os homens, inclusive na esfera econômica.

c) Mudanças de mentalidade são possíveis, mas não são uma aventura individual das mentes. Em sua "Resposta à questão: o que são as Luzes?" (1784, em *Oeuvres philosophiques II* [Obras filosóficas II], Paris, Gallimard, 1985, p. 209-217), Immanuel Kant definiu a era das Luzes como "a saída do estado de minoria em que os homens se encontram por sua própria culpa". É difícil, acrescenta Kant, que o homem, tomado no singular, liberte-se dessa condição de dependência, que se tornou para ele "uma segunda natureza". É, sobretudo, "o público" que tem melhores chances de se esclarecer.

Não podemos confundir a ideia kantiana do "público" com a "opinião pública" de nosso tempo. Instável, impessoal e fragmentária (como as pesquisas que a abordam), a opinião pública se presta facilmente a manipulações no sistema de comunicação de massa. Em vez disso, Kant designa ao "público esclarecido" a tarefa de promover a reforma dos costumes, do direito e das instituições. Por meio de associações livres e voluntárias, esse "público" é dotado de autonomia e caminhos próprios. Ultrapassando as fronteiras dos Estados rumo a um cosmopolitismo, ele antecipa e prepara o futuro comum do gênero humano. Assim, o "público esclarecido" tem as características da "sociedade ética", diferente da "sociedade política". Para Kant, a primeira "sociedade ética" foi fundada pelo "Mestre do Evangelho".

d) Não vivemos em uma época esclarecida e estamos cada vez menos convencidos de que a história esteja no caminho do progresso. Porém, os próprios processos da globalização representam um desafio, oferecendo-nos a chance de reconstruir "uma esfera pública" em nível planetário: sob a forma de redes de informação, de discussão crítica, de solidariedade militante, principalmente no âmbito das organizações não governamentais, dentre as quais se encontram também as igrejas. Definitivamente a igreja cumpre um papel extremamente importante aqui. As igrejas protestantes, diante dos desafios estabelecidos por uma racionalidade da maior produtividade, não têm se calado. Muitas denominações protestantes importantes têm se unido para desafiar esse tipo de mentalidade e ajudar os cristãos a viverem de forma fiel a Deus em suas decisões econômicas. Cito aqui dois exemplos. O primeiro é da *World Alliance of Reformed Churches* [Aliança Mundial das Igrejas Reformadas], que se reuniram na cidade de Accra em Gana, em 2004, e produziram um documento chamado de *Accra Confession* [Confissão de Accra]. Uma de suas afirmações é: "Por isso, rejeitamos a atual ordem econômica imposta pelo capitalismo neoliberal e qualquer outro sistema econômico, incluindo economias absolutamente planejadas, que negam a aliança de Deus ao excluir os pobres, os vulneráveis e toda a criação da plenitude de vida". O segundo exemplo é da *Evangelical Lutheram Church in America* [Igreja Luterana Evangélica na América], que em 1999 produziu um documento chamando *Economic Life: Sufficient, Sustainable Livelihood for All* [Vida Econômica: Condições de Vida Suficientes e Sustentáveis para Todos]. Uma de suas afirmações é a seguinte: "Como igreja reconhecemos que estamos acorrentados ao pecado e nos submetemos apressadamente aos ídolos e injustiças da vida econômica. Muitas vezes confiamos na riqueza e nos bens materiais mais do que em Deus e nos fechamos para as necessidades de outros".

A vocação que nos foi dada poderia muito bem ser resumida nas antigas palavras de Deuteronômio (Dt 30.19ss): *Os céus e a terra tomo, hoje, por testemunhas contra ti, que te propus a vida e a morte, a bênção e a maldição; escolhe, pois, a vida, para que vivas, tu e a tua descendência.* Para que esse apelo seja ouvido e acolhido, para que a escolha da vida contra a morte adquira a consistência de projetos em comum, de engajamento profissional e decisões políticas, precisamos antes de tudo reencontrar, ampliar e defender esses espaços públicos, lugares e tempos em que homens e mulheres possam debater, questionar-se e esclarecer-se, "ajudando uns aos outros".

Grande parte dessa decisão apresentada em Deuteronômio diz respeito ao modo como o povo lidaria com a terra recebida da parte de Deus. A propriedade desempenha um papel crucial na vida econômica, social e política da sociedade. A propriedade também tem um valor essencial no sistema capitalista. Daí a necessidade de abordar a questão para verificar de que forma devemos nos relacionar com a propriedade a fim de que esta gere vida e não morte. Nem sempre a propriedade privada é um fator que gera morte. Em muitos casos ela pode ser um fator de defesa contra a morte, por exemplo no contexto em que um poder totalitário deseja acabar com toda a propriedade privada, tirando o direito do indivíduo de ter sua fonte de subsistência. Isso pode acontecer tanto num contexto socialista/ comunista, onde o Estado se apropria da propriedade, quanto num contexto capitalista, onde o poder dos mais ricos não vê restrições para aumentar sua grandeza, ainda que para isso precise tirar a propriedade dos mais pobres. A Bíblia nos concede fundamento de crítica para ambos os contextos. No primeiro caso, por exemplo, temos a história do campo de Nabote tomado pelo poder estatal representado por Acabe e Jezabel (1Rs 21). No segundo caso, por exemplo, temos uma grande diversidade de críticas dos profetas, como a que aparece em Is 5.8. O que se percebe é que a propriedade privada não é um fim último, um valor absoluto. Diferente disso, a propriedade privada, assim como todos os elementos que compõem a vida econômica, tem um objetivo maior de ser: o sustento da vida, primeiro do proprietário, mas não menos importante, da comunidade como um todo. Conforme a declaração da *Evangelical Lutheran Church of America*: "Propriedade privada é afirmada desde que sirva como um meio útil, ainda que imperfeito, de suprir as necessidades básicas de indivíduos, famílias e comunidades". A propriedade privada é defendida, mas como meio imperfeito, colocado-se sob o julgamento de Deus (e não como valor absoluto). Conforme o texto citado de Deuteronômio, todas as esferas dos relacionamentos humanos, e das instituições imperfeitas criadas para se atingir o objetivo final, "a vida", devem ser julgadas por Deus e não serem estabelecidas com valor ontológico. Ao que se percebe, o único valor ontológico é a vida e tudo deve ser avaliado a partir de sua capacidade de sustentar e promover a vida, não somente do indivíduo, mas de toda a comunidade, inclusive de toda a criação.

Mario Miegge e Caio Peres

▶ CLAAR, Victor V. e KLAY, Robin J. *Economics in Christian Perspective* (Downers Grove: IVP, 2007); FINN, Daniel K. *Christian Economic Ethics* (Minneapolis: Fortress Press, 2013); GORRINGE, Timothy J. *O Capital e o Reino* (São Paulo: Paulus, 1997); GOUDZWAARD, Bob. *Capitalism and Progress* (Grand Rapids: Eerdmans, 1979); HOUSTON, Walter J. *Contending For Justice* (Londres: T&T Clark, 2006); NARAYYAN, Deepa (org.) *Can Anyone Hear Us?* (World Bank, 1999); OLINTO, Pedro; BEEGLE, Kathleen; SOBRADO, Carlos; UEMATSU, Hiroki. "The State of the Poor", *Economic Premise* (World Bank, 2013); PINKOVSKIY, Maxim e SALA-i-MARTIN, Xavier. *Parametric Estimations of the World Distribution of Income* (Cambridge: National Bureau of Economic Research, 2009). AGLIETTA, Michel, *Régulation et crises du capitalisme* (1976), Paris, Odile Jacob, 1997; ALBERT, Michel, *Capitalisme contre capitalisme*, Paris, Seuil, 1991; BAUBÉROT, Jean, *Un christianisme profane? Royaume de Dieu, socialisme et modernité culturelle dans le périodique "chrétien-social"* L'avant-garde *(1899-1911)*, Paris, PUF, 1978; Idem, *La laïcité, quel héritage? De 1789 à nos jours*, Genebra, Labor et Fides, 1990; BESNARD, Philippe, *Protestantisme et capitalisme. La controverse post-wébérienne*, Paris, Armand Colin, 1970; BIÉLER, André, *O pensamento econômico e social de Calvino*, São Paulo, Casa Editora Presbiteriana, 1990; BLASER, Klauspeter, *Karl Barth 1866-1968*, Berna, Lang, 1987; BOLTANSKI, Luc e CHIAPELLO, Eve, *Le nouvel esprit du capitalisme*, Paris, Gallimard, 1999; BRAUDEL, Fernand, *Civilisation matérielle, économie et capitalisme, XVe-XVIIIe siècle*, t. II: *Les jeux de l'échange*, Paris, Armand Colin, 1979; CHESNAIS, François, *La mondialisation du capital* (1994), Paris, Syros, 1998; Idem, *Tobin or not Tobin? Une taxe internationale sur le capital*, Paris, L'Esprit Frappeur, 1999; Idem, org., *La mondialisation financière. Genèse, coût et enjeux*, Paris, Syros, 1996; CLARKE, Tony et alii, *AMI. Attention un accord peut en cacher un autre!*, Genebra, Centre Europe-Tiers-monde, 1998; GEORGE, Susan e SABELLI, Fabrizio, *Crédits sans frontières. La religion séculière de la Banque mondiale* (1994), Paris, La Découverte, 1994; HAQ, Mahbub ul, KAUL, Inge e GRUNBERG, Isabelle, *The Tobin Tax. Coping with Financial Volatility*, New York, Oxford University Press, 1996; INSTITUTO DE ÉTICA SOCIAL DA FEPS E COMISSÃO NACIONAL SUÍÇA JUSTIÇA E PAZ, *Partager le travail. La solidarité contre le chômage*, Genebra, Labor et Fides, 1995; Idem, *Quel avenir pour l'État social?*, Genebra, Labor et Fides, 1997; LÜTHI, Herbert, *Le passé present. Combats d'idées de Calvin à Rousseau*, Mônaco, Rocher, 1965; MARX, Karl, *Trabalho assalariado e capital* (1849), São Paulo, Expressão Popular, 2006; MIEGGE, Mario, *Vocation et travail. Essai sur l'éthique puritaine*, Genebra, Labor et Fides, 1989; MOTTU, Henry, "Le 'pasteur rouge de Safenwil'. Réflexions sur le socialisme du premier Barth", *Bulletin du Centre protestant d'études* 28/4, Genebra, 1976; PROGRAMA DAS NAÇÕES UNIDAS PARA O DESENVOLVIMENTO, *Relatório* *de desenvolvimento humano*, 1990ss; RICH, Arthur, *Éthique économique* (1984-1990, 1987-1991), Genebra, Labor et Fides, 1994; RIST, Gilbert, *Le développement. Histoire d'une croyance occidentale*, Paris, Presses de la Fondation nationale des sciences politiques, 1996; ROCARD, Michel et alii, *Itinéraires socialistes chrétiens*, Genebra, Labor et Fides, 1983; ROSANVALLON, Pierre, *Le capitalisme utopique. Histoire de l'idée de marché* (1979), Paris, Seuil, 1999; Idem, *La nouvelle question sociale. Repenser l'État-providence*, Paris, Seuil, 1995; SCHUMPETER, Joseph Alois, *Capitalisme, socialisme et démocratie* (1942), Paris, Payot, 1979; SEN, Amartya, *Un nouveau modèle économique. Développement, justice, liberté* (1999), Paris, Odile Jacob, 2000; SOROS, George, *A alquimia das finanças: lendo a mente do mercado*, Rio de Janeiro, Nova Fronteira, 1996; TAWNEY, Richard Henry, *A religião e o surgimento do capitalismo* (1926), São Paulo, Perspectiva, 1971; TÉTAZ, Jean-Marc, "Rédemption, eschatologie et sublimation: éléments pour une théorie du christianisme. Ernst Troeltsch et Max Weber", *Recherches de science religieuse* 98, 2000, p. 223-251; TOBIN, James, "A Proposal for International Monetary Reform", em *Essays in Economics*, Cambridge, MIT Press, 1982; TOURAINE, Alain, *Como sair do liberalismo?*, Lisboa, Terramar, 1999; Idem, WIEVIORKA, Michel e DUBET, François, *Le movement ouvrier*, Paris, Fayard, 1984; TREVOR ROPER, Hugh Rewald, *De la Réforme aux Lumières* (1967), Paris, Gallimard, 1972; TROELTSCH, Ernst, *Protestantisme et modernité* (1909-1913), Paris, Gallimard, 1991; WALLERSTEIN, Immanuel, *L'après-libéralisme. Essai sur un système-monde à réinventer* (1995), La Tour d'Aigues, Aube, 1999; WALZER, Michael, *La révolution des saints. Éthique protestante et radicalisme politique* (1965), Paris, Belin, 1987; WEBER, Max, *Ética protestante e o espírito do capitalismo* (1904-1905, 1920), São Paulo, Companhia das Letras, 2004; Idem, *Sociologia das religiões* (1910-1920), Lisboa, Relógio D'Água, 2006; WRIGHT MILLS, Charles, *A nova classe média* (1951), Rio de Janeiro, Zahar, 1979.

◐ Ação social; aliança; Althusius; dinheiro; ascese; bancos protestantes; Baxter; Biéler; cristianismo social/socialismo cristão; classes sociais; **comunicação**; Congresso Evangélico Social; desenvolvimento; domingo; **ecologia**; economia; eleição; Engels; Franklin; **laicismo**; **liberdade**; negócios; **modernidade**; trabalhador (mundo); pobreza; Perkins; **política**; empréstimo a juros; revolução industrial; rico; salário; santificação; Simmel; Smith A.; evangelho social; socialismo religioso; Sombart; Steele; trabalho (e legislação do); Troeltsch; **vocação**; votos; Weber M.

CAPITON, Wolfgang Fabricius (1478-1541)

Nascido em Haguenau, Wolfgang Köpfel latiniza seu patronímico: Capiton. Doutor em teologia em 1515, mas também graduado em medicina e jurisprudência, de início é um humanista pregando e professando em Basileia, colaborador de Erasmo (índex da edição das obras de Jerônimo em 1520), para depois se pôr a serviço do arcebispo Albrecht de Brandenburgo, em Mayence (1520-1523). Porém, seu comentário inédito da epístola aos Romanos (1518-1519) demonstra uma influência precoce de Lutero. Em 1523, está em Estrasburgo. No ano seguinte, ele discorda de Erasmo sobre a clareza das Escrituras e o livre-arbítrio, optando pela Reforma. Hebraizante, redige gramáticas como a *Hebraicae Institutiones* (Basileia, Froben, 1518 e Estrasburgo, Wolfium Cephaleum, 1525), a mais bem-acabada dentre elas, e comenta a Escritura levando em consideração a exegese judaica (Habacuque, 1526; Oseias, 1528; *Hexaemeron*, 1539). Irenista, mostra também simpatia pelo anabatismo, sobretudo por Martin Borrhaus (Cellarius, 1499-1564). Assim, foi apenas em 1533 que Capiton aderiu por completo à teologia oficial estrasburguense. Morre de peste, oito anos depois, na cidade renana.

Max Engammare

▶ HOBBS, Gerald, *Monitio amica: Pellican à Capiton sur le danger des lectures rabbiniques*, em Marijn DE KROON e Marc LIENHARD, orgs, *Horizons européens de la Reforme en Alsace. Das Elsass und die Reformation im Europa des 16. Jahrhunderts. Mélanges offerts à Jean Rott pour son 65ᵉ anniversaire*, Estrasburgo, Istra, 1980, p. 81-93; KITTELSON, James M., *Wolfgang Capito. From Humanist to Reformer*, Leyde, Brill, 1975; MILLET, Olivier, *Correspondance de Wolfgang Capiton (1478-1541). Analyse et index (d'après le Thesaurus Baumianus et autres sources)*, Estrasburgo, Bibliothèque nationale de Strasbourg, 1982; SPIJKER, Willem van't, '*Capito totus noster nunc est. Utinam fuissent semper'. Capito's Return to the Reformed Camp*, em Elsie Anne MCKEE e Brian G. ARMSTRONG, orgs., *Probing the Reformed Tradition. Historical Studies in Honor of Edward A. Dowey, Jr.*, Louisville, Westminster-John Knox Press, 1989, p. 220-236; STIERLE, Beate, *Capito als Humanist*, Gütersloh, Mohn, 1974 (bibliogr. p. 198-215).

◐ Alsácia-Lorena; Bucer; Erasmo; hebraizantes cristãos; Hedion; humanismo

CAPPEL, Louis (1585-1658)

Pastor e professor na Academia de Saumur, Cappel pode ser visto como um representante do campo da crítica textual do Antigo Testamento, em dois aspectos: primeiro, por ter demonstrado no *Arcanum punctationis revelatum* [O segredo revelado da pontuação] (Leiden, Maire, 1624) o caráter tardio, pós-talmúdico, dos pontos-vogais do texto massorético; segundo, por argumentar (em contraposição à opinião geral dos teólogos protestantes) em *Critica sacra* (Paris, Sébastien Cramoisy, 1650) que era lícito ao comentador escolher outra versão do Antigo Testamento além do texto hebraico, em busca de um sentido mais claro. Essas afirmações provocaram forte oposição nas igrejas reformadas da Europa e foram condenadas pelo *Consensus Helveticus* de 1675. Podemos estimar que, se seus adversários rejeitaram certas evidências filológicas, os habitantes de Saumur desconheciam a importância da tradição judaica relativa à leitura da Bíblia, que acabou sendo colocada por escrito na Massorá.

François Laplanche

▶ LAPLANCHE, François, *L'évidence du Dieu chrétien. Religion, culture et societé dans l'apologétique protestante de la France classique (1576-1670)*, Estrasburgo, Association des publications de la Faculté de théologie protestante de l'Université de Strasbourg, 1983; Idem, *L'Écriture, le sacré et l'histoire. Érudits et politiques protestants devant la Bible en France au XVIIe siècle*, Amsterdã-Maarssen, APA-Holland University Press, 1986.

▶ Amyraut; **Bíblia**; Buxtorf; *Consensus Helveticus*; exegese; Saumur; Turrettini F.

CAQUOT, André (1923-2004)

Nascido em Épinal (Vosges). Após sua admissão na Escola Normal Superior (1944), obtém titulação em gramática (1948). É nomeado professor titular no Instituto Francês de Arqueologia Oriental de Beirute (1949-1952) e membro da Missão Arqueológica Francesa na Etiópia (1953-1955).

Todos esses anos de formação, em contato direto com o Oriente Próximo antigo e contemporâneo, preparam Caquot de modo admirável para sua futura missão de professor e pesquisador, no mais alto nível: nomeado professor coordenador das "religiões semíticas comparadas" no Departamento de Ciências da Religião da Escola Prática de Altos Estudos em 1955, ele também se encarregou dos cursos de história das religiões na Faculdade de Teologia Protestante da Universidade de Estrasburgo (1957-1960) e de hebraico e história da religião de Israel na Sorbonne (1964-1968), antes de ser eleito para a cadeira de hebraico e aramaico no Colégio de França (1972-1994) e na Academia das Inscrições e Belas-Letras (no dia 9 de dezembro de 1977), da qual foi presidente em 1986. Foi um dedicado mestre de cerimônias de várias sociedades parisienses: Sociedade Asiática (presidente), de História das Religiões (secretário-geral), de Estudos Renanos (presidente), de Altas Distinções (cavaleiro da Legião de Honra, comandante da Ordem do Mérito e das Palmas Acadêmicas). Assim, obteve o reconhecimento da nação por uma carreira científica exemplar.

André Caquot era um "orientalista" no pleno sentido do termo, e nada que se correlacionasse aos estudos semíticos antigos era desconhecido dele: a filologia e a literatura comparada, a epigrafia (sobretudo ugarítica, fenícia, aramaica e etíope: v. as revistas *Semitica*, 1950ss, e *Syria*, 1952 ss), a história das civilizações e das religiões. Para essa última área, fundamental, sua pesquisa se desenvolveu de acordo com dois eixos principais: primeiro, os estudos da Bíblia em hebraico, para a exegese, sobretudo seu comentário *Livres de Samuel* [Livros de Samuel] (com Philippe de Robert, Genebra, Labor et Fides, 1994) e o estudo das instituições e das ideias do antigo Israel (p. ex., *Osée et la Royauté* [Oseias e a realeza], *RHPhR* 41, 1961, p. 123-146); segundo, os estudos sobre os manuscritos do Mar Morto (Qumran) e os livros pseudepigráficos do Antigo Testamento — assim como suas traduções anotadas do *Rolo do Templo* e dos livros *Enoque I*, *Jubileus* e *Martírio de Isaías* (em *Écrits intertestamentaires*, Paris, Gallimard, 1987, e *RHPhR*, 1992-2004).

Essas duas linhas de pesquisa, que Caquot explorou até seu último fôlego, somam-se sempre ao "fato bíblico", mas sem limitação alguma e sempre com base no substrato filológico e histórico dos estudos semíticos antigos, a partir dos estudos arqueológicos de Ugarit, Palmyra, Hatra e Qumran, principalmente. A mesma curiosidade intelectual e a mesma abertura de espírito foram também manifestadas por Caquot, luterano convicto, em relação a outras sensibilidades religiosas (cristã, judaica, muçulmana), com as quais ele se manteve sempre em um diálogo atento.

Jean-Georges Heintz

CAREY, George (1935-)

Arcebispo de Cantuária de 1991 a 2002, George Carey pertence à linha evangélica da Igreja Anglicana, na qual foi ordenado pastor em 1963 e sagrado bispo da diocese de Bath and Wells, em 1987. Ele se considera mais protestante (mas não exclusivamente) que católico. Quanto à teologia, é de tendência ortodoxa, mas aberto para o futuro. Sobre questões sociais e ecológicas, ele se diz "avançado" o suficiente. Relativamente jovem na época de sua sagração como arcebispo, esse antigo pastor de paróquia e professor de teologia foi chamado para dirigir a Igreja Anglicana com mais firmeza que seu predecessor, o arcebispo Runcie. Em 1992, sob o arcebispado de George Carey, a Igreja Anglicana tomou a decisão histórica de admitir pastoras.

Grace Davis

▶ CAREY, George, *I Believe in Man* (1977), Londres, Hodder and Stoughton, 1980; Idem, *I Believe*, Londres, SPCK, 1991; Idem, org., *The Bible for Everyday Life*, Oxford, Lion, 1994 (reed. de *The Message of the Bible*, 1988).

◉ Anglicanismo; Cantuária; Runcie; Temple W.; Williams, Rowan

CAREY, William (1761-1834)

Nascido em uma família anglicana do centro da Inglaterra, William Carey se converteu na Igreja Batista com 18 anos. Sapateiro, professor e pregador leigo, é ordenado pastor na Igreja de Moulton, em 1887. Apaixonado por histórias de navegação, refuta (na famosa *Enquiry into the Obligations of Christians to Use Means for the Conversion of the Heathens* [Investigação acerca das obrigações dos cristãos quanto a usar meios para a conversão dos pagãos], 1792, Didcot, Baptist Missionary Society, 1991) a ideia geral na ortodoxia protestante de que, depois que os apóstolos cumpriram o mandato de evangelizar o mundo inteiro, nada justificaria as missões fora da Europa. Inaugurou em 1792 a *Baptist Missionary Society*, a primeira sociedade missionária protestante da era contemporânea. O órgão envia Carey para a Índia, onde desembarca, em Calcutá, com a família no dia 11 de novembro de 1793. Mesmo afetado pela morte inesperada de um de seus três filhos, consumido pela súbita doença mental que atingiu sua esposa e obrigado a trabalhar para manter-se, Carey consegue abrir igrejas na região de Mudnabati, pregando em bengali, em hindustâni e em sânscrito, traduzindo a Bíblia para esses idiomas e revisando suas traduções, ao mesmo tempo que recebia reforços da *Baptist Missionary Society*. Em 1800, instala-se em Serampore, enclave dinamarquês que, com a ajuda de William Ward e Joshua Marsham (o "trio de Serampore"), ele transforma em um grande centro cultural e industrial do sul da Ásia. Apesar da oposição do governo colonial, houve as primeiras conversões seguidas de batismo entre os hindus de castas inferiores, em 1802.

Carey faz o tipo do patriarca missionário da época pré-colonial, viúvo três vezes, recasado duas, permanecendo para sempre fora de seu país. Sua obra é variada: evangelizadora, educativa (fundou faculdades em Serampore e Calcutá), agronômica (fundou a cooperativa agrícola e de horticultura em Serampore), linguística (é autor de um dicionário do sânscrito e de uma gramática do bengali), reformadora (foi pioneiro da abolição do *sâti*, cremação das viúvas vivas com seu marido falecido). Em 1827, Carey se desentende com o Comitê da *Baptist Missionary Society*, insatisfeito com a independência de espírito e dos modos de operação do trio de Serampore. A ruptura duraria até 1837, três anos após a morte de Carey, enquanto seria reconhecido entre os bengaleses como um dos seus.

Jean-François Zorn

▶ *Bicentenary Volume. William Carey's Arrival in India 1793-1993; Serampore College 1818-1993*, Serampore, Serampore College, 1993; BLANDENIER, Jacques, *L'essor des missions protestantes*, Nogent-sur-Marne-Saint-Légier, Éditions de l'Institut biblique-Emmaüs, 2003; FARELLY, Robert, *William Carey, 1761-1834. Esquisse biographique*, Paris, Société des publications baptistes, 1961; GEORGE, Timothy, *Faithful Witness. The Life and Mission of William Carey* (1991), Leicester, Inter-Varsity, 1992; OUSSOREN, Aalbertinus Hermen, *William Carey. Especially His Missionary Principles*, Leiden, Sijthoff, 1945.

◉ Ásia; batismo; **missão**; missionárias (sociedades)

CARISMÁTICO (movimento)

A história do cristianismo, desde as origens até nossos dias, está eivada de manifestações de entusiasmo religioso e efervescência comunitária que intentaram sacudir o torpor do cristianismo institucional e acordar as igrejas, tornando visíveis os sinais da manifestação da graça através da transformação radical de pessoas e da realização de atos extraordinários (sobretudo curas). Esse cristianismo emocional assumiu diversas formas ao longo dos séculos: o montanismo no início da era cristã, os *Schwärmer* ("entusiastas") na época da Reforma (em 1524, Lutero escreveria *Ein Brief an die Christen zu Straßburg wider den Schwärmergeist, WA* 15, 380-397), o avivamento metodista no século XVIII, os avivamentos pentecostais no início do século XX, no Kansas e no País de Gales. Esses últimos avivamentos estão na origem do que chamamos pentecostalismo histórico, movimento que se desenvolveu bastante ao longo do século XX em diversos continentes, com destaque para a América Latina. Os pentecostais consideram que, para ser plenamente santificado e dar testemunho, é necessário ser batizado no Espírito Santo; é o que permite também a experiência dos dons espirituais (carismas) mencionados em 1Coríntios 12: glossolalia, dom de línguas, dom de profecia, dom de interpretação, dom de curas.

O que chamamos, desde os anos 1970, de renovação carismática (ou movimento carismático) retoma de modo incontestável numerosos elementos da espiritualidade pentecostal. Porém, ainda que enfatize, como o pentecostalismo, as experiências com o Espírito Santo e os dons espirituais, a renovação carismática se desenvolve no interior das igrejas católicas e protestantes, diferentemente do pentecostalismo, que formou agrupamentos independentes (como as Assembleias de Deus). Sobre a renovação, falou-se até mesmo de neopentecostalismo, que surge em algumas universidades americanas nos anos 1960 e se expande principalmente nas camadas de classe média do catolicismo americano, para logo estender-se a outros países e outras confissões cristãs. No protestantismo, manifestou-se tanto nas igrejas batistas quanto nas reformadas ou luteranas. Em 1979, 9% dos pastores franceses se reconheciam no movimento.

A sensibilidade carismática enfatiza a conversão pessoal e a imediatez da ação divina: Deus é próximo e pode intervir no mundo se deixarmos que o Espírito Santo entre em nosso interior. Esse tipo de sensibilidade gera líderes espirituais cuja legitimidade é reconhecida por meio dos carismas que manifestam.

Movimento que supera fronteiras confessionais, a renovação carismática alimenta certo tipo de ecumenismo, mais acentuado de início, presente em comunidades e grupos de oração, em manifestações de massa como a convenção carismática interconfessional (reunião anual em Chalon-sur-Saône, de 1971 a 1989, e no Centro Cristão de Gagnières em Gard, a partir de 1990), as reuniões carismáticas europeias de Estrasburgo no Pentecostes de 1982 ou o encontro internacional de Brighton em julho de 1991, e através de revistas (como *Tychique* [Tíquico], revista carismática publicada pela comunidade do Chemin Neuf de Lyon). Porém, existe também um carismatismo bastante marcado confessionalmente, como, do lado católico, as Bem-aventuranças (antigamente, Comunidade do Leão de Judá e do Cordeiro Imolado) ou o Emmanuel (rede comunitária carismática em Paris e nas grandes cidades da Europa) e, do lado protestante, uma tendência ao biblicismo. É quando se deve abordar novamente a questão do ecumenismo ou da interconfessionalidade — este, um termo de uso mais imediato por parte dos carismáticos protestantes por enfatizar o acolhimento do outro em sua diferença, enquanto "ecumenismo" equivaleria a uma renúncia a tudo o que, por sua particularidade, poderia constituir obstáculo a uma comunhão verdadeira.

Jean-Paul Willaime

▶ BURGESS, Stanley M. e VAN DER MAAS, Eduard M., orgs., *The New International Dictionary of Pentecostal and Charismatic Movements*, Grand Rapids, Zondervan, 2002 (ed. revista e aumentada de Stanley M. BURGESS e Gary B. MCGEE, orgs., *Dictionary of Pentecostal and Charismatic Movements*, 1988); CHRISTENSON, Larry, *Welcome, Holy Spirit. A Study of the Charismatic Renewal in the Church*, Minneapolis, Augsburg, 1987; "Renouveau charismatique", *Foi et Vie* 72/4-5, 1973; HOCKEN, Peter, *Rassemblés par l'Esprit. La grâce oecuménique du renouveau* (1987), Paris, Desclée de Brouwer, 1989; Idem, *Le Réveil de l'Esprit. Les Églises pentecôtistes et charismatiques*, Montreal, Fides, 1994; HOLLENWEGER, Walter J., *Enthusiastisches Christentum. Die Pfingsbewegung* in *Geschichte und Gegenwart*, Wuppertal-Zurique, Brockhaus-Zwingli, Verlag, 1969; LINDBERG, Carter, *The Third Reformation? Charismatic Movements and the Lutheran*

Tradition, Macon, Mercer University Press, 1983 (bibliogr. p. 327-340); "Le mouvement charismatique", *Lumière et Vie* 125, 1975; MEHL, Roger, "Approche sociologique des mouvements charismatiques", *BSHPF* 120, 1974, p. 555-573; VAN DER MENSBRUGGHE, Françoise, *Le mouvement charismatique. Retour de l'Esprit? Retour de Dionysos?*, Genebra, Labor et Fides, 1981.

▶ Du Plessis; Igrejas não denominacionais; entusiasmo; glossolalia; imposição de mãos; pentecostalismo; Avivamento; Espírito Santo; **seitas**

CARLOS V

Na liderança do Sacro Império Romano-Germânico de 1519 a 1556, Carlos V foi confrontado durante todo o seu reino na Reforma, mas, atribulado com inúmeras tarefas, só conseguiu cuidar disso por três ocasiões. Era consciente de assumir uma herança milenar fundada na tradição e na fidelidade de seu protetor leigo mais elevado (o imperador). Em 1521, encontra-se com Lutero em Worms e decide por seu banimento do império. Em 1530, ao constatar que a Igreja Romana não podia enfrentar sozinha a Reforma, reúne um conselho alemão, a Dieta de Augsburgo, que redunda em fracasso. Vê-se paralisado por necessidades financeiras, no que é acudido pelos príncipes protestantes, mediante a promessa de paz religiosa. Em 1540-1541, estimula colóquios religiosos com vistas a um acordo confessional. Diante do insucesso dessa iniciativa, resolve sanar o problema religioso pela força. É a Guerra de Smalkade (1546-1547), seguida pelo Ínterim de Augsburgo (1548), que busca impor o catolicismo a todo o império. Após uma revolta dos príncipes em 1552, a Paz de Augsburgo (1555) confirma a realidade: o reconhecimento das igrejas luteranas e a derrota definitiva de Carlos V, que prefere abdicar do trono e retirar-se para um mosteiro espanhol.

Bernard Vogler

▶ BRANDI, Karl, *Charles Quint, 1500-1558*, Paris, Payot, 1951; CHAUNU, Pierre e ESCAMILLA, Michèle, *Charles Quint*, Paris, Fayard, 2000; LAPEYRE, Henri, *Charles Quint* (1971), Paris, PUF, 1973; SOLY, Hugo, org., *Charles Quint (1500-1558). L'empereur et son temps*, Arles, Actes Sud, 2000.

▶ Alemanha; Augsburgo; Frederico da Saxônia; Smalkade (Liga de); Spira (dietas de); Worms (Dieta de)

CARLSTADT, Andreas Bodenstein, dito (1486-1541)

Nascido em Karlstadt (que lhe dá o nome), Andreas Bodenstein, colega de Lutero na Faculdade de Teologia de Wittenberg, torna-se seu partidário em 1517. Adepto do augustianismo e de tendência mais mística que Lutero, Carlstadt se preocuparia em contribuir para avançar as reformas, principalmente durante a estada de Lutero em Wartburgo, de 1521 a 1522: comunhão em duas espécies, missa em alemão, estruturas laicas, iconoclastia. Ao voltar de Wartburgo, Lutero censura os tumultos e chama Carlstadt de "entusiasta". Nos anos que se seguem, o conflito se aprofunda, sobretudo em relação ao problema do legalismo e do espiritualismo, assim como das imagens e dos sacramentos (cf. texto de Lutero, *Wider die himmlischen Propheten, von den Bildern und Sakrament* [1525], *WA* 18, 37-214). Após tentar implementar seu programa radical em Orlamünde, Carlstadt peregrina por vários locais na Alemanha, estabelecendo-se, enfim, na Suíça até o fim da vida, ensinando diversos temas humanistas em Zurique e em Basileia.

Pierre Bühler

▶ BUBENHEIMER, Ulrich, "Karlstadt, Andreas Rudolff Bodenstein von", em *TRE*, t. XVII, 1988, p. 649-657; LIENHARD, Marc, *Martin Luther. Un temps, une vie, un message* (1983), Genebra, Labor et Fides, 1998, p. 137-161; SIDER, Ronald J., *Andreas Bodenstein von Karlstadt. The Development of His Thought 1517-1525*, Leyde, Brill, 1974.

▶ Ceia; entusiasmo; exterioridade; iconoclastia; iluminismo; imagem; Leipzig (cidade e Disputa de); **liberdade**; lei; Lutero; Reforma radical; sacramentários; espiritualismo; Wittenberg

CARNE

Um uso que se tornou raro é o de "carne" como densidade afetiva, desejável, da natureza humana (como, p. ex., em Merleau-Ponty). Nesse sentido, "carne" e "corpo" costumam designar a mesma coisa, sobretudo após o quase abandono, tanto em filosofia como em teologia, do dualismo espírito e corpo.

A diversidade histórica das acepções do termo, assim como dos termos semanticamente interdependentes "corpo", "alma" e "espírito", reflete uma situação complexa de concorrência e harmonização, não somente entre as duas tradições helênica e judaico-cristã que forjaram o principal de nossas representações antropológicas, mas ainda no interior de cada uma delas. (A ética aristotélica, profundamente marcada pela preocupação com a observação naturalista, resiste ao descrédito platônico da carne como corpo, graças a uma leitura contínua da vida animal e da vida humana.) Assim, mesmo que a teologia escolástica, através de sua recepção de Aristóteles, tenha se esforçado para reabilitar a existência natural, era comum que o augustianismo persistente tendesse a identificar "carne" com "pecado", até mesmo nas práticas pastorais e na compreensão geral do povo cristão. Na época da Reforma, o risco dessa assimilação pôde ser parcialmente conjurado por uma atenção renovada ao texto bíblico, com uma interpretação que não foi hipotecada a uma compreensão dualista, quase gnóstica, que tornava a carne o lugar e a causa de toda impureza. A velha condenação da carne se viu suspensa, em favor de uma definição mais relacional do pecado e também da redescoberta do tema da encarnação, compreendido à luz da graça, e não da diferença entre natural e sobrenatural. Da mesma forma, a escatologia foi reenfatizada, junto com a rejeição à oposição massiva entre este mundo e o além, em prol de uma compreensão da tensão constitutiva da existência (*simul justus et peccator*). Nas obras dos reformadores, a recusa tanto ao iluminismo como ao antitrinitarismo demonstra a intenção de livrar a existência carnal de uma condenação proveniente de falsos espiritualismos.

Gilbert Vincent

▶ GISEL, Pierre, *Corps et esprit. Les mystères chrétiens de l'incarnation et de la résurrection*, Genebra, Labor et Fides, 1992; HORT, Bernard, *Contingence et intériorité. Essai sur la signification théologique de l'oeuvre de Pierre Thévénaz*, Genebra, Labor et Fides, 1989.

◉ Ascese; corpo; criação/criatura; encarnação; Espírito Santo; espiritualismo; pecado; pureza

CAROLI, Pierre (?1480-?1545)

"Vagabundo da fé", em um século que desgostava dos particularismos religiosos, Pierre Caroli passou a vida entre a certeza de uma justificação pela fé sem a participação de obras, que ele pregava em terras católicas, e resíduos de uma piedade tradicional, que ele professava em terras protestantes. Doutor em teologia pela Faculdade de Teologia de Paris (1520), faz parte do círculo de *Briçonnet e Lefèvre d'Étaples*, sensível às ideias reformadoras. De 1523 a 1535, divide seu tempo entre Paris e Alençon, ocupando a função de primeiro pároco. Fugindo da perseguição ocorrida na época do Caso dos Cartazes, participa da Disputa de Lausanne (1536), em que defende as teses protestantes. As autoridades bernesas o ordenam primeiro pastor de Lausanne na presença de Pierre Viret. Caroli logo se desentende com Calvino e Farel, acusando-os até mesmo de arianismo. Foge, abjura sua fé protestante, mas continua a pregar a justificação pela graça em Montpellier, 1537. Banido da França, reaparece em Neuchâtel (1539) e se reconcilia com os protestantes suíços, que se veem horrorizados diante da perspectiva de confiar a ele mais um cargo pastoral. Ressentido, parte para Metz e Paris, faz as pazes com a Sorbonne e empreende violentos ataques contra Calvino e Farel, o que lhe vale uma réplica mordaz. Não se ouve mais falar dele depois de 1545.

Max Engammare

▶ CALVINO, João, *Défense de Guillaume Farel et de ses collegues contre les calomnies du théologastre Pierre Caroli par Nicolas Des Gallars* (1545), org. por Jean-François GOUNELLE, Paris, PUF, 1994; ENGAMMARE, Max, "Pierre Caroli. Véritable disciple de Lefèvre d'Étaples?", em Jean-François PERNOT, org., *Jacques Lefèvre d'Étaples (1450?-1536). Actes du colloque d'Étaples, les 7 et 8 novembre 1992*, Paris, Champion, 1995, p. 55-79.

◉ Calvino; Farel; Lausanne (Disputa de); Lefèvre d'Étaples; Reforma; Viret

CARTESIANISMO

De início, a teologia protestante entrou em contato com a filosofia de René Descartes (1596-1650) na República da Holanda, onde viveu Descartes entre 1629 e 1649. Nos anos 1640, as universidades de Utrecht e Leiden foram as primeiras em que o cartesianismo começou a contestar a tradição aristotélica. Enquanto teólogos reformados como Abraham Heidanus (1597-1678) e Christoph Wittich (1625-1687) apoiaram de modo convicto o cartesianismo em sua reivindicação de clareza metódica e separação dos campos da filosofia e da teologia, Gisbert Voetius (1589-1676) empreendeu uma campanha excepcionalmente violenta contra essa novidade filosófica, que conduziria, segundo ele, ao ateísmo e ao ceticismo. No entanto, à diferença do cartesianismo radical de Baruch Spinoza (1632-1677), o cartesianismo moderado do bastante influente teólogo da aliança Johannes Coccejus (1603-1669) foi considerado inofensivo pela maioria. Enquanto isso, a partir do final dos anos 1660, Jean-Robert Chouet (1642-1731), interessado sobretudo nas ciências naturais, conseguiu introduzir o cartesianismo nas academias de Saumur e Genebra. No final do século XVII, tanto nos Países Baixos quanto em Genebra, a ortodoxia calvinista começou a ceder ao latitudinarismo. O cartesianismo acabou sendo sobrepujado pelo newtonianismo, e, no ocaso das Luzes, foi alcançado um novo equilíbrio entre ciência e religião.

Wiep Van Bunge

▶ DIBON, Paul, *Regards sur la Hollande du Siècle d'or*, Nápoles, Vivarium, 1990; HEYD, Michael, *Between Orthodoxy and the Enlightenment. Jean-Robert Chouet and the Introduction of Cartesian Science in the Academy of Geneva*, La Haye, Nijhoff, 1982; PITASSI, Maria-Cristina, "Cartésianisme et théologie réformée au XVIIIe siècle: le cas de l'Académie de Genève", *Lias* 18, 1991, p. 303-312; PROST, Joseph, *La philosophie à l'Académie protestante de Saumur (1606-1685)*, Paris, Paulin, 1907; VAN BUNGE, Wiep, *From Stevin to Spinoza. An Essay on Philosophy in the Seventeenth-Century Dutch Republic*, Leiden, Brill, 2001; VERBEEK, Theo, *Descartes and the Dutch. Early Reactions to Cartesian Philosophy, 1637-1650*, Carbonale, Southern Illinois University Press, 1992.

⊙ Coccejus; Crousaz; **Deus**; Genebra; metafísica; ortodoxia protestante; filosofia; **razão**; Ramus; Saumur; Tronchin L.; Voetius; Wittich

CASAL

As relações entre homem e mulher sempre foram, em todos os tempos e todas as gerações, estritamente regulamentadas e em geral oficializadas pela instituição do casamento. A imagem e a vivência conjugais são condicionadas pela cultura, pelas condições socioeconômicas, pelas representações ideológicas e pelas fantasias que são feitas sobre a vida amorosa. Hoje, a vida conjugal tenta um afastamento da imagem de tipo patriarcal, com uma tipologia normativa dos papéis do homem e da mulher (fala-se, além disso, em "casal homossexual"). Antigamente, podia-se falar em "casamento sem casal"; hoje, evoca-se sobretudo o "casal sem casamento".

A tradição cristã conferiu uma tríplice finalidade ao casal: amor, fidelidade, procriação (educação). O aumento do número de casais não casados e a ideologia amorosa que eles propõem são algo que traz uma nova vitalidade para a imagem e o cotidiano do casal. O cotidiano do casal se depara sempre com uma tensão entre, de um lado, o desejo, os sentimentos, a liberdade, a busca de felicidade e, de outro lado, o direito, a instituição, a moral. Segundo a teologia protestante, o casal descende da ordem criatural, não do sagrado ou da salvação. A vida conjugal tem sido objeto de um forte investimento simbólico e ético desde a Reforma, em que foi ainda valorizada pela supressão do celibato obrigatório para os sacerdotes. Toda autêntica vida conjugal — em que se entrelaçam desejos, amor, projetos, responsabilidades — precisa sempre ser feita e refeita, atravessada por utopia, criatividade, esperança, que precedem o direito, a instituição e a moral, profana ou religiosa. Historicamente, o protestantismo pôde dar forma a certa idealização do casal. É quando se deve lembrar, mais que nunca, que a vida conjugal não esgota a existência humana: o celibato, escolhido ou por necessidade, é também um modo de vida legítimo.

Robert Grimm

▶ BIÉLER, André, *L'homme et la femme dans la morale calviniste*, Genebra, Labor et Fides, 1963; CAMPICHE, Roland J. et alii, *Liberté et responsabilité dans le couple et la famille*, Lausanne-Berna, Institut d'éthique sociale de la FEPS, 1984; FUCHS, Éric, *Le désir et la tendresse. Pour une éthique chrétienne de la sexualité* (1979), Paris-Genebra, Albin Michel-Labor et Fides, 1999; GRIMM, Robert, *Ce qu'aimer veut dire*, Paris, Cerf, 1984; "Les couples face au mariage", *Lumière et Vie* 174, 1985; MARQUET, Claudette, *Femme et homme il les créa...*, Paris Les Bergers et les Mages, 1984; QUÉRÉ, France, *L'amour, le couple*, Paris, Centurion, 1992; *Couples aujourd'hui. Réflexion protestante*, Paris, Les Bergers et les Mages, 1983; SCHLEMMER, François, *Les couples heureux ont des histoires*, Genebra, Labor et Fides, 1980.

> Amor; celibato; coabitação; divórcio; criança; família; **mulher**; fidelidade; casamento; prazer; Quéré; **sexualidade**

CASALIS, Eugène (1812-1891)

Nascido em Orthez, em uma família huguenote burguesa, Casalis beneficia-se da influência reavivalista do pastor Henri Pyt (1796-1835). Ao concluir seus estudos pastorais, é enviado em 1832, pela Sociedade das Missões Evangélicas de Paris, para a África austral, com dois colegas, Thomas Arbousset (pastor) e Constant Gosselin (artesão), respondendo ao chamado do chefe soho Moshoeshoe. No dia 9 de julho de 1833, Casalis funda Morija, a primeira estação missionária de Lesoto e se estabelece em Taba Bosiu, a cidade de Moshoeshoe, de quem se torna conselheiro espiritual e político. Junto a sua obra missionária, empreende um trabalho linguístico e etnológico pioneiro. Em 1849, viaja à Europa para defender a causa missionária e é chamado em 1856 para dirigir a Casa das Missões, em Passy. Torna-se diretor e professor-chefe da Escola de Missões, exercendo essas funções até 1882. Morre em Paris.

Jean-François Zorn

▶ CASALIS, Eugène, *Les Bassoutos, ou vingt-trois années d'études et d'observations au sud de l'Afrique*, Paris, SMEP, 1859; Idem, *Mes souvenirs*, Paris, SMEP, 1884; BACH, Daniel, org., *La France et l'Afrique du Sud. Histoire, mythes et enjeux contemporains*, Nairóbi-Paris, CREDU-Karthala, 1990; PERROT, Claude-Hélène, *Les Sotho et les missionaires européens au XIXe siècle*, Abidjan, Annales de l'Université d'Abidjan, 1970; ZORN, Jean-François, *Le grand siècle d'une Mission protestante. La Mission de Paris de 1822 à 1914*, Paris, Karthala-Les Bergers et les Mages, 1993.

> **Missão**; missionárias (sociedades); Avivamento

CASALIS, George (1917-1987)

Nascido em Paris, neto de Eugène Casalis, Georges Casalis passa a infância em Reims. Estuda em Paris e em Basileia, onde tem como professor Karl Barth e descobre o combate da Igreja Confessante na Alemanha. Em 1940, casa-se com Dorothée Thurneysen e se torna secretário da Federação Francesa das Associações Cristãs de Estudantes. Em 1943, é ordenado pastor da Igreja Reformada da França em Moncoutant; de 1946 a 1950, trabalha como capelão do Exército em Berlim; de 1950 a 1961, torna-se pastor da Igreja da Confissão de Augsburgo de Alsácia e Lorena em Estrasburgo; em 1961, ocupa a função de professor de teologia prática e, de 1977 a 1982, de hermenêutica na Faculdade de Teologia de Paris. De 1973 a 1980, ensina no Instituto Ecumênico para o Desenvolvimento dos Povos de Paris, o que o leva a viagens a numerosos países do Terceiro Mundo. A partir de 1982, torna-se administrador do Museu Calvino em Noyon. Engaja-se na resistência durante a ocupação e luta pela reconciliação franco-alemã, contra o colonialismo francês e, sobretudo, pela independência da Argélia. No final dos anos 1960, rompe com a Conferência Cristã pela Paz, da qual foi um dos vice-presidentes. Sua tese de doutorado versa sobre *Kénose et l'histoire. Le système christologique de F.H.R. von Frank (1827-1894). Essai de lecture herméneutique* (1970) [*Kenósis* e história: o sistema cristológico de F. H. R. von Frank (1827-1894). Ensaio de leitura hermenêutica]. Casalis publicou *Les idées justes ne tombent pas du ciel* [As ideias justas não caem do céu] (Paris, Cerf, 1977), em que propõe uma teologia indutiva, fruto do diálogo com os marxistas e de sua adesão à teologia da libertação. Morre na Nicarágua, onde ensinava com regularidade desde 1980.

Kurt Anschütz

▶ CASALIS, Georges, *Portrait de Karl Barth*, Genebra, Labor et Fides, 1960; Idem, *Luther et l'Église confessante* (1962), Paris, Cerf, 1983; Idem, *Prédication acte politique*, Paris, Cerf, 1970; Idem, *Un semeur est sorti pour semer*, Paris, Cerf, 1988; Idem, *Parteilichkeit und Evangelium. Grundzüge der Theologie von Georges Casalis*, org. por Dorothee SÖLLE, Friburgo-Lucerna, Exodus, 1991; ELLUL, Jacques, *L'idéologie marxiste chrétienne*, Paris, Centurion, 1979, p. 155-196: *La théologie inductive*.

> Barthismo; Casalis E.; Igreja Confessante; **teologia da libertação**

CASAMENTO

De acordo com a perspectiva protestante, o casamento é uma instituição necessariamente humana, que serve como uma estrutura vital para as relações privilegiadas entre um homem e uma mulher. Afigura-se como algo programado na antropologia e na psicologia dos sexos macho e fêmea, ao mesmo tempo que é um fato social, condicionado por dados culturais, econômicos, ideológicos e religiosos. Em geral, a teologia protestante tradicionalmente confessa essa ordem da criação como a expressão da vontade de Deus (cf. a doutrina luterana das "ordens da criação"). Porém, a Bíblia não fala de modo explícito da instituição do casamento ou da bênção religiosa do casal, mas se interessa sobretudo pela vida conjugal, pelo amor de Deus que deve ser a inspiração para o amor erótico e sentimental (cf. o livro Cântico dos Cânticos). O Novo Testamento também não impõe uma doutrina do casamento. Jesus fala do assunto de modo incidental, em alguns textos polêmicos sobre o direito judeu ao divórcio (Mc 10; Mt 19). O apóstolo Paulo esboça algumas respostas pastorais que ele busca justificar com as Escrituras.

Na tradição cristã, são apaixonadas as discussões sobre os fundamentos, a ética e os ritos do casamento: indissolubilidade dos laços conjugais, adultério como causa de divórcio, impedimentos, fins da união conjugal, elementos constitutivos do casamento (relações sexuais, filhos, amor), bênção, casamento civil e/ou religioso, sacramento. Ambas as confissões, católica e protestante, diferem consideravelmente em todas essas questões. O catolicismo romano impõe uma doutrina e uma ética estritas do casamento, tornando-o tardiamente (século XII) um sacramento. O protestantismo não segue esse caminho, mas convida o casal casado a colocar sua existência conjugal diante do Deus de Jesus Cristo, assim como qualquer outro aspecto humano, apreendendo os prolongamentos disso de acordo com o discernimento da fé concedido aos cônjuges. Sem negar a necessidade e o caráter positivo da instituição do casamento, o protestantismo estima que é a vida concreta, amorosa, sentimental, respeitosa e responsável que lhe confere legitimidade e sentido.

Apesar de todas as argumentações éticas, jurídicas e religiosas, haverá sempre uma inadequação fundamental entre o casamento existencial e o direito. O casal é objeto de constante interpelação, não de coação imperativa e doutrinária. As conjugalidades contemporâneas atestam à sua maneira essa bem-aventurada incerteza que constitui para a ética cristã um desafio permanente.

Robert Grimm

▶ ABEL, Olivier, *Le mariage a-t-il encore un avenir?*, Paris, Bayard, 2005; DECOUST, Michèle e NAMIAND, Arlette, orgs., *Couples!*, Paris, Autrement, 1980; FUCHS, Éric, *Le désir et la tendresse. Pour une éthique chrétienne de la sexualité* (1979), Paris-Genebra, Albin Michel-Labor et Fides, 1999; GAUDEMET, Jean, *Le mariage en Occident. Les moeurs et le droit*, Paris, Cerf, 1987; GRIMM, Robert, *L'institution du mariage. Essai d'éthique fondamentale*, Paris, Cerf, 1984; Idem, *Luther et l'expérience sexuelle. Sexe, célibat et mariage chez le Réformateur*, Genebra, Labor et Fides, 1999; "Fidelité et divorce", *Lumière et Vie* 206, 1992; MÉTRAL, Marie-Odile, *Le mariage. Les hésitations de l'Occident*, Paris, Aubier, 1977; OUVRY-VIAL, Brigitte, org., *Mariage, mariages* (1989), Paris, Autrement, 1994; WAJSBROT, Cécile, org., *La fidelité. Un horizon, un échange, une mémoire* (1991), Paris, Autrement, 1998.

▶ Atos pastorais; amor; felicidade; celibato; castidade; coabitação; casal; desejo; divórcio; família; **mulher**; fidelidade; prazer; Quéré; sacramento; **sexualidade**

CASAUBON, Isaac (1559-1614)

Nascido em Crest (Drôme) e morto em Londres, Casaubon foi um dos maiores helenistas de todos os tempos, além de professor da Academia de Genebra de 1583 a 1596 e em Montpellier. Em 1600, Henrique IV o chamou para junto de si em Paris. Após a morte de seu protetor, Casaubon aquiesceu ao chamado de Tiago I da Inglaterra. Era homem profundamente piedoso, influenciado pelas ideias de Erasmo e afeito ao irenismo francês, ao mesmo tempo que permanecia fiel à Igreja Reformada (ele confidenciou com Joseph Juste Scaglier o dilaceramento interior que essa posição difícil lhe causava, em numerosas cartas publicadas em *Epistolae*, Roterdã, 1707, e em seu diário *Ephemerides Isaaci Casauboni*, Oxford, Oxford University Press, 1850). Casaubon acreditava ter indicado o caminho para superar as divisões entre cristãos em seus estudos sobre a igreja primitiva. Além disso, foi um dos primeiros a compreender a importância dos estudos bizantinos. Associou-se ao monge e historiador veneziano Paolo Sarpi (1552-1623) e, para defender a causa veneziana contra o papa, escreveu *De libertate ecclesiastica* (inacabado, publicado por Melchior Goldast em *Monarchia S. Romani Imperii*, Hanove, 1612). Tiago I o encarregou oficialmente de retificar os erros dos *Annales ecclesiastici* (1588-1607) do cardeal Cesare Baronio (*Exercitationes in Baronium*, Londres, 1614). Casaubon foi o primeiro a demonstrar que os escritos herméticos datam de aproximadamente 200 d.C.

Matteo Campagnolo

▶ CAMPAGNOLO, Matteo, "Correspondance de Jacques Lect avec Isaac Casaubon", em *Registres de la Campagnie des pasteurs de Genève*, t. X, Genebra, Droz, 1991, p. 309-365; COZZI, Gaetano, "Paolo Sarpi tra il cattolico Philippe Canaye de Fresnes e il calvinista Isaac Casaubon" (1958), em *Paolo Sarpi tra Venezia e l'Europa*, Turim, Einaudi, 1979, p. 3-133; GRAFTON, Anthony, "Protestant versus Prophet: Isaac Casaubon on Hermes Trismegistus", *Journal of the Warburg and Courtauld Institutes* 46, 1983, p. 78-93; LAPLANCHE, François, "À propos d'Isaac Casaubon: la controverse confessionelle et la naissance de l'histoire", *History of European Ideas* 9, 1988, p. 405-422; PATTISON, Mark, *Isaac Casaubon 1559-1614* (1875, 1892), Genebra, Slatkine, 1970; SIMON, Marcel, "Isaac Casaubon, Fra Paolo Sarpi et l'Église d'Angleterre", em *Aspects de l'anglicanisme. Colloque de Strasbourg, 14-16 juin 1972*, Paris, PUF, 1974, p. 39-66; VIVANTI, Corrado, *Lotta politica e pace religiosa in Francia fra Cinque e Seicento*, Turim, Einaudi, 1963.

🔵 Henrique IV; **história**; irenismo; **ecumenismo**; Tiago I

CASTELLION, Sébastien (?1515-1563)

Castellion é conhecido igualmente como Castalio e Chastillon, e também sob os pseudônimos Martinus Bellius, Basilius Monfortius e Georg Kleinberg. Foi um humanista helenista, um poeta latino, tradutor da Bíblia, teólogo reformado *sui generis*, polemista e pedagogo. Conquistado para a Reforma, desfruta da amizade de Calvino em Estrasburgo (1540) e em Genebra, onde assume em 1542 o cargo de regente no *Collège de Rive*. Refugia-se em Basileia após algumas controvérsias teológicas com o reformador. Em 1553, é nomeado leitor de grego na Academia, e após anos de penúria manifesta seus talentos humanistas como editor (obras de Xenofonte, Heródoto, Deodoro de Sicília e Homero), como poeta (*Jonas profeta* em latim e *Uma vida de João Batista* em grego) e como tradutor (do grego, *Sybillina oracula* e as obras de Homero; do hebraico, *Moses Latinus* e *Psalterium*). Esse trabalho tem seu ápice na edição da *Biblia latina*, iniciada em 1544 e publicada em 1551, com a versão francesa em 1555. Nesse meio-tempo, o debate sobre o processo e a execução de Serveto atiça a controvérsia com Calvino acerca da coerção dos hereges. Em *Traité des hérétiques* [Tratado dos hereges] (1554, Genebra, Jullien, 1913), obra coletiva, Castellion expõe sua teoria sobre a tolerância dos hereges "simples", cujo crime de falsa doutrina não é agravado por outros delitos. Sua tese é aprofundada em duas réplicas a Calvino e a Beza: *Contre le libelle de Calvin. Après la mort de Michel Servet* [Contra o libelo de Calvino: após a morte de Miguel Serveto] (1555, Carouge, Zoé, 1998) e *De l'impunité des hérétiques* [Da impunidade dos hereges] (1555, ed. bilíngue latim-francês, Genebra, Droz, 1971). A controvérsia se torna acirrada em torno do tema da predestinação, com uma série de textos polêmicos que, publicados entre 1554 e 1558, testemunham a profunda dissensão teológica entre seus interlocutores. A guerra de religião leva Castellion ao problema da tolerância. Seu anônimo *Conseil à la France désolée* [Conselho à França desolada] (1562, Genebra, Droz, 1967) faz um grande sucesso e consuma sua ruptura com os huguenotes. Tendo como princípio que não se deve forçar as consciências, Castellion imputa tanto aos católicos quanto aos protestantes as responsabilidades pelo conflito armado. Refutado pelos católicos, o *Conseil* também é condenado pelos reformados. No entanto, seu autor continua trabalhando como teólogo humanista, com as traduções de *Théologie germanique* [Teologia germânica] em latim e em francês, e dos *Dialogi XXX* de Bernardino Ochino em latim. Conclui uma edição latina de *Imitação de Jesus Cristo* atribuída a Thomas à Kempis e dedica seus últimos esforços a um tratado bastante complexo, *De arte dubitandi*, que só seria publicado em 1937. A partir de meados do século XIX, os estudos sobre Castellion conhecem um renovo, sobretudo por parte dos que professam um protestantismo liberal, reconhecendo-se seus herdeiros.

Mario Turchetti

▶ CASTELLION, Sébastien, *Opera*, incompleto, em holandês, Haarlem, Vincent Casteleyn e David Wachtendonck para P. Arentsz, 1613; Idem, *De l'art de douter et de croire d'ignorer et de savoir*, Carrières-sous-Poissy, La Cause, 1996; Idem, *La Bible nouvellement translatée, avec la suite de l'histoire depuis le temps d'Esdras jusqu'aux Maccabées: et depuis les Maccabées jusqu'à Christ* (1555), Paris, Bayard, 2005; BAINTON, Roland H. et alii, *Castellioniana. Quatre études sur Sébastien Castellion et l'idée de tolérance*, Leyde, Brill, 1951; BECKER, Bruno, org., *Autour de Michel Servet et de Sébastien Castellion*, Haarlem, Tjeenk Willink, 1953; BUISSON, Ferdinand, *Sébastien Castellion. Sa vie et son oeuvre (1515-63). Étude sur les origins du christianisme libéral français* (1892), 2 vols., Nieuwkoop, De Graaf, 1964; DROZ, Eugénie, *Chemins de l'hérésie*, t. II, Genebra, Slatkine, p. 325-432: *Castellioniana*; GALLICET CALVETTI, Carla, *Sebastiano Castellion, il reformato umanista contro il riformatore Calvino. Per una lettura filosofico-teologica dei* Dialogi IV *postumi di Castellion*, Milão, Vita e Pensiero, 1989 (trad. ital. dos *Dialogi IV: De praedestinatione, De electione, De libero arbitrio, De fide*); GUGGISBERG, Hans R., *Sebastian Castellio im Urteil seiner Nachwelt vom Späthumanismus bis zur Aufklärung*, Basileia, Helbing und Lichtenhahn, 1956; Idem, *Sebastian Castello 1515-1563. Humanist und Verteidiger der religiösen Toleranz im konfessionellen Zeitalter*, Göttingen, Vandenhoeck & Ruprecht, 1997; KAEGI, Werner, *Castellio und die Anfänge der Toleranz*, Basileia, Helbing und Lichtenhahn, 1953.

▶ Calvino; humanismo; liberalismo teológico; **predestinação e Providência**; Serveto; tolerância; traduções francesas da Bíblia

CASTIDADE

Abstenção voluntária de relações sexuais, a castidade [não é mencionada de maneira explícita no Antigo Testamento, contudo, um dos mandamentos claramente diz para "não adulterar". Podemos inferir, então, que a prostituição em qualquer de suas formas é adultério bem como relações antes do casamento, sendo assim uma falta de castidade]: *alegra-te com a mulher da tua mocidade* (Pv 5.18; cf. Ez 24.15; Sir 26.16s; Ec 9.9). No Novo Testamento, Jesus (Mt 19.12) e Paulo (1Co 7.7) evocam a castidade de modo positivo, como uma disponibilidade para o reino que virá e a liberação de preocupações conjugais.

A Idade Média cristã e, antes, os pais da igreja, valorizavam a castidade, pois a sexualidade era associada à impureza e ao pecado. Lutero considera a castidade uma ampla maneira de viver, que permite o domínio sobre o próprio corpo. Embora para ele a sexualidade seja algo bestial e destrutivo, não deixa por isso de fazer parte da criação, e ele não crê que o celibato seja um estado melhor que o casamento, ainda mais porque, pela força do desejo sexual, a castidade seja quase impossível de ser praticada. Como Lutero, Calvino considera que a sexualidade foi criada por Deus e que é preciso canalizá-la para o casamento, a fim de evitar que o ser humano "se abrase". No entanto, mesmo no casamento, a sexualidade não se deve prestar a excessos, para que o homem não se torne "o libertino de sua mulher". Calvino demonstra certo temor diante das expressões sensuais do desejo, mas exprime o sentido possível (e ainda atual) da castidade, que consiste em evitar que a sexualidade seja vivida como uma escravidão ou um ídolo, assim como era o caso nas religiões próximas a Israel: um risco ainda presente na contemporaneidade. Nos séculos XVII e XVIII, os puritanos se caracterizaram por uma domesticação da sexualidade com vistas a permitir seu real desabrochar, longe tanto da ascese monástica quanto do desregramento dos sentidos.

A teologia protestante contemporânea reconhece que a castidade pode ser uma livre escolha e, principalmente, um sinal de que a sexualidade (como qualquer outra realidade da criação) não é um valor último. Está em geral bastante atenta para evitar o erro que consiste em associar sexualidade a impureza ou em enxergar na sexualidade algo intrinsecamente negativo.

Fritz Lienhard

▶ ALLMEN, Jean-Jacques von, "Mariage", em Idem, org., *Vocabulaire biblique*, Neuchâtel, Delachaux et Niestlé, 1964, p. 161-171; CALVINO, João, *IRC* II, VIII; COLE, William Graham, *Sex in Christianity and Psychoanalysis*, New York, Oxford University Press, 1955; FEDERAÇÃO PROTESTANTE DA FRANÇA, org., *La sexualité. Pour une réflexion chrétienne*, Paris-Genebra, Centurion-Labor et Fides, 1975; FUCHS, Éric, *Le désir et la tendresse. Pour une éthique chrétienne de la sexualité* (1979), Paris-Genebra, Albin Michel-Labor et Fides, 1999; GRIMM, Robert, *Luther et l'expérience sexuelle. Sexe, célibat et mariage chez le Réformateur*, Genebra, Labor et Fides, 1999; LEITES, Edmund, *La passion du bonheur. Conscience puritaine et sexualité moderne* (1986), Paris, Cerf, 1989; LUTERO, Martinho, *Des bonnes oeuvres* (1520), em *MLO* 1, 207-295.

▶ Casamento; celibato; comunidades religiosas; casal; diaconisas; erotismo; prazer; **sexualidade**; votos

CASTIGO

Conforme afirmava Lutero, os textos bíblicos são Lei e Evangelho: proclamam julgamento e graça, punição divina e perdão divino. Como ler hoje as passagens bíblicas que falam de castigo, punição, vingança, correção, retribuição, ira, condenação e julgamento de Deus? O que pensar das maldições divinas proferidas contra Adão, Caim, a geração de Noé, Sodoma e Gomorra, Israel e os povos vizinhos, ou ainda em vários livros do Novo Testamento (Mt 8.12; Mt 25.46; Mc 13; Lc 11.42-52; Rm 1.18—2.11; 1Co 6; Gl 5.13-21; Hb 10.26-31; Hb 12.5-11 e todo o Apocalipse)?

Hoje, é tendência geral que a ideia de um Deus que ameaça, pune e castiga tanto o justo quanto o ímpio seja considerada arcaica, contrária à do Deus de amor e ternura proclamado por Jesus Cristo nos evangelhos. Lutero e seus epígonos acreditavam no oposto, ou seja, que não se podia anular a tensão ao adotar um Deus de misericórdia total. Eles mantiveram assim o paradoxo de um Deus que é ao mesmo tempo ira e ternura, santidade e amor, enfatizando, porém, que a fé nos liberta da imagem traumatizante de um Deus que castiga e pune, pois a salvação nos é livremente oferecida por Deus em Jesus Cristo.

Essa dicotomia, que está não só no cerne da existência humana, mas no próprio ser divino, está associada, na consciência ocidental, a toda uma gama de sentimentos ambivalentes, na qual se inserem sobretudo as realidades da angústia e da culpa (com a qual se confrontaram Kierkegaard, Nietzsche e outros autores).

Como levantar os desafios dessa problemática? Em sua doutrina da reconciliação (*Dogmática* IV/1), Karl Barth indica uma direção: repensar a ira ou o castigo de Deus (o mal deve ser combatido e vencido) não como o avesso de seu amor, mas, sim, como o ápice de seu amor. Deus é santo e triunfa sobre o pecado ao tomá-lo para si, assumindo em nosso lugar o castigo e a maldição que eram nossos (Is 53.5; Gl 3.13).

Em *Crime e castigo* e seus romances seguintes, a partir da tradição ortodoxa, Dostoiévsky busca mostrar que os seres humanos que aceitam deixar-se invadir pelo amor de Deus conseguem libertar-se do ciclo infernal de ódio e violência. Crime e expiação são a lei imanente de uma humanidade que rejeita a lei do amor proposta por um Deus de amor. A fé em Cristo transforma o sofrimento expiatório em sofrimento redentor e força ressurreccional. É quando descobrimos um Deus que sofre por causa dos pecados do mundo e nos convida a entrar em seu sofrimento. O pensamento protestante pós-barthiano (Bonhoeffer, Jüngel, Moltmann), incluindo-se o do próprio Barth no início de sua carreira, é herdeiro da obra de Dostoiévsky.

Jean-Paul Gabus

▶ BARTH, Karl, *Dogmatique* IV/1* e ** (1953), Genebra, Labor et Fides, 1966; DOSTOIEVSKY, Fiodor M., *Crime e castigo* (1866), São Paulo, Editora 34, 2001; LIENHARD, Marc, *Au coeur de la foi de Luther: Jésus-Christ*, Paris, Desclée, 1991, caps. 1 e 4; RICOEUR, Paul, *O mal: um desafio à filosofia e à teologia* (1986), Campinas, Papirus, 1988.

◉ Culpa; lei; mal; predestinação e Providência; salvação

CASTRO, Emilio (1927-2013)

Emilio Castro nasceu em Montevidéu em uma família de nove filhos. Após seus estudos do ensino fundamental e médio, formou-se em teologia em Buenos Aires, exercendo o ministério pastoral na Igreja Evangélica Metodista do Uruguai e ensinando o pensamento teológico contemporâneo no Seminário Menonita. Em 1954, estudou na casa de Karl Barth, em Basileia. Ao longo de sua carreira profissional, foi coordenador do Movimento pela Unidade Evangélica da América Latina e secretário executivo da Associação das Escolas de Teologia da América do Sul. Participa de inúmeras reuniões e conferências ecumênicas, antes de dirigir a divisão "Missão e Evangelização" (1973-1984) e editar a *International Review of Mission* [Revista Internacional de Missões] do Conselho Mundial de Igrejas, do qual atuou como secretário-geral, de 1985 a 1992, sucedendo Philip Potter. Em 1985, obteve o diploma de doutor em teologia pela Universidade de Lausanne e, em 1992, a Universidade de Genebra lhe conferiu um doutorado *honoris causa*.

Klauspeter Blaser

▶ CASTRO, Emilio, *Freedom in Mission. The Perspective of the Kingdom. An Ecumenical Inquiry*, Genebra, CMI, 1985 (tese); "Retrouver une identité chrétienne n'est pas forcément conservateur", *Actualité religieuse dans le monde* 20 [Atualidade religiosa no mundo], 1985, p. 33-37; Idem, *A Passion for Unity. Essays on Ecumenical Hopes and Challenges*, Genebra, CMI, 1992; Idem, org., *Le vent d'Esprit. Réflexion sur le thème de Canberra*, Genebra, CMI, 1990; *International Review of Mission* 73/289, 1984, p. 86-123 (em particular o artigo de Orlando COSTAS, *The Missiological Thought of Emilio Castro*, p. 86-97, e a bibliogr., p. 98-105).

▶ Concílio Mundial de Igrejas

CÁTAROS

Para os protestantes, o precedente cátaro constitui uma perfeita questão historiográfica. Na época da Reforma, a história e a doutrina dos *parfaits*[2] ("perfeitos") medievais do Languedoc já estão totalmente esquecidas. Sua redescoberta se daria em um contexto de controvérsia religiosa. Para responder ao catolicismo, que exige uma continuidade eclesiástica ininterrupta, os polemistas se voltam para a Idade Média e inserem os cátaros em uma filiação que liga diretamente as comunidades reformadas à igreja primitiva. Popularizada pelo *Livre des martyrs* [Livro dos mártires] (1554) de Jean Crespin, a tese de que os cátaros foram precursores tornou-se hoje um lugar-comum da historiografia protestante.

Além do fato concreto de que, a partir do início do século XIV, o fenômeno cátaro, sobretudo por causa das Cruzadas e da Inquisição, está em vias de extinção, essa filiação apresenta um obstáculo de conteúdo. A teologia cátara é um cristianismo heterodoxo que combina tendências diversas. À primeira vista, parece-se com numerosos "evangelismos" medievais, confundindo-se muitas vezes com o valdismo. Além disso, privilegia o Evangelho de João, acentuando seu dualismo a ponto de unir-se à tradição do maniqueísmo. Baseia-se no dogma da maldição da matéria, o que corresponde ao eterno antagonismo entre o Princípio Bom e o Princípio Mau. E, em relação à pessoa de Jesus Cristo, acaba por identificar-se com as posições clássicas da gnose. Por tudo isso, a religião cátara se posiciona como uma mística iniciática da pureza, bastante afastada da convicção central da Reforma — a salvação somente pela fé —, que não é uma variação sobre o tema da pureza.

A reivindicação quanto à herança cátara, portanto, pertence mais ao discurso militante e engajado que à história objetiva. Mas é preciso notar que esse resgate permitiu paradoxalmente a reconstituição da história dos cátaros. Nesse sentido, os eruditos protestantes desempenharam um papel importante na redescoberta das heresias medievais, a começar por Charles Schmidt, com o representativo *Histoire et doctrine de la secte des cathares ou albigeois* [História e doutrina da seita dos cátaros ou albigenses] (2 vols., Paris-Genebra, Cherbuliez, 1848-1849).

Vincent Schmid

▶ BEDOUELLE, Guy, "Les Albigeois, témoins du veritable Évangile: l'historiographie protestante du XVIe et du début du XVIIe siècle", *Cahiers de Fanjeaux* 14, 1979, p. 47-70; CARBONNIER, Jean, "De l'idée que le protestantisme s'est faite de ses rapports avec le catharisme, ou des adoptions d'ancêtres en histoire", *BSHPF* 101, 1955, p. 77-87; DUVERNOY, Jean, "Cathares et Vaudois sont-ils des précurseurs de la Réforme?", *ETR* 62, 1987, p. 377-384; SCHMID, Vincent, "Cathares et protestants: persistance d'un reflet", *Bulletin du Centre Protestant d'Études* 43/3, Genebra, 1991.

▶ Evangelismo; **protestantismo**; seitas; Valdo

CATECISMO

No protestantismo, o termo "catecismo" designa tanto a instrução religiosa da igreja aos jovens adolescentes (cf. catequese) quanto o manual destinado para esse uso.

Embora a Igreja Católica medieval exigisse o conhecimento dos textos fundamentais da fé cristã (*Símbolo dos apóstolos*, Pai-nosso etc.), não havia nela instrução religiosa propriamente dita, mas um controle desses conhecimentos no contexto da penitência anual, imposta a todo cristão desde o século XIII. Os inúmeros manuais e sinopses existentes se destinavam somente aos sacerdotes.

Foi a Reforma que se lançou ao catecismo e à divulgação de material para esse fim, respondendo a uma exigência tanto teológica quanto prática e criando um gênero literário que alcançaria sucesso interconfessional. A recusa luterana da "fé implícita" e a insistência no sacerdócio universal demandavam que cada um fosse instruído nos pontos fundamentais da fé. A consolidação da Reforma levou

---
[2] No catarismo, homens e mulheres celibatários que passavam os dias em jejuns e orações.

necessariamente à expansão da nova doutrina para todas as camadas da população, com o fim do "vazio catequético" (Rudolf Padberg) da Idade Média. Ao longo dos primeiros anos da Reforma, mais de trinta catecismos foram publicados. Em 1529, Lutero redige e imprime seus dois catecismos (o *Pequeno catecismo*, ou *Enchiridion*, destinado aos iniciantes e adaptado para uso doméstico, e o *Grande catecismo*, destinado aos que se encarregam da educação religiosa, pais de família, pastores, professores).Tanto pela forma (perguntas e respostas) quanto pelo conteúdo (os Dez Mandamentos, o *Símbolo dos apóstolos*, o Pai-nosso e os sacramentos), tornam-se o modelo seguido fielmente pelos numerosos catecismos do século XVI, bastante além das fronteiras confessionais do protestantismo (cf. os catecismos católicos de Pierre Canisius ou o *Catecismo romano* de 1566). A ordem em que os textos são expostos reflete a compreensão luterana da Lei e a distinção entre fé e obras (cf. explicação do Primeiro Mandamento no *Grande catecismo*).

Do lado reformado, são o *Catecismo da Igreja de Genebra* (Calvino, 1542) e principalmente o *Catecismo de Heidelberg* (Ursinus e Olevianus, 1563) que logo adquirem proeminência como manuais clássicos da catequese.

A partir do final do século XVI, os catecismos de Lutero, Calvino e o de Heidelberg adquirem um valor quase normativo. Testemunha disso é sua inclusão entre as coleções oficiais de escritos simbólicos. Ao longo do século XVIII, no protestantismo de expressão francesa, os catecismos herdados da Reforma aos poucos cedem lugar ao de Jean-Frédéric Ostervald, de Neuchâtel, publicado em Genebra em 1702. Esse *Catecismo ou instrução na religião cristã* enfatiza a utilidade da religião e a necessidade de "boas obras": retocado muitas vezes antes de ser reeditado, serviu como modelo para outros manuais do mesmo tipo, até meados do século XIX. No luteranismo alemão, assistimos desde meados do século XVII a uma profusão de catecismos regionais; em geral com tons pietistas, essas obras insistem na apropriação subjetiva da fé e se propõem a ajudar na leitura espiritual da Bíblia. É somente nas duas últimas décadas do século XVIII que surgem, na Alemanha, catecismos oficiais marcados pelo espírito da *Aufklärung* (Scheswig-Holstein em 1785, Hanove em 1791 etc.).

Memorizados na escola, os catecismos formam a base intangível da instrução religiosa e sem objeto de um fluxo ininterrupto de comentários. Não se pode subestimar a influência, para a história das mentalidades, desses documentos da literatura popular: mais que nenhum outro texto, os catecismos deixaram durante séculos sua marca entre as populações protestantes.

O sucesso desse gênero literário estimula sua adoção para além das fronteiras da educação religiosa: as Luzes, as correntes revolucionárias, o liberalismo e os primórdios do socialismo produzem inúmeros "catecismos", destinados a expor de modo pragmático as novas ideias políticas e econômicas.

Tanto a renovação confessional como a teologia biblicista e conservadora do século XIX revalorizam os textos clássicos, enquanto um bom número de teólogos mais liberais redigem manuais para traduzir suas tentativas de reformulação da doutrina protestante. Em sua luta contra os "Cristãos Alemães", a Igreja Confessante honra novamente o *Pequeno catecismo* de Lutero, abrindo vias para a restauração de uma compreensão confessional da catequese. A partir de meados dos anos 1960, assistimos a uma remodelação progressiva das práticas da catequese, o que leva a uma abolição dos textos normativos clássicos em prol de uma abordagem pluralista e construtivista da iniciação ao cristianismo. Os manuais, oficiais ou semioficiais, publicados a partir dos anos 1970, visam à compreensão do cristianismo como um doador de sentido em um mundo complexo. A história recente dos catecismos reflete assim os posicionamentos antagônicos e a individualização das crenças que caracterizam o protestantismo moderno.

Jean-Marc Tétaz

▶ *Cathécisme de l'Église de Genève* (1542) por João CALVINO, e *Cathécisme de Heidelberg* (1563), em Olivier FATIO, org., *Confessions et Cathécismes de la foi réformée*, Genebra, Labor et Fides, 2005, p. 135-178 e 25-110; DUBIED, Pierre-Luigi, *Apprendre Dieu a l'adolescence*, Genebra, Labor et Fides, 1992; FRAGONARD, Marie-Madeleine e PÉRRONET, Michel, orgs., *Cathécismes et Confessions de foi*, Montpellier, Université Paul Valéry, 1995; LUTERO, Martinho, *Petit Cathécisme* (1529) e *Grand Cathécisme* (1529), em André BIRMELÉ e Marc LIENHARD, orgs., *La foi des Églises luthériennes. Confessions et Cathécismes*,

CATEQUESE

Paris-Genebra, Cerf-Labor et Fides, 2003, § 481-564 e 565-870; MICHEL, Karl Markus, org., *Politische Katechismen. Volney, Kleist, Heß*, Frankfurt, Insel, 1966; WEISMANN, Christoph, *Die Katechismen des Johannes Brenz*, t. II: *Bibliographie*, Berlim, Walter de Gruyter, 1993.

● Catequese; fé; *Heidelberg (Catecismo de)*; indivíduo; Jud; Ostervald; Reforma (Contra); sacerdócio universal; Simbólicos (Escritos); Westminster (Assembleia e Confissão de)

CATEQUESE

Catequese é a prática de instruir pessoas na fé cristã, normalmente associada ao momento anterior ao batismo. Na catequese, via de regra, são usados catecismos cujo propósito, além de instruir os novos na fé, relaciona-se à preparação para o batismo ou admissão à membresia de uma igreja local. Outro fim da catequese é instruir sobre a confissão de fé de uma determinada tradição ou comunidade cristã.

A Reforma Protestante é grande responsável pela considerável mudança no ensino da fé em meados do século XVI. As obras seminais relacionadas aos reformadores são *Pequeno e grande catecismo*, de 1529 por Martinho Lutero, *Catecismo da igreja de Genebra*, de 1542 por João Calvino, *Catecismo de Heidelberg*, de 1563 por Gaspar Oleviano e Zacarias Ursino, *Breve catecismo de Westminster*, de 1648 por teólogos ingleses e escoceses, dentre outras. Todas estas obras, bem como outras menos conhecidas, porém muito utilizadas por igrejas dos séculos XVI ao XIX, tiveram um papel importantíssimo na educação cristã deste período.

Estas obras supracitadas foram grandes responsáveis pelo alcance que a compreensão bíblica teve após o século XVI. O entendimento bíblico em um nível popular seria absolutamente impossível sem o uso da catequese. O conteúdo destas obras, normalmente, giram em torno da trindade assim como exposta no *Credo dos Apóstolos*, da devoção ligada à *Oração do Pai Nosso*, e das leis morais assim como expostas nos *Dez Mandamentos*.

Muito presente nas igrejas protestantes, especialmente de tradição reformada, até meados do século XX, a catequese acabou se arrefecendo vindo a perder sua influência e utilização gradualmente, principalmente no período pós-guerra. Não somente na Europa, mas também em igrejas na América do Norte, a presença da catequese na preparação de crianças e adolescentes para o Batismo e a Ceia do Senhor praticamente desapareceu, restando pouquíssimas igrejas que ainda a utilizavam. Sua estrutura *pergunta-resposta* acabou perdendo, pedagogicamente, a influência diante de uma antipatia moderna relacionada à memorização de conteúdos, principalmente entre adolescentes e jovens.

Atualmente, percebe-se um retorno, ainda exordial e incipiente à prática da catequese cristã. Embora, hoje, ela esteja mais relacionada à prática católico-romana, há, principalmente entre jovens que, recentemente, têm abraçado a fé reformada, um desejo pelo retorno à prática catequética. Devido ao tempo em desuso nas igrejas protestantes, muitos acreditam que catequese seja prática católico-romana. Neste recente despertamento (início do século XXI), a tendência é que a catequese esteja cada vez mais presente na instrução cristã.

Embora desde o início do cristianismo a ênfase no ensino esteja presente ("Ide, fazei discípulos de todas as nações... *ensinando-os* a guardar todas as coisas que vos tenho ordenado", Mt 28.19,20), na história da educação cristã, especialmente a história relacionada à Reforma Protestante, constata-se da parte da Igreja Católica Apostólica Romana a utilização de catequese como nunca antes em sua história como uma forma de defender os interesses da igreja além de instruir em campos missionários novos convertidos ao catolicismo sobre o que crê a Santa Sé. A Sociedade de Jesus foi a principal responsável por este avanço da catequese em território católico-romano. Como já dito, hoje constata-se em grande parte do mundo uma associação entre catequese e catolicismo-romano, mesmo que essa prática tenha florescido em seio protestante e reformado.

No Brasil, os primeiros a utilizarem de catequese foram os missionários jesuítas (Sociedade de Jesus) que chegaram em meados do século XVI. Um ponto positivo de seu trabalho foi a criação de vários colégios onde estudavam tanto filhos dos colonos quando crianças indígenas. Com a chegada dos protestantes no século XIX, o cenário mudou um pouco, visto que os protestantes (missionários) que chegaram deram grande ênfase à educação cristã, significativamente maior do que a que davam jesuítas. As próprias igrejas funcionavam como *escolas dominicais e paroquiais*. Robert

Kalley e sua esposa Sarah fundaram a primeira escola dominical no Brasil em 19 de agosto de 1855, na cidade de Petrópolis-RJ.

No tempo em que vivemos, a ausência da catequese nas igrejas é responsável pelo grande distanciamento de herdeiros da reforma protestante das doutrinas da Sagrada Escritura. Antigas heresias e erros teológicos têm retornado em grande parte por causa do distanciamento entre a catequese e a instrução (ou a falta dela) que é feita no protestantismo contemporâneo.

Wilson Porte Jr.

▶ *Catecismo de Heidelberg* (1563) por Zacarias URSINO e Gaspar OLEVIANO, e *Catecismo Maior e Breve Catecismo* (1647), em Joel BEEKE e Sinclair FERGUSON, org., *Harmonia das confissões reformadas*, São Paulo, Cultura Cristã, 2006.; *An Orthodox Catechism* (1680) por Hercules COLLINS, em Michael A. G. HAYKIN e G. Stephen WEAVER, JR., *An Orthodox Catechism*, Palmdale, RBAP, 2014; HESSELINK, I. John, *Calvin's First Catechism: a commentary*, Decatur, Columbia Theological Seminary Press, 1998; CALVIN, John. *Catechism of the Church of Geneva*, Hartford, Sheldon & Goodwin, 1815.

▶ Batismo; catecismo; ceia; confirmação; escola dominical; **educação**; evangelização; formação de adultos

CATOLICIDADE EVANGÉLICA

A Reforma do século XVI quis manter os laços entre catolicidade e evangelho (cf., sobretudo, a *Confissão de Augsburgo* e a *Segunda confissão helvética*). Houve tentativas de reaproximação, primeiro no século XVII da ortodoxia luterana e reformada, depois na época do racionalismo e na do romantismo, e enfim no século XIX, nos movimentos de avivamento confessional e na *High Church*; podemos mencionar também o pastor alsaciano do Ban-de-la-Roche, Jean-Frédéric Oberlin, que se dizia "pastor católico evangélico". Porém, a ideia da catolicidade evangélica só seria formulada após a Primeira Guerra Mundial, por Nathan Söderblom e Friedrich Heiler, em um sentido crítico, tanto em relação ao catolicismo romano e sua pretensão de exclusividade quanto ao protestantismo e sua deficiência eclesiológica. Visava a uma unificação interior do cristianismo evangélico (baseado na fé pessoal) e do catolicismo (baseado na igreja) por uma renovação de ambos: a importância da ortodoxia oriental no processo deveria ser cada vez mais fortemente afirmada. Ao mesmo tempo, movimentos de renovação comunitária e litúrgica, frutificados pela renovação bíblica e patrística a partir dos anos 1920, surgiram no protestantismo, abrindo-o para a tradição da igreja universal, reconhecida como legítima. Nesse sentido, Paul Tillich prega a correlação entre o "princípio protestante" (a pureza do evangelho, contestatório ou "profético") e a "substância católica" (a plenitude do evangelho), unindo assim o que havia sido separado na Reforma do século XVI. "Princípio protestante" e "substância católica" são, na verdade, os dois polos do evangelho de Cristo, devendo ser mantidos em união, em um sentido reciprocamente crítico. A catolicidade do evangelho, da fé e da igreja é sua universalidade, não como pretensão, mas como dom e responsabilidade: o Deus do evangelho abarca todas as coisas. Assim, a ideia da catolicidade evangélica não pode limitar-se a um ecumenismo interconfessional, mas deve se estender a um ecumenismo inter-religioso e globalmente cultural (não de modo sincrético e relativista, mas no sentido de Efésios 1.10: fazer convergir em Cristo todas as coisas).

Gérard Siegwalt

▶ *Vivre l'Église pour le monde. Le manifeste de Berneuchen* (1926), Paris, Concordia-Librairie protestante, 1982; HEILER, Friedrich, *Das Wesen des Katholizismus*, Munique, Reinhardt, 1920, p. 92-115; SIEGWALT, Gérard, *Dogmatique pour la catholicité évangélique*, Paris-Genebra, Cerf-Labor et Fides, 1986ss; TILLICH, Paul, *Gesammelte Werke*, Stuttgart, Evangelisches Verlagswerk, t. VII, 1962, e t. XIII, 1972, p. 92-95: "Neue formen christlicher Verwirkichung. Eine Betrachtung über Sinn und Grenzen evangelischer Katholizität"; Idem, "Nature et sacrement" (1930), em *Substance catholique et principe protestant*, Quebec-Paris-Genebra, Presses de l'Université Laval-Cerf-Labor et Fides, 1996, p. 103-129.

▶ Cambridge (movimento de); catolicismo; Heiler; Newman; Oberlin; **ecumenismo**; Ortodoxa (Igreja Oriental); Oxford (movimento de); Paquier; Söderblom; Tillich

CATOLICISMO

À diferença dos substantivos "catolicismo" e "catolicidade", criados no século XVI, provavelmente em analogia ao termo "protestantismo", o adjetivo "católico" pertence ao vocabulário teológico da igreja antiga, desde

Inácio de Antioquia (?37-?107). O termo figura no *Símbolo* adotado pelo Concílio de Constantinopla I (381) como um dos quatro atributos da igreja una, santa, católica, apostólica. Constitui assim um dos pontos fundamentais na definição doutrinária da igreja, tanto no Oriente (Igreja Grega) quanto no Ocidente (Igreja Romana), ainda que mais tarde a Igreja Romana tenha reivindicado o *Símbolo* mais especificamente, enquanto a Igreja do Oriente reteve o título de "ortodoxa".

O significado total da expressão grega original (*katholikos*, de *katholou*: do conjunto, universalmente) possui duas conotações. A primeira, a universalidade vertical: o fato de que a igreja, unida a Cristo por causa da sucessão apostólica garantida pela sucessão dos bispos, é o corpo de Cristo, abarcando assim a totalidade da obra salvífica de Deus. Nesse sentido, a catolicidade da igreja se opõe à noção herética de que somente alguns pontos da verdade e da vida seriam considerados necessários, enquanto outros são excluídos, pertencendo à plenitude da obra de Cristo. A segunda, a universalidade horizontal: a identidade da igreja através do espaço e do tempo. Toda igreja local, toda igreja de uma época específica não é uma igreja particular, mas a manifestação, nesse lugar e nesse tempo, da igreja universal. Nesse sentido, a catolicidade da igreja se opõe a toda noção cismática segundo a qual uma igreja específica poderia se isolar da comunhão das igrejas de todos os lugares e todos os tempos.

No protestantismo, o adjetivo "católico" e seus derivados se revestem de acepções diferentes. Após a antiguidade cristã do Oriente e do Ocidente, os reformadores entendem por "católico" a igreja verdadeira das origens, igreja que — sem se pronunciar sobre a Igreja do Oriente — eles opõem à igreja "papista", o que significa que, longe de serem inovadores, querem permanecer na igreja e restaurá-la à pureza primitiva. No entanto, eles usam o termo com regularidade em suas obras em latim, geralmente preferindo nas obras em língua vulgar o termo alemão *christlich* (cristão) e o francês *universel* (universal). Esse é o primeiro sinal da evolução semântica que se ampliaria até o século XIX. Quanto à Igreja Anglicana, é importante observar que, se o termo *catholic* foi mantido na liturgia, não figura nem mesmo nos *Trinta e nove artigos* (1563) e que, se William Laud (1573-1645), arcebispo de Cantuária, e seus partidários tentaram restabelecê-lo, não mais houve função teológica decisiva para ele até meados do século XIX.

A partir do século XVII, as igrejas herdeiras da Reforma começam a rejeitar cada vez mais claramente o termo "católico" como autoidentificação. As causas dessa mudança são complexas. Com as precauções usuais, podemos resumi-las em duas: 1) Entre os protestantes, houve a progressiva percepção de que a plenitude católica da igreja, cabeça e corpo, em vez de ser expressa e garantida pela sucessão apostólica do tipo episcopal, portanto jurídico-canônico, só poderia resultar da transmissão *in actu* da mensagem apostólica pela pregação da Palavra e pela administração dos sacramentos. A partir do momento em que se contestou o modo com que a Igreja de Roma concebia sua própria catolicidade, o protestantismo já podia rejeitar o título para si. 2) A horizontalidade da catolicidade se encontrava já enfraquecida pelas condições em que a Reforma operou: levando o movimento a países cujos governos lhe eram favoráveis, a Reforma só poderia gerar uma multiplicidade de igrejas, diante da qual a Igreja Romana afirmava ainda mais claramente seu caráter supranacional, conservando sua pretensão de dominar o Estado; enquanto nos países protestantes a superioridade dogmática da igreja sobre o Estado combinava com a superioridade jurídica do Estado sobre a igreja.

Por essas duas razões, os protestantes, que antigamente consideravam-se parte da Igreja Católica dos quinze primeiros séculos (abstração devida aos desvios e abusos da igreja medieval, sobretudo no fim) dos quais reivindicavam a sucessão, ocupando locais de culto onde haviam triunfado, vieram progressivamente a considerar suas igrejas como depositárias de uma nova confissão, fora do espaço católico. Essa evolução, facilitada pelas guerras de religião, reforçou-se quando os princípios da *Aufklärung* vieram destruir as bases da fé protestante e instilar nela um racionalismo espiritualista que havia cortado relações com a tradição antiga, de onde os reformadores e seus sucessores imediatos tiravam sua autoridade na tentativa de reformar a igreja cristã (ou pelo menos ocidental) em seu todo. Assim, o protestantismo se posiciona em oposição ao catolicismo, e as igrejas advindas da Reforma passaram a ser consideradas não como uma forma aprimorada de catolicismo, mas como uma das dissidências surgidas anteriormente na história da igreja. Ser protestante passou a significar, no seio da cristandade, ser anticatólico. Em oposição, igualmente polêmica, a Igreja Romana reivindicava ainda mais fortemente o título de católica. Assim, na mentalidade de hoje e em linguagem usual, o catolicismo é "religião cristã na qual o papa exerce a autoridade em matéria de dogma e moral", segundo o dicionário de língua francesa *Petit Robert*.

Se a oposição polêmica entre protestantismo e catolicismo dura ainda em amplos setores da cristandade, é contrabalançada há pelo menos um século e meio, no protestantismo, por uma apreciação positiva dos termos "católico" e "catolicidade". Essa mudança se deve a muitas causas, das quais sublinharemos: a necessidade de afirmar a especificidade da fé cristã universal diante do racionalismo da *Aufklärung*, as tendências restauradoras de parte da cultura europeia após o choque da Revolução Francesa, a renovação dos estudos patrísticos e os imperativos do testemunho cristão nos campos de missão estrangeira. Além disso, o aumento considerável da autoridade pontifícia ao longo do século XIX, culminando nos dogmas da infalibilidade e da primazia do papa, promulgados pelo Concílio Vaticano I, incitava os não romanos a testemunhar em favor do antigo catolicismo da igreja indivisível dos primeiros séculos (com a criação da chamada "velha igreja" para unir os oponentes católicos ao Vaticano I, p. ex.).

Podemos associar a nova apreciação positiva do vocábulo e seus derivados às três causas seguintes:

a) A partir de meados do século XIX, o anglocatolicismo reabilitou a sucessão apostólica de tipo jurídico-canônico na Igreja Anglicana, a ala chamada *High Church*. Desse meio advém a *branch-theory*, que afirma que a Igreja Católica, concebida como um todo orgânico, compreende três "seções": católica ortodoxa, católica romana e católica anglicana. É importante notar que a Igreja de Roma se opôs a essa teoria e, ao negar a validade das ordenações anglicanas, recusou à Igreja Anglicana o direito de reivindicar a sucessão apostólica.

b) No luteranismo alemão, tanto na mesma época quanto mais tarde, nas igrejas escandinavas e reformadas da Holanda e da Suíça romanda, surgiram tendências *High Church* que, além da universalidade horizontal das igrejas, admitiam a dimensão vertical da catolicidade, sem depender de uma sucessão apostólica de tipo jurídico-canônico, resultante da desejada conformidade das igrejas protestantes com a Escritura, interpretada segundo a tradição da igreja antiga e de acordo com os reformadores. Por essa razão, Nathan Söderblom, arcebispo luterano sueco, acrescentou à *branch-theory* o protestantismo, com o nome "catolicidade evangélica". Convém observar que grandes teólogos protestantes, como Paul Tillich e Karl Barth, consideravam a catolicidade uma marca essencial da igreja cristã. Assim, o qualificativo "católico", que era (e por vezes continua) pejorativo para o protestantismo, foi reabilitado, pelo menos nos meios protestantes que desejavam se manter fiéis aos reformadores.

c) No entanto, o qualificativo não é empregado sempre e em todo lugar ao conjunto das igrejas cristãs, englobando os protestantes. Prova disso são as declarações da Assembleia de Amsterdã (1948), onde foi constituído o Conselho Mundial de Igrejas. Foi constatada uma "oposição existente entre os dois conceitos gerais: catolicismo e protestantismo [...]. A tendência dita 'católica' insiste em primeiro lugar na continuidade visível da igreja na sucessão apostólica do bispado. A tendência dita 'protestante' enfatiza sobretudo a iniciativa da Palavra de Deus e resposta da fé — iniciativa e resposta concentradas na doutrina da justificação *somente pela fé*" (*Désordre de l'homme et dessein de Dieu. Rapport officiel de la première Assemblée du COE* [Desordem do homem e desígnio de Deus. Relatório oficial da primeira Assembleia do CMI], t.V, Neuchâtel, Delachaux et Niestlé [1949], p. 65s). Esse texto atribui o termo "católico" a certas igrejas e o vocábulo "protestante" a outras. Isso significa que, em relação às modalidades da dimensão vertical da catolicidade, uma distinção subsiste entre as igrejas, distinção que implica um "núcleo irredutível de diferenças entre dois modos totalmente diferentes de compreender a natureza da igreja de Cristo" (ibid., p. 66). Porém, essa irredutibilidade não é mais considerada polêmica. As pesquisas teológicas e ecumênicas atuais visam a exprimir como pode e deve ser compreendida essa diferença, já que incluem grandezas, sem dúvida, irredutíveis, mas complementares. Assim, vários teólogos, como Oscar Cullmann, consideram que as diversas confissões cristãs possuem cada uma seu próprio carisma, com a totalidade dos carismas constituindo o corpo de Cristo.

Nessas condições, qual a relação que a catolicidade universalmente cristã, tal como discutimos no item b, mantém com o catolicismo, essencialmente romano e ortodoxo, que faz consistir a universalidade vertical na sucessão apostólica? Que terceiro vocábulo poderia reunir os dois tipos de catolicidade em uma unidade viva que supere as divergências sem aboli-las, mas as perceba como grandezas complementares? Essa é a pergunta que coroa as investigações deste artigo. As igrejas certamente precisarão de bastante trabalho — e bastante oração — para responder.

Jean-Louis Leuba

▶ HEILER, Friedrich, *Urkirche und Ostkirche*, Munique, Reinhardt, 1937 (sobretudo p. 1-20); TILLICH, Paul, *Substance catholique et principe protestant* (1929-1965), Paris-Genebra-Quebec, Cerf-Labor et Fides-Presses de l'Université Laval, 1996; VISSER'T HOOFT, Willem Adolf, *Le catholicisme non-romain*, Paris, Foi et Vie (Cahiers de Foi et Vie), 1933.

○ Anglicanismo; anticatolicismo; catolicidade evangélica; Chamier; concílio; Concílio Ecumênico de Igrejas; doutrina; Dombes (Grupo de); **igreja**; bispo; liberalismo teológico; Maria; Newman; **ecumenismo**; Ortodoxa (Igreja Oriental); ortodoxia protestante; "ortodoxia radical"; papado; padre; **protestantismo**; Reforma (Contra); Roma; santos (culto aos); sucessão apostólica; Trento (Concílio de); Vaticano II (Concílio de)

CAVAILLÈS, Jean (1903-1944)

Jean Cavaillès coordena o "grupo cristão" na Escola Normal Superior, onde tirou o primeiro lugar ao entrar, em 1922. Antes de 1930, publica vários artigos para a *Foi et Vie* [Fé e vida] (nos campos da moral e da laicidade, do ecumenismo e de missões). Após algum tempo na Alemanha, a ascensão do nazismo o inspira a escrever um artigo sobre as "Crises do protestantismo alemão" (*Revue de Christianisme Social* 46/II, 1933, p. 305-315). Especializado em epistemologia da matemática (uma epistemologia bastante marcada pelo pensamento de Georg Cantor [1845-1918], pai da teoria dos conjuntos) e influenciado pelo spinozismo, ensina na Universidade de Estrasburgo, na unidade de Clermond-Ferrand inaugurada em 1940, e na de Paris. Em 1940, engaja-se na resistência, funda o movimento *Libération* [Libertação] com Emmanuel d'Astier de la Vigerie (1900-1969) e Lucie Aubrac (1912-2007), passa para o grupo Libération-Nord e dirige a rede de ação direta Cohors. Preso em Paris, é fuzilado em Arras, em fevereiro de 1944.

Jacques Poujol

▶ CAVAILLÈS, Jean, *Sur la logique et la théorie des sciences* (1947), Paris, Vrin, 1987; AGLAN, Alya e AZÉMA, Jean-Pierre, orgs., *Jean Cavaillès résistant ou la pensée em actes*, Paris, Flammarion, 2002; FERRIÈRES, Gabrielle, *Jean Cavaillès. Um philosophe dans la guerre, 1903-1944* (1982), Quimper, Calligrammes-Bernard Guillemot, 1996 (reed. de *Jean Cavaillès, philosophe et combatant*, 1950).

○ *Kirchenkampf*; filosofia

CAVALIER, Jean (?1680-1740)

Aprendiz de padeiro em Anduze, Cavalier é perseguido por sua religião (o protestantismo era proibido desde 1685). Refugia-se em Genebra, em 1701, mas volta um ano depois às Cevenas. Participa do assassinato do abade do Chaila em Pont-de-Montvert, fato que dá início à Guerra dos Camisardos. Eleito chefe de tropa, consegue armas e organiza expedições, em seguida profetizando em uma assembleia de Aigues-Vives. Sua reputação cresce. Com Rolland (Laporte), desarma e queima igrejas. Suas tropas armam emboscadas (Vaquières, Cendras, Saint-Cosmes) e usam de astúcia para penetrar no Castelo de Servas. Em dezembro de 1702, põe em debandada tropas que tinham vindo reprimir um culto perto de Alès e, com a ajuda de Rolland, neutraliza a guarnição militar de Sauve. Depois de apoiar a Revolta do Vivarais, ressurge a caminho de Uzès. Diante da destruição das Altas Cevenas pelas tropas de Montrevel, revida com o incêndio de vários povoados da planície, em 1703. Defronta-se com as tropas do marechal de Villars e é obrigado a ir ter com ele em Nîmes, em maio de 1704, que o neutraliza concedendo-lhe o posto de coronel e a autorização para formar um regimento camisardo a serviço do rei. Sem obter liberdade de consciência, é repudiado pelos demais chefes camisardos, que não tinham sido informados a respeito de seus acordos. Refugia-se na Suíça e serve ao duque de Savoia. Viaja para a Holanda em 1706 e por fim para a Inglaterra.

Outro Jean Cavalier (1676-1749), originário de Sauve, faz parte dos "inspirados", designados em Londres como *French Prophets* [Profetas franceses].

Hubert Bost

▶ CAVALIER, Jean, *Mémoires sur la guerre des Camisards* (1726), Paris, Payot, 1987 (apareceu em 1918 sob o título *Mémoires de la guerre des Cévennes*); HAAG, Émile e Eugène, "Cavalier", em *La France protestante*, t. III, Paris-Genebra, Cherbuliez, 1852, p. 284-292.

◉ Camisardos (Guerra dos); Cevenas; Laporte

CAVOUR, Camillo Benso, conde de (1810-1861)

Nascido em Turim, em uma família aristocrata aberta para os valores e à cultura da burguesia empreendedora, graças a sua mãe (a genebrina Adèle de Sellon) Cavour conhecia e frequentava com prazer a aristocracia protestante e liberal de sua cidade. Seduzido primeiro pelo racionalismo, Cavour compreendeu a partir de 1832, sob a influência de Alexandre Vinet (1797-1847) e Jacques Elisée Cellérier (1785-1862), a importância dos aspectos institucionais e dogmáticos da religião, mas sem tornar-se praticante. Liberal moderado, mas tenaz, acreditava na interdependência entre liberdade política e liberdade econômica, sendo a favor da integração da economia do Piemonte à Europa (nutria grande admiração pela Inglaterra). Chefe do governo piemontês a partir de 1852, esse "artista da política" realizou sua obra-prima diplomática, a unificação da Itália sob a monarquia da casa de Savoia, afastando do poder tanto a extrema-direita reacionária quanto a esquerda radical democrática, por vezes socialista, sempre republicana. Favoreceu a liberdade de imprensa e de propaganda religiosa, com a consequente difusão do pensamento e da fé protestantes na Itália. De Vinet, reteve a ideia da liberdade recíproca entre igreja e Estado; seu lema era *Libera Chiesa in libero Stato* ("Uma igreja livre em um Estado livre"). A história da liberdade religiosa na Itália lhe é em muito devedora. No dia 17 de março de 1861, o primeiro parlamento nacional proclamou Vitor Emanuel II rei da Itália, sancionando a unidade política do país. Cavour morreria algumas semanas depois desse acontecimento.

Paolo Ricca

◉ Itália; tolerância; Vinet

CEIA

Na tradição da igreja antiga, o protestantismo considera a ceia e o batismo como os sacramentos constitutivos da vida eclesiástica. A ceia é a refeição comunitária instituída por Jesus Cristo (Mc 14.22-25 e paralelos) e celebrada no culto. O pão e o vinho distribuídos aos comungantes são sinais e memorial do sacrifício de Cristo na cruz. Por sua Palavra, o pão e o vinho se tornam, no Espírito Santo, portadores da presença do Senhor crucificado e ressuscitado, fonte de salvação para todo aquele que o recebe por meio da fé.

As igrejas protestantes não concebem hierarquia alguma que permita considerar a ceia mais ou menos importante que a pregação da Palavra ou o batismo. Palavra e sacramento são os meios que Deus dispõe para aproximar-se dos seres humanos, meios diversos e não comparáveis diretamente. Para isso, o protestante prefere usar o termo "ceia", pois "eucaristia", comum na igreja antiga, abarca para algumas tradições cristãs mais que a refeição comunitária, designando todo o culto da comunidade.

Como a maior parte das igrejas, o protestantismo considera, na mesma linha da igreja antiga, que a comunhão em torno da mesa santa e a comunhão entre as diversas comunidades locais e igrejas estão em estreita relação. A ceia não é apenas o momento em que Cristo oferece ao cristão como indivíduo o perdão e a vida, mas o momento festivo da reunião comunitária, expressão visível da realidade da igreja una, Corpo de Cristo. Comer e beber juntos é algo que une os participantes ao Senhor que preside à mesa, criando laços novos entre os convivas.

A compreensão da ceia tem sido com frequência um ponto de desavenças entre as diversas tradições cristãs: diferenças na compreensão e na prática levaram a separações entre igrejas, sobretudo após o século XVI. Essas divergências se concentram em três aspectos:

CEIA

1) A realidade e a maneira da presença de Cristo na ceia suscitam debates entre a Igreja Católica e as igrejas protestantes, e até mesmo no interior de cada uma delas. A compreensão católica da transformação do pão e do vinho em corpo e sangue de Cristo (transubstanciação) foi vivamente contestada pela Reforma luterana, que afirma a presença de Cristo *in, cum et sub* ("com, em e sob") os elementos, sem pretender elucidar esse mistério. Já Calvino insiste na participação espiritual do cristão no Cristo glorificado, enquanto Zwinglio recusa a própria ideia da presença real. O diálogo ecumênico contemporâneo permitiu que algumas dessas clivagens fossem superadas, e as igrejas protestantes (luteranas e reformadas) puderam afirmar juntas na Concórdia de Leuenberg: "Na ceia, Jesus Cristo ressuscitado dá a si mesmo em seu corpo e seu sangue, entregues à morte por todos nós, pela promessa de sua Palavra, com o pão e o vinho. Assim, ele dá a si mesmo sem restrições a todos os que recebem o pão e o vinho" (art. 18).

2) As igrejas protestantes sempre se opuseram com vigor à concepção católica do sacrifício eucarístico, um sacrifício "verdadeiramente propiciatório" oferecido pela igreja (Concílio de Trento, cf. Heinrich DENZINGER, *Symboles et définitions de la foi catholique. Enchiridion symbolorum* [Símbolos e definições da fé católica], ed. bilíngue latim-francês por Peter HÜNERMANN e Joseph HOFFMANN, Paris, Cerf, 1996, 1743 e 1751). O protestantismo insiste na unicidade e na plena suficiência do sacrifício de Cristo na cruz. Da mesma forma, a ceia é o dom de Deus que, assim como a Palavra, é proposto aos seres humanos sem que eles ou a igreja se tornem autores do sacrifício feito a Deus. O diálogo ecumênico permitiu que fossem ultrapassadas certas clivagens, sem, no entanto, suprimir todas as oposições.

3) A questão do ministro que preside a ceia permanece também em aberto. Para as igrejas católica e ortodoxa, somente é legítima a eucaristia presidida pelo bispo ou pelo padre que o bispo designa para esse fim. Como resultado, as igrejas cujos ministérios não se integram a essa tradição — ou seja, as igrejas protestantes — não poderiam celebrar uma verdadeira eucaristia, segundo católicos e ortodoxos (cf. os textos do Concílio Vaticano II, *Lumen gentium*, 26 e *Unitatis redintegratio*, 22). Esse problema tem consequências locais diretas: as igrejas católica e ortodoxa proíbem que seus fiéis participem de uma ceia protestante (recusa à intercomunhão e à hospitalidade eucarística). Por outro lado, entre os protestantes, em geral, a celebração da ceia está aberta a todos os que creem e desejam participar (hospitalidade eucarística), e a autenticidade de uma celebração em outra igreja não é contestada.

Os diálogos ecumênicos contemporâneos provocaram nova reflexão em todas as igrejas acerca de sua compreensão e de sua prática da ceia. No protestantismo, a celebração voltou a tornar-se mais frequente, e a epiclese (invocação do Espírito Santo) é novamente uma ênfase, já que o Espírito Santo, através da Palavra, torna Cristo presente e oferece a salvação do comungante (a tradição zwingliana privilegia uma epiclese sobre a comunidade, considerando a ceia mais que o pão e o vinho enquanto tais). A dimensão comunitária é objeto de novas atenções, junto com o fato de que a ceia, além da celebração na igreja local, chama as igrejas e os cristãos a trabalhar pela reconciliação de todos os homens para uma comunidade renovada neste mundo. Sua orientação é escatológica, pois proclama a vinda do reino de Deus e antecipa a nova criação.

André Birmelé

▶ ALLMEN, Jean-Jacques von, *Essai sur le Repas du Seigneur*, Neuchâtel, Delachaux et Niestlé, 1966; BARTH, Markus, *Das Mahl des Herrn. Gemeinschaft mit Israël, mit Christus und unter den Gästen*, Neukirchen-Vluyn, Neukirchener Verlag, 1987; CADIER, Jean, "La doctrine calviniste de la sainte Cène", *ETR* 26/1-2, 1951; CAPIEU, Henri et alii, *Tous invités... La Cène du Seigneur célébrée dans les Églises de la Réforme*, Paris, Centurion, 1982; GASSMANN, Günther e VAJTA, Vilmos, orgs., *Évangile et sacrement*, Gütersloh-Neuchâtel, Mohn-Delachaux et Niestlé, 1970; GOUNELLE, André, *La cène. Sacrement de la division*, Paris, Les Bergers et les Mages, 1996; SÜSS, Théobald, *La communion au corps du Christ*, Neuchâtel, Delachaux et Niestlé, 1968.

◉ Anátema; catequese; **comunhão**; Concórdia de Leuenberg; culto; excomunhão; *extracalvinisticum*; hospitalidade eucarística; liturgia; Marburgo (Colóquio de); Monod W.; Montbéliard; **ecumenismo**; **ritos**; sacramentários; sacramento; Schwenckfeld

CELIBATO

A Reforma restituiu ao casamento sua plena dignidade. Assim, o debate sobre o celibato não se correlaciona com o ministério pastoral, mas com a existência de vocações específicas, sobretudo de tipo comunitário e monástico, que chama para esse estilo de vida.

Em locais de língua francesa, a questão do celibato "para Cristo" conheceu certa acuidade em torno do surgimento das diaconisas de Reuilly. Entre 1845 e 1855, o debate opôs o pastor Antoine Vermeil (1799-1864), cofundador da Comunidade de Reuilly, a liberais como Athanase Coquerel, mas também a membros do Avivamento como o casal Gasparin. A questão retorna após a Segunda Guerra Mundial, na ocasião da renovação comunitária nas igrejas francófonas (Taizé, Pomeyrol, Grand-champ etc.): isso foi exemplificado de modo particular por Antoinette Butte e Max Thurian. Nessa época, relendo *Le jugement de Martin Luther sur les voeux monastiques* (1521, em *MLO* 3, 87-219), René Henri Esnault mostrou que a recusa do reformador não se dirigia ao compromisso (voto) em si mesmo, mas, sim, à compreensão de uma forma de vida monástica que atribuía a seus membros um *status* teológico superior ao de outros cristãos.

Nas comunidades protestantes francófonas, o celibato "para Cristo" foi e continua sendo largamente baseado em Mateus 19.10-12. Em outra obra minha, tentei mostrar o contrassenso exegético operado nesse texto: no protestantismo, a consagração ao celibato, de acordo com o exemplo de Paulo, só deve se justificar pela necessidade de manter o celibatário disponível para uma tarefa ministerial que não se harmoniza muito bem com laços conjugais e parentais.

Jean Ansaldi

▶ ANSALDI, Jean, "'Célibat pour Christ' et sexualité", *ETR* 67, 1992, p. 403-415; ESNAULT, René Henri, *Luther et le monaschisme aujourd'hui. Lecture actuelle de "De votis monasticus judicium"*, Genebra, Labor et Fides, 1964; GASPARIN, Valérie de, *Des corporations monastiques au sein du protestantisme*, 2 vols., Paris, Meyrueis, 1854-1855; LAGNY, Gustave, *Le Réveil de 1830 à Paris et les origines des diaconesses de Reuilly*, Paris, Association des diaconesses de Reuilly, 1958; THURIAN, Max, *Mariage et célibat*, Neuchâtel, Delachaux et Niestlé, 1955.

▶ Castidade; comunidades religiosas; diaconisas; casamento; ordens monásticas; **sexualidade**; saudações

CENTROS DE ENCONTRO

A maior parte dos centros protestantes de encontro surgiu após a Segunda Guerra Mundial, para responder aos desafios que representavam as ideologias totalitárias, o antissemitismo e os arroubos da juventude. Teologicamente, são fortemente influenciados pela herança de Barth e de Bonhoeffer. No entanto, logo sua vocação se diversificou: deixaram de ser locais para encontro e formação da juventude, tornando-se centros de formação para adultos, centros de reflexão e militância em ética social ou residências com foco em espiritualidade. As academias protestantes na Alemanha (Arnoldshain, Bad Boll, Loccum, Tutzing etc.); Ágape nos vales valdenses do Piemonte; Villemétrie, Sommières e Liebfrauenberg na França; Leuenberg, Boldern e Gwatt na Suíça alemã; Sornetan, Louverain, Crêt-Bérard, Charmey e Cartigny na Suíça romanda reúnem ano após ano milhares de pessoas e grupos em torno de temas religiosos, culturais e políticos. Os centros de encontro sustentam assim uma dupla missão, formação teológica na base do povo protestante e fórum de diálogo entre a igreja e a sociedade. Bastante atentos às mutações sociais, esses centros são testemunha, por sua história muitas vezes movimentada e por seu engajamento, às vezes fonte de tensões eclesiásticas e políticas, da constante necessidade de atualização do evangelho de acordo com evoluções pessoais e históricas.

Denis Müller

▶ LEITERKREIS DER EVANGELISCHEN AKADEMIEN IN DEUTSCHLAND, org., *Der Auftrag Evangelischer Akademien. Ein Memorandum*, Bad Boll, 1979; GRELLIER, Isabelle, *Les centres protestants de rencontre. Tentative d'adaptation des paroisses à une société laïcisée*, tese de doutorado da Universidade de Estrasburgo, 1988; GRIN, Micha, *Pierres vivantes: une épopée de la foi. Histoire de Crêt-Bérard*, Morges, Cabédita, 1989; JUNG, Hans-Gernot, "Akademien (kirchliche)", em *TRE*, t. II, 1978, p. 138-143; VOGT, Teophil, *Herausforderung und Gespräch*, Zurique, Theologischer Verlag, 1970; ZBINDEN, Louis-Albert, *Un poisson sur la montagne. Histoire du Louverain*, Neuchâtel, La Baconnière, 1990.

▶ Ágape; Bosc; formação de adultos; Riesi; Vinay

CEVENAS

Os geógrafos do século XIX estendiam a região das Cevenas para os lados meridionais e orientais do maciço Central; hoje, são limitadas ao norte do departamento do Gard e ao sul da Lozère, com algumas extensões no Ardèche e Hérault. Essa xistosa porção de terras do interior cerca o horizonte do Languedoc e se dispõe em várias alturas, de 300 m a 1561 m (Aigoual) e 1699 m (Lozère). Trata-se de um imenso castanhal, limitado ao sul por carvalhos e amoreiras, e ao norte por faias, uma emocionante e por vezes magnífica paisagem de declives transformados em varandas. O local, antigamente populoso, hoje tem o deserto à espreita, apesar do renascimento do "neorrural".

Poderíamos nos abster de continuar a descrição caso as Cevenas não tivessem entrado para a história junto com o protestantismo francês. Por motivos um tanto enigmáticos, a região adotou a Reforma de modo massivo e precoce; foi criada uma "província das Cevenas" na ocasião do sínodo nacional de 1612, coroando os colóquios de Saint-Germain de Calberte, Sauve e Anduze. As Cevenas se tornaram assim o santuário meridional da Reforma, que a monarquia nunca mais pôde erradicar. O duque de Rohan encontrou ali soldados e posições de retirada: no final, foi a paz de Alès (1629) às portas que assinalou o fim da aventura dele.

Foi nas Cevenas que a Revogação do Edito de Nantes contou com seu primeiro fracasso. A partir dos anos 1685 e 1886, "pastores" improvisados, os predicantes, conservam na fé reformada um povo que os segue pelo "deserto", ou seja, na clandestinidade. A repressão é pesada: os dois principais predicantes, François Vivens e Claude Brousson, encontram a morte em 1692 e 1698. O profetismo que chega do Delfinado e do Vivarais desperta a região em 1701; chamados ao arrependimento e à guerra santa (com Abraham Mazel) se misturam em um clima milenarista que faz das Cevenas um *Teatro sagrado* (título da coletânea de testemunhos publicada em Londres, em 1707). Deus fala em francês com centenas de homens, mulheres e crianças naqueles cumes occitanos — um Deus dos exércitos que parece apoiar a Revolta dos Camisardos, ou Guerra das Cevenas. Iniciada em julho de 1702, observada por toda a Europa protestante, essa guerrilha profética vence as tropas do rei até meados de 1704. A morte de Rolland (Laporte) e a rendição e o exílio de Jean Cavalier, os dois líderes maiores, marcam seu fim. Se a violência e o profetismo que se seguiu exaurem-se pouco a pouco, é nas Cevenas que Antoine Court enceta a restauração do protestantismo francês, em 1715. A fortaleza ainda não tinha sido iniciada.

A partir do século XIX, as Cevenas conhecem o mesmo destino que as demais regiões rurais protestantes, uma restauração tranquila, estimulada pelas querelas do Avivamento. Mantiveram, porém, uma memória e uma reputação abrigadas no Museu do Deserto, instalado na casa natal de Rolland, e por sua assembleia anual, no primeiro domingo de setembro (a inauguração foi em 1911, mas a tradição de retorno às fontes é certamente mais antiga). Memória viva: ao longo dos anos 1940, a região ofereceu o refúgio de suas montanhas e de sua população de antiga cultura bíblica a cerca de mil judeus perseguidos. Acolhe hoje um turismo atento à dimensão espiritual e cultural de uma aventura coletiva.

A literatura das Cevenas exalta a lembrança dos mártires e o cultivo da liberdade. Robert-Louis Stevenson abriu esse caminho com seu *Travels with a Donkey in the Cévennes* [Viagens com um burro pelas Cevenas] (1879). André Chamson (*Roux le bandit* [Russo, o bandido] [1925], *Le crime des justes* [O crime dos justos] [1928] e *La superbe* [A excelente] [1967]), Jean-Pierre Chabrol (*Les fous de Dieu* [Os loucos de Deus] [1961]), Max Olivier-Lacamp (*Les feux de la colère* [Os fogos da ira] [1969]) e Jean Carrière (*L'épervier de Maheux* [O gavião de Maheux] [1972]) fizeram do protestantismo das Cevenas, camisardo ou contemporâneo, o personagem central de seus livros.

Os historiadores também sabem o que as Cevenas devem ao protestantismo — uma identidade — e o que o protestantismo, na França, deve talvez à região: permanência.

Patrick Cabanel

▶ CABANEL, Patrick, *Histoire des Cévennes* (1998), Paris, PUF, 2003; Idem, *Cévennes. Un jardin d'Israël*, Cahors, L'Hydre, 2004; Idem, org., *Dire les Cévennes. Mille ans de témoignages*, Montpellier, Presses du Languedoc-Club cévenol, 1994; Idem, org., *Itinéraires protestants en Languedoc du XVIe au XXe siècle*, t. I: *Les Cévennes* e t. II: *Espace gardois*, Montpellier, Presses du Languedoc, 1998-2000; JOUTARD, Philippe, org., *Les Cévennes. De la montagne à l'homme* (1979), Toulouse, Privat, 1999.

◉ Brousson; Camisardos (Guerra dos); Cavalier; Chambon-sur-Lignon; Chamson; Court; Désert; Durand; Edito de Nantes (e Revogação do); **mulher**; Graça de Alès; Laporte; Marion; Mazel; Museus protestantes no mundo de língua francesa; profecia

CHAMBON-SUR-LIGNON

Esse povoado de grandes dimensões da Haute-Loire, que contava com 2.720 habitantes em 1936, com 95% de protestantes, uma igreja reformada e uma presença darbista importante (37% da população total), tornou-se objeto de um verdadeiro mito depois da Segunda Guerra Mundial: vários veículos midiáticos o apresentaram como o povoado salvador de "mais de cinco mil judeus" e o pastor André Trocmé (1901-1971; pastor no Chambon de 1934 a 1947) se tornou a figura emblemática da não violência. De fato, a acolhida e o salvamento de várias centenas de judeus foram a obra da totalidade do planalto Vivarais-Lignon, de suas doze igrejas protestantes, de seus treze pastores cuja metade era de nacionalidade suíça. É preciso também mencionar a presença das casas suíças para crianças e a do Collège Cévenol, criado em 1939 e dirigido pelo pastor Édouard Theis (1899-1984), com preparação para a Suíça, e a personalidade de Charles Guillon (1883-1965), pastor, prefeito do Chambon e resistente. Em 1990, foi plantada uma árvore na Alameda dos Justos (em *Yad Vashem*, Jerusalém) para os habitantes do Chambon e as comunidades vizinhas.

Pierre Bolle

▶ BOEGNER, Philippe, *Ici on a aimé les juifs*, Paris, Lattès, 1982; BOLLE, Pierre, org., *Le Plateau Vivarais-Lignon. Accueil et résistance 1939-1944*, Le Chambon-sur-Lignon, Société d'histoire de la Montagne, 1992; FAYOL, Pierre, *Le Chambon-sur-Lignon sous l'occupation (1940-1944). Les résistances locales, l'aide interalliée, l'action de Virginia Hall*, Paris, L'Hamattan, 1990; HALLIE, Philip, *Le sang des innocents. Le Chambon-sur-Lignon, village sauveur* (1979), Paris, Stock, 1980; HATZFELD, Olivier, *Le Collège cévénol a cinquante ans. Petite histoire d'une grande aventure*, Le Chambon-sur-Lignon, Impr. Cheyne, 1989.

◉ CIMADE; guerras mundiais; **judaísmo**

CHAMIER, Daniel (1565-1621)

Trabalhando como regente no Colégio de Nîmes em 1581, Chamier estuda teologia em Genebra, onde recebe a ordenação pastoral (1583). Atua como pastor em Vans, Aubenas e Montélimar. É deputado no Sínodo Nacional de Saumur, em 1596, e na assembleia política de Loudun. De 1612 até sua morte, ensina na Academia de Montauban. Famoso por suas conferências controvertidas com o padre Coton (1600) e o padre Gautier (1601), assegura um lugar importante na vida eclesiástica e política do protestantismo francês: moderador do Sínodo Nacional de Gap (1603), membro de conselho na assembleia política de Saumur em 1611. Sua principal obra, *Panstratiae catholicae, sive de controversiarum de religione adv. pontificos corpus tomis IV distributum* ("Livro de controvérsia religiosa contra os papistas", Genebra, 1626), é um levantamento sistemático de todos os pontos controvertidos que opõem católicos e protestantes.

Hubert Bost

▶ BOST, Hubert, "Daniel Chamier (1565-1621), le pasteur de Montélimar et le professeur de Montauban", em *Ces Messieurs de la R. P. R. Histoires et écritures de huguenots. XVIIe-XVIIIe siècles*, Paris, Champion, 2001, p. 49-81; HAAG, Émile e Eugène, "Chamier", em *La France protestante*, t. III, Paris-Genebra, Cherbuliez, 1852, p. 317-323; READ, Charles, *Henri IV et le ministre Daniel Chamier*, Paris, Durand-Amyot, 1854; SOLÉ, Jacques, *Le débat entre protestants et catholiques de 1598 à 1685*, 4 vols., Paris, Aux amateurs de livres, 1985 (cf. índex).

CHAMSON, André (1900-1983)

Se o ser desse gênio regional, esculpido no granito das Cevenas, tinha uma propensão interior para a revolta, não era por isso menos apegado a suas raízes calvinistas. Aliás, não se agradava ele de sua associação a esse jeito altivo, inaugurado por Jean-Pierre Chamson, que navegou em *La superbe* [A excelente] (1967), e por Mazauric (do nome de sua mulher, Lucie) trancada na torre de Constance? Não dizia ele: "Creio que, em mim, o que mais pesa é essa tradição de revolta em relação a tudo aquilo que ameaça a liberdade de consciência. Quero poder pensar, quero poder crer o que quero pensar e o que quero crer, e não o que me impuserem." É nesse mesmo espírito que ele se engaja na brigada Alsácia-Lorena, junto a André Malraux, em 1944.

Tanto a escritura potente e calorosa quanto a atmosfera austera e sóbria testemunham a evolução das figuras exemplares. Assim, *Roux le bandit* [Russo, o bandido] (1925), que apesar do exílio nas montanhas participa das dores perpetradas nas trincheiras, e Combes, professor solitário em *Les hommes de la route* [Os homens da estrada] (1927) que cultiva sua terra na expectativa da volta de seu neto, inspiram um modelo de sabedoria, mas são personagens que representam a situação de todo um povo. E, se não se trata de um homem só, é uma família inteira que encarna a justiça e espalha luz por toda a comunidade em *Le crime des justes* [O crime dos justos] (1928). Ou uma heroína, anônima entre anônimos, registra a palavra de ordem "Resistir", desafiando a história e acusando sua época, no monolito de *La tour de Constance* [A torre de Constance] (1971). Resistir: palavra que Chamson esculpe em sua espada de acadêmico (1956). A partir disso, à promessa de tormentos evocada pela Torre se opõe a constância pacífica do alto maciço do Aigoual, motivo luminoso e presente em todos os seus romances. É com semelhantes oposições que Chamson buscaria sempre a unidade em sua vida, uma vida marcada pelo selo da liberdade e da sabedoria, tal como representada em *Le chiffre de nos jours* [A contagem de nossos dias] (1954), relato de recordações de infância na aurora da guerra de 1914, cujo título foi retirado de Salmo 90.12: *Ensina-nos a contar os nossos dias, para que alcancemos coração sábio*.

Jean-Marc Daumas

▶ CHAMSON, André, *Le livre des Cévennes*, Paris, Omnibus, 2001; Idem, *Suite camisarde*, Paris, Omnibus, 2002; Idem, *Les livres de la guerre*, Paris, Omnibus, 2005; BERRY, Madeleine, *André Chamson, ou l'homme contre l'histoire*, Paris, Fischbacher, 1977; CASTEL, Germaine, *André Chamson et l'histoire. Une philosophie de la paix*, Aix-en--Provence, Édisud, 1980; CELLIER, Micheline, "André Chamson (1900-1983) et le protestantisme", *BSHPF* 145, 1999, p. 585-596; Idem, *André Chamson (1900-1983)*, Paris, Perrin, 2001.

◉ Cevenas; **literatura**

CHANNING, William Ellery (1780-1842)

Teólogo congregacional, Channing foi o fundador do unitarismo americano. Formado em Harvard, exerce o ministério durante toda a sua vida em Boston, como pastor da *Federal Street Congregational Church*. A partir de 1815, Channing desempenha um dos papéis principais na controvérsia que divide os congregacionais da Nova Inglaterra, entre, de um lado, calvinistas ortodoxos e, de outro, simpatizantes, confessos ou não, dos unitaristas britânicos. Importadas da Inglaterra a partir dos anos 1710, as ideias unitaristas obtiveram uma recepção favorável em meados do século XVIII entre a maioria dos pastores congregacionais da região de Boston.

É nesse contexto que Channing prega em Baltimore sobre o liberalismo (*Unitarian Christianity* [Cristianismo unitário], 1819), um sermão em forma de manifesto que assinala uma etapa decisiva no processo que levaria à criação, em 1825, da *American Unitarian Association*, ou seja, à institucionalização do que até então não passava de uma corrente teológica liberal nas igrejas congregacionais. Considerado o documento fundador do unitarismo americano, o sermão de Baltimore enuncia os cinco artigos de fé que constituem sua identidade doutrinal: a unidade de Deus (contra o dogma clássico trinitário); a unidade de Jesus Cristo (contra a doutrina de sua dupla natureza); a perfeição moral de Deus (contra as concepções "imorais" ou "tirânicas" da soberania divina); a mediação de Cristo para "a libertação moral ou espiritual do gênero humano" (contra as doutrinas da mediação que fazem de Cristo uma "vítima expiatória infinita"); a natureza moral do ser humano como fundamento de toda virtude (contra o conceito de uma "graça irresistível" e, de modo mais geral, contra a doutrina da dupla predestinação).

Com base em um método de interpretação da Bíblia amplamente inspirado em John Locke, esses artigos fundamentais da fé unitarista são dirigidos contra a ortodoxia calvinista cuja *Confissão de Westminster* constitui uma referência doutrinal. Em *The Moral Argument Against Calvinism* [O argumento moral contra o calvinismo] (1820), Channing usa de toda a carga polêmica: "Se lemos as Escrituras nos impregnando do espírito do cristianismo e modificando, como exige uma crítica correta, alguns textos particulares, por esse espírito geral, o calvinismo ficará tão ausente da alma do leitor quanto o papismo — e eu quase disse 'paganismo'" (*Unitarian Christianity*).

Em *Likeness to God* [Semelhança com Deus] (1828) e *Self-Culture* [Autodidática] (1838), Channing enriquece suas reflexões anteriores sobre a natureza moral do ser humano com uma meditação de tons românticos sobre o potencial espiritual de cada indivíduo. Associando à alma humana um "caráter de infinitude", ele descreve a vida cristã como a busca de uma semelhança crescente com Deus. Os transcendentalistas encontrarão nesses textos uma importante fonte de inspiração.

Em *Slavery* [Escravidão], uma impressionante defesa do fim das instituições escravocratas, Channing coloca sua pluma e seu renome a serviço da causa abolicionista. As implicações políticas e sociais de sua teologia surgem em diversos temas combativos, como sua militância pela temperança, pela educação nas classes operárias, pela reforma do sistema penitenciário e contra a anexação do Texas.

Enquanto era vivo, Channing adquiriu notoriedade também por suas qualidades literárias, manifestas em estudos críticos sobre Milton, Napoleão e Fénelon. Traduzida a partir do século XIX para várias línguas, como o alemão e o francês, a obra de Channing obteve fantástica repercussão dos dois lados do Atlântico, antes de cair em um relativo esquecimento após a Primeira Guerra Mundial.

Marc Boss

▶ *The Works of William Ellery Channing*, 6 vols., Boston, American Unitarian Association, 1903; *William Ellery Channing. Selected Writings*, org. por David ROBINSON, New York, Paulist Press, 1985; *Oeuvres sociales de W. E. Channing*, Paris-Genebra, Comon-Cherbuliez, 1854; CHANNING, William Ellery, *De l'esclavage* (1835), Paris, Lacroix-Comon, 1855; Idem, *Traités religieux*, Paris-Genebra, Lacroix-Comon-Cherbuliez, 1857; Idem, *Le christianisme libéral* (1819), Paris, Charpentier, 1866 (reed. de *Le christianisme unitaire*, 1862); DELBANCO, Andrew, *William Ellery Channing. An Essay on the Liberal Spirit of America*, Cambridge, Harvard University Press, 1981; MENDELSOHN, Jack, *Channing, the Reluctant Radical. A Biography* (1971), Westport, Greenwood Press, 1980; PATTERSON, Robert L., *The Philosophy of William Ellery Channing* (1952), New York, AMS Press, 1973; ROBINSON, David, "The Legacy of Channing: Culture as a Religious Category in New England Thought", *Harvard Theological Review* 74, 1981, p. 221-239; WRIGHT, Conrad, *The Liberal Christians. Essays on American Unitarian History*, Boston, Beacon Press, 1970, cap. 2: *The Rediscovery of Channing*.

◉ Congregacionalismo; unitarismo

CHANTRE

Ao abolir o uso do órgão, as igrejas reformadas adotaram o ministério dos chantres para conduzir o canto dos fiéis *a capella*. Esse cargo era em geral conferido a regentes ou professores. Eram também chamados "pré-chantres": cantavam uma primeira vez os salmos para lembrar aos fiéis a melodia e as palavras e, em seguida, conduziam o canto da assembleia. Costumavam também ser responsáveis pelas leituras bíblicas. A partir do final do século XVII, pequenos conjuntos de sopro passaram a suster o canto dos fiéis. Com o retorno progressivo do órgão, desde o final do século XVIII, e o recurso a harmônios na segunda metade do século XIX, tornou aos poucos obsoleto esse ministério, exceto por algumas raríssimas exceções que haviam perdido sua razão de ser litúrgica. Podemos lamentar o fato: esse ministério deu provas de sua utilidade.

Bernard Reymond

▶ BURDET, Jacques, *La musique dans le Pays de Vaud sous le régime bernois* (*1536-1798*), Lausanne, Payot, 1963; REYMOND, Bernard, *Le protestantisme et la musique. Musicalités de la Parole*, Genebra, Labor et Fides, 2002; WEEDA, Robert, *Le Psautier de Calvin. L'histoire d'un livre populaire au XVIe siècle (1551-1598)*, Turnhout, Brepols, 2002.

◉ Música; Saltério huguenote

CHAUNU, Pierre (1923-2009)

Nascido na Lorraine, Chaunu tornou-se um dos grandes historiadores franceses da segunda metade do século XX. Professor em Caen (1959-1970) e em Paris IV (1970-1991), foi pioneiro em três áreas: história econômica, demografia histórica e história cultural. Sua obra histórica se impõe pelo espírito inovador, pela força demonstrativa e pela qualidade da síntese. Também foi um homem de fé, um protestante praticante (costumava subir ao púlpito para pregar) que se pôs a serviço da defesa dos valores cristãos, sobretudo o da família, e da luta contra o declínio demográfico. Membro do Instituto a partir de 1982, adquiriu uma ampla notoriedade, não apenas nos meios acadêmicos, mas junto a um vasto público como homem da mídia, jornalista da palavra escrita e do rádio.

Bernard Vogler

▶ CHAUNU, Pierre, *Le temps des Réformes* (1975), Paris, Hachette, 1996; Idem, *La mémoire de l'éternité*, Paris, Robert Laffont, 1975; Idem, *Église, culture et société. Essais sur Réforme et Contre-Réforme* (1517-1620) (1981), Paris, SEDES, 1984; Idem, *Au coeur religieux de l'histoire*, Paris, Perrin, 1986; Idem, org., *L'Aventure de la Réforme, Le monde de Jean Calvin* (1986), Paris, Hermé, 1992; Idem, *Brève histoire de Dieu. Le coeur du problème*, Paris, Robert Laffont, 1992; FOISIL, Madeleine, org., *La vie, la mort, la foi, le temps. Mélanges offerts à Pierre Chaunu*, Paris, PUF, 1983.

● História

CHECA (República)

A propagação do cristianismo no país está correlacionada com a chegada dos missionários bizantinos Cirilo e Metódio à Grande Morávia, em 863, que foi decisiva para a cristianização dos países escandinavos. Graças ao uso do velho eslavo como língua litúrgica, o cristianismo recebeu um acolhimento favorável. Após a queda da Grande Morávia pela invasão húngara, os príncipes da Dinastia dos Premislides em Praga, no governo por mais de quatro séculos, consideraram-se os herdeiros da Grande Morávia. Embora a liturgia bizantina em eslavo antigo ainda estivesse em uso, no século X o país caiu sob a influência da igreja ocidental. Instituído em Praga no ano 973, o bispado obteve uma grande expansão sob o episcopado de Adalberto, que desempenhou um papel importante na cristianização da Hungria e do norte da Polônia. O cisma de 1054 culminou na proibição da liturgia bizantina eslava e na destruição de seu centro de expansão, o monastério de Sázava. O herdeiro da Coroa checa, imperador Carlos IV de Luxemburgo, fundou no ano 1348 a Universidade de Praga. Sob a influência de seu reitor, o pregador Jan Hus (1371-1415), a universidade tentou encontrar uma solução para o cisma da igreja ocidental propondo uma reforma da igreja. Após a confederação de John Hus à fogueira pelo concílio de Constance, suas ideias de reforma se expandiram por todo o país. O movimento hussita, rico de novos impulsos teológicos e sociais, anunciando uma nova era, obteve o reconhecimento dos principais fundamentos de seu programa e da igreja checa utraquista pelo Concílio de Basileia (1431-1449). A Unidade dos Irmãos, movimento pacifista que ficou conhecido também como Irmãos Boêmios ou Irmãos Morávios, surgiu em 1458 sob a influência do pensador leigo Petr Chelčický (?1390-?1460). Com o fim de estabelecer uma frente comum em oposição à política de contrarreforma dos augsburgos eleitos para o trono checo em 1526, as diversas correntes protestantes promulgaram a Confissão Checa em 1575. A entronização de Ferdinando II e o mal-estar provocado por sua falta de respeito para com a liberdade de culto foram fatores que culminaram na insurreição da nobreza protestante, que caracterizou o início da Guerra de Trinta Anos (defenestração de Praga em 1618). A derrota do exército protestante em 1620 foi seguida de medidas repressivas contra a maioria protestante, com a abolição da Constituição e um exílio massivo de nobres e burgueses protestantes, como o pastor da Unidade dos Irmãos, o filósofo e pedagogo Jan Amos Comenius (1592-1670). A Contrarreforma foi acompanhada de uma germanização. O poder real, restabelecido, fez apelo aos estrangeiros católicos de língua alemã para tomar posse dos bens protestantes. Muitos protestantes passaram a viver na ilegalidade, sendo perseguidos durante 150 anos até o Edito de Tolerância, em 1781. Sem o direito de se referir à reforma checa, a igreja "tolerada" adotou em sua maioria a Confissão reformada. Ao longo do século XIX, os intelectuais protestantes desempenharam um papel essencial no avivamento nacional. Esse foi o caso do historiador František Palacký (1798-1876). Sua apresentação da época protestante da história checa como o ponto culminante foi decisiva para o renascimento checo.

Quando foi criada a República da Checolosváquia (1918), a igreja protestante adotou o nome Igreja Protestante dos Irmãos Checos. Em 1920, com o desejo de restabelecer laços com o movimento hussita, surgiu uma nova igreja hussita, com um milhão de membros, fundada por padres após Roma ter rejeitado a reforma da Igreja Católica de acordo com os principais artigos da Reforma hussita.

Expostas a uma perseguição sistemática durante o regime comunista a partir de 1948, todas as igrejas passaram a lutar pela sobrevivência, perdendo um grande número de membros. Sob a influência do teólogo Josef L. Hromádka (1889-1969), que via no ateísmo do regime comunista um componente temporário e não essencial, uma abertura em relação à sociedade comunista encontrou eco favorável junto a certo número de protestantes, culminando na criação, nos anos 1960, da Conferência Cristã pela Paz de Praga e no diálogo entre cristãos e marxistas. Esse diálogo contribuiu para as tentativas reformistas da Primavera de Praga (1968). Os protestantes desempenharam um papel considerável no movimento de oposição Carta 77.

A força do protestantismo desde a queda do comunismo reside no surgimento de obras sociais, na sólida formação teológica, no movimento da juventude protestante, no engajamento dos leigos e na atração que exercem as duas faculdades de teologia protestante e hussita da Universidade Carlos (Praga).

Josef D. Benes

▶ RÍCAN, Rudolf, *The History of the Unity of Brethren. A Protestant Hussite Church in Bohemia and Moravia*, Bethlehem, Moravian Church in America, 1992.

◉ Comenius; Eslováquia; Hromádka; Hus; hussismo; Masaryk; Morávios (Irmãos)

CHENEVIÈRE, Jean-Jacques Caton (1783-1871)

Pastor e professor de teologia na Academia de Genebra, Chenevière foi um dos líderes do protestantismo pré-liberal. Fez-se notar desde o início de sua carreira como professor, com o manifesto *Causes qui retardent chez les réformés les progrès de la théologie* (Genebra, Paschoud, 1819), em que denunciou o apego a doutrinas consideradas insustentáveis ou obsoletas. Atacou-as frontalmente em sua obra *Essais théologiques* [Ensaios teológicos] (6 vols., Genebra, Cherbuliez, 1831-1834), criticando sucessivamente a trindade, o pecado original, a desconfiança em relação à razão, as confissões de fé, a redenção expiatória e a predestinação, com argumentos tirados do raciocínio e das Escrituras. Em 1831, foi um dos principais fundadores e mestres espirituais do *Protestant de Genève*, semanário de tendência "liberal" cujo objetivo era defender a igreja nacional contra as maquinações dos meios avivalistas.

Bernard Reymond

▶ CHENEVIÈRE, Jean-Jacques Caton, *Précis des débats théologiques qui, depuis quelques années, ont agité la ville de Genève*, Genebra, Paschoud, 1824; Idem, *Dogmatique chrétienne* [Dogmática cristã], Genebra, Jullien, 1840; FATIO, Olivier, org., *Genève protestante en 1831*, Genebra, Labor et Fides, 1983.

◉ Confissão de fé; Genebra; liberalismo teológico; racionalismo teológico; Avivamento

CHESSEX, Jacques (1934-2009)

Escritor originário da Suíça romanda, Chessex obteve em 1973 o Prêmio Goncourt por *L'ogre* [O ogro]. Autor de romances, poemas, ensaios, artigos polêmicos, críticas de arte, contos etc., afirma não pertencer a nenhuma escola filosófica ou religiosa. No entanto, de um ponto de vista estritamente cultural, suas raízes cristãs são bastante evidentes, notando-se sobretudo influências como o tomismo do dominicano Pierre-Marie Émonet (1917-2000) e o calvinismo. Seus livros tomam de empréstimo menções alusivas e paródicas da Bíblia ou da literatura reformada, utilizadas nos anos 1970 e 1980 para enfatizar fatos sociais, como os problemas identitários da burguesia protestante helvética, o surgimento de seitas e a dificuldade de adaptação do papel do pastor ao contexto moderno. Essa tendência não deve ser interpretada como uma crítica direta à herança teológica dos reformadores históricos, mas, sim, uma denúncia dos fracassos (intelectuais, estéticos e morais) inerentes ao modo recente e contemporâneo de referir-se a essa herança. Em suas últimas obras, acentua-se uma dimensão mística, sempre sob o signo da ambivalência entre ateísmo e adoração. Essa mudança coincide com uma transformação estilística, quando seus escritos se tornam, no conjunto, mais tensos e mais sóbrios.

Bernard Hort

▶ CHESSEX, Jacques, *La confession du pasteur Burg*, Paris, Bourgois, 1967; Idem, *Carabas*, Paris, Grasset, 1971; Idem, *L'ogre*, Paris, Grasset, 1973;

Idem, *Judas le transparent*, Paris, Grasset, 1982; Idem, *Jonas*, Paris, Grasset, 1987; Idem, *La trinité*, Paris, Grasset, 1992; Idem, *Le rêve de Voltaire*, Paris, Grasset, 1996; Idem, *Poésie*, 3 vols., Yvonand, Bernard Campiche, 1997; Idem, *De l'encre et du papier*, Lausanne, La Bibliothèque des arts, 2001; Idem, *Transcendance et transgression. Entretiens avec Geneviève Bridel*, Lausanne, La Bibliothèque des arts, 2002; Idem, *L'économie du ciel*, Paris, Grasset, 2003; Idem, *Le désir de Dieu*, Paris, Grasset, 2005; JATON, Anne-Marie, *Jacques Chessex. La lumière de l'obscur*, Carouge, Zoé, 2001; MOLLA, Serge, *Jacques Chessex et la Bible. Parcours à l'orée des Écritures*, Genebra, Labor et Fides, 2002.

Ο Literatura

CHIAMPEL, Duri (1510-1582)

Nascido em Susch e morto em Tschlin, Suíça, Chiampel estuda com o predicante Filip Gallicus (1504-1566), em Lavin e em Malans, antes de fazer um estágio na Universidade de Basileia. Em 1537, em Susch, sua mulher dá à luz em sua ausência uma menininha que morreria logo em seguida. Às pressas, o pai de Chiampel resolve batizá-la, o que ocasiona um tumulto no momento do sepultamento. Tentam acalmar a multidão, convocando uma disputa em romanche que favoreceria a Reforma. Chiampel, pastor em Klosters e em Susch, escreve peças de teatro bíblicas e publica em 1562, de seu próprio bolso, um Saltério em vallader (romanche da Baixa Engadina), compreendendo 93 salmos, o mesmo número de cânticos e um catecismo. Chamado para a Coira em 1570, levanta-se contra as alianças militares dos grisons e precisa retirar-se para Tschlin, nas fronteiras da Baixa Engadina. Ali, redige duas obras acadêmicas em latim, que só seriam publicadas no século XIX.

Gabriel Mützenberg

▶ CHIAMPEL, Duri, *Un cudesh da Psalms*, Basileia, 1562; Idem, *Raetiae alpestris topographica descriptio*, Basileia, Schneider, 1884; Idem, *Historia Raetica*, 2 vols., Basileia, Schneider, 1887-1890; BEZZOLA, Reto Rudolf, *Litteratura dals Rumauntschs e Ladins*, Coira, Lia Rumauntscha, 1979; MÜTZENBERG, Gabriel, *Destin de la langue et de la littérature rhéto-romanes*, Lausanne, L'Âge d'Homme, 1991.

Ο Bifrun; Gabriel; retorromana (Reforma)

CHICAGO (escola de)

A "escola de Chicago" se define por uma tendência teológica de tipo empírico. Entre suas personalidades mais marcantes estão Shirley Jackson Case (1872-1926), Shailer Mathews (1863-1941), Gerald Birney Smith (1868-1929), Berbard Eugene Meland (1899-1993) e Douglas Clyde Macintosh (1877-1948, professor em Yale). Cabe mencionar também Henry Nelson Wieman (1884-1975), eminente representante de uma teologia "empírica" ou "naturalista", em uma tradição decididamente liberal. Entre as referências dessa escola, convém citar John Dewey (1859-1952) e William James (1842-1910), ambos teóricos do conhecimento, que para o primeiro é obtido por meio da experiência imediata e, para o segundo, por meio da experiência religiosa. Todos esses autores encarnam e prolongam, de certo modo, o "pragmatismo americano".

De modo geral, podemos dizer que a escola de Chigado coloca entre parênteses o Deus criador transcendente e exterior, próprio da tradição judaico-cristã, em prol de um Deus que está incluso no próprio fato criador. Nesse sentido, pode-se notar que essa corrente se coloca, entre outras referências, no mesmo ambiente da teologia do processo (John B. Cobb e David Ray Griffin, além de Schubert Miles Ogden, Charles Birch e outros), principalmente por meio dos autores Wieman e Meland (e, nesse contexto, Bernard Loomer [1912-1985]), com Deus significando tudo aquilo de que a vida humana depende, além da atividade criadora no cerne do mundo, produzindo nossa vida para o bem. Em geral, distinguem-se três fases nessa vertente teológica: a primeira escola de Chicago, de tendência sócio-histórica (1908-1926), com os autores Case e Matthews; o período de um método filosófico-teológico, com destaque para Wieman e Smith; e o período de "teologia construtiva" (1946-1966), com a chegada de Meland.

Hoje, fala-se da escola de Chicago em outro sentido, como um contraste com a escola de Yale no que se refere ao método e ao *status* da teologia ao longo do último quarto do século XX. Em Chicago, o pensamento hermenêutico de David Tracy, que inclui uma abertura para Paul Ricoeur, conjugado ao método de correlação de Paul Tillich (sobretudo na obra de Langdon Gilkey), favoreceu um diálogo crítico entre as interpretações da tradição cristã e as da experiência humana. A teologia fundamental elaborada na Universidade de Chicago durante essas duas décadas foi refinada em um debate com os teólogos da Universidade de Yale, com destaque para George Lindbeck e Hans Frei, que propunham pensar a teologia como uma gramática que regulasse de modo pragmático a tradição cristã, uma gramática específica com seus textos de referência (a Bíblia), seus símbolos e suas doutrinas.

Pierre Gisel e Werner G. Jeanrond

▶ BLASER, Kaluspeter, *Les théologies nord-américaines*, Genebra, Labor et Fides, 1995; BUCKLEY, James J., "Revisionists and Liberals", em David F. FORD, org., *The Modern Theologians. An Introduction to Christian Theology in the Twentieth Century* (1989), Oxford, Blackwell, 1997, p. 327-342; DEAN, William D., *American Religious Empiricism*, Albany, State University of New York Press, 1986; MILLER, Randolph C., org., *Empirical Theology. A Handbook*, Birmingham, Religious Education Press, 1992; PEDEN, Creighton, *The Chicago School. Voices in Liberal Religious Thought*, Bristol, Wyndham Hall Press, 1987.

● Cobb; Dewey; Estados Unidos; Griffin; James; Lindbeck; teologia do processo

CHIKANE, Frank (1951-)

Antigo diretor do Instituto de Teologia Contextual de Braamfontein (África do Sul) e líder do grupo de redação do famoso *Kairos Document, Challenge to the Church, A Theological Comment on the Political Crisis in South Africa* [Documento *Kairós*: desafio para a igreja. Um comentário teológico sobre a crise política na África do Sul] (1985), Chikane encarna, assim como Tutu, Boesak e outros, a resistência da igreja sul-africana ao regime do *apartheid* e ao racismo institucionalizado, sendo ele mesmo membro de uma igreja pentecostal (*Apostolic Faith Mission*). Embora perseguido e torturado pelo governo branco, aceitou suceder, em 1987, a Christiaan Frederik Beyers Naudé no cargo de secretário-geral do Conselho Sul-Africano das Igrejas (até 1994), considerando que, apesar do risco de morte, o imperativo do presente (*kairós*) lhe impõe esse engajamento por uma África do Sul nova, justa, democrática e não racial. Sob sua liderança, o conselho teria um papel decisivo no processo que culminou na abolição do sistema racista, com as igrejas tomando a frente depois do desmantelamento da maioria das organizações anti*apartheid*, em 1988. Chikane trabalha em uma perspectiva de justiça e reconciliação entre as populações do país e entre as igrejas, pleiteando as sanções econômicas. É um teólogo negro que se firma na Bíblia, relida com os olhos das vítimas, assim como na espiritualidade da não violência. "A igreja não pode ser um movimento de libertação sozinha e, enquanto igreja, não pode assumir a liderança do país. É o povo que deve tomar para si essa responsabilidade." Após as eleições democráticas em 1994, Chikane se torna colaborador do vice-presidente Thabo Mbeki, passando a ser seu diretor-geral quando Mbeki assume a presidência da República Sul-Africana.

Klauspeter Blaser

▶ CHIKANE, Frank, *No Life of My Own. An Autobiography*, Maryknoll, Orbis Books, 1989.

● África do Sul; *apartheid*

CHILD, Lydia Maria (1802-1880)

Nascida em Medford, em Massachussetts, Lydia Maria Child, nome de solteira Francis, é uma das mulheres protestantes mais ilustres de sua época. De família calvinista ortodoxa, é influenciada pelas ideias de Emanuel Swedenborg e pelo unitarismo, mas permanece independente, em busca de uma escolha pessoal religiosa. É autora de mais de trinta obras, entre romances, contos e biografias que a consagraram no mundo anglo-saxão: *Hobomok. A Tale of Early Times* [Hobomok: um conto de tempos idos] (1824, New York, Garrett Press, 1970); *The Rebels, or Boston before the Revolution* [Os rebeldes, ou Boston antes da revolução] (1825, Boston, Phillips-Sampson, 1850); *Philotea. A Romance* [Philotea: um romance] (1836, New York, Francis, 1845). Entre 1826 e 1834, edita *The Juvenile Miscellany* [Miscelânea juvenil], primeiro periódico mensal para crianças nos EUA, e duas obras de sucesso sobre a condição feminina: *Frugal Housewife* (1829, 35 edições) e *Mother's Book* (1831, 20 edições). Depois de seu casamento com o jornalista David Lee Child (1794-1874), dedica-se à causa abolicionista e à dos ameríndios, militando na Sociedade Antiescravagista de Boston, liderada por Maria Weston Chapman (1806-1885). Em 1833, publica seu *Appeal Behalf of the Class of Americans*

Called Africans [Apelo em prol da classe dos americanos chamados africanos] e, entre 1840 e 1844, edita o *National Anti-Slavery Standard* [Jornal Nacional Antiescravagista].

Jean-François Zorn

▶ *Lydia Maria Child Selected Letters 1817-1880*, org. por Milton MELTZER e Patricia G. HOLLAND, Amberst, University of Massachussets Press, 1883; BOLT, Christine e DRESCHER, Seymour, orgs., *Anti-Slavery, Religion and Reform*, Folkestone-Hamden, Dawson-Archon Books, 1980; GLASSMAN HERSH, Blanche, *The Slavery of Sex. Feminist-Abolitionists in America*, Urbana, University of Illinois Press, 1978; KARCHER, Carolyn L., *The First Woman in the Republic. A Cultural Biography of Lydia Maria Child*, Durham, Duke University Press, 1994.

⦿ Criança; escravidão; Estados Unidos; feminismo; **mulher**; Grimké

CHLADENIUS, Johann Martin (1710-1759)

Nascido em Wittenberg, morto em Erlangen, Chladenius vem de uma família de teólogos luteranos. Seu pai, Martin Chladenius (1669-1725), era professor de teologia e ocupou a cadeira de Lutero em Wittenberg; o irmão de sua mãe, Urban Gottfried Siber (1669-1741), era professor de história antiga da igreja em Leipzig. Após estudos do ensino médio em Coburgo, Chladenius estuda filosofia clássica, filosofia e teologia em Wittenberg, de 1725 a 1731. Inicia na mesma cidade, em 1732, sua carreira acadêmica na Faculdade de Filosofia. As etapas seguintes seriam Leipzig, onde em 1743 ele sucede a seu tio, e a Universidade de Erlangen, fundada em 1743, onde trabalha a partir de 1747 como professor de teologia, retórica e poesia; de 1744 a 1747, dirige seu antigo ginásio em Coburgo.

Em seus numerosos textos, que cobrem seu campo de estudos como um todo, Chladenius se revela como um representante da ortodoxia luterana, esforçando-se por conciliar a dogmática estabelecida com as exigências científicas da *Aufklärung* em surgimento e por estabelecer uma nova relação entre fé e razão. A partir da filosofia racionalista de Christian Wolff, ele se orienta cada vez mais para o conhecimento histórico como a parte mais importante da *Gottesgelahrtheit* ("ciência de Deus"). Sua obra principal, a *Allgemeine Geschichtswissenschaft* (1752, Viena, Böhlau, 1985), une fragmentos ou esboços do início de seu pensamento histórico em um sistema de teoria da história: um resumo sistemático da teoria tradicional da história, que já anuncia os problemas da historiografia na *Aufklärung* tardia e nos primórdios do historicismo. No centro se encontra sua doutrina do "espectador" e do "ponto de vista" como necessidade do conhecimento histórico que, sem colocar primordialmente em questão a doutrina tradicional e realista do conhecimento, prepara a subjetivação, a perspectiva e a historicização do conhecimento histórico, continuando a suscitar o mais vivo interesse nos debates atuais sobre a parcialidade e a objetividade.

Ulrich Muhlack

▶ MÜLLER, Hans, *Johann Martin Chladenius (1710-1759). Ein Beitrag zur Geschichte der Geisteswissenschaften, besonders der historischen Methodik* (1917), Vaduz, Kraus, 1965; FRIEDERICH, Christoph, *Sprache und Geschichte. Untersuchungen zur Hermeneutik von Johann Martin Chladenius*, Meisenheim am Glan, Hain, 1978; KOSELLECK, Reinhart, *Vergangene Zukunft. Zur Semantik geschichtlicher Zeiten*, Frankfurt, Suhrkamp, 1979.

⦿ **História**; historicismo; ortodoxia protestante; Wolff

CIÊNCIA → RAZÃO

CIÊNCIA CRISTÃ

Fundada por Mary Morse Baker (1821-1910), uma americana educada em uma família piedosa de uma igreja congregacional de New Hampshire, a Ciência Cristã é um movimento religioso que se baseia na cura e que se alimenta de várias fontes: a Bíblia, a homeopatia e o mesmerismo (do médico alemão Franz Anton Mesmer (1734-1815), que originou uma concepção terapêutica através do magnetismo). Para a Ciência Cristã, o homem é uma ideia divina, e não um ser material, e a doença, assim como a morte, não passa de "ilusão" resultante da falta de confiança no amor divino.

Acometida desde a infância de problemas de saúde, provada diversas vezes pelo infortúnio (morte de seu primeiro e seu terceiro maridos, separação do segundo), Mary Baker se interessava pela medicina não convencional: homeopatia, espiritismo, magnetismo. Após uma grave queda no dia 4 de fevereiro de 1866, a senhora Baker é curada após ler Mateus 9.1-18 (história da cura do paralítico): para os adeptos da Ciência Cristã, este é o marco fundador do movimento. A partir disso, Mary Baker pratica curas e desenvolve uma concepção de terapia cristã em sua obra *Ciência e saúde*, publicada em 1875 e reeditada várias vezes com o título *Ciência e saúde com a chave das Escrituras* (São Paulo, DBA, 2001): Mary Baker se afastaria de fato do mesmerismo para se concentrar nas Escrituras como o verdadeiro remédio. A seguir, obteria relativo sucesso e desenvolveria suas atividades com publicações (após outros jornais, lança em 1908 um cotidiano intitulado *The Christian Science Monitor*) e a organização de uma instituição religiosa (cf. *Manual de A Igreja Mãe: a primeira igreja de Cristo cientista sediada em Boston* [1895], ed. bilíngue português/inglês, Boston, *Trustees under the Will of Mary Baker G. Eddy*, 1968). O primeiro templo é inaugurado em Boston, 1895, cidade em que, em 1906, seria erigida uma catedral cientista cristã de cinco mil lugares. Na ocasião da morte de Mary Baker, havia 680 grupos de Ciência Cristã nos Estados Unidos e duzentos em outros países.

Nos grupos de Ciência Cristã, o culto dominical consiste em uma leitura, por um homem ou uma mulher, de versículos bíblicos e passagens de *Ciência e saúde*, comentadas em seguida. Terapeutas autorizados pela Igreja da Ciência Cristã efetuam curas espirituais. Esse movimento religioso conta com um número modesto de membros, mas está presente em muitos países.

Jean-Paul Willaime

▶ DERICQUEBOURG, Régis, *Les religions de guérison. Antoinisme, Science chrétienne, scientologie*, Paris-Montreal, Cerf-Fides, 1988; Idem, *La Christian Science*, Leumann, Elledici, 1999; GOTTSCHALK, Stephen, *The Emergence of Christian Science in American Religious Life*, Berkeley, University of California Press, 1974; PEEL, Robert, *Mary Baker Eddy* (1966-1977), 3 vols., New York, Holt, Rinehart and Winston, 1972-1980; WILSON, Bryan, *Sects and Society. A Sociological Study of the Elim Tabernacle, Christian Science, and Christadelphians* (1961), Westport, Greenwood Press, 1978.

● Cura; **saúde**; **seitas**

CIMADE

Em setembro de 1939, o mundo se afunda na guerra. Os habitantes das fronteiras são deslocados para o interior. Movimentos de juventude protestante se organizam e constituem o *Comité Inter-Mouvements Auprès des Évacués* [Comitê Intermovimentos Junto aos Evacuados], formando a sigla em francês CIMADE. Depois disso, o drama se intensifica. Os estrangeiros e os judeus são reagrupados em campos de concentração. Com a iniciativa de Madeleine Barot e a autoridade do pastor Marc Boegner, organiza-se um mutirão de solidariedade às vítimas, inspirado no Evangelho, que durante a guerra se materializa por meio da transferência de crianças para a Suíça e, depois da guerra, por ações de reconciliação, reconstituição, acolhimento dos refugiados, destino dos trabalhadores migrantes e, em seguida, recorrendo-se às fontes da migração, o apoio aos parceiros do Sul. Fiel a seus princípios, a CIMADE se engaja ainda hoje em duas frentes: na França, na defesa jurídica de estrangeiros, refugiados e migrantes; no exterior, em ações de solidariedade internacional.

André Jacques

▶ GERDES, Uta, *Ökumenische Solidarität mit christlichen und jüdischen Verfolgten. Die CIMADE in Vichy-Frankreich 1940-1944*, Göttingen, Vandenhoeck & Ruprecht, 2005; JACQUES, André, *Madeleine Barot. Une indomptable énergie*, Paris-Genebra, Cerf-Labor et Fides, 1989; Idem, *Trésors d'humanité. Itinéraire d'un témoin solidaire*, Genebra-Paris, CMI-Cerf, 2004; MERLE D'AUBIGNÉ, Jeanne e MOUCHON, Violette, orgs., *Les clandestins de Dieu. CIMADE 1939-1940* (1968), Genebra, Labor et Fides, 1989.

● Barot; Boegner; Chambon-sur-Lignon; desenvolvimento; Dietrich; guerras mundiais; juventude (movimentos de); migrações

CINEMA

1. Cinema e protestantismo
    1.1. A essência do cinema combina com o protestantismo
    1.2. Cinemas ancorados em culturas diversas
2. *Freeze frame*
    2.1. Imagens de Jesus e sétima arte
    2.2. A figura do pastor no cinema
3. Direito de olhar
    3.1. No rastro do religioso no cinema
    3.2. O cinema no rastro do humano

CINEMA

1. Cinema e protestantismo

1.1. A essência do cinema combina com o protestantismo

Gostaria que o que se segue fosse considerado não um casamento deficiente e forçado, arranjado especialmente para uma enciclopédia, e ainda menos como uma apologética infantil que entabula associações de modo voraz e indiscreto, mas, sim, como um jogo de espelhos, como *parábolas* que se espantam com seus paralelismos ocultos, sem que se saiba exatamente quem induz quem, o protestantismo ou o cinema.

Pois o cinema (etimologicamente, da palavra "movimento") não é a imagem que eterniza (como a escritura, que grava), mas o movimento da câmera que mergulha até nas rugas da mão e afasta até as nuvens do céu. A essência do cinema está na aproximação da interioridade pelos detalhes da superfície. A essência do cinema está em *dar a ver o invisível pelas variações do visível*. Assemelha-se assim, ao mesmo tempo, à pintura e à música, misturando-os em uma paleta mágica. A essência do cinema não é nem a beleza nem o fausto, mas a veracidade e o sonho, a que convém certa austeridade para que não sejamos afogados no fluxo e nas ondas dos múltiplos meios trabalhados, mas que possamos perceber sempre a voz do autor, ou seja, do diretor, chegando até nós pelos mediadores-servidores que são os atores. A essência do cinema não está em "ilustrar", mas em *transportar*: não é nem a contemplação, nem a ação, mas a emoção, captada em um instante, uma vez por todas e para sempre.

Por suas origens históricas no mutismo, talvez o cinema tenha mantido uma preferência secreta pelo silêncio. Quando faladeira demais, a língua abarrota os olhos em favor da orelha. É quando não estamos mais no cinema, com sua prodigiosa intimidade. Estamos no teatro filmado, onde o autor não é mais o diretor, mas o dialogador, que nos incomoda com sua brilhante eloquência ou suas explicações enroladas.

Para que possamos nos encontrar ou nos comunicar, e eu ia escrever enfaticamente comungar, nesse silêncio natal, o cinema precisa de grandes e motivadoras histórias ou grandes sentimentos partilhados, que cada diretor (ou pregador) tratará à sua maneira sem de fato inventá-los, mas atribuindo-lhes atualidade. Afinal, o cinema é tanto a arte da interioridade quanto uma arte épica, possuindo meios técnicos para isso. O cinema conta novamente a *odisseia* ou o *êxodo da condição humana*, com o povo, as multidões, os desertos e seus oásis, as catástrofes, os medos, os nascimentos e as alegrias, as grandes liturgias de lutos e recomeços.

Em um sentido muito geral, portanto, o cinema pode ser chamado de arte religiosa, pois relê e reata, convocando em salas escuras pessoas que suprimirão por um momento o mundo lá fora e se concentrarão na tela por completo, ou seja, olhos e orelhas, e o tato, se houver alguma companhia amiga, cabeça e coração. O cinema é de fato a única grande arte religiosa e profana do século XX, como foram no século XIX o romance, no XVIII a ópera, no XVII o teatro e a farsa, no XVI a poesia e os salmos, na Idade Média os mistérios e, na Antiguidade grega, as tragédias. Podemos conversar sobre cinema com qualquer pessoa, assim como acontece com os sermões, pois o cinema busca e abre, *mostra* e *sugere*. O cinema é moderno, não somente por causa da técnica, mas por seu espírito que volta as costas às puras reconstruções do passado, nem tanto aventurando-se por secas antecipações do futuro, mas principalmente fazendo com que nos abandonemos ao vibrante momento presente.

Vamos encerrar essa parábola sobre o cinema com citações de diretores, todos os três protestantes: "O canto do homem e da mulher vem de todo lugar, e de nenhum lugar; pois, onde quer que o sol se levante e se ponha, na agitação da cidade ou na fazenda vazia, a vida é sempre a mesma, às vezes amarga, às vezes doce" (Carl Meyer). "Há várias definições de cinema; eis três ou quatro: olhar-se no espelho dos outros, esquecer e saber, rápido e lentamente, o mundo e a si mesmo; pensar e falar; um jogo esquisito. É a vida" (Jean-Luc Godard). "É uma maravilha ver um rosto animado a partir do interior, transformando-se em poesia" (Carl Dreyer).

Estou esquecendo algo: o cinema é precário. O suporte material do cinema é precário: uma película inflamável não é nem pedra, nem madeira, nem pergaminho, nem mesmo papel. Filme é um negócio que custa caro em capital, equipes, celebridades da TV, lançamento, publicidade, divulgação, energia. O cinema é uma indústria nem sempre rentável, e ninguém conhece de fato a receita do sucesso, uma incógnita, assim como resultados de corrida de cavalos. Um filme não pode ser consultado como um livro, nem visitado como um quadro. O filme é precário, pois é visto rapidamente, e as emoções suscitadas não ficam muito bem gravadas na memória. Frequentar o cinema é tão fácil que sua fundação em nós se torna muito curta. Enfim, o cinema é precário porque deve, em princípio, assim como uma pregação, dirigir-se a todos, sem muita especialização prévia em matéria de arte e ensaio. Sim, há os clássicos do cinema que podemos rever, clássicos que envelheceram sem ganhar uma ruga que seja. Mas em um século, em dez séculos, serão ainda clássicos? De resto, a própria modernidade é precária, por queimar rápido o que a inflamou, mas, para um coração protestante, a imortalidade e a infalibilidade são garantias que não correspondem nem à ressurreição, nem à fidelidade do Deus vivo.

Sendo assim, ao falar do cinema, mencionei de forma indireta o protestantismo, quando ele é interior e épico, silencioso e geral, moderno e gloriosamente precário, móvel e sem medo do momento presente.

Não será de espantar, portanto, que haja tantos apaixonados pelo cinematógrafo entre os povos protestantes, mesmo que seja difícil saber como cada um vive esse protestantismo, sempre por origem, muitas vezes por convicção, às vezes por inspiração. Normalmente, não costumamos ser muito expansivos com relação a isso, nem contamos vantagens. Não somos clericais. Mas, ao mesmo tempo, rancor e zombaria são raramente atitudes cultivadas entre nós. Também não somos anticlericais. Seríamos sempre austeros? Não mesmo. Somos alegres, encontrando milagres sobretudo no cotidiano, mais que no sobrenatural, no fantástico ou até mesmo no misticismo. Em nossa melhor forma, somos bíblicos, mais que jansenistas ou barrocos. Podem nos chamar de filhos de Gutenberg, aplicados na escrita, afundados nos livros. Mas somos também filhos de Dürer e Rembrandt, de Van Gogh e de Mondrian, de Bach e de Honegger, dos corais e do *negro spiritual*, do *blues* e do *jazz*. Adoraríamos dizer que nada do que é moderno é estranho à fé. Nesse aspecto, o cinema nos reconforta, na medida em que cava e se depara com a mina bíblica, da maneira com que cada século vivaz a vestiu de roupas contemporâneas.

1.2. Cinemas ancorados em culturas diversas

O cinema não existe; há cinemas. É talvez a única arte moderna, onde — à diferença, infelizmente para ela, da pintura e, em menor grau, da música — a modernidade, a facilidade e a mobilidade das comunicações não engendraram a maldição da uniformidade.

Sim, o custo da produção e a necessidade de um público amplo tornam a vida, e principalmente a sobrevivência, dos cinemas nacionais algo aleatório. O que era fácil no tempo do cinema mudo, que poderíamos chamar em geral de tempo do Carlitos e da mímica, tornou-se mais complicado no tempo do cinema falado. Foi preciso legendar, assumindo-se o risco de estirar os olhos entre a visão das imagens e a leitura das palavras. Foi preciso multiplicar as versões, as originais e as traduzidas. Há também cada vez mais coproduções, principalmente se tem televisão no meio, pois as fronteiras existem cada vez menos em um mercado que se globaliza.

Nada disso impede que os cinemas se vejam marcados pelas raízes de seus criadores e pela cultura, pela sensibilidade e pelo gosto particular de cada um de seus públicos. Que haja ou que tenha havido uma hegemonia hollywoodiana jamais impediu, nem nos EUA nem no exterior, a existência de outras tradições cinematográficas: francesa, escandinava, italiana, britânica, russa, polonesa, alemã, espanhola etc., cada uma com sua própria língua, e ainda seria preciso colocar cada uma dessas tradições no plural.

Aqui, reservo-me o direito de uma breve digressão teológica. Se há um só Deus, um só Salvador, um só Espírito, uma só Bíblia, há também, segundo a própria vontade de Deus em Gênesis 10 e contra a uniformidade de Babel em Gênesis 11, uma multiplicidade de povos, culturas, línguas, de modo que no Pentecostes cada um ouviu falar o mesmo e único Espírito em sua própria língua. O protestantismo também combina, sem constrangimento algum, com essa tradição de igrejas nacionais. A crença protestante nunca associou unidade a uniformidade, nem a centralização. Claro, assim como faz o cinema, ele multiplica as federações supranacionais e também tem seu conselho ecumênico, como há o Festival de Cannes que não hesitou, em 1993, em partilhar sua Palma de Ouro entre uma diretora

(Jane Campion, nascida em 1954) com um conselheiro maori e três chineses. O protestantismo também tem copresidências que mudam, não um papa permanente. Estende-se por toda a terra, mas alterna períodos de criatividade com fases vazias, tanto em países quanto em continentes. Vive de renascimentos, reformas, avivamentos, e não por uma garantia de continuidade sucessória. É universal a partir de um mosaico nacional que lhe dá cor, sonoridade, sabor e odor. Como o cinema.

Vamos tentar então, a partir dessa analogia histórico-teológica entre cinema e protestantismo, preencher com nomes e obras essa primeira evocação.

Comecemos pela França e pela Suíça. Ficaríamos espantados, quase estupefatos, ao constatar o número de protestantes (e sua qualidade) que se tornaram ilustres no cinema contemporâneo, principalmente quando pensamos que na França o protestantismo compõe uma minoria sociológica! O cinema francófono é essencialmente intimista e psicológico, com uma predileção pela ironia, mais que pela metafísica, pelo épico ou pelo místico. Desde os irmãos Lumière —Auguste (1862-1954) e Louis (1864-1948) — até Marc Allégret (1900-1973), Jacques Becker (1906-1960) e Coline Serreau (1947-), foi explorado um mesmo veio, o do sorriso, ou do riso, mais que das lágrimas. A vida se encontra e passa, desfrutada e leve, e enfim generosa, quando, depois de desfeitas as ilusões, a amargura não detém a última palavra. Nessas histórias do cotidiano, tudo continua, embora quase tenha ido por água abaixo; tudo continua, mais forte, mais seguro. Há um tom de tempo reencontrado, como nas cenas de reencontros de Jesus com seus antigos discípulos, após o abismo da cruz. Assim como Van Gogh, embora admirador de Millet, declarou que nunca quis pintar quadros com temas religiosos, o cinema francófono prefere histórias humanas, sem se apoiar em milagres ou no desespero. No entanto, somos visitados pela beleza no cotidiano.

Roland de Pury exprimiu de modo admirável essa sensibilidade: "A arte moderna, mais que em qualquer outra época, testemunha as dores de parto do reino que se aproxima". Assim, não há assimilação direta entre a beleza e o divino na terra. Deus está oculto. O reino é um tesouro oculto. Impossível livrar-se dessa contradição: de um lado, o caráter necessariamente oculto da beleza; de outro, o fato de que o reino que buscamos é definitivamente a única e absoluta beleza. O protestantismo "seria a forma revolucionária, escatológica, do cristianismo [...], seria de fato a igreja caminhando na ponta da história, e não uma ruína religiosa levada pelas ondas" (*Qu'est-ce que le protestantisme?* [O que é o protestantismo?], Paris, *Les Bergers et les Mages*, 1961, p. 142).

Precisamos também lembrar que o cinema francês se caracteriza por duas magistraturas literárias — duas figuras de proa de suas respectivas épocas — que com frequência escolheram temas protestantes em um eco moral a suas ascendências familiares. Antes da guerra, André Gide (1869-1951), que buscou a pureza na inquietude, com *Sinfonia pastoral* (1919); após a guerra, Jean-Paul Sartre (1905-1980), que localizou os debates sobre engajamento político e culpa pessoal no cerne do luteranismo alemão, uma vez no século XVI com *O diabo e o bom Deus* (1951), uma segunda vez no final do nazismo com *Os sequestrados de Altona* (1960). Tanto Gide como Sartre fizeram surgir duas gerações de jovens cineastas protestantes: em torno de Gide, Marc e Yves (1905-1987) Allégret, Pierre Bost (1901-1975) e Jean Delannoy (1908-2008); em torno de Sartre, Alexandre Astruc (1923-), Jacques Doniol-Valcroze (1920-1989) e Pierre Kast (1920-1984). As duas épocas são bem diferentes. Uma é centrada na consciência, na "porta estreita" da sinceridade, à escuta constante do Jesus dos evangelhos, de suas exigências mais que de suas promessas. É um cinema que examina as almas e respeita seus segredos. A segunda se concentra na história, nos conflitos que obrigam os indivíduos à escolha do lado certo, sob pena de resultados irrecuperáveis. É um cinema de acusação, constrangendo cada um a carregar a cruz de seus erros. Em ambas, o protestantismo é uma escola de autenticidade, quando aviva a responsabilidade, mesmo sem chegar a pronunciar uma só palavra de fé. Jesus é aquele que tira os pecados do mundo, sem rejeitar os homens que pecam. A gravidade dos debates interiores evita grandiloquência e sentimentalismo. Há ainda um estilo protestante, feito de franqueza e pudor, em diretores como Roger Leenhardt (1903-1985), Jean-Louis Lorenzi (1954-), Frédérique Hébrard (1927-), Coline Serreau, Pierre Schoendoerffer (1928-2012).

O cinema francês também produziu alguns filmes de contexto tipicamente protestante: *Les Camisards* [Os camisardos] (1970), de René Allio (1924-1995), *Morrer de amor* (1984) de Alain Resnais (1922-2014).

Talvez, sobretudo em seus tons protestantes, o cinema francês é fino, culto, inteligente, charmoso, sem dúvida com certo risco de elitismo citadino.

O cinema francófono suíço trai suas origens (talvez para explicar-se criticamente com elas), quer se trate das grandes fazendas valdenses, quer das paisagens sublimes à beira do lago Léman, cuja marca Jean-Luc Godard (1930-) reconhece hoje, lançando mão com cada vez mais frequência do cenário galileu em suas transposições evangélicas e enigmáticas. O cinema suíço é também um cinema de aventuras imaginárias: é como se a Suíça fosse um cantão pequeno demais, calmo demais, para todas as aventuras que habitam o coração do homem. Alain Tanner (1929-) e Claude Goretta (1929-) são grandes cineastas, com as bênçãos de Charles Ferdinand Ramuz (1878-1947) e Blaise Cendrars (1887-1961). É um cinema encantador, por suas imagens do cotidiano e seus sonhos.

O cinema americano é o antípoda do cinema francês e suíço. É um cinema amplo, com necessidade de espaço, mesmo quando o macadame substitui as pradarias, os carros substituem os cavalos, os gângsteres substituem os índios. É um cinema sempre violento, que se apropria agressivamente da atualidade, chegando a reescrever a história — tratando-se das guerras contra tribos indígenas, da velha Guerra de Secessão, da guerra pavorosa do Vietnã ou das figuras heroicas da América do Norte. O cinema americano sova as massas, onde o indivíduo está tão terrivelmente só. A mitologia onipresente nesse cinema não é Grécia, Roma, Ásia, mas a Bíblia que Northrop Frye chama *O código dos códigos* (1982, São Paulo, Boitempo, 2004), uma Bíblia que David Wark Griffith (1875-1948; *Intolerância*, 1916) e Cecil B. de Mille (1881-1959, *Os Dez Mandamentos*) ilustram desmesuradamente. De fato, nos filmes de faroeste, há um êxodo e uma marcha rumo à fronteira de uma terra prometida. Há vencedores, mas sobretudo vencidos triunfantes. Há até mesmo privilégios para os fugitivos, os falidos, os perdedores, pois é na prova que o homem descobre a coragem e a compaixão. O cinema americano é sempre épico, mas seu horizonte é menos o destino trágico que a redenção dos maus: ele atesta uma moral puritana, que se encontra com força inigualável em filmes de John Ford (1895-1973) ou transcrita nos desenhos animados de Walt Disney (1901-1966). A necessidade de um final feliz aponta para a secularização, e com frequência a banalização, desse desejo por salvação inerente a um cinema desesperadoramente violento. Nesse cinema, há muitas figuras de pastores, raramente caricaturais, mesmo quando se trata de um pregador bêbado, como em *A sombra do caçador* (1955), de Charles Laughton (1899-1962), ou de um pai austero com dois filhos rebeldes, como em *Nada é para sempre* (1992), de Robert Redford (1937-). A literatura americana guarneceu com roteiros essa fábrica de imagens: William Faukner (1897-1962), Erskine Preston Caldwell (1903-1987), John Steinbeck (1902-1968), Ernest Miller Hemingway (1899-1961) no início, William Styron (1925-2006), John Hoyer Updike (1932-2009), John Winslow Irving (1942-) hoje. Porém, a literatura pede para ser triturada a fim de tornar-se um produto de massa. Estamos assim longe de qualquer tipo de elitismo. A emoção não é filtrada por nada. Podemos achar esse cinema ultrajante, mas ele tem a grandeza da batalha profética.

O cinema britânico se especializa no testemunho social, buscando os subúrbios desfavorecidos, sem se contentar com o que se mostra brilhante e polido. Os grandes romancistas do século XIX espicham os olhos para trás dos ombros de seus netos, sarcásticos e sensíveis: Charles Dickens (1812-1870), Thomas Hardy (1840-1928), as irmãs Charlotte (1816-1855), Emily (1818-1848) e Anne (1820-1849) Brontë.

O cinema escandinavo, que se alimenta de Henrik Ibsen (1828-1906) e August Strindberg (1849-1912), é, juntamente com o russo, o mais metafísico de todos os cinemas. Seu pano de fundo luterano trata da angústia, mas também de graça, como na obra de Dreyer, obviamente o mais cristão de todos os cineastas, mas também no de Bergman, que com vagar honra seu pai, pastor tanto do interior quanto de círculos ilustres, e por fim consegue perdoá-lo. Os países escandinavos foram pobres durante muito tempo, puritanos, isolados, mesmo tornando-se recentemente verdadeiros paraísos modernos. Ninguém esquece a solidão da floresta, o aconchego da natureza, mesmo morando em meio a vidro e alumínio. Há em cada ser um lugar silencioso para a interioridade e uma simplicidade em errar por conversas metafísicas sobre a vida, o amor e a morte. A alma existe, tanto no velho como na criança. Da Escandinávia nos vieram as obras mais protestantes da história do cinema, tematizando questões como até onde amar, e de que forma (o sueco Ingman Bergman, 1918-2007), o que seria crer na palavra (o dinamarquês Carl Theodor Dreyer, 1889-1968), o que seria o rito (o dinamarquês Gabriel Axel, 1918-, cf. *A festa de Babette*, 1987).

O cinema alemão foi esmagado pela esterilidade artística da época do nazismo. Depois, encontrou-se no expressionismo, como era antes, levando o negro ao coração do vermelho, salubre e também esteta, mais realista e fantástico que metafísico ou interior. O aprendizado da vida não acaba nunca, pois a Alemanha permanece uma imensa caldeira onde há ainda mais sofrimento que imposição de sofrimento. Todas as energias são recuperadas no romantismo religioso, a não ser quando se dá um novo passo, com Wim Wenders (1945-), por exemplo, que aos poucos permite que o olhar se torne narrativa, que o anjo atravesse a condição humana.

Do ponto de vista protestante, não há grande coisa a dizer sobre os cinemas italiano e espanhol; nem o barroco, mesmo genial, nem o anticlericalismo, mesmo brutal, constituem a essência do protestantismo. Mas felizmente o cristianismo não se limita ao protestantismo! Os dois grandes cinemas da Europa meridional sabem ser cômicos e ternos, cruéis e profundos, apresentando a comédia humana à crua luz dos projetores, como costumam ser os evangelhos ao apontarem para nós.

O cinema nos olha, no sentido de "guardar duas vezes", de acordo com as palavras de Godard: ele olha o mundo conosco e o mundo em nós.

André Dumas

2. Freeze frame

2.1. Imagens de Jesus e sétima arte

Durante quase dois milênios, a igreja convidou ou empregou inúmeros artistas, pintores e, sobretudo, escultores para representar Jesus. Essas obras de arte, que influenciariam profundamente o cinema (basta lembrar Franco Zeffirelli [1923-] que, ao enfatizar o judaísmo de Jesus, recorreria a representações cristãs tradicionais em cena), são sinal de uma grande liberdade e se inspiraram tanto em relatos bíblicos quanto em relatos apócrifos, lendas ou vida dos santos. O advento do cinema parece gerar uma nova inquietude por parte da igreja. Seria porque esse suporte *incomoda* ao dirigir-se às grandes massas e, em um mundo onde as relações com o religioso se transformam consideravelmente, tal temor trairia um desejo de proteger a fé? É verdade que o cinema oferece de modo aguçado as imagens da Bíblia a cada um, abrindo para uma verdadeira universalidade, ecoando ao mesmo tempo o traço secularizador que se aninha no coração do protestantismo.

Não seria necessário questionar as motivações dessa paixão que culmina em uma atividade comercial lucrativa? Sem dúvida alguma, o personagem de Jesus levado aos cinemas — sem direitos de autor — gera receita; no entanto, sua "aparição em mais de cinquenta filmes ultrapassa a mera questão do dinheiro. Seja qual for a ambiguidade de tal ou tal realização, o tema e o personagem são fascinantes, apaixonando diretores, atores *e* espectadores. Seria porque estão centrados tanto em Deus quanto... no ser humano?

Nas origens do cinema, a igreja quis domesticar a imagem e tentou manter sua hegemonia. Na Grã-Bretanha, por exemplo, uma "Comissão de Censura" (*British Board of Film Censors*) foi criada em 1913, com a interdição de cenas de nudez e cenas mostrando Jesus (era permitido ouvir sua voz, mas não enxergar seus traços). De fato, quando houve — quando há — reação ou mesmo escândalo, não é porque a ala conservadora da igreja teme pela fé? Não é porque as obras denunciadas causam transtorno nas relações com o corpo e a sexualidade? Em 1935, o público inglês também não pôde ver o *rosto* de Jesus, quando interpretado por Robert Le Vigan em *Gólgota*, de Julien Duvivier (1896-1967), filme rodado na própria Jerusalém. E nos Estados Unidos, quando em 1916 David Wark Griffith lança *Intolerância* retratando o primeiro milagre de Jesus em Canaã, é autorizado a manter essa sequência, desde que viesse acompanhada de uma menção sobre o vinho como uma oferenda feita a Deus e que bebê-lo era um costume religioso judeu (fase de proibição *oblige*).

Desde o início, a mostra de imagens de Jesus no cinema se problematizava: como poderia (deveria) ser essa imagem? Além dos cineastas influenciados pela cultura católica, foram principalmente os diretores americanos que tentaram responder a essa pergunta, rodando várias versões da história de Jesus. Podemos citar o *Rei dos Reis* (1927), de Cecil B. de Mille, refilmado em 1961 por Nicholas Ray (1911-1979), ou *A maior história de todos os tempos* (1965), de George Stevens (1904-1975). É comum que a iconografia tradicional da arte cristã ocidental dite a escolha do ator destinado a encarnar o personagem de Jesus: em vez de traços semitas, seu rosto traria sempre os traços associados ao ideal humano, além de pertencer à raça branca. Assim, a escolha de Stevens recaiu sobre Max von Sydow, que ainda se lembra de ter ficado surpreso quando o diretor decidiu rodar a cena da última ceia com Jesus e os discípulos de frente para a câmera, em um plano fixo, como Leonardo Da Vinci a representou no afresco *A ceia*. Se Jesus só se mostra na tela em uma posição que corresponde às representações tradicionais cristãs, é porque sua apropriação, ainda que necessária, continua problematizável e domesticadora. Será que as coisas mudarão quando novos cineastas, nem europeus nem norte-americanos, abordarem o tema, já que até aqui somente os pintores manifestaram maior ousadia, concluindo o processo de universalização da imagem de Jesus?

Outra questão merece ser levantada quando discutimos a imagem de Jesus no cinema: o protestantismo não sofreria de culpa por não saber comunicar visualmente sua mensagem, conforme críticas e autocríticas? O domínio da palavra e de meios correspondentes não é obstáculo; basta ver as comédias musicais com Jesus como "astro" — *Godspell* de David Greene (1921-2003) e *Jesus Cristo Superstar* de Norman Jewison (1926-) — e os procedimentos manhosos dos televangelistas americanos. No entanto, a imagem continua a incomodar, como se incluísse o risco de que, nas mãos de um cineasta hábil, pudesse tocar mais que o texto original. É forçoso constatar que imagem e palavra não demandam os mesmos talentos, não conjugam a mesma gramática. A fascinação da imagem cinematográfica se correlaciona tanto a seu caráter quantitativo (como fenômeno de massa) quanto a seu caráter qualitativo, pois o que é representado se torna verdade para o espectador. E o que dizer quando amanhã (ou seria hoje?) cada um puder escolher o final de Jesus em um joguinho multimídia que coloque à disposição do jogador todos os dados históricos possíveis?

Para concluir, aos olhos de um protestante, é à parte das grandes produções (como *Ben Hur* [1959], de William Wyler [1902-1981], ou *Jesus de Nazaré* [1977], de Franco Zeffirelli), que o ato cinematográfico encontra o questionamento teológico fundamental. Como se a ilustração e a narração em imagens dos evangelhos não pudesse passar de uma sugestão, de uma possibilidade. É raro que o cinema tenha conseguido retratar na tela as duas naturezas de Jesus Cristo, o que costuma tornar "rasos" os filmes sobre sua história, desprovidos — e eis o paradoxo, levando-se em conta o tema — de um caráter espiritual e misterioso, ou seja, de transcendência! Já que a verdadeira realidade está por trás, invisível, acaba forçando a um desvio (ou heresia) ou a um perfeito domínio do que é mostrado, como que para melhor provar que só se trata de imagens. Por exemplo, em relação ao desvio surrealista, podemos citar a *Vida de Brian* (1979), de Terry Jones (1942-), filme iconoclasta (ou não) que supõe do espectador uma grande familiaridade com as Escrituras; e, em relação ao excelente trato das imagens como sugestão, podemos pensar em Jean-Luc Godard com *Je vous salue Marie* (1983). Não haveria aqui uma analogia com o trabalho do exegeta protestante, que questiona toda tentativa de esboçar o retrato verdadeiro do Jesus histórico e convida a seguir a sombra do Galileu (*L'ombre du Galiléen*, título da obra de Gerd Theissen publicada em 1986, Paris, Cerf, 1988), ao mesmo tempo que privilegia o mistério da encarnação?

2.2. A figura do pastor no cinema

Se existe um personagem peculiar na sétima arte, é o do líder religioso, principalmente o pastor. O cinema francês concede a esse personagem um enorme espaço em eco à literatura, como, por exemplo, em *Sinfonia pastoral* de André Gide, filmado em 1946 por Jean Delannoy, e *Diário de um pároco de aldeia*, de Georges Bernanos, filmado em 1950 por Robert Bresson (1907-1999). Mas é no cinema americano que estão as figuras mais interessantes. Seja no faroeste, seja no drama, o pastor encarna valores cuja trama revela a integridade ou a falsidade. Como, por exemplo, no filme de Charles Laughton *A sombra do* caçador (1955), com a famosa cena do falso pregador mostrando as mãos tatuadas com as palavras "amor", em uma, e "ódio", na outra, veiculando uma mensagem maniqueísta e a perturbadora afirmação de que Caim e Abel permanecem indissoluvelmente ligados. No entanto, se alguns roteiros se apegam a clichês — por exemplo, *Sereias* (1994), de John Duigan — e se contentam com o questionamento moral de seu personagem, outros auscultam com mais atenção esses homens em que Deus parece habitar. É o caso do filme de John Huston (1906-1987), *A noite do iguana* (1964), em que Richard Burton encarna um pastor perdido que concretiza a necessidade de "construir um ninho no coração do outro, mais que escolher entre a carne e o espírito". Passa-se assim de valores mais ou menos encarnados, ou da postura inerente à função, não só para o combate interior de ministros que lutam com sua vocação, mas também com as imagens de Deus de que esses pastores são (in)conscientemente portadores. Em *O destino do Poseidon* (1972), de Ronald Neame (1911-), um ardente pregador (Gene Hackman) denuncia a religião como ópio do povo; esse filme-catástrofe veicula uma mensagem que poderia ser elencada entre as tendências da teologia da libertação, em que os homens são chamados a se responsabilizar por seu destino ao mesmo tempo que confessam com vigor suas convicções religiosas. Ainda mais interessante é o feito de Clint Eastwood (1930-), que com *Cavaleiro solitário* (1985) ensaiou o impressionante retrato de um *preacher*, um estranho personagem crístico que faz cair máscaras, levando a comer poeira aqueles que só acreditam em lucro e poder. No entanto — e nisso está toda a força do filme — esse visitante sem nome apenas passa, sem deixar mensagem; ele revela por seu *modo de ser*, e a verdade revelada é forte o suficiente para mostrar a complexidade dos seres e atestar quanto as aspirações profundas são mais ricas e fecundas que toda moral.

Enfim, por vezes é o pregador, o orador investido de uma autoridade específica, que é privilegiado na narrativa, mesmo quando ocupa um papel secundário. É o caso, por exemplo, do pai Mapple em *Moby Dick* (1956), de John Huston, que Orson Welles encarna com profunda gravidade mesclada de ternura, ou com *Aleluia* (1929), de King Vidor (1894-1982), no momento em que o cinema mudo cede lugar ao cinema falado. Nessa obra-prima ambientada em uma comunidade afro-americana, o diretor faz do *black preaching* (pregação negra que mistura habilidade oratória, teatro, canto, dança e histeria coletiva) o tema central de um filme bastante ousado para a época.

Três filmes europeus lançam luzes sensivelmente diferentes sobre o assunto. Alain Resnais encara o desafio de tematizar a ressurreição em *Morrer de amor*, filme intimista que apresenta quatro personagens, entre eles um casal de pastores, confrontados em sua existência pessoal com a morte, a angústia e a esperança que ela suscita. Da mesma forma, é o homem comum que retém a atenção do diretor dinamarquês Lone Scherfig (1959-). *Italiano para principiantes* (2000) narra a história de um pastor que aos poucos retoma gosto pela existência após a morte de sua jovem esposa. Já o longa-metragem francês de Jean-Louis Lorenzi, *La colline aux mille enfants* [A colina das mil crianças] (1994), se inspirou livremente na história da região do Chambon-sur-Lignon e na ação empreendida por André Trocmé para salvar crianças judias da tormenta nazista.

Contudo, se, ao longo dos anos, o personagem não é mais identificado à primeira imagem, ganhou em interioridade, em complexidade, tornando-se assim, ao mesmo tempo, um homem como os outros e um ser que, por sua função, questiona, apesar ou até mesmo além de seu próprio comportamento. Desse modo, não é por acaso que um jovem cineasta suíço, Lionel Baier (1975-), tenha escolhido rodar sem complacência o documentário de um pastor reformado, seu pai, *Celui au pasteur* [Aquele de pastor] (2000). Com esse homem que afirma no filme "o pastor é um ator que desempenha a si mesmo", o círculo se fecha. Intencionalmente ou não, a imagem do pastor sempre testemunhará as relações entre a sociedade e o religioso.

Serge Molla

3. Direito de olhar

Escândalos e censura palmilham a história das relações entre cinema e igreja, revelando uma filiação cheia de conflitos. Se dois milênios de cristianismo marcaram profundamente a civilização ocidental, a sétima arte nasce na França na época em que já se prepara a separação entre igreja e Estado, configurando uma secularização com ares de globalização, duas consequências diretas da herança cristã. A partir disso, o cinema passa a ser mundial, enquanto os países ocidentais estão em vias de descristianização. As referências religiosas perdem força e precisam ser repensadas. São, aliás, reivindicadas como estandartes identitários, o que encena novas questões. Qual pode ser, nesse contexto, a pertinência de um olhar cristão protestante sobre o cinema?

Em primeiro lugar, dar conta dos traços legados pela religião na cultura permite questionar a interação entre o espiritual e o espaço público. Em segundo, e principal, trata-se de compreender a autonomia do mundo como lugar de um possível encontro com Deus. Nos dois casos, o cinema é uma ferramenta preciosa que funciona como um espelho, refletindo melhor que qualquer outra forma de arte a imagem complexa do universo em que vivemos.

3.1. No rastro do religioso no cinema

Uma sondagem entre alguns filmes recentes, sem pretensão alguma em esgotar o assunto, permite analisar a variedade de formas que a representação do religioso assume, principalmente da religião cristã, na produção cinematográfica.

Essa representação pode atuar como simples elemento folclórico, quando, por exemplo, é filmado um casamento em uma igreja, e não no cartório, ou quando um padre ou pastor prega em frente a um túmulo aberto, como em *Quatro casamentos e um funeral* (1994) de Mike Newell (1942-), em que a referência religiosa aponta para uma tormenta emocional. Igrejas e obras de arte cristãs, assim como a música que chamamos "sacra", podem ser utilizadas por seu efeito estético, que adquire assim qualidades quase sagradas, como em *A vida sonhada dos anjos* (1998) de Erick Zonca (1956-). E isso pode ocorrer mesmo quando o cineasta claramente evita um viés religioso. Aqui, o cristianismo se torna uma pedreira caída no direito comum, em que cada um pode pegar à vontade as pedras que quiser.

O diretor pode também tratar um tema religioso de modo mais explícito. Os relatos bíblicos levados para a tela apresentam a mesma questão que a discussão em torno do Jesus histórico: uma reconstituição histórica, por mais hábil que seja, não estaria imbuída de uma "verdade" de fé? Além do mais, nem mesmo a mais escrupulosa honestidade intelectual torna transparente o processo histórico. *A paixão de Cristo* (2004), de Mel Gibson (1956-), mostra quanto o desejo de restituição fiel dos fatos cede a vez a uma interpretação pessoal do autor, em consonância com um público ávido de sangue e violência. Nesse sentido, a transposição da narrativa para o mundo moderno, conforme empreendeu Denys Arcand (1941-) em *Jesus de Montreal* (1989), pode estar mais próxima à mensagem evangélica.

A problemática se afigura menos grave quando se trata da história da igreja. Mostrar este ou aquele episódio, tal como Eric Till (1929-) com *Lutero* (2003), ou Roland Joffé (1945-) com *A missão* (1986), é algo que sempre pode ser discutido quanto aos detalhes, mas sem pretender-se ao *status* do evangelho, ainda que a temática espiritual seja facilmente perceptível. A história é sempre lida a partir das interrogações do presente.

A questão se coloca de outra forma quanto aos fatos mais recentes. *La colline aux mille enfants* [A colina das mil crianças] e *Bonhoeffer: o agente da graça* (2000), de Eric Till, ainda podem entrar na categoria anterior, mas com um grau de questionamento diferente, por causa da proximidade dos acontecimentos. Já *Amém* (2002), de Costa-Gavras (1933-), e *O nono dia* (2004), de Volker Schlöndorff (1939-), encenam o trágico conflito entre os imperativos de uma igreja institucional e a fidelidade pessoal para com o evangelho.

O hiato entre a instituição e os valores proclamados por ela, mas em um contexto bastante diverso, está no centro da trama de *Em nome de Deus* (2002), de Peter Mullan (1954-). A temática adquire tons mais pessoais em *A má educação* (2004) de Pedro Almodóvar (1949-) e quase arquetípicos em *Ondas do destino* (1996), de Lars von Trier (1956-). Aqui, não estamos longe do acerto de contas.

Em outro registro, a religião pode ser utilizada como metáfora. *Let There Be Light!* [Haja luz!], de Arthur Joffé (1953-), em que Deus é o roteirista do mundo e Satanás o produtor, termina com uma redenção geral, inclusive do diabo, com a encenação dos sonhos de cada um. Se na Idade Média o mundo era usado como metáfora para dizer as coisas de Deus, aqui ocorre o contrário: elementos tradicionais do imaginário cristão se põem a serviço de uma sátira do mundo cinematográfico. O procedimento da "metáfora inversa" pode ser encontrado em *O convento* (1995), de Manoel de Oliveira (1908-2015), reflexão sobre a tentação com acenos para a narrativa bíblica, a tradição da igreja e a história literária, sobretudo o mito de Fausto. A ideia de que o Bem e o Mal se anulam para permitir o retorno à normalidade na vida conjugal é uma proposta pessoal do diretor, encenada com referências ao imaginário religioso comum.

Outras religiões estão presentes na tela, segundo modalidades bastante variadas. Alvos de rejeição ou admiração, elas se mostram serenas ou fanáticas, benevolentes ou mortíferas.

Em *Kadosh — Laços sagrados* (1999), Amos Gitaï (1950-) retrata o judaísmo ortodoxo e fechado sobre si, filmado com muita dignidade, apesar do desfecho opressor.

Terra e cinzas (2004), de Atiq Rahimi (1962-), pinta de modo bastante pudico os horrores da guerra do Afeganistão com um fundo de sabedoria muçulmana, a mesma que inspirou *Zaman: The Man from the Reeds* [Zaman, o homem dos juncos] (2003) de Amer Alwan (1957-), descendente longínquo de Gilgamesh. *Zaman* tem uma narrativa simples, longe dos clichês geralmente associados aos países do Oriente Próximo. A vida no Ocidente surge ao mesmo tempo como ameaça e como esperança.

O animismo da África negra está no cerne de *Pau de sangue* (1996), de Flora Gomes (1949-), que mostra um mundo carregado de símbolos e mitos ameaçados de extinção sob as pressões da modernidade. De modo oposto, Cheick Oumar Sissoko (1945-), em *Gênesis — A Bíblia* (1999), aventura-se em uma transposição de um relato bíblico bastante conhecido, até demais, no universo africano, com um certeiro efeito de polimento. Outra forma de choque cultural — e religioso — é encenada em *A jornada de James para Jerusalém*, de Ra'anan Alexandrowicz (1969-), que conta a história de um jovem evangélico da África do Sul em Israel, onde ele se vê em meio a homens de negócios inescrupulosos, algo nada semelhante à ideia que ele tinha da Jerusalém celestial.

A paixão do público pelo Oriente anima a indústria para a realização de grandes produções ocidentais com essa temática. São aplicados investimentos de monta em celebridades e tecnologia. Mesmo quando são inspirados em fatos reais, como *Sete anos no Tibete* (1997), de Jean-Jacques Annaud (1943-), e *Kundun* (1997), de Martin Scorcese (1942-), podemos suspeitar de que as motivações comerciais falaram mais alto. Por outro lado, diretores que retratam sua própria cultura oriental, mesmo quando influenciados pela técnica ocidental, tornam-nos participantes de suas inquietações. Khyentse Norbu (1961), monge budista, encena uma verdadeira anedota em *A copa* (1999), narrativa cheia de humor sobre a transmissão dos jogos de futebol da Copa do Mundo em um mosteiro tibetano. Kim Ki-duk (1960-) filma todo o seu *Primavera, verão, outono e... primavera* (2003) em um pequeno mosteiro budista. *A caminho de casa* (2002), de Lee Jeong-Hyang (1964-), tematiza o choque cultural entre vida urbana ocidentalizada e vida tradicional marcada pelo budismo, na Coreia.

Por fim, resta explorar o uso mitológico dos elementos religiosos. Os "Jedi" em *Guerra nas estrelas* (cinco episódios de 1977 a 1999), de George Lucas (1944-) são como cavaleiros--monges: entram como oblatos para a ordem e, após um aprendizado como noviços, apresentam-se para o serviço do bem em luta contra o lado negro da força. Há múltiplas alusões ao cristianismo, mas todas elas se encaixam em uma cosmovisão dualista, a mesma encontrada em *O Senhor dos Anéis* (três episódios de 2001 a 2003), de Peter Jackson (1961-) e *Matrix* (três episódios de 1999 a 2003), de Andy (1967-) e Larry (1965-) Wachowski. O primeiro episódio dessas séries fomenta a expectativa de uma reflexão autêntica sobre as relações entre o real, o imaginário e o simbólico nos últimos ciclos, mas tudo desemboca em uma oposição maniqueísta do tipo apocalíptico entre o herói salvador, construído sobre o modelo crístico, e o mundo do demiurgo, que ameaça engolir o mundo dos homens, cujo último bastião se denomina "Sião". Elementos de inspiração cristã são aqui postos a serviço de uma filosofia diversa, em que há "fé" na própria vitória.

3.2. O cinema no rastro do humano

Não se deve achar, no entanto, que o olhar protestante sobre o cinema se esgota na análise do religioso nos filmes. Pelo contrário, é no que há de mais profano que convém buscar recursos de implicação espiritual.

Ao reciclar os mitos da humanidade em prol de uma visão histórica do mundo e pregar um Deus encarnado, o cristianismo marcou o Ocidente com o selo de uma relação particular com a realidade, levando-a a sério ao mesmo tempo que a subverte. É por isso, também, que talvez se possa afirmar que o cristianismo tem uma responsabilidade especial na interpretação dessa realidade, na medida em que a fé não age em um mundo metafísico, mas demanda sempre e novamente que seja "contextualizada".

O cinema desempenha o papel de um formidável espelho de aumento diante do mundo. O cineasta encena a massa humana em toda a sua espessura, obrigatoriamente intricado no contexto em que ele evolui, apontando para tal de modo mais acessível que uma pintura ou uma música. A verdade do cinema não está na reprodução mais ou menos fiel da realidade objetiva, mas, sim, no que revela de uma visão subjetiva. Seja apresentando histórias que refletem a atualidade, uma reconstituição histórica ou ainda uma ficção projetada no futuro, nunca se trata de fatos brutos, mas sempre de um olhar particular sobre a realidade, a história ou os sonhos humanos, olhar marcado por uma metafísica, religiosa ou não, testemunha de uma época, a nossa.

Descobrindo os temores e as esperanças do momento atual, o cinema, em consonância com a modernidade que prioriza o visual sobre os demais sentidos, analisa através de uma lupa os nós da realidade, entrelaçamentos complexos entre fatos e imaginário, conceitos e símbolos, cuja descrição puramente factual não é suficiente. Melhor ainda que o documentário, a ficção, como construção analisável, permite captar o funcionamento de nossa cosmovisão e desmistificar os dogmas implícitos de nosso tempo.

A primeira atitude a tomar é, portanto, o diagnóstico. A segunda tem a ver com a ética. Que "valores" são postos em cena pelos cineastas, e de que maneiras? Como esses valores ecoam os "valores cristãos"? Essa interrogação revela de pronto as ambiguidades dessa última definição. Amor e ódio, sofrimento e morte, ambição e busca de sentido, tudo isso é meditado e narrado pelo mundo de acordo com modalidades diversas e, no entanto, tão semelhantes.

Por exemplo, o filme *Baba* (2000), de Wang Shuo (1958-), conta a história do relacionamento entre pai e filho no contexto evidente da China maoísta, mas de um modo bastante próximo das relações parentais do Ocidente. Nesse filme, os elementos cristãos se apresentam por motivos puramente estéticos, como confirma o diretor em uma entrevista. A cena do casamento do pai é filmada em preto e branco, para mostrar a distância que o autor toma desse rito. Para salvar o filho, o pai precisa enfrentar a violência e sofrer em sua carne, o que pode ser lido como redenção por meio de sacrifício, temática também presente nas novelas do autor. Essa lógica sacrificial é geralmente interpretada como típica do cristianismo. No entanto, seria abusivo concluir que o cineasta teria utilizado essa referência sem querer. Pelo contrário, ela constitui um modo universal de apreensão da realidade e foi apenas uma das interpretações propostas pelos autores do Novo Testamento para dar conta do escândalo da cruz. Atualizar as estratégias de sentido hoje é condição indispensável para contextualizar a fé.

Jesus utilizava o tempo todo narrativas de seu meio para comunicar a boa-nova e torná-la compreensível a seus ouvintes. A discussão acerca das temáticas atuais, tal como visíveis hoje no cinema, permite que o cristão de hoje dê conta de sua fé no mundo em que vive. É o trabalho a que se lançam sobretudo a associação Pro-fil ("Protestantes e Cinéfilos — Promoção de Filmes") e os júris ecumênicos em inúmeros festivais. A linguagem cinematográfica, com sua sintaxe e sua semântica, pede para ser analisada e explicitada, tarefa urgente diante de onipresença da imagem em nossa civilização. O filme como acontecimento de uma dupla projeção, a da visão do diretor na tela e a do espectador que a recebe, está inscrito em uma tessitura interssubjetiva que merece a atenção especial do questionamento espiritual e teológico.

Waltraud Verlaguet

▶ AGEL, Henri, *Le cinéma a-t-il une âme?*, Paris, Cerf, 1951; Idem, (diálogo com Philippe ROGER), *Exégèse du film. Soixante années en cinéma, 1934-1994*, Lyon, Aléas, 1994; Idem e AYFRE, Amédée, *Le cinéma et le sacré*, Paris, Cerf, 1953; AYFRE, Amédée, *Dieu au cinéma*, Paris, PUF, 1953; BAZIN, André, *Qu'est-ce que le cinéma?* (coletânea de textos publicados entre 1946 e 1957), reed. da ed. de 1975, Paris, Cerf, 2002; BEDOUELLE, Guy, *Du spirituel dans le cinéma*, Paris, Cerf, 1985; BÉGUIN, Marcel, *Le cinéma et l'Église. 100 ans d'histoire(s) en France*, Versalhes, Les Fiches du Cinéma, 1995; "Christianisme et cinéma", *CinémAction* 80, 1996; BERGMAN, Ingmar, *Laterna magica* (1987), Paris, Gallimard, 1991; BOIRON, Pierre, *Pierre Kast*, Paris, L'Herminier, 1985; BUACHE, Freddy, *Le cinéma suisse*, Lausanne, L'Âge d'Homme, 1974; DEBIDOUR, Michèle, *La quête spirituelle dans le cinéma contemporain*,

Lyon, Profac, 1996; DEBRAY, Régis, *Vie et mort de l'image*, Paris, Gallimard, 1992; DELEUZE, Gilles, *L'image-mouvement* (1983), Paris, Minuit, 2003; Idem, *L'image-temps* (1985), Paris, Minuit, 2002; DREYER, Carl Theodor, *Réflexions sur mon métier*, Paris, Cahiers du Cinéma, 1997; DROUZY, Maurice, *Carl Th. Dreyer né Nilsson*, Paris, Cerf, 1982; DUMAS, André e Francine, *L'amour et la mort au cinéma*, Genebra, Labor et Fides, 1983; *Foi et Vie* 98/1, 1999, p. 37-81; KINNARD, Roy e DAVIS, Tim, *Divine Images. A History of Jesus on the Screen*, New York, Citadel Press, 1992; LEENHARDT, Roger, *Les yeux ouverts*, Paris, Seuil, 1979; "Cinéma et protestantisme", *Libre-Sens* 75, 1998; "Le film religieux de 1898 à nos jours", *Notre histoire*. Hors-série 18/*CinémAction* 49, 1988; MARION, Denis, *Chroniques de cinéma*, Paris, Cahiers du Cinéma, 1986; Idem, *Ingmar Bergman*, Paris, Gallimard, 1979; MASSON, Alain, *L'image et la parole. L'avènement du cinéma parlant*, Paris, La Différence, 1989; MICHALCZYK, John W., "La Bible et le cinéma", em Claude SAVART e Jean-Noël ALETTI, orgs., *Le monde contemporain et la Bible* (*Bible de tous les temps* VIII), Paris, Beauchesne, 1985, p. 319-337; PRIGENT, Pierre, *Jésus au cinéma*, Genebra, Labor et Fides, 1997; Idem, *Ils ont filmé l'invisible. La transcendance au cinéma*, Paris, Cerf, 2003; REYMOND, Bernard, "Cinéma: jalons pour approche de théologien", *Foi et Vie* 101/5, 2002, p. 19-33; *Spécial Godard. 30 ans depuis*, Paris, Cahiers du Cinéma, 1990; VIANEY, Michel, *En attendant Godard*, Paris, Grasset, 1967.

▷ **Arte**; Bergman; Dreyer; Godard; imagem; **Jesus (imagens de)**; Resnais

CLASSES SOCIAIS

Seria tão falso afirmar que não há relação alguma entre protestantismo e classes sociais quanto seria falso afirmar que esses laços são unívocos. No século XVI, a divulgação das ideias de Lutero foram feitas naturalmente junto àqueles que sabiam ler e, em geral, pertenciam a camadas sociais superiores das cidades. Mas a leitura em voz alta e as pregações permitiram que logo os indivíduos de camadas mais populares fossem atingidos também. Quando algumas camadas sociais (os "cavaleiros" ou membros da pequena nobreza, os camponeses de Souabe, da Alsácia ou da Turíngia) se revoltaram com as ideias reformadoras, Lutero os rejeitou. Isso, porém, não impediu que fosse observado o comportamento mais ativo dos burgueses citadinos no processo de mudança de religião (o Conselho, de início cauteloso, aderiu ao movimento depois), enquanto os outros — camponeses do interior, por exemplo — adotaram uma reação mais passiva. Na França, por volta de 1560, a minoria reformada compreendia nobres, eruditos, negociantes e artesãos. Os camponeses (80% da população) se mantiveram católicos, exceto em algumas regiões como Poitou, Cevenas, Vivarais.

No entanto, podemos abordar a questão da estratificação social de diversas formas de protestantismo: na Holanda, a burguesia se compunha sobretudo de arminianos, enquanto os calvinistas estritos estavam entre as camadas populares. Durante a primeira Revolução Inglesa (1642-1649), a classe média era em geral presbiteriana e os independentes buscavam encher suas igrejas entre as classes populares e intelectuais. A partir do século XVIII, vem à baila a questão das novas camadas sociais, com graus diversos de proletarização e descristianização. O metodismo, os avivamentos, o Exército de Salvação, o cristianismo social entre outros tentariam, cada um à sua maneira, "evangelizar" os meios populares. Em seus primórdios, o pentecostalismo chegaria também às classes populares, antes de atingir as classes médias e os homens de negócios. O ecumenismo, no início limitado a intelectuais de classe média, alargou sua base social. Portanto, o sucesso do movimento religioso é em parte devido a sua capacidade de responder, em momentos específicos, às necessidades espirituais de várias classes sociais.

Jean Bauberot

▶ HILL, Christopher, *Puritanism and Revolution. Studies in Interpretation of the English Revolution of the 17th Century* (1958), Londres, Secker and Warburg, 1965; WEBER, Max, *Ética protestante e o espírito do capitalismo* (1904-1905, 1920), São Paulo, Companhia das Letras, 2004.

▷ **Capitalismo**; cristianismo social/socialismo cristão; operário (mundo); evangelho social; socialismo religioso

CLAUDE, Jean (1619-1687)

Após estudos de teologia na Academia de Montauban, Claude é ordenado pastor com 26 anos, assumindo uma igreja em Sainte-Affrique e depois em Nîmes. Moderador do sínodo interiorano em 1661, opõe-se a um projeto de "reintegração" dos huguenotes à Igreja Católica, defendido pelo príncipe de Conti, governador da província. Por essa oposição, Claude é banido do Languedoc. Pastor em Montauban, é novamente banido ao fim de quatro anos. Estabelece-se em Paris e se torna pastor de Charenton (1666), onde permaneceria até a Revogação do Edito de Nantes. Na cidade, defende os interesses do protestantismo francês e debate com os teólogos católicos (p. ex., em 1678 encontra-se com Bossuet à época da série de conferências católicas que dariam início à conversão da então protestante Marie de Dufort, mais conhecida como *mademoiselle* de Duras). Em 1682, acolhe com diplomacia, mas firmeza, o *Aviso pastoral* do clero da França, ultimato católico anterior à Revogação do Edito de Nantes. Expulso do Reino da França em outubro de 1685, refugia-se em Haia junto a seu filho Isaac. Morreria na cidade dois anos depois. Na escrita, dedicou-se sobretudo a controvérsias, à apologética e à pregação.

Hubert Bost

▶ BOST, Hubert, "Jean-Claude controversiste: Charenton contre Port-Royal?", em *Ces Messieurs de la R.P.R. Histoires et écritures de huguenots, XVIIe-XVIIIe siècles*, Paris, Champion, 2001, p. 121-147; HAAG, Émile e Eugène, "Claude", em *La France protestante*, t. IV, Paris, Fischbacher, 1877, col. 449-476; LE BRUN, Jacques, "La spiritualité de Jean Claude (1619-1687)", em *La Révocation de l'Édit de Nantes et les Provinces-Unies, 1685. The Revocation of the Edict of Nantes and the Dutch Republic, 1685*, Amsterdã-Maarssen, APA-Holland University Press, 1986, p. 119-139.

⊙ Apologética; Edito de Nantes (e Revogação do)

CLERICALISMO

Há clericalismo quando "profissionais religiosos", ou seja, clérigos, exercem sobre a sociedade civil e sobre os indivíduos um poder que decorre de seu ministério. Podemos distinguir entre clericalismo externo e clericalismo interno. Há clericalismo externo quando se trata de um poder exercido pelos clérigos em e sobre a sociedade secular. Esse poder pode ser exercido diretamente, quando o clero dispõe de poder em um campo secular (educação, medicina, política), ou indiretamente, quando exerce sua influência através da interferência de autoridades civis, em graus variados de consentimento. Trata-se aqui de uma confusão entre sociedade eclesiástica e sociedade civil, de uma tentativa de colocar a sociedade civil sob a tutela de clérigos. Todo grupo religioso que visa colocar a sociedade geral sob seus próprios princípios, sem levar em conta a liberdade dos indivíduos e a existência de outras religiões e filosofias, dá mostras de clericalismo. Esse primeiro clericalismo tem seu par oposto, o anticlericalismo, fenômeno que se desenvolveu sobretudo nos países católicos diante das pretensões temporais da Igreja Romana. O antídoto ao clericalismo é uma laicidade que garanta a não confessionalidade do Estado e a plena independência das instituições públicas, sobretudo a escola, em relação ao clero. Defensor da escola laica, Léon Gambetta, em um discurso de 1881 em que dizia desejar "a igreja e a escola em seus respectivos lugares", exclamou: "O clericalismo, eis o inimigo!".

Quanto ao clericalismo interno, trata-se do poder que os clérigos podem ter e exercer dentro da sociedade eclesiástica, sobre os fiéis. Esse poder será espiritual se o clero é forçosamente o intermediário entre o cristão e seu Deus, intervindo na economia da salvação por meio de promoção ou retaliação: promoção pela compra de indulgências ou pelo cumprimento de exercícios devocionais particulares, e retaliação pela proibição de participar de um ato religioso determinado (p. ex., a santa ceia) ou de beneficiar-se de um ritual (casamento, sepultamento, batismo). Há poder espiritual e também moral na confissão auricular e na orientação da consciência. Há poder organizacional e intelectual se o governo da igreja for o único apanágio dos clérigos e se os leigos forem afastados de lugares e mecanismos de decisão.

Por sua ênfase no sacerdócio universal dos batizados e sua concepção funcional do ministério pastoral, a Reforma contribuiu para minimizar o caráter clerical da igreja e promover a participação ativa de todos os fiéis. Com isso, Troeltsch enxergou no protestantismo uma "religião de leigos". No entanto, as igrejas protestantes não estão isentas de clericalismo, já que pôde afirmar em alguns casos a onipresença e a enorme influência dos líderes, por exemplo, nas chamadas *Pfarrerkirchen*, "igrejas de pastores".

Jean-Paul Willaime

▶ BAUBÉROT, Jean, *La laïcité, quel héritage? De 1789 à nos jours*, Genebra, Labor et Fides, 1990; CAMPICHE, Roland J. et alii, *L'exercice du pouvoir dans le protestantisme*, Genebra, Labor et Fides, 1990; RÉMOND, René, *L'anticléricalisme en France de 1815 à nos jours* (1976), Paris, Fayard, 1999.

○ Anticlericalismo; **autoridade**; hierarquia; laico; **laicidade**; **pastor**; padre; sacerdócio universal

COABITAÇÃO

Chamada tradicional e pejorativamente de *concubinato*, e em seguida coabitação ou união livre, o casal não casado tornou-se hoje um fato social bastante tolerado, admitido e levado em conta pelo direito. É distinta do casamento pelo fato de não ser nem legalizado, nem institucionalizado. Nos demais fatores, a coabitação partilha das mesmas questões éticas que o casamento. Esse fenômeno social se generalizou na Europa ocidental, principalmente a partir dos anos 1960. São várias as motivações dos casais que não se casam, mas em todas elas há um profundo questionamento da instituição do casamento. As observações críticas alvejam sobretudo o sentido da duração, da promessa, da criatividade no casal, da liberdade, da responsabilidade, da necessidade e da importância do direito em relação aos sentimentos. Em oposição à moral católica, a ética protestante (com exceção do movimento "evangélico") não produz um necessário juízo negativo contra a coabitação. [Na América Latina a instituição do casamento ainda é valorizada embora pela influência dos EUA e Europa haja tendências a relativizar e aceitar qualquer tipo de união].

Robert Grimm

▶ "Nouveaux (?) rites pour nouveaux (?) couples", *Cahiers de l'Institut romand de pastorale* 44, Lausanne, 2002; GRIMM, Robert, *Les couples non mariés*, Genebra, Labor et Fides, 1985; QUÉRÉ, France, *L'amour, le couple*, Paris, Centurion, 1992; RUBELLIN-DEVICHI, Jacqueline, org., *Les concubinages en Europe. Aspects socio-juridiques*, Paris, CNRS Éditions, 1989; ZIMMERMANN, Marie, *Couple libre*, Estrasburgo, CERDIC, 1983.

○ Amor; casal; criança; família; casamento; **sexualidade**

COBB, John Boswell (1925-)

Nascido no Japão, esse filho de missionários metodistas estudou teologia na Universidade de Chicago e exerceu o ministério pastoral na Geórgia antes de trabalhar como professor em Claremont, Califórnia. Cobb desenvolve uma reflexão que alia uma pesquisa fundamentalmente exigente e rigorosa (repensar Deus, o mundo e o ser humano, a partir das categorias da filosofia de Alfred North Whitehead) a uma análise cuidadosa de temas contemporâneos (secularismo, ecologia, feminismo, religiões não cristãs, novas abordagens científicas, arte, política, economia) e a uma valorização da prática pastoral e professoral. A noção de dinamismo criador ou potência transformadora de Deus domina seu pensamento (o que gera uma cristologia que tenta incluir e superar o particularismo de Jesus). A quantidade e a qualidade de suas publicações o tornaram o mais marcante dos teólogos do processo.

André Gounelle

▶ COBB, John B., *Dieu et le monde* (1969), Paris, Van Dieren, 2006; Idem, *Christ in a Pluralistic Age*, Filadélfia, Westminster Press, 1975; Idem, *Bouddhisme-christianisme. Au-delà du dialogue?* (1982), Genebra, Labor et Fides, 1988; Idem, *Can Christ Become Good News Again?*, Saint Louis, Chalice Press, 1991; Idem, *Thomas pris de doute* (1992), Paris, Van Dieren, 1999; Idem e GRIFFIN, David Ray, *Process Theology. An Introductory Exposition*, Filadélfia, Westminster Press, 1976; GRIFFIN, David Ray, "John B. Cobb", em Martin E. MARTY e Dean G. PEERMAN, orgs., *A Handbook of Christian Theologians*, Cambridge, Lutterworth Press, 1984, p. 691-709; GOUNELLE, André, *Le dynamisme créateur de Dieu. Essai sur la théologie du Process* (1981), Paris, Van Dieren, 2000; Idem, *Le Christ et Jésus. Trois christologies américaines: Tillich, Cobb, Altizer*, Paris, Desclée, 1990; PICON, Raphaël, *Le Christ à la croisée des religions. Essai sur la christologie de John B. Cobb*, Paris, Van Dieren, 2003.

○ Chicago (escola de); Griffin; teologia do processo; Whitehead

COCCEJUS, Johannes Coch, dito (1603-1669)

Nascido em Bremen, Alemanha, Coccejus estuda em sua cidade natal e, em seguida, em Hamburgo e Franeker. Trabalha como professor de filologia bíblica em Bremen (1629) e em Franeker (1636), onde é nomeado em 1642 professor de dogmática, disciplina que ele ensinaria também em Leiden (1650). Coccejus desenvolve uma teologia com base no princípio da interpretação da Bíblia por ela mesma e em um sistema original, às vezes chamado de "federalismo", as alianças que Deus faz com o homem (cf. sua obra *Summa doctrinae de foedere et testamento Dei* [1648], Amsterdã, Viduam Joanis a Someren, 1683): a aliança edênica das obras, anterior ao pecado, e a aliança da graça, com suas três economias sucessivas, antes da Lei, durante a Lei (tempo das promessas e espera da salvação no Antigo Testamento), após a Lei (em que a obra de Cristo faz com que o homem entre na aliança de Deus). Sua teologia substitui o decreto preexistente da graça por uma pedagogia da graça, o que lhe vale a acusação de arminianismo. Sua controvérsia com Gisbert Voetius sobre o mandamento do *Shabat* (que, segundo Coccejus, vem das leis cerimoniais, cuja observância não é mais mantida pelos cristãos, por causa da obra salvífica de Cristo), sobre a doutrina da graça e sobre o perdão dos pecados leva à formação de dois partidos: os coccejistas e os voetianos, que só se reconciliariam em 1677, oito anos após a morte de Coccejus.

Émile M. Braekman

▶ COCCEJUS, Johannes, *Opera omnia*, 12 vols., Amsterdã, Blaeu, 1701-1706; ASSELT, Willem Jan van, *The Covenant Theology of Johannes Coccejus (1603-1669)*, Leiden, Brill, 1994; GOETERS, Wilhelm, *Die Vorbereitung des Pietismus in der reformierten Kirche der Niederlande bis zur labadistische Krisis 1670*, Leipzig, Hinrichs, 1911; McCOY, Charles S., *The Covenant Theology of Johannes Cocceius*, tese da Universidade de Yale, 1956; SCHRENK, Gottlob, *Gottesreich und Bund im älteren Protestantismus vornehmlich bei Johannes Coccejus*, Gütersloh, Bertelsmann, 1923.

◉ Aliança; arminianismo; graça; **política**; Voetius

COILLARD, François (1834-1904)

Nascido em Asnières, perto de Bourges, de família numerosa e pobre, François Coillard-se beneficia-se da influência avivalista de Ami Bost. Em 1857, é enviado pela Sociedade das Missões Evangélicas de Paris para o Lesoto, onde funda a estação de Léribé no norte do país. É dali que empreenderia, ajudado por evangelistas autóctones, uma primeira expedição com o objetivo de fundar uma nova missão no Zambeze. Só conseguiriam seu intento dez anos depois, criando a estação de Sefula, após buscar na Europa o apoio das igrejas. Uma segunda viagem na Europa (1896-1898) permitiria a Coillard lançar em 1899 uma terceira expedição destinada a trazer reforços para a cadeia de estações fundadas ao longo do rio. Esse empreendimento causou muitas mortes. Coillard morre saudado pela imprensa britânica e francesa como "o Livingstone francês".

Jean-François Zorn

▶ COILLARD, François, *Sur le Haut-Zambèze*, Paris, Berger-Levrault, 1898; BURGER, Jean-Paul, *Notes sur l'histoire de l'Église au Zambèze, 1885-1935*, Paris-Lausanne, DEFAP-Département missionnaire, 1986; FAVRE, Édouard, *La vie d'un missionaire français, François Coillard (1834-1904)*, Paris, SMEP, 1922; ZORN, Jean-François, org., *L'appel à la mission. Formes et évolution, XIXe-XXe siècles*, Lyon, Université Jean-Moulin-Université catholique, 1989; Idem, *Le grande siècle d'une mission protestante. La Mission de Paris de 1822 à 1914*, Paris, Karthala-Les Bergers et les Mages, 1993, parte III, cap. 2.

◉ Bost A.; colonização; Livingstone; **missão**; missionárias (sociedades); Avivamento

COLANI, Timothée (1824-1888)

Filho de pastor, Timothée Colani (ou Colany) recebe uma educação marcada pela piedade morávia e termina seus estudos de teologia na Faculdade de Estrasburgo, obtendo sua tese de final de curso em 1847. Seu nome costuma ser associado à *Revue de théologie et de philosophie chrétienne* [Revista de teologia e de filosofia cristã] (ou *Revue de Strasbourg* [Revista de Estrasburgo]), fundada por ele em 1850 para ultrapassar os marcos de uma ortodoxia obsoleta e contribuir para a renovação do pensamento teológico francófono. Embora sua teologia logo tenha se tornado o porta-voz de um liberalismo radical, Colani tenta traçar uma via mais moderada, e é nesse terreno da consciência e da moral que ele edifica sua cristologia. Pastor auxiliar, e depois titular, da Igreja Saint-Nicolas de Estrasburgo (1859-1870), Colani ocupa a cadeira de homilética sagrada na faculdade após a defesa de sua tese de doutorado, em 1864. O abandono de suas atividades eclesiásticas e teológicas após a perda da Alsácia-Lorena e sua viagem a Royan para ocupar um cargo industrial não o impedem de participar do sínodo geral da Igreja Reformada da França em 1872, em que suas intervenções são notadas. Sub-bibliotecário na Sorbonne (1877), ele se interessa sobretudo por temas políticos e literários.

Laurent Gambarotto

▶ COLANI, Timothée, *Essai sur l'idée de l'absolu*, Estrasburgo, Berger-Levrault, 1847; Idem, *Sermons prêchés à Strasbourg*, Estrasburgo, Treuttel et Wurtz, 1857; Idem, *Jésus-Christ et les croyances messianiques de son temps*, Estrasburgo, Treuttel et Wurtz, 1864; ENCREVÉ, André, *Protestants français au milieu du XIXe siècle. Les réformés de 1848 à 1870*, Genebra, Labor et Fides, 1986; LAPLANCHE, François, "Colani Timothée", em André ENCREVÉ, org., *Les protestants* (*Dictionnaire du monde religieux dans la France contemporaine* V), Paris, Beauchesne, 1993, p. 133-135.

◉ Liberalismo teológico; revistas protestantes

COLETA

Esse termo técnico da liturgia designa a breve oração que conclui a primeira parte (penitencial) da celebração e que prepara os fiéis para a leitura da Bíblia. Esse segundo aspecto prevalece em geral nas igrejas reformadas, sob a forma de "oração de iluminação" (epiclese). A origem da palavra designa tanto a síntese das súplicas dos primeiros atos da celebração quanto simplesmente o ajuntamento em comunidade.

O uso corrente do termo "coleta" se refere às doações, em dinheiro ou em produtos, dos fiéis para a igreja, para missões ou para obras de caridade. Essa prática se apoia sobretudo no testemunho do apóstolo Paulo (cf. 1Co 16.1-4). Sua simbologia (doação de si mesmo por meio dos bens, para responder ao dom completo da salvação) está atestada liturgicamente no momento das ofertas, com a oração que a acompanha.

Claude Bridel

▶ *Liturgie du dimanche pour le temps ordinaire. Notes explicatives*, Lausanne, Communauté de travail des Commissions romandes de liturgie, 1986, p. 11-13 e 21; AZARIAH, Vedanayagam Samuel, *L'offrande chrétienne*, Neuchâtel, Delachaux et Niestlé, 1958; BUTTE, Antoinette, *L'offrande, office sacerdotal de l'Église*, Saint-Étienne-du-Grès, Communauté de Pomeyrol, 1965.

◉ Liturgia

COLIGNY, Gaspard de, Seigneur de Châtillon (1519-1572)

A primeira parte da vida de Coligny se caracteriza por campanhas militares e batalhas (Montmédy, 1542; Bintch, 1543; Cérisoles, em que é sagrado cavaleiro; Carignan). Obtém o comando de um regimento e, como seu chefe, acompanha o delfim, na Picardia. Quando Henrique II sobe ao trono, ele se casa (1547). O rei o nomeia almirante da França (1552). Aprisionado em Gand pelos espanhóis após o cerco a Saint-Quentin, converte-se à fé reformada enquanto cativo (1557-1558). Após ser libertado, assegura para a regente Catarina de Médicis o apoio de mais de duas mil comunidades reformadas se ela lhes concedesse liberdade de culto (Colóquio de Poissy). Mas Coligny deixa a corte após a morte de Henrique II e assume a liderança do lado protestante junto com Condé, na época das três primeiras guerras de religião. Perde a batalha de Dreux contra o duque de Guise (1562), além das batalhas de Jarnac e Moncontour (1569). Mas assola a Agenais, o Toulousain, o Languedoc e a Borgonha, obrigando Catarina de Médicis a negociar. Obtém o Edito de Saint-Germain (agosto de 1570) e ressurge na corte. Após uma primeira tentativa de assassinato (22 de agosto de 1572), é morto no Massacre da Noite de São Bartolomeu.

Hubert Bost

▶ *Actes du colloque L'Amiral de Coligny et son temps* (*Paris, 24-28 octobre 1972*), Paris, Société de l'histoire du protestantisme français, 1974; CRÉTÉ, Liliane, *Coligny*, Paris, Fayard, 1985; HOTMAN, François, *La Vie de Messire Gaspar de Colligny Admiral de France* (1577), Genebra, Droz, 1987.

◉ Condé; guerras de religião; Paré; Poissy (Colóquio de); São Bartolomeu (Noite de)

COLONIZAÇÃO

Nos países ocidentais da época moderna, a colonização consistiu na ocupação de territórios de outros continentes e na exploração, em benefício próprio, dos recursos agrícolas desses territórios. Portugal e Espanha abriram caminho para a África e a América Latina no século XV, seguidos um século depois pela França, Grã-Bretanha e Países Baixos. Mas foi apenas no século XIX que se desenvolveu uma teoria colonial, primeiro apresentada por economistas liberais e filantropos protestantes para substituir o infame negócio" da escravatura pelo "comércio legítimo", sobretudo com os povos africanos. Porém, o aspecto civilizatório e universal da colonização, ainda defendido pelos teóricos da colonização do final do século XIX, tais como os republicanos franceses, não demorou para ficar em segundo plano, logo tornando-se um plano de conquista de novos espaços por nações ocidentais rivais em busca de mercados longínquos. Como seus compatriotas, os protestantes franceses se dividem entre partidários e adversários da colonização, e o meio missionário se vê entre ambos, como a "alma da colonização": aproveitando-se da abertura colonial, a missão contribui para a descolonização. É dessa forma que, tornando-se autônomas após a Segunda Guerra Mundial, as igrejas protestantes nascidas da obra missionária participam da formação dos futuros líderes dos Estados independentes.

Jean-François Zorn

▶ GIRARDET, Raoul, L'idée coloniale en France de 1871 à 1962, Paris, La Table Ronde, 1972; MERLE, Marcel, org., Les Églises chrétiennes et la décolonisation, Paris, Armand Colin, 1967; ZORN, Jean-François, "Mission, colonisation, coopération", Cahiers de médiologie 17, 2004, p. 148-159.

◉ África mediterrânea; África do Sul; África tropical; América Latina; Casalis G.; desenvolvimento; Dunant; escravidão; **missão**; missionárias (sociedades)

COMENIUS, Jan Amos (1592-1670)

Jan Amos Comenius é o principal representante da cultura da Reforma checa no século XVII. Último bispo da União dos Irmãos Morávios, foi obrigado a emigrar após a vitória da Contrarreforma. Seu universalismo, imbuído da esperança escatológica em Cristo, apresenta um novo olhar sobre a teologia, a ciência e a teoria política de seu tempo, em um vasto projeto relacionado à educação da pessoa humana, no contexto geral do mundo criado. Para Comenius, a educação deve estar a serviço de um conhecimento mais profundo e da transformação radical da sociedade. Inacabada, sua obra mais importante, De rerum humanarum emendatione consultatio catholica ("A deliberação universal sobre a reforma dos assuntos humanos", Praga, Academia, 1966), é um projeto monumental destinado a restaurar as relações humanas na sociedade. O renome de Comenius junto a seus contemporâneos se baseia nas teorias linguísticas e em inúmeros escritos sobre didática e pedagogia. Ele dedicaria muito de seu tempo e de sua energia a um projeto ecumênico com vistas à união das igrejas protestantes, inspirado pela visão de uma reforma universal de toda a igreja que deveria se seguir a uma época de reformas parciais e incompletas. Comenius encarna de modo único o diálogo permanente entre a reforma de Valdo e Hus e a reforma de Lutero, Calvino e Knox. Precursor das organizações internacionais de nossa época, sonhava com um concílio mundial de teólogos, eruditos e políticos que seria como um árbitro nos conflitos espirituais e velaria pela partilha justa das riquezas entre as nações.

Milan Opočenský

▶ COMENIUS, Jan Amos, Janua linguarum reserata (1631), Praga, Statní pedagogické nakladatelství, 1959; Idem, La grande didactique ou l'art universel de tout enseigner à tous (1638, versão definitiva em 1657), Paris, Klincksieck, 1992; Idem, Prodromus pansophiae universae (1639), Praga, Veškeré spisy J. A. Komenského, 1959; Idem, Novissima linguarum methodus. La toute nouvelle méthode des langues (1648), Genebra, Droz, 2005; Idem, Orbis sensualium pictus (1658), ed. bilíngue latim-inglês, Zurique-Hitzkirch, Pestalozzianum-Comenius Verlag, 1992; Idem, Angelus Pacis. Friedsengel (1667), Würzburg, Konigshausen und Neumann, 1993; Idem, Vers le renouveau intégral de l'Église, org. por Amadeo MOLNÁR, Praga, Institut oecuménique de la Faculté Comenius de théologie protestante, 1957; Jean Amos Comenius 1592-1670. Pages choisies, Paris, Unesco, 1957; BOVET, Pierre, Jean Amos Comenius. Un patriote cosmopolite, Genebra, Rossello, 1943; CAULY, Olivier, Comenius, Paris, Éditions du Félin, 1995; HEYBERGER, Anna, Jean Amos Comenius. Sa vie et son oeuvre d'éducateur, Paris, Champion, 1928; LOCHMAN, Jan Milič, Comenius, "Galilée de l'éducation", citoyen du monde, Paris-Estrasburgo, Les Bergers et les Mages-Oberlin, 1992; MOLNÁR, Amedeo, "Esquisse de la théologie de Comenius", RHPhR 28-29, 1948-1949, p. 107-131; SADLER, John, org., Comenius, Londres, Collier-Macmillan, 1969.

◉ **Educação**; Hus; **ecumenismo**; Checa (República)

COMISSÃO ECUMÊNICA EUROPEIA PARA A IGREJA E A SOCIEDADE (EECCS, EM INGLÊS)

Essa comissão, em geral sob a sigla EECCS (do inglês *European Ecumenical Commission for Church and Society*), foi fundada em 1978, em Bruxelas, representando as igrejas protestantes (incluindo a Igreja Anglicana) junto às instâncias dos quinze membros que faziam então parte da União Europeia, tanto em Bruxelas quanto em Estrasburgo. A EECCS tem como principais objetivos acompanhar a evolução das instituições europeias, incentivar a discussão dos assuntos europeus nas igrejas e entrar em diálogo com os responsáveis da Comunidade Europeia (p. ex., sobre os problemas do futuro da agricultura e da sociedade rural). A EECCS está também presente, como organização não governamental, no Conselho da Europa em Estrasburgo. A comissão publica um boletim bimensal em parceria com o Comitê das Igrejas junto aos migrantes para a Europa e o Serviço Ecumênico Europeu para o Desenvolvimento.

O análogo católico da EECCS é a Comissão dos Bispados da Comunidade Europeia. Em 1993, ambas as organizações decidiram examinar juntas as questões do desemprego e da pobreza com parlamentares europeus.

Na época de sua assembleia geral em Sète, em 1996, a EECCS decidiu participar da Conferência das Igrejas Europeias (KEK). No dia 1º de janeiro de 1999, a EECCS se transformou em Comissão Igreja e Sociedade da KEK. Uma de suas tarefas mais importantes consiste em acompanhar as atividades das instituições europeias e incentivar as igrejas membros da KEK a entrar no debate e expressarem-se sobre as questões relativas à integração europeia.

Jean-Paul Willaime

▶ LENDERS, Marc, *La comission oecuménique européenne*, em Gilbert VINCENT e Jean-Paul WILLAIME, orgs., *Religions et transformations de l'Europe*, Estrasburgo, Presses universitaires de Strasbourg, 1993, p. 293-302.

◯ Conferência das Igrejas Europeias; **Europa**

COMUNICAÇÃO

1. Introdução: a comunicação, utopia ou ideologia da modernidade?
2. Teologia e simbologia
   2.1. Protestantismo e modernidade cultural
   2.2. Comunicação ou comunhão: a intriga sacramental
   2.3. Lutero: a fraternidade mais forte que a excomunhão
   2.4. Calvino: a comunicação com Deus e seus limites. Contra a especulação
   2.5. Comunicação: reciprocidade ou dom do reconhecimento, da graça e do sentido
   2.6. A pregação, forma de comunicação intraeclesiástica e a igualdade dos fiéis
3. Teologia e cultura comunicacional
   3.1. Figura do intelectual ou do ideólogo
   3.2. Fanatismo e imediatez: a iconoclastia protestante
   3.3. A imagem desencantada
   3.4. De um veículo a outro: revelação escriturística e revelação natural
4. Protestantismo e mídia
   4.1. Uma pedagogia da imagem?
   4.2. Simplicidade de sentido ou simplismo? Retórica e ideologia
5. Conclusão: esquemas comunicacionais herdados e *melting-pot* midiático. Protestantes e católicos

1. Introdução: a comunicação, utopia ou ideologia da modernidade?

Inúmeros são os usos contemporâneos do termo "comunicação" e inúmeras são as acepções dessa palavra que, além da designação de operações tecnológicas de transmissão de informações, evoca em geral a utopia de uma sociedade capaz de autoprodução, graças à multiplicação e à intensificação de relações de troca sempre mais transparentes. Podemos mesmo falar de utopia comunicativa? Seria necessário então supor a consciência de um abismo irredutível entre um ideal, horizonte sempre recuado de nossos esforços de concerto, e condição comum real, caracterizada por uma miríade de insucessos na comunicação (insucessos explicáveis de diversas maneiras, seja pela desigualdade social das competências de comunicação, seja, mais gravemente, pela opacificação crescente das relações sociais, devido à mídia). Mas se, para certos contemporâneos, a comunicação é da ordem da utopia, para outros tratar-se-ia sobretudo de uma metamorfose dos laços sociais, que testemunham uma espécie de escatologia cumprida e secular. Para esses entusiastas, nossas sociedades estariam prestes a realizar o que Durkheim chamava "solidariedade orgânica", ou seja, um estado de interdependência, tanto no nível de uma cultura mundial que no de trocas comerciais e cooperações políticas, com vistas à instauração de uma nova ordem mundial (*Da divisão do trabalho social* [1893], São Paulo, Martins Fontes, 2004). Haveria nisso assunto para investimento "ideológico", na medida em que se começa a imaginar alguma convergência ou coincidência entre "juízo de fato" (em relação à multiplicação de fatos de comunicação) e "juízo de valor" (seria indiscutivelmente bom se fosse assim), de modo que cada um estaria engajado em desejar o necessário, tornando-se sempre e melhor um participante das grandes relações de comunicação.

2. Teologia e simbologia

2.1. Protestantismo e modernidade cultural

A contribuição histórica do protestantismo para a instauração de uma ordem econômica capitalista fundada no livre-comércio foi há muito evidenciada por Max Weber. Contudo, a modernidade não é somente econômica, algo que o próprio autor havia enfatizado ao tratar do processo de diferenciação tanto dos valores quanto de sua expressão institucional. Que a modernidade seja política e cultural implica que o individualismo está presente no princípio, não apenas das relações econômicas (segundo o modelo do *homo calculator* ou o do utilitarismo), mas ainda no princípio das relações culturais e sociais, desde as mais até as menos saturadas politicamente. Nesse caso, a modernidade corresponde à valorização do *consensus*, que, supõe-se, deve ser estabelecido pela via da troca comunicativa, meio de surgimento de uma opinião esclarecida, lugar vivo das razões somente humanas que se prestam a servir como orientação e justificativa para a ação individual e coletiva (Jürgen Habermas).

Assim como Max Weber se indagou sobre a contribuição do protestantismo para o advento de uma modernidade econômica, podemos nos interrogar sobre a natureza da contribuição protestante para a instauração de novos modelos sociais concedidos, em maior ou menor grau, à inteligência renovada dos esquemas de comunicação. Assim, nossa proposta aqui será esclarecer a contribuição, nem sempre unívoca, do protestantismo para o advento de uma cultura da comunicação, sobretudo cuidando para não dissociar as dimensões cultural e política do fenômeno genérico da comunicação. Procuraremos mostrar que os mesmos motivos teológicos que, em certos momentos, puderam estimular a adesão a uma modernidade comunicacional podem, em outras épocas (como a nossa, visto o que poderia ser considerado um empacotamento da comunicação), alimentar reticências ou até inspirar críticas às vezes enérgicas em relação a processos dos quais podemos nos perguntar se não transformam o sujeito, do ator que ele queria ser para o agente que ele não pode deixar de ser; se esses processos não acompanham o reforço de poder dos "simulacros" e a substituição da adesão ao real pelo jogo indefinido das "simulações" (Jean BAUDRILLARD, *Simulacros e simulações* [1981], Lisboa. Relógio D'Água, 1991).

Claro, é perigosamente simplificador concentrar a atenção apenas no protestantismo, pois nos arriscamos a aumentar seu papel, parecendo que o tema que não nos cabe abordar aqui — a enorme e complexa herança das tradições greco-romanas e judaico-cristãs — só toma uma pequena parte na gênese do valor da comunicação e na genealogia de numerosos conceitos, aparelhos e práticas que conferem todo peso a esse fenômeno. É evidente que a história da "forma" comunicacional não se inicia com o protestantismo apenas, mas tem como origem um conjunto de reflexões por vezes bastante antigas, sobre as quais somente podemos enfatizar o modo com que o protestantismo as toma como suas e eventualmente modifica suas direções, abandonando umas, acentuando outras. Tais reflexões são constitutivas de uma longuíssima tradição teológico-política; sem preocupação com ordem nem exaustividade, tratam da capacidade humana da linguagem, do *status* ontológico das entidades coletivas, da natureza simbólica das relações humanas, da efractura "ética" de ações proféticas perturbadoras da ordem política; mas relacionam-se também à importância do simbolismo da aliança, à necessidade de ordem ou à organização jurídica de mediações institucionais.

2.2. Comunicação ou comunhão: a intriga sacramental

O que indica claramente que o protestantismo é apenas um início relativo é a retomada, em seu interior, de um duplo vocábulo, de um duplo sentido cuja dualidade não é ainda sancionada no nível do uso linguístico diferenciado por completo. De fato, os termos "comunicação" e "comunhão", no *corpus* dos reformadores, são com frequência tomados um pelo outro. Tenderíamos assim a imaginar, cedendo nisso ao uso atual, que "comunhão" deveria designar antes de tudo um tipo de estado final de uma comunicação perfeita com Deus (comunhão mística ou escatológica), enquanto "comunicação" designaria sobretudo processos sociais, trocas entre parceiros apenas humanos. Diante das diversas ocorrências de ambos os termos na época da Reforma, é forçoso constatar que, na verdade, são intercambiáveis, e que seus respectivos significantes são muitas vezes permutados ou fusionados. Estaríamos lidando então com uma falha de determinação lexical, algo conceitual, destinado a correções posteriores? A preocupação com a precisão semântica corre o risco de fazer-nos desviar ao nos impedir de prestar atenção na usual polissemia das grandes ideias mestras, que lhes confere densidade significante suficiente para inspirar os movimentos socioculturais de referência, que acompanham as grandes mutações históricas. Basta considerar os usos atuais de "comunicação" para discernir neles muitas harmônicas "comuniais", sedutoras e mobilizadoras. Mesmo hoje, as atenções voltadas para as técnicas de comunicação interferem em geral na valorização do tema da "participação" no corpo quase místico da sociedade. Não seria em razão dessa interferência que Rousseau já podia desejar em sua época uma transmutação político-espiritual da vontade de todos (um agregado empírico obrigatoriamente instável) em prol de uma "vontade geral" transcendente, princípio de uma ordem social racional?

Isso seria de espantar? É sobre a questão do "sacramento" que as duas valências semânticas dominantes de "comunicação" e "comunhão" se cruzam e intercambiam do modo mais óbvio. Do ponto de vista que é o nosso, a intensidade dos debates teológicos relacionados à natureza da operação sacramental, sua eficácia, seus administradores legítimos ou o próprio número dos sacramentos é revelador da sobredeterminação social, cultural e política das implicações mais teológicas, assim como da cristalização, ao longo dos debates e das polêmicas, de opções que engajam representações globais do sentido do real, cuja repercussão histórica será ainda mais considerável na medida em que se afirmarão, não somente nos tratados de doutrina, mas também nas codificações muito "práticas", rituais, do estar junto eclesiástico, antes de expandirem-se em outros espaços sociais, mais especificamente políticos. O sacramento é um objeto de uma densidade simbólica excepcional, que deve ser examinado em sua extraordinária polivalência, pois está no cruzamento da maior parte dos eixos do divino e do humano, da vida e da morte, da representação e da prática, do ser e do parecer, do gesto e do sentido, do dizer e do fazer, do clérigo e do homem comum, de cada um e de todos, do múltiplo e do uno eclesiástico. Do sacramento, poderíamos afirmar que se trata de um objeto "socioteológico" total. Para os reformadores, assim como para todos os teólogos antes deles, o sacramento é a pedra de toque da qualidade de uma concepção do real capaz de fazer jus à diferença em nada menos que a articulação do divino e do humano. De forma mais geral, foi para os grupos religiosos cristãos um tipo de esquema teórico-prático fundamental, que permitiu ordenar e organizar tanto as representações teológicas quanto as práticas eclesiológicas, sociais e individuais. Em suma, o sacramento representa ou cristaliza modos de ser, de pensar, de associar-se, de dar-se conta da operação e da eficácia do associar-se, e é suscetível de concretizações múltiplas em diversas esferas da existência, das mais às menos eclesiais.

2.3. Lutero: a fraternidade mais forte que a excomunhão

Em seu *Sermão sobre o sacramento abençoado do verdadeiro e santo Corpo de Cristo e suas irmandades* (1519, em *MLO* 9, 11-32), Lutero enfatiza com perfeição os vários eixos semânticos que se recortam na realidade sacramental. "Todos os bens espirituais de Cristo e de seus santos", escreve ele, "são comunicados àquele que recebe esse sacramento; por outro lado, todos os sofrimentos e todos os pecados se tornam dessa forma comuns". Isso equivale a afirmar que, para Lutero, a perfeição dos laços sacramentais não perfaz uma sociedade de gente perfeita, mas uma sociedade solidária. Para o reformador, a "comunhão" não abole, mas, sim, aviva a tensão escatológica. Além disso, a comunhão nas duas espécies (pão e vinho), recomendada fortemente, tem um impacto claramente anti-hierárquico, ao mesmo tempo que corresponde a considerações semiológicas relativas à autonomia do significante e à consistência do signo complexo (pão e vida), independentemente de sua eficácia; se é verdade que "uma só espécie seria suficiente [quando] o desejo da fé basta" (p. 15), é igualmente verdade que, na ordem da única significância, as duas espécies devem estar em conjunto. Por outro lado, na obra de Lutero, é uma afirmação recorrente que a comunicação intraeclesial não poderia ser em sentido único, nem limitada a bens unicamente "religiosos" e espirituais. É assim que se levanta contra os que gostariam de "ter o benefício da comunhão sem nada pagar em troca"; sobretudo sem "acorrer para ajudar os pobres, suportar pacientemente os pecadores, cuidar dos miseráveis" (p. 21).

Do mesmo modo que Calvino, Lutero parece preocupar-se em não dissociar perspectiva semântica ("o pão é transformado em seu corpo verdadeiro e natural", p. 23) e perspectiva pragmática (Cristo, "por seu amor, tomou nossa forma" [...]. Em retribuição, devemos nos transformar por esse amor, tornar nossas as enfermidades de todos os demais cristãos, tomar sobre nós sua forma e suas necessidades [...]; eis a verdadeira comunhão e o verdadeiro significado desse sacramento. Assim, somos transformados uns nos outros e amalgamados pelo amor, sem o qual nenhuma transformação pode ser produzida", p. 22). Portanto, o realismo sacramental de Lutero não se reduz à afirmação de uma "transmissão" que deixasse intocada a identidade de cada "polo" da comunicação. Pelo contrário, ele insiste na dinâmica de uma série de "transformações" profundas. Assim, suas observações são testemunhas de um momento da reflexão teológica em que o peso das polêmicas ainda é de tal forma que o problema do "como" da transformação intrassacramental (transformação de uma substância em outra, problema da "comunicação das propriedades" do corpo glorioso de Cristo e do corpo da humanidade do Filho encarnado etc.) não eclipsou a atenção na implicação deliberada do cristão no discernimento de um sentido que vale para ele como vocação de um engajamento em uma dinâmica relacional, marcada pela troca não contábil do amor. O sacramento, como coisa (*opus operatum*: "obra operada"), "só opera dano. É preciso que ele se torne *opus operantis* ("obra operante"). Não basta que seja administrado [...], é preciso que dele seja feito uso, na fé" (p. 25). Toda dissimetria na relação entre oficiante e "simples fiéis" é assim corrigida em prol da relação de complementaridade que deve uni-los de forma solidária.

No total, esse sermão de 1519 é notável ao ser bem-sucedido, apesar de uma tradição que teria ainda por longo tempo seus defensores, em conceder lugar de maior importância ao "cerne" do sentido sacramental, à dinâmica de uma conversão relacional capaz de desfazer a equação tradicional entre ordem e hierarquia, criando de um só golpe um novo sentido de fraternidade. É esse sentido que serve a Lutero como referência crítica em seu exame das práticas de confrarias, em que se vê sobretudo a expressão de corporativismos religiosos e a manifestação de um egoísmo coletivo: "Eles creem que a confraria deles não pode beneficiar mais ninguém, a não ser os que são contados entre seus membros [...], eles aprendem [ali] a procurar suas próprias vantagens, a amar a si mesmos, a desprezar os outros, a considerar a si mesmos como gente superior" (p. 29).

Além das críticas dos excessos à mesa que ocorrem nos encontros de confrarias, Lutero enfatiza a introversão, o fechamento relacional, enquanto o verdadeiro modelo de fraternidade, critério com que se devem medir as fraternidades concretas, é o da "fraternidade celeste" (p. 30), sobre a qual ele escreve que "quanto maior, mais vasta e comum a todos, melhor ela é" (p. 31). Sem dúvida, não se trata de um modelo preciso de organização, mas basta para sugerir um modelo de vocação que justifique a opção multitudinista entre as igrejas protestantes: "Quando surge uma confraria, deve agir de modo a que seus membros se devotem a outras pessoas [...] e que não excluam ninguém" (ibid.).

Esse ideal poderia se afigurar semelhante ao da Igreja Católica — quando o ideal de universalidade é preferido ao ideal de uma perfeição separatista — se Lutero não frisasse claramente, no mesmo contexto, uma das consequências mais importantes dessa concepção de uma comunicação fraterna destinada ao crescimento: trata-se da excomunhão, de seu objetivo e, portanto, de seus limites.

Segundo o teólogo, só deveríamos recorrer à excomunhão como uma punição provisória, e não imaginar qualquer ato de danação. O único sentido legítimo da excomunhão é permitir o restabelecimento próximo da comunhão interrompida da pessoa que incorre nessa punição: "[a excomunhão] não torna ninguém mais mau ou mais pecador, mas é instituída para restabelecer a comunhão interior e espiritual" (*Um sermão sobre a excomunhão* [1520], em *MLO* 9, 41). O maior perigo da excomunhão não é aquele em que incorre o excomungado, mas, sim, o que espreita o excomungador, pois, ao desprezar o pecado dos demais, ele arrisca-se a prender-se ao próprio pecado, sobretudo assimilando a um mal irremediável o erro que estima carregar.

2.4. Calvino: a comunicação com Deus e seus limites. Contra a especulação

Não ficaremos surpresos ao constatar que Calvino enfatiza tanto quanto Lutero a dinâmica relacional subjacente à fé. Que a antiga patrística seja tão frequentemente citada nas *Institutas da religião cristã* não implica simplesmente uma tática de desqualificação das "invenções" tardias da tradição romana, pois o reformador é sensível ao termo — que é de grande importância teológica aos olhos de Ireneu quando ele critica a gnose — da economia simbólica do cristianismo. Essa economia constitui e articula o objeto da fé, decidindo também a identidade ou a identificação (por um trabalho sobre si) do sujeito cristão. A fé é vida, qualidade relacional de uma existência que é chamada para ouvir no texto bíblico a voz — "Palavra de Deus" — de uma orientação justa diante de Deus, de si mesmo, dos outros e da igreja.

A frequência da ocorrência do termo "útil" não nos deve confundir. Trata-se menos das premissas de uma ideologia "utilitarista" que da manifestação de uma concepção "pragmática" do sentido da fé. Compreende-se melhor o que Calvino compreende disso, ou do que ele prefere chamar "reto uso", quando percebemos o elemento que o autor lhe opõe, ou seja, a especulação que, em sua obra, designa a apropriação desregrada daquilo que nos é "comunicado" por Deus. Recusar a especulação equivaleria a renunciar a um modelo de comunicação em que as coisas comunicadas ou ditas pudessem ser interpretadas independentemente da "razão" pela qual nos são comunicadas (no caso, para nossa salvação). Sem dúvida, a formação jurídica de Calvino reforçou sua preocupação de dar conta da "intenção" de tal autor ou tal texto bíblico. Seja como for, está claro que essa intenção, jamais conhecida de antemão, mas sempre induzida a partir do próprio texto, corresponde à autorregulagem de uma interpretação correta, limitada em suas ambições pela "própria forma do dizer de Deus, a de uma 'mensagem'". Que a forma da mensagem seja indissociável do conteúdo escriturístico implica que não podemos — sob a aparência da transcendência do destinatário último, Deus — tratar do sentido de maneira independente da "forma de vida" da função que o sentido nos propõe. Assim como em todo dom o bem está a serviço dos laços, na revelação que nos é dirigida a "verdade" está a serviço de uma relação de fidelidade; a verdade está correlacionada a uma economia da aliança, e desta não teríamos ideia alguma sem essa revelação. Reconhecer esse pilar da iniciativa de Deus no sentido de sua sempre presente vontade de "comunicar-se" é o que Calvino nomeia reconhecimento do "mistério" de Deus. Ignorar esse pilar seria submergir em um caos abissal (*IRC* I, XVII, 2).

2.5. Comunicação: reciprocidade ou dom do reconhecimento, da graça e do sentido

Diante de toda palavra simplesmente humana, portanto, a Palavra de Deus teria isto de excepcional: Deus "nos comunica [nela] sua presença". No entanto, "presença" não significa "imediatez", e por essa razão o reconhecimento humano do sentido da presença divina se manifesta de modo particular na crítica das evidências; é por isso que, por exemplo, Calvino expõe sua preferência por uma esquematização auditiva da relação cristã, em detrimento de uma esquematização visual: até mesmo "Moisés, a quem Deus se comunicou de maneira mais familiar que com qualquer outro homem, não pôde vê-lo face a face" (I, XI, 3). *A fortiori*, mesmo que possamos afirmar que, por suas obras (o mundo natural), Deus "se nos torna próximo e familiar, comunica-se" (I, v, 9), é importante acrescentar que "no espelho de suas obras [...] por nosso entorpecimento sempre enfraquecemos diante de testemunhos tão claros, de tal modo que nos escapam sem proveito" (I, V, 11). Poderíamos assim falar de uma desgraça do visível, nesse sentido preciso de que o visível nos cativa tanto que nos tornamos esquecidos do doador ou do criador. Porém, não se trata de um repúdio gnóstico ou neoplatônico do visível e do corpóreo: afinal, o mundo é fruto da graça de Deus. O drama é que nos esquecemos disso, a ponto de desdenhar do mundo, como na ascese, ou de torná-lo nosso principal bem, como no epicurismo.

O tema da comunicação de e com Deus é tão forte, tão pleno de significados, que é em relação a ele que se justifica um bom número de posições calvinistas que se costuma interpretar de modo independente daquilo que, aos olhos do reformador, define a lógica relacional constitutiva da fé. A crítica de Serveto, que tanto prejudicou a reputação de Calvino devido a seu trágico desfecho, demonstra a importância que se concede à afirmação de uma *comunicação estruturada*. Em contraste, Serveto surge como aquele que "põe em desordem" a economia bíblica do relacional, de dois modos: no que diz respeito à relação entre os dois Testamentos bíblicos, e portanto à relação cristã com o judaísmo (contra Serveto, de fato, é preciso afirmar dos "judeus [...] que eles receberam e abraçaram a Palavra de Deus para se unirem mais adequadamente a Deus"; enquanto Calvino precisa: "Não compreendo essa espécie geral de comunicação com ele, difundindo-se pelo céu, pela terra e por todas as criaturas [...] mas a comunicação de que falo é especial, pela qual as almas dos fiéis são iluminadas no conhecimento de Deus e a ele unidas", II, X, 7), e no que tange à relação das pessoas da Trindade, pois Serveto negligencia tanto a própria pessoa do Mediador quanto a economia temporal da salvação (sobretudo a relação entre sentido e cumprimento), cuja tensão escatológica é apagada. Para Calvino, a graça de uma comunicação "substancial" não poderia ser afirmada em detrimento do sentido da relação inaugurada pelo dom gracioso da salvação, e é por isso que a afirmação de que o Filho de Deus "recebeu tanto do nosso que comunicou a nós o que era seu, e o que era seu por natureza fez nosso pela graça" (II, XII, 2) não nos deve incitar a imaginar, à guisa de resultado, uma "infusão" ou "transfusão". O que é dado, mais uma vez, não poderia manter oculto o sentido do dom, e Calvino não cessa de frisar a dimensão da imputação de nossa justiça: "A justiça de Cristo lhe [ao homem] é comunicada por imputação; [...] assim se desvanece essa fantasia segundo a qual o homem é justificado pela fé porque recebe por ela o Espírito de Deus, com o qual se torna justo" (III, XI, 23). Tal afirmação, de Lutero também, é melhor compreendida quando se discernem as implicações teológicas mais decisivas que revelam claramente a crítica dirigida a Osiander e à ideia de uma justiça "essencial". De fato, escreve Calvino: "Nego que a essência de Cristo se misture com a nossa" (III, XI, 5).

De modo geral, contra os "espíritos funestos e frenéticos" que tudo misturam (II, XIV, 4), Calvino acentua as duas dimensões complementares de toda verdadeira comunicação, conjunção e separação. É assim que a definição de fé se relaciona menos a questões de natureza (ou sobrenatureza) que a questões de sentido: a fé é definida em relação à capacidade revelada ao sujeito cristão de se situar em uma economia simbólica cujo cerne é a dívida de sentido (realidade cujo reconhecimento implica renúncia a todo tipo de configuração do mundo que corresponda, em qualquer nível, à concepção platônica de uma perfeição de autonomia, em uma atemporalidade gloriosa). Para o teólogo de Genebra, a história é uma dimensão intrínseca ao mundo na medida em que o mundo não só é sustentado por uma comunicação transcendente (o que é enunciado pela afirmação da criação), mas também é afetado pela dinâmica da economia da aliança. O mundo é estruturado pela comunicação — ativa — de Deus, que a utiliza o tempo todo com o homem. Claro, esse tema não é formulado de maneira tão explícita; no entanto, surge bastante implicado no discurso de Calvino, não menos, aliás, que o tema da liberdade, a partir do momento em que empreendemos nossa leitura à luz da questão da comunicação e do novo sentido de "presença do mundo" que lhe está associado: presença que não é passível de controle, se é verdade que a teologia do Espírito Santo só nos nega o direito de iniciativa para melhor nos designar o lugar de alvos da benevolência de Deus diante de uma palavra de adoção (III, I, 3).

2.6. A pregação, forma de comunicação intraeclesiástica e a igualdade dos fiéis

Dentre as consequências mais importantes ou os maiores efeitos socioculturais dessa concepção protestante de um "mundo" entendido não como a epifania do divino, nem como ordem estável de substâncias ou formas substanciais (em relação às quais os laços de comunicação seriam extrínsecos e mesmo acidentais), devemos apontar principalmente os que estão em relação direta com a teoria do sacramento, dos quais já afirmamos que o sacramento é o substituto de várias perspectivas fundamentais, por exemplo, sobre as relações entre eclesiologia e uma concepção mais secular dos laços sociais e políticos, ou sobre as relações entre sentido e vocação, texto e imagem etc. A concepção do sacramento é um fato sensível de análise das mutações teológicas provocadas pela Reforma, cujas implicações "culturais" são potencialmente desagregadoras da figuração teológico-política do mundo.

Com frequência violentos, não faltaram conflitos entre os reformadores sobre a interpretação teológica da realidade sacramental da ceia. No entanto, esses conflitos não devem dissimular o que é comum às diversas opiniões, cuja importância não deve ser minimizada. A recusa dos sacramentos não atestados pela Escritura, sobretudo o sacramento "da ordem", faz parte das concepções comuns. Essa última recusa é de grande consequência, já que implica a rejeição da distinção hierárquica entre "clero" e simples fiéis, assim como a fé "esotérica" e a fé "exotérica" (a primeira tendo sido tradicionalmente desqualificada como oposição à segunda e chamada por Calvino de fé "implícita" ou "potencial"). Diante da interpretação bíblica que nutre a fé, todos são iguais em responsabilidade, segundo os reformadores. Se há alguma desigualdade, trata-se de uma desigualdade provisória de competências, similar à que existe entre professor e aluno. É fato notório que a crítica protestante da "transmissão apostólica" se baseia na promoção do único critério de fidelidade interpretativa (a igreja, segundo Calvino e também Lutero, está onde a Palavra de Deus é pregada fielmente). Assim, nada pode garantir *a priori* a inerrância da autoridade; além disso, como a autoridade não se pode vangloriar por beneficiar-se de uma revelação particular (de modo esotérico, em maior ou menor grau), todos são, em princípio, juízes ou corresponsáveis pelo bom exercício da função da pregação, na qual estão estritamente ligados tanto o sentido compreendido e recebido quanto seu uso, além de uma forma de vida eclesial jamais certa de sua qualidade.

A administração dos sacramentos não tem outra função, a não ser pregar, ainda que o faça tornando mais próxima a presença comunicada e, de certa forma, mais "sensível" o sentido. Porém, para muitas igrejas da Reforma, essa vantagem do sacramento forneceria razões suficientes para restringir sua prática, de modo que a pregação seria sempre, na tradição reformada, a forma por excelência, por vezes exclusiva, de uma "comunicação" com Deus que seja congruente com a confissão que representa toda comunicação, de iniciativa de Deus. Essa iniciativa não é abolida, mas simplesmente cumprida pelo pregador, profeta dos tempos pós-apostólicos encarregado de devolver ao sentido da Escritura a plena dimensão (pragmática) de uma mensagem de vida.

3. Teologia e cultura comunicacional

3.1. Figura do intelectual ou do ideólogo

Não sem razão, Michael Waltzer viu na forma parenética da relação com uma Vontade comunicada a primeira manifestação ideológica de mobilização social em nome de um saber sobre os fins últimos do homem e da humanidade. Obviamente, e Calvino insiste nisso junto a outros reformadores, findou-se o tempo da profecia. Porém, isso não impede que a profecia, inclusive em sua versão mais apocalíptica, ofereça um sentido disponível de acordo com as circunstâncias: um sentido que pregadores exilados como John Knox, impedidos de criarem uma comunidade, mobilizariam como fonte revolucionária; um sentido cujo impacto os camisardos, proibidos de exilarem-se, ainda que em um exílio interior (o rei da França havia negado a eles a liberdade de consciência), sofreriam de pleno golpe, até a carne convulsionada (Daniel VIDAL, *Le malheur et son prophète. Inspirés et sectaires en Languedoc calviniste* [*1685-1725*] [A desgraça e seu profeta: inspirados e sectários no Languedoc calvinista], Paris, Payot, 1983). É verdade que, nesses casos, trata-se de formas extremas da associação a um Sentido dado como vivo e transcendente, ou da associação ao sentido de uma Vida tal que, diante dela, toda vida comum empalidece ou perde consistência. Waltzer insiste nos efeitos potencialmente revolucionários da crítica do mundo tal como ele é, crítica imbuída de uma concepção radical da Queda, considerada um aniquilamento da ordem natural. No entanto, a linha revolucionária, objeto de estudo em *La révolution des saints* [A revolução dos santos], não deve levar ao esquecimento de uma linha de inspiração mais reformista — aliás apontada pelo próprio autor —, preocupada com aplicações sociais e eclesiais (sendo a sociedade concebida, nos moldes da igreja, como lugar em que a vontade de Deus deve se exercer, no mínimo, de modo providencial, para evitar que a cidade, entregue a si mesma, seja destruída). Segundo a tradição mais reformista, somente os mais escrupulosos intérpretes da Lei de Deus são os administradores zelosos, "conscienciosos" (para retomar uma característica cuja importância é frisada por Waltzer), da vontade divina. Assim, a "ordem", toda ordem, e mesmo aos olhos dos mais reformistas, é menos coisa natural que realidade construída ou a construir o tempo todo. Isso se torna mais claro, talvez, na tradição especificamente "reformada", pois de muitas maneiras a tradição luterana, acentuando a distinção entre as duas alianças e os dois reinos, visível e invisível, tende a certas formas de quietismo, já que a experiência da salvação busca comunicar-se e confirmar-se no seio de pequenos grupos com fortes laços afetivos, *ecclesiolae* de acordo com o modelo de Bucer, ou, em tempos posteriores, comunidades pietistas (Georges GUSDORF, *Dieu, la nature, l'homme, au siècle des Lumières* [Deus, a natureza, o homem, no Século das Luzes], Paris, Payot, 1972).

De uma tradição protestante a outra, a diferença, em seus aspectos teológicos e principalmente eclesiológicos, é sem dúvida resultado, para muitos, da diferença cronológica de sua fase de constituição, já que a tradição reformada se origina em um texto — as *Institutas* — cujo autor pertence à segunda geração protestante, uma geração que testemunha a exacerbação da polaridade entre duas eclesiologias cuja incompatibilidade seria longamente atestada pelo Concílio de Trento. Para a segunda geração, a liderança se deve não somente a qualidades teológicas, mas ainda e principalmente à capacidade de organização; a uma competência que anuncia a de um líder de partido ideológico: saber tornar o sentido socialmente eficaz e saber integrar à teoria as lições da experiência (ou seja, dar conta, no próprio nível dos enunciados, dos efeitos provocados ou dos obstáculos encontrados pela e na amplificação da nova enunciação teológica). Nesse sentido, é extraordinária a redação contínua e estratificada das *Institutas da religião cristã*, com suas diversas camadas fazendo eco às transformações conjunturais. Seu autor é menos um puro "erudito" que um teórico atento às lições de aplicação "prática" da teoria. Calvino encarnaria assim, para Waltzer, uma das primeiras figuras modernas do "intelectual orgânico" estabelecido por Gramsci, que acumula trunfos do poder organizacional e da autoridade intelectual. Porém, com mais vigor que Waltzer, nós afirmaríamos que o intelectual teológico difere de um agitador ideológico na medida em que o primeiro admite explicitamente dois princípios de limitação a suas ações. O primeiro princípio é externo: a sociedade política tem certo valor, mas não se confunde com a sociedade eclesial — sujeita à vontade de Deus ou de seus intérpretes —, assim como a Providência não se identifica com a predestinação, ou o anúncio da salvação não abole a dimensão escatológica da promessa. O segundo é interno: o poder intraeclesial é reconhecidamente distribuído entre "ministros" da Palavra e leigos encarregados da disciplina.

3.2. Fanatismo e imediatez: a iconoclastia protestante

O militantismo religioso do início, com tons milenaristas, historicamente limitou-se diante daquilo que, aos olhos de Lutero e também de Calvino, pareceu excesso de "fanatismo" (Calvino fala de mentes fantásticas), cujo combustível é a paixão pela realização imediata do ideal, com a recusa mais violenta de toda distância ou separação entre ideal e realidade, estando a realidade condenada ao olhar do ideal. O "fanático" é visto como a vítima, se não o agente, de um grande distúrbio comunicativo. Ele "mistura" tudo, sobretudo a sociedade que, de acordo com uma terminologia comum, nomeava-se ainda e continuará a ser considerada como *communicatio politica*, segundo herança do pensamento político aristotélico e a importância que esse pensamento reconhece nas relações de linguagem na constituição das relações políticas. Vinda de alguém como Calvino, que gosta de enfatizar que é "utilidade do governo civil" que "a comunicação entre os homens sejam justas, sem dano ou fraude" (IRC IV, XX, 3), a acusação é grave.

No entanto, sobre essa fanática iconoclastia, as posições entre os reformadores diferem um pouco, mesmo que o diagnóstico seja comum. Ocorre que, como vários comentadores observaram referindo-se, por exemplo, ao texto de Lutero de 1525, *Wider die himmlischen Propheten, von den Bildern und Sakrament* (*WA* 18, 37-214), as opiniões já divergem sobre a questão da presença real na ceia, com alguns atenuando e outros exacerbando a diferença entre presença e representação. Isso equivale a afirmar mais uma vez a importância dos esquemas teológicos comunicativos para as teorizações sobre a ordem, mesmo civil; a importância sobretudo da compreensão que se tem da mediação, em que podemos enfatizar tanto o pressuposto da distância quanto o da finalidade, ou seja, a superação da separação.

É bastante evidente que Calvino pôde insistir ainda mais na comunicação real na ceia, sem oferecer garantias a um realismo substancialista, por insistir em uma nova mediação, a do Espírito Santo, pela "virtude incompreensível a partir da qual se dá nossa comunicação com o corpo e o sangue de Jesus Cristo" (IRC IV, XVII, 33). A partir disso, Calvino pôde separar o caso do sacramento do caso da imagem, sancionando, pelo menos de modo indireto (e mais que Lutero, com certeza), a iconoclastia que se desenvolveria amplamente na França nos anos 1560, legitimada pelas autoridades protestantes enquanto se mantivesse controlada (na realidade, sempre se tratou de uma reação em cadeia) pelos "magistrados", mesmo que "inferiores" (ainda que inferiores, os magistrados participam da soberania).

Aos olhos da ideologia contemporânea da comunicação, ideologia que se mostra pela fantasia da anulação de nossa condição de finitude espacial e temporal, investida na técnica, a crítica calvinista da concepção ubíqua do corpo de Cristo é rica de implicações e consequências, tanto teológicas como antropológicas. A já mencionada duplicação da mediação — a do Espírito, que de alguma forma é somada à de Cristo — tem como um efeito paradoxal a manutenção da íntima e fundamental diferença entre sentido da presença anunciada e presença "real", cuja realidade estaria ao lado da abolição de toda tensão escatológica. A interpretação calvinista sugere um desdobramento do próprio meio, já que a presença do representado não coincide de modo algum com a presença da referência, de modo que o signo continua signo, apesar da transcendência daquilo a que se refere. Em linguagem teológica, isso equivale a dizer que o corpo e o sangue que validam a palavra da instituição da ceia só podem dizer respeito ao corpo da humanidade de Cristo, não seu corpo glorioso, celeste. Entendida a partir da pessoa do Mediador, a mediação não anula a diferença entre o divino e o humano, e as teorizações acerca da articulação dessa diferença são decisórias quanto à crítica de Calvino da tese da "comunicação dos idiomas" (cf. *IRC* II, XIII, 4; na edição francesa de Jean-Daniel Benoît, a nota 8 é dedicada ao *extracalvinisticum*: Calvino "retém somente a ubiquidade da natureza divina, rejeitando assim a ubiquidade do corpo de Cristo, sobretudo para evitar tudo o que poderia se assemelhar a uma deificação do homem, mesmo na pessoa de Jesus Cristo").

3.3. A imagem desencantada

Quanto à relação de Calvino com a imagem, convém evitar dois erros de interpretação. Primeiro, Calvino não rejeita todas as imagens, mas somente as imagens especificamente *religiosas* que alimentam inevitavelmente, segundo ele, a superstição, pouco importam os esforços empreendidos para conjurar esse risco ou sua gravidade, principalmente por causa da distinção clássica entre "dulia" e "latria". O reformador não vê nessa distinção entre reverência e idolatria nada mais que a justificação quase ideológica de uma prática muito menos contemplante em matéria de "direito de uso". Sua crítica não se estende de modo algum a outras imagens: Calvino argumenta que "a arte da pintura e da escultura são dons de Deus" (IRC I, XI, 12). Além disso, por sua recusa em considerar as imagens como "livro dos analfabetos" (um modo tradicional e bastante demagógico, diga-se, de recomendá-las), ao mesmo tempo que insiste no *status* representativo da imagem (cuja função normal, segundo ele, é reproduzir o visível e sua história), o reformador não hesita em reconhecer o prazer que elas podem proporcionar. Dessa forma, é abusivo pretender que a semioteologia calvinista opõe brutalmente imagem e livro. A oposição perde toda pertinência se Calvino tratava somente das imagens profanas, isentas de pretensão religiosa. De modo inverso, a ênfase utilizada por Calvino e outros reformadores no texto bíblico não nos deve fazer esquecer que estão atentos às implicações de sua crítica da concessão, feita aos "pobres analfabetos", do uso popular das imagens religiosas, por falta de coisa melhor. Assim, ao mesmo tempo que cuidam para que o Livro — a Bíblia — seja acessível a todos (pela tradução e pela difusão da escolaridade necessária para a leitura), os reformadores nunca deixam de considerar que os fiéis são iguais diante de uma Palavra "comum", igualmente importante para todos.

Assim, a hermenêutica protestante pressupõe que podemos nos entender — mediante o recurso a uma interpretação metódica, em grande parte fundada na atenção que se dá ao contexto — sobre aquilo que importa, com o próprio Deus tendo decidido fixar a medida disso, comunicando-nos o que decidiu como satisfatório para cada um. De modo simétrico à crítica da multiplicação midiática da presença pela imagem (mas também pelas relíquias...), a hermenêutica bíblica procede a partir da crítica central do alegorismo, ou seja, um modo de leitura que, pressupondo que a melhor leitura só pode ser a mais fértil (com a polissemia estando para o sentido assim como a proliferação das imagens para o mediador), suscita um ímpeto para a ingeniosidade que é um fator de ruptura da comunidade cristã que lê. A alegoria é uma disseminação ou proliferação anárquica de sentido, que procede de um profundo desconhecimento das *leis* semânticas de funcionamento das *figuras* retóricas (não deveríamos espantar-nos ao encontrar tais figuras em uma *palavra* que, enquanto se reconhece como dom de Deus, não poderia subverter as estruturas comuns da linguagem, sob pena de fracasso na comunicação do sentido que nos diz respeito). Do ponto de vista de uma hermenêutica teológica que não cessaria de influenciar a hermenêutica geral, as figuras retóricas do sentido dependem de procedimentos comuns de interpretação, de um modo que torna possível uma contribuição decisiva a uma primeira forma de "desencanto" simbólico. A "economia simbólica", com suas articulações principais captadas pela teologia protestante, manifesta-se de modo expressivo em documentos cuja significação podemos estabelecer ao final de um trabalho que não constitui exceção às condições normais de compreensão da linguagem comum. Portanto, há leis de economia do simbólico, no sentido prosaico do termo "economia", um sentido que ecoa o famoso preceito de Occam da sobriedade epistemológica e ontológica. É verdade que, dessa vez, não são "entidades" ontológicas (palavras abstratas tomadas como conceitos, nomes que designam coletivos tomados como sujeitos transcendentes etc.), cuja proliferação é preciso evitar, mas, sim, as próprias interpretações: o critério da interpretação mais simples tende a definir a interpretação formalmente melhor; o que, como sabemos, terá um equivalente no campo dos critérios de preferência em matéria de teoria científica, sobretudo quando tratar-se da formulação dos motivos que levaram à adoção do sistema heliocêntrico em vez do sistema geocêntrico ptolomaico.

3.4. De um veículo a outro: revelação escriturística e revelação natural

É ainda de outra maneira, e em um nível mais primordial, que os debates teológicos sobre a mediação, enquanto dispositivo específico de comunicação, e o pensamento científico se sobrepõem, pelo menos na época do nascimento desse último. A obra newtoniana é uma excelente testemunha dessa sobreposição, e as novas relações com o mundo científico comportam ainda traços manifestos do modo com que, para exprimir-se, busca apoio em referências teológicas em que, por meio da menção a Deus, natureza e sentido ainda não estão separados. "Qual seria assim a causa primeira que se dissimula por trás das leis físicas?", pergunta-se Newton no escólio geral dos *Princípios matemáticos de filosofia natural* (1686, São Paulo, Nova Stella, 1990). "Seria Deus?" De fato, "para nós [...], basta que a gravitação exista, [... no entanto] poderíamos [...] acrescentar aqui algo sobre esse tipo de espírito bastante sutil que penetra todos os corpos e está oculto neles" (Loup VERLET, *La malle de Newton* [O cofre de Newton], Paris, Gallimard, 1993, p. 59).

Com Newton, a nova física impede a si mesma de "forjar hipóteses metafísicas, físicas, mecânicas ou relativas a qualidades ocultas" (ibid.). Tudo isso é bastante conhecido, mas a autonomização da física em relação a todo tipo de metafísica — cujas consequências mais radicais seriam obtidas pela filosofia kantiana ao despojar a interpretação bíblica de suas referências ontoteológicas e definir o simbólico em relação às condições de uma razão prática militante e desejante — não deveria fazer-nos esquecer que a recusa às "hipóteses forjadas" (recusa a "ficções teóricas", como diríamos hoje) não deixa de estar associada ao precedente que é a hermenêutica protestante, caracterizada, por exemplo, por sua recusa categórica à "especulação". Assim, poderíamos falar da aplicação física de uma regra da economia que foi, de início, hermenêutica, e aplicada ao texto bíblico antes de sê-lo à natureza; uma natureza que se viu tão despojada de suas "correspondências" quanto a própria Escritura se encontra longe de toda propriedade mística que possa autorizar o livre jogo das interpretações anagógicas e alegóricas. Newton, que era um vigoroso anticatólico, mostra-se assim culturalmente protestante, mesmo ao propor-se a um deciframento inédito da natureza. Mas é protestante de um protestantismo heterodoxo, ainda que bem atestado pela tradição "sociniana", por assumir uma posição teológica antitrinitária. Semelhante posição não poderia deixar de abranger o ponto de aplicação de uma hermenêutica que seria, a partir de então, desprovida de seus laços bíblicos (e aqui cabe lembrar que, para os reformados, o sentido mais simples diz respeito sobretudo à pessoa do Mediador, Jesus Cristo), livre para engajar-se no terreno desse outro "Livro", a saber, o da Natureza, em que o Deus criador deixou sua marca. A ideia de dois Livros da revelação de Deus é antiga; em Newton, autor de vários textos sobre as profecias bíblicas, a dualidade se encontra tão aprofundada que a função unitária da referência divina, chave de toda ontoteologia, encolhe-se para dar lugar, de um lado, ao Deus da fé, cuja figura trinitária só tem justificação bíblica (pois na Bíblia, de acordo com Newton, "Deus é um termo relativo, correlacionado a seus servos"), e de outro, ao Deus do teísmo, a uma figuração não trinitária de Deus: "Não afirmamos: meu Eterno, seu Eterno [...]; não dizemos: meu Infinito, meu Perfeito — essas denominações não têm relação com os servos" (ibid., p. 45).

Com uma distinção assim traçada, tanto Newton como Kant (o primeiro de modo indireto, o segundo mais diretamente) preparam um pensamento teológico e uma reflexão filosófica que se concentrariam na singularidade do existir especificamente humano. No cruzamento dessas ideias e dessa reflexão, Kierkegaard, no século XIX, rejeitaria a reativação, por parte de Hegel, da ambição quanto a um conhecimento da Totalidade do Ser e do Espírito, e enfatizaria como nunca o "salto de fé" e a existência desprovida de *status* (pois é compreendida fora de toda ordem natural) de todo homem que descobre na pessoa de Cristo o próprio modelo de um existir absolutamente singular. Contra o cristianismo estabelecido e a igreja instituída, Kierkegaard se refere à coragem de ser sem garantias, que se apoia somente em Cristo para descobrir nele o paradigma do desejo de assumir-se como "Sujeito". A iconoclastia kierkegaardiana sofre uma virada radical em sua tese de doutorado, *O conceito de ironia* (1841, Bragança Paulista, Editora Universitária São Francisco, 2005): a ironia mina a seriedade dogmática, prisioneira de uma concepção cumulativa do saber teológico a partir de uma Escritura primeira sobre a qual depositamos nossa confiança. Da mesma forma, o humor, eco estilístico do duplo silêncio de Sócrates e Jesus, desfaz, desconstrói de algum modo, a segurança conceitual; certeza de uma convertibilidade do ser e da potência do discurso, sobre a qual repousa em definitivo todo empreendimento de comunicação, de transmissão. Pois, como bem escreve Henri-Bernard Vergote, "se Cristo tem algo essencial a comunicar, que ele comunique, como Sócrates, sem se preocupar com a escrita: é para seu ser que precisamos voltar os olhos" (t. II, p. 395).

Por sua insistência na "lógica" do testemunho (subversivo em relação a toda vontade de domínio), pela ênfase posta no "desejo" (energia de subjetivação), Kierkegaard radicaliza o movimento de emancipação religiosa iniciado pelo protestantismo. Por mais estranho que nos possa parecer, acostumados que estamos à classificação das obras por temas, subsiste entre Kierkegaard e Newton uma atmosfera familiar devido a uma contribuição parecida (parecida formalmente, não quanto ao conteúdo temático, claro) para o desmembramento da ontoteologia inaugurada pela "concentração cristológica" operada pela Reforma. A suspeita de ambos os autores quanto a essa ontoteologia é o que os leva a postular uma epifania do divino, seja na ordem da natureza, seja na ordem eclesial. Crer não seria ver ou contemplar, ainda que seja uma visão sobrenatural, e com olhos naturais podemos ver somente fenômenos naturais. Nesse sentido, é interessante notar que um dos capítulos mais importantes da obra newtoniana diz respeito à teoria da luz. Ora, uma teoria da luz baseada em cuidadosas experiências é possível quando, poderíamos dizer, o fenômeno propriamente físico da luz "eclipsa" o da iluminação mística; quando o "meio" de uma comunhão mística cede lugar aos veículos da comunicação: a que mantemos com a natureza através do ensino das Leis naturais que por tanto tempo foram aureoladas da presença divina; e a que também mantemos, de modo bastante diverso, com as figuras dos arautos da fé, através de uma lógica do paradoxo.

4. Protestantismo e mídia

4.1. Uma pedagogia da imagem?

Sendo um *homem do livro*, será que o protestante fetichiza tanto esse objeto cultural que seria incapaz de fazer outra coisa, a não ser denegrir a imagem e lançar contra a fascinação televisiva as antigas diatribes contra o ídolo, contra a evidência, contra o imediato?

Apegado ao livro ou apegado às condições de uma responsabilidade e de uma reflexão e, portanto, de uma distância em relação a um Sentido cuja força é a de um convite, e não a de um rapto? Crispação elitista, quando a leitura, que se tornou rara, é hoje uma prática que distingue as pessoas, mostrando-se nobre enquanto o comércio das imagens passa por grosseiro e vulgar? As motivações não são sempre simples, nem puras; as que evocamos aqui podem com frequência se entrecruzar, misturadas, em um *éthos* protestante que certamente transparece sob a forma de uma frequente suspeita lançada sobre uma cultura que priorizaria em excesso as imagens — ídolos do presente —, e até mesmo correria o risco de ser subvertida pela padronização de todo tipo de mensagens com vistas a uma comunicação que só seria considerada "boa" na medida em que é bem-sucedida, ou seja, eficaz.

A partir da ênfase de Calvino na simplicidade do sentido, podemos traçar diversas linhas divergentes do modo protestante de abordagem a alguns problemas chamados "de comunicação". Como afirmamos, podemos tentar trazer para nossos dias a crítica dos reformadores contra a apologia do "livro dos analfabetos", ou seja, contra uma cultura dual que inclui nossa resignação com o fato de que parte — na verdade, a maioria — das pessoas só pode participar de uma comunicação sumária, de tal modo que a extensão da exposição a certos tipos de "mensagens" simples é inversamente proporcional à intensidade qualitativa de um dizer que objetiva aumentar ou pelo menos respeitar a capacidade de discernimento do público. Nisso residiria a motivação do esforço pedagógico, por parte dos reformadores, para que a grande maioria pudesse participar dos bens simbólicos mais importantes, definidos no tempo deles pela relação com a mensagem evangélica. Em sua versão mais dura (cf. Jacques Ellul), a crítica à passividade (um eco da crítica à "fé implícita") culminaria no questionamento da capacidade da mídia audiovisual quanto a produzir mais que uma anestesiação do cultivo da responsabilidade interpretativa. E assim como, no século XIX, os artesãos foram capazes de quebrar as novas máquinas de produção, os artesãos do sentido, leitores de livros, sentem-se bastante tentados, se não a quebrar as indústrias de comunicação de massa, pelo menos a denunciar com veemência sua voracidade e clamar por uma espécie de greve ou boicote.

De acordo com uma versão mais nuançada, seria importante não abandonar por completo toda esperança em relação à mídia, mas tentar distinguir entre veículo e mensagem, para a busca de qualidade das mensagens em condições midiáticas renovadas. Essa última posição, que inspira vários protestantes engajados na produção midiática, equivale à recusa de uma oposição simples entre livro e imagem, para que seja verificado o desempenho da mídia em relação às possibilidades mais altas da imagem filmada. Tal atitude implica a distinção, em princípio, entre as técnicas e seus usos sociais, mesmo se estamos de acordo quanto às dificuldades práticas dessa tarefa, visto o tamanho poder das novas mídias na formatação das expectativas culturais. Pode-se sempre alegar o precedente da imprensa, que de início não serviu como vetor para a cultura humanista (e em *Écriture et iconographie* [Escrita e iconografia, Paris, Vrin, 1973] o filósofo François Dagonet lembra que, se a imprensa serviu à causa das ciências, é também por ter permitido um progresso decisivo no campo da fabricação de imagens, plantas, esquemas, diagramas, mapas), já que, em um primeiro momento, e por longo tempo após os primeiros sucessos, a reprodução impressa ampliou a divulgação das "mensagens" preexistentes. Segundo os partidários de um reformismo cultural, a tarefa dos herdeiros de um protestantismo apegado à defesa da partilha do sentido e aos grandes desígnios pedagógicos do século XIX seria contribuir para a difusão de um novo saber-ler, porém implicando, dessa vez, a imagem.

4.2. Simplicidade de sentido ou simplismo? Retórica e ideologia

Se a posição reformista é discreta, há outra atitude — exemplificada no "televangelismo" — que, em nome do reconhecido princípio da "simplicidade de sentido", surge com um especial interesse pela combinação de critérios de simplicidade e eficácia, parecendo inspirar-se na ideia, que se tornou banal, de que a qualidade dos fins (o anúncio do evangelho) justifica o emprego de meios socialmente mais poderosos. Encontraremos nessa atitude, sem as autolimitações mencionadas, alguns traços de um funcionamento propriamente "ideológico", caracterizado pela dissimetria impressionante dos "polos" da comunicação, A "simplicidade de sentido", tal como é compreendida aqui, com suas conotações de imediatez e eficácia, permite ao enunciador prevalecer-se da autoridade de uma enunciação discutível. Poderíamos discernir no televangelismo — mesmo em suas formas menos ruidosas e menos confundidas com política ou cobiça financeira — alguns dos aspectos evidenciados por Max Weber sobre como uma simples consideração acerca dos efeitos da ação pode validar a consciência da eleição: quando esses efeitos são comparados à mobilização efetiva de um auditório, o crédito de carisma do impulsionador de crenças (que Kierkegaard execrava) não pode evitar seu crescimento, que é diretamente proporcional ao tamanho do auditório, visto como sinal de eleição e, por sua vez, convertido em aumento do capital carismático. O televangelismo permanece um fenômeno protestante estranho, se é verdade que nele se misturam um fenômeno de transferência de fundamentalismo — já que o fundamentalismo é uma reação de impaciência diante das mediações do sentido ou diante da significância enquanto invenção de mediações — da mídia textual para a mídia audiovisual e uma forçosa postura ambígua diante da cultura contemporânea, feita de uma frágil combinação de pessimismo em relação à capacidade comum de compreensão a partir do pluralismo de referências culturais e um otimismo convicto do valor dos serviços tecnológicos quando utilizados para a mensagem midiática.

5. Conclusão: esquemas comunicacionais herdados e melting-pot midiático: protestantes e católicos

As observações anteriores se aplicariam somente ao protestantismo? Certamente que não. Justificar tal resposta é algo que implica considerações mais amplas sobre os rearranjos religiosos — não por procederem simplesmente de um trabalho *sui generis* sobre as tradições doutrinais, nem, ao contrário, limitarem-se a uma consequência natural, e não intencional, da marginalização da maior parte das crenças religiosas, mas, sim, por resultarem de várias transformações culturais, sobretudo no nível das práticas fundamentais requeridas, suscitadas ou perturbadas pela existência dos dispositivos midiáticos modernos.

As diferentes formas de mídia são mais que "veículos" de comunicação, configurando-se em dispositivos diversos de estruturação das relações simbólicas. Podemos ver nelas meios de incorporação social de variados esquemas ou modelos comunicacionais. As próprias teologias são esquematizações conscientes de uma ordem comunicacional ampliada (com intercessores, santos, anjos etc.), e os reformadores se distinguem por sua intenção de rompimento com algumas práticas que advêm do ser e do pensar junto (papel da pregação, recusa à confissão privada etc.). Portanto, estamos lidando com um contexto cultural consideravelmente modificado, quando a herança "religiosa" de esquemas intelectuais e práticos de comunicação, dos tipos mencionados aqui, encontra a pressão de um meio em que há um transbordamento midiático. De forma verossímil, esse meio relativiza numerosas diferenças, especificamente doutrinais, mas também de novas relações — intencionais ou não — entre diferentes subculturas religiosas, tanto católicas como protestantes, cujas afinidades ou alergias eletivas manifestam a presença de um *éthos* comunicacional que, formalmente, pode ser definido como a "incorporação" do desejo de estabelecimento de laços e sentidos com os outros (incluindo-se o Outro por excelência), assim como a movimentação consciente no interior do mercado de bens e meios culturais em função de decisões práticas relativas à "boa" comunicação, aquela que respeita a dignidade de cada um e que honra, e até suscita, a capacidade de reflexão e escolha.

Gilbert Vincent

▶ BRETON, Philippe, *La tribu informatique. Enquête sur une passion moderne*, Paris, Métailié, 1990; BRUN, Jean, *Les conquêtes de l'homme et la séparation ontologique*, Paris, PUF, 1961; CHRISTIN, Olivier, *Une révolution symbolique*, Paris, Minuit, 1991; COLAS, Dominique, *Le glaive et le fléau. Généalogie du fanatisme et de la société civile*, Paris, Grasset, 1992; ELLUL, Jacques, *A palavra humilhada*, São Paulo, Paulinas, 1984; GUTWIRTH, Jacques, "Les Églises électroniques", *Archives de sciences sociales des religions* 66, 1988, p. 201-214; HABERMAS, Jürgen, *Théorie de l'agir communicationnel* (1981), 2 vols., Paris, Fayard, 1987; MEHL, Roger, *La rencontre d'autrui. Remarques sur le problème de la communication*, Neuchâtel, Delachaux et Niestlé, 1967; RICOEUR, Paul, *Tempo e narrativa*, tomo III, Campinas, Papirus, 1995; SCHLEIERMACHER, Friedrich, *Hermêneutica, arte e técnica da interpretação*, Petrópolis, Vozes, 1999; VERGOTE, Henri-Bernard, *Sens et répétition. Essai sur l'ironie kierkegaardienne*, 2 vols., Paris, Cerf-Orante, 1982; WALZER, Michael, *La révolution des saints. Éthique protestante et radicalisme politique* (1965), Paris, Belin, 1987.

● **Capitalismo**; comunicação de idiomas; igreja eletrônica; Ellul; estética; excomunhão; *extracalvinisticum*; iconoclastia; imagem; imitação; imprensa e edição; mídias; mediações; **modernidade**; **política**; pregação; imprensa protestante francófona; **ritos**; sacramento; **técnica**; **utopia**

COMUNICAÇÃO DOS IDIOMAS

Inúmeros teólogos da igreja antiga (sobretudo os da escola de Alexandria) esforçaram-se por deixar clara, na pessoa de Jesus Cristo, a união entre a natureza divina e a natureza humana. Essa ênfase os levou a afirmar que ambas as naturezas, unidas como ferro e fogo, comunicavam reciprocamente suas "propriedades" (ou *idiomas*) sem se confundirem.

No século XVI, condensaram-se algumas diferenças quanto à correta compreensão da comunicação de idiomas, primeiro entre Lutero e Zwinglio, e em seguida entre as ortodoxias luterana e reformada. Para Zwinglio, a comunicação é apenas um modo de falar. Ele só pode observar que de fato Deus sofreu ou que o homem Jesus criou o mundo, ponto de vista sustentado por Lutero para enfatizar a união profunda entre Deus e o homem em Jesus Cristo, significando que é Deus quem nos salva e que a humanidade de Cristo participa da onipresença divina, podendo assim estar presente na ceia.

A ortodoxia luterana distinguiria três tipos de comunicação dos idiomas: 1) o *genus idiomaticum* (a comunicação dos idiomas propriamente dita), segundo o qual as propriedades das duas naturezas de Cristo são de fato atribuídas a toda a pessoa de Cristo. Era o ponto de vista de Tomás de Aquino, retomado por Calvino; 2) o *genus apotelesmaticum* (tipo de comunicação dos idiomas em vista de um resultado), segundo o qual todas as atividades de Cristo são atribuídas não a uma das duas naturezas, mas à pessoa única de Cristo. Calvino partilha dessa visão, enquanto Zwinglio privilegia a ação única da natureza divina no ato da salvação; 3) o *genus majestaticum* (tipo de comunicação da majestade divina à natureza humana), rejeitado pelos reformados, segundo o qual algumas propriedades da natureza divina (sobretudo a onipresença) são comunicadas à natureza humana. Por outro lado, a ortodoxia luterana não seguiu Lutero no que poderíamos chamar *genus tapeinoticon* (tipo de comunicação da fraqueza), afirmando que a natureza humana comunica sua fraqueza, seu sofrimento e sua morte à natureza divina.

Marc Lienhard

▶ LIENHARD, Marc, *Luther, témoin de Jésus-Christ. Les étapes et les thèmes de la christologie du Réformateur*, Paris, Cerf, 1973, p. 345-359; MICHEL, Marie-Albert, "Idiomes (Communication des)", em *Dictionnaire de théologie catholique*, t. 7, Paris, Letouzey et Ané, 1927, col. 595-602; PANNENBERG, Wolfhart, *Esquisse d'une christologie* (1964), Paris, Cerf, 1971, p. 377-392.

● **Comunicação**; *extracalvinisticum*; **Jesus (imagens de)**; *kenósis*; **saúde**

COMUNIDADE EVANGÉLICA DE AÇÃO APOSTÓLICA

A Comunidade Evangélica de Ação Apostólica (hoje conhecida pelo nome CEVAA — Comunidade de Igrejas em Missão) foi fundada no dia 30 de outubro de 1971, durante a última assembleia geral da Sociedade das Missões Evangélicas de Paris. Essa honorável instituição, criada em 1822, seria então suprimida para o surgimento de uma nova estrutura na qual as igrejas da França (cinco, reunidas no Serviço Protestante de Missão — Departamento Evangélico Francês de Ação Apostólica), da Suíça romanda (sete, reunidas no Departamento

Missionário) e da Itália (uma), que apoiaram a Sociedade das Missões, e as igrejas da África (oito) e da Oceania (duas), nascidas de seu trabalho, unidas para prosseguir juntas com a ação missionária.

Desde sua criação, a CEVAA se expandiu a oito igrejas da África, duas igrejas do Oceano Índico, uma igreja da América Latina e uma igreja da Europa. Conta hoje com 38 igrejas. Puro produto da era pós-missionária, a instituição acredita legar a suas igrejas associadas uma grande responsabilidade: a partir de uma reflexão sobre o significado do evangelho e o sentido da missão, elabora programas teológicos para pequenos grupos, principalmente destinados aos líderes leigos em suas igrejas, e ações comuns em regiões consideradas de alta prioridade para evangelismo e desenvolvimento, ao mesmo tempo que, a partir de uma análise das necessidades e dos recursos humanos e financeiros das igrejas, organiza entre elas um intercâmbio de colaboradores (voluntários, visitantes etc.) e procede a uma partilha dos fundos de que dispõe.

Jean-François Zorn

▶ *La lettre de la Communauté*, cinco números por ano, publicados pela CEVAA (Rua Louis-Perrier, 13, CS 49530, F-34961 Montpellier Cedex 2); FUNKSCHMIDT, Kai, *Earthing the Vision. Strukturreformen in der Mission untersucht am Beispiel von CEVAA (Paris), CWM (London) und UEM (Wuppertal)*, Frankfurt, Lembeck, 2000; ROUX, André, *Missions des Églises, mission de l'Église. Histoires d'une longue marche*, Paris, Cerf, 1984; SPINDLER, Marc, org., *Des missions aux Églises. Naissance et passation des pouvoirs. XVIIe-XXe siècles*, Lyon, Université Jean Moulin-Université catholique, 1990.

▶ Desenvolvimento; evangelização; Kotto; **missão**; missionárias (sociedades)

COMUNIDADES RELIGIOSAS

A partir do século XVI, após a crítica dos votos instituída pelos reformadores, não há mais comunidades religiosas no protestantismo, no sentido de ordens monásticas. No século XIX, surgem organizações de diaconisas, primeiro na Alemanha e depois na França (Reuilly, 1841) e na Suíça (Saint-Loup, Vaud, 1842; Riehen, Berna, 1842). Essas casas são lideradas por uma ênfase no evangelismo e uma forte preocupação social, mas seu estabelecimento suscita acusações de "criptocatolicismo". A partir dos anos 1920, surgem na Europa comunidades protestantes com uma estrutura semelhante à das ordens monásticas. Sua criação está associada a circunstâncias históricas: oposição ao nazismo na Alemanha (Darmstadt, Imshausen), aspiração a uma vida comunitária de cooperação mútua, identificação tanto com movimentos de renovação litúrgica e eclesiológica quanto com o movimento ecumênico (Pomeyrol, Taizé, Grandchamp). Algumas reúnem apenas religiosos ou religiosas, enquanto outras recebem leigos, solteiros ou casados, com ou sem filhos (como foi o caso, de 1975 a 1995, da Comunidade da Reconciliação, batista, em Lille). Comunidades protestantes também são fundadas no mundo inteiro, como, por exemplo, no sul da Índia, onde foram criados doze *ashrams* cristãos. Essas comunidades nascem espontaneamente e não pretendem reproduzir o passado, mas seguem uma "regra" de tipo monástico e são independentes umas das outras. Em busca de autenticidade, desejam ser parábolas vivas de comunhão e sinais de esperança para o mundo atual.

A título de ilustração, evoquemos em detalhes as comunidades de Grandchamp e de Pomeyrol. Em Areuse, à beira do lago de Neuchâtel, a Comunidade de Grandchamp, cujas origens remontam a 1936, é composta de irmãs protestantes vindas de diversos países. Elas fazem votos de castidade, pobreza e obediência. De manhã, ao meio-dia e à noite elas se encontram para as orações comuns. O acolhimento de hóspedes individuais ou em grupos, os retiros, o artesanato, tudo isso é vivido na alegria, na simplicidade e na misericórdia, segundo o espírito das Bem-aventuranças. As ênfases da comunidade são a abertura ecumênica e a solidariedade aos pobres.

Foi nas Alpilles (Saint-Étienne-du-Grès, Provença) que o turbilhão dos anos 1940 estabeleceu um pequeno grupo de mulheres dedicadas à oração, conduzidas pela forte liderança de Antoinette Butte (1898-1986). Uma doença havia decidido que essa chefe bandeirante e advogada permaneceria reclusa a uma vida de poucos movimentos; reconquistada para Deus, em um sacrifício sem volta, Antoinette Butte inverteu suas prioridades: em vez de agir, ela seria o alvo da ação. Ao longo dos anos, o grupo cresceu como uma comunidade de mulheres, unidas por votos. Enraizada nas igrejas reformadas, a Comunidade de Pomeyrol se sente chamada para restaurar a vida de oração e o sentido da liturgia, nunca separados da hospitalidade. Pomeyrol se tornou um lugar de retiro, encontro, partilha ecumênica e celebração para muitos que chegam de toda parte. A comunidade conta atualmente com doze irmãs sob a autoridade de uma priora eleita.

François Altermath, Michel Bouttier e Antoine Reymond

▶ "Des communautés de vie dans le protestantisme", *Le Christianisme au XXe siècle*, avulso nº 4, junho de 1991. **Comunidade de Pomeyrol**: BUTTE, Antoinette, *L'incarnation, la Sainte Cène, l'Église*, Paris, Payot, 1934; Idem, *L'offrande, office sacerdotal de l'Église*, Saint-Étienne-du-Grès, Communauté de Pomeyrol, 1965; Idem, *Le chant des bien-aimés*, Estrasburgo, Oberlin, 1984; Idem, *Semences*, Estrasburgo-Saint-Étienne-du-Grès, Oberlin-Communauté de Pomeyrol, 1989; "La Communauté de Pomeyrol", *Foi et Vie* 76/6, 1977; a Comunidade de Pomeyrol publicou os *Cahiers de Pomeyrol*.

◉ Celibato; diaconisas; ordens monásticas; São Miguel (Confraria Evangélica); Schutz; Taizé; Thurian; votos

CONCÍLIO

O concílio é a assembleia de representantes autorizados de várias ou todas as igrejas particulares. É responsável pelas decisões em matéria de doutrina e de vida cristã. A assembleia de Jerusalém (At 15; cf. Gl 2.1-10) é o modelo neotestamentário do concílio. A autoridade de suas decisões nos cinco primeiros séculos é reconhecida por todas as tradições cristãs: Niceia (325: confissão trinitária contra Ário); Constantinopla (381: *Símbolo de Niceia-Constantinopla*); Éfeso (431: afirmação de que Maria é mãe de Deus, contra Nestório); Calcedônia (451: em Cristo, há duas naturezas em uma pessoa).

O catolicismo romano se refere a 21 concílios, dos quais três são posteriores à Reforma (Trento, 1545-1563; Vaticano I, 1869-1870; Vaticano II, 1962-1965). As igrejas ortodoxas dão uma prioridade teológica ao concílio como lugar de deliberação e de decisão no Espírito Santo, considerando os concílios posteriores ao século V como simples sínodos particulares da igreja ocidental e preparando, por sua vez, um concílio "pan-ortodoxo". As igrejas protestantes reconhecem a autoridade das decisões dos quatro primeiros concílios e retomam em seus Escritos Simbólicos as confissões de fé desses concílios. No entanto, os protestantes consideram os concílios como instrumentos de direito humano, que permitem verificar se a fé e a vida da igreja estão conformes ao testemunho bíblico.

O fundamento teológico do concílio é o caráter conciliativo da igreja. Todas as igrejas locais que compõem a igreja universal desfrutam dos mesmos direitos, enviando seus representantes aos concílios e adotando suas decisões. Com o fim de preservar sua unidade, a igreja, que é comunhão dos cristãos, não pode abdicar desse lugar de decisões e de encontro de líderes. Um momento importante do concílio é sua recepção pelo conjunto dos fiéis.

André Birmelé

▶ ALBERIGO, Giuseppe, org., *Les conciles oecuméniques, t. I: L'histoire, t. II/1: Les Décrets. De Nicée à Latran V e t. II/2: Les Décrets. De Trente à Vatican II*, t. I: A história, t. II/1: Os decretos. De Niceia a Latrão V e t. II/2: Os decretos. De Trento ao Vaticano II], Paris, Cerf, 1994; DUMEIGE, Gervais, org., *Histoire des conciles oecuméniques*, 12 vols., Paris, Orante, 1962-1981; "Une Église en concile", *Recherches de science religieuse* 93/2, 2005; VRIES, Wilhelm de, *Oriente et Occident. Les structures ecclésiales vues dans l'histoire des sept premiers conciles oecuméniques*, Paris, Cerf, 1974.

◉ **Autoridade**; doutrina; bispo; **ecumenismo**; Ortodoxa (Igreja Oriental); papado; Simbólicos (Escritos); sínodo; Trento (Concílio de); Vaticano II (Concílio de)

CONCORDATA

Aplicado à igreja, o termo designa um tratado entre o Estado do Vaticano e outro Estado, para garantir e regulamentar os direitos da Igreja Católica nesse Estado. Por extensão, aplica-se a certos acordos entre um Estado e uma igreja que desfrutam de personalidade jurídica (p. ex., a concordata de 1942 entre o Estado de Neuchâtel e a Igreja Reformada Evangélica desse cantão, ou os *Articles organiques* [Artigos orgânicos] de 1802, que regulam as relações entre a República Francesa e as igrejas luterana e reformada de Alsácia-Mosela, unidas desde 2006). As primeiras concordatas remontam ao século XII, mas foi principalmente a partir do século XIX, com o surgimento dos Estados modernos e da ideia de laicidade, que o Vaticano procurou, quase de modo sistemático, concluir tais tratados para preservar suas liberdades (cf. a fórmula de Cavour: "Uma igreja livre em um Estado livre"). De forma geral, os Estados de tradição protestante permaneceram reticentes em relação a esses procedimentos (a Prússia só os aceita em 1929, sob a pressão do Partido Católico, e o governo do III Reich em 1933, em parte para forçar os protestantes a agirem contra a vontade); eles recusam que, nesse campo, os católicos dentro de sua jurisdição sejam representados por um Estado estrangeiro, no caso o Vaticano. Postura semelhante foi adotada por repúblicas laicas, como a França: a laicidade do Estado foi afirmada na rejeição a intrusões na área religiosa e à aceitação de um tratado exterior de natureza religiosa. Os acordos concluídos entre um Estado e uma ou mais igrejas estabelecidas em seu território dependem da legislação interna do Estado em questão e não constituem problema quanto aos princípios inerentes às concordatas concluídas com o Vaticano.

Bernard Reymond

▶ MINNERATH, Roland, *Le droit de l'Église à la liberté, Du Syllabus à Vatican II*, Paris, Beauchesne, 1982; REYMOND, Bernard, *Entre la grace et la loi. Introduction au droit ecclésial protestant*, Genebra, Labor et Fides, 1992.

● **Autoridade**; igreja e Estado; **laicismo**; **liberdade**

CONCÓRDIA DE LEUENBERG

Através da Concórdia de Leuenberg, as igrejas luteranas, reformadas e unidas da Europa se declararam, na primavera de 1973, em comunhão eclesial, ou seja, em plena unidade. Essa comunhão quanto à pregação e à administração dos sacramentos inclui o reconhecimento mútuo da ordenação. Após expor a compreensão comum do evangelho, o documento constata que as condenações doutrinais sobre a ceia, a cristologia e a predestinação que causaram a ruptura entre os ramos descendentes da Reforma não mais dizem respeito à doutrina atual do parceiro. As igrejas que o assinam desejam tornar sua unidade visível, buscando um testemunho e um serviço comuns, prosseguindo com o diálogo teológico e esforçando-se por trabalhar em conjunto dentro do movimento evangélico.

André Birmelé

▶ "Concorde entre Églises issues de la Reforme en Europe (Concorde de Leuenberg)", *Positions luthériennes* 21, 1973, p. 182-189; BIRMELÉ, André, *La communion ecclésiale. Progrès oecuméniques et enjeux méthodologiques*, Paris-Genebra, Cerf-Labor et Fides, 2000, p. 275-318; LIENHARD, Marc, "La Concorde de Leuenberg: origine et visée", BIRMELÉ, André, "La réalisation de la communion ecclésiale. La Concorde de Leuenberg de 1973 à 1988" e MEYER, Harding, "La communion ecclésiale selon la Concorde de Leuenberg", *Positions luthériennes* 37, 1989, p. 170-222; SCHIEFFER, Elisabeth, *Von Schauenburg nach Leuenberg*, Paderborn, Bonifatius, 1983.

● Anátema; igrejas luteranas; igrejas reformadas; igrejas unidas; **ecumenismo**; **protestantismo**

CONDÉ, Luís I de Bourbon, príncipe de (1530-1569)

Condé é descendente da família dos Bourbon, mas não do ex-condestável (Carlos III [1490-1527], que passou para o serviço de Carlos V); é originário da linhagem caçula dos Bourbon-Vendôme, a quem Francisco I, quando da derrota infligida ao ex-condestável, reconheceu o direito à herança do ramo mais velho. Antônio de Bourbon (1518-1562), futuro pai de Henrique IV, era seu irmão doze anos mais velho; o cardeal Carlos de Bourbon (1523-1590), futuro "rei" da Liga Católica (que o chamava de Carlos X), era também seu irmão e protetor. Antônio foi protestante durante algum tempo, enquanto Luís nunca deixou de o ser.

Condé escolhera a carreira das armas. Seu título de príncipe de sangue (real) o obrigou a desempenhar um papel que o colocou em destaque (até mesmo aos olhos de Calvino). As opiniões a respeito de Condé eram variadas, algumas versando sobre sua bravura e sua nobreza de caráter, enquanto outras mencionam superficialidade e ambição. Alguns até mesmo questionavam sua adesão à Reforma: seu lema "Leve é o perigo por Cristo e pelo país" é magnífico, mas Condé era também um inimigo pessoal dos Guise (líderes do partido ultracatólico). Que função teria ele ocupado na conjuração de Amboise, tentativa protestante de rapto do jovem rei Francisco II com o fim de arrancá-lo das influências dos Guise (primavera de 1560)? Teria sido ele o líder oculto? Ao render-se, teria sido sincero ao repudiar a conspiração? Nem o rei nem os Guise se convenceram disso, e assim foi condenado à morte, mas liberto pela morte do rei Francisco II, que também marcou o fim do domínio dos Guise.

Na primavera de 1562, após o massacre de Wassy, o Partido Protestante pegou em armas sob sua liderança. Ao longo da segunda guerra de religião, Condé chefiou as operações, sem conseguir remover a família real e a corte quando da "surpresa de Meaux". Deparou com a morte em Jarnac, no dia 13 de março de 1569, durante a terceira guerra de religião. Ferido, recebeu o golpe de misericórdia das mãos de Montesquiou, capitão das guardas do duque de Anjou (futuro Henrique III).

O descendente de Luís I na quarta geração, Luís II, o "Grande Condé" (1621-1686), católico, mas com tendências ao ceticismo, criticou a política de Luís XIV em relação à Revogação do Edito de Nantes (1685).

Daniel Robert

▶ *Mémoires de Condé ou Recueil pour servir à l'histoire de France, contenant ce qui s'est passé de plus mémorable dans ce royaume sous les règnes de François II et de Charles IX*, 6 vols., Londres, Claude Bosse e J. Nillor, 1740; JOUANNA, Arlette, *Le devoir de révolte. La noblesse française et la gestation de l'État moderne 1559-1661*, Paris, Fayard, 1989; Idem et alii, *Histoire et dictionnaire des guerres de religion*, Paris, Robert Laffont, 1998.

⊙ Beza; Coligny; guerras de religião

CONE, James Hal (1938-)

Teólogo afro-americano, nascido em Fordyce (Arkansas). Fé e sofrimento, devido ao racismo e à pobreza, estão na origem de sua vocação pastoral. Cumpre uma formação clássica até 1965 e prepara uma tese sobre a antropologia de Karl Barth. Em 1969, publica seu primeiro ensaio intitulado *Black Theology and Black Power* [Teologia negra e poder negro] (New York, Seabury Press), sendo nomeado professor de teologia sistemática no *Union Theological Seminary* de Nova York. A partir de então, seu pensamento se aprofunda e as publicações se sucedem: Cone relê com cada vez mais acuidade sua própria tradição, tratando, por exemplo, dos *blues* e dos *negro spirituals* e reexaminando grandes personalidades como Malcolm X e Martin Luther King Jr. É desse modo que se torna o porta-voz dos teólogos afro-americanos. Questiona-se principalmente sobre a relação que Deus mantém com os oprimidos em um local específico. Mostra-se muito atento, teologicamente, às dimensões antropológicas, históricas e sociais, temporais e espaciais, da libertação, ansioso para oferecer uma identidade aos negros americanos, considerados durante muito tempo um povo sem terras e sem raízes. Escolhe falar de um "Deus negro", usando esse símbolo para enraizar sua reflexão teológica em um contexto preciso, ao mostrar com isso que Deus escolhe o particular para sua revelação. Teólogo da libertação (pois essa linha habita profundamente seu pensamento), Cone mantém um diálogo frutífero tanto com as teólogas feministas (afro-americanas), quanto com seus colegas de outros continentes, encontrados na Associação dos Teólogos do Terceiro Mundo, sendo Cone um de seus expoentes.

Serge Molla

▶ CONE, James H., *La noirceur de Dieu* (1975), Genebra, Labor et Fides, 1989; Idem, *Malcolm X et Martin Luther King. Même cause, même combat* (1991), Genebra, Labor et Fides, 2002; MOLLA, Serge, "James H. Cone, théologien noir américain", *RThPh* 116, 1984, p. 217-239; MOTTU, Henry, "Noirs d'Amérique et opprimés du tiers-monde à la recherche d'une théologie de la libération (James Cone et Rubem Alves)", *Bulletin du Centre protestant d'études* 24/1, Genebra, 1972, p. 5-35.

⊙ Igreja negra (afro-americana); **Jesus (imagens de)**; King; Lehmann; *negro spiritual*; teologia negra (afro-americana)

CONFERÊNCIA DAS IGREJAS EUROPEIAS

Denominada KEK, a partir das iniciais do alemão *Konferenz Europäischer Kirchen*, essa conferência foi fundada em 1959 em uma Europa dividida e marcada pela guerra fria. Com a concepção de que não poderia haver uma "cortina de ferro" entre as igrejas, a KEK buscou unir as igrejas protestantes, anglicanas, ortodoxas e vétero-católicas do Oeste e do Leste, com o objetivo de trabalhar, em escala europeia, em prol da compreensão internacional e do ecumenismo. Formando uma "comunidade ecumênica de igrejas europeias que confessam o Senhor Jesus Cristo como Deus e Salvador, conforme as Santas Escrituras", a conferência, com sede em Genebra, abrange 124 igrejas, reunindo periodicamente assembleias plenárias. As três primeiras conferências tiveram lugar na Dinamarca, em Nyborg, com os seguintes temas: em 1959, "A cristandade europeia no mundo secularizado de hoje"; em 1960, "O serviço da igreja em um mundo em transformação"; em 1962, "A igreja na Europa e a crise do homem contemporâneo". A quarta assembleia, em 1964, com o tema "Continentes e gerações vivendo em união", teve de ser abrigada em um navio, no mar do Norte, para que os representantes dos países do Leste, sem visto, pudessem participar. Para a quinta assembleia, em 1967, o país escolhido foi a Áustria, dedicada a questões de organização e finanças. A sexta se realizou novamente em Nyborg, no ano de 1971, sobre o tema "Servos de Deus, servos dos homens". As quatro assembleias seguintes foram, em 1974, em Engelberg (Suíça), "Pratiquem a palavra. Unidade em Cristo"; em 1979, em Creta, "O Espírito Santo, poder de Deus, paz na terra"; em 1992, em Praga, "Deus une. Em Cristo, uma nova criação". Após a décima primeira assembleia, que seria a de Graz (de que trataremos no final do verbete), a décima segunda foi realizada em Trondheim (Noruega), em 2003, com o tema "Jesus Cristo cura e reconcilia: nosso testemunho na Europa". A KEK se ocupa ainda de missões de mediação e reconciliação em setores em que igrejas membros se encontram implicadas em tensões e conflitos intercomunitários (Irlanda, Hungria e Romênia, ex-Iugoslávia). Em 1999, a Comissão Ecumênica Europeia para a Igreja e a Sociedade (EECCS) tornou-se comissão da KEK: na época da oposição entre o Leste e o Oeste, a KEK permaneceu distante em relação ao processo de unificação que culminou na União Europeia, mas hoje integra plenamente a União Europeia em suas reflexões, beneficiando-se ainda de um *status* consultivo junto ao Conselho da Europa.

O órgão católico que dialoga com a KEK é o Conselho das Conferências Episcopais da Europa (CCEE). A KEK e o CCEE organizam encontros ecumênicos com regularidade: "Que eles sejam um para que o mundo creia", Chantilly, França, 1978; "Chamados para uma única esperança", Lögumkloster, Dinamarca, 1981; "Confessar juntos nossa fé, fonte de esperança", Riva del Garda, Itália, 1984; "Venha o teu Reino", Erfurt, 1988; "Sobre a tua palavra: missão e evangelização na Europa hoje", Santiago de Compostela, 1991. Em Basileia, maio de 1989, houve o Primeiro Encontro Ecumênico Europeu, sob a iniciativa da KEK e do CCEE, com o tema "Paz, justiça e salvaguarda da criação". Um segundo encontro realizou-se em Graz (Áustria), em 1997, com o tema "Reconciliação, dom de Deus, fonte de nova vida", e um terceiro em Sibiu (Romênia), em 2007, com o tema [A luz de Cristo brilha sobre todos os homens. Esperança de renovo e unidade na Europa].

Jean-Paul Willaime

▶ CONFÉRENCE DES ÉGLISES EUROPÉENES, org., *Service de documentation. Documents d'étude officiels et activités d'étude des Églises d'Europe*, semestral, Genebra; CONFÉRENCE DES ÉGLISES EUROPÉENNES E CONSEIL DES CONFÉRENCES ÉPISCOPALES EUROPÉENES, *Paix et justice pour la création entière*, Paris, Cerf, 1989 (documento do encontro europeu de Basileia); Idem, *Charte oecuménique. Un rêve, un texte, une démarche des Églises en Europe*, org. por Sarah NUMICO e Viorel IONITA, Paris, Parole et Silence, 2003; CHEVALLIER, Marjolaine, "La Conférence des Églises européennes, em Gilbert VINCENT e Jean-Paul WILLAIME, orgs., *Religions et transformations de l'Europe*, Estrasburgo, Presses universitaires de Strasbourg, 1993, p. 303-307.

● Comissão Ecumênica Europeia para a Igreja e a Sociedade; **Europa**; **ecumenismo**

CONFERÊNCIA DAS IGREJAS PROTESTANTES DOS PAÍSES LATINOS DA EUROPA

Desde os anos 1950, a Conferência das Igrejas Protestantes dos Países Latinos da Europa reúne diferentes igrejas protestantes dos seguintes países: Espanha, Portugal, Itália, França, Suíça e Bélgica. Essas igrejas têm em comum certo número de especificidades: são de sensibilidade luterana, reformada, evangélica ou batista. São minoritárias em relação à Igreja Católica e lidam de modo mais ou menos idêntico com as questões relacionadas à laicidade e à secularização. São marcadas pela cultura latina, diferenciando-se assim de outras igrejas europeias.

A vocação da conferência é reforçar os laços entre suas igrejas membros, principalmente no incentivo a encontros sobre temas específicos: condição feminina em países latinos, formação teológica, programas de radiodifusão, imigrantes etc. Atenta às reflexões do Conselho

Mundial de Igrejas e da Conferência das Igrejas Europeias, com as quais mantêm relações de parceria, a Conferência das Igrejas Protestantes dos Países Latinos da Europa busca dar conta dos problemas particulares que se apresentam nas igrejas do sul da Europa (escassez financeira, afastamento das principais instituições europeias, tanto religiosas quanto políticas) e fazer ouvir sua voz de minoria representante das "pequenas igrejas" no diálogo ecumênico. Mantém uma assembleia geral a cada quatro anos. Entre cada assembleia, uma equipe se encarrega da continuação dos procedimentos.

Geoffroy de Turckheim

● Conferência das Igrejas Europeias; dispersão; **Europa**

CONFESSIO BELGICA

Documento em 37 artigos, a *Confession de foy faite d'un commun accord par les fideles qui conversent ès Pays-Bas lesquels désirent vivre selon la pureté de l'Évangile de notre Seigneur Jésus-Christ* [Confissão de fé elaborada de comum acordo pelos fiéis que migram para os Países Baixos desejosos de viver de acordo com a pureza do evangelho de nosso Senhor Jesus Cristo] foi redigida em francês por Guy de Brès com base na *Confessio Gallicana* (ou *Confissão de La Rochelle*) (1559) e na *Confession de la foy chrestienne* [*Confissão da fé cristã*] (em latim, 1558; em francês, 1559) de Teodoro de Beza, assim como em seus próprios textos. Publicada em 1561, foi traduzida para o flamengo no ano seguinte e adotada no Sínodo de Anvers em 1563. Foi revisada por François du Jon (Junius, 1545-1602) em 1566 e também em 1618, no Sínodo de Dordrecht, que a reconheceu como "autêntica [e] recomendada às chamadas igrejas reformadas". Hoje, a *Confessio Belgica* faz parte dos Escritos Simbólicos das igrejas reformadas da Bélgica, dos Países Baixos, dos Estados Unidos e da África do Sul.

Em seus diversos artigos, a *Confessio Belgica* expõe o essencial das doutrinas reformadas, mas insiste sobretudo na inspiração divina das Santas Escrituras (3), na rejeição aos livros apócrifos (6), na Trindade (9-11), na rejeição ao livre-arbítrio (14), na encarnação (18-21) e na mediação única de Jesus Cristo (26), no batismo (34) e no juízo final (37).

Émile M. Braekman

▶ *La confession de foi belge. De Nederlandse geloofsbelijdenis*, em Émile M. BRAEKMAN, org., *Libri symbolici. Livres symboliques de l'Église protestante unie de Belgique. Symbolische Boeken van de Verenigde Protestantse Kerk in Bëlgie*, Bruxelas, Société d'histoire du protestantisme belge, 1978, p. 131-177; BAKHUIZEN VAN DEN BRINK, Jan Nicolaas, *De Nederlandse Belijdenigeschriften*, Amsterdã, Bolland, 1976 (ed. crítica trilíngue francês-latim-holandês); BRAEKMAN, Émile M., *Les sources de la Confessio Belgica*, Leyde, Comission de l'histoire des Églises wallonnes, 1961; VONK, Cornelius, *De voorzeide Leer*, t. III, Barendrecht, Drukkerij, "Barendrecht", 1955.

● Bélgica; Brès; confissão de fé; Países Baixos; Simbólicos (Escritos)

CONFIRMAÇÃO

A confirmação designa o exame que conclui a educação religiosa dos catecúmenos, em geral adolescentes, nas igrejas da Reforma. Apesar das diferenças, sobretudo quanto ao *status* sacramental, podemos afirmar que corresponde à confirmação na Igreja Católica e ao crisma na Igreja Ortodoxa. Tradicionalmente, e sobretudo a partir do século XVIII, a confirmação abre caminho para a primeira comunhão (primeira participação do sacramento da santa ceia) até que novas práticas, na segunda metade do século XX, começaram a se interpor (como, p. ex., a participação das crianças na ceia).

A confirmação se correlaciona com os votos do batismo. Pode ser compreendida em dois sentidos: lembra a graça acordada no momento do batismo e é o momento para um engajamento explícito do catecúmeno. Esses dois aspectos costumam estar juntos na liturgia da confirmação, mas a ênfase em um ou outro manifesta escolhas teológicas. A ambiguidade do sentido da confirmação acompanha esse fato desde que o reformador estrasburguense Martin Bucer (1491-1551) tentou valorizá-la frisando seus cinco aspectos: confissão de fé e engajamento, imposição de mãos e unção do Espírito, aceitação da disciplina eclesiástica (ordenança eclesiástica), admissão na santa ceia, bênção. Jean-Frédéric Ostervald (1663-1747) esforçou-se pela adoção da cerimônia entre os costumes protestantes de língua francesa, mas a prática só se tornou comum a partir do século XIX.

CONFISSÃO DE AUGSBURGO

Se há acordo quanto ao caráter não sacramental da confirmação, perdura um bom número de questões quanto aos quatro primeiros sentidos descritos por Bucer, que parecem não mais se sustentar. Em 1990, o teólogo de Basileia Walter Neidhart (cf. "Konfirmation II. Praktischtheologisch", em *TRE*, t. XIX, 1990, p. 445-451) propôs que fosse mantida a ideia da bênção, pela coerência teológica e para satisfazer o sentido de demanda social (rito de passagem). A prática contemporânea da confirmação costuma assumir esse sentido.

Pierre-Luigi Dubied

▶ ALLMEN, Jean-Jacques von, "La confirmation" (1961), em *Prophétisme sacramentel*, Neuchâtel, Delachaux et Niestlé, 1964, p. 141-182; "Confirmation et multitudinisme", *Cahiers de l'Institut romand de pastorale* 5, Lausanne, 1990 (artigos de Walter NEIDHART, Olivier BAUER e Bernard REYMOND); VISCHER Lukas, *La confirmation au cours des siècles*, Neuchâtel, Delachaux et Niestlé, 1960.

▶ Atos pastorais; batismo; Bucer; catequese; Ostervald; ritos; sacramento

CONFISSÃO DE AUGSBURGO

Esse texto, redigido por Filipe Melâncton, foi entregue a Carlos V em junho de 1530, pelos príncipes eleitores adeptos da Reforma luterana. Seu objetivo é mostrar que as doutrinas ensinadas em seus territórios são as mesmas da igreja universal. Os 21 primeiros artigos são breves resumos que tratam do Deus trinitário (1) e da cristologia (3), do pecado (2) e da justificação (4), do ministério da pregação (5) e da nova obediência (6). Depois dos artigos sobre a igreja (7-8) e os sacramentos (9-13), são abordadas questões sobre o governo da igreja e do Estado (14-16), a escatologia (17), o livre-arbítrio, as boas obras e o culto aos santos (18-21). A segunda parte, mais exaustiva, expõe os pontos de divergência com a Igreja Romana, que devem ser discutidos em concílio (ceia, casamento de sacerdotes, missa, confissão, votos monásticos e poder episcopal). Essa confissão obteve *status* jurídico especial em 1555 e se tornou a principal confissão de fé do luteranismo. É referência para todas as igrejas luteranas (principalmente na época de ordenação de pastores). Uma forma posterior, a versão latina de 1540, chamada *Confessio Augustana variata*, foi assinada por Calvino, quando houve tentativas de acordo entre diversas tradições advindas da Reforma.

André Birmelé

▶ *Confession d'Augsburg* (1530), em André BIRMELÉ e Marc LIENHARD, org., *La foi des Églises luthériennes. Confessions et Cathécismes*, Paris-Genebra, Cerf-Labor et Fides, 2003, § 5-79; Église évangélique luthérienne de Paris, *La Confession d'Augsbourg. 450° anniversaire. Autour d'un colloque oecuménique international*, Paris, Beauchesne, 1980; *Positions luthériennes* 29/4, 1981.

▶ Anátema; Augsburgo; Carlos V; *Confissão de Augsburgo (Apologia da)*; confissão de fé; igrejas luteranas; Federação Luterana Mundial; luteranismo; Marburgo (Colóquio de); Melâncton; Simbólicos (Escritos)

CONFISSÃO DE AUGSBURGO (Apologia da)

Após a promulgação da *Refutação da Confissão de Augsburgo* pelo imperador Carlos V, Melâncton redige essa resposta dos Estados signatários da *Confissão de Augsburgo* (22 de setembro de 1530). A Apologia é um comentário teológico da *Confissão de Augsburgo*, com ênfase na justificação somente pela fé, que ocupa quase metade do texto. Aborda, além disso, aspectos particularmente controversos, tais como o pecado original, a igreja, o direito eclesiástico e o ministério. Sua versão latina surge em abril ou maio de 1531, enquanto a versão alemã (mais paráfrase que versão) data do outono de 1531. Em 1537, a Liga de Smalkade a torna uma confissão de fé oficial, que seria incorporada aos Escritos Simbólicos das igrejas luteranas.

André Birmelé

▶ *Apologie de la Confession d'Augsbourg* (1531), em André BIRMELÉ e Marc LIENHARD, orgs., *La foi des Églises luthériennes. Confessions et*, Paris-Genebra, Cerf-Labor et Fides, 2003, § 80-359.

▶ Augsburgo; Carlos V; *Confissão de Augsburgo*; confissão de fé; igrejas luteranas; justificação; luteranismo; Melâncton; Simbólicos (Escritos)

CONFISSÃO DE FÉ

No protestantismo, a confissão de fé tem três funções. A primeira é litúrgica: o *Símbolo dos apóstolos*, por exemplo, é um *credo* tradicional da igreja antiga, criado com o objetivo de exprimir a fé da assembleia em resposta à oferta da graça. É o aspecto "doxológico" da confissão de fé, considerada louvor. Sua segunda função é doutrinária: alguns textos (como, para os luteranos, a *Confissão de Augsburgo* ou o *Catecismo maior* e o *Catecismo menor* de Lutero, e para os reformados franceses a *Confissão de La Rochelle*) são considerados normativos, não no sentido primário do termo, mas em um sentido secundário, associado às Sagradas Escrituras. Esses textos de referência são dirigidos sobretudo a pastores e doutores, com a finalidade de sustentar uma pregação fiel do evangelho e distinguir entre o que é bíblico e o que não é. Basicamente, explicam e preservam os dois princípios centrais da Reforma: a autoridade das Escrituras e a justificação somente pela fé. O liberalismo do século XIX contestou vigorosamente que os pastores fossem obrigados a assinar esses textos e que a igreja devesse corroborá-los. Por fim, a terceira função da confissão de fé é a reformulação da fé de todos os tempos, em época e circunstâncias precisas. É quando a confissão passa a se chamar "declaração de fé". Uma mudança de rumo ou um acontecimento forçam a igreja a manifestar-se: é o que os luteranos chamam *status confessionis*. A "declaração de fé" no Sínodo de Barmen, em 1934, ou a da Igreja Reformada da França, em 1938, pertencem a essa categoria.

Henry Mottu

▶ BIRMELÉ, André e LIENHARD, Marc, orgs., *La foi des Églises luthériennes. Confessions et Cathécismes*, Paris-Genebra, Cerf-Labor et Fides, 2003 (trad. de *Die Bekenntnisschriften der evangelisch-lutherischen Kirche* [1930], Göttingen, Vandenhoeck & Ruprecht, 1986, ed. científica na qual os textos têm valor jurídico); FATIO, Olivier, org., *Confessions et Cathécismes de la foi réformée*, Genebra, Labor et Fides, 2005; MOTTU, Henry, org., *Confessions de foi réformées contemporaines et quelques autres textes de sensibilité protestante*, Genebra, Labor et Fides, 2000; NIESEL, Wilhelm, org., *Bekenntnisschriften und Kirchenordnungen der nach Gottes Wort reformierten Kirche*, Zurique, Theologische Buchhandlung, 1985; VISCHER, Lukas, org., *Reformed Witness Today. A Collection of Confessions and Statements of Faith Issued by Reformed Churches*, Berna, Evangelische Arbeitsstelle Ökumene Schweiz, 1982; WENZ, Gunther, *Theologie der Bekenntnisschriften des evangelisch-lutherischen Kirche. Eine historische und systematische Einführung in das Konkordienbuch*, 2 vols, Berlim, Walter de Gruyter, 1996-1998.

● *Adiaphora*; anátema; **autoridade**; Barmen (Declaração de); Confessio Belgica; Confissão de Augsburgo; Confissão de Augsburgo (Apologia da); Confissão de La Rochelle; Confissão de Schleitheim; Segunda confissão helvética; doutrina; dogma; Heidelberg (Catecismo de); heresia; liberalismo teológico; raoviano (Catecismo); Simbólicos (Escritos); *Trinta e nove artigos*; Westminster (Assembleia e *Confissão de*)

CONFISSÃO DE LA ROCHELLE

A confissão de fé das igrejas reformadas da França, chamada de *Confissão de La Rochelle*, deve seu nome ao sínodo realizado na cidade de La Rochelle, em 1571, com o estabelecimento de seu texto definitivo. Presidida por Teodoro de Beza, contou com a presença de personalidades importantes do protestantismo, como Coligny, Joana d'Albret e seu filho, o príncipe de Condé etc. A assembleia ratificou praticamente sem modificações o texto elaborado pelo primeiro sínodo nacional, ocorrido em Paris, 1559, e inspirado em larga medida por Calvino. Essa confissão de fé, após ter sido o credo das igrejas do deserto, foi questionada no século XIX sob a pressão do liberalismo, mas mantida como texto fundador em 1938, quando da reunificação da Igreja Reformada da França.

A confissão trata da essência una de Deus (1), de sua revelação em suas obras (2), da Escritura (3-5), cinco artigos em que o projeto inicial de Calvino (centrado nas condições do conhecimento de Deus) foi o mais modificado; em seguida, trata da Trindade e da criação (6-8), da condição humana (9-11), da eleição em Cristo, da redenção e da pessoa de Cristo (12-21), da obra do Espírito (21-23), da lei e de seu cumprimento (23-24), da igreja e dos sacramentos (25-30) e, por fim, da relação com a autoridade civil (39-40).

Olga de Saint-Affrique

▶ *La confession de foi des Églises réformées de France, dite "Confession de La Rochelle"* (1559), em Oliver FATIO, org., *Confessions et Cathécismes de la foi réformée*, Genebra, Labor et Fides, 2005, p. 111-127; ARMOGATHE, Hean-Robert, "Quelques réflexions sur la Confession de foi de La Rochelle", e STAUFFER, Richard, "Brève histoire de la Confession de

La Rochelle", *BSHPF* 117, 1971, p. 201-213 e 355-366; CADIER, Jean, "La Confession de La Rochelle. Son histoire, son importance", MARCEL, Pierre, "Vigueur et actualité de la Confession de La Rochelle", e BOURGUET, Pierre, "Croire d'abord, parler ensuite", *La Revue réformée* 86, 1971, p. 43-78; ESNAULT, René Henri, "La Confession de La Rochelle au XIXᵉ siècle", *ETR* 34, 1959, p. 155-212.

◐ Calvinismo; confissão de fé; igrejas reformadas; Rochelle (La); Simbólicos (Escritos)

CONFISSÃO DE SCHLEITHEIM

A *Confissão de Schleitheim*, conhecida também como *Acordo fraterno de Schleitheim* ou *Sete artigos de Schleitheim*, foi ratificada no dia 24 de fevereiro de 1527. Hoje, é vista como um documento que reúne os particularismos de certas comunidades anabatistas, chamadas "irmãos suíços" ou menonitas; é o caso dos artigos 1, 6 e 7, relativos ao batismo (em que se insiste com todas as letras estar "excluído todo batismo de crianças, a pior e primeira abominação do papa") e à rejeição de toda coerção (espada) e todo sermão em nome de imperativos evangélicos. Outros artigos mantêm a lembrança da reivindicação da Guerra dos Camponeses, de 1525.

Esse documento é resultado de deliberações que ocorreram na cidade suíça de Schlaten-am--Randen, identificada como Schleitheim, perto de Schaffhouse, próximo à fronteira alemã. O ex-monge beneditino Michael Sattler, morto na fogueira no mesmo ano, foi provavelmente o redator final.

Claude Baecher

▶ *Confession de Schleitheim*, em Claude BAECHER, *Michael Sattler. La naissance d'Églises de professants au XVIᵉ siècle*, Cléon d'Andran, Excelsis, 2002, p. 53-68 (ed. revista e aumentada de *L'affaire Sattler*, 1990); [SATTLER, Michael], "Brüderliche Vereinigung", em Heinold FAST, orgs., *Quellen zur Geschichte der Täufer in der Schweiz*, t. II: *Ostschweiz*, Zurique, Theologischer Verlag, 1973, p. 26-36.

◐ Anabatismo; confissão de fé; menonismo; Sattler; Simbólicos (Escritos)

CONFISSÃO DOS PECADOS

Em seu *Do cativeiro babilônico da igreja*, de 1520 (São Paulo, Martin Claret, 2006), Lutero ataca vigorosamente o imponente edifício católico da penitência, cuja concepção lhe parece totalmente oposta ao tema fundamental da salvação pela graça. Também não é nem um pouco favorável à prática da confissão privada: "Tal prática é útil, até mesmo necessária, e eu não desejaria que não existisse"; no entanto, sem retirá-la do contexto sacramental, frisa que está desprovida de um sinal visível divinamente instituído: de fato, não passaria de "uma via para o batismo, um retorno ao batismo".

É provavelmente por causa dessas reservas que a prática sistemática da confissão e da absolvição caiu em desuso no protestantismo, de forma ampla. Hoje, reivindica-se sua restauração, tanto em nome de maior fidelidade ao pensamento de Lutero quanto devido à influência do diálogo ecumênico; seja como for, os argumentos buscam prevenção contra as objeções massivas ao sacerdotalismo e ao sacramentalismo. No contexto das comunidades regulares (Taizé, Grandchamp, p. ex.) e em muitos retiros espirituais, costuma reservar-se um lugar para o exercício desse ministério. Por outro lado, assiste-se a certa revalorização da confissão mútua de pecados em grupos de tendência evangélica ou carismática, muitos deles interconfessionais.

Alicerçada nos evangelhos, a constante necessidade de pedir perdão a Deus é atestada em duas práticas comuns em todo o protestantismo: a confissão comum e pública que abre o culto e a cura das emoções, ou diálogo pastoral, que pode culminar em uma confissão livre, seguida de uma palavra de absolvição.

Claude Bridel

▶ GAGNEBIN, Laurent, *Le culte à choeur ouvert. Introduction à la liturgie du culte reformé*, Paris-Genebra, Les Bergers et les Mages-Labor et Fides, 1992: "Pénitence et réconciliation dans les différentes Églises", *La Maison-Dieu* 171, 1987; THURIAN, Max, *La confession* (1953), Neuchâtel, Delachaux et Niestlé, 1966; VOLP, Rainer, *Liturgik. Die Kunst, Gott zu feiern*, t. II: *Theorien und Gestaltung*, Gütersloh, Mohn, 1994, cap. 7.4: *Das Fest der Selbstannahme: Die Beichte*.

◐ Conversão; **culpa**; cura das emoções; justificação; perdão; pecado; **ritos**; sacramento

CONGREGACIONALISMO

Para o congregacionalismo, a igreja é a congregação dos fiéis reunidos em dado local.

Cada uma dessas igrejas locais — paroquiais — é autônoma e soberana. Todas as organizações supralocais, tais como as federações de igrejas, têm apenas uma autoridade funcional: formam supraestruturas que, sem legitimidade eclesiológica, só se justificam para tecer laços entre comunidades locais e agir em conjunto na sociedade. Mas afirmar o princípio de autonomia das congregações locais não equivale a dizer que não existe regulação doutrinária entre elas. O sociólogo americano Paul Harrison demonstrou que pode ser exercido um controle estrito sobre as congregações locais batistas dos Estados Unidos através da convenção batista americana.

Historicamente, o congregacionalismo designa essas igrejas independentes que foram formadas na Inglaterra e nos EUA. Elas começaram com Robert Browne (?1550-1633), que, opondo-se tanto a anglicanos quanto a presbiterianos, defendia a separação das igrejas e do Estado e a autonomia da "congregação local". Perseguidos, esses "independentes" se refugiaram na Holanda e nos EUA para formar as primeiras igrejas batistas e congregacionalistas. São "congregacionalistas" que chegaram nos EUA a bordo do *Mayflower* em 1620 e organizaram a igreja no nível da comunidade local, que elegia seus membros e escolhia seus pastores. Se as igrejas batistas são congregacionalistas, nem todas as igrejas congregacionalistas são batistas. É assim que foram desenvolvidas nos EUA diversas igrejas congregacionalistas, algumas de tendência conservadora, outras de tendência liberal (como a Igreja Unida de Cristo, em que cada assembleia local decide sua confissão de fé e sua liturgia). Foi em terreno puritano, batista e calvinista que se desenvolveu o congregacionalismo.

A existência do congregacionalismo manifesta tensões que atravessam o protestantismo desde suas origens: tensão entre o nível nacional ou regional e o nível local da vida eclesiástica, tensão entre a comunidade dos fiéis e a igreja como instituição, que a ultrapassa. Tudo isso se origina da eclesiologia protestante, que autorizou interpretações bastante congregacionalistas da igreja, ao considerar "igreja" como fundamentalmente o ajuntamento de fiéis que ouvem a Palavra e participam da ceia. A relativização da instituição eclesiástica e a crítica protestante do magistério tornam às vezes difícil a liderança eclesiástica no protestantismo:

a autoridade de um sínodo pode se mostrar, para alguns, um magistério ilegítimo, mesmo sendo coletivo. A reivindicação de autonomia da igreja local se nutre também do individualismo pastoral.

São sobretudo as igrejas conhecidas como professantes que encarnam o congregacionalismo. Além disso, essas igrejas, assim como as igrejas batistas, nomeiam-se sempre no plural, para mostrar que a verdadeira igreja é a assembleia local dos fiéis. Por exemplo, Federação das Igrejas Batistas da França (em vez de "Igreja Batista da França", semelhante a Igreja Reformada da França). Da mesma forma, na Suíça romanda, ao lado de igrejas cantonais como a Igreja Evangélica Reformada do cantão de Vaud, estão as Assembleias Evangélicas da Suíça Romanda. Algumas igrejas congregacionalistas uniram-se à Aliança Reformada Mundial em 1970.

Jean-Paul Willaime

▶ HARRISON, Paul M., *Authority and Power in the Free Church Tradition. A Social Case Study of the American Baptist Convention* (1959), Carbondale, Southern Illinois University Press, 1971; WILLAIME, Jean-Paul, "Du problème de l'autorité dans les Églises protestantes pluralistes", *RHPhR* 62, 1982, 385-400.

◉ **Autoridade**; batismo; Browne; Channing; dissidente; Edwards; **igreja**; organizações eclesiásticas; paróquia; *Pilgrim Fathers*; presbítero-sinodal (regime); puritanismo; **seitas**; Winthrop

CONGRESSO EVANGÉLICO-SOCIAL

Fundado em 1890 no contexto da ascensão da social-democracia combatida por Bismarck e da necessidade criada pela Revolução Industrial, o Congresso Evangélico-Social (em alemão, *Evangelisch-sozialer Kongreß*) é, segundo Troeltsch, "a única contribuição de monta do protestantismo moderno que dá conta da totalidade das questões do mundo moderno". Seu objetivo é "o estudo sem preconceitos da situação social de nosso povo, seu exame à altura das exigências morais e religiosas do evangelho e da aplicação dessas exigências à vida econômica atual" (estatutos de 1891). No início, o caráter bastante intelectual do congresso facilitou o encontro de personalidades cujas diferenças eram acentuadas,

CONSAGRAÇÃO

em posições teológicas e também de política econômica e eclesiástica, como Adolf Stoecker (1835-1909), Adolph Wagner (1835-1917), Ludwig Weber (1846-1922), Adolf von Harnack (1851-1930), Friedrich Naumann (1860-1919). Da mesma forma, o congresso possibilitou a coexistência de tendências paternalistas e socializantes, levando em consideração a herança de Johann Hinrich Wichern (1808-1881) e o pensamento de Albrecht Ritschl (1822-1889). Nos anos 1895 e 1896, uma campanha acusou alguns pastores e professores de adesão estreita demais à social-democracia, provocando a demissão de Stoecker e membros conservadores do congresso. A partir dessa época, os teólogos que são membros do Congresso Evangélico-Social vêm majoritariamente da escola de Ritschl; o congresso defende posições liberais e se tornou advogado de um papel social ativo do Estado. Após 1918, dividido entre o engajamento político e o campo associativo, o congresso perde influência, mas deixa sua marca nas "diretivas para o trabalho social da igreja" (1925). A partir de 1945, impulsiona alguns órgãos da *Evangelische Kirche in Deutschland* (Igreja Protestante na Alemanha), como o *Evangelische Sozialakademie*, de Friedewald (instituição comum a diversas igrejas protestantes, fundada em 1949, e que reflete sobre as implicações da fé nas áreas familiar, social, econômica e política), o movimento do *Kirchentag* (encontro bienal da igreja protestante alemã) e o movimento ecumênico.

Frédéric Hartweg

▶ *Nitteilungen des Evangelisch-sozialen Kongresses*, Berlim, 1891-1903, depois *Evangelisch-sozial. Vierteljahrsschrift für sozialkirchliche Arbeit*, Göttingen, 1904-1943; KRETSCHMAR, Gottfried, *Der Evangelisch-soziale Kongreß. Der deutsche Protestantismus und die soziale Frage*, Stuttgart, Evangelisches Verlagswerk, 1972; SCHICK, Manfred, *Kulturprotestantismus und soziale Frage. Versuche zur Begründung der Sozialethik, vornehmlich in der Zeit von der Gründung des Evangelisch-sozialen Kongresses bis zum Ausbruch des ersten Weltkriegs (1890-1914)*, Tübingen, Mohr, 1970.

⊙ Cristianismo social/socialismo cristão; Cremer; Harnack; Kaftan; Missão Interior; Naumann; Rade; ritschliana (escola); Weber M.

CONSAGRAÇÃO

Oferenda ou dedicação de algo ou alguém a uma divindade, que é posto à parte para uma função sagrada. No catolicismo, o termo se reveste de dois significados: primeiro, bênção de pessoas ou objetos para o serviço da igreja (p. ex., consagração de altares, consagração de bispos por meio de imposição de mãos, unção da cabeça e das mãos e pelo ato de conferir maior grau no sacerdócio); segundo, momento litúrgico da eucaristia em que o sacerdote introduz os elementos (pão e vinho) no mistério da transubstanciação.

Enquanto o luteranismo aplica o termo à celebração eucarística (momento da separação dos alimentos para seu uso sacramental), as igrejas reformadas chamam normalmente de "consagração" a cerimônia de introdução ao ministério (fala-se assim de ordenação, palavra aliás mais frequente no luteranismo). Seja qual for o vocábulo empregado, a inauguração de um ministério é sempre feita em solenidade no protestantismo, ainda que permaneça não sacramental. Em geral, é do tipo colegial e comporta (em uma ordem decrescente de importância): a dedicação, por invocação do Espírito Santo, de um homem ou uma mulher ao serviço de Deus; a designação da missão específica que constitui o ministério próprio a cada um (pastor, diácono etc.); a agregação ao conjunto de ministros. Liturgicamente, trata-se de uma oração acompanhada do gesto de imposição de mãos, precedida ou não do compromisso explícito dos candidatos.

Claude Bridel

▶ ALLMEN, Jean-Jacques von, *Le saint ministère selon la conviction et la volonté des reformes du XVIe siècle*, Neuchâtel, Delachaux et Niestlé, 1968; LIEBERG, Hellmut, *Amt und Ordination bei Luther und Melanchton*, Göttingen, Vandenhoeck & Ruprecht, 1962.

⊙ Bênção; imposição de mãos; ministérios; **pastor**; ritos

CONSCIÊNCIA

De origem teológica e filosófica complexa, a noção antropológica de consciência caracteriza o ser humano tanto do ponto de vista de seus atos de conhecimento (*Bewußtsein* em alemão) quanto em seus engajamentos práticos (consciência moral, *Gewissen* em alemão). Em ambas as perspectivas, torna-se claro que, através de tudo o que empreende, o ser humano está em relação consigo mesmo (cf. o prefixo de origem latina *con*: com), questionando-se, portanto, a respeito de sua identidade e seu valor. Essa relação consigo mesmo, ainda mais presente na noção da consciência de si, constitui o ser humano como pessoa. A psicanálise enriqueceu e complexificou a noção, desvelando nela a parte do inconsciente. Retomando certas raízes bíblicas, a Reforma, e mais amplamente o protestantismo (com, p. ex., Schleiermacher), atribuem à consciência um valor eminentemente teológico, como o lugar em que a mensagem divina toca o ser humano, que responde a essa interpelação, assumindo uma relação com Deus no tecido das relações que o constituem. A consciência não pode mais ser constrangida por força, mas toma livremente suas decisões e suporta as consequências. Desse ângulo, o protestantismo contribuiria para o reconhecimento da liberdade de consciência na tradição democrática moderna.

Pierre Bühler

▶ BONHOEFFER, Dietrich, *Éthique* (1949), Genebra, Labor et Fides, 1997, p. 197-202; EBELING, Gerhard, "Theologische Erwägungen über das Gewissen" (1960), em *Wort und Glaube* [Palavra e fé], t. I, Tübingen, Mohr, 1967, p. 429-446; Idem, "Das Gewissen in Luthers Verständnis" (1984), em *Lutherstudien*, t. III, Tübingen, Mohr, 1985, p. 126-153; EY, Henri, "Conscience", em *Encyclopaedia Universalis*, t. VI, Paris, 1990, p. 406-412.

⊙ **Culpa**; dever; direitos humanos; exterioridade; fé; Hirsch; indivíduo; **liberdade**; liberdade de consciência; **moral**; objeção de consciência; pessoa; reinos (doutrina dos dois)

CONSELHEIROS, PRESBÍTEROS OU ANCIÃOS

Ao afirmar o sacerdócio universal, a Reforma relativizou a clivagem entre clérigos e leigos, atribuindo uma função mais importante aos leigos na vida da igreja. Além disso, foram distinguidos diversos outros ministérios, sobretudo na tradição reformada. Assim, Calvino diferenciou os ministérios do doutor, do diácono e do ancião, além do pastor. É o ministério dos anciãos que está na origem do que chamamos hoje de presbíteros (na França) ou conselheiros (na Suíça romanda).

Na Disciplina de 1559, adotada pelas igrejas reformadas da França, o papel dos anciãos é definido da seguinte maneira: "Zelar pelas ovelhas junto aos pastores; fazer com que o povo se reúna e que cada um seja achado nas santas congregações; relatar escândalos e falhas, conhecê-los e julgá-los junto aos pastores; cuidar de forma geral, junto aos pastores, de todas as coisas correlacionadas à ordem, à manutenção e à liderança da igreja". Os anciãos do século XVI tinham, portanto, um papel de vigilância, principalmente para afastar da santa ceia aqueles que não eram dignos de recebê-la. Poderiam também, na ausência do pastor, fazer as orações em público, seguindo "o costume comum". Não eram eleitos por assembleia local, mas, sim, indicados pelos membros do que se chamava, à época, "consistório" (composto de pastores, diáconos e anciãos).

Hoje, os presbíteros são eleitos por assembleia geral para um mandato de alguns anos. São apresentados ao ministério em um culto com imposição de mãos. Com o pastor, são os verdadeiros responsáveis pelo desenvolvimento da igreja local, em vários níveis: financeiro, administrativo e também espiritual. Em várias igrejas, não é o pastor que preside o presbitério. Como os pastores só permanecem na igreja durante alguns anos, são os presbíteros que encarnam a continuidade da igreja local. Cumprem um papel importante no recrutamento dos pastores, já que são eles que escolhem seu pastor entre os candidatos que lhe foram passados pela liderança da igreja. O presbitério designa também seus representantes em instâncias superiores da vida da igreja, como os sínodos.

Jean-Paul Willaime

▶ CAMPICHE, Roland J. et alii, *L'exercice du pouvoir dans le protestantisme. Les conseillers de paroisse de France et Suisse romande*, Genebra, Labor et Fides, 1990; STENZEL, Peter, *Kirchenvorsteher in der Volkskirche*, Berna, Lang, 1982.

⊙ **Autoridade**; instalação; laico; organizações eclesiásticas; paróquia; **pastor**; presbítero-sinodal (regime)

CONSELHO MUNDIAL DE IGREJAS

O Conselho Mundial de Igrejas foi inspirado em um triplo movimento: *missionário*, com a Conferência de Edimburgo (1910), *social*, com a Conferência Vida e Ação de Estocolmo (1925), e *dogmático*, com a Conferência Fé e Ordem de Lausanne (1927). Concebido por um comitê preparatório em 1938, o CMI surge em sua forma institucional no dia 23 de agosto de 1948, em Amsterdã, ao longo de sua primeira assembleia geral. Estavam nele representadas 147 igrejas de 44 países e de todas as confissões, com exceção do catolicismo. Em 1961, na terceira assembleia de Nova Délhi, são incluídas no CMI as igrejas ortodoxas do Leste Europeu, as igrejas africanas e as igrejas pentecostais. Hoje conta com 342 igrejas membros em 120 países, representando mais de quatrocentos milhões de fiéis. A estrutura da assembleia continua a ser a forma mais visível com que se apresenta: retomando o significado mais básico da palavra grega *ekklesia* (ajuntamento), o CMI, que ainda não encontrou a definição e a concretização definitivas para a unidade das igrejas, antecipa e representa essa unidade através da vontade declarada em Amsterdã de permanecer em união. Define-se como "uma associação fraterna de igrejas que confessam Jesus Cristo como Deus e Salvador de acordo com as Escrituras e empreendem esforços para responder unidas a sua comum vocação para a glória do único Deus, Pai, Filho e Espírito Santo" (base de Amsterdã, revisada em Nova Délhi, 1961). Como atualmente é impossível que seja constituído como um concílio ecumênico, o que pressuporia a unidade e a participação de todas as igrejas, e como não tem autoridade para impor decisões às igrejas membros, o CMI pretende criar uma plataforma de encontros e deliberações entre as diversas perspectivas eclesiais locais. Participar do CMI não significa reconhecer a plena "eclesialidade" dos outros parceiros (*Declaração de Toronto*, 1950). Em suas assembleias sucessivas (Amsterdã, 1948; Evanston, 1954; Nova Délhi, 1961; Uppsala, 1968; Nairóbi, 1975; Vancouver, 1983; Camberra, 1991; Harare, 1998; Porto Alegre, 2006), o CMI busca ver a si mesmo como um instrumento comum para o cumprimento de tarefas que, separadas, as igrejas não poderiam empreender sozinhas. Até o momento, a Igreja Católica Romana recusa-se a entrar para o CMI, mas é membro de pleno direito de "Fé e Ordem" e está engajada em um grupo misto de trabalho, assim como nos diálogos bilaterais com as principais confissões não católicas.

Com o objetivo de obter uma estrutura durável, o CMI se institucionalizou: uma organização com base em Genebra, colaboradores liderados por um secretário-geral e uma administração que se vale da diversificação dos trabalhos das "unidades". Entre as assembleias, que se realizam a cada sete anos, o comitê central se reúne todo ano para supervisionar o trabalho desenvolvido nos diferentes departamentos e comissões: pesquisa teológica e prática da unidade ("Fé e Ordem"), missão e evangelização, ajuda mútua e serviço aos refugiados, formação ecumênica com a participação de todo o povo de Deus na vida das igrejas: clérigos e leigos, homens e mulheres, negros e brancos, deficientes e não deficientes, jovens e pessoas com bastante experiência.

Tanto pela nova conjuntura política a partir de 1989 quanto por sua ampliação, o CMI contempla hoje algumas questões concernentes ao futuro: que função desempenhar no concerto diversificado das igrejas? Que lugar poderia ser oferecido às igrejas ortodoxas e a sua concepção eclesiológica? Que hermenêutica lhe permitiria tratar assuntos controversos como a homossexualidade, o ministério feminino ou o proselitismo?

As funções que as igrejas designaram ao CMI lhe conferem um papel de vanguarda, como inspirador e servo de Deus, em uma comunicação recíproca. No entanto, o movimento ecumênico não se reduz ao CMI.

Klauspeter Blaser e Adriaan Geense

▶ *Ainsi, dressons des signes. Les quarante premières années du Conseil oecuménique des Églises*, Genebra, CMI, 1988; BLASER, Klauspeter, *Une Église, des confessions*, Genebra, Labor et Fides, 1990; FEY, Harold E., org., *A History of the Ecumenical Movement*, t. II: *The Ecumenical Advance 1948-1968* (1970), Genebra, CMI, 1986; GROOTAERS, Jan, *Rome et Genève à la croisée des chemins (1968-1972). Un ordre du jour inachevé* (1968-1972), Paris-Genebra, Cerf-CMI, 2005; KINNAMON, Michael e COPE, Brian E., orgs., *The Ecumenical Movement. An Anthology of Key Texts and Voices*, Genebra-Grand Rapids, CMI-Eerdmans, 1997; RAISER, Konrad, *Quelle Église pour demain ? Défis et espoirs pour um nouveau millénaire*, Paris-Genebra, Cerf-Labor et Fides, 1998; VANELDEREN, Marlin, *Le Conseil oecuménique des Églises. Aujourd'hui et demain*, Paris, Les Bergers et les Mages, 1995.

● Bell; Berkhof; Boegner; Bührig; Castro; Concílio Ecumênico das Igrejas (Assembleias do); **igreja**; Federação Universal de Associações Cristãs de Estudantes; "Fé e Ordem"; Koechlin; Míguez Bonino; missionárias (conferências); Mott; Niemöller; **ecumenismo**; Potter; Temple W.; "Vida e Ação"; Visser't Hooft

CONSELHO MUNDIAL DE IGREJAS (Assembleias do)

Amsterdã (Primeira Assembleia)

A assembleia constitutiva do Conselho Mundial de Igrejas (CMI) foi realizada em Amsterdã, de 22 de agosto a 4 de setembro de 1948, com o tema "Desordem do homem e desígnio de Deus". Reuniu 351 representantes de 147 igrejas. As jovens igrejas da Ásia, da África e da América Latina ainda eram fracamente representadas no evento, também marcado pela ausência da Igreja Ortodoxa do patriarcado de Moscou. Foi um momento para reflexão da identidade do CMI tanto como Conselho das Igrejas quanto como organização. Firma bases teológicas que o definem como "uma associação fraterna de igrejas que confessam Jesus Cristo como Deus e Salvador". Discute também a necessidade de uma nova evangelização após os horrores da guerra e do nazismo e tenta pensar uma sociedade responsável entre capitalismo e comunismo. Em pleno período do pós-guerra, a questão da paz esteve bastante presente, com esforços para rejeitar o princípio da guerra como contrário à vontade de Deus. Karl Barth se propôs a inverter a ordem do tema, começando pelo "desígnio de Deus", já que apenas a partir desse desígnio é que se pode falar corretamente da "desordem do homem". Houve controvérsia quanto à visão cristã das concepções capitalista e comunista da sociedade: de um lado, posicionou-se o teólogo checo Josef Lukl Hromádka, declarando-se favorável ao diálogo entre adeptos de ideologias divergentes, enquanto de outro pronunciou-se o político americano John Foster Dulles, detrator do comunismo político e ideológico.

▶ *Désordre de l'homme et dessein de Dieu*, 5 vols., Neuchâtel, Delachaux et Niestlé, 1949 (documentos da Assembleia de Amsterdã); *Dix ans de formation 1938-1948*, Genebra, CMI, 1948 (relatório de atividades do CMI durante seu período de formação); "Commemorating Amsterdam 1948, 40 Years of the World Council of Churches", *The Ecumenical Review* 40/3-4, 988.

Evanston (Segunda Assembleia)

Assembleia do CMI realizada em Evanston (Illinois), de 15 a 31 de agosto de 1954, na época da guerra fria, da Guerra da Coreia e do rearmamento, com o tema "Cristo, única esperança do mundo". O debate teológico trouxe à luz profundas controvérsias acerca do sentido da história e da natureza da esperança cristã. As igrejas europeias frisaram o caráter escatológico dessa esperança, e as igrejas americanas, inspiradas pelo evangelho social, insistiram no caráter atual, direto, político e social da salvação. Uma moção sobre a esperança e o povo do Israel contemporâneo foi rejeitada pela maioria dos representantes, que votaram, além disso, uma declaração sobre o racismo. Foi dada igualmente uma grande atenção ao valor teológico do trabalho e das realidades profissionais, com ênfase na responsabilidade missionária dos leigos e na necessidade, para as igrejas locais, de tirar documentos de trabalho do CMI, para viver o ecumenismo desde a base. Assim, um trabalho intensivo sobre "Cristo e a igreja" permitiu recolher frutos para a compreensão da unidade em Nova Délhi (1961).

▶ *L'espérance chrétienne dans le monde d'aujourd'hui*, Neuchâtel, Delachaux et Niestlé, 1955 (mensagem e relatórios da Segunda Assembleia); *Les six premières années 1948-1954*, Genebra, CMI, 1954 (relatório do Comitê Central, compreendendo as atividades dos departamentos e secretarias do CMI).

Nova Délhi (Terceira Assembleia)

Assembleia do CMI realizada em Nova Délhi (Índia) de 19 de novembro a 5 de dezembro de 1961, com o tema "Jesus Cristo, luz do mundo". A base teológica fixada em Amsterdã é reformulada: o CMI se torna "uma associação fraterna de igrejas que confessam Jesus Cristo como Deus e Salvador de acordo com as Escrituras e se esforçam por responder unidas a sua comum vocação para a glória do único Deus, Pai, Filho e Espírito Santo". A assembleia pôde assim acolher quatro novas igrejas ortodoxas do Leste Europeu: Bulgária, Polônia, Romênia e União Soviética. Além disso, o Conselho Internacional de Missões é integrado na estrutura do CMI, que passa a contar com uma Comissão de Missões e Evangelização. Entram para o CMI dezoito igrejas do Sul: quatro da África, duas da América Latina, quatro da Oceania, uma ampliação que traz de volta ao debate a questão sobre a natureza de sua unidade. Trata-se de uma unidade espiritual, que, no entanto, deve tomar formas concretas, já que é chamada para tornar-se visível. Fundada no "Cristo cósmico" (Joseph Sittler), relativiza as instituições e as ordena ao apostolado, sua única razão de ser. A importância dessa assembleia reside em dois fatos: pela primeira vez, quatro observadores católicos participam oficialmente de seus trabalhos; e também pela primeira vez o CMI se reúne em um país asiático, onde os cristãos são minoria, na confrontação com grandes religiões não cristãs.

▶ VISSER'T HOOFT, Willem Adolf, org., *Nouvelle-Delhi 1961. Conseil oecuménique des Églises*, Neuchâtel, Delachaux et Niestlé, 1962 (relatório da Terceira Assembleia); *Evanston-Nouvelle-Delhi 1954-1961*, Genebra, CMI, 1961 (relatório do Comitê Central da Terceira Assembleia do CMI); VISCHER, Lukas, org., *Foi et Constitution. Textes et documents do mouvement "Foi et Constitution" 1910-1963*, Neuchâtel, Delachaux et Niestlé, 1968.

Uppsala (Quarta Assembleia)

Assembleia do CMI realizada em Uppsala (Suécia) de 4 a 20 de julho de 1968, com o tema "Eis que faço tudo novo". Dois conjuntos de eventos marcam essa assembleia particularmente numerosa (704 representantes de 224 igrejas): a sessão recente do Concílio Vaticano II (1962-1965) cria certa euforia ecumênica, reforçada pela presença de uma forte delegação da Igreja Católica (quinze observadores oficiais e doze convidados), além da mensagem do papa Paulo VI, da criação do grupo misto de trabalho e a entrada de representantes católicos em "Fé e Ordem". Fatos como a revolução dos estudantes (conhecida como Maio de 68), o assassinato de Martin Luther King Jr. (pregador que estaria presente no evento) e a guerra em Biafra fazem com que a assembleia se volte para questões de política internacional, partilha de riquezas entre Norte e Sul e racismo. As igrejas são convidadas a participar do desenvolvimento dos países do hemisfério sul e a reservar 1% de seu orçamento para tal. Os jovens desempenham um papel ativo nessa assembleia ao solicitar que sejam melhor representados no CMI. Se essa conferência e as muitas iniciativas dela advindas aumentam a credibilidade das igrejas no Terceiro Mundo, provoca também uma onda de críticas, comuns a vários meios ocidentais, de que o CMI estaria confundindo a salvação com libertação política, social e cultural.

▶ GOODALL, Norman, org., *Rapport d'Upsal 1968*, Genebra, CMI, 1969 (relatório oficial da Quarta Assembleia); *Nouvelle-Delhi-Upsal 1961-1968*, Genebra, CMI, 1968 (relatório do Comitê Central da Quarta Assembleia do CMI).

Nairóbi (Quinta Assembleia)

Assembleia do CMI realizada em Nairóbi (Quênia) de 23 de novembro a 10 de dezembro de 1975 com o tema "Jesus Cristo liberta e une". Após Uppsala e com vistas a uma confissão de Cristo que seja demonstrada em engajamentos sociopolíticos, desde a educação até a libertação e o renovo da comunidade, buscou-se interpretar os motivos e as implicações da teologia da libertação, já presentes na conferência missionária de Bangcoc, em 1973. Votando uma declaração sobre a comunidade conciliar (que define quando, em dado local, as igrejas já estão vivendo em uma comunidade plenamente ecumênica), a assembleia foi marcada por uma primeira discussão sobre a possibilidade de acordo em relação ao batismo, a eucaristia e o ministério (que encontraria sua forma definitiva no documento *Batismo, eucaristia, ministério de "Fé e Ordem"*, conferência de Lima, 1982) e por um debate, em presença de cinco representantes de outras religiões, acerca da natureza de um diálogo informado e respeitoso entre as religiões que evite toda forma de sincretismo (tema que exigiria uma elaboração posterior, na deliberação de Chiang-Mai, em 1977).

▶ HENRIET, Marcel, org, *Briser les barrières*, Paris, Idoc France-L'Harmattan, 1976 (relatório da Quinta Assembleia); MEHL, Roger, org., *Upsal-Nairobi 1968-1975*, Genebra, CMI, 1975 (relatório do Comitê Central da Quinta Assembleia do CMI).

Vancouver (Sexta Assembleia)

Assembleia do CMI realizada de 24 de julho a 10 de agosto de 1983, em Vancouver (Canadá), com o tema "Jesus Cristo, vida do mundo". Caracterizou-se pela primeira celebração oficial, a liturgia de Lima. Com 850 representantes, a assembleia discutiu questões relacionadas à paz (sob a ameaça de uma nova etapa na corrida armamentista nuclear), à justiça (entre o Norte e o Sul), à salvaguarda da criação (em especial com o estímulo das igrejas do Pacífico, ameaçadas por testes nucleares), ao diálogo inter-religioso e à liberdade religiosa. O projeto "Justiça, paz e salvaguarda da criação", que determinaria o que se seguiria após Vancouver, acrescenta uma nova qualidade à unidade eclesiástica: o engajamento nesses campos aproxima as igrejas umas das outras, e elas são assim chamadas a fechar uma aliança ou a participar do processo conciliar em favor da justiça, da paz e da salvaguarda da criação. As conferências de Basileia (1989) e de Seul (1990) concretizariam essa demanda.

▶ CHAPPUIS, Jean-Marc e BEAUPÈRE, René, orgs., *Rassemblés pour la vie*, Genebra-Paris, CMI-Centurion, 1984 (relatório oficial da Sexta Assembleia); *De Nairobi à Vancouver 1975-1983*, Genebra, CMI, 1983 (relatório do Comitê Central da Sexta Assembleia do CMI); PRIEUR, Jean-Marc, *Responsables de la création*, Genebra, Labor et Fides, 1989.

Camberra (Sétima Assembleia)

No rastro do processo conciliar "Justiça, paz e salvaguarda da criação", da queda anunciada dos regimes comunistas e do *apartheid*, essa assembleia do CMI foi realizada de 7 a 20 de fevereiro de 1991 em Camberra (Austrália), com o tema "Vem, Espírito Santo, e renova toda a criação". Esse tema, sob a forma de oração, foi subdividido em quatro pontos: "Espírito que dá vida, salvaguarda a criação"; "Espírito da verdade, liberta-nos"; "Espírito da unidade, reconcilia teu povo"; "Espírito Santo, pedimos que nos transformes e nos santifiques". Essa assembleia foi marcada pelo questionamento público das igrejas ortodoxas quanto ao prosseguimento de seu compromisso com a entidade, pois, segundo essas igrejas, o CMI não mais se preocupava com a unidade das igrejas, afastando-se de sua base originária.

A assembleia precisou se engajar em uma discussão acerca dos critérios de "discernimento de espíritos", após a intervenção, considerada sincrética demais, da teologia presbiteriana da Coreia do Sul Chung Hyun-Kyung. No entanto, foi votada uma importante declaração sobre a unidade das igrejas como comunhão na fé, na vida e no testemunho, lembrando que "o Espírito Santo, criador de koinonia (2Co 13.13), dá aos que estão ainda divididos a fome e a sede de uma plena unidade".

▶ WESTPHAL, Marthe, org., *Signes de l'Esprit*, Genebra, CMI, 1991 (relatório oficial da Assembleia de Camberra); *Que l'Esprit parle aux Églises. Guide pour l'étude du thème et des grandes questions à l'ordre du jour* (1990), Genebra, CMI, 1990; *De Vancouver à Canberra 1983-1990* (1990), Genebra, CMI, 1990 (relatório do Comitê Central da Sétima Assembleia do CMI); BRANDT, Hermann, "Ende der Geistesvergessenheit. Das Thema der Vollversammlung des Ökumenischen Rates der Kirchen als pneumatologisches Signal. Mit einem Rückblick auf 'Canberra'", *Zeitschrift für Theologie und Kirche* 88, 1991, p. 496-525; CASTRO, Emilio, org., *Le vent de l'Esprit. Réflexions sur le thème de Canberra*, Genebra, CMI, 1990; VORSTER, Hans, "Konziliarität, Bundesschluß und Überlebenskrise. Eine theologische Würdigung des konziliaren Prozesses nach Seoul und Canberra", *Zeitschrift für Theologie und Kirche* 88, 1991, p. 526-548.

Harare (Oitava Assembleia)

Assembleia do CMI realizada cinquenta anos após sua fundação em Amsterdã, de 3 a 14 de dezembro de 1998, em Harare (Zimbábue). Seu tema foi "Voltemo-nos para Deus na alegria da esperança", caracterizado pelo contexto histórico africano (com discurso oficial do presidente sul-africano Nelson Mandela e homenagem de dois teólogos africanos, Mercy Amba Oduyoye e Nyameko Barney Pityana, aos ancestrais da África, berço da humanidade), que coloriu os debates com certo estilo (em especial o *padare*, conferência). No período precedente à assembleia, dois pontos, ligados um ao outro, fizeram correr muita tinta. O primeiro foi o futuro do CMI: o que significaria hoje a "decisão de permanecer juntos", conforme formulado cinquenta anos antes? Como manter-se fiel à vocação ecumênica sem impor paradigmas teológicos, eclesiológicos e éticos, assim como os procedimentos "parlamentaristas" ocidentais que caracterizam a instituição? A assembleia adota o documento "Rumo a uma concepção e uma visão comuns do CMI", que o Comitê Central seria encarregado de usar para avaliar seus programas. O segundo foi o papel das igrejas ortodoxas, insatisfeitas com sua posição em um CMI com um rosto cada vez mais multiforme e ameaçadas pelo proselitismo dos grupos cristãos euro-americanos. Será que a retirada das igrejas ortodoxas da República da Geórgia, em 1997, e da Romênia, em 1998, levaria a um êxodo massivo? Isso não ocorreu, mas a assembleia nomeou uma comissão especial para examinar a questão da participação dos ortodoxos no CMI.

Outros debates importantes, sobretudo na área da ética (globalização, direitos humanos, homossexualidade, restituição de terras), caracterizaram essa assembleia, que buscou um equilíbrio entre a determinação e a resignação.

Klauspeter Blaser, Adriaan Geense
e Jean-François Zorn

▶ BAKARE, Sebastian, *Au son du tambour, danser la vie. Le jubilé dans un contexte africain*, Genebra, CMI, 1998; LOSSKY, Nicolas, org., *Faisons route ensemble. Rapport officiel de la huitième Assemblée du Conseil oecuménique des Églises*, Genebra, CMI, 1999; VANELDEREN, Marlin, org., *De Canberra à Harare. Compte rendu illustré des activités du Conseil oecuménique des Églises 1991-1998*, Genebra, CMI, 1998.

Porto Alegre (Nona Assembleia)[3]

A 9ª Assembléia do Conselho Mundial de Igrejas aconteceu em Porto Alegre, RS, Brasil, de 14 a 23 de fevereiro de 2006, sob o tema "Deus, em tua graça, transforma o mundo".

O convite para a realização da Assembléia no Brasil partiu das igrejas brasileiras membros do CMI e do Conselho Nacional de Igrejas Cristãs (CONIC). O local do evento foi o Centro de Eventos da Pontifícia Universidade Católica do Rio Grande do Sul (CEPUC). Porto Alegre é a maior cidade do sul do Brasil, com uma população de 1,5 milhão de habitantes. A cidade tornou-se um importante centro de cultura e educação e, mais recentemente, a sede do Fórum Social Mundial, da democracia e da participação popular.

Durante o programa, houve várias sessões plenárias dedicadas a temas-chave escolhidos devido à sua importância para os membros do CMI. Uma série de diálogos ecumênicos possibilitou aos participantes o engajamento em questões de interesse de modo sustentado.

Além do escopo do programa formal, uma reunião tão grande e diversificada quanto a Assembléia do CMI possibilitou às pessoas a discussão de toda uma gama de outros temas e questões relacionados à experiência de cristãos e das igrejas, aos inúmeros estudos e iniciativas ecumênicas em andamento em diferentes partes do mundo, e a mandatos específicos de organizações e programas ecumênicos. O CMI entende a si mesmo como um espaço privilegiado para tal diálogo e encontro, baseado numa visão comum de unidade e respeito pelas diferenças e pela diversidade.

Busan (Decima Assembleia)[4]

"Deus da Vida, guia-nos à justiça e à paz" foi o tema da 10ª Assembleia do Conselho Mundial de Igrejas (CMI) realizada de 30 de outubro a 8 de novembro de 2013, em Busan, Coreia do Sul. É uma oração que expressa uma das mais destacadas demandas do tempo em que vivemos: justiça com paz e paz com justiça, fontes de vida, vontade de Deus.

Foram realizadas seis sessões plenárias temáticas: sobre o tema da Assembleia; sobre a realidade da Ásia; sobre Missão; sobre Unidade; sobre Justiça; sobre Paz. Uma série de 21 "conversações ecumênicas", destinadas a fomentar o debate sobre questões de interesse comum, foram realizadas com a finalidade de contribuir para a configuração de uma agenda ecumênica comum para o período posterior a Busan.

A realidade da Coreia do Sul e suas igrejas foi tema destacado na assembleia. Os/As participantes fizeram visitas a igrejas e projetos ecumênicos e uma parcela teve chance de participar da Peregrinação pela Paz, quando momentos de reflexão e oração aconteceram na Zona Desmilitarizada que divide as duas Coreias.

▶ Baldwin; Conselho Mundial de Igrejas; **ecologia**; Hromádka; Newbigin; **ecumenismo**; Ortodoxa (Igreja

---

[3] [NE] Fonte: http://wcc2006.info/po/sobre-a-assembleia.html acessado em 17 de abril de 2014, às 15h23

[4] [NE] Fonte: http://metodistaconfessante.blogspot.com.br/2013/12/conselho-mundial-de-igrejas-se-reune.html acessado em 17 de abril de 2014, às 15h40

Oriental); Potter; proselitismo; Espírito Santo; Stott; teologia da libertação.

CONSELHO MUNDIAL METODISTA

Em 1881, a primeira Conferência Metodista Ecumênica reuniu trinta igrejas metodistas diferentes. Tais conferências deram origem ao Conselho Mundial Metodista, com quase setenta igrejas de tradição metodista em mais de cem países no mundo inteiro. Por volta de setenta milhões de pessoas participam do cotidiano dessas igrejas. O CMM organiza conferências metodistas a cada cinco anos. Lidera diálogos entre metodistas e as demais confissões e se engaja em programas de mudança, evangelização, teologia e história. A Federação Mundial das Mulheres Metodistas é afiliada ao CMM.

Patrick Streiff

▶ HOLT, Ivan L. e CLARK, Elmer T., *The World Methodist Movement*, Nashville, The Upper Room, 1956.

● Metodismo

CONSENSUS HELVETICUS

Redigido por Jean-Henri Heidegger (1633-1698), a *Formula Consensus* é um documento através do qual a ortodoxia calvinista suíça e genebrina do século XVII condenou certo número de doutrinas teológicas da escola de Saumur, mas sem citar os teólogos que as elaboraram. Adotado em 1675 pelos cantões protestantes e em 1679 por Genebra, esse documento deveria ser obrigatoriamente assinado pelos pastores e candidatos ao ministério. Dividido em 26 artigos, afirma a autenticidade dos pontos-vogais e a inspiração literal das Escrituras, o particularismo infralapsariano e a imputação imediata do pecado de Adão. No século XVIII, a *Formula Consensus* foi ab-rogada, de forma progressiva e em épocas diferentes (sob a influência do Iluminismo), pelos cantões protestantes e por Genebra.

Maria-Cristina Pitassi

▶ "Formulaire de consentement des Églises réformées de Suisse", em Jean GABEREL, *Histoire de l'Église de Genève depuis le commencement de la Réformation*, t. III, Genebra, Cherbuliez-Jullien, 1862, p. 496-511; CHAPONNIÈRE, Francis, "Helvétiques (confessions)", em Frédéric LICHTENBERGER, org., *Encyclopédie des sciences religieuses*, t. VI, Paris, Sandoz et Fischbacher, 1879, p. 155-163; VUILLEUMIER, Henri, *Histoire de l'Église réformée du Pays de Vaud sous le regime bernois*, t. II, Lausanne, La Concorde, 1929.

● Amyraut; calvinismo; Cameron; Cappel; Crousaz; doutrina; graça; inspiração; liberalismo teológico; ortodoxia protestante; **predestinação e Providência**; Saumur; Turrettini F.

CONSENSUS TIGURINUS

Em 1546, Heinrich Bullinger enviou a João Calvino um tratado inédito sobre os sacramentos. A resposta crítica de Calvino levou os dois reformadores a uma imensa negociação teológica ao longo da qual ambos souberam elaborar em latim uma terminologia sacramental "reformada" e atribuir um valor espiritual positivo à celebração dos sacramentos, sem restringir a soberania divina (graças à ação onipresente do Espírito Santo). Se esse acordo, que data de 1549, contribuiu para cavar mais fundo o fosso entre luteranos e reformados em meados do século XVI, foi, no entanto, uma referência teológica importante, que uniu de modo durável Zurique e Genebra — de onde vem o nome latino *Consensus Tigurinus* ("Acordo de Zurique").

Paul Sanders

▶ O texto do *Consensus Tigurinus* se encontra em "Accord sur les sacrements", em *Calvin, homme d'Église. Oeuvres choisies du Réformateur et documents sur les Églises réformées du XVIe siècle* (1936), Genebra, Labor et Fides, 1971, p. 131-142; BOUVIER, André, *Henri Bullinger, réformateur et conseiller oecuménique, le sucesseur de Zwingli, d'après sa correspondance avec les réformés et les humanistes de langue française*, Paris-Neuchâtel, Droz-Delachaux et Niestlé, 1940, p. 110-149; GÄBLER, Ulrich, "Consensus Tigurinus", em *TRE*, t. VIII, 1981, p. 189-192; SANDERS, Paul, *Henri Bullinger et l'invention (1546-1551) avec Jean Calvin d'une théologie réformée de la Cène. La question de l'héritage zwinglien lors de la conclusion du* Consensus Tigurinus *(1549) et de la rédaction des* Décades *(1551)*, tese da Université de Paris IV--Sorbonne, 1990, p. 195-426.

● Bullinger; Calvino; igrejas reformadas; **ritos**; sacramento

CONSTANT DE REBECQUE, Henri Benjamin (1767-1830)

O autor de *Adolphe*, de *Cécile*, do *Cahier rouge (ma vie)* [Caderno vermelho (minha vida)], de *Wallstein* de dos *Journaux intimes* [Diários] ocupa um lugar merecido no panteão da história literária, mas é também conhecido por sua obra e sua ação políticas. Entre Montesquieu e Rousseau, de um lado, e Tocqueville de outro, é o teórico mais importante do liberalismo (*Principes de politique* [Princípios de política], 1806-1810). A isto se somam suas funções como opositor do despotismo napoleônico e deputado polemista sob a Restauração, que, com seus discursos na Câmara, suas brochuras e seus artigos, contribuiu para introduzir no cenário político francês as práticas do regime parlamentar. Sua influência foi considerável: desde os decabristas russos até os constituintes brasileiros, todos os que cuidaram de reformas constitucionais se inspiram em suas teorias.

No entanto, desde 1785 até sua morte, são suas pesquisas sobre religião que absorvem a maior parte de seu trabalho, culminando na publicação em cinco volumes, de 1824 a 1831, de *De la religion considérée dans sa source, ses formes et ses développements* [Da religião considerada em sua fonte, suas formas e seus desenvolvimentos]. Paradoxalmente, essa obra, que era a preferida do autor, permaneceu por longo tempo desconhecida do público. O trabalho pioneiro de Pierre Deguise e Patrice Thompson, a descoberta de manuscritos, a pesquisa recente, a publicação das obras completas, assim como uma nova edição em apenas um volume, tudo isso favorece, enfim, uma redescoberta desse livro, que é testemunha de uma evolução considerável na abordagem do fenômeno religioso.

Embora frequentemente caracterizada como uma *história* do politeísmo (por diversas razões, Constant abandonou o projeto sobre o monoteísmo), *De la religion* [Da religião] pertence sobretudo à área da sociologia ou antropologia da religião. Trata-se assim de demonstrar que a religião é um dado inerente à natureza humana. Em oposição ao pensamento iluminista, que identificava cada vez mais na religião um selvagem inimigo do progresso racional, Constant a vê como uma prova manifesta da perfectibilidade de nossa espécie. A tendência das religiões é depurar-se ao longo de sua evolução. A história intervém, portanto, tanto para demonstrar a antiguidade e a permanência do fenômeno quanto para atestar os progressos ou os atrasos no tempo. É quando se manifestam os laços entre teoria religiosa e teoria política: as religiões evoluem naturalmente, contanto que o poder as deixe totalmente livres e que elas mesmas não se imiscuam nos assuntos públicos. Para Constant, a religião é algo puramente individual, relacionado ao privado, área protegida e também sagrada, em que a coletividade não deve intervir. De fato, ele faz distinção (às vezes com certa ambiguidade) entre o *sentimento* religioso puramente individual e as religiões positivas (das igrejas) com seus ritos, seus dogmas, sua hierarquia, o que é resumido sob o termo "sacerdócio". Assim, as religiões chamadas *sacerdotais* tenderiam a sufocar o sentimento religioso ou a desviá-lo de sua vocação primeira. Porém, o sentimento religioso sobreviveria sempre a essa opressão momentânea das *formas* e triunfaria inelutavelmente, forçando-as a se adaptarem à evolução natural do espírito humano. De acordo com essa visão, não existe religião definitiva ou que seja superior a outras de modo essencial: cada uma delas pertence a sua época, destinada a transformar-se. O próprio cristianismo, como em parte a Reforma o prova, esposa esse movimento geral de perfectibilidade. Imagina-se assim quanto esse relativismo chocou os inúmeros leitores da época da Restauração e também depois, que viam na religião cristã o porto mais seguro possível contra os "erros" revolucionários advindos da ideia de progresso do século XVIII.

O que aconteceu, então, com o protestantismo de Constant? Suas teorias não o fazem adepto de uma corrente teológica em particular. O mérito e a novidade de sua abordagem antropológica levaram a sua defesa da essência do fenômeno religioso, com o distanciamento de qualquer tipo de apologética. Assim, Constant nunca escondeu sua confissão protestante; primeiro, como descendente de uma família huguenote forçada ao exílio (o que lhe permitiu reivindicar sua nacionalidade francesa) e, depois, como deputado do Bas-Rhem entre os que o elegeram estavam muitos protestantes, cujos interesses ele devia defender. Em um sentido mais ideológico, ele afirma com algumas reservas que a Reforma representa incontestavelmente um progresso para a humanidade, que a autoridade política (Carlos V, Richelieu, Luís XIV) e a Igreja Católica tentaram frear, em vão. Podemos reconhecer isso uma afinidade com

Necker e madame de Staël; como eles, Constant faz parte de uma corrente política "protestante", que existe ainda hoje na França. Aliás, ele não participava de culto algum. Não conhecemos praticamente nada de sua formação religiosa na infância; talvez ele tenha se sentido dividido, até dilacerado, entre o lado paterno, mais voltairiano e livre pensador, e o materno, mais religioso. Em certa época em sua vida, foi tentado por duas experiências que não duraram, uma com o pietismo, em 1807, na seita Almas Interiores de seu primo Langallerie, em Lausanne, e outra com o misticismo, em 1815, sob a influência de madame de Krüdener. Ambas correspondem a momentos de depressão ou crise sentimental: a ruptura com madame de Staël e o amor malsucedido por madame Récamier. Foi sobretudo um refúgio momentâneo, em vez da expressão de uma fé real.

No fim, resta sua "grande obra", como ele a chamava, que inaugura uma postura intelectual inovadora: fora da teologia, empreende a apreensão de um fato social e busca fundar as bases da ciência da religião, área que teria lugar entre as ciências humanas nascentes no mesmo século.

Étienne Hoffman

▶ CONSTANT, Benjamin, *De la religion considérée dans sa source, ses formes et ses développements*, org. por Tzvetan TODOROV e Étienne HOFMANN, Arles, Actes Sud, 1999; Idem, *De la religion considérée dans sa source, ses formes et ses développements*, t. II (*Oeuvres complètes* I/18), org. por Pierre DEGUISE e Kurt KLOOCKE, Tübingen, Niemeyer, 1999 (os demais tomos são acompanhados de um volume de textos sobre a religião extraídos dos manuscritos); DEGUISE, Pierre, *Benjamin Constant méconnu: le livre* De la religion, Genebra, Droz, 1966; KLOOCKE, Kurt, *Benjamin Constant. Une biographie intellectuelle*, Genebra, Droz, 1984; THOMPSON, Patrice, *Les écrits de Benjamin Constant sur la religion. Essai de liste chronologique*, Paris, Champion, 1998.

◉ Liberdade; Revolução Francesa; Staël; tolerância

CONSUBSTANCIAÇÃO → Ritos

CONTRACEPÇÃO

Em geral, o protestantismo se abstém de uma leitura literal, ligada à procriação, do versículo 28 de Gênesis 1, "Crescei e multiplicai-vos", tendo em vista a responsabilidade ética diante de um novo contexto: a superpopulação. Além disso, afirma com vigor que a procriação não é a finalidade única ou prioritária da sexualidade. Da mesma forma, abandona a oposição, herdada sobretudo da filosofia tomista, entre natureza e artifício (que lhe parecem de fato conjugados para permitir a vida humana). A contracepção não representa um problema moral em si, portanto, mas se trata de uma técnica entre outras, um componente da liberdade e da responsabilidade humanas.

Claude Schwab

▶ COLLANGE, Jean-François, "La procréation: um point de vue protestant", *Revue de droit canonique*, 1995, p. 299-302; DUMAS, André, *Le contrôle des naissances. Opinions protestantes*, Paris, Les Bergers et les Mages, 1965.

◉ Aborto; moral; sexualidade

CONTRATO SOCIAL

As teorias do contrato social surgem no Ocidente no século XVII, com vistas à fundação de uma ordem social liberta da vontade imutável e não igualitária da divindade. Segundo essas teorias, atribuídas ao chamado "direito natural", os homens que escapam a um primeiro estado de dispersão (idílica ou dramática, de acordo com cada vertente teórica) se unem em virtude de um pacto que se encarrega de protegê-los em sua vida cotidiana. O pilar desse pacto se chama *lei* ou *vontade geral*. Nisso, duas grandes famílias teóricas se distinguem. Segundo alguns (sobretudo os puritanos obrigados ao exílio nos Estados Unidos), o contrato é apenas a tradução moderna da aliança, cuja realidade preenche toda a história bíblica; preservando a liberdade de consciência, a sociedade é chamada a construir-se de acordo com um modelo que, em vez de opor-se ao modelo bíblico, corresponde a ele em larga medida. Já para outros, principalmente na Europa continental, sob a influência de Rousseau, a ideia de contrato social só pode se impor em uma ruptura que contraste com a ordem da sociedade apoiada pelas regras da igreja. Nesse caso, porém, a "vontade geral" arrisca-se a tomar o lugar da "autoridade" (reapresentada por ela simplesmente de outras formas) e conduzir a modos diversos de autoritarismo, e até mesmo totalitarismo. No entanto, as perspectivas abertas pela proclamação dos direitos humanos e pelo respeito tanto a esses direitos quanto à democracia permitem conciliar ambas as tradições e canalizar seus frutos para um conceito rico e, sem dúvida, não valorizado o suficiente.

Jean-François Collange

▶ COLLANGE, Jean-François, *Théologie des droits de l'homme*, Paris, Cerf, 1989, p. 74-86; DERATHÉ, Robert, *Jean-Jacques Rousseau et la science politique de son temps* (1950), Paris, Vrin, 1992, p. 172-247; KERSTING, Wolfgang, *Wohlgeordnete Freiheit. Immanuel Kants Rechts und Staatsphilosophie*, Berlim, Walter de Gruyter, 1984; Idem, *Die politische Philosophie des Gesellschaftsvertrags*, Darmstadt, Wissenschaftliche Buchgesellschaft, 1994.

⦿ Aliança; Althusius; Brutus; direito natural; direitos humanos; Hobbes; Kant; Locke; **lei**; **política**; Rufendorf; Rawls; Rousseau

CONTRARREFORMA → Reforma (Contra)

CONVERSÃO

O termo "conversão" designa ao mesmo tempo a ação de "voltar-se para" e uma transformação interior. A mensagem bíblica considera que o segundo aspecto depende do primeiro. No Antigo Testamento, o termo mais utilizado (*shouv*) traduz a ideia de mudança de rota, retorno, meia-volta. Com João Batista, a conversão (*metanoia*) é realizada à luz do juízo vindouro, ligada a um batismo de arrependimento. Retomado na comunidade cristã, o batismo está sempre ligado à conversão, pois é a expressão da renúncia à vida antiga e da apropriação da nova vida oferecida por Deus (Rm 6.3,8). Da mesma forma, a conversão está relacionada a uma palavra que a suscita, revelando a condição do pecador e apresentando o dom de Deus: "Arrependei-vos, pois o Reino de Deus está próximo" (Mt 3.2; 4.17; Mc 1.15).

Enquanto na igreja antiga a conversão significava passar do paganismo ou do judaísmo para o cristianismo, a partir de Constantino o termo pode designar a passagem de um cristianismo formal a uma fé verdadeira. Assim, a tradição monástica faz uso do termo para designar a entrada em uma ordem. Lutero considera a conversão algo a ser refeito durante toda a vida, marcada pelo batismo e solicitada pela palavra, o que provoca uma conscientização do pecado (lei) e oferece nova vida (evangelho). Em Calvino, a noção de conversão está presente no tema da renúncia de si mesmo, quando o fiel passa a pertencer a Deus. Mas foi em especial o pietismo que enfatizou a conversão como uma experiência subjetiva e uma decisão que podia ser datada e situada de modo preciso. Assim também procedeu o pentecostalismo, além do movimento evangélico e carismático, que insiste no chamado "batismo do Espírito Santo", distinto do batismo com água, requerendo a conversão como condição para pertencer à comunidade dos verdadeiros cristãos.

A palavra "conversão" pode assim significar simplesmente uma mudança de religião. Durante séculos de cristandade, a pressão política, as seduções por interesse e até mesmo ameaças forçaram judeus à "conversão", não sem suscitar neles um longo ressentimento contra essa palavra (os protestantes franceses se lembram também das pressões do governo de Luís XIV para a mudança de religião). Mudanças de religião ou confissão, mesmo se são um processo individual, constituem na mesma medida um processo social também, quando, em determinados contextos e épocas, um número relativamente importante de indivíduos ou grupos inteiros passam de uma confissão a outra. Podemos citar, por exemplo, as conversões de protestantes ao catolicismo no movimento romântico do início do século XIX e o movimento de Oxford, litúrgico e eclesiológico, em meados do mesmo século. No final do século XIX, havia certa imagem do protestantismo como uma versão do cristianismo bem melhor adaptada ao mundo moderno e ao liberalismo político, com católicos e livre-pensadores convertendo-se: o filósofo francês Charles Renouvier (1815-1903) se converteu ao protestantismo convidando os livres-pensadores a fazerem o mesmo. Como o mostra Jean Baubérot, ao longo do século XIX houve alguns movimentos de conversão coletiva ao protestantismo nos meios populares (como, p. ex., no Limousin). Os habitantes desses meios identificavam o catolicismo ao Antigo Regime francês, vendo no protestantismo, através da ação da sociedade evangélica, uma religião moderna e mais próxima do povo. Houve também protestantes convertidos ao catolicismo, como o filósofo e escritor romântico Friedrich Schlegel (1772-1829), que se casaria com Dorothea Veit (cujo nome de solteira era Brendel Mendelssohn, filha de Moses Mendelssohn que se tornara protestante, mas se converteu ao catolicismo ao mesmo tempo que seu marido); o filósofo Jacques Maritain (1882-1973), neto do advogado Jules Favre (um dos pais fundadores da Terceira República), convertido junto com sua esposa, Raïssa, de origem judia, sob a influência de Léon Bloy; o escritor Julien Green (1900-1998); o crítico literário Albert Béguin (1901-1957); o ex-pastor Louis Bouyer (1973-2004), que se tornaria padre em 1944 e escreveria uma obra teológica considerável (de tons conservadores, em defesa dos pais da igreja, da liturgia e da tradição): autor de *Du protestantisme à l'Église* [Do protestantismo à igreja] (Paris, Cerf, 1954), explicaria nesse livro por que sua adesão à Igreja Católica se impôs a sua consciência protestante. Antes do Vaticano II, as conversões do protestantismo ao catolicismo, e vice-versa, alimentaram a apologética confessional: assim, o pastor Pierre Fath respondeu ao livro de Louis Bouyer com *Du catholicisme romain au christianisme évangélique* [Do catolicismo romano ao cristianismo evangélico] (Paris, Berger-Levrault, 1957). Em uma era ecumênica, porém, as conversões são mal recebidas, justamente por causa das boas relações entre católicos e protestantes. Mas a diplomacia ecumênica não impede os processos individuais de conversão. Assistimos hoje ao desenvolvimento, sobretudo no protestantismo, de um cristianismo de conversão.

Fritz Lienhard e Jean-Paul Willaime

▶ BAUBÈROT, Jean, *Le retour des huguenots. La vitalité protestante, XIXe-XXe siècle*, Paris-Genebra, Cerf-Labor et Fides, 1985, p. 59-75; Idem, *Le protestantisme doit-il mourir? La différence protestante dans une France pluriculturelle*, Paris, Seuil, 1988; CHALINE, Nadine-Josette e DURAND, Jean-Dominique, orgs, *La conversion aux XIXe et XXe siècles*, Arras, Artois Presses Université, 1996; ENCREVÉ, André, *Les protestants en France de 1800 à nos jours*, Paris, Stock, 1985; GUGELOT, Frédéric, *La conversion des intellectuels au catholicisme en France (1885-1935)*, Paris, CNRS Éditions, 1998; FATH, Sébastien, org., *Le protestantisme évangélique, un christianisme de conversion. Entre ruptures et filiations*, Turnhout, Brepols, 2004; HEFNER, Robert W., org., *Conversion to Christianity. Historical and Anthropological Perspectives on a Great Transformation*, Berkeley, University of California Press, 1993; HERVIEU-LÉGER, Danièle, *Le pèlerin et le converti. La religion en mouvement* (1999), Paris, Flammarion, 2003; WILLAIME, Jean-Paul, "Comment, aujourd'hui, en France, devient-on protestant?", *Autres Temps* 39, 1993, p. 4-31.

● Batismo; evangelização; graça; **missão**; Newman; nicodemitas; Oxford (movimento de); pentecostalismo; proselitismo; **saúde**; Taizé; Thurian

COOK, Charles (1787-1858)

Charles Cook, nascido em Londres, torna-se pastor e missionário metodista na França, em 1818. Foi apenas na liderança de Cook que a implantação metodista, iniciada em 1791 na Normandia, encontrou sua expansão. No interior da Igreja Reformada, Cook se engaja em prol do avivamento no protestantismo francês. Pastor itinerante infatigável, visita sobretudo as regiões protestantes e, a partir de 1840, cria sociedades metodistas na Suíça romanda. Em 1852, as sociedades se constituem em "conferência anual" (sínodo) para a França e a Suíça e, de fato, em igreja autônoma. Quando Cook morre, 25 pastores servem em 140 capelas e locais de reunião metodistas, que contam com 1.300 membros adultos.

Patrick Streiff

▶ COOK, Jean-Paul e LELIÈVRE, Matthieu, *Vie de Charles Cook*, 2 vols., Paris, Librairie évangélique, 1862-1897; ROUX, Théophile, *Le méthodisme en France. Pour servir à l'histoire religieuse d'hier et d'avant-hier*, Paris, Librairie protestante, 1940; WEMYSS, Alice, *Histoire du Réveil 1790-1849*, Paris, Les Bergers et les Mages, 1977.

● Metodismo; Avivamento

COORNHERT, Dirk Volckertszoon (1522-1590)

Nascido em Amsterdã, Coornhert passaria grande parte de sua vida no Haarlem (1560-1588), entre períodos de exílio na Alemanha. Gravador, poeta, editor, político, notário, moralista, pensador e teólogo, é também, com Guilherme de Orange-Nassau (dito o Taciturno), uma das figuras marcantes da revolta dos Países Baixos contra a Espanha. Nesse período de turbulência tanto política quanto religiosa (furor iconoclasta por parte dos calvinistas, oposição entre católicos e partidários da Reforma, querelas entre os protestantes), Coornhert pode ser considerado, assim como Castellion, o defensor da tolerância religiosa, opondo-se à morte dos hereges (cf. sua obra *Synode sur la liberté de conscience* [Sínodo sobre a liberdade de consciência], 1582).

A herança espiritual de Coornhert é talvez encontrada menos na mística que na Igreja Católica, com que ele jamais rompeu de fato, pois não chegou a integrar nenhuma igreja ou grupo da Reforma. Os sermões de Johannes Tauler (1300-1361) e a *Théologie germanique* [Teologia germânica] (fim do século XIV e início do XV) são parte de suas leituras: manteve amizade com Heinrich Niclaes (1501/02-1580), fundador da Família do Amor; foi influenciado sobretudo pelos textos de Sebastian Franck (1500-1543), como se depreende de *Verschooninge van de Roomsche afgoderye* ("Desculpas da idolatria romana", 1560), que lhe valeria a *Response à un certain Holandois, lequel sous ombre de faire les chrestiens tout spirituels, leur permet de polluer leurs corps en toute idolatries* [Resposta a certo holandês que, pretendendo tornar os cristãos mais espirituais, permite-lhes poluir seu corpo com todo tipo de idolatria], de Calvino (1562, em *Contre la secte phantastique et furieuse des libertins qui se nomment spirituelz, avez une epistre de la mesme matiere, contre un certain cordelier, suppost de la secte: lequel est prisonnier à Roan* [Contra a seita fantástica e furiosa dos libertinos que se nomeiam espirituais, com uma epístola da mesma matéria, contra certo sapateiro, acólito da seita, prisioneiro em Roan]; *Response à un certain Holandois, lequel sous ombre de faire les chrestiens tout spirituels, leur permet de polluer leurs corps en toute idolatries*, Genebra, Droz, 2005, p. 209-273).

Porém, se Coornhert se interessa pelas novas doutrinas reformadoras, a multiplicidade das igrejas protestantes o desagrada (para ele, a igreja verdadeira só poderia ser invisível, composta daqueles que, pelo novo nascimento, elevam-se acima das divergências dogmáticas) e a ênfase no pecado original, na predestinação e na depravação total do homem pecador não lhe parece nem conforme à Escritura, nem conciliável com seu ideal de perfectibilidade. Continuou convencido de que o homem poderia chegar por seus próprios esforços a uma alta perfeição moral. Para ele, a salvação só poderia ser fruto da cooperação, ou "sinergia", entre a graça divina e o querer humano (que tende por natureza a alinhar-se com a compreensão). Tais considerações o levaram a escrever um tratado sobre "a permissão e o decreto de Deus" (*Van der toelatinge ende Decreten Godts*, 1572), em que combate a doutrina calvinista da predestinação. Encarregado pelo consistório de refutar as posições de Coornhert, Armínio acaba defendendo a tese infralapsariana do pensador holandês (de que a predestinação só teria ocorrido depois da queda).

Émile M. Braekman e Lucie Kaenel

▶ COORNHERT, Dirk Volckertszoon, *Wercken*, 3 vols., Amsterdã, Colom, 1630; Idem, *À l'aurore des libertés modernes. Synode sur la liberté de conscience* (1582), Paris, Cerf, 1979; BONGER, Henk, *The Life and Work of Dirck Volckertszoon Coornhert* (1978), Amsterdã, Rodopi, 2004; FATIO, Olivier, *Nihil Pulchrius ordine. Contribution de l'établissement de la discipline aux Pays-Bas ou Lambert Daneau aux Pays-Bas (1581-1583)*, Leyde, Brill, 1971.

◉ Arminianismo; Armínio; Franck; liberdade de consciência; **predestinação e Providência**; **espiritualidade**; tolerância

COQUEREL, Athanase Josué filho (1820-1875)

Após uma formação clássica em Paris e estudos de teologia em Genebra, Athanase Coquerel filho (como é designado normalmente) foi pastor em Nîmes, antes de voltar a Paris em 1848 para ocupar o posto de capelão do Liceu Henrique IV e, em seguida, de pastor auxiliar no oratório do Louvre. Suas obstinadas opiniões liberais, que podem ser consideradas um prolongamento das posturas de seu pai, atraem a hostilidade dos meios evangélicos marcados pela ortodoxia e pelo avivamento, que se interpõem com sucesso a sua plena titularização na cadeira do oratório. Em 1864, esses meios conseguem evitar a continuidade de seu cargo como pastor auxiliar. Pregador e conferencista de talento, Athanase Coquerel filho, fortemente amparado pela União Protestante Liberal, torna-se "pregador livre", porém recusando-se a deixar a Igreja Reformada oficial. Adversário convicto das confissões de fé, de 1852 a 1870 foi o principal redator de *Lien* [Laço], órgão do movimento liberal. É autor de várias obras destinadas a um público amplo. Sua originalidade consiste no fato de ter sido o único teólogo protestante francês de seu século a ter emitido opiniões firmes relacionadas às belas-artes, sobretudo sobre Rembrandt, exagerando um tanto ao buscar torná-lo um herói da causa protestante.

Bernard Reymond

▶ COQUEREL, Athanase Josué, *Jean Calas et sa famille. Étude historique d'après les documents originaux, suivie de pièces justificatives et des lettres de la soeur A.-J. Fraisse de la Visitation* (1858-1869), Genebra, Slatkine, 1970; Idem, *Le catholicisme et le protestantisme considerés dans leur origine et leurs développements*, Paris, Michel Lévy frères, 1864; Idem, *Des premières transformations historiques du christianisme* (1866), Paris, Baillière, 1880; Idem., *Les forçats pour la foi. Étude historique (1684-1775)*, Paris, Baillière, 1866; Idem, *La conscience de la foi*, Paris, Baillière, 1867; Idem, *Rembrandt et l'individualisme dans l'art*, Paris, Cherbuliez, 1869; Idem, *Histoire du Credo*, Paris, Baillière, 1869; Idem, *Libres paroles d'un assiégé, écrits et discours d'un Républicain protestant*, Paris, Baillière, 1871; Idem, *La Galilée. Feuillets détachés d'un carnet de voyage*, Paris, Sandoz et Fischbacher, 1878; ENCREVÉ, André, *Protestants français au milieu du XIXe siècle. Les réformés de 1848 à 1870*, Genebra, Labor et Fides, 1986.

◉ Coquerel A.; liberalismo teológico

COQUEREL, Athanase Laurent Charles (1795-1868)

Nascido em Paris, de pai jansenista de Rouen e mãe inglesa anglicana, Athanase é educado, como seu irmão Charles, após a morte de sua mãe, por uma tia unitarista, em um meio de vasta erudição. Depois de seus estudos do ensino médio em Genebra, obtém em 1826 o grau de bacharel da Faculdade de Teologia de Montauban. Em 1817, muda-se para Amsterdã com o objetivo de ocupar um cargo temporário na igreja valona — que duraria treze anos! Angaria sólida reputação como orador e começa a publicar obras teológicas de peso. Em 1830, de volta a Paris, torna-se titular da cadeira de oratória, cargo que não deixaria até sua morte. Os últimos anos de sua carreira política (na Assembleia Nacional) e pastoral seriam assombrados tanto pelos problemas de seu filho, pastor ultraliberal, com o consistório de Paris, quanto pelas lutas incessantes entre ortodoxos e liberais. Teólogo íntegro, adepto de um liberalismo temperado, notável pregador, desempenhou um papel de proa no protestantismo francês do século XIX. Para além das tensões teológicas que marcam essa época e das ações intempestivas desse gênio polimato, Coquerel terá elevado o exercício homilético a um nível e a uma força raramente atingidos.

Isabelle Graesslé

▶ COQUEREL, Athanase, *Biographie sacrée*, Paris, Aurel, 1825; Idem, *Observations pratiques sur la prédication*, Paris-Genebra, Cherbuliez, 1860; ENCREVÉ, André, *Protestants français au milieu du XIXe siècle. Les réformés de 1848 à 1870*, Genebra, Labor et Fides, 1986.

◉ Coquerel A. Filho; liberalismo teológico

CORAL LUTERANO

O termo "coral" vem do latim *choralis*, adjetivo aplicado ao coro ou ao canto coral. Em sentido amplo, o coral designa melodias litúrgicas luteranas que servem como princípio estrutural e tema para obras vocais e instrumentais a partir do século XVI (mas algumas melodias são anteriores à Reforma). No sentido estrito, o coral designa a partir de 1524 o canto em língua vernácula, acessível a todos, chamado também *Kirchenlied* ("canto da igreja") ou Lutherchoral ("coral luterano"). No sentido estético, o coral é um canto de caráter majestoso, livre ou bem executado, geralmente monódico, cantado em uníssono pelos fiéis ou harmonizado a quatro vozes com a melodia ao encargo do tenor (*Tenorlied*) ou da soprano, em que se torna mais clara, em estilo silábico e homorrítmico, destinado ao uso funcional. O coral vocal é explorado em cantatas, paixões, oratórios, motetos alemães e na música para órgão: prelúdios de coral, coral *cantus firmus* (melodia), coral figurado, ornado, fantasia, variações, cânone, fugas, improvisações etc. O melhor exemplo está no *Pequeno livro para órgão*, de Johann Sebastian Bach. O coral vem sendo tratado por inúmeros organistas alemães e adaptado igualmente a textos franceses. Desde 1524, é o apanágio e a identidade da música luterana, com um grande poder de associação de ideias.

Édith Weber

▶ BECKER, Hansjakob et alii, orgs., *Geistliches Wunderhorn. Große deutsche Kirchenlieder*, Munique, Beck, 2001 (com um CD); BLUME, Friedrich,

Die evangelische Kirchenmusik, Kassel, Bärenreiter, 1965; CHAILLEY, Jacques, *Les chorals pour orgue de J.-S. Bach*, Paris, Leduc, 1974; MEDING, Wichmann von, *Luthers Gesangbuch. Die gesungene Theologie eines christlichen Psalters*, Hamburgo, Kovac, 1998; RÖSSLER, Martin, *Liedermacher im Gesamgbuch. Liedgeschichte in Lebensbildern* (1990-1991), Stuttgart, Calwer, 2001; WEBER, Édith, *La musique protestante en langue allemande*, Paris, Champion, 1980; Idem, org., *Itinéraires du cantus firmus*, Paris, Presses de l'Université de Paris-Sorbonne, 1994ss.

▶ Bach; Buxtehude; cântico; Gerhardt; musicais (formas); **música**

CORBIN, Henry (1903-1978)

Estudou filosofia e línguas orientais: árabe, persa, turco e, ainda, aramaico e siríaco. Vários nomes ilustres figuram na jornada desse futuro islamólogo: sua formação se beneficiou do contato com Étienne Gilson (1884-1978; filosofia medieval), Louis Massignon (1883-1962; islã sufi), Jean Baruzi (1891-1953; história das religiões e da mística) e Alexandre Koyré (1892-1964; dissidentes da Reforma, Jakob Böhme e a filosofia das ciências); encontrou o ortodoxo Nicolas Berdiaeff (1874-1948) e era amigo de Denis de Rougemont (1896-1985), além de ter estado em contato com Gershom Scholem (1897-1982; cabala), Mircea Eliade (1907-1986; mitos e religiões) e Gilbert Durand (1921-2012; antropologia do imaginário). Três pensadores marcam de modo especial seu itinerário: Avicena (980-1038), filósofo muçulmano que exerceu uma influência decisiva no Ocidente a partir do século XII (cuja herança não cessa de frutificar no Irã); Sohravardî (1151-1191), jovem xeique persa condenado por Saladino; Martin Heidegger (1889-1976), que Corbin seria o primeiro a traduzir para o francês a partir de 1938, cujas ferramentas conceituais o ajudariam a elucidar a problemática filosófica na terra do islã. A trabalho para a Biblioteca Nacional, é enviado ao Instituto Francês de Berlim em 1935. Encarregado de uma missão na Turquia (1939) e no Irã (1945), fundou o Departamento de Iranologia do Instituto Franco-Iraniano de Teerã, antes de suceder a Louis Massignon (1954) como titular da coordenação de islamologia no Departamento de Ciências da Religião da Escola Prática de Altos Estudos. Especialista em islã iraniano, apegou-se ao aspecto esotérico e existencial das religiões do Livro (judaísmo, cristianismo, islã) e, no cristianismo, a Swedenborg, a Hamann e ao "jovem" Barth (da época de sua colaboração para a revista *Hic et Nunc*, 1931).

Jean-Louis Leuba

▶ CORBIN, Henry, *Histoire de la philosophie islamique* (1964-1974), Paris, Gallimard, 1986; Idem, *En Islam iranien. Aspects spirituels et philosophiques*, 4 vols., Paris, Gallimard, 1971-1972; Idem, *Le paradoxe du monothéisme*, Paris, L'Herne, 1981; Idem, *L'homme et son ange*, Paris, Albin Michel, 1983; JAMBET, Christian, org., *Henry Corbin*, Paris, L'Herne, 1981.

▶ Barthismo; Hamann; **islã**; Swedenborg

CORDIER, Mathurin (1479-1564)

Nascido provavelmente na Normandia e morto em Genebra, Cordier era herdeiro de Erasmo quanto à pedagogia e de Lefèvre d'Étaples quanto à religião. É expulso de Paris pelo caso dos cartazes, ensina em Bordeaux, no Colégio de Guyenne, no espírito dos irmãos da vida comum (divisão em classes, exames, programa humanista). Instala-se em Genebra em 1537, em Neuchâtel em 1539, em Lausanne em 1545 como diretor do colégio. De volta a Genebra em 1559, torna-se professor da *cinquième*[5], apesar da idade avançada, aos 80 anos. Seu método, que podemos qualificar como ativo e funcional, valoriza o contato natural entre aluno e professor, ainda ilustrando com brilho a pedagogia calvinista. Os *Colóquios*, reeditados seguidamente até o século XIX, abrem janelas para a vida. Foi ele quem proporcionou a Calvino, seu aluno no Colégio de la Marche em Paris, o gosto pelo belo latim.

Gabriel Mützenberg

▶ CORDIER, Mathurin, *De corrupti sermonis emendatione libellus*, Paris, Robert Estienne, 1530; Idem, *Principia latine loquendi scribendique, sive, selecta quaedam ex Ciceronis epistolis, ad pueros in Latina lingua exercendos*, Genebra, Crespin, 1556; Idem, *Le miroir de la jeunesse pour la former à bonnes moeurs et Civilité de vie, auquel sont aioustez des Devis et Exemples moraux que les enfants doivent escrire pour Patrons en leurs papiers d'escolle*, Poitiers, Pierre Jean Meynes frères, 1559; Idem, *Remonstrances et*

---

[5] [NT] "Quinta" em francês, correspondente, no Brasil, à sexta série do ensino fundamental.

exhortations au Roy de France très chrestien et aux Estats de son royaume sur le fait de la religion, Genebra, Rivery, 1561; Idem, *Colloques de Mathurin Cordier divisez en quatre livres, traduitz du latin en françois, l'un respondant à l'autre, pour l'exercice des deux langues* (1564), Lyon, Cloquemin et Michel, 1576; LE COULTRE, Jules, *Maturin Cordier et les origines de la pédagogie protestante dans les pays de langue française 1530-1564*, Neuchâtel, Secrétariat de l'Université, 1926; MESNARD, Pierre, "Mathurin Cordier (1479-1564)", *Foi Éducation* 47, 1959, p. 76-89; MÜTZENBERG, Gabriel, *Grands pédagogues de la Suisse romande*, Lausanne, L'Âge d'Homme, 1997, p. 15-34.

◉ Calvino; **educação**; Sturm J.

CORPO

O corpo evoca peso, inércia, imanência. Em uma tradição que se caracteriza pelo terrível jogo de palavras platônico (*sôma* e *sèma*: corpo e túmulo), o corpo foi considerado durante muito tempo como "lugar" de cativeiro da alma ou de um espírito aparentado ao celeste, ao divino, ao incorpóreo. Disso se origina o sucesso das práticas de mortificação ou de ascese e a suposta necessidade de rigorosas disciplinas para que prevalecesse "o espírito do corpo" sobre corpos, presas de uma anarquia passional. Porém, a compreensão acerca do corpo também sofreu com a conhecida correlação teológica da letra e do corpo da escritura, considerados obstáculos à inteligência espiritual da revelação.

Em meios não cristãos, o corpo concretiza concepções baseadas em dualismos. Com Descartes, em um dualismo assumido, o corpo é concebido como "máquina"; com Nietzsche, em uma recusa do dualismo, o corpo é celebrado como afirmação vital, inocente, além do bem e do mal.

Foi na fenomenologia, que buscou redescobrir a riqueza de sentido de uma existência encarnada, de um sujeito habitando o mundo, que o corpo passou a ser compreendido como "corpo próprio" (cf. Gabriel Marcel, Paul Ricoeur etc.). O corpo não é mais algo que se tem, mas que se é, através do qual fazemos parte de uma temporalidade dinâmica, entre vida e morte, limites misteriosos do caráter fatual do viver. É através do corpo, história incorporada em "hábitos", que estamos no mundo, ou que o mundo difere de um simples meio. A compreensão da unidade psicológica ou da modulação singular do projeto de existência que é o corpo acompanha uma crítica firme, com premissas que remontam à Reforma, do recurso ideológico a uma noção "organicista" de corpo que é a prova de uma subordinação hierárquica dos membros inferiores aos membros superiores de uma coletividade. A partir disso, pertencer a "corpos instituídos", e antes de tudo a uma igreja, não é mais incompatível com a afirmação da responsabilidade pessoal, princípio de historicidade e de reforma institucional continuada.

Gilbert Vincent

▶ GISEL, Pierre, *Corps et sprit. Les mystères chrétiens de l'incarnation et de la réssurection*, Genebra, Labor et Fides, 1992; HENRY, Michel, *Philosophie et phénoménologie du corps*, Paris, PUF, 1965; RICOEUR, Paul, *Philosophie de la volonté* 1: *Le volontaire et l'involontaire* (1950), Paris, Aubier Montaigne, 1988; SCHLANGER, Judith, *Les métaphores de l'organisme*, Paris, Vrin, 1971.

◉ Ascetismo; carne; criação/criatura; desejo; erotismo; encarnação; Espírito Santo; espiritualismo; esporte; **morte e vida eterna**; pecado; prazer; pureza

COSMOLOGIA

A tradição judaico-cristã revisitada pelo protestantismo coloca maior ênfase na salvação que na origem do mundo. Os relatos cosmogônicos que Israel retoma das mitologias ugarítica e mesopotâmica sofreram metamorfoses notórias em razão do monoteísmo judaico: o Criador é o único Deus, que não faz parte da natureza; tudo o que existe foi criado por ele e lhe está sujeito, inclusive os poderes do mal. No Antigo Testamento, as figuras míticas que evocam a luta de Deus contra as forças do caos são atualizadas e aplicadas aos inimigos de Israel. Essa historicização surge após o exílio da Babilônia e é complementada com uma projeção em um futuro escatológico; a representação do final dos tempos reflete a luta das origens: a intervenção salvadora de Deus restauraria o "paraíso" original. Da mesma forma, no Novo Testamento, Paulo afirma que não somente o homem, mas toda a criação espera salvação (Rm 8.19-22), em oposição à gnose, que entregava o mundo à destruição. Sem conceder à cosmogonia (e à cosmologia, em seguida) mais importância que a própria Escritura, as igrejas protestantes — apesar das vituperações de Lutero contra a teoria copernicana — não tiveram muitas dificuldades para aceitar o heliocentrismo e, mais tarde, a relatividade ou a teoria do *big bang*. Por outro lado, o evolucionismo encontrou mais resistência, sobretudo nos meios fundamentalistas (cf. o criacionismo). Na hermenêutica protestante do século XX, os limites da cosmologia (*Weltanschauung*) foram refeitos pelo programa de demitologização de Bultmann.

Clairette Karakash

▶ BÜHLER, Pierre e KARAKASH, Clairette, orgs., *Science et foi font système. Une approche herméneutique*, Genebra, Labor et Fides, 1992; GISEL, Pierre e KAENNEL, Lucie, *La création du monde. Discours religieux, discours scientifiques, discours de foi*, Genebra-Bienne, Labor et Fides-Société biblique suisse, 1999; SIEGWALT, Gérard, *Dogmatique pour la catholicité évangélique*, t. III: *L'affirmation de la foi. Cosmologie théologique*, 1: *Sciences et philosophie de la nature* e 2: *Théologie de la création*, Paris-Genebra, Cerf-Labor et Fides, 1996 e 2000; THEISSEN, Gerd, *Biblischer Glaube in evolutionärer Sicht*, Munique, Kaiser, 1984.

● Criação/criatura; criacionismo; demitologização; evolucionismo; mito; natureza

COSTE, Pierre (1668-1747)

Nascido em Uzès, Coste é enviado para Genebra com o objetivo de estudar teologia. A Revogação do Edito de Nantes o impede de tornar-se pastor na França. Após um périplo pelas universidades de Lausanne, Zurique e Leiden, Coste se apresenta na Igreja Valona de Roterdã, em 1690, mas não se torna pastor, preferindo trabalhar corrigindo provas. Em 1697, viaja para a Inglaterra, onde encontra John Locke, tornando-se o tradutor de suas obras para o francês. É preceptor do jovem lorde de Shaftesbury e do duque de Buckingham. Edita autores franceses (La Bruyère, Montaigne, La Fontaine) e traduz tanto do inglês (além de Locke, Shaftesbury e Newton) quanto do italiano (Gregorio Leti e Francisco Redi).

Hubert Bost

▶ LA MOTTE, Charles de, *La vie de Coste et anecdotes sur ses ouvrages* (1747/48), em John LOCKE, *Que la religion est très-raisonnable, telle qu'elle est représentée dans l'Écriture Sainte* (1695); *Discours sur les miracles* (1706); *Essai sur la nécessité d'expliquer les épîtres de S. Paul par S. Paul même* (1707), seguido de *La vie de Coste et anecdotes sur ses ouvrages* por Charles de LA MOTTE, org. por Hélène BOUCHILLOUX e Maria-Cristina PITASSI, Oxford, Voltaire Foundation, 1999, p. 231-260; RUMBOLD, Margaret E., *Traducteur huguenot, Pierre Coste*, New York, Lang, 1991.

● Edito de Nantes (e Revogação do); Locke

COURT, Antoine (1695-1760)

Nascido em Villeneuve-de-Berg, no Vivarais (atual Ardèche), e morto em Lausanne, Court foi o principal reorganizador das igrejas reformadas da França após o conflito dos camisardos. Tinha menos de 10 anos de idade quando estourou essa guerra: educado por uma mãe piedosa, conhecia a situação dos protestantes e acompanhou desde bem cedo sua mãe nas "assembleias". Nessas reuniões, profetas e profetisas desempenhavam um papel de destaque. Aos 18 anos, Court reage energicamente contra o profetismo, com a ajuda de um antigo livro, publicado em 1652, *Les consolations de l'âme fidèle contre les frayeurs de la mort. Avec les dispositions et les préparations nécessaires pour bien mourir* [As consolações da alma fiel contra os horrores da morte. Com as disposições e as preparações necessárias para a boa morte] (1595-1669), de Charles Drelincourt. Em agosto de 1715, na reunião clandestina dos Montèzes (Gard), que se costumou chamar *a posteriori* de sínodo, Court proibiu a pregação das mulheres e se esforçou para erguer as bases de uma ordem eclesiástica que lembrava a ordem antiga, de acordo com as ideias de Calvino e de Beza, e o uso anterior à crise dos camisardos.

Os laços com a ordem antiga são materializados com a restabelecimento do pastorado. A partir de Calvino, o cargo do pastor era sempre transmitido pela imposição de mãos de outros pastores, no maior número possível. Court enviou seu assistente Pierre Corteiz a Zurique para rogar por esse cargo; ao voltar para o Languedoc, coube a Corteiz retransmiti-lo, em novembro de 1718. Esse modo prudente de proceder em relação ao pastorado não impediu que Court atribuísse grande importância à escolha dos anciãos, que compunham o quadro permanente e eram responsáveis por convocar as assembleias (a nova igreja seria mais "laica" que a antiga).

Constata-se um soerguimento relativamente rápido das igrejas, região por região, começando pelos locais que permaneceram protestantes, como as Cevenas e o pé das montanhas. A política em geral moderada do regente (Filipe de Orléans) e de seu conselheiro, o "abade" Dubois, facilitou o processo, não menos que a prudência de Court.

A partir do momento (no verão de 1729) em que ganha Lausanne (então território de Berna), Court se sentiu mais seguro e passou a cuidar, protegido, da organização da formação de jovens pastores: foi a fundação do Seminário Francês. Court não chegou a dirigi-lo, nem a ensinar ali — não tinha a cultura necessária para tal, apesar de ter estudado em Genebra por um ano e meio, em 1721 e 1722. Na verdade, desempenhava a função de monitor, secretário e correspondente com as igrejas da França (as finanças eram geradas por dois comitês formados por notáveis valdenses e alguns genebrinos). Voltou apenas uma vez à França, em 1744, para ajudar na resolução do cisma de Boyer, no Languedoc.

Daniel Robert

▶ COURT, Antoine, *Mémoires pour servir à l'histoire et à la vie d'Antoine Court (de 1695 à 1729)*, org. por Pauline DULEY-HAOUR, Paris, Éditions de Paris, 1995; Idem, *Le patriote français et impartial*, org. por Otto H. SELLES, Paris, Champion, 2002; Idem, *Histoire des troubles des Cévennes ou de la guerre des camisards sous le règne de Louis le Grand* (1760), Montpellier, Presses du Languedoc, 2002; BOST, Hubert, *L'affleurement religieux dans l'historiographie camisarde d'Antoine Court*, em Philippe JOUTARD e Patrick CABANEL, orgs., *Les camisards et leur mémoire, 1702-2002*, Montpellier, Presses du Languedoc, 2002, p. 127-139; Idem e LAURIOL, Claude, orgs., *Entre Désert et Europe, le pasteur Antoine Court (1695-1760)*, Paris, Champion, 1998; COMBE, Ernest, *Antoine Court et ses sermons*, Lausanne-Paris, Bridel-Grassart, 1896; HUGUES, Edmond, *Antoine Court. Histoire de la restauration du protestantisme en France au XVIIIe siècle*, 2 vols., Paris, Lévy-Librairie nouvelle, 1872; LASSERRE, Claude, *Le Séminaire de Lausanne (1726-1812), instrument de la restauration du protestantisme français*, Lausanne, Bibliothèque historique vaudoise, 1997.

◉ Academias; Camisardos (Guerra dos); Court de Gébelin; Deserto; formação de pastores; ministérios; profecia; Rabaut

COURT DE GÉBELIN, Antoine (1724-1784)

O filho de Antoine Court completou seus estudos teológicos no Seminário Francês de Lausanne, recebendo a ordenação pastoral em 1754. A partir dessa data e até 1763, ensinou no seminário, como leitor, filosofia, moral e controvérsia. Para ele, a verdadeira religião é ao mesmo tempo racional e útil. Cristo é apresentado como um sábio, um guia, enquanto o Espírito Santo é uma luz da consciência. Colabora com o pai na manutenção da correspondência com as igrejas reformadas francesas. Em *Les Toulousaines ou Lettres historiques ou apologétiques en faveur de la religion réformée* [As toulousanas, ou Cartas históricas ou apologéticas em favor da religião reformada] (Edimburgo, 1763), toma a defesa de Calas e Sirven. Percorre a França protestante (Nîmes, Lyon, Cevenas, Bas-Languedoc, Pays de Foix, Béarn, Agenais, Bordeaux, La Rochelle, Poitiers, Paris). De 1764 a 1767, habita em Paris, encarregado pelo sínodo nacional da correspondência entre as igrejas do "Segundo Deserto". Luta pela liberdade religiosa com mais ousadia que o comitê que pretende defender os interesses protestantes. A partir de 1767, trabalha apenas ocasionalmente na cidade, dedicando-se a suas pesquisas em filologia (*Monde primitif, analysé et comparé avec le monde moderne* [Mundo primitivo, analisado e comparado com o mundo moderno], 9 vols., Paris, 1773-1782).

Hubert Bost

▶ BOST, Hubert, "Correspondance entre Court de Gébelin et les protestants d'Orthez (1763-1782)" (1763-1782)], *BSHPF* 140, 1994, p. 409-454; LAURIOL, Claude, "Autour du *Traité sur la tolérance: les Toulousaines* de Court de Gébelin", em Michel PÉRONNET, org., *Naissance et affirmation de l'idée de tolérance, XVIe et XVIIIe siècle. Bicentenaire de l'édit des non-catholiques (novembre 1787)*, Montpellier, Université Paul Valéry, 1988, p. 333-355; MERCIER-FAIVRE, Anne-Marie, *Un supplément à l'"Encyclopédie". Le "Monde primitif" d'Antoine Court de Gébelin, suivi d'une édition du "Génie allégorique et symbolique de l'Antiquité", extrait du "Monde primitif"* (1773), Paris, Champion, 1999; ROBERT, Daniel, "Court de Gébelin et les Églises", *Dix-huitième siècle* 17, 1985, p. 179-191; SCHMIDT, Paul, *Court de Gébelin à Paris (1763-1784). Étude sur le protestantisme français pendant la seconde moitié du XVIIIe siècle*, Saint-Blaise-Roubaix, Foyer solidariste de librairie et d'édition, 1908.

◉ Calas; Court; Deserto; tolerância.

COURTHIAL, Pierre (1914-2009)

Pastor e teólogo francês de tendência evangélica e neocalvinista, nascido em Saint-Cyr-au-Mont-d'Or. Entra em 1932 para a Faculdade de Teologia Protestante de Paris, aderindo ao ensino de Auguste Lecerf. Após uma viagem à China e cinco anos de capelania militar, serve na Igreja Refromada da França, tendo sido ordenado em Lyon, em 1941. Em 1951, é chamado (junto a Marc Boegner e Pierre Maury) pela igreja de Passy-Annonciation, em Paris, onde permanece por 23 anos. É quando reflete melhor sobre a mistura de calvinismo e barthismo da qual havia sido adepto e se comunica com as correntes evangélicas exteriores à Igreja Reformada da França. Em 1974, torna-se professor de teologia prática e de ética e, até 1984, ocupa a função de decano da Faculdade de Teologia Reformada de Aix-en-Provence (de inspiração neocalvinista, criada em 1974). Courthial acentua progressivamente sua ênfase na teologia reformada confessante e na lei divina, em seus usos didático e civil. Colaborador regular da *Revue reformée* [Revista reformada], torna-se um dos redatores, de 1970 a 1986, da revista *Ichthus*.

Henri Blocher

▶ COURTHIAL, Pierre, *Fondements pour l'avenir*, Aix-em-Provence, Kerygma, 1981; Idem, "À propos de Karl Barth", *Ichtus* 139/6, 1986, p. 37-42; Idem, *Le jour des petits commencements. Essai sur l'actualité de la Parole (Évangile-loi) de Dieu*, Lausanne, L'Âge d'Homme, 1996; WELLS, Paul, org., *Dieu parle! Études sur la Bible et son interprétation. Em hommage à Pierre Courthial*, Aix-em-Provence, Kerygma, 1984.

● Calvinismo (neo); Lecerf; revistas protestantes

COX, Harvey Gallagher (1929-)

Teólogo americano, nascido na Pensilvânia, Cox estudou em Yale e em Harvard, onde obteve seu doutorado em 1963. É professor da Divinity School da Universidade de Harvard a partir de 1965. Aluno de H. Richard Niebuhr e Paul Lehmann, profundamente influenciado pelo "cristianismo não religioso" do Bonhoeffer tardio e pelas preocupações sociais de Walter Rauschenbusch e Reinhold Niebuhr, Cox logo concentra seu interesse nas mutações da religião e da espiritualidade na sociedade pós-industrial. Em 1965, publica *A cidade do homem* — livro que alcançaria o grande público —, uma defesa da aceitação da condição secular que tenta definir o que os novos dados da tecnologia e da urbanização significam para o labor teológico. Como o pragmatismo, a profanação e o cosmopolitismo do habitante da *cidade secular* (título original da obra) modificam profundamente os valores e as perspectivas religiosas, é necessário "falar de Deus de modo secular": um modo que reflita melhor a experiência e as preocupações sociais e políticas próprias ao *homo urbanus*. Até então bastante desafiador em relação à religião, que lhe parece irreconciliável com a emancipação e o estado de "maioridade", Cox valoriza em suas obras a especificidade da experiência religiosa. Contra um "provincianismo" que atinge até mesmo os teólogos mais radicais do Ocidente, ele estima que chegou o momento de reorientar a teologia em suas bases, levando-se em consideração as fontes e a vitalidade da religião popular. Assim, conviria criar um novo estilo de teologia que se distancie da teologia moderna — que, respondendo às questões e dúvidas das classes intelectuais e burguesas, apenas legitima a concepção de mundo que exibem — e faça justiça plenamente à experiência e à imaginação religiosas daqueles que são os excluídos da modernidade. Seria, portanto, uma teologia da *libertação*, *política* e *pós-moderna*, que integraria elementos tanto pré-modernos quanto modernos do religioso: uma teologia advinda "das profundidades da periferia".

Cox não foi tanto um teólogo *da* cultura, como Paul Tillich, mas, sim, um teólogo *das* culturas, marginais e populares. Ao longo de uma obra imaginativa, lúdica, sensível, em um estilo muito pessoal, soube empreender uma reflexão sobre algumas das correntes e das experiências sociais e religiosas mais singulares da segunda metade do século XX.

Patrick Évard

▶ COX, Harvey Gallagher, *Religion and Technology. A Study of the Influence of Religion on Attitudes toward Technology with Special Reference to the Writings of Paul Tillich and Gabriel Marcel*, Harvard University, 1963 (tese); Idem, *God's Revolution and Man's Responsability*, Valley Forge, Judson Press, 1965; Idem, *A cidade do homem: a secularização e a urbanização na perspectiva teológica* (1965), Rio de Janeiro, Paz e Terra, 1971; Idem, *The Feast of Fools: A Theological Essay on Festivity and Fantasy*, Cambridge, Harvard University Press, 1969; Idem, *The Seduction of the Spirit: The Use and Misuse of*

People's Religion, New York, Simon and Schuster, 1973; Idem, *Turning East: The Promise and the Peril of the New Orientalism*, New York, Simon and Schuster, 1977; Idem, *Just as I Am*, Nashville, Abingdon Press, 1983; Idem, *Religion in the Secular City. Toward a Postmodern Theology*, New York, Simon and Schuster, 1984; Idem, *Many Mansions. A Christian's Encounter with other Faiths*, Boston, Beacon Press, 1988; Idem, *The Silencing of Leonardo Boff. The Vatican and the Future of World Christianity*, Oak Park, Meyer-Stone Books, 1988; Idem, *Fire from Heaven: The Rise of Pentecostal Spirituality and the Reshaping of Religion in the Twenty-First Century*, Reading, Addison-Wesley, 1995

▶ Bonhoeffer; **modernidade**; religião e religiões; secularização; **técnica**; teologia da secularização; teologias da morte de Deus

CRANACH, dito o Antigo, Lukas (1472-1553)

Chamado a Wittenberg, em 1504, por Frederico da Saxônia (dito o Sábio), protetor de Lutero, Cranach, o Antigo, manteria suas atividades como pintor a serviço dos príncipes-eleitores da Saxônia até sua morte. Alia-se bem rápido à Reforma e se torna amigo íntimo e precioso colaborador de Lutero e Melâncton, ao mesmo tempo que continua a produzir uma obra importante para o cardeal Albrecht de Brandenburgo. Sua produção é tal que supõe o estabelecimento, em Wittenberg, de um ateliê bastante ativo. Sua função cívica também se intensifica, já que foi burgomestre da cidade durante muitos anos. Além de seus três quadros profanos, ele traduz em imagens o dogma luterano (cf. *A queda e a redenção*, quadro encomendado por João Frederico, o Magnânimo), ilustra panfletos antirromanos (cf. *Passional Christi et Antichristi*, 1521) e é um grande retratista. De fato, foi o instigador de uma iconografia luterana que se difunde na Saxônia e na Boêmia. Um de seus mais famosos retábulos, executado com o filho Lukas Cranach, o Jovem (1515-1586), está no coro da igreja paroquial de Wittenberg e representa Lutero no tablado, pregando.

Jérôme Cottin

▶ BENESCH, Otto, *La peinture allemande. De Dürer à Holbein*, Genebra, Skira, 1966; COTTIN, Jérôme, "Loi et Évangile chez Luther et Cranach", *RHPhR* 76, 1996, p. 293-314; KOEPPLIN, Dieter e FALK, Tilman, *Lukas Cranach. Gemälde, Zeichnungen,* *Druckgraphik*, 2 vols., Basileia, Birckhäuser, 1974-1976; SCHUCHARDT, Günter, *Lucas Cranach d. Ä. Orte der Begegnung. Kronach, Coburg, Wittenberg, Torgau, Dessau, Wörlitz, Dresden, Meissen, Leipzig, Gotha, Naumburg, Eisenach, Weimar, Leipzig*, Kranichborn-Verlag, 1994; TACKE, Andreas, *Der katholische Cranach*, Mayence, Philipp von Zabern, 1992.

▶ **Arte**; imagem; Lutero

CREMER, August Hermann (1834-1903)

Após estudos em Halle e Tübingen (1854-1859), Hermann Cremer exerce o pastorado. A partir de 1870, passa também a trabalhar como professor de dogmática e teologia prática em Greifswald. Interessa-se pela Missão Interior (Congresso Evangélico Social) e sua participação nos Sínodos Gerais de Berlim, de 1875 a 1895, é determinante.

Cremer se torna conhecido por seu *Biblichtheologisches Wörterbuch der neutestamentlichen Gräzität* (1867, Gotha, Perthes, 1915; ed. ingl. *Biblico-Theological Lexicon on New Testament Greek* [Léxico bíblico-teológico do Novo Testamento grego] [1872], Edimburgo, T. & T. Clark, 1962). Em uma época que se caracterizou pelo afrontamento entre liberalismo e o protestantismo "positivo" de tom pietista, a *Dogmatische Prinzipienlehre* (1883, em Otto ZÖCKLER, org., *Handbuch der theologischen Wissenschaft in encyklopädischer Darstellung*, t. III: *Systematische Theologie*, Nördlingen, Beck, 1890, p. 49-84), *Das Weswn des Christentums* (1901, Gütersloh, Bertelsmann, 1903), obra contra Harnack, e *Die Bedeutung des Artikels von der Gottheit Christi für die Ethik* (Leipzig, Dörffling und Franke, 1901) apresentam posições que remetem a um luteranismo marcado pelo Avivamento (Positive Union), com base em uma teologia do tipo biblicista. Sua monografia, *Die paulinische Rechtfertigungslehre im Zusammenhange ihrer geschichtlichen Voraussetzungen* (1899, Gütersloh, Bertelsmann, 1900), em que Cremer coloca a doutrina paulina da justificação pela fé no centro de sua teologia, constitui também uma contribuição marcante. Com seu amigo Adolf Schlatter (1852-1938), funda em 1897 os *Beiträge zur Förderung Christlicher Theologie*.

Robert Stupperich

▶ CREMER, Ernst, *Hermann Cremer. Ein Lebens- und Charakterbild*, Gütersloh, Bertelsmann,

1912; KOEPP, Wilhelm, "Die antithetische Paradoxtheologie des späten A. H. Cremer", *Zeitschrift für systematische Theologie* 24, 1955, p. 291-341; Idem, "August Hermann Cremer als Wissenschaftler", em Werner ROTHMALER, org., *Festschrift zur 500-Jahrfeier der Universität Greifswald*, t. II, Greifswald, Ernst Moritz-Arnst-Universität, 1956, p. 56-60; STUPPERICH, Robert, org., *Hermann Cremer, Haupt der "Greifswalder Schule". Briefwechsel und Dokumente*, Colônia, Böhlau, 1988.

◉ Congresso Evangélico Social; Missão Interior

CRESPIN, Jean (1520-1572)

Nascido em Arras, estuda direito em Louvain (1533-1541) e ocupa o cargo de secretário de Charles Du Moulin em Paris (1541-1542), antes de tornar-se advogado em Arras (1542-1544). Perseguido em terras católicas por heresia, é banido e leva uma vida errante até estabelecer-se em Genebra (1548), onde abre uma editora. Em 22 anos, publica mais de 250 obras. A partir de 1541, reúne testemunhos de perseguição no *Livro dos mártires* (1554), que teria quatorze edições com títulos diversos durante a vida de seu organizador. Simon Goulart (1543-1628) prosseguiu com a obra. Crespin morre de peste em Genebra.

Émile M. Braekman

▶ CRESPIN, Jean, *Histoire des martyrs*, org. por Daniel BENOÎT, 3 vols., Toulouse, Société des livres religieux, 1885-1889 (reed. de *Livre des martyrs*; GILMONT, Jean-François, *Jean Crespin. Um éditeur réformé du XVIᵉ siècle*, Genebra, Droz, 1981; Idem, *Bibliographie des éditions de Jean Crespin, 1550-1572*, 2 vols., Verviers, Gason, 1981; PIAGET, Arthur e BERTHOUD, Gabrielle, *Notes sur le* Livre des martyrs *de Jean Crespin*, Neuchâtel, Secrétariat de l'Université, 1930.

◉ Mulher; imprensa e edição

CRESPY, Georges (1920-1976)

Professor de ética na Faculdade de Teologia de Montpellier, teólogo de grande abertura para as áreas do saber e da ética, sua influência foi grande nos países latinos. *Le problème d'une anthropologie théologique* (*ETR* 25/1-2, 1950) traduz suas primeiras pesquisas; em 1961 é publicada sua obra sobre *La pensée théologique de Teillard de Chardin* [O pensamento teológico de Teillard de Chardin] (Paris, Éditions universitaires). A partir disso, Crespy orientou-se para as questões do messianismo e da utopia. Coerente com seus engajamentos eclesiásticos, culturais e políticos, explorou caminhos na psicanálise, na linguística e, por fim, em análises da imagem, em que pôde discernir um aprendizado libertador em face das manipulações alienantes. Georges Crespy morre em pleno vigor intelectual.

Michel Bouttier

▶ CRESPY, Georges, *La guérison par la foi*, Neuchâtel, Delachaux et Niestlé, 1952; Idem, *L'Église servante des hommes*, Genebra, Labor et Fides, 1966; Idem, *Essais sur la situation actuelle de la foi*, Paris, Cerf, 1970.

CRIAÇÃO/CRIATURA

A temática cristã da criação toca nas questões tanto da origem quanto do real, que se condicionam mutuamente. Porém, sua disposição comum foi pensada de modos diversos segundo os autores e as épocas que delas trataram.

A postura do protestantismo em relação ao assunto pode ser avaliada sob dois ângulos. O protestantismo tende a tratar de modo separado, de um lado, a questão do mundo (sua realidade natural e profana) e, do outro, de Deus, da salvação e das finalidades últimas. A criação se vê restituída à responsabilidade humana (que pode e deve agir para o melhor, mas sem que sejam confundidas as ordens natural, científica, econômica, política, cultural e propriamente moral com a ordem espiritual), e de forma geral se evita perceber nela traços de Deus. Nisto estão as raízes da crítica à teologia natural (e da ética que lhe está associada) e a afirmação de um Deus oculto e radicalmente transcendente a sua criação. Nesse sentido, estima-se que o protestantismo é um tanto fraco em matéria de teologia da criação, preferindo tratar da cruz, do indivíduo ou da história do homem. Mas pode-se também sustentar que é precisamente por causa dessas características que a contribuição protestante para a teologia cristã da criação é decisiva, ainda que nem sempre seja tematizada como tal. Poderíamos então acatar a noção de contingência, de modo que se revele ser o lugar de uma experiência humana originária, que esteja (direto na carne e fora de toda evidência) no ponto de partida de uma verdadeira experiência espiritual, que permita receber e aprofundar o sentido e a verdade do Deus absoluto.

Uma teologia protestante da criação enfatizará em qualquer caso a finitude do homem — essencialmente criatura —, sua precariedade, em consequência, mas somente em consequência, sua responsabilidade (obrigatoriamente condicionada, exposta ao outro e sempre singular).

Pierre Gisel

▶ BARTH, Karl, *Dogmatique* III, § 4-51 (1945-1951), Genebra, Labor et Fides, 1960-1963; BAYER, Oswald, *Schöpfung als Anrede. Zur einer Hermeneutik der Schöpfung*, Tübingen, Mohr, 1986; GISEL, Pierre, *La création. Essai sur la liberté et la nécessité, l'histoire et la loi, l'homme, le mal et Dieu* (1980), Genebra, Labor et Fides, 1987; Idem e KAENNEL, Lucie, *La création du monde. Discours religieux, discours scientifiques, discours de foi*, Genebra-Bienne, Labor et Fides-Société biblique suisse, 1999; LINK, Christian, *Die Welt als Gleichnis. Studien zum Problem der natürlichen Theologie*, Munique, Kaiser, 1976; Idem, *Schöpfung*, 2 vols., Gütersloh, Mohn, 1991; MOLTMANN, Jürgen, *Dieu dans la création. Traité écologique de la création* (1985), Paris, Cerf, 1988.

⏵ Bênção; carne; corpo; cosmologia; criacionismo; cruz; **Deus**; **ecologia**; evolucionismo; Gilkey; **modernidade**; Moltmann; mundo; natureza; poluição; **sexualidade**; **técnica**; teologia da cruz; teologia da secularização

CRIACIONISMO

Compreende-se hoje por criacionismo uma doutrina que se baseia nos textos de Gênesis para explicar a origem das espécies. De acordo com essa doutrina, as espécies foram criadas em separado, de uma só vez, permanecendo imutáveis em suas características desde a origem da vida. No uso corrente, o termo designa uma tendência ou uma escola dentro do "fundamentalismo". São três as características do criacionismo: uma leitura muito literal de Gênesis; uma crítica imperdoável às teorias evolucionistas; um sistema "científico de substituição" representado pelo Instituto para a Pesquisa da Criação, cuja sede se encontra em San Diego, Califórnia. Esse órgão conduz pesquisas paleontológicas visando estabelecer a prova do dilúvio e da existência da arca de Noé, a fim de confirmar cientificamente a cronologia bíblica. O movimento criacionista nasceu no início do século XX em reação ao darwinismo. O pai desse movimento parece ter sido o adventista George McCready Price (1870-1963). O engenheiro hidráulico Henry M. Morris (1918-2006) e o teólogo John C. Whitcomb Jr. (1925-) reavivaram o movimento nos anos 1960 (*The Genesis Flood. The Biblical Record and Its Scientific Implications* [O dilúvio de Gênesis: o relato bíblico e suas implicações científicas], Filadélfia, *Presbyterian and Reformed*, 1961; fundação da Sociedade para a Pesquisa sobre a Criação, Ann Arbor, 1963). O criacionismo se estendeu desde os Estados Unidos até a Europa ao longo dos anos 1980.

Henri Blocher

▶ GISEL, Pierre e KAENNEL, Lucie, *La création du monde. Discours religieux, discours scientifiques, discours de foi*, Genebra-Bienne, Labor et Fides-Société biblique suisse, 1999, p. 111-118; HUMBERT, Jean, *Création-Évolution. Faut-il trancher?*, Méry-sur-Oise, Sator, 1990; LECOURT, Dominique, *L'Amérique entre la Bible et Darwin* (1992), Paris, PUF, 1998; "Un manifeste créationniste", *Positions créationnistes* 13, Lausanne, dezembro de 1990, p. 1-15; THUILLIER, Pierre, *Darwin & Co.*, Bruxelas, Complexe, 1981.

⏵ Biblicismo; criação/criatura; darwinismo; evolucionismo; fundamentalismo; Maioria Moral; **razão**.

CRIANÇA

A teologia, considerando antes de tudo os filhos como herança do Senhor, e não como justificativa para o casamento, dá às crianças o *status* de ser humano inteiro, um ser que os pais devem pôr no mundo e receber de modo responsável e confiante. Por esse motivo as igrejas protestantes aceitaram de pronto a ideia da procriação controlada. A graça de Deus não está em acolher a vida sem discernimento, mas em escolher conscientemente as responsabilidades que o casal pode assumir. Uma vez feitas essas escolhas, saber que os filhos são dons de Deus é algo que deve permitir aos pais todos os cuidados necessários, deixando de lado as preocupações excessivas ao saber que estão nas mãos do Criador.

Francine Carrillo

▶ BIÉLER, André, *L'homme et la femme dans la morale calviniste*, Genebra, Labor et Fides, 1963; QUÉRÉ, France, *La famille*, Paris, Seuil, 1990.

◐ Casal; criança; **educação**; Escola Dominical; família; juventude (literatura para a); maternidade; paternidade; **sexualidade**

"CRISTÃOS ALEMÃES"

Deutsche Christen ("Cristãos Alemães") é o nome escolhido para designar diversos grupos surgidos no início dos anos 1920 nas igrejas protestantes da Alemanha, com o objetivo de levar essas igrejas para a "renovação nacional" preconizada pelo movimento nacional-socialista. Tais grupos se situam em uma tradição ainda mais antiga, cujas origens remontam ao final do século XIX (círculo de Bayreuth, formado por discípulos de Richard Wagner, Paul Anton de Lagarde e outros), e participam do movimento da Revolução Conservadora, reunindo-se em 1932 e 1933 no *Glaubensbewegung Deutsche Christen* ("Movimento de Fé dos Cristãos Alemães"). Embora nutrissem sensibilidades teológicas e religiosas bastante díspares, todos os grupos reunidos nesse movimento eram adeptos da ideia de que a noção de povo, conjugada com a de germanidade, correspondia a uma ordem de acordo com a vontade de Deus, e pregavam uma reformulação do cristianismo mais adaptada à realidade cultural (e também racial) do povo alemão. Essa reformulação deveria sobretudo livrar o cristianismo de sua herança judaica, da qual faziam parte a teologia paulina e a doutrina da justificação. Em geral, buscou-se igualmente o acréscimo de artigos considerados tipicamente germânicos, culminando na caracterização da figura de Jesus Cristo como um herói ariano. Esses esforços tomam forma institucional em Eisenach, 1939, com a criação de um *Institut zur Erforschung und Beseitigung des jüdischen Einflusses auf das deutsche kirchliche Leben* ("Instituto para o Estudo e a Eliminação da Influência Judaica na Vida Eclesiástica Alemã"), dirigido por Walter Grundmann, sob a égide de onze igrejas protestantes, entre as quais a igreja austríaca, dominada pelos "Cristãos Alemães". Com essa dupla necessidade — aculturação do cristianismo e reformulação sincrética de seus conteúdos doutrinários —, a teologia dos "Cristãos Alemães" é indiscutivelmente herdeira de uma veia teológica liberal e neoprotestante. Porém, deformam gravemente as intenções do liberalismo e colocam essas motivações a serviço de uma ideologia política que rejeita a maior parte dos teólogos liberais da época, a exemplo de Martin Rade e do círculo do *Christliche Welt*.

Em 1933, os "Cristãos Alemães" se constituíram em partido eclesiástico, obtendo no mesmo verão o apoio majoritário na maioria das igrejas protestantes alemãs, escorando-se na aprovação pública de Hitler. Isso lhes permitiu tomar o controle dos aparelhos eclesiásticos. Desprezando as diferenças confessionais e regionais, os "Cristãos Alemães" pretendiam reunir todas as igrejas protestantes em uma igreja única, sob a autoridade de um bispo do Reich. Após alguns movimentos bem-sucedidos iniciais, como a eleição do candidato Ludwig Müller a esse cargo, o radicalismo de suas intervenções públicas os fez rapidamente perder o apoio político dos nazistas e afastou uma boa parte de seu eleitorado. A oposição à política eclesiástica dos "Cristãos Alemães" se organizou em uma igreja, a Igreja Confessante, com um sínodo constituído em Barmen, 1934. Diante da resistência da igreja à política de integração forçada preconizada pelos "Cristãos Alemães", progressivamente Hitler retirou deles seu apoio, a partir do inverno de 1934, antes de abandoná-los por completo ao nomear Hanns Kerrl ministro das Relações Exteriores, no dia 16 de julho de 1935. No entanto, diversos grupos clamando pertencer aos "Cristãos Alemães" perduraram até o final da guerra, ainda que estivessem em uma situação bastante ambígua por causa do anticristianismo crescente do nacional-socialismo, que já tinha se tornado a política oficial do regime.

Bernard Reymond e Jean-Marc Tétaz

▶ MEIER, Kurt, *Die Deutschen Christen. Das Bild einer Bewegung im Kirchenkampf des Dritten Reiches*, Göttingen, Vandenhoeck & Ruprecht, 1964; REYMOND, Bernard, *Une Église à croix gammée? Le protestantisme allemand sous le régime nazi (1932-1935)*, Lausanne, L'Âge d'Homme, 1980;

SIEGELE-WENSCHKEWITZ, Leonore, org., *Christlicher Antijudaismus und Antisemitismus. Theologische und kirchliche Programme Deutscher Christen*, Frankfurt, Haag und Herchen, 1994.

● Antissemitismo; *Barmen (Declaração de)*; Gogarten; Hirsch; Igreja Confessante; Igreja e Estado; *Kirchenkampf*; Müller L.; **política**; racismo; Revolução Conservadora

CRISTIANISMO SOCIAL/ SOCIALISMO CRISTÃO

Esses termos foram e ainda são utilizados tanto no catolicismo quanto no protestantismo. Porém, ambos os usos diferem historicamente. No catolicismo, com exceção da tentativa socialista cristã de Philippe Buchez (1796-1865) em 1948, trata-se de uma oposição aos princípios de 1789 para o estabelecimento de outra ordem social cristã em que a igreja estaria próxima ao povo. Se encontramos uma orientação conservadora análoga em certas tendências do cristianismo social alemão (principalmente na obra de Adolf Stoecker [1835-1909]), o papel do Estado nessas vertentes é fundamental para a realização de reformas sociais. Outras tendências, com Friedrich Naumann (1860-1919), são menos conservadoras.

Os movimentos anglo-saxão, francês, escandinavo e suíço consideram ter sido atingidos os ideais democráticos modernos e buscam completá-los com a realização de uma "verdadeira democracia econômica". Para isso, não hesitam em dialogar com o movimento socialista a partir do final do século XIX — meio em que o trabalhismo e a social-democracia encontram um verdadeiro viveiro de militantes. Aos poucos, a partir de 1925, as preocupações do cristianismo social são retomadas em um nível mais institucional pelas igrejas, principalmente devido ao movimento ecumênico de cristianismo prático "Vida e Ação".

Os movimentos do evangelho social (Estados Unidos), do socialismo religioso (Suíça de língua alemã), do socialismo cristão, do cristianismo social (mais circunscrito à França) ou do Congresso Evangélico Social (Alemanha) são respostas ao desafio lançado à igreja pelo mundo operário e pela descristianização. Para esses diversos movimentos, a igreja não pode mais contentar-se com propostas de cuidado dos desfavorecidos, mas é chamada a trabalhar ativamente por um evangelho mais comprometido com a sociedade. O cristianismo só pode ser evangélico se houver uma ênfase na solidariedade entre as classes sociais.

Na Inglaterra, o movimento de reforma social surgiu da reação contra a igreja estabelecida, que era hostil às questões sociais, e contra o utilitarismo — que se tornou a base filosófica da ideologia burguesa do século XIX — de Jeremy Bentham (1748-1832) e seus discípulos, James (1773-1836) e John (1806-1873) Stuart Mill. Charles Kingsley (1819-1875) e Frederick Denison Maurice (1805-1872), membros da *Broad Church*, ala liberal da Igreja Anglicana, assim como John Malcolm Forbes Ludlow (1821-1911), tornam-se de 1850 em diante uma espécie de apóstolos do socialismo cristão. Desenvolvem uma concepção ética do reino de Deus segundo a qual a liberdade cristã (a Bíblia), a igualdade cristã (o batismo) e a fraternidade cristã (a ceia) permitem suplantar a oposição entre a burguesia e o mundo operário. Mas a Igreja Anglicana só seria de fato ganha para o trabalho social com o impulso de William Temple (1881-1911, bispo de Manchester em 1921, arcebispo de York em 1929 e de Cantuária em 1942), membro do Partido Trabalhista e autor de *Christianism and Social Order* [Cristianismo e ordem social] (1942, New York, Seabury Press, 1976).

Na Alemanha, digno de nota é Johann Hinrich Wichern (1808-1881), fundador da Missão Interior, cuja ação, no entanto, permaneceria sobretudo caritativa, pastoral e centrada na igreja. Embora os círculos conservadores tenham se mostrado reticentes em relação às ideias cooperativas importadas da Inglaterra por Victor Aimé Huber (1800-1869), essas ideias influenciaram o desenvolvimento do movimento cristão social e o socialismo de Estado. Nos anos 1870, sob o impulso do pastor Rudolf Todt (1839-1887; cf. *Der radikale deutsche Sozialismus und die christliche Gesellschaft. Versuch einer Darstellung des socialen Gehaltes des Christenthums und der socialen Aufgaben der christlichen Gesellschaft auf Grund einer Untersuchung des Neuen Testamentes* [1877], Wittenberg, R. Herrose, 1878), a social-democracia desenvolve, a partir do socialismo e de uma leitura do Novo Testamento, um programa de liberdade, igualdade e fraternidade, cuja marca é o radicalismo. Decidido a lutar contra a social-democracia, Adolf Stoecker cria em 1878 o *Christlich Soziale Arbeiterpartei* (Partido Trabalhista Social Cristão, que se transformaria em um partido pequeno-burguês, à sombra do Partido Conservador) e funda em 1890 o Congresso Evangélico Social, com discussões entre teólogos, economistas, historiadores e juristas em torno das questões cristãs sociais. Mas no interior do congresso não tardam a surgir conflitos que opõem os conservadores aos cristãos sociais, que desejam a emancipação do mundo operário (cf. a disputa entre Stoecker e Friedrich Naumann, que o critica por suas ligações com o Partido Conservador). Após retirar-se do congresso em 1896, Stoecker cria em 1897 a *Frei kirchlich-sozialer Konferenz* (Conferência Livre Eclesiástica Social, que, com a presidência de Reinhold Seeberg [1859-1935], seria mais tarde a *Kirchlich-soziale Bund* [Aliança Eclesiástica Social], com laços mais firmes com a Missão Interior). Naumann funda o *National-Sozialer Verein* [União Nacional Social], que se abre mais ainda para o mundo operário e para os leigos.

Na França, as grandes questões do discurso cristão social estão já presentes na obra de Tommy Fallot (1844-1904): a necessidade de uma reflexão teológica sobre as questões sociais, o apelo a lutar contra a iniquidade, a possibilidade de um socialismo evangélico, a esperança do estabelecimento do Reino de Deus sobre a terra, a influência do meio social na formação do "homem espiritual". A partir de 1882 se desenvolvem as características do que se tornaria o cristianismo social: um projeto ao mesmo tempo utópico e crítico da "solução cristã" da questão social e um suporte organizacional, o Círculo Socialista do Livre-Pensamento Cristão, encarregado da propagação do projeto. É quando, em torno de Fallot, reúnem-se jovens pastores, como Wilfred Monod (1867-1943), que lança as bases de uma teologia do reino de Deus (cf. *L'espérance chrétienne* [A esperança cristã], 2 vols., Vals-les-Bains-Paris, Aberlen-Fischbacher, 1899-1901) e Élie Gounelle (1865-1950), fundador da Solidariedade de Roubaix em 1898, assim como o economista Charles Gide (1847-1932), teórico da cooperação. Estreitamente ligada a uma teologia do Reino, a ação social desenvolvida nas Solidariedades, onde tanto operários e funcionários como protestantes e não protestantes são acolhidos e inseridos em um complexo de obras morais, sociais e religiosas que passa a integrar sua vida cotidiana, pretende permitir a aquisição de sólidos princípios morais para a construção de uma sociedade nova e mais justa, uma espécie de prefácio para a instauração do Reino.

No interior do movimento do cristianismo social surgem dois tipos de discurso, não sem suscitar algum conflito: o de uma ala moderada, que enfatiza aspectos morais e individualistas, e o de uma ala de tendência socialista cristã, que anseia combater as estruturas econômicas, os poderes políticos e as relações sociais. Porém, os fundadores do cristianismo social permanecem conscientes de que a ação política e social é apenas uma consequência lógica da fé ou uma propedêutica à fé, não o centro da fé, que é constituído de experiências espirituais. Os resultados trágicos da guerra de 1914-1918 tocam profundamente o cristianismo social, mas este seria verdadeiro para todo o protestantismo francês e a política em geral (cf. o deputado socialista e ministro André Philip [1902-1970]. Os dirigentes do cristianismo social teriam um papel preponderante na criação de dois movimentos ecumênicos: "Vida e Ação" (Estocolmo, 1925) e "Fé e Ordem" (Lausanne, 1927). O entreguerras testemunha a emergência da teologia de Karl Barth. Bastante influenciado pelo socialismo religioso em seus anos de pastorado, Barth acabaria por se afastar publicamente das posições de Leonhard Ragaz, em 1919.

Jean Baubérot e Lucie Kaennel

▶ BAUBÉROT, Jean, *Um christianisme profane? Royaume de Dieu, socialisme et modernité culturelle dans le périodique "chrétien-social"* L'avant-garde *(1899-1911)*, Paris, PUF, 1978; Idem, *Le retour des huguenots. La vitalité protestante, XIXe-XXe siècle*, Paris-Genebra, Cerf-Labor et Fides, 1985, p. 111-179; BIÉLER, André, *Chrétiens et socialistes avant Marx*, Genebra, Labor et Fides, 1982; BLASER, Klauspeter, *Le Christianisme social. Une approche théologique et historique*, Paris, Van Dieren, 2003; CORT, John C., *Christian Socialism. An Informal History*, Maryknoll, Orbis Books, 1988; CRESPIN, Raoul, *Des protestants engagés. Le Christianisme social 1945-1970*, Paris, Les Bergers et les Mages, 1993; RICOEUR, Paul, "Histoire et civilisation. Neuf textes jalons pour un christianisme social", *Autres Temps* 76-77, 2003, p. 5-141; ROCARD, Michel et alii, *Itinéraires socialistes chrétiens*, Genebra, Labor et Fides, 1983; WARD, W. Reginald, *Theology, Sociology and Politics. The German Protestant Social Conscience*, 1890-1933, Berna, Lang, 1979.

● Ação social; Babut; Bastide; Biéler; Blumhardt C.; **capitalismo**; Congresso Evangélico Social; Durrleman; Eugster-Züst; Fallot; Gide C.; Gounelle; Humbert-Droz; Kutter; Lemaître; Maurice; Missão Popular Evangélica; Monod W.; Naumann; Nimes; Oberlin; Passy; Philip; **política**; Ragaz; Rauschenbusch; revistas protestantes; Reino de Deus; Ricoeur; evangelho social; socialismo religioso; Temple W.; "Vida e Ação".

CRISTOLOGIA → Jesus (imagens de)

CRÍTICA DA RELIGIÃO

O protestantismo entretém relações de proximidade com a crítica da religião, por ter nascido de uma crítica da instituição (e do sistema penitencial em que essa instituição vivia) e da tradição (que não é legitimadora por si só). Podemos perceber nisso os primórdios de uma crítica do fenômeno ideológico, tão verdadeiro que religião e ideologia são estreitamente ligadas de fato, ainda que seja preciso trabalhar para distingui-las de direito.

Podemos considerar em aberto a questão da contribuição, direta ou indireta, do protestantismo para o advento do racionalismo e até do ateísmo, desenvolvidos no século XVIII, principalmente com o Iluminismo inglês e, mais distante, o deísmo (na Alemanha, a *Aufklärung*, influenciada pelo protestantismo, é forçosamente religiosa e busca promover uma aliança entre cristianismo, cultura e modernidade; na França e nos países neolatinos, o Iluminismo é mais propriamente anticristão, por ser anticatólico). Por outro lado, a crítica da religião como sistema global (chamado principalmente de metafísico e moral) é central no neoprotestantismo, tal como surge no século XIX, ao lado de uma tentativa de valorizar a religião como momento específico, de tipo transcendental ou constitutivo, em que o homem se recebe (Schleiermacher).

A crítica da religião como ideologia alienante ou patológica se desenvolve no século XIX, em solo culturalmente protestante, no campo de língua alemã, seja em Feuerbach (em cuja obra está evidente o pano de fundo luterano de sua redução antropológica do cristianismo), seja em Nietzsche (cuja crítica, a um só tempo, do cristianismo, da modernidade antropocêntrica e do subjetivismo patológico deixa entrever a internalização protestante da ideia da salvação, sobretudo no sentido sacrificial). Essa dupla crítica da religião — além de sua clara diferença — está por trás da inversão operada pela teologia dialética, principalmente em Barth, em relação ao neoprotestantismo (considerado antropologizante e moralizador). Barth refletiria sobre a verdade do cristianismo em oposição à "religião" (decifrada como autojustificação humana), temática que seria retomada pelo Bonhoeffer tardio e alguns teólogos americanos ligados à "morte de Deus". Assistimos hoje a uma revalorização da religião como tal, cultural e socialmente. O protestantismo desempenha seu papel nesse processo, mas se mantém atento à distinção tanto do que pode ser afirmado acerca do reconhecimento e da confirmação de uma multiplicidade ainda maior, própria ao ser humano (o homem é, entre outras coisas, religioso, cf. Tillich), quanto ao que diz respeito a uma ordem e juízo propriamente teológicos.

Pierre Gisel

▶ BARTH, Karl, *L'épître aux Romains* (1922), Genebra, Labor et Fides, 1972, especialmente cap. 7; Idem, *Dogmatique* I/2**, § 17 (1939), Genebra, Labor et Fides, 1954; BONHOEFFER, Dietrich, *Résistance et soumission* (1970), Genebra, Labor et Fides, 1973 (sobretudo as cartas a partir de abril de 1944); GISEL, Pierre, *La subversion de l'Esprit. Réflexion théologique sur l'accomplissement de l'homme*, Genebra, Labor et Fides, 1993, cap. 5; JÜNGEL, Eberhard, *Dieu mystère du monde. Fondement de la théologie du Crucifié dans le débat entre théisme et athéisme* (1977), 2 vols., Paris, Cerf, 1993; LAUS, Thierry, "La fin du christianisme. Désenchantement, déconstruction et démocratie", *RThPh* 133, 2001, p. 475-485; MOTTU, Henry, "La critique feuerbachienne de la religion et la dernière période de la pensée de Bonhoeffer", *Esprit* 9, 1970, p. 432-450; PAUL, Jean-Marie, *Dieu est mort en Allemagne. Des Lumières à Nietzsche*, Paris, Payot, 1994; TILLICH, Paul, *La dimension religieuse de la culture. Écrits du premier enseignement* (*1919-1926*), Genebra-Paris-Quebec, Labor et Fides-Cerf-Presses de l'Université Laval, 1990; Idem, *Théologie systématique* IV: *La vie et l'Esprit* (1963), Genebra, Labor et Fides, 1991.

● Altizer; ateísmo; Barth; Bonhoeffer; Feuerbach; filosofia da religião; Hartmann; Hume; ideologia; Jung; Nietzsche; racionalismo teológico; **razão**; **religião e religiões**; "teologia dialética"; teologias da morte de Deus

CROMWELL, Oliver (1599-1658)

Nascido em Huntington e morto em Londres, Cromwell vem de uma família do leste da Inglaterra, que se tornou abastada devido à espoliação dos bens monásticos (seu tio Thomas havia sido ministro de Henrique VIII). Personagem ao mesmo tempo religioso, militar e político, converge em si a enigmática mistura de graça e revolução. Leitor da Bíblia, caracteriza sua conversão espiritual como o *encontro com o Primogênito* (Cl 1.15) em uma carta enigmática dos anos 1630. Parlamentar e soldado, Cromwell se opõe a seu rei e é alçado a uma posição de primeira linha no Estado, ao tornar-se lorde protetor da Inglaterra, da Escócia e da Irlanda (1653) em seguida à execução de Carlos I e a proclamação da República (1649). Alia-se a Mazarin contra os espanhóis. Após sua morte, há um rápido retorno à monarquia, com Carlos II Stuart, filho do rei decapitado.

Não precisava mais que isso para que o poeta francês Victor Hugo visse nesse destino a "fecunda união do tipo grotesco com o tipo sublime". Cromwell foi Bonaparte sem ter sido Napoleão: cheio de escrúpulos, recusa a coroa, diante do risco de idolatria. Puritano fervoroso, persuadido de sua vocação (*calling*, "chamado" em inglês), foi intransigente com seus adversários: irlandeses "papistas", radicais niveladores (*levellers*, visionários que negavam a liberdade e a propriedade, pretendendo ser o Reino de Cristo uma realidade possível na terra), monarquistas anglicanos. No entanto, ele aceita o retorno dos judeus (1655) e prega o ecumenismo das igrejas protestantes em sua diversidade. Em suma, foi um ditador com uma face humana, bom pai e bom esposo, de uma infinita esperteza e uma fé sincera.

Bernard Cottret

▶ COTTRET, Bernard, *Cromwell*, Paris, Fayard, 1992; POUSSOU, Jean-Pierre, *Cromwell, la révolution d'Angleterre et la guerre civile*, Paris, PUF, 1993.

◉ Escócia; Inglaterra; Irlanda; puritanismo; revoluções da Inglaterra

CROUSAZ, Jean-Pierre de (1663-1750)

Nascido e morto em Lausanne, esse filósofo e matemático foi professor na Academia de Lausanne (1700-1724 e 1738-1748), em que introduziu o cartesianismo. Como sua atitude conciliadora no conflito do *Consensus Helveticus* foi mal compreendida, ele foi professor em Groningen (1724-1726) e tutor do príncipe herdeiro de Hesse-Kassel. Autor de inúmeras e prolixas obras didáticas (*La logique ou système de réflexions qui peuvent contribuer à la netteté et à l'étendue de nos connaissances* [A lógica ou sistema de reflexões que podem contribuir para a clareza e a extensão de nossos conhecimentos] [1712], 6 vols., Lausanne-Genebra, Bousquet, 1741), pedagógicas (*Traité de l'éducation des enfants* [Tratado de educação de filhos], 2 vols., La Haye, Vaillant et Prévost, 1722), polêmicas (*Examen du pyrrhonisme ancien et moderne* [Exame do pirronismo antigo e moderno], La Haye, Pierre De Hondt, 1733; *De l'esprit humain, substance différente du corps, active, libre, immortelle* [Do espírito humano, substância diferente do corpo, ativa, livre, imortal], Basileia, Jean Christ, 1741) e de um *Traité du beau* [Tratado do belo] (1714, Paris, Fayard, 1985). Correspondeu-se com homens da igreja, homens do Estado e eruditos de diversos países da Europa (duas mil cartas).

Daniel Christoff

▶ BANDELIER, André e CHARLES, Sébastien, orgs., "Jean-Pierre de Crousaz. Philosophie lausannois du siècle des Lumières", *RThPh* 136/1, 2004; LA HARPE, Jacqueline de, *Jean-Pierre de Crousaz et le conflit des idées au siècle des Lumières*, Genebra-Lille, Droz-Giard, 1955 (sobre a correspondência).

◉ Bayle; cartesianismo; *Consensus Helveticus*; estética; filosofia; Leibniz

CRUCIGER, Caspar (1504-1548)

Personagem negligenciado na história da Reforma luterana (reabilitado por Wengert, que corrigiu erros de autoria), originário de Leipzig, Caspar Cruciger se estabelece em Wittenberg por volta de 1521, onde conclui sua formação, com marcado interesse em botânica, geometria e astronomia. Após sua estada em Magdeburgo (1525-1527), volta para Wittenberg, torna-se professor de filosofia e, em 1533, após o doutorado, professor de teologia. Integra o círculo dos colaboradores próximos de Lutero e participa da revisão dos *Sommerpostillen* e da Bíblia em alemão; o reformador teria ditado a ele, em 1536, uma parte dos

Artigos de Smalkade (R. Wetzel). Cruciger partilha também, no entanto, as concepções teológicas de seu amigo Melâncton sobre a justificação pela fé, as boas obras e a ceia. Junto ao humanista, participa dos Colóquios de Haguenau, Worms e Ratisbonne (1540-1541). Escreve pouco e somente ao longo dos últimos anos de sua vida (comentários à primeira epístola a Timóteo, ao evangelho de João, ao *Símbolo dos apóstolos*), dedicando-se à edição das obras de Lutero, sobrevivendo após o reformador apenas por dois anos. Digno de nota é o fato de que seu filho, Caspar II, também professor de teologia em Wittenberg, foi preso e condenado ao exílio em 1574 como filipista (discípulo de Melâncton).

Max Engammare

▶ BOOR, Friedrich de, "Cruciger, Caspar d. Ä.", em *TRE*, t. VIII, 1981, p. 238-240; LEDER, Hans-Günter, "Luthers Beziehungen zu seinen Wittenberger Freunden", em Helmar JUNGHANS, org., *Leben und Werk Martin Luthers von 1526 bis 1546*, Göttingen, Vandenhoeck & Ruprecht, 1983, t. I, p. 436-438, e t. II, p. 869-870; WENGERT, Timothy, "Caspar Cruciger (1504-1548): The Case of the Disappearing Reformer", *The Sixteenth Century Journal* 20, 1989, p. 417-441; WETZEL, Richard, "Caspar Cruciger als ein Schreiber der 'Schmalkaldischen Artikel'", *Lutherjahrbuch* 54, 1987, p. 84-93.

◉ Lutero; Melâncton; *Smalkalde (Artigos de)*; Wittenberg

CRÜGER, Johann (1598-1662)

Organista, teórico da música, melodista e compositor, Johann Crüger nasceu em Groß Breesen, perto de Gubem, na Baixa Lusácia. Com 15 anos, decide empreender uma longa viagem de aprendizado que o conduz até os confins da Hungria. Ao voltar, em 1615, torna-se preceptor antes de estudar teologia em Wittenberg. Em 1622, é nomeado *cantor* da igreja de São Nicolau em Berlim. Ao mesmo tempo, ocupa um cargo de ensino no ginásio *Zum Grauen Kloster*. Crüger é muito afetado pelas consequências dramáticas da Guerra dos Trinta Anos (1618-1648): peste, fome e destruição. Entre 1630 e 1640, vítima de uma depressão, para de produzir. Seu vigor desperta em 1640, ano da publicação de um primeiro *corpus* luterano de *Kirchenlieder* (cânticos religiosos). Compõe então um tipo de melodia próxima ao movimento de piedade preconizado pelo teólogo da união mística, Johann Arndt (1555-1621). Sua contribuição musical mais importante, tanto para o culto quanto para a devoção particular, está sobretudo na notável coleção intitulada, com justiça, *Praxis pietatis melica*. Criador e adaptador de uma centena de melodias, Johann Crüger colaborou com o pastor Paul Gerhardt (1607-1676), autor de inúmeras letras de cânticos. Sua melodia mais emblemática está associada ao *Jesuslied* do jurista e político Johann Franck (1618-1677), *Jesu, meine Freude* [Jesus, minha alegria]. Johann Crüger morre em Berlim, em 1662.

James Lyon

▶ ALBRECHT, Christoph, "Crüger, Johann", em *RGG*, t. II, 1999, col 501s.; FORNAÇON, Siegfried, "Johann Crüger und der Genfer Psalter", *Jahrbuch für Liturgik und Hymnologie* 1, 1955, p. 115-117; HOFFMEISTER, Joachim, *Der Kantor zu St. Nikolai*, Berlim, Evangelische Verlagsanstalt, 1964; NOACK, Lothar e SPLETT, Jürgen, "Johann Crüger (Krüger)", em *Bio-Bibliographien. Brandenburgische Gelehrte der frühen Neuzeit*, t. I: *Berlin-Cölln 1640-1688*, Berlim, Akademie, 1997, p. 103-117; STALMANN, Joachim, "Crüger, Johann", em Wolfgang HERBST, org., *Wer ist wer im Gesansbuch?*, Göttingen, Vandenhoeck & Ruprecht, 2001, p. 66-69.

◉ Cantor; Gerhardt; **música**

CRUZ

Do ponto de vista da fé cristã, a salvação está enraizada no acontecimento da crucificação de Jesus de Nazaré no Gólgota: *nós pregamos a Cristo crucificado, escândalo para os judeus, loucura para os gentios* (1Co 1.23). De acordo com a prática romana da época, a crucificação era o suplício reservado aos criminosos. No julgamento da Antiguidade, Jesus posto na cruz sofre assim "a morte mais infamante" (*mors turpissima crucis*, Orígenes). Compreender o que levou à crucificação de Jesus é historicamente difícil: o processo se desenrolou em um jogo complexo entre as autoridades religiosas do judaísmo e a autoridade política romana. Rapidamente, porém, os cristãos que compunham o círculo dos discípulos começam a referir-se às aparições do Cristo vivo, proclamando-o ressuscitado e expressando em diversas linguagens o significado salvador daquele fato. Fundamento da salvação, a cruz se tornaria progressivamente um sinal de convergência e um símbolo de reconhecimento dos cristãos, passando de instrumento de suplício a sinal ritual, joia, decoração, insígnia, objeto de piedade e veneração (cf. o crucifixo na tradição católica). São igualmente numerosas as representações artísticas do acontecimento na história da arte. Sob a influência da *palavra da cruz* do apóstolo Paulo (1Co 1.18-25), Lutero definiria sua teologia como "uma teologia da cruz", em oposição à "teologia da glória" de seus adversários. Essa caracterização permitiria uma nova ênfase na interpretação teológica do acontecimento da cruz.

Pierre Bühler

▶ ANDRESEN, Carl e KLEIN, Günter, org., *Theologia crucis — signum crucis. Festschrift für Erich Drinkler zum 70. Geburtstag*, Tübingen, Mohr, 1979; BAYER, Oswald et alii, "Kreuz", em *TRE*, t. XIX, 1990, p. 712-779; BILLE, Florian, DETTWILER, Andreas e ROSE, Martin, "*Maudit quiconque est pendu au bois*". *La crucifixion dans la loi et dans la foi*, Lausanne, Éditions du Zèbre, 2002; HENGEL, Martin, *La crucifixion dans l'Antiquité et la folie du message de la croix* (1976), Paris, Cerf, 1981; PRIEUR, Jean-Marc, org., *La croix. Répresentations théologiques et symboliques*, Genebra, Labor et Fides, 2004; WEBER, Hans-Ruedi, org., *Depuis ce vendredi-là. La croix dans l'art et la prière* (1979), Paris-Genebra, Centurion-Labor et Fides, 1979; ZUMSTEIN, Jean, "Le procès de Jésus" (1989), em *Miettes exégétiques*, Genebra, Labor et Fides, 1991, p. 337-353.

◉ Criação/criatura; cruz huguenote; **Jesus (imagens de)**; *kenósis*; **mal**; Moltmann; ressurreição; **saúde**; teologia da cruz

CRUZ AZUL

A Cruz Azul foi oficialmente fundada na Suíça em 1877 pelo pastor Louis-Lucien Rochat (1849-1917), que havia tomado consciência tanto do caráter destrutivo do alcoolismo quanto da pressão social para o consumo do álcool. Descobrira na Inglaterra que somente a abstinência total e definitiva poderia assegurar a cura dos atingidos pelos males do álcool. Rochat concebeu o que se tornaria uma das bases do método Cruz Azul: o compromisso com a abstinência, visando a uma ruptura definitiva com o álcool, com a ajuda de Deus e o apoio de um membro ativo que fosse ex-alcoólico ou alguém solidário. Desde o início, insistiu na importância da caridade, expressão da gratuidade do amor.

A prática da Cruz Azul foi levada à França por Pierre Barbier, ex-alcoólico, e Lucie Peugeot, voluntária. A primeira unidade foi fundada em Valentigney, em 1883. Por motivos próprios do país, a Sociedade Francesa da Cruz Azul é independente das igrejas, mas afirma com firmeza a ajuda de Deus como um elemento fundamental de sua especificidade. Assim como no contexto francês, os protestantes se tornaram uma minoria na instituição, mas sem negar suas origens. A Cruz Azul conheceu um desenvolvimento internacional, na Europa (sobretudo no Norte, onde permaneceu bastante ligada ao protestantismo), na África, na Oceania e em Madagascar. A Cruz Azul esteve na origem da criação de centros especializados de pós-tratamento alcoólico em toda a Europa.

Jacques Walter

▶ KNEUBÜHLER, Pierre, *Henri Roser. L'enjeu d'une terre nouvelle*, Paris, Les Bergers et les Mages, 1992, p. 169-192; Idem, *Guérir de l'alcoolisme, le défi du possible. Approche théologique*, Lyon, Olivétan, 2004; "Um projet de guérison", *Libérateur*, na sede da SFCB, rue de Clichy, 47, F-75009, Paris, 1992.

◉ Ação social; Missão Popular Evangélica

CRUZ HUGUENOTE

Joia composta de uma cruz de Malta "enfeitada" com entalhes triangulares na extremidade de cada braço (muito próxima, inclusive nas flores-de-lis que geralmente estão presentes, da cruz da Ordem do Espírito Santo, instituída por Henrique III em 1578), tendo um pingente na forma da pomba do Espírito Santo "resplandecente". Essa cruz parece ter sido concebida em torno de 1688 por um ourives de Nîmes chamado Maystre, sendo logo adotada pelos protestantes do sudeste da França. Essa homenagem ao Espírito Santo era ao mesmo tempo uma afirmação de sua adesão à doutrina do sacerdócio universal e um sinal de reconhecimento dificilmente passível de sanção por parte dos perseguidores, pois derivava de uma decoração monárquica oficial, reconhecida pela Igreja Romana (a ordem do Espírito Santo). Em algumas cruzes huguenotes, o pingente não representa uma pomba, mas, sim, uma espécie de bola alongada chamada *trissou* (o mesmo que "pilão") em língua occitana. Segundo Pierre Bourguet, seria uma "ampola", como uma garrafinha parecida com a "santa ampola" (na qual figurava a pomba do Espírito Santo) conservada em Reims até a Revolução Francesa, contendo os óleos utilizados para a unção real na sagração dos reis da França. De acordo com a lenda, a "santa ampola" teria sido trazida a São Remígio por uma pomba na época do batismo de Clóvis. A denominação "cruz huguenote" remonta ao final do século XIX; antigamente, chamava-se "Espírito Santo" ou, mais raramente, "cruz de Cevenas". Perto do final do século XIX, já não era muito conhecida fora da região das Cevenas e do Languedoc.

André Encrevé

▶ ALLIER, Raoul, "La croix huguenote", *BSHPF* 81, 1932, p. 194-196; BOURGUET, Pierre, *La croix huguenote*, Paris, Les Bergers et les Mages, 1949; MALZAC, Louis, "Croix huguenotes et bijoux cévenols", *BSHPF* 59, 1910, p. 569-574.

◉ Huguenotes

CRUZ VERMELHA

Em sua acepção comum, que de fato é uma abreviação terminológica abusiva, a designação "Cruz Vermelha" alude tanto ao emblema indicativo ou protetor de mesmo nome — ao qual se acrescenta desde 1929 o "Crescente Vermelho" — quanto ao Movimento Internacional da Cruz Vermelha e do Crescente Vermelho, constituído pelas Sociedades Nacionais da Cruz Vermelha e do Crescente Vermelho (181 em 2004), pelo Comitê Internacional da Cruz Vermelha e pela Federação Internacional das Sociedades da Cruz Vermelha e do Crescente Vermelho.

Desde sua fundação, em 1863, a Cruz Vermelha é resolutamente laica, mantendo-se fiel a sua história e à formulação de seus princípios de base (humanidade, imparcialidade, neutralidade, independência, unidade, universalidade, voluntariado). Porém, o protestantismo imprimiu na instituição, de forma discreta, sua marca certeira, através da biografia de seu fundador, Henry Dunant (influenciado pelo Avivamento) e de várias personalidades que são parte integrante de sua trajetória (como, p. ex., o general Dufour, ou Max Huber, presidente de 1928 a 1944 e de 1946 a 1948): consciência ética, função das "obras", sentido aguçado da responsabilidade individual e coletiva, discernimento crítico das prioridades e das urgências, compromisso.

A originalidade da Cruz Vermelha em relação aos demais movimentos de vocação humanitária reside nos laços estruturais operados desde sua fundação, entre o gesto humanitário que a inaugura e a inscrição desse gesto no direito internacional. De fato, a Cruz Vermelha dá origem ao direito internacional humanitário, desenvolvido nas Convenções de Genebra (de 1949, mas que remontam à primeira, de 1864, à segunda, de 1899, e à terceira, de 1929) e seus Protocolos Adicionais (1977). Ao assinar esses instrumentos que rapidamente se tornam universais, os Estados se comprometem a respeitar e zelar por esse direito. Lembrar aos Estados essas obrigações é parte da Cruz Vermelha e do Crescente Vermelho e, mais particularmente, do Comitê Internacional da Cruz Vermelha. A Suíça, como Estado depositário das Convenções de Genebra e dos Protocolos Adicionais, cumpre uma responsabilidade especial na atenção diplomática prestada aos meios de concretização desse direito, cujo respeito é vital para milhões de vítimas dos conflitos armados, que seriam assim poupadas ou mais bem assistidas. Com 192 Estados signatários, as Convenções de Genebra estão entre as convenções mais ratificadas do mundo; em caso de conflitos armados internacionais e não internacionais, as convenções recaem sobre a proteção dos feridos de guerra, em terra e mar, de prisioneiros de guerra e das populações civis.

Didier Helg

▶ BUGNION, François, *Le Comité international de la Croix-Rouge et la protection des victimes de la guerre* (1994), Genebra, CICR, 2000; CHARGUÉRAUD, Marc-André, *L'étoile jaune et la Croix-Rouge. Le Comité international de la Croix-Rouge et l'holocauste, 1939-1945*, Genebra-Paris, Labor et Fides-Cerf, 1999; DURAND, Roger e CANDAUX, Jean-Daniel, orgs., *De l'utopie à la réalité. Actes du Colloque Henry Dunant tenu à Genève au palais de l'Athénée et à la chapelle de l'Oratoire les 3, 4 et 5 mai 1985*, Genebra, Société Henry Dunant, 1988; HAUG, Hans et alii, *Humanité pour tous. Le Mouvement international de la Croix-Rouge et du Croissant-Rouge*, Berna, Haupt, 1993; HUBER, Max, *Le bon Samaritain. Considérations sur l'Évangile et le travail de la Croix-Rouge* (1943), Neuchâtel, La Baconnière, 1943; MÜTZENBERG, Gabriel, *Henry Dunant, le prédestiné. Du nouveau sur la famille, la jeunesse, la destinée spirituelle du fondateur de la Croix-Rouge*, Genebra, Estienne, 1984; NAHLIK, Stanislaw E., *Précis abrégé de droit international humanitaire*, Genebra, CICR, 1984 (extraído da *Revue internationale de la Croix--Rouge* 748, 1984, p. 195-236).

▶ Ação social; Dufour; Dunant; Merle d'Aubigné

CULLMANN, Oscar (1902-1999)

Nascido em Estrasburgo, Cullmann foi professor de Novo Testamento e de história de cristianismo antigo nas universidades de Estrasburgo (1930-1938), de Basileia (1938-1972) e, ao mesmo tempo, em Paris (Escola Prática de Altos Estudos e Faculdade Livre de Teologia Protestante). Bastante engajado no diálogo ecumênico, participou como observador convidado do Concílio Vaticano II. Em 1972 se torna membro do Instituto de França.

É adepto da escola da história das formas literárias e da exegese histórica e filológica. Sua obra pode ser apresentada em três categorias. A primeira é composta de obras de exegese do Novo Testamento e de história do cristianismo antigo, entre as quais podemos citar *Le problème littéraire et historique du roman pseudo-clémentin. Étude sur le rapport entre le gnosticisme et le judéo-christianisme* [O problema literário e histórico do romance pseudo-clementino: estudo das relações entre o gnosticismo e o judaico-cristianismo] (Paris, Alcan, 1930), *Les premières confessions de foi chrétiennes* [As primeiras confissões de fé cristãs] (1943, Paris, PUF, 1948), *Le culte dans l'Église primitive* [O culto na igreja primitiva] (1944, Neuchâtel, Délachaux et Niestlé, 1963), *Pedro: discípulo, apóstolo, mártir* (1952, São Paulo, Aste, 1964), *Dieu et César. Le procès de Jésus, saint Paul et l'autorité, l'apocalypse et l'État totalitaire* [Deus e César: o processo de Jesus, Paulo e a autoridade, o Apocalipse e o Estado totalitário] (Neuchâtel, Délachaux et Niestlé, 1956), *Cristologia do Novo Testamento* (estudo a partir dos diversos títulos atribuídos a Cristo, São Paulo, Liber, 2001), *Le milieu johannique. Sa place dans le judaïsme tardif, dans le cercle des disciples de Jésus et dans le christianisme primitif. Étude sur l'origine de l'évangile de Jean* [O meio joanino: seu lugar no cristianismo tardio no círculo dos discípulos de Jesus e no cristianismo primitivo. Estudo sobre a origem do evangelho de João] (1975, Neuchâtel, Délachaux et Niestlé, 1976). A segunda abrange obras de cunho mais sistemático, em que Cullmann desenvolve o eixo principal de sua teologia, de acordo com a qual a salvação deve ser compreendida como uma história liderada por Deus, com Cristo em seu centro, chamando o homem a uma decisão pessoal: *Cristo e o tempo: tempo e história no cristianismo primitivo* (1947, São Paulo, Custom, 2003) e *Le salut dans l'histoire. L'existence chrétienne selon le Nouveau Testament* [A salvação na história: a existência cristã de acordo com o Novo Testamento] (Neuchâtel, Delachaux et Niestlé, 1966). A terceira inclui propostas práticas para a aproximação das igrejas em *L'unité par la diversité. Son fondement et le problème de sa réalisation* [A unidade pela diversidade: seu fundamento e o problema de sua concretização] (Paris, Cerf, 1986) e *Les voies de l'unité chrétienne* [As vidas da unidade cristã] (Paris, Cerf, 1992), em que Cullmann propõe um modelo de unidade com base nos carismas que cada uma recebeu do Espírito e formula o projeto de uma "comunidade de igrejas autônomas" que se uniriam em uma "assembleia conciliar".

Jean-Marc Prieur

▶ ARNOLD, Matthieu, "*In memoriam* Oscar Cullmann (25 février 1902-16 janvier 1999). L'exégèse du Nouveau Testament au service de la théologie" e "Oscar Cullmann en son oeuvre littéraire: des 'Récentes études sur la formation de la tradition évangélique' à *La prière dans le Nouveau Testament* (1995)", *Positions luthériennes* 47, 1999, p. 1-6 e 7-21; "Oscar Cullmann (1902-1999), artisan de l'oecuménisme, exégète et théologien", *Positions luthériennes* 48, 2000, p. 99-166; "Bibelauslegung und ökumenische Leidenschaft. De l'exégèse du Nouveau Testament à l'engagement oecuménique. Die Beiträge des Wissenschaftlichen Symposiums aus Anlass des 100. Geburtstags von Oscar Cullmann", *Theologische Zeitschrift* 57/3, 2002.

▶ Bíblia; exegese; **ecumenismo**; Vaticano II (Concílio)

CULPA

1. Introdução
2. Uma realidade ambivalente
   2.1. Culpa coletiva e culpa individual
   2.2. Culpa imaginária e culpa real
   2.3. Culpa "normal" e culpa patológica
   2.4. Culpa consciente e culpa inconsciente
   2.5. Autoacusação e culpa acusadora do outro
3. Da gênese à função do sentimento de culpa
   3.1. A culpa, uma realidade relacional
   3.2. Como a repressão social encontra a repressão exercida pelo superego, o desejo de potência ou o interdito contra a pulsão
   3.3. A culpa remete a uma origem que nos escapa
4. Rumo à evangelização do sentimento de culpa
   4.1. Uma propensão natural
   4.2. Quando psicanálise e religião reforçam a propensão natural
   4.3. Quando o sentimento de culpa se torna pecado no sentido bíblico
   4.4. Quando o desejo pela vida triunfa do sentimento de culpa
5. A abordagem protestante da culpa
   5.1. Uma análise específica do sentimento de culpa
   5.2. Um questionamento radical
   5.3. Perdão originário e abertura relacional
6. Não "deitar-se no leito do arrependimento"

1. Introdução

Se nosso coração nos acusar, certamente Deus é maior do que o nosso coração e conhece todas as coisas (1Jo 3.20). Esse versículo mostra que não deveríamos confiar no sentimento de culpa, quer adotemos com Calvino e os antigos a interpretação de um Deus bem mais severo que "nosso coração", quer adotemos com Lutero e os modernos a interpretação de um Deus bem mais misericordioso que "nosso coração". A modernidade deu mais um passo à frente ao descobrir na culpa um sentimento que não corresponde necessariamente a uma realidade. Sem dúvida marcado pela severidade mutiladora de sua criação protestante, Nietzsche elencou como um de seus primeiros "cinco nãos" uma das denúncias mais virulentas da culpa: "Sentir-se 'culpado', sentir-se 'pecador' não prova de modo algum que temos razão nesse sentimento [...]. Basta lembrar as conhecidas condenações de bruxaria: na época, os juízes mais perspicazes e mais filantropos não duvidaram que nesses casos havia uma culpa real, tampouco as próprias 'bruxas' — porém, tal não havia" (p. 318).

A análise desse *sentimento* bastante real deve ser feita mantendo-se em mente a noção bíblica de pecado, sempre presente na Bíblia, no Antigo e no Novo Testamentos: essencialmente, o pecado é a *ruptura da relação* com Deus. Assim, veremos como o sentimento de culpa se destaca no pano de fundo da afirmação bíblica do pecado. A descrição do campo que essa realidade humana abrange revelará sua irredutível ambivalência. Discutiremos, portanto, sua gênese e sua função, esboçando uma definição teológica do sentimento, o que nos permitirá lançar luzes sobre as condições de sua integração e de sua superação em uma vida de liberdade (graça e perdão). É nesse sentido que se tornará clara a especificidade de uma abordagem protestante da culpa.

2. Uma realidade ambivalente

2.1. Culpa coletiva e culpa individual

Tudo indica que a história do cristianismo no Ocidente alimentou uma culpa coletiva. Para Jean Delumeau, o Ocidente cristão sofreu de uma neurose coletiva de culpa, com seu auge nos séculos XVI e XVII. A raiz desse processo seria a exigência da confissão de pecados que, indissociável da mensagem de libertação, e até mesmo apresentada como uma condição indispensável para essa mensagem, teria exposto o cristianismo a uma proliferação do sentimento de culpa. Da mesma forma, deve-se observar que a Igreja Oriental jamais considerou a confissão detalhada, definida pelo Concílio de Trento (1545-1563), uma obrigação divina.

Com a doutrina da justificação pela fé, a Reforma oferecia uma teologia capaz de abrigar os pecadores em terreno seguro. No entanto, é difícil negar que o protestante do século XVI tenha experimentado um agudo sentimento de culpa. Para Calvino, "o homem por si mesmo não é outra coisa, a não ser concupiscência" (*IRC* II, I, 8). Procedendo de uma "raiz apodrecida", somos "ramos podres, que transportam sua podridão para todos os galhos e folhas que produzem" (II, I, 7). "Para onde quer que voltemos os olhos, nos deparamos de cima a baixo com a maldição de Deus, que, ao se expandir para todas as criaturas e envolver céu e terra, necessariamente oprime nossa alma com horrível desespero" (II, VI, 1). "Não podemos aspirar a, e tender para, Deus seriamente antes que comecemos a nos desagradar totalmente de nós mesmos" (I, I, 1).

O desespero dos fiéis do passado, católicos e protestantes, prolonga-se em nossos dias com a depressão de um bom número de cristãos, para quem graça e libertação interiores permanecem letra morta. Assim como Jean Delumeau, Pierre Solignac diagnostica uma neurose cristã desvelada na modernidade: por muito tempo, a culpa esteve na base da educação e da sociedade ocidentais, de modo que a patologia do erro surgiu como "uma das doenças congênitas do cristianismo" (A. VERGOTE, p. 64). No entanto, parece impossível reduzir o sentimento de culpa a um condicionamento histórico e coletivo.

Sem dúvida, o cristianismo apenas utilizou um recurso humano indestrutível, que não é relativo nem a épocas, nem a sociedades. Esse recurso principalmente individual parece atuar em todas as formas coletivas que tentam controlá-lo. Assim, se consideramos que o sentimento individual de culpa pode ser invertido, constituindo-se em uma acusação do outro, poderemos desmascarar todo rito de purificação, todo sistema de eliminação dos culpados de bruxaria, todo ordálio, toda busca por um bode expiatório (seja essa busca secular, seja religiosa) como uma tentativa de eliminar uma culpa partilhada pelos indivíduos de dada sociedade.

Realidade ambivalente, o sentimento de culpa se apresenta como mecanismo espontâneo, individual, algo incontrolável para o sujeito. Além disso, há o reforço desse mecanismo na coletividade, quando se torna sistema de explicação e verdade coletiva. É assim que, hoje, a tortura, as lavagens cerebrais e a propaganda ideológica substituem a culpa imposta pela igreja: a culpa coletiva não cria o mecanismo individual de culpa; apenas o reforça. Porém, por viver o sentimento de culpa como uma força estranha em seu interior, o indivíduo o percebe como integralmente inculcado pela coletividade. A *ambivalência* desse sentimento significa aqui que ele *vale* tanto para o indivíduo quanto para a coletividade. Trata-se de deixar de lado em definitivo a pergunta: se o indivíduo vivesse só, será que se sentiria culpado? Tal questão simplesmente não cabe.

2.2. Culpa imaginária e culpa real

Constatamos com frequência o alívio proporcionado pela passagem de um sentimento insuportável de culpa a um ato realmente culpável. Cria-se assim a ilusão de que o sentimento era correto; apenas a punição havia sido antecipada. É dessa maneira que o crime pode surgir como a tentação de liberar-se de um sentimento de culpa *bastante anterior*. Theodor Reik mostra de que forma uma pessoa consumida por um sentimento secreto de culpa pode dar a impressão de ser culpada de um assassinato, quando na verdade não o é: na vida psíquica do neurótico, um ato imaginado ou desejado possui a mesma ressonância afetiva que um ato realmente perpetrado.

Convém, portanto, não perder de vista a ambivalência da culpa, quando um ato culpável encobre um sentimento bastante real, mas advindo de uma culpa totalmente imaginária. A culpa real surge então como uma tentativa de livrar-se de um sentimento de culpa provocado por um acontecimento insuportável cuja lembrança foi recalcada. É a tese da psicanalista Alice Miller: a culpa real buscaria eliminar a culpa imaginária engendrada por um trauma do passado e obliterada por completo da consciência. Miller evidencia a correlação entre os dramas da infância e os crimes cometidos na fase adulta, estudando, por exemplo, as biografias de Hitler e Stálin, e esclarecendo a função ao mesmo tempo ocultadora e reveladora da culpa real.

O sentimento ligado a uma culpa imaginária deve ser levado em consideração como se fosse um ato realmente culpável. Negar ou minimizar um deles ou ambos equivaleria a recusar-se a enxergar o que ambos ocultam. O sentimento de culpa, concretizando-se ou não em um ato culpável, parece o sinal de algo que de fato impede no sujeito o acesso a uma vida de liberdade. Para a psicanalista Françoise Dolto, a distinção entre culpa real e sentimento de culpa é impossível de estabelecer, já que o erro fantasiado e o erro real, ambos perda do desejo, são desvitalizadores da mesma maneira: o que é sentido como erro é um erro, objetivo ou não.

Os anais judiciários de todos os tempos atestam que muitas vezes a ambivalência é insuperável. O que é vivido pelo sujeito como erro é um sofrimento bastante real, que ele não sabe mais se causou ou sofreu. O que ele sabe ainda menos é em que medida o causou, pois de início o sofreu como que para livrar-se dele. Para

Reik, os conceitos de culpa e inocência são inadequados. De fato, as confissões na maior parte são geralmente motivadas pela necessidade de punição, e os criminosos não sabem, no nível consciente, por que agiram daquela maneira.

2.3. Culpa "normal" e culpa patológica

Para filósofos de tradição católica como Emmanuel Mounier (1905-1945) e Jean Lacroix (1900-1986), o sentimento de culpa é uma realidade universal. Mesmo quando identifica na modernidade um "estado de culpa", uma culpa sem erro, difusa e paralisante, Lacroix estima que é a doença de uma realidade que, em si mesma, é *sã*: "Não somente sã, mas moral e profunda, expressão desse Eu que é em nós um verdadeiro poder de exame, juízo, decisão" (p. 22). Aqui, a ambivalência do sentimento, o fato de que ele vale tanto no campo da saúde quanto no da doença, autoriza a torná-lo objeto de análise filosófica. Essa culpa pode então tanto destruir quanto revelar-se fonte de vida renovada.

Parece que a diferença entre culpa "normal" e culpa patológica é apenas uma questão de nível. Em vez de ser um fenômeno puramente patológico, o sentimento e o comportamento de culpa (agir como se fôssemos culpados) são parte da alma humana, compreendendo-se que se pode manifestar, *às vezes de modo exclusivo*, sob sua forma invertida: agressividade, acusação, culpabilização do outro. A passagem de uma culpa sã a uma culpa mórbida é imperceptível, sendo a segunda um exagero da primeira, com um desvio que pode atingir níveis variados de caricaturização (cf. Angelo Hesnard). Porém, os sentimentos de culpa não são patológicos nem patogênicos em si mesmos, e nenhum ser humano pode ou deve evitar a experiência da culpa (cf. Jacques Pohier).

A passagem na direção oposta também é imperceptível, ou seja, de uma culpa mórbida à aquisição de um senso de responsabilidade. Lacroix defende que o valor da culpa moral seja redescoberto, bem como o da confissão ética que "transforma a angústia primordial em desejo primordial, em dinâmica de superação". O acesso à responsabilidade se torna possível porque a própria significação da passagem é transformada pelo arrependimento e implica criação. Assim, o sentimento de culpa é o mais profundo apelo de si a um além de si, uma força de vida que produz o tempo e o controle.

A análise mais profunda do sentimento de culpa se encontra, sem dúvida, na obra de Jean Nabert (1881-1960), que distingue o erro ligado à transgressão do dever moral e o erro vivido como uma diminuição do próprio ser do ego. "Há um singular contraste entre o caráter finito da obrigação ou da ação e o tipo de condenação geral de nosso ser que é solidário com o sentimento do erro ou se confunde com ele [...]. Por causa do sofrimento que engendra, essa condenação provoca um amplo questionamento de nosso valor" (1977, p. 22). Sua intuição de que "é básico em nosso ser certo sentimento de desigualdade consigo mesmo" (p. 30) permite a Nabert perceber no sentimento de culpa o lugar por excelência da descoberta da criação contínua do ego pelo ego.

2.4. Culpa consciente e culpa inconsciente

O sentimento de culpa surge como um *iceberg* inconsciente, cuja parte consciente só representa uma pontinha. Se costuma ser negado, e às vezes de modo bastante veemente, é por escapar ao controle consciente. Parece impossível determinar, de fora, se alguém está consciente ou inconsciente de seu sentimento de culpa. O próprio Freud indica sintomas similares nos dois casos: "A tensão que surge entre o Superego severo e o Ego que lhe está submetido é chamada de 'sentimento consciente de culpa', e essa tensão se manifesta como 'necessidade de punição'" (1972, p. 80). Em outra obra, ele escreve: "Aquele que sofre de compulsão e interdições se comporta como se estivesse sob o domínio [...] de um sentimento inconsciente de culpa" (1971, p. 90).

Se parece impossível delimitar fronteiras, é porque a ambivalência, aqui, é um dado fundamental. Não há diferença de natureza entre um sujeito que é presa da deriva patológica do sentimento de culpa e o mais comum dos mortais que vive ao mesmo tempo na inconsciência da culpa imaginária que o habita *e* na inconsciência de sua culpa real. É por isso que o tema da *cegueira* está presente em toda a Bíblia, sobretudo no Evangelho de João, como, por exemplo, nas palavras de Jesus: *Se fôsseis cegos, não teríeis pecado algum; mas, porque agora dizeis: Nós vemos, subsiste o vosso pecado* (Jo 9.41). Dito de outra forma, a salvação não está na tomada de consciência, pois, se assim fosse, como adquirir a certeza de que essa consciência de fato se produziu? Dizer "eu vejo" para alegar conhecer até o fundo sua culpa inconsciente equivale a declarar-se prisioneiro dela duas vezes.

Ou o sentimento de culpa permanece inconsciente e o sujeito não vive em liberdade, sem sabê-lo, ou esse sentimento se torna consciente e o sujeito tampouco vive em liberdade, mas conhece sua condição. A tomada de consciência não é por si só libertadora: como afirmamos na introdução, não se pode confiar no sentimento de culpa como critério de salvação ou libertação. As idas e vindas entre o consciente e o inconsciente tornam o erro algo imperscrutável, absurdo e fundamentalmente incognoscível, e isso resulta no desespero da modernidade diante da total ausência de controle sobre o sentimento de culpa.

É dessa maneira que Freud explica o mal-estar geral de nossa época, como um tributo a pagar ao desenvolvimento da civilização: "O progresso da civilização deve ser pago com uma perda de felicidade devido ao reforço desse sentimento [culpa]", que permanece em grande parte inconsciente (1972, p. 93). A literatura contemporânea, com autores como Dostoiévsky, Kafka, Sartre, ecoa essa exigência cega e absurda que Hesnard chama "culpa de destino". Nesse universo em que o sentimento de culpa é tão consciente quanto inconsciente, não sabemos mais onde está o Erro, porque está por toda parte. "Não dispomos de armas contra essa justiça, somos obrigados a confessar", escreve Kafka em *O processo* (1914).

2.5. Autoacusação e culpa acusadora do outro

Um modo de livrar-se do sentimento de culpa é cometer um ato realmente culpável. Outro modo consiste em acusar outrem, fazendo com que carregue o peso de seu próprio sentimento de culpa. A autojustificação surge como uma forma de evitar a tensão que advém do sentimento de culpa. Observemos que o processo pode se dar de modo inverso. É o que revela a antropologia: em muitas sociedades ditas primitivas, o mal está sempre no exterior, e há estudos na África que apontam para a evolução de uma atitude projetiva e acusadora para uma individualização da culpa (CHARLES BALADIER, "Culpa", em *Encyclopaedia Universalis*, t. V, Paris, 1985, p. 867).

Segundo Paul Ricoeur (1913-2005), filósofo profundamente protestante, o profetismo bíblico tentou sem cessar desmascarar a culpa que se oculta na autojustificação e na acusação. Não se trata de reduzir a busca da pureza interior a um retorno à culpa infantil e mórbida, mas, sim, de *confrontar a pretensa infalibilidade do sentimento de culpa*. O profetismo causa na culpa "uma espécie de aprofundamento corretivo", confrontando o superego, confrontando uma consciência que se imagina em dia com Deus porque está em dia com o superego. Diante de uma consciência satisfeita com a própria justiça, que esmagou o sentimento de culpa através da transferência, o profetismo apresenta uma *exigência ilimitada de justiça*.

Para Ricoeur, a primeira justificação é a acusação. A agressividade antes dirigida a si mesmo engendra uma agressividade no sentido ético. "Encontramos algo levemente patológico no justiceiro, impiedoso e altivo, que, para não acusar a si mesmo, acusa, denuncia e pune os outros [...]. Podemos então seguir em várias direções a impressionante proliferação da justificação a partir de um centro difusor que parece ser a recusa dessa culpa que chamávamos de 'pecado do justo'" (1954, p. 310).

O duplo fracasso da justificação e da acusação indica que ambas derivam de um sentimento de culpa que, uma vez mais, é ambivalente, na medida em que vale tanto para si quanto para outrem. A impossibilidade de livrar-se dele empurrando-o para o outro não implica que esse outro seja de fato inocente. Mas essa culpa é de natureza diversa: não tem o poder de libertar. Assim como a tomada de consciência do sentimento de culpa não liberta, a acusação de outrem, mesmo quando legítima, não é em si mesma libertadora. A história de Jó testemunha o colapso do dualismo "sou culpado" ou "o outro é culpado". Ambos estão presos pela culpa, *sem que seja necessário escolher*. A culpa parece *exceder* toda aplicação de justiça.

No mundo que é descrito no livro de Jó, erro e inocência se interpenetram, e Deus não corresponde à demanda de Jó: ele se recusa a escolher entre um e outro. Mantém-se fora do mundo como uma exigência ilimitada de justiça que apenas permite que o ser humano desista de justificar-se. Quem responde a Jó não é um árbitro, mas, sim, um Deus livre, que se mantém fora da culpa e fora da justificação (cf. Roland de Pury). Para Karl Barth, a única via de acesso fora da justificação malsucedida é a revelação da liberdade de Deus. "Dois aspectos não têm lugar algum nos discursos dos amigos de Jó, que acreditam pensar e falar do ponto de vista de Deus, fora da história, dentro de seu sistema: primeiro, o Deus livre; segundo, o homem liberto por Deus e para Deus. [...] O Deus de que falam os amigos de Jó não faz nada de forma livre [...], mas se submete, diante do homem, a uma lei diferente daquilo que ele mesmo é: a lei da retribuição, da reciprocidade da compensação, da recompensa e da punição" (*Dogmatique* [Dogmática] IV/3 [1959], Genebra, *Labor et Fides*, 1973, p. 102).

É interessante observar que o autor do livro de Jó aborda o mesmo tema contemporâneo da *impossível inocência*, que encontramos sobretudo em Kierkegaard, Dostoiévsky e Kafka. Na mesma linha, podemos afirmar que a ambivalência do sentimento de culpa permite compreender o sentimento de impotência que o acompanha: o indivíduo também não tem controle sobre esse mecanismo interior, assim como não o tem em relação ao mecanismo da culpa coletiva; o indivíduo não tem mais controle sobre seu ato realmente culpável, nem sobre sua culpa imaginária; ao indivíduo só resta admitir como próprio à natureza humana esse sentimento que, em sua origem, é profundamente negativo; o indivíduo não tem controle direto algum sobre si mesmo, esteja ele consciente ou inconsciente: a autojustificação e a acusação de outrem estão ambas destinadas ao fracasso.

3. Da gênese à função do sentimento de culpa

Pode ser que uma compreensão da gênese do sentimento de culpa reduza ou até suprima a impotência que o acompanha. Como se forma esse sentimento?

3.1. A culpa, uma realidade relacional

É um dado da observação — e os estudos de Françoise Dolto e Alice Miller são, nesse sentido, bastante esclarecedores — que os sentimentos de culpa podem ser transmitidos do inconsciente ao inconsciente, *sem que as pessoas se deem conta disso*. É dessa maneira que inúmeras crianças, cujos pais se envolveram na Segunda Guerra Mundial, viram-se sobrecarregadas, sem saber por que, com o peso desse passado nunca verbalizado; as feridas dos pais ou a culpa ligada a sua participação nos horrores da guerra continuaram a afetar a vida de seus filhos, mesmo com o assunto sendo tabu.

Compreende-se assim facilmente, por que a criança, incapaz de suplantar a culpa que envenena a vida de seus pais, sinta-se também culpada por ter fracassado na missão de torná-los felizes. "Muitos seres humanos mantêm durante toda a vida esse sentimento de culpa, uma culpa opressora por não terem respondido à expectativa de seus pais. Esse sentimento é mais forte que a convicção intelectual que afirma não ser o dever da criança satisfazer as necessidades narcísicas dos pais. Não há argumento que possa suprimir esse sentimento de culpa, pois suas raízes estão nos primeiros anos de vida, o que proporciona ao sentimento uma intensidade e uma tenacidade sem precedentes" (MILLER, 1994, p. 101). Confirma-se, portanto, que a gênese do sentimento de culpa deva ser buscada na esfera do interpessoal — na vida relacional — com um outro dado da observação: a propensão da modernidade a rejeitar toda culpa e todo julgamento, na medida em que percebe ambos como emanações de figuras de autoridade (pais, governo, líderes religiosos).

De fato, parece impossível refletir na gênese desse sentimento sem levar em consideração a vida em sociedade. Uma das tentativas recentes de explicá-lo por fatores exógenos é o "freudomarxismo", segundo o qual o homem estaria carregando o peso de uma culpa coletiva advinda da *mais-repressão* exercida pela sociedade contemporânea sobre, por exemplo, a sexualidade, os dogmas e as crenças. O homem reagiria assim a essa mais-repressão com uma agressividade que se voltaria contra ele, mesmo fora de qualquer tipo de transgressão (Herbert Marcuse). Mas isso não explica o modo com que se forma, no interior da mais íntima vida psíquica, o sentimento de culpa.

3.2. Como a repressão social encontra a repressão exercida pelo superego, o desejo de potência ou o interdito contra a pulsão

A intensidade do sentimento de culpa parece desproporcional em relação à repressão exógena. O paradoxo é que essa intensidade se aprofunda quando todo desejo é interrompido. Não basta renunciar à transgressão para escapar à culpa. Uma repressão interior assume o lugar, tal como um monstro que devora *sem jamais sentir-se satisfeito*. Foi dito que nenhum juiz é tão severo quanto o superego de muita gente, e que existe outro poder judiciário cujas leis funcionam com uma lógica cruel e uma precisão automática que ultrapassam absurdamente as de qualquer outra legislação humana (cf. Reik). Como se formaria essa repressão sem limites?

Em resposta a essa pergunta, de acordo com uma primeira hipótese, a gênese do sentimento de culpa remonta à constituição do superego, esse "agente interno do ideal e do juízo" que está plenamente formado e é recalcado entre 4 e 6 anos de idade. Para o psicanalista protestante Thierry de Saussure, e na mesma linha de Freud, o sentimento de culpa, com sua necessidade de justiça, punição e resgate, seria estruturado pelo superego e se explicaria pela recusa dos limites, concebidos como fraquezas culpáveis. Um imenso idealismo inconsciente estaria na origem do sentimento de culpa.

Em outra hipótese, a gênese do sentimento de culpa deve ser buscada no desejo de onipotência. O ponto de partida de toda culpa estaria na impotência do bebê. Portanto, o aleitamento seria fonte de culpa: para o bebê, haveria punição por devorar sua mãe, criando-se assim uma autocensura da criança contra seus próprios desejos (cf. Françoise Dolto). Na mesma óptica, a culpa se formaria bem antes do surgimento do superego, ou seja, desde o estágio oral: o bebê experimentaria os limites como culpabilizantes (cf. Melanie Klein). Ou, ainda, a culpa nasceria do sentimento de importância ligado a uma demanda de amor não satisfeita. "É através de cada uma das frustrações experimentadas em nossa demanda de amor aos pais, quando sentimos essa frustração como merecida, que se engendra nossa culpa" (Jean-Claude SAGNE, *Péché, culpabilité, pénitence* [Pecado, culpa, penitência], Paris, Cerf, 1971, p. 80). É o desejo de onipotência que, para Freud, opõe-se às castrações, às limitações e aos aleitamentos indispensáveis ao crescimento; os seres humanos preferem queixar-se de seus aspectos neuróticos, sobretudo suas culpas, a pôr fim à fantasia em que "normalmente" deveriam ser todo-poderosos.

De onde viriam então a vergonha e a angústia de não ter satisfeito o desejo humano de onipotência? É incontestável que o desejo de onipotência é logo transformado em sentimento de culpa quando não consegue realizar-se. Mas o que deveria satisfazer esse desejo? Uma onipotência "em si" não faz muito sentido. Trata-se, portanto, necessariamente de uma potência que agiria sobre alguém ou alguma coisa, ou seja, do controle da realidade. Vimos que convém inserir a culpa no registro da vida relacional: como a impotência da criança em relação aos outros de quem ela depende pode gerar culpa? Como a criança, que não pode revoltar-se sob pena de perder o amor dos pais, converte sua impotência e seu ódio em sentimento de culpa? De modo mais geral, como o sentimento de culpa poderia nascer das experiências com o fracasso, a impotência e a vergonha?

Parece que já é suficiente sofrer com esse fracasso, essa impotência, essa vergonha. Porém, justamente, o sentimento de culpa não vem somar-se a essas experiências, mas *as substitui*. Aparentemente para escapar ao sofrimento absurdo e sem compensação das experiências de fracasso, impotência e vergonha é que o homem desenvolve um sentimento de culpa compensatória: sou culpado, portanto tudo se explica, a dor do que está acontecendo comigo tem um sentido. Seria assim necessário buscar, por trás do desejo de onipotência insatisfeito, a experiência real de impotência com a qual o sujeito foi confrontado e que ele recusou ou não conseguiu integrar aos sentimentos negativos que tal experiência provocava nele. Seria necessário observar como a culpa se enraíza na impossibilidade de aceitar a dolorosa impotência que constitui uma das primeiras experiências da vida.

Segundo uma terceira hipótese, a gênese do sentimento de culpa estaria associada ao interdito que é inserido na vida pulsional. Se o superego é essa parte do ego que se constitui em instância inconsciente de defesa, interdição, exigência e observação em relação às pulsões, vemos como aquilo que depende da energia pulsional (ódio, revolta, desejo de transgredir a lei) é transferido para os interditos ditados pelo superego, *por não poder expressar-se de outra maneira*. "O sujeito sabe inconscientemente que guarda consigo seu ódio, sua revolta e seus desejos de transgressão da lei. Constantemente em alerta, ele gostaria de confessar aquilo sobre o que não exerce controle algum" (Antoine VERGOTE, p. 84). O sujeito não chega jamais a confessar tudo, assim como também não pode suplantar a energia pulsional que acreditava ter sido estancada pelos interditos.

Resta saber como o ódio e a revolta, quando não são compreendidos, dão origem ao sentimento de culpa. Nisso encontram-se reações mais elaboradas que o sentimento de impotência do bebê ou da criança pequena, mas também constitutivas da vida psíquica. Não poderíamos dispensá-las. Quando têm sua expressão proibida por uma educação repressiva, a criança transfere para sua vida de desejo a alternativa falaciosa de que tratamos aqui: há necessariamente um culpado, eu ou outro. Aqui, a escolha se torna "ou eu ou outro"; alguém está sobrando. Se o ódio e a revolta são constitutivos do psiquismo, a criança que renuncia a sua vida psíquica desiste de viver. A vida de desejo lhe parece ilegítima, já que, para realizar-se, implicaria a "morte" do outro. Porém, paradoxalmente, longe de libertá-lo, essa desistência alimenta nele a culpa.

Na mesma óptica, mas em um plano filosófico, Jean Nabert analisa a passagem da experiência de fracasso ao sentimento de culpa. Tal sentimento acaba por instaurar um interdito no desejo que tinha estado no início da experiência de fracasso: "É raro que a consciência, posta diante do fracasso sofrido, não experimente um sentimento análogo ao que acompanha a culpa [...]. O que parecia possível, mas deixou de ser obtido, é considerado proibido [...]. Quando [a consciência] não se acusa por ter ignorado uma proibição, ela vê em sua própria iniciativa o sinal de um desejo, de uma aspiração, que ela deveria ter reprimido e vencido" (1977, p. 33). Na idade adulta, o desejo é *retrospectivamente* atingido pelo interdito, no momento em que não pode ser integrado na vida psíquica *como um simples desejo*, assim como eram o ódio e a revolta na infância. Se o fracasso adulto é acompanhado pelo sentimento de culpa, é, sem dúvida, porque, antigamente, a criança deixou de aprender que todo desejo tem direito de existir *enquanto desejo*. Além disso, já que o principal do sentimento de culpa é vivido no inconsciente, que antes de tudo é centrado em si mesmo, podemos elaborar a hipótese de que o sentimento de culpa nasce sobretudo da renúncia a si mesmo, a sua própria vida de desejo. Seria necessário então buscar por trás do sentimento de culpa, ligado à experiência adulta do fracasso, o sentimento bem mais antigo de culpa em relação a si, por ter-se permitido amputar uma parte essencial de si mesmo.

Por fim, poderíamos afirmar que o sentimento de culpa adviria de um fenômeno de internalização. Freud recusava-se a ler Schopenhauer e Nietzsche para não deixar-se influenciar. Reconheceu que o primeiro tinha descrito à perfeição o recalque e poderia ter acrescentado que o segundo havia descrito também à perfeição o processo de internalização da agressividade. É assim que se forma, segundo Freud, a necessidade inconsciente de culpa. A angústia diante da autoridade parental constrange o sujeito a renunciar a suas pulsões para não perder o amor. E a angústia (posterior) diante do superego o leva ainda a punir-se, pois o desejo persiste no ego e não pode ser dissimulado para o superego; o sentimento de culpa surgiria, portanto, apesar da renúncia bem-sucedida.

Freud descreve o surgimento do sentimento de culpa, mas de fato não lhe atribui causa: a que estaria ligado, portanto, esse sentimento na psicanálise? "Só se recebe aquilo para o qual se tem receptividade", observa Lacroix (p. 18). Se a culpa não estivesse virtualmente presente, a introjeção de uma censura não bastaria para criá-la por completo. "Não podemos compreender por que o complexo de Édipo engendra espontaneamente a culpa, se a criança só estaria apegada a seus pais por instintos egoístas [...]. Todo sentimento de culpa implica uma orientação básica para o outro. Se o sentimento de culpa existe, é porque está na base da psicologia humana uma ambivalência fundamental entre os instintos de defesa e os de simpatia" (p. 18s).

A ambivalência que caracteriza o sentimento de culpa desde sua origem é algo que leva novamente a reflexão para a via relacional, onde percebemos seu desdobramento. O terreno em que esse sentimento finca suas raízes desde a aurora da vida é esse tecido relacional sem o qual nenhum ser humano subsiste, mesmo que esse tecido se reduza a um fio. Paradoxalmente, a culpa provoca esse voltar-se para si, esse dilaceramento do tecido relacional que o sujeito teme acima de tudo. Como se esse dilaceramento fosse inevitável e como se o sentimento de culpa nascesse da tentativa instintiva, por parte de todos os seres humanos, de impedir e negar tal destruição.

3.3. A culpa remete a uma origem que nos escapa

É dessa maneira que os estudos sobre a função da culpa podem esclarecer o que afirmamos sobre sua origem. Em *Totem e tabu* (1912, Rio de Janeiro, Imago, 1969), Freud observou no sentimento de culpa um rigor desproporcional em relação à realidade, como se algo na intensidade dessa experiência pessoal viesse de outro lugar. É a prova de que suas pesquisas sobre a origem desse sentimento de fato não o satisfizeram. Na filosofia, as análises de Nabert trilharam o mesmo caminho: a consciência experimenta a impossibilidade de "apropriar-se inteiramente da causalidade produtora da ação que ela toma por um erro". O que seria esse "passado que escapa", esse algo que "vem de outro lugar"?

A partir do momento em que tratamos de *finalidade*, de *destino* e até de *maldição*, os estudos sobre a gênese e a formação do sentimento de culpa estão imersos em uma mesma constatação de absurdo. E tal constatação pode justamente sugerir uma abordagem diversa da realidade. Com base na hipótese de que "o que vem de outro lugar" está inserido no cerne da vida psíquica, no próprio desejo (a ponto de dar a impressão de emanar exclusivamente desse desejo), não nos quedaremos paralisados diante da constatação absurda de um desejo de vida que não cessa de autodestruir-se. É desse modo que a esperança evangélica não poderia limitar-se ao ponto de vista expresso na *Encyclopaedia Universalis*: para C. Baladier, essa esperança não se reduz ao fruto da oposição entre o ego e o superego, "no próprio desejo, cujo destino é carregar sua condenação, chocando-se logo de início com a barreira do interdito e da morte [...]. Existe, portanto, um conflito fundamental e irredutível que nos obriga a conceber a culpa como original e consubstancial ao desejo" (p. 870).

A fé em um Deus criador que comunica ao ser humano sua própria vida e seu próprio desejo de vida não pode aderir a tal concepção do desejo humano, cujo destino seria "carregar sua condenação". A reflexão sobre a *função* do sentimento de culpa viria substituir a reflexão sobre sua *gênese*. Quando o desejo (que inclui ódio e revolta) consegue *exprimir-se* sem que ninguém "morra" nem seja ameaçado, o sentimento de culpa é absorvido, integrando-se à vida psíquica como um potencial positivo de nova vida. Quando, por outro lado, o desejo tem sua expressão proibida e a palavra é amordaçada, sem poder nomear o sofrimento, o sentimento de culpa cresce e prolifera como essa força "antidesejo" que não pode mais explicar-se apenas por sua origem no cerne da vida psíquica. A partir de então, será necessário interrogar-se sobre a função que o sujeito lhe atribui, sem saber.

"O que vem de outro lugar", esse "passado que escapa" se encontra assim obliterado pela condenação do desejo. Não mais sabemos o que provocou a reação de ódio e revolta. Sabemos somente que tal reação se achou condenada. A árvore da culpa escondeu a floresta das experiências negativas de impotência, fracasso e sofrimento. "O que vem de outro lugar", esse erro desconhecido, é para Miller o erro de outrem. O que o outro fez então ao sujeito é algo cujo acesso à vida consciente se encontra interditado, pois a vida de desejo, o ódio e a revolta eram então proibidos de exprimirem-se. O sujeito teve de tomar para si esse erro, sem saber; não pode mais libertar-se dele, pois não encontra mais os meios de expressão desses sentimentos de impotência, ódio e revolta que o habitavam antigamente e eram constitutivos de sua vida de desejo.

A árvore esconde a floresta no sentido de que seu sentimento de culpa lhe parece ter origem e fim exclusivamente nele mesmo. Essa árvore lhe arranca a vida ao impor um interdito incompreensível sobre toda a sua vida de desejo e ao mascarar por completo o erro alheio e o sofrimento há muito tempo advindo de suas relações com os outros. É dessa maneira que as crianças se sentem culpadas pelo divórcio de seus pais, quando não puderam nem exprimir nem integrar os sentimentos de impotência e revolta que acompanhavam na época seus sofrimentos. É dessa maneira, também, que as vítimas de estupro transformam o trauma em um sentimento de culpa quando não veem nenhuma possibilidade de exprimir os intensos sentimentos negativos que as habitam. O mesmo ocorre com os prisioneiros a quem se extorquem facilmente confissões de culpa, quando a tortura e a lavagem cerebral impedem toda expressão de ódio, revolta ou simplesmente de um desejo por respeito.

A propensão a carregar os erros dos outros teria então como função, desde a origem da vida, proteger o sujeito contra o erro alheio, em geral contra o sofrimento imposto de fora, na medida exata em que esse sofrimento não pode ser nem partilhado nem compreendido. Por mais originário que seja o sentimento de culpa, torna-se necessário constatar outra realidade que lhe é pelo menos contemporânea: o sofrimento imposto de fora pelo erro de outrem ou pelo mal circunstancial, a começar pelo trauma do nascimento. Assim, compreenderíamos por que o sentimento de culpa nasce bem antes da formação da instância suprema de controle que é o superego. Se o superego tem como função obliterar o erro alheio e os traumas insuportáveis, permite ao sujeito (que toma esse erro sobre si) evitar que o outro seja interpelado, preservando a vida relacional, mesmo que essa vida se veja necessariamente reduzida, sempre sem que ninguém o perceba.

Pouco importa se o ato de tomar sobre si o erro alheio determina a reprodução desse erro em outra pessoa: o processo é o mesmo. Mantendo-se em fantasia ou concretizada em uma reação ou reativação do que a tinha provocado, a culpa continua tendo por função apagar o erro de outro, recalcado totalmente pelo sujeito. "A violência sofrida é sentida como perfeitamente legítima. A criança crê ter merecido os golpes, idealiza seu carrasco e busca assim objetos que possam ser um apoio para suas projeções, para livrar-se de sua pretensa culpa em outros seres ou outras pessoas. Fazendo assim, torna-se ela mesma culpada" (MILLER, 1995, p. 61).

4. Rumo à evangelização do sentimento de culpa

4.1. Uma propensão natural

A dificuldade de descrever o sentimento de culpa decorre da dificuldade de dar conta de sua origem. Lembremos a definição de Françoise Dolto: "Um verme que rói o coração, um estado afetivo, um sentimento difuso de indignidade pessoal às vezes sem relação com um ato preciso repreensível, com um ato de perturbação voluntária" (*L'Évangile au risque de la psychanalyse* [O Evangelho confrontado com a psicanálise], t. II, Paris, Delarge, 1978, p. 111). Esse estado afetivo se apresenta sobretudo como uma propensão natural a tomar para si a infelicidade imposta do exterior, o erro vindo do outro. Nenhum argumento racional consegue lidar com a reação espontânea diante de um acontecimento infeliz: "Que fiz eu para merecer isto?".

Esse ato de responsabilização pelos erros alheios logo se torna inconsciente, e o sujeito não sabe mais se cometeu ou sofreu o que lhe sobreveio. Vemos nisso quanto sua autoacusação se torna rapidamente, para ele, um meio de exercer poder sobre si mesmo, negando o sentimento de impotência total em que o acontecimento ou o erro de outrem o deixara. O lado *ativo* da culpa constitui o que costumamos chamar hoje um "benefício", uma compensação suficiente para que o sujeito, mesmo queixando-se, possa ater-se a sua culpa apesar de tudo. Ao punir-se, recupera tal poder narcísico que pode imaginar ter "pago" o suficiente para considerar-se, a partir de então, perfeito e irrepreensível. O lado ativo da culpa já foi notavelmente posto em cena por Nietzsche: "Essa secreta violação de si mesmo, essa crueldade de artista, esse prazer de dar a si mesmo uma forma, assim como faríamos com uma matéria difícil, recalcitrante, sofredora, marcando-se em ferro com uma vontade, uma crítica, uma contradição, um desprezo, um não, esse trabalho inquietante e assustadoramente voluptuoso de uma alma voluntariamente em desacordo consigo mesma, que causa sofrimento a si mesma por puro prazer de fazer-se sofrer, toda essa 'má consciência' *ativa*, verdadeira matriz de fenômenos ideais e imaginários" (p. 278s). Trata-se de uma matéria "sofredora" que sofreu "algo vindo de outro lugar", como o pressentia também Freud, que r*eage* cultivando seu sentimento de culpa, comprazendo-se aparentemente em "trabalhar" a si mesmo, a torturar-se de modo absurdo.

A questão que se coloca é esta: quando é reforçada e confirmada por outrem, a propensão natural do ser humano — tomar para si o mal e o erro sobrevindos do exterior — poderia chegar a destruir o sentimento de inocência abrigado pelos que sofrem injustamente? Alguns autores, com destaque para Paul Ricoeur, estimam que, por mais intenso que seja o sentimento de culpa e mesmo de derrota, não poderiam ser apagadas as marcas daquilo que, no sujeito, fazem-no sentir-se derrotado. Existiria um sentimento de inocência cuja origem é anterior ao desencadeamento da culpa. Mas esse sentimento seria capaz de resistir a toda espécie de culpabilização? A simples constatação de que a vergonha não tortura os carrascos, mas, sim, as vítimas, permite que duvidemos disso. Hoje, os métodos de tortura são tão sofisticados que é possível destruir intencionalmente em um ser humano o sentimento de inocência, sem o qual ele perde, muitas vezes em definitivo, todo o seu amor-próprio.

Por outro lado, o que parece resistir à culpabilização mais violenta (protagonizada pelo próprio sujeito ou por outros) e poderia constituir-se, antes do sentimento de inocência, o sentimento de fato originário, é o da "intocabilidade" de outrem. A propensão natural para deixar outros acima de suspeita não parece relacionar-se a uma decisão consciente. Presente no ser humano desde o nascimento como uma impossibilidade de fato, essa propensão se tornará um interdito que, erroneamente, é considerado um puro resultado de condicionamentos da educação. Assim, se a implicação de outros se mostra o primeiro passo para a saída do mundo da culpa, vamos analisar agora a exigência representada pelo apelo bíblico a que não se tenha outro deus além de Deus, ultrapassando, portanto, o sentimento originário da "intocabilidade" de outrem.

4.2. Quando psicanálise e religião reforçam a propensão natural

A crítica da teoria freudiana das pulsões (sobretudo da parte de Miller) torna evidente um dos motivos do fracasso de tantos processos psicanalíticos. Essa teoria considera os relatos do paciente como frutos de suas fantasias, resultantes de conflitos pulsionais, e não de acontecimentos reais. Prisioneira da propensão natural para a não implicação do outro, essa teoria acredita ser seu dever proteger os pais das reclamações dos filhos. Porém, já que é necessário um culpado, serão acusados as pulsões agressivas e os desejos sexuais do filho: seus pais só pareceriam cruéis a seus olhos por não satisfazer suas pulsões e seus desejos. Permanecer fiel a essa teoria significa proibir-se de levar em consideração os traumas reais sofridos no passado e os erros verdadeiros que foram cometidos então contra o filho. Fala-se de exagero e fantasia, e deixa-se o paciente sozinho com seu trauma, devolvendo-o ao sentimento de culpa que a partir de então recobre todo o seu trauma.

Torna-se assim claro que as razões que levam o adulto a transformar a criança vítima de um erro de outrem em criança má são as mesmas que, antes, levaram-no a tomar "naturalmente" sobre si mesmo o peso do erro alheio. Ninguém compreendeu seu sofrimento, sua impotência; logo, a única reação possível foi transformar esse sofrimento e essa impotência em erro pessoal e continuar a clamar, através de autoacusação, ser portador das marcas desse erro.

O ponto de partida dessa crítica já se encontrava na obra de Hesnard, que via no dogma da realidade do erro neurótico uma fraqueza da concepção freudiana. A teoria psicanalítica, afirmou ele, "crê no erro", por mais ínfimo que seja, e ao fazê-lo fortalece nossa necessidade de culpa e nossa tendência a considerar a terapia como um requisitório, e a pena, a ausência de cura. Segundo as observações do próprio Freud, isso explica por que tantos pacientes parecem sabotar o processo.

Assim como a confissão católica e o divã psicanalítico, o aconselhamento pastoral deve oferecer a possibilidade de alívio do peso de uma culpa que *não é o pecado* no sentido bíblico, na medida em que a pessoa *não* é culpada daquilo de que se acredita culpada e que, ao mesmo tempo, seu pecado — o rompimento com Deus — é despercebido. Aqui, a mensagem primeira e exclusiva da graça, no protestantismo, engendra o risco de deixar intacta a realidade desesperadora do sentimento de culpa. É preciso constatar que é mais fácil convencer os fiéis de sua culpa que livrá-los de seu sentimento de culpa. A simples mensagem da graça, seja do alto do púlpito, seja no aconselhamento pastoral, muitas vezes não lida de fato com esse sentimento de culpa absurdo, que requer um trabalho interior e a busca da verdade.

A religião reforça o processo natural de transformação da vítima em culpado quando há recusa em ouvir os dolorosos fatos vividos pelo fiel por erro de outras pessoas ou por algum mau acontecimento. É quando a religião minimiza ou nega o sentimento de culpa e anuncia uma graça todo-poderosa e libertadora, diante da qual, caso persistam a depressão e a culpa, responsabiliza os fiéis. Nesse sentido, a mensagem pode ser recebida da seguinte maneira: "Vocês são culpados por não receberem a graça de Deus e não se sentirem libertos; vocês são culpados por se sentirem culpados".

Por outro lado, o aconselhamento pastoral permitirá um progresso verdadeiro quando, ao tomar como ponto de partida o sentimento de culpa, puder ajudar os fiéis a encontrar aquilo que, neles, for obstáculo à Palavra totalmente libertadora de Deus. A questão será então: "Na sua vida, a culpa persistente teria a função de ocultar o que exatamente? Que erro desconhecido ou que mal insuportável demais sobreviveram ao recalque e, intactos, habitam sua vida de desejo, sua vida espiritual, sua fé profundamente sincera, barrando o seu acesso à gratuidade da vida do Reino e ao dom superabundante que você deseja acolher de toda a sua alma?".

Na prática pastoral e na pregação, a igreja pode colocar um termo na propensão natural para a culpa. É dado limite a essa propensão quando a igreja aceita seu próprio limite. A humildade consistiria, aqui, em afirmar em todos os casos: ninguém está na *origem primeira* do erro, ninguém sabe quem é absolutamente culpado, ninguém conhece o bem e o mal, já que esse conhecimento, segundo Gênesis, foi logo de início afetado por proibição. Quando a igreja *recusa-se a erigir-se em instância de "conhecimento do bem e do mal", pode começar a considerar o sentimento de culpa algo que destrói a vida, algo para o qual há cura, seja qual for a culpa real da pessoa que a experimenta*.

A igreja ajuda os fiéis a acabar com a onipotência do sentimento de culpa quando, livre de sua pretensão de "conhecer" os culpados e os inocentes, começa a ouvir seres que sofrem e que transformam sofrimento e impotência em culpa. Ela aprende a considerar o sentimento de culpa uma reação a algo que se ignora, prontificando-se a ajudar esses seres a procurá-lo. Indiferente quanto a determinar a porção de culpa de cada um, ela irá na contracorrente da propensão natural para eliminar o sofrimento e o sentimento de fracasso ou impotência encerrando-se em um erro ou encerrando outros. A igreja priorizará caminhar com os fiéis, a partir de seu sentimento de culpa, no rastro de *um passado doloroso transformado em erro sem intenção consciente*, impedindo-os de viver.

4.3. Quando o sentimento de culpa se torna pecado no sentido bíblico

Podemos falar de "pecado no sentido bíblico" — ou seja, de ruptura da relação com Deus — a partir do momento em que a intensidade do sentimento de culpa provoca o recolhimento e a incapacidade de comunicar-se. Mas compreende-se que ninguém pode julgar esse fato, nem a pessoa em questão, nem pessoas de fora; isso decorre da afirmação bíblica fundamental de que somente a *graça* pode convencer alguém do pecado; ou, em termos existenciais, somente uma relação realmente livre pode convencer alguém do medo que era obstáculo a essa relação.

Para servir de referência, porém, é possível identificar dois critérios para indicar que não estamos mais em uma culpa positiva, rica em potencialidades de autoanálise e vida renovada, mas, sim, em uma culpa que destrói a relação com Deus e, consequentemente, com os outros. O primeiro critério é este: os sentimentos de culpa são fecundos, estimulantes? Abrem-se para a relação com o outro e com o Outro (Deus)? Favorecem essas relações? Se não é o caso, esses sentimentos criam uma *autossuficiência* que está presente na própria definição do pecado como ruptura da relação com o outro e com o Outro. Hernard chama com precisão "pecado" a essa "culpa apenas interna": "fato negativo — condenação da vida em suas alegrias instintivas; agressivo — contra o sujeito que pode projetá-lo em acusações contra os outros; interiorizado — irrealidade interna de angústia, realidade subjetiva e egocêntrica do universo pessoal" (1954, p. 42).

Que leitura espiritual podemos fazer de tal egocentrismo, que é de ordem psicológica antes de toda apreciação moral? Podemos afirmar que a acusação contra si mesmo e contra o outro (*autojustificação*) conduz à mesma autossuficiência: essa maneira de prescindir do olhar de Deus, de *seu* modo de ver as coisas e de *seu* juízo constitui a situação de pecado por excelência. Em ambos os casos, a instância de decisão, a referência absoluta, é o próprio ser humano: *eu* decido que sou culpado, *eu* decido que o outro é culpado, e o juízo que *eu* conduzo é enunciado na ausência total de relação.

Do ponto de vista da fé, a cegueira mais perigosa consiste em tomar o lugar de Deus e confundir o olhar divino com o olhar humano. Isso se deve, de um lado, à intensidade do sentimento de culpa e da necessidade de justificação (poder temível cuja origem se costuma atribuir a Deus) e, de outro, ao "benefício" maior da culpabilização, que consiste em reencontrar o poder perdido. A uma situação dolorosa de frustração, fracasso ou impotência, a pessoa opõe a "explicação" da culpa, decidindo soberanamente o bem e o mal em lugar de

Deus, o que lhe permite fazer a economia do sofrimento injusto e do *mistério*, inexplicável, do mal e da infelicidade.

Para perceber como o sentimento de culpa mergulha a pessoa em uma situação de pecado, dispomos de um segundo critério: o ensimesmamento na culpa é tão grande que a pessoa chega a deixar de enxergar o mal *real* que comete contra os outros, os erros *reais* dos quais é responsável. Nesse caso, o "diante de ti" de uma culpa positiva desaparece: "Em vez de acentuar o 'diante de Deus, o 'contra ti, contra ti somente', o sentimento de culpa enfatiza o 'sou eu que...'. [...] é a 'consciência' que agora se torna *medida* do mal em uma experiência de total solidão" (Ricoeur, 1988, p. 258). Podemos falar de um universo autárquico do erro, criado pela acusação que abole a relação, o estar com o outro, a responsabilidade verdadeira em relação ao outro/ao Outro.

O termo bíblico "perdido" exprime a situação de pecado na qual o "diante de Deus" desapareceu totalmente, dando lugar a um sentimento de culpa erigido ao *status* de verdade metafísica, nomeado como "maldição". Encontramos em Schopenhauer a expressão dessa autossuficiência da culpa que, ao abolir o "diante de ti", arroga-se o direito de "julgar" o outro, quando estima que todo homem é um ser que não deveria existir, mas que expia sua existência por todo tipo de sofrimentos e pela morte — segundo ele, portanto, o ser humano expiaria seu nascimento uma primeira vez, por sua vida, e uma segunda vez, por sua morte (cf. *Parerga & Paralipomena. Petits écrits philosophiques* [Parerga & Paralipomena: pequenos textos filosóficos], Paris, Coda, 2006, II, § 156).

O que se "perdeu" no universo autárquico do erro foi, antes de tudo, a fé na comunicação. Paradoxalmente, é para que se escapasse da solidão, para que se mantivesse a qualquer custo a relação, que atribuímos a nós mesmos o erro, e é justamente por isso que nos perdemos e perdemos o outro. A inculpação que se acreditava controlar começa a proliferar-se, destruindo a relação com Deus e, por fim, resultando em desconfiança quanto à comunicação e à própria existência. É o "mau infinito" da inculpação de que trata Ricoeur: "Basta que o sentido do pecado como 'diante de Deus' seja abolido para que a culpa desenvolva suas devastações; no final, acaba tornando-se não mais que uma acusação sem acusador, um tribunal sem juiz e um veredito sem autor" (1988, p. 295).

4.4. Quando o desejo pela vida triunfa do sentimento de culpa

Adiantando que o sentimento de culpa surge como reação a algo doloroso, coercivo e incompreensível, provocando acusação contra si mesmo ou autojustificação, esboçamos aqui as etapas de um *percurso possível* fora da culpa, dessa culpa que se erige em obstáculo tanto para a graça quanto para a tomada de consciência do mal cometido contra os outros e contra Deus, ou seja, uma situação de pecado.

Primeiro, deve ser identificado *no satã* (esse termo é sempre precedido de artigo definido no Antigo Testamento, com exceção de 1Crônicas 21.1) essa força que, de acordo com as várias nuances da raiz verbal *satã*, desenvolve-se no ser humano para "fazer oposição" ou "impedir", para "atacar", para "inculpar ou acusar". Essa força *satânica* corresponde com exatidão à culpa que "se opõe" ao desejo, que "impede" a vida, que "ataca" o psiquismo e "inculpa" quando não há erro algum. A possibilidade de vencer *o satã* se baseia no prólogo do livro de Jó: sem a permissão de Deus, *o satã* se veria na mais completa impotência; sua intervenção seria provisória, limitada no tempo; com a ajuda de Deus, Jó se livraria de sua culpa-autojustificação. *O satã* parece designar esse poder, no ser humano, de secretar uma acusação que — tanto pelo erro negado quanto pelo erro fantasiado — abole a relação, o contato pessoal, a presença ("o rosto") de Deus: por duas vezes, o autor de Jó dá a entender que, para operar, *Satanás* [*o satã*] *saiu da presença do Senhor* (Jó 1.12 e 2.7).

Assim, a noção bíblica de *satã* mostra que o pecado, em seu sentido primeiro de ruptura da relação com Deus, origina-se bem antes do erro real, no universo autárquico do sentimento de culpa. Incansável como a serpente de Gênesis, *o satã* é, no ser humano, aquilo que o tenta a fechar-se no mundo da culpa-autojustificação que ele próprio engendra ou que se engendra nele. Ele é, em Adão e Eva, aquilo que os tenta a suspeitar de maldade gratuita no proceder de Deus, ou seja, a desconfiar de que Deus os teria criado para interditar o desejo deles e privá-los da alegria de viver.

Em segundo lugar, a intuição de um mal que pode afetar tanto Deus como os seres humanos precisa contar com portas abertas, sem que seja necessário deixar-se fascinar nem por uma inculpação total do humano, nem pela imagem de um Deus mau, perverso. Assim, convém o seguinte exercício: evitar pensar imediata e exclusivamente em termos de erro, mas retomar tudo do zero, com base em uma confissão: eu não *sei* por que me sinto culpado, eu não *sei* quem é definitivamente culpado, e talvez o sentimento de culpa conduza a um impasse. Desistir de errar por esse caminho é enfrentar esse "algo vindo de outro lugar" que não pôde ser evitado no passado, esse sofrimento injustificado que os sentimentos de culpa acabaram recobrindo por completo.

Se o universo autárquico da culpa e da autojustificação impede a pessoa nele mergulhada de enxergar o mal que atingiu o outro, com mais motivos ainda impedirá de enxergar o mal que Deus sofre! Em Jesus crucificado, Deus afirma do modo mais explícito possível que ele é o Outro do ser humano, que também é afetado pelo mal, pelo fracasso, pelo sofrimento impotente, mas mantendo-se livre do universo do erro. É nisso que consiste a santidade de Deus. Quando o ser humano cede à tentação de separar-se do outro/do Outro encerrando-se no erro, Deus se mantém resolutamente de fora. "É por isso que o tema bíblico da serpente, de Satã e até mesmo da ira de Deus *se aproxima* do tema do 'Deus mau' sem jamais chegar nele. A conquista da santidade de Deus pelos profetas impediu para sempre que o *Outro* da culpa humana fosse correlacionado à natureza de Deus" (RICOEUR, 1953, p. 307).

Por fim, em terceiro lugar, é necessário renunciar ao controle do erro, portanto do bem e do mal, e optar por uma busca de si ou da verdade de seu ser "perdido" no dédalo dos sentimentos de culpa e autojustificação. Isso se torna possível quando nos deixamos inspirar por um Deus que adoramos "em Espírito e em verdade". Em Espírito porque "o Espírito sopra onde quer" e varre as representações caricaturais que fazemos de nós mesmos e do outro/do Outro; em verdade porque a Verdade de Deus, não mais que a verdade do homem, não pode ser reduzida ao sistema explicativo de culpa e acusação.

Deus responde a Jó "do meio de um redemoinho" de sua vida transtornada pela tragédia, e não a partir do mundo imaginário no qual Jó havia se fechado, mundo povoado de juízes e acusados. É no momento em que Jó renuncia definitivamente a essa tentação de controlar o erro que Deus se dirige a ele "em Espírito e em verdade" e que, confrontado com a realidade crua daquilo que lhe sobreveio, "no pó e na cinza", ele tem acesso à verdade de seu ser e à vocação de intercessor, tomado de compaixão por aqueles que o acusavam e que ele acusava.

5. A abordagem protestante da culpa

5.1. Uma análise específica do sentimento de culpa

É do servo arbítrio que parte o pensamento protestante, dessa realidade que os cristãos experimentam em sua própria vida. Nas profundas fontes da Reforma, encontramos o desespero de uma situação de abandono na culpa onipresente, onipotente e insuperável. Em seu *A escravidão da vontade* (1525, em *MLO* 5, 11-236), Lutero constata: "A vontade humana está localizada entre Deus e Satã como um cavalo entre dois cavaleiros", e os cavaleiros lutam para conquistá-la. Para Calvino, sem a graça divina a vontade jamais pode ser livre. É preciso conceber mentalmente esse desespero que a cristandade em peso partilhava naquela época para perceber a verdadeira revolução que uma libertação *incondicional* representava. A mensagem de Lutero — a justificação pela fé somente, contra toda autojustificação, secreta ou não — oferecia a possibilidade de *aniquilar* a culpa, sem um preço a pagar. Bastava crer, bastava reconhecer o fato. Desde o início, tratava-se de admitir uma realidade (não é mais necessário preocupar-se com obras) e uma exigência (é necessário desistir de contar com obras).

No movimento protestante, porém, continuou-se com frequência a abordar a culpa a partir da consciência de culpa, bem mais que a partir das formulações dogmáticas relativas ao pecado. Assim, a doutrina do pecado original, sempre bastante presente, nunca foi um grande recurso protestante quando se tratava de tranquilizar os fiéis com limites para a culpa. Nietzsche e Kierkegaard reabriram essa via, e não por acaso ambos eram protestantes! Também não foi por acaso que seus herdeiros deixaram para nós, hoje, uma descrição tão fiel dos meandros do sentimento de culpa. Mencionaremos aqui apenas o nome de Paul

CULPA

Ricoeur, que percebeu o enigma da liberdade serva como de uma ruptura inevitável na continuidade da reflexão; a seus olhos, a individualização da culpa destrói o face a face com Deus e interdita a tomada de consciência da lesão dos laços interpessoais. Nesse sentido, Ricoeur é herdeiro de Nabert, que correlaciona rompimento interno ao ego e ruptura com os outros, cujas análises finas levam à identificação, na "secessão das consciências", da misteriosa matriz de toda culpa.

5.2. Um questionamento radical

Enfatizando acima de tudo a relação do indivíduo com Deus, os reformadores estimularam sua descendência espiritual ao escrutínio profundo por trás do ato, da confissão e até mesmo da intenção: trata-se de eliminar progressivamente tudo o que pode interpor-se entre Deus e o homem. A Reforma se valeu do pensamento paulino, tornando sua a impotência radical de Paulo ("não faço o bem que prefiro") e o desespero expresso em Romanos 7.15s quanto à impossibilidade de libertar-se da culpa diante da lei de Deus. Diante dessa culpa que sempre ressurge, a afirmação da justificação somente pela fé levou o protestantismo a questionar-se acerca do ato de fé e do que se configura em obstáculo à fé. Tornou-se assim impossível tranquilizar-se com a retidão do agir, de um lado, e com a retidão dos dogmas confessados, de outro. Tudo se configura na relação com Deus: é a confiança em Deus que deve ser restabelecida (ato de fé por excelência, já que *fides* é ao mesmo tempo "confiança" e "fé"). O combate contra o legalismo, empreendido por Lutero em nome da justificação pela fé, encontrou seu necessário prolongamento na insistência de Calvino quanto à "santificação": seria ingênuo crer que a fé liberta uma vez por todas; ao engajarem-se no caminho da santificação, os cristãos entram em um *processo* que diz respeito a seu futuro pessoal, neste mundo e além: trata-se de combater dia a dia o que pode se apresentar como obstáculo à fé.

Se esse questionamento insubstituível é, sem dúvida, com vantagem, especificamente protestante, a tentação de sufocá-lo pela adesão a uma lei moral pertence a todas as épocas e a todas as confissões. O pensamento de Kant, de um protestantismo austero, deixaria profundas marcas nos protestantes. Seu imperativo categórico — o primado da obrigação moral: tu deves, logo tu podes — seria a expressão dessa constante tentação de basear a vida não em um relacionamento de confiança com uma Pessoa, mas na certeza de uma vocação moral. Assim, seria sufocado o questionamento sobre a culpa como *aquilo que sem cessar constitui um obstáculo à fé*, à fé no Outro: o Outro de modo absoluto, ou seja, tanto o Outro como toda lei moral. Quando esse questionamento fundamental cessa, corre-se o enorme risco de cair nesse "pecado do justo" notavelmente descrito por Ricoeur. Sem dúvida, o protestantismo tem como vocação barrar caminho a esse pecado do justo: a simples retidão ética não justificará ninguém diante de Deus. A reafirmação constante dessa verdade no pensamento e na prática eclesiais protestantes apresenta no mínimo dois pontos fortes: livra-nos do "mau infinito" da autoacusação, já que o ser humano se vê destituído da pretensão se julgar-se, e retoma o tempo todo o questionamento insubstituível que o sentimento de culpa pode suscitar — o que age como obstáculo a minha fé, a minha relação de confiança no relacionamento, no Outro?

5.3. Perdão originário e abertura relacional

É significativo que, hoje, a "confissão dos pecados" esteja perdendo lugar na Igreja Católica. Porém, dizia-se que a absolvição tinha pelo menos a imensa vantagem de colocar um ponto final nos dolorosos debates interiores. Em uma época em que as igrejas católicas e protestantes se esforçam sobretudo para não "culpabilizar" seus fiéis, poderíamos pensar que a absolvição perdeu sua urgência. A prática pastoral revela, no entanto, certo desespero dos cristãos diante da persistência de seus sentimentos de culpa. A confissão é ainda mais difícil na medida em que eles só podem atribuir sua impossibilidade de viver a liberdade do evangelho a uma má vontade pessoal: como confessar minha culpa de não me sentir liberto?

O protestantismo, pelo menos em sua intenção teológica e espiritual originária, oferece aqui algo único: a prioridade da relação interpessoal em vez do sacramento. É somente no interior de uma relação interpessoal que pode abrir-se uma via de salvação: relação com Deus, mediatizada pelo próximo (pastor [a], irmã ou irmão na fé ou em busca de Deus). De fato, é no interior dessa relação que é rapidamente levado em consideração o sentimento de culpa, podendo-se ouvir a Palavra libertadora. O sacramento da reconciliação em vigor na Igreja Católica não existe entre os protestantes, pois a libertação da culpa só pode ocorrer no coração de uma história relacional em que Deus e o ser humano estão ambos implicados: se o protestantismo reconhece dois sacramentos, o batismo e a santa ceia, como expressões da total iniciativa de Deus, por outro lado a libertação da culpa não pode ocorrer sem o ato de fé dos seres humanos.

É bastante significativo que no culto protestante a confissão de pecados seja tradicionalmente seguida não por um sacramento, mas pela lembrança de uma *promessa*. A graça é oferecida a todos aqueles que depositam sua fé ou sua confiança nessa relação com Deus inscrita no tempo. A porta da prisão está aberta, é preciso agora atravessá-la. A promessa está anunciada, é preciso agora "crer". Não se trata de um sacramento que pode pôr fim a uma culpa aparentemente infinita, no sentido em que ninguém sabe jamais até onde vai sua ruptura de relação com o Outro. Afirmar que a via de salvação se encontra no questionamento honesto sobre aquilo que, no interior da pessoa, coloca-se como obstáculo à *fé* é admitir que a confissão, mesmo se não é resultado de uma exigência, não basta.

De fato, o que se apresenta antes de tudo como obstáculo à fé é a má-fé. No momento em que cedemos ao medo de atravessar as portas da prisão, é mais fácil alegar que estão fechadas. Calvino caracterizou a má-fé ao afirmar: "Digo, portanto, que peca contra o Espírito Santo aquele que, tendo sido tocado pela luz da verdade de Deus, de modo a não poder alegar ignorância, resiste-lhe, porém, com malícia deliberada, somente por resistir" (*IRC* III, III, 22). Nisso, Kant desencavou o "mal radical" no ser humano: na mentira para si mesmo, para sua própria consciência, a má-fé. Por causa da má-fé sempre possível, a via fora da culpa não é aberta pela simples administração de um sacramento. E é justamente no interior de uma relação interpessoal — humana — que pode surgir a má-fé, ou o que se coloca como obstáculo à fé, o que entrava a relação de confiança, constituindo um definitivo obstáculo à justificação pela fé e à libertação dos sentimentos de culpa.

6. Não "deitar-se no leito do arrependimento"

O testemunho bíblico se vê confirmado pela reflexão filosófica e pelos dados psicológicos: é preciso ir na contracorrente da ordenação natural se nos recusamos a permanecer como escravos do sentimento de culpa. Trata-se de um processo difícil que tangencia o coração da mensagem evangélica: como ouvir a boa-nova enquanto a culpabilização cobre todas as outras vozes?

Evangelizar o sentimento de culpa é viver a conversão da propensão natural. Não é natural desistir de organizar sua vida em função da culpa, seja ela real, seja fantasia. Os "benefícios" do sentimento de culpa são tais que se imagina ter muito a perder. É necessário o poder do apelo evangélico sobre "perder a vida" para que o sujeito se arrisque a sair de si mesmo, ou seja, do sistema de sobrevivência que representa a "explicação" da culpa. "Cuidais que aqueles dezoito sobre os quais desabou a torre de Siloé e os matou eram mais culpados que todos os outros habitantes de Jerusalém? Não eram, eu vo-lo afirmo; mas, se não vos arrependerdes, todos igualmente perecereis", diz Jesus em Lucas 13.4,5: vocês ficarão "perdidos", vocês deixarão de encontrar a verdade profunda de seu ser que está em Deus. E aos que queriam apedrejar a mulher adúltera, Jesus diz: *Aquele que dentre vós estiver sem pecado seja o primeiro que lhe atire pedra.* [...] *Vós julgais segundo a carne* [*segundo critérios humanos, segundo a propensão natural para o controle da culpa*], *eu a ninguém julgo* (Jo 8.7,15).

No processo de evangelização do sentimento de culpa, Jó é o precursor: *não dissestes de mim o que era reto, como o meu servo Jó* (Jó 42.7), diz Deus no final de uma prova em que Jó não cedeu à tentação de romper sua relação com Deus para refugiar-se no universo autárquico de um erro que explicaria a tragédia de sua existência. "Trememos", observa R. de Pury, "diante do pensamento de que ele possa entregar-se, cansado de guerra, ao grande repouso da humilhação e deitar-se no leito do arrependimento — deixando-se dormir ali pelo deus de seus amigos [...]. Sim, a tentação suprema, a forma absoluta da tentação, é esta: abandonar esse Deus que nos abandona, deixar o Deus a que servimos para nada, refugiando-nos em um súbito arrependimento em direção a um outro deus, não mais oculto, mas explicável e tranquilizador, ao qual serviremos por motivos certeiros" (p. 19s e p. 28).

Encontramos na obra de Kierkegaard o testemunho de um combate pungente contra o sentimento de culpa, de um processo doloroso que constitui o cerne da conversão cristã a um Deus diante do qual o ser humano é ao mesmo tempo culpado e inocente: "Oh, que mais terrível prisão, quando a memória de um homem parecer ter se fixado eternamente em seu pecado: mas tu deves esquecer, eis onde está o socorro. Esse discurso é uma linguagem de Deus, oposta até mesmo ao comportamento do homem, que só faz angustiar-se e desesperar-se por não ter a permissão de esquecer e não poder fazê-lo, mesmo se é permitido — mas devemos" (1954, p. 283 [IX A 177]).

Lytta Basset

▶ BASSET, Lytta, *Guérir du malheur* e *Le pouvoir de pardonner*, Paris-Genebra, Albin Michel-Labor et Fides, 1999 (ed. abreviada e simplificada de *Le pardon originel. De l'abîme du mal au pouvoir de pardonner*, Genebra, Labor et Fides, 1998); Idem, *La joie imprenable. Pour une théologie de la prodigalité* (1996), Genebra, Labor et Fides, 2000; Idem, *"Moi, je ne juge personne". L'Évangile au-delà de la morale*, Paris-Genebra, Albin Michel-Labor et Fides, 1998; Idem, *Sainte colère. Jacob, Job, Jésus*, Paris-Genebra, Bayard-Labor et Fides, 2002; DELUMEAU, Jean, *Le péché et la peur. La culpabilisation en Occident, XIIIe-XVIIIe siècles*, Paris, Fayard, 1983; FREUD, Sigmund, *O futuro de uma ilusão*, Rio de Janeiro, Imago, 1996; Idem, *O mal-estar da civilização*, Rio de Janeiro, Imago, 1997; HESNARD, Angelo, *L'univers morbide de la faute*, Paris, PUF, 1949; Idem, *Morale sans péché*, Paris, PUF, 1954; KIERKEGAARD, Søren, *O conceito de angústia* (1844), São Paulo, Hemus, 2007; Idem, *O desespero humano* (1849), Martin Claret, São Paulo, 2001; Idem, *Diário de um sedutor*, São Paulo, Martin Claret, 2002; LACROIX, Jean, *Philosophie de la culpabilité*, Paris, PUF, 1977; MILLER, Alice, *C'est pour ton bien. Racines de la violence dans l'éducation de l'enfant* (*Am Anfang war Erziehung*, 1983), Paris, Aubier Montaigne, 1984; Idem, *L'enfant sous terreur. L'ignorance de l'adulte et son prix* (*Du sollst nicht merken*, 1983), Paris, Aubier, 1994; Idem, *La souffrance muette de l'enfant. L'expression du refoulement dans l'art et la politique* (*Der gemiedene Schlüssel*, 1988), Paris, Aubier, 1995; NABERT, Jean, *Éléments pour une éthique* (1943), Paris, Aubier Montaigne, 1977; Idem, *Essai sur le mal*, Paris,

PUF, 1955; NIETZSCHE, Friedrich, *Genealogia da moral: um escrito polêmico* (1887), São Paulo, Brasiliense, 1987; PURY, Roland de, *Job, ou l'homme révolté* (1955), Genebra, Labor et Fides, 1982; REIK, Theodor, *Le besoin d'avouer. Psychanalyse du crime et du châtiment* (1961), Paris, Payot, 1973; RICOEUR, Paul, *Philosophie de la volonté* 2: *Finitude et culpabilité* (1960), Paris, Aubier Montaigne, 1988, livro 1: "L'homme faillible" e livro 2: "La symbolique du mal"; Idem, "Culpabilité tragique et culpabilité biblique", *RHPhR* 33, 1953, p. 285-307; Idem, "'Morale sans péché' ou péché sans moralisme?", *Esprit* 22, 1954, p. 294-312; Idem, *Le mal. Um défi à la philosophie et à la théologie* (1986), Genebra, Labor et Fides, 2004; TOURNIER, Paul, *Culpa e graça: uma análise do sentimento de culpa e o ensino do Evangelho* (1958), São Paulo, ABU, 1985; VERGOTE, Antoine, *Dette et désir. Deux axes chrétiens et la dérive pathologique*, Paris, Seuil, 1978.

● Castigo; confissão de pecados; consciência; cura da alma; graça; justificação; **mal**; perdão; pecado; **saúde**

CULTO

No mundo de língua francesa, esse é o nome protestante (sobretudo reformado) para a celebração que comporta orações, cânticos, leitura bíblica e pregação, além da santa ceia. Seu equivalente em inglês é *worship*. Essa designação distingue a celebração protestante do ofício católico (vai-se ao "culto" e vai-se à "missa"), mas não pertence ao vocabulário das origens da Reforma. Calvino usa os termos preces ou orações públicas, a *Segunda confissão helvética* (1566) menciona santas assembleias e o Edito de Nantes (1598) fala do exercício da religião. No século XIX, a palavra "culto" passou a ser de uso corrente.

Teologicamente, o termo em latim *cultus* (de *colere*: cultivar, honrar), utilizado na moral escolástica, pode causar dificuldades na área litúrgica. Esse vocábulo não possui a riqueza do termo alemão empregado por Lutero, *Gottesdienst* (serviço divino), que significa tanto a obra cumprida por Deus quanto o culto do povo de Deus: é uma noção correlativa, enquanto a palavra *cultus* enfatiza o procedimento humano no ato religioso em vez de privilegiar o dom de Deus. Porém, a palavra "culto" indica o caráter institucional e público da reunião da igreja, evocando também uma relação entre os ritos cultuais de diferentes religiões e a celebração cristã.

Bruno Bürki

▶ ALLMEN, Jean-Jacques von, *Célébrer le salut. Doctrine et pratique du culte chrétien*, Genebra-Paris, Labor et Fides-Cerf, 1984; BONHOEFFER, Dietrich, *La Parole de la prédication. Cours d'homilétique à Finkenwalde*, Genebra, Labor et Fides, 2003, p. 55-61; GAGNEBIN, Laurent, *Le culte à choeur ouvert. Introduction à la liturgie du culte réformé*, Genebra-Paris, Labor et Fides-Les Bergers et les Mages, 1992; VISCHER, Lukas, org., *Christian Worship in Reformed Churches Past and Present*, Grand Rapids, Eerdmans, 2003; WAINWRIGHT, Geoffrey, *Doxology. The Praise of God in Worship, Doctrine and Life. A Systematic Theology*, Londres, Epworth Press, 1980.

○ Bênção; Bersier; ceia; cultuais (objetos); liturgia; **pastor**; pregação; ritos; sacramento; *Saltério huguenote*; templo

CULTUAIS (objetos)

Em sua busca significativa por sobriedade, o protestantismo das origens legiferou pouco sobre os objetos necessários ao culto. Assim como as disposições relativas à arquitetura dos templos, tudo o que diz respeito ao material litúrgico responde ao critério de utilidade, desprovido assim de considerações estéticas ou simbólicas. Seria necessário esperar a época moderna para que, em geral sob a influência do movimento ecumênico, as pessoas se abrissem, em variados graus, para esse tipo de reflexão, gerando alguns resultados.

Bíblia: um exemplar das Escrituras permanece aberto na maior parte do tempo diante da assembleia. Simbolizando o livre acesso à Palavra de Deus, em geral essa Bíblia vem em edição in-folio, com uma idade venerável.

Crucifixo: no luteranismo e no anglicanismo, o crucifixo se manteve em seu lugar tradicional, acima do altar. Em área reformada, onde a representação do Crucificado está ausente (afirmação da ressurreição), o púlpito que sustenta a Bíblia pode ser adornado com uma cruz vazia, quando não há cruz em grandes dimensões na parede frontal da igreja.

Batismo: um recipiente de prata ou cerâmica, contendo água, é posto em cima da mesa da comunhão (ou altar, termo mais usado no universo luterano). Aqui ou lá, colocam-se fontes batismais na entrada do coro.

Santa ceia: nos lugares em que a Reforma se estabeleceu nas igrejas históricas, em geral foi reutilizada a antiga louça que servia para a liturgia católica. Em geral, porém, foram adotados pratos e taças, em sua maioria feitos de estanho, grandes o suficiente para permitir os elementos a todos os fiéis.

Órgão: todos os reformadores tiveram um cuidado especial com a volta do canto da assembleia; assim, para não atrapalhá-lo, mostraram-se reticentes quanto a manter ou construir órgãos. Vindo da Alemanha, no século XVII, para estender-se por toda a Europa, o renascimento da música em terras protestantes varreria para longe essas reservas. O órgão ganhou plenos direitos no protestantismo.

Roupas dos oficiantes: com exceção do protestantismo luterano do norte da Europa e do anglicanismo, as diversas igrejas oriundas da Reforma deixaram resolutamente de lado as vestimentas sacerdotais do catolicismo. Os pastores passaram a dirigir o culto vestidos com uma túnica preta e gola branca, o chamado "*robe* de Genebra" entre os reformados. Originalmente, era o uniforme "civil" dos doutores, e foi apenas mais tarde que, em certas regiões, a roupa começou a ser vista como símbolo da capa dos pastores de ovelhas. Ao longo dos séculos, a túnica se tornou o que não era no início: uma vestimenta litúrgica. Compreende-se o debate reaberto há alguns anos: para uns, a túnica preta não passa de um uniforme civil fora de moda que convém substituir pelas roupas civis atuais; para outros, essa pseudovestimenta litúrgica deve ser preterida em favor de uma autêntica, chamada antigamente de túnica talar branca, presente em todas as grandes confissões cristãs.

Além da presença de luminares que simbolizam a claridade de Cristo e do Espírito Santo, encontramos também nos locais de culto luteranos e anglicanos, e mais recentemente entre alguns reformados, adornos no altar e na tribuna do púlpito (*antependia*) que permitem visualizar, de modo simbólico, a significação de cada período do ano cristão, por meio de cores litúrgicas: o violeta, que é a cor da espera, da meditação e do arrependimento, caracteriza o Advento e a Quaresma (ou Paixão), assim como os dias de arrependimento e intercessão; o branco, que simboliza a luz, o esplendor divino, a alegria e pureza, representa as festas de Cristo (o Natal, a Epifania, a Transfiguração, a Quinta-feira Santa [instituição da ceia], a Páscoa, a Trindade); o vermelho, a cor do fogo e do amor (do Espírito Santo), mas também do sangue e do testemunho dos mártires, remete ao Pentecostes, às festas da igreja e da missão, às festas dos apóstolos e da Reforma, à confirmação, à dedicação da igreja e aos dias ecumênicos: o verde, cor da vida, do crescimento e da esperança, caracteriza os domingos após a Epifania e após a Trindade (tempo da igreja), assim como a festa da colheita; o preto, negação da vida, símbolo das trevas e do luto, não aparece entre as cores litúrgicas, mas é utilizado para a Sexta-feira Santa, podendo ser substituído pelo violeta, a não ser que o altar fique sem adornos no dia. Pode haver pequenas variações no uso das cores litúrgicas de uma denominação a outra.

Claude Bridel

▶ ALLMEN, Jean-Jacques von, *Célébrer le salut. Doctrine et pratique du culte chrétien*, Genebra-Paris, Labor et Fides-Cerf, 1984; PAQUIER, Richard, *Traité de liturgique. Essai sur le fondement et la structure du culte*, Neuchâtel, Delachaux et Niestlé, 1954; VOLP, Rainer, *Liturgik. Die Kunst Gott zu feiern*, t. I, Gütersloh, Mohn, 1992.

● Batismo; ceia; culto; liturgia; símbolo

CURA

Até o século XIX, as "causas" de uma cura eram identificadas de modo bastante aproximativo. Por muito tempo, a medicina foi vista como uma arte e, talvez, apesar do progresso científico, ainda continue sendo considerada dessa maneira, em parte pelo menos. Assim, não é de espantar que na espiritualidade protestante a fé tenha sido compreendida como uma abertura confiante, favorável à cura. No entanto, jamais foi confundida com um meio de cura, tal como um agente terapêutico que produziria um efeito milagroso. O protestantismo sempre se manteve em guarda contra as superstições, munido de uma desconfiança ativa quanto a locais de peregrinação para doentes que, em uma espécie de "aquecimento religioso", permanecem à espera de uma cura milagrosamente possível (como, p. ex., em Lourdes).

Na crença protestante da maioria — com exceção de algumas tendências em geral representadas no movimento evangélico —, a cura resulta de procedimentos médicos para o reequilíbrio da saúde outrora prejudicada pela doença, mas a fé traz sua parte de colaboração, proporcionando sentido e esperança ao paciente e mobilizando suas energias interiores. Em conformidade com a Escritura, é enfatizado o fato de que Deus mais salva que cura, mais perdoa que dá remédio, liberando-nos interiormente do mal para que nós o combatamos. Hoje, quando conhecemos melhor os ecos emocionais que o sentido, o perdão e o libertador ato de nomear encontram em nossas profundezas psíquicas, parece-nos bastante natural que a cura possa também ser um sinal de todas essas coisas. A ciência não se vê obscurecida por essa visão, mas a fé parece esclarecer-se, e os relatos de cura do Novo Testamento se abrem de repente para uma reinterpretação estimulante e regeneradora.

Marc Faessler

▶ CRESPY, Georges, *La guérison par la foi*, Neuchâtel, Delachaux et Niestlé, 1952; HOGAN, Larry Paul, *Healing in the Second Temple Period*, Friburgo-Göttingen, Universitätsverlag-Vandenhoeck & Ruprecht, 1992; "Les cultes pour fatigués et chargés", *Cahiers de l'Institut romand de pastorale* 17, Lausanne, 1993; MARTIN, Bernard, *Le ministère de la guérison dans l'Église*, Genebra, Labor et Fides, 1953; Idem, *Veux-tu guérir? Réflexions sur la cure d'âme des malades*, Genebra, Labor et Fides, 1963; ROCHAT, François, *La crise de guérison. L'accompagnement spirituel des personnes souffrantes*, Paris, Centurion, 1992; WIMBER, John e SPRINGER, Kevin, *Allez... guérissez par la puissance de Jésus* (1986), Rouen, Menor, 1988.

● Ciência Cristã; doença; exorcismo; imposição de mãos; Lambourne; **ritos**; **saúde**; sofrimento; Tournier; unção dos enfermos

CURA DAS EMOÇÕES

Chamada ainda de "cura da alma", "aconselhamento" ou "diálogo pastoral", a cura das emoções coloca o pastor — que é um "terceiro" ativo na vida de suas ovelhas, sobretudo em fases difíceis de crises particulares — face a face com as promessas ou exigências da Palavra de Deus. A cada confissão de pecados com características bíblicas, tendo sido isentada do formalismo adquirido no catolicismo, a cura das emoções é ao mesmo tempo escola de boa conduta cristã, momento para pregação individualizada e terapia com perspectivas evangélicas. Ao longo da história do pastoreio protestante, esse procedimento buscou seu próprio caminho. Podemos afirmar que, hoje, não é mais possível praticá-lo sem uma boa formação em aconselhamento e um mínimo de conhecimento psicológico. Quanto aos objetivos propostos, lembremos que a chamada "cura da alma" tinha nos termos originais, em grego ou latim, um plural: *cura animorum* e *psuchôn epimeleia* ("cuidado com as almas"), colocando assim em evidência (e, nesse sentido, longe de serem obsoletos) as condições para uma vida comum pacificada e fecunda. A tarefa do testemunho do evangelho não está em um nível estritamente individual, mas concerne também a vida comunitária, social. Além disso, o ponto crucial do anúncio do mesmo evangelho consiste em dizer a cada vez de modo novo, de maneira específica para cada pessoa, quanto, em Jesus Cristo, Deus crê nela mais que ela mesma poderia crer. É a esse preço que, sem nada esquecer, podemos ser libertos do peso do passado, voltando-nos para o futuro.

Jean-François Collange

▶ ANSALDI, Jean, *Le dialogue pastoral. De l'anthropologie à la pratique*, Genebra, Labor et Fides, 1986; BOVON-THURNEYSEN, Annegreth, "Cure d'âme et évangélisation", *Bulletin du Centre protestant d'études* 34/5, Genebra, 1982, p. 17-22; GEEST, Hans van der, *Entretiens en tête-à-tête. Exemples d'accompagnement pastoral* (1981), Genebra, Labor et Fides, 1989; GENRE, Ermanno, *La relation d'aide. Une pratique communautaire* (*Nuovi itinerari di teologia pratica*, 1991), Genebra, Labor et Fides, 1997; GISEL, Pierre, *Sacrements et ritualité en christianisme. 125 propositions*, Genebra, Labor et Fides, 2004, p. 67-73, 85-91; THURNEYSEN, Eduard, *La doctrine de la cure d'âme* (1946), Neuchâtel, Delachaux et Niestlé, 1958.

◉ Confissão de pecados; **culpa**; **pastor**; Pfister; Thurneysen

CURIONE, Celio Secondo (1503-1569)

Nascido em Ciriè, no Piemonte, abraça as ideias da Reforma ao longo de seus estudos em letras e direito na Universidade de Turim. Sua crítica à religião tradicional o leva a um conflito cada vez mais aberto com as autoridades religiosas. Ao assumir o cargo de professor na Universidade de Pavia, em 1536, é demitido três anos depois, sob pressão da Inquisição. Viaja entre Veneza, Ferrara e Lucca, onde faz amizade com Vermilgi e Zanchi, até seu exílio, em 1542. Curione se estabelece então primeiro em Lausanne, e depois em Basileia, em 1546, onde ensina retórica na Universidade e desfruta de excelente reputação de erudito. Além de numerosas obras literárias, publica diversos tratados teológicos, como *Pasquino in estasi* [Pasquino em êxtase] (?1545), crítica mordaz da instituição eclesiástica romana com base na justificação pela fé, e *De amplitudine beati regni Dei* (Basileia, Jean Oporin, 1554), no qual critica a doutrina calvinista da predestinação e expõe uma teoria de salvação universal.

Emidio Campi

▶ BIONDI, Albano, "Curione", em *Dizionari biografico degli Italiani*, t. XXXI, Roma, Istituto della Enciclopedia italiana, 1985, p. 443-449; CAPONETTO, Salvatore, *La Riforma protestante nell'Italia del Cinquecento* (1992), Turim, Claudiana, 1997; KUTTER, Markus, *Celio Secondo Curione. Sein Leben und sein Werk 1503-1569* Basileia, Helbing und Lichtenhahn, 1955.

◉ Basileia; **predestinação e Providência**; Valdés; Vermigli; Zanchi

CUVIER, Jean Léopold Nicolas Frédéric, dito Georges (1769-1832)

Nascido em Montbéliard em uma verdadeira "fábrica de pastores", Georges Cuvier almeja a teologia, mas logo descobre sua vocação de naturalista. Em 1802, passa a ocupar a cadeira de anatomia comparada no Jardim das Plantas. É nomeado secretário vitalício da Academia das Ciências em 1803, conselheiro da Universidade em 1808, conselheiro de Estado na Restauração. Torna-se membro da Academia Francesa e da Academia de Inscrições e Belas Letras e, em 1831, entra para a Câmara dos Pares.

As observações de Cuvier o levam a formular os princípios anatômicos fundamentais da subordinação (segundo a qual alguns órgãos exercem influência preponderante sobre o conjunto do funcionamento) e da correlação (os órgãos agem uns sobre os outros e cooperam para uma ação comum com uma reação recíproca). A partir desses princípios, Cuvier estabelece uma nova classificação zoológica (vertebrados, articulados, moluscos, zoófitos) e reconstitui os vertebrados fósseis, provando a existência de espécies desaparecidas e fundando a paleontologia. Cuvier era partidário do catastrofismo e do fixismo, mas a história não lhe deu razão: em 1859, Charles Darwin expõe a teoria da evolução das espécies em *Sobre a origem das espécies por meio da seleção natural, ou a preservação de raças favorecidas na luta pela vida*, hoje abreviado para *A origem das espécies* (São Paulo, Martin Claret, 2001).

A atividade científica de Cuvier não o impediu de permanecer fiel à fé luterana. Em 1806, encaminha uma solicitação a Napoleão I para estabelecer o culto luterano em Paris, obtendo seu intento no dia 15 de agosto de 1806, no Oratório des Billettes. Em 1828, é encarregado da organização de cultos não católicos, e a igreja protestante lhe deve a criação de cerca de cinquenta novos cargos pastorais, entre outras, na região de Montbéliard. A morte não permitiu que concluísse a revisão da lei orgânica do culto protestante.

Lucie Kaennel

▶ CUVIER, Georges, *Discours sur les révolutions de la surface du globe et sur les chargements qu'elles ont produits dans le règne animal* (1812, 1825), Paris, Bourgois, 1985; DEBARD, Jean-Marc, "La famille et la jeunesse de Georges Cuvier (1769-1784)", em *Georges Montbéliard, France, 1982. Actes du symposium paléontologique Georges Cuvier*, Montbéliard, Le Serpentaire, 1984, p. 107-141; VIÉNOT, John, *Georges Cuvier 1769-1832. Le Napoléon de l'intelligence*, Paris, Fischbacher, 1932.

● Darwin; evolucionismo

D

DALLIÈRE, Louis (1897-1976)

Louis Dallière nasceu em Chicago. Seu pai era católico e sua mãe, anglicana. A família se estabelece em Saint-Germain-en-Laye. Em dezembro de 1921, casa-se com Marie-Caroline Boegner, prima direta de Marc Boegner. Após estudos em teologia e filosofia em Paris e nos Estados Unidos (1915-1924), é ordenado pastor da Igreja Reformada da França e, de 1925 a 1962, exerce o cargo em Charmes-sur-Rhône, onde morreria. De 1932 a 1933, leciona na Faculdade de Teologia de Montpellier. Durante o verão de 1932, viaja à Inglaterra para informar-se sobre o movimento pentecostal, dedicando-se inteiramente, a partir de então, à promoção do avivamento no interior da Igreja Reformada da França. Partidário do batismo de adultos, participa na comissão sinodal da Igreja Reformada da França a partir de 1946, e em 1951 chegam a ser dispensados os pastores que exigem o batismo de crianças.

Em 1946, abre o Curso Isaac Homel, colégio de ensino médio e pensionato, que funcionou até 1975, e funda a União de Oração de Charmes, que possui uma convenção com quatro temas para oração: avivamento das igrejas com a conversão pessoal a Jesus Cristo; esclarecimento do povo judeu, anunciado pelas profecias da Escritura; unidade visível do corpo de Cristo; vinda de Jesus Cristo e ressurreição dos mortos. Em 1970, essa união se constitui em associação para culto não territorial da Igreja Reformada da França. Se, em sua fundação, contava com 55 membros, alguns deles pastores, hoje possui 250 membros de países como França, Suíça e Bélgica, com cerca de quarenta pastores, e é administrada por uma junta de pastores. Um retiro anual e encontros regionais reúnem todos os membros, enquanto grupos menores se veem durante o ano através de listas de oração semanais e grupos de oração.

Philippe Plet

▶ DALLIÈRE, Louis, *D'aplomb sur la Parole de Dieu. Courte étude sur le Réveil de Pentecôte*, Valência, Charpin et Reyne, 1932; Idem, *Le baptême en vue du retour de Jésus* (sem data nem local); Idem, "La réalité de l'Église", *ETR* 2, 1927, p. 395-441; BUNDY, David, "L'émergence d'un théologien pentecôtisant: les écrits de Louis Dallière de 1922 à 1932", *Hokhma* 38, 1988, p. 23-51; LOVSKY, Fadiey, "La pensée théologique du pasteur Louis Dallière", *ETR* 53, 1978, p. 171-190; a convenção da União de Oração e os textos dos retiros estão disponíveis na Union de Prière de Charmes, Maison de Boissier, 19 rue de la Calade, F-07800 Charmes-sur-Rhône.

▶ Avivamento; batismo

DANEAU, Lambert (1530-1595)

Nascido em Beaugency, perto de Orléans, morto em Castres, Daneau (em latim, Lambertus Danaeus) foi enviado a Paris em 1547 ou 1548, onde assiste a aulas no novo Colégio Real. É, sem dúvida, dessa época que datam tanto sua iniciação nas línguas clássicas e aos métodos críticos da filologia quanto à aquisição de conhecimentos em gramática, lógica, retórica, física, história e geografia, que seriam largamente utilizadas por ele em sua obra como teólogo. De 1553 a 1559, empreende estudos de direito, que o conduzem à profissão de advogado. Ao longo desses estudos, foi influenciado por dois mestres célebres, François Hotman, que ele encontraria em Genebra após o Massacre de São Bartolomeu, e Anne Du Bourg, cujo martírio em Paris, em dezembro de 1559, contribuiria para sua vocação religiosa. Durante uma estada em Genebra, de 1560 a 1561, foi conquistado pela pregação e pelo ensino de Calvino. Resolveu dedicar-se à teologia e se tornou um dos melhores advogados do "modelo" calvinista, admirando-se com sua coerência doutrinal, ética, eclesiástica e política.

Daneau foi um dos inúmeros pastores enviados para a França pela Companhia dos Pastores de Genebra para estabelecer a Reforma no Reino de França. De 1562 a 1572, exerceu o ministério pastoral em Gien. Apesar das tribulações que lhe causaram as guerras de religião — exílio temporário, perda de sua biblioteca, prisão —, é durante esse período que Daneau adquire seus espantosos conhecimentos em patrística, sobretudo Agostinho, publicando algumas obras sobre o tema, como, por exemplo, as traduções de tratados polêmicos e morais de Tertuliano e Cipriano.

O Massacre de São Bartolomeu colocou um brutal termo em sua carreira de pastor nas Igrejas Reformadas da França. Refugia-se em Genebra em setembro de 1572, sendo ordenado pastor e nomeado professor de teologia na Academia de Genebra para auxiliar Teodoro de Beza. Daneau foi encorajado por Beza, que desejava encontrar um valoroso porta-voz do calvinismo. Apesar da saúde fragilizada, manifestou uma energia intelectual impressionante ao publicar, em menos de oito anos — de 1573 até o início de 1581 —, o total de 27 livros. Entre eles, tratados de moral, como *Les sorciers* [Os feiticeiros] (1574); edições comentadas de Santo Agostinho, como *Enchiridion commentariis illustratus* (1575) e *De haeresibus ad Quodvultudeum* (1578); um comentário do primeiro livro das *Sentences* [Sentenças] de Pedro Lombardo (1580); obras de metodologia, como *Elenchi haereticorum* (1573) e *Methodus tractandae sacrae scripturae* (1573); um comentário da primeira epístola a Timóteo, verdadeiro tratado de disciplina eclesiástica calvinista (1577); uma *Physice christiana* [Física cristã] (1576 e 1580); uma *Ethice christiana* [Ética cristã] (1577); uma série de obras polêmicas contra os papistas e contra os ubiquitários Andreas Osiander (1498-1552), Martin Chemnitz (1522-1586) e Nikolaus Selnecker (1530-1592). Daneau estaria inserido dessa forma no mundo teológico reformado e adquire reputação internacional. Assim, não é de espantar que a partir de 1579 seu nome tenha sido cogitado para ocupar a cadeira de teologia na recém-inaugurada (em 1575) Universidade de Leiden.

O período em que Daneau passou em Leiden foi difícil e durou apenas pouco mais de um ano, de janeiro de 1581 a maio de 1582. Apegado à disciplina eclesiástica reformada, Daneau experimentou conflitos com o magistrado de Leiden, de tendência cesaropapista, que contestava o "modelo" genebrino e o comparava à "Inquisição espanhola". As circunstâncias agitadas de sua passagem pela universidade não o impediram de publicar um importante comentário da Oração Dominical (1582) e de preparar o primeiro volume de sua grande obra teológica, *Christianae Isagoges ad christianorum theologorum locos communes libri II* (1583).

Após uma breve passagem na então calvinista Gand, que durou de maio de 1582 a maio de 1583, Daneau foi chamado para ensinar teologia na Academia de Orthez, onde ficou sete anos, tempo que levou para terminar sua obra *Isagoge* (1586: *De salutaribus Dei donis erga ecclesiam*; 1588: *De homine*) e para publicar sobretudo um comentário dos profetas menores 1586) e do *Símbolo dos apóstolos* (1587). Em 1592, deixou a região do Béarn para tornar-se pastor em Castres, onde redigiu sua *Politice christiana*, publicada em 1596, e uma refutação de Belarmino, publicada entre 1596 e 1598. Em 1595, sintetizou uma última vez seu pensamento na obra *Compendium sacrae theologiae*.

Típico representante dos primórdios do ensino acadêmico reformado, Daneau se esforçou para transmitir do modo mais sintético possível aos futuros pastores o pensamento teológico de seus mestres Calvino e Beza. Quis também mostrar as implicações desse pensamento em todas as áreas do conhecimento, procurando demonstrar que as ciências aristotélicas tradicionais — física, ética, política — podiam se basear na Escritura. Esse propósito o levou a tomar emprestadas *colocações racionais* de teólogos como Andreas Hyperius (1511-1564) e Niels Hemmingsen (1513-1600). Tanto o alcance das obras quanto a curiosidade enciclopédica de Daneau contribuíram para a criação de uma verdadeira escolástica que favoreceu o fortalecimento de uma ortodoxia reformada.

Olivier Fatio

▶ FATIO, Olivier, *Nihil pulchrius ordine. Contribution à l'étude de l'établissement de la discipline écclesiastique ou Lambert Daneau aux Pays-Bas (1581-1583)*, Leyde, Brill, 1971; Idem, *Méthode et théologie. Lambert Daneau et les débuts de la scolastique réformée*, Genebra, Droz, 1976; Idem, "Lambert Daneau 1530-1595", em Jill RAITT, org., *Shapers of Religious Traditions in Germany, Switzerland and Poland, 1560-1600* [Os formadores das tradições religiosas na Alemanha, Suíça e Polônia, 1560-1600], New Haven, Yale University Press, 1981, p. 105-119; FÉLICE, Paul de, *Lambert Daneau de Beaugency-sur-Loire, pasteur et professeur en théologie 1530-1595. Sa vie, ses ouvrages, ses lettres inédites* (1882), Genebra, Slatkine, 1971; PERROTTET, Luc, "Un exemple de polémique religieuse à la fin du XVIe siècle: la défense de la tradition par Robert Bellarmin (1542-1621) et la réplique calviniste", *RThPh* 114, 1982, p. 395-413; RIDDERIKHOFF, Cornelia M., "Lambert Daneau, juriste et théologien", *Bulletin de la Société archéologique et historique de l'Orléanais* 68, 1985, p. 155-169; SINNEMA, Donald, "The Discipline of Ethics in Early Reformed Orthodoxy", *Calvin Theological Journal* 28, 1993, p. 10-44.

◉ Beza; Hotman; Orthez; ortodoxia protestante

DARBISMO

Nos anos 1820, formam-se na Inglaterra grupos de dissidentes, conhecidos como *Plymouth Brethren* ("Irmãos de Plymouth"). Nos anos 1830, sob a influência de John Nelson Darby, reúnem-se os "Irmãos Exclusivistas", enquanto os "Irmãos Abertos" se atribuem à liderança de George Müller (1805-1898), fundador de um orfanato em Bristol. Antes da cisão, Darby já viajava pela Europa continental: esteve na Suíça, sobretudo no cantão de Vaud, a partir de 1840; na Alemanha, onde os irmãos adotariam o nome *Elberfelder Brüder*, com Carl Brockhaus (1822-1899); na França, principalmente no vale do Rhone, na Haute-Loire, e no sudoeste do país. Darby não se envolveu com evangelização, mas agregou cristãos que estavam rompidos com igrejas estabelecidas.

Segundo Darby, somente a Igreja Invisível, corpo de Cristo, perdura. Liderada pelo Espírito Santo, é uma assembleia de irmãos e só se torna visível no momento do partir do pão, partilhado a cada domingo. Só são admitidas na igreja pessoas de fé e vida irrepreensíveis. No momento do culto, todos os irmãos podem tomar a palavra, mas as mulheres devem manter-se caladas. Não há ministério ordenado. Os darbistas publicaram sua própria tradução da Bíblia, assim como comentários bíblicos. Insistem na escatologia e creem em uma inspiração literal e plena das Escrituras, interpretadas de acordo com uma sucessão de economia na história da salvação (dispensacionalismo).

Patrick Streiff

▶ NICOLE, Germain e CUENDET, Richard, *Darbysme et assemblées dissidentes*, Neuchâtel, Delachaux et Niestlé, 1962; PERRET, Paul, *Nos Églises dissidentes, Assemblées de Frères larges. Aperçu de leur histoire et de leurs principes*, Nyon, Je sème, 1966.

◉ Darby; dispensacionalismo; **seitas**

DARBY, John Nelson (1800-1882)

Nascido em Londres, em uma família de aristocratas irlandeses, Darby estuda direito em Dublin. Após sua conversão, adota a teologia como sua área de atuação e se torna pastor anglicano em 1826. Contestando a sucessão apostólica, ele condena a igreja, tida como apóstata, reivindica para todos os cristãos o direito de pregar e suprime o ministério e suas formas cultuais. Renuncia ao cargo e contata alguns dissidentes. Por volta de 1832, une-se aos *Plymouth Brethren* ("Irmãos de Plymouth"). A partir de 1837, empreende viagens pela França e pela Suíça. Em 1840, em Lausanne, agrega junto de si a maioria dos dissidentes do cantão de Vaud, não sem provocar cismas. É o nascimento do darbismo. Darby traduziu a Bíblia para o alemão (*Elberfelder Bibel*, 1855-1871) e o francês (1885). É autor de numerosas brochuras de edificação e tratados de controvérsia.

André Pery

▶ DARBY, John Nelson, *Collected Writings* (1867-1900), 34 vols., Kingston upon Thames, Stow Hill Bible & Tract Depot, 1961-1967; Idem, *Les souffrances du Christ et un homme en Christ* (1858), Vevey, Recordon, 1868; Idem, *La justice de Dieu* (1858), Vevey, Prenleloup, 1859.

◉ Darbismo; dispensacionalismo

DARWIN, Charles (1809-1882)

A revolução intelectual realizada por Darwin teve um alcance considerável no domínio científico e na compreensão que o homem moderno tem de si mesmo. Nesse sentido, Darwin costuma ser citado ao lado de Freud e Marx. Darwin cresce em um ambiente familiar unitarista, um unitarismo aliás temperado por acordos com a Igreja Anglicana. Apaixonado por história natural desde a infância, empreende estudos de medicina em Edimburgo, mas logo os abandona. Considera por algum tempo a carreira eclesiástica, na época uma opção comum para uma atividade nas ciências naturais, ainda pouco profissionalizadas na Inglaterra. Adere aos *Trinta e nove artigos* da Igreja Anglicana e estuda em Cambridge. Em 1831, obtém o grau de *Bachelor of Arts* [bacharel em artes], indispensável para entrar no ministério, mas desiste dessa via para embarcar a bordo do *Beagle* e viajar pelo mundo (1831-1836). Em um primeiro momento, influenciado pela teologia natural de William Paley (1743-1805) e sua visão otimista da intervenção providencial e contínua de Deus na natureza, percebe que tais teorias são desmentidas pela teoria da evolução: a seleção natural implicaria uma natureza contingente e sem projeto no longo prazo. A partir de seus 40 anos, provavelmente, torna-se agnóstico.

Alex Mauron

▶ DARWIN, Charles, *L'origine des espèces au moyen de la sélection naturelle, ou la préservation des races favorisées dans le lutte pour la vie* (1859), Paris, Flammarion, 1999; BECQUEMONT, Daniel, *Darwin, darwinisme, évolutionnisme*, Paris, Kimé, 1992; BOWLBY, John, *Charles Darwin. Une nouvelle biographie*, Paris, PUF, 1995; DESMOND, Adrian e MOORE, James, *Darwin*, Londres, Michael Joseph, 1991; LECOURT, Dominique, *L'Amérique entre la Bible et Darwin* (1992), Paris, PUF, 1998; RUSE, Michael, *The Darwinian Paradigm. Essays on its History, Philosophy and Religious Implications*, Londres, Routledge, 1989.

● Criacionismo; Cuvier; darwinismo; evolucionismo; **razão**

DARWINISMO

Doutrina de Charles Darwin e seus sucessores, segundo a qual a evolução dos organismos vivos resulta da seleção natural das formas mais aptas a utilizar os recursos do meio e reproduzirem-se (*survival of the fitest*: sobrevivência dos mais aptos). Tomando emprestado de Thomas Robert Malthus (1766-1834) o princípio da estabilidade numérica das populações por eliminação dos descendentes em excesso, o darwinismo propôs uma interpretação causal, mecânica, do evolucionismo. O choque cultural provocado pelo darwinismo consistiu fundamentalmente em um questionamento de valores básicos do humanismo cristão do século XIX (ordenação providencial da natureza; ideais de amor, compaixão, humildade; vocação e destino eternos da existência individual). As reações polêmicas de tipo fundamentalista (os "ortodoxos do século XIX ou os "criacionistas do século XX) devem ser compreendidas nesse contexto de deriva ideológica do darwinismo. Essa deriva se manifesta tanto nos sentimentos religiosos (p. ex., no monismo de Ernst Haeckel [1834-1919]) quanto, e sobretudo, nas posições sociais e políticas que valorizam a competição e a discriminação como meios de promover a predominância de grupos humanos que se supõem geneticamente superiores (Herbert Spencer [1820-1903] e o darwinismo social: reivindicação de um controle qualitativo da procriação, através do eugenismo). Desacreditado por seu apoio ao imperialismo colonial e, com maior razão, pelos genocídios do racismo nazista, essa corrente ressurgiria a partir dos anos 1960, com a doação de esperma por parte de ganhadores do Prêmio Nobel, as tendências ideológicas na sociobiologia americana e a etologia humana inspirada por Konrad Lorenz (1903-1989). No meio científico, o darwinismo foi complementado, modificado e relativizado (p. ex., com a contestação do valor seletivo das mutações pela teoria neutralista). Esse trabalho constante de reapropriação crítica não justifica de modo algum a declaração de caducidade por parte daqueles que se opõem ideologicamente ao darwinismo.

Otto Schäfer

▶ ALTNER, Günter, *Schöpfungsglaube und Entwicklungsgedanke in der protestantischen Theologie zwischen Ernst Haeckel und Teilhard de Chardin*, Zurique, Evangelischer Verlag, 1965; HÜBNER, Jürgen, *Theologie und biologische Entwickelungslehre. Ein Beitrag zum Gespräch zwischen Theologie und Naturwissenschaft*, Munique, Beck, 1966; JACQUARD, Albert, *L'héritage de la liberté. De l'animalité à l'humanitude* Paris, Seuil, 1986; MAYR, Ernst, *Histoire de la biologie. Diversité, évolution et hérédité*, t. I: *Des origines à Darwin* e t. II: *De Darwin à nos jours* (1982), Paris, Librairie générale française, 1995; TORT, Patrick, *Dictionnaire du darwinisme et de l'évolution*, 3 vols., Paris, PUF, 1996.

● Criacionismo; Darwin; evolucionismo; Malthus; natureza; **razão**; Smith A.

DÁVID, Ferenz (?1510/1520-1579)

Esse pastor da Transilvânia (região hoje anexada à Romênia, na parte de língua húngara), luterano em um primeiro momento, alinha-se com o calvinismo depois de alguns debates sobre a ceia. Em seguida, sob a influência de Biandrata, torna-se antitrinitário e funda uma igreja unitarista, que ainda existe. Capelão do rei João Sigismundo, promulga em 1568 o Edito de Tolerância de Turda, de uma excepcional abertura de espírito para a época. Após a morte do rei, perde influência e se opõe a Fausto Socino sobre a questão da adoração: contra Socino, Dávid sustenta que só se deve adorar o Pai, e que não podemos orar a Jesus, mas, sim, a Deus em nome de Jesus. Morre aprisionado na fortaleza de Deva.

André Gounelle

▶ *Defensio Francisci Davidis* e *De Dualitate Tractatus Francisci Davidis* (1582), Utrecht, Bibliotheca Unitariorum, 1983; WILBUR, Earl Morse, *A History of Unitarianism*, 2 vols., Boston, Beacon Press, 1945.

◉ Antitrinitarismo; Biandrata; Hungria; Reforma radical; Socino; tolerância; unitarismo

DEBRECEN

Situada na *puszta* ("planície") húngara, Debrecen é a segunda cidade do país, com 21 mil habitantes (39% de reformados). A partir de 1538, a Reforma faz de seu colégio — liceu e faculdade de teologia — um local ilegal para a promoção da teologia calvinista, opondo-se tanto ao catolicismo quanto ao unitarismo defendido pela Dieta de Turda de 1564 (que autorizava a propaganda antitrinitária e colocava o unitarismo em pé de igualdade com os demais cultos reconhecidos; o príncipe da Transilvânia havia se tornado unitarista). Em 1562, a *Confessio Ecclesia Debreceniensis* é uma das primeiras confissões de fé reformadas de língua húngara. O Sínodo de Debrecen, de 1567, sob a liderança do pastor Peter Melius (?1536-1572), adota a *Segunda confissão helvética* e confirma o nome atribuído à cidade, "Genebra da Europa central). Lugar privilegiado da civilização húngara por três séculos, é o centro do puritanismo no século XVII, a cidade de uma ortodoxia esclarecida no século XVIII e está no centro das reformas sociais e da luta pela independência contra os Habsburgos, no século XIX. Dentre os famosos alunos do colégio figuram Mihály Vitéz Csokonai (1773-1805), grande poeta iluminista; Ferenc Kölcsey (1790-1838), a quem se deve o hino nacional; Endre Ady (1877-1919), poeta das ideias revolucionárias. Durante a Revolução de 1848-1849, Debrecen, sob a alcunha de "cidade da sentinela da liberdade", foi a capital da Hungria. Em 1849, a declaração de independência é proclamada no Grande Templo por Lajos Kossuth (1802-1894), aguerrido advogado da independência e chefe do governo húngaro. Em 1944, o Parlamento Provisório da Hungria se reúne na capela do colégio, onde declara guerra à Alemanha nazista. Em 2004, a cidade contava com 37 pastores e 18 igrejas locais.

Jacques Galthier

◉ Hungria

DECÁLOGO

Comentado por Lutero (*Catecismos* menor e maior) e por Calvino (*Institutas da religião cristã*), o Decálogo — os Dez Mandamentos que Deus deu a Israel (Êx 20 e Dt 5) — é a declaração de princípios da tradição moral protestante. Os reformadores veem no Decálogo a disposição providencial de toda moralidade, a expressão mais adequada da lei moral, cujo sentido o homem perdeu por causa do pecado, sendo revelada novamente dessa maneira, pelo próprio Deus. Para esses autores, são princípios imutáveis, pois foram transmitidos diretamente por Deus ao povo de Israel, ao contrário das demais leis comunicadas por meio de Moisés.

Estrutura do Decálogo

Introdução: "Eu sou o Deus que liberta. Eis o que fareis para permanecer em liberdade."

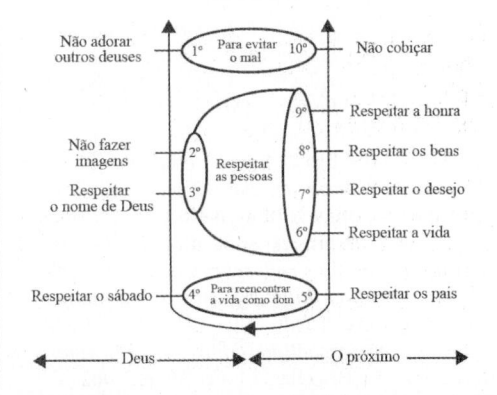

- 1º Para evitar o mal
- Não adorar outros deuses
- Não fazer imagens — 2º Respeitar as pessoas
- Respeitar o nome de Deus — 3º
- Respeitar o sábado — 4º Para reencontrar a vida como dom — 5º
- 10º Não cobiçar
- 9º Respeitar a honra
- 8º Respeitar os bens
- 7º Respeitar o desejo
- 6º Respeitar a vida
- Respeitar os pais

◀— Deus —▶ ◀— O próximo —▶

A numeração dos mandamentos proposta é esta, em uso entre os reformados e os ortodoxos. Os rabinos judeus tornam a introdução o primeiro mandamento e agrupam o primeiro e o segundo em um só, que passa a ser o primeiro. Já os católicos e luteranos tornam o primeiro e o segundo um só, que passa a ser o primeiro, deslocando os seguintes até chegar ao nosso décimo, desdobrado por eles. Na opinião dos exegetas, a numeração que propomos aqui está mais próxima do original. Trabalhos exegéticos recentes descreveram a estrutura do texto, evidenciando o propósito da lei moral de acordo com a Escritura. A ética, que se tornou possível pela promessa de liberdade que a precede (introdução do Decálogo), consiste primordialmente no respeito pela alteridade de Deus e do próximo. Dois perigos ameaçam a existência: a idolatria (tornar-se escravo de falsos deuses imaginários) e a cobiça (tornar-se escravo do próprio desejo). No espaço assim definido por esses dois interditos, localizados como o primeiro e o último mandamentos, duas exigências positivas, situadas no cerne do texto, designam ao homem o lugar em que pode aprender o duplo reconhecimento: de que a vida é um dom a ser celebrado (4º mandamento) e de que estamos em uma aliança que dá sentido ao nosso devir (5º mandamento). Liberto assim da necessidade de autofundar-se, o homem pode ouvir o apelo dos outros mandamentos que, em dois blocos separados, definem o conteúdo do respeito devido a Deus e ao próximo. Os dois termos fortes da ética bíblica são, portanto, o respeito e o reconhecimento, encontrados com bastante frequência na tradição moral protestante.

Éric Fuchs

▶ CHRISTIN, Olivier, *Les yeux pour le croire. Les Dix Commandements en images (XVe-XVIIe siècle)*, Paris, Seuil, 2003; CRÜSEMANN, Frank, *Bewahrung der Freiheit. Das Thema des Dekalogs in sozialgeschichtlicher Perspektive*, Munique, Kaiser, 1983; HOSSFELD, Frank-Lothar, *Der Dekalog. Seine späten Fassungen, die originale Komposition und seine Vorstufen*, Friburgo-Göttingen, Universitätsverlag-Vandenhoeck & Ruprecht, 1982; SCHMIDT, Werner H., *Die zehn Gebote in Rahmen alttestamentlicher Ethik*, Darmstadt, Wissenschaftliche Buchgesellschaft, 1993; VANHOOMISSEN, Guy, *En commençant par Moïse. De l'Égypte à la Terre promise*, Bruxelas, Lumen Vitae, 2002.

◉ Direitos humanos; Jud; judaísmo; **lei**; mandamento; **moral**

DEÍSMO

"De modo singular, não podemos, em um só olhar, contemplar essa bela obra-prima que é o universo, em seu comprimento e largura, sem ficarmos estupefatos, por assim dizer, com a infinita abundância de luz" (*IRC*, cap. I, 1541). Essas palavras de Calvino mostram o lugar devido, apesar do pecado, à razão e à observação humanas, de acordo com os desígnios do Criador. O *deus desconhecido* de Atos 17.23 deixa entrever que a luz natural dos pagãos permitiu conjeturas a respeito da existência do "verdadeiro" Deus, confirmada pela revelação. Razão e revelação, sabedoria antiga e ensino bíblico: eventuais convergências não constituiriam a possível presença de uma "religião natural", desprovida dos mistérios e ritos perpetuados pelos sacerdotes e pela igreja? Surgindo em 1563, o termo "deísmo" acaba por designar essa religião sem clero e sem igreja, que se apoia na razão ou em efusividades para criticar as religiões reveladas como um todo. O movimento encontra um ápice no Ser Supremo do século XVIII. Porém, muitos elementos separam o "grande relojoeiro" de Voltaire do Deus que podemos perceber no cerne da "Profissão de fé do vigário saboiano" (1762) de Jean-Jacques Rousseau.

É, sem dúvida, além do canal da Mancha que o fenômeno conhece seu ponto alto. Existe na Inglaterra, tanto na Igreja Anglicana quanto em demais denominações, uma forma de deísmo, em torno do qual são mantidos debates sobre, por exemplo, a pessoa de Jesus como moralista e filósofo. Herbert de Cherbury (1583-1648) costuma ser saudado como o precursor de uma corrente de pensamento que encontra em Bolingbroke (1678-1751) um desenvolvimento significativo. O deísta não é um ateu, mas se manifesta em favor da existência de Deus, chegando mesmo a acreditar que "o cristianismo é tão velho quanto a criação" (Matthew Tindal). Se a Bíblia não ensina nada mais que aquilo que já está presente na natureza, se o espírito humano consegue elevar-se sozinho até Deus, as religiões reveladas, no melhor dos casos, não passariam de uma reiteração, talvez supérflua, de um ensino moral já acessível à razão. O parasitismo dos clérigos e também seu ocasional fanatismo poderiam suscitar a reação de um autêntico desejo descristianizador, como ocorreu com Voltaire, por exemplo.

Matthew Tindal (1657-1733), John Toland (1670-1722) e Anthony Collins (1676-1729) se conheciam e frequentavam a casa uns dos outros. Não é de espantar que suas obras se assemelhem, tanto no tom anticlerical quanto nos temas tratados. Enquanto Cherbury deixa totalmente de lado a crítica à Bíblia, a trinca eleva o questionamento da Escritura a um primeiro plano. Apontando para o que percebe como caráter contraditório, confuso e até mesmo imoral do ensinamento bíblico, Tindal mostra que a Bíblia não pode fornecer norma ética alguma (*Christianity as Old as the Creation* [1730], Stuttgart, Frommann, 1967); Toland se compraz em enfatizar as incoerências do cânon em suas obras *Amyntor. Or, a Defence of Milton's Life* [Amyntor, ou Defesa da vida de Milton], Londres, 1699 e *Nazarenus: or Jewish, Gentile and Mahometan Christianity* [O nazareno, ou O cristianismo dos judeus, dos pagãos e dos maometanos] (1718), Londres, 1777; e, por fim, Collins nega a menor continuidade entre o Antigo Testamento e o Novo, mostrando que nenhuma das pretensas profecias que figuravam no primeiro se realizaram no segundo (*Discourse of the Ground and Reasons of the Christian Religion* [1724], New York, Garland, 1976). Já que não se pode confiar na Bíblia, precisamos nos voltar para uma forma de religião natural — essa é a ideia explicitada por Tindal. Após afirmar que a religião cristã, em sua pureza inicial, é uma "reedição" da religião natural originária, Tindal acabaria por abandonar a ficção de um cristianismo originariamente puro, identificando então a religião natural com a moral (*Christianity as Old as the Creation*). Em *Christianity Not Mysterious* [Cristianismo sem mistérios] (Londres, Sam Buckley, 1696), Toland, por sua vez, descreve o que poderia ser um cristianismo razoável, enfim liberto de seus pretensos mistérios; porém, sua visão é mais adequadamente perceptível em *Letters to Serena* [Cartas a Serena] (Londres, Bernard Lintot, 1704) e em *Pantheisticon* (1720, Londres, Sam. Paterson, 1751), em que afirma um materialismo panteísta cujos tons são de início mecanicistas, antes de se tornarem hilozoístas. Em *Discourse of Free Thinking* [Discurso sobre a liberdade de pensamento] (1713, Londres, 1714), a ênfase de Anthony Collins não é tanto os fundamentos do livre-pensamento, no sentido estrito da expressão, mas, sim, do pensamento livre, baseando-se, portanto, na única razão da ausência de qualquer tipo de autoridade exterior. No entanto, sua defesa e sua ilustração da liberdade de pensamento não exclucm a convicção de que o determinismo é universal (*Philosophical Inquiry Concerning Human Liberty* [1717], La Haye, Nijhoff, 1976), enquanto a obra *Answer to Mr. Clarke's Third Defence of His Letter to Mr. Dodwell* [Resposta à terceira defesa do sr. Clarke em sua carta ao sr. Dodwell] (Londres, Darby, 1711) deixa entrever que, assim como Toland, Collins crê na matéria eterna e incriada.

No entanto, houve certa convivência entre um deísmo temperado e algumas formas liberais de cristianismo protestante. Por outro lado, a partir de Wesley, os avivamentos foram uma tentativa de foco teológico, com a retomada do sentido do mistério e do sacrifício único de Jesus Cristo na economia da salvação.

Bernard Cottret e Pierre Lurbe

▶ BERMAN, David, *A History of Atheism in Britain. From Hobbes to Russell*, Londres, Routledge, 1990; BETTS, Christopher J., *Early Deism in France. From the So-called "Déistes" of Lyon (1564) to Voltaire's "Lettres philosophiques" (1734)*, Haia, Nijhoff, 1984; BYRNE, Peter, *Natural Religion and the Nature of Religion. The Legacy of Deism*, Londres, Routledge, 1989; CLAIR, Pierre, "Hétérodoxie et déisme chez John Toland", em *Recherches sur le XVIIe siècle*, t. IV, Paris, CNRS Éditions, 1980, p. 127-143; COTTRET, Bernard, *Le Christ des Lumières. Jésus de Newton à Voltaire*, Paris, Cerf, 1990; Idem, *Bolingbroke. Exil et écriture au siècle des Lumières*, Paris, Klincksieck, 1992; LAGRÉE, Jacqueline, *La religion*, Paris, PUF, 1991; POMEAU, René, *La religion de Voltaire*, Paris, Nizet, 1969; REVENTLOW, Henning, *Bibelautorität und Geist der Moderne*, Göttingen, Vandenhoeck & Ruprecht, 1980; SAYOUS, Édouard, *Les déistes anglais et le christianisme*, Paris, Fischbacher, 1882; SULLIVAN, Robert E., *John Toland and the Deist Controversy. A Study in Adaptations*, Cambridge, Harvard University Press, 1982; TARANTO, Pascal, *Du déisme à l'athéisme. La libre-pensée d'Anthony Collins*, Paris, Champion, 2000; TORREY, Norman Lewis, *Voltaire and the English Deists* (1930), Oxford, The Marston Press, 1963.

⬤ Antitrinitarismo; apologética; Baumgarten S. J.; **Deus**; Franklin; Herbert de Cherbury; Hume; iluminismo; **Jesus (imagens de)**; La Beaumelle; latitudinarismo;

liberalismo teológico; Locke; natureza; neologia; filosofia da religião; **razão**; revelação; **salvação**; Smith A.; teísmo; unitarismo

DELEGAÇÃO PASTORAL

Medida concedida pela autoridade eclesiástica para permitir a um não pastor o exercício das funções pastorais em dado local e durante um período determinado. Essa autorização inclui o direito de pregar e presidir a celebração dos sacramentos, justificando-se pelo fato de que, tanto na doutrina luterana quanto na reformada, a direção do culto (pregação e sacramentos) não é um ato sacerdotal pessoal, mas uma delegação confiada ao pastor pela igreja, em caráter ordinário, através da consagração. Em uma situação extraordinária (ausência prolongada do pastor, responsabilidade por pequenos grupos fora da igreja), essa delegação pode ser concedida de modo excepcional e temporário.

Claude Bridel

● Atos pastorais; **autoridade**; leigo; ministérios; **pastor**; sacerdócio universal

DEMITOLOGIZAÇÃO

O termo "demitologização" entra para a cena teológica em 1941 graças a Rudolf Bultmann. Para ele, a demitologização não é a eliminação das expressões míticas das Escrituras, mas, sim, sua tradução para uma linguagem adequada. O mito é, aqui, uma linguagem que traduz o que não é "deste mundo" (alto, baixo; céu, inferno). Bultmann vê no uso e principalmente na ligação com a linguagem mitológica um esforço de proteção incompatível com a justificação pela graça somente (e acredita que essas ideias estão presentes na obra de Lutero). A demitologização seria assim algo necessário espiritualmente para que o leitor das Escrituras pudesse se sentir diretamente implicado no texto, sem tergiversações. Permitiria de fato encontrar a mensagem (querigma) central do texto interpretado. O empreendimento da demitologização exige que a tradução ocorra na linguagem não objetivizante ou não reificante que mais corresponde à intencionalidade do texto bíblico. Para Bultmann, essa linguagem-alvo só poderia ser aquela que a filosofia existencial coloca à disposição.

Jean-Denis Kraege

▶ BARTH, Karl, "Rudolf Bultmann. Un essai pour le comprendre" (1952), em *Comprendre Bultmann*, Paris, Seuil, 1970, p. 133-190; BULTMANN, Rudolf, "Neues Testament und Mythologie", em *Kerygma und Mythos*, t. I, Hamburgo, Reich, 1948, p. 15-48; Idem, *Jésus. Mythologie et démythologisation* (1926 e 1958), Paris, Seuil, 1968, p. 183-244 (cf. tb. o prefácio de Paul RICOEUR, p. 9-28).

● **Bíblia**; Bultmann; cosmologia; existencial; milagre; mito; símbolo; "teologia dialética"

DEMOCRACIA

Democracia significa governo exercido pelo povo (*demos*, em grego), mas nem todo governo exercido pelo povo é democrático. A democracia implica não somente eleições livres, com participação de todos os cidadãos da sociedade (sufrágio universal), mas também um estado de direito que respeite a separação dos poderes (Executivo, Legislativo e Judiciário) e os direitos humanos (sobretudo as minorias). O estabelecimento da democracia tem se associado ao reconhecimento do pluralismo religioso e, portanto, à autonomização do político em relação a toda tutela religiosa.

Através de vários aspectos e alguns de seus elementos intrínsecos (calvinista e batista principalmente), o protestantismo contribuiu para a edificação da democracia. A partir do século XVI, a polêmica católica considerava o exame pessoal da Bíblia "um fermento de dissolução das hierarquias necessárias", acusando o procedimento de minar os fundamentos da obediência. A filiação entre Reforma e Revolução Francesa seria uma alegação constante. Ao provocar a divisão do cristianismo, o protestantismo de fato favoreceu a secularização da política e sua ocupação em um espaço autônomo, nos países interconfessionais. Dessacralizando a autoridade religiosa, o protestantismo facilitou a dessacralização da autoridade política e contribuiu para que fosse controlada e legitimada pelo povo. Depois do Massacre de São Bartolomeu (1572), pensadores calvinistas insistiriam no fato de que é o povo que estabelece os reis e que os príncipes devem governar de acordo com as leis divinas e humanas. Em 1581, a Declaração de Independência das Províncias Unidas afirmaria que "os súditos não são criados para o príncipe [...], mas, sim, o príncipe para os súditos [...], a fim de governá-los segundo o direito e a razão". A afirmação do sacerdócio universal dos cristãos e a própria organização das igrejas protestantes também tiveram seus efeitos democráticos. Ao reconhecer a igualdade dos pastores em relação às ovelhas, estabelecer em consistórios e sínodos a responsabilidade dos leigos e tomar decisões com a maioria dos votantes, os reformados franceses adotaram desde 1559 um modo de funcionamento eclesiástico que de fato rompeu com o absolutismo.

Na América, se alguns puritanos estiveram sob orientações teocráticas (como em Massachusetts), houve outros, como o batista Roger Williams (?1603/04-1684) e o quacre William Penn (1644-1718), que experimentaram uma organização democrática avançada para sua época. O primeiro, em Rhode Island, ao limitar as prerrogativas do Estado em matéria civil (1637) e distinguir as leis comuns impostas a todos dos imperativos de consciência em que cada um é livre (1647). O segundo, ao fundar a Pensilvânia, um Estado bastante tolerante e pacífico cuja constituição serviria como modelo para a constituição dos Estados Unidos. Em *Da democracia na América* (1835-1840), Tocqueville se confessaria impressionado com a mistura de "espírito de liberdade" e "espírito religioso" na América. Em oposição à sociedade francesa, onde as conquistas democráticas costumam aliar-se a um ponto de vista irreligioso ou antirreligioso, em uma América marcada pela herança puritana e pelo pluralismo confessional a religião e a edificação da democracia andam lado a lado, uma religião que manteria também o interesse dos indivíduos pela coisa pública e os tornaria particularmente vigilantes em relação ao poder. Deve-se à influência protestante essa desconfiança visceral dos americanos quanto às virtuais possibilidades corruptoras e opressivas de qualquer tipo de poder, uma desconfiança que os levou a proteger os direitos dos indivíduos diante dos poderes de seus próprios representantes. Assim como a Igreja Católica na Polônia, as igrejas protestantes desempenharam um papel importante na eliminação do comunismo em alguns países da Europa. Nas democracias desencantadas dos países ricos, as igrejas cristãs cuidam de alimentar as virtudes civis e a solidariedade. Contra extremismos, elas mantêm as democracias.

Porém, as afinidades entre protestantismo e democracia não nos devem deixar esquecer que, sob certas circunstâncias e em algumas de suas expressões, o protestantismo legitimou regimes perfeitamente não democráticos e até mesmo totalitários: por exemplo, o protestantismo dos "Cristãos Alemães" em relação ao nazismo ou o protestantismo calvinista dos africâneres em relação ao *apartheid* na África do Sul. É raro que haja laços unívocos entre religião e democracia, e a invocação dos "direitos divinos" pode, de tempos em tempos, ameaçar a democracia.

Jean-Paul Willaime

▶ FUCHS, Éric e GRAPPE, Christian, *Le droit de résister. Le protestantisme face au pouvoir*, Genebra, Labor et Fides, 1990; TOCQUEVILLE, Alexis de, *A democracia na América* (1835-1840), São Paulo, Itatiaia-Universidade de São Paulo, 1987; VIALLANEIX, Paul, org., *Réforme et Révolutions. Aux origines de la démocratie moderne*, Paris-Montpellier, Réforme-Presses du Languedoc, 1990; WILLAIME, Jean-Paul, "Ethos protestant français et politique", *Autres Temps* 8, 1985-1986, p. 9-22.

▶ Absolutismo; **autoridade**; Dewey; direitos humanos; Grotius; Habermas; Hobbes; indivíduo; **laicismo**; **liberdade**; liberdade de consciência; livre exame; Locke; monarcômacos; Penn; Pensilvânia; pluralismo; poder; **política**; presbítero-sinodal (regime); Pufendorf; Rawls; resistência; Revolução Americana; Siegfried; Williams, Roger

DEMONOLOGIA

A demonologia se dedica ao estudo dos demônios ou maus espíritos. Inseparável da angelologia — estudo dos anjos ou mensageiros divinos —, preocupa-se basicamente com o *status* do mal na condição humana. Embora estejam presentes em todas as tradições religiosas, os demônios ocupam funções diversas de acordo com seus locais de designação. Enquanto para os gregos o demônio (*daimôn*) era um ser intermediário entre o divino e o humano, ou o espírito de um morto dotado de poderes sobrenaturais, para os autores da *Septuaginta* e do Novo Testamento o demônio (*daimônion*) é uma força fundamentalmente maligna, fonte de perturbações psíquicas e até físicas. Ao longo da história bíblica e eclesiástica, o *status* ontológico dos demônios sofreu mutações. Mencionados de passagem no Antigo Testamento, é no período intertestamentário — provavelmente sob a influência iraniana

— que os demônios emergem na consciência como entidades espirituais opostas ao Reino de Deus, ao projeto benévolo de Deus para a humanidade. Assunto controverso já nos primórdios do judaísmo (os saduceus negavam sua realidade, enquanto os fariseus os reconheciam, cf. At 23.8), eles constituem ainda hoje fonte de polêmica no protestantismo. O "demoníaco" é interpretado de modos bastante diversos: entidade mítica pertencente a uma cosmovisão ultrapassada (Rudolf Bultmann), princípio antidivino mas participante da potência do divino (Paul Tillich), potência do nada, do não-ser, negada por Deus (Karl Barth), ser sobrenatural causador de perturbações (Eduard Thurneysen, Maurice Ray). Desde a redução psicológica (em que o demônio seria *apenas* a projeção de um desejo mau ou a expressão de uma palavra maléfica precedendo e orientando uma vida) até a reificação (em que o demônio seria *a* fonte oculta de todas as perturbações), é vasta a gama das interpretações.

Reconhecer uma dimensão demoníaca operando na vida dos indivíduos e dos povos é, antes de tudo, reconhecer a existência de uma trama do mal, da doença e da morte que se antecipa ao homem e conduz a sua desumanização. Fonte perniciosa de tentação, obsessão e também de possessão, o demoníaco pode insinuar-se em todas as relações, requerendo um discernimento sadio e uma sóbria vigilância. Qualquer que seja o *status* atribuído ao demônio, a mensagem fundamental do Novo Testamento, e que a igreja busca o tempo todo reatualizar, é que o Crucificado ressuscitado privou de fascinação e poder essas potências de perturbação. Mesmo se a origem do demoníaco é indefinível — pois o demônio não é um antideus eterno nem parte de um dualismo essencial, tampouco um rosto cruel de Deus que justifique um monismo radical —, seu fim é definitivo (Ap 21.10). As pulsões de morte contra o homem, por mais temíveis que sejam, foram e são mortalmente vencidas pela pulsão de vida do Ressuscitado. Mesmo se afirmamos que Deus pode misteriosamente servir-se dessas potências com o objetivo de mostrar-nos quanto há de servidão em nós, instando-nos à liberdade, afirmaremos que, em Cristo, essas forças de alienação foram vencidas por completo e podem ser vitoriosamente combatidas.

Shafique Keshavjee

▶ BODIN, Jean, *De la démonomanie des sorciers* (1580), Hildesheim, Olms, 1988; DANEAU, Lambert, *Les sorciers*, Genebra, Bourgeois, 1574; KELLY, Henry Ansgar, *Le diable et ses démons. La démonologie chrétienne, hier et aujourd'hui* (1974), Paris, Cerf, 1977; MALLOW, Vernon R., *The Demonic. A Selected Theological Study. An Examination into the Theology of Edwin Lewis, Karl Barth and Paul Tillich*, Lanham, University Press of America, 1983; RAY, Maurice, *Échec à l'opresseur. Étude sur le ministère de délivrance*, Lausanne, Ligue pour la lecture de la Bible, 1977; RIES, Julien, org., *Anges et démons*, Louvain-la-Neuve, Centre d'histoire des religions, 1989; ROSENBERG, Alfons, *Engel und Dämonen. Gestaltwandel eines Urbildes* (1967), Munique, Kösel, 1986; TILLICH, Paul, "Le démonique" (1926), em *La dimension religieuse de la culture, Écrits du premier enseignement (1919-1926)*, Genebra-Paris-Quebec, Labor et Fides-Cerf-Presses de l'Université Laval, 1990, p. 121-151.

◉ Anjos; criação/criatura; **Deus**; discernimento de espíritos; exorcismo; glossolalia; **mal**; **salvação**; superstição

DENCK, Hans (1500-1527)

Nascido na Alta Baviária, esse jovem humanista basileu se torna reitor da escola de Saint-Sébald, em Nuremberg, sob a recomendação de Oecolampadius, o reformador de Basileia. Após o processo contra os pintores ateus, Denck precisou deixar a cidade em janeiro de 1525. Manteve-se à parte durante a Guerra dos camponeses e se posicionou sempre a favor dos perseguidos. Batizado em 1526 por Hubmaier, voltou para Basileia, onde morreu em decorrência da peste. Em relação a questões teológicas (como a origem do mal), a postura de Denck era espiritualista, de inspiração erasmiana. Professava o teorema do restabelecimento final de todas as coisas (apocatástase). O tom conciliador de seus textos, em que ele sempre se esforçava por compreender os argumentos dos adversários, exerceu uma influência única em seu meio. Seu texto mais famoso, redigido em Basileia, é o *Widerruf* (publicação póstuma).

Christoph Dejung

▶ DENCK, Hans, *Schriften*, 3 vols., org. por Georg BARING e Walter FELLMANN, Gütersloh, Mohn, 1955-1960; SÉGUENNY, André, "Hans Denck et ses disciples", em *L'humanisme allemand (1480-1540). XVIIIe colloque international de Tours*, Munique-Paris, Fink-Vrin, 1979, p. 441-445.

▶ Anabatismo; apocatástase; humanismo; Reforma radical; espiritualismo

DENTIÈRE, Marie (?1490-1560)

Marie Dentière é a única teóloga leiga do meio frequentado por Calvino. Originária de Tournai (Bélgica), foi priora do convento das agostinianas. Logo convertida às doutrinas de Lutero, casou-se com o ex-padre Simon Robert e, após a morte do marido (em 1532 ou 1533), com Antoine Froment (1509-1581), compatriota de Guilherme Farel que se havia estabelecido como pregador em Genebra, antes de ser expulso por ter denunciado em público os abusos do clero. O casal se instalou em Genebra em 1535. Marie Dentière seria autora da primeira crônica favorável à reforma de Genebra, *La guerra et deslivrance de la ville de Genesve* [Guerra e livramento da cidade de Genebra] (1504-1536), que mandou publicar anonimamente em 1535. Nos primeiros anos da Reforma, foi uma apoiadora determinada de Farel e Calvino. Foi para condenar a expulsão de ambos e para defender o papel das mulheres no protestantismo que ela mandou imprimir, em 1539, *L'Epistre très utile faicte et composée par une femme chrestienne de Tornay envoyée à la Royne de Navarre seur du Roy de France contre les Turcz, Juifz, Infidèles, faulx chrestiens, Anabaptistes et Luthériens* [Epístola muito útil feita e composta por uma mulher cristã de Tornay, enviada à rainha de Navarra irmã do rei da França contra os turcos, judeus, infiéis, falsos cristãos, anabatistas e luteranos] (Anvers, Martin Lempereur [endereço falso para Genebra, Jean Girard]).

Irena Backus

▶ BACKUS, Irena, "Marie Dentière, un cas de féminisme théologique à l'époque de la Réforme?", *BSHPF* 137, 1991, p. 177-195; GRAESSLÉ, Isabelle, "Vie et légendes de Marie Dentière", *Bulletin du Centre protestant d'études* 55/1, Genebra, 2003.

▶ Mulher

DEONTOLOGIA

A maior parte dos deveres dos pastores é consequência direta da colegialidade. Por exemplo, em princípio o pastor não intervém na igreja de um colega sem aviso nem assentimento prévio. No entanto, entre as mais importantes atribuições do pastorado costuma figurar o respeito pelo sigilo inerente à função. Nas igrejas que mantêm laços orgânicos com o Estado, além de obrigatória, a discrição é objeto de proteção jurídica. Nas demais igrejas, o sigilo na função pastoral é considerado sigilo profissional, assim como na medicina e em demais ocupações. Em todos os casos, o sigilo profissional integra o compromisso da consagração. Sua prática pode variar, desde a aplicação mais estrita, na qual o pastor se recusa a revelar qualquer tipo de informação sobre um membro da igreja ou qualquer outra pessoa que lhe tenha feito confidências, até um sentido amplo, ou seja, quando ele se sentir ligado a esse compromisso somente diante de recomendação expressa da pessoa. Por extensão, demais ministros das igrejas protestantes (diáconos, anciãos) estão sob o mesmo dever.

Pierre-Luigi Dubied

▶ CHAPPUIS, Jean-Marc, *La figure du pasteur*, Genebra, Labor et Fides, 1985; DUBIED, Pierre-Luigi, *Le pasteur: un interprète*, Genebra, Labor et Fides, 1990, p. 56s; ÉGLISE ÉVANGÉLIQUE RÉFORMÉE DU CANTON DE VAUD, *Ensemble au service du Seigneur. Déontologie pastorale*, dezembro de 1985; VOELTZEL, René, "Le secret professionnel pastoral", *RHPhR* 36, 1956, p. 232-247; WEBER, Pierre C., *Le secret pastoral dans l'Église nationale protestante de Genève*, Genebra, Fonds, Lullin, 1990.

▶ Pastor

DESEJO

A obra de Anders Nygren, *Eros and Agape* [Eros e Ágape] (1930-1936, New York, Harper Torchbooks, 1969), deixou marcas na teologia protestante recente e em outras teologias. Nygren distinguiu de modo radical essas duas noções de amor e tentou apologeticamente tratar de um "amor cristão", desviando-se das questões que, pelo menos desde Freud (1856-1939), eram suscitadas nas ciências humanas. Essa dualidade era insustentável, e Bernardo de Claraval (1091-1153) já sabia — assim como os teólogos de tradição agostiniana — que é no mesmo vetor intencional que amamos a nós mesmos, que amamos uma comida, a mãe, a esposa, os filhos, o próximo.

A teologia protestante de língua francesa tirou amplas conclusões das obras de Jacques Lacan (1901-1981), popularizadas por alguns pensadores católicos como Denis Vasse, Roland Sublon, Louis Beirnaert e outros (ou retomados no protestantismo, como na obra de Jean Ansaldi, Éric Fuchs, Marc Faessler etc.): a *necessidade*, de origem orgânica, é sempre apropriada pela linguagem materna e só chega à consciência como *demanda* de algo a alguém; o desejo é arrancado no além ou no aquém dessa demanda. Aflorando nas rupturas, nas redundâncias, nos lapsos, nos silêncios da linguagem articulada, o *desejo* não demanda nada a ninguém. É impossível de ser satisfeito e se renova sem cessar. É de fato desejo de reconhecimento do Outro: desejo de ser reconhecido por ele, desejo de reconhecê-lo. Implica a falta, integrada em si mas sobretudo no Outro (incluindo Deus, compreendido a partir da cruz, e não a partir das figuras do teísmo clássico), não a falta imaginária de ter e de poder, mas a falta de ser: eu não sou o todo, eu não coincido com a totalidade de minha busca narcísica, nenhuma instância maternal, paternal ou divina pode me situar em um *status* de plenitude. É nessa falta que o Outro (lugar em que podem vir diversos *reais*, entre os quais Deus) chega através de sua Palavra e me reconhece, deixando emergir em mim uma dimensão de sujeito irredutível aos modelos possíveis, um sujeito diferente da pessoa social que se forma a partir dos modelos ideais.

Jean Ansaldi

▶ ANSALDI, Jean, *L'articulation de la foi, de la théologie et des Écritures*, Paris, Cerf, 1991; Idem, *Le dialogue pastoral. De l'anthropologie à la pratique*, Genebra, Labor et Fides, 1986; Idem, "Pour une psycho-anthropologie religieuse", *ETR* 69, 1994, p. 39-52; Idem, *Le combat de la prière. De l'infantilisme à l'esprit*, Poliez-le-Grand, Éditions du Moulin, 2001; FUCHS, Éric, *Le désir et la tendresse. Pour une éthique chrétienne de la sexualité* (1979), Paris-Genebra, Albin Michel-Labor et Fides, 1999; KAEMPF, Bernard, *Réconciliation. Psychologie et religion selon Carl Gustav Jung*, Paris, Cariscript, 1991; Idem, org., *Écoute et accompagnement*, Estrasburgo, *Association des publications de la Faculté de théologie protestante de l'Université de Strasbourg*, 1988.

● Alegria; amor; **Deus**; erotismo; fé; indivíduo; Jung; **liberdade**; Nygren; parusia; perdão; pessoa; prazer

DESENVOLVIMENTO

O desenvolvimento é uma preocupação recente. Trata-se de uma noção que veio enriquecer a de crescimento através de critérios diversos além do econômico — sociais, culturais, étnicos, religiosos etc. —, permitindo que a situação geral de uma população fosse apreciada qualitativamente. Aplicada aos países do Terceiro Mundo, porém, a noção de desenvolvimento não permitiu que fosse evitada sua classificação como subdesenvolvidos a partir somente do critério econômico: o Produto Nacional Bruto *per capita*. As teorias atualmente chamadas "do maldesenvolvimento" tentam integrar fatores não econômicos às explicações para a pobreza dos países do Sul e sua dominação pelos países do Norte. Após a Segunda Guerra Mundial, as igrejas protestantes, por meio de organizações não governamentais em geral ecumênicas, organizaram programas com vistas a permitir aos povos do Sul os meios de desenvolverem-se segundo critérios próprios, livrando-se do domínio ocidental. Porém, os rigores da economia mundial (exigências para ajuda, endividamento excessivo e superinflação), juntamente com a incapacidade política dos Estados do Sul, arruinaram essas esperanças. Desde a queda do Muro de Berlim, em 1989, e na ausência de alternativas diante do modelo capitalista liberal, as igrejas buscam no Conselho Mundial de Igrejas (programa "Paz, justiça e salvaguarda da criação") e na Sociedade Cooperativa Ecumênica de Desenvolvimento (Banco Oikocredit) um modo de apoiar toda iniciativa de formação coletiva da opinião e do investimento cooperativo, para que os povos do Sul possam voltar a ser donos de seu destino, mantendo-se como parceiros à parte em relação ao Norte.

Jean-François Zorn

▶ BIÉLER, André, *Le développement fou. Le cri d'alarme des savants et l'appel des Églises*, Genebra, Labor et Fides, 1973; BLANC, Jacques, *Construire un monde solidaire. Une logique nouvelle*, Paris, Les Bergers et les Mages, 1992; COMMISSION SOCIALE ÉCONOMIQUE ET INTERNATIONALE DE LA FÉDÉRATION PROTESTANTE DE FRANCE, org., *Le développement en question. Éléments de réflexion pour une approche chrétienne*, Estrasburgo-Paris, Oberlin-Les Bergers et les Mages, 1992; CONFÉRENCE DES ÉGLISES EUROPÉENNES ET CONSEIL DES CONFÉRENCES

ÉPISCOPALES EUROPÉENNES, org., *Paix et justice pour la création entière*, Paris, Cerf, 1989 (textos do encontro de Basileia).

• África tropical; **capitalismo**; CIMADE; colonização; Comunidade Evangélica de Ação Apostólica; **ecologia**; **missão**; missionárias (sociedades); usura

DESERTO (igreja no)

Para os protestantes franceses, o período do Deserto corresponde ao século de perseguições, iniciado pelo Edito de Fontainebleau, que revogou o Edito de Nantes no dia 17 de outubro de 1685, e pelo Edito de Tolerância do dia 17 de novembro de 1787, que outorgou aos huguenotes um estado civil laico, mas não a liberdade de culto. O termo "deserto" foi escolhido em referência às provas por que passou o povo judeu, que, após sair do Egito, errou durante quarenta anos no deserto antes de entrar na Terra Prometida. Distinguem-se em geral um "primeiro Deserto" (ou "Deserto heroico"), que corresponde ao período das perseguições violentas (a recusa a abjurar levava às galeras ou à prisão) dos anos 1685-1760, e um "segundo Deserto, entre 1760 e 1787, em que houve certa tolerância, progressiva, precoce e revogável, permitindo aos protestantes que se reunissem em "assembleias" sem muitos riscos, e até mesmo abrir discretas "casas de oração" em algumas regiões. Porém, o protestantismo continuou proibido, portanto clandestino; além disso, o último pastor mártir, François Charmusy, morre em 1771: preso enquanto estava no púlpito, falece na prisão em decorrência de maus-tratos. A partir do século XIX, associa-se por vezes o termo "Deserto" à lembrança das "assembleias" ao ar livre, no século XVIII, em locais afastados, após a destruição dos templos e a proibição das reuniões de culto; nesses casos, trata-se de uma reinterpretação. Em 1910, foi fundado o Museu do Deserto, em Mialet (Gard), na pequena aldeia de Mas Soubeyran, na casa natal do chefe camisardo Rolland (Laporte).

André Encrevé

▶ ADAMS, Geoffrey, *The Huguenots and French Opinion, 1685-1787. The Enlightenment Debate on Toleration*, Waterloo, Wilfrid, Laurier University Press, 1991; BOST, Hubert, "De la désertion des ministres au Désert des prédicants. Les reproches de Brousson aux pasteurs exilés à la Révocation de l'Édit de Nantes", em Yves KRUMENACKER, org., *L'anticléricalisme intra-protestant en Europe continentale, XVIIe-XVIIIe siècles*, Lyon, Université Jean Moulin, 2003, p. 43-54; Idem e LAURIOL, Claude, orgs., *Refuge et Désert. L'évolution théologique des huguenots de la Révocation à la Révolution Française. Actes du colloque du Centre d'étude du XVIIIe siècle*, Montpellier, 18-19-20 janvier 2001, Paris, Champion, 2003; "Actes des Journées d'étude sur l'Édit de 1787", *BSHPF* 134, 1988, p. 177-478; "Le protestantisme en France", *Dix-huitième siècle* 17, 1985, p. 5-191; HUGUES, Edmond, *Antoine Court. Histoire de la restauration du protestantisme en France au XVIIIe siècle*, 2 vols., Paris, Lévy-Librairie nouvelle, 1872; LÉONARD, Émile G., *Histoire ecclésiastique des réformés français au XVIIIe siècle*, Paris, Fischbacher, 1940; Idem, *Le protestant français* (1953), Paris, PUF, 1955.

• Béarn; Camisardos (Guerra dos); Cevenas; Court; Court de Gébelin; dragonnade; Durand; Edito de Nantes (e Revogação do); França; martírio; Montauban; **mulher**; museus protestantes francófonos; Nîmes; Orthez; Rabaut; Refúgio

DEUS

1. Introdução: a problemática
2. A Reforma
    2.1. Martinho Lutero (1483-1546)
    2.2. João Calvino (1509-1564)
    2.3. A Reforma radical
3. Deus na metafísica clássica: o Deus necessário e *Causa sui* no século XVII
    3.1. A *Schulmetaphysik* protestante no século XVII
    3.2. O Deus necessário, ou como Deus funciona no sistema
4. Deus e a teologia no século XVIII. O cristianismo prático e razoável
    4.1. Deísmo, latitudinarismo e ceticismo na Inglaterra do século XVIII
    4.2. A escola wolffiana ou a "máquina teológica"
    4.3. Os neólogos ou o racionalismo prático
    4.4. Físico-teologia e apologética
    4.5. Gotthold Ephraim Lessing (1729-1781). O Deus educador e o racionalismo na história
5. Do "teísmo moral" ao Deus vivo da dialética
    5.1. Immanuel Kant (1724-1804): da físico-teologia à impossível especulação. Ou como chegamos a deduzir a teo-lógica da moralidade
    5.2. Georg Wilhelm Friedrich Hegel (1770-1831). Da cisão da vida à dialética do Espírito

DEUS

6. **Um momento crítico: heterogeneidade de Deus e contingência do mundo**
    6.1. Søren Kierkegaard (1813-1855)
    6.2. Friedrich Nietzsche (1844-1900)
    6.3. Superação do romantismo (e de Hegel)
    6.4. Rumo a uma "filosofia da revelação" (Friedrich Wilhelm Joseph Schelling [1775-1854])
7. **Personalidades do neoprotestantismo**
    7.1. Friedrich Daniel Ernst Schleiermacher (1768-1834)
    7.2. Antropologização e historicização
    7.3. Ernst Troeltsch (1865-1923)
8. **A "teologia dialética" e Paul Tillich**
    8.1. Karl Barth (1886-1968)
    8.2. Paul Tillich (1886-1965)
9. **Coordenadas contemporâneas e conclusões**
    9.1. Radicalidade do ser no mundo. Ou o crer como excesso em representações mutantes
    9.2. Radicalidade do absoluto. Ou Deus como limite externo necessário para uma sociedade plurirreligiosa

Cultural e socialmente, a questão de Deus — deuses? o absoluto? a verdade em última instância? — está de fato associada ao fenômeno religioso, a seu *status* mutante e a sua organização interna, submetida a avatares diversos ou a "recomposições". É preciso tomar cuidado para não esquecer essa implicação, mas isso não faz com que as questões sobre Deus sejam reabsorvíveis no fenômeno religioso. São apenas diferentes e mais específicas.

Nesta enciclopédia, a problemática das associações entre a questão de Deus e a realidade do fenômeno religioso é abordada no artigo "Religião e religiões". Nas páginas que se seguem, nós nos concentraremos com mais vagar na questão de Deus propriamente, ainda que seja apenas para examinar suas implicações, indagando-nos acerca do assunto com um olhar atento às diferenciações históricas e culturais que o afetam.

1. Introdução: a problemática

"Deus de Abraão, Isaque e Jacó ou Deus dos filósofos." A famosa oposição é de Pascal, mas encontra forte ressonância no protestantismo, sendo útil para mostrar implicações às quais o protestantismo é particularmente sensível: o sentido da *ruptura* e da *irrupção*, em que se encontram incriminadas as totalizações; atrelado a isso está o sentido da *particularidade* e da *determinação*. Deus não é assimilável como tal ao Ser supremo e circundante, à razão definitiva de tudo o que existe, à causa como fundamento prévio, nem à realidade última como totalização final.

Isso não significa que, no protestantismo, Deus está isento de correlações com "o uno", "o verdadeiro", "o bom" ou "o belo", nem, portanto, com a apreensão racional, o juízo, a vontade ou o desejo comandados por esses "transcendentais": pensá-lo equivaleria a uma saída ilusória da condição humana e dos elementos que a atravessam e constituem, ou cair na ideologização de um momento doutrinário extrínseco, supranaturalista ou heterônomo. Mas se a busca e a afirmação de Deus alegam estar ligadas às estruturas humanas partilhadas por todos (e que os "filósofos" refletiriam), isso não poderia ser assim sem que essas estruturas fossem também postas sob uma "revelação" especificada e especificante (remetendo ao "Deus de Abraão, Isaque e Jacó"): elas seriam provadas, levadas ao limite, esclarecidas e retomadas através de uma reviravolta.

O Deus enfatizado pelo protestantismo é em geral o da *cruz*. Aqui, a experiência originária é a de um fracasso das totalizações, ou pior: a do caráter mentiroso e maléfico delas. A totalização é geralmente vista no protestantismo como um ídolo e uma autojustificação humana, quando nos tranquilizamos falsamente e nos vemos aprisionados, erroneamente protegidos, no fim das contas, da alteridade, da contingência do mundo, do enigma da própria existência e do mistério de Deus. Ora, Deus só é verdadeiro se o fracasso e a mentira (o pecado), a estranheza, a pluralidade e o não sentido não são camuflados: e isso só é possível em toda encarnação no mundo, no interior das provocações que o mundo contém e das surpresas que reserva. Ao sabor de um necessário acolhimento.

Se não se pode apontar para uma especificidade protestante nesses assuntos — uma especificidade de ponderação na tradição cristã como um todo —, entrará em seu lugar a especificidade de uma postura ou de um gesto retomado ao sabor das conjunturas e dos enunciados mutantes. O protestantismo não conhece a unidade de uma escola teológica própria. Desde o início, Lutero e Calvino oferecem duas sistematizações em contraste, isso para não falar da Reforma dita "radical" (anabatista, mais "espiritualista"). As diferenças na diacronia são igualmente grandes: o protestantismo dos reformadores, das ortodoxias, do pietismo e das Luzes, do neoprotestantismo, da "teologia dialética" ou dos rearranjos contemporâneos apresenta muitos rostos diferentes. Juridicamente, a especificidade protestante não equivale a um sistema de ideias ou de representações, doutrinal e institucional, mas está no modo de sinalizar, esclarecer e promover aquilo que opera no interior de todo sistema — de toda doutrina e de toda instituição — e no modo de enunciar as condições de verdade desse sistema. Haveria também um cuidado especial quanto ao que é dito "à margem" (por vezes segundo tradições "espiritualistas", "esotéricas" ou outras), quanto ao que não está presente de modo explícito na doutrina, mas que nem por isso deixa de desempenhar um papel importante em toda a produção intelectual; esse cuidado se revela também na ausência, no protestantismo, das mesmas sanções institucionais aplicadas pelo catolicismo romano, com vistas a delimitar o que deve permanecer de fora e o que é "oficialmente" aceito; deve-se dizer igualmente que esses elementos "marginais" existem desde o século XVI e viriam a combinar-se posteriormente com a herança doutrinária dos reformadores, proporcionando assim ao protestantismo real, cultural, histórico e eclesiástico seus traços próprios.

Descrever a especificidade de uma postura ou de um gesto necessários é, de modo concreto, chamar a atenção para um dado duplo. Por um lado, o protestantismo testemunha o sentido confesso da transcendência: um Deus oculto (Lutero) ou um Deus no sigilo de seus desígnios (Calvino), um Deus irredutível a qualquer positividade histórica ou institucional (principalmente no Iluminismo), um Deus no mais íntimo de uma constituição de si mesmo que se recebe (Schleiermacher), um Deus outro ou em diferença (a partir da "teologia dialética"), um Deus quase sempre reconduzido, em suma, a seu "senhorio"; por outro lado, o protestantismo testemunha (e essa é a outra face da mesma moeda) o sentido confesso da *contingência*, com o que pode conter de enigma "metafísico", de diferenças nos desdobramentos históricos e materiais, de singularidade irredutível na emergência dos indivíduos: o protestantismo aponta alegremente para a cruz, para rupturas, para o surgimento ou a instauração eletiva (por meio de vocação) de uma instituição histórica (não natural). No protestantismo, a igreja estaria, portanto, por princípio, (re)formada e sempre reformando-se, na dialética e na tensão com uma transcendência cuja primazia não é absorvível, mas sempre superior (a transcendência de Deus ou de seu Cristo é superior à igreja; a da graça é superior às obras dos homens; a da Escritura é superior a toda retomada da tradição; a da fé é superior a todos os saberes, sejam eles internos à economia da fé ou mais constitutivos). Porém, afirmar que a transcendência e a contingência são, tanto uma quanto a outra, objetos de radicalização, é apontar de uma só vez para o que surge sempre de modo problemático no protestantismo, erigido como arena de um debate decisivo e ao mesmo tempo flutuante institucionalmente: as *mediações*, através das quais se constroem e se sinalizam a igreja e a fé, em que Deus e o homem são afirmados.

Nos itens seguintes, abordaremos as etapas de uma trajetória histórica, da Reforma até os dias de hoje, não sem sugerir qual a participação da Reforma do século XVI, à sua maneira, em uma mudança de paradigma, cujos traços já podem ser percebidos na baixa Idade Média (cf. a *devotio moderna*). Pretendemos acompanhar essa trajetória conjeturando sobre a relação com o mundo que articula a questão de Deus, sobretudo quando o mundo é visto, sucessivamente ou ao mesmo tempo, como *cosmos*, como *história* ou como *figuração "estética"*. Serão também privilegiados os modos diversos pelos quais se aliam, a cada vez, exterioridade e intimidade, pluralidade e unidade, particularidade e universalidade.

Escorado em uma experiência com a *soberania* de Deus (seu absoluto ou sua alteridade), lutando contra a *finitude* e a *contingência* do mundo (ou com sua autonomia) e em uma ausência de *mediações* (que, denunciadas como narcóticas e falsamente tranquilizadoras, evitam a dura prova do acesso a si mesmo, assim como o reconhecimento de Deus), o protestantismo partilha (de acordo com o diagnóstico de Hegel) uma necessária dificuldade com a modernidade: viver como que de modo *exterior* a Deus, em liberdade, e ser afetado por secularismos e subjetivismos que estão relacionados ao moderno. O "paradoxo" luterano da reversibilidade das naturezas humana e divina em Cristo (a Palavra de Deus e o dom operado por ela) talvez encontre nisso seu local de origem, que vale assim como resposta. Essa vertente conheceria diversos avatares ao longo da história do protestantismo. Porém, tal linha não é a única: a resistência calvinista, mais tradicional, a um "finito capaz de infinito" abriria outra perspectiva. O enigma associado a Deus e os desafios ou as provocações que nele pululam não são sufocados, mas abrem de um modo mais direto para uma ordem humana da cidade e da cultura (a partir do motivo central da "aliança").

2. A Reforma

2.1. Martinho Lutero (1483-1546)

Constataremos antes de tudo que Lutero associa a questão de Deus ao tema da identidade do homem, naquilo que essa identidade tem de mais central e decisivo. As coordenadas parecem aqui mais "existenciais" que cosmológicas. Além disso, a força de Lutero reside no fato de que, para ele, o homem está em um processo, em um drama ou em uma dialética: um registro mais relacional e histórico que substancial.

> 17. O homem não pode querer naturalmente que Deus seja Deus; ao contrário, ele mesmo quer ser Deus, e não que Deus seja Deus.
> 21. Só há na natureza o ato de concupiscência em relação a Deus.
> 23. E não é verdade que o ato de concupiscência pode ser substituído na ordem pela virtude da esperança.
> 25. A esperança não vem do mérito, mas, sim, do sofrimento que destrói o mérito.
> 30. Quanto ao homem, nada precede a graça além da indisposição e até mesmo a revolta contra a graça.
> 37. Mesmo em uma obra boa em aparência e exteriormente, a natureza se glorifica e se orgulha necessariamente em seu foro interior.
> 44. Não se faz um teólogo, a não ser sem Aristóteles.
> 47. Nenhuma forma silogística cabe nos termos divinos.
> 49 Se a forma silogística se encontrasse nas coisas divinas, o ponto de doutrina da Trindade seria conhecido, e não crido.
> 62. Aquele que está fora da graça de Deus peca [...] constantemente, mesmo sem matar, sem cometer adultério, sem roubar.
> 76. Toda obra da lei sem a graça de Deus parece boa exteriormente, mas em seu interior é um pecado.
> 77. Há sempre uma vontade hostil e uma mão perversa na lei do Senhor sem a graça de Deus.
> 78. A vontade voltada para a lei sem a graça de Deus é assim por autocomplacência.
> 86. A vontade de qualquer homem tem horror de que uma lei se lhe oponha, ou então deseja que ela seja imposta por amor-próprio.
> 95. Amar a Deus é odiar a si mesmo, e não ter conhecido mais nada além de Deus.
> 97. Não devemos querer somente aquilo que Deus deseja que queiramos, mas absolutamente o que Deus deseja, não importa o quê.
>
> Martinho LUTERO, *Controverse contre la théologie scolastique* [Controvérsia contra a teologia escolástica] (1517), em *MLO* 1, 97-101.

Uma leitura de Lutero logo nos persuade de que a posição atribuída à questão de Deus é forçosamente orientada por sua meditação — originária e sempre retomada — da lei. A Lei — vinda de Deus! — dirige as boas obras, que só podem alimentar em nós a satisfação e a complacência, uma autocomplacência. Ou orgulho. A atitude justa só pode ser dada e recebida através da graça (as teses 37, 77 e 78 do texto citado enfatizam isso). Porém, no cerne da lei, daquilo que ela ordena e produz, é o "homem natural" que é revelado; e para Lutero, é revelado em uma oposição a Deus. Oposição de fato, da qual é preciso sair, e somente Deus — o Deus verdadeiro, o Deus do evangelho — permitirá essa saída. Não sem ruptura, já que também é verdade que não existe no homem uma "disposição" para Deus na qual ele possa se apoiar (cf. tese 30). "Naturalmente" o homem não pode querer que "Deus seja Deus" (cf. tese 17). Na obra de Lutero, essa oposição é clara. Basta olhar, justamente, para as "obras" — as de Deus, as dos homens —, para a aparência delas, contrastando-as, e para suas verdades ocultas, também contrastadas (cf. teses 3 e 4).

Tal posição ilustra perfeitamente as perspectivas gerais apresentadas nos parágrafos introdutórios deste artigo e explica por que a filosofia é rejeitada (aqui, Aristóteles, de acordo com os debates da época), sob sua forma "silogística" ou dedutiva, portanto linear — em uma palavra, e antecipando o que virá aqui, racionalista (cf. tese 49). Essa rejeição só pode conduzir à valorização da ordem, agora específica, do *crer* (cf. tese 49). O que não é negligenciável, nem conduz necessariamente ao fideísmo, constituindo um ponto a ser sempre honrado.

3. As obras dos homens, ainda que possuam bela aparência e pareçam boas, são, no entanto, muito provavelmente, pecados mortais.

4. As obras de Deus, ainda que possuam sempre um aspecto desfigurado e pareçam más, são na verdade méritos imortais.

7. As obras dos justos seriam mortais se, tomados de um piedoso temor de Deus, esses justos deixassem de temer que suas obras fossem mortais.

11. A presunção não pode ser evitada, nem a verdadeira esperança pode estar presente, se, no momento de cada obra, o homem não vivesse no temor de um julgamento de danação.

12. Os pecados são de fato venais em relação a Deus quando os homens vivem no temor de serem mortais.

17. Falar dessa maneira não é dar ao homem um motivo para desespero, mas, sim, humilhar-se e exercitar seu ardor na busca da graça de Cristo.

18. Certamente é necessário que o homem desespere por completo de si mesmo para tornar-se apto a receber a graça de Cristo.

19. Não podemos chamar propriamente de "teólogo" aquele que considera que as coisas invisíveis de Deus são perceptíveis a partir das coisas criadas.

20. Mas, sim, aquele que percebe as coisas visíveis e inferiores de Deus considerando-as a partir da paixão e da cruz.

21. O teólogo da glória afirma que o mal é bem e o bem é mal, enquanto o teólogo da cruz afirma as coisas tais como são de fato.

22. Essa sabedoria, que considera as coisas invisíveis de Deus tais como são compreendidas a partir de suas obras, enfatua-se, tornando-se cega e totalmente endurecida.

24. No entanto, não é essa sabedoria que é má [...]; mas o homem sem a teologia da cruz usa de modo absolutamente pernicioso as melhores coisas.

Prova das proposições:
Proposição 4
[...] "O Senhor é o que tira a vida e a dá; faz descer à sepultura e faz subir[1]." [...] O Senhor nos humilha e nos apavora pela lei e pela visão de nossos pecados, de tal forma que, tanto diante dos homens quanto diante de nós mesmos, parecemos nada ser, insensatos, maus, portanto tais como somos na verdade. Quando reconhecemos e confessamos isso, não há mais em nós nenhuma beleza e nenhum brilho, mas vivemos no Deus oculto (ou seja, na pura e simples confiança em sua misericórdia), sem apelar para outra coisa em nós além do pecado, da loucura, da morte, do inferno [...]. É o que Isaías chama de "obra estranha"[2] de Deus, através da qual ele cumpre sua própria obra; isso significa que ele nos humilha em nós mesmos e nos faz desesperar a fim de elevar-nos em sua misericórdia, dando-nos esperança. [...] É por isso, portanto, que as obras disformes que Deus opera em nós, ou seja, obras de temor e humildade, são de fato imortais.

Proposição 7
[...] confiar-se em sua obra em vez de receá-la é dar glória a si mesmo e levá-la até Deus. [...] Mas é precisamente nisso que reside a perversidade total, a saber, queixar-se a si mesmo e tem prazer em si mesmo a partir de suas próprias obras, adorando-se como a um ídolo. Ora, aquele que está seguro de si, sem o temor de Deus, age exatamente desse modo. De fato, se temesse, não estaria seguro de si, e assim não teria prazer em si, mas, sim, em Deus.

Proposição 11
[...] É impossível esperar em Deus se não desesperamos de todas as criaturas e se não sabemos que nada pode nos ser útil sem Deus.

Martinho LUTERO, *Controverse tenue à Heidelberg* [Controvérsia em Heidelberg] (1518), em *MLO* 1, 124-132.

Observemos que o pecado só pode caracterizar uma postura geral, diante de Deus e de si mesmo, através de uma relação com o mundo a cada vez (as coisas estão interligadas), e não tal ou tal ação: podemos "usar" o melhor de modo pernicioso, e o pior pode ser fonte de graça (cf. tese 62 e tese 24). Anuncia-se nisso, em princípio, a recusa de toda casuística e, além, de todo legalismo e de todo moralismo: não sabemos — em nós mesmos — discernir o bem e o mal, assim como também não sabemos quem é Deus (nem quem são os falsos deuses).

Tais são alguns dos pontos fortes de Lutero. À sua maneira, parecem-nos dar mostras de uma veia tipicamente protestante. Mas é preciso admitir que esses pontos fortes se deixam levar muito facilmente, por sua própria radicalidade, rumo a posições mais contestáveis a nossos olhos, mesmo se podem de fato ilustrar uma das faces do protestantismo: seus riscos ou suas fraquezas.

Estaremos atentos, aqui, a uma lógica exclusiva, sem conciliação nem mediação: os dois termos não só são exclusivos (ou um, ou

---
[1] [NT] 1Samuel 2.6.
[2] [NT] Isaías 28.21.

outro), mas podem até mesmo destruir um ao outro. Além de sustentar que a postura justa do homem diante de Deus só pode ser instaurada — "criada" — por Deus, e que isso só pode ser feito através da destruição de todos os falsos deuses que erigimos para nos justificar e proteger, Lutero envereda por uma apologia do sofrimento e do desespero radical de si mesmo (cf. tese 25, tese 18 e comentário à proposição 11), chegando até mesmo a escrever que "amar a Deus é odiar a si mesmo" (tese 95). As únicas obras que Deus cria em nós parecem ser de temor e humildade (teses 7, 11, 12 e comentário à proposição 4). A ausência de mediação ou de continuidade — ainda que para além de uma descontinuidade originária, portanto na ordem da graça e da fé — poderia dar lugar ao que se tornaria efetivamente um fideísmo, ou uma dificuldade de articular Deus com a razão, a cultura, a história ou a igreja (e até com a doutrina). Tal cartada nos parece, por assim dizer, antecipada na tese 97, que, após enunciar que devemos querer "absolutamente o que Deus deseja", acrescenta "não importa o quê".

2.2. João Calvino (1509-1564)

Assim como Lutero, Calvino correlaciona a questão da identidade humana com a de Deus, "coisas conjuntas" a seus olhos e, ainda como na obra de Lutero, colocadas mais em contraste que em estrita correspondência. Acrescente-se a isso que a questão de Deus tem uma primazia de direito sobre a do homem: é somente no espelho de Deus — através de um desvio — que o homem se conhece, tanto em seu estado efetivo quanto naquilo para o qual ele está destinado, conforme veremos a seguir no texto de Calvino:

> Todo o somatório [...] de nossa sabedoria [...] pode se dividir em duas partes: conhecendo Deus, cada um se conhece igualmente.
> [...] É algo notório que o homem não chega jamais ao puro autoconhecimento, até que tenha contemplado a face de Deus e que, a partir do olhar divino, haja o olhar sobre si mesmo.
> [...] Ainda que haja uma correlação entre o conhecimento de Deus e o autoconhecimento, um reportando-se ao outro, a ordem de ensinar com perfeição requer que, em primeiro lugar, analisemos o que significa conhecer Deus, para em seguida abordar o segundo ponto.
>
> João CALVINO, *IRC* I, I, 1-3.

Também como em Lutero, Calvino parece bastante apegado à determinação de Deus, contra os ídolos ou os falsos deuses. Trata-se de uma temática recorrente, bastante explorada no livro I das *Institutas*: "À medida que a temeridade e a audácia se uniram à ignorância e às trevas, com quão grande dificuldade se encontra um só que não forje para si algum ídolo ou fantasma que ocupe o lugar de Deus. [...] Assim como as águas borbulham de uma ampla e caudalosa fonte, toda uma tropa infinita de deuses saiu da mente dos homens" (V, 11). Assim, nos passos de Lutero, Calvino faz referência às obras de Deus, em que nos é dado aquilo que, na matéria, é aproveitável (também segundo nossa medida): "Creio que conhecemos Deus, não quando ouvimos simplesmente que há algum Deus, mas quando compreendemos o que nos é atribuído compreender [...], o que convém" (II, 1). Poderemos, com boa razão, falar de revelação requerida: "O próprio Deus fala do céu para testemunhar de si mesmo" (V, 12) ou "Somente Deus é a única testemunha suficiente de si mesmo" (XI, 1).

Em contrapartida, distingue-se de Lutero no seguinte: o horizonte geral do mundo surge aqui mais fértil, necessário para que haja uma confissão positiva de Deus, apesar de todo o obscurecimento dos fatos (ligados a nossa miséria e ao pecado). A salvação, a cristologia ou a "graça da reconciliação" estão articulados, diferentemente, em um discurso sobre o Deus criador e Pai que já é, como tal, objeto de fé ou confissão, não de um conhecimento universal exterior. O conhecimento adequado de Deus como criador (não ainda como redentor) requer sua Palavra, portanto, a Escritura, pois somente ela permite recolher, discernir e esclarecer: "A Escritura, recolhendo em nossa mente o conhecimento de Deus, que de outra forma seria confuso e esparso, abole a escuridão, para nos mostrar claramente qual é o verdadeiro Deus". Ou, mais adiante: "Não somente para ensinar e tornar conhecido que devemos adorar algum Deus, mas também mostrar que Deus é esse [...], ele apresentou sua Palavra, para que servisse como uma marca mais certeira, com o objetivo de discerni-lo de todos os deuses inventados" (VI, 1).

> São coisas diferentes: de um lado, saber que Deus, sendo nosso criador, não somente nos sustenta por sua virtude, mas nos governa em sua

providência, mantendo-nos e alimentando-nos por sua bondade, com toda espécie de bênçãos sobre nós; de outro, receber e abraçar a graça da reconciliação tal como nos é proposta em Cristo. Por isso, Deus é conhecido primeiro simplesmente como criador, tanto por sua bela obra-prima, que é a criação, quanto pela doutrina geral da Escritura; e só depois surge como redentor, na face e na pessoa de Jesus Cristo, o que se caracteriza como um conhecimento duplo.

João CALVINO, *IRC* I, II, 1.

Calvino esclarece: "Não falo ainda da fé, na qual eles foram iluminados para a esperança e a vida eterna [...]. Esse tipo de conhecimento, através do qual foi-lhes dado saber qual era o Deus que criou o mundo e o governa, esteve em primeiro plano; em seguida, aquele que é mais específico, e que resulta em plena fé, foi acrescentado em segundo plano. É somente esse conhecimento que vivifica as almas, pelo qual Deus é conhecido não somente como o criador do mundo, tendo a autoridade e a liderança de tudo o que é feito, mas também como o redentor, na pessoa de nosso Senhor Jesus Cristo". Calvino evidencia aqui uma clara diferença, e disso se depreende também que a confissão do Deus criador, embora distinta da ordem da salvação propriamente dita, não está fora da fé, de sua ordem específica e particular: "Não abordo ainda a aliança e as promessas [...], pois essa parte está fundada em Jesus Cristo; mas pretendo somente expor como, pela Escritura, convém discernir o verdadeiro Deus criador de toda a tropa dos ídolos que o mundo forjou para si mesmo (em X, 2 lê-se igualmente: "Não trato ainda dessa aliança especial [...]. Estamos ainda buscando deduzir o conhecimento simples que responde à criação do mundo, sem elevar os homens até Jesus Cristo, para que seja conhecido como mediador"). Se acompanhamos Calvino, trata-se — mesmo se não estamos ainda na ordem da redenção — do Deus criador e Pai, não tal como é "em si mesmo", mas tal como é em relação a nós: na medida em que esse conhecimento consiste mais em viva experiência que em vã especulação" (X, 3). O que Calvino nomeia "doutrina geral" (X, 4) não poderia valer como "preâmbulo da fé", discurso geral, neutro e função da simples razão.

Esse ponto nos parece digno de ênfase, ainda mais porque não foi sempre abordado dessa maneira, principalmente no século X, nas obras de certos adeptos da "teologia dialética", que, ao referirem-se a Calvino, tendem a inserir tudo em um sentido cristológico.

> Para nós, é, sem dúvida, verdade que os homens têm em seu interior um sentimento de divindade, de modo inato. Pois [...] Deus imprimiu em todos eles um conhecimento de si mesmo, cuja memória é sempre renovada [...], para que, quando conhecermos desde o primeiro até o último que há um Deus, que nos formou, sejamos condenados por nosso próprio testemunho [...]. Não existe nação, por mais bárbara, violenta e selvagem que seja, que não tenha enraizada em si a percepção de que há um Deus [...]. A idolatria dá algum testemunho disso.
>
> [...] Assim como a experiência demonstra que há uma semente de religião plantada em todos por inspiração secreta de Deus, da mesma forma, por outro lado, há grande dificuldade em encontrar-se, de cem, um só que a alimente em seu coração para fazê-la germinar [...]. Não resta no mundo piedade alguma que seja bem administrada [...]. A loucura [dos homens] não é de modo algum escusável, procedendo não somente de vã curiosidade, mas também de um apetite desmesurado por saber mais que pode, junto a uma falsa presunção da qual se encontram cheios.
>
> [...] Nós nos desviamos sempre do verdadeiro Deus e, quando o abandonamos, nada mais resta além de um ídolo execrável. É quando concluímos [...] que não há religião alguma se não é acompanhada da verdade.
>
> [...] Se essa semente permanece, não podendo ser totalmente arrancada, é porque há alguma divindade; mas a semente, que era boa em sua origem, corrompeu-se de tal maneira que só produz maus frutos.

João CALVINO, *IRC* I, III, 1; I, IV, 1, 3s.

Ao ler Calvino, nota-se que o conhecimento de Deus está inscrito em todos os homens, desde sempre; é ao mesmo tempo "secreto", não evidente e sujeito a perversões diversas. Calvino convoca aqui o tema da "memória" (tradicional no Ocidente, de linha agostiniana), gesto ou processo de "recolhimento", que une e define, que nos leva para adiante, chegando mais perto de Deus; essa "memória" e esse "recolhimento" referem-se ao trabalho de Deus concretizado em suas obras (obras positivas e atravessadas pela dinâmica do "testemunho" dado à verdade ou à mentira). A "piedade" — ou a religião — deve ser regulada (posta em "ordem" ou em "instituição"), mas se enraíza no coração do homem, com seu conjunto sobressaindo-se pedaço por pedaço na confissão de uma incompreensão essencial (que dá lugar às especulações com as quais é preciso imperativamente romper, pois não passam de fuga e desvio) e o apelo para a contemplação de dadas obras, em relação às quais o homem surge propriamente afetado — "submetido" — e nas quais ele pode ser "recriado" (cf. citação posterior).

Os pontos evocados aqui nos parecem importantes para delimitar a função, a pertinência e a validade da questão de Deus na obra de Calvino. É preciso acrescentar que, doutrinariamente, Calvino confessa o tradicional dogma trinitário. Mas o enunciado dessa crença, na última edição das *Institutas*, só surge no capítulo XIII do livro I, após o que apresentamos aqui e após uma exposição teórica sobre a Escritura. Além disso, Calvino ainda frisa a invisibilidade de Deus (XI, que trata do ser invisível de Deus e de sua representação em imagens) e retoma o tema da lei, que "freia" a vã curiosidade humana (referindo-se, novamente, à necessária determinação de Deus contra o ídolo) e nos atribui um engajamento no mundo ("serviço", XII).

> Sua essência é incompreensível, assim como sua majestade está oculta, bastante longe de todos os nossos sentidos; mas ele imprimiu certas marcas de sua glória em todas as suas obras [...]. A construção do mundo tão bem [regulada] e ordenada nos serve como espelho para contemplar Deus, que de outro modo é invisível.
>
> [...] Certos filósofos antigos consideravam, com razão, o homem um pequeno mundo, pois é uma obra-prima em que se contempla o poder, a bondade e a sabedoria de Deus [...]. São Paulo [...] se refere a um poeta pagão que afirma que "dele também somos geração" (At 17.28), na medida em que, decorando-nos de tão grande dignidade, ele se declarou nosso Pai.
>
> [...] Não é necessário lançar mão de longas disputas nem arrumar muitos argumentos para mostrar os testemunhos que Deus pôs em todo lugar para esclarecer e confirmar sua majestade [...]. Somos convidados a um conhecimento de Deus, não como muitos imaginam, esvoaçando somente em cérebros especulativos, mas, sim, um conhecimento que possua uma reta firmeza e produza seu fruto, sendo devidamente compreendido por nós e enraizado no coração [...]. Devemos compreender que a via correta para buscar Deus e a melhor regra que podemos manter é que não tentemos examinar sua essência movidos por ousada curiosidade, mas, sim, que precisamos adorar mais que sondar por curiosidade, contemplando-o em suas obras, pelas quais ele se nos torna próximo e familiar e, por assim dizer, comunica-se [...]. Por não podermos compreendê-lo, desfalecendo sob sua grandeza, é que precisamos avistar suas obras para que sejamos recriados com sua bondade.
>
> João CALVINO, *IRC* I, V, 1, 3 e 9.

Calvino inicia sua exposição sobre o dogma trinitário explicando que a "essência" de Deus é "infinita e espiritual", o que nos "eleva acima do mundo" e se correlaciona com a "unidade" de Deus (XIII, 1), tema que é retomado em seguida (XIII, 21) e acrescido de uma exposição comparativa sobre o homem, finito, que não conhece nem mesmo sua própria essência. Tal abordagem nos parece significativa, tanto quanto a do tema da invisibilidade, já mencionado.

Tratando mais diretamente do dogma trinitário, Calvino fala de uma "marca especial", própria para "discernir entre Deus e os ídolos". Trata-se, portanto, de expor o caráter específico de Deus: o Deus único se oferece para a contemplação na distinção de três Pessoas, fora das quais resta somente "um nome vazio de Deus" (XIII, 2). Quanto ao desenvolvimento a seguir, Calvino segue um caminho tradicional: a "essência" de Deus não poderia ser "partilhada" ou "partida" (ela é "simples", cf. tb. XIII, 20). Mas há uma "distinção" interna, assegurando a especificidade. É quando se refere às "hipóstases" (ou "Pessoas": Pai, Filho e Espírito Santo), "palavra que transmite a subsistência que reside em um único Deus". Para explorar esse fato, Calvino recorre ao registro de um modo de expressão diferenciado ("o Pai, tal como é distinguido em suas propriedades, exprimiu-se por inteiro em seu Filho"), oposto a uma representação em que poderíamos falar da impressão de uma pura e simples essência (não se trata do nível de pertinência das "hipóstases" ou das "Pessoas, segundo a herança da tradição, aqui explicitada: "subsistência" não é nem essência, nem substância, ainda que "alguns tenham confundido [...], como se fosse tudo o mesmo"): não é possível compreender, por exemplo, Cristo como "a cera impressa do selo de Deus Pai", nem como uma "defluxão" (emanação, comunicação). E vem a conclusão, ainda tradicional: "Há três Pessoas em um só Deus", ou "em uma só essência divina há uma Trindade de Pessoas" (XIII, 4, *in fine*, cf. tb. XIII, 14 *in fine* e XIII, 16: "há três Pessoas residindo na essência de Deus, nas quais Deus é conhecido").

Notaremos que Calvino concede claramente que as afirmações trinitárias não se encontram na Escritura (XIII, 3). Porém, os termos aos quais recorremos "não foram inventados de modo temerário" (XIII, 5). Relendo a história da doutrina, diríamos que o enunciado trinitário é "oportuno" (permitindo "tirar a máscara" das opiniões diversas), ainda que não seja necessário ser "rigoroso demais, a ponto de condenar incontinente todos aqueles que não se calarem a nosso sinal" (ou: "Não nos cabe introduzir palavras"). Observemos que, no final das contas, Calvino afirma, ainda segundo a tradição (XIII, 6): "Chamo Pessoa a uma subsistência na essência de Deus, que, comparada a outras, é distinta de uma propriedade incomunicável. Esse termo, 'subsistência', deve ser tomado em sentido diverso de 'essência'." Acrescenta então que, "ao fazer uma simples menção a Deus, [...], esse nome convém tanto ao Pai quanto ao Filho e ao Espírito Santo; mas, quando comparamos o Pai ao Filho, cada um é discernido por sua propriedade". De modo mais específico, declara por fim que "o que é próprio a cada um não é comunicável aos demais", antes de concluir, em uma referência a Tertuliano, que "a Trindade das Pessoas [é] uma disposição em Deus, ou um preceito que não muda em nada a unidade da essência".

O enunciado trinitário está presente sobretudo para deixar claro que Pai, Filho e Espírito Santo designam em Deus uma realidade antes dos tempos (cf. XIII, 4); há portanto, desde sempre, uma operação conjunta dos que confessamos Filho e Espírito Santo com o que reconhecemos como Pai (XIII, 7), e nada, nesse sentido, significou "novidade" para Deus (XVIII, 8). É por esse motivo que falamos aqui de uma progressiva "distinção" (que acompanha uma necessária "correspondência", XIII, 19s), e não de "divisão" (XIII, 17); e, se há uma "ordem" na dispensação (XIII, 18), "em cada Pessoa toda a natureza divina deve ser compreendida" (XIII, 19) a cada vez e, de resto, segundo a lógica do "mistério" (XIII, 21).

No formato definitivo das *Institutas*, é com o tema do Deus criador e da Providência que o livro I é concluído (XIV a XVIII), ecoando assim os primeiros capítulos: ênfase na obra de Deus em relação com o homem e em seu favor, mas sempre tendo em vista a dissimetria entre homem e Deus e o mistério (XIV). O homem surge em um drama, inscrito no fato do pecado e prometido para a conformidade com Deus (não para a consubstancialidade) através da "imagem de Deus" secretamente impressa nele e plenamente dada em Cristo (XV). A doutrina da Providência (I, XVI-XVIII) prolonga e confirma essa temática geral da criação, da mesma forma que a expressão "Deus criador" não significa, aqui, que se deva considerá-lo "temporário e de pequena duração" ("se não chegamos até a Providência [...], não compreenderemos acertadamente o que quer dizer esse ponto: que Deus é criador", XVI, 1): sua "virtude" está "presente, tanto no estado perpétuo do mundo quanto em sua primeira origem" (ibid.), e para o benefício de todos, misteriosamente (XVI, 2 e 9; XVII, 1s), mas também em toda particularidade e efetividade, "não somente de modo geral e em um movimento confuso", XVI, 3). No desenvolvimento dessa argumentação, para Calvino, rompe-se com todo tipo de visão natural ou necessitária[3] (XVI, 4 e 8; XVII, 6), na ênfase sobre o homem, para quem todas as coisas acontecem ao mesmo tempo "quase fortuitas" (XVI, 9) e vindas de Deus. Trata-se de uma abertura para uma meditação sobre a contingência, parece-nos (que não poderia simplesmente conduzir a uma "modéstia" mais ou menos cética, cf. XVII, 3), ao mesmo tempo efetiva e articulada ao mistério ("abismo profundo") que é a Providência de Deus, lugar de uma vontade de Deus que não coincide com o que está concretizado "na Lei e nos Evangelhos", distância que aliás é repercutida no cerne da Lei e dos Evangelhos: eles também contêm "mistérios [...] que ultrapassam em muito nossa capacidade" (XVII, 2).

2.3. A Reforma radical

Histórica e culturalmente, e até espiritualmente, não é possível deixar de lado, de modo paralelo às posições contrastadas de Lutero e Calvino, a Reforma dita "radical", na qual se incluem tanto o *anabatismo* quanto um *antitrinitarismo* de tons *espiritualistas* e às vezes de um racionalismo precoce. Devemos assim examinar em

---

[3] [NT] Termo relacionado à doutrina da necessidade filosófica; fatalista.

conjunto esses dois movimentos: ainda que um olhar atento para o estrito anúncio doutrinário possa tender a opor ambos, eles constituem de fato uma continuidade (como análises históricas com tendências sociológicas puderam atestar). Prova disso são, de um lado, as passagens de um a outro e, de outro lado, alguns paralelos nas modalidades de suas relações com o fundamento (Deus) e com a sociedade em geral. De resto, as afirmações mais especificamente teológicas podem também conter semelhanças, e a história posterior confirmaria tanto a importância desse duplo movimento no protestantismo real quanto a permeabilidade mútua de suas temáticas próprias.

O elemento dominante aqui é, sobretudo, uma *restituição* — da origem e, portanto, de uma relação que se supõe direta com Deus —, mais que uma *reforma*. Assim, há uma desqualificação das mediações ministeriais, sacramentais e propriamente genealógicas, acompanhada de uma propensão para o isolamento da sociedade em geral e da ênfase em uma verdade circunscrita que precisa ser provada, proclamada ou exumada. Nesse sentido, a relação com o Estado e com tudo o que diz respeito às temáticas do direito natural (e não sem alguma associação com considerações acerca do "pecado original") é ou denunciada, ou neutralizada. A busca é de certa forma de *pureza*, e a lógica básica é de tipo *utópico*.

A recusa às mediações é coerente com certo biblicismo (tanto para os anabatistas quanto para os antitrinitários). Parece ter havido uma inspiração direta no modelo primitivo, que faz eco à inspiração não menos direta do cristão hoje. A conversão pessoal e voluntária é enfatizada, evidenciando um regime de graça ou de fé que possui sua autonomia. Isso gera um subjetivismo e um espiritualismo que poderiam desembocar em algumas tradições esotéricas. Herdamos daqui e dali alguns protestos messiânicos e místicos da Idade Média, o que poderia conduzir a formas de imanentismo. Isso tudo porque, nesses movimentos, rompeu-se com a lógica da encarnação, acompanhada de um *incognito* ou um mistério no cerne da "revelação", e portanto com uma visão da salvação que articulasse profundamente o homem no mundo em sua universalidade, através de uma temática da "memória" e da confissão de um Deus irredutivelmente trinitário. Para os diversos tipos de anabatismo e também para os antitrinitários,

a cristologia não é mais a tradicional, de Calcedônia (em que Jesus Cristo é ao mesmo tempo verdadeiro Deus e verdadeiro homem, "sem mistura, sem transformação, sem divisão, sem separação); os laços constitutivos entre igreja e sociedade são desatados (e o pecado superável ou superado, assim como é afirmado o livre-arbítrio); Deus passa a não ser mais intrinsecamente complexo. A verdade é necessariamente transparente (se está oculta, é por motivos exteriores) e Cristo modela ou fornece a imagem (podemos imitá-lo ou seguir o que ele nos diz) da verdade última ou "escatológica" acessível (em princípio). A ética é valorizada como tal (fora de toda dialética ligada à perversão da boa consciência) e, por assim dizer, o homem é promovido em sua individualidade, sua convicção ou sua razão.

Mais uma vez, é a modalidade da relação tanto com a verdade ou o fundamento (Deus) quanto com o mundo que permite afirmar aqui uma mesma lógica subjacente. Assim, para Thomas Müntzer (?1490-1525), representante de um anabatismo milenarista e agressivo, a Palavra está no fundo da alma e deve ser despertada pelo Espírito (Lutero o reprovaria por colocar de lado a obra salvífica, *externa*, de Cristo); para Conrad Grebel (?1498-1526), o anabatista pacifista de Zurique, Cristo é o mestre galileu que deve ser seguido em toda a sua humanidade, prática e ética. Aliás, o tema da "perfeição de Cristo" é dominante, requerendo uma conformidade, considerado possível por meio de uma *separação* do mundo, de acordo com uma aliança univocamente *nova*. Sobre as referências ou as verdades a serem seguidas em geral, estão em primeiro plano a simplicidade, a transparência e o caráter direto dos princípios. Para o espiritualista Hans Denck (1500-1527), Jesus de Nazaré é menos um salvador exterior, através de um drama histórico e encarnado, que um exemplo, uma norma e uma imagem: intimamente ligado a Deus, Jesus mostraria o que desde sempre está no interior do homem. Denck é partidário do princípio do "retorno". Para Sebastian Franck (1500-1543), outra personalidade espiritualista, Cristo *vem diretamente* de Deus (ele é "santo, espiritual, imortal e imaculado"), sendo a realização da vocação humana originária, e cada um pode, à sua imagem, ser "espiritualizado" e até "divinizado". Notemos que, aqui, não se trata de modo algum de uma reconciliação concedida por Deus em Cristo, mas, sim, de uma quase realização direta de Deus no corpo e na natureza.

Em matéria de cristologia — em que se dá a relação entre o homem e Deus —, as doutrinas podem por vezes parecer contraditórias no interior do movimento anabatista, em que de fato se afirma tanto a divindade de Cristo, quase desprovida de humanidade, quanto a humanidade em detrimento da divindade (v. o artigo "Jesus [imagens de]"). Mas, quando isso ocorre, é sempre para o benefício de um mesmo mecanismo. Trata-se da necessidade de relacionar por completo Cristo a Deus (fora de uma dialética ou de um paradoxo, portanto, com a urgência de um terceiro elemento), em favor de uma apropriação também (potencialmente) completa e direta, com base no princípio de uma igreja que de modo algum sobressai no mundo (assim, os elementos sacramentais, água, pão e vinho, são desqualificados por uma visão "no Espírito").

Os antitrinitários Miguel Serveto (1509/11-1553), Celio Secondo Curiore (1503-1569), Lelio Socino (1525-1562), Fausto Socino (1539-1604), Giovanni Giorgio Biandrata (1516-1588) e outros se mantiveram eclesiasticamente à margem, mas nem por isso suas teorias deixaram de exercer alguma influência. Eles rompem expressamente com a tradição trinitária e cristológica, adotando um biblicismo e um retorno ao homem Jesus (com o ensino explícito da *restitutio*, cf. sobretudo Serveto). Também domina nesses autores o tema de uma união com Deus (ecoando o Renascimento e certos prolongamentos platônicos) e uma subordinação radical de Cristo a Deus, como apenas um intermediário encarregado de uma missão. Cristo seria assim o salvador na medida em que mostra o caminho (portanto, como mestre, ou imagem, instância de moral e ensinamentos), em ligação direta com Deus (no momento da Paixão, essa ligação estaria significativamente mais suspensa, livremente, que radicalizada). Aqui, tudo tende a ser reabsorvido em uma visão necessariamente *unitária*; se pode haver dualidade na base, entre exterioridade e interioridade, natureza material e divindade etc., é em prol de uma superação que precisa ser assegurada, promovida ou reencontrada.

Pierre Gisel

3. Deus na metafísica clássica: o Deus necessário e Causa sui no século XVII

Abordaremos aqui o período em que parece reinar sem concorrência o "Deus dos filósofos". Todavia, essa denominação requer algumas restrições, se não alguns comentários; pois, se é verdade que a visão dominante na época, tanto por sua amplitude quanto pela originalidade, é a dos grandes sistemas da filosofia moderna, não se poderia esquecer nem os desenvolvimentos filosóficos contemporâneos, nem o que os filósofos devem às tradições teológicas anteriores. Convém assim moderar a oposição brusca demais entre "o Deus vivo da pura fé" e "o Deus da metafísica ou dos filósofos". Trata-se aqui de um jogo de alternativas, uma dramatização, que requer uma postura presumidamente específica de relação entre Deus e o homem, que pretende afirmar que somente "Deus fala com propriedade de Deus" (Pascal, Pensamentos, n° 799), e que, em vez de tentar articular um discurso *sobre* Deus, o grande lance seria falar *a partir* do próprio Deus. Poderíamos citar aqui Eberhard Jüngel, para quem um discurso "responsável" sobre Deus só pode deixar que o próprio Deus tome a palavra: "O discurso sobre Deus só [...] se torna responsável quando há preocupação em corresponder a Deus. E ele *corresponde* a Deus no fato de que *o deixa vir*. Conforme a Deus é o discurso humano que exprime Deus de modo a deixá-lo ser o *sujeito* desse discurso" (t. II, p. 8). Haveria assim maneiras "próprias" e "impróprias" de se falar de Deus, maneiras que se desejam incomensuráveis. "A teologia que depende da santa doutrina é de natureza diversa, portanto, da que se mantém como parte da filosofia", já declarava Tomás de Aquino (*Suma teológica*, São Paulo, Loyola, 2001-2006). Trata-se de uma dupla inscrição do teológico — como "teologia racional" e "teologia revelada" — cuja lógica seria tratada de modo conjuntivo, disjuntivo ou exclusivo.

Que os dispositivos próprios ao pensar filosófico que então se consolidam tenham sido erigidos de modo conflituoso em relação à teologia ou à escolástica, é algo inegável. No entanto, mais que privilegiar unilateralmente o modelo da ruptura, convém apontar para certa continuidade nas temáticas e nas problemáticas abordadas, uma continuidade que aliás seria problemática para a teologia, na medida em que teria como função desapropriar a teologia de um bom número de seus lugares — que com o tempo se tornaram tradicionais. A partir desse fato, boa parte do que se discutia sob os auspícios das questões teológicas seria retomado, deslocado, transferido para outras áreas e sobretudo tratado de acordo com outras instâncias. Esses tratamentos e esses deslocamentos teriam um efeito profundo e duradouro, criando uma situação complexa que (de)marcaria todo o pensamento moderno e contemporâneo.

Portanto, antes de abordar os sistemas cartesiano e leibniziano quanto a visões específicas sobre Deus, vale a pena descrever o desenvolvimento das relações entre filosofia e teologia no início do século XVII, um desenvolvimento que mostrará, de Leibniz a Kant, o modo com que foi instituída, no protestantismo, a distribuição das competências.

3.1. A *Schulmetaphysik* protestante no século XVII. Metafísica e ontologia ou a constituição de uma prima *philosophia* e as vicissitudes da teologia natural

Sabemos que Lutero se levantou contra o lugar que ocupavam a filosofia e a lógica aristotélica na teologia dos doutores medievais, considerando-o abusivo. Durante o estabelecimento do protestantismo, com a implantação de uma formação universitária, a questão era saber se o ensino protestante teria peso suficiente no campo do conhecimento. Até o fim do século XVI, a lógica de Filipe Melâncton (1497-1560) e de Pierre de La Ramée (1515-1572) foi o ensino geral, mas ao fio dos anos esse ensino foi considerado insatisfatório, principalmente em relação às necessidades suscitadas pelas polêmicas entre luteranos e calvinistas. Assim, o aristotelismo voltou com toda a força no final do século XVI, com o objetivo de conservar uma visão específica e um modo de argumentação, tornando-se dominante na maior parte das universidades e academias protestantes da Europa, tanto luteranas quanto calvinistas, até que em meados do século surgisse o cartesianismo, conquistando primeiro os Países Baixos e Genebra. Assim, o problema e a necessidade da metafísica voltaram a ocupar a ordem do dia, de várias formas e não sem alguma acomodação. Enquanto coube a Cornelius Martini (1568-1621), luterano de Anvers, restabelecer o ensino de tipo aristotélico, foi em grande medida através dos textos dos neoescolásticos ibéricos da Contrarreforma — sobretudo a obra *Disputationes metaphysicae* (1597), do jesuíta Francisco Suárez, um dos autores mais lidos no mundo universitário protestante alemão e holandês — que toda a escolástica medieval seria acolhida, até Leibniz.

Um dos pontos mais interessantes e importantes para a filosofia que se seguiu é o *status* da metafísica e seu deslocamento, que no meio protestante se operaria na virada do século XVI para o XVII.

Sabemos que, para Aristóteles, o que chamaríamos posteriormente de "metafísica" é a ciência do "ser enquanto ser e [dos] atributos que lhe pertencem essencialmente" (*Metafísica*, Porto Alegre, Globo, Γ1, 1003a, 21). Para Aristóteles, essa ciência, enquanto filosofia *universal*, não é identificável como tal com a teologia (ou filosofia primeira). De fato, a teologia só trata do *particular*, mesmo se esse particular é o mais eminente. Porém, graças a comentadores antigos e medievais, essa ciência do ser se veria em um processo de entrelaçamento cada vez maior com a teologia. Em relação ao cristianismo, o motivo disso é compreensível; a partir da ideia de um Deus criador, a causa primeira do ser tende a identificar-se com ele. O ser é compreendido como o que é comum (*ens commune*) tanto à criatura quanto ao Criador. Desse modo, de acordo com o ensino de Tomás de Aquino, devem ser considerados dois seres: Deus, que é seu ser (*est ipsum suum esse*) e a criatura, que recebe o ser (*habet esse*) de um outro (*ab alio*). Sob a influência da teologia cristã da criação, a metafísica tende, portanto, a confundir-se com a teologia (filosófica, ou não revelada). Essa identificação traria todo um mundo de consequências para a teologia e a filosofia ocidentais: "Se a ciência do ser enquanto ser não se opõe à teologia, é porque ambas as ciências se confundem — eis conforme pensaram. Mas ao fazê-lo eles se condenaram a deixar de compreender por que a teologia era definida como *particular*, debruçando-se sobre um gênero e não sobre o ser enquanto ser" (Pierre AUBENQUE, *Le problème de l'être chez Aristote* [O problema do ser na obra de Aristóteles], Paris, PUF, 1991, p. 371).

No início do século XVII, com a iniciativa do jesuíta espanhol Benedictus Perérius

(1535-1610), assistimos à partição do edifício tradicional em *metaphysica*, a partir de então particular, e *prima philosophia*. Não foi coisa pequena. A "brusca ruptura" instituída por Perérius permitiria "dar asas a um novo procedimento que não seria mais secretamente orientado para a *scientia divina*" (Jean-François COURTINE, *Suarez et le système de la métaphysique* [Suárez e o sistema da metafísica], Paris, PUF, 1990, p. 407).

Nesse movimento de liberação e constituição, teólogos e filósofos protestantes desempenhariam um papel fundamental. Um deles é o filósofo reformado Rodolphus Goclenius, o Velho (1547-1628): inspirando-se em Perérius, Goclenius separaria a "metafísica" daquilo que seria o primeiro a batizar como "ontologia" (cf. *Lexicon philosophicum* [1613], Hildesheim, Olms, 1964), e que deveria ser uma "filosofia primeira". Nesse contexto, Deus e as inteligências separadas seriam os únicos objetos da metafísica ou *scientia particularis*. Essa partição seria retomada pelos reformados, como Johann Heinrich Alsted (1588-1638), e pelos luteranos, como Abraham Calov (1612-1686), com sua obra *Metaphysica divina* (1636). No entanto, e ainda do lado luterano, Jakob Thomasius (1622-1684) — que seria professor de Leibniz em Leipzig — contesta seu fundamento: a "ontologia", separada de toda a teologia natural, reduz-se a nada além de um simples "léxico filosófico".

Sem dúvida, a cisão que se opera aqui traz consequências. A teologia natural é relegada ao segundo plano do sistema metafísico; Deus não seria mais um tema para a ciência geral, mas, sim, um "caso" particular da *substância*. Essa divisão perduraria até o século XVIII, na obra de Christian Wolff (1679-1754) e Alexander Gottlieb Baumgarten (1714-1762) — e, depois, na obra de Kant — em que a *metaphysica generalis* está atrelada aos predicados gerais do ser e a *metaphysica specialis* trata da alma, do mundo e de Deus. Com o filósofo reformado Clemens Timpler (1563/64-1624) é dado um passo além; pela identificação que ele estabelece entre ontologia e teoria transcendental, a teologia natural se encontra em total subordinação.

Enquanto, no mundo protestante, há após tantas vicissitudes uma busca por uma área específica para a teologia natural, a teologia revelada desfruta de dias pacíficos, apesar de algumas escaramuças. Ainda não chegara sua vez de sofrer os terrores de um questionamento brusco demais. Os teólogos protestantes do século XVII enxergam com suspeita a ideia de que se possa colocar no mesmo nível "artigos de fé" e argumentos racionais. Fiéis a uma separação tradicional, eles conhecem a divisão em *articuli puri* e *articuli mixti*: "Os *Articuli puri* são aqueles que só a Palavra de Deus pode revelar, constituindo a fé da alma na divindade das Sagradas Escrituras; os *articuli mixti* encerram ensinamentos parcialmente conhecidos pela razão. Porém, como a razão é falível por natureza, tendo sido também obscurecida pelo pecado, não podemos saber que valor atribuir a seus ensinamentos, que só adquirem poder sobre a alma quando são confirmados pela revelação divina encerrada nas Escrituras. Conhecemos a existência de Deus pelos argumentos da razão, mas somente a revelação nos faz crer nele. Tal é a argumentação de Calov, Hollaz e Baier. A revelação de Deus só está contida na Bíblia. Portanto, a fé é considerada um poder superior, uma faculdade preferível à simples argumentação racional" (Isaak August DORNER, *Histoire de la théologie protestante en particulier en Allemagne dans le développement de ses principes et dans ses rapports avec la vie religieuse, morale et intellectuelle des peuples* [História da teologia protestante, sobretudo na Alemanha, no desenvolvimento de seus princípios e em suas relações com a vida religiosa, moral e intelectual dos povos] [1868], Paris, Meyrueis, 1870, p. 456).

No entanto, tal conciliação não seduziria todos os teólogos ou filósofos luteranos. Daniel Hofmann (1538-1611), que foi colega de Cornelius Martini em Helmstedt, opôs-se com extrema virulência à pretensão da metafísica. Em suas teses (*Propositio de Deo et Christi* [Proposição de Deus e Cristo], 1598), Hofmann defende a existência de uma "dupla verdade" (fé e saber) irreconciliável para sempre, cujo conflito exige que a razão seja considerada uma inimiga da Revelação. Segundo ele, os filósofos não regenerados só poderiam afirmar blasfêmias e mentiras contra Deus. Não contente em servir à teologia — como simples instrumento lógico ou retórico —, a razão filosófica só poderia enveredar por um caminho de autonomização, entrando em conflito com a revelação divina.

3.2. O Deus necessário, ou como Deus funciona no sistema

Em todos os sistemas do racionalismo do século XVII, em obras de católicos como Descartes (1596-1650) e Malebranche (1638-1715), do judeu Spinoza (1632-1677) e do protestante Leibniz (1646-1716), não pode haver verdade, nem mesmo uma simples inteligibilidade das coisas, sem que se recorra à ideia de Deus. De fato, para todos esses filósofos, "o conhecimento da essência divina constitui o princípio supremo do conhecimento do qual decorrem por via dedutiva as demais certezas" (E. CASSIRER, p. 174). À primeira vista, o mesmo poderia ser dito da metafísica anterior, sem falar da teologia cristã, para a qual Deus é sempre, de acordo com a expressão de Anselmo de Cantuária, não somente a "verdade suprema" (*summa veritas*), mas também a "causa da verdade que pertence ao pensamento" (*causa veritatis, quae cogitationis est*). No entanto, surge uma diferença significativa nesses sistemas que inauguram os tempos modernos, que se explica, sem dúvida, pelo impacto daquilo que ficou caracterizado como "a nova imagem do mundo", algo que nos chegou não somente através das descobertas científicas (com Nicolau Copérnico [1473-1543], Johannes Kepler [1571-1630], Galileu [1562-1642]), mas também, correlativamente, através de um pensamento filosófico e político inovador (com Nicolau de Cusa [1401-1464], Giordano Bruno [1548-1600], Francis Bacon [1561-1626]), em uma verdadeira passagem "do mundo fechado ao universo infinito", de acordo com Alexandre Koyré. Esse processo gerou uma profunda mudança nas relações do homem com seu mundo, ameaçando de algum modo sua identidade: a partir de então, o ser humano deve adquirir segurança sobre si mesmo e assegurar seu lugar em um mundo *complexo* e *infinito*, logo, *indefinido*.

Essas modificações dariam início à orientação antropológica que passou a ser a da modernidade, informando dessa maneira um novo tipo de relação com Deus, ou outra funcionalidade de Deus. Enquanto "desde Copérnico o homem rola do centro em direção ao X" (Nietzsche), sua tarefa seria reinventar e desenvolver uma posição própria, diante tanto do *cosmos* quanto de uma *tradição* da qual seria necessário, de um modo ou de outro, gerar a herança. Essa nova posição (que só se tornaria de fato comum no final da idade clássica) acabou sendo considerada uma invenção de si mesma como sujeito. Com Descartes — e é por conta disso que, desde Hegel, identificamos nele o nascimento da modernidade —, é em direção a essa consciência de si ou essa autoconfiança que o pensamento se estende ("deslocado do centro do universo, o homem deve adquirir autoconfiança. [...] É-lhe necessário, para que não se perca em uma deriva sem fim, certificar-se de sua *subjetividade*, a partir da qual deve reconstruir todo o universo" [E. JÜNGEL, t. I, p. 21]). Essa autoconfiança teria como *requisito* o apelo a Deus, em uma metafísica que poderíamos chamar de teológica, caso Heidegger tenha razão em afirmar que a questão será e terá sido a seguinte: como "se constitui a onto-teo-logia" ou "como Deus entra na filosofia"?

3.2.1. René Descartes (1596-1650).

Ou a busca de um fundamento para o exercício da racionalidade: o tempo da dúvida e da certeza

Sabemos que Descartes inicia suas *Meditações* (1641, em *Os pensadores*, vol. XV, São Paulo, Abril Cultural, 1973) duvidando de tudo o que é dado, tudo o que é tradição, com o objetivo de acessar, através da certeza, o fundamento inquebrantável da verdade. Trata-se de uma dúvida hiperbólica que chegará até mesmo a questionar a existência do mundo, até a ideia de que "tudo é falso". Essa dúvida exibe a vontade de afirmar a forçosa *autonomia* da racionalidade humana, assim como a necessidade de *fundação* de um novo trabalho do pensamento. Pelo princípio da dúvida, chega-se ao *dubito ergo sum* [Duvido, logo existo], idêntico ao *cogito ergo sum* [Penso, logo existo]; ao duvidar, a *res cogitans*, coisa pensante, experimenta sua permanência, no mesmo momento de seu questionamento. É quando vem a questão central da temporalidade: "Essa proposição, *eu penso, eu existo*, é necessariamente verdadeira, todas as vezes que eu a pronuncio, ou que a concebo em minha mente" (ibid.). Dito de outra maneira, a *res cogitans* não pode certificar-se de si mesma fora do momento presente, fora do instante da proferição. O critério de verdade é limitado à presença atual do eu,

A essa constatação da descontinuidade que testemunha a contingência radical, a finitude humana e o questionamento da verdade mesmo além do presente, deve responder a uma *causa* que conserve e (re) crie (criação continuada) a cada momento o *cogito*; "de tudo o que somos agora, não se segue necessariamente que sejamos um momento após, se alguma causa, a saber, a mesma que nos produziu, não continua a nos produzir, ou seja, não nos conserva" (*Princípios da filosofia* [1644], Porto, Areal Editores, 2005).

Essa causa não pode ser interior ao sujeito, mas deve ser exterior a ele por duas razões correlatas: a do *reconhecimento* da finitude humana e a da ideia de *infinito* (o homem não pode ser autor da ideia de infinito, por causa de sua imperfeição). "Infinitude de Deus e finitude do homem estão ligadas uma à outra no desdobramento de uma unidade interna, pois somente *esse* homem que, pela ideia de Deus, conhece sua finitude, é compelido a colocar acima de si Deus como o outro de si mesmo" (W. SCHULZ, p. 41). Como vemos, e em diversos níveis, a garantia do funcionamento racional só pode vir de Deus. Para Descartes, Deus é necessário à *res cogitans* e ao desenvolvimento de seu pensamento; a ideia, a imanência racional de Deus no homem, torna-se sua "contra-certificação" (E. JÜNGEL, t. I, p. 184) diante da dúvida e da sempre possível "loucura do *Cogito*". Como notou Jacques Derrida: "Aqui começaria o repatriamento precipitado da errância hiperbólica e louca que se vem abrigar, certificar-se na instância das razões, para retomar a posse das verdades abandonadas. [...] É aqui que a errância hiperbólica e louca se torna novamente [...] um caminho 'seguro' e 'resolvido' em nosso mundo existente, que Deus nos deu como terra firme. Pois é somente Deus que, enfim, permitindo-me sair de um *Cogito* que pode sempre permanecer em seu momento próprio como uma loucura silenciosa, é somente Deus que garante minhas representações e minhas determinações cognitivas" ("*Cogito* e história da loucura" [1964], em *Escritura e diferença*, São Paulo, Perspectiva, 2002).

O gesto cartesiano é emblemático da relação que nossa modernidade, em seu desejo de autonomia, entretém com a ideia de Deus. Ao mostrar-se livre da *tradição* e ao buscar um *fundamento autônomo* em seu pensamento, o *Cogito* finito não foge da solicitação de um princípio que garanta a reconciliação entre *temporalidade* e *verdade* (ou entre finitude e *Logos*). Somente o Deus *Causa sui* e criador das "verdades eternas" é capaz de desempenhar esse papel: um Deus que autoriza a emancipação da tradição e de seus preconceitos, um Deus libertador e "guardião" do trabalho e da razão. Porém, esse Deus que surge como o próprio incompreensível, por causa de sua onipotência — retomada cartesiana do *de potentia Dei absoluta* dos nominalistas — deve, "para que sua existência se torne inteligível à *cogitatio* [...], cumprir uma exigência racional do *ego* finito" (Jean-Luc MARION, *Sur la théologie blanche de Descartes* [Sobre a teologia branca de Descartes], Paris, PUF, 1991, p. 451). Assim, assistimos a um "desdobramento" de fundamento, que leva a uma indecisão obrigatória. Isso se dá porque, ao romper com a analogia tradicional, que implica a comensurabilidade e a mediação entre o finito e o infinito, um meio-termo entre univocidade e equivocidade radicais (certa "proporcionalidade"), Descartes não mais pode resolver o problema da relação de *exterioridade* da racionalidade finita e do fundamento dessa racionalidade. Como afirma Marion, "da incompreensibilidade do fundamento ôntico resultavam inevitavelmente seu anonimato e sua concorrência com um quase fundamento epistemológico, compreensível mas finito [...]. Claro, outra via permaneceu aberta: *reintegrar a racionalidade ao Verbo, para reconciliar ambos os fundamentos*. Todos os sucessores de Descartes [...] tomaram essa via, Spinoza, Malebranche e Leibniz" (p. 452).

3.2.2. Gottfried Wilhelm Leibniz (1646-1716).

O princípio da razão e a transparência das coisas

Nessa tentativa de "reintegrar a racionalidade ao Verbo", própria dos pós-cartesianos, Hegel caracterizou dois tipos opostos de itinerário: o de Spinoza, que, começando por Deus, compreende-o como a substância única, universal e afirmação absoluta, e o de Leibniz, que começa pela multiplicidade absoluta das substâncias individuais (mônadas), das quais Deus seria a razão e a soma. Se Spinoza considerou corretamente a *substância* como necessidade, o caráter indeterminado dessa necessidade — que exclui toda negação ou determinação

— impede que o sistema spinozista se eleve ao princípio de *individualidade* ou autorreflexão (subjetividade), sendo assim incapaz tanto de fazer jus ao princípio da diferença quanto de reconhecer uma realidade própria e positiva nas coisas singulares. Dessa maneira, "Deus é somente a substância única; a natureza, o mundo não passam de [...] afeição, modo da substância [...]. A essência do mundo, a essência finita, o universo, a finitude não são o substancial, mas somente Deus o é" (*Leçons sur l'histoire de la philosophie* [Lições sobre a história da filosofia], t. VI, Paris, Vrin, 1985, p. 1451s). Em oposição a Spinoza, para Leibniz este nosso mundo é o mais rico possível em realidade. Poderíamos precisar essa oposição entre Spinoza e Leibniz como a do "ascetismo" da substância única e a da proliferação, da profusão "barroca" de uma multiplicidade rica de singularidades, de indivíduos, de "pontos de vista" e de princípios. No entanto, o pensamento leibniziano parece motivar-se totalmente pela constituição de uma língua universal capaz de exprimir coisas e ideias em suas possíveis combinações, com o aprofundamento da natureza e dos princípios das coisas e a possibilidade de explicá-los integralmente. Portanto, o racionalismo de Leibniz visaria ao acordo entre o ser e a inteligibilidade.

a) A mônada

As mônadas constituem o princípio de tudo o que é. De acordo com sua obra *Monadologia* (1714), seriam assim os "elementos das coisas" (*A monadologia e outros textos*, São Paulo, Hedra, 2009, § 3). São substâncias simples, não extensas, indivisíveis, sem nascimento nem fim naturais. Não têm "janelas" e, portanto, não mantêm relações de mutualidade nem podem ser afetadas (nem alteradas em sua essência) pelo exterior (§ 7). Somente Deus assegura "a ligação e a comunicação das substâncias", permitindo que elas entrem em harmonia (*Discurso de metafísica* [1696], São Paulo, col. Os Pensadores, Abril Cultural, 1983, § 32). Se as mônadas são em número infinito (indefinido), nenhuma poderia ser, de acordo com o princípio dos *indiscerníveis* (princípio de individuação), estritamente idêntica às outras. Como a mônada está sujeita a mudança contínua, mas nunca provocada por uma causa externa, é um princípio interno que coordena seu movimento: esse princípio é chamado apetição (*Monadologia*, § 15). Além disso, "como toda mudança natural é feita gradativamente, alguma coisa *muda* e alguma coisa *fica*; em consequência, é preciso que haja, na substância simples, uma pluralidade de afeições e de relações, ainda que não haja partes" (§ 13). Leibniz retoma aqui a problemática clássica da relação entre o Uno e o múltiplo: como conciliar a unidade e, em decorrência, a simplicidade da substância monádica, com uma pluralidade de afeições; logo, de estados? Isso leva à descoberta de outro princípio, o da *continuidade*: através da mudança, a identidade da substância deve ser preservada. "Continuidade quer dizer unidade *na* multiplicidade, ser *no* devir, constância *na* mudança" (CASSIRER, p. 63). Essa mudança na identidade é chamada de *percepção* por Leibniz (§ 14). A apetição seria, portanto, o princípio interno de mudança de uma percepção a outra, e isso em uma gradação, rumo a uma perfeição mais distinta, mais perfeita que a anterior.

Existe também uma infinidade de graus entre os seres viventes. A uma só classe desses seres (a alma humana) pode ser aplicada a noção de *espírito*, que possui o conhecimento das verdades necessárias, podendo elevar-se, portanto, à *reflexão*, que nos faz "pensar ao que se chama *eu* e considerar que isto ou aquilo está em nós: é assim que, ao pensar em nós, pensamos no Ser, na Substância, no simples e no composto, no imaterial e no próprio Deus; concebendo que o que está limitado em nós é, nele, sem limites" (§ 30).

Nossos raciocínios se fundam em dois princípios: o *princípio de contradição* e o *princípio de razão suficiente*. É esse último, "em virtude do qual consideramos que nenhum fato poderia ser verificado como verdadeiro, ou existente, nenhuma enunciação verdadeira, sem que haja uma razão suficiente, que explique *por que deve ser dessa maneira e não de outra*" (§ 32), assegurando a transição com a teologia leibniziana. De fato, se para as verdades necessárias (verdades de raciocínio) não se duvida de que possamos mostrar sua razão suficiente, o mesmo não ocorre com verdades de fato (verdades de contingência): no nível da série de mudanças da mônada, não podemos — devido à infinidade de "figuras" e de "movimentos presentes e passados" que entram na causalidade eficiente — descobrir a razão suficiente. Em outras palavras, condenamo-nos a um *regressus ad infinitum* se não buscamos a razão suficiente fora das "séries desse detalhe das contingências, algum infinito que ele poderia ser. E é assim que a última razão das coisas deve estar em uma substância necessária [...]: é o que chamamos Deus" (§ 37).

b) Deus como Causa sui

É dessa forma que se coloca a existência de Deus. E, à primeira vista, de modo bastante clássico, não encontramos aqui as provas da existência de Deus por meio de causalidade eficiente, em que seriam inseridas a prova pelo movimento (cf. TOMÁS DE AQUINO, Suma teológica, Ia, q. 2, a. 2, resp.) e a prova pela contingência (cf. Ia, q. 9, a. 2): as coisas que experimentamos são contingentes e não têm nada nelas mesmas que tornam sua existência necessária. É preciso buscar a razão de sua existência em outros lugares, ou seja, para Leibniz, "na substância que leva a razão de sua existência consigo", e que, em consequência, é necessária e eterna" (§ 7). As provas parecem clássicas, mas seu impacto se encontra profundamente modificado pela especificidade leibniziana do princípio de razão suficiente. E isso ocorre de duas maneiras:

> Discurso da conformidade da fé com a razão
> 23. A distinção que estamos acostumados a fazer entre o que está *acima da razão* e o que está *contra a razão* é paralela à distinção que acabamos de fazer entre as duas espécies da necessidade; pois o que é contra a razão é contra as verdades absolutamente certas e indispensáveis, e o que está acima da razão é contrário somente àquilo que temos o hábito de experimentar ou compreender. [... Essa distinção] está com certeza muito bem fundamentada. Uma verdade está acima da razão quando nossa mente [...] não pode compreendê-la; e tal é, em minha opinião, a santa Trindade, tais são os milagres reservados a Deus, como, por exemplo, a criação [...]. Mas uma verdade jamais poderia ser contra a razão [...].
> 29. [...]; pois, no fundo, uma verdade não poderia contradizer a outra; e a luz da razão não é menos um dom de Deus que a da revelação.
> Primeira parte
> 7. *Deus é a primeira razão das coisas*: pois aquelas que são limitadas, como tudo o que vemos e experimentamos, são contingentes e não têm nada nelas mesmas que torne sua existência necessária, sendo evidente que o tempo, o espaço e a matéria, unidos e uniformes em si mesmos e indiferentes a tudo, podem receber de todos os outros movimentos e figuras, e em outra ordem. É preciso assim buscar a *razão de existência do mundo*, que é a união completa das coisas *contingentes*, e é preciso buscá-la na *substância que leva a razão de sua existência com ela*, e que assim é *necessária* e eterna. É preciso igualmente que essa causa seja *inteligente*; pois, sendo contingente este mundo que existe, e sendo também possíveis e pretendendo à existência uma infinidade de outros mundos, [...] é preciso que a causa do mundo se correlacione a todos esses mundos possíveis, para determinar um deles. E essa relação entre uma substância existente e simples possibilidades não pode ser outra coisa além do *entendimento* que têm delas as ideias; e determinar uma delas não pode ser outra coisa além do ato da *vontade* que efetua escolhas. E é a *potência* dessa substância que torna essa vontade eficaz. A potência vai ao *ser*; a sabedoria ou o entendimento, ao verdadeiro; e a vontade, ao *bem*. E essa causa inteligente deve ser infinita de todas as maneiras e absolutamente perfeita em *potência, sabedoria* e *bondade*, já que vai a tudo que é possível. E como tudo está interligado, não há como admitir mais de uma causa. Seu entendimento é a fonte das *essências*, e sua vontade é a origem das *existências*. Eis em poucas palavras a prova de um Deus único com suas perfeições, e por ele a origem das coisas.

LEIBNIZ, *Essais de théodicée sur la bonté de Dieu, la liberté de l'homme et l'origine du mal* (1710), Paris, Garnier-Flammarion, 1969, p. 65s, 68 e 107s (tradução modificada).

Em primeiro lugar, ao localizar a causalidade sob o princípio da razão (ou causa) suficiente, Leibniz precisa o caráter integralmente *lógico* da realidade. Em seguida, a razão suficiente é um princípio nesse sentido universal, que ele aplica até mesmo a Deus; o "nada é sem razão" implica que seja igualmente necessário explicar Deus. Assim, como Deus é sua própria razão de existir, afirma-se dele que é *Causa sui*, "causa de si". O racionalismo de Leibniz marca aqui uma verdadeira ruptura em relação à tradição teológica, que se mantinha mais prudente nesses assuntos. De fato, para essa tradição, se Deus é causa e princípio de tudo, não pode possuir uma causa; sua existência não pode ter princípio algum, mesmo "interno". Ele é simplesmente "por si" (asseidade), "sem causa". Compreende-se assim facilmente que tal universalização do princípio lógico e racional tenha consequências no que diz respeito ao conhecimento conjunto de Deus e da realidade: "Dizer de Deus que ele é o *Ser necessário* equivale a confessar que ele é sua *própria razão* de existir. Assim, a substituição da razão pela causa autoriza uma concepção não mais *negativa*, mas *positiva* da asseidade. [...] O contingente implica um Ser necessário. [...] Enquanto na obra de Tomás de Aquino a relação entre o mundo e Deus só pode ser acompanhada pelo raciocínio em um só sentido, na obra de Leibniz pode ser percorrida em *dois sentidos* [...]. É essa substituição [...] que permite sair da existência de Deus e, descendo, chegar à do universo e explicar a Criação. Dizer que é preciso uma causa eficiente principal não permite nem afirmar que essa causa *deve* produzir seu efeito, nem revelar seu *modo de produção*. Ao contrário, se a relação de Deus com o mundo é uma *relação lógica*, de princípio a consequência, como recusar-se a confessar que a consequência é *deduzida* de certa maneira do princípio? Em vez disso, a dificuldade seria conservar, na coisa deduzida, o caráter da *contingência* e, na produção divina, o caráter da *liberdade*" (Jacques JALABERT, *Le Dieu de Leibniz* [O Deus de Leibniz], Paris, PUF, 1960, p. 110s).

c) As verdades eternas e a univocidade do Ser

O problema do *status* da liberdade divina, em um sistema filosófico que torna Deus o Ser necessário, ressurge na questão das "verdades eternas". Essa questão opõs Spinoza, Malebranche e Leibniz a Descartes. Para Descartes, Deus cria por atos *arbitrários* de sua vontade (indiferente) tanto as criaturas quanto as "verdades eternas". Desse modo, elas *dependem* plenamente dele: "Digo [...] que elas são somente verdadeiras ou possíveis porque Deus as conhece como verdadeiras ou possíveis, e elas não são conhecidas como verdadeiras por Deus como se fossem verdadeiras independentemente dele. E se os homens entendessem o sentido das próprias palavras, não poderiam jamais afirmar sem blasfemar que a verdade de alguma coisa precede o conhecimento que Deus tem dessa coisa, pois em Deus querer e conhecer fazer um [...]. Portanto, não se deve dizer que, se Deus não existisse, essas verdades seriam verdadeiras; pois a existência de Deus é a primeira e a mais eterna de todas as verdades" (carta de 6 de maio de 1630 a Mersenne, em *Oeuvres et lettres* [Obras e cartas], Biblioteca da Pléiade, Paris, Gallimard, 1987, p. 936).

Leibniz, assim como Spinoza, criticaria essa dependência radical das verdades eternas e o voluntarismo, *desarrazoado*, do Deus cartesiano. Essa crítica seria feita em nome de uma metafísica *integralmente* racional. Se para Leibniz "o entendimento de Deus é a região das verdades eternas, ou das ideias de que dependem" (*Monadologia*, § 43), disso não se segue que seja necessário "imaginar [...] que as verdades eternas, sendo *dependentes* de Deus, são *arbitrárias* e dependem de sua *vontade* (§ 46). De fato, se as verdades contingentes dependem da vontade de Deus — não arbitrária e indiferente, mas governada pelo princípio do melhor, portanto por uma necessidade moral: o "melhor dos mundos" como a mais perfeita e mais rica combinação de possíveis" —, é *entendimento* divino que dependem as verdades eternas. Leibniz entende aqui claramente que essas verdades eternas (essências), que de algum modo dependem de Deus mesmo se ele não as "escolhe", impõem-se não somente à racionalidade humana, mas também a Deus. O que significa que não pode haver heterogeneidade entre entendimento divino e entendimento humano, contrariamente ao que pensava ainda Descartes. É quando se esclarece a frase sobre a vontade de "reintegrar a racionalidade ao Verbo", que antecipava nosso item 3.2.2. Compreende-se também por que, na *Monadologia*, Deus é considerado mônada suprema, "mônada das mônadas", ou seja, são-lhe atribuídas as características gerais das mônadas. Entre Deus e as mônadas, haveria somente uma diferença de *grau*, não de *natureza*; essa diferença se deve a um só motivo: a essência de Deus é totalmente realizada, enquanto a das mônadas está somente em vias de realização. Trata-se de uma diferença de grau entre Deus e o homem que se mostra como a que existe entre o possível (que tende para a existência) e o real (que existe). Em outras palavras, o que é afirmado aqui é nada menos que a *univocidade* do ser.

4. Deus e a teologia no século XVIII. O cristianismo prático e razoável

É algo comum que se defina o século XVIII como o "Século das Luzes". No entanto, a expressão dá margem a muitos equívocos, na medida em que parece significar certa homogeneidade nos projetos e nas realizações desse século. Para falarmos somente da *Aufklärung* alemã, se podemos definir os conceitos mais importantes que constituem os princípios do movimento como conceitos da razão, da autonomia, da natureza e da harmonia, não deveríamos perder de vista a coexistência de múltiplas correntes de pensamento que, embora não necessariamente de acordo com "o espírito do tempo", não são por isso menos características da história intelectual e espiritual do período. Nesse sentido, o século XVIII pode tanto ser considerado o século do Iluminismo como o das Luzes. As duas perspectivas coexistem, e nenhuma pode, sozinha, dar conta da realidade ambígua desse século.

Assim, sobretudo no campo religioso e teológico, tomaremos o cuidado de não forçar as oposições, nem de acomodar com excessiva naturalidade as classificações, procedimento que correria o risco de mascarar algumas das implicações mais profundas da postura da época em relação a sua religião e a seu Deus. Em relação a isso, Karl Barth demonstra ter razão ao não contentar-se com as afirmações de que o pietismo e a *Aufklärung* não passariam de movimentos antagonistas e autônomos — o primeiro, pretensamente "retrógrado", "retomando o impulso da Reforma", e o segundo "voltado para o futuro", visto como "de fato algo característico do período" — e ao buscar compreendê-los como "dois aspectos do mesmo fenômeno, que é o cristianismo moldado pelo espírito do século XVIII (*La théologie protestante au dix-neuvième siècle* [A teologia protestante no século XIX], p. 27). Esse procedimento permitiu que Barth identificasse, acima das diferentes correntes, uma postura que seria característica de todo o século XVIII em relação ao campo religioso: "a humanização do problema teológico". "Humanizar não significava suprimir Deus, mas situá-lo no interior da consciência de si soberana [...] no homem, transformar essa realidade exterior em uma realidade vivida e compreendida interiormente, ou seja, assimilada" (p. 26). Tal tentativa de humanização seria encontrada sob diversas formas: aburguesamento, moralização (com seu correlato, o eudemonismo), individualização e interiorização. Todos esses fatores visam a reduzir progressivamente os elementos da religião cristã que parecem necessariamente *heterogêneos* (dogmas e especulações, mistérios, autoridade e distância temporal) à *consciência* e ao *vivido* do homem do século XVIII. Tanto a *Aufklärung* quanto o pietismo, embora de maneiras diferentes, trariam sua contribuição para essa tentativa de redução da heterogeneidade, ou "eliminação do incomensurável", como diriam Theodor W. Adorno e Max Horkheimer ("O conceito de *Aufklärung*", em *A dialética do esclarecimento* [1944], Rio de Janeiro, Zahar, 1985). Tanto para o racionalista quanto para o pietista — ambos em reação contra uma ortodoxia considerada "estéril", "dessecante", contribuindo somente para estimular "vãs querelas" —, o cristianismo bem compreendido "quer dizer vida, não doutrina", e deve "corresponder às necessidades e esperanças da época" (K. BARTH, op. cit., p. 34s).

A partir de então, a religião — fosse racional, fosse revelada — deveria não apenas mostrar sua ressonância com a "vida prática", mas promover suas aspirações e seu aperfeiçoamento. Nesse sentido, se o Século das Luzes experimentou a potência da razão, a função da razão não foi "romper com os limites do mundo da experiência para nos facilitar uma abertura para o mundo da transcendência, mas, sim, para nos ensinar a percorrer com toda a segurança esse mundo empírico e habitá-lo de modo confortável" (CASSIRER, p. 47).

4.1. Deísmo, latitudinarismo e ceticismo na Inglaterra do século XVIII

O primeiro uso do termo "deísta" surge em *Instruction chrétienne* [Instrução cristã] (1564), de Pierre Viret, designando "aqueles que creem em Deus como criador do céu e da terra, mas rejeitam Jesus Cristo e suas doutrinas". No final do século XVII, essa definição surgiria reatualizada no artigo que Pierre Bayle dedicou a Viret em seu *Dictionnaire historique et critique* [Dicionário histórico e crítico] (1696-1697). No século XVIII, a aplicação de "deísmo", ainda que o sentido comporte suas variações, pode ser entendida como se segue: a) crença em um Ser supremo desprovido de todos os atributos "personalistas" (entendimento, vontade etc.); b) crença em Deus, mas negação da Providência; c) crença em Deus com a rejeição de todos os dogmas e artigos de fé. Embora o deísmo que ressurgiu no final do século XVII tenha sido originariamente de natureza britânica, sua influência se espalharia por toda a Europa continental, na França através de Voltaire, e na Alemanha, entre outros fatores, com a tradução da obra de John Leland, *A View of the Principal Deistical Writers* [Visão dos principais autores deístas] (1754). Entre os representantes mais eminentes dessa corrente de pensamento, podemos citar um precursor: Eduardo Herbert de Cherbury (1583-1648).

Embora não fosse considerado um puro deísta, John Locke (1632-1704) se situa próximo ao irenismo — como, aliás, todos os latitudinários — e da busca por simplificação do conteúdo da fé, conforme protagonizada por Cherbury. Em *Resonableness of Christianity* [Razoabilidade do cristianismo] (1965), Locke reaproxima do cristianismo primitivo a religião natural. Para ele, o cristianismo comporta apenas um dogma fundamental: a missão messiânica e moral de Jesus Cristo, que veio aniquilar o pecado original. Esse dogma se harmoniza com a crença natural do governo divino e com a função da virtude moral. Ele apresenta também a vantagem de adaptar-se aos ensinamentos de todas as religiões. Assim, Locke sacrifica um grande número de especulações e de dogmas — principalmente o da Trindade ou da divindade de Cristo — que se revelam, segundo ele, sem implicações para a *vida prática*. Outro traço dominante que Locke partilha não somente com os deístas, mas também com todas as mentes esclarecidas do seu tempo, é uma repugnância em relação à superstição e ao entusiasmo religiosos (cf. *Ensaio sobre o entendimento humano* [1690], São Paulo, Nova Cultural, col. Os Pensadores, 1991, livro IV, cap. 19) que só poderiam conduzir ao fanatismo. Para Locke, razão e revelação se harmonizam e se equilibram em sua origem comum: "A razão é uma revelação natural, através da qual o Pai das luzes, a fonte eterna de todo conhecimento, comunica aos homens essa porção de verdade que ele pôs ao alcance das faculdades naturais humanas. E a revelação é a razão natural, ampliada por um novo cabedal de descobertas que emanam diretamente de Deus, cuja razão estabelece a verdade, pelo testemunho e pelas provas que essa razão emprega para mostrar que as descobertas vêm efetivamente de Deus. De modo que aquele que proscreve a razão para dar lugar à revelação extingue ambos os fogos de uma só vez" (§ 4).

Ao mesmo tempo que Locke falava de um cristianismo "razoável", o deísta John Toland (1670-1722) tratava de um cristianismo sem mistérios (*Christianity Not Mysterious*, 1696, New York, Garland Pub, 1978). Para Toland, as verdadeiras doutrinas do evangelho e do cristianismo primitivo não são em nada misteriosas, mas a fé nova foi submetida a acomodações ao judaísmo e ao paganismo, assim como a uma influência do platonismo. Esses desvios seriam, portanto, os responsáveis pela violência que é feita à consciência individual quando é obrigada a aderir a representações que ultrapassam a capacidade do entendimento humano. O conhecimento só poderia ocorrer em relação ao que está *presente* na consciência, ou seja, o objeto da experiência. Para não ser considerada absurda e literalmente insensata, a fé deveria se debruçar sobre determinações inteligíveis e acessíveis; logo, precisamos excluir da fé tudo aquilo que não oferece ensejo a experiências possíveis. Anthony Collins (1676-1729) retoma a tese dessa "perversão" do cristianismo primitivo em sua obra *Priestcraft in Perfection* (1709), em que denuncia a "impostura dos padres" (tradução do título do livro) — essa temática seria recorrente entre os autores iluministas franceses — que tenderia a reduzir os homens ao levá-los a aceitar uma religião ao mesmo tempo que os mantém na ignorância e na superstição. Em 1713, Collins publicaria *Discourse of Free-Thinking* (Londres, 1714), em que defende o pleno exercício do "livre-pensamento" que, diante da incerteza e das contradições envolvidas na religião, seria a única postura aceitável. Digno de nota é também Matthew Tindal (1657-1733), com seu *Christianity as Old as the Creation* [Cristianismo velho como a criação] (1730, Stuttgart, Frommann, 1967), tido como a obra mais "bem-acabada" do deísmo inglês.

Em um nível teórico, o golpe mais rude sofrido pelo deísmo moral foi protagonizado por David Hume (1711-1776). Em *História natural da religião* (Unesp, São Paulo, 2005), Hume se atém a uma análise empírica dos fundamentos da religião. Contra o deísmo, para o qual existiria *a priori* uma "natureza humana" — que permite fundar o conceito de religião natural —, Hume questiona a própria existência dessa natureza que se supõe perene, mas seria apenas uma ficção, uma abstração. A experiência e a história ensinariam, ao contrário, que essa humanidade pretensamente racional e moral não passa de um misto de instintos, paixões, imaginação e superstição. Além disso, o monoteísmo da religião natural não é a religião primeira da história humana, mas, sim, o culto *politeísta* das "forças da natureza", forma originária de toda religião. A religião não teria como fundamento nem a moral nem a razão, de acordo com Hume, mas nasceria do temor dessas potências naturais. Se, portanto, todas as representações religiosas, ainda que sejam consideradas "primitivas" ou "superiores" — como as do deísmo —, têm uma raiz e uma motivação comuns, a religião natural das Luzes não pode mais alegar uma forma original de monoteísmo criticando as religiões positivas de terem "pervertido" a religião monoteísta.

Portanto, para Hume, não seria mais somente do lado da razão que se deveria buscar um fundamento, mas também do lado da *história*. Esses dois aspectos deveriam conjugar suas forças: "A convicção de que as regras da razão são eternas e imutáveis deve acompanhar passo a passo o exame do modo com que essas regras se desenvolveram historicamente e foram concretizadas ao longo do desenvolvimento empírico-histórico" (CASSIRER, p. 194). Esse desafio de uma dupla análise, racional e histórica, seria levantado por críticos como Hermann Samuel Reimarus (1694-1768) e Lessing (1729-1781).

4.2. A escola wolffiana ou a "máquina teológica"

A filosofia de Christian Wolff (1669-1754) — que sistematiza o pensamento de Leibniz — foi dominante no meio universitário alemão de 1730 a 1760, apesar dos ataques por vezes virulentos dos pietistas e dos ortodoxos. De um ponto de vista mais propriamente teológico, o verdadeiro colapso sofrido pela teologia ortodoxa incitou um bom número de teólogos a se voltarem para o sistema leibniziano-wolffiano, que prometia, por seu método demonstrativo, estabelecer uma dogmática com problemas de autoridade diante das liberdades tomadas em matéria de religião, tanto na Inglaterra quanto na França. A partir de então, a teologia natural não poderia comportar a refutação do ateísmo? Não demonstrava tudo o que a Escritura afirma sobre Deus? Não assegurava um fundamento racional? Enfim, e principalmente, não proporcionaria um novo alento a uma apologética fundada na prova cosmológica: uma físico-teologia (cf. item 4.4)? Assim, os progressos da filosofia leibniziana-wolffiana nas faculdades de teologia são imediatos (cf. *Usus in theologia philosophiae Leibnitinae et Wolffianae* [1728] de Israël Gottlieb Canz [1690-1753]; Siegmund Jakob Baumgarten [1706-1757], autor da primeira dogmática com o nome de *Glaubenslehre*; Jakob Carpov [1699-1768], que publicou uma *Theologia revelata dogmatica methodo scientifica adornata*).

Tal pretensão suscitou críticas acerbas por parte dos teólogos ortodoxos. Depois de ter atacado o pietismo e julgado perigosos seus desvios, que qualificou de místicos e cismáticos, Valentin Ernst Löscher (1673-1749) afirmou "que a religião revelada não poderia ser harmonizada com nenhuma filosofia nem sobretudo com um pensamento que basta a si mesmo" (Barth, op. cit., p. 92). Da mesma forma, o pastor luterano Johann Gottfried Lessing — pai do escritor Gotthold Ephraim Lessing (1729-1781) — estimava que nosso desconhecimento da realidade do pecado original e da fraqueza estrutural da razão humana era grande demais para que pensássemos ser possível demonstrar Deus à luz unicamente da razão. No entanto, seus contemporâneos não deveriam deixar-se enganar: mesmo ao esforçarem-se por separar de modo claro o natural do sobrenatural, os teólogos wolffianos permaneceram apegados aos dogmas da Igreja Luterana. Cassirer resume bem a situação: "Na escola wolffiana, havia [...] um amplo lugar para uma ortodoxia que mantivesse na revelação uma fé inquebrantável, mesmo se pouco a pouco sua forma de apresentação era modificada, impondo-se cada vez mais a necessidade de um método demonstrativo" (p. 188; cf. Ernst TROELTSCH, "L'Aufklärung" [1897], *Recherches de science religieuse* 72, 1984, p. 413).

O que está em jogo aqui, portanto, é a relativa liberdade tomada pelos wolffianos em relação ao *método* e ao adjetivo *sistemático*. A partir disso, a exposição teológica não decorre mais da supostamente perfeita harmonia entre as doutrinas eclesiásticas e a Escritura. A exemplo das demais disciplinas que reivindicam autonomia para seus métodos e campos específicos, a teologia é elaborada de acordo com uma ordem de razão — e de modo formal — que só pode significar *liberdade* em relação à dogmática antiga e ao ganho de *objetividade*. Karl Barth pressentiu nisso uma ambiguidade: com os wolffianos, "a teologia se tornou novamente uma ciência, e isso em seu próprio campo. [...] Para o wolffianismo, seria motivo de orgulho que a teologia fosse mais uma vez vista como uma *disciplina*, no sentido latino do termo [ensino, doutrina, ciência] [...]? Ou essa objetividade [...], a clareza com que se contempla, por assim dizer, o trabalho de uma *máquina teológica*, com a elaboração ponto por ponto de uma dogmática ortodoxa sob uma forma correta o suficiente e ao mesmo tempo oportuna o bastante, mas, no final das contas, uma bizarra domesticação — não seria isso tudo inquietante? [...] Não é algo funesto que, como uma consequência da tese fundamental de Wolff sobre a razão e a revelação, já possamos entrever em Baumgarten [...] a possibilidade de 'teologizar' sobre a revelação e sobre a base da revelação, sem que essa reflexão esteja ligada, um mínimo que seja, ao *acontecimento* a que essa noção se refere?" (op. cit., p. 94s).

Tais são o dilema e o perigo que parecem tanto assustar, de Löscher a Barth, os próprios teólogos protestantes: sob a aparência de uma reconciliação entre razão e revelação, uma "máquina teológica" é constituída — e ao mesmo tempo tornada autônoma — em ciência objetiva da revelação, deixando de manter laços orgânicos com o acontecimento que carrega essa revelação. Como teologizar sem perder essa relação com o acontecimento? Como fazer com que o trabalho teológico não se autonomize? Como conservar seu "lugar vivente e vivido" com Aquele que precisa ser sua origem? Essas questões assombrariam um protestantismo sempre às voltas com dificuldades quanto a mediações, tanto intelectuais quanto institucionais.

4.3. Os neólogos ou o racionalismo prático

Enquanto a liberdade da forma, de que lançaram mão os teólogos wolffianos, já era bastante malvista, seus sucessores se mostrariam bem menos respeitosos em relação ao *conteúdo* dos dogmas tradicionais. Assim, ao reagir contra o conservadorismo da escola, Johann Christoph Gottsched (1700-1766) — tradutor do dicionário de Bayle — se afasta da ortodoxia e, opondo-se à harmonia entre razão e revelação, rejeita os dogmas do pecado original, da redenção e da punição eterna. Como enfatiza Karl Aner, "inicia-se uma nova fase, que se não contentava com a possibilidade de pensar lógica e matematicamente a revelação, mas que descartava o próprio conteúdo, como se fosse irracional" (*Die Theologie der Lessingzeit* [1929], Hildesheim, Olms, 1964, p. 145s).

A dogmática tradicional não é mais simplesmente julgada de conformidade com a razão e a revelação; as verdades cristãs incompreensíveis racionalmente — tais como a Trindade ou os milagres — não são mais vistas como *supra rationem* [acima da razão], mas devem também demonstrar seus valores *práticos*, se não seriam julgadas cedo ou tarde como *contra rationem* [contra a razão]. Portanto, aqui a crítica do dogma não procede tanto da *ratio* [razão], mas sobretudo de exigências éticas. Os dogmas devem concorrer para moldar uma moral otimista e humanista. Tudo o que tende a ultrajar a dignidade humana ou a frustrar a aspiração moral deve ser rejeitado. Os dogmas da Trindade, da divindade de Cristo, do pecado original, da satisfação vicária e da redenção são assim descartados por não se conformarem ao eudemonismo em vigor. E, se os neólogos representam de fato a *Aufklärung* teológica, isso se dá na apreciação negativa do pecado original e, em consequência, no ressurgimento do problema da teodiceia.

É sintomático dessa postura diante dos dogmas o caso de Johann Joachim Spalding (1714-1804), que deu um exemplo dessa dogmática prática e popular que na época as pessoas chamavam "votos". Esse *leitmotiv* seria retomado por outros: "O cristianismo [...] é uma doutrina popular, e é um dever rigoroso do pregador livrar-se de todos os elementos especulativos e inúteis de seu ministério teórico e prático" (I. A. DORNER, op. cit., p. 605). Essa postura se expande para algumas universidades, sempre acompanhada da exigência de total independência de pesquisa. O teólogo Johann August Nösselt (1734-1807), por exemplo, reinvindica plena liberdade para ensinar de acordo com sua consciência e de "despojar o cristianismo autêntico e prático — ou seja, conforme as Escrituras — das sutilezas inúteis que não nos proporcionam nem consolação, nem progresso" (ANER, op. cit., p. 88).

Duas personalidades significativas podem ainda ser mencionadas aqui: Johann Gottlieb Töllner (1724-1774) e Wilhelm Abraham Teller (1734-1804). Ambos prezam profundamente o valor prático e moral do cristianismo. Discípulo de Siegmund Jakob Baumgarten, Töllner se esforça por demonstrar que "a revelação apresentada na Bíblia basta para atingir o objetivo fixado por Deus: propor uma felicidade superior à da religião natural" (George Pons, *Gotthold Ephraïm Lessing et le christianisme* [Gotthold Ephraïm Lessing e o cristianismo], Paris, Didier, 1964, p. 264). Já Teller propõe em *Lehrbuch des christlichen Glaubens* (Helmstedt, Hemmerde, 1764) uma dogmática de tipo "supranaturalista", rigorosamente bíblica e purificada pela razão de todas as "especulações extrabíblicas". De modo característico, ele organiza sua obra em torno da polaridade "reino do pecado" e "reino da graça", deixando de elaborar uma *doutrina sobre Deus* que, para ele, seria algo próprio à teologia natural. Em seu *Wörterbuch des Neuen Testaments zur Erklärung der christlichen Lehre* (1772), ao mesmo tempo que critica exegetas como Johann August Ernesti (1707-1781) por permanecer no nível filológico somente, sem empreender uma interpretação de fato *filosófica* do Novo Testamento, Teller realiza uma verdadeira transposição da linguagem bíblica para máximas racionalizantes: o "reino dos céus" se torna o "novo estabelecimento religioso", por exemplo, e a "redenção" é mostrada como a "reunião moral dos homens e de Deus pela doutrina de Cristo". No contexto teológico da época, seria apreciado todo o impacto da polêmica de Friedrich Nietzsche com a filosofia e a teologia protestante alemães: "O pastor protestante é o ancestral da filosofia alemã, sendo o próprio protestantismo o seu *peccatum originale*. Definição do protestantismo: hemiplegia do cristianismo — e da razão" (*O anticristo*, § 10).

Como vemos, em seu esforço de apropriação das doutrinas cristãs, os neólogos superam uma concepção considerada limitante demais na teologia: que seja preciso mostrar uma conformidade entre tradição e significação atualizada do texto bíblico. De fato, trata-se de uma hermenêutica racionalista. Essa hermenêutica buscaria "opor ao cristianismo *universal* da razão os *particularismos* históricos e acidentais dos dogmatismos confessionais e da própria revelação bíblica". E é sob essa influência que se instalaria "na Alemanha a crise da concepção ortodoxa da inspiração literal das Escrituras, em que, de um lado, havia uma perfeita *equivalência* entre Revelação e Palavra escrita e, de outro, uma *circularidade* completa entre Dogmas e Livros Sacros utilizados como repertório de *dicta probantia*"[4] (Bernard BIANCO, "'Vernünftiges Christentum'. Aspects et problè-

mes d'interprétation de la néologie allemande du XVIIIe siècle" [*Vernünftiges Christentum*: aspectos e problemas de interpretação da neologia alemã do século XVIII], *Archives de philosophie* 46, 1983, p. 190).

4.4. Físico-teologia e apologética

O otimismo de Leibniz e Wolff seria um dos sentimentos mais comuns ao longo da primeira metade do século XVIII, um entusiasmo em relação ao progresso do espírito humano e à finalidade do "melhor dos mundos possíveis".

Para os teólogos, a maior contribuição do wolffismo consistiu justamente na importância atribuída à prova teológica — beleza, diversidade, finalidade e, portanto, "harmonia" do mundo —, prova que implica e requer em definitivo a prova *cosmológica*: o agenciamento (unidade e encadeamento) deste mundo não pode ser efeito de um mecanismo cego (se não, haveria inteligibilidade e não-sentido); devemos, portanto, estabelecer uma causa, um ser necessário para sua origem. O que leva ao desenvolvimento de toda uma série de "físicoteologias".

É de notar que, no século XVIII, a teologia recorre às novas ciências da natureza. Contra os críticos que, apoiando-se nas conclusões das ciências físicas, adotam uma concepção puramente *mecanicista* da natureza — tornando desnecessária uma harmonia que requeira Deus de modo absoluto —, os teólogos acreditam demonstrar não somente a existência de Deus e da Providência a partir da ordem do mundo, mas também a necessidade dessa existência. Para isso, eles citam as últimas descobertas das ciências e da filosofia. Em relação a Leibniz, para esses teólogos "o teatro do mundo corporal [...] desvela cada vez mais, nessa vida, mesmo à luz natural, sua excelente perfeição, desde que os sistemas do macrocosmo e do microcosmo começaram a abrir-se para as descobertas dos modernos" (*Essais de théodicée* [Ensaios sobre teodiceia], *La cause de Dieu* [A causa de Deus], p. 452). Um caso interessante é a adoção do cartesianismo pela Academia de Genebra e o uso que se fez da cosmologia cartesiana e de seu princípio de conservação, para que se trouxesse a prova da Providência divina. Jean-Alphonse Turrettini (1671-1737) tenta refutar as objeções feitas à Providência pelos partidários da perspectiva mecanicista da natureza: "Objeta-se [...] contra a Providência que tudo o que é feito no

---

[4] [NT] Em latim, textos utilizados como prova.

mundo é obra da natureza e de suas leis, mas o que é a natureza se não Deus, e o que são essas leis além dos efeitos de um ser inteligente e todo-poderoso? A natureza de cada ser seria capaz de produzi-lo, conservá-lo etc.? E a natureza em geral poderia ser outra coisa além da união de todos os seres, uma união necessariamente ignorante e impotente, já que nenhum deles sabe como é feito e todos são desprovidos de poder para produzir e conservar a si mesmos? Logo, é preciso necessariamente voltar a Deus e a sua providência" (citado por Michael HEYD, *Un rôle nouveau pour la science: Jean-Alphonse Turrettini et les débuts de la théologie naturelle à Genève* [Um novo papel para a ciência: Jean-Alphonse Turrettini e os primórdios da teologia natural em Genebra], *RThPh* 112, 1980, p. 39).

Para a apologética, a dificuldade é resolver o problema que Kant apresentaria mais tarde, como o da relação entre física e metafísica, do conflito entre os partidários do *mecanismo* e os da *finalidade*. Essa temática passa por autores como Newton e Leibniz. Sobre a conciliação, Turrettini afirma tradicionalmente que as leis da natureza dependem por completo da *vontade* de Deus e que, em consequência, como não são eternas, podem ser suspensas por algum tempo. Essa afirmação permitiria que o racionalismo pudesse dar conta da possibilidade do milagre. De fato, Turrettini segue aqui Descartes e sua concepção de Deus como criador, por ação *arbitrária*, das "verdades eternas", contra uma compreensão spinozista ou leibniziana que implica a *necessidade* dessas mesmas verdades. De acordo com Turrettini, Deus "governa as coisas corpóreas de um modo mecânico" (ibid., p. 40). Tanto para ele quanto para muitos autores, a teologia natural é um preâmbulo que requer sempre a Revelação. Portanto, ele representa de modo típico essa "teologia de duas partes" (Barth), ou seja, "que se baseia em dois livros, o da graça e o da natureza", tão representativa da *Aufklärung*.

4.5. Gotthold Ephraim Lessing (1729-1781).

O Deus educador e o racionalismo na história

A personalidade de Lessing domina em mais de um sentido o cenário intelectual alemão da segunda metade do século XVIII. Do ponto de vista da história das ideias, seu nome está relacionado a duas das controvérsias mais famosas da época: a que ocorre por ocasião da publicação (1774-1778) *da Apologie oder Schutzschrift für die vernünftigen Verehrer Gottes*, *de* Reimarus, e a que opôs, após a morte de Lessing, Moses Mendelssohn (1729-1786) e Friedrich Heinrich Jacobi (1743-1819) em torno do spinozismo que ele teria professado ("querela do panteísmo"). Além disso, o continuado interesse de Lessing pelas ideias religiosas, bem como a interpretação que fez delas, é algo que merece atenção.

Lessing foi certamente um adepto da *Aufklärung*. Porém, devemos nuançar seus intentos. Ele acredita que "a transformação de verdades reveladas em verdades de razão é enfim necessária, se deve servir aos interesses do gênero humano" (*L'éducation du genre humain* [A educação do gênero humano] [1780], § 76, em *Ernst et Falk. Dialogues maçonniques; l'éducation du genre humain* [Ernst e Falk: diálogos maçônicos; a educação do gênero humano], Paris, Aubier Montaigne, 1976), mas no final das contas situa essa afirmação em uma perspectiva bastante diversa. Se o juízo crítico contra a dogmática ortodoxa é similar, o modo de realizar a *superação* da antiga religião difere.

De modo oposto ao procedimento dos teólogos de seu tempo, que organizam uma doutrina prática e conforme à razoabilidade, Lessing se lança a uma interpretação *histórica* e *global* da religião revelada. Em vez de enxergar na revelação apenas uma comunicação de doutrinas que seria necessário depurar racionalmente, Lessing acredita que se possa dar conta plenamente da revelação tornando-a um momento indispensável da realização da razão na história. Assim como Johann Salomo Semler (1725-1791) e sua "teoria da acomodação", Lessing retoma a ideia de Spinoza segundo a qual, na interpretação bíblica, é preciso levar em conta as circunstâncias de "uma doutrina universal absoluta que diz respeito a Deus" e da "adaptação de certas noções para a mentalidade geral", sem considerar esses dois pontos como absolutos. No entanto, a aproximação de Spinoza se limita a isso, pois, para Lessing, é ao longo da história (e não de acordo com um salto entre duas instâncias de conhecimento) que deve progressivamente efetuar-se a transição da crença vulgar para a doutrina divina. Esse ponto o aproxima de Hegel, tanto pela concepção da história como *lugar de um desdobramento* quanto pela apreciação *por inteiro* da história, em seus diferentes momentos.

Assim, o histórico (contingente) não mais se opõe ao racional (necessário), mas é "a via de sua realização [...], o lugar autêntico [...] de sua concretização" (CASSIRER, p. 204). Da mesma forma, não se opõem mais um "cristianismo *universal* da razão" e o "*particularismo* da revelação bíblica".

É evidente que, nessa visão, a revelação judaico-cristã é considerada obsoleta e superável, tanto de fato como de direito. A revelação constitui no máximo um momento pedagógico — ou, segundo a expressão de Kant, um "veículo" — no processo educativo do gênero humano; assim, ela não traria para a humanidade nada que a razão não teria sido capaz de descobrir por suas próprias forças (*Éducation* [Educação], § 4). No entanto, a noção de história proposta por Lessing conserva um caráter dinâmico e permanece aberta para toda a ação nova da "Providência eterna" (§ 91s). Para ele, a educação do gênero humano não está concluída e, assim como o Antigo Testamento não é mais útil para "captar a doutrina da imortalidade da alma" e "nós nos acostumamos progressivamente a deixar de lado o Novo Testamento para compreender a doutrina da imortalidade da alma", é possível que nesse último livro estejam ainda refletidas outras verdades que contemplaríamos como revelações "durante todo o tempo em que a razão não tivesse aprendido a deduzi-las das outras verdades estabelecidas por ela" (§ 72). Assim, vemos que "a razão é posta em relação com a história, a história com a razão, em uma reciprocidade [...] que traz uma nova visão religiosa e um novo ideal de conhecimento religioso [...]. Trata-se de *uma* existência e de *uma* verdade que se desvelam, sob formas diferentes, claro, mas perfeitamente concordantes quanto a seus conteúdos essenciais, na razão e na história" (CASSIRER, p. 194).

5. Do "teísmo moral" ao Deus vivo da dialética

5.1. Immanuel Kant (1724-1804): da físico-teologia à impossível especulação. Ou como chegamos a deduzir a teo-lógica da moralidade

Na determinação moderna da ideia de Deus, a *Crítica da razão pura* (São Paulo, Nova Cultural, Col. Os Pensadores, 1996) de Kant desempenha um papel considerável. Em seu gesto criticista, o kantismo estabelece uma *delimitação* estrita entre o que faz parte do campo do cognoscível e o que está excluído dele. Para a metafísica fazer jus ao nome de ciência, sua crítica (análise reflexiva) deve ser procedente. Se as ciências, sobretudo as físicas, preenchem as condições para a possibilidade de um conhecimento objetivo, o mesmo não ocorre com a metafísica: "A metafísica, conhecimento especulativo da razão que de fato permanece à parte, elevando-se por inteiro acima do ensino da experiência, e isso por simples conceitos [...], em que a razão deve ser seu próprio aluno, ainda não foi até aqui favorecida o suficiente pelo destino para tomar o caminho seguro de uma ciência". Kant constata que, em definitivo, a metafísica é apenas uma série de "tateamentos". Em contraste, os progressos da ciência — e a "revolução" que produziu — são impressionantes. Isso estimula Kant a encontrar um novo modo de proceder: "Que tentemos uma vez, portanto, perceber se não seríamos mais felizes nas tarefas da metafísica ao admitir que os objetos devem ser regulados sob nosso conhecimento, o que é mais compatível com a requerida possibilidade de um conhecimento *a priori* desses objetos, um conhecimento que deve estabelecer alguma coisa em relação a eles antes que eles nos sejam dados". É o que Kant chamaria de sua "revolução copernicana": as coisas só seriam cognoscíveis na medida em que são objetos *possíveis* para a subjetividade humana. Isso significa igualmente que o conhecimento objetivo não pode mais ser aplicado somente às coisas que o homem pode intuir. Nenhuma intuição corresponderia às ideias da razão (Deus, liberdade, imortalidade da alma), naquilo que diz respeito à metafísica especial, portanto.

O valor objetivo e a possibilidade de conhecimento que a metafísica conferia até então a essas ideias não seriam assim uma louca pretensão? De fato, para Kant, nenhum conheciimento pode ser dado dessas ideias. Deus não pode mais ser *conhecido* pela razão *teórica*, podendo no máximo ser *pensado*: "Eu posso pensar aquilo que desejo [...], desde que meu conceito seja um pensamento possível [...]. Mas, para atribuir a tal conceito um valor objetivo (uma possibilidade real, pois o primeiro era simplesmente lógico), é exigido mais. Porém, essa coisa a mais não precisa ser buscada nas fontes teóricas do conhecimento, mas pode ser encontrada nas fontes práticas". Muito além disso, as ideias da razão — logo, de Deus — devem servir ao uso prático necessário da razão, e é na medida em que a pretensão especulativa é "destituída" que isso se torna possível. Em outras palavras, para Kant, a fim de tornar possível uma "extensão prática" da razão pura, é necessário barrar toda cognoscibilidade *teórica* de Deus. É nesse contexto que se insere a frase "eu deveria, portanto, suprimir o *saber* para encontrar lugar para a *fé*". Em uma passagem de *Leçons sur la théorie philosophique de la religion* [Lições sobre a teoria filosófica da religião] (1783-1784, Paris, Librairie générale française, 1993), ele acrescenta: "É bom para nossa moralidade, além disso, que nosso conhecimento de Deus não seja científico, mas, sim, uma *crença*, pois assim o cumprimento de nosso dever pode ser mais *puro* e *desinteressado*" (p. 200). Hegel fustigaria essa indeterminação, bem como o que poderia ser chamado de "teologia racional negativa": "Se à generalidade falta a determinação, [...] Deus [...] se torna o pretenso Ser supremo vazio e morto; [...] ele permanece uma representação puramente subjetiva" (*Leçons sur la philosophie de la religion* [Lições sobre a filosofia da religião], I, Paris, Vrin, 1971, p. 126). No entanto, essa postura kantiana seria retomada no início do século XX por alguns teólogos do *Kulturprotestantismus*, que veriam em Kant o filósofo por excelência do protestantismo (cf. sobretudo Friedrich Paulsen [1846-1908] e Julius Kaftan [1848-1926]).

Antes de considerarmos todas as implicações da crítica kantiana sobre o conhecimento de Deus, é importante que nos detenhamos um pouco nos trabalhos pré-críticos de Kant, em que ele trata longamente desse conhecimento.

5.1.1 As obras pré-críticas.

Ou como se convencer da existência de Deus sem precisar demonstrá-la

Em seus primeiros textos, Kant permanece em dívida para com os debates de sua época sobre a prova da existência de Deus. De Leibniz, Christian Wolff e Alexander Gottlieb Baumgarten, ele herda o sistema da teologia natural racional e demonstrativa. Em suma, está no estágio do que ele mesmo chamaria, mais tarde, de "dogmatismo". Da mesma forma, não é surpreendente que se tenha voltado para a físico--teologia. Em *Histoire générale de la nature et théorie du ciel* [História geral da natureza e teoria do céu] (1755, em *Oeuvres philosophiques* [Obras filosóficas] I, p. 35-107), Kant aborda a questão da relação entre física e metafísica. O dado do problema é simples: desde Kepler e Newton, a possibilidade de uma explicação puramente *mecanicista* do mundo pode prevalacer; logo, a concepção *finalista* (teleológica), que implica recorrer-se a Deus e sua Providência, parece não ser mais requerida. A posição de Kant consiste em fazer jus à concepção mecanicista acolhendo ao mesmo tempo a ideia de que as leis que governam o mundo só podem ser produzidas por Deus. Em oposição a Newton, que imaginava Deus intervindo o tempo todo para que a perda de energia não levasse à paralisia do movimento do universo, Kant apresenta um Deus *onissuficiente*, sendo "conforme à sabedoria" que as disposições da natureza "se desenvolvem em uma continuidade *sem restrições* a partir das leis universais *inseridas* nelas" (p. 80).

Em *L'unique fondement possible d'une démonstration de l'existence de Dieu* [O único fundamento possível de uma demonstração da existência de Deus] (1763, em *Oeuvres philosophiques* [Obras filosóficas] I, p. 315-435), Kant vislumbra quatro argumentos para a existência de Deus. Esse texto permite não somente esclarecer o percurso de Kant até a *Crítica*, mas também compreender melhor algumas posições que seriam tomadas então. Os quatro tipos de prova levantados são, segundo a terminologia de Kant, cartesiano, ontológico, wolffiano e físico-teológico. Na primeira (que retoma *mutatis mutandis* o argumento anselmiano, de acordo com o *Proslogion*, 2), "concebemos em pensamento a ideia de uma coisa possível na qual representamos mentalmente que todas as verdadeiras perfeições estão reunidas. Admitimos em seguida que a existência é uma perfeição das coisas. Concluímos, enfim, a possibilidade do Ser mais perfeito em sua existência" (p. 428). Uma das principais refutações a esse argumento na *Crítica* já está ganha, a saber: "A existência não é um predicado". Pensar em um ser perfeito que exista necessariamente — senão não seria *ens perfectissimum* — apenas equivale a apresentar um juízo lógico, não a efetividade da própria coisa. "*Ser* não é manifestamente um predicado real, ou seja, um conceito de alguma coisa que possa ser acrescentado ao conceito de uma coisa" (*Crítica da razão pura*).

O segundo tipo de argumento, que Kant chama de "ontológico" (e não pode ser confundido com o argumento cartesiano ao qual a tradição também aplicou o mesmo nome) e que (seguindo nisso a *Crítica da razão pura*) chamaremos aqui de "ontoteológico", constitui para ele o único fundamento de uma prova possível. Esse argumento busca demonstrar a existência de um ser absolutamente necessário, de tal modo que nos possamos dar conta do caráter *pensável* da realidade. Esse ser é o fundamento de toda realidade (o processo não deixa de lembrar o argumento leibniziano, que requer uma razão suficiente e necessária para a existência dos seres contingentes). Kant está em busca de um incondicionado capaz de explicar o condicionado; é o que ele nomearia, em *Crítica da razão pura*, o ideal transcendental da razão: "a concepção de um Ser supremo, que encerre em si tudo o que podem pensar os homens, feitos de pó, que ousam dirigir olhares temerários por trás do véu que deixa entrever aos olhos das criaturas os mistérios do insondável" (*O único fundamento possível de uma demonstração da existência de Deus*, p. 422). Esse ser é o *ens realissimum* [o ser mais real], o *omnitudo realitatis* [o Tudo], o Deus onissuficiente, princípio de todas as possibilidades e de todas as realidades, Ser sem o qual nada existiria e, principalmente (e nisso está a ênfase de Kant), sem o qual nada seria pensável. Portanto, a ideia de Deus é aqui nada além do *ideal da razão pura*.

A terceira prova (wolffiana), de modo diverso das duas precedentes, não é *a priori*. Parte do mundo, mais precisamente da constatação de sua *contingência*, e eleva-se a Deus pelo princípio de causalidade: toda existência contingente pressupõe uma causa primeira e independente. Para Kant, a fraqueza de tal argumentação reside no fato de que, se podemos remontar à existência de uma causa primeira, é, porém, impossível demonstrar a *necessidade* absoluta de sua existência. A quarta prova nada mais é que um "aperfeiçoamento" das antigas explicações.

Dos quatro tipos de prova, Kant só daria seu aval à segunda, "ontoteológica". As últimas frases do opúsculo não poderiam surpreender o leitor das *Críticas*: "Busque nisso a prova, e, se você não crê poder encontrá-la, deixe esse caminho não franqueado e tome a grande estrada da razão humana. É absolutamente necessário que sejamos convencidos da existência de Deus, mas não é tão necessário assim demonstrá-la" (p. 435).

5.1.2. O criticismo: Deus como "ficção", a ilusão transcendental, a moralidade e a religião

Se Deus é visto por Kant como o incondicionado (ideia da razão) que é o princípio da determinação de todas as coisas, resta saber se esse incondicionado pode possuir um "valor objetivo" ou se é "somente uma prescrição lógica" (*Crítica da razão pura*). Em relação ao que foi dito, a resposta trazida por Kant em *Crítica da razão pura* se deixa facilmente adivinhar. Kant barrou em definitivo a vida de acesso a todo conhecimento teórico e especulativo de Deus ao demonstrar a impossibilidade de passar do caráter predicativo à existência efetiva; no entanto, assim como as demais ideias da razão, Deus resulta de uma "disposição natural" da razão humana. Seria necessário, portanto, concluir que a ideia de Deus só pode articular-se como "prescrição lógica", sem outra função além da epistemológica? Que trata-se de algo pertinente à lógica, mais que à ontologia? Se o conhecimento especulativo de Deus perdeu todo interesse, também é verdade que, para Kant, Deus não poderia perder todo o "valor objetivo". Não mais no nível teórico, mas na esfera prática da razão. A posição kantiana das *Lições sobre a teoria filosófica da religião* de 1783-1784 — posição que ele chama de teísmo moral — permanece fiel à máxima final de *O único fundamento possível de uma demonstração da existência de Deus*: "O teísmo moral é antes de tudo crítico, ou seja, percorre passo a passo todas as provas especulativas da existência de Deus e as reconhece como insuficientes; afirma, de fato, que é pura e simplesmente impossível para a razão especulativa demonstrar com certeza a existência de um ser supremo: ele está convencido, porém, da existência de tal ser e tem uma *crença* imperturbável em sua existência por motivos práticos" (*Lições*, p. 72). Nesse sentido, o conhecimento de Deus é vivido e articulado segundo um modo duplo, negativo e positivo, em que dominaria a questão do interesse e do desinteresse, e em que o desinteresse de um faria todo o interesse desinteressado do outro: "Que interesse tem a razão no conhecimento de Deus? Não um interesse especulativo, mas um interesse prático. O objeto é por demais elevado para especulação, que arrisca nos levar a erro. No entanto, nossa moralidade necessita dessa ideia de Deus para enfatizar sua própria importância. Assim, deve tornar não mais sábio, mas mais moral, mais honesto, mais sábio. Pois se há um ser supremo que pode e quer nos tornar felizes, se há outra vida, nossas convicções morais se alimentam e se fortalecem desse fato, e nossa conduta se torna mais firme" (p. 54s).

a) Deus como ideia reguladora

Não obstante o fato de que o interesse da razão pela ideia de Deus é de ordem mais prática e moral que teórica — já que é unicamente na razão prática que o "valor objetivo" pode ser conquistado —, resta que pode ser feito uso de Deus como ideal transcendental; e um uso positivo, desde que mantenhamos o caráter puramente ideal desse princípio. Pois se a razão experimenta a "premente necessidade" de encontrar um princípio que possa servir para pensar a totalidade e a unidade sistemáticas, e se a busca por esse princípio requer que se eleve até o conceito de Deus — enquanto *ens realissimum* ou incondicionado —, não se segue disso que seja preciso conceder a esse conceito mais que uma função *reguladora*. Em outras palavras, o conceito teológico de Deus, assim como qualquer outra ideia transcendental, é apenas um conceito da razão que tem como função regular e estender o pensamento, ou seja, simples "ficções heurísticas" (*Crítica da razão pura*), das quais é proibido fazer princípios *constitutivos*. Para Kant, a ideia de Deus é apenas uma "criação espontânea" do pensamento, uma simples representação ou uma suposição que nos torna capazes de um conhecimento mais acertado e mais satisfatório do campo da experiência empírica. É nesse sentido que a ideia de Deus é subjetivamente necessária para a compreensão da determinação de todos os objetos do pensamento. Logo, Deus não é mais simplesmente uma ideia, mas é propriamente o *ideal transcendental da razão pura*, cuja utilidade não depende de forma alguma de sua existência objetiva: "Ao admitir um ser divino, não possuo, na verdade, o menor conceito da possibilidade interna de sua soberana perfeição, nem da necessidade de sua existência, mas [...] posso [...] satisfazer todas as demais questões que concernem ao contingente, e proporcionar à razão o mais perfeito contentamento, não em relação a essa suposição, mas em relação à maior unidade que ela pode procurar em seu uso empírico".

Que o ideal transcendental proceda da constituição interna da razão, que seu uso seja puramente regulador e metódico, isso bem caracteriza para Kant o abuso que haveria em querer — como o faz a teologia racional — ultrapassar o campo do conhecimento empírico e passar assim do ideal ao ser efetivo. Porém, Kant está bastante consciente do fato de que essa passagem ilegítima, essa "ilusão transcendental", é inevitável e resulta da própria natureza da razão. Trata-se, portanto, de atualizar o processo de produção dessa ilusão transcendental, mesmo se tal ilusão não pode ser erradicada. De fato, enquanto a razão for percebida como a faculdade da determinação direta dos objetos, não poderemos impedir um uso ilegítimo. A dialética da razão tenta a cada vez transformar o ideal em objeto, em substância independente da experiência. "Assim, esse ideal do ser soberanamente real, embora não passe de simples representação, é primeiro *realizado*, ou seja, convertido em objeto, em seguida hipostasiado e, enfim, por um progresso natural da razão rumo à consumação da unidade, *personificado*."

Quando se quer especulativa, a razão é sem solução. No entanto, o "zelo" com que se exibe ou a "queda natural" que lhe faz desejar ultrapassar o uso da experiência "até os limites extremos de todo conhecimento" não seria, segundo Kant, motivado pelo interesse especulativo, mas pelo interesse *prático* (e aqui Kant procederia de modo levemente semelhante ao de sua relação entre o belo e o sublime na terceira *Crítica*). Para a obtenção de uma nova ordem de sentido, seria sempre necessário sofrer a exigência de um *fracasso ordenado pela própria razão* (o da especulação ou da imaginação segundo cada caso). Assim como a lei se cumpre "na exata medida" em que a sensibilidade se vê desgostosa com o jogo que a exigência da razão lhe faz jogar, até estragar-se diante do sublime, da mesma forma a razão especulativa deve ser "mortificada", e é apenas com esse fracasso que Deus poderá adquirir um "valor objetivo". É preciso sacrificar o interesse especulativo em prol de um interesse "mais alto": o interesse prático.

b) A prova pela moral, ou como se funda a teo-lógica sobre a moralidade

O que era ilegítimo para a razão teórica ou especulativa se torna, com a razão prática, não somente legítimo, mas possível: ao ideal da razão pura (uma simples ideia reguladora que permite a unificação sistemática dos objetos da experiência), não poderia corresponder realidade objetiva alguma; ao ideal da razão prática, parece, porém, que tal correspondência pode operar-se. O conceito de Deus não é mais, aqui, somente uma suposição da razão teórica *subjetivamente* necessária, mas adquire o *status* de "postulado necessário [*objetivo*] da razão prática". E, mesmo se o conceito guarda um caráter de "ficção", verifica-se "moralmente necessário admitir a existência de Deus" (*Crítica da razão prática* [1788]). O impossível conhecimento é substituído pela convicção ou pela fé moral: "Resta-nos ainda outro tipo de convicção, uma convicção prática. Eis um campo particular que apresenta perspectivas bem mais satisfatórias que o que pode produzir a árida especulação. Pois, enquanto uma pressuposição baseada em argumentos subjetivos não passa de simples hipótese, uma pressuposição baseada em argumentos *objetivos* é, em contrapartida, um *postulado necessário* [...]. O interesse prático que temos de fato na existência de Deus enquanto governador sábio do mundo é o maior que pode ser, pois, se suprimimos esse princípio fundamental, negamos ao mesmo tempo toda prudência e honestidade, devendo então agir contra nossa própria razão e contra nossa consciência moral (*Lições*, p. 158s).

Assim, a convicção sobre a existência de Deus encontra aqui seu fundamento: a moralidade, reconhecida a *priori* pela razão pura. Mas é preciso compreender que o que importa aqui não é tanto Deus (ou o teo-lógico), mas, sim, a moralidade e a lei moral. De fato, se na "teologia moral" de Kant a lei moral não requer Deus como *fundação* — contrariamente ao que ocorre na "moralidade teológica [...] em que o conceito de obrigação pressupõe o conceito de Deus" (p. 62) —, torna-se necessário, no entanto, postular Deus (como princípio supremo dos fins) a fim de garantir a possibilidade de realização efetiva da injunção da lei moral sob o exercício da liberdade. Deus pode ser concebido como o ser todo-poderoso que pode "atribuir toda a natureza a um modo moral de agir" (p. 74), como aquele que, sendo justo e santo, sente prazer no cumprimento do dever humano; já a moralidade permite dar à ideia de Deus um conteúdo, uma definição, uma significação, e Deus adquire assim uma "objetividade", relacionada a uma intenção prática. O teísmo moral defendido por Kant deduz, portanto, a teologia da moralidade, e não o inverso. Sem essa dedução, a teologia teria apenas um valor negativo. Ainda mais decisivo para Kant é o fato de que essa "teologia moral" nos proporciona, além de uma convincente certeza sobre a existência de Deus, a enorme vantagem de nos conduzir à *religião*, já que une solidamente o pensamento sobre Deus a nossa moralidade e nos torna assim homens melhores (p. 159). Logo, para Kant, o valor essencial, sem dúvida, não mais deve ser buscado na ideia de Deus, mas, sim, no conceito de religião, que, segundo ele, é "a aplicação da teologia à moralidade" (p. 57).

5.2. Georg Wilhelm Friedrich Hegel (1770-1831).

Da cisão da Vida à dialética do Espírito

Ernst Cassirer demonstrou que na época das Luzes a razão era compreendida não como "determinado *conteúdo* de conhecimentos", mas, sim, como uma "energia" cuja função era correlacionada ao "poder de ligar e desligar". Desligar o espírito humano de todos os fatos de tradição, de revelação ou de autoridade, passá-los por um crivo, "[pôr] em pedaços até em seus últimos componentes e suas últimas motivações a crença e a 'verdade pronta'". Claro, a esse trabalho "diluidor" deve corresponder um novo esforço de construção, uma nova "ligação", pois a razão não pode "permanecer entre esses *disjecta membra* [membros espalhados], mas precisa levantar um novo edifício, uma verdadeira totalidade. Mas criando ela mesma essa totalidade" (p. 48).

As gerações que se sucederam imediatamente após as Luzes de fato concordam em ver nesse processo um "trabalho diluidor". Mas será que a *Aufklärung* culminaria em algo diferente dessa razão abstrata e fria, menosprezada por Goethe, Herder e a geração do *Sturm und Drang*[5] (1770-1780) — uma razão incapaz de

---
[5] [NT] Movimento romântico alemão que, sobretudo na literatura e na música, exaltava as emoções e a espontaneidade em oposição ao racionalismo do século XVIII. Literalmente, "tempestade e ímpeto" em alemão.

conciliar experiência e sensibilidade? A necessidade de (re)conciliação das diversas "formas" de saber — dos diversos campos da experiência enquanto totalidade "viva" — se faz sentir de modo unânime. Porém, os procedimentos e os pontos de partida (estética, religião popular, poesia, filosofia etc.) seriam os mais variados como tentativa de reintegração do "Todo".

A postura do jovem Hegel se encaixa plenamente nesse contexto. Para ele, o mundo moderno estava em uma "cisão" com oposições dilacerantes (fé e saber, Deus e mundo, sujeito e objeto, identidade e diferença, razão e história, indivíduo e comunidade etc.); o mundo havia perdido sua *vida substancial* e rompido com a *imediatez* (cf. *Fenomenologia do espírito* [1807], Petrópolis, Vozes, 1992). Aos que enaltecem o inocente reencontro da pura e simples imediatez perdida — por algum entusiasmo, êxtase ou "beleza sem força" que odeia "o entendimento" —, Hegel propõe "experimentar" e levar em consideração a "poderosa potência do negativo, a energia do pensamento, do puro eu", que se tornaram um princípio da razão moderna e das Luzes. Para Hegel, a necessidade da filosofia nasce nas épocas em que domina a "cisão" — quando o poder da unificação desaparece da vida dos homens e as oposições perdem suas relações vivas —, mas isso não equivale a afirmar que seja preciso ignorar o trabalho do pensar, mesmo quando a reflexão parece separar aquilo que deveria ser vivido como unidade. Esse é todo o itinerário teológico e filosófico de Hegel: "Não é esta vida que recua de horror diante da morte e se preserva pura da destruição, mas a vida que carrega a morte, e se mantém dentro da própria morte, que é a vida do espírito" (ibid.).

5.2.1. "Pensar a pura vida": o processo da reflexão e da cisão

Em *Esprit du christianisme et son destin* [Espírito do cristianismo e seu destino] (1797-1800, Paris, Presses Pocket, 1992), redigido durante a estada em Frankfurt após seus estudos em teologia, Hegel assume a tarefa de "pensar a pura vida" (que é o "ser" ou o "divino", p. 114 s). A questão é saber como pensar a *vida*, mesmo sabendo que a reflexão a "divide" (p. 121s) e, em consequência, separa-se dela (aliena-se ou se torna estrangeira), cavando a distância ao tomá-la como seu objeto. Logo, para superar a oposição, seria preciso abandonar a reflexão que produz o entendimento (*Verstand*, em alemão) e as polaridades fixas e determinadas que lhe são próprias (unidade e diversidade, identidade e diferença, particular e universal etc.), para declarar que a "vida é um mistério inconcebível para o entendimento" (*Logique*) ou que "aquilo que, no reino do que está morto, é uma contradição, não o é no reino da vida" (p. 120)?

Para o jovem Hegel, cujo pensamento foi "propriamente teológico-político" (Bernard BOURGEOIS, *Hegel à Francfort ou judaïsme, christianisme et hégelianisme* [Hegel em Frankfurt, ou Judaísmo, cristianismo e hegelianismo], Paris, Vrin, 1970, p. 7), o cristianismo propôs um modo de superar essa aporia, pelo menos em aparência. É de fato através do sentimento do *amor* que se afirma a identidade da vida, na medida em que a vida unifica e reconcilia toda oposição: o amor é a "união do espírito", "amar a Deus é sentir-se no Todo da vida, sem limites no infinito" (p. 107). Assim, à "consciência infeliz" experimentada no judaísmo e resultado de uma concepção segundo a qual a separação e a oposição entre Deus e o homem são absolutas — "Deus estrangeiro à [totalidade do mundo], em quem nada na natureza deveria participar, mas sob o domínio de quem tudo recaía" (p. 53) —, o cristianismo alega, por meio da interferência de Jesus, que veio "restabelecer o homem em sua totalidade" (p. 74), um laço vivo em que se abolia toda relação de domínio ou submissão. À objetividade e à positividade da Lei, Jesus opõe "o gênio mais elevado da reconciliação" (p. 77), afirmando que o *conteúdo* da lei é o amor. Ao fazê-lo, Jesus indica que esse conteúdo, por não exprimir obrigação, não é de modo algum caso para separação (entre universal e particular, inclinação e dever-ser moral). Além disso, como encarnação do amor e "Filho de Deus", Jesus mostra que Deus não deve mais ser compreendido como um objeto todo-poderoso, alheio e separado (por um "abismo indevassável", p. 115).

De acordo com Hegel, porém, o amor encontra limites na medida em que, se é o sentimento da identidade da vida acima de toda diferença objetiva, é também voltado para uma interioridade para a qual toda exterioridade desaparece. Ao amor, assim como à "bela alma", "faltam as forças para alienar-se", já que vive "na angústia de manchar o esplendor de sua interioridade [...], e para preservar a pureza de seu coração foge do contato com a efetividade e persiste na impotência teimosa, impotência [...] que se confia à diferença absoluta" (*Fenomenologia*). A constatação de fracasso assinalada por Hegel mostra a evolução em seu pensamento. Se o amor exprime de fato a essência da realidade, ou seja, a vida, não enfrenta aquilo que, para Hegel, seria o principal: o "trabalho do negativo". A partir disso, as oposições não seriam apenas produções negativas do entendimento "divisor", mas, sim, *momentos* essenciais do próprio espírito. Em outras palavras, Hegel descobre aqui o movimento *dialético* do pensamento: a contradição não é mais o que deve ser evitado, mas se torna o "ritmo das próprias coisas". Será assim a própria *história*, na medida em que a história é o espírito que se realiza. A reflexão, que se afigurava alheia e exterior ao conteúdo, torna-se um momento desse mesmo conteúdo; como o expressou Bernard Bourgeois, "o ser é unidade, felicidade e liberdade, e [...] basta saber compreendê-lo e aderir a ele, realizando-o em si mesmo e *participando de seu próprio movimento* de realização, sempre presente" (op. cit., p. 29).

5.2.2. Crítica da filosofia da reflexão: a consciência infeliz do protestantismo

Em 1802, Hegel redige *Fé e saber* (São Paulo, Hedra, 2007), em que retoma a avaliação da crítica do entendimento e expõe a impossibilidade, para as "filosofias da reflexão" (Kant, Fichte, Jacobi), de elevar-se acima da *finitude* humana (pois recusam todo conhecimento objetivo, efetivo, de Deus). Hegel esboça uma análise da *Aufklärung*, que para ele é totalmente incapaz de superar a oposição entre fé e saber, culminando em algo que "possui tão pouca razão quanto verdadeira fé". Se a *Aufklärung* pôde pacificar o conflito entre fé e saber, foi ao preço de uma desnaturação tanto da fé quanto da razão. A separação foi assim consumada: "De acordo com Kant, o *suprassensível* não pode ser conhecido pela razão; ao mesmo tempo, a Ideia suprema não possui *realidade*. [...] Segundo Jacobi [...], ao homem é dado somente o *sentimento* e a consciência do verdadeiro, a intuição do verdadeiro na razão, e só existe nisso algo de *subjetivo* [...], um instinto. Para Fichte, Deus é algo de *inteligível* e não pode ser *pensado*: o Saber não sabe nada, a não ser que nada sabe, e deve voltar-se para sua *crença*".

A filosofia da revelação baseada apenas na finitude humana exclui a si mesma do Absoluto ao renunciar a sua existência *no* Absoluto. Essa posição, que antigamente era considerada como a que constituía propriamente a "morte da filosofia", torna-se com a modernidade e a *Aufklärung* o "ponto supremo da filosofia".

Merece atenção o fato de que, de acordo com Hegel, esse modo de pensar é próprio ao "princípio do Norte", ou seja, em termos religiosos, ao *protestantismo*. O protestantismo seria assim, exatamente, como a "bela alma", a retirada temerosa para a pura interioridade, a defesa diante das determinidades do entendimento que, a cada vez, arriscam-se a desmascarar o *vazio* dessa mesma interioridade. Tal é a negatividade do protestantismo para Hegel. "A religião [protestantismo] constrói no interior do indivíduo seus templos e seus altares, e com suspiros e orações busca o Deus cuja intuição ele mesmo põe de lado, pois o risco do entendimento está presente e poderia enxergar aquilo que é intuído como uma *coisa*, reconhecendo o bosque sagrado para as árvores." Dito de outra forma, por medo da objetividade, o princípio protestante só conhece a nostalgia vazia do Absoluto, de Deus; há assim outra saída que não a de contentar-se com a finitude (como única *realidade*, erigida por ele em Absoluto) e controlá-la com níveis variados de sucesso ou fracasso (pelo conceito ou pela moral). Mas seria também parte de seu "lado sublime" não poder fixar-se "em nenhuma intuição passageira, nem em nenhum gozo". Para ele, a reconciliação só pode realizar-se em um eudemonismo que, por assim dizer, preside a uma "santificação da finitude". Essa doutrina da felicidade, tão cara à "bela alma" protestante, apenas transpõe a subjetividade do protestantismo — e a "poesia de sua dor" que "desdenha de toda reconciliação com a existência empírica" — na "prosa da satisfação que propõe essa finitude e da boa consciência que se tem dela". Em tais condições, a existência humana se aliena voluntariamente do Absoluto, que subsiste como um "acima", um "além".

O trágico da *Aufklärung* e do protestantismo consistiria precisamente no fato de que ambos conhecem esse "acima de si mais elevado" do qual se excluem. O dualismo não é suplantado. Hegel critica em Kant, Fichte ou Jacobi o fato de terem levado essa concepção ao paroxismo. Esses diversos sistemas, sobretudo o de Jacobi, são emblemáticos da fraqueza do protestantismo, "que, ao buscar a reconciliação aqui embaixo, elevou-se ao ponto mais alto, sem sair de seu caráter de subjetividade". Mesmo "a intuição do universo" em *De la religion. Discours aux personnes cultivées d'entre ses mépriseurs* [Da religião: discurso às pessoas cultas entre os que a desprezam] (1799, Paris, Van Dieren, 2004), de Schleiermacher, não consegue escapar da ressubjetivização (cf. HEGEL, *Fé e saber*). Tudo o que podemos esperar aqui é alcançar um conhecimento do homem, uma "metafísica da subjetividade", certamente não um conhecimento de Deus. De modo que, para a *cultura* moderna — que é herdeira do protestantismo, de sua incapacidade de aceitar uma reconciliação que passe pelo momento de uma realidade objetiva — o "sentimento de que o próprio Deus está morto" (cf. tb. *Fenomenologia*) se torna a experiência em si. É quando Hegel retoma a frase de Pascal: "A natureza é de tal forma que sinaliza por todo lugar um Deus perdido tanto no homem quanto fora do homem". Porém, para Hegel, tal "determinação" de Deus só pode designar um momento da ideia suprema; ele não é — nem pode ser — a *última* palavra da filosofia. Esse momento é apenas a "sexta-feira santa especulativa" (*Fé e saber*) à espera da ressurreição.

5.2.3. O trabalho do negativo e a determinação de Deus: a Lógica do Absoluto

Diante do dualismo que concebe o finito e o infinito como exteriores um ao outro, Hegel usa de força para sobrepujar a oposição, submetendo essas determinações a uma crítica que tende a "fluidificá-las". A tarefa da filosofia seria unificar os opostos *superando* a negatividade da reflexão. Para isto, Hegel aplica à própria reflexão certa negatividade da reflexão. Dito de outro modo, a "cisão" é submetida a sua própria cisão, até sua "autodestruição", processo que Hegel chamaria *dialética*, em que dominaria a lógica da *Aufhebung*, sobre a qual falaria Derrida, chamando-a de "lei econômica da reapropriação absoluta da perda absoluta" (*Glas*[6], Paris, Galilée, 1974, p. 152a).

---
[6] [NT] Uma das obras de mais difícil compreensão do autor francês, *Glas* significa o soar dos sinos para a morte ou a agonia de alguém. Trata-se de um texto em duas colunas, uma sobre Hegel e a outra sobre Jean Genet, com citações de todo tipo entre ambas, sem relação explícita com o conteúdo do corpo do texto.

O finito tipicamente nega a alteridade e a exterioridade. Essa exterioridade é o infinito que nega o finito para permanecer junto a si. Logo, o finito é negação da negação. Como o finito tende a elevar-se para o infinito (cf. *Leçons sur la philosophie de la religion* [Lições sobre a filosofia da religião], I, p. 109-111), ele não poderá realizar essa passagem, a não ser negando a si mesmo como subjetividade. A efetividade do infinito tomará esse mesmo caminho. Assim, de acordo com essa lógica, "o finito se revela como o momento essencial do infinito e, se consideramos Deus como o infinito, ele não pode, para ser Deus, ignorar o finito. Ele se *finitiza*, atribui a si mesmo uma *determinação* concreta" (p. 129). Como observou Gabriel-Ph. Widmer, temos aqui uma "concepção audaciosa da negatividade generalizada" (*Notes sur la negativité dans la philosophie de Hegel* [Notas sobre a negatividade na filosofia de Hegel], in; Louis RUMPF et alii, *Hegel et la théologie contemporaine. L'absolu dans l'histoire?* [Hegel e a teologia contemporânea: o absoluto na história?], Neuchâtel, Delachaux et Niestlé, 1970, p. 126).

Para Hegel, "o espírito conquista sua verdade somente quando encontra a si mesmo no absoluto dilaceramento", ou seja, permanecendo junto à negatividade — uma permanência que é o "poder mágico que converte o negativo em ser" (*Fenomenologia*). Essa passagem comanda uma completa inversão na dupla Deus e homem: "Deus só é Deus na medida em que se sabe; seu saber-de-si é ao mesmo tempo uma consciência-de-si no homem e o saber que o homem tem *de* Deus, que progride até o saber-de-si do homem *em* Deus" (*Encyclopédie des sciences philosophiques en abrégé* [Breve enciclopédia das ciências filosóficas], Paris, Gallimard, 1970, § 564). Nesse sentido, enquanto espírito, Deus é negatividade absoluta, ao mesmo tempo que é dinamismo: ele se nega para afirmar-se e se afirma para negar-se. "[Deus] se determina ao se pensar. Ele existe como outra coisa, e dessa forma se torna outro. [...] Ele quer o finito, ele representa para si o finito como se fosse outra coisa, tornando-se assim coisa por ter outra coisa diante dele. Ele é assim um finito diante de um finito; mas a verdade é que nessa alteridade [...] ele se encontra. Essa alteridade é sua própria contradição, é um momento de Deus, pois é seu outro" (*Leçons sur la philosophie de la religion* [Lições sobre a filosofia da religião], I, p. 129). É nesse movimento efetivo que Deus se torna "o Deus vivo", e não algum Deus tão *indeterminado* que permanece tanto inefável quanto impensável. É nesse sentido que "do Absoluto é preciso dizer que ele é essencialmente *Resultado*, ou seja, é no final somente o que é na verdade; nisso consiste propriamente sua natureza, que é a de ser realidade efetiva, sujeito ou desenvolvimento de si" (*Fenomenologia*). Segundo Hegel, entretanto, não compreenderíamos nada desse movimento do espírito se não apreendêssemos Deus "em três pessoas [...]. Deus é assim compreendido tornando-se objeto para si mesmo, seu filho, e permanecendo nesse objeto; além disso, nessa diferenciação de si mesmo, ele coloca de lado ao mesmo tempo a diferença, amando a si mesmo nele, o que significa que ele está na identidade consigo mesmo e se confunde consigo nesse amor. Eis o que é Deus como espírito, somente. [...] Somente a Trindade é determinação de Deus como espírito" (*Leçons sur la philosophie de la religion* [Lições sobre a filosofia da religião], I, p. 42s).

5.2.4. Subjetividade e Espírito: Hegel e sua posteridade teológica

Jürgen Moltmann definiu dois tipos de respostas fornecidas pela tradição teológica ocidental para a questão da realidade de Deus. A primeira compreenderia Deus como a *substância suprema*: é a da Antiguidade e da Idade Média. A segunda compreenderia Deus como o *sujeito absoluto*: é a do nominalismo, da filosofia idealista e da modernidade (*Trindade e Reino de Deus: uma contribuição para a teologia* [1980], Petrópolis, Vozes, 2000). A segunda resposta é adotada por Hegel para "exprimir o Verdadeiro, não como *substância*, mas precisamente, também, como *sujeito*" (*Fenomenologia*). Enquanto a substância repousa em si mesma, o sujeito, que é "o ser *efetivamente real*", é o movimento do "afirmar-se", ou seja, a mediação entre seu "tornar-se outro" e "si mesmo" (ibid.). Essa visão seria partilhada por Karl Barth, que — em seu desejo de pensar a soberania absoluta e a autonomia de Deus, objetivando ultrapassar a simples oposição antitética de Deus e do mundo — enfatiza a doutrina trinitária, compreendida por ele como "o problema da irredutível *subjetividade* de Deus *em* sua revelação" (citado por Wolfhart Pannenberg, *Subjectivité de Dieu et doctrine trinitaire* [Subjetividade de Deus e doutrina trinitária], em L. RUMPF et alii, op. cit., p. 172). É a Trindade que se torna o fundamento da doutrina da Palavra de Deus. Como observou W. Pannenberg, "tal concepção aproxima inegavelmente Barth da teologia especulativa do século XIX, criada a partir da filosofia de Hegel" (p. 173). De fato, na obra de Hegel, a vida divina, em sua estrutura trinitária, é concebida a partir do conceito de Deus, que é ao mesmo tempo *espírito* e *sujeito*. Em suas *Lições sobre a filosofia da religião*, Hegel afirma: "Deus é espírito, atividade absoluta, *actus purus*, ou seja, *subjetividade*, personalidade infinita, diferenciação infinita de si mesmo, divindade objetivada para ele, nesses termos, Filho, geração; no entanto, esse ser diferenciado se mantém no conceito eterno, ou seja, na universalidade enquanto absoluta subjetividade" (III/1, 1975, p. 62). Convém precisar que é do espírito, enquanto *subjetividade* e *consciência-de-si*, que decorre a autodiferenciação na qual o sujeito permanece um consigo mesmo.

Na *Enciclopédia* (§ 18), Hegel especificou a ciência segundo um esquema ternário em que encontramos de início a *Lógica*, que é a ciência da ideia em-si e para-si; em seguida, a *Filosofia da natureza* como ciência da ideia em seu ser-outro; e por fim a *Filosofia do espírito*, ou seja, a ideia que a partir de seu ser-outro *volta para si mesma*. Esse movimento da ideia mostra algo como uma "teodiceia" narrativa que parte de uma presença originária (abstrata) para chegar a uma reapropriação circular em uma presença total, absoluta (efetiva). Aplicado a Deus, esse movimento é propriamente o da subjetividade que é o "puro reconhecimento de si mesmo no absoluto ser-outro"; esse reconhecimento assinala também o fato de que essa subjetividade divina é essencialmente *reflexiva*. E como afirma Mark C. Taylor: "Através da tradição teológica, ilustrou-se em vários momentos essa subjetividade com dois exemplos mais importantes, o *amor* e o *saber*, ou, mais precisamente, pela *autoafeição* e pela *consciência de si*. A subjetividade viria em sua completude no amor e na consciência de si" (*Errance. Lecture de Jacques Derrida. Un essai d'a-théologie postmoderne* [Errância: leitura de Jacques Derrida. Um ensaio de ateologia pós-moderna] [1984], Paris, Cerf, 1985, p. 69). De fato, sem dúvida não foi por acaso que Hegel atribuiu importância à temática do amor em seus textos de juventude, abandonando-o posteriormente, em prol de uma dialética do saber absoluto que, sozinha, ousou afrontar o momento da "diferença" e da "efetividade". Além disso, a esse movimento ternário e lógico da ideia, corresponde — sob o modo da *representação* — a *trindade* da teologia cristã; à ideia em-si e para-si corresponde o Pai, à ideia em seu ser-outro (alienação) corresponde o Filho e, por fim, à ideia que a partir de seu ser-outro *volta para ela mesma* corresponde o Espírito Santo.

Sejam quais forem os deslocamentos e as restrições, um bom número de teólogos modernos manteria um esquema similar ao de Hegel. Para Karl Barth, por exemplo, Deus "nega seu isolamento de toda eternidade, ele não se contenta consigo, ele não se limita. Nele mesmo e por toda a eternidade, Deus é para outrem, ele não quer ser sem outrem, ele não quer 'ter' somente a si mesmo" (*Dogmatique* I/1**, p. 173), ele só quer possuir a si mesmo possuindo-se com o outro e no outro. É por isso que, conforme declara Hegel, Deus só pode revelar a si mesmo. A diferença consistiria aqui na necessidade e/ou na liberdade dessa manifestação. Como indica Moltmann, para a modernidade, "Deus é o sujeito de seu próprio ser e de sua própria revelação. A ideia da 'autorrevelação' de Deus repele agora as ideias mais antigas das mediações reveladoras de Deus, e o pensamento da 'autocomunicação de Deus' se torna a quintessência da doutrina cristã da salvação" (*Trindade e Reino de Deus*, p. 177s). É nesse sentido que Pannenberg pôde falar da doutrina da Trindade (na revelação) como "metáfora da diferenciação interna da subjetividade" (art. cit., p. 187).

Além disso, convém enfatizar o lugar reservado para o Espírito nessa lógica de uma subjetividade divina que se autorrevela. Assim, Barth falou da Trindade como de um sujeito divino em *três modos de ser* diferentes. O Espírito é compreendido como "uma terceira maneira de ser do único sujeito divino, do único Senhor" (*Dogmatique* I/1**, p. 161). Classicamente, vemos no Espírito aquilo que une o Pai e o Filho, como o *amor* mútuo entre o Pai e o Filho. Correlacionado ao que foi dito sobre a autorrevelação de Deus, o Espírito seria o *recolhimento*, a *reapropriação* circular do sujeito após sua exteriorização, sua confrontação a *seu* outro. Em outras palavras, o Espírito seria o que une e garante a identidade, funda o processo de reapropriação do sujeito para além de toda exteriorização, todo êxtase; em suma, o que encerra a saída. O Espírito seria o que impediria toda perda de si, toda disseminação de si e da própria autonomia, na organização do desdobramento de uma subjetividade reflexivamente diferenciada, o que manteria a presença e a enriqueceria ao mesmo tempo que assegura que sua volta necessária por fora é apenas o frêmito de um risco que não se corre jamais. O que em última análise poderia unificar essa consciência-de-si enfim realizada, totalizando a aventura de um sujeito para além de qualquer descontinuidade e alienação.

Patrick Évrard

6. Um momento crítico: heterogeneidade de Deus e contingência do mundo

A Reforma nasceu de um protesto contra os efeitos perversos de um gesto totalizante, em que Deus, o mundo e o homem estavam afinados demais entre si, em um contexto de participação indispensável. Aos olhos dos reformadores, de fato, o mal ou o pecado eram subestimados (inclusive — ou principalmente — em seus efeitos, no interior da gestão das realidades espirituais e eclesiais), a transcendência de Deus era embotada ou domesticada, a secularidade do mundo atenuada ou integrada demais a um sistema de resultados, que a ultrapassava. A Reforma participava então da modernidade que surgia, atrelada aos mesmos dados, às mesmas ambivalências e aos mesmos combates: não só uma exterioridade recíproca de Deus e do mundo radicalizada, mas também uma propensão para reassegurar um sujeito humano com problemas de fundamento e para construir uma ordem que fosse a de uma razão dominada e dominadora. Um universo tradicional, rico e complexo, perpassado por analogias possíveis e de dimensões humanas, via-se rejeitado (prestes a prosseguir seu curso por diferentes formas de espiritualidades ou esoterismos, deixadas às margens do saber, ainda que de fato sempre presentes), mas o tema Deus não tinha sido abandonado: Deus deveria encontrar seu lugar no sistema de uma razão analítica, unidimensional ou instrumental, ligada à percepção de uma univocidade do ser. Aqui, a tendência é que Deus se tornasse necessário, como vimos, ainda que para isso fosse necessário imaginar conciliações para preservar a afirmação de sua liberdade, originária, e portanto um mundo primeiramente compreendido como possível.

Kant sinaliza assim uma virada, bastante sensível no protestantismo: o fim das ilusões quanto ao racionalismo teológico e demais físico-teologias. Ele devolve tanto a "ideia" de Deus quanto a do homem, de sua liberdade e de sua imortalidade, ou a do mundo em sua totalidade, para as esferas da prática (da moral, e até da história e da organização social) ou da estética (da imaginação e da cultura). Certa teologia ou religião "natural", apresentada contra toda religião "positiva" (um leimotiv [motivo condutor] do racionalismo clássico e das Luzes), viu-se desqualificada. A partir de então, foi necessário um questionamento verdadeiramente histórico em matéria de religião, nem que fosse apenas para compreendê-la ou renovar sua finalidade e sua pertinência, para criticar seus efeitos ("alienantes") ou para interpretá-la ("hermeneuticamente"). Lessing foi um pioneiro nessa postura. Mas Herder, enfatizando a validade histórica do mito e sua real efetividade, faria disso um tema central, sob o signo de uma "concretização", o que deixaria de lado todo o romantismo, em que a concretização surge como, ao mesmo tempo, superação e conciliação. A dialética hegeliana, por fim, consagraria essa perspectiva, do seu modo. Nela estão conciliados a verdade e a história, o religioso e o social, Deus e o homem, seja integrando de forma irredutível a negatividade (contra toda posição originariamente simples), seja validando as determinações efetivas (contra toda reabsorção em uma natureza ou uma vida simplesmente englobante.

É sobretudo em relação a Hegel que convém pensar o destino da teologia protestante ao longo dos séculos XIX e XX, sejam quais forem as diferenças de escola, de ênfase ou de tom. Antes de abordar as sucessivas personalidades do neoprotestantismo do século XIX, a "teologia dialética" depois de 1914-1918 e seus prolongamentos no século XX ou as coordenadas de nossa situação contemporânea, nós nos deteremos em Søren Kierkegaard e Friedrich Nietzsche. Ambos nasceram em regiões protestantes e ambos protagonizaram um momento crítico, que com uma importante e direta relação com Hegel. Sejam quais forem suas diferenças, Kierkegaard e Nietzsche tomam como alvo toda reapropriação de forma subjetiva, além das exterioridades, das descontinuidades e dos enigmas do mundo ou da história. De certo modo, nem o homem (preso nas ambivalências da existência ou nas complexidades de um fato criador) nem Deus (absoluto exterior e paradoxalmente encarnado, ou ficção convocada para derrubar o antropocentrismo) podem ser reduzidos ao saber e ao conceito, o que suscita o recurso a uma comunicação indireta, narrativa ou metafórica.

6.1. Søren Kierkegaard (1813-1855)

A obra de Kierkegaard remete repetidas vezes ao "único" ou ao "singular", ao que é exceção à ordem e à norma; que é inintegrável e de fato indizível. Assim, o singular se associa a um absoluto (o homem radicalmente singular está em uma "relação absoluta com o absoluto", *Samlede Voerker* 15 vosl., Copenhague, Gyldendal, 1920-1936, III, p. 125, ed. anotada fora das *Oeuvres complètes* [Obras completas], 20 vols., Paris, Orante, 1966-1986, aqui: *Temor e tremor* [1843] (São Paulo, Abril Cultural, col. Os Pensadores, 1984); ou *Papirer* [Papéis], 25 vols., idem., 1968-1978), invisível, inaudito, insondável, oculto e ao mesmo tempo presente. É por isso que há apenas uma "comunicação indireta", através de uma multiplicação de pseudônimos que apostam na multiplicação de olhares diferentes, lançados sobre as mesmas realidades ou as mesmas figuras, ao mesmo tempo comuns e extraordinárias, normais e excepcionais. Na obra de Kierkegaard, há encenação e, portanto, transposição; desde o início se está na escritura e há um interlocutor a quem é dirigida a palavra, ainda que fictício (não se está nem em existencialidade direta, nem na imediatez romântica de um Jacobi).

Trata-se aqui de dar a ver, de dar à luz como Sócrates e seu "parto intelectual" (mestre da ironia e, nesse sentido, mestre da dialética), não de construir uma nova ordem social ou uma religião nova (cf. *Desespero humano* [1849], São Paulo, Abril Cultural, col. Os Pensadores, 1979), de aplicar um "antídoto", à margem, deslocado ("colateral", escreve Kierkegaard em *Papiret*, II, A 519), subversivo talvez, ou revelador. A ambiguidade é de fato, para Kierkegaard, insuperável (segundo a ética, o Abraão de *Temor e tremor* é um assassino; para a fé, é um modelo). É preciso aplicá-lo. Essa ambiguidade é condição do pensamento, ou da própria existência. "Pensador religioso" (Heidegger) e testemunha do absoluto, certamente Kierkegaard o é. Mas não ao sabor de um ultrapassar da sensibilidade ou da experiência, do *pathos*, do carnal, do mundano ou da contingência, ou ainda do situado e do finito (contra toda *generalidade* da ideia e toda primazia atribuída à *possibilidade*). Ao contrário, Kierkegaard se refere à sensibilidade e à finitude, assim como está em ambas o único lugar da existência e também, para ele, da verdade ("entre" a perfeição da ideia e o nada). Kierkegaard contesta a existência, em oposição a Hegel, que a assimilaria e destruiria sua *posição* (tanto sua facticidade quanto sua determinação efetiva). Mas não se trata de fugir do pensamento. Sobre a existência (e do que lhe está atrelado: o absoluto de Deus e a contingência do mundo), Kierkegaard prefere manter um discurso rigoroso. Nisso também está toda a questão. Sobretudo diante de Hegel e contra ele. Vejamos com mais detalhes.

"Para mim, tudo é dialética", escreveu Kierkegaard (XIII, p. 609). Porém, trata-se de uma dialética que fica na dualidade de dois termos insuperáveis, trabalhando com eles para mostrar o que não é dialética, o que escapa ao sistema. A negatividade é aqui "infinita"; só pode "abrir" para positividades que lhe são "exteriores". É por isso que a categoria do *paradoxo* (dada pelo cristianismo, *Pap.*, III, A 108) vem tomar o lugar da mediação. Seu correspondente positivo, tomando o lugar da superação ou da substituição de Hegel (a *Aufhebung*), seria o da *repetição* (ou de *retomada*), central e decisivo, uma repetição não especulativa, mas que só pode ser o fato de uma subjetividade inscrita no tempo (e em um destino), uma subjetividade "qualificada" (não "neutralizada", pois inserida em uma totalização integrativa), uma subjetividade que não escapa ao "ou isso ou aquilo" da existência concreta (como está dito em *Post scriptum definitivo e não científico às migalhas filosóficas* [1846], suprimir o "ou isso ou aquilo" é algo "impossível de ser feito na existência, pois então a própria existência seria suprimida", VII, p. 292).

Para compreender a disposição e as implicações, é útil meditar aqui na relação do *religioso* com o *ético* e o *estético*. Três estágios ou três formas de existência (em que Kierkegaard constrói uma espécie de tipologia própria à dinâmica da existência). Já apontamos para a diferença entre a forma ética e a forma religiosa, ao mencionar Abraão. Incomensurabilidade; ou descontinuidade. Mas é preciso passar pelo estágio ético. É o momento de acessar a si mesmo, de uma efetuação individual ativa, na ordem da lei, do mundo e da linguagem; além do estágio estético em que a coincidência consigo é apenas imaginativa, sonho ou desejo ("vida de infância ou juventude", X, p. 131s), sem alteridade nem amadurecimento. O momento ético seria retomado, momento em que se afirma o indivíduo, em sua positividade e na síntese que ele representa. Mas o estágio ético não está à altura do incomensurável, mas apenas do mal, que permanece (e assim há, nesse nível, um desespero); nem à do apelo, encravado no cerne da existência. O estágio religioso só poderia estabelecer-se fora da imanência do eu ético, quando a singularidade é dada em toda exterioridade, embora venha instalar-se, de modo invisível, diretamente no indivíduo: a rigor, a singularidade será aqui dada novamente, supondo de certa forma que o momento ético seja levado ao extremo, exacerbado ou radicalizado, de acordo com sua própria paixão. A relação com o mundo que é o homem se vê assim desdobrada: "O eu é uma relação que se reporta a si mesmo" (em *Desespero humano*).

Que não haja aqui um simples progresso ou um puro prolongamento desde a ética até o religioso (em que o que precede seria superado), mas, em vez disso, uma superposição, subversão interna e transfiguração, ou ainda elevação e edificação, é algo atestado indiretamente pelo fato de que o momento religioso convoca à sua maneira o *estético* que o momento ético poderia parecer ter expulsado. O que se mantém oculto por trás do estético, de fato (o "interessante", a "sedução" etc.), assim como a realidade do mundo que se desdobra nele imaginativamente, permanece, ou é reencontrado, transposto, no religioso, para além da tarefa ética. Isso significa que o religioso não existe sem o *páthos* natural do homem, da mesma forma que não vive sem uma ordem de visão ou contemplação, com os espaçamentos e os jogos do mundo que ele pressupõe. Sim, há um salto, mas, como explica Kierkegaard no *Post scriptum*, "saltar é basicamente pertencer à terra e respeitar as leis da gravidade".

Se o religioso está em ruptura com a ética, e se a subjetividade que lhe está ligada surge de uma "reviravolta" (*Pap.*, X/2, A 299), é que sua posição se desenrola "diante de Deus". Aqui, o religioso carrega a vida humana para sua verdade, enquanto a vida requer o oposto. Inicialmente, o homem não se encontra na verdade, mas na não verdade (ou o pecado); e o religioso vive de uma descentralização radical e de uma abertura ao Outro (Deus) que se propõe, *incógnito*, ao encontro. Nesse momento, o homem não é mais apenas individualmente determinado, mas vive daquilo que se constitui exceção à ordem ou à lei, ao mundo e a si mesmo.

Essa exceção não é a do "gênio" (inserido em uma categoria, a título excepcional ou não), mas a do "apóstolo". Seu lugar está determinado (quer seja ele digno, quer não). Ele é "eleito" por viver necessariamente de um Outro, do qual logo se torna "testemunha" ("a fé é uma relação com a mensagem que é ao mesmo tempo o conteúdo da mensagem", *Pap.*, X/2, A 299). O "apóstolo" não é o homem de uma exigência inerente a uma lei, mas testemunha de um diferente.

No entanto, é importante frisar com bastante firmeza que a exceção (ou o extraordinário) não se faz, aqui, sem a obrigatória associação à generalidade (ou ao ordinário). O mundo de todos, geral ou universal, é de fato o lugar da testemunha. Em oposição ao pastor Adler, a testemunha de acordo com Kierkegaard não é um iluminado, ou um exaltado (o "desperto", de tal forma que Deus e a fé confundam tudo): sua relação com o mundo não é unilateralmente conflituosa, mas se alimenta sobretudo de uma dialética ou de uma oscilação entre a exceção e a participação, a recusa crítica e a aceitação. "Deus não é um Deus de confusão, e o eleito [...] deve amar a ordem estabelecida" (*Sobre a diferença entre um gênio e um apóstolo*). Submeter-se a Deus (viver dele) é afrontar o mundo comum, mas não sem assumi-lo.

Observemos que, na obra de Kierkegaard, as subjetividades não estão nunca em relação direta, nem consigo mesmas, nem com outras. É esse aliás o motivo, peça por peça, dos desdobramentos e das repetições. Para além da síntese inicial que é o indivíduo, e a síntese seguinte em que a relação inicial é tomada como objeto, o eu se reconhece localizado em um elemento exterior, um "terceiro": "uma automultiplicação verdadeira sem a exigência de um terceiro que se mantenha fora é uma impossibilidade" (*Pap.*, X/2, A 396). A esfera de autoridade é esse terceiro, pelo qual o "eu" e o "tu" podem coexistir (ele é, portanto, geral ou coletivo), sendo ao mesmo tempo lugar de revelação. No trecho citado, lemos um pouco mais adiante: "A passagem da imediatez ao espírito [...] se verifica uma ilusão, uma experimentação, se não há um terceiro a exigir, que não seja o próprio indivíduo [...]. Há uma lei que me é dada de mais alto. E não somente isso; mas esse legislador se atribui ainda a liberdade de entrar no jogo com suas qualidades de educador, aplicando a exigência".

De modo mais profundo, trata-se aqui de uma explicação com a lei. Além da crítica de uma simples heteronomia e de uma simples autonomia — mas sobretudo além de uma exigência imanente à lei que pode ser objeto de reconhecimento —, é preciso cavar a distância entre a lei como tal e o sujeito singular, sem o qual não sairíamos do desespero. Somente o que é exterior à lei e a mim mesmo — o terceiro — poderá assegurar essa distância e também ser reconhecido como o que funda *tanto* a lei *quanto* o sujeito. E, paradoxalmente, esse terceiro será revelado, ou seja, ao mesmo tempo objetivo, dado (libertador ou reconciliador, mas também como juiz e servo, e também *modelo*), e em uma forma subjetiva ou livre; nesse sentido, reconhecido justamente como fundamento (que faz referência ao valor de outro). "Diante de Deus", o terceiro e o Outro operam uma junção, e a lei pode de fato "dar a liberdade" (IX, p. 51).

Aqui, é importante explicitar que, se o "diante de Deus" indica a ordem de um terceiro, encontramos uma disposição análoga diante do mundo e do próximo. De fato, não estou mais em relação direta com outro homem que estou com Deus (assim como não estou em relação direta nem comigo mesmo). Kierkegaard escreve em *As obras do amor* (1847): "O amado e o amigo podem, portanto, ser chamados, de um modo curioso e profundo, o outro eu, pois o próximo é o outro tu, ou, mais exatamente, o terceiro característico da igualdade humana" (IX, p. 68). No final, o pensamento teológico de Kierkegaard requer o horizonte universal da generalidade própria de cada um: é nisso, e somente nisso, que será permitido à singularidade acessar a si mesma, nessa unidade e nessa unicidade que ela só pode receber do exterior. Em vez de escapar à condição comum, a singularidade chega a seu cerne, ao centro das "circunstâncias" irredutivelmente diversas e determinadas da vida.

O itinerário de saída de si em que se recebe a singularidade — e no mais profundo "diante de Deus" — é assim, ao mesmo tempo, o reconhecimento da igualdade de cada um (de cada "eu" e de cada "tu") diante do mesmo fundamento e do mesmo valor. A saída de si em que eu me recebo de Deus e diante de Deus não é o caminho da união mística, mas, sim, o caminho em que as diferenças de Deus e do homem são (re) afirmadas — portanto, aumentadas — e o caminho que (re) conduz a uma "nova imediatez", "segunda", no coração do mundo.

6.2. Friedrich Nietzsche (1844-1900)

Kierkegaard se pretende cristão (embora crítico do cristianismo estabelecido); Nietzsche, não. Porém, afirmei em que medida podemos reler esses dois autores em paralelo.

Nietzsche é conhecido como o arauto da "morte de Deus". Não que ele esteja, com isso, convocando o homem a matar Deus e a tomar seu lugar. Isso equivaleria a abrir espaço para uma figura "humana demais", e moderna demais, uma postura que poderíamos, na verdade, imputar ao cristianismo, tendo em vista sua longa genealogia, e talvez *a fortiori* ao protestantismo (não esqueçamos que, para Nietzsche, a filosofia alemã moderna é filha do presbitério). Não, a expressão "Deus está morto" é antes a constatação de uma ordem das coisas, que é preciso deixar vir a público (Nietzsche se pretende "psicólogo"): o "santo" na floresta o ignora (v. o item 2 do prólogo de *Zaratustra* [1883-1885]; análogo: *A gaia ciência* [1882], § 343). Mas essa ordem das coisas tem uma história (Nietzsche se pretende "genealogista"): também em *A gaia ciência*, o louco — aquele que está à margem da ordem dos saberes — exclama: "Para onde foi Deus? [...] Nós o matamos [...] o senhor e eu! Nós, todos nós, somos os assassinos de Deus"; além de enumerar as implicações não quantificáveis desse acontecimento, que ao mesmo tempo ultrapassa o homem e o convoca a uma nova metamorfose, trata-se de ir mais longe, mais alto, ou tornar-se novamente "criança", para além do "leão", a figura destrutiva e autoafirmativa da razão moderna (cf. o início da parte I de *Zaratustra*).

Para o analista e "mestre da desconfiança" que é Nietzsche, Deus está morto por nosso antropocentrismo, uma propensão humana que vem de longe (cf. o "platonismo" e esse "platonismo para o povo" que é o cristianismo), mas que se radicalizou com a modernidade: Deus está morto porque sua afirmação escondia a propensão humana de se colocar como referência para tudo. Por quê? Por fraqueza, medo e incapacidade de deixar o mundo entregue a sua luxúria, sua pluralidade e seu infinito. O homem quer sempre fazer tudo convergir para a unidade, colocar as coisas em uma ordem controlada, humana, ordem da proporção e da comparação, submetida à mesma ordem ou reposicionada segundo dimensões humanas. Trata-se assim de um processo de morte. A vida, que é jogo, requer a distância, o socorro ao próximo e ao distante, a alteridade e o enigma. É no momento em que o mundo é restituído a sua dimensão obrigatoriamente não humana que a vida deixa de ser envenenada: quando o mundo se apega à necessidade, fora de todo controle lógico ou moral.

Para Nietzsche, o homem não suporta o real. Ele busca uma razão que permita explicá-lo e vencê-lo; uma razão ou, mais precisamente, um culpado. Vai-se desde a explicação até a justificação, e em seguida até a redenção do mundo. Assim, são estabelecidos "trás-mundos", ilusórios, duplos do homem crispado em sua fraqueza, obcecado pelo injustificável do real e pelo passado sem volta: o homem reativo, niilista, inconsistente, e que faz para si um Deus inconsistente, pequeno demais, sem resistência. O homem assimilado, sem corpo, secreta um Deus assimilado, sem corpo; um Deus salvador e próximo demais. Se, em *Zaratustra*, Deus é declarado morto desde o prólogo, conta-se em seguida sua morte de acordo com dois eixos principais. Em primeiro lugar, em relação ao tema da unidade e da pluralidade. Ao chegar a um modo tardio e noturno de duvidar de Deus, Zaratustra diz: "Os deuses antigos estão mortos há muito; e em verdade estão mortos de uma boa morte feliz, como convém aos deuses. [... Eles estão] mortos — de rir, no dia em que um deus profere a palavra ímpia entre todas: 'Só há um único Deus. Não terás outros deuses diante de mim'. [...] E todos os deuses se puseram a rir e a vacilar sobre seus assentos, exclamando: 'O que é divino não é justamente que haja deuses, e não um

Deus?'" (III, "Dos renegados"). Em segundo lugar, a morte de Deus é contada em função do tema da piedade. Lemos (IV, "Fora de serviço"): "Ele não mais pôde suportar que o amor dos homens tenha se tornado para ele um inferno, causando por fim sua morte" [...]. Ele se mantinha ali [...], cansado de desejar, e um dia acabou perecendo, sufocado por sua excessiva piedade [...]. Chega de um Deus *desse*!".

O homem que não está doente, que não é reativo, acima do "ressentimento", é sobretudo o que não julga, mas deixa ser. "Além do bem e do mal." O homem que não deprecia a realidade, para quem o devir é inocente. O homem da aquiescência (o "Amém") ao que não se é e não se poderia ser. Assim, há um "perspectivismo", ligado a um "infinito", em oposição a toda resignação cética, a dos "bem ajustados", que "piscam o olho", que sabem! O perspectivismo é a afirmação da insuperável e feliz particularidade do ponto de vista, acoplada à redescoberta do infinito do mundo. Acompanha minha inserção singular no tempo. Nisso, o perspectivismo se opõe ao niilismo (particularmente moderno e cristão). Ele é o contraponto.

Nietzsche é o profeta da afirmação. Do "Grande Meio-Dia", do dizer e do "fazer sim". Logo, do "eterno retorno", em que a eternidade significa o incontrolável e a superabundância, e em que o retorno é o do ato afirmativo, criador, cortante: "O pastor de ovelhas [...] mordeu com seus belos dentes. Cuspiu para longe a cabeça da serpente — e se ergueu de um salto. Não era mais um pastor, não era mais um homem — transformado, transfigurado, ele ria. Nunca homem algum riu como ele nesta terra" (III, "A visão e o enigma" 2). O "eterno retorno" está supremamente inserido em temporalidade, mas em uma disposição que o opõe a Hegel. O retorno é o instante da própria afirmação, na hora do Meio-Dia (não na tarde dos saberes recapitulativos). E o "mesmo" não é um objeto que voltaria, mas o retorno da afirmação, que é indissoluvelmente afirmação do retorno. O "eterno retorno" tem lugar no cerne do mundo e dos corpos, ele supõe a diferenciação do espaço e do tempo.

Em um nível quase cósmico ou ontológico, a mais forte afirmação requer e sanciona a mais forte diferenciação, o homem surge em um instante, radicalmente situado e singular. Não é o homem genérico dos humanismos modernos, emblema que toma, de certa forma, o lugar de Deus. Prova disso é sobretudo que o homem precise, aqui, amadurecer: Zaratustra deve descobrir e experimentar na carne uma verdade que se oculta, à qual ele não pode ser reduzido. Da mesma forma, não podemos "saltar" o obstáculo e alcançar diretamente o lugar de uma novidade simplesmente possível. O homem nietzschiano é por fim o homem de uma missão que o ultrapassa e lhe é imposta: ele é subordinado a uma obra, devendo dar origem a "filhos" (cf. as últimas frases de *Zaratustra*). De modo profundo, ele é "artista", homem das "formas" e das "metamorfoses".

Essa visão pode ser compreendida como uma oposição ao igualitarismo e à uniformização modernos. O vigor de Nietzsche está na redescoberta de que a força ativa e criativa não depende somente do sujeito humano, de sua liberdade e de seu poder dialético. Nietzsche se associa, ao contrário, a certo arcaísmo, uma linguagem simbólica, feita de parábolas, narrativas. Em vez de ausentes ou mandados embora, os deuses se escondem, se modificam, renascem ou ficam à espera ("em matéria de deuses, a morte é sempre um preconceito", IV, "A festa do asno"). Como o discípulo de Dionísio, devemos ser "visitados" pelo deus. A referência aos deuses, sempre presente, indica a descentralização do sujeito humano e a chegada aos bastidores da obra a ser cumprida (que responderá, aliás, a uma obra já realizada) no mundo em que ele se insere. Realismo e revelação: "De repente, 'alguma coisa' *se revela a nossa visão* ou a nossa audição, [...] 'alguma coisa' que nos abala, nos transtorna [...]. Ouvimos, não buscamos: tomamos, não perguntamos quem dá. [...] as próprias coisas chegam até nós" (*Ecce homo*, "Por que escrevo livros tão bons", *APZ* 3).

A oposição é clara: processo de identificação consigo (levado pela morte e portador de morte) e redescoberta daquilo que não equivale a si mesmo (que restitui à vida e convida à vida). A implicação: uma capacidade criadora, na qual o homem se vê preso e em que somente pode ocorrer um criar-*se*. Nietzsche rejeita aquilo que foi gerado como larvas no cristianismo: um idealismo (que fez a economia dos corpos e apela diretamente demais para "os valores"), um fideísmo (que esquece a espessura necessária e gratificante de nossas positividades históricas, textuais e formadoras) e, por fim, um moralismo (prestes a julgar, crendo-se assim quite com o real).

6.3. Superação do romantismo (e de Hegel)

Assim como foi feito com Hegel, precisamos, com Nietzsche, voltar a um pano de fundo romântico. Nietzsche mergulha suas raízes nesse pano de fundo quando se trata de abordar as temáticas legadas e seu enfrentamento, mas não em relação ao uso que se faz dessas temáticas.

O romantismo se estrutura contra a *Aufklärung* e sua emancipação de uma razão humana despida dos obscurantismos veiculados pelas tradições religiosas positivas. Descobre-se com isso que os mitos interpretam e modelam tipos de existência e mundos culturais em que o homem está inserido necessariamente. É louvada novamente a relação com um "sagrado", a única que pode dar coerência à vida humana, individual e coletiva, e aspira-se a uma "nova mitologia" (cf. principalmente Friedrich Schelling e Friedrich Schlegel). São postos em ressonância os dados humanos naturais e as matrizes culturais, conquanto essas matrizes sejam vistas como "sínteses do diverso" e dadas particularmente através das obras de arte. Reflete-se sobre as implicações de um dilaceramento do Um, de uma passagem pelo múltiplo — na exterioridade — e de uma retomada feita de concretização, subversão e transfiguração. Observemos por fim que, também no romantismo, abandona-se uma estética de tipo "apolínea", em favor de uma valorização mais "dionisíaca", acompanhada de seus laços religiosos com a terra, a embriaguez, o êxtase. Nietzsche diria que o dionisíaco terá mais uma vez impedido a razão de soçobrar, após as Luzes europeias e no momento em que se fala novamente, como Eurípides no fim do período clássico na Grécia, de um "novo Deus" ou do "Deus que está por vir" (Friedrich Hölderlin).

Nesse romantismo, canta-se o amor, a fraternidade, a comunidade (perdida, esperada ou desejada). A referência a esquemas organicistas é frequente, um pensamento da totalidade determinante. Trata-se de um esquema da reconciliação ou de uma plena realização. No fundo, a verdade é a da natureza ou do cosmos, mesmo se sob o emblema de um "princípio ideal", de uma "alma soberana do mundo" ou de um "espírito universal" reconciliador, com metáforas de cerimônias de casamento, abraços e beijos, intimidades, desvelamentos, perdas, partos. Mistério sagrado — e potencialmente sacramental, cf. *O pão e o vinho* de Hölderlin — da vida. A lógica de uma realização que seja antes de tudo integração é expressa sobretudo como sucessão de um período "católico" de Pedro e um período "protestante" de Paulo (o antigo e o moderno), para que ocorra em seguida o período "final" de João, discípulo da proximidade e da realização do amor.

Assim como Hegel, Nietzsche é herdeiro do romantismo quanto aos valores da precedência (passado e história), pertinência (posicionamento no mundo) e representação (cultural e estética). O horizonte é ao mesmo tempo global, ou universal, e religioso, ou teológico; o eixo ou a intriga é a de uma consumação. De certo modo, Hegel abriu caminho para que fosse honrada essa configuração, com o drama que a acompanha, inserindo nela o fato da liberdade. Além da proposta hegeliana, criticando-a e operando um afastamento, Nietzsche valoriza o que não pode ser integrado em uma imagem de consumação recapitulativa, em uma realização ou integração, ainda que no modo "dialético": a exterioridade (a do mundo como tal, contingente e enigmático, a de Deus ou dos deuses, contra todo antropocentrismo), o caráter particular das situações e dos dados momentos históricos (aos quais só se pode aquiescer, e logo se entra em um movimento de subversão e metamorfoses), o momento de uma afirmação ativa enfim (para além de todo saber, embora fosse esse saber mais rico e mais complexo que o saber analítico e instrumental das Luzes). Assim, não é mais para a história que se apela, mas para uma genealogia, que proclama a intriga ou o processo de uma perversão sempre operante e de outro nascimento, inserindo-se sempre novamente nos dados antecedentes e inigualáveis da criação e do corpo (a genealogia se estabelece na exterioridade e na diferença da criação e do corpo, sem totalizá-los). Também não se trata mais do ciclo natural da vida e da morte; em vez disso, a vida e a morte são descentralizadas e intrinsecamente problematizadas. Trata-se aqui de uma determinação da existência que luta contra a vida e a morte, uma determinação articulada ao que não é mais, como tal, a vida e a morte, mas que permite acolhê-las, para o melhor, ou, quando há sua negação, para o pior. É por isso que há intriga, e portanto processo, que "revela" em sua verdade ou em sua mentira o homem e o mundo que o porta. Aqui, a afirmação ultrapassa o que se mostra aparente: ela vive do que lhe é exterior; da mesma forma, a negatividade surge irredutível à da morte ou da simples ausência como inverso da vida: ela está ligada a uma perversão que deve ser abolida ou destruída.

6.4. Rumo a uma "filosofia da revelação" (Friedrich Wilhelm Joseph Schelling [1775-1854])

Kierkegaard e Nietzsche foram lidos aqui como um momento crítico; ao mesmo tempo, eles fornecem as coordenadas daquilo que condiciona, no protestantismo, as teorias sobre Deus nos séculos XIX e XX. Diferenciam-se do romantismo (centrado demais nas dinâmicas internas da vida e da natureza), mas permanecem no mesmo terreno (ou seja, de oposição às Luzes) e recusam o modo com que Hegel pretendeu reagir ao período (através de uma filosofia da consumação, como realização e superação). Dessa forma, tanto Kierkegaard quanto Nietzsche se referiram a um *processo* que fosse ao mesmo tempo *específico* (pois não esposa um desdobramento de modo universal), inserido em um *presente* (o presente da "testemunha" que se torna "contemporânea" do absoluto, ou o presente do "retorno" de uma afirmação que se sobrepõe ao ser, seccionando-o em sua eternidade), vivendo enfim de uma *exterioridade* irredutível ao sujeito humano, posta em cena em uma pluralidade de olhares e formas de exposição indiretas, mais literárias que conceituais.

Tanto Kierkegaard quanto Nietzsche lembram assim a heterogeneidade de Deus e a contingência do mundo, bem como aquilo ao qual esses dois temas estão interligados secretamente. Kierkegaard os lembra afirmando a categoria da "testemunha", enquanto Nietzsche utiliza o teo-lógico de modo estratégico, mas onde o espaço aberto e suas rupturas seriam menos os de um crer que de um impossível transporte para as figuras do "Crucificado" e do "anticristo".

Heterogeneidade de Deus e contingência do mundo já compunham o duplo tema do "velho" Schelling, que foi professor de Kierkegaard em Berlim (1841-1842). Seu combate era então totalmente dirigido contra Hegel, com abertura para um pensamento da efetividade (ao mesmo tempo da *existência* e da *liberdade*), que apelava para a positividade de uma "revelação" em um contexto de uma irredutível *dualidade* de "filosofias" (uma filosofia de forma "negativa" e outra de forma "positiva"). Vejamos rapidamente como isso se dava.

O último Schelling tentou elaborar uma filosofia que fosse ao mesmo tempo verdadeira filosofia — chamada "positiva" — e filosofia da revelação, que deveria alçar ao primeiro plano a existência de fato, dada e irrecuperável. Mas tratava-se ao mesmo tempo de honrar uma teoria sobre Deus que fosse à altura de seu absoluto, distante do teísmo, que o coloca formalmente na posição mais elevada mas o torna um princípio abstrato e necessário, e distante das efusividades do coração que o confundem com a natureza. Não se deveria, portanto, nem voltar à confissão supranaturalista de uma revelação exterior ao homem e à razão, tampouco seguir Jacobi no "salto" rumo a uma posição transracional.

Em sua primeira filosofia (1801-1807), chamada "da identidade", Schelling pôs em relevo um absoluto como totalidade imediata primeira, autorrevelação de Deus captada em uma intuição da razão. De acordo com o romantismo, chamou-o de conciliação entre natureza e espírito. Sua obra *Recherches sur la liberté humaine* [Investigações sobre a liberdade humana] (1809, Paris, Payot, 1976) ultrapassa a perspectiva dessa filosofia da identidade: o autor trata de um Deus que tem "em si mesmo o fundamento de sua existência [...]. Esse fundamento [...] é a *natureza*-em Deus". Isso é esmiuçado um pouco adiante: "As coisas têm seu fundamento naquilo que, em Deus, não é o próprio Deus, ou seja, naquilo que é fundamento de sua existência" (p. 105s). Há nisso um desdobramento que vai mais longe que as noções de diferenciação interna e de autoconhecimento, inseridas na *identidade* anterior. A relação de Deus com o mundo — desde a criação até o drama da realização do homem — se veria desatrelada do processo intratrinitário, passando por uma gratuidade originária que se abre para a alteridade e para uma liberdade que lhe responda. Assim, há a necessidade da busca por uma filosofia nova, "filosofia da revelação", em que a factualidade seria primeira (um *prius* absoluto que só é demonstrado *a posteriori*).

A metafísica moderna fez de Deus uma abstração. Seu resultado é "negativo": Deus é fundamento necessário na medida em que não é do mundo. Essa metafísica só atinge aquilo que "em Deus, não é Deus", fracassando em problematizar o mal e a liberdade em sua radicalidade e, ao mesmo tempo, o acontecimento. Para Schelling, Hegel permanece como o filósofo de um pensamento "negativo": ele não pode reconhecer a existência como tal, o tempo e a novidade (nem o mal como tal). Para Schelling, a única "prova" possível de Deus é a que Deus dá de si mesmo no cerne da existência, portanto via "revelação": para além de sua busca de um fundamento absoluto que culmine em um conceito "negativo" de Deus, a razão deve interrogar-se sobre uma relação com um Deus de liberdade, uma liberdade absoluta, que efetua uma aliança contingente na história. Abandonando um Deus que se considera resultado supremo e final, a filosofia seria irredutivelmente "segunda", ao mesmo tempo que permanece filosofia (a filosofia "negativa", aliás, não deve ser abandonada, pois continua sendo uma face necessária do trabalho do pensamento).

Schelling reconhece que é escandalosa essa divisão entre duas filosofias. Mas é uma exigência da posição em questão e confirma suas implicações. A tarefa do pensamento não poderia deixar-se subsumir em um sistema único. Da filosofia "negativa" à filosofia "positiva", também não há passagem contínua, mas conversão, e isso é tão verdadeiro quanto a razão, na filosofia "positiva", não é mais dedutiva ou construtiva, mas deve se tornar "êxtase". Na obra de Schelling, como seria também o caso na de Kierkegaard, uma filosofia "segunda" se torna filosofia "suprema", percorrendo uma história efetiva, passada (de alguma forma, um destino), uma revelação inserida na trama do religioso ou do "mitológico".

É no ato da revelação e no dinamismo que lhe está ligado que se deve implantar o pensamento. Deus não está nem nas coisas, nem em outros lugares. Ele se oculta na própria revelação, no cerne de seu mistério. Está ligado ao acontecimento que é a revelação, com o convite que faz parte dela, com a reconfiguração inserida nela. Estão asseguradas a contingência do mundo (pela qual responde somente a efetividade da existência) e a heterogeneidade de Deus (seu ato criador em direção à consumação não é assimilável a seu movimento interno de exteriorização de si e de retomada para si). Deus realiza um ato, livre, dirigido à liberdade. Nisso se faz ouvir o apelo em que estamos expostos fora de nós, lugar de uma *subversão* (a contingência é recebida como "profundidade" em que se afirma mais que a simples extensão universal das coisas), de uma *memória* (a temporalidade é recebida como momento de um "acontecimento" em que são traçadas uma "redução ao nada" e uma "criação a partir do nada e contra o nada") e de *excesso* (a exterioridade sendo recebida como ocasião de uma verdade em "êxtase" em que se dá, de modo absoluto, a identidade). Em tudo isso, Deus não satisfaz via "negação", mas através de uma afirmação que é superação interna e reconfiguração.

7. Personalidades do neoprotestantismo

Distinto do veteroprotestantismo, regulado de acordo com as formulações doutrinárias ligadas às confissões de fé da Reforma, o neoprotestantismo (ou "teologia liberal") se vê originariamente como um modo *histórico* do protestantismo e, assim, do cristianismo em seu todo, um modo histórico articulado à *modernidade*. Observemos que a modernidade é então reconhecida, em princípio, como legítima, mesmo se seu destino está intrinsecamente aberto (aqui, só há modernidade de acordo com o eixo de uma genealogia humana da liberdade, de uma realização ou de uma consumação) e são reveladas nela aporias que requerem um trabalho reflexivo, um trabalho que se pode desenvolver segundo problemáticas teológicas.

O neoprotestantismo pressupõe a passagem tanto pelas Luzes quanto, mais especificamente, pelo idealismo alemão e pelas reflexões consecutivas às críticas de Kant. De modo concreto, vale como proposta geral (sistemática ou orgânica), apoiada em uma teoria do *sujeito* humano, individual, e atravessada por uma problemática relativa a um absoluto — Deus, a transcendência — que não se limita ao desdobramento natural das coisas, nem à pluralidade das representações culturais do homem e das sociedades, mas ao mesmo tempo não se destaca simplesmente dessas coisas. Além disso, o neoprotestantismo tende a ver o religioso, as tradições e a história como *positividades* dadas, interrogando-as em seus desdobramentos diacrônicos, bem como em suas conexões sincrônicas, embora com diversos modos de abordagem.

7.1. Friedrich Daniel Ernst Schleiermacher (1768-1834)

Inaugurando a teologia protestante do século XX, ao olhar para trás Karl Barth considerava Schleiermacher, ainda no século XIX, o pai do neoprotestantismo (cf. *A teologia protestante no século XIX*). Em todo caso, convocar Schleiermacher é algo que parece particularmente adequado quando se trata de caracterizar o neoprotestantismo. Sua teologia é de fato radicalmente articulada sobre o sujeito humano (o "sentimento de dependência", que é sentimento religioso, mantém-se no íntimo, constitutivo, da pessoa enquanto tal), um sujeito aliás inserido no mundo em sua universalidade (como cosmos e como cultura), um sujeito ativo, mesmo se, religiosamente, e cabe à teologia lembrá-lo ou fazer jus a isso, sua atividade só se desenvolva no contexto de uma passividade originária: o sujeito humano se recebe, mais que se constitui. Assim, a teologia pressupõe um processo reflexivo centrado nesse sujeito, seu fato, sua condição e sua verdade, sujeito historicamente constituído e em luta contra o absoluto. Aqui, os enunciados doutrinários não regulamentam a teologia (como ocorre no veteroprotestantismo), mas ocupam um obrigatório segundo plano: participam das representações (necessárias e não indiferentes) que o sujeito se atribui. Não há sentido em questioná-los por si mesmos, no nível dos enunciados: devem ser, ao contrário, correlacionados cada vez ao real humano e histórico que simbolizam, de acordo com registros próprios (estéticos, teóricos etc.).

Observemos que, na consciência histórica que atribui a si mesmo, o neoprotestantismo acredita ecoar uma posição originariamente protestante, preconizada por Lutero, para quem a fé tem o *status* específico de uma postura humana fundamental no mundo, independentemente dos "conteúdos" doutrinais propostos, das pertinências eclesiais particulares e das vontades morais a serem seguidas.

Em *Le statut de la théologie. Bref exposé* [O *status* da teologia: breve exposição] (Paris-Genebra, Cerf-Labor et Fides, 1994) — em alemão, *Kurze Darstellung des theologischen Studiums*, 1811 —, Schleiermacher propõe uma visão do *status* e da função da teologia que rompeu radicalmente com todo supranaturalismo ou toda referência a um fundamento anterior que atribuísse a si mesmo um valor absoluto. Essa visão se pretende sistemática ou orgânica, mas, justamente, a disciplina teológica não se define nem por um objeto particular separado (Deus) — pois se trata de uma ciência humana —, nem por um campo específico (o da metafísica especial ou das manifestações cultuais) —, pois seu campo de investigação é o desdobramento histórico de uma atividade do espírito humano. A teologia será chamada, desde o início, "positiva", por referir-se a uma "modalidade particular do crer" ou da consciência de Deus, modalidade efetiva; nesse sentido, a teologia provém da história ("corpo dos estudos") e se engaja na história (é orientada por uma tarefa "prática").

Porém, se a teologia é uma "ciência positiva", a perspectiva de Schleiermacher não é positivista, historicista ou empírica (cf. § 21). Pelo contrário, só haverá compreensão e saber teológicos na passagem para uma "teologia filosófica", crítica e comparatista (trata-se de captar a "essência" de um modo de crer "naquilo que o opõs dos demais modos de crer"), ou "científica" e especulativa" (associada a uma razão assumida e que dá conta de si mesma). A organização do trabalho teológico será tripartite, "histórico", "filósofico" e "prático", mas o saber teológico é propriamente um saber (a teologia se constitui "sistematicamente", ultrapassando os simples ajustes da doutrina ao sabor das novas pesquisas históricas da Bíblia): a teologia tem sua coerência própria, dada através da relação com uma atividade do espírito que é deliberadamente inserida na cultura. Essa teologia requer uma teoria antropológica da religião e uma teoria do cristianismo, e nisso observamos uma diferença na tarefa propriamente "sistemática" ("científica" ou "especulativa"), mais ligada ao lado representado pela "teologia filosófica", e a "dogmática" no sentido estrito, que se vê relegada ao plano do estudo "histórico" (pois é apenas "apresentação" da "doutrina em vigor em dado momento", § 97).

A posição de Schleiermacher supõe e exige que seja especificada e validada a instância religiosa em meio às atividades do espírito humano. Schleiermacher fez precisamente isso em *Da religião*, em que o religioso é originariamente distinto da "metafísica" e da "moral", em um outro tipo de relação com o mundo. A metafísica sempre parte da natureza finita, do mundo e de suas leis. A moral parte da consciência da liberdade que quer alargar o campo do finito e submeter-se. Ambas pertencem à ação humana no mundo, sob a forma do saber e do poder. O religioso afirma, ao contrário, uma passividade e uma recepção originárias, concretizando-se no "sentimento de dependência absoluta" e na "intuição do universo". O mundo é aqui profundeza, lugar ao qual se pertence, de experiência em que, não mediado como tal, afirma-se, no vazio, o absoluto. O absoluto só pode ser no vazio, pois não é objeto do saber (não é mediado); mas a radicalidade experimentada do próprio fato da existência finita (sua dependência) o convoca absolutamente. Schleiermacher assegura assim o ser-fundado no absoluto: a dependência radical da existência finita do sujeito pessoal, substraída à necessidade de todo processo de autoprodução e remetida a um necessário conhecimento, uma receptividade e uma confiança. O absoluto é o de um fundamento que acompanha desde sempre o sujeito finito, para além do tempo e do espaço, ou para além de suas concreções históricas e culturais.

Na base kantiana de um incondicionado como "ideia" necessária da razão (que, "formalmente", requer um pensar do absoluto que deve integrar a relação entre condicionado e incondicionado, e em um modo assimétrico que assegura a primazia do incondicionado), o jovem Schelling partiu da *relação* condicionado e incondicionado ou finito e absoluto, sendo levado a introduzir na "ideia" a visão de um absoluto constituído de uma relação entre diferentes, superando-os sem anulá-los, e a conceber ao mesmo tempo que o finito, no mundo, utiliza-se de uma diferença irredutível para constituir-se, de modo que, por fim, somente a *liberdade* é objeto real (lugar de *mediação* e *efetividade*). A liberdade está aqui como "êxtase", relacionada a um excesso (o "abismo sem fim", irredutível a toda simplicidade de um incondicionado como ideia, e que supõe a própria "existência"). Na mesma base kantiana, Schleiermacher partiu do *não-mediado* e foi levado a distinguir a presença do absoluto, de um lado, e a existência no mundo, de outro (o exercício da razão sendo efetividade moral e cultural). Mas não se trata de um simples retorno ao deísmo ou às Luzes: o absoluto, ainda que descentralizado e irremediavelmente diferente, é constitutivo. Como Schelling, Schleiermacher estava em busca e vivia de uma relação entre o absoluto e o finito que radicalizasse ambos os termos em sua diferença e seu valor próprios (Deus não é simplesmente estranho ao mundo, ao homem, nem é seu princípio necessário) e que, ao mesmo tempo, explicasse em que o absoluto é constitutivo do finito.

Uma olhada nas propostas doutrinárias de Schleiermacher (sua *Glaubenlehre*, que vale como "dogmática") pode ilustrar e confirmar sua intenção. Segundo Schleiermacher — e essa seria uma das características do neoprotestantismo em seu todo —, é preciso submeter a teologia cristã herdada dos Pais (ou, concretamente, da teologia católica) a uma crítica e uma revisão radicais, que a conformem à postura preconizada pela Reforma. Quanto à questão de Deus, Schleiermacher investiga sobretudo a inserção, em Deus (nível chamado trindade "imanente"), do que se confessa no plano da história e da experiência da salvação, da graça ou da renovação criadora de Deus (nível da manifestação dita "econômica"). Nesse sentido, percebe-se que Schleiermacher interpreta o que ele mesmo chama de "texto fundador" (Jo 1.14, *o Verbo se tornou carne*) em função da continuação ("e vimos sua glória"): o que conta para ele, de fato, é a manifestação da *presença* de Deus ao homem, mais que um drama que afeta, por assim dizer, o próprio Deus. De modo geral, Schleiermacher tende a subordinar as três pessoas à unidade de Deus, unidade presente e, em última análise, a única operante no cerne da revelação ou de nossa regeneração. O que importa para ele, na verdade, é antes de tudo a presença de Deus em Cristo e no Espírito, por exemplo, no que ele chama de "circunscrições particulares" da manifestação de Deus.

Tradicionalmente, podemos acompanhar Schleiermacher até aqui: trata-se da afirmação da unidade e da identidade do Deus criador (a "monarquia do Pai") no cerne do drama da salvação (do desdobramento "econômico"). Mas o propósito de Schleiermacher tem um alcance maior. A preocupação com a unidade de Deus e o tipo de relação entre Deus e o mundo, o homem ou a história conduzem o pensador a obliterar no próprio Deus todo fundamento para diferenças, internas (Pai, Filho, Espírito), e assim irredutíveis e constitutivas no nível do criado e do drama que o atravessa. Como já ocorria em *Da religião*, Deus é aqui um tipo de unidade monádica, feita de expansões e contradições, infinita e transpessoal. De certa maneira, Deus permanece indeterminável (o Um), para além de toda exteriorização histórica. Nenhum "acontecimento" em Deus estaria no fundamento de um "acontecimento" diretamente no mundo. Deus não está, aqui, no fundamento de um processo histórico de existência (como eminência de uma relação de existência diferenciada e, nesse sentido, singular); ele permanece sobretudo um fundamento indiferenciado da totalidade do mundo: seu absoluto só se mantém por trás do curso dos momentos particulares em que "surge" essa origem sempre englobante — sempre oculta e sempre a ser novamente revelada — que ele é. O Deus de Schleiermacher é certamente "vida espiritual absoluta" (e, nesse sentido, não princípio abstrato), mas ele o é em uma extensão infinita. Na obra de Schleiermacher se enfrentam e devem articular-se a unidade absoluta que é Deus e a multiplicidade sem fim que é o mundo finito, radicalmente, mas fora de mediação (portanto, fora de um advento específico).

Schleiermacher privilegia a unidade da divindade em detrimento da subsistência das "pessoas" (Pai, Filho, Espírito). Ao mesmo tempo, o drama próprio à história da salvação e à experiência do crer é edulcorado em prol de uma visão da salvação como revelação, compreendida em termos de desvelamento de uma identidade e de uma origem essenciais. Desse modo, a filiação divina de Cristo é a plenitude da consciência de dependência absoluta em relação a Deus, uma consciência viva que ele manifesta (e cuja "impressão" se exerceria sobre nós) e que se origina completamente em Deus. Cristo surge aqui como a criatura perfeita, nesse sentido: Filho. Logo, nem tanto na medida em que se situa no cerne de um processo vindo especificamente de Deus (processo realmente singular, diretamente no mundo e contra as forças do mal), mas sobretudo na medida em que surge a nossos olhos como humanidade plenamente constituída, mantendo-se diante de Deus. O que está em causa é algo que se acha presente desde sempre, e a "redenção" é necessariamente sua aparição. Aqui, trata-se menos de um acontecimento que de uma verdade oculta, que apenas o descrente deixa de perceber. É evidente que a redenção surge *no* tempo — os momentos particulares que o constituem — mas a relação com Deus que se revela e se desenvolve é em si mesma atemporal. Aliás, na verdade, a questão é a superação da multiplicidade e da dispersão que fazem a historicidade, com vistas a uma unidade em imediatez, ainda mais imediata na medida em que, do lado humano, não é *apenas* recebida. A doutrina de Schleiermacher elabora o que é próprio a Deus *para nós*, ou seja, origem e unidade, dadas através de uma manifestação que nos livra daquilo que nos atrapalha; essa doutrina não pode, nem deve, elaborar o que é Deus em si mesmo. Isso significaria ultrapassar o *status* de dependência radical que o absoluto assegura e ultrapassar ao mesmo tempo nossa finitude, dupla circunscrição que, de modo exclusivo, permite que a verdade esteja presente.

7.2. Antropologização e historicização

O neoprotestantismo se desenvolve à sombra da rejeição ao supranaturalismo e a uma metafísica racionalista que sucumbiram sob os golpes da crítica, uma crítica externa, devida ao progresso dos saberes e das ciências históricas, mas também interna: o Deus recusado, abstrato e heteronômico, não estava no fundamento de um estado "espiritual", mediado pela liberdade humana e pelo espírito. Não somente esse Deus perdeu sua plausibilidade, mas é denunciado porque não poderia ser objeto de fé, sendo-o, no máximo, de uma reverência idolátrica e aprisionadora.

À sombra da crítica kantiana, Schleiermacher correlacionou todo enunciado sobre Deus, toda representação, à consciência religiosa: Deus não é mais objeto direto do questionamento. O sujeito humano chega, a partir de então, aos bastidores. Vimos que Schleiermacher questiona esse sujeito teologicamente, fazendo surgir sua dependência e sua passividade originária, constitutiva, da qual testemunha sua consciência "religiosa", firmando-o na verdade na medida em que contesta o absoluto que ele não é. Notamos que o sujeito é aqui radicalmente humano, inserido no mundo em sua universalidade e desprovido de laços sagrados. Além disso, a teologia de Schleiermacher tende a ultrapassar todas as mediações em que Deus e o homem poderiam ser dados positivamente, ainda que de modo indireto. É quando o neoprotestantismo dá forma a uma antropologização e a uma historicização do discurso sobre Deus. Reverso de um retorno à consciência humana das afirmações sobre a transcendência e reverso de uma ênfase conjunta do sujeito humano como apoio de prática e de história.

A antropologização encontraria seu apogeu na obra de David Friedrich Strauβ (1808-1874). *Vie de Jésus* [Vida de Jesus] de 1835-1836 (trad. franc. Da 3ª edição de 1838, Paris, Ladrange, 1839-1840) é um exemplo disso. Além de uma crítica do tipo racionalista das grandes afirmações do Novo Testamento e da fé cristã (como em relação aos milagres), a ênfase específica de Strauβ consiste em considerar a história de Jesus como um "mito", correlacionando-a à subjetividade dos cristãos e da primeira igreja, da qual essa história seria uma *expressão*. Com isso, Strauβ se situava no que ele próprio denomina de "esquerda hegeliana". Fazendo parte da mesma conjuntura, outro autor deve ser evocado, Ludwig Feuerbach (1804-1872), o crítico tradicional do cristianismo (cf. *A essência do cristianismo* [1841], Petrópolis, Vozes, 2007). A antropologização é de fato radicalmente empreendida aqui, ao sabor de uma "tradução" dos "enunciados" teológicos em sua verdade "antropológica", uma tradução que devolve a realidade a seu solo "autêntico", acima de sua *expressão* "inautêntica" (v. os títulos das duas partes da obra). Para Feuerbach, a religião fala a verdade, desde que não se engane de "assunto": o que ela diz sobre Deus "exprime" — de modo diferenciado — a "essência" humana. Conforme o pensador escreve no prefácio, "a antropologia é o mistério da teologia", e a história da teologia cristã, em seus efeitos protestantes sobretudo, mostra isso com clareza. A filosofia de Feuerbach tiraria consequências disso, propondo uma visão radicalmente antropocêntrica, de alcance social e político (cf. *Nécessité d'une réforme de la philosophie* [Necessidade de uma reforma da filosofia, 1842] e *Thèses provisoires* [Teses provisórias, 1843], em *Manifestes philosophiques* [Manifestos filosóficos], Paris, PUF, 1973. Feuerbach é o crítico por excelência da religião como "projeção", projeção "alienante" (pois "despoja" o homem de sua verdade real), e sobre isso a única iniciativa consciente de Karl Marx foi transcrever Feuerbach (cf. as alíneas que precedem a famosa expressão sobre a religião como "ópio do povo", na introdução à *Crítica da filosofia do direito de Hegel* (1844, São Paulo, Boitempo, 2005).

A antropologização do cristianismo é aqui desvelada de modo crítico, mas esse procedimento habita o neoprotestantismo naquilo que podemos acertadamente chamar sua "consciência histórica". De fato, o neoprotestantismo tem o rosto voltado para a história, como atestam inúmeros trabalhos relativos às fontes e ao desenvolvimento do cristianismo. Um autor importante é Ferdinand Christian Baur (1792-1860), que nutria a intenção de superar tanto Schleiermacher quanto Strauβ através de uma exposição da história cristã em suas diferenças e na positividade que lhe seria própria. Ao mesmo tempo, e de modo mais profundo, o neoprotestantismo se vê ligado a uma história, advinda da Reforma e da ruptura em relação ao catolicismo. Essa história está ligada a uma visão da fé que a partir de então é compreendida como postura humana específica, articulada às realidades do mundo secular e do devir, além de estar imbricada no advento de uma modernidade justamente feita de afirmações e liberdades, de sujeitos autônomos e de aspirações práticas.

Otto Schäfer, com a colaboração
de Pierre Bühler

Essa conjuntura geral encontraria uma particular transcrição na segunda metade do século, na teologia essencialmente moral de Albrecht Ritschl (1822-1889), ex-aluno de Baur. Ritschl participou da formação de uma verdadeira escola teológica, representada sobretudo por Adolf Harnack (1851-1930) e Wilhelm Herrmann (1846-1922). Aqui, antropologização e historicização se conjugam: todo dado cultural (tanto a teologia como a filosofia, a arte, o direito) é visto como manifestação histórica, sendo assim relativizado (cf. a famosa frase de Strauβ: "A história dos dogmas é a crítica dos dogmas"), e o homem é chamado para organizar o mundo de acordo com uma ordem conscientemente humana de valores, graças a seu "domínio" intelectual, espiritual e moral, que é a essência de seu próprio ser e de sua vocação (Richard Rothe [1799-1867] demonstra claramente o mesmo ao sustentar que o objetivo da obra salvífica de Deus é o estabelecimento de um reino de mentes pessoais ou uma cristianização da humanidade enquanto portadora de cultura).

Ritschl é herdeiro de Schleiermacher, mas não sem certas diferenças que, de fato, modificam bastante sua concepção de Deus. A obra de Ritschl ilustra de modo particular a deriva historicizante de tipo positivista e psicologizante que afetou a teologia neoprotestante ao longo do século XIX (o acolhimento tanto de Kant quanto de Schleiermacher deixou marcas nessa teologia). É verdade que, aqui, mantém-se na ordem da fé, do sujeito humano e de sua consciência, da história e da cultura; mas o que seria válido como fundamento — Deus e sua revelação — não é mais entendido como um momento transcendental, mas tende a ser apenas uma antecedência histórica, objeto de conhecimento factual, objetivo, ainda que de fato aleatório. Isso gera certo "biblicismo" e uma desvalorização da problemática do absoluto e do crer, em prol de uma ordem de conhecimento de fato a ser assegurada (cf. seus "julgamentos de existência") e de convicção moral a ser defendida (nota-se também na obra de Ritschl a eliminação proposital da "metafísica"). É na segunda ordem que se situa o religioso, articulado de modo central a uma noção de "pessoa" ligada ao tema do domínio do mundo pelo espírito.

Para Ritschl, Deus equivale a um ser pessoal e também à vontade que estabelece o fim último do mundo: o "reino de Deus" (realidade mediadora da moralidade e da religião, ao mesmo tempo figura que integra fins individuais e fins universais, em quem se conciliam, sem oposição e sem contradição de princípio, o homem e Deus). Deus surge aqui apontado como senhor: concretamente, é "a vontade espiritual que determina a si mesma, que exerce seu poder sobre seus fins e sobre suas criaturas, e que deve, por isso, distinguir-se de todas elas" (*Die christliche Lehre von der Rechtfertigung und Versöhnung* [170-1874], 3 vols., Bonn, Marcus, 1888-1889, t. III, p. 471). É o próprio conteúdo da revelação: Deus como poder espiritual, manifesto efetivamente em Cristo e em sua comunidade, em que o Espírito o comunica como desdobramento atual. Deus surge aqui no fundamento de uma liberdade diante do mundo (sua afirmação vale contra o monismo científico naturalista). O cumprimento moral e prático da vontade de Deus valeria assim como "prova científica da verdade do cristianismo" (p. 24s, 33s). Atualizado nessa maneira, o protestantismo pode se apresentar como a religião da modernidade, compatível com ela, oferecendo-lhe as condições necessárias para o sucesso de seu projeto: nisso está dada a liberdade em relação ao mundo e para o mundo. Na mesma época, os protestantes franceses partilhavam essa mesma convicção e especulavam sobre os rápidos avanços do protestantismo.

7.3. Ernst Troeltsch (1865-1923)

Ernst Troeltsch ocupa uma "posição de transição" (Hartmut Ruddies, *La vérité au courant de l'histoire. Réflexions sur la philosophie de l'histoire de Ernst Troeltsch* [A verdade no curso da história: reflexões sobre a filosofia da história de Ernst Troeltsch], em Pierre GISEL, org., *Histoire et théologie chez Ernst Troeltsch* [História e teologia na obra de Ernst Troeltsch], Genebra, Labor et Fides, 1992, p. 20). É herdeiro do neoprotestantismo e conhece suas aporias (ele mesmo define seu ponto de partida como o "fim das Luzes e do idealismo alemão", *Gesammelte Schriften* IV [Escritos completos] [1925], Aalen, Scientia, 1981, p. 8). Se ele se situa no prolongamento do historicismo, seria em um "historicismo de segundo grau" ou "reflexivo" (Kurt NOWAK, *La question de l'historicisme et de la compréhension de la théologie à l'époque de Troeltsch* [A questão do historicismo e da compreensão da teologia na época de Troeltsch], em Pierre GISEL, org., op. cit., p. 171s) que dá conta do fracasso de toda continuidade histórica, ainda que compreendida em termos de uma "essência" mais ou menos associada a uma posição "moral" (cf. sua crítica a Harnack, seu apego às estruturas culturais e sociais de que é testemunha sua ligação com a escola da história das religiões, e a inserção de considerações sociológicas em seu trabalho histórico sobre o cristianismo), e do fracasso de todo ponto de vista unificante: a consciência quanto à pluralidade e à complexidade é ampliada (fazer convergir um fenômeno histórico, seja ele o cristianismo, seja o protestantismo, seja a modernidade, para uma única origem e um desdobramento simples é algo equivocado e ideológico); consciência mais aguçada quanto à diversidade das instâncias que presidem a organização social moderna (o social, o político, o cultural e o religioso são e devem ser irredutivelmente diferenciados); consciência mais viva das ambivalências intrínsecas ao religioso, cristianismo inclusive; assim: um latente sentimento de crise. Tais são os dados. No entanto, Troeltsch decide lidar com eles de modo construtivo, recusando-se a ceder ao arbitrário subjetivo das decisões puramente individuais e a uma estetização de nossas origens.

Aos olhos de Troeltsch, a história não pode ser considerada de acordo com uma teleologia unitária; a história também não se explica por jogos de causalidade de tipo estrutural (marxista, sociológica etc.). A história é feita de uma descontinuidade de sínteses sucessivas, e é nossa tarefa promover para o presente — nesse caso, um presente europeu — uma nova "síntese cultural" (cf. o final de *Der Historismus und seine Probleme* [1922], *GS* III, 1977), assim como a igreja tinha constituído uma síntese cultural própria durante os primeiros séculos (síntese entre a religiosidade escatológica advinda da Bíblia e as matrizes culturais e religiosas da Antiguidade tardia). O presente é uma instância prática (instauradora), assim como a pesquisa que se mantém sob o signo de uma "acomodação", estão no cerne das reflexões de Troeltsch sobre a história. Promover uma nova síntese cultural pressupõe a passagem por um momento específico de representação (um "terceiro lugar", precisa H. Ruddies, art. cit., p. 32), propriamente cultural, com uma genealogia de segunda ordem (para além de todo desdobramento diretamente genético ou histórico) que poderia pensar uma imagem específica e as relações com a história. Some-se a isso que Troeltsch está em busca, aqui, de uma nova metafísica, cuja necessidade foi reconhecida por ele, mas sua proposta está provavelmente inacabada, sendo pouco convincente. Porém, pode ser interessante observar que o fato foi saudado por autores católicos (que veriam na obra de Troeltsch uma libertação do subjetivismo dos tempos modernos e, nesse sentido, do protestantismo também) e que Paul Tillich propôs que sua aporia fosse interpretada como um problema teórico incontornável, a ser lido "produtivamente".

Assim, o cristianismo não está enfeudado em suas origens (a Bíblia, os profetas, Jesus etc.), nem é pensado de acordo com uma veia linear; a reflexão de tipo teológico, polarizada pela questão de Deus, seria deliberadamente cindida entre uma "dogmática" (uma *Glaubenslehre*), para regular uma realidade de igreja dada institucionalmente, e uma "filosofia da religião", de alcance globalmente cultural e social (Troeltsch acredita trabalhar pela reconstrução da teologia, com base em um método de "história e civilização"). De fato, a modernidade não é desprovida de passado (vive também de matrizes antigas, de retomadas e inflexões), e a "síntese cultural" almejada exige uma reflexão sobre o *status* religioso: a modernidade não está isenta de um religioso difuso, selvagem ou latente em perversões ideológicas diversas (incluindo-se racionalizações). Observemos que, se o religioso deve ser pensado, é em sua radicalidade: para Troeltsch, o absoluto e a força do "além" inscrevem-se no "aqui", sem jamais equivalerem-se, assim como "a grandeza da religião está em sua oposição à cultura" (*GS* II, 1913, p. 100) e a fé é da ordem de um "excedente" (*Politische Ethik und Christentum*, Göttingen, Vandenhoeck & Ruprecht, 1904), irredutível à questão ética das normatividades. Como afirma H. Ruddies, o eixo constante de Troeltsch poderia ser formulado dessa maneira: "Como o Absoluto pode fundar o histórico sem fazê-lo desaparecer? E como o histórico, fundado pelo Absoluto, pode se realizar como autonomia?" (art. cit. p. 30).

Desse modo, filosofia da história e filosofia da religião convocam uma à outra. Isso se dá porque Deus não está em relação direta nem com a história (história universal, humanista, moral ou tradição eclesiástica), nem com o religioso (ainda que cristão, algo que podemos estimar como "o mais alto valor", mas não como "verdade absoluta", cf. *L'absoluité du christianisme et l'histoire de la religion* [O caráter absoluto do cristianismo e a história da religião] [1901], em *Histoire des religions et destin de la théologie. Oeuvres III* [História das religiões e destino da teologia: Obras III], Paris-Genebra, Cerf-Labor et Fides, 1996, p. 69-177), já que o religioso é irredutivelmente plural e ambivalente. Os desdobramentos históricos materiais, simbólicos, éticos e institucionais — contingentes e positivos — são assim objeto de uma interrogação conectada a uma reflexão centrada na heterogeneidade, ligada tanto ao indivíduo em seu acesso a si mesmo quanto ao Absoluto (é quando tocamos no momento "místico" do religioso, inscrito na tradição cristã com o mesmo título que os tipos "igreja" e "seita", cf. o final dos *Soziallehren der christlichen Kirchen und Gruppen* [*GS* I, 1912]), uma heterogeneidade que comanda uma inserção no mundo sempre feita de uma autossuperação das figuras dadas. A modernidade é trabalhada sob esse ângulo; a Reforma também, recebendo aqui o *status* exemplar da adaptação de uma religião a uma história mutante.

Podemos assim perceber na obra de Troeltsch uma radicalização da historicidade, que equivale à radicalização da autonomia e da consistência do mundo; disso decorre a validação de um horizonte universal em contraposição ao refúgio em uma tradição particular (cristã, p. ex.) e a valorização das temáticas do "direito natural" a partir tanto do olhar sobre a Antiguidade tardia quanto da atenção que é dada às tradições especificamente calvinistas. Essa radicalização se acompanha de outra, a do pensar de Deus, transcendente e absoluto. Essa dupla ênfase se correlaciona com aquilo que está no cerne da Reforma, e Troeltsch o ratifica ao falar da justificação pela fé como um "magnífico dogma central do protestantismo" (*GS* III, p. 184s). Acrescente-se a isso que a mesma conjuntura recoloca à baila a questão das mediações e das articulações requeridas pelo desdobramento de nossa vida individual e social — eis o objeto de uma busca constante na obra de Troeltsch —, mediações e articulações que se revelam ainda mais necessárias na ausência de uma recapitulação unificadora de tipo universal, cuja crise está no cerne da modernidade.

8. A "teologia dialética" e Paul Tillich

Sob muitos aspectos, 1914-1918 marca uma ruptura social e cultural: fim do otimismo, consciência de crise e irrupções trágicas; movimentos sociais, revolução no Leste etc. Podemos também identificar essa ruptura na filosofia: uma radicalização do questionamento ontológico (Heidegger) precede o neokantismo e as ciências da cultura (Rickert, Dilthey, Cassirer etc.), e uma filosofia de tipo "existencialista" substitui as visões espiritualistas, morais e idealistas anteriores; e a identificamos igualmente na estética, com o expressionismo e o surrealismo. Na teologia, veríamos o fim do neoprotestantismo e o surgimento de uma nova posição teológica (com Karl Barth e Rudolf Bultmann como os maiores representantes, sobretudo tendo em vista seus efeitos, mas podemos também citar os nomes de Friedrich Gogarten e Emil Brunner; Paul Tillich participa da mesma atmosfera, mas segue caminhos um pouco diferentes). Seria chamada "teologia da crise" ou "teologia dialética". A referência, portanto, é a Kierkegaard, não a Hegel: trata-se de uma dialética de dois termos, sem conciliação, concretizada na expressão da "diferença qualitativa infinita" entre Deus e o homem. Teologicamente, essa posição faz frutificar as descobertas históricas do cenário escatológico e apocalíptico do cristianismo primitivo: Barth escreveria de modo significativo que um cristianismo que não é de parte a parte escatológico não tem nada a ver com a verdade de Cristo, e Bultmann tornaria a categoria escatológica uma chave de leitura do Novo Testamento. Por outro lado, tal posição reinterpreta essa escatologia como heterogeneidade radical, dominante sobre todo presente e único lugar da revelação ou do encontro com Deus.

Essa nova posição se correlaciona com o Deus totalmente outro, sobretudo com base no tema protestante da justificação do homem somente em Deus, justificação gratuita e além de todo esforço humano, e até mesmo contra esse esforço, já que é visto aqui como autoafirmação gangrenada de idolatria (cf. o comentário da *Carta aos romanos* [1922, São Paulo, Novo Século, 2000] de Barth, referência inaugural e emblemática; sobre esse texto e a junção então operada por Bultmann, v. o artigo "Bíblia"). Tal posição se desenvolveria como denúncia do antropocentrismo latente na teologia protestante em voga no século XIX, reinstituindo o sujeito que crê em uma base modificada: não mais as ilusões dos mundos religiosos e morais, mas uma determinação concreta, por meio do advento da Palavra de Deus, crítica, questionadora e originária (um grande exemplo disso é o debate entre Barth e Harnack, em *Karl Barth. Genèse et réception de sa théologie* [Karl Barth: gênese e recepção de sua teologia], p. 105-116). É quando se fala de uma experiência-choque, de um face a face com Deus ou de um senhorio de que não se poderia dispor, por uma incapacidade fundamental do ser humano, e até por um desprezo constitutivo quanto a sua situação real (aqui, é tanto a verdade do homem quanto a de Deus que precisa, de modo radical, de uma "revelação" exterior).

A interpretação geral é difícil. A "teologia dialética" é ao mesmo tempo um efeito da crise e uma resposta à crise. Rejeição do neoprotestantismo ou da "teologia liberal", essa teologia também não constitui, apesar de algumas ambiguidades, um retorno a uma teologia conservadora, "pietista" ou "positiva", de tipo ortodoxo e supranaturalista, mesmo se participa da "revolução anti-historicista" da época e é paralela a renovações confessionais, luteranas (cf. Karl Holl e outros) ou calvinistas, e também litúrgicas. Parece estar em plena sintonia com o clima cultural da época e, em vez de reproduzir os enunciados teológicos anteriores, remodela-os do início ao fim, e em um sentido que, sob determinados aspectos, pode parecer, em uma leitura retrospectiva, como uma radicalização de certos temas neoprotestantes (v. sobretudo as temáticas do sujeito e do Absoluto, enfatizadas nas interpretações de Trutz Rendtorff ou Wolfhart Pannenberg p. ex.). De todo modo, a "teologia dialética" manifesta de fato, à sua maneira, uma estratégia de adaptação à modernidade (cf. a presença, nos bastidores, de categorias como ocorrência, artificialidade, ruptura profética, o *incognito* de Deus, a desconfiança em relação aos ideais humanos e a crítica das ideologias, a reivindicação das autonomias e as descontinuidades que as acompanham etc.).

Concretamente — e isso seria algo bastante generalizado em Barth —, a "teologia dialética" opera uma recentralização no dado cristão, em sua especificidade e irredutibilidade a ideias ou categorias gerais. A afirmação vale contra uma dissolução na cultura burguesa e no idealismo moral. A noção de revelação é assim enfatizada como momento originário, interpretado, claro, de modo não interpelador (irredutível a enunciados, ainda que bíblicos), acontecimento que suscita acontecimento (fora de qualquer controle, visibilidade ou garantia). Como pregação e pastoral, a teologia é feita a partir de Deus (*von Gott her*, afirma Barth, *Dogmatique* [Dogmática] I/1**, p. 2), e isso é tão verdadeiro quanto falar "sobre" Deus, seu *sujeito*, é algo desprovido de sentido (pois seria passar ao largo de sua transcendência, "mundanizá-lo" ou "mitologizá-lo", segundo o eixo central da teologia de Bultmann).

8.1. Karl Barth (1886-1968)

Nada ilustra melhor essa recentralização no dado cristão ou na revelação que a grande obra de Barth, significativamente intitulada não mais "doutrina da fé" (*Glaubenslehre*), mas, sim, *Dogmática* (1932-1967) e dogmática eclesial (*kirchliche Dogmatik*). Não encontraremos nisso "prolegômenos" em um sentido estrito, assim como não há, na postura teológica operada aqui, passagem do não teológico ao teológico, mas salto e descontinuidade nesse sentido, os "prolegômenos" já são "legômenos", determinados de parte a parte (tanto em seu *status* formal quanto em seu conteúdo material) pela revelação ou o fato de Deus, e de um Deus desde o início determinado (Deus trinitário e cristologicamente marcado, cf. I/1**). Quanto ao desdobramento do conjunto, que se dá, por assim dizer, em espiral, ele volta sempre ao mesmo dado, mais por um aprofundamento interno ou meditação sempre retomada (segundo entradas diversas: Deus, a criação, a reconciliação e a redenção) que por uma lógica sucessiva. É que "formalmente", por depender de modo radical de uma revelação, tudo é sempre dado e dado de uma só vez, ao qual responde, "materialmente", uma doutrina em que Deus é compreendido como "repetição" sempre retomada de seu ser (cf. I/1**, p. 5, 22, 29, e Eberhard JÜNGEL, *Gottes Sein ist im Werden* [1965], Tübingen, Mohr, 1986).

É Deus que se revela. É por si mesmo que se revela. É ele próprio quem se revela. Se queremos de fato compreender a revelação a partir de seu sujeito, a partir de Deus, precisamos antes de tudo compreender que esse sujeito, Deus, é revelador, é idêntico à ação pela qual se revela, e igualmente idêntico ao efeito desse ato revelador. Eis o fato que é preciso evidenciar desde o início, e que nos incita a começar a exposição da doutrina da revelação pela doutrina do Deus trinitário. [...]

Quando a Bíblia responde à questão "Quem é Deus em sua revelação?", essa resposta também se estende a duas outras questões: "O que ele faz quando se revela?' e "Qual é o efeito de sua ação?". Não é por acaso que essas respostas estão interligadas e que seja impossível, desde a primeira questão e a primeira resposta, adiar a resposta às duas questões posteriores. De fato, assim que compreendemos a resposta à primeira questão, estamos obrigados a ouvir também a resposta às duas últimas; e só compreendemos realmente a primeira resposta quando ouvimos ao mesmo tempo a resposta às questões seguintes. Não ocorreria o mesmo com as demais revelações? Talvez sim, talvez não, não nos cabe afirmá-lo aqui. [...]

Sim, a Bíblia diz [...] qual é o Deus de quem ela atesta a revelação. [...] Porém, quem poderia realmente compreender essa resposta, sem compreender no mesmo momento o que nos é dito sobre o fato e o modo da revelação desse Deus? Pois esse fato e esse modo não são arbitrários e não deixam de estar correlacionados ao fato de que se trata precisamente da revelação desse Deus. [...] Esse Deus não quer e não pode manifestar-se, a não ser no fato e no modo dessa revelação. Mas [...] nesse fato e nesse modo ele é plenamente ele mesmo. [...] Não podemos saber quem é Deus em sua revelação sem referir-se logo em seguida aos homens que recebem essa revelação, ao que o revelador espera deles e opera neles.

Karl BARTH, *Dogmatique* [Dogmática] I/1** (1932), p. 2-4.

É preciso enfatizar aqui a junção entre revelação e Trindade (coerente com a decisão de localizar a Trindade no início, de modo originário e constitutivo, ponto de vista que, de acordo com Barth, torna-o "isolado", I/1**, p. 6). Barth não inicia com um tratado da Escritura, da igreja ou da autoridade magisterial, nem por um capítulo sobre a realidade e a verdade da religião ou qualquer outro "princípio de conhecimento", "abstração tirada do conteúdo concreto da fé", o que conduziria, sem dúvida, a abordar a doutrina de Deus discutindo "a existência, a essência e os atributos do ser divino novamente em uma abstração do dado concreto". Os trechos citados são explícitos. A junção entre revelação e afirmação trinitária vale contra toda instrumentalização da revelação, que faria dela uma comunicação de informações sobre um Deus exterior (cf. I/1*, p. 26), e vale também contra a visão de que o que é necessário compreender como conceito de Deus seria, por assim dizer, pressuposto, de alcance geral, com a especificação apenas de suas qualidades ou atributos mais particulares. Atesta-se assim em Barth uma visão em que tudo está dado de antemão: não há acesso externo a Deus, e Deus ou é de saída determinado, ou não é nada; por isso recorre-se a um pensar em termos de acontecimento e, quase em surdina mas explicitamente, a correlação com uma factualidade não justificável fora de seus efeitos (v. o que é dito das demais revelações no texto citado, ou: "Nós 'podemos' tudo. Mas que 'possamos' tudo, teoricamente, e que não o façamos, de fato, por não termos ocasião ou não nos sentirmos obrigados, eis o que não pode ser indiferente", I/1**, p. 6). A efetividade e a particularidade são aqui incontornáveis, pois são constitutivas. Notaremos enfim a ligação efetiva e forte com o homem, expressa desde o início, mesmo se Barth não cessa de afirmar a primazia de Deus: como o desenvolveria o conjunto da *Dogmática*, não há "Deus sem o homem" (cf., a esse propósito, Eberhard JÜNGEL, em *Karl Barth. Genèse et réception de sa théologie* [Karl Barth: gênese e recepção de sua teologia], p. 191-215).

Essa junção entre Deus — trinitário, ocorrente e autorreferencial — e a revelação que impede a identificação da revelação a um objeto disponível, seja ele um texto revelado, seja um fundador histórico (Barth e Bultmann operam a mesma desqualificação teológica do Jesus histórico), seja um depósito eclesiástico. Decorre disso (cf. o texto citado) a categoria de "senhorio", retomando as noções de auto-fundação e liberdade, de acontecimento que se "repete" e se impõe sempre novamente ao homem, fora de visibilidade ou acessibilidade objetiva e sem suposição: "Não me parece possível — e a Bíblia jamais o faz — reduzir a uma identidade a unidade do Deus que se revela, do ato pelo qual ele se revela e do fato de que ele é revelado, e suprimir dessa maneira as fronteiras que separam as três formas de sua divindade na revelação, para reuni-las em uma quarta que as uniria de modo sintético" (I/1**, p. 5).

De acordo com a Escritura, a revelação de Deus é a própria Palavra de Deus, imediata e soberana; como tal, ela não pode distinguir-se do ato que a determina, ou seja, do próprio Deus, do "eu" que se dirige ao "tu" humano e o encontra. A revelação é *Dei loquentis persona* [O Deus em pessoa que fala]. Assim, no contexto da revelação, devemos afirmar que a Palavra de Deus é idêntica ao próprio Deus. Mas essa afirmação só é válida de modo pleno para a própria revelação, não podendo ser formulada com a mesma segurança quanto à Santa Escritura e a pregação da igreja. [...] A Santa Escritura e a pregação devem sempre tornar-se novamente Palavra de Deus para sê-lo de fato. [...] Concebemos assim [a Palavra de Deus revelada] como impossível de distinguir do evento em virtude do qual [...] ela é Palavra de Deus. [...]

Resumimos tudo o que acabamos de dizer na frase: Deus se revela como o Senhor. [...] Quando de fato se produz [...] o acontecimento da revelação, não há segunda questão a propor sobre o conteúdo desse acontecimento. [...] A revelação deve ser compreendida em seu sentido absoluto. [...] A revelação é a revelação do senhorio de Deus. [...] Senhorio significa [...] liberdade. Deus é Deus por possuir e exercer sua liberdade e sua soberania, por não ter outra causa além de si mesmo e por sua palavra e sua vontade constituírem, para o homem, um início absoluto [...].

> Quanto à doutrina em si, nós a formularemos afirmando: aquele que a doutrina cristã chama de Deus e anuncia como Deus [...] é, em uma inalterável unidade, o mesmo, mas também, em uma inalterável diversidade, três vezes o mesmo. [...]
> Se é realmente a revelação de Deus que se produz, é com ela que nos relacionamos, e não com uma entidade distinta dele, como os modalistas de todos os tempos o supuseram. [...] Afirmamos que a revelação é o único fundamento da doutrina trinitária; e que só chegamos a essa doutrina por uma análise do conceito de revelação; e que, inversamente, para interpretar de modo correto a revelação, é preciso considerá-la o fundamento da doutrina trinitária. A doutrina trinitária é a resposta para a questão, determinante para o conceito de revelação, da identidade do Deus que se revela. [...]
> O senhorio que se manifesta na revelação bíblica consiste [...] na liberdade de Deus de distinguir-se de si, de tornar-se desigual para si ao mesmo tempo que permanece o mesmo [...]: de ser verdadeiramente o único Deus, igual a si mesmo, de existir como tal, pois se distingue de si mesmo tão completamente, tão profundamente, tão inconcebivelmente, pois não é somente Deus Pai, mas Deus Filho. É o que ouvimos quando afirmamos que ele se revela como Senhor. É essa filiação que é o senhorio de Deus em sua revelação.
>
> Karl BARTH, *Dogmatique* [Dogmática] I/1** (1932), p. 10-14, 18, 25.

A junção entre fato de revelação e fato de Deus pressupõe um *incógnito* intrínseco à revelação: "À essência daquele que a Bíblia denomina Deus pertence seu mistério, sua incognoscibilidade". Aqui, a "transcendência" de Deus pode pertencer — e de fato pertence — a sua "imanência, "ou seja, a sua revelação"; em outras palavras, "é precisamente o Deus *revelatus* que é o Deus *absconditus*" (p. 26s). A mesma junção se acompanha de uma determinação originária e constitutiva de Deus. Porque Deus é Deus (radicalmente compreendido), é auto-posição e sobrevir (trinitário e revelando-se); ele tem um nome. Vários comentadores enfatizaram (sobretudo Eberhard JÜNGEL, op. cit.) que Barth investe aqui uma posição para além do teísmo e do ateísmo modernos, secretamente unidos um ao outro, correlacionados a uma alternativa histórica e culturalmente marcada, e no início de um jogo de oposições e inversões cujos termos não foram repensados o suficiente do interior (contra o "teísmo" que "só quer distinguir Deus do mundo, e nunca Deus de Deus", p. 8). Deus é originariamente determinado, portanto determinante. É por isso que Barth recusa vivamente e sem nuances toda forma de teologia natural ("a teologia natural não é uma das numerosas heresias possíveis, mas a heresia por excelência"), II/1* [1940], p. 140), da mesma maneira que sua *Dogmática* se constrói de acordo com um cristocentrismo radical (Cristo está inserido no próprio cerne de Deus; ele é estruturação interna da criação, III/1*; sua imagem desdobra o mistério da reconciliação, quando nele se fixa por completo o ser do homem, seu "julgamento" e sua "eleição", II/2*, ou seu "rebaixamento" e sua "elevação", IV/1*, 1**, 2* e 2**; somente para si e somente ele é sacramento, IV/4 frag.).

Falar de Deus como acontecimento que se determina originária e constitutivamente determinante é repensar a exterioridade (valorizada novamente contra as acusações de heteronomia ou alienação), ou o estranhamento, a heterogeneidade, a alteridade ou a descentralização, em um debate crítico com a modernidade clássica. Barth retoma aqui Kierkegaard, com um olho sempre fixo em Feuerbach, que é lido como destino revelador do neoprotestantismo. Ele conduz, portanto, uma releitura genealógica da modernidade (como no neoprotestantismo), mas uma releitura deliberadamente polarizada pela questão de Deus. Na modernidade, Deus havia se tornado "impensável" (cf. Eberhard JÜNGEL, *Deus mistério do mundo*). Barth se questionaria secretamente dessa forma: de acordo com que conjuntura — que hipotética definição — Deus seria aqui "impensável"? Passamos assim de "onde está Deus" e de "será que ele existe" para uma investigação aberta em torno da questão "*quem é Deus*", esse Deus sobre o qual se pergunta onde estaria e se existe. Desse modo, a teologia de Barth marca aqui uma "mudança de paradigma", mas opera também um levantamento, indireto mas real, dos questionamentos precedentes. Além disso, a releitura feita aqui se pretende geral: a questão sobre o pensar e a identidade de Deus, genealogicamente colocada, vale como releitura da modernidade como tal: ela faz surgir sua identidade, seus desejos, suas armadilhas ou suas aporias próprias (suas promessas e seus fracassos). Também nisso a teologia de Barth opera uma "mudança de paradigma", ao não se contentar (com uma crítica talvez apressada demais a Schleiermacher e seus sucessores) em investir e gerar o religioso como uma "província" particular do homem, para não dizer da alma!

Essa seria uma interpretação positiva. Mas todo grande pensamento tem seus reveses, e é com eles que são dadas explicações retrospectivas. Para nosso assunto, assinalaremos dois pontos importantes.

O primeiro se correlaciona com a recusa barthiana de precisar a articulação dos olhares teológico e extrateológico (filosofia, ciências humanas etc.) em prol de uma afirmação de "autonomia", logo, de uma confrontação que não pode ser levantada (não mediada). A radicalidade da posição teológica expressa aqui exclui toda introdução (o que equivaleria a recair em um tipo de apologética, uma preocupação desprezada, ou em pesquisas epistemológicas e metodológicas, também rejeitadas): a verdade teológica se dá por meio de salto e descontinuidade, e não poderia haver legitimidade, a não ser interna, decorrendo disso a ênfase no fato de que a tarefa teológica se volta apenas para o *intellectus fidei*: o desdobramento da inteligibilidade interna de uma fé efetiva. Recusa-se até mesmo precisar de acordo com qual *instância* a teologia desenvolve sua pertinência específica na sociedade moderna: tal instância ("religiosa", p. ex., como em parte do neoprotestantismo e, de modo particularmente claro, em Troeltsch) a *legitimaria* e a *limitaria*; seria necessário, além disso, fazer a teoria dessa teologia. É provável que Barth tenha temido cair em uma submissão a limites estreitos demais, dependendo de um espaço comum a todos, portanto exterior.

Diante do mundo, tal radicalidade na afirmação da autonomia própria à posição teológica só poderia levar ao desenvolvimento de um discurso que varre despreocupadamente toda articulação diferenciada, adotando uma posição crítica radical. O gênio de Barth se deve ao "não" que dá ao mundo e a suas ideologias. A rejeição do nazismo lhe proporcionou fama, mas nesse caso tratava-se mais de uma perversão política que de uma divergência legítima de ambas as partes, a ser gerenciada em um contexto institucional e público. A única conexão que parece ter estado presente é a da denúncia da idolatria como fenômeno recorrente no coração humano. Na outra face da mesma relação com o mundo, a radicalidade da afirmação teológica e da posição atribuída ao tema Deus só pôde conduzir a discursos de tipo utópico, apelando para um mundo justo, verdadeiro e reconciliado. De ambos os lados, denúncia de ídolos e propostas de tipo utópico, a função "profética" foi evocada de modo privilegiado (em detrimento de outras, tão tradicionais quanto: "sacerdotal" ou "real", "sapiencial" etc.). Institucionalmente, no centro dos dados e legitimidades modernos, as igrejas protestantes marcadas pela herança da "teologia dialética" encontrariam dificuldades para reconhecer onde estão quanto a sua função específica, real e limitada, mas forte em sua categoria. Arriscam-se assim a serem tentadas — ou presas — por derivas sectárias.

O segundo ponto crítico a observar aqui relaciona-se mais internamente à teologia e ao desdobramento da fé e de questões eclesiais. De modo mais profundo, está provavelmente ligado ao primeiro. Trata-se da redução à ocorrência, presente em toda a teologia de Barth. Formalmente, como vimos, essa redução comanda uma sobredeterminação do conjunto da proposta com a categoria de "senhorio", à qual corresponderia, do lado do homem, a categoria da "obediência" (em que é preciso compreender, evidentemente, uma determinação de todo o ser, sob a forma de interpelação, que requer, portanto, uma liberdade engajada, e não uma submissão à heteronomia); a mesma redução comanda, materialmente, um cristocentrismo radical.

A intenção, aqui, é salvar, em relação tanto a Deus quanto ao homem, a determinação e a efetividade, contra toda generalização neutralizante, ilusória ou pecadora. Mas assim como se dá e se pensa — em termos ocorrentes, únicos a preservar a radicalidade da diferença salutar entre Deus e o homem, de acordo não só com Barth, mas também com Bultmann —, a determinação surge desprovida de consistência concreta. Encontramos aqui a réplica, no nível doutrinário, do complexo evocado no ponto anterior. Ele afetaria igualmente a igreja, cuja flutuação identitária — em termos de instituição — surge assim não mais somente do lado de suas relações com o exterior (as demais realidades sociais), mas do lado de sua estruturação interna. Tudo está suspenso em Deus somente, e o impacto do escatológico sobre o tempo dissipa seu desdobramento real, diferenciado e encarnado, em prol de uma imediatez do único presente e da reivindicação ouvida. De modo significativo, a primazia cristológica tende a absorver na *Dogmática*: a) o discurso sobre Deus em sua articulação com a universalidade do mundo (as realidades da humanidade e do cosmos fora do cristianismo, pensadas de acordo com os temas clássicos da Providência, da Lei e do direito natural; b) a consistência própria da criação fora do estrito drama da salvação; c) a positividade do desdobramento cristão e eclesial, tanto em suas efetividades e seus encaminhamentos espirituais singulares quanto em seus dados simbólicos, sacramentais e institucionais. A teologia de Barth se desejava trinitária, mas, na forma proposta, o tema do Pai, distinto do Filho, e o tema do Espírito, na mesma distinção do Filho, estão insuficientemente apoiados, não sem ligação com o fato de que a criação como tal também está insuficientemente apoiada; assim, as implicações gerais das relações entre Deus (como tal ou em seu senhorio) e o homem (como tal ou em sua autonomia) surgem insuficientemente diferenciadas (pois a positividade e a diferença real dos dois termos em relação estão insuficientemente afirmadas).

8.2. Paul Tillich (1886-1965)

Paul Tillich participa certamente da mesma atmosfera intelectual, cultural e social que os líderes da "teologia dialética" (e, assim como Barth, milita em movimentos socialistas). Tillich parece até mesmo inserir-se de modo mais profundo nesses meios, por um engajamento de múltiplas facetas (filosófico, cultural, teológica e política). Vive intensamente esse momento de "crise", ruptura e inovação, momento de fermentação carregado de promessas e perigos os mais variados. Algumas de suas palavras-chave são eloquentes: "irrupção" (*Durchbruch*), *kairos*. Seu pensamento é construído também como crítica da idolatria que pode ocultar-se na razão e nos ideais mais elevados (cf. sua dialética do "demoníaco", em *La dimension religieuse de la culture. Écrits du premier enseignement* [A dimensão religiosa da cultura: escritos do primeiro ensino] [1919-1926], Genebra-Paris-Quebec, Labor et Fides-Cerf-Presses de l'Université Laval, 1990, p. 121-151). Ênfase nas ambivalências fundamentais de toda realidade, deslocamento das fronteiras entre religioso e mundo profano, questionamento dos moralismos e do que não passa de perfeição formal. Experiência impressionante, valorização do êxtase (Tillich dedicou suas teses a Schelling), referência a Nietzsche e proximidade decisiva com o expressionismo. Deus, aqui, está ligado ao "incondicionado", para além das oposições classicamente modernas transcendência/imanência, heteronomia/autonomia e razão/irracionalidade. Heterogêneo, Deus ou o absoluto se insere no mundo e na atividade humana, de modo singular na cultura. Em tudo isso, Tillich é o homem do face a face com o mundo, que não é preciso despir de "seu horror ou de suas profundezas" (ibid., p. 103).

No entanto, Tillich também é herdeiro do neoprotestantismo, sobretudo de Troeltsch. Em oposição a Barth e Bultmann, as mudanças que afetam o discurso sobre Deus, demandadas pela crise da época, não conduzem a uma hesitação sobre o século XIX, recusado como via *liberal* destinada ao fracasso. Para além das mutações e das rupturas requeridas, Tillich reivindica essa herança, explica suas intenções e afirma como prossegue com os questionamentos (a serem reformulados, e não recalcados, nem considerados como sem objeto) ou como retoma os dados. O discurso sobre Deus partilha em Tillich a radicalidade que é própria aos partidários da "teologia dialética", mas, contrariamente à recusa barthiana e a certa indiferença bultmanniana, isso não faz com que Tillich abandone a temática das relações entre a teologia e a cultura, ou a filosofia (em Frankfurt, seria professor de filosofia de 1929 a 1933), as ciências humanas (como a sociologia, principalmente em suas correlações com Frankfurt, com o que se tornaria a escola de Frankfurt, de Adorno e Horkheimer, ou a psicologia das profundezas), as vias místicas, posteriormente outras religiões etc.

Não sem ambiguidades e às vezes simplificações abusivas de acordo com sua recepção, não é por acaso que as expressões "teologia da cultura", "teologia da correlação" e até "teologia apologética" seriam propostas para caracterizar a teologia de Tillich. Os títulos das cinco partes de sua *Teologia sistemática* (1951-1963) (São Paulo, Sinodal, 1984), obra tardia, são incontestavelmente eloquentes nesse sentido: "A razão e a revelação", "O ser e Deus", "A existência e Cristo", "A vida e o Espírito", "A história e o Reino de Deus". É importante, no entanto, perceber que há algo diverso, ou algo mais, que ultrapassa uma simples relação direta entre dois termos (um material humano e profano, formando "questões", e enunciados teológicos "correlatos" como "respostas"). De fato, Tillich esmiúça na parte IV de sua *Teologia sistemática*: "Na relação essencial entre o espírito humano e o Espírito divino, não há correlação, mas sobretudo uma imanência mútua" (p. 127; cf. tb. as explicações mais detalhadas de Tillich na introdução à parte III, ponto 3).

Em uma relação contrastada com o que afirmamos sobre a teologia barthiana (na falta de uma articulação e de uma mediação positiva, com a tendência de retomar-se através de um ato fundamentalmente crítico) e não sem ligação com um dos motivos subjacentes ao conjunto de nossa apresentação do pensar sobre Deus no protestantismo (o motivo, sobretudo manifesto na época moderna, de uma radicalização da transcendência ou do absoluto que obriga a repensar o fato e o *status* do que pode valer como mediação), vejamos o que declara Tillich sobre a "teologia dialética" em 1926 em seu "Kairos II": "A tendência chamada dialética da teologia protestante [...] teve uma consequência fatal. [...] Permanece intencionalmente em um Não abstrato em relação ao tempo; não critica o tempo de modo concreto. [...] O Não abstrato profana todas as oposições, rebaixando-as a um nível em que elas não podem mais pretender uma importância última, portanto um nível em que a profundidade e a paixão santa pelo combate profético não são mais possíveis. [...] nenhum Não abstrato pode abalar a ordem existente". Após discorrer sobre "essa teologia cujas essência e mensagem consistem em unir-se sob o mesmo Não", Tillich prossegue: "Seria preferível e mais conforme à verdade de seu próprio ponto de vista que a teologia dialética se engajasse na situação histórica concreta, que tivesse a coragem de tomar sua decisão e que se colocasse assim sob julgamento, de modo concreto, e não somente dialético. [...] Ela não deveria [...] perder a ousadia do Não e do Sim concretos" (em *Christianisme et socialisme. Écrits socialistes allemands* [Cristianismo e socialismo: escritos socialistas alemães] [1919-1931], Paris-Genebra-Quebec, *Cerf-Labor et Fides-Presses de l'Université Laval*, 1992, p. 258s).

Além de tudo isso, a posição de Tillich toca em um ponto essencial das relações e da avaliação dos dados interconfessionais, de acordo com uma temática que seria recorrente em toda a sua obra, sob o signo de expressões-chave como "princípio protestante" ou "profético", de um lado, e "substância católica" ou "sacerdotal", de outro. No presente contexto, lemos na p. 262 e seguintes: "O eterno não chega ao tempo somente através do espírito profético, mas também através do espírito sacerdotal. O princípio sacerdotal é o princípio sustentador e maternal, assim como o calor cósmico cuja concentração pode exclusivamente conduzir às tensões e às erupções proféticas. Portanto, por mais compreensível que seja a excelente aspiração do princípio perturbador, eruptivo, do religioso, não devemos deixar de lado o que leva cada movimento e que abriga a substância, a saber, o princípio sacerdotal. [...] Se o espírito profético não consegue realizar-se de modo sacerdotal, torna-se então abstrato, intelectualista, e a massa que se torna profana e a cultura que se torna formal se afastam da substância religiosa. A miséria do protestantismo consiste no fato de não ter conhecido uma realização sacerdotal suficiente, o que permitiu que o espírito da sociedade burguesa tomasse conta dele" (o protestantismo conduziria assim a uma "tranquilidade restaurada da finitude que repousa em si mesma"). Mais adiante, Tillich prossegue: "A teologia dialética, apesar de sua força profética, não pode mudar nada quanto a isso. [...] Falta-lhe a substância sobre a qual poderia haver julgamento: a lei, nos termos de Paulo e Lutero, ou a religião, em nossos próprios termos. O Não vivo oposto à religião só é perceptível onde há religião. A proclamação da *krisis* não passa de um corretivo e, sem substância, ela não é possível".

Em seu todo, a perspectiva de Tillich enfatizaria mais fortemente que a "teologia dialética" a consistência do real e a passagem obrigatória, e aliás bem-sucedida, que isso representa. Essa perspectiva daria forma a uma teologia menos autocentrada que a teologia barthiana, propondo, à guisa de avaliação dos símbolos e das realidades religiosas, outro caminho, diverso da "demitologização" e da redução existencial de Bultmann. Observemos que ela permanece um tanto desconhecida e por vezes mal compreendida (tanto por seus críticos quanto por seus defensores) no protestantismo europeu ao longo da maior parte do século XX (uma situação que seria diferente nos Estados Unidos, onde Tillich é reconhecido como referência e um elo importante da tradição teológica do século), conhecendo atualmente uma recepção mais favorável.

A consideração mais positiva da consistência do real oferece a relação entre o homem, sua existência factual, e a salvação que vem de Deus (até mesmo a passagem pelo pecado surgiria de forma positiva de algum modo); tal consideração tem suas repercussões em uma relação mais diferenciada entre Jesus de Nazaré e a imagem de Cristo que a operada por certos modelos de glorificação imediata (cf. *Teologia sistemática* III) e em um pensar sobre o escatológico que requer um esquema de transformação mais apoiado que alguns modelos de recapitulação ideal (cf. V). Mas é sobretudo na parte IV que Tillich afirma com toda a força a positividade e a multiplicidade interna ao real. Ele desenvolve a autonomia humana dos jogos próprios ao espírito (com base em uma "unidade multidimensional da vida"), em oposição a toda redução a uma unidade simples ou a uma hierarquização ordenadora, mais ou menos integrante. Além disso, o exame das realidades ditas "do espírito" é feito em uma articulação diferenciada com as da vida como tal, atravessadas por um movimento que vai para a morte e de um ato que, profundamente articulado nesse ser-para-a-morte, marca, no cerne da finitude, da alienação e dos conflitos, uma vitória sobre a negação.

Aqui, Tillich dá abertura para uma recepção teológica das pluralidades inseridas no humano, pluralidades feitas de jogos de pertinência e expressão, ligadas a processos de simbolização e de ritualização que marcam nossa relação com o real, desenvolvidas igualmente ao sabor das diversas cristalizações históricas e culturais dadas. Em paralelo a essa complexidade da existência humana e da vida, Tillich mostra uma forte ambivalência na relação com Deus, coerente com a diferença entre Deus e o criado. Tillich falaria de "êxtase", em que o homem é "arrastado" por múltiplas dimensões de sua existência, com o Espírito de Deus agindo para que se realize e vá até o fim de si mesmo, ao sabor das estruturas naturais da vida, humanas e irracionais. Mas a diferença fundamental entre Deus e as realidades espirituais inseridas na vida do homem ou do cosmos é claramente mantida: relacionado ao infinito, ao absoluto, o Deus Espírito não poderia valer como dimensão inscrita na "série" das dimensões da vida (e a religião não é a "síntese das funções do espírito", *Philosophie de la religion* [Filosofia da religião] [1925], Genebra, Labor et Fides, 1971, p. 29), mas somente onde se engaja um *crer* e onde há espaço para falar propriamente de *Deus*, que ao mesmo tempo seja heterogêneo e cujas experiências ocorram no mais íntimo dos dados incontornáveis e ambivalentes do real.

9. Coordenadas contemporâneas e conclusões

Assim como a modernidade, o protestantismo funciona segundo um ato crítico; espiritual e, teologicamente, pretende questionar as totalidades firmes demais e as harmonizações conciliadoras demais. Em vez de sancioná-las, segui-las ou fornecer a elas uma justificativa, o protestantismo tende a ver nelas uma *distorção de Deus* (que para ele é heterogêneo, transcendente e absoluto), uma *camuflagem do mal* (com ênfase em sua artificialidade, seu enigma e seu caráter injustificado, portanto inintegrável a um sistema penitencial ou a uma teleologia moral), uma *ilusão quanto à condição real do homem* (que ele vê inserido em contingência, em um mundo profano e plural, colocando-o à prova ou recebendo-o somente como "Deus oculto", *sub contrario*, sob o signo último da cruz e de um processo (re)criador, processo que também é heterogêneo).

Crítica, dissolução das totalidades, mundo da "cisão"; tal ato, retomado em conjunturas mutantes, só pode suscitar novas construções. A modernidade o atesta através de seus racionalismos, seus ideais secularizados e seus investimentos em uma subjetividade autocentrada, tudo isso sempre sustentado pela expectativa utópica que a acompanha desde seu surgimento, explícita ou sub-repticiamente, e que constitui de fato a outra face de sua vontade crítica. De forma geral, o protestantismo tem sido insuficientemente lúcido nesses assuntos e por vezes inclinado a partilhar de modo muito pouco problematizado alguns ideais modernos.

Tentamos acompanhar esse duplo ato — propensão crítica e tentativa de reconstrução — sob o signo da questão-chave, central e esclarecedora, de Deus. O artigo foi orientado por ela já em sua apresentação. Por isso a escolha por um momento crítico (item 6) e a decisão de um confronto no mesmo terreno que Hegel havia percebido e diagnosticado, nadando contra a corrente do modo com que ele elaborou a resposta. Afirmou-se, com Hegel, a dificuldade (ao mesmo tempo protestante e moderna) do motivo da "exterioridade", recíproca entre Deus e o homem, concordando em trazer a *negatividade* para o cerne do real e da existência (a serem provados e tolerados) e em tornar central a questão da mediação. Porém, teológica e espiritualmente, sustentamos aqui que tudo isso deve ser feito de acordo com outro caminho, diverso do escolhido por Hegel (e assim estivemos à escuta de Kierkegaard, Nietzsche e do último Schelling): provavelmente ao sabor de outra definição ou outro *status* atribuído ao *real* (contingência dos corpos e do tempo-que-passa), à *negatividade* e aos jogos da *diferença* (diferença de si e do mundo, de si e de Deus, de si para si), não sem correlação com a questão do *mal* e dos surgimentos específicos do *existir* como tal (e assim, as questões da mediação e da relação com Deus, "extático" de acordo com uma vertente que deixa Deus a seu excesso, devem justamente ser retomadas).

Em todos esses aspectos, o "gênio" protestante é provavelmente o de certa radicalidade, na abordagem do mundo e no questionamento em relação a Deus. Já havíamos tratado do fato na introdução. Para concluir, esboçaremos aqui o modo com que o protestantismo tenta — ou pode tentar — responder a isso.

9.1. Radicalidade do ser no mundo.

Ou o crer como excesso em representações mutantes

As primeiras considerações dizem respeito à ligação misteriosa, paradoxal à primeira vista, entre a fé e uma inserção máxima no mundo. No protestantismo, o mundo é tradicionalmente um lugar de eleição e vocação, lugar em que a fé é provada e fortalecida. A entrada na exterioridade é assim o momento de um excedente (recebido como "bênção"), como se enfrentar uma contingência, em toda profanidade, fosse uma passagem obrigatória para uma lei às vezes dificilmente dizível e talvez parcimoniosa, mas marcada com um selo de autenticidade mais encarnada, uma fé provada mais profundamente e de modo mais pessoal; como

se o excesso que é a própria contingência — pesada, carregada de desafios — equivalesse à parábola do excesso que é Deus. A fé que se fortalece então surge também, de repente, em um excesso quanto aos pertencimentos dados e às representações simbólicas propostas (a ordem de uma igreja, de uma sacramentalidade e de um *Credo*).

No protestantismo, o crer não poderia pressupor uma totalização; em vez disso, é irredutivelmente pessoal e singular, na mesma medida em que Deus é também confessado como irredutivelmente pessoal e singular, mesmo se de modo misterioso; ele é visto como determinado, mesmo se nos escapa. Para a fé no modo protestante, Deus não é em primeiro lugar uma Providência um tanto vaga e geral, correlacionada às leis do cosmos (um cosmos cuja condição precária, aliás, nós experimentamos, sabendo teológica e espiritualmente que esse cosmos está fadado ao que passa); ele está na origem de uma eleição e de uma vocação que se entrelaçam como instância de existência. Deus, aqui, é finalmente e sobretudo *força de determinação*. O acesso a si e o reconhecimento de Deus se reúnem de certa maneira, mas em um cenário em que a distância e a diferença, em vez de homogeneizadas, são radicalizadas.

Assim, o momento em que se configura temporariamente minha identidade (momento de "êxtase" em um nível próprio: se não por Deus, o caráter fundamental de nossa identidade é desconhecido, cf. 1Co 8.3) não é tanto superado, mas, sim, de algum modo, confirmado. Confessaremos que Deus permanece infinito, fora de toda medida e de toda ordem apreensível; e confirmaremos que a força do existir que nos constitui da forma mais íntima — em última análise, momento de fé — não espera ser preenchida por um objeto que a satisfaça e assinale seu fim, mas, sim, viver de uma relação diferenciada com Deus. No fim das contas, a exterioridade que me despoja, assim como a graça experimentada indiretamente, não atesta uma falta que deveria ser anulada (uma negatividade), mas, paradoxalmente em um primeiro momento, a única e verdadeira positividade: um extra, em excesso e no início de uma superação. O protestantismo nasceu de um rompimento com a expectativa de um jogo de compensações (internas em um sistema sobredeterminado moral e penitencialmente organizado); também não vive da visão de uma substituição de realidades: do material ao espiritual, do finito ao infinito, do temporal à eternidade, em suma, da experimentada ao que poderia preenchê-la. Vive principalmente de acordo com o eixo de um cumprimento específico, em que Deus não preenche através de negação, mas, sim, de *subversão e superação interior*. São nossas próprias identidades que estão em causa aqui — nossas pessoas —, e é somente como seres finitos que podemos "participar" do infinito: viver do que, em nossos limites, excede-os e nos permite assumi-los.

Tal perspectiva é provavelmente efeito de uma radicalização do motivo da *encarnação*, contra toda redução a uma cristologia focalizada somente em Jesus Cristo, mais compreendido como enviado sobrenatural de Deus (não sem riscos cristolátricos) que como recapitulação de uma instância de coordenadas humanas e atrelando-se diretamente à carne do mundo (Cristo como "novo Adão" e cristalização do processo no interior da criação). Estamos aqui além de toda legitimação "supranaturalista", além também de um teísmo abstrato. A genealogia da existência humana e cristã — concreta *e* espiritual: recriadora no cerne das coisas e do tempo — não poderia reportar-se a um princípio simples. É provável que tal perspectiva de conjunto permita superar o que as afirmações teístas tinham de patriarcal e masculino demais, afirmações tradicionais no Ocidente cristão ou racionalista. As relações entre palavra e carne, rupturas e continuidades, exteriorização e interiorização estão aí mais implicadas. A complexidade, de qualquer maneira, é irredutível. Além disso, isso é demonstrado pelo fato de que, aqui, falamos mais de retomada que de novidade e pensamos "êxtase" em um contexto de interiorização e receptividade.

Portanto, tal é a primeira ordem de considerações: uma abordagem radicalizada da contingência, ligada a uma problemática estendida do crer e de Deus como excesso. Podemos perceber, como um pano de fundo doutrinal, uma cristologia cujo mistério ou enigma interno surge radicalizado pela meditação conjunta das realidades da criação e da encarnação. E podemos compreender que tal conjuntura tenha entrado em alguma consonância com o tema de uma "morte de Deus" (cf. Hegel e, mais além, Lutero; no século XX, Bonhoeffer e as teologias ditas da "morte de Deus" ou as revisitações do tema em *Le Dieu crucifié* [O Deus crucificado] [1972] de Jürgen Moltmann ou *Dieu mystère du monde* [Deus mistério do mundo] [1977] de Eberhard Jüngel), mesmo se o único enunciado desse tema pode ser simplificador e errático, inclusive em algumas de suas versões teológicas, carregadas de reduções unilateralmente antropológicas (cf. algumas leituras de Bonhoeffer e de teólogos norte-americanos no final dos anos 1960).

De modo mais amplo, podemos também correlacionar essa ordem de considerações à retomada de uma meditação sobre a inserção de Deus e de sua verdade na *história*, durante os mesmos anos 1960. O tema atuava então como um corretivo das heranças da "teologia dialética", ou como reação a seu dado bultmanniano. É sobretudo o caso de Wolfhart Pannenberg (cf. o manifesto coletivo *Offenbarung als Geschichte*, Göttingen, Vandenhoeck & Ruprecht, 1961) ou de Moltmann (cf. *Théologie de l'espérance* [Teologia da esperança] [1964], Paris, Cerf-Mame, 1978) ou ainda da (re)descoberta de Bonhoeffer e de sua cristologia mais ontológica, encarnada e estruturante que estritamente ocorrente e "atualista". Tanto em um caso quanto no outro, de modos certamente diversos (enfim, Moltmann daria forma a uma teologia em que a Trindade surge estranhamente abrangente, e a vida em ou segundo o Espírito, pouco diferenciada), há o retorno à preocupação com articular a afirmação teológica cristã com um horizonte universal e em um modo mais encarnado no mundo (acrescente-se às referências dadas a presença cada vez mais evidente de Tillich). Assim, há o retorno das problemáticas *antropológicas*, da *teologia natural*, de um pertencimento social e geral do religioso, da especificidade própria à dimensão *cultural*, retorno acoplado a uma preocupação reformulada da igreja real, em suas estruturações *institucionais* e *doutrinais* efetivas. Sobre esse último ponto, é afirmada uma perspectiva que podemos chamar pós-liberal (frisando a funcionalidade antropológica e social dos ritos e das doutrinas): ela se anuncia dessa forma nos Estados Unidos (cf. George A. LINDBECK, *The Nature of Doctrine: Religion and Theology in a Postliberal Age* [A natureza da doutrina: religião e teologia em uma era pós-liberal], Filadélfia, The Westminster Press, 1984), mas podemos também lembrar o impulso advindo de uma leitura de Troeltch, em torno ou a partir de Trutz Rendtorff (cossignatário do manifesto *Offenbarung als Geschichte* em 1961 e que evoluiu na direção de uma "teoria do cristianismo" e de uma análise correlacionada ao "religioso" e à "modernidade", em uma retomada contemporânea e não desprovida de reflexões sobre as especificidades protestantes nesse contexto; cf. *Troeltsch-Studien*, 12 vols., Gütersloh, Mohn, e em seguida Güttersloher Verlagshaus, 1982-2002, e Friedrich Wilhelm GRAF e Klaus TANNER, orgs., *Protestantische Identität heute*, Gütersloh, Mohn, 1992).

Podemos enfim sugerir que a mesma conjuntura teológica pode se abrir para um enfrentamento mais positivo das mudanças nas expressões culturais que se verificam necessárias, inclusive no nível interno das representações ligadas ao desenvolvimento da vida cristã. A presença insistente do inter-religioso e o fim de certa modernidade, em prol de expressões do religioso ligadas a tradições até aqui mais esotéricas, ou de outra natureza, provavelmente exerceram-lhe oposição, mesmo se esses dados (essas novas representações!) devem ser problematizados e articulados teologicamente. Um tratamento específico e diferenciado tanto da expressão cultural (momento de representação) quanto do doutrinal como tal (momento de estruturação de uma ordem de crença mais ampla, momento de distinção, portanto, das afirmações teológicas propostas, de uma melhor maneira que a preconizada pela "teologia dialética") poderia favorecer essa capacidade de enfrentar mudanças. Nisso, há os efeitos de uma superação, tanto do que se chamou "objetividade de Deus" quanto de um pensar sobre Deus como "significante transcendente" exercendo autoridade sobre uma subjetividade e uma história, em prol de uma reflexão renovada (pós-moderna?) sobre a memória, as implicações institucionais e as propostas de configuração do mundo. Aqui, os registros com que se trabalha não mais seriam, principal e diretamente, os da natureza e os da história (sua oposição atravessou em parte a modernidade), mas, sim, em certo sentido, o da "estética" (terceira ordem, assegurando estruturação).

Acrescente-se a isso que a teologia protestante americana recente poderia talvez revelar-se frutífera aqui. Essa teologia assume voluntariamente uma perspectiva "construtiva", lidando com as representações contemporâneas do mundo, com o recurso frequente à filosofia do processo de Whitehead (na obra de Griffin, Cobb etc.), aos debates culturais (muitos desses teólogos passaram por Tillich) e a confrontações inter-religiosas. Tende a abandonar uma linha mais estritamente hermenêutica que marcou a Europa protestante há mais ou menos dois séculos, ou uma releitura de todo o pensamento ocidental (cf. algumas variações heideggerianas, com Jüngel como um bom exemplo). Essa conjuntura geral pode ser firmada segundo uma perspectiva que alguns nomeiam de bom grado pós-moderna: um investimento proposital das mutações e outras mudanças de paradigmas, assim como a tarefa, assumida, de propor representações do mundo, do homem e de Deus.

9.2. Radicalidade do absoluto.

Ou Deus como limite externo necessário para uma sociedade plurirreligiosa

Vamos concluir com uma segunda ordem de considerações sobre a questão de Deus, ao mesmo tempo encoberta e requerida pela perspectiva esboçada até aqui: Deus não é somente o absoluto que eu experimento e recebo como limite intra-histórico que me institui em particularidade que crê, inserida em um mundo dado; ele é também o absoluto como limite *externo*, no princípio de uma regulação universal. Eis a retomada de uma tarefa que Troeltsch atribuía à filosofia da religião, em uma distinção clara de toda dogmática ou doutrina de determinada fé (além disso, é a retomada, retrabalhada, tanto do deísmo quanto das temáticas mais tradicionais da Providência e da lei).

Em vez de cair em contradição com o que foi levantado na primeira ordem de considerações, tal tarefa lhe é inseparavelmente ligada. A ênfase na contingência revelou-se como confirmadora de uma fé como excesso atrelado a um *status* de encarnação radicalizada (em que Deus é mediatamente ou indiretamente experimentado como força de determinação); e a ênfase sobre o caráter absoluto de Deus podia finalmente mostrar-se como confirmadora das representações diversas e particulares do mundo que acompanham necessariamente uma fé encarnada: uma fé que se desdobra mediatamente no cerne das simbolizações humanas e do absoluto. Ora, essa dupla ênfase sobre a contingência e o absoluto é coerente com uma pluralidade reconhecida, tanto da expressão religiosa (o protestantismo a experimentou desde o início, e os conflitos quanto à lealdade ou as guerras de religião lhe proporcionaram uma consciência particularmente viva desse fato) quanto das diversas instâncias que presidem a ordem das sociedades modernas.

Uma reflexão concernente à especificidade da instância religiosa — fora de toda hierarquização integrante — e uma teoria das sociedades plurais são aqui necessárias. Seríamos herdeiros de reflexões sobre a liberdade religiosa, a tolerância e os direitos humanos, e podemos evocar Grotius e Pufendorf, uma retomada das problemáticas ligadas ao direito natural e até o deísmo. A filosofia da religião, mencionada no rastro de Troeltsch, toma seus traços, principalmente na medida em que a pertinência do discurso sobre Deus é, nessa filosofia, arrancada das positividades eclesiais instituídas, confessantes e doutrinais, mas também na medida em que se assume a responsabilidade pelo caráter plural da expressão humana, da requerida universalidade do horizonte, da diversidade interna à sociedade, da persistência do religioso e da necessidade de pensá-lo, assim como da afirmação de Deus como instância de absoluto ou excesso.

Não nos enganemos, trata-se de pensar aqui, ao menos "formalmente", uma teoria do *absoluto* como contexto para toda confissão de Deus e uma teoria do *crer* como contexto para toda expressão de fé, com suas especificidades: Deus em sua diferença dos valores que podem ser reconhecidos ou pelos quais nos engajamos, o crer em sua diferença do saber ou da simples convicção. A perspectiva teológica aqui esboçada deveria não rejeitar tal pensamento sobre Deus como limite externo — devendo afirmar a legitimidade do religioso e seus riscos — na medida em que nasce, a título *interno*, da recusa de unir confissão de Deus e generalidade, do reconhecimento da exterioridade boa do mundo, assim como da consciência de uma ambivalência interna ao próprio religioso (três dados particularmente vivos e recorrentes na experiência protestante). Deixar de cumprir a tarefa aqui proposta equivale a permitir que a confissão de Deus seja entregue à estrita artificialidade das diversas crenças, em um pluralismo desprovido de regulação, em que o religioso só pode ser algo privado, sem articulações com o social e o cultural (a menos que seja totalitário, secreta ou abertamente). Estaríamos assim entregues à ordem subjetiva das crenças justapostas (à simples consciência religiosa que Barth denunciava no neoprotestantismo); e isso equivaleria a reconhecer que a questão de Deus como tal é decididamente impensável.

Pierre Gisel

▶ ALTHAUS, Paul, *Die Prinzipien der deutschen reformierten Dogmatik im Zeitalter der aristotelischen Scholastik* (1914), Darmstadt, Wissenschaftliche Buchgesellschaft, 1967; BARTH, Hans-Martin, *Atheismus und Orthodoxie. Analysen und Modelle christlicher Apologetik im 17. Jahrhundert*, Göttingen, Vandenhoeck & Ruprecht, 1971; BARTH, Karl, *Dogmatique* (1932-1967), 26 vols. (mais índice), Genebra, Labor et Fides, 1953-1974 (1980); Idem, *Images du XVIIIe siècle* (1946), Neuchâtel, Delachaux et Niestlé, 1949; Idem, *La théologie protestante au dix-neuvième siècle. Préhistoire et histoire* (1946), Genebra, Labor et Fides, 1969; BRUAIRE, Claude, *Logique et religion chrétienne dans la philosophie de Hegel*, Paris, Seuil, 1964; BRUCH, Jean-Louis, *La philosophie religieuse de Kant*, Paris, Aubier Montaigne, 1968; CASSIRER, Ernst, *La philosophie des Lumières* (1932), Paris, Fayard, 1990; DUMAS, André, *Nommer Dieu*, Paris, Cerf, 1980; GISEL, Pierre, *L'excès du croire. Expérience du monde et accès à soi*, Paris, Desclée de Brouwer, 1990; Idem, org., *Karl Barth. Genèse et réception de sa théologie*, Genebra, Labor et Fides, 1987; Idem e EMERY, Gilles, orgs., *Le christianisme est-il un monothéisme?*, Genebra, Labor et Fides, 2001; GOUNELLE, André, *Parler de Dieu* (1997), Paris, Van Dieren, 2004; GUSDORF, Georges, *Dieu, la nature, l'homme au siècle des Lumières*, Paris, Payot, 1972; Idem, *Du néant à Dieu dans le savoir romantique*, Paris, Payot, 1983; HEIDEGGER, Martin, "Identité et différence" (1957), em *Questions* I, Paris, Gallimard, 1968, p. 277-309: "La constitution onto-théo-logique de la métaphysique"; Idem, *Le principe de raison* (1957), Paris, Gallimard, 1962; HIRSCH, Emanuel, *Geschichte der neuern evangelischen Theologie im Zusammenhang mit den allgemeinen Bewegungen des europäischen Denkens* (1949-1954), 5 vols., Gütersloh, Bertelsmann, 1975; HUME, David, *História natural da religião*, São Paulo, Unesp, 2005; JÜNGEL, Eberhard, *Dieu mystère du monde. Fondement de la théologie du Crucifié dans le débat entre théisme et athéisme* (1977), 2 vols., Paris, Cerf, 1983; KAUFMAN, Gordon D., *La question de Dieu aujourd'hui* (1972), Paris, Cerf, 1975; LEGROS, Robert, *Le jeune Hegel et la naissance de la pensée romantique*, Bruxelas, Ousia, 1980; LICHTENBERGER, Frédéric Auguste, *Histoire des idées religieuses en Allemagne depuis le milieu du XVIIIe*

siècle jusqu'a nos jours, 3 vols., Paris, Sandoz et Fischbacher, 1873; MAGNARD, Pierre, *Le Dieu des philosophes*, Paris, Mame-Éditions universitaires, 1992; MOLTMANN, Jürgen, *Le Dieu crucifié. La croix du Christ, fondement et critique de la théologie chrétienne* (1972), Paris, Cerf, 1999; PITASSI, Marie-Christine, *De l'orthodoxie aux Lumières. Genève 1670-1737*, Genebra, Labor et Fides, 1992; Idem, org., *Apologétique 1680-1740*, Genebra, Labor et Fides, 1991; PREUS, Robert D., *The Theology of Post-Reformation Lutheranism*, Saint Louis, Concordia, 1970; RATSCHOW, Carl Heinz, *Lutherische Dogmatik zwischen Reformation und Aufklärung*, 2 vols., Gütersloh, Mohn, 1964-1966; ROHRMOSER, Günter, *Théologie et aliénation dans la pensée du jeune Hegel*, Paris, Beauchesne, 1970; SCHULZ, Walter, *Le Dieu de la métaphysique*, Paris, CNRS Éditions, 1978; SPARN, Walter, *Wiederkehr der Metaphysik. Die ontologische Frage in der lutherischen Theologie des frühen 17. Jahrhunderts*, Stuttgart, Calwer, 1976; Idem, "Vernünftiges Christentums", em Rudolf VIERHAUS, org., *Wissenschaften im Zeitalter der Aufklärung*, Göttingen, Vandenhoeck & Ruprecht, 1985, p. 18-57; TILLICH, Paul, *Teologia sistemática* (1951), São Paulo, Sinodal, 1984; Idem, *La naissance de l'esprit moderne et la théologie protestante* (1967), Paris, Cerf, 1972; WIDMER, Gabriel-Ph. *L'aurore de Dieu au crépuscule du XXe siècle*, Genebra, Labor et Fides, 1979; WUNDT, Max, *Die deutsche Schulmetaphysik des 17. Jahrhunderts*, Tübingen, Mohr, 1939; Idem, *Die deutsche Schulphilosophie im Zeitalter der Aufklärung* (1945), Hildesheim, Olms, 1964.

▶ Apologética; ateísmo; autonomia; cartesianismo; criação/criatura; crítica da religião; deísmo; dogma; dogmática; **ecologia**; Espírito Santo; **espiritualidade**; fé; filosofia da religião; físico-teologia; hermenêutica; **Jesus (imagens de)**; **judaísmo**; latitudinarismo; Luzes; meditações; metafísica; **moral**; natureza; paradoxo; pietismo; **predestinação e Providência**; protestantismo (neo); **razão**; Reforma radical; **religião e religiões**; **salvação**; superstição; **teologia**; teologia da cruz; teologias da morte de Deus; Trindade; **utopia**

DEVER

Por "dever", designa-se tanto a dívida de alguém em relação a outros quanto uma obrigação devido ao querer de outros, que detêm o poder. No entanto, muitas vezes essas duas acepções são intercambiáveis na experiência do dever, provavelmente devido ao fato de que o primeiro "lugar" de aprendizagem do dever é a família, sobretudo na relação com o pai, a quem "devemos" a vida. Surgiu um bom número de teorias sociopolíticas para justificar o dever da obediência em nome da dívida contraída para com o soberano, pai de todos os pais de família e representante de Deus, que é o Pai absoluto: se, fora de uma sociedade política, o homem é extremamente vulnerável, sua existência cívica não equivaleria a uma espécie de nascimento imputável a uma autoridade transcendente?

Em princípio, a simbólica judaico-cristã da aliança se opõe à concepção segundo a qual o *status* de súdito deveria refletir a experiência de uma sujeição originária. Com a aliança, o esquema da reciprocidade permite pensar relações simbólicas não redutíveis ao modelo da relação assimétrica inerente ao dever. Se essa simbólica não teve sempre os efeitos subversivos que poderíamos esperar, é por causa de um necessário dualismo temporal, a distinção entre um presente de prova e de paciência e um porvir além de todo futuro empírico, de plena manifestação da "liberdade" dos filhos de Deus. Com a Reforma, porém, a situação se modifica até o ponto nodal da relação hierárquica, as relações entre clérigos e leigos, e um teólogo como Teodoro de Beza não hesitaria em afirmar o direito, por parte dos súditos, de examinar, criticar e rejeitar não somente exigências injustas, mas também seu autor, ainda que seja o soberano.

É no final do século XVIII, sobretudo com Kant, que no final de um século de mobilidade, de aspiração a uma redistribuição das funções sociais, que é elaborada uma teoria "moderna" do dever, mediante a intervenção de uma figura moral da lei: representação de um terceiro, árbitro sempre possível e racionalmente requerido para as inter-relações humanas; árbitro interiorizado, como "consciência", da relação de um "si" desinteressado ao "eu" sempre egocêntrico; instância crítica, enfim, quanto às leis positivas. O que chamamos formalismo kantiano é a consequência da recusa de toda moral "natural" ou "material" que descreve em detalhes o conjunto dos deveres de Estado. O formalismo é a vida da invenção em matéria moral, uma invenção orientada por máximas que fazem funcionar o princípio de reciprocidade e de universalização das razões para as escolhas. Essa concepção de dever moral, ou do exercício de uma autonomia regulada pela ideia de lei, foi retomada voluntariamente por um bom número de protestantes que, por sua adesão a uma concepção transcendente da lei, ficaram conhecidos por um extremo rigor, além de uma rigidez excessiva no exercício de um autocontrole permanente. De modo mais geral, a dupla recusa à moral "natural" e a uma concepção hierárquica de autoridade faz parte de um *habitus* protestante que se manifesta na adesão a uma moral responsável, cuja inventividade é a contrapartida à atenção voltada para a urgência.

Gilbert Vincent

▶ AVIAU DE TERNAY, Henri d', *La liberté kantienne. Um impératif d'exode*, Paris, Cerf, 1992; KANT, Emmanuel, *Fundamentação da metafísica dos costumes* (1785), São Paulo, Martin Claret, 2002; ROUSSEL, Bernard e VINCENT, Gilbert, "Bèze, Théodore de", em François CHÂTELET, Olivier DUHAMEL e Évelyne PISIER, orgs., *Dicionário de obras políticas*, Rio de Janeiro, Civilização Brasileira, 1993 (1986).

● Aliança; autonomia; **autoridade**; consciência; exigência; indivíduo; Kant; Locke; **lei**; Malan C. filho; monarcômacos; **moral**; obediência; **política**; responsabilidade; **vocação**

DEWEY, John (1859-1952)

Filósofo americano, John Dewey nasceu e foi criado no estado de Vermont, antes de estudar filosofia em Baltimore (na Universidade Johns Hopkins) e exercer o magistério, principalmente em Chicago e Nova York (na Universidade de Colúmbia), cidade em que morreu.

Influenciado pelo pietismo de sua mãe e criado em uma família protestante unitarista, Dewey se aproxima do protestantismo liberal, antes de afastar-se da religião durante quarenta anos. Foi não somente um grande pedagogo (pai da "pedagogia progressiva" [*Progressive Education*], marco importante até hoje na cultura dos professores americanos), um grande filósofo do conhecimento (um dos fundadores do pragmatismo, com William James) ou um grande filósofo político (para quem o julgamento político de uma ação depende da elucidação de suas consequências, e não do valor dos princípios que a fundam). Seu pensamento é ao mesmo tempo teoria do conhecimento, teoria da democracia e uma pedagogia, com a noção de experiência na base de todas elas.

Esse pensamento permitiu que Dewey desenvolvesse o que é, sem dúvida, a concepção mais forte de uma educação tanto democrática quanto laica. Para ele, o desconhecimento é um sofrimento, pois nos impede de controlar nossa experiência e nos priva do poder sobre as coisas. A educação deve proporcionar a cada um "o controle sobre si mesmo"; não existe para corrigir a má índole. Os interesses da criança não demonstram nenhum tipo de "natureza" intacta, nenhum "desenvolvimento" espontâneo, ao qual o professor deva submeter sua atividade. Trata-se apenas de alavancas. Na verdade, a educação persegue o mesmo objetivo que a democracia: permitir que cada um enriqueça sua vida tecendo-a com a dos outros em um mundo cuja natureza e cuja sociedade são duas faces que devem ser pensadas com a mesma curiosidade atenta e aberta.

No nível sociopolítico, Dewey é um exemplo particularmente significativo de uma reinterpretação liberal do cristianismo, visando ao acordo entre tradição cristã, relida, e democracia, associando liberdade, indivíduo e bem comum. Dewey engajou-se também no movimento do Evangelho Social a partir de meados dos anos 1880. Em sua obra, o corpo de Cristo, que é a igreja, estendeu-se a toda a humanidade, assim como a própria mediação entre o indivíduo e Deus, não somente reservada ao homem Jesus.

Denis Meuret

▶ *The Collected Works of John Dewey* publicadas em três séries: *The Early Works, 1882-1898*, 5 vols., *The Middle Works, 1899-1924*, 15 vols., *The Later Works, 1925-1953*, 17 vols., e um *Índex*, Carbondale, Southern Illinois University Press, 1969-1991; DEWEY, John, *Democracia e educação* (1916), Petrópolis, Vozes, 1990; Idem, *Oeuvres philosophiques*, t. I: *Reconstruction en philosophie* (1920), Pau-Tours-Paris, Publications de l'Université de Pau-Farrago-Léo Scheer, 2003, t. II: *Le public et ses problèmes* (1927), Pau-Tours-Paris, Publications de l'Université de Pau-Farrago-Léo Scheer, 2003, t. III: *L'art comme expérience* (1934), Publications de l'Université de Pau-Farrago-Léo Scheer, 2005; Idem, *Expérience et éducation* (1938), Paris, Armand Colin, 1968; Idem, *Liberté et culture* (1939), Paris, Aubier Montaigne, 1955; *John Dewey on Education. Selected Writings*, org. por Reginald D. ARCHAMBAULT, Chicago, University of Chicago Press, 1974; DELEDALLE, Gérard, *John Dewey, grand pédagogue*, Paris, PUF, 1995; FOTT,

David, *John Dewey. America's Philosopher of Democracy*, Lanham-Oxford, Rowman & Littlefield, 1998; JAEGER, Friedrich, *Réinterprétations de la religion et théories de la société moderne. Religion et libéralisme em Europe et aux États-Unis: étude comparée*, Genebra, Labor et Fides, 2006; ROCKEFELLER, Steven C., *John Dewey. Religious Faith and Democratic Humanism*, New York, Columbia University Press, 1991; WESTBROCK, Robert B., *John Dewey and American Democracy*, Ithaca, Cornell University Press, 1991; Idem, "John Dewey (1859-1952)", *Perspectives. Revue trimestrielle de l'éducation* 23, 1993, p. 277-293.

▶ Chicago (escola de); democracia; experiência; James; pragmatismo; evangelho social

DIACONIA E DIÁCONO

Pelo termo técnico "diaconia", compreende-se o modo com que os cristãos, a exemplo de Cristo, colocam-se a serviço uns dos outros e, conjuntamente, a serviço da humanidade. Nessa acepção, a diaconia inclui tanto a pregação da salvação quanto os atos concretos que a traduzem. Em um sentido mais estrito, o protestantismo designa por diaconia o conjunto das obras caritativas na expansão do evangelho, incluindo-se as intervenções em favor de uma reforma das estruturas sociais geradoras de injustiça. A prática organizada da diaconia e os ministérios que ela requer são agrupados sob o nome de diaconato. Todo cristão é chamado para exercer seu próprio diaconato, e é por isso que podemos afirmar que ao "sacerdócio universal" dos cristãos corresponde seu "diaconato universal".

Com base nas diversas menções nos escritos apostólicos, a igreja logo reconheceu o ministério do diácono. De início um colaborador do bispo em sua missão litúrgica, catequética e caritativa, ao longo do tempo o diácono foi perdendo sua especificidade, até representar não mais que um nível transitório na trajetória de sacerdote. Seria preciso aguardar o Concílio Vaticano II para testemunhar a restauração da função na Igreja Católica Romana. No protestantismo, Calvino foi uma figura importante por buscar restabelecer o ministério dos diáconos (na verdade, como uma função laica), confiando-lhes tarefas de benfeitoria e o cuidado com os doentes. No século XIX, o protestantismo alemão assiste ao surgimento das comunidades diaconais, um projeto que se expandiu para vários países da Europa e da América. Em paralelo à renovação do diaconato, de iniciativa do Vaticano II, diversas igrejas reformadas restabeleceram o ministério do diácono (para homens e mulheres), inspiradas pela efervescência de suas atividades, tanto no nível das igrejas locais quanto em meios abertos. Assim como os pastores, os diáconos também são ordenados.

Claude Bridel

▶ BRIDEL, Claude, *L'Église justifiée par ses oeuvres. Une diaconie pour aujourd'hui*, Fontaines, DRMD, 1989; Idem, *Aux seuils de l'espérance. Le diaconat en notre temps*, Neuchâtel, Delachaux et Niestlé, 1971; HAMMANN, Gottfried, *L'amour retrouvé. La diaconie chrétienne et le ministère de diacre du christianisme primitif aux Réformateurs du XVIe siècle*, Paris, Cerf, 1994; KOHLER, Marc-Edouard, *Vocation, service compris! La diaconie dans l'Église*, Genebra, Labor et Fides, 1995; KRIMM, Herbert, org., *Das diakonische Amt der Kirche*, Stuttgart, Evangelisches Verlagswerk, 1965; PILLY, Pierre, org., *De geste et de parole. 20 ans de ministère diaconal dans les Églises réformées de la Suisse romande*, Genebra, Labor et Fides, 1987.

▶ Ação social; diaconisas; Fliedner; Löhe; ministérios; Missão Interior; Wichern

DIACONISAS

O termo "diaconisa", criado por João Crisóstomo no século V, é utilizado para designar os membros das comunidades diaconais do sexo feminino, fundadas a partir da influência de Theodor Fliedner. É necessário distinguir duas etapas no surgimento dessas comunidades. A primeira, propriamente diaconal, situa-se em meados do século XIX. O surgimento dessas comunidades foi favorecido, de um lado, pelo número mais elevado de mulheres que de homens, obrigando algumas a viverem em celibato e, de outro, pelo desejo de emancipação das mulheres por meio de profissões que, no entanto, deveriam manter uma característica mais "feminina", como enfermeira ou professora. Essas comunidades de diaconisas responderam às notórias situações de penúria que caracterizaram o início do processo de industrialização. No mundo de língua francesa, é importante mencionar as comunidades de Reuilly (fundada por Antoine Vermeil [1799-1864] em 1841, com Caroline Malvesin [1806-1889] como primeira diretora), de Estrasburgo (1842), de Saint-Loup (1842) e de Nuremberg (1877). Essas comunidades são hoje responsáveis por obras diaconais (sobretudo hospitais). Após a Segunda Guerra Mundial, voltaram-se principalmente para a hospitalidade. Houve assim o deslocamento da Comunidade de Reuilly para Versalhes, a criação de Hohrodberg pela Comunidade de Estrasburgo, a criação de Erckatswiller pelo Neuenberg etc. Hoje, enquanto as diaconisas ativas em obras diaconais estão em via de extinção, todas as comunidades de irmãs insistem na vida comunitária de acordo com uma "regra", uma vida ritmada por períodos de recolhimento e pelo desejo de acolher aqueles que precisam de repouso.

Cabe aqui uma descrição mais detalhada da Comunidade de Saint-Loup (Vaud, Suíça), fundada em Échallens, 1842, pelo pastor Louis Germond (1796-1868) e sua esposa, estabelecendo-se dez anos depois em seu local definitivo. De início, o ministério das irmãs se concentrou quase exclusivamente na função de enfermeira, diversificando-se bastante ao longo do tempo para outras áreas de atuação. Como exemplo, podemos mencionar uma casa de acolhimento espiritual e de relação de ajuda, outra de repouso, uma fraternidade ecumênica (situada em Romainmôtier, uma experiência que terminou em 1998). Embalada pela ajuda ao próximo, a escuta mútua e a partilha, a vida em comunidade se esforça por ser um solo fértil para a firmeza em Deus e a solicitude às necessidades humanas.

Jean-Paul Laurent e Fritz Lienhard

▶ "Des communautés de vie dans le protestantisme", *Le Christianisme au XXe siècle*, sem série, n. 4, junho de 1991. Comunidade de Reuilly: MESSIE, Gerit, *Les diaconesses de Reuilly. Um germe fécond*, Paris, Cerf, 1992. Comunidade de Saint-Loup: LAURENT, Jean-Paul et alii, *Vivre c'est servir*, Pompaples, Communauté des diaconesses de Saint-Loup, 1992; MESTRAL COMBREMONT, Julie de, *Vies données... vies retrouvées. Les diaconesses de Saint-Loup*, Lausanne, Payot, 1932; MOREL, Philippe, *Les diaconesses vaudoises dans la tourmente. Les attaques de la comtesse Valérie de Gasparin contre les diaconesses vaudoises*, Éclépens, Morel, 1992; VINCENT, Jules, *Aux écoutes de la souffrance. Histoire de l'Institution des diaconesses de Saint-Loup 1842-1942*, Lausanne, La Concorde, 1942.

● Ação social; castidade; celibato; comunidades religiosas; diaconia e diácono; Fliedner; Gasparin; Löhe; obediência; ordens monásticas; pobreza; **saúde**; votos

DIALETO DE CANAÃ

O dialeto de Canaã designa uma espécie de "francês religioso". De início, permitia definir a língua dos protestantes franceses, mais especificamente os das Cevenas. Enquanto os católicos exprimiam sua fé e suas crenças no dialeto tradicional e local, os protestantes se utilizavam dessa forma particular de francês, que era fortemente imbuída da leitura das Santas Escrituras. É comum que esse "falar bíblico" se caracterize por nomes de locais e expressões veterotestamentárias. "Canaã", por exemplo, remete à terra prometida por Deus a seu povo.

Foi apenas no final do século XIX que os próprios protestantes, cujo exemplo logo foi seguido, começaram a empregar ironicamente a expressão "dialeto de Canaã", para designar uma sacralização da Bíblia em uma verdade intangível. Porém, o emprego pejorativo da expressão visa sobretudo a um *uso* específico desse modo de falar. Aquele que adorna seu discurso com sentenças do dialeto de Canaã passa a impressão de dispor de versículos bíblicos e verdades apropriadas para todas as situações da vida. Esse dialeto se torna então algo como uma sabedoria considerada incapaz de dar conta das complexidades de cada situação, transformando-se assim em uma língua de pau.

Félix Moser

▶ CABANEL, Patrick, "'Patois' marial, 'patois de Canaan': le Dieu bilingue du Midi occitan au XIXe siècle", em Michel LAGRÉE, org., *Les parlers de la foi. Religion et langues régionales*, Rennes, Presses universitaires de Rennes, 1995, p. 117-131; Idem, *L'Israël des Cévennes. Réflexions sur une 'exception huguenote' face aux juifs*, em Idem e Laurent GERVEREAU, orgs., *La Deuxième Guerre mondiale, des terres de refuge aux musées. Le plateau Vivarais-Lignon: accueil et résistances. Les musées et sites de la Deuxième Guerre mondiale*, Le Chambon-sur-Lignon, Sivom Vivarais-Lignon, 2003, p. 207-222; EBELING, Gerhard, "Die 'nicht religiöse Interpretation biblischer Begriffe" (1955), em *Wort und Glaube*, t. I, Tübingen, Mohr, 1962, p. 90-160.

● Bíblia; evangelho; hermenêutica

DIBELIUS, Martin (1883-1947)

Exegeta do Novo Testamento, professor na Universidade de Berlim (1910) e de Heidelberg (1915), formado na escola da história das religiões e em análise de gêneros literários, Martin Dibelius se tornou conhecido como um dos fundadores da escola da história das formas e da tradição, com Rudolf Bultmann e Karl Ludwig Schmidt (1891-1956). Os Evangelhos e Atos dos Apóstolos constituíram o campo textual em que Dibelius aplicou essa abordagem crítica, que renovou por completo o estudo da tradição oral no cristianismo primitivo. Com a ajuda desse modelo de investigação, explorou também a área da ética neotestamentária (origem e história da parênese neotestamentária e a normatividade dessa ética). Enfim, ativo no movimento ecumênico, tentou descrever em detalhes seus fundamentos teológicos.

Jean Zumstein

▶ DIBELIUS, Martin, *Die Formgeschichte des Evangeliums* (1919), Tübingen, Mohr, 1959; Idem, *Der Brief des Jakobus* (1921), Göttingen, Vandenhoeck & Ruprecht, 1984; Idem, *Geschichte der urchristlichen Literatur* (1926), Munique, Kaiser, 1975; Idem, *Jesus* (1939), Berlim, Walter de Gruyter, 1960; Idem, *Aufsätze zur Apostelgeschichte* (1951), Göttingen, Vandenhoeck & Ruprecht, 1957.

● **Bíblia**; exegese

DIBELIUS, Otto (1880-1967)

Pastor de 1906 a 1925 em diferentes igrejas locais da Igreja Territorial Prussiana, superintendente geral da Marcha de Brandenburgo a partir de 1925, Otto Dibelius assumiu uma participação determinante na reorganização institucional da Igreja Territorial Prussiana, assim como na formação de sua consciência política, que o levou a distanciar-se da democracia de Weimar. Porém, Dibelius também estava entre os que promoviam o ecumenismo. Embora tenha saudado a queda de 1933, foi afastado do ministério em junho do mesmo ano, pela liderança eclesiástica dos "Cristãos Alemães". Fazia parte da liderança do Reich da Igreja Confessante; antes que se instalasse a guerra, entrou em conflito com os nacionais-socialistas e engajou-se ao mesmo tempo em prol de uma via autônoma na Igreja Confessante, em oposição à teologia de Karl Barth. Primeiro bispo da igreja protestante de Berlim-Brandenburgo a partir de 1945, elaborou a *Stuttgarter Schuldbekenntnis* ("confissão de culpa de Stuttgart") e se sentiu particularmente tocado pelo combate das ideologias políticas, pelo fato de que a Igreja Territorial de Brandenburgo, liderada por ele, compreendia então territórios que eram parte da República Democrática Alemã, onde sua entrada não era mais permitida após a construção do Muro de Berlim, em 1961. Presidente do Conselho da *Evangelische Kirche in Deutschland* (Igreja Protestante na Alemanha) de 1949 a 1961 e presidente do Conselho Mundial de Igrejas de 1954 a 1960, Dibelius foi uma das figuras mais marcantes do protestantismo do século XX. Lutou durante toda a sua vida por um protestantismo eclesial, que tivesse consciência de seu próprio valor e fizesse valer os direitos da igreja publicamente, em uma sociedade cada vez mais secularizada e pluralista, a fim de proporcionar-lhe um fundamento ético. Após 1933, assim como após 1945, Dibelius protestou com coragem contra o totalitarismo político, tanto na versão nacional-socialista quanto em sua forma comunista, chamando a atenção do Estado para seus limites e reafirmando a função da igreja como guardiã da sociedade.

Hartmut Ruddies

▶ DIBELIUS, Otto, *Das Jahrhundert der Kirche. Geschichte, Betrachtungen, Umschau und Ziele* (1926), Berlin, Furche, 1928; Idem, *Ein Christ ist immer im Dienst. Erlebnisse und Erfahrungen in einer Zeitenwende*, Stuttgart, Kreuz-Verlag, 1961; FRITZ, Hartmut, *Otto Dibelius. Ein Kirchenmann in der Zeit zwischen Monarchie und Diktatur*, Göttingen, Vandenhoeck & Ruprecht, 1998; STUPPERICH, Robert, *Otto Dibelius. Ein evangelischer Bischof im Umbruch der Zeiten*, Göttingen, Vandenhoeck & Ruprecht, 1989.

● "Cristãos Alemães"; Igreja Confessante; *Kirchenkampf*; **política**

DIE ET DAUPHINÉ

Cidade do Dauphiné (em português, Delfinado) ganha para a Reforma. Um colégio em atividade a partir de 1596 foi transformado em academia em 1604, fechando suas portas em 1684. A cidade foi uma das fortalezas protestantes até 1627. No século XVII, a Igreja de Die contava com quatro mil fiéis, com três pastores.

DIÉTRICH

Com as Cevenas e o Vivarais, o Delfinado é uma das províncias da França com a história protestante mais rica. A influência da Reforma se faz sentir a partir de 1523. Durante o período do Edito de Nantes, havia mais de setenta mil huguenotes divididos em oito colóquios. Imediatamente após a Revogação do Edito de Nantes, o profetismo do Deserto, encarnado sobretudo pela jovem Isabeau Vincent (segunda metade do século XVII), foi particularmente marcante. Félix Neff (1797-1829) e Jean-Frédéric Vernier (1796-1871) pregam ativamente durante o Avivamento do século XIX. No século XX, a Drôme é marcada pelos ministérios de Tommy Fallot (1844-1894), Marc Boegner (1881-1970) e Jean Cadier (1898-1981). Cadier organiza na região a sua "brigada", de 1922 a 1939.

Hubert Bost

▶ ARNAUD, Eugène, *Histoire de l'Académie protestante de Die*, Paris, Grassart, 1872; Idem, *Histoire des protestants en Dauphiné aux XVIe, XVIIe et XVIIIe siècles* (1886), 3 vols., Genebra, Slatkine, 1970; BOLLE, Pierre, org., *La vie des Églises protestantes de la vallée de la Drôme de 1928 à 1938*, Paris, Ler Bergers et les Mages, 1977; Idem, org., *Le protestant dauphinois et la République des synodes à la veille de la Révocation*, Lyon, La Manufacture, 1985; Idem, org., *L'Édit de Nantes: un compromis réussi? Une paix des religions en Dauphiné-Vivarais et en Europe*, Grenoble, Presses universitaires de Grenoble, 1999; RABUT, Élisabeth, *Le roi, l'Église et le temple. L'exécution de l'Édit de Nantes en Dauphiné*, Grenoble, La Pensée sauvage, 1987; SAMBUC, Jean, *Documents sur le Dauphiné au XVIIe siècle*, BSHPF 141, 1995, p. 383-393; URIEN-CAUSSE, Béatrice, *Die, communauté réformée, 1600-1685*, 4 vols., tese da Universidade de Paris I, 1979.

⊙ Academias; Avivamento; Boegner; Cadier; Deserto; Drôme (Brigada da); Fallot; França; **mulher**; Neff

DIÉTRICH, Suzanne de (1891-1981)

Nascida em Niederbronn (Baixo Reno) e morta em Estrasburgo, de família de industriais da Alsácia, Suzanne de Diétrich colocou a serviço de sua paixão pela Bíblia a qualidade de sua escuta, seus dons pedagógicos, sua exigência ecumênica, sua busca por justiça, seu senso profético e litúrgico. Firmada na tradição do Ban-de-la-Roche (por influência de Jean-Frédéric Oberlin), inspirada por um profundo amor pela vida, apesar de sua enfermidade física, teve uma participação importante na "Renovação bíblica" em igrejas e movimentos de juventude. Em 1912, começou a trabalhar para a federação francesa e a federação universal das associações cristãs de estudantes e do movimento ecumênico, organizando a primeira reunião de teólogos católicos, ortodoxos, anglicanos e reformados (1932) e liderando encontros de estudo bíblico na França e no mundo inteiro. Idealizou a CIMADE (1939), fez parte da direção do Instituto Ecumênico de Bossey como responsável pela formação bíblica dos leigos, aos quais logo se reuniram pastores, padres e teólogos (1946-1954). Foi conselheira de inúmeras comissões de trabalho, principalmente das equipes de pesquisa bíblica (a partir de 1962). Sua obra *Le dessein de Dieu* [O desígnio de Deus] (1945, Genebra, *Labor et Fides*, 1992, traduzida em treze línguas) exerceu uma influência decisiva em leitores de todas as confissões, sobretudo seminaristas, para quem o livro abriu a Bíblia antes do Vaticano II. Mulher e leiga, Suzanne de Diétrich foi nomeada doutora *honoris causa* em teologia da Universidade de Montpellier.

Simone Frutiger Bickel

▶ DIÉTRICH, Suzanne de, *C'était l'heure de l'offrande. Notes en merge de l'Évangile* (1935), Neuchâtel, Delachaux et Niestlé, 1952; Idem, *Le renouveau biblique* (1945), Neuchâtel, Delachaux et Niestlé, 1969 (traduzido em seis idiomas); Idem, *Hommes libres*, Neuchâtel, Delachaux et Niestlé, 1957; Idem, *Mais moi je vous dis. Commentaire de l'Évangile de Matthieu*, Genebra, Labor et Fides, 1965; Idem, *L'heure de l'élévation. À l'écoute de Saint Jean*, Neuchâtel, Delachaux et Niestlé, 1966; Idem, org., *Venite Adoremus* I (1935) e II (1938), Genebra, FUACE, 1950 (primeira coletânea litúrgica ecumênica); WEBER, Hans-Ruedi, *La passion de vivre. Suzanne de Diétrich 1891-1981* (1995), Paris-Estrasburgo, Les Bergers et les Mages-Oberlin, 1995.

⊙ CIMADE; **ecumenismo**; Federação Universal de Associações Cristãs de Estudantes; juventude (movimentos da); Oberlin

DILTHEY, Wilhelm (1833-1911)

A partir de 1853, Dilthey foi um seguidor dos ensinamentos de Friedrich Adolf Trendelenburg (1802-1872) e de Leopold von Ranke

(1795-1886) na Universidade de Berlim, onde se torna professor substituto de filosofia (1861) e defende sua tese para admissão ao cargo (1863). Professor na Universidade de Basileia (1867), ocupa em 1882 a cadeira que havia sido de Hegel em Berlim. Exerceria ali o magistério até sua morte.

Inaugurando-se em *Introduction aux sciences de l'esprit* [Introdução às ciências do espírito] (1883), o projeto de Dilthey visa a garantir a autonomia das "ciências do espírito" em relação às ciências da natureza. Contra o positivismo, ele enfatiza que aqui o conhecimento só pode produzir o dado que o historiador organiza em função dos valores aos quais adere. Para isso, as ciências do espírito (ou ciências humanas) não devem desistir de todo tipo de objetividade, mas, sim, elaborar métodos específicos. Por serem os fatos concernentes significantes, Dilthey considera que, em paralelo à pesquisa das causas (a "explicação"), eles devem ser "compreendidos". É assim que o pensamento de Dilthey marcaria um momento importante da tradição hermenêutica moderna e protestante, entre Schleiermacher (a quem ele dedicou uma grande obra) e os teólogos ou exegetas do século XX, de Bultmann a Ebeling principalmente. Após conceber a compreensão como um esforço para reencontrar a significação que os atores atribuíam aos acontecimentos, Dilthey tentaria desvencilhar as ciências do espírito dessa submissão à psicologia, tornando a captação do sentido menos subjetiva. É por isso que *L'édification du monde historique dans les sciences de l'esprit* [A construção do mundo histórico nas ciências do espírito] (1910) demandaria ao historiador não mais que coincidisse com os agentes, mas, sim, que recolocasse os fenômenos estudados em conjuntos mais vastos, em que encontram sentido. Articulando assim à investigação um questionamento sobre a significação dos fatos sociais, Dilthey inaugura a tradição da "sociologia compreensiva".

Sylvie Mesure

▶ DILTHEY, Wilhelm, *Oeuvres* Paris, Cerf, t. I: *Critique de la raison historique. Introduction aux sciences de l'esprit et autres textes*, 1992, t. III: *L'édification du monde historique dans les sciences de l'esprit*, 1988, t. V: *Leibniz et Hegel*, 2002, t. VII: *Écrits d'esthétique*, seguido de *La naissance de l'herméneutique*, 1995; BROGOWSKI, Leszek,

Dilthey. Conscience et histoire, Paris, PUF, 1997; MESURE, Sylvie, *Dilthey et la fondation des sciences historiques*, Paris, PUF, 1990; RICOEUR, Paul, "La tâche de l'herméneutique: en venant de Schleiermacher et de Dilthey" (1975), em *Du texte à l'action. Essais d'herméneutique II*, Paris, Seuil, 1986, p. 75-100; RODI, Frithjof, *Morphologie und Hermeneutik. Zur Methode von Diltheys Ästhetik*, Stuttgart, Kohlhammer, 1969.

▶ Bultmann; Eucken; hermenêutica; historicismo; kantismo (neo); método histórico-crítico; Schleiermacher; Troeltsch

DINHEIRO

Lutero ilustra com maestria a tradição medieval de desconfiança quanto ao dinheiro, mostrando-se bastante reticente quanto ao crescimento econômico que se desenrola sob seus olhos. Condena o empréstimo a juros e considera que a liberdade que se atribui ao vendedor para fixar seus preços é uma flagrante injustiça, assim como o enriquecimento rápido de uma nova classe de mercadores. Comparada à de Lutero, a posição de Calvino parece mais inovadora. Calvino considera que o dinheiro advindo do trabalho, em vez de opor-se a Deus, manifesta sua bênção. Assim, o rico não tem do que se envergonhar, desde que, por sua austeridade, demonstre não ser idólatra: "Que aquele que tem muito não abuse em gulodice ou intemperança, em suntuosidade ou coisas supérfluas, em orgulho ou vaidade". O dinheiro requer também do rico que "ajude seus próximos e os apoie", dando-lhes trabalho, se são capazes de trabalhar, ou esmola, em caso contrário. Em uma Europa confessionalmente fragmentada, em que o dinheiro permaneceu longo tempo sob suspeita, o burguês reformado negociante, industrial ou banqueiro desfrutaria de relativa liberdade, seja ele francês ou genebrino, holandês ou escocês, mesmo se sua adesão à Reforma contribuiu mais para suspender certos interditos que para suscitar uma reflexão positiva sobre o uso de seus bens. Apesar de grandes personalidades como John Law e Jacques Necker, parece que, com o tempo, a religião reformada deixou de ser vista como a religião dos banqueiros, não mais que qualquer outra. Sem dúvida, o mito tenaz do dinheiro calvinista se origina menos em uma reivindicação positiva dos próprios reformados que na lenda,

DIODATI

tão divulgada na Restauração francesa, de um pretenso complô protestante pela reconquista da pátria hostil.

François Dermange

▶ BIÉLER, André, *O pensamento econômico e social de Calvino* (1959), São Paulo, Casa Editora Presbiteriana, 1990; Idem, *Chrétiens et socialistes avant Marx*, Genebra, Labor et Fides, 1982; BRAUDEL, Fernand, *Civilisation matérielle, économie et capitalisme XVe-XVIIIe siècle*, 3 vols., Paris, Armand Colin, 1986; CALVINO, João, *Contre la secte phantastique et furieuse des libertins qui se nomment spirituelz* (1545), em *Contre la secte phantastique et furieuse des libertins qui se nomment spirituelz [Avec une epistre de la mesme matiere, contre un certain cordelier, suppost de la secte: lequel est prisonnier à Roan]; Response à un certain Hollandois, lequel sous ombre de faire les chrestiens tout spirituels, leur permet de polluer leurs corps en toutes idolatries*, Genebra, Droz, 2005, p. 43-273; LUTERO, Martinho, *Du commerce et de l'usure*] (1524), em *MLO* 4, 119-144; LÜTHY, Herbert, *La banque protestante en France. De la Révocation de l'Édit de Nantes à la Révolution* (1959-1961), 2 t. em 3 vols., Paris, Éditions de l'École des hautes études en sciences sociales, 1999.

▶ Bancos protestantes; bênção; **capitalismo**; economia; empréstimo a juros; salário

DIODATI, Giovanni (1576-1649)

Descendente de uma antiga família de Lucca, província da Itália, que se estabeleceu em Genebra em 1567 por causa da religião, Diodati se torna o mais jovem professor de teologia da Academia (1599-1645). Interessando-se pela reforma religiosa na Itália, estabelece relações epistolares e pessoais com Paolo Sarpi (1552-1623), em Veneza, para onde viaja em 1608. Representa a Igreja de Genebra no Sínodo de Dordrecht (1618-1619), na época da polêmica que opôs gomaristas e arminianos, defendendo posições de um calvinismo mais intransigente. É encarregado de diversas missões diplomáticas para o condado da República de Genebra e mantém correspondência constante com teólogos, homens de letras e cientistas de toda a Europa. Sua obra literária trata quase exclusivamente da tradução e da exegese da Bíblia, traduzida por ele tanto para o italiano (sendo a primeira edição em

▶ 484

1607 e a segunda, notável por sua seriedade filológica e a elegância do estilo, em 1641) quanto para o francês (1644).

Emidio Campi

▶ *La Sacra Bibblia*, traduzida em italiano e comentada por Giovanni DIODATI, org. por Michele RANCHETTI e Milka VENTURA AVANZINELLI, 3 vols., Milão, Mondadori, 1999; BUDÉ, Eugène de, *Vie de Jean Diodati, théologien genevois (1576-1649)*, Lausanne, Bridel, 1969; McCOMISH, William A., *The Epigones. A Study of the Theology of the Genevan Academy at the Time of the Synod of Dort, with Special Reference to Giovanni Diodati*, Allison Park, Pickwick Publications, 1989.

▶ Arminianismo; calvinismo; Dordrecht (Sínodo e *Cânones de*); ortodoxia protestante; traduções francesas da Bíblia; Tronchin T.

DIREITO NATURAL

O direito natural é um tema clássico da reflexão jurídica, política e ética, desempenhando um papel primordial na articulação sistemática dessas áreas. A ambiguidade inerente ao termo se deve às modificações de sentido que a palavra "natureza" tem sofrido ao longo do tempo. A variação em seu uso decorre, em parte, dos deslocamentos socioculturais em todo o mundo, afastando os contextos históricos das teorias analisadas. Esses pontos, aliás, constituem um dos objetos tradicionais das controvérsias confessionais entre protestantismo e catolicismo na área da ética e da política.

O estoicismo resolve a questão da instância ética normativa com a lei natural, princípio racional e divino (*logos*) que rege o cosmos (teorema ontológico). Ser de razão, o homem participa desse princípio (teorema epistemológico). A legitimidade do direito natural repousa assim tanto em sua evidência imediata quanto em sua origem divina (teorema axiológico). A interpretação cristológica do *logos* permitiu que a Igreja Antiga adotasse essa concepção, mesmo modificando seus termos para adaptá-los ao contexto conceitual da teologia cristã: o cosmos se torna criação, a lei da natureza está explicitada nos Dez Mandamentos e na lei de Cristo. Doutrina cristológica e recepção do direito natural se condicionam mutuamente e formam a base prática e teórica da grande síntese cultural da civilização cristã.

A Reforma propõe uma nova variação dessa síntese. A radicalização da concepção do pecado e a distinção luterana dos dois reinos levam a uma concepção do direito que insiste em seu caráter coercivo. Melâncton renova a equação ao identificar direito natural e ordem da criação. Ele compreende as normas jurídicas do direito positivo como especificações dos princípios do direito natural. Essa concepção seria adotada pela ortodoxia luterana dos séculos XVII e XVIII.

A crítica da metafísica iniciada pelos tempos modernos solapa a base da teoria clássica do direito natural. A teoria moderna do direito natural é essencialmente uma obra do protestantismo calvinista não ortodoxo. As ciências galileanas da natureza e os distúrbios políticos do século XVII (Revolução Inglesa, Guerra de Trinta Anos) fizeram com que Hobbes deduzisse o direito natural da natureza do homem (e não mais do cosmos), compreendido como titular dos direitos subjetivos de um sujeito livre. O princípio de autoconservação, manifestação da vontade soberana do homem, torna-se o princípio genético do direito natural, que se torna por sua vez um direito de razão e funda tanto a teoria do Estado (Hobbes, Locke, Rousseau) quanto a sistemática do direito civil (Pufendorf, Thomasius) ou o direito das nações e da guerra (Grotius).

Essa forma moderna, liberta de todo fundamento teonômico ou bíblico, encontra uma formulação filosófica mais radical em Kant: a razão prática se sabe livre no fato de submeter-se à lei de liberdade que ela mesma formula. Essa submissão da razão toma as duas formas da moralidade (uma vontade boa) e da legalidade (um agir conforme às normas jurídicas). A natureza à qual o direito natural se refere não é mais resultado de uma psicologia racional (o estado de natureza de Hobbes, Locke ou Rousseau), mas a consciência-de-si do sujeito transcendental. É função do direito garantir as condições intersubjetivas da liberdade. Essa posição seria o ponto de partida para as reflexões sobre o direito natural no idealismo alemão (Fichte, Hegel).

Ao universalismo das Luzes, a escola do direito "historicista" (Friedrich Carl von Savigny, Jacob Grimm) opõe uma concepção que enfatiza o caráter historicamente particular do direito natural, próprio a cada povo. Visando a uma síntese das posições das Luzes e do historicismo jurídico, o grande historiador do direito natural cristão e moderno, Ernst Troeltsch, defenderia a formulação de um novo direito natural objetivo, fundado em valores da humanidade que estão na base da cultura europeia. Mas essa posição não encontraria eco. Karl Barth contesta a legitimidade teológica dessa temática: a natureza humana está por inteiro tomada pelo pecado, e a verdade do ser-homem só pode ser enunciada em referência a Jesus Cristo, o verdadeiro Homem. No entanto, a confissão do senhorio de Cristo em que se funda sua ética do estado de direito ocupa o lugar sistemático que cabia tradicionalmente ao direito natural. Reconheceremos aqui, portanto, um equivalente estrutural desse direito. Qualquer que seja a legitimidade intrateológica desse fato, a substituição ameaça marginalizar a teologia nos debates em curso sobre essas questões.

A reflexão sobre o estado de direito reconhece no direito natural a norma suprajurídica que legitima o direito positivo e o exercício do poder do Estado. Diante das aporias de uma teoria estritamente procedural da legitimidade do direito, o direito natural lembra que a legitimação democrática não basta para assegurar o caráter justo de uma norma jurídica. Enfim, no debate sobre a universalidade dos direitos humanos, a referência à instância transcendente do sujeito deveria permitir distinguir entre o caráter sempre culturalmente marcado de suas formulações e a estrita universalidade de seu princípio, a dignidade do homem.

Jean-Marc Tétaz

▶ FINNIS, John, *Natural Law and Natural Rights*, Oxford, Clarendon Press, 1992; FUCHS, Éric e HUNYADI, Mark, orgs., *Éthique et natures*, Genebra, Labor et Fides, 1993; GOYARD-FABRE, Simone, *Les embarras philosophiques du droit naturel*, Paris, Vrin, 2002; HÖFFE, Otfried, *La justice politique. Fondement d'une philosophie critique du droit et de l'État* (1987), Paris, PUF, 1991; KELSEN, Hans, *La doctrine du droit naturel et le positivisme juridique* (1928), em *Théorie générale du droit et de l'État*, seguido de *La doctrine du droit naturel et le positivisme juridique*, Paris-Bruxelas, Librairie générale de droit et de jurisprudence-Bruylant, 1997, p. 435-492; LOHMANN, Friedrich, *Zwischen Naturecht und Partikularismus. Grundlegung christlicher Ethik mit Blick auf die Debatte um eine universale Begründbarkeit der Menschenrechte*, Berlim, Walter de Gruyter, 2002; MAIHOFER, Werner, org., *Naturrecht oder Rechtspositivismus?*, Darmstadt, Wissenschaftliche Buchgesellschaft, 1981; NESCHKE-HENTSCHKE, Ada, *Platonisme politique et théorie du droit naturel. Contributions à une archéologie de la culture politique européene*, 2 vols., Louvain-la-Neuve-Louvain, Éditions de l'Institut supérieur de philosophie-Peeters, 1995-223; RENAUT, Alain, org., *Histoire de la philosophie politique*, 5 vols., Paris, Calmann-Lévy, 1999; TANNER, Klaus, *Der lange Schatten des Naturrechts. Eine fundamentaletische Untersuchung*, Stuttgart, Kohlhammer, 1993; TÉTAZ, Jean-Marc, *Identité culturelle et réflexion critique. Le problème de l'universalité des droits de l'homme aux prises avec l'affirmation culturaliste. La stratégie argumentative d'Ernst Troeltsch*, ETR 74, 1999, p. 213-233; TROELTSCH, Ernst, *Die Soziallehren der christlichen Kirchen und Gruppen* (*Gesammelte Schriften* I, 1912), Aalen, Scientia, 1977; "Droit naturel et humanité dans la politique mondiale" (1922, 1923), em *Religion et histoire. Esquisses philosophiques et théologiques*, org. por Jean-Marc TÉTAZ, Genebra, Labor et Fides, 1990, p. 273-298.

● Barth; contrato social; democracia; direitos humanos; Grotius; Hobbes; indivíduo; Kant; kantismo (neo); **laicismo**; **lei**; **liberdade**; Locke; Melâncton; metafísica; **modernidade**; natureza; **política**; Pufendorf; Rousseau; Secrétan; Troeltsch

DIREITOS CIVIS (movimento dos)

O ano de 1954, em que a Suprema Corte dos Estados Unidos declarou inconstitucional a segregação nos estabelecimentos escolares, marcou o início das reivindicações dos negros pela plena igualdade de cidadania. Inúmeras igrejas negras do Sul, sob a liderança de pastores como Martin Luther King, Ralph Abernathy e Fred Shuttlesworth, engajaram-se no combate, e logo surgem (ou ressurgem) organizações como a Conferência dos Dirigentes Cristãos do Sul, liderada por King, o Comitê de Coordenação Não Violento dos Estudantes, o Congresso pela Igualdade Racial. Foi após o sucesso do boicote dos ônibus em Montgomery — durante 381 dias! — que o movimento tomou um impulso verdadeiro, ao conjugar engajamento cristão, resistência não violenta e esforço em instâncias jurídicas para demonstrar o caráter inconstitucional das leis segregacionistas. Os locais privilegiados para ação e manifestação foram as cidades-alvo como Montgomery (1955-1956), Albany (1962), Birmingham (1963), Saint Augustine (1964), Selma (1965), em paralelo a iniciativas relacionadas ao transporte interestadual (1961) e à formação cívica em todo o Sul (1964).

O movimento não produziu nenhuma reflexão teológica sob a forma de textos, e nenhum de seus envolvidos explicitou de modo sistemático sua confissão de fé nesse Deus, que não somente os emocionava nos muitos ajuntamentos, mas os colocava concretamente em ação; no entanto, em todos os indivíduos, adultos e crianças, negros em sua maioria, que marchavam, oravam, cantavam, sofriam e tentavam encontrar forças para amar, encarnou-se uma verdadeira forma de compreensão do Deus de Jesus Cristo, do mundo e de sua relação com os homens. Através dessa expansão nasceria a teologia negra, no final dos anos 1960. Ao longo de seus onze anos de existência, o movimento lutou por objetivos "visíveis" e compreensíveis por todos: porém, a partir da assinatura da emenda sobre o direito do voto por Lyndon Johnson, no dia 6 de agosto de 1965, os negros sentiram a necessidade de lutar pelo reconhecimento de sua dignidade e pela conquista de poder, o que levou a um deslocamento da arena, da rua para a universidade (criação dos *Black Studies*) e para a política, onde numerosos negros ocupam lugar hoje (Andrew Young, Jesse L. Jackson, Marion Berry, Julian Bond, Hosea Williams, John Lewis).

Serge Molla

▶ BRISBANE, Robert H., *Black Ativism. Racial Revolution in the United States 1954-1970*, Valley Forge, Judson Press, 1974; GRANJON, Marie-Christine, *L'Amérique de la contestation. Les années 60 aux États-Unis*, Paris, Presses de la Fondation nationale des sciences politiques, 1985; HARDING, Vincent, "Black Radicalism: The Road from Montgomery, em Alfred F. YOUNG, org., *The American Revolution. Explorations in the History of American Radicalism*, Dekalb, Northern Illinois University Press, 1968, p. 321-354; RAINES, Howell, *My Soul Is Rested. Movement Days in the Deep South Remembered* (1977), Harmondsworth, Penguin Books, 1984.

● Baldwin; Brown; Dubois; igreja negra (afro-americana); igualdade; Jackson J. L.; Jackson M.; King; *negro spiritual*; racismo; teologia negra (afro-americana)

DIREITOS HUMANOS

Direitos humanos e protestantismo têm experimentado uma convivência real, histórica e sistemática. Ao liberar a pessoa da tutela mediadora da Igreja Católica e fazer repousar a fé somente na graça de Deus, a Reforma firmou as bases teóricas da liberdade de consciência. Além disso, a sólida doutrina da Lei na obra de Calvino abriu a via para um controle ético do poder político, justificado pela vontade do Criador quanto à igualdade entre todos os homens, em dignidade e responsabilidade. Essa questão foi expandida durante a crise das duas revoluções na Inglaterra, no pensamento político protestante anglo-saxão, sobretudo puritano, encontrando um forte adensamento na obra política do filósofo John Locke. Os *Bills of Rights*[7], ligados à Revolução Americana, estão inseridos na mesma óptica, em contraste com a *Declaração dos direitos do homem e do cidadão*, no contexto da Revolução Francesa.

Na teologia protestante, os direitos humanos podem se basear em dois dados bíblicos: o valor fundador da promessa de Deus e o conteúdo da Lei. A promessa que, através do evangelho, Deus dirige todos os homens é a de uma vocação para a vida em liberdade; assim, a igual dignidade de todos os seres humanos está sustentada. A lei de Deus estabelece as condições formais de aplicação dessa liberdade, a saber, o respeito pela alteridade de Deus e do próximo. É assumindo suas responsabilidades éticas, tornando-se solidário em relação a outros homens, em igualdade de tratamento e de respeito, que o ser humano concretiza sua liberdade. A afirmação dos direitos humanos implica, portanto, o dever de respeitar e reconhecer a prioridade da promessa de Deus.

Éric Fuchs

▶ COLLANGE, Jean-François, *Théologie des droits de l'homme*, Paris, Cerf, 1989; FUCHS, Éric e STUCKI, Pierre-André, *Au nom de l'Autre. Essai sur le fondement des droits de l'homme*, Genebra, Labor et Fides, 1985; JAUME, Lucien, *Les Déclarations des droits de l'homme (du débat 1789-1793 au Préambule de 1946)*, Paris, Flammarion, 1989; LOHMANN, Friedrich, *Zwischen Naturrecht und Partikularismus. Grundlegung christlicher Ethik mit Blick auf die Debatte um eine universale Begründbarkeit der Menschenrechte*, Berlim, Walter de Gruyter, 2002.

● Barnave; Cruz Vermelha; Decálogo; democracia; direito natural; Grotius; Habermas; igualdade; Jefferson; Jellinek; **laicismo**; **liberdade**; liberdade de consciência; **lei**; Locke; Luzes; **modernidade**; monarcômacos; **moral**; **política**; Rawls; responsabilidade; Revolução Americana; Revolução Francesa; revoluções da Inglaterra; tolerância; tortura

DISCERNIMENTO DE ESPÍRITOS

Mencionado entre os dons espirituais, ou carismas, pelo apóstolo Paulo (1Co 12.10), o discernimento de espíritos (*diakrisis tôn pneumatôn*) é o carisma teológico por excelência, sendo um dever de toda a igreja (1Co 14.29; 1Ts 5.21; 1Jo 4.1 etc.). Não poderia, portanto, ser exercido, a não ser em relação com outros dons, em amor. Se não de serviço à verdade, perverte-se em pretensão imperialista e desejo de ter razão. De acordo com o termo em grego (que comporta a palavra *krisis*), o discernimento de espíritos é a crítica dos espíritos, em razão de sua ambivalência. Desde o início, o protestantismo está bastante atento a esse dom: por trás da aparência de verdade pode ocultar-se um espírito de mentira; por trás do que parece construtivo pode configurar-se uma realidade destrutiva. O oposto, porém, também é verdadeiro: o que parece destrutivo pode ser, na verdade, construtivo, e o que suscita uma imediata desconfiança pode vir de Deus.

O discernimento não é uma simples crítica negativa, mas consiste em uma recapitulação que rejeita o que é mau e guarda o que é bom, deixando que se desenvolva o que é bom até a plenitude em Cristo. Tudo diz respeito ao discernimento, pois tudo possui uma dimensão espiritual. O discernimento de espíritos é o modo com que o Espírito Santo opera ou se manifesta, por ser ao mesmo tempo Espírito criador (construtivo) e santificador. Assim, o discernimento depende não de um simples processo intelectual, mas, sim, de um combate espiritual; mobiliza todo o ser, encontrando sua expressão bíblica mais significativa na história da luta entre o arcanjo Miguel e o dragão (Ap 12.7s; cf. Ef 6.10s). A igreja e a fé são parte integrante desse combate, sendo chamadas para empreendê-lo com as armas do Espírito,

---

[7] [NT] Em inglês, *Declaração de direitos*, primeiras dez emendas da Constituição dos Estados Unidos, garantindo direitos como liberdade de escolha religiosa, liberdade de imprensa etc.

na força do fruto do Espírito (Gl 5.22s; Ef 5.9s). O combate espiritual do discernimento de espíritos visa à manifestação do senhorio (ou da glória) de Deus e a salvação do mundo.

Gérard Siegwalt

▶ BARTH, Karl, *Dogmatique* I/1 e 2 (1932-1938), Genebra, Labor et Fides, 1953-1955; SIEGWALT, Gérard, *Dogmatique pour la catholicité évangélique*, Paris-Genebra, Cerf-Labor et Fides, 1986ss; Idem, "Le combat spirituel", *Positions luthériennes* 35, 1987, p. 253-265; TILLICH, Paul, *Théologie systématique* I: *Introduction; Première partie: Raison et révélation* (1951), Quebec-Paris-Genebra, Presses de l'Université Laval-Cerf-Labor et Fides, 2000.

◉ Demonologia; doutrina; Espírito Santo; exorcismo; glossolalia; parapsicologia; recapitulação; santificação

DISCIPLINA

Em linguagem eclesiástica protestante, a disciplina se distingue da doutrina e designa o conjunto das leis e regras que regem a vida interior de uma igreja. "Assim como a doutrina de nosso Senhor Jesus é a alma da igreja, a disciplina é como os nervos em um cirpo, para unir os membros e mantê-los cada um em seu lugar e em sua ordem" (CALVINO, *IRC* IV, XII, 1). Para o reformador estraburguense Martin Bucer (1491-1551), a disciplina é uma necessidade da vida comunitária. O termo está em uso sobretudo nas igrejas reformadas, especialmente na França (cf. a *Disciplina das igrejas reformadas da França*, adotada em sínodo nacional em 1559, e hoje a *Disciplina da Igreja Reformada da França*); na Suíça romanda, desde o século XIX o termo cede lugar a noções mais seculares: constituição, lei, regulamento ou, mais amplamente, direito eclesial. Na perspectiva protestante, a disciplina (ou o direito eclesial) está em segundo lugar em relação à ordem da salvação, dependendo totalmente de nossa condição terrena, mas não é facultativa (os reformados são mais prontos a enfatizá-lo que os luteranos, cf. o "terceiro uso da lei" ou uso "didático"). A igreja necessita de organização, e essa organização, assim como o respeito pelas regras estabelecidas, deve corresponder em sua ordem ao que se deve esperar de uma comunidade cristã, mas sem esquecer que os homens permanecem sujeitos às imperfeições de sua natureza. A disciplina, portanto, tem como objetivo permitir que os cristãos convivam de modo correto, regulamentando sobretudo os serviços ou ministérios e as assembleias de que a igreja precisa. "As regras do direito eclesial tentam ajudar a resolver os problemas de amanhã, na linguagem de hoje, com base nas experiências de ontem" (A. Stein). Assim, a disciplina exige constantes revisões e adaptações.

Bernard Reymond

▶ MESSNER, Francis e WYDMUSCH, Solange, orgs., *Le droit ecclésial protestant*, Estrasburgo, Oberlin, 2001; REYMOND, Bernard, *Entre la grâce et la loi. Introduction au droit ecclésial protestant*, Genebra, Labor et Fides, 1992; STEIN, Albert, *Evangelisches Kirchenrecht. Ein Lehrbuch*, Neuwied-Darmstadt, Luchterhand, 1985; WINZELER, Christoph, "Le droit ecclésial protestant en Suisse: principes et questions fondamentales", *Annuaire suisse de droit ecclésial* 5, 2000, p. 101-110.

◉ **Autoridade**; Erasto; excomunhão; ordens eclesiásticas; sínodo; usos da lei; Viret

DISCÍPULO

A relação entre mestre e discípulo pode incluir o questionamento socrático do mestre que prova a coerência e a "responsabilidade" inerentes às respostas: o discípulo dá à luz uma verdade que desconhecia carregar em si. Para Kierkegaard, no entanto, no relacionamento com Jesus o processo é inverso: o discípulo é levado a romper com as verdades que acreditava ter, esvaziando-se de toda preocupação consigo e até mesmo com sua salvação (como na obra de Calvino) e aceitando enfim receber "do alto" um questionamento que revela nele uma dívida irreparável e o torna uma criança. É o que faz a diferença entre o problema da transmissão, da responsabilidade da geração seguinte quanto a "permanecer" e reinterpretar a mensagem em um novo contexto, e o problema da simultaneidade ou da "contemporaneidade" (Kierkegaard), que aproxima todas as gerações na proximidade do mesmo evento.

Olivier Abel

▶ BONHOEFFER, Dietrich, *Le prix de la grâce* (*Nachfolge*, 1937), Genebra-Paris, Labor et Fides-Cerf, 1985; CALVINO, João, *IRC* III, XIX, 2; KIERKEGAARD, Søren, *Migalhas filosóficas, ou um bocadinho de filosofia de João Clímacus* (1844), Petrópolis, Vozes, 1995.

> Espírito Santo; imitação; indivíduo; justificação; **liberdade**; santificação; testemunho

DISCÍPULOS DE CRISTO

Igreja que surge em 1832 da fusão de dois movimentos que aspiravam à unidade da cristandade: em Kentucky, os *Christians*, sob a liderança de Barton W. Stone (1772-1844), e na Pensilvânia e em Ohio os Discípulos de Cristo, liderados por Thomas Campbell (1763-1854), Alexander Campbell (1788-1866) e Walter Scott (1796-1861).

Pastor presbiteriano emigrado para os Estados Unidos, Thomas Campbell defendia uma fé com base exclusivamente na Bíblia e, portanto, sem ligação com as confissões de fé formuladas pelos homens. Levantou-se contra a fragmentação da cristandade em numerosas igrejas, desejando relações estreitas entre as várias denominações. Em 1809, fundou a *Christian Association of Washington*. Seu filho Alexander, influenciado pelo pregador escocês Robert Haldane, prosseguiu com a obra do pai, organizando o movimento de acordo com o modelo congregacional: estabeleceu ministérios de anciãos, diáconos, pregadores e pastores; celebração semanal da ceia; batismo por imersão; doutrina estritamente "bíblica". Os Discípulos de Cristo se associaram a comunidades batistas, mas a falta de concordância sobre a questão da confissão de fé conduziria a uma cisão, em 1827.

Com a Guerra de Secessão (1861-1865), o movimento foi atingido por novas tensões internas, que se soldaram em 1906, com o cisma entre as igrejas de Cristo, reunindo os conservadores que rejeitavam qualquer inovação, sobretudo o uso de instrumentos musicais no culto, e os Discípulos de Cristo, mais progressistas. Em 1956, a denominação adotou o nome *International Convention of Christian Churches* (*Disciples of Christ*) [Convenção Internacional de Igrejas Cristãs (Discípulos de Cristo)], tornando-se a partir de então membro do Conselho Mundial de Igrejas. Presente em vinte países, a comunidade dos Discípulos de Cristo é difícil de contabilizar, por sua insistência na "indigenização" e na fusão das igrejas.

Jeffrey Berkheiser

▶ BEAZLEY, George G., org., *Die Kirche der Jünger Christi* (*Disciples*). *Progressiver amerikanischer Protestantismus in Geschichte und Gegenwart*, Stuttgart, Evangelisches Verlagswerk, 1977.

> Batismo; **seitas**

DISPENSACIONALISMO

Sistema de interpretação das Escrituras, surgido principalmente a partir de John Nelson Darby (1800-1882), que engendra uma visão original da história da salvação. A salvação estaria compartimentada em "dispensações", com sete épocas sucessivas, cada uma caracterizada por uma fórmula particular para ordenar as relações do homem com Deus. Essa sucessão estaria marcada por um fracasso final. Distinguem-se as seguintes dispensações: inocência, no Éden; consciência, até o Dilúvio; governo do homem pelo homem, até Babel; promessa, a partir de Abraão; lei, de Êxodo 18.8 até Atos 1.28; graça ou igreja, de Atos 2.1 até Apocalipse 19.21; Reino ou milênio. As três últimas se revestem de grande importância: a apostasia da igreja constitui o fracasso final da sexta dispensação, e a revolta de Gogue e Magogue, o fracasso do milênio. Uma das pedras de toque da teoria é a separação entre o destino de Israel e o da igreja, que não se reúnem nem mesmo no fim: as promessas do Reino feitas a Israel são terrestres e não é permitido "espiritualizá-las"; essas promessas só são cumpridas na igreja, portanto. Jesus ofereceu aos judeus de seu tempo o Reino previsto, mas eles o recusaram; logo, a promessa não foi cancelada, mas seu cumprimento é diferenciado e adiado. Um parêntese se abre, não previsto pelos profetas: o da igreja, comunidade de outra aliança. Após o arrebatamento da igreja, "o relógio profético se põe novamente a funcionar por Israel", e as coisas previstas se realizam ao pé da letra. Esse esquema situa o arrebatamento da igreja sete anos (ou a metade disso) antes do "dia do Senhor", prelúdio do milênio.

Popularizado por Cyrus Scofield (1843-1921) nas notas de uma Bíblia de estudo (1909), o dispensacionalismo se difundiu amplamente. A *Bíblia Scofield*, revisada em 1967, foi traduzida para o francês em 1975 (Genebra, *Maison de la Bible*)[8]. [No Brasil foi lançada em 1983 com referências e anotações e utilizando o texto

---

[8] [NT] No Brasil, a última edição da *Bíblia de estudo Scofield* é da editora Bompastor (São Paulo).

de João Ferreira de Almeida revista e atualizado da SBB. Tal lançamento foi feito pela IBR – Imprensa Batista Regular]. A criação do Estado de Israel em 1948 suscitou um novo interesse por esse tipo de leitura das Escrituas.

Henri Blocher

▶ PACHE, René, *Le retour de Jésus-Christ* (1948), Saint-Légier, Emmaüs, 1993; POYTHRESS, Vern S., *Understanding Dispensationalists*, Grand Rapids, Academie Books, 1987; RYRIE, Charles C., *Dispensationalism Today*, Chicago, Moody, 1965.

⏵ Aliança; Darby; **judaísmo**; milenarismo; parusia

DISPERSÃO

Os protestantes do sudeste da Europa (Bélgica, França, Itália, Espanha, Portugal) sabem que estão em minoria (de 1% a 1‰ da população) em países em que o catolicismo romano foi preponderante em instituições e comportamentos. Esses protestantes guardam a lembrança da perseguição e do exílio pela fé, assim como a memória daqueles que encontraram refúgio além das fronteiras de seus países nos séculos XVI e XVII, e também após 1685, mas talvez ainda mais daqueles que conheceram em sua província a inelutável erosão de sua liberdade, a coerção exterior do Estado real, o "refúgio" interior de uma consciência amordaçada. Compreende-se assim por que tanto se apegaram à defesa dos direitos humanos e, posteriormente, à promoção da república, e por que se engajaram nos debates da modernidade e da laicidade. Após as revoluções industriais e o êxodo rural, esses cristãos se viram cada vez mais dispersos, longe de seus territórios tradicionais e de suas igrejas locais. À mobilidade econômica se acrescentam efeitos ideológicos de um período em mutação e em busca tanto de raízes quanto de referências. A fé não é mais afirmada como antes. A leitura da Bíblia se tornou plural.

Privados de um culto regular, a não ser na rádio ou na televisão, e de uma presença pastoral (ou presbiteral) próxima, imersos em meio católico ou agnóstico, eles temem tanto a diluição no meio ou a absorção em um sistema dominante quanto um ensimesmamento. A participação em uma obra social ou em um movimento ecumênico oferece a muitos a oportunidade de um acompanhamento. Esse protestantismo da dispersão não suscita menos interesse, e até mesmo adesão e conversão, em pessoas que estão em busca de sentido para a vida.

A reflexão eclesiológica das instâncias sinodais e a reorganização das redes relacionais em torno de ministérios itinerantes e equipes pluriministeriais para a formação de discipulado e pesquisas bíblicas, assim como o desenvolvimento do ministério feminino, constituem tentativas para enfrentar a situação da "igreja da diáspora". "Peregrinos e forasteiros" para o Reino segundo o Novo Testamento (1Pe 2.11), livres e responsáveis em relação à interpretação da Escritura e do mundo de acordo com a Reforma, os protestantes dispersos acreditam contribuir dentro de suas limitações e em um confronto com outros para a compreensão dinâmica de sua identidade, pela prática do "sacerdócio universal" e pelo engajamento individual no serviço da comunidade.

Bernard Charles

▶ BIRNSTIEL, Eckart (org., com a colaboração de Chrystel BERNAT), *La diaspora des huguenots. Les réfugiés protestants de France et leur dispersion dans le monde, XVIe-XVIIIe siècles*, Paris, Champion, 2001; BIZEUL, Yves, *L'identité protestante. Étude de la minorité protestante en France*, Paris, Méridiens Klincksieck, 1991; DELTEIL, Gérard e KELLER, Paul, *L'Église disséminée. Itinérance et enracinement*, Paris-Genebra-Outremont-Bruxelas, Cerf-Labor et Fides-Novalis-Lumen Vitae, 1995; ENCREVÉ, André, *Les protestants en France de 1800 à nos jours. Histoire d'une intégration*, Paris, Stock, 1985; RICHARDOT, Jean-Pierre, *Le peuple protestant français aujourd'hui* (1980), Paris, Robert Laffont, 1992; WILLAIME, Jean-Paul, *La précarité protestante. Sociologie du protestantisme contemporain*, Genebra, Labor et Fides, 1992.

⏵ Conferência das Igrejas Protestantes dos Países Latinos da Europa; Refúgio

DISPUTA

A disputa, discussão pública sobre dada tese, pretende servir à progressão do debate intelectual e científico. Na Antiguidade, Aristóteles já havia fixado a regra e as formas da disputa, que se torna corrente no século XIII e surge sob diversas formas: a *disputatio ordinaria* (disputa comum sobre dado tema), a *disputatio quodlibetalis* (disputa aberta de um ou mais debatedores sobre vários temas) e a *disputatio*, que precede a obtenção do grau de mestre ou doutor. Na época da Reforma, esse modo de debate de oposição é bastante apreciado por Lutero. A Disputa de Heidelberg (1518) lhe permite expor sua concepção do pecado e da graça, bem como a "teologia da cruz". A Disputa de Leipzig (1519) o opõe às posições de Eck e trata da vontade humana, da graça de Deus e, por fim, da autoridade na igreja.

Na Suíça, a disputa serve para convencer as autoridades políticas das cidades e dos cantões sobre a necessidade de introduzir a Reforma em seus territórios. Por volta de novecentos padres, monges e teólogos participam com Zwinglio da Disputa de Zurique, em outubro de 1523. Os reformadores Zwinglio, Capiton, Bucer, Oecolampadius, Vadian e Blarer estão presentes na Disputa de Berna, que dura mais de três semanas (1528) e leva o conselho de Berna a promulgar um mandato que estaria na base da nova constituição da igreja. Em 1536, introduz-se a Reforma no cantão de Vaud, após a Disputa de Lausanne, da qual participam Calvino, Farel e Viret.

André Birmelé

▶ GERBER, Uwe, *Disputation als Sprache des Glaubens*, Zurique, Theologischer Verlag, 1970; JUNOD, Éric, org., *La Dispute de Lausanne* (*1536*). *La théologie réformée après Zwingli et avant Calvin*, Lausanne, Bibliothèque historique vaudoise, 1988; PIAGET, Arthur, org., *Les Actes de la Dispute de Lausanne*, Neuchâtel, Secrétariat de l'Université, 1928.

▶ Berna; Lausanne (Disputa de); Leipzig (cidade e Disputa de)

DISSIDENTE

Historicamente, o termo *Dissenters* designa, na Inglaterra, todos os grupos religiosos que, desde o reino (1558-1603) de Elizabeth I, opunham-se ao estabelecimento da Igreja Nacional, à organização episcopal subordinada ao poder real e à uniformidade da liturgia anglicana (*Livro de oração*). No final do século XVI e no início do século XVII, uma primeira onda separatista dá origem às comunidades congregacionais (Robert Browne [?1550-1633], Henry Barrow [?1550-1593], John Robinson [?1575-1625]) e batistas (John Smyth [?1570-1612], Thomas Helwys [1550-1616], Henry Jacob [1563-1624]), que às vezes se organizavam no exílio (nos Países Baixos e na América do Norte: *Pilgrim Fathers*, 1620). A revolução puritana (1640-1660) assegurou aos dissidentes não somente a liberdade religiosa, mas também a influência política. No entanto, o conflito ecoou no interior do movimento puritano. Na época da Assembleia de Westminster (1643), que deveria propor ao Parlamento os critérios de reestruturação da igreja, os *Dissenting Brethern* ("irmãos dissidentes") se opuseram ao projeto de uma igreja nacional presbiteriana de tipo escocês.

Porém, a Restauração (1660-1688) reduziria as diferenças entre os grupos advindos do puritanismo. Em 1662, cerca de dois mil pastores rejeitaram o *Ato de uniformidade* que restabelecia a Igreja Anglicana, sendo expulsos em seguida. Sob um regime que se utilizava de repressão e concessões provisórias, esses pastores organizaram as três principais denominações "não conformistas" (presbiterianos, congregacionais e batistas), enquanto a dissidência mais radical constituiu os *Quacres*. O final da dinastia Stuart e o *Ato de tolerância* (1689) asseguraram a todos esses grupos a plena liberdade de culto e a formação de escolas livres. Mas o acesso às funções públicas (magistratura, Parlamento) permaneceu proibido até 1828.

De modo geral, por vezes o protestantismo é considerado uma dissidência (e não a reforma da igreja), seja por parte de autores católicos, que enxergam no movimento protestante a tendência para a fragmentação e o sectarismo (o infinito das "variações", de acordo com Bossuet), seja por parte de alguns autores neoprotestantes, que o compreendem em um jogo de contrastes entre a instituição e o protesto (o protestantismo retomaria assim o caráter dos movimentos de oposição da Idade Média, as ordens mendicantes e, mais além, Joaquim de Fiore, Montano etc.).

Mario Miegge

▶ CRAGG, Gerald R., *Puritanism in the Period of Great Persecution, 1660-1688*, New York, Russell and Russell, 1971; DAVIES, Horton, *The English Free Churches* (1952), New York, Oxford University Press, 1963; WATTS, Michael R., *The Dissenters. From the Reformation to the French Revolution*, Oxford, Clarendon Press, 1986.

▶ Anglicanismo; batismo; Baxter; Browne; Bunyan; congregacionalismo; darbismo; Inglaterra; **laicismo**; Milton; Pais Peregrinos; presbiterianismo; puritanismo; quacres; Reforma radical; revoluções da Inglaterra; **seitas**; Smyth; Steele; Westminster (Assembleia e Confissão de); Williams, Roger

DIVÓRCIO

O desamor, a separação, o divórcio existencial ou legal sempre existiram, mais ou menos sancionados social e religiosamente. A Bíblia leva em consideração essa fragilidade e esse fracasso. Os direitos civil e eclesial, assim como a moral, costumam se caracterizar por um julgamento negativo sobre o divórcio: o divórcio foge ao ideal divino do casamento "até que a morte os separe", constiui-se fator desequilibrante para a sociedade e a família, é a ruptura de uma fidelidade prometida, com frequência sacralizada por meio de uma bênção nupcial.

O divórcio é caracterizado pela intervenção do direito na vida íntima dos cônjuges. A demanda do divórcio foi por muito tempo sancionada por um processo jurídico que tenta estabelecer o erro de um ou de ambos. Hoje, como um resultado da mudança dos costumes, é mais comum que o direito reconheça como motivo de divórcio a impossibilidade de seguir uma vida comum e o consentimento mútuo para a separação. O divórcio se tornou um ato jurídico frequente e quase banal. No entanto, provoca culpa, sofrimento e sentimentos de fracasso em cônjuges e eventuais filhos.

A Igreja Católica condena o divórcio em virtude do princípio de indissolubilidade dos laços criados pela relação sexual conjugal e a troca dos votos. As igrejas protestantes não possuem consenso em relação à questão. Como é natural nas igrejas protestantes, as opiniões se dividem quando se trata de temas polêmicos ou de textos sujeitos a interpretações diferentes.

Lutero em "O Cativeiro Babilônico da Igreja" (1520) afirma em suas considerações sobre o casamento: "Em relação ao divórcio, é questão controvertida se este é permitido ou não. De minha parte, detesto tanto o divórcio que prefiriria a bigamia a este, mas se este é permitido ou não, não me arrisco a responder". Em seguida, Lutero faz algumas considerações: (1) cita Mateus 5.32 e comenta que o divórcio seria permitido em caso de infidelidade; (2) infere que o cônjuge traído poderia casar-se novamente, já que não há proibição da parte de Cristo e que Paulo orienta que *é melhor casar-se do que viver ardendo de desejo* (1Co 7.9); (3) entende 1Coríntios 7.15 como permissão para um novo casamento, quando o cônjuge crente é abandonado pelo descrente. Mas conclui dizendo: "sobre estes assuntos, no entanto, não tenho opinião formada". O comentário de Lutero nos sinaliza a complexidade do tema e as diversas possibilidades de interpretação dos textos bíblicos.

Apesar de condená-lo em princípio, as igrejas protestantes de teologia liberal tendem a ver o divórcio e o recasamento como processos aceitáveis em todos os casos, desde que a convivência entre os cônjuges tenha se tornado inviável. As igrejas protestantes de teologia não liberal, por outro lado, tendem a proibir o divórcio de seus membros ou a permitir o divórcio como concessão, porém, sem a possibilidade de recasamento (exceção para a infidelidade de um dos cônjuges e para a "cláusula paulina"). A questão do divórcio e da possibilidade ou não do recasamento recai especialmente sobre os ditos de Jesus nos evangelhos sinópticos (cf. Mt 5.31,32; 19.3-9; Mc 10.2-12; Lc 16.18) e na orientação de Paulo em 1Coríntios 7.10,11.

Podemos afirmar que tanto Jesus quanto Paulo são contrários ao divórcio ("o que Deus uniu, ninguém separe", "que a esposa não se separe do seu marido"). No entanto, há margem para a compreensão de que, apesar de fugir ao ideal divino (cf. Ml 2.16), nem Jesus nem Paulo o proíbem de maneira absoluta. Ambos, porém, seriam contrários ao recasamento de divorciados. O recasamento, sim, se constituiria na quebra do sétimo mandamento, ou seja, em adultério (cf. Mt 5.31,32; 19.3-9; Mc 10.2-12; Lc 16.18; 1Co 7.10,11).

Haveria, contudo, duas exceções que permitiriam o recasamento: a infidelidade de um dos cônjuges (cf. Mt 5.31,32; 19.3-9) ou o abandono do cônjuge crente por parte do cônjuge descrente (cf. 1Co 7.13-15), a assim chamada "cláusula paulina".

Mesmo que se considere o divórcio permissível, ainda que jamais desejável, o ideal bíblico é o do casamento "até que a morte os separe". Assim, entende-se que casais em crise devam buscar a restauração do relacionamento e não tratar o divórcio como a "solução" para seus problemas. Mesmo a infidelidade de um dos cônjuges não torna o divórcio necessariamente inevitável, pois sempre há a possibilidade do perdão e da restauração do relacionamento.

Robert Grimm

▶ ABEL, Olivier, *Le mariage a-t-il encore un avenir?*, Paris, Bayard, 2005; Idem e TOURNU, Christophe, orgs., *Milton et le droit au divorce*, Genebra,

Labor et Fides, 2005; "L'échec", *Concilium* 231, 1991; FEE, Gordon. *The first epistle to the Corinthians*. Grand Rapids, Eerdmans, 1987. FUCHS, Éric, *Le désir et la tendresse. Pour une éthique chrétienne de la sexualité* [(1979), Paris-Genebra, Albin Michel-Labor et Fides, 1999; GRIMM, Robert, *Ce qu'aimer veut dire*, Paris, Cerf, 1981; LACROIX, Jean, *L'échec*, Paris, Paris, PUF, 1969; "Fidelité et divorce", *Lumière et Vie* 206, 1992. LUTHER, Martin. *Works of Martin Luther with introduction and notes*. Library of Alexandria.

● Amor; casal; casamento; criança; família; fidelidade; sexualidade

DODD, Charles Harold (1884-1973)

Figura de proa entre os mestres britânicos dos estudos do Novo Testamento, reunindo qualidades como fineza e erudição, Charles Harold Dodd não divorciou atividade universitária (Cambridge) e contribuições eclesiais (conferências sobre a paz e o futuro da humanidade). A partir da obra *The Bible and the Greeks* [A Bíblia e os gregos] (Londres, Hodder and Stoughton, 1934), revela-se uma inclinação para a vertente helenística das origens cristãs. Em 1935 surge a obra *The Parables of the Kingdom* [As parábolas do Reino] (London, James Nisbet & Co., 1961), que associa seu nome à perspectiva da "escatologia realizada". Tudo se encaminhava, portanto, para o quarto evangelho, percebido como uma chave para o cristianismo: a vida eterna é a fé no Filho de Deus. Dodd soube desenvolver a arte de apresentar pesquisas originais a um público mais amplo.

Michel Bouttier

▶ DODD, Charles Harold, *La prédication apostolique et ses développements* (1936), Paris, Éditions universitaires, 1964; Idem, *La Bible aujourd'hui* (1946), Tournai, Casterman, 1957; Idem, *Conformément aux Écritures. L'infrastructure de la théologie du Nouveau Testament* (1952), Paris, Seuil, 1968; Idem, *L'interprétation du quatrième Évangile* (1953), Paris, Cerf, 1975; Idem, *La tradition historique du quatrième Évangile* (1963), Paris, Cerf, 1987; Idem, *Le fondateur du christianisme* (1970), Paris, Seuil, 1972; CAIRD, George B., "C. H. Dodd", em Martin E. MARTY e Dean G. PEERMAN, orgs., *A Handbook of Christian Theologians* (1965), Cambridge, Lutherworth Press, 1984, p. 320-337; DILLISTONE, Frederick William, *C. H. Dodd. Interpreter of the New Testament*, Londres, Hodder and Stoughton, 1977.

● Exegese; método histórico-crítico; parusia

DOGMA

À diferença do catolicismo, que define o dogma como "objetos da fé católica [que] são necessariamente, e foram em todos os tempos, norma imutável tanto para a fé quanto para o conhecimento teológico" (declaração *Mysterium ecclesiae*, 1973, cf. Heinrich DENZINGER, *Symboles et définitions de la foi catholique. Enchiridion symbolorum* [Símbolos e definições da fé católica], ed. bilíngue latim-francês, por Peter Hünermann e Joseph Hoffmann, Paris, Cerf, 1996, 4356, trad. rev.), o protestantismo não dispõe de um conceito unívoco para "dogma". Tanto a definição quanto o *status* do(s) dogma(s) são objeto de um debate controverso. Desde a *Aufklärung*, o debate é empreendido com base em compreensões divergentes acerca da história dos dogmas, e essas próprias histórias estão ligadas a concepções eclesiológicas antagonistas.

Essa situação teve origem na maneira com que a Reforma Protestante articulou o reconhecimento dos enunciados dogmáticos contidos nas confissões de fé da Igreja Antiga (Trindade e cristologia) a uma problematização fundamental dos conceitos de dogma: ainda que os reformadores tenham reconhecido a validade das decisões dogmáticas dos concílios da Igreja Antiga, eles se recusaram a basear esse reconhecimento na autoridade formal dos concílios ou na sanção da igreja. Se os Escritos Simbólicos das igrejas advindas da Reforma reafirmam de modo explícito os dogmas contidos nas confissões de fé da Igreja Antiga, é em nome da Escritura como princípio crítico, uma conjunção que leva em si o germe do questionamento desses mesmos dogmas. Por fim, as novas formulações doutrinais das igrejas da Reforma (justificação pela fé, sacramentos etc.) não são dogmatizadas, mas, sim, confessadas. Nesse sentido, não há como falar propriamente de dogma protestante, mas apenas de "artigos de fé", cuja demonstração deve recorrer a uma teologia da Escritura. Aliás, a ortodoxia protestante dos séculos XVII e XVIII utilizaria o termo "dogma" como sinônimo de "artigo de fé".

Essa compreensão da instância doutrinária normativa no protestantismo foi questionada pela crítica eclesiológica do pietismo e pelo surgimento da consciência histórica. Ambos apontaram para a distância que separa as formulações dos dogmas trinitário e cristológico, tanto dos enunciados escriturísticos quanto da experiência da fé, o que pôs em pauta a questão de sua legitimidade religiosa e teológica. O conceito de "dogma" se torna assim um conceito histórico com uma função crítica. A partir disso há a distinção explícita entre, de um lado, os dogmas, e de outro a pregação de Jesus e a mensagem apostólica. O dogma passa a valer como uma sentença humana (conforme a famosa observação de Marcelo de Ancira, morto por volta de 375: "Levam o nome de dogma uma vontade ou opinião humanas").

Em uma visão confessional luterana (Theodor Kliefoth [1810-1895], escola de Erlangen, Reinhof Seeberg [1859-1935] e alguns herdeiros de Ritschl), tentou-se demonstrar que os dogmas da Igreja Antiga são a interpretação correta da fé em Jesus Cristo. Logo, as formulações doutrinárias da Reforma são consideradas o último elo de um desenvolvimento dogmático iniciado pela Igreja Antiga, do qual o protestantismo (no caso, luterano) é o único herdeiro legítimo. Essa compreensão acompanha um programa eclesiológico que visa a uma homogeneização doutrinária e litúrgica. Por "dogma", entende-se, portanto, as "proposições teológicas [...] que foram reconhecidas em declaração pública como expressão da verdade eclesial pela igreja, ou por uma igreja em particular" (R. Seeberg).

Já em uma óptica liberal, Harnack insiste no caráter culturalmente contingente da formação dos dogmas ("tanto em sua concepção quanto em seu desenvolvimento, o dogma é uma obra do espírito grego no terreno do evangelho") e considera seu reconhecimento por parte de Lutero e dos Escritos Simbólicos como um dos modos com que a história dos dogmas se encerra: as reservas em nome das quais ocorre esse reconhecimento torna caduca a forma jurídica da validade normativa do dogma e priva de "infalibilidade" os enunciados vistos então como pertinentes e legítimos. Assim, a evolução doutrinária do protestantismo não se correlacionaria à história dos dogmas, mas, sim, à história da teologia.

Provocados pelo surgimento da história comparada das religiões, os debates sobre o *status* da teologia levaram à compreensão do dogma como uma forma normal, mas historicamente datada, de institucionalização e aculturação da religião, enfatizando a interdependência entre a estrita normatividade das proposições dogmáticas e a homogeneidade cultural de uma civilização pré-moderna; essa forma normativa foi necessária para o sucesso social de tipo tradicional de institucionalização do religioso que é a igreja. Nessa visão, a modernidade marca o fim tanto da igreja como instituição de graça, de origem divina, quanto do dogma como instância reguladora proposicional e unívoca sobre o que deve ser objeto de fé. Inúmeros projetos, divergentes, de reforma eclesial, assim como os esforços de renovação do conceito de dogma, são testemunhas, muitas vezes involuntárias, dessa crise moderna dos modos tradicionais de institucionalização da religião cristã.

Jean-Marc Tétaz

▶ BARTH, Karl, *Dogmatique* I/1*, §7 (1932), Genebra, Labor et Fides, 1953, p. 254 ss; GISEL, Pierre, *Croyance incarnée. Tradition, Écriture, canon, dogme*, Genebra, Labor et Fides, 1986; KANTZENBACH, Friedrich Wilhelm, *Evangelium und Dogma. Die Bewältigung des theologischen Problems der Dogmengeschichte im Protestantismus*, Stuttgart, Evangelisches Verlagswerk, 1959; KOOPMANN, Jan, *Das altkirchliche Dogma in der Reformation*, Munique, Kaiser, 1955; LOBSTEIN, Paul, *Essai d'une introduction à la dogmatique protestante*, Paris, Fischbacher, 1896; RITSCHL, Otto, *Dogmengeschichte des Protestantismus*, t. I: *Prolegomena, Biblicismus und Traditionalismus in der altprotestantischen Theologie*, Leipzig, Hinrichs, 1908; SABATIER, Auguste, *Les dogmes chrétiens, leur essence et leur développement*, Paris, Fischbacher, 1889; SCHWEIZER, Alexander, *Christliche Glaubenslehre nach protestantischen Grunsätzen*, t. I, Leipzig, Hirzel, 1863, §8; STANGE, Carl, *Das Dogma und seine Beurteilung in der neueren Dogmengeschichte*, Berlin, Reuther und Reichard, 1898.

▶ Baur; **Bíblia**; Biedermann; confissão de fé; dogmática; doutrina; Harnack; história dos dogmas; inspiração; Marheineke; **modernidade**; neologia; Newman; ortodoxia protestante; Pfleiderer; protestantismo (neo); Seeberg; Simbólicos (Escritos); **teologia**

DOGMÁTICA

O termo "dogmática" surge logo no início do século XVII (da pena do teólogo luterano Georg Calixt [1586-1656]) para designar a disciplina teológica que se encarrega do ensino doutrinário erudito. Foi apenas no século XVIII, porém, que esse uso terminológico se impôs em grande escala, após as *Institutiones theologiae dogmaticae* (1723) de Johann Franz Buddeus (1667-1729). Se o termo "dogmática" é produto da ortodoxia tardia, a prática da exposição doutrinária erudita remonta à segunda década da Reforma. A segunda edição dos *Loci communes* (1535) de Melâncton, assim como a segunda edição das *Institutas da religião cristã* (1539-1541) de Calvino são protótipos clássicos dessa exposição. Ambos rompem com os modos de exposição da escolástica medieval para recorrer aos métodos humanistas, em uma época em que o humanismo ressurgia. A partir de meados do século XVII se expandia na Alemanha luterana, sob a influência da redescoberta da filosofia aristotélica, o método dito analítico: compreendendo a teologia como uma "ciência prática", ou seja, orientada por uma finalidade (a salvação do ser humano), esse método estrutura a exposição de acordo com a lógica dos conceitos teleológicos (Calixt, Calov, Quenstedt). A tradição reformada, por sua vez, caracteriza-se pela estrutura diacrônica exaltada pela "teologia federal" de Coccejus (cf. o teólogo de Zurique, Johann Heinrich Heidegger [1633-1698]).

As profundas modificações dos saberes e das sociedades, provocadas pela *Aufklärung*, exigem que sejam repensadas por completo tanto a função como a organização epistemológica da teologia. É a tarefa que se propõe Schleiermacher em *Le statut de la théologie. Bref exposé* [O *status* da teologia: breve exposição] (1811, 1830, Paris-Genebra, Cerf-Labor et Fides, 1994). Schleiermacher registra duas transformações primordiais: as instâncias normativas da teologia do protestantismo ortodoxo (Bíblia e Escritos Simbólicos) desmoronaram sob os golpes da crítica histórica; a pluralidade das opiniões teológicas se torna um fato da vida eclesial protestante. Como resultado, ele abandona toda instância doutrinal normativa supra-histórica. A regulação doutrinária obedece exclusivamente a critérios históricos, e a dogmática protestante reclama de direito uma pluralidade de exposições. Nesse sentido, a teologia dogmática pertence totalmente ao domínio da teologia histórica. Sua tarefa é descrever "A teologia tal como está atualmente em vigor na igreja protestante" (§ 195). A teologia dogmática compreende os dois aspectos da "doutrina da fé" (*Glaubenslehre*, termo introduzido por Siegmund Jakob Baumgarten em 1759-1760) e da "doutrina dos costumes" (*Sittenlehre*), cuja distinção é puramente pragmática (§ 223-231).

Ao substituir o termo tradicional "dogmática" por *Glaubenslehre*, Schleiermacher dá conta do novo princípio que organiza a coerência da exposição doutrinária: ele é a descrição conceitual e sistemática da maneira com que são determinados a consciência religiosa e seus polos intencionais, Deus e o mundo. Essa concepção da dogmática pressupõe uma teoria filosófica da consciência de si, heterogênea em sua demanda à lógica crítica e técnica da exposição dogmática. Schleiermacher desenvolve essa teoria nas diferentes versões de sua *Dialética* (1811-1832). É nesse contexo que foi igualmente possível que especificasse o *status* epistêmico das expressões de crença e sua conceituação dogmática: os enunciados religiosos não têm o propósito de formular um saber sobre o mundo ou sobre Deus, mas de exprimir os tons de fundo e o sentido que a fé confere ao engajamento do indivíduo no trabalho cultural no mundo.

Essa nova formulação do programa dogmático logo exerceu influência para além dos círculos que se declaravam herdeiros diretos de Schleiermacher. Isso é percebido tanto na importância atribuída aos prolegômenos, que apresentam a fundação filosófica, e em seguida psicológica, da exposição doutrinária, como no recurso à consciência cristã como princípio estruturante da exposição. Encontramos esses traços característicos tanto nos teólogos que se costuma associar à "teologia da mediação" (entre confessionalismo conservador e teologia liberal) quanto nos adeptos de uma restauração doutrinária luterana, considerada terapêutica em relação à crise do cristianismo eclesiástico na modernidade (aqui, pensa-se sobretudo na escola de Erlangen).

No século XIX, os debates sobre o programa da dogmática se concentraram em dois problemas fundamentais: a relação entre história dos dogmas e dogmática, de um lado, e o *status* dos enunciados dogmáticos, de outro. A primeira questão é consequência do papel que se reconhece na ciência histórica do século XIX: a história é o meio privilegiado da orientação cultural. É por meio da análise do desenvolvimento histórico dos dogmas que a reflexão doutrinária crê poder assegurar-se da significação dos temas dogmáticos tradicionais. Esse processo inclui a necessidade de legitimar as propostas de reformulação doutrinária diante do fórum da história dos dogmas. Se "a história dos dogmas é a crítica dos dogmas" (David Friedrich Strauß), então a "cosmovisão" moderna marca o fim do universo doutrinário cristão. Porém, a modernidade pode também ser compreendida como uma oportunidade para conduzir a dialética da história dos dogmas a seu termo, em uma metafísica do Absoluto (Baur, Biedermann). Por fim, a história dos dogmas pode legitimar o retorno a uma posição clássica, que se considera reconhecidamente a única expressão doutrinária da fé cristã (Dorner, Thomasius, Frank).

A segunda questão, a do *status* dos enunciados dogmáticos, está ligada à modificação das concepções da realidade e da objetividade, induzida pelo sucesso das ciências empíricas da natureza. Essas concepções estão em tensão com a experiência de si do homem moderno, que se vê como sujeito ético. Essa cisão entre a imagem científica do mundo e a compreensão do real à qual recorre o sujeito ético leva a toda uma reformulação da tarefa da dogmática, que deve propor uma cosmovisão religiosa, ou seja, uma concepção da unidade do real, que permita a edificação de uma identidade pessoal do sujeito cristão enquanto sujeito autônomo do agir ético. Ao considerar-se "cosmovisão", a dogmática se situa na encruzilhada da inquietação quanto à pertinência interssubjetiva de uma hermenêutica-de-si dos sujeitos religiosos e da tarefa teórica de uma formulação do substrato material da competência ética que seja compatível com as ciências modernas da natureza (Ritschl, Troeltsch, Stephan etc.).

Após 1918, a ruptura com a tradição neoprotestante testemunha o retorno de uma dogmática mais tradicionalmente doutrinária, no contexto de uma "revolução anti-historicista" (Kurt Nowak). Apesar da aparência neoortodoxa, a "dogmática eclesial" (*Dogmática*) de Karl Barth se mantém tributária, em vários aspectos, do programa de Schleiermacher, principalmente em sua reivindicação do caráter especificamente eclesial da dogmática. Compreende assim a dogmática como norma crítica da pregação da igreja. A dogmática desempenha essa função crítica ao demonstrar que a verdade (e portanto a única realidade!) do sujeito que crê e age se baseia por completo no agir de Deus em Jesus Cristo. Sobre outros pontos, porém, Barth se distingue fortemente das posições de Schleiermacher. Assim, ele recusa toda fundação da dogmática em uma reflexão filosófica extrateológica. Logo, os prolegômenos têm como tarefa desenvolver as condições de possibilidade do fato empírico da pregação cristã em uma teologia da Palavra de Deus que culmina em uma reconstrução do dogma trinitário como autoconstituição do Absoluto, que se manifesta na Palavra. Esse ato sistemático combina um modo de ação tipicamente neokantiano, com elementos emprestados da tradição da especulação pós-hegeliana (cf. Dorner). Já Paul Tillich compreende que a tarefa de sua *Teologia sistemática* consiste em formular esquemas figurativos por meio dos quais o homem moderno possa interpretar a realidade paradoxal de sua existência.

Os debates sobre o *status* da dogmática na modernidade permanecem assim fundamentalmente tributários da nova "matriz disciplinar" criada por Schleiermacher. Isso significa que a dogmática não se pode furtar a uma reflexão sobre a função que convém reconhecer em uma teoria da religião descentralizada em relação à teologia, uma teoria na qual as ciências humanas teriam certamente um papel preponderante. É nessa base que a tarefa da dogmática protestante consistirá em desdobrar os conteúdos doutrinais da compreensão protestante do cristianismo para mostrar proposições de sentido graças aos quais o indivíduo deve poder compreender-se como sujeito de suas ações em luta contra as estruturas institucionais do mundo moderno. Essa tarefa deverá, portanto, desenvolver uma hermenêutica religiosa do sujeito concreto a serviço da construção da identidade pessoal. Nesse sentido, o empreendimento permanece sempre relacionado à práxis do sujeito religioso, e portanto a uma teologia prática.

Jean-Marc Tétaz

▶ FISCHER, Hermann, *Systematische Theologie. Konzeptionen und Probleme im 20. Jahrhundert*, Stuttgart, Kohlhammer, 1992; HIRSCH, Emanuel, *Geschichte der neuern evangelischen Theologie im Zusammenhang mit den allgemeinen Bewegungen des europäischen Denkens* (1949-1954), 5 vols., Gütersloh, Mohn, 1975; STEPHAN, Horst, *Geschichte der deutschen evangelischen Theologie seit dem deutschen Idealismus* (1938), Berlim, Walter de Gruyter, 1973; WELCH, Claude, *Protestant Thought in the Nineteenth Century*, 2 vols., New Haven, Yale University Press, 1972-1985.

● Barth; Baumgarten, S. J.; Biedermann; dogma; Dorner; doutrina; Erlangen; fé; Frank; hermenêutica; Herrmann; história dos dogmas; **Jesus (imagens de)**; Kaufman; metafísica; **modernidade**; **moral**; ortodoxia protestante; Ritschl; ritschliana (escola); Schleiermacher; Strauss; **teologia**; teologia da mediação; teologia especulativa; Tillich; Troeltsch

DOMBES (Grupo de)

Em 1937, através da iniciativa do abade Paul Couturier e do pastor Richard Bäumlin de Erlenbach, perto de Berna, ocorreu o primeiro encontro de três padres e três pastores no mosteiro trapista de Dombes (Ain). Uma "célula ecumênica" (padre Villain) composta por franceses e suíços se reúne em Dombes em 1937. Após a guerra, o grupo continua a se ver todo ano, sucessivamente, em Dombes, em Presinge, em Grandchamp e em Taizé, para retornar a Dombes a partir de 1971 e, hoje, na abadia beneditina de Pradines. Não estabelecem nem definição, nem regras, mas estão imbuídos do profundo desejo de reduzir a fratura da igreja no Ocidente, em um diálogo iniciado primeiramente entre católicos e protestantes (reformados e luteranos), mas estendido também a ortodoxos e anglicanos. O grupo cresce e chega a quarenta membros. Seu constante desejo é a liberdade para arrebanhar pessoas, sem depender de qualquer autoridade coerciva, desenvolvendo-se por nomeação, com o convite exclusivo feito a padres e pastores representativos em suas igrejas.

O grupo organiza sua vida em torno de três elementos: busca teológica, um diálogo verdadeiro e a oração. Quanto à busca teológica, a partir de 1956 são redigidas teses resumindo os saberes adquiridos. Foram necessários vinte anos de socialização. Foi somente em 1971 que o grupo decidiu publicar as teses do ano: *Rumo a uma mesma fé eucarística?* O grupo tratou de três grandes temas: cristologia, pneumatologia e antropologia, abordando em seguida o problema da relação entre Cristo e a igreja, e entre o Estado e a igreja. Nessas bases, elaborou os seguintes documentos: *Por uma reconciliação dos ministérios: elementos de acordo entre católicos e protestantes* (1976);

O ministério episcopal: reflexões e propostas acerca do ministério de vigilância e de unidade na igreja particular (1976); *O Espírito Santo, a igreja e seus sacramentos* (1979); *O ministério da comunhão na igreja universal* (1985); *Pela conversão das igrejas* (1991); *Maria nos desígnios de Deus e a comunhão dos santos* (1997-1998) e *"Um só Senhor": a autoridade doutrinária na igreja* (2005).

A convesão das igrejas é o fio condutor da reflexão do grupo. É nesse aspecto que se experimentou a necessidade de um verdadeiro diálogo, facilitado por uma longa convivência. Cada um sabia que o outro não estava trapaceando com sua fé, e era preciso que houvesse uma vida em comum, no grupo, centrada na continuidade e na transformação que caracterizam a conversão. Enfim, a teologia e o diálogo foram sempre associados à oração, na reunião eucarística da manhã, na oração ao meio-dia e à noite.

A questão sobre a verdade da identidade confessional no contexto do diálogo entre as igrejas permanece em aberto. As igrejas da Reforma são, aqui, levadas a questionar novamente o sentido de expressões como "somente a Escritura", "somente a fé", "somente a graça".

Willy-René Nussbaum

▶ GRUPO DE DOMBES, *Pour la communion des Églises. L'apport du Groupe des Dombes 1937-1987*, Paris, Centurion, 1988 (com as teses); Idem, *Pour la conversion des Églises. Identité et changement dans la dynamique de communion*, Paris, Centurion, 1991; Idem, *Marie dans le dessein de Dieu et la communion des saints*, t. I: *Une lecture oecuménique de l'histoire et de l'Écriture* e t. II: *Les questions controversées et la conversion des Églises*, Paris, Bayard-Centurion, 1997-1998; Idem, *"Un seul maître"* (Mt 23,8). *L'autorité doctrinale dans l'Église*, Paris, Bayard, 2005.

● Catolicismo; **ecumenismo**; Ortodoxa (Igreja Oriental); Semana da Oração pela Unidade Cristã

DOMINGO

O debate moderno sobre a observância do domingo se intensificou em meados do século XIX. No contexto do protestantismo britânico (sobretudo na Inglaterra e na Escócia), já a partir do século XVII, as propriedades do *shabat* como dia de repouso tinham sido progressivamente transferidas para o domingo (dia do

Senhor). O movimento evangélico reavivalista tirou conclusões radicais desse fato, ao defender a estrita observância do repouso dominical. Foi nesse contexto que se criou em 1831 a Sociedade para a Observância do Dia do Senhor. Hoje, a questão se apresenta sob um aspecto bastante diverso, tendo em vista as mudanças estruturais na sociedade. Expressão de minorias diversificadas, a prática religiosa se tornou uma atividade voluntária, que tem seu lugar prioritário no domingo, dia de repouso, ao lado dos lazeres, inclusive esportivos. Mas a questão se deslocou principalmente no plano social e econômico, atingindo todos os países europeus. Trata-se de fato da racionalização da atividade econômica e de suas consequências éticas e sociais. Os meios econômicos lutam para alargar ainda mais as atividades de domingo, em nome de uma maior flexibilidade na organização do trabalho (abertura do comércio nesse dia, maior agilidade na indústria etc.), e o mesmo é feito em relação às atividades noturnas, principalmente para mulheres. Os sindicatos e as igrejas se veem associados na luta contra os riscos de desmantelamento social e familiar que tal transformação significa. Os argumentos utilizados pela igreja se mostram convincentes e úteis na medida em que não parecem, à primeira vista, nem uma proteção nostálgica de privilégios eclesiásticos, nem uma defesa indireta da participação nos cultos. De fato, as implicações simbólicas e éticas se relacionam sobretudo à questão dos limites atribuídos ao trabalho (cf. o tema bíblico do *shabat*), e não à significação religiosa do domingo enquanto tal. Hoje, são propostas três soluções práticas para a questão: guardar o domingo tradicionalmente por meio de decretos que considerem ilegal toda forma de comércio; liberação parcial (abertura dominical limitada); desregulação total (liderada pelo mercado somente). Na verdade, inúmeros serviços já estão disponíveis no domingo (transporte, hospital, imprensa etc.). A abertura moderada de alguns tipos de comércio (segunda solução) já existe e parece social e eticamente aceitável, contanto que seja objeto de rigorosa regulamentação. Aceitar uma liberação moderada implica também reconhecer a legitimidade de algum tipo de limite social e político, com vistas a proteger os interesses dos trabalhadores e da família.

Grace Davie e Denis Müller

▶ HECKMANN, Friedrich, *Arbeitszeit und Sonntagsruhe. Stellungnahmen zur Sonntagsarbeit als Beitrag kirchlicher Sozialkritik im 19. Jahrhundert*, Essen, Die Blaue Eule, 1986; HOMAN, Roger, "Sunday Observance and Social Class", *A Sociological Yearbook of Religion* 3, 1970, p. 78-92; McLEOD, Hugh, *Religion and the Working Class in 19th Century Britain*, Londres, MacMillan, 1984; MESSANT-LAURENT, Françoise, BUHLMANN, Brigitte e MARTI, Laurence, *Travailler la nuit et le week-end?*, Zurique, Seismo, 1993; RORDORF, Willy, *Sabbat et dimanche dans l'Église ancienne*, Neuchâtel, Delachaux et Niestlé, 1972.

◉ **Capitalismo**; festas; trabalho (e legislação do)

DOOYEEWEERD, Herman (1894-1977)

Jurista e filósofo reformado, nascido em Amsterdã, pensador mais prestigiado da escola neocalvinista no século XX, Dooyeeweerd é herdeiro das intuições de Abraham Kuyper e as organiza em um sistema comparável, para o enciclopedismo, ao de Hegel, em uma atmosfera mais kantiana, porém. Em 1926, torna-se titular da cadeira de filosofia do direito na Universidade Livre de Amsterdã, publicando em 1935 *De Wijsbegeerte der Wetsidee* ("Filosofia da ideia da lei"), matriz para a versão americana *A New Critique of Theoretical Thought* [Nova crítica do pensamento teórico] (1953-1958). Em 1936, lança a revista *Philosophia Reformata*. Seu neocalvinismo se expande principalmente na América do Norte e na África do Sul, apesar de uma controvérsia com Cornelius Van Til, outro grande pensador neocalvinista.

Podemos distinguir três eixos principais em sua obra: uma crítica dita transcendente para demonstrar o enraizamento de todo pensamento teórico em uma ideia de lei cuja origem é religiosa; uma crítica dos motivos fundamentais, como uma arqueologia do saber, desenterra historicamente essas raízes; uma teoria dos círculos das leis, ou modalidades da experiência, recompõe todo o organismo das ciências, desde a aritmética até a teologia.

Henri Blocher

▶ DOOYEWEERD, Herman, *A New Critique of Theoretical Thought* (1953-1958) (*The Complete Works of Herman Dooyeweerd* A/1-4), 4 vols., Lewiston, E. Mellen Press, 1997; *La Revue réformée* 39, 1959, p. 1-76 (reproduzidas as cinco palestras dadas por Herman Dooyeweerd Museu Social em 1957); COURTHIAL, Pierre, "Le mouvement réformé de reconstruction chrétienne", *Hokhma* 14, 1980, p. 44-70; KALSBEEK, L., *Contours of a Christian Philosophy. An Introduction to Herman Dooyeweerd's Thought*, Toronto, Wedge, 1975.

○ Calvinismo (neo); Kuyper; universidades protestantes; Van Til

DORDRECHT (Sínodo e Cânones de)

Sínodo das igrejas reformadas ocorrido em Dordrecht (Holanda) de 1618 a 1619, convocado pelos Estados Gerais para resolver o problema do arminianismo. Os arminianos propunham um sistema teológico que atribuía à fé individual uma responsabilidade pela salvação, opondo-se à doutrina calvinista oficial da predestinação eterna. Os holandeses convocaram as delegações da igreja de cada província e convidaram representantes da França, da Inglaterra, da Suíça, de Genebra, de Bremen, de Emden, do Palatinado e de Hesse. Nos *Cânones de Dordrecht*, o sínodo denunciou o sistema de Armínio e definiu a predestinação em termos que excluíam toda participação humana na obra da salvação. Esses cânones foram aceitos por todas as delegações presentes no sínodo. Tal concordância se deve ao desejo das igrejas reformadas europeias por uma base teológica em comum nesse período de insegurança no início da Guerra dos Trinta Anos. Maurício de Nassau os apoiou com o objetivo de prosseguir com suas ambições políticas. Esses cânones foram recebidos pelas igrejas das Províncias Unidas, de Genebra, dos cantões suíços, da França, e se tornaram oficialmente normativos para essas igrejas; porém, sua influência foi menos significativa por causa da Guerra de Trinta Anos, que acabava de estourar, e das alianças políticas e militares, que cresciam em importância, deixando a teologia em segundo plano. Genebra adotou os *Cânones de Dordrecht*, em grande parte devido a sua dependência econômica em relação às Províncias Unidas. Na Europa do século XVII, dominada pela luta entre os Estados-nações em formação, considerar os *Cânones* como uma ferramenta para a unidade das igrejas reformadas não era mais uma posição realista. O pensamento reformado se viu cada vez menos convencido pela verdade das formulações dogmáticas contidas nos *Cânones*, privilegiando uma religião mais pessoal, tal como se manifestou no pietismo.

Isso já ocorria no Sínodo de Dordrecht, com os arminianos e as propostas das delegações de Bremen e Genebra. As tentativas contemporâneas para renovação da autoridade dos *Cânones* são pouco conclusivas.

William McComish

▶ *Les canons du Synode de Dordrecht* (1619), em Olivier FATIO, org., *Confessions et Catéchismes de la foi réformée*, Genebra, Labor et Fides, 2005, p. 307-346; McCOMISH, William A., *The Epigones. A Study of the Theology of the Genevan Academy at the Time of the Synod of Dort, with Special Reference to Giovanni Diodati*, Allison Park, Pickwick Publications, 1989.

○ Amyraut; arminianismo; Armínio; calvinismo; calvinismo (neo); Diodati; Du Moulin; Episcopius; Gomar; Grotius; *Heidelberg (Catecismo de)*; **predestinação e Providência**; remonstrantes; Simbólicos (Escritos); Tronchin T.; Turrettini F.; Turrettini J.-A.; Voetius; Westminster (Assembleia e *Confissão de*); Zanchi

DORNER, Isaak August (1809-1884)

Nascido em Neuhausen ob Eck (Wurtemberg) e morto em Wiesbaden, Dorner é nomeado professor de teologia em Kiel, 1839; em Königsberg, 1843; em Bonn, 1847; em Göttingen, 1853; e em Berlim, 1862. Defensor da união das igrejas protestantes alemãs e do ecumenismo intraprotestante, lutou contra as tendências reacionárias da igreja prussiana e trabalhou pela instalação do sistema sinodal. No plano teológico, Dorner representa uma teologia da mediação eclética, recorrendo a certos elementos especulativos do idealismo alemão (Hegel, Schelling) e do teísmo filosófico para reconstruir os dogmas trinitário e cristológico.

De início, Dorner propôs uma reformulação do dogma cristológico das duas naturezas, divina e humana, para chegar a uma inteligência especulativa da unidade da pessoa crística, na qual vê realizado "o ideal moral e religioso da humanidade". Sua principal obra é *System der christlichen Glaubenslehre*. Embora permanecesse fiel ao plano geral inaugurado por Schleiermacher, Dorner substitui a doutrina do sentimento religioso por uma doutrina da fé (pisteologia), concebida como experiência de Deus, cuja estrutura consiste em tender à certeza de si pelo conhecimento verdadeiro de seus fundamentos. Essa dupla dimensão da fé tem um toque claramente kantiano (distinção entre percepção e entendimento). A fé tem acesso ao conhecimento de sua verdade explicitando-se no desenvolvimento de uma doutrina da Trindade imanente que a funda na autossubjetividade de um Deus pessoal, concebido antes de tudo como o Bem absoluto. Porém, o uso que Dorner faz das tradições criticistas e idealistas as priva de seu caráter crítico e as coloca a serviço de uma restauração do dogma eclesial.

Jean-Marc Tétaz

▶ DORNER, Isaak August, *Entwicklungsgeschichte der Lehre von der Person Christi von der ältesten Zeit bis auf die neueste* (1839), 2 vols., Berlim, Schlawitz, 1845-1856; Idem, *System der christlichen Glaubenslehre* (1879-1881), 2 vols., Berlim, Hertz, 1883; AXT-PISCALAR, Christine, *Der Grund des Glaubens. Eine theologische Untersuchung zum Verhältnis von Glauben und Trinität in der Theologie Isaak August Dorners*, Tübingen, Mohr, 1990; BARTH, Karl, *La théologie protestante au dix-neuvième siècle. Préhistoire et histoire* (1946), Genebra, Labor et Fides, 1969, p. 366-376; BOBERTAG, J., *Isaak August Dorner. Sein Leben und seine Lehre, mit besonderer Berücksichtigung seiner bleibenden Bedeutung für Theologie und Kirche*, Gütersloh, Bertelsmann, 1906; DORNER, August, "Dorner, Isaak August", em *Realencyklopädie für protestantische Theologie und Kirche*, t. XVII, Leipzig, Hinrichs, 1886, p. 755-770.

◉ Hegel; Igrejas Unidas; Kant; Prússia; Schelling; Schleiermacher; teologia da mediação; Trindade

DOUGLASS, Jane (1933-)

Após estudos em sociologia e línguas modernas, Jane Douglass, nascida Dempsey, obtém em 1963 um doutorado da Universidade de Harvard. Professora de história da igreja e de religião de 1963 a 1985 na Escola de Teologia de Claremont, é nomeada professora de teologia histórica no Seminário Teológico de Princeton. Suas obras revelam seus interesses predominantes: um olhar para o passado histórico a fim de melhor compreender as questões do presente; a importância da Reforma tanto na dimensão luterana quanto na reformada, sobretudo calvinista (em 1954-1955, Jane Douglass passou um ano estudando na Faculdade de Teologia de Genebra); a preocupação pela posição e pelo papel da mulher na sociedade atual.

Jane Douglass assume vários compromissos na Igreja Presbiteriana dos Estados Unidos, sendo ordenada anciã de sua igreja. Também se engaja na comunidade científica, assumindo a presidência da Sociedade Americana de História da Igreja, e em instâncias eclesiásticas internacionais, participando do diálogo internacional lutero-reformado. Assume a vice-presidência da Aliança Reformada Mundial, tornando-se presidente em 1990. Em 1994, é nomeada doutora *honoris causa* da Universidade de Genebra.

Edmond Perret

▶ DOUGLASS, Jane, *Mulheres, liberdade e Calvino: o ministério feminino na perspectiva calvinista* (1985), Arapongas, Didaqué, 1995.

◉ Aliança Reformada Mundial

DOUMERGUE, Émile (1844-1937)

Professor de história da igreja na Faculdade de Teologia de Montauban de 1880 a 1919 e decano de 1906 a 1919, Émile Doumergue se tornou conhecido por suas obras sobre a Reforma e por seu estudo monumental sobre João Calvino. Nascido em Nîmes, estuda teologia em Genebra e em Montauban, sendo ordenado pastor em Paris, no ano de 1872. Feroz advogado da Declaração de Fé votada no sínodo de 1872, Doumergue desempenha um papel fundamental nas igrejas reformadas evangélicas — é membro da Comissão Permanente (1893-1919) e encarna a tendência mais ortodoxa com formidável energia. Defensor das minorias nacionais e religiosas perseguidas (armênios, letões, sérvios), demonstra um patriotismo militante ao longo da Primeira Guerra Mundial. Autor de grande número de publicações, permanece até a morte um fiel colaborador de *Christianisme au XIXe siècle* [Cristianismo no século XIX], tendo sido, em 1872, um de seus fundadores.

Lucien Gambarotto

▶ DOUMERGUE, Émile, *Jean Calvin, les hommes et les choses de son temps*, 7 vols., Lausanne-Neuilly-sur-Seine, Bridel-La Cause,1899-1927; Idem, *Essai sur l'histoire du culte réformé principalement aux XVIe et XIXe siècles*, Paris, 1890; Idem, *Les étapes du fidéisme*, Genebra, Jeheber, 1906; PIC, Paul, "Le Doyen Émile Doumergue, 1844-1937", *Revue de théologie et d'action évangéliques*, 1945/1-2, p. 72-88.

◉ Calvinismo; Calvino; **história**

DOUTRINA

Por doutrina compreende-se, em teologia, uma fórmula ou conjunto de fórmulas que deem conta de um ou vários aspectos do testemunho bíblico. A doutrina é necessária por três razões. Em primeiro lugar, a revelação escriturística se apresenta de modo disperso: são textos narrativos, proféticos, de sabedoria, relativos à história de Israel, de Cristo e dos apóstolos, o que torna a Bíblia compreensível somente pelo discernimento de seus elementos específicos. Em segundo, a Escritura só é inteligível através de um esforço de hermenêutica, ou seja, de interpretação, que permita uma tradução de seu conteúdo para as categorias das diversas formas de compreensão que o homem tem de si mesmo e das diversas culturas. Em terceiro, a coerência do Livro só se torna aparente se a interpretação de seus vários textos for feita à luz da analogia da fé (cf. Rm 12.6), ou seja, do critério que o próprio conteúdo da Escritura oferece, extraído de modo comunitário pela fé sob influência do Espírito Santo. O dogma é a doutrina por excelência, ou seja, a expressão dos elementos mais fundamentais do testemunho bíblico, tais como a Trindade ou as duas naturezas da única pessoa de Cristo.

No uso que é feito desses dados gerais, podemos destacar diferenças, de um lado, entre catolicismo e protestantismo, e de outro, no meio protestante, entre ortodoxia e liberalismo. No catolicismo, em virtude da promessa de assistência do Espírito Santo à igreja e a seu líder, sucessor de Pedro, a doutrina (às vezes) e o dogma (sempre), uma vez constatados e definidos pelo papa em comunhão com a igreja, são considerados irreformáveis e infalíveis, até mesmo em sua formulação (ao menos segundo a opinião comum e majoritária). Além disso, de acordo com a responsabilidade acerca de seu depósito apostólico, o papa e a igreja têm o poder de discernir a presença das verdades de fé implicitamente atestadas pela Escritura, tais como o dogma mariano (imaculada conceição e assunção da Virgem aos céus, promulgadas respectivamente em 1854 e em 1950) e a infalibilidade pontifical (1870). No protestantismo, somente podem ser admitidos dogmas e doutrinas explicitamente conformes à Escritura, e a formulação desses dogmas e dessas doutrinas pode ser modificada à luz do testemunho interior do Espírito Santo, que ilumina a letra da Escritura para essas mudanças contínuas (*Ecclesia semper reformanda*, "Igreja sempre a reformar") pela comunidade dos cristãos ajudada pelo ministério dos teólogos. Quanto às diferenças no próprio seio do protestantismo, para a ortodoxia, a doutrina, ainda que passível de revisão em sua formulação, constitui autoridade que baliza o caminho da pesquisa teológica e da pregação; já o liberalismo compreende que toda fórmula doutrinária tende a encerrar a verdade evangélica em esquemas intelectuais, tornando-se o protagonista de uma concepção que opõe doutrina e vida, crença intelectual e fé do coração. De acordo com essas diversas posturas, a dogmática é a exposição das doutrinas e dos dogmas, assim como sua explicação, ou então, em uma acepção do termo que não mais corresponde a seu significado primeiro, o exame das condições psicológicas e religiosas da fé cristã.

Jean-Louis Leuba

▶ BARTH, Karl, *Dogmatique* I/1*, §7 e I/2***, §22-24 (1932-1939), Genebra, Labor et Fides, 1953 e 1955, p. 239-276, 287-430; DUMAS, André, *La doctrine et la vie*, em Richard STAUFFER, org., *In necessariis unitas. Mélanges offerts à Jean-Louis Leuba*, Paris, Cerf, 1984, p. 89-101; GISEL, Pierre, *Croyance incarnée. Tradition, Écriture, canon, dogme*, Genebra, Labor et Fides, 1986; LINDBECK, George A., *La nature des doctrines. Religion et théologie à l'âge du postlibéralisme* (1984), Paris, Van Dieren, 2003; PANNENBERG, Wolfhart, *Was ist eine dogmatische Aussage?* (1962), em *Grundfragen systematischer Theologie*, t. I, Göttingen, Vandenhoeck & Ruprecht, 1967, p. 159-180; Idem, *Systematische Théologie*, t. I, Göttingen, Vandenhoeck & Ruprecht, 1988, cap. 1.

◉ Analogia da fé; **autoridade**; concílio; confissão de fé; dogmática; liberalismo (pós-); liberalismo teológico; Lindbeck; ortodoxia protestante; Simbólicos (Escritos); **teologia**

DOXOLOGIA

A doxologia é uma fórmula teológica ou literária que exprime e exalta a glória de Deus (de modo mais amplo, alguns entendem também pelo termo a ideia da confissão de fé). A importância de um momento "doxológico" no protestantismo é decisiva (cf. a referência final a somente a glória de Deus, *soli Deo gloria*, principalmente na obra de Calvino), ainda que, no registro luterano, a atenção voltada para a "teologia da cruz" (*theologia crucis*) permita limitar com mais eficácia suas possíveis apropriações políticas ou entusiásticas. Essa importância se deve ao fato de que o protestantismo se baseia em uma compreensão renovada do pecado do ser humano e da graça divina, que implica uma poderosa percepção da glória de Deus. Assim, hinos, orações e textos teológicos protestantes costumam conter um sabor doxológico, bem como todo o universo cultural e estético herdado da Reforma. Essa ênfase se exprime de modo bastante diverso, desde as cantatas do luterano Johann Sebastian Bach até a música afro-americana, desde os poetas reformados do século XVI e da época barroca até autores contemporâneos como o suíço Edmond Jeanneret, bardo infelizmente pouco conhecido da fragilidade tomada pelo maravilhamento.

Bernard Hort

▶ GISEL, Pierre, *Le Christ de Calvin*, Paris, Desclée, 1990; JEANNERET, Edmond, "Le doute d'Abraham", *Foi et Vie* 83/4, 1984, p. 47-51; LEUBA, Jean-Louis, *Reflets de l'épiphanie. Traces de la gloire de Dieu dans l'histoire, la culture et les corps*, Genebra, Labor et Fides, 1990; MOLLA, Serge, org., *Voix ferventes. Prières afro-américaines, XVIIIe-XXe siècles*, Genebra, Labor et Fides, 2004.

● Cântico; graça; **Jesus (imagens de)**; liturgia; oração; pecado; testemunho

DRAGONADA

A dragonada, ou alojamento para os envolvidos em guerras, é um procedimento utilizado para reprimir uma desordem fiscal (Bretanha, 1675) ou uma oposição (Pamiers, caso do direito de regalia, 1680). O intendente Marillac recorre à dragonada em Poitou (1681) para forçar os huguenotes à conversão católica. Ainda que oficialmente condenado, o procedimento é tão eficaz que volta a ser utilizado em Béarn pelo intendente Foucault, e de novo, em 1685, em todo o Languedoc, pelo intendente Bâville. Além de pesarem bastante na economia doméstica, os dragões (originariamente, o regimento ao qual pertenciam os "soldados"), também chamados de "missionários de botas", obrigam os huguenotes a todo tipo imaginável de maus-tratos, com exceção provável de estupro e assassinato. O medo que suscitam é de tal monta que o aviso de sua chegada era suficiente para produzir um movimento em massa de abjurações. Durante o ano de 1686, em vários locais, os dragões exigem que os insubmissos compareçam à missa e aceitem participar da comunhão. Esses abusos acabaram suscitando o repúdio até mesmo de teólogos católicos, como Bossuet.

Hubert Bost

▶ FRÊCHE, Georges, *Contre-Réforme et dragonnades*, BSHPF 119, 1973, p. 362-383; GARRISSON, Janine, *L'Édit de Nantes et sa révocation. Histoire d'une intolérance*, Paris, Seuil, 1985.

● Béarn; Deserto; Edito de Nantes (e Revogação do); Montauban; Montpellier; Nîmes; Orange; Orthez

DREWS, Christian Heinrich Arthur (1865-1935)

Escritor alemão de fé independente e crítico do cristianismo. Após estudos germânicos malsucedidos, Arthur Drews, que tinha sido criado em uma família sem religião, dedica-se à filosofia em Berlim, a partir de 1886. Não se sentiu satisfeito nem com o neokantismo dominante na época, nem com a hermenêutica de seu professor, Wilhelm Dilthey (1833-1911). Seu desejo era por uma nova *Weltanschauung* fundadora de sentido. Foi apenas com a "metafísica da vontade", de Arthur Schopenhauer (1788-1860) e a filosofia do inconsciente de Eduard von Hartmann (1842-1906) (tradução francesa *Philosophie de l'inconscient*, 1869, Paris, Baillière, 1877) que Drews chegou a um "monismo concreto" que, por seus tons germânicos (Drews busca uma tradição que possa despir o cristianismo de seus traços hebraicos), marcou também as religiões extraeclesiásticas do império. Para ele, a religião é consciência de si de Deus ou a consciência de que meu eu individual é uma modalidade de existência da realidade inconsciente do Absoluto. Ensinando filosofia desde 1896 na Escola de Ensino Superior Técnico de Karlsruhe, Drews obteve ampla audiência por contestar a existência histórica de Jesus de Nazaré (*Die Christusmythe* [O mito de Cristo], 2 vols., Iena, Diederichs, 1909-1911; 2^a ed. totalmente reformulada em 1 vol., Iena, Diederichs, 1924; trad. franc. da 2^a ed.: *Le mythe de Jésus* [O mito de Jesus], Paris,

Payot, 1926). Sua *Deutsche Religion* [Religião alemã] (Berlim, Heger, 1934) o torna um precursor ideológico do "movimento nacionalista" e do nacional-socialismo.

Friedrich Wilhelm Graf

▶ DREWS, Arthur, *Autobiographie*, em Raymund SCHMIDT, org., *Die Philosophie der Gegenwart in Selbstdarstellungen*, t. V, Leipzig, Meiner, 1924, p. 67-128; Idem e HARTMANN, Eduard von, *Philosophischer Briefwechsel 1888-1906*, org. por Rudolf MUTTER e Eckhart PILICK, Rohrbach, Guhl, 1995; LÜBBE, Hermann, "Arthur Drews", em *Neue Deutsche Biographie*, t. IV (1959), Berlim, Duncker und Humblot, 1971, p. 117.

● Hartmann; **Jesus (imagens de)**; Jesus (vidas de); *Kirchenkampf*; Lagarde; nacionalidade e nacionalismo; Schopenhauer

DREYER, Carl Theodor (1889-1968)

Cineasta nascido e morto em Copenhague. Filho adotado de Carl Theodor Dreyer, que lhe dá seu nome completo, o jovem Carl experimenta uma verdadeira aversão por seus pais, que aumenta quando fica sabendo sua origem. Sua obra ficaria marcada por esse choque. De grande qualidade plástica, seus filmes são cheios de simbolismos. Ele escreveria: "Com o simbolismo, estamos na via da abstração, pois o simbolismo opera por sugestão [...]. Mas meu único desejo é que exista, para além de um naturalismo sombrio e tedioso, o mundo da imaginação". Esse mundo seria mergulhado em misticismo, marcado pela confrontação crítica e atormentado com o luteranismo escandinavo.

Dreyer consegue expressar-se em *A paixão de Joana d'Arc* (1928), filme mudo em que Joana, protótipo das heroínas do diretor, é levada à resistência e à rebeldia. A marca de sua busca espiritual é encontrada também em *Ordet* ("a palavra" em dinamarquês) (1955), filme que, pelo milagre que encena e a questão da ressurreição, fala diretamente ao espectador, questionando-o acerca da fé, e em *Gertrud* (1964), que tematiza o fracasso do amor e a solidão. Em *Dias de ira* (1943), o cineasta apresenta um pastor confrontado com o problema da bruxaria, a realidade do mal e o diabo (como também em *Páginas do livro de Satã* [1920]). Problemas financeiros impediriam que esse grande diretor nos deixasse *Jesus judeu*, projeto concebido em 1949. A influência do cinema de Dreyer marcou inúmeros cineastas escandinavos, sobretudo Ingmar Bergman, estendendo-se também ao cinema europeu (Andreï Tarkowski e Alain Resnais).

Pierre Bühler

▶ DREYER, Carl Theodor, *Dies Irae*, Paris, *L'Avant-scène*, 1970 (com uma biofilmografia de Dreyer); Idem, *La passion de Jeanne d'Arc*, Paris, L'Avant-scène, 1988; Idem, *Réflexions sur mon métier*, Paris, Cahiers du cinéma, 1997; DROUZY, Maurice, *Carl Th. Dreyer né Nilsson*, Paris, Cerf, 1982; PRIGENT, *Ils ont filmé l'invisible. La transcendance au cinéma*, Paris, Cerf, 2003, p. 92-123; SEMOLUÉ, Jean, *Carl Th. Dreyer. Le mystère du vrai*, Paris, Cahiers du cinéma, 2005.

● Bergman; **cinema**; Resnais

DRÔME (Brigada da)

A partir de 1922, as igrejas reformadas da Drôme conhecem um avivamento suscitado pela pregação do tipo avivalista de uma brigada missionária, que exorta pastores e leigos ao arrependimento e à regeneração em Jesus Cristo. Se o principal campo de ação dos comandantes da brigada (Victor Bordigoni, Jean Cadier, Pierre Caron, Édouard Champendal e Henri Eberhard) é o sul da Drôme, sua influência se estendeu bastante além, graças a viagens, à publicação do *Matin vient* [A manhã vem] e a reuniões acompanhadas de conferências que forneciam o conteúdo de obras de edificação sobre a piedade do avivamento, sua doutrina, sua cristologia e também seu profetismo e sua escatologia. No nível eclesial, a Brigada recusou-se a constituir dissidência, e sua pneumatologia não deu ensejo a particularidades do pentecostalismo. Por fim, se a obra dos brigadeiros ficou para a posteridade, não se deve manter oculta a contribuição decisiva da União dos Pastores do vale da Drôme para a renovação da piedade e da reflexão teológica das duas uniões eclesiais reformadas, cuja unidade foi favorecida.

Laurent Gambarotto

▶ BOLLE, Pierre e PETIT, Pierre, orgs., *La vie des Églises protestantes de la vallée de la Drôme de*

1928 à 1938, Paris, Les Bergers et les Mages, 1977; CADIER, Jean, *Le matin vient*, Paris, Les Bergers et les Mages, 1990.

▶ Avivamento; Cadier; Die et Dauphiné; evangélicos; França; pentecostalismo

DROYSEN, Johann Gustav (1808-1884)

Historiador alemão, professor de história em Kiel (1840), em Iena (1851) e em Berlim (1859 em diante), Droysen estudou em Berlim de 1826 a 1831. Influenciado por Hegel (1770-1831) e pelo espírito da escola histórica alemã, foi fundador da escola histórica prussiana (*Preußisch-kleindeutsche Historikerschule*), que pregava uma unificação alemã sob a égide da Prússia, excluindo a Áustria. Foi reconhecido como o autor da ideia de uma "missão da Prússia", a quem caberia realizar a unidade da nação alemã. Em Kiel, Droysen tomou parte do movimento que exigia a agregação à Alemanha dos ducados, então dinamarqueses, de Schleswig e Holstein; deputado da Assembleia Nacional da *Paulskirche* (Frankfurt, 1848-1849), Droysen foi um dos porta-vozes do partido favorável à volta da monarquia imperial hereditária dos Habsburgo.

Porém, a concepção histórica de Droysen é universalista, orientada para tradições cristãs, às quais ele atribui uma formulação ao mesmo tempo ética, religiosa e estadista: ao longo da história são formadas finalidades éticas voltadas para a "finalidade das finalidades" divina, realizada historicamente pelo Estado, que seria o fundamento desejado por Deus do conjunto da vida cultural e material. Com seu *Historik*, Droysen proporcionou à ciência histórica moderna um novo fundamento metódico e autorreflexivo, que em vez de compreender a história, de início, como uma dimensão que serve à orientação da existência humana, correlaciona-a com um cânon de regras da pesquisa histórica, que são objeto de uma reflexão metodológica. É a esse preço que a história pode extrair conhecimentos capazes de orientar o agir humano.

Harmut Ruddies

▶ DROYSEN, Johann Gustav, *Histoire de l'hellénisme* (1836-1843, 1877-1878), reed. da tradução francesa de 1883-1885, Paris, Robert Laffont, 2003; Idem, *Das Leben des Feldmarschalls Grafen York von Wartenburg*, 3 vols., Berlim, Veit, 1851-1852; Idem, *Geschichte der preußischen Politik* [até 1756], 5 partes em 14 vols., Leipzig, Veit, 1855-1886; Idem, *Historik Rekonstruktion der ersten vollständigen Fassung der Vorlesungen* (*1857*). *Grundiß der Historik in der ersten handschriftlichen* (*1857-1858*) *und in den leizten gedruckten Fassung* (*1882*), edição crítica por Peter LEYH, 3 vols., Stuttgart-Bad Cannstatt, Frommann-Holzboog, 1977; Idem, *Précis de théorie de l'histoire* (1858, 1882), tradução francesa da 3ª edição, Paris, Cerf, 2002; Idem, *Politische Schriften*, org. por Felix GILBERT, Munique, Oldenbourg, 1933; Idem, *Briefwechsel* (1929), 2 vols., org. por Rudolf HÜBNER, Osnabrück, Biblio-Verlag, 1967; BRAVO, Benedetto, *Philologie, histoire, philosophie de l'histoire. Étude sur J. G. Droysen, historien de l'Antiquité* (1968), Hildesheim, Olms, 1988; GILBERT, Felix, *Johann Gustav Droysen und die preußisch-deutsche Frage*, Munique, Oldenbourg, 1931; HALTERN, Utz, "Geschichte und Bürgertum. Droysen-Sybel-Treitschke", *Historische Zeitschrift* 259, 1994, p. 59-107; JAEGER, Friedrich, *Bürgerliche Modernisierungskrise und historische Sinnbildung. Kulturgeschichte bei Droysen. Burckhardt und Max Weber*, Göttingen, Vandenhoeck & Ruprecht, 1994; KOHLSTRUNK, Irene, *Logik und Historie in Droysens Geschichtstheorie*, Wiesbaden, Steiner, 1980; MEISTER, Ernst, "Die geschichtsphilosophischen Voraussetzung von J. G. Droysens 'Historik'", *Historische Vierteljahreschrift* 23, 1926, p. 25-63 e 199-221; RÜSEN, Jörn, *Begriffene Geschichte. Genesis und Begründung der Geschichtstheorie J. G. Droysens*, Paderborn, Schöningh, 1969; Idem, "Johann Gustav Droysen", em Hans-Ulrich WEHLER, org., *Deutsche Historiker*, t. II, Göttingen, Vandenhoeck & Ruprecht, 1971, p. 7-23.

▶ História; historicismo; liberalismo teológico; Prússia

DRUEY, Henri (1799-1855)

Foi homem de Estado valdense, chefe da revolução radical de 1845 e do governo que se seguiu, presidente da Confederação Suíça de 1850. Druey pressionou os 145 pastores que, em agosto de 1845, recusaram-se a ler publicamente um apelo incitando o povo a votar a nova constituição cantonal, forçando-os a se demitirem, o que ocasionou a formação da Igreja Livre, separada do Estado. Por esse fato, foi um dos principais adversários tanto de Vinet quanto dos meios do avivamento. Discípulo de Hegel e de Marheineke, Druey pensava superar a dualidade entre igreja e Estado, crendo que, para pertencer realmente ao povo (ou à nação, de onde vem a noção de "igreja nacional"), a igreja protestante não podia ser deixada nas mãos nem dos pastores, nem unicamente dos grupos cristãos, mas, sim, depender do poder político, regularmente eleito, representando a nação. Persuadido de que a história é movida por avanços irreversíveis, inclusive nos meios religiosos, projetava uma superação não só do catolicismo (do qual foi um feroz adversário), mas também do protestantismo, enfim liberto de suas estreitezas.

Bernard Reymond

▶ ARLETAZZ, Gérald, *Libéralisme et société dans le canton de Vaud 1814-1845*, Lausanne, Bibliothèque historique vaudoise, 1980; GARDIOL, Nathalie, *Le coup d'État académique du 2 décembre 1846*, Lausanne, Université de Lausanne, 1987; HOFMANN, Étienne, "L'ambiance politique et religieuse des années 1830", em Jean MESNARD et alii, *Pour ou contre Sainte-Beuve: le "Port-Royal". Actes du colloque de Lausanne, septembre 1992*, Genebra-Paris, Labor et Fides-Chroniques de Port-Royal, 1993, p. 53-64; LASSERRE, André, *Henri Druey, fondateur du radicalisme vaudois et homme d'État suisse*, Lausanne, Impr. centrale, 1960; REYMOND, Bernard, *À la redécouverte d'Alexandre Vinet*, Lausanne, L'Âge d'Homme, 1990.

◉ Estado; Hegel; igreja e Estado; igrejas livres; Marheineke; nacionalidade e nacionalismo; Vinet

DU BARTAS, Guillaume de Saluste, seigneur (1544-1590)

Gentil-homem gascão, versado na cultura humanista da Renascença, Du Bartas só deixa sua terra para servir a Henrique de Navarra em suas campanhas militares, e em seguida para missões diplomáticas. A inspiração bíblica ocupa lugar de honra em sua obra, com destaque para a epopeia *Judith* (1574), em que é representado o combate dos protestantes. *La semaine ou création du monde* [A semana ou criação do mundo] (1578) comenta de forma enciclopédica e amplifica poeticamente o relato da criação. Foi um imenso sucesso francês e europeu. E a continuação, *Seconde semaine* [Segunda semana] (1584), é um afresco inacabado da continuação da história bíblica da humanidade. Por seu entusiasmo, inspirado em Ronsard, e seu estilo erudito e brilhante, Du Bartas, mais ecumênico que D'Aubigné, marcou a poesia de seu tempo. Com frequência imitado antes de ser esquecido, foi redescoberto com a cultura poética dita barroca.

Olivier Millet

▶ *The Works of Guillaume de Salluste Sieur du Bartas*, 3 t. em 2 vols., Genebra, Slatkine, 1977; DU BARTAS, Guillaume de Saluste, *La semaine. Texte de 1581*, Paris, Société des textes français modernes, 1994; Idem, *La seconde semaine* (1584), 2 vols., Paris, Société des textes français modernes, 1991-1992; DAUPHINÉ, James, org., *Du Bartas 1590-1990. Actes du colloque international d'Auchl-Le Bartas-Pau, 6-8 avril 1990*, Mont-de-Marsan, Éditions interuniversitaires, 1992.

◉ Literatura

DU MOULIN, Pierre (1568-1658)

Pastor e teólogo nascido no Vexin e morto em Sedan, Du Moulin se refugia primeiro na Inglaterra, onde empreende seus estudos de 1588 a 1592. Torna-se professor de filosofia em Leiden (1592-1599) e pastor em Charenton. Permanece por 21 anos nesse ministério, com uma interrupção em 1615 para uma viagem à Inglaterra, na qual recebe o título de doutor em Cambridge. Impedido por ordem do rei Luís XIII de comparecer ao Sínodo Internacional de Dordrecht (1618-1619), ataca vigorosamente os partidários do arminianismo e consegue a aprovação dos *Cânones de Dordrecht* no sínodo nacional das igrejas reformadas da França, presidido por ele em Alès, 1620. Preocupado com suas simpatias inglesas, refugia-se em Sedan. É logo nomeado professor de teologia na Academia. Passa ainda alguns meses em Londres, onde trabalha como pastor da igreja francesa (1623-1625), retornando a Sedan, onde se estabelece, após a tentativa frustrada de voltar a Paris.

Teólogo famoso no século XVII por seus talentos de polemista contra a doutrina católica, mas também contra o arminianismo e o amiraldismo, combatidos fervorosamente por ele. Tornou-se também célebre como pregador e por sua visão apocalíptica da história da igreja.

Pierre Ier Du Moulin teve dezoito filhos (conhecidos) de dois casamentos, entre os quais os pastores Pierre II (1601-1684), Xyrus (1608-?1670) e Henri (1634-1679); Esther (1604-1638), mãe de Pierre Jurieu; Louis

(1605-1680), que foi médico e historiador da igreja; Marie (morta em 1699), cuja cultura e ideias pedagógicas contrastam com sua época.

Hubert Bost

▶ *Autobiographie de Pierre Du Moulin d'après le manuscrit autographe*, BSHPF 7, 1858, p. 170-182, 333-344, 465-477; AMSTRONG, Brian, "The Changing Face of French Protestantism: The Influence of Pierre Du Moulin", *Sixteenth-Century Studies* 10, 1988, p. 131-149; LABROUSSE, Elisabeth, *Marie Du Moulin éducatrice*, BSHPF 139, 1993, p. 255-268; RIMBAULT, Lucien, *Pierre Du Moulin (1568-1658). Un pasteur classique à l'Âge classique. Étude de théologie pastorale sur des documents inédits*, Paris, Vrin, 1966; VAN STAM, Frans Pieter, *The Controversy over the Theology of Saumur, 1635-1650. Disrupting Debates among the Huguenots in Complicated Circumstances*, Amsterdã-Maarssen, APA-Holland University Press, 1988.

○ Amyraut; arminianismo; Dordrecht (Sínodo e *Cânones de*); ortodoxia protestante; **predestinação e Providência**; Refúgio; Sedan; **vocação**

DU PLESSIS, David Johannes (1905-1987)

Pentecostal aberto para o ecumenismo, Du Plessis nasceu na África do Sul, em uma família de descendentes de huguenotes franceses, e viveu na Califórnia. Em 1936, recebe uma profecia de Smith Wigglesworth (1859-1947) anunciando que ele desempenharia um papel fundamental no avivamento, causando um reboliço nas igrejas tradicionais. É cofundador do Congresso Pentecostal Mundial (Zurique, 1947). Convidado para as Assembleias do Conselho Mundial de Igrejas (Evanston, 1954, e Nova Délhi, 1961), assim como a diversas conferências de "Fé e Ordem" e ao Concílio Vaticano II, estimula grande número de encontros entre pentecostais, católicos e protestantes, sendo por isso "excomungado" das Assembleias de Deus (mais tarde, essa excomunhão seria suspensa, quando Du Plessis receberia honras). Sua influência sobre os carismáticos, a jovem geração de teólogos pentecostais abertos para o ecumenismo e o cenário ecumênico é algo difícil de avaliar. Deve-se a ele a admissão de diferentes igrejas pentecostais no Conselho Mundial de Igrejas. Ele não era teólogo profissional, mas uma testemunha da unidade dos cristãos para além das fronteiras. Foi contado, junto a Hans Küng e Jürgen Moltmann, com aqueles que "modelam e sacodem" o cristianismo (revista *Time*, 9 de setembro de 1974).

Walter J. Hollenweger

▶ DU PLESSIS, David, *Commando de l'Esprit. Récit d'un mouvement de réveil au sein des Églises traditionelles* (1960, 1970), Évreux, Jura-Réveil, 1972; Idem, *Celui que l'on appelle Monsieur Pentecôte. David du Plessis* (1977), Lillebonne, Foi et Victoire, 1981; o conjunto de sua obra se encontra no David Du Plessis Center for Christian Spirituality, Fuller Theological Seminary, Pasadena; HOLLENWEGER, Walter J., "Two Extra-Ordinary Pentecostal Ecumenists: Donald Gee (1891-1966) and David Du Plessis (1905-1987) — Forerunners of the WCC/Pentecostal Joint Working Groups", *The Ecumenical Review* 52, 2000, p. 391-402; SANDIDGE, Jerry L., *Roman Catholic Pentecostal Dialogue (1977-1982)*, 2 vols., Berna, Lang, 1987; SPITTLER, Russell P., "Du Plessis, David Johannes", em Stanley M. BURGESS e Eduard M. VAN DER MAAS, orgs., *The New International Dictionary of Pentecostal and Charismatic Movements*, Grand Rapids, Zondervan, 2002, p. 589-593.

○ Carismático (movimento); **ecumenismo**; pentecostalismo

DUBOIS, William Edward Burghardt (1868-1963)

Nascido em uma aldeia do Massachussets, é um dos grandes intelectuais afro-americanos do século XX. Defendeu sua tese em Harvard e, em seguida, estudou em Berlim. Por seu engajamento e sua reflexão, contribuiu para a igualdade na área dos direitos civis, na qual não hesitou em opor-se vigorosamente a Booker T. Washington. Com a ajuda de alguns brancos, criou a Associação Nacional para o Progresso das Pessoas de Cor. Apaixonado pela África e pelos problemas das populações negras, foi um precursor do pan-africanismo e do poder negro, insistindo sobretudo na importância das raízes africanas de seu povo (sem pregar um retorno à África, como o fez Marcus Garvey). Publicou inúmeros ensaios sobre política, economia, história e sociologia, colaborando com vários jornais, e fundou a revista da Universidade de Atlanta, *Phylon*. Falece em Gana, em meio a uma indiferença quase geral.

Serge Molla

▶ DUBOIS, William E. B., *The Autobiography of W. E. B. DuBois. A Soliloquy on Viewing My Life from the Last Decade of Its First Century*, New York, International Publishers, 1968; Idem, *Les âmes du peuple noir* (1903), Paris, Éditions Rue d'Ulm, 2004; HARDING, Vincent, "W. E. B. DuBois and the Black Messianic Vision", *Freedomways*, inverno de 1969, p. 44-58; MARABLE, Manning, *W. E. B. Du Bois, Black Radical Democrat*, Boston, Twayne, 1986; RUDWICK, Elliott, *W. E. B. DuBois: Protagonist of the Afro-American Protest*, em John Hope FRANKLIN e August MEIER, orgs., *Black Leaders of the Twentieth Century*, Urbana, University of Illinois Press, 1982, p. 62-83.

▶ Direitos Civis (movimento dos); igreja negra (afro--americana); teologia negra (afro-americana)

DUFOUR, Guillaume-Henri (1787-1875)

Comandante do Exército, o genebrino Dufour desfaz em 1847 o *Sonderbund* ("aliança separada") dos cantões conservadores (católicos, na verdade), liderando uma campanha cuja rapidez e moderação facilitam o nascimento da Suíça moderna. Espírito positivo, esquiva-se das doutrinas partidárias e das declarações de fé. Batizado, participa com frequência de cultos e faz parte do Consistório da Igreja Protestante Genebrina de 1847 a 1855. Em 1863, mantém certo ceticismo, em princípio, diante dos projetos de Henry Dunant, antes de levar à fundação da Cruz Vermelha e à assinatura da primeira Convenção de Genebra, em 1864, todo o peso de seu prestígio helvético e europeu.

Jean-Claude Favez

▶ CHAPUISAT, Édouard, *Le Général Dufour, 1787-1875*, Lausanne, Payot, 1935; DURAND, Roger, org., *Guillaume-Henri Dufour dans son temps (1787-1875)*, Genebra, Société d'histoire et d'archéologie, 1991; LANGENDORF, Jean-Jacques, org., *Aimez-moi comme je vous aime. 190 lettres de G.-H. Dufour à A. Pictet*, Viena, Karolinger, 1987; Idem, *Guillaume Henri Dufour ou la passion du juste milieu*, Lucerne, Coeckelberghs, 1987; REVERDIN, Olivier, *La guerre du Sonderbund vue par le général Dufour, juin 1847-avril 1848*, Genebra, Journal de Genève, 1948.

▶ Cruz Vermelha; Dunant; Suíça

DUMAS, André (1918-1996)

Nascido em Montauban, filósofo e teólogo francês, André Dumas ocupou a cadeira de ética na Faculdade Protestante de Teologia de Paris, de 1961 a 1983. Pensador muito influente, tem uma participação fundamental nos debates sobre a contracepção e o aborto (em 1975, a Lei Veil autorizaria a interrupção voluntária da gravidez na França). Ourives do idioma, soube manter um constante diálogo com o pensamento moderno e nomear Deus no cerne de uma cultura que tende a apagá-lo. Especialista em Dietrich Bonhoeffer, sempre defendeu — contra aspirações metafísicas ou utópicas — a perspectiva ética de uma vinda de Deus em meio ao real de nossa vida, na escuta da Palavra bíblica que se efetua através tanto de nossos engajamentos como de nossa resistência às forças desestruturantes e submissão ao apelo de uma fé estruturante. Seu pensamento ético pode caracterizar-se como uma fidelidade a ser sempre retomada no mundo, em analogia com a efetuação cristológica de Deus, antecedente e constitutiva.

Marc Faessler

▶ DUMAS, André, *Le contrôle des naissances. Opinions protestantes*, Paris, Les Bergers et les Mages, 1965; Idem, *Une théologie de la réalité. Dietrich Bonhoeffer*, Genebra, Labor et Fides, 1968; Idem, *Théologies politiques et vie de l'Église*, Lyon, Chalet, 1977; Idem, *Nommer Dieu*, Paris, Cerf, 1980; Idem, *L'amour et la mort au cinéma*, Genebra, Labor et Fides, 1983; Idem, *Les vertus... encore*, Paris, Desclée de Brouwer, 1989; *Foi et Vie* 96/2, 1997, p. 1-83.

▶ Bonhoeffer; virtude

DUNANT, Jean-Henry, dito Henry (1828-1910)

Nascido em uma antiga família genebrina, fortemente influenciado em sua juventude pelo avivamento, Henry Dunant abraça a causa bonapartista e se lança em empreendimentos comerciais na Argélia, enxergando na atividade colonial uma obra evangelizadora e civilizadora. O espetáculo do campo de batalha de Solferino (1859) o inspira a reforçar os serviços de saúde do Exército por meio de sociedades permanentes de socorro aos feridos. Publicado em 1862, *Un souvenir de Solférino* [Uma lembrança de Solferino] causa comoção na Europa. A Sociedade Genebrina de Utilidade Pública, presidida por Gustave Moynier (1826-1910), cria uma comissão que prefigura o Comitê Internacional da Cruz Vermelha. Em 1864 é assinada a Convenção de Genebra, que "ordena" o cuidado dos feridos, sem distinção de nacionalidade, e prevê que o pessoal e o material utilizado nos procedimentos sejam considerados neutros em relação à guerra.

De igual forma, Dunant participa ativamente do movimento das Uniões Cristãs de Jovens, desde o início do grupo em Genebra até a Federação Internacional de 1855 em Paris. Mas seus negócios argelinos vão mal, levando-o à falência em 1867, o que por sua vez lhe proporciona a hostilidade de seu meio e do Comitê Internacional da Cruz Vermelha. Dunant abandona Genebra para aderir a outras utopias. Inimigo de todo tipo de igreja, permaneceria, contudo, o patético visionário de um mundo guiado pela Providência divina. No final da vida, o primeiro Prêmio Nobel da Paz (1901) o tira da obscuridade onde havia se abrigado com seus inúmeros manuscritos, longe de sua pátria ingrata.

Jean-Claude Favez

▶ DUNANT, Henry, *Un souvenir de Solférino*, seguido de *L'avenir sanglant*, Lausanne, L'Âge d'Homme, 1969; Idem, *Mémoires*, Lausanne, L'Âge d'Homme, 1971; HART, Ellen, *Man Born to Live. Life and Work of Henry Dunant, Founder of the Red Cross*, Londres, Gollancz, 1953; HEUDTLASS, Willy, *J. Henry Dunant. Gründer des Roten Kreuzes, Urheber der Genfer Konvention. Eine biographie in Dokumenten und Bildern* (1962), Stuttgart, Kohlhammer, 1985; POUS, Jacques, *Henry Dunant l'Algérien, ou le mirage colonial*, Genebra, Grounauer, 1979.

▶ Aliança Evangélica; Avivamento; colonização; Cruz Vermelha; Dufour; juventude (movimentos de); Merle d'Aubigné

DUPLESSIS-MORNAY, Philippe (1549-1623)

Philippe de Mornay, barão de La Forêt-sur-Sèvre, senhor du Plessis-Marly, chamado em geral de Duplessis-Mornay, foi teólogo francês, diplomata, publicista, capitão huguenote. Recebe uma educação católica, em seguida protestante, e aperfeiçoa seus estudos em humanidades nos principais centros da Europa. Após o Massacre de São Bartolomeu, adere, não sem alguma hesitação, ao partido dos "Políticos".

Em 1576, no desejo da convocação de um concílio "santo e livre, geral ou nacional" entre protestantes e católicos (*Remontrance pour la paix, sous la personne d'un catholique romain* [Admoestação pela paz, na pessoa de um católico romano]), trabalha também por um projeto de união particular entre protestantes, coerente com o de uma liga de todos os príncipes protestantes contra as forças católicas; com esse objetivo, publica um *Avertissement sur la réception et publication du Concile de Trente* [Advertência sobre a recepção e a publicação do Concílio de Trento] (1583), ao qual se opõe. Admitido no serviço ao rei de Navarra, cumpre missões diplomáticas na Inglaterra e nos Países Baixos, sem interromper o fluxo de publicações: *Traité de l'Église* [Tratado da igreja] (1578), obra que contém um ataque contra o papa (descrito como o anticristo) e a defesa de uma igreja universal que reúna diversas igrejas, cuja unidade consista na confissão comum das verdades fundamentais da fé; o tratado *De la vérité de la religion chrestienne contre les Athées, Épicuriens, Payens, Juifs, Mahumédistes et autres Infidèles* [Da verdade da religião cristã contra os ateus, epicuristas, pagãos, judeus, maometanos e outros infiéis] (1581), tentativa laboriosa de integrar a cultura clássica greco-romana ao cristianismo; o famoso tratado anônimo *Vindiciae contra tyrannos* [Defesa da liberdade contra tiranos] (1579), do qual ele provavelmente é um dos principais redatores. Em 1588, é nomeado governador de Saumur. É talvez um dos mais importantes negociadores protestantes da paz que culmina na redação do Edito de Nantes (1598). No entanto, prosseguindo com seus esforços de moderação e conciliação em relação ao catolicismo, publica no mesmo ano de 1598 o tratado *De l'institution, usage et doctrine du Saint sacrement de l'Eucaristie en l'Église ancienne* [Da instituição, uso e doutrina do santo sacramento da eucaristia na igreja antiga], em que se levanta ainda contra o anticristo romano. Esse ataque lhe vale a cólera de Henrique IV e réplica impetuosa do bispo de Évreux, Jacques Davy Du Perron, que desafia Mornay a defender suas teses em um debate público. O debate ocorre em Fontainebleau, no dia 2 de abril de 1600, concluindo-se, no dizer dos católicos, pela vitória do bispo. No entanto, sua ideia de concórdia religiosa geral ressurge em junho de 1600, em seu texto *Pour le Concile* [Pelo concílio]. Trabalha pela renovação do protestantismo e funda a Academia de Saumur, em 1605. Em 1611, publica *Mystère d'iniquité* [Mistério de iniquidade], novo ataque contra a "onipotência" do papa. Preside a Assembleia Política de Saumur (1611) tentando apaziguar as discórdias internas do partido reformado. Aconselha moderação na Assembleia de Grenoble (1615), de La Rochelle (1616) e em todas as ocasiões. Não se deixa ser arrastado para levantes dos príncipes protestantes de 1615 e 1621, mas sua atitude pacifista causa sua destituição do cargo de governador de Saumur. Além disso, seu castelo seria pilhado e sua biblioteca dispersa. Passaria seus três últimos anos de vida em seu castelo de La-Forêt-sur-Sèvre.

Mario Turchetti

▶ Coletânea de obras esparsas: de 1572 a 1614, em Philippe DU PLESSIS-MORNAY, *Mémoires et correspondance* (1824-1825), 12 vols., Genebra, Slatkine, 1969; de 1600 a 1623, em *Mémoires de messire Philippes de Mornay*, Amsterdã, Elzevier, 1652; de 1618 a 1623, em *Suite des lettres et mémoires de messire Philippes de Mornay*, Amsterdã, Elsevier, 1651; DAUSSY, Hugues, *Les huguenots et le roi. Le combat politique de Philippe Duplessis--Mornay (1572-1600)*, Genebra, Droz, 2002; HERMAN, Arthur L., "Protestant Churches in a Catholic Kingdom: Political Assemblies in the Thought of Philippe Duplessis-Mornay", *The Sixteenth Century Journal* 21, 1990, p. 543-557; PATRY, Raoul, *Philippe Du Plessis-Mornay. Un huguenot homme d'État, 1549-1623*, Paris, Fischbacher, 1933.

▷ Brutus; Edito de Nantes (e Revogação do); Estado; irenismo; monarcômacos; paz; **política**; Saumur; tolerância; **violência**

DUQUESNE, Abraham (?1604/10-1688)

O pai de Duquesne era armador da comuna francesa de Dieppe, encarregado por Richelieu do abastecimento do país com canhões suecos às vésperas da Guerra de Trinta Anos. Foi morto em 1635 a mar aberto em Dunkerque por uma esquadra espanhola. Duquesne o sucedeu: corsário, e até mesmo pirata, oficial do rei e, depois, da rainha Cristina da Suécia, foi promovido chefe de esquadra de Flandres (1647) por Luís XIV em pessoa, em visita a Dieppe. Em seguida, tornou-se tenente dos exércitos navais (1669) e o mais ilustre dos marinheiros franceses, graças às vitórias que obteve durante a Guerra da Holanda: o Stromboli (em 1675) e, em 1676, Alicudi, Augusta (onde sua esquadra matou o almirante holandês Ruyter) e Palermo. Verdadeiro "Turenne dos mares", recebeu como presente do rei uma terra de trezentas mil libras, perto de Étampes, constituída em marquesado do Quesne (1682) e, após bombardeios vitoriosos de Scio (1681), Alger (1682 e 1683) e Gênes (1684), foi um dos raros calvinistas da França a permanecerem no país após a Revogação do Edito de Nantes (1685). Calvinista obstinado, casou em 1646 o irmão, Jacob, com a filha do armador protestante, de La Rochelle, Jean Guiton (1585-1654) e resistiu à pressão de Bossuet, de Colbert e do rei, que ansiavam por sua abjuração em troca do vice-almirantado de Ponant, posto que permaneceu vago de 1669 a 1689.

Michel Vergé-Franceshi

▶ VERGÉ-FRANCESCHI, Michel, *Abraham Duquesne, huguenot et marin du Roi-Soleil*, Paris, France-Empire, 1992; Idem, *Chronique maritime de la France d'Ancien Régime, 1492-1792*, Paris, SEDES, 1998; VILLETTE-MURSAY, Philippe de, *Mes campagnes de mer sous Louis XIV*, org. por Michel VERGÉ-FRANCESCHI, Paris, Tallandier, 1991.

DURAND, Marie (1712-1776)

Irmã de Pierre Durand, pastor do deserto e mártir, Marie Durand foi encerrada na torre de Constance, ao sul de Nîmes, em 1730, por motivos religiosos. Dali só sairia 38 anos depois... Retirando-se para a casa de sua família no Bouschet de Pransles em Ardèche, sobreviveu graças aos subsídios da Igreja Valona de Amsterdã. Tornou-se também conhecida por sua correspondência. Junto a seus companheiros, Marie Durand é uma figura emblemática de perseguição, resistência e tolerância religiosa no protestantismo francês. A palavra "resistir", gravada na beirada do poço da prisão desses perseguidos, resume o sentido de sua vida e seu testemunho.

Philippe Vassaux

▶ *Lettres de Marie Durand (1711-1776). Prisonnière à la Tour de Constance de 1730 à 1768* (1986), org. por Étienne GAMONNET, Montpellier, Presses du Languedoc, 1998; BENOÎT, Daniel, *Marie Durand, prisonnière de la Tour de Constance (1730-1768)* (1884), Nîmes, Lacour, 1997; DANGLOS, Anne, *Marie Durand et les captives d'Aigues-Mortes*, Lausanne, Favre, 1983.

DÜRER, Albrecht (1471-1528)

Pintor, artista gráfico e escritor de arte. Após um estágio como joalheiro, Dürer se volta para as artes picturais. Viaja para Estrasburgo, Colmar, Basileia (1490-1494); duas estadas em Veneza (1494-1495 e 1505-1506), com rápidas passagens por Bolonha e Roma. Em 1509, Dürer se estabelece em Nuremberg, sua cidade natal. De 1520 a 1521, habita nos Países Baixos. Burguês de alta posição social, trabalha a serviço do imperador Maximiliano, do príncipe-eleitor da Saxônia Frederico, o Sábio, da cidade de Nuremberg etc. Sua obra, com ponto alto nas gravuras, inspira-se no gótico tardio, nos primitivos flamengos e na Renascença italiana, cuja influência, de tipo platônico, está igualmente presente em seus textos teóricos sobre o desenho, a pintura e a representação do corpo humano. Profundamente religioso, característica que seus poemas também testemunham, foi fortemente influenciado, no início de sua trajetória, pela mística apocalíptica; depois, abre-se para o humanismo e, finalmente, para a reforma de Lutero, à qual permaneceria fiel, sem deixar de deplorar as diversas polêmicas suscitadas pelo movimento.

Jean-Louis Leuba

▶ LEUBA, Jean-Louis, *Reflets de l'épiphanie. Traces de la gloire de Dieu dans l'histoire, la culture et les corps*, Genebra, Labor et Fides, 1990, p. 90-108: *Le chevalier, la mort et le diable*; WIEDERANDERS, Gerlinde, *Albrecht Dürers theologische Ansschauungen*, Berlim, Evangelische Verlagsanstalt, 1976.

◉ **Arte**; Grünewald

DÜRRENMATT, Friedrich (1921-1990)

Nascido em Berna, Friedrich Dürrenmatt é, com Max Frisch, um dos grandes escritores suíço-alemães do século XX. Sua obra, de grande envergadura, é conhecida em todo o mundo. Dramaturgo, romancista, ensaísta e pintor, Dürrenmatt mora em Neuchâtel de 1952 até sua morte. Filho de pastor, embora em conflito com a fé de seus pais, por vezes caracteriza-se como autor protestante, "um estranho protestante", uma expressão que de início traduz o movimento do protesto. Antes de tornar-se escritor, empreende estudos de filosofia (e teologia) em Berna e Zurique, elaborando uma tese de doutorado sobre "Kierkegaard e o trágico", autor que seria uma referência constante em sua obra: "Como escritor, não posso ser compreendido sem Kierkegaard" (*Turmbau*, Zurique, Diogenes, 1990, p. 123), enfatiza. De Kierkegaard, Dürrenmatt retém sobretudo a dimensão do humor como acesso indireto à existência cristã, um humor que levaria às raias do grotesco, com personagens apaixonados por suas ideias e sempre deparando-se com o fracasso, ridicularizados por um mundo que lhes escapa. Entre esses personagens, há cristãos também que, confrontados às mesmas desgraças que os demais, veem-se diante do tragicômico de seus destinos, um tragicômico que reflete o grotesco da graça da qual vivem, mas que não cessa de surpreendê-los.

Do ponto de vista da Reforma, digna de menção é sua peça de teatro *Les anabaptistes* [Os anabatistas] (1967, Lausanne, *L'âge d'Homme*, 1994), dedicada ao drama dos anabatistas de Munique, cuja primeira versão, de 1947, chamava-se *Es steht geschrieben*.

Desde o ano de 2000, o Centro Dürrenmatt, estabelecido no mesmo local em que o autor habitava em Neuchâtel, mantém pesquisas sobre a obra pictural e literária de Dürrenmatt, em colaboração com os Arquivos Literários Suíços.

Pierre Bühler

▶ DÜRRENMATT, Friedrich, *Werkausgabe in siebenund-dreissig Bänden*, Zurique, Diogenes, 1998; Idem, *La ville* (1952), Paris, Albin Michel, 1974; Idem, *Le mariage de Monsieur Mississippi* (1952), Lausanne, Aire, 1979; Idem, *Grec cherche Grecque* (1955), Paris, Albin Michel, 1966; Idem, *La visite de la vieille dame* (1955), Paris, Flammarion, 1988; Idem, *La panne* (1956), *Le juge et le bourreau* (1950), *Le soupçon* (1951), Paris, Albin Michel, 1980; Idem, *Romulus le Grand* [(1958), Lausanne, L'Âge d'Homme, 1991; Idem, *Les physiciens* (1962), Lausanne, L'Âge d'Homme, 1991; Idem, *Le météore* (1966), Lausanne, L'Âge d'Homme, 1993; Idem, *Écrits sur le théâtre* (1966), Paris, Gallimard, 1970; Idem, *La mort de la Pythie* (1976), seguido de *Minotaure* (1985), Lausanne, L'Âge d'Homme, 1999; Idem, *Sur Israël* (*Zusammenhänge*, 1976), Paris, Albin Michel, 1977; Idem, *Essai sur Israël post-scriptum. Liberté, égalité, fraternité dans le judaïsme, le christianisme, l'islam, le marxisme et sur deux anciens mythes* (1980), Neuchâtel-Berna-Carouge, Centre Dürrenmatt-Office fédéral de la culture-Zoé, 2002; Idem, *La mise en oeuvres*

(1981), Paris-Lausanne, Julliard-L'Âge d'Homme, 1985; Idem, *Achterloo* (1986), Lausanne, L'Âge d'Homme, 1989; *Val Pagaille* (1989), Paris-Lausanne, Fallois-L'Âge d'Homme, 1991; Idem, *L'édification* (1990), Lausanne, L'Âge d'Homme, 1999; Idem, *Répliques. Entretiens, 1961-1990*, Carouge, Zoé, 2000; Idem e FRISCH, Max, *Correspondance*, Carouge, Zoé, 1999; BÜHLER, Pierre, "Foi et humour. Une petite dramaturgie de la foi chrétienne, d'après Dürrenmatt", *Bulletin du Centre protestant d'études* 28/3, Genebra, 1976, p. 5-39; Idem, "Le grotesque de la grâce. Motifs bibliques dans l'oeuvre de Dürrenmatt", *Foi et Vie* 90/5, 1991, p. 93-102; MINGELS, Annette, *Dürrenmatt und Kierkegaard. Die Kategorie des Einzelnen als gemeinsame Denkform*, Colônia, Böhlau, 2003; WEBER, Ulrich et alii, *Friedrich Dürrenmatt Schriftsteller und Maler*, Zurique, Diogenes, 1994 (catálogo de exposição).

○ Humor; Kierkegaard; **literatura; teatro**

DURRLEMAN, Freddy (1881-1944)

De início próximo ao cristianismo social e principalmente ao pastor Élie Gounelle, a quem sucede em Roubaix (1907), Freddy Durrleman se afasta progressivamente do movimento, por temer uma substituição da vida espiritual pela ação social. Capelão da Marinha de 1915 a 1918, diante de uma elite (oficiais, médicos) decepcionante do ponto de vista moral, intelectual e religioso, e de um catolicismo que lhe parece retrógrado e reacionário, Durrleman se convence da necessidade de uma renovação da atividade missionária na França, que não negligencie os intelectuais e os meios abastados. Em março de 1920, funda *La Cause* [A Causa], movimento de evangelização cuja ação multiforme se desenvolve em torno de quatro eixos: publicações, missões na França, formação de leigos, ação social (adoção de crianças abandonadas, ajuda aos cegos). Em 1928, inaugura conferências protestantes radiofônicas, organizadas por *La Cause* até 1937, data em que a Federação Protestante da França toma seu lugar adotando as mesmas posições de *La Cause* contra a objeção de consciência, o ateísmo militante e as perseguições anticristãs na Rússia. Freddy Durrlemann é preso em janeiro de 1941 pela Gestapo por propaganda antialemã e permanece encarcerado durante dezoito meses. Retoma suas atividades como líder de La Cause, até sua morte.

Mathieu Durrleman

▶ DURRLEMANN, Freddy, *Jésus et le christianisme*, Carrières-sous-Poissy, *La Cause*, 1987; Idem, *Initiation protestante* (1917), Carrières-sous-Poissy, *La Cause*, 1993.

○ Ação social; cristianismo social/socialismo cristão; Missão Interior; Siegfried

E

EBELING, Gerhard (1912-2001)

Nascido em Berlim-Steglitz, Gerhard Ebeling estuda teologia de 1930 a 1935 em Marburg (Bultmann), Zurique (Brunner, Köhler) e Berlim. Após sua formação prática no seminário pastoral da Igreja Confessante de Finkenwalde, onde conhece Bonhoeffer, Ebeling obtém seu doutorado em Zurique, 1938, com uma tese sobre a interpretação dos evangelhos na obra de Lutero. Volta para a Alemanha para se tornar pastor da Igreja Confessante, cargo que ocupa desde o outono de 1938 até 1945, na Igreja de Berlim-Hermsdorf e -Frohnau (a partir de 1940, também exerceria a função de soldado socorrista). Depois da guerra, obtém suas credenciais e se torna professor de história da igreja em Tübingen (1954-1956) e em Zurique (1956-1965). Em 1965, retorna a Tübingen, para voltar a Zurique mais uma vez como professor de teologia fundamental e hermenêutica (1968-1979).

Em toda a sua obra, Ebeling é ao mesmo tempo historiador e teólogo sistemático, associando ambas as atividades fundamentais através da hermenêutica. Seu trabalho em história da igreja suscita sobretudo uma intensa confrontação com o pensamento de Lutero, algo que se transforma, para ele, em uma intensa escola do trabalho teológico, à qual ele retornaria sempre. Ebeling pode ser considerado um dos grandes especialistas da *Lutherforschung* [Investigação em Lutero]. Sua pesquisa se debruça principalmente na tarefa hermenêutica, com a qual se havia sensibilizado através de Bultmann ao longo de seus estudos. Essa perspectiva o levaria a estudar em detalhes a antropologia de Lutero (cf. os três volumes dedicados à *Disputatio de homine*). Mas o *traditum* ("objeto transmitido") é sempre *tradendum* ("ato de transmitir"): o diálogo com a história desemboca na tarefa de um falar de Deus hoje. A obra sistemática de Ebeling se organiza a partir de uma forte ênfase na palavra (cf. sua categoria central do *Wortgeschehen*, "advento da palavra", e seus quatro volumes e artigos publicados com o título *Wort und Glaube* [Palavra e fé]). A teologia está estreitamente correlacionada com a proclamação, devendo, portanto, dedicar especial atenção à linguagem utilizada. É por isso que toda a dogmática de Ebeling está permeada de uma preocupação hermenêutica: assumir de modo inteligível e pertinente os enunciados fundamentais da fé cristã no panorama atual. Esse programa de uma teologia contextualizada encontra melhor concretização nos três volumes da *Dogmatik des christlichen Glaubens* (1979).

Pierre Bühler

▶ EBELING, Gerhard, *L'essence de la foi chrétienne* (1959), Paris, Seuil, 1970; Idem, *Théologie et proclamation* (1962), Paris, Seuil, 1972; Idem, *Luther. Introduction à une réflexion théologique* (1964), Genebra, Labor et Fides, 1983; Idem, *Prédications illégales. Berlin 1939-1945* (1995), Genebra, Labor et Fides, 1997; Idem, *Wort und Glaube*, Tübingen, Mohr, t. I: 1960. 1967, t. II: 1969, t. III: 1975, t. IV: 1995; Idem, *Dogmatik des christlichen Glaubens* (1979), 3 vols., Tübingen, Mohr, 1987-1993; Idem, *Lutherstudien*, 3 t. em 5 vols., Tübingen, Mohr, 1971-1989; Idem, *Luthers Seelsorge. Theologie in der Vielfalt der Lebenssituationen an seinen Briefen dargestellt*, Tübingen, Mohr, 1997; BÜHLER, Pierre, "Parole de Dieu et herméneutique. Introduction à la pensée de Gerhard Ebeling", *Irénikon* 70, 1998, p. 451-475; MARLÉ, René, *Parler de Dieu aujourd'hui. La théologie herméneutique de Gerhard Ebeling*, Paris, Cerf, 1975.

▶ Bultmann; Igreja Confessante; hermenêutica; Lutero; "teologia dialética"

ECOLOGIA

1. Ecologia: ciência e consciência
   1.1. Ecologia: uma área científica
   1.2. Ecologia: uma orientação da civilização
2. Ecologia e protestantismo
   2.1. A relação com a natureza
   2.2. O respeito pela vida
   2.3. Defesa e gestão do meio ambiente: um panorama de realizações

3. Conclusão: o significado da questão ecológica em uma perspectiva protestante

1. Ecologia: ciência e consciência

Concebida de início como uma área especializada das ciências biológicas, a ecologia, sobretudo a partir dos anos 1970, reúne sob esse nome toda uma corrente de ideias, encabeçando uma longa lista de preocupações sociais e políticas de monta. Evocando em todos esses aspectos as intricadas relações entre a vida e seu meio, a ecologia não mais deixa de almejar uma visão sintética do real, conservando ao mesmo tempo seu sentido primeiro, mais restrito, de ciência empírico-analítica. Entre a pesquisa dos ecólogos e a militância dos ecologistas, entre os produtos ecologicamente corretos e os ecoesoterismos, a ecologia é hoje onipresente em meio à crise da civilização.

É incontestável que o desafio ecológico estimula a reflexão tanto nas ciências naturais quanto nas ciências sociais e da moral; da mesma forma, a ecologia impulsiona inovações nos costumes e nas expressões simbólicas.

Prestando-se a múltiplos contornos e colorações, a palavra "ecologia" dá ensejo a confusão, situando-se entre rigor metodológico e especulação feroz, entre julgamento de fato e julgamento de valor, entre interdisciplinaridade e amálgama, entre perspectiva, ensaio de síntese e programa ideológico. A ecologia tem dois registros: depende de interpretação e questionamento, de ciência e consciência; no entanto, a autenticidade tanto de um quanto de outro requer distinções.

1.1. Ecologia: uma área científica

O termo "ecologia" foi forjado pelo zoólogo alemão Ernst Haeckel (1834-1919) em 1866, na obra *Generelle Morphologie der Organismen. Allgemeine Grundzüge der organischen Formen-Wissenschaft, mechanisch begründet durch die von Charles Darwin reformierte Descendenz-Theorie* (2 vols., Berlim, Walter de Gruyter, 1988). Em sua *Histoire de la création des êtres organisés d'après les lois naturelles* [História da criação dos seres organizados segundo leis naturais] (1898, Paris, Scleicher, 1903, p. 551), Haeckel propõe a seguinte definição: "Ciência do conjunto das relações dos organismos com o mundo exterior ambiente, com as condições orgânicas e inorgânicas da existência; o que chamamos economia da natureza, as mútuas relações de todos os organismos, vivendo em um único e mesmo local, sua adaptação ao meio que os circunda, sua transformação mediante a luta para sobreviver".

Embora tenha sido o inventor do termo, Haeckel não é considerado o fundador da ecologia. Como o mostrou Pascal Acot, Haeckel é um autor representativo do darwinismo em geral, corrente que — contrariamente ao que se poderia pensar — não constitui o substrato de que se alimenta a ecologia científica. Literalmente "ciência do *habitat*", a ecologia se constituiu aos poucos, a partir da biogeografia, que por sua vez é um esforço de sistematização das relações de interdependência entre as vegetações dominantes e os fatores climáticos e geológicos. Esse pensamento pré-ecológico consiste em caracterizar zonas bioclimáticas em função da latitude e da altitude. A obra monumental de Alexander von Humboldt (1769-1859) representa um dos primeiros pontos altos dessa disciplina (*Essai sur la géographie des plantes* [Ensaio sobre a geografia das plantas] [1805], Nanterre, Éditions européennes Érasme, 1990; síntese final em *Cosmos. Essai d'une description physique du monde* [Cosmos: ensaio de uma descrição física do mundo] [1845-1892], 2 vols., Thisy, Utz, 2000). Um pensamento lúcido se alia a uma coleta extraordinariamente rica de observações provindas de toda a superfície do globo. Os temas populares do discurso ecológico atual, banalizado, já estão presentes nessa obra: ciclos, equilíbrio, harmonia, assim como o princípio de uma "unidade de representação" com base no "contato estreito que associa os fenômenos entre si".

Pré-ecológica, por sua abordagem puramente qualitativa ou, quando muito, semiquantitativa, essa busca se tornaria propriamente ecológica pela quantificação dos fluxos de matéria e energia e pela formalização matemática da dinâmica das populações. Nesse sentido, a ecologia animal, com sua atenção especial às relações de predação e, de modo mais geral, às cadeias alimentares, desempenha um papel primordial.

A biocenótica, ou seja, estudo das comunidades vegetais e animais, empreende uma análise mais geral, a dos ecossistemas, conceito introduzido pelo americano Arthur G.

Tansley em 1935. Um compatriota de Tansley, Raymond Lindeman, lança em 1941-1942 as bases da ecologia moderna ao orientar a investigação dos ecossistemas para a termodinâmica da vida (Erwin Schrödinger, Ilya Prigogine) e para a cibernética (Norbert Wiener), à qual se sucederiam outros métodos de análise dos sistemas abertos autorreguladores e auto-organizadores. Nesse campo, os ecossistemas lacustres têm geralmente servido como um paradigma. De modo evidente, a ecologia científica, em seu estágio maduro de análise quantitativa completa das trocas de matéria, energia e informação, apoia-se amplamente na teoria dos sistemas.

Hoje, a ecologia se desenvolve em várias direções, visando a, de um lado, uma penetração teórica mais avançada e, de outro, aplicações diversas, adaptadas às necessidades da engenharia do meio ambiente. A ecologia dos organismos busca esclarecer as condições do meio ambiente que determinam e limitam o desenvolvimento e a reprodução de populações específicas em seu meio. A bioindicação usa essas correlações para evidenciar a intensidade e a evolução de alguns fatores ecológicos (detecção e monitoramento da poluição do ar, da água e do solo). A dimensão ambiental abre novos caminhos para campos tradicionais, gerando áreas como ecomorfologia, ecofisiologia, ecotoxicologia. Uma demanda de análise dos ecossistemas (avaliação do risco ecológico associado a tal ou qual tipo de intervenção ou exploração, por exemplo, comercialização de novos compostos, autorização para organismos geneticamente modificados, avarias de petroleiros, acidentes químicos ou nucleares etc.).

No entanto, seria um procedimento unilateral e redutor apreender o meio ambiente apenas em termos de interações físico-químicas (tendência de Linderman e seus sucessores). Retomando a herança de Jakob von Uexküll, a etologia (estudo do comportamento animal) dá conta do meio ambiente (*Umwelt*) enquanto espaço-tempo percebido com suas marcas de orientação (*Merkwelt*). A tradição alemã, mais que a americana (por muito tempo impregnada de behaviorismo), adota essa dimensão psíquica do meio ambiente, associada às faculdades sensoriais e cognitivas dos animais.

O final do século XX e o início do XXI testemunham a aplicação de teorias ecossistêmicas em todo o planeta habitado. O ecossistema (de corte arbitrário ou, pelo menos, de limites convencionais) se expande para a biosfera e encontra nela seu contexto obrigatório de referência a partir de então. A biosfera corresponde a um sistema desprovido, ou quase, de trocas de matéria com o espaço circundante, porém caracteriza-se por trocas de energia, e principalmente pela recepção de um fluxo de energia solar mais ou menos constante. A fina película sólida, líquida e gasosa que envolve o globo terrestre, submetida à ação dos seres vivos ao longo de três bilhões e quinhentos milhões de anos, constitui um ecossistema planetário que integra no mais alto nível de complexidade os diversos ecossistemas terrestres e aquáticos, que nos acostumamos a distinguir de acordo com uma compartimentalização biogeográfica tradicional.

A "hipótese Gaia", formulada pelo inglês James E. Lovelock (*As eras de Gaia: a biografia da nossa Terra viva*, 1979, Rio de Janeiro, Campos, 1991), defende uma concepção ecossistêmica da biosfera. De acordo com sua proposta, a biosfera se comportaria como um conjunto auto-organizador e autorregulador, quase como um hiperorganismo, como uma unidade viva com um nível superior de integração. Hipótese de uma incontestável fecundidade heurística, Gaia está, no entanto, bastante longe de ser uma unanimidade, encarnando de modo exemplar a exposição da ecologia contemporânea aos perigos de uma osmose entre dados científicos e totalizações ideológicas.

1.2. Ecologia: uma orientação da civilização

A ecologia humana pode ser considerada uma ciência da quantificação das trocas, ao modo da ecologia animal. O trabalho de Walter Elmer Ekblaw (1882-1949) sobre os esquimós se encaixa nesse tipo de procedimento. Como regra geral, no entanto, a análise dos laços entre as sociedades humanas e o meio ambiente implica uma reflexão crítica sobre as mentalidades, os sistemas simbólicos e as responsabilidades sociais e políticas. Ciência e consciência ecológicas estão assim estreitamente imbricadas.

A famosa obra de Rachel Carson, *Primavera silenciosa* (Rio de Janeiro, Melhoramentos, 1962), é um exemplo clássico do gênero. Carson reúne grande número de dados sobre o empobrecimento da fauna selvagem em consequência de uma agricultura intensiva e principalmente o uso de inseticidas (com o desaparecimento dos invertebrados causando o dos pássaros). É quando a enumeração se desdobra em acusação, a análise se torna apologia. A exposição de um problema ecológico com um evidente apelo emocional culmina em um questionamento acerca de decisões que envolvem o coletivo, em suma, questionamento da própria civilização industrial.

Alguns pioneiros anteviram esse gênero de reflexão, sendo o mais importante, sem dúvida, o americano George Perkins Marsh (*Man and Nature, or Physical Geography as Modified by Human Action* [Homem e natureza, ou Geografia física conforme modificada por ação humana] [1864], Seattle, University of Washington Press, 2003). Mas foi somente ao longo dos anos 1960 que começou a difundir-se a consciência de uma crise ecológica mundial, logo percebida como uma crise geral e multiforme da civilização ocidental.

Concretamente, a crise ecológica reúne três tipos de sintomas: rarefação de recursos e desaparecimento das espécies, acumulação de dejetos e multiplicação de moléstias, superpopulação. A interação cumulativa dessas três tendências perturba os ciclos biológicos de produção, consumo e decomposição que permitem manter os ecossistemas em um estado de equilíbrio flutuante (homeostase). O sistema tende a menos estabilidade, menos complexidade e menos potencialidades. Essas modificações do meio natural se refletem no mundo dos homens: surgem novos "riscos incalculáveis" de desastres naturais, a produtividade econômica diminui, a qualidade de vida se deteriora. Tendo em vista o "mínimo vital" (necessidades fundamentais indispensáveis), o ecossistema suporta uma população humana menos numerosa. Forma-se então um círculo vicioso.

A análise geral dessa problemática se encontra associada ao tema dos limites do crescimento. Esse foi o título de um famoso relatório do Clube de Roma, publicado em 1972, ano da primeira Conferência das Nações Unidas sobre o meio ambiente, em Estocolmo. Pouco tempo depois, o primeiro "choque petrolífero" (1973) pareceu confirmar a iminência de esgotamento das fontes de energia não renováveis. Se nos anos 1980 a atenção prioritária da opinião mundial se desviou um pouco da origem (acesso aos recursos) para as consequências (perigos de evacuação, principalmente as preocupantes mudanças no equilíbrio atmosférico), trata-se somente de uma variação do mesmo problema dos limites para o crescimento. Uma justa apreciação desses limites se verificou precária por sua natureza compósita: são tanto físicos e biológicos quanto sociais e tecnológicos. As perspectivas sobre o tema tendem a apontar para um investimento na inovação e para o controle das condições desse investimento (de acordo com os mecanismos da *self-destroying* e *self-fulfilling prophecy*, ou seja, da profecia que se anula ou, ao contrário, cumpre-se por si mesma).

Desde a publicação, em 1987, do Relatório Brundtland, *Nosso futuro comum*[1], o debate público internacional sobre a gestão da biosfera conjuga os termos meio ambiente e desenvolvimento. Em junho de 1992, vinte anos após a Conferência de Estocolmo, a Conferência das Nações Unidas sobre o meio ambiente e o desenvolvimento no Rio de Janeiro confirma as obrigatórias correlações entre as duas necessidades: vencer a miséria do Terceiro Mundo e preservar o potencial biológico e ecológico da biosfera. Em geral, o discurso sobre os limites do crescimento tem dado lugar ao discurso mais nuançado sobre o desenvolvimento sustentável (ou durável) e sobre o crescimento "qualitativo" (compreendido como um aumento do Produto Nacional Bruto acompanhado da diminuição do impacto negativo no meio ambiente).

A análise dos sintomas da crise ecológica e a busca de antídotos apropriados para a situação se prolongaram em uma reflexão de múltiplas ramificações sobre suas causas ou, ao menos, seus condicionamentos sociopolíticos e seus fundamentos culturais. Crise da civilização industrial, técnico-científica, ocidental, a crise ecológica foi analisada em todos esses níveis. Para afirmá-lo de modo positivo: a ecologia suscita uma dinâmica inovadora na vasta pesquisa sobre os caminhos de nossa civilização.

Em primeiro lugar, a ecologia constitui um desafio para a organização da economia global. Se a economia de mercado se mantém, tenta-se, através da internalização dos custos externos, repercutir nos custos de produção das empresas seus efeitos negativos, socializados até nisso: acesso aos recursos não renováveis, qualidade do meio ambiente etc. Resta saber até que ponto uma necessária visão preventiva pode ser integrada à lógica do mercado que,

---

[1] [NT] Disponível em inglês na internet: <http://www.unicef.org/sowc06/pdfs/map_future.pdf>.

espontaneamente, privilegia o presente, adotando ênfases parciais: tal produto comercializado sob tais condições etc.

Medidas fiscais, encorajadoras ou dissuasivas, a remuneração coletiva da contribuição de certas profissões para a qualidade do meio ambiente (p. ex., agricultura e paisagem) e os certificados de poluição são instrumentos econômicos criados para estimular o comportamento ecológico responsável dos produtores e consumidores.

As contas do patrimônio afetam com valor monetário elementos tradicionalmente gratuitos do meio ambiente (*res nullius* ou *res communis* no sentido dos juristas, ou seja, coisas que pertencem à pessoa ou a todos, como, por exemplo, os pássaros selvagens ou as vistas panorâmicas). No entanto, uma crítica mais radical reprova, nesse procedimento, um conformismo social, já que perpetua a submissão do ser vivo a um de seus subssistemas, ou seja, a economia capitalista, em vez de restabelecer a hierarquia materialmente dada (René Passet).

A crise ecológica também suscita respostas de ordem jurídica. No direito civil, foi formulado certo número de regras básicas, tais como o princípio do poluidor-pagador (desenvolvido por Jean-Philippe Barde em 1972 no contexto da Organização de Cooperação e Desenvolvimento Econômicos), que consiste em integrar custos do meio ambiente aos custos de produção, e o princípio de prevenção, que obriga as autoridades públicas a limitar por antecipação os riscos e os danos ecológicos previsíveis (estudos de impacto). O princípio de prevenção pode ser reforçado por uma inversão do ônus da prova. Nesse caso, o produtor deve provar a compatibilidade de seu projeto com o respeito pelo meio ambiente; no entanto, em primeira instância, o ônus da prova cairia sobre os promotores, e não sobre os oponentes. No mesmo objetivo, os meios de ação das organizações de cidadãos podem ser amplificados, com o direito a recurso. No direito constitucional e internacional, objetiva-se melhorar as condições ambientais a partir das implicações práticas da concepção de patrimônio comum da humanidade (continente antártico, ecossistemas marinhos, florestas tropicais etc.) e da concepção de direito das gerações futuras. Porém, tanto o princípio quanto a aplicação desses instrumentos jurídicos provocam discussões e contestação.

O crescimento econômico caminha junto com o progresso científico e tecnológico. A evolução do direito também participa desse caminhar, com seus permanentes esforços para regulamentar as práticas desse progresso e fazê-las redundar em bem público. Assim, a questão ecológica contemporânea levanta a questão dos fundamentos e das condições da ciência e da técnica modernas, além da questão das alienações e dos impulsos destrutivos inerentes ao sistema técnico-científico. Tendo em comum o desprezo à vida (apesar de configurarem níveis diferentes de escândalo), a automatização desumanizante, a maré negra e a bomba atômica inspiram um mesmo questionamento sobre a predominância da razão instrumental (Jürgen Habermas) como um vício constitutivo da modernidade.

Em um nível epistemológico, essa via de reflexão revela certo número de correspondências nos níveis psicológico e sociológico: o espírito domina a matéria em uma relação de submissão reificadora, encontrando um paralelo no domínio tecnológico do ser humano sobre a natureza, no domínio patriarcal do homem sobre a mulher, no domínio do imperialista europeu "civilizado" sobre os nativos "selvagens" de além-mar. É evidente que análises do tipo exigem um claro discernimento entre pesquisa rigorosa e achismos ensaísticos; seja como for, há muitos indícios de que a crise ecológica pode ser interpretada como "crise de dominação" (J. Moltmann), afetando a civilização ocidental em seu todo.

Segundo esse ponto de vista, a crise ecológica desvela aspectos teológicos e espirituais. Em seu famoso artigo "As raízes históricas de nossa crise ecológica" (1967) (em Francis SCHAEFFER, org., *Poluição e a morte do homem: uma perspectiva cristã da ecologia*, Rio de Janeiro, Juerp, 1986), Lynn White criticaria o pensamento judaico-cristão por ter preparado e estimulado uma mentalidade dominadora nas relações entre homem e natureza. O contramodelo, marginalizado, da espiritualidade franciscana de fraternidade e sororidade universais das criaturas não teria resistido a uma corrente principal "de arrogância em relação à natureza", inspirado sobretudo pelo mandamento divino dirigido ao homem no relato de Gênesis (Gn 1.28): *Sede fecundos, multiplicai-vos, enchei a terra e sujeitai-a; dominai sobre os peixes do mar, sobre as aves dos céus e sobre todo animal que rasteja pela terra*. O *dominium terrae*, ampliado pela secularização e pelo desencantamento do mundo (Max Weber), teria culminado na crise ecológica, manifestando "as consequências impiedosas do cristianismo" (Carl Amery).

A tese de Lynn White sobre a *Wirkingsgeschichte* (a "história dos efeitos") de Gênesis 1.28 foi retomada, reexaminada e corrigida em inúmeros trabalhos teológicos (de autoria, por exemplo, de Udo Krolzik, Bernard Rordorf exz Hans J. Münk). Disso decorre, em suma, que a interpretação denunciada pela historiadora americana só passou a figurar na obra de Francis Bacon (1561-1626), que inspirou Descartes e atribuiu de fato ao progresso técnico-científico a expectativa de uma restauração plena do controle humano, com a abolição das consequências do pecado original e da expulsão do paraíso. Tal utopia redentiva intramundana não pode de modo algum ser identificada com uma expressão autêntica de esperança cristã, ainda que utilize o simbolismo da tradição bíblica.

Na aurora do século XXI, a busca espiritual e teológica induzida pela consciência da crise ecológica e pela aspiração a uma relação mais harmoniosa com os mundos mineral, animal e vegetal tem uma amplitude maior que a releitura e a revisitação de tradições bíblicas. Uma corrente religiosa difusa, de tendências sincretistas, acompanha a renovação da teologia e da espiritualidade eclesiais. Alimenta-se de crenças orientais, africanas e ameríndias, integrando uma tradição ocidental às vezes subterrânea de piedade cósmica (Paracelso, Jakob Böhme, Johann Wolfgang Goethe, Henry David Thoreau) e chega a aproximar-se de práticas religiosas ancestrais (celebrações sazonais dos solstícios e equinócios, ou do ciclo lunar).

Se a questão social do século XIX fez surgir uma contestação anticlerical e ateia, a questão ecológica do século XX suscita um novimento que se opõe com frequência ao judaico-cristianismo, mas profundamente religioso.

2. Ecologia e protestantismo

Pescando em seu próprio rio, abrindo-se também para novas contribuições, mas não sem especificar as condições de uma aculturação crível do evangelho, o pensamento cristão foi levado a propor perspectivas teológicas e espirituais que esclarecessem a dimensão ecológica da civilização. De modo mais preciso, pensadores cristãos se viram diante de uma tríplice tarefa. A primeira consiste em organizar um esquema interpretativo da relação entre o homem e a natureza. A essas considerações de ordem antropológica e cosmológica se acrescenta a necessidade de esclarecer a dimensão normativa dessa relação, uma reflexão que pode se cristalizar em torno da noção do respeito pela vida. Por fim, a ação prática, ou seja, o trabalho no vasto canteiro de um engajamento concreto das igrejas e dos cristãos pela defesa e pela gestão do meio ambiente, merece ser mencionada e especificada.

2.1. A relação com a natureza

2.1.1. Cultura protestante e relação com a natureza

"A descoberta e a preservação da natureza surgiram em países protestantes" (Bernard Charboneau). Além da constatação histórica e sociológica, essa observação sugere laços estreitos, e não uma simples coincidência. Necessariamente simplista e relativizável por notáveis exceções (p. ex., Leonardo da Vinci, quanto à descoberta, e as pinturas de Barbizon, quanto à proteção), a afirmação de uma contribuição dominante da cultura protestante ao investimento na natureza não carece de plausibilidade.

Os países de cultura protestante (Inglaterra, Escócia, Estados Unidos, Alemanha, Suíça, Países Baixos, Dinamarca, Suécia), assim como as minorias protestantes em países de cultura católica (França, Irlanda, Boêmia-Morávia), desempenharam um papel fundamental no desenvolvimento das ciências da natureza, na valorização econômica dos recursos naturais e na formação de um movimento de opinião em prol da preservação da natureza. Como exemplo, podemos citar a importante contribuição do meio reformado francês para o desenvolvimento da botânica e da agronomia a partir do século XVI (Guillaume Rondelet, Charles de l'Écluse, os irmãos Jean e Gaspard Bauhin, Olivier de Serres), a inauguração do primeiro parque nacional em Yellowstone (Estados Unidos) em 1872, a estética naturalista do jardim inglês e a influência da proteção animal sobre a vida pública inglesa (com o surgimento da primeira lei para regulamentar a vivisecção, em 1876), o poder da corrente ecologista e o importante capital de simpatia dos defensores da natureza na Suíça e sobretudo na Alemanha, além do espantoso número (em termos demográficos) de protestantes franceses que assumem responsabilidades profissionais ou de voluntariado na área da preservação da natureza e do meio ambiente. Pode-se dizer, porém, que o investimento da cultura protestante na natureza é algo ambíguo, por abarcar tanto a exploração quanto a conservação, tanto o uso quanto o maravilhamento. Tanto é que a pergunta expressa de modo resumidamente caricatural, "Protestante, a natureza?" (de acordo com o título do artigo de Jean Viard, em Anne CADORET, org., *Protection de la nature: histoire et idéologie. De la nature à l'environnement* [preservação], Paris, L'Harmattan, 1985, p. 161-173), é feita com a presunção da resposta afirmativa.

A razão profunda para os laços entre cultura protestante e investimento na natureza pode ser identificada na motivação central da Reforma, qual seja, na ênfase na busca da salvação e na experiência da graça na Palavra revelada de Deus em Jesus Cristo. Uma das consequências dessa nova concentração da fé — da busca e da convicção religiosas — no encontro interpessoal do homem com Deus é liberação da natureza (assim como da história) enquanto espaço de realização criativa de uma liberdade cujos fundamentos e cuja segurança estão além. Se na síntese escolástica medieval a natureza já era marcada, ocupada e integrada a um sistema de crenças que aliavam saber natural e inspiração sobrenatural, no protestantismo o mesmo não ocorre. A natureza não está mais submetida a um poder simbólico e intelectual que oriente seu sentido para os fins sobrenaturais enunciados pela autoridade dogmática e moral da igreja. A Reforma desembaraça a natureza do domínio das verdades últimas e a torna uma realidade "penúltima", lugar de serviço e de trabalho, de contemplação e descoberta. A natureza enquanto criação representa essencialmente um dom oferecido pelo Criador aos seres humanos, um meio de exercer a vocação cristã, mesmo se a criação também mantém a função quase litúrgica de "teatro da glória de Deus" (Calvino).

A Reforma inaugura a secularização da natureza, uma secularização que significa, em primeiro lugar, a desclericalização das relações com a natureza, o fim da assimilação da natureza a uma cosmologia teológica. A natureza se torna objeto de um investimento da razão, dos sentidos e dos sentimentos, independentemente de doutrinas eclesiásticas que condicionariam sua forma e seu conteúdo. A aliança objetiva que se estabelece, tanto nessa área como em outras, entre Reforma e humanismo decorrente do Renascimento se torna até mesmo, por vezes, uma confluência e uma fecundação recíproca (sobretudo nas obras de Melâncton e Zwinglio). De qualquer maneira, as relações com a natureza, tal como moldadas pelo protestantismo histórico, traduzem a dupla influência da Reforma e do humanismo.

A secularização da natureza não implica automaticamente sua profanação (a teologia protestante do século XX nem sempre fez jus a essa nuance). Ao secularizar a natureza, a cultura protestante não esteriliza necessariamente suas conotações religiosas, nem rejeita as experiências religiosas de ressonância ou absurdo de que o encontro com a natureza é portador (de acordo com os termos de Gerd Theissen: experiência da ordem ou nomológica, experiência do vivente ou organológica, experiência da beleza ou estética).

Um contraexemplo tipicamente protestante e de fato relacionado à história da ecologia é a físico-teologia dos séculos XVII e XVIII, que costuma se apresentar sob a forma de tratados de popularização que expõem dados científicos interpretados teologicamente, como indícios da sabedoria do Criador, sinais de sua grandeza e bondade. A físico-teologia prossegue com a tradição da teologia natural, que remonta aos Pais apologetas dos séculos II e III (Minucius Felix) e se encontra também na obra de vários reformadores (Zwinglio, Melâncton, Calvino, mas não Lutero, que a considerava problemática e dificilmente compatível com sua "teologia da cruz"). De modo mais preciso, a físico-teologia reconhece a providência de Deus nos movimentos ordenados e nas disposições benéficas da natureza. Um eco tardio surge ainda em *Cosmos*, de Humboldt. Isso significa que pode ser estabelecida uma filiação entre, de um lado, a providência ordinária (ou "concurso geral de Deus") na obra dos reformadores e na ortodoxia protestante e, de outro, a biogeografia pré--ecológica, passando pela físico-teologia.

Por muito tempo contada entre os fósseis da história do pensamento cristão, hoje a físico-teologia parece destinada a uma renovação. Claro, as zombarias de Voltaire permanecem gravadas na memória coletiva, e ninguém deseja provocar novas observações irônicas sobre a criação, como a existência do nariz justificada pelo uso de óculos... No entanto, o fôlego da físico-teologia e a influência da polêmica que acompanha seu declínio são explicados sobretudo por um finalismo simplista e rígido de uma corrente cujo primeiro impulso, existencial, mantém sua pertinência.

É significativo que, dentre as expressões hinológicas mais profundas do tema do amor do Criador, manifestado em formas e estações da natureza, figurem os corais de Paul Gerhardt (1607-1676), que é também autor dos grandes corais protestantes da Paixão, que pontuam as cantatas e os oratórios de Johann Sebastian Bach. A vida de Gerhard — marcada pelas atrocidades da Guerra dos Trinta Anos (1618-1648) e a perda de quatro filhos — esclarece de modo singular o canto do movimento ordenado e da vitalidade prolífica observáveis na natureza criada. A obra desse grande poeta luterano apresenta implicitamente a "teologia da cruz" como condição de verdade de uma teologia da natureza, e também de maneira inversa, já que Gerhardt resiste melhor que muitos de seus contemporâneos à tentação de refugiar-se na interioridade.

Articular teologia da natureza e teologia da cruz — ou, nos termos de Theissen, responsabilizar-se tanto por experiências do absurdo como as da ressonância — é um desafio permanente de uma reflexão protestante sobre as relações com a natureza. O diálogo entre a cosmologia científica contemporânea, no encontro com algumas expressões emblemáticas das grandes tradições especulativas (cabala judaica, mística renana, espiritualidades orientais) e, por fim, a contribuição das teologias autóctones correlacionadas à interculturalidade das igrejas de além-mar caracterizam o relevo desse campo de reflexão. Esse relevo é perceptível na obra da maior parte dos autores atuais (Moltmann e os teólogos alemães próximos à *Forschungsstätte der Evangelischen Studiengemeinschaft* em Heidelberg: Günter Altner, Jürgen Hübner, Gerhard Liedke, Christian Link, Ulrich Schoen; John B. Cobb e demais teólogos americanos do *Process*; na francofonia, Pierre Gisel, André Gounelle, Gérard Siegwalt, Jean-Paul Gabus).

Rejeitando todo tipo de sacralização e, ainda com mais motivos, todo tipo de idolatria da natureza, rejeitando com o mesmo vigor toda autoglorificação humana, o pensamento protestante buscaria estabelecer a relação entre homem e natureza em um reconhecimento sóbrio, sem idealização e sem demonização. Da mesma forma, a "natureza protestante" se insere em uma dialética de respeito e prospecção, de contemplação e trabalho, de luta e maravilhamento.

Para a comodidade da classificação, dois grandes tipos de reflexão podem ser distinguidos, dois procedimentos teológicos representativos do duplo enraizamento do protestantismo na Reforma e no humanismo. O primeiro procedimento parte das Escrituras e busca atualizar as perspectivas ecológicas da tradição bíblica. O segundo parte do vivido da natureza e das tradições culturais que o estruturam, tentando extrair perspectivas teológicas com base nas impregnações naturais da vida humana.

2.1.2. Entre o jardim e o abismo: perspectivas teológicas dos relatos bíblicos da criação

Sob muitos pontos de vista, a contribuição específica do pensamento protestante para o debate contemporâneo sobre a ecologia apresenta laços indissolúveis com a recepção da Bíblia na diversidade de suas tradições constitutivas. É dessa seiva bíblica que se alimentam as eclosões originais do pensamento protestante, sua participação produtiva, e não somente reativa, ao debate de ideias.

Historicamente, a exegese bíblica tem mantido viva a consciência da solidariedade entre seres humanos e demais criaturas, enquanto a dogmática arrisca-se a acentuar unilateralmente aquilo que é próprio ao homem por nobres abstrações racionalistas, éticas ou existencialistas. É nos comentários bíblicos dos Pais, nas pregações dos reformadores, no acompanhamento bíblico dos grandes pedagogos pietistas que encontramos as mais belas expressões teológicas do lugar do ser humano em uma criação múltipla, criação que vive, na ternura ou na dor, a comunhão de sua diversidade. Se não temeremos um anacronismo terminológico, diremos que o pensamento bíblico alimenta a consciência ecológica. A histórica verifica de modo patente essa tese geral.

Um primeiro exemplo é a corrente teológica do "realismo bíblico", própria do luteranismo de Wurtemberg. As raízes dessa corrente estão no pietismo suábio, na erudição bíblica de Johann Albrecht Bengel (1687-1752) e na visão da salvação cósmica na obra de Friedrich

Christoph Oetinger (1702-1782; *Theologia ex idea vitae deducta* [1765], Berlim, Walter de Gruyter, 1979). Essa corrente se prolonga pelo século XIX, aliando especulação e prática por uma ênfase constante na corporeidade das promessas espirituais do Reino (entre outros, Johann Christoph Blumhardt [1805-1880] e seu filho Christoph [1842-1919]; Albert Knapp [1798-1864], fundador, em 1837, da primeira associação de defesa dos animais na Alemanha). Entre os representantes contemporâneos (Adolf Köberle, 1898-1989), a dimensão ecológica da fé, do amor e da esperança se torna explícita e se concretiza nas iniciativas eclesiais de proteção do meio ambiente (conceito de "diaconia ecológica"). A influência do "realismo bíblico" é percebida além das fronteiras de Wurtenberg, como, por exemplo, no socialismo religioso do suíço Leonhard Ragaz (1868-1945; "o Reino de Deus aborda a libertação da criatura"); Wilfred Monod (1867-1943) atesta uma sensibilidade similar no cristianismo social francófono. Essa sensibilidade se transmitiu a seu filho Théodore (1902-2000), eminente naturalista e erudito humanista influenciado por Albert Schweitzer (1875-1965).

Os impulsos escriturísticos traduzidos pelo "realismo bíblico" se correlacionam, no essencial, à história da salvação, com sua tendência a universalizar a redenção. Esboçada pelos profetas antigos (Os 2; Is 11), cultivada sobretudo na concepção hierosolimita do *shalom*, a paz messiânica estendida a todas as criaturas determina igualmente as visões neotestamentárias do mundo novo. Os dois textos-chave são Colossenses 1.15-20, de conotação eucarística, privilegiado por autores católicos (cf. Alfons Auer), e Romanos 8.19-23, verdadeiro *theologia crucis naturalis* ("teologia natural da cruz", Hermann Timm), enfatizado principalmente pelos autores protestantes (Günter Altner, Walther Bindemann, Gerhard Liedke, Jürgen Moltmann). A criação se abre para uma nova manhã: é nessa expectativa que é vivida a solidariedade das criaturas.

Um segundo exemplo histórico de estímulo da consciência ecológica por uma leitura renovada dos textos bíblicos é a evolução recente da exegese de Gênesis 1.11 e, de modo particular, do bastante tradicional relato da criação em sete dias (Gn 1.1-2,4a). A partir dos anos 1960, houve várias mudanças de perspectiva. O tema da criação, considerado por Gerhard von Rad (1936), em uma linha barthiana, como condicionado pela experiência da redenção, recobrou desde o comentário de Claus Westermann (1970) uma consistência própria: a experiência da bênção do Criador constitui uma forma autêntica de encontro com Deus, irredutível a sua intervenção salvífica. O Gênesis é mais que um prelúdio ao Êxodo.

Relido no contexto da história dos fundamentos, o relato de Gênesis 1.11 envia uma mensagem diferente daquela de "uma história dos inícios": as barreiras das abordagens literalista e concordista da relação entre criação e evolução podem ser deixadas de lado em prol de uma atenção renovada aos fundamentos estruturantes do mundo criado. Dentre esses fundamentos, a exegese enfatizou a dignidade e a responsabilidade do ser humano (expressas pela criação "à imagem de Deus" e pelo domínio sobre as criaturas terrestres), mas também uma organização "ecológica" do mundo: meios de vida (dias 1 a 3) e seres vivos (dias 4 a 6) se encontram em correspondência em uma estrutura que culmina na plenitude do repouso do sétimo dia. Assim, o homem está integrado em um contexto que o precede e o ultrapassa, ao mesmo tempo que é posto à parte, sob um ângulo diferente, como representante e parceiro responsável do Criador (Odil Hannes Steck, Erich Zenger, Pierre Gisel).

Além disso, a história dos fundamentos em Gênesis 1.11 traduz o confronto com o mal e a violência. Nesse sentido, o relato do dilúvio chamou a atenção dos intérpretes de um modo muito mais profundo que o caráter pitoresco da arca de Noé como símbolo do ser humano protetor da biodiversidade. De modo especial, o contraste entre a organização do mundo após o dilúvio e a do início inspirou reflexões importantes. Em Gênesis 9, a explosão de violência que afetou todas as relações entre os seres viventes é assumida como um dado a partir de então incontornável da criação ("Pavor e medo de vós virão sobre todos os animais da terra e sobre todas as aves dos céus", Gn 9.2a). Ao mesmo tempo, o texto enfatiza as disposições que são propícias à violência (Gerhard Liedke): a vida humana é inviolável (proibição do assassinato) e, se o ser humano se autoriza a matar o animal, não se torna por isso senhor sobre a vida e a morte (sentido da proibição de ingerir sangue). Não sem razão, evocou-se a analogia formal e funcional entre esses mandamentos fundamentais e nossos modernos direitos humanos.

Em suma, a exegese contemporânea enfatiza, por meio do símbolo da bênção, as disposições fundamentais pela vida, apresentadas na história da criação. Essa exegese evidencia as separações constitutivas e as diferenças complementares do criado, acentuando a pertinência do ser humano a um conjunto diversificado que o precede e o rodeia: o ser humano é cocriatura. Em um artigo de 1959, bastante anterior à "onda ecológica", o teólogo de Zurique Fritz Blanke tinha proposto o conceito de *Mitgeschöpflichkeit* ("cocriaturalidade") para designar a relação entre o ser humano e a natureza em uma perspectiva bíblica. A fortuna considerável que suscitou esse conceito — apesar de sua sonoridade pouco elegante — demonstra o poder da ideia que exprime, algo quase onipresente na reflexão protestante contemporânea sobre a criação. A referência a uma exegese renovada de Gênesis 1.11 é mais explícita nas obras de Christian Link, Gerhard Liedke e Jürgen Moltmann.

Dois motivos principais, tanto da história dos fundamentos quanto da história da salvação, dois conceitos caracterizam a abordagem protestante contemporânea da dimensão teológica do ser humano: a *aliança* e o *shabat*.

De importância capital para o perfil específico da teologia reformada, a *aliança* veicula conotações significativas, como, por exemplo: a ideia de parceria, valorizando tanto o papel humano de representante de Deus quanto a consistência e a organização próprias da totalidade do criado, presente na aliança com Noé; a ideia de duração e fidelidade, necessariamente inspirando reflexões sobre a conservação do planeta e a preservação das condições fundamentais da vida; a ideia de um compromisso recíproco (mesmo se a iniciativa da aliança pertence sempre a Deus), concretizando-se em um comportamento adequado a esse compromisso.

Assim, a aliança evoca ao mesmo tempo a promessa e a exigência, o memorial (inserção na história divina com seu povo) e os desafios do presente, ou as prioridades das ações concretas. A aliança é o lugar de uma dialética fecunda: o Deus Totalmente Outro e o Deus Totalmente Próximo (alteridade e encarnação), liberdade e obediência, e, por fim, através da nova aliança em Cristo, o particular e o universal (a aliança do batismo e a aliança renovada com toda a criação).

Dentre os pensadores reformados contemporâneos de língua francesa, é provavelmente Jacques Ellul (1912-1994) quem mais intensamente explorou essa dialética da aliança, atualizando-a também no sentido de uma solidariedade ecológica que une o ser humano às demais criaturas. No nível do movimento ecumênico internacional, a tradição reformada introduziu o conceito de aliança — com as conotações que esboçamos aqui — nas grandes declarações teológicas sobre "Justiça, paz e salvaguarda da criação" (com destaque para os documentos finais das reuniões de Basileia em 1989 e de Seul em 1990). Nesses textos opera-se uma síntese entre a tradição reformada da aliança e a tradição ortodoxa da Trindade (símbolo perfeito e fundamento eterno da comunhão na diversidade, decorrendo disso o aspecto ecológico dessa simbologia teológica). Resulta de tudo isso uma concepção menos hierárquica e menos jurídica da aliança, assim como uma concepção mais "prática" ou mais "política" da Trindade.

A evocação da reflexão protestante atual sobre o lugar do ser humano na criação se veria em desequilíbrio sem a menção à dimensão festiva. O *shabat*, "festa da criação" (Jürgen Moltmann), representa um dos símbolos bíblicos mais poderosos desse aspecto das coisas. O descanso sabático é a ocasião oferecida periodicamente de abandono das dores e lutas de toda vida criada, com a aproximação do *shalom*, da paz e da justiça no mundo dos viventes: a exploração cede lugar à solidariedade comunitária vivida em alegria.

As disposições concretas da lei de Moisés ilustram a prática do *shabat* em uma escala criacional. Uma das formulações dos Dez Mandamentos precisa que o descanso sabático se refere até mesmo aos animais domésticos (Dt 5.14). E a instituição do ano sabático (terras sem cultivo a cada sete anos) dá repouso à terra e atribui sua produção espontânea a todo mundo, sem distinção, incluindo-se o gado e os animais selvagens (Lv 25.1-7; v. tb. Êx 23.9-12). Além disso, o Jubileu (ano de remissão a cada 7 x 7 + 1 = 50 anos) prevê a liberdade dos devedores que não têm como pagar e o resgate dos bens familiares tomados como garantia pelo credor (Lv 25.8s). O descanso da terra está intimamente ligado a um novo sopro de justiça social.

No "tratado ecológico da criação", de Jürgen Moltmann, o motivo do *shabat* foi evidenciado de modo considerável: "O ponto culminante de toda a doutrina da criação, tanto judaica quanto cristã, deve ser a doutrina do *shabat*, pois no dia do *shabat* e por meio dele, Deus "conclui" a criação, e no dia do *shabat* e por meio dele os homens reconhecem como criação de Deus a realidade na qual vivem e que eles são quem são" (*Deus na criação*, Petrópolis, Vozes, 1993). Prefigurada pelo descanso do Criador no sétimo dia, descanso cuja plenitude é expressa na bênção de toda a obra criada, a paz sabática anuncia e antecipa a comunhão na diversidade para a qual a criação está prometida. Nos ritmos do tempo da história, ritmos dos dias e dos anos, o *shabat* permite a irrupção da criação em festa em meio à criação que trabalha (criação que geme e espera por sua redenção).

Ao contrário das abordagens centradas na história da salvação, esboça-se hoje uma abordagem *sapiencial* atenta à permanência dos ciclos da vida, à reprodução das condições de existência, à sucessão das gerações e das eras. Essa abordagem opõe ao progresso (enquanto modelo de civilização que tende para a perfeição do porvir) o apego ao presente perpetuamente renovado do material de que é feito o homem e da matéria viva. Para a sabedoria, a criação oferece a inspiração da arte do bem viver e a contemplação do mistério divino das coisas naturais. Nesse nível, a vertente sapiencial da Bíblia (Sl 104; Pv 8; de modo mais atormentado: Jó 38-42) soma-se à sabedoria das nações; a especificidade da revelação se torna problemática, tanto hoje quanto na época do Antigo Testamento.

No fim das contas, a abordagem sapiencial conduz ao segundo procedimento teológico mencionado aqui, um procedimento que se apoia no vivido cotidiano e nas tradições ancestrais que tratam das relações com a natureza.

2.1.3. Deus na experiência elementar da vida: perspectivas teológicas da impregnação pela natureza

Uma reação significativa na crise ecológica é a busca de uma teologia dos dados elementares da vida e do mundo. O esquema arcaico dos quatro elementos — terra, água, ar, fogo —, o ciclo imemorial das quatro estações ou a convenção universal dos quatro ventos fornecem referências ou coordenadas elementares em um mundo em crise. O ciclo da vegetação (ciclo solar), o ciclo menstrual (ciclo lunar), o ciclo das idades da vida (ciclo de uma geração), uma época no futuro ameaçada é sensível a todas essas ilustrações de uma gênese em perpétuo retorno. Aqui, são apenas evocações furtivas de um contexto de referências que se prestam a uma espécie de teologia da natureza: teologia receptiva ao valor das condições básicas, elementares, da vida, inspirando-se na natureza em relação a seu movimento ininterrupto e sua força difusa de impregnação da vida humana e de toda vida.

No que diz respeito ao protestantismo, essa sensibilidade se cultiva hoje principalmente nas teologias autóctones e nas teologias feministas. Falamos de modo intencional de sensibilidade, pois o procedimento teológico em questão se exprime com mais frequência por meio da arte, da poesia, do ensaio, em oposição à elaboração sistemática bem-acabada (à exceção, talvez, do teólogo alemão Hermann Timm).

"Deus é verde" é o título um tanto extravagante de um ensaio de Anand Veeraraj, pastor da Igreja Protestante Unida do sul da Índia. Em um contexto eclesiástico e cultural cristão, Veeraraj defende as tradições autóctones, típicas do subcontinente indiano, de respeito à vida e amor pela natureza (p. ex., as dos *bishnois*, vegetarianos e não violentos). Análoga valorização teológica se aplica aos relatos míticos e aos costumes ancestrais de outras regiões do mundo, na África negra (Jesse N. K. Mugambi) e na América pré-colombiana (p. ex., George Tinker, pastor luterano do Colorado, que pertence ao povo dos navajos etc.).

A experiência fundamental, que consiste em "dar vida", motiva em muitas teólogas do mundo ocidental uma relação com a natureza que seja diferente da relação típica do modelo cultural dominante: conceber, preservar e alimentar a vida como gesto feminino inaugural e garantidor da existência, gesto vivido em solidariedade com a terra, ela mesma fecunda e alimentadora. A alemã Dorothee Sölle (1929-2003) e a holandesa Catharina Halkes (1920-) são bastante conhecidas representantes dessa corrente de pensamento no mundo protestante.

Historicamente, a teologia feminista da natureza reinvindica a herança das grandes personalidades femininas da mística medieval (com destaque para Hildegarda de Bingen [1098-1179]). Além disso, essa teologia tem o mérito de lembrar a consciência coletiva de todo o terror associado aos processos de bruxaria cuja maioria das vítimas se constituiu de mulheres: mulheres consideradas heréticas, acusadas de práticas simbólicas ou paramédicas que remontavam a cultos ancestrais à vegetação, portanto da Mãe Terra.

Na sétima Assembleia do Conselho Mundial de Igrejas em Camberra (1991), a teóloga presbiteriana Chung Hyun-Kyung entregou uma mensagem tanto falada quanto dançada, encarnando de modo exemplar as aspirações das teologias autóctones e feministas da natureza e do corpo.

É difícil avaliar adequadamente essas teologias da natureza. Incontestavelmente, elas exercem um efeito descentralizador benéfico em um pensamento protestante produzido em grande parte por homens de cultura ocidental. Tanto nas antigas terras missionárias quanto na Europa, elas nos questionam sobre a autenticidade da inculturação do evangelho. Valorizam dimensões da natureza às quais reformadores humanistas como Melâncton eram sensíveis (ciclos astrais, "moral natural") e que um homem também profundamente europeu como Goethe exprimia retomando a mitologia grega (mergulhada no romantismo alemão), enquanto Wagner se utilizava da mitologia germânica com os mesmos fins.

Restam os questionamentos básicos que tal procedimento teológico suscita: qual é o papel desempenhado por uma tradição religiosa viva, uma herança simbólica ancestral ou um simples substrato simbólico do imaginário coletivo? Não haveria nesse procedimento o risco de ecletismo e voluntarismo (pela invocação de remotas raízes ou antídotos exóticos) e, por fim, uma indefinição considerável em relação aos critérios de autenticidade que não sejam a adesão subjetiva do momento?

2.2. O respeito pela vida

2.2.1. A ética schweitzeriana

"Sentado no reboque de um dos *trailers*, indiferente ao que me rodeava, fiz um esforço para compreender essa noção elementar e universal da ética, que não nos entrega nenhuma filosofia. Preenchendo página após página, eu não tinha outro objetivo, a não ser concentrar minha mente nesse problema que sempre me escapava. Dois dias se passaram. No final do terceiro dia, enquanto prosseguíamos à luz do pôr do sol, dispersando em nossa passagem um bando de hipopótamos, vieram-me à mente, em um relance, as palavras 'respeito pela vida' [...].

Enfim eu havia aberto um caminho central em que a afirmação do mundo e da vida se encontravam na ética" (Albert Schweitzer, *Ma vie et ma pensée* [1931] [Minha vida e meu pensamento], Paris, Albin Michel, 1960, p. 171).

A partir dessa descoberta, por uma espécie de encontro iluminador durante a viagem de Schweitzer pelo rio Ogooué em 1915, o conceito "respeito pela vida" constitui uma referência maior para a reflexão ética sobre os seres vivos e o meio ambiente. Essa referência é particularmente representativa da maneira com que o pensamento protestante do século XX se abre para um desafio de obrigação ética mais geral que em relação ao gênero humano. Embora esteja nas antípodas de Albert Schweitzer quanto ao pensamento teológico, Karl Barth adota o mesmo conceito de respeito pela vida em sua *Dogmática*, atribuindo-lhe um conteúdo modificado, na verdade, pois centraliza-se na vida humana; sua definição relega a segundo plano a questão ética da vida animal e vegetal, mas nem por isso a deixa de lado. Hesitando entre reconhecimento e reservas em um jogo complexo de precauções e nuances, Barth se torna uma testemunha talvez inesperada do caráter incontornável da ética schweitzeriana do respeito pela vida; a consciência recente em relação à crise ecológica somente reforçou esse interesse.

Para Schweitzer, o princípio do respeito pela vida é a culminação do pensamento ético ocidental (e ao mesmo tempo a expressão de tendências convergentes nas tradições orientais). Esse princípio conjuga as aspirações de dois grandes tipos de ética, cuja evolução é analisada por Schweitzer na história das ideias desde a Antiguidade: ética do desvelo e ética do autoaperfeiçoamento; pois, com o respeito pela vida, levo a um nível mais alto a vida que está em mim, ao mesmo tempo que me dedico a outras vidas. "A ética consiste, portanto, em me pôr à prova diante da necessidade de dedicar o mesmo respeito pela vida a todo o querer-viver que me rodeia, tanto quanto ao meu. Eis o princípio fundamental da moral que se deve impor necessariamente ao pensamento. O bem é manter e favorecer a vida; o mal é destruir a vida e colocar-lhe obstáculos" (1976, p. 166).

A ética schweitzeriana, radical, profunda e coerente, tira dessas características sua força; sua fraqueza surge diante de exigências metodológicas de avaliação comparativa, de procedimentos e legitimação institucional. Trata-se de uma "ética da personalidade", de acordo com as próprias palavras do autor, e não de uma "ética da sociedade", caracterizada de modo negativo por seu funcionalismo regulamentador e relativizante.

Schweitzer rejeita toda "ética relativa", toda ética do meio-termo ("que na realidade não é uma ética, mas uma confusão entre necessidades não éticas e verdadeira ética", ibid., p. 176). Ao mesmo tempo, associa a ética à mística, enraizando-a na interioridade profunda que se preocupa com questões últimas, decorrendo disso a conotação religiosa tão característica da ética do respeito pela vida. Por fim, o exemplo de vida que Schweitzer nos deixou enfatiza a união entre ação e reflexão, em uma ética experimentada, que associa o pensar e o fazer naquilo que ele chamou "culto vivo celebrado sem descontinuidade" (ibid., p. 171): uma metáfora tipicamente protestante da existência cristã na diversidade articulada de suas dimensões.

A aplicação prática da ética schweitzeriana apresenta um aspecto factual devido à quase ausência de regras formais (e até certo desdém em relação a elas) que descrevam o julgamento ético e suas considerações institucionais. Schweitzer não admite hierarquia alguma dos valores, avaliação comparativa alguma dos bens existentes, e relega à intimidade da consciência individual a elaboração de resoluções concretas que jamais constituem uma tradução fiel (embora haja gradações nessa dessemelhança) da exigência absoluta do respeito pela vida. Nesse sentido, o equilíbrio da personalidade apresenta elementos cuja importância não é formalmente reconhecida por Schweitzer, nem em si mesmo, em primeiro lugar: de um lado, o caráter religioso do perdão, mais precisamente o tema paulino da justificação do pecador e da pacificação pelo ser "em Cristo"; de outro, o aspecto prático de uma arte de viver próxima às realidades cotidianas, estruturado por convenções que pertencem tanto à burguesia culta quanto ao mundo rural; um sólido bom senso acompanha e "prepara" o respeito pela vida.

2.2.2. A busca de uma ética que não seja antropocêntrica

Se a formalização metodológica da ética schweitzeriana deixa a desejar, suas argumentações quanto à obrigação do respeito por todo tipo de vida é algo que merece a atenção da ética contemporânea do meio ambiente. A obra do grande alsaciano faz parte das tradições mais estimulantes para as pesquisas atuais em uma ética não antropocêntrica do meio ambiente, com o reconhecimento do dever de respeito para com entidades não humanas. O próprio Schweitzer não desenvolveu o aspecto ecológico dessa problemática, a menos que incluamos nisso o tema da relação com os animais, abordado por ele muitas vezes e de modo contextualizado em seus textos e sua correspondência (em assuntos como experimentos científicos em animais, criação, touradas). No entanto, o meio ambiente constitui um dos campos mais férteis da ética do respeito pela vida que, nessa área, é uma referência privilegiada, com a mesma importância da *land ethics* (1949), do americano Aldo Leopold (de feições muito mais esquemáticas), a "heurística do temor" e o "princípio responsabilidade" de Hans Jonas e, por último, a discussão às vezes tumultuosa sobre o *animals' liberation* dos utilitaristas anglo-saxões (movimento chefiado pelo australiano Peter Singer). A filosofia da civilização de Albert Schweitzer constitui, em todo caso, uma das vias de acesso a um debate fundamental na ética do meio ambiente, o do alcance de nossas obrigações em relação aos seres não humanos.

Um filósofo próximo ao luteranismo alemão, Klaus-Michael Meyer-Abich, sistematizou as possíveis respostas à questão de nossa responsabilidade ética direta:

1) cada qual só é responsável por si mesmo;
2) cada qual é responsável por si mesmo, sua família, seus amigos e conhecidos, além de seus ascendentes diretos;
3) cada qual é responsável por si mesmo, seus parentes e concidadãos e pelo povo ao qual pertence, incluindo nisso o patrimônio imediato do passado (ética etnocêntrica);
4) cada qual é responsável por si mesmo, seus parentes e seu povo, além de todas as gerações vivas da humanidade inteira;
5) cada qual é responsável por si mesmo, seus parentes, seu povo, a humanidade atual e todos os ascendentes e descendentes, portanto por toda a humanidade (ética antropocêntrica);
6) cada qual é responsável por toda a humanidade e todos os seres vivos dotados de consciência (indivíduos e espécies; ética psicocêntrica);
7) cada qual é responsável por tudo o que vive (indivíduos e espécies; ética biocêntrica);
8) cada qual é responsável por tudo (ética holocêntrica).

Ct Wege zum Frieden mit der Natur. Praktische Naturphilosophie für die Umweltpolitik, Munch, Hanser, 1984, p. 23.

A discussão geral sobre as teses psicocêntrica, biocêntrica e holocêntrica suscita a participação ativa de pensadores protestantes; é o caso sobretudo dos países anglo-saxões (p. ex., o teólogo americano John B. Cobb e o biólogo australiano Charles Birch, voz mundialmente conhecida depois da assembleia do Conselho Mundial de Igrejas de Nairóbi, em 1975) e dos países germânicos (Alemanha: Gerhard, Liedke, Gotthard M. Teutsch; Suíça alemânica: Hans Ruh, Peter Saladin).

2.2.3. Os principais assuntos tratados pela ética do meio ambiente

Além das questões fundamentais, muitos temas de ética material do meio ambiente foram tratados por grupos e organismos protestantes responsáveis por ética social. É o caso particular da energia e do clima, da agricultura, do planejamento territorial, da proteção animal e das biotecnologias.

Tanto a política quanto o consumo energéticos no dia a dia têm sido objeto de inúmeros estudos por instituições de ética social, geralmente em um espírito de colaboração ou, pelo menos, um acordo interconfessional. Dentre os resultados desse trabalho, convém mencionar a análise sociológica de "culturas energéticas" (Claude BOVAY et alii, 1987) e a elaboração de estratégias de mudança diante do uso racional da energia e a promoção de energias "ecocompatíveis". O caráter irreversível dos riscos e danos é um poderoso argumento para as posições protestantes quanto à energia nuclear, posições que vão desde a hesitação (a partir dos anos 1970) até a recusa explícita (enquanto os católicos tendem a um apoio prudente). As mudanças climáticas, também irreversíveis quando pensamos na escala geracional, ampliaram a problemática dos efeitos biosféricos não controlados do consumo energético mundial, cuja maior responsabilidade (80%) é imputável aos países industrializados. Grande número de igrejas protestantes, na maioria reformadas, têm insistido na necessidade da redução do consumo energético a um nível compatível com a manutenção do equilíbrio atmosférico.

O argumento da irreversibilidade é encontrado na crítica fundamental das biotecnologias de ponta (engenharia genética, reprodução artificial), visão comum a somente parte da opinião protestante (que nos países germânicos já é bastante crítica, cf. H. von SCHUBERT, 1991; J. Hübner e H. von SCHUBERT, 1992).

O papel social tradicional das igrejas em meios rurais motiva de modo significativo as numerosas reflexões sobre a agricultura (p. ex., os *Denkschriften* [Anotações] da Igreja Protestante da Alemanha); os impasses ecológicos e sociais da política agrícola comum na Europa e as contradições do mercado mundial de alimentos tornam esse tema particularmente controverso e sintomático. As posições protestantes defendem a autonomia da exploração agrícola familiar "em uma escala humana", para que se preserve um tipo de agricultura de camponeses (em oposição à absurda agroindústria) e se adote um manejo do solo que respeite suas funções ecológicas (ciclos biogeoquímicos) e econômicas (lei de terras). Tratado como uma questão mais geral de gestão do espaço, o planejamento territorial suscitou estudos e declarações visando à humanização da cidade, à qualidade de vida e à preservação e reconquista das paisagens.

A proteção animal, cujo lugar tradicional na teologia e na cultura protestante já mencionamos aqui, é ainda um tema importante; há um paralelo que continua intrigante, estabelecido por Max Horkheimer, entre a desumanização das massas nas sociedades totalitárias e a anônima insensibilidade em relação ao sofrimento animal, automatizado na sociedade tecnológica (criação e abate, experimentos científicos; cf. Denis MÜLLER e Hugues POLTIER, orgs., *La dignité de l'animal. Quel statut pour les animaux à l'heure des technosciences?* [A dignidade do animal: que condição estabelecer para os animais na época das tecnociências?], Genebra, Labor et Fides, 2000). Um pequeno documento de síntese dos problemas de ética animal é *Zur Verantwortung des Menschen für das Tier als Mitgeschöpf*, publicado em 1992 pelo conselho científico da Igreja Protestante na Alemanha, abordando questões relacionadas ao meio ambiente. Esse texto se distingue por sua transparência na apresentação das desavenças internas do conselho. Se a diminuição da violência contra os animais constitui um objetivo unânime, uns se apegam

ECOLOGIA

à recomendação de equilíbrio, enquanto outros defendem uma posição mais radical de "pacifismo em toda a criação". Esse tipo de divergência acompanha o protestantismo desde as origens; a qualidade do documento citado está na administração do problema de modo especialmente construtivo e conciliador.

Podemos certamente ir mais longe nessa constatação. Por trás das posições tão diversas e contraditórias que são defendidas pelos protestantes em matéria de ética do meio ambiente, esboça-se uma cultura protestante comum no modo com que tais posições são concebidas e argumentadas, acompanhadas de modo quase sistemático de uma defesa do espaço público de debate democrático e transparência nas decisões. Dentre os pontos fortes do discurso ético protestante figuram o respeito pela pessoa humana, o respeito pelas minorias, o respeito pelos fracos (humanos ou não), qualquer que seja sua identidade. Certa sobriedade protestante denuncia os desvios idolátricos, a adoração de grandezas com maiúsculas: o Progresso, o Homem, a Natureza. A sobriedade inclui uma tradição de "ascetismo moderado" (Éric Fuchs) e "frugalidade" (Jean-François Collange) que pode reorientar positivamente as conotações restritivas e negativas que advêm de um discurso sobre economia de energia, reciclagem do lixo e direito das gerações futuras. Os protestantes de além-mar lembram o tempo todo as associações entre gestão do meio ambiente e justiça social e internacional.

Nos anos 1970, o Conselho Mundial de Igrejas veiculou um ideal triplo de sociedade: *just, participarory and sustainable society* (sociedade justa, participativa e sustentável). A afirmação exprime uma visão que, para a ética protestante, possui a marca de suas prioridades.

2.3. Defesa e gestão do meio ambiente: um panorama de realizações

Enquanto componente cultural de nossas sociedades pluralistas e corrente espiritual organizada, o protestantismo inspira um bom número de compromissos e realizações para a defesa e a gestão do meio ambiente. O fato merece ser assinalado e exemplificado, sem que, com isso, caiamos na exaltação religiosa, ao mesmo tempo que fazemos justiça ao espaço laico e ecumênico em que tais compromissos tomam forma.

2.3.1. O estilo de vida

Um primeiro campo de ação, primordial, é o estilo de vida de indivíduos e coletividades: economizar energia, reduzir os deslocamentos e preferir o transporte coletivo, adotar produtos de limpeza que preservem a qualidade dos rios, adotar uma alimentação simples e equilibrada, além de produzida em locais que respeitem os animais e a natureza, reduzir e reciclar o lixo etc. Centros educativos protestantes, movimentos jovens e algumas outras comunidades contribuíram para a experimentação e a popularização de um estilo de vida ecologicamente responsável (p. ex., a *Evangelische Akademie* de Bad Boll em Wurtemberg, na Alemanha, o Centro de Leuenberg na Suíça, as comunidades de Taizé e Grandchamp). Um bom número de igrejas adota os mesmos procedimentos, a questão está na ordem do dia em reuniões protestantes e muitos cristãos, individualmente ou em grupo, tornam o estilo de vida um dos aspectos de seu testemunho, demonstrando solidariedade aos desfavorecidos e respeito pela criação.

Os balanços energéticos e a economia no aquecimento já são um aspecto ecológico de uso tradicional na administração dos prédios eclesiásticos. Igrejas protestantes na Renânia e na região de Baden (Alemanha), assim como na Igreja Evangélica Reformada do cantão de Saint-Gall (Suíça), investiram grandemente nessa área. Há exemplos de aplicação de energia solar, geotérmica e eólica (como o aparelho eólico de 26 metros de diâmetro instalado na igreja protestante de Sögel, no norte da Alemanha).

Algumas construções recentes se distinguem pela arquitetura e pelos materiais utilizados. Uma das mais belas, agradáveis e funcionais é a "casa comunitária" na sede da Missão de Basileia. Duas de suas características mais notáveis são as superfícies envidraçadas, cuidadosamente dispostas, e o sistema sofisticado de aquecimento e aeração (com recuperação de calor). A "igreja reciclada" da pequena comunidade batista de Brande, na Dinamarca, encarna uma impressionante síntese de intensidade expressiva (com uma fachada que evoca um pavilhão auricular) e simplicidade de métodos: fragmentos de demolição, pedras apanhadas nos campos e cacos de telha foram integrados em uma construção que anuncia, ao mesmo tempo, a recusa de participar da cultura de desperdício da sociedade e a eleição paradoxal de Deus que, para constituir sua igreja, *escolheu as coisas humildes do mundo, e as desprezadas* (1Co 1.28).

Em regiões onde as igrejas possuem grandes propriedades recebidas de antigas doações, a "gestão ecológica das terras da igreja" representa um objetivo discutido com seriedade, muitas vezes inserido em textos que regulam as condições de arrendamento e de exploração das florestas (Alsácia, Wurtemberg, Hanove, Brandenburgo). Da mesma forma, quando, por motivos históricos, a manutenção dos cemitérios é de competência das igrejas locais (norte da Alemanha), princípios de gestão ecológica são aplicados em um bom número de regiões.

A difusão da telefonia móvel tem colocado muitas igrejas diante de uma decisão difícil quanto ao sino: seria lícito aprovar a instalação de uma antena, transferindo para outrem o encargo financeiro da manutenção do edifício? Inúmeras são as igrejas locais, principalmente na Alemanha, que preferiram abster-se do procedimento para não serem responsabilizadas por danos (objeto de controvérsia) da radiação eletromagnética.

2.3.2. Obras e associações

Por muitos motivos, organizações e personalidades protestantes participam de ações envolvendo direito dos consumidores e preservação do meio ambiente. Dentre essas ações, contam-se o boicote de produtos nocivos à natureza (como o aerosol a base de cloro-flúor--carbono — CFC) antes de sua proibição e a formação de redes de distribuição (com objetivos ecológicos, visando ao Terceiro Mundo). "Mercados do Mundo" na Suíça, "Artesãos do Mundo" na França e, com um caráter ecológico mais pronunciado, "Oikos" na Alemanha são iniciativas de comércio "alternativo" com que os cristãos em geral e os protestantes em particular já estão familiarizados. Também é o caso da ecocertificação: a exibição de um selo que atesta a qualidade de um produto do ponto de vista do respeito pelo meio ambiente (a comissão alemã de ecocertificação é presidida por um pastor, Kurt Oeser).

A avaliação de projetos sustentados por obras protestantes depende de critérios como o desenvolvimento sustentável, entre outros. A promoção de "tecnologias apropriadas" (adaptadas à cultura, à economia e à ecologia dos países aos quais se destinam) é em parte uma ação de protestantes discretos em relação ao assunto (como, p. ex., o Centro Ecológico Albert Schweitzer em Neuchâtel).

2.3.3. Política do meio ambiente

Engajando-se na militância associativa e política, protestantes participam da defesa do meio ambiente no espaço público, às vezes por meio de gestos simbólicos (p. ex., construindo uma capela em um terreno contestado). A igreja tem oferecido resistência à ampliação de um dos maiores aeroportos da Europa, o de Frankfurt, e tem contribuído para o movimento antinuclear, sobretudo na Alemanha e, mais localmente, na França e na Suíça. A partir dos anos 1990, o meio protestante manteve oposição aos organismos geneticamente modificados (OGM), contestando principalmente seu uso na alimentação e sua presença no meio ambiente (na cultura de milho, soja etc.). Por sua universalidade, a igreja pode desempenhar o papel de catalisadora e, às vezes, de instância conciliatória na luta contra a poluição transfronteiriça (a poluição do rio Reno por minas de potássio alsacianas ou por indústrias químicas de Basileia, p. ex., ou ainda a inauguração de uma usina de incineração no aglomerado franco--alemão de Estrasburgo-Kehl). Beneficiando--se de uma forte influência social nos países em que é formadora de elites intelectuais, a igreja pode também estimular esforços coletivos para a reconstrução de espaços devastados (como o reflorestamento nas encostas do Kilimanjaro, de iniciativa da Igreja Luterana da Tanzânia).

Considerada uma importante instância formadora de opinião, a igreja protestante responde quando consultada ou toma por si própria a iniciativa de posturas públicas. Essas posturas costumam ser ecumênicas nos países em que a proporção das confissões tende a ser paritária (como na Alemanha e na Suíça). A influência exercida sobre a opinião e sobre aqueles que têm o poder para tomar decisões compensa o risco de minimalismo, perceptível em algumas declarações comuns às Conferências dos Bispos e aos Conselhos das Federações Protestantes.

O amplo e permanente eco provocado pelos encontros ecumênicos europeus em Basileia (1989) e em Graz (1997) ocupa um lugar importante no consenso interconfessional na evocação de referências espirituais e na formulação de compromissos concretos. No espaço público, esses compromissos tomaram a forma de um programa de ação chamado Agenda 21, preconizado durante as conferências do Rio de Janeiro (1992) e de Johannesburgo (2002) para todas as instâncias de acordo e decisão, desde as locais até as nacionais. No contexto dessas negociações internacionais, a defesa do clima representa uma prioridade (*Protocolo de Kyoto*, 1997). Os movimentos ecumênicos de "Justiça, paz e salvaguarda da criação" estimularam fortemente o testemunho cristão na sociedade, sobretudo no que diz respeito a sua dimensão ecológica. No protestantismo de língua latina, essa dimensão não era valorizada antigamente, com exceção de pensadores do sudoeste da França (Bernard Charbonneau, Jacques Ellul, Michel Rodes) e da Alsácia (Solange Fernex, Gérard Siegwalt, Théo Trautmann, Brice de Turckheim); mas essas exceções ainda precisam ser relativizadas, se pensamos nas instâncias oficiais da igreja. Em parte, essa hesitação é explicada pelo uso da doutrina luterana dos dois reinos: segundo uma tendência da Igreja Reformada da França, a igreja deve se abster do "simplismo ético" e do "messianismo utópico", pois seria uma pretensão querer "salvar o mundo"; no entanto, trata-se de servir ao mundo, mediante o pluralismo inerente a todo debate racional (Marcel MANÖEL et alii, *L'agitation et le rire. Contribution critique au débat "Justice, paix et sauvegarde de la création"* [A agitação e o riso: contribuição crítica para o debate "Justiça, paz e salvaguarda da criação"], Paris, Les Bergers et les Mages, 1989).

2.3.4. Estruturas especiais

Diante da crescente importância do meio ambiente nas ações sociais, algumas igrejas protestantes se muniram de estruturas especiais que, na verdade, nem sempre se mantiveram de pé diante das restrições orçamentárias a partir dos anos 1990. Dos anos 1970 em diante, as igrejas da antiga Alemanha Oriental foram as primeiras a criar ministérios específicos para as questões do meio ambiente. A elas se uniram as igrejas católicas, quando as sete dioceses da Baviera e, em seguida, as demais dioceses alemãs estabeleceram funções semelhantes. Na Suíça, a "Igreja e Meio Ambiente", comunidade ecumênica de trabalho fundada em 1986, oferece a particularidade de uma estrutura associativa, vinculada a instituições eclesiásticas por meio da adesão de igrejas locais, cantonais e organismos diversos, como membros coletivos. Outras associações, algumas mais modestas, também se estabeleceram com base em um ecumenismo prático. É o caso da Ação Ecumênica pelo Respeito à Criação, na França. Uma estrutura católica como a Comissão "Salvaguarda e Administração da Criação" de *Pax Christi France* recebe regularmente protestantes em suas atividades bastante abertas para o ecumenismo, e até mesmo para o diálogo inter-religioso (*Appel de Klingenthal* [Apelo de Klingenthal], 1995). Nesse sentido, um de seus parceiros privilegiados é o grupo "Meio ambiente e desenvolvimento sustentável", criado pela Federação Protestante da França em 2001 durante sua comissão "Igreja e sociedade". Com a recomendação do segundo encontro ecumênico europeu de Graz (1997), foi constituída em 1997 uma Rede Ecológica Cristã Europeia (denominada ECEN, iniciais de *European Christian Environmental Network*), com sede em Bruxelas, estimulando de modo especial o compromisso com a preservação do meio ambiente nas igrejas da antiga Europa oriental. Por fim, no nível local, alguns conselhos de igreja estabeleceram o mandato especial de "diaconia ecológica", cargo atribuído a um de seus membros.

As atividades desenvolvidas por tais estruturas são diversas: publicações, conferências, debates e encontros; iniciativas políticas e campanhas de sensibilização; obras realizadas fora da igreja (recuperação de rios, bloqueio de armadilhas elétricas para pássaros etc.); aconselhamento em relação ao estilo de vida; cursos específicos (p. ex., dirigidos aos zeladores da igreja: iniciação a técnicas de economia na climatização, uso de produtos que não agridam a natureza etc.).

2.3.5. Educação cristã

Os movimentos jovens também promovem de modo bastante ativo a preservação da natureza no mundo protestante. A educação cristã, o discipulado, as aulas de religião começam a integrar a questão ecológica na abordagem da criação. A formação de adultos, particularmente aberta a novas problemáticas sociais, tem sido desde os anos 1960 um espaço de reflexão e conscientização ecológica.

2.3.6. Celebrações

As celebrações da comunidade cristã são momentos de lembrança e envio ao mundo. A dimensão cósmica da fé e a exigência de respeito pela vida se manifestam nas celebrações para estimular a oração e a ação. Nesse sentido, o desafio ecológico contribui para estimular a criatividade litúrgica e hinológica. Exemplo disso são os livros de cantos e orações, assim como os textos que exprimem o simbolismo cósmico da ceia do Senhor e as relações entre batismo e nova criação, um aspecto que se pode concretizar no compromisso de padrinhos e madrinhas para uma terra tornada habitável pelo poder reconciliador de Cristo.

Celebrações que tentam abranger animais podem deixar uma forte impressão, quando o tato se alia à convicção; nesse sentido, iniciativas interessantes foram tomadas pelo movimento que se iniciou com a *Confissão de Glauberg* (1988), declaração assinada por teólogos que reconheceram uma deplorável falta de compromisso das igrejas em relação aos cuidados com a criatura animal.

Uma celebração tradicional que parecia obsoleta está recobrando seu lugar no ano litúrgico: a festa da colheita. Foi prática em uso durante vários séculos nas igrejas reformadas e luteranas da Suíça romanda, da Alsácia-Modela e da região de Montbéliard, muito popular também nos países germânicos e anglo-saxões (o *Tranksgiving Day*). De modo errôneo, a festa da colheita tem sido atribuída ao folclore rural ou acusada de traços pagãos, desprezada assim tanto pelos meios urbanos quanto por uma teologia centrada na Palavra, na história ou na existência. Mas hoje se pressente certa renovação, quando a festa começa a ser resgatada no contexto da sociedade industrial e da crise ecológica. Ela nos lembra de que tanto os produtos sazonais de campos e jardins quanto todos os recursos da terra são dons de Deus, que recebemos com espírito de gratidão, comprometendo-nos a respeitá-los.

No ecumenismo europeu, a partir dos anos 1990, os fiéis são estimulados a observar um "tempo para a criação", período dedicado à celebração do Deus criador e da criação como dom de Deus, e que inclui o dia da criação das igrejas ortodoxas (1º de setembro), a festa católica de São Francisco de Assis (4 de outubro) e as festas da colheita protestantes.

3. Conclusão: o significado da questão ecológica em uma perspectiva protestante

Quatro palavras-chave, de ressonância bíblica, podem resumir o significado, a urgência e as promessas atreladas à questão ecológica em uma perspectiva protestante: visitação, sabedoria, *shalom* e discernimento.

Gérard Siegwald aplicou o termo "visitação" à crise ecológica, especificando que a visitação era "um julgamento em relação à salvação". Questionamento sobre nossos modos de crença, de pensamento e de ação, sobre os objetivos e os fundamentos da civilização tecnocientífica, apelo à conversão, momento decisivo de escolha entre a vida e a morte: todas essas implicações da "visitação" são prolongamentos dos debates atuais sobre a ecologia, debates em que o protestantismo está implicado, em um espírito de partilha ecumênica e no contexto leigo da sociedade pluralista.

Ao analisar o desenvolvimento da vida dentro de limites ao mesmo tempo necessários e favoráveis, a ecologia sugere uma arte de viver que, em alguns sentidos, coincide com a arte empírica da sabedoria. Isso é verdade em relação não só ao aspecto mais "pé no chão" do estilo de vida, mas também, de modo mais fundamental, à integração da vida humana na divisão de espaços e nos ciclos do tempo. O vivido retratado nos relatos de outros povos, a experiência específica das mulheres, assim como uma tradição tipicamente protestante de "ascetismo moderado" se situam no âmbito sapiencial da ecologia.

O debate sobre a ecologia, sobretudo em suas dimensões filosóficas e religiosas, representa um extraordinário amálgama de ideias e tradições estabelecidas ou contestatárias, clássicas ou exóticas, vivas ou reavivadas. Nesse sentido, abertura e tolerância são certamente requeridas, assim como é indispensável o discernimento crítico, tanto intelectual quanto espiritualmente: discernimento das ideias mestras que figuram em mil bandeiras de cores vivas, chamando para a adesão ou animando o espetáculo; discernimento das expressões religiosas que respeitam a vida rendendo glórias ao Deus invisível e honrando a face humana, emblema de seres únicos, amados e convocados para a liberdade.

Otto Schäfer, com a colaboração
de Pierre Bühler

▶ ACOT, Pascal, *Histoire de l'écologie*, Paris, PUF, 1988; ALTNER, Günter, org., *Ökologische Theologie. Perspektiven zur Orientierung*, Stuttgart, Kreuz-Verlag, 1989; BARDE, Jean-Philippe, *Économie et politique de l'environnement*, Paris, PUF, 1991; Idem, DEL REY, Marie-José e RIBAUT, Jean-Pierre, orgs., *Développement durable et devenir de l'homme. Un enjeu pour la paix*, Paris, L'Harmattan, 2003; BIRCH, Charles, EAKIN, William e McDANIEL, Jay B., orgs., *Liberating life. Contemporary Approaches to Ecological Theology*, Maryknoll, Orbis Books, 1990; BLANKE, Fritz, *Unsere Verantwortlichkeit gegenüber der Schöpfung*, em Peter VOLGELSANGER, org., *Der Auftrag der Kirche in der modernen Welt. Festgabe zum 70. Geburtstag von Emil Brunner*, Zurique, Zwingli Verlag, 1959, p. 193-198; BOVAY, Claude et alii, *L'énergie au quotidien. Aspects sociologiques et éthiques de la consommation d'énergie*, Genebra, Labor et Fides, 1987. COMISSÃO PARA A DEFESA DA NATUREZA DAS IGREJAS DA CONFISSÃO DE AUGSBURGO E REFORMADA DA ALSÁCIA E LORENA, *Nature menacée et responsabilité chrétienne*, Estrasburgo, Oberlin, 1979; COOPER, Tim, *Green Christianity. Caring for the Whole*, Londres, Spire, 1990; COSTE, René e RIBAUT, Jean-Pierre, orgs., *Sauvegarde et gérance de la création*, Paris, Desclée, 1991; Idem, *Les nouveaux horizons de l'écologie. Dans le sillage de Rio*, Paris, Centurion, 1993; DERR, Thomas Sieger, *Écologie et libération humaine*, Genebra, Labor et Fides, 1974; DUCHROW, Ulrich e LIEDKE, Gerhard, *Schalom. Der Schöpfung Befreiung, den Menschen Gerechtigkeit, den Völkern Frieden*, Stuttgart, Kreuz-Verlag, 1987; EDELMAN, Bernard e HERMITTE, Marie-Angèle, orgs., *L'homme, la nature et le droit*, Paris, Bourgois, 1988; FÉDÉRATION PROTESTANTE DE FRANCE, COMMISSION "ÉGLISE ET SOCIETÉ", *Environnement et développement durable*, Paris, Fédération protestante de France, 2003; "Écologie et théologie", *Foi et Vie* 73/5-6, 1974; "Science, téchniques, éthique", *Foi et Vie* 87/3-4, 1988; FUCHS, Éric e HUNYADI, Mark, orgs., *Éthique et natures*, Genebra, Labor et Fides, 1992; GABUS, Jean-Paul, *L'amour fou de Dieu pour sa création*, Paris, Les Bergers et les Mages, 1991; GISEL, Pierre, *La création. Essai sur la liberté et la nécessité, l'histoire et la loi, l'homme, le mal et Dieu* (1980), Genebra, Labor et Fides, 1987; Idem e KAENNEL, Lucie, *La création du monde. Discours religieux, discours scientifiques, discours de foi*, Genebra-Bienne, Labor et Fides-Société biblique suisse, 1999; HERVIEU-LÉGER, Danièle, org., *Religion et écologie*, Paris, Cerf, 1993; HÜBNER, Jürgen e SCHUBERT, Hartwig von, orgs., *Biotechnologie und evangelische Ethik. Die internationale Diskussion*, Frankfurt-New York, Campus, 1992; JONAS, Hans, *Le principe responsabilité. Une éthique pour la civilisation technologique* (1979), Paris, Cerf, 1990; KORDECKI, Gudrun et alii, orgs., *Und sie sahen eine neue Erde. 20 Jahre Arbeitsgemeinschaft der Umweltbeauftragten in der Evangelischen Kirche in Deutschland*, Iserlohn, Institut für Kirche und Gesellschaft, 2003; KROLZIK, Udo, *Säkularisierung der Natur. Providentia-Dei-Lehre und Naturverständnis der Frühaufklärung*, Neukirchen-Vluyn, Neukirchener Verlag, 1988; LINK, Christian, *Schöpfung*, 2 vols., Gütersloh, Mohn, 1991; "Écologie et création", *Lumière et Vie* 214, 1993; MOLTMANN, Jürgen, *Dieu dans la création. Traité écologique de la création* (1985), Paris, Cerf, 1988; PRIEUR, Jean-Marc, *Responsables de la création. Rassemblement oecuménique Paix et justice*, Genebra, Labor et Fides, 1989; RORDORF, Bernard, *Dominez la terre* (Gen. 1, 28). Essai sur les résonances historiques de ce commandement biblique", *Bulletin du Centre protestant d'études* 31/1, Genebra, 1979; SCHÄFER-GUIGNIER, Otto, *Et demain la terre... Christianisme et écologie*, Genebra, Labor et Fides, 1990; Idem, *Von Fledermäusen, Wärmepumpen und anderen Kreaturen... Gelebte Mitgeschöpflichkeit im kirchlichen Alltag*, Berna, Communauté oecuménique de travail Église et environnement, 1993; SCHUBERT, Hartwig von, *Evangelische Ethik und Biotechnologie*, Frankfurt-New York, Campus, 1991; SCHWEITZER, Albert, *La civilisation et l'éthique* (1923), Colmar, Alsatia, 1976; Idem, *La paix par le respect de la vie* (1923), Estrasburgo, La Nuée bleue, 1979; SÖLLE, Dorothee, *Lieben und arbeiten. Eine Theologie der Schöpfung*, Stuttgart, Kreuz-Verlag, 1985; "Environnement, création, éthique", *Le Supplément* 169, junho de 1989; STÜCKELBERGER, Christoph, *Umwelt und Entwicklung. Eine sozialethische Orientierung*, Stuttgart, Kohlhammer, 1997; TEUTSCH, Gotthard M., *Mensch und Tier. Lexikon der Tierschutzethik*, Göttingen, Vandenhoeck & Ruprecht, 1987; Idem, *Lexikon der Umweltethik*, Göttingen, Vandenhoeck & Ruprecht, 1985; "Création et créativité", *Théologiques* 2/1, 1994.

◐ Aliança; ascese; criação/criatura; **espiritualidade**; físico-teologia; **modernidade**; Moltmann; Monod T.; natureza; Passy; poluição; **razão**; Revolução Industrial; romantismo; Rougemont; Schopenhauer; Schweitzer; Serres O. de; **técnica**; **utopia**; Weizsäcker

ECONOMIA

A economia moderna surge no século XVIII, a partir da aplicação do método das ciências da natureza aos fatos humanos e sociais. Esse aspecto científico não pode iludir; sua finalidade é identificar não somente as condições de produção de riqueza, mas também as que favorecem a felicidade do ser humano. Assim, a economia deve bastante à filosofia política e à filosofia da moral. Através da reflexão teológica, a economia herdou alguns traços evidentes do protestantismo. Um bom número dos precursores da economia bebeu em fontes protestantes: dentre eles, Adam Smith (1723-1790), James Mill (1773-1836), Étienne Dumont (1759-1829), que tornou populares as obras de Jeremy Bentham (1748-1832) no continente, ou Thomas Robert Malthus (1766-1834) foram também teólogos; outros, como Jean-Baptiste Say (1767-1832), assumiram publicamente seu protestantismo. Com certas nuances, esses protestantes se reconheciam sobretudo no liberalismo econômico, cujos temas como liberdade, valorização do indivíduo, responsabilidade pessoal, ordem providencial e luta contra o ócio (considerado alienante) lhe pareceram identificar-se com sua confissão. A presença desses grandes pensadores não deve obscurecer o fato de que outros protestantes, como Simonde de Sismondi (1773-1842), sensibilizados pela miséria dos sacrificados pela concorrência e pela questão da justiça, são considerados precursores do socialismo. Em paralelo à história das ideias econômicas, a sociologia segue outros modos de ação, buscando identificar nos fatos um comportamento econômico tipicamente protestante que não se valesse em primeiro lugar de seus laços com a teologia. Esse problemático procedimento de reconstrução costuma ser uma consequência indireta do protestantismo em um mundo secularizado.

François Dermange

▶ BESNARD, Philippe, *Protestantisme et capitalisme. La controverse post-wébérienne*, Paris, Armand Colin, 1970; BIÉLER, André, *Chrétiens et socialistes avant Marx*, Genebra, Labor et Fides, 1982; BLAUG, Mark, *La pensée économique. Origine et développement* (1968), Paris, Economica, 1986; GIDE, Charles e RIST, Charles, *Histoire des doctrines économiques*, Paris, Sirey, 1959; RICH, Arthur, *Éthique économique* (1984-1990, 1987-1991), Genebra, Labor et Fides, 1994.

▶ Bancos protestantes; Biéler; capitalismo; dinheiro; Malthus; Mandeville; Rich; Smith A.; trabalho (e legislação do); utilitarismo

ECUMENISMO

1. **O ecumenismo de origem protestante**
   1.1. O movimento ecumênico
   1.2. A missão
   1.3. A ação
   1.4. A doutrina
   1.5. O Conselho Mundial de Igrejas
2. **O ecumenismo católico**
   2.1. Antes do Concílio Vaticano II
   2.2. Vaticano II
3. **Confissões e interconfessionalismo**
4. **As oposições**
5. **Questionamento final**
6. **Considerações críticas**

Aqui, o leitor encontrará duas vozes. A primeira, de Jean-Louis Leuba (itens 1 a 5), está mais próxima (e é mais solidária) ao movimento ecumênico, tal como se desenvolveu e ampliou no século XX, sem privar-se, porém, de certo número de questionamentos finais. A segunda, de Jean Baubérot (item 6), é mais crítica, apresentando um contraponto à primeira. Além de demonstrar as diversas sensibilidades que caracterizam o protestantismo, a diferença entre ambas reside em outros aspectos: a primeira é a de um teólogo há muito tempo engajado em um diálogo ecumênico, e a segunda, a de um representante das ciências sociais, mais sensível a determinados impasses contemporâneos inerentes ao ecumenismo institucional e à necessidade de mudanças nesse nível.

Este artigo é dedicado ao que se convencionou chamar "movimento ecumênico", que atinge de modo decisivo as igrejas do século XX. Não pretende esgotar os dados interconfessionais internos ao cristianismo, nem historicamente, nem em suas implicações fundamentais. Historicamente — e para além da lembrança das pluralidades que sempre fizeram parte do cristianismo, dando ensejo a separações institucionais de tempos em tempos —, podemos evocar como exemplo o Colóquio de Poissy (1561), cujo debate sobre a ceia foi um fracasso; a troca epistolar (1691-1701) entre o filósofo luterano alemão Leibniz e o católico francês Bossuet, que ficaria a meio caminho, por causa do retorno dos hereges protestantes ao seio da Igreja Católica; o diálogo anglicano-católico (1717-1720) entre o arcebispo de Cantuária William Wakes (1657-1737) e um grupo de teólogos da Sorbonne, discussão que revelaria a irredutibilidade das posições eclesiológicas em jogo; ou, ainda, o diálogo (1710-1711) entre Poiret e Fénélon, que culmina na recusa de Poiret quanto a converter-se ao catolicismo. Podemos também evocar os debates em torno do movimento de Oxford em meados do século XIX.

Já as implicações fundamentais estão inseridas no conjunto da presente enciclopédia, presença que demonstra ser impossível algum esclarecimento — em um sentido não só teológico, mas também histórico e social — sem que se levem em conta as diferenças confessionais, em tudo o que revelam sobre as relações internas ao cristianismo, e entre o cristianismo e o mundo, a história e a cultura. Aqui serão abordados, por exemplo — acima das diferenças e dos questionamentos sobre os modos de compreensão da fé e da invocação de Deus —, os temas da mediação, do sacramento, da articulação entre Escritura e tradição, da igreja etc.

Nota da Redação

O substantivo "ecumenismo" é um termo recente que designa o conjunto dos esforços e das manifestações que visam a promover unidade entre cristãos e, na medida do possível, entre igrejas cristãs. Por analogia, pode aplicar-se ao conjunto das religiões (o que implica um tipo totalmente novo de pesquisa, ainda pouco desenvolvido, que não é objeto deste artigo) e com processos análogos em áreas as mais diversas. Provém do particípio grego substantivado *oikoumenè* (subentendendo-se *gè*) que, para os gregos antigos, significava "terra habitável" e, às vezes, o mundo inteiro. No Novo Testamento, pode designar de modo mais específico o mundo civilizado por excelência, ou seja, o Império Romano (cf. Lc 2.1). A partir da era patrística, os autores cristãos o aplicariam à igreja, grandeza coextensiva ao império, e, além disso, ao conjunto do mundo habitado. Dessa palavra vem o adjetivo "ecumênico", que qualificaria não somente a própria igreja, mas os órgãos através dos quais ela manifesta ao mesmo tempo sua coesão e sua universalidade: os concílios e os patriarcas. Nesse sentido, a ecumenicidade evidencia o aspecto geográfico da catolicidade. Esse sentido perdurou no catolicismo do Oriente e do Ocidente, assim como entre os reformadores. A partir do século XVIII, a rejeição progressiva do termo "católico" pelos protestantes levou à adoção do termo "ecumênico" para exprimir a universalidade da igreja, apesar das diferenças confessionais e nacionais. A ecumenicidade, nesse novo sentido, era distinta da catolicidade, mais associada a uma concepção institucional da igreja. Uma das primeiras testemunhas dessa nova acepção é Nikolaus Ludwig von Zinzendorf (1700-1760), o renovador da União dos Irmãos Morávios, que foi seguida um século depois pelos organizadores da Conferência de Londres (1846), de diversas denominações protestantes, em que foi fundada a Aliança Evangélica, com o objetivo de estabelecer laços, "alianças", entre as igrejas advindas da Reforma. Na mesma época, George Williams (1821-1905) criou em Londres as uniões cristãs de jovens (1884), que, sob a influência de pioneiros como Henry Dunant (que também seria o fundador da Cruz Vermelha), tornam-se em 1855 um movimento internacional, logo seguido pela fundação das uniões cristãs de moças (1894) e da Federação Universal das Associações Cristãs de Estudantes.

1. O ecumenismo de origem protestante

1.1. O movimento ecumênico

Se o ecumenismo da Aliança Evangélica preparou, em certo sentido, o movimento ecumênico do século XX, isso não significa que haja menos diferenças entre os dois momentos. Em primeiro lugar, pelo menos em intenção, esse ecumenismo objetivou estender-se não somente às denominações protestantes, mas, a partir delas, a todas as confissões cristãs. Além disso, dirigia-se não apenas a indivíduos, mas também, e sobretudo, a igrejas que desejava influenciar, com um espírito de abertura e colaboração. Quanto ao termo em si, ainda o encontramos (mais como adjetivo que substantivo) nas primeiras décadas do século XX para caracterizar as diversas iniciativas que visam a promover a unidade cristã; mas esse uso não é mais comum. Aparentemente, temia-se a confusão entre a antiga acepção e a nova. Além disso, estimava-se que o termo era pouco adequado, por causa das reservas categóricas pronunciadas em terreno próprio pela

Igreja Católica. Alguns meios protestantes ou ortodoxos propuseram "pancristão", termo ao qual a encíclica *Mortalium animos* (1928) faz referência. No entanto, utilizado por Adolf Deissmann (1866-1937) na Conferência de Estocolmo (1925), o adjetivo "ecumênico" foi aos poucos ganhando terreno por todo lugar, e foi adotada em definitivo a expressão "movimento ecumênico" para o conjunto dos esforços em prol da unidade cristã.

O movimento ecumênico de origem protestante se manifestou no século XX sob três aspectos principais, que são, em ordem cronológica, a missão, a ação e a doutrina. Essas manifestações, que tendem à unidade, apresentam-se na forma de conferências sucessivas, entre as quais um comitê que assegura a permanência do trabalho e a preparação da etapa seguinte.

1.2. A missão

Não é de espantar que seja no âmbito da missão que a perspectiva ecumênica tenha começado a ser percebida. Os campos missionários eram o local por excelência em que as diversas denominações cristãs se encontravam e se afrontavam. A partir de meados do século XIX, os representantes dos diversos meios missionários se reuniram para trabalhar pela unidade de seus objetivos. Uma conferência missionária foi realizada em Nova York, no ano de 1900, intitulando-se "ecumênica", pois o plano de campanha proposto por ela se estendia ao mundo todo. Dessa conferência originou-se a Conferência Missionária de Edimburgo (1910), que tratou das seguintes questões: levar o evangelho ao mundo; a igreja nos campos missionários; mensagem missionária e religiões não cristãs; formação de missionários; países de origem e missões; missões e governos; cooperação e promoção da unidade. Importante notar que o termo "ecumênico" ainda era evitado. Da mesma forma, o encontro era unicamente protestante. Não tinham sido convidados nem os católicos romanos, nem os ortodoxos. Nascido na Conferência de Edimburgo, um Conselho Internacional de Missões foi criado em 1921, em Lake Mohonk, Nova York. Sediou-se em Jerusalém, onde, entre outros assuntos, foram tratadas as relações entre igrejas jovens e igrejas-mãe, além de questões raciais, rurais e industriais; em Tambaram (Índia, 1938), em que o tema proposto foi principalmente a evangelização e as relações entre a igreja e o Estado; em Witby (Canadá, 1947), em que se abordaram os problemas causados pela Segunda Guerra Mundial e a responsabilidade das igrejas; em Willingen (Alemanha, 1952); em Achimota (Gana, 1958), antes de integrar o Conselho Mundial de Igrejas (CMI), em 1961.

1.3. A ação

Quando eclodiu a Primeira Guerra Mundial, muitas igrejas começaram a se preocupar com a responsabilidade que deveriam assumir pela paz e pela justiça mundiais. Em 1914, foi fundada pelas igrejas em Constance (Alemanha) a Aliança Universal pela Amizade Internacional. Com o fim das hostilidades, os cristãos passaram a refletir sobre como promover uma paz justa e durável, além de formular uma resposta cristã para a situação econômica, social e moral do pós-guerra. Foi dessa forma que noventa representantes de quinze países, reunidos em Genebra no ano de 1920, sob a liderança determinante de Nathan Söderblom (1866-1931) e apoiados por, entre outros, John Raleigh Mott (1865-1955), decidiram fundar uma conferência mundial para discutir esses assuntos. Foi convocada assim a Conferência Universal do Cristianismo Prático "Vida e Ação" (*Life and Work*), em Estocolmo, agosto de 1925, para a qual foram convidadas também a Igreja Católica (que declinou do convite) e as igrejas ortodoxas (que aderiram).

Considerando um tanto apressadamente que "a doutrina divide" mas "o serviço une", pensava-se então ser possível abordar sem delongas, de forma "prática", os desafios da conjuntura mundial. Porém, depois de 1929, com a ascensão do totalitarismo e a crise econômica crescente, chegou-se à conclusão, com personalidades como William Temple (1881-1944), então arcebispo de Nova York, e Joseph Houldsworth Oldham (1874-1969), secretário do Conselho Internacional das Missões, de que não poderia ser pensado um "cristianismo prático" sem um fundamento teológico mais elaborado. Isso se deu sobretudo sob os auspícios da teologia de Karl Barth (1886-1968) na Europa e de Reinhold Niebuhr (1892-1971) nos Estados Unidos, assim como da renovação do pensamento ortodoxo, principalmente na obra de Serge Boulgakov (1871-1944) e Nicolas

Berdiaeff (1874-1948). Essa elaboração foi o objetivo principal da segunda Conferência Mundial do Cristianismo Prático em Oxford (1937), em que o otimismo idealista dos primórdios do ecumenismo cedeu lugar a uma visão mais aprofundada e teológica.

1.4. A doutrina

Em meados do século XIX, a Comunhão Anglicana buscou propor a todas as igrejas uma reunião sob uma base doutrinária comum. Em 1886, a Igreja Episcopal Americana formulou em quatro artigos os elementos mais importantes de tal base: 1) a Escritura santa do Antigo e do Novo Testamentos; 2) o *Símbolo de Niceia-Constantinopla*; 3) os dois sacramentos, batismo e ceia; 4) o episcopado histórico. Dois anos depois, a terceira Conferência de Lambeth adotou esses artigos, acrescentando ao segundo o *Símbolo dos apóstolos*. Embora o *Quadrilátero de Lambeth* tenha sido considerado minimalista demais por alguns, ou, ao contrário, por outros, principalmente em relação ao episcopado, estendido demais, revestiu-se depois de alguma importância, sobretudo depois que a sexta Conferência de Lambeth, de 1920, ajustou a formulação do quarto artigo como se segue: "Um ministério reconhecido por cada igreja como procedente não apenas da vocação interior do Espírito, mas também do mandato de Cristo e da autoridade de todo o corpo".

No início do século XX, preocupações semelhantes surgiram na ortodoxia. Em 1902 e 1904, Joaquim III, patriarca de Constantinopla eleito novamente, pronunciou-se em favor de uma colaboração com os não ortodoxos. Em 1920, o patriarcado (cujo assento ainda estava vago), prosseguindo nessa visão, em uma carta do monsenhor Strenopoulos Germanos e assinada pelos membros do Santo Sínodo, propunha a criação, no mesmo modelo da Sociedade das Nações, de uma "Liga das igrejas" e a organização de conferências "pancristãs". Assim, as igrejas ortodoxas, tanto em seus encontros internos quanto na participação que esses encontros deviam ter nas diversas atividades do movimento ecumênico até o momento em que foram admitidas no CMI(1961), trariam suas contribuições para a tarefa comum, não sem frisar que, no cristianismo dividido, elas representariam a plena tradição da igreja indivisa, e que nesse sentido a igreja ortodoxa seria *a* igreja propriamente dita.

O mesmo ocorreu na Comunhão Anglicana, que, através da Igreja Episcopal Americana, desde a primeira Conferência Missionária de 1910 desejava a criação de uma conferência para questões de fé e eclesiologia. Presidida pelo bispo episcopal americano Charles Henry Brent (1862-1929), uma comissão em Genebra preparou uma conferência mundial que, em 1927, com o título "Fé e Ordem" (*Faith and Order*), reuniu quatrocentos participantes em Lausanne representando 127 igrejas ortodoxas, anglicanas, protestantes e livres para examinar os pontos fundamentais de acordo, doutrinários e eclesiológicos, entre as confissões, e os pontos de desacordo subsistentes. Enquanto a Igreja Católica respondeu ao convite com uma polida mas clara recusa (que explicitaria mais tarde na encíclica *Mortalium animus*), os ortodoxos rapidamente deram aos organizadores a certeza de sua colaboração. Depois de Lausanne, "Fé e Ordem" reuniu-se em Edimburgo (1937), Lund (1952), Montreal (1963), Bristol (1967), Louvain (1971), Accra (1974), Bangalore (1978), Lima (1982), Stavanger (Noruega, 1985), Budapeste (1989) e Santiago de Compostela (1993), dedicando seus esforços às questões doutrinárias mais importantes: doutrina e prática do batismo e da eucaristia, ministério ordenado, unidade da igreja, intercomunhão, Escritura e tradição, ordenação feminina, significado das confissões de fé, fatores não teológicos. Integrado desde 1948 ao CMI, o movimento "Fé e Ordem" produziu em 1982, entre outros, o documento chamado de Lima (local de sua reunião), o BEM (Batismo, Eucaristia, Ministério), que propõe uma base de entendimento entre as igrejas quanto à natureza e à missão da igreja.

1.5. O Conselho Mundial de Igrejas

Após uma existência paralela e estruturalmente independente, tanto o movimento Conferência Mundial do Cristianismo Prático quanto o Fé e Ordem empreenderam a partir de 1937 a criação de um organismo comum. Em 1938, começou a formar-se o Conselho Mundial de Igrejas, com a presidência de William Temple. Durante essa fase preparatória, prolongada pelo advento da Segunda Guerra Mundial, a Aliança Universal para a Amizade Internacional entre as Igrejas uniu-se a ambos os movimentos. Em 1946, foi fundado o Instituto Ecumênico de Bossey (Genebra). Em 23 de agosto de

1948, os três movimentos (aos quais outros se uniriam em seguida, como o Conselho Internacional de Missões e o Conselho Mundial de Educação), reunidos em Amsterdã em assembleia geral, decidiram a constituição do plano do Conselho Mundial de Igrejas. O termo em inglês *World Council of Churches* se deve ao fato de que, nesse idioma, *council* significa tanto "concílio" quanto "conselho", sendo conveniente assim que se evitasse a expressão *Ecumenical Council*, que daria a impressão de um novo órgão análogo aos concílios ecumênicos ao longo da história. A secretaria-geral dessa organização foi confiada a Willem Adolf Visser't Hooft (1900-1985), já secretário do conselho em formação. Em Amsterdã, 147 igrejas protestantes, anglicanas e ortodoxas se reuniram com base nas seguintes orientações: "O Conselho Mundial de Igrejas é uma associação fraternal de igrejas que aceitam nosso Senhor Jesus Cristo como Deus e Salvador". As funções do CMI são assim descritas: 1) Prosseguir com a obra dos dois movimentos universais "Fé e Ordem" e "Cristianismo Prático"; 2) Facilitar a ação comum das igrejas; 3) Promover estudos em comum; 4) Desenvolver a consciência ecumênica em fiéis de todas as igrejas; 5) Estabelecer relações com as alianças confessionais de caráter universal e com outros movimentos ecumênicos; 6) Convocar, quando as circunstâncias assim o exigirem, conferências mundiais com temas fixos, autorizadas a publicar suas conclusões; 7) Apoiar as igrejas no trabalho de evangelização.

Ano	Assembleia	Representantes	Igrejas
1948	Amsterdã	351	147
1954	Evanston	502	161
1961	Nova Délhi	577	197
1968	Uppsala	704	235
1975	Nairóbi	676	285
1983	Vancouver	847	301
1991	Camberra	842	317
1998	Harare	966	336
2006	Porto Alegre	691	348

A Assembleia de Amsterdã reúne 351 representantes de 147 igrejas, provenientes sobretudo da Europa e da América do Norte.

Esse número cresce de modo regular ao longo das décadas seguintes (v. tabela acima). Atualmente, o CMI reúne igrejas dos cinco continentes, a maioria das seguintes denominações protestantes: anglicana, luterana, reformada, congregacional, remonstrante, presbiteriana, batista, metodista, União dos Irmãos (morávios), hussitas, menonitas, Sociedade dos Amigos (quacres), Igreja dos Irmãos (*Brethren*), Discípulos de Cristo, Igrejas Unidas (ou seja, unindo várias denominações, como ocorre em muitas igrejas alemãs), grupos diversos de independentes (tais como a Igreja de Jesus Cristo na Terra, com o profeta Simon Kimbangu, e várias igrejas africanas), Exército de Salvação (membro fundador, mas que se associou de fato somente em 1978) etc. Também fazem parte do CMI diversos patriarcados ortodoxos e da "Velha Igreja Católica"[2] e, ao longo das últimas décadas, várias comunidades pentecostais.

Os fundamentos adotados em Amsterdã precisavam ser especificados e complementados. Em 1950, o Comitê Central do CMI, reunido em Toronto, elaborou uma declaração intitulada "A igreja, as igrejas e o Conselho Mundial de Igrejas", com o subtítulo "A significação eclesiológica do Conselho Mundial de Igrejas". Entre outros pontos, esse texto descreve o que o CMI *não* é: "1) Ele não é e não deve se tornar uma superigreja; 2) O objetivo do CMI não é negociar união entre igrejas, o que só pode ser feito entre as próprias igrejas interessadas, com iniciativa da parte delas; 3) O CMI não pode e não deve basear-se em uma concepção determinada de igreja. Não nutre preconceitos quanto ao problema eclesiológico; 4) Ser membro do CMI não significa que uma igreja deve considerar relativa sua própria concepção de igreja, nem que cada igreja deve considerar as demais como igrejas no sentido verdadeiro e pleno do termo; 5) Ser membro do CMI não significa que se deva aceitar uma doutrina específica em relação à natureza e à unidade da igreja". Essas considerações, que deveriam levar a Igreja Católica a pelo menos colaborar, se não com o CMI, com alguns de seus órgãos, foram bem recebidas pelos

---
[2] [NT] Velha Igreja Católica (ou Veterocatólica) é o termo que se aplica a movimentos católicos independentes após o Concílio Vaticano I. Os veterocatólicos rejeitam a infalibilidade papal e o dogma da jurisdição universal do Bispo de Roma.

ortodoxos. Foram desenvolvidas e explicitadas durante as assembleias posteriores, em que, para evitar o favorecimento de certo imobilismo eclesiológico, foram propostas medidas práticas de abertura das igrejas umas para as outras, com base na vida cristã concreta de seus membros e suas comunidades.

A base doutrinária foi complementada como se segue pela Assembleia de Nova Déli, em 1961: "De acordo com as Escrituras, [as igrejas] se esforçam por responder juntas a sua comum vocação para a glória do único Deus, Pai, Filho e Espírito Santo". Nota-se além disso que, na mesma assembleia, o Conselho Internacional de Missões foi integrado ao CMI. Com o nome "Missão e Evangelização", essa divisão prosseguiu com suas atividades particulares durante as sessões sucessivas em locais como Cidade do México (1963), Bangcoc (1973), Melbourne (1980) e San Antonio (Texas, 1989). Da mesma forma, nessa assembleia de Nova Délhi, a ortodoxia, representada por várias grandes igrejas do Oriente, e numerosas jovens igrejas da África e da Ásia foram recebidas no CMI.

Em relação ao acolhimento no CMI dos dois principais movimentos anteriores, podemos notar uma diferença bastante significativa entre "Fé e Ordem" e a Conferência Mundial do Cristianismo Prático. Enquanto a primeira, mesmo integrada ao CMI, continuou sua existência com gerenciamento próprio e mantendo o título, o objetivo e o trabalho da segunda foram retomados pelo CMI, que organizou encontros com temas diversos: auxílio no desenvolvimento (Swanwick, Inglaterra, 1966; Montreux, Suíça, 1970; Larnaca, Chipre, 1986); igreja e sociedade (Genebra, 1966; Bucareste, 1974; *Massachusetts Institute of Technology*, Cambridge, Estados Unidos, 1979); diálogo com demais religiões (Chiang Mai, Tailândia, 1977), comunidade e partilha (Escurial, Espanha, 1987), justiça, paz e salvaguarda da criação (Seul, Coreia, 1990). Como observa W. A. Visser't Hooft em um relatório preliminar para a formação do CMI, o movimento "Fé e Ordem" era, pela dificuldade nos temas doutrinários, um parceiro incerto e hesitante, enquanto o movimento universal do Cristianismo Prático, por sua urgência em trazer soluções práticas para os problemas mais imediatos, ensejadas principalmente por leigos, era de fato o motor de todo o movimento ecumênico.

Atualmente, o trabalho do CMI é efetuado em quatro grandes divisões: 1) unidade ("Fé e Ordem"; leigos; formação teológica, culto e espiritualidade); 2) as igrejas em missão, saúde, educação, testemunho (missão e evangelização em unidade, comunidade e justiça, evangelização e culturas, ação das igrejas pela saúde, formação do povo de Deus); 3) justiça, paz e criação (processo conciliar, luta contra o racismo, negócios internacionais, mulheres, juventude); 4) partilha e serviço (partilha das fontes ecumênicas; diaconia; auxílio urgente em catástrofes; auxílio aos refugiados, solidariedade e cooperação com os pobres; ajuda entre igrejas).

Quanto a sua organização atual, o CMI, com sede em Genebra, reúne sua Assembleia Geral a cada seis ou sete anos, da qual participam os representantes das igrejas membros. Nessas ocasiões, são nomeados os seis ou sete presidentes do CMI, compondo com demais membros o Comitê Central (no todo, 145 membros). Esse Comitê costuma reunir-se duas vezes por ano e nomeia um Comitê Executivo de 27 membros, além de um secretário-geral — função ocupada sucessivamnte po W. A. Visser't Hooft, reformado (1948-1966), Eugen Carson Blake, presbiteriano (1966-1972), Philipp Potter, metodista (1972-1984), Emolio Castro, metodista (1985-1993), Konrad Raiser, luterano (1993-2003), Samuel Kobia, metodista (2004-2010).

2. O ecumenismo católico

2.1. Antes do Concílio Vaticano II

Até meados do século XX, apesar da participação da ortodoxia, o ecumenismo era majoritariamente de inspiração anglicana e protestante. Hoje a postura da Igreja Católica em relação ao ecumenismo evoluiu. Nesse item, pretendemos distinguir, em primeiro lugar, de um lado, a posição do Vaticano e, de outro, a de indivíduos e grupos particulares, com níveis variados de informalidade.

Desde o surgimento dos primeiros ensaios ecumênicos protestantes, no século XIX, a Igreja Católica manifestou uma grande reserva, que culminou em um aviso categórico dirigido a seus membros quanto aos malefícios do ecumenismo. Assim, em 1864, o Santo Ofício proibiu que os católicos tomassem parte na *Association for the Promotion of the Union of Christendom*

[Associação para a Promoção da União da Cristandade], criada em 1857 por anglicanos e uma minoria de católicos e ortodoxos. A proibição afirmou expressamente que essa associação possuía bases errôneas para a unidade, ao admitir a teoria de que o catolicismo formaria, junto com o anglicanismo e a ortodoxia, os três "ramos" da mesma igreja "católica". No mesmo ano, houve a condenação explícita do protestantismo pelo *Syllabus* (erro 18), e em seguida, após a confirmação da condenação explícita da Teoria dos Ramos por Leão XIII (encíclica *Satis cognitum*, 1896), a interdição notificada em 1919 e em 1921 (convite para a Conferência Mundial do Cristianismo Prático) por Bento XV, a interdição confirmada por Pio XI (encíclica *Mortalium animos*) pouco após a Conferência de Lausanne, fundadora do movimento "Fé e Ordem".

Contudo, ao longo de todo esse tempo, e sempre de modo mais intenso, no nível dos cristãos comuns, tanto teólogos como leigos, surgiram manifestações que demonstravam um interesse geral por unidade. Entre elas, valem a pena ser citadas:

— as conversações de Mechelen, Bélgica, de 1921 a 1925, entre o abade Fernand Portal, lazarista, e o lorde Charles Lindsey Wood Halifax, leigo anglicano, sob os auspícios do cardeal Désiré Mercier;

— a fundação, em 1925, por dom Lambert Beauduin, do monastério beneditino de Amay-sur-Meuse, que se instalaria em Chevetogne, Bélgica, em 1939. De início voltado para a oração e o estudo com o objetivo de suplantar a divisão entre a Igreja do Oriente e a Igreja do Ocidente, esse monastério pouco a pouco estendeu seus interesses ao conjunto das denominações cristãs (cf. sua revista *Irenikon*, fundada em 1926);

— a obra e o testemunho do abade Paul Couturier, que em 1935 deu uma dimensão universal à "Oitava de Oração", voltada para a unidade proposta por Paul Wattson em 1908, dedicou toda uma vida à "unidade tal como Cristo a deseja e pelos meios conformes à sua vontade";

— Yves Marie Joseph Congar, que a partir de 1937, com sua obra *Chrétiens désunis* [Cristãos desunidos] (Paris, Cerf) e suas inúmeras publicações posteriores, foi um verdadeiro profeta, em princípio menosprezado e até atacado, mas depois reconhecido por sua igreja. Tornou-se um dos principais inspiradores do Concílio Vaticano II;

— encontros, ainda discretos, entre católicos e não católicos, organizados em Paris, a partir de 1949, pelo padre dominicano Christophe-Jean Dumont, diretor do Centro de Estudos *Istina*, e em Roma, em 1956, pelo padre jesuíta Charles Boyer, responsável pelo movimento *Unitas* e pela revista de mesmo nome.

Mesmo antes da *Declaração de Toronto* (1950), a Igreja Católica já havia modificado sua postura em relação ao movimento ecumênico. Prova disso é a carta do Santo Ofício *Ecclesia sancta*, de 20 de dezembro de 1949, em que se aborda o movimento com as palavras "inspirado pelo Espírito Santo e fonte de alegria no Senhor pelos filhos da verdadeira igreja". Esse documento permitiu que eruditos católicos fossem autorizados por seus bispos a participarem de discussões sobre a fé e a moral. Após Toronto, dois sacerdotes holandeses, Frans Thijssen e Johannes Willebrands, contataram teólogos católicos, protestantes e ortodoxos para fundar em Friburgo (Suíça), em 1952, a Conferência Católica para as Questões Ecumênicas. Reunindo uma elite de teólogos católicos, entre eles Yves Congar, Charles Moeller, Gustave Thils, Karl Ranner, Jérôme Hamer, Johannes Feiner, Pierre Duprey e Emmanuel Lanne, a conferência seria chamada a colaborar com a elaboração dos principais temas das Assembleias do CMI, de Evanston e Nova Délhi, assim como do Concílio Vaticano II.

2.2. Vaticano II

Podemos afirmar que o papa João XXIII canalizou todas as petições e manifestações de união, formuladas por toda parte tanto no interior do Igreja Católica quanto fora, para a convocação do Concílio Vaticano II. Sem dúvida, após terem lido as palavras vagas e um tanto ambíguas do comunicado de 25 de janeiro de 1959, alguns nutriram a esperança de que o papa tivesse em vista uma espécie de assembleia interconfessional, algo que logo deu ensejo a decepções. A encíclica *Ad Petri cathedram* (29 de junho de 1959) explicitaria, na verdade, que o objetivo do concílio era "promover o desenvolvimento da fé católica, a renovação moral da fé cristã", uma atividade intracatólica que seria "um doce convite aos cristãos separados para que buscassem a unidade". Porém, é fato que o termo "retorno" foi evitado e que a Igreja Católica pelo menos se declarava aberta a um diálogo sincero com cristãos não católicos. Em virtude dessa abertura, foi instituído em 1960 um secretariado pela unidade dos cristãos, como parte dos preparativos do concílio e, de acordo com a afirmação do papa, "também com o objetivo de mostrar nosso amor e nossa boa vontade para com aqueles que se caracterizam como cristãos, mas se encontram separados das fronteiras apostólicas, a fim de que possam acompanhar os trabalhos do concílio e encontrar mais facilmente o caminho que conduz a essa união, pela qual Jesus dirigiu ao Pai uma tão ardente oração". O papa escolheu uma boa parte dos membros desse secretariado na Conferência Católica para as Questões Ecumênicas: chamou Johannes Willebrands para ocupar o cargo de secretário e o cardeal Augustin Bea para o de presidente. Em 1989, sob a liderança de João Paulo II, o secretariado se tornaria um conselho pontifical.

A abertura do catolicismo oficial para o ecumenismo é patente sobretudo em quatro textos fundamentais, duas constituições, um decreto e uma declaração. *Lumen gentium*, constituição sobre a igreja de 21 de novembro de 1964, afirma não que a igreja *é* católica, mas que *subsiste* nela, deixando um espaço para o reconhecimento de um valor de igreja nas demais comunidades cristãs. *Dei verbum*, constituição sobre a revelação divina de 18 de novembro de 1965, formula a correlação entre a Escritura e a tradição, assim como a noção tridentina das duas fontes de revelação é substituída por uma concepção mais orgânica, próxima aos textos oriundos da Conferência de "Fé e Ordem" de Montreal, em 1963. Em *Unitatis redintegratio*, decreto sobre o ecumenismo de 21 de novembro de 1964, a Igreja Católica reconhece que "as igrejas e comunidades separadas, ainda que sejam vistas por nós como vítimas de deficiências, não estão desprovidas de significado e valor no mistério da salvação. O Espírito de Cristo, de fato, não se recusa a servir-se delas como meios de salvação, cuja força deriva essa plenitude de graça e de verdade que foi confiada à Igreja Católica". É por isso que, "dado que hoje, em diversos locais do mundo, sob o sopro da graça do Espírito Santo, muitos esforços são empreendidos em oração, palavra e ação para atingir essa plenitude da unidade desejada por Jesus Cristo, o Santo Concílio exorta todos os fiéis católicos a reconhecerem os sinais dos tempos e participarem ativamente da tarefa ecumênica" (ponto 3). Assim, o decreto chama a uma verdadeira colaboração com os irmãos separados: "Que todos os cristãos, diante das nações do mundo, confessem sua fé no Deus único e triúno, no Filho de Deus encarnado, nosso Redentor e Senhor, e que, por um esforço comum, em uma estima mútua, testemunhem nossa esperança que não decepciona" (ibid., 12). Por fim, o documento *Dignitatis humanae*, declaração sobre a liberdade religiosa de 7 de dezembro de 1965, marca uma reviravolta no modo de ação católico. Ainda que reclamando para si a liberdade de pregar o evangelho a toda criatura, nele a Igreja Católica afirma que ninguém "deve [...] ser forçado a agir contra a própria consciência" (ponto 3).

Sem participar integralmente do CMI, a Igreja Católica está presente nos diálogos teológicos e em muitas comissões do CMI, por meio do *Joint Working Group* ("Grupo de ligação") criado entre ela e o CMI em 1965. Esse órgão cumpre a função de informar a ambos sobre o trabalho que é feito. Além disso, desde 1968, a Igreja Católica vem sendo representada em "Fé e Ordem" por doze membros que participam ativamente desse trabalho.

Internamente, o Conselho para a Unidade dos Cristãos elabora com certa periodicidade um diretório ecumênico que informa católicos e não católicos sobre os critérios oficialmente aprovados pela igreja na prática do ecumenismo, de acordo com cada situação. O diretório de 1993, no mesmo sentido que os anteriores (de 1967 e 1970), esclarece que "a plenitude da unidade da igreja de Cristo se manteve na Igreja Católica, enquanto outras igrejas e comunidades eclesiais, ainda que não estejam em plena comunhão com a Igreja Católica, conservam, na verdade, certa comunhão com ela" e que a unidade, definida no Concílio Vaticano II, "que, por sua própria natureza exige plena comunhão visível de todos os cristãos, é o objetivo último do movimento ecumênico".

Foi dado um passo importante, pelo menos na intenção, com a encíclica *Ut unum sint* sobre o engajamento ecumênico (25 de maio de 1995). Desde a posição claramente negativa de Pio XI contra o ecumenismo em sua encíclica *Mortalium animos*, foi a primeira vez em que um papa abordou a questão por um viés positivo. Bastante consciente de que "a convicção da Igreja Católica acerca da conservação do sinal visível e garantidor da unidade no ministério do bispo de Roma, em fidelidade à tradição apostólica e à fé dos Pais da igreja, representa uma dificuldade para a maior parte dos demais cristãos", João Paulo II "roga ao Espírito Santo que nos ilumine e que esclareça todos os pastores e teólogos de nossas [sic] igrejas, a fim de que possamos buscar em união as formas nas quais esse ministério poderá prestar um serviço de amor reconhecido por todas elas" (Heinrich Denzinger, *Compêndio dos símbolos, definições e declarações de fé e moral*, São Paulo, Paulinas, 2007). Trata-se assim de "incentivar os responsáveis eclesiásticos e seus teólogos a dialogarem comigo [o papa] sobre esse tema, de modo fraterno e paciente, para que possamos nos ouvir acima de polêmicas estéreis" (ibid., 5012).

As "Reflexões" da Congregação para a Doutrina da Fé sobre a "primazia do sucessor de Pedro no mistério da igreja", encetadas durante simpósio teológico de Roma (2-4 de dezembro de 1996), constituíram um enrijecimento das posições da Igreja Católica quanto à abertura de que parecia fazer prova a encíclica papal. De fato, essas "Reflexões" minimizaram os pontos que poderiam ser abordados pelo desejado diálogo. Por exemplo: tal diálogo não seria capaz de examinar se a primazia teria uma função de coordenação ou de liderança.

Esse obstáculo ao diálogo pode ser encontrado na Declaração da Congregação, *Domine Iesu* (6 de agosto de 2000). Se, como é afirmado, as comunidades protestantes não são exatamente igrejas no sentido pleno do termo, como poderiam ser parceiras em posição de igualdade em relação a demais igrejas e, sobretudo, em relação à Igreja Católica Romana?

Não obstante esses recuos categóricos, a busca ecumênica quanto à função do papa e às dificuldades oriundas dos dogmas definidos no Concílio Vaticano II (primazia e infalibilidade) continua a ser empreendida com o mesmo vigor por numerosos teólogos, romanos ou não.

3. Confissões e interconfessionalismo

Além do ecumenismo do CMI e do ecumenismo católico, abordaremos outros tipos, numerosos e diversos, de manifestação de unidade.

Em primeiro lugar, há as organizações confessionais, que têm o objetivo de permitir a cada confissão particular o esclarecimento sobre sua identidade e, consequentemente, sobre a contribuição específica que pode trazer para o testemunho cristão e a unidade das igrejas. Nesse aspecto, convém citar a Conferência de Lambeth, que a partir de 1867 reúne representantes de toda a Comunhão Anglicana; a Aliança Reformada Mundial, fundada em 1875, agrupa a maior parte das igrejas reformadas e presbiterianas, assim como, desde 1970, algumas igrejas congregacionais; a Aliança Batista Mundial, fundada em 1905; a Federação Luterana Mundial, fundada em 1947, oriunda de organizações anteriores e que reúne todas as igrejas luteranas, com exceção do Sínodo Luterano do Missouri; o Conselho Metodista Mundial, formado em 1951, a partir de encontros anteriores.

Quanto aos diálogos interconfessionais, podemos distinguir entre diálogos (e relações) do tipo multilateral, com a maior parte desenvolvendo-se atualmente sob a égide do CMI, e os diálogos bilaterais. Dentre os bilaterais, muito numerosos, convém citar os seguintes encontros (que costumam ser seguidos por documentos que expressam acordos e ações comuns): anglicanos e reformados, anglicanos e ortodoxos, anglicanos e veterocatólicos, luteranos e ortodoxos, luteranos e anglicanos, reformados e ortodoxos, reformados e luteranos, reformados e metodistas, luteranos e metodistas, anglicanos e metodistas, reformados e batistas, luteranos e batistas, luteranos e adventistas, reformados e discípulos de Cristo, discípulos de Cristo e ortodoxos. Acrescentam-se a essa lista os diálogos entre católicos e cada uma das confissões não romanas, inclusive as igrejas não calcedonianas[3].

Se pensamos nas confissões protestantes, com uma multiplicidade de manifestações, é importante mencionar o relatório sobre "A reconciliação das diferenças", da 5ª Assembleia Geral da Comunidade das Igrejas Protestantes ligadas à Concórdia de Leuenberg, em Belfast, de 19 a 25 de junho de 2001.

Em relação às variadas formas que o diálogo entre catolicismo e protestantismo assume, são dignos de menção:

— a "Declaração Comum da Federação Luterana Mundial e da Igreja Católica Romana sobre a doutrina da justificação", adotada em Augsburgo, no dia 31 de outubro de 1999;

---

[3] [NT] Nome oriundo do Concílio de Calcedônia, do ano 451. As igrejas não calcedonianas são igrejas orientais que se separaram da Igreja Católica e da Ortodoxa por discordarem da doutrina estabelecida nesse concílio, sobre as duas naturezas de Cristo, divina e humana.

— o relatório da comissão mista Igreja Católica Romana-Conselho Metodista Mundial 1997-2001, intitulado "Dizer a verdade em amor: a autoridade do ensino no catolicismo e no metodismo", submetido às instâncias competentes dessas igrejas para avaliação;

— o *Pacto ecumênico*, adotado no dia 22 de abril de 2001 pelos presidentes da Conferência das Igrejas Europeias (KEK) e do Conselho das Conferências Episcopais da Europa (CCEE), em resposta à recomendação do 2º Encontro Ecumênico Europeu de Graz (1997) quanto à elaboração de um documento que apresentasse os direitos e os deveres das igrejas em seus esforços em prol do ecumenismo.

Além disso, é importante lembrar a existência de vários grupos, comunitários, espirituais, teológicos, que estão por todo lugar e constituem um fermento vivo da reflexão e da vivência do ecumenismo, tais como, por exemplo, as comunidades de Taizé, de Grandchamp (Neuchâtel), de Bose (Itália), no movimento dos Focolares, e também nas reuniões mais especificamente teológicas, como o Grupo de Dombes, criado em 1937 sob a liderança do abade Paul Couturier. Vale a pena citar também as muitas manifestações de ecumenismo "na base", experimentadas entre protestantes, católicos e por vezes ortodoxos, no nível local, regional, diocesano, os grupos de pastores-padres, os encontros interparoquiais, os lares mistos etc.

4. As oposições

Ainda que haja frequentes tensões no interior de expressões e órgãos ecumênicos que acabamos de passar em revista, todos eles se alimentam de uma convicção: "permanecer unidos", não cessar o diálogo e as ações comuns, sempre que possível. O mesmo ocorre com os movimentos de oposição de princípio ou que, ao menos, expõem fortes reservas em relação ao CMI e ao ecumenismo em geral. A maior parte — mas não a totalidade — desses movimentos é inspirada em um fundamentalismo ou em um integrismo com diversos graus de intensidade, de teor protestante ou católico.

É importante ressaltar que, o fato de alguns protestantes — e também católico-romanos — se oporem ao ecumenismo não significa absoluta desunião ou falta de cooperação. O que preocupa tais grupos e os leva à oposição é o *macro*-ecumenismo, onde, religiosa e liturgicamente, pessoas de todos os credos e ritos se encontram para adorar.

É a esta *macro*-união que igrejas no Brasil e no restante do mundo se opõem quando se dizem adversas ou reticentes aos encontros ecumênicos. É a esta proposta de unir e transcender seus credos, ritos e governos que muitos se opõem entendendo-se desonestos se abraçassem o ideal (macro) ecumênico. As mesmas igrejas não veem problemas em unirem-se a outras tradições cristãs que divirjam em pontos periféricos da teologia, tais como dons, batismo, escatologia, dentre outros. No entanto, tais tradições encaram com bons olhos o *micro-ecumenismo*, ou seja, a união com diferentes tradições e igrejas cristãs que sustentam as mesmas doutrinas essenciais da fé cristã, tais como a Santíssima Trindade, a salvação pela graça mediante a fé somente, dentre outras.

Em agosto de 1948, uma semana antes da reunião do CMI em Amsterdã, no mesmo local, representantes de 58 igrejas de 29 países, sob a liderança do pastor presbiteriano Carl McIntire (1906-2002) — fundador em 1941 do *American Council of Christian Churches* [Conselho Americano de Igrejas Cristãs], de tendência fundamentalista —, constituíram-se em uma organização internacional com o objetivo expresso de "dar testemunho do Senhor Jesus Cristo e opor-se ao CMI". Essa instituição, *International Council of Christian Churches* [Conselho Internacional de Igrejas Cristãs], preconizando uma unidade puramente espiritual, manifestou sua oposição a todo tipo de colaboração com a ortodoxia e o catolicismo, rejeitando tentativas de influenciar a política ou a economia e objetando que todo esforço de unidade orgânica entre igrejas só poderia culminar em uma tirania universal de tipo marxista. Embora tal movimento pareça bastante assertivo, permanece à margem em relação ao ecumenismo atual. De resto, é difícil contar com precisões estatísticas acerca de sua real importância, que aliás se limita sobretudo ao mundo anglo-saxão (em 1988, reunia 490 igrejas de uma centena de países).

A integração do Conselho Internacional de Missões ao CMI não foi operada sem árduas negociações, com a criação, em 1961, da divisão "Missão e Evangelização". No entanto, subsistia em um bom número de meios protestantes, fundamentalistas em variados graus, uma oposição bastante clara ao ecumenismo do CMI. Em 1974, foi convocado em Lausanne o Congresso pela Evangelização do Mundo, patrocinado pela *Billy Graham Evangelistic Association* [Associação Evangelística Billy Graham], reunindo 2.500 protestantes e evangélicos de uma centena de países. Sob a presidência de honra do evangelista americano, foi decidida nesse congresso a criação do Comitê de Lausanne para a Evangelização Mundial, organismo que deixou registrados seu objetivo e sua posição no *Pacto de Lausanne*, que afirmou a necessidade de que a evangelização se baseasse no Antigo e no Novo Testamentos, "única Palavra de Deus, escrita sem erro, regra infalível de fé e conduta". Evitou-se a palavra "inerrância", que muitos evangélicos teriam preferido. Mas o sentido está ali. Alguns representantes desse comitê não se recusaram a colaborar com a Igreja Católica e o CMI. Mas, em seu todo, o comitê se mantém aferrado a sua independência em relação ao departamento missionário do CMI. Prova disso é o fato de que celebrou o septuagésimo aniversário da Conferência Missionária de Edimburgo (1910) com uma manifestação organizada em 1980 em Pattaya (Tailândia), de modo independente da reunião do departamento missionário do CMI que se realizou na mesma época, em Melbourne, comemorando o mesmo aniversário.

Do lado católico, encontramos reações análogas, presentes de modo discreto, moderado, mas bastante firmes, em organizações como *Opus Dei* e em vários católicos "de direita". Por iniciativa do monsenhor Marcel Lefebvre, foram criados o seminário de Écone (Valais, Suíça), de espírito tradicionalista (1970), e a Fraternidade Sacerdotal São Pio X (1979), da qual Lefebvre assumiu a liderança. Em 1975, o movimento lefebvrista recebeu a desaprovação do episcopado suíço e da própria Santa Sé. Seu fundador, seus adeptos e seus sucessores, alegando assumir a verdadeira tradição católica, opõem-se ao Vaticano II, principalmente naquilo que, nos textos conciliares, diz respeito ao ecumenismo, à liberdade religiosa e à abertura da Igreja Católica para o mundo moderno.

Por motivos opostos, vários grupos cristãos de tendência liberal se abstiveram de colaborar com o CMI. O mesmo ocorreu com os unitaristas, que não podem aceitar a base trinitária do CMI. Demais movimentos e indivíduos, em geral de influência neoprotestante, mantiveram-se distantes pela mesma razão ou por outras: estimam que toda formulação doutrinária é contrária à religião do Espírito e/ou rejeitam todo tipo de instituição ou organização, considerado sempre burocrático; permaneceram assim hostis ou, no mínimo, céticos e reservados em relação ao diálogo, às pesquisas e aos órgãos ecumênicos.

5. Questionamento final

Ao tomar conhecimento dos órgãos e dos trabalhos imersos no universo ecumênico, podemos chegar a uma constatação e formular duas questões.

Constatamos que, não obstante a imensa diversidade das igrejas, dos teólogos, das sensibilidades religiosas e das tradições históricas e culturais, o ecumenismo do CMI e o ecumenismo católico, romano e ortodoxo, assim como os movimentos paralelos entre confissões, testemunham uma convicção comum: a fé cristã, fundada com base na revelação de Deus na história de Israel, de Cristo e dos apóstolos, compilada no Antigo e no Novo Testamentos, constitui uma grandeza coerente, específica, que é possível conhecer e que suscita o desejo de atestação diante de todos. Se essa coerência sempre foi afirmada e se esse desejo sempre existiu, pelo menos em intenção, o progresso em todo o mundo tornou os cristãos mais conscientes de sua origem comum e de sua vocação. Diante da contestação moderna da fé bíblica e da globalização cultural, surgiu a necessidade de uma afirmação mais clara, em palavras e ações, dos elementos fundamentais da revelação. É essa necessidade que está na base do ecumenismo. Da mesma forma, por mais diferentes que sejam, as igrejas e as comunidades engajadas no ecumenismo estão imbuídas da mesma certeza: a vivência da fé é algo que diz respeito a todos os que a partilham. Como declarou W. A. Visser't Hooft na época da convocação do Concílio Vaticano II: "Cada confissão e cada igreja devem saber e proclamar o que se passa com todas as outras: *nostra res agitur* [esse assunto também é nosso]". Essa postura das igrejas supõe e exige uma abertura progressiva umas para as outras, um "diálogo" que permita discernir cada vez melhor, à luz de sua origem comum, o testemunho comum a ser apresentado "a fim de que o mundo creia" (Jo 17.21). Quanto a isso, o vasto panorama de ações e esforços mencionados aqui não deixa de ser impressionante, por atestar um notável concurso de forças e boa vontade inspiradas pelo Espírito de Cristo.

Porém, essa abertura e esses diálogos, mostrados em sua amplidão e diversidade neste artigo, trazem consigo inúmeros questionamentos. Dois deles serão abordados.

O primeiro surgiu de início nas manifestações de abertura, acompanhando-as sempre e, por que não dizer, assombrando-as. Após as primeiras aproximações, os acordos parciais, as ações comuns, afinal, o que é que se pretende exatamente? E como chegar ao que se pretende? Fala-se o tempo todo de unidade. De que unidade se trata? De uma unidade invisível ou visível? Da unidade dos cristãos, das igrejas ou da Igreja? De uma unidade fundamentalmente espiritual, de uma unidade de tipo federativo ou de uma unidade institucional com graus variados de centralização?

Um ponto parece claro: pretende-se expressar em união, do modo mais unânime possível, a mensagem evangélica. É nesse sentido que são empreendidos os múltiplos diálogos em todos os níveis e sob todas as formas, por representantes das várias igrejas engajadas na busca ecumênica. É evidente que esses diálogos culminaram, culminam e ainda culminarão em hipóteses teológicas que representam mais obstáculos que ajuda no caminho da união. Com a inspiração viva do Espírito Santo, que é o Espírito de Cristo, descobrimos de parte a parte que as alternativas que pareciam constituir posições doutrinárias inconciliáveis e contraditórias não eram conclusivas, mas podiam e deveriam ser superadas: Escritura e tradição, fé e obras, Palavra e sacramento, graça e julgamento, tantas áreas em que as reflexões e experiências se apresentavam sob a forma de oposições exclusivas, mas que enfim se verificaram embasadas por uma realidade mais profunda, de tipo complementar. Claro, precisamos de muito mais diálogos, trabalhos e pesquisas (bíblicas, patrísticas, doutrinárias, sistemáticas), e sobretudo muito mais oração e consagração, para que as igrejas possam fazer luzir aos olhos do mundo o evangelho da salvação em toda a sua clareza. Da mesma maneira, graças aos múltiplos esforços do movimento ecumênico em todos os seus aspectos, suas formas e seus órgãos, as diversas confissões cristãs, renunciando a seu provincialismo, começaram a surgir como grupos de irmãos e irmãs que se inspiram na vida do mesmo e único Senhor.

No entanto, uma grave questão se faz necessária, tornando-se decisiva no tema da união cristã: qual a influência da fé comum no evangelho da salvação sobre as igrejas, sua multiplicidade visível, sua aparente concorrência, em suma, as diversas maneiras com que subsiste a igreja única e una, o corpo de Cristo?

Em reflexões sobre a igreja, a Assembleia de Amsterdã (1948) constatou um "desacordo fundamental" entre catolicismo e protestantismo (compreendidos no sentido amplo). Do lado católico, há o conceito de uma instituição desejada e criada por Cristo enquanto cumpria seu ministério na terra, confiada a Pedro e a seus sucessores legítimos, para constatar e expressar de modo válido, em virtude da promessa de assistência do Espírito Santo entregue à igreja, o testemunho do Espírito que atualiza o depósito apostólico. E, do lado protestante, há a ideia da atualização, sob a ação do Espírito Santo, do depósito apostólico e escriturístico que se autentifica por si em sua evidência interna, suscitando continuamente a igreja. Não obstante todos os diálogos, todos os acordos parciais em pontos específicos, todas as manifestações mútuas de boa vontade, todas as ações em favor dos homens, esse desacordo constitui uma pedra de tropeço para o ecumenismo, tanto o do CMI quanto o do catolicismo do Oriente e do Ocidente. Tal obstáculo não poderá ser superado enquanto não se fizer justiça às duas exigências fundamentais: a do catolicismo, que testemunha a fidelidade de Deus ao instrumento humano que ele criou por Cristo a partir dos apóstolos, utilizado por ele para atestar a obra do Espírito Santo, e a do protestantismo, que dá testemunho da liberdade de Deus, liberdade que impede que o instrumento acabe substituindo Aquele que é o único a ter o direito de utilizá-lo. Em outras palavras, se precisamos discernir, por trás da discordância fundamental, a complementaridade fundamental na qual se encontram — na feliz expressão de Oscar Cullmann — o "carisma" católico e o "carisma" protestante.

Ora, essa complementaridade não é ainda discernível em toda a sua amplitude e em todas as suas consequências concretas e práticas. Será que ela se exprime somente no reconhecimento recíproco das igrejas, na competição e na edificação mútua? Ou será que se exprime, enfim, em um ministério — individual ou não — que esteja a serviço de uma unidade viva e que, nesse sentido, catalise a direção do Espírito, propondo-a às comunidades eclesiais diversas mas unidas, igualmente afastadas de todo monolitismo eclesiástico e de todo sectarismo confessional? Nesse último caso, quais poderiam ser o lugar e a função da Igreja Católica? Que reinterpretação poderia ser dada ao ministério de Pedro, do serviço do papa, do magistério da igreja?

Os defensores do ecumenismo costumam fazer essas perguntas, sem que tenham chegado a uma resposta. Seja como for, um grande passo seria dado se, de ambas as partes, houvesse uma consciência plena da incontornável complementaridade dos dois carismas fundamentais da igreja de Cristo. Atualmente, o que sabemos é que novas perspectivas só poderão ser vislumbradas com esse passo. A cada dia seu mal.

Outra grande questão atravessa o ecumenismo: qual a relação entre a fé e a ação cristã, entre a ortodoxia (a doutrina correta) e a ortopraxia (a prática correta)? Afinal, o CMI possui inúmeras funções, assim como os vários departamentos das cúrias católicas. Muitas ações concretas na área da ética social, em prol da paz, da justiça e da salvaguarda da criação, da libertação dos pobres e dos povos oprimidos são apresentadas como consequências da fé cristã. Mas são empreendidas em uma colaboração (muitas vezes estreita) com órgãos que têm pouca correlação com o evangelho, se é que têm alguma. É quando se torna necessária a pergunta: como evitar que a ação proveniente do evangelho se secularize a ponto de sua origem ser esquecida, tornando, de certa maneira, a fé supérflua? De modo mais profundo, como demonstrar que o evangelho perderia seu sabor salutar se, ao perder sua característica de apelar para a livre conversão, tivesse como efeito, por algum tipo de pseudomorfose, favorecer um determinismo ativista ao longo de uma história desprovida de transcendência?

Parece assim que se torna indispensável — ainda que problemática, por causa dos abusos a que deu ensejo — uma retomada da doutrina dos dois reinos, para garantir a especificidade tanto da mensagem salutar do Reino de Deus quanto a da ação, inspirada sem dúvida no dinamismo evangélico, mas procedendo concretamente, quanto a seu conteúdo, da necessidade providencial do bem comum. Nesse sentido, o ecumenismo atual cumpre seu papel em relação ao futuro da cristandade. Se o movimento não conseguisse uma visão esclarecida do assunto, se arriscaria a obscurecer sua missão especificamente cristã e a tornar legítima, ou ao menos compreensível, a oposição, sem dúvida desastrada e massiva, dos fundamentalismos e integrismos.

No todo, como se vê, o ecumenismo não é apenas uma bênção e uma promessa divinas. Como toda bênção e toda promessa divinas, chama à oração, à reflexão, ao arrependimento, à obediência e à ação.

Jean-Louis Leuba

6. Considerações críticas

O público de língua francesa soube da existência do termo "ecumenismo" a partir do Concílio Vaticano II. Nesse sentido, o dicionário alfabético e analógico do francês, *Le Robert*, constitui um exemplo significativo das mudanças que ocorreram em meados dos anos 1960. A primeira edição do dicionário, com o tomo IV publicado em 1966 (mas elaborado antes), ignora o substantivo "ecumenismo". A família semântica dessa palavra é representada pelo adjetivo "ecumênico", sinônimo de "(terra) habitada, universo, com uma referência ao concílio ecumênico, presidido pelo papa ou seus embaixadores, ao qual são convocados todos os bispos católicos". Essa definição é ilustrada por uma citação (que esclarece bastante a orientação implícita do verbete) do autor católico Bossuet: "A expressão *concílio ecumênico* foi, entre os novos reformados, um restolho de linguagem da igreja". Um último esclarecimento é fornecido: "Patriarca ecumênico: título atribuído antigamente aos patriarcas de Constantinopla". A ótica dominante da definição é catolicocêntrica e voltada para o passado, para a história da igreja.

Isso foi o que um dicionário novo e moderno incluiu entre seus verbetes para os leitores francófonos do início da década de 1960. No entanto, nessa época, o ecumenismo — no sentido que o termo já irá assumir aqui — existia de fato, exercendo efeitos diversos sobre a vida religiosa em nível internacional. Até mesmo na França, a primeira associação ecumênica de certa envergadura — a Amizade ou Associação

Cristã de Professores — foi fundada em 1926. O historiador Étienne Fouilloux localiza nos anos 1930 o "nascimento do ecumenismo católico" (p. 197). Após a Segunda Guerra Mundial, desenvolvem-se vários círculos e centros ecumênicos, e a Semana de Oração pela Unidade dos Cristãos é um sucesso em muitas cidades. Porém, o termo "ecumenismo" ainda levantava suspeitas entre a hierarquia católica, "sem obter de fato o sinal verde romano até o decreto do Vaticano II *Unitatis redintegratio*, no dia 21 de novembro de 1964" (p. 8).

Assim, o silêncio do dicionário francês significou involuntariamente a lembrança viva do conflito que sempre existiu entre o ecumenismo e a Igreja Católica Romana até os anos 1960. Porém, esse silêncio também nos fornece outra indicação: o adjetivo "ecumênico" é de uso antigo, reivindicado pelas grandes confissões cristãs; a citação de Bossuet demonstra que os protestantes se permitem também a invocação de um concílio ecumênico. Desde o início da Reforma, aliás, instaurou-se um debate acerca do tema na cristandade ocidental: a unidade quebrada não seria restabelecida por causa de uma ausência de acordo quanto ao que poderia ser um verdadeiro concílio ecumênico (onde seria realizado — na Alemanha, na Itália? Quem o convocaria, ou o presidiria, ou estabeleceria a ordem do dia e os direcionamentos desse concílio? etc.). O problema era na verdade este: quem ocuparia o lugar de autoridade ecumênica? O papado, com o peso das experiências malsucedidas das tendências conciliares do século XV, gostaria de assegurar sua supremacia. Os protestantes pediam garantias que culminassem no reconhecimento da legitimidade possível de suas posições, além da partilha da autoridade ecumênica. Foi um fracasso, e o Concílio de Trento, em vez de reatar os fios da unidade rompida, trabalharia para fortalecer o catolicismo da Contrarreforma por um longo tempo.

A invocação ecumênica, portanto, é algo conflituoso. Sem falar da ortodoxia, que possui sua própria autoridade ecumênica. Se "ecumênico" remete a "universal", forçoso é admitir que cada um reivindica o universal para si, com a consequência previsível de vários universais disputando a frente. O ecumenismo realizaria uma fusão desses universais, lançaria as bases para sua coexistência ou operaria uma transformação na natureza do conflito?

Continuemos a tomar a definição do dicionário francês como um exemplo significativo: o *Petit Robert* é um "compêndio" do *Robert*, em um volume. Publicado em 1967, incluiu o substantivo "ecumenismo" em suas páginas, definido como um "movimento favorável à reunião de todas as igrejas cristãs em uma só". Nova palavra, novo sentido, a mudança é evidente. O surgimento desse substantivo data de 1927, o que implicitamente remete à conferência "Fé e Ordem", realizada no mesmo ano em Lausanne. No entanto, quem poderia adivinhar isso, a não ser os especialistas?

Étienne Fouilloux percebe o nascimento do "sentido atual, moderno" do termo "ecumênico" ainda na época da fundação da Aliança Evangélica Universal, em 1846 (portanto, em terreno protestante). Adolphe Monod lhe atribuiu "um espírito realmente ecumênico" (p. 7 e 23). No entanto, o mesmo Monod reconhece que ali se tratava sobretudo de uma "concentração protestante" (p. 22), em vez de uma busca de "união dos cristãos separados". É por isso que o sentido de "ecumênico", sob a pena de Monod, não é o de concílio ou patriarcado, mas também não é o sentido dominante atual. O protestantismo recebeu moldes diversos de acordo com cada nação, construindo-se desde os primórdios através de uma pluralidade de igrejas, cujos fundamentos teológicos e eclesiológicos comportam certas diferenças. O desenvolvimento dos contatos internacionais contribuiu desde o século XIX para a crítica da fragmentação protestante; e Monod se vê extasiado com o sucesso de um encontro que, reunindo protestantes (presentes ali como indivíduos, e não como representantes de igrejas) de diferentes países e denominações, acreditavam ser os portadores da verdadeira mensagem cristã.

Diante da universalidade católica (o concílio presidido pelo papa ou seus embaixadores) e da universalidade ortodoxa (a predominância simbólica do patriarca de Constantinopla), emerge com a fundação da Aliança Evangélica um primeiro modelo de universalidade protestante, baseado no ajuntamento voluntário dos verdadeiros cristãos, quaisquer que fossem suas igrejas (na verdade, eram igrejas protestantes) e seus países (na verdade, eram países ocidentais).

Outras organizações internacionais, protestantes mas não confessionais, surgem na segunda metade do século XIX. São criadas as uniões cristãs de jovens (1844) e moças (1894), assim como sua variação para estudantes, com o título Federação Universal das Associações Cristãs de Estudantes. Esses movimentos admitem membros não protestantes (para uns, abertura; para outros, proselitismo), mas a busca por unidade cristã não é seu objetivo. O ecumenismo permaneceu interno ao protestantismo. O mesmo ocorreria na Conferência Mundial de Missões (protestantes), realizada em Edimburgo, julho de 1910. Claro, esse encontro seria considerado, de acordo com a legendária autobiografia do CMI, um marco no movimento ecumênico; isso se deve às poucas intervenções de raros representantes não ocidentais, dando a entender que a fragmentação confessional freia o trabalho missionário. No entanto, o encontro se configurou sobretudo entre protestantes e, tanto nos objetivos votados pela assembleia quanto nas tarefas assumidas por ela, não se tratava de modo algum de uma busca de unidade cristã.

No entanto, é fato que, pouco tempo depois, tal objetivo veria a luz em dois projetos em que o ecumenismo, no sentido moderno do termo, ganharia impulso, dois projetos que se consolidariam como dois polos do movimento ecumênico: uma aproximação entre igrejas nos níveis doutrinário e organizacional e um testemunho social comum em um mundo moderno secularizado.

A gênese de ambos os movimentos é importante para que se compreenda o ecumenismo em sua trajetória. O primeiro — que originou "Fé e Ordem" — surge nos meios episcopais americanos, com, entre outros, os bispos Charles Henry Brent e o advogado Robert Hallowell Gardiner (1855-1924). Contatado, o Vaticano deu sua resposta: "Sua Santidade exprime seu ardente desejo de que seus projetos deem resultado", mas reafirma ao mesmo tempo que o papa "é a fonte e a causa da unidade da igreja". Duas leituras desse documento são possíveis: ou o catolicismo teria aceitado o diálogo e explicitava sua postura, ou recusava-se ao diálogo de um modo bastante polido. A segunda interpretação culminaria na condenação do ecumenismo pela encíclica *Mortalium animos*, enquanto o Vaticano II preferiria reabilitar a primeira, mas com uma idêntica ambivalência, como veremos.

Por que seria necessário esperar meio século para que a abertura se concretizasse? Sem dúvida, a Igreja Católica não estava pronta para o movimento. Antes, precisaria efetuar uma transformação interna. Porém, dignos de nota também foram os passos das igrejas ortodoxas. A revolução de outubro de 1917 e a queda do Império Otomano desestabilizou a ortodoxia em um momento em que a diplomacia do Vaticano se viu relativamente paralisada. Os líderes do futuro movimento "Fé e Ordem" tomaram iniciativas, e houve uma aproximação (fracassada por culpa da radicalização política) com o primeiro patriarca de todas as Rússias depois de 1917. No entreguerras, a política russa da Igreja Católica se daria sob a égide do unionismo (v. adiante). Além disso, com as benesses da influência política e militar britânica a oriente do Mediterrâneo, são feitos contatos entre 1919 e 1922 com o patriarcado de Constantinopla. Apesar das transformações políticas que se seguiram, os ganhos obtidos seriam mais duráveis. O arcebispo Germano se tornaria uma das personalidades mais importantes do ecumenismo que se esboçava nessa fase.

A conferência preparatória de "Fé e Ordem", em 1927, não foi isenta de dificuldades que já anunciavam os problemas vindouros (algumas questões delicadas foram atribuídas a um comitê de continuação). Sensibilidades bastante diversas se encontravam em um movimento que incluía tanto veterocatólicos (dissidentes do Vaticano II) e ortodoxos quanto protestantes bem distintos como os congregacionais e os quacres.

A segunda iniciativa resultou no movimento "Vida e Ação", do Cristianismo Prático. Seu líder é Nathan Söderblom, arcebispo luterano de Uppsala, que tentou reunir durante a Primeira Guerra Mundial uma "Conferência Internacional das Igrejas" para discutir sua função na vida social e a busca de um direito internacional. Nessa época, os convites se restringiam aos ortodoxos (alguns aceitam) e ao papa (que rejeita). "Vida e Ação" inaugurou sua conferência preparatória em Estocolmo (agosto de 1925). Foi o sexto centenário do Concílio Ecumênico de Nicéia, sendo esse encontro também chamado de "Nicéia da ética".

De acordo com Söderblom, o objetivo de "Fé e Ordem" só poderia ser atingido em longo prazo, enquanto a união das confissões cristãs para "aplicar o espírito de Cristo" aos problemas atuais seria possível, e necessário, de imediato. Após os anos 1930, com o nazismo, seria confirmada a estreita correlação entre teologia e ação, sendo a ação tão problemática quanto a unidade das doutrinas.

"Vida e Ação" distingue dois métodos: o seu e o de "Fé e Ordem". Enquanto o segundo se baseia no magistério de unidade da igreja para alcançar uma progressiva uniformização, o primeiro seria imbuído de um conceito mais "espiritual" de união, ainda mais voltado para "o mundo". De fato, no longo prazo, encontraríamos dois polos no movimento ecumênico: um mais institucional e outro considerado mais "profético". De acordo com cada época, um deles predominaria, sem que o outro fosse abandonado.

O histórico desses movimentos foi apresentado aqui sobretudo para ilustrar o surgimento de dois modelos de ecumenismo de inspiração protestante voltados para a unidade cristã. Em relação ao modelo anterior de ecumenismo intraprotestante, operou-se um desvio sem ruptura (a Federação Mundial das Associações Cristãs de Estudantes evoluiria no mesmo sentido, constituindo um meio favorável para a ascensão de pioneiros do movimento ecumênico). Ambos têm em comum a visão do papa como um dignatário cristão dentre outros, e a Igreja Católica como um dos ramos (ainda que muito importante) do cristianismo. Essa relativização eclesiástica — inerente ao pensamento protestante — representa para o catolicismo uma dificuldade de grande monta: quando Paulo VI visitou o CMI em Genebra (o que seria um modo de demonstrar que reconhecia na instituição certa legitimidade), as primeiras palavras de seu discurso reafirmariam que ele se considera o sucessor do apóstolo Pedro. Não vemos como seria possível contornar essa dificuldade.

Já que o problema não podia ser abordado em seus fundamentos, resolveu-se fazê-lo em um nível semântico. Em 1918-1919, um parente de Söderblom, A. O. T. Hellerström, pede que se abandone o uso do termo "ecumênico", para não ofender o Vaticano. Na primeira metade do século, por escrúpulos ecumênicos, evitou-se falar de ecumenismo. Roma estava desconfiada, e, por muito tempo, os elementos dinâmicos do catolicismo teriam como um modelo específico o unionismo. O unionismo não busca conversões individuais, mas espera a reintegração progressiva das igrejas ou de fragmentos de igrejas não muito afastadas do catolicismo romano. Uma explicação mais sutil se vale da metáfora de um centro — Roma — e de círculos concêntricos que gravitam em torno, permitindo estabelecer uma classificação das diferentes confissões cristãs de acordo com seu grau de afastamento da Igreja Católica. Isso constaria no vocabulário da época (que perdurou por bastante tempo): ainda nos anos 1960, enquanto a ortodoxia era bem qualificada (como "igreja"), os luteranos e os reformados receberam o direito à expressão "comunidade eclesial". Definitivamente, segundo essa ótica, a unidade cristã é pensada como retorno, um retorno acompanhado de concessões, sobretudo quanto à liturgia, ao culto e às formas de piedade. De acordo com Étienne Fouilloux, o ecumenismo como movimento religioso implica uma tríplice ruptura com o unionismo: "Uma espiritualização através da oração que suprime toda vantagem imediata; uma globalização que afasta toda aliança bilateral dirigida contra terceiros; uma reunificação adquirida por acordo comum, e não como retorno a uma das igrejas históricas" (p. 10).

Do lado católico, o ecumenismo é defendido, a partir dos anos 1930, pelos membros da classe média intelectual, principalmente teólogos. Alguns deles exerceriam uma influência importante no Concílio Vaticano II. Mas seu modelo triunfaria? Cremos que não. A posição final do concílio foi ambígua. Roma reconhece que os erros que levaram à separação não foram unilaterais, que o rompimento não impede a existência de um patrimônio comum e que na renovação da igreja "se encontra a energia do movimento para a união". Afirma também uma "hierarquia das verdades da doutrina católica por sua relação diferente com o fundamento da fé cristã", o que induz a pensar que os dogmas comuns às diversas tradições cristãs podem ser considerados mais fundamentais que os que permaneceram próprios à Igreja Católica. No entanto, o concílio "só reconhece elementos positivos em demais igrejas na medida em que esses elementos pertencem à Igreja Católica fora de seus limites visíveis", reivindicando "para a Igreja Católica 'a verdadeira catolicidade e a verdadeira apostolicidade', [desviando-se] da crítica protestante sobre a confusão entre 'catolicidade' e 'romanidade' [e] da crítica ortodoxa que reprova no catolicismo seus ataques à apostolicidade" (P. LADRIÈRE, em J.-P. WILLAIME, org., 1989,

p. 92s). Como responsáveis eclesiásticos, os bispos e o papa conjugam novação e continuidade: resvala-se do modelo unionista para um modelo especificamente ecumênico e católico.

Os eventos que se seguiram ao Concílio Vaticano II estão inseridos na lógica desse segundo modelo. Diante de um movimento ecumênico constituído fora dela, a Igreja Católica oferece sua participação (é oficialmente representada em "Fé e Ordem" por representantes de pleno direito, designados pelo secretariado romano para a unidade) e sua colaboração (através de um "grupo de ligação" com o CMI), mas permanece do lado de fora: apesar de alguma esperança alimentada no final dos anos 1960, a instituição não aderiu ao CMI, pois, quaisquer que fossem os acordos a serem negociados, isso a teria colocado simbolicamente no mesmo nível que as demais confissões cristãs; a Igreja Católica prefere desenvolver um sem-número de diálogos bilaterais em que possa privilegiar as igrejas que lhe são mais próximas e/ou que lhe pareçam mais receptivas, quais sejam, a ortodoxia, o anglicanismo e, no interior do protestantismo, o luteranismo.

Essa situação ambígua, assim como a recentralização que acompanhou o *aggiornamento* [adiamento] do Vaticano II e suas consequências (recentralização iniciada com o pontificado de Paulo VI e acentuada por João Paulo II) suscitaram críticas em relação à Igreja Católica, que foi acusada de não entrar no jogo ecumênico. Assim, a decisão pontifical quanto a declarar "definitiva" a recusa da ordenação feminina (maio de 1994) foi considerada um golpe baixo no ecumenismo. Em regiões onde o protestantismo é minoritário, como nos países de língua latina, os protestantes se mostram especialmente sensíveis à recusa oficial da hospitalidade eucarística e ao não reconhecimento de seus ministérios. Certo enrijecimento também é percebido em relação aos casamentos mistos, área sempre muito delicada.

Essas críticas ainda foram mais agudas por terem sido efetuadas em uma atmosfera de desencantamento: o ecumenismo parecia em crise. Mas isso não foi apenas de responsabilidade da Igreja Católica, e, de modo geral, pode-se dizer que a crise do ecumenismo é proporcional a seu sucesso histórico. Não se deve esquecer que, para o cristianismo, o século XX será considerado o grande século do ecumenismo. As igrejas cristãs terão sido profundamente transformadas por esse movimento. O mesmo se pode afirmar da forma e do conteúdo do discurso cristão.

Um exemplo dentre outros: a ascensão e o sucesso do ecumenismo bíblico. Em 1864, o *Syllabus*, catálogo pontifical dos erros dogmáticos, condenou as sociedades bíblicas, e por muito tempo os exegetas católicos foram alvo de suspeita. Ao longo das últimas décadas, assistimos ao desenvolvimento rápido de uma ação bíblica de origem católica, ao alargamento confessional das Sociedades Bíblicas de origem protestantes (que passaram a incluir membros católicos e ortodoxos), a um número crescente de traduções e publicações interconfessionais da Bíblia (como a *Bíblia na Linguagem de Hoje*) e, por fim, a uma multiplicação de encontros ecumênicos em torno da Bíblia: grupos de estudo ecumênicos, exposições bíblicas ecumênicas etc.

A crise é, portanto, uma consequência do sucesso. E aqui cabe até mesmo a hipótese de que a situação crítica do ecumenismo atual provém do fato de que os três modelos históricos ecumênicos — "Fé e Ordem", "Vida e Ação" e o do Vaticano II — realizaram o principal do que era possível fazer.

A aproximação teológica e doutrinária esbarrou por fim nas divergências fundamentais. Tentou-se simular a superação delas, por exemplo, no "amplo consenso" de 1971 sobre a justificação pela fé (*Relatório de Malta*) entre católicos e luteranos. André Birmelé (1986) mostrou que as convergências declaradas nesse consenso não estavam explicitadas de modo algum; e, em 1982, foi publicado um documento de acordo provisório sobre o batismo, a eucaristia e o ministério (o BEM) "em que o capítulo sobre o ministério é particularmente laborioso" (Roger MEHL, em J.-P. WILLAIME, org., 1989, p. 193). Desde então, parece haver o reconhecimento geral (e mais honesto) daquilo que é hoje irredutível (cf. sobretudo o documento do comitê misto católico-protestante na França, *Consensus oecuménique et différence fondamentale* [Consenso ecumênico e diferença fundamental], 1987).

A aproximação pela ação e pelo testemunho comuns conheceu, de acordo com cada época, momentos fortes e alguns limites. O CMI pareceu, por muito tempo, mais "progressista" que o Vaticano, mas a evolução internacional não lhe deu total razão. Inúmeras posições comuns ou próximas foram adotadas sobre diversos problemas ligados aos direitos humanos e, mais especificamente, sobre o "acolhimento do estrangeiro". A criação (que poderá ser estendida) de conselhos de igrejas cristãs em vários países favoreceu a coordenação dos pontos de vista e por vezes da adoção da posição institucional, mas uma posição que hoje, ao que tudo indica, está longe de ser unânime entre o "povo cristão". Modos divergentes de conceber a encarnação do cristianismo na cidade atravessam as igrejas, e o que se ganha em unidade, em um nível, perde-se em outro (um "protestante de base" pode aliás se ver bastante próximo à posição católica oficial, e vice-versa). Por fim, a ética sexual e conjugal continua a engendrar opiniões diferentes, e as novas questões da bioética atualizam essas divergências.

Os modelos evocados de início aqui têm em comum sua contextualização histórica e social. Insistimos nos eventos políticos que favoreceram os primórdios de "Fé e Ordem", pois permitiram que se compreendesse, por contraste, por que a construção da Europa e o fim do bloco soviético geraram em nossos dias uma situação em que a ortodoxia se arrisca a desejar reforçar sua identidade. O mesmo ocorre com as mudanças nas relações sociais em relação ao sexo: a decisão de ordenar mulheres, tomada por muitas igrejas protestantes, demonstra que a preocupação em acompanhar a modernidade se sobrepõe à busca de unidade a qualquer preço.

No final das contas, o catolicismo, ao mesmo tempo dentro e fora do movimento ecumênico, não faz mais que concretizar de modo explícito — e, portanto, com o máximo de coerência e eficácia — uma situação que está "por aí", de modo difuso. As confissões protestantes permanecem estruturadas (à sua maneira, ou seja, de modo flexível) no nível internacional (Aliança Batista Mundial, Aliança Reformada Mundial, Federação Luterana Mundial etc.) e adotam certa reconfessionalização. Isso segue certa lógica histórica: "Para que possamos desenvolver nossa colaboração, para que possamos enfatizar as convergências sobre o essencial e a ausência de divergências profundas", escreve Jean-Paul Willaime, "é necessário reexprimir a diferença que legitima a separação organizacional" (*La précarité protestante. Sociologie du protestantisme contemporain* [A precariedade protestante: sociologia do protestantismo contemporâneo], Genebra, Labor et Fides, 1992, p. 172). Diríamos que nisso se localizam as consequências da falta de realização do ideal ecumênico de unidade. Mas o ideal, claro, está no horizonte: dá uma visão das coisas e orienta a caminhada, mas recua o tempo todo, na medida em que se avança. Há sempre uma distância entre o ideal, que é utópico, e o possível. Hoje, o ecumenismo se vê confrontado e desafiado por essa distância. Para que não se alimente de ilusões e não se torne contraproducente (com justeza, Jean-Paul Willaime se indaga se o ecumenismo não seria um "freio para a inventividade teológica", ibid.), seus militantes devem parar de reproduzir entre si a visão maniqueísta dos bodes expiatórios (os "malvados" integristas e autoridades eclesiásticas que supostamente impedem a unidade da igreja) e precisam se questionar se já não chegou a hora de lembrar que a unidade é um aspecto da caminhada cristã, e não sua finalidade última.

A liderança do CMI parece compreender a necessidade de uma mudança de rota. Durante a Assembleia do CMI de Camberra (1991) e a Conferência de "Fé e Ordem" de Santiago de Compostela (1993), foi enfatizada a *koinonia* — palavra grega do Novo Testamento que significa, ao mesmo tempo, comunidade e comunhão — e não tanto uma unidade uniformizadora. Na época secretário-geral do CMI, Konrad Raiser afirmou que não mais se tratava de tornar a unidade "um critério de reconhecimento da legitimidade das diversidades", mas, ao contrário, de indagar-se quanto ao "momento em que a exigência de unidade ameaça a expressão da diversidade em uma comunidade viva" (p. 6). Essa declaração, para que seja mais que uma expressão de piedade, implica transformações consideráveis, pois a "exigência de unidade" gerou desde o início do século XX, como vimos, toda uma leva de organismos, iniciativas, esquemas mentais etc. Foi dentro desse contexto que ocorreram as reflexões e ações, e os resultados apontam para a continuidade e o desenvolvimento de um ecumenismo de união, que tende a expandir-se espontaneamente. O "ecumenismo simples" (para retomar a feliz expressão de Françoise LAUTMAN, in J.-P. WILLAIME, org., p. 97-116) está sempre em progressão, criando tradições, hábitos e resistências, assim como o confessionalismo que o precedeu.

A mudança de perspectiva indicada por Konrad Raiser implica, se não um questionamento total, pelo menos uma triagem naquilo que se elaborou durante o século XX. Isso só pode ser feito com uma política voluntarista, de novos pioneiros, um novo ideal suscetível de transformar as mentalidades. Se quiser sobreviver a seu próprio sucesso de modo dinâmico, o ecumenismo deve passar por uma *metanoia*, uma "conversão". Será que o ecumenismo está pronto para enfrentar uma mudança de rota?

Jean Baubérot

▶ BAUBÉROT, Jean, *Le protestantisme doit-il mourir? La différence protestante dans une France pluriculturelle*, Paris, Seuil, 1988; BEAUPÈRE, René, *L'oecuménisme*, Paris-Montreal, Centurion-Paulines, 1991; BIRMELÉ, André, *Le salut en Jésus-Christ dans les dialogues oecuméniques*, Paris-Genebra, Cerf-Labor et Fides, 1986; Idem, *La communion ecclésiale. Progrès oecuméniques et enjeux méthodologiques*, Paris-Genebra, Cerf-Labor et Fides, 2000; Idem e TERME, Jacques, orgs., *Accords et dialogues oecuméniques bilatéraux, multilatéraux, français, européens, internationaux*, Paris, Les Bergers et les Mages, 1995; BURGY, François Marc, *Les origines du Conseil oecuménique des Églises*, Genebra, Société d'histoire et d'archéologie, 1990; Centre d'études oecuméniques (Estrasburgo), *Crisis and Challenge of the Ecumenical Movement, Integrity and Indivisibility*, Genebra, CMI, 1994; COMITÊ MISTO CATÓLICO-PROTESTANTE NA FRANÇA, *Consensus oecuménique et différence fondamentale*, Paris, Centurion, 1987; CONSELHO DAS CONFERÊNCIAS EPISCOPAIS DA EUROPA E CONFERÊNCIA DAS IGREJAS EUROPEIAS, *Charte oecuménique. Un rêve, un texte, une démarche des Églises em Europe*, org. por Sarah NUMICO e Viorel IONITA, Paris, Parole et Silence, 2003; CONGAR, Yves, *Aspects de l'oecuménisme*, Bruxelas-Paris, La pensée catholique-Office général du livre, 1962; *Ainsi dressons des signes. Les quarante premières années du Conseil oecuménique des Églises*, Genebra, CMI, 1988; CONSELHO MUNDIAL DE IGREJAS, COMISSÃO "FÉ E ORDEM", *Baptême, eucharistie, ministère. Convergence de la foi*, Paris-Taizé, Centurion-Presses de Taizé, 1982; CULLMANN, Oscar, *Vrai et faux oecuménisme. Oecuménisme après le Concile* (1967-1969), Neuchâtel, Delachaux et Niestlé, 1971; Idem, *L'unité par la diversité. Son fondement et le problème de sa réalisation*, Paris, Cerf, 1986; Idem, *Les voie de l'unité chrétienne*, Paris, Cerf, 1992; *Découverte de l'oecuménisme*, Paris, Desclée de Brouwer, 1961; FOUILLOUX, Étienne, *Les catholiques et l'unité chrétienne du XIXe au XXe siècle. Itinéraires européens d'expression française*, Paris, Centurion, 1982; GRUPO DE DOMBES, *Pour la communion des Églises. L'apport du Groupe des Dombes 1937-1987*, Paris, Centurion, 1988; Idem, *Pour la conversion des Églises. Identité et changement dans la dynamique de communion*, Paris, Centurion, 1991; *A History of the Ecumenical Movement, 1517-1968*, org. por Ruth ROUSE e Stephen Charles NEILL, Genebra, CMI, 1993 (reed. em um vol. de *A History of the Ecumenical Movement*, t. I: *1517-1968* e t. II: *The Ecumenical Advance 1948-1968*, 1954-1970); *A History of the Ecumenical Movement*, t. III: *1968-2000*, org. por John BRIGGS, Mercy Amba ODUYOYE e Georges TSETSIS, Genebra, CMI, 2004; LEHMANN, Karl e PANNENBERG, Wolfhart, orgs., *Les anathèmes du XVIe siècle sont-ils encore actuels? Les condamnations doctrinales du concile de Trente et des Réformateurs justifient-elles encore la division de nos Églises?* (1986), Paris, Cerf, 1989; LEUBA, Jean-Louis, *À la découverte de l'espace oecuménique*, Neuchâtel, Delachaux et Niestlé, 1967; LIMOURIS, Gennadios, org., *Orthodox Vision of Ecumenism*, Genebra, CMI, 1994; LOSSKY, Nicholas et alii, orgs., *Dictionary of the Ecumenical Movement* (1991), Genebra, CMI, 2002; MÜTZENBERG, Gabriel, *L'éthique sociale dans l'histoire du mouvement oecuménique*, Genebra, Labor et Fides, 1992; RAISER, Konrad, *Ökumene im Übergang. Paradigmenwechsel in der ökumenischen Bewegung?*, Munique, Kaiser, 1989; Idem, "L'oecuménisme en transition", *LibreSens* 31, 1994, p. 1-11; SANTA ANA, Julio de, *Oecuménisme et libération* (1987), Paris, Cerf, 1993; SUNDKLER, Bengt, *Nathan Söderblom. His Life and Work*, Lund, Gleerup, 1968; THILS, Gustave, *Histoire doctrinale du mouvement oecuménique*, Paris-Louvain, Desclée de Brouwer-Warny, 1962; VISSER'T HOOFT, Willem Adolf, *The Meaning of Ecumenical*, Londres, SCM Press, 1953; Idem, *Les exigences de notre vocation commune*, Genebra, Labor et Fides, 1960; Idem, *Le mouvement oecuménique a-t-il un avenir?*, Vufflens-le-Château, Pendo, 1975; Idem, *Le temps du rassemblement. Mémoires* (1973), Paris, Seuil, 1975; WILLAIME, Jean-Paul, org., *Vers de nouveaux oecuménismes. Les paradoxes contemporains de l'oecuménisme: recherches d'unité et quêtes d'identité*, Paris, Cerf, 1989.

◉ Aliança Batista Mundial; Aliança Evangélica; Aliança Reformada Mundial; Allmen; anglicanismo; anticatolicismo; antiprotestantismo; Bell; Berkhof; Berkouwer; bispo; Boegner; Brent; carismático (movimento); Casaubon; Castro; catolicismo; ceia; Claude; Comenius; Concórdia de Leuenberg; Conferência das Igrejas Europeias; Concílio Metodista Mundial; Conselho Mundial de Igrejas; Conselho Mundial de Igrejas (Assembleias do); Cullmann; Diétrich; Diodati; Dombes (Grupo de); Du Plessis; Federação Luterana Mundial; Federação Universal das Associações Cristãs de Estudantes; "Fé e Ordem"; fundamentalismo; Gardiner; Grotius; Heiler; hospitalidade eucarística; **Igrejas**; irenismo; justificação; Koechlin; *Lambeth (Quadrilátero de)*; Lausanne (movimento de); Leenhardt F. J.; Leuba; Maria; Míguez Bonino; missionárias (conferências); Monod W.; Mott; Newman; Niemöller; Niles; Nomenyo; Nygren; ortodoxa (Igreja Oriental); Oxford (movimento de); Potter; **protestantismo**; semana da oração pela unidade cristã; Söderblom; sucessão apostólica; Taizé; Temple W.; tradição; Trento (Concílio de); Vaticano II (Concílio); "Vida e Ação"; Visser't Hooft

EDIFICAÇÃO

A palavra grega usada no Novo Testamento para "edificação" é *oikodome* (o verbo é *oikodomeo*, "edificar") e seu sentido primário é o de "construção", *edifício*. A palavra é importante como metáfora para a igreja, sendo esta *edifício* de Deus (cf. 1Co 3.9, *dele [de Deus] sois lavoura e edifício*) e como metáfora para o crescimento ou fortalecimento da igreja e do cristão.

Jesus utilizou *oikodomeo* em Mateus 16:18: "e sobre esta pedra *edificarei* a minha igreja". Portanto, o próprio Messias afirma que edificará a sua igreja, o povo de Deus. É Jesus Cristo quem cria, faz crescer e fortalece a igreja.

Lucas utiliza *oikodomeo* em Atos 9.31 para dizer que "a igreja desfrutava de paz em toda a Judeia, Galileia e Samaria, sendo *edificada* e vivendo no temor do Senhor". Mais uma vez, a ideia é de algo que está sendo construído, crescendo ou amadurecendo.

O uso mais frequente de "edificação" é encontrado nas cartas de Paulo. Em Romanos 14.19 ele afirma: *Portanto, sigamos as coisas que servem para a paz e as que contribuem para a edificação mútua*. O mesmo sentido pode ser encontrado em várias outras passagens como, por exemplo, Romanos 15.2, 1Coríntios 14.5,12,26; 2Coríntios 10.8; 12:19; 13.10; Efésios 4.12,16,29 etc.

Em 1Coríntios 14.26 Paulo fala sobre o uso dos dons para a edificação da igreja: *Irmãos, que fazer, então? Quando vos reunis, cada um de vós tem um hino, tem uma palavra de instrução, tem uma revelação, tem uma palavra em língua, tem interpretação. Tudo deve ser feito visando à edificação*. O propósito dos dons e da mutualidade na igreja é a edificação ou o fortalecimento de todo o Corpo de Cristo.

A edificação e o verbo "edificar" têm a ver, portanto, com a construção, o fortalecimento, o crescimento ou o amadurecimento tanto do cristão individualmente (cf. Rm 15.2), quanto da igreja como um todo. O contrário de edificar seria "destruir" (cf. 2Co 10.8). Às vezes o líder precisará usar de "rigor" e aplicar um remédio amargo, mas o objetivo final deverá ser sempre edificar (cf. 2Co 13.10).

A ideia de "edificação" é bastante pertinente, especialmente em nossa sociedade individualista. A edificação só é possível no contexto dos relacionamentos e em especial no contexto da igreja como Corpo de Cristo. Ninguém edifica a si mesmo na solidão do individualismo. Precisamos sempre do "outro" para edificarmos e sermos edificados.

Lutero e Calvino adotaram o mesmo sentido de Paulo ao falarem sobre "edificação" em seus escritos. Em um trecho das Institutas, Calvino comenta que Deus não nos revelou maiores detalhes sobre certos assuntos nas Escrituras porque "o Espírito Santo não se digna em alimentar [nossa] curiosidade com histórias vãs e inúteis. Entendemos que foi propósito do Senhor não revelar em seus oráculos sagrados nada que não fosse para nossa edificação" (p.113).

Olavo J. A. Ribeiro

▶ CALVIN, John, *The Institutes of the Christian Religion*, Grand Rapids, Christian Classics Ethereal Library, 2002. ELWELL, Walter. *Enciclopédia Histórico-Teológica da Igreja Cristã*, São Paulo, Vida Nova, 1990.

◉ Igreja; pregação; santificação; santos (comunhão dos)

EDIFÍCAÇÕES RELIGIOSAS

A sinagoga, a mesquita e a igreja têm em comum o fato de não serem edificações reservadas para a divindade e seu clero, mas, sim, locais em que os fiéis se unem para prestar culto a Deus. Os reformadores deram grande importância a Atos 7.48, [...] *não habita o Altíssimo em casas feitas por mãos humanas*, recusando-se assim a considerar os locais de culto como "moradas particulares [...] em que nosso Senhor nos escuta com mais atenção" (Calvino, *IRC* III, XX, 30), nem aceitando que a celebração do culto fosse associada a um lugar específico. Atribuindo ao culto um caráter comunitário e público, consideram "uma exigência que haja templos próprios para cultuar" (ibid.), a não ser, evidentemente, em caso de perseguição. Na perspectiva luterana, o culto é o momento por excelência em que a comunidade cristã se manifesta como igreja de Deus, vivendo de sua Palavra; a construção onde é prestado, portanto, adquire um significado específico. Mas só existe "igreja" no momento em que a comunidade está reunida ali para o culto, não sendo o local algo sagrado por si mesmo, nem isento da jurisdição do poder civil, como se fosse um ambiente de refúgio contra as intervenções do poder temporal. Normalmente, no entanto, o respeito que se deve ao culto celebrado na igreja faz que as autoridades do Estado hesitem a violar o local.

Bernard Reymond

▶ REYMOND, Bernard, *L'architeture religieuse des protestants. Histoire, caractéristiques, problèmes actuels*, Genebra, Labor et Fides, 1996; TURNER, Harold W., *From Temple to Meeting House. The Phenomenology and Theology of Places of Worship*, La Haye-Paris, Mouton, 1979.

⊙ **Arquitetura**; Cambridge (movimento de); culto; Le Corbusier; liturgia; templo; Wren; Wright

EDITO DE NANTES (e Revogação do)

O Edito de Nantes promulgado por Henrique IV em abril de 1598 pôs fim à série de oito guerras de religião francesas. O rei autorizou, como nos vários editos anteriores de pacificação, o culto protestante privado dos senhores justiceiros e o culto público em alguns locais escolhidos pelo rei ou mantidos pelos huguenotes. Promulgou anistia para os fatos passados e previu que os huguenotes fossem admitidos em todos os empregos, além de poder recusar alguns juízes. Reconheceu o direito dos protestantes quanto a locais seguros onde eles poderiam manter uma força armada. O texto é composto de um edito solene em um preâmbulo e 93 artigos; de 56 artigos "secretos e particulares" tratando principalmente dos locais de culto; de um comunicado especificando a subvenção real destinada ao tratamento dos pastores, ao funcionamento das academias e colégios (para compensar o dízimo destinado ao clero); de um comunicado descrevendo a localização geográfica dos locais de segurança.

Esse edito se aplicou moderadamente até 1929. Com a Graça de Alès (1629), os protestantes perderam seus privilégios militares e políticos e, com o reinado pessoal de Luís XIV, o edito, reduzido aos privilégios religiosos, começou a ser aplicado "ao pé da letra": as câmaras divididas (compostas por metade de juízes católicos e metade de juízes protestantes), com o objetivo de observar o edito, passaram a servir somente para proibir os protestantes de tudo aquilo que não lhes era formalmente autorizado. Inúmeras proibições profissionais, cultuais, familiares e políticas restringem sua liberdade religiosa e anunciam a revogação do edito, em outubro de 1685, acompanhada das dragonadas no sul da França.

O Edito de Fontainebleau revogou o de Nantes e dispôs que os pastores deveriam ou se converter ou deixar o reino nos próximos quinze dias. Já os fiéis foram proibidos de emigrar. Enquanto adeptos da "Religião Pretensamente Reformada", são em princípio tolerados, mas na maior parte das vezes seriam perseguidos até que sucumbissem, abjurando. A Revogação do Edito de Nantes suscita um amplo movimento de emigração (tanto de pastores como, clandestinamente, de fiéis) para estados protestantes da Europa (Suíça, Brandenburgo, Províncias Unidas, Inglaterra), onde engrossaram as fileiras do Refúgio huguenote. No Reino da França, a Revogação inaugura o período do "Deserto", ou seja, a organização clandestina das comunidades reformadas, pontuando o episódio da Guerra dos Camisardos. Em novembro de 1787, os protestantes franceses reencontraram seu estado civil com o edito dos não católicos (chamado Edito de Tolerância) assinado por Luís XVI. Eles se reintegram então à comunidade nacional, colocando-se a favor da Revolução Francesa.

Hubert Bost

▶ CHRISTIN, Olivier, *La paix de religion. L'autonomisation de la raison politique au XVIe siècle*, Paris, Seuil, 1997; COTTRET, Bernard, *1598, l'Édit de Nantes. Pour en finir avec les guerres de religion*, Paris, Perrin, 1997; GARRISSON, Janine, *L'Édit de Nantes et sa révocation. Histoire d'une intolérance*, Paris, Seuil, 1985; Idem, *L'Édit* *de Nantes. Chronique d'une paix attendue*, Paris, Fayard, 1998; GRANDJEAN, Michel e ROUSSEL, Bernard, orgs., *Coexister dans l'intolérance. L'Édit de Nantes (1598)*, Genebra-Paris, Labor et Fides--Société de l'histoire du protestantisme français, 1998; LABROUSSE, Élisabeth, *Une foi, une loi, um roi?, La Révocation de l'Édit de Nantes*, Paris--Genebra, Payot-Labor et Fides, 1985; LIGOU, Daniel, *Le protestantisme en France de 1598 à 1715*, Paris, SEDES, 1968; ZUBER, Robert e THEIS, Laurent, orgs., *La Révocation de l'Édit de Nantes et le protestantisme français en 1685*, Paris, Société de l'histoire du protestantisme français, 1986.

▶ Béarn; Brousson; Camisardos (Guerra dos); Cevenas; Claude; Coste; Deserto; dragonadas; Duplessis-Mornay; Duquesne; França; Revolução Gloriosa; Graça d'Alès; guerras de religião; Henrique IV; Refúgio; Revolução Francesa; Rochelle (La)

EDUARDO VI (1537-1553)

Eduardo VI, filho de Henrique VIII e de sua terceira esposa, Jane Seymour, tinha dez anos quando assumiu o trono. Durante os seis anos de seu reinado (1547-1553), a Igreja Anglicana adquire seus traços característicos. De 1549 em diante, a liturgia romana foi traduzida para o inglês, com poucas modificações quanto à eucaristia. Esse primeiro *Prayer Book* [Livro de Oração] suscita críticas, e uma comissão é nomeada para revisá-lo. É uma época de influência crescente da reforma continental na Inglaterra. Martin Bucer e Pietro Martire Vermigli (nomeados professores de teologia em Cambridge e Oxford) são consultados e se responsabilizam pelas revisões textuais para o segundo *Prayer Book* (1552), com um tom mais claramente reformado. Porém, diante da diversidade das convicções religiosas, por vezes o *Prayer Book* opta por uma ambiguidade intencional — por exemplo, sobre o significado exato da eucaristia.

A base doutrinária do anglicanismo é igualmente deixada de lado durante esse reinado. Os *Quarenta e dois artigos* de 1553 (na origem dos *Trinta e nove artigos* em vigor, com poucas modificações, de 1572 a nossos dias) se distinguem da Igreja de Roma (e dos anabatistas), insistindo na justificação somente pela fé, na autoridade suprema das Escrituras, nos dois sacramentos. É um documento claramente reformado. Com a morte de Eduardo VI, todos esses implementos pareceram se desmoronar:

Maria Tudor se livrou de todas as "inovações" para retornar à obediência romana. Porém, não soube conduzir o processo para que o povo cumprisse esse retorno; com sua morte, em 1558, Elizabeth I retomou e desenvolveu as medidas iniciadas por e sob Eduardo VI.

Francis Higman

▶ MACKIE, John Duncan, *The Earlier Tudors, 1486-1558*, Oxford, Clarendom Press, 1952, p. 478-525; MARKHAM, Clements R., *King Edward VI. An Appreciation*, Londres, Smith, Elder et Co., 1907.

▶ Anglicanismo; Elizabeth I; Henrique VIII; Inglaterra; *Livro de oração comum*

EDUCAÇÃO

1. **Introdução: o protestantismo, um projeto educativo**
2. **A herança da Reforma**
3. **O programa pedagógico de Comenius**
4. **O movimento escolar no pietismo**
5. **Protestantes pioneiros na pedagogia: de Rousseau a Oberlin**
6. **A contribuição do puritanismo e dos protestantismos inglês e americano**
7. **Influência protestante e dinamismo pedagógico dos protestantes franceses**
8. **A obra missionária e a educação**
9. **Protestantismo e educação no século XX**

1. Introdução: o protestantismo, um projeto educativo

Ao criticar o magistério da igreja e afirmar o sacerdócio universal dos fiéis, a Reforma promoveu a formação religiosa individual: as pessoas deveriam estudar pessoalmente os textos bíblicos e conhecer os ensinamentos básicos da fé cristã. A distinção entre "fé explícita" e "fé implícita" se viu relativizada, já que cada protestante deveria dar conta de sua fé. Enquanto, no catolicismo, o sentimento religioso é mediado por uma miríade de objetos que podemos contemplar ou tocar, no protestantismo a mediação se efetua sobretudo pelo livro. O protestantismo é uma religião de letrados, e é incontestável que a invenção da imprensa e os 10% de leitores em certas regiões da Europa favoreceram a expansão da Reforma. Mas o próprio protestantismo, em seus diversos aspectos, contribuiu significativamente para o desenvolvimento da leitura e a valorização da instrução. Há uma afinidade imediata entre protestantismo e educação: se a igreja pode errar e se os clérigos não transmitem necessariamente de modo fiel a verdade cristã, é preciso poder verificá-la por si mesmo, praticar o livre exame, o que implica uma formação individual, seja qual for a condição da pessoa. De um lado o individualismo religioso e a desclericalização, de outro a mediação essencialmente pelo livro — eis as componentes que associam protestantismo a educação. É por isso que o protestantismo é um projeto educativo. Em seu livro *L'armée nouvelle* [O novo exército] (1911, Paris, Éditions sociales, 1977), correlacionando o protestantismo à burguesia, Jean Jaurès percebeu o alcance pedagógico da Reforma: "Foi a Reforma, tendo a burguesia como sua grande força, que se apaixonou pela instrução do povo. [...] O movimento quis [...] que todo homem aprendesse a ler; mas qual livro? Aquele de onde se extraiu a vida do movimento. É com a leitura da Bíblia, traduzida por todo canto para língua vulgar, que os povos aprenderiam a pensar; com a Bíblia belicosa e rude, cheia de murmúrios, gritos e revoltas de um povo indócil" (p. 272s).

De fato, por muito tempo as populações protestantes se distinguiriam das demais por um índice superior de alfabetização e escolarização. Isso impressionou Max Weber, que em *A ética protestante e o espírito do capitalismo* (1904-1905, 1920), notou que na região de Baden, cuja porcentagem de protestantes não excedia 37%, havia 43% de estudantes protestantes entre os alunos do *Gymnasien* e 51% das *höhere Bürgerschulen* (em 1885-1891). Se nos anos 1960 essa diferença ainda podia ser sentida na Alemanha ocidental, país misto (católico e protestante), na Suíça havia praticamente desaparecido, outro país confessionalmente misto (uma pesquisa efetuada em escala federal, em 1988-1989, constatou: "Considerada sob o ponto de vista do nível de formação atingido, a distância entre católicos e protestantes é insignificante", Roland J. Campiche et alii, 1992, p. 59).

A proclamação protestante do *Sola scriptura* (somente a Escritura) culminou na edificação de novas sociedades religiosas, mas ao mesmo tempo exacerbou o individualismo religioso, comportando o risco de uma proliferação abusiva da comunidade dos fiéis: se a instituição igreja era falível, se a verdade religiosa precisava ser confirmada somente com a Escritura, cada um poderia alegar o acesso à verdade a partir da leitura dos textos bíblicos. Cada protestante poderia se tornar, como percebeu Boileau, "um papa de Bíblia na mão". A Bíblia é devolvida aos fiéis, mas os fiéis devem ser não apenas suficientemente instruídos para ler, mas também orientados para ler corretamente. Valorizar a educação significou também, na Reforma, o surgimento dos educadores e a afirmação do poder de mestres e doutores. Substituiu-se a autoridade da instituição pela autoridade do professor: o que passou a legitimar o pastor, em vez do poder sacramental, foram seu conhecimento das Santas Escrituras e sua capacidade para uma exposição clara do conteúdo, com explicações convincentes sobre as implicações práticas desse conhecimento. O pastor protestante vestiria simbolicamente a toga universitária para celebrar o culto: tratava-se de instruir os fiéis para edificá-los. Para isso, seria necessário iniciar o processo na infância: a Reforma também deu ensejo aos catecismos (cf. o *Catecismo maior* e o *Catecismo menor* de Lutero, em 1529, ou o *Catecismo da Igreja de Genebra*, da pluma de Calvino, em 1542) e à busca pedagógica apropriada para cada idade.

Com o objetivo de promover a educação religiosa, a Reforma acabou favorecendo a educação em geral. Esse cuidado atravessa toda a história do protestantismo e caracteriza seus vários aspectos. Vejamos como essa ênfase se manifestou desde a Reforma até nossos dias, assim como seus resultados.

2. A herança da Reforma

Diante dos transtornos provocados pelo movimento "evangélico" (que, atingindo os conventos, chegou a desestruturar as escolas das ordens religiosas) e de tendências como a de Thomas Müntzer, que considerava o ensino supérfluo, Lutero (1483-1546) defendeu com vigor a instrução. A partir de 1520, em *À nobreza cristã da nação alemã acerca da melhoria do estamento cristão* (em *MLO* 2, 57-160), Lutero pede que sejam abertas em cada cidade e em cada vilarejo uma escola para os moços e uma para as moças. Em 1524, lança um apelo *Aos conselhos de todas as cidades da Alemanha, para que criem e mantenham escolas* (em *MLO* 4, 91-118) e, em 1530, proferiu um sermão "sobre o dever de mandar as crianças para as escolas" (em *MLO* 9, 155-196).

EDUCAÇÃO

Para Lutero, isso significava não só "tomar conta da juventude", mas também cuidar da cidade em geral: "Para uma cidade, o que representa a maior e mais bela das prosperidades, a salvação e a força, é poder contar com muitos cidadãos eruditos, inteligentes, honrados e bem instruídos, que possam assim descobrir, conservar e utilizar com excelência os tesouros e todo tipo de bens" (*MLO* 4, 102).

A preocupação de Lutero não se limitava à formação de uma elite, mas incluía também recomendações para uma instrução de base, em escolas populares, para todos os moços e moças: "Que os rapazes sejam enviados para determinada escola, todos os dias, durante uma hora ou duas, e que no resto do tempo sejam postos para estudar em casa, aprendendo uma profissão ou outra atividade desejada, de modo que as duas coisas caminhem em paralelo durante todo o tempo em que for jovem [...]. Da mesma forma, a menina dispõe de tempo suficiente para frequentar a escola durante uma hora, sem com isso negligenciar as tarefas de casa" (ibid., 112s).

O reformador humanista Filipe Melâncton (1497-1560), colaborador de Lutero, foi o criador do primeiro sistema escolar protestante; costuma ser chamado "preceptor da Alemanha". Participou, de fato, da fundação de muitos estabelecimentos, formando professores, estabelecendo programas de ensino e publicando um bom número de manuais.

Martin Bucer (1491-1551), o reformador estrasburguense, também considerava primordial a formação, já que considerava que a reorganização e a expansão da escola estavam ligadas à renovação da igreja. De modo significativo, quis integrar os professores ao trabalho dos sínodos e redigiu no mesmo ano, em 1534, uma ordenança escolar e uma ordenança eclesiástica. É autor de dois catecismos. Uma de suas maiores contribuições talvez seja a criação, em 1538, em Estrasburgo, do ginásio que, sob a direção de seu primeiro reitor, Jean Sturm (1507-1589), tornou-se uma escola renomada de retórica, piedade e belas-letras. Do ginásio nasceria, em 1621, a Universidade de Estrasburgo. Para Bucer, conforme escreve Gottfried Hammann, "a igreja seria uma instância de formação contínua" (*Entre la secte et la cité. Le projet d'Église du Réformateur Martin Bucer [1491-1551]* [Entre a seita e a cidade: o projeto de igreja do reformador Martin Bucer], Genebra, Labor et Fides, 1984, p. 59).

Esses laços entre a Reforma e a ênfase na educação podem ser melhor ilustrados com o exemplo da cidade de Genebra, que em 1536, ao assumir a fé protestante, decidiu tornar obrigatória a escolaridade pública, algo inédito na Europa. Essa ênfase também foi assumida pela Reforma calvinista. Foi João Calvino (1509-1564) que fundou em Genebra a Academia (futura universidade), com Teodoro de Beza como primeiro reitor (em Lausanne, a Academia, futura universidade, foi fundada em 1537, um ano depois da adoção da Reforma). Dessa escola originou-se toda uma elite culta que difundiu a Reforma por toda a Europa. Ao propor uma organização eclesiástica que articulasse diversos ministérios, de diáconos, anciãos, pastores e doutores (cf. as *Ordenanças eclesiásticas* de 1541), Calvino favoreceria a promoção dos membros leigos: cada igreja local deveria comportar fiéis relativamente instruídos. A ação social desenvolvida por Calvino em Genebra não se limitaria a uma ajuda material e espiritual aos pobres, doentes e inválidos, mas trataria também de sua instrução e formação profissional.

O humanista calvinista Marthurin Cordier (1479-1564), professor em Neuchâtel, Lausanne e Genebra, criticou o ensino tal como o conheceu na Universidade de Paris e defendeu uma pedagogia da aprendizagem do latim que fosse, ao mesmo tempo, mais ativa e mais ligada à espiritualidade: conversação com o aluno, graus crescentes de dificuldade nos temas abordados, abertura para a graça divina. A visão cristã em relação a essa pedagogia também inclui a rejeição a todo tipo de violência. Declara Cordier: "Deixe de lado a vara e assuma as faíscas incendiárias da piedade". Seu famoso *Colloques* [Colóquios] de 1564 (Lyon, Cloquemin et Michel, 1576) ilustra bastante bem sua concepção pedagógica: trata-se de um manual de conversações latinas que se inspira na vida cotidiana dos alunos e valoriza aqueles que obtêm bons resultados, além de lembrar sem cessar os fundamentos da fé cristã (a oração e a caridade são os melhores meios de lutar contra a ignorância, conforme explica o colóquio de número 66). *Colóquios* teve um sucesso considerável, sendo adotado não somente na maior parte das escolas protestantes, mas também, com alguns retoques, em escolas católicas. Essa obra oferece um belo exemplo de uma pedagogia de inspiração calvinista.

Sébastien Castellion (1515-1563), defensor da liberdade de consciência, publicou em Genebra, em 1543, uma história abreviada da Bíblia para ensinar latim às crianças: *Dialogues sacrés* [Diálogos sacros] conheceu numerosas edições nos séculos XVI, XVII e XVIII (trad. franc. de parte da obra: Paris, Fischbacher, 1932).

Os séculos XVII e XVIII seriam dominados por duas grandes personalidades da pedagogia protestante: o checo Comenius e o francês Oberlin. De renome mundial, ambos são responsáveis por novos métodos educativos, com estreita correlação entre seus projetos pedagógicos e seu pensamento teológico.

3. O programa pedagógico de Comenius

Jan Komensky, dito Comenius (em português, Comênio) (1592-1670), ligado ao povo checo e à igreja dos Irmãos Morávios, foi teólogo, pedagogo e clérigo, com um espírito universalista, além de grande ecumênico. Comenius é um pensador do sentido do geral, que almeja a unidade dos saberes, a unidade das nações, a unidade das confissões. Seu projeto pedagógico rompe com os limites da época e zomba de fronteiras, como demonstram suas duas obras mais importantes: *Didática magna, ou Tratado da arte universal de ensinar tudo a todos* (1638, versão definitiva em 1657, Lisboa, Fundação Calouste Gulbenkian, 1966) e *Schola pansophica* [Escola de pansofia] (1651), um resumo dos conhecimentos universais com uma exposição de seus princípios mais fundamentais para torná-los acessíveis a todos os seres humanos.

Estruturando (ou reestruturando) escolas em diversos países (Suécia, Hungria etc.), Comenius definiu uma pedagogia ativa ao rejeitar todo tipo de violência e concebeu a escola como um local de alegria (cf. seu *Schola ludus* [Escola lúdica], 1654). Propôs que às crianças de ambos os sexos e de todos os meios sociais fosse proporcionada uma educação de igual valor: "Não são apenas os filhos dos ricos ou dos aristocratas que devem ser admitidos na escola, mas todos, nobres e não nobres, ricos e pobres, rapazes e moças, em todas as cidades e em todos os vilarejos".

Antes de Rousseau, Comenius compreendeu que era preciso observar na educação as várias etapas que dizem respeito às diferentes fases de desenvolvimento da criança. A formação deveria assim, segundo ele, passar por quatro estágios, que correspondem às quatro aptidões cognitivas do homem. Na escola maternal, a criança, instruída por sua mãe, desenvolve percepções (sentidos exteriores). Em seguida, dos 6 aos 12 anos, na "escola de língua materna", seus sentidos internos são educados (imaginação e memória). No terceiro estágio, a criança cultiva sua aptidão para o raciocínio através do aprendizado do latim. Por fim, na universidade, dos 18 aos 24 anos, desenvolve de forma plena tanto sua vontade quanto sua inteligência. O estudo dos idiomas e da natureza ocupa um lugar central na pedagogia de Comenius, que inovaria na área ao utilizar imagens e peças de teatro e ao privilegiar o diálogo não só entre professores e alunos, mas entre os próprios alunos.

Comenius se tornou conhecido em todo o mundo por seus manuais pedagógicos, principalmente *Janua linguarum reserata* (Porta aberta para as línguas, 1631), que ilustra em mil frases simples oito mil palavras latinas, e *Orbis sensualium pictus* (O mundo sensível ilustrado, 1658).

A visão pedagógica de Comenius é profundamente inspirada por sua teologia. A seus olhos, existem três "livros" em que a verdade divina se manifesta: o "livro da natureza", o "livro da razão" e a Bíblia. As ciências devem, portanto, ser estudadas através da experiência dos sentidos, que se abre para a natureza, através da inteligência, que se abre para a razão, e através da sabedoria revelada por Deus na Bíblia. Opondo-se a Descartes (com quem se encontrou nos Países Baixos), Comenius acredita que os conhecimentos humanos, imperfeitos em si mesmos, precisam ser revestidos da certeza última da revelação cristã.

Pouco conhecido nos meios culturais de língua francesa, Comenius foi um pensador que conquistou renome mundial em sua época. Preocupado com o estado lamentável da educação na França, o cardeal Richelieu, que morreria pouco tempo depois (em 1642), convidou esse pastor protestante a viajar para a França, mas seu falecimento poria fim a esse projeto. Comenius prosseguiu com suas pesquisas em pedagogia na Suécia. Passando algum tempo na Inglaterra, conseguiu do Parlamento inglês a oportunidade de debater a formação de um comitê de eruditos de vários países, responsáveis por abrir uma instituição de ensino que poria em prática a "pansofia", ou seja, onde seria ensinado todo tipo de conhecimento.

4. O movimento escolar no pietismo

De acordo com o espírito pietista, August Herrmann Francke (1663-1727), erudito orientalista em Halle, acreditava que uma fé ativa precisava ser traduzida em obras. Francke se distinguiria por uma importante obra social e pedagógica: são de sua autoria diversos textos sobre a educação, reunidos em *Schriften über Erziehung und Unterricht* (Leipzig, Max Heffe, 1871). Criou vários estabelecimentos de ensino, dos quais se destaca uma "escola de pobres" para os desvalidos de sua igreja local. As instituições fundadas por ele (escolas, ateliês, internatos) originaram-se de um movimento pedagógico que conheceu um rápido desenvolvimento, atingindo até mesmo o Extremo Oriente. Sua pedagogia, comparável à de Comenius e Rousseau, permaneceu marcada por regras estritas e relativamente severas. De modo geral, o pietismo se caracterizou não somente por obras sociais, mas também por iniciativas na educação: os pobres não deveriam apenas ser ajudados materialmente, mas também precisariam de formação pedagógica. O ensino era desenvolvido com um objetivo religioso e moral. Os pietistas influenciaram diretamente a organização escolar da Prússia em 1754.

No mundo germânico, a tradição de um protestantismo ativo tanto no plano social quanto no pedagógico atravessaria o século XIX com Theodor Fliedner (1800-1864) e Johann Hinrich Wichern (1808-1881). Fliedner, pioneiro na adoção de diaconisas na igreja, abriu nos jardins de seu presbitério em Kaiserswerth (Prússia) uma escola para crianças e uma escola para a formação de professoras das classes então chamadas "classes de asilo". Wichern inaugurou casas para acolher meninos abandonados e se esforçou para lhes proporcionar educação geral e técnica (jardinagem, impressão, bricolagem). Em seu programa de ensino, atribuía um papel central à história: ensinar de onde viemos e o que devemos a nossos antecessores era para ele uma excelente escola, sobretudo de modéstia. Essas casas passaram a abrigar meninas posteriormente.

5. Protestantes pioneiros na pedagogia: de Rousseau a Oberlin

Jean-Jacques Rousseau (1712-1778), de quem conhecemos *Emílio, ou A educação* (1762), inspiraria diversos pedagogos protestantes, sobretudo o alemão Basedow, o suíço Pestalozzi e o francês Oberlin. Sobre *Emílio*, escreveu-se: "Um sopro democrático anima esse livro, aristocrático por concepção e por método. Apesar de tantas mudanças já realizadas, a democracia precisou retirar da obra de Rousseau o principal de seus princípios pedagógicos: neutralidade, laicidade, respeito pela liberdade da criança, progressão no ensino, aulas sobre objetos e trabalhos práticos, esportes, lazer dirigido — não estaria em tudo isso o fundamento da 'escola única'?" (François de Pierre Richard, introdução à edição francesa de *Emílio*, Paris, Garnier, 1964, p. XXXIX). O arcebispo de Paris, que condenaria a obra junto ao Pequeno Conselho de Genebra, entre outros, recebeu a seguinte resposta de Rousseau: "Tomo a Escritura e a razão como as únicas regras de minha crença; recuso a autoridade dos homens e não reconheço submissão alguma a suas fórmulas, a não ser se eu mesmo perceber a verdade nelas". Rousseau foi por sua vez influenciado por John Locke (1632-1704), que em *Some Thoughts Concerning Education* [Alguns pensamentos sobre a educação] (1693) reagiu contra a educação excessivamente calcada em teorias e, preocupado com a moral, os cuidados com o corpo e o senso prático, convidou os professores a que orientassem seus alunos para as realidades da vida. Essa ênfase prática seria encontrada na obra de três grandes pedagogos protestantes influenciados por Rousseau.

O primeiro, Johannes Bernhardt Basedow (1723-1790), pedagogo associado à *Aufklärung*, fundou em Dessau, 1774, um instituto chamado *Philanthropinum*, onde pôs em prática seus princípios educativos: pedagogia ativa, trabalhos manuais, jogos e passeios em meio à natureza, formação do caráter e aprendizado da vida em sociedade. Seu sucessor na direção do *Philanthropinum*, Joachim Heinrich Campe (1746-1818), editou um bom número de livros pedagógicos e foi um pioneiro da literatura infantil, cujas principais obras são *Robinson der Jüngere* (1779, Berlim, Neues Leben, 1991) e *Découverte de l'Amérique* [Descoberta da América] (1781, 3 vols., Paris, Le Prieur, 1817).

O segundo pedagogo, Johann Heinrich Pestalozzi (1746-1827), pensamento e ação inspirados em Rousseau, buscava uma "educação intuitiva" visando ao desenvolvimento progressivo das faculdades do ser humano. Concebeu um programa de formação profissional, principalmente em agricultura, em grande parte baseado na troca de conhecimentos. Teórico que não se furtava a pôr a mão na massa, abriu várias escolas na Suíça, onde colocou seus princípios em prática. Em sua obra *Discursos à nação alemã* (Lisboa, Temas e Debates, 2010), Fichte preconizou o uso de seu método. Com seu romance *Léonard et Gertrude. Un livre pour le peuple* [Leonardo e Gertrudes. Um livro para o povo] (1781, 2 vols., Neuchâtel, *La Baconnière*, 1947-1948), Pestalozzi divulgou suas ideias a uma ampla audiência.

Quanto a Jean-Frédéric Oberlin (1740-1826), pastor de Ban-de-la-Roche na Alsácia, sua obra educativa, muito original, tornou-se bastante famosa. Dedicou-se sobretudo aos problemas escolares, seguindo o exemplo do pastor Jean-Georges Stuber (1722-1797), seu predecessor. Stuber publicou o *Alphabet méthodique* [Alfabeto metódico] [Estrasburgo, Lorenz Schuler, 1762], que seria adotado pelas escolas por várias gerações, e criou a primeira biblioteca pública.

Inspirando-se na iniciativa de Sarah Banzet, jovem criada que ensinava tricô às crianças de seu vilarejo e lhes transmitia o que sabia, Oberlin instituiu nos povoados de sua igreja as "condutoras da primeira infância": essas salas aquecidas com aulas de tricô estão na origem dos jardins de infância e das escolas maternais. Foi Louise Scheppler (1763-1837), a fiel criada de Oberlin, que coordenou e supervisionou as atividades dessas "condutoras", entrando para a história como uma das primeiras "tias" do jardim de infância.

Leitor de Comenius e de Rousseau, discípulo de Basedow, Oberlin desejava não somente a escolarização das crianças, mas também tornar o estudo algo vibrante para os pequenos, graduando as dificuldades, acrescentando a educação física ao programa e adotando atividades de socialização. Levou em consideração a importância dos sentidos, do corpo, abrindo espaço para jogos e excursões na escola. Por sua crença de que a escola é para todos e por seus cuidados pedagógicos, Oberlin pertence à grande corrente dos pedagogos da escola do povo, ao lado do suíço Pestalozzi, seu contemporâneo.

No momento em que a Convenção se envolvia no estabelecimento de uma educação nacional, em 1794, o abade Gregório citou como exemplo a obra escolar dos pastores Stuber e Oberlin. Na resposta dada à Convenção, Oberlin apresentou explicações úteis sobre seus métodos e suas ferramentas pedagógicas: "Essas boas moças, instruídas por mim e minha esposa, mostram a seus jovens alunos de ambos os sexos figuras de histórias, animais e plantas, nas quais eu escrevia nomes em francês e patoá, com uma curta descrição em francês. Para ocupar as mãos das crianças durante a atividade, as condutoras ensinam tricô a elas, desconhecido por essas paragens. Depois, todos se divertem com jogos para mexer o corpo, esticando as pernas e ativando a circulação: algo bom para a saúde e para ensiná-los a jogar sem trapacear, sem brigar. Nos dias bonitos, nós passeamos com as crianças, elas colhem plantas e as condutoras dizem seus nomes, fazendo-as repetirem. Todas essas instruções tinham a aparência de jogos, de um divertimento contínuo. Tenho uma pequena coleção de história natural, peças de arte, material de prestidigitação etc., à disposição das professoras. Assim, quando a concentração da turma começa a diminuir, um novo milagre nosso provoca surpresa e reanima o gosto pelo aprendizado. Esqueci de falar dos mapinhas geográficos, talhados de modo grosseiro em madeira, para que meus queridos aluninhos se familiarizem aos poucos com todos os países do mundo" ("Resposta de J.-F. Oberlin à Convenção" [1794], citado em Camille LEENHARDT, *La vie de J.-F. Oberlin* [A vida de J.-F. Oberlin], 1740-1826, Paris, Berger-Levrault, 1911, p. 478).

6. A contribuição do puritanismo e dos protestantismos inglês e americano

"Somos transformados e nos tornamos bons, não por nascimento, mas por nossa educação", pensam os puritanos. A família é uma escola em que se aprende os primeiros princípios da vida social e política. É o primeiro estágio da educação cívica, como observa Michael Waltzer (p. 208).

John Milton (1608-1674), como todos os puritanos, também se preocupava com a educação. Publicou em 1644 uma obra intitulada *Of Education* [Da educação], com reflexões sobre a formação de uma elite inglesa, a das modernas *public schools* (na Inglaterra, escolas particulares).

George Fox (1624-1691), fundador da Sociedade dos Amigos (os quacres), exigiu escolas para moços e para moças desde 1668.

EDUCAÇÃO

Não é de surpreender que um movimento que aboliu todo o clero e insistiu nas capacidades espirituais de cada pessoa tenha defendido o acesso de todos à instrução e a uma educação liberal: "Nossa crença na chama divina em cada um implica o respeito absoluto pela alma infantil. A criança pertence primeiro a si mesma antes de pertencer aos pais. [...] Para que seja proveitosa e respeitadora da consciência, a educação deve ser também liberal e o mínimo possível dogmática", esclarece um texto quacre de 1943.

A ação do metodismo também foi importante na área escolar, principalmente na ajuda às crianças abandonadas em meio à ignorância e à miséria. O próprio John Wesley (1703-1791) promoveu escolas, sobretudo nas cidades manufatureiras. Todo um movimento de *Charity School* decorreu disso.

Joseph Priestley (1733-1804), químico, filósofo e pastor unitarista, defendeu uma concepção mais aberta de educação, voltada para a ciência e para a vida ativa[4] (*Essay on a Course of Liberal Education for Civil and Active Life* [Ensaio sobre um curso de educação liberal para a vida civil e ativa] [1765], Londres, Routledge-Thoemmes, 1996). Sua obra foi um marco na história da educação na Grã-Bretanha).

Andrew Bell (1753-1832), pastor anglicano, trouxe da Índia a ideia de um método de ensino calcado no aprendizado mútuo, tornando-o conhecido na Grã-Bretanha em 1797. Em 1811, foi oficialmente encarregado de organizar as escolas anglicanas de acordo com esse método. O pedagogo inglês Joseph Lancaster (1771-1838), quacre, também aplicou esse método de aprendizado mútuo, que consistia no ensino de alunos pelos próprios alunos, através de uma seleção dos melhores, que se tornavam monitores. Originou um amplo movimento em prol da educação popular. São sobretudo protestantes que adaptariam o método na França. O procedimento foi criticado vigorosamente por clérigos, por romper os limites das hierarquias sociais em prol de uma hierarquia estabelecida de acordo com o desempenho escolar.

Lamenais lamentaria no aprendizado mútuo sua pretensão de instruir as crianças divertindo-as. Enxergando nesse sistema um potencial dano social e político, a Igreja Católica favoreceu a formação de congregações de ensino.

No final do século XVIII e durante o século XIX, na Grã-Bretanha, as *Sunday Schools* passaram a oferecer ensino religioso aos domingos, "contribuindo amplamente para a alfabetização da classe operária e promovendo o gosto pela leitura" (J. Baubérot e S. Matthieu, p. 96).

O protestantismo americano se caracterizou igualmente por um forte investimento na educação: os colégios se multiplicaram na mesma velocidade que as igrejas locais. Essa união entre ensino e piedade se manifestou sobretudo pelo aumento no número de estabelecimentos escolares metodistas e batistas. Os puritanos, que tinham horror à ignorância e ao mal com a mesma intensidade, demonstraram de várias maneiras a prioridade dada à educação, como testemunha esse texto da área do direito, em Massachusets, 1647: "É um dos grandes projetos de Satanás, esse velho ardiloso, proibir aos homens o conhecimento das Escrituras [...]. Para que o saber não seja sepultado nos túmulos de nossos antepassados, com a ajuda do Senhor, a Assembleia geral ordena: que todo burgo sob esta jurisdição, quando Deus o tiver ampliado até que conte com cinquenta chefes de família, designará a partir de então um morador para ensinar todas as crianças sob sua guarda a ler e a escrever, sendo pago pelos pais ou pelos professores das crianças, ou ainda pela comunidade em geral [...] e que em toda cidade que contar com cem famílias ou chefes de família seja instituída uma escola de gramática cujos professores sejam capazes de ensinar as crianças para sua admissão na Universidade".

Os professores puritanos que ensinavam crianças utilizavam um livro chamado *hornbook*, que continha o alfabeto, os dez números e o Pai-nosso. Na colônia de New Haven, fundada em 1638, a escolaridade obrigatória é proclamada a partir de 1656, e a primeira escola pública para moças é aberta em 1651. A universidade seria fundada em 1715, com o nome de seu primeiro benemérito, Yale.

Logo os puritanos sentiram necessidade de uma universidade. Como explica um panfleto anônimo de 1643: "Depois que Deus nos conduziu sãos e salvos até a Nova Inglaterra,

---

[4] [NT] O conceito "vida ativa" remonta a Aristóteles e deve ser compreendido em uma oposição complementar a "vida contemplativa", sendo ambas as realidades fundamentais para o ser humano. Tomás de Aquino tratou de ambos os conceitos em relação à pedagogia, associando a vida ativa à prática das virtudes morais e a atos de amor ao próximo. Com o tempo, o termo adquiriria uma conotação de vocação e serviços profissionais.

construímos nossas casas, guardamos provisões para enfrentar as necessidades da vida, levantamos edificações para adorar a Deus e organizamos um governo civil. Uma das coisas que desejamos e buscamos foi o avanço do saber e sua perpetuação, pois temíamos que à igreja fosse deixado um ministério inculto quando seus pastores atuais repousassem no pó".

Apenas seis anos depois do início da colônia de Massachusetts (fundada em 1630), os puritanos adotaram a decisão de fundar uma universidade, que abriu suas portas em 1638 e foi chamada de Harvard, por causa da grande doação efetuada por John Harvard, uma personalidade importante de Boston.

7. Influência protestante e dinamismo pedagógico dos protestantes franceses

O exemplo dos países protestantes (Inglaterra, Holanda, Alemanha) impressionou bastante os líderes que, na França, buscavam uma renovação no ensino. Em 1808, Charles de Villers publicou uma obra intitulada *Coup d'oeil sur les universités et le mode d'instruction publique de l'Allemagne protestante, en particulier du royaume de Westphalie* [Um olhar sobre as universidades e o modo de instrução pública da Alemanha protestante, sobretudo do reino de Vestfália] (Cassel, Imprimerie royale). Nesse livro, ao perceber a abundância de escolas primárias e o valor dos professores de crianças, Villers observou que "a ausência de todo tipo de sectarismo filosófico ou religioso não priva o ensino de seu caráter moral" (François FURET e Jacques OZOUF, *Lire et écrire. L'alphabétisation des Français de Calvin à Jules Ferry* [Ler e escrever: a alfabetização dos franceses, de Calvino a Jules Ferry], t. I, Paris, Minuit, 1977, p. 154). Ao visitar escolas da Holanda e da Alemanha, o naturalista Georges Cuvier se veria maravilhado com a pedagogia avançada desses países.

Em 1811, o protestante François Guizot (1787-1874), ministro da Instrução Pública de 1833 a 1839, fundou os *Annales de l'éducation* [Anais da Educação], que divulgaram na França os métodos educativos protestantes, tanto suíços quanto germânicos. Guizot se inspirou principalmente nas concepções pedagógicas de madame Necker de Saussure (prima de madame de Staël), que publicou uma obra intitulada *L'éducation progressive ou étude du cours de la vie* [A educação progressiva, ou estudo do curso da vida] (1828-1838. 3 t. em 2 vols., Paris, Garnier, 1864). Guizot foi um membro influente da Sociedade para o Estímulo à Instrução Primária dos Protestantes da França (fundada em 1829), contribuindo principalmente para a abertura, em Paris, de uma escola gratuita de aprendizagem mútua para as crianças pobres das igrejas locais protestantes. É mais conhecido por ter sido responsável pela lei de 28 de junho de 1833, que obriga cada distrito a manter uma escola normal encarregada da formação de professores e cada comuna de mais de quinhentos habitantes a contar com uma escola primária para meninos (gratuita para os pobres, mas não obrigatória).

Os protestantes franceses se viram fortemente implicados na política de laicização republicana nos anos 1880. Para eles, a escola laica significava o fim da hegemonia católica no ensino, o respeito pelo pluralismo religioso e a igualdade de todos diante da lei. Escreve Jean Baubérot: "Desde o final dos anos 1860 e o começo dos anos 1870, quando a Liga do Ensino fez uma campanha pela instrução obrigatória gratuita e laica, sobretudo no Gard, era geralmente o pastor que recolhia as assinaturas. Liberais e evangélicos participaram juntos da campanha" (p. 81). Várias personalidades protestantes fizeram a história dos primórdios da escola pública e laica na França, a começar por Ferdinand Buisson (1841-1932).

Com o *Dictionnaire de pédagogie et d'instruction primaire* [Dicionário de pedagogia e instrução primária], publicado sob seus cuidados de 1878 a 1887, e a direção do ensino primário (de sua responsabilidade de 1879 a 1896), o protestante liberal Ferdinand Buisson, também colaborador de Jules Ferry (1832-1893), exerceria grande influência em várias gerações de professores.

Inspetora geral encarregada das escolas maternais (criadas em 1881), adepta da educação progressiva, Pauline Kergomard se oporia ao fato de crianças com menos de 7 anos aprenderem a ler, contribuindo para o desenvolvimento de uma pedagogia nova, adaptada à primeira infância. Félix Pécaut, ex-pastor liberal, e madame Jules Favre, filha de pastor, coordenariam o ensino de moças nas Escolas Normais Superiores de *Fontainay-aux-Roses e de Sèvres*. No ensino laico feminino, a presença protestante seria aliás bastante forte no final do século

XIX: de acordo com Françoise Mayeur, por volta de 10% dos professores de escola secundária e talvez 25% de diretoras (p. 41).

Em 1871, foi fundada em Paris a Escola Alsaciana, um estabelecimento protestante que alcançou renome pela excelência do ensino e pelas inovações pedagógicas. Inúmeras personalidades estudaram no local, como André Gide, Théodore Monod e Marc Boegner, tendo entre seus professores Edmond Vermeil.

Perto do Luxemburgo, Rua Notre-Dame-des-Champs, ergue-se orgulhosamente a Escola Alsaciana. Seus edifícios de tijolo vermelho, concebidos pelo arquiteto Émile Auburtin, de Métz, que recebeu uma Segunda Medalha no Salão de 1883, e seu ginásio são modelos do gênero. E, principalmente, sua pedagogia. O historiador da escola, Georges Hacquard, que foi também diretor por mais de trinta anos, apresenta com essas palavras as razões que levaram à criação do estabelecimento: "1870: a derrota; toda a Europa repete que os verdadeiros vencedores não são os soldados prussianos, mas seus professores. 1871: a Escola Alsaciana é fundada em Paris por um grupo de homens decididos a implodir os métodos pedagógicos que acabavam de declarar falência".

Esse grupo é dominado pela personalidade de Frédéric Rieder, nascido em Estrasburgo, ex-aluno do ginásio da cidade, filho de pastor. Ao abandonar a carreira pastoral, Rieder prefere entrar para a Escola Normal Superior. A leitura de Comenius é para ele uma revelação: Res no verba. Humanismo e realismo, tais seriam as palavras-chave de sua pedagogia. Ao mesmo tempo, pais de família alsacianos em Paris confiam a formação de seus filhos a um professor de sua região de origem, F. Brauenig, filho de professor e autor de artigos pedagógicos. Logo o grupo se expande e é criada uma sociedade anônima da Escola Alsaciana, comportando uma maioria de alsacianos: Wurtz, Friedel, Matter, Zuber, Koechmann e o banqueiro Vernes... Mas estão presentes ali, também, personalidades parisienses: Gruner, inspetor geral de minas, que assume a presidência da sociedade em 1874, membros da família Monod, Philippe de Clermont e grandes editores como Hachette. [...] De fato, a Alsácia se mostrava pragmática em matéria de educação, o que a colocaria na liderança do ensino profissional do país. Além disso, sob a influência da Alemanha, havia sido cultivado por muito tempo na região o hábito da reflexão sobre métodos pedagógicos, uma reflexão que gerou a crítica dos métodos de ensino praticados na França, herdados do Antigo Regime e considerados "formalistas" por Seinguerlet. Em suma, esse ensino era reprovado por ter sido imposto unilateralmente a todos os alunos, pouco importando suas inclinações, o que os tornava despreparados para o que se chamaria, hoje, a entrada na vida ativa. Acusava-se sobretudo a onisciência do latim e do grego.

"Além do latim e do grego", questiona Seinguerlet, "em 1884, não seria bom que o francês conquistasse seu espaço? Não seria bom dar um espaço maior, bem maior, às línguas vivas, principalmente ao alemão? E as ciências matemáticas? E as ciências experimentais? Não tinham destaque algum até então no ensino clássico. No entanto, além de seu valor prático e social, são de grande utilidade para a conquista dos hábitos de ordem e método, para acostumar desde cedo as crianças a discutirem consigo mesmas, a chegar à prova daquilo que elas devem aceitar como verdadeiro! Acrescentem-se a isso a história e a geografia; para a geografia, então, tudo estava para ser criado. Mas onde encontrar tempo para estudar todas essas novidades? Os fundadores da Escola Alsaciana, com sua persistente coragem, mas também com uma sábia prudência, suprimiram os exercícios de luxo que tomavam boa parte do tempo dos estudantes: versos latinos, o tema da elegância, os discursos latinos".

Conforme explica Seinguerlet, o latim não é rejeitado: "A Escola Alsaciana só começa o estudo desse idioma na sexta série, quando as crianças já possuem uma sólida formação de base, adequada para abordar os estudos clássicos propriamente ditos".

De fato, a Escola Alsaciana se revelou uma escola pioneira em pedagogia. A ginástica é valorizada como "hora de repouso para a mente, agradável para o corpo, em que a diversidade deliberada dos exercícios possibilita que nossos filhos se tornem esses homens ideais da Antiguidade, em quem a maturidade do espírito está alojada em um invólucro digno dele". Classes com poucos alunos, ambiente familiar, reconhecimento das qualidades intrínsecas a cada aluno em vez de avaliação unilateral com censuras e recompensas... Tanto Paul Bert como Jules Ferry, que dedicaram reflexões à escola do porvir, viram-se conquistados por essa pedagogia. A Escola Alsaciana é um verdadeiro laboratório, uma autêntica escola particular leiga, fenômeno raro e por vezes mal compreendido na época. Muitos ex-alunos do ginásio protestante de Estrasburgo estão entre seus fundadores e acionistas. "Desde sua criação, a Escola Alsaciana não deixou de ser tachada como 'um reduto protestante' [...]".

[...] esses protestantes fundadores pretendem ser apóstolos da laicidade no âmbito escolar.

Rompendo com a tradição alsaciana das escolas confessionais, tiveram todo o cuidado para não impor o ensino religioso no sentido estrito do termo no contexto escolar, com a finalidade de respeitar a fé de cada pessoa. "Você pensa como eu, você é meu irmão; você pensa diferente, você é duas vezes meu irmão", declarou Albert Bayet, professor da Escola Alsaciana de 1905 a 1919, para explicar o princípio de tolerância na base da laicidade. Um debate, como vemos, que ainda é bastante moderno. De resto, muito tempo após sua fundação, a Escola Alsaciana não deixaria de entoar o tempo todo seus princípios originais. Assim, Théodore Beck, que sucedeu Rieder de 1890 a 1921, ex-aluno do ginásio de Estrasburgo, licenciado em teologia e pastor, adorava lembrar que a escola pretendia cumprir "uma obra de libertação intelectual e moral [...] com a colaboração dos pais de todas as tendências políticas e religiosas". Princípios ainda citados no entreguerras, quando do cinquentenário desta que havia se tornado uma instituição, subvencionada pelo Estado. Durante os anos 1920 e 1930, a Escola Alsaciana se tornara, sem dúvida alguma, cada vez menos alsaciana e cada vez mais uma referência de ponta em educação no *Quartier Latin*".

Marc IARDIEU, *Les Alsaciens à Paris. De 1871 à nos jours* [Os alsacianos em Paris: de 1871 a nossos dias], Mônaco, Éditions du Rocher, 2004, p. 91-95.

8. A obra missionária e a educação

Os missionários também concentraram seus esforços no campo da educação, com a acelerada abertura de escolas à sua chegada. Como observa Émile G. Léonard: "A Bíblia em língua indígena, livros didáticos e maletas de remédios são os três itens que não podiam faltar nas mãos dos missionários. De fato, a imprensa escrita, a escola e o hospital, além da igreja, são marcas distintivas dos missionários protestantes desde o início" (*Histoire générale du protestantisme*, t. III, Paris, PUF, 1964, p. 509). Ao traduzir, imprimir e divulgar a Bíblia, as sociedades missionárias incentivariam o registro por escrito de muitos novos idiomas, contribuindo para o estabelecimento de sua gramática e sintaxe. Em povos de oralidade prevalecente, essa mediação através da escrita seria o prelúdio de uma importante obra educativa e escolar. Uma das grandes figuras missionárias protestantes, o pregador batista William Carey (1761-1834), traduziu a Bíblia pra o bengalês e editou dicionários e gramáticas. Na época de sua morte, o campo missionário contava, na Índia, com inúmeras escolas para moços e para moças. Fundada em 1824, a Sociedade das Missões Evangelísticas de Paris desenvolveria uma importante obra escolar, com destaque para o Lesoto. A partir de 1903, Maurice Leenhardt (1878-1954), primeiro missionário da Sociedade de Missões de Paris a trabalhar na Nova Caledônia, abriria várias escolas no local, tornando-se em 1926 um etnólogo famoso entre as sociedades melanésias. Foi um missionário gaulês da Sociedade Missionária de Londres que, em 1820, abriria a primeira escola pública no idioma local de Madagascar, em Antananarivo. No Taiti, Thomas Arbousset funda em 1865 a Sociedade para a Instrução Primária entre os protestantes do protetorado. Um professor protestante na região de Montbéliard, Charles Viénot (1839-1903), trabalhando para a Missão de Paris, desenvolveu uma importante obra educativa, em que buscaria promover a aprendizagem mútua. Na Exposição Universal de Paris de 1889, a obra escolar de Papeete seria recompensada com uma medalha de ouro pela apresentação do trabalho com os alunos. Charles Viénot, partidário da laicização do ensino, receberia em 1903 o título de Oficial de Instrução Pública. Outro exemplo bastante significativo do trabalho pedagógico missionário protestante pode ser encontrado no Oriente Próximo, onde as missões desenvolveriam escolas primárias, escolas normais para a formação de professores, ensino secundário e ensino superior (com a criação da Universidade de Beirute, em 1866, do Gerard Institute para o ensino técnico, em 1890, e de um colégio protestante francês para moças). A presença protestante no Zaire também incluiu, a partir de 1878, o desenvolvimento de uma importante obra escolar.

9. Protestantismo e educação no século XX

A valorização protestante da educação só se manifestou, de modo especial, no final do século XIX e no início do século XX, com a criação e a expansão dos movimentos de juventude. Com o escotismo (na França, unionista), as Uniões Cristãs de Jovens, as Associações Cristãs de Estudantes e as Equipes Unionistas Luteranas, buscava-se educar os jovens e prepará-los para assumir responsabilidades individuais, sociais e eclesiásticas, tornando-os

EDUCAÇÃO

adultos livres e autônomos, capazes de julgar e agir nas mais delicadas situações e servir a seus semelhantes. Toda uma visão cristã do homem está implicada aqui, uma visão com base bíblica, enfatizando o serviço ao próximo, a responsabilidade moral e a autonomia pessoal. Essa ênfase dupla do protestantismo sobre a crítica do magistério e a responsabilidade individual contribuiu para a formação de personalidades com forte consciência de deveres e engajamento na sociedade e nas igrejas. Alguns estudantes exerceram e exercem sem ostentação altas funções profissionais (um modelo do alto funcionário público protestante francês). Inúmeros são os protestantes que, tendo participado dos movimentos de juventude, ocupam cargos de responsabilidade: Michel Rocard (primeiro-ministro da França de 1988 a 1991) e Lionel Jospin (primeiro-ministro da França de 1997 a 2002), por exemplo, fizeram parte dos Escoteiros Unionistas. Na França, a afinidade protestante com a educação também se manifesta na superpopulação religiosa da área: de acordo com uma estimativa dos anos 1990, haveria 8% de professores protestantes no ensino superior (enquanto somente 2% de protestantes em todo o mundo).

Os movimentos protestantes de juventude contribuíram para a formação de homens e mulheres que assumiram responsabilidades não somente na sociedade, mas também na igreja. Uma pesquisa entre 1978 e 1979 junto aos pastores da França revelou que 49% tinham sido escoteiros unionistas e 67% tinham exercido uma ou outra responsabilidade em um movimento de juventude (cf. nossa obra *Profession: pasteur* [Profissão: pastor], p. 107s). Muitos leigos com cargos na igreja também frequentaram movimentos de juventude: é o caso, por exemplo, no início dos anos 1980, de 74% dos conselheiros suíços e 59% dos conselheiros presbiterais franceses (cf. Roland J. CAMPICHE et alii, 1990, p. 42). Com isso tudo, podemos medir a importância desses movimentos para a estruturação da liderança (leiga ou não) nas igrejas protestantes.

A valorização protestante da educação inclui numerosas iniciativas para a formação de leigos. Instituições como as Academias Protestantes, na Alemanha, e diversos centros de estudo (Centro Protestante de Estudos em Genebra e em outras cidades, Seminário de Cultura Teológica em Lausanne [integrado desde 2002 à Formação Cèdres], Ateliê Ecumênico de Teologia em Genebra, Centros de Villemétrie e de Sommières, Casa do Liebfrauenberg na França etc.) se desenvolveram após a Segunda Guerra Mundial, justamente para que os cristãos engajados na vida ativa pudessem ampliar suas perspectivas teóricas e completar sua formação de modo interativo. A formação permanente de adultos passa a ser um item primordial, com a criação, no pós-guerra, do Centro Protestante de Estudos e Documentação, em Paris, a serviço de indivíduos, igrejas e movimentos (cf. seu boletim, intitulado hoje *LibreSens*). Outros movimentos contribuíram diretamente para a formação de homens e mulheres no exercício de responsabilidades: um belo exemplo é o movimento *Jeunes Femmes* [Jovens mulheres], que, tendo surgido em 1946 entre os movimentos protestantes de juventude, tornou-se um movimento de educação permanente a serviço das mulheres. Defendendo a maternidade responsável, várias militantes desse movimento estruturaram a liderança e a membresia do Movimento Francês para o Planejamento Familiar, fundado em 1958. Leigos em número cada vez maior assistem a cursos e conferências de teologia para aprofundar sua formação religiosa ou melhor exercer seus ministérios. Assim, 31% dos conselheiros de igrejas protestantes suíças declararam ter completado algum tipo de formação teológica (ibid., p. 45). Leituras, cursos e conferências possibilitaram uma presença social mais ampla da pesquisa bíblica e da teologia. Se o domínio de saberes teológicos contribuiu para restaurar certos magistérios no protestantismo, a educação teológica para todos contribuiu para neutralizar seus aspectos negativos, principalmente em uma época de maior difusão das referências e de relativa expansão teológica.

A questão da formação ecoa fortemente hoje, com as inquietudes manifestadas em relação à incultura religiosa crescente de jovens e adultos. Na França, a Federação Protestante do Ensino se declarou favorável à introdução de aulas de cultura religiosa nas escolas públicas, estimando que, por serem distintas do catecismo, tais aulas seriam bastante compatíveis com a laicidade da escola. Na Suíça, a organização do ensino bíblico e, mais recentemente, do ensino inter-religioso romando nas escolas cumpre também uma missão de formação diferente do catecismo das igrejas. O que está em jogo aqui é fundamental, principalmente para o protestantismo. Ao liberar os fiéis da tutela dos clérigos e convidá-los a uma leitura frequente da Bíblia, a Reforma desejou educá-los espiritual e moralmente. Se fossem atestados a perda da cultura bíblica e o enfraquecimento da formação ética, todo o projeto educativo protestante se veria comprometido. Afinal, sob muitos aspectos, podemos afirmar que é algo próprio ao protestantismo essa educação que, ao deixar uma marca indelével em indivíduos mesmo afastados da igreja, faz que continuem a viver o etos que receberam.

É isso que, sem dúvida, incentiva as igrejas protestantes a renovar suas práticas de discipulado e a desenvolver uma verdadeira política de formação dos fiéis. Nos dois eixos privilegiados pela Igreja Reformada da França a partir de 1992, a educação ocupa um amplo espaço: além da coordenação chamada "Testemunhar-Servir", há a "Edificar-Formar", que declara entre seus objetivos "aprofundar os conhecimentos bíblicos, teológicos e humanos dos leigos (adultos e jovens) e dos pastores". Fiel à recusa protestante quanto à distinção entre "fé explícita" e "fé implícita", tal projeto educativo rejeita o desenvolvimento de uma igreja com duas velocidades e persegue, contra ventos e tempestades, o ambicioso alvo de uma igreja que reúna membros instruídos e solidários.

Formar pessoas é responsabilidade tanto da igreja quanto da sociedade, eis o objetivo claramente afirmado do protestantismo. Se o protestantismo educa e se identifica, em sua própria essência, com um ideal educativo, suas dificuldades e seus limites contemporâneos são os mesmos de qualquer outro projeto educativo. O poder da mídia, a cultura da imagem e do sensível, o fim das estruturas pedagógicas com limites, a erosão da autoridade dos professores, tudo isso provoca desordens nessa "religião-escola" (ou "escola-religião") que é o protestantismo, tanto no interior do mundo protestante quanto no exterior. De um lado, isso se deve ao fato de que, em um protestantismo que busca inteligência e exige saberes, levanta-se hoje a efervescência emocional do pentecostalismo; em meio a pastores que são "pregadores-doutores", ensinando e educando para a responsabilidade individual, surgem "animadores-terapeutas" que tocam o coração e valorizam o calor coletivo. De outro, há o fato de que o protestantismo, assim como as demais confissões cristãs, é confrontado com o terrível desafio de transmitir sua herança em uma conjuntura sociocultural em que os canais de socialização se enfraqueceram. É com dificuldade que os mecanismos de reprodução de identidades coletivas funcionam no mundo contemporâneo, que se caracteriza pelo enfraquecimento dos contornos oferecidos pelos movimentos de juventude, pela incerteza presente na geração dos pais, pelo peso da cultura jovem que valoriza a autonomia do sujeito e só se identifica com uma religião específica com reservas e por demais transformações que fragilizaram os processos de transmissão. Olivier Galland, sociólogo da juventude, identifica "uma transformação dos modos de socialização que assiste ao declínio de um modelo de identificação e de transmissão, em prol de um modelo de experimentação" (em Yves LAMBERT e Guy MICHELAT, p. 23). Se o protestantismo, mais que as demais religiões, é uma educação, vê-se diretamente atingido por essa mudança sociocultural, que tende a questionar a educação como transmissão.

O protestantismo tem sido pioneiro na área da educação, um vetor de inovações pedagógicas que se expandiram rapidamente na sociedade global. Podemos indagar se essa função inovadora já cumpriu seu papel ou se ainda há mais criações por vir. A questão é complexa e ultrapassa até mesmo o campo da educação. Afinal, se o protestantismo nutriu uma incontestável afinidade com a educação e muito contribuiu para a modernidade pedagógica, foi porque seu desenvolvimento está estreitamente ligado ao surgimento do mundo moderno, sobretudo a afirmação do indivíduo. O mundo moderno, concebido como um projeto educativo e civilizador, encontra-se hoje abalado em seus próprios ideais; o protestantismo também não está isento disso.

Jean-Paul Willaime

▶ BAUBÉROT, Arnaud, *L'invention d'un scoutisme chrétien. Les Éclaireurs unionistes de 1911 à 1921*, Paris, Les Bergers et les Mages, 1997; BAUBÉROT, Jean, *Le retour des huguenots. La vitalité protestante, XIXe-XXe siècle*, Paris-Genebra, Cerf-Labor et Fides, 1985; Idem e MATHIEU, Séverine, *Religion, modernité et culture au Royaume-Uni et en France, 1800-1914*, Paris, Seuil, 2002; CAMPICHE, Roland J. et alii, *L'exercice du pouvoir dans le protestantisme. Les conseillers de paroisse de France et de Suisse* *romande*, Genebra, Labor et Fides, 1990; Idem, *Croire en Suisse (s)*, Lausanne, L'Âge d'Homme, 1992; CAULY, Olivier, *Comenius*, Paris, Éditions du Félin, 1995; CHALMEL, Loïc, *La petite école dans l'école. Origine piétiste-morave de l'école maternelle française* (1996), Berna, Lang, 2005; GÉRARD, Alice, *Le rôle des pédagogues protestants: l'exemple du Dictionnaire pédagogique*, e MAYEUR, Françoise, *Les protestants dans l'Instruction publique au début de la Troisième République*, em André ENCREVÉ e Michel RICHARD, orgs., *Les protestants dans les débuts de la Troisième République (1871-1885)*, Paris, *Société de l'histoire du protestantisme français*, 1979, p. 49-57 e 37-48; GLORIA, Elisabeth, *Der Pietismus als Förderer der Volksbildung und sein Einfluß auf die preußische Volksschule*, Osterwied, Zickfeldt, 1933; HATZFELD, Olivier, *Le Collège cévenol a cinquante ans (1938-1988)* [O Colégio Cevenol faz cinquenta anos], Le Chambon-sur-Lignon, Impr. Cheyne, 1989; LAMBERT, Yves e MICHELAT, Guy, org., *Crépuscule des religions chez les jeunes? Jeunes et religions en France*, Paris, L'Harmattan, 1992; LE COULTRE, Jules, *Mathurin Cordier et les origines de la pédagogie protestante dans les pays de langue française (1530-1564)*, Neuchâtel, Secrétariat de l'Université, 1926; MITCHELL, Peter, *Protestantism and Educational Provision*, em Witold TULASIEWICZ e Cho-Yee TO, orgs., *World Religions and Educational Practice*, Londres-New York, Cassell, 1993; STUSSI, Edmond, *Oberlin pédagogue*, em Malou SCHNEIDER e Marie-Jeanne GEYER, orgs., *Jean-Frédéric Oberlin. Le divin ordre du monde 1740-1826*, Estrasburgo, Éditions du Rhin, 1991, p. 71-84; WALZER, Michael, *La révolution des saints. Éthique protestante et radicalisme politique* (1965), Paris, Belin, 1987; WILLAIME, Jean-Paul, *Profession: pasteur. Sociologie de la condition du clerc à la fin du XXe siècle*, Genebra, Labor et Fides, 1986.

● Academias; catecismo; centros de encontro; Comenius; Cordier; criança; Dewey; discipulado; escolas livres; esporte; Faculdades Latinas Europeias de Teologia; Fellenberg; formação de adultos; Francke; imprensa e edição; indivíduo; juventude (literatura para a); juventude (movimentos de); **laicidade**; Lancaster; **liberdade**; Malan C.; Oberlin; Pestalozzi; pietismo; Sturm J.

EDWARDS, Jonathan (1703-1758)

Pregador do Primeiro Grande Avivamento, moralista e metafísico calvinista que inspirou a *New Divinity*, Edwards foi a personalidade da teologia norte-emericana da era colonial que exerceu uma influência mais duradoura no mundo protestante.

Após seus estudos na *Collegiate School* de New Haven (que se tornaria *Yale College*), Edwards exerce seu breve ministério pastoral em uma igreja presbiteriana escocesa em Nova York (1722-1723), para em seguida assumir o pastorado em Bolton, Connecticut, na Igreja Congregacional (1723-1724), até que foi chamado para o cargo de professor coordenador no estabelecimento em que se formou (1724-1726). Passou a ocupar a posição de pastor adjunto da Igreja Congregacional de Northampton (Massachusetts), encarregando-se sozinho da igreja a partir de 1729.

Em 1734-1735, sua pregação em Northampton e em outras comunidades do vale de Connecticut River provoca as primeiras manifestações de um fervor coletivo que entraria para a história americana com o nome de *First Great Awakening* (Primeiro Grande Avivamento). O relato que oferece em *A Faithful Narrative of the Surprising Works of God* [Uma fiel narrativa dos surpreendentes feitos de Deus] (1737) contribui em grande medida para o ecoar dos acontecimentos em toda a Nova Inglaterra e até mesmo na Grã-Bretanha. Em *Some Thoughts Concerning the Present Revival of Religion in New England* [Algumas reflexões sobre o presente avivamento da religião na Nova Inglaterra] (1743) e *A Treatise Concerning Religious Affections* [Tratado sobre a emoção religiosa] (1746), descreve as implicações teológicas de suas experiências no avivamento, explicando que as emoções (*affections*) formam um elemento constitutivo da vida religiosa, mas que sua autenticidade espiritual deve ser examinada, de modo introspectivo, de acordo com critérios rigorosamente definidos. Em *Humble Inquiry Concerning the Qualifications for Membership in the Visible Christian Church* [Modesta investigação sobre as qualificações para a membresia na igreja visível cristã] (1749), Edwards rompe com a tradição eclesiológica de muitas igrejas congregacionais ao afirmar que somente os convertidos podem ser convidados para a ceia e que apenas filhos de convertidos podem ser batizados. Essa visão restritiva quanto à participação eclesiástica lhe vale conflitos que levam, em 1750, a sua exoneração da igreja de Northampton.

Em 1751, Edwards responde ao chamado da igreja missionária de Stockbridge (Massachusetts), formada por uma maioria de famílias ameríndias e uma pequena comunidade de colonos. Os sete anos que passou em Stockbridge foram bastante fecundos para sua produção teológica. Em *Freedom of the Will* [Liberdade da vontade] (1754), submete a tese arminiana da autodeterminação da vontade humana a uma refutação cujos argumentos seriam discutidos durante mais de um século, nas controvérsias entre teólogos calvinistas e neocalvinistas da Nova Inglaterra e da Grã-Bretanha. Acompanhada por uma leitura de Locke, essa crítica ao arminianismo, cujas consequências soteriológicas seriam desenvolvidas em *The Great Christian Doctrine* [A grande doutrina cristã] (1758), dá margem a uma concepção dialética da liberdade humana: de um lado, em nossa condição humana, beneficiamo-nos da liberdade de ação, de acordo com nossa vontade, o que nos torna moralmente responsáveis por nossos atos; de outro, nossa vontade não é livre, na medida em que nossas escolhas são determinadas por nossas inclinações naturais; assim, como nossa natureza corrompida nos priva de toda capacidade de querer o bem, uma vontade boa só pode subsistir em nós através da graça divina. Em *The Nature of True Virtue* [A natureza da verdadeira virtude] (1765), Edwards admite a existência de um "sentido moral" inerente à natureza humana, enfatizando sua utilidade social; contudo, essa moralidade natural não passa, para ele, de uma expressão pragmática do "amor-próprio", enquanto a verdadeira virtude procede do "amor a Deus", concebido como a participação graciosa na bondade incondicional do "Ser dos seres" (*the Being of the beings*). O tratado *Concerning the End for witch God Created the World* [Sobre o fim para o qual Deus criou o mundo] (1765) desenvolve a metafísica implícita da filosofia moral de Edwards em sua dimensão escatológica e cósmica: a "glória de Deus" é ao mesmo tempo a finalidade última da criação e a fonte sempre ativa da vida do mundo e de sua harmonia. A autoglorificação de Deus em sua criação é uma temática persistente na obra de Edwards. Já em seus cadernos de juventude o tema aparece como expressão privilegiada de um postulado metafísico herdado dos platônicos de Cambridge: a criação só tem um ser na medida de sua participação no ser divino. Uma leitura original de Newton vem paradoxalmente reforçar na obra de Edwards essa teologia platônica da criação. Enquanto o deísmo britânico e francês se apoia nas teses de Newton para conceber o universo à maneira de uma mecânica autossuficiente, Edwards vê nessas mesmas teses uma demonstração da glória divina e a prova de uma total e constante dependência da criação em relação a seu Criador.

Em fevereiro de 1758, ele aceita a presidência do *College of New Jersey* (que se tornaria *Princeton College*), mas morre de varíola algumas semanas após ter assumido suas funções na jovem instituição presbiteriana. O pensamento de Edwards encontra sua posteridade mais imediata na Nova Inglaterra — mais especificamente na *New Divinity*, escola teológica criada na segunda metade do século XVIII por dois de seus discípulos, Joseph Bellamy (1719-1790) e Samuel Hopkins (1721-1803) —, sendo perpetuado por um século e meio nos sistemas teológicos os mais diferentes, e por vezes rivais, de John Smalley (1734-1820), Jonathan Edwards Jr. (1745-1801), Nathaniel Emmons (1745-1840), Samuel Spring (1746-1819), Timothy Dwight (1752-1817), Lemuel Haynes (1753-1833), Leonard Woods (1774-1854), Bennet Tyler (1783-1858), Nathaniel William Taylor (1786-1858) e Edwards Amasa Park (1808-1900). No outro lado do Atlântico, os textos de Edwards sobre o avivamento o tornam famoso na Inglaterra e nos Países Baixos, mas foi sobretudo na Escócia, nas obras de autores como John Erskine (1721-1803), Thomas Chalmers (1780-1847) e James Orr (1844-1913) que ele exerce uma influência mais especificamente teológica por sua crítica ao arminianismo. A influência de sua obra pareceu enfraquecer-se durante a segunda metade do século XIX, mas seu pessimismo antropológico e sua leitura radical do *soli Deo Gloria* da Reforma conquistaram no século XX uma nova geração de teólogos, marcada pelas duas guerras mundiais e pela Grande Depressão de 1929. Os comentários elogiosos de H. Richard Niebuhr são um exemplo eloquente desse fato. Além disso, Perry Miller escreve a biografia intelectual de Edwards, em 1949, abrindo caminhos para inúmeros trabalhos acadêmicos que hoje fazem de sua obra um monumental patrimônio filosófico dos Estados Unidos da América.

Marc Boss

▶ *The Works of Jonathan Edwards*, New Haven, Yale University Press, 1957ss; *The Works of President Edwards*, org. por Edward WILLIAMS e Edward PARSONS, 10 vols., Londres-Edimburgo, impresso por James Black and Son, 1817-1847, NewYork, Franklin, 1968; EDWARDS, Jonathan, *Une oeuvre du Saint-Esprit. Ses vrais signes* (1741), Chalon-sur-Saône, Europresse, 1996; CHERRY, Conrad, *The Theology of Jonathan Edwards. A Reappraisal* (1966), Gloucester, Peter Smith, 1974; ELWOOD, Douglas J., *The Philosophical Theology of Jonathan Edwards*, New York, Columbia University Press, 1960; JENSON, Robert W., *Americas's Theologian. A Recommendation of Jonathan Edwards* (1988), New York, Oxford University Press, 1992; LESSER, M. X., *Jonathan Edwards. A Reference Guide*, Boston, Hall, 1981; MCCLYMOND, Michael J., *Encounters with God. An Approach to the Theology of Jonathan Edwards*, New York, Oxford University Press, 1998; MILLER, Perry, *Jonathan Edwards* (1949), Amherst, University of Massachussets Press, 1981; Idem, *Errand into Wilderness* (1956), Cambridge, Belknap Press of Harvard University Press, 1964; PAUW, Amy Plantinga, *The Supreme Harmony of All, The Trinitarian Theology of Jonathan Edwards*, Grand Rapids, Eerdmans, 2002; SMITH, John E., *Jonathan Edwards. Puritan, Preacher, Philosopher*, Londres, Chapman, 1992; VETÖ, Miklós, *La pensée de Jonathan Edwards. Avec une concordance des différences éditions*, Paris, Cerf, 1987.

▶ Avivamento; Gustafson; **literatura**; Locke; puritanismo; Wesley J.

ELEIÇÃO

De acordo com uma pesquisa recente sobre os "valores europeus", os protestantes privilegiariam a "liberdade", enquanto os católicos a "igualdade" (com outras diferenças no modo de articulação entre a história e o universal, perceptível também na diferença entre "modelo alemão" e "modelo francês" nesses assuntos (cf. J.-M. FERRY, *Les puissances de l'expérience* [Os poderes da experiência], parte V, cap. 2). Além disso, durante vários séculos, a polêmica católica acusou a palavra de ordem da Reforma, "somente a Escritura", de criar desigualdades: apenas cristãos instruídos e eruditos poderiam examinar pessoalmente a Escritura no protestantismo, enquanto a Igreja Católica, mediadora da salvação, é mãe de todos os seus filhos. Enfim, a aplicação da noção de "povo eleito" por certos protestantes em suas próprias comunidades contribuiu para justificar alguns tipos de discriminação, tanto na América do Norte quanto na América do Sul.

Esses argumentos devem ser levados a sério. Podemos, no entanto, pensar que o protestantismo cumpriu uma função fundamental, no mínimo indiretamente, no surgimento da noção moderna de igualdade: ao insistir no fato de que "todo cristão batizado pode se vangloriar de ter sido ordenado padre, bispo e papa", e que as diferenças entre leigos e pastores não são de "essência", e sim de "função". Lutero e os demais reformadores tornaram possível a criação de uma ordem política fundada na igualdade dos cidadãos e na democracia representativa. De modo mais específico, foi nos países de influência calvinista (Países Baixos, Inglaterra puritana, América inglesa) que essa igualdade formal foi de fato experimentada primeiro e que a noção de "direitos humanos" foi desenvolvida.

Jean Baubérot

▶ BARTH, Karl, *Dogmatique* II/* (1955), Genebra, Labor et Fides, 1971; JEWETT, Paul K., *Election and Predestination*, Grand Rapids, Eerdmans, 1985; KRECK, Walter, *Grundentscheidungen in Karl Barths Dogmatik. Zur Diskussion seines Verständnissen von Offenbarung und Erwählung*, Neukirchen-Vluyn, Neukirchener Verlag, 1978; SCHLEIERMACHER, Friedrich, *Ueber die Lehre von der Erwählung; besonders in Beziehung auf Herrn Dr. Bretschneiders Aphorismen* (1819), em *Kritische Gesamtausgabe* I/10, Walter de Gruyter, 1990, p. 145-222.

▶ Aliança; **judaísmo; predestinação e Providência; salvação**

ELIZABETH I (1533-1603)

Elizabeth I subiu ao trono quando da morte de sua meia-irmã Maria, em 1558. A política da nova rainha seria determinante para o futuro da religião na Inglaterra: prosseguiria ela com a Contrarreforma iniciada por Maria Tudor, ou traria o país de volta à fé reformada? Se o segundo caso se verificasse verdadeiro, de que forma isso seria feito? Do ponto de vista eclesiástico, havia três soluções possíveis: um retorno a Roma, uma Reforma protestante fortemente influenciada por Genebra ou uma solução intermediária — a rejeição da tutela estrangeira (seja a de Roma, seja a de Genebra) e uma Igreja da Inglaterra que fosse ao mesmo tempo católica e reformada. Essa foi a *via media* anglicana, estabelecida de modo geral pelo *Elizabethan Settlement* (1559), que incluía o Ato de Supremacia (reconhecimento da rainha enquanto "governadora suprema" da Igreja e do Estado) e o Ato de Uniformidade (que previa as penas para todo tipo de desobediência). O *Settlement* gerou uma Igreja da Inglaterra singular — uma variante da Reforma protestante, distinta das tradições continentais — cujo grande arquiteto foi sem dúvida Richard Hooker (1554-1601). É preciso observar que as implicações teológicas eram consideravelmente complicadas, por causa dos conflitos internacionais da época, intrigas em relação à associação do catolicismo com a questão do domínio por uma potência estrangeira (associação que continua, ainda hoje, a manter vigilantes alguns ingleses).

Grace Davie

▶ AVIS, Paul, *Anglicanism and the Christian Church*, Edimburgo, T. & T. Clark, 1989; MOORMAN, John Richard Humpidge, *A History of the Church in England*, Londres, A. and C. Black, 1980; NEALE, John Ernest, *Elizabeth I and Her Parliaments*, 2 vols., Londres, J. Cape, 1953-1957.

◉ Anglicanismo; Eduardo VI; Henrique VIII; Inglaterra

ELLUL, Jacques (1912-1994)

Nascido em Bordeaux, em uma família de ascendência judia, professor de direito demitido em 1940 após um discurso aos estudantes, Ellul foi professor de história das instituições de 1944 a 1980 e um dos grandes líderes da Igreja Reformada da França, à qual ele sempre lembrou sua missão "profética". Grande polemista, sua obra (em torno de quarenta livros) se situa em duas vertentes. De um lado, examinando nossa sociedade de poder e logro, forjou durante cinquenta anos mordazes epítetos para dizer "não" ao sistema tecnocrata e suas máscaras democráticas. Rompendo com a credulidade marxista e liberal do progresso tecnológico, denunciou desde cedo as ilusões políticas e as tragédias ecológicas provocadas pelo homem. De outro, leitor do Eclesiastes e do evangelho, protestante contra o próprio protestantismo, apóstolo do não-poder, buscou deslocar questões à luz do único mandamento de amar a Deus de toda a sua mente. Tudo isso resultou em uma ética da liberdade individual que não se comprometeu com o individualismo corrente de nosso tempo e não manteve ilusões quanto às obras humanas. A reputação de seus livros é bem maior no estrangeiro (Estados Unidos, Israel, Japão, e até mesmo entre islamistas) que em seu próprio país.

Olivier Abel

▶ ELLUL, Jacques, *La technique ou l'enjeu du siècle* (1954), Paris, Economica, 1990; Idem, *Histoire des institutions* (1951-1957), 4 vols., Paris, PUF, 1999; Idem, *Le vouloir et le faire. Recherches éthiques pour les chrétiens*, Genebra, Labor et Fides, 1964; Idem, *L'illusion politique* (1965), Paris, La Table ronde, 1994; Idem, *Éthique de la liberté*, 3 vols., Paris-Genebra, Centurion-Labor et Fides, 1973-1984 (o t. III se intitula *Les combats de la liberté*); Idem, *Le système technicien* (1977), Paris, Le Cherche midi, 2004; Idem, *L'idéologie marxiste chrétienne*, Paris, Centurion, 1979; Idem, *La raison d'être. Méditation sur l'Ecclésiaste* (1987), Paris, Seuil, 1995; CHASTENET, Patrick, *Entretiens avec Jacques Ellul*, Paris, La Table ronde, 1994; Idem, org., *Sur Jacques Ellul*, Bordeaux-Le Bouscat, *L'Esprit du temps*, 1994; CLENDENIN, Daniel B., *Theological Method in Jacques Ellul*, Lanham, University Press of America, 1987; "Le siècle de Jacques Ellul", *Foi et Vie* 93/5-6, 1994.

◉ Imagem; **liberdade**; revistas protestantes; **técnica**; **violência**

EMBRIÃO

A liberalização do aborto foi o que primeiro suscitou questionamentos acerca do *status* do embrião. Em seguida, a discussão sobre o assunto se intensificou com o surgimento das técnicas de fertilização artificial, nos anos 1980. As implicações desse *status* são tanto jurídicas quanto éticas. Diversos *status* foram propostos: potencial (F. Quéré), relacional (J.-M. Thévoz), ontológico (P. Ramsey). No primeiro tipo de *status*, a potencialidade de tornar-se um ser humano confere ao embrião um *status* de ser humano por antecipação. O *status* relacional dá ainda mais peso à relação entre os pais e o embrião. O tipo de relação vivenciado e o peso do projeto parental determinam o grau de proteção a ser dado ao embrião. O *status* ontológico lembra que o embrião, tanto em seu ser quanto em sua natureza, pertence geneticamente à espécie humana, percebendo nesse fato a chave que deve ditar nossa atitude em relação a ele. Nenhum consenso evidente se vislumbra no meio protestante, e menos ainda fora desse meio, quanto ao assunto. No entanto, esboça-se um acordo pragmático quanto aos nossos deveres para com o embrião: ele não pode, em nenhum caso, ser tratado como uma simples coisa, mas requer uma atenção ética e certa proteção jurídica. Seu *status* enigmático convida à prudência e ao respeito.

A questão do embrião voltou à cena nesse início do século XXI, de um lado, com as notícias da mídia (sem maiores bases) sobre a clonagem reprodutiva, e de outro, com as perspectivas da clonagem terapêutica, em que o embrião "sai do âmbito reprodutivo" para tornar-se uma fonte de renovação celular. O termo corrente hoje é "terapia embrionária".

Jean-Marie Thévoz

▶ MÜLLER, Denis, *Le débat sur le statut et la protection de l'embryon en éthique protestante* (1996), em *Les passions de l'agir juste. Fondements, figures, épreuves*, Friburgo-Paris, Éditions universitaires-Cerf, 2000, p. 167-174; Idem e POLTIER, Hugues, orgs., *Un Homme nouveau par le clonage? Fantasmes, raisons, défis*, Genebra, Labor et Fides, 2005; QUÉRÉ, France, *L'éthique et la vie* (1991), Paris, Seuil, 1992; RAMSEY, Paul, *Ethics at the Edges of Life*, New Haven, Yale University Press, 1978; THÉVOZ, Jean-Marie, *Entre nos mains l'embryon. Recherche bioéthique*, Genebra, Labor et Fides, 1990; Idem, *The Status of the Embryo — More Place for Moral Intuitions*, em Donald EVANS, org., *Conceiving the Embryo. Ethics, Law and Practice in Human Embryology*, La Haye, Nijhoff, 1996, p. 47-54.

◉ Aborto; **bioética**; eugenia; genéticas (manipulações)

EMERSON, Ralph Valdo (1803-1882)

Nascido em Boston, Emerson estuda em Harvard e se torna pastor em uma igreja unitarista. Ao final de três anos, deixa o ministério, pouco confortável com os dogmas de sua igreja e o conformismo do meio. Seus textos e suas conferências logo lhe dão visibilidade como uma figura de proa do transcendentalismo. Kantismo, idealismo pós-kantiano, romantismo (Coleridge) se misturam a elementos da filosofia oriental. Primeiro grande movimento intelectual puramente americano, o transcendentalismo apoia a causa das mulheres e luta pela emancipação dos escravos. A forma literária dos ensaios de Emerson (p. ex., *A natureza* e *A experiência*) desconcerta alguns de seus leitores. Mas foi deliberadamente, e por motivos específicos, que ele abandonou o tipo de redação comum aos pensadores tradicionais. Espiritualista e individualista, exige esforço do leitor. Os textos de Stanley Cavell o incluem novamente, hoje, na mais alta tradição filosófica.

Michel Despland

▶ EMERSON, Ralph Waldo, *La confiance en soi et autres essais*, Paris, Payot & Rivages, 2000 (inclui *La nature*, *La confiance en soi*, *Dons et présents*, *L'amour* e *Montaigne ou le sceptique*, escritos entre 1841 e 1844); Idem, *Essais*, Paris, Michel Houdiard, 1997 (inclui *Nature*, *Confiance et autonomie*, *Cercles* e *L'âme suprême*); Idem, *Essais*, Paris, Michel Houdiard, 2000 (inclui *L'intellectuel américain*, *L'art* e *Le poète*); Idem, *Essais*, Paris, Michel Houdiard, 2005 (inclui *Histoire*, *Compensation*, *Expérience* e *Destin*); Idem, *Ensaios*, São Paulo, Imago, 1994; CAVELL, Stanley, *Une nouvelle Amérique encore inapprochable. De Wittgenstein à Emerson* (1989), Combas, L'Éclat, 1991; Idem, *Statuts d'Emerson. Constitution, philosophie, politique* (1992), Combas, L'Éclat, 1992 (em apêndice, tradução de três ensaios de Emerson: *Destin*, *Expérience* e *La loi sur les esclaves fugitifs*); GONNAUD, Maurice, *Individu et société dans l'oeuvre de Ralph Waldo Emerson*, Paris, Didier, 1964; LAUGIER, Sandra, *Une autre pensée politique américaine. La démocratie radicale d'Emerson à Stanley Cavell*, Paris, Michel Houdiard, 2004; Idem, org., "Ralph Waldo Emerson. Autorité du scepticisme", *Revue française d'études américaines* 91, 2002.

◉ **Literatura**; Thoreau; transcendentalismo; unitarismo

ENCARNAÇÃO

No âmbito do cristianismo, o tema da encarnação se situa em primeiro plano na cristologia: dizemos que Deus "encarnou-se" ("fez-se carne") em Jesus Cristo, filho de Maria, sendo inserido em uma genealogia histórica ("filho de Davi") como "novo Adão" ou "filho do homem". Mas o tema ultrapassa essas precisões que são centrais, exemplares e recapitulativas. Poderíamos falar do regime encarnado da fé: o fato eclesial, metaforicamente "corpo de Cristo", e sua ordem simbólica e sacramental; uma inserção sempre nova na história e nas culturas (e nisso encarnação é consoante com inculturação); uma inserção mais ampla no campo social global.

Se podemos falar em uma "lógica da encarnação" para designar um eixo e um ato que subentendem a economia cristã em seu todo, há um debate sobre o modo de compreensão dessa encarnação, um debate que tem suas marcas confessionais, protestante e católica. Os questionamentos se situam de acordo com o modo de compreensão, no cerne do mistério da encarnação, da relação com Deus, de um lado, e a relação com os dados criacionais, de outro. As respostas implicam ou pressupõem modos diferentes de compreender as realidades de Cristo (seu conteúdo e sua função, dos sacramentos ou do fato da crença em sua intimidade).

A teologia protestante, majoritariamente e desde os reformadores, não pretende em primeiro lugar meditar sobre as "procissões" e "missões" no próprio Deus, às quais se associaria sua "encarnação"; parte-se sobretudo da história e da economia cristã, enfatizando a distância entre as realidades de Deus e as dos homens. Há assim a tendência a distinguir mais claramente entre "nascido de Maria" e "concebido pelo Espírito", entre a historicidade do homem Jesus e a confissão cristológica, ou ainda entre as "espécies" sacramentais (elementos materiais: água, pão, vinho) e sua inserção em ou seu transporte para uma ordem simbólica. Tal concepção reconhece ou atribui uma força e uma dignidade maiores aos dois termos em jogo: a transcendência de Deus se encontra, de fato, valorizada (Deus não se iguala àquilo em que se encarna, permanecendo heterogêneo, e nos referimos a uma recepção que olha para além do que é simplesmente apresentado), mas a contingência se encontra igualmente acentuada (a materialidade, a historicidade e a relatividade dos locais da encarnação não são suprimidos ou divinizados, mas, sim, parte intrínseca dos mistérios a receber e sobre os quais meditar).

Na perspectiva protestante, portanto, falar de encarnação não deve atenuar a tensão, ou o conflito, entre a verdade de fé e as realidades da história ou da criação. Não há discurso legítimo sobre encarnação que seja fora da "memória", que é sempre reatualizada de um passado, irredutivelmente antecedente e insondável (e disso decorre um afastamento inscrito no cerne do que é apresentado como verdade): é somente dessa maneira que pode realizar-se uma habitação presente do mundo em que o real e o humano sejam, de acordo com a expressão tradicional das teologias da encarnação, "assumidos").

Na doutrina, lembraremos aqui que não há encarnação sem referência à cruz, seu mistério e seu *incógnito* (e vice-versa, claro, o que é por vezes negligenciado no protestantismo), e que a encarnação se diz ligada a um "antigo" (tanto a antiga aliança quanto as realidades do corpo e da criação) e a uma "novidade" a chegar (o Reino do Pai e uma reconciliação de tudo em todos).

Em suma, falaremos de "lógica da encarnação" para dar conta de um ato que visa a assumir a história e o humano do interior, diretamente sobre o real e o horizonte vasto da criação. Enfatizando à sua maneira essa proposta tradicional do cristianismo, o protestantismo recusará uma compreensão da encarnação que se refira a um fundamento extrínseco e autossuficiente: a adequação de Deus em seu Cristo (seu "Messias") enviado para fundar de modo direto uma instituição eclesiástica que dependeria dele de um modo, em princípio, linear e unívoco.

Pierre Gisel

▶ BARTH, Karl, *Dogmatique* I/2* (1939), Genebra, Labor et Fides, 1954; GISEL, Pierre, *Corps et esprit. Les mystères chrétiens de la incarnation et de la réssurrection*, Genebra, Labor et Fides, 1992; Idem, *Croyance incarnée. Tradition, Écriture, canon, dogme*, Genebra, Labor et Fides, 1986; PANNENBERG, Wolfhart, *Esquisse d'une christologie* (1964), Paris, Cerf, 1971; REIJNEN, Anne Marie, *L'ombre de Dieu sur terre. Essai sur l'incarnation*, Genebra, Labor et Fides, 1998.

▶ Aculturação; carne; corpo; **Jesus (imagens de)**; mediações; sacramento; sincretismo; **técnica**; teologias da morte de Deus

ENCICLOPÉDIA

O amplo tema das relações entre o protestantismo e a *Enciclopédia* não se limita ao famoso artigo "Genebra" em que D'Alembert felicitava os pastores genebrinos por terem abandonado os principais dogmas do cristianismo, apresentando-os como meros socinianos e desencadeando assim uma polêmica acirrada. A influência da Europa protestante no pensamento enciclopédico é profunda, exercida sobretudo através do *Dictionnaire historique et critique* [Dicionário histórico e crítico] (1696-1697, 6 vols., Hildesheim, Olms, 1975) de Johann Jakob Brucker (1696-1770) e inúmeras obras de escritores do Refúgio. Mais precisamente, vários colaboradores da *Enciclopédia* eram calvinistas, como o incansável Louis de Jaucourt (1704-1780); alguns eram pastores, como Élie Bertrand (1713-1797, de Berna), Jean-Henri-Samuel Formey (1711-1797, de Berlim), Antoine-Noé Polier de Bottens (1741-1795, de Lausanne), Jean-Edme Romilly (1739-1779, de Genebra). Seus artigos geralmente técnicos não são necessariamente influenciados pela filiação religiosa de seus autores. A *Enciclopédia* não entra abertamente no debate cáustico sobre a tolerância civil dos protestantes da França no século XVIII, nem denuncia as perseguições que sofriam. Não trata dos grandes reformadores, mas insiste nas formas históricas e marginais do protestantismo. É necessário reportar-se a artigos como Heresia, Holanda, Inquisição (de Jaucourt), Tolerância (de Romilly), Martirológio, Pacificação (de Diderot), Puritano (idem), Perseguição (do abade Yvon), Unitários (de Naigeon) ou População (de Damilaville). A *Enciclopédia* deplora as consequências nefastas da Revogação do Edito de Nantes e do Refúgio sobre a situação demográfica e econômica do reino da França.

As posições teológicas dos colaboradores calvinistas da *Enciclopédia* apresentam um leque bastante amplo, desde o ortodoxo artigo "Trindade", de Formey, até as contribuições de Polier de Bottens, deístas e até mesmo anticristãs, que Voltaire e outros acreditaram ser algo que prenunciava a previsível evolução do pensamento protestante. Diderot considerava a intolerância como um fenômeno cristão, e não apenas católico; reprovava que os próprios protestantes tivessem sido perseguidores quando lhes foi apresentada oportunidade e atribuía a seus excessos doutrinais uma parte de responsabilidade nas medidas que os governos tinham sido forçados a tomar contra eles. O artigo "Tolerância", de Romilly, reflete as opiniões de Montesquieu e de Voltaire. A nota mais pessoal está nos textos de Jaucourt, calvinista liberal. Segundo Jaucourt, o modelo da fé cristã se encontrava entre os quacres, cuja tranquila e firme segurança ilustrou a capacidade de resistência demonstrada pela elite protestante que permaneceu na França. São sobretudo seus artigos, como Tolerância, que foram censurados ou suprimidos pelo prudente livreiro Le Breton, contra a vontade de Diderot.

Claude Lauriol

▶ ADAMS, Geoffrey, *The Huguenots and French Opinion, 1685-1787. The Enlightenment Debate on Toleration*, Waterloo, Wilfrid Laurier University Press, 1991; GORDON, Douglas H. e TORREY, Norman L., *The Censoring of Diderot's "Encyclopédie" and the Re-Established Text*, New York, Columbia University Press, 1947; KAFKER, Frank A. (com a colaboração de Serena L. KAFKER), *The Encyclopedists as Individuals. A Biographical Dictionary of the Authors of the Encyclopédie*, Oxford, Voltaire Foundation, 1988; PROUST, Jacques, "Le protestantisme dans l'*Encyclopédie*", *Dix-huitième siècle* 17, 1985, p. 53-66.

● Bayle; enciclopédias protestantes; Jaucourt; Luzes

ENCICLOPÉDIAS PROTESTANTES

O projeto de uma exposição sistemática do conjunto do saber humano é uma ideia central do pensamento das Luzes, típico do racionalismo e do universalismo que as animavam. Ao longo do século XIX, a explosão dos conhecimentos e o entusiasmo em relação a sua variedade levariam a substituir com cada vez mais frequência o tipo de enciclopédia universal pelos dicionários especializados, centrados em saberes de um campo determinado. O surgimento e o sucesso das enciclopédias teológicas são então um sinal de que as disciplinas teológicas participam desse processo característico de nossa modernidade.

Em francês

Pelo menos duas obras precederam as enciclopédias propriamente protestantes e em francês. Primeiro, o *Dictionnaire historique et critique* [Dicionário histórico e crítico] (1696-1697), de Pierre Bayle. Em seguida, a *Enciclopédia* de Diderot e D'Alembert, para a qual contribuíram vários protestantes (entre os quais Élie Bertrand [1713-1797], então pastor em Berna), às vezes anonimamente. Essas colaborações, no entanto, não impediram que o mesmo Élie Bertrand lamentasse o caráter geralmente hostil à fé cristã da obra dos enciclopedistas parisienses e incitasse o editor, Fortunato Bartolomeo De Felice (1723-1789), estabelecido em Yverdon (Vaud), a decidir-se pela publicação de uma *Enciclopédia* totalmente revisada, e até mesmo refeita em grande parte, respondendo "aos princípios de nossa santa Religião". Porém, do ponto de vista do conhecimento, isso não significa de modo algum um passo para trás em relação ao espírito "esclarecido" da

Enciclopédia parisiense. A *Encyclopédie, ou dictionnaire universel raisonné des connoissances humaines, dite Encyclopédie de Verdon* [Enciclopédia, ou Dicionário universal razoado dos conhecimentos humanos, chamada Enciclopédia de Verdon], conta com 58 volumes, publicados de 1770 a 1780.

A única enciclopédia protestante digna desse nome, em francês, direcionada exclusivamente para o campo religioso, era até então a *Encyclopédie des sciences religieuses* [Enciclopédia das ciências religiosas], publicada em Paris de 1877 a 1882, inspirada no modelo da *Realencyklopädie für protestantische Theologie und Kirche de Johann Jakob Herzog*. A designação "ciências religiosas" precisava bastante bem seus objetivos (muito "protestantes", aliás): fazer jus a abordagens "científicas", inclusive no que tange à religião, sem refugiar-se em um ponto de vista doutrinário preconcebido. Frédéric Lichtenberger, seu realizador, trabalhou quase inteiramente sozinho para solicitar e reunir os artigos que preenchem os doze volumes de sua obra, aos quais se acrescentou um *Dictionnaire des contemporains* [Dicionário dos contemporâneos]. A *Encyclopédie des sciences religieuses* permanece uma fonte preciosa de informações, sobretudo na área da história do protestantismo francês.

Convém assinalar também dois dicionários que contêm importantes e numerosas indicações bibliográficas: o *Musée des protestants célèbres, ou portraits ou notices biographiques et littéraires des personnages les plus éminents dans l'histoire de la Réformation et du protestantisme* [Museu dos protestantes famosos, ou retratos, ou notas biográficas e literárias dos personagens mais eminentes na história da Reforma e do protestantismo] (5 vols., Paris, Weyer Frères, 1821-1824), editado por Guillaume Tell Doin, e *La France protestante ou vies des protestants français quis se sont fait un nom dans l'histoire, depuis les premiers temps de la Réformation jusqu'à la reconnaissance du principe de la liberté des cultes par l'Assemblée nationale* [A França protestante, ou vidas dos protestantes franceses que conquistaram renome na história, desde os primeiros tempos da Reforma até o reconhecimento do princípio da liberdade de culto pela Assembleia Nacional] (10 vols., Paris-Genebra, Cherbuliez, 1846-1859; reed. até a entrada "Gasparin", sob a direção de Henri Bordier, 6 vols., Paris, Sandoz et Fischbacher, e depois Fischbacher, 1877-1888; reed. dos 6 vols. da 2ª ed. completada pelos volumes seguintes da 1ª ed., Genebra, Slatkine, 2004) dos irmãos Eugène e Émile Haag.

Em alemão

A primeira grande enciclopédia protestante é a *Realencyklopädie für protestantische Theologie und Kirche (RE)*. Dirigida por Johann Jakob Herzog (1805-1882), é publicada em 22 volumes entre 1854 e 1866 (Hamburgo, depois Gotha, Rudolf Besser). Essa obra é de natureza especificamente "protestante", rejeitando o particularismo confessional luterano ou reformado. Ao pregar uma compreensão da teologia que insiste na dimensão de serviço eclesiástico, opõe-se claramente às teses críticas de Ferdinand Christian Baur, que a seus olhos abusa da liberdade científica própria ao protestantismo. Entre seus colaboradores, encontramos autores tão diferentes quanto os representantes da teologia da mediação (Dorner, Lücke, Müller, Nitzsch, Ullmann), o extremamente biblicista Beck, o fundador da Missão Interior Wichern e ainda o historiador reacionário Heinrich Leo. Uma segunda edição em 18 volumes surge entre 1877 e 1888 (Leipzig, Hinrichs). A terceira edição é publicada entre 1896 e 1913, dirigida pelo historiador da igreja Albert Hauck (1845-1918), assinalando o triunfo do historicismo na teologia protestante alemã. Abandonando a prudência de seus antecessores, ela abre suas colunas a nomes como Troeltsch, Harnack, Loofs, Bousset. A ênfase recai deliberadamente nas disciplinas bíblicas e na história da igreja, área em que permanece uma fonte de informações precisa e meticulosa.

Se a *RE* pretendia mostrar erudição, *Die Religion in Geschichte und Gegenwart. Handwörterbuch in gemeinverständlicher Darstellung* (*RGG*, 5 vols., org. por Friedrich Michael Schiele e Leopold Zscharnack, em colaboração com Hermann Gunkel e Otto Scheel, Tübingen, Mohr, 1909-1913; o índice, editado por Alf Özen e Matthias Wolfes, só seria publicado em 2001, com o título *Register zum Handwörterbuch "Die Religion in Geschichte und Gegenwart", 1. Auflage 1908-1914*, Frankfurt, Lang) é dirigida ao grande público culto. Com a iniciativa de Martin Rade e impregnada de modo geral pela atmosfera do círculo dos teólogos reunidos sob a escola da história das religiões, a *RGG* busca arrancar os saberes teológicos de seu enclave, inserindo o cristianismo em um contexto mais amplo da história das religiões. A segunda edição (com o subtítulo *Handwörterbuch für Theologie und Religionswissenschaft*), publicada entre 1927 e 1932 com edição de Hermann Gunkel e Leopold Zscharnack (5 vols. e um índice), permanece fiel às diretrizes da primeira edição ao mesmo tempo que leva em consideração as profundas modificações do clima e dos interesses teológicos em pauta desde 1918. Nota-se a presença de novos colaboradores, tais como Rudolf Bultmann, Heinrich Bornkamm, Emanuel Hirsch e Paul Tillich. Mas, em geral, essa edição ainda carrega a marca do protestantismo liberal. A terceira edição da *RGG* (6 vols. e um índice, org. por Kurt Galing, 1957-1965), dá mostras do panorama teológico do pós-guerra. Ao compreender a tarefa da teologia, antes de tudo, em termos de confissão e testemunho, a nova geração rompe com as opções metodológicas e científicas características da *RGG*. Em seu prefácio, o editor enfatiza que "a fé cristã em sua compreensão protestante deve determinar a nova edição da obra. É o meio ordenador a partir do qual se toma posição de modo crítico sobre todas as formas de manifestação religiosa". A quarta edição da *RGG* (8 vols., org. por Hans Dieter Betz, Don S. Browning, Bernd Janowski e Eberhard Jüngel, 1998-2005) parece querer retornar, pelo menos parcialmente, às intenções dos fundadores dessa enciclopédia.

Em paralelo, surge um terceiro tipo de enciclopédia protestante, atento sobretudo às dimensões eclesiais, interconfessionais e sociais do cristianismo, principalmente o protestante: a *Evangelisches Kirchenlexikon. Kirchlich-theologisches Handwörterbuch* (org. por Heinz Brunotte e Otto Weber, 4 vols., Göttingen, Vandenhoeck & Ruprecht, 1956-1961; a 2ª ed. é uma reimpressão da 1ª). É um testemunho típico da teologia advinda da Igreja Confessante e dos interesses dominantes na alvorada dos anos 1960. A terceira edição (com o subtítulo *Internationale theologische Enzyklopädie*, org. por Erwin Fahlbusch, Jan Milič Lochman, John Mbiti, Jaroslav Pelikan e Lukas Vischer, 6 vols., 1986-1997) testemunha a abertura do barthismo para as dimensões ecumênicas da teologia e do cristianismo: enfatiza-se o cristianismo extraeuropeu, prestes a abandonar as orientações tradicionais, o que demonstra de modo emblemático a adaptação americana, *The Encyclopedia of Christianity* [A enciclopédia do cristianismo] (Grand Rapids-Leyde, Eerdmans-Brill, 1999 s).

O ambicioso projeto da *Theologische Realenzyklopädie* (*TRE*), editada por Gerhard Krause e Gerhard Müller (36 vols., Berlim, Walter de Gruyter, 1977-2004), situa-se na sucessão da terceira edição da *RE*; a *TRE* pretendeu oferecer uma "imagem da pesquisa teológica em seu conjunto". Os artigos se apresentam não como simples resumos, mas contribuições novas para a pesquisa. A questão da articulação entre pesquisa científica e referência eclesial em teologia protestante está também ali, de modo incontornável: o prefaciador da obra, Heinz Ratschow, constrói a unidade do campo e das disciplinas teológicas recorrendo a um conceito normativo de teologia, constituído na tensão entre o "fato igreja" e seu "fundamento, Deus". Contudo, essa definição dogmática de teologia permanece deslocada em relação à prática científica que a *TRE* reflete. Essa obra é incapaz de formular a unidade da teologia em luta com a diversidade metodológica das disciplinas teológicas, ou de refletir o *status* em discussão com a teoria das ciências.

As dificuldades com as quais se depara o projeto de uma enciclopédia teológica protestante são sintomáticas da situação do discurso científico nas disciplinas teológicas. As enciclopédias publicadas durante esses últimos quarenta anos refletem assim as dificuldades de uma teologia protestante, confrontada com as exigências contraditórias do discurso científico e do meio eclesiástico profundamente inseguro. Essas dificuldades refletem o esgotamento do paradigma da teologia apresentado no início do século XIX sob a égide de Schleiermacher. Parece de fato algo ilusório querer ainda encontrar nas exigências profissionais da função pastoral a matriz capaz de reunir sob uma autoridade comum as abordagens do cristianismo, epistemologicamente divergentes, praticadas pelas disciplinas teológicas. Depois do fracasso das tentativas hermenêuticas (Bultmann, Ebeling) para renovar o paradigma de Schleiermacher, as enciclopédias teológicas protestantes parecem condenadas por ora a oferecer um simples panorama dos conhecimentos e do estado da pesquisa em teologia e em áreas correlatas.

Esse diagnóstico é corroborado pelo sucesso das grandes enciclopédias exegéticas especializadas. Com uma erudição histórica e filológica impressionante, tendem a reduzir as questões teológicas sistemáticas a problemas de exegese e hermenêutica. O exemplo que é ao mesmo tempo mais bem acabado e mais revelador desse novo tipo de enciclopédia é o *Theologisches Wörterbuch zum Neuen Testament*, publicado de 1933 a 1979 em 10 volumes pela editora Kohlhammer, em Stuttgart, editado primeiro por Gerhard Kittel até o volume V e, em diante, por Gerhard Friedrich. Esse dicionário, que conta com a colaboração dos melhores especialistas, sobretudo alemães, assinala o apogeu da exegese histórico-crítica. Certo número de seus artigos foi traduzido para o francês em uma série de pequenos volumes publicados entre 1966 e 1976 pela editora Labor et Fides, em Genebra. Depois de 1973, é publicado pela editora Kohlhammer, também em 10 volumes, o equivalente veterotestamentário do "Kittel", o *Theologisches Wörterbuch zum Alten Testament*, editado por Gerhard Johannes Botterweck, Helmer Ringgren e Heinz-Josef Fabry. A mais importante inovação dessa obra consiste em seu caráter ecumênico, sinal de que, no meio-tempo, a exegese católica havia se convertido aos métodos histórico-críticos e se apropriado, pelo menos parcialmente, das pretensões teológicas e sistemáticas da exegese protestante. Além desses dois projetos hercúleos, surgem enciclopédias exegéticas de dimensões mais reduzidas: o *Theologisches Handwörterbuch zum Alten Testament de Ernst Jenni*, com a colaboração de Claus Westermann (2 vols., Munique-Zurique, Kaiser-Theologischer Verlag, 1971-1976), e o *Exegetisches Wörterbuch zum Neuen Testament*, org. por Horst Balz e Gerhard Schneider, com a assessoria de uma equipe de redação interconfessional (3 vols., Stuttgart, Kohlhammer, 1980-1983, 1992²).

Por fim, Friedrich Wilhelm e Traugott Bautz lançaram em 1975 uma enciclopédia bio-bibliográfica da história da igreja, o *Biographisch-Bibiographisches Kirchenlexikon* (Hamm e, em seguida, Herzberg, Verlag, Traugott Bautz). Publicada sob a forma de livros, essa enciclopédia está também disponível na internet para livre consulta. Com uma qualidade bastante irregular, os artigos oferecem sobretudo indicações bibliográficas bastante precisas.

Em inglês

Em inglês, o termo "enciclopédia" é empregado em um sentido bastante amplo. Se a última *Encyclopedia Britannica* organiza meticulosamente o conjunto do saber humano, algumas enciclopédias examinadas aqui estão mais próximas de dicionários. É preciso acrescentar que nenhuma dessas obras se define de modo explícito como enciclopédia teológica.

The New Schaff-Herzog Encyclopaedia of Religious Knowledge [A nova enciclopédia do conhecimento religioso Schaff-Herzog], 12 vols., organizada por Samuel Macauley Jackson, New York, Funk and Wagnalls, 1949-1950, deriva de outra, ou seja, trata-se de uma tradução atualizada da terceira edição da *Realencyklopädie für protestantische Theologie und Kirche* de Herzog e Hauck. Foi por muito tempo uma ferramenta fundamental para a tendência "ortodoxa" do protestantismo americano, principalmente luterano. A noção, central, de *religious knowledge* [conhecimento religioso] deve muito ao confessionalismo. Nesses meios, a função está assegurada agora pela *Twentieth Century Encyclopedia of Religious Knowledge*, 2 vols., organizada por Lefferts A. Loetscher, Grand Rapids, Baker, 1955.

A *Encyclopaedia of Religion and Ethics* [Enciclopédia de religião e ética], 13 vols., organizada por James Hastings, Edimburgo-New York, T. & T. Clark-Scribner, 1908-1926, reimpressa em 1955 e em 1980, é um monumento do liberalismo britânico (principalmente escocês) e americano. Essa obra se baseia nas contribuições do método da história das religiões, que no mundo anglófono costuma estar presente sob a forma de *comparative religion* [religião comparada]: é quando os estudiosos se interessam por todo tipo de religião com simpatia, elaborando-se assim uma teoria das evoluções religiosas que tende a colocar o protestantismo liberal no topo da pirâmide. Os responsáveis têm o cuidado de recrutar personalidades do cenário mundial, e um bom número de artigos são descrições do estado da questão, que foram bastante valiosos, como, por exemplo, o de Lavallée-Poussin sobre o budismo. O artigo "Consciência" é uma boa ilustração das formas da apologética e de suas perspectivas filosóficas, morais e religiosas.

The Mennonite Encyplopedia [A enciclopédia menonita], 4 vols., com índice, 1955-1959, à qual um quinto volume foi acrescentado em 1990, foi publicada na íntegra em Hillsboro, *Mennonite Brethren Pub.* House. Trata do movimento anabatista e menonita, do século XVI aos nossos dias, de acordo com métodos de uma história minuciosa e rigorosa.

The Oxford Dictionary of the Christian Church [Dicionário Oxford da igreja cristã], organizado por Frank Leslie Cross, Londres-New York, *Oxford University Press*, 1957, revisado em 1974, teve sua terceira edição organizada por Elizabeth Anne Livingstone, Oxford, *Oxford University Press*, 1997. Ainda que sob a forma de um dicionário, contém muitos e longos artigos, ricos e solidamente estruturados. Sob os auspícios anglicanos, essa obra manifesta uma clara preocupação ecumênica, apresentando todas as facetas de todas as igrejas.

Religion in American Life [Religião na vida americana] conta com 4 vols., 2 vols. de bibliografia crítica, e é organizada por James Ward Smith e A. Leland Jamison, Princeton, *Princeton University Press*, 1961. Trata-se de um grande afresco histórico e sociológico que permanece ainda hoje indispensável.

The Encyclopedia of World Methodism [Enciclopédia do metodismo mundial], 2 vols., organizada por Nolan B. Harmon, Nashville, *United Methodist Pub. House*, 1974, é uma enciclopédia menonita em formato de dicionário.

The Interpreter's Dictionary of the Bible [Dicionário do intérprete da Bíblia] é composta de 4 vols., com um suplemento, New York, Abingdon Press, 1962 (1976). Trata-se de uma soma dos conhecimentos que circulavam entre os exegetas protestantes antes da invasão ecumênica nos estudos bíblicos. Muitos de seus autores são metodistas.

Encyclopedia of American Religions [Enciclopédia de religiões americanas], 2 vols., organizada por J. Gordon Meton, Wilmington, McGrath, 1978; Detroit, Gale Research, 1993[4], é um repertório factual que inclui religiões não cristãs, com dados históricos, e ensinamentos doutrinais.

The Encyclopedia of Religion [Enciclopédia da religião], 16 vols., New York-Londres, Macmillan-Collier Macmillan, 1987, é organizada por Mircea Eliade. Essa obra não pode ser situada no movimento protestante, furtando-se a apresentar objetivos teológicos ou eclesiológicos. No entanto, um bom número de seus autores tem alguma filiação ao protestantismo. Esse trabalho alcança a mesma recepção mundial que a *Encyclopedia of Religion and Ethics* [Enciclopédia de religião e ética] de Hastings. Porém, enquanto a de Hastings é permeada pela preocupação com a descrição dos desenvolvimentos históricos, a de Eliade se caracteriza sobretudo pela abordagem fenomenológica.

Dentre as publicações dos últimos anos, destacam-se a *Encyclopedia of the Reformed Faith* [Enciclopédia da fé reformada], organizada por Donald K. McKim (Louisville-Edimburgo, Westminster-John Knox Press-Saint Andrew Press, 1992), *The Oxford Encyclopedia of the Reformation* [Enciclopédia Oxford da Reforma], organizada por Hans J. Hillerbrand (4 vols., Oxford, Oxford University Press, 1996), *Encyclopedia of Evangelicalism* [Enciclopédia do evangelicalismo] de Randall Balmer (Louisville, Westminster John Knox Press, 2002) e *The Encyclopedia of Protestantism* [Enciclopédia do protestantismo], organizada por Hans J. Hillerbrand (4 vols., New York, Routledge, 2004).

Michel Despland, Bernard Reymond
e Jean-Marc Tétaz

▶ "L'*Encyclopédie* d'Yverdon. Bilan et perspectives. Table ronde (Yverdon 26-27 octobre 1992)", *Annales Benjamin Constant* [Anais Benjamin Constant] 14, 1993, p. 51-123; CANDAUX, Jean-Daniel, CERNUSCHI, Alain, DONATO, Clorinda e HÄSELER, Jens, orgs., *L'Encyclopédie d'Yverdon et sa résonance européene. Contextes, contenus, continuités*, Genebra, Slatkine, 2005; DUMONT, Paul, *Jean-Élie Bertrand, 1713-1797. Quelques pages de l'histoire des idées philosophiques, théologiques et morales dans la Suisse française, à la fin du dix-huitième siècle*, RThPh 38, 1905, p. 217-269; "Le 18e: siècle d'or des imprimeurs-éditeurs", *Encyclopédie illustrée du pays de Vaud*, t. VI: *Les arts* I, Lausanne, 24 Heures, 1976, p. 129-131; REYMOND, Bernard, *Une centenaire: l'Encyclopédie des sciences religieuses*, BSHPF 123, 1977, p. 617-637; WEIDMANN, Marc, "Un pasteur-naturaliste du XVIIIe siècle. Élie Bertrand (1713-1797)", *Revue historique vaudoise* 93, 1985, p. 63-108.

▶ Bayle; *Enciclopédia*; filosofia da religião; Jaucourt; Kittel G.; Lichtenberger; religiões (escola da história das); **teologia**

ENFERMIDADE

A postura espiritual em relação a doenças e males de todo tipo foi, na época da Reforma, uma abertura para a oração e a confiança somente na graça de Deus. O consolo buscado se encontrava na bondade e na justiça de Deus, e não como se costuma acreditar, em uma espécie de impassibilidade estoica (cf. CALVINO, *IRC* III, VII, 10). Sob a influência do cartesianismo e das Luzes, o surgimento progressivo da clínica, tanto médica quanto psiquiátrica, obrigou a contextualizar a enfermidade de modo mais objetivo, de acordo com sua descrição nosográfica. Disso decorreu uma postura espiritual mais atenta, que transformou o conhecimento médico em uma resposta de nossa responsabilidade diante do mal, como um eco de nossa justificação pela fé. Cuidar e agir de modo preventivo passou a ser considerado uma tradução da esperança do reino de Deus. No século XIX, inúmeras instituições ligadas à medicina e à saúde foram fundadas sob as asas do protestantismo. Ordens de diaconisas foram criadas. Somente algumas correntes fundamentalistas e sectárias permaneceram à margem dessa evolução, esperando tudo da oração e não muito da medicina. Em nossos dias, enquanto compreendemos cada vez mais de perto a enfermidade como um conjunto de desordens ao mesmo tempo biomoleculares e psíquicas, o acompanhamento espiritual busca novos caminhos relacionados ao registro da palavra, da emoção e da reinserção comunitária. A enfermidade, prova a ser atravessada, torna-se também, intrinsecamente, uma experiência palpável do trabalho do Outro em nós. Isso nos abre para uma releitura inovadora dos relatos em que Jesus confronta doenças, possessões demoníacas e deficiências.

Marc Faessler

▶ BLACK, Kathy, *Évangile et handicap. Une prédication pour restaurer la vie* (1996), Genebra, Labor et Fides, 1999; LOVSKY, Fadiey, *L'Église et les malades depuis le Ier siècle jusqu'au début du XXe siècle*, Thonon-les-Bains, *Portail*, 1958; SEYBOLD, Klaus e MÜLLER, Ulrich B., *Krankheit und Heilung*, Stuttgart, Kohlhammer, 1978; SONTAG, Susan, *La maladie comme métaphore* (1977-1978), Paris, Seuil, 1979.

◉ Cura; exorcismo; Lambourne; **saúde**; sofrimento; Tournier; unção dos enfermos

ENGELS, Friedrich (1820-1895)

Oriundo de uma família burguesa de industriais em Barmen, na Prússia renana, Friedrich Engels logo se revolta contra o pietismo restrito do Liceu de Eberfeld. A descoberta da miséria e do alcoolismo entre os operários em plena Revolução Industrial, na Inglaterra, levou Engels a dedicar-se até seus últimos dias à organização e à inspiração filosófica e quase espiritual do movimento comunista, ao mesmo tempo conservando uma atividade de liderança na firma Ermen & Engels.

Menos comentada e, sobretudo, menos devotamente citada no movimento comunista que a obra do amigo Karl Marx (1818-1884), cujo livro principal Engels editou e talvez tenha terminado (*O capital: crítica da economia política* [1867-1894], 2 t., São Paulo, Abril Cultural, 1983), a obra de Friedrich Engels se caracteriza por um positivismo sereno e uma grande confiança no movimento científico, econômico e social da humanidade (confiança denunciada por Lênin em nome do retorno à dialética trágica de Hegel).

Enquanto, no exílio, Karl Marx se afundava nos dédalos da teoria econômica, só deixando-a de lado para comentar a política de sua época nos jornais americanos, Engels se dedicava (seria uma divisão de tarefas?) à polêmica filosófica (contra Schelling, Feuerbach, Dühring), mas também à história (*As guerras camponesas*), à sociologia (*A situação das classes trabalhadoras na Inglaterra*, 1845), à etnologia em formação (*A origem da família, da propriedade privada e do Estado*, 1884) e a discussões sobre o darwinismo (*Dialética da natureza*, 1873).

A famosa máxima "A religião é o suspiro da criatura oprimida, o ânimo de um mundo sem coração e a alma de situações sem alma. A religião é o ópio do povo" pode ser encontrada em um manuscrito de Marx de 1844, dedicado à *Crítica da filosofia do direito de Hegel* (São Paulo, Boitempo, 2005). Essa citação, que aliás é do poeta Heinrich Heine, resume toda a postura religiosa de Friedrich Engels.

Christophe Calame

▶ ENGELS, Friedrich, *Oeuvres complètes*, 5 vols., Paris, Éditions sociales, 1950-1961; *Correspondance Karl Marx-Friedrich Engels*, org. por Gilbert BADIA, 12 vols., Paris, Éditions sociales, 1971-1989; HERVIEU-LÉGER, Danièle e WILLAIME, Jean-Paul, *Sociologies et religion. Approches classiques*,

ENTUSIASMO ▶ 576

Paris, PUF, 2001, cap. 1: "Karl Marx (1818-1883) et Friedrich Engels (1820-1895). Pertinence et limites de l'analyse marxiste de la religion"; ILITCHEV, L. et alii, *Friedrich Engels. Sa vie, son oeuvre* (1970), Moscou, Éditions du Progrès, 1976.

● Capitalismo; cristianismo social/socialismo cristão; hegelianos de esquerda; socialismo religioso

ENTUSIASMO

Do ponto de vista psicológico, o entusiasmo é uma intensa emoção que suscita a exultação, a alegria, a paixão. Em sua acepção primeira, a noção de entusiasmo (do grego *enthousiazein*) caracteriza a ideia de inspiração religiosa no sentido de um transporte divino (a raiz grega inclui as palavras "em Deus"). Lutero utiliza o termo para descrever a atitude daqueles que ele chama, em alemão, *Schwärmer*, os exaltados, designando assim de modo polêmico os movimentos da Reforma radical. Mas a noção pode adquirir, em sua obra, um sentido bem mais amplo: o entusiasmo se identifica com o pecado original, e Adão e Eva teriam sido os primeiros entusiastas, como são também depois deles todos os hereticos, os "papistas", os muçulmanos. O entusiasmo se instala cada vez em que o ser humano, em vez de ater-se à palavra externa de Deus, deixa-se levar por especulações, fantasias, sonhos, visões e experiências espirituais que permitem um acesso imediato, direto, a Deus. O que está em jogo teologicamente no debate com o entusiasmo é o respeito à alteridade e à exterioridade (*extra nos*) de Deus.

Pierre Buhler

▶ HOLL, Karl, *Luther und die Schwärmer* (1922), em *Gesammelte Aufsätze zur Kirchengeschichte*, t. I: *Luther*, Tübingen, Mohr, 1932, p. 420-467; LIENHARD, Marc, *Martin Luther. Un temps, une vie, un message* (1983), Genebra, Labor et Fides, 1998, p. 137-161; LUTERO, Martinho, *Les Articles de Smalkalde* (1537-1538), em André BIRMELÉ e Marc LIENHARD, orgs., *La foi des Églises luthériennes. Confessions et Catéchismes*, Paris, Genebra, Cerf-Labor et Fides, 2003, § 448-450; MAURER, Wilhelm, *Luther und die Schwärmer*, Berlim, Lutherisches Verlagshaus, 1952.

● Anabatismo; carismático (movimento); Carlstadt; espiritualismo; exterioridade; iluminismo; Müntzer; pentecostalismo; Reforma radical; Storch; Zwickau (profetas de)

EPISCOPIUS, Simon Bischop, dito (1583-1643)

Nascido e morto em Amsterdã, Episcopius estuda em Leiden (1600), onde foi discípulo e amigo de Jacó Armínio, e em Franeker (1609). É ordenado pastor em Bleiswijk (1610-1612), onde subscreve a "Remonstrância", e depois professor em Leiden (1612), sendo demitido de suas funções em 1619. No Sínodo de Dordrecht (1618-1619), toma a defesa dos remonstrantes (1619) e emigra para Rouen e Paris. Em 1626, consegue voltar para os Países Baixos, a Roterdã e Amsterdã, onde funda o Colégio Remonstrante (1634). Por seus textos, reunidos em *Opera Theologica* [Obra teológica] (2 vols., Amsterdã, Blaeu, 1650-1665), é considerado o apologista do movimento. Posteriormente, Episcopius o encaminharia para o cartesianismo.

Émile M. Braekman

▶ HAENTJENS, Antonie H., *Simon Episcopius als apologeet van het Remonstrantisme in zijn leven en werken geschetst*, Leyde, Adriani, 1899; WINKELMAN, Petrus, *Remonstranten en katholieken in de eeuw van Hugo de Groot*, Nimègue, Centrale Drukkerij Acad. Proefschrift, 1945.

● Arminianismo; Armínio; cartesianismo; Dordrecht (Sínodo e *Cânones de*); **predestinação e Providência**; remonstrantes

ERASMO, Didier, dito Erasmo de Roterdã (?1467-1536)

O lugar de Erasmo no surgimento do protestantismo é, à imagem do homem, contraditório. Influenciado pela corrente da *devotio moderna*, tinha definido em 1504, na obra *Enchiridion militis christiani* (Manual do soldado cristão), Paris, Vrin, 1971, o ideal de sua "filosofia cristã" e não deixou de divulgar em toda a Europa algumas das grandes ideias que seriam retomadas pelos reformadores: piedade na fé, e não nas obras, redescoberta da mensagem evangélica, renovação da igreja, contestação dos teólogos, ódio ao monaquismo, retorno aos Pais da igreja, livre exame. Em 1516, sua obra *Novum Instrumentum* aplicava o método das letras humanas (a filologia) às Escrituras, que ele pensava assim restabelecer em sua verdade primordial e tornar acessíveis, mesmo aos mais humildes, sem recorrer a glosas de fora. Porém, Erasmo foi também o homem que, apesar da amizade que o unia a muitos reformadores (Bucer, Melâncton, Oecolampadius, Capiton, Zwinglio etc.) e apesar da simpatia que nutria por muitas das teses reformadas (principalmente sobre as indulgências), sempre recusou romper com Roma: cedeu à incitação do papa Adriano VI ao combate das ideias de Lutero sobre o livre-arbítrio (*Do livre-arbítrio*, 1524; *Hyperaspistes* I e II, 1526-1527). Erasmo tinha tudo a perder com essa querela: não ganharia os teólogos do meio, nem derrubaria a dinâmica luterana. Então, por que se engajou contra a vontade, arriscando-se a manchar sua reputação no final da vida? Tacharam sua postura de hipocrisia, tepidez, inconsistência (*doctor amphibolus* [doutor anfíbio], diria dele Lutero). De fato, ele havia sempre lutado por uma reforma da igreja a partir do interior (e chegou a acreditar que estava próxima em 1516) e rejeitava todo tipo de violência, principalmente em matéria de religião: seu pacifismo militante não poderia aprovar uma revolta cismática. Além disso, temia que debater as questões acerca da graça e do livre-arbítrio fosse apenas uma forma de retornar às querelas escolásticas de que havia (até cruelmente) escarnecido; assim, quando chega sua vez, deixa-se afundar nelas. Enfim, e sobretudo, sua visão era muito diferente da visão de Lutero. Enquanto Lutero defendia uma teologia da Palavra de Deus, Erasmo pregava uma teologia da presença de Deus em sua Palavra e até mesmo além dela.

A piedade de Erasmo visava o recolhimento, não o brilho público; a doçura, não a injúria. Se não, haveria sempre o risco de minimizar os vícios da instituição eclesiástica, algo que ele jamais havia feito. Não há dúvida de que essa postura significava uma confiança demasiada na natureza humana para convencer Lutero; também não há dúvida de que esse desejo por silêncio não combinava com a incansável atividade de sua pluma batalhadora. A necessidade que premiu Erasmo à escolha de seu campo de batalha, contra a sua vontade, mostrou-lhe o fracasso que seria uma existência dedicada à renovação pacífica da igreja e à busca de uma conciliação dos opostos.

Yves Delègue

▶ ÉRASME, Didier, *Les Préfaces au Novum Testamentum* (1516), org. por Yves DELÈGUE, Genebra, Labor et Fides, 1990 (bibliografia); Idem, *La langue* (1525), org. por Jean-Paul GILLET, Genebra, Labor et Fides, 2002; AUGUSTIJN, Cornelis, *Erasmus en de Reformatie. Een onderzoek naar de houding die Erasmus ten opzichte van de Reformatie heeft aangenomen*, Amsterdã-Paris, 1962; Idem, *Le dialogue Érasme-Luther dans l'Hyperaspistes II*, em Jacques CHOMARAT, org., *Actes du Colloque international Érasme (Tours 1986)*, Droz, Genebra, 1990, p. 171-183; CHANTRAINE, Georges, *Érasme et Luther. Libre et serf arbitre*, Namur-Paris, Presses universitaires-Lethielleux, 1981; HAMMANN, Gottfried, *Clarté et autorité de l'Écriture: Luther en débat avec Zwingli et Érasme*, ETR 71, 1996, p. 175-206; LIENHARD, Marc, *Martin Luther. Un temps, une vie, un message* (1983), Genebra, Labor et Fides, 1998, p. 149-161; LUTERO, Martinho, *Du serf arbitre* (1525), seguido de Désiré ÉRASME, *Diatribe: Du libre arbitre* (1524), Paris, Gallimard, 2001; MARGOLIN, Jean-Claude, *Bibliothèque érasmienne*, Paris, Vrin, 1977; PHILLIPS, Margaret Mann, *Érasme et les débuts de la Réforme française (1517-1536)*, Paris, Champion, 1933.

○ Escravidão da vontade; graça; humanismo; Hutten; Lefèvre d'Étaples; **liberdade**; Lutero; Reforma; Renascimento

ERASTO, Thomas Lieber, dito (1524-1583)

Oriundo de Baden, Erasto pertence à história do protestantismo não por suas atividades em medicina, ensinada por ele em Heidelberg (1558-1580) e Basileia, nem por sua resoluta oposição à astrologia, mas pela participação que teve em uma séria querela sobre a disciplina eclesiástica. Essa querela dividiu a Igreja Reformada de Heidelberg a partir de 1568, estendendo-se bastante, sobretudo na Inglaterra. Erasto se opunha à concepção de disciplina exercida pelo Consistório de Genebra. Não aceitava a excomunhão e pregava a administração da disciplina pelo príncipe cristão, que detém a autoridade de Deus. Embora Erasto não tenha publicado suas teses enquanto vivia (são publicadas em 1589 com o título *Explicatio gravissimae quaestionis*), sua influência foi tal que o termo "erastianismo" designa até hoje a doutrina da ascendência do Estado sobre a igreja.

Béatrice Nicollier

▶ BENRATH, Gustav Adolf, *Die Korrespondenz zwischen Bullinger und Thomas Erastus*, em Ulrich GABLER e Erland HERKENRATH, orgs., *Heinrich Bullinger, 1504-1575. Gesammelte Aufsätze zum*

400. Todestag, t. II, Zurique, Theologischer Verlag, 1975, p. 87-141; BONNARD, Auguste, *Thomas Éraste et la discipline ecclésiastique 1524-1583*, Lausanne, Bridel, 1894; WESEL-ROTH, Ruth, *Thomas Erastus. Ein Beitrag zur Geschichte der Reformierten Kirche und zur Lehre von der Staatssouveränitat*, Lahr-Baden, Schauenburg, 1954.

● Disciplina; Igreja e Estado

ERLANGEN

Erlangen é conhecida sobretudo pela escola de Erlangen, expressão que designa a teologia desenvolvida entre 1845 e 1895 pelos membros da Faculdade de Teologia da Universidade de Erlangen (anexada ao reino da Baviera em 1810). A cidade foi a base institucional para uma corrente teológica surgida ali cerca de dez anos antes, participando do combate travado com o racionalismo teológico pelo movimento do Avivamento (formado sobretudo por não teólogos reunidos em torno do pregador reformado Johann Christian Krafft [1784-1845], titular em 1818 da cadeira de teologia reformada em Erlangen). A cidade também encontrou suas principais fontes de inspiração na descoberta de Lutero através da leitura da obra de Johann Georg Hamann, cujo mérito pertence em primeiro lugar a Karl Johann Friedrich (von) Roth (1780-1852, jurista, editor das obras de Hamann de 1821 em diante e coeditor, com Friedrich Immanuel Neithammer, de *Die Weisheit D. Martin Luthers* [3 t., Nuremberg, Lechner, 1816-1817], além de presidente do Consistório Superior da Igreja Evangélica Luterana do Reino da Baviera de 1828 a 1848) e em uma nova abordagem exegético-teológica da Bíblia. Ali, as confissões de fé luteranas valem como norma de orientação, não como exigência. Por sua orientação para uma teologia da experiência, a escola de Erlangen sempre adotou um caráter eclesiástico. Exerceu também sua influência através da *Zeitschrift für Protestantismus und Kirche* e contribuiu de modo decisivo para a publicação da *Realencyklopädie für protestantische Theologie und Kirche* (cuja primeira edição é de 1854, org. por Johann Jakob Herzog). Criou a missiologia protestante. Precisou se instruir das questões fundamentais que são as relações entre a igreja e o Estado ou a preservação da identidade protestante por meio de confissões de fé luteranas, recomendadas pelo movimento em torno de Wilhelm Löhe (1808-1872), fundador da casa das diaconisas de Neuendetteslau. A partir dos primeiros anos, trabalharam na Faculdade de Teologia da Universidade de Erlangen professores de prestígio: Adolf (von) Harleβ (1806-1879; professor de 1833 a 1845, presidente do Consistório Superior de 1852 a 1878), Johann Christian Konrad von Hofmann (1810-1877, professor de 1845 a 1877, autor de, entre outras, a obra *Weissagung und Erfüllung im Alten und Neuen Testament*, 2 vols., Nördlingen, Beck, 1841-1844, e de *Der Shriftbeweis* [1852-1855], 3 vols., Nördlingen, Beck, 1857-1860^2), Theodosius Harnack (pai de Adolf, 1817-1889, professor de teologia prática de 1853 a 1866), Gottfried Thomasius (1802-1875), Franz Delitzsch (1813-1890; professor de 1850 a 1867, especialista em Antigo Testamento e defensor da missão junto aos judeus), Franz Hermann Reinhold von Frank (1827-1894) e Theodor (von) Zahn (1838-1933, professor de patrística e de Novo Testamento de 1878 a 1888 e de 1892 a 1909). Na obra de todos esses representantes, o que caracteriza a "teologia de Erlangen" é a combinação bastante específica entre um trabalho teológico — geralmente centrado em uma cristologia da *kenósis* — tão frutífero literariamente quanto pedagogicamente, a experiência de uma intensa piedade e uma cultura geral de fato impressionante.

Dietrich Blaufuβ

▶ BEYSCHLAG, Karlmann, *Die Erlanger Theologie*, Erlangen, Martin-Luther-Verlag, 1993; DENZLER, Georg e FABRICIUS, Volker, *Die Kirchen im Dritten Reich. Christen und Nazis Hand in Hand?*, t. II: *Dokumente*, Frankfurt, Fischer Taschenbuch Verlag, 1984; KANTZENBACH, Friedrich Wilhelm, *Die Erlanger Theologie. Grundlinie ihrer Entwicklung im Rahmen der Geschichte der Theologischen Fakultät 1743-1877*, Munique, Kaiser, 1960; KRÖTKE, Wolf, *Das Problem "Gesetz und Evangelium" bei W. Elert und P. Althaus*, Zurique, Evangelischer Verlag, 1965; LOEWENICH, Walther von, "Die Erlanger theologische Fakultät 1922-1972. Memorabilia aus 50 Jahren erlebter Geschichte", *Jahrbuch für fränkische Landesforschung* 34-35, 1975, p. 635-658; SLENCZKA, Notger, *Der Glaube und sein Grund. F. H. R. von Frank, seine Auseinandersetzung mit A. Ritschl und die Fortführung seines Programms durch L. Ihmels*, Göttingen, Vandenhoeck & Ruprecht, 1998; Idem, *Selbstkonstitution und Gotteserfahrung. W. Elerts Deutung der neuzeitlichen Subjektivität im Kontext der Erlanger Theologie*, Göttingen, Vandenhoeck

& Ruprecht, 1999; THOMASIUS, Gottfried, *Das Wiedererwachen des evangelischen Lebens in der lutherischen Kirchen Bayerns. Ein Stück süddeutscher Kirchengeschichte (1800-1840)*, Erlangen, Deichert, 1867; WITTERN, Renate, org., *Die Professoren und Dozenten der Friedrich-Alexander-Universität Erlangen 1743-1960*, t. I: *Theologische Fakultät, Juristische Fakultät*, Erlangen, Verlag Universitätsbund Erlangen-Nürnberg, 1993.

▶ Althaus; Avivamento; *Barmen (Declaração de)*; Barth; confissão de fé; dogmática; enciclopédias protestantes; experiência; Frank; Hamann; história dos dogmas; Igreja Confessante; *kenósis*; *Kirchenkampf*; reinos (doutrina dos dois); Revolução Conservadora; Seeberg; Tomásio

EROTISMO

O erotismo é a arte de cultivar a sexualidade. A doutrina do *éros* como desejo sexual foi primeiro desenvolvida por Platão, para quem o amor consiste em desejar no outro algo de que nós mesmos somos desprovidos. É próprio ao erotismo platônico servir-se de indivíduos para atingir a beleza e a bondade como ideias que se situam além.

O erotismo bíblico, tal como se apresenta no livro de Cantares, é diferente do erotismo platônico, na medida em que se concentra em uma pessoa específica, não sendo função de critérios gerais de beleza (Ct 5.9; 1.6). Doação de si, o erotismo implica ao mesmo tempo uma paixão pelo corpo de outrem e uma redescoberta de seu próprio corpo (Ct 1.12s), algo que costumava ser reprimido pelos Pais da igreja e pela Idade Média católica.

Para os reformadores, o prazer sexual não deveria ser cultivado enquanto tal, nem mesmo no casamento. Da mesma forma, o protestantismo contemporâneo costuma opor *ágape* e *éros*, amor-caridade e amor-desejo. Ler o livro de Cantares permite hoje corrigir essa oposição excessiva para compreender que o amor ao qual Deus convida não se opõe ao *éros*, mas, sim, o devolve a si mesmo, desdivinizando-o. Liberto de sua vontade de ser absoluto, mas não de sua sensualidade, *éros* cessa de ser devorador para ser vivido como um dos aspectos da boa criação de Deus. Assim, *ágape* triunfa sobre *éros*, salvando-o, e, em vez de destruí-lo, devolve-lhe seu lugar.

Fritz Lienhard

▶ CAUSSE, Jean-Daniel, *La haine et l'amour de Dieu*, Genebra, Labor et Fides, 1999; COLE, William Graham, *Sex in Christianity and Psychoanalysis*, New York, Oxford University Press, 1955; LIENHARD, Fritz, "L'amour, Dieu et l'éthique", *Foi et Vie* 95/2, 1996, p. 19-43; NYGREN, Anders, *Érôs et agapè. La notion chrétienne de l'amour et ses transformations (1930-1936)*, 3 vols., Paris, Aubier Montaigne, 1952-1962; ROUGEMONT, Denis de, *L'amour et l'Occident* (1939), Paris, Plon, 2001.

▶ Alegria; corpo; desejo; prazer; **sexualidade**

ESCANDINAVOS (países)

Ao longo da história, dois países deixariam uma forte marca no universo nórdico: a Dinamarca, que, compreendida no sentido largo, inclui a Noruega e a Islândia, territórios que por muito tempo dependeram da Coroa dinamarquesa, e a Suécia, cuja influência se estende até a vizinha Finlândia. A cristianização se fez tardiamente nessas regiões (entre o final do século X e o século XII). Grande personalidade da história eclesiástica sueca, Brigitte de Vadstena (?1303-1373) funda por volta de 1346 a Ordem do Santo Salvador (brigitinos e brigitinas). A Reforma seria mais um elo nos jogos de poder e dominação. Nos países do norte da Europa como um todo, a evolução do protestantismo se daria sensivelmente da mesma maneira: diferentes movimentos de avivamento, basicamente o pietismo, transtornariam o cenário eclesiástico estabelecido pelo luteranismo ortodoxo, suscitando um sem-número de tensões com as igrejas nacionais. Depois do século XIX, as igrejas escandinavas desenvolveriam uma importante atividade nas sociedades missionárias e nas instituições diaconais.

Na Dinamarca, as ideias da Reforma tomam corpo entre 1520 e 1540, com a pregação de Hans Tausen (1494-1561), ganho para a causa luterana ao longo de sua estada em Wittenberg de 1523 a 1524, preconizando o uso da língua vernacular em vez do latim; a proclamação oficial da liberdade religiosa na Dieta de Odense, em 1527; a adoção de uma confissão de fé luterana, a *Confessio Hafniensis*, em 1530; a visita de Johannes Bugenhagen, que introduz a nova liturgia em 1537 e estabelece o episcopado luterano (mas a sucessão apostólica histórica é perdida, pois os bispos são depostos e substituídos por sete superintendentes, chamados mais tarde bispos e diretamente nomeados pelo rei, como, p. ex., o conselheiro do rei e professor na Universidade Peder Palladius [1503-1560]). Uma Bíblia dinamarquesa é publicada em 1550. O século XVII seria o século da ortodoxia luterana, mas o clima de insegurança, associado a guerras e catástrofes naturais que assolam o país, favorece o desenvolvimento do pietismo na primeira metade do século XVIII, que depois dos anos 1750 é suplantado pela *Aufklärung*. No século XIX, além dos textos de Søren Kierkegaard (1813-1855), autor que influenciaria bem mais a posteridade que sua própria época, o luteranismo ortodoxo conhece uma renovação com a obra de Nicolai Frederik Severin Grundtvig (1783-1872). Atualmente, a igreja nacional cobre todo o reino da Dinamarca, que inclui a Groenlândia e as ilhas Feroé. As igrejas livres obtiveram uma recepção bem mais fraca na Dinamarca que nos demais países escandinavos.

A Noruega, onde a Reforma foi amplamente imposta pelos conquistadores dinamarqueses em 1537, conhece o mesmo processo que a Dinamarca; manteve uma estrutura paroquial e diocesana praticamente idêntica à do catolicismo de antes da Reforma. No país houve movimentos de avivamento, sob a liderança, entre outros, de Hans Nielsen Hauge (1771-1824) ou do professor de teologia Gisle Johnson (1822-1894). A partir de meados do século XIX, o reconhecimento da liberdade religiosa favoreceu o estabelecimento de igrejas livres, tais como metodistas, batistas, adventistas e pentecostais.

Na Islândia, a Reforma é introduzida em 1538 por ordem do rei dinamarquês Cristiano III. A primeira tradução do Novo Testamento em islandês surge em 1540, a da Bíblia em 1584, seguida em 1589 pela edição de uma coletânea de cânticos. No século XVII, *Salmos da Paixão*, de autoria do pastor Hallgrimur Pjetursson (1614-1674), constitui um dos pontos altos da literatura espiritual protestante, influenciando de modo significativo a vida religiosa da ilha. Ainda é uma das obras mais lidas. Além da Igreja Evangélica Luterana (91% da população do país), que é a igreja nacional da Islândia, podemos citar as Igrejas Livres Luteranas (a partir de 1899), o Exército de Salvação (1895), as Adventistas do Sétimo Dia (1897) e os pentecostais (1920).

O rei Gustavo Vasa foi o principal protagonista da Reforma sueca, cuja Dieta de Västerås, em 1527, estabelecendo a ruptura com Roma, constituiu a primeira etapa. Olaus Petri (1493-1552), aluno de Lutero, pregou as ideias da Reforma sob a proteção do rei, e a sucessão apostólica histórica foi intencionalmente mantida através de Petrus Magni, sagrado em 1524 bispo de Västerås em Roma (a Suécia é o único país protestante que conservou a continuidade apostólica direta). Laurentius Petri (1499-1573), arcebispo de Uppsala, colaborou com seu irmão na empreitada reformadora. Em 1593, é fundada a Igreja Sueca Luterana, com o rei na liderança. Reinando de 1611 a 1632, Gustavo II Adolfo imprime no Estado um forte caráter nacional e luterano, tornando a Suécia uma das potências europeias dominantes no século XVII. No século XIX, há um avivamento espiritual no país, com, entre outros, Carl Olof Rosenius (1816-1868). No nível internacional, a Igreja da Suécia foi por longo tempo uma incentivadora dos movimentos tanto ecumênicos (com Nathan Söderblom [1866-1931] e a Conferência "Vida e Ação" em Estocolmo, 1925) quanto confessionais, desempenhando um papel de proa na constituição da Federação Luterana Mundial, em 1947. Ao longo das últimas décadas, o número de católicos e ortodoxos suecos aumentou, por causa da chegada de trabalhadores imigrantes e de refugiados políticos. As igrejas livres (metodistas, batistas, pentecostais) se estabeleceram no país sobretudo a partir da segunda metade do século XIX, sofrendo uma desaceleração desde os anos 1930 por causa do crescente processo de urbanização. Desde 2000, não há mais igrejas estabelecendo-se na Suécia.

A Dieta de Västerås foi igualmente decisiva para a Finlândia, ligada à Suécia no século XVI. Michel Agricola (1512-1557) desempenhou um papel fundamental no estabelecimento da Reforma. A ortodoxia luterana encontraria acolhida na Faculdade de Teologia da Academia de Åbo, fundada em 1640. No entanto, em Carélia, a população permaneceu ortodoxa. Em 1809, a Finlândia passou para o governo russo; a Igreja Ortodoxa da Finlândia conhece então um forte crescimento. A consciência nacional finlandesa se expressou sobretudo em movimentos religiosos populares, que tenderam a privilegiar estados extáticos (como o avivamento do pregador Lars Levi Laestadius [1800-1861]) e sentimentos separatistas. A igreja nacional da Finlândia é luterana, tendo sido mantida a sucessão apostólica histórica até 1884, ano em que as três sedes episcopais ficaram vacantes ao mesmo tempo, e os sucessores foram ordenados pelo ancião de Åbo. Desde então, foi parcialmente restabelecida graças à Igreja da Suécia.

Lucie Kaennel e Harry Lenhammar

▶ ANDERSEN, Niels Knud, *Confessio Hafniensis. Den Kobenhavnske bekendelse af 1530. Studier i den begyndende Reformation. Mit einer Zusammenfasssung in deutscher Sprache*, Copenhague, Gad, 1954; Idem, *The Reformation in Scandinavia and the Baltics*, Cambridge, University Press, 1958; HARTLING, Poul, org., *The Danish Church*, Copenhague, Danske Selskab, 1964; HOFFMAN, Jean Georges Henri, *La Réforme en Suède 1523-1572 et la sucession apostolique*, Neuchâtel, Delachaux et Niestlé, 1945; KOCH, Hal e KORNERUP, Bjorn, orgs., *Den Danske Kirkes Historie*, 8 vols., Copenhague, Gyldendalske Boghandel, 1950-1966; LENHAMMAR, Harry, *Genom tuser år. Huvudlinjer i Nordens kyrkohistoria*, Uppsala, Academic Press, 1971; LINDHARDT, Poul Georg, *Skandinavische Kirchengeschichte seit dem 16. Jahrhundert (Die Kirche in ihrerGeschichte* III/M 3), Göttingen, Vandenhoeck & Ruprecht, 1982; Idem e BALLING, Jakob, *Den Nordiske Kirkes Historie* (1945), Copenhague, Busck, 1967; MURRAY, Robert, *A Brief History of the Church of Sweden. Origins and Modern Structure*, Estocolmo, Diakonistyrelsens bokforlag, 1961.

◉ Aulén; Bergman; Bugenhagen; Dreyer; Grundtvig; Gustavo II Adolfo; Hammarskjöld; Ibsen; Kierkegaard; **literatura**; Løgstrup; Munch; Nygren; Palladius; Söderblom; Strindberg; Swedenborg; Tycho Brahe; Uppsala; Wrede M.

ESCATOLOGIA → Morte e vida eterna

ESCÓCIA

Representando aproximadamente a terceira parte, ao norte, da Grã-Bretanha, a Escócia se constituiu em um reino unificado sob uma só Coroa entre o século IX e o século XI. O papado reconheceu a existência da *Ecclesia Scoticana* como província distinta, em 1200; um século depois, os direitos à soberania de uma Escócia separada da Inglaterra foram estabelecidos durante as guerras de independência (1296-1314) e consolidados na *Declaração de Arbroath* (1320).

A partir dos anos 1520, as ideias de Lutero penetram na Escócia, apesar da proibição do Parlamento (1525). Primeiro de inspiração luterana, constrangido à clandestinidade, o protestantismo conhece, em 1545, um novo sopro com a atividade de George Wishart (?1513-1546) e John Knox. Mas, entre 1549 e 1559, o arcebispo John Hamilton (?1511-1571) desenvolve um programa de reforma católica. Em 1557, os nobres protestantes se unem por um *covenant* (pacto, aliança) em que se comprometem a tudo fazer para que o evangelho triunfe. Em 1559, John Knox volta à Escócia e faz avançar a causa da Reforma. Em 1560 é adotada no país a *Confessio Scotica*, no estilo calvinista (redigida, entre outros autores, por John Knox).

A união das coroas inglesa e escocesa em 1603 e dos parlamentos em 1707 põe fim à separação política da Escócia, mas mantém a identidade da igreja estabelecida da Escócia, doutrinariamente calvinista e politicamente presbiteriana. Em 1648, o Parlamento ratifica a *Confissão de Westminster*, que se torna a confissão de fé da Igreja da Escócia. Em 1843, após conflitos e cismas menores, a igreja livre se separa da igreja estabelecida. Porém, em 1929, a maior parte da igreja volta a unir-se. A partir do século XIX, a Igreja Católica Romana na Escócia conhece um considerável avivamento com a chegada de imigrantes irlandeses, tornando-se numericamente a segunda igreja mais importante da Escócia.

Alasdair I. C. Heron

▶ BURLEIGH, John H. S., *A Church History of Scotland*, New York, Oxford University Press, 1960; CAMERON, Nigel, org., *Dictionary of Scottish Church History and Theology*, Downers Grove, InterVarsity Press, 1993; DONALDSON, Gordon, *Scottish Church History*, Edimburgo, Scottish Academic Press, 1985; GREAVES, Richard Lee, *Theology and Revolution in the Scottish Reformation. Studies in the Thought of John Knox*, Grand Rapids, Christian University Press, 1980.

◉ Buchanan; Cromwell; Haldane; Inglaterra; Jaime I; Knox; Melville; presbiterianismo; Smith A.; Westminster (Assembleia e *Confissão de*)

ESCOLA DOMINICAL

A primeira escola dominical foi fundada em 1780 em Gloucester (Grã-Bretanha) pelo jornalista Robert Raikes (1735-1811). Tratava-se então de alfabetizar filhos de operários e ensiná-los a contar. Porém, o fato de que essa escola era no "Dia do Senhor" fez com que os monitores buscassem a participação dos pastores no ensino bíblico das crianças. Exportado para os Estados Unidos e, em seguida, para o continente europeu, o modelo da escola dominical se instituiu em sociedades independentes das igrejas: na Alemanha (1825), na Suíça e na França (1852), por iniciativa do pastor Jean-Paul Cook (1828-1886), que lançou a *Revista das Escolas Dominicais*, que em 1888 se tornou *Jornal das Escolas Dominicais*. No século XX, as sociedades da escola dominical se integraram progressivamente às igrejas: em 1980, a Agência Romanda de Educação Cristã às Igrejas Reformadas na Suíça Romanda e, em 1989, a Sociedade das Escolas Dominicais a serviço do discipulado das igrejas luteranas e reformadas da França. A Sociedade das Escolas Dominicais, que em 2000 foi renomeada como Sociedade de Edição e Difusão, foi desmantelada dois anos depois, e a responsabilidade pelo discipulado passou a ser de cada igreja. Já o *Jornal das Escolas Dominicais* se tornou, em 1993, o *Ponto de Catequese*, e passou a ser editado pelas igrejas da França e da Suíça. Essas bruscas mudanças institucionais traduzem ao mesmo tempo a vontade que as igrejas têm de voltar aos cultos infantis (*Kindergottesdienst*) e uma crise do discipulado protestante. A escola dominical é atingida, hoje, pelos mesmos questionamentos contemporâneos acerca da transmissão do conhecimento. Passou de uma didática do ensino a um tipo de aprendizado em que os jovens são convidados a participar de um processo que articula a leitura comunitária dos evangelhos, sua vida cotidiana pessoal e o contexto em que vivem.

Jean-François Zorn

▶ DELTEIL, Gérard, *Déplacement de la catéchèse*, ETR 54, 1979, p. 31-40; GEOFFROY, Pascal, *La fin de la catéchèse?*, Lyon, Olivétan, 2004; GRIESE, Erhard, "Unser Kindergottesdienst. Blick in seine Geschichte", em *Kindergottesdienst-Helferhandbuch*, Stuttgart, Junge Gemeinde, 1985; JUNG, Emanuel, *Unsere Kinder vor Gott. Geschichte der Sonntagsschule in der Schweiz*, Berg am Irchel, Deutschschweizerischer Sonntagsschulverband, 1986; MEHL, Herrade, *Tendances actuelles de la catéchèse protestante et valeurs de la vie quotidienne*, RHPhR 52, 1982, p. 141-150; ZORN, Jean-François, *Un mouvement catéchétique contemporaem les Écoles du dimanche*, ETR 71, 1996, p. 379-400.

◐ Criança; discipulado; **educação**; Monod F.; Wichern

ESCOLAS LIVRES

Fala-se de "escolas livres" como se fala de "igrejas livres" para designar o fato de que não têm ligação com o Estado. Em ambos os casos, o adjetivo "livre" é ambíguo, mas o uso o consagrou. Em relação à escola, trata-se de estabelecimentos escolares privados em contraposição aos estabelecimentos públicos, que são diretamente administrados e controlados pelo Estado. Se há escolas privadas não confessionais, grande parte do ensino "livre" é de fato constituído por escolas confessionais.

O protestantismo, bastante favorável à escola pública, hesita diante das escolas confessionais. É sobretudo o caso em países como a França, em que a minoria protestante desempenhou um papel significativo na formação da escola laica, aberta a todos e livre de qualquer tipo de tutela religiosa. Isso não impediu que o protestantismo missionário francófono desenvolvesse uma importante obra escolar, principalmente na África, em que redes escolares protestantes existem até hoje em vários países (Zaire, Madagascar, Camarões etc.). Nos Estados Unidos, o protestantismo de tendência evangélica criou numerosas escolas. Em certos países da Europa, como na Holanda, além das escolas católicas ou públicas, há uma rede de escolas protestantes. Na França, estabelecimentos como o Colégio Cevenol em Chambon-sur-Lignon, o Colégio Lucie Berger e o Ginásio Jean Sturm (que formam desde 2003 o Polo Educativo Jan Amos Comenius) em Estrasburgo e o Curso Bernard Palissy na região parisiense — que acolhem todos os estudantes, seja qual for sua confissão religiosa — continuam a promover, cada um em seu estilo próprio, uma concepção protestante da educação. Assim como a grande maioria das escolas católicas, esses estabelecimentos estão sob contrato associativo com o Estado, o que relativiza a oposição entre o público e o privado. Além disso, observa-se uma secularização interna dos estabelecimentos confessionais, o que os torna ainda mais semelhantes às escolas públicas.

Na França, a questão escolar permanece um ponto bastante sensível para a opinião pública, como demonstram as manifestações de massa em Paris, com dez anos de intervalo (1984 e 1994): a primeira a favor da escola privada e contra o projeto do governo que pretendia criar "uma grande rede de serviços públicos e unificados da educação nacional); a segunda, a favor da escola pública e contra a possibilidade oferecida às coletividades locais, que consistia em financiar mais de 10% dos investimentos das escolas privadas. A questão do "véu islâmico" também despertou o debate sobre as relações entre escola e religião, revelando um risco duplo: primeiro, o de ferir o princípio do ensino comum a todos (dispensando alunos de determinadas aulas por causa da confessionalidade) e também o princípio de neutralidade confessional da escola (permitindo o uso de símbolos religiosos ostentatórios); em seguida, o risco de excluir alunos de confissão muçulmana, o que significaria estimular a formação de escolas privadas muçulmanas, fora do contrato com o Estado. Há, assim, uma tensão entre, de um lado, uma escola que, desejando-se neutra no plano religioso, busca respeitar as diferenças, e, de outro, as diversas manifestações religiosas, encontradas em certas tendências do islã e em alguns confins do fundamentalismo protestante, que não aceitam a secularização do saber e têm dificuldades para admitir que a religião não pode abarcar tudo.

Jean-Paul Willaime

▶ BAUBÉROT, Jean, "L'instauration de la laïcité", em *La laïcité, quel héritage? De 1789 à nos jours*, Genebra, Labor et Fides, 1990, p. 51-63; LANGOUËT, Gabriel e LÉGER, Alain, *Public ou privé? Trajectoires et réussites scolaires*, La Garenne--Colombes, Éditions de l'Espace européen, 1991; ROSE, Susan D., *Keeping Them out of the Hands of Satan. Evangelical Schooling in America*, Londres, Routledge, 1988; WILLAIME, Jean-Paul, org., *Univers scolaires et religions*, Paris, Cerf, 1990.

◉ Educação; laicidade

ESCRAVIDÃO

Como instituição que torna o ser humano servo de outro, a escravidão não foi necessariamente confrontada pelas igrejas antes do final da Idade Média. As primeiras incertezas cristãs quanto a sua legitimidade datam da conquista espanhola da América (1492-1502), em que a escravidão dos índios os levou à destruição. Mas as críticas de um Bartolomeu de las Casas (1474-1566) não impediram o tráfico negreiro. O número de africanos deportados para as Américas em quatro séculos varia, segundo as estimativas, de 20 a 140 milhões. A abolição do tráfico e da escravatura se concretizou na Europa em meados do século XIX, em grande parte graças a campanhas protestantes de homens como, na Grã-Bretanha, Thomas Clarkson (1760-1846) e William Wilberforce (1759-1833); na França, Benjamin-Sigismond Frossard (1754-1830, autor em 1789 de *La cause des esclaves nègres et des habitants de la Guinée* [A causa dos escravos negros e dos habitantes da Guiné], Genebra, Slaktine, 1978) e Guillaume de Félice (1803-1871, cf. sua obra *Émancipation immédiate et complète des esclaves. Appel aux abolitionnistes* [Emancipação imediata e total dos escravos: apelo aos abolicionistas], Paris, Delay, 1846). Algum remanescente do fenômeno da escravidão sob múltiplas formas foi observado e regularmente denunciado por instituições internacionais, como a Organização das Nações Unidas, na Convenção Internacional dos Direitos Humanos (1948).

Jean-François Zorn

▶ BLANC, Robert, *Un pasteur du temps des Lumières. Benjamin-Sigismond Frossard (1754-1830)*, Paris, Champion, 2000; BOLT, Christine e DRESCHER, Seymour, orgs., *Anti-Slavery, Religion and Reform*, Folkestone-Hamden, Dawson-Archon Books, 1980; COHEN, William B., *Français et Africains. Les Noirs dans le regard des Blancs 1530-1880* (1980), Paris, Gallimard, 1981; CRÉTÉ, Liliane (com a colaboração de Patricia CRÉTÉ), *La traite des nègres sous l'Ancien Régime. Le nègre, le sucre et la toile* (1989), Paris, Perrin, 1998; MELLON, James, *Paroles d'esclaves. Les jours du fouet* (1986), Paris, Seuil, 1991; QUENUM, Alphonse, *Les Églises chrétiennes et la traite atlantique du XVe au XIXe siècle*, Paris, Karthala, 1993; RABOTEAU, Albert J., *Slave Religion. The "Invisible Institution" in the Antebellum South* (1978), New York-Oxford, Oxford University Press, 2004; SALA-MOLINS, Louis, *Le Code noir ou le calvaire de Canaan* (1987), Paris, PUF, 2002; ZORN, Jean-François, *Le combat anti-esclavagiste chrétien au XIXe siècle*, BSHPF 139, 1993, p. 635-652; Idem, *Benjamin-Sigismond Frossard et Guillaume de Félice: deux théologiens protestants anti-esclavagistes*, ETR 79, 2004, p. 493-509.

◉ África tropical; Beecher Stowe; Channing; Child; colonização; direitos do homem; Emerson; feminismo; Fox; Grimké; igreja negra (afro-americana); Lincoln; Santidade (movimento de); Turner; Wilberforce

ESCRAVIDÃO DA VONTADE

A oposição, central no Novo Testamento, entre livre-arbítrio e escravidão da vontade se tornou famosa com esses termos pelo debate entre Erasmo (*Do livre-arbítrio*, 1524) e Lutero (*Escravidão da vontade*, 1525). Mais propriamente, o livre-arbítrio é um atributo divino. Podemos afirmar ao mesmo tempo o livre-arbítrio do homem e o de Deus, a não ser quando privamos Deus de sua soberania. É necessário explicitar que esse livre-arbítrio em que o cristão deve colocar uma cruz não diz respeito a suas escolhas na natureza ou no mundo, mas, sim, em relação à graça. Em tudo o que diz respeito a sua salvação e seu valor diante de Deus, o pecador só pode "livremente" escolher progredir em seu afastamento de Deus, a menos que lhe sobrevenha o milagre que significa a decisão de viver não mais por si mesmo, mas em Deus somente. Nossa liberdade de decisão é, portanto, sempre escrava, seja do pecado, seja de Deus. Quanto à salvação, o verdadeiro cristão se reconhece totalmente passivo em relação a Deus, predestinado ou eleito por Deus. Não nos convertemos, na verdade, mas Deus nos converte. Querer converter-se a Deus para obter dele a segurança da salvação ou querer preparar-se para receber a graça não passa de um desdobramento do pecado.

Os maiores adversários da doutrina da escravidão da vontade são representados pela doutrina católica do livre-arbítrio, segundo a qual a vontade humana em seu todo não está submetida ao pecado (Heinrich DENZINGER, *Compêndio dos símbolos, definições e declarações de fé e moral*, São Paulo, Paulinas, 2007, 1515), e por alguns meios protestantes que insistem em que a conversão pessoal não seria autêntica se não tivéssemos diante de nós a livre possibilidade de escolher entre o bem e o mal, o pecado e a salvação.

Jean-Denis Kraege

▶ BOISSET, Jean, *Érasme et Luther. Libre ou serf arbitre*, Paris, PUF, 1962; CHANTRAINE, Georges, *Érasme et Luther. Libre et serf arbitre*, Paris-Namur, Lethielleux-Presses universitaires de Namur, 1981; KOHLS, Ernst-Wilhelm, *Luther oder Erasmus. Luthers Theologie in der Auseinandersetzung mit Erasmus*, 2 vols., Basileia, Reinhardt, 1972-1978; LUTERO, Martinho, *Du serf arbitre* [A escravidão da vontade] (1525), seguido de Désiré ÉRASME, *Diatribe: Du libre arbitre* (1524), Paris, Gallimard, 2001.

○ Augustianismo; Erasmo; graça; jansenismo; justificação; **liberdade**; Lutero; pecado; **predestinação e Providência; salvação**

ESLOVÁQUIA (República)

A evangelização da Grande Morávia por Cirilo e Metódio em 863 seria determinante para os territórios habitados pelos eslovacos, territórios que, em 1025, são integrados ao reino da Hungria. Até a fundação da Checoslováquia (1918), a história da Eslováquia se viu restrita ao contexto húngaro.

Após a ocupação da grande planície pelos turcos (1526), a Eslováquia se tornou uma zona de refúgio para a nobreza húngara, que em maioria optou pelo calvinismo, enquanto os habitantes das cidades (formados em grande parte por alemães) adotaram o luteranismo. No final do século XVI, 90% da população da Eslováquia tinha passado para a Reforma. A Contrarreforma reconquistou a nobreza húngara, mas foi menos importante que na Boêmia ou na Morávia. O teólogo e historiador Mátyás Bél (1684-1749) deixou marcas no protestantismo eslovaco. Até o Edito de Tolerância, em 1781, o protestantismo checo, agonizando na clandestinidade, recebeu apoio do protestantismo eslovaco, que o proviu de literatura e ânimo. No século XIX, os pastores da Igreja Luterana na Eslováquia foram os pilares da resistência contra a "hungarização"[5]. A renovação da língua e a valorização cultural do povo eslovaco seriam algo impensável sem a ajuda protestante. Os protestantes também instigaram a República da Checoslováquia, desempenhando um papel fundamental na oposição aos nazistas, em 1944; opuseram-se igualmente à separação da Checoslováquia em duas repúblicas independentes, em 1993.

A Igreja Luterana conta com 325 mil membros, 328 igrejas locais, 270 pastores e três bispos. A Igreja Reformada conta com 85 mil membros, dos quais 80% pertencem à minoria húngara nas regiões limítrofes. Várias igrejas formadas a partir do avivamento (a Igreja Protestante dos Irmãos Checos, a União dos Batistas, as comunidades cristãs, os adventistas)

---

[5] [NT] Conjunto de políticas de assimilação de minorias com o objetivo de manter a dominação húngara. Como exemplo, passou a ser proibido o uso de línguas das minorias na administração e na justiça.

elevam a taxa dos protestantes para 8% da população do país, enquanto a porcentagem de católicos é de 60%.

Milos Rejchrt

▶ AUBERT, Raphaël, *La tentation de l'Est*, Genebra, Labor et Fides, 1991; OBERUC, Jean, *Les persécutions des luthériens en Slovaquie au XVIIe siècle*, Estrasburgo, Librairie évangélique, 1927; Id., *Matthieu Bel. Un piétiste en Slovaquie au 18e siècle*, Estrasburgo, Librairie évangélique, 1936.

◉ Hungria; Checa (República)

ESPANHA

Em nenhuma outra região da Europa, com exceção da Irlanda e da Polônia, a tradição católica foi tão forte quanto na Espanha. É o país de Inácio de Loyola (?1491-1556) e Teresa d'Ávila (1515-1582), mas também de Torquemada (1420-1498) e dos autos da fé. No século XVI, Carlos I (Carlos V para o restante da Europa) e, com ainda mais intensidade, seu sucessor Felipe II se esforçaram por esmagar (com bastante sucesso) grupos "luteranos", surgidos principalmente em Valladolid e Sevilha. Na época, era necessário que a Coroa espanhola salvaguardasse a unidade política, estabelecida com base na fé católica. O protestantismo era considerado uma ameaça para a integridade política do reino e das colônias na América, ao mesmo tempo que punha em risco a fidelidade do Estado ao catolicismo. Isso explica a perseguição de pequenos núcleos protestantes e de pessoas isoladas suspeitas de abraçar a fé protestante, como o arcebispo de Toledo, Bartolomeu Carranza (1503-1576).

Ao longo do século XIX, o protestantismo espanhol retoma fôlego, graças à implantação de missões de diferentes igrejas de países como França, Suíça, Alemanha, Inglaterra, Irlanda; é o que costuma chamar-se "a segunda Reforma espanhola". O desenvolvimento do protestantismo no país dependeu de flutuações políticas. Em 1869, ocorre o primeiro sínodo da *Iglesia Evangélica Española* (a igreja protestante da Espanha), que reúne as diversas missões do protestantismo histórico. Ao longo das três primeiras décadas do século XX, essa igreja cresceu e se engajou no trabalho social, abraçando sobretudo a alfabetização, ao implantar uma escola ao lado de cada igreja local. Mas a guerra civil de 1936 e o triunfo do general Franco em 1939 lhe foram prejudiciais. O Estado se torna católico, e as demais confissões passam a ser proibidas. Durante trinta anos, as igrejas protestantes da Espanha se refugiaram na clandestinidade. Em 1967, é votada uma lei que reconhecia a existência de confissões não católicas, com a condição de que fossem registradas pelo governo. Em 1978, o regime democrático instaura um Estado não confessional e proclama a liberdade religiosa. Mas o protestantismo espanhol (por volta de 350 mil pessoas, com 50% de ciganos, para uma população total de 43 milhões), composto principalmente de batistas, darbistas, pentecostais, reformados e uma pequena comunidade anglicana, permanece bastante minoritário. As relações entre as diferentes denominações protestantes são boas; já quanto ao diálogo com a Igreja Católica, este limita-se geralmente à base, sendo muito difícil de estabelecer-se com a liderança — sobretudo devido ao número reduzido de protestantes.

Esther Rubio e Daniel Vidal

▶ BONIFÁS, Aimé, *Quand fleurit l'amandier. Les protestants d'Espagne*, Paris, Les Bergers et les Mages, 1976; Idem, *Matamoros (1834-1866). L'aube de la seconde Réforme en Espagne*, Bordeaux, Pro Hispania, 1967; OJEDA, Sergio, *Un método de análisis teológico pastoral. Una aproximación socio-religiosa a las acciones pastorales de la Iglesia Evangélica Española*, Madrid, Arteprinter, 1988; REDONDO, Augustin, "Luther et l'Espagne de 1520 à 1536", *Mélanges de la Casa de Velásquez* I, 1965, p. 109-165; SCHÄFER, Ernst Hermann Johann, *Beiträge zur Geschichte des spanischen Protestantismus und der Inquisition im 16. Jahrhundert. Nach den Originalakten in Madrid und Simancas bearbeitet* (1902), 3 vols., Aalen, Scientia, 1969; TELLECHEA IDIGORAS, José Ignacio, "La réaction espagnole face au luthéranisme (1520-1559)", *Positions luthériennes* 20, 1972, p. 97-111; VIDAL, Daniel, *Nosotros, los protestantes españoles*, Madrid, Marova, 1968.

◉ Disseminação

ESPERANÇA

Ao indagar-se "O que me é permitido esperar?", Kant abriu espaço para a religião, distinta tanto de um saber quanto de um fazer. Porém, ao longo do século XIX, a finalidade última foi com frequência traduzida pelos teólogos protestantes em termos de moral, política e cultura, em detrimento do significado escatológico e seu alcance crítico. Na virada do século XIX para o século XX, redescobre-se a importância do Reino de Deus na pregação de Jesus (Johannes Weiß, Albert Schweitzer) e o caráter de novidade radical da espera escatológica. Em seguida, a "teologia dialética" fez com que o tema da escatologia frutificasse teologicamente, reinterpretando-o de acordo com suas perspectivas próprias e em tensão crítica com as representações apocalípticas. Nos anos 1960, Jürgen Moltmann e Wolfhart Pannenberg insistiram na ruptura provocada pela esperança nos bastiões do ser e do passado. Assim, buscaram superar a visão abstrata de um Deus "no alto" (Barth) e da atenção de Deus para com apenas o presente do indivíduo (Bultmann), em uma continuação do trabalho de Ernst Käsemann, que buscou sobretudo valorizar novamente os esquemas de pensamento judeu e cristão próprios do apocalipse.

Essa redescoberta da esperança liberta as forças da imaginação, da criatividade e da ação ética, que proporcionam nova coragem e nova lucidez aos seres humanos invadidos de resignação ou desespero. Em vez de limitar-se à espera beata de um futuro melhor ou aos febris preparativos de um porvir puramente técnico, a esperança é posta à prova diante do mal radical, do trágico e da ausência de sentido na história. Funda-se na fé, *certeza de coisas que se esperam, a convicção de fatos que se não veem* (Hb 11.1). Embora sem ilusões quanto ao mundo, a esperança não é condescendente com covardia e irresponsabilidade. Torna-se uma postura sábia e de fé em um mundo fechado em suas certezas e cúmplice de suas inércias.

Denis Müller

▶ MOLTMANN, Jürgen, *Théologie de l'espérance. Études sur les fondements et les conséquences d'une eschatologie chrétienne* (1964), Paris, Cerf-Mame, 1978; MOTTU, Henry, *Espérance et lucidité*, em Bernard LAURET e François REFOULÉ, orgs., *Initiation à la pratique de la théologie*, t. IV: *Éthique*, Paris, Cerf, 1971; Idem, *Ethik und Ekklesiologie*, Göttingen, Vandenhoeck & Ruprecht, 1977; RICOEUR, Paul, "La liberté selon l'espérance" (1968), em *Le conflit des interprétations. Essais d'herméneutique*, Paris, Seuil, 1993, p. 393-415.

◐ Amor; apocalíptico; apocatástase; **morte e vida eterna**; parusia; **política**; Reino de Deus; **utopia**; virtudes teologais

ESPÍRITO SANTO

A igreja cristã é constituída (e vive) de acordo com uma "dupla entrada": de um lado, refere-se a Jesus de Nazaré, confessado como Cristo ou Messias; do outro, faz referência à realidade do Espírito Santo. Apela-se assim para um passado, determinante, e para um presente e uma novidade, atuantes. Tradicionalmente, essa dupla "entrada" é personificada em Pedro (o "poder das chaves") e Paulo (a espada da Palavra e a liberdade do Espírito). Um surge instituído por Jesus (*sobre esta pedra edificarei a minha igreja*, diz Jesus em Mateus 16.18), e o outro nem sequer conviveu com Jesus (não pertence ao grupo dos doze apóstolos).

A iconografia antiga confirma essa dualidade, e significativamente a igreja reservou o mesmo dia de seu calendário para as festas de Pedro e Paulo (19 de junho). No entanto, no catolicismo a tendência é esquecer essa dualidade originária de princípios, pensando-se em primeiro lugar como a igreja de Pedro, em uma ligação direta com Jesus, Filho enviado por Deus. O protestantismo, de modo particular, lembra-a dessa dualidade. Assim, o olhar em Jesus e suas relações com Deus é igualmente reequilibrado: na doutrina, Jesus não é apenas "Filho de Deus", mas também "filho do homem", inserido em uma genealogia e uma matriz históricas, as de um Antigo Testamento cujas figuras são rememoradas por ele.

Necessariamente, no cristianismo, o Espírito Santo equivale a um princípio de uma *superação* e de uma *realização*, ambos os aspectos interligados: há superação da letra e dos dados cristãos, mas para realizá-los. Aqui, o Espírito Santo está no princípio de uma universalização, em extensão (investimento das "nações", além do povo judeu), e de uma personalização, em interioridade (a inscrição no coração dos que creem e a vocação dirigida ao ser humano em sua totalidade e sua verdade própria a mais irredutível). A economia cristã é dita, pensada e vivida de acordo com uma polaridade cristológico-pneumatológica, sob o signo de uma ausência do fundador (*convém-vos que eu vá*, diz Jesus em João 16.7) e de uma promessa (*aquele que crê em mim fará também as obras que eu faço e outras maiores fará*, João 14.12).

Podemos falar aqui de uma lógica da encarnação que é buscada; mas ela é buscada de acordo com um jogo de rupturas e de constantes retomadas (segundo uma continuidade para além de uma descontinuidade, portanto, ou segundo uma genealogia em que eu preciso ser engendrado novamente), por ser ela obrigatoriamente suspensa na transcendência ou na heterogeneidade de Deus: Cristo não é Deus de modo não mediado (ou seja, Cristo é Deus de acordo com e no Espírito, e é no Espírito que nós o reconhecemos como Filho, em relação direta com Deus); da mesma forma, a igreja e os dados mediadores da fé só são verdadeiros se recebidos e apropriados de acordo com e no Espírito.

Funcionalmente, no protestantismo, o Espírito preside a realidade de uma "santificação", presente e pessoal, com base na "justificação" originariamente dada por Deus. Fala-se assim de um "trabalho do Espírito", no íntimo de cada um e diretamente nas realidades seculares no mundo. Esse trabalho marca profundamente a espiritualidade protestante.

No entanto, a história protestante mostra que a obra do Espírito Santo foi por vezes compreendida em um esquema de manifestações ou ações sucessivas de Deus como força e soberania única e direta. Foi o caso nos avivamentos e no movimento evangélico (ou, de modo mais grave ainda, em certos movimentos sectários). No sentido inverso, o Espírito Santo também foi evocado para sancionar um espiritualismo potencialmente universal e de forma fundamentalmente individual. Foi o caso em algumas manifestações do liberalismo teológico, por exemplo, no século XIX. Em ambos os casos, sofre-se de uma lamentável falta de diferenciação, tanto na relação com Deus (que não é mais vislumbrado em um esquema trinitário, no princípio de um processo de fé feito de apropriação e aprofundamento personalizado) quanto na relação com o mundo e a história (que não são mais vislumbrados de acordo com as diferenciações a serem articuladas nem as genealogias a retomar para si). Assim, ambos são prisioneiros de uma oposição entre heteronomia e autonomia, submissão e liberdade, os primeiros escolhendo o primeiro termo, e os segundos optando pela alternativa.

Na teologia protestante, o Espírito Santo tem um lugar central em relação às *mediações*: a Escritura (o motivo da "somente a Escritura" faz par com o "testemunho interior do Espírito Santo", no corpo a corpo com uma leitura do texto e de uma apropriação pessoal), os sacramentos (contra a "transubstanciação", que tende a esgotar a realidade dos elementos naturais, o fiel é convidado a um aprofundamento daquilo que é dado, na dupla referência a Cristo oculto ou elevado e à comunidade que partilha e luta), a experiência no mundo por fim (o fiel não a deprecia em prol de algum ideal, mas a recebe como local de descentramento e bênção oculta).

Nesse sentido, diz-se do Espírito que é aquele que está na origem das coisas dadas (ele "inspira a Escritura"), no cerne da recepção (ele "ilumina" o leitor) e proporciona o testemunho para o exterior (o Espírito dinamiza a militância que é feita no mundo, permitindo o aprofundamento daquilo que se experiencia nele), levando mais adiante a verdade última de Deus (o Espírito diz uma esperança e uma transformação por vir). De modo clássico, é princípio de "êxtase" (cf. Paul Tillich), de abertura e de acolhimento, mas de um "êxtase" diretamente na carne e no mundo de todo dia. É quando o Espírito se mantém no íntimo da constituição do sujeito, segundo um acompanhamento dos dados, das relações de pertinência e dos símbolos no cerne dos quais ele tem a vocação por vir, em uma relação diferenciada com a única verdade de Deus.

Além dessa assignação concreta do Espírito, de sua realidade e de sua eficácia, a evocação do Espírito se inscreve na visão de uma "redenção" da criação inteira: o Espírito diz — metaforicamente, mas em relação aos dados da fé indicados aqui — que em Deus se mantêm e se retomam, escatologicamente, a matéria, a natureza, o cosmos e o peso da existência como tais, e não somente a liberdade, o sujeito, a Palavra ou a transparência da ideia. A menção do Espírito Santo — ao lado do Pai e do Filho — compreende de modo particular o prinícpio de uma retomada em totalidade (o *Espírito de Deus pairava sobre as águas* já apontava para isso em Gênesis 1.2), não sem uma transformação, evidentemente (passagem pela Palavra e por Cristo como irrupção separadora e determinante).

Pierre Gisel

▶ BERKHOF, Hendrikus, *The Doctrine of the Holy Spirit* (1964), Richmond, John Knox Press, 1964; GABUS, Jean Paul, *Dans le vent de l'Esprit*, Paris, Les Bergers et les Mages, 1992; GISEL, Pierre, *La subversion de l'Esprit. Réflexion théologique sur l'accomplissement de l'homme*, Genebra, Labor et

Fides, 1993; TILLICH, Paul, *Théologie systématique IV: La vie et l'Esprit* (1963), Genebra, Labor et Fides, 1991.

● Avivamento; Berkhof; carismático (movimento); **comunhão**; Concílio Mundial de Igrejas (Assembleias do); discernimento de espíritos; encarnação; espiritualidade; espiritualismo; *filioque*; Finney; glossolalia; Hegel; indivíduo; **igreja**; imposição de mãos; inspiração; mediações; Noordmans; ortodoxa (Igreja Oriental); pentecostalismo; santificação; sincretismo; teopneustia; Van Ruler

ESPIRITUALIDADE

1. Introdução
2. As especificidades da espiritualidade protestante
   2.1. Alguns aspectos históricos
   2.2. A conversão
   2.3. Uma Palavra dinamizadora
   2.4. A oração
   2.5. O papel da comunidade e o acompanhamento espiritual
   2.6. A busca da perfeição
   2.7. A vida em Deus
3. Atualidade da espiritualidade protestante
4. Espiritualidade e teologia protestante hoje
   4.1. Uma espiritualidade individualista? (Wolfhart Pannenberg)
   4.2. Um lugar para a mística? (Karl Barth)
   4.3. A vida no Espírito (Paul Tillich)

1. Introdução

Sob todas as suas formas e em todas as vertentes, o protestantismo fervilha de vida espiritual e devoção. Contrariamente a um preconceito bastante difundido, a espiritualidade não é uma prerrogativa das religiões orientais, nem das tradições católica e ortodoxa. Assim, não poderíamos utilizar os termos "espiritualidade" e "vida espiritual" para nos referir somente aos modelos dominantes da piedade católica, como parecem pensar Raymond Darricau e Bernard Peyrous em sua bastante parcial *Histoire de la spiritualité* [História da espiritualidade] (1991, Paris, PUF, 1994²). Isso não faria jus nem à contribuição específica do protestantismo para a espiritualidade em geral, nem à diversidade das correntes dentro do próprio protestantismo.

O protestantismo mantém uma relação original e específica com a espiritualidade. De fato, o movimento incessante de reforma e retorno aos valores fundamentais é algo profundamente espiritual, uma característica que se aplica a todo o protestantismo, já visível no século XVI. A busca inicial e inauguradora de Martinho Lutero (1483-1546), o monge agostiniano atormentado, é uma empreitada espiritual em toda a sua extensão. A reforma de Zurique está intimamente ligada à profundidade espiritual e pastoral de Ulrico Zwinglio (1484-1531). E o que dizer dos admiráveis esforços pelos quais alguém como João Calvino (1509-1564) e movimentos como o puritanismo e o pietismo tentaram dar forma a um estilo de vida ao mesmo tempo contemplativo e prático, com a assinatura da exigência espiritual mais alta? Não poderíamos estabelecer aqui cortes muito precisos entre a Reforma e o protestantismo; como o demonstra Carl-A. Keller mais adiante neste artigo, a preocupação quanto a viver a espiritualidade atravessa todo o elo que liga os protestantes modernos aos fundadores do século XVI. De certo ponto de vista, em toda a trajetória protestante, a espiritualidade questiona a teologia e as formas de existência eclesiais ou comunitárias, constituindo um teste desafiador da veracidade e da pertinência das experiências religiosas protestantes, sejam elas individuais ou coletivas.

No entanto, no próprio modo de distribuição e organização dessa continuidade ao longo dos séculos, é de impressionar a tensão que o protestantismo suscita entre uma espiritualidade centrada em si mesma e uma espiritualidade voltada para o mundo. Desde as origens da Reforma e ao longo da complexa história do protestantismo, a espiritualidade permanece um tema de controvérsias e debates, tanto em seu alcance concreto quanto em sua significação teológica. Isso se deve, parece-nos, a vários fatores. O ato reformador em si (exemplarmente representado por Lutero, Zwinglio e Calvino) ainda é compreendido em primeiro lugar como um exame crítico — fundamentalmente teológico — das práticas eclesiais e da experiência espiritual. Dessa forma, a espiritualidade não é, como tende a sugerir certo sincretismo ambiente, objeto de um consenso inicial ou de uma unanimidade ecumênica de superfície; é na verdade uma questão desconcertante desde a origem. A espiritualidade exige um discernimento teórico e prático empregado pelos reformadores com a ajuda da categoria central da justificação pela fé.

Assim se explica a tendência recorrente, dentro da reflexão teológica protestante, a querer distinguir a espiritualidade humana da fé autêntica, preferindo uma ou outra. Por vezes, sob a pressão de fatos políticos ou riscos ideológicos, isso conduziu a uma oposição sem nuances entre fé e religião. Nisso lembramos, antes de tudo, a maneira com que Karl Barth (1886-1968) e Dietrich Bonhoeffer (1906-1945), e sem dúvida de modo ainda mais radical seus discípulos solícitos demais, bloquearam por várias décadas todo tipo de recuperação teológica positiva do religioso e do espiritual.

O protestantismo pagou um pesado tributo a essa postura rigorista e esquemática. Por um medo quase visceral de confusionismo e sincretismo, tornou-se em geral incapaz de compreender e identificar os agudos desafios representados não somente pela espiritualidade de demais tradições cristãs, mas também pelo atrativo das religiões orientais e dos novos movimentos religiosos.

Para encontrar o antídoto desse inegável defeito, os protestantes empreenderam buscas em direções muitas vezes contraditórias. De um lado, assistimos ao desenvolvimento de tendências pietistas e místicas, tanto no interior de movimentos evangélicos radicais quanto em meios especialmente sensíveis à riqueza das tradições católica e ortodoxa. Pesquisas sociológicas efetuadas recentemente na Europa mostraram aliás que um número nada desprezível de protestantes mais ou menos praticantes buscam seu caminho espiritual em formas de religiosidade mista, adotando aspectos que, de nosso ponto de vista, são dificilmente compatíveis com a fé cristã: reencarnação, astrologia, terapia kármica etc. Esses rearranjos ou essa nova reunião de crenças modificam de modo bastante profundo o cenário espiritual dos países ocidentais.

Hoje, fala-se muito das promessas ou dos perigos de movimentos como a Nova Era. Apesar das disparidades e de seu caráter identitário fugidio, o movimento fornece indicações precisas sobre a expectativa espiritual do mundo ocidental contemporâneo. Podemos ver nisso o sinal de uma sociedade em busca de sínteses e unificações, diante dos desafios e das angústias de uma modernidade em final de carreira. Mas também nos vemos no direito de nos indagar se a Nova Era seria capaz de confrontar e superar os conflitos aos quais estão expostos, hoje, sociedades e indivíduos. Nada nos informa se, por exemplo, amanhã testemunharemos o retorno do demoníaco (para utilizar uma expressão de Paul Tillich) e as formas de espiritualidade bem mais combativas e antagonistas que aquelas que parecem estar em jogo na nebulosa Nova Era. Uma vigilância é assim necessária, de acordo com a melhor tradição protestante.

O *status* da espiritualidade não está somente associado, no protestantismo, à jurisdição do teológico, caracterizada pelo tema maior da justificação somente pela fé; está também relacionado a uma reorganização do teórico e do prático. Nisso, o debate tem se concentrado na oposição entre vida contemplativa e vida ativa. Assim como não é possível, a partir da justificação somente pela fé, erigir a vida contemplativa de modo absoluto, a pureza da fé se torna fonte de atividade intramundana, questionando uma possível autossuficiência da vida espiritual e atribuindo um novo valor ao engajamento social e político.

Lutero pôde reconhecer, pelo menos no início, sua dívida para com a teologia de Johannes Tauler (?1300-1361), a *devotio moderna* (cf. A imitação de Cristo, século XV) e a mística renana, mas foi justamente por sua redescoberta da justificação somente pela fé que ele recontextualizou e deslocou o sentido da vida espiritual. Já Calvino, ainda que reconheça a importância da contemplação, orientou de modo mais firme a espiritualidade para o agir prático (cf. sobre isso G.-Ph. Widmer). Essa simples comparação ressalta o destino e os avatares da espiritualidade protestante: distinguindo-se por vezes radicalmente das espiritualidades de orientação mística e das tentações iluministas, a espiritualidade protestante sofreu tanto certo ressecamento racionalista quanto traços moralistas e ativistas. Mas nada conduzia fatalmente à rigidez intelectual ou ao rigor moral no tema luterano da justificação somente pela fé ou no tema calvinista da santificação sob a autoridade da Palavra e do Espírito. Porém, não é suficiente questionar se esses desvios já estavam contidos, em germe, na obra dos reformadores ou se são devidos ao desenvolvimento sucessivo do veteroprotestantismo e do neoprotestantismo (de acordo com a conhecida distinção de Troeltsch); trata-se principalmente de questionar-se sobre as condições históricas às quais toda espiritualidade está atrelada. A espiritualidade protestante não é um puro jorro de lava que se derrama ao longo dos séculos, mas, sim, uma resposta viva a questões e implicações de um tempo e local determinados; seu condicionamento histórico evidente constitui ao mesmo tempo sua sorte e sua força: é justo por insinuar-se nas falhas e nos interstícios da vida cotidiana que pode atestar sua pertinência existencial e prática.

Falar aqui de uma espiritualidade encarnada, longe de ser um cômodo *slogan*, exprime uma exigência que é continuamente nova. Entre os reformadores, o protestantismo moderno e seus herdeiros de hoje, é a própria organização da teoria e da prática que se encontra profundamente modificada. Não partimos mais, especulativamente, de um dado da fé, de um "artigo que provoca a permanência ou a queda da igreja" (*articulus stantis or cadentis ecclesiae*) — ainda que esse artigo seja o dogma intangível da justificação somente pela fé! —, mas somos confrontados com a questão sobretudo prática do sentido da vida e da plausibilidade ética de nossos comportamentos. A espiritualidade reivindica um lugar à parte na organização de nossa existência individual e social; torna-se por assim dizer um indício de nossa busca de sentido e de integralidade. Nem o teológico como tal, nem o ético, nem o político poderiam esgotar o significado disso. Mas isso significa também, por outro lado, que em nossas escolhas espirituais se manifestam e estão em jogo a pertinência e a coerência do teológico, do ético e do político.

Concretamente, esse novo impulso da espiritualidade afeta o protestantismo de diferentes maneiras.

No interior ou nas margens do protestantismo tradicional, a busca por uma espiritualidade experienciada se manifestou, no século XX, por um retorno às fontes do catolicismo (Mazille, La Pierre-qui-Vire etc.) e da ortodoxia oriental; pela procura por movimentos mais ou menos híbridos, como a Comunidade de Taizé, a "Catolicidade Evangélica" e "Igreja e Liturgia"; ou, ainda, por adesão a formatos evangélicos ou abertamente carismáticos de devoção. Nos anos 1960, o protestantismo se aventurou, com graus variados de sucesso, a redescobrir o sentido da peregrinação. Centros de juventude, inspirados pela experiência do centro de encontros Ágape (nos vales valdenses do Piemonte), tornaram-se por algum tempo um local privilegiado de encontros, pontuados por fases espirituais delimitadas pelos tradicionais caminhos da cruz. Uma espiritualidade da Palavra, centrada na meditação em versículos bíblicos, permitiu reinvestir a instituição geralmente recalcada da peregrinação clássica. Locais importantes para o protestantismo, como o Museu do Deserto, o campo de Vaumarcus, Taizé ou Ágape concretizam essa necessidade de amplos ajuntamentos e renovação. Enquanto o protestantismo clássico se orientou em geral para modelos mais institucionais de ajuntamento (sínodos regionais ou nacionais, grandes conferências europeias ou mundiais, principalmente sob a égide do Conselho Mundial de Igrejas), os meios evangélicos se caracterizaram sobretudo por sua viva consciência missionária (cf. as conferências de Lausanne [1974] e de Manila [Lausanne II, 1989]). Não há dúvida de que, através dessas aproximações, a espiritualidade protestante ganhou em diversidade, em encarnação concreta e em universalidade.

Por outro lado, uma nova consciência em relação ao corpo, às emoções e à cura, tanto física quanto moral, deu ensejo ao que os sociólogos chamaram uma "nebulosa místico-esotérica (F. Champion). Quando a exigência espiritual se traduz em termos de renovação no cristianismo tradicional, assistimos a novas práticas nas igrejas estabelecidas (p. ex., os cultos de cura, suscitados pela reflexão e pela prática do teólogo suíço Walter J. Hollenweger, em geral com um acompanhamento teológico e espiritual para evitar tropeços). Mas a sede de espiritualidade pode também exprimir certa decepção em relação ao cristianismo histórico, ou da fé cristã como tal; traduz-se então por novos (re) arranjos do religioso ou por uma passagem consciente para outros tipos de crença. O culto ao corpo pode aqui desempenhar um papel central ou, pelo contrário, ceder lugar a espiritualidades mais etéreas, mais centradas no destino da alma que no bem-estar do corpo. De toda forma, essas buscas atestam um questionamento das espiritualidades tradicionais; o protestantismo nem sempre soube reagir ao desafio levantado por tais demandas. Sua tendência natural ao intelectualismo, ao individualismo e ao moralismo com frequência o tornaram surdo às demandas do corpo, da comunidade, da fraternidade e da espontaneidade. É tempo, portanto, não somente de redescobrir as riquezas espirituais da tradição e da experiência, mas também de recolher delas os frutos, tanto no plano teológico quanto na vida de todos os dias.

Denis Müller

2. As especificidades da espiritualidade protestante

2.1. Alguns aspectos históricos

A espiritualidade protestante nasceu com os reformadores. Ao examinar suas obras, podemos afirmar que o protestantismo é, em essência, uma espiritualidade, pois coloca em evidência e desenvolve as relações que todo cristão pode manter com Deus em sua interioridade. A espiritualidade protestante é o corolário da revolta encabeçada pelos reformadores contra as pretensões da hierarquia romana de dispor soberanamente da salvação eterna dos homens. Denunciando tal audácia, Lutero reivindicou para cada cristão o direito de interpretar a Bíblia e de viver em harmonia com sua compreensão do evangelho. De acordo com o evangelho, o homem não é justo diante de Deus em virtude de uma absolvição concedida por instâncias eclesiásticas, por suas obras pias. O homem é justo quando, pela fé, por um ato de confiança e de abandono, apropria-se da obra redentora de Cristo. A espiritualidade protestante é edificada sobre a certeza de que o homem é justificado pela fé. Essa certeza lhe proporciona a liberdade de aproximar-se de Deus sem passar por outros intermediários além do próprio Cristo.

Independentemente de Lutero, Zwinglio foi levado a declarar, pela leitura da Bíblia, que o evangelho, esclarecido pelo Espírito Santo, é seu próprio intérprete. Sua verdade não precisa ser garantida por uma hierarquia estabelecida. É por isso que, na primeira de suas 67 teses debatidas na Disputa de Zurique (1523), ele afirma que a verdade do evangelho não tem relação alguma com a hierarquia: "Todos aqueles que pretendam que o evangelho só tem valor na medida em que é autentificado pela igreja se enganam e blasfemam contra Deus" (*Die 67 Artikel Zwinglis*, em *Sämtliche Werke I*, Berlim, Schwetschke, 1905, p. 458). Não é a meditação eclesiástica que torna o evangelho eficaz na vida do cristão; é Deus que, pelo Espírito Santo, atrai o homem para Cristo e para si mesmo. O Espírito Santo é dado generosamente àqueles que seguem seu apelo. Influenciado pelo movimento de evangelismo que fecundou a fé da igreja no reino da França no início do século XVI, com sua insistência na leitura da Bíblia e na união com Cristo, depois de alguma hesitação, Calvino rompeu com a hierarquia romana, a fim de abandonar-se a uma relação mais pessoal com Deus. Esses laços (que podemos qualificar de "místicos") estão na base de seus impulsos como reformador; portanto, é também a força espiritual da tradição eclesiástica que é fruto da Reforma. O calvinismo está na origem de uma espiritualidade teocêntrica: "O que poderíamos pedir além disso, para a doutrina espiritual de nossa alma, a não ser conhecer Deus para sermos transformados nele e ter sua imagem gloriosa impressa em nós" (*"La vraie piété". Divers traités de Jean Calvin et Confession de foi de Guillaume Farel* [A verdadeira piedade: diversos tratados de João Calvino e Confissão de Fé de Guilherme Farel], org. por Irena Backus e Claire Chimelli, Genebra, Labor et Fides, 1986, p. 36, nota 8). Os reformadores libertaram assim o cristão da tutela da hierarquia e o colocaram diretamente sob a autoridade de Deus. Toda espiritualidade é individual, ou seja, é sempre a espiritualidade de determinada pessoa. Ao recusar a mediação de uma hierarquia, os reformadores abriram caminho para uma espiritualidade pessoal que une cada cristão intimamente a Deus.

É evidente que essa liberdade comporta o perigo do individualismo e do esfacelamento da comunidade. Os próprios reformadores se viram obrigados a lutar contra tais tendências, por vezes com um vigor cujo excesso podemos lamentar. Apesar de seus esforços para manter a unidade, o movimento protestante se dividiu em várias grandes denominações e em certo número de comunidades independentes. No entanto, a ênfase do protestantismo em seu todo na necessidade — e na possibilidade dada por Deus — de uma espiritualidade individual seria sempre sua força. Se às vezes falta coesão às igrejas e às comunidades protestantes, e portanto também falta poder político (defeito que talvez não se oponha ao espírito de Jesus Cristo), essas igrejas e comunidades possuem recursos espirituais que se desdobraram de múltiplas maneiras ao longo de sua história.

ESPIRITUALIDADE

O caráter específico da espiritualidade protestante, a liberdade oferecida a cada um de confiar-se diretamente a Cristo, verificou-se até nossos dias. Após um período de relativa estagnação que se seguiu à época dos reformadores, tempo que as igrejas aproveitaram para consolidar suas estruturas e sua doutrina (foi a fase das ortodoxias confessionais), o pietismo proclamou novamente, a partir do século XVII, a necessidade de uma nova experiência religiosa pessoal. A espiritualidade busca e encontra o Salvador pessoal; ela aprecia e desenvolve a oração individual e livre; ela convida cada fiel a estudar a Bíblia e a descobrir nesse Livro a mensagem que Deus lhe dirige pessoalmente, em sua situação concreta; ela o incentiva a conduzir o homem interior à perfeição. Para os pietistas, a fé se tornou novamente viva, dando vigor a cada pessoa individualmente, esforçando-se por manter de pé a intenção original dos reformadores.

No século XIX, os diversos movimentos de avivamento retomaram a chama das mãos dos pietistas, convidando os fiéis a viver uma experiência pessoal da presença de Cristo e guiando-os para um "novo nascimento" e uma vida de testemunho ativo no mundo. Pietismo e avivamento são formas típicas de espiritualidade protestante.

O caráter específico da espiritualidade protestante também se verificou favorável ao desenvolvimento da teologia. Ele estimulou a diversidade de buscas pessoais que se desenvolveu em ricas colheitas de métodos e resultados. Confiantes no direito de reler a tradição em função de suas experiências pessoais, os teólogos protestantes produziram obras de uma espantosa diversidade, tentando, cada um com seus talentos, honrar o patrimônio dos reformadores.

Friedrich Schleiermacher (1768-1834) é um representante típico da teologia protestante. Foi-lhe necessário mudar de método, adaptar-se ao espírito de sua época, marcado pela *Aufklärung* e pelos primórdios do movimento romântico. Defendendo a religião cristã contra o desprezo que lhe opunham os adeptos da *Aufklärung*, Schleiermacher descreve a religião de modo direto como um sentimento irredutível e espontâneo, suscitado pela contemplação do Infinito manifesto na história e no cosmos. Engendrado pelo Infinito — Deus —, o sentimento religioso se define como sentimento de absoluta dependência. Encontra sua realização no sentimento religioso que a obra do redentor, Cristo, inspira. A "redenção" consiste de fato na experiência do puro sentimento de união e harmonia com o Infinito. Apresentando-se como sentimento de reconciliação, união e harmonia centrado em Cristo, o sentimento religioso e cristão descrito por Schleiermacher propõe uma reinterpretação, na linguagem de sua época, da experiência protestante fundamental: a percepção direta, não mediatizada por uma hierarquia sacramental, da grandeza e do amor de Deus, assim como sua obra que ilumina o coração de cada ser humano.

No mundo francófono, a abordagem de Benjamin Constant (1767-1830) privilegia o "sentimento religioso" opondo-o à instituição e ao sacerdócio, sendo bastante próxima da de Schleiermacher. Para Constant, o sentimento religioso é inerente ao homem, desperto por "tudo o que, no mundo físico, associa-se à natureza, ao universo, à imensidão; tudo o que, no moral, suscita ternura e entusiasmo" (*De la religion considérée dans sa source, ses formes et ses développements* [Da religião considerada em sua fonte, suas formas e seus desenvolvimentos] [1824-1831], Arles, Actes Sud, 1999, p. 49). Mas, ainda que deixe expressa suas ligações com o protestantismo (p. 582), Constant não baseia suas ideias na Bíblia.

2.2. A conversão

Toda espiritualidade, cristã ou não, é vivida como uma trajetória. O caminho é, de fato, o símbolo mais universal e mais adequado para descrever a "progressão" espiritual. O homem de espiritualidade quer sempre avançar, sempre ir mais longe em sua prática da Verdade e em sua experiência. Ele está sempre em marcha, feliz, porque caminha em uma via que o aproxima do alvo. Essa via tem um começo e propõe um itinerário, sinalizando um término. A espiritualidade protestante também é dessa ordem. Assim, no que se segue, vamos traçar esse itinerário.

Assim como a maioria dos demais caminhos, o itinerário protestante começa por uma decisão firme do futuro caminhante: a conversão. Em seguida, o caminho é ladeado por leituras da Bíblia, orações, ajuda espiritual da comunidade e seus responsáveis (ou seja, discipulado) e pelo desejo de atingir a perfeição. O alvo é a vida em Deus, através de Cristo. Trata-se de um percurso cujos elementos formam um todo, um modo de vida, que não deve ser compreendido como uma sucessão cronológica de fases ou graus.

Podemos correlacionar a conversão à mensagem inicial do Novo Testamento, à qual a tradição cristã sempre se refere, enunciada por João Batista e Jesus: *Arrependei-vos!* (Mt 3.2). O evangelho convida a uma mudança de mentalidade, a outra orientação na conduta da vida. Os reformadores retomaram esse apelo. A primeira das 95 teses que, no dia 31 outubro de 1517, segundo a tradição, Lutero pregou na porta da Igreja de Wittenberg trazia à lembrança o sentido da conversão: "Ao dizer *Arrependei-vos*, nosso Senhor e Mestre Jesus Cristo quis que toda a vida dos fiéis fosse de arrependimento" (*MLO* 1, 106). Lutero rejeitava na hierarquia romana o direito de absolver o pecador exigindo um pagamento sob a forma de obras de piedade ou dinheiro (indulgências). Para ele, o perdão é obra somente de Deus; o homem só pode anunciá-la a seus semelhantes. É o perdão recebido gratuitamente que implica a novidade de vida, a "mudança de atitude e de mentalidade" (*metanoia*), um comportamento que honre a Deus *em espírito e em verdade* (Lutero cita João 4.23). Servir a Deus consagrando o espírito, a alma e o corpo, e não submeter-se às leis de uma autoridade humana — eis a conversão, o arrependimento do cristão protestante. Ela é o começo e o detonador cotidiano de sua espiritualidade.

Após Lutero, o tema da conversão ocupou o centro da espiritualidade pietista. August Hermann Francke (1663-1727), um dos pais do pietismo, conheceu em sua vida uma grande transformação espiritual, cujas diversas etapas forneceram o modelo de todas as conversões adotado pelo movimento pietista. Essas etapas são: o reconhecimento dos pecados, o medo do pecado e de suas consequências, a dúvida, o desejo da salvação, a oração ansiosa e, enfim, a iluminação, que faz jorrar a certeza do perdão e a decisão de dedicar sua vida ao Senhor. Podemos resumir o processo em dois pontos: humilhação do pecador e regeneração do homem pelo dom do Espírito de Deus. Assim compreendida, a conversão se torna a garantia de autenticidade da espiritualidade pietista. O modelo se tornaria ainda mais importante no século XIX, quando o avivamento enfatizaria sua necessidade. Ainda em nossos dias, o apelo para a conversão costuma ser o momento crucial de uma reunião de evangelização.

Para falar de vida nova iniciada pela conversão, os reformadores e os teólogos da conversão recuperaram o termo "regeneração", antigamente utilizado para designar os frutos do batismo. Não é mais pelo rito do batismo que a alma é regenerada, mas, sim, pela mudança total do ser interior e exterior. Não nos surpreenderemos, portanto, que a insistência na regeneração pela fé verdadeira tenha conduzido os cristãos envolvidos no avivamento a rejeitar o pedobatismo (batismo infantil) e a reconhecer somente "o batismo da fé". De acordo com eles, a regeneração operada pela conversão é concretizada na regeneração batismal.

Admitido o princípio da conversão, suas modalidades suscitaram debates. Ao afirmar que a vida inteira deveria ser de arrependimento, Lutero deixa entrever que o ato da conversão inicial deve ser confirmado todos os dias. Isso significa que a regeneração não é um evento pontual que se produziria de uma vez por todas, mas, sim, um processo permanente, uma passagem gradual para a perfeição da existência cristã. Ela é um "estudo sem termo", para retomar uma expressão criada por Alexandre Vinet (1797-1847) em uma pregação sobre a apropriação do evangelho e a obediência que é o corolário dessa apropriação.

Entre os fervorosos adeptos do avivamento e os demais protestantes, a controvérsia incluiu certa dose de malícia: a conversão seria repentina, com data precisa, ou gradual? Tratou-se de uma controvérsia certamente fútil, já que a primeira não impede a segunda.

2.3. Uma Palavra dinamizadora

Através da conversão, o cristão se entrega a Deus. É estabelecida uma relação; é preciso então que seja mantida e fortalecida. Essa relação se consolida pela leitura da Bíblia.

A Reforma ensinou os fiéis a lerem a Bíblia e a deixar-se guiar por ela. *Sola scriptura*: "somente a Escritura", esclarecida pela iluminação do Espírito Santo! A espiritualidade protestante, por mais "individualista" que seja, tem medo de desviar-se. Pede, portanto, um guia seguro, por temor de perder-se em uma divindade anônima. Pois Deus é conhecido por e em Jesus Cristo, e Cristo se dá a conhecer através da Escritura. Convém, portanto, voltar constantemente à Escritura, pois *são elas mesmas que testificam de mim* (Jo 5.39).

ESPIRITUALIDADE

Ao retornar à Bíblia, a Reforma valorizou a noção da Palavra de Deus. Ainda que essa expressão, *a* Palavra de Deus, surja com frequência sob a pena do evangelista Lucas, os teólogos medievais costumavam colocá-la no plural: falavam *das* Palavras, expressão sinônima de *"das* Escrituras". Já a Reforma se apoia *na* Palavra. Essa escolha tem resultados consideráveis para a espiritualidade protestante.

O que dá à expressão um sabor particular é o fato de que é empregada junto à palavra viva da pregação. A espiritualidade protestante é fruto da pregação, estimulando-a, por sua vez. Ela rememora a afirmação de Paulo, para quem *a fé vem pela pregação, e a pregação, pela palavra de Cristo* (Rm 10.17); ora, *como, porém, invocarão aquele em quem não creram? E como crerão naquele de quem nada ouviram? E como ouvirão, se não há quem pregue?* (Rm 10.14). Palavra de Cristo e palavra da pregação formam um todo. É a Palavra de Cristo que se faz ouvir através da pregação daqueles que Cristo enviou (cf. Rm 10.15). É por isso que a palavra da pregação deve esposar a Palavra de Cristo, Palavra que é dada por excelência na Escritura. A pregação, a exegese, a tradução e a aplicação *da* Palavra que é a Escritura se torna Palavra de Cristo. Lutero afirmou que Cristo fala nas palavras do pregador e que é dessa forma que se dá a luta contra os hereges. A identificação das duas palavras se encontra textualmente em uma famosa observação da *Segunda confissão helvética* (1566): "A pregação da Palavra de Deus é Palavra de Deus" (cap. 1).

O que é novo na obra dos reformadores não é o interesse demonstrado na pregação enquanto tal, pois os místicos — como Bernardo de Claraval (1091-1153), Mestre Eckhart (?1260-?1327), Tauler e muitos outros — já haviam reservado para a pregação um lugar fundamental. A novidade é a adesão escrupulosa ao texto, que os protestantes interpretam respeitando os princípios hermenêuticos herdados do Renascimento e do humanismo, de um lado, e do recurso à iluminação do Espírito Santo, de outro. O pregador tenta diminuir-se por trás do texto e de sua mensagem, não sem deixar-se transformar por ele. Assim, a pregação se torna o local por excelência onde se elabora e se transmite a espiritualidade protestante. Uma espiritualidade que a Palavra, escrita ou falada, não cessa de dinamizar.

Além da pregação, o pietismo também insistiu na necessidade, para os fiéis, de reunir-se em torno da Bíblia e extrair dela, com a ajuda do Espírito Santo e na expectativa comum, uma espiritualidade viva. Foram formados círculos para edificação mútua. Vistas de início com suspeita por parte dos defensores da ortodoxia e da administração eclesiástica, tais reuniões acabaram sendo aceitas como um momento bem-vindo, e até indispensável, para reanimar o fervor espiritual.

No desejo de expandir para todo o mundo a Bíblia, instância fomentadora da vida cristã, a espiritualidade protestante criou sociedades bíblicas que assumiram a responsabilidade por sua tradução para todas as línguas da humanidade, sob formas mais ou menos adaptadas a diferentes camadas da população. Constituíram-se escolas bíblicas para ensinar uma espiritualidade bíblica com frequência em tons pietistas ou marcada pelo selo do avivamento. Numerosas agências produziram guias de leitura com listas de passagens bíblicas a serem estudadas todo dia, às vezes acompanhadas de um pequeno comentário, introduções aos livros bíblicos e comentários completos, jornais e revistas tratando de questões e problemas definidos e incentivando os fiéis a prosseguirem com a pesquisa. Coletâneas de versículos bíblicos para cada dia também se tornaram bastante populares, sobretudo as *Palavras e textos* dos Irmãos Morávios: um versículo do Antigo Testamento, completado por um versículo do Novo Testamento e algumas reflexões extraídas do rico patrimônio da hinologia protestante ou da tradição teológica. Foi através de todos esses esforços que se aprofundou e se difundiu a espiritualidade protestante. A Bíblia, iluminada pelo Espírito Santo, é uma fonte inesgotável de renovação espiritual.

2.4. A oração

A leitura da Bíblia seria mantida e acompanhada por oração. A espiritualidade protestante mantém em mente, assim, a exortação apostólica: *Orai sem cessar!* (1Ts 5.17). Ela é uma espiritualidade de oração.

Desde a primeira edição de suas *Institutas da religião cristã* (1536), Calvino oferece uma fina descrição da oração cristã, que é o ato pelo qual acessamos as riquezas que Deus preparou para nós. Calvino enumera seus diversos aspectos: a verdadeira oração inclui a contemplação somente de Deus, em um olhar direto, sem intermediário humano ou celeste; ela supõe que o fiel esteja consciente de sua fraqueza e de sua indignidade, dando "glórias a Deus"; faz com que o que ora sinta a infinita grandeza de Deus e proporciona a certeza de que essa grandeza e essa glória jorrem sobre ele na medida em que ele reconhece sua pequenez; é feita "com um genuíno sentimento quanto à obtenção de nossa demanda", quando expomos a Deus todas as necessidades que desejamos ardentemente. A oração exige o engajamento da interioridade por completo, do coração e da emoção, tanto quanto da razão. Por fim, o cristão de acordo com o evangelho ora com a certeza de que a sua oração será respondida e põe uma confiança sem reservas nas promessas de Deus. Pois, se Deus pede expressamente que o cristão ore, ele já lhe concedeu todas as suas petições: *E será que, antes que clamem, eu responderei; estando eles ainda falando, eu os ouvirei* (Is 65.24). Segundo Calvino, tal atitude diante de Deus, com ousadia em aparência, é legítima, já que o próprio Cristo ora com seus amigos, e sua oração é feita graças ao Espírito, que ora neles.

Sabendo que a oração do novo convertido é balbuciante porque ele não sabe como orar, os reformadores enfatizaram o valor da oração-modelo que o Senhor propôs aos cristãos. Escrevem, assim, explicações detalhadas sobre o Pai-nosso. Tradicionalmente, o estudo aprofundado dessa oração faz parte de todo programa didático protestante.

Calvino admite que a oração pode ser silenciosa e não tem sempre necessidade de palavras. Esse tema da oração silenciosa foi retomado pelo pietismo, provavelmente sob a influência das tendências quietistas da época. A espiritualidade protestante conhece também a oração contemplativa, a oração que se contenta em sentir, em profunda comunhão com a Fonte divina, o Amor puro que une quem contempla Deus. Na Suíça romanda, por exemplo, o valdense Jean-Philippe Dutoit-Membrini (1721-1793; cf. a obra *De l'origine, des usages, des abus, des quantités et des mélanges de la raison et de la foi* [Da origem, dos usos, dos abusos, das quantidades e das misturas entre razão e fé], Paris, Lausanne, Libraires associés-Henri Vincent, 1790) descreve o caminho que conduz da oração ativa à oração passiva ou contemplativa. Quando o fiel pratica com assiduidade a oração ativa ou jaculatória que consiste em repetir incansavelmente invocações breves, como "Senhor, faze com que eu te ame! Tem misericórdia de mim!", ele percebe que isso é feito de modo cada vez mais espontâneo e não precisa mais incitá-lo. Pouco a pouco, a oração desce dos lábios para o coração, onde continua a invocar Deus; no final do processo, não é mais o homem que ora, mas, sim, Deus que ora no coração do homem. A técnica preconizada por Dutoit se parece com a "oração do coração" dos contemplativos do Oriente, sem que uma influência direta possa ser constatada; parece-se também com a invocação repetida do Nome de Deus, praticada pelos sufis islâmicos, assim como lembra a tradição das litanias comunitárias.

A espiritualidade protestante não esqueceu a sabedoria do apóstolo Paulo exposta em Romanos 8.27: não sabemos o que precisamos pedir a Deus, mas o próprio Espírito nos ajuda em nossa ignorância. É ele que ora no coração do homem. A oração cristã é um diálogo entre Deus e Deus. É por isso que os mestres da espiritualidade protestante sempre evocaram a verdade última da oração: é o próprio Deus que ora.

Em uma passagem marcante, Alexandre Vinet analisou o "acontecimento" da oração. A oração breve, o simples suspiro dado por um ser humano que crê um pouquinho, é de fato o suspiro do próprio Deus. Na oração do cristão, é Deus que se ama e diz a si mesmo: "Ah, deixai, deixai escapar de vossa boca o nome de Deus! Deixai escapar de vossa alma uma séria e imediata oração, um voto, como direi? Um suspiro! Esse suspiro, almas alarmadas, saberá certamente encontrar seu caminho. Ele não irá perder-se na imensidão do espaço; chegará a seu objetivo invisível. Esse suspiro sem nome, depois um ser brevemente nomeado, chegará ao único que pode ser chamado de Bom, o Deus que consola; e Deus chamará esse suspiro de *oração*, e a essa oração *poder*; e o poder de Deus, se ouso dizer, será dobrado diante do poder que ele terá colocado nesse suspiro. E por que não? Esse suspiro é o próprio Deus! Ele está obrigado, esse Deus soberano, a amar a si mesmo; ele não pode rejeitar o que vem de si; ele não pode recusar o que pediu de si mesmo; e é por isso que não é vã nenhuma busca da qual ele é objeto; e será feito a cada um de vós na medida de vossa fé e de vosso desejo;

pois essa medida é exatamente a da eterna vontade de Deus" (*Études et méditations évangéliques* [Estudos e meditações evangélicas], t. II: 1833-1842, Lausanne, Payot, 1952, p. 17s).

Em seus cânticos, Vinet exprimiu a mesma experiência: "Minha oração langorosa/ Por Ti se tornará poderosa/ Se o Espírito intercessor/ Orar em meu coração" (*Psautier romand. Récueil de psaumes et cantiques adoptés par les Églises nationales protestantes de Berne [Jura]* [Saltério romano: coletânea de salmos e cânticos adotados pelas igrejas nacionais protestantes de Berna, Jura], Genève, Neuchâtel et Vaud, Lausanne, Impr. Réunies-Payot, 1937, nº 323, estrofe 1). Ou ainda: "Doce Pai! Minha oração/ Iria até a Ti?/ Se Tu, ó Deus supremo/ Não viesses até mim (nº 119, estrofe 2). Outros poetas protestantes, assim como César Boissier (1808-1877), experimentaram a mesma realidade: "Ó Senhor, do meio do pó/ Minha alma clama a Ti/ Desce, ó Deus, em minha oração/ Que eu Te sinta em mim" (nº 331, estrofe 1).

O cristianismo protestante é uma espiritualidade da oração, mas sobretudo da oração espontânea, livre, iluminada e avivada pelo Espírito Santo, uma espiritualidade da oração da abundância. Isso não significa, certamente, que a oração litúrgica tenha sido negligenciada. As igrejas protestantes se revelaram também criativas e inovadoras em matéria de reflexão e realização litúrgicas. Porém, sabendo que em última análise é sempre o Espírito que ora a verdadeira oração, os fiéis costumam afeiçoar-se, em toda a extensão do protestantismo, pelas reuniões informais de oração introduzidas pelo pietismo, em que o fervor religioso pode ter livre curso porque a Presença inspiradora se faz sentir de modo mais imediato e mais poderoso que nas grandes celebrações cultuais.

2.5. O papel da comunidade e o acompanhamento espiritual

Os reformadores abriram caminho para uma relação de intimidade pessoal com Deus. Mas nem por isso eles esqueceram de organizar a vida comunitária. Opuseram-se veementemente ao que consideravam um excesso de espiritualismno ou transbordamentos entusiastas. Da mesma forma, defenderam com vigor a legitimidade e a ordem da comunidade eclesial. Claro, eles admitem que a igreja verdadeira é invisível; ela é a dos verdadeiros eleitos cujo número é conhecido somente por Deus. No entanto, a comunidade eclesial terrestre, visível, é insubstituível: é desejada por Deus como local de pregação do evangelho e da administração correta dos sacramentos (cf. *Confissão de Augsburgo*, art. 7 e *IRC* IV, I, 9). A recusa de uma mediação hierárquica sacramental é mantida porque sabemos que Deus age diretamente nos corações por seu Espírito e que pertencer a uma comunidade eclesial determinada não é algo indispensável para a salvação. Ainda que novas comunidades eclesiais possam constituir-se, a vida comunitária e eclesial, como tal, é considerada um privilégio inalienável e um registro incontornável. E isso por pelo menos dois motivos.

Primeiro, por causa da Bíblia, referência obrigatória da espiritualidade protestante. No Novo Testamento, a noção de igreja figura em lugar de destaque. Jesus fala da igreja em Mateus 16.18; a pregação dos apóstolos se concretizou no surgimento das comunidades visíveis, e as epístolas de Paulo ou dos demais apóstolos informam o leitor sobre a organização interna das igrejas e as relações que mantinham entre elas. Acima de tudo isso, a Bíblia permite compreender como o Espírito age na vida dos fiéis. Obedecendo a opções de base, a espiritualidade protestante sempre desejou reviver as experiências espirituais às quais os textos bíblicos fazem alusão.

Em seguida, é o amor pela Palavra, tanto pregada quanto escrita, que recomenda a organização de uma vida comunitária e eclesial. A fé é engendrada pela pregação, que por sua vez supõe a existência de uma comunidade que perpetua a prática da pregação. Espiritualidade da oração, o protestantismo também é uma espiritualidade da pregação e do testemunho. Os pregadores precisam de uma formação (a pregação se apoia no estudo rigoroso da Bíblia), e somente uma comunidade forte pode instaurar um ensino adequado. Além disso, é a comunidade que reconhece a qualificação dos pregadores e que os colocará em seu ministério e sua missão.

Enfim, a terceira razão, a que nos interessa neste contexto, é que a comunidade é chamada para acompanhar e orientar a progressão espiritual de seus membros. Ela não é, claro, uma autoridade sacramental que se interporia entre Deus e a alma individual. Não é sua função censurar experiências e opiniões, nem dar seu aval quanto ao caminho que cada um é levado a percorrer. Mas é uma cerca viva, plantada pelo Senhor, circunscrevendo limites bastante vastos nos quais cada pessoa de espiritualidade pode evoluir livremente. Mas não sem o incentivo de seus pares. Pois toda pessoa de espiritualidade precisa de um acompanhamento competente. A via da espiritualidade, do crescimento na intimidade com o Salvador e com Deus, é semeada de armadilhas. O viajante intrépido arrisca-se a perder-se em becos sem saída, ficando perplexo diante das descobertas e dos questionamentos inesperados ou perturbadores, mergulhando em obstáculos diante de escolhas a serem feitas ou direções a tomar, com a impressão de que está estagnado ou acomodado, ou até mesmo andando para trás. As atividades comunitárias estão ali, então, para ajudar a quem está em busca, aconselhando, exortando o fiel a não abandonar a Presença auxiliadora de Cristo e de seu Espírito.

A comunidade eclesial dispõe de dois modos de orientação espiritual. O primeiro é a pregação. Os milhares de sermões publicados por pregadores protestantes oferecem um importante registro para o estudo da orientação espiritual nas tradições do protestantismo. Ancorado no texto bíblico, o sermão inscreve em cada coração o significado da Palavra; ele exorta e tranquiliza os fiéis, fornece explicações quanto a sentimentos religiosos e deveres espirituais, lembra e comenta experiências do passado (de preferência bíblicas) e ainda apresenta possibilidades de crescimento e aproximação cada vez maior da perfeição. Ao ouvir a Palavra, o homem espiritual sai de si mesmo e se apropria da Verdade, movendo-se em Deus.

A pregação pode ser acompanhada da celebração da ceia. Enfatizando a fé dos comungantes e a ação do Espírito Santo, a espiritualidade protestante celebra a ceia como o momento de um encontro intenso com Cristo. Na comunhão é cumprida a Palavra de Cristo expressa em João 14.20, *conhecereis que eu estou em meu Pai, e vós, em mim, e eu, em vós*, união perfeita que repercute na vida cotidiana.

Além da pregação e da santa ceia, há orientação espiritual por meio daquilo que, hoje, convencionou-se chamar de cura da alma, ou seja, o acompanhamento individual de cada fiel, a pastoral no sentido mais específico do termo. Como disciplina teológica, a cura da alma ou pastoral propõe variados procedimentos para ajudar pessoas com questões de ordem espiritual ou que se debatem com problemas de ordem psíquica ou moral. Nesse contexto, convém mencionar a obra de Alexandre Vinet, *Théologie pastorale ou théorie du ministère évangélique* [Teologia pastoral ou teoria do ministério evangélico] (1850, 1854², 1889³, Lausanne, Payot, 1942), que apresenta conselhos valiosos e sensatos sobre o modo de abordagem das pessoas a quem é proposta a orientação espiritual (chamada por ele de "tutela pastoral") (p. 271-328). Vinet examina o caso das pessoas "firmes na fé", dos novos convertidos, dos despertos para a fé, dos atormentados, dos ortodoxos, dos céticos, dos indiferentes, dos incrédulos e tantos outros. Hoje, hesitaríamos em ratificar prontamente todas as sugestões do autor, hesitação devida igualmente à linguagem antiquada em que se expressam. Mas podemos reter o essencial, ou seja, o desejo que se evidencia nessas reflexões quanto à mudança de abordagem dos fiéis em função de sua esperança, seu preconceito e suas questões específicas, sem perder de vista o objetivo: levá-los ao crescimento espiritual.

Outra obra bastante útil é a "Regra pastoral", de Gregório Magno (São Paulo, Paulus, 2010), escrita no século VI. Apesar de sua interpretação por vezes alegórica dos textos bíblicos, Gregório faz uma análise bastante perspicaz da alma humana. O livro é enriquecedor tanto para aqueles que pastoreiam outros quanto para quem deseja perscrutar o próprio coração. Apresenta diversas abordagens que o pastor pode adotar, dependendo da situação ou da personalidade dos indivíduos e aconselha o discernimento, pois nem tudo o que parece "espiritual" ou virtuoso o é de fato.

Diz Gregório: "O pastor de almas deve saber que, frequentemente, os vícios assumem a aparência das virtudes. Por exemplo, a avareza se apresenta, com frequência, com o nome de parcimônia, enquanto a prodigalidade [esbanjamento] se esconde sob o falso nome de generosidade. A indulgência excessiva é considerada bondade e a ira desenfreada, vigor de zelo espiritual. Com frequência, considera-se a precipitação como prontidão a executar, e a lentidão no agir como prudência de sabedoria. É, portanto, indispensável, que o pastor de almas seja muito atento para distinguir virtudes e vícios, a fim de evitar que, se a avareza toma conta do seu coração, ele se felicite por parecer um 'bom administrador'; que se vanglorie por ter sido generoso, quando, ao contrário, a sua prodigalidade é esbanjamento... que enfrente com superficialidade aquilo que poderia ser administrado corretamente e com prudência, intervindo precipitadamente; que converta uma boa ação em má, procrastinando o seu cumprimento" (p.93). O ministério da cura da alma e da orientação espiritual não é prerrogativa somente de pastores. Muitos são os leigos que, em igrejas e comunidades protestantes, cumprem essa tarefa de modo fecundo. Compreende-se disso que a competência nessa área não decorre automaticamente do rito, em si benéfico, da ordenação pastoral, mas resulta sobretudo da formação interior, da experiência e da espiritualidade pessoais daquele que é julgado apto a aconselhar e orientar os demais. Nesse sentido, a *Teologia pastoral* de Vinet é exemplar, pois prioriza a vida individual e interior sem esquecer da vida "em relação", vida social, do encarregado da cura da alma. As características de um orientador espiritual seriam: solitude, oração, estudo, simplicidade, doçura, lealdade, postura desinteressada (p. 105-158). Essas qualidades se combinam para apresentar um verdadeiro retrato do mestre espiritual protestante, retrato que também corresponde a muitas personalidades históricas e, sem dúvida, a muitos mestres que não entraram para a história. Porém, é preciso confessar, não sem tristeza, que atualmente o protestantismo parece ter se tornado indiferente a tal retrato, uma indiferença que resulta na procura de outros modelos de outras confissões cristãs, ou até mesmo em outras religiões. Não duvidamos de que encontraríamos nelas uma importante contribuição, mas desejaríamos que os tesouros do passado protestante fossem resgatados e reatualizados.

2.6. A busca da perfeição

A conversão, primeiro passo de todo caminho de espiritualidade, é seguida pela regeneração, que por sua vez atrai para si a santificação. Essa passagem é crucial, indissociável de toda progressão no caminho da espiritualidade protestante. Justificado, convertido, regenerado, o homem de espiritualidade aspira à santificação. A ordem na qual se sucedem os atos e as experiências é fundamental. Esse homem distingue entre a espiritualidade dos reformadores (e dos protestantes que seguem os ensinamentos reformados) e a de seus predecessores católicos. A santificação e a santidade resultantes do processo não são condição para a justificação. Não são recompensadas por uma declaração da parte de Deus (ou da igreja) que proclamaria justa a pessoa que se santifica. O inverso é verdadeiro: são condições obrigatórias de toda a existência cristã a justificação gratuita, como oferta do amor de Deus, do mérito somente de Jesus Cristo. O cristão é beneficiado pela justificação através da conversão, que o orienta para uma nova vida, sendo reatualizada pela regeneração, que, por sua vez, é finalizada na santificação. O cristão protestante destina sua vida para a santificação porque sabe que é aceito por Deus e se sente avivado e orientado pelo Espírito. A santificação é um humilde ato de gratidão.

Através da santificação, toda a existência é penetrada por Deus. A vida individual do cristão, as relações que mantém com os membros de sua família, as atividades em sociedade, seu trabalho profissional e seu lazer, tudo isso está exposto à iluminação de Cristo e transfigurado pelo Espírito Santo. Essa exigência — ou ainda, esse privilégio — está presente na *Declaração de Barmen*[6], que podemos considerar como um resumo dos princípios fundamentais da existência protestante no mundo. Confrontada a tomar posição diante do nazismo, a Igreja Confessante alemã reafirmou sua fidelidade a Cristo, único Mestre e Senhor em todas as áreas da vida. Eis os dois primeiros artigos da declaração: "1. [...] Jesus Cristo, como nos é atestado na Santa Escritura, é a única Palavra de Deus que devemos ouvir, em quem devemos confiar e a quem devemos obedecer. Rejeitamos a falsa doutrina de que a igreja teria o dever de reconhecer como revelação divina e fonte de pregação, além da Palavra de Deus, outros fatos, poderes, formações e verdades. 2. [...] Em Jesus Cristo, Deus proclama o perdão de todos os nossos pecados. Da mesma forma, e com a mesma seriedade, Deus declara que em Jesus Cristo está toda a nossa existência. Em Jesus Cristo nos é acordada a alegre libertação das cadeias deste mundo que nega a Deus, para que possamos servir a suas criaturas em

---

[6] Disponível como anexo em documento no site Monergismo (http://www.monergismo.com/textos/historia/Cristianismo_Ocidental_XX_Alan.pdf).

liberdade e gratidão. Rejeitamos a falsa doutrina de que haveria em nossa vida áreas nas quais não pertenceríamos a Jesus Cristo, mas a outros senhores, áreas em que não precisaríamos de justificação e santificação através de Cristo".

Reconhecendo ter de prestar contas apenas a Cristo, única Palavra de Deus, sobre suas opções, a Igreja Confessante recusou-se a conceder qualquer tipo de autoridade espiritual a outras instâncias além de Cristo. Além de Cristo, não há "exigências inelutáveis", tais como necessidades políticas ou ideológicas, nem "motivos de força maior", ainda que sejam do interesse (mal compreendido) da nação. Foi concedido à igreja protestante da Alemanha, em um momento de terríveis riscos em sua história, que afirmasse com clareza sua lealdade a Cristo.

A espiritualidade protestante, principalmente a reformada, inclui uma submissão completa ao Cristo vivo. Esse desejo de submeter-se por inteiro a Cristo remonta à Reforma e à mentalidade que a acompanha, de que a verdadeira vocação cristã se concretiza em sua "profissão", em sua ocupação. As atividades que em geral são consideradas profanas são santificadas ao serem postas sob o senhorio de Cristo, no âmbito do poder de Deus. Assim, a espiritualidade protestante não aspira a nada menos que à própria perfeição: *sede vós perfeitos como perfeito é o vosso Pai celeste* (Mt 5.48).

A perfeição inspirada por Cristo e seu Espírito se traduz no amor a Deus e aos homens, sobretudo aqueles que sofrem humilhações e vergonha. Ato de pura gratidão pela libertação recebida, a espiritualidade protestante inclui também obras de caridade.

Comecemos pela obra mais controvertida de nossos tempos: a missão em terras não cristãs. Para os missionários que, no final do século XVIII e por todo o século XIX, iniciavam o ministério de evangelização nesses locais, não se tratava somente de "salvar almas" com a oferta do evangelho libertador, mas também de ajudar esses povos de todas as maneiras possíveis: criação de hospitais e escolas, melhorias no saneamento, formação escolar e abertura de empregos com a inauguração de fábricas. A crítica moderna às missões erra ao denunciar essas atividades como estratégias de um detestável imperialismo cultural. Desde o início, o objetivo dos missionários não era "europeizar" os povos africanos e asiáticos, tarefas que outros representantes de nossa civilização, mais eficazes que os missionários, cumpriram com sucesso. A motivação dos missionários sempre foi de ordem espiritual: amor ao próximo, amor aos pobres, desejo de cura dos doentes, desejo de proporcionar a leitura da Bíblia a todos, desejo de participar de melhorias nas condições de vida, de unir todos em Deus através de Cristo. A espiritualidade dos missionários protestantes do século XIX, com forte influência pietista, era uma espiritualidade ativa, focada no trabalho de submeter a terra a seu verdadeiro Senhor.

Os missionários que, na companhia do conde Nikolaus Ludwig von Zinzendorf (1700-1760), atravessaram o Atlântico para pregar o evangelho a escravos negros maltratados por ricos proprietários de terra contribuíram também para melhorar as condições de vida de seus protegidos. Nas comunidades que surgiram com sua pregação, a diferença de *status* social entre os missionários e os escravos foi abolida. Assim, no momento em que o governo colonial permitiu enfim a libertação dos escravos, os missionários foram os primeiros a operar iniciativas no novo contexto.

No próprio continente europeu, a espiritualidade protestante é enobrecida por importantes obras sociais. Dentre muitos exemplos, estão os orfanatos de Halle, criados pelo pietista August Hermann Francke. Foram aplicados nesse projeto os novos princípios pedagógicos e de formação da personalidade, elaborados por Jan Amos Comenius (1592-1670). Na Inglaterra, William Wilberforce (1759-1833) e os membros do "grupo de Clapham" dirigiram a longa, porém, vitoriosa, campanha contra a escravidão, que influenciou a causa da abolição em todo o mundo. Digna de nota também é a melhora das condições dos presos através de um trabalho feminino, muitas vezes mal compreendido: mulheres como Elisabeth Fry (1780-1845), que lutou por uma reforma no sistema penitenciário e do direito penal na Inglaterra e em toda a Europa e foi bem-sucedida, e de Mathilda Wrede (1864-1924), o "anjo das prisões", que visitou todas as penitenciárias finlandesas. Em outro campo, não nos podemos esquecer de Florence Nightingale (1820-1910), que na Guerra da Crimeia (1854-1855) pedia aos oficiais e soldados que cuidassem de modo cristão de todos os feridos, instituindo e valorizando o ofício da enfermeira na Inglaterra. Mais recentemente, devemos mencionar, dentre uma multidão de personalidades notáveis, Albert Schweitzer (1875-1965), representante de uma espiritualidade protestante renovada. Em uma confiança absoluta na Vida, Realidade divina e universal, Schweitzer desenvolveu e atualizou o princípio do "respeito pela vida" por meio de compromissos concretos: medicina nos trópicos e a luta pela paz mundial.

Outros materializaram a busca de perfeição em um desejo de realização religiosa e moral, o que fez surgir o movimento puritano. Surgido no século XVII, o puritanismo foi um prolongamento do pensamento reformado inglês, tornando-se conhecido pela riqueza de suas impressões sobre as sutilezas da vida religiosa e a abundância de suas publicações sobre temas de orientação espiritual (cf. as numerosas obras de John Bunyam [1628-1684], sobretudo *O peregrino: a viagem do Cristão à Cidade Celestial*, São Paulo, Martin Claret, 2004). Os puritanos praticaram uma "ascese intramundana" (Max Weber): honestidade estrita, modéstia, economia, rejeição ao luxo e, sobretudo, reinvestimento dos ganhos em vez de gastos com as seduções da vida. Essa postura influenciou decisivamente o desenvolvimento das economias europeia e norte-americana. A espiritualidade protestante reformada ainda se caracteriza por marcas do puritanismo, principalmente em algumas linhas do Avivamento.

2.7. A vida em Deus

A vida em Deus é o objetivo último da espiritualidade. Nisso, a espiritualidade protestante não difere em nada da espiritualidade cristã universal. O cristão é "revestido de Cristo ou de Deus", "conduzido por Cristo ou por Deus" e "vivificado pelo Espírito de Deus", vivendo em Deus e Deus vivendo nele (cf. Jo 14.20), e suas frágeis qualidades humanas se apagam para que ele seja "preenchido por qualidades divinas" — eis as palavras comumente utilizadas para definir a experiência da comunhão com Deus ou Cristo, através do Espírito Santo. Essa comunhão é o ápice da recusa a todo tipo de mediação hierárquica obrigatória entre Deus e a alma, fonte e motor da espiritualidade protestante.

Em um de seus primeiros textos que anunciaram a Reforma, *Tratado de Martinho Lutero sobre a liberdade cristã* (1520), Lutero definiu a perfeição do cristão de acordo com o evangelho:

"A alma, que se apega [às promessas de Deus] com uma firme fé, está tão unida a elas, mais exatamente absorvida nelas, de modo tão completo, que não se limita a participar de toda a sua virtude, mas, sim, é saciada nelas até a embriaguez". Pois, quando a alma está unida totalmente a Cristo, "a Palavra de Deus a justifica, santifica e conduz na verdade, apaziguando-a, libertando-a, cumulando-a de toda espécie de bens, tornando-a filha de Deus" (*MLO* 2, 280). Unida a Cristo, a alma é transformada; a partir de então, contará com todas as virtudes e qualidades da Palavra, caracterizando a liberdade que torna o cristão "livre e senhor de todas as coisas, escravo de ninguém". O cristão se declara *simul justus et peccator* ("ao mesmo tempo justo e pecador") — expressão de que com frequência se abusou —, mas é o *justus* que predomina, pois o homem recebeu o perdão, e sua alma pode ser unida a Cristo.

Lutero não esquece as implicações de sua declaração de liberdade na união íntima com Cristo: por ser livre, o cristão se torna livremente o servo de todos. Esse outro aspecto da liberdade é fonte de engajamento social e em obras de caridade.

Não devemos, contudo, considerar que a santificação aconteça automaticamente. Lutero e Calvino reconheciam a vida cristã como vida de autonegação. As virtudes cristãs não nascem espontaneamente do coração, mas precisam ser desenvolvidas com esforço e sob a dependência do Espírito Santo. A ideia de "esforço" aqui não possui nenhuma conotação de "justiça própria" ou mérito pessoal, que possa levar ao orgulho ou à ideia de salvação por obras (cf. Ef 2:8,9; 1Co 4:7). Não se trata de esforço para conquistar a salvação, mas do esforço que se espera do cristão na luta contra o pecado, como resposta natural daquele que foi justificado (cf. Rm 2.6-16; 6.1-23; 12.1,2; 1Co 9.24-27; Cl 1.29; 2.1,2; 1Tm 4.7 etc).

Assim se pronuncia Calvino em suas Institutas: "Portanto, segue-se outro exemplo, de que não devemos buscar nossa vontade, mas a do Senhor, e agir com o propósito de promover sua glória. É grande nossa proficiência quando, quase esquecendo-nos de nós mesmos... fielmente fazemos de nosso objeto de estudo a obediência a Deus e a seus mandamentos. Pois, quando a Escritura nos encoraja a deixarmos de lado nossa consideração por nós mesmos, ela não apenas desvia nossas mentes de um excessivo desejo por riquezas, ou poder, ou favor humano, porém erradica toda ambição e sede por glória mundana e outros pecados mais secretos. O cristão deve, de fato, ser treinado e disposto a considerar que por toda a sua vida está ligado a Deus. Por esta razão, à medida que traz todas as coisas em sujeição e em consideração a Deus, ele dirigirá com devoção toda a sua mente a ele... Esta é a autonegação que Cristo tão fortemente reforça em seus discípulos..." (p.425). Essa obediência, segundo Calvino, passa pela renovação da mente, para que os novos conceitos e valores, provenientes das Escrituras, moldem um novo comportamento, não sem esforço e autodisciplina da parte do cristão.

3. Atualidade da espiritualidade protestante

Em nossos dias, o mundo ocidental está engajado em uma busca desesperada e desordenada de espiritualidade, de experiência com um Outro, de um conhecimento existencial que significaria a cura para seu intelectualismo materialista e racionalista. Assim, cabem em palavras mágicas como "Nova Era" e "chegada da Era de Aquário" uma miríade de posturas, tão diversas quanto muitas vezes opostas entre si, com vistas a transformar o ser humano, tais como terapias alternativas e exóticas aventuras religiosas, até mesmo tomadas de empréstimo do paganismo da antiga Europa. Essas tendências criticam o cristianismo como ultrapassado ou inadequado às necessidades da civilização moderna, culpabilizante e opressivo, já que impõe a adesão a absurdos dogmas; diante dessas críticas, um alegre renascimento da espiritualidade protestante, com as ricas facetas que apresentamos aqui, seria uma bênção. Essa espiritualidade oferece a cada ser humano a gloriosa liberdade de uma relação imediata com Cristo e Deus; estimula o encontro com Cristo ou com Deus no fundo da alma, mostrando a via que conduz a tal descoberta; repousa em Deus, mas se alimenta do dinamismo de Deus que a envia ao mundo para servir aos que precisam de ajuda; abre um amplo leque de métodos e abordagens; e, acima de tudo, ensina a ler a Bíblia com olhos novos, atualizando a mensagem do evangelho sob a iluminação do Espírito Santo.

Carl-A. Keller

4. Espiritualidade e teologia protestante hoje

A espiritualidade suscita o interesse da teologia protestante contemporânea. A problemática de alguns importantes teólogos do século XX pode mostrar-se fecunda nesse contexto; de fato, os pontos críticos que são levantados nessas obras culminam em propostas de renovação espiritual, tendendo principalmente para o engajamento social e político. São propostas que nos ajudam também a situar o *status* e o papel da espiritualidade cristã no cerne da busca espiritual da humanidade.

4.1. Uma espiritualidade individualista? (Wolfhart Pannenberg)

A tradicional insistência da piedade protestante na relação imediata entre o indivíduo e Deus corre o risco de excessos iluministas. Lutero havia claramente marcado os limites em relação a qualquer outra forma de entusiasmo espiritualista. Enraizada em uma concepção antropocêntrica e prometeica da relação com Deus, a piedade se expõe aos perigos de um individualismo selvagem, não somente deixando de dar-se conta das mediações — escriturísticas, tradicionais, eclesiais — nas quais se insere "a vida espiritual do indivíduo" (P.-A. Stucki), mas também restringindo a própria revelação de Deus a uma manifestação direta, independente da experiência humana e de suas expressões históricas e linguísticas.

A partir de sua concepção da revelação indireta de Deus na história (cf. *Offenbarung als Geschichte* [1961], Göttingen, Vandenhoeck & Ruprecht, 1982²), o teólogo luterano Wolfhart Pannenberg (nascido em 1928) propôs, em *Christliche Spiritualität* (1986), uma nova interpretação da espiritualidade cristã. Ele critica os desvios que teriam resultado em uma redução bastante precoce da espiritualidade protestante, principalmente sob a influência de Melâncton, a uma piedade exclusivamente penitencial (*Bußfrömmigkeit*). A interpretação pietista substituiria, para ele, o ritual de penitência medieval por um novo moralismo, centrado nas transgressões da Lei e na confissão de pecados; o "bom protestante" se reconheceria sobretudo como o publicano da parábola (cf. Lc 18.9-14), reconhecendo sua identidade unicamente como a de pecador; ele não teria a ideia de identificar-se com o fariseu e de operar uma verdadeira mudança. De acordo com Pannenberg, a espiritualidade pietista é essencialmente negativa (por ser obscurecida pelo pecado) e passiva (incapaz de suscitar uma conversão prática), resultando muitas vezes em traços neuróticos.

Em que medida a crítica de Pannenberg atinge aqui a espiritualidade em seu todo? Sob muitos aspectos, suas acusações parecem dirigir-se a certa visão quietista da espiritualidade luterana. O pietismo calvinista soube produzir com muito sucesso outros tipos de relação com o mundo. No entanto, a perspectiva de Pannenberg é mais ampla. A neurose cristã parece fortemente caracterizada no protestantismo, resultando sobretudo em um isolamento do indivíduo em relação ao convívio na igreja e em certa incoerência entre espiritualidade e vida profissional. Segundo Pannenberg, a renovação da espiritualidade protestante depende de três fatores:

a) Em primeiro lugar, é necessário redescobrir a dimensão sacramental da espiritualidade. A eucaristia e o batismo são passagens fundamentais de uma autêntica piedade protestante. Dito de outra forma, não podemos desvelar tal espiritualidade somente a partir da Palavra, base tradicional da espiritualidade protestante. É importante reconhecer o caráter profundamente simbólico da comunidade cristã (encontramos visão análoga no catolicismo contemporâneo, cf. Antoine DELZANT, *La communication de Dieu. Par delà utile et inutile. Essai théologique sur l'ordre symbolique* [A comunicação de Deus: além do útil e inútil. Ensaio teológico sobre a ordem simbólica], Paris, Cerf, 1978, ou, em um nível mais midiático, as obras de Eugen Drewermann). Da mesma forma, a crítica de uma teologia da Palavra leva Pannenberg a outra visão da igreja. É a santa ceia que constitui o centro da comunidade simbólica; a Palavra é apenas um elemento entre outros. Somente sob essas condições a piedade penitencial poderá ser definitivamente sobrepujada e o moralismo que tão frequentemente mancha a vida eclesial poderá ser evitado. Isso significa que o eixo teológico da espiritualidade não é mais a ira de Deus ou o julgamento, mas a reconciliação trazida em Jesus Cristo. Na santa ceia, a liberdade cristã não é somente proclamada, mas, sim, vivida e manifestada. Simbolicamente, o batismo significa a entrada nessa existência autenticamente livre.

b) A espiritualidade cristã implica também uma nova compreensão das relações entre a santificação e a ética política. Para o luterano crítico que é Pannenberg, o calvinismo se verificou, nesse ponto, infinitamente mais produtivo que a tradição luterana. A espiritualidade cristã só encontraria seu ponto de ancoragem e sua pertinência política sob a perspectiva de uma renovação da ideia "teocrática" (Pannenberg não hesita diante dessa palavra, que tende a ser rejeitada pela teologia reformada e pela ética, cuja ideia pode ser retomada com Tillich no termo "teonomia") e de uma teoria religiosa da justiça.

c) Pannenberg defende uma teologia da espiritualidade que possa reconciliar a tradição cristã com uma antropologia da busca de si. No cerne da espiritualidade cristã se encontra a questão da identidade pessoal e de sua expressão religiosa. A tradição protestante é rica de experiências nessa área, valorizando, por exemplo, a significação do pecado como interpretação crítica do fechamento do eu sobre si mesmo (o famoso *homo incurvatus in se* de Lutero, uma atitude de autoabsorção). Assim, o tema do pecado encontra seu lugar e sua legitimidade, mas somente na medida em que esclarece do interior a experiência espiritual do homem. Nesse novo significado do pecado para a vida espiritual do indivíduo e da comunidade simbólica e sacramental da igreja, Pannenberg estima ter demonstrado em que condições uma autêntica espiritualidade cristã pode contribuir de modo positivo para a vida religiosa e social da humanidade. Longe de perder seu valor, a piedade protestante encontra nisso uma oportunidade de profunda renovação.

4.2. Um lugar para a mística? (Karl Barth)

Um dos aspectos centrais da "teologia dialética", desde seus primórdios é a oposição à interpretação mística da espiritualidade cristã. Em 1924, Emil Brunner (1889-1966), em uma famosa obra, opôs a mística e a Palavra, pronunciando-se claramente em favor da segunda. Sua tese, bastante caricatural, viu-se enfraquecida por uma identificação abusiva entre a mística e a teologia de Schleiermacher, algo que não deixou de intrigar o próprio Karl Barth. Mas é um fato que a "teologia dialética" demonstra uma recusa bastante evidente à mística. Na obra de Barth, a mística está correlacionada a um dado puramente antropológico;

como explicou Jean-Louis Leuba, a mística e o ateísmo correspondem a dois movimentos em que a religião tenta chegar a Deus. Tanto na religião (da qual a mística é apenas uma das formas de expressão) quanto na mística, o Deus vivo está ausente; é puro movimento ascendente, um esforço prometeico, e não, como a fé, acolhimento e conhecimento real da revelação que chega até nós.

A crítica barthiana da mística visa em primeiro lugar a mística natural, como um aspecto puramente antropológico de Deus. Cabe-nos indagar: atingiria também, por extensão, a mística cristã como expressão do conhecimento da revelação de Deus em Jesus Cristo? Se a mística é compreendida como imanência de Deus no homem, é evidente que, para Barth, é incompatível com a revelação cristã. Por outro lado, Barth reconhece que a afirmação paulina *Cristo vive em mim* (Gl 2.20) é a expressão de uma mística, mesmo tratando-se de uma mística que "respeita as distâncias" (*Dogmatique* [Dogmática] IV/2* [1955], Genebra, Labor et Fides, 1968, p. 58). É um dos raros momentos em que Barth concede um eventual significado positivo da mística no cristianismo. De resto, ele só percebe a mística sob um ângulo negativo. É por isso que Barth reserva de modo estrito a *unio mystica* a Cristo; para ele, essa união de modo algum poderia aplicar-se à união do cristão com Deus, ainda que através da mediação de Cristo.

No entanto, há uma área na qual Barth parece reconhecer a contribuição positiva e até mesmo a necessidade dogmática da mística; é quando ele empunha a bandeira da responsabilidade ética. Conforme Leuba nos lembra, embora Barth vislumbre traços místicos que, no monasticismo da igreja antiga e no pietismo moderno, motivaram o engajamento ético, isso não torna a mística um fundamento da ética cristã na obra barthiana. Porém, a mística constitui aqui uma salutar advertência, principalmente aos teólogos que esquecem a realidade do homem reconciliado quando abordam a ética. De modo ainda mais marcante, Barth invoca a mística quando percebe o amor humano como expressão do amor de Deus. Mas ele só concebe essa mística em relação com a história.

As dificuldades encontradas por Barth para reconhecer a presença de uma dimensão essencialmente mística na teologia e na espiritualidade cristã têm três implicações: Barth se recusa a admitir que o conhecimento de Deus ocorre no espírito do homem, e que o conhecimento da revelação supõe a presença, no homem, de uma capacidade cognitiva e espiritual; Barth só vislumbra a verificação da ética na história, abrindo caminho para uma teologia puramente intramundana; por fim, Barth se nega a pensar a escatologia em relação com a mística.

De acordo com Jean-Louis Leuba, a escatologia afirma "aqui, mas não agora", enquanto a mística declara "agora, mas não aqui" (p. 131.). Dito de outra forma, a escatologia relativiza a pretensão da mística a uma pura imediatez, mas, de modo inverso, a mística é o lugar espiritual de uma antecipação do reino de Deus.

Reconhecer a dimensão mística da fé cristã significa uma superação em três níveis: do fideísmo, do ceticismo ético e do relativismo histórico. Como local de atestação da fé, a política não esgota nem seus sentidos, nem suas possibilidades. "A política não é tudo", e é por isso que, segundo as palavras do teólogo católico Edward Schillebeeckx, "a ética precisa de um Deus que seja mais que ética" (*La politique n'est pas tout. Jésus dans la culture occidentale: mystique, éthique et politique* [A política não é tudo: Jesus na cultura ocidental: mística, ética e política] [1986], Paris, Cerf, 1988, p. 65).

O exemplo da recusa da mística por parte da "teologia dialética", especificamente nos textos de Karl Barth, permite compreender por que, no protestantismo contemporâneo, a sede de tipo mítico não pôde ser satisfeita e acabou sendo transportada para outras formas de espiritualidade. Felizmente, assistimos hoje, no protestantismo, a novas tentativas para pensar o alcance místico da fé cristã (cf., p. ex., o número do *Bulletin du Centre protestant d'études* [Boletim do Centro Protestante de Estudos]: *Goûtez et voyez combien le Seigneur est bon* [Provai e vede que o Senhor é bom]).

4.3. A vida no Espírito (Paul Tillich)

De todos os teólogos protestantes do século XX, é sem dúvida Paul Tillich (1886-1965) que tentou mais profundamente superar a oposição entre a teologia racional e a espiritualidade. Sua teoria do êxtase é uma solução original para a questão da mística, já que busca ao mesmo tempo superar o dualismo e o supranaturalismo, ultrapassando o historicismo das éticas políticas. Para Tillich, o Espírito de

Deus não mora no espírito humano, mas "leva o espírito humano a sair de si" (p. 124). A fé cristã é inseparável do êxtase, compreendida como captura do homem pela Presença Espiritual. Essa presença vivida do Espírito, bastante respeitosa em relação à diferença entre o Espírito de Deus e o espírito do homem, permite que o homem sobrepuje provisoriamente as ambiguidades da vida.

Como Pannenberg, Tillich só consegue evitar as armadilhas paralelas do iluminismo e do ceticismo histórico porque o êxtase de que trata em suas obras — abertura do homem em Deus, engendrada pela revelação — se dá sob a forma de uma antecipação histórica do Reino. A história concreta das pessoas e das comunidades é vislumbrada como portadora de um sentido último, mas esse sentido último não se restringe à história, mas a transcende infinitamente; porém, é na história que se manifesta e se dá a provar esse sentido. A mística tem lugar na espiritualidade cristã, mas aqui trata-se de uma mística articulada à estrutura histórica, escatológica e pneumatológica da fé.

Denis Müller

▶ BARTH, Hans-Martin, *Spiritualität*, Göttingen, Vandenhoeck & Ruprecht, 1993; BONHOEFFER, Dietrich, *De la vie communautaire* (1939), Paris-Genebra, Cerf-Labor et Fides, 1988; BOUYER, Louis, *La spiritualité orthodoxe et la spiritualité protestante et anglicane*, Paris, Aubier, 1965; BRANDT-BESSIRE, Daniel, *Aux sources de la spiritualité pentecôtiste*, Genebra, Labor et Fides, 1986; BRUNNER, Emil, *Die Mystik und das Wort. Der Gegensatz zwischen moderner Religionsauffassung und christlichem Glauben, dargestellt an der Theologie Schleiermachers*, Tübingen, Mohr, 1924; "Goûtez et voyez combien le Seigneur est bon", *Bulletin du Centre protestant d'études* 44/3-4, Genebra, 1992; "Les femmes et la spiritualité. Voix de la protestation et de la promesse", *Bulletin du Centre protestant d'études* 44/6, Genebra, 1992; CALVIN, John. *The Institutes of Christian Religion*, Grand Rapids, Christian Classics Ethereal Library, 2002; CORNUZ, Michel, *Le protestantisme et la mystique. Entre répulsion et fascination*, Genebra, Labor et Fides, 2003; ÉTIENNE, Pierre, *Spiritualité protestante*, Namur, Soleil Levant, 1965; GÄBLER, Ulrich, *Auferstehungszeit. Erweckungsprediger des 19. Jahrhunderts*, Munique, Beck, 1991; GISEL, Pierre, *La subversion de l'Esprit. Réflexion théologique sur l'accomplissement de l'homme*, Genebra, Labor et Fides, 1993; Idem, "La mystique en protestantisme. Données et évaluation", *Le Supplément* 215, 2000, p. 71-88; HERVIEU-LÉGER, Danièle, *Vers un nouveau christianisme?*, Paris, Cerf, 1986; Idem e CHAMPION, Françoise, orgs., *De l'émotion en religion. Renouveaux et traditions*, Paris, Centurion, 1990; HOLLENWEGER, Walter J., *L'expérience de l'Esprit. Jalons pour une théologie interculturelle*, Genebra, Labor et Fides, 1991 (tradução parcial de *Interkulturelle Theologie*, 3 vols., Munique, Kaiser, 1979-1988); HÖLSCHER, Lucian, *Geschichte der protestantischen Frömmigkeit in Deutschland*, Munique, Beck, 2005; JAEGER, Hasso, *La mystique protestante et anglicane*, em André RAVIER, org., *La mystique et les mystiques*, Paris, Desclée de Brouwer, 1965, p. 257-407 (bibliografia, p. 381-407); KELLER, Carl-A., *Approche de la mystique* (1989-1990), Paris, Albin Michel, 1996; Idem, *New Age. Entre nouveauté et redécouverte*, Genebra, Labor et Fides, 1990; Idem, *Calvin mystique. Au coeur de la pensée du Réformateur*, Genebra, Labor et Fides, 2001; KLOUCKE, Kurt, *Benjamin Constant. Une biographie intelectuelle*, Genebra, Droz, 1984; LEUBA, Jean-Louis, "Mystique et barthisme", em *Études barthiennes*, Genebra, Labor et Fides, 1986, p. 97-138; MAGNO, Gregório, *Regra pastoral*, São Paulo, Paulus, 2010. MÜLLER, Denis, *Fascinante astrologie*, Genebra, Labor et Fides, 1990; Idem, *Réincarnation et foi chrétienne* (1986), Genebra, Labor et Fides, 1993; PANNENBERG, Wolfhart, *Christliche Spiritualität. Theologische Aspekte*, Göttingen, Vandenhoeck & Ruprecht, 1986; SCHWEITZER, Albert, *La mystique de l'apôtre Paul* (1930), Paris, Albin Michel, 1962; SCHWEITZER, Louis, *Les chemins de la vie spirituelle. Esquisse d'une spiritualité protestante*, Paris-Cléon d'Andran, Cerf-Excelsis, 2003; STUCKI, Pierre-André, *La vie spirituelle de l'individu et le langage doctrinal*, Neuchâtel, La Baconnière, 1974; TERSTEEGEN, Gerhard, *Traités spirituels*, Genebra, Labor et Fides, 2005; TILLICH, Paul, *Théologie systématique* IV: *La vie et l'esprit* (1963), Genebra, Labor et Fides, 1991; WIDMER, Gabriel-Ph., "La contemplation et les oeuvres dans la tradition réformée", *Lumière et Vie* 207, 1992, p. 55-70.

▶ Alves; Amiel; anjos; antroposofia; Arndt; Avivamento; Böhme; cátaros; conversão; Coornhert; cura das emoções; diaconisas; **ecologia**; edificação; Espírito Santo; espiritualismo; evangelismo; fé; Francke; Hamann; Hesse H.; indivíduo; Labadie; Liga para a Leitura da Bíblia; meditações; **missão**; Missão Interior; Morávios (Irmãos); Nightingale; oração; pietismo; Poiret; pregação; quietismo; **religião e religiões**; santificação; Santidade (movimento de); São Miguel (Confraria Evangélica); Schleiermacher; Schweitzer; **seitas**; sincretismo; Swedenborg; teosofia; Wrede M.; Zinzendorf

ESPIRITUALISMO

Na história da filosofia, o espiritualismo é uma noção que oferece características bem delimitadas (reflexão sobre a transcendência, doutrina sobre a alma, afirmação da liberdade) e se opõe ao materialismo. Porém, o pensamento protestante recente utiliza esse termo de modo negativo, para designar um risco teológico: o de passar ao largo das realidades materiais, corporais e práticas. No entanto, nem sempre foi dessa maneira. No século XIX e no início do século XX, esse conceito foi empregado de forma positiva por vários teólogos e filósofos protestantes representativos da tendência liberal. Foi o caso do suíço Arnold Reymond (1874-1958, professor das universidades de Neuchâtel e Lausanne) e do belga Mathiey Schyns (1890-1979, pastor e professor em Bruxelas), autor que sofreu certa influência do "positivismo espiritualista" de Émile Boutroux (1845-1921). Se a Reforma incluiu uma forte frente de batalha antiespiritualista, contra a Reforma radical e o catolicismo (ideal monástico), assistimos, nos séculos XVII e XVIII, a expressões espiritualistas do pietismo e, principalmente, no século XIX, a tendências espiritualistas do Avivamento e do liberalismo. Assim, foi sobretudo por reação que, no protestantismo que se seguiu, o conceito de espiritualismo foi utilizado mais sistematicamente para designar um desvio. Nesse sentido, é importante notar que, no século XX, no rastro das eclesiologias barthianas e bonhoefferianas, um bom número de teólogos protestantes ressalta os perigos de uma compreensão espiritualista da noção de "igreja invisível" e se envolve em controvérsias contra a expressão de uso católico "mistério da igreja". No começo do século XXI, porém, os termos e as implicações do combate antiespiritualista se deslocaram, pela importância que tomou o diálogo inter-religioso. Agora, na verdade, cabe ao protestantismo definir uma posição diante do retorno do espiritualismo popular (astrologia, Nova Era etc.). E cabe também avaliar-se com seriedade em uma comparação com o judaísmo, tarefa particularmente importante em nosso tema, na medida em que obriga o protestantismo a retomar a questão das relações entre ambos os Testamentos e a verificar com mais acuidade as potencialidades teológicas antiespiritualistas do Antigo Testamento, sem negligenciar a significação do Novo.

Bernard Hort

▶ GISEL, Pierre, *Corps et esprit. Les mystères de l'incarnation et de la résurrection*, Genebra, Labor et Fides, 1992; HORT, Bernard, *Contingence et intériorité*, Genebra, Labor et Fides, 1989; MÜLLER, Denis, *Réincarnation et foi chrétienne* (1986), Genebra, Labor et Fides, 1993; REYMOND, Arnold, *Philosophie spiritualiste*, 2 vols., Lausanne-Paris, Rouge-Vrin, 1942; TILLICH, Paul, *Substance catholique et principe protestant* (1928-1948), Quebec-Paris-Genebra, Presses de l'Université Laval-Cerf-Labor et Fides, 1996.

◉ Ascese; Avivamento; bênção; Böhme; Carlstadt; carne; corpo; criação/criatura; Emerson; encarnação; entusiasmo; Espírito Santo; **espiritualidade**; igreja invisível; iluminismo; liberalismo teológico; mundo; Naville; pietismo; Poiret; Reforma radical; Reymond; Schwenckfeld; Schyns; Secrétan; Swedenborg

ESPORTE

A educação física e o esporte moderno surgiram da instrumentalização didática dos jogos populares e das artes aristocratas pelos pedagogos protestantes. Os exercícios físicos foram legitimados por Lutero, Bucer e Zwinglio. As realizações mais notáveis no âmbito escolar são as do estrasburguense Jean Sturm (1507-1589). Jan Comenius (1592-1670) incorporou em definitivo a ginástica nos programas escolares protestantes. Retomada pelos pedagogos pietistas (August Hermann Francke, 1663-1727), foi sistematizada pela corrente ligada aos Irmãos Morávios (composta por Nikolaus von Zinzendorf, 1700-1760; Johannes Bernhard Basedow, 1723-1790; Jean-Frédéric Simon, 1747-1829, aluno de Jean-Frédéric Oberlin; Johann Christoph Friedrich Guts Muths, 1759-1839; Johann Heinrich Pestalozzi, 1746-1827). A ginástica se tornaria universitária, associativa e nacionalista com Friedrich Ludwig Jahn (1778-1852). A versão escandinava adquire uma orientação mais medicinal (Per Henrik Ling, 1776-1839, e Franz Nachtegall, 1777-1847). O esporte moderno nasce da transformação pedagógica dos jogos populares no mundo anglo-saxão, impondo-se como um "cristianismo muscular" nas escolas de ensino médio e nas universidades britânicas no século XIX. As Uniões Cristãs de Jovens, antes do movimento olímpico, desempenharam um papel de suma importância na difusão internacional dos modelos esportivos e no desenvolvimento da formação universitária de esportistas.

Claude Hurtebize

▶ GELDBACH, Erich, *Sport und Protestantismus. Geschichte einer Begegnung*, Wuppertal, Brockhaus, 1975; LATOURETTE, Kenneth Scott, *World Services. A History of the Foreign Work and World Service of the YMCA of the United States and Canada*, New York, Association Press, 1957.

● Corpo; **educação**

ESSÊNCIA DO CRISTIANISMO

O conceito de "essência do cristianismo" surgiu no âmbito pietista. Em 1694, Philipp Jacob Spener designava o "novo nascimento" como a "verdadeira essência" do cristianismo, em oposição à Confissão de Fé, considerada puramente exterior. Em 1762, Christian August Crusius (1715-1775) indagava-se quanto ao que "pertencia à essência do cristianismo" e respondia: "Certa atitude do coração".

Porém, a questão de como o cristão vê a si mesmo, da tarefa e das características do cristianismo em relação às demais religiões, é tão antiga quanto o próprio conceito de cristianismo (*christianismos* na obra de Inácio de Antioquia; *christianismus* ou, mais comumente, *christianitas* na obra dos pais latinos). Com o pietismo, no entanto, a questão ganha novas perspectivas, na medida em que se impõe a ideia de um fosso separando o cristianismo da igreja, o ideal da realidade, a essência do fenômeno. "Essência do cristianismo" se torna assim uma expressão crucial para indicar formalmente essa diferença. Na época das Luzes, o termo se introduz amplamente no discurso científico da teologia e da filosofia (Spalding, Kant, Semler, entre outros). No século XIX, torna-se a base apologética da teologia liberal, por dar a impressão de compensar a tensão entre o princípio (ideal) e o fenômeno (histórico). Confrontado com a tendência do idealismo alemão, que definia de modo especulativo a essência do cristianismo, Schleiermacher demonstrou que, no cristianismo, a "essência" e o "elemento histórico" estão indissociáveis. Por outro lado, o conceito acabou servindo também para definições polêmicas da essência do cristianismo (para Nietzsche, o cristianismo era "desgosto da vida").

O conceito "essência do cristianismo" foi revisitado em Berlim durante o curso de Adolf Harnack, de 1899 a 1900, publicado em 1900 com base na estenografia de estudantes: *A essência do cristianismo* (Petrópolis, Vozes, 2003). Harnack acreditava ter empreendido um questionamento histórico sobre a essência do cristianismo (para ele, trata-se do simples evangelho de Jesus); de fato, seu objetivo implicava um conceito normativo de "essência". Ernst Troeltsch (*Que signifie 'essence du christianisme'?* [O que significa "essência do cristianismo"?] [1903, 1913²]), em *Histoire des religions et destin de la théologie. Oeuvres III* [História das religiões e destino da teologia], Paris-Genebra, Cerf-Labor et Fides, 1996, p. 181-241) tentou levar adiante a discussão sobre o conceito ao propor distinções produtivas (essência do cristianismo enquanto soma de suas figuras históricas, enquanto princípio de desenvolvimento, enquanto conceito crítico normativo, enquanto conceito ideal a ser trazido para a realidade). Hoje, não utilizamos mais "essência do cristianismo", pois o idealismo alemão atribuiu à expressão um peso filosófico que se constitui em obstáculo, mais que em esclarecimento, para as questões fundamentais da fé e da existência cristã.

Kurt Nowak

▶ COURTH, Franz, *Das Wesen des Christentums in der liberalen Theologie, dargestellt am Werk Fr. Schleiermachers, Ferd. Chr. Baurs und A. Ritschls*, Berna, Lang, 1977; MÖDL, Ludwig, ROHLS, Jan e WENZ, Gunther, orgs., *Das Wesen des Christentums*, Göttingen, Vandenhoeck & Ruprecht, 2003; SCHÄFER, Rolf, "Welchen Sinn hat es, nach einem Wesen des Christentums zu suchen?", *Zeitschrift für Theologie und Kirche* 55, 1968, p. 329-347; SCHRÖDER, Markus, *Die kritische Identität des neuzeitlichen Christentums. Schleiermachers Wesensbestimmung der christlichen Religion*, Tübingen, Mohr, 1996; WAGENHAMMER, Hans, *Das Wesen des Christentums. Eine begriffgeschichtliche Untersuchung*, Mayence, Matthias-Grünewald-Verlag, 1973.

● Apologética; Baur; Cremer; dogmática; Harnack; Kant; liberalismo teológico; neologia; pietismo; neoprotestantismo; **religião e religiões**; religiões (escola da história das); Schleiermacher; Semler; Spener; Troeltsch

ESTADO

O pensamento político dos reformadores, embora veemente, não é muito fácil de caracterizar. Isso se deve sobretudo a sua inspiração reativa, em oposição ao "papismo", ou seja, a pretensão romana quanto a conferir um caráter sagrado a uma instituição humana. Porém, os problemas políticos enquanto tais não parecem ter sido objeto de elaborações teóricas, se as compararmos às que se dedicaram aos problemas teológicos. São as circunstâncias que impuseram aos reformadores reações nesse nível, que se verificaram ainda mais fortes na medida em que as consequências políticas da Reforma foram algo inesperado para eles. Poderíamos resumir as numerosas contradições dos textos ao afirmar que a política foi talvez a face involuntária da Reforma. Lutero não hesitou em declarar que a ética de Aristóteles, esse "maldito pagão, pretensioso e trapaceiro", seria suficiente para resolver todos os problemas políticos!

Três dados políticos estão na origem do que poderíamos arriscar pensar como "a noção protestante de Estado": o ressurgimento da revolta milenarista medieval, o surgimento de um poder rival moralizador na cidade e, por fim, a difícil e lenta consolidação do ideal político da tolerância, noção inaceitável para os próprios reformadores, mas que contaria com contribuições tardias (de Locke, p. ex.,) que lhe atribuiriam uma "imagem" protestante (cf. VOLTAIRE, *Cartas filosóficas*, São Paulo, Martins Fontes, 2007). Além disso, um grande historiador do pensamento social e político, Ernst Troeltsch, viu surgir a modernidade política em dissidentes do universo protestante.

1) Contra o milenarismo. Ao tratar como "cães loucos" os camponeses insurgentes de 1525 e aprovar a repressão dos anabatistas por parte de príncipes e bispos, Lutero foi o primeiro a desenvolver uma teoria penitencial do Estado, além da estrita distinção entre os dois reinos (civil e espiritual): suportar os desmandos políticos de um príncipe tirânico é para ele uma prova moral. "Sofrer a injustiça não destrói a alma humana, mas na verdade a faz progredir, ainda que com perdas no corpo ou nos bens. [...] pois o poder temporal não pode causar mal algum, na medida em que não se correlaciona com a pregação, a fé e os três primeiros mandamentos", escreve Lutero em *Das boas obras* (1520, *Obras selecionadas* II, 97-170). Nem a soberania popular do antipapismo medieval nem o contrato social das Luzes têm lugar aqui.

2) Por um poder rival moralizador. Em sua primeira experiência genebrina (1536-1538), Calvino deparou com a divisão política da cidade e teve de partir para um exílio desprovido de glória, por não possuir um projeto político claro e instituições defensáveis. Em Estrasburgo, onde se refugiou, organizou a comunidade reformada de um modo mais consensual, com diversos "conselhos" de anciãos, estimulado por Martin Bucer. Quando Genebra o chamou de volta, quatro anos depois, em 1541, Calvino instituiu o governo da cidade através de quatro "comissões" distintas: o consistório dos pastores, para questões de fé; o dos doze, para a vigilância dos costumes (excomunhão dos culpados); o dos doutores, para o ensino; e o dos diáconos, para o serviço hospitalar. As relações entre o consistório e as autoridades civis são "naturalmente" conflituosas: todo magistrado cuja conduta pessoal fosse indigna poderia ser excomungado pelo consistório: "Para essa finalidade foram antigamente ordenadas pelas igrejas certas companhias de governadores, que vigiassem os costumes, corrigissem os vícios e usassem da excomunhão quando necessário", proclamam as *Institutas da religião cristã* (1541). Na origem do "quarto poder" contemporâneo, encontramos talvez essa *cultura da reprovação* desenvolvida no calvinismo, oposta à *cultura da adulação* que se desenvolveria em respeito ao poder no mundo caracterizado pela Contrarreforma.

3) Os protestantes do século XVI não parecem ter defendido de modo particular a tolerância: "Na Alemanha, a *Paz de Augsburgo* não passou de uma longa vigília de armas antes da Guerra dos Trinta Anos". No século XVI, a Suíça não era nenhuma terra de liberdade religiosa. "Não menos que os cantões católicos, os cantões protestantes não suportam dissidentes", escreve o historiador da tolerância Joseph Lecler (p. 311). Mas pensadores protestantes ou de tradição protestante viriam trazer contribuições de monta para a teoria da soberania do Estado (Jean Bodin, Jean de Serres, Hugo Grotius, Samuel Pufendorf, Thomas Hobbes), um Estado que, para os homens da idade clássica, seria considerado o único remédio possível contra os conflitos religiosos.

Podemos notar, ademais, que foi a Prússia de Frederico II, e não a França de Luís XV, que representou o ideal do "despotismo esclarecido", em que a autoridade do Estado não era discutível mas onde toda crença poderia se expressar livremente. Por fim, as teorias do contrato social (Locke, Kant, Hegel etc.) seriam caracterizadas pela reflexão protestante em torno da Lei e da aliança, à qual podemos legitimamente acrescentar traços fundamentais da Revolução Americana.

Christophe Calame

▶ CHAUNU, Pierre, *Le temps des réformes*, Paris, Fayard, 1975; CHOISY, Eugène, *L'état chrétien calviniste à Genève au temps de Théodore de Bèze*, Genebra-Paris, Eggimann-Fischbacher, 1902; LECLER, Joseph, *Histoire de la tolérance au siècle de la Réforme* (1955), Paris, Albin Michel, 1994; LUTERO, Martinho, *Contre les hordes criminelles et pillardes de paysans* (1525), em *MLO* 4, 175-179; STRAUSS, Leo e CROPSEY, Joseph, *Histoire de la philosophie politique* (1963), Paris, PUF, 1994; TROELTSCH, Ernst, *Protestantisme et modernité* (1909-1913), Paris, Gallimard, 1991.

◉ Absolutismo; aliança; Althusius; anticristo; **autoridade**; contrato social; democracia; direito natural; direitos humanos; Grotius; Habermas; Hobbes; Hotman; Humboldt; Igreja e Estado; **laicidade**; **lei**; monarcômacos; nacionalidade e nacionalismo; **política**; Rawls; reinos (doutrina dos dois); resistência; Revolução Americana; Revolução Francesa; Rothe; tolerância

ESTADOS UNIDOS

O protestantismo, com uma espantosa diversidade de expressões, sempre foi a principal tradição religiosa dos Estados Unidos. Na época da Independência, em 1776, mais ou menos três quartos da população do novo país declarou sua adesão a um protestantismo de origem britânica, com predominância congregacionalista na Nova Inglaterra, presbiteriana nos estados centrais, batista e episcopal no Sul. No século XIX, os metodistas uniram uma fervorosa piedade a uma organização bastante regulamentada, tornando-se a maior denominação do país: quase um terço dos membros de igrejas protestantes na época da guerra civil (1861-1865). Após os conflitos, escravos libertos organizaram suas próprias igrejas, na maioria protestantes. Hoje, batistas, metodistas, pentecostais e protestantes independentes definem a imagem denominacional dos afro-americanos.

Os milhares de denominações protestantes nos EUA refletem sua diversidade étnica, doutrinária, social e geográfica, assim como a influência de alguns líderes carismáticos. No final do século XIX, a Igreja Católica Romana se torna a denominação mais numerosa, enquanto a totalidade de protestantes perfaz mais que o dobro dos católicos romanos. No final dos anos 1980 e no início dos anos 1990, Gallup Polls observou que 55 a 58% dos americanos se consideravam protestantes (como comparação, nota-se que havia de 65 a 70% nos vinte anos que se seguiram à Segunda Guerra Mundial). Em 2000, as denominações protestantes mais importantes são a Convenção Batista do Sul (15 milhões de membros), a Igreja Metodista Unida (8,4 milhões), a Convenção Batista Negra Nacional (8 milhões), o grupo pentecostal afro-americano Igreja de Deus em Cristo (5,5 milhões) e a Igreja Evangélica Luterana da América (5,2 milhões). Os diversos grupos protestantes dividem-se de modo distinto por regiões: os batistas no Sul, as igrejas negras (todas as denominações misturadas) em numerosas cidades do Norte e do Sul, os luteranos no alto Meio-Oeste e os metodistas nos estados centrais.

Marcado de modo especial em suas origens pelos *Pilgrim Fathers* e pelo puritanismo, o protestantismo serviu de modelo para a personalidade e o *éthos* dos Estados Unidos. Um espírito dissidente protestante (notado na época por Edmund Burke) contribuiu para a formação do espírito patriota que inspirou a ruptura com a Grã-Bretanha. Fortemente influenciadas pelo modelo congregacionalista, tanto a nação quanto as igrejas protestantes defenderam o processo democrático acima da autoridade das tradições herdadas, engajando-se em uma reforma da sociedade através do trabalho voluntário e de programas governamentais, e ainda privilegiando a criatividade empreendedora acima do saber teórico. O protestantismo americano abarca igrejas tradicionais que valorizam o passado (p. ex., muitos luteranos, menonitas, reformados holandeses e alguns episcopais), mas a maioria de seus grupos mais característicos enfatiza os usos locais, as decisões tomadas de modo democrático, as inovações tecnológicas. Grandes nomes da história do protestantismo americano — Jonathan Edwards (1703-1758), George Whitefield (1714-1770), Phoebe Palmer (1807-1874), Ralph Waldo Emerson (1803-1882), Harriet Beecher Stoew (1811-1896), Dwight L. Moody (1837-1899), Martin Luther King (1929-1968), Billy Graham (1918-) — exerceram influência como oradores ou escritores, agindo como seus próprios líderes em vez de representantes de tradições históricas e institucionais claramente definidas.

Nos Estados Unidos, os protestantes cultivaram uma impressionante gama de crenças, desde o unitarismo e numerosas formas de "novo pensamento" até as diversas expressões do fundamentalismo. A Bíblia é decisiva para o protestantismo americano: "Não a credos, sim à Bíblia" era um *slogan* frequente no século XIX. Porém, a leitura da Bíblia é um exercício democrático que produz modos de interpretação tão numerosos quanto as igrejas. As maiores denominações protestantes apresentam muitas afinidades com o movimento do Avivamento, enfatizando a conversão imediata por meio de uma pregação exaltada e visando a um compromisso sério com o cristianismo. As técnicas de avivamento se tornam importantes hoje, sobretudo entre os fundamentalistas, que desconfiam da ciência, da crítica bíblica e dos costumes modernos. É frequente que, na história dos Estados Unidos, protestantes (como, p. ex., os quacres ou os partidários do movimento de Santidade) tenham defendido causas sociais progressivas, como a abolição da escravatura ou um melhor tratamento para os doentes mentais; porém, a partir do final dos anos 1970, criou-se um laço estreito entre um bom número de grupos protestantes de tendência sobretudo fundamentalista (como a Moral Majority [Maioria moral]) e causas políticas conservadoras.

A primeira eleição de George W. Bush à presidência dos EUA, em 2000, e sua reeleição em 2004 confirmaram esses laços. O sul do país é uma região conhecida como *Bible Belt* [cinturão da Bíblia] por sua reputação de piedade bíblica, sendo seus habitantes, em grande maioria, batistas ou metodistas. Essa região desempenhou um papel fundamental na chegada e na permanência no poder das últimas maiorias republicanas conservadoras. Embora tenha sofrido um lento declínio em suas especificidades culturais, o Bible Belt reúne hoje por volta de quarenta milhões de protestantes evangélicos e fundamentalistas, bastante decididos a fazer triunfar seus ideais em Washington. Mas esse pulmão protestante não respira apenas pela causa republicana: as igrejas afro-americanas, ainda que teologicamente conservadoras, defendam ideias políticas progressistas, levam pelo menos 80% de seus membros a votarem no Partido Democrata. Esses contrastes nos lembram a amplitude da diversidade protestante americana. Para conhecer os EUA, é necessário conhecer suas igrejas protestantes, mas não podemos conhecer o protestantismo americano se visitarmos somente uma de suas igrejas.

Mark A. Noll

▶ AHLSTROM, Sidney E., *A Religious History of the American People* (1972), New Haven-Londres, Yale University Press, 2004; BLASER, Klauspeter, *Les théologies nord-américaines*, Genebra, Labor et Fides, 1995; DESPLAND, Michel, *La théologie systématique aux États-Unis*, ETR 48, 1973, p. 487-505; FATH, Sébastien, *Dieu bénisse l'Amérique. La religion de la Maison-Blanche*, Paris, Seuil, 2004; Idem, *Militants de la Bible aux États-Unis. Évangéliques et fondamentalistes du Sud*, Paris, Autrement, 2004; GAUSTAD, Edwin Scott e BARLOW, Philip L., orgs., *New Historical Atlas of Religion in America* (1962), Oxford, Oxford University Press, 2001; GUTJAHR, Paul C., *An American Bible. A History of the Good Book in the United States, 1777-1880*, Stanford, Stanford University Press, 1999; HATCH, Natan O., *The Democratization of American Christianity*, New Haven, Yale University Press, 1989; HERBERG, Will, *Protestants, catholiques et israélites. La religion dans la société aux États-Unis* (1955), Paris, Spes, 1960; MARIENSTRAS, Élise, *Les mythes fondateurs de la nation américaine. Essai sur le discours idéologique aux États-Unis à l'époque de l'indépendance (1763-1800)* (1976), Bruxelas, Complexe, 1992; Idem, *Nous, le peuple. Les origines du nationalisme américain*, Paris, Gallimard, 1988; MARSDEN, George M., *Fundamentalism and American Culture. The Shaping of Twentieth-Century Evangelicalism, 1870-1925*, New York, Oxford University Press, 1980; MARTY, Martin E., *Protestantism in the United States. Righteous Empire*, New York-Londres, Scribner's-Collier Macmillan, 1986 (2ª ed. de *The Righteous Empire. The Protestant Experience in America*, 1970); Idem, org., *Varieties of Protestantism*, Munique, Saur, 1992; NOLL, Mark A., *Das Christentum in Nordamerika*, Leipzig, Evangelische Verlagsanstalt, 2000; TWEED, Thomas A., org., *Retelling U.*

ESTEREÓTIPOS

S. *Religious History*, Berkeley, University of California Press, 1997; WILLIAMS, Peter W., org., *Perspectives on American Religion and Culture*, Oxford, Blackwell, 1999.

● Anticomunismo; batismo; Beecher Stowe; Bushnell; Channing; Chigago (escola de); Child; democracia; Dewey; direitos humanos; Edwards; evangelho social; Faulkner; Finney; Franklin; fundamentalismo; Gilkey; gospel (música); Grimké; Gustafson; Hauerwas; Henry; Hick; igreja eletrônica; igreja negra (afro-americana); Jefferson; Ku Klux Klan; liberalismo (pós-); Lincoln; Lindbeck; **literatura**; Löhe; Maioridade Moral; Moody; mórmons; *negro spiritual*; Niebuhr, Reinhold; Niebuhr, Richard; Penn; Pennsylvania; Philadelphia; *Pilgrim Fathers*; pragmatismo; Princeton (escola de); puritanismo; quacres; Ramsey; Rauschenbusch; Rawls; religião civil; revistas protestantes; Revolução Americana; Russell; Santidade (movimento de); Styron; Thoreau; transcendentalismo; Turner; **utopia**; Williams, Roger; Wilson; Winthrop

ESTEREÓTIPOS

O termo "estereótipo" surge na área da psicologia social para designar o caráter esquemático das opiniões públicas. Os estereótipos se correlacionam a uma captação imediata e simplificada da realidade, fracassando em dar conta da complexidade da vida cotidiana.

Do ponto de vista semântico, alguns estereótipos possuem um fundo de verdade. Enraizados no terreno das experiências de cada um, comportam uma parte de verdade. Assim, o ditado "é preciso ter sofrido para saber o que é" seria usado para exprimir a parcela não comunicável dos sofrimentos profundos. Esse núcleo sadio se erige, infelizmente, em evidência absoluta. Essa absolutização torna o estereótipo um primo do preconceito. A possibilidade de superação desses clichês deve ser aberta — pastoralmente, por exemplo — para aqueles que os enunciam. Porém, a tarefa se afigura complicada, já que as representações contidas nos estereótipos resistem às sanções e aos desmentidos que deveriam lhes impor o encontro com o real. Somente procedimentos de comunicação indireta abrem caminho para uma revisão possível do sistema de convicções dos interlocutores.

Estereótipos religiosos do tipo "não precisamos ir à igreja para ter fé" ou "todos os caminhos levam a Deus" nos ajudam a compreender como a voz do povo se apropria das múltiplas ofertas das realidades simbólicas e religiosas, transformando-as e adaptando-as. Lugares-comuns adornam nossas conversações cotidianas. Do ponto de vista pragmático, adquirem várias funções que visam a estabelecer e manter boas relações em dado diálogo. Permitem também um posicionamento em relação a um ou vários interlocutores. Por ser um dos locais de regulação das interações sociais, o estereótipo, ao ser questionado frontalmente, costuma fracassar e apenas reforçar as certezas daquele que os declara.

Félix Moser

▶ AMOSSY, Ruth, *Les idées reçues. Sémiologie du stéréotype*, Paris, Nathan, 1991; Idem e HERSCHBERG PIERROT, Anne, *Stéréotypes et clichés. Langue, discours, société* (1997), Paris, Nathan, 2004; GOFFMAN, Erwin, *La mise en cène de la vie quotidienne*, t. I: *La présentation de soi* (1956), Paris, Minuit, 1979; GRANDIÈRE, Marcel e MOLIN, Michel, orgs., *Le stéréotype, outil de régulations sociales*, Rennes, Presses universitaires de Rennes, 2003; MOSER, Félix, *Les croyants non pratiquants* (1994), Genebra, Labor et Fides, 1999; PLANTIN, Christian, org., *Lieux communs, topoï, stéréotypes, clichés*, Paris, Kimé, 1993; TAGUIEFF, Pierre-André, *La force du préjugé. Essai sur le racisme et ses doubles* (1987), Paris, La Découverte, 1994.

● **Comunicação**; ideologia

ESTÉTICA

Se desde Platão a reflexão filosófica se debruçou sobre o "belo" e o *status* que convinha atribuir à "arte" (no sentido de *technè*), foi apenas no século XVII, em favor do surgimento de um *éthos* que privilegiasse a consideração da individualidade, assim como a valorização e a autonomização cada vez maior do campo sensível, que se institui a estética no sentido moderno do termo.

Tendo cunhado em 1735 o termo "estética", embora permanecesse ainda sob a influência da filosofia do racionalismo clássico, Alexander Gottlieb Baumgarten (1714-1762) tenta abrir lugar para o sensível e o individual. Para ele, assim como para Descartes e Leibniz antes dele, o campo do sensível está associado a uma representação confusa e inferior, mas essa caracterização clássica da sensibilidade, que barrava o caminho para todo tipo de determinação conceitual (racional e universal) da área, não o impediu de julgar possível uma *ciência do conhecimento* sensível ("o filósofo [...] não deve crer que tão grande porção do conhecimento humano lhe é estranha", *Estética*, § 6). A estética seria a "ciência do conhecimento sensível" (§ 1), adquirindo legitimidade e desfrutando de uma perfeição, uma especificidade e uma dignidade irredutíveis. A estética está associada a representações singulares, individuais, cujo valor se deve a sua complexidade, à riqueza de suas relações ("clareza extensiva"), assim como à unidade que podem suscitar. Em vez de arbitrário, esse conhecimento é compreendido como conhecimento *determinado* do individual. Isso implica uma situação legal específica do objeto estético. A beleza seria definida como "fim da estética [que] é a perfeição do conhecimento sensível" (§ 14).

Se, assim como Johann Christoph Gottsched (1700-1766) — que pregava em sua obra *Versuch einer critischen Dichtkunst* (1732) a superioridade do "gosto" francês —, Baumgarten partilhava ainda a visão classicista de que a arte deveria imitar a natureza (*mimèsis*) e ser "verossímil", seu discípulo Georg Friedrich Meier (1718-1777), influenciado pelos críticos suíços Johann Jakob Bodmer (1698-1783) e Johann Jakob Breitinger (1701-1776), opõe-se a essa tese. Como os "suíços", que por sua vez também sofreram forte influência dos textos de John Addison (1672-1719) sobre "os prazeres da imaginação" e de *Paraíso perdido* (1667) de John Milton (1608-1674), Meier privilegia a *imaginação* e a criação poética, que, liberadas dos entraves da imitação ou de toda "heteronomia", devem ser capazes de transformar a realidade e criar nada menos que um "mundo novo", um mundo cujo horizonte de experiências esteja mais próximo do "maravilhoso" que do "verossímil" (cf. *Von dem Wunderbaren in der Poesie* [1740] de Bodmer). O artista é então convidado não a imitar os objetos da natureza, mas, como já ensinava a estética neoplatonista do inglês Shaftesbury (1671-1713), a imitar o poder criador da própria natureza. A luta pelo direito à criação poética passa tanto pela recusa a uma concepção estreita da *mimèsis* quanto pelo questionamento das regras estilísticas do classicismo francês. Assim, após Bodmer e Breitinger, Gotthold Ephraim Lessing (1729-1781) ataca, em seu *Hamburgische Dramaturgie* (1767-1768), a "artificialidade" e a "conveniência" do gosto francês. Em vez de voltar-se para Corneille, o "gênio alemão" deveria, em nome de uma natureza "não entravada", inspirar-se na tragédia grega e em Shakespeare. Em sua obra *Laokoon* (1766), Lessing usa os *Gedanken über die Nachahmung der grichischen Werke in der Malerei und Bildhauerkunst* (1754), de Johann Joachim Winckelmann (1717-1768) — que instaurou as bases para a moderna história da arte e cujas obras sobre a Grécia antiga exerceriam uma grande influência no pensamento alemão, desde a obra do jovem Goethe e do "primeiro romantismo" até Nietzsche — para resguardar-se do que Nietzsche chamava "nobre simplicidade e serena grandiosidade" do ideal de beleza. De acordo com Lessing, se as estátuas gregas podem atingir uma beleza plástica, tal beleza é inadequada para expressar, na temporalidade, a ação e as paixões. Somente a poesia pode atingir a expressão (*Ausdruck*) das emoções. Essa distinção entre artes plásticas e poesia (*Dichtung*) em geral conduziria ao lugar-comum da estética alemã e, finalmente, protestante: "a subordinação de todas as artes à palavra e [...] ao poema, ao dito, à língua, à palavra, ao ato de nomear (DERRIDA, p. 28). Sejam quais forem suas diferenças, Winckelmann e Lessing concordam em vislumbrar na Grécia antiga o modelo e o antídoto para o que consideram uma ausência de cultura nacional.

Com o movimento já iniciado, na Alemanha, pelos *Briefe über die Empfindungen* (1755) do filósofo judeu Moses Mendelssohn (1729-1786), e na Grã-Bretanha, por *Of the Standard of Taste* [Do padrão do gosto] (1757), de David Hume, a estética se torna, com a obra de Johann Georg Sulzer (1720-1779), puramente subjetiva. Para esses autores, a fonte da beleza não se deve à perfeição do próprio objeto, mas, sim, à perfeição da disposição que ele tem de ser percebido pelo sujeito. Pela importância que atribui ao "gênio", à imaginação criadora (*Einbildungkraft* e *Dichtungkraft*) e à capacidade de apresentar (*Darstellung*) a "essência espiritual das coisas", a *Allgemeine Theorie der schönen Künste* (1771-1774), de Sulzer, encontraria a sensibilidade do *Sturm und Drang*. O interesse pela atividade criadora do artista, assim como pelo "gênio", está igualmente correlacionado ao nome do crítico inglês Edward Young (1683-1763), cuja obra *Conjectures on Original*

Composition [Conjeturas sobre a composição original] (1759) encontraria eco na Alemanha, sobretudo na obra de Johann Wolfgang Goethe (1749-1832) e em *Über die bildende Nachahmung des Schönen*, de seu amigo Karl Philipp Moritz (1757-1793). Mas coube a Johann Georg Hamann (1730-1788) instruir com mais profundidade essa geração. Sua obra *Aesthetica in nuce* (1762) é uma defesa tanto da criatividade artística quanto do *status* metafísico da arte. Para Hamann, o artista deve, fora de todas as normas (inclusive morais), exprimir sua paixão e seus sentimentos dando livre curso a sua visão pessoal. No entanto, isso não significa que a arte é puramente subjetiva ou que está ligada a algum conhecimento inferior. A arte não é nem "prazer sensível" apenas, nem conhecimento de segunda ordem, mas deve ser compreendida como o meio que pode nos levar ao conhecimento imediato da verdade e da própria realidade; nesse sentido, tem uma significação metafísica. Insistindo ao mesmo tempo no fato de que somente a arte pode "traduzir" e "decifrar" a natureza (natureza que é a linguagem secreta de Deus) e de que a arte, ao exprimir a personalidade íntima do artista, atinge a compreensão metafísica da realidade, a obra *Aesthetica in nuce* teria uma influência decisiva no "primeiro romantismo" (Friedrich Schlegel, Schleiermacher, Hölderlin e o jovem Schelling). Discípulo de Hamann e admirador de Jean-Jacques Rousseau (1712-1778), Johann Gottfried Herder (1744-1803) adquiriria de Hamann a atenção voltada para a "poesia popular" (*Volkspoesie*) e para o gênero "arcaico". Herder veria na história originária (*Urgeschichte*) e nas antigas tradições germânicas e "nórdicas" (sobretudo os poemas de Ossian) uma alternativa, considerada mais "orgânica" e mais espontânea, ao modelo neoclássico proposto por Lessing e Winckelmann. De Winckelmann, contudo, Herder retém a abordagem histórica que o conduziria a certo historicismo quanto ao gosto e à cultura; para ele, as produções artísticas emergem em épocas e contextos sociais diversos, e assim não podem ser avaliadas de acordo com regras absolutas, nem segundo as normas de um gosto válido universalmente.

Com Immanuel Kant (1724-1804), a estética chega a uma fase ao mesmo tempo clássica e quase paradoxal em relação ao que antes era compreendido com o termo "estética". De fato, "Kant foi o primeiro a fazer jus à estética naquilo que se poderia chamar 'filosofia primeira'; porém, é também, e por essa mesma razão, o primeiro a suprimir a estética como parte ou subárea da filosofia" (J.-L. NANCY, *L'offrande sublime* [A oferenda sublime], em J.-F. COURTINE et alii, p. 40). Na verdade, ao buscar identificar o princípio transcendental da faculdade do juízo estético em *Crítica da faculdade de julgar* (1790), Kant procura em primeiro lugar uma "passagem", ou seja, como ponte entre razão teórica e razão prática, entre natureza e liberdade. Nesse sentido, a terceira crítica analisaria a faculdade de juízo do gosto não em vista "da formação e da cultura do gosto [...], mas somente em um sentido transcendente" (V, 170). Ainda que haja "um abismo imenso entre o campo do conceito da natureza, enquanto sensível, e o campo do conceito de liberdade, enquanto suprassensível", deve existir, no entanto, um princípio de unidade, um laço, que torne possível "a passagem do modo de pensar segundo os princípios de um deles ao modo de pensar segundo os princípios do outro" (V, 175s). Kant encontraria na crítica da faculdade de julgar essa articulação, esse "modo de associação das duas partes da filosofia em um todo" (V, 176). De modo similar ao de Moses Mendelssohn, para quem o sentimento estético deveria ser atribuído a uma faculdade diversa das faculdades teóricas e do desejo, Kant considera a faculdade de juízo (*Urteilskraft*) como uma terceira faculdade do espírito, ao lado do entendimento (*Verstand*), que é a faculdade do conhecimento e da razão (*Vernunft*), que por sua vez é a faculdade de desejar. A faculdade do juízo seria a faculdade do "sentimento de prazer e dor". Para que seja "pura", é preciso destacar seu princípio "apriorístico". Se o juízo "em geral" consiste em "pensar o particular como contido no universal" (V, 179), o juízo estético ou de gosto é visto simplesmente como *de reflexão*, e não determinante, como o são os juízos de conhecimento: no juízo estético, o universal em que o particular deve ser incluído não está dado de antemão. O juízo estético teria assim que encontrar e dar a si mesmo sua própria lei. Esse seria o conceito transcendente da finalidade da natureza, um princípio *a priori* "subjetivo" (V, 184), ou seja, uma máxima que tem apenas uma função *reguladora*, já que nada pode, aqui, ser de fato conhecido. Enquanto tal, a faculdade de julgar também não poderia dispor de um campo próprio.

Após ter identificado, em sua introdução, os aspectos reguladores da faculdade de julgar, Kant chega à "Analítica do juízo estético", que é dividida — de acordo com uma tipologia da experiência estética que se tornou clássica com *A Philosophical Enquiry into the Origin of our Ideas of the Sublime and Beautiful* [Busca filosófica das origens de nossas ideias do sublime e do belo] (1757), de Edmund Burke — entre "Analítica do belo" (§ 1-22) e "Analítica do sublime" (§ 23-54). A "Analítica do belo" toma a forma de um exame dos quatro "momentos" do juízo de gosto, que leva a quatro definições diferenciadas do belo. Em primeiro lugar, de acordo com a qualidade, "o gosto é a faculdade de julgar [...] um objeto ou um modo de representação por uma satisfação ou um desprazer, *independentemente de qualquer interesse*. Chamamos de *belo* o objeto de tal satisfação" (V, 211). Dessa maneira, o juízo estético pede que o objeto considerado belo produza um sentimento de prazer ou dor, sem relação com o interesse; ou seja, em contraposição à faculdade de desejar, o juízo estético, que é "contemplativo", deve ser totalmente indiferente (desinteressado) em relação à própria existência do objeto (V, 209). Em segundo lugar, de acordo com a quantidade, "é *belo* aquilo que agrada universalmente sem conceito" (V, 219). Assim, se o belo é objeto de uma satisfação desinteressada, essa satisfação deve ao mesmo tempo ser universal. Para Kant, essa validade universal dos juízos estéticos — sempre "singulares" — só pode ser representada como subjetiva, já que esses juízos só se fundam em um sentimento, e não em um conceito. Porém, enquanto o juízo precede o sentimento, a *comunicabilidade* universal e interssubjetiva do sentimento é considerada possível. Nesse sentido, se o sentimento do belo procede do "livre jogo" ou do acordo entre o entendimento e a imaginação, esse acordo tem como efeito supor um "sentido comum" que leve a crer que seu próprio juízo estético pode encontrar uma adesão universal. Em outras palavras, como anunciaria o parágrafo 22, "a necessidade da adesão universal que é pensada em um juízo de gosto é uma necessidade subjetiva que é representada como objetiva, pressupondo um sentido comum" (V, 239). Em terceiro, de acordo com a relação, "a *beleza* é a forma da finalidade de um objeto, enquanto é percebida nesse objeto *sem representação de um fim*" (V, 236). Para que um juízo estético seja puro, a finalidade estética não deve remeter a uma finalidade objetiva do objeto, mas ao sentimento de uma finalidade não conceptualizável. Em quarto, por fim, de acordo com a modalidade, "é *belo* aquilo que é conhecido sem conceito como objeto de uma satisfação *necessária*" (V, 240). A necessidade relativa ao juízo estético é considerada aqui exemplar, na medida em que significa "a adesão de todos a um juízo visto como exemplo de uma regra universal que nos é impossível enunciar" (V, 237).

Se o sentimento do *belo* procede do livre acordo entre imaginação e entendimento, o sentimento do *sublime* opera em outro registro. Com o sublime, a imaginação está em luta com a razão (faculdade do incondicionado) que ordena o "alargamento" (V, 255) de espírito para uma abertura ao infinito das Ideias. A inacessibilidade das Ideias à imaginação e o esforço de alargamento imaginativo nos obrigam "a *pensar* subjetivamente a própria natureza em sua totalidade como apresentação de algo suprassensível" (V, 268). No entanto, tal apresentação, que não pode ser realizada objetivamente, continua puramente "negativa". Por exemplo, quando tratamos da Basílica de São Pedro, em Roma, a sucessão progressiva e a convocação das apreensões excedem a capacidade de compreensão: "A compreensão: jamais é total. [...] Nisso a imaginação atinge seu nível máximo; no esforço para aumentar seus limites, ela recua e se afunda em si mesma" (V, 252). Porém, Kant acrescenta: "Mas a imaginação é assim transposta em uma tocante satisfação". Enquanto a satisfação provinha, no belo, daquilo que a imaginação, no acordo das faculdades, alcançava na síntese, aqui é seu fracasso que preenche a exigência de totalidade exigida pela "voz da razão" que busca satisfação. Mas esse prazer só pode ser "negativo" e tardio. Desse inconveniente que há no "esforço para tratar a natureza como um esquema" para as ideias, ou desse abismo da inapresentável apresentação, nasce o sentimento do sublime que "provoca em nós o sentimento de nossa destinação suprassensível" (V, 258). O "simples" prazer é sacrificado em nome de um prazer mais "elevado". A partir de então, é sublime o "contrainteresse", "o que agrada de imediato pela resistência que opõe ao interesse dos sentidos" (V, 267). Esse conflito exibe a violência que a razão exerce de encontro à sensibilidade, com o único fim de alargá-la "na medida de seu domínio próprio (prática) e de permitir-lhe olhar através do infinito que, para ela, é um abismo" (V, 264). Portanto, se o sublime não é nada além de "contrafinal" para a imaginação, resta que é bastante final *"para o conjunto da destinação* do espírito" (V, 259). Contrário ao belo que se correlaciona com a apreciação estética da natureza, o sublime só aprecia um "uso contingente" da natureza que busca outra finalidade, portanto outro tipo de prazer. "Em relação ao belo na natureza, é fora de nós que devemos buscar um princípio, mas, em relação ao sublime, é em nós que devemos encontrar um princípio que seja o do modo de pensar próprio à introdução do sublime na representação da natureza" (V, 246). Pressupondo o sentimento de nossa destinação, o prazer negativo e diferenciado que o sublime produz se torna "o prazer da contemplação que raciocina" (V, 292): no sublime, a natureza e suas formas não poderiam pretender buscar nenhum prazer se a razão não suscitasse o sentimento da destinação humana. Nesse sentido, o sublime kantiano "dramatiza o ritmo da transcendência em sua forma extrema e a mais pura, o sublime começando ali onde os sistemas convencionais [...] fracassam, e ele encontra nesse colapso o fundamento para outra ordem de sentido" (T. WEISKEL, p. 22). A força opressiva da natureza pode ser a oportunidade para uma elevação das "forças da alma" que revela uma capacidade de resistência bem maior diante da "aparentemente dominante violência da natureza" (V, 261).

A recepção da terceira crítica kantiana forneceria o ambiente propício para a teoria estético-política de Friedrich Schiller (1759-1805). O problema que ressaltou aos olhos de Schiller foi o do conflito entre a afirmação do poder de reconciliação do *en kai pan* ("o Uno e o Todo") e o estado de cisão no qual vive o homem moderno. Essa problemática daria o tom de sua leitura da *Crítica da faculdade de julgar*. Suas *Cartas sobre a educação estética da humanidade* (1735-1795) (São Paulo, EPU, 1995) apresentam o conflito entre natureza e liberdade humana (um conflito que se tornaria "a estrutura obsessiva da sensibilidade alemã", T. WEISKEL, p. 5s), bem como o esforço para sua resolução. Para Schiller, a psique humana é guiada por duas pulsões: uma "pulsão material" (*Stofftrieb*), que é um princípio receptivo-passivo (sensibilidade), e uma "pulsão formal (*Formtrieb*), que é a atividade do eu em seu exercício transcendente. Essa divisão, que corresponde à de Kant, conduz sem erro à experiência da fragmentação da vida se não puder articular-se e unificar-se através de um terceiro termo. Esse terceiro termo seria o princípio estético, a "pulsão de jogo" (*Spieltrieb*), que reforçará a oposição e tornará harmoniosa a coexistência entre as sensações e as ideias da razão. A experiência estética e a função pedagógica da arte (sobretudo a "poesia sentimental") devem reconciliar e superar a alienação causada pelo conflito das "pulsões", promovendo o desenvolvimento do equilíbrio dos indivíduos e, assim, da cultura e da sociedade como um todo.

O ponto de partida do romantismo de Iena (*Frühromantik*) seria a crise instituída pela crítica de Kant. Essa crítica proibia todo conhecimento objetivo das ideias: mesmo se o incondicionado que é a exigência da razão nos levasse além das fronteiras do mundo dos fenômenos, isso significa que, para Kant, essa passagem jamais seria efetiva. "Poderíamos dizer cruamente que a filosofia do idealismo alemão tentou reganhar pela especulação aquilo que a crítica de Kant teve de abandonar: a unidade do sujeito e do objeto, do espírito e da natureza" (P. SZONDI, t. I, p. 221). A temática em torno da qual se organizaria essa reconquista seria a consciência de si como verdade da consciência. A aposta diz respeito à noção de produção e, de modo mais singular, à de "produção de si" (*autopoiesis*), que exigiria a cooperação da poesia e da filosofia. O que contaria para Friedrich Schlegel (1772-1829) seria a preservação dos direitos da imediatez do conhecimento e, em oposição a Kant, para quem só há conhecimento imediato na intuição, Schlegel estimaria que um "pensar imediato" deve ser possível. Esse pensar seria fornecido pelo conceito da *reflexão*, já privilegiado por Johann Gottlieb Fichte (1762-1814), que seria a base para a teoria romântica do conhecimento (e com ela a possibilidade de penetrar "no absoluto". Cf. W. BENJAMIN, p. 51 e 66. O esforço romântico passa igualmente pela noção central de *apresentação* (*Darstellung*): a arte e a poesia têm como tarefa a apresentação sensível daquilo que a filosofia falha em apresentar. Para Novalis (1772-1800), assim como para Schlegel, a função ontológica da arte se correlaciona com essa apresentação do Infinito ou da Totalidade: "A disposição para a poesia [é uma disposição...] para o que está por ser revelado [...]. Ela apresenta o inapresentável. Ela vê o invisível, sente o não sensível" (citado em J.-M. SCHAEFFER, p. 108). Nesse sentido, "o filósofo deve ter tanta força estética quanto o poeta". A filosofia deve cumprir-se como obra de arte no momento em que "o ato supremo da razão" é "um ato estético" (*O mais antigo programa sistemático do idealismo alemão* [1796], atribuído a Schelling [1775-1854], mas em que se reconhecem também os traços de Hölderling [1770-1843] e de Hegel, em *Textos estéticos*, p. 10). A arte se torna, de acordo com o *Sistema do idealismo transcendental* (1800), "o único *organon*, a única prova da filosofia". A arte é vista como a única capaz de apresentar objetivamente aquilo que a filosofia só pensa subjetivamente: a "objetividade da intuição intelectual, reconhecida de modo universal e absoluto, é a própria arte" (p. 24). Aqui, ainda, a intuição estética que produz a consciência de si em uma produção artística seria a obra da reflexão que é capaz de compreender a identidade do objetivo e do subjetivo. A teoria especulativa da arte do idealismo designaria à arte a tarefa de aliar-se à filosofia para criar essa "mitologia da razão" na qual Schelling depositava suas esperanças: "A multidão deve ter uma religião sensível. Não somente a multidão, mas o filósofo também precisa disso. Monoteísmo da razão e do coração, politeísmo da imaginação e da arte, eis do que precisamos" (*O mais antigo programa*, p. 11). Mas se, para Schelling, a arte e a filosofia devem aliar-se, isso significa que, se a intuição da razão capta o absoluto, enquanto totalidade, o absoluto é igualmente Deus: "Deus e o universo são um ou são apenas diversos aspectos de uma única e mesma coisa. Deus é o universo se consideramos sua identidade, ele é tudo, pois é o único Real; assim, fora dele não há nada. O universo é Deus percebido do ponto de vista da totalidade" (Ph. LACOUE-LABARTHE e J.-L. NANCY, p. 401). Compreende-se assim que a teoria especulativa da arte seja sempre já uma "teoestética" (M. C. Taylor) que não tem outro objetivo, a não ser o da reconciliação. Nesse sentido, a intuição estético-religiosa desenvolvida em *De la religion. Discours aux personnes cultivées d'entre ses mépriseurs* [Da religião: discurso às pessoas cultas dentre seus desprezadores] (1799, Paris, Van Dieren, 2004), de Friedrich Schleiermacher (1768-1834), torna-se igualmente paradigmática. A consciência de si imediata seria aqui ainda angariada na intuição específica da unidade original da objetividade e da subjetividade. "Intuição do universo", que não seria nada além que a religião, cuja essência seria "a sensibilidade e o gosto do infinito".

Em sua obra *Estética* (1820-1829), Georg Wilhelm Friedrich Hegel (1770-1831) deu crédito a Kant por ter vislumbrado "na arte algo como um meio em que se opera a conciliação entre o espírito abstrato, repousando em si mesmo, e a natureza, tanto em suas manifestações exteriores quanto em suas manifestações interiores, afetivas e psíquicas" (I, p. 89s). No entanto, de acordo com o costume de todos os pós-kantianos, Hegel reprova em Kant o fato de não ter atribuído a essa identidade nenhuma realidade objetiva para o conhecimento, quando esse conhecimento estava ligado somente ao juízo reflexivo. Segundo Hegel, cabe aos sucessores "conceber de modo mais amplo e abrangente a unidade tal como a realizada entre liberdade e necessidade, entre o universal e o particular, entre o racional e o sensível" (I, p. 94). Para Hegel, o sujeito da estética não seria o belo natural, como em Kant, mas, sim, o belo artístico, que lhe é superior "por ser um produto do espírito [...]. Ele participa do espírito e, consequentemente, da verdade" (I, p. 9 s). Hegel concorda com Schelling quanto a ver na arte e na filosofia um mesmo conteúdo. De fato, a arte pertence, tal como a religião revelada e a filosofia, ao Espírito absoluto: "O mais alto destino da arte é o que lhe é comum com a religião e a filosofia. Como estas, a arte é um modo de expressão do divino, das necessidades e das exigências mais elevadas do espírito. [...] Porém, a arte difere da religião e da filosofia por possuir o poder de proporcionar, dessas ideias elevadas, uma representação sensível que as torna acessíveis para nós" (I, p. 32).

Entretanto, se Hegel, assim como os românticos, atribui à arte uma função de conhecimento, distingue a arte da filosofia: "figura do saber", a arte só constitui o primeiro momento do Espírito absoluto, o da "manifestação [*Scheinen*] sensível da ideia (I, p. 160); o conteúdo espiritual permaneceria ineficaz se não se manifestasse sob uma figura particular. Enquanto tal, a arte é um "momento essencial" do surgir do Espírito (I, p. 29). Na arte, a unidade entre o sensível e o espiritual se apresenta em um duplo movimento. Em primeiro lugar, o sensível, que é o mundo da aparência, é dotado pelo Espírito de uma realidade superior, espiritual. Em segundo, o conteúdo espiritual encontra uma apresentação sensível e se torna uma figura da realidade. Essa verdade da arte é ainda mais real na medida em que o Espírito se realiza nela de modo efetivo e que a adequação entre o conteúdo e a forma é mais completa. Nesse sentido, atrai de modo especial a atenção de Hegel a história filosófica da arte enquanto historicidade das formas particulares que a arte toma, na medida em que essas formas indicam o grau de realização da Verdade da própria arte, ou seja, do desdobramento do Espírito. Três formas da arte são aqui consideradas: a simbólica, a clássica e a romântica. A arte simbólica, primeiro momento da arte, caracteriza-se pela inadequação e pela separação entre o conteúdo espiritual e a figura sensível. Com a arte clássica, essa adequação é obtida e realizada pela "representação da individualidade substancial" (II, p. 10). Mas essa realização não atinge ainda a subjetividade, que seria o momento essencial da representação da arte romântica, a única capaz de sintetizar a universalidade e a particularidade com o fim de criar uma obra de arte orgânica. Com a arte romântica chega-se, de acordo com Hegel, a um impasse, visto que, "quando é a interioridade subjetiva da alma que se torna o momento essencial da representação, a questão de saber exatamente como o conteúdo da realidade exterior e do mundo espiritual através do qual a alma poderá se manifestar não apresenta importância alguma. [...] É por isso que [...], quanto mais [a arte] penetra no infinito do mundo, [...] mais lhe atribui valor, identificando-se o artista com as coisas, na medida em que ele as representa e tais como ele as representa (II, p. 349). Para Hegel, isso significa que "é permitido esperar que a arte não deixe de elevar-se e aperfeiçoar-se", mas a forma da arte romântica "deixou de satisfazer a necessidade mais elevada do espírito" (I, p. 153). Aqui, não se assiste tanto à "morte da arte", mas, sim, à extenuação de sua mais alta função ontológica. A arte, julgada em seu conteúdo, foi levada a seu limite, devendo ser "reerguida". A exigência de "apresentação" ou de reconciliação tornou-se pesada demais. O espiritual deveria encontrar outras formas em que sua manifestação pudesse se comprazer.

Contemporâneas aos cursos de estética de Hegel ou datadas de pouco antes, as teorias estéticas de Karl Friedrich Solger (1780-1819) e de Arthur Schopenhauer (1788-1860) tomam caminhos diferentes. Ambos seriam compreendidos a partir de uma filosofia que seria, antes de tudo, dualista. De acordo com os *Vorlesungen über Ästhetik* (1829) de Solger, a arte tem como função buscar revelações fugidias da Ideia. Mas ao manifestar assim uma congruência temporária da Ideia e da aparência, transformando a Ideia em realidade, a beleza também mostra com isso a total heterogeneidade dessas duas áreas. A arte participa da ironia que reconhece em toda produção humana, sempre, um caráter finito. O mesmo dualismo dá o tom em *O mundo como vontade e como representação* (1818), de Schopenhauer. Dando-se como representação (ordem racional que organiza os fenômenos), o mundo não é o real. O real, a "coisa em si", é a vontade original e absurda, força todo-poderosa que se manifesta em todos os campos da realidade. A maior sabedoria consistirá em desligar-se por completo do domínio da vontade. A primeira etapa desse encaminhamento para a sabedoria seria constituída da estética: "A arte é a contemplação das coisas, independentemente do princípio de razão" (I, p. 239), que nos torna capazes de nos retirar da cena do mundo que contemplamos. A contemplação equivale, portanto, a libertação, levando-nos a cessar de querer e, assim, cessar de sofrer. Na contemplação, a vontade se torna simples objeto de representação. Essa objetivação leva, por sua vez, ao prazer estético, pelo qual "escapamos da humilhante opressão da vontade" (I, p. 253). Logo, a arte é interpretada como ascetismo e renúncia, temas centrais para a compreensão schopenhaueriana da tragédia e da música.

A influência de Schopenhauer é patente em *O nascimento da tragédia* (1872-1886), de Friedrich Nietzsche (1844-1900). Porém, aqui o caráter redentor e consolador da arte adquire um tom diferente, já que não se trata de renunciar à vontade, mas, pelo contrário, de afirmá-la. A arte deve demonstrar uma atividade artística inerente à própria vontade: sob uma capa dionisíaca, "o homem não é mais artista, tornou-se obra de arte: o que se revela aqui [...] é [...] o poder artista de toda a natureza" (*Oeuvres philosophiques complètes* [Obras filosóficas completas] I/1, Paris, Gallimard, 1977, p. 45). Além disso, a arte serviria para caracterizar e justificar a ontologia nietzschiana: "Pois é somente enquanto fenômenos estéticos que a existência e o mundo se justificam, eternamente" (p. 61). A alternativa entre o dionisíaco e o apolíneo opõe de fato duas forças, dois princípios ontológicos. No modelo schopenhaueriano da dualidade representação/vontade, a arte apolínea se caracteriza pela justa medida, pelas "belas formas", pela harmonia e pelo princípio de individuação que é a própria limitação do sujeito criador. Nesse sentido, no apolíneo, a própria natureza se justifica, e sua redenção é efetuada no mundo como aparência. A arte dionisíaca, ao contrário, é a arte da desmedida, a arte sem formas, a fusão na plenitude; essa arte destrói a individuação e a razão, levando os homens à exaltação e, assim, além do mundo fenomenal. Com essa arte, "por breves instantes, somos de fato o ser original, sentimos seu incoercível desejo e seu prazer de existir" (p. 115). Se a arte apolínea encontra sua realização na poesia épica e o dionisíaco na música, compreende-se que com a tragédia nós chegaríamos, segundo Nietzsche, a uma concordância entre os dois princípios. Mas essa síntese não significa que a proeminência do dionisíaco é abandonada. Pelo contrário: na tragédia, a música (coro), que á a expressão do ser original, encontra um momento de apresentação na poesia como figuração do mundo da aparência. "O dionisíaco, no efeito total da tragédia, toma a frente: a tragédia se conclui em uma concordância que jamais se notou desde o domínio único da arte apolínea" (p. 141). A força do dionisíaco, que era refreada pelo apolíneo, conduz o apolíneo a sua própria negação. A tragédia "leva o mundo fenomenal até esse limite em que ele nega a si mesmo e busca retornar, para encontrar refúgio nesse limite, no seio da única e verdadeira realidade" (p. 143). Em Nietzsche, essa encenação do apolíneo e do dionisíaco seria trasladada para sua explicação acerca da ópera wagneriana, que é para ele a forma moderna da tragédia. Na ópera, o drama (mito), que deve nos proteger da força da música (dionisíaco), é elevado pela música a uma significação metafísica: "O mito nos protege da música, sendo o único a lhe dar a maior liberdade possível. É por isso que, em troca, a música confere ao mito trágico uma significação metafísica [...] que, sem essa única ajuda, nem a palavra nem o espetáculo poderiam atingir" (p. 137). O aforismo que Nietzsche escreve no final de sua vida esclareceria essa função protetora: "Temos a arte para que a verdade não nos mate" (*A vontade de poder*, § 822, em ibid., XIV, p. 250).

Patrick Évrard

▶ BAUMGARTEN, Alexander Gottlieb, *Esthéthique*, precedida de *Méditations philosophiques sur quelques sujets se rapportant à l'essence du poème*, e de *Métaphysique* (§ 501 a 623), Paris, L'Herne, 1988; BÄUMLER, Alfred, *Das Irrationalitätsproblem in der Ästhetik und Logik des 18. Jahrhunderts bis zur "Kritik der Urteilskraft"* (1923), Darmstadt, Wissenschaftliche Buchgesellschaft, 1974; BAYER, Raymond, *Histoire de l'esthétique*, Paris, Armand Colin, 1961; BENJAMIN, Walter, *Le concept de critique esthétique dans le romantisme allemand*, Paris, Flammarion, 1986; BOURDIEU, Pierre, *La distinction. Critique sociale du jugement*, Paris, Minuit, 1979; BURKE, Edmund, *Recherche philosophique sur l'origine de nos idées du sublime et du beau* (1757), Paris, Vrin, 1990; COURTINE, Jean-François et alii, *Du sublime*, Paris, Belin, 1988; DERRIDA, Jacques, *La verité en peinture*, Paris, Flammarion, 1978; EAGLETON, Terry, *The ideology of Aesthetic*, Oxford, Blackwell, 1990; DILTHEY, Wilhelm, *Oeuvres* VII: *Écrits d'esthétique*, Paris, Cerf, 1995; ENGELL, James, *The Creative Imagination. Enlightenment to Romanticism*, Cambridge, Harvard University Press, 1981; FERRY, Luc, *Homo Aestheticus. L'invention du goût à l'âge démocratique*, Paris, Grasset, 1990; GOETHE, Johann Wolfgang, *Écrits sur l'art*, Paris, Klincksieck, 1983; GUILLERMIT, Louis, *L'élucidation critique du jugement de goût selon Kant*, Paris, CNRS Éditions, 1986; HAMANN, Johann Georg, *Aesthetica in nuce. Métacritique du purisme de la raison pure et autres textes*, Paris, Vrin, 2001; HEGEL, Georg Wilhelm Friedrich, *Esthétique*, 4 vols., Paris, Flammarion, 1979; HUME, David, *Les essais esthétiques*, 2 vols., Paris, Vrin, 1973-1974; KANT, Emmanuel, *Critique de la faculté de juger* (1790), em *Oeuvres philosophiques* II, Paris, Gallimard, 1985, p. 917-1299; LACOUE-LABARTHE, Philippe e NANCY, Jean-Luc, *L'absolu littéraire. Théorie de la littérature du romantisme allemand*, Paris, Seuil, 1978; LYOTARD, Jean-François, *Lições sobre a analítica do sublime*, Campinas, Papirus, 1993; NISBET, Hugh Barr, org., *German Aesthetic and Literary Criticism. Winckelmann, Lessing, Hamann, Herder, Schiller, Goethe*, Cambridge, Cambridge University Press, 1985; NIVELLE, Armand, *Les théories esthétiques en Allemagne. De Baumgarten à Kant*, Paris, Les Belles Lettres, 1955; ROSSET, Clément, *L'esthétique de Schopenhauer*, Paris, PUF, 1969; SCHAEFFER, Jean-Marie, *L'art de l'âge moderne. L'esthétique et la philosophie de l'art du XVIIIe siècle à nos jours*, Paris, Gallimard, 1992; SCHELLING, Friedrich Wilhelm Joseph, *Textes esthétiques*, Paris, Klincksieck, 1978; Idem, *Philosophie de l'art* (curso de 1802-1803 e 1804-1805), Grenoble, Jérôme Millon, 1999; SCHILLER, Friedrich, *Poesia ingênua e sentimental* (1795-1796), São Paulo, Iluminuras,

1991; SCHLEIERMACHER, Friedrich, *Esthétique*. *Tous les hommes sont des artistes*, Paris, Cerf, 2004; SCHOPENHAUER, Arthur, *O mundo como vontade e representação* (1818), São Paulo, Unesp, 2005; SCHÜSSLER, Ingeborg, *Art et liberté dans l'Idéalisme transcendental*. *Kant et Schiller*, Lausanne, Payot, 2005; SZONDI, Peter, *Poetik und Geschichtsphilosophie*, 2 vols., Frankfurt, Suhrkamp, 1974; TAMINIAUX, Jacques, "Des interprétations de la 'Critique de la faculté de juger'", em Pierre LABERGE, François DUCHESNEAU e Bryan E. MORRISEY, orgs., *Actes du congrès d'Ottawa sur Kant dans les traditions anglo-américaine et continentale*, Ottawa, Presses de L'Université d'Ottawa, 1976, p. 124-142; TAYLOR, Mark C., *Disfiguring*. *Art, Architeture Religion*, Chicago, University of Chicago Press, 1992; TODOROV, Tzvetan, *Théories du symbole*, Paris, Seuil, 1977, p. 141-260; WEISKEL, Thomas, *The Romantic Sublime*. *Studies in the Structure and Psychology of Transcendence*, Baltimore, Johns Hopkins University Press, 1976.

▶ Arquitetura; **arte**; autonomia; *Bauhaus*; Baumgarten A. G.; Burckhardt; Burke; **cinema**; **comunicação**; Crousaz; expressionismo alemão; Goethe; Gropius; Hamann; Hegel; Herder; Hölderlin; indivíduo; Kant; Lessing; **liberdade**; **literatura**; metafísica; Milton; **música**; natureza; Nietzsche; Novalis; romantismo; Schelling; Schiller; Schmidt A.-M.; Schopenhauer; **teatro**; Winckelmann

ESTIENNE

Famosa família de tipógrafos e impressores parisienses e genebrinos. Robert Estienne (morto em 1559), filho de Henrique I (morto em 1520), estabelece-se em Genebra em 1550, sendo tipógrafo do rei. A Bíblia é algo fundamental em seu trabalho: ele revisa constantemente a latina (1528, 1532, 1540, 1545 e 1557) e publica as duas primeiras edições da hebraica na França (1539 e 1544), ainda corrigindo parte da tradução da Bíblia francesa (1553 e 1560). Foi um dos editores privilegiados de Calvino nos anos 1550. Seus irmãos François (morto em 1553) e Charles (morto em 1563) permaneceram em Paris. Dentre seus filhos, todos tipógrafos, Charles II e Robert II, que haviam se estabelecido em Paris, voltam para Genebra (em 1563 e 1569, respectivamente), enquanto François II sai da cidade nos anos 1580. O quarto filho, Henrique II (1531-1598), erudito helenista, trabalha em Genebra a partir de 1555. Seu *Thesaurus graecae linguae* [Tesouro da língua grega] (1572) e sua edição de Platão (1578) são as obras-primas de sua produção. Manifesta uma grande independência em ideias e ações, o que lhe proporciona alguns aborrecimentos. Seu filho Paul (1566-?1630) e seu neto Antoine (1592-1674) trabalham também como tipógrafos. Paul em Genebra, e Antoine em Paris. Com Robert III (morto por volta de 1630), filho de Robert II, também ativo em Paris, são os últimos representantes dos impressores Estienne.

Max Engammare

▶ ARMSTRONG, Elizabeth, *Robert Estienne Royal Printer*. *An Historical Study of the Elder Stephanus* (1954), Abingdon, Sutton Courtenay Press, 1986; ENGAMMARE, Max, *Introduire une édition humaniste de la Bible*. *Les prologues des Bibles de Robert Estienne* (*1528-1560*), em Jean-Daniel DUBOIS e Bernard ROUSSEL, orgs., *Entrer en matière*. *Les prologues*, Paris, Cerf, 1998, p. 393-425; *Henri Estienne*, Paris, École normale supérieure, 1988. Para os outros membros da família Estienne, é necessário consultar, com reservas, Antoine Augustin RENOUARD, *Annales de l'imprimerie des Estienne, ou histoire de la família Estienne et de ses éditions* (1837-1838), Genebra, Slatkine, 1971.

▶ Genebra; impressão e edição; traduções francesas da Bíblia

ÉTICA → Moral

EUCARISTIA → Ceia

EUCKEN, Rudolf (1846-1926)

Professor de filosofia em Basileia a partir de 1871, Eucken é nomeado para Iena em 1874. Seu neoidealismo alertou a cultura de sua época quanto a fugir da alienação, voltando para os conteúdos espirituais do idealismo alemão e para a dimensão religiosa do fundamento da vida. Ultrapassando as fronteiras universitárias da disciplina filosófica, Eucken desenvolveu uma visão de mundo que se erigiu de modo particular contra o naturalismo de Ernst Haeckel (1834-1919; professor de zoologia em Iena de 1862 a 1908, popularizou as obras de Darwin e defendeu um monismo religioso organizado em 1904 no *Monistenbund*). Recorrendo ao que chamava "método noológico", Eucken afirmou a realidade da vida do espírito como ponto de partida de todo conhecimento verdadeiro, inclusive das ciências da natureza.

Eucken foi o filósofo mais influente de sua época. Seu trabalho cresceu no solo comum tanto da crítica da civilização moderna quanto do ideal burguês de formação da personalidade autônoma. Sendo essencialmente extrauniversitário, encontrou eco muito além do ambiente de língua alemã. Em 1908, recebe o Prêmio Nobel de Literatura; até hoje, é o único filósofo alemão a receber um Nobel. Em 1920, fundou a *Eucken-Bund* [União Eucken], que conheceu um rápido desenvolvimento (assim como a revista de mesmo nome, ambas com sede em Iena). Em luta com a crise cultural da virada do século, sobretudo com a interpretação da Primeira Guerra Mundial, Eucken contribuiu para dar forma a uma teoria compensadora da cultura. Mobilizando o "reino interior" do espírito alemão contra as crises política, cultural e econômica do novo Império Alemão, pretendeu renovar a identidade espiritual da Alemanha referindo-se à forma clássica que o país recebeu na virada do século XVIII para o XIX. Alguns temas-chave do pensamento de Eucken estão presentes nas obras de Gustav Claß (1836-1908, professor de filosofia de Troeltsch durante seus estudos em Erlangen) e de August Dorner (1846-1920, filho de Isaak August, representante tardio de uma teologia especulativa crítica). A influência de Eucken na filosofia e na teologia de sua época é particularmente perceptível nas obras de Ernst Troeltsch, Max Scheler (1874-1928, representante de uma filosofia da religião neocatólica que recorreu a uma fenomenologia metafísica) e Wilhelm Dilthey.

Harmut Ruddies

▶ EUCKEN, Rudolf, *Les grands courants de la pensée contemporaine* (1878-1908), Paris, Alcan, 1911 (com prefácio de Émile Boutroux); Idem, *Die Lebensanschauungen der großen Denker* (1890), Berlim, Walter de Gruyter, 1950; Idem, *Der Kampf um einen geistigen Lebensinhalt* (1896), Leipzig, Veit, 1927; Idem, *Der Wahrheitsgehalt der Religion* (1901), Leipzig, Veit, 1927; Idem, *Problèmes capitaux de la philosophie de la religion au temps présent* (1907), Lausanne, Payot, 1910; Idem, *Le sens et la valeur de la vie* (1907), Paris, Rombaldi, 1967; Idem, *Lebenserinnerungen. Ein Stück deutschen Lebens*, Leipzig, Koehler, 1921; BORNHAUSEN, Karl, *Der religiöse Wahrheitsbegriff in der Philosophie* *Rudolf Euckens*, Göttingen, Vandenhoeck & Ruprecht, 1910; GRAF, Friedrich Wilhelm, *Die Positivität des Geistigen. Rudolf Euckens Programm neoidealistischer Universalintegration*, em Idem, Gandolf HÜBINGER e Rüdiger VOM BRUCH, orgs., *Kultur und Kulturwissenschaften um 1900*, t. II: *Idealismus und Positivismus*, Stuttgart, Steiner, 1997, p. 53-85; SIEBERT, Otto, *Geschichte der neueren deutschen Philosophie seit Hegel. Ein Handbuch zur Einführung in das philosophische Studium der neuesten Zeit* (1898), Göttingen, Vandenhoeck & Ruprecht, 1905, p. 475-515 (bibliografia); Idem, *Rudolf Euckens Welt- und Lebensanschauung und die Hauptprobleme der Gegenwart* (1904), Langensalza, Beyer, 1926; Idem, *Die Religionsphilosophie in Deutschland in ihren gegenwärtigen Hauptvertretern. Rudolf Eucken als Festgabe zu seinem 60. Geburtstage überreicht*, Langensalza, Beyer, 1906.

▷ Darwin; Dilthey; filosofia da religião; *Kulturprotestantismus*; neoprotestantismo; Troeltsch

EUGENISMO

O termo "eugenismo", que define o uso de métodos para melhorar as características de dada população com base em hereditariedade, é hoje sempre utilizado para designar algo abominável. Antes das atrocidades perpetradas durante a Segunda Guerra Mundial, foi posta em prática em quase todo o Ocidente uma forma dissimulada de eugenismo, que consistiu em manter confinados e esterilizar idiotas ou pessoas consideradas idiotas. A ideia que motivava tais práticas era vista como progressista e foi aprovada amplamente em países protestantes (cf. Daniel J. Kevles), mais abertos aos tempos modernos e à ideia do progresso da sociedade. Hoje, os projetos eugênicos coercitivos não existem mais. Porém, constata-se que a possibilidade de decisões pessoais diante de um diagnóstico pré-natal ou genético é algo que demonstra uma tendência social (mito dos "filhos perfeitos" ou de uma sociedade sem deficiências) mais inquietante que uma improvável confusão no *pool* genético da humanidade.

Jean-Marie Thévoz

▶ FLETCHER, Joseph F., *The Ethics of Genetic Control. Ending Reproductive Roulette*, Buffalo, Prometheus Books, 1988; HAUERWAS, Stanley, *The Christian Society and the Weak. A Meditation on the Care of the Retarded*, em Stephen E. LAMMERS e Allen VERHEY, orgs., *On Moral Medicine.*

Theological Perspectives in Medical Ethics, Grand Rapids, Eerdmans, 1987, p. 591-594; KEVLES, Daniel J., *In the Name of Eugenics. Genetics and the Uses of Human Heredity*, Berkeley, University of California Press, 1985, cap. IV; TESTART, Jacques, *Le désir du gène*, Paris, Bourin, 1992.

● **Bioética**; Fletcher; genéticas (manipulações); Joseph

EUGSTER-ZÜST, Howard (1861-1932)

Nascido em Nova York e morto em Speicher, o pastor de Appenzell (Suíça) Howard Eugster-Züst é considerado um dos "pais" do socialismo religioso na Suíça. Influenciado por Christoph Blumhardt e impresionado com a privação das trabalhadoras e dos trabalhadores a domicílio da indústria têxtil, que ficavam isolados em cavernas úmidas, Eugster-Züst os reuniu em um sindicato. Presidente do sindicato suíço dos operários têxteis, precisou abandonar o pastorado para integrar o Conselho Nacional (parlamento federal) e o Conselho de Estado (governo cantonal). Considerava o engajamento político como uma consequência lógica de sua vocação e de sua fidelidade ao Cristo libertador.

Alfred Berchtold

▶ SPECKER, Louis, *"Weberpfarrer" Howard Eugster-Züst 1861-1932. Leben und Werk des Vaters der Schweizerischen Textilarbeiterorganisation*, Saint-Gall, Fehr, 1975; Idem e RICH, Arthur, *Politik aus der Nachfolge. Der Briefwechsel zwischen Howard Eugster-Züst und Christoph Blumhardt, 1886-1919*, Zurique, Gotthelf Verlag, 1984.

● Blumhardt C.; cristianismo social/socialismo cristão; socialismo religioso

EUROPA

1. Geografia europeia, religião e política
2. Construção da Europa e religiões
3. A Europa entre ecumenismo e confessionalização
4. Política e religião na era da modernidade crítica
5. Europa: um desafio especial para o protestantismo
6. A visão protestante de uma Europa secularizada e pluralista
7. Protestantismo, Europa e modernidade

A queda do muro de Berlim, a união entre as duas Alemanhas e os acontecimentos que se seguiram nos demais países do Leste Europeu modificaram profundamente a situação sociopolítica no continente. A fronteira entre Leste e Oeste havia sido, de fato, a clivagem estruturante do espaço europeu, o pote de ouro do universo político contemporâneo. Ora, uma fronteira une tanto quanto separa, estruturando não somente o espaço, mas também as mentalidades. Sua dissolução recoloca à baila, do zero, a questão da unidade europeia. Se as fronteiras econômicas e políticas tendem a desaparecer, não seriam as fronteiras culturais e, dentre elas, as divisões religiosas, que voltariam a predominar? O apagamento das fronteiras materiais, visíveis, não suprime nem as distâncias mentais (*Grenze in Kopf*), nem as desigualdades no nível de vida. Em uma Europa de livre circulação de pessoas e bens, outras linhas divisórias podem se tornar mais estruturantes que em um passado recente.

A Europa é feita de pluralidade cultural, e qualquer definição do continente que insista de modo unilateral em uma das heranças que o constituíram — por exemplo, o cristianismo — será injusta para com a dinâmica dos diálogos interculturais que lhe é inerente (como enfatiza Edgar Morin em seu livro *Pensar a Europa*, Lisboa, Publicações Europa-América, 1988). Heranças grega, latina, judaica, cristã, muçulmana, crítica racional, tantas contribuições que moldaram o continente. A Europa foi sobretudo marcada pelo encontro entre fé e razão, religião e ciência, por uma dialética da afirmação e da negação, da crença e da dúvida. É também o pensamento da secularização e o questionamento crítico permanente. Isso explica o formidável desenvolvimento da ciência e essa confrontação das tradições religiosas com uma modernidade dessacralizante (Max Weber falava de *Entzauberung der Welt*, "desencantamento [ou desmagificação] do mundo"). É um aspecto original da Europa ter sido o palco das Luzes, bem como do desenvolvimento de um pensamento político e científico autônomo em relação à religião.

A fórmula da unidade, original, com base nas tradições sacras, e a fórmula da unificação forçada, com base em decretos estatais, estão em um violento contraste com as realidades e os princípios característicos da cultura europeia. A primeira visa a manter e a segunda a estabelecer uma *unidade na homogeneidade*, facilmente concebível e verificável, enquanto a Europa só encontra sua unidade paradoxal, ao mesmo tempo evidente e quase informulável, no livre jogo de sua diversidade.

Mas é tempo de indagar de onde provém essa tão falada diversidade, e como pode ser que a Europa seja tão plena de diversidade, até mesmo multiplicando-a a seu bel-prazer, em vez de tentar reduzi-la. A resposta me parece bastante simples. A diversidade que caracteriza a cultura europeia se explica historicamente pela *pluralidade das origens* de nossa civilização; e são mantidas ou renovadas o tempo todo por nossa *recusa declarada* a toda doutrina única e unificante que seja imposta por uma força exterior ao movimento espontâneo da cultura.

[...] De imediato, a Europa se nos afigura ao mesmo tempo *pluralista* e *profana*. Cultura de diálogo e de contestação, devendo isso ao fato único de suas origens múltiplas e dos valores muitas vezes incompatíveis herdados por ela, a Europa nunca pôde ser organizada segundo uma única doutrina que regesse ao mesmo tempo suas instituições, sua religião, sua filosofia, sua economia, suas artes. Podemos até citar a Idade Média como um período abençoado de unidade de almas e corações, tal como o descreve Novalis; porém, sabemos hoje que nada disso ocorreu, e que os conflitos que despedaçaram a Idade Média não foram em nada menos violentos que os que experienciamos em nossos dias. No entanto, esse estado de polêmica permanente sobre os princípios fundamentais de toda cultura ou civilização não produziu somente anarquia e guerras. Essa atmosfera coagiu as elites, logo a porção ativa das massas europeias, para que fossem desenvolvidas o que eu prefiro chamar de três virtudes cardeais da Europa: o sentido da *verdade objetiva*, o sentido da *responsabilidade pessoal* e o sentido da *liberdade*.

Denis de ROUGEMONT, *Écrits sur l'Europe* [Escritos sobre a Europa], t. I, p. 438s.

Atentos aos conflitos presentes hoje no continente europeu, começaremos a expor o modo com que as religiões, com destaque para o protestantismo, estão implicadas nessas transformações.

1. Geografia europeia, religião e política

A Europa é um conjunto de configurações nacionais caracterizadas por culturas religiosas diversas e modos diferenciados de tratamento sociopolítico do religioso. As religiões desempenharam papéis variáveis na formação das identidades nacionais e regionais que se constituíram no continente. Mesmo hoje, os países e as regiões da Europa permanecem profundamente marcados, ainda que de modo secularizado, por certas culturas confessionais: a Inglaterra anglicana, a Escócia presbiteriana, a Grécia ortodoxa, a Itália e a Polônia católicas, a Suécia e a Dinamarca luteranas, a Rússia ortodoxa, a França e a Bélgica laicas e católicas, a Alemanha e a Suíça católicas e protestantes, a Turquia muçulmana, em muitas configurações, lembrando-nos que a geografia europeia é também uma geografia religiosa. Esses universos religiosos traçam fronteiras internas no continente, fronteiras culturais: o norte da Europa é predominantemente luterano, o sul é católico e o leste é ortodoxo. São tantas fronteiras que nos remetem a infraestruturas mentais pouco perceptíveis, mas que surgem de modo mais visível através da arquitetura das construções cultuais.

O geógrafo Michel Foucher comenta de modo bastante pertinente que "as fronteiras não dividem somente espaços e Estados, mas também [...] 'tempos socioculturais' radicalmente distintos. Isso se exprime por valores diferentes, por modos diversos de coesão coletiva, dos quais um dos fatores determinantes é, sem dúvida, a natureza da interação entre o político e o religioso" (*Fronts et frontières. Un tour du monde géopolitique* [*Fronts* e fronteiras: a volta ao mundo geopolítico] [1988], Paris, Fayard, 1991^2, p. 36). Fazemos nossa a observação de Foucher, que atribui uma grande importância às relações entre política e religião como fatores de diferenciação cultural. Concordamos também com o geógrafo quando considera que "o limite religioso mais duradouro na Europa, o que separa desde o Grande Cisma de 1054 a cristandade latina da oriental" (ibid., p. 514), constitui uma importante fronteira sociocultural que fraciona o espaço europeu.

Do ponto de vista sociológico, as religiões de fato devem ser consideradas como culturas, ou seja, universos simbólicos que contribuem para estruturar o modo com que os indivíduos percebem sua existência individual e coletiva. Essas culturas, mesmo sob formas secularizadas, continuam a informar as representações e práticas sociais, moldando a forma de conceber a vida social e a organização política. Um universo religioso também é a matriz cultural que veicula elementos de cultura política, sobretudo certa maneira de conceber as relações entre o espiritual e o temporal, a igreja e o Estado.

É uma importantíssima característica do desenvolvimento europeu o fato de não resultar de uma gradação continuada, de um único desenvolvimento de uma entidade cultural e étnica, tal como poderia esquematizá-lo a teoria dos graus, mas, sim, de combinar de modo indissolúvel dois fatores, totalmente separados e distintos um do outro. Assim, concentra-se no processo uma riqueza de épocas e espíritos culturais bastante diversos, que não se encontram em nenhum outro lugar; os contatos e os confrontos não cessam de fazer surgir e estimular o tempo todo a crítica e o aperfeiçoamento, de modo que o particular-factual seja constrangido a elevar-se até a região da maior generalidade possível de pensamento. [...]

O mundo europeu é composto de antiguidade e modernidade, do mundo antigo que percorreu todos os graus de desenvolvimento, desde o estágio primitivo até as formas tardias da cultura e o autoaniquilamento, e do mundo novo, iniciando-se com os povos romano-germânicos que entram em cena na época de Carlos Magno e passando também por todas as etapas do desenvolvimento cultural. Esses mundos tão diferentes, tanto por seu conteúdo de sentido que pela história de seu desenvolvimento, estão imbricados e entrelaçados em uma memória e uma continuidade histórica conscientes de tal maneira que, não obstante um espírito totalmente novo e específico, o mundo moderno está preenchido e condicionado por toda parte pela cultura, pela tradição, pelo direito, pela política, pelo idioma, pela filosofia e pela arte da antiguidade. É somente isso que proporciona ao mundo europeu toda a sua profundidade, sua plenitude, sua mobilidade, assim como sua tendência já percebida para a reflexão histórica e para a compreensão de si através do trabalho histórico.

Essa situação paradoxal seria de fato inexplicável caso entre ambos os mundos não houvesse intervindo uma mediação que os separa tão claramente quanto os une intimamente. Essa mediação é a igreja cristã. A igreja cristã é resultado da autodissolução da antiguidade, tendo sido preservados o Estado, a cultura e a sociedade ao sabor do processo de formação de uma sociedade eclesial e de relativo restabelecimento da antiguidade operado por ela. Isso permitiu uma nova formação do antigo Estado romano sob a forma do Império Bizantino; essa cultura foi assim transmitida aos jovens povos bárbaros pelos povos romano-germânicos, sendo modificada em função das necessidades deles. [...]

É por isso que as culturas da Europa e da América são ainda ligadas hoje, e por tanto tempo quanto podemos imaginar, não mais às igrejas, que se esfacelaram nesse período e cederam lugar a potências maiores, mas, sim, ao cristianismo, que leva em si e reúne a antiguidade e a modernidade, a continuidade histórica e a vida especificamente moderna. O cristianismo não é somente a religião da Europa, mas a liga de seus dois corpos e de suas duas almas.

Ernst TROELTSCH, "L'édification de l'histoire de la culture européenne" [Edificação da cultura europeia] (1918), p. 156s.

As religiões são não somente culturas, mas, sim, instituições, que de certa forma se inserem no sistema institucional global específico de cada sociedade. Cada país europeu representa assim um modo particular de tratamento institucional do religioso, que nos remete à história desse país e ao modo com que se entrelaçaram nele as relações entre religião e política. Como a institucionalização da democracia também é, de acordo com suas diversas modalidades, uma clara distinção entre religião e política, toda mutação sociopolítica importante retoma a questão da relação com o religioso. Tanto a leste quanto a oeste, a Europa sofre profundas transformações: no leste, com as consequências da queda do comunismo e os esforços para institucionalizar a democracia; no oeste, com o processo de unificação da Europa que se estende hoje para o leste (ampliação da União Europeia para 25 países em 2004, sobretudo com a entrada da Polônia, dos países bálticos, da Hungria, da República Checa) e que se desdobra em um cenário de crise de credibilidade política. Por questionarem em profundidade a política, essas transformações também tendem a reavivar as indagações acerca do lugar e do papel das religiões na sociedade.

Os diversos países da Europa se dividem em monoconfessionais, biconfessionais e pluriconfessionais. Por outro lado, as relações entre religião e política não se entrelaçaram da mesma maneira, diversificando-se de acordo com fatores como as tradições religiosas presentes e o caráter monoconfessional ou biconfessional de cada país. Enquanto, na França, o debate se concentrou na oposição entre leigos e clérigos, em países como Suíça ou Alemanha caracterizou-se pelo antagonismo confessional católico-protestante. Assim, no segundo caso, o político não foi tanto uma alternativa ao religioso, mas sobretudo um mediador, devendo assegurar o apaziguamento do conflito confessional, apaziguamento que culminou em certa geografia confessional e na institucionalização paritária do papel das igrejas católica e protestante na esfera pública. Quanto à Inglaterra, revoluções políticas e religiosas se viram estreitamente ligadas. É bem conhecida a declaração de François Guizot: "Na Alemanha, no século XVI, a revolução foi religiosa, e não política. Na França, no século XVIII, a revolução foi política, e não religiosa. No século XVII, foi a sorte da Inglaterra que o espírito de fé religiosa e o espírito de liberdade política reinassem juntos, ocasionando no país duas revoluções ao mesmo tempo" (*Histoire de Charles Ier* [História de Carlos I], Paris, Didier, 1854, p. 3).

Em outros países, como na Holanda, a democracia precedeu o Estado e foi preparada ao longo do século XVII por certo número de pensadores (Johannes Althusius, Hugo Grotius, Baruch Spinoza). Democracia e monarquia jamais se opuseram na região. Através do sistema chamado "dos pilares", os grandes segmentos ideológicos da sociedade holandesa (socialista, protestante, católica) apoiavam o Estado e lideravam o debate sociopolítico. Nos países escandinavos, a estreita simbiose entre Estado e Igreja Luterana fez com que os processos políticos e religiosos se imbricassem fortemente, provocando clivagens tanto na esfera eclesiástica quanto na esfera política. Nos países comunistas do Leste Europeu, os obstáculos à democratização vieram de Estados que professavam uma ideologia ateia e antirreligiosa. Em alguns deles, tais como a Polônia e a Alemanha Oriental, a religião (católica e protestante, respectivamente) desempenhou um papel importante no desaparecimento do totalitarismo.

Esses exemplos de países europeus são suficientes para ilustrar o fato de que a história e o funcionamento sociopolítico de cada país atestam certo modo de tratamento sociopolítico e cultural do religioso, e que política e religião estabeleceram relações diversas e não necessariamente conflituosas nos diversos países. Essas relações nos remetem a vários modos de gestão social das questões de sentido, ligadas aos imaginários que estruturam cada coletividade nacional.

2. Construção da Europa e religiões

O processo de integração da Europa — tudo o que operou em prol da unificação do continente em termos econômicos, políticos, sociais, culturais — relativiza as fronteiras nacionais e lhes rouba uma porção importante de seu alcance simbólico. Esse fato mostra quanto está em jogo todo um processo de reorganização dos imaginários sociais. Se desativamos, ainda que apenas um pouco, os imaginários nacionais, isso é feito em prol de que imaginário? Se os imaginários nacionais representam certo modo de tratamento do religioso e do político, sua desativação significa um questionamento do político e do religioso, portanto de suas relações. Que novas fronteiras se esboçam então? A desestabilização das fronteiras existentes, mesmo que as novas fronteiras não estejam muito claras, suscitaria um retorno a certas fronteiras intermediárias: fronteiras regionais e locais no campo da estruturação política, fronteiras linguísticas e religiosas no plano cultural? A construção da Europa suscitaria a busca de identidades intermediárias? A religião, "pátria portátil", conforme dizia Heinrich Heine, seria novamente requerida como vetor de estruturação simbólica?

Quaisquer que sejam a geometria europeia posta em ação e as formas institucionais com que se revestem (União Europeia, Conselho da Europa, Conferência sobre a Segurança e a Cooperação na Europa, Espaço Econômico Europeu, Associação Europeia de Livre-Comércio), o processo que visa a unificar a Europa acima de suas diferenças nacionais reinaugura a questão do exercício da soberania política. Essa questão é revisitada sobretudo na medida em que as fronteiras nacionais são relativizadas, em diversos graus, junto com os laços tecidos através da história entre territórios e modos específicos de viver junto — e surge o problema da área de competência e legitimidade das instâncias nacionais e europeias. Assim, o processo de integração europeia retoma de modo inevitável a questão do lugar e do papel das religiões na vida das sociedades, se for verdade que toda afirmação coletiva, toda instituição de uma forma de viver junto, deve resolver, de um modo ou de outro, a questão da presença dos deuses na cidade, presença atestada por diversas formas de socialização religiosa e de exercício da autoridade religiosa. Nas diferentes sociedades nacionais da Europa, as maneiras com que se instituiu um modo de exercício da soberania política e da democracia correspondem ao mesmo número de modalidades particulares de tratamento dos fatos religiosos. Essas modalidades, ligadas às singularidades históricas de cada país, geraram imaginários nacionais específicos em que a dimensão religiosa costuma estar presente (cf. os imaginários da França católica, "filha mais velha da igreja", da Inglaterra com a *Church of England* [Igreja Anglicana], da Suíça luterana, da Grécia ortodoxa, da Polônia católica, dos países biconfessionais como a Alemanha e a Suíça...). Se toda instituição do político pressupõe uma forma de instituição do religioso, a reorganização sociopolítica pode recolocar a questão do lugar e do papel do religioso. Não escapam a essa regra nem as transformações na Europa central e oriental, nem os processos de integração que se operam no continente.

Na União Europeia, as relações entre as igrejas e o Estado permanecem da competência dos Estados membros. Reafirmando esse princípio, o projeto da Constituição europeia, submetido em 2005 para aprovação, afirmou o desejo de manter "um diálogo aberto, transparente e regular" com as igrejas, as organizações filosóficas e não confessionais dos Estados membros. Esse é um sinal de que, na escala da UE, promove-se um tipo de laicidade que reconhece as religiões, ou seja, uma laicidade que, ao mesmo tempo que respeita os princípios fundamentais de separação entre religião e política, não proíbe que seja levada em consideração oficialmente a função pública das igrejas e das organizações filosóficas na vida democrática das sociedades.

Ao falar de Deus e das relações do homem com o divino, toda tradição religiosa também fala das relações entre os homens, veiculando assim certa visão do mundo social. Ainda que essas relações não sejam unívocas, pois se manifestam de modos bastante variados de acordo com épocas e contextos, os efeitos políticos das tradições religiosas não são menos reais. Podemos estudar as culturas políticas mais ou menos implícitas veiculadas pelas religiões. Diante de uma empreitada como a construção da Europa, cada religião reativa elementos específicos de sua tradição quanto a modalidades de exercícios do poder, principalmente as relações entre centro e periferia ou unidade e diversidade.

Ao modificar as configurações nacionais existentes e o modo com que haviam definido seu funcionamento político e seu tratamento do religioso, a construção da Europa constitui, portanto, uma formidável reviravolta, revisitando a questão do lugar e da função do religioso na sociedade e, assim, da laicidade também, entendida não somente como separação entre igreja e Estado, mas igualmente como independência dos poderes públicos quanto ao poder religioso.

Com essas reorganizações político-religiosas, é sobretudo interessante estudar a situação e as posturas do protestantismo. Não somente porque o protestantismo está profundamente ligado à história da Europa e à formação de muitos Estados-nações, mas também porque a construção da Europa, ao mesmo tempo que representa um desafio particular para um protestantismo tão diversificado confessional e geograficamente, é a ocasião ideal para essa confissão de reafirmar suas posições em uma sociedade secularizada e pluralista.

3. A Europa entre ecumenismo e confessionalização

Se as transformações atuais da Europa retomam a questão do lugar e da função do religioso, constituem igualmente um desafio para as relações inter-religiosas (judaico-cristãs e islâmico-cristãs sobretudo) e para as relações interconfessionais no cristianismo (relações entre catolicismo, ortodoxia e protestantismo). A Europa é de fato um vetor de ecumenismos, ou seja, de colaboração e aproximação entre religiões, mas é também vetor de reconfessionalização ao reativar certas oposições religiosas.

Não nos limitaremos aqui às relações interconfessionais intracristãs. As integrações europeias são em geral fortemente valorizadas por meios cristãos. No processo de unificação da Europa, os cristãos tendem a enxergar uma transformação positiva, que supera as divisões nacionalistas e ideológicas do passado em prol de uma colaboração entre os povos da Europa. Enxergam nisso também um questionamento: se a unificação da Europa avança nos setores econômico, cultural, político e social, o que ocorre no plano religioso, mais especialmente no cristianismo? Assim, a Europa acelera o processo, em meios cristãos, do movimento ecumênico. Em escala continental e em níveis institucionais, isso se traduz sobretudo pelas assembleias regulares mantidas pelo Conselho das Conferências Episcopais da Europa e na Conferência das Igrejas Europeias (cuja sigla é KEK, de acordo com as iniciais alemãs): o primeiro órgão representa os episcopados católicos romanos, e o segundo, as demais igrejas cristãs (anglicanas, ortodoxas, protestantes) dos diferentes países de toda a Europa (ocidental, central e oriental). O primeiro encontro dos representantes de ambos os órgãos se deu na França, em Chantilly, no ano de 1978; pela primeira vez, representantes de todas as igrejas cristãs estabelecidas na Europa se encontravam reunidas. O CCE e a KEK organizam periodicamente encontros ecumênicos europeus (em 1989, em Basileia; em 1991, em Santiago de Compostela; em 1997, em Graz). A colaboração das próprias igrejas para a reflexão sobre os problemas europeus contribui para intensificar as relações interconfessionais, como é testemunha disso o trabalho dos representantes das igrejas católica e protestante junto às instituições europeias em Bruxelas e Estrasburgo.

Além dessas colaborações interconfessionais, que implicam sobretudo teólogos e líderes eclesiásticos, é preciso também mencionar os encontros que mobilizam círculos bem mais amplos. É assim que, em Basileia, maio de 1989, por convite da KEK e do CCEE, mais de seis mil cristãos (católicos, ortodoxos, anglicanos e protestantes) de todos os países da Europa se encontraram em torno do tema "Paz, justiça e salvaguarda da criação". Da mesma forma, Taizé, em Saône-et-Loire, vê a cada verão chegarem dezenas de milhares de jovens dos quatro cantos do continente; são igualmente inúmeros os participantes dos encontros ecumênicos organizados pelo irmão Roger (1915-2005), fundador da comunidade de Taizé, nas cidades da Europa (em 1989, 33 mil em Paris; em 1991, 80 mil em Praga; em 1993, 100 mil em Viena. Em 1994, mais de 100 mil em Paris). O Prêmio Robert Schumann, que recompensa a cada dois anos uma personalidade conhecida por sua atividade em prol da unidade europeia, foi concedido a Roger Schutz em 20 de novembro de 1992.

Tanto no nível das instituições eclesiásticas quanto no dos encontros espirituais de massa, portanto, a Europa é vetor de um ecumenismo cristão. É também vetor de diálogos inter-religiosos, principalmente com a europeização das relações islâmico-cristãs e as reflexões empreendidas sobre a presença do islã no continente.

Se o ecumenismo tende a relativizar as diferenças confessionais e a enfatizar sobretudo o que une em vez daquilo que separa, o processo inverso é igualmente observável: voltar a enfatizar as diferenças confessionais e religiosas significa seu endurecimento, em diversos níveis.

A Europa aviva as dissensões intracristãs ao reavivar tensões entre catolicismo, protestantismo e ortodoxia, principalmente em relação à palavra de ordem "nova evangelização", lançada pelo papa João Paulo II. Dessa forma, depois do encontro ecumênico de Santiago de Compostela, que declarava que "a evangelização dos europeus terá futuro se respeitarmos o complexo destino espiritual do continente" e que convidava as igrejas a "abandonarem toda evangelização competitiva que demonstre um espírito de concorrência entre elas" (*La documentation catholique* [Documentação católica] 2041, 1992, p. 27s), protestantes e ortodoxos exprimiram críticas à iniciativa papal de criar um organismo para a evangelização católica romana na Europa (logo após o sínodo dos bispos em Roma, em dezembro de 1991, sínodo ao qual a Igreja Ortodoxa Russa, convidada como "representante fraterno", recusou-se a comparecer). Essa iniciativa foi considerada contrária ao engajamento ecumênico de Santiago de Compostela, que dizia "não à competição, sim à cooperação". Os protestantes preferem usar os termos "evangelização dos europeus" a "evangelização da Europa". Já os ortodoxos criticam tanto a criação de novas dioceses católicas na Rússia, com atividades desenvolvidas por jesuítas, quanto as estratégias de evangelistas protestantes americanos. A abertura do espaço europeu retoma assim a questão do proselitismo e da concorrência entre os grupos religiosos.

O próprio modo de expressar a identidade da civilização europeia e de dar conta de sua história também suscita tensões. Isso se deve ao fato de que a construção da Europa passa pela integração das diversas memórias religiosas europeias. Cada confissão cristã faz para si "sua" Europa, relendo a história do continente através das lentes de suas tradições, com suas figuras emblemáticas. Disso decorre a importância geopolítica de uma reconciliação das memórias religiosas da Europa, uma Europa que deve assumir seu passado de guerras de religião e guerras antissemitas.

É provável que seja este o segredo perdido da Europa: privilegiar o questionamento. Perdido porque as mais impressionantes repetições desse gesto, como se vê em Descartes por exemplo, são ao mesmo tempo sua ocultação. O *cogito* de Descartes, no momento mesmo da dúvida, é a consciência que se coloca diante de si mesma e não responde a nada. Na obra de Calvino ou de Bayle, a consciência não está diante de si, mas, sim, de Deus: é aquilo em que o sujeito não pertence a si mesmo. Assim, o sujeito que responde está descentralizado, sendo capaz de admitir um ponto de vista diverso, e sua afirmação é resposta a uma questão mais ampla que a sua. Nesse sentido, o questionamento é a discreta mística da Europa, uma mística que o islã contemporâneo não percebe (na verdade, ele costuma perceber apenas nosso fracasso, enquanto nós geralmente só percebemos seu fanatismo), mas que os próprios europeus esqueceram, de tão oculto que se encontra pelo poder de suas respostas.

[...] Deveria a Europa apresentar-se como uma pátria possível das Luzes e da democracia, ou como um modelo de complexidade, de salvaguarda de uma imensa diversidade de línguas, estilos e formas de vida? Aqui a Europa oscila entre, de um lado, o discurso universalista da modernidade, dos direitos humanos, da legitimação através de espaços públicos para o debate etc. e, de outro, o discurso romântico das tradições, do pertencer a línguas, lugares, da legitimação através da identificação com narrações etc. Na verdade, a cultura europeia repousava sobre o delicado acordo entre o "espaço de experiências" das tradições e o "horizonte de expectativas" aberto pelo debate crítico. É essa equação que é desestabilizada: a identidade não passa de memória e tradição, e a urbanidade não é mais que anonimato democrático.

[...] De fato, a pluralidade não é um acidente exterior, mas, sim, o desenvolvimento de uma estrutura interior do testemunho evangélico, que se correlaciona a uma verdade cuja testemunha não duvida, mas está pronta para responder, contudo sem dominar essa verdade, cuja experiência não é passível de repetição controlada.

Olivier ABEL, *La justification de l'Europe* [A justificação da Europa], p. 44s, 23, 56s.

Em contraposição a certa maneira católica de falar da Europa cristã, os protestantes lembram de diversas formas que o cristianismo não se reduz ao catolicismo romano e que a Europa não pode pura e simplesmente ser identificada com o cristianismo. A propensão de identificar a Europa com o cristianismo — catolicismo romano a oeste e ortodoxia a leste, por exemplo — suscita muitas reservas da parte tanto de demais meios religiosos quanto de meios não religiosos. Tanto quanto o cristianismo, o judaísmo e a filosofia grega são elementos essenciais para a identidade europeia. Da mesma forma, é incontestável a presença da herança muçulmana da Europa. A tendência de valorizar o primeiro milênio (sobretudo o monasticismo medieval) em detrimento do segundo milênio (Renascimento, Reforma, Luzes), expressa pelo papa João Paulo II, foi duramente criticada por vários teólogos, como, por exemplo, Paul Valadier, em "La foi dans l'Europe de demain" [A fé na Europa de amanhã] (*Recherches de science religieuse* [Pesquisas de ciências da religião] 79, 1991, p. 9 s] e *Un défi aux Églises* [Um desafio para as igrejas] (*Le Monde* do dia 25 de dezembro de 1991), ou por sociólogos como Paul Ladrière (em René LUNEAU, p. 147-181). O conflito que se estabeleceu em torno da construção de um convento em Auschwitz, no ano de 1993, mostrou da mesma forma que a memória do Holocausto poderia ser utilizada para proselitismo religioso. As transformações da Europa (unificação a oeste, consequências da queda do comunismo a leste) fazem ressurgir os debates religiosos com a modernidade e são uma oportunidade para reconsiderar a presença do religioso na sociedade.

No dia 22 de abril de 2001, o metropolita Jérémie, presidente da KEK, e o cardeal Miloslav Vlk, presidente do CCEE, assinaram em Estrasburgo a *Carta ecumênica* que apresentava "diretrizes para uma colaboração cada vez maior entre as igrejas da Europa" (em *Charte oecuménique. Un rêve, un texte, une démarche des Églises en Europe* [Carta ecumênica: um sonho, um texto, uma linha de ação das igrejas na Europa], org. por Sarah NUMICO e Viorel IONITA, Paris, Parole et Silence, 2003, p. 11-30). Esse documento, que não tem um caráter doutrinário ou canônico, convida as igrejas a um acordo comum quanto a suas iniciativas de evangelização, a fim de evitarem "uma concorrência danosa e o perigo de novas divisões". Porém, como uma confirmação das dificuldades ecumênicas na Europa, a Igreja Ortodoxa Russa, a maior igreja ortodoxa do mundo, logo se distanciou da *Carta ecumênica*, declarando que seu texto "poderia ser perigoso e contraprodutivo para o futuro do diálogo e da cooperação entre cristãos, levando a novas divisões entre os fiéis". No entanto, o documento confirma o engajamento solidário das igrejas por uma Europa aberta e generosa.

4. Política e religião na era da modernidade crítica

Tanto no Leste quanto no Oeste, a modernidade ocidental é questionada pelos meios religiosos. Na Europa Oriental, mais também na Grécia, vemos levantar-se certo antiocidentalismo nos meios ortodoxos que, liberados do jugo totalitário, não estão prontos a aceitar uma sociedade secularizada e pluralista do jeito ocidental, sobretudo a estrita separação entre igreja e Estado.

Na Grécia, essa reação não é apanágio dos tradicionalistas ortodoxos do Monte Atos, mas, como o demonstra bastante bem Vasilios Makrides em *Le rôle de l'ortodoxie dans la formation de l'anti-européanisme et l'anti-occidentalisme grec* [O papel da ortodoxia na formação do antieuropeísmo e do antiocidentalismo grego] (em Jean-Paul WILLAIME e Gilbert VINCENT, orgs., p. 101-114), de intelectuais gregos que demonizam o Ocidente ao enxergar nele apenas materialismo ateu e hedonismo. Sabemos que a Grécia foi por muito tempo o único país da Europa a mencionar a religião em documentos de identidade, como se "grecidade" e "ortodoxia" fossem sinônimos (é a questão das minorias não ortodoxas na Grécia: as comunidades judaica e católica no país já haviam protestado ferozmente contra a menção da religião nas carteiras de identidade).

Na Rússia, alguns representantes da ortodoxia, e não somente dos meios de extrema-direita, enfatizam as incompatibilidades entre cristianismo ortodoxo e democracia liberal. Assim, A. Kouraev, jovem diácono, assistente do patriarca Alexis II, resume "a incompatibilidade entre ortodoxia e liberalismo: do ponto de vista cristão, é absurdo falar-se em 'ideais democráticos'. A democracia não é uma força criadora, pois não cria nada por si mesma". De fato, segundo A. Kouraev, a democracia não pode constituir-se em ideal, pois representa apenas um aspecto da vida coletiva que garante os direitos humanos, não uma concepção de mundo que indica aquilo que o homem deve fazer, os deveres a que está obrigado. Para o autor, as instituições democráticas preenchem fundamentalmente funções de polícia, garantindo as condições sob as quais os homens devem cumprir seus deveres. Mas cabe ao cristianismo coroar a democracia para dar-lhe sentido. O autor menciona a necessidade, para o cristianismo, de fazer uma "guerra santa contra a ideologia democrática" (textos reproduzidos em Kathy Rousselet). Isso se correlaciona com a abordagem da democracia nas obras de Alexandre Soljenitsyn, com destaque para *Como reordenar a nossa Rússia?* (Lisboa, Livros do Brasil, 1991), ou as observações de Georges Charachidzé sobre a "teodemocracia" georgiana (*Leçons de la 'théodémocratie'* [Lições da teodemocracia], *Le genre humain* [O gênero humano] 23, 1991, p. 33s).

Na Rússia, os novos líderes políticos tendem a devolver à religião ortodoxa o poder de decisão na arena pública. Com efeito, na tradição ortodoxa prevaleceu a herança bizantina da "sinfonia dos poderes" entre igreja e império, patriarca e *basileus* [soberano], doutrina que, ainda que reconheça a distinção entre política e religião, entre o temporal e o espiritual, caracterizou-se por um forte entrelaçamento entre igreja e Estado (cf. o sergianismo após a Revolução de 1917 e as informações hoje descobertas sobre as estreitas relações entre o poder comunista e a hierarquia ortodoxa). A abertura do espaço russo para os ventos da democracia e do pluralismo representa um temível desafio para a Igreja Ortodoxa, pouco preparada histórica e teologicamente para situar-se em uma sociedade secularizada e pluralista. As reações expressas diante das estratégias de evangelismo da Igreja Católica ou do protestantismo demonstram sobretudo que os líderes ortodoxos pretendem exercer o monopólio sobre a gestão da alma russa, sentindo dificuldades para admitir a presença de outras ofertas religiosas. É nesse contexto que podem ser levados a solicitar os favores do poder político e, portanto, reinstaurar — para o benefício da ortodoxia, claro — uma nova versão da sinfonia dos poderes político e religioso.

Assim, o desafio é particularmente grande no mundo ortodoxo. Essa constatação reforça a importância que Michel Foucher atribui às fronteiras culturais entre cristianismo ocidental e cristianismo oriental. A questão, aqui, é sobretudo o modo de articulação entre religião e política, e um modo preciso de conceber a vida sociopolítica democrática: não algo vazio de sentido que a religião viria preencher, mas, sim, um modo de gestão da vida coletiva com base em um *éthos* específico, o dos direitos humanos e do cidadão, fomentado no terreno cultural do judaísmo, do cristianismo ocidental e de diversas heranças filosóficas.

O questionamento religioso da modernidade secular ocidental não é privilégio da ortodoxia. Encontramos a mesma postura em certas expressões do catolicismo e do protestantismo. O fracasso do comunismo tende a ser por vezes interpretado como o fracasso do humanismo ateu, e alguns autores fomentam as acusações contra a modernidade, afirmando que ela teria culminado no holocausto e no *gulag*. Na declaração final do sínodo dos bispos da Europa (Roma, dezembro de 1992) podemos ler: "A derrocada do comunismo confronta todas as vias culturais, sociais e políticas do humanismo europeu, na medida em que são marcadas pelo ateísmo, e não somente em sua vertente marxista; esse fracasso demonstra com os fatos, e não apenas teoricamente, que não é permitido dissociar a causa de Deus da causa dos homens" (*La documentation catholique* [Documentação católica] 2043, 1992, p. 124).

O fato de que tal trecho possa ter permanecido na versão final da declaração demonstra traços das tensões que, ao longo do sínodo, surgiram entre bispos católicos do Leste e bispos católicos do Oeste. Os bispos do Oeste, conforme enfatizou Henri Tincq em artigo para o *Le Monde*, em 14 de dezembro de 1991, precisaram reagir contra as acusações à Europa Ocidental estimuladas por seus colegas do Leste, prontos para denunciar a secularização e o pluralismo das sociedades da Europa Ocidental. Imputando dessa forma ao espírito das Luzes as tragédias do século XX, não estaria implicado o próprio processo de secularização? Por isso as tensões, no próprio interior do mundo católico, quanto às opiniões sobre as sociedades ocidentais secularizadas, tensões que foram claramente percebidas ao longo desse sínodo. Como vemos, as transformações atuais da Eiropa reavivam o debate sobre as relações com a modernidade secular em diversos universos religiosos. No mundo protestante, algumas correntes fundamentalistas também baseiam sua pregação nesse fracasso da modernidade, que não pode responder adequadamente às aspirações fundamentais do homem.

Essas críticas religiosas à modernidade ocidental marcam os limites da democracia pluralista, surgindo em uma época de certo desencantamento em relação à política na Europa Ocidental, onde a modernidade critica sua própria utopia e inclui em sua reflexão o tema dos limites (limite do crescimento, da exploração da natureza, da biotecnologia, da racionalidade burocrática, do progresso etc.). Em vez de sinalizar algum tipo de fracasso da modernidade, esses movimentos de autocrítica e de desencantamento se inserem na própria modernidade secular e são um cumprimento dela. A perda de credibilidade das mitologias políticas (sobretudo dos ideais revolucionários) não significa, evidentemente, uma oposição à democracia pluralista. Mas tal conjuntura fomenta, para alguns autores, sonhos de restauração do poder das religiões, o que equivale a menosprezar o caráter profundo da secularização em países da Europa Ocidental e, em menor grau, em alguns países do Leste. Ao deixar fortes marcas no cristianismo ocidental (principalmente através da Reforma e do movimento das Luzes), a modernidade o estimula a reformular-se em um contexto secularizado e pluralista, abalando também as estruturas tanto da ortodoxia quanto do islamismo europeu.

5. Europa: um desafio especial para o protestantismo

A Reforma foi, de modo especial, um acontecimento europeu, um fato que, ao desafiar instituições transnacionais como o papado, o monasticismo e o concílio, contribuiu para o surgimento dos Estados-nações e o estabelecimento de uma determinada geografia política e religiosa na Europa. Por ir ao encontro das aspirações de autoridades temporais e favorecer a difusão da Bíblia em língua vernacular, a Reforma de fato privilegiou a edificação de igrejas intimamente ligadas a territórios e culturas particulares. Na Europa, o protestantismo histórico significou o surgimento de igrejas nacionais e regionais, marcado também pela dualidade luterana-reformada: Igreja Presbiteriana da Escócia, Igreja Reformada Holandesa, Igreja Luterana Dinamarquesa, Igreja Protestante de Wurtemberg, Igreja Evangélica Reformada do cantão de Vaud, Igreja Reformada da França, Igreja Valdense da Itália, Igreja dos Irmãos Checos etc. Esses grupos eclesiásticos contribuíram em diversos graus para a afirmação de identidades nacionais e regionais. Pensemos na grande simbiose entre luteranismo e identidade sueca, entre calvinismo e identidade genebrina ou no papel da *Kirk* (igreja) na identidade escocesa. Pensemos também no importante papel desempenhado pelas traduções da Bíblia para idiomas como alemão, inglês, sueco, dinamarquês e húngaro nesses diferentes universos linguísticos, empreitada com forte impacto tanto linguístico quanto cultural.

O protestantismo participou ativamente da formação da Europa das nações, ou das regiões, um fenômeno que foi reforçado pela ausência de autoridade central. A difusão do protestantismo e sua organização em igrejas acompanharam as divisões políticas. Essa eclesiologia regional do protestantismo permitiu dar conta da pluralidade confessional protestante (igrejas luteranas, reformadas, unidas) e da geografia religiosa que resultou do princípio *cujus regio ejus religio* ("a cada região a religião de seu príncipe"). Já a unidade nacional do protestantismo se exprime com frequência sob a forma de uma federação, como foi o caso da França, da Suíça e da Alemanha (a Igreja Protestante Unida da Bélgica, não federal, oferece, no entanto, um contraexemplo a esse fato).

Compreende-se assim por que a unificação europeia representa um desafio específico para um protestantismo tão profundamente estruturado, organizacional e culturalmente, nos limites sociopolíticos nacionais e regionais da Europa. A Europa convida o protestantismo a superar essa filiação e encontrar um justo lugar em um espaço mais amplo.

> É na genealogia dos *filósofos* que vemos anunciar-se no século XVIII o protótipo do *intelectual* no sentido atual do termo: isso se dá entre Leibniz e Kant — Leibniz, autor de um projeto de Academia Europeia ou Federação de Eruditos Constituídos em Colégios Distintos, de um projeto de Tribunal Europeu, de um projeto que tornava a Rússia o fator de união entre a Europa unida e a China, e por fim de vários outros projetos ecumênicos. E Kant, autor do Projeto de Paz Perpétua (1795) [...], no qual demonstrava que "as tendências antissociais dos Estados", como a conquista, as guerras, o aumento dos impostos, os armamentos sempre mais pesados e a alta dos preços, só poderiam ser impedidas caso a soberania absoluta fosse retirada dos príncipes e colocada nas mãos do povo. [...]
>
> O projeto de federação europeia é definido com um grande rigor nesse tratado. Nele, o dogma da soberania nacional absoluta, constituindo-se sob Felipe, o Belo, e tomando uma forma mais radical na ocasião da substituição do Estado pelo rei em 1793, é expressamente denunciado como "ausência de legalidade" e "fonte de guerras". A possibilidade de realizar [...] essa ideia de *federação*, que deve estender-se progressivamente a todos os Estados e levá-los à paz perpétua, pode ser concebida:
>
>> Aos olhos da razão, não há, para os Estados que mantêm relações recíprocas, outro meio de sair da ausência de legalidade, fonte de guerras declaradas, a não ser abandonar, como fazem os indivíduos, sua liberdade selvagem (anárquica), para acomodar-se sob os limites públicos das leis e formar assim um Estado das Nações (*civitas gentium*), desenvolvendo-se livremente e sem cessar, que se estenderia finalmente a todos os povos da terra.
>
> Denis de ROUGEMONT, *Écrits sur l'Europe* [Escritos sobre a Europa], t. II, p. 701s.

Outro aspecto estrutural importante a ser assinalado é que o protestantismo, por sua diversidade eclesial e por sua eclesiologia, não tem uma autoridade religiosa central, de instância supranacional, que possa exprimir-se em seu nome. Como o Conselho Mundial de Igrejas reúne tanto ortodoxos e anglicanos quanto protestantes, seu secretário-geral não pode falar em nome do protestantismo, mas apenas exprimir-se em nome de um conjunto extremamente diversificado de cristianismos não romanos. Além disso, não existe um equivalente protestante ao Vaticano, ou seja, uma estrutura que permita que um líder religioso protestante seja reconhecido e tratado como chefe de Estado. No modo com que os representantes do protestantismo estão presentes nas instituições europeias, isso produz consequências notáveis: enquanto a Igreja Católica dispõe de um "enviado especial da Santa Sé" junto ao Conselho da Europa e a Santa Sé é membro de pleno direito do Conselho da Europa na área da educação, da cultura e dos esportes, as igrejas protestantes e anglicana constituem apenas uma das trezentas organizações não governamentais acreditadas junto ao Conselho da Europa.

Por fim, outro aspecto factual a ser levado em consideração é o peso numérico do protestantismo no continente europeu. Os protestantes constituíam por volta de 16% da população na Europa dos quinze (ou seja, na época em que a União Europeia contava com quinze membros, até 2004). Se incluirmos nesse número os anglicanos, a porcentagem passa a 22%, um peso significativo, mas ainda muito frágil se considerarmos o do catolicismo romano (51% na Europa dos 15). Depois de 2004, na Europa dos 25, os protestantes passam a 15% (20%, se incluirmos os anglicanos), números ainda menores.

Na história da construção da Europa, é preciso igualmente lembrar que a "pequena Europa" do Mercado Comum (a dos seis: Benelux, Alemanha, França, Itália) foi negativamente percebida pelos protestantes — principalmente alemães ou escandinavos —, que viam nela uma "Europa vaticana", dominada pelas forças democráticas cristãs e figuras submetidas ao catolicismo: o francês Robert Schuman (1886-1963), o italiano Alcide De Gasperi (1881-1954), o alemão Konrad Adenauer (1876-1967). Isso não impediu que o protestante belga Jean Rey (1902-1983) se tornasse presidente do Conselho dos Ministros da Comunidade Europeia do Carvão e do Aço, de 1954 a 1958, e presidente da Comissão Europeia de 1967 a 1970. Contra a tendência a reforçar a unidade da Europa Ocidental diante do bloco do Leste, os protestantes prefeririam privilegiar os laços com o Leste. Na Alemanha, também é significativo que a unidade da *Evangelische Kirche in Deutschland* (EKD, Igreja Protestante na Alemanha), federação de igrejas luteranas, reformadas e unidas criada em 1948, tenha subsistido durante a guerra fria, mesmo após a construção do Muro de Berlim em agosto de 1961. Foi apenas em 1969, vinte anos depois da ruptura da unidade alemã, que se constituiu uma federação protestante específica na Alemanha Oriental, federação que desapareceu em 1991 com a reintegração das igrejas das *Länder* (terras) do Leste à EKD. De modo geral, as igrejas protestantes se opuseram a uma separação entre igrejas ocidentais e igrejas orientais, por isso jamais desejaram criar um conselho de igrejas na Europa Ocidental.

A tais considerações em relação à Europa dos seis, é preciso acrescentar a constatação: os países do norte da Europa de predominância protestante (Dinamarca e Reino Unido) só se uniriam ao processo de integração europeia em 1973 (com a católica Irlanda, deve-se observar). A reserva da Irlanda em relação ao Tratado de Maastricht e a grande desconfiança quanto à Europa dos doze expressa na Noruega e na Suécia não deixam de se coadunar com uma cultura protestante refratária ao centralismo, que percebe nas prerrogativas de Bruxelas um "magistério" ilegítimo. Aliás, alguns protestantes — não somente os do norte da Irlanda que se identificam com as posições bastante anticatólicas do reverendo Ian Paisley — tendem a demonizar a Europa, vendo no continente um ressurgimento do Império Romano e da besta de sete cabeças do livro de Apocalipse. Esse ponto de vista, ainda que minoritário,

é significativo nas representações protestantes, por indicar a permanência de certo temor diante da integração europeia, algo que equivaleria ao crescimento de um poder central e de uma influência predominante do catolicismo. De fato, essa preocupação não está ausente das posições oficiais.

Porém, a reticência protestante à unificação europeia no Ocidente não impediu algumas iniciativas protestantes na mesma região. Em 1950, por iniciativa do CMI, um grupo de trabalho se constituiu em torno do tema "A responsabilidade cristã na colaboração europeia", sendo presidido pelo protestante francês André Philip (1902-1970), ex-ministro que, de 1949 a 1951, dirigiu a delegação francesa na Comissão Econômica pela Europa das Nações Unidas. No início dos anos 1960, leigos protestantes engajados na construção europeia em Bruxelas se reuniram regularmente. Esse grupo culminaria na criação de uma instância para representar as igrejas protestantes e anglicanas em Bruxelas, em 1978, e em Estrasburgo, em 1986: a Comissão Ecumênica para a Igreja e a Sociedade (EECCS). Essa comissão reuniu as igrejas da Suíça e dos países da Europa dos quinze. Além de personalidades protestantes como Jean Rey e André Philip, já mencionados, não podemos deixar de citar o filósofo protestante suíço Denis de Rougemont (1906-1985), que desenvolveu uma intensa atividade a serviço da reorganização cultural da Europa e defendeu vigorosamente um federalismo aberto para as comunidades regionais.

Historicamente, o protestantismo da Europa Ocidental privilegiou a grande Europa e cultivou laços além da cortina de ferro. As relações que manteve no CMI e na KEK com igrejas ortodoxas e protestantes do Leste desempenharam certamente um papel nessa escolha. A infiltração de agentes da KGB na Igreja Ortodoxa da Rússia e de agentes da Stasi na Igreja Protestante da ex-República Democrática Alemã esclarecem também as posições dessas igrejas, para quem a integração europeia do Oeste era vista como mostra de interesses econômicos e geopolíticos de países da Otan. O anticapitalismo e a tendência terceiro-mundista e esquerdista dos meios protestantes do CMI (sobretudo na Alemanha e na França) contribuíram também para que o investimento dos protestantes na União Europeia fosse o mínimo possível.

É principalmente através da KEK que as várias igrejas protestantes dos países da Europa vivem, institucionalmente, a dimensão europeia. Fundadas em 1959 em uma Europa dividida e marcada pela guerra fria, as igrejas do Leste e do Oeste optaram por construir pontes sobre as fronteiras, crendo na ideia de que não poderia haver "cortinas de ferro" entre igrejas. Essas igrejas criaram uma estrutura que reúne hoje 124 igrejas anglicanas, protestantes, ortodoxas e veterocatólicas do continente europeu. Através da KEK, as igrejas membros buscam trabalhar em favor do ecumenismo, da paz e da defesa dos direitos humanos em escala continental. Porém, digno de menção é o fato de que a KEK não constitui uma estrutura protestante, por incluir as igrejas ortodoxas e anglicanas. O peso das igrejas ortodoxas nos países do Leste se fez sentir na KEK, da mesma forma que no CMI. Assim, as igrejas do Leste Europeu se opuseram durante muito tempo ao fato de que a KEK estivesse em contato com a Comunidade Econômica Europeia e o Conselho da Europa, instâncias consideradas como um negócio dos países da Europa Ocidental. Foi somente em 1989 que a KEK foi autorizada a contatar oficialmente as instituições europeias em Bruxelas e Estrasburgo. Esse foi um sinal a mais da atitude inicialmente distante das igrejas protestantes em relação à Europa dos 12 e do Conselho da Europa. Integrando desde 1996 a EECCS, a KEK manifesta hoje um interesse maior pela União Europeia.

Outra iniciativa que se deve mencionar culminou na *Concórdia de Leuenberg* (texto do acordo entre as igrejas reformadas, luteranas e unidas da Europa), adotada em 1973 para estabelecer a comunhão eclesiástica entre oitenta igrejas protestantes, ratificada pela quase totalidade das igrejas reformadas, luteranas e unidas da Europa. No nível luterano-reformado, trata-se de uma manifestação importante da unidade protestante (que inclui, entre outros resultados, o reconhecimento mútuo da ordenação de pastores, portanto a possibilidade, para um pastor, de exercer seu ministério tanto em uma igreja luterana quanto em uma igreja reformada). Mas esse acordo doutrinário não produziu um testemunho comum dessas igrejas em nível continental, nem a organização de uma estrutura comum.

Ao abordar a Europa através de diversas estruturas, as igrejas protestantes tiveram dificuldade para coordenar suas iniciativas, e nem sempre deixou de haver concorrência entre essas várias empreitadas. A existência da KEK, da EECCS, do comitê da *Concórdia de Leuenberg* (sem falar de demais estruturas mais setoriais) levanta a questão sobre como saber onde poderiam e deveriam ser elaborados institucionalmente os discursos protestantes sobre a Europa. Ao constatar o número de encontros (as assembleias KEK-CCEE, o Encontro de Basileia de maio de 1989, a Assembleia Protestante Europeia de Budapeste em março de 1992, a Assembleia Geral da KEK em Praga em setembro de 1992), percebemos o problema organizacional colocado pela Europa diante dos protestantes: que estrutura privilegiar? Quais as relações eclesiásticas, qual ecumenismo, qual protestantismo devem ser priorizados? Que lugar destinar ao protestantismo na Europa? A ideia de um sínodo protestante europeu que manifeste de modo mais visível a presença protestante na Europa não é unanimidade no protestantismo. Várias igrejas são reticentes a isso: como não dispõem de uma estrutura sinodal, sentem-se desconfortáveis com uma iniciativa do tipo; além disso, temem que a iniciativa prejudique um ecumenismo mais amplo. Mas pode ser também que essa hesitação esteja enraizada no fato de que, como declara um teólogo alemão, "o protestantismo ainda não sabe o que deve dizer à Europa com uma só voz". Enquanto as igrejas protestantes minoritárias do sul do continente se mostram bastante favoráveis à iniciativa, as igrejas luteranas da Escandinávia se opuseram. Entre os reformados do Sul e os luteranos do Norte, as diferenças culturais, sociais e religiosas são de fato muito importantes.

A Europa une tanto quanto divide o protestantismo, pouco habituado a organizar-se coletivamente para exprimir uma mesma voz. Sente-se além disso implicada por direito em uma empreitada ecumênica e deseja falar de evangelização ecumênica, embora se veja reticente quanto a falar de evangelização protestante. São as correntes fundamentalistas protestantes, ou os protestantes mais antiecumênicos, que mais apoiam as perspectivas papais da restauração cristã: sobretudo os missionários dessa tendência é que tentam hoje inserir-se no mundo ortodoxo do Leste Europeu, ao lado dos jesuítas. Diante dessas ações, o protestantismo luterano-reformado permanece um tanto em silêncio. Elevar a voz equivaleria a fortalecer uma instituição representativa, logo, para alguns, tender ao catolicismo. Continuar a existir de modo disperso sem preocupar-se com uma grande influência de seu discurso, principalmente em uma sociedade que dispõe de uma mídia poderosa, é deixar espaço demais para o discurso católico. Essa é a tensão inerente à situação do protestantismo diante do catolicismo, que o leva a hesitar entre duas formas de afirmação: uma privilegia o nível institucional e a busca de um discurso protestante na Europa, enquanto a outra estimula o pluralismo e se resigna com o fato do domínio católico em nível institucional.

6. A visão protestante de uma Europa secularizada e pluralista

Em Basileia, em agosto de 1991, setenta bispos e líderes de igrejas protestantes europeias atenderam ao convite dos bispos Henrik Christiansen (Dinamarca), Martin Kruse (Alemanha), Christophe Klein (Romênia) e do presidente do Conselho da Federação das Igrejas Protestantes da Suíça para debater "o testemunho das igrejas protestantes na Europa". Essa iniciativa foi tomada após alguns questionamentos como: "Haveria protestantes no trem europeu?". Essa questão surgiu de modo ainda mais agudo entre os protestantes, na medida em que obervavam que a Igreja Católica ocupava grande parte do espaço, com viagens e discursos do papa sobretudo, e que se viram cada vez mais desconfortáveis com a maneira com que João Paulo II enxergava a evangelização da Europa. Essa reunião e a de Budapeste, em março de 1992, mostram que, para um bom número de líderes protestantes, a estrutura da KEK não era suficiente, sendo necessário reunir-se "entre protestantes" para encontrar uma mensagem comum das igrejas da Reforma para a Europa (luteranos escandinavos, reticentes em relação à Assembleia Protestante Europeia de Budapeste em 1992, só enviaram observadores, não representantes). No documento estudado no encontro de Budapeste, leem-se algumas informações primordiais que indicam a posição defendida pelas igrejas luteranas e reformadas, em que a vontade de distinguir-se da visão papal da Europa surge de modo bastante evidente (os textos são publicados em francês em *Foi et Vie* [Fé e Vida] 92/2, 1993).

> Ao formular a tese central da ortodoxia cristã, ou seja, a coexistência em uma Pessoa de duas naturezas antinômicas, sem confusão, sem separação, sem redução de um dos termos nem subordinação de um ao outro, o dogma da encarnação não somente fundou a antropologia cristã, mas formou o modelo de um pensamento especificamente europeu, a grande ideia do antagonismo criador, já concebida por Heráclito, da *coincidentia oppositorum* de Nicolau de Cusa, princípio que anima as obras de Goethe, de William Blake, dos filósofos do romantismo alemão, de Kierkegaard e de Proudhon, e as dialéticas de hoje, quer marxistas, quer existencialistas, quer físico-matemáticas. E também, no plano da teoria política, o federalismo, ou seja, a coexistência em contínua interação da união e das pequenas comunidades, da unidade global e da autonomia local — esse pensamento em tensão que é de fato a ideia formadora da Europa por engendrar o homem europeu, a partir da extraordinária criação que foi o conceito de pessoa, essa noção teomórfica do homem e antropomórfica de Deus.
>
> Essa foi a origem, ou a "técnica" de alguma forma, da noção, que não demorou para ser transposta do plano teológico para o plano humano, primeiro por Agostinho, que estima que o homem, por ter sido feito à imagem de Deus, também é pessoa; e por Boécio, filósofo não cristão, que traduz para termos leigos as definições conciliares, e seria comentado por toda a Idade Média. Homólogo do "verdadeiro Deus e verdadeiro homem", da Segunda Pessoa divina, a pessoa humana se tornou a coexistência em tensão do indivíduo natural e do que, no homem, "ultrapassa infinitamente o homem", como afirma Pascal: o transcendente. Uma natureza investida por uma vocação, uma noção do homem que implica a transcendência do homem em relação a si mesmo.
>
> Denis de ROUGEMONT, *Écrits sur l'Europe* [Escritos sobre a Europa], t. II, p. 500.

"A pregação não pode ter como objetivo tornar inexistente o processo de desimbricação entre igreja e sociedade. A igreja não pode desejar voltar a uma época em que o ensinamento cristão e a ordem social estavam estritamente ligados. Sem dúvida alguma, e muitas vezes de modo velado, a mensagem cristã contribuiu para o processo de libertação do homem durante os últimos séculos. As igrejas estão prontas para pelo menos reconhecer expressamente que as 'Luzes' permitiram o desenvolvimento de valores fundamentais, com base no evangelho. Esses valores são, por exemplo, a cultura da livre expressão, a crítica do simples argumento da tradição, a libertação de alienações que nós mesmos produzimos ou que outros nos impõem, o espírito de diálogo e tolerância diante do pensamento diferente, o 'sim' ao Estado secularizado [...]. O Evangelho de Jesus Cristo liberta. As igrejas precisam aprovar o processo de secularização na medida em que liberta mulheres e homens de preconceitos e tabus" (ibid., p. 9).

Quanto à evangelização, os textos de Budapeste enfatizam que as igrejas não devem buscar "a implantação de um Estado 'cristão'", nem "clericalizar o Estado e a sociedade", mas, sim, engajar-se "por uma ordem social que permita que todos vivam suas convicções em liberdade, do modo mais sereno possível. A igreja se oporá a toda estrutura que restrinja a livre consciência do indivíduo ou de grupos particulares. A mensagem cristã não tem o direito de se tornar uma ideologia da sociedade" (ibid., p. 11s).

Como demonstram esses textos, além de vários outros documentos e declarações de líderes das igrejas protestantes, a constatação é que estamos em uma sociedade secularizada. A secularização também é percebida em seus aspectos positivos, na medida em que, como lembra a Federação das Igrejas Protestantes da Suíça em um documento intitulado *Europe, Europe occidentale, Suisse. Réflexions protestantes* [Europa, Europa Ocidental, Suíça: reflexões protestantes] (1990), o protestantismo participou do processo: "A passagem para a autonomia da razão não pode ser explicada sem a influência protestante, não mais que a passagem para estruturas democráticas". O documento ressalta que "não mais existe Ocidente cristão" e que a sociedade não é mais dominada por considerações religiosas. Ao apresentar para o *Kirchentag* [congresso eclesiástico] protestante de Dortmund, em 1991, oito teses sobre "Europa e cristianismo", o professor Rudolf von Thadden expressou-se de modo significativo: a Europa é herdeira das "tradições das igrejas cristãs, mas ainda do impulso das Luzes, que criticaram as tradições. Assim, precisa estruturar-se no diálogo e também, caso fracasse nisso, no conflito entre fé cristã e mundo secularizado" (*L'Europe. Qu'a-t-elle de chrétien?* [Em que medida a Europa seria cristã?], *Concilium* 244, 1992, p. 101).

> O infinito na instituição da troca, tal seria o "complexo de racionalidade" ocidental, o núcleo ético e mítico de sua potência e de sua sabedoria. De onde viria essa ideia de infinito? Nenhuma genealogia pode indicar uma origem simples, e, considerando os exemplos de Sócrates e Jesus, o tráfego entre as culturas semítica e helênica os precede em muito. Europa é a filha de um rei fenício sequestrada por Zeus! Mas a finitude, até então atributo dos deuses, torna-se própria dos humanos, e o infinito, que não passava de algo imperfeito ou inacabado, é idealizado. [...] Assim começa e se amplifica a oscilação europeia entre o questionamento que abre a universal comunidade e a extrema inquietação com as menores singularidades.
>
> Olivier ABEL, *La justification de l'Europe* [A justificação da Europa], p. 48.

Insiste-se bastante no pluralismo das heranças que constituíram a Europa e na diversidade das tradições religiosas e filosóficas que a caracterizam hoje. As igrejas protestantes de tradição luterana e reformada se consideram forças dentre outras, devendo operar em uma sociedade pluralista, onde o Estado não lhes oferece privilégios particulares. Recusa-se claramente todo tipo de perspectiva de restauração do poder da igreja.

Fundadas com base nessas duas constatações, as expressões protestantes rejeitam, muitas vezes de modo explícito, algo como uma reconquista cristã da Europa: "Não se trata de voltar a uma 'Europa cristã' em que as igrejas exerceriam algum poder, mas, sim, de estar a serviço de uma sociedade europeia que busca sua unidade", declarou em Estrasburgo o pastor Michel Hoeffel, então dirigente da Igreja da Confissão de Augsburgo de Alsácia e Lorena, no discurso de abertura do encontro das igrejas protestantes do alto Reno, em 4 de julho de 1990.

Vários artigos de jornal e revista escritos por teólogos protestantes exprimem igualmente seu desagrado em relação à concepção papal da Europa, em termos mais diretos que as declarações diplomáticas utilizadas por líderes de igrejas e instituições oficiais. O teólogo protestante italiano Paolo Ricca insiste, por exemplo, na necessidade de lutar contra "a tendência católica de monopolizar o cristianismo". Sobre a evangelização do continente, o teólogo protestante suíço Pierre-Luigi Dubied declarou, durante um colóquio das Faculdades de Teologia Protestante dos Países Latinos da Europa em Bruxelas, em setembro de 1991: "Não imagino que se possa admitir hoje como cristã uma perspectiva de recristianização da Europa [...]. A história do Ocidente é também a história do fracasso da cristandade" (em *Protestantisme et construction européenne* [Protestantismo e construção europeia], p. 147).

> Mesmo se levarmos em conta a grande tradição cultural e filosófica da Grécia e da formação política engendrada pelo Império Romano, podemos afirmar que a história, ou seja, a dinâmica da Europa propriamente dita, começa com a penetração do evangelho, da Palavra de Deus, no continente. A Europa se formaria em torno da ação e da reação que essa Palavra suscita. [...] Se não se pode descrever a história da Europa antes de 1500 sem falar da penetração do evangelho no continente, é igualmente impossível descrever a expansão da Europa após 1500 sem ocupar-se da missão cristã que parte da Europa em direção a outros continentes. Nesse movimento, as duas faces da Europa são visíveis: a missão cristã, de um lado, e a conquista do mundo não europeu, de outro, que implica a colonização, a exploração, o domínio político e econômico da América Latina, da África e da Ásia. A Europa começou por impor aos povos não europeus suas armas, seu Deus, suas leis, suas línguas.
>
> Adriaan GEENSE, *L'Europe et le monde. Réflexions d'un théologien* [A Europa e o mundo: reflexões de um teólogo], em *Oecuménisme et universalisme. Propos d'un théologien européen* [Ecumenismo e universalismo: reflexões de um teólogo europeu], Genebra, Labor et Fides, p. 110, 118s.

No entanto, seria necessário não reduzir a posição das igrejas protestantes a uma reação crítica em relação às posições católicas oficiais. As reflexões e declarações que vêm de diversas instâncias demonstram que as igrejas protestantes se preocupam menos com a Europa religiosa que com a Europa simplesmente, tal como é, construindo-se em Bruxelas e em Estrasburgo. As intervenções das igrejas protestantes questionam as instâncias europeias em relação à Europa social, da política de imigração, de certo "*déficit* democrático" na Europa. Essas intervenções estão em um nível ético e acompanham de modo crítico a construção da Europa, privilegiando as exigências evangélicas tais como a preocupação com os pobres e os estrangeiros. Ao ler esses documentos, temos a impressão de que as igrejas protestantes não voltam ao assunto do contexto secularizado e pluralista das sociedades em que se encontram, mas realizam nelas um ministério de vigilância ética (o trabalho realizado pela EECCS em Bruxelas é um bom exemplo desse tipo de atuação).

Pela primeira vez, em novembro de 1990, líderes de igrejas (ou federações de igrejas) protestantes e anglicanas na Europa encontraram em Bruxelas a Comissão das Comunidades Europeias, sobretudo seu presidente, Jacques Delors. Esse encontro, suscitado pelas igrejas e organizado pela EECCS, tratou da integração europeia e do papel das igrejas. A partir dessa data, encontros semelhantes se repetem, sobre temas diversos, reunindo representantes da EECCS e funcionários da Comissão. Durante essas reuniões, foram discutidos a união política, as relações CEE-Leste Europeu, a imigração, a política agrícola comum, o Tratado de Maastricht, as relações entre economia e teologia (nesse tema, debates de teor teológico puderam se entrelaçar aos debates funcionais). Antes de Maastricht, a EECCS publicou uma declaração com um número de recomendações sobre a construção da Europa, insistindo na necessidade de atribuir mais poder ao Parlamento de Estrasburgo, aprovando a proposta de criação dos Conselhos Regionais e até mesmo sugerindo a criação "de uma segunda câmara parlamentar para representação regional".

É em um sentido ético que as instâncias protestantes se veem autorizadas a intervir em uma Europa em construção, exercendo assim um ministério de vigilância diante da sociedade secular. A ação ética permite também articular melhor o pluralismo protestante antes de empreender de modo precipitado a integração das igrejas protestantes.

7. Protestantismo, Europa e modernidade

Essa postura crítica, mas generosa, para com a modernidade, que é uma participação positiva e construtiva do protestantismo luterano-reformado na Europa em construção, não impede as dificuldades experimentadas pelo protestantismo quanto a achar seu lugar no continente. Gostaríamos de mostrar, como conclusão, que essas dificuldades estão enraizadas de modo paradoxal em duas características protestantes que costumam ser vistas de modo positivo: a profunda aculturação com diversos dados nacionais e regionais, de um lado, e a afinidade com a modernidade secularizante, de outro.

1) Conforme enfatizamos, o protestantismo fundou-se em estruturas territoriais da Europa, nas línguas e culturas desse espaço geográfico. Com seu modo de organização em igrejas, tendeu desde sempre a aplicar o princípio de que a cada território e cultura deveria corresponder uma organização eclesiástica. Essa particularidade se correlaciona com as especificidades teológicas protestantes segundo as quais a igreja visível seria apenas uma organização sócio-histórica — menos importante que a mensagem — que, em si mesma, não possui poder algum de salvação. Esse princípio regional de organização eclesiástica — encontrado aliás em cada igreja, por causa da importância atribuída à igreja local — leva os protestantes a desconfiarem de qualquer forma de centralismo. É por isso que os protestantes já experimentaram muita dificuldade de organizarem-se em nível nacional. Quando conseguiram, foi por meio da escolha de um modo federativo, que permitisse respeitar a diversidade confessional (luterana, reformada, batista, metodista, pentecostal etc.) e a diversidade geográfica (igrejas das *Länder* alemãs ou dos cantões suíços). É quando o protestantismo lida com a diversidade de modo especial, atribuindo o menor poder possível a instâncias centrais. Há uma desconfiança protestante em relação à manifestação organizacional da unidade e o temor de que tal concretização de unidade favoreça a restauração de uma forma de magistério eclesiástico. Compreende-se que o protestantismo esteja abalado por uma construção da Europa que convida a falar de uma só voz, acima de sua diversidade. A unificação europeia desafia o protestantismo enquanto sujeito ou ator, enquanto o protestantismo, na Europa, não existe em uma forma unificada, mas, sim, como uma pluralidade nacional e regional marcada pela diversidade confessional.

Outro dado interessante é que, através do CMI e seus numerosos contatos com igrejas de outros continentes, o protestantismo se considera sobretudo internacional, em vez de europeu. O firme engajamento ecumênico do protestantismo também não facilita sua afirmação particular no concerto europeu: de modo significativo, dentre as três confissões cristãs (católica, ortodoxa e protestante), o protestantismo foi a última a contar com uma assembleia europeia. Por outro lado, não é surpreendente constatar certa insistência protestante sobre a Europa das *regiões*, uma ênfase que corresponde à eclesiologia protestante, afinada com representações *federativas* da unidade europeia, mais que *integrativas*. O protestantismo articula assim uma *eclesiologia regional* e uma *dimensão universalista*. E é essa dimensão universalista que lhe permite ultrapassar limites inerentes a seu federalismo. Mas, incapaz ou pouco desejoso de organizar-se em igrejas acima das fronteiras nacionais, o protestantismo só pode intervir na Europa a partir de configurações eclesiásticas nacionais e regionais que o constituem, bem como de instâncias federativas que essas configurações proporcionarem.

O estilo de vida europeu equivale à secularização da cultura cristã. Sem língua e sem território sagrados, sem reconhecer nenhum tipo de interdito alimentar, bebedores de vinho e apaixonados por aquilo que, para eles é o enigma do corpo (sob todas as suas formas!), os europeus estão imersos em um "paganismo cristão". Os ateus europeus são ateus do catolicismo ou do protestantismo (que não é necessariamente o mesmo ateísmo!), tornando-se ainda mais prisioneiros de sua cultura de origem na medida em que a negam e jamais quitaram com ela sua dívida [...]. Em vez de negação, seria melhor tornar esse passivo de tradições um lugar de uma rememoração libertadora. Trata-se de um material comum a todos os europeus, que eles têm o direito de recuperar para impor-lhe as formas da vida que quiserem inventar. Toda inovação pede esse preço, e uma cultura se desenvolve mal no vazio.

Essa seria a mais segura fundação da "urbanidade" laica. A laicidade e a secularização acreditam vir de formas antirreligiosas que teriam conseguido erguer-se para separar o religioso do político e da esfera pública em geral. Mas de fato a laicidade é um resultado bem mais amplo que a desistência de uma pluralidade de tradições religiosas e arreligiosas (sim, porque o grande discurso da racionalidade crítica também é uma tradição na Europa!) quanto à pretensão hegemônica de legislar sobre outros, buscando juntos as regras capazes de fazer com que coexistissem em uma sociedade possível.

[...] A sinceridade das convicções, como diz Bayle, sua veemência ou seu peso e também sua pluralidade estruturam as vigas de uma sociedade civil sem pilar central.

[...] como fundir em uma regulamentação minimamente comum as laicidades tão diferentes, resultantes de histórias tão diversas? As diversas facetas que assumiu o Iluminismo — as *Lumières* anticlericais, a *Aufklärung* levemente entusiasta e o *Enlightenment* utilitarista, por exemplo — combinam-se de modos diversos, segundo cada país, com o romantismo, movimento também rico em facetas, quer reacionárias, quer revolucionárias. Disso decorrem os velhos mal-entendidos, ainda vivos hoje nos debates entre intelectuais europeus. Os "protestantes latinos" [...], por sua situação linguística e cultural, revelam uma sensibilidade bem mais aguda para esse desajuste entre a Europa romana, ao sul, e a Europa protestante, ao norte.

[...] A condição política seria abandonar o desejo de consolidação ou solidificação, na mesma fronteira, de um território político através do terreno de uma crença, uma língua, uma etnia etc. O destino da ideia de "laicidade" deve se desprender do destino da ideia de "nação". [...] É a memória plural de nosso país que é preciso reativar.

A condição teológica, em vez de impor de fora a laicidade, pressupõe uma estrutura interna às religiões que torne possível o enxerto laico. Em primeiro lugar, trata-se de certo grau de interiorização religiosa e também da aceitação, pelas religiões, de que elas são apenas (em relação a isso) como línguas, e que não poderia haver uma religião universal e única, assim como não há língua universal. Embora uma religião possa até chegar a universalizar-se, um princípio interno de diferenciação logo a levaria a deslocar-se. [...]

Com efeito, é necessário, por várias razões, reabilitar a ideia de fronteira, contra a moda atual que clama por sua aniquilação. É provável, aliás, que o mito liberal do declínio das fronteiras mascare o fato de que novas fronteiras se tornam mais rígidas, mais terríveis e mais insidiosas que antes. Além disso, as fronteiras são cicatrizes de conflitos que seria leviano considerar solúveis no mercado em sua totalidade [...]! Por fim [...], toda cultura vive de diferenças: "o único defeito mortal para uma sociedade é estar sozinha". Nunca é demais afirmar a importância civilizadora dos limites e das fronteiras para diferenciar o espaço e torná-lo habitável e transitável".

Olivier ABEL, *La justification de l'Europe* [A justificação da Europa], p. 35-37, 40, 81.

Algumas especificidades protestantes que privilegiam os laços entre organização eclesiástica e homogeneidade religiosa e sociocultural — como se fosse necessário uma igreja para cada sensibilidade religiosa e cada contexto sociocultural — apresentam, portanto, afinidades com os modelos federativos de organização. Mas, se a dimensão universalista não é mais tão forte para abrir esses mundos eclesiais "provinciais" ao mais amplo mundo exterior, o risco é ver esse provincianismo eclesiástico transformar-se em nacionalismos ou regionalismos étnico-religiosos. Esse risco, inerente a aculturações bem-sucedidas, não poupa o protestantismo. Além disso, essa cultura eclesial protestante, ao associar-se à organização em igreja em uma homogeneidade religiosa e sociocultural, não é isenta de perigos, quando aplicada à política. Se pensamos na verdade de que todo exercício de soberania política deve corresponder a uma entidade linguística e cultural, isso só poderia resultar em uma concepção étnica da política, que é sua própria negação.

2) A afinidade entre o protestantismo e a modernidade secularizante se exprime de modo bastante evidente no modo com que os protestantes luteranos e reformados concebem o lugar e o papel das igrejas na sociedade atual. Porém, essa inserção positiva nas sociedades pluralistas e secularizadas, com o acompanhamento positivo das mutações contemporâneas, contribui também, paradoxalmente, para tornar mais difícil a *percepção social* da mensagem protestante. Por ter levado muito longe a secularização interna do cristianismo, o protestantismo é vítima de seu próprio sucesso. Ao criticar o magistério dos clérigos, o protestantismo acompanhou de modo positivo a desclericalização da sociedade e promoveu um individualismo responsável. Substituiu a tutela clerical por uma tutela moral (sobretudo interna, mas também externa, com o poder moral exercido pelos pastores), contribuindo assim para livrar a sociedade do poder da igreja para melhor espiritualizá-la e investi-la do interior. Laicizou o papel do clérigo para tentar tornar cada leigo em clérigo. O protestantismo desejou substituir uma sociedade dominada pelo poder da igreja e do clero por uma sociedade de indivíduos cristãos e bem-educados, e é nesse sentido que seu projeto foi ao encontro do projeto da modernidade.

Tal é a herança do protestantismo luterano-reformado ao buscar seu lugar na Europa. Sobretudo nas sociedades da Europa Ocidental — mas também, com algumas diferenças, nas sociedades do Leste Europeu —, o fato de termos passado de uma modernidade secularizante a uma modernidade secularizada contradiz o protestantismo como uma forma particularmente secularizada de religião, como uma espécie de "religião moderna". Se o protestantismo tem afinidades com uma modernidade conquistadora, ligada à ética do trabalho, aos processos de racionalização, individualização e democratização, será que também as teria com a modernidade gestionária e hedonista, que, em vez de esperar que a religião lide com questões temporais, prefere receber dela alguma espiritualidade? Enquanto a modernidade secularizante contribuiu para a secularização interna do religioso e sua desclericalização (processo do qual o protestantismo oferece um bom exemplo), a modernidade secularizada, que separou religião e poder, espera do religioso que se manfeste como tal, e do clero que se manifeste como tal. O sucesso da secularização — na medida em que desarmou o poder que a religião organizada exerce sobre a sociedade e os indivíduos — demanda hoje um religioso *visível* e *metafórico*: visível, por distinguir-se do universo secular em suas expressões e afirmação social, e metafórico, por fornecer fontes simbólicas e perspectivas de sentido, ao mesmo tempo deixando que o mundo secular se governe segundo suas próprias leis. Se o protestantismo nutriu afinidade com a secularização enquanto o processo se manifestava como desclericalização e desmagificação do mundo, é porque tinha o projeto de santificar o mundo (ou seja, desejava torná-lo mais "santo") e clericalizar os indivíduos. Ora, a modernidade secularizada não seria justamente uma etapa suplementar da secularização, um desencantamento mais radical, em que a religião se vê desprovida não somente de todo poder clerical, mas também de todo poder simbólico sobre a sociedade e os indivíduos? Nesse sentido, a hiperadaptação do protestantismo luterano-reformado como acompanhante funcional, em registro ético, do processo de construção da União Europeia significa também seus próprios limites.

Jean-Paul Willaime

▶ ABEL, Olivier, *La justification de l'Europe*, Genebra, Labor et Fides, 1992; AUBERT, Raphaël, *La tentation de l'Est*, Genebra, Labor et Fides, 1991; BAECQUE, Antoine de, org., *Une histoire de la démocratie en Europe*, Paris, Le Monde-Éditions, 1991; BARKER, Eileen, BECKFORD, James A. e DOBBELAERE, Karel, orgs., *Secularization, Rationalism and Sectarianism*, Oxford, Clarendon Press, 1993; BAUBÉROT, Jean, org., *Religions et laïcité dans l'Europe des douze*, Paris, Syros, 1994; BLANCY, Alain, "Églises protestantes et Europe chrétienne", *Unité chrétienne* 112, novembro de 1993, p. 5-32; CONSELHO DAS CONFERÊNCIAS EPISCOPAIS DA EUROPA E CONFERÊNCIA DAS IGREJAS EUROPEIAS, *Les Églises d'Europe. L'engagement oecuménique*, Paris, Cerf, 1993; DAVIE, Grace e HERVIEU-LÉGER, Danièle, orgs., *Identités religieuses en Europe*, Paris, La Découverte, 1996; FACULDADE UNIVERSITÁRIA DE TEOLOGIA PROTESTANTE DE BRUXELAS, org., *Protestantisme et construction européenne*, Bruxelas, Ad Veritatem, 1991; *Europe, Europe occidentale, Suisse. Réflexions protestantes*, Berna, Fédération des Églises protestantes de Suisse, 1990; FULTON, John e GEE, Peter, orgs., *Religion in Contemporary Europe*, Lewiston, E. Mellen Press, 1994; GRESCHAT, Martin e LOTH, Wilfried, orgs., *Die Christen und die Entstehung der Europäischen Gemeinschaft*, Stuttgart, Kohlhammer, 1994; Grupo da Riponne, *Europes intempestives*, Paris, Van Dieren, 2006; KOSLOWSKI, Peter, org., *Imaginer l'Europe*, Paris, Cerf, 1992; LUIBL, Hans Jürgen, MÜLLER, Christine-Ruth e ZEDDIES, Helmut, orgs., *Unterwegs nach Europa. Perspektiven evangelischer Kirchen. Ein Lesebuch. En route towards Europe. Perspectives of Protestant Churches. A Reader*, Frankfurt, Lembeck, 2001; LUNEAU, René, org., *Le rêve de Compostelle. Vers la restauration d'une Europe chrétienne?*, Paris, Centurion, 1989; MICHEL, Patrick, org., *Les religions à l'Est* [As religiões do Oriente], Paris, Cerf, 1992; "Pluralisme religieux et laïcités dans l'Union européenne", *Problèmes d'histoire des religions* 5, 1994; ROSER, Hans, *Protestanten und Europa*, Munique, Claudius, 1979; RÖSSLER, Andreas, org., *Protestantische Kirchen in Europa*, Stuttgart, Quell Verlag, 1993; ROUGEMONT, Denis de, *Écrits sur l'Europe* (*Oeuvres complètes* III), 2 vols., Paris, La Différence, 1994; ROUSSELET, Kathy, org., *L'Église orthodoxe russe et la politique*, Paris, La Documentation française, 1992, p. 32-35; TROELTSCH, Ernst, *L'édification de l'histoire de la culture européenne* (1918) e *Droit naturel et humanité dans la politique mondiale* (1922), em *Religion et histoire. Esquisses philosophiques et théologiques*, Genebra, Labor et Fides, 1990, p. 129-196 e 263-298; VAHANIAN, Gabriel, org., *L'Europe à la croisée des religions. L'enjeu théologique*, Estrasburgo, Association des publications de la Faculté de théologie protestante de l'Université de Strasbourg, 1995; WILLAIME,

Jean-Paul, *Europe et religions. Les enjeux du XXIᵉ siècle*, Paris, Fayard, 2004; Idem, org., *Strasbourg, Jean-Paul II et l'Europe*, Paris, Cerf, 1991; Idem e VINCENT, Gilbert, orgs., *Religions et transformations de l'Europe*, Estrasburgo, Presses universitaires de Strasbourg, 1993.

▶ Alemanha; Comissão Ecumênica Europeia para a Igreja e a Sociedade; Conferência das Igrejas Europeias; **ecumenismo**; **laicidade**; **modernidade**; Philip; **protestantismo**; Rey; Rougemont; secularização; Sully; Westfália (tratados de)

EUTANÁSIA

A reflexão ética protestante aceita em geral os seguintes dados consensuais: 1) a morte ainda é um momento da vida do moribundo. Isso significa que a assistência aos que estão prestes a morrer faz parte integrante dos deveres médicos; 2) juridicamente, o paciente permanece no ponto de partida do contrato que o liga ao médico. Assim, o médico deve se reportar à vontade expressa ou presumida do moribundo; 3) atualmente, toda a legislação ocidental (com exceção das leis dos Países Baixos em alguns casos) condenam a eutanásia ativa, considerando-a homicídio doloso, mas aceitam a prática da eutanásia passiva, ou "ajuda para morrer" (*Sterbehilfe*), vista como alívio da dor e abandono das agressões inerentes ao tratamento. Assim, impôs-se a necessidade de cuidados paliativos; 4) ao reportar-se à vontade expressa ou presumida de um paciente cuja doença evolui de modo irreversível para a morte, o médico tem o dever ético de acompanhá-lo até o falecimento, com medidas que assegurem seu conforto; 5) esses cuidados paliativos devem incluir ajuda psicológica e espiritual com vistas à aceitação da morte (que é algo que não nos pertence) em um espírito apaziguador; 6) há alguns anos impôs-se o conceito de "diretrizes antecipadas", assinadas tanto pelo paciente quanto pelo médico responsável, com o objetivo de tornar claras as convicções do paciente, seus valores pessoais e sua vontade em relação aos cuidados médicos que lhe devem ser dedicados em caso de acidente ou doença irreversível. A experiência mostra que essa antecipação do prazo derradeiro permite um acompanhamento mais bem adaptado e mais sereno.

Essa orientação ética nuançada e respeitosa deve muito a mulheres pioneiras de origem protestante, como Cicely Saunders (1918-2005), que criou em 1967 o asilo Saint Christopher em Londres, e Elisabeth Kübler-Ross (1926-2004), com inovadores trabalhos sobre os últimos instantes de vida.

Marc Faessler

▶ COMITÊ CONSULTIVO NACIONAL DE ÉTICA, *Fin de vie, arrêt de vie, euthanasie* (decisão 63 de 27 de janeiro de 2000), *Les cahiers du Comité consultatif national d'éthique*, 23 de abril de 2000, p. 3-13; "Directives concernant l'euthanasie", em *Directives et recommandations d'éthique médicale de l'Académie suisse des sciences médicales*, Basileia, Secrétariat de l'ASSM, 1989; *L'euthanasie*, t. I: *Aspects éthiques et humains* e t. II: *Perspectives nationales et européennes*, Estrasburgo, Éditions du Conseil de l'Europe, 2003-2004; HENNEZEL, Marie de, *Nous ne nous sommes pas dit au revoir. La dimension humaine du débat sur l'euthanasie*, Paris, Robert Laffont, 2000; KÜBLER-ROSS, Elisabeth, *Les derniers instants de la vie* (1969), Genebra, Labor et Fides, 1991; MÜLLER, Denis, "Euthanasie: une éthique de la transgression", *Choisir* 490, outubro de 2000, p. 18-22; REVERDIN, Claude, POLETTI, Rosette et alii, *La mort restituée. L'expérience médicale et humaine des hospices*, Genebra, Labor et Fides, 1982.

▶ **Bioética**; doença; **morte e vida eterna**; **saúde**; sofrimento

EVANGELHO

De acordo com a pequena confissão de fé citada em 1Coríntios 15.3-5, é preciso compreender por "evangelho" a proclamação da morte e da ressurreição de Cristo como um evento de salvação (fala-se também, sobre isso, de querigma). Essa definição paulina de evangelho foi um marco decisivo na tradição protestante, por vários motivos: por centralizar a fé cristã na pessoa de Cristo e, de modo singular, na cruz; por afirmar a oposição irredutível entre a sabedoria humana e a loucura da revelação; por defender que o dom da salvação é pura graça, dependendo apenas da aceitação da mensagem da cruz, sem estar ligada a qualquer tipo de iniciativa humana (com a apresentação da famosa oposição entre Lei e Evangelho); por postular que a comunicação da salvação advém prioritariamente da proclamação da Palavra.

Esse sentido originário do termo "evangelho", predominante nas cartas de Paulo, foi modificado pelos Sinópticos: a proclamação oral, e em seguida escrita, da salvação não diria respeito somente à morte e à ressurreição de Cristo, mas à totalidade de seu destino e de seus ensinamentos. Depois, no século II, o vocábulo passou a designar um gênero literário, sendo "evangelho" equivalente à narração da vida, da morte e da ressurreição de Cristo.

Jean Zumstein

▶ BARTH, Karl, *Evangelium und Gesetz*, Munique, Kaiser, 1935; BULTMANN, Rudolf, "Christ, fin de la Loi" (1940), em *Foi et compréhension*, t. I, Paris, Seuil, 1970, p. 409-437; EBELING, Gerhard, *Luther. Introduction à une réflexion théologique* (1964), Genebra, Labor et Fides, 1983, p. 100-120; FRIEDRICH, Gerhard, *Évangile* (1935), Genebra, Labor et Fides, 1966.

⊙ Bíblia; lei; salvação

EVANGELHO SOCIAL

Entre 1860 e 1890, os Estados Unidos passaram por uma fase de enorme expansão econômica. É a essa revolução industrial que o movimento do Evangelho Social (*Social Gospel Movement*), que surgiu ao longo dessas décadas, tenta responder. O movimento faz eco ao cristianismo social, ao socialismo cristão e ao socialismo religioso, desenvolvidos na Europa. Em vez de manifestar um *laisser-faire* (do lema do liberalismo, *laisser faire, laisser passer*: deixar fazer, deixar passar) em relação ao capitalismo (à maneira de Henry Ward Beecher [1831-1867]), o evangelho social considera que os problemas suscitados pela economia incluem uma dimensão moral e, no final da Guerra da Secessão (1861-1865), pretende reagir a isso de modo teológico.

Esse movimento se desenvolve sob a influência dos textos do teólogo escocês Thomas Chalmers (1780-1847) e dos pensadores anglicanos liberais Frederick Denison Maurice (1805-1872) e Charles Kingsley (1819-1875), antes que os socialistas cristãos alemães e suíços apresentassem uma reflexão relevante na doutrina de Deus. Seus principais advogados, atentos às condições dos operários e por vezes apoiando greves, são recrutados massivamente entre os batistas (Walter Rauschenbusch [1861-1918], William Newton Clarke [1841-1912]) e os congregacionais (Washington Gladden [1836-1918], Josiah Strong [1847-1916]).

Todos esses homens (cujos precursores americanos foram Henry M. Dexter [1821-1890] e Stephen Colwell [1800-1871]) estimam que a conversão de indivíduos é por si só incapaz de produzir a vinda do reino de Deus, em uma época em que os presbiterianos se mostram mais apegados aos problemas relativos à inerrância da Bíblia associada ao modernismo. Para eles, portanto, a tarefa urgente a ser cumprida consiste na cristianização da ordem social (e política). Para isso, as ações empreendidas são tanto a publicação de livros, artigos e sermões quanto a adoção de medidas concretas, como o estabelecimento de abrigos. Tudo isso serve também como um meio de alertar a opinião pública (e eclesiástica).

Com a pregação de uma imitação da ética de Jesus, o espírito do movimento consiste em preparar o melhor possível a vinda do reino de Deus, que está se aproximando. Com seus textos em um tom profético, Rauschenbusch lançou o fundamento teológico do movimento, tornando-se seu rosto público: "Se a igreja deseja de fato salvar a sociedade, deve contentar-se em fornecer ao movimento social o grande motor da fé e do entusiasmo religioso, sem tentar controlar e monopolizar esse motor em benefício próprio. Somente isso pode se tornar realmente útil para a causa popular, que saberá se deixar interpenetrar pelo espírito de Cristo e libertar-se da visão eclesiástica" (*Le christianisme et la crise sociale* [O cristianismo e a crise social] [1907], Paris, Fischbacher, 1919, p. 324). Esse espírito não era incompatível com uma opinião que reinterpretava de modo propositadamente liberal, conforme testemunha John Dewey (1859-1952), engajado no movimento do Evangelho Social desde meados do século 1880.

Serge Molla

▶ BLASER, Klauspeter, *Les théologies nord-américaines*, Genebra, Labor et Fides, 1995, p. 39-59; CURTIS, Susan, *A Consuming Faith. The Social Gospel and Modern American Culture*, Baltimore, Johns Hopkins University Press, 1991; DORIEN, Gary J., *Reconstructing the Common Good. Theology and the Social Order*, Maryknoll, Orbis Books, 1990, p. 16-47; JAEGER, Friedrich, *Réinterprétations de la religion et théories de la société moderne. Religion et libéralisme en Europe et aux États-Unis: étude comparée*, Genebra, Labor et Fides, 2006; RAUSCHENBUSCH, Walter, *A Theology for*

Social Gospel (1917), Nashville, Abingdon Press, 1945; WHITE, Ronald C. Jr. e HOPKINS, C. Howard, *The Social Gospel. Religion and Reform in Changing America*, Filadélfia, Temple University Press, 1976 (com um ensaio de John C. Bennett).

▶ **Capitalismo**; cristianismo social/socialismo cristão; Dewey; Niebuhr, Reinhold; **política**; Rauschenbusch; Reino de Deus; socialismo religioso; Willard

EVANGÉLICOS

No universo protestante, o termo "evangélico" corresponde a diversas realidades de acordo com cada época e lugar. No século XVI, era sinônimo de "protestante", sentido que se manteve no alemão: a expressão *Evangelische Kirche in Deutschland* deve ser traduzida por "igreja protestante na Alemanha". Como transcrição do alemão para o francês, esse sentido é encontrado na França, com a Igreja Evangélica Luterana da França, presente na região de Montbéliard e em Paris, ou na Suíça romanda, nos cantões de Vaud e Friburgo, com a Igreja Evangélica Reformada, em Neuchâtel, e no Valais, com a Igreja Reformada Evangélica. No mundo anglo-saxão, porém, a partir do final do século XVIII, o termo *evangelical* tomou um sentido particular, difundindo-se então o movimento do Avivamento, também chamado de *Evangelical Movement*. Seu auge foi na Grã-Bretanha, entre 1780 e 1830, e não se concentrou em uma igreja em particular, mas contou com adeptos tanto na Igreja Anglicana quanto entre os não conformistas (batistas, congregacionais etc.), atingindo todo o mundo protestante na Europa e nos Estados Unidos. Ali, o movimento avivalista ficou conhecido como *The Great Awakening* [O Grande Avivamento], sendo que seu grande representante fora Jonathan Edwards. O ponto de partida desses movimentos não foi exatamente teológico, mas, sim, a experiência de uma conversão interior. O cristão "evangélico" experimenta o horror do pecado, mas também a infinita misericórdia de Deus e a extensão de sua graça, que a conversão do coração torna acessíveis. Tal experiência subjetiva pode ser observada tanto na vida de Martinho Lutero, quanto na vida de John Wesley e sua "experiência de Aldersgate", em que sentiu seu coração "estranhamente aquecido". Essa ênfase na fé individual e em certa relativização da filiação confessional (no interior da família protestante) permanecem duas grandes características do movimento evangélico.

Quando em 1846 a Aliança Evangélica se constituiu, em Londres, seu objetivo foi unir indivíduos em vez de igrejas. Em debates posteriores, certos evangélicos afirmariam uma estrita ortodoxia doutrinária; e muitos dentre eles declarando a inerrância da Bíblia. Dentro do movimento evangélico existem perspectivas diferentes a respeito da inerrância, sendo que a mais popular delas pode ser descrita como biblicismo. Algumas características do biblicismo evangélico são: a "escrita divina", em que a inspiração divina está até nos detalhes das palavras; a "representação total", considerando a Escritura como o modo exclusivo de comunicação de Deus com o ser humano; a "coerência interna", uma perspectiva de que textos bíblicos diferentes, a respeito de um mesmo tema, se encaixam perfeitamente formando uma unidade coerente de ensino; e a "aplicação universal", ou seja, os ensinos bíblicos são aplicáveis a todas as pessoas em todos os períodos. Essa perspectiva da inerrância tem suas raízes na tradição teológica de Princeton, com nomes como B. B. Warfiel e A. A. Hodge, e nos esforços evangélicos polêmicos contra os liberais em meados do século XX, especialmente na formulação do *Chicago Statement on Biblical Inerrancy* [Declaração de Chicago Sobre a Inerrância da Bíblia].

Outra característica importante dos evangélicos é o componente pietista. Os evangélicos, especificamente na Europa, herdaram seu pietismo de algumas ramificações Protestantes diferentes. Primeiro, do pietismo puritano inglês de personagens como John Bunyan e Isaac Watts. Segundo, de forma especial, do pietismo dos irmãos morávios, liderados por von Zinzendorf, que foram os primeiros a combinar o pietismo com impulsos avivalistas e missionários. Terceiro, de forma surpreendente, da espiritualidade anglicana, evidenciada na formação do "clube santo" dos irmãos Wesley. Apesar dessa herança religiosa, o pietismo evangélico, na verdade, foi a espiritualização de tendências individualistas intrínsecas na cultura anglosaxônica, algo evidenciado pela ênfase na transformação individual como parte do pietismo evangélico. Atentos ao indivíduo, os evangélicos costumam ser moralistas e por vezes indiferentes às questões sociopolíticas.

Historicamente, os evangélicos nunca souberam muito bem o que fazer com a realidade terrena da vida dos santos. Apesar da participação evangélica em ações sociais, como o papel desempenhado por William Wilberforce nas questões escravistas, no início do século XIX, e nos anos 1960, nos Estados Unidos, sendo o pastor evangélico Martin Luther King Jr. o principal líder do movimento em prol da igualdade racial. Ainda assim essas participações continuam extraordinárias e pouco dependentes da tradição evangélica, que nunca foi reformacional, sempre carregando algo distintamente reacionário. Nos Estados Unidos, a visão social evangélica aceitou e incorporou muito de John Locke. O evangelicalismo sempre foi muito fraco na formação de cosmovisões, cristianizando os valores já vigentes em sua cultura. Por exemplo, a identidade evangélica americana é uma síntese cristã-americana criada no surgimento da guerra de Independência. Coexistindo com o Iluminismo, o evangelicalismo dos séculos XVIII e XIX nunca foi capaz de discernir de forma crítica o modo de vida de seu ambiente social (britânico e norte-americano), a fim de propor uma visão social mais dependente das Escrituras.

Na segunda metade do século XIX, e até 1945, o termo "evangélico" passou a ser também aplicado à corrente doutrinária que lutava contra as inovações teológicas dos liberais. No ambiente acadêmico, Carl F. H. Henry foi um nome importante desse período, e Billy Graham se tornou um porta-voz popular das convicções evangélicas. Para esses evangélicos, tratava-se, então, de insistir na fidelidade ao evangelho que, para eles, os liberais tendiam a esquecer. Essa tendência polêmica, na luta pela verdade do evangelho, no movimento evangélico, faz parte de sua herança histórica. Martinho Lutero usou o termo "evangelical" para descrever o entendimento que cria ser correto a respeito da salvação em Jesus Cristo, em oposição ao que cria ser o entendimento errado da Igreja Católica Romana. Essa é a característica evangélica que mais se aproxima de aspectos de fundamentalismo teológico, ainda que esse movimento, em meados do século XIX, tenha buscado se distanciar tanto do liberalismo quanto do fundamentalismo. No entanto, a convicção evangélica polêmica contra o liberalismo o aproximou mais do fundamentalismo do que o desejado, pois esse é caracterizado pela criação de fronteiras doutrinárias rígidas e pela defesa acirrada contra o que consideram ameaças doutrinárias à fé evangélica ortodoxa.

Existe um consenso acadêmico, seguindo o estudo de David Bebbington, que define quatro características da identidade evangélica: conversionismo, ativismo, biblicismo e crucicentrismo. Portanto, o evangélico pode ser definido como (1) um protestante ortodoxo, (2) seguindo a tradição dos movimentos avivalistas do século XVIII, (3) com um lugar de destaque para a Bíblia em sua vida cristã, e que (4) afirma a reconciliação com Deus, por meio da obra expiatória de Jesus Cristo, e a transformação pessoal, por meio da obra do Espírito Santo. Esses elementos conduzem à insistência no individualismo e na liberdade de consciência, assim como na recusa a toda associação entre igreja e Estado. Os evangélicos optam assim por uma identidade religiosa herdada, que foi moldada politicamente por valores iluministas de uma democracia republicana pós-revolucionária. Além disso, a partir do final do século XX, constatam-se novas polarizações nas igrejas protestantes antigas, entre evangélicos e posturas criticadas como liberais (ainda que sejam oriundas da "teologia dialética", principalmente na exegese bíblica). Após cerca de duas décadas, na América Central e, sobretudo na América do Sul, mas também no sudeste da Ásia (p. ex., na Coreia do Sul), o protestantismo evangélico progrediu de modo impressionante.

Apesar de suas expressões históricas terem determinado o significado da identidade evangélica, é possível e necessário buscar essa identidade para além da tradição histórica. Ser evangélico significa ter a vida centrada no evangelho, na boa nova de que Deus está reconciliando o mundo consigo, em Jesus (2Co 5.17-19).

André Encrevé e Caio Peres

▶ BALMER, Randall, *Encyclopedia of Evangelicalism*, Louisville, Westminster John Knox Press, 2002; BEBBINGTON, David W., *Evangelicalism in Modern Britain. A history from the 1730s to the 1980s* (1989), Londres, Routledge, 1995; ENCREVÉ, André, *Protestants français au milieu do XIXe siècle. Les réformes de 1848 à 1870*, Genebra, Labor et Fides, 1986; EWING, John William, *Goodly Fellowship. A Centenary Tribute to the Life and Work of the World's Evangelical Alliance, 1846-1946*, Londres-Grand Rapids, Marshall, Morgan & Scott-Zondervan, 1946; FATH, Sébastien, *Militants* *de la Bible aux États-Unis. Évangéliques et fondamentalistes du Sud*, Paris, Autrement, 2004; Idem, *Du ghetto au réseau. Le protestantisme évangélique en France, 1800-2005*, Genebra, Labor et Fides, 2005; Idem, org., *La diversité évangélique*, Cléon d'Andran, Excelsis, 2003; FATIO, Olivier, org., *Genève protestante em 1831*, Genebra, Labor et Fides, 2003; GUTWIRTH, Jacques, *Les nouveaux leaders évangéliques aux États-Unis*, em Gilbert VINCENT et alii, *Les nouveaux clercs. Prêtres, pasteurs et spécialistes des relations humaines et de la santé*, Genebra, Labor et Fides, 1985, p. 143-156; KRAEGE, Jean-Denis, *Les pièges de la foi. Lettre ouverte aux "évangéliques"*, Genebra, Labor et Fides, 1993; LARÈRE, Philippe, *L'essor des Églises évangéliques*, Paris, Centurion, 1992; MÜTZENBERG, Gabriel, *L'éthique sociale dans l'histoire du mouvement oecuménique*, Genebra, Labor et Fides, 1992; ROBIN, Keith G., org., *Protestant Evangelicalism. Britain, Ireland, Germany and America, c. 1750-c. 1950*, Oxford, Blackwell, 1990; SINCLAIR, Christopher, org., *Actualité des protestantismes évangéliques*, Estrasburgo, Presses universitaires de Strasbourg, 2002. HAYS, Christopher M. e ANSBERRY, Christopher B. eds., *Evangelical Faith and the Challenge of Historical Criticism* (Grand Rapids: Baker, 2013); NOLL, Mark, *The Scandal of the Evangelical Mind* (Grand Rapids: Eerdmans, 1994); idem, *The Rise of Evangelicalism* (Downers Grove: IVP, 2003); SMITH, Christian, *The Bible Made Impossible* (Grand Rapids: Brazos Press, 2012).

◉ Ação social; Aliança Evangélica; Avivamento; batismo; congregacionalismo; Doumergue; Estados Unidos; fundamentalismo; Graham; Haldane; Henry; igreja eletrônica; igrejas livres; igrejas não denominacionais; Lausanne (movimento de); menonismo; metodismo; pentecostalismo; pietismo; Pilatte; Pressensé; Puaux; puritanismo; Saillens; **seitas**; Stott; teologia evangélica; Warfield; Westphal

EVANGELISMO

O terceiro dos quatro volumes de *Origines de la Réforme*, de Pierre Imbart de la Tour, é intitulado *L'évangélisme* (*1521-1538*) [Evangelismo] (1914, Genebra, Slatkine, 1978). Mais recentemente, em *Censorship and the Sorbonne. A Bibliographical Study of Books in French Censured by the Faculty of Theology of the University of Paris, 1529-1551* [Censura e a Sorbonne: um estudo bibliográfico em francês censurado pela Faculdade de Teologia da Universidade de Paris] (Genebra, Droz, 1979),

Francis Higman definia com mais precisão atitudes designadas com esse nome, assim como o contexto de sua aparição. O evangelismo dura uma geração (de 1515 a 1535) e proporciona o encontro de uma piedade intensa com a cultura humanista, priorizando a excelência ética e a contemplação dos fins últimos acima da especulação teológica e da transformação de instituições eclesiásticas. Uma literatura característica do evangelismo toma emprestado, sem identificá-los, de Erasmo e Lutero: somente a leitura dos evangelhos permite fazer crescer "a aspiração ardorosa da alma a Cristo", a quem convém unir-se de coração e alma para a segurança da salvação. Foram analisadas particularidades estilísticas e lexicais comuns aos textos publicados nesse período, que correspondem a essas tendências (I. Garnier-Mathez). O evangelismo oculta o trabalho de interpretação misturado à tradução e à leitura dos textos bíblicos que ele favorece; e não critica os dogmas recebidos da igreja antiga. É igualmente desprovido de um projeto eclesial particular. Afirmações do evangelho são encontradas na França, na Itália, na Espanha, nos Países Baixos. Populista, mas pouco popular, transmite-se tão pouco quanto outras formas de avivamento espiritual. Por volta dos anos 1530, quando são especificadas as exigências de instâncias de ortodoxia (sínodos, visitações, concílios provinciais, Faculdade de Teologia de Paris), alguns de seus imitadores se viram constrangidos ao silêncio, como Jacques Lefèvre d'Étaples (?1455-1536). Outros incorporaram à formação das igrejas certas aspirações do evangelismo vistas como cismáticas (Guilherme Farel) ou, como Margarida de Angoulême (ou de Navarra, 1492-1594) e Gérard Roussel (?1500-?1550), buscaram realizar essas aspirações dentro da Igreja Católica.

Por exprimir a preocupação em voltar às fontes para favorecer a eclosão de experiências de criação de laços sociais, que se consideraram ocultados pelas doutrinas e pelos costumes das igrejas estabelecidas, o termo "evangelismo" foi objeto de vários usos sucessivos, adquirindo sentido em função das circunstâncias de seus ressurgimentos. Hoje, geralmente corresponde ao inglês evangelicalism ("protestantismo evangélico"), o que não deixa de causar confusão.

Bernard Roussel

▶ BEDOUELLE, Guy, *Lefèvre d'Étaples et l'intelligence des Écritures*, Genebra, Droz, 1976; CAZAURAN, Nicole, *L'"Heptaméron" de Marguerite de Navarre*, Paris, SEDES, 1976; FEBVRE, Lucien, *Amour sacré, amour profane. Autour de l'Heptaméron* (1944), Paris, Gallimard, 1971; GARNIER-MATHEZ, Isabelle, *L'épithète et la connivence. Écriture concertée chez les Évangéliques français (1523-1534)*, Genebra, Droz, 2005; GILMONT, Jean-François e KEMP, William, orgs., *Le livre évangélique en français avant Calvin. Études originales, publications d'inédits, catalogues d'éditions anciennes. The French Evangelical Book Before Calvin. Otiginal Analyses, Newly Edited Textes, Bibliographic Catalogues*, Turnhout, Brepols, 2004; SCREECH, Michael Andrew, *Clément Marot. A Renaissance Poet Discovers de Gospel. Lutheranism, Fabrism and Calvinism in the Royal Courts of France and of Navarre and in the Ducal Court of Ferrara*, Leyden, Brill, 1994.

◉ Caroli; **espiritualidade**; Farel; humanismo; Lefèvre d'Étaples; Margarida de Navarra; Marot; **protestantismo**; Rabelais; Reforma/Reformação; Reforma (pré)

EVANGELIZAÇÃO

Ainda que o termo "evangelização" não esteja presente no Novo Testamento, encontramos na Bíblia a ideia de um procedimento privado ou público visando a converter pessoas à fé cristã. A distinção entre evangelização e missão é feita sobretudo a partir do século XVIII. Ao deixar para os missionários a tarefa de anunciar o evangelho em terras longínquas, os irmãos Wesley, George Whitefield e os evangelistas dos séculos XIX e XX buscariam unir-se àqueles que são ignorados ou não foram atingidos pelas estruturas tradicionais da igreja. Sua teologia, herança sobretudo do pietismo e do metodismo, enfatiza a experiência de uma conversão pessoal a Jesus Cristo e afirma a Bíblia como fonte de inspiração moral e espiritual em um mundo corrompido pelo pecado. Em verdadeiras cruzadas ao ar livre ou em salas profanas, com frequência se uniram aos pregadores do Avivamento, exortando os cristãos "sociólogos" a engajarem-se pessoalmente a serviço de Cristo.

A evangelização moderna não inovou muito no conteúdo teológico da mensagem evangélica, mas, sim, na maneira de apresentá-la. Atentos à evolução das sensibilidades e ao progresso científico, os evangelistas recorreram de bom grado às técnicas publicitárias do mundo dos negócios e à mídia. A evangelização é hoje objeto de acirrado debate. Alguns evangelistas são reprovados por sua tendência ao proselitismo e à manipulação, sua ignorância quanto à existência de igrejas locais, uma teologia apocalíptica, individualista e espiritualizante, sua cegueira em relação à realidade socioeconômica, seu fundamentalismo.

A reflexão ecumênica atual renuncia à antiga distinção entre missão estrangeira e evangelização local. Além disso, convida as igrejas a abordarem tanto cristãos de outras religiões quanto incrédulos em um espírito de respeito e diálogo, insistindo em que as dimensões espiritual e política são indissociáveis em uma evangelização fiel ao modelo de vida e de ministério de Jesus Cristo.

Jacques Nicole

▶ CONSELHO MUNDIAL DE IGREJAS, Comissão de "Missão e evangelização", *Que ton Règne vienne! Perspectives missionaires*, Genebra, Labor et Fides, 1982; JOHNSON, Ben Campbell, *Rethinking Evangelism. A Theological Approach*, Philadelphia, Westminster Press, 1987; MAURY, Philippe, *Évangélisation et politique*, Genebra, Labor et Fides, 1958; *La mission et l'évangélisation. Affirmation oecuménique*, Genebra, CMI, 1982; SCHERER, James A. e BEVANS, Stephen B., orgs., *New Directions in Mission and Evangelisation*, t. I: *Basic Statements 1974-1991*, Maryknoll, Orbis Books, 1992.

◉ Avivamento; catequese; Comunidade Evangélica de Ação Apostólica; conversão; Finney; Graham; Lausanne (movimento de); metodismo; **missão**; missionárias (sociedades); Moody; Pilatte; proselitismo; Roussel; Spurgeon; Thomas; Williams G.

EVOLUCIONISMO

Corrente de ideias que interpreta o universo atual como resultado (inacabado) de um processo de diferenciação e complexificação, popularizada por Charles Darwin em sua obra "A Origem das Espécies" (1859). A alternativa dogmática entre o evolucionismo (Buffon [1707-1788]) e o fixismo (Carl von Linné [1707-1778]) data do século XVIII, versando inicialmente sobre a questão da origem e da variabilidade dos organismos vivos (transformismo). O progresso nas áreas da biogeografia, da anatomia comparada e da paleontologia abriram caminho para o darwinismo, escorado e modificado posteriormente por descobertas na biologia molecular, na genética das populações e em etologia.

A concepção evolucionista se generalizou ao longo dos séculos XIX e XX pela aplicação ao ser humano (antropogênese, paleoantropologia), aos ecossistemas (coevolução) e às estruturas das partículas e moléculas na base dos seres vivos (cosmogênese, evolução química).

A postura da teologia cristã em relação ao evolucionismo vai desde a polêmica intransigente até a assimilação inovadora. A retomada teológica positiva do evolucionismo enfatiza a encarnação de Deus no Cristo cósmico ou no dinamismo do Espírito (teologia liberal, teologia do processo, influência de Teillard de Chardin), ou, ainda, numa releitura dos textos bíblicos sobre a Criação, como textos que não pretendiam ser literais em sua origem. Neste sentido, a evolução não contradiria nem negaria o relato bíblico da criação, pois o texto de Gênesis não pretende ser "literal", mas uma narrativa que mostra o Deus de Israel como o verdadeiro criador e não as outras divindades pagãs (veja, por exemplo, WALTON, John H. *The lost world of Genesis one*, Downers Grove, IVP, 2009).

Esta releitura de Gênesis 1 a 3, no entanto, não é opinião apenas daqueles que viveram depois de Darwin. Agostinho de Hipona, por exemplo, também considerava os dias da criação como não literais em seu Comentário ao Gênesis. Calvino entendia Gênesis 1 e 2 como textos adaptados por Moisés para um público não versado em astronomia.

Pode-se fazer uma diferenciação entre "evolucionismo" e "ciência da evolução". O termo "evolucionismo" adquiriu sentido pejorativo por estar associado ao ateísmo, ou seja, crer no evolucionismo seria crer que o universo se originou do acaso, sem Deus. A "ciência da evolução", por outro lado, tem sentido mais neutro e é preferida por teístas que a defendem como o processo utilizado pelo Criador para trazer à existência todas as coisas. A crença na evolução como compatível com um Deus criador é chamada de "evolução teísta" ou "teísmo evolucionista".

Ao contrário do que desejariam os mais fervorosos defensores do evolucionismo ateu, em vez de solapar a fé cristã, a chamada "teoria da evolução" tem estimulado novas reflexões nas áreas da teologia, da exegese e da hermenêutica, sem abalar a veracidade das Escrituras.

Otto Schäffer

▶ BABEL, Henry, *Théologie de l'énergie. L'évolution des dogmes*, Neuchâtel, La Baconnière, 1967; BLOCHER, Henri, *In the beginning*, Downers Grove, IVP, 1984; BÜHLER, Pierre e KARAKASH, Clairette, orgs., *Science et foi font système*, Genebra, Labor et Fides, 1992; HÜBNER, Jürgen, *Theologie und biologische Entwicklungslehre. Ein Beitrag zum Gespräch zwischen Theologie und Naturwissenschaft*, Munique, Beck, 1966; LEENHARDT, F., *Essai sur l'activité créatrice. Évolution-rédemption*, Paris, Fischbacher, 1922; MCGRATH, Alister, *The passionate intellect*, Downers Grove, IVP, 2010; THEISSEN, Gerd, *Biblischer Glaube in evolutionärer Sicht*, Munique, Kaiser, 1984; WALTON, John H. *The lost world of Genesis one*, Downers Grove, IVP, 2009

◉ Cobb; criação/criatura; criacionismo; Darwin; darwinismo; fundamentalismo; natureza; **razão**; teologia do processo

EXCOMUNHÃO

A excomunhão é uma medida disciplinar de afastamento da ceia ou da convivência na igreja, de decisão da liderança em relação a um de seus membros, por motivos comportamentais ou de desvios doutrinários. Os reformadores e os textos fundadores da Reforma, tanto luterana quanto reformada, aprovam a prática da excomunhão, mas sem associá-la à privação dos direitos civis. Com base em Mateus 18.15-18, reconhecem nessa decisão a aplicação do princípio das chaves. A excomunhão possui uma função pedagógica e visa à correção do membro para sua reintegração à igreja. Procede-se por etapas: aviso fraterno em separado e menção diante de toda a igreja em caso de persistência no pecado. O meio anabatista, que estabeleceu uma forte distinção entre eleitos e condenados, tornou a excomunhão uma parte fundamental de seu sistema (cf. *Confissão de Schleitheim*, 1527).

Hoje, as grandes igrejas multitudinistas reformadas e luteranas mantêm reservas em relação à excomunhão, e a disciplina de muitas dentre elas não prevê o procedimento. A excomunhão é com mais frequência prevista e aplicada nas igrejas evangélicas, de cristãos não nominais. Está em vigor sobretudo nas igrejas protestantes da África, de todas as tendências, principalmente por poligamia e fetichismo.

Jean-Marc Prieur

▶ **Fontes:** *Confession d'Augsbourg*, art. 28, em André BIRMELÉ e Marc LIENHARD, orgs., *La foi des Églises luthériennes. Confessions et catéchismes*, Paris-Genebra, Cerf-Labor et Fides, 2003; *Confession helvétique posterieure*, cap. 18, *Confession de La Rochelle*, art. 34 e *Catéchisme de Heidelberg*, q. 82-85, em Olivier FATIO, org., *Confessions et catéchismes de la foi réformée*, Genebra, Labor et Fides, 2005; *Ordonnances ecclésiastiques de l'Église de Genève de 1561*, arts. 154-159, 162, 164 e 171, em Wihelm NIESEL, org., *Bekenntnisschriften und Kirchenordnungen der nach Gottes Wort reformierten Kirche*, Zurique, Theologische Buchhandlung, 1985. **Literatura secundária:** BARION, Hans, *Exkommunication*, em *RGG*, t. II, 1958, col. 828s; LIENHARD, Marc, *Martin Luther. Un temps, une vie, un message* (1983), Genebra, Labor et Fides, 1998, p. 280s; LINK, Christoph, "Bann V. Reformation und Neuzeit", em *TRE*, t. V, 1980, p. 182-190.

◉ Anabatismo; disciplina; evangélicos; ordenanças eclesiásticas

EXEGESE

O termo "exegese" deriva do grego *exegeomai*, que significa "levar para fora de". Aplicada à área textual, a exegese busca o sentido original do texto, pretendido pelo autor, em relação aos seus primeiros leitores. A exegese é ao mesmo tempo uma atividade cotidiana — fazemos exegese cada vez em que lemos um documento ou ouvimos um discurso — e uma atividade de especialistas que examinam documentos antigos.

No judaísmo, a exegese rabínica desenvolve, nos primeiros séculos de nossa era, um complexo sistema interpretativo que permite explicar a *Torá* (o Pentateuco e, por extensão, toda a Bíblia hebraica) e adaptá-la a todas as situações possíveis. A exegese rabínica produz então o *Midrash*, ou seja, "pesquisas", comentários sobre os textos da Lei (*Midrash hagadah*, cujo objetivo é explicar e instruir). A partir do *Midrash* se desenvolve a *Mishnah* ("repetição"), a mais antiga coletânea de textos que fixavam por escrito a exegese oral dos rabinos (século III a.C.). A *Mishnah* constitui o ponto de partida para a produção do *Talmude* ("ensinamento"), que reúne inúmeras discussões exegéticas de várias escolas rabínicas.

O Novo Testamento também faz exegese do Antigo, explicando seu sentido na perspectiva do Messias crucificado e de sua exaltação. Por exemplo, o próprio Jesus explicou aos discípulos o significado das Escrituras de Israel à luz dos eventos de sua morte e ressurreição (cf. Lc 24:26, 27, 44-46), Mateus lança luz sobre o cumprimento do Antigo Testamento em Jesus como Messias e Paulo discorre sobre a fidelidade de Deus em cumprir seus propósitos, apesar da infidelidade de Israel, explicando passagens pertinentes do Antigo Testamento, especialmente em Romanos.

Os Pais da igreja, desejosos de atribuir um sentido cristão ao Antigo Testamento, adotam o método tipológico ou alegórico, que permite enxergar prefigurações cristológicas nas figuras e tradições veterotestamentárias (p. ex., "a terra prometida que mana leite e mel" significa Cristo). Esse método era praticado pelo judaísmo alexandrino, que havia retomado a exegese homérica. Na Idade Média, a igreja e, em certa medida, também a sinagoga haviam adotado a ideia de um quádruplo sentido da Bíblia: literal, alegórico, tropológico (moral) e anagógico (escatológico ou espiritual).

O princípio fundamental estabelecido pelos reformadores, *Sola Scriptura*, implica a rejeição do sistema exegético tradicional. Lutero e Calvino só aceitam o *sensus litteralis* ("sentido literal"). É preciso esclarecer que o sentido literal adotado pelos reformadores significava não uma compreensão "literal" de todas as passagens bíblicas, mas seu sentido "normal". Por exemplo, ao dizer *eu sou a porta* (cf. Jo 10.9), Jesus não estava dizendo, literalmente, ser uma porta, mas faz uso metafórico de "porta". Este seria o sentido "literal" ou "normal" do texto. Os reformadores aceitavam somente o sentido literal em oposição aos outros três sentidos adotados na Idade Média – alegórico, tropológico e anagógico – que eles rejeitaram a partir de então.

Os reformadores também rejeitaram a tradição da Igreja como possuidora de autoridade *em igualdade* com as Escrituras, e atribuem exclusivamente à Bíblia a autoridade como "única regra de fé e prática" para a vida cristã e para a organização da igreja.

Desse modo, a exegese bíblica adquire uma renovada importância: para conhecer a correta vontade de Deus, torna-se necessário interpretar os textos bíblicos adequadamente. Tal tarefa não se restringe mais apenas aos teólogos e doutores da igreja, mas está aberta a todos os cristãos. Assim se pronunciou Lutero em "O Cativeiro Babilônico da Igreja", ao falar sobre questões relacionadas ao casamento: "eu não decidiria nada [relacionado a este assunto] com base na mera autoridade do papa ou dos bispos; mas se dois homens entendidos e piedosos concordarem em nome de Cristo e publicaram sua opinião em nome de Cristo (Mt 18.19ss), eu preferiria a opinião deles que a dos concílios...".

Depois da Reforma, a época do racionalismo e o Iluminismo fomentaram o surgimento da exegese bíblica moderna e da exegese "histórico-crítica", aceita mais facilmente no protestantismo que no judaísmo ou no catolicismo. Tal exegese leva em conta o fato de que os documentos bíblicos foram redigidos em outra língua (hebraico, aramaico e grego), os diferentes contextos socioculturais a intervenção de vários autores e redatores em um mesmo documento (o livro de Isaías reflete as circunstâncias de três épocas históricas: antes, durante e após o exílio babilônico) etc.

No entanto, não devemos nos iludir com as promessas exageradas do método "histórico-crítico" ao promover uma exegese "científica", como se a palavra "científica" fosse garantia de uma exegese completamente objetiva. O método "histórico-crítico" também possui suas fraquezas, entre elas, a de suprimir aspectos sobrenaturais da Bíblia (como, em alguns casos, a negação da ressurreição corporal de Jesus ou dos milagres).

A exegese não deixou de enriquecer-se com métodos novos (dentre os mais recentes: estruturalismo, crítica canônica, retórica, narratologia). Ela não quer nem pode fornecer *o* sentido ("último") do texto, mas pode propor uma leitura coerente e advertir contra usos ideológicos do texto.

Os protestantes evangélicos preferem o método "histórico-gramatical". Segundo este método, a boa exegese depende da compreensão dos aspectos históricos e socioculturais dos textos bíblicos. Além disso, o conhecimento das línguas originais e o intercâmbio entre vários intérpretes (por meio da leitura de comentários bíblicos, fóruns, revistas etc) são fatores que, entre outros, enriquecem a tarefa exegética. O método histórico-gramatical também leva em conta a tradição da igreja, ou seja, a contribuição dos intérpretes do passado, sem, contudo, considerá-los infalíveis.

Outro aspecto importante é a consciência de que qualquer exegese jamais será totalmente "objetiva", pois o intérprete sempre traz suas próprias pressuposições para o texto bíblico (sua teologia, preconceitos, paradigmas, cosmovisão etc). Em seu prefácio à edição inglesa de seu comentário sobre Romanos, Karl Barth nos adverte: "O que é a exegese? Ninguém, naturalmente, traz à tona o sentido de um texto (*auslegen*) sem ao mesmo tempo acrescentar algo a este (*einlegen*). Além disso, nenhum intérprete está livre do perigo de adicionar mais ao texto do que de extrair [o verdadeiro sentido] dele" (p.ix). Portanto, o intérprete cuidadoso sempre se questionará: quanto de minha compreensão do texto reflete a intenção original do autor e quanto reflete minhas próprias pressuposições?

Estes aspectos técnicos, no entanto, não devem limitar a tarefa de fazer exegese aos especialistas. Tanto a Bíblia quanto os reformadores do século XVI valorizam o "sacerdócio universal" de todos os crentes. Assim, cada cristão, independente de sua formação, deve ser encorajado a compreender por si mesmo, e com o auxílio indispensável da iluminação do Espírito Santo, o sentido das Escrituras Sagradas (cf. 1Co 2.6-16; 2Tm 3.16,17; Sl 119). Os mestres da igreja são importantes (cf. Ef 4.11-13), mas não infalíveis, e cabe a cada cristão aprender com estes enquanto fazem sua própria exegese, conferindo se o ensino que recebem está de acordo com o que dizem as Escrituras. Neste aspecto, devemos sempre imitar o exemplo dos judeus da sinagoga de Bereia, ao ouvirem a pregação de Paulo e Silas (cf. At 17.11).

Thomas Römer

▶ BARTH, Karl, *The epistle to the Romans*, Oxford, Oxford University Press, 1968; BOVON, François e ROUILLER, Grégoire, orgs., *Exegesis. Problèmes de méthode et exercices de lecture*, Neuchâtel, Delachaux et Niestlé, 1975; GILBERT, Pierre, *Petite histoire de l'exégèse biblique*, Paris, Cerf, 1992; Idem, *L'invention de l'exégèse moderne. Les "Livres de Moïse" de 1650 à 1750*, Paris, Cerf, 2003; HAYES, John H. e HOLLADAY, Carl R., *Biblical Exegesis*, Londres, SCM Press, 1988; PURY, Albert de, "Y a-t-il encore une spécificité de l'exégèse réformée?", em *Actualité de la Réforme. Vingt-quatre leçons présentées par la Faculté de théologie de l'Université de Genève à l'Auditoire de Calvin dans le cadre du 450ᵉ anniversaire de la Réformation 1536-1986*, Genebra, Labor et Fides, 1987, p. 79-92. STOTT, John, *Entenda a Bíblia*, São Paulo, Mundo Cristão, 2005. WRIGHT, N. T. *Scripture and the authority of God*, Londres, SPCK, 2005.

> Analogia da fé; Barr; **Bíblia**; Bonnard; Bultmann; Buxtorf; cânon e cânon dentro do cânon; Cullmann; De Wette; Dibelius M.; Diétrich; Dodd; gêneros literários; Geoltrain; Godet; Goguel; Gunkel; hebraizantes cristãos; Héring; hermenêutica; Holtzmann; Humbert; Jacob; Jülicher; Käsemann; Kittel G.; Kittel R.; Leenhardt F. J.; Lods; Luzes; método histórico-crítico; Miskotte; Overbeck Parrot; Rad; Rahlfs; religiões (escola da história das); Renan; Reuss; Schlatter; Semler; Strauß; Theissen; Vischer; Weiß; Wellhausen; Westphal; Wettstein; Wrede W.

EXÉRCITO DE SALVAÇÃO

Órgão de evangelização e ajuda aos necessitados, fundado em 1878 por William Booth (1829-1912), pastor metodista inglês. Muito ativo e firme adepto do Avivamento, Booth chega à conclusão de que sua igreja não está próxima o suficiente da classe operária. Em 1865, após uma campanha de evangelização nos bairros pobres de Londres, ele cria uma associação cristã para o Avivamento, também chamada Missão Cristã. Em 1877, com o objetivo de conferir uma eficácia maior à associação, Booth atribui a ela uma estrutura militar, mas incluindo as mulheres. Assim, a instituição passa a contar com escolas de oficiais, postos inspirados no exército inglês, uniformes etc. Em 1878, é adotado oficialmente o nome Exército de Salvação. Para liderá-la, William Booth é ajudado por sua esposa, Catherine, sempre com participação direta nos empreendimentos do marido.

Como indica o nome escolhido, o objetivo fundamental dos "salvacionistas" é a evangelização. Porém, como lembrava William Booth, "não há bênção possível quando sentimos frio nos pés". Por isso a escolha do lema "Sopa, sabão, salvação": esse "exército" é responsável por uma vigorosa ação social em prol dos desvalidos, dos sem-teto e demais excluídos das civilizações ocidentais, além dos leprosos na Índia e dos condenados a trabalhos forçados na Guiana (para a extinção dos quais a instituição contribuiu amplamente). O Exército de Salvação luta também contra as diversas formas sociais de miséria: alcoolismo, droga, prostituição etc., levando conforto material e dignidade moral às pessoas da periferia, com a criação de abrigos, lares e hospitais. Sua ação é bem conhecida nos países em que se estabeleceu, pois são utilizados métodos de evangelização elaborados no final do século XIX: anúncio do evangelho nas ruas, nas praças públicas, nos arredores de pontos de venda de bebidas e até mesmo nos locais "mal frequentados", chamando a atenção com seus uniformes, suas fanfarras, seus cânticos. Porém, alguns criticam o Exército de Salvação por lutar contra os males sociais recusando-se a agir sobre suas causas. Deve-se notar também que o Exército não é uma igreja, mas convida todos aqueles que se sentem tocados por sua mensagem que contatem uma igreja protestante de sua escolha.

O quartel-general (liderança mundial do movimento) está em Londres, mas sua ação não se limita à Grã-Bretanha. O Exército de Salvação obteve uma expansão mundial bastante rápida, sobretudo nos países de tradição protestante como os Estados Unidos. Foi introduzido na França em 1881, através de Catherine Booth (1858-1955), filha mais velha de Willian Booth. Catherine se estabeleceu em Paris e trabalhou intensamente para implantar o movimento no país, onde viveu até 1896. Sua autoridade natural lhe valeu o apelido de "Marechala". Em 1978, de acordo com um relatório escrito por ocasião do centenário de sua criação, o Exército de Salvação estava estabelecido em 83 países, com 25 mil oficiais (evangelistas de tempo integral), 60 mil funcionários e por volta de três milhões de "soldados" (membros que têm um emprego próprio e dedicam algumas horas por semana de serviço à instituição).

André Encrevé

▶ *Armée du Salut 1881-1981*, Paris, Altis, 1981 (placa do centenário); BOOTH, William, *Lettres. Le christianisme dans la vie quotidienne*, Paris, Altis, 1934; DELCOURT, Raymond, *L'Armée du Salut* (1988), Paris, PUF, 1989; GOUT, Raoul, *William Booth et le monde ouvrier*, Paris-Genebra, Altis-Labor et Fides, 1955; SCOTT, Carolyn, *The Heavenly Witch. The Story of the Maréchale*, Londres, Hamilton, 1981.

> Ação social; Avivamento; Booth; metodismo; Missão Interior; Péan; Peyron; **seitas**

EXÉRCITO DE SALVAÇÃO NO BRASIL

Em 08 de maio de 1922, desembarcou no Rio de Janeiro, com a missão de organizar no Brasil o Exército de Salvação, o casal suíço Stelle e David Miche. Ambos eram experimentados no trabalho, já haviam servido na Itália, França, Suíça e Bélgica. David já estava com cinquenta e cinco anos e Stelle com quarenta e nove anos. Um fato interessante é que do contingente inicial enviado ao Brasil, aproximadamente metade eram mulheres.

Como o casal não dominava o português, encontraram dificuldades para o trabalho salvacionista entre os brasileiros. Mas, o movimento encontrou guarida entre imigrantes europeus cultos que foram importantes para o seu desenvolvimento.

Não encontrando qualquer oposição do governo ou da sociedade, o Exército de Salvação contou com o apoio e até mesmo contribuição financeira de outras denominações evangélicas.

Sua maior preocupação no país era a miséria existente e desde seu início, procurou demonstrar o amor de Deus na prática, de diversas formas: servindo um prato de sopa, aconselhando ou atuando em emergências.

Em 1928, o Exército de Salvação fundou um lar para marinheiros, na cidade de Santos. Nesse ano também foi realizada a primeira ação de emergência e socorro às vítimas das enchentes em Monte Serrat, Santos.

Em 1938, seus atendimentos foram ampliados para educação e saúde, incluindo lares de crianças criando assim seu marco zero na cidade de São Paulo, onde está sua sede nacional.

Em 1973, foi organizada a APROSES (Assistência e Promoção Social Exército de Salvação), uma organização não governamental de natureza assistencial, promocional e educacional, sem fins lucrativos, com os seguintes objetivos:

Assistencial: Compreende a organização e manutenção de programas de proteção à família, à maternidade, à infância, à adolescência e à velhice, de abrigos para gestantes e mulheres, crianças e adolescentes em situação de risco e/ou carentes, pessoas idosas e necessitadas em geral, e de clínicas médicas, dentárias e serviços à comunidade.

Promocional: Compreende a organização e manutenção de programas de promoção humana, tais como: residência para estudantes, instituições de longa permanência para a terceira idade e promoção de cursos, seminários, profissionalização, entre outros.

Educacional: Compreende a organização e manutenção de programas de educação infantil, de apoio escolar, escolas e cursos.

O Exército de Salvação trabalha preventivamente, partindo do princípio de ser a família a origem de toda a estrutura social, bem como o núcleo de sustentação afetiva, biológica e relacional e, ao longo dos anos, passou a atender diversos grupos sociais no Brasil, que tinham em comum o desamparo social, a falta de perspectivas de vida e futuro.

Além de sua sede nacional em São Paulo, possui sedes regionais em alguns estados brasileiros e 46 igrejas no país.

Rute Salviano Almeida

▶ <http://www.exercitodesalvacao.org.br> Acesso em 06/08/2014, às 10h22. <http://pt.wikipedia.org/wiki/Ex%C3%A9rcito_de_Salva%C3%A7%C3%A3o> Acesso em 06/08/2014, às 10h27. <http://www.ultimato.com.br/revista/artigos/264/cronologia> Acesso em 28/08/2014, às 12h36. REILY, Duncan Alexander. História documental do protestantismo brasileiro, 3ª edição. São Paulo: ASTE, 2003, p. 383. SOUZA, Maruilson Menezes de. *Teologia salvacionista em ação*: análise do caso Torre. São Paulo: Arte e Ciência, 1999, p. 28-29.

EXIGÊNCIA

Costuma-se confundir com bastante frequência os termos exigência e obrigação, ou pelo menos o primeiro é geralmente compreendido a partir do segundo, como se significasse uma relação de submissão. No entanto, cabe fazer uma distinção entre as obrigações impostas, determinadas, e uma postura mais reflexiva, atenta à justificativa "racional" de todo tipo de prescrição. À luz dessa distinção, a exigência designaria um acordo pessoal interior, mediado por obrigações que, embora necessárias, não são consideradas incondicionais. A exigência pressupõe uma definição, com "razões" fundamentais para a obrigação e os significados da obrigação. Está no cerne de uma concepção que valoriza a responsabilidade.

Essa distinção cobre de modo bastante amplo aquela que podemos estabelecer — embora o uso corrente tenda a manter a confusão — entre a ética e a moral. A ética diz respeito à existência de normas concretas que permitem a convivência social, enquanto a moral designaria a capacidade de assumir livremente conclusões livres e racionais acerca de toda norma recebida, em uma reflexão que se alimenta da ideia de uma comunidade universal como princípio de limitação de deveres de pertinência ao coletivo. Dito de outra forma, após a obrigação, que precisamos cumprir como sujeitos sociais, faltaria, fora da ordem contabilizável dos direitos e deveres, a ordem — ou a des-ordem — da caridade, da doação, além da quitação de dívidas e da ordem da justiça. Mas esse além trabalha aquém, e a distinção entre obrigação e exigência não pode ser um corte, a não ser que a ética se torne o campo do facultativo e não a evidência, necessariamente histórica (mas não facultativa), de nossa capacidade de instaurar relações sempre mais justas, assintóticas à exigência de um reconhecimento inesgotável do outro enquanto outro. Quando a exigência atravessa a obrigação, com a articulação necessária e frágil entre a ética e a moral, realiza-se a mensagem evangélica *amai-vos uns aos outros como eu [Cristo] vos amei* (Jo 15.12). Um cristocentrismo capaz de resistir às seduções da ontoteologia, enfatizando Filipenses 2.6 (a *kenósis* ou o rebaixamento), destronou o infinito metafísico em prol do infinito da razão prática e da diaconia.

Gilbert Vincent

▶ LEVINAS, Emmanuel, *Totalidade e infinito: ensaio sobre a exterioridade* (1961), Lisboa, Edições 70, 1988; VINCENT, Gilbert, *Exigence éthique et interprétation dans l'oeuvre de Calvin*, Genebra, Labor et Fides, 1984.

◉ Dever; **lei; moral**; obediência; responsabilidade

EXISTENCIAL

Do ponto de vista da "teologia dialética", na forma particular que adquire o conceito na obra de Bultmann, os autores bíblicos apresentam a fé cristã como a única verdadeira compreensão de si. A interpretação *existencial* afirma assim que somente as categorias da filosofia da existência são capazes de afirmar, nos dias de hoje, essa compreensão de si. Conviria, portanto, traduzir em termos de ser-para-a-morte, angústia, desespero, ansiedade, decisão, dialética interior/exterior etc. as afirmações objetivadas e reificadas que encontramos nas Escrituras: A interpretação existencial é a destinação final da "demitologização".

Jean-Denis Kraege

▶ BULTMANN, Rudolf, "Nouveau Testament et mythologie" (1940), em *L'interprétation du Nouveau Testament*, Paris, Aubier, 1955, p. 139-218; Idem, "Le problème de l'herméneutique" (1950), em *Foi et compréhension*, t. I, Paris, Seuil, 1970, p. 599-626; STUCKI, Pierre-André, *Herméneutique et dialectique*, Genebra, Labor et Fides, 1970, p. 136-146.

◉ **Bíblia**; Bultmann; demitologização; existencialismo

EXISTENCIALISMO

O termo é de origem neokantiana (1919), designando uma posição que afirma "a dependência do lógico em relação ao existente", e nisso Nietzsche é um paradigma (Willy MOOG, *Logik, Psychologie und Psychologismus*, Halle, Niemeyer, 1920, p. 190-195). Karl Jaspers (1883-1969) o utiliza em 1935 em um sentido mais específico, porém pejorativo, para designar toda postura que absolutiza de modo unilateral a dimensão da existência concreta e sua análise filosófica; Jaspers prefere o termo "filosofia da existência" para suas propostas. Em francês, o termo surgiu em 1937, mas só teria notoriedade com a conferência de Jean-Paul Sartre intitulada *L'existencialisme est un humanisme* [O existencialismo é um humanismo], em 1946. De um dia para o outro a palavra estava em todas as línguas, tornando-se o *slogan* de uma geração e expressando uma contestação antiburguesa que desafiava um estilo de vida ao questionar normas de comportamento social.

Filosoficamente, o uso francês da palavra "existencialismo" corresponde ao termo alemão "filosofia da existência". Após as obras de Martin Heidegger (1889-1976) e Karl Jaspers, o existencialismo oferece uma análise das estruturas fundamentais da subjetividade individual na concretude de suas relações com o mundo e os outros. À análise seria atribuído o *status* de procedimento fundador, o que levou ao rompimento com os programas neokantianos que associavam tal função à análise das estruturas universais da validade. Essa pretensão fundadora encontra sua expressão mais característica na declaração sartriana: "A existência precede a essência". Adotando uma orientação ateia (a opção de Sartre) ou cristã, o existencialismo revisita cada uma das análises de pensadores conhecidos, muitas vezes considerados à margem das correntes dominantes da história da filosofia: Blaise Pascal, Søren Kierkegaard, Maine de Biran, Friedrich Nietzsche. Desde sua origem, o existencialismo foi próximo tanto da fenomenologia quanto de uma filosofia hermenêutica. Não é de espantar que muitos de seus representantes de língua francesa se vejam entre essas três tendências, sem decidirem-se (Paul Ricoeur, Emmanuel Levinas).

No protestantismo, a análise existencial que culminaria em *Ser e tempo* (Petrópolis, Vozes, 1993), de Martin Heidegger, exerceu uma influência decisiva sobre a formulação da proposta teológica de Bultmann. Os alunos do teólogo alemão (Ernst Fuchs, Gerhard Ebeling) desenvolveriam uma teologia hermenêutica que, além da análise existencial, recorreria às obras mais tardias de Heidegger, especialmente dedicadas à língua e a sua capacidade de abrir para um universo de sentido, direcionamento que partilhariam com o aluno talvez mais famoso de Heidegger, Hans-Georg Gadamer (1900-2002). No entanto, a influência do existencialismo na teologia protestante está longe de limitar-se a Bultmann e seus alunos. Após a Primeira Guerra Mundial, a teologia protestante de língua alemã rompe com as tradições científicas cuja influência havia sido dominante ao longo das gerações anteriores. Tanto pelos motivos quanto pelos temas escolhidos, a mudança de rota operada pela teologia protestante demonstra uma grande afinidade com o existencialismo, como o confirma a ampla repercussão da obra de Kierkegaard, até então quase desconhecida. Assim, nos anos 1920, teólogos tão opostos como Karl Barth e Emanuel Hirsch utilizariam o pensador dinamarquês como referência, e Hirsch atribuiria até mesmo um valor terminológico ao termo "existência", para designar o objetivo fundamental da compreensão reformadora da fé. Digno de nota, por fim, é o protestante Henry Corbin, que foi o primeiro tradutor de Heidegger para o francês.

Jean-Marc Tétaz

▶ BEAUFRET, Jean, *De l'existentialisme à Heidegger*, Paris, Vrin, 1986; FRANZ, Helmut, *Das Denken Martin Heideggers und die Theologie* e GADAMER, Hans-Georg, *Martin Heidegger und die Marburger Theologie*, em Otto PÖGGELER, org., *Heidegger. Perspektiven zur Deutung seines Werks*, Colônia, Kiepenheuer und Witsch, 1969, p. 179-216 e 169-178; LEVINAS, Emmanuel, *De l'existence à l'existant* (1947), Paris, Vrin, 1990; Idem, *En découvrant l'existence avec Husserl et Heidegger* (1932 e 1940), Paris, Vrin, 1988; MOUNIER, Emmanuel, *Introdução aos existencialismos* (1947), São Paulo, Duas Culturas, 1963; RICOEUR, Paul, *Gabriel Marcel et Karl Jaspers*, Paris, Temps présent, 1947; Idem e DUFRENNE, Mikel, *Karl Jaspers et la philosophie de l'existence*, Paris, Seuil, 1947; SARTRE, Jean-Paul, *O existencialismo é um humanismo* (1946), Petrópolis, Vozes, 2010; STUCKI, Pierre-André, *Les leçons de l'existentialisme*, Genebra, Labor et Fides, 1992.

▶ Barth; Bultmann; Ebeling; existencial; fenomenologia; filosofia; hermenêutica; Hirsch; historicismo; kantismo (neo); Kierkegaard; paradoxo; Ricoeur; "teologia dialética"; Weischedel

EXORCISMO

A Bíblia não apresenta uma demonologia bem-acabada, mas, sim, instruções de exorcismo. Jesus se opõe aos demônios, contestando seu direito de manipular os seres humanos. Até mesmo o dom de discernimento de espíritos não pode ser visto como um diagnóstico sem terapêutica: o exorcismo faz parte do dom de discernimento de espíritos, senão esse dom se tornaria automaticamente um instrumento de calúnia.

Nas igrejas ocidentais (com exceção das do Terceiro Mundo), temos pouca experiência na área do exorcismo, o que levou o médico Hans Naegeli-Osjord (1909-1997), de Zurique, a adotar um exorcismo terapêutico. A igreja teria muito a aprender com ele: Osjord se recusa a excessos dramáticos, não nega sua existência nem os combate, mas lhes ordena que voltem a seu lugar, pois não pertencem ao gênero humano. A psiquiatria tem dedicado algum interesse ao assunto nos últimos tempos. A questão da ontologia dos demônios deve permanecer em aberto: seria "demônios" apenas mais um nome a designar a dissociação psíquica no homem (em que a parte separada se sente inimiga)? Designaria forças sociais e econômicas? Seres pessoais ou invisíveis? Uma combinação de todas essas explicações, talvez? A hipótese do espiritismo (de que os demônios seriam espíritos de pessoas mortas) não é sólida.

A posição de um protestantismo crítico é marcada pelo agnosticismo ontológico associado a uma preocupação pastoral com aqueles que se consideram possuídos (ou que de fato estão), com recorrência também à psiquiatria. Os modos litúrgicos e rituais da libertação não são fixos, pois hoje não são satisfatórios nem o procedimento de Johann Christoph Blumhardt, nem as fórmulas antigas de exorcismo.

Tanto a posição católica tradicional quanto a pentecostal e evangélica se assemelham, divergindo das apontadas aqui. Assumindo a imagem de mundo sustentada pelo Novo Testamento (mas que, no Livro, não é explicitamente um conteúdo de fé), adotou-se há muito uma postura crítica, e até mesmo negativa, em relação à psiquiatria. Porém, as fronteiras se deslocam continuamente. Constatam-se hoje intrusões católico-pentecostais no protestantismo e irrupções críticas no catolicismo — e, mais recentemente, no pentecostalismo também.

Walter J. Hollenweger

▶ BUNYON, Pamela, *The Concept of "Spirit" and "Demon". A Study in the Use of Different Languages Describing the Same Phenomena*, Berna, Lang, 1977; HOLLENWEGER, Walter J., *Geist und Materie* (*Interkulturelle Theologie* III), Munique, Kaiser, 1988, p. 61-120 (tradução parcial: *L'expèrience de l'Esprit. Jalons pour une théologie interculturelle*, Genebra, Labor et Fides, 1991, p. 159-179); NAEGELI-OSIORD, Hans, *Besessenheit und Exorzismus*, Remagen, Reichl, 1983; RICHARDS, John, *But Deliver Us from Evil*, Londres, Darton, Longman and Todd, 1974.

◉ Cura; demonologia; discernimento de espíritos; doença; **saúde**

EXPERIÊNCIA

O termo "experiência" tem suas origens no latim *experiri*, "provar", "ensaiar". Designa o fato de pôr à prova certos dados do conhecimento através de investigações, observações e pesquisas operadas nas realidades estudadas. O conceito comporta múltiplas facetas, resultando de um desenvolvimento científico, filosófico e teológico complexo. Nas ciências modernas, a exigência quanto a confrontar teorias com as experiências para pô-las à prova constitui um princípio-chave de todo processo de conhecimento. Nessa perspectiva, a experimentação é organizada de acordo com regras metodológicas rigorosas. Na tradição filosófica, é discutida de forma sistemática a questão do *status* epistemológico da experiência no conhecimento e na ação do homem (com destaque para o empirismo, cujo nome reflete diretamente a preocupação com a experiência).

Na teologia, o conceito de experiência é mais aberto: diz respeito, de modo geral, aos laços entre o conhecimento de Deus e a experiência vivida, no sentido de um conhecimento da condição humana advindo da vida e das coisas da vida. A experiência, como princípio teológico, pode assim entrar em um conflito mais ou menos direto com a revelação ou a Escritura como fontes do conhecimento de Deus. Distinguindo-se do caráter especulativo da teologia medieval, a Reforma enfatiza o aspecto prático da teologia e volta a valorizar a dimensão da experiência. "Somente a experiência faz o teólogo", pôde afirmar Lutero. Entretanto, a fé e a experiência não se equivalem nem se confundem, mas estão unidas em uma relação vívida, dialética, que não exclui o fato de que, em alguns aspectos, a fé deva afirmar-se contra toda experiência (o protestantismo do tipo evangélico tenderia, ao contrário, a valorizar a experiência com Deus e com a salvação, aproximando fé e experiência, já que os elementos de oposição se encontram nitidamente separados em relação ao mundo).

O pietismo e o metodismo afirmaram à sua maneira a experiência concreta da fé (sobretudo contra o intelectualismo das ortodoxias). No século XIX, na teologia liberal, a preocupação em inserir a fé nos dados humanos suscitaria um amplo movimento de reflexão sobre a experiência religiosa como ancoragem "natural". No protestantismo de língua francesa, desenvolveu-se uma "teologia da experiência" (cf. Gaston Frommel, Georges Fulliquet). Após a ruptura barthiana, que temia a experiência como princípio de "antropologização", hoje volta-se a constatar na teologia protestante um "*déficit* de experiência" (G. Ebeling), retomando-se a questão da experiência de um modo mais aberto, principalmente em um diálogo com as ciências.

Pierre Bühler

▶ EBELING, Gerhard, *La plainte au sujet du défaut d'expérience en théologie et la question de son objet* (1975), ETR 81, 2006, p. 1-23; *Schrift und Erfahrung als Quelle theologischer Aussagen*, em *Umgang mit Luther*, Tübingen, Mohr, 1983, p. 59-81; ENGEL, Pascal, *Expérience*, em *Encyclopaedia Universalis*, t. IX, Paris, 1990, p. 168-172; HERMS, Eilert et alii, *Erfahrung*, em TRE, t. X, 1982,

p. 83-141; JAMES, William, *L'expérience religieuse. Essai de psychologie descriptive* (1902), Lausanne, La Concorde, 1931; THEISSEN, Gerd, *Argumente für einen kritischen Glauben, oder: Was hält der Religionskritik stand?*, Munique, Kaiser, 1978.

● Dewey; **espiritualidade**; Erlangen; fé; filosofia da religião; Frank; Frommel; Fulliquet; James; liberalismo teológico; Macquarrie; metodismo; pietismo; quacres; **razão**; **religião e religiões**; Theissen

EXPIAÇÃO

Em várias religiões, para apagar sentimentos de culpa ou suprimir a ira de algum deus, prevaleceu a ideia de que é preciso pagar de algum modo para expiar o erro. Em geral, paga-se com o sacrifício de certo tempo ou bem. No cristianismo, é aquele que foi lesado que se oferece em expiação pelos erros de todos os homens em relação a si mesmo. Isso é feito, paradoxalmente, de modo gracioso e de uma vez por todas (cf. Rm 3.25 e todo o livro de Hebreus). A expiação é expressa no Novo Testamento sob a forma de registros bastante variados: o do culto e do sacrifício (Jo 1.29), o do direito penal (Gl 3.13), o do direito civil (Cl 1.13s) etc. Em oposição ao que certos meios protestantes oriundos do pietismo e de tendência dita evangélica não cessam de afirmar, o vocabulário relacionado à expiação que se tornou clássico em seu meio ("sangue derramado" etc.) não é a única maneira válida para referir-se à salvação em Cristo. Paulo se expressa perfeitamente de outros modos ao abordar aquilo que Deus fez por nós em Jesus Cristo, por exemplo, mencionando a reconciliação (2Co 5.14s). Isso se afigura muito importante, na medida em que a doutrina da satisfação, cara a Anselmo de Cantuária (séculos XI-XII) e parcialmente confirmada pelos reformadores, não é mais compreensível por nossos contemporâneos, sendo expressa em termos muitas vezes de difícil entendimento, pertencendo ao dialeto eclesiástico e fazendo parte das coisas que se devem admitir para a salvação.

Jean-Denis Kraege

▶ ANSELMO DE CANTUÁRIA, *Por que Deus se fez homem?*, São Paulo, Novo Século, 2003; BULTMANN, Rudolf, *Neues Testament und Mythologie. Das Problem der Entmythologisierung der neutestamentlichen Verkündigung* (1941), em *Kerygma und Mythos*, t. I, Hamburgo, Reich, 1960; PANNENBERG, Wolfhart, *Systematische Theologie*, t. II, Göttingen, Vandenhoeck & Ruprecht, 1991; RITSCHL, Albrecht, *Die christliche Lehre von der Rechtfertigung und Versöhnung* (1870-1874), 3 vols., Bonn, Marcus, 1888-1889; SENFT, Christophe, *Jésus et Paul. Qui fut l'inventeur du christianisme?*, Genebra, Labor et Fides, 2002 (reed. de *Jésus de Nazareth et Paul de Tarse*, 1985).

● **Jesus (imagens de)**; Lagarde; perdão; **salvação**; teologia evangélica

EXPRESSIONISMO ALEMÃO

Esse movimento artístico de vanguarda se desenvolve entre 1905 e 1914 na Alemanha, antes de ter sido quase dizimado pela Primeira Guerra Mundial e depois rejeitado pelo nacional-socialismo, que o qualificou de "arte degenerada". Constituiu-se de duas correntes mais importantes, uma em Dresden e Berlim, chamada *Die Brücke* ("A ponte"), com Erich Heckel (1883-1970), Ernst Ludwig Kirchner (1880-1938), Karl Schmidt-Rottluff (1884-1976), Emil Nolde (1867-1956), e a outra em Munique, chamada *Die Blaue Reiter* ("O cavaleiro azul"), com Wassily Kandinsky (1866-1944), Alexej von Jawlensky (11864-1941), August Macke (1887-1914), Franz Marc (1880-1916) e Paul Klee (1879-1940).

Ainda que desprovido de laços institucionais com as igrejas, o expressionismo alemão tem alguma relação com o protestantismo e, de modo mais amplo, com o cristianismo, por três razões: alguns artistas associaram suas pesquisas estéticas a uma autêntica busca mística (Kandinsky, Marc), por vezes profundamente religiosa (Jawlensky); outros (Schmidt-Rottluff e sobretudo Nolde) revisitaram as representações de Cristo e as cenas do evangelho, contribuindo assim para a criação de uma iconografia cristã resolutamente moderna; por fim, o teólogo protestante Paul Tillich viu no expressionismo a própria essência de todo estilo religioso e a principal expressão de uma possível teologia protestante da arte.

Jérôme Cottin

▶ DUBE, Wolf-Dieter, *Journal de l'expressionnisme*, Genebra, Skira, 1983; ELGER, Dietmar, *L'expressionnisme. Une révolution artistique allemande* (1989), Colônia, Taschen, 2002; HOWOLDT, Jenns E. e GÖRGEN, Annabelle, orgs., *Emil*

Nolde. Legende, Vision, Ekstase. Die religiösen Bilder, Colônia, DuMont, 2000 (catálogo de exposição); PAGÉ, Suzanne, org., *Figures du moderne. L'expressionnisme en Allemagne, 1905-1914*, Paris, Musée d'Art moderne de la ville de Paris, 1992 (catálogo de exposição); SABARSKY, Serge, org., *La peinture expressionniste allemande* (1987), Paris, Herscher, 1990; TILLICH, Paul, *La dimension religieuse de la culture. Écrits du premier enseignement (1919-1926)*, Genebra-Paris-Quebec, Labor et Fides-Cerf-Presses de l'Université Laval, 1990.

▶ **Arte**; estética; Klee; Munch; Tillich

EXTERIORIDADE

Do ponto de vista da teologia protestante, a noção de exterioridade tem um duplo uso. Primeiro, caracteriza a perspectiva das realidades terrestres em que os cristãos são chamados a engajarem-se (o mundo, a sociedade, as relações com o outro etc.), em oposição à interioridade, em que há a relação com Deus (a consciência, a pessoa etc.). Essa oposição é com frequência percebida como uma separação, uma cisão. No entanto, se concebida como uma dialética, permite articular a pessoa e as obras, a fé e o amor, além de considerar a situação do cristão simultaneamente diante de Deus e do mundo. De acordo com um segundo uso, a noção de exterioridade está inclusa na concepção da graça e da fé para enfatizar que aquilo que diz respeito ao ser humano em seu foro interior, no cerne de sua vida, não vem do interior de si mesmo, mas, sim, de um Deus que intervém justamente do exterior. Contra todas as tentações do Iluminismo — principalmente na Reforma radical —, os reformadores colocam grande peso no *extra nos*: Deus interage conosco através de sua Palavra exterior (condensada nas Escrituras) e nos salva ao arrancar-nos de nós mesmos. Não podemos ser devolvidos a nós mesmos sem sermos postos dessa forma fora de nós mesmos. É preciso assumir ambos os aspectos da noção para impedir seu desvio fatal: a simples cisão entre interior e exterior.

Pierre Bühler

▶ EBELING, Gerhard, *Luther. Introduction à une réflexion théologique* (1964), Genebra, Labor et Fides, 1983, p. 121-147; PETERS, Albrecht, *Der Mensch*, Gütersloh, Mohn, 1979, p. 172-189 e 207-214; STUCKI, Pierre-André, *Herméneutique et dialectique*, Genebra, Labor et Fides, 1970, p. 68-88 e 72-76; ZUR MÜHLEN, Karl-Heinz, *Nos extra nos. Luthers Theologie zwischen Mystik und Scholastik*, Tübingen, Mohr, 1972.

▶ Amor; autonomia; consciência; entusiasmo; espiritualismo; fé; graça; iluminismo; mundo; pessoa; Reforma radical

EXTRACALVINISTICUM

Termo criado pela ortodoxia reformada para caracterizar a cristologia de Calvino no contexto da encarnação: durante seu ministério terrestre, Cristo continuou a exercer seu senhorio no mundo, *etiam extra carnem* ("também fora de sua carne"). Sua divindade a tudo preenche, habitando sua humanidade. As duas naturezas não se misturam: a divindade de Cristo não muda sua humanidade, não a absorve. No entanto, preponderante, domina sobre sua natureza humana. Para operar a salvação dos homens, Cristo "conjuga" ambas as naturezas, divina e humana, em sua pessoa, respeitando suas propriedades respectivas. Essa conjunção das naturezas em sua distinção exclui a possibilidade de uma mudança em Deus no momento da encarnação. Calvino toma emprestadas da tradição essas afirmações paradoxais, que o inspiram, por exemplo, em sua interpretação da presença de Cristo na ceia (*etiam extra coenam*) e na igreja (*etiam extra ecclesiam*). Tais afirmações distinguem sua posição da de Lutero, que se apoia na comunicação dos idiomas (a plena reversibilidade das duas naturezas, divina e humana, em Cristo); da de Zwinglio, que aumenta a distinção entre as naturezas; e da dos teólogos radicais ("fantásticos"), que as confundem (cf. João CALVINO, *IRC*, IV, XVII, 30 [texto de 1563]; II, XIII, 4 [texto de 1559].

Gabriel-Ph. Widmer

▶ GISEL, Pierre, *Le Christ de Calvin*, Paris, Desclée, 1990, p. 69-72 e 90-103; NIESEL, Wilhelm, *Die Theologie Calvins*, Munique, Kaiser, 1957, p. 115s; OBERMAN, Heiko A., *Die Reformation. Von Wittenberg nach Genf*, Göttingen, Vandenhoeck & Ruprecht, 1986, p. 253-282: *Die 'Extra'-Dimension in der Theologie Calvins*; WENDEL, François, *Calvin. Sources et évolution de sa pensée religieuse* (1950), Genebra, Labor et Fides, 1985, p. 167s.

▶ Calvino; ceia; **comunicação**; comunicação dos idiomas; **Jesus (imagens de)**; Lutero; **salvação**

F

FACULDADES DE TEOLOGIA LATINAS EUROPEIAS

Nos países de expressão francesa, as instituições que tinham como alvo o ensino superior em teologia protestante (chamadas "academias") se tornaram faculdades de teologia quando foram submetidas ao organograma adotado com a instalação das novas universidades, no sentido moderno da expressão (isso ocorreu, de forma geral, no século XIX). Atualmente, oferecem um programa semelhante ao das universidades: cinco anos de estudos para obter o *master* em teologia. Depois dos três primeiros anos, ao aluno é conferido o grau de bacharelado (*bachelor*). Propõem também cursos de pós-graduação, com o diploma de estudos aprofundados (DEA), o diploma de estudos especializados (DESS), doutorado e "habilitação"[1]. Na Suíça romanda, o doutorado tem valor de habilitação.

Na França, os *Articles Organiques* [Artigos orgânicos] entraram em vigor no ano de 1802, para atribuir *status* oficial às igrejas reformadas e luteranas, o que levou à abertura de duas faculdades de teologia protestante: Montauban (reformada) e Estrasburgo (luterana e reformada). A conquista alemã de 1870 teve como consequência a germanização da Faculdade de Estrasburgo e a abertura de uma nova faculdade de teologia protestante (reformada e luterana) integrada à Universidade de Paris, em 1876. A separação entre igreja e Estado, em 1905, excluiu da universidade as faculdades de Montauban e de Paris, que passaram a depender financeiramente das igrejas que as apoiavam. A Faculdade de Montauban foi transferida para Montpellier em 1921. As faculdades de Montpellier e de Paris constituem, desde 1972, o Instituto Protestante de Teologia, com direção comum. Reaberta como faculdade francófona em 1919, a de Estrasburgo é a única, na França, a beneficiar-se (com a faculdade católica da mesma universidade) do *status* de Faculdade do Estado. As igrejas professantes e as assembleias evangélicas ligadas ao Avivamento (século XIX) mantêm desde 1965 uma faculdade de teologia evangélica em Vaux-sur-Seine. Uma faculdade (neo)calvinista que afirma sua filiação à *Confissão de La Rochelle*, mas sem o apoio da Igreja Reformada da França, foi aberta em Aix-en-Provence em 1974.

Na Suíça romanda, desde o início do século XIX, ao longo do processo que as diferenciou dos ensinamentos dispensados nas academias, os departamentos de teologia protestante de Lausanne e de Genebra passaram a ser chamados, por sua vez, faculdades. Alcançaram de modo pleno esse *status* quando as academias foram reorganizadas e erigidas em universidades (Genebra, 1872; Lausanne, 1891; Neuchâtel, 1909), com seu corpo docente desfrutando então de liberdade acadêmica no ensino. Após a separação entre igreja e Estado, decisão tomada por Genebra em 1907, a Faculdade de Teologia de Genebra tornou-se parte integrante da universidade, primeiro de modo pleno, depois com um *status* de faculdade semiautônoma a partir de 1927, por iniciativa dos meios eclesiásticos. Neuchâtel só dispôs de uma faculdade de teologia em 1873, ficando integralmente aos cuidados do Estado em 1980. Antigamente, os estudantes desse cantão eram ensinados pelos pastores da cidade que estavam fora do ministério, finalizando sua formação acadêmica em uma universidade alemã. A formação das igrejas livres ou independentes foi acompanhada, no século XIX, pela fundação de faculdades ou escolas de teologia que não faziam parte das universidades de Genebra (Escola do Oratório, 1831), Lausanne (Faculdade da Igreja Evangélica Livre, 1847) e Neuchâtel (Faculdade da Igreja Independente, 1873). A Escola do Oratório fechou em 1922. As faculdades livres ou independentes de Lausanne e Neuchâtel uniram-se às da

---

[1] [NT] *Habilitation à Diriger des Recherches* [Habilitação para orientar pesquisas] (HDR), diploma obtido após o doutorado que permite a seu portador a orientação de pesquisas e a postulação para o cargo de professor universitário. No Brasil, o doutorado cumpre essa função.

universidade na época do retorno das igrejas cantonais em questão (Neuchâtel, 1942-1943; Lausanne, 1966).

Desde 2004, as três faculdades protestantes de teologia da Suíça romanda (Genebra, Lausanne e Neuchâtel) foram reorganizadas em federação (somente as faculdades de Genebra e Lausanne oferecem um curso completo, e a de Neuchâtel, especializada em teologia prática, só oferece em seu site o ensino dessa disciplina, e somente durante os dois anos de master, ainda que possua pós-graduação em teologia prática e inclua uma interação com formações relacionadas à igreja). Composta de dois departamentos desde outubro de 2002, um de teologia e o outro de ciência da religião, a Faculdade de Lausanne mudou de nome na primavera de 2006, chamando-se então Faculdade de Teologia e Ciência da Religião.

Na Bélgica, uma faculdade de teologia protestante, dependente somente da igreja, foi inaugurada em Bruxelas, no ano de 1950. Compõe-se de dois departamentos, um de língua francesa e o outro de língua holandesa. A organização e o ensino da instituição são semelhantes aos das faculdades de teologia protestante da França e da Suíça romanda.

Na Espanha, o *Seminario Evangélico Unido*, de Madri, é sustentado pelo Comitê Espanhol de Cooperação entre as Igrejas, composto atualmente de igrejas de tradição reformada. Professa uma teologia crítica e ecumênica, formando tanto pastores quanto leigos (estes, por correspondência). As igrejas batistas, em um bom número na Espanha, dispõem de um *Seminario Bautista*, também em Madri.

Na Itália, a Faculdade Valdense, criada em Torre Pelice no ano de 1855, foi transferida para Florença em 1860, e dali para Roma, em 1922. É a única faculdade de teologia protestante na Itália. O ensino e a organização da instituição são semelhantes aos da Suíça romanda e da França. Conta com uma boa biblioteca especializada e cinco professores de tempo integral, servindo a diversas denominações. Publica a revista trimestral *Protestantesimo* [Protestantismo].

Em Portugal, o Seminário Evangélico de Teologia, fundado em 1948 e situado em Carcavalos até 1970, transferido para Lisboa, é sustentado pelas igrejas presbiteriana, metodista e lusitana. A instituição oferece também cursos à noite para facilitar a participação de leigos. Fornece uma formação pastoral completa.

Todas essas faculdades estão associadas, de diversas maneiras, a faculdades análogas, sobretudo fora da Europa, na África (Yaoundé, Kinshasa, Madagascar, Ruanda etc.), na América Latina e na Oceania.

Bernard Reymond e Paolo Ricca

▶ **França:** *Centenaire de la Faculté libre de théologie protestante de Paris*, ETR 52, 1977, p. 337-418; *IVe centenaire de la Faculté de théologie de Montpellier*], *ETR*, fora de série, suplemento do número 71/4, 1996; LIENHARD, Marc, org., *La Faculté de théologie protestante de Strasbourg, hier et aujourd'hui (1538-1998)*, Estrasburgo, Oberlin, 1988. **Itália:** VINAY, Valdo, *Facoltà Valdese di Teologia 1855-1955*, Torre Pellice, Claudiana, 1955. **Suíça:** MARCACCI, Marco, *Histoire de l'Université de Genève 1559-1986*, Genebra, Université de Genève, 1987; MEYLAN, Henri, *La Haute École de Lausanne 1537-1937* (1937), Lausanne, Université de Lausanne, 1986; *Université de Neuchâtel, Faculté de théologie*, 1988; *Centenaire de la Faculté de théologie de l'Église évangélique libre du canton de Vaud (1847-1947)*, Lausanne, 1947.

◉ Academias; **educação**; formação de pastores; Genebra; Montauban; Montpellier; Neuchâtel; Paris; **pastor**; Roma; Sabatier A.; Schyns; **teologia**; Torre Pellice; universidades protestantes

FALLOT, Thomas, dito Tommy (1844-1904)

Neto de Daniel Legrand (1783-1859), um dos pioneiros da legislação social, Fallot defende a partir dos anos 1870 a ideia de um socialismo protestante que, diante do problema das "mulheres escravas" (prostitutas), denunciaria as "injustiças sociais" produzidas pelo "estado moral e econômico" da sociedade industrial. Para ele, essas injustiças são um obstáculo para a possibilidade, oferecida pela graça de Deus, de uma vida regenerada, privando assim milhares de seres humanos de seu "direito à salvação". Isso permitiria a Fallot integrar o movimento socialista ao mesmo tempo que conserva uma dimensão específica — uma atualização social, de fato, da pregação do Avivamento.

O Fallot dos anos 1880 milita bastante. Em 1882, cria um efêmero Círculo Socialista do Livre Pensamento Cristão, que reuniria operários e estudantes. Como secretário-geral da Liga Francesa pelo Soerguimento da Moralidade Pública, tenta associar a luta pela moral pessoal e social à luta pela justiça econômica.

Engaja-se na causa em favor do direito das mulheres, da reformulação do ensino, do código civil e da transformação das relações entre capital e trabalho. É também presidente da Associação Protestante para o Estudo Prático das Questões Sociais (que se tornaria em 1888 o movimento do Cristianismo Social). Mas a utopia que é pregada não se realiza: os protestantes são prudentes demais, e os socialistas revolucionários demais para Fallot, que em 1892 se retira para a Drôme como "simples" pastor de igreja local. No entanto, anseia pela formação de fraternidades que, compostas de cristãos e não cristãos, agiriam social e espiritualmente inspiradas pelo evangelho. Exerce então uma espécie de magistério moral. Encontramos um eco de suas teses na base do movimento ecumênico Vida e Ação (Estocolmo, 1925).

Jean Baubérot

▶ FALLOT, Tommy, *Qu'est ce qu'une Église? Um chapitre de christianisme social*, Paris, Fischbacher, 1897; Idem, *La religion de la solidarité. Conférences et prédications*, Paris, Fischbacher, 1908; Idem, *Christianisme social. Études et fragments*, Paris, Fischbacher, 1911; BAUBÉROT, Jean, *Le retour des huguenots. La vitalité protestante, XIXe-XXe siècle*, Paris-Genebra, Cerf-Labor et Fides, 1985, p. 113-128; BOEGNER, Marc, *La vie et la pensée de T. Fallot*, 2 vols., Paris, Berger-Levrault-Fischbacher, 1914-1926.

▶ Ação social; Avivamento; Allier; cristianismo social/socialismo cristão; Gounelle; Missão Popular Evangélica; **mulher**; prostituição; socialismo religioso; "Vida e ação"

FAMÍLIA

Afirmando a necessidade de servir a Deus no mundo profano, sem retirar-se dele (cf. a crítica luterana da espiritualização inerente ao movimento monástico), o pensamento protestante renova o discurso sobre a família, atribuindo-lhe um *status* original e de suma importância, tanto no plano econômico quanto no moral e espiritual. Célula-base da sociedade e da igreja, a família se torna o lugar em que se exercita o respeito às leis sociais, que são responsáveis pela manutenção da ordem que Deus estabeleceu desde o início da criação. A autoridade parental deve ser exercida tendo em vista a morte dos pais, já que a educação lhes foi dada por sua própria submissão ao Senhor. O pai de família permanece, em toda circunstância, o "substituto" de Cristo, o que pode abrir caminho para uma resistência legítima quando sua autoridade não está mais em conformidade com a vontade divina. Os que chegam a "despojar-se do afeto humano" (Calvino) desprezam o próprio Deus. A família é chamada a assemelhar-se à igreja, já que o culto familiar é o centro da vida comum, onde nasce uma solidariedade tecida com o amor e o respeito mútuos, além da intensa exigência de apoio material de uns aos outros.

Francine Carrillo

▶ BIÉLER, André, *L'homme et la femme dans la morale calviniste*, Genebra, Labor et Fides, 1963; FUCHS, Éric, *L'éthique protestante. Histoire et enjeux* (1990), Paris-Genebra, Les Bergers et les Mages-Labor et Fides, 1998; QUÉRÉ, France, *La famille*, Paris, Seuil, 1990.

▶ **Autoridade**; casal; casamento; coabitação; criança; maternidade; paternidade; Quéré; **sexualidade**

FAREL, Guilherme (1489-1565)

Guilherme Farel, reformador da Suíça e principalmente de Neuchâtel, nasce em Gap (Delfinado), em uma família de notários e tabeliões. Em 1509, Farel se estabelece em Paris e estuda na Sorbonne, encontrando nessa instituição *Lefèvre d'Étaples*. Em 1517, forma-se em letras, passando a ensinar gramática e filosofia no colégio Cardeal Lemoine. Teria também estudado teologia? É possível, mas teria de deixar a França antes de formar-se. Em 1521, participa do grupo reformista de Meaux, sob a liderança do bispo Briçonnet. Farel se torna um fervoroso defensor das novas ideias. Em 1522, tenta reformar o Delfinado, mas é expulso e volta para Meaux. Sua fuga obriga Briçonnet a pedir-lhe que saia do grupo, em 1523. Farel tenta então evangelizar a Guiana e é expulso, sendo acolhido por Oecolampadius. Redige as treze teses da Disputa de Basileia e vai a Zurique para encontrar-se com Zwinglio. Expulso de Basileia por Erasmo, que o considera teimoso demais, vai para Montbéliard, onde obtém autorização para pregar. Devendo deixar Montbéliard, encontra refúgio em Estrasburgo, com Capiton e Bucer.

Em Berna, no ano de 1525, decide ganhar as províncias de língua francesa do cantão da Reforma. É enviado como reformador e pastor para o distrito de Aigle em 1526. Dois anos depois, redige uma de suas raras obras, *Sommaire et brève déclaration* [Sumária e breve declaração] (Neuchâtel, Belle Rivière, 1980). No final de 1529, empreende uma primeira incursão no condado de Neuchâtel, mas ao final de alguns dias é forçado a ir embora. Volta para o condado em 1530, quando seus métodos dão certo e ele praticamente arranca dos burgueses um voto em favor da Reforma, no dia 4 de novembro. A partir de então, o condado seria reformado. Farel retoma seu périplo de pregador profeta, participa em 1532 do Sínodo de Chanforan (ocasião em que os valdenses do Piemonte aderem à Reforma) e conquista Genebra para o movimento em 1536. É expulso dali junto com Calvino, em 1530, e se instala em Neuchâtel como o primeiro pastor da cidade, substituindo Marcourt (o pastor dos famosos cartazes de 1534). Ao mesmo tempo que prossegue com sua atividade itinerante, equipa a Igreja de Neuchâtel (e do senhorio de Valangin) com uma nova estrutura reformada, de acordo com teologia de Calvino. Morre em Neuchâtel.

Gottfried Hammann

▶ FAREL, Guilherme, *Confession de la foi* (1536 ou 1537), em *"La vraie piété". Divers traités de Jean Calvin et Confession de foi de Guillaume Farel*, org. por Irena BLACKUS e Claire CHIMELLI, Genebra, Labor et Fides, 1986, p. 45-53; BARTHEL, Pierre, SCHREUER, Rémy e STAUFFER, Richard, orgs., *Actes du Colloque Guillaume Farel, Neuchâtel 29 septembre-Ier octobre 1980*, Lausanne, RThPh (Cadernos da RThPh 9), 1983; *Guillaume Farel 1489-1565. Biographie nouvelle écrite, d'après les documents originaux, par um groupe d'historiens, professeurs et pasteurs de Suisse, de France et d'Italie* (1930), Genebra, Slatkine, 1978; FROIDEVAUX, Anita, *Bibliographie neuchâteloise*, Hauterive, Attinger, 1990; HIGMAN, Francis, *La diffusion de la Réforme en France 1520-1565*, Genebra, Labor et Fides, 1992; SOCIEDADE DE HISTÓRIA E ARQUEOLOGIA DO CANTÃO DE NEUCHÂTEL, org., *Histoire du Pays de Neuchâtel*, t. II: *De la Réforme à 1815*, Hauterive, Attinger, 1991.

◉ Calvino; Caroli; evangelismo; Lausanne (Disputa de); Lefèvre d'Étaples; Montbéliard; Neuchâtel; Olivétan

FÉ

FAULKNER, William (1897-1962)

O ilustre criador do condado mítico de Yoknapatawpha nasceu em New Albany (Mississippi). Suas primeiras publicações remontam a 1919, e é apenas em 1929, com *O som e a fúria*, que seu texto adquire maturidade. Em 1950, o Prêmio Nobel de Literatura coroa o conjunto de sua obra considerável, que oferece olhares penetrantes sobre o ser humano, culminando, de acordo com uma feliz declaração, "na visão de algum tipo de crônica de comportamentos". Também por isso, sua obra se caracteriza por uma abundância de estilos, pontos de vista, assuntos, assim como lugares onde construir um universo vivo, geralmente girando em torno dos temas da guerra, do Sul, dos negros e da civilização americana — dos quais emerge a herança sulista acompanhada de uma consciência protestante marcada pela culpa.

Serge Molla

▶ FAULKNER, William, *Oeuvres romanesques*, 3 vols., Paris, Gallimard, 1977-2000; KARL, Frederick R., *William Faulkner* (1989), Paris, Gallimard, 1994; *Magazine littéraire* 133, 1978, p. 8-37, e 272, 1989, p. 16-52; OATES, Stephen B., *William Faulkner. Une biographie*, Paris, Hachette, 1989; SAPORTA, Marc, *Les erres du faucon. Une psychobiographie de William Faulkner*, Paris, Seghers, 1989; *Sud* 14-15, 1975, e 48-49, 1983.

◉ Literatura; Styron

FÉ

A temática da fé é o centro nevrálgico e princípio organizador da teologia reformada de Lutero e seus sucessores. Ao propor uma compreensão da fé que se distingue fundamentalmente da que prevalecia (e ainda prevalece) no catolicismo, privilegiando a individualidade inerente à relação religiosa centrada na confrontação inadiável do homem com Deus, e extraindo disso a dialética da mentira do homem e da veracidade de Deus revelada na cruz, Lutero estabelece uma nova compreensão da dignidade do indivíduo, cujo tema da fé é ao mesmo tempo indicador e lugar teológico clássico. A fé (o crer) é, portanto, um termo-chave para compreender não só a especificidade religiosa do protestantismo, mas também seus efeitos culturais, sociais e políticos (cf. Ernst Troeltsch, *Protestantisme et modernité*

[Protestantismo e modernidade] [1909, 1911²], Paris, Gallimard, 1991, p. 19-130). No entanto, essa nova compreensão expõe a fé aos perigos do particularismo e do fideísmo, quando a fé não seria mais que uma decisão irracional, um "sacrifício do intelecto" que não se pode impor a todos. A articulação entre a especificidade existencial do ato de fé e a universalidade humana da estrutura que esse ato realiza logo se torna o problema sistemático com que a compreensão reformadora da fé confronta a reflexão teológica e filosófica.

Durante todo o tempo em que os enunciados doutrinários do cristianismo eclesiástico determinavam de modo bastante geral a visão do mundo e a compreensão acerca da sociedade, essa questão podia ficar em segundo plano, mesmo colocando em risco a interpretação existencial da fé e expondo-a ao perigo de um desprezo intelectualista, sendo a fé vista como assentimento a um sistema de enunciados de doutrina. A situação muda radicalmente quando, com as Luzes, esses enunciados passam a ser objeto de contestação e perdem sua validade geral: é algo pouco mencionado que a fortuna literária do tema da "teologia natural" no século XVIII tenha sido o sinal de uma perda de plausibilidade cultural da velha doutrina das "luzes naturais" que a Reforma Protestante havia herdado da redescoberta humanista do estoicismo (e aqui cabe citar Melâncton como autor emblemático, e também Calvino e Teodoro de Beza, cf. Wilhelm Dilthey, *Conception du monde et analyse de l'homme depuis la Renaissance et da Réforme* [Concepção do mundo e análise do homem desde o Renascimento e a Reforma] (1891-1904, Paris, Cerf, 1999). São mostras disso, desde meados do século, os *Diálogos sobre a religião natural*, de David Hume (1779, Lisboa, Edições 70, 2005). A destruição kantiana da teologia natural na *Crítica da razão pura* (1781), portanto, apenas fornece uma justificação filosófica ao que já era realidade cultural há algum tempo. Mas a filosofia kantiana não se contenta em destruir o que surge à consciência do século como um falso saber; essa destruição é o meio pelo qual ela restitui à fé sua pertinência e sua validade universais. Nos termos de Kant, era necessário "suprimir o saber", para "abrir espaço para a fé". Esse espaço é definido por Kant sob o signo da razão prática.

Os debates suscitados por esse deslocamento determinam até hoje as opções e as problemáticas nas quais se inserem as reflexões teológicas e filosóficas sobre a noção de fé.

A escolástica tardia tratava da fé nos limites da psicologia racional com traços aristotélicos, o que levava a toda uma série de distinções. Ao estabelecer uma correlação estrita entre fé e justificação, Lutero recusa tanto a terminologia escolástica quanto o questionamento que a presidia. Diante dessa pluralidade de fenômenos psicológicos (no sentido de uma psicologia racional, e não da psicologia moderna), Lutero valoriza a unidade complexa de um ato em que está em jogo a constituição subjetiva e individual da identidade cristã. "Como Paulo imputa a justificação à fé, é necessário que ele não diga nada dessas fés que [os teólogos católicos] chamam adquirida, infusa, informada, formada, explícita, implícita, geral, especial" (*Disputatio pro licentia de fide et de lege*, tese 8, *WA* 39, 1, 45, 11-13). A fé não é um simples aquiescer intelectual a um conjunto de afirmações que é preciso que se considerem verdadeiras; se assim fosse, a fé não passaria de uma "fé histórica", uma atitude intelectual com a finalidade de "simples especulação". A fé é engajamento da existência, passando pela apropriação das promessas de Deus ("fé que apreende"). Dois aspectos fundamentais se somam a isto: uma referência a Cristo e um ato de reflexão e de apropriação. "Segue-se necessariamente que ele [Paulo] fala dessa outra fé que, em nós, torna Cristo eficaz contra a morte, o pecado e a lei. [...] Ora, eis a fé que apreende Cristo [*fides apprehensiva Christi*] [...], morto por nossos pecados, ressuscitado para nossa justiça" (teses 10 e 12, *WA* 39, I, 45, 16s e 21s). "Portanto, é o 'para mim' ou 'para nós', se há crença, que constitui essa verdadeira fé e a distingue de qualquer outra fé que se contente em entender os fatos. É somente essa fé que nos justifica, sem a lei e as obras, para a misericórdia de Deus manifestada em Cristo" (teses 24 e 25, *WA* 39, I, 46, 7-10).

Essa reflexão define a fé somente no sentido teologicamente legítimo do termo. Crer é aplicar a si mesmo os enunciados dos quais uma "fé histórica" se contenta com admitir a verdade objetiva. Não que Lutero contestasse a verdade objetiva das proposições de fé! Mas sua verdade objetiva é teologicamente desprovida de pertinência, já que o critério de pertinência teológica é a disjunção rigorosa de fé e não fé, salvação e perdição, portanto a questão da justificação. A fé é fundamentalmente apropriação, exprimindo-se por uma confiança inquebrantável nas promessas de Deus. É por isso que a consciência individual em sua singularidade (*Gewissen* ou *conscientia*) é o lugar antropológico da fé (cf. *WA* 3, 603, 11-13). A consciência é, ao mesmo tempo, lugar da relação íntima do homem consigo mesmo, lugar de sua relação imediata com Deus e princípio de determinação da vontade. Lugar da imediatez do homem consigo mesmo, a consciência é, assim, o lugar de seu "diante de Deus" (*coram Deo*). E, por ser o agir de Deus que determina a consciência, o indivíduo será determinado diante de Deus e por Deus. Lugar da presença do homem diante de Deus, a consciência se descobre radical e absoluta passividade, em que se estabelece a presença de Deus para o homem. Por fim, na medida em que é determinada por Deus, a consciência é princípio que determina o querer; é, portanto, a origem do agir, o critério que decide seu *status* teológico. Eis então o sentido da oposição luterana entre fé e obras, a razão da recusa luterana a toda contribuição de obras para a salvação e o fundamento da ênfase de Lutero no caráter ativo da vida da fé, em um mundo mergulhado em profanidade.

Essa descentralização da constituição do ser-homem em individualidade (que exige uma radical anterioridade, precedência e origem de todo agir possível do homem) requer uma realização pessoal e singular a cada vez. Eis o segundo momento constitutivo da compreensão luterana da fé: a presença de Cristo no cerne da vida cristã. "Cristo é o objeto da fé. Ou ainda, por assim dizer, Cristo está presente na própria fé [...]. A fé justifica por possuir esse tesouro, saber Jesus Cristo presente" (*Comentário da epístola aos Gálatas*, em *MLO* 15, 142s). "A fé apreende Cristo, ele está presente para ela, ela o encerra como o anel encerra a pedra preciosa" (ibid., 145). Na versão alemã do tratado *Da liberdade cristã*, essa estrutura cristológica da apropriação é expressa nos termos "feliz troca": "Feito esse casamento, de acordo com a expressão de São Paulo, em que Cristo e a alma se tornam um só corpo, de modo que são postos em comum os bens de um e de outro, sua boa e sua má fortuna, assim como todas as coisas. O que Cristo possui é a propriedade da alma que crê; o que a alma possui se torna propriedade de Cristo. De um lado, Cristo detém todo bem e toda beatitude; são propriedade da alma. De outro, a alma detém todos os vícios e todos os pecados; eles se tornam propriedade de Cristo. É aqui que intervém a feliz troca".

Apreender Cristo é a realização concreta do ato reflexivo de apropriação que define a fé. É apreendendo Cristo que o cristão confessa sua realidade de pecador e a veracidade de Deus. Lutero pode então afirmar que Cristo "é a forma que orna a fé", usando a terminologia aristotélica e escolástica, em que a "forma" é o princípio da determinação real, portanto da existência efetiva (enquanto a teologia católica trata a caridade como forma da fé, cf. a máxima escolástica afirmando que a fé que justifica é a *fides caritate formata*, a "fé que recebe sua forma da caridade"). Mas a presença crística no coração do homem que crê encontra sua expressão mais adequada no recurso à terminologia cristológica propriamente dita. Lutero enfatiza então que "é preciso ensinar a fé corretamente: por ela tu estás unido a Cristo, de tal maneira que, de ti e dele, ela faça por assim dizer uma só pessoa, que não pode mais ser dividida, mas que não cessa de estar apegada a ela, dizendo 'Eu sou ele', enquanto Cristo diz por sua vez 'Eu sou esse pecador'" (*Comentário da epístola aos Gálatas*, em *MLO* 15, 179s). A habitação de Cristo no cerne da vida cristã dá origem à justiça de Cristo, pois Cristo se torna o princípio da existência do cristão, a nova determinação de seu ser.

Enquanto é pregada, tornando-se, dessa forma pessoal, o vetor de uma evidência específica (e nisso está o sentido luterano da "claridade interior" das Escrituras), é a Palavra de Deus que é a mediação da fé. O critério opera aliás nos dois sentidos: somente a Escritura que produz a fé (ou, ao contrário, produz a não fé, o endurecimento) pode ser teologicamente qualificada de Palavra de Deus; e, sendo Palavra de Deus, é fundamentalmente promessa, evangelho. A fé em Jesus Cristo é confiança nas promessas da Escritura que são o evangelho da justiça de Deus. É nesse sentido preciso que a fé é fé na Palavra de Deus; estamos assim longe de toda forma de biblicismo ou fundamentalismo. A compreensão reformadora da fé pode ser captada no termo "confiança" (*fiducia*), em que se unem ambos os momentos constitutivos da apropriação cristã e da habitação crística. Essa confiança se exprime na certeza da esperança, na alegria e na ousadia daquele que, no cerne do abandono de si, encontra em Cristo e em suas promessas o princípio de seu próprio ser.

A radicalidade teológica com a qual Lutero compreende a fé está na origem das inovações reformadoras em matéria de cristologia. De um lado, a referência constitutiva da fé a Jesus Cristo exige que a função de Cristo seja pensada conceitualmente (Lutero usa em geral o termo no singular, enquanto a teologia luterana distingue uma dupla função, a de sacerdote e rei, às quais a teologia reformada acrescenta a função profética). Por outro lado, a compreensão de Cristo como princípio estruturante da fé demanda uma reinterpretação das afirmações cristológicas herdadas da igreja antiga (doutrina das duas naturezas, divina e humana, e da unidade pessoal de Cristo, formulada no Concílio de Calcedônia), enfatizando a intimidade da compenetração de Deus e do homem em Cristo. Mesmo se, formalmente, os teólogos da Reforma preferem permanecer fiéis às formulações dogmáticas recebidas da tradição, as inovações doutrinárias promovidas por eles modificam inteiramente os contextos sistemáticos do dogma antigo para adaptá-los à nova compreensão dos laços religiosos entre o homem e Deus, cuja fé apreensiva (confiança) nas promessas de Deus é o centro nevrálgico. Essa nova compreensão da fé está também na origem das reformulações teológicas sobre a doutrina dos sacramentos (cf. *Um sermão sobre o sacramento da penitência* [1519]; *Um sermão sobre o santo, venerabilíssimo sacramento do batismo* [1519]; *Um sermão sobre o venerabilíssimo sacramento do santo verdadeiro corpo de Cristo e sobre as irmandades* [1519]; sobre a eclesiologia, *Do cativeiro babilônico da igreja* [1520, em *MLO* 2, 163-260]; e sobre a ética cristã, *Das boas obras* [1520, em *MLO* 1, 207-295]).

> A fé não é essa ilusão e esse sonho humanos que muitos consideram fé; quando percebem que, ainda que possam ouvir e falar bastante de fé, não se segue disso nem melhoramento de vida nem boas obras, caem em erro e afirmam que a fé não é suficiente, que devemos cumprir obras se queremos atingir a piedade e a salvação. Disso decorre que, quando eles ouvem o evangelho, precipitam-se e, com as próprias forças, criam uma ideia de fé em seu coração, dizendo 'eu creio'. É isso que consideram a verdadeira fé, que não passa de imaginação e pensamento humanos, que não chega jamais ao fundo dos corações, não produz nada, nem melhoramento algum. Pois a fé é uma obra divina em nós, que nos transforma e nos faz nascer de novo em Deus (Jo 1); ela mata o velho Adão, modificando-nos por completo, [transformando] o coração, a alma, os sentidos e todas as forças, trazendo com ela o Espírito Santo. Oh, que coisa viva, ativa, poderosa é a fé! É impossível que não produza sem cessar boas obras. A fé não pergunta se é conveniente produzir boas obras, mas as produz, antes mesmo que questionemos o fato, pois está sempre em ação. Quem não produz tais boas obras é o homem sem fé, que tateia e busca com um olhar em torno de si a fé e as boas obras, que não sabe nem o que é a fé, nem o que são as boas obras, embora não deixe de tagarelar e discutir sobre ninharias.
>
> A fé é uma confiança ousada e corajosa na graça de Deus, tão certa que tomaria sobre si mil vezes a nossa vida. Tal confiança e conhecimento da graça divina nos torna alegres, temerários e cheios de energia diante de Deus e de todas as criaturas: é isso que o Espírito Santo faz na fé. Sem imposição e alegremente, a fé fará o bem a cada um, servirá a cada um, suportará todas as coisas por amor e louvor a Deus, esse Deus que demonstrou tal graça para conosco. É, portanto, imposíel separar obra e fé, assim como é impossível separar fogo, chama e luz. Toma cuidado, então, com tuas falsas ideias e tuas conversações inúteis, que intentam dar mostras de inteligência para julgar a fé e as obras, enquanto são a maior loucura. Roga a Deus que faça nascer em ti a fé, pois sem ela tu permanecerás para sempre em débito, não importa o esforço que queiras ou possas empreender.
>
> Somente essa fé é justiça e se chama "justiça de Deus" ou "justiça que vale diante de Deus", pois é dom de Deus e torna o homem capaz de dar a cada um aquilo que ele próprio deve a Deus. Pela fé, o homem se torna sem pecado e encontra prazer nos mandamentos de Deus. É dessa forma que ele dá a honra que é devida a Deus e paga o que lhe deve. O homem, por outro lado, serve a Deus de plena vontade, dando o máximo de si, pagando assim a cada um. Tal justiça, nem a natureza, nem o livre querer, nem nossa força podem estabelecer. Assim como ninguém pode atribuir a fé a si mesmo, ninguém pode por si mesmo despojar-se de sua incredulidade. Como então se pode desejar livrar-se sozinho do menor pecado? É por isso que tudo aquilo que é realizado fora da fé, ou na incredulidade, não passa de falsidade, hipocrisia e pecado. Romanos 14 condena ao máximo esse procedimento.

Martinho LUTERO, *Vorrede auf die Epistel S. Pauli an die Römer* (1522), *Stiftenausgabe*, t. I, org. por Hans-Ulrich DELIUS, Berlim, Evangelische Verlagsanstalt, 1979, p. 394s. Uma tradução francesa de sua versão latina (não muito diferente do texto alemão, recentemente traduzido para o francês, *Préface à l'épître de Paul aux Romains* [Prefácio à epístola de Paulo aos Romanos], em *Oeuvres* [Obras] I, p. 1055-1070) foi publicada em 1525 com o título *Declaration d'aucuns motz desquelz use sainct Pol en ses epistres* [Declaração de algumas palavras que São Paulo usa em suas epístolas]. Em inglês, o texto foi incorporado em 1526 ao prefácio da epístola aos romanos de William Tyndale. Esse texto é um dos vetores da difusão do pensamento luterano durante os primeiros anos da Reforma e exerceria uma influência decisiva na teologia de Farel e Calvino.

A compreensão teológica da fé que Calvino desenvolve se insere na continuidade das posições luteranas: se a definição dada por Calvino sobre isso denota um esforço de sistematização que não deixa de apresentar riscos de intelectualismo (a fé é "conhecimento completo e certeiro da boa vontade de Deus para conosco que, estando fundada sobre a promessa gratuita dada em Jesus Cristo, é revelada ao nosso entendimento e selada em nosso coração pelo Espírito Santo", *IRC* III, II, 7), algumas páginas adiante, Calvino adota tons bastante próximos do texto de Lutero que reproduzimos aqui: a certeza da fé consiste em "considerar fora de dúvida a bondade de Deus como nos é proposta. Isso só pode ocorrer se sentimos de fato a doçura dessa bondade, experimentando-a em nós mesmos. Por isso o apóstolo deduz da fé confiança, e da confiança, intrepidez [...]. Só há fé no homem quando ele ousa abertamente, com o coração seguro, apresentar-se diante de Deus, com uma ousadia que só pode existir se ele depositar uma confiança certeira na benevolência de Deus" (*IRC* III, II, 15).

Como Lutero, Calvino enfatiza que "o ponto fundamental da fé reside em não julgarmos que as promessas de misericórdia, oferecidas pelo Senhor, são verdadeiras apenas fora de nós, não em nós, mas que, ao recebê-las em nosso coração, façamo-nas nossas" (*IRC* III, II, 16). Sempre fiel a Lutero, é na tentação, na prova da dúvida que é lançada, para Calvino, a verdade da fé, sua dimensão fundamentalmente existencial, portanto; na prova da dúvida, a fé toma consciência de sua estrutura crística. Porém, enquanto Lutero demonstrava suas maiores ousadias teológicas na análise dessa presença crística (cf. citações transcritas aqui do *Comentário da epístola aos Gálatas*, em *MLO* 15, 179s), Calvino se mostra mais contido (cf. *Comentário aos Gálatas*, 2, 20): a presença de Cristo na fé se exprime nos dois modos do domínio interior do Espírito Santo e da participação na justiça de Cristo (que Calvino compreende de modo menos radical que Lutero: para ele, trata-se sobretudo da participação na realização perfeita da lei, algo de que somente Cristo é capaz), e encontra sua realização na pertinência eclesiástica (cf. IRC III, II, 24). Por fim, a fé é obra de Deus no homem, por meio da Palavra. Calvino também atribui um tom próprio ao assunto: refletindo sobre o lugar sistemático desse agir de Deus, o reformador insere a Palavra que suscita a fé na tensão entre a doutrina da Providência (*IRC* III, II, 31 remete expressamente a I, XVI, 3s) e a da predestinação (*IRC* III, XXI-XXIV), colocando-a, portanto, sob o signo da onipotência de Deus, enquanto Lutero tratava geralmente das mesmas questões à luz da doutrina do Espírito Santo.

Na ortodoxia protestante dos séculos seguintes, o trabalho teológico que se dedicou ao tema da fé se desenvolveu em uma dupla direção; de um lado, houve um esforço de análise da estrutura psicológica da fé, com a distinção, após Melâncton, de três momentos: a noção (*notitia*), o assentimento (*assensus*) e a confiança (*fiducia*); de outro, foram inseridas na sistemática de um *ordo salutis* ("ordem da salvação", termo introduzido em 1649 por Johann Conrad Dannhauer, professor de Spener) as modalidades de sua apropriação, assim como seus efeitos na vida cristã. Não obstante as diferenças confessionais entre luteranos e reformados, essa sistematização conceitual é com frequência adquirida ao preço do abandono tanto da concentração cristológica quanto da radicalidade existencial que caracterizaria o modo com que os reformadores souberam tratar da fé. Além disso, a prioridade lógica e psicológica reconhecida nos momentos cognitivos (*notitia, assensus*) leva a uma dicotomia entre o conceito de fé formulado pela reflexão teológica e a realidade de vida da fé, o desenvolvimento de sua existência. Essa disjunção encontra uma correspondência semântica na distinção terminológica entre *fé* e *piedade*, surgida no século XVII (tanto para Lutero quanto para Calvino, os termos "piedoso" e "piedade" são sinônimos de "cristão" e "fé").

Porém, seria injusto limitar-se a esse resumo negativo. Nos últimos anos do século XVI, Johann Arndt (1551-1621) ocupa a função de arauto de uma concepção prática do cristianismo, insistindo na vivência da fé e recorrendo, para isso, aos textos e temas da mística medieval. Alguns anos depois, seu aluno mais famoso, Johann Gerhard (1582-1637), conferiria dignidade doutrinária à pregação de Johann Arndt ao introduzir na dogmática luterana o tema da união mística. Foi em uma referência explícita ao texto de Lutero reproduzido aqui que Spener, e depois dele o pietismo em seu todo, intentaram retornar à compreensão reformada original de fé como realidade da existência em concentração cristológica. A ênfase posta na autenticidade da fé acompanha a importância atribuída à dimensão da experiência pessoal e às consequências éticas inseparáveis da verdadeira fé. Para Spener e seus herdeiros, é a prática da piedade na existência concreta, e não a retidão doutrinária, que decide a veracidade da fé.

Manifestada nos conflitos que opunham ortodoxia e pietismo, a tensão entre as dimensões teórica (noção e assentimento) e existencial (confiança) se exacerba no século XVIII, sob o efeito das Luzes. Até então, o acordo entre fé e saber era um dado cultural de base; com as Luzes, fé e saber entram em conflito. À instância doutrinária da fé eclesiástica, as Luzes opõem a "razão", na qual se exprime a "religião natural". Considerada a guardiã das tradições dogmáticas do cristianismo, a igreja é denunciada como a instituição que faz mau uso de seu poder para garantir a permanência de crenças contrárias à razão. A polêmica das Luzes define o terreno em que a teologia protestante precisou se situar: o terreno das verdades de razão, ou seja, da teologia natural. A tarefa da teologia se torna então fundamentalmente apologética, devendo mostrar a compatibilidade entre os enunciados da "fé histórica" do cristianismo e a "religião natural" invocada pelas Luzes. Nesse contexto, a fé é compreendida como um assentimento ainda insuficientemente esclarecido, que é, no entanto, dado a verdades que uma inteligência racional pode acessar, de direito e de fato. Aos olhos dessa inteligência, o assentimento cristão se afigura uma etapa pedagogicamente necessária, ainda que destinada a tornar-se obsoleta. Essa teologia natural encontra seu paradigma naquilo que chamamos psicoteologia: o mundo é visto como uma totalidade que é ordenada de acordo com uma finalidade que denuncia a obra de uma inteligência suprema. Porém, essa argumentação se vê em maus lençóis quando ocorre o terremoto de Lisboa, em 1755, cercada pela crítica de Rousseau ao intelectualismo e pelo pessimismo de Hume. O fracasso da teologia natural durante a segunda metade do século XVIII é acompanhado de uma atenção cada vez maior concentrada na utilidade prática da religião, tanto para a educação do povo quanto para o policiamento dos costumes. Esse é mais um aspecto da concepção pedagógica da fé, característica das Luzes protestantes. Concebida como uma pedagogia intelectual ou moral, a fé se insere em um contexto de uma abordagem quase sociológica da religião, que insiste nos benefícios da religião para a coerência do corpo social e a educação moral do povo.

A filosofia kantiana extrai consequências dos debates das Luzes e dos impasses para onde se desviaram ao deslocar da razão teórica para a razão prática o contexto ao qual pertence e se insere a noção de fé e ao passar de uma filosofia da naturea para uma filosofia da liberdade. Ser livre equivaleria assim a ser capaz de adotar uma regra de conduta por uma única razão: essa regra está conforme à lei moral. Cada um se persuadiria da realidade da liberdade ao tomar consciência de que basta desejar para adotar perfeitamente uma regra de conduta que seja conforme à lei moral, ou para não adotar uma regra oposta a essa mesma lei. A realidade da liberdade, portanto, pode ser experienciada por todos (a consciência da liberdade estaria indissociável da primeira pessoa do singular). Para Kant, toda regra de conduta visa a tornar efetivo um objeto; o conjunto das regras de conduta conformes à lei moral (as regras que cada um deve adotar na medida em que é um ser livre) visa a realizar o sumo Bem. Mas a realização do sumo Bem só é possível em conformidade com as leis da natureza. Kant reencontra assim o mesmo problema levantado por Leibniz, o da "harmonia das leis da natureza com as da liberdade" (*Crítica da razão prática* [1788] AA V 144 s; cf. Leibniz, *Principes de la nature et de la grâce fondés en raison* [Princípios da natureza e da graça fundados na razão, 1714, Paris, PUF, 1986]. Pois nada garante de modo imediato que as leis da natureza estejam de acordo com as leis da liberdade. Mas um desacordo entre ambas as legislações mergulharia a razão em um conflito consigo mesma: ela exigiria algo impossível. A obrigação de prosseguir com a realização do sumo Bem implica, assim, que se pressuponha esse acordo. A razão teórica, no entanto, não mostra de que maneira esse acordo pode tornar-se real.

A razão só pode conceber a realidade do acordo da natureza com a liberdade na condição de postular que a lei da natureza foi promulgada por um "autor moral do mundo". Desse modo, a existência de Deus se revela um postulado teórico da razão prática. O assentimento dado a esse postulado é o que Kant chama uma "fé da razão" ou "crença da razão" (os tradutores franceses geralmente preferem referir-se a crença, mas o alemão não distingue ambas as palavras; veremos por quais razões é melhor preferir "fé"). Porém, trata-se de uma condição somente subjetiva da razão. Nos termos de Kant, "é a única forma teoricamente possível para [a razão], e ao mesmo tempo a única que é útil para a moralidade [...]: pensar a harmonia exata entre o reino da natureza e o reino dos costumes como condição de possibilidade do sumo Bem" (*Crítica da razão prática*, AA V 145). Essa reserva indica que, se a razão não pode deixar de admitir a existência de um Deus todo-poderoso e sábio como criador do mundo, e se essa tese tem um *status* teórico, a razão não pode, contudo, pretender dispor de um saber objetivamente válido sobre esse assunto. A certeza absoluta e incontestável de que a lei moral ordena buscar a realização do sumo Bem e de que é possível obedecer a essa lei implica, portanto, a fé na existência de Deus. Essa fé é indissociável da consciência que cada um tem de sua própria liberdade, na medida em que tem consciência da obrigação incondicional que lhe dirige a lei moral. O lugar de pertinência dessa "fé" é assim a contradição entre o objetivo teleológico incondicional, inerente à lei moral, e o condicionamento da realização desse objetivo à natureza. Como fé da razão, a fé é a expressão de uma "necessidade" da razão, uma necessidade na qual se exprime a exigência reflexiva de coerência e de sentido como exigência constitutiva da razão. A consciência de si do sujeito prático implica assim que ele considere verdadeira a existência de Deus (e a imortalidade da alma) e que, consequentemente, julgue as coisas como destinadas à realização do sumo Bem no mundo.

O que está explícito na fé da razão na existência de Deus e na imortalidade da alma é a própria estrutura da razão como exigência incondicional, que confere um direcionamento ao agir do homem e explicita as implicações pressupostas pela exigência que essa própria fé carrega. Nos termos da *Crítica da faculdade de julgar* (1790), "a fé [...] é a maneira de pensar moral da razão no considerar verdadeiro daquilo que é inacessível ao conhecimento teórico. Nesse sentido, a fé é o princípio permanente do espírito, assim como esse princípio consiste em admitir como verdadeiro o que é necessário pressupor como condição para a possibilidade do objetivo final moral supremo, por causa da nossa obrigação em relação a ele" (§ 91, AA V 471). Em uma nota de rodapé, Kant observa que essa definição da fé é uma formulação filosófica da noção religiosa de *fides* inaugurada pelo cristianismo. O vocabulário ao qual ele recorre nessa passagem revela o contexto especificamente luterano que é herdado por Kant. Assim, declara que a fé é "uma confiança concedida à promessa da lei moral", já que nenhuma lei da razão pode comandar a busca de um fim último sem "prometer ao mesmo tempo" a possibilidade de atingi-lo (ibid., nota). Além disso, Kant distingue com cuidado entre objetos da "fé" e objetos da "credulidade" ou da "fé histórica", reproduzindo assim a distinção luterana entre *fides apprehensiva* e *fides historica*: os objetos da fé têm essa característica particular: não poderiam ser objetos de um saber ou de uma opinião possíveis, o que os distingue dos objetos da credulidade, cuja veracidade ou verossimilhança é aceita com base (suficiente ou não) no testemunho de outrem (cf. ibid., 469). Essas referências explícitas a termos-chave da teologia luterana da fé indicam a intenção hermenêutica que subjaz à concepção desenvolvida por Kant: encontrar na razão prática os limites que permitam restituir ao tema da fé e a seu objeto, Deus, a pertinência existencial universal que antes lhes era concedida pela teologia. Logo, só poderiam ser reconhecidos como pertencentes à "pura fé religiosa" os elementos da "fé histórica" suscetíveis de ser considerados expressões do princípio de moralidade. Enquanto a "fé eclesial" repousa em "estatutos" (pois é extrínseca), a "fé religiosa" é a que "repousa em leis interiores que se deixam desenvolver a partir da própria razão de cada homem" (*O conflito das faculdades* [1798], AA VII 36).

A insistência de Kant na fé como orientação racional do agir do sujeito livre se opõe voluntariamente à interpretação da fé que foi proposta na mesma época por Friedrich Heinrich Jacobi (1743-1819). Essa concepção encontra sua expressão mais famosa na imagem do "salto mortal" (cf. *Lettres à Moses Mendelssohn sur la doctrine de Spinoza* [Cartas a Moses Mendelssohn sobre a doutrina de Spinoza], em Pierre-Henri TAVOILLOT, org., *Le crépuscule des Lumières. Les documents de la "querelle du panthéisme"* [O crepúsculo das Luzes: os documentos da "querela do panteísmo"] [1780-1789], Paris, Cerf, 1995, p. 60). Essa imagem sugere uma concepção puramente irracional da fé, mas tal interpretação é simples demais. O salto mortal de Jacobi é a marca de uma descontinuidade radical entre o entendimento e a fé, sem supor, em consequência, que a fé é irracional. Jacobi não demoraria, aliás, para mobilizar o termo "razão" com o objetivo de designar o órgão ou a faculdade capazes de apreender os objetos da fé (cf. *David Hume et la croyance. Idéalisme et réalisme, "Préface"* [David Hume e a crença: idealismo e realismo. "Prefácio"] [1815], Paris, Vrin, 2000[2]). O que Jacobi tem em vista é uma convicção original e fundadora, anterior a toda argumentação e demonstração. Essa convicção fundadora, em primeiro lugar, trata da própria existência do eu como ser livre e sobre a existência real das coisas fora do eu. Tal convicção funda uma postura que seria qualificada como, em termos modernos, realismo direto (cf. p. ex., ibid., *Dialogue* [Diálogo] [1797], p. 216).

Mas, ao tratar também da convicção de que a existência das coisas da natureza, totalmente condicionadas por cadeias de causas, repousa, por sua vez, em um princípio incondicionado, um Deus pessoal, livre, onisciente e providencial (condição de possibilidade da existência pessoal e livre do ser humano). Essa fé permite que saiamos do fatalismo e creiamos na realidade da liberdade do indivíduo, fundando um teísmo personalista. Por não poder ser demonstrada, essa convicção fundadora deve ser objeto de uma revelação, ou seja, uma manifestação imediata, que se opõe à mediação do conceito e lhe confere sentido ao enraizá-lo na realidade. Para Jacobi, portanto, a fé é fundamentalmente revelação da existência e da liberdade, dimensões de sentido incomensuráveis na ordem do conceito e desde sempre pressupostas pelo uso que o entendimento faz desses conceitos. Essa revelação imediata passa pelo sentimento, pela intuição. A faculdade que percebe esse sentimento é o sentido, um termo que é preciso tomar em seu significado amplo como "faculdade de compreender as coisas e julgá-las de modo são" (dicionário Littré, em referência a Voltaire). Mas, na exata medida em que o sentido assim compreendido é o órgão do incondicionado (em oposição ao entendimento como faculdade do condicionado), o sentido, tal como o compreende Jacobi, ecoa uma das acepções essenciais da razão kantiana. É isso que, manifestamente, legitima o modo com que Jacobi é relido vinte anos depois e por que ele chama "razão" em 1815 ao que chamava "sentido" em 1797 (cf. ibid., p. 212, nota). Assim, Jacobi pode também reivindicar para sua concepção de fé o termo "fé natural da razão", uma "razão que não se explica, mas que revela de modo positivo e determina de modo absoluto" (ibid., "Prefácio", p. 138).

Antagônicas à primeira vista, as posições de Kant e Jacobi são sintetizadas por Fichte em sua obra de 1798, *Système de l'éthique d'après les principes de la doctrine de la science* [Sistema da ética segundo os princípios da doutrina da ciência] (Paris, PUF, 1986). Essa síntese é o pano de fundo de seu famoso ensaio, *Sur le fondement de notre croyance en une divine providence* [Sobre o fundamento de nossa crença em uma divina providência] (em *Écrits de philosophie première. Doctrine de la science 1801-1802 et textes annexes* [Escritos de filosofia primeira: doutrina da ciência 1801-1802 e textos anexos], t. II, Paris, Vrin, 1987, p. 199-208). Publicado no mesmo ano, suscitaria a acirrada controvérsia conhecida como "Querela do ateísmo", cujo objeto não poderia ser outro: os laços entre a atitude subjetiva da fé e o objeto dessa fé, qual seja, a existência de Deus como autor moral do mundo. Essa síntese das posições de Kant e de Jacobi é trabalhada por Jacobi em uma distinção entre dois planos, a consciência natural do "mundo-da-vida" (*Lebenswelt*), cujo realismo jacobiano é a expressão mais manifesta, e a reflexão transcendente, que questiona as condições de possibilidade daquilo que parece advir espontaneamente da consciência natural do mundo e da vida (sobre essa distinção, cf. tb. Fichte, *Rapport clair comme le jour adressé au grand public sur le caractère propre de la philosophie nouvelle*

[Relatório claro como o dia dirigido ao grande público sobre o caráter específico da filosofia nova] [1801], Paris, Vrin, 1999). Nesse contexto, a "fé" é considerada a postura em que se exprime o horizonte de sentido da consciência natural. Desse ponto de vista, o realismo de Jacobi é perfeitamente justificável. Jacobi também está certo ao enfatizar o caráter de certeza absoluta e primeira próprio da fé. Por outro lado, ele segue Kant ao especificar a natureza dessa certeza. O sentimento no qual se manifesta é exatamente "a convicção de nosso destino moral", que se exprime na "decisão de obedecer à lei interior". A certeza da liberdade é assim inseparável da consciência da lei moral; a fé é considerada, portanto, a explicitação das implicações dessa consciência moral como certeza absoluta e originária, como princípio nodal do realismo da consciência natural. Esse ponto é fundamental e, ainda, inovador. Com efeito, Fichte encontra na noção kantiana de dever (*Pflicht*) o princípio do realismo. O dever é algo que se nos impõe de modo concreto, implicando sempre as condições materiais reais de sua realização. Reconhecer nosso dever é, portanto, reconhecer implicitamente a existência de um mundo em que esse dever pode e deve ser cumprido. Uma moral deôntica não pode prescindir do realismo, e disso se segue que também não pode prescindir de um princípio que assegure o acordo entre o mundo real e o dever. Já a reflexão propriamente filosófica encontra um apoio na necessidade de justificar o conceito de dever, assim como o conjunto de suas implicações e pressuposições. O trabalho da reflexão filosófica consiste então em reconduzir a consciência da liberdade e a consciência realista do mundo às estruturas de sentido das quais elas são a expressão, a fim de entender de que maneira ambas as teses podem ser conciliadas pela reflexão e para a reflexão. Crer em Deus como "governo moral do mundo" (não mais como "autor moral do mundo") se verifica assim uma imagem em que se exprimem os laços necessários entre a realidade da exigência incondicional do dever na qual a existência humana possui sua certeza fundamental (o equivalente prático do *cogito* cartesiano) e a possibilidade implicada logicamente por essa realidade.

As consequências letais acarretadas pela confusão entre os dois planos (que são cuidadosamente distinguidos por Fichte) podem ser avaliadas a partir da leitura do ensaio que inspirou o autor a publicar seu artigo em resposta; trata-se do texto de certo Friedrich Karl Forberg, intitulado "Entwicklung des Begriffs der Religion" (*Philosophisches Journal* 8/1, 1798, p. 21-46). Forberg propõe nesse artigo uma interpretação ficcionista da concepção kantiana, em que a fé não passaria da expressão de um desejo — o desejo de ver reinar sobre a terra a bondade e a verdade. Para Forberg, agir moralmente é agir como se cada ação decidisse a vitória do Bem sobre o Mal. Mas essa fé não carrega convicção alguma; é até mesmo compatível com o ateísmo teórico. O "como se" torna-se a marca de uma ilusão, e a fé nada mais é que uma projeção dos desejos dos homens, que são confrontados com uma natureza que se opõe a sua realização. Forberg acredita, claro, defender o conceito de religião (essa posição prefigura os argumentos pragmatistas de William James em favor de *Vontade de crer*, 1897 (São Paulo, Loyola, 2001), mas a interpretação da noção de fé que é proposta ali abre caminho para todas as críticas que, com Feuerbach e os que o seguiram, verão na fé apenas uma projeção e uma ficção alienante.

Os debates empreendidos em torno da "Querela do ateísmo" se debruçam sobre o problema da realidade dos objetos da fé, portanto sobre o sentido exato da crença na existência de Deus. É essa questão que se encontra no centro das posturas antagônicas com as quais Schleiermacher (em *De la religion. Discours aux personnes cultivées d'entre ses mépriseurs* [Da religião: discurso às pessoas cultas dentre seus desprezadores, 1799], Paris, Vand Dieren, 2004) e Hegel (em *Fé e saber* [1802], São Paulo, Hedra, 2007) reagem a esses debates. Para Schleiermacher, o fundamental da religião não pode de modo algum consistir em crenças, ou seja, em asserções. Pois, assim como Jacobi, Schleiermacher sustenta que a religião é um sentimento e uma intuição nas quais é atestado o enraizamento ontológico da consciência. Como atitude existencial, a fé (o ato de crer) suporta assim uma pluralidade de explicitações doutrinárias e asserções dogmáticas; nem mesmo implica necessariamente que se considere verdadeira a existência de Deus. E, acima de tudo, é incompatível com todo tipo de fé histórica ou de assentimento dado ao que outros pensaram ou sentiram (cf. *De la religion* [Da religião], p. 66s). A religião não pode ser apenas uma experiência pessoal, individual, ainda que essa experiência requeira com frequência um mediador, capaz de revelar com sua própria vida a experiência da qual foi objeto. Essa concepção fundamental da religião é encontrada em *Der christliche Glaube* (1830-1831²). Nessa obra, Schleiermacher compreende a fé (§ 106-112) como realização individual da religião (§ 3-5). Pelo acesso à fé, o indivíduo "obtém uma personalidade religiosa que não tinha. [...] Sob o termo 'personalidade piedosa', é preciso compreender uma personalidade em que todo momento fundamental de passividade é exclusivamente determinado pela relação com a consciência de Deus, uma relação posta sob a influência do Redentor, na qual todo momento ativo emana de um impulso [dado] justamente por essa consciência de Deus" (§ 106.1, t. II, p. 165). A compreensão da religião e da fé desenvolvida por Schleiermacher implica que os enunciados doutrinários são a forma de reflexão conceitual em que se articula a unidade da consciência de si que crê, ao sabor de suas determinações cada vez específicas. Na ótica de Schleiermacher, toda pretensão da religião quanto a ser a fonte de um saber específico seria a expressão de um desprezo em relação ao *status* dos enunciados cristãos.

É justamente essa restrição crítica do alcance epistemológico percebida na fé e em seus enunciados que é contestada por Hegel, que reconhece na fé o modo originário da presença do Absoluto para a consciência finita; mas, na medida em que o Absoluto só está presente na consciência sob a forma da fé, trata-se de uma forma viciada, a representação, que opõe a finitude da consciência à infinitude de seu objeto. Objeto de fé, a forma pela qual o Absoluto está presente para a consciência está em contradição com o conteúdo implicado pela própria ideia de Absoluto. A consciência cristã se vê incapaz de pensar de modo absoluto o caráter fundador que reconhece no Absoluto. Essa aporia não pode ser superada, a não ser quer a fé seja levada ao saber, logo, se o conteúdo absoluto do crer é despojado da forma finita que lhe confere a reflexão e é transposto pela especulação à forma absoluta do conceito. Dessa maneira, a filosofia não poderia pura e simplesmente substituir a religião, pois é na fé religiosa, e somente nela, que é dada imediatamente à consciência essa presença do Absoluto que a especulação transpõe ao conceito.

Seria apenas com a ruptura cultural provocada pela Primeira Guerra Mundial e pela Revolução Russa que a teologia protestante acreditaria ser possível prescindir da articulação entre a compreensão teológica da fé com uma teoria do saber ou da consciência que possa indicar seu plano de universalidade. De um lado, com Bultmann, a teologia protestante proporia uma compreensão da fé como a única modalidade possível de autenticidade essencial do homem. Mas recorrer a análises heideggerianas não serviria para desenvolver um contexto que estruture a exposição sistemática dos enunciados doutrinários. A insistência que se colocou no ato de fé não permitiria nem desenvolver a concretude da vida, nem articular sua enunciação reflexiva. Somente o retorno a uma teoria da fé como modalidade específica da relação consigo mesmo (Gerhard Ebeling e Eberhard Jüngel se referem explicitamente à fé como "experiência com a experiência") permite o reencontro como uma teoria teológica da fé que possa servir como articulação sistemática com uma exposição da *Dogmatik des christlichen Glaubens* (G. Ebeling), cujas reminiscências schleiermacherianas são manifestas, e até mesmo confessadas. De outro, com Karl Barth, o tema da fé só é tratado explicitamente como obediência e, portanto, como a constituição do sujeito que crê em correspondência com a Palavra de Deus. Nesse contexto, a função sistemática fundamental que se inseria na filosofia da religião é assumida pela "doutrina da Palavra de Deus", que desenvolve as condições de possibilidade objetivas para a obediência da fé. Desenvolve-se assim uma grandiosa especulação teológica, cuja arquitetura só é assegurada por critérios infrateológicos. O abandono de uma articulação da especificidade teológica do cristianismo em uma universalidade, estabelecida pelas noções "fé da razão" e "religião", tem como consequência uma incapacidade da teologia quanto a formular seu próprio lugar de um modo plausível para a reflexão interna da cultura moderna.

Essa descrição da teologia, com um discurso que insiste somente na fé e abandona as mediações reflexivas que os autores clássicos do século XIX haviam conseguido estabelecer, corresponde, de modo simétrico, ao interesse crescente das ciências humanas, sociais e históricas nas modalidades em que a crença religiosa se desenvolve na concretude da existência. Com relação a isso também houve um abandono de uma teoria geral da religião. Como resultado, temos ao mesmo tempo uma disseminação das observações empíricas e uma inflação dos fenômenos considerados religiosos. Diante de uma teologia que com frequência está curvada sobre si mesma e de ciências sociais do religioso que sucumbem à disseminação positivista, parece necessária uma reformulação de uma teoria da religião que esteja centrada na questão do *status* e do sentido da enunciação religiosa cristã. Tal é a questão fundamental, levantada desde Kant até Hegel, por todos os participantes desses debates, em que se esforçou por lembrar as linhas de força e as frentes conflitantes. Esse debate retorna, aliás, sob novas formas, com a filosofia analítica anglo-saxã. Arriscando-se a exageros, opõe posições herdeiras de Wittgenstein, que encontram nos enunciados religiosos a expressão de convicções fundamentais que organizam uma forma de vida, a posições que se esforçam por justificar racionalmente os enunciados da crença religiosa. Esses debates filosóficos recolocam à baila a questão da fé, mas bem poderiam permitir que a teologia protestante e as ciências sociais da religião reformulassem a problemática das crenças com que lidam e de que se encarregam tradicionalmente.

Jean-Marc Tétaz

▶ "Qu'est-ce que croire?", *Agone* 23, Marselha, 2000; ARMSTRONG, David Mallet, *Belief, Truth and Knowledge*, Londres, Cambridge University Press, 1973; BARTH, Ulrich, "Luthers Verständnis der Subjektivität des Glaubens", *Zeitschrift für systematische Theologie und Religionsphilosophie* 34, 1992, p. 269-291; BRUNNER, Peter, *Vom Glauben bei Calvin. Dargestellt auf Grund der Institutio, des Catechismus Genevensis und unter Heranziehung exegetischer und homiletischer Schriften*, Tübingen, Mohr, 1925; BULTMANN, Rudolf, *Theologische Enzyklopädie*, org. por Eberhard JÜNGEL e Klaus W. MÜLLER, Tübingen, Mohr, 1984, p. 13-34; *Die fides quae creditur als Gegenstand der Theologie*, e p. 97-170: *Der Begriff des Glaubens*; EBELING, Gerhard, *Dogmatik des christlichen Glaubens*, t. I, Tübingen, Mohr, 1979, p. 79-157; Idem, *Wort und Glaube*, t. III, Tübingen, Mohr, 1975, p. 225-308; GISEL, Pierre, *L'excès du croire. Expérience du monde et accès à soi*, Paris, Desclée de Brouwer, 1990; Idem e TÉTAZ, Jean--Marc, orgs., *Théories de la religion. Diversité des pratiques de recherche, changements des contextes socioculturels, requêtes réflexives*, Genebra, Labor et Fides, 2002; GROULEZ, Marianne, *Le scepticisme de Hume: les Dialogues sur la religion naturelle*, Paris, PUF, 2005; HIRSCH, Emanuel, *Fichtes Religionsphilosophie im Rahmen der philosophischen Gestamtenwicklung Fichtes*, Göttingen, Vandenhoeck & Ruprecht, 1914; Idem, *Der Glaube nach evangelischer und katholischer Anschauung*, em Hermann Wolfgang BEYER et alii, *Der römische Katholizismus und das Evangelium. Reden gehalten auf der Tagung christlicher Akademiker. Freudenstadt 1930*, Stuttgart, Calwer, 1931, p. 61-141; KORSCH, Dietrich, *Glaubensgewißheit und Selbstbewußsein. Vier systematische Variationen über Gesetz und Evangelium*, Tübingen, Mohr, 1989; POUIVET, Roger e GNASSOUNOU, Bruno, orgs., "Les normes de la croyance religieuse", *RThPh* 134/2-3, 2002; PRICE, Henry Habberley, *Belief. The Gifford Lectures Delivered at the University of Aberdeen in 1960*, Londres-New York, Allen and Unwin-Humanities Press, 1969; SCHLEIERMACHER, Friedrich, *Der christliche Glaube nach den Grundsätzen der evangelischen Kirche im Zusammenhange dargestellt* (1830-1831), em *Kritische Gesamtausgabe* I/13, -12, 2 vols., Berlim, Walter de Gruyter, 2003; SCHWARZ, Reinhard, *Fides, spes und caritas beim jungen Luther. Unter besonderer Berücksichtigung der mittelalterlichen Tradition*, Berlim, Walter de Gruyter, 1962; TÉTAZ, Jean-Marc, "Le christianisme comme réalisation du sujet pratique. La réception critique de Fichte dans l'oeuvre de Schleiermacher", *Divinatio* 15, Sofia, 2002, p. 177-203; WEIL, Éric, "Penser et connaître, la foi et la chose-en-soi", em *Problèmes kantiens* (1963), Paris, Vrin, 1998, p. 13-56; WITTENKIND, Folkart, *Religiosität als Bewußtseinsform. Fichtes Religionsphilosophie 1795-1800*, Gütersloh, Kaiser, 1993.

▶ Amor; Arndt; Biedermann; consciência; **Deus**; dogmática; Dorner; exterioridade; Fichte; fideísmo; Frank; graça; Hegel; indivíduo; Jacobi; **Jesus (imagens de)**; justificação; Kant; **lei**; **liberdade**; Meinecke; metafísica; neologia; oração; **razão**; **religião e religiões**; **salvação**; Schleiermacher; virtudes teologais

FEDERAÇÃO DAS IGREJAS PROTESTANTES DA SUÍÇA

A Federação das Igrejas Protestantes da Suíça (FEPS) reúne as igrejas reformadas cantonais, a Igreja Evangélica Metodista na Suíça e a Igreja Evangélica Livre de Genebra (ao todo, 26 igrejas membros, representando 2,4 milhões de protestantes). Há também instituições beneficentes afiliadas à FEPS: entre elas, a *Entraide Protestant Suisse* [Ajuda Protestante Suíça, EPER] e Pão para o Próximo, que cooperam com os órgãos missionários. Já o Instituto de Ética Social, em atividade de 1971 a 2004, foi transformado no Instituto de Teologia e Ética. O mandato constitutivo da federação (fundada em 1920 em Olten) é a coordenação da vida do protestantismo suíço e sua representação no exterior, nos níveis ecumênico e político.

Na Suíça, com relação ao protestantismo, a eclesialidade pertence às igrejas cantonais. Para isso temos razões históricas, socioculturais e também teológicas. As igrejas organizadas em sínodos são apegadas a sua autonomia. Além disso, não há direito eclesiástico público no nível da confederação. Isso não impede que a federação impulsione as igrejas suíças de modo fundamental, em áreas como a vida ecumênica e o engajamento social, tanto no país como fora dele. Figuras notáveis (como o secretário Adolf Keller e o presidente Alphons Koechlin) honraram a herança dos reformadores suíços do século XVI em sua abertura para o exterior. A federação ainda sustenta para as igrejas a missão de uma Europa em transformação. É cotidianamente um local de encontro para explorar questões atuais: o lugar da mulher na igreja e na sociedade, a salvaguarda da criação, a integração dos estrangeiros e o acolhimento a refugiados. Em comum acordo com a Conferência dos Bispos Suíços, foi organizada uma consulta ecumênica sobre o futuro social e econômico da Suíça (1998-2001). Uma iniciativa recente visa à criação de um artigo constitucional federal suíço sobre as religiões.

Bruno Bürki

▶ *L'avenir ensemble. Message des Églises*, Berna, FEPS-Conférence des évêques suisses, 2001; BÜHLER, Pierre, GRAESSLÉ, Isabelle e MÜLLER, Christoph D., orgs., *Qui a peur des homosexuel-les? Discussions autour des prises de position des Églises protestantes de Suisse*, Genebra, Labor et Fides, 2001; FRIEDERICH, Ueli et alii, *Bundesstaat und Religionsgemeinschaften. Überlegungen und Vorschläge für ein zeitgemässes Religionsrecht in der schweizerischen Bundesverfassung. État fédéral et communautés religieuses. Réflexions et propositions pour un droit en matière de religion adapté à notre temps dans la Constitution fédérale suisse*, Berna, Lang, 2003; MOBBS, Arnold, *Les Églises protestantes de la Suisse au siècle de l'oecumenisme et de l'entraide. 50 ans de Fédération 1920-1970*, Berna, FEPS, 1970; *Résistance? Les chrétiens et les Églises face aux problèmes relatifs à l'asile*, Berna, FEPS, 1988.

◐ Ajuda mútua protestante às igrejas arruinadas; Koechlin; Suíça

FEDERAÇÃO MUNDIAL DAS ASSOCIAÇÕES DE ESTUDANTES CRISTÃOS

Fundada em Vadstena (Suécia), em 1895, como associação laica dos estudantes cristãos (o primeiro secretário foi John R. Mott), a Federação Mundial das Associações de Estudantes Cristãos reúne hoje uma centena de movimentos suscitados em uma centena de países. Em seus cinquenta primeiros anos de existência, a instituição desempenhou um papel decisivo no movimento missionário e ecumênico, contribuindo assim para a formação do Conselho Internacional das Missões e do Conselho Mundial de Igrejas, para as quais forneceu os líderes mais prestigiosos (Joseph Houldsworth Oldham, Willem Adolf Visser't Hooft, Suzanne de Diétrich, Daniel Trambyrajah Niles, Philip Potter). Digna de nota é também sua ação humanitária em prol dos refugiados vítimas das duas guerras mundiais.

Os anos do pós-guerra (1945-1964) foram caracterizados por uma forte expansão, que tendeu a definir as tarefas dos cristãos na universidade, tarefas compreendidas não somente em termos de presença missionária, como já era o caso nos primórdios da federação, mas também em termos profissionais. De meados dos anos 1960 até os anos 1970, com as revoltas anti-institucionais dessas gerações de estudantes, a federação defendeu posições políticas mais radicais que no passado. Reforçando sua identidade de vanguarda política no contexto ecumênico, conscientizou-se progressivamente das implicações recíprocas entre os processos pedagógicos e as estruturas socioeconômicas, interessando-se pela teologia da libertação. Essa mudança não recebeu sempre uma acolhida favorável entre as igrejas, mas foram evitadas fraturas, como prova o retorno de uma colaboração nos anos 1980. A partir de 1972, houve uma descentralização, que proporcionou ampla autonomia aos secretariados e programas das seis "regiões" (África, Ásia, América Setentrional, América Latina, Europa e Oriente Próximo), modificando substancialmente a estrutura da federação, cuja sede central permanece, no entanto, em Genebra, sinal tangível de pertinência ao movimento ecumênico.

Emidio Campi

▶ CAMPI, Emidio, *The Ecumenical Crucible: A Perspective on the World Student Christian Federation*, em Ans J. van der BENT, org., *Voices of Unity. Essays in Honour of Willem Adolf Visser't Hooft on the Occasion of His 80th Birthday*, Genebra, CMI, 1981, p. 11-21; DIÉTRICH, Suzanne de, *Cinquante ans d'histoire . La Fédération universelle des associations chrétiennes d'étudiants (1895-1945)*, Paris, Le Semeur, 1946; POTTER, Philip e WIESER, Thomas, *Seeking and Serving the Truth. The First Hundred Years of the World Christian Federation*, Genebra, CMI, 1997; ROUSE, Ruth, *The World's Student Christian Federation. A History of the First Thirty Years*, Londres, SCM Press, 1948.

● Allier; Barot; Bois; Bosc; Casalis G.; Conselho Mundial de Igrejas; Diétrich; **ecumenismo**; juventude (movimentos de); Maury; Mott; Niles; Philip; Potter; Schmidt É.; Visser't Hooft

FEDERAÇÃO MUNDIAL LUTERANA

A Federação Mundial Luterana reúne mais de 63 milhões de cristãos de tradição luterana, distribuídos por 136 igrejas nacionais e regionais. Uma primeira aliança, fundada em 1868 pelas igrejas alemães e escandinavas, foi ampliada em 1923 em Eisenach para demais igrejas europeias e, também, norte-americanas. A chegada das igrejas da América Latina, da Ásia e da África leva em 1947, em Lund (Suécia), à criação da Federação Mundial Luterana, à qual aderiram todas as igrejas luteranas, com exceção das igrejas de tipo confessionalista (p. ex., as do Sínodo do Missouri). As dez assembleias mundiais (Lund, 1947; Hanove, 1952; Minneapolis, 1957; Helsinque, 1963; Evian, 1970; Dar es Salaam, 1977; Budapeste, 1984; Curitiba, 1990; Hong Kong, 1997; Winnipeg, 2003) retraçam a história da federação, uma história que mostra a passagem progressiva de uma federação, simples local de encontro de igrejas particulares, para uma comunidade internacional caracterizada por uma forte consciência eclesiológica.

Suas referências doutrinárias são os textos do Antigo e do Novo Testamentos, as confissões de fé da igreja antiga, os Escritos Simbólicos do luteranismo, sobretudo a *Confissão de Augsburgo* e o *Catecismo menor* de Lutero. A federação é uma "comunhão de igrejas que confessam o Deus trinitário, concordando na proclamação da Palavra de Deus, unidas na comunhão de púlpito e altar" (art. 3 da Constituição). Por sua organização e suas estruturas de trabalho, a federação acredita fomentar um testemunho e um serviço comuns, uma cooperação estreita na ajuda e na formação, assim como um engajamento comum de todas as igrejas luteranas no diálogo ecumênico com outras igrejas cristãs.

André Birmelé

▶ As atas das Assembleias já publicadas em *Positions luthériennes*: Helsinque, 12, 1964, p. 3-36; Évian, 18, 1970, p. 237-349; Dar-es-Salam, 26, 1978, p. 5-93; Budapeste, 32, 1984, p. 273-383; Curitiba, 38, 1990, p. 177-316 e Winnipeg, 52, 2004, p. 355-465; BIRMELÉ, André e LIENHARD, Marc, orgs., *La foi des Églises luthériennes. Confessions et Catéchismes*, Genebra-Paris, Labor et Fides-Cerf, 2003; SCHJØRRING, Jens Holger, KUMARI, Prasanna e HJELM, Norman A., orgs., *From Federation to Communion. The History of the Lutheran World Federation*, Minneapolis, Fortress Press, 1997; VAJTA, Vilmos, "Au fil des générations, la Fédération luthérienne mondiale", *Positions luthériennes* 31, 1983, p. 103-120.

● Aliança Reformada Mundial; *Confissão de Augsburgo*; **ecumenismo**; igrejas luteranas; luteranismo

FEDERAÇÃO PROTESTANTE DA FRANÇA

Em 1904 e 1905, diversas igrejas protestantes estabelecem um conselho comum, com o fim de atuar como interlocutor diante dos poderes públicos, no contexto da lei da separação entre igreja e Estado (votada em dezembro de 1905). Esperava-se então atrair não protestantes feridos pelas posições da Igreja Católica e criar uma "Federação dos livres cristãos". O fracasso desse empreendimento levou à formação da Federação Protestante da França (Nîmes, 1909). Embora lhe fosse reconhecido o papel de porta-voz na sociedade, entre as igrejas seus laços eram bastante vagos, de natureza confederativa.

A Federação Protestante da França foi marcada pela longa e enérgica presidência de Marc Boegner (1929-1961), que atribuiu ao cargo uma incontestável autoridade moral, principalmente ao longo da Segunda Guerra Mundial (mas não sem alguma ambiguidade, pois Marc Boegner era ao mesmo tempo presidente da Igreja Reformada da França).

A partir dos anos 1960, engaja-se num processo — ainda não concluído — de passagem de confederação para uma verdadeira federação, com o fim de dar um peso maior às instituições, obras e movimentos. A federação publica diversos textos, alguns bastante engajados (como "Igrejas e poderes", 1971), que provocaram vivas reações no meio, enquanto outros (como "A bioética", 1987) tentam levantar uma reflexão protestante pluralista. Em 1993, uma carta tornou precisas as condições para pertencer-se à federação. Em 2004, a Federação Protestante da França compreendia duas igrejas luteranas: a Igreja da Confissão de Augsburgo da Alsácia e da Lorena (com 218 mil membros) e a Igreja Evangélica Luterana (com 34 mil membros, divididos nas duas inspeções eclesiásticas de Paris e Montbéliard); três igrejas reformadas: a Igreja Reformada da Alsácia e da Lorena (33 mil), as igrejas reformadas evangélicas independentes (13 mil) e a Igreja Reformada da França (350 mil), assim como a Missão Evangélica Cigana da França (70 mil), a Igreja Apostólica (2.800) e demais igrejas evangélicas e pentecostais menores. Une-se a elas a Missão Popular Evangélica da França (fundada em 1871 pelo pastor escocês Robert Whitaker MacAll), que não é uma igreja, mas uma "missão interdenominacional" engajada no testemunho junto aos meios populares. Em 2003, a federação se amplia, admitindo a Comunidade das Igrejas Protestantes de Expressões Africanas na França (1.500), assim como outras igrejas como membros sob condição (igrejas adventistas e pentecostais). No todo, a federação reúne 900 mil em 1,1 milhão de protestantes franceses. É também responsável por gerar capelania militar e por programas protestantes de rádio e televisão. Com o Boletim de Informação Protestante e o Centro Protestante de Estudos e Documentação (criado em 1943, tornou-se serviço da federação em 1973), dispõe de ferramentas para a difusão de informação e textos sobre o protestantismo. A federação conta também com um serviço bíblico e um serviço de relações ecumênicas.

Jean Baubérot e Jean-Paul Willaime

▶ BAUBÉROT, Jean, *Le pouvoir de contester. Contestations politico-religieuses autour de "mai 68" et le document "Église et pouvoirs"*, Genebra, Labor et Fides, 1983; Idem, *Le XXe siècle*, em Henri DUBIEF e Jacques POUJO, orgs., *La France protestante. Histoire et lieux de mémoire* (1992), Paris, Éditions de Paris, 1996, p. 145-165; Idem, org., *Vers l'unité pour quel témoignage? La restauration de l'unité réformée (1933-1938)*, Paris, Les Bergers et les Mages, 1982; MEHL, Roger, *Le protestantisme français dans la société actuelle*, Genebra, Labor et Fides, 1982.

◉ Bertrand; Boegner; França

FEDERAÇÃO PROTESTANTE DA ITÁLIA

Após o segundo Congresso Protestante (Roma, 1965), a *Federazione delle Chiese evangeliche in Italia* [Federação da Igreja Protestante da Itália] surge em Milão, 1967, reconhecendo as Escrituras Sagradas como "regra única da fé" e declarando que "a razão de ser" das igrejas membros é o "testemunho do Reino de Deus que, em Jesus Cristo, aproximou-se dos homens". No nível eclesiológico, as igrejas membros reconhecem "sua convergência de fundo" nas seguintes posições: o caráter missionário da igreja, o sacerdócio universal dos cristãos, a pluralidade dos dons e ministérios, a igreja local vista como um dado eclesiológico primordial.

As igrejas membros são a União das Igrejas Valdense e Metodista, a União das Igrejas Batistas, a Igreja Luterana, o Exército de Salvação, a Igreja Apostólica e a Comunhão das Igrejas Livres, assim como algumas comunidades particulares. A federação é responsável por vários departamentos comuns: catequese, serviço de imprensa, programas de rádio e televisão, diaconia para imigrantes e refugiados. As numerosas igrejas pentecostais, a Igreja dos Irmãos, a União das Igrejas Adventistas e demais obras e grupos evangélicos, embora não sejam membros, mantêm laços ocasionais com a federação.

Paolo Ricca

▶ *Annuario evangelico*, Turim, Claudiana, 1983; BOUCHARD, Giorgio, *Chiese e movimenti evangelici del nostro tempo*, Claudiana, Turim, 1992; Idem e TURINETTO, Renzo, *L'"altra chiesa" in Italia. Gli evangelici*, Turim, Claudiana, 1976; Federazione delle Chiese evangeliche in Italia, Servizio migranti, *Casa o fortezza? L'Italia, l'Europa del 1992 e l'immigrazione. Quali scelte politiche*, Turim, Claudiana, 1989; LONG, Gianni, *Le confessioni religiose "diverse dalla cattolica". Ordinamenti interni e rapporti con lo stato*, Bolonha, Il Mulino, 1991; PASCHETTO, Emmanuele, SBAFFI, Paolo e RIVOIR, Eugenio, orgs., *Evangelici in Italia. Documenti delle chiese battiste, metodiste, e valdesi (1961-1990)*, Turim, Claudiana, 1990.

◉ Igreja Valdense; Itália; Valdo

"FÉ E CONSTITUIÇÃO"

"Fé e Constituição" é uma das componentes do movimento ecumênico que precedeu a fundação do Conselho Mundial de Igrejas (CMI) em 1948. Sua razão de ser só pode ser compreendida em relação a dois outros braços do movimento: a missão (Conferência Mundial de Edimburgo, 1910) e o programa de ação social (conferência mundial do Cristianismo Prático "Vida e Ação" em Estocolmo, 1925). Diante de ambos os movimentos, impõe-se a necessidade de uma reflexão, tanto sobre as doutrinas que podem separar as igrejas (a "fé") quanto sobre a ordem e a organização da igreja (a "constituição"), respondendo à promessa de *ser um para que o mundo creia* (Jo 17.21). Essa convicção esteve na base da terceira das grandes conferências que pavimentaram o caminho para o CMI, em Lausanne, de 3 a 21 de agosto de 1927.

Perturbada pela Primeira Guerra Mundial e pela lentidão dos preparativos de dois episcopais americanos (Charles Brent, bispo das Filipinas e de Buffalo, e o jurista Robert Gardiner), a Conferência de Lausanne (cujo projeto data de 1913) reuniu quatrocentos representantes de 108 igrejas. Compreendeu sólidas descrições dos grandes temas doutrinários em litígio entre confissões. Porém, o debate parmaneceu na superfície, por falta de um método apropriado e de conhecimento suficiente por parte de cada posição. A delegação ortodoxa, que compareceu em peso, mostrou-se particularmente reticente a um avanço rápido das negociações de união. Mesmo assim, o evento foi marcante, e seus participantes declararam-se convencidos a prosseguir com o trabalho iniciado ali. Solicitada a tomar parte, a Igreja Católica pareceu de início ter recebido de modo favorável o projeto, mas, uma vez terminada a conferência, no dia 8 de julho de 1928 a encíclica *Mortalium animos* declarava que "a união dos cristãos só pode ser buscada no favorecimento do retorno dos dissidentes à única verdadeira Igreja de Cristo, que um dia eles tiveram o infortúnio de abandonar".

O trabalho prosseguiu na segunda conferência, de Edimburgo, 1937. Decidiu-se pela associação ao movimento do Cristianismo Prático para a fundação do CMI. Essa resolução, atrasada por causa da guerra e tornada efetiva somente em 1948, em Amsterdã, não significou a dissolução do movimento, mas, sim, sua afirmação: a Comissão "Fé e Constituição", com seus 120 membros e seu comitê executivo de trinta membros, ofereceu no CMI o fórum teológico mais representativo do mundo (igrejas não membros do CMI participam da discussão como membros de pleno direito, tal como a Igreja Católica Romana, desde 1967).

As grandes etapas da história da comissão são: a terceira conferência mundial em Lund, 1952, que pretendeu superar o método comparativo entre as confissões através de uma abordagem da revelação que partisse de uma base bíblico-teológica comum; a quarta conferência mundial em Montreal, 1963, que esclareceu a relação entre Escritura e Tradição pela ênfase nas diferentes tradições dentro da grande tradição bíblica; e a quinta conferência mundial em Santiago de Compostela, 1993, que definiu a unidade a ser almejada em termos de *koinonia* ("comunhão") e mencionou a elaboração de uma hermenêutica ecumênica, fazendo eco a uma situação ecumênica em transformação. No entanto, o primordial do trabalho teológico é feito nas reuniões da comissão e nos grupos de estudo mais especializados, ou nas consultas. Podemos citar, portanto, a reunião de Louvain, 1971, que empreendeu um estudo sobre as relações entre a unidade da igreja e a unidade da humanidade; a de Bangalore, 1978, que formulou as quatro condições necessárias para uma comunhão conciliar (a suspensão de anátemas recíprocos, a unidade na fé apostólica, o reconhecimento mútuo do batismo, da eucaristia e do ministério e um acordo sobre as estruturas comuns de decisão e sobre a organização da igreja); a de Lima, 1982, em que foram redigidos os textos que exprimem convergências sobre as questões do batismo, da eucaristia e do ministério.

Se alguns consideraram "Fé e Constituição" o centro do CMI, por causa da atenção dedicada ao problema da unidade na igreja, outros acreditaram que foi justo por causa disso que "Fé e Constituição" deveria ser superado. Na verdade, a tensão originária entre o movimento missionário, prático e social, de um lado, e o movimento teológico, de outro, estimulou os programas de "Fé e Constituição" em suas fases mais recentes: a presença das igrejas do hemisfério com suas teologias específicas relativizou as antigas discussões sobre a unidade das igrejas, orientando-as para outros conflitos que dilaceram o Corpo de Cristo, entre ricos e pobres, negros e brancos, homens e mulheres,

FELICIDADE ▶ 672

deficientes físicos e não deficientes, e ainda a violência e o nacionalismo. Da mesma forma, a discussão sobre o tema "Batismo, eucaristia, ministério" reconheceu a necessidade de responder a questionamentos mais amplos sobre as relações entre a missão da igreja e a natureza, ou entre a eclesiologia e a ética. Além disso, como observou o secretário-geral do CMI, o pastor Konrad Raiser, em 2002, no 75º aniversário de "Fé e Constituição", a expansão atual dos diálogos bilaterais entre confissões talvez tenha obscurecido os diálogos multilaterais que permanecem um dos pontos fortes de "Fé e Constituição". Todos esses diálogos dão hoje ao ecumenismo doutrinário sua nova face.

Klauspeter Blaser e Jean-François Zorn

▶ *Foi et Constitution. Actes officiels de la Conférence mondiale de Lausanne, 3-21 août 1927*, org. por Jules JÉZÉQUEL, Paris, Attinger, 1928; *Foi et Constitution. Actes officiels de la deuxième conférence universelle. Édimbourg, 3-18 août 1937*, org. por Henri CLAVIER, Paris, Fischbacher, 1939; CONSELHO MUNDIAL DE IGREJAS, Comissão "Fé e Constituição", *Baptême, eucharistie, ministère. Convergence de la foi* (1982), Paris-Taizé, Centurion-Presses de Taizé, 1982; Idem, *Confesser la foi commune. Explication oecuménique de la foi apostolique telle qu'elle est confessée dans le Symbole de Nicée-Constantinople (381)* (1991), Paris, Cerf, 1993; Idem, *Église et monde. L'unité de l'Église et le renouveau de la communauté humaine*, Paris, Cerf, 1993; Idem, *Lausanne 77. Cinquante ans de Foi et Constitution*, Genebra, CMI, 1977; GASSMANN, Günther, org., *Documentary History of Faith and Order 1963-1993*, Genebra, CMI, 1993; HAUDEL, Matthias, *Die Bibel und die Einheit der Kirchen. Eine Untersuchung der Studien von "Glauben und Kirchenverfasssung"*, Göttingen, Vandenhoeck & Ruprecht, 1993; VISCHER, Lukas, org., *Foi et Constitution. Textes et documents du mouvement "Foi et Constitution" 1910-1963*, Neuchâtel, Delachaux et Niestlé, 1968; Idem, org., "Conférence mondiale de Foi et Constitution, Louvain, 2-12 août 1971", *Istina* 16, 1973, p. 260-432.

▶ Brent; Conselho Mundial de Igrejas; **ecumenismo**; Gardiner; missionárias (conferências); Nomenyo; Temple W.; Thurian

FELICIDADE

Todo mundo aspira à felicidade; a reflexão ética não foge dessa evidência, mas como poderia dar conta do tema sem sucumbir às armadilhas do sentimentalismo ou do utilitarismo? Na tradição ética aristotélica e tomista, a felicidade esteve sempre ligada a modelos eudemonistas (do grego *eudaimonia*, felicidade), que privilegiam a busca do bem-estar pessoal e da realização do ser humano, mas de acordo com um modo fortemente escatológico (cf. a visão das Bem-aventuranças). O protestantismo sempre tendeu a rejeitar a felicidade em objetivos secundários. Immanuel Kant (1724-1804), dentro da linha das teses protestantes, recusou-se a fazer da felicidade o fundamento primeiro da ética; no entanto, reconheceu a necessidade ética do dever de ser feliz. Podemos nos indagar se o protestantismo contemporâneo, em um diálogo com importantes correntes do catolicismo, não precisaria reabrir o dossiê da felicidade a partir de uma meditação das Bem-aventuranças, portanto de uma valorização da paz e da justiça, mais que do conforto ou do bem-estar material, com frequência associados à felicidade no individualismo contemporâneo. A moral protestante certamente teria bastante a ganhar em humanidade. Além disso, restabeleceria laços com as melhores correntes de um frequentemente menosprezado puritanismo, que, no entanto, não deixou de dedicar-se com paixão ao tema da felicidade.

Denis Müller

▶ DUMAS, André, *Les vertus... encore*, Paris, Desclée de Brouwer, 1991, p. 199-216; GISEL, Pierre, *Le bonheur en condition postmoderne. Mise en perspective théologique du bonheur humain; le bonheur humain, lieu d'une relance de la théologie*, em Otto Hermann PESCH e Jean-Marie VAN CANGH, orgs., *Béatitude eschatologique et bonheur humain*, Bruxelas, Académie internationale des sciences religieuses, 2005, p. 219-236; LEITES, Edmund, *La passion du bonheur. Conscience puritaine et sexualité moderne* (1986), Paris, Cerf, 1989; PLÉ, Albert, *Par devoir ou par plaisir?*, Paris, Cerf, 1980.

▶ Dever; Kant; **moral**; utilitarismo

FELIPE DE HESSE (1504-1567)

Felipe I, o Magnânimo, landgrave de Hesse, desempenhou um papel fundamental na história da Reforma no império, graças a sua aliança com o Eleitor da Saxônia. Em 1525, foi o primeiro príncipe a reprimir a insurreição dos camponeses em Hesse e na Turíngia. Logo se torna um adepto da Reforma e a introduz em todo o langraviato, após o Sínodo de Homberg (1526), e funda a primeira universidade luterana em Marburgo, 1527. Desejoso por estabelecer uma união política e teológica entre protestantes alemães e suíços, organiza em 1529, entre Lutero e Zwinglio, o Colóquio de Marburgo, fracassado por causa da questão da ceia; isso põe fim a seu projeto sobre uma união política protestante contra os Habsburgos. Juntamente com João Frederico I da Saxônia, Felipe de Hesse foi um dos líderes mais importantes da Liga de Smalkade (1531-1547), mas sua bigamia (1540) o torna passível de pena de morte, de acordo com a lei imperial, o que constitui forte obstáculo à sua carreira política. Após o fim da Liga, o imperador Carlos V o torna prisioneiro durante quatro anos.

Com a morte de Felipe I, Hesse dividiu-se em dois principados, que se separaram confessionalmente até o século XIX: a Hesse-Kassel (ou Hesse eleitoral) se torna reformada, enquanto a Hesse-Darmstadt constitui um bastião da ortodoxia luterana.

Bernard Vogler

▶ STEITZ, Heinrich, *Geschichte der Evangelischen Kirche in Hessen und Nassau*, t. I: *Reformatorische Bewegungen, Reformationen, Nachreformationen*, Marburgo, Trautvetter und Fischer, 1961.

● Alemanha; Hesse; Marburgo (Colóquio de); Sickingen; Smalkalde (Liga de); Spira (dietas de)

FELLENBERG, Philippe Emmanuel de (1771-1844)

Nascido em Berna e morto em Hofwyl, filantropo, pedagogo que se desdobrou em agrônomo e político, esse patrício bernense compra em 1799, em três locais de Berna, um território de 140 hectares, Hofwyl, tornando-o ao mesmo tempo uma fazenda-modelo e uma "república completa de educação". Nessa "escola de civilização" (de acordo com Alexandre Vinet), onde alunos de todas as classes sociais cantavam em comum e participavam do trabalho agrícola, as aulas eram dadas em uma escola para os pobres (em que o professor Johann Jakob Wehrli participa totalmente da vida das crianças), um ginásio, uma escola industrial e um curso normal para a formação de professores. Desenvolve-se ali plenamente uma pedagogia do exemplo.

Em um mundo em decomposição, torna-se necessária uma revolução moral com base na prática dedicada do cristianismo e uma alegre submissão a Deus. Fantástico organizador, sem abrir mão da modéstia, Fellenberg crê em sua missão providencial de educador, algo que vê como fundamental para seu país. Sua influência foi enorme. Sonhou com a fundação de uma "federação pedagógica" com o gênio visionário que foi Pestalozzi. Por sua vez, Pestalozzi confessou que sempre quis fundar uma instituição como a escola para os pobres de Hofwyl, que a Europa culta não cessava de visitar. Mas o projeto não foi adiante.

Gabriel Mützenberg

▶ GUGGISBERG, Kurt, *Phillip Emmanuel von Fellenberg und sein Erziehungsstaat*, 2 vols., Berna, Lang, 1953; JULLIEN, Marc Antoine, *Précis sur les instituts d'éducation de M. de Fellenberg, éstablis à Hofwil, auprès de Berne*, Paris, Colas, 1817; MÜTZENBERG, Gabriel, *Genève 1830. Restauration de l'école*, Lausanne, Éditions du Grand-Pont, 1974, p. 158s e 542-545; PICTET DE ROCHEMONT, Charles, *Lettre de Mr. Ch. Pictet à ses collaborateurs de la Bibliothèque britannique, sur les établissements de Mr. de Fellenberg, et spécialement sur l'école des pauvres à Hofwyl*, Paris--Genebra, Paschoud, 1812.

● Educação; Pestalozzi

FEMINISMO

O feminismo protestante moderno originou-se da ação de sociedades de mulheres protestantes que lutavam pelo fim de todo tipo de discriminação contra os negros (seja por causa da escravidão, seja por um *status* inferior). A palavra dos militantes nas igrejas foi contestada, acompanhada de conflitos, e em 1838 Sarah Grimké (1792-1873) publicou sua obra *Letters on the Equality of the Sexes and the Condition of Woman* [Cartas sobre a igualdade dos sexos e a condição da mulher], primeiro grande manifesto do feminismo protestante. Em 1848, a Convenção de Senaca Falls, em Nova York, clamou pelo fim do monopólio masculino da pregação (algo já determinado pelos quacres desde o século XVII).

Em meados do século XIX, uma exegese feminista da Bíblia começa a ser elaborada nos países anglo-saxões. Na França, uma protestante, Eugénie Niboyet (1797-1883), aponta para o aspecto evolucionista do relato da criação: plantas, animais, homem, mulher. No final do século, a exegese feminista é sintetizada e propagada por Elizabeth Stanton Cady, autora de *The Women's Bible* [A Bíblia da mulher] (1895-1898). Na França, uma diaconisa, Sarah Monod (1836-1912), é redatora-chefe do jornal *La femme* [A mulher].

O feminismo protestante do século XIX, na mesma linha das ideias de madame Necker de Saussure (*L'éducation progressive, ou étude du cours de la vie* [A educação progressiva, ou estudo do curso da vida], 3 vols., Paris, Paulin, 1828-1838), insiste na importância da educação para transformar a condição das mulheres e combater a noção de uma "natureza feminina" inferior a uma "natureza masculina". Os dois congressos internacionais das obras e instituições femininas (1889 e 1900) são dominados por protestantes, que constatam que a "questão da mulher" está "infinitamente mais avançada" nos países de cultura protestante que nos países de cultura católica — o que aliás não significa que as feministas protestantes (mulheres e homens; cf. sobretudo Louis Adolphe BRIDEL, *La femme et le droit* [A mulher e o direito], Lausanne, Bridel, 1882) não precisem confrontar o discurso religioso que busca justificar o domínio do homem sobre a mulher, principalmente por parte de certos pastores.

Jean Baubérot

▶ BAUBÉROT, Jean, *De la femme protestante*, em Geneviève FRAISSE e Michelle PERROT, orgs., *Histoire des femmes*, t. IV: *Le XIXe siècle*, Paris, Plon, 1991, p. 199-213; GREAVES, Richard L., orgs., *Triumph over Silence. Women in Protestant History*, Londres, Greenwood Press, 1985; KÄPELLI, Anne-Marie, *Sublime croisade. Éthique et politique du féminisme protestant (1875-1928)*, Carouge, Zoé, 1990; POUJOL, Geneviève, *Un féminisme sous tutelle. Les protestantes françaises 1810-1960*, Paris, Éditions de Paris, 2003.

⊙ Bührig; criança; **educação**; Emerson; escravidão; Grimké; Harrison; **mulher**; Russell; Secrétan; Shaw; Sölle; Stanton; teologia feminista; Willard

FENOMENOLOGIA

É a obra de Edmund Husserl (1859-1938) que tornou a palavra "fenomenologia" — utilizada desde o século XVII, sobretudo na área da estética — o nome de uma orientação filosófica. A ideia fundamental da fenomenologia husserliana consiste em demonstrar que tanto o caráter fenomenal dos fenômenos (percebidos) como sua estruturação mental procedem da forma, desde a partida sintética, da intencionalidade da consciência. Husserl se situa, portanto, na tradição da filosofia alemã clássica, inaugurada por Kant, Fichte e Hegel. Como Kant e Fichte, ele vê como procedente da pura autorreflexividade da consciência a construção das categorias que estruturam os fenômenos, enquanto Kant e Fichte, com o mesmo objetivo, abstraem a materialidade dos fenômenos — porém, a fenomenologia trabalha saturada de fenômenos. Por outro lado, em um contraste com a *Fenomenologia do Espírito* (Petrópolis, Vozes, 2008) de Hegel, Husserl estima que a unidade efetiva do mundo fenomenal e do esquema estruturante não poderia exprimir-se sob a forma de um sistema lógico totalizante.

Por várias vezes, Husserl (que aliás se diz "protestante livre" em uma carta a Rudolf Otto, do dia 5 de março de 1919) empreende a formulação de uma exposição sistemática de sua versão específica do transcendentalismo, deixando-a inacabada. Inicialmente, em *Les recherches logiques* [Investigações lógicas] (1900, Paris, PUF, 1990-1993), Husserl se volta para problemas lógicos e matemáticos; ao término de seu percurso intelectual (*La crise des sciences européennes et la phénoménologie transcendentale* [A crise das ciências europeias e a fenomenologia transcendental], 1936, Paris, Gallimard, 1976), o conceito de *Lebenswelt* (em português, "mundo-da-vida") o levou a associar de modo cada vez mais estreito e historicamente marcado a faticidade empírica e as modalidades de sua manifestação ou de sua estruturação.

O programa husserliano de uma "fenomenologia [transcendental] como estrita ciência" provou-se uma das orientações teóricas mais frutíferas do século XX, ultrapassando um bom número de projetos filosóficos semelhantes que foram desenvolvidos na mesma época, que em parte também reivindicam o termo fenomenologia. Pois a fenomenologia husserliana pertence a uma conjuntura cultural que coloca no centro das preocupações intelectuais a atenção à concretude, destacando-se do formalismo metodológico dos programas neokantianos. Essa mesma ênfase está presente no cerne das reflexões teológicas, articuladas tanto pela "teologia dialética" quanto pelas diversas renovações confessionais que surgem após a Segunda Guerra Mundial.

Gerardus Van der Leeuw (1890-1950), historiador da religião, adotou o termo "fenomenologia" para designar uma metodologia que renuncia a um conceito prévio de religião — seja de teor especulativo, seja de teor neokantiano — em prol de uma descrição interna dos fenômenos religiosos. Esse ponto de vista seria prolífico na história e na ciência da religião.

A fenomenologia husserliana não encontrou continuação direta em uma escola específica, mas constitui o ponto de partida da ontologia fundamental de Martin Heidegger (1889-1076). Pela análise da existência (*Dasein*), pretende resgatar a facticidade singular das estruturas que manifestam o ser (cf. *Ser e tempo* [1927], vol. I e II, Petrópolis, Vozes, 1993) ou em que se manifesta o ser (após a *Kehre*). A perspectiva existencial de Bultmann se refere expressamente à primeira formulação. A fenomenologia husserliana também obteve ampla repercussão nos meios de língua francesa. Jean-Paul Sartre e Maurice Merleau-Ponty foram influenciados de modo decisivo pelo pensamento de Husserl, enquanto Paul Ricoeur e Pierre Thévenaz (protestantes), Emmanuel Levinas (judeu) e Jean-Luc Marion (católico) inseriram a fenomenologia em um nicho da filosofia da religião.

Dietrich Korsch

▶ ADRIAANSE, Hendrik Johan, *Zu den Sachen selbst. Versuch einer Konfrontation der Theologie Karl Barths mit der phaenomenologischen Philosophie Edmund Husserls*, Haia, Mouton, 1974; BIEMEL, Walter, *L'idée de la phénoménologie chez Husserl*, em Jean-Luc MARION, org., *Phénoménologie et métaphysique*, Paris, PUF, 1984, p. 81-104; CHRÉTIEN, Jean-Louis et alii, *Phénoménologie et théologie*, Paris, Critérion, 1992; FAYE, Emmanuel, *Heidegger, l'introduction du nazisme dans la philosophie. Autour des séminaires inédits de 1933-1935*, Paris, Albin Michel, 2005; JANICAUD, Dominique, *Le tournant théologique de la phénoménologie française*, Combas, L'Éclat, 1991; JANSSEN, Paul, *Phänomenologie*, em Joachim RITTER e Karlfried GRÜNDER, orgs., *Historisches Wörterbuch der Philosophie*, t. VII, Basileia, Schwabe, 1989, col. 486-505 (bibliografia); LANDGREBE, Ludwig, *Der Weg der Phänomenologie*, Gütersloh, Mohn, 1978.

▶ Existencialismo; filosofia; filosofia da religião; Héring; Ricoeur; Thévenaz; Van der Leeuw

FESTAS

Ato eminentemente coletivo e cíclico, a festa é uma ação simbólica que introduz uma ruptura no cotidiano e, ao mesmo tempo, evoca um fato ou uma pessoa. Valorizando a espontaneidade, a festa é uma instituição com um ritual determinado em que um grupo social (coletividade política ou religiosa, associação esportiva, coral etc.) celebra seu estar junto: qualquer que seja o objeto da comemoração, uma festa também será sempre a festa dos que participam dela. Por ser extracotidiana, pela ruptura que representa, a festa com frequência se reveste de um caráter religioso. Em cada religião há festas que assinalam a ocasião para ajuntamentos comunitários que são ritualizados de diversas maneiras.

Embora sejam considerados austeros e pouco inclinados a comemorações, os protestantes celebram muitas festas. Primeiro, claro, as grandes festas do calendário litúrgico cristão: a Páscoa (ressurreição de Jesus Cristo), o Natal (nascimento de Jesus), a Ascensão (Jesus Cristo assunto aos céus), o Pentecostes (descida do Espírito Santo). Os protestantes não celebram os santos do calendário, *Corpus Christi*, a assunção de Maria (15 de agosto), Todos os Santos: os dias correspondentes a essas festas não são feriado nos países protestantes. Como a piedade luterana é particularmente sensível à salvação proporcionada aos homens na cruz, a Sexta-Feira Santa é feriado nos países que correspondem a essa tradição, como a Alsácia (região em que o protestantismo dominante é luterano). Os protestantes comemoram o Dia da Reforma em 31 de outubro, data em que, de acordo com a tradição, Lutero apresentou publicamente suas 95 teses.

A progressão religiosa individual possui seus marcos, tanto no protestantismo quanto no catolicismo, no batismo, na confirmação (ou profissão de fé) e no casamento religioso; a cada um desses momentos, verdadeiros "ritos de passagem", corresponde uma festa familiar. De tempos em tempos, cada igreja local organiza uma quermesse para aprofundar laços entre seus membros... e arrecadar fundos. Outras ocasiões também suscitam festas: inauguração de um novo templo, ordenação ou chegada de um novo pastor etc.

Hoje, busca-se desenvolver mais o aspecto festivo no protestantismo, tanto no culto, com elementos decorativos (incluindo-se a túnica sacerdotal, adotada por alguns pastores em vez da vestimenta preta, considerada austera) quanto em reuniões de protestantes da cidade (cf. os encontros protestantes regionais na França) ou de uma sociedade inteira (cf. os *Kirchentage* na Alemanha), de todas as denominações e tendências.

Comemorações associadas de modo especial à identidade protestante também são momentos de reuniões festivas, como, em 1983, os quinhentos anos de Lutero; em 1985, o tricentenário da Revogação do Edito de Nantes; em 1986, os 450 anos da Reforma em Genebra; e os encontros anuais como os do Museu do Deserto, nas Cevenas.

Jean-Paul Willaime

▶ GAGNEBIN, Laurent, *Pour un christianisme en fêtes*, Paris, Église réformée de la Bastille, 1996; GISEL, Pierre, *L'excès du croire. Expèrience du monde et accès à soi*, Paris, Desclée de Brouwer, 1990, cap. 4; ISAMBERT, François-André, *Le sens du sacré. Fête et religion populaire*, Paris, Minuit, 1982; "Protestantisme et liberté 1685-1985", *Bulletin du Centre protestant d'études et de documentation* 313, Paris, 1986.

◉ Domingo; liturgia; Reforma (aniversários da); ritos

FEUERBACH, Ludwig (1804-1872)

Feuerbach é um dos filósofos alemães mais significativos do século XIX. Inicia seus estudos pela teologia, deixando-a para tornar-se aluno de Hegel em Berlim. Sua obra não deve ser considerada uma simples passagem de Hegel a Marx, mas deve ser interpretada por si mesma. Assim como Kierkegaard, Feuerbach não é oficialmente filósofo (a universidade lhe fechou as portas), mas se pretende "escritor e homem", ansioso por aliar reflexão filosófica e mundo concreto. Seu primeiro livro, *Pensamentos sobre a morte e a imortalidade* (1830), causa escândalo, sendo em pouco tempo proibido. No entanto, a intenção de seu autor era positiva e tipicamente "moderna": libertar o ser humano da constante preocupação com o além, para que ele esteja plenamente disponível para as tarefas do mundo, e essa seria "a significação ética da morte". Feuerbach responde dessa maneira ao questionamento de uma humanidade que se apavora com o desaparecimento de Deus. A existência de Deus, para ele, deve ser substituída pela transcendência humana. Em sua famosa obra *A essência do cristianismo* (1841), Feuerbach conclui seu intento: o cerne da teologia não seria outro, senão a antropologia, de modo que "Deus não passa do arquétipo e do ideal humano". Mas Feuerbach não pode ser reduzido a uma inversão, pois sua doutrina do ser humano parte não da ideia, mas do sentimento, da paixão, do corpo e principalmente da relação Tu-Eu. O sofrimento precede o pensamento, e o indivíduo só é pleno na relação, no amor. Com essa ênfase na existencialidade e na finitude, Feuerbach anuncia os vários aspectos que ressurgem em Kierkegaard, Schopenhauer, Nietzsche e Martin Buber.

Henry Mottu

▶ FEUERBACH, Ludwig, *Pensées sur la mort et l'immortalité* (1830), Paris, Cerf, 1991; Idem, *A essência do cristianismo* (1841, 1843), Petrópolis, Vozes, 2007; Idem, *Manifestes philosophiques. Textes choisis* (1839-1845), Paris, PUF, 1960; ARVON, Henri, *Ludwig Feuerbach et la transformation du sacré*, Paris, PUF, 1957; BARTH, Karl, *La théologie protestante au dix-neuvième siècle. Préhistoire et histoire* (1946), Genebra, Labor et Fides, 1969, p. 328-333; LÖWITH, Karl, *De Hegel à Nietzsche* (1941), Paris, Gallimard, 1969; PHILONENKO, Alexis, *La jeunesse de Feuerbach (1828-1841). Introduction à ses positions fondamentales*, 2 vols., Paris, Vrin, 1990; XHAUFFLAIRE, Marcel, *Feuerbach et la théologie de la sécularisation*, Paris, Cerf, 1970.

◉ Alves; ateísmo; crítica da religião; **Deus**; hegelianos de esquerda; teologias da morte de Deus

FICHTE, Johann Gottlieb (1762-1814)

Nascido em Rammenau (Lusácia, Alemanha) e morto em Berlim, Fichte foi professor de filosofia em Iena (de 1794 a 1799), sendo demitido após acusações de ateísmo ("Querela do ateísmo", 1798-1799). Foi também professor de filosofia na Universidade de Berlim (1810), ocupando o cargo de reitor pela primeira vez. Fichte é por excelência o filósofo da liberdade, desejando-se o continuador sistemático da obra crítica de Kant. Aos olhos de Fichte, Kant expôs os resultados de uma filosofia cujo princípio fundador não foi capaz de descobrir. Assim, a tarefa de que se incumbe Fichte é exatamente a de reconduzir os resultados a que Kant chegou em suas três *Críticas* a um princípio único do qual seja possível deduzir de modo rigoroso o sistema da filosofia transcendental em seu todo. A intuição fundamental de Fichte consiste em encontrar na ideia de uma pura autoatividade (a espontaneidade kantiana) o princípio a partir do qual é possível desdobrar a unidade sistemática da consciência. Como coincidência entre ação e ato, o "Eu" é para si mesmo seu próprio princípio, e nesse sentido é "absoluto". Esse caráter absoluto do "Eu" se exprime na tendência para uma atividade infinita. Mas essa atividade infinita só pode realizar-se sob a forma de uma atividade determinada, ou seja, finita. Todo o projeto fichteano consistirá em pensar o sujeito como dialética da infinitude e da finitude, como finitização da infinitude e infinitização da finitude. Em contraposição a uma postura consagrada pela fenomenologia, a finitude do sujeito como consciência de si e do mundo não é, portanto, para Fichte, um dado primeiro, mas um "fato" (um "fato" é sempre produto de um "fazer"), e a filosofia deve reconstruir sua gênese. É graças a essa reconstrução que se pode compreender a gênese transcendental da consciência teórica e da consciência prática.

Nessa perspectiva, a consciência de si resulta da autolimitação do "Eu absoluto", implicado por sua realidade concreta de sujeito agente e cognoscente. Prática e teoria são momentos necessários da autodeterminação do sujeito. É de responsabilidade da *Doutrina da ciência* descrever a constituição transcendental da consciência de si como gênese necessária do saber e do agir. Nesse sentido, essa doutrina desempenha o papel de uma filosofia primeira, organizando o sistema das disciplinas filosóficas. A partir de 1794, Fichte expõe a base da doutrina em *Fundação da doutrina da ciência*. Destinado em princípio a seus estudantes, o texto seria a única versão da *Doutrina da ciência* publicada com seu autor ainda em vida. Fichte trabalharia nesse texto durante toda a sua trajetória, para dar-lhe uma versão mais satisfatória, aprofundando sempre mais as implicações especulativas de sua intuição sistemática, sem jamais recolocar em questão suas escolhas fundamentais.

Ao acompanhar as análises de Fichte, verifica-se que, além das diversas questões abordadas nas múltiplas versões da *Doutrina da ciência*, surgidas entre 1793 e 1813, há uma constante: a consciência de si não poderia estar em contradição consigo mesma. A tarefa da filosofia consistiria em pensar as condições do acordo entre o que o sujeito faz quando estabelece uma tese e o conteúdo da tese estabelecida desse modo. Está nisso o objeto de uma reflexão transcendental, ou seja, de uma reflexão sobre as condições de possibilidade de toda asserção, de toda afirmação. A tese constante de Fichte consiste em afirmar a primazia do ato de asserção (a *thesis*, no sentido literal da palavra) que estabelece uma exigência não arbitrária de coerência, da qual o conteúdo da asserção não se pode libertar sem sucumbir a uma autocontradição. Como lei da enunciação, o ato de posição é absoluto no fato de não ter razão suficiente fora dele. O absoluto de Fichte não é uma instância transcendente, mas, sim, o princípio do sentido como condição de possibilidade do acordo daquilo que é pensado com o próprio ato de pensar. Essa identidade dos diferentes é a estrutura fundamental da subjetividade, cuja reflexibilidade é a condição da possibilidade.

As posições sistemáticas de Fichte levam a uma crítica das formas religiosas tradicionais, da ideia de Deus como Absoluto ou Infinito. Se toda consciência de si implica um momento de limitação, ou seja, de relatividade, o Absoluto ou o Infinito não pode ser pensado como um ser consciente, como uma pessoa. O absoluto é pura atualidade como condição de possibilidade de todo ato concreto, mas também como finalidade de cada ato; em todo ato, o sujeito desse ato adota a lei que consiste em um acordo com a exigência implícita contida na atualidade de seu ato. A atualidade do ato é o Ser absoluto, a vida de que vive a consciência e de que a consciência é a manifestação fenomenal. Nas *Doutrinas da ciência* da maturidade (a partir de 1804), Fichte explicita essa ideia servindo-se da imagem de um prisma (a consciência finita) em que a luz absoluta (Deus) viria quebrar-se, para fazer surgir os saberes finitos dos quais o sujeito é a consciência. A vida consciente pode assim ser pensada como uma imagem do Absoluto. Não haveria erro mais grave que buscar nas *Doutrinas da ciência* da fase berlinense uma forma de neoplatonismo renovado. A crítica de Fichte ao teísmo tradicional abre-se, portanto, para uma formulação de um cristianismo de inspiração flagrantemente platônica (cf. *Iniciation à la vie bienheureuse* [Iniciação à vida bem-aventurada] [1806], Paris, Aubier, 1944).

Fichte, porém, não foi somente um pensador especulativo e religioso; foi também um pensador político. A partir de 1793, toma publicamente a defesa da Revolução Francesa (*Contributions destinées à rectifier le jugement du public sur la Révolution française* [Contribuições para retificar o julgamento do público sobre a Revolução Francesa], Paris, Payot, 1974). Sua obra mais famosa talvez seja *Discours à la nation allemande* [Discursos à nação alemã], pronunciados em 1808 em Berlim (Paris, Aubier Montaigne, 1981). Nessa vibrante defesa de um renascimento da nação alemã, Fichte atribui ao povo da Alemanha a tarefa de realizar os ideiais da Revolução no contexto de um Estado nacional alemão cuja unidade se basearia em uma cultura e língua comuns (*Kulturstaat*). Associando-se a isso sua concepção de um socialismo ético fundado na independência econômica (*L'État commercial fermé* [O Estado comercial fechado] [1800], Paris, Librairie générale de droit et de jurisprudence, 1940), temos todos os elementos que podem explicar como foi feito do mesmo autor o "filósofo da Terceira República" (cf. Xavier Léon e Jean Jaurès) e o arauto de um nacionalismo alemão antiocidental invocado na Alemanha para a criação do nacional-socialismo (interpretação que Bertrand Russell também utiliza para enxergar em Fichte um dos "pais espirituais do fascismo", 1935).

Jean-Marc Tétaz

▶ FICHTE, Johann Gottlieb, *Werke*, org. por Immanuel Hermann FICHTE, 11 vols., Berlim, Walter de Gruyter, 1971 (reed. de *Nachgelassene Werke*, 1834-1835, e de *Sämtliche Werke*, 1845-1846); Idem, *J.-G. Fichte-Gesamtausgabe der Bayerischen Akademie der Wissenschaften*, org. por Reinhard LAUTH e Hans JACOB, Stuttgart-Bad Cannstatt, Frommann, 1962ss; Idem, *Oeuvres choisies de philosophie première. Doctrine de la science, 1794-1797*, Paris, Vrin, 1990; Idem, *La doctrine de la science nova methodo* (1798-1799), Paris, Librairie générale française, 2000; Idem, *La théorie de la science. Exposé de 1804*, Paris, Aubier, 1967; Idem, *La querelle de l'athéisme suivie de divers textes sur la religion* (1786-1800), Paris, Vrin, 1993; Idem, *La doctrine du droit de 1812*, Paris, Cerf, 2005; ASMUTH, Christoph, *Das Begreifen des Unbegreiflichen. Philosophie und Religion bei Johann Gottlieb Fichte*, Stuttgart-Bad Cannstatt, Frommann-Holzboog, 1999; BAUMANNS, Peter, *J. G. Fichte. Kritische Gesamtdarstellung seiner Philosophie*, Friburgo em Brisgóvia-Munique, Alber, 1990; BAUMGARTNER, Hans Michael e JACOBS, Wilhelm G., *J. G. Fichte. Bibliographie*, Stuttgart-Bad Cannstatt, Frommann, 1968; GODDARD, Jean-Christophe, *La philosophie fichtéenne de la vie. Le transcendantal et le pathologique*, Paris, Vrin, 1999; Idem e MAESSCHALCK, Marc, orgs., *Fichte, la philosophie de la maturité (1804-1814). Réflexivité, phénoménologie et philosophie* (1804-1814), Paris, Vrin, 2003; HEINRICH, Dieter, "La découverte de Fichte", *Revue de métaphysique et de morale* 72, 1967, p. 154-169; KORSCH, Dietrich, *Théisme, athéisme, panthéisme. Vers une transformation de la conception chrétienne de Dieu*, em Gilles EMERY e Pierre GISEL, orgs., *Le christianisme est-il un monothéisme?*, Genebra, Labor et Fides, 2001, p. 235-251; SCHRADER, Wolfgang, org., *Fichte im 20. Jahrhundert* , Amsterdã, Rodopi, 1997; TÉTAZ, Jean-Marc, "Le christianisme comme réalisation du sujet pratique. La réception critique de Fichte dans l'oeuvre de Schleiermacher", *Divinatioi* 15, Sofia, 2002, p. 177-203; THOMAS-FOGIEL, Isabelle, *Fichte. Réflexion et argumentation*, Paris, Vrin, 2004.

◉ Berlim (universidades de); estética; Hegel; Hirsch; Iena; indivíduo; Kant; kantismo (neo); **liberdade**; Schelling

FIDEÍSMO

Termo teológico ambivalente. Em contexto católico, designa o erro segundo o qual admite-se que as verdades da fé não se correlacionam de modo algum ao conhecimento racional teórico, de tipo científico (erro aliás que é com frequência imputado ao protestantismo). O erro contraposto ao fideísmo é o racionalismo, que toma o extremo oposto ao admitir que todas as verdades da fé podem ser demonstradas pela razão.

No protestantismo, o termo pode adquirir um sentido positivo, ao significar que as verdades da fé são acessíveis, não à razão soberana e autônoma da ciência clássica, mas a um conhecimento racional de outro tipo, correlacionado à razão prática (Albrecht, Ritschl, Wilhelm Herrmann etc., na linha de Kant), à subjetividade do que crê (símbolo-fideísmo da escola de Paris, Auguste Sabatier, Eugène Ménégoz), ao engajamento existencial oposto a um conhecimento "objetivo" ("teologia dialética", Karl Barth, Rudolf Bultmann etc., na linha de Kierkegaard) e a uma razão "aberta", tal como a conhece e utiliza a pesquisa científica contemporânea (teologia do processo, na linha de Alfred North Whitehead). Nesses diversos casos, falar de fideísmo seria, de um lado, compreender que as verdades da fé só são inteligíveis para uma razão capaz de acolher o acontecimento de seu encontro com a Revelação, considerada como ponto de partida para toda reflexão teológica, e por outro lado confirmar uma teoria do sujeito que crê.

Jean-Louis Leuba

▶ DUMÉRY, Henry, *La foi n'est pas un cri* (1957), Paris, Seuil, 1959; GISEL, Pierre, *L'excès de croire. Expérience du monde et accès à soi*, Paris, Desclée de Brouwer, 1990; THÉVENAZ, Pierre, *La condition de la raison philosophique*, Neuchâtel, La Baconnière, 1960.

● **Deus**; fé; Kant; kantismo (neo); Ménégoz; filosofia da religião; **razão**; Ritschl; Sabatier A.; símbolo-fideísmo; "teologia dialética"

FIDELIDADE

Os éticos protestantes seguem em geral dois caminhos diferentes para chegar a resultados semelhantes em relação à fidelidade conjugal. Alguns tratam o sujeito a partir de um grau de reflexão já atingido pelos autores do Antigo e do Novo Testamentos, afirmando que o casal reflete a aliança entre Deus e seu povo e também a aliança estabelecida entre Cristo e a igreja, além de ser testemunha dessa aliança. Assim, a fidelidade conjugal é instituída com base na fidelidade de Deus e de Cristo a sua aliança.

Outros seguem uma trajetória predominantemente histórica, demonstrando que a ética conjugal bíblica não vai totalmente na contramão da ética da cultura ambiente, mas visa a inserir nela uma distância significativa, na esperança de que cedo ou tarde seja derrubada: a necessidade de amar Lia tanto quanto Raquel em um sistema poligâmico, carta de repúdio para salvar a honra da esposa expulsa em um regime de total domínio masculino etc. Para esses éticos, essa distância consiste em extrair consequências da aliança, unindo suas vozes às dos que compõem o primeiro grupo exposto aqui.

Porém, esses dois caminhos não são puramente formais. Enquanto os que seguem o primeiro tendem a considerar a ética conjugal um dado que se torna lei, os que seguem o segundo não pretendem fazer eco aos autores bíblicos quanto ao conteúdo, mas, sim, inspirar-se em sua trajetória, inserindo na sociedade uma distância própria à vida da fé que questiona, testemunha e reorienta a ética dominante.

Em ambos os casos, os éticos protestantes, em sua imensa maioria, insistem no fato de que a fidelidade conjugal não é tanto uma lei que restringe, mas sobretudo uma promessa que liberta, ao inscrever a descontinuidade dos momentos fortes do amor na linha contínua que traça a instituição do casamento. Insistem igualmente no fato de que essa fidelidade encerra uma dimensão humana: quando o amor está de fato morto, o divórcio e um possível novo relacionamento pertencem ainda às características de uma aliança em que Deus permanece fiel e oferece sem cessar um novo recomeço.

Jean Ansaldi

▶ FUCHS, Éric, *Le désir et la tendresse. Pour une éthique chrétienne de la sexualité* (1979), Paris-Genebra, Albin Michel-Labor et Fides, 1999; GRIMM, Robert, *L'institution du mariage*, Paris, Cerf, 1984; MEHL, Roger, *Essai sur la fidelité*, Paris, PUF, 1984.

● Aliança; casal; casamento; divórcio; **moral**; **sexualidade**

FILADÉLFIA

Fundada em 1682 junto ao rio Delaware, a cidade da Filadélfia estava destinada a acolher os não conformistas perseguidos no Velho Mundo, de acordo com a intenção explícita de seu próprio fundador, o quacre William Penn (1644-1718). Em um anfiteatro natural, o *Sackmaxon* ou "lugar dos reis", segundo a lenda sob um grande olmo, quacres e chefes indígenas fecham o "Grande Tratado": "Se um filho de Onas [nome indígena de Penn, tradução de *pen*, "pluma"] fizesse mal a um pele-vermelha ou um pele-vermelha a um filho de Onas, o ofendido não buscaria vingar-se, mas se queixaria aos chefes e a Onas a fim de que fosse feita justiça por doze homens retos, e a ofensa seria enterrada em um poço sem fundo". A imagem da época popularizou essa página da colonização do Novo Mundo, que moralmente é quase a única gloriosa: os índios chegavam, pintados e armados, à grande casa de portas abertas, recebidos por "Onas" sentado em sua poltrona de couro, e todos conversavam sobre os problemas da colônia em dialeto indígena. Algum tempo depois, a comunidade de tendência pietista dos

"Confessores da glória de Deus", fundada pelo teólogo não conformista Caspar Schwenckfeld (1489-1561), perseguida na Silésia, seria estabelecida também na Filadélfia. A cidade se prepararia para a Revolução Americana informando-se não só com a *Gazeta da Pensilvânia*, dirigida por Benjamin Franklin (1706-1790), mas também com a primeira biblioteca pública das colônias e a fundação da Sociedade Filosófica Americana (1743), que se tornaria a Universidade da Pensilvânia. Na Filadélfia foi proclamada a Declaração da Independência (1776), e a cidade foi durante dez anos a capital dos Estados Unidos, de 1780 a 1790. Com mais de um milhão e meio de habitantes, hoje a Filadélfia é o terceiro mais importante centro financeiro do país, além de ser seu terceiro porto.

Christophe Calame

▶ Estados Unidos; Penn; Pensilvânia; quacres; Revolução Americana; Schwenckfeld

FILIOQUE

A palavra latina *filioque* significa "e do Filho". Trata-se de uma cláusula ocidental acrescentada ao terceiro artigo do *Símbolo de Constantinopla* (381): "Creio no Espírito Santo [...] que procede do Pai *e do Filho*". Esse acréscimo confessa o Pai e o Filho como princípio uno da proveniência do Espírito. A questão levantada pelo *filioque*, portanto, diz respeito às relações que unem as três pessoas da Trindade (sobre isso, fala-se de "Trindade imanente").

Atestado na Espanha a partir de 447, o *filioque* foi confessado no Concílio de Toledo de 589. Sua inserção no *Credo* é feita sob o reinado de Carlos Magno, no final do século VIII, um uso que a liturgia romana só adotaria em 1014. A problemática associada ao *filioque* está no centro do cisma entre as igrejas Católica (latina) e Ortodoxa (oriental). Ao adotar os símbolos da igreja antiga (o *Símbolo de Atanásio* contém também o *filioque*), as igrejas da Reforma retomaram por si sós essa doutrina, sem atribuir-lhe uma atenção dogmática particular.

Na Espanha, o *filioque* parece ter tido uma intenção antiariana, com o intuito de garantir a plena consubstancialidade do Filho com o Pai. Baseia-se na clássica compreensão ocidental da doutrina da Trindade, desenvolvida por Agostinho. A Reforma desloca a ênfase ao partir da fé justificadora: Lutero remete estritamente a confissão do Deus trinitário à economia da salvação, assimilando a proveniência do Espírito (ordem da "imanência", em Deus) a seu envio no mundo (ordem da "economia", ou da realização da salvação). A ortodoxia protestante, tanto luterana quanto calvinista, desenvolve a doutrina do *filioque* a partir de referências escriturísticas, recorrendo ao aparelho conceitual da escolástica, um procedimento que tem seu exemplo típico na obra *Examen theologicum* de David Hollaz; os reformados, no entanto, recusam-se a considerar herética a posição oriental. Porém, a retomada do *filioque* por parte do protestantismo não é apenas uma questão teológica, mas deixa suas marcas na compreensão geral sobre Deus e o Espírito. De modo particular, isso é notável na especulação hegeliana, segundo a qual o Espírito é a forma na qual se reconciliam os opostos. No século XX, Karl Barth desenvolve as posições mais interessantes sobre a questão do *filioque*, defendendo-o ao enfatizar a perfeita correspondência entre a Trindade "imanente" e "econômica". Barth compreende assim a Trindade como o fundamento absoluto da autorrevelação de Deus em Jesus Cristo através do Espírito; nesse contexto, o *filioque* é o necessário garantidor do conhecimento adequado e definitivo de Deus em sua revelação.

O *filioque* é, portanto, bem mais que uma argúcia teológica: é a expressão e o código de uma concepção de Deus que encontra seu modelo analógico na estrutura reflexiva da consciência do sujeito, associando de modo estreito a realidade e Deus e sua significação para o sujeito. De fato, a problemática do Espírito conjuga ambos os momentos. Uma revisão da posição ocidental sobre o *filioque* só é possível se for revista toda a compreensão acerca da Trindade. Os diálogos ecumênicos com as igrejas orientais levaram alguns teólogos reformados a elaborarem propostas nesse sentido.

Jean-Marc Tétaz

▶ BARTH, Karl, *Dogmatique* I/1** (1953), Genebra, Labor et Fides, 1966; BAUR, Ferdinand Christian, *Die christliche Lehre von der Dreieinigkeit und der Menschwerdung Gottes in ihrer geschichtlichen Entwicklung*, 3 vols., Tübingen, Osiander, 1841-1842; GISEL, Pierre, *La subversion de l'Esprit. Réflexion théologique sur l'accomplissement de l'homme*, Genebra, Labor et Fides, 1993; HOLLAZ,

David, *Examen theologicum acroamaticum universam theologiam thetico-polemicam complectens* (1707), Leipzig, Breitkopf, 1763, parte I, cap. II, q. 47s; OBERDORFER, Bernd, *Filioque. Geschichte und Theologie eines ökumenischen Problems*, Göttingen, Vandenhoeck & Ruprecht, 2001; PANNENBERG, Wolfhart, *Systematische Theologie* I, Göttingen, Vandenhoeck & Ruprecht, 1988, p. 345ss; VISCHER, Lukas, org., *La théologie du Saint-Esprit dans le dialogue oecuménique*, Paris-Taizé, Centurion-Presses de Taizé, 1981.

▶ Espírito Santo; Ortodoxa (Igreja Oriental); Trindade

FILOSOFIA

Mesmo se o protestantismo cultivou de modo constante e frequente uma desconfiança em relação à filosofia, podemos levantar várias formas de interação entre ambas as áreas. Citemos as mais importantes: a influência de Aristóteles sobre Melâncton e a escolástica protestante; a influência do cartesianismo, no século XVII; a influência de Kant (nova proeminência do polo moral, recusa a todo "saber" metafísico) sobre Ritschl e seus êmulos (Wilhelm Herrmann, Julius Kaftan etc.), que encontrariam uma viva oposição por parte do grupo chamado escola da história das religiões; o impacto da *Aufklärung* (e, logo a seguir, de Hegel) sobre a exegese e as relações entre história e cristologia; o peso de Platão na contribuição de Schleiermacher; os debates com o neokantismo na virada do século XIX para o XX, principalmente na obra de Ernst Troeltsch e em torno dele; os laços entre Schelling e os textos de Tillich; a influência de Kierkegaard sobre Barth e Bultmann; o "retorno" de esquemas hegelianos na obra madura de Barth e na obra de Pannenberg; o peso de Karl Marx e Ernst Bloch nas teologias políticas e da esperança; a referência a Whitehead na teologia do processo e a Wittgenstein nas teologias "culturolinguísticas" etc.

O problema de uma articulação consciente e assumida entre teologia protestante e filosofia não foi tomado em consideração o suficiente, pelo menos não na Europa continental. No entanto, também não basta incriminar somente a atmosfera herdada da teologia barthiana, como alguns têm feito, mesmo se é indiscutível que Barth desviou certos teólogos do trabalho interdisciplinar. De fato, foi na mesma época da preponderância de Barth que foram empreendidas algumas tentativas interessantes e bastante radicais para repensar essa articulação, como se a intransigência teológica em voga tivesse igualmente contribuído para suscitá-las e permiti-las. Citemos sobretudo a atenção que o problema recebeu na Suíça romanda (de modo singular na obra de Pierre Thévenaz [1913-1955] e, logo em seguida, na de Jean-Claude Piguet [1924-2000]) ou, no protestantismo francês, em parte da obra de Paul Ricoeur (1913-2005) e na obra de Jean Brun (1919-1994).

Atualmente, ainda que não se possa falar de uma revivescência dessa problemática na teologia protestante europeia, nota-se que se recorre cada vez mais, parcial e "instrumentalmente," à filosofia (o que indica talvez que o modelo interdisciplinar geral da geração anterior ainda conserva — mas em que medida exatamente? — uma autoridade implícita). É o caso da hermenêutica e da ética teológicas (reflexões em Schleiermacher, Heidegger, Gadamer, Ricoeur, Habermas, Derrida etc.) ou quando o questionamento contemporâneo sobre o papel e o *status* das religiões faz com que a teologia reinterprete aspectos da filosofia da religião que estão presentes sobretudo na obra de Kant, Hegel, Schelling, Troeltsch, ou na obra alemã de Tillich. Em sua totalidade, tais inquietações não manifestam somente a existência de uma relação protestante com a discussão filosófica, mas testemunham também sua necessidade. Além disso, todas elas possuem alguma associação com a questão — sociológica *e* filosófica — da *pós-modernidade*. No ensino universitário da teologia protestante, o que a antecede implica a necessidade de devolver sempre novamente à filosofia um *status* que ultrapassa o de simples cultura geral ou exercício intelectual de base.

Bernard Hort

▶ BRUN, Jean, *Philosophie et christianisme*, Long-Sault-Lausanne, Beffroi-L'Âge d'Homme, 1988; GISEL, Pierre e ÉVRARD, Patrick, orgs., *La théologie en postmodernité*, Genebra, Labor et Fides, 1996; MEHL, Roger, *La condition du philosophe chrétien*, Neuchâtel, Delachaux et Niestlé, 1947; MURALT, André de, *Philosophes en Suisse française*, Neuchâtel, La Baconnière, 1966; THÉVENAZ, Pierre, *La condition de la raison philosophique*, Neuchâtel, La Baconnière, 1960.

▶ Autonomia; Baumgarten A. G.; Berkeley; Buisson; cartesianismo; Cavaillès; Crousaz; deísmo; **Deus**; dogmática; Dumas; existencialismo; fé; fenomenologia;

filosofia da religião; Hegel; Jacobi; Kant; kantismo (neo); Kierkegaard; *Kulturprotestantismus*; **liberdade**; Macquarrie; metafísica; pragmatismo; neoprotestantismo; **razão**; Reymond; Ricoeur; Schelling; Secrétan; teísmo; Thévenaz; transcendentalismo; valores; Whitehead

FILOSOFIA DA RELIGIÃO

Hoje em dia, opõe-se com naturalidade a teologia às "ciências religiosas" (não só história ou ciência da religião, mas também psicologia e sociologia da religião, antropologia cultural etc.). A tendência, portanto, é remeter, de um lado, a uma disciplina constitutivamente ligada à particularidade de uma tradição e de dados textos, igualmente a uma adesão de crença, e, de outro lado, à descrição neutra ou científica de desdobramentos positivos ou de funcionamentos observáveis. A oposição se explica historicamente (em geral, as "ciências religiosas" ou ciências da religião foram constituídas contra a teologia, no final do século XIX); o processo não se faz sem polarizações ideologizantes. Nesse contexto, a filosofia da religião surge como um terceiro participante do debate. Deve, no meu entender, ser valorizada.

Historicamente, a filosofia da religião nasce no início do século XIX, no contexto do idealismo alemão. É, portanto, função de Kant, tanto de sua crítica de um pensamento que remontaria a Deus a partir da natureza e da razão quanto da abertura para uma reflexão filosófica diretamente articulada às positividades de um mundo atravessado pela história humana. Temos uma filosofia da religião (filosofia do fato religioso, não "filosofia religiosa"), assim como temos uma filosofia do direito, da ciência, das artes etc. Tal filosofia relê uma área de expressões e realidades humanas, acompanhando-se de uma dupla interrogação: o que pertence ao crer, de um lado, e o que pertence a Deus ou ao absoluto, de outro. Ambos os questionamentos puderam opor-se, um recorrendo sobretudo à hermenêutica ou à simbólica, a partir do sujeito que crê (emblematicamente, Schleiermacher), enquanto o outro se deixa levar por um gesto reflexivo, a partir dos conteúdos e do que está em jogo (emblematicamente, Hegel).

Em suas reflexões, a filosofia da religião se mantém à distância tanto da atitude religiosa quanto do objeto religioso. Trata-se de um trabalho da razão. Seu espaço de argumentação e construção é fundamentalmente universal. Quer distinguir-se, assim, da teologia (que se preocupa com e se inquieta por uma retomada interna e engajada, sobretudo) ao dirigir sua atenção para o que seria constitutivo da religião como tal (e que poderia, portanto, circunscrever seu espaço de legitimidade e afirmação), enquanto as ciências humanas e da religião tendem justamente a colocar entre parênteses esse aspecto, lançando luzes assumidamente mais laterais e epistemologicamente definidas em outro campo.

Assim, o horizonte da filosofia da religião é propriamente moderno. Pode-se estimar que, nela, são retomadas funcionalmente relações que, com as Luzes, apresentavam-se sob o rótulo de uma religião natural, tanto que houve esforços para superar o confessionalismo das ortodoxias protestante e católica adensadas desde o século XVI, assim como as guerras de religião, e tudo isso em prol de um espaço cujas coordenadas fossem publicamente reconhecidas, um espaço que pudesse ser regulador. O horizonte é moderno: supõe uma partição do religioso (uma pluralidade), deslocamentos no tempo (uma consciência histórica) e uma posição reconhecida pelo sujeito (necessidade de uma constituição própria, em um dado aberto e ambivalente).

Por ser propriamente moderna, será que se pode afirmar que a filosofia da religião só se relaciona com a tradição anterior (a tradição cristã como forma do religioso ocidental) como ruptura e novidade? Não penso assim. A tradição cristã me parece, de fato, constitutivamente habitada por uma veia crítica, interna: para ser "verdadeiro", Deus deve continuamente ser distinto da idolatria (por isso há a presença constante de um ato de teologia "negativa", acompanhando obrigatoriamente, de modos e graus diversos, toda afirmação "positiva"); e a mesma tradição me parece também constitutivamente orientada pela busca de uma articulação em universalidade: a confissão cristã só proclamou sua verdade pensando-a como razão ou *logos*, de um lado, e acolhendo de outro os dados de um "direito natural" e de uma "Providência". Mas é provável que tanto a veia de uma crítica interna quanto a articulação em universalidade tenham encontrado um bloqueio no tempo das ortodoxias confessionais, chamadas na época, e com razão, de confessionalistas e ortodoxas no sentido pejorativo. A busca de uma religião natural e a busca de uma filosofia da religião — a segunda seguindo-se funcionalmente da primeira, para além de uma crítica de seus impasses e ingenuidades — é que se responsabilizariam por aquilo que as teologias e as igrejas não assumiram diretamente.

Independentemente desses dados históricos, foi possível afirmar que as condições culturais e sociais da modernidade tornavam imperioso que a teologia como tal estivesse mais diretamente ancorada na tradição histórica e no objetivo prático que a sustentam (a teologia seria sua "inteligência interna" e sua singular retomada, e os exemplos de Schleiermacher e Barth tenderiam a confirmar tal *status*), e que a outra parte de sua tarefa reflexiva, abordar a verdade religiosa enquanto tal, fosse assumida abertamente por uma filosofia da religião. Tanto em profundidade quanto no nível dos diagnósticos sobre a plausibilidade cultural dos arranjos, o debate permanece em aberto, mas é necessário constatar que a tarefa própria a uma filosofia da religião é hoje pouco assumida; além disso, em qualquer situação, as teologias cristãs não deveriam contentar-se com uma exclusiva autoanálise de sua particularidade de crença, se não desejam ser objeto de um processo de sectarização interna, contrário a seu modo de ser (aqui, uma filosofia da religião estaria em paralelo, pelo menos em parte, com o que é assumido no catolicismo sob o título de "teologia fundamental"; poderia também ser proposta, no protestantismo, a elaboração de uma "teoria da religião", sobretudo no rastro das releituras de Troeltsch, como Trutz Rendtorff).

Acrescente-se a isso que a questão de uma filosofia da religião — ou de uma teoria da religião — foi objeto de debates acirrados no neoprotestantismo. Enquanto Albrecht Ritschl (1822-1889) de fato proclamou a impossibilidade e a ilegitimidade da empreitada, adotando o esquema da ênfase na fé e no sujeito *versus* a atmosfera dos positivismos científicos e sociais (e tornando frutífero o tema da justificação pela fé), uma veia a partir de Hegel e mais vinculada a uma reconstrução sistemática dita especulativa adotou a postura oposta, considerando incontornável uma reflexão sobre a religião como tal, seu *status*, seu objeto, seus limites, sua regulação. Se Barth (1886-1968) e Bultmann (1884-1976) herdaram aqui mais de Ritschl (via Herrmann principalmente, tendo como resultante o eclipse de uma filosofia da religião na maior parte da teologia protestante do século XX, com a exceção de Gabriel-Ph. Widmer, sem mencionar Paul Tillich ou o filósofo Paul Ricoeur, evidentemente; no catolicismo francês, dignos de nota são o filósofo Henry Duméry, nos mesmos passos de Maurice Blondel, integrando as perspectivas da fenomenologia husserliana), Ernst Troeltsch (1865-1923) se inseriu, à sua maneira, na segunda inquietação evocada. Parece-me que somente uma reflexão desse segundo tipo, deliberadamente centrada na religião como tal, permitirá oferecer o contexto intelectual necessário para uma regulação, tanto das confrontações inter-religiosas presentes quanto dos fenômenos em vias de "recomposições" do religioso (ou de explosões de um religioso "selvagem").

Pierre Gisel

▶ BARTH, Ulrich e GRÄB, Wilhelm, orgs., *Gott im Selbstbewußtsein der Moderne. Zum neuzeitlichen Begriff der Religion*, Gütersloh, Mohn, 1993; GISEL, Pierre, "Tâche et fonction actuelles de la théologie. Déplacements et perspectives dans le contexte contemporain", *Revue théologique de Louvain* 35, 2004, p. 289-315; Idem e TÉTAZ, Jean-Marc, orgs., *Théories de la religion. Diversité des pratiques de recherche, changements des contextes socioculturels, requêtes réflexives*, Genebra, Labor et Fides, 2002; GREISCH, Jean, *Le buisson ardent et les Lumières de la raison. L'invention de la philosophie de la religion*, 3 vols., Paris, Cerf, 2002-2004; RICOEUR, Paul, *Lectures 3. Aux frontières de la philosophie de la religion* (1925), Genebra, Labor et Fides, 1991, p. 35-60; TROELTSCH, Ernst, *Religion et histoire. Esquisses philosophiques et théologiques*, org. por Jean-Marc TÉTAZ, Genebra, Labor et Fides, 1990; WAGNER, Falk, *Le problème de la religion naturelle chez Albrecht Ritschl*, em Pierre GISEL, Dietrich KORSCH e Jean-Marc TÉTAZ, orgs., *Albrecht Ritschl. La théologie en modernité: entre religion, morale et positivité historique*, Genebra, Labor et Fides, 1991, p. 35-60; Idem, *Was ist Religion? Studien zu ihrem Begriff und Thema in Geschichte und Gegenwart*, Gütersloh, Mohn, 1986.

◉ Deísmo; Eucken; fenomenologia; fideísmo; filosofia; Hartmann; Hegel; indivíduo; Kant; kantismo (neo); Løgstrup; metafísica; Pfleiderer; neoprotestantismo; **religião e religiões**; Ricoeur; Sabatier A.; Simmel; Tillich; Troeltsch; Weischedel

FIM DO MUNDO

O tema do fim do mundo surge na maior parte das culturas, estando relacionado às origens ou à renovação periódica do mundo. De acordo com as mais antigas mitologias, o fim do mundo já ocorreu e os sobreviventes do cataclismo primordial deram origem à raça humana como hoje a conhecemos. De modo geral, os relatos do fim do mundo costumam ser construídos com base no mito do eterno retorno: a história é um ciclo de mortes e renascimentos, calcados no ritmo das estações. No judaísmo, principalmente pós-exílico, que rompe essencialmente com essa visão cíclica, o mundo chegaria ao fim com grandes transtornos cósmicos, seguidos da ressurreição dos mortos, do Juízo Final e, para os eleitos, da vida eterna em um mundo renovado em definitivo. O cristianismo herdou essa concepção, transformando-a: o fim do mundo ocorre na cruz (tema que é radicalizado pelo protestantismo); o Reino de Deus já está no mundo presente, mas em germe; o cumprimento não será total até que Cristo volte. O atraso dessa parusia, esperada ao longo da vida dos primeiros seguidores de Cristo, obrigou as comunidades cristãs a reinterpretar essa esperança: o fim do mundo não chegaria até que a boa-nova fosse anunciada a toda criatura. O desenvolvimento da igreja, seguido da instauração do cristianismo como religião de Estado, culminou em uma assimilação do advento da igreja ao advento do Reino, ou então a uma limitação do Reino à vida após a morte somente. Embora relegado para as margens das religiões oficiais (tanto católica quanto protestante), o *frisson* apocalíptico não desapareceu. Alimentado por seitas e contrautopias, ressurge com força em todas as épocas atormentadas, desde o ano 1000 até nossos dias. Hoje, associam-se aos temas mitológicos usuais os roteiros de destruição gerados pelas sociedades industriais mais desenvolvidas: holocausto atômico, esgotamento de recursos, poluição, modificação do patrimônio genético. As ameaças que pairam sobre a vida humana reatualizaram os discursos sobre o fim: o fim do cosmos, da vida, do homem, da civilização, da modernidade ou, simplesmente, das certezas é algo que traduz a angústia geral diante do futuro e da finitude.

Clairette Karakash

▶ BOIA, Lucien, *La fin du monde. Une histoire sans fin*, Paris, La Découverte, 1989; COHN, Norman, *Les fanatiques de l'Apocalypse* (1957), Paris, Payot, 1983; KARAKASH, Clairette, *Apocalypses à la carte*, tese de doutorado da Faculdade de Teologia da Universidade de Neuchâtel, 1999; NGAYIHEMBAKO, Samuel, *Les temps de la fin. Approche exégétique de l'eschatologie du Nouveau Testament*, Genebra, Labor et Fides, 1994; VAN INGEN, Frederika, *Les fins du monde*, Paris, Robert Laffont, 1991; WILLIS, Wendell L., *The Kingdom of God in the 20th Century Interpretation*, Peabody, Hendrickson, 1987.

⊙ Apocalíptico; esperança; milenarismo; **morte e vida eterna**; parusia; utopia

FINET, Albert (1899-1993)

Finet atravessou o século XX avançando firme sobre suas pernas operárias. Ambas se arquearam, uma na terra natal da Normandia, a outra no solo do evangelho que Karl Barth desvelou para ele de um modo novo. Chegou ao ministério pastoral (Évreux, Montrouge) após estudos literários, arqueológicos e teológicos. Contador de histórias e escritor nato, participou da redação de *Foi et Vie* [Fé e vida] antes da guerra, mas encontrou sua vocação ao criar o jornal *Réforme* [Reforma], liderando-o como um velho lobo do mar desde 1945 até a aposentadoria.

O semanário que fundou ("toda semana, um olhar protestante sobre a atualidade"), com uma equipe apaixonada pelo trabalho e seu chefe entusiasmado pelo desejo de dar testemunho em praça pública, sobreviveria a ele. Os desafios nunca faltaram: manter uma total independência financeira, proclamar a Palavra não do alto do púlpito, a partir do texto, mas, sim, "em primeira mão", no centro dos acontecimentos políticos, culturais, teológicos. Gaulista lúcido, Finet se poria na brecha das tensões coloniais, europeias, eclesiásticas, sem abandonar o terreno. Durante seu longo período como aposentado, manteve-se de olhos abertos, sem deixar de provar da força da vida sob o outro olhar, o de Deus.

Michel Bouttier

▶ FINET, Albert, *Au pays de la Bible*, Paris, "Je sers", 1932; Idem, *La plus belle histoire*, Paris, "Je sers", 1937; Idem, *Les dits et aventures de François Bouillot 1510-1564*, Genebra, Labor et Fides, 1937.

⊙ Barthismo; imprensa protestante de língua francesa

FINNEY, Charles Grandison (1792-1875)

Nascido em Connecticut e morto em Oberlin (Ohio), Finney foi o avivalista americano mais famoso do século XIX. Após uma infância rude, entra para a advocacia (1818). Em 1821, passa pela experiência da conversão, "como uma onda elétrica a me percorrer", contaria ele. Sem escolarização, prepara-se para o ministério; é aprovado pelo consistório presbiteriano em 1824. Inicia seu trabalho na "fronteira" e se torna conhecido por toda parte como o pregador do Avivamento, sacudindo regiões inteiras. Prossegue na mesma linha ao tornar-se pastor de uma igreja congregacionalista em Nova York (1834) e professor de teologia no *Oberlin College* (1835, assumindo a presidência da instituição de 1851 a 1866); com uma série de reuniões, exportaria o Avivamento para a Inglaterra (1849, 1858).

Finney recusa-se a ver no Avivamento um "milagre": cabe aos homens preencher as condições para tal. Sua pregação, bastante clara e direta, dirige-se à consciência e à vontade: ele aposta na capacidade do homem de "fazer um coração novo para si". Tanto esse pelagianismo quanto os métodos de Finney suscitam controvérsias, principalmente em relação ao "banco dos penitentes" (*anxious bench*, dos "ansiosos" ainda não convertidos); da mesma forma, seu perfeccionismo, que de alguma maneira se correlaciona à "segunda experiência" chamada batismo do Espírito Santo (1836-1837).

Henri Blocher

▶ *Discours de Finney sur les réveils religieux* (1886), reeditado por Max WEBER, Monnetier-Mornex, Villa Emmanuel, 1951; *Mémoires de Finney*, Genebra, Challand, 1895; WARFIELD, Benjamin Breckinridge, *Perfectionism*, org. por Samuel G. CRAIG, Filadélfia, Presbyterian and Reformed, 1967, p. 1-215; EDMAN, Victor Raymond, *Finney Lives on. The Secret of Revival in Our Time. A Study of Finney's Revival Methods and Message*, Wheaton Scripture Press, 1951.

◉ Avivamento; Espírito Santo; Santidade (movimento de)

FÍSICO-TEOLOGIA

De acordo com Kant, a teologia física (ou físico-teologia), que é um dos componentes da teologia especulativa, "utiliza a experiência do mundo presente em geral e deduz dessa experiência a existência de um autor do mundo e dos atributos que lhe pertencem enquanto tal" (*Leçons sur la théorie philosophique de la religion* [Lições sobre a teoria filosófica da religião], p. 63). Esse tipo antigo de prova teleológica da existência de Deus, combinado com a influência da apologética inglesa fortemente inspirada pelo "newtonismo" e pelo naturalismo ambiente (cf. sobretudo, do botanista John Ray [1627-1705], *The Wisdom of God Manifested in the Works of Creation* [A sabedoria de Deus manifesta nas obras da criação] [1691, New York, Arno Press, 1977], *Three Physico-Theological Discourses* [Três discursos físico-teológicos] [1692, New York, Arno Press, 1978] e, do teólogo William Derham [1657-1735], *Physico-Theology* [F-sicoteologia] [1713, Hildesheim, Olms, 1976] e *Astro-Theology* [Astroteologia] [Londres, Innys, 1715]), torna-se, a partir do final do século XVII, o *locus classicus* da apologética cristã. A físico-teologia tentaria conciliar uma concepção puramente mecanicista do mundo, que dominava a mentalidade geral na época, com a fé na soberania divina. O termo "físico-teologia" se imporia com o surgimento de *Tentamina physico-theologica* (Londres, 1665), de Samuel Parker (1640-1688) (cf. W. Philipp, 1967, p. 1257).

Assistimos assim à publicação de todo tipo de físico-teologias: de pretensão "universal", como a de Bernhard Nieuwentyt (1654-1718), ou estritamente "regional", como a *Pyrotheologie* (Hamburgo, casa da viúva de Theodor Christoph Felginer, 1732) ou da *Hydrotheologie* (Hamburgo, casa de König e Richter, 1734) de Johann Albert Fabricius (1668-1736), da *Biblia naturae* do holandês Jan Swammerdam (1637-1680) ou, ainda, da *Théologie des insectes* [Teologia dos insetos] (1738, Haia, casa de Jean Swart, 1742) do pastor luterano Friedrich Christian Lesser (1692-1754), cujo subtítulo é revelador: *Essai conforme à raison et à l'Écriture, visant à démontrer comment un homme, en observant les insectes [...] peut parvenir à la connaissance vivante du grand Dieu, et à admirer sa puissance, sa sagesse, sa bonté et sa justice* [Ensaio conforme à razão e às Escrituras, visando a demonstrar como um homem, ao observar os insetos [...], pode chegar ao conhecimento vivo do grande Deus, admirando seu poder, sua sabedoria, sua bondade e sua justiça] (citado por Karl Barth, *Dogmatique* [Dogmática] III/1 [1945], Genebra, Labor et Fides, 1960, p.

430). Ao considerar prioridade demonstrar a existência de Deus com argumentos extraídos da observação da natureza, esse tipo de apologética — comum tanto ao catolicismo quanto ao protestantismo — costuma adquirir traços contemplativos, doxológicos e poéticos, como, por exemplo, em *Les Alpes* [Os alpes] (1732, ed. bilíngue, Lausanne, Gonin, 1944) de Albrecht von Haller (1708-1777).

Em obras pré-críticas como *História geral da natureza e teoria do céu* (1755), Kant adota uma posição que tende igualmente a conciliar física e metafísica; sua postura consiste em fazer jus à concepção mecanicista ao mesmo tempo que afirma serem as leis que governam o mundo provenientes de Deus. Para ele, o conjunto das leis basta para explicar a marcha do cosmos; porém, a existência dessas leis prova Deus. Nesse sentido, "há um Deus precisamente porque a natureza, mesmo no caos, não poderia proceder de outra forma, a não ser de modo regular e ordenado" (*Oeuvres philosophiques* [Obras filosóficas] I, p. 45). No entanto, desde *O único fundamento possível de uma demonstração da existência de Deus* (1763), como mais tarde em *Crítica da razão pura* (1781, 1787^2), Kant abandonaria a físico-teologia como fonte de *prova* da existência de Deus. Porém, se para ele esse argumento não pode mais ser usado como prova, "merece respeito" (ibid., I, p. 1232: A 623; B 651) e que, se pode ser de alguma utilidade, é como simples "propedêutica para a teologia propriamente dita" (*Crítica da faculdade de julgar*, § 91, ibid., II, p. 1298: V, 485). Em uma decisão que não passaria em branco na história da teologia, Kant pretere a "teleologia física" em favor da "teleologia moral", e a segunda seria a única área habilitada para fornecer uma base à teologia ("teísmo moral"), assim permitindo passagem para a religião (cf. p. 1294: V, 481).

Patrick Évrard

▶ KANT, Emmanuel, *Oeuvres philosophiques*, 3 vols., Paris, Gallimard, 1980-1986; Idem, *Leçons sur la théorie philosophique de la religion* (1783-1784), Paris, Librairie générale française, 1993; PHILLIP, Wolfgang, "Metaphysik und Glaube. Die Grundgedanken der Physikotheologie Bernhard Nieuwentyts (1654-1718)", *Neue Zeitschrift für systematische Theologie* 2, 1960, p. 90-122; Idem, "Physicotheology in the Age of Enlightenment: Appearance and History, *Studies on Voltaire and the Eighteenth Century* 57, 1967, p. 1233-1267; STEBBINS, Sara, *Maxima in minimis. Zum Empirie- und Autoritätsverständnis in der physicotheologischen Literatur der Frühaufklärung*, Berna, Lang, 1980.

▶ Apologética; **Deus**; **ecologia**; Kant

FLACIUS ILLYRICUS, Mathias (1520-1575)

Originário da Croácia e educado em Veneza, Flacius estuda em Basileia, em Tübingen e, após 1541, em Wittenberg, onde ensina hebraico. Sob a influência de Bugenhagen e principalmente Lutero, descobre a doutrina da justificação somente pela fé. Polemista de talento, torna-se dentro dos limites do luteranismo um luterano "integrista". Opõe-se a Melâncton, que se dispôs a aceitar alguns acordos com a Igreja Católica Romana (debate sobre os *interim* e as *adiaphora*, 1549), recusa-se a seguir Georg Major (1502-1574), que estava aberto à ideia do mérito (1551-1552), e defende a concepção luterana da justificação declarativa (forense) diante de Osiander (1552-1553). Algumas de suas ênfases são encontradas na *Fórmula de concórdia* (1580), a última das grandes confissões de fé luteranas que refutaria suas "heresias", tais como a identificação do pecado original com a natureza humana.

André Birmelé

▶ FATIO, Olivier, *Hyperius plagié par Flacius. La destinée d'une méthode exégétique*, em Idem e Pierre FRAENKEL, orgs., *Histoire de l'exégèse au XVIe siècle*, Genebra, Droz, 1978, p. 362-381; POLMANN, Pontien, "Flacius Illyricus, historien de l'Église", *Revue d'histoire ecclésiastique* 27, 1931, p. 27-73; PREGER, Wilhelm, *Mathias Flacius und seine Zeit* (1859-1861), 2 vols., Hildesheim, Olms, 1964.

▶ Bugenhagen; *Fórmula de concórdia*; justificação; luteranismo; Magdeburgo (Centúrias de); Melâncton; Osiander; Iugoslávia (Repúblicas da ex-)

FLETCHER, John C. (1931-2004)

John Fletcher foi reverendo episcopal, fundador do seminário teológico interconfessional Inter/Met (*Interfaith Metropolitan Theological Education Incorporated*) de Washington (distrito de Colúmbia), antes de tornar-se diretor do programa de bioética no hospital dos Institutos Nacionais de Saúde dos Estados Unidos e professor na Universidade de Virgínia, em Charlottesville. Adquiriu fama mundial como especialista em genética e fez parte da equipe de pesquisa em terapia genética dos Institutos Nacionais de Saúde, contribuindo grandemente para a elucidação de questões éticas nessa área (sobretudo ao propor uma resposta à pergunta "Quando seria ético começar a terapia genética?") e participando da elaboração do processo de exames dos protocolos de pesquisa em geneterapia somática (cf. *Points to Consider* [Pontos a considerar]). Fletcher continuou a acompanhar os procedimentos de terapia genética até sua aposentadoria, em 1999.

Jean-Marie Thévoz

▶ FLETCHER, John C., *Coping with Genetic Disorders. A Guide for Clergy and Parents*, San Francisco, Harper and Row, 1982; Idem e ANDERSON, W. French, *La thérapeutique génétique chez l'homme: à quel moment son application devient-elle conforme à la morale?*, em Centre de bioéthique de l'Institut de recherches cliniques de Montréal, *Médecine et expérimentation*, Quebec, Presses de l'Université Laval, 1982, p. 289-302; Idem e WERTZ, Dorothy C., orgs., *Ethics and Human Genetics. A Cross-Cultural Perspective*, Berlim, Springer, 1989; ESCRITÓRIO DE ATIVIDADES COM DNA RECOMBINANTE, INSTITUTO NACIONAL DE CIÊNCIAS MÉDICAS GERAIS, "Points to Consider in the Design and Submission of Human Somatic Cell Gene Therapy Protocols", *Recombinant DNA Technical Bulletin* 8/4, 1985, p. 181-186.

⊙ Bioética; embrião; genéticas (manipulações)

FLETCHER, Joseph Francis (1905-1991)[2]

Com sua obra *Morals and Medicine* [Moral e medicina], publicada em 1954, Joseph Fletcher, então professor de ética social na *Episcopal Theological School* [Escola Teológica Episcopal] de Cambridge (Massachusetts), pode ser elencado entre os precursores do que se chama, hoje, bioética. Rompendo com o discurso tradicional, baseia cada um de seus temas no direito da pessoa. Abrindo um espaço central para o paciente e suas escolhas, o teólogo e filósofo episcopal inaugura uma nova abordagem da ética médica. Elabora uma ética pragmática que se interessa primordialmente pelas situações (*Situation Ethics* [Ética situacional], 1966) e não teme colocar-se no grupo dos utilitaristas. Conduz uma longa reflexão sobre os traços específicos ou mínimos da pessoa humana, tais como inteligência mínima, consciência de si, do tempo, do passado, do futuro, capacidade relacional, controle da própria existência, curiosidade etc. Sem apreensão alguma quanto às novidades científicas, Fletcher não hesita em endossar posições que surpreendem, principalmente no que diz respeito ao eugenismo e à clonagem.

Jean-Marie Thévoz

▶ FLETCHER, Joseph F., *Morals and Medicine*, Princeton, Princeton University Press, 1954; Idem, *Situation Ethics*, Filadélfia, Westminster Press, 1966; Idem, *The Ethics of Genetic Control. Ending Reproductive Roulette*, Buffalo, Prometheus Books, 1988; Idem, "Indicators of Humanhood: A Tentative Profile on Man", em Tom L. BEAUCHAMP e LeRoy WALTERS, orgs., *Contemporary Issues in Bioethics*, Belmont, Wadsworth, 1982, p. 90-93.

⊙ Bioética; embrião; eugenismo; genéticas (manipulações)

FLIEDNER, Theodor (1800-1864)

Em Kaiserswerth, perto de Düsseldorf, o pastor Theodor Fliedner desenvolveu intensas ações em prol da formação escolar e espiritual das crianças pobres e de prisioneiros. Deve-se a ele a criação, em 1828, da primeira sociedade alemã encarregada de ocupar-se dos prisioneiros, tanto no nível espiritual quanto no nível da instrução e da reinserção social. Ao abrigar, de início, uma mulher liberta, e depois várias na mesma situação, no jardim de seu presbitério, Fliedner logo sente a necessidade de ajuda feminina. Impressionado pelo trabalho de Amalie Sieveking (1794-1859), que se dedicou às vítimas da epidemia de cólera em Hamburgo, fundou em 1832 uma sociedade feminina para os pobres e doentes e criou em 1836 a primeira instituição de diaconisas, recebendo entre elas Gertrud Reichard. Casas de diaconisas se desenvolvem rapidamente, tanto na Alemanha (Dresden, 1844; Berlim, 1847) quanto em diversos países: na França, com a criação de instituições de diaconisas em Reuilly, 1841, sob a iniciativa do pastor Antoine Vermeil (1799-1864) e, em Estrasburgo, em

---

[2] [NE] Na verdade, é bem mais que isso. Fletcher acreditava haver justificativa não só para o aborto, mas para o infanticídio também. Em principio um pastor episcopal, anos mais tarde ele se declararia ateu.

1842, sob a iniciativa do pastor François Haerter (1797-1874); na Suíça, com a Comunidade de Saint-Loup, fundada em 1842 pelo pastor Louis Germond (1796-1868) e sua esposa.

Jean-Paul Willaime

▶ SCHICK, Erich, *Theodor Fliedner. Der Begründer der evangelischen Diakonie*, Basileia, Majer, 1948.

● Ação social; diaconisas; Löhe

FLOURNOY, Théodore (1854-1920)

Médico de formação, Flournoy foi o fundador e primeiro titular, na Universidade de Genebra, em 1891, da cadeira de "psicologia fisiológica", ou seja, psicologia experimental. Sob grande influência de William James e César Malan filho, apresentou entre 1901 e 1902 uma série de conferências sobre a "psicologia religiosa", inserindo essa disciplina no horizonte da teologia protestante de língua francesa e dando origem a todo um movimento teológico (Gaston Frommel, Georges Fulliquet, Georges Berguer, Ernest Murisier, Henri Bois etc.). Sua conferência de 1904 sobre *Le génie religieux* [O espírito religioso] (seis edições de 1904 a 1922) marcou sua época por seu modo de abordagem da pessoa de Jesus.

Bernard Reymond

▶ FLOURNOY, Théodore, *Des Indes à la planète Mars. Étude sur un cas de somnambulisme avec glossolalie* (1900), Paris, Seuil, 1983; Idem, *Les principes de psychologie religieuse*, Genebra-Paris, Kündig-Schleicher, 1903; BERCHTOLD, Alfred, *La Suisse romande au cap du XXe siècle*, Lausanne, Payot, 1963, p. 156-165; REYMOND, Bernard, "Quand la théologie de la Faculté de Genève était tentée de virer à la psychologie religieuse", em *Actualité de la Réforme. Vingt-quatre leçons présentées par la Faculté de théologie de l'Université de Genève à l'Auditoire de Calvin dans le cadre du 450e anniversaire de la Réformation, 1536-1986*, Genebra, Labor et Fides, 1987, p. 191-206.

● Bois; experiência; Frommel; Fulliquet; James; liberalismo teológico; Malan C. filho

FORMAÇÃO DE ADULTOS

A história da formação de adultos está intimamente relacionada às transformações provocadas pela Revolução Industrial. Começa em 1831, com a organização de um ensino específico gratuito proporcionado aos jovens, após sua jornada de trabalho nas fábricas.

Três objetivos são comuns a todas as formações de adultos: 1) a adaptação às mudanças é a preocupação dominante das empresas e da sociedade em seu todo; uma formação contínua permite que todos acompanhem a evolução das teorias, das técnicas e dos recursos disponíveis, tanto em sua área quanto de forma geral; 2) a participação nas mudanças: grupos buscam tornar-se parceiros de um debate ou de um projeto de sociedade; para chegar a isso, são instruídos em análise de informações, em sensibilização da opinião pública e até na ação política; 3) a emancipação permite que os adultos se adaptem às mudanças sem perder sua identidade; pequenos grupos estimulam a autoconfiança e ensinam a gerenciar conflitos, oferecendo as melhores condições nesses processos, se de fato houver respeito à liberdade individual e exercício de responsabilidades.

Nas igrejas protestantes, a formação de adultos é hoje um dos lugares mais privilegiados da pastoral. Nossos contemporâneos reencontram nessa atividade um diálogo aberto com o evangelho, a oportunidade para a formação da pessoa e um espaço para exercitar a fé. Eclesiologicamente, a formação de adultos parece particularmente exigida em uma igreja onde leigos são chamados para responsabilidades cruciais. Teologicamente, a formação de adultos em que as questões das mudanças e das identidades são levadas em consideração de modo decisivo, em um processo dinâmico e interativo, é algo que parece bastante apropriado na cosmovisão protestante.

Ulrich Ruegg

▶ BESNARD, Pierre e LIÉTARD, Bernard, *La formation continue*, Paris, PUF, 1976; DUMAZELIER, Joffre, "Éducation. E: L'éducation permanente", em *Encyclopaedia Universalis*, t. VI, 1984, p. 658-664; FEIFEL, Erich, *Erwachsenenbildung. Grundlagen theologischer Didaktik*, Stuttgart, Kohlhammer, 1983.

● Catequese; centros de encontro; **educação**; formação de pastores; laico

FORMAÇÃO DE PASTORES

Para os reformadores, a começar por Lutero, a ignorância e as falhas na formação do clero compunham os principais motivos para o declínio da igreja no final da Idade Média. É verdade que a teologia era ensinada e praticada com entusiasmo, mas apenas no círculo estreito de algumas ordens religiosas e nas universidades reservadas para as elites. Mantido à distância não somente do saber dos clérigos privilegiados, mas também da própria mensagem bíblica, o povo cristão deveria, portanto, receber prioritariamente uma instrução de base por parte de seus pastores mais próximos e de pastores enfim formados para o ministério. Em pouco tempo (na primeira metade do século XVI), os países tocados pela Reforma testemunharam a criação e a multiplicação de faculdades e academias voltadas para a formação de candidatos ao pastoreio.

A necessidade de uma formação específica dos pastores se impôs a todo o protestantismo. Porém, a questão do nível dessa formação continua a dividir, de um lado, os adeptos de um enfoque universitário (posição dominante, em geral, nas igrejas "estabelecidas") e, de outro, os defensores de uma preparação mais prática e menos crítica (institutos e escolas bíblicas das igrejas livres e comunidades dissidentes).

A partir do século XIX, o programa tradicional das faculdades de teologia de tipo universitário passa a comportar quatro grandes áreas: conhecimento bíblico acompanhado do estudo dos idiomas das Escrituras e do contexto histórico (hebraico, grego); estudo da história do cristianismo; elaboração de uma dogmática e de uma ética cristãs (em diálogo com a filosofia); familiarização com as disciplinas do culto, da catequese e da relação pastoral. Em geral, cabe às igrejas a responsabilidade de uma formação prática, por meio de um período de estágio, dos estudantes (homens e mulheres) que chegam ao fim de seus estudos. Há alguns anos, assiste-se à inserção de novas disciplinas no programa dessas faculdades, que tendem a questionar o modelo antigo: ciências humanas (psicologia, sociologia etc.), ciências religiosas, ciências do comportamento, técnicas de comunicação. Inspirando-se em uma prática corrente na sociedade contemporânea, as igrejas também oferecem formação contínua a seus pastores, por meio de seminários e estágios especializados.

Claude Bridel

▶ BULTMANN, Rudolf, *Theologische Enzyklopädie*, Tübingen, Mohr, 1984; *Reform der theologischen Ausbildung*, em Hans-Erich HESS e Heinz Eduard TÖDT, orgs., *Auftrag der Gemischten Kommission für die Reform des Theologiestudiums*, Stuttgart, Kreuz-Verlag, 1971; SCHLEIERMACHER, Friedrich, *Le statut de la theologie. Bref exposé* (1811, 1830), Paris-Genebra, Cerf-Labor et Fides, 1994.

▶ Academias; Court; faculdades de teologia latinas europeias; ministérios; **pastor**; **teologia**; teólogo

FÓRMULA DE CONCÓRDIA

Elaborada com base nos ensinos de Lutero e a partir de trabalhos que já se esforçavam por reconciliar as diversas tendências do luteranismo (sobretudo o *Livro de Torgau*, de 1576), publicada no dia 25 de junho de 1580 pelo chanceler da Universidade de Tübingen, Jacob Andreae (1528-1590), a *Fórmula de concórdia* se propunha a recapitular, explicar e esmiuçar "alguns artigos da *Confissão de Augsburgo* que suscitaram controvérsias entre certos teólogos dessa confissão". Depois da morte de Lutero, em 1546, uma grave crise interna opôs dois grupos, o dos filipistas, adeptos das intuições irênicas e criptocalvinistas de Filipe Melâncton (1497-1560), e o dos gnesioluteranos, representantes de uma ortodoxia luterana bastante estrita, por vezes ultrapassando o pensamento do reformador. Assim, vários teólogos trabalharam com Andreae para encontrar um consenso que refletisse a verdadeira doutrina, ao mesmo tempo que refutavam as teses contrárias a ela: de início, esses trabalhos compuseram o *Livro de Bergen*, publicado em 1577, que constitui a *Solida Declaratio*, ou segunda parte da *Fórmula de concórdia*, e em seguida a *Épitomé*, sua primeira parte ou resumo, precedidos de um prefácio. Ambos tratam em doze capítulos dos mesmos assuntos e na mesma ordem. São eles o pecado original, o livre-arbítrio, a justiça da fé diante de Deus, as boas obras, a Lei e o Evangelho, o terceiro uso da lei, a santa ceia, a pessoa de Cristo, a descida de Cristo ao inferno, as cerimônias eclesiásticas, a predestinação, as heresias e seitas rejeitadas pela *Confissão de Augsburgo*. Ainda que nem sempre tenha sido adotada com facilidade por todas as igrejas luteranas, a *Fórmula de concórdia* faz parte dos sete Escritos Simbólicos que, com as três confissões da igreja antiga, tradicionalmente exprimem a fé.

Apoiando-se na autoridade teológica de Lutero e interpretando alguns de seus aspectos de acordo com uma perspectiva melanctoniana, a *Fórmula de concórdia* pode ser considerada o fundamento doutrinário da ortodoxia luterana. É vista como uma das referências mais importantes quando o assunto em pauta é a ubiquidade de Cristo, manifestado na carne e no sacramento, ao mesmo tempo que está junto a Deus — algo relacionado a uma doutrina radical do "intercâmbio" das duas naturezas, divina e humana, em Jesus Cristo.

Alain Joly

▶ *Fórmula de concórdia*, em André BIRMELÉ e Marc LIENHARD, orgs., *La foi des Églises luthériennes. Confessions et Cathéchismes*, Genebra-Paris, Paris, Labor et Fides-Cerf, 2003, § 871-1134; SPITZ, Lewis W. e LOHFF, Wenzel, orgs., *Discord, Dialogue, and Concord. Studies in the Lutheran Reformation's Formula of Concord*, Filadélfia, Fortress Press, 1977.

▶ Anátema; Flacius Illyricus; igrejas luteranas; luteranismo; Melâncton; ortodoxia protestante; Símbólicos (Escritos)

FOX, George (1624-1691)

Nascido em Fenny Drayton, no Leicestershire, e morto em Londres, George Fox, chocado com a multiplicidade das igrejas, todas alegando sustentar a verdade, torna-se um *seeker* ("pesquisador" em inglês) que, sem pertencer a igreja alguma, hostil a toda forma de organização e prática ritual, põe-se à procura pessoal da verdade. Entra em contato com grupos separatistas e dissidentes, marcado por uma possível influência de Jakob Böhme. Sua mensagem é um protesto tanto religioso quanto social: condena a escravatura, a guerra e demais males sociais, denunciando a posição desacreditada da mulher e considerando inútil a teologia acadêmica. Estimula seus ouvintes a experimentarem diretamente o espírito de Deus, "luz de Cristo" ou "verdade" que estaria em cada um, a fim de que, em uma escuta silenciosa da voz interior (*divine spark*, "centelha divina"), encontrem orientação para missões concretas. Seus adeptos, reunidos na Sociedade dos Amigos, fundada por ele em 1652, são chamados de *quakers* ("tremedores"), ou quacres em português, alcunha que se originaria de duas fontes: do conselho que Fox teria oferecido a um juiz que o abordou certa vez, "Desenvolva sua salvação com temor e tremor", e do caráter excessivamente emotivo de suas manifestações ao longo dos cultos. Fox foi levado à prisão diversas vezes, mas suas ideias se revelaram fecundas e progressistas.

Walter J. Hollenweger e Lucie Kaennel

▶ *Journal de George Fox, 1624-1690, fondateur de la Société des Amis (Quakers). Récit historique de sa vie, de ses voyages, de ses souffrances et de ses expériences chrétiennes* (1935), Paris, Société religieuse des amis, 1962; ANSERMOZ-DUBOIS, Violette, *Aux sources du quakerisme avec Margaret Fell-Fox*, Genebra, Labor et Fides, 1977; HELD, Paul, *Der Quäker George Fox*, Basileia, Reinhardt, 1949; HOLLENWEGER, Walter J., *Geist und Materie (Interkulturelle Theologie* III), Munique, Kaiser, 1988, p. 123-133; SCOTT, Richenda C., org., *Die Quäker*, Stuttgart, Evangelisches Verlagswerk, 1974; Société des Amis, *New Appreciations of George Fox*, Londres, Swarthmore Press, 1925; VAN ETTEN, Henry, *George Fox et les quakers*, Paris, Seuil, 1956.

▶ Quacres

FRANÇA

Com uma pequena minoria de adeptos no país, o protestantismo é pouco e mal conhecido na França, o que não impede que tenha angariado uma imagem positiva na opinião pública. Diversos fatores explicam esse desconhecimento. Primeiro, o fato de que a mídia costuma voltar a atenção do público para outras minorias religiosas: o islã, o judaísmo, as seitas em geral. Também cabe mencionar que o protestantismo não tem muita visibilidade social: sua insistência na interioridade e na responsabilidade individual não o faz valorizar os sinais exteriores da piedade e da igreja. Os templos protestantes, assim como os pastores, são pouco reconhecíveis de fora, parecendo invisíveis à sociedade; seus ritos são despojados. A opinião pública conhece sobretudo os protestantes, não o protestantismo. Por fim, a cosmovisão católica que se apegou ao cristianismo em um país de cultura católica predominante como a França não facilita as coisas. O avanço do ecumenismo apenas reforçou a ideia de que a diferença protestante não era tão significativa. Com a multiplicação dos casamentos mistos (que compõem três quartos dos casamentos protestantes), a baixa demográfica das igrejas reformadas e luteranas e a fraca visibilidade social do protestantismo, intelectuais protestantes como Jean Baubérot e Jean Carbonnier exprimiram temores quanto ao futuro do protestantismo francês.

A Reforma Protestante conta com fontes especificamente francesas (e não de pouca monta, já que João Calvino nasceu na França). Em 1560 10% da população total do reino (dois milhões de habitantes) rompeu com a Igreja Católica. Os protestantes foram grandemente reprimidos, em nome da religião do Estado, pelas instâncias de poder da época: primeiro, Richelieu, que destruiu o poder político dos protestantes (Cerco de La Rochelle em 1628, Graça de Alès em 1629); em seguida, Luís XIV, que em 1685 revogou o Edito de Nantes de 1598, documento que assegurava a eles certo reconhecimento no reino. Por todo um século — de 1685 ao Edito de Tolerância, de 1787 —, o protestantismo permaneceu fora da lei na França, e um quarto dos oitocentos mil protestantes da época (de dezoito milhões de súditos) fugiu para o estrangeiro. Somente com a Revolução e os acontecimentos que a sucederam (Napoleão Bonaparte passou a reconhecer o sistema de cultos em 1802), assim como a República, acabariam por admitir em definitivo os protestantes na sociedade francesa. Compreende-se assim que os protestantes tenham se alinhado com forças sociais e políticas que lutavam pela desconfessionalização do Estado e pela laicização da escola. Em relação a isso, seu papel na Terceira República foi particularmente importante. Os protestantes franceses cultivam a memória das perseguições sofridas e preocupam-se bastante com o respeito ao pluralismo religioso e filosófico. A cada ano, no Museu do Deserto (Mialet, na região de Gard), milhares de protestantes se unem para evocar páginas de sua dolorosa história, buscando extrair dela conclusões válidas para o presente. Constata-se também uma expansão dos museus protestantes e uma intensa atividade, com muitos mantenedores, por parte da Sociedade da História do Protestantismo Francês, que publica uma revista trimestral e organiza colóquios.

Os protestantes compõem um milhão de pessoas no país, ocupando o território francês de modo irregular: bastante espalhados em várias províncias (Bretanha, Centro), têm uma presença mais densa em outras regiões (Alsácia, Gard, Ardèche, Pays de Montbéliard). A partir do meio rural em que o protestantismo se estabeleceu no passado, houve migrações para zonas urbanas, o que explica a presença protestante em algumas grandes cidades: Paris, Estrasburgo, Marselha, Nîmes, Montpellier, Mulhouse. De tradição majoritariamente reformada, o protestantismo francês é de predominância luterana na Alsácia e no Pays de Montbéliard. Signatários da Concórdia de Leuenberg (1973), as igrejas reformadas e luteranas da França estão em plena comunhão eclesiástica, comunhão aprofundada por um conselho permanente luterano-reformado. Embora seja minoria em termos numéricos, o protestantismo não é uma minoria social na França. Altos cargos e professores dessa confissão são abundantes no país, enquanto operários e funcionários de empresas se encontram sub-representados (apesar da existência de um protestantismo popular, principalmente no Leste). As igrejas evangélicas (sobretudo pentecostais) costumam contar com um recrutamento social mais popular que as igrejas reformadas e luteranas. Em franco crescimento desde 1980, essas igrejas representavam em 2005 um terço do protestantismo francês.

A grande maioria dos protestantes está nas igrejas luteranas e reformadas, em algumas igrejas batistas, na Missão Evangélica Cigana, na Igreja Apostólica e em algumas igrejas evangélicas e pentecostais, assim como na Missão Popular Evangélica. Todas elas se uniram para formar a Federação Protestante da França: são igrejas, instituições, obras e movimentos que representam o protestantismo francês junto aos poderes públicos, zelando por seus interesses comuns ao mesmo tempo que contribuem para sua aproximação comum, sob diversos aspectos. Além das igrejas membros da federação, há algumas pequenas igrejas: metodistas, batistas, pentecostais, evangélicas livres. A presença de igrejas específicas na Alsácia-Mosela se explica pela história da região e o formato dos cultos reconhecidos, que permanece até hoje: contrariamente à França de além-Vosges, onde reina a separação entre igreja e Estado (1905), as igrejas da Alsácia e da Mosela são estabelecimentos públicos de culto. Isso significa que, entre outros aspectos, em ambos os departamentos do Reno e da

FRANÇA

Mosela os pastores são remunerados pelo Estado e as aulas de religião (católica, protestante e judaica) são dadas na escola pública. A Alsácia também apresenta outra particularidade: após a Guerra dos Trinta Anos, Luís XIV, de mãos atadas pelos tratados de Westfália (1648), não pôde enfrentar diretamente os protestantes. No entanto, exigiu que, nos vilarejos que contassem com ao menos sete famílias católicas, os protestantes permitissem que essas famílias ocupassem o coro da igreja. Isso fez com que numerosas igrejas se tornassem simultâneas ou mistas, e ainda hoje cerca de cinquenta igrejas são utilizadas ao mesmo tempo por protestantes e católicos.

O protestantismo francês se distinguiu e se distingue ainda pela variedade de suas obras e movimentos, assim como pela importância de sua contribuição para a sociedade francesa. Instituições protestantes, como o abrigo John Bost, na Dordonha, e Sonnenhof, no baixo Reno, acolhem crianças deficientes; movimentos protestantes de jovens (Federação Colegial e Estudantil, Uniões Cristãs de Moças, Escoteiros Unionistas) contribuíram para formar muitos profissionais de peso na sociedade e na igreja. Militantes do movimento Jovens Mulheres desempenharam um papel decisivo na criação do planejamento familiar. A CIMADE, após acolher refugiados durante a Segunda Guerra Mundial, tornou-se um importante movimento de solidariedade aos estrangeiros na França e de ajuda ao desenvolvimento de países pobres. Serviços como o S.O.S. Amitiés [S.O.S. Amizades], que oferece ajuda por telefone a pessoas em desespero, secularizaram-se após terem surgido no meio protestante. Além de um grande número de jornais e revistas de uso interno, semanários como *Réforme* [Reforma] (Paris) e *Le Messager* [O mensageiro] (Estrasburgo) asseguram a presença protestante na opinião pública francesa, assim como os cultos e os programas transmitidos por rádio e televisão (cf. *Présence Protestante* [Presença Protestante] nas manhãs de domingo). Muitas revistas — *Foi et Vie* [Fé e vida] (Paris), *Études théologiques et religieuses* [Estudos teológicos e religiosos] (Montpellier), *Positions luthériennes* [Posições luteranas] (Paris), *Revue d'histoire et de philosophie religieuses* [Revista de história e de filosofia religiosas] (Estrasburgo) etc. —, assim como numerosas publicações de editores protestantes (Labor et Fides em Genebra, Les Bergers et les Mages, Oberlin etc.) manifestam o pensamento protestante no meio intelectual. As faculdades de teologia protestante de Paris, Montpellier e Estrasburgo contribuem sobretudo para essa expansão intelectual e religiosa do protestantismo francês, de que participam de modo decisivo teólogos reconhecidos e intelectuais como Jean Carbonnier, Pierre Chaunu, Jacques Ellul, Paul Ricoeur, Jacques Robert, Évelyne Sullerot etc.

Jean-Paul Willaime

▶ BAUBÉROT, Jean, *Le retour des huguenots. La vitalité protestante, XIXe-XXe siècle*, Paris-Genebra, Cerf-Labor et Fides, 1985; Idem, *Le protestantisme doit-il mourir? La différence protestante dans une France pluriculturelle*, Paris, Seuil, 1988; CABANEL, Patrick, *Les protestants et la République. De 1870 à nos jours*, Bruxelas, Complexe, 2000; Idem, org., *Itinéraires protestantes en Languedoc du XVIe au XXe siècle*, t. I: *Les Cévennes*, t. II: *Espace gardois* e t. III: *Hérault, Rouergue, Aude et Roussillon*, Montpellier, Presses du Languedoc, 1998-2000; Idem e CARBONNIER-BURKARD, Marianne, *Une histoire des protestants en France, XVIe-XXe siècle*, Paris, Desclée de Brouwer, 1998; DUBIEF, Henri e POUJOL, Jacques, orgs., *La France protestante. Histoire et lieux de mémoire* (1992), Paris, Éditions de Paris, 1996; ENCREVÉ, André, *Les protestants en France de 1800 à nos jours*, Paris, Stock, 1985; Idem, *L'expérience et la foi. Pensée et vie religieuse des huguenots au XIXe siècle*, Genebra, Labor et Fides, 2001; LÉONARD, Émile G., *Le protestant français* (1953), Paris, PUF, 1955; MEHL, Roger, *Le protestantisme dans la société actuelle*, Genebra, Labor et Fides, 1982; RICHARD, Michel-Edmond, *La vie des protestants français de l'Édit de Nantes à la Révolution (1598-1789)*, Paris, Éditions de Paris, 1994; WILLAIME, Jean-Paul, *Profession: pasteur. Sociologie de la condition du clerc à la fin du XXe siècle*, Genebra, Labor et Fides, 1986; WOLFF, Philippe, org., *Histoire des protestants en France. De la Réforme à la Révolution* e *Les protestants en France 1800-2000*, Toulouse, Privat, 2001 (reed. em 2 vols. de *Histoire des protestants en France*, 1977).

▶ Alsácia-Lorena; Béarn; Boegner; Camisardos (Guerra dos); Cevenas; deserto (igreja no); Die et Dauphiné; Dispersão; Drôme (Brigada da); Duquesne; Edito de Nantes (e Revogação do); Federação Protestante da França; Grâce d'Alès; guerras de religião; Henrique IV; huguenotes; Jarnac (Assembleia de); Margarida de Navarra; Montbéliard; Montpellier; museus protestantes no mundo de língua francesa; Paris; Poissy

(Colóquio de); imprensa protestante de língua francesa; revistas protestantes; Rochelle (La); São Bartolomeu (Noite de); Sully; Turenne

FRANCK, Sebastian (?1500-1542)

Nascido em Donauwörth e morto em Basileia, durante algum tempo Franck ocupou as funções de sacerdote católico e vigário evangélico, antes de decidir-se a levar uma vida de escritor popular e editor, passando assim, sem pausa para descansar, de uma cidade do sul da Alemanha para outra, sendo Nuremberg, Estrasburgo, Ulm e Basileia as principais etapas. Confiante tanto na bondade eterna de Deus quanto na razão e na liberdade moral do ser humano, apartou-se de Lutero e se manteve à distância das comunidades católicas, luteranas, zwinglianas e batistas, que ele considerava como seitas. A verdadeira igreja se encontrava, em sua opinião, espalhada, invisível, entre todos os povos e todas as religiões. Considerava-se discípulo de Erasmo, mas, duvidando de todos os eruditos, só desejava atingir poucos leitores isolados com seus textos. Escreveu grandes crônicas, textos moralistas, manuais teológicos e coletâneas de provérbios — evidenciando paradoxos — que foram bastante difundidos. A maior parte de suas obras, até mesmo as mais importantes (*Chronica, Zeitbuch und Geschichtbibel*, 1531; *Weltbuch*, 1534; *Paradoxa*, 1534; *Sprichwörter*, 1541) são compilações, acompanhadas de suas próprias ideias, bastante resumidas por ele na introdução e em comentários.

Christoph Dejung

▶ FRANCK, Sebastian, *Sämtliche Werke. Kritische Ausgabe mit Kommentar*, org. por Hans-Gert ROLOFF, Berna, Lang, então Stuttgart-Bad Cannstatt, Frommann-Holzboog, 1992ss; COLBUS, Jean-Claude, *La Chronique de Sébastien Franck (1499-1542). Vision de l'histoire et image de l'homme*, Berna, Lang, 2005; DEJUNG, Christoph, *Wahrheit und Häresie. Eine Untersuchung zur Geschichtsphilosophie bei Sebastian Franck*, Zurique, casa do autor, 1980; Idem, "Sebastian Franck", em Idem, Émile BRAEKMAN e A. Gordon KINDER, *Eloy Pruystinck, Sebastian Franck, Antonio del Corro* (Bibliotheca Dissidentium VII), Baden-Baden, Koerner, 1986, p. 39-119; KACZEROWSKY, Klaus, *Sebastian Franck Bibliographie*, Wiesbaden, Pressler, 1976; SÉGUENNY, André, *Historia magistra vitae. Quelques remarques à propos de la Chronique de Sébastien Franck*, em Marijn DE KROON e Marc LIENHARD, orgs., *Horizons européens de la Réforme en Alsace. Das Elsass und die Reformation im Europa des 16. Jahrhunderts. Mélanges offerts à Jean Rott pour son 65e anniversaire*, Estrasburgo, Istra, 1980, p. 107-118; Idem, *Sources du spiritualisme d'après la 'Chronica' de S. Franck*, em Marc LIENHARD, org., *Les dissidents du XVIe siècle entre l'humanisme et le catholicisme*, Baden-Baden, Koerner, 1983; WEIGELT, Horst, *Sebastian Franck und die lutherische Reformation*, Gütersloh, Mohn, 1972; WOLLGAST, Siegfried, org., *Beiträge zum 500. Geburtstag von Sebastian Franck (1499-1542)*, Berlim, Weidler, 1999.

▶ Anabatismo; Coornhert; **Deus**; Erasmo; **espiritualidade**; humanismo; Reforma radical

FRANCKE, August Hermann (1663-1727)

Pastor, pedagogo e cientista, é o fundador da Universidade de Halle, que sob o reinado de Frederico Guilherme I (1713-1740), rei da Prússia, foi a universidade alemã mais moderna, profundamente marcada pelo pietismo. Criou as uniões de Halle, compostas de escolas para os pobres, um internato para filhos de burgueses e nobres — o que permitiu acolher crianças de todos os meios sociais — e ateliês para proporcionar tanto formação profissional quanto independência financeira. Essas uniões perduram até nossos dias, e seu ensino se baseia nos princípios da pedagogia moderna, com o fim de formar homens piedosos, trabalhadores e competentes. Através da universidade, de fundações e de numerosos textos para edificação, Francke marcou profundamente tanto o protestantismo alemão do século XVIII quanto o Estado prussiano, em que seus discípulos desempenharam um papel fundamental.

Bernard Vogler

▶ FRANCKE, August Hermann, *Pädagogische Schriften*, org. por Hermann LORENZEN, Paderborn, Schöningh, 1964; AHRBECK, Rosemarie e THALER, Burchard, orgs., *August Hermann Francke 1663-1727*, Halle-Saale, Martin-Luther-Universität Halle-Wittenberg, 1977; BEYREUTHER, Erich, *August Hermann Francke 1663-1727. Zeuge des lebendigen Gottes* (1956), Marburgo, Francke, 1987; KRAMER, Gustav, *August Hermann Francke. Ein Lebensbild*, 2 vols., Halle, Buchhandlung des Waisenhauses, 1880-1882.

▶ Ação social; **educação**; **espiritualidade**; Halle; pietismo; Prusse

FRANCO-MAÇONARIA

Sociedade erudita discreta, ou mesmo secreta, a franco-maçonaria moderna surgiu em 1717, em Londres, a partir da aliança que formou uma Grande Loja de quatro lojas mais antigas. A franco-maçonaria nutre o desejo de ser um continuador das confrarias medievais de construtores[3]. Originariamente, seu objetivo principal era reunir membros de diversas confissões cristãs em rixa durante todo o século XVII em uma espécie de ecumenismo antes da hora.

Dois pastores desempenharam um papel determinante nos primeiros passos dessa sociedade: o presbiteriano escocês James Anderson (?1684-1739), redator das primeiras *Constituições*, e o anglicano Jean-Théophile Désaguliers (1683-1744). Filho de um pastor reformado de La Rochelle que se refugiou na Inglaterra, Désaguliers imprimiu na franco-maçonaria moderna uma tendência ao deísmo e um gosto pela tolerância religiosa.

Ainda bastante dominada por esse estado de espírito, a franco-maçonaria dos países protestantes (anglo-saxões e escandinavos) — majoritários em todo o mundo — se limita a um conformismo tanto religioso quanto político: cuida preferencialmente de obras filantrópicas e proíbe todo tipo de discussão política ou religiosa na loja. Costuma estar bem estabelecida nesses países, com inúmeros membros de igrejas afiliados a ela (anglicanos, luteranos etc.), bem como membros de famílias reais.

Condenada pelo papa em 1738, a franco-maçonaria se radicalizou nos países católicos, principalmente nos de línguas latinas, tornando-se a ponta de lança da luta anticlerical. A obrigação de crer em Deus e de invocar nos rituais o Grande Arquiteto do Universo foi abolida pelos Grandes Orientes da Bélgica (1872) e da França (1877): na França, a decisão foi tomada por iniciativa de um dignatário do Grande Oriente, o pastor Frédéric Desmons (1832-1909), que não admirava o ateísmo, mas recusava-se a permitir que alguém fosse rejeitado por esse motivo. O Grande Oriente da França adquiriu com o tempo tamanha importância ideológica que alguns o qualificaram de "igreja da Terceira República". Inúmeros protestantes se distinguiram na maçonaria liberal ao somar esforços com o dos republicanos e anticlericais contra regimes conservadores e católicos da Europa, como também da América Latina.

Muitas especulações místicas encontraram abrigo nas lojas, como por exemplo o profundo significado simbólico atribuído à lenda de Hiram [ou Hirão, como está na Bíblia em português], supervisor da construção do templo de Salomão (1Rs 7.13s). Se a influência dos rosa-cruzes do século XVII é talvez um mito, a dos teósofos do século XVIII, como a de Emanuel Swedenborg (1688-1772) e Louis-Claude de Saint-Martin (1743-1803), é bastante real.

Foi sobretudo a essa franco-maçonaria mais mística que aderiram inúmeros pastores, como Court de Gébelin (?1724-1784), mas também pastores do Avivamento no início do século XIX, como Ami Bost (1790-1874) e César Malan pai (1787-1864). Quanto aos liberais, como Goblet d'Alviella (1846-1925), engajaram-se principalmente na maçonaria liberal, leiga e anticlerical.

Jean-Luc Rojas

▶ BEAUREPAIRE, Pierre-Yves et alii, *Protestantisme et franc-maçonnerie. De la tolérance religieuse à la religion de tolérance?*, Paris, Éditions maçonniques de France, 2000; LEMAIRE, Jacques e THUILIER, Bernard, orgs., "Chrétiens et francs-maçons dialoguent", *La pensée et les hommes* 23, 1993; LIGOU, Daniel, org., *Dictionnaire de la franc-maçonnerie* (1974), Paris, PUF, 1998; NAUDON, Paul, *La franc-maçonnerie* (1963), Paris, PUF, 1994; NEFONTAINE, Luc, *Le protestantisme et la franc-maçonnerie. Des chemins qui se rencontrent*, Genebra, Labor et Fides, 2000; NÉGRIER, Patrick, *Textes fondateurs de la tradition maçonnique. 1390-1760*, Paris, Grasset, 1995.

▶ Anticlericalismo; Bost A.; Court de Gébelin; deísmo; Frederico II da Prússia; Goblet d'Alviella; iluminismo; Malan C.; Newton; Rosa-cruz; Swedenborg; unitarismo

FRANK, Franz Hermann Reinhold (von) (1827-1894)

Frank nasceu em Altenburg (Saxônia). Por meio de Adolf von Harleß, entrou em contato com o Avivamento durante seus estudos em Leipzig. Após estudar filosofia e teologia de 1845 a 1851, trabalhou como professor de ginásio por seis anos antes de ser nomeado professor de teologia em Erlangen, em 1857. De 1853 a 1857, foi publicada sua *Theologie der Concordienformel*, em quatro volumes.

---
[3] [NT] *Maçon*, em francês, significa "pedreiro".

Frank se insere no contexto da primeira escola de Erlangen (Harleβ, Hofmann, Thomasius) e participa da intenção — que remonta, em última análise, a Schleiermacher — de formular um novo fundamento para a teologia, partindo de uma teoria da experiência cristã. Com esse objetivo, pretende afirmar que a certeza da fé e de seus objetos está fundada em uma experiência última e indedutível, que não depende do recurso à consciência de verdade universal.

O centro orgânico de seu enorme sistema tripartite é o *System der christlichen Gewiβheit* (1870-1872, 2 vols., Erlangen, Deichert, 1878-1883²), em cuja base se erguem a dogmática material (*System der christlichen Wahrheit*, 1878-1880, 2 vols., Erlangen, Deichert, 1894³) e a ética (*System der christlichen Sittlichkeit*, 2 vols., Erlangen, Deichert, 1884-1887). A obra *System der christlichen Gewiβheit* se propõe a justificar a certeza do cristão quanto à existência dos objetos de fé, demonstrando que são implicações da certeza-de-si do cristão. A análise da experiência imediatamente reconhecível como exata do novo nascimento (da instalação de um novo eu) e da conversão (que consiste em assumir o processo da nova existência) conduz aos objetos da fé, que fazem parte da experiência subjetiva sem identificarem-se por completo com ela: determinidades imanentes do eu (pecado e nova justiça, com seu cumprimento futuro), "fatores" transcendentes ou causas efetivas dessa experiência (desenvolvidos pela doutrina de Deus e pela cristologia), objetos de fé que fazem mediação entre esses "fatores" e o homem, que os experiencia (igreja, Palavra, Escritura, sacramentos, milagres).

A intenção de Frank é estabelecer que a experiência do novo nascimento e da conversão (que, como experiência subjetiva, possui um caráter de uma certeza irrefutável para o cristão) é o fundamento da certeza dos objetos de fé, uma certeza que é contestada com justiça pela consciência moderna da verdade. Assim, ele usa de uma estratégia moderna, baseando a objetividade em uma teoria da subjetividade, mas visando a ultrapassar a postura transcendental ao demonstrar que tal análise estabelece que, justo em seu caráter de causas do sujeito, os objetos alocados na experiência imediatamente reconhecível como exata do cristão são independentes do cristão. *System der christlichen Gewiβheit* abre caminho para uma dogmática, portanto (*System der christlichen Wahrheit*), que parte do caráter absoluto de Deus para retraçar o porvir da humanidade de Deus enquanto realização da vontade criadora divina, mostrando assim que o ponto de partida da doutrina da certeza — o sujeito — está fundado no próprio Deus.

O ponto primordial do sistema é a passagem da análise da subjetividade cristã para a fundação dessa subjetividade em um Deus independente dessa subjetividade, e, nesse sentido, absoluto. Essa afirmação do caráter absoluto de Deus — que não é totalmente determinado pelo amor no sentido do poder que promove a finalidade última do homem, nem, portanto, integralmente definível a partir de seu agir sobre o homem — leva Frank a acirradas disputas com Albrecht Ritschl. Porém, esse aspecto específico denota também o traço fundamentalmente antimoderno de sua teologia, apesar do ângulo de ataque utilizado na teoria da subjetividade: sua teologia não visa à mediação com uma consciência universal de verdade, mas, sim, a recriação de uma teologia tradicional com os instrumentos intelectuais da modernidade.

Notger Slenckza

▶ FRANK, Franz Hermann Reinhold von, *Dogmatische Studien*, Erlangen, Deichert, 1892 (inclui em particular *Der Subjektivismus in der Theologie und sein Recht*); Idem, *Zur Theologie A. Ritschl's*, Erlangen, Deichert, 1891 (publicado originalmente com o título *Ueber die kirchliche Bedeutung der Theologie A. Ritschl's*, 1888); BEYSCHLAG, Karlmann, *Die Erlanger Theologie*, Erlangen, Martin-Luther-Verlag, 1993; BOIS, Henri, *De la certitude chrétienne. Essai sur la théologie de Frank*, Paris, Fischbacher, 1887; CASALIS, Georges, *Kénose et histoire. Le système christologique de F. H. R. von Frank (1827-1894)*, tese de doutorado da Universidade de Estrasburgo, 1970; HÜTTENTORF, Michael, *Erkenntnistheorie und Dogmatik. Das erkenntnistheoretische Problem der Theologie bei I. A. Dorner, Fr. H. R. Frank und R. A. Lipsius*, Bielefeld, Luther-Verlag, 1991; KELLER-HÜSCHEMENGER, Max, *Das Problem der Heilsgewiβheit in der Erlanger Theologie im 19. und 20. Jahrhundert*, Berlim, Lutherisches Verlagshaus, 1963; SLENCZKA, Notger, *Der Glaube und sein Grund. F. H. R. von Frank, seine Auseinandersetzung mit A. Ritschl und die Fortführung seines Programms durch L. Ihmels*, Göttingen, Vandenhoeck & Ruprecht, 1998.

◉ Avivamento; **Deus**; dogmática; Erlangen; experiência; **modernidade**; Ritschl; Schleiermacher; Seeberg

FRANKLIN, Benjamin (1706-1790)

Nascido em Boston, de uma família de artesãos pobres mas solidamente puritanos, Benjamin Franklin é a encarnação tanto do *self-made man* americano quanto do intelectual engajado iluminista. Tipógrafo e jornalista, empreendedor e educador popular, homem de ciência e inventor famoso, iniciou-se na política na Pensilvânia. Tornou-se o principal agente diplomático das colônias americanas, defensor da liberdade das colônias contra a Corte e o governo ingleses, e por fim foi um dos protagonistas da luta pela independência e pela Constituição republicana dos Estados Unidos. Desde a juventude, abandonou as doutrinas calvinistas, tornando-se adepto do deísmo e da tolerância religiosa. Os puritanos consideravam o tempo como um dos "talentos" que Deus confia a seus servos em vista do progresso individual e comum. Franklin traduziu essas metáforas para os preceitos de uma ética utilitária, cuja eficácia é medida em termos de rendimentos, como expressa a famosa frase *Time is money* (Tempo é dinheiro).

Mario Miegge

▶ FRANKLIN, Benjamin, *The Autobiography and Other Writings*, org. por Peter SHAW, Toronto-New York, Bantam Books, 1982; CRANE, Verner, Winslow, *Benjamin Franklin and a Rising People* (1954), New York, Harp College, 1987; STIFLER, James Madison, *The Religion of Benjamin Franklin*, New York, Appleton, 1925; VAN DOREN, Carl Clinton, *Benjamin Franklin* (1938), Paris, Aubier, 1956.

◉ **Capitalismo**; deísmo; Estados Unidos; Luzes; puritanismo; Revolução Americana; tolerância

FREDERICO II DA PRÚSSIA (1712-1786)

Frederico II, o Grande, não era de modo algum um religioso. Educado em um encontro de duas tradições, o pietismo luterano (da escola de Francke) e o calvinismo adotado pela família dos Hohenzollern após 1613, com os huguenotes bastante presentes em Prússia-Brandenburgo desde o Edito de Potsdam (1685), foi um "filósofo" como seu amigo Voltaire, que viajava constantemente a Berlim. Apóstolo da tolerância tanto por pragmatismo quanto por filosofia, dialoga habilmente com Roma por ocasião das diversas anexações da Silésia. Se em sua casa "cada um pode ser feliz à sua maneira", isso se dá precisamente fora das querelas religiosas. Bem cedo, entra para a maçonaria (1738), abandonando o wolffismo de sua juventude por um ceticismo logo complementado pelo estoicismo. Jamais partilhou das convicções materialistas de alguns de seus hóspedes, tais como o filósofo francês Julien Offray de la Mettrie (1709-1751), que encontrou refúgio junto ao soberano, mas também não acreditava na divindade de Cristo. No entanto, o rei e senhor da guerra, ao envelhecer, seria traspassado por uma angústia muda diante do sentido de uma vida nas mãos de uma transcendência da qual nada se pode saber.

Dominique Bourel

▶ BLED, Jean-Paul, *Frédéric le Grand*, Paris, Fayard, 2004; HENNING, Herzeleide e Eckhart, org., *Bibliographie Friedrich der Große 1786-1986. Das Schriftum des deutschen Sprachraums und der Übersetzungen aus Fremdsprachen*, Berlim, Walter de Gruyter, 1988; ZIECHMANN, Jürgen, org., *Panorama der Fridericianischen Zeit. Friedrich der Grosse und seine Epoche. Ein Handbuch*, Bremen, Ziechmann, 1985.

◉ Alemanha; Berlim; Prússia; Wolff

FREDERICO DA SAXÔNIA (1463-1525)

Frederico da Saxônia, chamado o Sábio, reinou na Saxônia Ernestina a partir de 1486. É exposto como figura de destaque em todas as biografias de Lutero, a quem sempre apoiou. Lutero lhe dedicou sua obra *Operationes in Psalmos*, entre outras. Encarna dois mundos que lentamente se separariam: o da *Frömmigkeit* (devoção) medieval e o do humanismo moderno. Mecenas, patriarca, peregrino na Palestina (1493) e grande colecionador de relíquias (até 1522), é em geral tratado com indulgência por Roma, devido a sua piedade reconhecida por todos. Humanista, associa-se a Reuchlin, corresponde-se com Erasmo, funda uma universidade em Wittenberg (1502) para a qual chamaria os melhores professores. A instituição se torna um espaço de tolerância, onde ensinam lado a lado tomistas, scotistas e nominalistas (que preferem Gregório de Rimini a Guilherme de Occam). Bibliotecário e pregador da corte, Espalatino atua como intermediário entre Frederico, o Sábio, e Lutero, unidos no mesmo gosto pela ciência. Entre 1518 e 1521, a universidade se torna uma das mais brilhantes da Alemanha, e Lutero, um dos melhores professores, que Frederico deseja proteger. Recusando-se a entregá-lo a Roma, o soberano negocia com o cardeal Cajetano ao longo do dramático interrogatório de Augsburgo, defendendo o reformador diante de Carlos V. Para a segurança de Lutero, Frederico não hesita em raptá-lo, no dia 4 de maio de 1521, abrigando-o no Castelo de Wartburg. Sagaz político, preocupado com os interesses da Saxônia, morre durante a Guerra dos Camponeses, após ter comungado sob duas espécies no leito de morte. Seu irmão, o duque João, faria com que essa parte da Saxônia passasse para o lado do reformador.

Dominique Bourel

▶ LUDOLPHY, Ingetraut, *Friedrich der Weise, Kurfürst von Sachsen 1463-1525*, Göttingen, Vandenhoeck & Ruprecht, 1984; MALETTKE, Klaus e VOSS, Jürgen, orgs., *Humanismus und höfisch-städtische Eliten im 16. Jahrhundert. Humanisme et élites des cours et des villes au XVIe siècle* (1989), Bonn, Bouvier-Röhrscheid, 1990.

◉ Alemanha; Lutero; Saxônia

FREDERICO GUILHERME III (1770-1840)

De temperamento conservador, sem interesses intelectuais específicos nem um sentimento nacionalista muito forte, Frederico Guilherme III sofre as profundas transformações que ocorrem em seu reino (1797-1840), porém amparando com sua autoridade as reformas (p. ex., a abolição da escravatura, a reorganização do exército e a criação de universidades) que permitem a renovação da Prússia após a derrota político-militar de 1906-1807 e seu engajamento na guerra de libertação. Após 1815, o rei deixa de lado a política de reformas e, em nome dos princípios monárquicos, dedica-se à luta contra o "espírito [revolucionário] dos tempos", utilizando-se de censura, controle das universidades e perseguições contra os "demagogos" como parte da reação absolutista da Santa Aliança, concluída em 1815 entre a Rússia, a Áustria e a Prússia. Em 1834, protege a conclusão da União Alfandegária prusso-alemã, fundamento da supremacia prussiana na unificação alemã que excluiu a Áustria.

Em reação a Frederico II, Frederico Guilherme III desejava "reviver o sentimento religioso do povo". Tomado por inteiro pela ideia de sua função como *summus episcopus* ("bispo supremo"), convenceu-se de que portava a missão de restabelecer uma religião do coração, impregnada de romantismo e oposta ao racionalismo da *Aufklärung*. De início, age para reestruturar a igreja protestante e torná-la uma igreja do Estado. Suprime as instâncias de liderança das igrejas luteranas, reformadas, alemãs e francesas, em prol de uma autoridade central, o departamento do culto, dentro do Ministério do Interior, antes da criação, em 1815, de um Ministério dos Negócios Religiosos e do Ensino Público. Dessa forma, o rei exerce sem restrições, através de consistórios provinciais, sua soberania *jura in sacra* sobre as igrejas protestantes e sua soberania *jura circa sacra* sobre a Igreja Católica. O projeto de um sínodo geral da Prússia é abandonado, e o princípio episcopal é instaurado com o estabelecimento de um superintendente geral, nomeado pelo rei, para governar cada província eclesiástica, junto com seu sínodo. Somente as igrejas da Renânia e de Westfália puderam manter alguns elementos de sua constituição presbiteral (1835). Desse modo, é instaurado, sob a responsabilidade pessoal do rei, um cristianismo protestante prussiano, expressão da simbiose entre igreja e Estado monárquico.

Prosseguindo com as intenções de vários dos predecessores de sua dinastia, convertida em 1613 ao calvinismo, embora reinasse sobre uma população de maioria luterana, Frederico Guilherme III estabelece para si a meta de realizar dois grandes desígnios: reunir as igrejas luteranas e reformadas e instaurar uma liturgia única. Persuadido da inutilidade de manter a separação entre luteranos e reformados, lança um apelo solene à União, na comemoração do tricentenário da Reforma, expressando o desejo de que a divisão fosse suplantada com "uma nova igreja protestante cristã", cuja unidade fosse assinalada com a celebração comum da ceia. A iniciativa, tomada sob a influência de Sack, Spalding, Teller, Planck, Eylert e Schleiermacher, foi de início amplamente apoiada, mas encontrou a resistência do confessionalismo neoluterano ortodoxo no norte da Alemanha (95 teses de Claus Harms em 1817) e na Silésia, onde se constituem núcleos eclesiásticos veteroluteranos marcados pelo pietismo; alguns chegariam a emigrar por causa da decisão. Designada por uma ordem de gabinete em 1822, a liturgia concretizaria a União.

Dentro de uma visão romântica, a solenidade litúrgica obteve mais peso que a pregação; a participação dos fiéis se reduziu a alguns cânticos, enquanto as respostas durante a liturgia couberam ao coro. Essa liturgia só foi aceita por uma pequena minoria do pastorado. Por vezes aprovada em seus princípios, é todavia denunciada pelo autoritarismo inerente a sua aplicação, principalmente por Schleiermacher. O rei consegue apaziguar os ânimos com o acordo de 1829, que concedia à diversidade das tradições regionais um formato cultual em paralelo, e com o de 1834, que mantinha os Escritos Simbólicos e dissociava as questões da União das questões da liturgia.

Após 1815, reinando sobre territórios compostos de dois quintos de católicos, Frederico Guilherme III busca acordos com a Cúria sobre a delimitação das novas dioceses, bem como sobre a designação e a dotação dos bispos; esses acordos seriam obtidos em 1821. Porém, as tentativas de emancipação dos teólogos católicos e a questão dos casamentos mistos gerariam um conflito aberto que facilitaria a formação de um partido católico. Frederico Guilherme III dava mostras de aversão aos judeus, mas, apesar de algumas medidas restritivas (como os primeiros nomes cristãos), não pôde questionar as ações de emancipação empreendidas em 1812.

Frédéric Hartweg

▶ FOERSTER, Erich, *Die Entstehung der Preußischen Landeskirche unter der Regierung König Friedrich Wilhelms des Dritten*, 2 vols., Tübingen, Mohr, 1905-1907; GEPPERT, Walter, *Das Wesen der preußischen Union*, Berlim, Furche, 1939; HINTZE, Otto, *Die Epochen des evangelischen Kirchenregiments in Preußen* (1906), em *Gesammelte Abhandlungen*, t. III: *Regierung und Verwaltung. Gesammelte Abhandlungen zur Staats-, Rechts- und Sozialgechichte Preußens*, org. por Gerhard OESTREICH, Göttingen, Vandenhoeck & Ruprecht, 1967, p. 56-96; SCHMIDT, Martin, *Christentum und Kirche im frühen 19. Jahrhundert*, em Hans HERZFELD, org., *Berlin und die Provinz Brandenburg im 19. und 20. Jahrhundert*, Berlim, Walter de Gruyter, 1968, p. 423-478; STAMM-KUHLMANN, Thomas, *König in Preußens grosser Zeit Friedrich Wilhelm III. Der Melancholiker auf dem Thron*, Berlim, Siedler, 1992; WAPPLER, Klaus, *Der theologische Ort der preußischen Unionsurkunde vom 27.9.1817*, Berlim, Evangelische Verlagsanstalt, 1978; WENDLAND, Walter, *Die Religionstät und die kirchenpolitischen Grundsätze Friedrich Wilhelms des Dritten in ihrer Bedeutung für die Geschichte der kirchlichen Restauration*, Giessen, Töpelmann, 1909.

▶ Alemanha; Berlim; bispo; Frederico II da Prússia; Frederico Guilherme IV; Humboldt; Igrejas Unidas; Prússia; romantismo; Schleiermacher

FREDERICO GUILHERME IV (1795-1861)

Rei da Prússia de 1840 a 1861, Frederico Guilherme IV sofria de problemas mentais devido a dois ataques de apoplexia, cedendo o poder a seu irmão, o futuro Guilherme I, regente de 1858 a 1861. Opunha-se ao estatismo e ao liberalismo, tanto político quanto teológico. A seus olhos, acima das classes sociais, dos partidos políticos e dos poderes econômicos, o rei, com a graça de Deus, era o melhor garantidor da justiça para todos. Em nome desses princípios, ele recusa a coroa imperial oferecida pela Assembleia Nacional de Frankfurt (1849). Cristão convicto, de tendência protestante pietista mas aberto ecumenicamente, favorece o desenvolvimento e a concórdia entre as igrejas protestantes. Inteligente, culto, mas de personalidade muito complexa, amigo das artes, foi com frequência subestimado. Embora fosse conservador, estava à frente de seu tempo com suas visões da Europa. Confirmou e levou adiante a criação de seu predecessor, Frederico Guilherme III, da Academia de Neuchâtel (1840) e restaurou o Bailiado de Brandenburgo da Ordem de São João de Jerusalém (1852).

Jean-Louis Leuba

▶ BUSSMANN, Walter, *Zwischen Preussen und Deutschland. Friedrich Wilhelm IV. Eine Biographie*, Berlim, Siedler, 1990.

▶ Frederico Guilherme III; Ordem de São João de Jerusalém; Prússia; Wichern

FRIEDRICH, Caspar David (1774-1180)

Nascido em Greifswald (Pomerânia), em um meio estritamente bíblico e pietista, estabeleceu-se em Dresden a partir de 1798, onde se tornou o mais representativo pintor do romantismo alemão, além de precursor dos simbolistas, expressionistas e surrealistas. Amigo de Goethe e do teólogo protestante Schleiermacher, sua pintura se caracteriza por uma dupla busca, expressiva e mística. Por meio de um realismo detalhista e imponente, com o uso discreto do simbolismo religioso, Friedrich exprime o sentido do infinito, a presença do divino nas contingências terrenas, a pequenez e a vaidade da condição humana. Cria assim a "paisagem espiritual" cara aos românticos alemães, fazendo convergir para a imagem o deleite estético e a profundidade metafísica.

Jérôme Cottin

▶ BÖRSCH-SUPAN, Helmut, org., *Caspar David Friedrich* (1989), Paris, Biro, 1989; HOFMANN, Werner, *Caspar David Friedrich* (2000), Paris, Hazan, 2005; CARUS, Carl Gustav, *Neuf lettres sur la peinture de paysage* (1815-1824), seguido de uma *Choix de textes* de Caspar David FRIEDRICH, org. por Marcel BRION, Paris, Klincksieck, 1988; SALA, Charles, *Caspar David Friedrich et la peinture romantique*, Paris, Terrail, 1993; STOCK, Alex, "Am Rande der Welt. C. D. Friedrichs 'Mönch am Meer'", *Katechetische Blätter* 108, 1983, p. 429-433; Idem, "Landschaft und Religion. Zum 150. Todestag von C. D. Friedrich", *Die Zeichen der Zeit* 7, 1990, p. 179-181.

◉ Arte; Füssli; romantismo

FRISCH, Max (1911-1991)

Romancista, ensaísta, autor dramático, o suíço--alemão Max Frisch nasceu em Zurique. Após estudos em letras e arquitetura, engaja-se por inteiro no trabalho da escrita e se torna famoso tanto na Suíça (criticando com vontade a realidade social e política do "paraíso helvético") quanto no exterior. Sua obra é fundamentalmente centrada na questão da identidade e da imagem, tratada em diversos deslocamentos, jogos e alegorias (nesse aspecto, pode-se notar uma semelhança com Bertold Brecht [1898-1956]). Incluem-se por vezes temas de alta repercussão teológica, como em *Stiller*, com a pergunta "Podemos aceitar a nós mesmos sem aceitar Deus?"; ou em *Andorra*, cuja intriga reflete uma mediação sobre o tema da interdição da imagem e da relação com o outro e consigo mesmo.

Pierre-Luigi Dubied

▶ FRISCH, Max, *Gesammelte Werke in zeitlicher Folge*, 7 vols., Frankfurt, Suhrkamp, 1976-1986; Idem, *Journal 1946-1949* (1950), Paris, Gallimard, 1964; Idem, *Stiller* (1954), Paris Grasset, 1991; Idem, *Homo faber* (1957), Paris, Gallimard, 1961; Idem, *Andorra* (1961), Paris, Gallimard, 1965; Idem, *Biographie. Un jeu* (1967), Paris, Gallimard, 1970 (nova versão alemã: *Biographie. Ein Spiel. Neue Fassung 1984*, Frankfurt, Suhrkamp, 1985); Idem, *Journal 1966-1971* (1972), Paris, Gallimard, 1976.

◉ Literatura

FROMMEL, Gaston (1862-1906)

Nascido na Suíça em uma família de imigrantes alsacianos, Frommel sempre se sentiu entre duas línguas, entre duas culturas. Aluno da escola veterinária de Berna, não demora a optar pela teologia, estudando em Neuchâtel e Erlangen. Pastor durante alguns anos na Igreja Livre do cantão de Vaud, é chamado em 1894 para ocupar a cadeira de dogmática e apologética na Faculdade de Teologia de Genebra. Leitor e discípulo de Vinet, frequenta assiduamente a casa de César Malan Filho. Em paralelo ao magistério, atua como crítico literário (cf. *Études littéraires et morales* [Estudos literários e morais] [1907], Saint-Blaise, Foyer solidariste, 1908[2]). Convencido de que a fé é de natureza essencialmente moral e psicológica (sob sua pluma, o sentido de ambos os adjetivos não cessa de aglomerar-se), concentra suas atenções na experiência espiritual dos cristãos e associa praticamente todos os problemas da teologia aos da consciência moral, deixando de lado questões de metafísica e cosmologia. Seu curso de dogmática foi publicado com o título *L'expérience chrétienne* [A experiência cristã] (3 vols., Neuchâtel, Attinger, 1916); o de apologética, com o título *La vérité humaine* [A verdade humana] (3 vols., Saint-Blaise, Foyer solidariste, 1910-1915). Sua postura profundamente pastoral marcou bastante os que conviveram com ele (cf. *Lettres intimes* [Cartas íntimas], 2 vols., Neuchâtel, Attinger, 1921).

Bernard Reymond

▶ BERCHTOLD, Alfred, *La Suisse romande au cap du XXe siècle*, Lausanne, Payot, 1964, p. 97-108.

◉ Apologética; experiência; Flournoy; Fulliquet; liberalismo teológico; Malan C. filho; Vinet

FRUTIGER, Adrian (1928-)

Criador e artista atuante em arte aplicada, Frutiger é inventor de novas fontes tipográficas (entre elas: Univers, Frutiger, Meridien, Glypha).

Os caracteres OCR-B, que inventou para a escrita automática, tornaram-se padrão mundial em 1973. Contam-se dentre seus feitos mais importantes a sinalização do metrô de Paris e do aeroporto de Roissy-Charles de Gaulle. Protestante convicto, Frutiger é também um intérprete visual da Bíblia, procurando traduzir graficamente a mensagem dos evangelhos. Sua busca estética está na fronteira entre a escrita, o pictograma, o signo e o símbolo, demonstrando a persistência de uma estética calvinista, baseada na abstração do signo mais que na representação figurativa.

Jérôme Cottin

▶ FRUTIGER, Adrian, *Type = Sign = Symbol*, Zurique, ABC Verlag, 1980; Idem, *Des signes et des hommes* (1978-1979), Denges, Delta et Spes, 1983 (publicado em cinco línguas); Idem, *Formen und Gegenformen. Formes et contreformes. Forms and Counterforms.* Texto de Ronald SCHENKEL, org. por Erich ALB, Cham, Syndor Press, 1998; Idem, *Ein Leben für die Schrift*, Interlaken, Schlaefli & Maurer, 2003.

◉ Arte

FULLIQUET, Georges (1863-1924)

Nascido em Genebra, Fulliquet completou seus estudos científicos na cidade, coroando-os com uma tese de doutorado intitulada *Recherches sur le cerveau du Propterus Annectens* [Pesquisas sobre o cérebro do *Propterus Annectens*] (Genebra, 1886), antes de iniciar-se na teologia. Bastante influenciado pelo convívio com César Malan filho (a quem dedicou a obra *La pensée théologique de César Malan* [O pensamento teológico de César Malan], Genebra, Robert, 1902), concentrou suas reflexões na noção de obrigação moral, o que o levou a publicar em 1898 seu estudo mais importante: *Essai sur l'obligation morale* [Ensaio sobre a obrigação moral] (Paris, Alcan). Em 1906, sucedeu Gaston Frommel na cadeira de dogmática e apologética da Faculdade de Teologia de Genebra. Desde então, suas publicações se dedicaram, na maioria, a questões de apologética (cf. *Le problème de la souffrance. Essai d'apologétique moderne* [O problema do sofrimento: ensaio de apologética moderna], Genebra, Georg, 1909). Com frequência, seus textos demonstram certa ousadia intelectual, como, por exemplo, na área de psicologia religiosa (*La justification par la foi. Essai de psychologie chrétienne* [A justificação pela fé: ensaio de psicologia cristã], Genebra, Schuchardt, 1889), incluindo a preocupação com a defesa das liberdades doutrinárias do protestantismo. Porém, sua formação científica inicial infelizmente não o dispensou de recorrer, vezes sem conta, a argumentações defensivas que se baseavam no postulado de que certos aspectos da vida pessoal (o "eu numenal") estariam fora do alcance da investigação científica, ou de sustentar que a revelação cristã seria "definitiva". Para o leitor de hoje, sua obra *Précis de dogmatique* [Compêndio de dogmática] (Genebra-Paris, Kündig-Fischbacher, 1912) talvez continue a ser o texto mais revelador de suas ousadias e suas fraquezas.

Bernard Reymond

▶ BABEL, Henry, *Georges Fulliquet (1863-1924). Au sein de la théologie protestante du XIXe siècle*, em Stephan LEIMGRUBER e Max SCHOCH, orgs., *Gegen die Gottvergessenheit. Schweizer Theologen im. 19. und 20. Jahrhundert*, Basileia, Herder, 1990, p. 113-125; KLEIN, Frédéric, *La pensée religieuse de Georges Fulliquet*, Genebra, Labor, 1942.

◉ Apologética; Flournoy; Frommel; liberalismo teológico; Malan C. filho

FUNDAMENTALISMO

O termo "fundamentalismo" surgiu nos Estados Unidos, no meio protestante, no início do século XX. Em 1919, foi fundada a *World's Christian Fundamentals Association* [Associação mundial dos fundamentos cristãos]. Em 1920, Curtis Lee Laws, editor do jornal batista *The Watchman-Examiner*, designou como "fundamentalistas" todos aqueles que se mostraram prontos a defender *The Fundamentals. A Testimony to the Truth* [Os fundamentos: um testemunho da verdade], doze fascículos de teologia publicados de 1910 a 1915 (reed. 12 t. em 4 vols., New York, Garland, 1988) com noventa artigos de autoria de cerca de quarenta teólogos e líderes eclesiásticos dos EUA e da Europa. Em reação ao liberalismo protestante e contra o movimento do Evangelho Social, esses fascículos lidavam com os pontos considerados tão essenciais para a fé cristã que constituíam, para os fundamentalistas, crenças inegociáveis: o nascimento virginal de Jesus, sua ressurreição corpórea, sua divindade, o sacrifício expiatório, a inerrância das Escrituras. O último é particularmente importante: de fato, todos os fundamentalistas concordam em que a Bíblia é isenta de erros, ainda que haja diferenças de interpretação da doutrina. Contra as interpretações liberais ou espiritualistas dos textos bíblicos e contra a exegese histórico-crítica, os fundamentalistas desejaram salvaguardar a objetividade das crenças cristãs, sua factualidade. Acreditam que a Palavra de Deus *é* a Bíblia (e não que "está" na Bíblia). Embora a doutrina da inerrância bíblica admita que são os textos em língua original que são divinamente inspirados, essa doutrina levou inúmeros fundamentalistas a sacralizarem determinadas traduções, principalmente a inglesa, a famosa *King James Version*, de 1611. Quando foi publicada a *Revised Standard Version* (Novo Testamento em 1946 e Bíblia completa em 1952), alguns ultrafundamentalistas julgaram que se tratava de um complô liberal-comunista e viram nessa publicação a "Bíblia do anticristo".

Os fundamentalistas se manifestaram sobretudo em uma oposição ao darwinismo e a esse ensino nas escolas. As teorias da evolução lhes parecem, de fato, contrárias ao texto bíblico da criação, narrado no livro de Gênesis. É lançada uma campanha antievolucionista por William Jennings Bryan (1860-1925) a partir de 1920, que culminaria no famoso "processo dos macacos", no ano de 1925, em Dayton (Tennessee). Nos anos 1980, nos Estados Unidos, os defensores das teses criacionistas tentaram, em vão, lutar contra o ensino da evolução nas escolas e inserir a oração em sala de aula. Com o movimento da Maioria Moral, fundado pelo pastor Jerry Falwell em 1979, os fundamentalistas, apoiados pelos televangelistas, puseram-se a defender os valores tradicionais da América, considerados comprometidos com as transformações na sociedade e na cultura. Entraram em forte campanha por Ronald Reagan, em 1980, e engajaram-se na luta contra a legislação do aborto e da homossexualidade. Evidentemente, a orientação e a sensibilidade fundamentalistas não são apanágio do protestantismo norte-americano, mas são também presentes na América Latina e em diversas formas de protestantismo europeu (p. ex., nos anos 1970, na Alemanha, com o movimento *Kein anderes Evangelium*). Na África do Sul, foi também a partir de posturas fundamentalistas que os protestantes apoiaram o *apartheid*. De modo geral, podemos afirmar que o fundamentalismo protestante se manifesta como um movimento de confirmação doutrinária e ética em fases de grandes mudanças sociais e culturais, um movimento que questiona certo tipo de relação com o texto bíblico.

No último terço do século XX, as três *Declarações de Chicago* (1978, 1982 e 1986; trad. franç. em *La Revue réformée* [Revista reformada] 197, 1998) reafirmam de modo detalhado os princípios e as resultantes da crença na inerrância das Escrituras.

O ecumenismo é outro *front* polêmico para os fundamentalistas. Em agosto de 1948, uma semana antes da primeira assembleia do Conselho Mundial de Igrejas, foi criado o *International Council of Christian Churches* [Conselho Internacional de Igrejas Cristãs], com o objetivo explícito de opor-se ao CMI. Originário do *American Council of Christian Churches* que foi criado em 1941 pelo fundamentalista Carl McIntire (1906-2002), esse "contraconselho" reprova as posições modernistas, pró-comunistas, pacifistas e pró-católicas do CMI.

Não se pode identificar por completo o fundamentalismo com o protestantismo evangélico. O protestantismo evangélico possui múltiplas faces, não sendo necessariamente fundamentalista no sentido histórico do termo: de fato, há protestantes evangélicos que se apropriaram de algumas contribuições do método histórico-crítico e não têm uma relação literalista com o texto bíblico. Porém, é igualmente verdade que as posições fundamentalistas são bem mais frequentes nas igrejas evangélicas que nas igrejas luteranas ou reformadas[4]. Por outro lado, se o fundamentalismo representa uma sensibilidade particular dentro do protestantismo, podemos afirmar que, compreendendo o termo "fundamentalismo" em um sentido amplo, e não histórico, o protestantismo, com sua afirmação do *sola scriptura*, é um fundamentalismo — no sentido de que, de fato, quer reafirmar os fundamentos escriturísticos da fé cristã e ater-se a esses fundamentos contra toda interpretação que seja divergente. No entanto, é preciso acrescentar que, na mesma ordem das coisas, o protestantismo também é um liberalismo (livre exame e relativização

---

[4] [NE] No Brasil as igrejas históricas tendem a ser mais fundamentalistas que as demais, e o termo "reformado" está mais associado a uma postura conservadora.

do magistério eclesiástico, teológico e moral). Assim, essa tensão entre certo "fundamentalismo" e uma postura liberal é algo constitutivo do protestantismo.

Jean-Paul Willaime

▶ BARR, James, *Fundamentalism*, Londres, SCM Press, 1977; BEN BARKA, Mokhtar, *Les nouveaux rédempteurs. Le fondamentalisme protestant aux États-Unis*, Paris-Genebra, Éditions de l'Atelier-Labor et Fides, 1998; BRUCE, Steve, *Firm in the Faith. The Survival and Revival of Conservative Protestantism*, Brookfield, Gower, 1984; Idem, *Conservative Protestant Politics*, Oxford, Oxford University Press, 1998; Idem, *Fundamentalism*, Cambridge, Polity Press, 2000; HARTWEG, Frédéric, "Les évangéliques conservateurs dans l'EKD. Un intégrisme protestant?", *Revue d'Allemagne et des pays de langue allemande* 10, 1978, p. 355-403; MARSDEN, George, *Fundamentalism and American Culture. The Shaping of Twentieth-Century Evangelicalism, 1870-1925*, New York, Oxford University Press, 1980; MARTY, Martin E. e APPLEBY, R. Scott, orgs., *Fundamentalisms Observed*, Chicago, University of Chicago Press, 1991; PACKER, James I., *Fundamentalism and the Word of God. Some Evangelical Principles*, Grand Rapids, Eerdmans, 1958; SCHLEGEL, Jean-Louis, *La loi de Dieu contre la liberté des hommes. Intégrismes et fondamentalismes*, Paris, Seuil, 2003; SCHWEITZER, Louis, "Le fondamentalisme protestant", em *Fondamentalismes, intégrismes. Une menace pour les droits de l'homme. Actes du colloque national de l'ACAT France (21-22 septembre 1996)* [Fundamentalismos, integrismos: uma ameaça aos direitos humanos. Atos do colóquio nacional da ACAT França (21 de setembro de 1996], Paris, Bayard Éditions-Centurion, 1997, p. 29-39; VANDERLAAN, Eldred C., org., *Fundamentalism Versus Modernism*, New York, The Wilson Co., 1925; WILLAIME, Jean-Paul, "Le fondamentalisme protestant nord-américain" *Les cahiers rationalistes* 486, 1994, p. 219-228.

◯ Anticomunismo; Barr; **Bíblia**; biblicismo; criacionismo; Estados Unidos; evangélicos; Graham; Henry; igreja eletrônica; inspiração; integrismo; Maioridade Moral; **seitas**

FÜSSLI, Johann Heinrich (1741-1825)

Contemporâneo de Friedrich e precursor, como ele, do romantismo na pintura, Johann Heinrich Füssli passou a juventude no meio literário zuriquense, onde conviveu com Johann Joachim Winckelmann (1717-1768), Johann Caspar Lavater (1741-1801) e Johann Jakob Bodmer (1698-1783). Bodmer lhe apresentou os autores que seriam a principal fonte de inspiração de Füssli: William Shakespeare (1564-1616) e John Milton (1608-1674). Füssli também foi bastante influenciado por uma estrita educação protestante, o que o levou a estudar teologia e começar a pregar. Após um incidente, teve de deixar a Suíça, trocando-a por Londres, em 1761, onde conheceu um duradouro sucesso ao introduzir na Inglaterra a pintura histórica. Graças a *sir* Joshua Reynolds (1723-1792), que o aconselhou a viajar para a Itália em 1770, descobriu Michelangelo (1475-1564). Desenvolveu sua inspiração clássica ao traduzir para o inglês a obra *Reflexões sobre a imitação das obras gregas na pintura e na escultura* (Porto Alegre, UFRGS, 1975), de Winckelmann. Editou águas-fortes de Goya (1746-1828) na Inglaterra e fez amizade com William Blake (1757-1827), com quem partilhou um gosto acentuado pelo irracional e pelo esoterismo.

Seus heróis, marcados por uma violência com tons de erotismo, passam por transformações em um mundo caótico dominado por sonhos e mitos. Sua pintura onírica e fantástica exerceu grande influência sobre Edvard Munch (1863-1944) e o surrealismo, deixando uma abertura para releituras psicanalíticas.

Jérôme Cottin

▶ HOFMANN, Werner, org., *Johann Heinrich Füssli*, Munique, Prestel, 1974 (catálogo de exposição); SCHIFF, Gert, *Johann Heinrich Füssli*, 2 vols., Zurique-Munique, Berichthaus-Prestel, 1973; Idem, "Füssli puritain et satanique", *L'oeil* 63, 1960, p. 22-29.

◯ **Arte**; Friedrich; Munch; romantismo; Winckelmann

G

GABRIEL, Stiafen (?1565-1638)

Iniciando o pastorado em 1599, em Glion (Illanz), cidade protestante em uma região em que as apostas confessionais ainda não estavam feitas, Stiafen visita como evangelista os vilarejos vizinhos e, para reforçar seu ministério, publica em 1611, em subselvano (romanche do Reno anterior), uma suma da fé protestante — que contaria com 31 edições, das quais onze em alemão e sete em italiano (a última edição romanche seria publicada em 1948). A região de Grisons, espicaçada pela política europeia, entra em guerra civil: Glion é saqueada pelas tropas católicas. Gabriel, antiespanhol como seus amigos Güerg Jenatsch e Blasius Alexander, mártir de Innsbruck, mal tem tempo para escapar dali. Volta ao local em 1626, vê sua comunidade dizimada pela peste, a liberdade de sua pátria despedaçada pelas mentiras dos diplomatas, com Richelieu na liderança. Porém, responde aos ataques contra seu livro calorosamente, com uma segunda obra, também reeditada várias vezes. Em 1648, seu filho Luci traduz o Novo Testamento para o subselvano. Nesse mesmo falar romanche, a Bíblia completa é publicada em 1718 e, em 1988, surge uma versão ecumênica.

Gabriel Mützenberg

▶ GABRIEL, Stiafen, *Ilg vêr sulaz da pievel giuvan* ("Le véritable divertissement de la jeunesse", 1611), Zurique, Zwingli Verlag, 1948; Idem, *Una stadera da pasar quala seig la vera cardientscha* (*Une balance à peser la vraie foi*), Zurique, Hamberger, 1625; BUNDI, Martin, *Stephan Gabriel. Ein markanter Bilndner Prädikant in der Zeit der Gegenreformation. Ein Beitrag zur politischen und Geistesgeschichte Graubündens im 17. Jahrhundert*, Coire, Bischofberger, 1964; MÜTZENBERG, Gabriel, *Destin de la langue et de la littérature rhéto-romanes*, Lausanne, L'Âge d'Homme, 1991; Idem, *Anthologie rhéto-romane*, Lausanne, L'Âge d'Homme, 1982.

◉ Bifrun; Chiampel; Guerra dos Trinta Anos; reto-romana (Reforma)

GARDINER, Robert Hallowell (1855-1924)

Nascido em Fort Tejon (Califórnia) e morto em Gardiner (Maine). Em 1910, é nomeado secretário da Comissão da Constituição da Igreja Episcopal. Em sua carreira de jurista, Gardiner se torna o incansável advogado do movimento Fé e Constituição nos Estados Unidos, trabalhando com Charles Brent na organização da primeira conferência mundial do movimento, que se deu em 1927; porém, morreria três anos antes. Mantém uma vasta correspondência com inúmeros líderes de igrejas do mundo inteiro. Homem calmo e imperturbável, que sabe quando e como agir, seria chamado para oferecer seu olhar arguto a muitas questões eclesiásticas. Ninguém sabe de onde vem seu conhecimento de igrejas de todos os continentes. Ele nunca fala de si. Seus contatos com as igrejas protestantes da Europa são muito apreciados, e os europeus o consideram "a personalidade mais nobre que o cristianismo americano terá produzido". Com qualidades como perspicácia, fé, paciência, zelo e coragem, Gardiner proporcionou ao movimento Fé e Constituição sólidos fundamentos. Estava profundamente convencido de que os leigos desempenham um papel fundamental na união das igrejas. Sua correspondência de 1910 a 1924 se encontra nos arquivos do Conselho Mundial de Igrejas.

Ans J. van der Bent

◉ Brent; **ecumenismo**; "Fé e Constituição"

GASPARIN, Agénor (1810-1871) e Valérie de (1813-1894)

Os Gasparin são um exemplo perfeito dos casais prósperos e cultos que foram tocados pelo Avivamento. De início bastante ativo na política francesa, Agénor de Gasparin abandona o meio político definitivamente em 1846 e se estabelece com a esposa no cantão de Vaud. Ambos passam a dedicar-se a atividades de caráter religioso, sobretudo à escrita de livros e artigos, com o evidente objetivo de conservar sua influência junto aos meios protestantes parisienses. Tendo a Bíblia como princípio supremo, não sem algum biblicismo, Agénor de Gasparin foi um convicto adepto do "professionismo" (em que os membros de uma igreja aderem explícita e pessoalmente a uma profissão de fé) e apoiava ativamente a Igreja Livre de Paris, aberta por Frédéric Monod, e a do cantão de Vaud, desde seu surgimento.

Ao mesmo tempo, sua mulher, cujo nome de solteira era Valérie Boissier, chamava a atenção por seus textos, como *Journal d'un voyage au Levant* [Diário de uma viagem ao Levante] (3 vols., Paris, Ducloux, 1848) e, principalmente, os de caráter mais apologético e combativo, como um grande volume sobre o casamento: *Le mariage au point de vue chrétien* [O casamento do ponto de vista cristão] (3 vols., Paris, Delay, 1843), assim como suas polêmicas contra os princípios que regiam a criação das comunidades de diaconisas, e que ela não considerava protestantes (cf. em particular *Des corporations monastiques au sein du protestantisme* [Das corporações monásticas no interior do protestantismo], 2 vols., Paris, Meyrueis, 1854-1855). Valérie concretizou suas concepções nessa área ao criar em 1859, em Lausanne, a instituição *La Source* [A Fonte], que, embora tenha tido inspiração protestante, passou a ser a primeira escola laica de enfermeiras no mundo.

Bernard Reymond

▶ FRANCILLON, Denise, org., *Valérie de Gasparin, une conservatrice révolutionnaire. Cinq regards sur une vie*, Lausanne-Le Mont-sur-Lausanne, École La Source-Ouverture, 1994; MÜTZENBERG, Gabriel, *Sur la lancée du Réveil, un coeur de compassion, Valérie de Gasparin*, em Jacques MEURANT e Roger DURAND, orgs., *Préludes et pionniers. Les précurseurs de la Croix-Rouge, 1840-1860*, Genebra, Société Henry Dunant, 1991, p. 229-239; Idem, *Une femme de style. Valérie de Gasparin*, Le Mont-sur-Lausanne, Ouverture, 1994.

◉ Avivamento; diaconisas; Igrejas Livres; Monod F.; saúde

GAUSSEN, François Samuel Robert Louis (1790-1863)

Nascido em Genebra, de família do Languedoc, Louis Gaussen estuda na cidade, para depois tornar-se pastor em Satigny, em 1816. No ano seguinte, um encontro com Robert Haldane é decisivo para ele. Hábil educador, renuncia a um catecismo medíocre e resolve utilizar somente a Bíblia. Junto a seu respeitado colega Jean Isaac Samuel Cellérier (1753-1844) reedita a *Segunda confissão helvética*. A Venerável Companhia de Pastores o censura em 1831, destituindo-o quando ele denuncia o arianismo da instituição, funda a Sociedade Evangélica e anuncia a abertura de uma Escola de Teologia (1831). Principal articulador do segundo avivamento, lidera uma escola dominical em pleno desenvolvimento, inaugura a Capela do Oratório (1834) e ensina dogmática até 1857, dando ênfase à profecia, à divindade de Jesus Cristo e à infalibilidade das Santas Escrituras (é o teórico da teopneustia). Morre em Genebra.

Gabriel Mützenberg

▶ GAUSSEN, Louis, *Daniel le prophète. Leçons pour une école du dimanche*, 3 vols., Toulouse-Paris, Cadaux-Ducloux, 1839-1849; Idem, *La pleine inspiration des Saintes Écritures ou théopneustie*, Saint-Légier, PERLE, 1985 (reed. de *Théopneustie ou pleine inspiration des Saintes Écritures*, 1840, 1842); Idem, *Sermons*, Paris, Delay, 1847; Idem, *Le canon des Saintes Écritures au double point de vue de la science et de la foi*, 2 vols., Lausanne, Bridel, 1860; HUGON, F.-C., *Louis Gassen et l'époque du Réveil*, Montauban, Impr. Granié, 1897; MÜTZENBERG, Gabriel, *À l'écoute du Réveil. De Calvin à l'Alliance évangélique*, Saint-Légier, Emmaüs, 1989, p. 102-157.

◉ Avivamento; evangélicos; Haldane; *Segunda confissão helvética*; teopneustia

GENEBRA

Ao longo do século III, o cristianismo instalou-se em Genebra, importante cidade romana. Tornando-se sede de uma diocese a partir da segunda metade do século IV, associa-se com o arianismo no século V, enquanto é ocupada pelos burgundos. No início do século VI, Sigismundo, filho do rei burgundo Gondebaldo, adere à fé católica. Incorporada à realeza franca em 534, Genebra entra então em uma fase de silêncio, durante a qual é provável que os bispos tenham se tornado os verdadeiros donos da cidade (século VII ou VIII). Continuaram a ser senhores dali, até depois que o último dos reis da Borgonha legou suas posses ao soberano do Sacro

Império Romano Germânico, em 1032. Com isso, agora líderes de uma cidade do império, esses bispos precisaram defender sua autoridade civil contra a família dos condes de Genebra. No século XII, o imperador Frederico I Barba Roxa lhes concede a garantia imperial e reconhece sua qualidade de príncipes do império.

A partir do século XIII, Genebra desenvolve feiras que proporcionam à cidade fama econômica na Europa. Não poderia ser mais cobiçada pelos condes, e em seguida duques, da Savoia, que tentariam, por bem ou por mal — mas sem um sucesso duradouro —, torná-la sua capital; sua última derrota foi a Escalada de 1602. No século XIII se forma também um movimento coletivo que luta para ser reconhecido como "comuna" pelo príncipe-bispo Aymon de Quart, em 1309. Em 1387, o bispo Adhémar Fabri lhe concede privilégios, confirmando o poder administrativo e judiciário do grupo. A partir de então, conquanto Genebra continue juridicamente um principado em que reina um bispo, o domínio real passa a ser o da comuna. É ela que, em 1535 e 1536, decide adotar a Reforma e que, sucedendo ao bispo, apropria-se do governo da cidade: suas instituições se tornariam as da República Protestante até a revolução de 1792.

A adoção da Reforma determina o futuro de Genebra: a cidade escapa da Savoia, organiza-se em república e se torna um dos grandes centros da cristandade ocidental. Propagadas a partir de 1525 por comerciantes alemães, as ideias luteranas só conseguem progredir em marcha lenta. Seria preciso esperar o início dos anos 1530 para que a corrente fosse amplificada, sobretudo pela pregação de Guilherme Farel, que desfrutava da proteção dos bernenses, cidadãos de Genebra (gozando dos mesmos privilégios "burgueses") desde 1526 e reformados desde 1528. No primeiro dia do ano de 1533, os "evangélicos" saem da clandestinidade, principalmente sob a liderança de Antoine Froment; dessa forma, a maior parte dos membros da classe dirigente passa para a Reforma. Após a Disputa de Rive, em junho de 1535, que consagra o triunfo das teses de Farel, o Conselho dos Duzentos suspende a missa, em agosto de 1535. No dia 21 de maio de 1536, o Conselho Geral confirma a adesão à Reforma. No entanto, a importância de Genebra para a Reforma Protestante dependia de um fato que só veio à luz em julho de 1536: Guilherme Farel impede a partida de um jovem teólogo, João Calvino, autor já famoso das *Institutas da religião cristã*, para consolidar a Reforma e transformar Genebra em uma cidade que vivesse de acordo com o evangelho. Até sua morte, em 1564, Calvino seria responsável pelo renome de Genebra, elevando-a ao patamar de uma "Roma protestante", de acordo com uma expressão do século XVII. Calvino estrutura a igreja e o poder civil, atrai para a cidade um fluxo considerável de refugiados franceses, italianos, ingleses e holandeses que dão um impulso notável à cidade, tanto cultural (são pastores, juristas, professores) quanto econômico (na impressão gráfica, no setor têxtil, no relojoeiro, no comércio em geral, em bancos). Com a criação da Academia, em 1559, Calvino torna Genebra uma verdadeira matriz do calvinismo, sobretudo francês e holandês.

Até 1555, Calvino brigaria duramente com saudosistas xenófobos que se opunham à transformação da reforma de tipo zwingliano, que eles mesmos haviam inaugurado na cidade, em uma Reforma do tipo calvinista. Rejeitam principalmente o Consistório, encarregado de zelar pela conformidade da conduta da população à Palavra de Deus, com direito a aplicar a excomunhão. Esses genebrinos veem no Consistório a expressão da independência da jurisdição eclesiástica pregada por Calvino, algo a que se recusam febrilmente. Com a chegada ao poder de uma nova geração, em 1555, formada pelo *Catecismo de Calvino*, inicia-se o tempo do Estado cristão, encarnado por Teodoro de Beza, sucessor de Calvino e representante por excelência da expansão calvinista genebrina na Europa. Essa expansão se baseia sobretudo em um livro, as *Institutas da religião cristã*; em um modelo eclesiológico; e em uma cidade cuja situação geopolítica, tão ameaçada por seus vizinhos católicos, apenas faz crescer seu aspecto mítico. Para a Contrarreforma, Genebra, "lastro da heresia", é um símbolo a ser abatido. Para as igrejas calvinistas e os poderes protestantes, Genebra é a "mãe e ama de leite das igrejas reformadas". Essa função é assumida pela cidade ainda na época da Revogação do Edito de Nantes, em 1665, quando acolhe refugiados novamente.

No século XVII, Genebra confia a missão de conservar a herança calvinista aos vigilantes da direita "tradicionalista" que reinam na Academia, tais como os pastores e professores

Théodore Tronchin (1582-1657), representante genebrino no Sínodo de Dordrecht (1618-1619), ou François Turrettini (1623-1687), o poderoso cérebro por trás da ortodoxia reformada e coautor do *Consensus Helveticus* (1675). Essa missão perde a força no século XVIII. Com o desejo de adaptar a Reforma às Luzes, Jean-Alphonse Turrettini (1671-1737) sacrifica boa parte da teologia calvinista (sobretudo a predestinação) para defender a religião diante das exigências da razão. A Genebra de Rousseau e Voltaire não tem muita coisa em comum com a de Calvino em matéria de religião, a não ser o orgulho de continuar a afirmar-se protestante. Nesse sentido, a Constituição democrática de 1794, produto da revolução de 1792, comporta uma restrição reveladora: no documento, a cidadania está reservada somente aos protestantes.

Ocupada pela França no dia 15 de abril de 1798 e anexada à República e, em seguida, ao Império Francês, Genebra não consegue impedir o restabelecimento do culto católico romano. A Restauração e a entrada para a Confederação, em 1815, com o acréscimo de comunas sardas e francesas povoadas com habitantes católicos, tornam a cidade um dos raros cantões confessionais mistos. Ainda que a política, a cultura e a economia permaneçam essencialmente em mãos protestantes até a revolução de 1846, Genebra conhece tensões interconfessionais, por dois motivos: a postura em geral provocativa do cura de Genebra, Jean-François Vuarin (1769-1843), que desde 1821 intenta que a cidade volte a contar com um bispo, e certa incompreensão do poder protestante em relação ao catolicismo rural.

Quando o protestantismo genebrino se vê desprovido de seu monopólio religioso, por causa do caráter misto que adquire a confessionalidade do cantão, há uma grande crise com a eclosão do Avivamento. Três comunidades protestantes surgem em menos de quinze anos: a Igreja do Bourg-de-Four (1817), a Capela do Testemunho de César Malan (1787-1864) e a Sociedade Evangélica, com sua escola de teologia (1831-1832). Surgido do auditório de estudantes de teologia, apoiado por missionários e pela moeda inglesa, o Avivamento oferece uma prática religiosa mais imbuída de calor humano, menos racionalizante. Esse brotar espiritual é favorecido pela liberdade religiosa, herdada do período revolucionário, que permite que as crenças pessoais se afastem das verdades dispensadas pelo sistema político-religioso dominante. O professor Jean-Jacques Caton Chenevière (1783-1871), figura de proa do protestantismo genebrino, acusa o Avivamento de ser "retrógrado", visando sobretudo à Escola de Teologia da Sociedade Evangélica, onde Louis Gaussen (1790-1863) ensina as teses que consagrariam sua famosa obra *La théopneustie* [A teopneustia] (1840), documento central para o fundamentalismo.

Atacado pelo catolicismo, enfraquecido pela dissidência do Avivamento, o protestantismo genebrino reage desenvolvendo um sentimento "nacional-protestante", como ilustra o jubileu da Reforma de 1835: no evento, é enfatizada a antiga consanguinidade entre Reforma e nacionalidade genebrina e exaltado o fato de que o protestantismo é a única religião capaz de acompanhar o progresso das ciências e de dar ao mundo moderno o necessário complemento da alma.

A revolução radical de 1846 transforma as estruturas da Igreja Nacional Protestante ao privar a Companhia dos Pastores da liderança da igreja, confiando-a a um novo consistório no qual os leigos são maioria. O governo pretende substituir a igreja-clero por uma igreja-povo de tipo multitudinista, com o objetivo de prover os interesses religiosos e morais do povo de Genebra. A laicização do protestantismo genebrino se aprofunda na fase do *Kulturkampf*. O governo radical de Antoine Carteret não se contenta, em 1873, com a "nacionalização" do catolicismo romano, considerado obscurantista e ultramontano, mas cria uma igreja católica nacional de estrutura democrática e expulsa o cura de Genebra, monsenhor Gaspard Mermillod, que desejava restabelecer um bispo na cidade. Em 1874, Carteret ataca o protestantismo, despojando a Companhia de suas últimas prerrogativas e suprimindo a ordenação de pastores. Dividida entre uma ala teologicamente liberal, com o apoio do governo, e uma ala evangélica, próxima aos meios que advogam as igrejas livres, a Igreja Nacional conhece horas difíceis no final do século XIX.

No entanto, com tudo isso, o sentimento "nacional-protestante" não desaparece, mas em 1907 se manifesta enfaticamente para tentar anular a supressão do orçamento dos cultos, proposta pelo Grande Conselho. Essa proposta tem como objetivo o fim de uma situação intolerável: o fato de que o Estado sustenta o catolicismo nacional, ou "catolicismo cristão", fortemente minoritário, enquanto o catolicismo romano é uma igreja livre desde o *Kulturkampf*. O governo concebe esse projeto de lei para acabar com os conflitos confessionais e, em menor medida, para adequar-se à laicidade do Estado, pregada então com vigor na França. A lei é adotada no dia 30 de junho de 1907, por obra de uma pequena maioria de eleitores católicos romanos. O protestantismo genebrino se torna a maior vítima dessa decisão: são separados a igreja protestante e o Estado para restabelecer a igualdade entre os católicos romanos e os católicos cristãos.

A constituição da igreja protestante, agora separada do Estado, é aprovada pelos eleitores protestantes no dia 27 de setembro de 1908. A nova igreja conserva seu título de Igreja Nacional Protestante de Genebra. As estruturas administrativas permanecem as mesmas: o Consistório, órgão máximo da igreja, mantém sua composição de um terço de pastores e dois terços de leigos, continuando a nomear uma comissão executiva encarregada da verificação das decisões e das relações exteriores. A Companhia dos Pastores conserva seu *status* de órgão consultivo para o Consistório e de conselho fraternal para seus membros. A Igreja Nacional passa a contar unicamente com doações de membros, o que gera uma situação financeira arriscada, para a qual a instauração de uma contribuição eclesiástica voluntária, recebida ao mesmo tempo que os impostos cantonais, é uma solução apenas parcial. Nos anos 1960, a Comissão Executiva foi transformada em um órgão executivo de pleno direito, distinto do Consistório. No final do século XX, a igreja assume o nome Igreja Protestante de Genebra.

Em 1919, Genebra é escolhida como sede da Liga das Nações, um ancestral da ONU, devendo a essa decisão sua reputação de cidade da Reforma e cidade da Cruz Vermelha (que pode ser considerada uma obra do protestantismo). Dentre as instituições internacionais que são criadas a partir dessa época, figuram diversos organismos ecumênicos. A presença do Conselho Mundial de Igrejas (CMI) em Genebra é algo coerente na trajetória constante da cidade quanto a sua vocação religiosa, iniciada pela Reforma calvinista. Outras instituições, como as Uniões Cristãs, a Federação Mundial das Associações Cristãs de Estudantes, a Aliança Reformada Mundial e a Federação Mundial Luterana confirmam essa vocação por sua presença em Genebra.

Embora os protestantes sejam hoje minoria em Genebra, será que se pode dizer que a cidade continua marcada pelo espírito de Calvino? Tal pergunta, abordada de modo regular, seja com um propósito científico, seja com paixão, parece demonstrar que o passado calvinista de Genebra se mantém como um aspecto central e vigoroso da definição de sua identidade.

Olivier Fatio

▶ ALEXANDER, Daniel e TSCHOPP, Peter, *Finance et politique. L'empreinte de Calvin sur les notables de Genève*, Genebra, Labor et Fides, 1991; BINZ, Louis, *Brève histoire de Genève*, Genebra, Chancellerie d'État, 1981; CHENEVIÈRE, Charles, *L'Église de Genève. Esquisse historique de son organisation 1909-1959*, Genebra, Labor et Fides, 1959; CHOISY, Eugène, *L'État chrétien calviniste à Genève au temps de Théodore de Bèze*, Genebra-Paris, Eggimann-Fischbacher, 1902; *Encyclopèdie de Genève*, t. V: *Les religions*, Genebra, Association de l'Encyclopédie de Genève, 1986; FATIO, Olivier, *Quelle réformation? Les commémorations genevoises de la Réformation à travers les siècles*, RThPh 118, 1986, p. 111-130; Idem et alii, *Genève au temps de la Révocation de l'Édit de Nantes*, Genebra, Centre protestant d'études, 1985; HEYER, Henri, *L'Église de Genève. Esquisse historique de son organisation 1535-1909*, Genebra, Jullien, 1909; MONTER, E. William, *Calvin's Geneva*, New York, Wiley, 1967; MÜTZENBERG, Gabriel, *À l'écoute du Réveil. De Calvin à l'Alliance évangélique*, Saint-Légier, Emmaüs, 1989; NAEF, Henri, *Les origines de la Réforme à Genève*, 2 vols., Genebra-Paris, Jullien-Droz, 1936-1968; PITASSI, Maria-Cristina, *De l'orthodoxie aux Lumières, Genève 1670-1737*, Genebra, Labor et Fides, 1992; STAUFFENEGGER, Roger, *Église et société. Genève au XVIIe siècle*, 2 vols., Genebra, Droz, 1983-1984.

⊙ Academias; Beza; Calvino; Chenevière; faculdades de teologia latinas europeias; Gaussen; Lemaître; Malan C.; Merle d'Aubigné; Senarclens; Suíça; Thomas; Töpffer; Tronchin L.; Tronchin T.; Turrettini F.; Turrettini J.-A.

GÊNEROS LITERÁRIOS

No contexto da exegese bíblica, o estudo dos gêneros literários foi um produto da escola da história das formas (*Formgeschichte*). Esse tipo de pesquisa demonstrou que os textos bíblicos eram constituídos de pequenas unidades estruturadas de acordo com modelos literários preestabelecidos (relatos de milagres, oráculos proféticos etc.) e que o uso de um modelo determinado se correlacionava a determinados "contextos vitais" (*Sitz im Leben*). Do ponto de vista teológico, descobriu-se que a maior parte dos textos bíblicos era composta de documentos de fé que apelavam para a fé. Em relação ao Novo Testamento, isso significa que a fé pós-pascal no Crucificado que ressuscitou está na origem tanto da tradição de Jesus (e sobre Jesus) quanto do ensino apostólico.

Jean Zumstein

▶ BULTMANN, Rudolf, *L'investigation des évangiles synoptiques* (1961), em *Foi et compréhension*, t. II, Paris, Seuil, 1969, p. 247-291; GUILLEMETTE, Nil, *Introduction à la lecture du Nouveau Testament*, Paris, Cerf, 1980; LOHFINK, Gerhard, *Enfin je comprends la Bible* (1973), Genebra, Labor et Fides, 1987.

● **Bíblia**; exegese; Gunkel; método histórico-crítico

GENÉTICAS (manipulações)

A noção de "manipulação genética" cobre técnicas bastante diversas que, para a análise teológica ou ética, é importante distinguir. Portanto, podemos dividi-las em: 1) técnicas de modificação dos genes, seja no ser humano (terapia genética), seja nos animais, plantas ou micro-organismos (biotecnologia: ao modificar os genes de uma bactéria, podemos fazer com que ela produza substâncias utilizadas como medicamento; modificam-se também plantas, para aumentar a resistência delas, ou linhagens de animais — animais transgênicos — para aproximá-los do homem com vistas à medicina experimental); 2) técnicas de investigação que buscam detectar a presença ou ausência de genes ou configurações genéticas determinadas (diagnóstico genético ou diagnóstico pré-natal). Esses diagnósticos, que podem suscitar a escolha do sexo do bebê ou o eugenismo, são normalmente acompanhados por um conselho genético. A procriação assistida não necessita de nenhuma dessas técnicas.

Os primeiros feitos experimentais das *terapias genéticas* — inserção de um gene manipulado em algumas células somáticas de um paciente — foram iniciados em 1989. Foram precedidos de uma longa reflexão ética, entabulada sobretudo por John C. Fletcher nos *National Institutes of Health* [Institutos nacionais de saúde]. Uma clara distinção foi feita entre as terapias somáticas, que afetam somente as células que morrerão com o indivíduo, e as terapias germinais, que afetam as células sexuais do paciente. As segundas — que no contexto atual não são possíveis —, cujos efeitos seriam transmitidos às gerações seguintes, assim como as manipulações que afetariam a identidade ou a personalidade dos indivíduos, são condenadas por temor quanto ao eugenismo. Por outro lado, admite-se que a terapia genética somática é a vocação geral da medicina.

O *diagnóstico* ou *teste genético* tem como objetivo revelar a presença ou ausência de anomalias genéticas. Quando esse diagnóstico é praticado de modo rotineiro ou sistemático, fala-se de detecção genética. O teste e a detecção requerem informação e livre consentimento por parte do paciente durante o conselho genético, mesmo se o procedimento não oferece riscos (como a coleta de saliva). Isso é imperativo, em face das consequências da possível descoberta de uma anomalia sobre o modo de vida posterior do paciente e as decisões que dizem respeito à procriação. Para evitar discriminação — por exemplo, por parte dos empregadores e dos planos de saúde —, esses diagnósticos devem manter-se confidenciais e inacessíveis a terceiros. O acesso ou a divulgação desses dados a demais membros da família são bastante controversos.

O *diagnóstico pré-natal* apresenta, além dos problemas relacionados ao diagnóstico genético, o do possível aborto do feto deficiente. Uma vez obtida a informação, os pais são forçados a fazer uma escolha entre duas tristes situações, a interrupção da gravidez ou o nascimento previsto de um neonato deficiente. Apesar do dilema e da ausência de terapias a respeito, o diagnóstico pré-natal é considerado aceitável. A decisão cabe aos pais em razão da gravidade da deficiência e de suas próprias forças (F. Quéré). Para Dumas, o feto tem o mesmo direito ao aborto; mas, se nasce, deve ser provido do melhor. No entanto, a possível abrangência do diagnóstico pré-natal, sob a forma de detecção, a todo tipo de gravidez é algo que conduz ao problema sociológico do desejo do "filho perfeito" ou ao estigma dos pais que aceitam seus filhos deficientes após um diagnóstico pré-natal. Assim, é preciso lutar contra as pretensões sociais à extinção das deficiências.

O desenvolvimento dos diagnósticos pré-natal e genético permite determinar o sexo do embrião, antes da décima sexta semana de gravidez ou antes da implantação do embrião no útero (fecundação *in vitro*). Esses diagnósticos têm utilidade médica em caso de anomalias transmitidas especificamente a um dos sexos. Porém, o uso se generaliza. Muitos éticos, como John C. Fletcher, que analisou o fenômeno em um estudo intercultural, assim como a maior parte dos movimentos feministas, denunciam esse procedimento como um modo de utilizar a medicina com fins discriminatórios; o gênero de um indivíduo não pode ser assimilado a uma anomalia, já que é constitutivo do ser humano.

O *conselho genético* consiste na avaliação dos riscos do desenvolvimento ou da transmissão de uma doença hereditária de origem genética. Foi por muito tempo praticado com a análise do histórico de doenças familiares e cálculos probabilísticos; hoje, é realizado com técnicas diretas de diagnóstico. Para doentes em potencial ou futuros pais, o conselho genético permite disponibilizar informações úteis para que sejam tomadas decisões sobre o futuro do paciente ou de sua descendência. Essas informações aumentam as possibilidades de escolha, o que permite fugir do que Joseph F. Fletcher chama "roleta genética", mas também levanta o dilema fundamental inerente ao diagnóstico pré-natal.

A *clonagem* é a reprodução idêntica de uma célula. Os organismos unicelulares se reproduzem por clonagem. Por extensão, o termo passou a ser aplicado a diversas técnicas que permitem a reprodução de vários exemplares de um indivíduo a partir de uma só célula de seu corpo. Em 1997, cientistas do Instituto Roslin de Edimburgo conseguiram realizar a primeira clonagem de um mamífero a partir de uma célula retirada de uma ovelha adulta. Essa técnica abriu portas para a produção de clones (gêmeos verdadeiros) de animais transgênicos, para serem utilizados na fabricação de substâncias farmacológicas. A questão da clonagem de seres humanos logo surgiu à tona. As severas críticas de Paul Ramsey contra a clonagem permanecem atuais. Em dezembro de 2002, a seita raeliana anunciou o nascimento de dois bebês clonados. O fato não passou de um golpe de mídia; a clonagem de seres humanos, ainda que aparentemente realizável, parece reprovada por unanimidade.

A Convenção de Bioética do Conselho da Europa, ratificada hoje por dezessete países da Europa (sobre 45), proíbe a clonagem reprodutiva e propõe normas para vários dos problemas evocados aqui.

Jean-Marie Thévoz

▶ CENTRO DE BIOÉTICA DO INSTITUTO DE PESQUISAS CLÍNICAS DE MONTREAL, org., *Le diagnostic prénatal*, Quebec, Presses de l'Université Laval, 1980; FLETCHER, John C., *Coping with Genetic Disorders. A Guide for Clergy and Parents*, San Francisco, Harper and Row, 1982; Idem e WERTZ, Dorothy C., orgs., *Ethics and Human Genetics. A Cross-Cultural Perspective*, Berlim, Springer, 1989; FLETCHER, Joseph F., *The Ethics of Genetic Control. Ending Reproductive Roulette*, Buffalo, Prometheus Books, 1988; MÜLLER, Denis e POLTIER, Hugues, orgs., *Un Homme nouveau par le clonage? Fantasmes, raisons*, Genebra, Labor et Fides, 2005; QUÉRÉ, France, *L'éthique et la vie*, Paris, Odile Jacob, 1991, p. 113-124; RAMSEY, Paul, *Fabricated Man. The Ethics of Genetic Control*, New Haven, Yale University Press, 1970; THÉVOZ, Jean-Marie, *Diagnostic prénatal et handicap: questions éthiques et changements d'attitudes*, em Jean MARTIN, org., *Enjeux éthiques en santé publique*, Genebra, Médecine et Hygiène, 1991, p. 109-117; Idem e MAURON, Alex, "Thérapie génique: fault-il une réglementation spécifique?", *Cahiers médico-sociaux* 39, 1995, p. 165-181; WARREN, Mary Anne, *Gendercide. The Implications of Sex Selection*, Totowa, Rowman and Allanheld, 1985.

⊙ Aborto; **bioética**; embrião; eugenismo; Fletcher, John; Fletcher, Joseph

GEOLTRAIN, Pierre (1929-2004)

Nascido em Poissy, Geoltrain faz *hypokhâgne* e *khâgne*[1] no Liceu Henry IV, prosseguindo seus estudos na Sorbonne e na Faculdade de Teologia Protestante de Paris. Com uma tese sobre *O quarto livro de Esdras*, torna-se, em 1968, no Departamento de Ciências da Religião da Escola Prática de Altos Estudos, monitor encarregado das conferências, em seguida mestre de conferências e, por fim,

---

[1] [NT] *Hypokhâgne* e *khâgne* são aulas preparatórias literárias (dois anos de curso) para a Escola Normal Superior francesa.

em 1972, professor coordenador, sucedendo a Oscar Cullmann. Coordena a linha de pesquisa "Origens do Cristianismo" até 1997.

Ao longo de sua carreira, iniciou estudantes e ouvintes nos textos do Novo Testamento em uma abordagem que também levava em conta o *corpus* literário vizinho: livros pseudoepigráficos judaicos na época helenística e romana, textos do cristianismo antigo, literaturas apócrifas judaicas e cristãs. Nesse sentido, a partir de 1971, Geoltrain foi um dos fundadores e o vice-presidente da Associação para o Estudo da Literatura Apócrifa Cristã, inaugurada oficialmente em 1981, em parceria com as Edições Brepols, para a coordenação científica de várias coleções (*Corpus christianorum. Series apocryphorum*; *Brepols Apocryphes*; a revista internacional *Apocrypha* e, atualmente, a coleção *Instrumenta*). Seria o coeditor dos dois volumes da Biblioteca da *Pléiade* sobre apócrifos: *Écrits apocryphes chrétiens* [Textos apócrifos cristãos] (2 vols., Paris, Gallimard, 1997-2005). Durante vários anos, ao mesmo tempo que ocupou a função de secretário para o Novo Testamento, foi responsável pela coordenação dos tradutores da *Tradução ecumênica da Bíblia* (1972), participando ainda da tradução do evangelho de Marcos, do livro de Romanos, de 1Coríntios, 1 e 2Tessalonicenses. Com o grupo de pesquisa criado por Algirdas Julien Greimas (1917-1992), contribuiu para estimular a análise semiótica dos textos bíblicos, principalmente em colaboração com o Centro para a Análise do Discurso Religioso, em Lyon, e as Equipes de Coordenação de Grupos e Pesquisas Bíblicas (um serviço da Federação Protestante da França). Nos anos 1980, desenvolveu igualmente uma pesquisa antropológica sobre os textos bíblicos. Fundou e dirigiu o Centro de Análise da História do Judaísmo e do Cristianismo nas Sociedades Antigas, associado à Escola Prática de Altos Estudos. Tomado por um espírito de justiça e rigor intelectual, soube permanecer como um mestre discreto sempre disponível, estimado pela pertinência de suas análises.

Jean-Daniel Dubois

▶ GEOLTRAIN, Pierre, "Le traité de la *Vie contemplative* de Philon d'Alexandrie" [O tratado da Vida contemplativa de Fílon de Alexandria], *Semitica* 10, 1960; Idem, *Le Juste dans les Paraboles d'Hénoch* [O justo nas parábolas de Enoque], em *Étude de littérature intertestamentaire. En reconnaissance à M. A. Dupont-Sommer* [Estudos de literatura intertestamentária: em reconhecimento a M. A. Dupont-Sommer], Estrasburgo, Centre du livre d'érudition et du film scientifique, 1972; Idem, *Le quatrième Livre d'Esdras* [O quarto livro de Esdras], em *La Bible. Écrits intertestamentaires* [A Bíblia: textos intertestamentários], org. por André DUPONT-SOMMER e Marc PHILONENKO, Paris, Gallimard, 1987, p. 1393-1470; Idem, *Les origines du christianisme: comment en écrire l'histoire* [As origens do cristianismo: como escrever sua história], em Idem, org., *Aux origines du christianisme* [Nas origens do cristianismo], Paris, Gallimard, 2000, p. I-LVII; MIMOUNI, Simon C., org., *Apocryphité. Histoire d'un concept transversal aux religions du Livre* [Apocrifidade: história de um conceito contrário às religiões do Livro], Turnhout, Brepols, 2002; Idem e WEITÉ-ULLERN, Isabelle, orgs., *Pierre Geoltrain ou comment "faire l'histoire" des religions? Le chantier des "origines", les méthodes du doute et la conversation contemporaine entre les disciplines* [Pierre Geoltrain ou como "fazer a história" das religiões?: o canteiro das "origens", os métodos da dúvida e o diálogo contemporâneo entre as disciplinas], Turnhout, Brepols, 2006.

GERHARD, Johann (1582-1637)

Professor em Iena de 1616 até sua morte, Johann Gerhard é o personagem central da ortodoxia luterana, reconhecido por isso até mesmo por Bossuet. Formulou a doutrina na obra *Loci theologici, cum pro adstruenda veritate tum pro destruenda quorumvis contradicentium falsitate per theses nervose solide et copiose explicati*, publicada em nove volumes, de 1610 a 1622, com reedições em 1762-1789 e 1863-1885. É a dogmática luterana mais completa sobre os 31 *loci* com uma preocupação prática, já que cada *locus* se completa com uma parte *De usu*. Gerhard considera o luteranismo a confissão que está *entre* papismo e calvinismo. Sua notoriedade também se deve a duas outras obras: a *Confessio catholica* (1633-1637) é a mais importante apologia da teologia luterana contra a crítica católica, em três volumes e 24 artigos; publicadas em 1610, com ampla repercussão, as *Meditationes sacrae* (em francês, *Les méditations de Jean Gerhard* [As meditações de João Gerhard], Neuchâtel, Michaud, 1845) exprimem uma tendência à contemplação mística. Quando vivo, colheu os frutos de uma considerável notoriedade, a ponto de tornar-se conselheiro de muitos príncipes. O formato que atribuiu à ortodoxia foi ensinado durante mais de um século nas faculdades de teologia, deixando marcas profundas no luteranismo.

Bernard Vogler

▶ FISCHER, Erdmann Rudolph, *Via Ioannis Gerhardi*, Leipzig, 1723 (bibliografia das obras de Gerhard); STEIGER, Johann Anselm, *Johann Gerhard (1582-1637). Studien zu Theologie und Frömmigkeit des Kirchenvaters der lutherischen Orthodoxie*, Stuttgart-Bad Cannstadt, Frommann-Holzboog, 1997; TROELTSCH, Ernst, *Vernunft und Offenbarung bei Johann Gerhard und Melanchton. Untersuchung zur Geschichte der altprotestantischen Theologie*, Göttingen, Vandenhoeck & Ruprecht, 1891; WALLMANN, Johannes, *Der Theologiebegriff bei Johann Gerhard und George Calixt*, Tübingen, Mohr, 1961.

● Arndt; Martini; ortodoxia protestante

GERHARDT, Paul (1607-1676)

Pastor, teólogo luterano e poeta alemão, nascido em Gräfenhainichen (Saxônia) e morto em Lübben (Spreewald). De 1622 a 1627, Gerhardt estudou na escola do príncipe em Grimma, onde se beneficiou de uma estrita instrução luterana, bem como de uma educação nas pegadas da Reforma e do humanismo. De 1628 a 1634, estuda teologia na Universidade de Wittenberg. Na época, os jovens teólogos se veem submetidos à *Fórmula de concórdia*, de 1580, oposta à doutrina de João Calvino. Paul Gerhardt aprecia também as aulas de poética de August Buchner (1591-1661).

Ordenado em 1651, Paul Gerhardt começa a pastorear em Mittenwalde. Para ele, a teologia deve servir à vida. A doutrina da *Confissão de Augsburgo* e de sua *Apologia*, dos *Artigos de Smalkade*, dos dois catecismos de Lutero e da *Fórmula de concórdia* se baseia nos testemunhos mais claros e mais indiscutíveis dos escritos proféticos e apostólicos. Em 1662, o príncipe-eleitor Frederico Guilherme publica um edito de tolerância, com o qual pretende limitar a influência do luteranismo e favorecer o calvinismo. Em 1664, Gerhardt toma posição na controvérsia. Os pastores devem então ao soberano a mais estrita obediência, sob pena de serem destituídos. Recusando-se a tal, Paul Gerhardt é destituído em 1666. Chamado para Lübben em 1668, é nomeado arquidiácono no ano seguinte. Seus últimos anos são difíceis para ele.

Em 1643, Gerhardt imprime seu primeiro poema alemão. Em 1647, dezoito de seus corais são publicados em Berlim, na segunda edição de sua *Praxis pietatis melica*, sob a iniciativa do *cantor* Johann Crüger (1598-1662). A quinta edição de *Praxis pietatis melica*, impressa em Berlim em 1653, contém 64 de seus corais, e a décima edição, publicada em Berlim no ano de 1661, noventa. Johann Georg Ebeling (1637-1676), sucessor de Johann Crüger, publica em 1666-1667 a primeira edição da obra integral de Paul Gerhardt, com 120 corais.

A obra poética de Gerhardt, com sua dimensão espiritual, é condicionada pela atmosfera dramática da Guerra dos Trinta Anos, refletindo as dores, os horrores, a peste e as epidemias do conflito, mas também o reconhecimento, o amor pelo próximo, a confiança e a certeza da fé e do consolo. Uma das fontes de inspiração de Paul Gerhardt, entre outras, é a obra *Paradiesgärtlein*, de Johann Arndt (1555-1621), além do Antigo Testamento (Isaías, Jeremias, Oseias etc.) e do Novo (João, Atos, Romanos, Coríntios etc.). Para seus textos poéticos mais simples, populares e líricos, a exemplo do pastor silesiano Johann Heermann (1585-1647), inspira-se nas ideias e respeita os princípios filológicos de Martin Opitz (1597-1639), enunciados na obra *Prosodia germanica oder Buch von der deutschen Poeterey* (1624, reed. com o título *Buch von der deutschen Poeterey*, Stuttgart, Reclam, 2002). É o caso dos corais: *Befiehl du deine Wege* ("Confia a Deus teu caminho"), *Nun ruhen alle Wälder* ("Agora, todas as florestas descansam"), *O Haupt voll Blut und Wunden* ("Líder coberto de feridas"), entre outros. Já no século XIX, Charles Pfender enfatizava a finalidade espiritual dessas composições: "Desde a Reforma até o início do século XVII, a igreja era o sujeito e o objeto dos cânticos. Nos de Gerhard [*sic*], não é mais a consciência coletiva da igreja que se encontra diante de Deus e dá testemunho, mas, sim, a alma cristã que se derrama diante de seu Deus, que lhe comunica suas dores e alegrias, dirige-lhe súplicas e ações de graças" ("Gerhard [*sic*] [Paul]", em Frédéric LICHTENBERGER, org., *Encyclopédie des sciences religieuses* [Enciclopédia das ciências da religião], t. V, Paris, Fischbacher, 1879, p. 546).

Pela qualidade poética e lírica, pelo número de suas obras, pelo domínio que demonstrava da poesia barroca a serviço da edificação e pelo alcance espiritual de seus poemas — que serviram amplamente de inspiração a Johann Sebastian Bach —, Paul Gerhardt ocupa um lugar considerável na história do coral luterano na Alemanha.

Édith Weber

▶ AXMACHER, Elke, *Johann Arndt und Paul Gerhardt. Studin zur Theologie, Frömmigkeit und geistlichen Dichtung des 17. Jahrhunderts*, Tübingen-Basileia, Francke, 2001; BIDEAU, Alain, "Paul Gerhardt, pasteur de poète", *Positions luthériennes* 42, 1994, p. 47-65; FISCHER, Albert e TÜMPEL, Wilhelm, orgs., *Das deutsche evangelische. Kirchenlied des siebzehnten Jahrhunderts*, t. III (1906), Hildesheim, Olms, 1964, p. 295-449; GROSSE, Sven, *Gott und das Leid in der Liedern Paul Gerhardts*, Göttingen, Vandenhoeck & Ruprecht, 2001; PETRICH, Hermann, *Paul Gerhardt, seine Lieder und seine Zeit. Ein Beitrag zur Geschichte der deutschen Dichtung und der christlichen Kirche*, Gütersloh, Bertelsmann, 1907; SEEBASS, Friedrich, *Paul Gerhardt* (1951), Giessen, Brunnen Verlag, 1986; ZELLER, Winfried, "Zur Textüberlieferung der Lieder Paul Gerhardts", *Jahrbuch für Liturgik und Hymnologie* 19, 1975, p. 225-228.

◉ Coral luterano; Crüger; **ecologia; música**

GIACOMETTI

Família de artistas originária do vale Bregelia, local protestante de língua italiana no sul de Grisons (Suíça), reunida em torno de Giovanni, seus três filhos e seu primo distante Augusto. Giovanni (1868-1933), o pai, foi um famoso pintor popular, bastante influenciado pela obra de Giovanni Segantini (1858-1899). Imitador de Van Gogh e amigo de Cuno Amiet (1868-1961), embora jamais pintasse quadros com temas religiosos, é autor de uma impressionante réplica pontilhista dos *Peregrinos de Emaús*, de Rembrandt. Seu filho mais conhecido, Alberto (1901-1966), escultor, deixou marcas no século XX ao permitir que a arte plástica fizesse eco a sua época e a suas filosofias do humanismo ateu; era auxiliado de vez em quando por seu irmão Diego (1902-1985). Jean Clair, curador do Museu Nacional de Arte Moderna de Paris, escreveu o seguinte sobre as últimas obras do artista: "Com sua presença alucinante, seu além impenetrável, essas obras indagam sem cessar como saber se, em uma época desprovida de transcendência, uma arte funerária seria ainda possível, e se a arte, na falta de uma religião revelada, poderia ainda oferecer uma salvação". Bruno (1907) se tornou arquiteto, mas foi também pintor e decorador de talento. No entanto, o pintor Augusto (1877-1947), aluno de Eugène Grasset (1845-1917), foi quem talvez tenha deixado mais obras marcadas pelo simbolismo e pela religião, realizando afrescos enormes, como *Anúncio aos pastores* (?1910) e, alguns anos depois, vitrais, entre os quais aqueles com o título *Das himmlisches Paradies* para a igreja da Abadia de Fraumünster, em Zurique.

Serge Molla

▶ BONNEFOY, Yves, *Alberto Giacometti. Biographie d'une oeuvre*, Paris, Flammarion, 1991; SCHWARZ, Dieter, *Giovanni Giacometti, 1868-1933*: recordações de Bruno GIACOMETTI. Artigos de Paul MÜLLER, Viola RADLACH e Jörg ZUTTER, Winterthur-Lausanne-Coire, Kunstmuseum-Musée cantonal des Beaux-Arts-Bündner Kunstmuseum, 1996; STUTZER, Beat e WINDHÖFEL, Lutz, *Augusto Giacometti. Leben und Werk*, Coire, Bündner Monatsblatt, 1991.

◉ **Arte**; Hodler

GIBBS, James (1682-1754)

Arquiteto de origem escocesa e católica. Importante para a arquitetura anglo-saxã por ter construído, entre 1721 e 1726, a igreja londrina e anglicana de Saint Martin in the Fields. A influência de Wren é evidente em sua obra: um classicismo tipicamente inglês, fortemente marcado pelo Renascimento italiano (Palladio [1508-1580], Sebastiano Serlio [1475-?1554]) e francês (François Mansart [1598-1666]). Mas, acima de tudo, Gibbs soube realizar um edifício que se tornaria um modelo para toda a arquitetura inglesa e americana: um pórtico com frontão triangular e sinos no centro da construção.

Bernard Reymond

▶ NORMAN, Edward, *Les maisons de Dieu. Art et histoire des églises de la chrétienté des origines à nos jours*, Paris, Arthaud, 1990, p. 247ss

◉ **Arquitetura**; Wren

GIDE, André (1869-1951)

Escritor francês nascido e morto em Paris, prêmio Nobel de literatura (1947), de origem protestante por parte de pai e mãe (Charles Gide era seu tio). Embora tenha se tornado ateu, Gide costumava atribuir grande importância a questões religiosas: "A relação do homem com Deus sempre me pareceu mais importante e interessante que as relações entre os homens" (*Ainsi soit-il ou Les jeux sont faits* [Assim seja ou Os dados estão lançados], 1951). Fiel leitor da Bíblia, Gide deixa entrever em sua obra essa influência, até mesmo nos títulos de várias obras: *Se o grão não morre* (1920 e 1924), *A volta do filho pródigo* (1907), *A porta estreita* (1909), *Saul* (1903). Gide permaneceu profundamente protestante em sua preocupação quanto às questões morais, em seu individualismo social, seu inconformismo e sua independência — e principalmente a sinceridade e a paixão pela verdade que o caracterizavam ("Prefiro ser odiado a ser amado por aquilo que não sou", carta do dia 16 de janeiro de 1927 a *sir* Edmund Gosse). Seria conhecido sobretudo pelo romance *A sinfonia pastoral*, publicado em 1919, cujo personagem principal é um pastor.

Laurent Gagnebin

▶ GIDE, André, *Oeuvres complètes*, 15 vols., Paris, Gallimard, 1932-1954; BERTALOT, Enrico Umberto, *André Gide et l'attente de Dieu*, Paris, Lettres modernes Minard, 1967; GAGNEBIN, Laurent, *André Gide nous interroge. Essai critique sur sa pensée religieuse et morale*, Lausanne, Cahiers de la Renaissance vaudoise, 1961; GAVILLET, Marcel, *Étude sur la morale de Gide*, Lausanne, Revenandray, 1977; ROGGENKAMP-KAUFMANN, Antje, *Der Protestant André Gide und die Bibel*, Göttingen, Vandenhoeck & Ruprecht, 1993; SAVAGE, Catharine H., *André Gide. L'évolution de sa pensée religieuse*, Paris, Nizet, 1962.

◉ **Literatura**; Schmidt A.-M.; viagens e descobertas

GIDE, Charles (1847-1932)

Professor de economia política (Bordeaux, Montpellier, Paris-Sorbonne e Collège de France, de 1921 a 1930), Gide luta pelo cristianismo social durante quase cinquenta anos. A partir dos anos 1880, atuou como teórico da escola de Nîmes, movimento cooperativo desenvolvido no sul da França, liderado por protestantes. Gide considera que as três escolas econômicas existentes (liberal, socialista e católica) devem ser superadas por uma "nova escola" com base na solidariedade. De acordo com ele, a solidariedade é "um dos fatos mais bem estabelecidos pela ciência e pela história", mas, ao mesmo tempo, adquire valor religioso para os cristãos, pois é verificada nas epístolas paulinas (sobretudo a solidariedade a partir do pecado original de Adão e na salvação graças ao sacrifício de Cristo). Lidera o jornal *L'émancipation* [A emancipação] (1886) e funda a *Revue d'économie politique* [Revista de economia política] (1887). Com a criação do Cristianismo Social (1888), torna-se vice-presidente e, em 1922, presidente, mas a direção de fato coube a Élie Gounelle. Charles Gide influenciou os teóricos da moral laica; Léon Bourgeois (1851-1927) e Célestin Bouglé (1870-1940) retomaram a doutrina da solidariedade, buscando despojá-la de toda conotação espiritual.

Jean Baubérot

▶ *Charles Gide et l'école de Nîmes. Une ouverture du passé vers l'avenir. Actes du colloque organisé à Nîmes les 19 et 20 novembre 1993*, Nîmes, Société d'histoire du protestantisme de Nîmes et du Gard, 1995; DESROCHE, Henri, *Charles Gide 1847-1932. Trois étapes d'une créativité, coopérative, sociale, universitaire*, Paris, Coopérative d'information et d'édition mutualiste, 1982 (não foca atenção alguma ao protestantismo militante de Charles Gide); SACQUIN, Michèle, *L'économiste protestant Charles Gide et le catholicisme social*, em Winfried BECKER et alii, *Les chrétiens et l'économie*, Paris, Centurion, 1991, p. 27-48.

◉ Cristianismo social/socialismo cristão; Gounelle; Nîmes; **política**

GILKEY, Langdon Brown (1919-2004)

Nascido em Chicago, em uma família batista, após estudar letras, Langdon Gilkey parte para a China, onde ensina inglês na Universidade Anglo-Americana Yenching, perto de Pequim. Prisioneiro dos japoneses em um campo de concentração (de fevereiro de 1943 até o fim da guerra), descreve a experiência em *Shantung Compound* [Grades de Shantung] (1966). Após ser libertado, estuda teologia em Nova York, junto a Reinhold Niebuhr, e termina o doutorado na Universidade Colúmbia de Nova York. Ensina na Universidade Vanderbilt (Nashville) e, de 1963 a 1989, na Divinity School da Universidade de Chicago.

Desenvolvendo uma "teologia ética" aparentada com a teologia da cultura de Tillich, a reflexão de Gilkey gravita em torno de um primeiro polo, a criação e a Providência. Rejeitando toda antinomia entre ciência e fé, assim como entre razão e revelação, ou ainda entre religião cristã e religiões mundiais, essa teologia se concentra em um segundo polo, a salvação. Aproveitando a distinção feita por Barth entre fé e religião, Gilkey elabora uma abordagem original do cristianismo dentre as grandes religiões — já que Deus não é monopólio de nenhuma religião, e menos ainda do cristianismo.

Gabriel Vahanian

▶ GILKEY, Langdon, *Maker of Heaven and Earth. A Study of the Christian Doctrine of Creation*, Garden City, Doubleday, 1959; Idem, *How the Church Can Minister to the World without Losing Itself*, New York, Harper and Row, 1964; Idem, *Shantung Compound. The Story of Men and Women under Pressure* (1966), New York, Harper San Francisco, 1991; Idem, *Naming the Whirlwind. The Renewal of God-Language*, Indianapolis, Bobbs-Merrill, 1969; Idem, *Religion and the Scientific Future. Reflections on Myth, Science, and Theology*, New York, Harper and Row, 1970; Idem, *Reaping the Whirlwind. A Christian Interpretation of History*, New York, Seabury Press, 1976; Idem, *Message and Existence. An Introduction to Christian Theology*, New York, Seabury Press, 1979; Idem, *Society and the Sacred. Toward a Theology of Culture in Decline*, New York, Crossroad, 1981; MUSSER, Donald W. e PRICE, Joseph L., orgs., *The Whirlwind in Culture. Frontiers in Theology. In Honor of Langdon Gilkey*, Bloomington, Meyer Stone Books, 1988.

⊙ Criação/criatura; **predestinação e Providência**

GLOSSOLALIA

Com o termo "glossolalia", designa-se um falar sem significação semântica, mais facilmente comparável ao sonho, à dança ou à música. Sua significação física e psíquica é subestimada por aqueles que não falam em línguas, e seu valor espiritual é igualmente subestimado por aqueles que a praticam (igrejas pentecostais e semelhantes). Paulo fornece regras para o uso da glossolalia no culto, mas a considera importante para a espiritualidade pessoal (1Co 14.4). Não se trata de um fenômeno patológico ou "sobrenatural", mas, sim, de um dom que, embora inabitual nos meios cúlticos das igrejas estabelecidas, não é por isso menos "natural". Nas igrejas pentecostais e semelhantes, esse dom costuma ser qualificado e recebido como "manifestação do Espírito" ou, ao contrário, de acordo com cada caso, condenado como "demoníaco". De qualquer forma, deve ser submetido a um "discernimento de espíritos". Aliás, nota-se que as categorias "natural" e "sobrenatural" não se adaptam às perspectivas estritamente bíblicas.

Russell P. Spittler, pastor da Assembleia de Deus e professor no *Fuller Theological Seminary* de Pasadena (Califórnia), estima que "a glossolalia é um fenômeno humano que não se limita ao cristianismo, nem mesmo ao comportamento religioso. [...] A doutrina do falar em línguas como primeira prova psíquica do batismo do Espírito Santo pode caracterizar o ensino específico das igrejas pentecostais, mas é algo infeliz a confusão entre o que distingue esse falar e sua essência. [...] Que um fenômeno tenha uma explicação psicológica não exclui o fato de que possa ser dom do Espírito" (p. 675).

Walter J. Hollenweger

▶ CHRISTIE-MURRAY, David, *Voices from the Gods. Speaking with Tongues*, Londres, Paul, 1978; LOMBARD, Émile, *De la glossolalie chez les premiers chrétiens et des phénomènes similaires*, Lausanne, Impr. réunies, 1910; MILLS, Watson E., *A Theological/Exegetical Approach to Glossolalia*, Lanham, University Press of America, 1985; Idem, *Glossolalia. A Bibliography*, New York, E. Mellen Press, 1985; MOSIMAN, Eddison, *Das Zungenreden geschichtlich und psychologisch untersucht*, Tübingen, Mohr, 1911; RICHET, Charles, "Xénoglossia: l'écriture automatique en langues étrangères", *Proceedings of the Society for Psychical Research* (1964), Évreux, Jura-Réveil, 1974; SPLITTER, Russell P., *Glossolalia*, em Stanley M. BURGESS e Eduard M. VAN DER MAAS, orgs., *The New International Dictionary of Pentecostal and Charismatic Movements*, Grand Rapids, Zondervan, 2002, p. 670-676; WILLIAMS, Cyril G., *Tongues of the Spirit. A Study of Pentecostal Glossolalia and Related Phenomena*, Cardiff, University of Wales Press, 1981.

⊙ Carismático (movimento); discernimento de espíritos; Espírito Santo; pentecostalismo

GOBLET D'ALVIELLA, Eugène Félicien Albert, conde de (1846-1925)

De família de políticos belgas, Goblet d'Alviella teve a vida dividida entre ação política e desenvolvimento de uma disciplina nova: as ciências da religião. Foi um dos fundadores da Igreja Protestante Liberal de Bruxelas (1881). A cadeira de história das religiões da Universidade de Bruxelas, fundada por ele em 1884, foi então uma das primeiras da Europa. Ligado a Cornelius Petrus Tiele (1830-1902, principal líder das ciências da religião na Holanda) e aos historiadores da religião franceses Maurice Vernes (1845-1923, cujo nome permaneceu relacionado à instituição das ciências da religião na França), Albert (1826-1906) e Jean (1854-1908) Réville, Goblet se associou de modo particular ao comparatismo religioso, na linha evolucionista dominante no final do século XIX. Preconiza uma organização tripla das ciências da religião: 1) a hierografia, ou seja, descrição das religiões comuns; 2) a hierologia, religião comparada que é uma fenomenologia religiosa (cf. *La migration des symboles* [A migração dos símbolos], Paris, Leroux, 1891, em que Goblet busca escrever um ensaio de simbólica comparada, obra autoritativa no comparatismo religioso); 3) a hierosofia, ou formulação das implicações, no nível religioso, das relações com Deus e o universo. Seu interesse tanto pelo ensino quanto pela política, bem como sua militância em prol da laicização, levam-no à criação da Escola-Modelo de Bruxelas, da Liga do Ensino, da União Interparlamentar. Protestante liberal, historiador da religião, Goblet foi também franco-maçom. Seu mausoléu em Court-Saint-Étienne é revelador desse sincretismo, com sua decoração de símbolos religiosos e citações extraídas de vários livros sagrados.

Isabelle Engammare

▶ GOBLET D'ALVIELLA, Eugène, *Introduction à l'histoire des religions*, Bruxelas-Paris, Merzbach ef Falk-Leroux, 1887; Idem, *L'idée de Dieu d'après l'anthropologie et l'histoire*, Paris-Bruxelas, Alcan-Falk, 1892; Idem, *Croyances, rites, institutions*, Paris, Geuthner, 1911; *De Léopold Ier à Jean Rey. Les protestants en Belgique de 1839 à 1989*, Bruxelas, Faculté universitaire de théologie protestante, 1990, p. 56 (catálogo de exposição); VANLANGENHOVE, Fernand, *Goblet d'Alviella*, em ACADÉMIE ROYALE DES SCIENCES, DES LETTRES ET DES BEAUX-ARTS DE BELGIQUE, org., *Biographie nationale* 41, Bruxelas, Thiry-Van Buggenhoudt, 1979-1980, col. 359-362.

○ Francomaçonaria; liberalismo teológico; **religião e religiões**; Réville; Vernes

GODARD, Jean-Luc (1930-)

Nascido em Paris, de família protestante suíça. "Venho de uma família antigamente bem protestante. Não me sinto pertencente a nenhuma confissão, mas, quando vamos fundo nas coisas, somos obrigados a voltar para nossa infância" (entrevista de Jean-Luc Godard a Hervé Guibert, jornal *Le Monde*, 27 de maio de 1982). "Eu lembro que, quando ia ao Oratório, em Paris, com meu avô, conversávamos depois sobre a pregação como quem fala de um jogo de futebol" (citado por J.-L. DROUIN, p. 10). O cinema de Godard não é o cinema de um encantador, mas, sim, de um iconoclasta, que quebra as imagens para melhor apurar o ouvido. Nessa violência está presente uma busca de interioridade, mais que um desejo intelectualista de acompanhar a moda. Em suas obras recentes, Godard cultiva uma relação original com a Bíblia, "esse belo roteiro [...], esse imenso livro que ninguém leu, mas que todo mundo conhece" (citado por A. DUMAS, p. 90s). Claro, *Paixão* (1981) não é uma busca direta no local da crucificação, mas uma meditação sobre os extremos do amor e os extremos da dor. *Je vous salue Marie* [Eu vos saúdo, Maria] (1983) foi saudado por André Dumas como "o filme mais rigorosamente teológico, talvez, de toda a história do cinema" (ibid., p. 91). Nesse filme, há uma releitura contemporânea da fé de Maria, de sua virgindade essencialmente espiritual. Como engravidar sem fazer amor com homem algum? Longe de toda introspecção psicológica, Godard decifra teologicamente a precedência radical da Anunciação, o primado da palavra e da voz sobre a imagem. Em *Nouvelle vague* (1990), com muita ironia e muita ternura, Godard faz imergir e renascer Alain Delon, como se ressurreição e batismo quisessem acabar com o passado cinematográfico do ator e diretor. Em seu tríptico *Nossa música* (2004), Godard revisita esses três lugares altamente simbólicos que são o inferno, o purgatório e o paraíso. Godard protestante? Certamente não no sentido de uma intenção deliberada de sua parte ou de uma retomada apologética em teologia; mas talvez por uma superação crítica do imaginário e de um desejo de verdade.

Denis Müller

▶ GODARD, Jean-Luc, *Jean-Luc Godard par Jean-Luc Godard*, 2 vols., Paris, Cahiers du cinéma, 1998; BERGALA, Alain, *Nul mieux que Godard*,

Paris, Cahiers du cinéma, 1999; DROUIN, Jean-Luc, *Godard*, Paris, Rivages, 1989; DUMAS, André, "À bout de foi", em *Spécial Godard. 30 ans depuis*, Paris, Cahiers du cinéma, 1990, p. 88-92; Idem e DUMAS, Francine, *L'amour et la mort au cinéma*, Genebra, Labor et Fides, 1983.

○ Cinema

GODET, Frédéric-Louis (1812-1900)

Nascido e morto em Neuchâtel. Líder eclesiástico, desempenhou um papel preponderante nas crises que sacudiram sua época. Em 1848 e 1856, toma partido em favor da República contra a restauração da monarquia. Entre 1870 e 1871, manifesta-se em prol de várias vítimas da guerra junto ao príncipe da Prússia, o futuro imperador Frederico III, de quem havia sido preceptor. Em 1873, participa da fundação da Igreja Independente de Neuchâtel. Participou da criação de inúmeras obras sociais, religiosas, pedagógicas.

Ganhou renome igualmente como exegeta do Novo Testamento. Influenciado por De Wette, associa-se à corrente do cristianismo evangélico. Busca aliar a exigência de rigor científico ao engajamento da piedade e da fé, opondo-se por isso ao liberalismo teológico. Professor de 1850 a 1887, primeiro na Academia do Estado, em seguida na Faculdade Independente, publicou quatro comentários: sobre os evangelhos de João (1864-1865) e de Lucas (1871), sobre a epístola aos Romanos (1880) e a primeira epístola aos Coríntios (1886-1887). Preocupava-se com a formação dos leigos, algo que deixou entrever em sua obra, entre outras, *La Bible annotée* [A Bíblia anotada] (publicada em fascículos a partir de 1878, 9 vols. reunidos: 1881-1898, Saint-Légier, PERLE, 1982).

Ulrich Ruegg

▶ GODET, Frédéric, *Commentaire sur l'évangile de Saint Jean* (1864-1865), 2 vols., Neuchâtel, Monnier, 1970; Idem, *Commentaire sur la première épître aux Corinthiens* (1886-1887), 2 vols., Neuchâtel, Monnier, 1965; Idem, *Introduction au Nouveau Testament*, 2 vols., Neuchâtel, Attinger, 1893-1904; GODET, Philippe E., *Frédéric Godet 1812-1900*, Neuchâtel, Livre d'or de Belles Lettres, 1913 (bibliografia).

○ Avivamento; **Bíblia**; De Wette; evangélicos; exegese; Igrejas Livres; método histórico-crítico; Neuchâtel

GOETHE, Johann Wolfgang (1749-1832)

Poeta, filósofo, homem de ciências, político, Goethe está no centro da segunda metade do século XVIII e de todo o século XIX alemão e europeu. Fora de toda escola e todo sistema, produziria uma obra monumental e original desde seus primeiros dramas (*Prometeu*, *Canto de Maomé*), passando pelo romance de amor que o fez famoso (*Os sofrimentos do jovem Werther*, 1774), até suas obras maiores: *Os anos de aprendizado de Wilhelm Meister*, ápice do *Bildungsroman* ("romance de educação") e sobretudo o *Fausto*, que ele reescreveria durante toda a sua vida, sem esquecer sua "teoria das cores" ou sua numerosa correspondência.

Na juventude, frequenta meios pietistas sob a influência de Suzanne de Klettenberg (que seria o modelo da "confissão de uma bela alma" do livro IV de Wilhelm Meister, uma das mais poderosas descrições dos meios pietistas daquele final do século XVIII). Estudante em Estrasburgo no ano de 1770, faria amizade com Herder, que lhe apresentaria as obras de Hamann, o "mago do Norte", e de Shakespeare; forma-se em torno de Herder e Goethe um círculo de poetas e escritores que ficaria conhecido como *Sturm und Drang* ("Tempestade e ímpeto"), movimento precursor do romantismo.

Goethe escreveria uma obra original e pessoal, destacando-se de todas as tendências de sua época: seus estudos sobre a natureza e sua leitura de Spinoza o levam a elaborar uma doutrina quase religiosa da Natureza, em uma espécie de "mística cósmica" — que o faz romper com o pietismo de sua juventude e com toda ideia de um Deus transcendente e pessoal, mas também com o materialismo "à francesa" da filosofia das Luzes. Ele se afastaria do idealismo de Fichte e de Schiller para adotar um sentido muito forte da finitude do homem (mas rejeitaria com vigor o motivo do "mal radical" de Kant), dos limites do conhecimento, da aceitação da "ordem das coisas", assumindo uma postura de respeito por tudo aquilo que está debaixo do homem. Podemos ler sua obra *Fausto* como uma crítica ao idealismo filosófico: o homem que aspira ao Infinito, que passa pela prova purificadora do amor, da beleza e do poder para, no final, renunciar a todo poder sobrenatural e aceitar a vida com seus limites — eis toda a humanidade descrita aqui. Por seu ideal de harmonia e ordem, não acompanharia o movimento romântico em seu retorno à estética da Grécia clássica.

Michel Cornuz

▶ GOETHE, Johann Wolfgang, *Théâtre complet*, Paris, Gallimard, 1988; Idem, *Romans*, Paris, Gallimard, 1980; Idem, *Nouvelles*, Estrasburgo, Circé, 1991; ANCELET-HUSTACHE, Jeanne, *Goethe par lui-même*, Paris, Seuil, 1955; BIDEAU, Paul Henri, *Goethe*, Paris, PUF, 1974; FRIEDENTHAL, Richard, *Goethe. Sa vie, son temps* (1963), Paris, Fayard, 1967.

▶ Antroposofia; estética; Fichte; Hamann; Herder; **literatura**; Mörike; natureza; pietismo; romantismo; Schiller

GOGARTEN, Friedrich (1887-1967)

A partir de 1925, assume a função de pastor em Dorndorf (Saale) e *privat-docent* em teologia sistemática em Iena. É professor pleno em Breslau (1931) e em Göttingen. A partir de 1919, com Karl Barth e Eduard Thurneysen (e no grupo chamado "teologia dialética"), opõe-se às duas tendências principais da teologia protestante de então: a "neoprotestante", que consistia, sob a influência de Troeltsch, em tentar articular razão e revelação, o mundo e a igreja, a cultura e a fé cristã, e a "positiva", que considera a fé cristã, a piedade e a igreja como áreas reservadas, grandezas específicas no mundo. Contra a primeira dessas posições, os representantes da "teologia dialética", exprimindo-se a partir de 1922 na revista *Zwischen den Zeiten*, enfatizaram a origem transcendente da Revelação atestada pela Escritura; contra a segunda, e também de acordo com Kierkegaard, afirmaram que a Revelação não é um objeto captável de forma independente da ação soberana da Palavra e do Espírito de Deus.

Ao longo dos anos seguintes, Gogarten se distanciou cada vez mais de seus amigos, ao afirmar contra eles (e com Lutero) a necessidade de uma antropologia preliminar, com base na condição responsável do homem na sociedade, no Estado, nas estruturas políticas e étnicas (o que gerou, de sua parte, certa compreensão pela postura dos "Cristãos Alemães"), todas expressões da Lei divina que, ao mostrar ao homem os deveres que ele não pode satisfazer por si só, incitam-no a receber o evangelho.

Ao instaurar em Cristo a filiação do homem em relação a Deus, o evangelho abre espaço para um lugar entre o próprio Deus e o mundo secularizado, ou seja, "desdivinizado", que o homem pode dominar e no qual pode agir com a gloriosa liberdade dos filhos de Deus. Assim compreendida, a secularização cristã, operada pela fé em Deus, é bem diversa do secularismo, imputável aos impulsos pecadores do homem, que imagina poder viver sem Deus e sem a relação de Deus com o mundo.

Jean-Louis Leuba

▶ GOGARTEN, Friedrich, *Destin et espoir du monde moderne. La sécularisation comme problème théologique* (1953), Tournai, Casterman, 1970.

▶ "Cristãos Alemães"; fé; Göttingen (Universidade de); Igreja Confessante; Lutero; paradoxo; reinos (doutrina dos dois); teologia da secularização; "teologia dialética"

GOGUEL, Maurice (1880-1955)

Historiador do cristianismo primitivo, por cinquenta anos Maurice Goguel representou (na Faculdade Livre de Teologia Protestante de Paris e na Escola Prática de Altos Estudos) uma crítica histórica exigente que não reconhecia outra norma além de seu próprio método. Contra os adeptos do mito, defendia a historicidade de Jesus. Contra uma visão dogmática, sustentava que os únicos dados acessíveis para a ciência eram os da experiência religiosa. Assim, as fontes se encontrariam na personalidade de Jesus e na interpretação de sua morte e ressurreição, elaborada por seus discípulos. Goguel foi um dos últimos mestres que, com seus trabalhos, cobriu todo o campo da disciplina. Seus três volumes sobre a origem do cristianismo permanecem sem igual, tendo sido pioneiros ao expor a diversidade presente na primeira igreja. Também foi um dos divulgadores da tradição do Novo Testamento chamada *Centenaire* [Centenário] (Paris, Sociedade Bíblica de Paris, 1928).

Michel Bouttier

▶ GOGUEL, Maurice, *Introduction au Nouveau Testament*, 5 vols., Paris, Leroux, 1922-1926; Idem, *La foi à la résurrection dans le christianisme primitif*, Paris, Leroux, 1933; Idem, *La naissance du* christianisme, Paris, Payot, 1946; Idem, *L'Église primitive*, Paris, Payot, 1947; Idem, *Jésus*, Paris, Payot, 1950 (edição revista de *La vie de Jésus*, 1932); MICHAELI, Frank, *Vies parallèles: Adolphe Lods et Maurice Goguel*, *ETR* 52, 1977, p. 385-401.

● Exegese; Jesus (vidas de); método histórico-crítico

GOLLWITZER, Helmut (1908-1993)

Nascido em Pappemheim (Baviera), Gollwitzer estuda teologia com Karl Barth, tendo sido um brilhante aluno, amigo fiel e intérprete independente. Sua tese de doutorado (1938) discorre sobre a doutrina luterana da ceia em um debate com o calvinismo. Pastor da Igreja Confessante em Dahlem, Gollwitzer é mobilizado pelo Exército e se torna prisioneiro de guerra na Rússia até 1949. Seu diário, *Un autre te mènera* [Outro te levará] (1951, Paris, Seuil, 1954), é um testemunho impressionante que marcaria várias gerações. Liberto, torna-se professor de teologia sistemática em Bonn e, em seguida, em Berlim, no ano de 1957 (*Kirchliche Hochschule* e *Freie Universität*). Seus inúmeros livros abordam debates com o marxismo, sobre a ética política e sobre a questão de Deus. Após 1968, torna-se advogado de uma retomada da herança barthiana em uma perspectiva política e socialista. Seu engajamento, sobretudo em prol da revolta estudantil, assegura-lhe uma ampla repercussão fora da igreja.

Klauspeter Blaser

▶ GOLLWITZER, Helmut, *Ausgewählte Werke*, 10 vols., Munique, Kaiser, 1988; Idem, *Skizzen eines Lebens* (1998), org. por Friedrich-Wilhelm MARQUARDT, Wolfgang BRINKEL e Manfred WEBER, Gütersloh, Kaiser/Gütersloher Verlagshaus, 2002; Idem, *La joie de Dieu* (1940), Lausanne, Presses bibliques universitaires, 1983; *Les chrétiens et les armes* (1957), Genebra, Labor et Fides, 1958; Idem, *Athéisme marxiste et foi chrétienne* (1965), Tournai, Casterman, 1965; ENGELI, David, *Une existence théologique dans l'Allemagne du XXe siècle: Helmut Gollwitzer (1908-1993)*, *RThPh* 134, 2002, p. 309-325; STIEBER-WESTERMANN, Rolf, *Die Provokation zum Leben Gott im theologischen Werk Helmut Gollwitzers*, Berna, Lang, 1993.

● Barth; barthismo; Igreja Confessante; *Kirchenkampf*; **política**

GOMARUS, Franciscus (1563-1641)

Nascido em Bruges e morto em Groningen, Gomarus (cujo nome francês é François Gomar) estudou em Estrasburgo (1577), Neustadt (1580), Oxford (1582), Cambridge (1583) e Heidelberg (1585). Foi pastor em Frankfurt (1586) e em Hanau (1594), e professor em Leiden (1594-1611), na Escola Ilustre de Middelburg (1611-1615), em Saumur (1615-1618), de onde foi reitor, e em Groningen (1618-1641). Defendia a predestinação (supralapsarianismo: antes da queda de Adão, Deus já teria destinado alguns para a felicidade eterna) contra Jacó Armínio de 1604 a 1609, opondo-se aos remonstrantes no Sínodo de Dordrecht (1618-1619). Versado em línguas semíticas, foi um dos revisores da Bíblia dos Estados. Era apreciado por suas exegeses do Novo Testamento.

Émile M. Braekman

▶ GOMARUS, Franciscus, *Opera theologica omnia*, Amsterdã, Janssonius, 1664; KOK, Arie B. W. M., *Franciscus Gomarus*, Amsterdã, Bakker, 1944; VAN ITTERZON, Gerrit Pieter, *Franciscus Gomarus* (1929), Groningen, Bouma, 1979.

● Amyraut; arminianismo; Armínio; Dordrecht (Sínodo e *Cânones de*); **predestinação e Providência**; remonstrantes

GOSPEL (música)

Forma contemporânea do canto religioso negro dos Estados Unidos, em constante evolução. Em contrapartifa ao *negro spiritual*, as letras do *gospel* costumam tratar somente da fé, sendo menos frequentes as analogias entre o povo negro e o povo de Israel. Há uma ênfase maior na pessoa de Jesus Cristo e em alusões ou citações de passagens do Novo Testamento. Tradicionalmente, os compositores *gospel* mais famosos são Thomas Dorsey, Roberta Martin, Charles Albert Tindley, Isaac Watts, Charles Wesley. Hoje, a maior parte das comunidades negras apresenta um ou mais corais que interpretam, e por vezes compõem, *gospel songs*. Alguns intérpretes são mundialmente conhecidos: Mahalia Jackson, Bessie Griffin, Marion Williams, o grupo O'Neal Twins, os grupos do Golden Gate Quartet, das Stars of Faith, os corais de Alex Bradford, Edwin Hawkins e James Cleveland.

Serge Molla

▶ BALEN, Noël, *Histoire du negro spiritual et du gospel. De l'exode à la résurrection*, Paris, Fayard, 2001; BROUGHTON, Viv, *Black Gospel. An Illustrated History of the Gospel Sound*, Poole, Blandford Press, 1985; BURNIM, Mellonee, "La séance de Gospel Music noire comme transformation", *Concilium* 222, 1989, p. 63-73; HEILBUT, Tony, *The Gospel Sound. Good News and Bad Times*, New York, Simon and Schuster, 1971; SPENCER, Jon Michael, *Protest and Praise. Sacred Music of Black Religion*, Minneapolis, Fortress Press, 1990.

● Igreja negra (afro-americana); Jackson M.; **música**; negro spiritual

GÖTTINGEN (Universidade de)

A *Georg-August-Universität* de Göttingen foi fundada em 1737 como universidade dos príncipes-eleitores do Hanover (que foi elevado ao título de reino em 1814, sendo ligado à Coroa da Inglaterra por uma união pessoal que termina em 1837 com a ascensão ao trono da rainha Vitória; é anexado pela Prússia em 1866 e passa a fazer parte do *Land* da Baixa Saxônia, de 1946 até hoje).

Desde sua fundação, essa Alta Escola demonstrou seu caráter reformador ao recusar a sua Faculdade de Teologia o direito de censura em relação a demais faculdades. As ciências naturais exatas e as disciplinas históricas foram e permaneceram determinantes para o perfil geral da universidade. Em 1837, o levante de sete professores que, fazendo apelo ao juramento constitucional que haviam prestado, protestaram contra a supressão da lei estatal fundamental de Hanover, pelo rei Ernst August, causou sensação bem além das fronteiras do reino. Dentre esses "Sete de Göttingen" — e com eles os irmãos Grimm, Jakob (1785-1863) e Wilhelm (1786-1859), famosos germanistas que reuniram os contos que hoje conhecemos como "de Grimm" —, contava-se apenas um teólogo, Heinrich Georg August Ewald (1803-1875), que, como professor de Antigo Testamento, era membro da Faculdade de Filosofia.

Uma orientação positiva, até mesmo positivista, atenta ao dado efetivo resultante da pesquisa histórica, não cessou de caracterizar a teologia de Göttingen. Isso vale tanto para a época em que reinava a teologia de uma *Aufklärung* moderada (Johann Lorenz von Mosheim [1693-1755], Johann David Michaelis [1717-1791], membro da Faculdade de Filosofia], Ludwig E. Timotheus Spitteler [1752-1810], Carl Friedrich Stäudlin [1761-1826], Gottlieb Jakob Planck [1751-1833]) e para a época em que dominava a teologia da mediação (Friedrich Lücke [1791-1855], Isaak August Dorner [1809-1884], Friedrich August Eduard Ehrenfeuchter [1814-1878]), quanto para as décadas posteriores (Hermann Reuter [1817-1889], Julius Wellhausen [1844-1918, membro da Faculdade de Filosofia], Wilhelm Bossuet [1865-1920], Walter Bauer [1877-1960], Joachim Jeremias [1900-1979]).

A partir de 1864, com a nomeação de Albrecht Ritschl (1822-1889), Göttingen exerceria uma forte influência sobre a orientação geral da teologia. Essa influência se prolongaria até após o falecimento de Ritschl, em 1889, enquanto ensinavam como *privat docents* ou professores visitantes os representantes da escola da história das religiões. Em 1921, estão na Faculdade de Göttingen Karl Barth (1886-1968, professor até 1925), representando a virada teológica mais influente após a Primeira Guerra Mundial, e Emanuel Hirsch (1888-1972, professor até 1945), cujo trabalho teológico combinava de modo muito pessoal temas característicos dessa virada, com questões herdadas da pesquisa histórica e sistemática do século anterior. Após a Segunda Guerra Mundial, a faculdade se caracterizou pela presença de representantes da Igreja Confessante (Ernst Wolf, Hans-Joachim Iwand, Günther Bornkamm, Ernst Käsemann), enquanto Friedrich Gogarten e Wolfgang Trillhaas valorizavam tendências originais.

Martin Ohst

▶ SELLE, Götz von, *Die Georg-August-Universität zu Göttingen 1737-1937*, Göttingen, Vandenhoeck & Ruprecht, 1937; MEYER, Johannes, "Geschichte der Göttinger theologischen Fakulät", *Zeitschrift der Gesellschaft für Niedersächsische Kirchengeschichte* 42, 1937, p. 7-107; MOELLER, Bernd, org., *Theologie in Göttingen. Eine Vorlesungsreihe*, Göttingen, Vandenhoeck & Ruprecht, 1987; SMEND, Rudolf, "Göttingen, Universität", em *TER*, t. XIII, 1984, p. 558-563; STACKELBERG, Jürgen von, org., *Zur geistigen Situation der Zeit der Göttinger Universitätsgründung 1737*, Göttingen, Vandenhoeck & Ruprecht, 1988 (contém um artigo de Jörg BAUR, "Die Anfänge der Theologie", p. 9-56).

● Barth; Bousset; Dorner; Gogarten; Hirsch; Igreja Confessante; Iwand; Käsemann; Luzes; Mosheim; neologia; Otto; Rahlfs; religiões (escola da história das); Ritschl; teologia da mediação; Weber O.; Wellhausen

GOTTHELF, Jeremias (1797-1854)

Pseudônimo literário do pastor Albert Bitzius, nascido em Morat e morto em Lützelflüh, no Emmental, onde exerceu seu ministério por quase 25 anos. É escritor, romancista e novelista, conhecido internacionalmente por sua imensa obra. Gotthelf alia a um estilo realista e a um fino conhecimento psicológico a descrição da vida dos camponeses e a reflexão sobre questões de vida e morte, felicidade e infelicidade, tempo e eternidade (p. ex., *Uli, le valet de ferme* [Uli, o criado da fazenda]; *Heur et malheur d'un maître d'école* [Felicidade e infelicidade de um professor de escola]; *La fromagerie de Bêtenval* [A queijaria de Bêtenval] etc.). Conteúdos de tipo mítico, legendário ou histórico são utilizados por ele para compor seus contos (cf. *Die Wassernoth im Emmenthal, L'araignée noire* [A aranha negra]). Combinando conservadorismo político e progressismo social, o pastor de Lützelflüh não se deixa seduzir por nenhum dos partidos da época que disputam o poder em Berna. Por compreender bem demais a Suíça do século XIX e sua cultura camponesa, sua obra não deixa de ser considerada um espelho crítico do discurso e dos comportamentos alheios. Do ponto de vista teológico, a posição de Gotthelf não se reduz nem ao liberalismo, nem à ortodoxia. Em uma época em que a pregação está em crise, ele encontraria uma saída, não substituindo o pregador pelo poeta, mas, sim, concebendo os personagens leigos de seus romances como parábolas das três funções de Jesus: profeta, rei e sacerdote (U. Knellwolf).

Klauspeter Blaser

▶ GOTTHELF, Jeremias, *Sämtliche Werke in 24 Bänden und 18 Ergänzungsbänden*, org. por Rudolf HUNZIKER e Hans BLÖSCH, Erlenbach-Zurique, Rentsch, 1911-1977; Idem, *L'araignée noire*, precedido de *Elsi, la servante; Barthy, le vannier*, Lausanne, L'Âge d'Homme, 1992; Idem, *Uli, le valet de ferme*, Lausanne, L'Âge d'Homme, 1999; Idem, *L'argent et l'esprit*, Lausanne, L'Âge d'Homme, 2000; Idem, *Le miroir des paysans*, Lausanne, L'Âge d'Homme, 2001; Idem, *Uli le fermier*, Lausanne, L'Âge d'Homme, 2003; Idem, *Anne-Bäbi Jowäger. Ses expériences de ménagère et de guérisseuse*, Lausanne, L'Âge d'Homme, 2004; CIMAZ, Pierre, *Jeremias Gotthelf (1797-1854). Der Romancier und seine Zeit*, Tübingen, Francke, 1998; HAHL, Werner, *Jeremias Gotthelf — der "Dichter des Hauses"*, Stuttgart, Metzler, 1994; KNELLWOLF, Ulrich, *Gleichnis und allgemeines Priestertum. Zum Verhältnis von Predigtamt und erzählendem Werk bei Jeremias Gotthelf*, Zurique, Theologischer Verlag, 1990; MURET, Gabriel, *Jérémie Gotthelf. Sa vie et ses oeuvres*, Paris, Alcan, 1913; PAPE, Walter, THOMKE, Hellmut e TSCHOPP, Silvia Serena, orgs., *Erzählkunst und Volkserziehung. Das literarische Werk des Jeremias Gotthelf. Mit einer Gotthelf-Bibliographie*, Tübingen, Niemeyer, 1999; ZELLWEGER, Rudolf, *Les débuts du roman rustique, Suisse, Allemagne, France 1836-1856*, Paris, Droz, 1941.

◉ **Literatura**; Suíça

GOUDIMEL, Claude (?1520-1572)

Nascido em Besançon, morto em Lyon. Compositor francês, estudou em Paris, trabalhou como revisor com N. Du Chemin (1551), em seguida foi seu sócio, publicou primeiro canções, depois salmos cujo primeiro livro dedicou a Jean de Brinon (1551). Encontra Pierre de Ronsard, colabora com a publicação de *Amores*, compõe canções profanas e espirituais, cola música nas *Odes de Horácio* em 1555 (livreto perdido), cinco missas, dez motetos e três *Magnificat*. Em 1551, em Metz, Goudimel interessa-se pelas paráfrases dos Salmos, pelas estrofes e rimas de Clément Marot e Teodoro de Beza, que ele musica em diversos estilos: *8 Livros de salmos em forma de moteto a quatro vozes* (66 salmos, mandamentos, Cântico de Simeão) a partir de 1551; os 150 salmos em contraponto, nota contra nota (Genebra, 1564, 1565^2, 1565^3) e em contraponto florido (Paris, 1568; Genebra, 1580), assim como uma versão para alaúde (1567). A melodia, primeiro com o tenor, passa para o soprano, em que o texto se torna mais claramente perceptível, de acordo com as ideias dos reformadores. Enfatiza a significação do texto, trata as melodias tradicionais em um estilo funcional. Goudimel não é o compositor da melodia, mas a toma emprestada da tradição, na edição completa oficial dos 150 salmos (Genebra, 1562). Torna-se famoso por suas canções, sua *Ode a Miguel do Hospital* e seus salmos huguenotes, típicos da estética musical da Reforma e, a partir do século XVI, canto emblemático dos protestantes.

Édith Weber

▶ GOUDIMEL, Claude, *Oeuvres complètes*, org. por Luther Albert DITTMER e Pierre PIDOUX, 14 vols., New York-Basileia, *Institute of Mediaeval*

Music-Société suisse de musicologie, 1967-1983; BERNOULLI, Peter Ernst e FURLER, Frieder, orgs., *Der Genfer Psalter. Eine Entdeckungsreise*, Zurique, Theologischer Verlag, 2001; EGAN-BUFFET, Máire, *Les chansons de Claude Goudimel. Analyses modales et stylistiques*, Ottawa, *Institute of Mediaeval Music*, 1992; HÄUSSLER, Rudolf, *Satztechnik und Form in Claude Goudimels lateinischen Vokalwerken*, Berna, Haupt, 1968; PIDOUX, Pierre, "Notes sur quelques éditions de Psaumes de Claude Goudimel", *Revue de musicologie* 42, 1958, p. 184-192; WEEDA, Robert, *Le Psautier de Calvin. L'histoire d'un livre populaire au XVIᵉ siècle (1551-1598)*, Turnhout, Brepols, 2002.

▶ Beza; Marot; **música**; *Saltério huguenote*

GOUNELLE, Élie (1865-1950)

Filho de um pastor metodista, Élie Gounelle deseja, continuando o trabalho de Tommy Fallot, atualizar o Avivamento do século XIX, atribuindo-lhe uma dimensão social. Já em seu primeiro cargo (Alès, 1889), milita pelo cristianismo social e publica artigos na revista do movimento. Em 1898, funda a Solidariedade de Roubaix, com obras multifacetadas "que têm algo de universidade popular, círculo operário e associação beneficente" (Charles Gide), e organiza debates com anarquistas e socialistas.

Em 1908, assume de fato a direção do Cristianismo Social e da revista do movimento. Organiza uma jornada internacional em Besançon, em 1910, que lança a ideia de uma Federação Internacional do Cristianismo Social, com Gounelle ocupando a função de secretário-geral. Nesse sentido, prepara o Congresso Constitutivo de Basileia, previsto para setembro de 1914, mas que jamais aconteceria por causa da Primeira Guerra Mundial. Após ter participado da guerra como capelão, Gounelle reorganiza o movimento em bases mais amplas (1922), apresenta um notável relatório ao Congresso Constitutivo de "Vida e Ação" (Estocolmo, 1925) sobre "A igreja e seus problemas econômicos e sociais", torna-se codiretor do Instituto Internacional do Cristianismo Social (Bossey, Suíça) e lidera uma Federação do Cristianismo Social dos Países Latinos (1931). Mas a nova geração barthiana contesta vivamente a articulação proposta por ele entre um socialismo democrático e um cristianismo evangélico.

Jean Baubérot

▶ BAUBÉROT, Jean, *L'action chrétienne sociale d'Élie Gounelle à la 'Solidarité de Roubaix'*, BSHPF 120, 1974, p. 229-256 e 401-437; Idem, *Un christianisme profane? Royaume de Dieu, socialisme et modernité culturelle dans le périodique "chrétien-social"* L'avant-garde (*1899-1911*), Paris, PUF, 1978; Idem, *Le christianisme social de 1882 à 1940*, RHPhR 67, 1987, p. 37-63 e 155-179; MARTIN, Jacques, *Élie Gounelle, apôtre et inspirateur du Christianisme social*, Paris, L'Harmattan, 1999.

▶ Ação social; Avivamento; cristianismo social/socialismo cristão; Fallot; Gide C.; **política**; "Vida e Ação"

GRAÇA

Na teologia cristã, a graça tem sido o constante objeto de um dilema: ora é encarada a partir de si mesma, quando nos atrapalhamos para pensar sua articulação com a liberdade humana, ora partimos dessa articulação, mas se torna então mais difícil fazer jus à soberania divina. A escolástica medieval privilegiava a segunda abordagem. A graça não suprimia (*non tollit*) o valor interno da natureza, mas o aperfeiçoava (*perfecit*). O retorno ao paulinismo e aos Pais, principalmente Agostinho de Hipona, faria com que os reformadores enfatizassem o caráter exclusivo e irresistível da graça. É o famoso princípio *sola gratia* (somente a graça). Essa postura, que implica, em Calvino, a dupla predestinação (eleitos e condenados), tem a vantagem de preservar uma abordagem respeitosa da majestade divina e uma prudência para com as pretensões (espirituais, morais etc.) do homem. Além disso, geraria um grande dinamismo do agir, tanto eclesiástico quanto profano, já que o homem, em relação à graça, está sempre em uma situação de resposta concreta, encarnada, mais que de busca abstrata (ou espiritualista).

Historicamente, a doutrina luterana da graça seria conquistada principalmente em um embate com Erasmo de Roterdã (?1467-1536), que valorizava o livre-arbítrio do homem. Os calvinistas se verão confrontados com as tentativas de Armínio (1560-1609) para adoçar a predestinação, antes das de John Wesley (1703-1791) que instituíram uma "graça preveniente" no homem, com vistas a associar sua salvação a sua capacidade de decisão. Atualmente, o problema da articulação entre graça e liberdade não está inteiramente resolvido no meio protestante, que se encontra no dever de articular a iniciativa de Deus e as iniciativas humanas para o progresso social e cultural, sem exaltar nem desmerecer as do homem. No plano ecumênico, a discussão prossegue e progride sobre a questão de como conceber a "cooperação" entre o autor da graça (Deus) e seu destinatário (homem), especialmente entre luteranos e católicos (v. sobretudo a "Declaração comum sobre a doutrina da justificação", de 1999).

Bernard Hort

▶ BARTH, Karl, *Nein! Antwort an Emil Brunner*, Munique, Kaiser, 1934; BIRMELÉ, André, *Le salut en Jésus-Christ dans les dialogues oecuméniques*, Paris-Genebra, Cerf-Labor et Fides, 1986; Idem, *La communion ecclésiale. Progrès oecuméniques et enjeux méthodologiques*, Paris-Genebra, Cerf-Labor et Fides, 2000; BRUNNER, Emil, *Natur und Gnade. Zum Gespräch mit Karl Barth*, Tübingen, Mohr, 1934; *La doctrine de la justification. Déclaration commune de la Fédération luthérienne mondiale et de l'Église catholique romaine*, Paris-Genebra, Cerf-Bayard-Centurion-Fleurus-Mame-Labor et Fides, 1999; LUTERO, Martinho, *Du serf arbitre* (1525), em *MLO* 5, 7-236.

◉ Agostinianismo; aliança; Brunner; Coccejus; conversão; **culpa**; Erasmo; escravidão da vontade; jansenismo; justificação; Kohlbrügge; Kuyper; Maria; metodismo; perdão; **predestinação e Providência**; **salvação**; Wesley J.

GRAÇA DE ALÈS

Em 1598, com o Edito de Nantes, Henrique IV tinha concedido privilégios religiosos ("exercer" o culto reformado em certos lugares) e políticos (manter guarnições militares e locais de segurança) aos huguenotes. Após uma tripla campanha militar de Luís XIII (1620-1622, 1622-1625, 1626-1628), marcada pela anexação definitiva do Béarn, o cerco e a queda de La Rochelle, assim como inúmeros locais de segurança, as tropas protestantes são vencidas em Alès. Com a Paz ou Graça de Alès (1629), concluída entre Richelieu e Rohan, e depois pelo Edito de Nîmes, os huguenotes veem serem confirmados seus direitos religiosos, mas seus privilégios políticos e militares são ab-rogados. Essa data marca o início de um período em que os huguenotes buscam conservar sua liberdade de culto sem poder defendê-la com armas na mão.

Hubert Bost

▶ CHAREYRE, Philippe, *Trente ans après: de la paix à la grâce, l'Édit de Nîmes, juillet 1629*, em Paul MIRONNEAU e Isabelle PÉBAY-CLOTTES, orgs., *Paix des armes, paix des âmes. Actes du colloque international tenu au musée national du château de Pau et à l'Université de Pau et des pays de l'Adour, les 8-11 octobre 1998*, Paris, Impr. nationale, 2000, p. 343-370.

◉ Béarn; Edito de Nantes (e Revogação do); França; guerras de religião; Henrique IV; Rochelle (La)

GRAHAM, William Franklin, dito Billy (1918-)

Nascido na Carolina do Norte, Billy Graham foi ordenado pastor em 1940, no contexto da Convenção Batista do Sul, reunião de igrejas batistas conhecidas por suas posturas conservadoras. A partir de 1949, ano em que pregou em Los Angeles durante dois meses debaixo de um imenso toldo, Billy Graham realiza campanhas de evangelização utilizando as mais modernas técnicas. Um grupo bastante viajado, *Billy Graham Evangelistic Association*, preside a organização dessas campanhas, produzindo programas de rádio e televisão e publicando uma revista mensal, chamada *Decisão* (em várias línguas e também em braile). Sua filial, *World Wide Picture*, rodou mais de uma centena de filmes. A associação, que desenvolve obras de caridade nos países do Terceiro Mundo, funciona igualmente como organismo de aconselhamento espiritual, ao responder cada ano a centenas de milhares de cartas e chamadas telefônicas.

Graham, um verdadeiro especialista em evangelização de massa[2], viajou várias vezes a Paris: em 1955, em que pregou em Vel d'Hiv; em 1963, em que falou de dentro de uma tenda na Porte Clignancourt; e em 1986, no Palácio Poliesportivo de Bercy, sermão transmitido pela TV para várias cidades da França. Em março de 1993, com transmissão via satélite, pregou de Essen, na Alemanha, para várias cidades da Europa (ocidental, central e oriental). Antes dessa campanha europeia, que era parte da operação "Missão Mundo", Billy Graham havia liderado campanhas em outros conti-

---

[2] [NE] No Brasil houve as campanhas evangelitiscas no Rio de Janeiro em 1960 e 1974; Recife em 2000 e São Paulo 2008. Também em 2011 houve a campanha minha esperança transmitida por radio e TV.

nentes: África (1989), Ásia (1990), América Latina (1991). De 1949 a 1970, Billy Graham manifestou certo anticomunismo e acompanhou a política de seu país, sobretudo ao apoiar a presença militar dos Estados Unidos no Vietnã. Com o tempo, tornou-se mais moderado, efetuando, em 1977 e nos anos seguintes, campanhas de evangelização nos países do Leste Europeu (principalmente em 1982 e 1984, na União Soviética). Comparado aos televangelistas e neofundamentalistas americanos dos anos 1980 (Jerry Falwell, Pat Robertson etc.), Billy Graham é um evangelista moderado.

A pregação de Billy Graham, de tradição reavivalista, caracteriza-se pelo estilo simples e concreto, enfatizando o fato de que Jesus Cristo é a resposta para os problemas individuais e coletivos, reafirmando a necessidade da conversão pessoal. Apoiadas vigorosamente pelas igrejas protestantes evangélicas que se reconhecem no modelo de igrejas professantes (como as igrejas batistas), as campanhas de evangelização de Billy Graham suscitam reservas e críticas da parte das igrejas luteranas e reformadas, que não se identificam nem com o estilo de evangelização de Graham, nem com a teologia que subjaz a esse formato. São criticados também o caráter de espetáculo que tais campanhas assumem, bem como seu custo financeiro. Já outros, incluindo pastores luteranos e reformados, apreciam o fato de que a evangelização *à la* Billy Graham, com sua força e convicção, seu senso do concreto e sua simplicidade, alcança um amplo público, incluindo meios sociais (sobretudo populares) que não são alcançados pelas igrejas luteranas e reformadas.

Billy Graham costuma ser citado como uma das dez personalidades mais admiradas dos Estados Unidos. Manteve proximidade com vários presidentes americanos, sobretudo Richard Nixon, e é geralmente recebido por chefes de Estado em suas campanhas em todo o mundo (em 1986 por François Mitterand, em Paris; em 1993 por Boris Yeltsin em Moscou etc.). Billy Graham é autor de mais de doze obras, muitas delas *best- sellers*.

Jean-Paul Willaime

▶ GRAHAM, Billy, *Em paz com Deus* (1953), Rio de Janeiro, Record, 1984; Idem, *La réponse à nos problèmes* (1960), Vevey, Groupes missionnaires, 1961; Idem, *Mundo em chamas* (1965), Rio de Janeiro, Record, 1965; Idem, *O desafio* (1969), Rio de Janeiro, Record, 1969; Idem, *Uma autobiografia* (1997), São Paulo, United Press, 1998; ALEXANDER, Daniel et alii, "La campagne d'évangelisation de Billy Graham", *Esprit* 122, 1987, p. 67-82; BAUBÉROT, Jean, CHAMPION, Françoise e ROCHEFORT-TURQUIN, Agnès, *Deux leaders religieux: Billy Graham et Jean-Paul II*, em Jean SÉGUY et alii, *Voyage de Jean-Paul II en France*, Paris, Cerf, 1988, p. 161-183; FATH, Sébastien, *Billy Graham, pape protestant?*, Paris, Albin Michel, 2002; FRADY, Marshall, *Billy Graham. A Parable of American Righteousness*, Boston, Little-Brown, 1979; POLLOCK, John Charles, *Billy Graham. The Authorized Biography*, New York, McGraw-Hill, 1966; Idem, *Billy Graham, Evangelist to the World. An Authorized Biography of the Decisive Years*, San Francisco, Harper and Row, 1979.

● Batismo; evangélicos; fundamentalismo

GREBEL, Conrad (?1498-1526)

Filho de um membro da aristocracia de Zurique, cunhado de Vadian, jovem discípulo humanista de Zwinglio, Conrad Grebel se torna um dos fundadores do anabatismo suíço. Grebel se alinha com seu mestre até a última disputa de Zurique, em outubro de 1523, quando recusa o papel predominante atribuído ao poder civil por Zwinglio. Em uma carta a Müntzer (setembro de 1524), explica sua ideia de uma igreja minoritária, sofredora, e sobretudo não violenta. A ruptura com Zwinglio se concretiza no dia 21 de janeiro de 1525, quando participa dos primeiros "rebatismos" e ao consequente surgimento de uma "igreja livre". Tornando-se um evangelista itinerante e clandestino, mandado para a prisão por algum tempo, Grebel morreria de peste.

Neal Blough

▶ FAST, Heinold, *Konrad Grebel. Das Testament am Kreuz*, em Hans-Jürgen GOERTZ, org., *Radikale Reformatoren. 21 biographische Skizzen von Thomas Müntzer bis Paracelsus*, Munique, Beck, 1978, p. 103-114 (bibliografia p. 247s); SÉGUY, Jean, "La lettre à Müntzer (Zurique 1524)", e YODER, John H., *Christologie et dissidence au sein de la réforme zwinglienne*, em Neal BLOUGH, org., *Jésus-Christ aux marges de la Réforme*, Paris, Desclée, 1992, p. 65-90 (e notas p. 221-224) e 51-63 (e notas p. 218-221).

● Anabatismo; Mantz; menonismo; Müntzer; Reforma radical; Vadian; Zwinglio

GRIFFIN, David Ray (1939-)

Ensina filosofia da religião em Claremont (Califórnia), onde trabalha em estreita colaboração com John B. Cobb. Produziu bastante material sobre Alfred North Whitehead (1861-1947) e publicou uma edição revisada bastante minuciosa, bem mais exata que as precedentes, de *Process and Reality* [Processo e realidade]. A partir de 1985, começa a participar ativamente de um debate sobre o pós-modernismo, envolvendo-se em polêmicas com os "desconstrucionistas" (representados, entre outros, por Taylor e Altizer) e com os reacionários (que prefeririam anular as contribuições da modernidade). Griffin apresenta as correntes filosóficas e teológicas inspiradas em Whitehead e Charles Hartshorne (1897-2000) como um pós-modernismo "construtivista", que propõe uma alternativa positiva aos valores e às estruturas modernistas.

Griffin se dedicou primordialmente a um dos temas favoritos da teologia do processo: o sofrimento e a miséria presentes no mundo desmentiriam a afirmação da onipotência de Deus e obrigariam a pensar em outros termos a intervenção divina na história humana e do cosmos. Insistiu para que os teólogos do processo desenvolvessem uma cristologia.

André Gounelle

▶ GRIFFIN, David R., *God, Power and Evil. An Process Theodicy* Filadélfia, Westminster Press, 1976; Idem, *God and Religion in the Postmodern World*, Albany, State University of New York Press, 1989; Idem, "Whitehead et la philosophie constructiviste postmoderne" (1992), em Isabelle STENGERS, org., *L'effet Whitehead*, Paris, Vrin, 1994, p. 163-196; Idem e COBB, John B., *Process Theology. An Introductory Exposition*, Filadélfia, Westminster Press, 1976; Idem, BEARDSLEE, William A. e HOLLAND, Joe, *Varieties of Postmodern Theology* Albany, State University of New York Press, 1989; GOUNELLE, André, *Le dynamisme créateur de Dieu. Essai sur la théologie du Process* (1981), Paris, Van Dieren, 2000.

● Chicago (escola de); Cobb; sofrimento; teologia do processo; Whitehead

GRIMKÉ, Sarah (1792-1873) e Angelina (1805-1879)

Nascidas em Charleston (Carolina do Sul), as irmãs Grimké foram criadas em uma família episcopal de origem alemã e huguenote, que possuía escravos. Rejeitando a igreja de seus pais, aderiram durante certo tempo ao movimento dos quacres, até que abandonaram esse meio religioso e uniram-se ao movimento antiescravagista dos estados do Norte, ao lado de personalidades como o jornalista William Lloyd Garrison, a escritora Lydia Maria Child e o ensaísta Theodore D. Weld (que se casaria com Angelina em 1838). Ambas preconizam a abolição imediata da escravatura e rejeitam os projetos de deportação dos negros para a África. Excelentes oradoras, realizam conferências que atraem as massas, mas são criticadas por "saírem de sua esfera" ao dirigirem-se a audiências mistas. Conscientizando-se então de que os argumentos teológicos necessários para a defesa da dignidade dos negros permitiam também afirmar os direitos da mulher, as duas irmãs se veem na linha de frente do embate feminista. Sarah publica, entre outras obras, *Letters on the Equality of the Sexes and the Condition of Woman* [Cartas sobre a igualdade dos sexos e a condição da mulher] (1838), em que se utiliza de uma argumentação bíblica estrita para defender a igualdade original, portanto igualdade de direitos e deveres, entre homens e mulheres. Sarah demonstra que os papéis adquiridos por cada gênero dependem não de Deus, mas apenas de decisão humana, preconizando o acesso da mulher ao ministério pastoral. O pensamento das irmãs Grimké influenciaria a geração de mulheres que as conhecera pessoalmente, mas logo em seguida cairia no esquecimento, até o surgimento dos trabalhos de Gerda Lerner.

Michel Grandjean

▶ GRIMKÉ, Sarah, *Letters on the Equality of the Sexes and Other Essays*, org. por Elizabeth Ann BARTLETT, New Haven-Londres, Yale University Press, 1988; LERNER, Gerda, *The Grimké Sisters from South Carolina. Pioneers for Woman's Rights and Abolition* (1967), Chapel Hill, University of North Carolina Press, 2004; Idem, *The Feminist Thought of Sarah Grimké*, New York-Oxford, Oxford University Press, 1998; LINDLEY, Susan Hill, *"You Have Stept out of Your Place". A History of Women and Religion in America"*, Louisville, Westminster John Knox Press, 1996.

● Criança; escravidão; feminismo; **mulher**; quacres; Stanton

GROPIUS, Walter (1883-1969)

Walter Gropius foi homem de uma época, a República de Weimar, e de uma ideia, o *Bauhaus*. Não que sua vida e sua obra se limitem a esses dois aspectos, mas, sim, porque todas as suas realizações e sua ação se originam neles. A época é a do desmoronamento dos grandes ideais herdados do século XIX. A ideia é a de que, na obra de arte, as antíteses trabalho intelectual e trabalho manual, criação e produção, indivíduo e coletividade, podiam ser ultrapassadas. Ao buscar conciliar as aspirações revolucionárias da época e a herança cultural da burguesia esclarecida, Gropius apresentou os fundamentos de um novo humanismo e um ato de fé na arquitetura, na qual ele via "a finalidade de toda atividade criadora".

O papel essencial que desempenhou Gropius na formação da estética do século XX é reconhecido, mas costuma ser esquecida a dimensão propriamente ética de sua obra; mais que uma revolução da arte, ele visava a uma revolução das condições de elaboração da obra artística: "A arte não é mais uma revelação da natureza que se dá ao artista através da graça da inspiração, mas, sim, o aperfeiçoamento de um fazer que encontra seu princípio e seu fim no mundo, cumprindo-se inteiramente no meio social" (G. C. Argan, p. 32). Além das modas e do fracasso histórico do *Bauhaus*, as questões levantadas por Gropius permanecem espantosamente atuais, e suas respostas são um incessante convite à criação.

Daniel Gehring

▶ GROPIUS, Walter, *The New Architeture and the Bauhaus*, Londres, Faber and Faber, 1953; ARGAN, Giulio Carlo, *Walter Gropius et le Bauhaus* (1951), Paris, Denoël-Gonthier, 1979; GIEDION, Siegfried, *Walter Gropius. L'homme et l'oeuvre*, Paris, Morancé, 1954; ISAACS, Reginald R., *Walter Gropius. Der Mensch und sein Werk*, 2 vols., Berlim, Mann, 1983-1984.

⦿ **Arquitetura**; Bauhaus; estética

GROTIUS, Hugo (1583-1645)

Jurista e humanista holandês, Hugo Grotius é autor de uma obra teológica e política considerável, que reflete sua religiosidade erasmiana e seu engajamento irênico. Nascido em Delft, de uma família importante, Hugo Grotius (Huig de Groot) conhece uma rápida ascensão política, de início como advogado fiscal da Holanda e da Zelândia, e em seguida como pensionário (chefe do poder executivo) de Roterdã e membro dos Estados da Holanda. Toma a defesa das autoridades acusadas de socianismo e pelagianismo pelos contrarremonstrantes (*Ordinum Hollandiae ac Westfrisiae pietas* [1613], trad. ingl., Leiden, Brill, 1995; *Defensio fidei catholicae de satisfactione Christi adversus Faustum Socinum Senensem* [1617], trad. ingl., Assen, Van Gorcum, 1990) e preconiza um poder civil forte, capaz de impor a paz religiosa no Estado (*Traité du pouvoir du magistrat politique sur les choses sacrées* [Tratado do poder do magistrado político sobre as coisas sagradas] [1647], Caen, *Centre de philosophie politique et juridique de l'Université de Caen*, 1991). O imperativo da tolerância religiosa coincide com as injunções da razão de Estado aos olhos dos "regentes" de tendência arminiana que Grotius representa, contra o calvinismo mais radical dos apoiadores de Gomarus. O apelo à tolerância religiosa (intraprotestante) é expresso no *Decretum pro-pace ecclesiarum*, promulgado pelos Estados da Holanda em 1614, cujo projeto Grotius havia redigido. Esse decreto e a resistência dos Estados da Holanda contra um sínodo geral logo foram o cerne da crise que sacudiu a jovem república até agosto de 1618, data do ataque surpresa do *stathouder* Maurício de Nassau, na linha de frente da oposição contrarremonstrante. Arrastado com a queda de Oldenbarnevelt e na derrota dos remonstrantes no Sínodo de Dordrecht, Grotius é condenado à prisão perpétua, mas foge para Paris em 1621. Busca em vão a reabilitação pública, resignando-se ao cargo de embaixador da Suécia em 1634, junto a Luís XIII, uma missão capital em plena Guerra dos Trinta Anos, mas sua ação esbarraria no constante obstáculo das intrigas suecas e da animosidade de Richelieu.

Durante todos esses acontecimentos, Grotius redige sua suma jurídica, *O direito da guerra e da paz* (Unijuí, coleção Clássicos do Direito Internacional, 2004), que anteciparia o surgimento do direito internacional clássico, mas que comporta também uma reflexão mais geral sobre o direito, suas fontes e seus fundamentos. Suas concepções jurídicas foram alimentadas pelas disputas teológico-políticas de que participou; com tudo isso, o valor de seu sistema jurídico é concebido fora de toda revelação divina, na base somente da natureza humana, que Grotius elabora na linha da tradição escolástica tardia. Dessa natureza humana ao mesmo tempo racional e sociável, ele faz com que proceda um conjunto de direitos naturalmente inerentes ao homem, que podem ser exercidos mesmo por força nos limites que subsistem após a instituição de ordens jurídicas positivas. Essa teoria geral dos direitos subjetivos está na origem da doutrina dos direitos fundamentais dos Estados nas relações internacionais; por sua estrutura, tal teoria anuncia também a doutrina moderna dos direitos humanos, mesmo que não se costume associar Grotius a eles, por sua concepção autoritária do poder público.

Com sua prisão, Grotius dá início a dois trabalhos de ordem teológica, cujo alcance ultrapassa as querelas do momento. Redige uma obra apologética em versos holandeses (1622), que conheceria grande aceitação quando traduzida por ele para a prosa latina (*Traité de la vérité de la religion chrétienne* [Tratado da verdade da religião cristã] [1627], Amsterdã, Élie-Jacob Ledet, 1728), em que defende, contra o judaísmo e o islã, um cristianismo reduzido a seus fundamentos essenciais, despojado de pontos dogmáticos (a seus olhos, secundários e prejudiciais para a unidade cristã, por causa do potencial de discórdia que carregam). Empreende igualmente uma exegese bíblica privilegiando um espírito filológico e histórico em detrimento do dogmático, visando a eliminar as divergências no sentido do texto; levaria a termo essas *Annotationes* em seus últimos anos de vida, dedicados a um ecumenismo inspirado pela cristandade primitiva, mas assombrados por novas polêmicas (*Via ad pacem ecclesiasticam*, 1642), em que chegam a menosprezá-lo como lacaio de Roma (*Grotius papizans*). É nessa atmosfera lúgubre, com parcas luzes vindas dos pródromo da Paz de Westfália, que Grotius decide, na primavera de 1645, dispensar-se de suas funções diplomáticas. Morre em um naufrágio ao voltar de Estocolmo.

Peter Haggenmacher

▶ GROTIUS, Hugo, *Opera omnia theologica* (1679), 3 t. em 4 vols., Stuttgart-Bad Cannstatt, Frommann-Holzboog, 1972; MEYLAN, Henri, MEYLAN, Philippe e VAN BERCHEM, Denis, *Hommage à Grotius*, Lausanne, Rouge, 1946; HAGGENMACHER, Peter, *Grotius et la doctrine de la guerre juste*, Paris, PUF, 1983; LEWALTER, Ernst, "Die geistesgeschichtliche Stellung des Hugo Grotius", *Deutsche Vierteljahrschrift für Literaturwissenschaft und Geistesgeschichte* 11, 1933, p. 262-293; MICHELIS, Fiorella de, *Le origini storiche e culturali del pensiero di Ugo Grozio*, Florença, La Nuova Italia Editrice, 1967; NELLEN, Henk J. M. e RABBIE, Edwin, orgs., *Hugo Grotius Theologian. Essays in Honour of G. H. M. Posthumus Meyjes*, Leyden, Brill, 1994; VOELTZEL, René, *La méthode théologique de Hugo Grotius RHPhR* 32, 1952, p. 126-133; WOLF, Dieter, *Die Irenik des Hugo Grotius nach ihren Prinzipien und biographisch-geistesgeschichtlichen Perspektiven*, Hildesheim, Gerstenberg, 1972; *The World of Hugo Grotius (1583-1645). Proceedings of the International Colloquium Organized by the Grotius Committee of the Royal Netherlands Academy of Arts and Sciences, Rotterdam 6-9 April 1983*, Amsterdã-Maarsen, APA-Holland University Press, 1984.

◉ Apologética; arminianismo; Armínio; Bodin; direito natural; direitos humanos; Dordrecht (Sínodo e Cânones de); Éraste; Gomar; paz; **política**; **predestinação e Providência**; Socino; tolerância; **violência**

GRUNDTVIG, Nicolai Frederik Severin (1783-1872)

Clérigo dinamarquês, pastor em 1821 e nos anos seguintes, Grundtvig é promovido a bispo honorário em 1861. Nenhuma personalidade da história dinamarquesa teve tanta influência sobre a personalidade e os costumes da nação: ele proporcionou às noções de vida e liberdade espirituais um conteúdo mais correto e mais verdadeiro. Grundtvig ensinou a seus compatriotas que, no mundo intelectual, o adversário só pode ser vencido na mais livre troca de ideias, pois acorrentar uma mente não é aniquilá-la. Salmista talentoso, Grundtvig dotou sua comunidade de uma nova linguagem poética, intérprete da felicidade dos fiéis aqui e no além. Por fim, convencido da superioridade da palavra viva sobre a linguagem escrita, fundou a *Højskole* (Escola Superior Popular), escola livre para adultos, no princípio da comunicação oral: conferências, entrevistas, sem traço algum de provas. Foi em 1844 que se abre na Dinamarca a primeira *Højskole*; muitas se seguiram, tanto na Dinamarca quanto em demais países nórdicos. O movimento se estendeu em seguida para o restante da Europa, os Estados Unidos, o Japão e a África.

Se para Kierkegaard (1813-1855) a religião é um caso estritamente pessoal, para Grundtvig é uma vida em comum no seio da comunidade. Durante vários anos, esses dois gênios estiveram bastante perto, sem nutrirem grande afinidade um pelo outro, na capital da Dinamarca.

Frederik Julius Billeskov Jansen

▶ BORISH, Steven M., *The Land of the Living. The Danish Folk High Schools and Denmark's Non-Violent Path to Modernization*, Nevada City, Blue Dolphin Publishing, 1991; KOCH, Hal, Grundtvig (1944), Yellow Springs, Antioch Press, 1952; SIMON, Erica, *Réveil national et culture populaire en Scandinavie. La génèse de la Højskole nordique, 1844-1878*, Paris, PUF, 1962; THODBERG, Christian, org., *N. F. S. Grundtvig: tradition et renouveau. La conception de Grundtvig à la lumière des préoccupations du monde d'aujourd'hui*, Copenhague, Instituto Dinamarquês de Informação e Intercâmbio Cultural, 1983.

● Educação; escandinavos (países)

GRÜNEWALD, Matthias (?1475-1528)

Sabemos pouco sobre "Mestre Mathis" (que seria mais tarde chamado de Grünewald), a não ser que foi uma das grandes personalidades artísticas do século XVI na Alemanha. Colaborador de Dürer, foi notado por sua série de crucificações. Mas sua obra artística maior permanece incontestavelmente o *Retábulo de Issenheim*, pintado entre 1511 e 1516 para o convento da ordem dos antoninos, hoje fazendo parte do acervo do Museu de Unterlinden, em Colmar (alto Reno). O painel central do retábulo fechado representa João Batista, que aponta para Cristo morto, horrivelmente torturado. A piedade luterana enxergou nessa obra uma imagem da teologia da cruz e da centralidade de Cristo em sofrimentos. É difícil afirmar se Grünewald de fato aderiu à fé luterana, mas foi sem dúvida marcado pelas ideias e pelos acontecimentos da Reforma.

Jérôme Cottin

▶ HECK, Christian, org., *Le retable d'Issenheim et la sculpture au nord des Alpes à la fin du Moyen Âge*, Colmar, Museu de Unterlinden, 1989; LECLERC, Éloi, *Matthias Grünewald. La nuit est ma lumière*, Paris, Desclée de Brouver, 1984; STEIN-SCHNEIDER, Herbert, "Le Retable d'Issenheim et son message dissident", *ETR* 65, 1990, p. 27-47 e 191-204.

● Arte; Dürer; estética; teologia da cruz

GUERRA DOS CAMPONESES

Levante popular que se seguiu à Reforma. Inicia-se em Fôret-Noire, durante o verão de 1524, e se prolonga no Tirol até 1526. A parte mais importante do conflito se dá entre janeiro e junho de 1625 na Alemanha, regiões central e meridional. Atuaram nessa guerra camponeses, artesãos, mineiros e aldeões. Originou-se essencialmente de um protesto econômico anticlerical. Dentre as reivindicações dos camponeses, que se basearam na "lei divina" (cf. *Os doze artigos*), estão o desejo de afastar o clero das posições de poder político e econômico, uma vontade de autonomia das aldeias, uma crítica dos abusos do feudalismo, assim como o desejo de escolher e pagar por si mesmos seus pastores. Thomas Müntzer seria um dos líderes principais dessa guerra. Ainda que combatidos por Lutero, os camponeses consideravam seus atos uma contribuição para a Reforma. Após vários meses de ações coletivas de protesto, em geral não violentas, explode uma verdadeira guerra. A ação militar contra os camponeses seria empreendida por mercenários dos príncipes. O levante uniu cerca de trezentas mil pessoas, com perdas de cem mil, a maioria massacrada pelos opositores.

Neal Blough

▶ BLICKLE, Peter, *Gemeindereformation. Die Menschen des 16. Jahrhunderts auf dem Weg zum Heil*, Munique, Oldenburgo, 1985; BLOUGH, Neal, "La Réforme, un nouveau regard. Villes, paysans et anabaptistes", *Théologie évangélique* 1/1, 2002, p. 39-65. LUTERO, Martinho, *Exortação à paz: resposta aos doze artigos do campesinato da Suábia* (1525) e *Posicionamento do dr. Martinho Lutero sobre o livrinho "Contra os camponeses assaltantes e assassinos"* (1525), em *Obras selecionadas* VI, 304-329 e VI, 337-339; MÜNTZER, Thomas, *Écrits théologiques et politiques, lettres choisies*, org. por Joël LEFEBVRE, Lyon, Presses universitaires de Lyon, 1982; SCHAUB, Marianne, *Müntzer contre Luther. Le droit divin contre l'absolutisme princier*, Paris, À l'enseigne de l'arbre verdoyant, 1984 (trad. franc. dos *Doze artigos*, p. 163-169).

● Grebel; Hubmaier; Lutero; messianismo; Müntzer; Reforma; Reforma radical

GUERRA DOS TRINTA ANOS

Essa guerra da Contrarreforma (1618-1648), mais religiosa que política em sua primeira fase, opôs os Habsburgos da Áustria e da Espanha aos protestantes, cada vez mais ameaçados pelo Sacro Império. O fanatismo de Ferdinando II — "Prefiro reinar sobre um país arruinado que sobre um país danado" — domina então o cenário. Acima de tudo, esse príncipe, educado por jesuítas, pretendia extirpar da Boêmia, em que acaba de ser sagrado rei, um protestantismo dinâmico amplamente tolerado. Suas medidas coercitivas suscitam a revolta geral. O povo checo, herdeiro de Jan Hus e de um sentimento nacionalista vigoroso, declara Ferdinando destituído do trono. Em seu lugar, é escolhido o eleitor palatino Frederico V, presidente da União Evangélica (calvinista). Sem grandes recursos, esse monarca, abandonado por uma Saxônia luterana cega em relação aos reais intentos de um Ferdinando II agora imperador, é esmagado na Montanha Branca, em 1620. Inicia-se uma selvagem repressão na Boêmia, que atinge todos os protestantes, inclusive os luteranos. A Dinamarca intervém no conflito, e em seguida a Suécia. Porém, se a primeira experimenta um retumbante fracasso em sua intervenção, a segunda, incrementada por Gustavo II Adolfo, um inovador em matéria tanto de armamentos quanto de táticas e disciplina, obtém vitórias seguidas. Em dois anos, o rei do Norte se torna o luminoso símbolo de uma Europa renovada. Sua morte em Lützen, em 1632, embora os suecos tenham prosseguido com a guerra, despedaça essa esperança. A derrota sueca em Nördlingen, devida aos reforços espanhóis encaminhados para a região de Grisons previamente ocupada pelas tropas imperiais, deixa o país a dois passos de uma retirada prematura. A França de Richelieu, já ativa diplomática e financeiramente, entra em campanha e envia Rohan para Grisons (1635). Mas é motivada por uma duplicidade: católica, deseja rebaixar os Habsburgos, não o catolicismo. O império enfraquece com os tratados de Westfália. A independência das Províncias Unidas é reconhecida após oitenta anos de luta. Os calvinistas passam a usufruir dos mesmos direitos que os luteranos na Alemanha; porém, o protestantismo não é restabelecido por toda parte nos locais em que havia sido abolido pela força na Áustria, na Baviera, na Boêmia, onde o conflito tinha começado. O movimento da Contrarreforma, orquestrado pelos jesuítas, chega a esse resultado através da França, planejado em 1609 em Donauwörth, sob a égide do chefe da Santa Liga, Maximiliano da Baviera, e em Paris, em 1610, pelo punho de Ravaillac.

Gabriel Mützenberg

▶ BARUDIO, Günter, *Der Teutsche Krieg 1618-1648*, Frankfurt, Fischer, 1985; BURCKHARDT, Carl Jacob, *Richelieu* (1935-1967), 3 vols., Paris, Robert Laffont, 1970-1975; BURKHARDT, Johannes, *Der Dreißigjährige Krieg*, Frankfurt, Suhrkamp, 1992; BUβMANN, Klaus e SCHILLING, Heinz, orgs., *1648. War and Peace in Europe*, 3 vols., Munique, Bruckmann, 1998; Léonard, Émile G., *Histoire générale du protestantisme*, t. II: *L'établissement (1564-1700)* (1961), Paris, PUF, 1988, p. 165-246. LIVET, Georges, *La guerre des Trente Ans*, Paris, PUF, 1963; PARKER, Geoffrey, org., *La guerre des Trente Ans* (1984), Paris, Aubier, 1987; RUDOLF, Hans Ulrich, org., *Der Dreißigjährige Krieg. Perspecktiven und Strukturen*, Darmstadt, Wissenschaftliche Buchgesellschaft, 1977; SCHMIDT, Georg, *Der Dreissigjährige Krieg* (1995), Munique, Beck, 2002; WITTROCK, Georg, *Gustav Adolf* (1907), Stuttgart, Perthes, 1930.

◉ Alemanha; Gustavo II Adolfo; Palatinado; Reforma (Contra); Refúgio; Westfália (tratados de)

GUERRAS DE RELIGIÃO

Conjunto de oito conflitos militares entre a nobreza protestante francesa e a Coroa real sob a influência da Casa de Guise, de 1562 (Massacre de Wassy) a 1598 (Edito de Nantes). Os principais fatos da cronologia são: de março de 1562 a março de 1563 (Edito de Amboise): Batalha de Dreux; de setembro de 1567 ("surpresa de Meaux") a março de 1568 (Paz de Longjumeau): Batalha de Saint-Denis; de setembro de 1568 a agosto de 1570 (Edito de Saint-Germain): batalhas de Jarnac, Moncontour, Arnay-le-Duc; de outubro de 1572 (24 de agosto: São Bartolomeu) a julho de 1573 (Edito de Bolonha); de novembro de 1574 a maio de 1576 (Edito de Beaulieu e data de formação da primeira liga): Batalha de Dormans; de agosto de 1576 a setembro de 1577 (Paz de Bergerac); de novembro de 1579 a novembro de 1580 (Paz de Fleix); de setembro de 1587 a abril de 1598 (Edito de Nantes): batalhas de

Coutras, Vimory, Auneau (1587); execução de Henrique de Guise e de seu irmão, o cardeal de Lorena (1588); morte de Catarina de Médicis (janeiro de 1589) e assassinato de Henrique III (agosto de 1589); Batalha de Arques (setembro de 1589), de Ivry (1590); abjuração (1593) e absolvição de Henrique IV (1595); guerra com a Espanha e Paz de Vervins (maio de 1598). A esse conjunto de conflitos pode ser acrescentada a campanha militar de Luís XIII, quem entre 1620 e 1629, obtém a submissão do Béarn e do Midi, cercando e ganhando La Rochelle e desarmando os protestantes (Graça de Alès).

O período das guerras de religião corresponde à situação específica da França: contrariamente ao que era regra na Europa desde a Dieta de Augsburgo (1555), na aplicação do princípio *cujus regio ejus religio* ("a cada região, a religião de seu príncipe"), a nobreza francesa se vê dividida entre um "partido" católico (a Liga) e um partido protestante, ambos pretendendo combater pela grandeza da Coroa. A relação de forças permitiria por muito tempo que os protestantes resistissem militarmente ao partido católico, impedindo a "normalização" do reino ao defender os privilégios adquiridos em virtude dos editos de pacificação que terminam cada um dos conflitos. Essa situação se verifica dolorosa para o partido católico e o clero, que enxergam nela uma explosão da unidade religiosa do reino. A Graça de Alès (1629) e a Revogação do Edito de Nantes (1685) seriam assim recebidas como um retorno à situação conforme a norma por parte da maioria dos católicos.

Hubert Bost

▶ COTTRET, Bernard, *1598, l'Édit de Nantes. Pour en finir avec les guerres de religion*, Paris, Perrin, 1997; CROUZET, Denis, *Les guerriers de Dieu. La violence au temps des troubles de religion (vers 1525-vers 1610)*, 2 vols., Seyssel, Champ Vallon, 1990; JOUANNA, Arlette et alii, *Histoire et dictionnaire des guerres de religion*, Paris, Robert Lafffont, 1998; PERNOT, Michel, *Les guerres de religion en France 1559-1598*, Paris, SEDES, 1987.

▶ Aubigné; Coligny; Condé; Edito de Nantes (e Revogação do); França; Graça de Alès; Guerra dos Trinta Anos; Henrique IV; huguenotes; La Taille; martírio; Orange; Paré; Rochelle (La); São Bartolomeu (Noite de); Serres J. de

GUERRAS MUNDIAIS

As duas guerras mundiais tiveram um efeito decisivo e duradouro sobre a evolução teológica e espiritual do protestantismo no século XX. Em agosto de 1914, os trágicos acontecimentos levam a uma luta fratricida de cristãos e igrejas, todos com o sentimento de defender, além dos interesses vitais de suas respectivas pátrias, os valores primordiais da civilização judaico-cristã. As razões que levaram os protestantes das nações beligerantes a esposar a ideologia do *Gott mit uns* ou a combater *pro Deo et patria* ["por Deus e pela pátria"] são ao mesmo tempo múltiplas e complexas, mas esse amálgama entre moral política e santidade evangélica anuncia uma teologia antropocêntrica e otimista. A crise intelectual ampliada pela derrota alemã está na origem de uma "teologia dialética" que reúne em torno da revista *Zwischen den Zeiten* [Entre os tempos], fundada em 1992, teólogos que eram chamados para renovar, de várias maneiras, o pensamento protestante: Karl Barth, Emil Brunner, Rudolf Bultmann, Friedrich Gogarten.

No entreguerras, os esforços despendidos pela paz (seguindo-se aos apelos que precederam 1914-1918), da democracia e da unidade cristã por Nathan Söderblom e a maioria das forças vivas do protestantismo mundial não podiam estancar a subida ao poder dos totalitarismos. Na Alemanha, após a conquista do poder por Hitler, uma minoria de cristãos tenta resistir ao projeto nazista que se levantava sobre as consciências e as instituições eclesiásticas. Enquanto Paul Tillich, despedido da universidade, exila-se nos Estados Unidos (1933), a Igreja Confessante se organiza, afirma sua oposição teológica ao nacional-socialismo (*Declaração de Barmen*, 1934) e se engaja em uma *Kirchenkampf* que atrai severas perseguições.

A Segunda Guerra Mundial apenas radicaliza a luta contra o totalitarismo nazista e sua idolatria racista sancionada pelo movimento dos "Cristãos Alemães".

Fortalecidas pela lucidez de Barth e pela coragem de Bonhoeffer, inúmeras igrejas reformadas, luteranas e anglicanas nos países em guerra contra a Alemanha se conscientizam de sua responsabilidade política, quando a fé e a liberdade se encontram gravemente ameaçadas. Na França, vários pastores e leigos, barthianos ou não, denunciam o antissemitismo do regime de Vichy e se esforçam por salvar judeus, alguns deles até mesmo unindo-se aos "maquis". Após a queda do Terceiro Reich, os terríveis sofrimentos suportados não engendram um espírito de vingança em relação aos vencidos, que, de acordo com Barth, devem voltar-se para o verdadeiro Deus e aceitar serem conduzidos para uma autêntica cura espiritual.

Laurent Gambarotto

▶ BESIER, Gerhard, *Les Églises protestantes en Allemagne, en Grande-Bretagne, en France, et le front intérieur (1914-1918)*, em Jean-Jacques BECKER e Stéphane AUDOIN-ROUZEAU, orgs., *Les sociétés européennes et la guerre de 1914-1918. Actes du colloque organisé à Nanterre et à Amiens du 8 au 11 décembre 1988*, Paris, Publications de l'Université de Nanterre, 1990, p. 211-235; Idem, *Die Kirchen und das Drifte Reich*, t. III: *Spaltungen und Abwehrkämpfe 1934-1937*, Berlim, Propyläen, 2001; ENCREVÉ, André e POUJOL, Jacques, orgs., *Les protestants français pendant la Seconde Guerre mondiale. Actes du colloque de Paris, Palais du Luxembourg, 19-21 novembre 1992*, Paris, *Société de l'histoire du protestantisme français*, 1994; GAMBAROTTO, Laurent, *Foi et patrie. La prédication du protestantisme français pendant la Première Guerre mondiale*, Genebra, Labor et Fides, 1996; GISEL, Pierre, *Première Guerre mondiale et apories de la modernité*, em Marc BOSS, Doris LAX e Jean RICHARD, orgs., *Mutations religieuses de la modernité tardive. Actes du XIVe Colloque international Paul Tillich, Marseille, 2001*, Münster, Lit, 2002, p. 50-77; MAYEUR, Jean-Marie, org., *Guerres mondiales et totalitarismes (1914-1958) (Histoire du christianisme des origines à nos jours* XII), Paris, Desclée-Fayard, 1990; SCHOLDER, Klaus, *Die Kirchen und das Dritte Reich* (1977-1985), 2 vols., Frankürt, Ullstein, 1986-1988.

▶ Alemanha; *Barmen (Declaração de)*; Bell; Bonhoeffer; Cavaillès; Chambon-sur-Lignon; CIMADE; "Cristãos Alemães"; Igreja Confessante; *Kirchenkampf*; paz; Philip, André; Söderblom; Tillich

GUILHERME DE ORANGE-NASSAU, dito o Taciturno (1533-1584)

Nascido em Dillenburg (Nassau) e morto em Delft. Guilherme de Orange-Nassau herda posses na Holanda e do principado de Orange. Luterano educado no meio católico da corte, adere ao calvinismo em 1573. Hábil para ganhar os favores de Carlos V, torna-se regente das províncias da Holanda, Zelândia e Utrecht. Após a abdicação de Carlos V, em 1556, passa a servir ao filho, Felipe II, mas aos poucos começa a opor-se ao absolutismo espanhol, que percebe ser, além de outros problemas, um entrave à liberdade religiosa. A nobreza dos Países Baixos, afastada das autoridades manobradas habilmente por Felipe II, compreendendo que tudo estaria submetido aos interesses espanhóis, assina em 1565 o Acordo dos Nobres (que Guilherme apoia em segredo) a fim de exigir o final da Inquisição e o respeito à liberdade das províncias dos Países Baixos. Mas a onda iconoclasta e os atos de violência perpetrados pelos calvinistas intransigentes arruínam os projetos dos Gueux (alcunha dos fidalgos flamengos e holandeses) e forçam Felipe II a enviar aos Países Baixos o duque de Alba, que esmaga a revolta por meio de sangue derramado. Sua chegada sinaliza o início da Guerra dos Oitenta Anos (1568-1648). Depois de voltar para Dillenburg, junto com seus irmãos Luís e Henrique de Nassau, Guilherme tenta neutralizar os intentos espanhóis. De início condenada ao fracasso, por falta de recursos suficientes (dinheiro e homens), a campanha militar é marcada pela Pacificação de Gand (1576: acordo entre católicos e protestantes em que, com o envio de tropas espanholas e a liberdade calvinista na Holanda e na Zelândia, a autoridade de Felipe II foi reconhecida), a União de Atrecht (6 de janeiro de 1579: submissão das províncias católicas do Sul, Artois, Hainaut, Flandres valona, a Felipe II) e a União de Utrecht (23 de janeiro de 1579: as províncias protestantes do Norte, Holanda, Zelândia, Utrecht, Gueldre, Overijssel, Frise, Groningen, afirmam sua vontade de resistência e fundam a República das Províncias Unidas). A partir de então, são quebrados os ideais de esperança quanto a uma união de todo o conjunto dos Países Baixos em um regime de tolerância religiosa, e a ruptura com a Espanha é consumada. Em 1580, Felipe II coloca a cabeça de Guilherme a prêmio. Guilherme retorque com uma *Apologia*, verdadeiro manifesto de liberdade de consciência que termina com o lema que se tornaria célebre: "Eu manterei". É assassinado por Balthazar Gérard. Deixaria suas marcas na posteridade como o fundador da República das Províncias Unidas e promotor da liberdade religiosa.

Lucie Kaennel

▶ *Apologie de Guillaume de Nassau, prince d'Orange contre l'édit de proscription publié en 1580 par Philippe II, roi d'Espagne, avec les documents à l'appui*, Bruxelas, Flatau, 1858; CAZAUX, Yves, *Guillaume le Taciturne, comte de Nassau, prince d'Orange*, Anvers, Fonds Mercator, 1973; LAMAN-TRIP DE BEAUFORT, Henriette, *Le Taciturne, Guillaume d'Orange* (1950), Genebra, Labor et Fides, 1954.

● Bélgica; Elizabeth I; Marnix; Países Baixos; Turenne

GUILHERME III DE ORANGE-NASSAU (1650-1702)

Filho de Guilherme II de Orange-Nassau e Henrietta Maria Stuart, filha de Carlos I, rei da Inglaterra, Guilherme III se torna regente quando da invasão da Holanda por Luís XIV. Negociante de hábeis alianças (cf. a Paz de Nimegue, assinada em 1678, que obrigou a França a restituir as cidades holandesas conquistadas), salva sua pátria e assume-se como herói do protestantismo contra a hegemonia católica francesa. Casa-se com Maria II Stuart, filha de Jaime II, rei da Inglaterra. Convertido ao catolicismo, Jaime II desagrada seus súditos, e o nascimento de seu filho provoca a Revolução Gloriosa de 1688-1689, já que os ingleses não admitem a ameaça de um pretendente católico ao trono. Atendendo aos apelos dos oponentes, Guilherme desembarca na Inglaterra e obriga Jaime II a retirar-se para a França. Após fazê-los subscreverem a *Declaração dos direitos* de 1689, garantindo a liberdade dos ingleses, o Parlamento proclama Guilherme III e Maria II rei e rainha da Inglaterra. Em 1690, quando há a Batalha do Boyne, Jaime II, que tenta recuperar a Coroa da Inglaterra, é vencido por Guilherme. Inimigo encanecido de Luís XIV, Guilherme se engaja em uma luta tenaz contra a França, onde se afirma a superioridade inglesa (cf. a guerra da Liga de Augsburgo, que culminaria na assinatura do Tratado de Ryswick, em 1697, entre a Inglaterra, a Espanha, alguns principados alemães, a Holanda e a Suécia).

Quanto a assuntos eclesiásticos, inúmeros jacobinos (os que permaneceram fiéis a Jaime II após a Revolução Gloriosa) recusam-se a prestar juramento de lealdade ao rei; organizada por Jeremy Collier (1650-1726), essa dissidência dos que rejeitaram o juramento se estende até o século XVIII. Em paralelo à reorganização da Igreja Anglicana, o Parlamento vota em 1689 o Ato de Tolerância, que reconhece a existência de comunidades dissidentes. Em 1701, o Ato de Estabelecimento exclui para sempre soberanos católicos do trono da Inglaterra.

Pro religione protestante e *pro libero parlamento* — tais eram os dois lemas emblemáticos estabelecidos por Guilherme contra o catolicismo e a arbitrariedade. A Revolução Gloriosa da Inglaterra é impensável sem a vergonhosa Revogação do Edito de Nantes em 1685, que pelo menos em parte a precipitou. Observa-se que John Locke e Pierre Jurieu defendiam o novo regime, enquanto Pierre Bayle confessa sua exasperação em relação a ele. Fosse como fosse, na aurora do Século das Luzes, a monarquia mista à inglesa e o absolutismo francês propunham então à Europa dois modelos bastante divergentes de sociedade.

Lucie Kaennel

▶ CARSWELL, John, *The Descent on England. A Study of the English Revolution of 1688 and Its European Background*, Londres, Barrie and Rockliff, 1969; PINKHAM, Lucile, *William II and the Repectable Revolution*, Cambridge, Harvard University Press, 1954.

● Bayle; Boyne (Batalha do); Inglaterra; Irlanda; Jurieu; Locke; revoluções da Inglaterra

GUISAN, René (1874-1934)

Teólogo de Lausanne, trabalhou como diretor da escola preparatória de teologia protestante de Batignolles, em Paris, de 1898 a 1903. Foi professor de Novo Testamento na Faculdade de Teologia da Igreja Livre do cantão de Vaud (1918) e na Faculdade (nacional) da Universidade de Lausanne (1928). Foi um dos primeiros teólogos de língua francesa a perceber a importância de Karl Barth e de seu pensamento, sem associar-se a ele. Um dos mais proeminentes líderes da *Revista de Teologia e Filosofia*, não deixou muitos textos, somente alguns artigos manifestando seu combate pela continuidade de uma só exegese que fosse, ao mesmo tempo, histórico-crítica e espiritual. Sua influência pessoal deixou profundas marcas entre os teólogos protestantes da Suíça romanda.

Bernard Reymond

▶ GUISAN, René, *In memoriam, La concorde*, 1934. Alfred, *La Suisse Romande au Cap du XXe Siècle. Portrait Littéraire et Moral*. Lausanne,

Payot, 1963, p. 116-121; BOVET, Pierre (éd.), *René Guisan par ses Lettres*, 2 vol., Lausanne, La Concorde, 1940; REYMOND, Bernard, *Théologien ou Prophète? Les francophones et Jarl Barth avant*, 1945, Lausanne, L'Âge d'Homme, 1985, p. 30-36.

O Barth; exegese; método histórico-critico; revistas protestantes.

GUIZOT, François Pierre Guillaume (1787-1874)

Neto de um pastor do Deserto, filho de um advogado de Nîmes guilhotinado durante o Terror, François Guizot ensina história na Sorbonne na época da Restauração. Publica a monumental obra *Collection des mémoires relatifs à l'histoire de France* [Coleção de dissertações sobre a história da França] (31 vols., Paris, Brière, 1823-1834). Guizot inaugura em suas aulas e livros um método histórico apropriado para o estudo da "civilização" (*Histoire de la civilisation en Europe depuis la chute de l'Empire romain jusqu'à la Révolution Française* [História da civilização da Europa a partir da queda do Império Romano até a Revolução Francesa] [1846], Paris, Hachette, 1985; *Histoire de la civilisation en France depuis la chute de l'Empire romain* [História da civilização da França a partir da queda do Império Romano] [1829-1832], 4 vols., Paris, Didier, 1879[14]). Na Monarquia de Julho, torna-se um dos principais responsáveis pelo governo. A lei de 1833 sobre o ensino primário é de sua lavra. Tenta obstinadamente assentar na França uma monarquia liberal, que respeite as conquistas da Revolução e deseje associar-se às novas elites. Porém, a Revolução de fevereiro de 1848 consuma o fracasso dessa empreitada.

Após um breve exílio em Londres, inicia um longo período de recolhimento. Retoma o fio de seus trabalhos históricos, mas sem a mesma fertilidade do início. Desempenha um papel ativo na Igreja Reformada, buscando arbitrar as querelas, assumindo abertamente o lado da ortodoxia. Em 1872, obtém a convocação de um sínodo nacional, não previsto pelos *Artigos orgânicos* de 1802, e o voto de uma Declaração de Fé que reitera as grandes afirmações dogmáticas da Reforma. Morre em Val-Richer, perto de Lisieux (Calvados).

Paul Viallaneix

▶ GUIZOT, François, *Lettres à sa fille Henriette (1836-1874)*, org. por Laurent THEIS, com um ensaio biográfico sobre Henriette de Witt-Guizot por Catherine COSTE, Paris, Perrin, 2002; BROGLIE, Gabriel de, *Guizot*, Paris, Perrin, 1990; DUMAS, Jean-Louis, *Le catéchisme de Guizot*, em Stanislas BRETON et alii, *Du banal au merveilleux. Mélanges offerts à Louis Jerphagnon*, Fontenay-Saint-Cloud, École normale supérieure, 1989, p. 231-252; KIRSCH-LEGER, Pierre-Yves, *La religion de Guizot*, Genebra, Labor et Fides, 1999; ROSANVALLON, Pierre, *Le moment Guizot*, Paris, Gallimard, 1985; VALENSISE, Marina, org., *François Guizot et la culture politique de son temps*, Paris, Gallimard, 1991.

O História; Revolução Francesa

GUNKEL, Hermann (1862-1932)

Nascido em Springe e morto em Halle, Gunkel era filho e neto de pastores luteranos. Estuda teologia em Göttingen e em Giessen na casa de Duhm e Harnack. Em Göttingen, associa-se à escola da história das religiões, que advoga uma compreensão da Bíblia somente possível a partir do contexto das religiões do Oriente Próximo antigo. Essa opção exegética, assim como sua opção pela teologia liberal, constituem um obstáculo a sua carreira universitária. De 1889 a 1927, ensina Antigo Testamento em cargos menos importantes, em Halle, Berlim e Giessen. Influenciado pelo romantismo de Herder e pelo estudo do folclore dos irmãos Grimm, Gunkel elabora um fundamento científico para a abordagem estética do Antigo Testamento. Em seus comentários de Gênesis (1901) e de Salmos (1926), funda um novo método exegético, o estudo dos gêneros literários (*Formgeschichte*), fornecendo preciosas ferramentas à exegese para um conhecimento mais aprofundado da origem e do estabelecimento das tradições bíblicas.

Thomas Römer

▶ GUNKEL, Hermann, *Genesis* (1901), Göttingen, Vandenhoeck & Ruprecht, 1977; Idem, *Schöpfung und Chaos in Urzeit und Endzeit. Eine religionsgeschichtliche Untersuchung über Gen. 1 und Ap. Joh. 12* (1985), Göttingen, Vandenhoeck & Ruprecht, 1921; GIBERT, Pierre, *Une théorie de la légende. Hermann Gunkel (1862-1932) et les légendes de la Bible*, seguido de Hermann GUNKEL, *Les légendes de la Genèse* (1910), Paris, Flammarion, 1979.

◉ **Bíblia**; exegese; gêneros literários; Herder; Humbert; liberalismo teológico; método histórico-crítico; religiões (escola da história das)

GUSDORF, Georges (1912-2000)

Nascido em Caudéran, perto de Bordeaux. Foi criado em um meio protestante. Estudou na Escola Normal Superior da rua d'Ulm, em Paris, com trabalho final sobre o pensamento religioso de Kant. Professor substituto. Foi para a prisão na Alemanha, em 1940, onde redige uma tese sobre *La découverte de soi* [A descoberta de si] (Paris, PUF, 1948), patrocinada por Gaston Bachelard. Tese complementar: *L'expérience humaine du sacrifice* [A experiência humana do sacrifício] (Paris, PUF, 1948), que também avoluma seus papéis de guerra, cujo núcleo central é uma meditação sobre a Sexta-Feira Santa. De 1948 a 1976, ensina filosofia na Universidade de Estrasburgo. Em seu ensaio sobre a educação, *Pourquoi les professeurs?* [Por que professores?] (1963), observa: "Toda vida humana necessita ser chamada à ordem. O professor traz ao discípulo, com níveis variados de sucesso, a revelação sobre sua própria existência [...] a exigência fundamental é, então, a responsabilidade quanto a ser homem, a ser ele mesmo". Apesar de sua amizade com Maurice Merleau-Ponty, Gusdorf não se volta para a fenomenologia para esclarecer esse "ser ele mesmo", mas para a literatura e as ciências humanas. Tanto com seus trabalhos sobre a autobiografia quanto em sua monumental história das ciências humanas, ele busca uma resposta para a questão "Quem sou?", de acordo com os dizeres do conde Keyserling que o influenciam fortemente: "O caminho que leva a si mesmo dá a volta ao mundo". Ele não considera as ciências humanas como positivas no sentido estreito do termo, mas, sim, como fundamentalmente abertas para a questão da essência do homem, que surge tanto nas ciências quanto na filosofia, desde a aurora da modernidade ocidental. A Faculdade de Teologia da Universidade de Neuchâtel lhe outorgou um doutorado *honoris causa* em 1994.

Christophe Calame

▶ GUSDORF, Georges, *Mémoire et personne* (1951), 2 vols., Paris, PUF, 1993; Idem, *Mythe et métaphysique. Introduction à la philosophie* (1953), Paris, Flammarion, 1984 (com uma "Retratação" de 1983); Idem, *Pourquoi des professeurs? Pour une pédagogie de la pédagogie* (1963), Paris, Payot, 1977; Idem, *Les sciences humaines et la pensée occidentale*, 13 t. em 14 vols., Paris, Payot, 1966-1988; Idem, "Autobiographie, 1956", *Bulletin de psychologie* 43/397, 1990, p. 823-830; Idem, *Les lignes de vie*, t. I: *Les écritures du moi* et t. II: *Auto-bio-graphie*, Paris, Odile Jacob, 1990; Id., "Le chat qui s'en va tout seul", texto inédito.

◉ Hermenêutica

GUSTAFSON, James M. (1925-)

Ético norte-americano, nascido em Norway (Michigan). Pastor da Igreja Unida de Cristo, Gustafson foi professor em Yale (1955-1972) e na *Divinity School* de Chicago (1972-1988). A partir de 1988, ensina na *Emory University* de Atlanta. Seus trabalhos em ética teológica se caracterizam por uma constante ênfase nas relações entre a ética cristã e a comunidade eclesiástica, em uma perspectiva reformada ansiosa pelo diálogo ecumênico (*Christian Ethics and the Community*, Filadélfia, Pilgrim Press, 1971; *Protestant and Roman Catholic Ethics. Prospects for Rapprochement*, Chicago, University of Chicago Press, 1978). Bastante influenciado por Calvino e Schleiermacher, assim como pelo puritano Jonathan Edwards, com o desejo de explorar os tesouros da tradição reformada, Gustafson desenvolve o projeto de uma ética teocêntrica, articulada na experiência religiosa e nas realidades da história. "Da mesma forma que se exime de buscar uma certeza moral absoluta, a ética, em uma perspectiva teocêntrica, não elimina a tragédia."

Denis Müller

▶ GUSTAFSON, James M., *Theology and Christian Ethics*, Filadélfia, United Church Press, 1974; Idem, *Ethics from a Theocentric Perspective*, 2 vols., Chicago, University of Chicago Press, 1981-1984; BECKLEY, Harlan R. e SWEZEY, Charles M., orgs., *James M. Gustafson's Theocentric Ethics. Interpretations and Assessments*, Macon, Mercer University Press, 1988; VERHEY, Allen, *On James M. Gustafson. Can Medical Ethics Be Christian?*, em Idem e Stephen E. LAMMERS, orgs., *Theological Voices in Medical Ethics*, Grand Rapids, Eerdmans, 1993, p. 30-56.

◉ Calvinismo; Edwards; Hauerwas; **moral**; Schleiermacher

GUSTAVO II ADOLFO (1594-1632)

Em 1523, Gustavo II Vasa (avô de Gustavo II Adolfo) se torna rei da Suécia, após liberar o país do jugo dinamarquês e do domínio econômico da Liga Hanseática. Ao impor o luteranismo a seus súditos, na época da Dieta de Västerås em 1527, ele se desfaz da tutela religiosa, cultural e política da Igreja Católica, o que lhe permite organizar o reino e torná-lo uma potência de primeira linha — mas também o obriga a entrar em conflito com a Dinamarca, a Rússia e a Polônia para o domínio do mar Báltico. Entre 1560 e 1611, os reinos de seus três filhos, Eric XIV, João III Vasa e Carlos IX, são agitados por questões religiosas. No entanto, as tentativas de restabelecer o catolicismo fracassam, e em 1593 é fundada a Igreja Sueca Luterana, liderada pelo rei que, constitucionalmente, deve ser luterano.

Ao subir ao trono da Suécia em 1611, Gustavo Adolfo se esforça por encontrar uma solução para os conflitos com os países vizinhos. Em 1613, assina o tratado de Knäred com a Dinamarca. Em 1617, conclui um pacto com a Rússia, em Stolbovo, e em 1629 é assinada a Trégua de Altmark com a Polônia. A partir de então, a Suécia reina sobre o Báltico. No reino, Gustavo Adolfo implementa uma política de centralização e manifesta um vivo interesse pela vida econômica e cultural, fundando a Universidade de Dorpat e reorganizando a de Uppsala. Lapida o Estado, atribuindo-lhe um forte caráter nacional e luterano. Em parte ajudado pelos banqueiros calvinistas dos Países Baixos, constitui também um poderoso exército, dotado de uma disciplina rara para a época, que acabaria por tornar-se famoso na Guerra de Trinta Anos (1618-1648), em que Gustavo Adolfo se engaja em 1630. Considerando-se o salvador escolhido por Deus, busca reunir em torno de si os príncipes protestantes do norte da Alemanha em uma espécie de império protestante, mas é vencido na Batalha de Lützen, em 1632. Em 1648, os tratados de Westfália consagram o sucesso das forças suecas. A guerra seria decisiva para a geografia religiosa, principalmente na Europa ocidental e setentrional: a hegemonia do catolicismo é quebrada, e as igrejas da Reforma passam a ter direito à vida.

Walter Persson

▶ BARUDIO, Günter, *Gustav Adolf der Große*, Frankfürt, Fischer, 1982; CARLSSON, Sten e ROSÉN, Jerker, *Svensk Historia* (1961-1962), 2 vols., Estocolmo, Esselte studium, 1978-1980; ROBERTS, Michael, *Gustavus Adolphus*, Londres, Longman, 1992 (reeditado de *Gustavus Adolphus and the Rise of Sweden*, 1973); WITTROCK, Georg, *Gustav Adolf* (1907), Stuttgart, Perthes, 1930.

⊙ Escandinavos (países); Guerra dos Trinta Anos; Westfália (tratados de)

H

HABERMAS, Jürgen (1929-)

Sociólogo e filósofo alemão, nascido em Düsseldorf, Habermas foi criado no meio burguês de uma cidadezinha do interior (Gummersbach). Um de seus avôs era pastor. Na juventude, viveu intensamente a experiência traumatizante da Alemanha nazista. Em 1954, defende o doutorado em filosofia sobre o tema "O absoluto e a história", uma leitura do Schelling de "Idades do mundo". De 1956 a 1959, é assistente de Theodor W. Adorno, um dos fundadores da escola de Frankfurt. Especializa-se também em sociologia empírica e defende em Marburgo, 1961, sua tese de habilitação sobre *O espaço público*. De início professor de filosofia em Heidelberg, de 1961 a 1964, ensina filosofia e sociologia em Frankfurt de 1964 a 1971; em 1971, assume a direção do prestigioso *Max-Planch Institut*, em Starnberg, perto de Munique. Em 1983, estabelece-se em definitivo na Universidade de Frankfurt.

No começo da carreira, Habermas se tornou conhecido por seus trabalhos em sociologia e filosofia, dentro da área de influência da escola de Frankfurt. Seus textos buscam assumir a herança do pensamento de Marx, sem sucumbir aos impasses do marxismo doutrinário. Estudante de esquerda, torna-se um dos pais espirituais do movimento estudantil, orientando-se para um "reformismo radical" que lhe valeu severas críticas por parte de esquerdistas. Mas é preciso perceber aquilo que, na obra de Habermas, representa uma crítica vigorosa e constante da ideologia fascista e nacionalista. Não é à toa que Habermas ataca novamente Heidegger, a quem não teme reprovar uma cumplicidade filosófica, e não somente conjuntural e política, com o nazismo. Nos textos mais recentes de Habermas, o engajamento racional e político em prol da democracia toma a forma de um "patriotismo constitucional" diametralmente oposto a toda forma de nacionalismo ou patriotismo de conotação territorial. A partir de 1981, Habermas estabeleceu o modelo de uma ética dita comunicacional, que se apresentaria sob a forma de uma teoria geral que lança mão de recursos da sociologia, da história e da filosofia. Em um diálogo intenso com o filósofo Karl-Otto Apel, seu amigo, autor de uma audaciosa teoria que clama por uma transformação crítica da filosofia e por uma reformulação transcendente e pragmática da questão dos fundamentos da ética, Habermas propõe uma ética da discussão que, ao pressupor o papel decisivo da linguagem e o caráter normativo da comunicação efetiva entre os sujeitos sociais, deseja-se constantemente aberta para o processo democrático. Esse ponto de vista procedural, hostil a todo tipo de determinação *a priori* dos conteúdos morais e a toda lealdade metafísica, é acompanhado de uma marcada preferência por uma ética de tipo deontológica, portanto pela categoria do correto (única verdadeira referência moral), o que proporciona à ética habermasiana um tom claramente pós-kantiano. Habermas enceta debates bastante acirrados com os éticos comunitaristas norte-americanos e com os éticos neoaristotélicos que se baseiam na prioridade do bem. Nesses debates, reservou o uso do termo "moral" para descrever o alvo normativo e primeiro da ética da discussão, o único alvo que pode garantir diretamente a construção de uma ética social e política universalizável, fundamentalmente associada aos valores da democracia e aos direitos humanos, enquanto a ética (no sentido estrito) permanece associada, para ele, à busca individual ou comunitária do bem. Nesse ponto, observa-se a forte tensão entre o modelo habermasiano e a concepção de ética e moral desenvolvida por Paul Ricoeur, para quem o sentido e a importância desses dois termos têm uma forma quase inversa.

Dignas de nota também são as perguntas que são feitas por filósofos e teólogos sobre a impressionante tarefa racional de Habermas. A universalidade racional postulada por ele não passaria ao largo da realidade contraditória do homem histórico concreto? Não seria necessário pensar melhor sobre a fragilidade da razão e a prova do mal radical? A ideia pragmática e procedural de uma discussão sem dominação (*herrschaftsfrei*) não estaria carregada de certa ingenuidade antropológica, associada à opção puramente formal de uma universalidade discursiva? A religião não estaria sendo reduzida, na obra de Habermas, a uma forma ultrapassada de racionalidade universal visada pela ética da discussão? E a própria ética da discussão não seria em definitivo um simples substituto da religião de antanho, sob as condições do pensamento e do tempo pós-metafísicos? Habermas se esforçou para responder à maior parte dessas questões. Seus textos mais recentes demonstram um desenvolvimento mais positivo em sua avaliação do papel da religião, que não poderia ser substituída nem excluída pela racionalidade filosófica (*Pensamento pós-metafísico*). Com bastante rigor e pudor, ele abre espaço para as noções "transcendência do interior" e "transcendência para este mundo", reconhecendo que o agir comunicacional entre os seres humanos está sempre "exposto" a uma forma de transcendência. Em vez de sujeitar o agir e o pensar, essa dimensão transcendente é a fonte de uma autêntica responsabilidade humana (*Textos e contextos*) e de uma justa limitação das instâncias sociais e políticas. Mais recentemente, Habermas se engajou vivamente em debates bioéticos contemporâneos, defendendo uma visão mais ampla da espécie humana (*O futuro da natureza humana*). Embora seja discreto quanto a suas origens confessionais, Habermas se mostra uma testemunha bastante típica do intelectual protestante engajado, atento para com a defesa das bases democráticas do mundo vivido e a proteção da política contra desvios totalitários — que a ameaçam não só do exterior, mas também do interior.

Denis Müller

▶ HABERMAS, Jürgen, *Mudança estrutural na esfera pública* (1962), Rio de Janeiro, Tempo Brasileiro, 1984; Idem, *Théorie de l'agir communicationnel*, t. I: *Rationnalité de l'agir et rationnalisation de la société* e t. II: *Critique de la raison fonctionnaliste* (1981), Paris, Fayard, 2002; Idem, *Morale et communication. Conscience morale et activité communicationnelle* (1983), Paris, Flammarion, 2001; Idem, *O discurso filosófico da modernidade* (1985), São Paulo, Martins Fontes, 2000; Idem, *Écrits politiques. Culture, droit, histoire* (1985, 1987 e 1990), Paris, Cerf, 1990; Idem, *Pensamento pós-metafísico: ensaios filosóficos* (1988), São Paulo, Almedina, 2004; Idem, *Martin Heidegger. L'oeuvre et l'engagement* (1988), Paris, Cerf, 1988; Idem, *A ética da discussão e a questão da verdade* (1991), São Paulo, Martins Fontes, 2007; Idem, *Textes et contextes. Essais de reconaissance théorique* (1991), Paris, Cerf, 1994; Idem, *Direito e democracia: entre facticidade e validade* (1992), 2 vols., Rio de Janeiro, Tempo Brasileiro, 1997; *L'integration républicaine. Essais de théorie politique* (1996), Paris, Fayard, 1998; Idem, *O futuro da natureza humana* (2001), São Paulo, Martins Fontes, 2010; Idem, *Zwischen Naturalismus und Religion. Philosophische Aufsätze*, Frankfurt, Surhkamp, 2005; APEL, Karl-Otto, *Com Habermas, contra Habermas: direito, discurso e democracia* (1989), São Paulo, Landy, 2006; ARENS, Edmund, org., *Habermas und die Theologie*, Düsseldorf, Patmos, 1989; BÜHLER, Pierre, *Habermas et la éthique théologique*, RThPh 123, 1991, p. 179-193; FAYE, Emmanuel, *Heidegger, l'introduction du nazisme dans la philosophie. Autour des séminaires inédits de 1933-1935*, Paris, Albin Michel, 2005; FERRY, Jean-Marc, *Habermas. L'éthique de la communication*, Paris, PUF, 1987; Idem, *Valeurs et normes. La question de l'éthique*, Bruxelas, Éditions de l'Université de Bruxelles, 2002; ROCHLITZ, Rainer, org., *Habermas. L'usage public de la raison*, Paris, PUF, 2002.

▶ Comunicação; democracia; direito natural; direitos humanos; justiça; Kant; **liberdade**; **mal**; metafísica; **modernidade**; **moral**; **política**; **razão**; Rawls; **religião e religiões**; responsabilidade; Ricoeur

HAENDEL, Georg Friedrich (1685-1759)

Compositor alemão (naturalizado inglês em 1726), nascido em Halle, cidade do pietismo de Francke, e morto em Londres. Em 1702, estuda direito em Halle, onde é organista. Muda-se para Hamburgo, onde é membro da orquestra, e começa a compor óperas e oratórios. Passa algum tempo na Itália, em 1707 e 1709. Em 1710, torna-se mestre de capela do príncipe-eleitor em Hanover. Logo se muda para Londres e, em 1719, torna-se o direitor da *Royal Academy of Music*, apresentando suas óperas em Haymarket.

Comporia cerca de quarenta óperas-sérias italianas (*Il Pastor Fido*...), duas paixões alemãs, vários *Te Deum*, hinos (para a coroação de Jorge I), odes (para o aniversário da rainha Maria), cantatas italianas, *songs*, obras para orquestra, concertos para órgão, suítes para espineta, obras de circunstância (*Music for the Royal Fireworks*), vários *Concerti grossi*. Seus oratórios sobre temas bíblicos (*Saul, Sansão*...) tratam de histórias do Antigo Testamento (*Israel no Egito*...). O cântico de Páscoa *A ti a glória*, que os protestantes de línguas francesa conhecem bem, é cantado com uma melodia extraída do oratório *Judas Maccabeus* (1746); em alemão, a mesma melodia serve como apoio para o coral de Natal *Tochter Zion*. O *Messias*, meditação sobre a vida de Cristo, conhece um sucesso contínuo desde sua criação, em Dublin, 1742; o *Aleluia* mantém-se como referência, assim como outros trechos apaixonantes: *He was despised* [Ele foi desprezado], *I know that my Redeemer liveth* [Sei que meu Redentor vive].

A música de Haendel teve influência italiana e francesa. Nascido no mesmo ano que Johann Sebastian Bach, é um compositor cosmopolita, que marcou a música barroca e a música protestante.

Édith Weber

▶ *The Works of George Frederic Händel* (1858-1903), 84 vols., Ridgewood, Gregg Press, 1965-1966; ALEXANDRE-DEBRAY, Janine, *Haendel*, Paris, Ramsay, 1980; COTTRET, Bernard, *Le Christ des Lumières. Jésus de Newton à Voltaire*, Paris, Cerf, 1990, p. 129ss; DEAN, Winton, *Haendel* (1980), Mônaco, Éditions du Rocher, 1985 (lista de obras); KEATES, Jonathan, *Georg Friedrich Haendel* (1985), Paris, Fayard, 1995; LANG, Paul Henry, *Georg Friedrich Händel. Sein Leben, sein Stil und seine Stellung im englischen Geistes- und Kulturleben*, Kassel, Bärenreiter, 1979; ROLLAND, Romain, *Haendel* (1910), Paris, Albin Michel, 1975.

◉ Música

HALDANE, Robert (1764-1842)

De uma rica família escocesa, Robert (nascido em Londres, morto em Edimburgo) e seu irmão James (1768-1851), oficiais da Marinha, abandonariam suas carreiras para seguirem Jesus. Enquanto o segundo se dedica à Missão Interior, percorrendo toda a Escócia, o primeiro abre uma escola para pregadores, constrói amplas salas para sua própria pregação, colabora com o estabelecimento da Sociedade Continental pela Evangelização da Europa.

Em janeiro de 1817, vai a Genebra e se encontra com Louis Gaussen e César Malan, dando aulas particulares sobre a epístola de Romanos a estudantes de teologia sedentos de uma vida espiritual que não lhes é oferecida pela igreja e de um conhecimento bíblico ausente de sua faculdade. Haldane relança o avivamento na cidade, reafirmando a teologia calvinista e inspirando vocações. Fiel à Igreja da Escócia, exerceria tanto em Montauban quanto em sua pátria uma influência significativa.

Gabriel Mützenberg

▶ HALDANE, Robert, *De l'évidence et de l'autorité de la divine révélation, ou vue du témoignage de la loi et des prophètes en faveur du Messie, ainsi que des témoignages subséquens* (1816), 2 vols., Montauban, Impr. P. Crosilhes, 1817-1818; Idem, *Commentaire sur l'épître aux Romains*, 2 vols., Paris-Genebra, Treuttel et Wurtz-Guers, 1819; Idem, *Lettre à M. J. J. Chenevière, pasteur et professeur en théologie à Genève: occasionnée par son écrit intitulé "Précis des débats théologiques qui depuis quelques années ont agité la ville de Genève"* (1824), Paris-Genebra, Servier-Guers, 1824; HALDANE, Alexander, *Robert et James Haldane. Leurs travaux évangéliques en Écosse, en France et à Genève* (1853), 2 vols., Lausanne, Bridel, 1859.

◉ Avivamento; evangélicos; Gaussen; Malan C.; Monod F.

HALLE

Com o conjunto dos territórios do capítulo arquiepiscopal de Magdeburgo, coube à cidade de Halle, em 1680, o principado eleitoral de Brandenburgo. No mesmo ano, o príncipe-eleitor Frederico Guilherme, dito o Grande Eleitor (1620-1688), fundou na cidade uma *Ritterakademie* (estabelecimento superior destinado aos jovens nobres). Seu filho, o príncipe-eleitor Frederico III (de 1701 em diante, Frederico I, rei da Prússia), elevou a *Ritterakademie* ao *status* de universidade. Sob a influência do jurista Christian Wolff, a orientação inovadora da universidade (ensino em alemão) tornou-a um dos lares da *Aufklärung* que despontava, sinalizando assim sua especificidade em concorrência com a universidade próxima a Leipzig. Expulso de Leipzig, August Hermann Francke (1663-1727) foi nomeado, em 1692, pregador e professor em Halle; sob sua influência, o pietismo — movimento de reforma intraeclesial, fortemente calcado na Bíblia, em que a ênfase em uma experiência de conversão com data específica se combinava a um engajamento prático no mundo — entrou em uma concorrência cada vez mais acirrada com a *Aufklärung*, o que levou à expulsão de Wolff em 1723. O orfanato fundado por Francke em 1695 se torna rapidamente o instituto pedagógico mais importante da Alemanha (*Franckesche Anstalten*), dotado de um hospital e de indústrias modernas (entre elas, uma casa publicadora, a *Bibelandstalt*). Desfrutando do apoio de Frederico Guilherme I, rei da Prússia, os *Franckesche Anstalten* tornam o pietismo um dos fatores determinantes para a lealdade ao Estado prussiano que surgia.

Em meados do século XVIII (1740: retorno de Wolff), a *Aufklärung* virou o jogo; seu representante mais importante na Faculdade de Teologia foi Siegmund Jakob Baumgarten (1706-1757). Seu aluno, Johann Salomo Semler (1725-1791) introduziu na teologia acadêmica alemã a crítica histórica. Em 1825, August Tholuck (1799-1877) foi o primeiro representante do movimento do Avivamento em uma faculdade que até então havia valorizado de modo relativamente homogêneo a herança da *Aufklärung* (August Hermann Niemeyer [1754-1828], Wilhelm Gesenius [1786-1842, professor em Halle a partir de 1811], Julius August Ludwig Wegscheider [1771-1849]; o ensino de Schleiermacher em Halle foi apenas provisório, de 1804 a 1806, e não se repetiu). A linha representada por Tholuck encontrou eminentes continuadores em Julius Müller (1801-1878, professor em Halle a partir de 1839, autor de *Die christliche Lehre von der Sünde*, 2 vols., Breslau, Max, 1839, em que a exigência de um pensamento radical do mal como pecado se opõe à filosofia hegeliana da reconciliação especulativa, prosseguindo assim em uma linha aberta em 1823 por Tholuck em *Die Lehre von der Sünde und vom Versöhner, oder die wahre Weihe des Zweiflers*) e Martin Kähler (1835-1912, professor em Halle a partir de 1867, autor, entre outras, da obra *Der sogennante historische Jesus und der gechichtliche, biblische Christus* [1892], Munique, Kaiser, 1969[4]). Porém, a Faculdade de Teologia não reencontrou sua homogeneidade. Ao lado desses representantes da piedade do Avivamento também ensinaram ali: um teólogo da mediação (Willibald Beyschlag [1823-1900], professor de teologia prática a partir de 1960), alunos de Albrecht Ritschl (Max Reischle [1858-1905], professor de teologia sistemática a partir de 1897; Friedrich Loofs [1858-1928], professor de história da igreja e dos dogmas a partir de 1887; Ferdinand Kattenbusch [1851-1935], professor de teologia sistemática de 1906 a 1922) e representantes da escola da história das religiões (Albert Eichhorn [1856-1926], *privat-docent* e em seguida professor de 1886 a 1901; Hermann Gunkel [1862-1932]). A faculdade também passou a acolher representantes da "teologia dialética" (Ernst Wolf [1902-1971], professor de 1935 a 1946), assim como notáveis eruditos, inclassificáveis em relação a escolas teológicas (Erich Klostermann, Otto Eiβfeldt).

Martin Ohst

▶ FRIES, Wilhelm, *Die Franckeschen Stifungen in ihrem zweiten Jahrhundert*, Halle, Buchhandlung des Waisenhauses, 1898; HINRICHS, Carl, *Preuβentum und Pietismus. Der Pietismus in Brandenburg-Preuβen als religiös-soziale Reformbewegung*, Göttingen, Vandenhoeck & Ruprecht, 1971; KÄHLER, Ernst, "Halle, Universität", em *TRE*, t. XIV, 1985, p. 388-392; SCHNELLE, Udo, org, *Reformation und Neuzeit. 300 Jahre Theologie in Halle*, Berlim, Dümmler, 1894; WALLMANN, Johannes, *Der Pietismus*, Göttingen, Vandenhoeck & Ruprecht, 1990.

◉ Alemanha; Avivamento; Francke; Kähler; pietismo; Prússia; racionalismo teológico; Tholuck

HAMANN, Johann Georg (1730-1788)

Nascido em Königsberg (Prússia oriental), onde viveu como tradutor e funcionário da alfândega; morto em Münster (Westfália). Afirmava desejar ser *philologus crucis*: da cruz vem a força que alimenta a crítica engendrada por sua filologia, com a qual entra em duelo, entre outros, com Reimarus, Lessing, Mendelssohn, Frederico o Grande e principalmente Kant (*Metacrítica do purismo da razão pura*, 1784).

A importância de Hamann, o *Magus in Norden* ("mago do Norte"), para a ciência da literatura, a filosofia e a teologia é demonstrada sobretudo em sua doutrina sobre Deus. Para esse "Pai da igreja fora da norma", Deus é "autor" e "poeta" em suas ações, tanto no falar quanto no agir. "Deus, um escritor!" — é dessa forma que Deus escreve as Santas Escrituras, assim como o livro da natureza e da história, um livro que contém igualmente minha própria história; através da "descida ao inferno do conhecimento de si", sou compreendido e interpretado por ele, sabendo que Deus é o melhor intérprete de suas palavras, além de o principal crítico e juiz.

Hamann não é de modo algum um irracionalista, mas um *Aufklärer* radical. Pensa em Deus como aquele que, por meio da criatura, dirige a palavra a si mesmo e a todos. É por isso que o pensar e a razão, a seus olhos, são também linguagem. Recorrendo a uma teologia e uma filosofia da língua considerada em sua efetividade e vista como um ato de tradução, Hamann busca responder à própria questão do ser; com sua ontologia hermenêutica ou sua hermenêutica ontológica, ele vai além das posições tanto de Kant quanto de Hegel. Não vê Deus nem como um conceito-limite (Kant), nem como uma mediação que supera diferenças (Hegel).

Em sua teologia do esvaziamento (*kenósis*), Hamann chega a pensar Deus além das alternativas do idealismo e do materialismo, integrando de modo impressionante o momento de verdade de ambas essas posições no fato mediador do verbo, nesse ponto convergindo para Lutero. Kierkegaard seria um dos principais pensadores a se beneficiarem dessa ideia.

Oswald Bayer

▶ HAMANN, Johann Georg, *Sämtliche Werke*, org. por Josef NADLER, 6 vols., Viena, Herder, 1949-1957; Idem, *Londoner Schriften*, org. por Oswald BAYER e Bernd WEISSENBORN, Munique, Beck, 1993; Idem, *Briefwechsel*, 7 vols., org. por Walther ZIESEMER e Arthur HENKEL, Wiesbaden, Insel, 1955-1979; Idem, *Aesthetica in nuce. Métacritique du purisme de la raison pure et autres textes*, Paris, Vrin, 2001; *Les méditations bibliques de Hamann. Avec une étude de Hegel*, org. por Pierre KLOSSOWSKI, Paris, Minuit, 1948; BAYER, Oswald, *Zeitgenosse im Widerspruch. Johann Georg Hamann als radikaler Aufklärer*, Munique, Piper, 1988; Idem, *Vernunft ist Sprache. Hamanns Metakritik Kants*, Stuttgart-Bad Cannstatt, Frommann-Holzboog, 2002; BERLIN, Isaiah, *Le mage du Nord, critique des Lumières. J. G. Hamann (1730-1788)* (1993), Paris, PUF, 1997; CORBIN, Henry, *Hamann philosophe du luthéranisme* (1935), Paris, Berg International, 1985; HEGEL, Georg Wilhelm Friedrich, *Les écrits de Hamann* (1828), org. por Jacques COLETTE, Paris, Aubier Montaigne, 1981; KLOSSOWSKI, Pierre, *Le mage du Nord. Johann Georg Hamann*, Saint--Clément-la-Rivière, Fata Morgana, 1988.

● Deus; espiritualidade; estética; Goethe; Hegel; Herder; hemenêutica; Kant; *kenósis*; Kierkegaard; Luzes

HAMMARSKJÖLD, Dag (1906-1961)

Nascido em Jönköping (Suécia), em um meio familiar de muitos homens de Estado e políticos. Em 1933, Dag Hammarskjöld se tornou professor de economia política em Uppsala. Em 1936, é nomeado secretário de Estado e, em 1951, ministro. De 1953 a 1961, ocupa o posto de secretário-geral da ONU. Em 1954, é eleito membro da Academia sueca.

Durante seu mandato na ONU, estabelece uma força de paz em 1956, época do conflito do canal de Suez; são os primeiros passos das forças da ONU. Seu cargo de secretário-geral suscita críticas, principalmente da parte dos países comunistas, sobretudo durante a crise do Congo em 1960, em que Hammarskjöld trabalha em prol da reconciliação. Durante sua missão no Congo, é morto em um acidente de avião cujas circunstâncias permanecem enigmáticas. Recebe o Nobel da Paz postumamente, em 1961.

Influenciado por sua criação luterana, buscou aliar a um profundo humanismo um conhecimento empírico do mundo e da vida. De acordo com seu diário, *Vägmärken*, publicado dois anos após sua morte, ele se considerava um místico e atribuía a sua existência um significado religioso. Via seu mandato na ONU como uma missão pela paz mundial. Em Nova York, sede da organização, construiu uma capela não confessional para evidenciar as relações entre política e convicção religiosa.

Walter Persson

▶ HAMMARSKJÖLD, Dag, *Vägmärken*, Estocolmo, Bonnier, 1963; AULÉN, Gustaf, *Dag Hammarskjöld's White Book. An Analysis of Markings*, Filadélfia, Fortress Press, 1969; HOFFMANN-HERREROS, Johann, *Dag Hammarskjöld. Politiker — Schriftsteller — Christ*, Mayence, Matthias-Grünewald-Verlag, 1991; STOLPE, Sven, *Dag Hammarskjöld. A Spiritual Portrait*, New York, Scribner, 1960.

● Aulén; paz

HARNACK, Adolf (von) (1851-1930)

Nascido em Dorpat, é filho do teólogo luterano Theodosius Harnack. Estudou teologia em Dorpat e em Leipzig de 1869 a 1873. Foi professor em Leipzig (1876), em Giessen (1879), em Marburgo (1886) e em Berlim (a partir de 1888, emérito em 1921). Em 1890, torna-se membro da Academia Prussiana de Ciências;

é presidente do Congresso Evangélico Social de 1903 a 1911/12, diretor geral da Biblioteca Nacional Prussiana de 1905 a 1921, presidente da Kaiser-Wilhelm-Gesellschaft (ancestral da hoje Max-Planck-Gesellschaft) de 1911 a 1930. Recebe inúmeras promoções *honoris causa*, Cavaleiro, Vice-chanceler e Chanceler da Ordem do Mérito, e em 1914 é elevado à nobreza hereditária. Morre em Heidelberg.

Harnack era um erudito de envergadura universal. A história do cristianismo antigo é o eixo de seu trabalho científico. Com base em um trabalho extensivo de estudos e edição de fontes na área de história da teologia e dos dogmas, assim como de missão e instituições da igreja antiga, Harnack produziu uma obra tão vasta que, somente por sua quantidade, já inspiraria respeito. Dentre suas inúmeras publicações nessa área, podemos citar as principais: *Lehrbuch der Dogmengeschichte* (1886-1890, 1909-1910[4], 3 vols., Tübingen, Mohr, 1990), *Histoire des dogmes* [História dos dogmas] (1889-1891, 1893[2], Paris-Genebra, Cerf-Labor et Fides, 1993), *Geschichte der altchristlichen Literatur bis Eusebius* (1893-11904, 2 vols., Leipzig, Zentralantiquariat der DDR, 1968) que serviu como uma preparação para a edição crítica de *Griechischen christlichen Schrifsteller der ersten [drei] Jahrhunderte* (Leipzig, Hinrichs, em seguida Berlim, Akademie-Verlag, 1897ss), *Mission et expansion du christianisme dans les trois premiers siècles* [Missão e expansão do cristianismo nos três primeiros séculos] (1902, 1924[4], Paris, Cerf, 2004), assim como *Marcion. L'évangile du dieu étranger. Une monographie sur l'histoire de la fondation de l'Église catholique* [Marcião: o evangelho do deus desconhecido. Uma monografia sobre a história da fundação da Igreja Católica] (1921, 1924[2], Paris, Cerf, 2003). Publicado sob a forma de livro, seu curso público do semestre do inverno de 1899-1900, dedicado à obra de Feuerbach, *A essência do cristianismo* (Petrópolis, Vozes, 2007), tornou-se um verdadeiro *best-seller*. Há também inúmeros estudos do Novo Testamento, assim como de vários temas sobre história da igreja, aos quais se soma a obra que ele escreveu sob encomenda, dedicada a *Geschichte der Königlich Preußischen Akademie der Wissenschaften zu Berlin* (1900, 4 vols., Hildesheim, Olms, 1970) por ocasião do bicentenário da instituição. A obra *Reden und Aufsätze* (7 vols., Giessen, Töpelmann, 1904-1930; reed. em 2 vol. por Kurt NOWAK: *Adolf von Harnack als Zeitgenosse. Reden und Schriften aus den Jahren des Kaiserreichs und der Weimar Republik*, Berlim, Walter de Gruyter, 1996) reúne seus textos mais importantes que foram destinados a um público leigo.

Embora tenha sido criado em um meio neoluterano, Harnack se tornou um típico representante do liberalismo teológico (sob a influência de Albrecht Ritschl) e do *Kulturprotestantismus* da época wilhelmiana. Na área de história dos dogmas, seguiu um programa com vistas a descobrir e tornar compreensível para seus contemporâneos o núcleo simples e originário da mensagem cristã, o que ele chamava "o Evangelho de Jesus". Na igreja protestante, Harnack foi objeto de ataques maciços por parte da ortodoxia teológica (como os debates que se seguiram a sua nomeação para Berlim, a controvérsia sobre o *Símbolo dos apóstolos*, em 1892, e a controvérsia sobre *A essência do cristianismo*). Na área científica e universitária, por outro lado, Harnack desfrutava de uma reputação excelente. Como responsável de primeira linha pela pesquisa científica e universitária, politicamente engajada, sua influência se estendeu para o campo social e não foi mais igualada até então. Era admitido na corte e redigia relatórios para o imperador Guilherme II. No protestantismo liberal, apoiava-se em um círculo de amigos que exerciam influência tanto em publicações quanto na área científica (Emil Schürer [*Theologische Literaturzeitung*], Martin Rade [*Die Christliche Welt*]). Harnack foi levemente afetado pela crise de civilização que marcou o início do século XX (*Notre chemin va de l'avant* [Nosso caminho é para a frente]). A incompreensão que demonstrou acerca da teologia de Karl Barth ("Quinze questions aux contempteurs de la théologie scientifique parmi les théologiens" [Quinze questões aos escarnecedores da teologia científica dentre os teólogos] [1923], em Pierre GISEL, org., *Karl Barth. Genèse et réception de sa théologie* [Karl Barth: gênese e recepção de sua teologia], Genebra, Labor et Fides, 1987, p. 107-109) acabou marginalizando-o em relação aos debates que ocorreram ao longo dos anos 1920. Após 1918, torna-se "racionalmente republicano" e um defensor da República de Weimar. Ernst Troeltsch percebeu na obra de Harnack a "teologia do historicismo". Harnack jamais foi um simples historiador. Por trás de sua reconstituição do universo do cristianismo antigo se revela uma sistemática teologia liberal, visando a uma síntese "cultural-protestante" do cristianismo e da sociedade.

Kurt Nowak

▶ SMEND, Friedrich, *Adolf von Harnack. Verzeichnis seiner Schriften*, Leipzig, Hinrichs, 1927, e HARNACK, Axel von, *Adolf von Harnack. 1927-1930. Verzeichnis der ihm gewidmeten Schriften*, Leipzig, Hinrichs, 1931, edição reformulada por Jürgen DUMMER, Munique, Saur, 1990; DÖBERTIN, Winfried, *Adolf von Harnack. Theologe, Pädagoge, Wissenschaftspolitiker*, Frankfurt, Lang, 1985; JANTSCH, Johanna, *Die Entstehung des Christentums bei Adolf von Harnack und Eduard Meyer*, Bonn, Habelt, 1990; KINZIG, Wolfram, "Harnack heute. Neue Forschungen zu seiner Biographie und dem 'Wesen des Christentums'", *Theologische Literaturzeitung* 126, 2001, col. 473-500; Idem, *Harnack, Marcion und das Judentum. Nebst einer kommentierten Edition des Briefwechsels Adolf von Harnacks mit Houston Stewart Chamberlain*, Leipzig, Evangelische Verlagsanstalt, 2004; NOWAK, Kurt, "Bürgerliche Bildungsreligion? Zur Stellung Adolf von Harnacks in der protestantischen Frömmigkeitsgeschichte der Moderne", *Zeitschrift für Kirchengeschichte* 99, 1988, p. 326-353; Idem e OEXLE, Otto GERHARD, orgs., *Adolf von Harnack. Theologe, Historiker, Wissenschaftspolitiker*, Göttingen, Vandenhoeck & Ruprecht, 2001; TROELTSCH, Ernst, *Que signifie 'essence du christianisme'?* (1903, 1913), em *Histoire des religions et destin de la théologie. Oeuvres* III, org. por Jean-Marc TÉTAZ, Paris-Genebra, Cerf-Labor et Fides, 1996, p. 181-241; WENZ, Gunther, *Der Kulturprotestant Adolf von Harnack als Christentumstheoretiker und Kontroverstheologe*, Munique, Utz, 2001; ZAHN-HARNACK, Agnes von, *Adolf von Harnack* (1936), Berlim, Walter de Gruyter, 1951.

◉ Barth; Berlim (universidades de); Congresso Evangélico Social; essência do cristianismo; **história**; história dos dogmas; historicismo; *Kulturprotestantismus*; liberalismo teológico; protestantismo (neo); Rade; Ritschl; ritschliana (escola)

HARRIS, William Wade (?1865-1929)

Pregador e evangelista com título de profeta, William Wade Harris nasceu em Graway, no Maryland (Libéria). Seu pai se chamava Youde Sie Harris, e sua mãe, Poede Wade. Pertencia à tribo grebo, aparentada ao grande grupo étnico *krou*, que também cobre o sudoeste marítimo da Costa do Marfim.

Animista, converteu-se ao cristianismo com 20 anos, com a pregação do pastor africano Jesse Lawry. Recebeu uma sólida formação bíblica em uma escola metodista episcopal liderada por um missionário americano branco que estava a serviço de uma igreja local. Durante vários anos, Wade exerceu as funções de catequista em seu povoado local. Em 1910, foi mandado para a prisão por motivos políticos pelo governo américo-liberiano, melindrado pela independência nacional da Libéria. De 1913 a 1915, viaja para a Costa do Marfim, Gana e Serra Leoa, com o objetivo de evangelizar esses países. Seu trabalho na Costa do Marfim foi o mais notável, pois converteu massivamente as populações ribeirinhas ao cristianismo, e as diversas comunidades cristãs do país (católica, protestante e harrista) reconhecem nele um libertador do fetichismo ancestral.

O harrismo desenvolveria uma dupla concepção do cristianismo. A primeira, veiculada pelas igrejas missionárias, é conforme à religião cristã clássica, ao mesmo tempo que permanece marcada pela mensagem do profeta; seus adeptos praticam um harrismo sutil e discreto, perceptível em seu comportamento social, cultural e religioso. A segunda, anticonformista, nacionalista e sincrética, manifesta um harrismo explícito em que a africanidade parece dominar a mensagem evangélica.

Ernest Amos-Dioro

▶ SHANK, David A., *Prophet Harris, the "Black Elijah" of West Africa*, Leyden, Brill, 1994; WALKER, Sheila S., *The Religious Revolution in the Ivory Coast. The Prophet Harris and the Harrist Church*, Chapel Hill, University of North Carolina Press, 1983; WONDJI, Christophe, *Le prophète Harris. Le Christ noir des lagunes*, Paris-Abidjan, Afrique biblio-club-Nouvelles éditions africaines, 1977.

◉ Profetismo

HARRISON, Beverly Wildung (1932-2012)

Teóloga feminista norte-americana, professora de ética social no famoso *Union Theological Seminary* de Nova York, Beverly Harrison, juntamente com Phyllis Trible e Dorothee Sölle, foi pioneira na luta das teólogas por reconhecimento em um corpo docente quase exclusivamente masculino. Sua obra sobre o aborto, publicada em 1983, é uma das mais importantes contribuições protestantes para a ética social feminista contemporânea. Com energia, mas sem radicalismos, ela prega nesse livro uma nova ética com base nos direitos da mulher quanto a situar-se de modo livre na questão do aborto. O pensamento de Beverly Harrison se caracteriza por um método dialético original, visando a estabelecer relações dinâmicas entre questões que a teologia tradicional tende a separar por completo. É responsável, assim, pelo estabelecimento de marcos para uma ética social feminista atenta à libertação das mulheres, mas também a um diálogo renovado entre homens e mulheres. Digna de nota é sua estimulante postura em relação às inexploradas associações entre homofobia e misoginia.

Denis Müller

▶ HARRISON, Beverly W., *Our Right to Choose. Toward a New Ethic of Abortion*, Boston, Beacon Press, 1983; Idem, *Making the Connections. Essays in Feminist Social Ethics*, org. por Carol S. ROBB, Boston, Beacon Press, 1985; HANDY, Robert T., *A History of Union Theological Seminary in New York*, New York, Columbia University Press, 1987; NELSON, James B. e LONGFELLOW, Sandra P., orgs., *Sexuality and the Sacred. Sources for Theological Reflection*, Londres, Mowbray, 1994.

⦿ Aborto; feminismo; **mulher**; teologia feminista

HARTMANN, Eduard von (1842-1906)

Filho de um oficial prussiano, inicia-se na carreira militar, logo interrompida por problemas de saúde. Resolve assim dedicar-se à filosofia. Sua primeira obra, *Philosophie de l'inconscient* [Filosofia do inconsciente] (1869), valeu a Hartmann uma notoriedade imediata e duradoura, contribuindo para pôr ao gosto do dia a filosofia de Schopenhauer, ao preço, porém, de uma mestiçagem hegeliana e de argumentos próximos ao utilitarismo. O "pessimismo filosófico" do qual Hartmann se fez o arauto articula uma metafísica do inconsciente (compreendida como princípio metafísico do real, com origem tanto na vontade quanto na representação) com participação ativa na civilização moderna, da qual somente o progresso manifestaria o contrassenso e a vaidade. O pessimismo, assim, não seria uma revolta niilista, mas, sim, uma pálida sabedoria de um século que se finda. A contribuição de Hartmann não é tão valiosa pela originalidade ou pelo valor de suas pretensões metafísicas, mas, sim, pelo reflexo fiel que nos oferece de um pessimismo autossatisfeito, então na moda entre os círculos da elite cultural. Sobre isso, Nietzsche não se enganou: "Agora, há mais coisas divertidas na terra do que estão dispostos a admitir os pessimistas; por exemplo, Eduard von Hartmann: imaginar o grupo de Laocoonte composto por três palhaços, cada um com um guarda-chuva na mão, é menos engraçado que esse Eduard 'lutando' com seus problemas". Hartmann também publicou um grande número de monografias que revelam um conhecimento verdadeiramente enciclopédico sobre história da filosofia.

O interesse de sua crítica ao moderno cristianismo (protestante) e à moderna teologia repousa na fraqueza de sua proposta filosófica: ser, antes de tudo, o eco fiel do "mal-estar na civilização" que se expande no final do século. Enfatizando a oposição de princípio entre a religião (que articula o "mal no mundo" e deve, portanto, ser pessimista) e a civilização (que só pode ser otimista), Hartmann denuncia o protestantismo liberal como um sintoma de uma "autodissolução" do cristianismo, em que o desejo de adaptação à modernidade leva ao abandono não somente da personalidade cristã, mas de toda dimensão religiosa. Em sua análise subsequente da "crise do cristianismo" que, a seus olhos, a teologia moderna (Biedermann, Pfleiderer, Lipsius) representa, ele frisa que os esforços empregados por esses autores para a formulação de uma metafísica religiosa se baseiam em um desprezo fundamental: por entenderem eles que o princípio cristão precisa ser reformulado ("a redenção em Cristo"), caem em inevitáveis contradições. A "crise" teórica e a "autodissolução" prática do cristianismo convidam à formulação de uma "religião do futuro" e do monoteísmo em um monismo pessimista. Essa visão de uma "religião do espírito" é uma aparição típica do "fim de século" que testemunha o florescimento de muitas propostas para a criação de uma nova religião, mais apta a satisfazer os gostos intelectuais da época.

Hartmann divide com os teólogos que são alvo de sua crítica a convicção de que a forma dogmática tradicional do cristianismo está obsoleta, e que as ideias filosóficas propostas pelo idealismo oferecem o único meio possível para a formulação da questão religiosa em categorias compatíveis com a experiência intelectual e prática da modernidade. Porém, contesta que essas ideias possam valer como reinterpretações legítimas do cristianismo. Assim, aponta para a necessidade de uma teoria do cristianismo que reflita historicamente as descontinuidades de sua história doutrinária e possa propor uma filosofia da religião capaz de explicitar as relações conflituosas entre religião e cultura como condição de formação dessa instância doutrinária. Com suas críticas à teologia protestante moderna, Hartmann se coloca ao lado de Paul de Lagarde, Franz Overbeck e Friedrich Nietzsche para desafiar o *Kulturprotestantismus* a refletir expressamente sobre sua inscrição cultural e formular uma teoria da religião que reconheça na crítica da religião um momento constitutivo de seu próprio esforço reflexivo. A exacerbação da crítica cultural do cristianismo, de que Hartmann foi um dos representantes mais influentes, constrangeu o neoprotestantismo a confessar uma ruptura histórica que suas formas especulativas tendiam a driblar com a duvidosa ideia de "desenvolvimento", hesitante entre a especulação metafísica e a análise histórica.

Jean-Marc Tétaz

▶ HARTMANN, Eduard von, *Philosophie de l'inconscient* (1869, 1904), 2 vols., Paris, Baillière, 1877; Idem, *L'autodestruction du christianisme et la religion de l'avenir* (1874), Nancy, Presses universitaires de Nancy, 1989; Idem, *Die Krisis des Christentums in der modernen Theologie* (1880), Leipzig, Haacke, 1888; Idem, *Die Religion des Geistes*, Berlim, Duncker, 1882; HARTMANN, Alma von, "Chronologische Übersicht der Schriften von Eduard von Hartmann", *Kant-Studien* 17, 1912, p. 501-520; PAUL, Jean-Marie, *Dieu est mort en Allemagne. Des Lumières à Nietzsche*, Paris, Payot, 1994, p. 272-282; "Eduard von Hartmann (1842-1906). Le pessimisme triomphant ou l'Apocalypse"; PFLEIDERER, Otto, *Geschichte der Religionsphilosophie von Spinoza bis auf die Gegenwart*, Berlim, Reimer, 1893, p. 523-544; RINTELEN, Fritz-Joachim von, *Pessimistische Religionsphilosophie der Gegenwart. Untersuchung zur religionsphilosophischen Problemstellung bei Eduard von Hartmann und ihre erkenntnis-theoretisch-metaphysischen Grundlagen*, Munique, Pfeiffer, 1924; STÄGLICH, Hans, *Verzeichnis der Eduard von Hartmann-Literatur*, Leipzig, 1932; WEYEMBERGH, Maurice, *F. Nietzsche und E. von Hartmann*, Bruxelas, Université libre de Bruxelles, 1977.

▶ Biedermann; crítica da religião; Drews; filosofia da religião; kantismo (neo); *Kulturprotestantismus*; Lagarde; liberalismo teológico; metafísica; **modernidade**; Nietzsche; Overbeck; Pfleiderer; protestantismo (neo); **religião e religiões**; Schopenhauer; Troeltsch

HAUERWAS, Stanley Martin (1940-)

Teólogo metodista norte-americano, professor de ética na Universidade de Notre Dame (Indiana) e na *Duke University* (Durham, Carolina do Norte), aluno de James Gustafson, Hauerwas é um dos representantes mais originais da nova geração de éticos nos Estados Unidos; sua teoria ética implica uma forte valorização da história e da narratividade. A identidade de si se constitui através da narração (*story*) e se consolida nas noções fundamentais de caráter e virtude. Próximo às reflexões de Alasdair MacIntyre, principalmente em *Depois da virtude* (Bauru, Edusc, 2004), Hauerwas demonstra uma concepção bastante crítica da sociedade liberal americana. A ética social deve atravessar o conjunto da vida da igreja; além disso, a ética social cristã tem a igreja como ponto de partida e referência. "A igreja não tem uma ética social; ela é ética social." Trata-se da ética da não violência, que muito deve à do teólogo menonita John Yoder, que leva a sério o caráter estruturalmente violento da história e da realidade. Uma ética narrativa implica uma espiritualidade combativa em meio às alegrias e tragédias da humanidade. Bastante cético em relação a uma bioética secularizada, Hauerwas defende o retorno de uma visão especificamente cristã da ética, escrita antes de tudo por cristãos, em cada vez menor número. Isso o leva à recusa radical de toda noção de religião civil, assim como a uma releitura severa ao extremo da herança liberal da ética social americana, que para ele se tornou uma simples anotação nas margens de Troeltsch. Convidado para palestras em 2000 e 2001, as célebres *Gifford Lectures*, na Universidade Escocesa de Saint Andrews, Hauerwas comparou de modo original as conferências apresentadas ali por William James, Reinhold Niebuhr e Karl Barth. Descobre-se com isso a dívida crescente de Hauerwas para com Barth, compreendido como a grande testemunha da revelação de Deus na natureza e no universo. O paradoxo é total: Barth teria compreendido melhor que James e Niebuhr a significação profunda de uma "teologia natural" (*With the Grain of the Universe* [Com o grão do universo], 2001).

Denis Müller

▶ HAUERWAS, Stanley, *The Peaceable Kingdom. A Primer in Christian Ethics*, Notre Dame, University of Notre Dame Press, 1983; Idem, *Against the Nations. War and Survival in a Liberal Society*, Minneapolis, Winston Press, 1985; Idem, *Suffering Presence. Theological Reflexions on Medicine, the Mentally Handicaped, and the Church*, Notre Dame, University of Notre Dame Press, 1986; Idem, "Le Sermon sur la montagne. Guerre juste et recherche de la paix", *Concilium* 215, 1988, p. 51-59; Idem, *Dispatches from the Front. Theological Engagements with the Secular*, Durham, Duke University Press, 1994; Idem, *A Better Hope. Resources for a Church Confronting Capitalism, Democracy, and Postmodernity*, Grand Rapids, Brazos Press, 2000; Idem, *With the Grain of the Universe. The Church's Witness and Natural Theology*, Grand Rapids, Brazos Press, 2001; *The Hauerwas Reader*, org. por Michael CARTWRIGHT e John BERKMAN, Durham, Duke University Press, 2001; HÜTTER, Reinhard, *Evangelische Ethik als kirchliches Zeugnis. Interpretationen zu Schlüsselfragen theologischer Ethik in der Gegenwart*, Neukirchen-Vluyn, Neukirchener Verlag, 1993; LAMMERS, Stephen E., *On Stanley Hauerwas. Theology, Medical Ethics, and the Church*, em Idem. e Allen VERHEY, orgs., *Theological Voices in Medical Ethics*, Grand Rapids, Eerdmans, 1993, p. 57-77; LANGE, Ernst, *Ethik in evangelischer Perspektive*, Göttingen, Vandenhoeck & Ruprecht, 1992, p. 192-199; MÜLLER, Denis, "La bioéthique au péril de Dieu. Pour une critique théologique de la maîtrise éthique sur le vivant", *RThPh* 134, 2002, p. 327-340; STOUT, Jeffrey, "Virtue and the Way of the World: Reflections on Hauerwas", em Ulrik NISSEN et alii, orgs., *The Sources of Public Morality. On the Ethics and Religion Debate. Proceedings of the Annual Conference of the Societas Ethica in Berlin, August 2001*, Münster, Lit, 2003, p. 59-74.

● **Bioética**; Gustafson; liberalismo (pós-); **moral**; paz; Troeltsch; virtude; **violência**; Yoder

HEBRAIZANTES CRISTÃOS

Com precursores como Konrad Pellikan (1478-1556; *De modo legendi et intelligendi hebraeum* [1504], Tübingen, Heckenhauer, 1877) e Johannes Reuchlin (1455-1522; *De rudimentis hebraicis tres libri* [1506], Hildesheim, Olms, 1974), os hebraizantes cristãos renovaram a exegese bíblica do Antigo Testamento na primeira metade do século XVI. Aprenderam e ensinaram o hebraico, leram os comentários rabínicos, redigiram gramáticas e dicionários. Sua exegese leva em conta a história e se recusa a cristianizar inopinadamente o Antigo Testamento. Estão na linha de frente do grupo dos hebraizantes, como referências, Pellikan, em Zurique, e Sebastian Münster (1488-1552), em Basileia. Dedicados ao estudo, pouco dados a polêmicas, engajaram-se progressivamente no enrijecimento das posições dogmáticas. Seus principais representantes são, no campo protestante, Martin Bucer, Wolfgang Capiton, Johannes Oecolampadius, Olivétan e Leo Jud; no católico, Sante Pagnini, Jan van Campen e François Vatable.

Max Engammare

▶ BURMEISTER, Karl Heinz, *Sebastian Münster. Versuch eines biographischen Gesamtbildes*, Basileia, Helbing und Lichtenhahn, 1969; FRIEDMAN, Jerome, *The Most Ancient Testimony. Sixteenth-Century Christian-Hebraica in the Age of Renaissance Nostalgia*, Athens, Ohio University Press, 1983; ROUSSEL, Bernard, "De Strasbourg à Bâle et Zurich: une 'école rhénane' d'exégèse (ca 1525-ca 1540)", *RHPhR* 68, 1988, p. 19-39; WILLI, Thomas, "Christliche Hebraisten der Renaissance und Reformation", *Judaica* 30, 1974, p. 78-85 e 100-125; Idem, "Der Beitrag des Hebräischen zum Werden der Reformation in Basel", *Theologische Zeitschrift* 35, 1979, p. 139-154; ZÜRCHER, Christoph, *Konrad Pellikans Wirken in Zürich 1526-1556*, Zurique, Theologischer Verlag, 1975.

● **Bíblia**; Bucer; Buxtorf; Capiton; exegese; Jud, Leo; **judaísmo**; Oecolampadius; Olivétan

HEDION, Caspar (1494/95-1552)

Nascido em Ettlingen (Basileia), Hedion, cujo nome verdadeiro era Seiler ou Funarius, é um dos quatro grandes reformadores de Estrasburgo. Estuda em Pforzheim (informação não confirmada), em Friburgo em Brisgóvia (*maîtrise ès arts* — final de estudos em arte, período propedêutico para as faculdades de direito, medicina ou teologia — em 1515-1516), em Basileia (licenciatura em teologia, 1519), onde se tornou vigário e capelão, e em Mainz (doutorado em teologia, 1523). Ao longo de todos esses anos, esteve em contato com as novidades da área através dos amigos Capiton, Erasmo, Zwinglio e outros. Isso o obriga a deixar Mainz. Por ser excelente pregador, é-lhe confiado o púlpito da Catedral de Estrasburgo, em novembro de 1523. Colega de Zell, Capiton e Bucer, dedica-se, além da pregação, à organização da igreja, às visitas pastorais, à catequese, às atividades sociais e políticas da cidade. Em 1524, desposa Marguerite Trenss. Estende sua atividade reformadora além das fronteiras (condado de Furstenberg, Hanau-Lichtenberg, Palatinado, arcebispado de Colônia). Após o Ínterim de Augsburgo, precisou deixar seu cargo na catedral, que voltou a ser católica, e prosseguiu com suas pregações na Igreja do Temple-Neuf de 1550 até sua morte, em 1552, em consequência da peste. Após a partida de Bucer (1549), assume a direção do convento eclesiástico. Desenvolveu um trabalho considerável como tradutor de textos antigos, medievais e contemporâneos, e continuou a "Crônica" de Burchard d'Ursberg (?1177-?1231) de 1230 a 1537 (edição estrasburguense de 1537). Nesse sentido, pode ser considerado o primeiro historiador da igreja protestante.

Danielle Fischer

▶ ADAM, Johann, "Versuch einer Biographie Kaspar Hedios", *Zeitschrift für die Geschichte des Oberrheins* 70, 1916, p. 424-429; BODENMANN, Reinhard, "Caspar Hedio aus Ettlingen, Vorstufe zu einer ausführlichen Biographie", *Ettlinger Hefte*, Sonderheft 2 (1990), p. 81-97; Idem, "Hedio (Seiler) Caspar", em *Nouveau dictionnaire de biographie alsacienne*, t. XVI, Estrasburgo, *Fédération des Sociétés d'histoire et d'archeologie d'Alsace*, 1990, p. 1470-1473; Idem, *Pour tenter d'en finir avec le Gaspar Hédion des légendes*, RHPhR 70, 1990, p. 311-334; Idem, *Caspar Hedio aus Ettlingen* (ca. 1494-1552): Historiographie und Probleme der Forschung", *Ettlinger Hefte* 29 (1995), p. 47-66.

◉ Bucer; Capiton; Zell

HEGEL, Georg Wilhelm Friedrich (1770-1831)

Nascido em Stuttgart, Hegel estudou filosofia e teologia no Seminário Protestante de Tübingen, em companhia de Hölderlin e Schelling. Quando a Universidade de Iena fechou, em 1807 (ano da publicação de sua primeira grande obra, *A fenomenologia do espírito*), tornou-se redator em Bamberg e reitor de ginásio em Nuremberg (de 1808 a 1816), cidade em que publicou sua segunda obra de peso, *Ciência da lógica* (o primeiro volume, dedicado à *Doutrina do ser*, foi inteiramente revisto em nova edição, de 1832, alguns meses após a morte súbita de Hegel; deveria ter sido acompanhada de uma nova versão dos outros dois volumes). Nomeado professor em Heidelberg, em 1816, é chamado em 1817 para substituir Fichte na Universidade de Berlim, onde morreria em decorrência do cólera. Após sua morte, alunos e colegas publicariam textos de aulas que Hegel havia dedicado a diversas disciplinas filosóficas (*Lições sobre filosofia da história, Lições sobre história da filosofia, Lições sobre filosofia da religião, Estética*), assim como o desenvolvimento oral das disciplinas sobre as quais ele tinha feito apenas esboços (*Princípios de filosofia do direito, Enciclopédia das ciências filosóficas em epítome*). Essas publicações póstumas exerceram uma influência decisiva na recepção posterior do pensamento hegeliano, assim como nas controvérsias que suscitaram sua interpretação. A publicação de uma edição crítica de manuscritos de Hegel e de cadernos de estudantes que sobreviveram ao tempo demonstra que tais edições são compilações de aulas de anos diferentes, muitas vezes tendenciosas e sempre imprecisas. Essas edições moldaram a imagem de Hegel como defensor de um constitucionalismo conservador, que confere a sacralização da razão à política antirrevolucionária. As edições críticas da filosofia do direito, da filosofia da religião e da estética apresentam imagem oposta, a de um pensamento que se move, capaz de revisões e deslocamentos, esforçando-se por compreender as modificações do mundo que marcam o início da época moderna.

Em *Fenomenologia do Espírito* e *Ciência da lógica*, Hegel desenvolve os fundamentos especulativos aos quais recorrem as disciplinas filosóficas positivas (filosofia da natureza, filosofia do direito, filosofia da história, estética, filosofia da religião). A *Fenomenologia* pretende-se uma introdução ao Saber especulativo ao retraçar a história da consciência (*Bewußtsein*). Ao encontrar seu ponto de partida na análise da consciência como resultado da popularização da filosofia kantiana, essa obra confronta etapa por etapa o pretenso saber da consciência ao paradigma do saber ao qual a própria consciência se refere, de modo que é a consciência que descobre sobre si mesma que seu pretenso saber é, de fato, um não saber. É então possível ressaltar outra leitura desse não saber, detectando nele uma dimensão positiva que permite à consciência a compreensão de suas formas sucessivas como o encaminhamento para um Saber em que pode ver-se como realização do Espírito (Hegel diria da *Fenomenologia* que é a *Ciência da experiência da consciência*).

A *Ciência da lógica* desenvolve de modo sistemático o saber ao qual tem acesso a consciência quando se reconhece como realização do Espírito. Essa obra propõe uma exposição conceitual do Saber do Absoluto tal como o Absoluto tem de si mesmo, já que um saber sobre o Absoluto só pode ser adequado se for um saber sabido pelo Absoluto. Um saber sobre o Absoluto que não seja concebido como o Saber que o Absoluto tem de si mesmo privaria de fato o Absoluto de seu caráter de Absoluto. Esse Saber do Absoluto é desenvolvido pela *Ciência da lógica* por meio de uma teoria especulativa das categorias, para restituir a metafísica fora dos limites da crítica kantiana de suas formas clássicas.

Nos cursos sobre a filosofia da religião (ministrados a partir de 1821, em resposta à publicação de *Christliche Glaube* de Schleiermacher), Hegel reconhece a verdade fundamental da religião enquanto reconciliação entre Deus e o homem, cuja realidade é o Espírito como união mediatizada entre o finito e o Infinito. Mas essa reconciliação está presente para a consciência religiosa sob uma forma inadequada: a *representação*; para a consciência religiosa, o conteúdo verdadeiro da religião (Deus) é representado como um objeto oposto de modo abstrato à consciência. Assim, a reconciliação entre Deus e o homem é compreendida pela religião como uma realidade futura, e não como o processo atual em que a consciência descobre a si mesma como manifestação do Espírito. A tarefa da filosofia, portanto, é transpor (*aufheben*) a representação religiosa para a única forma que lhe é adequada, o *Saber especulativo* (o Conceito), exposto pela *Ciência da lógica*. No entanto, ao tornar-se Saber especulativo, o conteúdo relacionado à ideia da religião não é mais identificável enquanto tal pela consciência religiosa. A filosofia da religião induz assim um conflito, característico da situação de modernidade do cristianismo, entre a interpretação filosófica da religião e a prática da religião em concretude de existência.

Ao compreender a religião como união mediatizada entre Deus e o homem, realizada no Espírito absoluto, Hegel quer dar uma forma adequada ao que ele estimava ser o centro da teologia reformadora de Lutero: "A simples doutrina de Lutero é que [...] a subjetividade infinita, ou seja, a verdadeira espiritualidade [*Geistigkeit*], Cristo, não está jamais presente e real de modo exterior, mas, enquanto realidade espiritual, não pode de nenhuma forma ser obtida, a não ser na reconciliação com Deus, na fé e no deleite [*im Glauben und in Genusse*]" (cf. *Leçons sur la philosophie de l'histoire* [Lições sobre a filosofia da história], Paris, Vrin, 1945, p. 376, tradução modificada). A realização especulativa da ideia fundamental de que vive a teologia luterana faz uso da diferença entre a apropriação pela fé dos conteúdos religiosos (a *representação*) e a reflexão filosófica que traz à luz sua funcionalidade para a consciência religiosa (o *Conceito*). Hegel compreende de modo evidente a negatividade que opera essa transposição como a forma lógica da intuição fundamental da cristologia luterana. É dessa maneira o movimento específico da ideia religiosa que exige a transformação especulativa dos conteúdos religiosos. Além disso, essa transposição surge como a condição para a qual a funcionalidade social da religião poderá valer não somente como um papel que lhe é concedido por uma terceira instância, mas como uma dimensão da própria religião. Ela se baseia na reflexão resultante da lógica constitutiva da ideia de religião.

Jean-Marc Tétaz

▶ HEGEL, Georg Friedrich Wilhelm, *Werke*, org. por Eva MOLDENHAUER e Karl Markus MICHEL, com base na edição de 1832-1845, 20 vols. mais índice, Frankfurt, Suhrkamp, 1969-1979, 1986; Idem, *Gesammelte Werke*, 22 vols. previstos, org. por RHEINISCH-WESTFÄLISCHE AKADEMIE DER WISSENSCHAFTEN, Hamburgo, Meiner, 1968ss (publicação em andamento); Idem, *Vorlesungen. Ausgewählte Nachschriften und Manuskripte*, 15 vols., Hamburgo, Meiner, 1983-2002 (os volumes III a V propõem a reconstrução crítica do curso que Hegel consagra à filosofia da religião a partir de 1821). **Apresentações gerais:** FULDA, Hans-Friedrich, "Georg Wilhelm Friedrich Hegel (1770-1831)", em Otfried HÖFFE, org., *Klassiker der Philosophie*, t. II: *Von Kant bis Sartre*, Munique, Beck, 1981, p. 63-92; HENRICH, Dietrich, *Hegel im Kontext* (1967), Frankfurt, Suhrkamp, 1981; HORSTMANN, Rolf-Peter, *Les frontières de la raison. Recherche sur les objectifs et les motifs de l'idéalisme allemand*, Paris, Vrin, 1998; JAESCHKE, Walter, *Hegel-Handbuch. Leben, Werk, Wirkung*, Stuttgart, Metzler, 2003; SCHNÄDELBACH, Herbert, *Hegels Philosophie. Kommentare zu den Hauptwerken*, 3 vols., Frankfurt, Suhrkamp, 2000; TAYLOR, Charles, *Hegel*, Cambridge, Cambridge University Press, 1975 (versão condensada: *Hegel et la société moderne* [1979], Paris, Cerf, 1998). **Filosofia da religião:** JAESCHKE, Walter, *Die Vernunft in der Religion. Studien zur Grundlegung der Religionsphilosophie Hegels*, Stuttgart-Bad Cannstatt, Frommann-Holzboog, 1986; PANNENBERG, Wolfhart, "La signification de Hegel pour le christianisme", *Archives de philosophie* 33, 1970, p. 755-786; Idem, "Subjectivité de Dieu et doctrine trinitaire", em Louis RUMPF et alii, *Hegel et la théologie contemporaine. L'absolu dans l'histoire?*, Neuchâtel, Delachaux et Niestlé, 1977, p. 171-189; RICOEUR, Paul, "Le statut de la *Vorstellung* dans la philosophie hégélienne de la religion" (1985), em *Lectures 3. Aux frontières de la philosophie*, Paris, Seuil, 1994, p. 41-62; WAGNER, Falk, *Was ist Theologie? Studien zu ihrem Begriff und Thema in der Neuzeit*, Gütersloh, Mohn, 1989, p. 204-285; Idem e GRAF, Friedrich Wilhelm, orgs., *Die Flucht in den Begriff. Materialien zu Hegels Religionsphilosophie*, Stuttgart, Klett-Cotta, 1982.

▶ Altizer; Baur; Berlim (universidades de); Biedermann; Böhme; **Deus**; Druey; Espírito Santo; estética; fé; Fichte; filosofia; filosofia da religião; Hamann; hegelianos de esquerda; historicismo; Hölderlin; Jacobi; Kant; Kierkegaard; **liberdade**; Lutero; Marheineke; metafísica; **modernidade**; Pfleiderer; protestantismo (neo); **razão**; Rothe; Schelling; Strauß

HEGELIANOS DE ESQUERDA

O termo remonta a um braço da escola hegeliana conforme o esquema direita-centro-esquerda proposto por David Friedrich Strauß (*Streitschriften zur Vertheidigung meiner Schrift über das Leben Jesu und zur Charakteristik der gegenwärtigen Theologie*, 3º caderno: *Die evangelische Kirchenzeitung, die Jahrbücher für wissenschaftliche Kritik und die theologischen Studien und Kritiken in ihrer Stellung zu meiner kritischen Bearbeitung des Lebens Jesu*, Tübingen, Osiander, 1838, p. 94 ss.). Esse esquema designa uma das orientações da recepção de Hegel, que se estruturou após a morte do filósofo, na controvérsia sobre a interpretação de sua filosofia, mas não demorou a tornar-se independente para por fim dispersar-se em posições cada vez mais radicais.

Em um primeiro momento, a controvérsia se debruçou sobre a questão do caráter cristão da filosofia hegeliana. É consequência de uma ambiguidade da intenção fundamental da "filosofia da religião": seu projeto, que visa a "suprassumir" (*aufheben*) o conteúdo da representação religiosa no conceito filosófico, contém tanto um momento crítico quanto um momento que legitima a tradição cristã. Contra a corrente teológica da escola de Hegel (Marheineke, teologias especulativas), que tentava por esse meio afirmar filosoficamente a dogmática cristã, os hegelianos de esquerda insistem na dimensão crítica do método. Para eles, a mediação da divindade e da humanidade, que a tradição cristã atribui à pessoa de Jesus, só pode ser o resultado da história, a Ideia do cristianismo ou do Espírito Absoluto, enquanto essa história é uma história da autocrítica de suas manifestações unilaterais. A maneira com que Baur estruturaria sua compreensão da história do dogma recorre a essa perspectiva fundamental, mas reconhece nos momentos negados uma importância significativa para a construção da Ideia do cristianismo como realização especulativa da liberdade do Espírito.

A recepção de Hegel entre os hegelianos de esquerda passou por várias fases históricas, recebendo um primeiro impulso quando Hegel ainda era vivo, com a publicação anônima, em 1830, por Ludwig Feuerbach, da obra *Pensées sur la mort et l'immortalité* [Pensamentos sobre morte e imortalidade] (Paris, Cerf, 1991). Na verdade, esse texto já continha como pano de fundo a tese da projeção que, na obra *A essência do cristianismo* (1841, 1843[2], Petrópolis, Vozes, 2007), seria a base de sua crítica da religião. No entanto, foram as discussões suscitadas por *La vie de Jésus, ou examen critique de son histoire* [A vida de Jesus, ou exame crítico de sua história] (1835-1836, 1837[2], 1838[3], trad. franc. da 3ª ed., 2 vol., Paris, Lagrande, 1839-1840) de Strauß, que dominaram o debate. Com essa obra, Strauß apresentou o tipo fundamental de crítica histórica elaborada pelos hegelianos de esquerda: a construção especulativa só pode efetuar-se com um desenvolvimento histórico efetivo.

Assim, o debate filosófico obtém sua dinâmica da conexão com movimentos de emancipação, tanto religiosos quanto políticos, e com a questão da legitimidade do Estado monárquico. A recepção crítica da "filosofia do direito" de Hegel gira em torno da determinação das relações de legitimação entre Estado e sociedade. Em sua obra *Kritik des gegenwärtigen Staats-und Völkerrechts* (1840), Arnold Ruge (1802-1880) aplica à filosofia hegeliana do direito o método da crítica histórica de Strauß: a constituição do Estado não pode ser justificada pelo recurso à razão universal, mas somente ao correlacioná-la em relação com a evolução histórica e prática das relações sociais. O jovem Karl Marx (*Critique de la philosophie politique de Hegel* [Crítica da filosofia política de Hegel] [1843], *Oeuvres* [Obras] III: *Politique* [Política], Paris, Gallimard, 1982, p. 871-1018) transpõe para o campo da política o argumento de que se servia a crítica de Feuerbach à religião: a alienação do homem resultante da dicotomia entre governo burocrático e sociedade civil só pode ser superada na democracia, em que o indivíduo atinge a consciência do Universal humano.

A oposição dos hegelianos de esquerda às instituições que pretendiam representar a universalidade da razão — com destaque para o Estado monárquico da Restauração — e sua defesa de uma transformação social valeram ao grupo o apelido de "jovens hegelianos". O destino de seus membros caracterizou-se tanto pelo fracasso na obtenção de cargos universitários quanto por uma política de publicação que, sem levar em consideração o Estado, levou-os a desenvolver posições pessoais radicais, muitas surgidas em Paris, onde alguns se exilaram: crítica do Novo Testamento (Bruno Bauer), antropologia materialista (Ludwig Feuerbach), economia materialista (Karl Marx), individualismo radical (Max Stirner), até mesmo como influências darwinistas (David Friedrich Strauß).

Christian Seysen

▶ CORNEHL, Peter, *Die Zukunft der Versöhnung. Eschatologie und Emanzipation in der Aufklärung, bei Hegel und in der Hegelschen Schule*, Göttingen, Vandenhoeck & Ruprecht, 1971; GRAF, Friedrich Wilhelm e WAGNER, Falk, orgs., *Die Flucht in den Begriff. Materialien zu Hegels Religionsphilosophie*, Stuttgart, Klett-Cotta, 1982; LÖWITH, Karl, *De Hegel à Nietzsche* (1941), Paris, Gallimard, 1969; Idem, *Hegels Aufhebung der christlichen Religion*, em Hans-Georg GADAMER, org., *Heidelberger Hegel-Tage 1962. Vorträge und Dokumente*, Bonn, Bouvier, 1964, p. 193-236; MERCIER-JOSA, Solange, *Théorie allemande et pratique française de la liberté. De la philosophie à la politique ou aou socialisme?*, seguido da tradução do artigo de Arnold RUGE, *Une autocritique du libéralisme* (1843), Paris, L'Harmattan, 1993; RIEDEL, Manfred, org., *Materialien zu Hegels Rechtsphilosophie*, 2 vols., Frankfurt, Suhrkamp, 1975.

▶ Baur; Biedermann; Engels; Feuerbach; Hegel; **Jesus (imagens de)**; Marheineke; Strauß; teologia especulativa

HEIDELBERG

Cidade situada no Neckar, fundada em torno de 1190 por Conrad de Staufen. Em 1386, o príncipe-eleitor Ruprecht I construiu em Heidelberg uma universidade, que é a mais antiga da Alemanha hoje, para receber escolásticos alemães que fugiam de Paris. Em 1518, Lutero viaja para Heidelberg, mas a Reforma só seria de fato implantada na cidade em 1556. Com o reinado de Frederico III, Heidelberg se torna centro intelectual do Palatinado, que se tornou calvinista (em 1563 é escrito o *Catecismo de Heidelberg*). Durante a Guerra dos Trinta Anos, a cidade perde sua famosa *Bibliotheca Palatina*. Em 1693, as "guerras francesas" causam a destruição quase total da cidade. Após a dissolução do antigo Palatinado, Heidelberg passa a fazer parte do Arquiducado de Baden. Uma universidade é fundada novamente no local em 1803 por Carlos Frederico de Baden-Durlach, tornando-se uma das mais importantes da Alemanha. Em 1821, a Igreja Protestante de Baden se torna Igreja Unida, o que favoreceria o espírito de abertura da Faculdade de Teologia de Heidelberg, onde ensinam calvinistas e luteranos (entre outros, Ernst Troeltsch, Hans von Campenhausen, Günther Bornkamm, Gerd Theissen). Heidelberg é também a sede da *Forschungsstätte der evangelischen Studiengemeinschaft*.

Thomas Römer

▶ KOOTZ, Wolfgang, *Heidelberg. Guide du château et de la ville* (1975), Heidelberg, von König,

1989; LURZ, Meinhold, *Heidelberg. Ein historischer Führer*, Sigmaringendorf, Glock und Lutz, 1991; STRACK, Friedrich, org., *Heidelberg im säkularen Umbruch. Traditionsbewußtsein und Kulturpolitik um 1800*, Stuttgart, Klett-Cotta, 1987.

▶ Alemanha; igrejas unidas; Heidelberg (*Catecismo de*); Palatinado; Rad; Theissen; Troeltsch; Zanchi

HEIDELBERG (Catecismo de)

Redigido em 1562-1563 por Zacarias Ursino (1534-1583), com a colaboração de Caspar Olevianus (1536-1587) e o impulso de Frederico III, desejoso de promover a fé reformada no Palatinado e ter em mãos as diretrizes para a estruturação da igreja. Esse catecismo compreende 129 perguntas acompanhadas de respostas, agrupadas em três partes: do pecado do homem (3-11); da redenção (12-85: Deus, Pai, Filho e Espírito Santo, sacramentos); da gratidão (86-129: penitência, obras, oração...). A doutrina da predestinação está ausente do documento. Esse catecismo, que conheceu um imenso sucesso, foi traduzido para mais de quarenta línguas. Foi reconhecido como símbolo de fé no Sínodo de Dordrecht (1618-1619). Influenciou amplamente o calvinismo holandês e, por extensão, as igrejas da Indonésia. Karl Barth utilizou a primeira pergunta do catecismo ("Qual é a tua única consolação na vida e na morte?") para redigir a primeira tese da *Declaração de Barmen*.

Thomas Römer

▶ *Le Catéchisme de Heidelberg* (1563), em Olivier FATIO, org., *Confessions et Catéchismes de la foi réformée*, Genebra, Labor et Fides, 2005, p. 129-178; BARTH, Karl, *Die christliche Lehre nach dem Heidelberger Katechismus*, Zollikon, Evangelischer Verlag, 1948; HOLLWEG, Walter, *Neue Untersuchungen zur Geschichte und Lehre des Heidelberger Katechismus*, Neukirchen, Neukirchener Verlag, 1961.

▶ Barmen (*Declaração de*); calvinismo; catecismo; Dordrecht (*Sínodo e cânones de*); Heidelberg; simbólicos (escritos)

HEILER, Friedrich (1892-1967)

Historiador e filósofo da religião, teólogo da pluralidade das confissões cristãs, principalmente em Marburgo na Alemanha, Friedrich Heiler se tornou conhecido por suas obras sobre a oração (*La prière* [A oração], Paris, Payot, 1931) e sobre a mística budista (*Die buddhistische Versenlung. Eine religionsgeschichtliche Untersuchung*, Munique, Reinhardt, 1922[2]). Marcado pelo reformismo católico e influenciado por Nathan Söderblom (historiador da religião, arcebispo luterano de Uppsala), em 1919 passou do catolicismo para a Igreja Luterana. Dedicou sua vida à catolicidade evangélica, engajando-se no movimento *High Church* que desejava ultrapassar, em nome da plenitude do evangelho e graças a uma interpretação evangélico-católica da *Confissão de Augsburgo*, as deficiências eclesiológicas do protestantismo, mediante um renovo do culto sacramental, do ministério eclesiástico (constituição episcopal da igreja), da oração das horas e do sacramento da penitência. Líder espiritual do movimento, principal iniciador em seu país do grupo *Una sancta*, que estabeleceu relações entre o anglicanismo e as igrejas luteranas escandinavas, Heiler participou desde o início do movimento ecumênico, divulgando-o na Alemanha. A fidelidade à confissão de fé da igreja aproximou o movimento *High Church* da Igreja Confessante, e como resultado o regime nazista o declarou ilegal; só retomou suas atividades em 1945. Trabalhando incansavelmente pela reconciliação das igrejas, com seus trabalhos em história da igreja e simbólica (ciência comparada das confissões cristãs), Heiler, consciente da profunda unidade da religião em sua essência, com a diversidade de suas manifestações, no desejo de servir à paz entre os povos, ampliou progressivamente o campo do ecumenismo, integrando nele religiões não cristãs. Aplaudido por uns e renegado por outros, foi, em muitos aspectos, um pioneiro.

Gérard Siegwalt

▶ HEILER, Friedrich, *Das Wesen des Katholizismus*, Munique, Reinhardt, 1920; Id., *Die Ostkirchen*, Munique, Reinhardt, 1971 (ed. revista de *Urkirche und Ostkirche*, 1937); Idem, *Erscheinungsformen und Wesen der Religion*, Stuttgart, Köhlhammer, 1961; HARTOG, Hans, *Evangelische Katholizität. Weg und Vision Friedrich Heilers*, Mayence, Matthias-Grünewald-Verlag, 1995.

▶ Catolicidade evangélica; **ecumenismo**; **religião e religiões**; Söderblom

HEIM, Karl (1874-1958)

Nascido em Frauenzimmern (Wurtenberg) e morto em Tübingen, Karl Heim foi um teólogo protestante do meio pietista de Wurtenberg, principal representante do diálogo entre ciência e fé na Alemanha do pós-guerra. Heim se interessa pela racionalidade técnica e científica para aplainar a via da evangelização do mundo moderno. A categoria da *dimensão* tem um lugar privilegiado em sua obra apologética. "Eu", "tu" e "Deus" são dimensões do real irredutíveis para o mundo dos objetos que são estudados pela ciência. Ao mesmo tempo que honra o saber científico, a fé cristã revela uma profundidade do real inacessível para a ciência (complementaridade). Com publicações, conferências, pregações e, de modo indireto, o trabalho de seus alunos (entre os quais Adolf Köberle), Heim exerceu uma influência significativa, embora limitada ao protestantismo de tradição pietista.

Otto Schäffer

▶ HEIM, Karl, *Der evangelische Glaube und das Denken der Gegenwart* (1931-1952), 6 vols., Bad Liebenzell, Verlag der Liebenzeller Mission, 2003; KÖBERLE, Adolf, *Karl Heim. Denker und Verkündiger aus evangelischem Glauben*, Hamburgo, Furche, 1973; TIMM, Hermann, *Glaube und Naturwissenschaft in der Theologie Karl Heims*, Witten, Eckart, 1968.

● Apologética; Oetinger; pietismo; **razão**; Tübingen

HEINE, Heinrich (1797-1856)

Nascido em Düsseldorf, de pais judeus, Heine se converte ao protestantismo luterano em 1825, com o fim de disputar um cargo público; tudo indica que seu objetivo era uma vaga como professor na universidade (depois de 1822, a Prússia negou o acesso dos judeus a esse tipo de função). Porém, contrariamente ao que esperava, o batismo não se tornou, para ele, "o bilhete de entrada para a civilização europeia" (nota póstuma). Desiludido, exila-se e se estabelece em Paris, onde passa a viver de sua escrita. Na cidade, simpatiza com os saint-simonianos e professa em seu ensaio sobre a história da religião e da filosofia na Alemanha (versão francesa publicada em 1834 na *Revue des Deux Mondes* [Revista dos dois mundos]) um panteísmo que, de acordo com suas palavras, remonta ao paganismo mitológico dos antigos germanos e perdura como "a religião oculta da Alemanha" subjacente ao vitorioso "espiritualismo" judaico-cristão, que em sua opinião é responsável pela "doença" da cultura moderna.

Heine prediz um novo triunfo do panteísmo após uma revolução política e cultural que se anuncia com a reforma de Lutero e acompanharia a revolução filosófica operada por Kant e pelo idealismo alemão. Permanece assim atrelado ao protestantismo, que, em uma nota biográfica redigida em francês, qualifica como "ponto de partida da revolução alemã". E prossegue: "Eu pertencia à confissão luterana, não somente pelo ato do batismo, mas também por um batalhador entusiasmado." Nessa perspectiva, o personagem de Lutero, que representa "toda a maravilha do espírito germânico", toma ares de mito. Heine contribui para a "mitologia alemã" que integraria o movimento nacional na Alemanha do século XIX. No entanto, destaca-se dessa mitologia na medida em que ela se revela cada vez mais nacionalista e antissemita (cf. *Ludwig Börne*, 1840; *Germania, Conte d'hiver* [Germânia, conto de inverno], 1844).

Após 1848, o escritor, aprisionado em sua *Matratzengruft* parisiense devido a uma doença incurável, abjura o panteísmo e volta ao que ele chama ironicamente de "velha superstição: a crença no Deus pessoal" (posfácio a *Romancero*, 1851). Essa reconversão livre de dogmatismos o faz voltar a defender que o mérito do protestantismo reside, antes de tudo, na tradução da Bíblia, livro sagrado que foi salvo pelo povo judeu. Heine se reconcilia assim com suas origens e passa a considerar o judaísmo o "protótipo" da emancipação da humanidade (cf. *Aveux de l'auteur* [Confissões do autor], 1854).

Markus Winkler

▶ HEINE, Heinrich, *Sämtliche Werke. Historisch-kritische Gesamtausgabe der Werke*, 16 vols., org. por Manfred WINDFUHR, Hamburgo, Hoffmann und Campe, 1973-1997; Idem, *Werke, Briefwechsel, Lebenszeugnisse. Säkularausgabe*, Berlim-Paris, Akademie-Verlag-CNRS Éditions, 1970ss; *Oeuvres complètes de Henri Heine* 15 vols., Paris, Michel Lévy frères, depois Calmann-Lévy, 1855-1885; Idem, *Ludwig Börne*, seguido de *Ludwig Marcus*, Paris, Cerf, 1993; Idem, *Écrits autobiographiques*, Paris, Cerf, 1997; Idem, *Romancero*, Paris, Cerf, 1997; Idem, *De l'Allemagne*, Paris, Gallimard, 1998; Idem, *Nuits florentines*, precedido de *Le rabbin de Bacharach* e de *Extrait de mémoires de Monsieur de Schnabeléwopski*, Paris, Cerf, 2001; Idem, *Écrits mythologiques*, Paris, Cerf, 2004; HÖHN, Gerhard, *Heine-Handbuch. Zeit, Person, Werk* (1987), Stuttgart, Metzler, 2004; KRUSE, Joseph A., WITTE, Bernd e FÜLLNER, Karin, orgs., *Aufklärung und Skepsis. Internationaler Heine-Kongreß 1997 zum 200. Geburtstag*, Stuttgart, Metzler, 1999; SCHMIDT, Johann M., "Heine und Luther. Heines Lutherrezeption in der Spannung zwischen den Daten 1483 und 1933", *Heine-Jahrbuch* 24, 1985, p. p. 9-79; STERNBERGER, Dolf, *Heinrich Heine und die Abschaffung der Sünde. Mit einem Nachtrag 1975*, Frankfurt, Suhrkamp, 1976; WINKLER, Markus, *Mythisches Denken zwischen Romantik und Realismus. Zur Erfahrung kultureller Fremdheit im Werk Heinrich Heines*, Tübingen, Niemeyer, 1995; WIRTH-ORTMANN, Beate, *Heinrich Heines Christusbild. Grundzüge seines religiösen Selbstverständnisses*, Paderborn, Schöningh, 1995.

● Literatura; romantismo

HEINEMANN, Gustav Walter (1899-1976)

Heinemann foi doutor em direito e ciências econômicas, advogado, notário, líder no meio empresarial (fábricas de produtos de aço), membro da Igreja Confessante, membro do Conselho (1945-1967) e presidente do Sínodo (1949-1955) da *Evangelische Kirche in Deutschland* (Igreja Protestante na Alemanha); cofundador da União Cristã Democrata (1945), prefeito de Essen (1946-1949), ministro do Interior (1949-1950, demissão em protesto contra a decisão do rearmamento de Konrad Adenauer), deputado do Partido Social-Democrata Alemão, ministro da Justiça (1966-1969) e presidente da República Federal da Alemanha (1969-1974). Militou muito cedo contra a ideologia e os efeitos da guerra fria, assim como em prol do intervalo na guerra entre Leste e Oeste; trabalhou pela promoção do engajamento cívico do cidadão e da responsabilidade das igrejas e dos cristãos no Estado (diaconia política), por uma conscientização das tradições democráticas na Alemanha, por uma política social em favor dos grupos marginalizados e deficientes físicos, por uma reforma do direito penal e do direito da família e pelo fim dos aspectos clericais no direito (juramento, blasfêmia), ao mesmo tempo que insistiu nos fundamentos teológicos do estado de direito.

Frédéric Hartweg

▶ HEINEMANN, Gustav W., *Reden und Schriften*, 3 vols., Frankfurt, Suhrkamp, 1975-1977; HARTWEG, Frédéric, "Gustav H. Heinemann: Ein Christ in der politischen Verantwortung", *Revue d'Allemagne et des pays de langue allemande* 10, 1978, p. 109-121, 404-457 e 584-617; KOCH, Diether, *Heinemann und die Deutschlandefrage*, Munique, Kaiser, 1972.

● Alemanha; Igreja Confessante; política

HENRIQUE IV (1553-1610)

Filho de Antônio de Bourbon e de Joana d'Albret, rainha de Navarra convertida ao calvinismo, Henrique IV se torna rei da França no dia 1º de agosto de 1589, quando morre assassinado Henrique III, último da casa de Valois.

As leis fundamentais do reino, sobretudo a Lei Sálica, conferem a esse descendente de São Luís uma legitimidade jurídica. Por pertencer ao partido protestante do qual é protetor, é proibido de participar do ritual religioso da sagração que atribui ao Rei Muito Cristão sua distinção como taumaturgo. Torna-se necessário que Henrique abjure o protestantismo para a sagração em Saint-Denis, o que é feito no dia 27 de julho de 1593. Ao longo dos quatro anos anteriores e ainda até o ano de 1598, o primeiro soberano Bourbon reúne com armas, promessas e dinheiro as províncias, as cidades e os cavalheiros que aderiram à Liga, partido católico intransigente. Ao promulgar o Edito de Nantes no dia 13 de abril de 1598, Henrique IV conclui, ou pelo menos assim acredita, a consolidação da paz civil. O edito concede aos protestantes, além de importantes privilégios (como locais de seguranças e jurisdições específicas), a liberdade de pensamento e uma relativa liberdade de culto.

Porém, alguns franceses guardaram um surdo rancor contra aquele rei convertido rápido e oportunamente demais à religião tradicional e majoritária. Ao liderar a guerra contra os inimigos hereditários do reino, os católicos Habsburgos, Henrique IV é assassinado no dia 14 de maio de 1610 por François Ravaillac, um nostálgico da Liga.

Janine Garrisson

▶ *Recueil des lettres missives de Henri IV*, org. por Jules BERGER DE XIVREY, 9 vols., Paris, Impr. royale, 1843-1876; BABELON, Jean-Pierre, *Henri IV*, Paris, Fayard, 1982; GARRISSON, Janine, *Henri IV*, Paris, Seuil, 1984.

◉ Aubigné; Edito de Nantes (e Revogação do); França; guerras de religião; Jeanne d'Albret; Lejeune; São Bartolomeu (Noite de); Serres O. de; Sully

HENRIQUE VIII (1491-1547)

Ao ser coroado, Henrique VIII era possuidor de alvissareiras qualidades: jovem, belo, instruído, culto, encarnava o ideal de um príncipe do Renascimento. Cultivava um interesse profundo por teologia: em 1521, opôs o *Assertio septem sacramentorum* ("Defesa dos sete sacramentos") ao texto *Do cativeiro babilônico da igreja* (1520), de Lutero, o que lhe valeu o título de "defensor da fé" por parte do papa Leão X. Em 1509, casou-se com uma tia do futuro imperador Carlos V, Catarina de Aragão, viúva de seu irmão Artur (grau de parentesco que requereu uma dispensa papal). Como só teve dessa união uma filha — que se tornaria Maria, a Sanguinária —, e não filhos homens, envolveu-se com Ana Bolena. Com base na condenação de Levítico 20.21 (*Se um homem tomar a mulher de seu irmão, imundícia é; [...] ficarão sem filhos*), confirmada pelos cinco recém-nascidos mortos, dos quais três meninos, entre 1511 e 1514, Henrique pediu ao papa Clemente VII, em 1527, que seu casamento fosse anulado. O debate sobre o "divórcio" de Henrique VIII durou seis anos, logo tornando-se uma questão política: o papa agia conforme o desejo dos espanhóis ao recusar-se a atender ao pedido de anulação. Em 1531, a Câmara dos Lordes reconhecia que "Sua Majestade é o protetor particular, o único e supremo senhor e, tanto quanto a Lei de Cristo o permite, o Chefe Supremo da igreja e do clero da Inglaterra". Em 1533, uma assembleia eclesiástica presidida por Thomas Cranmer (eleito por Henrique ao arcebispado de Cantuária) invalidou o casamento real. O papa excomungou prontamente o rei, cuja ruptura com Roma foi consumada pelo *Ato de supremacia* (1534), estabelecendo o rei como "único chefe supremo sobre a terra da Igreja da Inglaterra".

Henrique não via na ruptura com Roma uma necessária separação com a Igreja Católica. De 1534 até sua morte, seguiu com uma política religiosa incoerente: dissolveu pequenos e grandes monastérios (1536 e 1539); promulgou *Dez artigos* (1536) que reconheciam três sacramentos (penitência, batismo e ceia de acordo com o dogma da presença corpórea), mantinham as cerimônias católicas, a invocação dos santos, o purgatório e as orações aos mortos, mas não as indulgências, e ensinavam a justificação pela fé junto à caridade; exigiu que cada igreja possuísse um exemplar da *Great Bible* (publicada em 1539) atrelada a um púlpito para que estivesse sempre disponível; adotou *Seis artigos* (1539) que constituíam um retorno à doutrina católica; advogou a comunhão sob uma única espécie para os leigos, o celibato dos clérigos, os votos, as missas privadas, a confissão auricular. Se Henrique VIII fundou uma igreja independente de Roma, essa nova igreja permaneceria fortemente marcada pelo catolicismo. Foi apenas sob o reinado de seu sucessor, Eduardo VI, que a Igreja Anglicana adquiriria sua especificidade doutrinária e litúrgica.

Francis Higman

▶ Henrique VIII, *Assertio septem sacramentorum adversus Martinus Lutherum* (1521), org. por Peter FRAENKEL, Münster, Aschendorff, 1992; SCARISBRICK, John Joseph, *Henry VIII*, Londres, Methuen, 1983; SMITH, Herbert Maynard, *Henry VIII and the Reformation in England*, Londres, Macmillan, 1948.

◉ Anglicanismo; Eduardo VI; Elizabeth I; Holbein; Inglaterra

HENRY, Carl Ferdinand Howard (1913-2003)

Henry é um dos principais teóricos da *National Association of Evangelicals*, criada em 1942, movimento conservador antiliberal. De início, foi ministro batista, após sua conversão, e, antes de ensinar no *Fuller Theological Seminary* (Pasadena) e no *Eastern Baptist Theological Seminary* (Filadélfia), funda e é redator-chefe de *Christianity Today* [Cristianismo hoje]. Sua obra escrita é importante, principalmente sua teologia sistemática, em seis volumes (*God, Revelation and Authority* [Deus, revelação e autoridade], Waco, Word Books, 1976-1983).

É interessante notar que Henry se distinguia dos "novos evangélicos": rejeitava o fundamentalismo bíblico e as posições políticas que lhe são atribuídas, afirmando uma teologia evangélica feita de uma combinação de ortodoxia protestante e reavivalismo americano. No mundo evangélico, dá impulso tanto ao interesse por questões sociais quanto à interação entre teologia, ciência e cultura, desenvolvendo um "teísmo bíblico" com vistas a tratar de uma época doente, sem raízes espirituais, tomada por um ceticismo intelectual e pela permissividade moral.

Henry é sobretudo um apologeta contra aquilo que é percebido como o relativismo moderno. Postula uma coerência entre a revelação como fonte, a razão como instrumento, as Escrituras como critério de verificação, a consistência logica e a coerência do conjunto das propostas. "A tarefa da teologia é demonstrar o conteúdo da revelação bíblica como um todo ordenado" (*God, Revelation and Authority*, t. I, p. 215). Porém, como se verifica em muitos teólogos da mesma cepa, tudo em sua obra parece girar em torno da questão da autoridade.

Klauspeter Blaser e Pierre Gisel

▶ HENRY, Carl F. H., *Evangelical Responsibility in Contemporary Theology*, Grand Rapids, Eerdmans, 1957; Idem, *Evangelicals in Search of Identity*, Waco, Word Books, 1976; ANDERSON, Ray S., *Evangelical Theology*, em David F. FORD, org., *The Modern Theologians. An Introduction to Christian Theology in the Twentieth Century* (1989), Oxford, Blackwell, 1997, p. 480-498; BLASER, Klauspeter, *Théologies nord-américaines*, Genebra, Labor et Fides, 1995; MARSDEN, George, *Evangelicalism and Modern America*, Grand Rapids, Eerdmans, 1984.

⊙ Estados Unidos; evangélicos; teologia evangélica

HERBERT DE CHERBURY, Edward (1583-1648)

Uma longa tradição historiográfica tornou Herbert de Cherbury o pai do deísmo inglês. Confrontado com a experiência da diversidade religiosa, Cherbury se questiona sobre o critério que permite escolher a melhor religião, ou seja, pela qual o homem pode ser salvo. Cherbury crê possível responder a essa pergunta e recusa-se ao ceticismo, ao mesmo tempo que rejeita uma atitude de submissão cega a qualquer tipo de autoridade em matéria de fé e salvação. Convencido do caráter universal da Providência, da bondade imutável de Deus e da identidade da natureza humana através dos séculos, pensa que não é possível que o homem tenha sido abandonado a si mesmo antes da revelação cristã. Assim, minimiza a importância dessa revelação e conclui que os meios de salvação sempre estiveram à disposição imediata dos homens em todos os tempos. Para ele, tanto o estudo histórico das religiões pagãs (*De religione gentilium*, 1663) quanto a reflexão a que se entrega cada um, aqui e agora (*De religione laici*, 1645), demonstram a existência de cinco noções comuns universais que constituem o verdadeiro núcleo trans-histórico de toda religião: 1) há um Deus supremo; 2) é preciso prestar culto a esse Deus; 3) conjugar virtude e piedade é a melhor maneira de honrar Deus; 4) é preciso arrepender-se dos pecados; 5) há uma recompensa ou um castigo depois da vida presente.

Pierre Lurbe

▶ HERBERT DE CHERBURY, Edward, *Pagan Religion. A Translation of De religione gentilium* (1663), Ottawa-Binghamton, Dovehouse-Medieval and Renaissance Texts and Studies, 1996; LAGRÉE, Jacqueline, *Le salut du laïc. Edward Herbert de Cherbury. Étude et traduction du* De religione laici, Paris, Vrin, 1989.

⊙ Deísmo; **Deus**

HERDER, Johann Gottfried (von) (1744-1803)

Encorajado por Hamann, Herder estuda Kant (mais especificamente, o período pré-crítica do filósofo, em Königsberg, na Prússia oriental). De 1764 a 1769, trabalha como professor em uma escola e pastor em Riga; de 1771 a 1776, é ancião e conselheiro no consistório de Bückeburg (principado de Schaumburg-Lippe); em 1776, com a ajuda de Goethe, torna-se superintendente geral do ducado de Saxônia-Weimar-Eisenach.

Herder é importante sobretudo por seus esforços para encontrar uma concepção que pudesse superar tanto o fracionamento das áreas relacionadas à cultura (estética, poesia, filosofia, história, religião) quanto a tensão entre as tradições do cristianismo e a cultura de sua época, sem, no entanto, estabelecer um sistema fechado para o saber. Foi um genial fomentador do desenvolvimento da cultura alemã (conceito de *Bildung*) entre o pré-classicismo e o idealismo, assim como um entusiasta da evolução da teologia entre a ortodoxia tardia e Schleiermacher, participando de modo decisivo da história intelectual do século XIX. As relações críticas que estabeleceu com o espírito das Luzes europeias o levou a desenvolver um conceito de história universal, em que, em vez de serem julgados de acordo com um ideal universal de razão, os povos e as épocas devem contribuir para a realização da ideia de humanidade justamente desenvolvendo sua especificidade individual. Essa concepção fez de Herder o advogado das ideias de individualidade quanto à ciência e à civilização, de modo que seu papel foi primordial na consciência identitária dos povos bálticos e eslavos, por exemplo. Porém, sua obra permaneceu alvo de controvérsias: se de um lado seu trabalho descreve de modo produtivo a tensão reinante entre razão e história, de outro verifica-se incapaz de propor uma exposição conceitual satisfatória do problema.

No campo teológico, sua influência foi assegurada principalmente com duas linhas de pensamento: sua compreensão acerca da Bíblia reúne experiência da revelação e saber histórico, de modo que ambas as concepções teológicas, pietista e idealista, podem se identificar com ela; e a clara distinção operada entre religião viva e doutrina dogmática. Sobre esses pontos, Herder formulou ideias que desempenharam uma função fundamental para o desenvolvimento do cristianismo moderno nos séculos XIX e XX.

Hartmut Ruddies

▶ HERDER, Johann Gottfried, *Sämmtliche Werke* (1877, 1913), 33 vols., Hildesheim, Olms, 1967-1968; Idem, *Werke*, org. por Wolfgang PROSS, Munique, Hanser, 1984ss (publicação em andamento); Idem, *Werke in zehn Bänden*, org. por Martin BOLLACHER et alii, Frankfurt, Deutscher Klassiker Verlag, 1985-2000; Idem, *Briefe*. *Gesamtausgabe 1763-1803*, 10 vols. org. por Karl-Heinz HAHN, Weimar, Böhlau, 1978-1996; Idem, *Histoire de la poésie des Hébreux* (1782), Paris, Didier, 1845; Idem, *Idées sur la philosophie de l'histoire de l'humanité* (1784-1791), 3 vols., Paris, Levrault, 1827-1828; BULTMANN, Christoph, *Die biblische Urgeschichte in der Aufklärung Johann Gottfried Herders Interpretation der Genesis als Antwort auf die Religionskritik David Humes*, Tübingen, Mohr Siebeck, 1999; DUMONT, Louis, "Une variante nationale. Le peuple et la nation chez Herder et Fichte" (1979), em *Essais sur l'individualisme. Une perspective anthropologique sur l'idéologie moderne*, Paris, Seuil, 1991, p. 134-152; Idem, *Homo aequalis*, t. II: *L'idéologie allemande. France-Allemagne et retour*, Paris, Gallimard, 1991; GÜNTHER, Gottfried, VOLGINA, Albina A. e SEIFERT, Siegfried, orgs., *Herder Bibliographie*, Berlim, Aufbau, 1978; HAYM, Rudolf, *Herder nach seinem Leben und seinen Werken* (1877-1885), 2 vols., Osnabrück, Biblio Verlag, 1978; HERMS, Eliert, "Herder, Johann Gottfried von", em *TRE*, t. XV, 1986, p. 70-95; MARKWORTH, Tino, *Johann Gottfried Herder. A Bibliographical Survey, 1977-1987*, Hürth-Efferen, Gabel, 1990; PATOCKA, Jan, *J. G. Herder et sa philosophie de l'humanité* (1941), em *Lumières et romantisme*, Paris, Vrin, 1989, p. 17-26; PÉNISSON, Pierre, *J. G. Herder. La raison dans les peuples*, Paris, Cerf, 1992.

● **Bíblia**; estética; Goethe; Hamann; **história**; indivíduo; Kant; Luzes; **razão**; Schleiermacher

HERESIA

Conhecendo o uso helênico da palavra "heresia" no sentido escolar, o Novo Testamento visa com isso sobretudo à falsa fé que substitui os fundamentos da fé por um novo evangelho. Mais tarde, a heresia é medida de acordo com a norma apostólica. Após a decisão de Constantino, os hereges são objeto de perseguição por parte das autoridades políticas, trabalhando juntamente com as autoridades eclesiásticas que, na Idade Média, estabeleceram a Inquisição. O direito canônico define a heresia como "a negação obstinada, após o batismo, de uma verdade que deve ser recebida com fé divina e católica, ou a dúvida obstinada sobre essa verdade" (*Code de droit canonique* [código de direito canônico] [1983], ed. bilíngue latim-francês, Paris, *Centurion-Cerf-Tardy*, 1984, cânones 751 e 1364). Distingue-se heresia de apostasia, "rejeição total da fé cristã", e de cisma, "recusa a submeter-se ao Sumo Pontífice ou a participar da comunhão com os membros da igreja que lhe estão submetidos".

Lutero define a heresia como a manifestação da vontade orgulhosa do homem, afirmada diante de Deus. Para ele, trata-se de um problema espiritual que precisa ser combatido com armas espirituais, e não por meio de coação do poder político. Porém, convencidos de que a missa e as crenças anabatistas eram uma blasfêmia que as autoridades não deveriam tolerar, persuadidos também da necessária unidade de fé em dado país, Lutero e os demais reformadores apelaram para as autoridades para combater adeptos de falsas doutrinas. Relativistas e tomados de tolerância, os tempos modernos com frequência ocultam o problema da heresia, até mesmo dentro das igrejas. A questão ressurge na Igreja Católica com o *Syllabus* ou "Recueil des erreurs de notre temps" [Coletânea dos erros de nosso tempo] (1864), que condena o panteísmo, o socialismo, o racionalismo e o liberalismo e, com a encíclica contra o modernismo *Pascendi dominici gregis* (1907). Ressurge nas igrejas protestantes da Alemanha que se opuseram aos "Cristãos Alemães", contaminados pela ideologia nacional-socialista (*Declaração de Barmen*, 1934), e na África do Sul, com a questão do *apartheid*.

Marc Lienhard

▶ BETZ, Hans Dieter et alii, *Häresie*, em *TRE*, t. XIV, 1985, p. 313-348; JOURNET, Charles, "Un problème de terminologie: schisme, hérésie, dissidence", *Nova et vetera* 23, 1948, p. 52-84; LE GOFF, Jacques, org., *Hérésies et sociétés dans l'Europe pré-industrielle, XIe-XVIIIe siècles*, Paris-Haia, Mouton, 1968.

◉ Anátema; *apartheid*; Barmen (*Declaração de*); confissão de fé; doutrina; dogma; Serveto; Simbólicos (Escritos)

HÉRING, Jean (1890-1966)

Teólogo e universitário, filho de Théodore Héring e Emma Hertzog, nascido em Ribeauvillé (alto Reno). Celibatário. Estudos superiores em Estrasburgo, Heidelberg e Göttingen (1908-1914). Professor *agrégé* em letras (*Staatsexamen* [provas do Estado] em 1914), Escola Prática de Altos Estudos (1919-1923). Cargos sucessivos: professor no ginásio protestante de Estrasburgo (1914-1915 e 1916-1919). Vice-diretor da Escola Preparatória de Teologia em Paris (1919-1924). Foi "mestre de conferências" na Faculdade de Teologia Protestante da Universidade de Estrasburgo, assumindo em seguida o cargo de professor (Novo Testamento e moral, em caráter provisório). Morto em Estrasburgo. Principais obras: *Étude sur la doctrine de la chute et de la préexistence des âmes chez Clément d'Alexandrie* [Estudo sobre a doutrina da queda e da preexistência das almas na obra de Clemente de Alexandria] (Paris, Leroux, 1923); *Phénoménologie et philosophie religieuse* [Fenomenologia e filosofia religiosa] (Paris, Alcan, 1926), obra que testemunha a profunda influência exercida sobre Héring do ensino de seu mestre, Husserl, cujo método inspiraria também seus trabalhos de exegese; *Le Royaume de Dieu et sa venue. Étude sur l'espérance de Jésus et de l'apôtre Paul* [O Reino de Deus e sua vinda: estudo sobre a esperança de Jesus e do apóstolo Paulo] (1937, Neuchâtel, Delachaux et Niestlé, 1959²); os três comentários do Novo Testamento publicados em Neuchâtel, pela editora Delachaux et Niestlé: *La première épître de Saint Paul aux Corinthiens* [A primeira epístola de São Paulo aos Coríntios] (1949, 1959²); *La seconde épître de Saint Paul aux Corinthiens* [A segunda epístola de São Paulo aos Coríntios] (1958) e *L'Épître aux Hébreux* [A epístola aos Hebreus] (1954). Pensador original, Héring teve o mérito de introduzir na França o pensamento de Husserl. Como exegeta, Héring se ligou de modo pessoal à escola histórico-crítica (sobretudo a Guillaume Baldensperger [1856-1936]), mas também à escola fenomenológica: a cada perícope, buscava captar o alvo de seu objetivo intencional. Foi igualmente um dos diretores da *Revue d'histoire et de philosophie religieuses* [Revista de história e de filosofia religiosas].

Roger Mehl

▶ HAUTER, Charles, "Hommage de la Faculté de Théologie de Strasbourg au Professeur Jean Héring", *RHPhR* 37, 1957, p. 1-4 (bibliografia das obras de Héring, p. 3s); TROCMÉ, Étienne, "Héring Jean", em André ENCREVÉ, org., *Les protestants* (*Dictionnaire du monde religieux dans la France contemporaine* V), Paris, 1993, p. 250s; WENDEL, François, "Hommage de la Faculté de Théologie de Strasbourg à M. Jean Héring, Professeur honoraire", *RHPhR* 46, 1966, p. 111-115 (bibliografia das obras de Héring, p. 114s).

◉ Exegese; fenomenologia; método histórico-crítico; revistas protestantes

HERMENÊUTICA

Recebe o nome de hermenêutica a teoria da interpretação ou da compreensão (do verbo grego *hermeneuein*: "dizer", "exprimir", "traduzir", "interpretar", "compreender"). O objeto do trabalho interpretativo pode ser definido de modo mais ou menos restritivo ou amplo: textos, discursos, enunciados, manifestações da inteligência humana etc. Desde seus primórdios, o cristianismo foi confrontado com o problema hermenêutico: primeiro, na questão da interpretação cristã dos textos do Antigo Testamento; em seguida, bem rapidamente, na questão da compreensão geral da Bíblia, sobretudo da articulação entre os dois Testamentos. A tradição patrística e medieval organiza sua hermenêutica bíblica em torno da distinção entre a letra e o espírito (cf. 2Co 3.6: *a letra mata, mas o espírito vivifica*). Culmina no esquema dos quatro sentidos das Escrituras (literal, alegórico, tropológico ou moral, anagógico). Em uma confrontação crítica com a tradição e sob a influência do Renascimento, a Reforma seria um sopro renovador da reflexão hermenêutica. Além do esforço filológico, histórico e gramatical em sua exegese, os reformadores desenvolveram ao mesmo tempo uma reflexão sobre o *status* teológico das referências às Escrituras. Seu princípio *sola scriptura* ("somente as Escrituras") foi sobretudo um princípio hermenêutico: a Bíblia é sua própria intérprete e compreendê-la é entrar em seu próprio mover interpretativo, sendo finalmente interpretado por ela. A reflexão hermenêutica dos reformadores permitiria a abertura das faculdades protestantes ao método histórico-crítico, nos séculos XVII e XVIII, e às conclusões radicais suscitadas por ele. Porém, em sua totalidade, as implicações hermenêuticas dessa renovação moderna da leitura só seriam plenamente assumidas com a hermenêutica de Schleiermacher, no início do século XIX. Enfatizando a interpretação psicológica do autor através do texto, Schleiermacher estabelece as bases de uma hermenêutica geral que seria desenvolvida de modo programático por Dilthey como uma epistemologia das ciências do espírito. Esse esforço por uma hermenêutica filosófica se estende ao século XX com autores como Martin Heidegger, Hans-Georg Gadamer e Paul Ricoeur. Na teologia, Bultmann renova a análise do problema da hermenêutica desenvolvendo, no prolongamento do método histórico-crítico, seu programa de interpretação existencial de textos bíblicos e demitologização, enquanto Ebeling busca frutificar a hermenêutica para o desenvolvimento da teologia sistemática. Hoje, o debate hermenêutico, principalmente na hermenêutica teológica, é marcado por um "conflito de interpretações" (Ricoeur): uma pluralidade de abordagens, inspirada em diversas ciências humanas ou ideologias, convida a uma reflexão sobre a pluralidade do sentido.

Pierre Bühler

▶ BULTMANN, Rudolf, "O problema da hermenêutica" (1950), em *Crer e compreender: ensaios selecionados*, São Leopoldo, Sinodal/EPG, 2001; EBELING, Gerhard, "L'herméneutique entre la puissance de la parole de Dieu et sa perte de puissance dans les Temps modernes", *RThPh* 126, 1994, p. 39-56; GUSDORF, Georges, *Les origines de l'herméneutique*, Paris, Payot, 1988; JEANROND, Werner G., *Introduction à l'herméneutique théologique* (1991), Paris, Cerf, 1995; RICOEUR, Paul, *Le conflit des interprétations. Essais d'herméneutique* (1969), Paris, Seuil, 1993; Idem, *Du texte à l'action. Essais d'herméneutique II*, Paris, Seuil, 1986; SCHLEIERMACHER, Friedrich, *Herméneutique*, Genebra, Labor et Fides, 1987 e Paris, Cerf, 1987; STUCKI, Pierre-André, *Herméneutique et dialectique*, Genebra, Labor et Fides, 1970.

▶ Acomodação; analogia da fé; Barr; **Bíblia**; biblicismo; Bultmann; cânon e cânon dentro do cânon; demitologização; Dilthey; essência do cristianismo; exegese; existencial; Gusdorf; Harnack; inspiração; kantismo (neo); Käsemann; Lutero; método histórico-crítico; **modernidade**; **razão**; Ricoeur; Schleiermacher

HERMINJARD, Aimé-Louis (1817-1900)

Herminjard estudou na Academia de Lausanne, onde apresentou sua tese de *licence* (primeiro ano do segundo ciclo da universidade francesa) em teologia sobre Pierre Viret. As cartas do reformador valdense o levaram às de seus correspondentes, e o campo de estudos se ampliou sem cessar: ele se dedicaria ao assunto por toda a vida. Da mesma forma, seu nome está estreitamente ligado aos nove volumes da *Correspondance des Réformateurs dans les pays de langue française* [Correspondência dos reformadores nos países de língua francesa] (1866-1897, 9 vols., Nieuwkoop, De Graaf, 1965-1966). Inúmeras viagens ao estrangeiro, dez anos de residência em Genebra, um grande talento como paleógrafo, tudo isso pôs a seu alcance os preciosos manuscritos. Notas e comentários facilitaram a compreensão das cartas. São prudentes na formulação de hipóteses, precavidos contra todo tipo de "romantismo histórico", mas deixam entrever um conhecimento íntimo dos seres e das coisas.

Éric Peter

▶ Os *documentos Herminjard* estão no Museu de História da Reforma de Genebra; *Jubilé de M. Aimé-Louis Herminjard*, Lausanne, Bridel, 1896; DOUMERGUE, Émile, *Jean Calvin, les hommes et les choses de son temps*, t. II, Lausanne, Bridel, 1902, p. VII-XII; MEYLAN, Henri, "Aimé-Louis Herminjard (1817-1900), notre benédiction vaudois", *Revue historique vaudoise* 76, 1968, p. 83-92.

◉ Viret

HERRMANN, Wilhelm (1846-1922)

Nascido em Melkow (Altmark), estuda teologia em Halle, onde é nomeado *privat-docent*. De 1879 a 1917, atua como professor de teologia sistemática em Marburgo, onde falece. Aluno de Tholuck e Ritschl, Herrmann é representante de uma concepção de religião compreendida em termos de individualismo ético, reunindo as categorias (neo)kantianas de moralidade e as ideias fundamentais da Reforma. A "vida interior de Jesus" é o modelo de uma subjetividade que relaciona moralidade e religião, em nome das quais Herrmann se opõe à metafísica e ao historicismo. Foi professor de Karl Barth e Rudolf Bultmann.

Dietrich Korsch

▶ HERRMANN, Wilhelm, *Die Religion in Verhältnis zum Welterkennen und zur Sittlichkeit*, Halle, Niemeyer, 1879; Idem, *Der Verkehr des Christen mit Gott. Im Anschluß an Luther dargestellt* (1886), Tübingen, Mohr, 1921; Id., *Ethik* (1901), org. por Harmut KREB, Waltrop, Spenner, 2002; Idem, *Schriften zur Grundlegung der Theologie*, org. por Peter FISCHER-APPELT, 2 vols., Munique, Kaiser, 1966-1967; FISCHER-APPELT, Peter, *Metaphysik im Horizont der Theologie Wilhelm Herrmanns*, Munique, Kaiser, 1965; GOGUEL, Maurice, *Wilhelm Herrmann et le problème religieux actuel*, Paris, Fischbacher, 1905; KORSCH, Dietrich, *Glaubensgewißtsein und Selbstbewußtsein*, Tübingen, Mohr, 1989; MOCK, Rainer, *Die Allgemeingültigkeitsbegründung der christlichen Glaubens. Wilhelm Herrmanns Kant-Rezeption in Auseinandersetzung mit den Marburger Neukantianern*, Berlim, Walter de Gruyter, 2000; SOCKNESS, Brent W., *Against False Apologetics. Wilhelm Herrmann and Ernst Troeltsch in Conflict*, Tübingen, Mohr Siebeck, 1998; STENGLEIN-HEKTOR, Uwe, *Religion im Bürgerleben. Eine frömmigkeitsgeschichtliche Studie zur Rationalitätskrise liberaler Theologie um 1900 am Beispiel Wilhelm Herrmann*, Münster, Lit, 1997; WAGNER, Falk, "Theologischer Neukantianismus. Wilhelm Herrmann 1846-1922", em Friedrich Wilhelm GRAF, org., *Profile des neuzeitlichen Protestantismus*, t. II/2, Gütersloh, Mohn, 1993, p. 251-278; WEINHARDT, Joachim, *Wilhelm Herrmanns Stellung in der Ritschlschen Schule*, Tübingen, Mohr, 1996.

◉ Fé; indivíduo; kantismo (neo); Lemaître; Ritschl; ritschliana (escola); Tholuk

HESSE

Região da Alemanha Média que foi um dos berços da Reforma, sob a liderança do landgrave Filipe I, o Magnânimo. Com sua morte, em 1567, Hesse se dividiu em duas regiões, que subsistiram até 1945. No norte, a Hesse-Kassel se torna reformada em 1605, com o landgrave Maurice, desempenhando um papel ativo nos séculos XVII e XVIII na Alemanha protestante com a Universidade de Marburgo. No sul, a região de Hesse-Darmstadt se torna, junto a Giessen, um bastião da ortodoxia luterana. No século XIX, a igreja protestante se unifica no norte, enquanto conserva, no sul, sua referência luterana. Os católicos, pouco numerosos, concentram-na na região de Fulda. A partir de 1949, Hesse passa a constituir um *Länder* da República Federal da Alemanha.

Bernard Vogler

▶ STEITZ, Heinrich, *Geschichte der Evangelischen Kirche in Hessen und Nassau*, 5 vols., Marburgo, Trautvetter und Fischbacher Nachfolger, 1961-1977.

◉ Alemanha; Felipe de Hesse

HESSE, Hermann (1877-1962)

Hermann Hesse nasceu em Wurtenberg, em uma família de pastores e missionários pietistas. Tudo parece destiná-lo ao pastorado, mas revoltado contra a família e os princípios rígidos que recebeu, contra os professores e toda forma de autoridade, Hesse interrompe seus estudos em teologia. Exerceu várias profissões (antiquário-livreiro) antes de conhecer a fama com seus primeiros romances livremente inspirados em experiências autobiográficas: *Peter Camenzind* (1904), *Hans* (1906), *Gertrude* (1910). Morou por dois anos na Índia, e essa influência seria marcante em muitos de seus romances, principalmente *Sidarta* (1922). De volta à Europa no momento em que estoura a Primeira Guerra Mundial, Hesse denuncia a barbárie dos nacionalismos e se refugia na Suíça, naturalizando-se em 1921. Seria agraciado com o Prêmio Nobel de Literatura em 1946.

Sob a influência de Jung, com quem inicia sessões de psicanálise, atraído pelo Oriente e por questões religiosas, escreve romances cada vez mais simbólicos e metafísicos: *Demian* (1919), *O lobo da estepe* (1927), *Narciso e Goldmund* (1930), *O jogo das contas de vidro* (1943). Seus principais temas são a rejeição de toda autoridade para reencontrar um caminho individual e a reconciliação entre bestialidade e espiritualidade, além de uma crítica bastante vigorosa da técnica e do mundo ocidental. Apesar de ter rompido com a fé familiar e de sentir-se atraído pela sabedoria oriental, Hesse permaneceria um protestante durante toda a vida: "Sou não somente, por acaso, filho de piedosos protestantes, mas ainda protestante do fundo da minha alma (o que não contradiz a antipatia que sinto pelas confissões protestantes de hoje em dia). O verdadeiro protestante se defende contra sua própria igreja tanto quanto se defende das outras, pois sua mentalidade o faz preferir a evolução à estagnação. E, nesse sentido, penso que também Buda era protestante".

Michel Cornuz

▶ HESSE, Hermann, *Gesammelte Werke*, 12 vols., Frankfurt, Suhrkamp, 1987; Idem, *Romans et nouvelles*, Paris, *Librairie générale française*, 1999; SÉNÈS, Michel e Jacqueline, *Hermann Hesse. Le magicien*, Paris, Hachette, 1989.

◉ Espiritualidade; Jung; **literatura**

HICK, John Harwood (1922-2012)

Nascido em Scarborough, Inglaterra, John Hick estuda direito em Kingston-upon-Hull e filosofia em Edimburgo. Obtém seu doutorado em filosofia da religião em Oxford. Durante os anos 1950 e 1960, passa pelas universidades de Oxford e Cambridge, na Inglaterra, e Cornell e Princeton, nos Estados Unidos. Também estuda teologia e é ordenado na Igreja Presbiteriana da Inglaterra, em 1953. Exerce o ministério pastoral durante alguns anos. Em 1967, instala-se em Birmingham, cidade muito diversificada religiosamente, para ocupar uma cadeira de teologia. Começa então a formular uma teologia pluralista e a interessar-se concretamente por outras religiões. Esse interesse o leva à Ásia (Índia e Sri-Lanka), onde aprofunda seus conhecimentos em hinduísmo e budismo. Em 1982, Hick se estabelece nos Estados Unidos para ensinar na Claremont Graduate School, Califórnia. Aposenta-se e volta para Birminghan em 1993, onde se torna *fellow* (membro) do *Institute of Advanced Research in Arts and Social Sciences* [Instituto de Pesquisa Avançada em Arte e Ciências Sociais].

Hick rompe com a tradição inglesa de uma correspondência entre as leis naturais, a razão e Deus, preferindo uma temática centrada na liberdade do encontro humano com uma realidade transcendente cuja exterioridade é enfatizada. Em uma base kantiana, Hick formula um "realismo crítico" que leva em consideração um dado religioso real ao mesmo tempo que aceita que não seja jamais percebido nem vivido como tal; o mundo permanece religiosamente ambíguo. Hick se distancia de uma teologia proposicional e se apoia na experiência. Opõe-se a todo tipo de concepção "não cognitivista" ou naturalista da realidade religiosa. A hipótese de uma vida — ou, ainda, de uma série de vidas — após a morte desempenha um papel central em suas reflexões, pois é somente na escatologia que a interpretação religiosa pode verificar-se. Essa verificação escatológica é essencial em seus textos sobre o mal, o sofrimento e a teodiceia. Hick propõe que o sofrimento seja parte de um processo que tem como objetivo formar a alma (*soul-making*). A partir de Ireneu, mais que de Agostinho, Hick percebe o sofrimento como um elemento indispensável para a liberdade humana. Uma única vida individual seria curta demais para desenvolver uma plena humanidade. No final de uma série de vidas, porém, o benefício seria maior que o sofrimento. Tal é a esperança religiosa.

Hick é mais conhecido como uma testemunha e um ator de uma "revolução copernicana", que resulta na afirmação de um pluralismo religioso. Crendo enfatizar a fé como ato de liberdade, com base em uma necessária distância entre Deus e o religioso (distância que só pode corresponder a uma pluralidade de formas religiosas), Hick apresenta a visão de um crescimento sem limites rumo à humanidade revelada em Cristo. Com a distinção kantiana entre o mundo em si e o mundo percebido, instaura a hipótese do *Real* (a realidade última), inacessível mas sempre causa das experiências religiosas nas diferentes tradições, sem por isso ser percebido ou descrito em si mesmo. As religiões são consideradas mitos, mas mitos verdadeiros. Quanto à teologia cristã, Hick opera uma descentralização da posição tradicional de Cristo. Considera que a doutrina das duas naturezas sempre foi obscura e sem força persuasiva. O abandono dessa doutrina cede lugar a um Cristo que não é mais que o paradigma de uma relação antropológica com Deus, com o questionamento da temática de uma única encarnação divina — algo que, para ele, envenena as relações entre cristãos e não cristãos.

Patrick Fridlund e Pierre Gisel

▶ HICK, John H., *Evil and the God of Love* (1966), Londres, Macmillan, 1977; Idem, *Faith and Knowledge* (1966), Basingtoke, Macmillan, 1988; Idem, *Philosophy of Religion* (1963), Englewood Cliffs, Prentice Hall, 1990; Idem, *Death and Eternal Life* (1976), Louisville, Westminster/John Knox Press, 1994; Idem, *An Interpretation of Religion. Human Responses to the Transcendent* (1989), Basingstoke, Palgrave Macmillan, 2004; Idem, *God and the Universe of Faiths. Essays on the Philosophy of Religion* (1973), Londres, Oneworld, 1993; Idem, *God Has Many Names. Britain's New Religious Pluralism* (1980), Filadélfia, Westminster Press, 1982; Idem, *The Rainbow of Faiths. Critical Dialogues on Religious Pluralism*, Londres, SCM Press, 1995; Idem, *The Fifth Dimension. An Exploration of the Spiritual Realm*, Oxford, Oneworld, 1999; Idem, *Dialogues in the Philosophy of Religion*, Basingstoke-New York, Palgrave, 2001; Idem, org., *The Myth of God Incarnate*, Londres, SCM Press, 1977 (debate: Michael GREEN, *The Truth of God Incarnate*, Londres, Hodder and Stoughton, 1977, e Michael GOULDER, org., *Incarnation and Myth. The Debate Continued*, Grand Rapids, Eerdmans, 1979); Idem e KNITTER, Paul F., orgs., *The Myth of Christian Uniqueness. Toward a Pluralistic Theology of Religions*, Maryknoll, Orbis Books, 1987; CHEETHAM, David, *John Hick. A Critical Introduction and Reflection*, Aldershot, Ashgate, 2003; D'COSTA, Gavin, *John Hick's Pluralist Philosophy of World Religions*, Aldershot, Ashgate, 2002; MEACOCK, Heather, *An Anthropological Approach to Theology. A Study of John Hick's Theology of Religious Pluralism, towards Ethical Criteria for a Global Theology of Religions*, Lanham, University Press of America, 2000; MESLE, Robert, *John Hick's Theodicy. A Process Humanist Critique*, Basingstoke-Londres, Macmillan, 1991; ROSE, Kenneth, *Knowing the Real. John Hick on the Cognitivity of Religions and Religious Pluralism*, New York, Lang, 1996; SINKINSON, Christopher, *The Universe of Faiths. A Critical Study of John Hick's Religious Pluralism*, Carlisle, Paternoster Press, 2001.

▶ **Deus; religião e religiões**

HIERARQUIA

O termo "hierarquia" é pouco familiar à mentalidade protestante, a não ser quando designa, na prática, o estabelecimento de responsabilidades entre os diversos corpos constituídos (p. ex., hierarquia de assembleias, entre sínodos e conselhos paroquiais etc.; relações entre bispos e sínodos em ambiente luterano). A palavra costuma ser mais utilizada no protestantismo com fins externos, até polêmicos, para tratar da gradação dos poderes nas igrejas que têm estrutura de tipo monárquico, sobretudo na Igreja Católica Romana, com seus bispos e a liderança do papa.

Claude Bridel

▶ CALVINO, João, *As institutas da religião cristã*, IV, IV-XI; *A Igreja: constituição dogmática* Lumen Gentium (1964), Petrópolis, Vozes, 1983; Christus dominus *sobre o múnus pastoral dos bispos na igreja* (1965), São Paulo, Paulinas, 1966; REYMOND, Bernard, *Entre la grâce et la loi. Introduction au droit ecclésial protestant*, Genebra, Labor et Fides, 1992.

▶ **Autoridade**; bispo; clericalismo; concílio; **igreja**; organizações eclesiásticas; poder; presbítero-sinodal (sistema); sínodo

HINOLOGIA

Pouco desenvolvida nas regiões de língua francesa, a hinologia associa a musicologia, a história da música, a teologia e o repertório dos cânticos para uso no culto. Por sua escolha quanto a fazer os fiéis cantarem durante o culto, a Reforma muito contribuiu para o desenvolvimento do canto cristão. Houve a necessidade de criar textos e melodias. O luteranismo é conhecido por seus hinos, que são poemas sobre temas bíblicos ou evangélicos. Sob Calvino, a Reforma de expressão francesa colocou os salmos em versos franceses, que passaram a ser cantados na igreja *a capella* — em uníssono por longo tempo, com melodias inspiradas em modos medievais, mas com uma única sílaba por nota, sem modulações. Primeiro separada para uso interno, a harmonização dos salmos a quatro vozes, com melodia para o tenor, introduziu-se no culto dominical público desde o final do século XVII. A partir do final do século XVIII, e principalmente no século XIX, os reformados de expressão francesa adotaram pouco a pouco hinos de tradição luterana, cânticos de origem morávia e inúmeros cânticos do Avivamento. Foi também nessa época que a melodia dos salmos foi transferida para o soprano. Além de cânticos de compositores pertencentes a seus próprios meios culturais (Bernard Reichel, Éric Stauffer etc.), os protestantes de língua francesa transpuseram para o francês vários *negro spirituals* e *gospel songs*. Porém, nunca conseguiram se ater a uma única e mesma coletânea de salmos e cânticos a serem usados por toda a francofonia protestante.

Bernard Reymond

▶ PIDOUX, Pierre, org., *Le Psautier huguenot du XVIe siècle. Mélodies et documents*, 2 vols., Basileia, Bärenreiter, 1962; REYMOND, Bernard, *Le protestantisme et la musique. Musicalités de la Parole*, Genebra, Labor et Fides, 2002; WEBER, Édith, *La recherche hymnologique*, Paris, Beauchesne, 2001.

⊙ Chantre; musicais (formas); **música**

HINSCHISMO

Fundada por volta de 1845 por Coraly Hinsch (1801-1890), filha de um negociante de origem alemã membro da Igreja Reformada de Sète, a comunidade hinschista se desenvolve no mover do Avivamento. Após uma experiência de conversão aos 31 anos, Coraly Hinsch aprofunda sua vida espiritual ao entrar em contato com o reavivalismo wesleyano, decidindo assumir sua missão de edificação e evangelização ao organizar sua própria igreja em Sète. Em seguida, várias comunidades são formadas em Nîmes, nas Cevenas, no Vigan e até mesmo no Tarn, região de Jean-Étienne Armengaud, que se casa com Coraly Hinsch em 1850. A espiritualidade e a doutrina hinschistas muito devem ao metodismo, mas enfatizam a autoridade da Bíblia, a oração, a ação do Espírito Santo, a submissão à vontade divina, a vida simples e a caridade. A prática do sacerdócio universal é estimulada, e a própria Coraly Hinsch assume todas as funções inerentes ao ministério pastoral, o que não deixa de suscitar uma forte oposição da parte das igrejas concordatárias. Em 1847, Coraly Hinsch levanta o primeiro estabelecimento popular de banhos de mar em Sète, e em 1857 ajuda seu sobrinho, Édouard Kruger, a organizar em Nîmes um lar para moças órfãs ou desencaminhadas. No início do século XX, a igreja hinschista conta com quatrocentos membros, mas seu zelo não impediu que entrasse em um irreversível declínio com a Segunda Guerra Mundial. A maior parte dos hinschistas se encaminhou aos poucos para a Igreja Reformada.

Laurent Gambarotto

▶ *Recueil des lettres pastorales de Mme Armengaud née Hinsch, précédé d'une notice biographique* (1862), Nîmes, Baldy, 1878; GAUSSENT, Jean-Claude, *Les protestants et l'Église réformée de Sète*, Nîmes, Lacour, 1993; KRUGER, Ernest, *Doctrines de l'Église évangélique hinschiste*, Nîmes, "La Laborieuse", 1916.

⊙ **Seitas**

HIRSCH, Emanuel (1888-1972)

Nascido em Bentwisch (Brandenburgo), Emanuel Hirsch morreu em Göttingen, onde ensinou teologia de 1921 a 1945, primeiro como professor de história da igreja e, depois, em 1936, como titular de uma cadeira de teologia sistemática.

Para Hirsch, a tarefa da teologia consiste em dar conta da fé cristã em uma contemporaneidade assumida e bem pensada com seu próprio presente. Assim, tal concepção articula intimamente o engajamento histórico e a reflexão sistemática. "Logo, a teologia não se contenta em ganhar uma temática política, mas é teologia política" (H.-W. SCHÜTTE, em J. RINGLEBEN, org., p. 6). O acesso à teologia de Hirsch deve passar por sua biografia política, necessariamente. A partir de 1920, Hirsch passou a desprezar a democracia, tornando-se um apologeta de um Estado autoritário. Somente ele parecia capaz de dar forma política à concretude incondicionada própria ao agir moral. Em 1933, acreditou identificar na chegada ao poder de Hitler e na rápida edificação de um Estado totalitário a realização histórica de seu programa político. Assim, passou de uma concepção cultural da nação a uma compreensão racista do povo. Porta-voz dos "Cristãos Alemães" e conselheiro teológico de Ludwig Müller, bispo do Reich, Hirsch queria convencer a igreja protestante alemã a reconhecer na "Revolução Nacional" do nacional-socialismo a forma histórica concreta do agir de Deus. Se a igreja queria ser "igreja do povo" (*Volkskirche*), deveria discernir no movimento uma prescrição normativa, tanto para questões eclesiológicas quanto para reflexões dogmáticas e éticas. Tornou-se membro da *Nationalsozialistische Deutsche Arbeiterpartei* (Partido Operário Nacional-Socialista alemão) em 1937. Defendeu a legitimidade política da Noite de Cristal (9 de novembro de 1938) e da "guerra de extermínio", conduzida no *front* do leste (cartas de 28 de novembro de 1938 e de 19 a 21 de fevereiro de 1943 para Wilhelm Stapel, conservadas no *Schiller-Nationalmuseum Deutsches Literatur-archiv* de Marbach em Neckar).

A adesão incondicional de Hirsch ao nazismo (de que ele nunca se retratou) o isolou e o constrangeu a pedir, em 1945, a aposentadoria. Essa filiação entrava até hoje a discussão de um programa teológico cujos rigor intelectual e erudição histórica lhe conferem proeminência na história da teologia protestante do século XX, mesmo que seu leitor seja o tempo todo confrontado com a questão dos laços que poderiam associar o ato sistemático fundamental de Hirsch a seu engajamento político. Em sua teologia, Hirsch opera tanto como historiador das ideias modernas quanto sistemático. Para ele, os tempos modernos marcam uma crise radical, que o cristianismo não pode abster-se de abordar: implicam uma transformação fundamental de seus enunciados doutrinais e seus formatos institucionais.

Profundo conhecedor de Fichte, Hirsch enxerga na "consciência de verdade" o núcleo normativo da modernidade. Em modernidade, verdade e subjetividade, são um par, pois a verdade recebe uma estrutura fundamental reflexiva: pode valer como verdade somente o que o sujeito pode reconhecer e de que pode apropriar-se como tal. Essa estrutura do conceito moderno de verdade é homóloga à do conceito reformado de fé. Hirsch articula assim teoria da modernidade com teoria do cristianismo.

Rompendo com a teologia liberal fundada na teoria agnóstica da religião (Schleiermacher), a dogmática de Hirsch reconstrói a doutrina cristã sob a forma de uma teoria da subjetividade individual constituída pelo conceito de verdade. Pois, se o próprio Deus é a verdade, o homem atingirá sua verdade última por meio de uma retomada reflexiva das formas teóricas e práticas da verdade. É quando se descobre a dialética de uma antinomia em que o homem se reconhece fundado em Deus, e isso em singularidade de consciência. A apropriação individual da verdade toma assim a forma de uma crise radical da subjetividade, à qual corresponde a estrutura antinômica do conceito de Deus, ao mesmo tempo fundamento e fronteira abissal da consciência. Assim, essa teoria existencial da verdade vale também como princípio crítico para a reconstrução da doutrina cristã, exigindo que sejam eliminadas todas as tradições dogmáticas incapazes de ser reconstruídas sob esse esquema fundamental. A radicalidade do procedimento de Hirsch torna sua dogmática "a mais reducionista das dogmáticas jamais escritas no neoprotestantismo", de acordo com U. Barth.

Dentre suas demais publicações, verificam-se importantes contribuições sobre Fichte, Lutero e Kierkegaard (que ele traduziu para o alemão), trabalhos de exegese do Novo Testamento, reflexões sobre a hermenêutica cristã do Antigo Testamento e sobre a significação da fé pascal e um manual de homilética.

Jean-Marc Tétaz

▶ HIRSCH, Emanuel, *Kierkegaard-Studien. Die innere Geschichte — Der Denker*, 2 vols., Gütersloh, Bertelsmann, 1933; Idem, *Geschichte der neuern evangelischen Theologie im Zusammenhang mit den allgemeinen Bewegungen des europäischen Denkens* (1949-1954), 5 vols., Gütersloh, Mohn, 1975; Idem, *Lutherstudien*, 2 vols., Gütersloh, Mohn, 1954; Idem, *Christliche Rechenschaft* (org. por Hayo GERDES, 1972), nova edição por Hans HIRSCH, 2 vols., Tübingen, Katzmann, 1989; ASSEL, Heinrich, *Der andere Aufbruch: Die Lutherrenaissance. Ursprünge, Aporien, Wege: Karl Holl, Emanuel Hirsch, Rudolf Hermann (1910-1935)*, Göttingen, Vandenhoeck & Ruprecht, 1994, p. 164-304; Idem, "Barth ist entlassen…" Emanuel Hirschs Rolle im Falle Barth und seine Briefe an Wilhelm Stapel", *Zeitschrift für Theologie und Kirche* 91, 1994, p. 445-475; BARTH, Ulrich, *Die Christologie Emanuel Hirschs. Eine systematische und problemgeschictliche Darstellung ihrer geschichtsmethodologischen, erkenntniskritischen und subjektivitätstheoretischen Grundlagen*, Berlim, Walter de Gruyter, 1992; HENTSCHEL, Markus, *Gewissenstheorie als Ethik und Dogmatik. Emanuel Hirschs "Christliche Rechenschaft"*, Neukirchen-Vluyn, Neukirchener Verlag, 1995; LOBE, Matthias, *Die Prinzipien der Ethik Hirschs*, Berlim, Walter de Gruyter, 1995; OHST, Martin, *Der I. Weltkrieg in der Perspektive Emanuel Hirschs*, em Thomas KAUFMANN e Harry OELKE, orgs., *Evangelische Kirchenhistoriker in "Dritten Reich"*, Gütersloh, Kaiser/Gütersloher Verlaghaus, 2002, p. 64-121; RINGLEBEN, Joachim, org., *Christentumsgeschichte und Wahreitsbewußtein. Studien zur Theologie Emanuel Hirschs*, Berlim, Walter de Gruyter, 1991; TILLICH, Paul, *Écrits contre les nazis (1932-1935)*, Paris-Genebra-Quebec, Cerf-Labor et Fides-Presses de l'Université Laval, 1994; TRILLHASS, Wolfgang, *Der Einbruch der Dialektischen Theologie in Göttingen und Emanuel Hirsch*, em Bernd MOELLER, org., *Theologie in Göttingen. Eine Vorlesungsreihe*, Göttingen, Vandenhoeck & Ruprecht, 1987, p. 362-380; WILKE, Matthias, *Die Kierkegaard-Rezeption Emanuel Hirschs. Eine Studie über die Voraussetzungen der Kommunikation christlicher Wahrheit*, Tübingen, Mohr Siebeck, 2005.

> Consciência; "Cristãos Alemães"; **Deus**; Fichte; Göttingen (Universidade de); Holl; Lutero; **modernidade**; Müller L.; protestantismo (neo) Schleiermacher

HISTÓRIA

1. Introdução
2. História e teologias da história
   2.1. A cruz
   2.2. A Providência
   2.3. O Reino
   2.4. Levantamento tipológico e variações históricas
3. História da igreja
   3.1. Antes da Reforma
   3.2. Humanismo
   3.3. A Reforma, ou a história entre erudição e controvérsia
   3.4. A Bíblia no campo da história
   3.5. História dos dogmas e filosofia da história
4. Períodos moderno e contemporâneo
   4.1. Católicos e protestantes: dois olhares sobre a história
   4.2. Historiografia do protestantismo no mundo de língua francesa
   4.3. A história como lugar da teologia
5. Conclusão

1. Introdução

A noção de história, que pode ser enunciada em vários registros, interessa ao protestantismo em diversos aspectos:

a) Como noção geral: a história constitui um campo de questionamento para toda teologia cristã que se preocupa em dar conta da revelação de Deus no mundo, da encarnação de Cristo, da presença do Espírito. Em um esforço para pensar a teologia cristã, o protestantismo se defronta com a questão do desdobramento temporal do sentido e do não sentido, assim como das mediações (textos canônicos, instituições eclesiásticas, reformas). É quando a história se coloca como um problema.

b) Como noção espiritual: a história (individual e coletiva) é o contexto em que a fé é recebida e confirmada; a espiritualidade cristã tende a ver nisso a verificação — ou às vezes a crise — de suas certezas sobre a presença e a ação de Deus no mundo. Desse ponto de vista, a história se dá como relato e faz uma *sutura*, oferecendo uma coerência imaginária (o que não quer dizer irreal ou ilusória) na memória dos indivíduos que creem e dos grupos eclesiais.

c) Como disciplina autônoma: a história como saber — ou não saber — obedece às regras de todo discurso racional e só mede resultados com o rigor metodológico que partilha com as ciências humanas. Aqui, a história faz um *corte* com as certezas da fé.

2. História e teologias da história

Não é possível definir uma noção protestante única de história. As correntes teológicas e espirituais que atravessaram a Reforma e suas famílias confessionais induziram — e foram influenciadas por — visões diversas de história, tanto no plano universal, cósmico, quanto eclesiástico e individual. Sem pretender esgotar a diversidade de suas relações com a história, nós nos propomos a limitá-las aqui com a ajuda de três figuras emblemáticas: a cruz, a Providência e o Reino.

2.1. A cruz

Para toda uma família teológica e espiritual — marcada em especial pelo pensamento de Martinho Lutero, mas também identificada com algumas correntes pietistas ou evangélicas, assim como na obra de teólogos contemporâneos em diálogo com uma filosofia pós-moderna surgida do fracasso das ideologias progressistas e da redescoberta de um excesso do mal —, a história mundial manifesta antes de tudo a amplitude do pecado humano (cf., p. ex., a *Apologia da Confissão de Augsburgo*, art. 2: "A própria história mundial mostra quão grande é o poder do diabo".). Ora, a revelação de Deus em Jesus Cristo, que culmina na cruz, assinala de algum modo a morte de um Deus que daria sentido a toda a história, que a salvaria no fim das contas. Se é necessário falar de uma "história da salvação" (ainda que a expressão seja de um uso equivocado nesse contexto), "é Jesus Cristo e aquilo que Jesus Cristo é. É a justificação pela fé. É a Palavra de Deus como poder que mata e ressuscita, que condena e justifica, que humilha e exalta, que mergulha no desespero e preenche com um consolo eterno" (Théobald SÜSS, *L'histoire du salut dans la théologie de Luther*, Positions luthériennes 21, 1973, p. 9). Aqui, portanto, a única história capaz de suscitar atenção na reflexão teológica será a dos seres humanos considerados em sua individualidade, suas esperanças, seus sofrimentos e suas lutas. Bultmann exprime essa visão existencial ao afirmar que "a história decisiva não é a história do mundo, a história de Israel e a de outros povos, mas, sim, a história vivida por cada indivíduo" (Rudolf BULTMANN, *Histoire et eschatologie dans le Nouveau Testament* [1954], em *Foi et compréhension*, t. II, Paris, Seuil, 1969, p. 124). A história humana em geral não pode ser afetada por uma maiúscula, nem orientada, *a priori*, em dado sentido, com Deus garantindo a destinação final.

2.2. A Providência

Para uma segunda corrente de teologia e de espiritualidade protestantes — sobretudo de orientação reformada (zwinglio-calvinista), assim como puritana —, Deus governa o mundo e o orienta de acordo com seus decretos eternos. O tempo histórico é o de sua paciência, mas também o de sua Providência, que controla o destino do mundo e a existência de todos os homens, tanto os eleitos quanto os reprovados, geralmente sem nosso conhecimento. Calvino declara: "Quando falamos da providência de Deus, essa palavra não significa que, estando ocioso no céu, ele especula sobre o que é feito na terra; mas, sim, que ele é como um capitão de navio, que mantém o leme em mãos para dirigir todos os acontecimentos" (*IRC* I, XVI, 4).

Essa concepção de um Deus que controla o desenrolar da história pode se desdobrar tanto em uma teologia dos decretos, em que todos os acontecimentos são previamente "programados", como nas obras de Calvino e Beza, quanto em uma teologia da aliança, em que o domínio de Deus sobre a história se manifesta através de alianças sucessivas que marcam a progressão espiritual da humanidade (cf. Stephen STREHLE, *Calvinism, Federalism and Scholasticism. A Study on the Reformed Doctrine of Covenant* [Calvinismo, federalismo e escolasticismo: um estudo sobre a doutrina reformada da Aliança], Berna, Lang, 1988). Seja como for, nessa lógica "Deus é o senhor da história e [...] o julgamento divino é a instância reguladora de um mundo em perigo de tornar-se caótico em consequência do pecado" (Georges CRESPY, *Une théologie de l'histoire est-elle possible?* [É possível uma teologia da história?], *RThPh* 13, 1963, p. 121).

2.3. O Reino

Para uma terceira corrente, representada sobretudo pelas linhas apocalípticas e milenaristas (anabatistas), mas também por setores radicais do puritanismo ou do entusiasmo (profetas, cevenóis), e em seguida pelo adventismo, a tendência é sair da história ao antecipar o Reino. O papel do cristão, convencido da iminência do fim da história, é esperar impacientemente (e até apressar) a parusia, através da instauração de comunidades cristãs que já vivem fora do mundo.

Thomas Müntzer (?1490-1525) fornece uma versão violenta, mas exemplar dessa postura. Em seu *Manifesto de Praga* (1521), realiza um diagnóstico severo da história cristã: "Tendo lido e relido as histórias dos Pais da igreja, percebi que, após a morte dos discípulos dos apóstolos, a igreja virginal e imaculada se tornou rapidamente uma prostituta, por culpa de líderes que fizeram com que as almas se desviassem. [...] isso é obra do diabo [...]. Foi necessário que tais erros ocorressem para que surgissem e se realizassem as obras de todos os homens, eleitos e condenados, e isso até nossa época, em que Deus vai separar o joio do trigo, para que possamos saber, tão claro como em pleno dia, quem desviou a igreja por tanto tempo". E conclui em um tom apocalíptico: "Após esse fogo furioso, o anticristo em pessoa reinará, a verdadeira antítese de Cristo, o qual um pouco depois dará a Seus Eleitos o reino deste mundo por séculos e séculos" (Thomas MÜNTZER, *Écrits théologiques et politiques, lettres choisies* [Escritos teológicos e políticos, cartas escolhidas], org. por Joël LEFEBVRE, Lyon, Presses universitaires de France, 1982, p. 62s).

O anúncio da saída da história nem sempre é feito na linguagem paroxística e brutal do milenarismo, mas pode se traduzir por uma retirada pessoal do mundo, praticada por aqueles que têm consciência de serem eleitos, ou ainda, como para alguns espiritualistas, com um julgamento negativo sobre as mediações políticas e eclesiásticas (ministério, sacramentos, Bíblia...). Tende também a desvalorizar a encarnação, ou seja, o caráter histórico da vida, da Paixão e da morte de Jesus Cristo (cf. Neal BLOUGH, org., *Jésus-Christ aux marges de la Réforme* [Jesus Cristo nas margens da Reforma], Paris, Desclée, 1992, principalmente o artigo de André Séguenny: *Le Christ des spirituels allemands: autour de Hans Denck et Sebastian Franck* [O Cristo dos espirituais alemães: em torno de Hans Denck e Sebastian Franck], p. 91-115).

2.4. Levantamento tipológico e variações históricas

Tal tipologia não pretende esgotar a riqueza das posturas adotadas no interior do "protestantismo". Também não está em questão fixar esse protestantismo em um estágio inicial de seu desenvolvimento, na medida em que sua entrada para a modernidade caracterizou-se muito fortemente por uma vontade de emancipar o saber histórico, de livrá-lo das interpretações doutrinárias nas quais estava preso. Um levantamento tipológico, na verdade, só tem como objetivo esboçar os contornos de um espaço triangular em que diversas sensibilidades protestantes evoluem e podem ser identificadas em função de suas identidades confessionais, sua teologia, mas também de sua inserção social e dos fatos de cada época. É assim, por exemplo, que a autoridade que a ortodoxia luterana atribui aos textos de Lutero fez com que essa ortodoxia considerasse a Reforma um acontecimento escatológico (Marc LIENHARD, *Martin Luther. Un temps,* *une vie, un message* [Martinho Lutero: um tempo, uma vida, uma mensagem] [1983], Genebra, Labor et Fides, 1998^4, p. 357s), ou que a controvérsia interconfessional conduziu os reformados franceses dos séculos XVI e XVII, logicamente inclinados a adotarem o lado da Providência, a desviar para as teses milenaristas do Reino (Jacques SOLÉ, *La signification eschatologique de la Réforme dans le débat confessionnel français autour de 1600* [A significação escatológica da Reforma no debate confessional francês sobre 1600], em Bernard CHEVALIER e Robert SAUZET, orgs., *Les Réformes, enracinement socioculturel* [As reformas, enraizamento sociocultural], Paris, La Maisnie, 1985, p. 57-63; Idem, *Le débat entre protestants et catholiques français* [O debate entre protestantes e católicos franceses], t. II, p. 531-876).

No protestantismo, a noção de história lida teologicamente parece se inscrever, portanto, em vários espaços, atravessados por linhas de tensão que não coincidem com as fronteiras das confissões eclesiásticas. As diferentes relações com a história indicadas aqui suscitam posturas éticas (sobretudo diante do político) e determinam opções eclesiológicas precisas. Além disso, associam-se às relações que o próprio Deus mantém com a história que ele inaugurou ao criar o mundo: a Cruz insiste na Paixão de Deus, deixando o homem na ignorância do que Deus faz fora de Cristo; a Providência enfatiza ao mesmo tempo sua ação permanente e sua paciência, na espera do Julgamento; o Reino vê a ação de Deus no mundo e afirma que essa ação implica igualmente uma ação do homem.

Quanto à eclesiologia, sob o emblema da Cruz se alinham os defensores de uma *reformatio* que pretende continuar atrelada à igreja, única esfera em que Deus age de modo específico e cognoscível, ou seja, em Cristo. A história dos homens fora de Cristo permanece em um mundo submetido à lei, em um espaço que o evangelho não atinge. Por outro lado, sob o emblema da Providência se desdobram uma eclesiologia e uma ética cuja vocação final é mudar o homem por completo e trabalhar por uma santificação do mundo todo: presume-se que a *reformatio* da igreja deva se espraiar para os campos da vida social e da política. Mas as opções históricas governadas pela Cruz e pela Providência se encontram ambas correlacionadas a uma visão positiva do mundo. A ideia de *reformatio*, seja aplicando-se à igreja somente, seja estendendo-se para um campo mais amplo, sugere ser possível e desejável melhorar o estado das coisas em um regime de cristandade. Sob o emblema do Reino, é o contrário: pensa-se em termos de ruptura. Assim, seja traduzindo-se por uma postura de insurreição (profetas de Zwickau, Müntzer, reino de Münster), seja demonstrando uma atitude não violenta (anabatistas de Zurique opondo-se a Zwinglio, Menno Simmons, quacrismo), a teologia é marcada por duas correntes espirituais: a ascética, com a recusa do mundo e de seus valores (cf., p. ex., *Theologia vere christianae apologia* [1675] de Robert Barclay, traduzida para o francês com o título *La lumière intérieure, source de vie. Apologie de la vraie théologie chrétienne telle qu'elle est professée et prêchée par ce peuple appelé par mépris les Quakers* [A luz interior, fonte de vida: apologia da verdadeira teologia cristã tal como é professada e pregada por esse povo chamado desdenhosamente de quacres], Paris, Dervy, 1993, p. 325), e a mística, com a desvalorização das mediações, Cristo-homem, Bíblia, igreja, sacramentos (cf., p. ex., os textos de Caspard Schwenckfeld e Valentin Weigel citados por Pierre JANTON, *Voies et visages de la Réforme en France* [Caminhos e faces da Reforma na França], Paris, Desclée, 1986, p. 188-197), e pela convicção de que a Reforma do magistério ficou no meio do caminho. Segundo os autores, é importante operar não somente uma *reformatio*, mas uma *christianismi restitutio* (de acordo com expressão de Miguel Serveto, 1553), ou seja, um movimento que, recusando o valor da trajetória histórica da igreja, voltaria à comunidade eclesial das origens, e também uma espiritualização do cristianismo, pela qual os cristãos possam compreender que a verdadeira "história da salvação" é a que se desenvolve em sua alma (cf., p. ex., Sebastian FRANCK, *280 Paradoxes or Wondrous Sayings* [280 paradoxos ou Fantásticos dizeres], Lewiston-Queenston, E. Mellen Press, 1986, p. 391; Idem, *Paradoxa ducenta octoginta* [1534], em P. Janton, op. cit., p. 188).

3. História da igreja

A historiografia da igreja ilustra a interação entre dois aspectos por vezes contraditórios da história, assim como a complexidade da relação que mantém com ela as diversas correntes do pensamento cristão, sobretudo protestante.

Propõe-se aqui, em um primeiro momento, uma recapitulação dos dados anteriores ao século XVI, com o fim de compreender as continuidades mantidas e as rupturas historiográficas realizadas pela Reforma.

3.1. Antes da Reforma

A expressão "história da igreja" toma um sentido quando os membros da comunidade cristã buscam interpretar seus destinos religiosos à luz dos acontecimentos. Podemos assim considerar que o relato de Lucas em Atos dos Apóstolos constitui o primeiro esboço de autocompreensão da igreja primitiva à luz de seu passado recente. Porém, considera-se que Eusébio de Cesareia (?260-?340) é o verdadeiro pioneiro nessa disciplina ao mesmo tempo teológica e histórica: utilizando-se de documentos das bibliotecas de seu amigo Pânfilo e de Alexandre de Jerusalém para escrever uma *História eclesiástica* em dez volumes (desde o nascimento de Jesus até 323), Eusébio empreende de fato um duplo objetivo. Primeiro, sua obra tem uma função cosmológica, já que apresenta a luta da igreja contra o mundo como a contraparte terrestre da luta de Deus contra Satanás; segundo, a obra cumpre uma função apologética, mostrando que a igreja se mantém fiel, apesar das perseguições e heresias.

Essa perspectiva é encontrada na obra de Sócrates, o Escolástico (?380-450), Sozomeno (início do século V), Teodoreto de Ciro (?393-?466) e ainda Filostórgio (?368-?439) que defende o ponto de vista ariano; em seguida, nas obras de Teodoro de Constantinopla (início do século VI) e de Evagro, o Escolástico (?536-600). No século XIV, Nicéforo Calisto (?1256-?1335), monge de Constantinopla, estenderia a história da igreja até o início do século X. Na igreja latina, Rufino de Aquileia (?345-410) produziu uma tradução abreviada da *História eclesiástica* de Eusébio, estendendo-a até o fim do século IV (morte de Teodósio o Grande, 395). Em sua *Crônica*, Jerônimo (?342-420) retoma o trabalho de Eusébio e Rufino. Seu livro sobre os grandes homens da igreja é ampliado por Genádio de Marselha (fim do século V) e Isidoro de Sevilha (?560-636).

Em sua *Historia sacra*, o bispo gaulês Sulpício Severo (?360-?420) escreve a história do mundo desde a criação até a igreja no final do século IV. A partir das obras de Sócrates

HISTÓRIA

Sozomeno e Teodoreto, Cassiodoro (?480-?575) compõe uma *Historia ecclesiastica tripartita* que seria referência, junto com a de Eusébio, ao longo de toda a Idade Média.

Após o período das grandes invasões, a história conhece uma regressão na cristandade. Os soberanos desejam basear sua legitimidade na redação de histórias dinásticas ou nacionais. Os clérigos, que a partir de então copiam Eusébio e Cassiodoro, redigem anais de monastérios ou sedes episcopais. Obras como *Historia Francorum* de Gregório de Tours (?539-?593), *Historia ecclesiastica gentis Anglorum* (731) escrita por Beda, o Venerável (673-735), e a *Gesta Hammaburgensis ecclesiae pontificum* de Adão de Brême (morto por volta de 1081) testemunham esse período em que os autores, incapazes de estabelecer uma distância em relação a um passado do qual se sentem realmente contemporâneos, limitam-se a compilar passivamente os fatos. A mesma tendência à evacuação da historicidade se encontra na leitura da Bíblia, cujo comentário (*sacra pagina*) tende a apagar o sentido literal dos textos em favor de sentidos simbólicos atemporais, e na leitura da vida dos santos: quando Tiago de Voragine (1230-1298) reúne e organiza as hagiografias de cerca de 150 santos, misturando a dados biográficos todo tipo de fábulas e fraudes piedosas para redigir *A lenda dourada*, ele sacrifica deliberadamente a verdade histórica sobre o altar da piedade e da edificação espiritual.

3.2. Humanismo

Foi com o humanismo que a história nasceu como disciplina independente e com vocação científica. Os rigores do método histórico tiveram efeitos diretos sobre a perspectiva hagiográfica e o uso de documentos para legitimação do poder eclesiástico. Assim é que, por exemplo, em seu *De falso credita e ementita Constantini donatione declamatio* (1440), Lorenzo Valla (1407-1457) estabelece, com argumentos filológicos, que a "Doação de Constantino" ao papa Silvestre, ou seja, o documento em que o papado se apoia para reivindicar uma soberania temporal, é falsa. Os eruditos adquirem a consciência do caráter histórico dos documentos com que trabalham, e isso vale também para os textos bíblicos: a comparação efetuada por Valla entre o texto latino da *Vulgata* e o texto original grego é um prelúdio para o trabalho de outros humanistas como Erasmo (que edita a obra *Adnotationes* de Valla em 1505) e Jacques Lefèvre d'Étaples (?1450-1537). Essa consciência histórica que começa a surgir também influencia a área do direito, com Guilherme Budé (1468-1540), Jacques Cujas (1522-1590) e François Bauduin (1520-1573).

3.3. A Reforma, ou a história entre erudição e controvérsia

A contribuição protestante para a história se insere, portanto, na tradição da história eclesiástica praticada pelos autores dos primeiros séculos, sendo amplamente condicionada pelos princípios metodológicos do humanismo. Mas também decorre de um postulado teológico em virtude do qual a verdade teológica está não em uma tradição, em um *continuum* histórico, em primeiro lugar, mas, sim, em uma fonte, a Escritura, que constitui a "norma formal" da fé cristã. Do mesmo modo, o olhar retrospectivo sobre a história bíblica e sobre a história da igreja resulta tanto do *slogan* humanista *ad fontes* ("retorno às fontes") como do *slogan* reformador *sola scriptura* ("somente a Escritura") — este, com grandes conflitos de interpretação, conforme demonstra Bernard Roussel em *Des protestants* [Dos protestantes] na obra *Le temps des Réformes et la Bible* [Os tempos da Reforma e a Bíblia] (Bernard ROUSSEL e Guy BEDOUELLE, orgs., *Bible de tous les temps V* [Bíblia de todos os tempos V], Paris, Beauchesne, 1989, p. 309-325). Esse olhar diz respeito à história da igreja em geral, à história da Reforma e, progressivamente, à do texto bíblico. Seria necessário esclarecer que, ao apresentar aqui somente os autores protestantes, obviamente não pretendemos manifestar desprezo pelo trabalho considerável dos historiadores católicos que são seus contemporâneos, mas, sim, mostrar de modo mais preciso a natureza e eventualmente a especificidade da contribuição protestante para a história?

A principal obra de história da igreja redigida na época da Reforma se intitula *Centúrias de Magdeburgo*, publicada sob a direção de Mathias Flacius Illyricus (1520-1575). Esse monumental trabalho, iniciado em 1552, foi editado em Basileia de 1559 a 1574. É composto de treze volumes in-fólio, cada um tratando de uma centúria, ou seja, um século, desde o século I até o XIII. Aborda de modo sistemático os seguintes pontos: estado geral da igreja, progresso do cristianismo, perseguições, doutrina, heresias, culto, organização. O exame de cada um desses "lugares" permite não só oferecer uma história que pode pretender à exaustividade, mas também informar sobre os ataques à igreja e suas traições. De fato, se o espírito das *Centúrias* se aproxima da apologética dos historiadores da igreja primitiva e seus sucessores, a luta entre a igreja e o mundo é apresentada nessa obra em uma perspectiva diferente: para Flacius e seus colaboradores, Satanás se introduziu aos poucos na igreja, que se viu contaminada pelo erro e pela superstição; o papado é apresentado como obra do anticristo, "o mistério da iniquidade".

As *Centúrias de Magdeburgo* seriam logo objeto de uma refutação do cardeal Cesare Baronio (1538-1607), bibliotecário do Vaticano. Em seus *Annales ecclesiastici* [Anais eclesiásticos], publicados em Roma de 1588 a 1607 em doze volumes in-fólio (abarcando desde o século I até o século XII), Baronio busca demonstrar a permanência da igreja, sobretudo doutrinária. No entanto, as *Centúrias* seriam ampliadas até o século XVI, primeiro por Johann Heinrich Hottinger (1620-1667) em nove volumes; em seguida, no século XVII, por Frederico II Spanheim (1632-1701), que por sua vez refuta Cesare Baronio, como o fez antes dele Isaac Casaubon (1559-1614) em *Exercitationes in Baronium* (Londres, 1614). Assistimos então a uma "guerra dos in-fólio em que a história se torna um tribunal diante do qual citamos o adversário" (Charles-Olivier CARBONELL, *L'historiographie* [A historiografia], Paris, PUF, 1981, p. 65).

A visão da Reforma do século XVI também suscita um importante debate historiográfico. Com a obra *Histoire de la Réformation ou État de la religion et de la chose publique sous Charles Quint* [História da Reforma ou estado da religião e da coisa pública sob Carlos V], em 26 volumes, escrita a pedido de Felipe de Hesse, Johann Sleidan (1506-1556) é o primeiro a debruçar-se sobre essa época da Reforma. Seu principal propósito é fornecer combustível para a discussão. Os numerosos trabalhos históricos que se sucederiam nos séculos XVI e XVII exerceriam aliás a mesma função, tanto no âmbito protestante quanto entre os autores católicos (Cesare Baronio, Florimond de Raemond [morto em 1602], Louis Maimbourg [1610-1686], Jacques Bénigne Bossuet [1627-1704] etc.). Graças aos trabalhos de Charles-Gilbert Dubois e Jacques Solé, podem ser depreendidos os diversos pressupostos teológicos e eclesiológicos que presidem os trabalhos de autores protestantes e as abordagens que os caracterizam.

a) O método de Flacius, encontrado na obra de Simon Goulart (1543-1628), consiste em compor um catálogo dos testemunhos da verdade a fim de provar que o verdadeiro cristianismo foi sempre professado por uma minoria que, desde o final dos tempos apostólicos, opôs-se a Roma. Em resposta a Roberto Bellarmino (1542-1621), Johannes Forbesius (1593-1648) publica em 1645 a obra *Instructiones historico-theologicae de doctrina christiana*, para mostrar que a doutrina protestante concorda com a dos Pais da igreja. Johann Gerhard (1582-1637), na obra *Loci theologici* (publicada de 1610 a 1622), partilha dessa visão. Jacques Basnage (1653-1723), cujo tio, Antoine Basnage, também havia se lançado à crítica dos *Annales* de Cesare Baronio, publica em Roterdã, em 1699, a obra *Histoire de l'Église depuis Jésus Christ jusqu'à présent* [História da igreja desde Jesus Cristo até o presente], que impressiona por seus esforços em prol da imparcialidade e do rigor, mas demonstra um objetivo polêmico: provar que o poder pontifício não pode ser legitimado a partir da prática da igreja primitiva e refutar Bossuet, que em sua obra *Histoire des variations des Églises protestantes* [História das oscilações das igrejas protestantes] sustentava que os protestantes defendiam doutrinas mutantes, logo, falsas.

b) Decorre desse método uma leitura do século XVI como uma reduplicação da história da igreja primitiva. É a ideia do retorno aos valores das origens que explica, por exemplo, a redação de *Histoire des martyrs* [História dos mártires] (1554) de Jean Crespin, *History of the Reformation of Religion within the Realm of Scotland* [História da Reforma da religião dentro dos limites da Escócia] (Londres, Thomas Vautrollier, 1587) de John Knox (?1505-1572) e ainda algumas páginas da *Histoire ecclésiastique* [História eclesiástica] (1580), atribuída, entre outros, a Teodoro de Beza (1519-1605) — obra que ilustra perfeitamente a visão de uma história inteiramente governada por Deus e de uma Reforma como efeito de sua ação providencial. Por exemplo, os "pré-reformadores" e o humanismo são um preâmbulo da Reforma: "Tendo chegado o tempo em que Deus ordenou que seus eleitos se afastassem das superstições que aos poucos sobrevieram à Igreja Romana, e como para mais uma vez recuperar o esplendor de sua verdade, ainda que um século antes tenha sido perseguida a ferro e fogo quando John Wycliffe, e depois dele Jan Hus e Jerônimo de Praga, trouxeram-na e apresentaram-na ao mundo, Deus suscitou primeiramente na Alemanha um grande personagem chamado Johann Reuchlin" (*Histoire ecclésiastique des Églises réformées de France* [História eclesiástica das igrejas reformadas da França], t. I, Toulouse, Société des livres religieux, 1882, p. 1).

c) Os protestantes recorrem igualmente a procedimentos mais eruditos, opondo uma visão crítica das origens do cristianismo medieval à afirmação católica da permanência da fé. Na tradição da historiografia humanista, eruditos como Isaac Casaubon, na obra *De rebus sacris et ecclesiasticis exercitationes* XVI (Genebra, De Tournes, 1655), contestam a autenticidade de alguns documentos católicos; na tradição das *Centúrias*, controversistas como Philippe Duplessis-Mornay (1549-1623) em *Le mystère de l'iniquité, c'est-à-dire l'histoire de la papauté* [O mistério da iniquidade, ou seja, a história do papado] (Saumur, Thomas Portau, 1611) ou, mais tarde, Jean-Henri Heidegger (1633-1698) cuja obra *Histoire du papisme ou abrégé de l'histoire de l'Église romaine depuis sa naissance jusqu'à Innocent XI, pape* [História do papismo ou compêndio de história da Igreja Romana desde seu nascimento até Inocente XI, papa] (Amsterdã, Wetsein, 1685), traduzida por Noël Aubert de Versé, foi bem-sucedida no Refúgio, pretendem demonstrar as variações doutrinárias na história das doutrinas católicas. Essa perspectiva leva os polemistas a apresentar o catolicismo como a religião da decadência do cristianismo e a atacar o papismo, culpado por ter introduzido no evangelho elementos novos e estranhos. Essa é a postura de, por exemplo, Pierre du Moulin (1568-1658) na obra *Nouveauté du papisme opposée à l'antiquité du vray christianisme* [Novidade do papismo oposta à antiguidade do verdadeiro cristianismo] (Sedan, Jean Janon, 1627). Jean Claude (1619-1687), que na obra *Défense de la Réformation contre le livre intitulé Préjugez légitimes contre les calvinistes* [Defesa da Reforma contra o livro intitulado *Preconceitos legítimos contra os calvinistas*] (Quevilly, Jean Lucas, 1673) insiste na natureza histórica do cristianismo, conjuga ambas as perspectivas: ao mesmo tempo que denuncia a perversão e a apostasia romana, assinala a presença permanente de cristãos fiéis que lutam contra o anticristo, dos quais os reformadores são herdeiros. Esse trabalho apologético será continuado após a Revogação do Edito de Nantes por Élie Benoist (1640-1728), cuja obra *Histoire de l'Édit de Nantes* [História do Edito de Nantes] em cinco volumes (Delft, Beman, 1693-1695) visa precisamente, baseando-se em uma grande quantidade de documentos publicados por ele, reabilitar a memória das igrejas reformadas maltratadas na França pela propaganda católica.

d) Alguns autores, como John Cameron (1580-1625) em sua obra *Traicté auquel sont examinez les préjugez de ceux de l'Église romaine contre la religion réformée* [Tratado em que são examinados os preconceitos dos da Igreja Romana contra a religião reformada] (La Rochelle, Jean Hébert, 1617), mais sistemáticos, contestam a identificação que a doutrina católica opera entre a antiguidade e a verdade. A refutação do adágio clássico de Vicente de Lérins, que afirmava ser verdade na igreja aquilo que se crê em todos os lugares, desde sempre e por todos (*quod ubique, quod semper, quod ab omnibus creditum est*), é consequência direta da recusa da autoridade de uma tradição magisterial não submissa à Escritura. De um lado, a Igreja Católica recusa o próprio princípio de permanência doutrinária do catolicismo (não é porque diz sempre a mesma coisa que diz a verdade); de outro, estabelece que, dentre as autoridades evocadas, há tantas diferenças teológicas que a patrística não poderia ser considerada um conjunto dogmático convergente. É o que demonstra Jean Daillé (1594-1670) em sua obra *Traité de l'emploi des saints Pères pour le jugement des différends qui sont aujourd'hui en la religion* [Tratado da utilização dos santos Pais para o julgamento dos desacordos presentes hoje na religião] (Genebra, 1632).

Os acontecimentos políticos europeus tais como a Guerra dos Trinta Anos (1618-1648), a revolução puritana inglesa (1642-1649) e a repressão que se abateu sobre os huguenotes franceses no final do século XVII reforçam mais uma vez a tendência de alguns teólogos reformados para a prática de uma leitura escatológica da história da igreja inspirando-se no livro de Apocalipse. Um dos últimos e talvez o mais famoso é Pierre Jurieu (1637-1713), que em sua enorme produção (*Histoire du calvinisme et celle du papisme mises en parallèle* [História do calvinismo e história do papismo colocadas em paralelo], 2 vols., Roterdã, Reinier Leers, 1683; *L'accomplissement des prophéties* [O cumprimento das profecias], Roterdã, Acher, 1686; *Histoire critique des dogmes et des cultes, bons et mauvais qui ont été dans l'Église depuis Adam jusqu'à Jésus-Christ* [História crítica dos dogmas e dos cultos, bons e maus, que estiveram na igreja desde Adão até Jesus Cristo], Amsterdã, François L'Honoré, 1704) ainda tenta justificar com a história suas ardentes esperanças milenaristas.

No entanto, e ainda que sejam com frequência tratados em uma atmosfera de controvérsia, alguns exemplos mostram que os historiadores conseguem aos poucos, durante o século XVII, tratar das questões isolando-as de seus contextos polêmicos. A história desapaixonada conquista progressivamente seu lugar ao emancipar-se das tutelas da apologética e da controvérsia. É de fato o caso do dossiê da papisa, um mito já denunciado por Florimond de Raemond e Philippe Naudé (1654-1729). Mas a refutação mais célebre foi a de David Blondel (1591-1655), cuja obra *Familier esclaircissement de la question si une femme a esté assise au siège papal de Rome entre Léon IV et Benoist III* [Esclarecimento familiar da questão se uma mulher foi assentada no trono papal de Roma entre Leão IV e Bento III] (Amsterdã, Blaeu, 1647) mostra que a papisa não é uma lenda propagada pelos protestantes, mas, sim, uma fábula, originada na Idade Média e divulgada a partir das concepções católicas sobre a verdade (número de testemunhos, argumento de antiguidade, autoridade dos que a divulgaram). Essa perspectiva é retomada por Pierre Bayle (1647-1706) no artigo "Papisa" do *Dictionnaire historique et critique* [Dicionário histórico e crítico] (1696-1697), assim como em muitos outros momentos de sua obra sobre diversos assuntos (martirológio dos primeiros cristãos, culto a Maria etc.).

Foi também David Blondel que denunciou a impostura das Sibilas: contra a ideia prática de que os *Oráculos sibilinos* seriam um testemunho pagão da verdade do cristianismo, Blondel mostra que se trata de uma "farsa piedosa" cometida por cristãos preocupados — erradamente — em promover uma apologética que, caso fracassasse, se apoiaria em outras fontes além do testemunho bíblico.

3.4. A Bíblia no campo da história

Ao longo do século XVII e por todo o século XVIII, o *corpus* escriturístico foi afetado pela reflexão histórica. O trabalho dos humanistas sobre o texto bíblico modifica a abordagem da Escritura pelos teólogos protestantes que aos poucos avaliam mais profundamente o caráter histórico de sua recepção (manuscritos, versões, vocalização tardia do texto massorético, traduções) e de sua própria redação (cf. François LAPLANCHE, *L'Écriture, le sacré et l'histoire. Érudits et politiques protestants devant la Bible en France au XVIIe siècle* [A Escritura, o sagrado e a história: eruditos e políticos protestantes diante da Bíblia na França do século XVII], Amsterdã-Maarssen, APA-Holland University Press, 1986; Idem, *Débats et combats autour de la Bible dans l'ortodoxie réformée* [Debates e combates em torno da Bíblia na ortodoxia reformada], em Jean-Robert ARMOGATHE, org., *Le Grand Siècle et la Bible* [O Grande Século e a Bíblia], Bible de tous les temps VI [Bíblia de Todos os Tempos VI], Paris, Beauchesne, 1989, p. 117-140). Esse processo, que põe em crise o sentido do *sola scriptura* e suscita vivas reações entre os defensores da ortodoxia, assinala a entrada do pensamento protestante para a era da modernidade. Na linha do trabalho de filologia bíblica de Joseph Juste Scaliger (1540-1609), a escola crítica se formou de uma rede europeia de eruditos (Paris, Leiden, Londres, Genebra) e se implantou sobretudo na Academia Protestante de Saumur, onde ensinaram John Cameron e Moisés Amyraut (1596-1664), com destaque para Louis Cappel (1585-1658). Essa escola luta por uma leitura racional das fontes bíblicas, zelosa por fazer surgir a história dos manuscritos, e questiona verdades dogmáticas que se tornaram evidências, como o pecado original (Josué de la Place, 1596-1655/56) ou a doutrina da inspiração divina das Escrituras. Durante esse período, o protestantismo acompanha um processo de exame histórico-crítico dos textos escriturísticos — que não é o único a suscitar: podemos citar pelo menos os nomes de católicos como Richard Simon (1638-1712), Jean Astruc (1684-1766, filho de pastor) e Augustin Calmet (1672-1757) — cuja influência ainda se faz sentir hoje, tanto positivamente, nas ciências bíblicas, quanto por reação das linhas fundamentalistas: reflexão sobre a redação dos textos bíblicos (John Locke, 1632-1704; Jean Le Clerc, 1657-1736); estabelecimento de coleções de manuscritos (Benjamin Kennicott, 1718-1783); abandono da ideia de origem divina da língua hebraica (Johann David Michaelis, 1717-1791); reflexão crítica sobre a noção de cânon e distinção entre Palavra de Deus e Escritura (Johann Salomo Semler, 1725-1791); aplicação da noção de mito a certos relatos bíblicos (Johann Gottfried Eichhorn, 1752-1827); hipótese sinóptica (Johann Jakob Griesbach, 1745-1812). As obras desses autores contribuíram para inscrever os livros bíblicos em uma história da composição e da recepção dos textos, da mesma forma que os livros profanos, portanto *na história*, mesmo se a invocação da autoridade única da Escritura para fundar uma autoridade alternativa à do catolicismo tenha tendido a dar a esses textos um *status* transcendente (cf. Dominique BOUREL e Yvon BELAVAL, orgs., *Le Siècle des Lumières et la Bible* [O Século das Luzes e a Bíblia], *Bible de Tous les Temps VII* [Bíblia de Todos os Tempos VII], Paris, Beauchesne, 1986).

3.5. História dos dogmas e filosofia da história

A historiografia clássica concorda em localizar no século XVIII o início da história dos dogmas e em enfatizar sua contribuição essencialmente protestante, pelo menos até o final do século XIX (François BONIFAS, *Histoire des dogmes de l'église chrétienne* [História dos dogmas da igreja cristã], Paris, Fischbacher, 1886, t. I, p. 49-59; Adolf von HARNACK, *Histoire des dogmes* [1889-1891], p. XII-XIV, à qual respondem, em uma perspectiva mais sociológica, *Die Soziallehren der christlichen Kirchen und Gruppen* [*Gesammelte Schriften I*, 1912, Aalen, Scientia, 1977] de Ernst Troeltsch). Durante muito tempo, o pensamento do catolicismo clássico permanece de fato estranho à ideia do dogma como resultado de um processo humano e passível de tratamento histórico. Embora nascida em terreno protestante (principalmente de fala alemã), a história dos dogmas se beneficiou do trabalho crítico do humanismo, do deísmo inglês e das pesquisas de eruditos oriundos de congregações católicas, sobretudo beneditinas.

Essa nova disciplina se tornou possível pela distância que se tomou em relação à noção de verdade doutrinária atemporal. Gottfried Arnold (1666-1714), o primeiro autor a estabelecer suas bases, redigiu uma história das origens cristãs em 1688, com sua obra *Unparteiische Kirchen- und Ketzerhistorie* (1699-1700, 2 vols., Hildesheim, Olms, 1967). Seus pressupostos pietistas o levam a desvalorizar a importância das querelas dogmáticas e, em consequência, a denunciar a deriva da Reforma, que seguiu os mesmos caminhos da Igreja Católica Romana. Às margens da história doutrinária oficial, nasce assim uma história das linhas dissidentes que não são mais consideradas monstros heréticos, mas, pelo contrário, vistas com um *a priori* de simpatia.

O livro de Arnold produz vivos debates na Alemanha e contribui para o progresso das ciências históricas. Essa obra influenciaria, por exemplo, *Introductio in memorabilia ecclesiastica historiae sacrae Novi Testamenti* (2 vols., Stuttgart, 1718-1719) de Christian Eberhard Weismann (1677-1747, professor em Tübingen). A inauguração da crítica histórica se expande com os trabalhos do luterano ortodoxo Johann Georg Walch (1693-1775), mas também, e sobretudo, com Mosheim e Semler.

Johann Lorenz von Mosheim (1693-1755), professor em Helmstedt e em Göttingen, dá mais um passo com sua obra *Institutiones historiae ecclesiasticae* (1726, 1737-1741, 1755, trad. franc. *Histoire ecclésiastique, ancienne et moderne, depuis la naissance de Jésus Christ jusques au XVIIIe siècle* [História eclesiástica, antiga e moderna, desde o nascimento de Cristo até o século XVIII], 6 vols., Yverdon, De Felice, 1776). Mosheim conserva a divisão por séculos, mas busca apreender a realidade eclesiástica com a mesma objetividade que o historiador analisa qualquer comunidade não religiosa. Publicou com seu aluno Johann Matthias Schröckh (1733-1808) as obras *Christliche Kirchengeschichte*, em 35 volumes (Leipzig, Schwickert, 1768-1803, t. I-XIII: 1772-1803), e *Christliche Kirchengechichte seit der Reformation* (Leipzig, Schwickert, 1804-1812), uma história da Reforma em dez volumes, com a abolição da divisão dos períodos em séculos.

Johann Salomo Semler (1725-1791), igualmente famoso em virtude da ousadia de suas teses sobre os livros bíblicos, publica a obra *Historiae ecclesiasticae selecta capita* (3 vols., Halle, Hemmerde, 1771-1772). Esse neologista rompe abertamente com os pressupostos dogmáticos e confessionais: para ele, o dogma não é imutável, mas está submetido a flutuações que dependem da história humana.

A obra de Gottlieb Jakob Planck (1751-1833), *Geschichte der Entstehung, der Veränderungen und der Bildung unsers protestantischen Lehrbegriffs von Anfang der Reform bis zur Einführung der Konkordienformel* (6 vols., Leipzig, Crusius, 1781-1800), e sua continuação, *Geschichte der protestantischen Theologie, von der Konkordienformel bis in die Mitte des achtzehnten Jahrhunderts* (Göttingen, Vandenhoeck & Ruprecht, 1831), foi um marco em sua época, por ilustrar de modo monumental o fato de que a Reforma do século XVI e seus prolongamentos se tornaram fenômenos passíveis de um tratamento histórico, sendo necessário inscrevê-los na nova perspectiva de uma história dos dogmas, que a partir de então não se limita somente aos primeiros séculos da igreja.

A época das Luzes (sobretudo em sua versão alemã, a *Aufklärung*) se caracteriza por uma confiança na capacidade da razão, mas também pela ênfase no progresso moral da humanidade, assim como, por fim, pela defesa de uma religião do sentimento, do coração. Essas linhas mestras tão diferentes suscitam nos filósofos protestantes concepções contrastadas de história, mas de uma história que engloba toda a humanidade e prefere postular uma religião natural a apontar para a necessidade de revelação cristã. Assim, o interesse pela história do cristianismo e de suas instituições eclesiásticas se vê substituído por uma concepção essencialmente moral dos progressos do homem em prol da humanidade (cf. as passagens sobre esse período por Isaac August DORNER, *Histoire de la théologie protestante, en particulier l'Allemagne, envisagée dans le développement de ses principes et dans ses rapports avec la vie religieuse, morale et intelectuelle des peuples* [História da teologia protestante, principalmente na Alemanha, quanto ao desenvolvimento de seus princípios e em suas relações com a vida religiosa, moral e intelectual dos povos] [1867], Paris, Meyrueis, 1870,

e por Karl Barth, *La théologie protestante au dix-neuvième siècle. Préhistoire et histoire* [A teologia protestante no século XIX: pré-história e história] [1946], Genebra, Labor et Fides, 1969). Com Lessing (1729-1781), essa perspectiva se manifesta por uma "indiferença discreta em relação a religiões positivas" e uma clara preferência pelas verdades metafísicas opostas às contingências históricas (cf. Henri DECLÈVE, *Lessing ou la raison dans les limites de la pure religion* [Lessing ou a razão nos limites da pura religião], em *Lumières et romantisme* [As Luzes e o romantismo], Paris, Vrin, 1989, p. 119-158). Na obra de Johann Gottfried von Herder (1744-1803), que publica *Idées sur la philosophie de l'histoire de l'humanité* [Ideias sobre a filosofia da história da humanidade] de 1784 a 1791 (Paris, Levrault, 1827-1828), surge a crítica da ideia — típica das Luzes, que "secularizaram" o providencialismo cristão — de que os povos da terra progridem linearmente para um mundo sempre mais esclarecido pela razão. A essa visão geral e abstrata da história, Herder opõe a ideia de evoluções particulares, plurais e sobretudo concretas de cada época rumo a uma "humanidade" concebida como cumprimento da mensagem religiosa comunicada por Deus em Jesus Cristo (Jan Patočka, *J. G. Herder et sa philoophie de l'humanité* [1941], em *Lumières et romantisme* [As Luzes e o romantismo], p. 17-26). Para esses autores influenciados por uma formação protestante, o advento das Luzes não é sinônimo de ruptura com uma visão religiosa do mundo. É necessário transcrever o conteúdo desse acontecimento para as categorias da filosofia, da moral, de uma historicização ou de uma antropologização.

Hubert Bost

4. Períodos moderno e contemporâneo

Durante o período contemporâneo, as relações que os protestantes mantêm com a história não são exatamente parecidas com as anteriores. As questões teológicas são colocadas de outra maneira. É assim que, por exemplo, o milenarismo não mais é representado nas fileiras dos filhos da Reforma. Mesmo as igrejas que insistem bastante sobre a espera da volta de Cristo, principalmente as adventistas, não podem ser qualificadas estritamente como milenaristas (desde o fracasso da previsão de William Miller [1782-1849], que tinha anunciado a volta de Cristo para 1843-1844, os adventistas não esperam mais a volta de Cristo em uma data específica). E, de modo mais geral, o movimento do Avivamento, tão típico da espiritualidade do século XIX, concede uma atenção considerável às relações pessoais entre Deus e o homem, mas não integra a ideia de uma volta próxima de Cristo. Assim, no final do século XIX, distingue-se uma reflexão sobre o conceito de reino de Deus (cf. Christoph Blumhardt, Johannes Weiβ, Albert Schweitzer, Wilfred Monod etc.), mas trata-se sobretudo de um debate propriamente dogmático — e exegético — que não se pode considerar marcado pelo pensamento milenarista.

4.1. Católicos e protestantes: dois olhares sobre a história

Na verdade, as diferenças em relação ao período anterior, e sobretudo ao século XVI, devem-se principalmente ao fato de que, desde 1517, o tempo passou e o protestantismo passou a contar com uma história. Porém, as comunidades protestantes mantêm com seu passado uma relação diferente da que caracteriza as comunidades católicas. De fato, desde que o Concílio de Tradição é uma fonte da verdade cristã, no mesmo nível que a Escritura, o que leva a uma visão complementadora do passado cristão, hostil às rupturas, e valoriza a Idade Média, em geral vista como um período fausto, quase ideal, em que os clérigos desempenhavam um papel fundamental em todos os aspectos da vida pública e privada, e fundadora de uma veia que ainda alimenta a Igreja Romana nos séculos XIX e XX; o que ao mesmo tempo desvaloriza o século XVI, em relação tanto às mudanças religiosas quanto às inovações intelectuais, morais e sociais. Na Igreja Romana (a encíclica *Quanta cura* e o *Syllabus* de 1864 são esclarecedores a esse respeito), o "mundo moderno" foi por muito tempo encarado com suspeita. Para os protestantes, no entanto, sem constituir uma época tão fundamental quanto o século I que viu o próprio Cristo anunciar o evangelho na Palestina, o século XVI, em geral considerado naquilo que diz respeito às coisas da fé como um retorno à fé evangélica (ou por vezes à igreja primitiva), é de fato o *grande* século, aquele que tornou possíveis todas as inovações posteriores. Isso induz a outra visão do mundo moderno, sobretudo se considerarmos que, também na área das ciências profanas, o século XVI é um século fundador. E desde meados do século XVIII, que testemunha os primórdios da Revolução Industrial (que permitiria a eclosão de uma nova civilização material) e o florescimento das Luzes (que tornaria possível, entre outros, o surgimento de uma nova concepção de vida política e de relações entre os indivíduos), muitos protestantes tenderam a considerar a Reforma como a revolução fundamental que, ao liberar o indivíduo das correntes que o faziam prisioneiro da sociedade e da igreja medievais, permitiu o surgimento de uma sociedade moderna, livre e democrática, portadora de novas esperanças. Isso autorizou a maioria dos protestantes a enxergar de modo favorável o mundo moderno, ou pelo menos a considerá-lo como portador de valores que não se opunham de nenhuma forma ao evangelho. Assim, foi toda uma visão da história da Europa ocidental que se fez presente, em filigrana, nessas duas escolhas, escolhas opostas, feitas por católicos e protestantes.

Além disso, o lugar do passado na constituição da identidade protestante varia de acordo com as experiências nacionais, e essa identidade marca profundamente várias comunidades, principalmente as que triunfaram sobre as perseguições.

Nos países de maioria protestante, essa presença do passado se manifesta sobretudo por meio de atos simbólicos. Foi assim que, por exemplo, percebeu-se na Alemanha, em 1832, a fundação do *Gustav-Adolf-Werk*, assim chamado por perpetuar a lembrança desse rei da Suécia que no século XVII contribuiu grandemente para salvar o protestantismo alemão, ameaçado pelos católicos durante a Guerra dos Trinta Anos, uma associação que teria o objetivo de ajudar os grupos protestantes isolados no seio de populações majoritariamente católicas, pela construção de templos, escolas, presbitérios etc. Além disso, sabe-se que o rei da Prússia escolheu simbolicamente a data de 1817, que marca o terceiro centenário da Reforma, para exigir a união dos reformados e dos luteranos de seus estados em uma só igreja. Mas, se em um país como a Alemanha a história do protestantismo é alvo de orgulho para um bom número de membros da igreja protestante, ao mesmo tempo essa história aponta em primeiro lugar para o caráter fundador das iniciativas de Lutero, sendo um dos componentes da identidade protestante.

Na França, nos séculos XIX e XX, a referência ao passado huguenote é mais importante. Um protestante francês é um homem que adere às grandes declarações dos reformadores (*sola fide*, *sola scriptura*, sacerdócio universal etc.), mas também é — e para alguns isso é o mais importante — um homem cujos ancestrais resistiram vitoriosamente a décadas de ataques (e de massacres, como o de São Bartolomeu, em 1572), de pressões variadas e até mesmo a um século de perseguições violentas durante o qual o Estado (monárquico) e a igreja (católica) se utilizaram de praticamente todos os meios, inclusive os mais odiosos, para tentar "converter" os "pretensos reformados". Some-se a isso que, se após os tufões da Revolução Francesa a Igreja Romana não mais buscou perseguir protestantes, por muito tempo ela não aceitou a liberdade religiosa, mas permaneceu no estágio mais simples da tolerância, o que é bem diferente de aceitação. A Igreja Romana tolera os huguenotes na medida em que suas comunidades estão implantadas ali há séculos, mas considera que deve se opor à expansão do protestantismo (àquilo que os protestantes chamam evangelização) nas comunas, onde não há protestantes de origem. Assim, existe toda uma série de dificuldades (sob o Segundo Império, pastores são condenados à prisão durante algum tempo por celebrar cultos sem autorização), que lembram (de um modo menos grave, claro) o período negro do Antigo Regime e que reavivam as lembranças históricas dos huguenotes — sobretudo quando pensamos que, em 1815, no Gard, as insurreições político-religiosas, conhecidas pelo termo mais geral "terror branco", resultam no massacre de pelo menos uma centena de protestantes (com alguns milhares de feridos), assim como na pilhagem e no incêndio de vários templos, fatos que para os huguenotes remetem diretamente ao fantasma do Massacre de São Bartolomeu. Quando houve o caso Dreyfus, os protestantes denunciaram com indignação os perigos de um "São Bartolomeu dos judeus", expressão que indicou enfaticamente o peso da história na consciência coletiva. Isso explica também a opção política de um bom número de protestantes franceses pela esquerda, e consequentemente pela Terceira República, laica e anticlerical.

Esse lugar da história é encontrado no cerne da identidade huguenote por várias vezes, por exemplo, durante a Segunda Guerra Mundial. Com o objetivo de testemunhar sua simpatia pelos judeus perseguidos sob o regime de Vichy, o pastor Boegner escreve ao grande rabino da França, em nome do Conselho Nacional da Igreja Reformada, no dia 26 de março de 1941. Pode-se ler nessa carta: "Nossa igreja, que tem experimentado as dores da perseguição, manifesta uma ardente simpatia por vossas comunidades, que em alguns locais já têm comprometida sua liberdade de culto" (citação de Pierre BOLLE, *Les protestants et leurs églises devant la persécution des juifs en France* [Os protestantes e suas igrejas diante da perseguição aos judeus na França], *ETR* 57, 1982, p. 205). Foi somente o vichysta René Gillouin, membro do gabinete do marechal Pétain, que escreveu para o chefe de Estado para que não fosse adiante a perseguição antissemita: "A Revogação do Edito de Nantes, que permanece como uma mancha na glória de Luís XIV, parecerá o paraíso perto de vossas leis judaicas, senhor marechal" (citação de Marc FERRO, *Pétain*, Paris, Fayard, 1987, p. 245). Já os resistentes protestantes nos maquis afirmaram em grande número que um descendente dos camisardos só poderia ser um "maquisard". Devemos notar, aliás, que o museu protestante mais importante da França, que constitui um de seus "lugares de memória" mais significativos, onde todo ano a assembleia reúne grande multidão, é o Museu do Deserto (para os protestantes franceses, o período chamado "Deserto" é uma alusão à fase em que os hebreus erraram pelo deserto do Sinai durante quarenta anos após sua saída do Egito, indicando o período de perseguições que começa com a Revogação do Edito de Nantes, em 1685, e termina em 1787, ano do Edito de Tolerância, que concede a eles um Estado civil laico), fundado em 1910 no vilarejo do Mas Soubeyran, em Mialet (Gard), na casa de um dos chefes da insurreição dos camisardos, Rolland (Laporte). O Museu Calvin de Noyon, cidade natal do grande reformador francês, é bem menos frequentado que o Museu do Deserto, até mesmo por protestantes.

4.2. Historiografia do protestantismo no mundo de língua francesa

A partir do início do século XIX, o lugar da história na vida das comunidades protestantes é também percebido pelo progressivo desenvolvimento de uma verdadeira historiografia da Reforma. Essa elaboração se explica, em primeiro lugar, pela constituição da história enquanto ciência (ou, pelo menos, como discurso que se apresenta como tal) a partir do final do século XVIII, com a publicação, na Inglaterra, de obras de Edward Gibbon (1737-1794), formado fundamentalmente na Suíça; na Alemanha, das obras de Leopold von Ranke (1795-1886), e na França de François Guizot (1787-1874), três autores protestantes. Mas se explica também pelo distanciamento que o tempo torna possível: três séculos após a Reforma, vislumbra-se uma reflexão sobre suas causas, as razões para seu sucesso em certos países e de seus fracassos em outros (não se esperou até o fim do século XVIII para escrever sobre a Reforma, mas, nos séculos XVI e XVII, houve muito mais controvérsia que ciência, cf. Philippe JOUTARD, org., *Historiographie de la Réforme* [Historiografia da Reforma]; Simone BERNARD-GRIFFITHS, org., *Images de la Réforme au XXe siècle* [Imagens da Reforma no século XX], Paris, Les Belles Lettres, 1992).

As obras sobre o assunto são abundantes em um grande número de países. Se nos atemos somente ao mundo francófono, notamos em primeiro lugar toda uma série de obras de um nível científico bastante insipiente, que se colocam também no contexto de uma polêmica entre protestantes e católicos (cf., p. ex., Charles CHENEVIÈRE, *Farel, Froment, Viret, Réformateurs religieux au XVIe siècle*, Genebra, Gruaz, 1835; Alexandre-César CROTTET, *Petite chronique protestante de France, ou documents historiques sur les Églises réformées de ce royaume* [Pequena crônica protestante da França, ou documentos históricos sobre as igrejas reformadas desse reino], Paris, Delay, 1846; Guillaume-Adam de FELICE, *Histoire des protestants de France depuis l'origine de la Réformation jusqu'au temps présent* [História dos protestantes da França desde a origem da Reforma até o tempo presente], Paris, Librairie protestante, 1850; François PUAUX, *Histoire de la Réformation française* [História da Reforma francesa], 7 vols., Paris, Lévy, 1859-1863); mas é verdade que a publicação de instrumentos de trabalho indispensáveis chega bastante tardiamente: a correspondência dos reformadores é publicada somente a partir do início dos anos 1850 (cf. sobretudo a correspondência de João Calvino, publicada por Jules BONNET, *Lettres. Lettres françaises* [Cartas: cartas francesas], 2 vols., Paris, Meyrueis, 1854; Aimé-Louis HERMINJARD, *Correspondance des Réformateurs dans les pays de langue française* [Correspondência dos reformadores nos países de língua francesa] [1866-1897], 9 vols., Nieuwkoop, De Graaf, 1965-1966), e a edição das obras completas de Calvino só se inicia em 1863 (*Johannis Calvini Opera quae supersunt omnia*, no *Corpus reformatorum*, t. XXIX a LXXXVII, 59 vols., org. por Wilhelm MAUM, Eduard CUNITZ e Édouard REUSS, Brunswick, Schwetschke, 1863-1900). Devemos sobretudo assinalar duas iniciativas importantes, a do pastor suíço Jean-Henri Merle d'Aubigné (1794-1872), autor de *Histoire de la Réformation du XVIe siècle* [História da Reforma do século XVI] (5 vols., Genebra-Paris, Guers-Didot, 1835-1853), mas que não vai além do ano de 1531, e de *Histoire de la Réformation en Europe au temps de Calvin* [História da Reforma na Europa no tempo de Calvino] (8 vols., Paris, Calmann-Lévy, 1863-1878. Os três últimos volumes são obras póstumas organizadas por Adolphe Duchemin com fragmentos deixados por Merle d'Aubigné). Essas oito mil páginas inspiram certamente respeito, e alguns contemporâneos emitiram opiniões bastante elogiosas, como Jules Bonnet, que escreveu: "Do Tâmisa ao Ganges, da Austrália ao Canadá, sua obra é popular, e o pioneiro americano carrega consigo, naquelas solitudes inexploradas como um cordial todo-poderoso, esses dois livros que se complementam: a Bíblia e a *História da Reforma*" (*Notice sur la vie et sur les écrits de M. Merle d'Aubigné* [Notas sobre a vida e sobre os textos do sr. Merle d'Aubigné], *BSHPF* 23, 1874, p. 184); no entanto, não se trata de uma obra científica. Quando os documentos faltam, o autor não consegue o tempo todo fugir à tentação da reconstituição histórica, chegando até mesmo a usar textos autênticos, mas em um contexto não é o deles (cf., p. ex., as críticas de Louis VULLIEMIN, *La Réforme française à ses débuts. Deuxième article* [A Reforma francesa em seus primórdios: segundo artigo], *Revue chrétienne* [Revista cristã] 15, 1868, p. 596-615). Por fim, é evidente que Merle d'Aubigné busca acima de tudo erigir uma estátua para a glória dos reformadores, em vez de construir uma obra serena e objetiva. Como escreve Émile G. Léonard, a obra de Merle d'Aubigné "foi em seu tempo um acontecimento literário e religioso, além de uma das manifestações da renovação do protestantismo: oratória e apologética, não é apenas um episódio da historiografia" (t. I, p. 312). O segundo autor francófono que devemos citar é Émile Doumergue (1844-1937), professor na Faculdade de Teologia de Montauban. Além de uma série de obras sobre variadas questões que interessam à história do século XVI, Doumergue redige os sete alentados volumes da obra *Jean Calvin, les hommes et les choses de son temps* [João Calvino, os homens e as coisas de seu tempo] (Lausanne-Neuilly-sur-Scène, Bridel-La Cause, 1899-1927). Porém, apesar de sua erudição incontestável, e escrevendo sobretudo após a vitória da Alemanha sobre a França em 1870 com a anexação da Alsácia-Lorena pelo Reich, Doumergue se fecha em uma tese patriótica mas indefensável da independência entre as Reformas francófona e germanófona. Para isso, busca fazer de Lefèvre d'Étaples o primeiro reformador, o que já foi contestado na época e não é mais aceito de modo algum nos dias de hoje (cf. sobre isso Richard Stauffer, *Lefèvre d'Étaples, artisan ou spectateur de la Réforme?*, BSHPF 113, 1967, p. 405-423). No mundo francófono, o desenvolvimento das pesquisas científicas sobre a Reforma não seria mais unicamente uma iniciativa protestante com o surgimento da obra de Lucien Febvre (1878-1956), após a Primeira Guerra Mundial, principalmente seu famoso livro sobre Lutero, *Un destin. Martin Luther* [Um destino: Martinho Lutero] (1928, Paris, PUF, 1988), em que critica tanto os historiadores protestantes quanto os católicos tais como Pierre Imbart de la Tour, *Les origines de la Réforme* [As origens da Reforma] (4 vols., Paris, Hachette-Firmin, Didot, 1905-1935) ou Heinrich Denifle e Albert Maria Weiss, *Luther und Luthertum in der ersten Entwickelung* (2 vols., Mayence, Kirchheim, 1904-1909, trad. franc. parcial: *Luther et le luthéranisme* [Lutero e o luteranismo], 4 vols., Paris, Picard, 1910-1913).

Porém, não devemos esquecer que as obras que Lucien Febvre, professor na Faculdade de Letras de Estrasburgo de 1919 a 1933, escreveu sobre Lutero são posteriores às de Henri Strohl (1874-1959), professor de história da igreja na Faculdade de Teologia Protestante de Estrasburgo de 1919 a 1945. E as afirmações de Febvre se inspiram nas pesquisas de Strohl em mais de um ponto. Strohl defende em 1922 uma tese (chamada então "de licença"), *L'évolution religieuse de Luther jusqu'en 1515* [A evolução religiosa de Lutero até 1515] (Estrasburgo, Istra, 1922), completada em 1924 por uma tese de doutorado, *L'épanouissement de la pensée religieuse de Luther de 1515 a 1520* [O desenvolvimento do pensamento religioso de Lutero de 1515 a 1520] (Estrasburgo, Istra, 1924). Ambas, que parecem exalar a influência do luterólogo alemão Karl Holl, exercem um grande impacto entre os especialistas, por contestar cientificamente a caricatura de Lutero pintada por Denifle. Strohl, que continuou por longos anos a trabalhar sobre Lutero, apresentou uma nova versão dessas duas teses em 1953, dando conta das pesquisas mais recentes (*Luther. Sa vie et sa pensée* [Lutero, vida e pensamento], Estrasburgo, Oberlin). Alguns, no entanto, discordariam dele por insistir demais na juventude do reformador e não levar tanto em consideração o Lutero da maturidade.

Quanto ao estudo do pensamento de Calvino, François Wendel (1905-1972, professor na Faculdade de Teologia Protestante de Estrasburgo de 1938 a 1967) é visto como o principal renovador. Em 1948, defendeu sua tese de doutorado, *Calvin. Sources et évolution de sa pensée religieuse* [Calvino, fontes e evolução de seu pensamento religioso] (1950, Genebra, Labor et Fides, 1985), que rapidamente se tornou um clássico (traduzido para o inglês em 1963 e o alemão em 1968). Excelente conhecedor do pensamento da época da Renascença, Wendel mostra que há laços bem mais profundos, até então inimagináveis, entre a teologia de Calvino e o humanismo.

De modo mais geral, deve ser citada a obra brilhante, vasta e multiforme de Pierre Chaunu (1923-2009), professor de história nas universidades de Caen e de Sorbonne. Ele se interessou em primeiro lugar pela história econômica e, em seguida, orientou-se para uma história de objetivos mais amplos, integrando demografia, história social e também o pensamento teológico, percebido como revelador da sociedade. Apresenta um primeiro esboço dessa história em sua síntese notável chamada *La civilisation de l'Europe classique* [A civilização da Europa clássica] (Paris, Arthaud, 1966). Porém, na área que nos interessa aqui (pois sua obra é muito mais ampla e explora de modo inovador um grande número de campos históricos; cf., por ex., o livro *La mort à Paris du XVIe au XVIIIe siècle* [A morte em Paris do século XVI ao XVIII], Paris, Fayard, 1975), Chaunu faz uma brilhante ilustração desse tipo de história em *Le temps des Réformes* [O tempo das reformas] (1975, Paris, Hachette, 1996), utilizando a noção de "estrutura autônoma formada" para propor um modelo interpretativo da Reforma (o último capítulo se intitula "Teoria geral da Reforma Protestante") que permita dar conta da vida religiosa dos humildes, nos quais ele vê uma das bases fundamentais da Reforma. Para ele, o modelo medieval clássico se organiza em torno da transmissão oral do saber (com a ênfase decorrente das obras "salvíficas"), da socialização da ascese (e, portanto, da atribuição de um lugar fundamental aos ritos coletivos que são, por exemplo, as proibições alimentares), da valorização dos ritos de passagem individuais (batismo etc.) e da busca de uma "sociabilidade compensatória" que permita sobretudo proteger as crianças com a ajuda de vários padrinhos e madrinhas. De fato, ele utiliza tanto a análise social quanto o estudo demográfico em seus esforços de tornar inteligíveis as modificações no panorama religioso. Para ele, são as mutações que se produziram no cerne dessa estrutura rígida de representações e comportamentos que induziram à Reforma do século XVI, mesmo se pensamos que o movimento reformador foi preparado muito tempo antes (remontando a 1250) e amplificado pelas grandes epidemias recorrentes de meados do século XIV até o final do século XV. A oposição entre clérigos e leigos, tão forte no início da Idade Média, tendeu a atenuar-se, por causa do atraso cada vez maior da idade do casamento (os clérigos não eram os únicos adultos solteiros) e do maior alcance da educação (quase 10% de pessoas sabiam ler e escrever), que retira das mãos do clero o quase absoluto monopólio clerical da interpretação das Escrituras e da manipulação do sagrado sob todas as suas formas — essa aspiração ao sacerdócio universal que todos concordam estar no cerne da Reforma. Como vemos, trata-se de um modelo complexo, mas particularmente sugestivo.

Por fim, podemos citar as pesquisas de Émile Guillaume Léonard (1891-1961; sucessor de Lucien Febvre na direção dos estudos de história da Reforma e do protestantismo na Seção das Ciências Religiosas da Escola Prática de Altos Estudos), primeiro sobre a história do protestantismo francês, área em que sua obra foi um sopro renovador desde o final dos anos 1930 (cf. sobretudo as obras *Un village d'"opiniâtres". Les protestants d'Aubais, de la destruction à la reconstruction de leur temple* [Um vilarejo de "obstinados": os protestantes de Aubais, da destruição à reconstrução de seu templo] [1685-1838], Mialet, Musée du Désert, 1938, e *Histoire ecclésiastique des réformés français au XVIIIe siècle* [História eclesiástica dos reformados franceses no século XVIII], Paris, Fischbacher, 1940), e em seguida sobre a história da Reforma e do protestantismo, principalmente com a publicação de sua bastante ampla *Histoire générale du protestantisme* [História geral do protestantismo], t. I: *La Réformation* [A Reforma] (1961), t. II: *L'établissement* [O estabelecimento] (1961) e t. III: *Déclin et renouveau* [Declínio e renovo] (com a colaboração de Jean Boisset, 1964).

4.3. A história como lugar da teologia

A história se constitui como ciência no final do século XVIII e no início do século XIX, como vimos. Esse fato não poderia deixar de trazer importantes consequências para o campo da dogmática, da exegese e da história das religiões, até mesmo com o acréscimo de uma exigência de reformulação do *status* e da pertinência da teologia como tal; portanto, entre outros, do discurso doutrinário.

A partir da segunda metade do século XVIII, Semler, Planck e Herder inauguram inovações interessantes em relação a isso, mas a verdadeira novidade surgiria no século XIX, com as sistemáticas reformulações propostas por Friedrich Schleiermacher (1768-1834; cf. principalmente *Le statut de la théologie. Bref exposé* [O *status* da teologia: breve exposição] [1811, 1830], Paris-Genebra, Cerf-Labor et Fides, 1994, mas também *Dialectique* [Dialética], Genebra-Paris-Quebec, Labor et Fides-Cerf-Presses de l'Université Laval, 1997, e *Herméneutique* [Hermenêutica], Genebra, Labor et Fides, 1987 e Paris, Cerf, 1987). Karl Barth, que em geral não poupa críticas ao teólogo alemão, aplica a ele as mesmas palavras que o próprio Schleiermacher usou em relação ao rei Frederico II: "Ele encabeça não uma nova escola, mas uma nova era" (*La théologie protestante au dix-neuvième siècle* [A teologia protestante no século XIX], p. 233). De fato, Schleiermacher busca ultrapassar o obstáculo da posição filosófica kantiana. De acordo com Kant, é impossível demonstrar os objetos da fé (Deus, imortalidade etc.) na área do saber; e o homem, que não pode se entregar a nenhum tipo de pesquisa certeira quanto a Deus e o sobrenatural no nível da razão pura teórica, está somente em posição de atingir um conhecimento "prático" nesses temas. Tal disposição só poderia naturalmente provocar os teólogos. Buscando redefinir a natureza e as formas de um conhecimento de Deus que pudesse ser considerado autêntico, Schleiermacher também procurou mostrar que essa natureza e essas formas são constitutivas para o homem, não arbitrárias ou facultativas: "Os senhores não podem crer nele [Deus] de modo arbitrário, nem por necessitarem dele para consolo e ajuda; os senhores o fazem porque veem nisso uma obrigação" (*De la religion. Discours aux personnes cultivée d'entre ses mépriseurs* [Da religião: discurso às pessoas cultas dentre seus desprezadores] [1799], Paris, Van Dieren, 2004, p. 73). Uma crença arbitrária, conforme ele explica, é uma crença da qual o homem é dono e que pode recusar-se a adotar. Essa crença será autêntica na medida em que for efeito da verdade inerente à revelação. E a própria verdade que se apodera do homem por sua força intrínseca, quando ocorre a experiência ético-religiosa vivenciada pelo cristão. Disso resulta a substituição da *ideia* de Deus, cara à teologia ortodoxa do século XVIII, pela *consciência* de Deus; pois, para ele, a fé não é algo para a razão, o pensamento ou a vontade, mas, sim, "intuição do universo" e sentimento (sentimento originário de "dependência absoluta"). Como explica Christophe Senft, para Schleiermacher, "minha certeza será verdadeira por ter como causa o próprio Cristo, não uma ideia ou um dogma de Cristo, mas, como Schleiermacher se exprime, a *impressão [Eindruck]* que ele me deu de si mesmo" (*Enseignements et questions du XIXe siècle théologique* [Ensinamentos e questões do século XIX teológico], *RThPh* 87, 1954, p. 255).

A experiência ético-religiosa pode ser descrita como um encontro entre o homem e Deus, e Jesus Cristo representa a concretude desse encontro. Como afirmaria mais tarde Charles Secrétan, "não basta ver em Jesus Cristo um homem que viveu uma vida ideal, um homem sem pecado; eu me sinto obrigado a indagar-me como o surgimento de tal homem foi possível" (*De quelques idées sur la méthode* [De algumas ideias sobre o método], *Revue de théologie et de philosophie chrétienne* [Revista de teologia e filosofia cristã], 1855/2, p. 262). Disso decorrem inúmeros questionamentos sobre a pessoa de Cristo, reformulações sobre a união das duas naturezas e também sobre a vida de Jesus, que é objeto de um bom número de trabalhos (várias centenas de livros têm esse título no século XIX; cf. sobre isso o livro de Albert Schweitzer, *Von Reimarus zu Wrede. Eine Geschichte der Leben-Jesu-Forschung*, Tübingen, Mohr, 1906, reeditado com o título *Geschichte der Leben-Jesu-Forschung*, Tübingen, Mohr, 1913). Mas podemos observar nas obras desses teólogos, que de uma forma ou de outra creem inserir-se na linha de Schleiermacher, uma compreensão da experiência ético-religiosa como encontro verdadeiro entre o homem e um objeto que lhe é exterior, a revelação divina, que se apresenta em uma história, a de Cristo Jesus presente na Palestina. Isso explica a ênfase de muitos teólogos protestantes sobre os problemas históricos, sobretudo em relação ao século I.

A presença da noção da experiência ético-religiosa tem outra consequência. De fato, uma fé fundada em uma experiência íntima é difícil de comunicar, sendo suscetível a inúmeras variações. Assim, se queremos evitar a armadilha do subjetivismo, seria bom prestar uma atenção toda especial à Bíblia, postura típica dos protestantes afinal, já que um dos pilares do protestantismo é o princípio da *sola scriptura* (somente a Escritura como regra de fé). No entanto, há diversas maneiras de estudar a Bíblia; claro, diferentemente da experiência ético-religiosa, a Bíblia é um "objeto" definido, que possui uma realidade material irredutível. Mas disso não se segue diretamente que alcançamos sem dificuldades um conhecimento bíblico objetivo, de forma a sustentar a certeza subjetiva transmitida pela experiência. O século XIX, apaixonado por história, tentou alcançar um conhecimento objetivo da Bíblia por meio da história; a do povo judeu e seus vizinhos e, com maior proeminência, a da igreja primitiva, que testemunhou a redação dos livros do Novo Testamento. Esse processo se constitui também em uma reação contra a dogmática do século XVII, ou seja, contra uma leitura dos textos bíblicos subordinada à adesão a toda uma série de dogmas, cuja função principal seria confirmar essa dogmática. A partir do século XVIII, homens como Semler, Reimarus (1694-1765) e Lessing mergulharam em uma análise da Escritura utilizando-se dos mesmos métodos usados em qualquer outra obra que a Antiguidade nos legou. No entanto, as pesquisas desses homens permaneceram pouco estruturadas e necessitadas de bases sistemáticas, sendo predominantemente uma reação contra o supranaturalismo do século XVII.

Se o século XIX prosseguiu nesse esforço com mais método, foi também porque Schleiermacher apresentou a seus contemporâneos uma argumentação que visava demonstrar que o abandono da doutrina da inspiração plena e literal dos livros da Bíblia não tinha consequências nefastas. Os teólogos puderam então abordar problemas da crítica com mais serenidade e menos ideias prontas. Para isso também contribuiu o desenvolvimento da ciência histórica secular (e das ciências auxiliares da história, como arqueologia, epigrafia, filologia), oferecendo-lhes instrumentos de análise para provar suas hipóteses.

As obras de Schleiermacher não são as únicas a influenciar o desenvolvimento das pesquisas históricas; a filosofia hegeliana também contribuiu para isso. Primeiro, porque o pensamento de Hegel (1770-1831) prioriza uma noção de dialética que vê a verdade, e portanto o conhecimento, como um movimento incessante, como uma história. Hegel introduz assim o ponto de vista histórico em todas as coisas, evidenciando a sucessão temporal "lógica" dos acontecimentos. De um lado, Hegel, que professou aulas sobre a filosofia da história (*Leçons sur la philosophie de l'histoire* [Lições sobre a filosofia da história], obra póstuma, 8 vols., Paris, Vrin, 1971-2004), contemporâneo da Revolução Francesa, das conquistas napoleônicas, da guerra de libertação prussiana e da restauração monárquica, buscou compreender esses transtornos, afirmando que a aparente irracionalidade da história provém de um erro de perspectiva: é porque o homem não os vislumbra de modo racional que os acontecimentos históricos parecem irracionais. E ele mesmo propõe elementos de interpretação.

Para compreender a importância de Hegel na área de que tratamos aqui, é preciso também lembrar-se de sua notoriedade nos círculos universitários; alguns teólogos pensaram então ter encontrado em seu método, e em seu pensamento em geral, uma inovação primordial para a teologia moderna.

Sem dúvida, não foi por acaso que uma das primeiras obras teológicas do século XIX apresentada como um estudo histórico e crítico da Bíblia foi, em 1835-1836, *Vie de Jésus, ou examen critique de son histoire* [Vida de Jesus, ou exame crítico de sua história] (1837, trad. franc. da 3ª ed., 2 vols., Paris, Lagrande, 1839-1840), de David Friedrich Strauß (1808-1874), que se apresenta como um "hegeliano de esquerda" (aliás, foi quem criou o conceito, que se verificou prolífico). No entanto, é preciso observar que Schleiermacher também publicou obras históricas e críticas: por exemplo, um ensaio inacabado, *Ueber die Schriften des Lukas ein kritischer Versuch. Erster Theil* (1817, em *Kritische Gesamtausgabe* I/8, Berlim, Walter de Gruyter, 2001, p. 1-180); pioneiro, buscou a prática de uma exegese científica. Mas seu curso *Das Leben Jesu. Vorlesungen an der Universität zu Berlin im Jahr 1832 gehalten* (*Sämmtliche Werke* I/6, Berlim, Reimer, 1864) é sobretudo uma obra dogmática, mais que histórica.

É necessária uma grande confiança em si mesmo e na própria razão para abordar o texto bíblico como o faz Strauß. De fato, Karl Barth afirma que "a filosofia de Hegel é a filosofia da *confiança em si*" (*Hegel* [1946], Neuchâtel, Delachaux et Niestlé, 1955, p. 15). Confiança que, para o homem, apoia-se na "equivalência entre seu pensamento e o objeto pensado, ou seja, a presença total de seu pensamento no objeto pensado e a presença total do objeto pensado em seu pensamento" (ibid.). E prossegue (p. 16): "Proclamar essa confiança [em si mesmo] e convidar outros a que partilhem dela, eis o sentido da filosofia de Hegel. Se ele emite essa proclamação e esse apelo, é porque não considera tal confiança uma distinção pessoal [...]; ela deve ser inteiramente compreendida como uma confiança na razão humana, universal, conhecida de todos e à disposição de todos"; o homem do século XIX pode assim "duvidar de tudo, pois não duvida um só instante de si mesmo, e ter conhecimento de tudo, simplesmente por ter conhecimento de si mesmo" (ibid.,

p. 15). Entende-se que, assim armado, Strauß pudesse redigir um livro em que toma o caminho oposto dos demais que trataram da vida de Cristo. Ele começa por indagar-se se a afirmação hegeliana de que Deus se encarna no homem pode ser confirmada por dados históricos fornecidos nos evangelhos, que sustentam que Deus se encarnou em um homem, Jesus Cristo. Strauß se indaga, portanto, sobre a questão da autenticidade dos evangelhos, sobre a qual ele logo bateu o martelo em um sentido negativo, defendendo que os evangelhos não são relatos históricos, mas, sim, textos "míticos" (*mito* se opõe a *lenda* no sentido de que na lenda o fato cria a ideia, enquanto no mito é a ideia que engendra o relato), ou seja, algo como expressões poéticas de uma ideia religiosa: a espera do Messias. Os apóstolos e os primeiros cristãos acreditaram encontrar em Jesus o Messias esperado pelo povo judeu, e redigiram textos transformando a realidade histórica em "mito" messiânico. Assim, os evangelhos não seriam fontes históricas da vida de Jesus; não permitem uma reconstituição de sua vida, como se conseguiu fazer com os grandes personagens da Antiguidade, como César, por exemplo. Além disso, explica Strauß que a própria ambição de um conhecimento histórico da vida de Jesus é inacessível ao homem, já que uma pesquisa histórica verdadeira exige um método desprovido de *a priori*; ora, um cristão sempre tem *a priori* sobre Cristo. Na verdade, conforme ele afirma, o que cremos em relação a Cristo não pode ser encontrado na história. Nos evangelhos, o mais importante é a "ideia" de Cristo, a ideia de uma identidade espiritual entre Deus e o homem, de um movimento que vai do finito ao infinito que, do lado do homem, é a religião e, do lado de Deus, a revelação. Mas essa "ideia" de Cristo não se encarnou em um indivíduo especial: é a humanidade que é o Deus encarnado.

Tais afirmações se configuraram em um escândalo evidente, ainda mais se pensamos que a exegese de Strauß é muitas vezes sumária. Se ele não é o primeiro a aplicar a noção de "mito" ao estudo da Bíblia, seus antecessores (como, p. ex., De Wette) se contentaram em fazê-lo em relação ao Antigo Testamento somente. De modo mais geral, Strauß é criticado por sua incapacidade em dar conta da fundação da igreja e por não poder afirmar se Cristo foi inventado pela igreja primitiva ou se a igreja foi fundada por Cristo. Mas é verdade que o trabalho de Strauß não se localiza de fato em um nível histórico: ele visa somente a descrever o surgimento de um "mito".

Enfim, o principal pioneiro no estudo histórico da Bíblia não é Strauß, mas Ferdinand Christian Baur (1792-1860), que teve Strauß como aluno. Desde o início, Baur se indaga sobre um problema de ordem historiográfica: com o objetivo de compreender a fundação da igreja primitiva, pretende conhecer com exatidão a origem dos livros do Novo Testamento e as intenções de seus autores, lembrando que o Novo Testamento não provocou a fundação da igreja, mas, sim, a redação dos livros do Novo Testamento foi paralela ao desenvolvimento da igreja primitiva e de sua dogmática. Além disso, para não estudar o passado da igreja com uma intenção teológica em particular, e portanto para conduzir-se como cientista, é necessário possuir uma visão geral, uma "Ideia", da história da igreja e da formação do cânon do Novo Testamento. Baur desenvolveu seu pensamento em toda uma série de obras que ilustram seus postulados e se concentram sobretudo na história dos dogmas e na história da igreja primitiva, como, por exemplo, *Die christliche Lehre von der Versöhnung in ihrer geschichtlichen Entwicklung von der ältesten Zeit bus auf die neueste* (Tübingen, Osiander, 1838); *Die christliche Lehre von der Dreieinigkeit und Menchwerdung Gottes in ihrer geschichtlichen Entwicklung* (1841-1843, 3 vols., Darmstadt, Wissenschaftliche Buchgesellschaft, 1973); *Lehrbuch der christlichen Dogmengeschichte* (1847, 1858, 1867, Darmstadt, Wissenschaftliche Buchgesellschaft, 1979); e, principalmente, uma ampla história da igreja, *Das Christentum und die christliche Kirche der drei ersten Jahrhunderte* (1853), seguida de quatro volumes, *Die christliche Kirche von Anfang des vierten bis zum Ende des sechsten Jahrhunderts in den Hauptmomenten ihrer Entwicklung*, 1859; *Die christliche Kirche des Mittelalters in den Hauptmomenten ihrer Entwicklung*, 1861; *Kirchengeschichte der neueren Zeit von der Reformation bis zum Ende des 18 Jahrhunderts*, 1863; *Kirchengeschichte des 19. Jahrhunderts*, 1862 (os cinco volumes foram reeditados com o título *Geschichte der christlichen Kirche* [História da igreja cristã], Leipzig, Zentralantiquariat der DDR, 1969).

Nessas obras, Baur faz questão de explicar logicamente as diversas fases da história do cristianismo utilizando um ponto de vista hegeliano: ele se interessa sobretudo pela "Ideia", ou seja, o princípio de um sistema dogmático ou o caráter dominante de uma época; o que é mais fácil de aplicar na história dos dogmas que na história da igreja. Por isso, pode-se dizer que sua história tem uma característica um tanto abstrata. Ele enfatiza um esquema geral da formação do cânon do Novo Testamento. Enxerga de fato, no cristianismo do século III, o resultado de um amplo conflito entre duas tendências, que, de acordo com um dinamismo dialético, resolve-se em uma síntese, um conflito que opõe de um lado a tendência judeu-cristã do apóstolo Pedro, apresentada no evangelho de Mateus, e de outro a tendência pagano-cristã, mais universalista, do apóstolo Paulo, exposta no evangelho de Lucas, e que se resolve na síntese de um cristianismo mediador exposto no evangelho de João (para ele, o evangelho de Marcos é uma forma antiga da síntese joanina). Isso o leva a localizar a redação desse último evangelho em uma data mais tardia (por volta de 170), de acordo com seu raciocínio, não com base em pesquisas históricas ou filológicas. Ancorado nesse esquema "idealista", ele apresenta um quadro completo da formação do Novo Testamento: os Atos, irênicos, só poderiam pertencer à segunda fase da vida da igreja; as epístolas pastorais de Paulo são muito pouco pagano-cristãs para serem autênticas etc. Vê-se que o trabalho de Baur é ambicioso e importante, e, ainda que suas conclusões não sejam mais aceitas hoje (e que na verdade tenham sido contestadas enquanto ele ainda era vivo), ele pode ser considerado um dos maiores teólogos do século XIX, reunindo um bom número de discípulos a sua volta — o que chamamos de escola de Tübingen ou escola histórico-crítica, por associar exegese e análise histórica. Entre esses alunos, podemos citar Eduard Zeller (1814-1908), Albert Schwegler (1819-1857), Karl Reinhold von Köstlin (1819-1894) e Gustav Volkmar (1809-1893). Próximos a Baur em vários aspectos (sobretudo o método), eles souberam distanciar-se dele em suas conclusões. Assim, Köstlin apresenta hipóteses interessantes sobre a composição dos evangelhos e as relações entre os três sinópticos (cf. *Der Ursprung und die Komposition der synoptischen Evangelien*, Stuttgart, Macken, 1853). Já Volkmar demonstra que a teoria (aceita durante algum tempo por Baur) de que o evangelho de Marcos seria uma versão remodelada do evangelho de Marcião é insustentável, e que Lucas é bem anterior a Marcião (cf. sobretudo *Das Evangelium Marcions. Text und Kritik mit Rucksicht auf die Evangelien des Martyrers Justin, der Clementinen und der apostolischen Vater. Eine Revision der neuern Untersuchungen nach den Quellen selbst zur Textesbestimmung und Erklärung des Lucas-Evangeliums*, Leipzig, Weidmann, 1852, ou *Der Ursprung unserer Evangelien nach den Urkunden laut den neuern Entdeckungen und Verhandlungen*, Zurique, Herzog, 1866).

A segunda metade do século XIX testemunha um desenvolvimento maior dos estudos históricos, sobretudo depois que o problema das relações entre o cristianismo e a ciência passou a ser descrito com mais acuidade, a partir de 1860, e os protestantes, ampliando sua noção de experiência ético-religiosa, engajam-se mais a fundo na história dos dogmas, na filologia das línguas semíticas e na exegese histórico-crítica. Dentre os teólogos mais representativos dessa corrente, podemos citar Adolf Hilgenfeld (1823-1907). Hilgenfeld continua com as pesquisas da escola de Tübingen, mas desenvolve um método um pouco diferente, chamado "histórico-literário", que não se limita, como na obra de Baur, à análise das tendências doutrinárias dos livros bíblicos, mas busca também integrar um estudo mais amplo do conjunto das fontes dos livros canônicos (cf. *Die Evangelien nach ihrer Entstehung und geschichtlichen Bedeutung*, Leipzig, Hirzel, 1854; *Die jüdische Apokalyptik in ihrer geschichlichen Entwickelung. Ein Beitrag zur Vorgeschichte des Christenthums, nebst einem Anhange über das gnostische System des Basilides*, Iena, Mauke, 1857; *Der Kanon und die Kritik des Neuen Testaments in ihrer geschichtlichen Ausbildung und Gestaltung*, Halle, Pfeffe, 1863). Isso o levaria a, por exemplo, defender que as oposições entre judeu-cristãos e pagano-cristãos não tinham a amplitude e a duração que Baur lhes atribuía, e a apresentar outro esquema da redação dos evangelhos. No mesmo sentido, podemos observar as pesquisas de Karl Heinrich von Weizsäcker (1822-1899) que, ao mesmo tempo que conserva os princípios fundamentais de Baur, visa a alargá-los e aperfeiçoá-los (cf. *Untersuchungen über die evangelische Geschichte, ihre Quellen und den Gang ihrer Entwicklung* [1864], Tübingen,

Mohr, 1901; *Das apostolische Zeitalter der christlichen Kirche* [1886,1892], Tübingen, Mohr, 1902), ou as primeiras obras de Albrecht Ritschl (1822-1889), mais conhecido por sua obra no campo dogmático, mas que de início foi um aluno de Baur (cf. *Das Evangelium Marcions und das canonische Evangelium des Lucas*, Tübingen, Osiander, 1846; no entanto, ele se afasta de Baur na segunda edição de *Die Entstehung der alkatholischen Kirche. Eine kirchen- und dogmengeschichtliche Monographie* [1850], Bonn, Marcus, 1857).

Fora da Alemanha, podemos citar Édouard Reuss (1804-1891), professor na Universidade de Estrasburgo, importante exegeta do século XIX. Como escreve Friedrich Lichtenberger, que foi seu colega em Estrasburgo, Reuss "só deseja ser historiador: é nisso que coloca sua glória, e quase sua vaidade. Elevar com a pesquisa, com a sagacidade e com a imparcialidade a crítica à altura da história, eis sua ambição" (*Histoire des idées religieuses en Allemagne depuis le milieu du XVIIIe siècle jusqu'à nos jours* [História das ideias religiosas na Alemanha desde meados do século XVIII até nossos dias], t. III, Paris, Sandoz e Fischbacher, 1873, p. 138). Independente, pouco marcado pelo hegelianismo, ele critica desde 1842 a escola de Tübingen, praticando uma exegese desprovida de ideias prontas dogmáticas. Ele não nega as diferenças entre as correntes paulina e petrina, mas recusa-se a ver nisso a *chave* para a compreensão da formação do Novo Testamento e da história da igreja primitiva. De acordo com a tendência fundamental do século XIX, Reuss acredita que os textos bíblicos obtêm sua autoridade não do apoio de uma tradição, mas do apelo religioso que provocam em todo homem que os lê; uma concepção que lhe permitiu estudar com plena liberdade os livros da Bíblia, que a seus olhos são uma "literatura", com suas próprias regras, inserida na história. Ele amplia o método de Baur ao afirmar que só se pode praticar uma exegese científica com o estudo de todo o contexto cultural em que os textos canônicos foram produzidos. Chega a resultados bastante interessantes, em relação tanto à formação do Antigo Testamento (para a datação do Pentateuco, ele desenvolve um método que seria retomado por Wellhausen, que consistia em estudar ao mesmo tempo a evolução da lei judaica e a história do povo judeu) quanto à história da igreja primitiva ou a da formação do cânon das Escrituras (cf. mais particularmente *Die Geschichte der Heiligen Schriften Neuen Testaments* [1842], Brunswick, Schwetschke, 1887; *Histoire de la théologie chrétienne au siècle apostolique* [História da teologia cristã no século apostólico] [1852], 2 vols., Estrasburgo, Treuttel e Wurtz, 1864; *Histoire du canon des Écritures saintes dans l'Église chrétienne* [História do cânon das Santas Escrituras na igreja cristã], Estrasburgo, Treuttel et Wurtz, 1863; *Die Geschichte der Heiligen Schriften Alten Testaments* [1881], Brunswick, Schwetschke, 1890). Também devemos a ele uma tradução francesa completa da Bíblia em dezesseis volumes (Paris, Sandoz e Fischbacher, 1874-1879, 1874-1879), com introdução e comentários, em que ele subverte a ordem tradicional com o fim de seguir a ordem cronológica de redação, o que prejudicou a difusão da obra. No Novo Testamento, ele concluiu que Marcos era anterior e que o autor do evangelho de João tinha sido na verdade um discípulo do apóstolo, o que o levou a contestar as perspectivas tanto de Strauß quanto da escola de Tübingen, já que afirmou que os evangelhos são testemunhos históricos sobre as ações de Jesus na terra.

Com Adolf von Harnack (1851-1930), chegamos a uma nova etapa. Harnack oferece de fato uma reflexão geral sobre as consequências doutrinárias de pesquisas históricas e críticas. Retomando de certo modo o combate de Schleiermacher, Harnack explica que, longe de culminar em questionamentos radicais, tais pesquisas têm a função de atualizar a fé, fundando-a em bases históricas cientificamente demonstradas, logo, aceitáveis para todos os homens cultos do final do século XIX. Na área de que tratamos aqui, Harnack é conhecido sobretudo pela publicação de *Lehrbuch der Dogmengeschichte* (1886-1890, 1909-1910, 3 vols., Tübingen, Mohr, 1990), em que se opõe ao método de Baur (que já tinha publicado a obra *Lehrbuch der christlichen Dogmengeschichte*, Stuttgart, Becher, 1847, e, após sua morte, seu filho publicou entre 1865 e 1867 a série *Vorlesungen über die christlichen Dogmengeschichte*, 3 vols., Leipzig, Hinrichs), porque busca estudar não o dogma (expressão da verdade eclesiástica), mas, sim, as evoluções dos dogmas e os fatores que permitem sua compreensão. Com o objetivo de tranquilizar aqueles que se preocupam com as consequências que a exposição dos debates inerente à elaboração dos dogmas poderiam trazer para a fé, Harnack distingue de modo claro os dogmas e o evangelho, que é a própria mensagem de Jesus (através de uma leitura informando a "essência" do cristianismo), enquanto os dogmas são resultado de uma progressiva helenização do evangelho, resultante dos três primeiros séculos de desenvolvimento da igreja no Império Greco-Romano. Sejam quais forem as críticas que podemos formular em relação a essa maneira de apresentar as coisas (p. ex., Franz Cumont observa, em *Les religions orientales et le paganisme romain* [As religiões orientais e o paganismo romano] [1902, Paris, Geuthner, 1929], que Harnack minimiza a importância do Oriente em suas análises), claro está que o autor oferece uma visão coerente e explicativa da evolução dos dogmas. Além disso, por sua distinção entre os dogmas e o evangelho, ele "autoriza" um estudo livre e científico das variações dogmáticas que se revela sem "perigos" para a fé (em *L'essence du christianisme* [A essência do cristianismo] [1900], Paris, Fischbacher, 1907, ele busca definir a mensagem de Cristo, diversa dos dogmas).

No entanto, assim como Reuss e Hilgenfeld, Harnack também não rompe com um dos postulados em uso (ainda que inconscientemente) desde o início do século, de que o surgimento de Cristo na terra e o cristianismo em suas origens podem ser estudados de modo isolado. Em meados dos anos 1860, começava a ser inaugurada uma ideia que seria desenvolvida no final do século XIX e no início do século XX pela escola da história das religiões, com ênfase no contexto religioso geral dos primeiros séculos. Como escreveu Maurice Goguel (1888-1956), essa escola adquiriu a consciência de que "o cristianismo helênico não foi a adaptação de uma religião a um novo meio, mas, sim, o desenvolvimento, em um meio helênico ou helenizado, de um princípio religioso nascido em terreno judaico, mas que teve no terreno grego seu desenvolvimento mais importante" (*Jésus et les origines du christianisme* [Jesus e as origens do cristianismo], t. II: *La naissance du christianisme* [O nascimento do cristianismo], Paris, Payot, 1946, p. 29), ou, para retomar a expressão de um dos membros da escola, Hermann Gunkel, trata-se da lembrança de que "a *religião*, inclusive a religião bíblica, tem sua história, como todas as atividades humanas", e nisso a escola adotaria "o ponto de vista da história das religiões, que consiste em dar especial atenção ao contexto histórico de todos os fenômenos religiosos" (citado por Werner Georg KÜMMEL, *Das Neue Testament. Geschichte der Erforschung seiner Probleme*, Friburgo em Brisgóvia, Alber, 1958, p. 392). Disso decorre o desejo de estudar também o judaísmo e as religiões pagãs, para determinar o grau de originalidade do cristianismo e as influências que pode ter sofrido — algo não isento de perigos, pois, ao levar as coisas ao extremo, não nos arriscamos a dissolver a originalidade do cristianismo (ainda preservada por Harnack)?

Embora possamos citar alguns trabalhos anteriores na França, como o de Timothée Colani (1824-1888) e Maurice Vernes (1845-1923, fundador, em 1880, da *Revue de l'histoire des religions* [Revista de história das religiões]), e na Holanda, como o de Jan Scholten (1811-1885), Cornelius Petrus Tiele (1830-1902), Abraham Kuenen (1828-1891) e Pierre Daniel Chantepie de la Saussaye (1848-1920), alguns deles bastante conhecidos na França pelas traduções de suas obras feitas por Albert Réville (1826-1906), foi sobretudo na Alemanha que a escola da história das religiões se desenvolve, principalmente com as pesquisas de Hermann Gunkel (1862-1932) e Wilhelm Bousset (1865-1920). Gunkel desenvolve uma metodologia com base na afirmação de que, em uma religião determinada, os empréstimos de mitos estrangeiros são identificáveis, pois certos elementos desses mitos restariam quase sempre não assimilados. Em seu livro intitulado *Zum religions-geschichtlichen Verständnis des Neuen Testaments* (Göttingen, Vandenhoeck & Ruprecht, 1903), Gunkel explica que o cristianismo é uma religião sincretista, o que causa algum escândalo, embora o autor tenha tomado o cuidado de distinguir a religião cristã da mensagem original de Jesus. Na mesma ordem de ideias, Bousset, que empreende uma análise aprofundada da noção do anticristo (*Der Antichrist in der Überlieferung des Judentums, des Neuen Testaments und der alten Kirche. Ein Betrag zur Auslegung der Apocalypse*, Göttingen, Vandenhoeck & Ruprecht, 1895), chega à conclusão de que se trata do velho mito do dragão primitivo reinterpretado como falso messias. E, em seu livro *Die Religion des Judentums im neutestamentlichen Zeitalter* (Berlim, Reuther und Reichard, 1903), ele desenvolve a ideia geral de Gunkel sobre a influência decisiva das religiões estrangeiras sobre o judaísmo do século I e o cristianismo. Gunkel também faz questão de distinguir a mensagem de Cristo (apresentada como "milagre") da religião cristã; mas claro está que muitos leitores veem nos trabalhos dessa escola o perigo de dissolução do cristianismo (cf. tb., às vezes mais nuançadas, as obras de Richard Reitzenstein [1861-1931] e o debate que opôs vários pesquisadores sobre a escatologia neotestamentária, principalmente Guillaume Baldensperger [1856-1936], Johannes Weiß [1863-1914] e Albert Schweitzer [1875-1965]). Essa visão se acentua quando, no final do século XIX e no início do século XX, o pequeno grupo chamado "histórico-crítico radical", utilizando-se de métodos diferentes dos praticados na escola da história das religiões, defende que os evangelhos não podem servir como base para o estudo histórico da vida de Jesus (cf. sobretudo Julius Wellhausen [1844-1918], *Einleitung in die drei ersten Evangelien* [1905], reeditado com o título *Evangelienkommentare*, Berlim, Walter de Gruyter, 1987; e William Wrede [1859-1906], *Das Messiasgeheimnis in den Evangelien* [1901], Göttingen, Vandenhoeck & Ruprecht, 1969).

Na virada do século, um bom número de autores, portanto, chega à conclusão de que as tentativas de renovação da história neotestamentária criam mais problemas que soluções. E é natural que a discussão fosse retomada com a reflexão dogmática. Primeiro, com as obras de Ernst Troeltsch (1865-1923), que no início dos anos 1890 toma parte no grupo dos fundadores da escola da história das religiões, mas que se afasta de algumas conclusões do grupo para refletir sobre a possibilidade, levantada por trabalhos da escola, de atribuir um valor absoluto ao cristianismo. Apesar de ser um defensor do "método histórico" na teologia contra o "método dogmático" ainda amplamente utilizado de modo explícito ou sub-reptício (cf. seu ensaio *À propos de la méthode historique e de la méthode dogmatique en théologie* [Sobre o método histórico e o método dogmático na teologia] [1900, 1913], em *Histoire des religions et destin de la théologie* [História das religiões e destino da teologia], *Oeuvres* [Obras] III, org. por Jean-Marc TÉTAZ, Paris-Genebra, Cerf-Labor et Fides, 1996, p. 41-62), Troeltsch defende que o método histórico só pode ser admitido se for superado o relativismo de certos historiadores. Afastando-se do conceito de "essência do cristianismo", ele se opõe a Harnack (*Que signifie 'essence du christianisme'?* [O que significa "essência do cristianismo"?] [1903-1913], em ibid., p. 181-241) ao afirmar que tal essência não pode corresponder a algo imutável na história, o que impediria a consideração de que as teologias sucessivas seriam essência do cristianismo em cada época. Podemos observar que Troeltsch tenta reconstruir sobre novas bases uma teologia inserida na história. Indagando-se sobre a validade do cristianismo em seu livro *L'absoluité du christianisme et l'histoire de la religion* [O caráter absoluto do cristianismo e a história da religião] (1902, 1912, em ibid., p. 69-177), ele conclui que, já que a história ignora normas absolutas e leis universais, "é rigorosamente impossível fazer do cristianismo uma religião absoluta se recorrermos a um pensamento e a meios históricos" (cf. Jacques WAARDENBURG, *L'histoire des religions et le caractère absolu du christianisme. La théorie troeltschienne est-elle pertinente?* [A história das religiões e o caráter absoluto do cristianismo: a teoria troeltschiana seria pertinente?], em P. GISEL, org., p. 219). Para definir o escopo do interesse do cristianismo, ele empreende um estudo comparativo das grandes religiões, utilizando-se de uma norma ética (o postulado da ação pessoal), o que pode nos fazer atribuir, no máximo, uma "validade superior" ao cristianismo. Mas tal escolha é reflexo de certo tipo de civilização e não tem valor universal. Além disso, Troeltsch não chega a elucidar por completo o problema das relações entre o absoluto da verdade e a relatividade da história. Além de suas obras sobre a história do cristianismo, que são originais (cf. *Soziallehren*, de 1912), Troeltsch se orientaria cada vez mais para o conceito de uma "síntese cultural do presente", dando conta tanto da modernidade quanto da teologia, ambas problematizadas e renovadas através do questionamento de tipo genealógico (cf. sua última grande obra, *Der Historismus und seine Probleme* [*Gesammelte Schriften* III, 1922], Aalen, Scientia, 1977). Sua morte brutal em 1923 não permitiu que se posicionasse sobre os caminhos tão diferentes que a teologia de Barth pretendeu explorar após a Primeira Guerra Mundial.

Após 1918, as relações entre história e teologia sofreriam de fato grandes modificações com a "teologia dialética". Não que trabalhos bastante interessantes não continuem a ser publicados, principalmente, no mundo de língua francesa, os de Adolphe Lods (1867-1948) sobre o Antigo Testamento (sobretudo *Israël des origines au* *milieu du VIIIe siècle* [Israel, das origens a meados do século VIII] [1930], Paris, Payot, 1969; *Les prophéties d'Israël et les débuts du judaïsme* [As profecias de Israel e os primórdios do judaísmo] [1935], Paris, Payot, 1969; *La religion d'Israël* [A religião de Israel], Paris, Hachette, 1939), inserindo-se na linha de Wellhausen, e de Maurice Goguet (sobretudo *Jésus et les origines du christianisme* [Jesus e as origens do cristianismo], t. I: *La vie de Jésus* [A vida de Jesus], t. II: *La naissance du christianisme* [O nascimento do cristianismo] e t. III: *L'Église primitive* [A igreja primitiva], Paris, Payot, 1932-1947; o t. I, bastante remodelado a ponto de tornar-se uma nova obra, é reeditado com o título *Jésus* [Jesus], Paris, Payot, 1950); e é de conhecimento geral a descoberta dos famosos manuscritos do mar Morto e de Nag Hammadi, que levam a novos campos de pesquisa. Teólogos continuam a debater problemas históricos e suas relações com a fé e a verdade cristã. Assim é que o francês Oscar Cullman (1902-1999), que afirma que a salvação só pode ser concebida como história (apontando para o desenvolvimento da noção de "história da salvação", cf. sobretudo *Le salut dans l'histoire* [A salvação na história], Neuchâtel, Delachaux et Niestlé, 1966), opõe-se ao alemão Rudolf Bultmann (1884-1976), que busca reinterpretar a mensagem cristã contra as formas mitológicas de que essa mensagem se revestiu no século I e na história cristã (cf. *Histoire et eschatologie* [História e escatologia] [1955], Neuchâtel, Delachaux et Niestlé, 1959). A partir dos anos 1960, alguns teólogos (Wolfhart Pannenberg, Jürgen Moltmann etc.) adeririam a uma teologia que atribui objetividade à história (contra a redução "existencial" de Bultmann), mas sem cair novamente na objetividade eclesiástica ou doutrinária das ortodoxias supranaturalistas. Na verdade, é o *status* de história que mudou — e, com ele, o da verdade teológica. A partir de então, praticamente todos os teólogos admitem a legitimidade da análise histórica; além disso, não esperam mais encontrar na história a confirmação objetiva de suas escolhas dogmáticas. Mas a questão de uma "pertinência da história para a fé" (Ernst Käsemann) continua a ser objeto de debates e divergências, associados principalmente ao modo de conceber a inserção do homem como tal na história ou, em outras palavras, sua historicidade.

André Encrevé

5. Conclusão

Se a história é uma disciplina do saber, constitui igualmente uma dimensão do ser, seja ele individual, seja coletivo. Nesse sentido, e acima das diversas maneiras de considerar a história em função da Cruz, de uma Providência ou do advento de um Reino, o protestantismo, apesar de sua reputação de iconoclasta e crítico da noção da tradição, não foge ao destino de toda família espiritual ou filosófica, assim como de toda comunidade humana: a história também é enunciada para o protestantismo em termos de identidade e memória. Os protestantes selecionam tempos e lugares, de acordo com sua sensibilidade e piedade, que lhes pareçam representar de modo emblemático ou exemplar a natureza da fé que confessam ou as convicções que defendem. Essa relação com a história, que se reveste de aspectos às vezes nostálgicos ou que pode se caracterizar por um interesse museográfico para tal ou tal "lugar de memória", enfatiza a importância da dimensão existencial de todo desejo pela história, de enraizamento e articulação com o passado de cada um.

A essa complexidade da relação com a história, deve-se acrescentar uma observação de ordem epistemológica. Ao longo do século XX, a prática e a reflexão dos historiadores, assim como a dos teólogos, contribuíram para deslocar as apostas e os problemas para o campo da história religiosa. Como instituição e comunidade de cristãos, a igreja pode continuar a ser um lugar incontornável da investigação histórica, mas a expressão "história da igreja", em vez de definir somente um campo particular para essa investigação, designaria uma reflexão empreendida pela igreja (seus historiadores, seus teólogos) sobre sua própria história, consequentemente remetendo a um tipo de discurso que não obedece necessariamente apenas às leis da epistemologia histórica. Ainda que, nas diferentes famílias do protestantismo, a história da igreja não tenha a mesma amplitude que no catolicismo, mantém-se no protestantismo uma tensão metodológica entre as lógicas desses dois discursos sobre a igreja. Por isso, tendemos hoje a distinguir uma "história da igreja", que reivindica um lugar com perspectivas teológicas (eclesiologia, teologia da história, genealogia específica etc.), de uma "história do cristianismo", que busca praticar-se na ótica não confessional do campo religioso enquanto tal. Esse deslocamento é ilustrado pelos títulos das duas grandes coleções francófonas de síntese histórica no século XX: os 21 volumes de *Histoire de l'Église depuis les origines jusqu'à nos jours* [História da igreja, das origens a nossos dias] (Paris, Bloud et Gay, 1934-1964), publicada sob a direção de Augustin Flichte e Victor Martin, são sucedidos hoje por *Histoire du christianisme des origines à nos jours* [História do cristianismo, das origens a nossos dias] em quatorze tomos (Paris, Desclée-Fayard, e depois Desclée, 1990-2001), dirigido por Jean-Marie Mayeur, Charles e Luce Pietri, André Vauchez e Marc Venard. Essa distinção, no entanto, não deve adquirir uma rigidez artificial; de fato, os historiadores "do cristianismo", ampliando o campo de suas investigações e adotando procedimentos não confessionais, continuam a apoiar-se em trabalhos de historiadores "da igreja" do passado e a colaborar com os do presente. Quanto aos historiadores da igreja, mesmo se seus trabalhos são atravessados por questões do tipo teológico, os métodos aos quais recorrem são semelhantes aos que são praticados por todo historiador (cf. *L'historiographie ecclésiastique comme expression de la conscience vécue de l'Église* [A historiografia eclesiástica como expressão da consciência vívida da igreja], *Concilium* 67, 1971, p. 125-136). A produção da área de história religiosa manifesta um desejo de diversificação dos campos e das fontes, assim como a preocupação com integrar o campo das ideias teológicas e das mentalidades religiosas no vasto campo de uma história das representações, das práticas e das instituições (medo, morte, violência, sexualidade, educação, alimentação, política, livro etc.).

Hubert Bost

▶ BONIFAS, François, *Histoire de l'église*, em Frédéric LICHTENBERGER, org., *Encyclopédie des sciences religieuses*, t. VI, Paris, Sandoz et Fischbacher, 1879, p. 279-296; CABANEL, Patrick, "L'institucionalisation des 'sciences religieuses' en France (1879-1908). Une entreprise protestante?", *BSHPF* 140, 1994, p. 33-80; DUBOIS, Claude-Gilbert, *La conception de l'histoire en France au XVIᵉ siècle (1560-1610)*, Paris, Nizet, 1977; DUBIEF, Henri e POUJOL, Jacques, orgs., *La France protestante. Histoire et lieux de mémoire* (1992), Paris, Éditions de Paris, 1996; HARNACK, Adolf von, *Histoire des dogmes* (1889-1891, 1893), Genebra-Paris, Cerf-Labor et Fides, 1993; JOUTARD, Philippe, org., *Historiographie de la Réforme*, Neuchâtel, Delachaux et Niestlé, 1977; MINERBI BELGRADO, Anna, *L'avènement du passé. La Réforme et l'histoire*, Paris, Champion, 2004; SOLÉ, Jacques, *Le débat entre protestants et catholiques français de 1598 à 1685*, t. II, Paris, Aux amateurs des livres, 1985; STÖVE, Eckehart, Kirchengeschichtsschreibung, em *TRE*, t. XVIII, 1989, p. 535-562; YARDENI, Myriam, *Repenser l'histoire. Aspects de l'historiographie huguenote des guerres de religion à la Révolution française*, Paris, Champion, 2000. **Sobre o diálogo entre história e teologia no protestantismo:** BOST, Hubert, "Histoire et théologie: une cartographie de la grâce", *ETR* 68, 1993, p. 63-72; Idem, *Théologie et histoire. Au croisement des discours*, Genebra-Paris, Labor et Fides-Cerf, 1999; BÜHLER, Pierre, "Le sens de l'histoire comme problème de la théologie systématique", *RThPh* 116, 1984, p. 309-321; GAMBAROTTO, Laurent, "Quel usage assigner à l'histoire?", *ETR* 69, 1994, p. 203-211; GISEL, Pierre, *Vérité et histoire. La théologie dans la modernité: Ernst Käsemann* (1977), Paris-Genebra, Beauchesne-Labor et Fides, 1983; Idem, "La mémoire comme structure théologique fondamentale, *RThPh* 125, 1993, p. 65-76; Idem, org., *Histoire et théologie chez Ernst Troeltsch*, Genebra, Labor et Fides, 1992; Idem, KORSCH, Dietrich e TÉTAZ, Jean-Marc, orgs., *Albrecht Ritschl. La théologie en modernité: entre religion, morale et positivité historique*, Genebra, Labor et Fides, 1991; HAMMANN, Gottfried, "L'histoire de l'Église à l'écoute de la 'nouvelle histoire'", *RThPh* 121, 1989, p. 27-56; Idem, "L'historien-théologien: identité et mémoire", *Variations herméneutiques* 4, 1996, p. 17-30.

▶ Anticristo; Baur; **Bíblia**; Burckhardt; Casaubon; Chaunu; Chladenius; demitologização; Doumergue; Droysen; essência do cristianismo; Guizot; Harnack; Hauerwas; Hedion; Herder; história dos dogmas; historicismo; Humboldt; identidade; indivíduo; **Jesus (imagens de)**; Jesus (vidas de); kantismo (neo); Léonard; *Magdeburgo (Centúrias de)*; Meinecke; Merle d'Aubigné; messianismo; Michelet; Monod G.; Mosheim; museus protestantes no mundo de língua francesa; neologia; Niebuhr B. G.; Peyrat; positivismo; **predestinação e Providência**; **protestantismo**; protestantismo (neo); Ranke; Reforma/Reformação; Reuss; Saumur; Schleiermacher; Serres J. de; Stauffer; Strauß; Troeltsch; **utopia**; Viénot

HISTÓRIA DOS DOGMAS

A história dos dogmas elucida a formação e a transformação de diversos modos de autoexplicitação conceitual da fé cristã, com uma atenção particular para as formulações em que as igrejas cristãs reconheceram um valor normativo (dogmas). Esse questionamento resulta de um duplo distanciamento: a pressuposição de que as doutrinas recebidas eclesiasticamente não foram dadas de imediato com o nascimento do cristianismo e a ausência de aceitação imediata, por parte do próprio historiador, dessas doutrinas como base ou norma de fé. Com suas fontes no deísmo anglo-saxão, culminando na teologia alemã da *Aufklärung*, a primeira forma de pesquisa em história dos dogmas busca reforçar a consciência dessa dupla distância, tanto com pesquisas históricas especializadas quanto com as primeiras exposições coletivas. Essa primeira forma estabelece a variabilidade e o caráter historicamente relativo de todos os dogmas e doutrinas "que se sucederam no tempo, às vezes tão rapidamente quanto as modas femininas" (Wilhelm MÜNSCHER, citado em P. MEINHOLD, p. 78).

As grandes exposições metódicas da história dos dogmas que sugiram a partir de então buscam superar esse resultado aporético, mas sem questionar os dois estágios de distanciamento que mencionamos aqui. Da mesma forma, as diversas reconstruções que são propostas sofrem a influência das opiniões teológicas sistemáticas do historiador. Na escola de Schleiermacher, compreende-se a história dos dogmas como a continuação das modalidades em que se exprimem teoricamente diversos estilos e formas de piedade. Recorrendo a ideias hegelianas, Ferdinand Christian Baur construiu um esquema de desenvolvimento da história dos dogmas que a interpreta como uma parte da história mais geral da autoexplicitação do espírito humano, o que resulta na legitimação e na ampliação de sua pertinência. Contra essa concepção, Albrecht Ritschl afirmou o direito e a significação específicos que se correlacionam a todos os fenômenos da história dos dogmas, contestando que a história do cristianismo deva ser incluída em uma história do Espírito de caráter monista. Seu aluno Adolf von Harnack restringiu o uso do conceito de dogma, reservando-o às formulações doutrinárias trinitárias e cristológica, tais como estabelecidas pela igreja do império católico da Antiguidade tardia. Essas formulações foram preparadas desde o protocatolicismo; no século XVI, atingiram o limite de sua influência e precisaram abrir espaço para novas formas de cristianismo. O católico Johann Adam Möhler (1796-1838) e o luterano Gottfried Thomasius (1802-1875) interpretaram a história dos dogmas como um processo cujo sentido se revela na produção de doutrinas confessionais das igrejas às quais se atrelavam. As exposições que surgiram a partir de então seguem esses esquemas de interpretação, não sem, geralmente, atenuá-los e combiná-los.

Martin Ohst

▶ BASSE, Michael, *Die dogmengeschichtlichen Konzeptionen Adolf von Harnacks und Reinhold Seebergs*, Göttingen, Vandenhoeck & Ruprecht, 2001; BAUR, Ferdinand Christian, *Die Epochem der kirchlichen Geschichtsschreibung* (1852), Hildesheim, Olms, 1962; HAUSCHILD, Wolf-Dieter, *Dogmengeschichtsschreibung*, em *TRE*, t. IX, 1982, p. 116-125; LÖSER, Werner, LEHMANN, Karl e LUTZ-BACHMANN, Matthias, orgs., *Dogmengeschichte und katolische Theologie*, Würzburg, Echter, 1985; LOOFS, Friedrich, "Dogmengeschichte", em *Realencyklopädie für protestantische Theologie und Kirche*, t. IV, Leipzig, Hinrichs, 1898, p. 752-764; MEINHOLD, Peter, *Geschichte der kirchlichen Historiographie*, 2 vols., Friburgo-Brisgau, Alber, 1967; NIGG, Walter, *Die Kirchengeschichtsschreibung. Grundzüge ihrer historischen Entwicklung*, Munique, Beck, 1934; OHST, Martin, *Entre Baur et Harnack: Albrecht Ritschl, théoricien de l'histoire des dogmes*, em Pierre GISEL, Dietrich KORSCH e Jean-Marc TÉTAZ, orgs., *Albrecht Ritschl. La théologie en modernité: entre religion, morale et positivité historique*, Genebra, Labor et Fides, 1991, p. 135-155.

◉ Baur; dogma; dogmática; Harnack; **história**; neologia; Ritschl; Schleiermacher; Seeberg; Semler; Thomasius

HISTORICISMO

Com a historicização do pensamento a partir do século XVIII, mas sobretudo no século XIX, o termo "historicismo" se introduz em todas as disciplinas pertencentes às ciências humanas, no sentido tanto de uma interpretação empírico-histórica do real quanto de um conceito polêmico (para denunciar uma ênfase forte demais dada a tal interpretação). A palavra aparece pela primeira vez na obra de

Novalis, mas em um contexto pouco evidente. Expande-se amplamente ao longo de discussões que dão ensejo ao tema da filosofia especulativa de Hegel (Carl von Prantl, 1852; Rudolf Haym, 1857; e já em 1850, na filosofia do direito de Immanuel Hermann Fichte). Em 1857, Johann Gustav Droysen desenvolve em seu *Historik* os princípios do conhecimento histórico científico.

Com o historicismo, assistimos a uma consequente historicização de todos os fenômenos culturais e civilizacionais, inclusive, portanto, da religião, do direito e da arte. Por essa razão, o historicismo é o terreno em que frutificaram tanto o problema do relativismo dos valores quanto o questionamento sobre em que medida a ciência histórica contribui para inibir a ação na esfera da existência concreta (cf. Friedrich NIETZSCHE, "Considerações extemporâneas II: da utilidade e desvantagem da história para a vida", em *Obras incompletas*, São Paulo, Abril Cultural, 1978). As controvérsias em torno do historicismo na economia política (1883-1884), na teoria do direito (1888) e na teologia (entre Martin Kähler e as pesquisas sobre a vida de Jesus, 1892) foram um anunciador de um movimento sólido, combatendo a dominação exercida pelo historicismo. Esse movimento culminou na "revolta anti-historicista" (Hermann Heimpel) dos anos 1920, em que se destacou também a "teologia dialética". Wilhelm Dilthey, Max Weber, Ernst Troeltsch, Heinrich Rickert e Friedrich Meinecke (que compreendiam positivamente o historicismo como o fenômeno geral do "sentido histórico", tal como desenvolvido pelo "movimento alemão" de Leibniz a Goethe) buscaram propor soluções para o problema do historicismo. Depois de 1945, a (re)interpretação do conceito, formulada por Meinecke, agravou o mal-estar (que também era político) suscitado pelo termo e resultou no programa de uma "ciência histórica acima do historicismo".

Hoje, o conceito e o problema do historicismo ainda são objeto de mal-entendidos. No cânon metodológico da teologia, o interesse articulado pelo historicismo (representado sobretudo por métodos histórico-críticos) é incontornável. Assim, a articulação entre o conhecimento da fé e o trabalho histórico é uma questão que permanece.

Kurt Nowak

▶ NOWAK, Kurt, "La question de l'historicisme et la compréhension de la théologie à l'époque de Troeltsch", em Pierre GISEL, org., *Histoire et théologie chez Ernst Troeltsch*, Genebra, Labor et Fides, 1992, p. 151-176; OEXLE, Otto Gerhard, *L'historicisme en débat. De Nietzsche à Kantorowicz* (1996), Paris, Aubier, 2001; RÜSEN, Jörn, *Konfigurationen des Historismus. Studien zur deutschen Wissenschaftskultur*, Frankfurt, Suhrkamp, 1993; Idem e JAEGER, Friedrich, *Geschichte des Historismus. Eine Einführung*, Munique, Beck, 1992; SCHNÄDELBACH, Herbert, *Geschichtsphilosophie nach Hegel. Die Probleme des Historismus*, Friburgo-en-Brisgau-Munique, Alber, 1974; TROELTSCH, Ernst, *Der Historismus und seine Probleme* (*Gesammelte Schriften* III, 1922), Aalen, Scientia, 1961; WITTKAU, Annette, *Historismus. Zur Geschichte des Begriffs und des Problems*, Göttingen, Vandenhoeck & Ruprecht, 1992.

▶ **Bíblia**; Chladenius; Dilthey; Droysen; estética; Harnack; Hegel; história; **Jesus (imagens de)**; Jesus (vidas de); Kähler; kantismo (neo); Meinecke; método histórico-crítico; Niebuhr B. G.; Ranke; religiões (escola da história das); ritschiliana (escola); Troeltsch; Weber M.

HOBBES, Thomas (1588-1679)

A filosofia de Thomas Hobbes abarca três aspectos: o mundo (*Elements of Philosophy: The First Section, Concerning Body* [Elementos de filosofia: a primeira seção, Sobre o corpo; *Elementorum philosophiae sectio prima, De corpore*, 1655], Londres, impresso por R. e W. Leybourn para Andrew Crooke, 1656), o homem (*Traité de l'homme* [Tratado do homem; *Elementorum philosophiae sectio secunda, De homine*, 1658], Paris, Blanchard, 1974) e o Estado (*De Cive*, trad. de Renato Janine Ribeiro, São Paulo, Martins Fontes, 1998; *Les éléments du droit naturel et politique* [1640], Lyon, L'Hermès, 1977; *Leviatã, ou matéria, forma e poder de um Estado eclesiástico e civil*, trad. João Paulo Monteiro e Maria Beatriz Nizza da Silva, São Paulo, Abril, 1983). Através de sua teoria política, Hobbes influenciou o pensamento moderno (Locke, Pufendorf, Rousseau, Kant). Ele faz surgir o Estado a partir de um contrato dos indivíduos que abririam mão de seu direito original sobre qualquer coisa e se submeteriam a um soberano todo-poderoso que garantiria sua segurança. Nos rastros de Hobbes, John Locke concebe a origem do Estado de modo semelhante, com a diferença de que, para ele, os indivíduos transmitiriam ao soberano seu direito original de punir aqueles que representassem ameaça a sua vida e sua propriedade. O soberano de Hobbes é ao mesmo tempo chefe de Estado e chefe da igreja. Hobbes combate a teoria católica e a presbiteriana, que atribuem ao representante humano de Deus uma proeminência em relação ao soberano político e eclesiástico (p. ex., através da excomunhão).

Ada Neschke

▶ *The English Works of Thomas Hobbes* (1839-1845), 11 vols., org. por William MOLESWORTH, Aalen, Scientia, 1966; HOBBES, Thomas, *Textes sur l'hérésie et sur l'histoire*, Paris, Vrin, 1993; HOOD, Francis Campbell, *The Divine Politics of Thomas Hobbes. An Interpretation of the Leviathan*, Oxford, Clarendon Press, 1964; POLIN, Raymond, *Politique et Philosophie chez Thomas Hobbes* (1953), Paris, Vrin, 1977; ZARKA, Yves Charles, org., *Thomas Hobbes. Philosophie première, philosophie de la science et politique*, Paris, PUF, 1990.

● Bodin; contrato social; direito natural; direitos humanos; Estado; Kant; Locke; obediência; **política**; Pufendorf; Rousseau

HODLER, Ferdinand (1853-1918)

Nascido em Berna, chegou a Genebra em 1871, onde construiu uma brilhante carreira de pintor, após um difícil começo. Foi em Paris, Berlim, Viena e Hamburgo, porém, que chegou a ser mais conhecido e apreciado. Conviveu com Degas (1834-1917), Claude Monet (1840-1926) e Auguste Rodin (1841-1917); expôs seus trabalhos com Pierre Auguste Renoir (1841-1919), Camille Pissarro (1830-1903), Paul Cézanne (1839-1906), Edvard Munch (1863-1944); fez amizade com Gustave Klimt (1862-1918) e Giovanni Giacometti (1868-1933), pai de Alberto. Gustave Moreau (1826-1898) e Paul Klee (1879-1940) admiraram sua obra.

A pintura de Hodler, pré-expressionista, oscila entre materialismo e misticismo, naturalismo e simbolismo. No "princípio do paralelismo", inventado por ele, está presente a ênfase em uma ética social igualitária. Sociologicamente protestante, Hodler era também um pintor religioso, com alguns quadros sobre a Bíblia e a piedade protestante.

Jérôme Cottin

▶ *Ferdinand Hodler 1853-1918*, Paris, Musée du Petit-Palais, 1983 (catálogo de exposição); *Der frühe Hodler. Das Werk 1870-1890*, Berna, Benteli, 1981 (catálogo de exposição); HIRSCH, Sharon L., *Ferdinand Hodler*, Munique, Prestel, 1981.

● Arte; Giacometti; Klee; Munique; Suíça

HOFFMAN, Melchior (?1500-1543)

Apóstolo leigo luterano muito ativo no norte da Europa, Hoffman se torna um carismático líder anabatista e abraça o milenarismo. Muda-se para Estrasburgo em 1529 e desenvolve a doutrina da carne celestial de Cristo, em um debate com Schwenckfeld. Sua teologia cada vez mais espiritualista, acrescida de visões, concebe a autoridade de modo profético. Ele prevê o extermínio dos ímpios e o reino terrestre dos santos até a volta de Cristo, que deveria se realizar em 1533 na cidade de Estrasburgo. Esse pensamento serviria como um suporte ideológico para o Reino de Munique (1534-1535). Condenado por heresia em Estrasburgo em junho de 1533, Hoffman seria mantido na prisão até sua morte.

Neal Blough

▶ DEPPERMANN, Klaus, "Melchior Hoffman and Strasbourg Anabaptism", em Marc LIENHARD, org., *The Origins and Characteristics of Anabaptism. Les débuts et les caractéristiques de l'anabaptisme*, La Haye, Nijhoff, 1977, p. 216-219; LIENHARD, Marc, *Les anabaptistes*, em Marc VENARD, org., *Le temps des confessions 1530-1620-30, Histoire du christianisme des origines à nos jours* VIII, Paris, Desclée, 1992, p. 119-181; VOOLSTRA, Sjouke, *La parole corporelle et visible de Dieu: la signification de la doctrine de l'incarnation de Melchior Hoffman pour l'anabaptisme dans le nord-ouest de l'Europe 1535 à 1800*, em Neal BLOUGH, org., *Jésus-Christ aux marges de la Réforme*, Paris, Desclée, 1992, p. 121-140 (e notas p. 225-229).

● Anabatismo; João de Leide; **Jesus (imagens de)**; Joris; Menno Simons; milenarismo; Münster (Reino de); Reforma radical; Schwenckfeld

HOLBEIN, dito o Jovem, Hans (1497-1543)

O pintor Hans Holbein, o Jovem, inicia seu aprendizado no ateliê do pai, Hans, o Velho, (1460/65-1524), em Augsburgo, antes de estabelecer-se em Basileia, em 1515, sendo logo seguido por seu irmão Ambrosius. Quase todas as composições religiosas de Holbein datam dos anos seguintes: painel do *Retábulo de Oberried* (1521-1522, Catedral de Friburgo-en-Brisgau); *Cristo morto* (1521-1522, Basileia, Kunstmuseum), que nada tem de patético, mas, sim, de uma exatidão glacial, uma constatação pictórica da morte, cadáver sem esperança de ressurreição; *Retábulo da Paixão* (por volta de 1524, ibid.). Com sua pintura modernista e renascentista, esse amigo de Erasmo se apresenta de fato como representante de um humanismo esclarecido que acompanhou o surgimento do protestantismo. Seguindo os conselhos de Erasmo, que o recomenda a Thomas More em 1526, Holbein deixa Basileia, por causa dos distúrbios relacionados à Reforma, para instalar-se em Londres. Entre 1528 e 1531, volta à cidade, mas, devido sem dúvida à crise iconoclasta (é baixado um decreto do Conselho de Basileia proibindo todo tipo de representação religiosa), retorna em definitivo à Inglaterra, em 1532. Sob a influência de Cromwell, torna-se o pintor oficial da corte do rei Henrique VIII, abandonando assim a pintura religiosa pela arte do retrato, que combina a ascese do olhar e o rigor do traço. Morre prematuramente em 1543, em meio à grande peste que assola Londres.

É importante também mencionar outros fatos: a pintura monumental de Holbein (decoração de fachadas, hoje perdidas) fez parte de seu sucesso; Holbein cumpriu uma brilhante carreira de ilustrador para a imprensa (com madeiras que ilustram a *Zürcher Bibel* [Bíblia de Zurique], editada por Froschauer em 1531); produziu modelos (esboços em desenhos) para os vitrais sobre o tema da Paixão (Basileia, Kunstmuseum), única arte religiosa autorizada após o advento da Reforma.

Jérôme Cottin

▶ BENESCH, Otto, *La peinture*, t. II: *De Dürer à Holbein*, Genebra, Skira, 1966; MÜLLER, Christian, org., *Hans Holbein d. J. Zeichnungen aus dem Kurferstichkabinett der Öffentlichen Kunstsammlung Basel*, Basileia, Kunstmuseum, 1988 (catálogo de exposição); ROWLANDS, John, *Holbein. The Paintings of Hans Holbein the Younger*, Oxford, Phaidon, 1985.

◉ **Arte**; Henrique III; humanismo

HÖLDERLIN, Friedrich (1770-1843)

O poeta Friedrich Hölderlin, nascido em Lauffen (Neckar), descendente de pastores de Wurtemberg, estudante de teologia em Tübingen (1788-1793) com Hegel e Schelling, enfatiza a pureza de coração e a imortalidade da alma com base no evangelho de João (1791). O hino *Patmos* (1803) desvela o significado universal da morte de Cristo e uma poética da exegese dos testemunhos da presença divina na história. As relações entre Cristo e Dionísio (*O pão e o vinho, O único*), entre Cristo e Napoleão (*Festa de paz*), a analogia secreta entre Cristo e *A morte de Empédocles* (1799), assim como a meditação tardia sobre a Madona, não nos podem deixar esquecer que o helenismo e a filosofia idealista dominam essa obra, cuja verdadeira grandeza só foi reconhecida no século XX (Rainer Maria Rilke, Martin Heidegger, Martin Buber, Pierre Jean Jouve, René Char).

Bernard Böschenstein

▶ HÖLDERLIN, Friedrich, *Sämtliche Werke und Briefe*, 3 vols., Frankfurt, Deutscher Klassiker Verlag, 1992-1994; Idem, *Oeuvres*, Paris, Gallimard, 1967; Idem., *Oeuvre poétique complète*], ed. bilíngue, Paris, La Différence, 2005; BERTAUX, Pierre, *Hölderlin ou le temps d'un poète*, Paris, Gallimard, 1983; BÖSCHENSTEIN, Bernard e LE RIDER, Jacques, orgs., *Hölderlin vu de France*, Tübingen, Narr, 1987; COURTINE, Jean-François, orgs., *Hölderlin*, Paris, Éditions de l'Herne, 1989; HEINRICH, Dieter, *Der Grund im Bewußtein, Untersuchungen zu Hölderlins Denken (1794-1795)*, Stuttgart, Klett-Cotta, 1992; KREUZER, Johann, org., *Hölderlin-Handbuch, Leben, Werk, Wirking*, Stuttgart-Weimar, Metzler, 2002.

◉ Estética; Hegel; **Jesus (imagens de)**; **literatura**; Schelling

HOLL, Karl (1866-1926)

Nascido em Tübingen. Nessa cidade, Holl é nomeado professor de história da igreja em 1900, após seus estudos de teologia e seu trabalho em diversas edições dos Pais gregos em Berlim. Em 1906, é chamado para Berlim como colega de Harnack, onde ficaria até sua morte. Influenciado pela posição sistemática de Ritschl e pelo método histórico de Harnack, Holl desenvolve sua posição teológica com sua interpretação de Lutero: a doutrina da justificação pela fé é tirada das obras luteranas, como uma categoria central ético-religiosa, encontrando sua ancoragem antropológica na consciência (*Gewissen*). A imagem que Holl fornece de Lutero ao leitor, privilegiando a experiência que ele se esforça por extrair dos cursos de juventude, sobretudo o primeiro, sobre os Salmos (*Dictata super Psalterium*, 1513-1515, em WA 3-4), e o *Comentário à epístola aos Romanos* [1515-1516, em *MLO* 11-12], exerce uma influência determinante sobre as pesquisas acerca de Lutero no século XX. Com sua obra, inicia-se a *Lutero-renascença* alemã, que considera o reformador uma figura decisiva da modernidade europeia, oferecendo um modelo não somente para o religioso, mas também para o político (cf. sobretudo Emanuel Hirsch). As consequências políticas dessa interpretação, que Holl desenvolve em um conceito ético de nação, tornam-se objeto de uma discussão acirrada, sobretudo com a escola liberal de Troeltsch.

Dietrich Korsch

▶ HOLL, Karl, *Gesammelte Aufsätze zur Kirchengeschichte*, t. I: *Luther* (1921), Tübingen, Mohr, 1948, t. II: *Der Osten* (1928), Darmstadt, Wissenschaftliche Buchgesellschaft, 1964, t. III: *Der Westen* (1928), Darmstadt, Wissenschaftliche Buchgesellschaft, 1965; Idem, *Kleine Schriften*, org. por Robert STUPPERICH, Tübingen, Mohr, 1966; ASSEL, Heinrich, *Der andere Aufbruch: Die Lutherrenaissance. Ursprünge, Aporien und Wege: Karl Holl, Emanuel Hirsch, Rudolf Hermann* (1910-1935), Göttingen, Vandenhoeck & Ruprecht, 1994, p. 59-163; BODESTEIN, Walter, *Die Theologie Karl Holls im Spiegel des antiken und reformatorischen Christentums*, Berlim, Walter de Gruyter, 1968; KORSCH, Dietrich, *Lutherisch-nationale Gewissensreligion. Karl Holl 1866-1926*, em Friedrich Wilhelm GRAF, org., *Profile des neuzeitlichen Protestantismus*, t. II/2, Gütersloh, Mohn, 1993, p. 336-353; LOHSE, Bernhard, "Karl Holl", em Wolf-Dieter HAUSCHILD, org., *Profile des Luthertums. Biographien zum 20. Jahrhundert*, Gütersloh, Gütersloher Verlagshaus, 1998, p. 321-335; WALLMANN, Johannes, "Karl Holl und seine Schule", em *Tübingen Theologie im 20. Jahrhundert* (*Zeitschrift für Theologie und Kirche*. Beiheft 4), Tübingen, Mohr, 1978, p. 1-33.

▶ Berlim (universidades de); fé; Harnack; Hirsch; justificação; Lutero; protestantismo (neo); Ritschl

HOLLAZ, David (1648-1713)

O dogmático luterano David Hollaz (ou Hollatz) nasceu em Wulkow, perto de Stargard (Pomerânia), e morreu em Jakobshagen (Pomerânia). Estudou línguas clássicas e hebraico em Erfurt. Fez seu curso de teologia em Wittenberg, onde estudou com Abraham Calov (1612-1686), Johannes Meisner (1615-1681), Johann Andreas Quenstedt (1617-1688) e Georg Kaspar Kirchmeyer (1635-1700). Após ser promovido ao grau de *magister*, é nomeado em 1670 pregador em Pützerlin, perto de Stargard, cargo que exerce junto à função de pregador em Stargard, a partir de 1681. Em 1683, abandona o cargo em Pützerlin para assumir as funções de pregador e vice-reitor em Stargard; em 1684, torna-se reitor do Liceu de Kolberg e, em 1692, deão em Jakobshagen. Sua obra mais importante, *Examen theologicum acroamaticum universam theologiam thetico-polemicam complectens* (1707, reed. por Romanus Teller, Leipzig, Breitkopf, 1763), é fruto de seu ensino em Kolberg. Foi o último grande sistema da ortodoxia luterana. Pela coerência do conjunto e por sua atitude irênica, exerceu influência ao longo de mais de cinquenta anos. Em relação a seus mestres, Hollaz reforçou a doutrina da inspiração da Bíblia e deu destaque à *illuminatio* como fase anterior à conversão. Se é perceptível em sua obra certa proximidade com o pietismo na exposição feita por ele da *unio mystica* e da *renovatio*, assim como em seu interesse pelo uso prático da edificação (que ele reconhece na dogmática), em sua segunda grande obra, *Scrutinium veritatis in mysticorum dogmata* (Wittenberg, Gerdes, 1711), ele se distancia claramente do pietismo, assim como de toda tendência mística.

Christoph Strohm

▶ RATSCHOW, Carl Heinz, *Lutherische Dogmatik zwischen Reformation und Aufklärung*, 2 vols., Gütersloh, Mohn, 1964-1966; RITSCHL, Otto, *Dogmengeschichte des Protestantismus*, t. IV: *Das ortodoxe Luthertum im Gegensatz zu der reformierten Theologie und in Auseinandersetzung mit dem Synkretismus*, Göttigen, Vandenhoeck & Ruprecht, 1927, sobretudo p. 166ss, 223ss e 229s; SCHAUDIG, Otto, *Aufbau und Handeln der Kirche nach der lutherischen Orthodoxie des 17. Jahrhunderts*, diss. Erlangen, 1939.

▶ Bíblia; fé; inspiração; ortodoxia protestante; pietismo

HOLTZMANN, Heinrich Julius (1832-1910)

Teólogo protestante alemão, nascido em Karlsruhe. Após três anos de vicariato, em 1858 torna-se professor (*privat-docent*) em Heidelberg (onde trabalhou sem vínculo a partir de 1861, até ser efetivado, em 1865) de Novo Testamento. Em 1874, é chamado para Estrasburgo, onde moraria até 1904. Morre em Baden-Baden.

Influenciado pelas aulas de Richard Rothe e pelas pesquisas de Ferdinand Christian Baur (de quem ele nunca foi um aluno diretamente), Holtzmann foi um dos mais importantes representantes da ciência bíblica histórico-crítica de linha liberal. É reconhecido como o pai da teoria chamada "das duas fontes", hoje aceita quase universalmente. De acordo com essa teoria, os escritores dos evangelhos "segundo Mateus" e "segundo Lucas" utilizaram de modo independente um do outro, ao mesmo tempo, o evangelho "segundo Marcos" (talvez sob uma forma mais antiga que o texto canônico de que dispomos) e uma fonte dita das *logia*, reunindo palavras do Senhor (abreviada como "Q", da palavra alemã *Quelle* nos trabalhos de exegese).

Durante muito tempo, Holtzmann recusou-se a considerar fontes extrabíblicas no trabalho das ciências bíblicas. No entanto, era aberto aos novos resultados da pesquisa sobre o cristianismo primitivo, e acolheu em seu trabalho, pouco antes de morrer, ideias relacionadas à história das religiões, interessando-se também pela pertinência e pelo uso prático da exegese neotestamentária.

Gerd Lüdemann

▶ HOLTZMANN, Heinrich Julius, *Die Synoptischen Evangelien. Ihr Ursprung und geschichtlicher Charakter* (1863), Leipzig, Engelmann, 1903; Idem, *Lehrbuch der neutestamentlichen Theologie* (1897), 2 vols., Tübingen, Mohr, 1911; Idem, "Neutestamentler" und "Religionsgeschichtler", *Protestantische Monatshefte* 10, 1906, p. 1-16; BAUER, Walter, "Heinrich Julius Holtzmann. Ein Lebensbild" (1932), em *Aufsätze und kleine Schriften*, Tübingen, Mohr, 1967, p. 285-341; JÜLICHER, Adolf, "H. Holtzmann's Bedeutung für die neutestamentliche Wissenschaft", *Protestantische Monatshefte* 6, 1902, p. 165-172; MERK, Otto, "Holtzmann, Heinrich Julius", em *TRE*, t. XV, 1986, p. 519-522.

● Baur; **Bíblia**; exegese; *Kulturprotestantismus*; método histórico-crítico; Rothe

HOMOSSEXUALIDADE

A homossexualidade existe há milênios e é conhecida tanto dentro da literatura judaico-cristã quanto fora. O termo deriva dos termos *homo* e *sexus* (a primeira, tanto da língua grega quanto da latina, e a segunda da língua latina), e refere-se a um ser humano, homem ou mulher, que possui afeição e atração sexual por outro ser humano do mesmo sexo. Homens e mulheres podem ser homossexuais. As mulheres normalmente são chamadas de lésbicas e os homens de sodomitas. Lésbicas, por causa de uma ilha grega chamada Lesbos, onde viveu uma poetisa, Safo, que escreveu amplamente sobre seus relacionamentos sexuais com outras mulheres. Sodomitas, por causa da prática comum na cidade de Sodoma onde homens buscavam outros homens para relações sexuais, publica ou privadamente.

Os protestantes, desde o início, se valeram dos textos bíblicos para lidarem com o assunto. Apenas recentemente, com um distanciamento da Sagrada Escritura como elemento normativo quanto à moral, ética, sexualidade, comportamentos e fé, é que dentro do protestantismo começou-se a aceitar a homossexualidade como prática aceitável desde que dentro de princípios morais e éticos respeitáveis.

Há poucas referências bíblicas sobre a homossexualidade. No Antigo Testamento, a primeira e principal referência é sobre a história de Sodoma, em Gn 19.4-11. Além desta passagem, Jz 19, Lv 18.22, Lv 20.13 apresentam a abominação que é ao Senhor a prática homossexual. O Antigo Testamento observa pouco este assunto, não sendo objeto de grande preocupação pelos escritores veterotestamentários. No entanto, no Novo Testamento, mostrando que não se tratava de um assunto exclusivo de um tempo distante, os escritores voltaram a tratar do assunto em 1Co 6.9-11, 1Tm 1.10 e Rm 1.27. Nestes últimos textos, a homossexualidade volta a ser condenada, embora muitos críticos no Novo Testamento acreditem que estas orientações não sejam válidas para a contemporaneidade. Muitos destes, afirmam que sejam moralistas aqueles que usam tais textos bíblicos como suporte para sua visão sobre homossexualidade.

Assim, hoje, entre protestantes encontra-se um pequeno grupo que sustenta não haver base para a Lei Natural e sua relação com os atos sexuais, inclusive, procriativos. À medida que muitas nações têm revisto suas leis e têm reformado a lei civil reconhecendo e favorecendo o casamento entre pessoas do mesmo sexo, algumas igrejas têm buscado se adaptar ao contexto em que vivem não encarando mais como um comportamento pecaminoso as relações homossexuais.

Todavia, a vasta maioria dos cristãos permanece com sua tradição protestante, agostiniana e bíblica, de que a homossexualidade, por conta de todos os textos bíblicos apresentados, deve continuar a ser vista como um pecado a ser deixado. Assim como todos os demais pecados, a homossexualidade também deve ser confessada e abandonada. Não só ela, mas todos os demais pecados para os quais um ser humano diz que nasceu inclinado para aquilo. Segundo a visão protestante mais aceita, todos são concebidos em pecado (Sl 51.5) e seguem durante a vida sendo mais inclinados ou tentados a um determinado pecado, enquanto que, outros, são mais tentados em outros pecados. Mas, desde o momento em que tal ser humano compreende o chamado para o arrependimento e fé no Filho de Deus, tal pessoa deve olhar para suas antigas práticas do mesmo modo como Deus olha. E, no caso da homossexualidade, como um pecado a ser abandonado para o resto da vida.

Wilson Porte Jr.

▶ P. Coleman, *Christian Attitudes to Homosexuality* (1980; rev. as *Gay Christians: A Moral Dilemma*, 1989); J. Boswell, *Christianity, Social Tolerance, and Homosexuality: Gay People in Western Europe from the Beginning of the Christian Era to the Fourteenth Century* (Chicago and London, 1980); J. Dollimore, *Sexual Dissidence: Augustine to Wilde, Freud to Foucault* (Oxford, 1991).

◉ **Sexualidade**, aids

HONEGGER, Arthur (1892-1955)

Nascido em Havre (França), de pais suíços, Honegger sempre combinaria essa característica franco-suíça com um inegável apego à Suíça germânica (Conservatório de Zurique; elaboração de importantes obras na Suíça) e com sua adoção parisiense (aluno de Charles Maria Widor [1844-1937] e Vincent d'Indy [1851-1931] no Conservatório de Paris; formação do "grupo dos seis" no início dos anos 1920, com Georges Auric [1899-1983], Louis Durey [1888-1979], Darius Milhaud [1892-1974], Francis Poulenc [1899-1963] e Germaine Tailleferre [1892-1983], que, em reação a Wagner, Indy e Debussy, aspiravam à volta da "música pura"). Em *O rei Davi*, oratório com narrador, Honegger inaugura uma estética musical inspirada em Johann Sebastian Bach, que o influenciaria sobretudo com sua escrita polifônica. A obra é criada em 1921 no Teatro do Jorat, em Mézières (Vaud), e dois anos depois, na Sala Gaveau (Paris). Famoso mundialmente a partir de 1923 por sua obra *Pacific 231*, poema sinfônico, Honegger deixaria sua marca no século XX como um compositor lírico com as obras *Judith* (1926), *Fedra* (1926), *Antígona* (1927), óperas, e *Joana na fogueira* (1935), oratório cênico com livreto de Paul Claudel. Sua obra mais especificamente suíça, *Nicolas de Flue* (1940), situa-se entre música de cena e oratório. Nela, o compositor glorifica esse precursor da Reforma, figura marcante de uma "defesa nacional espiritual". De sua produção instrumental, a *Terceira Sinfonia*, chamada *Litúrgica* (1945-1946), é uma imensa oração dirigida pela criatura esmagada pela guerra a um Deus que não se sabe ser vingador ou misericordioso. Sua *Cantata de Natal* (1953) deveria ter sido parte de uma "Paixão" que ele não pôde completar. Honegger é o único grande compositor do século XX a reavivar o oratório, que tinha caído no esquecimento após Haendel e Haydn. A inspiração religiosa subjaz a toda a sua obra.

Isabelle Engammare

▶ HONEGGER, Arthur, *Je suis compositeur*, Paris, Conquistador, 1951; COCTEAU, Jean, *Le coq et l'arlequin, Notes autour de la musique* (1918), Paris, Stock, 1979; GOLÉA, Antoine, *Esthétique de la musique contemporaine*, Paris, PUF, 1954; MEYLAN, Pierre, *Honegger. Son oeuvre et son message*, Lausanne, L'Âge d'Homme, 1982; SPRATT, Geoffroy, *Catalogue des oeuvres d'Arthur Honegger*, Genebra, Slatkine, 1986.

◉ **Música**

HOSPITALIDADE EUCARÍSTICA

Com esse título (às vezes substituído pela expressão desastrada "intercomunhão"), evoca-se a questão aberta desde a divisão das igrejas do Ocidente e que tomou uma importância considerável nas relações interconfessionais: sob que condições podemos acolher à ceia do Senhor um cristão de outra confissão? Do lado protestante, há a tendência de recusar a exclusão: é próprio a cada fiel discernir a presença de Cristo nessa mesa, que é do Senhor em primeiro lugar, e não de determinada igreja. Para os católicos, a questão que se coloca é o reconhecimento do ministério pastoral do oficiante. Do lado católico (e também ortodoxo), estima-se impossível a eucaristia entre igrejas institucionalmente separadas antes que seja decidido um pleno acordo sobre as verdades de fé. A questão é então saber qual o nível de acordo na fé requerido para permitir o acolhimento de um cristão de outra igreja à mesa da comunhão. De modo excepcional, cristãos protestantes poderão, sozinhos ou em grupo, ser acolhidos à comunhão na missa católica.

Claude Bridel

▶ COMMISSION DE DIALOGUE ENTRE LA FÉDÉRATION DES ÉGLISES PROTESTANTES DE SUISSE ET L'ÉGLISE CATHOLIQUE ROMAINE, org., *Itinéraires oecuméniques*, Genebra, Labor et Fides, 1982; L'*intercommunion* (1967), em *Pour la communion des Églises. L'apport du Groupe des Dombes 1937-1987*, Paris, Centurion, 1988, p. 24-27.

◉ Ceia; **ecumenismo**

HOTMAN, François (1524-1590)

François Hotman, um dos monarcômacos, foi sem dúvida o maior jurisconsulto protestante do século XVI. Nasceu em Paris, abraçou a causa da Reforma em 1547 e permaneceu fiel ao movimento até a morte. Foi professor nas cidades de Paris, Lausanne, Estrasburgo, Valença, Bourges, Genebra e Basileia, onde morreu. Sua obra mais importante foi publicada em Genebra no ano de 1573, intitulada *La Gaule française* [A Gália francesa]. Seu objetivo é descrever as antigas instituições da França, com a tese central de que sempre havia existido, em paralelo à monarquia, um conselho nacional, responsável por eleger e depor reis. Por meio de inúmeros atalhos históricos e muita erudição, Hotman pleiteia a restauração dos estados gerais, aos quais o rei teria de submeter as decisões de importância nacional. Apesar de suas fraquezas históricas, esse livro contribuiu grandemente para a ideia de que a monarquia deveria ser constitucional.

François Dermange

▶ HOTMAN, François, *La Gaule française* (1573), Paris, Fayard, 1991; BLOCAILLE, Étienne, *Étude sur François Hotman. La Franco-Gallia*, Genebra, Slatkine, 1970; KELLEY, Donald R., *François Hotman. A Revolutionary's Ordeal*, Princeton, University Press, 1973.

◉ Daneau; monarcômacos; **política**

HROMÁDKA, Josef Lukl (1889-1969)

Hromádka, cuja herança intelectual é ao mesmo tempo teológica, ecumênica, filosófica e sociopolítica, foi influenciado pelo pensamento de Ernst Troeltsch, que o tornou atento aos fatores não teológicos em operação na história. As marcas deixadas por Hromádka e sua influência na teologia da Tchecoslováquia podem ser comparadas às de Karl Barth na Suíça e na Alemanha. Impulsionou grandemente o movimento estudantil cristão e ensinou teologia protestante ao longo de cerca de meio século em Praga. Durante a Segunda Guerra Mundial, foi professor visitante no *Princeton Theological Seminary*, contribuindo para a difusão da teologia de Karl Barth nos Estados Unidos. No final dos anos 1940, Hromádka se tornou famoso por encorajar os cristãos da Europa central e oriental a considerar a sociedade marxista um desafio a enfrentar, convocando os cristãos ao testemunho de Jesus Cristo em uma situação de absoluto transtorno. Hromádka percebia claramente as insuficiências e os fracassos dessa sociedade, mas, por sua fé no evangelho, estava disposto a dar-lhe uma chance. Durante a guerra fria, despendeu esforços para promover o diálogo e a compreensão de ambos os lados da ideologia. Em 1958, foi contado entre os fundadores da Conferência Cristã para a Paz, de que se tornou o primeiro presidente.

Milan Opočenský

▶ HROMÁDKA, Josef Lukl, *Doom and Resurrection*, Richmond, Madrus House, 1945; Iem, *Theology between Yesterday and Tomorrow*, Filadélfia, Westminster Press, 1957; Idem, *Évangile pour les athées* (textos publicados entre 1949 e 1962), Paris, Les Bergers et les Mages, 1999; Idem, *Das Evangelium auf dem Wege zum Menschen*, Berlim, Evangelische Verlagsanstalt, 1961; Idem, *An der Schwelle des Dialogs zwischen Christen und Marxisten*, Frankfurt, Stimme, 1965; Idem, *Pour quoi je vis* (1967), Paris, Cerf, 1968; *Christianisme social* 78/3-6, 1970, p. 161-258 (textos de e sobre

Hromádka, documentos etc.); OPOČENSKÝ, Milão, *Sprung über die Mauer. Ein Hromádka-Lesebuch*, Wuppertal, Hammer, 1991; *Der Briefwechsel zwischen Karl Barth, Josef L. Hromádka und Josef B. Souček*, Zurique, Theologischer Verlag, 1995.

◉ Barth; barthismo; Conselho Ecumênico das Igrejas (Assembleias do); Eslováquia; paz; política; Tcheca (República)

HUBER, Marie (1695-1753)

Nascida em Genebra em uma rica família de banqueiros, sobrinha-neta do grande matemático Nicolas Fatio de Duillier, em 1711 Marie Huber estabeleceu-se em Lyon, onde ficaria até sua morte, passando uma breve estada em sua cidade natal entre 1715 e 1716. Após uma juventude pietista e influenciada pelas Luzes, aproximou-se de posições racionalistas e desenvolveu uma viva polêmica acerca das instituições eclesiásticas e das teologias oficiais. Em suas obras, todas publicadas anonimamente, a crítica era ao mesmo tempo social e teológica: a autora opõe ao mundo das aparências o da consciência e, às construções dogmáticas tradicionais, uma religião de essência, descoberta pela razão e pelo sentimento. Adepta de uma religião natural reduzida ao essencial, Huber antecipa alguns aspectos do pensamento liberal protestante, mas sem que pudesse ser assimilada a ele.

Maria-Cristina Pitassi

▶ HUBER, Marie, *Le monde fou préféré au monde sage*, 2 vols, Amsterdã, Wetstein et Smith, 1731; Idem, *Lettres sur la religion essentielle à l'homme, distinguée de ce qui est accessoire*, Amsterdã, Wetstein et Smith, 1738; KRUMENACKER, Yves. "L'évolution du concept de conscience chez Marie Huber", *Dix-huitième siècle* 34, 2002, p. 225-237; Idem, "Marie Huber, une théologienne entre piétisme et Lumières", em Hubert BOST e Claude LAURIOL, orgs., *Refuge et Désert. L'évolution théologique des huguenots de la Révocation à la Révolution française. Actes du colloque du Centre d'étude du XVIIIe siècle*, Montpellier, 18-19-20 de janeiro de 2001, Paris, Champion, 2003, p. 99-115; LAGRÉE, Jacqueline, "Marie Huber", em Jean-François MATTÉI, org., *Les oeuvres philosophiques (Encyclopédie philosophique universelle III)*, t. I, Paris, PUF, 1992, p. 1213; METZGER, Gustave-A., *Marie Huber (1695-1753). Sa vie, ses oeuvres, sa théologie*, Genebra, Impr. Rivera et Dubois, 1887; PITASSI, Maria-Cristina, *Être femme et théologienne au XVIIIe siècle. Le cas de Marie Huber*, em Michelle MAGDELAINE et alii, orgs., *De l'humanisme aux Lumières, Bayle et le protestantisme. Mélanges en l'honneur d'Élisabeth Labrousse*, Paris-Oxford, Universitas-Voltaire Foundation, 1996, p. 395-409; RITTER, Eugène, "La famille et la jeunesse de Marie Huber", *Étrennes chrétiennes* 9, 1882, p. 129-166.

◉ Iluminismo; Luzes; pietismo; racionalismo teológico

HUBERT, Conrad (1507-1577)

Conrad Hubert, um dos fiéis artesãos da Reforma estrasburguense, nasceu em Bergzabern (Palatinato). Estuda em Heidelberg (1519-1523) e em Basileia, onde opta pela Reforma e se torna secretário de Oecolampadius. Em viagem a Ulm, em 1531, encontra Bucer, que o emprega como diácono na Paróquia São Tomé de Estrasburgo. Chantre (1541), cônego (1545) e secretário (1551-1563) da assembleia São Tomé, foi também secretário de Bucer e continuou a cuidar de seus negócios após a partida e a morte do reformador, em 1551. Encarregado das pregações em Westhoffen de 1548 em diante, contribuiu para a implantação da Reforma no condado de Hanau-Lichtenberg. No desejo de imortalizar a memória de Bucer, tentou publicar suas obras, mas o contexto religioso de Estrasburgo só lhe permitiu a publicação de sua biografia (1562) e de textos da fase inglesa do reformador (*Martini Buceri scripta Anglicana fere omnia*, Basileia, Petrus Perna, 1577). Em 1563, Hubert perde suas funções como diácono após o fechamento da igreja dos refugiados franceses, mas conserva seu cargo de cônego. Autor de poemas e cânticos, atuou como colaborador em edições de coletânea de cânticos estrasburguenses (1560 e 1572), além de ocupar um lugar central em uma abundante correspondência com reformadores, pastores e editores de inúmeros países. De seu casamento em Constance com Margareta N., em 1532, parenta da família Blaurer, teve um filho, Samuel (15543-1619), que se torna preceptor no Ginásio de Estrasburgo. Samuel colabora com o pai na edição de obras de Bucer e mantém igualmente uma importante correspondência.

Danielle Fischer

▶ BAUTZ, Friedrich Wilhelm, "Hubert, Konrad", em Idem, org., *Biographisch-Bibliographisches Kirchenlexikon*, t. II, Herzberg, Verlag Traugott Bautz,

1990, col. 1106-1108; ROTT, Jean, "Hubert Conrad", em *Nouveau dictionnaire de biographie alsacienne*, t. XVII, Estrasburgo, *Fédération des Societés d'historie et d'archéologie d'Alsace*, 1991, p. 1680s.

○ Alsácia-Lorena; Bucer; Oecolampadius

HUBMAIER, Balthasar (?1485-1528)

Hubmaier completa o doutorado com Johann Eck, em Ingolstadt, tornando-se um dos maiores teólogos anabatistas do século XVI. Pregador em Waldshut no ano de 1521, interessa-se pela Reforma zwingliana. Adversário do pedobatismo, simpatizante do movimento camponês, Hubmaier (e com ele a cidade de Waldshut) se torna anabatista na Páscoa do ano de 1525. É obrigado a fugir da cidade e se retira para Zurique, onde permanece por algum tempo. Em seguida, chefia uma grande comunidade anabatista em Nikolsburg, na Morávia. É preso em julho de 1527 pelo rei Ferdinando I, acusado de heresia e rebelião, e morre na fogueira em Viena.

Neal Blough

▶ HUBMAIER, Balthasar, *Schriften*, org. por Gunnar WESTIN e Torsten BERGSTEN, Gütersloh, Mohn, 1962; BERGSTEN, Torsten, *Balthasar Hubmaier. Seine Stellung zu Reformation und Täufertum 1521-1528*, Kassel, Onchen, 1961; BLOUGH, Neal, "La Réforme, un nouveau regard. Villes, paysans et anabaptistes", *Théologie évangélique* 1/1, 2002, p. 39-65; VINCENT, Jean Marcel, *Présentation et traduction du premier écrit anabaptiste: Un résumé de ce qu'est toute une vie chrétienne* (1525) *de Balthasar Hubmaier*", *ETR* 79, 2004, p. 1-18; WINDHORST, Christof, *Balthasar Hubmaier: Professor, Prediger, Politiker*, em Hans-Jürgen GOERTZ, org., *Radikale Reformatoren. 21 biographische Skizzen von Thomas Müntzer bis Paracelsus*, Munique, Beck, 1978, p. 125-136 (bibliogr., p. 248); Idem, *Anfänge und Aspekte der Theologie Hubmaiers*, em Marc LIENHARD, org., *The Origins and Characteristics of Anabatism. Les débuts et les caractéristiques de l'anabaptisme*, La Haye, Nijhoff, 1977, p. 148-168.

○ Anabatismo; Guerra dos Camponeses; Reforma radical

HUGUENOTES

A origem do termo é controversa. Tal como surgiu em Genebra (*anguenotz*, 1536; *eiguenots*), a palavra é provavelmente uma corruptela do alemão *eidgenossen* (federados, o grupo genebrino que queria aliar-se aos berneses pela defesa do protestantismo). Mas, ao chegar à França, a expressão parece ter encontrado outras alcunhas às quais se amalgamou: partidários de Hugo Capeto (Henrique IV era um rei capetiano, ao contrário dos Guise), as criaturas do folclórico rei Hugon, todo tipo de espectro que assombrava as noites de Tours... e de Amboise. Erudita e duvidosa era a origem proposta por Béroalde de Verville (*Le moyen de parvenir* [1610], Genebra, Slatkine, 1970, cap. XV), talvez com a aprovação de Guilherme Budé: do grego *eugnôstès* ("os que conhecem bem", o evangelho subentendido aqui). A palavra "huguenote" foi de início empregada pejorativamente por católicos, mas logo os protestantes se apropriaram dela. No século XVI, revestiu-se de uma coloração política (o partido huguenote, o exército huguenote). Pareceu sofrer um eclipse quando o protestantismo se enfraqueceu politicamente e foi substituída por outras expressões: "os da Religião" (os "religionários") e, na linguagem do poder católico, os da "Religião Pretensamente Reformada" (RPR).

A palavra voltaria a fazer sentido no estrangeiro, após a Revogação do Edito de Nantes: os protestantes que pediram asilo nos países do Refúgio (Alemanha, Holanda, Inglaterra etc.) se reuniram em igrejas de língua francesa, ditas huguenotes. Ainda hoje há descendentes desses refugiados que adotam voluntariamente o termo *huguenotes* para diferenciarem-se (não sem um quê de aristocracia) dos protestantes de ascendência autóctone que os rodeiam. Da mesma forma, na França, há protestantes que gostam de afirmar-se huguenotes para caracterizar sua fidelidade ao protestantismo histórico (a cruz huguenote ou Espírito Santo, joia feminina como sinal de que pertence à religião reformada, também sob a forma de emblema ou logotipo).

Outra etimologia, geralmente ignorada, merece menção, embora não possa ser verificada. No artigo *Gueux* [vagabundo], o *Dictionnaire de Trévoux* [Dicionário de Trévoux] (Paris, Compagnie des Libraires, 1771) diz o seguinte: "Essa palavra, segundo Pasquier, vem de *ganeo* [devasso, em latim]; segundo Nicod, do alemão *geiler*, que significa "mendigo"; e segundo Ménage, de *questor* ou *quesitor*. Outros dizem que vem de *heu* [interjeição francesa], grito dos pobres e miseráveis, que os italianos transformaram em *guai* e *guaioso*, mendigo; outros dizem que vem de *egenus*, ou *eguenus*, que deu nome a hereges que foram chamados de *Pobres de Lyon*; daí veio também a expressão *Guenauts*, ouvida como *Huguenots*, como quem pronuncia *Eguenauts*".

Jean Carbonnier

▶ BOURGUET, Pierre, *Huguenots. Le sobriquet mystérieux*, Paris, Libr. Protestante, 1959; RICHARD, Willy, *Untersuchungen zur Genesis der reformierten Kirchenterminologie der Westschweiz und Frankreichs. Mit besonderer Berücksichtigung der Namengebung*, Berna, Francke, 1959, p. 41-53.

◉ Cruz huguenote; Edito de Nantes (e Revogação do); França; guerras de religião

HUISSEAU, Isaac d' (1603-1672)

Após seus estudos de teologia na Academia de Sedan, d'Huisseau se torna pastor em Saumur. Destituído do cargo por queixas no consistório (1656), é restabelecido na função por ocasião do Sínodo Nacional de Loudun (1659).

D'Huisseau compila a antiga *Discipline des Églises réformées de France* [Disciplina das igrejas reformadas de França] (1650), mas seu trabalho não seria aprovado por nenhum sínodo nacional. Em *La réunion du christianisme* [A reunião do cristianismo] (Saumur, René Péan, 1670), propõe-se a aplicar às doutrinas religiosas o método da dúvida cartesiana com o objetivo de reduzir ao máximo os pontos litigiosos entre as confissões. Chega assim a um cristianismo sobretudo moral (são consideradas pontos secundários a dupla predestinação calvinista e as afirmações conciliares sobre a Trindade e a cristologia), em que a eclesiologia é sacrificada em nome da unidade. Publicado em uma época de severas ameaças à liberdade protestante, seu livro recebeu uma resposta bastante negativa, como uma proposta de liquidação das igrejas reformadas da França. O consistório de Saumur o condena, e o Sínodo de Anjou o destitui do cargo. D'Huisseau morre em Saumur dois anos após o "caso" suscitado por seu livro, sem ser reintegrado a suas funções pastorais.

Hubert Bost

▶ STAUFFER, Richard, *L'affaire d'Huisseau. Une controverse protestante au sujet de la réunion des chrétiens (1670-1671)*, Paris, PUF, 1969.

◉ Liberalismo teológico; Saumur

HUMANISMO

O termo "humanismo", aplicado aos séculos XV e XVI, não designa uma filosofia qualquer do homem, mas, sim, o ímpeto dos eruditos que, apaixonados pelas *humanae litterae* (em oposição às "letras divinas"), puseram-se a reunir os manuscritos da Antiguidade para restaurá-los, traduzi-los e interpretá-los. Os humanistas são em primeiro lugar pessoas cultas que redescobriram a ciência dos textos, um tanto esquecida desde São Jerônimo, e que lançaram as bases da filosofia moderna: essa ciência revolucionária, ao retornar aos textos sagrados, transtornaria certo número de ideias prontas que se impunham como verdade, estimulando a leitura pessoal do texto original. O humanismo está assim profundamente ligado ao movimento da Reforma, embora suas virtualidades sejam contraditórias, pois, surgido do desejo de restaurar as letras humanas, tendia a relativizar o lugar das letras divinas; nesse sentido, suscitava a cada um a consciência do poder humano, ao mesmo tempo que estabelecia seus limites ou até sua impotência, como pode ser verificado em Montaigne, por exemplo. Assim, de forma ampla, o humanismo jamais originou uma filosofia do homem a partir de fontes antigas do paganismo, mas suscitou o questionamento que os homens jamais deixariam de revisitar sobre o campo de suas atividades e sobre o possível de suas inteligências.

Yves Delègue

▶ CASSIRER, Ernst, *Individu et cosmos dans la philosophie de la Renaissance* (1927, 1977), Paris, Minuit, 1991; DRESDEN, Sem, *L'humanisme et la Renaissance*, Paris, Hachette, 1967; RENAUDET, Augustin, *Préréforme et humanisme à Paris pendant les premières guerres d'Italie 1494-1517* (1916, 1953), Genebra, Slatkine, 1981.

◉ Capiton; Castellion; Erasmo; evangelismo; Lefèvre d'Étaples; Rabelais; **razão**; Reforma/Reformação; Reforma (pré); Renascença

HUMBERT, Paul (1885-1972)

Nascido em Locle (Suíça), estudou ciências naturais em Neuchâtel e teologia em Neuchâtel e em Basileia, além de línguas orientais em Paris. Após dois anos de ensino em Lausanne, em 1915 Humbert ocupa o cargo de professor na Universidade de Neuchâtel. Embora ensinando Antigo Testamento na Faculdade de Teologia do Estado, torna-se pastor da Igreja Independente. Para Humbert, a igreja deve permanecer livre diante do Estado, mas somente o Estado pode garantir a liberdade de exegese contra a mão forte do dogmatismo. Quando há a fusão das duas faculdades de teologia em 1942, ele pede demissão, e a universidade lhe oferece uma cadeira de línguas orientais. Humbert retomaria o ensino do Antigo Testamento de 1952 a 1957. Suas pesquisas são fortemente influenciadas por Renan, Wellhausen e principalmente Gunkel. A originalidade de sua obra reside em seus trabalhos sobre o vocabulário veterotestamentário, que refletem bem seus cuidados com a imparcialidade na exegese histórica.

Thomas Römer

▶ HUMBERT, Paul, *Études sur le récit du paradiz et de la chute dans la Genèse*, Neuchâtel, Secrétariat de l'Université, 1940; Idem, *Opuscules d'un hébraïsant*, Neuchâtel, Secrétariat de l'Université, 1958; REDARD, Georges, "Paul Humbert", *Annales de l'Université de Neuchâtel*, 1971-1972, p. 125-148.

⬤ Igrejas livres; exegese; Gunkel; método histórico-crítico; Neuchâtel; Renan; Wellhausen

HUMBERT-DROZ, Jules (1891-1971)

Estimulado pelo pastor socialista cristão e unionista Paul Pettavel (1861-1934), que exerceu grande influência sobre inúmeros e eminentes habitantes da cidade de Chaux-de-Fonds (Suíça), Humbert-Droz estuda teologia em Neuchâtel, tornando-se bispo auxiliar na Igreja Francesa de Londres, que ele abandonaria por julgá-la conformista demais. Socialista cristão influenciado por Tolstoi, foi condenado por objeção de consciência em 1916. Convencido pela revolução soviética de que a paz só se imporia pela revolução das massas, mesmo que violenta, contra o capitalismo, deixa a religião. A partir de 1921, ocupa o cargo de secretário da Internacional Comunista para os Países Latinos, tornando-se membro do comitê executivo. Em desgraça depois de 1931, ocupa várias funções no Partido Comunista Suíço até 1941 e, em seguida, em 1943, no Partido Socialista. Presidente do Conselho Suíço das Associações pela Paz (1953-1964), luta contra as armas nucleares.

André Lasserre

▶ HUMBERT-DROZ, Jules, *Mémoires*, 4 vols., Neuchâtel, La Baconnière, 1969-1973; *Archives de Jules Humbert-Droz*, t. I: *Origines et débuts des partis communistes des pays latins* (1919-1923), Dordrecht, Reidel, 1970, t. II: *Les partis communistes des pays latins et l'Internationale communiste dans les années 1923-1927*, Dordrecht, Reidel, 1983, t. III: *Les partis communistes et l'Internationale communiste dans les années 1928-1932*, Dordrecht, Kluwer, 1988, t. IV: *Engagements à travers le monde. Résistances, conciliations, diffamations*, Zurique, Chronos, 2001, t. V: *Sous l'oeil de Moscou. Le Parti communiste suisse et l'Internationale, 1931-1943*, Zurique, Chronos, 1996. HUMBERT-DROZ, Jenny, *Une pensée, une conscience, un combat. La carrière politique de Jules Humbert-Droz retracée par sa femme*, Neuchâtel, La Baconnière, 1976.

⬤ Cristianismo social/socialismo cristão; objeção de consciência; paz; **política**; socialismo religioso

HUMBOLDT, Wilhelm von (1767-1835)

"Humboldt é uma personalidade citada com frequência, um autor muito pouco conhecido, um pensador ignorado" (J. Quillien). Nascido em Potsdam, de uma família de funcionários e oficiais com título adquirido de nobreza, morto em Tegel perto de Berlim. Jurista formado nas universidades de Francfort-sur-l'Oder e Göttingen, Humboldt atuou como filólogo, filósofo da língua, teórico do Estado e historiador. Desempenhou com igual sucesso importantes funções políticas e diplomáticas: residente prussiano junto à Santa Sé, em Roma, de 1802 a 1808; diretor da seção de culto e de ensino no Ministério do Interior (1809), trabalhando na reestruturação de todo o sistema educativo da escola primária à universidade e na fundação da Universidade de Berlim (1810); plenipotenciário, junto a Karl August von Hardenberg (1750-1822), da Prússia no Congresso de Viena (1814-1815).

O protestantismo alemão do século XIX foi marcado pelas contribuições de Humboldt para a reforma do Estado prussiano, por sua compreensão da universidade, do Estado e da história, assim como por sua visão humanista do homem. As abundantes obras de Humboldt no campo das ciências da linguagem ainda não foram exploradas por completo. Ao submeter o Estado, a educação e a religião a um exame crítico orientado pela finalidade última do homem, Humboldt contribuiu para abrir caminho ao moderno estado de direito.

Kurt Nowak

▶ HUMBOLDT, Wilhelm von, *Gesammelte Schriften* (1903-1936), 17 vols., org. pela KÖNIGLICH PREUBISCHE AKADEMIE DER WISSENSCHAFTEN, Berlim, Walter de Gruyter, 1968; Idem, *Werke in fünf Bänden*, org. por Andreas FLITNER e Klaus GIEL, Darmstadt, Wissenschaftliche Buchgesellschaft, 1980-1993; Idem, *Essai sur les limites de l'action de l'État*, Paris, Ballière, 1867; Idem, *Considérations sur l'histoire mondiale. Considérations sur les causes motrices dans l'histoire mondiale. La tâche de l'historien* (1814-1821), Villeneuve-d'Ascq, Presses universitaires de Lille, 1985; Idem, *Sur l'organisation interne et externe des établissements scientifiques supérieurs à Berlin* (1809 ou 1810), em Luc FERRY, Jean-Pierre PESRON e Alain RENAUT, orgs., *Philosophies de l'Université. L'idéalisme allemand et la question de l'Université. Textes de Schelling, Fichte, Schleiermacher, Humboldt, Hegel*, Paris, Payot, 1979, p. 319-329; Idem, "Sobre a organização interna e externa das instituições científicas superiores em Berlim", em CASPER, Gerhard e HUMBOLDT, Wilhelm von, *Um mundo sem Universidades?*, Rio de Janeiro, EdUERJ, 1997; BERGLAR, Peter, *Wilhelm von Humboldt. Mit Selbstzeugnissen und Biddokumenten* (1970), Reinbek, Rowohlt, 2003; QUILLIEN, Jean, *L'anthropologie philosophique de G. de Humboldt*, Villeneuve-d'Ascq, Presses universitaires de Lille, 1991; SWEET, Paul Robinson, *Wilhelm von Humboldt. A Biography*, 2 vols., Columbus, Ohio State University Press, 1978-1980.

◉ Berlim (universidades de); Frederico Guilherme III; **liberdade**; Müller F. M.; **política**; Prússia; romantismo; Schleiermacher

HUME, David (1711-1776)

Esse filósofo escocês criticou tanto os efeitos quanto os fundamentos do cristianismo. Em *História natural da religião* (1757), Hume denuncia as consequências negativas das religiões positivas, apesar dos que afirmam que o cristianismo contribui com o reforço da moralidade. Quanto à origem das opiniões religiosas, para Hume, elas provêm das paixões e da imaginação. O homem busca prazer e foge da dor, mas ignora as causas reais de ambos, e acaba atribuindo-os a um poder inteligente em uma ordem superior que dá sentido aos acontecimentos. Toda religião seria assim supersticiosa em sua base, e o Deus do calvinismo é cruel e arbitrário. Até mesmo o deísmo seria uma crença que, sob a aparência da racionalidade, busca a felicidade do homem. Em *Diálogos sobre a religião natural* (1779), o ceticismo de Hume culmina na rejeição da religião revelada e do deísmo, seu principal adversário de então.

François Dermange

▶ HUME, David, *The Philosophical Works* (1882-1886), 4 vols., Aalen, Scientia, 1964; Idem, *História natural da religião* (1757), São Paulo, Unesp, 2005; *Diálogos sobre a religião natural* (1779), São Paulo, Martins Fontes, 1992

◉ Crítica da religião; deísmo; **Deus**; Serres J. de

HUMOR

Palavra de origem inglesa que deu *humeur* em francês (do latim *humores*: líquidos, humor), o humor designa um estado de espírito que consiste em captar a realidade sob seus aspectos cômicos e insólitos e em assumir as alegrias e as vicissitudes da vida em uma postura de liberdade serena. Acrescentado ao riso, pode exprimir-se sob diversas modalidades: pode ser leve e agradável, ou tornar-se áspero, macabro (humor negro). No entanto, caracteriza-se por uma compaixão pelo demasiado humano, algo ausente na ironia, que é mais mordaz e distante.

A tradição cristã sempre lançou olhares críticos sobre o humor e o riso, considerados ameaçadores para a fé e a seriedade religiosa. Alguns círculos pietistas condenaram o riso como pecado. Lutero, porém, afirmou insistentemente os laços entre fé e humor, sendo o humor a expressão soberana da liberdade da fé diante das pressões do mundo. E, em sua filosofia das esferas de existência, Kierkegaard atribuiu um lugar de destaque ao humor: distinto da ironia, o humor opera a passagem da realidade simplesmente humana à dimensão religiosa, ao enfatizar de modo tragicômico o encontro insólito entre o homem e Deus. É por isso que o pensador permanece como uma sentinela em relação a essa passagem, acompanhando a fé cada vez que ela retorna às realidades terrestres, para que não se deixe prender na armadilha da falsa seriedade e das falsas garantias. O humor é assim a incessante prova apresentada à seriedade da fé.

Pierre Bühler

▶ BERGER, Peter L. *Redeeming Laughter. The Comic Dimension of Human Experience*, Berlim, Walter de Gruyter, 1997; BLANKE, Fritz, *Luthers Humor. Scherz und Schalk in Luthers Seelsorge*, Hamburgo, Furche, 1954; BÜHLER, Pierre, "Foi et humour. Une petite dramaturgie de la foi chrétienne, d'après Dürrenmatt", *Bulletin du Centre Protestant d'Études* 28/3, Genebra, 1976, p. 5-39; KIRKEGAARD, Søren, *Post-Scriptum définitif et non scientifique aux Miettes philosophiques* (1846), em *Oeuvres complètes* XI, Paris, Orante, 1977, p. 123-237; KUSCHEL, Karl-Josef, *Lachen. Gottes und der Menschen Kunst*, Friburgo-en-Brisgau, Herder, 1994; MINOIS, Georges, Histoire du rire et de la dérision, Paris, Fayard, 2000; SCREECH, Michael A., *Le rire au pied de la croix. De la Bible à Rabelais* (1997), Paris, Bayard, 2002; THIEDE, Werner, *Das verheissene Lachen. Humor in theologischer Perspektive*, Göttingen, Vandenhoeck & Ruprecht, 1986.

◯ Dürrenmatt; Kierkegaard; **predestinação e Providência**

HUNGRIA

O rei Estêvão I (?969-1038), fundador do Estado húngaro, impôs o cristianismo sob sua forma católica romana a seus súditos e se declarou vassalo da Santa Sé, a fim de escapar das presas do Sacro Império. Em 1526, a derrocada da nobreza, vencida pelo exército de Solimão, o Magnífico, na Batalha de Mohács, divide o reino da Hungria em três: a planície, capital Buda, sob ocupação turca; a Eslováquia e a Croácia, sob o controle dos habsburgos; a Transilvânia, povoada por sículas (descendentes de colonos turco-magiares), romenos e alemães (chamados de saxões na época), torna-se um principado relativamente autônomo, conservando sua soberania até 1691.

O humanismo de Erasmo e o hussismo haviam preparado o terreno para as ideias de Lutero, que a partir de 1519 começam a chegar às populações de língua alemã do norte do país e da Transilvânia. Com a influência da comunidade alemã de Klausenburg (em húngaro, *Kolozsvár*; em romeno, *Cluj*), é constituída uma igreja luterana na Transilvânia, com Ferenz Dávid como superintendente. Nos anos 1550, as doutrinas reformadas são difundidas no sul do país e na Transilvânia, principalmente com a iniciativa de Gáspár Károlyi (1520/30-1591) e de Peter Melius (?1536-1572). A transição de David para o calvinismo e a Disputa de Straßburg (Aiul) em 1564 resultam na constituição de uma igreja reformada, que adere à *Segunda confissão helvética* durante o Sínodo de Debrecen, em 1567, organizando-se em bispados. O antitrinitarismo, trazido por Biandrata em 1563, ganha terreno entre a nobreza da Transilvânia. Em 1566, a conversão de Dávid ocasiona a transição, na Transilvânia, da reforma de linha calvinista para o antitrinitarismo. Em 1568, Dávid obtém do rei Sigismundo a promulgação do Edito de Turda, que autoriza a livre pregação de todas as confissões, enquanto a Dieta de Maros Vásárhely, em 1571, reconhece quatro confissões: luteranismo, calvinismo, antitrinitarismo e catolicismo. De religião ortodoxa grega, os romenos não são oficialmente reconhecidos, mas também não são perseguidos. No final do século XVI, 85% da população húngara é protestante de maioria reformada.

A Contrarreforma, um feito da casa de Habsburgo, apoiou-se no princípio *cujus regio ejus religio* ("a cada região a religião de seu príncipe") para exigir que em um país cujo monarca é católico romano a população também adote essa fé. Em 1572, a proibição de inovações no campo religioso atinge principalmente os antitrinitários radicais. Com a chegada dos jesuítas, o protestantismo se torna alvo de furiosa repressão. A insurreição do príncipe reformado István Bocskai (1557-1606) contra a Áustria e a Paz de Viena (1606) salvam a soberania da Transilvânia e asseguram a liberdade religiosa. A Contrarreforma não somente dizimou o protestantismo, mas atingiu também os ortodoxos presentes na região. São tolerados por causa da influência dos príncipes da Moldávia e da Valáquia; no entanto, em 1697, Roma obtém uma parte deles e constitui a Igreja Católica Uniata de Rito Bizantino.

Ao longo do século XVII, o calvinismo e o luteranismo são influenciados, respectivamente, pelo puritanismo e pelo pietismo. Os antitrinitários (que se tornaram unitários) são reunidos em 1661 pelos refugiados socinianos vindos da Polônia, sendo alvo de uma grande repressão da parte dos reformados. Se o Edito de Tolerância de José II (1781) torna mais invejável a sorte dos protestantes, o fracasso da proposta de independência de 1848-1849, amplamente inspirada pelos protestantes (como Lajos Kossuth [1802-1894], faz com que a Hungria caia novamente sob a palmatória da Áustria.

Em 1881, a Igreja Reformada da Transilvânia se funde com a da Hungria, que no Sínodo de Debrecen (1881) se constitui de acordo com o modelo presbítero-sinodal, ainda que mantendo o episcopado (mas ao bispo é atribuído um cargo mais administrativo, em vez de ser autoridade hierárquica; em 1991, a nova constituição eclesiástica limitaria o mandato episcopal em seis anos, enquanto antes o bispo tinha uma função vitalícia). Em 1891-1893, no Sínodo de Budapeste, a Igreja Luterana também adota o regime presbítero-sinodal, associado ao episcopado. Em 1918, os romenos da Transilvânia proclamam a união da Transilvânia com a Romênia, uma anexação que seria confirmada pelo Tratado de Trianon, em 1920.

Hoje, a configuração eclesial da Hungria permanece fortemente marcada pelo catolicismo (seis milhões de membros, que perfazem 60% da população). A Igreja Reformada reúne dois milhões de membros, e a Igreja Luterana, 150 mil. Dentre as outras denominações protestantes, cabe mencionar a presença de unitarianos, batistas (desde 1846), metodistas (desde 1900) e pentecostais.

Lucie Kaennel e Bertalan Tamas

▶ BENDA, Kálman, "La Réforme en Hongrie", *BSHPF* 122, 1976, p. 30-53; BORSA, Gedeon, *Le livre et les débuts de la Réforme en Hongrie*, em Jean-François GILMONT, org., *La Réforme et le livre. L'Europe et l'imprimé (1517-vers 1570)*, Paris, Cerf, 1990, p. 375-392; BUCSAY, Mihály, *Der Protestantismus in Ungarn 1521-1978. Ungarns Reformationkirchen in Geschichte und Gegenwart*, 2 vols., Colônia, Böhlau, 1977-1979; DOUMERGUE, Émile, *La Hongrie calviniste*, Toulouse, Société d'édition de Toulouse, 1912; UNGHVÁRY, Alexander Sándor, *The Hungarian Protestant Reformation in the Sixteenth Century under the Ottoman Impact. Essays and Profiles*, Lewinston, E. Mellen Press, 1989; WILBUR, Earl Morse, *A History of Unitarianism in Transylvania, England and America*, Cambridge, Harvard University Press, 1956.

⊙ Antitrinitarismo; Biandrata; bispo; Dávid; Debrecen; Eslováquia; Reforma (Contra); Romênia; unitarismo

HUS, Jan (1371-1415)

Nascido em Husinec, Hus chegou a Praga, onde foi ordenado sacerdote católico e viveu desfrutando os privilégios atribuídos a sua função. Porém, avizinhava-se um momento decisivo em sua vida, quando adquiriu um conhecimento mais aprofundado das Escrituras. Influenciado pelos discípulos de Jan Milič de Kroměříž (morto em 1374) e principalmente pelo pensador inglês John Wycliffe (entre 1320 e 1330-1384), Hus começou a indagar-se sobre questões fundamentais em relação às consequências práticas da obediência a Cristo. A partir de 1402, pregando na capela de Belém em Praga, Hus passou a demonstrar suas ideias quanto à reforma da igreja. Soube ganhar a confiança das pessoas do povo e se tornou chefe do movimento que logo culminaria em uma autêntica Reforma autóctone. Em 1409, participou da reorganização da universidade que favorecia os estudantes e professores tchecos, sendo eleitor reitor. Quando uma bula papal condenou os textos de Wycliffe, Hus tomou a defesa do pré-reformador inglês e foi excomungado. O conflito se exacerbou após suas críticas da venda de indulgências. Hus fez menção ao julgamento de Jesus Cristo, instância reconhecida no direito canônico. Forçado a deixar Praga, põe-se a pregar e a escrever para a massa dos camponeses e para a gente do povo em geral. Quando a Boêmia foi ameaçada pela cruzada que se lançou contra a região, Hus decidiu defender sua causa diante do Concílio de Constance. Em 1414, durante sua ausência, seus partidários começaram a celebrar a ceia *sub utraque*, ou seja, sob as duas espécies, pão e vinho. Apesar do salvo-conduto concedido pelo rei Sigismundo, Hus acabou sendo preso pelo Concílio e condenado à fogueira como herege. As chamas de Constance iluminaram não só sua terra natal, mas toda a Europa, preparando o terreno para os reformadores do século XVI.

Milan Opočenský

▶ HUS, Jan, *Opera omnia*, Osnabrück, Biblio-Verlag, 1966ss; Idem, *Tractatus de ecclesia* (1413), Praga, Komenského evangelicka fakulta bohoslovecká, 1958; Idem, *Sermo de pace*, Praga, Kalich, 1963; DE VOOGHT, Paul, *L'hérésie de Jean Huss* (1960), Louvain, Bibliothèque de l'Université-Publications universitaires de Louvain, 1975; FUDGE, Thomas A., *The Magnificent Ride. The First Reformation in*

Hussite Bohemia, Aldershot, Ashgate, 1998; MOLNÁR, Amedeo, *Jean Hus, témoin de la vérité*, Paris, Les Bergers et les Mages, 1978 (com trad. franç. de algumas passagens do *Tractatus de ecclesia*); SPINKA, Matthew, *John Hus. A Biography*, Princeton, Princeton University Press, 1968.

▸ Hussismo; Reforma/Reformação; Reforma (pré); Tcheca (República); Valdo; Wycliffe

HUSSISMO

A morte de Jan Hus na fogueira despertou uma revolução religiosa, política e social que sacudiu a Boêmia e a Morávia, além dos países vizinhos, durante décadas. De início pacífica (protestos da nobreza contra a execução de Hus em 1415), a agitação contra a tirania da igreja se avolumou tanto nas cidades quanto no campo. Enquanto o que deveria ser a ala moderada (alta nobreza, a Universidade de Praga) se reunia para impor na prática a comunhão *sub utraque* (sob as duas espécies), justificada teologicamente pela universidade (1417), movimentos radicais se formavam na nova cidade de Praga e no interior da Boêmia; com frequência chefiados por pequenos nobres, esses grupos se reuniam em colinas batizadas de nomes bíblicos: Tabor, Horebe etc., para celebrar cultos em uma atmosfera escatológica.

A revolta dos radicais da nova cidade de Praga, chefiados por Jan Želivský (morto em 1422), contra os defensores da ortodoxia católica e os representantes do rei Venceslau marcou o início efetivo da resolução. O iconoclasmo foi desencadeado, inúmeros bens eclesiásticos foram confiscados e, em fevereiro de 1420, uma comuna revolucionária se estabeleceu com o nome de Tabor no sul da Boêmia. Os *Quatro artigos de Praga*, adotados pela dieta nacional em 1421, reuniram por pouco tempo os diferentes grupos hussitas (ou utraquistas) em torno de reivindicações como a comunhão sob as duas espécies, a liberdade de pregação e a supressão do poder temporal da igreja, prelúdio para um retorno à igreja primitiva. As confrarias taboritas e horebitas (no leste da Boêmia) formaram poderosos exércitos, cuja liderança mais importante foi Jan Žižka (?1370-1424). As cruzadas anti-hussitas empreendidas pelo papado foram sucessivamente aniquiladas e, apesar de violentas lutas intestinas, os hussitas lançaram expedições armadas nos países vizinhos, ao mesmo tempo que uma rede de simpatizantes buscava ampliar a base da revolução, sobretudo na Alemanha.

Por fim, as repetidas derrotas das cruzadas forçaram a igreja a estabelecer negociações, e a delegação hussita no Concílio de Basileia — liderada por teólogos como Jan Rokycana (?1390/92-1471), futuro arcebispo utraquista de Praga, e o wyclifista inglês Peter Payne (morto em 1455) — negociou um acordo conhecido como *Compactata* (1433). O concílio (mas não o papa) reconhecia não só a comunhão *sub utraque*, mas também a secularização dos bens eclesiásticos. Hostis ao acordo, mas enfraquecidos por longas campanhas, os radicais foram vencidos por uma coalizão de nobres católicos e utraquistas na Batalha de Lipany (30 de maio de 1434), mas foi apenas em 1436 que os *Compactata* foram oficialmente proclamados. O prosseguimento das relações entre utraquistas e católicos resultaria no Tratado de Kutná Hora (1485), que estabeleceu pela primeira vez na história da Europa a liberdade religiosa, embora não estivessem incluídos nisso os Irmãos Boêmios, herdeiros dos radicais. Foi somente em 1609, com a Carta de Majestade assinada por Rodolfo II, que a liberdade de consciência para todos foi estabelecida na Boêmia; mas a Batalha da Montanha Branca (1620) selou rapidamente o fim dessa liberdade e o fim da Boêmia livre. De todo modo, pode-se considerar, a exemplo de muitos pesquisadores checos, que o hussismo foi mais que um prelúdio para a Reforma, mas de fato a primeira Reforma.

Frank Muller

▸ KALIVODA, Robert, *Revolution und Ideologie. Der Hussitimus* (1961), Colônia, Böhlau, 1976; MACEK, Josef, *Jean Hus et les traditions hussites (XV-XIXe siècles)*, Paris, Plon, 1973; SEIBT, Ferdinand, *Hussitica. Zur Struktur einer Revolution* (1965), Colônia, Böhlau, 1990; ŠMAHEL, František, *La Révolution hussite. Une anomalie historique*, Paris, PUF, 1985.

▸ Hus; liberdade de consciência; Morávios (Irmãos); Reforma (pré); **seitas**; Checa (República)

HUTTEN, Ulrich von (1488-1523)

Cavaleiro, poeta, humanista, panfletário anticlerical, Hutten percorreu a Alemanha e a Itália em busca de cultura clássica e aventuras. Seu encontro com Erasmo, entre 1514 e 1515, foi marcante para ele. Propagandista político, ardente adepto de uma reforma moral da igreja, interessava-se sobretudo por uma renovação eclesial e política no império, sob o reino de um poderoso imperador que reduzisse o poder abusivo dos príncipes opressores da cavalaria, e que tornasse a igreja alemã novamente independente do jugo do papado. Chefiou um apaixonado combate contra os dominicanos alemães que se opunham a Johannes Reuchlin (1455-1522), desejosos de conservarem os textos judaicos. Em diversos panfletos, e com a publicação de textos medievais, Hutten vilipendiava o papado. Após a Disputa de Leipzig (1519), concentrou todas as suas esperanças de uma emancipação de Roma em Lutero. Perseguido pela Cúria, refugiou-se com Franz von Sickingen. A exemplo de Lutero, pôs-se a redigir panfletos em alemão, a ponto de tornar-se, depois do reformador, o escritor alemão mais poderoso de sua época. Rompendo com o imperador após o Edito de Worms (1521), Hutten buscou instigar, sem grande sucesso, levantes contra o clero. Pouco depois de sua morte, havia terminado a obra *Expostulatio* [Protesto], em que acusou Erasmo de trair Lutero e a Reforma.

Marc Lienhard

▶ HUTTEN, Ulrich von, *Ulrichi Hutteni Opera* (1859-1870), 7 vols., org. por Eduard BÖCKING, Aalen, Zeller, 1963; Idem, *Epîtres des hommes obscurs* (1515), Coeuvres-et-Valsery, Ressouvenances, 1997; *Ulrichs von Hutten deutsche Schriften*, org. por Siegfried SZAMATÓLSKI, Estrasburgo, Trübner, 1891; HELD, Paul, *Ulrich von Hutten. Seine religiös-geistige Auseinandersetzung mit Katholizismus, Humanismus, Reformation*, Leipzig, Heinsius Nachfolger Eger und Sievers, 1928; HOLBORN, Hajo, *Ulrich von Hutten* (1929), Göttingen, Vandenhoeck & Ruprecht, 1968; KALKOFF, Paul, Ulrich von Hutten und die Reformation, Leipzig, Haupt, 1920; KREUTZ, Wilhelm, "Ulrich von Hutten in der französichen und angloamerikanischen Literatur. Ein Beitrag zur Rezeptionsgeschichte des deutschen Humanismus und der lutherischen Reformation", *Francia* 11, 1983, p. 614-639.

◉ Erasmo; Lutero; Sickingen

IBSEN, Henrik (1828-1906)

Poeta e autor dramático norueguês, Ibsen pertence ao que se convencionou chamar "brecha moderna" na literatura escandinava, no final do século XIX e no início do século XX, junto ao sueco August Strindberg (1849-1912) e ao dinamarquês Jens Peter Jacobsen (1847-1885). Ele contribuiria para que a literatura dos países do Norte, sobretudo o teatro, alcançasse um lugar de proeminência nas letras europeias. Nascido em uma família pobre, conhece um penoso início da carreira, que alimentaria seu gosto pela revolta e pela liberdade, em uma crítica geralmente cáustica da sociedade. Sua educação religiosa parece não ter tido muita significância, e seus biógrafos têm dificuldade para esboçá-la claramente. Mas, dado o impacto cultural do luteranismo na Escandinávia, torna-se evidente que a obra de Ibsen se vale de uma atmosfera protestante. No entanto, opera-se um confronto crítico em suas peças de teatro, principalmente com a apresentação de figuras de pastores para ilustrar a aliança entre luteranismo e hipocrisia social. O mesmo ocorre na herança filosófico-teológica: através de Georg Brandes (1842-1927), escritor e crítico literário dinamarquês, um dos grandes iniciadores da "brecha moderna", podemos supor na obra de Ibsen alguma influência de Kierkegaard (o pastor Brand, na peça de mesmo nome, de 1866, carrega traços kierkegaardianos). Ainda que essa associação a Kierkegaard pareça ambígua e que não se possa superinterpretá-la, encontra-se em ambos a mesma ênfase quanto à busca existencial de sentido e de liberdade do indivíduo diante da angústia, da solidão e da morte (e deve-se mencionar a presença muito forte do suicídio na obra de Ibsen). Em seus textos, são principalmente as figuras femininas que ilustram a dificuldade de libertar-se das amarras sociais para alcançar um *status* de pessoa responsável e autônoma (Nora em *A casa de bonecas*, 1879; Hedda em *Hedda Gabler*, 1890). Depois de uma série de dramas, em sua maioria históricos (p. ex., sua primeira grande peça, *Catilina*, 1850) ou filosóficos (*Imperador e Galileu*, 1873, obra dedicada a Juliano, o Apóstata), e de peças com forte crítica social (*Espectros*, 1881), as últimas obras de Ibsen abordam o drama do indivíduo deixado por si mesmo em seus dilaceramentos entre a autonegação e a autorrealização (*O pato selvagem*, 1884; *Rosmersholm*, 1886; *Solness, o construtor*, 1892).

Pierre Bühler

▶ IBSEN, Henrik, *Oeuvres complètes*, 16 vols., Paris, Plon, 1930-1945; AYERS, Herlinde Nitsch, *Selbstverwirklichung/Selbstverneinung, Rollenkonflikte im Werk von Hebbel, Ibsen und Strindberg*, New York, Lang, 1995; BEYER, Edvard, *Ibsen. The Man and His Work* (1978), Londres, Souvenir Press, 1978; *Dossier Henrik Ibsen*, Nantes, L'Élan, 1991; MÖHRING, Werner, *Ibsen und Kierkegaard*, Leipzig, Mayer & Müller, 1928; POLITIS, Hélène, *Kierkegaard en France au XXe siècle. Archéologie d'une réception*, Paris, Kimé, 2005, cap. I: *Kierkegaard sous le masque du Brand d'Ibsen*, p. 17-42; TEMPLETON, Joan, *Ibsen's Women*, Cambridge, Cambridge University Press, 1997.

◯ Munch; Strindberg; teatro

ICONOCLASMO

O inconoclasmo é uma atitude de forte hostilidade em relação a imagens plásticas e obras de arte, algo que caracterizou a Reforma e ainda está presente no protestantismo, principalmente reformado. Assistimos hoje a uma reavaliação do iconoclasmo protestante. Descobrimos que foi um fenômeno complexo, que é preciso compreender e decifrar. Historicamente, houve a postura precipitada de amalgamar iconoclasmo, vandalismo e Reforma. Inúmeras destruições de obras de arte no tempo da Reforma resultaram com muita frequência de movimentos de insurreição popular. Como regra geral, os reformadores buscaram canalizar ou marginalizar o iconoclasmo, mesmo se em seus textos possamos encontrar críticas virulentas ao uso litúrgico de imagens. Tanto é que Lutero se opôs fortemente aos iconoclastas em 1522, em Wittenberg, e Calvino só chegou a Genebra quando os distúrbios iconoclastas haviam cessado. Hoje, tende-se a fazer diferente entre uma tradição protestante, iconoclasta por natureza, e a teologia protestante, mais aberta para determinada concepção da imagem. Quanto à prática eclesiástica atual, costuma-se reagir até favoravelmente às imagens (catequese, evangelização, missão, presença na mídia, meditação, expressão litúrgica), mas, na maioria das vezes, sem uma reflexão teológica, estética ou espiritual verdadeira. Além disso, o protestantismo mantém um senso crítico em relação tanto ao poder midiático da imagem quanto a certos movimentos de tipo fundamentalista, que impõem a imagem sem restrições com vistas a uma evangelização eficaz (como os televangelistas americanos). Quanto a uma crítica ética das imagens, podemos considerar que o iconoclasmo permanece um valor ainda mais atual, na medida em que a arte contemporânea reivindica com frequência um iconoclasmo estético (recusa à representação, destruição simbólica de objetos, arte conceitual).

Jérôme Cottin

▶ CHRISTIN, Olivier, *Une révolution symbolique. L'iconoclasme huguenot et la reconstruction catholique*, Paris, Minuit, 1999; COTTIN, Jérôme, *Le regard et la Parole. Une théologie protestante de l'image*, Genebra, Labor et Fides, 1994; DUPEUX, Cécile, JEZLER, Peter e WIRTH, Jean, orgs., *Iconoclasme. Vie et mort de l'image médiévale*, Paris, Somogy, 2001 (catálogo de exposição); EIRE, Carlos M. N., *War against the Idols. The Reformation of Worship from Erasmus to Calvin*, Cambridge, Cambridge University Press, 1986; ELLUL, Jacques, *A palavra humilhada*, São Paulo, Paulinas, 1984; RECHT, Roland, *La Réforme, la querelle des images et l'oeuvre d'art*, em Idem, org., *De la puissance de l'image. Les artistes du Nord face à la Réforme*, Paris, La documentation française-Musée du Louvre, 2002, p. 9-41; SCHINTZLER, Norbert, *Ikonoklasmus — Bildersturm. Theologischer Bilderstreit und ikonoklastisches Handeln während des 15. und 16. Jahrhunderts*, Munique, Fink, 1996; SCRIBNER, Bob, org., *Bilder und Bildersturm im Spätmittelalter und in der frühen Neuzeit*, Wiesbaden, Harrassowitz, 1990; WARNKE, Martin, org., *Bildersturm.*

Die Zerstörung des Kunstwerks (1973), Frankfurt, Fischer Taschenbuch Verlag, 1988.

▶ **Arte**; imagem; Jung; Reforma radical; **técnica**

IDENTIDADE

A identidade comunitária deve ser concebida como um tecido relacional construído que comporta inúmeros pontos nodais: a referência ao passado; o apego a lugares de memória; um sistema de interpretação comum de crenças, ideias, normas e valores; as sensibilidades de ordem estética; o sentimento de identificação coletiva. A dimensão e a visibilidade de uma comunidade influenciam sua identidade, assim como seu sistema de socialização, o jogo de representações que é inerente ao grupo e o do grupo diante do mundo exterior, suas estratégias de distinção e adaptação, ou ainda o nível de "energia potencial" de seus membros.

Na maioria dos grupos protestantes, os acontecimentos que têm valor de mitos de origem — a Reforma, os avivamentos ou, na França, a Revogação do Edito de Nantes — são hoje objeto de profundos reinvestimentos simbólicos. Os grandes princípios protestantes como *sola scriptura*, *sola fide*, *sola gratia* e *solus Christus*, por outro lado, perderam importância, sob efeito do desenvolvimento do indiferentismo religioso e do ecumenismo. Um dos fatores mais discriminantes da identidade protestante é seu alto nível de "energia potencial", que decorre daquilo que o teólogo Paul Tillich chamou de "princípio protestante" de negação "profética" (em oposição dialética ao princípio católico de afirmação "substancial"). Tillich reforça a plasticidade dos meios protestantes e explica sua tendência a multiplicarem-se, suas "pulsões" críticas e reformadoras, assim como seu ativismo em outros campos além do religioso (economia, política, caridade, educação etc.).

A existência de dois polos antagonistas no protestantismo — o dos "liberais" progressistas e o dos "evangélicos" fundamentalistas — constitui uma ameaça para a identidade protestante. Todavia, podemos observar tal tensão ao longo de toda a história do protestantismo, de modo singular a partir do século XIX; além disso, inúmeros protestantes de sensibilidades diferentes testemunham uma consciência de pertinência comum, assumindo também a função de defensores de uma identidade aberta, denunciando os fechamentos identitários (cf., p. ex., a reunião das igrejas protestantes da Europa em Budapeste, em março de 1992, e a Comunhão de Igrejas Protestantes da Europa). Ao mesmo tempo, pode-se constatar atualmente a presença de muitos recuos identitários, tendência que não se limita ao protestantismo.

Yves Bizeul

▶ BAUBÉROT, Jean, *Le protestantisme doit-il mourir? La différence protestante dans une France pluriculturelle*, Paris, Seuil, 1988; BIZEUL, Yves, *L'identité protestante. Étude de la minorité protestante de France*, Paris, Méridiens Klincksieck, 1991; Idem, *Gemeinschaften mit Eigenschaften? Die Identität der deutschen und französischen Gemeinschaften und ihre Sozialisationspraktiken. Ein Vergleich*, Baden-Baden, Nomos, 1992; WILLAIME, Jean-Paul, *La précarité protestante. Sociologie du protestantisme contemporain*, Genebra, Labor et Fides, 1992.

◉ Avivamento; Edito de Nantes (e Revogação do); **história**; huguenotes; museus protestantes no mundo de língua francesa; peregrinações; **protestantismo**; Reforma (aniversários da); Reforma/Reformação; Tillich

IDEOLOGIA

Após designar uma corrente de pesquisas empiristas quanto à gênese das ideias, a ideologia, com Marx, designa meios discursivos — que são mais eficazes na medida em que mais se faça apelo a termos abstratos, aparentemente universais, como paz, liberdade, fraternidade etc. — de uso daqueles que (em geral filósofos), conscientemente ou não, fornecem à burguesia ou a todo agente de dominação capitalista as justificações de que estes precisam para tornar a ordem e os interesses dominantes algo aceitável aos olhos de proletários e dominados que normalmente se revoltariam diante de uma coação.

De modo independente de tal acepção, que está estreitamente ligada à teoria da luta de classes, o próprio Marx sugere uma definição diversa, lembrando que os revolucionários se propuseram a seguir o exemplo dos cidadãos romanos devotados ao bem comum. Esse tipo de observação é consoante à definição sociológica que, em geral, vê na ideologia a condição e a manifestação de consenso social em torno de valores e ideais de referência, que consequentemente recusa-se a opor de modo radical demais ideologia e utopia.

Após ter sido objeto de inúmeras controvérsias entre "humanistas" e "materialistas", depois dos anos 1970 o tema da ideologia praticamente desapareceu do campo dos debates e das pesquisas, ou seja, a partir do momento em que o marxismo deixou de ser uma referência teórica maior. Podemos lamentar o fato, pois, se não cai em um idealismo fácil, a questão do sentido exige o acoplamento a uma indagação, de inspiração crítica, que diga respeito às condições e aos efeitos sociais de todo sentido que se oferece em partilha. A história bastante conhecida dos primeiros concílios nos lembra que a aposta das definições da verdade não é sempre a única verdade, ou que verdades oficiais e expressões de vontade de poder, ingredientes mesclados com a "violência simbólica", andam juntos com muita frequência.

Nascido de uma reforma interna a uma tradição e de uma reforma sempre a ser retomada (a igreja é *reformata et semper reformanda*), erguendo-se contra a perversão fundamental que é a autojustificação (com seus dados institucionais), voltando-se para a cruz e uma transcendência de Deus que se dá como ruptura, o protestantismo se apresenta particularmente sensível ao risco ideológico, interno, em primeiro lugar. Sua consciência é voluntariamente crítica.

Gilbert Vincent

▶ BOURDIEU, Pierre, *Ce que parler veut dire. L'économie des échanges linguistiques* (1982), Paris, Fayard, 1993; MARX, Karl e ENGELS, Friedrich, *A ideologia alemã* (1846), São Paulo, Martins Fontes, 1998; RICOEUR, Paul, *Do texto à ação. Ensaios de hermenêutica II*, Porto, Rés Editora, 1989.

◉ Crítica da religião; estereótipos

IENA

Após a Guerra de Smalkade, a saxã Ernestina precisou deixar para a dinastia concorrente dos albertinos a Universidade de Wittenberg, além da província e da dignidade eleitorais. Como compensação, foi fundada em 1548 a Universidade de Iena, que foi confirmada por privilégio imperial em 1558. A instituição passou a desempenhar o papel de universidade do Estado (*Landesuniversität*) dos ducados saxões, objeto de sucessivas reorganizações geográficas por motivos eleitorais. Nessas condições, a Universidade

IGREJA

de Iena foi de início o centro das lutas empreendidas pelos "gnesioluteranos" (Mathias Flacius Illyricus, professor em Iena de 1557 a 1561) contra Melâncton e seus alunos (em Wittenberg). Após a queda do filipismo (posição teológica defendida pelos alunos de Melâncton) da Saxônia eleitoral em 1574 e o surgimento da *Fórmula de Concórdia* (1580), Iena se torna um dos estabelecimentos de ensino mais importantes do luteranismo ortodoxo, sobretudo durante a atividade de Johann Gerhard (1616-1637). A passagem da ortodoxia para a *Aufklärung* foi progressiva (começando com Johann Franz Buddeus [1667-1729], enquanto as influências pietistas se mantiveram à margem).

O período de Goethe e Herder em Weimar (a partir de 1775-1776) marca o início de um segundo apogeu. A Faculdade de Filosofia recebe Schiller em 1789 e Fichte em 1793 (Fichte é demitido em 1799 quando há a "Querela do ateísmo"). Com os dois irmãos Schlegel, Iena se torna em 1796 o local privilegiado do círculo dos primeiros românticos: Schelling ensina na universidade de 1798 a 1803, e Hegel, de 1801 a 1812. Na mesma época, reina a *Aufklärung* na Faculdade de Teologia, com homens como Johann Jakob Griesback (1745-1812), Heinrich Eberhard Gottlob Paulus (1761-1851), Johann Philipp Gabler (1753-1826). Após as guerras napoleônicas, Iena se torna o local em que se organizam politicamente movimentos estudantis. A chegada de Karl August von Hase (1800-1890), professor de 1830 a 1882) marca o início da influência de uma teologia que elabora uma nova compreensão da essência e da história do cristianismo; preservando os resultados críticos da *Aufklärung*, essa teologia os combina de modo eclético com elementos tirados dos grandes sistemas idealistas. Tanto no período que precedeu a Revolução de Março de 1848 (*Volmärz*) quanto durante a "reação" que se seguiu ao fracasso das revoluções de 1848-1849, Iena foi, de modo geral, um refúgio para o liberalismo: Friedrich Christoph Dahlmann (1785-1860), o "chefe político" dos "Sete de Göttingen", encontrou asilo na universidade, assim como o filósofo Kuno Fischer (1824-1907), que teve de deixar Heidelberg após ter sido acusado de "panteísmo".

O amplo desenvolvimento da indústria óptica em Iena (com as fábricas Karl Zeiss) favoreceu a expansão das ciências naturais exatas. Convencido de que trariam a solução para *Os enigmas do universo* (título de seu *best-seller* de 1899, Porto, Lello & Irmão, 1961), o zoólogo Ernst Haeckel (1834-1919) confrontou com publicações e com o *Monistenbund*, criado por ele, o cristianismo e a igreja com uma cosmovisão geral que pretendia condená-los à obsolescência. A partir de 1892, a Faculdade de Teologia perde sua homogeneidade devido à influência da escola ritschiliana (Hans Hinrich Wendt [1853-1928], Heinrich Weinel [1874-1936]). De 1905 a 1924, Hans Lietzmann (1875-1942) ensina em Iena; depois da Primeira Guerra Mundial, nomes como Friedrich Gogarten (*privat-docent* de 1925 a 1931) e Gerhard von Rad (professor de 1934 a 1945) contribuíram para manter o renome da faculdade.

Martin Ohst

▶ HEUSSI, Karl, *Geschichte der theologischen Fakultät zu Jena*, Weimar, Böhlau, 1954; JAEGER, Bernd, *Karl von Hase als Dogmatiker*, Gütersloh, Mohn, 1990; KODALLE, Klaus-Michael e OHST, Martin, orgs., *Fichtes Entlassung. Der Atheismusstreit vor 200 Jahren*, Wurzburgo, Königshausen und Neumann, 1999; PÄLTZ, Eberhard H., "Jena, Universität", em *TRE*, t. XVI, 1987, p. 559-563; STEINMETZ, Max, org., *Geschichte der Universität Jena 1548/58-1958. Festgabe zum vierhundertjährigen Universitätjubiläum*, 2 vols., Iena, Fischer, 1958-1962.

◉ Eucken; Fichte; Gerhard; Hegel; liberalismo teológico; Luzes; ortodoxia protestante; protestantismo (neo); romantismo; Saxônia; Schelling; Wittenberg

IGREJA

1. Introdução
2. Fundamentos e o ser da igreja: a Palavra de Deus e a comunidade dos cristãos
    2.1. A igreja, *creatura verbi divini*, ou a Palavra de Deus, fundamento da igreja
    2.2. A igreja, comunhão dos que creem
    2.3. O culto, realização da igreja no tempo
3. A igreja como comunhão espiritual e a igreja como instituição
    3.1. Igreja visível e igreja invisível ou oculta
    3.2. Verdadeira e falsa igreja
    3.3. As marcas da igreja
    3.4. As estruturas da igreja
4. O ministério da igreja e o sacerdócio de todos os cristãos
5. A igreja una e a diversidade de suas expressões confessionais
6. A missão da igreja e sua inserção no mundo

1. Introdução

"A igreja é a assembleia de todos os cristãos a quem o evangelho é pregado de forma pura e os santos sacramentos administrados conforme ao evangelho" (*Confissão de Augsburgo*, 1530, art. 7)."Onde quer que vejamos a pregação e a escuta puras da Palavra de Deus e a administração dos sacramentos de acordo com as instruções de Cristo, não se pode duvidar de modo algum que haja igreja" (João CALVINO, *IRC*, IV, I, 9). "Quem deseja encontrar Cristo, deve primeiro encontrar a igreja [...]. Ora, a igreja não é madeira nem pedra, mas, sim, a assembleia dos cristãos: é à igreja que devemos nos apegar e testemunhar como se crê, como se vive, como se ensina; os cristãos certamente têm Cristo consigo" (Martinho LUTERO, *MLO* 10, 298). "A igreja cristã é a comunidade dos irmãos em que Jesus Cristo opera como Senhor e manifesta sua presença por meio do Espírito Santo em sua Palavra e nos sacramentos" (*Declaração de Barmen*, 1934, art. 3).

Essas definições de igreja, extraídas de textos dos reformadores do século XVI e de confissões de fé das comunidades que usavam o nome da Reforma são concordes e desprovidas de ambiguidade. A igreja é a comunidade dos cristãos, dos seres humanos que foram justificados diante de Deus pela fé somente. É o ajuntamento em torno da Palavra e dos sacramentos em cuja celebração a justificação é recebida e vivida. Esses elementos são, assim, os dados essenciais que constituem essa comunidade humana em igreja.

A igreja é o primeiro local caracterizado por uma dimensão pessoal e espiritual. As confissões de fé da igreja antiga, para as quais as comunidades protestantes apontam, afirmam o laço estreito entre igreja e Espírito Santo. A igreja é obra do Espírito Santo e, como tal, constitui um dado importante da fé: "Creio no Espírito Santo, na santa igreja católica (universal), na comunhão dos santos" (*Símbolo dos apóstolos*). Ao confessar isto, as comunidades dos primeiros séculos retomam certo número de afirmações bíblicas que enfatizam o aspecto espiritual da igreja, qualificando-a de "corpo de Cristo" ou "templo do Espírito Santo". Com todas as demais tradições cristãs, as igrejas protestantes são pródigas nesse sentido.

A essa compreensão da igreja como dado da fé corresponde uma realidade vivida da igreja, uma igreja que na pluralidade de suas formas históricas, sociais e geográficas é objeto de uma percepção empírica. Essa abordagem faz surgir certa assimetria entre a realidade eclesial cotidiana e as concepções espirituais e teológicas. Às afirmações de fé e de doutrina se acrescentam diversos conteúdos, concepções e práticas que se exprimem em piedades e espiritualidades plurais, em corpos sociais distintos, e até divididos, em autocompreensões eclesiais diferentes e em concepções múltiplas da inserção das igrejas no tecido social que as circunda. À sua maneira, o uso corrente da palavra "igreja" indica isso. Esse termo único designa ao mesmo tempo o prédio, o culto, a comunidade, o elemento atuante na vida social, cultural e política, a instituição e seus representantes, e até mesmo a liderança. Na percepção empírica de suas traduções concretas, a igreja surge como um fenômeno complexo que possui forma, realidade e sentido que podem e devem ser interpretados de modos bastante diversos.

A complexidade do fenômeno "igreja" vem da união de uma dimensão transcendente, a igreja como dado da fé, e de um conjunto de elementos imanentes, perceptíveis empiricamente. Uma esfera sagrada, distinta da esfera em que se exprime, encontra uma realidade profana com seus hábitos e seu cotidiano. Essa influência engendra a pluralidade e a particularidade de corpos eclesiais e de organizações históricas que, por esse motivo, carregam a marca de certa ambivalência.

A exposição da compreensão da igreja nas tradições protestantes deve buscar traduzir, explicar e esclarecer essa ambivalência, para evidenciar a coerência interna dessa realidade complexa e mostrar que tal ambivalência, que pode à primeira vista parecer surpreendente, é de fato uma tensão dinâmica, geradora de vida.

2. Fundamentos e o ser da igreja: a Palavra de Deus e a comunidade dos cristãos

2.1. A igreja, creatura verbi divini, ou a Palavra de Deus, fundamento da igreja

A igreja não tem seu fundamento em si mesma. Não é nascida da vontade ou da decisão dos seres humanos que a compõem, mas é *creatura verbi divini*, ou seja, criação da Palavra de Deus, do evangelho (cf. LUTERO, *MLO* 2, 245). Em outra parte, na obra *Von den Konzilis und Kirchen* (1539), o reformador de Wittenberg insiste no fato de que a Palavra de Deus e o povo de Deus estão estreitamente ligados (*WA* 50, 629, 34s). Os reformadores do século XVI e as igrejas marcadas pela Reforma enfatizam essa convicção fundamental que leva a unir e distinguir Deus e sua igreja. A igreja não tem em si mesma nem sua fonte, nem sua finalidade, mas é criação de uma Palavra que lhe é dirigida, que permanece e sempre permanecerá exterior a ela, e que é seu contraponto criador e crítico.

A afirmação desse fundamento significa ao mesmo tempo continuidade e ruptura com Israel, o povo de Deus da antiga aliança. Assim como o povo de Israel, a igreja se sabe eleita, chamada pela Palavra soberana de Deus e constituída por essa Palavra em povo de Deus. Ela é o povo do êxodo, libertado da escravidão, que ruma para a terra prometida por Deus. O Novo Testamento compreende a igreja como ajuntamento renovado de Israel em uma visão e um cumprimento escatológicos (1Pe 2.10; Tt 2.14). Concepção idêntica corresponde à atitude de Jesus que não desejava restaurar a simples realidade empírica do povo de Israel, mas, sim, operar na nova criação de Israel em uma perspectiva escatológica, conforme a vontade de Deus. Dessa maneira, convém interpretar o chamamento dos doze discípulos como sinal de renovação das doze tribos (Mt 19.28) e o interesse de Jesus pelos coletores de impostos e pelos pecadores como manifestação do desejo divino de ganhar e reunir os membros mais afastados de seu povo.

Insistindo na reflexão eclesiológica sobre as noções de povo, eleição e aliança, a exemplo de Calvino que falaria da igreja como assembleia dos "eleitos em Cristo" (*IRC* IV, I, 2 e 4, noção que, na teologia calvinista, está também associada à doutrina da predestinação), a Reforma Protestante do século XVI afirma também a descontinuidade em relação ao povo da antiga aliança: a igreja passa a reunir *judeus e pagãos* (1Pe 2.9 s). Mesmo se, como indicam as pesquisas modernas, historicamente Jesus não teve a preocupação específica quanto a instituir a igreja, seu ensino, sua ação e enfim sua morte, com as subsequentes ressurreição e glorificação *em resgate por muitos* (Mc 10.45), fizeram e fazem dele a Palavra de Deus (Jo 1.1ss) que reúne os que creem, chamando-os a participar do senhorio de Deus e concedendo-lhes participação na vida eterna. A Palavra de Deus que funda a igreja é a Palavra de Deus que se torna homem em Jesus Cristo.

Essa Palavra de Deus não nos é diretamente transmitida, mas nos chega através do testemunho da Santa Escritura, de onde vêm as confissões de fé e as pregações na igreja. Essa Palavra não toma somente as formas de palavra oral, audível, escrita, pregada, até cantada, mas também é "palavra visível" (*verbum visibile*) nos sacramentos do batismo e da santa ceia. O sacramento, no entanto, não poderia ser dissociado da palavra oral que o institui e o acompanha, sem a qual ele se vê deformado, transformado em ato mágico que opera automaticamente — visão comum na igreja da Idade Média, contra a qual os reformadores se ergueram com veemência.

Porém, surgiram importantes nuanças quanto à compreensão do sacramento no seio da família protestante. Ulrico Zwinglio, reformador de Zurique, não pôde aceitar a equivalência, defendida por Lutero, entre palavra pregada e palavra sacramental visível. De acordo com Zwinglio, o sacramento é apenas a resposta do cristão à Palavra de Deus, que está contida unicamente na palavra escrita ou oral da Santa Escritura e da pregação. A oposição entre Lutero e Zwinglio levou à ruptura entre comunidades originadas da Reforma, não somente uma ruptura entre luteranos e reformados, mas também uma divergência entre os partidários de Zwinglio e os de Calvino, como demonstra a *Confissão de La Rochelle*, de 1559 (para mais detalhes sobre a questão sacramental, cf. André BIRMELÉ, *Le débat entre Luther et Zwingli* [O debate entre Lutero e Zwinglio], *Positions luthériennes* [Posições luteranas] 39, 1991, p. 41-59). A discussão sobre a compreensão do sacramento marcaria a história do protestantismo, desde o século XVI até nossos dias; mas a convicção fundamental permanece comum: a igreja é fundada pela Palavra de Deus que é "encarregada de transmitir [...] pela palavra oral na pregação e pela exortação individual, pelo batismo e pela ceia. Na pregação, no batismo e na ceia, Jesus Cristo está presente pelo Espírito Santo. A justificação em Cristo é assim conferida ao homem, e o Senhor reúne assim sua igreja" (*Concórdia de Leuenberg*, 1973, art. 13).

A Palavra de Deus encontra o ser humano sob a forma de uma palavra ou de uma celebração humana. Tal palavra humana só se torna

Palavra de Deus pela ação do Espírito Santo, que dá sentido a essa palavra, confirmando-a e esclarecendo os cristãos, a fim de que descubram sua plena verdade. Esse testemunho interno (*IRC* I, VII, 4 e *WA* 30, II, 688, 3) não é outra forma da palavra, tampouco outra palavra que seria acrescentada à palavra escrita, pregada ou "visível", mas, sim, a confirmação da palavra no coração dos seres humanos. Essa convicção é importante para toda reflexão sobre a igreja na teologia protestante. A igreja, *creatura verbi divini*, não dispõe da Palavra de Deus. A igreja, suas instituições e seus ministérios não são senhores do acolhimento reservado à Palavra por parte de cada cristão. Essa tarefa é somente do Espírito Santo. Ao mesmo tempo, tal distinção proíbe que a palavra humana ou eclesiástica seja erigida por si só em Palavra de Deus.

2.2. A igreja, comunhão dos que creem

Como fundamento da igreja, a Palavra de Deus precede a igreja. A Palavra de Deus não é a igreja, mas é a realidade que faz da igreja o que ela é: a comunhão dos que creem. As duas entidades, Palavra de Deus e comunhão dos que creem, permitem distinguir entre fundamento e ser da igreja, ao mesmo tempo em que mostram sua indissociável unidade.

2.2.1. A fé

A Palavra de Deus atinge seu objetivo quando desperta o ser humano para a fé e o integra à igreja, comunhão dos que creem. Através do evangelho, o Espírito Santo "chama, reúne, esclarece, santifica toda a cristandade da terra e a mantém, em Jesus Cristo, na unidade da verdadeira fé" (LUTERO, *Catecismo menor*, explicação do terceiro artigo do *Credo*). Essa fé confere ao ser humano a salvação, sua nova existência de cristão diante de Deus. No acontecimento da fé, o ser humano aceita que todos os momentos de sua existência sejam determinados somente pela Palavra de Deus. A fé não poderia reduzir-se à aprovação intelectual de uma doutrina ou a um conjunto de ações éticas. A fé é antes de tudo adesão (*fiducia*), consistindo em apreender Cristo (Lutero fala da *fides apprehensiva*, *WA* 39, I, 45, 21) e confiar na misericórdia de Deus que nos é proposta em Cristo. A Reforma, e sobretudo Lutero, sempre insistiu no caráter "para mim" (*prome*) ou "para nós" (*pro nobis*) do evento Jesus Cristo e na atitude do ser humano diante de Deus (*coram deo*). Seu objetivo era enfatizar o caráter relacional e existencial da fé (cf. *MLO* 10, 45). A fé é expressão e conteúdo de uma nova relação. Consistindo no fato de deixar-se determinar somente pela Palavra de Deus, a fé jamais poderia ser "obra" ou "mérito" de seres humanos. A fé é obra da Palavra de Deus, e isso implica certa passividade do lado humano: a possibilidade de crer deve primeiro ser-lhe dada, pois, sendo pecador, ele não tem por si mesmo tal capacidade.

A afirmação de que somente a escuta e a recepção da Palavra engendram a fé (Rm 10.14ss) é algo que prioriza a necessidade da Palavra de Deus para o ser do cristão e, consequentemente, para o ser da igreja, comunidade dos que creem. Por ser certeira e marcada pela eternidade do próprio Deus, essa Palavra confere à fé a certeza de que a igreja "é em todos os tempos, e subsistirá eternamente" (*Confissão de Augsburgo*, art. 7).

2.2.2. A comunhão

A segunda característica fundamental do ser da igreja é a comunidade ou a comunhão dos que creem. A expressão "comunhão dos santos" empregada pelo *Símbolo dos apóstolos* retoma afirmações do Novo Testamento, que utiliza o termo koinonia para caracterizar a nova relação que une Deus e os cristãos e, consequentemente, os cristãos entre eles. Essa comunhão é fundada na Palavra de Deus. É comunhão na escuta dessa Palavra, na adoração e na oração (At 2.42). Significa participação na morte e na ressurreição de Cristo pelo batismo (Rm 6). A celebração da santa ceia que reúne os cristãos em comunhão com seu Senhor é chamada também koinonia (1Co 10.16-21). Por seu corpo, entregue por ele mesmo, Jesus Cristo une consigo todos os que participam da santa ceia. Como o corpo de Cristo é um, todos os que tomam parte juntos do pão e do vinho se tornam um. Os que estão "em Cristo" ou que são "revestidos de Cristo" (Gl 2.20; 3.27ss; Rm 6.10s) participam do corpo de Cristo (1Co 10.17; 12.27; Rm 12.5), participam da igreja. Essa metáfora do apóstolo Paulo seria retomada com certas nuanças por outros autores bíblicos. Outras metáforas são: Cristo como a cabeça e a igreja como seu corpo (Efésios e Colossenses), Cristo como esposo e a igreja como esposa ou noiva (Ef 2.4 e 16; Ef 5.30ss; 2Co 11.2), a imagem de uma construção, o templo do Espírito Santo, sendo Cristo a pedra angular e os cristãos as pedras vivas (1Pe 2.4-6; Ef 2.18-22).

A Reforma do século XVI resgatou essa compreensão da igreja como comunhão. Pela Palavra e pelo Espírito Santo, o homem entra em comunhão com Cristo e se torna membro de Cristo. Essa incorporação em Cristo é sinônimo de participação viva na comunhão da igreja (*Catecismo de Heidelberg*, q. 31s; *IRC* IV, I, 2-7; *Confissão de Westminster* XXV, 1s e 4s).

2.2.3. A partilha

Essa comunhão vivida em Cristo instaura uma nova qualidade de relação entre os seres humanos. Significa compaixão mútua e participação recíproca nos sofrimentos e nas alegrias (2Co 1.6s; Fp 4.14-16). Tal comunhão se exprime na partilha do que se possui (Rm 15.26; 2Co 9.13). A cooperação que nasce do fato de pertencer à comunidade é um ato de fé em Deus, e não um simples sinal de generosidade. É consequência direta do "ser um" no Senhor. Toda participação em Cristo que se vê desprovida desse resultado seria negação da fé cristã e do amor de Deus (cf. 1Jo 4.20). A Palavra de Deus chama e reúne os seres humanos em uma comunhão caracterizada pela qualidade relacional, ao contrário das relações perturbadas pelo pecado, habituais entre os seres humanos. A expressão significativa dessa nova relação é a comunhão na partilha da refeição que não mais reconhece distinções e oposições de raça, sexo, estado social ou nação. Qualificar a igreja como "comunhão dos santos", de acordo com Calvino, "equivale a afirmar que os santos estão reunidos sob tal condição na sociedade de Cristo que devem comunicar entre si todos os dons que lhes são conferidos por Deus" (*IRC* IV, I, 3). A igreja corresponde a seu ser verdadeiro quando é "comunidade [de irmãs e] de irmãos" (*Declaração de Barmen*, art. 3).

2.2.4. A esperança

Por fim, o ser comunial da igreja tem uma dimensão escatológica. Essa comunhão não é somente uma realidade presente, mas abarca os cristãos de todos os tempos e aponta para um cumprimento maior e mais perfeito no final dos tempos (1Co 9.23). As comunidades cristãs são compreendidas como uma prefiguração da Jerusalém celestial (Gl 4.26-28; Hb 12.22s; Ap 21.10-27). Mesmo se o presente é vivido no sofrimento, a comunhão dos cristãos vive da firme confiança na aliança selada por Deus e em sua promessa de participação em sua glória (Rm 8.17; 2Co 1.7; 1Pe 4.13; 5.1).

2.3. O culto, realização da igreja no tempo

Compreendendo a igreja como comunhão dos cristãos fundada na Palavra de Deus e pela Palavra de Deus, as famílias cristãs que descendem da Reforma do século XVI descrevem do modo mais sucinto possível o fundamento e o ser da igreja. Essa igreja corresponde a Deus. O verbo "corresponder" tem um duplo sentido, significando ao mesmo tempo ser conforme e responder em conjunto.

Ao promover o ajuntamento de seres humanos em sua alteridade (raças, sexos, nações, personalidades), unindo-os na comunhão dos santos e construindo com eles a igreja sobre o fundamento posto pela morte e pela ressurreição de Jesus, o Espírito Santo faz com que esses seres humanos correspondam ao próprio ser de Deus, à comunhão trinitária na alteridade que está no próprio Deus. Sob a forma da igreja, Deus cria sobre a terra uma correspondência humana de seu próprio ser. Essa correspondência se faz presente no acontecimento do culto, momento em que a Palavra de Deus celebrada no anúncio do evangelho e dos sacramentos desperta os homens para a fé, tornando-os justos diante de Deus e unindo-os na comunhão dos santos. Essa igreja não é centrada em si mesma, mas vive de modo excêntrico, da Palavra encarnada em Cristo que ela não possui, que permanece sempre exterior a ela, mas que a faz corresponder a seu verdadeiro ser.

No culto, a comunidade dos cristãos se corresponde com seu Senhor pelo louvor. A comunidade não está inativa. Ela celebra Deus, ela escuta, prega, ora, confessa, testemunha, canta e festeja. Mas esse agir deve estar submetido a uma distinção soteriológica: a ação comunitária é fundamentalmente receptiva, caracterizada por uma passividade criadora, e não por uma "boa obra" através da qual faça bem a Deus. Pelo contrário, ela se deixa fazer bem por Deus, que lhe dá tudo em sua Palavra. A resposta da comunidade, sua corresposta, é o louvor, uma ação gratuita através da qual ela não busca obter algo. Ela já obteve tudo. Ela é povo de Deus. No advento da cruz e da ressurreição de Jesus Cristo, *tudo está consumado* (Jo 19.30).

3. A igreja como comunhão espiritual e a igreja como instituição

Cabe aqui indagar: no uso corrente, o termo "igreja" se refere em primeiro lugar à comunhão espiritual dos cristãos, cujo fundamento e ser foram descritos no item anterior, ou se refere à igreja como instituição estruturada? Os dois elementos não são idênticos, já que o número de membros da comunidade espiritual não é o dos membros das igrejas institucionalizadas. A questão é ainda mais delicada se pensamos que a igreja como instituição só existe no plural, na pluralidade das igrejas locais, regionais e nacionais, e na diversidade das famílias confessionais ou dos grupos eclesiásticos.

Algumas linhas protestantes foram desde o século XVI bastante críticas em relação a estruturas, duvidando da compatibilidade entre fé cristã e formato institucional (cf. os anabatistas e a *Confissão de Schleitheim*, 1527). Comparada com a mensagem dinâmica, messiânica e vivificante de Jesus Cristo, a igreja como instituição parece aos representantes dessas linhas uma estrutura esclerosada e fracassada. Ao longo de toda a história da igreja, inúmeros movimentos carismáticos e espirituais buscaram "purificá-la" de sua instituição, ao mesmo tempo que não puderam deixar de aderir a certos formatos institucionais.

Em diversos momentos de sua história, demais tradições, como as igrejas ortodoxas orientais ou a Igreja Católica Romana, não hesitaram em identificar a igreja como corpo de Cristo e a igreja institucional, correndo o risco de legitimarem momentos eclesiais pouco espirituais.

Essas constatações demonstram que uma reflexão eclesiológica deve questionar se e como a comunidade dos cristãos pode e deve exprimir-se em um formato estruturado e institucional. Como reconhecer a verdadeira igreja de Cristo? Podemos de fato afirmar que uma igreja como instituição é a realização do corpo de Cristo e a correspondência de Deus neste mundo? Essa questão da relação entre a igreja, comunhão dos que creem, e a igreja estruturada e perceptível empiricamente sempre suscitou acirrados debates no âmbito protestante,

em que o assunto continua até hoje controverso. As principais opções teológicas esboçadas como resposta surgem a partir do século XVI.

3.1. Igreja visível e igreja invisível ou oculta

Zwinglio distingue entre igreja invisível e igreja visível (*ecclesia invisibilis e ecclesia visibilis*, cf. *Expositio fidei*, 1531). Convém não confundir a igreja constituída no tempo, corpo misto (*corpus permixtum*) de eleitos e condenados, e a comunhão pura dos eleitos (*coetus electorum*), cuja realidade será revelada no final dos tempos. A relação entre igreja visível e igreja invisível é a de um conjunto com uma de suas partes: todos os eleitos fazem parte da igreja visível, mas nem todos os membros dessa igreja visível são eleitos, ou seja, membros da igreja invisível. Os fundamentos bíblicos para tais afirmações são Mateus 22.14 (*porque muitos são chamados, mas poucos, escolhidos*) e a parábola do joio e do trigo em Mateus 15.25. O motivo para essa distinção é a compreensão zwingliana da eleição: não sabemos, neste mundo, quem de fato é eleito por Deus. Se a igreja, objeto da fé, é a comunhão dos eleitos, essa comunhão é necessariamente invisível, à diferença da igreja visível que reúne todos os que são *chamados*, os eleitos, mas também os hipócritas, os falsos cristãos, os pecadores notórios, em suma, os condenados. Essa distinção de Zwinglio não é totalmente nova, mas retoma elementos que, mesmo se nunca foram formulados dessa maneira, já estavam presentes na obra de Agostinho e no augustianismo, e ainda nos textos de John Wycliffe (entre 1320 e 1330-1384) e Jan Hus (1371-1415).

Em 1520, Lutero se situa na mesma visão e distingue entre "duas igrejas": "A primeira é natural, fundamental, essencial e autêntica, ou seja, uma cristandade espiritual interior; a segunda é fabricada e exterior, ou seja, uma cristandade corpórea, exterior" (*MLO* 2, 26). O reformador pode afirmar que uma é visível e outra invisível (ibid., 30), mas prefere chamar a segunda de *igreja oculta* (*ecclesia abscondita*; cf. *MLO* 5, 68). Porém, seu modo de operar a distinção é diferente da abordagem zwingliana. Seu ponto de partida não é a compreensão da eleição nem a separação entre eleitos e condenados, mas, sim, a constatação de que, mesmo justificado diante de Deus, o ser humano que vive na terra é cidadão de dois reinos, o de

Deus e o deste mundo; pois é, ao mesmo tempo, justo e pecador. A distinção não deve ser operada entre os seres humanos, mas, sim, no interior de cada um. Eclesiologicamente, isso significa que a comunhão espiritual dos que creem é uma comunidade corpórea, terrestre, logo, visível. As duplas conceituais visível/oculto, exterior/interior e corpóreo/espiritual indicam que a necessária distinção não separa duas "igrejas" que existem por si mesmas, mas descreve dois aspectos da complexa realidade da única igreja. Lutero não considera a igreja "visível" um dado finalmente negativo que não acrescenta nada à verdadeira igreja, cujo desaparecimento é a única coisa que devemos esperar; mas enfatiza o lado positivo do aspecto visível, corpóreo e exterior da igreja para a comunhão dos que creem.

João Calvino e Melâncton, colaborador de Lutero, são prolíficos em opiniões semelhantes. Na segunda edição das *Institutas da religião cristã*, Calvino faz da "igreja visível" o tema central de sua eclesiologia (IV, I, 4). A igreja de nossa confissão não é um subconjunto da igreja visível, mas a ultrapassa e inclui "os eleitos de Deus, em cujo número se inclui aqueles que já faleceram" (IV, I, 2); ela é ao mesmo tempo menor que a igreja visível, pois esta também inclui os hipócritas, pessoas que não são autenticamente cristãs (IV, I, 7 e XII, 19). Essas constatações não são contradições, mas descrições de uma mesma realidade, algo que impede conclusões e sobretudo separações precipitadas. O aspecto positivo da igreja visível reside no fato de que é o local em que os cristãos vivem em comunhão e participam juntos das bênçãos de Deus, compartilhando-as mutuamente. Calvino chama essa igreja de "mãe de todos os piedosos": fora dela não haveria nem perdão, nem salvação (IV, I, 3s e 7).

O tema permanece em primeiro plano na teologia protestante, desde o século XVI até nossos dias. De modo geral, há a preocupação de evitar a identificação apressada entre a igreja como objeto de fé e a igreja realidade visível e empírica, sem, por outro lado, cometer o erro de separá-las ou estabelecer oposição entre elas. Um rápido vislumbre no que é dito sobre o assunto no século XX já basta para atestar que a questão ainda suscita discussões. Paul Althaus (*Die christliche Wahrheit* [1947-1948], Gütersloh, Mohn, 1969, p. 510ss) e Karl Barth (*Dogmatique* [Dogmática] II/2* [1942], Genebra, Labor et Fides, 1958) se esforçam por mostrar a associação entre igreja visível e igreja invisível, enquanto Emil Brunner (*Equívoco sobre a igreja* [1951], São Paulo, Editora Cristã Novo Século, 2004) e Paul Tillich (*Teologia sistemática* IV, "A vida e o espírito" [1963], São Leopoldo, Sinodal, 1987) opõem mais ainda a "comunhão espiritual" à "igreja estatutária", que seria uma entidade problemática e ambígua. Além disso, hoje, esse debate ultrapassa as fronteiras das igrejas protestantes. Assim, a Igreja Católica Romana, que durante séculos não hesitava em identificar-se, enquanto igreja visível, com a igreja invisível, adotou uma nuança importante durante o Concílio Vaticano II ao afirmar que a igreja de Jesus Cristo subsiste na Igreja Católica Romana (cf. *Lumen gentium*, 8). O verbo "subsistir", com a preposição "em", substitui atualmente o tradicional verbo "ser". A identificação da igreja instituição e de sua realidade espiritual não é mais automática. Essa nuança significa também que a igreja de Cristo pode "subsistir em" outras formas eclesiásticas, uma afirmação de grande alcance ecumênico que, no entanto, ainda não produziu todos os seus frutos e cujas implicações os meios conservadores católicos buscam regularmente reduzir.

A maioria das tradições protestantes contemporâneas enxerga o sentido positivo da igreja visível no fato de que essa igreja assegura "exteriormente" as condições necessárias para o desenvolvimento e a preservação da comunhão dos que creem: a pregação da Palavra e a celebração dos sacramentos. Ela é o lugar do testemunho vivo que desperta a fé ao proclamar a Palavra de Deus neste mundo. No entanto, ela sabe e confessa que é o Espírito Santo que cria nela "o querer e o realizar" (Fp 2.13) e que a torna a igreja invisível, a comunhão dos que creem. A igreja visível é comunidade de seres humanos que, pelo menos exteriormente, são fiéis à Palavra e aos sacramentos, confessando sua fé e fortalecendo-se mutuamente. Ela é hoje e agora a tradução concreta da igreja invisível, ainda que as duas expressões da realidade complexa da igreja única não possam ser confundidas. Porém, não se trata de duas realidades distintas, mas, sim, de dois círculos concêntricos, duas faces da mesma e única realidade.

Em continuidade com a igreja antiga, as igrejas protestantes compreendem a igreja como a comunidade dos batizados. O batismo é o lugar de unidade entre igreja visível e igreja invisível. Pela palavra exterior, visível e audível do batismo a graça de Deus é incondicionalmente conferida ao batizado. Essa Palavra, pronunciada e celebrada pela igreja visível, é necessária e indispensável. No entanto, deve ser confirmada pelo Espírito Santo que cria a fé, permitindo viver esse batismo na fé e integrando o batizado à igreja invisível, comunhão dos que creem. À realidade batismal são acrescentados a celebração comunitária e o compromisso do batizado com a igreja visível, além do dom de Deus. O momento e a maneira de confirmação do Espírito Santo e sua aceitação pelo batizado não são da alçada da igreja, e não se deve deixar de considerar que alguns batizados permanecerão descrentes ou hipócritas.

A distinção entre igreja visível e igreja oculta é a diferenciação necessária (não a separação) entre a igreja enquanto obra humana e a igreja enquanto obra de Deus. Em um sentido derivado deste, essa distinção pode também aplicar-se entre o *corpus permixtum* e a *congregatio fidelium*. Na situação sociológica das igrejas multitudinistas, onde o batismo for exigido como simples formalidade religiosa, pode ser aplicada essa segunda distinção. Porém, seria grave se considerássemos todo batizado que se distancia da igreja institucionada um hipócrita ou descrente. Não cabe à igreja julgar a fé dos que receberam o batismo. Da mesma forma, todo cristão engajado conhece os limites e as hesitações que caracterizam seu engajamento. Seu próprio exemplo atesta o perigo de uma separação precipitada entre igreja invisível dos puros e igreja visível que reúne provisoriamente cristãos e não cristãos.

3.2. Verdadeira e falsa igreja

À problemática da distinção entre igreja visível e invisível, convém acrescentar uma nova distinção: entre verdadeira e falsa igreja. Uma identificação entre ambas as questões levaria à compreensão de que a igreja invisível, comunidade dos que creem, é a verdadeira igreja; como consequência, a visível se torna a falsa. Tal conclusão seria fatal, pois só resultaria em uma visão negativa da igreja visível. A diferenciação entre verdadeira e falsa igreja só pode ser aplicada à igreja visível, e deve ser feito um questionamento sobre se determinada igreja visível é verdadeira e autêntica ou falsa e herética. Uma igreja não é necessariamente falsa se entre seus membros há incrédulos ou hipócritas, mas infelizmente é concebível que uma igreja invoque o testemunho do evangelho de Jesus Cristo e esteja na verdade desviada desse evangelho.

Desde o início de suas altercações com a Igreja Romana, Lutero distingue entre verdadeira e falsa igreja. Para ele, a igreja papista é o covil do anticristo, sendo oposta à verdadeira igreja, fundada sobre a Palavra de Deus (*WA* 38, 219, 4; 51, 477, 30). Apesar de sua oposição fundamental e sua incompatibilidade, as duas igrejas estão inextricavelmente ligadas, e, ainda que a igreja papista mantenha cativos a Palavra de Deus e os sacramentos, reduzindo sua eficácia, nela podem ser encontrados verdadeiros cristãos (*WA* 39, II, 167, 8). A questão aqui não é desejar o desaparecimento da igreja papista, mas, sim, de reformá-la e extirpar dela os erros, à luz da Santa Escritura.

Alguns anos depois e após a ruptura com Roma, Calvino argumenta de modo análogo. Como a igreja do papa adulterou a Palavra e os sacramentos, essa igreja só pode desmoronar. Não se deve recobrir os erros roma*nos com a capa do amor cristão, mas é preciso opor-se a eles e denunciá-los com vigor (IRC* IV, II, 1-5). Essa condenação sem apelo da Igreja Católica Romana, porém, não exclui a constatação de que permanecem nela alguns traços da verdadeira igreja (*vestigia ecclesiae*, IV, II, 11s). O protestantismo aplicaria a si mesmo essa crítica dos reformadores, enfatizando que a igreja deve sempre ser reformada (*semper reformanda*), pois não está ao abrigo de erros.

Como constatar que uma igreja é falsa ou verdadeira? Quais seriam as características ou as marcas de uma verdadeira igreja? A história da igreja registra desde os primeiros séculos várias tentativas de formulação de critérios para distinguir entre igreja herética e igreja verdadeira. Assim, tentamos definir as marcas (*notae ecclesiae*) da verdadeira igreja.

3.3. As marcas da igreja

As confissões de fé da igreja antiga enunciam quatro: a igreja é *una*, *santa*, *católica* e *apostólica*:

a) A igreja, comunhão dos que creem, é *una* por ter sido criada pelo Deus uno, Deus único, que tem uma só Palavra que se tornou carne em Jesus Cristo. *Há um Senhor, uma fé, um batismo* (Ef 4.5). Não existe outra comunhão voluntária, constituída e instituída por Deus. Todos os homens e mulheres que creem em Jesus Cristo participam dessa igreja una que não pode ser dividida. À imagem do Deus trinitário, unidade não significa uniformidade. A unidade da igreja é sua identidade na diferença dos diversos membros do único corpo de Cristo (1Co 12). A igreja una se exprime em uma diversidade de formas visíveis, uma diversidade legítima, surgida de desenvolvimentos históricos e realidades culturais e geográficas variadas. Essa pluralidade só se torna perigosa quando engendra exclusão, divisão e separação de comunidades cristãs.

b) A igreja, comunhão dos que creem, é *santa* por pertencer a Deus. Ligando-se a ela e ligando-a a si mesmo, Deus a santifica. A igreja é santa porque, à diferença do mundo, ela e os cristãos que a compõem pediram perdão a Deus, confessando suas faltas. Vivendo pela certeza do perdão de seus pecados, ela identifica e denuncia o pecado sob suas diversas formas. À imagem da santidade de Cristo, ela se opõe a toda forma de injustiça, prevenindo-a através de atos de amor. Ela proclama a vitória da graça e aponta para a esperança ao trabalhar em prol de um mundo diferente.

c) A igreja, comunhão dos que creem, é católica (no sentido de "universal", de acordo com a etimologia do termo) por ter sido chamada a anunciar o senhorio exclusivo de Jesus Cristo no mundo inteiro (Mt 18.20; At 1.8). A Palavra de Deus não pode limitar-se a determinados povos, raças, regiões ou áreas da vida social. A vontade salvífica de Deus vale para todos e para tudo. Ninguém pode relativizá-la. A catolicidade da igreja exprime essa vontade. A igreja é parábola de Deus e de seu Reino.

d) A igreja, comunhão dos que creem, é *apostólica* por ter sido fundada sobre a Palavra de Deus e construída sobre o testemunho dos apóstolos. Sua apostolicidade é sua fidelidade à missão confiada aos discípulos (Mt 28.19s). A igreja existe e vive na sucessão apostólica na medida em que seu pensamento, suas palavras e seus atos estão conformes ao testemunho dos apóstolos. Essa conformidade lhe é atribuída pelo Espírito Santo, que conduz a igreja na verdade. Sua exclusiva infalibilidade é a promessa de que "as portas do inferno não prevalecerão contra ela" (Mt 16.18).

Essas quatro marcas da igreja decorrem diretamente do ser da igreja, já definido aqui. Essas marcas não devem ser compreendidas normativamente, como se a igreja devesse trabalhar arduamente para se tornar una, santa, católica e apostólica. O caráter dessas marcas é confessante: a igreja, comunhão dos que creem, a igreja invisível ou oculta é, pela vontade de Deus, una, santa, católica e apostólica.

As quatro marcas contrastam, pelo menos em aparência, com o ensino da Reforma que define a igreja (e isso foi incansavelmente evocado) como a comunidade dos que creem onde o "evangelho é pregado de modo puro e os santos sacramentos são administrados de acordo com o evangelho" (*Confissão de Augsburgo*, art. 7; cf. *IRC* IV, II, 1). Haveria outras marcas a serem acrescentadas às quatro já mencionadas?

A unidade, a santidade, a catolicidade e a apostolicidade descrevem a igreja, comunhão invisível dos santos. Fora dessa igreja "não há salvação" (CIPRIANO, *De unitate Ecclesiae*, 6). A questão é saber onde e como se pode encontrar essa igreja na realidade eclesial empírica e visível, onde podem também existir elementos ou sinais de uma falsa igreja.

Na igreja visível, a unidade, a santidade, a catolicidade e a apostolicidade, enquanto marcas da verdadeira igreja, não permitem uma distinção imediata entre a igreja verdadeira e a igreja falsa. Para isso, é preciso recorrer a marcas que se situem em outro plano, mas que não são menos indispensáveis. Essas marcas, que a Reforma chama de marcas exteriores (*notae externae*; cf. *Apologia da Confissão de Augsburgo*) são precisamente a justa pregação do evangelho e a verdadeira administração dos sacramentos. Elas são a tradução concreta da realidade da única Palavra de Deus que ao mesmo tempo funda a igreja una, santa, católica e apostólica, permanecendo seu contraponto crítico.

A interação entre as marcas fundamentais da igreja e as marcas exteriores permite distinguir entre a igreja verdadeira e a igreja falsa, além de explicitar os laços entre a igreja invisível e sua expressão visível. As marcas exteriores permitem verificar se a igreja visível é verdadeira, portanto conforme às marcas fundamentais (unidade, santidade, catolicidade e apostolicidade).

a) Por ser a igreja, comunhão dos que creem, apostólica, ou seja, constituída pela Palavra transmitida pelos apóstolos, convém verificar nas igrejas visíveis se o evangelho é pregado de modo puro e se os sacramentos são administrados de acordo com o evangelho, com o testemunho apostólico da Santa Escritura.

b) Por ser a igreja, comunhão dos que creem, católica, convém verificar nas igrejas visíveis se estão conscientes de sua tarefa missionária universal e se a cumprem, sem, no entanto, absolutizarem-se identificando-se falsamente com a plenitude da igreja oculta.

c) Por ser a igreja, comunhão dos santos, santa, convém verificar nas igrejas visíveis se vivem do perdão dos pecados e se traduzem em sua mensagem e em seu modo de ser essa santificação que exprime pertencerem a Deus.

d) Por ser a igreja, comunhão dos santos, santa, convém verificar nas igrejas visíveis se buscam a comunhão com todos os que confessam Jesus Cristo e não se isolam em grupos particulares fazendo apologia de si mesmas.

É preciso notar, porém, que as marcas fundamentais e as marcas exteriores não são idênticas. As marcas fundamentais são dadas à igreja; são obra de Deus. Já as marcas exteriores permitem verificar em uma igreja visível se a obra humana, que também constitui essa igreja, é conforme a vontade de Deus. Essas marcas exteriores são o elemento crítico indispensável que interpela toda igreja visível, questionando-a sobre sua autenticidade.

3.4. As estruturas da igreja

Essas reflexões sobre as distinções entre igreja invisível e visível, e entre igreja falsa e verdadeira, apontam para algumas observações sobre o sentido e o valor das estruturas.

À diferença dos movimentos "entusiastas" do século XVI (ligados à Reforma dita "radical"), os reformadores consideram que a igreja não é somente um dado espiritual invisível, mas se traduz necessariamente de modo visível nos dados concretos da existência. Por isso, necessita de certas estruturas. Os reformadores rejeitam a instituição católica romana de sua época, sobretudo em sua estrutura hierárquica e ministerial, acusada de aprisionar o evangelho, mas isso não significa, pelo menos não nas grandes famílias que advêm da Reforma, uma recusa sistemática de toda e qualquer estrutura.

Na sociedade "cristã" da época, que não reconhece a separação moderna entre igreja, Estado e sociedade civil, o luteranismo tendeu a confiar a responsabilidade de inúmeros elementos estruturais da igreja a autoridades políticas. Assim, atribuiu-se a essas autoridades a responsabilidade de criar o contexto institucional que permitiria à igreja o cumprimento de sua missão. Da mesma forma, coube-lhes velar pela implantação desse contexto. Tal postura caracterizaria o luteranismo por bastante tempo depois da Reforma.

João Calvino e a tradição reformada tomam outro caminho e insistem nas estruturas eclesiais que devem contribuir para a educação dos cristãos e a realização de sua comunhão (*IRC* IV, I, 5). Uma importância particular é atribuída à disciplina eclesiástica. À diferença de algumas confissões de fé reformadas, o próprio Calvino não a considera uma marca suplementar da igreja, mas uma igreja sem disciplina é, para ele, inconcebível. A disciplina é uma prática que favorece a Palavra e os sacramentos, permitindo a santificação advinda da Palavra e colaborando para que a igreja sirva como fermento e modelo para toda a sociedade (*IRC* IV, XII, 1-4). Para tal, a igreja conta com uma autoridade doutrinária, legislativa e jurisdicional, e Deus lhe confia ministérios determinados (como os anciãos e presbíteros), encarregados de velar por certa ordem que exprime e favoreça a santificação (*IRC* IV, VIII-XIII). Calvino distingue entre autoridade espiritual e autoridade temporal, ambas necessárias à igreja. Convém velar por um equilíbrio para evitar que uma só dessas autoridades não se arrogue todo o poder, como foi o caso do catolicismo romano da época (*IRC* IV, XI, 3). A visão calvinista também carrega as marcas de sua época, mas a preocupação de Calvino permaneceria ativa em toda a tradição reformada posterior.

No protestantismo contemporâneo, o sentido e o valor das estruturas são interpretados de modo diverso. Porém, a necessidade das estruturas eclesiásticas não é contestada, ainda que a sociologia e a filosofia social apontem para a compreensão do caráter ambivalente de toda estrutura e incitem a certa prudência. À imagem de todo corpo social, a igreja não pode prescindir de estruturas. Existe, no entanto, um consenso teológico que vai além dessa simples constatação.

A igreja como instituição não é simplesmente o contraponto exterior de uma realidade interior e espiritual; do mesmo modo, suas estruturas também não são o elemento estático e disponível que se coloca diante da dinâmica evasiva dos carismas. As formas e as estruturas da comunidade são indispensáveis, pois inserem a liberdade individual que nasce do evangelho em um tecido comunitário que não corresponde menos ao mesmo evangelho.

Sob essa ótica, convém distinguir na igreja estruturada comunitariamente entre as instituições primárias da igreja (a pregação da Palavra e a celebração dos sacramentos, instituídos pelo próprio Cristo) e as formas estruturais ou as organizações, que vêm em segundo lugar, sem serem secundárias. As instituições primárias exprimem o *"plus"* da realidade comunitária em relação ao indivíduo; elas exprimem a missão particular que Deus confiou a sua igreja como forma de comunhão, a de reunir os cristãos, de anunciar-lhes a Palavra, de acompanhá-los em sua santificação e de velar por sua unidade. Já a organização e os regulamentos da igreja são obra humana, necessária para a vida comunitária, mas devem sempre ser submetidos a uma leitura crítica que vise a verificar sua necessidade e sua legitimação, pois tendem a absolutizar-se e a proclamar sua necessidade por meio de autolegitimação, preservando-se e justificando-se por si mesmas. Disso decorre sua ambivalência.

Esse ponto se torna difícil no diálogo ecumênico contemporâneo com outras famílias cristãs. A divergência não se dá tanto na necessária prudência em relação a formas e organizações humanas, mas, sim, na pertinência de certos dados, sobretudo a estrutura ministerial, hierárquica e magisterial, à categoria de instituições primárias, fundamentais e constitutivas da igreja ou à categoria de organização humana, em segundo lugar, ainda que não secundária. O debate ecumênico sobre o ministério é o melhor exemplo disso.

4. O ministério da igreja e o sacerdócio de todos os cristãos

Nessa reflexão sobre a igreja, ainda não foi mencionada a questão do ministério eclesiástico. A razão é simples: ao afirmar que o ministério é fundamental para que a Palavra seja pregada e os sacramentos administrados, e que portanto é instituído por Deus para esse fim, sendo necessário e constitutivo para a igreja (*Confissão de Augsburgo*, art. 5; *IRC* IV, III), as tradições protestantes não lhe atribuem a mesma importância eclesiológica que as tradições católica romana e ortodoxa.

No século XVI, a questão do ministério foi tematizada de duas formas. Primeiro, a Reforma se opôs vigorosamente ao aparelho hierárquico romano e contestou a autenticidade de muitos ministros romanos que se viam formalmente na sucessão apostólica, mas cujo exercício do ministério não correspondia mais, de acordo com os reformadores, à pregação e ao ensino apostólicos. A sucessão formal e física no ministério não é garantidor da apostolicidade da igreja; ao contrário, é a apostolicidade da igreja, ou seja, sua fidelidade ao Evangelho, que estabelece o ministério e o localiza na sucessão apostólica. Além disso, a Reforma enfatizou que o ministério da pregação da Palavra e da administração dos sacramentos, fundamental para a igreja, não exige uma "qualidade" ("fundamental") em particular: todo batizado é "sacerdote" pelo batismo, sendo capaz de pregar o evangelho e de celebrar os sacramentos, mesmo se, por motivos de ordem na igreja, convém confiar tal tarefa aos que são especificamente vocacionados para governar uma igreja local, ou seja, aos batizados que são formados e ordenados para esse ministério específico.

No início de sua atividade reformadora, Lutero prefere, por essas razões, falar de ministérios (a serviço do evangelho), no plural; seu colaborador Melâncton e as confissões de fé luteranas adotariam novamente o singular para enfatizar o ministério da Palavra e dos sacramentos, mas sem questionar a afirmação anterior, a do sacerdócio universal de todos os cristãos batizados. Calvino distingue quatro ministros (pastor, doutor, presbítero ou ancião e diácono) encarregados de anunciar o evangelho e de zelar tanto pelo bom funcionamento da igreja (disciplina) quanto por sua unidade. Esses ministérios são fundamentais para a igreja; Deus opera através deles, mas não estão em oposição ao ministério de todos os cristãos batizados (*IRC* IV, III). Esses vários ministérios, sobretudo o dos pastores e anciãos, recebem o encargo do governo da igreja, tanto no nível local quanto no regional (regime presbítero-sinodal).

A questão dos ministérios não foi nem é a questão central da reflexão eclesiológica das igrejas protestantes. A teologia protestante recente costuma dedicar pouca atenção a isso, como por exemplo Barth, Tillich e Moltmann — que na obra *A igreja na força do Espírito* não incluiu nenhum capítulo sobre os ministérios. Limitam-se a explicitar que o ministério enquanto tal é necessário para a igreja, a fim de que a Palavra seja anunciada e os sacramentos administrados. Nesse sentido, faz parte do "ser" (*esse*, em latim) da igreja ou de suas instituições primeiras. Já a forma concreta desse ministério e de seu exercício faz parte das questões de organização, do "bem-estar" (*bene esse*, em latim) da igreja, e pode originar práticas diversas de acordo com o tempo e o lugar.

No diálogo ecumênico contemporâneo, que reatualizou o tema, a questão do ministério se verifica um ponto nevrálgico. Para demais tradições cristãs, os elementos que segundo o protestantismo fazem parte do "bem-estar" da igreja são de fato elementos fundamentais relacionados às instituições essenciais e primeiras. Para mostrar um panorama do debate, é útil mencionar as grandes orientações que hoje se opõem à abordagem protestante do ministério na igreja, em primeiro lugar, na tradição romana.

A Igreja Católica Romana redefiniu sua visão do ministério no Concílio Vaticano II (*Lumen gentium*, 10, 18, 20-25). Nessa concepção, que se baseia em desenvolvimentos históricos na igreja antiga e também na medieval, o ministério específico participa, com todos os cristãos, do único ministério de Cristo, mas existe entre o sacerdócio ministerial e o sacerdócio dos que são batizados "uma diferença de essência, não somente uma diferença de grau". De acordo com a instituição do ministério específico por Cristo, essa diferença está no fato de que o sacerdócio ministerial é provido de um "poder sagrado" específico, que lhe permite formar e conduzir o povo de Deus e sobretudo celebrar o sacrifício eucarístico (ibid., 10). No ministério episcopal, que possui "a plenitude do sacramento da Ordem, [...] o Senhor Jesus [...] está presente no meio dos cristãos" (ibid., 21). Esse ministério detém "a muda que provém da semente apostólica" (ibid., 20), transmitida por imposição de mãos quando da ordenação. Somente o padre ordenado por um bispo posto na sucessão apostólica está validamente ordenado e tem a capacidade para presidir uma celebração eucarística. O colégio dos bispos, em comunhão com o papa, assegura o governo da igreja, representando os laços de unidade e, quando reunido em concílio, ensinando "infalivelmente a doutrina de Cristo" (ibid., 22 e 25).

A oposição entre a teologia católica e a teologia do ministério que é proposta pelas igrejas marcadas pela Reforma é evidente. Essa oposição recobre um grande número de questões específicas: a relação entre o sacerdócio de todos os batizados e o do ministério específico, a necessidade desse "sacerdócio ministerial" para a realidade da igreja, a vontade divina expressa na estrutura hierárquica da igreja e, sobretudo, na tripla estrutura ministerial (episcopado, presbiterado e diaconato), com a diferença entre bispo e padre que resulta disso, o sentido e o alcance da ordenação, a sucessão apostólica e, por fim, o ministério magisterial, mais especificamente o petrino ou papal.

Por trás de todas essas questões está outra compreensão do mistério da igreja, sobretudo da igreja visível e de suas estruturas que participam ativamente da salvação dos cristãos. Inúmeros dados que, para as igrejas protestantes, são compreendidos como parte das estruturas humanas da igreja, para a tradição romana são parte das instituições fundamentais requeridas por Deus. São elementos relacionados à fé e que não podem, portanto, ser questionados pela comunidade dos que creem. O diálogo ecumênico permanece difícil nesses pontos, ainda mais quando pensamos que, no momento, a Igreja Romana estima não poder considerar como expressão legítima da vontade de Deus uma estrutura ministerial diferente em ação em outra igreja.

O diálogo ecumênico contemporâneo evidencia as diferenças entre católicos romanos, ortodoxos e protestantes, mostrando ainda que existem sensibilidades diferentes no interior do protestantismo. Essas diferenças se sobressaem principalmente em relação a dois aspectos.

A relação entre o ministério específico encarregado da pregação da Palavra e da celebração dos sacramentos, de um lado, e o sacerdócio de todos os cristãos batizados, de outro, é percebida de modos diversos segundo cada tradição protestante. Todas elas enfatizam que não há diferença de "essência" entre essas duas formas de ministério, e que o ministério específico de celebração da Palavra e dos sacramentos é necessário à igreja, um ministério que também assume a responsabilidade pelo governo da comunidade local, que deve zelar por sua unidade e representá-la externamente. Mas esse ministério seria uma emanação da comunidade local ou seu contraponto, dependendo da comunidade, mas representando também a igreja supralocal?

As igrejas protestantes que tendem ao congregacionalismo e determinadas tradições de igrejas ditas "livres" entendem esse ministério específico como algo que procede da comunidade — é ela que escolhe os que julga aptos para a tarefa. Esse processo democrático se associa à preocupação de não adotar uma hierarquia ministerial. Todos os serviços na igreja local participam do ministério da Palavra. Assim, não cabe ordenar alguns para o ministério: prefere-se reconhecer os ministérios em sua diversidade e impor as mãos para todos os serviços da comunidade, evitando a ideia de "pôr à parte" de um ministério específico.

As igrejas reformadas, luteranas e anglicanas enfatizam o ministério específico da Palavra, que não é uma emanação da comunidade, mas sua contraparte. É escolhido pela comunidade local, mas também enviado a ela pelo conjunto do povo de Deus, ou seja, a igreja supralocal. Na igreja local, esse ministério aponta para a prioridade da iniciativa divina e a impossibilidade de monopolização da Palavra de Deus. Por isso, é necessário distinguir entre a ordenação para o ministério, conferida pela igreja supralocal, e o reconhecimento dos demais ministérios da comunidade local. Enfatizar a alteridade do ministério específico não equivale a estabelecer uma estrutura hierárquica independente da comunidade local, mas, sim, uma complementaridade de todos os ministérios a serviço dessa comunidade, para o acompanhamento e a promoção da unidade da igreja rumo à verdade do evangelho.

Nessa reflexão sobre a relação entre ministério específico e sacerdócio de todos, reserva-se um lugar em particular para a questão do ministério episcopal. De modo geral, as igrejas anglicanas e luteranas conhecem esse ministério e enfatizam sua necessidade para a comunhão do conjunto das igrejas locais. Esse ministério tem uma responsabilidade regional com relação à unidade, ao ensino e à disciplina, encarregando-se da ordenação dos pastores e da visitação das comunidades locais. A insistência sobre esse ministério não significa que se atribui a ele outra amplitude, outra "essência". A diferença é de ordem funcional. É dessa compreensão que se origina a liderança da igreja supralocal, de tipo episcopal-sinodal, uma liderança que surge da necessária tensão entre o ministério episcopal e o sínodo, que reúne os representantes eleitos das comunidades locais.

A tradição reformada tem suas reservas com relação a um ministério episcopal semelhante a esse, principalmente quando tal ministério é confiado a uma pessoa, e não a um colégio ou a um grupo de responsáveis com um mandato delimitado pelo sínodo. Essa tradição prefere uma estrutura supralocal de tipo presbítero-sinodal, que seja exclusivamente constituída de representantes eleitos pelas comunidades locais. Essa estrutura pode munir-se de um conselho encarregado de regulamentar os casos em curso entre duas sessões, ou de assumir uma função executiva, mas com o exercício da autoridade na igreja relacionado somente ao sínodo, em última instância.

Assim, a diversidade não é algo estranho ao protestantismo. A preferência recai sobre um desses dois modelos explicitados aqui, de acordo com a história e o local de origem das denominações. Tanto a posição que assume que o ministério específico não é uma emanação da comunidade local quanto a que insiste na necessidade do ministério episcopal afirmam que a diferença entre o sacerdócio de todos e o ministério específico é apenas de ordem funcional. Não se trata de uma diferença de essência. Por outro lado, os adeptos de uma visão mais congregacionalista e os que têm reservas com relação ao episcopado acentuam a necessidade de um ministério encarregado da Palavra e dos sacramentos, além do fato de que a igreja, mesmo estruturada do modo mais democrático possível, não é dona da Palavra de Deus.

Convém esclarecer que essas diversas sensibilidades não são fonte de divisão: na compreensão protestante, tais questões dependem do "bem-estar", e não do "ser", da igreja. A unidade da igreja não exige uma estrutura ministerial uniforme.

5. A igreja una e a diversidade de suas expressões confessionais

A definição do ser e do fundamento da igreja como a relação entre comunhão dos que creem e formato institucional engendra uma compreensão específica da unidade da igreja no protestantismo, mas que se mantém aberta ao diálogo com as demais tradições cristãs.

Os princípios fundamentais dessa visão de unidade foram formulados e concretizados na *Concórdia de Leuenberg*, que estabeleceu em 1973 a plena comunhão entre luteranos e reformados na Europa. "De acordo com a convicção dos reformadores, a condição necessária e suficiente para a verdadeira unidade da igreja é a concordância em relação à pregação fiel do evangelho e à administração fiel dos sacramentos. As igrejas participantes tiram desses critérios herdados da Reforma sua compreensão da comunhão eclesiástica" (art. 2). As igrejas podem reconhecer-se mutuamente como expressões autênticas e plenas da única igreja de Jesus Cristo quando há entre elas um consenso quanto à compreensão do evangelho. Elas "se declaram [então] mutuamente em comunhão quanto à pregação e à administração dos sacramentos, e se esforçam por chegar à maior unidade possível no testemunho e no serviço prestado ao mundo. [...] Isso inclui o reconhecimento mútuo das ordenações e a possibilidade de celebração conjunta" (art. 29 e 33).

Essa visão de unidade, que mostra seus frutos no diálogo entre igrejas, já tinha sido expressa nesses termos pelas confissões de fé do século XVI. "Para que seja assegurada a unidade verdadeira da igreja cristã, basta (*satis est*, em latim) um acordo unânime em relação à pregação do evangelho e à administração dos sacramentos em conformidade com a Palavra de Deus. Para a verdadeira união da igreja, não é necessário (*nec necesse est*, em latim) que se observe sempre uma uniformidade nas cerimônias instituídas pelos homens" (*Confissão de Augsburgo*, art. 7; *Catecismo de Heidelberg*, q. 54s e 75s). A pregação do evangelho e a celebração dos sacramentos, que fundamentam e geram a fé do indivíduo, estabelecendo e constituindo a comunhão dos cristãos em Cristo, sua unidade na igreja e a unidade da igreja. Essa compreensão da unidade não aponta para outros critérios, a não ser aqueles que, no interior de cada tradição protestante, são constitutivos para toda comunidade local. Como a graça de Deus é conferida aos homens na Palavra e nos sacramentos, a comunhão na Palavra e nos sacramentos é necessária e suficiente para uma verdadeira e plena unidade das igrejas. Essa unidade não é obra de igreja alguma, mas, sim, um dom de Deus (a igreja de Cristo é una).

A comunhão no anúncio da Palavra e na celebração dos sacramentos exprime um consenso que constitui ao mesmo tempo um pré-requisito: um acordo sobre a compreensão do evangelho. Para as igrejas reformadas e luteranas, esse acordo se reveste de uma dupla dimensão. Primeira, trata-se do "evangelho que proclama Jesus Cristo, o salvador do mundo", cuja "compreensão correta" foi afirmada pelos reformadores na "doutrina da justificação" (*Concórdia de Leuenberg*, art. 7 e 8). O acordo se refere à mensagem de justificação enquanto anúncio da graça de Deus, e não a uma exposição doutrinária uniforme. Cabe assim reconhecer, na expressão doutrinária da mensagem da graça de Deus proposta pela "outra" igreja, a expressão verdadeira e plena da mensagem do evangelho. Segunda, trata-se da convicção de que "a exclusiva mediação salvífica de Jesus Cristo é o centro da Escritura e o anúncio da justificação, enquanto anúncio da livre graça de Deus, é a norma de toda pregação da igreja" (ibid., art. 12). Toda atividade eclesiástica encontra aqui um único ponto de ancoragem que lhe dá sentido. Uma palavra, uma ação ou uma instituição ligadas à igreja são reconhecidas como autênticas na medida em que dão testemunho desse evangelho.

A insistência no caráter necessário e suficiente desse consenso relacionado ao evangelho implica que a unidade da igreja é uma unidade na diversidade, e não uma uniformização. A comunhão na Palavra e nos sacramentos se torna o critério aplicado a toda afirmação e a toda vida eclesial no diálogo ecumênico. Esse critério não permite distinguir de uma vez por todas as doutrinas, as instituições ou as práticas fundamentais umas das outras, tampouco os ensinos ou os atos secundários. Toda questão, mesmo secundária, pode tornar-se causa de divisão na medida em que uma divergência sobre essa questão ou sobre um de seus aspectos constitui obstáculo para a celebração comum da Palavra e dos sacramentos. Esse dado não prioritário não exige uniformidade, mas é e deve ser lugar de uma diversidade legítima. Há diversidade na medida em que não se questiona o consenso básico sobre a compreensão do evangelho, sendo a diferença, pelo contrário, uma de suas expressões.

A compreensão do ministério é um bom exemplo disso. A instituição, fundada por Cristo, de um ministério específico para a pregação da Palavra e a celebração dos sacramentos, assim como a necessidade desse ministério para o ser da igreja, precisam ser afirmadas juntas, pois fazem parte do consenso básico. A forma desse ministério e as estruturas da igreja visível que decorrem dele, como elementos do *bene esse* da igreja, são expressões de uma diversidade legítima oriunda da história, que reflete situações específicas. Essa diversidade é boa e exprime a riqueza da igreja una de Cristo; não pode questionar a comunhão eclesial, a menos, evidentemente, que alguma dessas formas venha contradizer o consenso básico acerca do evangelho.

Para isso, é necessário que as igrejas que se declaram em comunhão eclesial permaneçam em diálogo a fim de que seja verificada a legitimidade de sua diversidade. Nesse nível, a distinção entre fundamento e formato da igreja, já definida na reflexão sobre as relações entre comunhão dos cristãos e instituição estruturada, é concretizada no plano ecumênico. Essa distinção é feita entre o consenso básico e suas realizações na expressão confessional adotada por cada igreja, estruturando, além disso, todo acordo sobre questões particulares, ao permitir diferenciar o que é uma diversidade legítima e o que fere o essencial — no segundo caso, podendo transformar-se em diferença para separação. Essa distinção entre fundamento e forma permitiu que as igrejas signatárias da *Concórdia de Leuenberg* se declarassem em comunhão mútua, apelando para confissões de fé e tradições confessionais diversas (art. 29). Tal declaração só foi possível depois de verificar-se que as condenações da história que ocasionaram a ruptura (sobre a ceia, a cristologia, a predestinação) não dizem mais respeito à doutrina atual das igrejas signatárias. A unidade da igreja não significa o abandono das identidades confessionais específicas, mas, sim, a superação de seu caráter exclusivo e absolutista (o confessionalismo), em vista de uma nova identidade em que o consenso básico sobre o evangelho permite e regula a diversidade.

Essa visão de unidade se insere em um contexto ecumênico que supera as tradições luteranas e reformadas. Tal visão se destina a "servir à comunhão ecumênica de todas as igrejas cristãs" (art. 46).

Todas as igrejas cristãs enfatizam a necessidade de um acordo sobre o evangelho para a unidade e esclarecem que unidade não significa uniformidade. No entanto, para o catolicismo romano e as igrejas orientais, a área fundamental em que deve haver um consenso necessário para a unidade abarcará as formas ministeriais e as estruturas eclesiásticas, que fazem parte, para ambas as tradições, do próprio ser da igreja. Além disso, essas tradições não necessariamente compartilham da ideia de que a mensagem da livre graça de Deus é um princípio estruturante da vida da igreja e de toda afirmação eclesiástica. Porém, isso não significa que a abordagem proposta pelas tradições luterana e reformada exclua o diálogo, um diálogo que progrediu bastante nesses quatro últimos anos.

No interior do protestantismo, o modelo apresentado na *Concórdia de Leuenberg* não se limita apenas às igrejas luteranas e reformadas europeias, mas está em curso sua ampliação para as demais igrejas ligadas a essas tradições, em nível mundial. As tradições metodistas e anglicanas, que partilham a mesma visão de unidade, declararam-se em comunhão eclesiástica com os luteranos e os reformados, com base em concórdias análogas. Entre os metodistas, esse passo foi dado na Europa e nos Estados Unidos. Já os anglicanos britânicos estão em comunhão com as famílias luteranas e reformadas da Alemanha e da França, e ainda vão mais longe, com os luteranos da Escandinávia, dos países bálticos e dos Estados Unidos, com quem alcançaram um exercício comum do ministério episcopal.

6. A missão da igreja e sua inserção no mundo

A proclamação da Palavra de Deus define a missão da igreja no mundo. Como Deus ama todos os seres humanos, sua Palavra, e consequentemente o testemunho e o serviço da igreja, dirigem-se a todos. Por estar fiel a essa missão, a igreja vive em unidade, santidade, catolicidade e apostolicidade. A mensagem do advento do Reino de Deus na vida, na morte e na ressurreição de Jesus Cristo suscita sinais do Reino de Deus neste mundo, a cada vez em que os seres humanos vivem do perdão e da graça, tornando-se capazes de trabalhar em prol do amor, da paz e da justiça social na concretude da existência.

A relação da igreja com o mundo contemporâneo não mais se coloca nos mesmos termos que na época neotestamentária ou no século XVI. O contexto da sociedade moderna exige a revisão dos ensinos tradicionais do protestantismo. Novos elementos devem ser levados em consideração: o fim da correspondência entre as realidades eclesiais e sociais no

Ocidente, a secularização da sociedade, a passagem de uma igreja multitudinista para uma postura de minoria, o encontro com outras culturas e com religiões não cristãs.

Para os reformadores, a relação entre a igreja e o mundo se colocava sobretudo em termos de coordenação de funções e poderes das instâncias espirituais e civis em uma sociedade que se considerava cristã. A visão do reformado Calvino ou do luterano Melâncton, a favor do estabelecimento de uma sociedade cristã ideal, ou a postura mais reservada de Lutero, que buscou distinguir com cuidado entre os "dois reinos", são testemunha disso. Essas abordagens e seus diversos desenvolvimentos na história do protestantismo são marcados pela quase ausência de uma problemática da missão da igreja em um mundo não cristão. Na época, a questão não se colocava, por assim dizer. Hoje, tal questão emerge e exige uma resposta urgente.

Esse contexto suscitou uma nova reflexão sobre a missão da igreja, minoritária, em uma sociedade secularizada. Com o esforço contemporâneo por repensar a relação entre a igreja e o mundo, há no protestantismo um consenso em afirmar que, em sua relação com o mundo, a igreja é comunhão de serviço e testemunho. Cristo quer que todos os seres humanos e toda a criação estejam em comunhão com ele. Porém, quando se trata de estabelecer o sentido de tais afirmações, surgem concepções bastante diferentes. Para mostrar o alcance dessas abordagens, será útil expor brevemente aqui as duas opções mais extremas, inconciliáveis em sua radicalidade.

Grupos e comunidades de orientação mais "evangélica" (*evangelical*) enfatizam que a missão da igreja é reunir o povo de Deus na humanidade inteira. A tarefa mais importante é a glorificação de Deus e a proclamação da salvação dada somente em Cristo. O mundo inteiro é terra de missão. Todos devem ser chamados para a conversão. Alguns trechos de declarações em conjunto do movimento, em nível internacional, esclarecem tal visão: "A salvação em Cristo é oferecida sem exceção a todos os homens que não estão ainda ligados a ele através de uma fé consciente. Os adeptos de religiões não cristãs ou de outras ideologias não podem ser salvos, a não ser que creiam. Devem permitir-se a libertação de seus laços anteriores e de suas experiências de engano para ser recebidos no corpo de Cristo pela fé e pelo batismo. [...] Rejeitamos a ideia de que a "presença cristã" dentre os adeptos das religiões do mundo e o diálogo ou o compartilhar entre eles substituem a proclamação do evangelho que exige a conversão. Diálogos desse tipo só servem para estabelecer contatos que posteriormente permitirão a comunicação missionária. [...] Uma ação missionária voltada exclusivamente para o homem e para a sociedade conduz ao ateísmo" (*Déclaration de Francfort sur la crise fondamentale de la mission* [Declaração de Frankfurt sobre a crise fundamental da missão], La *Revue Réformée* 85, 1971, p. 31-37, pontos 2 e 6; cf. tb. a *Declaração de Lausanne* [1974] e o *Manifesto de Manila* [1989], em Klauspeter BLASER, org., *Repéres pour la mission chrétienne. Cinq siècles de tradition missionnaire. Perspectives oecuméniques* [Marcos para a missão cristã: cinco séculos de tradição missionária. Perspectivas ecumênicas], Paris-Genebra, Cerf-Labor et Fides, 2000, p. 112-122 e 445-464).

Em oposição direta a essa abordagem, há uma segunda concepção segundo a qual a missão da igreja neste mundo seria a de cooperar com o estabelecimento de uma sociedade de paz, fraternidade e justiça social. A expressão de Bonhoeffer, "a igreja só é igreja quando existe para outros" (*Resistência e submissão*, Rio de Janeiro, Paz e Terra, 1965), é interpretada de modo radical: a tarefa da igreja é reconhecer a ordem do dia estabelecida pelo mundo e corresponder a ela. Nessa concepção, a igreja não tem sentido em si mesma: sua única missão é realizar o ideal humano proposto por Cristo. Não se pode buscar o alcance mundial do cristianismo e perpetuar "o imperialismo e o colonialismo cristãos"; é preciso que a fé cristã, sal da terra, seja dissolvida neste mundo e lhe dê um novo gosto. Em um texto fundamental que reúne numerosos movimentos dessa orientação, é explicitado: "Na atual situação do capitalismo transnacional, somos inúmeros cristãos a terem descoberto que o engajamento na práxis histórica, libertadora e revolucionária é o lugar em que é vivida, pensada, comunicada e celebrada nossa fé em Cristo. Isso nos leva a enxergar cada vez mais claramente que a tarefa revolucionária é o lugar em que a fé adquire sua verdadeira dimensão e sua força radicalmente subversiva; nela, assumimos todas as exigências da prática de Jesus e reconhecemos nele as bases para uma nova humanidade" ("Declaração do Quebec dos *Cristãos pelo socialismo*" [1975], em *Au-delà des confessions. Les movements transconfessionels* [Para além das confissões: os movimentos interconfessionais], Paris, Cerf, 1979, p. 127).

A maioria das igrejas protestantes busca evitar essas posturas extremadas que, em sua radicalidade, não passam de caricaturas da missão da igreja. Porém, não há uniformidade em seus variados modos de compreensão da igreja como comunhão de serviço e testemunho, mas dependem de situações concretas e desafios específicos. Mesmo assim, podemos observar opções teológicas concordantes.

A comunhão dos que creem não poderia existir por si e para si. Seu fundamento, seu sentido, sua finalidade — nada disso está nela mesma. Engajando-se nas realidades cotidianas, a comunhão integra a obra messiânica de Jesus Cristo e toma parte na história do Deus que o envia ao mundo (cf. Mt 28.19 s.; Jo 17.18; 20.21). Nessa missão, é preciso evitar todo tipo de confusão entre Cristo e sua igreja. Tal erro ocorre quando a igreja postula sua própria necessidade. Seu caminho não é o de Cristo, mas o de discípula. Em uma confiança total no evangelho, ela sabe que não se cumpre nem se renova através de seu próprio engajamento. A libertação do evangelho significa, também para ela, libertação da obrigação de cumprir-se e preservar-se. É assim que lhe é dada vida (Mc 8.35) e que ela se torna livre para um compromisso sem interesse próprio, capaz de compreender a sua missão ao participar, como igreja, da precariedade dos elementos deste mundo.

O testemunho da igreja não reside de modo primordial em suas funções, como a pregação missionária, o serviço e o testemunho em prol da humanidade, mas, sim, em uma presença autêntica e crível na sociedade. A igreja é chamada para ser um sinal do evangelho que ela proclama. A frase de Karl Barth, a igreja é "a representação provisória da humanidade" (*Dogmatique* [Dogmática] IV/1*** [1953], 1967, p. 1), ou a de Jürgen Moltmann, "o povo messiânico do reino a chegar" (p. 220ss), apontam para isso. A igreja é sinal visível de uma realidade que a transcende, sendo relativa somente diante dessa realidade maior que toma forma nela e sempre ultrapassará sua expressão pontual e provisória. Somente essa realidade divina a torna um sinal verdadeiro e crível neste mundo. A igreja visível é crível quando vive e ensina, comunialmente, o que ela descobre na Palavra e a finalidade de sua libertação em Cristo: uma vida de confiança na justiça e na misericórdia de Deus, que aceita todos, converte o coração deles e lhes infunde uma identidade inalienável, fonte de esperança; uma comunidade fraternal que pratica a aceitação de todos e se opõe a qualquer situação de injustiça, tanto dentro quanto fora da igreja; uma palavra provisória que não tem medo de perder-se ao anunciar, quer seja oportuno, quer não, o amor de Deus pela humanidade inteira.

Tal concepção da missão da igreja no mundo não pode resumir-se em um conjunto de doutrinas ou exigências. Toda situação particular exige uma palavra e uma ação novas, além de faculdades criadoras e atitudes responsáveis.

A missão da igreja neste mundo deve ser acompanhada de uma autocrítica. Essa análise é necessária, pois a igreja sempre sofre a tentação de absolutizar-se ao tomar distância em relação a este mundo "mau", vendo a si mesma como sagrada em oposição a um mundo profano, considerando-se melhor e colocando-se fora do mundo. Quando abandona o mundo ao profano, a igreja se torna abstrata, ao mesmo tempo que acredita ser fonte e lugar de regeneração do mundo. Porém, é preciso afirmar que a dualidade entre sagrado e profano não faz parte da autocompreensão da igreja, comunhão dos que creem. Essa dualidade é superada na santificação, no fato de pertencer a Deus. O Espírito Santo santifica os cristãos, a igreja e o mundo. A missão da igreja é anunciar ao mundo sua santificação e sua libertação.

André Birmelé

▶ **Fontes:** BIRMELÉ, André e LIENHARD, Marc,b orgs., *La foi des Églises luthériennes. Confessions et Catéchismes*, Paris-Genebra, Cerf-Labor et Fides, 2003; FATIO, Olivier, org., *Confessions et Catéchismes de la foi réformée*, Genebra, Labor et Fides, 2005; "Concorde entre Églises issues de la Réforme en Europe (Concorde de Leuenberg)", *Positions luthériennes* 21, 1973, p. 182-189; "Constitution dogmatique sur l'Église *Lumen gentium*" (1964), em *Le Concile Vatican II (1962-1965). Édition intégrale définitive* (1972), Paris, Cerf, 2003, p. 67-169.
Literatura secundária: BARTH, Karl, *L'Église* (textos publicados entre 1927 e 1955), Genebra, Labor et Fides, 1964; BIRMELÉ, André, *Le salut en Jésus-Christ dans les dialogues oecuméniques*, Paris-Genebra, Cerf-Labor et Fides, 1986; Idem, *La*

communion ecclésiale. Progrès oecuméniques et enjeux méthodologiques, Paris-Genebra, Cerf-Labor et Fides, 2000; BLASER, Klauspeter, *Une Église, des confessions*, Genebra, Labor et Fides, 1990; Idem (com a colaboração de Christian BADET), *Signe et instrument. Approche protestante de l'Église*, Friburgo, Éditions universitaires, 2000; BONHOEFFER, Dietrich, *La nature de l'Église* (1932), Genebra, Labor et Fides, 1972; BÜHLER, Pierre, "L'Église réformée: une Église sans mystère?", *Irenikon* 61, 1988, p. 485-506; DELTEIL, Gérard e KELLER, Paul, *L'Église disseminée. Itinérance et enracinement*, Paris-Genebra-Outremont-Bruxelas, Cerf-Labor et Fides-Novalis-Lumen Vitae, 1995; GISEL, Pierre, *Le Christ de Calvin*, Paris, Desclée, 1990. cap. 7; HAMMANN, Gottfried, *Entre la secte et la cité. Le projet d'Église du Réformateur Martin Bucer (1491-1551)*, Genebra, Labor et Fides, 1984; LEENHARDT, Franz J., *L'Église. Questions aux protestants et aux catholiques*, Genebra, Labor et Fides, 1978; LIENHARD, Marc, *L'Évangile et l'Église chez Luther*, Paris, Cerf, 1989; MOLTMANN, Jürgen, *L'Église dans la force de l'Esprit. Une contribution à l'ecclésiologie messianique* (1975), Paris, Cerf, 1980; SENARCLENS, Jacques de, *De la vraie Église selon Jean Calvin*, Genebra, Labor et Fides, 1965; SIEGWALT, Gérard, *Dogmatique pour la catholicité évangélique*, t. II: *La réalisation de la foi*, 1: *L'Église chrétienne dans la société humaine* e 2: *Les médiations: l'Église et les moyens de grâce*, Genebra-Paris, Labor et Fides-Cerf, 1991 e 1992; TILLARD, Jean-Marie, *Église d'églises. L'ecclésiologie de communion*, Paris, Cerf, 1987; ZIZIOULAS, Jean, *L'être ecclésial*, Genebra, Labor et Fides, 1981.

◉ Adventismo; Allmen; anglicanismo; apostolado; **autoridade**; batismo; Batista, Igreja; bispo; ceia; Concórdia de Leuenberg; confissão de fé; congregacionalismo; darbismo; disciplina; Discípulos de Cristo; **ecumenismo**; Espírito Santo; evangélicos; fé; Igreja Confessante; igreja e Estado; igreja invisível; igreja negra (afro-americana); Igreja Valdense; igrejas episcopais; igrejas livres; igrejas luteranas; igrejas não denominacionais; igrejas reformadas; igrejas unidas; indivíduo; leigo; menonismo; metodismo; ministérios; multitudinismo; **pastor**; pentecostalismo; presbítero-sinodal (sistema); quacres; **ritos**; sacerdócio universal; sacramento; **seitas**; sucessão apostólica; Vaticano II (Concílio)

IGREJA CONFESSANTE

Organização eclesiástica de protestantes alemães de diversas confissões e tendências, abarcando também algumas igrejas regionais (Baviera, Wurtenberg, Hanover) que, diante da ascensão do nazismo e de sua influência na igreja alemã (sobretudo através dos chamados "Cristãos Alemães"), constituiu-se em igreja a partir dos primeiros meses do ano de 1934. Sua intenção é manter a comunidade cristã em sua integridade, tal como é definida pela Santa Escritura e as confissões de fé da Reforma. Nesse sentido, a Igreja Confessante se considera a única igreja protestante legítima da Alemanha e se organiza em nível local, regional e nacional, instalando estruturas de tipo sinodal. A história da Igreja Confessante (*Bekennende Kirche*) é marcada por diferentes etapas: sua "Declaração teológica", elaborada e adotada em Barmen (sob a influência direta de Karl Barth e depois da adoção de vários textos pelos sínodos livres) no dia 31 de maio de 1934 (sem o *status* de confissão de fé, após a guerra essa declaração passou a ser geralmente considerada como tal); o direito eclesiástico de urgência (Sínodo de Dahlem em outubro de 1934); a formação sucessiva de duas lideranças provisórias, resultantes das divergências e cisões provocadas pela tática aparentemente conciliatória do regime em relação à igreja (Sínodo de Bad Oeynhausen em fevereiro de 1936).

A resistência da Igreja Confessante se concentrou primeiro na política eclesiástica e na vocação de uma *Volkskirche* ("igreja do povo" em alemão) na nova Alemanha. A partir de 1936, e durante toda a guerra, alguns de seus membros sofreram todo tipo de repressão e se engajaram na resistência política contra o regime hitlerista. Líder de um dos seminários de formação pertencente à Igreja Confessante, Dietrich Bonhoeffer declarou: "Quem se separa por vontade própria da Igreja Confessante na Alemanha é cortado da salvação" (*Textes choisis* [Textos escolhidos], Paris-Genebra, Centurion-Labor et Fides, 1970, p. 222).

Klauspeter Blaser

▶ BARTH, Karl, *Les communautés chrétiennes dans la tourmente* (1943), Neuchâtel, Delachaux et Niestlé, 1943; Idem, *Une voix suisse (1939-1944)* (1945), em *La chrétienté au creuset de l'épreuve*, t. II, Genebra, Labor et Fides, 1947, p. 439-578; BLASER, Klauspeter, *La théologie au XX⁰ siècle. Histoire, défis, enjeux*, Lausanne, L'Âge d'Homme, 1995, p. 99-130; GRESCHAT, Martin, org., *Zwischen Widerspruch und Widerstand. Texte zur Denkschrift der Bekenneden Kirche an Hitler* (1936), Munique,

Kaiser, 1987; MEIER, Kurt, *Der evangelische Kirchenkampf*, 3 vols., Göttingen, Vandenhoeck & Ruprecht, 1976-1984; NIEMÖLLER, Wilhelm, *Die evangelische Kirche im Driften Reich. Handbuch des Kirchenkampfes*, Bielefeld, Bechauf, 1956; REYMOND, Bernard, *Une Église à croix gammée? Le protestantisme allemand au début du régime nazi (1932-1935)*, Lausanne, L'Âge d'Homme, 1980; SCHOLDER, Klaus, *Die Kirchen und das Dritte Reich* (1977-1985), 2 vols., Frankfurt, Ullstein, 1986-1988; VAN NORDEN, Günther, *Der deutsche Protestantismus im Jahr der nationalsozialistischen Machtergreifung*, Gütersloh, Mohn, 1979.

▶ Alemanha; Althaus; *Barmen (Declaração de)*; Barth; Bell; Bonhoeffer; Casalis G.; "Cristãos Alemães"; Dibelius O.; Ebeling; Gollwitzer; Heinemann; Iwand; Käsemann; Kirchenkampf; Kohlbrügge; Niemöller; Rad

IGREJA E ESTADO

As relações entre igreja e Estado são objeto de interpretações diversas no protestantismo: a ortodoxia luterana havia fixado a concepção de Lutero, de um reino de Deus em tensão dialética com relação ao reino do mundo, uma descrição dos dois reinos como autônomos e as instituições eclesiásticas como subordinadas ao poder temporal. Os acordos de meio-termo entre igrejas protestantes alemãs e o regime nacional-socialista mostraram até que ponto tal concepção pode ser perigosa. Por outro lado, os calvinistas enfatizaram a soberania de Cristo sobre toda a criação, conservando para a igreja o direito de vigiar os negócios do Estado, ao mesmo tempo que reconheceram a diferença obrigatória entre a ordem temporal e a ordem espiritual.

Historicamente, os calvinistas e, em seu rastro, os puritanos perseguidos, desejosos de preservarem a liberdade religiosa, contribuíram para a implantação da ideia da separação entre igreja e Estado. O modelo norte-americano de separação foi marcado pelo selo do pragmatismo: deixa que haja concorrência no campo religioso, ao mesmo tempo que reconhece a utilidade social dos grupos religiosos em uma situação de pluralidade e integra valores cristãos fundamentais à esfera política. Esse modelo serviu como norte para a maior parte dos países europeus.

O laicismo combativo de uma França confrontada com o quase monopólio da Igreja Católica evoluiu lentamente para uma neutralidade "positiva", enquanto os estreitos laços entre as igrejas e os Estados na maioria dos países que conheceram a partilha confessional do Sacro Império Romano-Germânico (Alemanha, Áustria, Suíça e Países Baixos) tendem a afrouxar-se devido ao indiferentismo religioso. A Itália e a Espanha puseram fim ao regime de estrita confessionalidade. Onde ainda há igrejas do Estado (na Inglaterra, na Escócia e nos países escandinavos), observa-se que elas tendem a uma autonomia cada vez maior. Já os antigos países comunistas do leste da Europa restabeleceram a liberdade religiosa retomando o princípio da separação. Porém, enquanto a neutralidade da Polônia é antes de tudo algo indulgente com a Igreja Católica, que se beneficia de um regime jurídico particular, na Hungria multiconfessional há o desejo de tolerância em relação a todas as comunidades religiosas cuja utilidade pública é atestada.

Yves Bizeul

▶ *European Journal for Church and State Research. Revue européenne des relations Églises-États*, 1994ss.; HESSE, Konrad e KALINNA, Hermann E. J., *Kirche und Staat*, em *Evangelisches Staatlexicon*, t. I, Stuttgart, Kreuz-Verlag, 1987, col. 1546-1585; MACLEAR, J. F., org., *Church and State in the Modern Age. A Documentary History*, New York, Oxford University Press, 1995; MÜLLER, Denis, *Jean Calvin. Puissance de la Loi et limite du pouvoir*, Paris, Michalon, 2001; VILLA-VICENCIO, Charles, org., *Between Christ and Caesar. Classic and Contemporary Texts on Church and State*, Grand Rapids, Eerdmans, 1986; WILLAIME, Jean-Paul, *Europe et religions. Les enjeux du XXIe siècle*, Paris, Fayard, 2004; ZIPPELIUS, Reinhold, *Staat und Kirche. Eine Geschichte von der Antike bis zur Gegenwart*, Munique, Beck, 1997.

▶ Alemanha; Allier; **autoridade**; "Cristãos Alemães"; concordata; congregacionalismo; Druey; Erasto; Estado; igrejas livres; *Kirchenkampf*; laicidade; **modernidade**; multitudinismo; **política**; reinos (doutrina dos dois); secularização; Vinet

IGREJA ELETRÔNICA

Oriunda do movimento fundamentalista americano, a igreja eletrônica agrupa toda uma série de televangelistas, cujo sucesso incontestável, apesar dos escândalos relacionados a falcatruas financeiras ou a episódios escabrosos da vida amorosa, constitui um fato cultural de monta na América das últimas décadas. Nos programas, que contam com um formidável alcance devido à quantidade de estações de rádio (mais de mil), canais de televisão (mais de duzentos), os televangelistas reúnem multidões, arrancando delas gritos de arrependimento e milhões de dólares. Alguns, como Jerry Falwell (1933-2007) e Robert H. Schuller (1926-), pregam um protestantismo ultraconservador e mantêm relações estreitas com líderes políticos (cf. o movimento Maioria Moral). Outros mais emocionais, como Jimmy Oral Roberts (1918-), enfatizam curas e as experiências pessoais de conversão. Em todos esses casos, apegam-se a uma leitura literal da Bíblia, demonstrando sua adesão a valores familiares e à função messiânica da América cristã no mundo.

Isabelle Graesslé

▶ BRUCE, Steve, *Pray TV. Televangelism in America*, Londres, Routledge, 1990; CARLANDER, Ingrid, *Les stars de Dieu. Le scandale des télévangélistes*, Paris, Plon, 1990; ELVY, Peter, *Buying Time. The Foundations of the Electronic Church* (1986), Mystic, Twenty-Third Publications, 1987; GRAESSLÉ, Isabelle, "La rhétorique dans tous ses états, entre bonne et mauvaise foi", *Perspectives missionnaires* 18, 1989, p. 38-57; GUTWIRTH, Jacques, *L'Église électronique. La saga des télévangélistes*, Paris, Bayard, 1998.

◉ Comunicação; Estados Unidos; fundamentalismo; Maioria Moral; mídia

IGREJA INVISÍVEL

Devemos principalmente a Lutero, mas também, em níveis variados, a outros reformadores do século XVI, a importância que se dá à noção de igreja invisível. Já esboçada por Santo Agostinho, esse modo de considerar a comunhão dos cristãos além das aparências humanas se imporia cada vez mais àquele que, em plena ruptura com Roma, não deixaria jamais de crer na unidade do corpo místico de Cristo. De forma invisível, mas real, a igreja existe aos olhos da fé, mas ninguém pode contabilizar seus membros atualmente espalhados nas instituições falíveis. Pois um órgão eclesiástico pode subsistir sem que reine nele a fé — eis a polêmica de Lutero contra as pretensões da hierarquia quanto a apropriar-se das almas: a cristandade corpórea e exterior não é o essencial da igreja, mas, sim, a cristandade espiritual e interior, cujos sinais são identificáveis na pregação fiel da Palavra de Deus e na correta administração dos sacramentos.

O grande debate sobre a visibilidade da igreja opõs os defensores de uma hipervisibilidade (como o cardeal Belarmino, que declarou que a verdadeira igreja, romana, é tão visível quanto a República de Veneza) e os partidários de certo docetismo eclesiológico, para quem, definitivamente, só é importante pertencer à igreja invisível. Nesse sentido, portanto, teríamos duas realidades radicalmente incompatíveis.

Sem chegar a equiparar ao reino de Cristo aquilo que ele esperava de um Estado cristão, Zwinglio atribuiu à cidade de Zurique a missão de aproximar-se dessa ideia; houve divergência entre ele e Lutero quanto ao assunto durante o Colóquio de Marburgo (1529). Já Calvino, mais próximo das intuições de Bucer, considerou que a igreja visível é o meio indispensável para levar à igreja verdadeira. Nenhuma instituição pode afirmar-se como a verdadeira igreja, mas toda instituição pode levar os fiéis até ela, desde que se reforme de acordo com a sã doutrina e vise à prática da comunhão fraterna. Em definitivo, não há duas igrejas antagonistas, mas uma só, de natureza visível, onde se atestam a graça e a promessa da plenitude e da unidade em Cristo.

Claude Bridel

▶ BARTH, Karl, *Dogmatique* IV/2*** (1955), Genebra, Labor et Fides, 1971, p. 1-32; KÜNG, Hans, *L'Église* (1967), t. I, Paris, Desclée de Brouwer, 1968, p. 63-70; STROHL, Henri, *La pensée de la Réforme*, Neuchâtel, Delachaux et Niestlé, 1951, p. 173-224.

◉ Batismo; **igreja**; Reino de Deus; santos (comunhão dos)

IGREJA NEGRA (afro-americana)

Embora tenha origens e denominações, no plural, a igreja negra pode ser mencionada assim, no singular, para lembrar que surgiu em paralelo ou em ruptura com a igreja branca. Histórica e culturalmente, a igreja negra está ligada à história do povo negro, obrigado a estabelecer-se nos Estados Unidos a partir de 1619.

Foi a partir do século XVIII que os negros se converteram massivamente ao cristianismo protestante sob a influência de batistas e metodistas, igrejas que enfatizam as noções de igualdade e liberdade, além de propor uma expressão cultual simples e suscetível a ecos dos elementos religiosos africanos (p. ex., o simbolismo da água). Os senhores de escravos não autorizavam a formação de comunidades negras, temendo que se tornassem local de resistência à escravidão; porém, é provável que a primeira igreja batista negra tenha sido fundada entre 1773 e 1775, na Carolina do Sul. As suspeitas brancas se concretizaram em 1831, com a rebelião do pregador Nat Turner. No Norte, desenvolveram-se as primeiras igrejas negras independentes, que teriam um papel determinante no movimento abolicionista. Assim, sob a égide de Richard Allen (1760-1831), nasce em 1787 a Igreja Episcopal Metodista Africana.

Na fase seguinte, até a Primeira Guerra Mundial, houve a espiritualização da igreja negra (com a exceção notória do reverendo Henry M. Turner, primeiro senador negro dos Estados Unidos). Foi o período em que a segregação se instalou amplamente, tanto do lado protestante quanto do católico. Entre as duas guerras se operou uma importante migração para as cidades, com o surgimento de guetos e o declínio da influência da igreja, sobretudo no Norte, mesmo se lembramos a exceção do pastor Adam Clayton Powell Jr. (1908-1972), que lutou vigorosamente contra a injustiça racial. Após a Segunda Guerra Mundial, um ramo da igreja negra começa a lidar com questões sociais, políticas e econômicas; surge um verdadeiro movimento dos Direitos Civis sob a influência de Martin Luther King Jr., que abarca inúmeras organizações ligadas à igreja em vários níveis. Em 1966, com a ascensão do "Poder Negro", pastores repensariam as relações entre libertação e cristianismo, dando ensejo à formação de uma teologia negra da libertação. Raros são os historiadores que estudaram a igreja negra; dignos de nota são William Edward Burghardt DuBois, Charles Wesley, Carter Woodson, Benjamin Mays, Franklin Frazier e Eric Lincoln.

A igreja negra não formulou uma teologia de modo explícito. Moldada pela Bíblia, essa teologia encontrou sua expressão na cultura religiosa (*negro spirituals* e *Gospel songs*, sermões, orações) e leiga (*blues*, *work-songs*, tradição oral). Sua criação atesta, no entanto, uma recusa da interpretação branca do cristianismo, já que essa interpretação autorizava e justificava tanto a escravidão quanto a segregação. Sua confissão de fé pode resumir-se nesta frase: *God can make a way out of no way* (Deus pode abrir caminhos onde não há caminhos). Assim, o povo negro se identificou com o povo judeu, escravo no Egito, e desenvolveu o tema do Êxodo (à diferença dos brancos, que se consideravam o Novo Israel e liam o Novo Mundo como a terra prometida). Dentre as grandes personalidades nessa linha, podemos mencionar (além dos nomes já citados) Henry Garnett, Nathaniel Paul, Daniel Payne.

As igrejas negras se caracterizam principalmente pela liberdade de expressão, sob a inspiração do Espírito Santo. Alem disso, é importante mencionar que o ministro, homem ou mulher, não é apenas o responsável espiritual pela comunidade, mas também um líder social e político. A influência das igrejas negras é menos forte hoje que há quarenta anos, pois a igreja não é mais o único local administrado pelos próprios negros, ainda que permaneça para muitos um local privilegiado de liberdade e identidade — como podem atestar os inúmeros artistas (em sua maioria, cantores e músicos) oriundos dela.

Serge Molla

▶ BERNHEIM, Nicole, "Les Églises noires et leurs révérends", *Vingtième siècle* 19, 1988, p. 31-41; CONE, James H., *For My People. Black Theology and the Black Church*, Maryknoll, Orbus Books, 1984; FRAZIER, E. Franklin, *The Negro Church in America* (1963), e LINCOLN, C. Eric, *The Black Church since Frazier* (1970), New York, Schocken Books, 1974; MOLLA, Serge, org., *Voix ferventes. Prières afro-américaines, XVIIIᵉ-XXᵉ siècles*, Genebra, Labor et Fides, 2004; SERNETT, Milton C., org., *Afro-American Religious History. A Documentary Witness*, Durham, Duke University Press, 1985; WASHINGTON, James Melvin, *Conversations with God. Two Centuries of Prayers by African Americans*, New York, HarperCollins Publishers, 1994; WILMORE, Gayrand S., *Black*

Religion and Black Radicalism. An Interpretation of t the Religious History of the Afro-American People, Maryknoll, Orbis Books, 1983.

● Baldwin; Cone; Direitos Civis (movimento dos); Dubois; escravidão; *gospel* (música); Jackson J. L.; Jackson M.; King; *Negro spiritual*; teologia negra (afro-americana); Thurman; Turner

IGREJA VALDENSE

Europeu antes de italiano, o movimento valdense está ligado a suas raízes medievais (final do século XII), ou seja, à tentativa de reforma da Igreja Católica. Movimento leigo, expande-se bem rápido na Itália, onde ganha uma organização eclesiológica e teológica (Bérgamo, 1218). Sobrevivendo aos golpes da Inquisição católica, os valdenses aderem à Reforma no Sínodo de Chanforan (1532), na presença de Farel e Saulnier. Após a decisão, o movimento valdense se torna a Igreja Refomada da Itália, a Igreja Valdense. Os valdenses proporcionaram às igrejas de língua francesa sua primeira tradução da Bíblia (Olivétan). Depois disso, a ampliação do protestantismo na Itália foi bloqueada militarmente pela Casa de Savoia e pelo rei da França. Os fugitivos das perseguições e dos massacres são expulsos da Itália (1686-1689) com a Revogação do Edito de Nantes. Refugiando-se em Genebra e na Suíça, os valdenses, sob a inspiração de Josué Janavel (1617-1690) e do pastor Henri Arnaud (1641-1721), organizam o "Glorioso Retorno" nos vales do Piemonte (1689). Em 1848, valdenses e judeus da Itália obtêm o reconhecimento de seus direitos civis e políticos. A partir de 1860 (epopeia de Garibaldi e unificação da Itália), os vários esforços de evangelização em todo o território nacional dão origem a uma igreja de diáspora, dos Alpes até a Sicília.

Membro fundador do Conselho Mundial de Igrejas, a Igreja Valdense está presente sobretudo na Itália (trinta mil membros), mas também na Argentina e no Uruguai (treze mil membros) depois da emigração dos vales valdenses a partir de 1886. Cada um desses dois braços da igreja conta com seu sínodo, com base nas mesmas confissões de fé e na mesma diretriz de disciplina eclesiástica. Depois de 1979, um pacto de integração uniu as igrejas valdense e metodista da Itália em um único sínodo. Em 1990, a União das Igrejas Valdense e Metodista e as Igrejas Batistas da Itália, reunidas em assembleia, reconheceram os ministérios umas das outras e fundaram uma revista em comum: *Riforma*.

À exceção dos vales valdenses do Piemonte, onde vive metade dos membros da Igreja Valdense, essas três igrejas protestantes vivem uma situação de grande expansão, o que contribuiu bastante para o desenvolvimento de uma consciência ecumênica. Há vários anos, há uma "colaboração territorial" para otimizar o trabalho dos pastores: quando duas pequenas comunidades, uma batista e outra metodista ou valdense, estão na mesma cidade, um único pastor assume o pastorado, sem se sobrepor às particularidades teológicas e eclesiológicas de cada igreja. Essa colaboração foi reforçada há alguns anos com a *Facoltà valdese di teologia* (fundada em 1855 em Torre Pellice, no Piemonte, e transferida para Roma em 1921), única instituição universitária protestante na Itália, que forma futuros pastores valdenses, metodistas e batistas.

Ermanno Genre

▶ GONNET, Jean e MOLNAR, Amedeo, *Les vaudois au Moyen Âge*, Turim, Claudiana, 1974; MOLNAR, Amedeo, ARMAND HUGON, Augusto e VINAY, Valdo, *Storia dei Valdesi*, 3 vols., Turim, Claudiana, 1974-1980; TOURN, Giorgio, *Les Vaudois. L'étonnante aventure d'un peuple-Église* (1980), Turim, Claudiana, 1999.

● Federação Protestante da Itália; Itália; Miegge; Torre Pellice; valdenses (glorioso retorno dos); Valdo

IGREJAS EPISCOPAIS

Em alguns países, as igrejas de tradição anglicana se denominam episcopais, como a *Episcopal Church* nos Estados Unidos, a Igreja Episcopal do Brasil e, na Escócia, onde as pessoas não gostam de ser confundidas com os ingleses, a *Episcopal Church in Scotland*. Por outro lado, no Canadá, diz-se *Anglican Church of Canada*. Quando, em 1783, logo após a Guerra da Independência, as igrejas anglicanas americanas se designaram como igreja protestante episcopal, isso foi feito para demarcar distância em relação à Inglaterra e mostrar que não se podia ser ao mesmo tempo um anglicano e um bom americano (diferenciando-se da Igreja Católica com o termo "protestante" e dos congregacionalistas ou presbiterianos com o termo "episcopal"). Como os bispos ingleses não tinham o direito de ordenar aqueles que recusavam o sermão de lealdade à Coroa inglesa, os bispos anglicanos escoceses que rejeitaram prestar juramento a Guilherme III ordenaram o primeiro bispo americano da Igreja Episcopal, Samuel Seadbury (172901796). O termo "episcopal" expressa a importância atribuída ao episcopado e à sucessão apostólica, prioritários na tradição anglicana, sobretudo na tendência *High Church*. O fato de outras igrejas — metodista como a *Christian Methodist Episcopal Church* nos Estados Unidos ou reformada como a *Iglesia Española Reformada Episcopal* na Espanha — terem necessidade de qualificar-se como episcopais mostra que há formas diversas de episcopalismo nas denominações protestantes (inclusive nas igrejas que, como as luteranas da Escandinávia, não se autodenominam episcopais).

Na tradição episcopal, a fidelidade da igreja a suas origens não é medida somente pela conformidade da mensagem à Bíblia, mas também em função da continuidade da hierarquia episcopal desde os apóstolos. A aceitação do princípio episcopal (e da concepção da sucessão apostólica que subjaz a ele) representa uma importante abertura para o ecumenismo, principalmente no diálogo com a Igreja Católica. Assim, tanto no protestantismo quanto em todo o cristianismo, prossegue-se com um debate que agitou a história religiosa da Grã-Bretanha, marcada por tensões e lutas entre correntes puritanas e episcopais, congregacionalistas e *High Church*. A adoção do princípio episcopal não significa que os leigos não tenham um papel importante: por exemplo, na Igreja Episcopal protestante americana, os leigos votam junto com os clérigos para a eleição dos bispos.

Jean-Paul Willaime

▶ ALBRIGHT, Raymond W., *A History of the Protestant Episcopal Church*, New York, Macmillan, 1964; PRELINGER, Catherine M., org., *Episcopal Women. Gender, Spirituality, and Commitment in an American Mainline Denomination*, New York, Oxford University Press, 1992; SUMNER, David E., *The Episcopal Church's History. 1945-1985*, Wilton, Morehouse-Barlow, 1986.

▶ Anglicanismo; bispo; *Lambeth (Quadrilátero de)*; sucessão apostólica

IGREJAS LIVRES[1]

Em geral, "igreja livre" é o nome reivindicado por comunidades evangélicas dissidentes que surgiram na época do Avivamento, no século XIX, e que se separaram das igrejas reformadas ou luteranas tradicionais. Esse termo se opõe ao de igrejas "estabelecidas", utilizado dessa forma no vocabulário do Conselho Mundial de Igrejas.

Na área do protestantismo de língua francesa, o termo foi aplicado de modo mais particular a igrejas reformadas de organização presbítero-sinodal que se separaram da igreja majoritária por motivos doutrinários ou eclesiológicos. Ainda existem igrejas desse tipo na França e em Genebra, enquanto em Neuchâtel e no cantão de Vaud elas se fundiram com a igreja nacional do lugar ao longo dos cinquenta últimos anos. Formulados de modo claro por Alexandre Vinet, dois princípios são fundamentais para essas igrejas: a independência em relação ao Estado e o caráter confessante de seus membros.

Claude Bridel

▶ LÉONARD, Émile G., *Histoire générale du protestantisme*, t. III (1964), Paris, PUF, 1988, p. 144-248; REYMOND, Bernard, *À la redécouverte d'Alexandre Vinet*, Lausanne, L'Âge d'Homme, 1900, caps. 7 e 8.

[1] [NE] Igreja Evangélica Livre nasceu como fruto de um avivamento na Europa que causou um grande desconforto decorrente da celebração da Ceia do Senhor na Igreja Luterana estatal, na qual crentes e não crentes a celebravam conjuntamente. Pessoas viviam em pecado abertamente, mas participavam do corpo e do sangue de Cristo. Diante deste quadro, um grupo de 25 estudantes de teologia, liderado pelo rico comerciante Roberto Haldene em Genebra (Suíça) em 1816, iniciou estudos bíblicos no livro de Romanos, o que culminou com a sua expulsão da Igreja Luterana Estatal. Portanto, separaram-se da Igreja oficial (Luterana) para que pudessem viver a sua fé de maneira mais bíblica, em torno do estudo da Palavra, oração, pregação da Palavra e celebração da Ceia do Senhor e do batismo. Neste sentido a palavra livre significa sem a interferência do Estado na vida e assuntos da igreja, e independência financeira e organizacional. Mesmo não tendo a intenção de formar uma nova denominação, foi o que acabou acontecendo. Porém, o nome Igreja Evangélica Livre só veio a ser usado oficialmente pela primeira vez pela igreja de Soligen, Alemanha, em 1857. No ano de 1874 já havia 22 comunidades similares que se reuniam para celebrar a Ceia do Senhor como crentes. Logo o movimento de igrejas evangélicas livres, espalhou-se pela Europa, América do Norte, sendo que para os EUA a IEL foi levada por imigrantes suecos, noruegueses e dinamarqueses entre 1860 e1900. Para América Latina (Venezuela 1898, Peru 1975, Brasil 1960, México 1980, Colômbia 1991, Haiti 1993, Honduras 2002, República Dominicana 2000). Fonte http://pt.wikipedia.org/wiki/Igreja_Evang%C3%A9lica_Livre_do_Brasil acessado em 14/05/14 às 17h00.

Congregacionalismo; Druey; evangélicos; Gasparin; Godet; Humbert; igreja e Estado; metodismo; Monod F.; multitudinismo; **seitas**; Vinet

IGREJAS LUTERANAS

A fé das igrejas luteranas, filhas mais velhas da Reforma, é antes de tudo, e fundamentalmente, a que foi expressa nos três credos da igreja antiga, comuns a todas as confissões cristãs (*Símbolo dos apóstolos, Símbolo de Niceia-Constantinopla, Símbolo de Atanásio*). Mas sua doutrina, no essencial, encontra-se resumida em sete textos que, com os três símbolos antigos, têm autoridade e valor normativo: o *Catecismo maior* e o *Catecismo menor* (1529) de Martinho Lutero, a *Confissão de Augsburgo* (1530), a *Apologia da Confissão de Augsburgo* (1532), o *Tratado sobre o poder e a primazia do papa* (1537) de Melâncton, os *Artigos de Smalkade* (1537-1538) e a *Fórmula de Concórdia* (1580). Por essa razão, essas igrejas adotaram em geral o termo "evangélicas [*evangelisch*, em alemão] luteranas" quando não mantiveram no nome a referência à *Confissão de Augsburgo*.

Essas igrejas se consideram parte da igreja de Jesus Cristo e se inserem na continuidade de sua história: é por isso que, de modo geral, conservaram mais sua tradição (importância da vida sacramental, da liturgia etc.) que as demais igrejas protestantes e adotaram a organização episcopal-sinodal. Mesmo na França, onde as estruturas luteranas foram influenciadas pelo calvinismo (sobretudo no século XIX), o ministério de unidade e vigilância é exercido pelo bispo, chamado de "inspetor eclesiástico", enquanto o sínodo (assembleia eleita de representantes de pastores e leigos) é soberano.

A expansão das igrejas luteranas se deu em três momentos. Primeiro, no século XVI, elas se desenvolveram sobretudo na Alemanha e na Escandinávia; em países como Dinamarca, Finlândia, Islândia, Noruega e Suécia, a proporção dos luteranos varia entre 90% e 98% da população total. Nos outros países da Europa, a Reforma luterana se manteve minoritária, em países como Hungria, Polônia, Romênia, Áustria, França — na França, mais precisamente, na Alsácia-Mosela e na região de Montbéliard. Segundo, houve uma maciça emigração alemã e escandinava para a América do Norte e a América do Sul. Terceiro, o movimento missionário dos séculos XIX e XX permitiu o estabelecimento de inúmeras igrejas luteranas no continente africano e asiático, assim como na Austrália. Em sua maioria reunidas na Federação Luterana Mundial, essas igrejas participam da busca de unidade dos cristãos. Na Europa, várias delas assinaram a *Concórdia de Leuenberg* (1973), que prevê a comunhão de púlpito e altar com outras igrejas da Reforma (igrejas reformadas e igrejas unidas). Além disso, os diálogos luterano-católico e luterano-anglicano são os que mais prometem no cenário dos debates ecumênicos das últimas décadas.

Alain Joly

▶ BACHMANN, E. Theodore e Mercia Brenne, *Lutheran Churches in the World. A Handbook*, Minneapolis, Augsburgo, 1989; BIRMELÉ, André e LIENHARD, Marc, orgs., *La foi des Églises luthériennes. Confessions et catéchismes*, Paris-Genebra, Cerf-Labor et Fides, 2003; *Positions luthériennes*, Rua Chauchat nº 16, F-750009 Paris; WENZ, Gunther, *Theologie der Bekenntnisschriften des evangelisch-lutherischen Kirche. Eine historische und systematische Einführung in das Konkordienbuch*, 2 vols., Berlim, Walter de Gruyter, 1996-1998.

Augsburgo; bispo; *Concórdia de Leuenberg*; *Confissão de Augsburgo*; *Confissão de Augsburgo (Apologia da)*; igrejas reformadas; igrejas unidas; Federação Mundial Luterana; *Fórmula de Concórdia*; Lutero; luteranismo; *Smalkade (Artigos de)*

IGREJAS NÃO DENOMINACIONAIS

Nos Estados Unidos, o padre Peter Hocken observou uma explosão de "igrejas não denominacionais" que se formaram principalmente a partir de grupos de oração carismáticos, intereclesiais e ecumênicos. Em geral, a Igreja Católica é mais bem-sucedida que as protestantes quando se trata de integrar esses grupos em sua estrutura eclesiástica. Constata-se igualmente um grande número dessas igrejas locais em países como Inglaterra, França, Alemanha e Suíça. Ideologicamente, as igrejas não denominacionais se baseiam no movimento americano *Church Growth* (Crescimento da Igreja), originando-se do modelo de formação das igrejas pentecostais tradicionais. Em um primeiro momento, caracterizam-se pelo ecumenismo e se pretendem um movimento de renovação dentro da igreja. Em seguida, surgem comunidades pontuais com seus próprios ministros, às vezes também com locais e estrutura financeira independentes. Em um terceiro momento, a maior parte dessas comunidades locais são federadas em denominações nacionais e até internacionais, com teologia de tipo evangélico e uma espiritualidade cada vez menos carismática e pentecostal; são elaborados catecismos e confissões de fé e fundadas caixas de pensão para os pregadores. Por fim, em uma quarta fase, essas igrejas se lembram de seu início ecumênico e entram em contato com o Conselho Mundial de Igrejas, com conselhos nacionais de igrejas e, ocasionalmente, com faculdades de teologia. Cada uma dessas fases se estende em média por 25 anos (ou seja, uma geração). As igrejas pentecostais tradicionais se situam hoje entre a terceira e a quarta fases, enquanto a renovação carismática está entre a primeira e a segunda. Claro, há exceções, mas no movimento carismático é manifesta uma tendência geral para o separatismo.

No Terceiro Mundo, um problema específico se acrescenta ao esquema enunciado aqui. Parece que as confissões europeias e americanas (reformada, luterana, anglicana, metodista, católica etc.) têm pouca importância para a região, pois as famílias confessionais clássicas, definidas a partir de categorias conceituais teológicas, só subsistem onde há laços emocionais ou financeiros com a igreja de origem. Se não há, as igrejas do Terceiro Mundo se afastam das estruturas confessionais ocidentais para formar suas próprias "confissões", que se constituem em uma infinidade de uniões difíceis de serem integradas em nossas famílias confessionais. As igrejas resultantes são com frequência chamadas de "igrejas independentes". David Barrett, especialista nesse tipo de igreja, fala de *non-white indigenous churches* ("igrejas indígenas não brancas") e insere a maioria delas no pentecostalismo. Essa tendência também se verifica na Igreja Católica dos países do Terceiro Mundo, cuja integração na estrutura eclesiástica oficial é fraca. Essas "igrejas independentes" retomam categorias de religiões pré-cristãs, sobretudo em países como Coreia, Indonésia e Índia, e em continentes como África e América Latina.

Convém não esquecer as numerosas comunidades "livres flutuantes" da "diáspora africana" presente em todos os países europeus. Essas comunidades se expandem bastante, e algumas buscam uma via de colaboração ecumênica ou de integração nas federações nacionais.

Aqueles que lamentam a fragmentação do testemunho cristão e que não estão prontos para enxergar nesse crescimento desenfreado o "crescimento da igreja" devem refletir nessas alternativas, que estariam, em nossa opinião, em um diálogo teológico e ecumênico com as igrejas afetadas — mas há poucos indícios desse diálogo na Europa.

Walter J. Hollenweger

▶ HAAR, Gerrie ter, *African Christians in Europe* (1998), Nairóbi, Acton Publishers, 2001; HOCKEN, Peter, *Charismatic Communities* e *Charismatic Mouvement* e STRANG, Stephen, "Nondenominational Pentecostal and Charismatic Churches", em Stanley M. BURGESS e Eduard M. VAN DER MAAS, orgs., *The New International Dictionary of Pentecostal and Charismatic Movements*, Grand Rapids, Zondervan, 2002, p. 473-476, 477-519 e 932-935; HOLLENWEGER, Walter J., *Charismatischpfingstliches Christentum. Herkunft, Situation, ökumenische Chancen*, Göttingen, Vandenhoeck & Ruprecht, 1997, cap. 26.5: "Die protestantische charismatische Erneuerung: Ökumenisch oder was?"; *Pneuma* 16, 1994, p. 167-291; REIMER, Ingrid, "Neue Gemeindebildungen", Materialdienst 54/8, Stuttgart, 1º de outubro de 1991, p. 245-252.

⊙ Carismático (movimento); pentecostalismo; **seitas**

IGREJAS REFORMADAS

O termo "reformado" é por vezes empregado incorretamente para qualificar tudo o que veio da Reforma Protestante. Porém, como a palavra alemã *reformiert*, designa o segundo momento da Reforma, distinto da linha luterana. Constituem a família "reformada" as igrejas oriundas da reforma de Ulrico Zwinglio, bem como da reforma de João Calvino (a quem associam-se Guilherme Farel, Pierre Viret, John Knox) e seus sucessores. Há diferenças entre eles e a tradição luterana com relação ao culto e à eclesiologia, mas principalmente, na eucaristia, quanto ao modo de presença de Cristo no sacramento (em relação estreita com demais questões teológicas, como as "duas naturezas" na pessoa de Cristo). Lutero professa uma presença real e corpórea, Zwinglio defende uma presença significada ou representada e Calvino, de acordo com Bucer, defende o que acredita ser algo que reúne ambas as posições: a presença é real e espiritual. Calvino chega a um acordo com os zwinglianos (*Consensus Tigurinus*, 1549), mas não com os luteranos, então endurecidos contra os "sacramentários". Em 1973, a *Concórdia de Leuenberg*, superando posições rígidas e condenações históricas, permitiria um acordo, dito "de púlpito e altar", entre igrejas reformadas, luteranas e unidas.

A igreja de Genebra, tal como Calvino a organizou, tornou-se a igreja-modelo da família reformada. Seriam inspiradores sua confissão de fé, seu catecismo, sua disciplina e sua forma de culto, bastante despojada, com canto dos salmos, centralidade de pregação e celebração da ceia somente quatro vezes por ano (embora Calvino desejasse uma frequência bem maior, mas foi outra a decisão do magistrado, conforme a das autoridades de Berna nos territórios vizinhos). No consistório (conselho presbiteral) foi exercido o ministério dos anciãos em paralelo com o dos pastores, para evitar clericalismo e hierarquia, e isso originou o sistema presbítero-sinodal: a autoridade é confiada a uma assembleia, o sínodo, que é regional e nacional, onde os leigos são maioria ou pelo menos em mesmo número que os pastores[2].

Em um primeiro momento, as igrejas reformadas (ou presbiterianas, segundo o termo mais usado nos países anglo-saxões) se estabeleceram em países como Suíça, Países Baixos, Escócia, Hungria e em regiões do Palatinado, chegando depois à América. Na França e na Polônia, permaneceram uma minoria muito pequena. Com suas missões, expandiram-se pelo mundo, estando de forma geral reunidas na Aliança Reformada Mundial. Ao longo dos séculos, surgiram divergências internas, provocadas sobretudo pela exigência confessante de tendências ditas evangélicas, cisões às vezes superadas por meio de uma restauração posterior da unidade.

Marjolaine Chevallier

▶ COURVOISIER, Jaques, *De la Réforme au protestantisme. Essai d'ecclésiologie réformée*, Paris, Beauchesne, 1977; FATIO, Olivier, org., *Confessions et Catéchismes de la foi réformée*, Genebra, Labor et Fides, 1992; IMBART DE LA TOUR, Pierre, *Les origines de la Réforme*, t. IV: *Calvin et l'Institution chrétienne* (1935), Genebra, Slaktine, 1978. LÉONARD, Émile G., *Histoire générale du protestantisme*, t. I: *La Réformation* (1961), Paris, PUF, 1988, cap. 7 e bibl.; MILLET, Olivier, "Les Églises réformées", em Marc VENARD, org., *Le temps des confessions (1530-1620/30)*, vol. VIII de *Histoire du christianisme des origines à nos jours*, Paris, Desclée, 1992, p. 55-117; MOTTU, Henry, org., *La Réforme, un ferment dans l'Église universelle*, Genebra, Labor et Fides, 1987; PRIEUR, Jean-Marc, *Le protestantisme réformé*, em Geoffroy de TURCKHEIM, org., *En compagnie de beaucoup d'autres....* (*Ac 15.35*). *Guide théologique du protestantisme contemporain*, Paris, Les Bergers et les Mages, 1995, p. 40-68.

---

[2] [NE] No Brasil temos as igrejas presbiterianas que apresentam a seguinte estrutura: O governo presbiteriano é uma forma de organização da Igreja que se caracteriza pelo governo de uma assembleia de presbíteros ou anciãos que são eleitos pela assembleia dos membros da igreja.

A função do ministério da Palavra de Deus e a administração dos sacramentos é ordinariamente atribuída a uma pessoa em cada congregação local, os chamados pastores, que são ministros do Evangelho, formados nos seminários da Igreja Presbiteriana e ordenados após rigoroso processo de exames.

A administração da ordenação e legislação está a cargo das assembleias de presbíteros, entre os quais os ministros e outros anciãos são participantes de igual importância, com algumas funções privativas aos pastores, como a ministração dos Sacramentos previstos na Bíblia: Batismo e Santa Ceia. Estas assembleias são chamadas concílios.

Os concílios da Igreja Presbiteriana do Brasil crescem em gradação hierárquica. Cada igreja local tem o seu concílio, chamado de Conselho, que se reune ordinariamente a cada dois meses. As igrejas de uma determinada região compõem um concílio maior chamado Presbitério, com assembleias anuais. Os Presbitérios, por sua vez, compõem um Sínodo, com reuniões ordinárias a cada dois anos. O concílio maior da Igreja Presbiteriana do Brasil é o Supremo Concílio, reunindo todos os Sínodos. Esta reúne-se, estatutariamente, a cada quatro anos, tendo sua Comissão Executiva a determinação legal de se reunir anualmente.

Cada igreja local se divide em departamentos que organizam as atividades de cada faixa etária: UCP (União de Crianças Presbiterianas), UPA (União Presbiteriana de Adolescentes), UMP (União de Mocidade Presbiteriana), UPH (União Presbiteriana dos Homens) e SAF (Sociedade Auxiliadora Feminina). Há outras sociedades que são criadas porém ainda sem oficialização pela IPB. Fonte: http://pt.wikipedia.org/wiki/Igreja_Presbiteriana_do_Brasil acessado em 14/05/14 às 17h15.

◐ Aliança Reformada Mundial; Calvino; calvinismo; ceia; *Concórdia de Leuenberg*; *Consensus Tigurinus*; igrejas luteranas; igrejas unidas; Jarnac (Assembleia de); presbiterianismo; presbítero-sinodal (sistema); **ritos**; sacramentários; Zwinglio

IGREJAS UNIDAS

Além das igrejas luteranas e das igrejas reformadas (estas, pouco numerosas na Alemanha), as Igrejas Unidas formam uma das três denominações protestantes reunidas na *Evangelische Kirche in Deutschland* (EKD, a igreja protestante alemã). Em 2005, onze das 23 igrejas membros da EKD eram igrejas unidas: Berlim-Brandenburgo-Görlitz, Pomerânia, Westfália, Renânia, província eclesiástica da Saxônia (em 2004, essa igreja uniu-se administrativamente à Igreja Luterana da Turíngia, porém conservando sua autonomia teológica e jurídica), Anhalt, Kurhhessen-Waldeck, Hesse-Nassau, Baden, Palatinado, Bremen. Todas elas surgiram no início do século XIX, enquanto fiéis, a maioria dos pastores e gabinetes de príncipes questionavam a pertinência teológica das divergências dogmáticas dos escritos simbólicos da Reforma, posição de que Scheleirmacher se tornou o arauto teológico.

As decisões que resultaram na união das confissões luteranas e reformadas foram sempre diferentes a cada vez. No entanto, podemos distinguir dois tipos: a união que se deveu à iniciativa das instâncias governamentais e a união oriunda de um movimento de base. A igreja prussiana da União (cujas cinco primeiras igrejas mencionadas no parágrafo anterior são herdeiras atuais) é um exemplo clássico do primeiro tipo. A união das igrejas protestantes, em 1817, insere-se na política das reformas do Estado com vistas à modernização do Estado prussiano. Isso explica o caráter geralmente centralizador e autoritário das medidas empreendidas pelo soberano, chegando até mesmo a incitar uma posição mais crítica por parte dos partidários teológicos da União. Diversamente, no Palatinado, a União de 1818 se deu como consequência de um voto da população protestante, consultada sobre o assunto pelo governo bávaro. Esse voto foi um resultado do movimento democrático do início do século XIX, sendo inclusive o primeiro voto popular em parte do território alemão. O sínodo, fortemente influenciado pela teologia da *Aufklärung*, relutou por muito tempo em adotar uma obrigatória confissão de fé, apegando-se unicamente à Bíblia. Em 1848, foi aceita a versão modificada da *Confissão de Augsburgo* (*Augustana variata*) como confissão de fé.

De um ponto de vista jurídico, é preciso distinguir entre união administrativa e união confessional. As igrejas de tradição prussiana se valem da primeira: foi suprimida toda diferença em relação aos direitos e deveres dos membros e dos funcionários da igreja, mas as paróquias conservaram suas origens confessionais, com seus respectivos textos simbólicos. No caso da união confessional, todas as paróquias fazem referência aos mesmos textos simbólicos, incluindo geralmente, pelo menos, as três confissões de fé clássicas da igreja antiga, a *Confissão de Augsburgo* (luterana) e o *Catecismo de Heidelberg* (reformado). Além disso, nas igrejas unidas, a *Declaração de Barmen* desfruta de um *status* quase simbólico. No século XIX, houve esforços para a adoção de uma confissão de fé "moderna", mas que resultaram em fracasso. O Palatinado ainda é um exemplo típico de união confessional.

A partir de 2003, com a reestruturação das igrejas na Alemanha, as igrejas unidas e a igreja de Lippe se reuniram na *Union Evangelischer Kirchen in der EKD* (UEK, União das Igrejas Protestantes na EKD). Quase metade dos protestantes da Alemanha faz parte de uma igreja membro da UEK, que contava com treze milhões de membros em 2003.

A expressão "igreja unida" pode também designar outras formas de união de igrejas protestantes, sobretudo no mundo de língua inglesa. É o caso, nos Estados Unidos, de várias igrejas que se constituíram a partir de diversas denominações. Na Índia, a expressão é usada em "igreja protestante unida" no sul do país.

Jean-Marc Tétaz

▶ *Die Geschichte der Evangelischen Kirche der Union. Ein Handbuch*, Leipzig, Evangelische Verlagsanstalt, t. I: *Die Anfänge der Union unter landesherrlichem Kirchenregiment (1817-1850)*, org. por J. F. Gerhard GOETERS e Rudolf MAU, 1992, t. II: *Die Verselbständigung der Kirche unter dem königlichen Summepiskopat* (1850-1918), org. por Joachim RODGE e Gerhard RUHBACH, 1994, t. III: *Trennung von Staat und Kirche. Kirchlich-politische Krisen. Erneuerung kirchlicher Gemeinschaft* (1918-1992), org. por Gerhard BESIER e Eckhard LESSING, 1999; MAYER, Eugen, *Die Entstehungszeit der pfälzischen Unionskirche*, Laiserslautern, Crusius, 1918; WAPPLER, Klaus, *Der theologischer Ort der preussischen Unionsurkunde vom 27.9.1817*, Berlim, Evangelische Verlagsanstalt, 1978.

◐ Alemanha; Berlim; *Concórdia de Leuenberg*; Frederico Guilherme III; Heidelberg; Newbigin; Prússia; Schleiermacher

IGUALDADE

De acordo com uma pesquisa recente sobre os "valores europeus", os protestantes priorizariam a "liberdade", enquanto os católicos a "igualdade".

Disso decorrem outras ênfases no modo de articulação da história e do universal, perceptível até na diferença entre o "modelo alemão" e o "modelo francês" nesses assuntos (cf. J.-M. FERRY, *Les puissances de l'expérience* [As potências da experiência], parte V, cap. 2). Por outro lado, durante vários séculos, a polêmica católica acusou a palavra de ordem da Reforma, "somente a Escritura", de ser geradora de desigualdades: somente cristãos instruídos e eruditos poderiam examinar pessoalmente a Escritura, enquanto a Igreja Católica, mediadora da salvação, seria a mãe de todos os seus filhos. Por fim, a aplicação da noção de "povo eleito" por parte de alguns protestantes a sua própria comunidade pode ter contribuído para justificar certa discriminação tanto na América do Norte quanto na África do Sul.

Esses argumentos devem ser levados a sério. No entanto, pode-se pensar que o protestantismo desempenhou um papel fundamental (ou no mínimo indireto) no surgimento da noção moderna de igualdade: ao insistir no fato de que "todo cristão batizado pode exultar por já ter sido ordenado padre, bispo e papa", sendo as diferenças entre os leigos e os pastores não de "essência", mas, sim, de "função", Lutero e os demais reformadores tornaram possível a criação de uma ordem política fundada na igualdade dos cidadãos e na democracia representativa. Nos países mais influenciados pelo calvinismo (Países Baixos, a Inglaterra puritana, a América inglesa), essa igualdade formal foi de fato experimentada primeiro, desenvolvendo-se nessas regiões a noção de direitos humanos.

Jean Baubérot

▶ COLLANGE, Jean-François, *Théologie des droits de l'homme*, Paris, Cerf, 1989; FERRY, JEAN-MARC, *Les puissances de l'expérience*, 2 vols., Paris, Cerf, 1991; RICOEUR, Paul, *Leituras I. Em torno do político*, São Paulo, Loyola, 1995.

▶ Cristianismo social/socialismo cristão; direitos humanos; **liberdade**; **moral**; **política**; Revolução Americana; Revolução Francesa; revoluções da Inglaterra

ILUMINISMO

O termo "iluminismo", que corresponde a "entusiasmo" (*Schärmerei*) na obra de Lutero, é um conceito polêmico desenvolvido durante a Reforma, sobretudo na obra de Calvino, para designar movimentos que privilegiaram a "luz interior" do Espírito Santo em detrimento da palavra exterior, a Escritura. Nesse sentido, lemos nas *Institutas* um capítulo intitulado "Como alguns espíritos levianos pervertem todos os princípios da religião abandonando a Escritura para esvoaçar em torno de suas fantasias como se fossem revelações do Espírito Santo" (*IRC* I, IX). Assim, são acusados de *iluminismo* principalmente os anabatistas, mas também diversos movimentos místicos da época. Para os reformadores, não se trata de negar a luz interior do Espírito Santo; sua preocupação principal é simplesmente não disssociar essa luz da revelação da Palavra de Deus: a luz interior do Espírito Santo (o "testemunho interior do Espírito Santo", como diz Calvino) deve selar e confirmar no coração aquilo que nos é proclamado pela palavra exterior. As duas dimensões estão indissoluvelmente ligadas.

Pierre Bühler

▶ CALVINO, João, *IRC* I, VII e IX; LIENHARD, Marc, *Martinho Lutero: tempo, vida, mensagem*, São Leopoldo, Sinodal, 1998; LUTERO, Martinho, *Les Articles de Smalkalde* (1537-1538), em André BIRMELÉ e Marc LIENHARD, orgs., *La foi des Églises luthériennes. Confessions et catéchismes*, Paris-Genebra, Cerf-Labor et Fides, 2003, § 448-450; MAURER, Wilhelm, *Luther und die Schwärmer*, Berlim, Lutherisches Verlagshaus, 1952; MOTTU, Henri, "Le témoignage intérieur du Saint-Esprit selon Calvin", em *Actualité de la Réforme. Vingt-quatre leçons présentées par la Faculté de théologie de l'Université de Genève à l'Auditoire de Calvin dans le cadre du 450ᵉ anniversaire de la Réformation 1536-1986*, Genebra, Labor et Fides, 1987, p. 145-163.

▶ Anabatismo; Bíblia; Carlstadt; entusiasmo; Espírito Santo; espiritualismo; exterioridade; Münster (Reino de); pentecostalismo; Reforma radical; Storch; Zwickau (profetas de)

ILUSTRADORES DA BÍBLIA

A Reforma luterana retomou a tradição medieval da ilustração da Bíblia, difundindo-a amplamente graças à imprensa. Os maiores artistas alemães do século XVI colocaram sua arte a serviço da ilustração bíblica protestante. São eles: Lukas Cranach, o Velho, (ilustração da tradução alemã da Bíblia por Martinho Lutero, 1522), Heinrich Vogtherr (1490-1556, *Gantz Bibel*, publicada por Wolfgang Köpfel em Estrasburgo [1529-1530]), Hans Sebald

Beham (1500-1550; *Biblicae historiae* [1533]), Hans Holbein (*Icones biblicae* [1538]). A *Zürcher Bibel*, impressa por Froschauer em Zurique, no ano de 1531, é ricamente ilustrada, apesar das posturas de Zwinglio em relação à imagem, sem dúvida porque as ilustrações bíblicas jamais têm um objetivo cultual. Por fim, Bernard Salomon (?1508-?1561) e Pierre Escrich (?1520-?1590) ilustram Bíblias para Jean de Tournes (1553-1554) e Guillaume Rouillé (1564), impressores de Lyon.

O século XVII foi marcado pelo predomínio incontestável de Matthaeus Merian, o Velho (1593-1650), cujos *Icones biblicae* (1625-1630) seriam recopiados por toda a Europa e influenciariam o imaginário bíblico dos artistas até o início do século XVIII. Quanto a Rembrandt (1606-1669), embora originalmente suas representações bíblicas não tenham sido parte integrante de uma Bíblia, suas pinturas e sobretudo seus desenhos bíblicos são obras incontornáveis, pela quantidade, pela qualidade e por seu acolhimento na piedade e na catequese protestantes.

O século XIX é rico em ilustradores da Bíblia: dentre os artistas mais famosos, estão, em um estilo típico dos nazarenos, romântico e tendendo ao antigo, os alemães Julius Schnorr von Carolsfeld (1794-1872; *Die Bibel in Bildern*, 240 Darstellungen [1860], Zurich Theologischer Verlag, 1988) e Johann Friedrich Overbeck (1789-1869). A catequese protestante desse século também se beneficiou do trabalho de artistas engajados, como o suíço Eugène Burnand (1850-1921). William Blake esboçou várias vezes o projeto de ilustrar a Bíblia, negociando principalmente com Thomas Butts durante a última década do século XVIII, e depois vislumbrou a possibilidade de fazê-lo por sua própria conta, mas o projeto nunca se concretizou. Por fragmentos e esboços que sobreviveram à época, pode-se estimar a originalidade e a solidão de Blake, que mescla a tradição de Michelangelo a uma viva inspiração mística. Em 1837, o reformado Tony Johannot (1803-1852) entalha ilustrações para uma reedição da tradução de Le Maistre de Sacy.

Dentre os principais ilustradores da Bíblia no século XX, destaca-se Emil Nolde (1867-1956). Expressionista do movimento *Die Brücke* (do alemão "a ponte"), gravou 35 pranchas de inspiração bíblica em 1911. Fora do círculo protestante, outros artistas de reputação internacional como Salvador Dalí (1904-1989) e Arnulf Rainer (1929-; *La Bible, illustrations — surillustrations. Dans la Sammlung Frieder Burda* [A Bíblia, ilustrações — sobrepinturas. Na Sammlung Frieder Burda], Ostfildern-Ruit, Hatje Cantz, 2000) ilustraram a Bíblia, na verdade interpretando-a de modo livre e criativo.

Hoje, no mundo de língua francesa, com as *Bibles en français courant* [Bíblias na linguagem de hoje] ilustradas por Annie Vallotton, as Bíblias ilustradas para crianças, as Bíblias no formato de histórias em quadrinhos e as produções para vídeo e TV, a ilustração bíblica tem ampla aceitação, continuando a representar um meio privilegiado de transmissão da história bíblica a um público descristianizado.

Jérôme Cottin

▶ BARBAUX-FOUILLOUX, Danielle, *La Bible et l'art*, em Claude SAVART e Jean-Noël ALETT, orgs., *Le monde contemporain et la Bible* (*Bible de tous les temps VIII*), Paris, Beauchesne, 1985, p. 229-250; COULOT, Claude e HEYER, René, orgs., *De la Bible à l'image. Pastorale et iconographie*, Estrasburgo, Presses universitaires de Strasbourg, 2000; KNAPPE, Karl Adolf, *Bibelillustrationen*, em *TRE*, t. VI, 1980, p. 131-161; LINDEGAARD, Henri, *La Bible des contrastes. Médiations pour la plume et le trait* (1993), Lyon, Réveil, 2003; OERTEL, Hermann, "Das Bild in Bibeldrucken vom 15. bis 18. Jahrhundert", *Jahrbuch der Gesellschaft für Niedersächsische Kirchengeschichte* 75, 1977, p. 9-38; RIETSCHEL, Christian, *Graphik*, em *TRE*, t. XIV, 1985, p. 118-124; SCHMIDT, Philipp, *Die Illustration der Lutherbibel 1522-1700. Ein Stück abendländische Kultur- und Kirchengeschichte*, Basileia, Reinhardt, 1962.

◆ Bíblia; Burnand; Cranach; expressionismo alemão; Holbein; Rembrandt; Stimmer

IMAGEM

A questão das imagens religiosas é constantemente revisitada desde as origens da Reforma. Lutero estima que as imagens não são necessárias à salvação, mas são úteis. Não seriam, portanto, proibidas (e nisso se opõe a Carlstadt), a não ser quando levam à idolatria ou à falsa segurança das obras. A posição de Zwinglio é menos nuançada, sem dúvida por causa das pressões populares iconoclastas e de suas tendências pessoais espiritualistas. Calvino expressa o mais claro repúdio: como Deus é espírito, só podemos adorá-lo em espírito (o que exclui a presença de qualquer elemento sensível): adorá-lo de outro modo seria uma grave afronta à majestade divina.

Essa posição tipicamente reformada reinou durante um longo tempo no protestantismo latino. Hoje, ainda é bem representada, com Jacques Ellul, entre outros, como um de seus defensores: sendo pertencente ao domínio da realidade, a imagem só capta a aparência; se tem a pretensão de mostrar a verdade transcendente do evangelho, é necessariamente idolátrica. A imagem adquiriu certa cidadania no meio protestante, mas, em geral, tem sido relegada a um papel didático (nas Bíblias ilustradas) ou sentimental. Seria muito interessante apontar algumas raras tentativas de atribuir à imagem um *status* menos marginal e mais convictamente teológico (Karl Barth se lançou à tarefa na música — Mozart —, mas não o fez de modo significativo na pintura): Paul Tillich mostra que um quadro pode expressar uma teologia (como *Guernica*, de Picasso). Wilhelm Stählin tenta um procedimento mais fundamental: para ele, a imagem deve ocupar um lugar específico no mundo das traduções do evangelho para a linguagem humana. Por fim, após longos estudos, Jérôme Cottin esboça os contornos de uma teologia protestante da imagem. Na homilética, muitos se esforçam por priorizar uma "pregação a partir de imagens" (*Bildpredigt*), como Horst Schwebel e Rainer Volp.

Pierre Prigent

▶ CAMPENHAUSEN, Hans von, "Die Bilderfrage in der Reformation", *Zeitschrift für Kirchengeschichte* 68, 1957, p. 96-128; COTTIN, Jérôme, *Le regard et la Parole. Une théologie protestante de l'image*, Genebra, Labor et Fides, 1994; ELLUL, Jacques, *A palavra humilhada*, São Paulo, Paulinas, 1984; PRIGENT, Pierre, "Révélation biblique et expression artistique, *Foi et Vie* 96/5, 1997, p. 3-26; RORDORF, Bernard, *Tu ne feras point d'image. Prolégomènes à une théologie de l'amour de Dieu*, Paris, Cerf, 1992; SCHMIDT, Heinz-Ulrich e SCHWEBEL, Horst, orgs., *Mit Bildern predigen*, Gütersloh, Mohn, 1989; STÄHLIN, Wilhelm, *Symbolon. Vom gleichnishaften Denken*, Stuttgart, Evangelisches Verlagswerk, 1958.

◐ Arte; comunicação; iconoclasmo; ilustradores da Bíblia; juventude (literatura para a)

IMITAÇÃO

Originalmente, os reformadores se opõem ao tema da imitação, seja a de Jesus, seja a dos santos. Os textos de Lutero são claros quanto a isso. É que, no centro da fé, inscreve-se a referência ao caráter transcendente de Deus e a sua alteridade, único salutar e único instituidor. Toda relação linear, moral ou histórica, encontra-se desqualificada. Da mesma forma, se a teologia de Calvino se alimenta de uma temática da "conformidade" do cristão à "imagem de Deus", trata-se de um processo espiritual de recriação, no Espírito, inserido no coração do homem e referido a Cristo, que subiu aos céus e está assentado à direita do Pai. Portanto, não há imitação à vista, não há repetição a partir de um modelo, não há o caminho da cruz, por exemplo — pelo menos, em princípio, não nas linhas luterana e reformada. Por outro lado, na Reforma radical, Cristo pode ser um modelo, segundo cada caso, assim como a comunidade primitiva. Essa é uma linha que pode ser encontrada no protestantismo dito "evangélico".

Mas, se a imitação é recusada, isso não quer dizer que haja fenômenos de identificação, reivindicados ou inconscientes. Assim, de modo central no pietismo, Cristo "habita" o coração do cristão, está "em nós". Porém, não se deve esquecer que essa linha — que remete ao tema luterano da "união com Cristo", mas Calvino fala também de "mortificação" e "vivificação" — desenvolve-se em um registro espiritual, e até místico: está em jogo um processo propriamente referido a Deus e aplicado a um cristão, em seu próprio presente.

Fenômenos de identificação também podem ser identificados no puritanismo, como, por exemplo, na identificação do cristão com os heróis do Antigo Testamento (o tema do Êxodo e da Terra Prometida é central na ocupação do Novo Mundo; crianças são batizadas com nomes de patriarcas e profetas etc.) ou com personagens das parábolas de Jesus. São identificações psicologicamente fortes, mas que estão além das diferenças de tempo e espaço, nas quais não se ressalta uma associação direta com Jesus. Podemos estimar, no entanto, que essa associação é feita de modo diverso e que o protestantismo não está isento de uma matriz sacrificial, mesmo se é "intra-mundana" (como observa Max Weber sobre a ascese).

É provável que, teologicamente, a força do protestantismo aqui esteja em desejar conhecer uma analogia somente da fé, de acordo com relações históricas que supõem uma obrigatória descontinuidade para com um Deus que paira acima da história sem ser contado com ela (a não ser em Jesus, o Cristo), e em que a fé só se dá no presente, a cada vez, em singularidade pessoal. Assim, há menos imitação ou repetição que criação e novidade, intriga sempre retomada na abertura proporcionada pela ausência de um modelo fundador ou pela recusa de uma imputação legalista.

Pierre Gisel

▶ CALVINO, João, *IRC* III, VI-X; GISEL, Pierre, "La mystique en protestantisme. Données et évaluation", *Le Supplément* 215, 2000, p. 71-88; LIENHARD, Marc, *Au coeur de la foi de Luther: Jésus-Christ*, Paris, Desclée, 1991, cap. 4: *Jésus-Christ le Sauveur*; SCHRADER, Hans-Jürgen, *Le Christ dans le coeur de ses fidèles. Quelques aspects 'poétiques' de la christologie du piétisme*, em Maria-Cristina PITASSI, org., *Le Christ entre orthodoxie et Lumières*, Genebra, Droz, 1994, p. 49-76.

▶ Analogia da fé; discípulo; imagem; **Jesus (imagens de)**; mediações

IMORTALIDADE → Morte e vida eterna

IMPOSIÇÃO DE MÃOS

Essa prática, já presente em muitas religiões (quando o oficiante coloca as mãos na cabeça do fiel para estabelecer um contato sensível com ele), surge no Antigo Testamento com o significado de posse e consequente agregação a um corpo social (cf. Lv 1.4; 3.2; 4.4; Nm 27.15-23). A igreja antiga parece ter prosseguido sem problemas nessa via, em parte inspirando-se nos usos do judaísmo, mas também tomando como modelo as indicações do Novo Testamento, em que se distinguem quatro tipos de imposição de mãos: um gesto de Jesus que acompanha várias de suas curas (Mc 5.23 e paralelos); um sinal de bênção (Mc 10.13ss e paralelos); um gesto presente no batismo (At 8.14ss); um gesto de consagração (At 6.6; 1Tm 4.14).

As três últimas práticas foram integradas, com uma ênfase cada vez maior na comunicação do Espírito Santo, aos ritos católicos da bênção, do batismo, da confirmação (ou crisma) e da ordenação. Os reformadores foram reticentes sobre esse ponto, mas, na medida em que a imposição de mãos é claramente apoiada pelo anúncio da Palavra e pela invocação do Espírito Santo, as igrejas oriundas da Reforma se utilizam desse gesto em três situações principais: a bênção litúrgica no final do culto, o batismo, a consagração dos ministros. Além disso, as igrejas com características pentecostais ou carismáticas praticam a imposição de mãos no batismo com o Espírito e na oração de cura.

Claude Bridel

▶ JANNASCH, Walter, *Handauflegung*, em *RGG*, t. III, 1959, col. 52-55.

▶ Batismo; bênção; carismático (movimento); consagração; cura; Espírito Santo; pentecostalismo; ritos

IMPRENSA PROTESTANTE DE LÍNGUA FRANCESA

A partir do momento em que ressurgiu no século XIX, sob a Restauração, a imprensa protestante francesa se caracteriza tanto pela abundância de suas publicações quanto pela insuficiência crônica de seus meios. De 1815 a 1872, mais de trinta jornais e revistas protestantes são inaugurados, alguns desaparecendo ao fim de alguns meses por motivos financeiros para algum tempo depois reintegrar as fileiras de publicações, em geral com outro título. Assim, *Le Christianisme au XIXᵉ siècle* [O cristianismo no século XIX] sucede *La Croix* [A cruz] e *L'Espérance* [A esperança], ambos próximos a correntes reformadas ortodoxas. No meio liberal, *Le Protestant* [O protestante] e *La Vie Nouvelle* [A vida nova] se fundem em 1913 em *Évangile et liberté* [Evangelho e liberdade].

Originalmente, a imprensa protestante francesa é uma imprensa mais de opinião que de informação, lançando-se com vontade em polêmicas e em uma vigorosa defesa da corrente teológica que representa. Em um campo de interesses bastante vasto, os "males do mundo" ocupam um lugar de destaque: *Le Semeur* [O semeador] usa como referência Mateus 13.38 (*o campo é o mundo*); *La Renaissance* [O renascimento] tinha como subtítulo *Revue de la semaine politique, religieuse, philosophique et littéraire* [Revista semanal política, religiosa, filosófica e literária]. A partir de 1872, o número de publicações se estabiliza. A igreja se torna o foco central, e as atualidades políticas e sociais são relegadas a segundo plano. Seria preciso esperar até 1945 para que um novo jornal, *Réforme* [Reforma], propusesse aos leitores um olhar protestante sobre a atualidade geral, não somente eclesiástica.

Hoje, a imprensa protestante francesa pode ser classificada em quatro categorias. Primeira, a imprensa de opinião, que é independente das igrejas: *Réforme* [Reforma], semanário que desfruta de grande notoriedade na imprensa; *Le Christianisme aujourd'hui* [Cristianismo hoje], revista mensal que se originou da fusão de *Christianisme au XXIe siècle* [Cristianismo no século XXI] com *L'Avènement* [O advento], visando alcançar leitores fora do círculo protestante tradicional. Segunda, a imprensa de informação publicada pelas igrejas, essencialmente regional — como *Le Cep* [A cepa], *Réveil* [Avivamento], *La Voix protestante* [A voz protestante], *L'Ami chrétien* [O amigo cristão] etc. —, totalizando cinquenta mil exemplares. Um caso particular: *Le Messager* [O mensageiro] (novo nome do *Messager évangélique* desde 2001), com a maior tiragem da imprensa protestante francesa (quatorze mil exemplares), bilíngue, semanário de informação geral editado por igrejas protestantes da Alsácia e da Mosela. Terceira, as revistas ligadas a faculdades de teologia: *Études théologiques et religieuses* [Estudos teológicos e religiosos], *Foi et Vie* [Fé e vida], *Évangile et liberté* [Evangelho e liberdade], *Hokhma*, *Positions luthériennes* [Posições luteranas], *La Revue réformée* [A revista reformada] etc. Quarta, os magazines publicados pelas associações *Mission* [Missão], *LibreSens* [Livre sentido], *Cimade Info* [Informações da Cimade, movimento jovem criado em meio à Segunda Guerra Mundial], *Proteste* (publicado pela *Entraide protestante* [Ajuda mútua protestante]), *Vie rurale* [Vida rural] e outros.

Ainda que, por falta de recursos e de leitores, alguns periódicos recentes não sejam mais publicados — destaque para *Autre Temps* [Outro tempo] —, podem ser contados hoje mais de cem títulos. Essa excessiva dispersão é em parte explicada pela diversidade inerente ao protestantismo, e sua consequência é a impossibilidade do surgimento de um grande jornal protestante. Porém, isso não impede que certo dinamismo, estimulado pelo advento da internet, tenha obrigado a imprensa a adaptar-se às novas técnicas de comunicação.

Geoffroy de Turckheim

Assim como na França, a imprensa protestante da Suíça romanda é quase uma novidade do século XIX. Antigamente, as opiniões religiosas se manifestavam em publicações periódicas de interesse geral, ou então na imprensa cotidiana. Uma apresentação breve de órgãos especificamente religiosos incluirá os primeiros títulos, e em seguida os mais marcantes ou que duraram mais tempo; não abordaremos as inúmeras folhas das igrejas locais e regionais. Em 1832, surge *La Feuille religieuse du canton de Vaud* [A folha religiosa do cantão de Vaud], que deixa de ser publicada em 1925; depois, em 1929, em Genebra, é a vez de *La Revue britannique et religieuse* [Revista britânica e religiosa], que veicula traduções de artigos do avivamento anglo-saxão. Em 1832, a *Revue chrétienne et journal évangélique du canton de Vaud* [Revista cristã e jornal evangélico do cantão de Vaud] também se associava à linha avivalista, enquanto *Le Protestant de Genève* buscou desde 1831 representar uma barreira a essa linha, tornando-se, após uma pausa de 1838 a 1869 e duas mudanças de título, a tribuna da corrente liberal, e permanece assim até hoje com o título encurtado: *Le Protestant*. Menos famoso, mas com muitos anos de vida, é o *Journal de l'Unité des Frères Moraves* [Jornal da unidade dos Irmãos Morávios], publicado pelo centro de Montmirail. A cisão entre igrejas livres e igrejas nacionais levou à criação de semanários específicos: surge em Neuchâtel o *Journal religieux des Églises indépendantes de Suisse romande* [Jornal religioso das igrejas independentes da Suíça romanda], no ano de 1857. A Igreja Nacional do cantão de Vaud inaugura o *Semeur vaudois* [Semeador valdense] e a Igreja Livre desse mesmo cantão passa a publicar em 1894 o *Lien de l'Église libre* [Laços da igreja livre], dois semanários que desaparecem em 1966, dando lugar a *La Vie protestante* [A vida protestante], fundado em 1938, que por sua vez deu fim a *Semaine religieuse* [Semana religiosa], publicação de ampla difusão romanda desde 1853. Em um estilo inspirado no semanário francês *Réforme*, *La vie protestante* deixou de ser publicada em 1991, subsistindo mensalmente e de modo descentralizado (em Genebra, no

Jura, em Neuchâtel). Quanto às publicações mais perto de revistas que de jornais, é preciso mencionar *Le Chrétien évangélique* [O cristão evangélico] (1857-1942), *La Liberté évangélique* [A liberdade evangélica] (1898-1907) e *Les cahiers de jeunesse* [Cadernos da juventude], publicação criada em 1917 que se tornou *Les cahiers protestants* [Cadernos protestantes] dez anos depois, cessando em 2003. As escolas dominicais contaram com *Messager* [Mensageiro], que durou de 1864 a 1946. O movimento do cristianismo social lançou em 1906 *L'Essor* [O desenvolvimento], que ainda é publicado, e em 1915 *Messager social* [Mensageiro social], que permaneceu até 1964. Quando as sociedades de missões reuniram esforços em 1956, publicaram *L'Actualité missionnaire* [Atualidades missionárias], que se tornou *Terre Nouvelle* [Terra nova] em 1978. Por último, temos *Itinéraires* [Itinerários], com periodicidade trimestral. Mas tudo indica que a idade de ouro da imprensa protestante na Suíça romanda passou.

Bernard Reymond

▶ *Le Christianisme au XXe siècle* 51, 31 de dezembro de 1971 (edição especial do centenário); ENCREVÉ, André, *Les animateurs du Semeur et leur action au début de la Seconde République*, em *L'expérience de la foi. Pensée et vie religieuse des huguenots au XIXe siècle*, Genebra, Labor et Fides, 2001, p. 113-137; *Réforme* [Reforma], 8 de janeiro de 1972, p. 7-11; *50 ans de "Réforme", 1945-1995*, Genebra, Labor et Fides, 1995; WILLAIME, Jean-Paul, *Éditions et revues protestantes*, em Jacques JULLIARD e Michel WINOCK, orgs., *Dictionnaire des intellectuels français*, Paris, Seuil, 1996, p. 431-434.

● **Comunicação;** Finet; mídia; revistas protestantes; Schmidt A.-M.

IMPRESSÃO E EDIÇÃO

A Reforma está estreitamente ligada à imprensa pelo menos em três aspectos. Primeiro, muitos dos maiores impressores do século XVI eram protestantes. Em seu romance *Le maître de Garamond. Antoine Augereau, graveur, imprimeur, éditeur, libraire* [O senhor de Garamond: Antoine Augereau, gravador, impressor, editor, livreiro] (Orbe, Bernard Campiche, 2002), Anne Cunéo mostrou perfeitamente bem quanto a busca dos impressores por melhorias na legibilidade dos caracteres tipográficos estava associada à preocupação em tornar acessível a leitura de inúmeras obras, o que implicava sua tradução para o vernáculo. Nota-se também que, em uma cidade como Zurique, os impressores e seus operários estiveram dentre os primeiros e mais ativos apoiadores da Reforma. Froschauer, por exemplo, imprimiu em 1535 a primeira tradução da Bíblia para o alemão, a Bíblia de Zwinglio. Da mesma forma, os impressores de Basileia contribuíram amplamente para a difusão das novas ideias. Esse fato pode ser verificado em todas as cidades importantes que passaram pela Reforma.

Segundo, a impressão permitiu logo de início uma ampla divulgação de textos reformados, fosse pelo número de exemplares que podia lançar no mercado, fosse por meio de reedições piratas fabricadas em várias cidades da Europa. Os impressores eram responsáveis pela circulação de ideias entre as regiões que, tendo aderido à Reforma, permitiam sua penetração clandestina, principalmente através de vendedores ambulantes, nas cidades em que os reformados eram minoria perseguida. Nesse sentido, podemos fazer distinção entre vários tipos de impressos, cada um correspondendo a uma categoria de leitor: edições completas ou parciais da Bíblia em língua vulgar, folhetos de propaganda (geralmente ilustrados com gravuras que faziam pouco do adversário confessional), panfletos polêmicos de pequena dimensão (que veiculavam, por exemplo, os primeiros textos de Lutero), livros de uso cultual (coletâneas de salmos ou cânticos), manuais pedagógicos (catecismos), tratados de teologia (como por exemplo as *Institutas* de Calvino), obras de espiritualidade. No século XVII, nos países protestantes, estima-se que, em média, metade dos livros editados tinha caráter religioso.

Terceiro, apesar da ênfase que a Reforma pôs na pregação, ato de comunicação oral, aos poucos e de modo duradouro a impressão acentuou a tendência do protestantismo quanto a ser "religião do livro", logo, uma religião de pessoas que leem mais que escutam. O fenômeno se tornou particularmente observável com o advento da imprensa. No meio protestante, a publicação de sermões se torna cada vez mais frequente, e um dos exemplos clássicos disso é o de Eugène Bersier, com seus dezoito volumes de pregações. Assim, resultam disso certa intelectualização da pregação, que é cada vez mais concebida como um fato literário, em vez de oratório; uma supervalorização da Bíblia, vista como um texto fixo e imutável, cuja divulgação por si só dá ensejo à salvação (o biblicismo do século XIX é inconcebível sem a existência de Bíblias impressas); uma catequese que é com frequência baseada na leitura da Bíblia, entendida como um ato fundamental da piedade individual; uma ênfase na individualização do religioso, já que a leitura costuma ser um ato solitário.

Bernard Reymond

▶ FOUQUET-PLÜMACHER, Doris et alii, *Buch/Buchwesen*, em *TRE*, t. VII, 1981, p. 270-290; GERLITZ, Peter et alii, *Literatur und Religion*, em *TRE*, t. XXI, 1991, p. 233-306; GILMONT, Jean-François, *Jean Calvin et le livre imprimé*, Genebra, Droz, 1997; Idem, org., *La Réforme et le livre. L'Europe de l'imprimé (1517-?1570)*, Paris, Cerf, 1990; MOELLER, Bernd, *Flugschriften der Reformationszeit*, em *TRE*, t. XI, 1983, p. 240-246; PETER, Rodolphe e ROUSSEL, Bernard, orgs., *Le livre et la Réforme*, Bordeaux, Société des bibliophiles de Guyenne, 1987.

◉ Basileia; **comunicação**; Crespin; **educação**; Estienne; mídia; Reforma/Reformação; traduções francesas da Bíblia

INCESTO

Proibido na maior parte das sociedades conhecidas, o incesto também é proibido pelas leis de Israel (Lv 18.6-18; Dt 27.20-23), ainda que a Bíblia mencione várias violações dessa proibição, nas histórias de Ló, Rubem e Absalão, por exemplo.

O olhar contemporâneo de etnólogos (como Claude Lévi-Strauss) e de psicanalistas (como Denis Vasse) enfatiza o caráter positivo da proibição, algo que obriga o indivíduo a voltar-se para o outro e garante à criança um espaço ao abrigo da agressão sexual de seus parentes. O evangelho o confirma: ... *deixará o homem pai e mãe e se unirá a sua mulher* (Mt 19.5). A proibição do incesto provoca o encontro, abre caminho para o outro, libera a palavra. *A contrario*, o peso da interdição violada isola as vítimas no silêncio da humilhação, da ira, da impotência e da culpa.

O protestantismo retoma essa proibição, que permite estruturar a pessoa em devir, proporcionando-lhe proteção e colocando-a a caminho de seu próximo, além de estimular a escuta e o acompanhamento daqueles que sofreram traumas por episódios de incesto.

Claude Schwab

▶ IMBENS, Annie e JONKER, Ineke, *Christianity and Incest* (1985), Minneapolis, Fortress Press, 1992.

◉ Casal; criança; família; paternidade; **sexualidade**

INCULTURAÇÃO

Longe de tratar-se somente de uma exigência da missiologia contemporânea, a inculturação do evangelho é teologicamente baseada na própria encarnação: quando o Verbo tornou-se carne em Jesus Cristo, Deus se submeteu aos dados da existência humana para salvá-la da destruição pela morte e pelo pecado. Em Jesus Cristo, Deus assumiu a carne e a condição judaicas. No cristianismo, isso significa confessar a liberdade de Deus em sua eleição e ao mesmo tempo interpretar a universalidade dessa encarnação em favor dos não judeus. O apóstolo Paulo proclamou a liberdade fundamental diante do condicionamento da cultura (em Cristo, *não pode haver nem judeu nem grego*, Gl 3.28), e a liberdade do evangelho de engajar-se em cada cultura (*livre de todos, fiz-me escravo de todos, a fim de ganhar o maior número possível*, 1Co 9.19-23). A temática da inculturação não é uma estratégia da missiologia moderna, mas, sim, o próprio evangelho: tomar distância em relação às condições humanas e praticar a solidariedade para com a condição humana no sentido mais amplo.

A forma dominante (mas não a única: desde o início se formaram também uma igreja oriental e uma igreja africana) em que o evangelho se apresentou como potência cultural é a da Europa; após o encontro com a filosofia helênica e o poder político imperial romano, o cristianismo europeu se impôs como forma normativa de inculturação do evangelho. Se na Reforma a ideia medieval do *corpus christianum* perdeu sua homogeneidade, algo semelhante ocorre quando, no início da colonização, que foi o contexto para uma nova missão entre os povos não europeus, a forma exterior do cristianismo europeu (católico ou protestante) se tornou normativa, já que era dominante. Foi na luta pela libertação da opressão colonial que se esboçou o apelo à independência das formas culturais como expressões autênticas do evangelho. Nesse processo, o cristianismo europeu e norte-americano precisou reconhecer seu caráter contextual, não universal, e o direito de outras culturas à apropriação do evangelho em função de seu modo de pensar e de se exprimir em formas litúrgicas nativas.

Na tradição protestante, a avaliação teológica desse processo é estruturada a partir do movimento do evangelho da encarnação: salvar os valores humanos de uma cultura só é possível através da libertação do homem. A cultura dominadora europeia é destronada ao mesmo tempo que continua a proclamar aquele que se tornou escravo de todos. O exercício da dupla liberdade paulina permanece uma força motriz libertadora na reconstrução cultural do cristianismo, da qual todos nós somos testemunhas e autores. Mais que a tradição católica, para a qual a inculturação resolve o problema da articulação entre Palavra e cultura, a teologia protestante enfatiza a ambivalência dos dados culturais e a inadequação das mediações sacramentais ou institucionais.

Como conceito teológico, o neologismo "inculturação" é de uso recente e contextualizado: surge nos meios católicos sob o impulso dos bispos do Terceiro Mundo. A ideia é expressa publicamente pela primeira vez, mas não o termo, nos sínodos dos bispos da África e de Madagascar sobre a evangelização, em 1974, sendo retomada com a terminologia da inculturação no sínodo de 1977 sobre a catequese. A definição de "inculturação" mais aceita entre os católicos é a do espanhol Pedro Arrupe, superior geral da Companhia de Jesus: "A inculturação é a encarnação da vida e da mensagem cristãs em uma área concreta, de modo que não somente essa experiência se exprima com os elementos específicos da cultura em questão, mais ainda que essa mesma experiência se transforme em um princípio de inspiração, ao mesmo tempo norma e força de unificação, que transforma e recria essa cultura, estando na origem de uma nova criação".

Em geral, distingue-se entre inculturação e contextualização. O segundo conceito também é de uso recente e específico. No mundo da teologia protestante, o neologismo "contextualização" surgiu em 1972 na assembleia geral do Fundo para o Ensino Teológico do Conselho Mundial de Igrejas: "A contextualização significa tudo aquilo que está implicado no termo conhecido 'indigenização', mas busca uma amplitude maior [...]. A palavra costuma ser usada no sentido de uma resposta ao evangelho nos termos de uma cultura tradicional. A contextualização, sem ignorar esse aspecto, dá conta do fenômeno da secularidade, da tecnologia, da luta pela justiça [...], elementos característicos da história presente das nações do Terceiro Mundo [...]. Uma falsa contextualização consente em uma acomodação sem crítica a uma forma de lei identificada com uma cultura. A contextualização é sempre profética, surgindo do encontro original entre a Palavra de Deus e o mundo [...]. Está claro, portanto, que a contextualização é um processo dinâmico [...], reconhecendo a natureza continuamente mutante de todas as situações humanas e a possibilidade da mudança, abrindo assim a via para o porvir".

Se é fato que na literatura do Conselho Mundial de Igrejas o conceito de inculturação toma a frente, também é verdade que, de acordo com uma distinção de Paul Tillich, o modelo teológico que subjaz à inculturação é a "substância católica" que enfatiza a presença espiritual de Deus em tudo o que existe e que postula um laço, uma continuidade, entre Deus, o homem, a natureza e a cultura. No fio reto da teologia natural clássica, a inculturação leva à elaboração de teologias chamadas "do cumprimento" ou "da participação" a partir de uma reflexão teológica sobre a encarnação do Verbo de Deus na cultura. Por outro lado, o modelo teológico que subjaz à contextualização é o "princípio protestante": sua interpretação teológica se recusa a identificar Deus com um elemento qualquer da realidade humana, cultural ou histórica, ao mesmo tempo que, em vez de buscar somente conservar e interpretar o antigo, tende para uma nova realização. Essa perspectiva protestante é, portanto, sempre crítica, a partir de uma reflexão teológica sobre o encontro sempre problemático entre a Palavra de Deus, viva e profética, e o contexto.

Klauspeter Blaser e Jean-François Zorn

▶ BLASER, Klauspeter, *Le conflit Nord-Sud en théologie*, Lausanne, Soc, 1990; ID., *Theologie der Inkulturation*, em TRE, t. XXXIII, 2001, p. 311-317; GRITTI, Jules, *L'expression de la foi dans les cultures humaines*, Paris, Centurion, 1975; JOLY, Raymond, *Inculturation et vie de foi*, Spiritus 26,

1985, p. 3-32; KARAMAGA, André, *L'Évangile en Afrique. Ruptures et continuité*, Yens sur Morges, Cabédita, 1990; ZORN, Jean-François, *La contextualisation: un concept théologique?*, RHPhR 77, 1997, p. 171-189.

○ África tropical; Ásia; encarnação; Kimbangu; Leenhardt M.; **missão**; sincretismo; teologias africanas; teologias contextuais; teologias da Ásia; teologia da libertação; Ting

INDIVÍDUO

O *status* e o destino do indivíduo estão no centro de debates abertos, há quase dois séculos, sobre as afinidades eletivas que o protestantismo mantém ou não com a modernidade. De fato, se a individualidade não é característica exclusiva do homem moderno, a configuração específica das sociedades ocidentais modifica tanto as modalidades de inserção social do indivíduo quanto os modos com que ele percebe e enuncia sua identidade. Nesse sentido, podemos concordar em reconhecer no individualismo a ideologia moderna, ou seja, "o conjunto das representações comuns características da civilização moderna", ao mesmo tempo que enfatizamos com Louis Dumont a diversidade dos processos de sua gênese e de suas configurações históricas (*Homo aequalis*, t. II: *L'idéologie allemande. France-Allemagne et retour* [A ideologia alemã: França-Alemanha e retorno], Paris, Gallimard, 1991). Já a questão do *status* teológico do indivíduo é um indício de uma diferença fundamental na maneira com que protestantismo e catolicismo compreendem a estruturação da relação religiosa. Confrontado com a questão sobre o que distinguiria a compreensão protestante do cristianismo e a concepção católica, Schleiermacher propõe "provisoriamente a seguinte percepção dessa diferença: o protestantismo faz com que a relação do indivíduo com a igreja dependa da relação do indivíduo com Cristo" (*Der christliche Glaube* [1821-1822], em *Kritische Gesamtausgabe* I/7,1-2, 2 vols., Berlim, Walter de Gruyter, 1980, tese do § 28). Para Schleiermacher, o primado do indivíduo vale não somente como chave hermenêutica para a reconstrução doutrinária do cristianismo protestante, mas também como máxima suscetível a guiar as reformas (práticas e teóricas) ainda por vir, a fim de fazer com que coincidam a realidade eclesial do protestantismo e sua ideia normativa: ser a religião da individualidade. Assim, gostemos disso ou não, não nos enganamos quando destacamos o papel desempenhado pela emancipação religiosa da Reforma na liberalização e na democratização das sociedades ocidentais.

O lugar central que o protestantismo reconhece no problema da individualidade é de origem religiosa e teológica. A crítica luterana ao catolicismo se organiza em torno da noção do "homem interior" situado face a face com Deus, posição na qual instituição alguma pode representá-lo nem propor-se como mediadora. Essa característica imediata (sem mediação) da relação com Deus é o princípio da certeza da fé, que descobre na Bíblia a Palavra de Deus e se maravilha com as promessas de Cristo. O papel que se reconhece na certeza individual da fé no protestantismo encontra sua ilustração clássica na declaração de Lutero quando da Dieta de Worms, no dia 18 de abril de 1521. Recusando-se a abjurar de seus textos na medida em que se vê "compelido pelas palavras da Escritura", ele conclui: "Enquanto minha consciência estiver atada às palavras de Deus, não posso nem quero abjurar, pois fazer qualquer coisa contra a sua própria consciência é algo incerto e que ameaça a salvação. Que Deus venha em minha ajuda. Amém" (*MLO* 2, 316). Fruto de uma devida reflexão, essa ideia enfatiza quanto o individualismo religioso protestante está enraizado na certeza da consciência como intimidade consigo mesmo e com Deus, sendo nisso fiel a uma forte característica agostiniana. Ainda que ao sabor de interpretações diversas da noção de "consciência", esse foco da compreensão religiosa do homem na intimidade da consciência permaneceria algo bastante próprio ao protestantismo. Porém, o individualismo protestante também pode tomar uma forma que claramente podemos considerar objetiva, organizando-se assim em torno da ideia da predestinação. Aqui, é preciso mencionar Calvino. O ponto alto teológico e metafísico dessa ideia consiste no reconhecimento da dignidade da individualidade humana. Apesar do que pode haver de chocante para o leitor moderno na doutrina calvinista da dupla predestinação, é preciso entender tal doutrina como a culminação teológica da recusa a toda forma de psicologia ou de metafísica do espírito que só reconheça na alma ou no espírito individual um *status* de modo ou de emanação de uma substância espiritual una e eterna; Calvino se revela solidário à crítica de Averróis apresentada por Tomás de Aquino (cf. TOMÁS DE AQUINO, *Contre Averroès* [Contra Averróis, 1270], Paris, GF--Flammarion, 1994).

Com a noção de "personalidade", Kant estabelece os marcos decisivos para a interpretação moderna da noção protestante de indivíduo. No sentido kantiano, a "personalidade" designa o princípio da liberdade como independência em relação à natureza e como reconhecimento da obrigação incondicionalmente ditada pela lei moral. Trata-se assim de um conceito normativo, em vez de descritivo. Nesse sentido, o conceito de "personalidade moral" formula a finalidade última de cada indivíduo. Essa finalidade não é um fim extrínseco ao indivíduo, mas, sim, o princípio intrínseco que confere sentido e valor à vida de cada um. A "personalidade", portanto, é o princípio normativo que obriga a considerar todo indivíduo da espécie humana como uma "pessoa" que desfruta de "dignidade" e "valor" próprios. Cada um experiencia o *status* normativo da personalidade no foro íntimo da consciência (*Gewissen*), cuja infalibilidade e absoluta certeza são enfatizadas por Kant (e nisso ele é herdeiro de Rousseau). Da mesma forma, a consciência é a norma da ação, mas também da fé religiosa, como Kant evidencia em um longo desenvolvimento que faz uma clara alusão ao comparecimento de Lutero a Worms (*A religião nos limites da simples razão*, AA VI 185-190).

Fichte frisa que essa convicção inquebrantável da consciência é o verdadeiro fundamento incontestável da existência, fonte de toda certeza teórica e prática, e assim a única interpretação possível do *cogito* cartesiano: "A convicção de nossa determinação moral já decorre de nossa disposição moral, e esta é *fé*. É correto, portanto, afirmar que a fé é o elemento de toda certeza [...]. Eu poderia continuar a duvidar, se eu quisesse também precipitar-me por motivos unicamente teóricos no insondável sem limites e se eu quisesse renunciar por completo a todo ponto de apoio sólido e decidir-me simplesmente por considerar inexplicável a própria certeza que acompanha meu pensamento, sem a qual, se eu não a estimasse, a especulação me seria impedida" (*Sur le fondement de notre croyance en une divine providence* [Sobre os fundamentos de nossa crença em uma divina providência] [1798], em *Écrits de philosophie première. Doctrine de la science 1801-1802 et textes annexes* [Escritos de filosofia primeira: doutrina da ciência 1801-1802 e textos anexos], t. II, Paris, Vrin, 1987, p. 202s, trad. modificada). A referência cartesiana revela o aspecto metafísico da concepção kantiana da personalidade: a determinação moral do homem não é somente um princípio ético, mas também um princípio ontológico; ser um fim em si, ser sua própria finalidade, é ser um indivíduo no sentido ontológico do termo. Em sua interpretação kantiana, o individualismo protestante tem um alcance metafísico, rejeitando todo monismo da substância de tipo spinozista em prol de um pluralismo ontológico.

É sobre as bases estabelecidas por Kant e Fichte que Schleiermacher desenvolve nas primeiras décadas do século XIX a teoria mais elaborada da individualidade. Essa elaboração, no entanto, não se faria sem uma crítica daquilo que Schleiermacher considera um primado unilateral em demasia de uma ética do dever, em detrimento de uma ética do Bem e da virtude. Isso permitiria a Schleiermacher, em sua ética (cf. *Éthique, Le "Brouillon sur l'éthique" de 1805-1806* [Ética, "O esboço sobre a ética" de 1805-1806], Paris, Cerf, 2003), a elaboração do esboço de uma teoria pluralista da modernidade, atenta a considerar tanto as estruturas encarregadas de dimensões universalistas (ciência, Estado, direito, economia) quanto as esferas sociais voltadas sobretudo para as manifestações do individual (família, amizade, arte, religião). Assim, ele dispõe do contexto que permite compreender a identidade pessoal como um processo em formação (*Bildung*), em que o indivíduo reflete sobre sua inserção na irredutível pluralidade das práticas sociais do mundo moderno. Nisso, a religião — e, de modo específico, o cristianismo — surge como um momento decisivo: religião historicamente mediada, oferece esquemas de interpretação e identificação que possibilitam a organização de uma coerência individual junto às diferentes modalidades nas quais o sujeito se insere na cultura. Assim, o conceito de individualidade ou personalidade fornece o princípio sistemático que organiza a exposição doutrinária. A instância doutrinária é correlacionada à prática da piedade individual como o lugar de onde tira sua pertinência e que vale como instância crítica. Troeltsch também é perfeitamente fiel a Schleiermacher quando, um século depois, explica a seus estudantes que "a *Glaubenslehre* cristã tem como única tarefa [expor] a forma específica da fundação e da emergência da personalidade, devendo expor como a personalidade toma forma sob a influência da *Lebenswelt* cristã. É preciso distinguir com clareza entre a ideia de personalidade e a unidade puramente formal da consciência [...], da consciência de que se é um "eu", da individualidade dada naturalmente. A personalidade é essa unidade da vida do espírito que tende a seu cumprimento e que só pode ser criada no ato livre e no abandono à vida divina" (*Dogmatik* [Dogmática] II, curso do semestre de inverno 1910-1911 [notas de Gertrud von Le Fort, depositadas na Biblioteca Universitária de Heidelberg]). Em consequência, é a questão da constituição da identidade pessoal que fornece a pedra de toque da cristologia do protestantismo moderno, como Wilhelm Herrmann não cessa de lembrar.

Com suas dimensões éticas, religiosas e metafísicas, a concepção kantiana da personalidade fornece o esquema de interpretação dominante do protestantismo do final do século XIX e do início do XX, época crucial pela diversidade das abordagens teológicas e dos diagnósticos culturais cuja arena é o protestantismo. Um dos aspectos provavelmente mais fecundos dos debates da época é a análise da função do protestantismo na gênese e na emergência da modernidade. Na Alemanha, essa questão desempenha um papel decisivo no surgimento das ciências sociais. Os fundadores clássicos da sociologia alemã (Georg Simmel, Mac Weber, Ernst Troeltsch) são de fato particularmente atentos à dialética da individualidade, encontrando sua expressão na configuração conflitante da modernidade: é em nome do indivíduo e de seus direitos inalienáveis que se operam as revoluções modernas (industrialização, capitalismo, democratização, pluralismo); porém, os mecanismos de regulação que resultaram dessas racionalizações das esferas do agir social confrontam o indivíduo com uma despersonalização das relações sociais, percebida como ameaça para sua identidade pessoal. Nessas condições, a exigência normativa de uma identidade individual pode surgir como uma ilusão ideológica, incapaz de captar os sutis mecanismos sociais que regem escolhas em que o indivíduo crê abusivamente reconhecer expressões autênticas do que ele tem de mais seu. Disso decorre o sentimento de uma "tragédia da civilização", que se exprime na "alienação das formas culturais" resultantes de sua "fetichização" (G. Simmel). A enevoada consciência de que, mesmo naquilo que pretende ter de mais singular, a identidade pessoal depende de uma mediação social é refletida então na ênfase e no *páthos* com que, a partir do final do século XIX, foi detectada a exigência de autenticidade da personalidade diante da falsificação e da alienação social. É a esse fenômeno que se reportam, por volta de 1900, tanto o uso inflacionado de termos como "gênio", "herói", "personalidade" como também o sucesso ainda atual de temas tais como "autorrealização" ou "existência". Nesse contexto, Max Weber destaca a origem protestante da concepção moderna de individualidade. Começa a enfatizar esse ponto em 1904, no famoso estudo que compõe o livro *A ética protestante e o espírito do capitalismo*. Após 1913, nos estudos publicados em *Die Wirtschaftsetik der Weltreligionen*, Weber demonstra o papel decisivo que é desempenhado pela doutrina da dupla predestinação para a estruturação da ideia moderna de personalidade, caracterizada por "uma sistemática da conduta da vida, guiada a partir do interior de acordo com *um* critério de valor, diante do qual 'o mundo' vale como material que se deve formar eticamente, conforme a norma" (*Sociologia das religiões*, São Paulo, Ícone, 2010, trad. modificada). Porém, Weber também observa que essa concepção da personalidade culmina em uma racionalização do mundo social, em que as áreas econômica, política e cultural se emancipam da tutela religiosa ("desencantamento do mundo") e se verificam uma ameaça para a concepção ética da personalidade, à qual devem sua autonomia. A concepção protestante da individualidade se revela, assim, um dos elementos que explicam a retirada moderna das formas religiosas de integração social (adota-se nesse sentido o termo "secularização").

Diante da leitura da gênese protestante do mundo moderno proposta por Weber e Troeltsch, Karl Holl prioriza uma veia luterana (*Die Kulturbedeutung der Reformation* [1911], em *Gesammelte Aufsätze zur Kirchengeschichte*, t. I: *Luther* [Lutero], Tübingen, Mohr, 1932, p. 468-543). Nessa obra, o indivíduo não é mais definido pela coerência de uma conduta racional motivada religiosamente, mas, sim, pelo caráter imediato (sem mediação) da relação com Deus, que constitui o homem como relação consigo ou "consciência". A constituição religiosa da personalidade é expressa na implicação recíproca do "direito da personalidade individual" e do "dever de responsabilidade". Resulta disso a reciprocidade da liberdade de consciência individual e do enraizamento responsável na comunidade. Para Holl, a compreensão luterana da justificação, que se exprime na ideia religiosa de personalidade, é a raiz factual de *todas* as correntes religiosas que surgiram na Reforma; as formas puritanas e sectárias da ideia de indivíduo, assim como o individualismo que essas formas estimulam, aspectos analisados por Weber e Troeltsch, surgem como resultado de uma compreensão *deficitária* da natureza da relação religiosa. Assim, há duas teses fundamentais quanto ao *status* normativo do indivíduo e das terapêuticas necessárias na crise em que se encontra a modernidade: o enraizamento em uma comunidade concreta é a condição de possibilidade da identidade pessoal; a crise da modernidade só poderá ser superada se der lugar à ideia de comunidade, ou seja, opondo-se à racionalização das esferas política, econômica e jurídica que o liberalismo econômico e democrático estabelece.

No protestantismo, a crise da modernidade no início do século XX dá origem a concepções divergentes de indivíduo, ainda que todas elas mencionem as ideias religiosas da Reforma como terreno comum. Essas divergências correspondem a opções políticas antagonistas: enquanto Troeltsch e Weber se engajam ativamente na Alemanha por uma política de reformas democráticas antes de desempenhar papéis importantes nos primeiros anos da República de Weimar, antes de 1918 Karl Holl clama por um reforço da monarquia e em seguida defende uma concepção organicista, antidemocrática e corporativista de Estado. Historicamente, seria um exagero estabelecer um laço inequívoco entre a concepção protestante de indivíduo e a democracia parlamentar moderna, já que o individualismo religioso da Reforma pode servir como matriz normativa tanto para uma ética democrática quanto para uma ética organicista do Estado. Nisso, não se trata de uma ambiguidade inerente às posições de Lutero ou Calvino, mas, sim, do resultado das profundas mudanças socioculturais provocadas pelo processo de modernização por que passaram as sociedades europeias a partir do século XVIII. Se o protestantismo, sobretudo em suas formas calvinista e puritana, é um dos fatores que operaram nessas mudanças, está longe de ser o único. As formas que o individualismo moderno assume estão em uma condição ambígua com relação às concepções religiosas do indivíduo defendidas pelos teólogos do século XVI. O modo com que teólogos e filósofos protestantes se referem às posições teológicas da Reforma é, portanto, sempre tributário de uma teologia ou de uma filosofia da história que define tanto o *status* reconhecido para a Reforma Protestante quanto o conceito normativo da modernidade.

Mas essa não é a única dificuldade. Acrescente-se a isso a polissemia inerente à noção de indivíduo, que está no cruzamento de perspectivas originárias de áreas tão diversas quanto teologia, ética, pedagogia, estética, sociologia, economia, direito. Em cada uma dessas disciplinas, o problema do indivíduo assume um modo específico, mesmo se, a cada vez, o conceito de indivíduo oscila entre um significado normativo e um significado descritivo. Se parece necessário não sobrepor essas diversas abordagens umas às outras, é preciso, da mesma forma, tomar cuidado para não isolá-las. Pois a problemática do individualismo surge precisamente do cruzamento dessas perspectivas divergentes. Confrontado com as contradições do individualismo moderno e com as ameaças que delas decorrem sobre a realidade social da identidade pessoal, o cristianismo protestante pode e deve defender o conceito da pessoa como princípio normativo, que permite ao mesmo tempo reconhecer a legitimidade do mundo moderno e articular uma crítica interna, ou seja, uma crítica que valorize o ideal daquilo que Habermas chama "projeto moderno" contra as formas deficitárias e alienantes de sua realização histórica.

Para tal, o protestantismo deverá buscar a reformulação do conceito de indivíduo, em um contato estreito e ativo com os debates filosóficos atuais em torno da identidade pessoal. Desse debate, ressaltaremos dois aspectos:

Primeiro, a matriz teórica da identidade pessoal é a memória como capacidade de apropriar-se de lembranças específicas e identificar-se assim ao longo do tempo (a formulação clássica dessa posição remonta a John Locke, no capítulo XXVII do livro II de *Ensaio acerca do entendimento humano*). Portanto, a identidade é um processo ativo, não um dado passivo; dessa maneira, é melhor usar o termo identificação, em vez de identidade. Esse processo está constitutivamente ligado à posição da primeira pessoa do singular: é a capacidade de identificar-se apropriando-se de lembranças, algo que permite atribuir um significado concreto ao "eu" que, sem isso, permanece a expressão puramente formal da identidade em um sentido lógico.

Segundo, o processo da identidade como autoidentificação encontra sua forma concreta na capacidade de contar-se: é quando a identidade pessoal assume uma forma narrativa. Conforme observado por autores da teoria moderna dos gêneros literários (como Émile Benveniste, Gérard Genette, Tzvetan Todorov), o que a narração tem de específico é a expressão na terceira pessoa do singular. Ser capaz de contar-se é, portanto, ser capaz de objetivar-se, de falar de si mesmo como se fosse outro e identificar-se de modo a ser identificável por outro e para outro. Se a identidade pessoal é constitutivamente ligada à primeira pessoa do singular, só pode tornar-se real quando se expõe ao risco de identificação por outro.

Terceiro, essa dialética da identificação na primeira e na terceira pessoas encontra sua expressão paradigmática na promessa, conforme enfatizou Paul Ricoeur. Prometer é, de fato, um caso paradigmático do ato da palavra: aquele que promete faz alguma coisa, compromete-se pelo simples ato de proferir uma promessa. Esse compromisso é uma abertura e uma projeção para o futuro, mas com uma estrutura social: prometer é comprometer-se em relação a outra pessoa, recorrendo-se a estruturas de sentido enraizadas em uma rede de práticas sociais. Por fim, aquele que promete assume o compromisso de fazer algo: a promessa como palavra não é somente um ato de palavra, mas abre para uma ação. Logo, encontrar na promessa a expressão paradigmática da identidade narrativa do indivíduo é compreender a identificação como constituição de um sujeito capaz de engajar-se em redes de interações sociais por ser capaz de construir sua identidade pessoal na dialética de um passado que ele assume e de um futuro que o força ao cumprimento.

Os três aspectos da autoidentificação reflexiva, da auto-objetivação narrativa e do compromisso definem, na perspectiva protestante, o contexto sistemático em que pode ser reformulada hoje a questão religiosa e ética da identidade pessoal do indivíduo.

Jean-Marc Tétaz

▶ BÜHLER, Pierre, *L'individu. Quelques réflexions à propos d'une catégorie oubliée*, RHPhR 58, 1978, p. 193-215; DREHSEN, Volker, *Neuzeitliche Konstitutionsbedingungen der Praktischen Theologie. Aspekte der theologischen Wende zur sozialkulturellen Lebenswelt christlicher Religion*, 2 vols., Gütersloh, Mohn, 1988; GRÄB, Wilhelm, "Institution und Individuum. Überlegungen zur Diagnose der modernen Religionskultur", *Praktische Theologie* 19, 1990, p. 255-269; Idem, *Individualité, histoire et religion*, em Pierre GISEL, org., *Histoire et théologie chez Ernst Troeltsch*, Genebra, Labor et Fides, 1992, p. 293-314; GRAF, Friedrich Wilhelm, *Rettung der Persönlichkeit. Protestantische Theologie als Kulturwissenschaft des Christentums*, em Idem, Gangolf HÜBINGER e Rüdiger VOM BRUCH, orgs., *Kultur und Kulturwissenschaften um 1900*, t. I: *Krise der Moderne und Glaube an die Wissenschaft*, Stuttgart, Steiner, 1989, p. 103-132; Idem, *Der Untergang des Individuums. Ein Vorschlag zur historischsystematischen Rekonstruktion der theologischen Hegels-Kritik*, em Idem e Falk WAGNER, orgs., *Die Flucht in den Begriff. Materialien zu Hegels Religionsphilosophie*, Stuttgart, Klett-Cotta, 1982, p. 274-307; JAEGER, Friedrich, *Réinterprétations de la religion et théories de la société moderne. Religion et libéralisme en Europe et aux États-Unis: étude comparée*, Genebra, Labor et Fides, 2006; KITTSTEINER, Heinz Dieter, *La naissance de la conscience morale* (1991), Paris, Cerf, 1997; LOCKE, John, *Ensaio acerca do entendimento humano*, São Paulo, Nova Cultural, 1999, cap. XXVII; LUTHER, Heining, *Religion und Alltag. Bausteine zu einer praktischen Theologie des Subjekts*, Stuttgart, Radius, 1992; QUANTE, Michael, org., *Personale Identität*, Paderborn, Schöningh, 1999; RICOEUR, Paul, *O si mesmo como um outro*, Campinas, Papirus, 1991; SCHELIHA, Arnulf von e SCHRÖDER, Markus, orgs., *Das protestantische Prinzip. Historische und systematische Studien zum Protestantismusbegriff*, Stuttgart, Kohlhammer, 1998; SCHLEIERMACHER, Friedrich, *Sobre a religião*, São Paulo, Novo Século, 2000; SIMMEL, Georg, *Philosophie de la modernité*, Paris, Payot, 2004; STURMA, Dieter, *Philosophie der Person. Die Selbstverhältnisse von Subjektivität und Moralität*, Paderborn, Schöningh, 1997; TAYLOR, Charles, *As fontes do self: a construção da identidade moderna* (1989), São Paulo, Loyola, 1997; WEBER, Max, *A*

INDULGÊNCIAS

ética protestante e o espírito do capitalismo (1904-1905), São Paulo, Livraria Pioneira Editora, 1985; WILLAIME, Jean-Paul, *La précarité protestante. Sociologie du protestantisme contemporain*, Genebra, Labor et Fides, 1992.

● **Autoridade**; Biedermann; consciência; democracia; dever; Dilthey; Espírito Santo; estética; Fichte; fé; Herder; Herrmann; Hirsch; kantismo (neo); Kierkegaard; **liberdade**; Meinecke; **modernidade**; pessoa; Ranke; responsabilidade; Revolução Conservadora; Schleiermacher; Simmel; Sombart; Strindberg; Troeltsch; **vocação**; Weber M.

INDULGÊNCIAS → Justificação

INGLATERRA

A vida religiosa na Inglaterra se distingue da vida religiosa de outros países do Reino Unido; de fato, a história político-religiosa da Escócia, do País de Gales e da Irlanda do Norte produziu culturas religiosas com diferenças significativas. Uma das principais características da vida religiosa nacional na Inglaterra é, incontestavelmente, sua diversidade. No período pós-Reforma, houve uma situação de monopólio limitado: uma igreja estabelecida (a Igreja Anglicana) que enfrentou inúmeros dissidentes, dispersos pela população. No início, essa dissidência vinha da ala protestante que exigia uma adesão maior da igreja aos princípios calvinistas, mas, ao longo do tempo, impôs-se a alternativa católica romana, apesar da forte reserva que se manteve em relação à intervenção do papa nos negócios internos do país — reserva que continua até hoje.

Atualmente, cerca de metade da população inglesa mantém alguma fidelidade à Igreja Anglicana, ainda que poucos frequentem regularmente os cultos. Desde o pós-guerra, o número de crianças batizadas na Igreja Anglicana caiu de dois terços para um terço, enquanto o número de serviços fúnebres permaneceu elevado. São membros de várias igrejas livres — termo que abrange denominações tradicionais como metodistas, batistas e reformados (*United Reformed*) — e de várias novas comunidades cerca de 10% dos ingleses. Dentre essas igrejas novas, estão as "igrejas em casa", os carismáticos e as comunidades afro-caribenhas. Os católicos autodeclarados são 10%. As populações não cristãs, ainda que pouco numerosas, constituem um peso nada insignificante: 1,5 milhão de muçulmanos, 500 mil siques, 400 mil hindus e 300 mil judeus.

Grace Davie

● BAUBÉROT, Jean e MATHIEU, Séverine, *Religion, modernité et culture au Royaume-Uni et en France, 1800-1914*, Paris, Seuil, 2002; BRUCE, Steve, *Religion in Modern Britain*, Oxford, Oxford University Press, 1995; DAVIE, Grace, *La religion des britanniques. De 1945 à nos jours. A History of English Christianity (1920-1986)*, Londres, Collins, 1986; MARTIN, David, *A Sociology of English Religion*, Londres, SCM Press, 1967; MOORMAN, John R. H., *A History of the Church in England*, Londres, Black, 1980.

● Anglicanismo; Byrd; Cambridge (movimento de); Cantuária; Cromwell; dissidente; Escócia; Eduardo VI; Elizabeth I; Guilherme III de Orange-Nassau; Henrique VIII; Hobbes; Irlanda; Tiago I; Locke; Londres; Macquarrie; Maurice; Purcell; puritanismo; revoluções da Inglaterra; revistas protestantes; **seitas**; Tallis; vitorianos (era e valores); Westminster (Assembleia e Confissão de); Wilberforce; Wren

INSPIRAÇÃO

A noção de inspiração assume, na teologia, um sentido técnico particular. Aplicada sobretudo às Escrituras, o termo alude à função do Espírito Santo no processo de redação. Apoiando-se no famoso texto que é 2Timóteo 3.16, a tradição cristã afirma ser toda a Escritura inspirada por Deus, considerada, portanto, palavra divina. Com sua costumeira clareza, Calvino expõe o que isso significa: "Sabemos que Deus fala conosco e temos certeza de que os profetas não falaram por si mesmos, mas que, como órgãos e instrumentos do Espírito Santo, eles somente anunciaram o que haviam recebido do alto [...]. Eis a primeira cláusula, a saber, que a mesma reverência que prestamos a Deus deve ser prestada à Escritura, pois a Escritura procedeu somente dele, e não há nada pertencente ao homem misturado a ela" (*Comentários à segunda epístola a Timóteo*, 3.16). Como muitos outros anciãos, Calvino se utiliza da palavra "ditada", contudo não tanto referindo-se ao "como" da inspiração, mas, sim, a seu efeito.

O liberalismo teológico promoveu doutrinas de inspiração parcial, restrita a parte do conteúdo, às "ideias" ou à "essência" em separado da expressão, ou ainda a uma referência intersubjetiva: "É inspirado aquilo que me inspira". Os evangélicos declararam a inspiração plenária, que põe ênfase nos autores "inspirados", ou a inspiração verbal (cf. 1Co 2.13), que destaca o texto, "expirado" por Deus mais que inspirado. Na época, a segunda expressão pareceu mais estrita que a primeira; hoje, são tratadas como equivalentes. A doutrina da inspiração tem peso hermenêutico, mas não determina por si só o grau de literalidade da leitura.

Henri Blocher

▶ BARTH, Karl, Dogmatique I/2***, § 19 (1938), Genebra, Labor et Fides, 1955; COURTADE, G., *Inspiration et inerrance*, em *Supplément au Dictionnaire de la Bible*, t. IV, Paris, Letouzey et Ané, 1949, col. 482-559; PACHE, René, *L'inspiration et l'autorité de la Bible*, Saint-Légier, Emmaüs, 1967; PACKER, James I., *Fundamentalism and the Word of God*, Grand Rapids, Eerdmans, 1958; Idem, *L'herméneutique et l'autorité de la Bible* (1975), Hokhma 8, 1978, p. 2-24; Idem, *God Has Spoken. Revelation and the Bible*, Londres, Hodder and Stoughton, 1965; WARFIELD, Benjamin Brenckinridge, *The Inspiration and Authority of the Bible*, org. por Samuel G. CRAIG, Filadélfia, Presbyterian and Reformed, 1948; WELLS, Paul, *Dieu a parlé. La Bible, semence de vie dans le coeur labouré*, Québec, La Clairière, 1997 (ed. revisada de *Quand Dieu a parlé aux hommes*, 1985).

● Bíblia; Buxtorf; *Consensus Helveticus*; demitologização; Espírito Santo; essência do cristianismo; existencial; hermenêutica; teologia evangélica; teopneustia

INSTALAÇÃO

As igrejas protestantes costumam distinguir entre a consagração ou ordenação do ministro (na Igreja Reformada, usa-se o termo reconhecimento litúrgico) e sua instalação em um cargo determinado. A consagração é o ato cultual em que se conclui o procedimento de aceitação de um candidato ao corpo ou à companhia dos ministros. Não é repetido. A instalação ocorre quando um ministro assume uma nova função (na igreja local, em um ministério especializado etc.) e em geral implica um compromisso recíproco entre o ministro e as pessoas que atuarão com ele (algumas igrejas se limitam a uma exortação das duas partes). Também se "instalam" conselhos eclesiásticos, e nesse caso a instalação tem valor de consagração temporária; compreende um compromisso dos interessados e uma invocação do Espírito sobre eles.

Bernard Reymond

▶ REYMOND, Bernard, *Entre la grâce et la loi. Introduction au droit ecclésial protestant*, Genebra, Labor et Fides, 1992.

● Consagração; conselheiros, presbíteros ou anciãos; ministérios; paróquia; **pastor**

INTEGRISMO

O termo se tornou conhecido na França a partir dos anos 1910 para designar aqueles que recusavam radicalmente todo tipo de modernismo católico e rejeitavam a abertura de certas correntes da Igreja Católica para a modernidade política e social. Após o Vaticano II, o integrismo proclama seu apego à tradição, principalmente ao *Catecismo do Concílio de Trento* e à missa de acordo com o rito de São Pio V. Na Europa a mídia costuma utilizar bastante o termo "integrismo" para designar todos os radicalismos religiosos, sobretudo o fundamentalismo protestante. Isso equivale a confundir a defesa da infalibilidade da tradição (integrativa), e de uma instituição eclesiástica, com a defesa da inerrância de um texto — no caso, o bíblico.

O sociólogo Paul Ladrière tentou teorizar um uso genérico do termo "integrismo" a partir de três indicadores: a associação estreita entre religião e nacionalismo; a recusa geral à modernidade; a oposição à economia capitalista liberal. O primeiro ponto pode ser aplicado a certos movimentos fundamentalistas protestantes (p. ex., nos Estados Unidos), mas, em geral, as críticas dos fundamentalistas à modernidade não são irrestritas (p. ex., eles acatam o controle da natalidade) e, em relação ao sistema capitalista liberal, há sobretudo uma confirmação, ou até mesmo uma indiferença.

Jean Baubérot

▶ BAUBÉROT, Jean, *Le retour des huguenots. La vitalité protestante, XIXᵉ-XXᵉ siècle*, Paris-Genebra, Cerf- Labor et Fides, 1985, p. 285-299; "Le néo--conservatisme", *Concilium* 161, 1981; "Le fondamentalisme dans les religions du monde", *Concilium* 241, 1992; POULAT, Émile, *Intégrisme et catholicisme intégral. Un réseau secret international anti-moderniste: La "Sapinière"* (1909-1921), Tournai,

Casterman, 1969; Idem, *Catholicisme, démocratie et socialisme. Le mouvement catholique et Mgr Benigni, de la naissance du socialisme à la victoire du fascisme*, Tournai, Casterman, 1977; "Intégrisme religieux, essai comparatif", *Social Compass* 32/4, 1985; SCHLEGEL, Jean-Louis, *La loi de Dieu contre la liberté des hommes. Intégrisme et fondamentalismes*, Paris, Seuil, 2003.

● Fundamentalismo

INTERCOMUNHÃO → Hospitalidade eucarística

IRENISMO

O irenismo surgiu de conflitos confessionais progressivamente virulentos após a Reforma Protestante. Buscando superar as controvérsias consideradas estéreis entre os defensores de diversas convicções religiosas, sua tarefa é analisar os motivos da desunião e restabelecer a união perdida. Desse ponto de vista, deve ser distinguido desde suas origens do fenômeno da tolerância, que visa à aceitação da pluralidade religiosa, e não a sua redução. Porém, essa distinção tende a ser amenizada com a evolução de dois conceitos que acabariam por confundir-se em certos casos. Historicamente, o irenismo se definiu como um fenômeno limitado aos séculos XVI, XVII e XVIII, uma tentativa teológica de retorno à unidade, sobretudo à que havia nas origens do cristianismo (uma referência ao famoso *consensus antiquitatis*). Assim, o irenismo se distingue do ecumenismo contemporâneo — que, consciente de sua dimensão escatológica, busca reencontrar uma unidade, mas através da diversidade dos pontos de vista (Oscar Cullmann) e da renovação das perspectivas.

Embora várias formas de irenismo possam ser detectadas mesmo antes da Reforma Protestante (associadas ao Grande Cisma ou à separação entre as igrejas do Oriente e do Ocidente), estima-se que de fato seu surgimento se deu nas obras de Erasmo de Roterdã (?1467-1536), Martin Bucer (1491-1551) e em algumas obras de Filipe Melâncton (1497-1560). A partir dos anos 1520, foram realizados numerosos colóquios a fim de apaziguar as dissensões entre "católicos" e "protestantes" (Hagueneau, Worms e Ratisbonne, 1540-1541; Poissy, 1561) e também as discórdias dentre os reformadores (Marburgo, 1529; Sandomir, 1570); esses encontros constituem as primeiras tentativas irênicas, que no mesmo século ainda contaria com personalidades de peso tão diversas como Georges Cassander (1513-1566), François Du Jon (1545-1602), David Pareus (1546-1622) e Philippe Duplessis-Mornay (1549-1623).

No entanto, logo se esboçariam duas tendências divergentes quanto ao papel que o poder político deveria desempenhar na união da igreja. Uns estimaram que a unidade deveria ser resultante de um processo puramente eclesial, enquanto outros julgaram necessária a intervenção do poder civil. Assim, no século XVII, figuras tão próximas quanto Richard Baxter (1615-1691) e John Dury (1596-1680) não endossariam a mesma resposta a essa questão: Baxter afirmou que a união permanece do foro único da igreja, e Dury se declarou favorável à intervenção do soberano.

Além disso, em pouco tempo o irenismo abrigaria duas correntes muitas vezes paralelas, mas apoiadas de diversas maneiras, segundo seus autores, e que não deixam de ter alguma relação com as duas fontes do ecumenismo contemporâneo: as assembleias "Fé e Constituição" e "Vida e Ação". De um lado, houve teólogos que, geralmente oriundos do meio acadêmico, como Georg Calixt (1586-1656), propuseram soluções teológicas para o problema da unidade, com base em uma reformulação dos enunciados doutrinários fundamentais. É nessa perspectiva que, por volta de 1680, viriam situar-se as iniciativas de Gerhard Walter Molanus (1633-1722) e Christóbal de Gentil de Rojas y Spinola (1626-1695) e, mais tarde, de Gottfried Wilhelm Leibniz (1646-1716) e Jacques Bénigne Bossuet (1627-1704). Essa "ala" do irenismo se proporia à tarefa de elucidar problemáticas teológicas tais como a norma do diálogo, a definição dos artigos fundamentais, os critérios de interpretação da Escritura ou, no caso do diálogo intraprotestante, da estrutura do que então era chamado "harmonia das confissões" (cf. a tentativa de Jean-François Salvard, em Genebra, no ano de 1580). De outro lado, porém, seria esboçado um irenismo mais "prático", destinado sobretudo a refletir no funcionamento concreto das dissensões, propondo vários métodos para suprimi-las, antes de ater-se às questões mais propriamente teológicas.

Com a evolução do fenômeno, uma nova distinção surgiria em meio às preocupações irênicas: a do grau de união a ser conquistado.

A um modelo claramente institucionalizado, visando à (re)criação de uma só igreja estruturada em escala europeia (nesse caso, a expressão mais usada é "unionismo"), viriam acrescentar-se projetos mais flexíveis, do tipo que se denomina hoje a "comunhão eclesial", ou então um simples acordo doutrinário com base em um Credo mínimo, sem implicar consequências eclesiológicas claras (é o caso do "modelo" proposto por Isaac d'Huisseau em 1670).

Podemos, por fim, mencionar outra linha de demarcação, própria ao protestantismo desde o século XVI, em relação à esfera de aplicação do irenismo. É preciso, de fato, distinguir entre aqueles que desejam a unidade de todos os cristãos, ou pelo menos entre católicos e protestantes (como é o caso do diálogo entre o arcebispo de Cantuária, William Wake [1657-1737], e Louis-Ellies Dupin [1657-1719], professor na Sorbonne), e aqueles que, como os membros do "triunvirato helvético" (Jean-Alphonse Turretini, Jean-Frédéric Ostervald e Samuel Werenfels), preferiram limitá-la ao protestantismo.

Com tudo isso, o irenismo não se define em primeiro lugar como uma corrente uniforme, assim como se costuma descrevê-lo, mas, sim, como uma tendência geral do pensamento religioso que visa a privilegiar, em vez das divergências confessionais e de suas consequentes controvérsias, a unidade de princípio quanto a alguns itens fundamentais. Nesse sentido, todas as combinações entre as várias linhas expostas aqui são concebíveis, assim como, aliás, todas as variações possíveis na escala das diversas tendências que acabamos de descrever.

Pierre-Olivier Léchot

▶ DUCHHARDT, Heinz e MAY, Gerhard, orgs., *Union, Konversion, Toleranz. Dimensionem der Annäherung zwischen den christlichen Konfessionem im 17. und 18. Jahrhundert*, Mayence, Philipp von Zabern, 2000; KLUETING, Harm, org., *Irenik und Antikonfessionalismus im 17. und 18. Jahrhundert*, Hildesheim, Olms, 2003; LOUTHAN, Howard P. e ZACHMAN, Randall C., org., *Conciliation and Confession. The Struggle for Unity in the Age of Reform, 1415-1648*, Notre Dame, University of Notre Dame Press, 2004; POSTHUMUS MEYJES, Guillaume Henri Marie, *Le développement de l'irénisme au 16ᵉ jusqu'au début du 17ᵉ siècle. Érasme, Grotius, la République des Lettres*, em Guy BEDOUELLE e Olivier FATIO, orgs., *Liberté chrétienne et libre arbitre*, Friburgo, Éditions universitaires, 1994, p. 159-184; ROUSE, Ruth e NEILL, Stephen Charles, orgs., *A History of the Ecumenical Movement, 1517-1968*, Genebra, CMI, 1993 (reed. em um vol. de *A History of the Ecumenical Movement*, t. I: *1517-1968* e t. II: *The Ecumenical Advance 1948-1970*).

▶ Anticatolicismo; Baxter; Bucer; Casaubon; Chamier; Duplessis-Mornay; **ecumenismo**; Erasmo; Huisseau; **igreja**; Leibniz; Melâncton; ortodoxia protestante; Ostervald; Poiret; Poissy (Colóquio de); tolerância; Turretini J.-A.; Werenfels

IRLANDA

Junto com a Polônia, a Irlanda é o único país do norte da Europa majoritariamente católico. No entanto, há no país o protestantismo irlandês, que data da Reforma do século XVI e conta com um número significativo de eclesiásticos influenciados pelo protestantismo da Universidade de Cambridge (John Kearney, Nehemiah Donellan, William O'Donnell).

A Reforma foi introduzida na região inglesa em torno de Dublin, mas muito pouco esforço missionário foi empregado ali. A situação mudou com a conquista da Irlanda pelos Tudors no século XVI e as guerras do século XVII. Inúmeros protestantes ingleses e escoceses acorreram para a região, além de um bom número de huguenotes após a Revogação do Edito de Nantes (1685), quando a Irlanda era dominada pelos protestantes franceses, sob o marquês de Ruvigny.

O protestantismo irlandês, portanto, sempre esteve imbuído de um caráter estrangeiro à cultura irlandesa. Poucos esforços foram empreendidos para inseri-lo na cultura gaélica. O clero enviado da Inglaterra ao século XVI era pouco numeroso e de formação insuficiente. Só foi criada uma escola para a formação de pastores em 1591, e por muito tempo não havia uma Bíblia em irlandês. Na mesma época, do lado católico, um clero de língua e cultura gaélicas mais numeroso e mais bem qualificado era formado nos colégios católicos irlandeses da Europa e sobretudo na Universidade de Salamanca.

Outra fraqueza do protestantismo era associada a sua divisão em dois movimentos oriundos da Reforma: de um lado, uma corrente irlando-inglesa, a *Church of Ireland* (Igreja da Irlanda, anglicana, igreja oficial do Estado

IRLANDA

do século XVII ao século XIX, que se considerava descendente da igreja celta irlandesa, que havia deixado de existir no século XI, justificando assim a posse dos antigos edifícios eclesiásticos do país, como as duas catedrais de Dublin), e de outro uma corrente presbiteriana de origem escocesa. As relações entre esses dois movimentos nem sempre foram amigáveis. A Igreja Anglicana e o Estado perseguiram católicos e presbiterianos no século XVIII, resultando na emigração de centenas de milhares de presbiterianos irlandeses para os Estados Unidos, onde estiveram entre os mais determinados revolucionários, sendo também os antepassados de treze presidentes do país.

O protestantismo irlandês formou personalidades que se distinguiriam em muitas áreas: teologia (arcebispo James Ussher), ciência (Robert Boyle, James Dunlop), ciências militares (duque Wellington, marechal Montgomery), ciências políticas e estética (Edmund Burke), literatura (Oscar Wilde, Bernard Shaw, Samuel Beckett).

Desenvolve-se no século XX o nacionalismo irlandês, com base na cultura gaélica, manifestando-se com frequência como anti-inglês e antiprotestante. Como resultado, houve uma união entre anglicanos e presbiterianos diante da maioria da população.

Logo após a Segunda Guerra Mundial, um referendo popular se exprimiu quanto à união dos diferentes condados com a Inglaterra. O *Government of Ireland Act* [Ato do governo da Irlanda] do dia 23 de dezembro de 1920 ratificou o voto popular. Dos 32 condados que compunham a Irlanda, 26 exigiram a independência, constituindo-se em Estado soberano, a República da Irlanda (*Irish Free State*, ou *Eire*, em irlandês). Os seis condados restantes pleitearam a manutenção da união e se tornaram uma província britânica, compondo a Irlanda do Norte, em geral chamada incorretamente de *Ulster*, nome dessa província de nove condados, dos quais três decidiram-se por integrar a república. Porém, as igrejas católica, anglicana e presbiteriana permaneceram igrejas da Ilha em seu todo.

A Irlanda do Norte e a República da Irlanda são membros da União Europeia. Uma prosperidade maior contribuiu para o apaziguamento do conflito. Porém, os preconceitos subsistiram, e foi raro que as organizações paramilitares desistissem do uso da força. Assim, foi preciso esperar até agosto de 2005 para que o *Irish Republican Arm* (IRA) resolvesse entregar suas armas. Mesmo desmilitarizadas, essas organizações conservam certo poder político.

Irlanda do Sul (Eire)

Na Irlanda do Sul, independente desde 1922, a Igreja Católica Romana é amplamente majoritária, influenciando de modo significativo a vida política e a legislação, sobretudo quanto ao divórcio, a contracepção e o aborto, além de exercer censura sobre a literatura. Mais recentemente, essa influência tem perdido o vigor, por causa da secularização e também de alguns escândalos.

A população protestante da República, apesar de sua posição minoritária, conseguiu manter o *status*. Uma alta sociedade protestante, composta da antiga aristocracia e de algumas famílias afortunadas (como a Guinness), ainda é atuante. A república contou com um presidente protestante, Erskine Hamilton Childers (1905-1974, presidente de 1973 até sua morte).

William A. McComish

Irlanda do Norte (Ulster)

Embora majoritariamente protestante, a Irlanda do Norte, criada pelo *Government of Ireland Act* do dia 23 de dezembro de 1920, contava com uma forte minoria católica (um terço da população), um grupo de um *status* socioeconômico menos elevado que o dos protestantes, que ganhariam cada vez mais poder econômico, político e administrativo. O primeiro ministro da Irlanda do Norte, no cargo de 1921 a 1940, lorde Craigavon, afirmou em 1932: "Somos um Parlamento protestante e um Estado protestante". De fato, os protestantes se engajaram na luta por manter seu domínio político através do *gerrymandering* (método que redefine os distritos eleitorais para facilitar a eleição de determinados candidatos), o que lhes permitiu conservar o poder nas cidades em que não eram majoritários (como em Derry e em Omagh). Até 1969, somente os proprietários e suas esposas podiam votar, o que favorecia os protestantes. A população católica também foi prejudicada na área do emprego. Além da administração e da política, o sistema judiciário era igualmente marcado por uma forte discriminação contra os católicos (sobre isso, seria necessário esperar o relatório oficial de 1973, *Justice in Northern Ireland*, para que tais práticas discriminatórias fossem apontadas).

A partir de 1968, graves distúrbios abalaram a Irlanda do Norte. Dificuldades econômicas e desemprego — atingindo sobretudo a população católica — exacerbaram as tensões, e os antigos estereótipos religiosos e políticos se tornaram mais evidentes à medida que o futuro parecia nebuloso. O fanatismo do IRA (influenciado pelo marxismo) e de suas ações militares foi respondido com um fanatismo protestante. Isso gerou a intervenção do Exército britânico em 1969, e a administração direta de Ulster por Londres, em 1972. Em 1982, um acordo anglo-irlandês atribuiria a Dublin o direito de vigilância sobre os negócios da Irlanda do Norte. Apesar das diversas tentativas de resolver os conflitos com negociações, a violência persistiu até 1994. No dia 23 de outubro de 1993, um atentado do IRA provocou a morte de dez pessoas em um bairro protestante de Belfast, e no dia 31 de outubro houve a ação de um comando protestante que matou sete pessoas perto de Londonderry. Após a declaração de Downing Street, no dia 15 de dezembro de 1993, em que os governos de Londres e Dublin chamaram os grupos paramilitares para negociarem a paz, o IRA proclamou o cessar-fogo no dia 31 de agosto de 1994, e as milícias protestantes repetiram o gesto algumas semanas depois. Porém, a pacificação estava apenas começando. Em 1994, Gerry Adams, presidente do *Sinn Fein*, braço político do IRA, defendeu de modo claro que uma paz duradoura só seria conquistada sem a reunificação da Irlanda, enquanto os protestantes do *Ulster Unionist Party* (UUP, partido protestante moderado) mantinham sua visão de uma Irlanda católica conservadora e acreditavam jamais ser possível um país unificado. Mesmo em pleno período de violência, católicos e protestantes trabalharam pela reconciliação, com destaque para a comunidade ecumênica de Corrymeela e o *Christian Renewal Centre* [Centro cristão de renovação] de Rostrevor. Em um contraste com a opinião geral, no entanto, em geral as igrejas protestantes e católicas mantêm relações ecumênicas, principalmente na *Irish Interchurch Conference* [Conferência irlandesa entre igrejas].

O conflito norte-irlandês tem suas raízes na história: após o fracasso de uma primeira revolta irlandesa contra o domínio inglês, em 1603, Ulster testemunhou a vinda de inúmeros presbiterianos escoceses e anglicanos; depois da insurreição de 1641, em que os irlandeses massacraram vários milhares de ingleses e escoceses, Cromwell e seu exército responderam com o massacre de milhares de irlandeses; no dia 12 de julho de 1690, na Boyne, o protestante Guilherme III d'Orange-Nassau arruinou o exército do católico Tiago II, expulso do trono da Inglaterra. Os protestantes de Ulster ainda comemoram esse fato, como também a derrota de Tiago II no cerco de Londonderry, no dia 12 de agosto de 1689. Em 1969, na data dessa segunda festa, Londonderry foi o palco de violentos confrontos entre as duas comunidades confessionais. A história pesa bastante nesse conflito em que o antagonismo entre ingleses e irlandeses acirrou as diferenças entre católicos e protestantes, já que a confissão se tornou um vetor fundamental para a identidade coletiva; como exemplos, podem ser citados o pastor extremista Ian Paisley e a Ordem de Orange, fundada em 1795, que mantém uma identidade protestante fortemente anticatólica. Da mesma forma, as transformações na Irlanda do Sul seriam um fator importante.

Duas irlandesas, Mairead Corringan e Betty Williams (uma católica, a outra protestante), fundaram um movimento pacifista de mulheres na Irlanda do Norte, recebendo o Prêmio Nobel da Paz em 1976.

No dia 22 de maio de 1998, 71% dos habitantes de Ulster e 94% dos irlandeses do Sul (da República da Irlanda) aprovaram por referendo o acordo de paz concluído em Belfast, no dia 10 de abril do mesmo ano (que ficou conhecido como "Acordo da Sexta-Feira Santa"). No dia 1º de julho, David Trimble (UUP) foi eleito primeiro-ministro do governo intercomunitário da Irlanda do Norte. No dia 16 de outubro de 1998, Timble e John Hume (católico nacionalista do *Social Democratic and Labour Party*) receberam o Prêmio Nobel da Paz em reconhecimento ao importante papel que desempenharam no processo de pacificação. Porém, a demissão de David Trimble em julho de 2001 e as dificuldades para obter o desarmamento do IRA mostraram que o caminho para a paz é longo na resolução de um conflito que resultara em mais de 3.600 mortos. Em 2004, o IRA se declarou prestes a proclamar "a cessação total e permanente de todas as atividades paramilitares", mas recusando-se a trazer a prova fotográfica da destruição de seu arsenal militar, condição exigida pelo *Democratic Unionist Pa*rty (DUP) de Ulster e por seu líder, Ian Paisley. Foi somente em agosto de 2005 que o IRA optou pelo desarmamento.

Jean-Paul Willaime

▶ BOYD, Robin, *Ireland. Christianity Discredited or Pilgrim's Progress?*, Genebra, CMI, 1988; BRUCE, Steve, *God Save Ulster! The Religion and Politics of Paisleyism*, Oxford, Clarendon Press, 1986; Idem, *The Red Hand. Protestant Paramilitaries in Northern Ireland*, New York, Oxford University Press, 1992; CALDICOTT, C. Edric J., GOUGH, Hugh e PITTION, Jean-Paul, orgs., *The Huguenots and Ireland. The Background to the Conflict*, Belfast-Syracuse, Appletree-Syracuse University Press, 1983; FULTON, John, *The Tragedy of Belief. Division, Politics and Religion in Ireland*, Oxford, Clarendon Press, 1991; MOXON BROWNE, Edward, *Nation, Class and Creed in Northern Ireland*, Aldershot, Gower, 1983.

◉ Abbadie; Boyne (Batalha do); Burke; Cromwell; Escócia; Guilherme III d'Orange-Nassau; Inglaterra

IRVING, Edward (1792-1834)

Pastor presbiteriano escocês, Irving foi o fundador da Igreja Católica Apostólica[3]. Estudou matemática, ciências da natureza, linguística e teologia em diversas universidades britânicas. Sob a influência de Henry Drummond (1786-1860), ele descobriu a ausência de quatro ministérios na igreja: apóstolos, profetas, evangelistas e doutores. Nos "últimos dias", esses ministérios deveriam ser restabelecidos, segundo ele. Ao mesmo tempo, surgiram na igreja local londrina que ele pastoreava o falar em línguas (glossolalia), profecias e outros carismas. Foi retirado de suas funções por permitir a homens e mulheres não ordenados tomarem a palavra na igreja publicamente (1832). A Igreja Católica Apostólica é inaugurada como um movimento de avivamento ecumênico para toda a igreja, adotando inúmeros aspectos litúrgicos das igrejas Católica e Ortodoxa. Porém, como a expectativa escatológica não se realizou e o avivamento não ocorreu, o colegiado dos apóstolos decidiu não mais nomear nem novos apóstolos, nem novos líderes para a igreja. A maioria dos membros retornou a suas denominações de origem, e parte deles fundou a Igreja Neoapostólica.

Irving foi uma personalidade controvertida. Tentou criar um movimento para um avivamento carismático, liderado de modo hierárquico e em benefício de todas as igrejas. Ele mesmo não profetizava nem falava em línguas, por isso acabou sendo afastado da liderança da Igreja Católica Apostólica no final da vida. Foi reprovado por defender a pecabilidade da natureza humana de Cristo, acusação que Irving rejeitou: segundo ele, embora Cristo partilhasse da natureza frágil e debilitada da humanidade, sua dependência do Espírito Santo o preservou do pecado (seriam encontrados traços de sua cristologia nas obras de Karl Barth e Thomas F. Torrance). Atualmente, alguns pentecostais ecumênicos veem em Irving um precursor do pentecostalismo, embora não haja dados históricos específicos sobre o tema.

Walter J. Hollenweger

▶ *The Collected Writings of Edward Irving*, 5 vols., org. por Gavin CARLYLE, Londres, Strahan, 1864-1865; BUNDY, David D., *Irving, Edward*, em Stanley M. BURGESS e Eduard M. VAN DER MAAS, orgs., *The New International Dictionary of Pentecostal and Charismatic Movements*, Grand Rapids, Zondervan, 2002, p. 803-804; ROBERT, Jean, *Catholiques-apostoliques et néo-apostololiques*, Neuchâtel, Delachaux et Niestlé, 1960; STRACHAN, C. Gordon, *The Pentecostal Theology of Edward Irving*, Londres, Darton, Longman and Todd, 1973.

◉ Avivamento; glossolalia; seitas

ISLÃ

1. Introdução
2. Islã e protestantismo
   2.1. Os reformadores e o islã
   2.2. Convergências e divergências
   2.3. Do desprezo ao respeito e à escuta
   2.4. Iniciativas e posições contemporâneas
3. Pensar o islã hoje acima dos reformismos: uma apologia

Como no dossiê "Judaísmo", duas vozes se exprimem aqui, uma a partir do cristianismo, outra a partir do islã. Errados ou certos, ambos os diálogos não são totalmente análogos, de fato, e Mohammed Arkoun (1928-2010) o deplora com razão.

---

[3] [NE] Essa versão é contraria ao que se encontra em estudos sobre Irvind Edward, veja: http://www.mackenzie.br/6981.html onde afirma que não foi o fundador mas que certamente o influenciou. Acessado em 19/05/14 às 15h33.

Acima desse fato (e do que ele apresenta de aspectos realmente lamentáveis), e acima do que um diálogo mais intenso e sistemático entre cristianismo e islã pode ter de proveitoso para ambos (Mohammed Arkoun é convincente aqui, e o eixo esboçado em torno dos conceitos "revelação" e "livro" parece tanto central quanto promissor), a diferença entre os diálogos deve ser um provável objeto de reflexão, a ser retomado na perspectiva aberta por Arkoun.

A diferença entre os dois diálogos se deve, de fato (por um lado), àquilo que o cristianismo integrou a seu cânon, de modo pleno, a Bíblia judaica, ainda que a perspectiva de leitura se encontre então modificada: o texto judaico é lido em um contexto específico, dialético, entre o "antigo" e o "novo". A compreensão que o cristianismo tem de si mesmo é diretamente afetada por isto: na ordem de sua própria crença, o diálogo com o judaísmo não pode ser reduzido aos aspectos intrínsecos ao debate inter-religioso, seja qual for a importância (e uma importância devida) que se atribua a esse debate. Além disso, é possível — aqui, isso é sempre apontado com relação a um fato a ser retomado criticamente na reflexão — que as religiões se expliquem de modo mais convicto, psicológica e sociologicamente, com o que se mantém "rio acima" (aqui, o judaísmo) do que com o que se mantém "rio abaixo" (aqui, o islã).

(ndlr)

1. Introdução

Hoje, todo mundo concorda em reconhecer no islã sua importância como corrente de pensamento, tradição religiosa e modelo de sociedade, devendo ser considerado não só pelo cristianismo, mas também por todas as religiões, culturas e sociedades. No espírito desta enciclopédia, privilegiamos as seguintes relações entre o islã e o protestantismo: a época dos reformadores (item 2.1), suas convergências e divergências (item 2.2), na abordagem dos orientalistas e dos missionários protestantes (item 2.3), através de diversas iniciativas e opções contemporâneas (item 2.4).

Isso não significa, de modo algum, um desinteresse pela abordagem católica, que normalmente tem sido mais bem conhecida depois do Vaticano II. Para uma visão geral do assunto que não exclua os cristãos orientais, nossa referência são as obras do pai maronita Yuakim Mubarac e as revistas *Islamochristiana*, publicada em Roma pelo Instituto Pontifício de Estudos Árabes e Islâmicos desde 1975, e *Islam and Christian-Muslim Relations* [Islã e relações entre cristãos e muçulmanos], responsável desde 1990 pelo Centre for the Study of Islam and Christiam-Muslim Relations [Centro de estudos do islã e de relações entre cristãos e muçulmanos] de Birmingham.

Aqui, não pretendemos apresentar o islã em sua unidade e diversidade de fé, nem em seu futuro histórico. A leitora e o leitor ansiosos encontrarão nos dois textos deste artigo alguns pontos elementares. Para saber mais, não faltam estudos aprofundados nem obras populares, sem contar as traduções do *Alcorão* e outros textos tradicionais do islã.

Algumas datas

610-632	Revelação do *Alcorão* e pregação de Maomé
622	Hégira, emigração de Meca para Medina; início do calendário
632-661	Os quatro califas bem orientados de Medina: Abu Bakr, Omar, Otman, Ali
667	A Batalha de Siffin faz a divisão entre sunitas, xiitas e caridjitas
661-750	Califado omíada em Damasco: expansão árabe-muçulmana
732	A Batalha de Poitiers talvez tenha sido somente um conflito
750-1055	Califado abássida em Bagdá: idade de ouro cultural de Bagdá em Córdoba
920	A escola teológica de al-Ashari se impõe entre mutazilitas e hanbalitas
1055-1258	Seldjúcidas em Bagdá e fatímidas no Egito; Cruzadas
1111	Morte do reformador, filósofo, teólogo e místico al-Ghazali
1258-1512	Invasões de Gengis Khan e Tamerlão; ascensão dos otomanos
1453	Tomada de Constantinopla
1492	Perda de Granada
1512-1798	Apogeu do Império Otomano; safávidas no Irã, mongóis na Índia
1556	Akbar, grande mongol e filósofo aberto ao diálogo
1798-1924	Colonialismo europeu; desmembramento do Império Otomano
1805	Mohammed Ali no Egito
1806	Wahabitas em Meca

ISLÃ

1924-	Nacionalismo; lutas pela independência; reafirmação islâmica
1979	Revolução islâmica do aiatolá Khomeini no Irã
1996	Tomada de Cabul pelos talibãs
2001	Atentado contra o World Trade Center em Nova York

Na segunda parte deste artigo, caberá a Mohammed Arkoun, seu autor, completar ou até mesmo corrigir as lacunas desta exposição, expressando ao mesmo tempo um ponto de vista muçulmano sobre a questão fundamental das relações longamente feitas de ignorância ou rejeição entre muçulmanos e cristãos protestantes.

2. Islã e protestantismo[4]

2.1. Os reformadores e o islã

Até o final do século XVIII, o protestantismo não manteve praticamente nenhum tipo de relação com o mundo muçulmano, fosse sunita, fosse xiita. Isso se deve a uma série de fatores históricos, geográficos e ideológicos.

Historicamente, a pregação de Maomé em Meca precede a de Lutero em Wittenberg em oito séculos. A primeira expansão árabe-muçulmana dos omíadas entra em contato com o cristianismo oriental, bizantino e católico na Espanha. Não havia protestantes na época das Cruzadas (1096-1291), e até o Renascimento os conflitos armados com seus prisioneiros, assim como as relações comerciais e as contribuições tanto intelectuais quanto culturais em torno do Mediterrâneo, promovem o contato entre muçulmanos e católicos ligados a Roma. A tomada de Constantinopla, em 1453, e o avanço dos otomanos até as portas de Viena em 1529, na época dos reformadores, e depois em 1683, são fatos que não mudam em nada a situação, já que os turcos começam a desempenhar o papel de invasores que é preciso repelir e as terras europeias por eles ocupadas são da autoridade dos patriarcas ortodoxos.

Quanto aos muçulmanos, os polígrafos como al-Biruni (973-1048), al-Shahrastani (1086-1153) e Ibn Battuta (1303-1377) se interessaram sobretudo pela África e pela Ásia, que tinham bem mais a oferecer em termos de trocas que a Europa. Quanto ao protestantismo, surgiu na parte norte da Europa, sem fronteira comum com o mundo muçulmano e culturalmente diferente da Europa latina e mediterrânea. Esse distanciamento geográfico seria reforçado com seu desenvolvimento para a Escandinávia e os países anglo-saxões.

O islã contemporâneo em números

Com uma população total estimada em cerca de 1,2 bilhão de fiéis, em progressão constante há mais de cinquenta anos, o islã é a segunda religião no mundo, após o cristianismo e antes do hinduísmo, do budismo e de demais correntes de pensamento.

Os muçulmanos se dividem em três famílias desiguais:

— 87% são sunitas, distribuídos em quatro escolas jurídicas: hanafitas (560 milhões, Oriente Próximo, Turquia, subcontinente indiano); chafeítas (280 milhões, Indonésia, Malásia, África oriental); malequitas (260 milhões, África do Norte e ocidental, Sudão, golfo árabe-pérsico); hambanitas (15 milhões, Arábia Saudita);

— 12% são xiitas: inamitas ou duodécimos (125 milhões, Irã, Iraque, Líbano); ismaelianos (20 milhões, Índia, Paquistão); zaiditas (7 milhões, Iêmen);

— 0.1% são ibaditas, de origem caridjita (Omã e África do Norte).

Convém assinalar ainda a existência de numerosas confrarias na tradição sunita e acrescentar correntes marginalizadas, tais como os ahmadis do Paquistão, os alauítas da Síria e os drusos do Líbano, sem esquecer os bahaístas, originários do Irã, hoje afastados do islã.

---

[4] [NR].: O pensamento do autor deste verbete, Jean-Claude Basset, é bastante exclusivo dentro do protestantismo. Especialmente quando expõe o pensamento de João Calvino — no início e no final do verbete — como alguém simpático à abertura religiosa para credos não cristãos. Em sua primeira citação de Calvino, Basset afirma que o reformador genebrino reproduziu em suas *Institutas da Religião Cristã* "um dos preconceitos recorrentes da Idade Média" com relação aos muçulmanos. O "preconceito" teria ligação com o fato de Calvino escrever que a religião dos turcos é idólatra. Seria preconceito escrever que os muçulmanos são idólatras? Em sua segunda citação problemática, Basset, de forma contraditória, afirma que Calvino usa nas *Institutas* uma afirmação que se equivale à frase mais proclamada pelos muçulmanos, "*Allâh akbar*" (sic), "Deus é grande" (sendo que a forma correta é Allahu Akbar). É consenso absoluto entre protestantes, tanto reformados quanto arminianos, que a expressão calviniana nas *Institutas* "Deus sempre major" (Deus é sempre maior) tem a ver exclusivamente com o pressuposto da soberania de Deus sobre todas as coisas, e não com a grandeza (jamais imanente) de uma divindade pagã conhecida como "al ilâh" (Alá), literalmente, "o Deus". Diante disso, é importante ressaltar que toda a posição de Basset com relação ao "Islã e protestantismo" representa uma parcela mínima do protestantismo e não a sua maioria. É notável a intenção do autor de aproximar o protestantismo dos sunitas, como um grupo dentro do islamismo que também recusa um clero separado e dorado de hierarquia, como é o caso da rejeição dos protestantes em relação ao catolicismo-romano.

Culturalmente, podemos distinguir sete grandes famílias:

- O islã árabe e arabizado do Oriente Próximo e da África do Norte: 205 milhões
- O islã persa do Irã, do Afeganistão e do Tajiquistão: 90 milhões
- O islã turco da Turquia, da Ásia central e da China: 145 milhões
- O islã indiano do Paquistão, da Índia e de Bangladesh: 350 milhões
- O islã oriental da Indonésia, da Malásia e das Filipinas: 200 milhões
- O islã negro da África: 150 milhões
- O islã ocidental da Europa e da América, incluindo-se os *Black Muslims*: 40 milhões

Todos os números são dados a título indicativo, a partir de um reagrupamento de estatísticas do Centro dos Altos Estudos Administrativos sobre a África e a Ásia Modernas (Paris) e do Instituto do Mundo Árabe (Paris), assim como da nova edição da *World Christian Encyclopedia. A Comparative Study of Churches and Religions in the Modern World* [Enciclopédia cristã mundial: um estudo comparativo das igrejas e religiões no mundo moderno] (2 vols., Oxford, Oxford University Press, 2001), editada por David B. Barrett, George T. Kurian e Todd M. Johnson.

Basicamente, a Reforma se afirmou contra o papado católico e, nesse sentido, operou em essência como um movimento interno ao cristianismo ocidental. Assim como os ortodoxos só intervieram como figurantes — exceto em uma tentativa de aproximação com Constantinopla —, judeus e muçulmanos constituem somente objeto de rejeição, como foi o caso do maldito papado.

Para Martinho Lutero (1483-1546), assim como para Erasmo de Roterdã (?1467-1536) e Nicolau de Cusa (1401-1464), o sucesso dos turcos no cenário político da época é juízo de Deus contra a infidelidade dos cristãos e um convite à mudança de comportamento. Todavia, o reformador rejeita a ideia de uma cruzada sob a bandeira do papa e deixa ao império a responsabilidade de defender a vida e os bens de seus súditos. No entanto, Lutero reservou palavras bem duras contra os turcos, que a seus olhos são verdadeiros inimigos de Deus, assim como o papa, o diabo e os judeus. Se as invectivas e os juízos desdenhosos são frequentes, é porque Lutero ignora praticamente tudo do islã. Devemos dizer em sua defesa que ele pessoalmente estimulou a publicação da tradução latina do *Alcorão*, demonstrando o desejo de conhecer melhor as fontes dessa religião: "Eu gostaria de ler o *Alcorão* sozinho [...]. Todo mundo se contenta com a certeza de que Maomé foi um inimigo da fé cristã. Mas onde e como, ponto por ponto, isso ainda não foi revelado, e é necessário sabê-lo" (*WA* 53, 272, 9-15). Infelizmente, a leitura do *Alcorão* parece ter apenas reforçado seus preconceitos.

João Calvino (1509-1564) não esteve mais bem informado sobre os muçulmanos, nem buscou muitas informações, apesar da aliança entre Francisco I e Solimão, o Magnífico. Diferente de Lutero, Calvino não se interessou pela publicação do *Alcorão* em latim. Nas *Institutas da religião cristã*, ele reproduz um dos preconceitos recorrentes da Idade Média, de que "os turcos, ainda que se vangloriem de boca cheia que o soberano criador é o Deus deles, colocam um ídolo em seu lugar, na medida em que reprovam Cristo" (II, VI, 4). Pierre Viret (1511-1571) também não demonstra uma opinião nuançada ao retomar em 1554 a tese da apostasia: "Quem são os judeus hoje, senão apóstatas da antiga igreja de Israel? E os turcos, da mesma forma, quem são eles, senão apóstatas da antiga igreja cristã, que seguem a doutrina de Maomé, profeta deles, assim como os papistas seguem a doutrina e as tradições do papa, que também veio da mesma igreja, em vez de seguir a doutrina de Jesus Cristo?" (*Des actes des vrais successeurs de Jésus-Christ et de ses Apôtres, et des apostats de l'Église Papale* [Atos dos verdadeiros sucessores de Jesus Cristo e de seus apóstolos, e os apóstatas da igreja papal], Genebra, Jean Gérard, 1554, *Épistre* [Epístola], fol. A iii v°). Por contraste, convém mencionar a voz mais bem informada e mais tolerante de Sébastien Castellion (1515-1563) em seu tratado *De l'impunité des hérétiques* [Da impunidade dos hereges], publicado em 1555 (ed. latim-francês, Genebra, Droz, 1971).

Assim como apontado por Victor Segesvary em sua tese *L'Islam et la Réforme* [O islã e a Reforma], permanece de grande importância a publicação em Basileia, no ano de 1543, do que ficou conhecido como "coleção de Bibliander": Theodor Buchmann (1504-1564), "Bibliander", humanista e orientalista, foi discípulo e sucessor de Zwinglio em Zurique.

ISLÃ

Nessa coleção encontra-se a tradução latina do *Alcorão*, concluída em 1143 por Robert de Ketton, e outras obras como *Confutatio Alcorani* de Ricoldo da Montecroce (1242?43-1320), reunidas na coleção de Cluny sob a responsabilidade de Pedro, o Venerável, sendo o conjunto precedido das recomendações de Lutero, Melâncton e Bibliander. Se a preocupação apologética domina essa publicação controversa, Bibliander defende em suas páginas a necessidade de buscar informações sobre o *Alcorão* com o mesmo interesse que se nutre pelas obras da Antiguidade e pelas obras judaicas e papistas, visando a um conhecimento objetivo: "Considero interessante para os estudos teológicos e benéfico para a igreja que a doutrina de Maomé e os comentários de seus discípulos sejam publicados, em uma época em que os interesses do cristianismo e dos turcos muçulmanos se sobrepõem por causa de guerras, hostilidades, cativos, alianças" (*Machumetis Saracenorum principis, eiusque successorum vitae, ac doctrina, ipseque Alcoran*, t. I, Basileia, Jean Oporin, 1543, fol. a 5 rº).

Tanto em Zurique quanto em Estrasburgo ou Wittenberg, os reformadores reprovam no islã o monoteísmo que rejeita a Trindade e a divindade de Cristo, a percepção da salvação, que é associada aos deveres prescritos por Maomé e não à graça divina, e uma moral considerada laxista, já que permite a poligamia e a violência na sociedade europeia. Eles têm dificuldades para se desapegarem de uma leitura parcial, ou até mesmo cega, na medida em que, como João Damasceno, consideram o islã um desvio do cristianismo e veem em Maomé a figura do anticristo.

2.2. Convergências e divergências

Esse desconhecimento inicial não poderia dissimular certo número de afinidades teológicas e práticas entre o islã e o protestantismo. Um olhar mais brando pode contribuir para apontar as bases de uma aproximação, assim como um debate frutífero, sobre os pontos divergentes.

A Reforma Protestante se caracterizou por um retorno às fontes bíblicas, portanto semíticas em grande medida, próximas ao islã, tais como a referência aos profetas do Antigo Testamento ou o apego a Abraão. A primazia concedida à Escritura é paralela à primazia absoluta que os muçulmanos atribuem ao *Alcorão*, assim como a designação que eles dão a judeus e cristãos: "povos do Livro". A relação entre Escritura e tradição (*sunna*) pode ser revisitada em um contexto mais amplo, das religiões fundadas com base em um livro revelado: judaísmo, cristianismo e islã. Porém, não se poderá evitar um debate sobre a natureza da revelação e da inspiração dos textos, indiretamente ligado à questão da legitimidade de uma leitura histórica e crítica, inaugurada pelos protestantes, e que é hoje amplamente (mas não de modo unânime) aceita pelos cristãos e rejeitada pelos muçulmanos.

Muçulmanos e protestantes partilham a preocupação com uma adoração que seja dada a Deus somente, sem intermediários, seja este um anjo, um santo, um sacerdote. Há um paralelo impressionante entre o *soli Deo gloria* de Calvino e a insistência muçulmana na transcendência absoluta de Deus: *lâ ilâha illa Allâh* ("nenhum deus a não ser Deus"). Certamente não foi por acaso que, em dado momento, o problema da predestinação tenha adquirido uma dimensão comparável. Há divergência na abordagem trinitária de Deus no cristianismo, que o islã interpreta como triteísmo, assim como o cristocentrismo afirmado pelos reformadores. Sem nada diminuir do caráter irredutível das duas percepções de Deus, seria um grande passo o reconhecimento de ambos os lados de que nenhuma teologia, nem mesmo inspirada, poderia esgotar a realidade de um Deus radicalmente transcendente.

A graça de Deus, colocada em primeiro plano pelos reformadores, encontra eco na invocação muçulmana: *bismillâh al-rahmân al-rahîm*, "em nome de Deus, o misericordioso que usa de misericórdia". A *sola fide*, a "fé somente" que salva, não é estranha à escola asharita, referência na tradição sunita. No entanto, a articulação entre fé e obras é necessariamente diferente; isso se deve, ao mesmo tempo, à importância da lei (que o islã partilha com o judaísmo e que no protestantismo foi fortemente contestada, a exemplo do apóstolo Paulo) e à realidade do pecado, enfatizada pela tradição protestante, para a qual o ser humano nada pode sem o perdão divino. Segue-se disso uma visão geralmente mais pessimista da natureza humana que no islã, já que para os muçulmanos os avisos e as orientações de Deus são suficientes para uma relação correta.

> "Em nome de Deus, o Clemente, o Misericordioso,
> Louvado seja Deus, Senhor do Universo,
> Clemente, o Misericordioso,
> Soberano no Dia do Juízo.
> Só a Ti adoramos e só de Ti imploramos ajuda!
> Guia-nos à senda reta,
> À senda dos que agraciaste, não à dos abominados, nem dos extraviados."
>
> Primeira surata (*al-Fátiha*, "A abertura")

> "Em nome de Deus, o Clemente, o Misericordioso.
> Dize: Ele é Deus, o Único!
> Deus! O Absoluto!
> Jamais gerou ou foi gerado!
> E ninguém é comparável a Ele!"
>
> Surata 112 ("A unicidade")

> "Deus é a luz dos céus e da terra.
> O exemplo da Sua luz é como o de um nicho em que há uma candeia; esta está em um recipiente; e este é como uma estrela brilhante, alimentada pelo azeite de uma árvore bendita, a oliveira, que não é oriental nem ocidental, cujo azeite brilha, ainda que não o toque o fogo. É luz sobre luz! Deus conduz a sua luz até quem Lhe apraz. Deus dá exemplo aos humanos, porque é onisciente."
>
> Surata 24 ("A luz")
> 35 (verso caro aos sufis).

O Alcorão sagrado, trad. por Samir El Hayek, Foz do Iguaçu, Centro Cultural Beneficente Árabe Islâmico de Foz do Iguaçu, s/d.

O culto protestante, assim como a oração muçulmana, é de uma extrema simplicidade, tanto em seu desenvolvimento (centrado na Escritura) quanto em sua arquitetura e sua simbólica: há a mesma recusa às imagens e estátuas, em favor da palavra orada, recitada e pregada. Se a liturgia protestante impressiona por certo imobilismo, contrariamente ao gestual da oração muçulmana (*salât*), é com o canto que ela assegura a participação comunitária. Se manteve os sacramentos, reduziu-os ao batismo e à ceia, simplificando-os; e reservou mais espaço para a oração livre ou pessoal do oficiante e da comunidade.

Com os sunitas, os protestantes têm em comum (à diferença dos xiitas) a recusa a um clero em separado e dotado de uma hierarquia e de um poder específicos. Ambos rejeitam o hábito religioso, e tanto o imã quanto o pastor (como também o rabino) são desprovidos de *status* sacerdotal e podem casar-se. No mesmo sentido, o adágio sunita "sem monaquismo no islã" também vale para a tradição protestante, na qual as comunidades de homens e mulheres são exceção. Não se acha, além disso, locais em que o poder é centralizado por trás das entidades políticas respectivas, mas no máximo órgãos de consulta em escala mundial, tanto para o islã quanto para o protestantismo.

Baseando-se nos mesmos Dez Mandamentos ou Palavras de Moisés, a ética pessoal e familiar oferece inúmeras semelhanças. Porém, enquanto o islã se caracteriza pela estrita fidelidade à lei (*sharî'a*), o protestantismo luta pelo livre exame, enfrentando todos os poderes, quer religiosos, quer políticos. A prioridade dada à consciência pessoal leva a certa relativização de normas morais, e até mesmo doutrinárias, principalmente na corrente liberal. Essa é certamente a origem do que podemos chamar individualismo protestante, bastante difundido na sociedade ocidental, em um contraste com as normas comunitárias que caracterizam as sociedades muçulmanas. Também é uma porta aberta para uma adaptação maior a novos valores sociais, como os direitos humanos e a liberdade religiosa, além da igualdade entre homens e mulheres — que fez com que as mulheres pudessem ter acesso ao ministério pastoral.

No nível social, por fim, o protestantismo concorda com o sunismo tradicional quanto a reconhecer certo laicismo da sociedade, contra a tentação de opor a esfera política à esfera religiosa. Não somente o poder político independe das instâncias religiosas para assegurar o bem-estar de todos, mas reconhece nos cristãos a liberdade e o dever de desenvolver suas responsabilidades, seja no comércio e na indústria, seja na ciência.

Ainda que na tradição protestante seja comum certa desconfiança com relação à mística, devemos mencionar aqui a inegável convergência entre sufismo (*tasawwuf*) e protestantismo. Quanto à piedade protestante, podemos citar a preocupação com a interioridade, acima da lei exterior, ou a relação com Deus, a meditação nos textos, as reuniões de oração. Não é por acaso que cristãos protestantes podem atestar uma ressonância espiritual com muitos textos e orações sufis.

Esse rápido inventário não poderia deixar de lado a tradição xiita. Afastada do protestantismo pela idealização dos imãs e de

ISLÃ

Fátima (objeto de uma piedade que lembra a mariologia), pelo papel central do clero, pela veneração dos santos e por uma piedade popular muitas vezes ruidosa, essa corrente do islã também mantém algumas afinidades com a tradição protestante. Se a figura de Jesus surge um tanto nebulosa em relação ao sunismo, fatos como o escândalo do martírio de Hussein (neto de Moamé morto em um combate injusto e desigual) e a presença oculta do imã cujo retorno é esperado oferecem aproximações com a cristologia e a escatologia cristãs, tais como compreendidas pela tradição. Os protestantes podem também sentir alguma identificação com a persistência da *ijtihâd*, reflexão religiosa e filosófica, e com a separação entre as esferas religiosa e política, conforme atestada no Irã do século XVI até a revolução realizada pelo aiatolá Khomeini.

2.3. Do desprezo ao respeito e à escuta

Uma vez estabelecida e reconhecida sua existência em um pedaço nada negligenciável da Europa, o protestantismo não poderia manter indefinidamente a imagem lacunar e unilateralmente negativa que os reformadores sempre tiveram do islã. Era necessário, contudo, esperar o grande período de expansão colonial da Europa, de que participaram ativamente os países protestantes Grã-Bretanha e Países Baixos, e sobretudo o desenvolvimento das missões do século XIX, em que luteranos, reformados, batistas, anglicanos e metodistas tomaram parte ativa. O encontro, tanto físico quanto no plano das ideias, tornava-se então inevitável, assim como tornavam-se insustentáveis a ignorância e o desprezo dos primeiros tempos da Reforma.

Acima das referências positivas no deísmo, foi sobretudo a partir do século XIX que Maomé encontrou admiradores dentre autores europeus (como o alemão Johann Wolfgang Goethe [1749-1832], o francês Alphonse de Lamartine [1790-1869] e o inglês Thomas Carlyle [1795-1881]). No meio protestante, o primeiro a arejar os conhecimentos do islã foi com certeza o clérigo anglicano Charles Forster, autor do monumental *Mahometanism Unveiled* [Maometanismo desvelado] (2 vols., Londres, Duncan-Cochran, 1829). Partindo da dupla aliança de Deus com Abraão em favor de Isaque e de Ismael, o autor elabora uma estreita comparação entre o islã e o cristianismo quanto à moralidade, à doutrina, à liturgia, às escrituras e à cultura. Embora a comparação seja quase sempre desfavorável para o islã, o volume de informações veiculadas nessa obra é enorme. Apenas com a obra publicada pelo metodista britânico James W. Sweetman, com o título *Islam and Christian Theology* [O islã e a teologia cristã] (4 vols., Londres, Luterworth, 1945-1967) que o protestantismo ofereceria uma síntese sistemática comparável.

De fato, os protestantes desempenharam um papel significativo na evolução da percepção do islã na Europa, conforme o demonstra o reformado holandês Willem Abraham Bijlefeld em sua tese *De Islam als na-Christelijke religie* (Haia, Van Keulen, 1959; contém um resumo em francês). Outro especialista protestante do islã, também holandês, é Jacques Waardenburg, que dedicou sua tese *L'islam dans le miroir de l'Occident* [O islã no espelho do Ocidente] (1961) a cinco orientalistas, dos quais três são protestantes: o luterano alemão Carl Heinrich Becker (1876-1933), o reformado holandês Christiaan Snouck Hurgronje (1857-1936) e o anglicano que emigrou para os Estados Unidos, Duncan Black Macdonald (1863-1943), além do judeu húngaro Ignacz Goldziher (1850-1921) e do católico francês Louis Massignon (1883-1962).

Dentre os islamólogos protestantes contemporâneos, três nomes são representativos. O pastor escocês William Montgomery Watt (1909-2006), professor na Universidade de Edimburgo de 1947 a 1979, foi um dos mais famosos especialistas na vida de Maomé, com dois volumes traduzidos para o francês: *Mahomet à la Mecque* [Maomé em Meca] (1953, Paris, Payot, 1977) e *Mahomet à Médine* [Maomé em Medina] (1956, Paris, Payot, 1978). Também se interessava bastante pela interação do islã com a cultura antiga e contemporânea. Sua ênfase na neutralidade e na seriedade acadêmica fez com que evitasse considerações de ordem teológica, o que não o impediu de acrescentar uma contribuição significativa ao diálogo, com o título *Islam and Christianity Today* [Islã e cristianismo hoje] (Londres, Routledge and Kegan Paul, 1983).

O protestante canadense Wilfred Cantwell Smith (1916-2000) tem uma opinião bastante diversa. Professor de história comparada da religião nas universidades McGill, de Montreal, Harvard, de Cambridge, e Dalhousie, de

Hallifax, Smith foi missionário na Índia. A distinção essencial que ele faz, em toda religião, entre a fé pessoal e a tradição histórica o levou à elaboração de uma teologia que abarcasse a totalidade do fenômeno religioso. Especialista em islamismo, buscou compreender os conceitos-chave e renovar as visões sobre essa tradição. Em sua obra *On Understanding Islam* [Entendendo o islã] (Paris-Haia, Mouton, 1981), une as duas posições, de cientista e de teólogo, para formular propostas originais que superassem a oposição entre cristãos e muçulmanos, levando-os a refletirem juntos em sua problemática em comum.

Por fim, há um pesquisador protestante inclassificável, o francês Henry Corbin (1903-1978), que dedicou toda uma vida à filosofia islâmica em geral e ao xiismo iraniano e ismaeliano em particular. Não se contentou em publicar um bom número de textos persas e uma síntese magistral em quatro volumes, *En islam iranien. Aspects spirituels et philosophiques* [No islã iraniano: aspectos espirituais e filosóficos] (Paris, Gallimard, 1971-1972); esforçou-se também, sobretudo com suas 25 conferências na Suíça, no Círculo Eranos, por lançar os fundamentos de uma filosofia comparada que visa a nada menos que uma harmonia das religiões abraâmicas, consideradas em sua dimensão espiritual, contra todas as ortodoxias rígidas e doutrinárias.

Na área de missões, o britânico Henry Martyn (1781-1812) foi um dos primeiros protestantes a dedicarem-se de corpo e alma ao islã, a partir de controvérsias apologéticas. O alemão Carl Gottlieb Pfander (1803-1865) seguiu seu exemplo, tornando-se famoso com a conhecida obra publicada em persa em 1835, *Mîzân al-Haqq* ("A balança da verdade"), que foi traduzida para muitos idiomas e suscitou respostas muçulmanas. Meio século depois, encontramos uma abordagem mais atenta ao islã na pessoa do anglicano Temple Gairdner (1873-1928), para quem o islã pode ser uma *preparatio evangelica*, e na obra do reformado Samuel Zwemer (1867-1952), fundador e editor, de 1911 a 1947, da revista americana que é referência no assunto, *The Moslem World* [O mundo muçulmano].

Dois missionários deixaram profundas marcas na abordagem protestante do islã. Trata-se, em primeiro lugar, do reformado holandês Hendrik Kraemer (1888-1965). Após um longo trabalho na Indonésia, ele dominou os debates da Conferência Missionária de Tambaram, em 1938, com sua obra publicada no mesmo ano, *The Christian Message in a Non-Christian World* [A mensagem cristã no mundo não cristão] (Nova York, Harper, 1947). Discípulo de Karl Barth, Kraemer defende a ideia de uma descontinuidade radical entre a revelação cristã e todas as demais religiões, recusando todo diálogo de natureza religiosa com um islã cuja concepção mecânica e legalista sufoca o indivíduo, apesar da influência contemporânea.

Por outro lado, o clérigo anglicano, que se tornaria bispo, Kenneth Cragg (1913-), pode ser considerado o Louis Massignon do protestantismo. Em sua obra decisiva, *The Call of the Minaret* [O chamado do minarete], publicada em 1956 (Londres, Collins, 1985), Cragg se propõe a valorizar a experiência muçulmana com Deus. Preocupado com a presença cristã entre os muçulmanos, ele nunca deixaria de clamar, em seus muitos textos, para que os cristãos descalçassem seus escândalos às portas das mesquitas para enfim escutar o islã, a fim de que pudessem testemunhar de modo respeitoso e crível a fé em Cristo em um espírito de diálogo isento de olhar crítico.

2.4. Iniciativas e posições contemporâneas

É forçoso constatar, neste início do século XXI, que uma grande proporção de cristãos, sobretudo protestantes, continuam a ignorar tudo sobre a fé e as práticas muçulmanas, isso quando não são movidos pelo medo diante das manifestações muçulmanas mais ruidosas de afirmação religiosa e política. No entanto, é preciso reconhecer que há cerca de trinta anos um bom número de igrejas começa a levar a sério a realidade do islã e a esforçar-se por responder positivamente ao desafio que se coloca tanto diante da fé cristã quanto diante dos modelos de sociedade ocidental.

Para a Igreja Católica, a mudança de atitude foi o Conselho Vaticano II, a declaração *Nostra aetate* sobre as religiões não cristãs (1965) e a formação de um secretariado para os não cristãos, que se tornou o Conselho Pontifício para o Diálogo Inter-religioso. No meio protestante e ecumênico, em 1971 foi criada uma seção para o diálogo, com inúmeras consultas inter-religiosas, principalmente com os muçulmanos (cf. Stuart E. BROWN, org., *Meeting in Faith. Twenty Years of Christian-Muslim*

ISLÃ

Conversations Sponsored by the World Council of Churches [Encontros na fé: vinte anos de diálogos entre cristãos e muçulmanos patrocinados pelo Conselho Mundial de Igrejas], Genebra, CMI, 1989), e publicações de comentários sobre o diálogo em geral, com judeus e muçulmanos. Por restrições orçamentárias, a seção não existe mais, mas o desejo de diálogo permanece real.

As grandes famílias confessionais anglicana, luterana, reformada, metodista e batista engajaram-se no mesmo caminho de abertura e encontro, e as publicações sobre as relações entre o islã e o cristianismo são abundantes. A Conferência das Igrejas Europeias promoveu duas importantes consultas na Áustria (Salzburgo, 1978; Sankt Pölten, 1983) e desde então colabora com o Conselho das Conferências Episcopais da Europa, em um comitê chamado "Islã na Europa", que está na origem de diversas consultas, tais como a de Birmingham, em 1991, sobre a inserção da problemática muçulmana na formação teológica de padres e pastores, e a de Sarajevo, em 2001, sobre a cooperação islâmico-cristã na Europa. Questões como a aplicação da *sharia* ou os casamentos mistos também foram temas de publicações. Em um sentido mais pastoral e ecumênico, houve encontros anuais, as "Jornadas de Arras", dirigidas a líderes católicos e protestantes engajados nos contatos com muçulmanos da Europa.

Centros de estudo e pesquisa de inspiração protestante são totalmente dedicados a um conhecimento mais aprofundado do islã e do mundo muçulmano, em geral com a participação ativa de professores e até estudantes muçulmanos. São eles: *Centre for the Study of Islam and Christian-Muslim Relations* [Centro para o estudo do islã e das relações entre cristãos e muçulmanos] em Birmingham (Grã-Bretanha), *Duncan Black Macdonald Centre for Islamic Studies* em Hartford e *Zwemer Institut of Muslim Studies* em Altadena (Estados Unidos), *Henry Martyr Institute of Islamic Studies* em Hiderabade (Índia), *Christian Study Centre em Rawalpindi* (Paquistão). Instalado em Nairóbi (Quênia), o Programa de Relações Islâmico-cristãs na África empreende os mesmos esforços junto às igrejas protestantes do continente africano.

Hoje, a maior parte das igrejas protestantes ou católicas na Europa possuem um grupo de trabalho para abordar as questões suscitadas pela presença muçulmana. Algumas designaram um ou dois líderes responsáveis por encontros quase cotidianos com muçulmanos e demais religiosos. Dessa forma, puderam ser abordadas questões como: a informação disponível sobre o islã, os direitos das minorias muçulmanas, os casamentos mistos entre muçulmanos e cristãos, o testemunho cristão diante dos muçulmanos.

De acordo com Omar (que Alá esteja satisfeito com ele):

Enquanto estávamos sentados na companhia do Mensageiro de Alá (que Alá o bendiga e o salve!), surgiu diante de nós um homem com vestes de uma grande alvura e com cabelos muito negros. Não se parecia de modo algum com um viajante, e nenhum de nós o conhecia. Assim que se aproximou do Profeta (que Alá o bendiga e o salve!), ajoelhou-se diante dele e pôs as palmas das mãos sobre suas coxas:

— Ó Maomé, informa-me sobre o islã.

— O islã — respondeu o Mensageiro de Alá — consiste em que testemunhes que não há outro deus senão Alá e que Maomé é o Mensageiro de Alá; que cumpras as orações, que pagues o zakât [esmola legal], que jejues durante o Ramadã e que faça peregrinação à Casa (de Alá) se puderes.

— Tens dito a verdade — disse o homem.

Ficamos espantados ao vê-lo questionar o profeta e dar-lhe sua aprovação.

— Explica-me — continuou o visitante — o que é a fé [îmân].

— Consiste em crer em Alá, em seus anjos, em seus livros, em seus apóstolos e no Juízo Final; em crer no Destino, portador do Bem e do Mal — respondeu o Profeta.

— Tens dito a verdade — disse o homem. — Explica-me — continuou ele — o que é o bom comportamento [ihsan].

— Consiste em servir a Alá como se o visse; pois, se tu não o vês, ele te vê.

— Explica-me a Hora (última).

— Aquele que é questionado — respondeu o Profeta — sabe sobre a Hora tanto quanto aquele que lhe pergunta.

— Explica-me os sinais (precursores).

— Será quando a escrava der à luz sua mestra, quando veremos os descalços, os nus, os miseráveis e os pastores disputando sobre quem construirá o mais alto edifício.

— Lá longe, o desconhecido se foi. Fiquei um bom tempo (refletindo) quando o Mensageiro disse:

— Ó Omar, sabes quem é esse que te fez perguntas?
— Alá e seu mensageiro — respondeu ele — são mais sábios.
— Era Gabriel! Veio a vós para instruir-vos sobre vossa religião.

Hadith de Gabriel, contado por Muslim (*Les 40 hadith de Nawawi*, trad. de Louis Pouzet, Roma, Instituto Pontifício de Estudos Árabes, s/d, p. 14s, trad. modificada).

O protestantismo mantém percepções bastante diversas sobre o islã e os muçulmanos. Entre a rejeição (e até mesmo a condenação) de muitos e a fascinação de alguns, e ainda certo número de convertidos, podemos examinar quatro atitudes fundamentais que não se excluem totalmente e são oriundas do ensino bíblico e da tradição cristã.

A primeira opção, pragmática, é a do convívio e da solidariedade. Trata-se essencialmente de uma aproximação sem preocupações com a etiqueta religiosa ou de uma abstração da própria crença religiosa. Podemos pensar nas melhores horas de coexistência com o Oriente Próximo e no engajamento de diversos grupos cristãos em favor dos direitos dos imigrantes muçulmanos e dos que pedem asilo na Europa ocidental. A referência aqui é a dos direitos humanos e do mandamento bíblico, "amarás teu próximo como a ti mesmo", para que sejam estabelecidas relações mais justas em uma sociedade mais igualitária.

A segunda opção se insere na história dos dois séculos de missões protestantes, em uma perspectiva de evangelização e conversão. Trata-se do testemunho da fé em Jesus Cristo através de ações e palavras para convidar o outro a integrar a comunidade cristã (cf. os testemunhos registrados por J.-M. Gaudeul em *Appelés par le Christ* [Chamados por Cristo]). Essa postura, que hoje tem seu equivalente muçulmano na *da'wa*, o apelo ao islã, caracteriza de modo bastante amplo os protestantes que chamamos de evangélicos por seu apego exclusivo à Bíblia e sua convicção de que a salvação se dá somente na fé em Cristo. A referência clássica é o *ide* expresso nas últimas palavras de Cristo, em Mateus 28.18-20, que visa estender a fé cristã a toda a terra.

A terceira opção é o diálogo, que é fundamentalmente um aprendizado de tolerância e respeito mútuos. De fato, trata-se de encontrar-se em pé de igualdade e em um espírito de reciprocidade, de modo a manter o equilíbrio entre a escuta da fé e das expectativas do interlocutor, de um lado, e o testemunho de suas próprias convicções, de outro. Hoje, essa é a tendência privilegiada pelos meios protestantes ecumênicos, que encontra eco no meio muçulmano que deseja chegar a um entendimento sobre as convergências e divergências de ambos os lados. A referência é a Regra de Ouro de Mateus 7.12 e Lucas 6.31: *Tudo quanto, pois, quereis que os homens vos façam, assim fazei-o vós a eles também*, que pode ser encontrada em Platão e nas principais tradições religiosas. O objetivo claramente enunciado é diminuir a ignorância e a incompreensão que separam cristãos e muçulmanos, alcançando um mínimo necessário para uma coexistência pacífica, ou, melhor ainda, para um testemunho em comum aos olhos do mundo atual.

Para terminar, mencionaremos um quarto caminho apenas esboçado, mas indispensável se queremos superar quatorze séculos de antagonismo entre cristãos e muçulmanos, um antagonismo fratricida. Trata-se nada menos de um abandono dos juízos de valor que forem negativos ou condescendentes sobre a religião do outro, considerando a pluralidade das tradições não somente como um fato já estabelecido, mas também como um dom de Deus. Não se trata de abandonar o essencial da fé de cada um, mas, sim, de abandonar tudo aquilo que, na expressão de cada fé, for exclusivo e imperialista. Trabalham em prol dessa ampliação radical de nossas concepções teológicas pensadores como Kenneth Cragg, Wilfred Cantwell Smith ou Henry Corbin, estimulados pela mesma afirmação calvinista, *Deus semper major* ("Deus [é] sempre maior"), e por seu equivalente no apelo incansável dos muçulmanos, *Allâh akbar*.

Jean-Claude Basset

3. Pensar o islã hoje acima dos reformismos: uma apologia

Em um livro a duas mãos com Joseph Maïla, *De Manhattan à Bagdad. Au delà du Bien et du Mal* [De Manhattan a Bagdá: além do bem e do mal] (Paris, Desclée de Brouwer, 2003), desenvolvi a ideia de que o acontecimento de 11 de setembro de 2001 mostra tal riqueza revelatória que pode orientar o pensamento contemporâneo para uma subversão intelectual de todos os sistemas de pensamento herdados nos campos do fato religioso e também da política. Nessa perspectiva, a reconstituição do acontecimento somente em sua dimensão política, por líderes políticos e inúmeros comentadores com graus variados de conhecimento e cultura, pode ser transformada no *advento* de uma estratégia cognitiva e de um humanismo intercultural sem precedentes na história das civilizações. Essa utopia realizável é, para mim, a culminação de quarenta anos de pesquisa e ensino do islamismo, desse islã que hoje tem sido coisificado, esvaziado de todo o seu valor espiritual, comprometido com as violências que mais negam a vocação própria à pessoa: transgredir e ultrapassar todas as fronteiras e recusas que a diminuem e esmagam.

Alguns anos após a tragédia, podemos levantar algumas constatações:

1) O pensamento e a ação política estão atolados em confusões, desordens semânticas, regressões conceituais e intelectuais que autorizam o desenvolvimento de mais vontade de poder, de atos de conquista e dominação, de retorno a formas imaginárias e populistas da religião, com as conquistas mais espetaculares da religiosidade e da credulidade.

2) Essas transformações, cujas origens ainda não podemos prognosticar, estão correlacionadas ao problema do fracasso das ciências humanas e das ciências sociais em dois níveis fundamentais: a pesquisa aplicada pelas sociedades contemporâneas para a gestão de seu capital social e simbólico; o uso das contribuições mais fecundas e mais libertadoras na área da natureza no tratamento das funções e das instrumentalizações do fato religioso, assim como sua transmissão através da educação.

3) A divisão traçada desde o século XVIII entre, de um lado, os povos e os Estados-nações produtores de modernidade emancipadora da condição humana e, de outro, os povos e sociedades sempre considerados primitivos, arcaicos, tradicionais, sem história, subdesenvolvidos, em via de desenvolvimento, pertencentes ao Terceiro Mundo foi reforçada de tal forma que, desde 1989 (queda de um dos dois grandes) e, mais agressivamente, desde 11 de setembro de 2001, pode-se falar de uma potência unipolar nomeada "Ocidente" e de resíduos que, nessa concepção, estão prestes a desaparecer (os "Estados rufiões") ou a fundir-se em um modelo de desenvolvimento da existência humana em que somente a razão teletecnocientífica geraria "recursos humanos", sem o respeito pelas memórias coletivas, pelas consciências históricas críticas, pela razão filosófica e, ainda menos, pela razão religiosa, cuja retirada definitiva tem sido celebrada ou pregada (e o próprio cristianismo tem mostrado os caminhos para essa "retirada da religião").

A combinação de três fatores mais importantes precipitou, desde os anos 1950, a marcha rumo à catástrofe atual, não ainda assumida por nenhuma tradição de pensamento em todo o mundo:

— O desequilíbrio crescente entre, de um lado, as sociedades desenvolvidas, ricas e poderosas e, de outro, as sociedades regressivas, subdesenvolvidas, em relação à evolução demográfica.

— O surgimento de partidos-Estados patrimoniais e predadores em todas as sociedades guiadas por "heróis libertadores" para o fim do domínio colonial e a instauração de regimes autoritários estranhos a todos os códigos sociais heterogêneos e os campos de ruínas simbólicas deixados pelos "civilizadores" e pelos mensageiros da modernidade.

— A crise generalizada da razão humanista e crítica, das instâncias de autoridade intelectual e espiritual, dos governos democráticos, da modernidade como projeto nunca finalizado da razão humanista, da solidariedade como um valor entre os cidadãos de todo espaço político regido pelo Estado-nação e principalmente entre os povos entregues ao abandono ou ao domínio arbitrário de Estados de fato rufiões desde as ditas reconquistas das soberanias nacionais.

Nesse mapa-múndi de tragédias politicamente programadas com responsabilidades não ainda reconhecidas pelas *intelligentsias*, as instâncias de recorte dos objetos de estudo na pesquisa, os canais de transmissão de saberes e as instâncias de definição dos programas educativos, os partidos-Estados e suas sociedades forçadas a buscar um *refúgio*, uma *guarida* e/ou um *trampolim* naquilo que não podemos mais simplesmente chamar islã ocupam um lugar sobremodo estendido no planeta. É de lá que chega a alta visibilidade do furor dos povos que clamam pertencer ao "islã", duplamente instrumentalizado pelos manipuladores "nacionais" e os tomadores de decisão "esclarecidos", "confiáveis", garantidores da razão e dos valores supremos do "Ocidente". Essas aspas sucessivas esperam ainda por analistas críticos que sejam capazes de problematizar e conceitualizar o que eu chamaria de processos, mecanismos e relações, que são reais e sistematicamente ocultados pela cumplicidade objetiva dos grandes atores que monopolizam o exercício da violência legal acima da distinção corrente entre dominantes e dominados, em diversos níveis na hierarquia social e em relações internacionais.

Estamos bastante longe, como se percebe, do contexto de pensamento e análise em que eu e Jean-Claude Basset aceitamos inserir nossas observações históricas e programáticas. Meu parceiro propôs um histórico muito bem documentado de percepções e representações do islã pelo protestantismo, desde as origens, apontando os momentos, os temas, os nomes, os títulos mais significativos, ao mesmo tempo que se manteve mais informativo que analítico ou crítico dos diversos olhares dirigidos para um objeto de conhecimento sempre distanciado. Não podemos fazer o mesmo do lado do islã, cuja curiosidade em relação ao judaísmo e ao cristianismo é bem mais pobre e mais marcada por rejeição dogmática *a priori* do que a curiosidade que haviam cultivado os muçulmanos até os séculos XI e XII. As guerras e as tensões políticas que dominaram as relações entre os Estados-nações "ocidentais" e o islã como força de insurreição histórica desde 1945 agravaram amplamente os choques recorrentes e até mesmo cotidianos do que eu chamo há muito tempo ignorâncias institucionalizadas, apesar da intervenção, do lado ocidental, de eruditos de alta qualidade. Nisso, há ainda menos reciprocidade por parte dos muçulmanos, após as tragédias desencadeadas pelas respostas ao Onze de Setembro. As causas dessa situação são múltiplas, ao mesmo tempo muito antigas e muito recentes: a cristologia alcorânica, tal como estabelecida pela exegese clássica e instrumentalizada pela recorrente polêmica islâmico-judeu-cristã, continua a fornecer uma argumentação decisiva, mas que ainda não foi submetida aos ensinamentos da crítica histórica. O discurso nacionalista de libertação, nos anos 1950-1960, enfatizado e radicalizado no sentido do repúdio pelo discurso islamista militante atual, conduz os atores, cujas motivações religiosas e/ou políticas são difíceis de distinguir, à espiral de tragédia e violência que se vê.

Historicamente, haveria muito a dizer sobre as influências emancipadoras, a repercussão, os efeitos ideológicos das missões e dos colégios protestantes nos meios muçulmanos, principalmente durante o domínio colonial. No entanto, a história narrativa e descritiva não é suficiente para dar conta da natureza oculta, dos mecanismos psicolinguísticos profundos, do peso das ignorâncias e dos falsos conhecimentos que condicionam estreitamente as raivosas exclusões recíprocas, observadas cotidianamente nas relações internacionais e nos espaços comuns em profunda reestruturação na Europa democrática, por causa de uma imigração mal administrada. Por isso, uma contextualização teórica me parece necessária para uma visão geral das relações entre o protestantismo e as diversas expressões comunitárias, desenvolvidas sobretudo nas interações entre as três religiões concorrentes quanto à gestão do capital simbólico comum ao monoteísmo.

Uma leitura rápida dos dois artigos dedicados ao judaísmo e ao islã na presente enciclopédia permitirá mensurar as distâncias culturais, a defasagem intelectual, a desigualdade das relações em ambos os confrontos; porém, Jean-Claude Basset deu passos importantes em direção à abordagem de certos problemas comuns às três religiões que se afirmam reveladas. No caso do judaísmo, a dramatização do tom, da visão, dos apelos, das revisões ou das renúncias não encontra eco na descrição mais otimista das convergências doutrinárias ou litúrgicas entre protestantismo e islã, ou do interesse crescente dos eruditos protestantes pelo estudo do islã. No todo, tem-se a mesma impressão que foi explicitada por Paul Ricoeur em uma entrevista publicada no jornal *Le Monde* (10 de junho de 1994), em que afirmou ser o modelo islâmico desprovido de uma pertinência dogmática comparável à do judaísmo ou à do budismo que promova um desenvolvimento ou uma reação vigorosa do pensamento teológico cristão e, de modo mais geral, dos grandes problemas da teorização do fato religioso. Eu direi por que não partilho dessa visão inadequada da parte de um grande e generoso pensador.

Reconhece-se em geral que o islã contemporâneo não produziu pensadores da importância de um Martin Buber, um Franz Rosenzweig, um

Gershom Scholem, um Emmanuel Levinas, que forçassem seus interlocutores cristãos a elevar o debate, renovando-o sem cessar, principalmente depois da criação do Estado de Israel e do surgimento do tema inesgotável do Holocausto. É inegável que o pensamento islâmico não deixou de desviar-se para a ideologia do combate desde que os movimentos nacionalistas entraram em cena, nos anos 1920-1930. Vivemos hoje as consequências radicais desse processo de desintegração do campo religioso e de retraimento do campo intelectual, pois o surgimento dos partidos-Estados após os respectivos processos de independência acentuou a estatização da religião, reforçando o controle ideológico e empobrecendo a vida cultural e científica em todos os meios islâmicos. Podemos ainda remontar à história das sociedades dominadas pelo fato islâmico para mostrar como a dimensão propriamente religiosa do islã foi submetida às estratégias de estatização desde o estabelecimento do poder omíada em Damasco, no ano 661.

Como em todas as grandes tradições religiosas, clérigos cada vez mais numerosos trabalharam pela "ortodoxização" do sistema de crenças e não crenças, ou seja, pela transformação da Lei — interiorização espiritual da aliança ou do pacto entre o Deus criador e a natureza humana, que é chamada a superar sua finitude ao aceitar com amor a obediência à Lei — em um código normativo de ritos e regras cuja aplicação é assegurada pelo braço secular. Nesse nível de tensão vivida em cada consciência convertida à aliança e aplicada na solidariedade funcional entre Estado, Escritura, alta cultura e ortodoxia, não há diferença alguma entre as três religiões e seus desdobramentos históricos como instâncias de autoridade "espiritual", conferindo legitimidade às diversas formas estatais do poder político. Durante o longo período do regime otomano (1453-1924), as ricas expressões místicas que resistiam à "ortodoxização" evoluíram para o "confrarismo", ou seja, uma abordagem político-religiosa de grupos etnoculturais de tradição oral que em geral escaparam ao controle de um poder centralizado longínquo e progressivamente enfraquecido, à medida que se afirmava a hegemonia europeia no tão disputado (até nossos dias) espaço mediterrâneo — uma disputa cada vez mais internacional. Os doutores da Lei ('*ulamá*'), de uma Lei que se tornou código normativo aplicado pela administração judiciária, recebem, em troca de sua lealdade ao sultão, privilégios que os transformam em grupos de pressão, e assim eles perdem sua prerrogativa como instância legítima capaz de manter a Lei acima de codificações arbitrárias impostas por um poder que geralmente conjuga incompetência, ignorância e autoritarismo.

Essas breves lembranças históricas me parecem indispensáveis para identificar as verdadeiras tarefas que se devem impor, a partir de então, a todo pensamento crítico preocupado com a elucidação das origens, da natureza, das funções estruturais, dialéticas ou contingentes, não de cada religião em particular, mas do *fato religioso*. O que tem sido chamado de retorno do religioso se traduz, na verdade, por instrumentalizações políticas, psicológicas, ideológicas de tradições subtraídas da crítica científica para melhor mobilizar memórias coletivas comunitárias em luta para proteger ou (re)conquistar afirmações identitárias. Hoje, esses complexos mecanismos adquirem uma força especial, visível, no islã, no judaísmo, nas formas mais conservadoras de cristianismo, no hinduísmo e no budismo. Com o islã, o analista deve deixar de tratar de religião para elucidar, em numerosos laboratórios sociais, diversificados e ricos de experiências e referências históricas, linguísticas e culturais, a indissociável relação entre o religioso, o político e o sócio-histórico. Em vez de obstinar-se na comparação ou na confrontação de posições doutrinárias em um contexto de linhas teológicas desigualmente submetidas às provas da crítica moderna (a distância entre o modelo protestante e o modelo islâmico, nesse sentido, é a maior possível), em vez de esgotar-se coletando, comentando e por vezes reduzindo os discursos e comportamentos fundamentalistas do islã contemporâneo, torna-se urgente *reconceituar* a totalidade do campo religioso no nível da crítica antropológica e de um questionamento filosófico que esteja livre das restrições da metafísica clássica. Com frequência, tem sido enfatizada a indiferença dos durkheimianos com relação ao islã; esse afastamento subsiste em tudo o que suscita um viés teórico (penso nos trabalhos de Marcel Gauchet, Danièle Hervieu-Léger, Paul Ricoeur, Emmanuel Levinas, Gianni Vattimo). Alguns antropólogos, como Ernest Gellner, perpetuam o olhar etnográfico do século XIX ao limitar o islã a um essencialismo ou a uma especificidade irredutíveis. Por que não poderíamos, por exemplo, enriquecer as análises de René Girard sobre a violência e o sagrado ao acrescentar a elas uma terceira dimensão, a da *verdade* indistintamente religiosa e metafísica, herdada desde os sistemas medievais de pensamento sob a dupla autoridade do *corpus* oficial fechado das Escrituras sagradas e do grande *corpus* filosófico da Grécia clássica? Em minha leitura da surata 9, mostrei como se articulam, em uma interação dialética de alcance antropológico e não específico ao *Alcorão*, essas três forças: *violência, sagrado e verdade* — que constituem o triângulo antropológico em que se ativam todos os atores sociais de todos os tipos de sociedades, desde as mais arcaicas até as mais "modernas". Assim, deixaríamos de repetir os lugares-comuns sobre o *jihad*, ou guerra santa islâmica, ao reinserir a violência na discussão como uma dimensão antropológica de todas as formações socioculturais humanas. Que laços podemos reconhecer entre o desencadeamento de uma violência "religiosa" em contextos ditos islâmicos hoje e os versículos alcorânicos que subordinam o uso de violência à criação de condições favoráveis para a experiência do divino?

Esse exemplo mostra que as manifestações do religioso, debaixo de referências constantes a um islã utilizado como coringa, reveste-se de uma nova pertinência para a pesquisa teórica e para a reconceituação do campo religioso e do campo político por parte das ciências humanas e sociais. Uma das novidades mais esperadas é a abertura de um novo campo: o de uma história crítica e de um ensino *comparados* dos três pensamentos religiosos (não somente da teologia) — o judaico, o cristão e o islâmico, com suas ramificações. Descobriríamos então que, se o islã pode surgir, mesmo para um teórico tão acolhedor como Paul Ricoeur, como uma retomada redundante e geralmente polêmica de elementos emprestados das tradições judaicas e cristãs que circulavam no Oriente Próximo, é pela existência de desigualdades crescentes nas condições históricas do desdobramento das modalidades islâmicas, cristãs e judaicas do religioso. A política atual tende a tornar obsoleto esse interesse por períodos distantes, que, no entanto, estão presentes sob a forma de representações mito-históricas nas condutas e nas escolhas dos atores contemporâneos. Dessa forma, seria integrado à pesquisa e à interpretação teóricas um aparelho conceitual rico de ensinamentos, como a função profética, a revelação, a Palavra de Deus, as Escrituras sagradas, o sagrado, a santidade, a espiritualidade, o rito etc. Os usos que os atores sociais muçulmanos fazem desse vocabulário não têm mais laços nem com uma teologia reflexiva crítica, nem com a contribuição trazida pelas ciências sociais. A tensão tradicional entre um pensamento estático, essencialista, substancialista, que toma por intangível e supra-histórico aquilo que nomeia como sagrado, santidade, divindade, transcendência, ontologização, é substituída pelas buscas polêmicas de identidade em confrontos ideológicos entre os dois "polos" apontados por Benjamin R. Barber em *Dijhad versus McWorld. Mondialisation et intégrisme contre la démocratie* [Dijhad *versus* McMundo: globalização e integrismo contra a democracia] (1996, Paris, Hachette Littératures, 2001).

Podemos afirmar o mesmo quanto às expressões de fé cristã católica e protestante desde a abertura para a modernidade que permitiu revisões teológicas significativas. No entanto, quando se trata de artigos de fé dogmáticos, o apego a interpretações essencialistas retoma a primazia. No catolicismo, fala-se até mesmo de recristianização da Europa — e, no protestantismo evangélico, são reinauguradas operações de missão com um caráter messiânico —, sem o cuidado com a intensificação da rivalidade mimética com o islã militante de hoje. Além disso, sabemos que essa rivalidade é mais ativa nas conjunturas políticas efervescentes. Essas práticas servem como um álibi para o islã, já que se comprazem nos *impensáveis* e nos *impensados* (sobre tais conceitos de alcance histórico e sociológico, v. meu *Unthought in Contemporary Islamic Thought* [O impensado no pensamento islâmico contemporâneo]), acumulados desde o século XIII e reforçados pelas ideologias de combate desde os anos 1950. Isso não me impediu de abordar o problema do *status* cognitivo da revelação segundo o modelo do *Alcorão*. Essa ousadia esfriou alguns judeus e alguns cristãos que aliás lamentam a rigidez dogmática dos muçulmanos de hoje. É porque a análise comparada das posições dogmáticas obriga os que creem a também abrir dossiês e áreas de investigação mantidos sob controle do magistério ortodoxo. Exigem-se um Lutero, um Kant, no meio muçulmano, que se contentem com a revisão da razão islâmica. Trabalhando na linha antiga do "*Alcorão* criado", traçada pela escola mutazilita, o pensamento islâmico pode partilhar com o judaico e o cristão os mesmos questionamentos sobre o fenômeno da revelação, considerada do ponto de vista de sua recepção e de seu funcionamento na história concreta das diferentes comunidades. Dessa forma, escaparíamos das disputas sem saída sobre definições dogmáticas *a priori*, esclarecendo com dados empíricos tanto a produtividade simbólica como as derivas mitológicas e ideológicas daquilo que as três religiões chamam *Revelação da Palavra de Deus*. Sabemos como essa vertente teológica da revelação tem sido geralmente deixada nas mãos dos historiadores "de profissão", que não inserem em seus escritos a dimensão simbólica, espiritual e mitológica, assim como os teólogos também não incluem nos seus aquilo que preocupa os historiadores, os sociólogos, os antropólogos. Não ignoro a existência de promissoras exceções em ambas as posturas cognitivas.

Vê-se que meu objetivo não é impor a todo custo a pertinência religiosa do islã em suas expressões teológicas e exegéticas, mas, sim, renovar e enriquecer a teoria do fato religioso com a ajuda de uma arqueologia dos saberes mobilizados em sistemas de inteligibilidade e interpretação longamente elaborados simultaneamente à Idade Média. Trata-se de liberar o conhecimento dos usos polêmicos, apologéticos e fideístas que continuam a dominar nas diversas comunidades. Já tentei mostrar a riqueza heurística dessa abordagem ao elaborar o conceito de *sociedades do Livro-livro*, mas até aqui só encontrei resistências teológicas a um conceito que se quer sobretudo histórico e antropológico, visando justamente à suspensão metodológica das definições ortodoxas impostas em cada tradição, sem o objetivo de ignorar e ainda menos de eliminar a legitimidade e as riquezas do pensamento teológico.

Acima das estratégias de recusa que são características de todo espírito dogmático, é importante mensurar os atrasos do conhecimento científico das religiões por causa da desconfiança e da indiferença que muitas vezes devotam uns aos outros os religiosos e os não religiosos. Uns denunciam a sistemática redução dos valores sagrados e espirituais praticada pelas ciências positivistas; outros estigmatizam o dogmatismo em que se encerram os religiosos, alheios às regras da pesquisa científica aberta a todo tipo de análise. Os mal-entendidos e os excessos perpetuados por essas posturas não deixaram de multiplicar-se e agravar-se entre muçulmanos que ignoram o método científico e orientalistas apegados demais à crítica filológica ou, hoje, ao narrativismo descritivista das ciências políticas e sociais. As pessoas percebem caminhos novos, dispõem de ferramentas conceituais mais frutíferas, concebem problemáticas mais amplas; no entanto, as áreas de aplicação se esquivam, os progressos se afiguram lentos e imperceptíveis, os efeitos sobre as derivas ideológicas dos imaginários religiosos e políticos dominantes, até mesmo no "Ocidente", permanecem insignificantes, devido às forças ideológicas e à ignorância que operam em todas as sociedades contemporâneas. A situação não se esclarecerá enquanto não forem implementados um novo direito internacional e estratégias cognitivas e educativas adequadas à globalização em curso, tendo em vista uma produção solidária da história dos povos, das culturas e dos bens simbólicos comuns à humanidade. Essa visão está radicalmente em oposição à política de transferência de tecnologias, de objetos de consumo, de uma gestão pragmática dos recursos humanos e de uma democracia pré-fabricada, instalada com a ajuda de um exército conquistador.

Mohammed Arkoun

▶ ARKOUN, Mohammed, *La pensée arabe* (1975), Paris, PUF, 2003; Idem, *Lectures du Coran* (1982), Tunis, Alef, 1991; Idem, *Pour une critique de la raison islamique*, Paris, Maisonneuve et Larose, 1984; Idem, *Ouvertures sur l'islam* (1989), Paris, Grancher, 1992; Idem, *Le concept de sociétés du Livre-livre*, em Jean-Pierre JOSSUA e Nicolas-Jean SÉD, orsg., *Interpréter. Mélanges offerts à Claude Geffré*, Paris, Cerf, 1992, p. 211-223; Idem, *L'islam. Approche critique*, Paris, Grancher, 1988; Idem, *The Unthought in Contemporary Islamic Thought*, Londres, Saqi Books, 2002; Idem, *Humanisme et islam. Combats et propositions*, Paris, Vrin, 2005; Idem et alii, Les musulmans. Consultation islamo-chrétienne, Paris, Beauchesne, 1971; BASSET, Jean-Claude, org., *Quand nos voisins sont musulmans. Analyses et perspectives chrétiennes*, Lausanne, Soc, 1993; BENZINE, Rachid, *Les nouveaux penseurs de l'islam*, Paris, Albin Michel, 2004; BOUBAKEUR, Hamza, *Traité moderne de théologie islamique*, Paris, Maisonneuve et Larose, 1985; CRISLAM, *La foi en marche. Les problèmes de fond du dialogue islamo-chrétien*, Roma, Institut pontifical d'études arabes et islamiques, 1990; DANIEL, Norman, *Islam et Occident* (1960), Paris, Cerf, 1993; DUPRÉ LA TOUR, Augustin e NASHABÉ, Hischam, orgs., *Déclarations communes islamo-chrétiennes 1954c.--1995c./1373h.-1415h*. Textos originais e traduções francesas. Coletânea apresentada por Juliette NASRI HADDAD, Beirute, Dar el-Machreq, 1997; *Encyclopédie de l'islam (1913-1934)*, Leiden-Paris, Brill-Maisonneuve et Larose, 1960-2005; GAUDEUL, Jean-Marie, *Appelés par le Christ. Ils viennent de l'islam*, Paris, Cerf, 1991; Idem, *Disputes? Ou rencontres? L'islam et le christianisme au fil des siècles* (1984), 2 vols., Roma, Pontificio Istituto di Studi Arabi e d'Islamistica, 1998; GEFFRÉ, Claude, "Révélation chrétienne et révélation coranique. À propos de la raison islamique selon Mohammed Arkoun", *Revue des sciences philosophiques et théologiques* 81, 1997, p. 239-252 (parcialmente reproduzido com o título *La raison islamique selon Mohammed Arkoun*, em Joseph DORÉ, org., *Christianisme, judaïsme et islam. Fidélité et ouverture*, Paris, Cerf, 1999, p. 153-167); GISEL, Pierre, *Les monothéismes. Judaïsme, christianisme, islam, 145 propositions*, Genebra, Labor et Fides, 2006; GROUPE DE RECHERCHES ISLAMO-CHRÉTIEN, *Ces Écritures qui nous questionnent. La Bible et le Coran*, Paris, Centurion, 1987; Idem, *Foi et justice. Un défi pour le christianisme. Dialogue entre un musulman et un chrétien* (1980), Lome, Haho, 1987; MERAD, Ali, *L'islam contemporain* (1984), Paris, PUF, 2002; MICKSCH, Jürgen e MILDENBERGER, Michael, orgs., *Chrétiens et musulmans: un dialogue possible. Jalons pour une rencontre* (1982), Paris, *Fédération protestante de France*, 1983; MOUBARAC, Youakim, *Recherches sur la pensée chrétienne et l'Islam dans les temps modernes et à l'époque contemporaine*, Beirute, Université libanaise, 1977; MOUCARRY, Georges C., *Un Arabe chrétien face à l'islam*, Paris, Les Bergers et les Mages, 1991; SEGESVARY, Victor, *L'Islam et la Réforme. Étude sur l'attitude des réformateurs zurichois envers l'Islam (1510-1550)*, Lausanne, L'Âge d'Homme, 1977; SOURDEL, Dominique e Janine, *Dictionnaire historique de l'islam*, Paris, PUF, 1996; THORAVAL, Yves, *Dictionnaire de civilisation musulmane* (1995), Paris, Larousse, 2001; VANDER WERFF, Lyle L., *Christian Mission to Muslims. The Record. Anglican and Reformed Approaches in India and the Near East, 1800-1938*, South Pasadena, William Carey Library, 1977; WAARDENBURG, Jacques, *L'islam dans le miroir de l'Occident. Comment quelques orientalistes occidentaux se sont penchés sur l'islam et se sont formé une image de cette religion* (1961), Paris-Haia, Mouton, 1970; Idem, *Islam et Occident face à face. Regards de l'histoire des religions*, Genebra, Labor et Fides, 1998; Idem, org., *Islam and Christianity. Mutual Perceptions since the Mid-20th Century*, Louvain, Peeters, 1998.

▶ África mediterrânea; África tropical; Bibliander; Corbin; Kraemer; Oriente Próximo; religião e religiões; Smith W. C.

ITÁLIA

Italia é um nome latino cujo sentido preciso nos escapa. Enquanto nação unificada e sujeito político, a Itália é uma criação recente (1870). No entanto, nem sua divisão, durante alguns séculos, em numerosos Estados autônomos de extensões variáveis (por vezes, somente uma cidade), nem os diversos domínios que se sucederam no país (bizantinos, povos bárbaros, francos, alemães, normandos e, mais tarde, espanhóis, franceses, austríacos e ainda outros) aniquilaram a noção de uma Itália, que de fato se aplicava a toda a região, dos Alpes à Sicília. Da mesma forma, desde o século XIII a língua toscana começou a impor-se amplamente como língua nacional. A Itália geográfica e cultural precedeu em grande medida a Itália política.

Quanto à religião, a Itália, logo cristianizada, caracterizou-se por quatro aspectos mais importantes. Primeiro, a herança de Roma, ou seja, a consciência quanto a ser a Igreja de Roma (que desde a Antiguidade se considera "mãe e cabeça [*mater et caput*] de todas as igrejas"): vem disso o papel de seu bispo, o papa, da Cúria romana e, mais tarde, dos Estados pontifícios que durante mais de mil anos mantiveram dimensões consideráveis e que se perpetuam sob a forma mais que simbólica da cidade do Vaticano; segundo, a contribuição considerável da Itália religiosa para o cristianismo, especialmente o antigo e o medieval, e sobretudo em relação ao monaquismo (Bento de Núrsia, Francisco de Assis) e ao trabalho teológico (Tomás de Aquino, Boaventura); terceiro, a Itália moderna foi profundamente marcada pela Contrarreforma, sendo seu berço. O protestantismo foi destruído por toda parte, com exceção do enclave dos vales valdenses do Piemonte, onde a Igreja Valdense sobreviveu às pesadas perseguições até sua emancipação política, em 1848, fato que lhe permitiu (assim como a outras missões e igrejas protestantes) levar o testemunho da fé protestante para todo o país. A *Aufklärung* afetou muito pouco a cultura italiana, e a Igreja de Roma lutou contra os ideais das revoluções modernas, contra o liberalismo, contra o *Risorgimento* e contra a unificação política do país; quarto, o fascismo sacrificou a laicidade do Estado italiano, conquistada em 1870, para conseguir o apoio (provisório) da Igreja Católica (acordo de Latrão,

1929). Desde 1984 (Revisão da Concordata), o catolicismo não é mais a "religião do Estado" italiano, ainda que sua influência política e social seja imensa até hoje.

Após o Concílio Vaticano II, o catolicismo italiano se renovou notavelmente em várias áreas, enquanto a sociedade italiana e a cultura dessa sociedade desejam ser e têm sido cada vez mais pluralistas. Em relação ao ecumenismo, as transformações trazidas pelo Concílio Vaticano II para o catolicismo italiano podem ser descritas deste modo: o protestantismo na Itália não mais é considerado, como antes, um corpo estranho, mas, sim, um item (minoritário, mas não menor) pertencente à paisagem religiosa italiana. O processo de degelo psicológico entre os protestantes italianos e a Igreja de Roma avança a passos calculados, ainda que haja uma colaboração estreita em vários níveis, principalmente no teológico e no bíblico, com o trabalho de muitos grupos ecumênicos (entre outros, os dos lares mistos).

Paolo Ricca

▶ GUICHONNET, Paul, *Histoire d'Italie*, Paris, Hatier, 1969; MICCOLI, Giovanni, *Fra mito della cristianità e secolarizzazione. Studi sul rapporto chiesa-società nell'età contemporanea*, Casale Monferrato, Marietti, 1985; PETROCCHI, Massimo, *Storia della spiritualità italiana (sec. XIII-XX)*, Roma, Storia e Letteratura, 1984; SALVATORELLI, Luigi, Sommario della storia d'Italia. Dai tempi preistorici ai nostri giorni, Torino, Einaudi, 1967; SPINI, Giorgio, *Risorgimento e protestanti* (1956), Milão, Il Saggiatore, 1989.

◉ Ágape; Cavour; dispersão; igreja valdense; Federação Protestante da Itália; Miegge; Riesi; Roma; Torre Pellice; Valdés; valdenses (glorioso retorno dos); Valdo; Vinay; Zanchi

IUGOSLÁVIA (Repúblicas da ex-)

Os eslavos do sul são o resultado de uma mistura de diversas religiões, três culturas e várias nações que jamais constituíram um país único antes do dia 1º de dezembro de 1918. Até a Segunda Guerra Mundial, esses países formavam um reino, tornando-se em seguida um Estado de governo comunista sob o nome socialista, uma federação de seis repúblicas que rompeu com o bloco soviético em 1948. Após a morte do presidente Josip "Tito" Broz (1892-1980, líder carismático comunista, as tensões internas se intensificaram. Os comunistas finalmente perderam as primeiras eleições livres em todas as regiões, com exceção da Sérvia e de Montenegro. Em 1991, explodiu uma sangrenta guerra, e no ano seguinte a Eslovênia, a Croácia, a Bósnia e a Macedônia foram reconhecidas como Estados independentes; já a Sérvia e Montenegro formam a nova República Federal da Iugoslávia.

Os eslavos do sul foram cristianizados ao longo da segunda metade do século IX. A parte ocidental da antiga Iugoslávia é predominantemente católica (Croácia e Eslovênia), enquanto sua parte ocidental é ortodoxa (Sérvia). Sob o Império Otomano, o islã ganhou terreno, sobretudo na Bósnia. A Reforma chegou a esses povos a partir da primeira metade do século XVI e foi amplamente aceita, principalmente nas regiões do norte e do oeste. Primos Trubar (1508-1586), primeiro tradutor de um Novo Testamento para o esloveno (1555-1577), foi o líder da Reforma na Eslovênia; na Croácia, liderou Mathias Flacius Illyricus (1520-1575) e, em Baranja e na Eslavônia (nordeste da Croácia), Mihajlo Starina. A Reforma contribuiu para o desenvolvimento de uma importante produção literária: 25 obras croatas foram publicadas entre 1561 e 1566. Somente algumas comunidades protestantes sobreviveram às perseguições da Contrarreforma orquestrada pelos Habsburgos. Após a promulgação do Edito de Tolerância pelo imperador José II (1781), as comunidades luteranas se beneficiaram do apoio do protestantismo húngaro. Hoje, ainda há cerca de quinze congregações na Croácia que remontam à Reforma.

Os protestantes representam uma ínfima minoria da população, por volta de 2%, mais concentrados nas regiões do norte, porém dispersos por todo o território da antiga Iugoslávia. De denominação luterana e reformada são as igrejas protestantes de maior destaque, mas nota-se também a presença de pentecostais, batistas, metodistas e outras denominações.

Endre Lángh

◉ Flacius Illyricus

IWAND, Hans Joachim (1899-1960)

Teólogo luterano alemão, nascido na Silésia, fez a maior parte de seus estudos em teologia na cidade de Breslau, sob a orientação de Rudolf Hermann (1887-1962), especialista em

Lutero. Obtém o diploma em 1927, em Königsberg, ensinando no *Herder-Institut*, de Riga, a partir de 1924. Membro dirigente da Igreja Confessante, foi proibido de ensinar durante a fase nacional-socialista. Pastor em Dortmund de 1939 a 1945, foi nomeado professor de teologia sistemática em Göttingen, de 1945 a 1952, e em Bonn, de 1952 a 1960. Profundamente marcado pelas experiências da Primeira Guerra Mundial, pelo desastre alemão entre 1933 e 1945 e pela divisão política e eclesiástica entre a Alemanha Oriental e a Ocidental, Iwand buscou reatualizar as grandes tomadas de posição da Reforma luterana, principalmente a afirmação de que Cristo é nossa justiça, declaração que ele se propõe a interpretar em uma perspectiva sobretudo antropológica. Exerceu uma grande influência no debate sobre a nova orientação da vida eclesial do pós-guerra. Fundou e dirigiu os *Göttinger Predigt-Meditationem*, instrumento de comunicação teológica entre o Leste e o Oeste; participou da Conferência Cristã pela Paz, em Praga, trabalhando pela reconciliação entre a Alemanha e os povos do Leste Europeu, opondo-se à tendência revanchista em relação à Polônia.

Próximo à teologia de Karl Barth, Iwand busca ressaltar as apostas comuns da Reforma ao enfatizar o que aproxima os luteranos e os reformados. A tarefa cristã não consiste em um retorno ao cristianismo, mas ao Deus do evangelho. Em vez de salvar o mundo, trata-se sobretudo de reformar o cristianismo, no sentido da responsabilização política que emana do conhecimento da cruz de Cristo, do pecado e da graça.

Adriaan Geense

▶ IWAND, *Hans Joachim, Rechtfertigungslehre und Christusglaube. Eine Untersuchung zur Systematik der Rechtfertigungslehre in ihren Anfängen* (1930), Munique, Kaiser, 1966; Idem, *Um den rechten Glauben* (1959), Munique, Kaiser, 1965; Idem, *Predigt-Meditationen I* (1946-1960) e *II* (1963-1973), Göttingen, Vandenhoeck & Ruprecht, 1984; Idem, *Nachgelassene Werke*, 6 vols., Munique, Kaiser, 1962-1964; Idem, *Briefe, Vorträge, Predigtmeditationen. Eine Auswahl*, org. por Peter-Paul SÄNGER, Berlim, Evangelische Verlagsanstalt, 1979; HEINRICH, Rolf, *Verheissung des Kreuzes. Die Christologie Hans Joachim Iwands*, Munique-Mayence, Kaiser-Matthias-Grünewald-Verlag, 1982; HOFFMANN, Martin, *Bezeugte Versöhnung. Die trinitarische Grundlegung der Ethik bei Hans Joachim Iwand*, Essen, Die Blaue Eule, 1988; KLAPPERT, Berthold, *Bekennende Kirche in ökumenischer Verantwortung*, Munique, Kaiser, 1988; KRÜGER, Ralf-Dieter, *Versöhnt mit Gott. Rechtfertigung und Heligung bei Hans Joachim Iwand*, Aix-la-Chapelle, Shaker, 1997.

◯ Igreja Confessante; Göttingen (Universidade de)

J

JACKSON, Jesse Louis (1941-)

Nascido em Greenville (Carolina do Sul), pobre, negro e filho ilegítimo, Jackson é um lutador desde a mais tenra idade. A partir do final dos anos 1950, participa ativamente do movimento dos Direitos Civis. Interrompe seus estudos em teologia no ano de 1966, em Chicago, para unir-se à organização liderada por Martin Luther King, a Conferência dos Líderes Cristãos do Sul, da qual ele logo se torna um dos líderes. Em 1971, funda sua própria organização, Povos Unidos para Salvar a Humanidade, que combate todas as formas de segregação racial através de diversas táticas de resistência não violenta. Candidato à presidência dos Estados Unidos em 1984 e 1988, Jackson promoveu campanhas que revelam a situação das relações raciais entre negros e brancos.

Serge Molla

▶ JACKSON, Jesse, *Straight from the Heart*, Filadélfia, Fortress Press, 1987; HALIMI, Serge, *À l'américaine. Faire un président*, Paris, Aubier, 1986, p. 219-248; REYNOLDS, Barbara, *Jesse Jackson. America's David*, Washington, JFJ Associates, 1985.

◉ Direitos Civis (movimento dos); igreja negra (afro-americana); King

JACKSON, Mahalia (1911-1972)

Cantora negra americana de renome internacional, filha de um pastor batista, nascida em New Orleans, de formação clássica, Mahalia Jackson dedicou toda a sua carreira à interpretação do repertório religioso de sua tradição, deixando de fora canções de inspiração secular. Gravou seus primeiros discos em 1935, mas o sucesso só veio quinze anos depois. Sua voz grave, profunda, potente e calorosa, de um registro excepcional, coloca-a dentre as maiores cantoras; influenciou, dentre outras, Bessie Griffin (1922-1989) e Marion Williams (1927-1994). Com seu talento e seu fervor, contribuiu para mostrar a beleza do *negro spiritual* e da *gospel song*, sem negligenciar o caráter engajado dessas composições, pois militava pontualmente no movimento dos direitos Civis.

Serge Molla

▶ *The Essential Mahalia Jackson*, sem local, Columbia/Legacy, 2004 (gravação, álbum com dois discos compactos); JACKSON, Mahalia, *Singing Good Tidings and Freedom*, em Milton C. SERNETT, org., *Afro-American Religious History. A Documentary Witness*, Durham, Duke University Press, 1985, p. 446-457; GOREAU, Laurraine, *Just Mahalia, Baby. The Mahalia Jackson Story* (1975), Gretna, Pelican, 1984.

◉ Direitos Civis (movimento dos); igreja negra (afro-americana); *gospel* (música); **música**; *negro spiritual*

JACOB, Edmond (1909-1998)

Nascido em Beblensheim (alto Reno). Após estudar teologia em Estrasburgo, Jacob completa sua formação em Paris (na Sorbonne, junto a Adolphe Lods, Édouard Dhorme, René Dussaud e Charles Virolleaud) e, em 1930-1931, na Escola Bíblica e Arqueológica Francesa de Jerusalém. Ocupa a cadeira do Antigo Testamento na Faculdade de Teologia Protestante da Universidade de Estrasburgo de 1945 a 1978, depois de ensinar a mesma disciplina na Faculdade de Montpellier, de 1941 a 1945, e trabalhar como pastor em Paris (1934-1937) e em Estrasburgo (1937-1940). Foi doutor *honoris causa* das universidades de Genebra e de Münster na Westfália.

Depois de sua primeira tese, *La tradition historique en Israël* [A tradição histórica em Israel] (Montpellier, 1946), escreveu *Théologie de l'Ancien Testament* [Teologia do Antigo Testamento] (1955, Neuchâtel, Delachaux et Niestlé, 1968; trad. inglesa 1958; trad. chinesa 1964; trad. espanhola, 1969), sua obra mais importante. Foi elaborada de acordo com um programa dogmático clássico, mas dá conta das mais recentes descobertas filológicas e históricas. Essa obra, por suas qualidades de síntese, seria adotada para amplo uso pedagógico, sendo bastante divulgada; ao mesmo tempo, seria submetida à crítica cruzada dos especialistas da *Traditionsgeschichte* (Gerhard von Rad, *Théologie de l'Ancien Testament* [Teologia do Antigo Testamento] [1957-1960], 2 vols., Genebra, Labor et Fides, 1963) e da linguística contemporânea (James Barr, *Sémantique du langage biblique* [Semântica da linguagem bíblica] [1961], Paris, Cerf, 1988). Desde essa época, Edmond Jacob participa ativamente do diálogo em torno da "teologia bíblica" (cf. *Possibilités et limites d'une théologie biblique* [Possibilidades e limites de uma teologia bíblica], *RHPhR* 46, 1966, p. 116-130; *La théologie de l'Ancien Testament. État et perspectives d'avenir* [A teologia do Antigo Testamento: estado e perspectivas do futuro], em Henri Cazelles et alii, *De Mari à Qumrân. L'Ancien Testament, son milieu, ses écrits, ses relectures juives* [De Mari a Qumran: o Antigo Testamento, seu meio, seus textos, suas releituras judaicas], Gembloux-Paris, Duculot-Lethielleux, 1969, p. 259-271; *Grundfragen alttestamentlicher Theologie*, Stuttgart, Kohlhammer, 1970; etc.), caracterizando-se sua posição teológica pelo retorno à ênfase do princípio canônico da figura do "Deus vivo".

Graças a seu conhecimento das religiões semíticas antigas e de sua influência na pregação dos profetas bíblicos (cf. sua monografia *Ras Shamra-Ugarit et l'Ancien Testament* [Ras Shamra-Ugarit e o Antigo Testamento], Neuchâtel, Delachaux et Niestlé, 1960, e seus comentários de Oseias [1965, 1982], Genebra, Labor et Fides, 1987), como também a uma profunda simpatia pelo judaísmo contemporâneo, Edmond Jacob soube estudar e ensinar a Bíblia hebraica em um círculo hermenêutico ao mesmo tempo aberto e fecundo. No mesmo espírito, de modo entusiasmado, participou da elaboração coletiva da Tradução Ecumênica da Bíblia (livros de Isaías e Oseias).

Jean-Georges Heintz

▶ *Prophètes, poètes et sages d'Israël. Hommages à Edmond Jacob*, *RHPhR* 59, 1979, p. 265-644 (bibliogr. p. 617-642); BIČ, Milos, "The 70th Anniversary of Prof. Edmond Jacob", *Communio Viatorum* 23, 1980, p. 256-259; LAURIN, Robert B., "Edmond Jacob: Theology of the Old Testament", em Idem, org., *Contemporary Old Testament Theologians*, Valley Forge, Judson Press, 1970, p. 141-169 (bibliogr., p. 168s).

◉ Lods

JACOBI, Friedrich Heinrich (1743-1819)

Esse tranquilo bávaro por escolha, homem de diálogo, de correspondência, de crítica, tornou-se o contraponto de toda uma geração de filósofos na Alemanha. Seus anos genebrinos de formação (1759-1762) o iniciaram no Iluminismo e principalmente no anti-Iluminismo protestante, de Bonnet a Rousseau. Apesar de conselheiro financeiro, partidário engajado da livre-troca, ele logo se retira para sua casa de Pempelfort, perto de Düsseldorf, após a publicação de dois romances, *Allwill* (1775) e *Woldemar* (1777). Dedica-se então ao exame das ideias de Hume, Spinoza, Kant, Fichte, Schelling. De modo paradoxal, aproxima o empirismo inglês da crítica à razão de Pascal. Porém, ao tornar pública uma confidência tardia de Lessing, que lhe teria dito ser "spinozista", Jacobi empreende uma crítica radical do racionalismo, publicando a obra *Lettres à Moses Mendelssohn sur la doctrine de Spinoza* [Cartas a Moses Mendelssohn sobre a doutrina de Spinoza] (1785). Embora defenda a ideia de que Spinoza é bem mais um místico que um incrédulo (utilizando-se pela primeira vez da expressão "panteísmo"), Jacobi desencadeia uma querela de grande envergadura na Alemanha, que ficou conhecida como *Spinozismusstreit*: todo uso apodíctico e demonstrativo da razão deve explicar por que não passa de um "subjetivismo" fechado ao apelo da transcendência sensível ao "coração" (Kierkegaard se lembraria mais tarde dessa revanche tardia do espírito de Pascal contra o do Iluminismo). O próprio Kant foi obrigado a deixar de lado suas reservas para redefinir o que é o Iluminismo no opúsculo *Qu'est-ce s'orienter dans la pensée?* [O que é orientar-se no pensamento?] (1786, Paris, Vrin, 1978). O efeito dessa querela foi paradoxal: toda uma geração se proclamaria a partir de então "spinozista", com Hegel e Schelling como pioneiros. A "querela do panteísmo" fez surgir o idealismo alemão. Parece até mesmo que os perplexos contemporâneos teriam se indagado se o próprio Jacobi não seria um provocador "spinozista"! Com sua defesa da positividade da manifestação religiosa, Jacobi talvez tenha conseguido ser ao mesmo tempo o último dos pietistas e o primeiro dos pós-hegelianos.

Christophe Callame

▶ JACOBI, Friedrich Heinrich, *Werke* (1812-1825), 6 t. em 7 vols., Darmstadt, Wissenschaftliche Buchgesellschaft, 1980; Idem, *Werke. Gesamtausgabe*, Hamburgo, Meiner, 1998ss; Idem, *Oeuvres philosophiques*, Paris, Aubier, 1946 (contendo *Lettres à Moses Mendelsohn sur la doctrine de Spinoza*, *Lettre à Fichte* de 1799 e *Des choses divines et de leur révélation*, panfleto de 1811 contra Schelling); Idem, *David Hume et la croyance. Idéalisme et réalisme*, org. por Louis GUILLERMIT, Paris, Vrin, 2000 (reed. de Louis GUILLERMIT, *Le réalisme de F. H. Jacobi. Dialogue sur l'idéalisme et le réalisme*, 1982); CASSIRER, Ernst, *Le problème de la connaissance dans la philosophie et la science des Temps modernes 3: Les systèmes post-kantiens* (1920, 1923), Paris, Cerf, 1999; LÉVY-BRUHL, Lucien, *La philosophie de Jacobi*, Paris, Alcan, 1894; SANDKAULEN, Birgit, *Grund und Ursache. Die Vernunftkritik Jacobis*, Munique, Fink, 2000; TAVOILLOT, Pierre-Henri, org., *Le crépuscule des Lumières. Les documents de la "querelle du panthéisme"* (1780-1789), Paris, Cerf, 1995; ZAC, Sylvain, *Spinoza en Allemagne. Mendelsohn, Lessing et Jacobi*, Paris, Méridiens Klincksieck, 1989.

◉ Hegel; Kant; filosofia; Luzes; **religião e religiões**; romantismo; Schelling

JAMES, William (1842-1910)

Filósofo e psicólogo americano, exerceu grande influência sobre o pensamento protestante, sobretudo nos países de língua francesa, com suas publicações em filosofia religiosa e sua filosofia do pragmatismo. Familiarizado com o meio genebrino, James foi um entusiasta das pesquisas de Théodore Flournoy, que pode ser considerado o fundador da psicologia religiosa de expressão francesa. Sua obra maior é *The Varieties of Religious Experience. A Study in the Human Nature* [As variedades da experiência religiosa: um estudo da natureza humana] (1902, trad. franc. ligeiramente abreviada: *L'expérience religieuse. Essai de psychologie descriptive* [A experiência religiosa: ensaio de psicologia descritiva], Lausanne, La Concorde, 1931; enquanto a edição de 1931 foi revista e corrigida, *Les formes multiples de l'expérience religieuse, Essai de psychologie descriptive* [As formas múltiplas da experiência religiosa: ensaio de psicologia descritiva], Chambéry, Exergue, 2001, é uma reimpressão da 1ª edição francesa de 1906), cuja publicação em francês foi vista por muitos como um verdadeiro acontecimento teológico: era enfim uma abordagem da religião que repousava em fatos, não em doutrinas revestidas de autoridade. Sua filosofia do pragmatismo, exposta em *Pragmatisme* [Pragmatismo] (1907, Paris, Flammarion, 1968) e em *La signification de la vérité. Une suite au* Pragmatisme [A significação da verdade: uma continuação de *Pragmatismo*] (1909, Lausanne, Antipodes, 1998), foi igualmente bem recebida pelo público no meio protestante, em busca de um pensamento que recorresse diretamente aos fatos da existência. A influência de James sobre o protestantismo francófono foi diminuída quando surgiram, no período entreguerras, movimentos mais preocupados com a doutrina ("teologia dialética"; renovações litúrgicas, bíblicas etc.). A procura dos psicólogos da religião pela herança freudiana também minimizou o interesse pela obra de James. Hoje, assistimos à retomada desse interesse, em uma nova leitura de James que retoma a filosofia pragmatista para analisar o *status* do religioso contemporâneo, em geral fortemente individualista e desinstitucionalizado.

Bernard Reymond

▶ JAMES, William, *La volonté de croire* (1897), Paris, Les empêcheurs de penser en rond, 2005; FLOURNOY, Théodore, *La philosophie de William James*, Saint-Blaise, Foyer solidariste, 1911; GREISCH, Jean, *Le buisson ardent et les Lumières de la raison. L'invention de la philosophie de la religion*, t. II: *Les approches phénoménologiques et analytiques*, Paris, Cerf, 2002, p. 415-458; JAEGER, Friedrich, *Réinterprétations de la religion et théories de la société moderne. Religion et libéralisme en Europe et aux États-Unis: étude comparée*, Genebra, Labor et Fides, 2006; PROUDFOOT, Wayne, org., *William James and a Science of Religions. Reexperiencing The Varieties of a Religious Experience*, New York, Columbia University Press, 2004; REYMOND, Bernard, *Quand la Faculté de Théologie de Genève était tentée de virer à la psychologie religieuse*, em *Actualité de la Réforme. Vingt-quatre leçons présentées par la Faculté de théologie de l'Université de Genève à l'Auditoire de Calvin dans le cadre du 450e anniversaire de la Réformation 1536-1986*, Genebra, Labor et Fides, 1987, p. 191-206; TAYLOR, Charles,

La diversité de l'expérience religieuse aujourd'hui. William James revisité (2002), Saint-Laurent, Belarmin, 2003; WAHL, Jean, *Vers le concret. Étude d'histoire de la philosophie contemporaine: William James, Whitehead, Gabriel Marcel* (1932), Paris, Vrin, 2004, p. 47-118.

◉ Chicago (escola de); Dewey; experiência; Flournoy; Lemaître; pragmatismo

JANSENISMO

Cornelis Jansen (em latim, Cornelius Jansenius, 1585-1638) nasceu em uma família católica dos Países Baixos. Estudou teologia em Louvain e na França, onde recebeu a influência de seu amigo Jean Duvergier de Hauranne (1581-1643), futuro abade de São Cirano. Jansen se torna professor de teologia e, em seguida, reitor da Universidade de Louvain. Engaja-se com vigor na luta contra os reformados, contra os privilégios dos jesuítas, principalmente na Espanha, e contra os franceses, invasores dos Países Baixos espanhóis. Em 1635, é nomeado bispo de Ypres. Em 1640, é publicada a obra póstuma *Augustinus*, um grande tratado que defende a doutrina da predestinação e da graça contra os teólogos jesuítas, sobretudo os molinistas, que atribuíam ainda mais crédito ao livre-arbítrio e aos méritos do homem.

Embora, nos séculos XVII e XVIII, os conflitos envolvessem toda a Europa católica, a querela mais longa e mais dramática se deu na França, entre os defensores de *Augustinus* (Antoine Arnauld, 1612-1694, e o convento cisterciense de Port-Royal des Champs) e seus detratores (os jesuítas e a corte local). O polemista pró-jansenista e antijesuíta mais famoso é Blaise Pascal (1623-1662), autor em 1656-1657 das *Cartas provinciais*, que atacam os jesuítas em sua interpretação do pecado. A Santa Sé se coloca muitas vezes a favor do antijansenismo, condenando as cinco declarações que afirmavam a incapacidade do homem, sem a graça irresistível, de cumprir os mandamentos de Deus. A querela se estendeu também ao questionamento sobre a relação entre essas afirmações e a doutrina de Jansen, se eram heresias em relação a seu pensamento ou não. Clemente XI (papa de 1700 a 1721) as condena como verdadeiramente jansenistas, e sua bula *Unigenitus* (1713) contra Pasquier Quesnel (1634-1719), líder do partido jansenista na época, divide o clero francês. O jansenismo se esvanece diante dos novos problemas levantados pela Revolução Francesa. Uma pequena igreja jansenista, fundada em Utrecht (1724), ainda subsiste, como um arcebispado da União de Utrecht veterocatólica.

Os reformados sempre se interessaram pelo jansenismo (e vice-versa), sem que nenhum dos lados tenha se aproximado no nível confessional ou eclesial.

Alfred Schindler

▶ BELIN, Christian et alii, *Port-Royal et les protestants*, Paris, Bibliothèque Mazarine, 1998; JANSEN, Cornelis, *L'Augustinus* (1640), Frankfurt, Minerva, 1964; CEYSSENS, Lucien, "Que penser finalement de l'histoire du jansénisme et de l'antijansénisme?", *Revue d'histoire ecclésiastique* 88, 1993, p. 108-130; HILDESHEIMER, Françoise, *Le jansénisme. L'histoire et l'héritage*, Paris, Desclée de Brouwer, 1992; LEYDECKER, Melchior, *Historia jansenismi*, Utrecht, apud Franciscum Halman, 1695; MESNARD, Jean et alii, *Pour ou contre Sainte-Beuve: le "Port-Royal". Actes du colloque de Lausanne, septembre 1992*, Genebra-Paris, Labor et Fides-Chroniques de Port-Royal, 1993; ORCIBAL, Jean, *Jansénius d'Ypres* (1585-1638), Paris, Études augustiniennes, 1989.

◉ Augustianismo; graça; Pascal

JARNAC (Assembleia de)

Após o voto da lei de separação entre igreja e Estado, no dia 9 de dezembro de 1905, o movimento de Jarnac exprime a opinião de certo número de pastores de centro, que se recusam a se resignar à divisão espiritual e institucional entre as duas tendências, evangélica e liberal, do protestantismo reformado francês. Com a iniciativa de Wilfred Monod, Élie Gounelle e Matthieu Ducros, o pastor de Jarnac, assim como o apoio de boa parte do campo liberal, foi organizada uma assembleia do dia 24 a 26 de outubro de 1906, em Jarnac, para trabalhar pelo reagrupamento das igrejas reformadas "em uma vontade comum de arrependimento moral, avivamento espiritual, renovação teológica e reforma social" (Mensagem da assembleia preparatória de Rouen e programa confirmado em Jarnac). A intervenção emocionante de Charles Wagner resultou na adoção unânime, pelos 156 delegados presentes, de uma Declaração de Princípios que antecedeu a elaboração, em julho de 1907, da União Nacional das Igrejas

Reformadas. Essa união eclesial serviu como uma base para o reagrupamento definitivo com os liberais, em 1912, e seria preciso esperar até 1938 para que essa reunificação com as igrejas reformadas evangélicas desse origem à Igreja Reformada da França.

Laurent Gambarotto

▶ *Actes de l'Assemblée de Jarnac* (*24-26 octobre 1906*), Paris, Fischbacher, 1906; ROBERT, Daniel, "Le mouvement de Jarnac et ses conséquences", em Jean BAUBÉROT, org., *Vers l'unité pour quel témoignage? La restauration de l'unité réformée (1933-1938)* (1933-1938), Paris, Les Bergers et les Mages, 1982, p. 50-62; Idem e ENCREVÉ, André, *Aux origines de l'Assemblée de Jarnac (1906-1907)*, *BSHPF* 128, 1982, p. 45-86.

◉ Gounelle; Lecerf; Monod W.; Wagner

JAUCOURT, Louis, cavaleiro de (1704-1780)

Nascido e morto em Paris, o cavaleiro de Jaucourt, juntamente com Diderot, foi o principal redator da *Enciclopédia*, a partir do volume VIII. Pertencia a uma família antiga da nobreza protestante da Borgonha. Na época da Revogação do Edito de Nantes, em 1685, seu pai permaneceu na França como "novo convertido". Louis de Jaucourt estudou na Academia de Genebra e nas universidades de Cambridge e Leiden. Era médico. Sob o pseudônimo Louis de Neufville, publicou em 1734 a obra *Essais de théodicée sur la bonté de Dieu, la liberté de l'homme et l'origine du mal* [Ensaios de teodiceia sobre a bondade de Deus, a liberdade do homem e a origem do mal] (1710), de Leibniz. Polígrafo, participou de vários periódicos e obras coletivas. Foi eleito para a Academia das Ciências da Suécia, para a Royal Society de Londres e para a Academia de Berlim. Seus artigos para a *Enciclopédia*, assinados com a sigla D.J., tratam principalmente de religião, política, economia, medicina e literatura. Influenciado por um calvinismo liberal, próximo a Locke e Montesquieu, ele combateu a intolerância e o fanatismo.

Claude Lauriol

▶ HAECHLER, Jean, *L'Encyclopédie de Diderot et de... Jaucourt. Essai biographique sur le chevalier Louis de Jaucourt*, Paris, Champion, 1995; LOUGH, John, *The "Encyclopédie" in Eighteenth-Century England and other Studies*, Newcastel upon Tyne, Oriel Press, 1970, p. 25-70; MORRIS, Madeleine F., *Le chevalier de Jaucourt. Un ami de la terre (1704-1780)*, Genebra, Droz, 1979; SCHWAB, Richard N., "Un encyclopédiste huguenot: le chevalier de Jaucourt", *BSHPF* 108, 1962, p. 45-75.

◉ Enciclopédia; tolerância

JEAN-BON SAINT-ANDRÉ, André Jeanbon, dito (1749-1813)

Jean-Bon Saint-André é o nome que André Jeanbon adotou como pastor do Deserto. Marinheiro na juventude, estudou em Lausanne. Foi chamado para pastorear em Castres e Montauban. É eleito para a Convenção, ao lado dos pastores Jean-Paul Rabaut Saint-Étienne (1743-1793), e se torna montanhês. Membro do Comitê de Salvação da Nação, ocupa-se da marinha, mas não participa das reuniões plenárias. É preso na insurreição jacobina que ocorre do 1º ao 3º pradial, ano III do calendário da Revolução Francesa (1795), contra a Convenção Termidoriana (levante do qual os montanheses participam, os primeiros visados pela reação termidoriana contra as forças revolucionárias), é posto em liberdade e ocupa vários postos seguidos: cônsul da França, comissário dos departamentos da margem esquerda do Reno, prefeito do departamento do *Mont-Tonnerre*. Morre de tifo em Mayence, cuidando dos soldados doentes. Deixou sermões, discursos, uma narrativa (*De ma captivité sur les bords de la mer Noire* [Sobre minha captura à beira do mar Morto]) e *Considérations sur l'organisation civile des protestants* [Considerações sobre a organização civil dos protestantes].

Jacques Galtier

▶ NICOLAS, Michel, *Jean-Bon Saint-André. Sa vie, ses écrits* (1848), Montauban, Lormand, 1988 (contém os textos *Considérations sur l'organisation civile des protestants* e *De ma captivité sur les bords de la mer Noire*).

◉ Rabaut Saint-Étienne; Revolução Francesa

JEANNERET, Edmond (1914-1990)

Pastor e poeta suíço romando, Edmond Jeanneret tentou realizar suas duas vocações, religiosa e literária, ambas correlacionadas à

Palavra na meditação, na pregação, na oferta de dons, na partilha. O pregador — função ocupada por ele de 1940 a 1979 —, de acordo com a época, com seus desafios e tensões, conduziu o poeta através das sendas de uma poesia exigente e forte, de uma esperança que jamais se distancia dos dramas do século XX: "A verdadeira beleza é a esperança na desesperança". Para o homem religioso e poeta, a verdadeira vida é mistério, e seus textos são como confissões de fé que levam a voz bíblica às regiões mais altas. Todavia, nunca se trata de demonstrar, mas sobretudo de ser testemunha da luz, mesmo se essa luz surge no fim da noite mais escura. Dividido entre a expressão límpida, as alusões bíblicas explícitas e a vontade de gerar uma poesia "da carne", Jeanneret se confessa bastante tocado pelos Salmos e pelo apóstolo Paulo; assim, dedica uma atenção especial "aos gemidos da criação" e demonstra a influência dos poetas da Reforma (Louis des Masures, Du Bartas, Teodoro de Beza, Agrippa d'Aubigné, Jean de Sponde), tradição em que se insere tão profunda quanto naturalmente.

Serge Molla

▶ JEANNERET, Edmond, *Poésies complètes*, Lausanne, L'Âge d'Homme, 1985; Idem, *Soleil à genoux*, Lausanne, Empreintes, 1995 (com um texto de Doris JAKUBEC, *L'enfant et l'orant*, p. 55-60); "Edmond Jeanneret", *Foi et Vie* 98/2, 1999.

⊙ Literatura; Sponde

JEFFERSON, Thomas (1743-1826)

Terceiro presidente dos Estados Unidos da América. Representante do estado da Virgínia, foi o principal redator da *Declaração da Independência*, de 1776, enfatizando sobretudo o fato de que o governo emana do povo e somente dele. Inspirado pela obra de Locke (1632-1704), Jefferson insiste no princípio da representatividade, que para ele deve fundar todo governo, e esse governo ainda deve defender os direitos humanos, considerando-os inalienáveis. Ardente defensor da liberdade religiosa e da separação total entre o que é civil e o que é religioso, ficaram para a posteridade suas palavras: "Consideramos evidentes tais verdades: os homens são criados iguais e dotados por seu criador de certos direitos inalienáveis, como a vida, a liberdade e a busca pela felicidade. É para assegurar esses direitos que os governos são instituídos entre os homens, com o consentimento daqueles para quem eles governam" (*Declaração de Independência*, 4 de julho de 1776). No entanto, embora tenha proposto a emancipação dos escravos nascidos na América, Jefferson continuou apoiando algumas formas de segregação.

Jean-François Collange

▶ WILBUR, Marguerite Eyer, *Thomas Jefferson. Apostle of Liberty*, New York, Liveright, 1972.

⊙ Direitos humanos; Estados Unidos; **Jesus (imagens de); laicidade**; Locke; **política**; Revolução Americana

JELLINEK, Georg (1851-1911)

Jurista austríaco especialista em direito constitucional. Uma de suas obras mais marcantes, *La "Déclaration des droits de l'homme et du citoyen". Contribution à l'histoire du droit constitutionnel moderne* [A "Declaração dos direitos do homem e do cidadão". Contribuição para a história do direito constitucional moderno] (1895, Paris, Fontemoing, 1902), coloca em paralelo a *Declaração dos direitos do homem e do cidadão* da Revolução Francesa (1789) e os vários *Bills of Rights* adotados pelos estados da América que conquistaram a independência, em 1776. Jellinek deduz que a Declaração é fortemente inspirada pelos *Bills of Rights*, e que assim seria um dos descendentes da Reforma. De fato, a Reforma inspirou a criação de instituições dos estados federados cujos fundadores foram em sua maioria puritanos ou exilados por questões religiosas. Ainda que bastante contestada, essa tese, sem dúvida direta demais, não é desprovida de fundamentos.

Jean-François Collange

▶ ANTER, Andreas, org., *Die normative Kraft des Faktischen. Das Staatsverständnis Georg Jellineks*, Baden-Baden, Nomos, 2004; BREUER, Stefan, *Georg Jellinek und Max Weber. Von der sozialen zur soziologischen Staatslehre*, Baden-Baden, Nomos, 1999; COLLANGE, Jean-François, *Théologie des droits de l'homme*, Paris, Cerf, 1989; HÜBINGEN, Gangolf, "Staatstheorie und Politik als Wissenschaft in Kaiserreich: G. Jellinek, O. Hinze, M. Weber", em Hans MAIER et alii, orgs., *Politik, Philosophie, Praxis. Festschrift für Wilhelm Hennis zum 65. Geburstag*, Stuttgart, Klett-Cotta, 1988, p. 143-161;

OUÉDRAOGO, Jean Martin, "Georg Jellinek, Max Weber, la politique et la tâche de la sociologie des religions", *Archives de sciences sociales des religions* 127, 2004, p. 105-137; ROHLS, Jan, *Troeltsch, le calvinisme et la société moderne*, em Pierre GISEL, org., *Histoire et théologie chez Ernst Troeltsch*, Genebra, Labor et Fides, 1992, p. 123-148.

● Direitos humanos; Revolução Americana; Revolução Francesa

JESUS (imagens de)

1. Introdução
2. O Jesus da história e o Cristo da igreja ou da fé
3. O desdobramento das representações
   3.1. O momento inicial de uma pesquisa histórica do rosto de Jesus; Hermann Samuel Reimarus (1694-1768)
   3.2. O triunfo do pedagogo: Jesus no século XVIII
   3.3. Jesus como modelo originário: a Reforma radical
   3.4. Lutero e Calvino: precursores sem querer?
   3.5. Mistério da vida, da morte e do renascimento: Cristo no romantismo
   3.6. Superação do historicismo ou "historicismo de segundo grau" (Ernst Troeltsch)?
4. Coordenadas contemporâneas
   4.1. Primazia da fé e da pregação de uma Palavra totalmente outra: a "teologia dialética"
   4.2. Que pertinência teológica da história?
   4.3. As imagens não ocidentais de Jesus
5. Considerações finais

1. Introdução

Este artigo não trata da cristologia, ou seja, da elaboração doutrinária sobre a identidade e o ministério de Jesus Cristo, seu ser e sua função, com relação à fé e à igreja. Em vez disso, focaliza as *imagens de Jesus*: as várias representações da figura de Jesus engendradas pelo protestantismo. É um tema, portanto, mais afeito à história das mentalidades. Pretendemos fazer uma recapitulação de representações historicamente situadas e culturalmente determinadas, representações mutantes. Tais representações se exprimiram, com certa efetividade social, na área eclesial e religiosa, evidentemente, mas também na política e na cultura de modo mais amplo; porém, nem sempre foram pensadas como tais, veiculando sobretudo os reflexos espontâneos de dada época.

Historicamente situadas e reveladoras de uma mentalidade determinada, as "imagens de Jesus" são imagens de um personagem histórico a quem elas remetem e a quem se referem: elas o tornam visível, colocam-no em cena; ao mesmo tempo, dependem para isso de um ato de legitimação ou, pelo menos, de um modo de situar-se no presente e de esclarecer sua própria identidade.

Examinar as "imagens de Jesus", portanto, não é localizar-se diretamente e, desde o início, em um campo doutrinário específico; no entanto, certamente será tocar de modo indireto naquilo que pertence ou pode pertencer à doutrina. Isso será explicitado em diversos momentos deste artigo. Ao mesmo tempo, tentaremos assinalar, no final do percurso, em que sentido pode existir a marca da influência protestante na escolha quanto a tratar, em um artigo, das "imagens de Jesus", em vez de decidir-se conscientemente por uma "cristologia".

2. O Jesus da história e o Cristo da igreja ou da fé

Falar de "imagens de Jesus" é de fato inserir-se em um hiato ou uma distância entre história e doutrina, ou entre história e fé/crença. Tal afastamento está profundamente enraizado no cerne de nossa modernidade, com as questões que a acompanham: que *saber*, em primeiro lugar, podemos ter sobre Jesus, independente da igreja (ou das igrejas)? Porém, a mesma pergunta apresenta também uma face potencialmente teológica, que lhe está relacionada e que nesse sentido também é moderna: *em que pé está o ato cristão ou a afirmação teológica relativa a um dado histórico*, qualquer que seja esse dado, e *a fortiori*, quando seria considerada, como aqui, algo central, determinante e "fundador"? Estaríamos lidando com um procedimento *ideológico*, portanto enganador (um "dogma"), com uma manipulação institucional (uma igreja) ou, ao contrário, com um registro que em princípio é legítimo, mas cujos *status*, coordenadas e regras de funcionamento (portanto, limites) devem ser imperativamente pensados e precisados?

A busca do Jesus da história — o "verdadeiro" Jesus, aquele que pode objetivamente alcançar o historiador, fora da fé e do catecismo — encontra uma profunda ressonância na modernidade. Relatos se apresentam mais ou menos como "biografias" de Jesus — narrações de sua vida e de seu destino, correlacionados à sociedade de seu tempo e a seus elementos políticos e religiosos — e são de vez em quando requeridos no mercado. Sua proveniência é diversa, e seu sucesso é geralmente grande, quaisquer que sejam o valor ou a confiabilidade das fontes desses relatos ou o modo com que tratam o tema. Nesse sentido, pelo menos, o fenômeno deve ser considerado significativo e até sintomático.

Porém, a questão do Jesus histórico não é somente contemporânea. De fato, tem sido levantada no Ocidente desde o século XVIII, permanecendo forte por todo o século XIX. Podemos mesmo afirmar que constitui a questão maior que ocupou ou condicionou, justamente no século XIX, a maior parte da teologia protestante alemã ou sob a influência alemã. E, se essa questão foi menos central na mesma teologia protestante do século XX, isso se deve a alguns impasses a que chegou, impasses que foram dimensionados na virada do século XIX para o XX. No entanto, o deslocamento teológico a que se chegou, um deslocamento visível sobretudo após a guerra de 1914-1918, era de certo modo outra maneira de responder às problemáticas em foco — a relação entre verdade histórica e verdade da fé —, cujas implicações não podiam ser esquecidas. Além disso, a problemática da verdade histórica e da verdade da fé não se manteve somente em um momento em que se buscava um novo modo de definir a tarefa da teologia (emblematicamente, com a "teologia dialética"), mas foi ainda recorrente fora desse contexto. A questão do Jesus histórico ressurgiu de fato explicitamente a partir dos anos 1950, no cerne da tradição teológica ocidental, europeia (com Ernst Käsemann levantando a questão de uma "pertinência teológica da história") e norte-americana (cf. a reação de James Robinson aos debates que se seguiram à confrontação de Käsemann), mas também a partir de tradições culturais até então reprimidas: a teologia afro-americana, as do Terceiro Mundo, até as das mulheres ou ainda dos movimentos de tipo esotérico. Isso prova que as afirmações de identidade, principalmente por parte de grupos em situação de oposição ou conquista, requerem a passagem por imagens, histórica ou narrativamente desenvolvidas. A mesma questão do Jesus histórico se vê enfim retomada, ou buscada, através do que se chamou, desde os anos 1980 e nos Estados Unidos em primeiro lugar, de "terceira busca" (*third quest*) do Jesus histórico, reabrindo um questionamento básico, sobretudo a partir das fontes apócrifas, com um novo olhar sobre o judaísmo do século I (com mais facetas que se pensava e mais marcado por diversas formas de aculturação) e sobre outras ponderações das heranças próprias da tradição bíblica (revalorização da corrente sapiencial, p. ex., em vez de somente das correntes profética e apocalíptica).

A conclusão de Albert Schweitzer

Na história moderna da teologia protestante, foi Albert Schweitzer (1875-1965) que pôs fim (um fim provisório!) às pesquisas sobre a vida de Jesus. De fato, em 1906, e depois em 1913 (em uma edição estendida), ele dedica uma obra inteira ao conjunto das pesquisas da "verdadeira face" de Jesus, inaugurada na segunda metade do século XVIII. A conclusão é, como o autor declara no final do livro, "negativa". Para ele, cada historiador constrói "cientificamente" seu Jesus, um Jesus racionalista quando o historiador é racionalista, romântico quando o historiador é romântico, revolucionário quando assim o é o historiador, tomado pela moral burguesa quando o historiador participa dessa mesma atmosfera cultural... "Essa é a infelicidade da teologia moderna", escreve Schweitzer, "que não deixou de misturar a história a seus ensinamentos e em seguida se mostra orgulhosa demais da maestria com que encontrou seu presente no passado" (p. 155 da trad. franc.). De um modo bastante intenso, boa parte da crítica de Schweitzer recai sobre a domesticação de um Jesus "modernizado ao gosto de nossos dias" (p. 162), suavizado, desprovido de singularidade e de força instituidora e estruturante.

Essa sentença desce como um machado, com o segundo parágrafo de sua "consideração final": "O Jesus de Nazaré que se apresentou como o Messias, que anunciou o advento de um reino moral, a realização do Reino dos céus sobre a terra e que morreu na cruz para de alguma forma consumar sua obra, esse Jesus jamais existiu. Trata-se de uma figura projetada pelo racionalismo do século XVIII, revivida depois pelo liberalismo e revestida de roupas de época pela teologia moderna" (p. 153). Para Schweitzer, o juízo negativo dirigido ao resultado de 150 anos de pesquisas sobre o tema do Jesus histórico só alimenta um olhar crítico sobre o presente. "Nós, teólogos modernos, estamos orgulhosos demais de nossa ciência, de nosso 'Jesus histórico', confiantes demais nos benefícios espirituais advindos de nossa disciplina." Partindo "em busca do Jesus autêntico", livre do "dogma da igreja" e capaz então de "ganhar vida novamente", Jesus pode ser considerado por nós "um homem que pertence a nossa humanidade e que tem as mesmas representações do mundo". Acima das ilusões e da ingenuidade presentes aqui, estamos "sem força". O saber sufocou a "vontade" e, em seguida, a "paixão" e a "fé" (p. 154s).

A mesma "consideração final' de Schweitzer trabalha com a diferenciação entre "vontade" e "representações do mundo". A primeira é transistórica, ligada a um "infinito", "imperioso", "radical", "imediato", e até "heroico"; as segundas são apenas símbolos dados historicamente, assim como "os nomes Messias, Filho do homem, Filho de Deus". A diferença na ordem, para Schweitzer, deve ser enfatizada sem meias medidas, acima de qualquer "astúcia" ou "artifícios" "hermenêuticos". Deve-se então, sem mais, correlacionar Jesus de Nazaré à história, definitivamente estrangeira em relação a nossa mentalidade moderna, sobretudo com seu pano de fundo apocalíptico judeu ("não se pode forçar a interpretação dos fatos nem negar o que permanece neles de estranho, e até mesmo de chocante", p. 161); e é apenas em uma "relação de vontade" que podemos nos tornar "filhos do Reino de Deus", sabendo então claramente que nenhuma espécie de "conhecimento histórico" pode "suscitar" ou "construir" a "vida espiritual de uma época" (p. 154). Contra "vãs tentativas de modernizar Jesus, reduzindo aquilo que, em sua mensagem, era determinado pela época, ou reinterpretando-o como se ele pudesse tornar-se mais próximo" (p. 156), trata-se de corresponder de modo pleno às "grandes tarefas civilizatórias que cabem à religião" (p. 155).

Devemos retomar as questões fundamentais levantadas aqui. De fato, foi o que fez, à sua maneira e em parte, a "teologia dialética", inaugurada no início dos anos 1920 por Karl Barth e Rudolf Bultmann. Porém, antes de retomá-las — em nossa situação, mais contemporânea, acima das respostas que acreditou trazer a "teologia dialética" e os efeitos dessas respostas —, é necessário enfatizar, sem ambiguidade, a importância do próprio fato da pesquisa de uma "verdadeira face" de Jesus oculta por trás das afirmações propriamente doutrinárias, pesquisa que se desenvolveu, pelo menos em parte, no interior de uma religião constituída: o cristianismo em sua modalidade protestante ocidental. Apesar da severa conclusão que esboça, Schweitzer não cansa de espantar-se com esse aspecto, sempre enfatizado desde a primeira página de sua obra. Escreveu, de fato, que a pesquisa sobre a vida de Jesus é uma empreitada notável da teologia alemã: "Essa pesquisa, de modo irreversível, guiou todo o pensamento religioso do futuro, estabelecendo seus fundamentos" (p. 102 da ed. franc.). E, em sua "consideração", ele não repudia essa conclusão inicial: "A pesquisa sobre a vida de Jesus [...] representa uma importante busca pela verdade e um acontecimento único, de um alcance gigantesco, na história geral da humanidade" (p. 154). Em segundo lugar, acima do próprio fato, observamos que o desdobramento dessa história é instrutivo, seja qual for a confiabilidade estritamente histórica dos retratos que são sucessivamente propostos. É instrutivo em relação a certas apostas culturais da modernidade europeia, desde o século XVIII até hoje, mas também é instrutivo em relação ao próprio cristianismo, suas fontes, suas transformações, que mostram, em complexos entrelaçamentos, as forças e as fraquezas que compõem sua face e sua efetividade histórica.

3. O desdobramento das representações

Escolhemos certo número de autores característicos. De acordo com a estrutura designada para este artigo, começaremos pelo advento daquilo que é propriamente obra crítica e moderna, operando uma cisão, deliberada, no local do ensino eclesiástico recebido. O percurso será, portanto, orientado de início pelas observações de Albert Schweitzer sobre o período que vai do século XVIII até o começo do XX. Porém, também examinaremos alguns elementos protestantes anteriores ao século XVIII, que, com as diferenças que podem ser ressaltadas em relação à tradição maior ou anterior do cristianismo, provavelmente já haviam operado alguns deslocamentos, e nesses deslocamentos nós podemos dizer, em retrospecto, que foi transplantada a busca da "verdadeira face" histórica de Jesus, mas não sem novos deslocamentos, evidentemente. Na mesma visão, examinaremos ainda aquilo que se manteve no cerne da Reforma radical, portanto no século XVI, assim como algumas características dos reformadores, Lutero e Calvino. Somente depois é que será retomada a temática tal como se desenvolveu no século XX (item 4), após a cesura que representou 1914-1918, assim como serão levantadas algumas coordenadas que podem balizar uma problemática mais diretamente contemporânea.

3.1. O momento inicial de uma pesquisa histórica da face de Jesus; Hermann Samuel Reimarus (1694-1768)

Reimarus foi professor de línguas orientais em Hamburgo. Era um racionalista, marcado pelo deísmo inglês e pela metafísica wolffiana. Deixou um manuscrito inédito, intitulado *Apologie oder Schültzschrift für die vernünftigen Verehrer Gottes*. Lessing, então curador da biblioteca do duque de Brunswick em Wolfenbüttel, publicou fragmentos desse texto, de 1774 a 1778 (*Fragmente des Wolfenbüttelschen Ungenannten*, Berlim, Reimer, 1895). Reimarus trata da vida de Jesus sob dois aspectos: a "história da ressurreição" e o "objetivo de Jesus e de seus discípulos".

Reimarus salienta a distância entre as posições de Jesus e as dos discípulos após a morte do mestre. Observa que Jesus não tinha a intenção de fundar uma nova religião, mas que pretendeu restabelecer a independência nacional, na perspectiva messiânica de um rei judeu. Nesse pensamento, Jesus jamais teria considerado a si mesmo em relação a qualquer tipo de perspectiva metafísica, mas sua tentativa de impor-se provocou a reação violenta que culminou em sua morte. Desesperados por tal fracasso, os discípulos teriam operado uma transmutação de sua esperança: inventaram a ressurreição do mestre, imaginaram a ideia de um segundo advento do Messias (a parusia) e difundiram a ideia de uma redenção espiritual ligada à morte de Jesus, assim transformado no Cristo de uma nova igreja. É evidente que, aos olhos de Reimarus, Jesus não quis nem abolir a Lei, nem instituir novos ritos. E também não se dirigiu aos pagãos. Quanto aos dogmas centrais do cristianismo, o trinitário e o cristológico, ele não podia ter disso a menor ideia (aliás, "se o próprio Jesus quisesse de fato expor essa estranha doutrina de três diferentes pessoas em uma só natureza divina [...], será que ele teria se calado sobre o assunto?").

A publicação dos "fragmentos" de Reimarus causou escândalo e suscitou controvérsias (Johann Salomo Semler [1725-1791] publicou uma refutação do texto de Reimarus: *Beantwortung der Fragmente eines Ungennanten insbesondere vom Zwecke Jesu und seiner Jünger*, Halle, Verlag des Erziehungsinstituts, 1779). Estava iniciado um movimento que seria retomado durante todo o século XIX. Alguns dos temas abordados por Reimarus seriam reencontrados na problemática então inaugurada: em primeiro lugar, evidentemente, a distância entre Jesus e a comunidade dos discípulos, mas também o pano de fundo judaico de Jesus, assim como os pontos associados à perspectiva escatológica (cenário apocalíptico e messianismo subvertido, com as questões da morte como fracasso, da ressurreição, de uma nova parusia e até de uma "espiritualização").

Reimarus sofreu grandemente a influência do racionalismo do século XVIII. Dele foi dito que era desprovido de senso histórico; desde o romantismo alemão do início do século XIX, as questões sobre a relação entre história e verdade conheceriam deslocamentos significativos, que serão examinados aqui mais adiante (no item 3.5). Para começar, vamos assinalar alguns elementos típicos de uma abordagem racionalista *stricto sensu*, ao longo do século XVIII e em Reimarus, para em seguida nos debruçarmos sobre os traços da estrutura de pensamento em que esses elementos tomaram corpo.

Para o racionalismo, o item problemático é o milagre. Assim, a tendência racionalista é eliminá-lo, pura e simplesmente (para Reimarus, os milagres não são "dignos de atenção"). Assim, para outro autor, chamado Heinrich Eberhard Gottlob Paulus (1761-1851), os "milagres" são somente fatos que os discípulos não compreenderam e atribuíram a causas sobrenaturais. Por exemplo, os discípulos acreditaram que Jesus acalmara uma tempestade porque o barco, passando por um cabo, tinha entrado em uma zona protegida de ventos. Da mesma forma, quando Jesus andou sobre as águas, isso não passou de uma ilusão de ótica relacionada à presença de bancos de areia naquele local do lago. A ressurreição também foi desmontada como uma encenação. Várias obras de ficção também se encontram nesse contexto, chegando até a fazer alusão a falsos documentos. Jesus e os discípulos foram correlacionados aos essênios, aos sacerdotes budistas da Índia, aos sacerdotes egípcios etc.

Na leitura de algumas "vidas de Jesus" do tipo racionalista, podemos hoje nos espantar com a ingenuidade dos autores. Com relação aos milagres, os textos evangélicos não são tratados como textos religiosos; e nenhuma atenção é dedicada a sua construção literária, a sua problemática interna, a seu objetivo. A questão é que, culturalmente, o milagre realmente era um problema: pensava-se que ele era um obstáculo à verdade do ensino bíblico e que, uma vez removido, a mensagem do evangelho poderia enfim se mostrar em sua simplicidade, sua verdade, sua profundidade sublime.

Thomas Jefferson (1743-1826), terceiro presidente dos Estados Unidos, insere-se na mesma tendência. Ele se preocupou com as questões envolvendo Jesus e os evangelhos durante toda a vida praticamente, publicando *The Philosophy of Jesus of Nazareth* [A filosofia de Jesus de Nazaré] (1804) e, após a presidência, em um projeto mais importante e mais ambicioso, *The Life and Morals of Jesus of Nazareth Extracted Textually from the Gospels in Greek, Latin, French, and English* [A vida e a moralidade de Jesus de Nazaré extraídas textualmente dos evangelhos em grego, latim, francês e inglês] (1820). Aqui, não há alusão alguma ao nascimento virginal, à anunciação e ao Natal; da mesma forma, nenhuma menção à ressureição (nem ao Cristo cósmico), mas, sim, a ênfase nos preceitos de Jesus, em seus ensinamentos religiosos e morais. Jesus é "o maior de todos os reformadores da religião depravada de seu próprio país", e é necessário "extrair o que é de fato [a mensagem autêntica de Jesus] da confusão em que ele foi metido, facilmente distinguível, por seu fulgor, da escória que compõe suas biografias, tão separável dessa escória quanto o diamante pode ser distinto de um monte de estrume" (carta de Jefferson a William Short [31 de outubro de 1819], em Dickinson W. ADAMS, org., *Jefferson's Extracts from the Gospels. "The Philosophy of Jesus" and "The Life and Morals of Jesus"* [Comentários de Jefferson sobre o evangelho. "A filosofia de Jesus" e "Vida e moralidade de Jesus"], Princeton, *Princeton University Press*, 1983, p. 388). Diante disso, é redundante observar que aqui a separação entre a moralidade, o amor e o serviço de Jesus, de um lado, e os dogmas eclesiásticos da Trindade e da dupla natureza de Cristo, do outro, é radical e não tem como ser superada.

3.2. O triunfo do pedagogo: Jesus no século XVIII

Reimarus pode ser considerado, e com razão, o primeiro historiador de Jesus no sentido moderno do termo, inaugurando assim as "vidas de Jesus". Antes de examinar alguns prolongamentos da problemática então aberta, vamos nos deter na atmosfera cultural (e também metafísica) de Reimarus. Essa atmosfera é a das Luzes e, mais especificamente, a do deísmo. Um tipo de "imagem de Jesus" se desenha claramente aí; tal imagem é instrutiva, tanto nos traços que são enfatizados quanto naquilo que é esquecido.

De modo geral, podemos dizer que Deus surge aqui relacionado a sua transcendência, que o homem e a ordem da natureza conquistaram autonomia, estando dissociados do discurso relativo a Deus e que, assim, os traços estruturantes do cristianismo clássico tendem a dissolver-se em prol de uma sabedoria natural e potencialmente universal. Jesus, nesse discurso, é "humanizado", visto como autêntico, acima de toda pertinência do discurso doutrinário como tal, e o evangelho só pode ser "simples e inteligível". Quando Jesus é descrito, é sobretudo como pedagogo e legislador. Em relação à tradição, escolhe-se a figura "da realeza" — a de um "domínio" ou de um "poder", soberano e legal, e a tendência é que Deus seja visto nessa época em uma relação fundamental com a Lei — e não a figura de "sacerdote", ou "sacrificial", por exemplo (nesse sentido, nota-se a relativização da epístola aos Hebreus). Inclusive, a morte de Jesus não desempenha um papel espiritual ou teológico forte; Jesus não se mantém "em agonia até o fim do mundo"; é aquele que ensina, mais que aquele que salva.

Em *Le christianisme raisonnable tel qu'il nous est représenté dans l'Écriture sainte* [O cristianismo razoável tal como nos é representado na Santas Escrituras] (1695, Amsterdã, Chatelain, 1731), John Locke (1632-1704) pretendeu conciliar revelação e fé, ignorando o dogma trinitário, mas professando o messianismo de Jesus, legislador encarregado de "nos encaminhar para a virtude". Observemos que, se o tema da redenção praticamente desapareceu, Locke pensa situar-se "no tempo da ressurreição", e é quando surge a proeminência da ressurreição sobre a cruz, algo que aliás é bem presente em toda uma parcela do mundo protestante, reforçado pela recusa ao dolorismo que foi diagnosticado no cerne do catolicismo (o luteranismo se alimenta evidentemente de uma "teologia da cruz", mas tal ênfase serve para afirmar o caráter indireto da revelação e a descontinuidade entre Deus e o homem). Coerente com essa visão, por exemplo, está a seguinte observação sobre a morte na cruz: "O bom ladrão olhando Jesus como o Messias e crendo nele dessa maneira recebeu a promessa de estar com ele no paraíso, sendo restabelecido em uma bem-aventurada imortalidade. Foi dessa forma que nosso Senhor Jesus findou sua vida" (p. 210s).

O deísta John Toland (1670-1722), em *Le christianisme sans mystères* [O cristianismo sem mistérios] (1696, 1702, Paris, Champion, 2005), demonstra a mesma aposta cultural em sua representação do evangelho de Jesus, mas com ainda mais rigor nos traços que acabamos de descrever. Para ele, Escritura e razão se conciliam plenamente, já que a verdadeira religião é necessariamente razoável e inteligível. A imagem de Jesus será a de um momento em que a razão se revela a si mesma, fora de todo "mistério" e de toda a problemática de uma mediação necessária e operante, e nisso o ataque contra o catolicismo se mostra bastante presente. Sob o signo de uma religião "razoável" e portanto "natural", Toland buscaria a conciliação entre judeus, cristãos e "maometanos". É o caso de sua obra *Le Nazaréen, ou le christianisme des juifs, des gentils et des Mahométans* [O nazareno, ou o cristianismo dos judeus, dos gentios e dos maometanos] (1718; traduzido para o francês por d'Holbach em 1777, reimpr. Liège, Desoer, s.d.), já que o desvio pelo islã era frequente no livre-pensamento do século XVIII. As principais características da obra são: a recusa aos textos de Paulo, que teria levado o cristianismo a uma via diferente da revelação primitiva (tema que seria recorrente ao longo de toda a época moderna, cf. Nietzsche, por exemplo, em *O anticristo* [1888], n° 42); a valorização da Lei mosaica; uma interpretação do evangelho como continuação da Lei de acordo com os ensinamentos de Jesus; a clara rejeição à divindade de Jesus, que seria apenas um profeta subordinado a um monoteísmo estrito. A obra também demonstra algo típico na época, a conjunção entre verdade e origem: trata-se de reencontrar "o cristianismo verdadeiro e puro, tal como era em sua origem" (*Le Nazaréen* [O Nazareno], p. 10).

Em tudo isso, são deixados de lado os dramas inerentes ao mais íntimo do ser humano ou da criação; o augustinianismo se perde de vista, assim como as temáticas herdadas do pecado original. Desprovido de singularidade e determinação, Jesus representa o homem quase universal, e sua revelação nada seria, "acrescentada à ou removida da Religião da Natureza", como afirma Matthew Tindal (1657-1733) em seu *Christianity as Old as the Creation: or, the Gospel, a Republication of the Religion of Nature* [Cristianismo tão velho quanto a criação: ou o evangelho e a republicação da religião da natureza] (Londres, 1730, p. 58). Jesus, em primeiro lugar, é um "guia e mestre", que veio para "ensinar" a "virtude" e pregar uma "lei do amor". O escopo do ensino é "ético". Sua ascensão é compreendida de modo alegórico como a sanção da superioridade no céu das ideias (em que ele poderá, de acordo com os autores, encontrar Sócrates, Confúcio: tende-se aqui, em geral, a "desjudaizar" o cristianismo). Abandonou-se o mistério antropológico e histórico do "fazer memória", ligado a uma contingência irredutível e a uma visão de Deus como absoluto, em ruptura e excesso. Assim, nessa visão, a prioridade dada à espiritualização é o que permite distinguir entre a verdadeira "mensagem" de Jesus e tudo aquilo que os livros do Novo Testamento contêm a mais, e o evangelho, no sentido da boa-nova, é visto como "doutrina ensinada", e não como parte de uma história factual.

As *Paixões* de Bach foram características de um protestantismo anterior, de especificidade luterana, que medita na revelação da divindade no cerne da humildade e, portanto, da cruz; quanto à época de que tratamos aqui, é Haendel que surge como figura representativa, com seu *Messias* e seus aleluias senhoriais, celebrando o triunfo da ressurreição.

Em uma obra intitulada *Traité de la vérité de la religion chrétienne* [Tratado da verdade da religião cristã], transcrição livre das teses do teólogo Jean-Alphonse Turrettini (1671-1737) por seu discípulo Jacob Vernet (1698-1789), podemos ler sobre Jesus: "Consideremos seu modo de vida: é simples e unificado, nada tendo de afetação. Não há singularidade em suas vestimentas, não há caprichos, não há desigualdade em seus procedimentos, nada de selvagem em seus modos, nada de pueril em seu gênero de devoção; trata-se de uma piedade sólida e própria à vida em sociedade; [...] ele vive humanamente com os homens, corrigindo-os com doçura, condoendo-se com as penas desses homens; ele não se esconde nos desertos; não é afetado por austeridades estranhas; comunica-se com todos e comparece aonde é chamado de modo natural, a festas, a bodas, mas sempre com a decência que lhe convém. Ama seus pais, seus amigos, seus discípulos, e não hesita em demonstrar afetos naturais e razoáveis. [...] Sua personalidade é uma mistura equilibrada de sensibilidade e firmeza, humanidade e serenidade, que sempre foi vista como característica de um espírito sábio e ponderado" (seções V e VI, Genebra, chez Henri-Albert Gosse, 1745, p. 127s). Uma leitura tão normalizadora não precisa de comentários!

3.3. Jesus como modelo originário: a Reforma radical

As pesquisas modernas da "verdadeira face" de Jesus — o Jesus histórico e humano —, inauguradas por Reimarus, assim como as visões (características da época das Luzes) de um Jesus como um messias pedagógico e moral, atestam uma mudança de paradigma. O modelo teológico clássico tende de fato a ser abandonado, criticado ou mal compreendido: o motivo da união hipostática das duas "naturezas" (de acordo com o resumo calcedônio de 451, "Um só e mesmo Cristo, Filho, Senhor, o único gerado, reconhecido em duas naturezas, sem confusão, sem mudança, sem divisão e sem separação"), parece ter caído em uma crise de relevância; Deus não é mais pensado seriamente como trinitário; o mundo não mais se afigura como presa do "pecado original" que requeria as leis não personalizadas e não diretamente morais de uma providência objetiva (com passagem obrigatória pela instituição, tanto política quanto religiosa, através do ritualismo e do simbólico); a ordem regulada de uma crença e de uma igreja se vê, portanto, em crise. Ora, trata-se de uma grande mudança de paradigma, percebida no cerne da Reforma radical do século XVI, seja do tipo anabatista, seja do tipo espiritualista. Podemos também observar o fenômeno em algumas tradições espirituais dos séculos XVII e XVIII, e até mesmo no pietismo e no ramo chamado "evangélico" do protestantismo.

3.3.1. A mudança anabatista

Para os anabatistas — Andreas Carlstadt (1486-1541), Thomas Müntzer (?1490-1525), Conrad Grebel (?1498-1526), Menno Simons (1495/96-1561), Balthasar Hubmaier (?1485-1528), Melchior Hoffman (?1500-1543), Pilgram Marpeck (1495-1556), Dirk Philips (1504-1568) e outros —, Jesus foi primeiramente um modelo ou exemplo de uma vida conforme a lei e a vontade de Deus, uma vida santa. Para eles, "Cristo, Filho de Deus, e seus apóstolos, e antes dele os santos profetas, fundaram uma cristandade que de início era autêntica e pura" (Thomas Müntzer). O esquema, aqui, é o de uma dependência direta em relação a uma origem pura, simples e verdadeira, divina, ou seja, vinda de Deus. O objetivo era fundar uma comunidade de discípulos separados do mundo, não assumir a ordem civil com suas necessárias e obrigatórias mediações (e aqui se insere o violento repúdio ao batismo das crianças, considerado "insensato e blasfemo"). A igreja não precisa tanto de reforma, mas, sim, de restituição, e a ênfase recai sobre a ética. Sobre os diversos traços dessa mesma lógica, os anabatistas e espiritualistas costumavam estar de acordo, acima dos enunciados doutrinários bastante variáveis e dos divergentes engajamentos eclesiásticos. Aqui, estamos às voltas com uma mutação que é cultural, pertencente à história das mentalidades. O modelo que subjaz é do tipo utópico, que remete a uma perfeição originária.

Thomas Müntzer foi alvo de vários adjetivos: espiritualista ou existencial, místico ou carismático, apocalíptico ou violento, moralista ou perfeccionista. Ele enfatiza um "Cristo amargo", que se opõe ao "doce Cristo" de Lutero. Para Müntzer, trata-se, antes de tudo, de "sofrer Cristo", ou "sofrer a obra de Deus" (obra de julgamento, purificação e regeneração). A cruz deve ser experimentada, em vista de um abandono interior de si mesmo à obra de Deus, compreendida de modo particular como a vitória do espírito sobre a carne. Há uma ascese, uma prova e um caminho rumo à perfeição, uma dinâmica a ser interiorizada, contra todo dado exterior, seja a da morte de Cristo para nós, *extra nos* (exterior e anterior), seja a da letra, seja, ainda, a de uma instituição sacramental e sacerdotal. Müntzer pensa a fé como uma verdadeira mudança, recusando o "ao mesmo tempo justo e pecador, e penitente", de Lutero. Trata-se assim de um ser quase divinizado pela Palavra de Deus, uma Palavra originariamente inscrita no fundo da alma e que jorra das profundezas do coração sob a ação do Espírito, que a desperta. Cristo se torna, assim, carne no homem, e o homem se torna conforme a ele.

Conrad Grebel, os "irmãos suíços" e a *Confissão de Schleitheim* (1527) se opõem a Müntzer quanto à questão do uso da violência. No entanto, são anabatistas como ele, em ruptura com a Reforma "magisterial" (Lutero e Zwinglio são chamados de "pequenos anticristos", enquanto o papa era o "grande anticristo"), pelas mesmas razões e com a mesma lógica fundamental. Isso pode ser percebido na carta que Grebem e seus amigos enviaram a Müntzer, em 1524, em que é mencionada quão próximas estão as estruturas teológicas: "Os verdadeiros e fiéis cristãos são ovelhas em meio a lobos, ovelhas enviadas para o matadouro. Esses devem ser batizados na angústia, nas aflições, nas tribulações, nas perseguições, no sofrimento e na morte; devem passar pela prova de fogo e chegar à pátria do eterno repouso não estrangulando seus inimigos carnais, mas, sim, matando seus inimigos espirituais. Eles também não tiram a espada deste mundo nem fazem a guerra. Pois se recusam totalmente a matar, e sem essa recusa nós ainda pertenceríamos à antiga Lei" (citado por Jean SÉGUY, *Les Assemblées anabaptistes-mennonites en France* [As assembleias anabatistas-menonitas na França], Paris-La Haye, Mouton, 1977, p. 303).

O tema central é, aqui, o da "perfeição de Cristo", plenitude da revelação e do cumprimento da vontade de Deus (em contraste com o Antigo Testamento e, claro, em ruptura com o mundo), uma perfeição à qual nos devemos "conformar" de acordo com uma lei que não poderia atenuar o apelo a uma "liberdade" ligada ao "amor" e à "fé". Entre os anabatistas, Cristo é sobretudo fundamento e exemplo; até sua humanidade é normativa. Ele está na origem de uma "nova aliança", original (não se está mais na perspectiva agostiniana de um "fazer memória", inserido no cerne da descontinuidade do tempo), e a letra e o espírito tendem a fundir-se, por uma obrigatória e intrínseca transparência da verdade.

Os batistas enfatizam bastante a humanidade de Jesus Cristo, portanto sua realidade encarnada e carnal. Porém, esse é um dado que não nos pode enganar. A ruptura evocada nas linhas precedentes em relação ao cristianismo clássico é uma constante. O modo com que essa humanidade é enfatizada não nega, antes confirma, o diagnóstico.

O anabatista Melchior Hoffman escreve que Cristo não é descendente de Davi, mas, sim, do Espírito Santo; todo o anabatismo dos Países Baixos se recusaria a afirmar que Cristo adotou a carne de Maria, "carne culpável de Adão". Hoffman poderia afirmar a natureza humana de Cristo, mas somente para relacioná-la à origem divina, portanto totalmente boa. De fato, escreve ele: "Jesus Cristo inteiro, corporalmente, é nossa pedra angular. Não foi o Adão terreno e culpável, carne e osso, mas a Palavra eterna que provém do poder do próprio Deus" (*Die eedele hoghe ende troostlike sendebrief to den Romeren*, s.l., 1533, *ad* Rm 9.33). Cristo não está ali para operar uma obra de reconciliação, mas se considera no todo como a verdade, uma verdade que deve ser apropriada subjetivamente. O que conta aqui é a redenção, mas não como reconciliação na base da união cristológica das duas naturezas de acordo com a *Declaração de Calcedônia*. Assim, há a recusa de admitir que um homem nascido segundo a genealogia adâmica deva salvar a humanidade: é preciso que ele nasça do Espírito, e Maria seja somente um receptáculo.

Menno Simons também sustenta, contra a tradição clássica, que Cristo recebeu a carne *em* Maria, e não *de* Maria. Escreve ele: "Em relação a sua origem, ele não é um homem terreno, ou seja, um fruto da carne e do sangue de Adão: ele é um fruto ou um homem celeste". Da mesma forma, Dirk Philips prega que é preciso manter a origem divina absoluta de Cristo (o "novo Adão" não tem semelhança com o antigo), já que o Filho de Deus se tornou homem pela semente divina, eterna e imortal de Deus, Pai celeste que agiu em Maria pela força do Espírito. A oposição ao calvinismo é aqui consciente, assim como a formula Cornelis de Cuyper: os calvinistas "esperam achar consolação da salvação na substância terrena, embora a vida dos homens não esteja nela; enquanto nós (menonitas) esperamos achar a salvação naquilo que estava em Deus no início, a saber, aquilo que sempre foi a vida do homem". Em resumo, a bondade e o amor perfeito de Deus se "revelam" na encarnação, na morte e na ressurreição de Cristo, mas não poderiam ser enfraquecidos. Assim, o tema de uma reconciliação interna à criação entregue ao pecado desaparece, em prol de uma regeneração possível e aberta, que pode ser escolhida livremente por aquele que decide seguir Cristo.

Pilgram Marpeck quer levar a sério a humanidade de Cristo, realidade *exterior* pela qual se deve passar para chegar à realidade interior e espiritual. A humanidade material é então correlacionada a uma virada na história do mundo: Cristo protagoniza uma nova realidade, claramente distinta da antiga aliança. Mas, de fato, é a realidade material da criação que surge aqui, obrigatoriamente exterior a Deus, e, se Cristo deve de certa maneira passar por essa realidade (como na encarnação e em sua humanidade), é para levar-nos à verdade, única realidade verdadeira e diretamente relacionada a Deus. É nesse sentido que Marpeck afirma a humanidade de Cristo salvador. Marpeck defenderia então que a igreja deve prolongar a revelação ou a mudança protagonizada por Cristo.

3.3.2. Espiritualistas e antitrinitários

Além do anabatismo, é preciso mencionar o movimento espiritualista, cujos expoentes são Caspar Schwenckfeld (1489-1561), Sebastian Franck (?1500-1543), Miguel Serveto (?1509/11-1553), Hans Denck (?1500-1527) e outros. Esse movimento está inserido em um amplo contexto cultural e europeu, constituindo um dos componentes do Renascimento. Seus representantes partilham com os anabatistas a insistência na subjetividade individual e na experiência pessoal, a rejeição à igreja e a seus sacramentos como "meios de salvação" e a ênfase ética relacionada ao livre-arbítrio. Para eles, o corpo e a natureza não estão de fato inclusos na dinâmica apresentada pela igreja, desde os Pais, e retomada sobretudo pelos reformadores, tanto Lutero quanto Calvino, de acordo com a herança agostiniana. O corpo e a natureza, ao contrário, são neutros, e até bons, devendo simplesmente ser referidos a Deus.

Como exemplo, podemos citar Hans Denck, que afirmou, apoiando-se em Paulo, que não devemos ver Cristo por seu lado "exterior", que "ainda não é a verdade, mas somente um testemunho da verdade" (*Schriften* II, Gütersloh, Bertelsmann, 1956, p. 36). É preciso ir até a própria verdade. Jesus não é tanto, aqui, o autor de uma salvação, mas principalmente a imagem de Deus, sendo assim um exemplo, uma norma. Jesus é salvador "não porque seria possível salvar alguém no gênero humano, mas, sim, porque Deus está ligado a ele tão intimamente em amor que tudo o que Deus faz é feito por esse homem" (p. 77). Como tal, Jesus Cristo mostra aos homens uma verdade que existe desde o começo do mundo (se o homem deve também amar a si mesmo, é "porque sua natureza é boa"): ele a apresenta e permite sua inserção nos corações. Ele manifesta enfim a unidade de Deus que é ao mesmo tempo o princípio secreto de toda a criação. "Cristo, verdadeiro Filho de Deus, o primogênito dentre os irmãos, a quem pertence tudo o que o Pai oferece, é o verdadeiro mediador por quem podemos, devemos e precisamos nos aproximar do Uno, ou seja, do Pai. É para isso que o Pai o estabeleceu" (p. 113).

Para Sebastian Franck, o mundo e a realidade humana são necessariamente duplos, feitos de uma face exterior e uma verdade profunda. Nisso, também, nenhuma genealogia tem lugar, nem no que diz respeito ao pecado (original), nem no que tange à reconciliação (cristológica). Como muitos, Franck cita 2Coríntios 5.16: *... se antes conhecemos Cristo segundo a carne, já agora não o conhecemos deste modo.* O corpo de Jesus é tão material quanto o do homem natural, mas vive de um princípio de existência espiritual: sem deixar de ser uma "substância material", o corpo é então "espiritualizado e divinizado" (*Paradoxa* [1534], Berlim, Akademic-Verlag, 1966, nº 99).

Exterioridade e verdade, ou carne e espírito, podem opor-se: "Se a carne vive, cresce e se torna forte, o espírito, Deus ou o novo homem definham, assim como o sol que se põe, mesmo se a luz é eterna; assim, Deus morre no homem, embora seja aquele que não pode morrer" (nº 255). Porém, "enquanto nós tínhamos sido criados para tornar-nos imagem de Deus, imagem que Adão destruiu, Deus fez uma outra imagem e nos mostrou outro modelo de sua essência, para que por ele e nele fôssemos restabelecidos e recriados livres à imagem de Deus" (nº 101s). Jesus de Nazaré é chamado de divino, mas de uma divindade ao alcance de todos os seres humanos: basta apropriar-se do princípio de vida manifestado no Jesus histórico, um Jesus que a partir de então fará nascer Cristo em mim. Por fim, não possuirei outro espírito, a não ser o de Deus: a criação, a humanidade e a carne devem resplandecer com brilho celestial; mas isso supõe a passagem por uma via em que se vê o mundo de outra forma: segundo o princípio de Deus. Esse propósito abre para uma perspectiva em que se pode quase falar de uma concretização individual de Deus, e assim, "em muitas coisas, Deus em si não é poderoso sem a criatura; é somente na criatura que ele pode tornar-se criatura, assumindo-as como modo, lugar, ordenança, tempo, medida. Deus deseja, portanto, nas criaturas; sem elas, Deus é imóvel e sem vontade alguma" (nº 19-22).

Dentre os espiritualistas, mencionemos ainda Caspar Schwenckfeld, que se oporia sobretudo ao anabatista Marpeck sobre a humanidade de Cristo. Para Schwenckfeld, de modo ainda mais radical que para Marpeck, não se deve aplicar a Jesus nem a consideração "sem pecado", nem o qualificativo "criatura". De fato, para ele, é do estado de criatura, marcado pela exterioridade em relação à verdade, que o homem deve ser salvo, em última instância. O corpo de Jesus era real, mas só podia ter uma origem divina: ele não é criado, portanto, mas, sim, feito de "carne espiritual". A visão é sustentada pelo eixo de uma espiritualização ou de uma divinização progressiva, e a trajetória de Jesus na terra se desenvolve nesse mesmo eixo, concluída com a ressurreição e a ascensão. Jesus, aqui, é um homem celeste, total e completamente novo; assim, o momento da humilhação na carne não tem mais pertinência teológica nem espiritual, nem para a realidade de Cristo, nem para a do religioso. Em definitivo, a finalidade da encarnação é pura e simplesmente a superação do mundo criado, e até mesmo sua negação.

Miguel Serveto é um dos representantes típicos da corrente espiritualista. Como os anabatistas, também defende uma "restituição" da origem (uma de suas obras, de 1553, intitula-se precisamente *Christianismi restitutio*) e um retorno à Escritura do tipo biblicista, em oposição às interpretações doutrinárias tradicionais. Afirma que a figura do homem Jesus, histórica, foi esquecida e obliterada, já que os "sofistas" (os teólogos da igreja) lançaram-se a considerações abstratas e "metafísicas" sobre o ser e a natureza do Filho; para ele, o dogma trinitário foi o que mais alterou as fontes bíblicas (cf. sua obra *De Trinitatis erroribus libri septem* de 1531, trad. ingl. em *The Two Treatises of Servetus on the Trinity* [Dois tratados de Serveto sobre a Trindade], Cambridge, Harvard University Press, 1932), uma concepção da Trindade que pode ser mantida em um nível estritamente "econômico", relacionado à salvação ou à revelação, mas subordinado a um só e mesmo Deus (e é quando se fala de manifestações diversas). Serveto se insere na linha que acabamos de indicar: o homem e Deus operam sua união. E iria mais longe, ao escrever na *Restitutio*: "Nós de fato somos feitos deuses". Vive-se, portanto, de uma participação essencial em uma mesma verdade, de acordo com um princípio de continuidade e de imanência, pelo menos potenciais. E Cristo seria a imagem por excelência que pode conduzir-nos nesse caminho e nessa descoberta, ou "despertar-nos" para tal verdade essencial.

A convicção que permeia toda essa representação quer que o homem possa (deva) alcançar a união com Deus, em consonância com algumas das características mais importantes da filosofia renascentista. Não há justificação do pecador aqui, mas, sim, a restituição a uma verdade simples e clara. Outros autores conhecidos como antitrinitarianos — por exemplo, Celio Secondo Curione (1503-1569), Ludwig Haetzer (?1500-1529), Francesco Stancaro (?1501-1574), Lelio (1525-1562) e Fausto (1539-1604) Socino, Giovanni Giorgio Biandrata (1516-1588) — contribuiriam para desmantelar a Trindade, afirmando a presença de Deus Pai em sua simplicidade primeira e última. Se Cristo pode ser um intermediário, nessa visão, é com uma função assumida na natureza humana e compreendida como revelação ou manifestação; porém, ele não é mediador enquanto tal. Jesus é Cristo em seu papel de mestre, praticamente uma espécie de filosofia religiosa (de modo significativo, Fausto Socino privilegiaria a temática da ressurreição, e não a da morte, que a seu ver não salva). É sintomático que não se queira chamar Deus a Cristo, mas somente Filho de Deus, pois nasceu de Deus segundo a Escritura. Foi afirmado, por exemplo, que Deus é autor da divindade de Cristo, o que bem demonstra outra lógica, diferente da lógica trinitária e cristológica presente nos primeiros concílios. Se Cristo recebe de Deus os atributos "divinos", é somente para sua missão; além disso, esses atributos foram suspensos no momento da paixão e da morte, e a ascensão abre uma nova fase: a do Reino de Cristo, que também é provisório, até que Deus seja "tudo em todos". No todo, a paixão e a morte de Cristo na cruz não têm, nessa visão, um valor propriamente redentor, já que Cristo só pode ser chamado "salvador" por ter mostrado o caminho da salvação.

Assim, seria mencionado o "renascimento espiritual do mundo" de acordo com o caminho que está em Cristo, "caminho eterno que os cristãos adquirem pela fé". Cristo "esclarece" o homem, cria um "mundo novo", "tornando possível o renascimento moral do gênero humano" (Fausto Socino). O Antigo Testamento costuma ser desclassificado: teria sido destinado a um público que vivia na "infância espiritual" e era cheio de "símbolos carnais", enquanto o Novo Testamento inaugura uma nova era em toda a realidade e verdade, a do evangelho, renovo espiritual da humanidade sob o modelo de Cristo-homem, um homem elevado à dignidade de Filho de Deus por seus próprios méritos.

Outros autores desenvolvem uma crítica mais radical, mas de certa forma continuam nessa mesma linha espiritualista descrita aqui. Tanto no meio católico quanto no protestante, foram em geral condenados. Como exemplo, podemos citar vários autores. Jacques Gruet, executado em 1547, escreveu: "E aquele que chamávamos Cristo, que dizia ser o Filho de Deus, por que sofreu a paixão? Se tivesse sido o Filho de Deus, teria demonstrado o poder que dizia ter da parte de Deus. Não creio que ele era o Filho de Deus, mas que era um louco que queria atribuir glória a si mesmo, e tudo o que foi escrito sobre ele é, com toda a certeza, falso". Thomas Saltzmann, decapitado em 1527, declarou: "Cristo mereceu ter sido crucificado, pois era um falso profeta". Conrad In der Gasse, decapitado em 1530, afirmou que não podia mais crer que Cristo era o único salvador e redentor, "verdadeiro homem e verdadeiro Deus"; sobre a oração de Cristo no monte das Oliveiras, escreveu: "Nada se sabe. Os discípulos estavam dormindo". Domenico Scandella, que era chamado de Menocchio, executado em 1599, observou que "Cristo era um homem como nós, nascido de um homem e de uma mulher como nós", mas "nele há o espírito", e explicou que "a alma de Cristo era um dos anjos feitos há muito tempo, ou então foi feita novamente pelo Espírito Santo a partir de quatro elementos da própria natureza"; irmãs franciscanas do vilarejo de Menocchio dariam eco a essa recomposição da temática: "Como o senhor quer que Cristo nos liberte se ele não se libertou da morte?".

Para concluir, é necessário esclarecer que o espiritualismo expressado junto ao Renascimento teria seus prolongamentos em toda uma corrente do protestantismo real, ainda que mais rejeitado que aceito na doutrina. No século XVII, um de seus expoentes é Isaac Newton (1642-1727), assim como determinada linha esotérica.

Newton não foi somente o famoso cientista que conhecemos hoje. Também foi um pensador religioso, algo como um teólogo laico, anglicano. Desenvolveu cosmovisões próximas à mística e adornadas de vários tipos de esoterismo; mostrou-se biblicista à sua maneira (as questões sobre a interpretação das Escrituras e da identidade de Cristo não deixariam de ocupar sua mente) e um crítico de todo tipo de intermediários (nesse sentido, bastante anticatólico), também ilustrando a passagem de questões metafísicas, repudiadas, a questões morais, priorizadas, mesmo se é em uma ordem profundamente religiosa que surge o mundo "pleno de Deus". "As Escrituras foram dadas ao homem para ensinar-lhe não a metafísica, mas a moral."

Newton atacou com vigor aqueles que teriam falsificado o cristianismo originário, sobrecarregando-o de problemáticas metafísicas inapropriadas. "Se o Pai e o Filho estão unidos exercendo poder [...], não são dois Deuses." Ele afirma em seu *Credo*: "Há somente um Deus (estamos nele, como todas as coisas) e um só Senhor, Jesus Cristo (somos por ele, como todas as coisas)". Recorre às parábolas que tinham como objetivo testar os judeus e pensa que, da mesma forma, os textos místicos foram redigidos com o fim de nos testar. O olhar deve voltar-se para a realeza triunfal de Cristo, alfa e ômega, Messias dos últimos tempos. Em tudo isso, Newton parece mais preocupado com o Cristo glorificado que com uma descrição da vida de Jesus e de seus vários episódios. A boa-nova anunciada por Jesus seria somente a revelação e a retomada do projeto geral de Deus para o ser humano, composto originalmente e devendo manifestar-se plenamente no final (o apocalipse interessa a Newton em primeiríssimo grau).

3.4. Lutero e Calvino: precursores sem querer?

Precisamos nos perguntar: essa "mudança de paradigma" evocada em relação à Reforma radical, que prepara ou anuncia alguns dos traços mais importantes da mentalidade moderna que se expressaria através do deísmo racionalista, em primeiro lugar, e nas pesquisas históricas sobre Jesus, em segundo, teria já estado presente nos reformadores "magisteriais" (Lutero e Calvino principalmente, mas também Zwinglio, Bucer etc.), cada um à sua maneira? A questão pode carecer de reverência, para alguns, e sobretudo afigurar-se insustentável. De fato, basta lembrar a violência exercida pelos reformadores contra o movimento da Reforma radical. Além disso, cabe ressaltar que as perspectivas dos reformadores sobre Jesus se mantêm inegavelmente dentro do contexto institucional e eclesiástico, ordem de uma crença assumida como tal e que tem legitimamente seus princípios de regulação. Nisso não há nenhuma redução da "doutrina" a uma "verdadeira face" de Jesus, humano e histórico, nem a recorrência a uma origem pura ou a uma verdade potencialmente universal, fora de mediação.

Tudo isso é verdade e não pode ser subestimado. Não impede, porém, que possamos discernir, em Lutero e Calvino, acima das diferenças inerentes à sistematização teológica de cada um, dois dados que antecipam certos elementos propriamente modernos evocados aqui (quer historicamente paralelos, quer inseridos posteriormente pelos próprios reformadores). De início, a grande primazia reservada à temática de uma *revelação* quando é preciso dar conta da realidade e do ministério de Jesus Cristo (primazia da temática ligada a uma nova forma de considerar a fé, como um laço direto com Deus, incluindo-se seu contrário, o fechamento em si mesmo). Em seguida, a abolição subjacente da problemática clássica das "naturezas" (quanto ao que de fato lidera a economia teológica que se instalou, e não em relação a uma série de afirmações doutrinárias das mais ortodoxas), em prol da temática dos "ofícios de Cristo", que em Lutero são os de sacerdote e rei, enquanto Calvino enfatiza também, além de sacerdote e rei, o de profeta. Nisso há um deslocamento para uma atenção maior em uma representação em termos de *função*, cujos parâmetros e textura são de tipo mais *histórico* (mesmo sendo uma história doutrinária e simbolicamente recebida, segundo procedimentos tipológicos) que *metafísico*.

Por fim, na obra de Calvino, de modo particular, podemos levantar certo número de temas em consonância com o que subjaz como pano de fundo do protestantismo posterior, francófono e anglófono, ou que já se exprimia em alguns autores anabatistas ou espiritualistas. Desta forma: a encarnação como o que torna "visível"; certa prioridade dada ao motivo da "realeza", ou senhorial; a ênfase posta na "ascensão".

3.4.1. Martinho Lutero

"Deus é de todo modo inapreensível; só podemos apreendê-lo na carne de Cristo" (*WA* 25, 107, 9-11) ou "Não conheço nenhum outro Deus além [daquele que se encontra] nessa humanidade" (*WA* 20, 605,9). Tal é, para Lutero (1483-1546), o contexto: o do conhecimento de Deus, portanto de uma revelação. Esse contexto dirige o olhar que é posto sobre Jesus: a missão ou o ofício de Cristo consiste na pregação da verdade e na aplicação dessa verdade ao homem (cf. *WA* 12, 191, 12 s), além de desclassificar obras, milagres e modelos a serem seguidos: "Não é necessário fazer ou não fazer tudo o que Cristo fez ou não fez. [...] não admitimos exemplo algum, nem mesmo o de Cristo, para não falar o de outros santos, [...] queremos ter a palavra em que se efetuam todas as obras, todos os exemplos e todos os milagres" (*WA* 18, 114, 15-29). Lutero concentra a atenção naquilo que lhe parece essencial: "A obra ou o ministério verdadeiro e próprio de Cristo é combater e lutar contra a Lei, o pecado e a morte para o mundo inteiro", não sem especificar: "Os profetas, sobretudo os apóstolos, sem dúvida cumpriram sinais miraculosos maiores que os do próprio Cristo" (*WA* Tr 6, 77, nº 6611) ou "A imitação do exemplo de Cristo não nos torna justos diante de Deus" (*MLO* 15, 252).

Tal visão combina com a ênfase do olhar sobre as benfeitorias que decorrem da mediação de Cristo, na ordem da crença: Cristo é "aquele que se interpõe entre Deus e nós" (*MLO* 15, 190) e "chega antes que o julgamento nos sobrevenha. Ele se interpõe e se coloca junto a nós sob o julgamento da Lei, e sofre a morte, condição de um maldito e danação" (*WA* 10, I, 1, 366, 17-19). Ele é "como um mediador pleno de graça, amável, consolador, entre minha consciência aterrorizada e Deus" (*WA* 36, 368, 25 s). Lutero retoma aqui a imagem dos Pais de que a humanidade de Cristo é como uma minhoca que esconde o anzol da divindade, apanhando o diabo e a morte: "A morte o provou um dia e quis lacerá-lo e digeri-lo. Mas não pôde: [a carne de Cristo] rasgou seu ventre e sua garganta em mais de mil pedaços, de modo que os dentes da morte se esfacelaram e voaram para todos os lados, e ela mesma permaneceu viva" (*WA* 23, 243, 31-34).

Abre-se então a ordem de uma *fé* que promove a união com Cristo: "[A fé] une a alma a Cristo assim como a esposa está unida ao esposo" (*MLO* 2, 282) e "É preciso ensinar a fé corretamente: através dela somos unidos a Cristo" (*MLO* 15, 180), e ainda: "Quando se trata da justificação, se tu distingues a pessoa de Cristo e a tua, então tu estás sob a Lei" (ibid.). Trata-se, em consequência, de uma ordem *eclesial*, que é específica e sem possibilidade de desvios: "Não se devem aceitar milagres ou sinais opostos à doutrina confirmada, por maiores ou mais numerosos que sejam [...]. Não há outra solução, a não ser a boa compreensão da doutrina [...]. Assim, poderemos a tudo julgar, se é o Evangelho ou a fé que ensinam" (*WA* 32, 531, 36-532, 3). No fim das contas, trata-se da ordem de uma *palavra*, que interpela e justifica, e de um *sacramento*: "Cristo na cruz, com todos os seus sofrimentos e sua morte, não me é de ajuda alguma, mesmo se isso é conhecido e nisso se medita com toda a intensidade [...]. Pois, mesmo se Cristo fosse dado e crucificado mil vezes por nós, tudo seria em vão, se a Palavra de Deus não viesse distribuí-lo e oferecê-lo a mim [...]. Também não devo permanecer apegado à lembrança e ao conhecimento das dores de Cristo [...], mas, sim, ao sacramento e ao Evangelho" (*WA* 18, 202, 34-204, 3).

De modo concreto, para Lutero, Jesus é antes de tudo o Salvador. "Os papistas, com suas pregações, deixaram-nos quase mortos de terror diante de Cristo, pois passamos a considerá-lo um severo juiz" (*WA* 37, 205, 21s; cf. tb. 47, 277, 1-7). "Trata-se em primeiro lugar de desaprender essa antiga opinião, implantada em mim, de um Cristo legislador e juiz [...]; e em seguida, acolher a opinião nova, a saber, a confiança verdadeiramente segura de que Cristo é aquele que nos justifica, o Salvador" (*MLO* 15, 189), ou: "Nosso coração é por natureza tão frágil que se comporta sempre como se Cristo fosse um carrasco ou um juiz [...]; sempre queremos fazer dele um Moisés, um legislador" (*WA* 33, 86, 27-33). Em uma expressão positiva: "Por Cristo, o cristão já está fora do julgamento que se exerce no presente [...]. A palavra ("Apartai-vos de mim, malditos") é morta. Sobre mim, há a palavra: "Vinde benditos de meu Pai" (*WA* 47, 102, 20-31).

Dentre as imagens que são mobilizadas a serviço dessa perspectiva fundamental, observemos a de uma marca forte de Deus no coração do humano e a de uma inserção tão forte quanto do humano em Deus. É assim que Lutero pode escrever, não sem um deleite secreto: "Maria amamentou e ninou Deus, ela lhe preparou caldos e sopas" (*WA* 50, 587, 14). Ou: "Essa pessoa [Cristo] é verdadeiro Deus, e é por isso que dizemos com razão: o Filho de Deus sofre" (*MLO* 6, 53). Ou ainda: "Nascer, sofrer, morrer etc. são [...] propriedades da natureza humana, em que a natureza divina tem parte, [...] não é somente o homem, mas também Deus que é concebido, que nasceu da Virgem Maria e que sofre, morre e é sepultado [...]. Deus morre, é alimentado ou aleitado, dorme na manjedoura, sente frio, anda, cai, sofre e morre" (*WA* Tr 6, 67s, nº 6600). Em correspondência a isso, lemos: "Esse homem criou o céu e a terra" (*WA* 39, II, 280, 19). Ou: "A divindade, que cria sozinha, está unida à humanidade pela encarnação, e a humanidade participa das propriedades dos atributos. Podemos assim afirmar: esse homem, Jesus, conduziu Israel para fora do Egito, feriu o faraó e fez tudo o que cabe a Deus" (*MLO* 15, 270). Ou ainda: "Todo poder me foi dado no céu e na terra [...]. A mim, Jesus de Nazaré, filho de Maria, nascido como homem" (*WA* 54, 50, 4-6).

Lutero pode assim escrever sobre a carne de Cristo: "Nessa carne, há Deus, é uma carne de Deus, uma carne-espírito. Ela está em Deus e Deus está nela. É por isso que ela é viva" (*WA* 23, 243, 35-244, 1). Ou: "Não se trata simplesmente de carne, mas, sim, de uma carne perpassada pela divindade, e aquele que toca a carne toca Deus" (*WA* 33, 194, 20-23). E: "Onde tu colocas Deus, tu deves também colocar com ele a humanidade: eles não se deixam dividir, nem separar um do outro. Tornaram-se uma só pessoa, e a humanidade não pode ser abandonada assim como Hans tira o hábito e o põe de lado antes de deitar-se" (*MLO* 6, 58).

Em tudo isso, "a redenção [assim como a criação] é cumprida (*MLO* 7, 99). Cristo é *sacerdote*: ele nos oferece os "bens eternos: a redenção do pecado, da morte e de todo o poder do diabo" (*WA* 41, 195, 9-11), e *rei* ou senhor: "Cristo é forte o bastante para os pecados [...], ele se livra deles, joga-os por terra, sobe aos céus e reina sobre todas as coisas, eternamente" (*WA* 10, I, 2, 221, 26-28). Sob seu benefício, "todos nós que cremos em Cristo somos [...] reis e sacerdotes nele" (*MLO* 2, 285).

3.4.2. João Calvino

Na obra de Calvino (1509-1564), da mesma maneira, o motivo da revelação surge de modo determinante, mais que o de uma obra ou de um desempenho de Cristo no sentido estrito (que é subordinado ao primeiro). Aqui, o contexto é determinado pelo tema de uma aliança na qual se insere a dramática de um cumprimento, cujo motivo é a Lei. Cristaliza-se assim a confissão de uma integridade originária, de uma perda ou de um obscurecimento radical "em Adão" e de uma restauração "em Cristo", que é o "novo Adão"; e articula-se o processo no Espírito, e segundo o Espírito, de uma conformação à "imagem de Deus" que é a criatura humana e que somente Cristo manifesta plenamente. A mediação de Cristo surge assim no cerne da própria criação, uma criação pensada e recebida como dinâmica orientada.

Sobre Cristo Jesus, Calvino privilegia a expressão de 1Timóteo 3.16, Deus "manifestado na carne". Trata-se da temática da visibilidade (um século e meio depois, o apologeta Jacques Abbadie nadaria nessas águas sem dificuldade alguma, cf. Ruth WHELAN, "Os Cristos de Jacques Abbadie", em Maria-Cristina PITASSI, org., p. 139-162), em que Cristo "se reveste de nossa carne" e em que o corpo é "templo" de Deus, menos uma "conversão" de Deus no homem que uma "habitação" no meio de nós, menos uma obra meritória que o estabelecimento de uma imagem, originária e final, sua efetuação em Cristo, à frente de um processo de crença diretamente na carne do mundo. É necessário precisar aqui: "O Filho do homem estava no céu e na terra, pois Jesus Cristo segundo a carne habitou aqui durante sua vida mortal, no entanto não deixou de habitar no céu, sendo Deus. [...] Ele desceu do céu, não que sua divindade tenha deixado o céu para envolver-se em carne como em uma prisão, mas porque aquele que a tudo prové habitou corporalmente e de modo indizível em sua humanidade" (*IRC* IV, XVII, 30); ou ainda: "Embora ele [o Filho de Deus] tenha unido sua essência infinita a nossa natureza, isto foi feito sem que se colocasse em uma prisão; pois ele desceu miraculosamente do céu, ao mesmo tempo em que permaneceu nele; e também foi miraculosamente gestado no ventre da Virgem, viveu na terra e foi crucificado, ao mesmo tempo em que, de acordo com sua divindade, continuou provendo o mundo, como antes" (II, XIII, 4).

Calvino enfatiza aqui o tema de uma unção (é a etimologia da palavra "Cristo"), que faz seu ofício como mediador. Essa unção vem do Pai e institui Cristo como "Servo". Assim, Jesus Cristo "não está no mesmo nível comum dos demais homens [...], mas tem outro cargo e outro ofício [...]. É preciso considerá-lo junto com o cargo que lhe foi imposto pelo Pai". Essa superioridade permanece oculta, invisível diante de uma apreensão unidimensional e coisificante, mas está aberta para olhos espirituais: "Sua divindade é oculta sob o véu de sua carne e mostrada no Pai" (*Com.* João 8.14ss). Uma "elevação" se mantém em Jesus, no cerne de seu ministério terreno, de sua humilhação: "A majestade divina de Cristo não estava oculta sob a aparência desprezível e abjeta da carne, a ponto de não resplandecerem os raios de seu fulgor de várias maneiras. Porém, pessoas grosseiras e estúpidas não tinham olhos para perceber sua glória patente" (ibid., 6.41s). A elevação seria retomada e afirmada na ordem da ressurreição e da ascensão, ambas fortemente enfatizadas por Calvino em um eixo condutor, sem estar a serviço de uma glorificação massiva, plena e última (cf.: "Ele mostra o final de sua ressurreição, não de modo que elas [as mulheres] a forjassem de acordo com sua imaginação; de fato, ao voltar à vida, ele triunfou no mundo, mas, principalmente, ao subir aos céus em glória divina, ele tomou posse do Reino que lhe tinha sido prometido; e, sentado à destra do Pai, mantém e governa sua igreja pela virtude de seu Espírito [...]. Aquelas mulheres erraram, portanto, ao contentar-se somente com a metade de sua ressurreição, desejando que ele permanecesse no mundo", ibid., 20.17). Cristo "ressuscitado" e "à direita do Pai" continua a remeter-se ao Pai e a seu reino, que o ultrapassam, e permanece no princípio do reino específico que é o da fé e da igreja que luta, fora de toda evidência, toda imediatez, toda adequação possível entre a verdade de Deus e a do mundo (realidades da crença e da igreja inclusas aí): "Como todo o reino de Jesus Cristo é espiritual, da mesma forma tudo o que ele faz com sua igreja não deve correlacionar-se à ordem natural do mundo; [...] o mistério [...] se administra na terra, mas de um modo celeste [...]. Eu confesso francamente que rejeito a mistura, ou transfusão, que fazem da carne de Cristo e de nossas almas, como se a carne de Cristo pudesse ser destilada" (*IRC* IV, XVII, 32).

Para Calvino, Cristo é "matéria de nossa salvação" (II, XVII, 2) ou "seu instrumento", mas é na medida em que prossegue aqui a realidade de uma mediação que ele é de toda a eternidade: "Somos nisso guiados, e [...] a matéria da salvação nos é proposta e colocada diante dos nossos olhos na morte de Jesus Cristo" (II, XVI, 5), mas é Deus o autor da salvação, de acordo com um amor presente na origem. Duas ordens, assimétricas, são articuladas: "O amor de Deus precedeu em tempo e também em ordem, em relação a Deus; mas, em relação a nós mesmos, o início do amor de Deus por nós está no sacrifício de Cristo" (*Com.* 2Co 5.19), ou: "Amando-nos antes, ele nos reconcilia depois consigo mesmo" (*Com.* 1Jo 4.19). Aqui, Cristo não é tanto uma causa, mas surge como uma disposição quase posta em cena, exposta ou "colocada diante dos nossos olhos", da qual ele é um "representante". A lógica é a de uma contemplação —efetuante—, mais que de uma operação (um mérito) e de uma recompensa atribuída de acordo com um jogo extrínseco ao homem. Por isso, Calvino recorre ao registro judiciário: não é apenas a morte de Cristo que importa teologicamente, mas, sim, que Cristo seja condenado. Cristo deve ser "contado com malfeitores", "em seu lugar", e Pilatos "levado" a "dar um testemunho público de sua inocência" (*IRC* II, XVI, 5).

A figura de Cristo é vista em todo um processo de morte, ressurreição, ascensão, glória e julgamento escatológicos. Cristo é aqui "sujeito a maldição" (logo dissipando em si mesmo essa maldição) ou "feito pecado". Calvino radicaliza esse tema ao meditar sobre a descida ao inferno que lembra a angústia do Getsêmani e o grito de abandono na cruz. Não é somente a morte que está em jogo: "Seria digno de honra para Cristo ser mais temeroso e falto de coragem que muitos homens covardes!" (II, XVI, 12). E "Jesus Cristo empreendeu um combate mais duro e difícil que contra a simples morte". Calvino conclui: "Não haveria nada, de fato, se Jesus tivesse sofrido apenas a morte corpórea; [...] foi necessário que ele lutasse contra todas as forças do inferno, que combatesse de frente o horror da morte eterna" (ibid., 10).

"Sujeito a maldição", Cristo também é, ao mesmo tempo, sujeito a exaltação, sendo oferecido e ao mesmo tempo um requerente de fé e esperança, em espírito e sob a autoridade do Pai. O cumprimento dos planos de Deus — cumprimento do homem e da Lei — está em Cristo, e nós nos tornamos participantes da justiça de Deus, despertos para uma vida nova. É desse modo que Cristo governa: por sua "virtude celestial", "vivificando-nos em vida espiritual". Ao longo de todo o processo diferenciado que se encontra manifesto, Cristo está "em nosso lugar", sendo "advogado" e "intercessor", como uma figura a contemplar em vista de uma reconciliação. Cristo está em nosso lugar já no desenrolar da encarnação; está em nosso lugar diante de Pilatos, quando é condenado; está em nosso lugar quando é posto na cruz, crucificado como "príncipe dos ladrões" (*Com.* 2Co 5.21); está em nosso lugar quando é exaltado na Páscoa ("nossa natureza se tornou partícipe da [sua] vitória", *Com.* Rm 8.3). Desenrola-se assim o tempo todo "a conformação a sua imagem", e se opera todo um processo de revelação, de acordo com um jogo dinâmico e relacional, que podemos chamar de histórico e existencial, em que Cristo não é apenas um intermediário (em um valor próprio e em uma relação direta com Deus), mas sobretudo o lugar — e o corpo — em que se condensam e figuram as relações de sempre entre Deus e o homem.

Para falar dessa mediação de Cristo, salvífica e recriadora, Calvino recorre às imagens do rei, do sacrificador e do profeta: três figuras de "unção", três "ofícios" ou cargos ministeriais, três momentos em que Cristo é "representante". O ofício real, muito presente na obra de Calvino, é requerido porque "postos por ele em liberdade de consciência e preenchidos com suas riquezas espirituais para viver em justiça e santidade, temos também o poder para vencer o diabo, o pecado e o mundo" (*Catecismo da Igreja de Genebra*, § 42). Sobre o ofício sacerdotal, afirma ele: "Por meio de Cristo temos acesso a Deus, apresentando-nos a ele e oferecendo-nos como sacrifício com tudo o que temos. E nisso somos companheiros de seu sacerdócio" (ibid., § 43). E, por fim, sobre o ofício profético: "Foi dado ao Senhor Jesus que fosse mestre e doutor dos seus", ofício cuja finalidade é "apresentar-nos ao verdadeiro conhecimento do Pai e de sua verdade" (ibid., § 44).

3.5. Mistério da vida, da morte e do renascimento: Cristo no romantismo

Uma valorização do mito
contra a apologia moderna dos fatos

Abrimos este artigo com questões sobre a relação entre verdade e história, sobre a pertinência ou não das afirmações doutrinárias e de crença. O empreendimento tipicamente moderno de uma busca da "verdadeira face" de Jesus traz em seu bojo tal busca, que por sua vez mergulha suas raízes em uma mentalidade que surgiu com o Renascimento e se desenvolveu plenamente no deísmo e nas Luzes. Porém, a mesma modernidade conheceu também seus críticos internos, reações esboçadas contra as Luzes e contra uma pesquisa histórica que se concentrasse somente nos *fatos*, limitada, praticamente fora das matrizes culturais, simbólicas e institucionais que marcam historicamente nossa relação com o mundo e conosco, de que dependem nossas pretensões ou nosso reconhecimento da verdade. Esse é o caso do romantismo, no início do século XIX. O pensamento protestante alemão foi bastante influenciado por esse movimento, conduzindo a uma maneira totalmente diferente de abordar as questões envolvendo Jesus, a de David Friedrich Strauß (cf. sua obra *Vie de Jésus ou examen critique de son histoire* [Vida de Jesus ou exame crítico de sua história], 1835-1836, 1837, 1838, trad. franc. da 3ª ed., 2 vols., Paris, Ladrange, 1839-1840), que podemos emblematicamente opor à de Reimarus (citado no item 1 deste artigo), ainda que tenha sido em geral recebida também como uma desqualificação histórica (Ernest Renan se inspiraria nessa obra): Strauß valoriza o *mito* mais que a história factual. Além disso, de modo significativo, nas imagens de Jesus influenciadas pelo romantismo, o mistério de sua morte e de sua ressurreição ganha prioridade, em detrimento de seus atos ou de seus ensinamentos, enquanto a argumentação surgia ao inverso nas representações do racionalismo, que valorizava o ensino e o ministério terrenos de Jesus e demonstrava pouco interesse teológico ou propriamente religioso pela morte e pela cruz.

Com o romantismo, e mais particularmente o romantismo alemão — que aliás foi introduzido na Inglaterra por Samuel Taylor Coleridge (1772-1834) e nos Estados Unidos por Ralph Waldo Emerson (1803-1882), um dos pensadores mais famosos na América no século XIX; podemos também citar, nos EUA, Philip Schaff (1819-1893), que adicionou à teologia americana uma linha romântica —, assistimos a uma revalorização do religioso e do mito, em oposição às Luzes com sua emancipação por meio de uma razão livre dos obscurantismos veiculados pelas tradições religiosas. Enquanto nas Luzes os mitos ofereciam "a história dos erros do espírito humano" (Bernard Le Bovier de FONTENELLE, *De l'origine des fables* [Da origem das fábulas] [1724], Paris, Alcan, 1932, p. 39), Herder enfatizaria a efetividade histórica real do mito. Novalis, os irmãos Schlegel, Schelling e Hölderlin, o teólogo Schleiermacher (a seu modo), e também o filósofo Hegel (após estudos de teologia com Schelling e Hölderlin, no mesmo estabelecimento de Tübingen) se inseririam nessa mesma nova visão.

O romantismo reinterpreta o religioso, enfatizando o que é apresentado como expressão estética, mas não sem a preocupação do tipo social; a questão subjacente, de fato, é a de uma legitimação e de uma estruturação coerente, ao mesmo tempo. Todos esses autores estão em busca de uma "nova mitologia". No sentido forte do termo — formativo —, podemos falar aqui da ordem de uma cultura, que vale como matriz de nossa existência individual e social: cristaliza-se nelas um "destino" a ser cumprido. Além disso, assim como o idealismo alemão que mergulha nele suas raízes, o romantismo se alimenta conscientemente do jogo de uma exteriorização necessária, do dilaceramento do Um, da passagem pelo múltiplo e da retomada sob uma forma mais alta, através de subversão ou transfiguração; confessa-se assim no romantismo uma origem junto ao que, teologicamente, é condensado na encarnação do divino e no mistério da morte e da ressurreição de Cristo. Schelling escreveu em 1802: "A destinação específica do cristianismo é a contemplação de Deus dentro do mundo finito" (*Sämmtliche Werke* I/5, Stuttgart, Cotta, 1859, p. 117).

Em matéria de representações simbólicas e mitológicas, condensações são operadas entre a noite santa dos mistérios antigos e a do Natal ou da Páscoa, ou sobre uma criança divina que uma Virgem, a mulher ou a terra deram à luz, ou ainda sobre mistérios sacramentais, em entrelaçamentos de imagens de origem grega ou cristã.

O tema da noite santa é ainda bastante presente na obra de Hölderlin ou nos primeiros textos de Hegel, noite do solstício de inverno e noite pascal, em que se encenam os mistérios do sofrimento, da morte e da ressurreição em evocações crísticas e dionisíacas, ou ainda na obra de Novalis, em que a noite santa é mãe de toda a gênese, em um quase acoplamento entre o religioso e o amoroso. Quanto a uma nova gestação, podemos ler, de Novalis: "Surgiu o Novo Mundo, sob um dia jamais visto: na choupana poética da Pobreza — Um Filho da primeira Virgem e Mãe [...]. 'Tu és o Adolescente que estava sobre nossos túmulos [...]. A Morte abre para a Vida — Caminho da Eternidade, Tu és a Morte e somente Tu nos dás saúde.' [...] Ele morreu em seus jovens anos, foi tirado deste amado mundo [...]. Seus lábios adoráveis sorveram do cálice tenebroso dos sofrimentos sem nome, até o fim. — Em uma angústia atroz, a hora se aproximava, do Nascimento do Mundo Novo. [...] Teus bem-amados [...] te veem [...], pronunciando as Palavras que são como que colhidas da Árvore da Vida; — eles te veem odiando-te, cheio de impaciência por lançar-te aos braços do Pai, tu, o portador da jovem humanidade" (*Hymnes à la nuit* [Hinos para a noite], V, em *Oeuvres complètes* I, Paris, Gallimard, 1975, p. 262s). Sobre o sacramento, por fim, lemos em Hegel: "Eles devem voltar [...] para os antigos mistérios de Eleusis (de Ceres e de Baco), e [...] de início terão de aprender o segredo de comer o pão e beber o vinho" (*Fenomenologia do Espírito*, Petrópolis-Bragança Paulista, Vozes-Universidade São Francisco, 2002) e Hölderlin em seu poema *O pão e o vinho* (1800), em que se misturam vários registros evocados, assim como a menção mais explícita de nossa condição ocidental moderna: "Quando o Pai desviou dos homens seu rosto/ E o luto justamente começou sobre a terra,/ Quando surgiu enfim um gênio silencioso, consolador Celeste, que anunciou o fim do dia e se foi/ Ele deixou sinais de que havia estado ali e voltaria [...] alguns dons para trás [...]. O pão é fruto da terra, mas a Luz o consagrou,/ E é do Deus que troveja que veio a alegria do vinho,/ Também nos lembramos das Celestes que foram,/ Naquela época, e que voltarão em seu tempo [...]./ Ele concilia a noite com o dia [...]./ A profecia do canto antigo, vê, está cumprida, Filhos de Deus, nós somos; nós que gestamos a Hespéria!" (em *Oeuvres* [Obras], Paris, Gallimard, 1967, p. 813s).

Tal é o pano de fundo. Franz Baader descrevia suas dimensões: para ele, a cruz cósmica está estendida pelos quatro pontos cardeais, para ser crucificada no mundo e para que o mundo seja nela crucificado. É no mesmo sentido que Friedrich Schlegel condena a visão que torna "Cristo um Sócrates judeu, o mais sublime e o mais nobre dentre os puros moralistas [...]. Uma única réplica a isto: se Cristo foi somente isso, ele também não foi, de modo algum, mais que isso. [...] essa visão precisa ser considerada a-histórica, ou mesmo anti-histórica, [...], pois, se esse centro divino está desprovido da história universal, toda conexão histórica é perdida, [...] o fundamento e a chave do Todo repousam nesse pressuposto e nessa fé; sem essa chave, a história universal nada seria [...] além de um grande monte de escombros feito de ruínas isoladas, [...] proveniente da grande tragédia da humanidade, que então não teria tido resultado algum" (*Philosophie der Geschichte* [1829], em *Kritische Friedrich-Schlegel-Ausgabe* IX, Paderborn-Zurique, Schöningh-Thomas-Verlag, 1971, p. 227s). Já Herder o venera conscientemente como líder e fundador de um reino cujos fins são grandes, a envergadura duradoura, os princípios simples e vivos. Ele escreve: "Jesus se torna nosso irmão; o nome mais familiar, mais pobre, mais determinante, 'Filho do homem', torna-se seu nome. Ele falou e agiu, sentiu e sofreu o que os homens sentem. [...] foi o primeiro homem puro e espiritual sobre a terra, iniciador e cumpridor da fé, da sombria profundeza o primeiro a vislumbrar a luz" (*Erläuterungen zum Neuen Testament aus einer neueröffneten Morgenländischen Quelle* [1775], em *Sämmtliche Werke* VII, Berlim, Weidmann, 1884, p. 393).

Schleiermacher — que foi o primeiro teólogo a dar aulas sobre a vida de Jesus, de 1819 em diante — privilegiaria o evangelho de João, o mais espiritual ou mais simbólico. O elemento central de sua "Vida de Jesus" é o advento, em Jesus, de uma "consciência de Deus" única por seu grau, portanto "perfeita", mas não por ser de uma natureza diferente. Acima da "pureza de seus ensinamentos morais" e da força de sua "personalidade", características comuns a todos os grandes mestres religiosos, "o elemento verdadeiramente divino é a gloriosa clareza atingida em sua alma pela ideia [...] de que tudo o que é finito pede uma mediação superior para estar em acordo com a divindade, e de que, para o homem, sob o poder do finito e do particular, sempre pronto a imaginar o divino sob essa forma, a salvação só se encontra na redenção" (*Über die Rligion. Reden an die Gebildeten unter ihren Verächtern* [1831, ed. sem tradução para o francês], em *Kritische Gesamtausgabe* I/12, Berlim, Walter de Gruyter, 1995, p. 291). Em *Der christliche Glaube nach den Grundsätzen der evangelischen Kirche im Zusammenhange dargestellt* (1830-1831, em *Kritische Gesamtausgabe* I/13, 1-2, 2 vols., Berlim, Walter de Gruyter, 2003), Schleiermacher define Jesus como o "arquétipo" (*Urbild*) da humanidade autêntica em sua relação com Deus e sua consciência de Deus: "Enquanto indivíduo histórico, [o redentor] precisava ser ao mesmo tempo arquetípico, ou seja, nele o arquétipo deveria tornar-se totalmente histórico, e cada momento histórico desse indivíduo deveria levar em si o momento arquetípico" (tese do § 93).

A missão de Jesus é imediatamente religiosa: é Cristo como imagem originária mediatizando o universo e que, desde sempre, diz o Sim e o Amém ao Pai. Ele é a figura por excelência da filiação divina. Os fatos e os atos de sua inserção na história são assim minimizados em prol da perfeição da consciência de si que é recebida de Deus. Cristo, aqui, é o novo Adão, redentor não por uma obra cumprida, mas por ser revelação, formativa ou estruturante. É preciso entrar para sua comunidade de vida, essencialmente marcada pelo "abandono" (*Hingebung*). As temáticas do "Filho do homem" e do "Filho de Deus" operaram uma junção, mas a passagem pelo sofrimento histórico e marcado pela contingência é pouco presente, assim como não há a ideia de uma luta (esquiva-se, p. ex., do Getsêmani). Não sem paralelo, mas de modo exacerbado, Fichte, que também prefere o evangelho de João, sustenta que o sangue da vida divina pulsa nas artérias humanas, mas fora de toda ferida (*Die Anweisung zum seligen Leben, oder auch die Religionslehre* [1806], em *J. G. Fichte-Gesamtausgabe der Bayerischen Akademie der Wissenschaften*, I/9, Stuttgart-Bad Cannstatt, Frommann, 1995, p. 125-127); em uma pregação de juventude, o motivo recorrente é que a morte na cruz "refuta" e que, portanto, é necessário apagá-la no fogo da ressurreição (*Sur les intentions de la mort de Jésus* [Sobre as intenções da morte de Jesus] [1786], em *La querelle de l'athéisme suivie de divers textes sur la religion* [A querela do ateísmo seguida de vários textos sobre a religião], Paris, Vrin, 1993, p. 195-216).

Para Schelling, o Jesus empírico é "perfeitamente compreensível", portanto, sem interesse. O que deve reter a atenção e ser objeto de meditação é a pessoa simbólica. A biografia autêntica é dogmática e especulativa, determinada por uma encarnação do infinito no finito compreendida como *kenósis*, exinanição ou movimento de alienação, em que o finito é arrebatado pelo infinito. Jesus é apenas passagem, em favor da figura de Cristo — princípio da criação e da geração, ou regeneração, "Filho" e "Primogênito", menos revelador que revelação — e de acordo com os desígnios do Espírito. Destinado a cumprir-se, o Reino do Filho leva ao reinado do Espírito: "Cristo está ali somente para traçar uma fronteira: ele é o último Deus. Depois dele, vem o Espírito, [...] a alma soberana do mundo novo" (*Sämmtliche Werke* I/5, p. 432).

É nesse contexto que se deve localizar Strauß, "hegeliano de esquerda", mais interessado no mito ou na produção religiosa da primeira comunidade cristã — suas representações — que pelos fatos da vida de Jesus (mesmo ao decidir historicamente em favor dos Sinópticos, contra o evangelho de João): a consciência religiosa é mais forte e mais rica que a vida de Jesus como tal; de toda forma, um indivíduo qualquer — no caso, Jesus — não poderia por si só portar a amplitude da ideia divina, e o papel sublime que o fazem desempenhar só pode ultrapassá-lo. Essa linha de raciocínio em Strauß combina com um esfacelamento dos textos, e ele se mostra pouco atento às genealogias e às estruturações históricas (Ferdinand Christian Baur o censuraria por isso). Já o próprio Jesus encarna aqui, e de modo excelente, a consciência de uma "unidade do divino e do humano", uma ideia cheia de energia e fecundidade. Acima de sua oposição de princípio a todo milagre extrínseco, Strauß atribui a Jesus poderes de "médium": ele pode ter sido um hipnotizador, um vidente, um curandeiro. De modo geral, o retrato de Jesus aponta para uma conciliação e uma restauração desprovida de traços apocalípticos. Feuerbach assumiria esses moldes sem nenhuma dificuldade, já que neles é priorizada a ideia religiosa da conciliação entre Deus e o homem — o mistério cristão de Cristo se nutriria disso sem o saber —, para operar sua crítica geral ao cristianismo: transferir tudo o que é dito de Deus ao homem, que é o verdadeiro sujeito portador.

Já vimos que, para Hölderlin, nós, homens do Ocidente, estamos atrasados. Cristo "perfaz aquilo que faltava aos outros para que a presença dos Divinos fosse total" (*L'unique* [O único] III, fragmento, em *Oeuvres* [Obras], p. 867). "Ele mesmo veio e tomou forma humana, a festa celeste ele cumpriu e concluiu, como consolador" (*Le pain et le vin* [O pão e o vinho], estrofe 6, em ibid., p. 812). A coabitação entre deuses e homens acabou desde a vinda, e a morte, de Cristo, o "último deus". Ele pôs fim à festa celeste à qual os mortais eram convidados. Dessa forma, a humanidade e a divindade se uniram, a diferença e a "falta" (palavra-chave aqui, positiva) foram superadas; Deus se parece por demais humano, e o homem é secretamente Deus; órfão e conquistador; em uma relação isenta de mediação consigo e com o mundo. Em um eco ressoa esse sonho de Jean-Paul (Richter): "Cristo prossegue: 'Percorri os mundos, andei pelos sóis e voei com as Vias Lácteas através das solitudes celestes; mas não há Deus. Desci novamente tão longe quanto o *ser* projeta sua sombra, olhei para o abismo e clamei: 'Pai, onde estás?', mas somente ouvi a eterna tempestade que ninguém governa [...]. Quando ergui o olhar para o imenso mundo, buscando nele o *olho* divino, o universo fixou em mim uma órbita cavernosa, vazia, sem fundo; a Eternidade estava sobre o caos, roendo e devorando a si mesma [...]'. 'Jesus! Por acaso não temos Pai?' — Ele respondeu derramando uma torrente de lágrimas: 'Somos todos órfãos, vós e eu; não temos pai'. [...] o edifício do mundo desabou diante de nós, em sua imensidão — e no cume da Natureza desmesurada se mantinha Cristo [...]. 'Ah! Todos nós estamos sós no imenso fosso do universo! Não tenho nada junto a mim, a não ser eu mesmo. Ó Pai, Pai, onde está teu infinito seio, para que eu repouse nele? — Ah, se cada Eu é seu próprio Pai e seu próprio Criador, por que não poderia também ser seu próprio Anjo destruidor?'" (1795, em *Choix de rêves* [Coletânea de sonhos], Paris, Corti, 1964, p. 129-131.

Podemos discernir em Hegel — além de certos textos de juventude, principalmente o trabalho escolar intitulado "Vida de Jesus", ainda escrito sob a Aufklärung — uma mesma universalização e absolutização do que se encena no coração do mistério cristológico, principalmente decifrado no mistério pascal (a morte em sua bruta nudez, com seu céu abandonado e seu mundo desencantado, e a liberdade pura que lhe corresponde). É o lugar da "paixão absoluta", mais que um momento historicamente situado de que devemos fazer memória, em um contexto religioso (contexto de fé e da igreja, com suas representações simbólicas e suas regulações próprias) e em referência a um absoluto em excesso (registro da fé). Hegel fala então de "Sexta-feira Santa especulativa" (cf. final de *Fé e saber* [1802], São Paulo, Hedra, 2007) e medita sobre o que é, para ele, o centro do cristianismo: "Deus morreu" (herança de Lutero), em que são ditos os extremos da ausência de Deus e de uma liberdade, uma forma subjetiva e humana, encarnando na comunidade (da igreja e/ou do Estado) sob o signo do Espírito. A morte é condição para o advento do Espírito, e é porque existe morte (através desse próprio fato!) que há reconciliação e vida ("a morte não mais é [...] o *não-ser* dessa entidade *singular*; ela é transfigurada em *universalidade* do espírito que vive em sua comunidade, morre e ressuscita nela a cada dia", *Fenomenologia do espírito*, II).

O hiato entre Deus e o homem que surge tradicionalmente na Sexta-feira Santa só pode, aqui, ser suprimido ("a morte do mediador captada pelo Ser é a supressão de sua *objetividade* e de seu *ser-para-si* particular"). Hegel associou também, de forma lógica, o Sábado santo às Cruzadas, que buscava Cristo onde ele não esteve mas não mais estaria, em busca de um túmulo sem realidade (uma relíquia!), uma busca voltada ao fracasso, mas onde se deve enterrar um sonho e onde o Ocidente deve se despedir para sempre do Oriente (cf. I). Para Hegel (preciso lembrar aqui sua declaração "Eu sou luterano, e por minha filosofia sou plenamente confirmado no luteranismo"? Trecho de carta a Tholuck [3 de julho de 1826], em Friedhelm NICOLIN, org., *Briefe von und an Hegel*, IV/2, Hamburgo, Meiner, 1981, p.

60, nº 514a), o mistério pascal e a encarnação que ele enfatiza retrospectivamente afirmam a *verdade conjunta do ser e do tempo*, e a *mediação* (seu fato e sua efetividade) *atinge seu absoluto*; assim, toda "representação religiosa" (incluindo-se a do Mediador) está cumprida e ao mesmo tempo superada.

3.6. Superação do historicismo ou "historicismo de segundo grau" (Ernst Troeltsch)?

Na modernidade, portanto, podemos detectar duas linhas, que em sua maior parte foram desenvolvidas na teologia protestante do século XIX. Essas linhas às vezes se cruzam ou se misturam: uma pesquisa histórica sobre os fatos (que surgiu com Reimarus, a da verdadeira face de Jesus, uma reação crítica contra o dogma) e uma reflexão com uma ênfase mais deliberada no religioso (que surgiu no romantismo, buscando reaver o mito ou criar e escrever novos mitos). Jesus seria então ou um modelo moral e espiritual ou a representação de uma ideia reconciliada entre o homem e Deus, uma ideia a ser reencarnada. Podemos então nos indagar: de acordo com que concepção do passado histórico e com que compreensão do presente Jesus é compreendido e retomado?

Adolf von Harnack (1851-1930) pensava ainda ser capaz de tratar de Jesus reduzindo sua mensagem a uma simplicidade sublime, associando-a ao anúncio de um Reino que nos perpassa interiormente, da paternidade de Deus e do valor infinito da alma humana, do amor enfim, como verdadeira justiça (*L'essence du christianisme* [A essência do cristianismo] [1900], Paris, Fischbacher, 1907). Por outro lado, Schweitzer, conforme lemos desde o começo, enfatiza a estranheza em Jesus de Nazaré, a distância entre ele e o homem moderno, religioso ou não, que precisa assumir seu próprio presente. A consciência da distância se manteve, explicitamente ou não, confirmada ou conjurada, por trás de cada um dos autores evocados ao longo deste item do artigo, mas tal consciência é mais evidente e mais forte no final do século XIX e no início do XX. Isso se explica pelo fato de que a modernidade é menos segura de si mesma, de seus saberes (cada um constrói historicamente seu Jesus), de seus poderes: a passagem pela história e sua própria consciência histórica se tornam relativismo (ou até patologia da "vida", de acordo com Nietzsche, ou da "vontade", como diria Schweitzer), "anarquia dos valores" (Wilhelm Dilthey) ou "politeísmo" (Max Weber). Por trás disso, ressoa um questionamento de um tipo mais evidentemente teológico ou religioso, do tipo que alimenta o protesto de um Kierkegaard apontando para a exterioridade da verdade, o dado próprio que é a existência singular a cada vez, o salto da fé, o *incognito* de Deus e suas figuras paradoxais; mas podemos também evocar Nietzsche, clamando uma passagem mais decisiva na terra e no tempo (com seu quinhão de contingências, enigmas, perdas e maturação secreta): Jesus, aqui, é aquele que "morreu cedo demais" (*Assim falava Zaratustra*, I, "Da livre morte"), figura fraca, de um "idiota", em suma (*Anticristo*, nº 29). Sabemos que Nietzsche se identificaria com ele ou tomaria seu lugar, contraditoriamente: como arauto de uma "boa-nova", mas que não fizesse dessa vez a economia da terra e do tempo, que se inserisse mais profundamente na terra e no tempo em vista de uma verdadeira recriação (não de uma espiritualização associada a ressentimento).

Seria o historicismo um destino obrigatório? Se sim, seria esse destino fatalmente infeliz? Tal é a indagação de Ernst Troeltsch, mas, para abrir espaço a um "historicismo de segundo grau" (Kurt NOWAK, *La question de l'historicisme et la compréhension de la théologie à l'époque de Troeltsch*, em Pierre GISEL, org., *Histoire et théologie chez Ernst Troeltsch* [História e teologia na obra de Ernst Troeltsch], Genebra, Labor et Fides, 1992, p. 151-176) ou ocupar-se, como indica o título de sua obra póstuma, com uma "superação do historicismo" (*Der Historismus und seine Überwindung* [O historicismo e sua superação] [1923], Aalen, Scientia, 1979), integrando à história tanto a consciência de uma irredutibilidade do absoluto quanto a consciência das distâncias históricas, das genealogias e das várias sínteses culturais decorrentes. Sobre Jesus, Troeltsch expõe seus questionamentos com base na mesma problemática que subjaz à estruturação deste artigo:

"Chegamos assim à verdadeira formulação e ao sentido do problema. Esse problema é desprovido de sentido para quem está convencido do caráter sobre-humano de Cristo e para quem só consegue enxergar como tarefa a defesa desse caráter contra aqueles que estão cegos pelo orgulho da razão [...]. Mas também não há sentido nesse problema para quem enxerga no cristianismo [...] a libertação da humanidade, o livramento do pecado, do sofrimento e da morte, graças ao ato por meio do qual Cristo nos reconcilia com Deus. Só há sentido para aquele que considera a história evangélica o objeto de uma crítica e de uma pesquisa históricas sem reservas, e ao mesmo tempo considera o cristianismo a redenção que se cumpre através do conhecimento de Deus, um conhecimento junto à crença, pessoal e sempre novo" (*La signification de l'historicité de Jésus pour la foi* [A significação da historicidade de Jesus para a fé] [1911], p. 313).

"Que relação deve haver na presente época entre a crença cristã em Deus e a pessoa de Jesus? Seria essa uma relação contingente, simplesmente histórica e factual, uma relação que não se pode abolir nem pedagogicamente nem simbolicamente, mas que não seria exigida pela Ideia do cristianismo? Ou seria uma relação invariável e eternamente incluída na essência da Ideia cristã?" (p. 314). Dito de outra forma, e como uma constatação, Troeltsch prossegue afirmando que "a imagem [de Jesus] é importante pedagogicamente, ou é um símbolo do cristianismo; porém, para muitos, não há mais uma relação intrínseca e conceitualmente necessária da Ideia cristã com a pessoa de Jesus" (p. 313). "É preciso declarar, de modo claro e determinado, que uma verdadeira necessidade interna da pessoa histórica de Cristo para a salvação só existe na Ideia ortodoxa da redenção, da autoridade e da igreja" (p. 314).

"Vista sob o ângulo da psicologia social, a pessoa de Jesus é indispensável para o culto, a eficácia e a reprodução, e isso basta para justificar e defender os laços com a pessoa de Jesus. [...] a esperança de uma religião de convicção e conhecimento, de uma religião puramente pessoal e individual, é uma simples ilusão. Se precisamos do culto e da comunidade, precisamos também de Cristo como líder e ponto de convergência para o encontro da comunidade. Pois o conhecimento cristão de Deus não tem nenhum outro meio de unificação e ilustração; quanto aos tratados de filosofia da religião, esses não poderão jamais dar forma a, ou substituir, uma verdadeira religião" (p. 320).

Mutatis mutandis, essas questões provavelmente ainda são, ou novamente são, as nossas. Porém, as correntes mais importantes do século XX na teologia protestante (após 1914-1918 e não sem um paralelo com uma mudança mais geral na cultura e na sociedade) sentiram tais questões como marcadas por um questionamento histórico demais, não "radical" o suficiente, tanto no nível da crítica quanto no de uma autoafirmação, outra, no caso: teológica e de fato associada, aqui, a uma força de interpelação que seja respondida por uma decisão pessoal ou existencial. É o que ocorre na "teologia dialética" e em seus expoentes maiores, Karl Barth e Rudolf Bultmann. É o que abordaremos finalmente, antes de retomar o questionamento, de acordo com os dados do século XX, que, com base nessa reação teológica ou não, viram desenvolver-se uma "segunda" e em seguida uma "terceira" buscas do Jesus histórico e das imagens que podem ser feitas dele.

4. Coordenadas contemporâneas

4.1. Primazia da fé e da pregação de uma Palavra totalmente outra: a "teologia dialética"

A postura característica da "teologia dialética" de Barth e Bultmann, que surge após os cortes ideológicos, sociais e culturais que representou 1914-1918, foi muitas vezes exposta nesta enciclopédia, principalmente no artigo "Bíblia" (cf. item 5), em que a problemática é em parte paralela a esta apresentada aqui. Portanto, não a abordaremos de modo panorâmico neste artigo, mas preferimos tratar diretamente da questão de Jesus: seu *status* e as imagens que dele são feitas.

4.1.1. Rudolf Bultmann (1884-1976)

Comecemos por Rudolf Bultmann, que escreve *Jesus* em 1926. O que se descobre nessa obra? Desde a introdução, Bultmann distingue "método de observação" (correlacionado ao "mundo da natureza") e "diálogo" (correlacionado à "história"). Assim, há a decorrente recusa a uma "biografia" de Jesus, em favor de um "encontro de fato pessoal com a história" (p. 33). Essa é a perspectiva básica. Quanto à forma, o questionamento se desenvolve assim: "Faltam [...] na exposição seguinte todas as expressões que descrevem Jesus como um grande homem, um gênio ou herói; ele não é apresentado de modo demoníaco, nem fascinante; suas palavras não são consideradas especialmente profundas, nem sua fé é qualificada como poderosa [...]. Também não se trata do valor eterno de sua mensagem, de sua descoberta das profundezas atemporais da alma humana [...]. O olhar se volta unicamente para o que ele *quis* e para o que [...] pode tornar-se atual enquanto exigência posta em sua existência histórica" (p. 34s). Disso se depreende a declaração de Bultmann que seria com frequência repetida: "Nada podemos saber sobre a vida e a personalidade de Jesus, pois as fontes cristãs de que dispomos [...] não manifestaram interesse algum nesse ponto, e também porque não há nenhuma outra fonte sobre Jesus. Tudo o que foi escrito há um século e meio mais ou menos sobre a vida de Jesus, sua personalidade e seus processos interiores, [...] pertencem ao âmbito do romance!" (p. 35).

Bultmann trabalha de acordo com uma interpretação à qual se dá o nome de "existencial", e em um eixo que daria consistência ao programa posterior da demitologização: "Se [...] tratamos aqui dos ensinamentos de Jesus, ou de seus pensamentos, não será com [...] a ideia de um sistema de pensamento ideal, válido de forma geral [...]. Pelo contrário, consideramos que tais pensamentos provêm da situação concreta de um homem que vive no tempo, que apresentam a explicação de sua própria existência situada no movimento, na insegurança, na decisão". Por isso, seu olhar privilegia a "pregação", ou o anúncio, que vê uma palavra chegando a nosso encontro como questão "sobre o modo com que pretendemos conceber nossa existência" (p. 37). Historicamente, e em relação a todo interesse concentrado em Jesus como tal, a posição de Bultmann é bastante radical: "A tradição nomeia Jesus como autor de seus pensamentos; [...] se fosse de outro modo, isso nada mudaria aquilo que nos é dito na tradição" (p. 39; por "tradição", é necessário compreender aqui a tradição bíblica).

A temática da "obediência" é aqui obrigatória, mas não em relação a uma fé a ser aplicada (cf. cap. III); pelo contrário, só há obediência onde o homem se atém a si mesmo: no "aqui e agora", como ato em que se decide quem eu sou, e em totalidade. O que está em jogo é a radicalidade ou a interpelação absoluta: não fazer tal ou tal coisa (um *was*), mas que eu só existo decidindo-me (um *daß*).

Onde uma "proximidade" máxima de Deus se conjuga com um "afastamento" máximo (cf. cap. IV). Situação efetiva do homem diante de Deus, permitida e aberta pelo perdão, e, dessa forma, com um *status* paradoxal. Aqui, a "confirmação da verdade da palavra", aquela que me atinge, "não reside [...] fora do que se encena entre a palavra e o ouvinte" (p. 180).

Como vemos, as coordenadas da leitura são teológicas, sancionando uma diferença radical — uma alteridade — entre o que é historicamente dito e manifestado (mesmo em Jesus) e o que pode ser considerado verdade, em relação a Deus, integrando assim a diferença histórica quanto à cultura e à representação. Logo, a leitura conta com o anúncio cristão, esse anúncio que questiona a existência através de um testemunho que responde por si ao questionamento. Há assim uma verdade de vida que lhe está ligada, portanto, na ausência — insuperável *e* constitutiva — de Jesus. Rigorosamente, o homem Jesus não pertence à "teologia do Novo Testamento", mas a seus prolegômenos ou ao que essa teologia supõe.

4.1.2. Karl Barth (1886-1968)

A posição de Karl Barth procede da mesma postura fundamental. Com relação a nosso problema e à maneira com que Barth considera Jesus, podemos ler uma série de passagens na *Dogmática* (IV/2*, § 64 [1955], Genebra, Labor et Fides, 1968): "Deus é Deus em sua união com a essência humana de Jesus Cristo (e, portanto, com nossa própria essência!). Essa união ocorreu em Jesus Cristo e é indissolúvel. [...] Trata-se de uma união e, em consequência, [...] de uma história, de uma ação do próprio Deus e somente dele, ação que não poderíamos abstrair [...]. Em sua essência humana, trata-de dele, Deus, do que ele fez dela e nela. [...] É a partir dele e em virtude da ação que exerce que sua humanidade recebe também honra, dignidade e majestade [...]. Mas ela não possui em si, como tal, toda essa glória. Deus não existe sem sua humanidade. Mas sua humanidade não existe sem ele. Portanto, ela não poderia ser considerada, reconhecida, nem mesmo honrada e adorada por si só". Como resultado, "toda tentativa de captá-la e contemplá-la *in abstracto* [...] é uma tarefa fundamentalmente falsa e impraticável. [...] Jesus Cristo só existe como Filho do homem, ou seja, humanamente, em virtude da ação de Deus: por ser em primeiro lugar o Filho de Deus. Quando não é reconhecido como tal, chega-se sem dúvida a conhecê-lo em sua humanidade abstrata do sujeito da qual essa humanidade depende; mas tal conhecimento só pode ser um desconhecimento" (p. 105s).

É com base nisso que Barth, assim como Bultmann, recusa todo tipo de "biografia", "imagem", "retrato" de Jesus. Eis sua argumentação: "A humanidade de Jesus como tal seria [...] um predicado sem sujeito. [...] atribuir uma significação religiosa a esse predicado privado de sujeito" ou "crer que se pode entrar em relação com ele" é rigorosamente impossível" (cf. p. 106). A recusa é então manifestada claramente: "A imagem de Cristo que é apresentada alega mostrar seu objeto: mostrá-lo como o artista crê vê-lo, reduzido a sua imaginação somente, piedosa ou ímpia, profunda ou superficial". Ora, "o que escapará sempre ao biógrafo de Jesus e principalmente ao pintor de Cristo [...] é justo um elemento que é capital, a saber, o movimento *vertical* em que Jesus Cristo é real, a *história* em que o Filho de Deus se torna Filho do homem, reveste-se da essência humana, para ser homem na ação que cumpre. [...] em tal movimento, que é decisivo para seu ser e para o conhecimento de seu ser, ele não pode manifestamente ser representado por meio de um relato, muito menos por meio de uma arte pictórica qualquer. Não se pode tentar representá-lo, a não ser recorrendo à abstração do caráter específico de seu ser, e o resultado a que se chegará, tanto no ensaio biográfico quanto na pintura e na escultura, será necessariamente catastrófico. [...] a história da mensagem de Cristo é a de uma tentativa de apresentar um objeto que, de todos os objetos, é o mais impróprio a toda representação" (p. 106s). Os argumentos de Barth não são válidos somente no nível doutrinário: "A imagem de Cristo não pode ser levada em conta como meio de edificação da comunidade" (p. 107).

De modo positivo, o olhar é e deve ser de crença, um olhar teológico, enunciando-se assim: "Basta deixar de lado aqui tudo o que é somente abstração para que o olhar se torne livre e se fixe no fato real e concreto que é acontecimento em Jesus Cristo: o fato tão extraordinário e, no entanto tão simples, infinitamente inquietante e infinitamente consolador ao mesmo tempo, que é a *communication gratiarum* ["comunicação de todas as graças"] a toda carne em sua carne" (ibid.). Como vemos, a palavra "acontecimento" é reivindicada, mas não tem nem o *status* nem a acepção utilizados normalmente por um historiador. "Ao falar de Jesus Cristo, falamos daquilo que, nele, é acontecimento para nós e em nós" (p. 108).

Barth pode referir-se à forma e à função do evangelho, e nisso ecoa Bultmann: "Não poderia haver um 'retrato' de Jesus, no sentido de uma biografia. O que o Novo Testamento nos oferece [...] são apenas indicações fragmentárias [...], cuja continuidade e coerência permanecem bastante enigmáticas [...]. Não é por acaso que, na introdução a seu evangelho, Lucas fala [...] anonimamente dos "fatos que entre nós se realizaram". O homem mencionado existiu nesses acontecimentos" (p. 173s). Cinquenta páginas depois, Barth escreve: "A ação de Jesus que a tradição reteve e descreveu [...] é a boa-nova anunciada por ele, a doutrina que ele ensina, sua proclamação. Essa ação é sempre a revelação da decisão que houve no fato de sua existência humana entre outros homens, ou seja, no que ele lhes disse e através do que disse. [...] Os evangelhos e a tradição que lhes está subjacente não julgaram importante fornecer informações sobre atividades de Jesus que fossem de outra natureza, ou seja, sem esse caráter específico, ainda que essas atividades pudessem ser interessantes de algum modo [...]. E o mesmo precisa ser dito sobre as palavras de Jesus" (p. 221ss).

Esse modo de situar-se quanto à questão moderna do "Jesus histórico" (em 1960, Barth marca sua distância dos "especialistas em Novo Testamento que se colocam como autoridade e [...] se puseram em busca do 'Jesus histórico' armados de espadas e porretes", "How My Mind Has Changed" [Como minha mente mudou], *Evangelische Theologie* [Teologia protestante] 20, 1960, p. 104) não está evidentemente desprovida de relações com um modo específico de falar teologicamente de Jesus Cristo. Podemos lembrar, em primeiro lugar, e sempre no mesmo contexto, que "a graça que marca a origem de Jesus Cristo não significa e não provoca [...] transformação alguma de sua essência humana. [...] Nada vem acrescentar-se a essa essência, que continua sendo a de um homem como todos nós [...]. A graça que está na origem de Jesus Cristo significa e provoca simplesmente a *elevação* de sua essência humana, algo que é produzido em virtude de uma necessidade divina e com uma força incomparável. Mas a que conduz essa elevação? À concordância com a vontade de Deus, ao serviço de seus atos, à conformidade com sua graça, em suma, ao estado de gratidão que constitui a única possibilidade resultante daquilo com que o homem Jesus, determinado unicamente por essa vontade, essa ação e essa graça, encontra-se confrontado diretamente [...]: com a essência divina, pois ele existe a partir dessa essência" (*Dogmática* IV/2*, p. 95).

A noção de "elevação" é fundamental em toda a estrutura cristológica de Barth, assim como a de "rebaixamento", a primeira relativa à humanidade, a segunda, à divindade. É de acordo com essa posição teológica que é construída toda a parte IV da *Dogmática* (a parte cristológica propriamente dita): com "o verdadeiro Deus" se medita no "Senhor como servo", "o juiz julgado em nosso lugar" ou "a obediência do Filho de Deus", enquanto, com "o verdadeiro homem", fala-se em "servo como Senhor", "o homem da realeza" ou "a elevação do Filho do homem", e tudo isso se condensa, por assim dizer, na figura de Jesus Cristo, que é "testemunha verídica" e está sob a "glória do mediador".

De modo geral, a *Dogmática* de Barth esforça-se em uma "concentração cristológica" particularmente forte e decisiva. Como em uma espiral, aborda cada um dos pontos do desenvolvimento (sobre Deus, a criação, os sacramentos, a igreja etc.), apoiada pela visão teológica que mencionamos, o encontro entre a essência divina e a essência humana, ou o rebaixamento e a elevação; e é de acordo com a mesma visão que, parece-me, não há lugar para a história como tal, um lugar que seja teologicamente atribuído e assumido. No todo, podemos concluir que Barth parte da "noção de comunicação como tal" e que, assim, em Jesus Cristo, "a essência divina se comunica com a essência humana; nele, a essência humana recebe a comunicação da essência divina. Trata-se de uma comunicação total nos dois sentidos. Ver 'Jesus Cristo', pensar nele e falar dele é ver, designar, afirmar essa comunicação, considerar a essência divina e a essência humana como unidas uma à outra, Deus e o homem no acontecimento e na história de sua comunhão" (p. 76).

As ênfases ora postas não deixam de ecoar Lutero. Assim, "Jesus Cristo, Filho de Deus, é também o Filho do homem, nascido em Belém, que participa em sua essência de todas as forças e fraquezas humanas [...]. O Filho de Deus sofreu — logo ele, também ele, e principalmente ele [...]. Mas Jesus Cristo, o Filho do homem, também é o Filho de Deus, da mesma essência que o Pai e o Espírito Santo, Senhor de todos os senhores, fonte de todo bem, [...] a Palavra pela qual o mundo foi criado e subsiste. [...] O acontecimento dessa comunicação é a história de seu nascimento em Belém, assim como a história de suas viagens que o conduzem à beira do Jordão no Getsêmani, a história de sua paixão, e por fim a de sua primeira revelação, provisória e particular, que foi sua ressurreição [...]. O rebaixamento da essência divina se produz para a elevação da essência humana, e a elevação desta se produz para o rebaixamento daquela. [...] nada permanece quanto ao sofrimento: nada do que é de Deus e nada do que é do homem é excluído desse movimento que desce dos lugares mais altos até o fundo de nosso abismo e que volta a subir para os lugares mais altos" (p. 76s).

4.2. Que pertinência teológica da história?

No pensamento protestante continental (que foi marcado pela "teologia dialética"), os anos 1950-1960 testemunham o retorno de um questionamento sobre o Jesus histórico. É o caso, por exemplo, de Ernst Fuchs, Günther Bornkamm, Hans Conzelmann, Herbert Braun e Gerhard Ebeling, além de Ernst Käsemann, em quem nos deteremos mais longamente. A partir de 1959, James Robinson já tratava de uma "nova busca do Jesus histórico" (cf. sua obra publicada em 1960, *Le kérygme de l'Église et le Jésus de l'histoire* [O querigma da igreja e o Jesus da história], Genebra, Labor et Fides, 1961).

Os trabalhos e as representações então propostas não estão isentas de equívocos (Bultmann observaria esse fato em 1960, em "Das Verhältnis der urchristlichen Christusbotschaft zum historischen Jesus", em *Exegetica*, Tübingen, Mohr, 1967, p. 446), sobretudo quanto à questão que fundamentou este artigo, a da relação entre fato histórico e validade religiosa ou teológica. De acordo com o modo com que levantamos tais equívocos, veremos nesses novos trabalhos uma reprise ou a continuação das "vidas de Jesus" modernas que foram desenvolvidas ao longo do século XIX (com novas imagens e, conforme pensam alguns, uma certeza maior quanto à abordagem histórica), ou, pelo contrário, uma modificação dos próprios termos do problema. No primeiro caso, a "teologia dialética" teria sido um parêntese ou uma recusa à questão, em prol de um espaço totalmente diferente; no segundo, a mesma "teologia dialética" pode conduzir a um novo olhar sobre a história e a ordem das crenças como tais.

Para Ernst Käsemann (1906-1998), a questão se volta diretamente para a "pertinência teológica da história", colocando-se em um debate crítico com a "teologia dialética", sobretudo com Bultmann, mas sem voltar atrás no deslocamento operado por essa mesma teologia: estrutura-se na ordem das *crenças*, na ordem do *desdobramento da fé cristã*, dos *textos* e de sua *tradição*. Käsemann lhe atribui a seguinte forma: por que uma *narração* da história de Jesus, após a proclamação da glória e da soberania presente do ressuscitado que alimentavam a primeira comunidade? E por que essa narração, referindo-se a um *passado* e inserindo-se em um ato de *retomada* ou *repetição*, sanciona ou erige a instalação de uma distância? Käsemann não acredita na referência a um momento originário, palavra ou acontecimento; ele coloca uma descontinuidade, consciente de que somente então a questão teológica encontra seu lugar, sendo requerida, legítima e específica. A rigor, Käsemann não está em busca de uma continuidade, real ou histórica, entre a proclamação cristã propriamente dita — que surge na ausência de Jesus e após a Páscoa — e Jesus de Nazaré. Nesse ponto, e fossem quais fossem os debates e as incompreensões eventuais, Käsemann não contraria os avanços de Bultmann.

Para a "teologia dialética", a questão central era a da fé e da proclamação cristã, não a do Jesus histórico como tal, seja Jesus investido de modo supranaturalista como enviado de Deus, ou o próprio Deus, seja relido de modo liberal como o portador de uma mensagem que deve ser interpretada. Ora, podemos — na verdade, devemos — afirmar que a fé e a proclamação cristãs são também grandezas históricas. A passagem da busca do homem Jesus, de sua vida ou de sua personalidade, para a ênfase nos *textos* e nos *testemunhos* dos que creem (ênfase correlacionada aos deslocamentos operados pela "teologia dialética") não deve levar ao abandono da história em prol de outra ordem — específica? preservada? —, mas pode (e deve) abrir para um novo questionamento histórico, que escolha dessa vez como objeto *a ordem das crenças, sua especificidade* e *seus processos de estruturação e desenvolvimento*.

É provavelmente nisso que está o equívoco maior. Com o objetivo explícito de uma nova busca do Jesus histórico, inúmeros autores estão, na verdade, em busca de um momento originário, sem que esse propósito seja sempre totalmente assumido teologicamente. Assim, são feitas tentativas para descobrir uma similaridade entre a pregação de Jesus e a dos primeiros cristãos, por exemplo, falando-se de uma passagem do "implícito" para o "explícito" (Hans Conzelmann e outros) ou de outros tipos de continuidade. Da mesma forma, são produzidos discursos que buscam tratar de Jesus como a testemunha por excelência da fé (Ernst Fuchs, Gerhard Ebeling). Ora, a questão não é essa (pelo menos se não queremos voltar atrás e ignorar a "teologia dialética", e portanto, nos debates inaugurados nos anos 1950-1960, preferir ficar do lado de Käsemann a ficar com muitos de seus interlocutores e tornar essa "nova busca" do Jesus histórico uma retomada da primeira, liberal e historicista, do século XIX). Pior ainda, colocar a questão nesses termos é algo que reduz suas implicações e pode levar ao erro, tanto sobre o que são a fé e a teologia, de um lado, quanto sobre o que é a história e sua abordagem legítima, de outro; e produzir ou mostrar esse duplo erro é enganar-se quanto ao *status* de referência a Jesus e às imagens que se podem propor dele: não como um fundamento originário, mas, sim, um ato interno aos desdobramentos históricos e diversificados da economia cristã.

Esse ponto será retomado em nossas "considerações finais". Antes, no entanto, convém tratar das imagens de Jesus às quais se recorre (com os conflitos que se mostram no processo) e que são propostas fora da tradição cristã ocidental, em um contexto de opressão, marginalização ou diferença. Isso tudo aponta para uma pertinência irredutível das imagens que podem ser feitas de Jesus, atestando também, de um modo específico, as representações do mesmo Jesus na cultura, fora das questões de fé ou não fé (e um exemplo disso é o cinema, como é dito no item 2.1 do artigo "Cinema" desta enciclopédia).

Pierre Gisel

4.3. As imagens não ocidentais de Jesus

Por muito tempo a Bíblia foi o único livro ao qual os negros realmente tinham acesso; não admira que esse livro esteja presente em toda a sua tradição e cultura. Reconhecendo-se na história do povo hebreu, o povo negro deportado para a América faz essa releitura de modo muito diferente dos brancos. Para os brancos, o tema do Êxodo é fundamental, evidentemente, e eles chegam ao Novo Mundo considerando-se o povo eleito, identificando-se com o povo hebreu *depois* do Êxodo. Mas se, por sua vez, os negros se identificam com o povo hebreu, é com o povo *antes* do Êxodo. Essa diferença capital marcaria também a interpretação da figura de Jesus Cristo, em que uns (brancos) acentuam sua compreensão de que Cristo liberta do pecado, enquanto outros (negros) enfatizam a analogia entre seu irmão de sangue que sofre e é linchado com o Jesus crucificado.

Os mestres brancos tentaram não somente converter seus escravos, mas também (e talvez principalmente) inculcar neles sua concepção de cristianismo. É forçoso constatar que, se eles conseguiram essas conversões, fracassaram em convencer sobre a firmeza de sua interpretação do evangelho. Embora desprovidos de instrução, esses negros resistiram a todo tipo de pregação que implicasse — ou, pior ainda, justificasse — a terrível condição em que se encontravam no cotidiano. Assim, as primeiras igrejas negras, às vezes clandestinas, fundaram-se em uma confissão de fé em um Deus libertador. Em Jesus, morto como um deles e ressuscitado por Deus, os negros escravos descobriram a verdadeira face de Jesus. O *negro spiritual* traduziria isso sob a forma de uma pergunta: "Você estava lá quando eles o crucificaram?", cuja resposta é imediata e apaixonada por parte do intérprete, "Sim, eu estava". Pois, como observa o historiador Manning Marable, "a figura de Cristo fez pelo escravo aquilo que o senhor jamais pôde fazer: reconhecer sua humanidade. Cristo consolou os escravos quando as crianças foram vendidas ou chicoteadas; permitiu-lhes amar a si mesmos e até perdoar os pecados de seus opressores" (*Blackwater. Historical studies in Race, Class Consciousness and Revolution*, Dayton, Black Praxis Press, 1981, p. 26). Aos olhos do escravo, Jesus representou um segundo Moisés: foi o libertador que fundamentou sua fé, sua resistência, sua esperança.

> "Você estava lá quando crucificaram meu Senhor?
> (Oh, oh, às vezes começo a tremer quando penso!)
> Você estava lá quando colocaram pregos em seu corpo?
> (Oh, oh, às vezes começo a tremer quando penso!)
> Você estava lá quando o próprio sol ficou de luto?
> (Oh, oh, às vezes começo a tremer quando penso!)
> Você estava lá quando o colocaram no túmulo?
> (Oh, oh, às vezes começo a tremer quando penso!)
> Você estava lá quando ele saiu de seu túmulo?
> (Oh, oh, às vezes quero gritar Glória a Deus!)."
>
> *Were you there* [Você estava lá], em Marguerite YOURCENAR, org., *Fleuve profond, sombre rivière* [Rio profundo, sombrio rio], Paris, Gallimard, 1966, p. 113.

Na época fecunda da "Renascença negra" — período do entreguerras, em que, nas artes e nas letras, o mundo começou a tomar consciência do negro ao mesmo tempo que este descobria a si próprio —, os poetas buscariam ouvir suas vozes no seio de uma tradição tomada pela Bíblia. Um deles é James Weldon Johnson (1871-1938), compositor da famosa *Lift Every Voice and Sing* [Ergam as vozes e cantem], cantada hoje por toda a América negra. Johnson fez muito pelos seus ao apresentar novos *spirituals* com arranjos do irmão, Rosamond, e ao publicar seus famosos sermões negros com o título *God's Trombones* [Trombones de Deus] (1927). Em um desses sermões, sobre a crucificação, o poeta oferece um bom exemplo de boa oratória por parte do pregador negro, que, de acordo com Jean Wagner, "busca emocionar os ouvintes, mais que convencer, fazendo com que as pessoas passem da esperança ao terror, estimulando nelas a piedade ao apresentar as cenas da História Santa como se ocorressem diante de seus olhos" (*Les poètes nègres des États-Unis* [Os poetas negros dos Estados Unidos], Paris, Istra, 1963, p. 417): "Na estrada pedregosa do Gólgota/ Eu vejo meu Jesus andar/ Eu o vejo sucumbir sob o peso/ Eu vejo meu Jesus enfraquecido, sucumbindo. E então eles apanham Simão,/ Simão o negro, sim, Simão o preto,/ E põem a cruz nos ombros dele,/ E Simão leva a cruz" (*Sermons noirs* [Sermões negros], p. 47s).

Tais ênfases religiosas levam a Langston Hughes (1902-1967), conduzem de James Baldwin (1924-1987) a Toni Morrison (1931-), prêmio Nobel em 1991 e autora de *Sula* (1973), *Song of Salomon* [Canção de Salomão] (1977) e *Beloved* [Amado] (1987), três obras que ecoam o Cântico dos Cânticos, sem esquecer Alice Walker (1944-), com sua Celia, personagem principal de *A cor púrpura* (1982, São Paulo, Marco Zero, 1989), que começa todas as suas cartas com "Querido bom Deus". Assim, todos acabam mergulhando na corrente do "rio sombrio", nas águas profundas de sua tradição (oral) que, por exemplo, com humor — "o riso me impede de chorar" —, não deixou de denunciar os horrores da escravidão, apontando para a redução do ser humano ao estado de um animal (de carga e de prazer) e a injustiça da segregação, em que se considera um ser humano "de segunda classe" por causa da pigmentação de sua pele.

> "Era uma vez, na cidade, um homem de cor razoavelmente religioso. De modo que o pastor branco lhe pediu que viesse à igreja para fazer propaganda na comunidade; de fato, isso atrairia muita gente, já que nunca tinha estado lá nenhum homem de cor. A intenção do pastor era mostrar que, embora a comunidade nunca tivesse visto homem de cor ali, eles teriam o privilégio de vir. No domingo, a igreja lotada, Sam não apareceu. Na segunda-feira, o ministro encontrou Sam na rua e falou da numerosa assistência, perguntando por que ele não tinha vindo. Sam respondeu: "Na noite passada, eu sonhei com Cristo, e ele falou desse convite. Cristo segredou-me que durante cinquenta anos tinha tentado entrar nessa mesma igreja, sem sucesso. Então eu mudei de ideia. Já que Cristo não pode entrar, achei que também não seria um bom lugar para mim".
>
> Richard Mercer DORSON, org., *American Negro Folktales* [Contos negros americanos], Greenwich, Fawcett Publications, 1967, p. 175s.

Vários escritores e pensadores afro-americanos enfatizaram uma imagem de Jesus que permite a autoaceitação dos escravos, assim como a todo negro que sofre de segregação institucionalizada ou racismo. Assim, eles podem ver a si mesmos com um novo olhar. Todos esses autores confirmam os versos de William Edward Burghardt DuBois (1868-1963), extraídos de *A Litany of Atlanta* (1906): "Não te faças cego, ó Senhor, não te faças surdo nem mudo à nossa oração, enquanto sofremos em silêncio. Por acaso tu serias branco, ó Senhor, uma coisa pálida, descorado e sem coração? Ah! Cristo de todas as misericórdias! Perdoe-me esses pensamentos! Perdoa a blasfêmia dessas palavras irrefletidas. Tu és sempre o Deus de nossos pais negros" (citado por Jean WAGNER, op. cit., p. 189s), Da mesma forma, Countee Cullen (1903-1946) concede em sua obra um espaço especial a seu *Black Christ* [Cristo negro], publicado em 1929, em que Cristo crucificado simboliza o negro cuja cor, além de ser crime, é pecado.

> O Sul crucifica de novo Cristo
> Com todas as suas leis costumeiras de antigamente;
> Os gritos indecentes de "Salva-te" e "Tolo"
> Ressoam em seus ouvidos, os espinhos buscam-lhe a cabeça
> E, ao mordê-la, formam córregos
> Que mancham de um vermelho sombrio as vestes escarlates e chamativas
> Com que o distinguem; e, para acalmar-lhe a sede, estendem a ele
> Um vinho acre com novas substâncias.
> A terrível infâmia de Cristo é ser negro,
> Pecado que nenhuma inocência redime;
> Mas, para não cansarem-se da monotonia da cruz,
> Matam-nos hoje com vorazes línguas de fogo,
> E enquanto ele queima, bravos homens, e mulheres também,
> Vociferam e disputam seus frágeis ossos negros.
>
> Countee CULLEN, *Christ Recrucified* [Cristo recrucificado] (1922), em Jean WAGNER, op. cit., p. 369.

Howard Thurman (1900-1983), que foi um dos primeiros a fazer uma leitura teológica dos *negro spirituals*, redige em 1949 *Jesus and the Disinherited* [Jesus e os deserdados] (Richmond, Friends United Press), em que propõe a interpretação de um Jesus libertador, destinado "àqueles que estão constantemente com as costas no muro". Enfatiza seu judaísmo, sua condição social modesta e o fato de pertencer a uma minoria oprimida. Atento ao compromisso de Jesus com os mais deserdados, ao mesmo tempo que se interessa por Gandhi e sua filosofia, Thurman exerceria uma profunda influência sobre o jovem Martin Luther King, que o ouviu regularmente durante seus estudos em Boston.

Em 1955 — com o despacho da Corte Suprema dos Estados Unidos (17 de maio de 1954), que declarou inconstitucional a alegação de desigualdade no sistema escolar, e com o início do boicote dos transportes públicos de Montgomery (5 de dezembro de 1955) —, o movimento pelos direitos civis ganha corpo sob a liderança de Martin Luther King

(1929-1968) e, junto com o movimento, a ala militante da igreja negra. Pastor batista em Montgomery e depois em Atlanta, King fez sólidos estudos em que pouco espaço era concedido à cristologia; no entanto, com os seus, ele confessa uma profunda fé em Jesus Cristo que marcaria suas grandes decisões quanto à resistência não violenta. Afirmou: "Cristo deu sentido e objetivo ao movimento, enquanto Gandhi deu o método" (*Stride Toward Freedom* [Estrada para a liberdade] [1958], Boston, Beacon Press, 2010). No final dos anos 1950, King se expressa sobre Cristo em termos bastante gerais e considera sem importância, ou quase, questões sobre a pigmentação da pele de Jesus. No entanto, as reações opostas o forçam a questionar a valorização da particularidade, da negritude, preconizada pelos poetas (cf. Langston Hughes), que as "crianças iradas" de Malcolm X (1925-1965) logo retomariam:

> Seria realmente muito chato se Cristo
> Voltasse e fosse todo negro.
> Há tantas igrejas
> Onde ele não poderia orar
> Nos Estados Unidos,
> Onde o acesso aos negros,
> Por mais santos que sejam,
> É proibido.
> Onde celebramos
> Não a religião,
> Mas a raça.
> Tente exprimir essas coisas
> E você será talvez crucificado.
>
> Langston HUGHES, *Texte non destiné à la publication* [Texto não destinado a publicação], em Idem, org., *La poésie négro-américaine* [A poesia negro-americana], ed. bilíngue inglês-francês, Paris, Seghers, 1966, p. 116s.

O King de 1955, que acreditava ingenuamente que a fé estava acima das contingências e das particularidades, compreende aos poucos que a supremacia branca havia causado uma gangrena em cada afirmação teológica sobre o senhorio de Cristo. No entanto, diferente dos que se seguiriam a ele, King jamais chegaria a afirmar pura e simplesmente a negritude de Cristo, mas, sim, tentaria lembrar o valor irredutível de todas as particularidades, inclusive a negra, sem a intenção de culminar em uma supremacia negra, que ele entende, mas denuncia. Ele enfatiza o engajamento radical desse Jesus, evidente em sua paixão, que encarna o olhar de Deus sobre o ser humano e inaugura uma exigência de vida. Ele ousa até mesmo insistir no "sofrimento redentor" do discípulo-testemunha, cuja existência em *simpatia* (cf. Rm 8.17) remete radicalmente àquele que sofreu e morreu na cruz.

Já o poeta Bob Kaufman (1925-1986) retoma a figura crística para denunciar violentamente o racismo dos anos 1960: "América, eu a perdoo... eu a perdoo/ Por ter pregado o Jesus negro em uma cruz importada/ A cada seis semanas, em Dawson, Georgia" (poema *Benediction* [Bênção]). O Jesus negro do poeta anuncia o Messias de pele escura, o Cristo negro dos teólogos (e teólogas); ao mesmo tempo, um dos conselheiros mais próximos de King, o historiador menonita Vincent Harding, torna-se o porta-voz de todos ao emitir um grito que faz eco às palavras de Malcolm X: "Não venham com o seu Jesus cor-de-rosa de duas caras, que destila amor por vocês e chamas de morte contra as crianças do Vietnã. Não venham com esse parasita que condena os revoltosos lançadores de tijolos e louva os assassinos lançadores de bombas. Esse Cristo fede. Não queremos que os negros sigam os passos dele" (em *Christian Century* [Século cristão], 4 de janeiro de 1967, p. 10).

Após os esforços de Martin Luther King para acentuar os traços universais da figura de Jesus, James H. Cone e os teólogos negros conjugariam a particularidade e a identidade de Jesus, desenvolvendo sistematicamente elementos já expressos na cultura. Nessa perspectiva, eles se questionam sobre quem é Jesus Cristo para eles hoje, com ênfase especial no *espaço* em que se situa a revelação, no compromisso divino, e não no fato de que, como afirmou Barth, "Deus tem tempo para nós" (*Dogmatique* [Dogmática] I/2*, p. 43). Por que essa insistência no espaço? Porque esses pensadores e artistas, oprimidos, vivem em um espaço que não controlam. A particularidade e o contexto social da revelação são aqui valorizados, com o objetivo de especificar as relações entre Deus e os oprimidos em um lugar determinado.

Em uma provocadora coletânea de pregações (*The Black Messiah* [O Messias negro], New York, Shedd and Ward, 1968), o pastor Albert Cleage (que adotaria o nome Jaramogi Abebe Agyeman, que significa "libertador, homem santo, salvador da nação" em suaíli, 1911-2000) afirma que Jesus era *etnicamente* negro, no mesmo sentido em que ele e os negros em geral. E busca interpretar esse Jesus negro como o elo histórico entre os primeiros israelitas e a comunidade negra contemporânea. Mesmo se Cleage não conseguiu provar essas declarações sobre os ancestrais (negros?) de Jesus, seus esforços, mais homiléticos que teológicos, impediriam seus ouvintes e leitores de considerar Jesus um homem branco.

Os intentos de James Deotis Roberts (1927-), teólogo bastante influenciado pela ciência da religião, são outros, embora ele também fale da *negritude de Cristo*. A seus olhos, não seria essa negritude o único modo de explicitar o fato de que, ao encarnar-se, Deus se identificou com a humanidade inteira e Cristo poderia ser de *qualquer cor* que representasse parte da humanidade? Essa ênfase universalista se encontra também em sua ética, em que o tema da reconciliação desvia Cristo de qualquer engajamento específico na história.

James H. Cone (1938-), cujos primeiros textos datam de 1969, distingue-se tanto de Cleage quanto de Roberts. Difere do primeiro ao interpretar a negritude (de Cristo e de Deus) como um símbolo *ontológico* que permite mostrar que, em oposição a Roberts, Deus escolheu o particular para revelar-se, e que nos Estados Unidos ele prefere ser negro, já que essa cor é o sinal concreto que descreve a opressão. Enfatizá-lo, portanto, teria a mesma força que afirmar, na época de Pôncio Pilatos, o fato de que Jesus era judeu. A busca da humanidade de Jesus não está correlacionada aqui a um desejo de provar a fé, mas, sim, de desenvolver as consequências sociopolíticas da encarnação divina; hoje, teólogas negras como Kelly Brown Douglas (*The Black Christ* [O Cristo negro], Maryknoll, Orbis Books, 1994) e Jaquelyn Grant (*White Women's Christ and Black Women's Jesus. Feminist Christology and Womanist Response* [O Cristo das mulheres brancas e o Jesus das mulheres negras: cristologia feminista e resposta mulherista], Atlanta, Scholars Press, 1989), ampliam mais ainda essa perturbadora simbólica.

> A negritude de Cristo é ao mesmo tempo literal e simbólica; literal no sentido de que ele se faz realmente um com os negros oprimidos, tomando sobre si os sofrimentos deles e revelando a nós que o encontramos na história de nossa luta e de nosso sofrimento, e no ritmo de nosso corpo.

Encontramos Jesus no contexto sociológico que gerou Aretha Franklin cantando *Spirit in the Dark* [Espírito nas trevas] e Roberta Flack entoando *I told Jesus that it will be all right if he changed my name* [Eu disse a Jesus que concordo se ele quiser mudar meu nome]. A negritude de Cristo é a expressão americana da verdade, de sua parábola do juízo final: *Em verdade vos digo que, sempre que o deixastes de fazer a um destes mais pequeninos, a mim o deixastes de fazer* (Mt 25.45). Literal e simbolicamente, os mais pequeninos na América estão entre o povo negro. Dizer que Cristo é negro significa que os negros são os pobres de Deus que Cristo veio libertar. É por isso que é impossível proclamar o evangelho de Jesus Cristo na América sem levar em conta a história e a cultura do povo que lutou para testemunhar seu nome no meio das adversidades. Dizer que Cristo é negro significa que Deus, em sua infinita sabedoria e sua misericórdia, não somente leva a sério nossa cor, mas a toma sobre si e revela dessa maneira sua vontade de nos devolver integridade, de nos tornar novas criaturas, nascidas no espírito da negritude de Deus e resgatadas pelo sangue do Cristo negro. Cristo é, portanto, negro não por causa de uma necessidade cultural ou psicológica do povo negro, mas porque *entra* realmente em nosso mundo, onde estão os pobres, os desprezados e os negros, para revelar a eles sua solidariedade, suportando sobre si mesmo a humilhação e o sofrimento que eles suportaram, transformando os escravos oprimidos em servos livres.

James H. CONE, *God of the Oppressed* [Deus dos oprimidos], Maryknoll, Orbis Books, 1975.

4.3.2. Imagens africanas

É quase natural encontrar na reflexão sul-africana desenvolvimentos análogos aos dos Estados Unidos. Com efeito, até 1994 (ano que marca o fim do *apartheid*), na situação sociopolítica sul-africana, como a dos afro-americanos, a cor da pele está no centro dos conflitos. Na virada dos anos 1960-1970, emergiu uma teologia da libertação inspirada pelos textos de James H. Cone, em um movimento de conscientização negra cujo líder foi Steve Biko (1946-1977).

Por outro lado, no restante da África, a situação histórica, política e social é tão diferente que as questões não são colocadas nos mesmos termos, e as imagens veiculadas não são semelhantes. Falar sobre Cristo na África equivale a especificar sua humanidade e sua identidade africanas. Rosto e nome anunciam qual a teologia cristã que se deseja discutir e viver no continente. Há alguns anos, foram produzidas várias traduções de textos bíblicos e termos teológicos. Efetua-se uma grande retomada das relações com a cultura, sobretudo a ancestral, e com a história, principalmente quando os teólogos sugerem que o Deus de Jesus Cristo é o mesmo Deus da tradição. Conforme acredita o teólogo protestante Kä Mana, a época da teologia africana da libertação, desenvolvida por pensadores como o católico Jean-Marc Éla, já passou; hoje, é preciso pensar em uma reconstrução. "Essa tarefa se tornou a problemática mais importante e a aposta fundamental da era pós-colonial, e a libertação para o espaço pós-colonial" (*L'Église africaine et la théologie de la reconstruction. Réflexions sur les nouveaux appels de la mission en Afrique* [A igreja africana e a teologia da reconstrução: reflexões sobre os novos apelos da missão na África], *Bulletin du Centre protestant d'études* [Boletim do Centro Protestante de Estudos] 46/4-5, Genebra, 1994, p. 8). Assim, é preciso rever as dinâmicas fundamentais das ideologias que nos levam à perda da humanidade. A história veterotestamentária, com o êxodo (que denunciou o faraonismo) e os profetas que enfrentaram o baalismo, é um grande exemplo, assim como, ainda com mais motivos, a do Novo Testamento, em que Jesus expõe o que Kä Mana chama "complexo de Mamom" e "farisaísmo", sendo essa uma patologia bastante enraizada em pessoas que são incapazes de amar verdadeiramente. Em tal perspectiva, a figura de Cristo surge como um "fermento antifatalidade [...] e potência de transformação do mundo em espaço de vida na medida do sonho de Deus para sua criação" (p. 37).

A figura de Cristo se reveste aqui de aspectos claramente universais, verdadeiro "pivô da história" em uma situação bem particular, ao mesmo tempo que é "um Messias capaz de falar nossa língua, compreender nossos costumes, dançar nossas danças, um Messias que se insere em nosso mundo e se expande em nossa sensibilidade e vitalidade emocional" (Kä MANA, *Christ d'Afrique* [Cristo da África], p. 83). Essas ênfases culturais são encontradas também, por exemplo, nas perspectivas desenvolvidas pelo teólogo presbiteriano Emmanuel Martey, quando prefere falar de Jesus Cristo como um "ancestral libertador" (*African Theology, Inculturation and Liberation* [Teologia africana, inculturação e libertação], New York, Orbis Books, 1993, p. 83s). Essa qualificação dupla lhe permite, de um lado, enraizar suas reflexões na cultura africana, em que o ancestral desempenha um papel muito importante — Jesus como ancestral é integrado à família humana do passado e do presente. Ao mesmo tempo, essa qualificação oferece uma esperança real, ao partir de Cristo como o libertador de todo tipo de opressão. A mesma ênfase está presente na obra do poeta sul-africano Gabriel Setiloane, cuja confissão de fé, "Eu sou um africano", é concluída com esta oração: "Ó Jesus, Senhor, Filho do homem e Filho de Deus, traze-nos a paz em teu sangue, teu suor, teu sofrimento, com Deus, Uvelingqaki, Unkulunkulu, pelos pecados da humanidade, de nossos pais e nossos, de modo que, na mesma filiação com toda a humanidade e contigo, possamos juntos dizer Àquele que está nos céus: *Pai, perdoa*" (citado por H. R. WEBER, p. 94). Essa exclamação ressoa através de toda a África, em que as culturas enfatizam de modo particular a humanidade desse irmão de pele escura, que toma a forma do chefe heroico, do mestre iniciador, do médico capaz de restabelecer o equilíbrio do organismo humano e refaz do organismo humano e reparar o tecido social, do ancestral e do primogênito que podem cumprir a mediação exercida pelos ancestrais da tribo.

As igrejas independentes africanas costumam dar grande destaque à experiência do Espírito. Sua reflexão cristológica é pouco desenvolvida, mesmo quando se denominam "Igreja do Senhor Jesus Cristo sobre a Terra", como a que foi fundada no Congo Belga em 1921 pelo profeta Simon Kimbangu (1899-1951), afiliada desde 1969 ao Conselho Mundial de Igrejas, atualmente com cinco milhões de fiéis.

A expressão litúrgica adquire uma importância capital, ao permitir a transmissão e a difusão da boa-nova evangélica. Nas celebrações, o evangelho se faz ouvir junto com a cultura que o recebe e traduz. Por causa das igrejas, a existência do cristão encontra sentido na participação do "conto" da história da morte e ressurreição de Jesus, narração que exprime a importância e a necessidade da oralidade, acompanhada de canto e dança. Com Jesus ressuscitado, inicia-se um novo tempo, ao qual fariam eco tanto a nova vida do batizado quanto a esperança que clareia todos os espaços do mundo. O hino pascal entoa com fervor essa ideia:

É um novo tempo,
Tudo se cumpriu.
Um brado de vitória:
Jesus está vivo!
[...]
Vocês ouvem a voz que clama:
"Ecoam os gritos dos famintos
Através de todo o mundo;
Quem pode acorrer?".
[...]
Vocês ouvem a voz que clama:
"O mundo está dividido
Os fortes exploram os fracos;
Quem virá fazer justiça?".
[...]
Vocês ouvem a voz que clama:
"No hospital um homem morre
É a hora obscura da vida.
Quem oferecerá consolo?".
[...]
Senhor, tu nos dás vida.
Nós sabemos, nós cremos.
Tu nos enches do Espírito.
A todos esses gritos respondemos.

Citado por Fabien OUAMBA, *Pâques camenounaises: liturgies pascales des Églises protestantes* [Páscoas camaronenses: liturgias pascais das igrejas protestantes], em Joseph DORÉ e René LUNEAU, orgs. (com a colaboração de François KARASELÉ), *Pâques africaines d'aujourd'hui* [Páscoas africanas de hoje], Paris, Desclée, 1989, p. 68 s.

4.3.3. Imagens latino-americanas

São principalmente as vozes do catolicismo romano que clamam por uma "opção para os pobres", fazendo-se ouvir na época do surgimento das teologias da libertação, após a Conferência de Medellín em 1968. Digna de nota é a contribuição de teólogos protestantes como Rubem Alves (1933-2014), cujos textos recentes trazem uma ênfase na espiritualidade e na psicanálise, José Míguez Bonino (1924-2012) e, mais recentemente, Elsa Tamez (1950-). Em sua tese *The Amnesty of Grace. Justification by Faith from a Latin American Perspective* [A anistia da graça: justificação pela fé de uma perspectiva latino-americana] (1991, Nashville, Abingdon Press, 1933), essa teóloga de origem mexicana tentou realizar uma releitura da doutrina da justificação pela fé. Interpretando-a como uma forte "afirmação da vida", Tamez abre um espaço em que as diferenças confessionais não entram. Ainda que continue na linha das teologias da libertação sensíveis ao acontecimento da Sexta-feira Santa, a autora enfatiza a importância da ressurreição de Jesus e afirma que há justificação, em primeiro lugar, pela fé de Jesus e, em segundo, pela fé naquele que ressuscita. Seu discurso teológico pretende ser uma resposta para a condenação à morte de milhões de inocentes por aquilo que ela denuncia como pecado estrutural. Essas palavras fazem eco ao grande sofrimento desse continente, que é expresso com uma terrível violência por certos artistas e que se encontra no cerne da reflexão de todos os teólogos da América Latina, não importa sua confissão. Às ênfases e aos temas da libertação e do êxodo se acrescenta uma meditação sociopolítica em torno do Crucificado, cuja morte se deveu a um conflito de forças e de poder, mas que é portadora de esperança, como exprimiu já em 1969 o teólogo Rubem Alves: "Cristo é [...] o espelho de nosso futuro. O horizonte histórico, quando o contemplamos, parece fechado, bloqueado. Se voltamos os olhos e prestamos atenção a um fato específico de nosso passado, o futuro se abre" (*Christianisme, opium ou libération? Une théologie de l'espoir humain* [Cristianismo, ópio ou libertação?: uma teologia da esperança do homem], Paris, Cerf, 1972, p. 77).

Além disso, é interessante analisar a expansão impressionante do movimento pentecostal, nesses últimos anos, no continente latino-americano, um pentecostalismo caracterizado pela percepção a-histórica de um Cristo taumaturgo e por uma forte ênfase no trabalho do Espírito Santo. As igrejas que estão inseridas no movimento pentecostal propõem regras estritas para a vida, que constituem limites morais e sociais que reforçam o sentimento de união em seus membros. Desse modo, tais igrejas colaboram na criação de uma classe média e se inserem, talvez não intencionalmente, no processo de modernização.

4.3.4. Imagens asiáticas

De acordo com o teólogo e indólogo singalês Aloysius Pieris, três tipos de imagens de Jesus convivem na Ásia: o Cristo euroeclesiástico da igreja oficial (católico romano), o Cristo não ocidental dos eruditos e intelectuais e, principalmente, o Cristo asiático (cf. *Le Christ a-t-il une place en Asie? Vue panoramique* [Será que Cristo tem lugar na Ásia?: uma visão panorâmica], *Concilium* 246, 1993, p. 49-66). Um dos primeiros teólogos a levarem a sério a situação asiática foi o luterano Kazoh Kitamori (1916-1998). Já em 1946, Kitamori publica sua *Theologie des Schmerzes Gottes* (Göttingen, Vandenhoeck & Ruprecht, 1972), obra influenciada pelo budismo, em que ele desenvolve a tese do amor de Deus sempre mediado por sua dor: "É servindo como testemunha da dor de Deus que nossa própria dor se torna *luz*, ganha *sentido* e dá *frutos*" (p. 50). Esse livro anunciou os ensaios sobre inculturação, em grande número a partir dos anos 1970, carregados de pensamentos sincréticos (visando às relações entre as culturas locais) e de reflexões sobre o tema da libertação ou desenvolvimentos de teologias populares. É o caso da teologia *minjung* na Coreia — termo que originalmente significa "populacho" e que é retomado em teologia para expressar o intenso desejo do povo quanto a tornar-se sujeito da história, do destino, de sua fé etc. —, ecoada de forma impressionante pela teóloga Chung Hyun-Kyung durante a sétima Assembleia do Conselho Mundial de Igrejas em Camberra (fevereiro de 1991). Também é o caso da teologia *dalit*, que traz um "Cristo quebrantado" em uma Índia esmagada pelo sistema de castas. E ainda, se a obra mais famosa foi a do teólogo católico Raimundo Panikkar, intitulada *Le Christ et l'hindouisme. Une présence cachée* [Cristo e o hinduísmo: uma presença oculta] (1964, Paris, Centurion, 1972), observamos que suscitou uma vasta reação, como a do teólogo indiano Madathiparambil Mammen Thomas, ex-presidente do Comitê Central do Conselho Mundial de Igrejas. Opondo-se à concepção de uma presença oculta e misteriosa de Cristo, como sugere Panikkar, Thomas prefere afirmar: "Cristo está ativamente presente no mundo de hoje: ele está engajado em um diálogo incessante com as pessoas e as nações, reivindicando um poder real sobre elas através de sua lei e de seu amor. A história de suas obras, desde sua ressurreição até seu retorno em glória, assume e controla todas as outras histórias. Assim, a missão da igreja não é proteger-se de eventuais revoluções, mas, sim, discernir nelas as promessas e o julgamento de Cristo, testemunhando o Reino, enquanto espera o dia da consumação final" (citado por Michael AMALADOSS, *Vivre en liberté. Les théologies de la libération en Asie* [Viver em liberdade: as teologias da libertação na Ásia] [1997], Bruxelas, Lumen Vitae, 1998, p. 170).

É importante também constatar o importante desenvolvimento do pentecostalismo no Sudeste Asiático. Essa corrente teológica se mostra, assim como na América Latina, bastante atenta à dimensão pneumatológica da mensagem cristã, enfatizando a figura de um Cristo que cura, absorve e integra (com sutileza) as práticas e as tradições locais, como o xamanismo.

A área artística exprime duas tendências: na primeira, Cristo é um personagem divino, impassível, que sacrifica seu eu e se mostra insensível às provas e aos tormentos que experimenta; na segunda, Cristo e o sofrimento do mundo são identificados. Na mesma perspectiva, a arte religiosa filipina acentua os aspectos sofredores de Cristo, enquanto em outros locais ele é visto como o defensor entre os poderes ameaçadores.

Serge Molla

5. Considerações finais

Os dados atuais nos parecem consequência:

a) a virada teológica que se seguiu à crise da cultura europeia, fomentada por 1914-1918: a crítica a um historicismo que é racionalista em graus variados (gerando a recusa teológica às "vidas de Jesus") e a nova valorização da dimensão teológica (associada à questão sobre Deus como tal), não sem que, nos bastidores, vibrem os diagnósticos e as posições de homens como Kierkegaard e Nietzsche;

b) a volta, desde os anos 1950-1960, da questão do Jesus histórico no campo da reflexão teológica, uma volta que demonstra que a questão não poderia ser pura e simplesmente evitada (e aliás continuou a ser trabalhada em oculto por alguns teólogos, mesmo daqueles que dependiam da virada que mencionamos no item anterior, e continuou fortemente atual na cultura, tanto para o grande público quanto para os religiosos); ao mesmo tempo, há a constatação de que a questão das imagens de Jesus tem uma pertinência evidente, irredutível e instrutiva, em uma situação de choque cultural ou de conflito social e identitário, como ocorre nas representações ou nas simbólicas mais intencionalmente culturais; essa volta e essa constatação podem gerar o momento ideal para um novo modo de reconhecimento de uma pertinência teológica na história;

c) uma "terceira busca" do Jesus histórico, mencionada a partir do item 2 deste artigo, é expressão e agente de um fenômeno complexo de "recomposição religiosa", que pode gerar o momento para uma nova abertura de horizontes na problemática que subjaz a nossa discussão.

A situação presente se caracteriza por uma necessária retomada do tema da relação entre história e verdade, dados de fato e ordem de crença. Além disso, voltam à baila as questões da modernidade, levantadas tanto pelo neoprotestantismo quanto pela teologia liberal. Cada um dos termos em jogo deve ser repensado para hoje, com a consciência de que as respostas tradicionalmente modernas não são mais críveis (já que não mais existe o paradigma moderno que atribuía peso demais à razão e às evidências do sujeito, aos poderes e aos saberes humanos), mas também com a consciência de que as questões que acreditavam responder (sobre o *status* e a pertinência da crença, sobre as relações entre Deus e o homem, sobre a aventura, a história, o destino do ser humano e a verdade última, sobre o *status* do religioso, do simbólico e do ritual, logo, do eclesial, sobre o peso das representações e da administração de nossas identidades etc.) não podem ser recusadas, ainda que sejam retomadas em problemáticas diferentes.

A rigor, há uma "pertinência teológica da história" (E. Käsemann) na medida em que a proclamação cristã do senhorio de Cristo retorna, contra "todo fanatismo escatológico" (G. BORNKAMM, p. 31), à cruz e a Jesus de Nazaré, situados na contingência e nos conflitos da história da humanidade, interpretados ou retomados em uma mobilização de dadas matrizes simbólicas e religiosas, as da Escritura que se tornaria o Antigo Testamento dos cristãos. Há aqui uma pertinência teológica de uma história concreta e pública, de uma história que não é secreta ou ideologicamente divinizada (sacralizada). Trata-se de uma pertinência da história que remete obrigatoriamente a nossa condição encarnada (contra todo "idealismo", como observa Käsemann), inserida em uma temporalidade e um cosmos que nos ultrapassam forçosamente (contra toda "redução antropológica", ibid.).

De modo concreto, a não ser quando há ideologização, só existe fé e teologia cristã pensáveis e assumíveis na *distância* que separa, de um lado, a proclamação ou o reconhecimento de Jesus como "Messias" (Jesus recebido e confessado como "Cristo", vocábulo que é simplesmente a transcrição grega para "Messias") e, de outro, Jesus de Nazaré inserido em seu destino: o que ele sofre, a narração de sua trajetória, as consequências que podem ser percebidas, o que pode ser manifesto. Nesse sentido, a vida e a pessoa de Jesus de Nazaré estão estreitamente ligadas às cenas e à figuração, ou seja, ao que cada um pode ler quanto a sua própria condição e a seu destino: aquilo que me cabe e aquilo que me pode ser prometido, inclusive sua ordem de significados. Assim, há uma plasticidade nas imagens de Jesus: ele é de imediato lido como profeta, rabino, mestre ou novo Adão, proclamado de acordo com o senhorio (rei) ou a consagração religiosa (sacerdote), que são subvertidos; mas também, na história posterior, ele é lido como vítima, escravo ou rebelde, arauto, sábio, terapeuta, iniciador etc. Nessas imagens, são sempre condensados novos dados comuns, os de uma história anterior (a história de Israel em meio às nações, a história da tradição cristã no mundo), os de um presente determinado (situado e específico), os da criação de modo mais amplo (nossa condição propriamente humana).

É quando pode haver uma nova apreciação das imagens de Jesus: acima de uma relação *direta* e da alegação de um *fundamento*, ao mesmo tempo historicamente determinado, podendo assim valer como uma verdade de existência e fé (verdade humana, pelo menos quanto à religião, ou, simplesmente, verdade cristã); mantendo assim uma distância entre o fato *de crença* (suas regras e seus desenvolvimentos próprios) e as *referências* que ele se atribui e às quais remete, uma distância advinda pelo fato de Deus, transcendente, e pelo pleno reconhecimento da contingência, ambivalente e condicionada.

Eis o que abre, para mim, uma perspectiva que não voltaria atrás na virada teológica que sobreveio com a fratura que representou 1914-1918 e que, nesse pano de fundo, poderia retomar tanto a questão de uma pertinência da história em matéria de fé e teologia quanto, de modo mais amplo, os questionamentos centrais da modernidade.

Sugerimos que talvez houvesse algo de especificamente protestante no fato de dedicar um artigo da presente enciclopédia às "imagens de Jesus", e não a uma "cristologia". Isso não significa que a cristologia esteja ausente do meio protestante. De certa maneira, surge de modo até mesmo central, mas é central na medida em que há uma radicalização do lugar em que se coloca a questão de Deus, tanto quanto, na mesma radicalização, a questão do ser humano. Se há algo de protestante nessa escolha, é sobretudo em não alegar um *intermediário* que conduza, sem descontinuidade, de Deus ao homem e do homem a Deus. Em conformidade com um ato cristão realmente central — e tradicional —, o protestantismo de fato enfatiza de modo especial que só precisamos tratar de Deus e do homem (doutrinariamente, só há "duas naturezas", humana e divina) e de seu encontro (radicalizado, portanto conflituoso, na cruz: através da revelação de um pecado camuflado e de uma [re]criação recalcada). Cristo não é um *fundamento que autoriza uma economia própria*, uma área e uma igreja, enviado por Deus ou com méritos calcados em uma "obra" válida em si mesma, e portanto mais ou menos exterior à humanidade. Ele é o lugar e o corpo em que se revela — e portanto se decifra e se assume, para si — *uma intriga do homem e do criado*, no mundo de todos e de suas coordenadas gerais.

Radicalização da *contingência do mundo* e do homem; radicalização da transcendência de Deus. Não há revelação sem encarnação, com seu *incognito* intrínseco e o enigma — o escândalo — da cruz. E isso, fora de todo domínio reservado. É onde se encena a *crença*, também de acordo com os registros do que é *humano*. Ora, cristianamente, a crença não é habitada ou proposta sem genealogia histórica, sem passagem pelas diversas imagens que se deram e se dão ainda hoje, nem sem explicação, temporalmente desdobrada, com elas, incluindo-se uma reflexão quanto a suas riquezas, seus efeitos perversos e sua força fecunda. Tal genealogia precisa ser retomada e pensada teologicamente, de acordo com o eixo regulador de uma confissão, mas de uma confissão que jamais é imediata ou desprovida de ambivalência, jamais direta, transparente, pura ou plena.

Assim encontramos o que se convencionou chamar de terceira busca do Jesus histórico, que surgiu nos Estados Unidos, na década de 1980. Por quê? Antes de tudo, o que se pretende, nos passos de Helmut Koester e outros, é valorizar os textos considerados apócrifos *(Evangelho de Pedro, Evangelho de Tomé* etc.), distintos dos textos reconhecidos como canônicos que foram reunidos no Novo Testamento e postos como fundamento do cristianismo histórico, eclesial, na ordem de uma crença, regulada ou institucionalizada.

Essa terceira busca é de início o efeito da descoberta de novos textos, sobretudo gnósticos ou aparentados (cf. o *Evangelho de Tomé*, encontrado em Nag Hammadi). E é o efeito, também, de um maior distanciamento em relação à fé e à igreja, portadoras dos textos canônicos. Por fim, é efeito de uma sedução por aquilo que poderia ser uma tradição diferente, ou oculta, recalcada.

Convém notar também, por trás dessa terceira busca, um conhecimento mais apurado do judaísmo da época de Jesus ou, de um modo mais geral, do judaísmo que é chamado "do Segundo Templo", acima do que a tradição cristã constituída pode ter priorizado retrospectivamente (p. ex., a espera do Messias). Esse judaísmo é bastante plural: saduceus, fariseus, muitas escolas diferentes, como a de Hillel e a de Shammai, essênios, zelotes, herodianos etc., e ainda as diferenças entre a Galileia e a Judeia, isso para não falar de Samaria, e sobretudo o judaísmo da Diáspora, tão importante para o cristianismo histórico. Além disso, é atravessado por diversos fenômenos de aculturação com o mundo helênico e romano. A movimentação em torno de Jesus e o cristianismo surgem hoje como caminhos entre outros de um judaísmo em recomposição e em plena aculturação. É importante acrescentar que o corte entre cristianismo e judaísmo é mais tardio que se pensa espontaneamente, e por muito tempo houve judeo-cristãos. Aos olhos da maior parte dos historiadores hoje, não poderia haver nem mesmo um traço de ruptura entre Jesus e o judaísmo, mas, sim, diversas posições no interior do judaísmo, como a de Jesus (em conflito com o templo, mas, justamente, Jesus não está isolado nisso).

Convém ainda mencionar, sobre o que leva a essa terceira busca do Jesus histórico, a consideração daquilo que (nas pegadas do católico canadense John S. Kloppenborg, entre outros) os historiadores chamaram a fonte Q, uma fonte constituída essencialmente de palavras de Jesus, com exceção (e aqui isso é decisivo) das ditas na cruz e na ressurreição. Trata-se de um conjunto de documentos que ignora por completo o mistério pascal e que surge bastante distanciado do contexto próprio ao evangelho de Marcos, evangelho do *incognito*, e da teologia paulina, centrada no fracasso da Lei e na justificação, correlacionada com a cruz e a reviravolta causada por ela (lembremos que

Bultmann e seus alunos nutriam uma preferência pelo apóstolo Paulo e com frequência também pelo evangelho de Marcos).

Disso tudo, resultam em primeiro lugar, evidentemente, diversas imagens de Jesus. Mencionarei algumas que foram significativas nos trabalhos evocados, ilustrando à sua maneira os interesses humanos e religiosos de nosso início de século. Aqui, Jesus surge principalmente como aquele que ensina, aquele que (às vezes) inicia seus alunos e aquele que com frequência apresenta uma sabedoria prática. Alguns o reconstituem como um cínico itinerante, sábio e saudavelmente distanciado (a exemplo de, dentre outros, John Dominic CROSSAN, *The Historical Jesus. The Life of a Mediterranean Jewish Peasant* [O Jesus histórico: a vida de um camponês judeu do Mediterrâneo], San Francisco, Harper, 1991, e de Burton L. MACK, *A Myth of Innocence. Mark and Christian Origins* [Um mito da inocência: Marcos e as origens cristãs], Filadélfia, Fortress Press, 1988).

Assim, o Jesus escatológico e apocalíptico, que privilegia a questão do fim do mundo (como anunciador do Reino ou anunciado como Messias último e chave do cosmos), passa a segundo plano, assim como a temática da salvação, que parece pura e simplesmente desaparecer. Jesus é visto como terapeuta (característica bastante mencionada, além da figura dominante do sábio), mas com o fim de inseri--lo na área comum de um religioso tradicional, e não para correlacioná-lo a uma salvação radicalmente diferente de tudo o que existe.

Em geral, com esse Jesus, está-se na ordem da criação e da Providência, com suas coordenadas que são vistas como universais. À ordem da urgência, da iminência e da decisão (tão importante dos anos 1920 aos anos 1960-1970, majoritária no protestantismo) substituíram-se a distância ou a descentralização, além de uma apreensão positiva do mundo, arriscando-se a esquecer o excesso ou a desmesura.

Mas, além dessas imagens, que são novas ou operam um retorno diferenciado, é o questionamento sobre o que há como ordem de crença que se vê relançado (conforme apontei), em suas relações com a história, em seu modo de administrar suas referências e de construir sua identidade nas representações (quer em contraste com elas, quer em suas próprias forças).

A primeira busca do Jesus histórico foi feita contra as imagens que o dogma induzia; essa busca caracterizava uma descontinuidade entre a história real e as declarações eclesiais ou de fé. A segunda busca pretendeu estabelecer uma continuidade no nível dos questionamentos existenciais e de uma assinação no mundo, de que testemunhariam também tanto o evento Jesus quanto a pregação e a teologia das primeiras comunidades cristãs, mas isso foi feito exibindo-se uma diferença, uma descontinuidade, até mesmo dentro do próprio Novo Testamento, entre textos privilegiados (privilégio relacionado à questão do "cânon dentro do cânon") e textos que atestam um "protocatolicismo", considerado mais tardio. A terceira busca se desenvolve contra a pregação-questionamento apresentada pela geração anterior (o "querigma") e, pelo menos de fato, aprofunda a distância entre Jesus e o cristianismo histórico.

É essa distância que relança o questionamento fundamental que nos acompanhou aqui. Para resumir, a tradição cristã mais primitiva já é uma escolha, teológica e de fé. Sabemos disso desde o advento da modernidade, para nosso propósito, desde o final do século XVIII e o século XIX. Mas sabemos com mais propriedade agora, na contemporaneidade, que o personagem Jesus gerou desde o início outras recepções e retomadas religiosas. Os textos apócrifos o atestam, a fonte Q das *logia* também; diversas considerações históricas o tornam plausível.

No fim das contas, é preciso reafirmar que Jesus não era cristão; que o cristianismo surge após a crucificação e o que ele anuncia como ressurreição, e em função desses dois acontecimentos. A morte de Jesus foi interpretada de formas diferentes, como, por exemplo, no sentido de um fracasso dos profetas (aqui, junto a uma forte ênfase da pregação crítica do Reino). Assim, se a fonte Q das *logia* ignora totalmente o relato da cruz e o retorno pascal, isso não quer necessariamente dizer que a morte de Jesus não tenha sido interpretada nesses textos, mas, sim, que o foi fora de esquemas análogos, nem mesmo de longe, ao mistério pascal de que testemunham os evangelhos, refletido pelo apóstolo Paulo e retomado sem cessar pela igreja (o cristianismo propriamente dito) em registros variados. Está claro que Jesus pode estar na origem de outras retomadas religiosas além da que tomou corpo no cristianismo, e o cristianismo não poderia apropriar-se de Jesus como tal (cf.

meus artigos *Apocryphes et canon: leurs rapports et leur statut respectif. Un questionnement théologique* [Apócrifos e cânon: suas relações e seu *status* respectivo], *Apocrypha* 7, 1996, p. 225-234 e *Les limites de la christologie ou la tentation d'absoluité* [Os limites da cristologia ou a tentação do absoluto], *Concilium* 269, 1997, p. 85-96).

Os escritos apócrifos podem certamente constituir, aqui e ali, uma fonte possível para o conhecimento do homem Jesus. Mas eles não têm pertinência para o cristianismo (talvez indireta), que se alimenta de outras escolhas. A leitura dos apócrifos permite melhor medir e avaliar essas escolhas, seu teor, suas forças e fraquezas, no plano da existência humano e no das circunscrições institucionais e sociais.

A busca da "verdadeira" imagem de Jesus só pode ser rejeitada como ilusão racionalista, que expulsa, sutil ou agressivamente, a ordem teológica, doutrinária e de fé. Mas, neste começo de século XXI, diante dos desdobramentos históricos (no nível das imagens propostas e das negociações de suas relações com o passado e o presente), essa rejeição não teria como objetivo apontar para uma mensagem "essencial" (Harnack e certos liberalismos) ou para uma simples interpelação da existência em autenticidade (Bultmann e muitos de seus alunos). Ao contrário, lembraremos — e confirmaremos, para que esse fato seja problematizado e refletido — que não há gênese histórica concreta sem um *processo de identidade* no interior das *relações de pertinências e representações*, e também em oposição a elas. A história milenar da piedade o demonstra, assim como, à sua maneira, a modernidade — ainda que seja indiretamente e sobretudo por meio de oposições —, e os cristãos em posição minoritária também o lembram hoje: os que estão à margem nos países ocidentais, seja em nossas sociedades, como os afro-americanos, seja em suas fronteiras geográficas, como os que saem do Terceiro Mundo ou, ainda, às vezes tão próximos e geralmente dominados, esses "outros próximos" que são as mulheres. A que se acrescentam, de modo mais amplo e em geral fora da crença, as expressões propriamente culturais, na literatura, no cinema ou nas artes plásticas, assim como a busca de valores diversos que se anunciam através das recomposições religiosas contemporâneas.

Pierre Gisel

▶ BAUDE, Michel e MÜNCH, Marc-Matthieu, orgs., *Romantisme et religion. Théologie des théologiens et théologie des écrivains*, Paris, PUF, 1980; BORNKAMM, Günther, *Qui est Jésus de Nazareth?* (1956), Paris, Seuil, 1973; BLOUGH, Neal, org., *Jésus-Christ aux marges de la Réforme*, Paris, Desclée, 1992; BOWMAN, Frank Paul, *Le Christ romantique*, Genebra, Droz, 1973; BULTMANN, Rudolf, *Jésus et son enseignement* (*Jesus*, 1926), em *Jésus. Mythologie et démythologisation*, Paris, Seuil, 1968, p. 31-181; CHENU, Bruno, *Le Christ noir américain*, Paris, Desclée, 1984; Idem, *Théologies chrétiennnes des tiers-mondes*, Paris, Centurion, 1987; COTTRET, Bernard, *Le Christ des Lumières. Jésus de Newton à Voltaire (1680-1760)*, Paris, Cerf, 1990; DENIS, Philippe, *Le Christ étendard. L'Homme-Dieu au temps des Réformes 1500-1565*, Paris, Cerf, 1987; GISEL, Pierre, *Vérité et histoire. La théologie dans la modernité: Ernst Käsemann* (1977), Paris-Genebra, Beauchesne-Labor et Fides, 1983, cap. 1; Idem, *Le Christ de Calvin*, Paris, Desclée, 1990; GOGUEL, Maurice, *Jésus*, Paris, Payot, 1950; HAMILTON, William, *A Quest for the Post-Historical Jesus*, Londres, SCM Press, 1993; KABASÉLÉ, François, DORÉ, Joseph e LUNEAU, René, orgs., *Chemins de la christologie africaine*, Paris, Desclée, 1986; KÄ, Mana, *Christ d'Afrique. Enjeux éthiques de la foi africaine en Jésus-Christ*, Paris-Nairóbi-Yaundé-Lomé, Karthala-Ceta-Clé-Haho, 1994; LIENHARD, Marc, *Luther témoin de Jésus-Christ. Les étapes et les thèmes de la christologie du Réformateur*, Paris, Cerf, 1973; Idem, *Au coeur de la foi de Luther: Jésus-Christ*, Paris, Desclée, 1991; MACQUARRIE, John, *Jesus Christ in Modern Thought*, Londres-Filadélfia, SCM Press-Trinity Press International, 1990; MARGUERAT, Daniel, NORELLI, Enrico e POFFET, Jean-Miche, orgs., *Jésus de Nazareth. Nouvelles approches d'une énigme* (1998), Genebra, Labor et Fides, 2003; MÍGUEZ BONINO, José, org., *Faces of Jesus. Latin American Christologies* (1977), Maryknoll, Orbis Books, 1984; PELIKAN, Jaroslav, *Jésus au fil de l'histoire* (1985), Paris, Hachette, 2000; PITASSI, Maria-Cristina, org., *Le Christ entre orthodoxie et Lumières*, Genebra, Droz, 1994; SCHWEITZER, Albert, *Geschichte der Leben-Jesu-Forschung* (1913, 1951), 2 vols., Hamburgo, Siebenstern Taschenbuch Verlag, 1972 (a edição de 1913 é uma versão bastante aumentada do *Von Reimarus zu Wrede* de 1906; trad. franc. de passagens da versão de 1913: do cap. 1: *Le problème*, *Études schweitzeriennes* 4, 1993, p. 102-112, do cap. 13: "Ernest Renan", *Études schweitzeriennes* 3, 1992, p. 191-201, de um trecho do cap. 23: *Les positions de Troeltsch et de Bousset dans la controverse sur l'historicité de Jésus*, *Études schweitzeriennes* 11, 2003, p. 79-84, da "consideração final", *ETR* 69, 1994, p. 153-164);

JESUS

SESBOÜÉ, Bernard, *Jésus-Christ à l'image des hommes* (1977), Paris, Desclée de Brouwer, 1997; SUGIRTHARAJAH, Rasiah S., org., *Asian Faces of Jesus*, Londres, SCM Press, 1993; THEISSEN, Gerd, *L'ombre du Galiléen* (1986), Paris, Cerf, 1988; TILLIETTE, Xavier, *La christologie idéaliste*, Paris, Desclée, 1986; Idem, *La Semaine Sainte des philosophes*, Paris, Desclée, 1992; TROELTSCH, Ernst, *La signification de l'historicité de Jésus pour la foi* (1911), em *Histoire des religions et destin de la théologie*, Oeuvres III, Paris-Genebra, Cerf-Labor et Fides, 1996, p. 305-330; WEBER, Hans-Ruedi, *Depuis ce vendredi-là. La croix dans l'art et la prière* (1979), Genebra-Paris, Labor et Fides-Centurion, 1979.

▶ **Arte**; Babut; **Bíblia**; cinema; comunicação dos idiomas; Cone; cruz; deísmo; **Deus**; doxologia; encarnação; Espírito Santo; *extracalvinisticum*; fé; **história**; historicismo; Hoffman; Hölderlin; imitação; Jesus (vidas de); Käsemann; Macquarrie; mediações; Reforma radical; Reimarus; Renan; ressurreição; Réville; romantismo; **salvação**; Schwenckfeld; teologia da cruz; Van Buren

JESUS (vidas de)

Com o surgimento concomitante, por volta do final do século XVII, da autonomia da razão e da consciência histórica, o cristianismo foi levado a questionar-se com Hermann Samuel Reimarus (1694-1765): como reconstituir a verdadeira face de Jesus para fundar historicamente a fé cristã? As respostas dadas a essa pergunta se classificam em dois grupos.

Um primeiro tipo de respostas consiste em decidir *a priori* que, na história, somente o que é racional é verdadeiramente histórico. O resto é mítico e não deve ser retido na reconstituição da vida de Jesus. O grande perigo, aqui, é tornar Jesus o homem que desejamos que ele seja. Albert Schweitzer (1875-1965) demonstrou quanto esse projecionismo era real ao longo dos séculos XVIII e XIX. E nós acrescentamos que tal projecionismo permanece e nos tenta a cada leitura dos evangelhos.

Uma segunda resposta consiste em estabelecer alguns elementos da pregação e da vida de Jesus a partir do que a história nos deixa. A reconstituição é necessariamente lacunar. As imagens de Jesus que podem ser extraídas da história são assim bastante diversas. Esse caminho leva à descoberta da impossibilidade de fundamentar a fé em uma reconstituição que, por definição, é relativa.

A terceira resposta, com Lessing (1729-1781), Kierkegaard (1813-1855) e Bultmann (1884-1976), tenta contestar os *a priori* dessa busca, ao afirmar que é ilusório desejar "fundamentar" a fé na história. Os saberes sobre a vida de Jesus não podem levar à fé; não podem reconhecer Jesus como o paradoxal reconciliador entre Deus e o homem. Ao contrário, ser confrontado ao querigma (anúncio e testemunho) é necessário e basta para que se efetue o "salto" de fé.

Jean-Denis Kraege

▶ BULTMANN, Rudolf, *Jésus. Mythologie et démythologisation* (1926 e 1958), Paris, Seuil, 1968; FREDRIKSEN, Paula, *De Jésus aux Christs. Les origines des représentations de Jésus dans le Nouveau Testament* (1988), Paris, Cerf, 1992; KRAEGE, Jean-Denis, *De Reimarus à Ebeling. Esquisse d'une histoire du Jésus historique*, Lumière et Vie 175, 1985, p. 29-40; MARGUERAT, Daniel, NORELLI, Enrico e POFFET, Jean-Michel, orgs., *Jésus de Nazareth. Nouvelles approches d'une énigme* (1998), Genebra, Labor et Fides, 2003; SCHWEITZER, Albert, *Geschichte der Leben-Jesu-Forschung* (1913, 1951), 2 vols., Hamburgo, Siebenstern Taschenbuch Verlag, 1972 (a edição de 1913 é uma versão bastante aumentada do *Von Reimarus zu Wrede* de 1906; trad. franc. de passagens da versão de 1913: do cap. 1: *Le problème*, *Études schweitzeriennes* 4, 1993, p. 102-112, do cap. 13: "Ernest Renan", *Études schweitzeriennes* 3, 1992, p. 191-201, de um trecho do cap. 23: *Les positions de Troeltsch et de Bousset dans la controverse sur l'historicité de Jésus*, *Études schweitzeriennes* 11, 2003, p. 79-84, da "consideração final", *ETR* 69, 1994, p. 153-164).

▶ **Bíblia**; Bultmann; Drews; Goguel; **história**; historicismo; **Jesus (imagens de)**; Käsemann; Reimarus; Renan; Schweitzer; Strauβ

JOANA D'ALBRET (1528-1572)

Filha de Margarida de Angoulême e de Henrique II d'Albret, rei de Navarra. Recebe instrução puxada em línguas (francês, bearnês, espanhol, latim, grego) e, na escola de sua mãe, escreve poesia. Seu casamento forçado com o duque de Cleves (1541) é anulado em 1545. Ela se casa então com Antônio de Bourbon (1548) e dá à luz Henrique (futuro Henrique III de Navarra, futuro Henrique IV da França) em 1553.

Em 1555, com a morte do pai, Joana se torna rainha de Navarra, estabelecendo-se com sua corte em Nérac. Em 1560, converte-se publicamente ao calvinismo. Após a morte do marido, em 1562, ela promulga ordenanças (1563 e 1567) que favorecem a implantação da Reforma em Béarn. Como se encontrava em La Rochelle (preparação da segunda guerra religiosa), Carlos IX imaginou que ela era prisioneira dos huguenotes. Assim, ele confisca e ocupa militarmente Béarn, Bigorre e o País de Foix. Porém, Joana liberta seus Estados graças a uma campanha militar liderada por Montgomery (1569). Em 1571, inicia-se no Béarn uma fase mais radical da Reforma, com a promulgação de ordenanças eclesiásticas no modelo genebrino e a chegada de teólogos de Genebra: Jean Raimond-Merlin (morto em 1578), Pierre Viret (1511-1571), Lambert Daneau (1530-1595). Deixando Pau por Blois, onde a corte se instala, Joana negocia com Catarina de Médicis as condições do casamento de seu filho Henrique com Margarida de Valois, irmã do rei. Porém, algumas semanas antes da celebração das núpcias, ela morre em Paris, sob condições que deixaram entrever a possibilidade de um assassinato.

Hubert Bost

▶ *Arnaud de Salette et son temps. Le Béarn sous Jeanne d'Albret. Colloque international d'Orthez, 16, 17 et 18 février 1983*, Orthez, Per Noste, 1984; BERRIOT-SALVADORE, Évelyne, CHAREYRE, Philippe e MARTIN-ULRICH, Claudie, *Jeanne d'Albret et sa cour. Actes du colloque international de Pau, 17-19 mai 2001*, Paris, Champion, 2004; CAZAUX, Yves, *Jeanne d'Albret*, Paris, Albin Michel, 1973; ROELKER, Nancy Lyman, *Jeanne d'Albret, reine de Navarre 1528-1572* (1968), Paris, Impr. Nationale, 1979.

◉ Béarn; guerras de religião; Henrique IV; Rochelle (La)

JOÃO DE LEIDE, Jan Beuckelzoon, dito (?1510-1536)

Nascido em Leiden, alfaiate e membro de uma "câmara de retórica" [uma das sociedades literárias criadas no século XV], João é rebatizado por Jan Matthys em 1533, tornando-se pregador e estabelecendo-se no ano seguinte em Münster. Após a morte de Jan Matthys, ele se torna o chefe e, em seguida, o rei messiânico da Nova Sião, onde introduz a poligamia. Seu reino de terror termina quando a cidade é sitiada, no dia 24 de julho de 1535, pelas tropas do bispo Franz von Waldeck. Prisioneiro, tenta salvar a vida abjurando. No dia 22 de janeiro de 1536, é torturado com ferro em brasa e apunhalado, sem proferir uma queixa sequer. O cadáver foi suspenso em uma gaiola de ferro içada na torre da Igreja Saint Lambert.

Émile M. Braekman

▶ BRENDLER, Gerhard, *Das Täuferreich zu Münster 1534-35*, Berlim, Deutscher Verlag der Wissenschaft, 1966; RECK-MALLECZEWEN, Friedrich, *Bockelsohn. Geschichte eines Massenwahns* (1946), Stuttgart, Gover, 1968; WILLIAMS, George Huntston, *The Radical Reformation* (1962), Kirksville, Truman State University Press, 2000.

◉ Anabatismo; Matthys; Münster (Reino de); Reforma radical

JORIS, David (?1501-1556)

Artesão, reformador radical holandês, Joris foi levado ao anabatismo pelos textos de Melchior Hoffman. Opôs-se à violência do Reino de Münster e, após a queda da cidade, tornou-se por alguns anos (de 1536 a 1539) o principal líder do anabatismo holandês. Menno Simons se opôs a sua teologia: Joris se considerava, com efeito, o "terceiro Davi". Seu pensamento cada vez mais espiritualista o afastaria aos poucos do anabatismo. A partir de 1544, e até sua morte, ele viveria incógnito em Basileia. Seu cadáver foi exumado e queimado em 1559, depois que se descobriu sua verdadeira identidade.

Neal Blough

▶ *The Anabaptist Writings of David Joris, 1535-1543*, org. por Gary K. WAITE, Waterloo-Scottdale, Herald Press, 1994; JANTON, Pierre, *Voies et visages de la Réforme au XVIe siècle*, Paris, Desclée, 1986, p. 183-185; LIENHARD, Marc, *Les anabaptistes*, em Marc VENARD, org., *Le temps des confessions (1530-1620/30) (Histoire du christianisme des origines à nos jours VIII)*, Paris, Desclée, 1992, p. 119-181; STAYER, James, "David Joris: A Prolegomenon to Further Research", *Mennonite Quarterly Review* 59, 1985, p. 350-366; WAITE, Gary K., *David Joris and Dutch Anabaptism, 1524-1543*, Waterloo, Wilfrid Laurier University Press, 1990.

◉ Anabatismo; Hoffman; Menno Simons; Münster (Reino de); Reforma radical; espiritualismo

JUD, Leo (1482-1542)

Nascido em Guémar (alto Reno), Leo Jud (ou Judea), que se alcunhava às vezes Leo Keller, estuda em Sélestat e, em 1499, em Basileia, começando pela medicina, antes de voltar-se para a teologia. A partir de então, seu nome e seu destino seriam associados à pessoa de Ulrico Zwinglio e à cidade de Zurique. Depois de um período em que exerceu o ministério em Saint-Hippolyte (alto Reno), sucedeu a Zwinglio em Einsiedeln, sendo nomeado em Zurique, onde assessora o reformador. Com a morte de Zwinglio, recusa o cargo de antiste (decano dos pastores) em prol de Bullinger.

O ministério desse ardente defensor da doutrina zwingliana revela diversas facetas do personagem. Clérigo e advogado da liberdade de consciência, Jud milita por uma igreja mais professante e mais independente em relação à autoridade civil. Preocupado com a disciplina eclesiástica, elabora um projeto de ordenanças sinodais, que seria a constituição da igreja de Zurique por três séculos, e redige *Größerer Katechismus* (1534), *Lateinischer Katechismus* (1539, amplamente inspirado nas *Institutas* de Calvino) e *Kürzerer Katechismus* (1541): seria o primeiro a utilizar a numeração considerada reformada do Decálogo. Também são de sua autoria inúmeras traduções alemãs: da *Imitação de Jesus Cristo*, da *Primeira confissão helvética* (1536), de vários textos de Erasmo, Lutero e Zwinglio. Porém, conjugando seus talentos como tradutor e sua paixão pelo hebraico, fecha sua obra mais importante com as versões alemã e latina da Bíblia. Se a primeira edição alemã da *Zürcher Bibel* [Bíblia de Zurique] em 1529 é o fruto da fecunda emulação que ocorrera na *Prophezei*, a de 1540 seria totalmente revista por Jud. Já a versão latina, terminada por Théodore Bibliander e Konrad Pellikan após a morte de Jud, só seria publicada em 1543, reeditada a partir de 1545 por Robert Estienne (apesar da condenação pela Sorbonne).

Lucie Kaennel

▶ JUD, Leo, *Katechismen*, org. por Oskar FARNER, Zurique, Max Niehans, 1955; PESTALOZZI, Carl, *Leo Judä. Nach handschriftlichen und gleichzeitigen Quellen*, Elberfeld, Friderichs, 1860; WYSS, Karl-Heinz, *Leo Jud. Seine Entwicklung zum Reformator, 1519-1523*, Berna, Lang, 1976.

◉ Bullinger; Decálogo; hebraizantes cristãos; Zurique; Zwinglio

JUDAÍSMO

1. Introdução
2. A virada
   2.1. Após o Holocausto
   2.2. Após a criação do Estado de Israel
   2.3. A (re)descoberta do judeu
3. Locais de diálogo
   3.1. A querela das interpretações
   3.2. A aliança (seu conteúdo: a Lei) e a eleição
   3.3. O messianismo
4. Protestantismo e judaísmo
   4.1. Marcos históricos
   4.2. Implicações

1. Introdução

É raro que o editor responsável por uma enciclopédia do protestantismo confie a um judeu a tarefa de redigir (certo, junto com um protestante) o artigo "Judaísmo" aqui exposto. Como se trata de um fato incomum, deve ser mencionado e saudado. Se de um lado isso demonstra sem dúvida alguma uma abertura de espírito e a honestidade intelectual dos que idealizaram este projeto, de outro exige do redator a demonstração da mesma probidade intelectual, a fim de que seja entabulado um diálogo que seja ao mesmo tempo desprovido de condescendência, mas não desprovido da dignidade e do respeito que devem necessariamente acompanhá-lo. Temível responsabilidade!

Contudo, por onde começar? Pela Reforma? O judeu precisa considerar a diferença entre protestantes e católicos? Claro, essa diferença é determinante para abordar o judaísmo, com sua apreciação e o tipo de relação que se quer instaurar com ele. Porém, de modo fundamental, do ponto de vista judeu, não é decisiva no exame dos documentos litigiosos. No entanto, para bem conduzir essa investigação, privilegiamos a referência a autores e pensadores protestantes.

2. A virada

A história das relações entre cristãos e judeus é complexa em mais de um aspecto, já que está relacionada ao mesmo tempo à área teológico--filosófica, com seus inúmeros deslocamentos, e com a área sociopolítica e suas não menos numerosas expansões. Parece até, de certa forma, que uma das esferas condiciona a outra. O componente teológico, *conflituoso desde as origens*, é determinante, já que encabeça em ampla medida essas relações. No entanto, convém enfatizar que, depois do Holocausto e da criação do Estado de Israel, constata-se o esboço de uma *virada*.

2.1. Após o Holocausto

Se existem cristãos que inserem esse acontecimento na visão tradicional da igreja — de que os judeus foram condenados à perseguição eterna de Deus por terem rejeitado Cristo —, é preciso reconhecer que, sob o peso do horror, muitos teólogos cristãos questionaram corajosamente a essência dessa doutrina. Será que o Holocausto teria ocorrido caso a igreja não tivesse ensinado, durante longos séculos, que os judeus são um povo maldito? Esse "ensinamento do desprezo", como Jules Isaac o classificou, não teria sido o terreno em que germinou o genocídio nazista? É o que parece ser o postulado básico de Rosemaru Radford Ruether, professora no *Garrett-Evangelical Theological Seminary* de Evanston, enunciando que, essencialmente, o antissemitismo cristão, e também moderno, tem como origem a hostilidade da teologia cristã ao judaísmo.

Essa especialista em patrística e em textos como *Adversus judaeos* (Contra os judeus) não recua diante da afirmação de que o Novo Testamento esconde uma dimensão antijudaica que não é de modo algum acidental, mas, sim, estrutural, já que resulta de uma fatal lógica interna. A Bíblia judaica e a literatura midráshica, vistas através do prisma neotestamentário, parecem submetidas a tensões dialéticas entre Lei e graça, letra e espírito, pecado e arrependimento, particular e universal. Esses conceitos antitéticos são apresentados de tal forma que o "novo" Israel só pode ser pensado pela *negação* do "antigo". Essa negação, que foi primeiro expressa no nível doutrinário, muito rapidamente foi transposta para a realidade dos fatos sociais e históricos, cavando um caminho até nós com as consequências desastrosas que conhecemos. Parece que isso começou com acusações de infidelidade dos judeus à lei de Deus, estendeu-se à revogação da aliança e da eleição, que foram substituídas por uma nova aliança e uma nova eleição, e culminou em uma teologia que demonizou os judeus e os arrastou às gemônias, gerando a marginalização que sofreram a comunidade judaica e seus exegetas cegos e imorais.

De acordo com a argumentação implacável de Rosemary Ruether, a "fatalidade dualista" assombrou o cristianismo de modo cada vez mais premente, sem ser denunciada, até o momento em que uma teologia liberal veio substituir as velhas ortodoxias.

Por isso, ela conclama a igreja a um arrependimento no nível teológico, ou seja, a um repúdio total da teologia sob um modelo antitético, a "escatologia realizada" de que procede, e os triunfalismos messiânicos e eclesiásticos (não nos cabe abordar o "reexame da cristologia" incluído nisso; no entanto, devemos saudar a coragem e a lucidez, tanto de Rosemary Ruether quanto dos que beberam de suas fontes e prosseguiram com seu questionamento, como Alan T. Davies e sobretudo A. Roy Eckhart).

2.2. Após a criação do Estado de Israel

O Estado de Israel teria tornado caduco o outro ensino tradicional da igreja — de que, por sua própria queda, os judeus seriam testemunhas do triunfo do cristianismo? Por não serem mais objetos, e sim sujeitos da história, por formarem grumos na massa da história, por serem senhores de seu destino, os judeus não são mais reprovados; importa que sejam preservados até a parusia, quando se converterão. Eles estão presentes, presentes até demais de acordo com alguns, encabeçando a cena, e não se pode mais fingir sua existência ou correlacioná-los ao mito. O Estado de Israel, com todos os problemas que acarreta — e são inúmeros —, testemunha a vitalidade da vida judaica em todas as áreas. Com o advento do Estado de Israel, o judeu e o povo judeu não podem mais ser considerados *abstrações* ou "fósseis" (Arnold Toynbee), mas, como jamais deixaram de ser, *realidades vivas*.

De fato, é possível que todo o mal provenha disso: ter feito do judeu e do judaísmo meras abstrações, com a abordagem do judaísmo *sem* os judeus, ou dos judeus *sem* o judaísmo. É evidente que o judaísmo é uma religião e que, como tal, comporta uma doutrina. Porém, essa doutrina possui uma característica que chega de uma comunidade de homens e mulheres, que são os judeus, ao mesmo tempo os convocados e os portadores. Certamente perde-se o *fato judaico* quando ele é reduzido a sua dimensão religiosa; no entanto, perde-se também esse fato quando ele é dissolvido na dimensão sociológica, sobretudo ao cobrir-se o judeu de estereótipos míticos (demônio, diabo) ou considerados reais (cruel usurário ávido de lucros). Judaísmo e judeus estão ligados de modo não só essencial, mas também existencial: nem judeus sem doutrina, nem doutrina sem judeus, mas ambos são indissociáveis em sua relação recíproca.

2.3. A (re) descoberta do judeu

É essa conjunção entre texto e povo, entre texto e comentário, entre interpretação e existência, que emerge a ponto de impor-se como "definição" do fato judaico. É o que começam a compreender, de modo difuso, cada vez mais cristãos, e de modo bastante explícito alguns teólogos, como Paul Van Buren. Não seria precisamente essa *tríplice conjunção* que se tentou desatar a partir de uma leitura cristológica (ou mais precisamente cristocêntrica) da Bíblia judaica? Como, então, alcançar um reconhecimento "mútuo"? Como manter o caráter assimétrico da relação e do reconhecimento? Como colocar "juntos" ou "lado a lado" os dois tipos de afirmação religiosa, que são ao mesmo tempo irredutíveis (do ponto de vista judeu e cristão) e indissociáveis (do ponto de vista cristão)? Ou ainda, segundo as palavras de Rosemary Ruether, como "dizer que 'Jesus é o Messias' sem concluir, implícita ou explicitamente, que os judeus estão condenados"? A isso, ela responde acrescentando: "Tal só é possível se a afirmação cristã for 'relativizada' na perspectiva de uma 'teologia da esperança', que a libertaria de qualquer imperialismo anti-judeu, e até mesmo de qualquer outro tipo de imperialismo religioso" (p. 246).

O diálogo permite evidentemente *relativizar* os pontos de vista. Diálogo ou debate sem condescendência. Com a seguinte condição: não ocultar o fato de que, teologicamente, jamais haverá relação não conflituosa entre cristianismo e judaísmo — característica que foi percebida por um teólogo como Karl Barth. Logo ele, que, como homem e cristão, combateu o nazismo, alguém que jamais se suspeitaria de antissemitismo, que como teólogo proferiu frases de uma dureza impressionante para evocar a doutrina do judaísmo. Ele a estigmatiza como "sinagoga da morte", "altiva mentira" ou "figura trágica que suscita desgosto em seu sofrimento e sua cegueira". Chega a escrever que "o Deus do Antigo Testamento reina em meio a pessoas que são suas inimigas. Permanece fiel a um povo que lhe é infiel" (*Dogmatique* [Dogmática] IV/1* [1953], Genebra, Labor et Fides, 1966, p. 179). Visão ou concepção diante das quais os "dois tipos de fé" de Martin Buber (1878-1965) ou as "duas vias da fé" que levam a Deus, de Franz Rosenzweig (1887-1929), parecem bastante pálidos e como que varridos pela violência das propostas. Barth afirma de modo veemente que o cristianismo não poderia reconhecer o direito de existência ao judaísmo, nem como "modalidade", nem como "caminho" de fé. "A existência da sinagoga ao lado da igreja [...] constitui algo como uma impossibilidade ontológica, uma chaga viva; em uma palavra, uma lacuna absolutamente intolerável no corpo de Cristo" (ibid., IV/1*** [1953], 1967, p. 31).

Logo, se a coexistência *ideal* é teologicamente impensável e pertence à ordem do impossível, como é que (segunda condição) se pode limitar esse debate ao estrito nível doutrinário, evitando prolongamentos para o sociopolítico? Bastaria então elevar barreiras de proteção para conter as "consequências" disso? Bastaria desarmar o tempo todo os conteúdos explosivos do problema para estabelecer condições para uma coexistência *real*? Pode-se fugir desse dilema? Parece que não. Pelo contrário, é mantendo vivos na memória os termos dessa alternativa que devemos assumir os riscos do diálogo social, ético e político, mesmo se "teologicamente o judaísmo não precisa do cristianismo" (Denis Müller) ou, como diz o salmista, "o Senhor é meu pastor, nada me faltará" (Salmo 23.1).

3. Locais de diálogo

Que questões o diálogo precisará abordar? Parece-nos que deverá circunscrever-se à esfera do social, do político e do ético; é onde se torna necessário e eficaz. Mas antes deverá analisar e principalmente, na falta de um sistema de regras, definir o contencioso tratando da tríplice conjunção do povo e do texto, do texto e da interpretação, da interpretação e da existência;

dito de outra forma, tratando da querela das interpretações, das noções de aliança e eleição e do conceito de messianismo.

3.1. A querela das interpretações

Se as questões da aliança, da eleição e do messianismo surgiram, foi a partir do *status* do texto e dos métodos de leitura que aplicamos. Disso decorre a "querela" da interpretação, além do fato incontornável de que "nossa nação só pode ser caracterizada como nação a partir de suas leis [escrita e oral]" (rabino Saadia GAON [882-942], *Sefer haemunot ve-ha-de'ot* [933], trad. ingl., *The Book of Beliefs and Opinions*, New Haven-Londres, Yale University Press, 1976). Assim, haveria sempre pelo menos dois textos, o que *está diante dos olhos* — e que é preciso receber no respeito de seus dados e de suas convenções, "receber" significando, aqui, deixar que fale, por sua alteridade — e o que *está para surgir*, a ser produzido. Receber e produzir são duas modalidades da leitura judaica da Escritura, e talvez de toda leitura. Equivale a afirmar que a *Torá* escrita sempre foi apreendida como *duplicada* de significações, retomada pela voz que comenta — interrogando pacientemente a letra —, reafirmada pela *Torá* oral que não lhe é posterior, mas, sim, bastante anterior, ou ao menos contemporânea. Afinal, o *Sifra* (*midrash* tanaítico no Levítico) não ensina que "duas *torot* foram dadas a Israel no Sinai: uma escrita e outra oral" (*Bechukotai* 54)?

É muito precisamente essa noção de interdependência dos dois *corpus* que a abordagem filológica e histórica tentará abalar, atacando a *coerência interna* da carteira de identidade do povo de Israel. Ao reduzir o fato judaico a uma metafísica ou a uma teologia, Karl Heinrich Graf, Julius Wellhausen e seus êmulos retiram dele a dimensão de socialidade e historicidade. Ao reduzir a migalhas o próprio texto (cf. a teoria das fontes, que reza que quatro documentos diferentes, javista, eloísta, deuteronomista e sacerdotal, em sua origem independentes uns dos outros, teriam sido fundados sucessivamente por redatores, operando através de colagens e rupturas), eles fazem com que perca sua totalidade lógica, sua unidade e sua coerência teóricas, pois o texto se vê reduzido à justaposição de influências ambientes, desprovido de objetividade histórica. O texto se afigura assim um acréscimo de essência ou de história na história das civilizações, de modo que não haveria civilização judaica, e a história da cultura judaica seria apenas a história heterônoma e sem racionalidade das influências culturais sucessivas exercidas sobre os judeus pelas civilizações que tiveram contato com eles ao longo dos séculos.

A abordagem científica — ferramenta e expressão de dúvida quanto à credibilidade do texto bíblico — não comprometeu, como alguns temiam ou desejavam, a autenticidade desse texto. Tal abordagem não foi bem-sucedida em sua tentativa de reconstituir um texto originário da Bíblia destinado a suplantar o texto massorético. Nem a crítica textual — que desmembra textos — nem o método histórico venceram o texto massorético, que parece mesmo ter sido *autentificado* pela descoberta dos manuscritos do mar Morto, principalmente o rolo de Isaías, proveniente da gruta I de Qumran.

Além disso, parece que, ao mesmo tempo que reconhece a legitimidade e a necessidade da crítica histórica, um teólogo como Karl Barth (logo seguido por outros como Wolfhart Pannenberg, Ernst Käsemann e Pierre Gisel) reprova nela o fato de restringir-se a uma "tentativa de explicação rudimentar": "A saber, que ela se limita a constatar 'o que está ali', recorrendo a traduções e a transposições de vocábulos e grupos de vocábulos gregos em suas correspondências alemãs, procedendo a elucidações filosóficas e arqueológicas dos acontecimentos assim adquiridos e coordenando de modo mais ou menos plausível dados isolados para culminar em um pragmatismo histórico e psicológico" (*L'épître aux Romains* [Carta aos romanos] [1922], Genebra, Labor et Fides, 1972, p. 14). Não se trata de falar do texto, mas, sim, de fazer o texto falar, de "levá-lo a falar, custe o que custar" (ibid., p. 16).

Ao longo da toda a segunda metade do século XIX e no começo do século XX, em um "debate" empreendido de modo *unilateral*, grandes pensadores judeus contestaram a legitimidade da teoria wellhauseniana, insistindo na *coerência interna* dos textos bíblicos. Será preciso, um dia, escrever a história da interpretação judaica em resposta ao método histórico-crítico. De Heinrich Graetz (1817-1891) a Umberto Cassuto (1883-1951), passando por David Hoffmann (1843-1921), Benno Jacob (1862-1945) e Yehezquel Kaufmann

(1889-1963), sem esquecer Martin Buber e Franz Rosenzweig, todos esses autores provaram que considerar a *Torá* como resultante da fé profética é um equívoco (para um esboço dessa história, v. meu artigo "Torah", em Jean-François MATTÉI, org., *Les oeuvres philosophiques* [*Encyclopédie philosophique universelle III*], t. I, Paris, PUF, 1992, p. 340-342). Será que as revisões estraçalhadoras da exegese protestante do Pentateuco e da teoria das fontes (cf. Albert de PURY e Thomas RÖMER, orgs., *Le Pentateuque en question. Les origines et la composition des cinq premiers livres de la Bible à la lumière des recherches récentes* [O Pentateuco em questão: origens e composição dos cinco primeiros livros da Bíblia à luz das pesquisas recentes] [1989], Genebra, Labor et Fides, 2002), que fazem do Pentateuco um "termo de compromisso" onde estão reunidas as grandes correntes teológicas do judaísmo pós-exílico, atribuem mais credibilidade à crítica histórica? Será que lhe conferem uma nova vitalidade? É admissível duvidar disso, pois, de acordo com a forte e bela expressão de Buber, se "teorias surgem e outras desaparecem, o texto permanece para sempre" (*Darko shel mikra* [O método da Bíblia] [1964], Jerusalém, Mossad Bialik, 1978, p. 365).

É importante mencionar também os exegetas contemporâneos — como os israelitas Nehama Leibovitz (1905-1997) e Meir Weiss, e o americano Robert Alter — que dedicam grande atenção à investigação literária sintático-semântica, em um diálogo com os textos da tradição oral, ou ainda André Neher (1914-1988), para só citar os mais eminentes. Em graus diversos, eles reafirmaram a centralidade da noção de *leitura*, que existia antes da crítica bíblica e subsiste depois dela.

3.2. A aliança (seu conteúdo: a Lei) e a eleição

A história de Israel não existe fora do dizer e do dito da *Torá* escrita e oral. Ambas estruturam sua existência. E a aliança é certamente o pilar desse sistema. A aliança estabelece uma ponte sobre o abismo que separava Deus e o ser humano, fazendo-os participarem juntos de uma obra comum. Deus não é um adversário, como nos mitos; não está ausente, como em Aristóteles; não é "tudo", como no panteísmo; é *transcendente*, exterior. De fato, uma aliança, de acordo com a etimologia hebraica, *parte-se* para *selar-se*. Ambivalência significativa! A aliança (*brit*) é um ato que aponta para a transcendência ao mesmo tempo que mantém sua exterioridade. No entanto, através da cesura, afirma simultaneamente a ligação. A aliança medeia um vazio — o vazio do ídolo que usurpa a transcendência divina — para assegurar a participação. Essa participação é ética, existencial e universal.

A ética repousa no fato de que uma lei foi revelada a Adão, e em seguida a Noé, Abraão e, por fim, na época de Moisés, a todo o povo de Israel. É a *Torá* — conteúdo da aliança — que não é somente lei (*nomos*), ou seja, *imperativa*, mas, de acordo com a etimologia hebraica do termo, é também via, encaminhamento, portanto *exortativa*. "O particípio domina gramaticalmente no mandamento", afirma André Neher. O homem é instado a responder, convocado em suas responsabilidades. Não somente diante de Deus, mas diante dos demais seres humanos e da história. É por isso que a aliança não é somente ética, mas também existencial, exigindo que esteja presente na morosidade cotidiana algo da "transcendência", que a história "profana" seja transformada em história "santa", com as aventuras dos patriarcas, inserindo a lei no mundo em duas modalidades: universal e particular. A universal, ou seja, a modalidade das *sete leis de Noé* ("a primeira ordena que haja magistrados estabelecendo leis para reger as relações humanas na sociedade, enquanto as outras seis proíbem a blasfêmia, a idolatria, o incesto, o assassinato, o roubo com violência e o uso de um membro de um animal vivo", *Talmude babilônico*, *Sinédrio* 56a, e Maimônides, *Mishne Tora*, *Hilkhot Melakhim* 9, 14), é uma espécie de compêndio da lei judaica (dos 613 mandamentos) que assegura o estabelecimento de um estado de direito mínimo; e a particular, modalidade unicamente imposta ao povo judeu pela revelação do Sinai, é uma ramificação, uma capilarização, da legislação noeica. Assim, o povo judeu assume sua tarefa como povo-sacerdote, como um povo específico ('*am segula*, Êxodo 19.5), que caminha *ao lado* da humanidade, alimentando-se da fonte de uma matriz comum, mas com tarefas diferenciadas.

Essa especificidade e esse sacerdócio causaram incômodo, sendo trocados pelo conceito de eleição. No entanto, "eleição" não significa direitos ou privilégios a mais, mas, sim, um aumento de deveres, de responsabilidades, conforme a declaração do profeta Amós (Am 3.2): *De todas as famílias da terra, somente a vós outros vos escolhi; portanto, eu vos punirei por todas as vossas iniquidades.* A eleição não é rejeição de outros, mas acesso à responsabilidade, e, assim, quem quer que seja responsável é eleito. E essa responsabilidade é *irrevogável*. Assim como a aliança, descrita no Pentateuco (Lv 2.13 e Nm 18.19) "como a aliança que Deus estabeleceu com o sal, que não apodrece jamais, comenta Rashi ad. loc., mas conserva os objetos putrescíveis e chega até mesmo a purificá-los", da mesma forma a aliança com Israel é *imputrescível* ou, em termos jurídicos, imprescritível.

3.3. O messianismo

O debate entre cristãos e judeus não poderia desviar-se da questão messiânica, ainda que, de fato, a messianidade de Jesus constitua o obstáculo maior. O messianismo é uma dimensão capital do cristianismo, determinando de alguma forma sua essência. Tendemos a esquecer, mas está no próprio nome "cristãos", ou *christianoi*, significa "messianizantes", ou aqueles que testemunham fé no "Messias" (em grego, *Christos*). Já na tradição judaica, encontramos aqueles que consideram o messianismo algo *não essencial*, e até mesmo acessório, em relação à observância dos mandamentos (é a tese defendida em 1263 por Nahmanide [1194-1270], ao longo de uma disputa com o apóstata Pablo Christiani, diante do rei Jaime I de Aragão; cf. *La dispute de Barcelone* [A disputa de Barcelona], Lagrasse, Verdier, 1984, p. 40). Isso equivale a afirmar que os judeus e o judaísmo expulsaram o messianismo de sua doutrina? Certamente não. Mas lhe deram, na verdade, uma definição precisa.

O messianismo sempre nasce de uma frustração histórica, surgindo na consciência coletiva como a reparação de uma perda, como a promessa utópica destinada a compensar a infelicidade atual. Uma série de catástrofes nacionais serve como pano de fundo para as visões escatológicas dos profetas: Isaías profetiza então que no horizonte se avizinha a destruição do reino de Israel pelos assírios, e as profecias de Jeremias e Ezequiel têm como contexto a ruína do reino de Judá e o exílio babilônico. Mais adiante, a escatologia talmúdica responderia à destruição do segundo templo pelos romanos e à dispersão dos judeus.

A trilogia de Isaac Abravanel (1457-1508), dedicada à questão messiânica, insere-se no mesmo esquema. Seu objetivo é despertar a esperança do povo judeu, tão traumatizado pela expulsão da Espanha, considerada a queda do terceiro templo. Cabe mencionar de passagem que *Yeshuot Meshiho* ("As salvações de seu Ungido", Jerusalém, 1967, escrito em 1498, publicado em 1861), uma das obras que compõem a trilogia, trata da controvérsia com o cristianismo sobre esse ponto específico. Sem falar da cabala, a da escola de Safed, do rabino Isaac Louria (1534-1572) principalmente, e da aventura sabática decorrente — uma cabala que surge diante de Gershom Scholem (1897-1982) como "*a resposta religiosa do judaísmo à expulsão dos judeus da Espanha*" (p. 88, grifo do autor).

Portanto, o messianismo está associado à experiência do fracasso. Por quê? Porque, em sua essência, é a aspiração ao impossível. A tensão messiânica é essa espera febril, essa esperança inquieta que não conhece nem quietude nem repouso, é a própria duração do tempo, em que a espera não mais atesta a ausência de um Godot que não virá, mas, sim, a relação com o que não pode entrar para o presente, que é pequeno demais para contê-lo. É a espera de Deus. A tensão messiânica do povo judeu sempre o fez viver na expectativa de uma mudança radical da vida na terra, algo que, sempre que parecia anunciar-se, logo se revelava ilusório. A redenção, claro, está sempre iminente, mas, se viesse, seria imediatamente posta em dúvida, em nome da própria *exigência de absoluto* que ela intenta cumprir. Disso decorre o que podemos chamar de degradação da mística em política, ou, mais especificamente, dimensão *aporética* do messianismo. Dito de outra forma: "A Redenção prometida no Final dos Tempos subentende uma realidade que só se concebe com o epílogo de todos os dias, ou seja, uma realidade que está *sempre além do que existe*, e que não será jamais atingida. Porém, o homem deve aspirar constantemente a essa realidade. *O Messias é sempre aquele que deve vir um dia*... e aquele que surge de fato só pode ser um falso messias" (Yeshayahou LEIBOVITZ, *Judaïsme, peuple juif et État d'Israël* [Judaísmo, povo judeu e Estado de Israel] [1976], Paris, Lattès, 1985, p. 206). Trata-se, portanto, de uma espera indefectível que não se converte jamais em descanso, de uma espera que mantém uma tensão entre a irreversibilidade do tempo e sua fecundidade, entre o "outrora, profundo outrora" e o porvir, entre o cumprido e o incompleto, entre o sofrimento e a esperança, mas uma espera que não se inverte (jamais?) em desdobramento final. Pois, se viesse a realizar-se, seria desmascarada como pseudoespera, como pseudomessianismo. É o que mostrou Samuel Beckett em *Esperando Godot*, em um trecho significativo que parece tratar de nossa questão: "*Estragon*: Ele já devia estar aqui. / *Vladimir*: Ele não deu certeza se viria. / — E se não vier? / — A gente volta amanhã. / — E depois de amanhã. / — Talvez. / — E assim por diante. / — Quer dizer... / — Até ele voltar. / — Você é implacável" (1952, Paris, Minuit, 1993, p. 17).

Talvez seja essa espera ativa e indefectível que permite a Scholem distinguir no messianismo uma *tendência restauradora* e uma *tendência utópica*, enfatizando a primeira e colocando-se de sobreaviso quanto às convulsões apocalípticas da segunda, pois a primeira se situa no nível da história, enquanto, com a segunda, passa-se à meta-história, com todos os desvios que comporta tal transição. Ora, não seria precisamente essa tendência restauradora que o cristianismo *neutralizou* ao confinar o messianismo ao domínio da interioridade, a salvação da alma? "[O judaísmo] sempre e por toda parte vislumbrou a redenção como um acontecimento público a produzir-se na cena da história e no coração da comunidade judaica, ou seja, como um acontecimento que deve chegar de modo visível e que seria impensável sem a manifestação exterior. Por outro lado, o cristianismo vê a redenção como um acontecimento de ordem espiritual e invisível, como um acontecimento que se desenrola na alma, no universo pessoal do indivíduo, e que traz uma transformação interior sem que seja modificado necessariamente o curso da história. [...] Esse apelo a uma interioridade pura, irreal, parece-lhe uma tentativa de escapar à prova messiânica em seu aspecto mais concreto" (p. 23s).

É necessário enfatizar que a redenção não invalida a Lei, nem libera os indivíduos de suas responsabilidades políticas e religiosas. A vinda do Messias não torna os mandamentos da *Torá* caducos e ultrapassados. Ao rejeitar todo *antinomismo*, Maimônides faz do messianismo um dado não fundamental da consciência religiosa judaica. Esse dado se torna necessário somente para reforçar a fé dos que servem a Deus de modo interessado, em vista de uma recompensa ou por medo da punição (*Épître sur la persécution* [Epístola sobre a perseguição] [1162-1163], em *Épîtres* [Epístolas], Lagrasse, Verdier, 1983, p. 43). É o que parece ter percebido Bernard Lauret quando escreve: "Se a redenção se inicia pelo dom de uma Lei, deve cumprir-se na obediência a essa Lei" (*Christologie et messianisme* [Cristologia e messianismo], *Lumière et Vie* [Luz e vida] 196, 1990, p. 114). Esse artigo é algo que seria necessário incluir neste verbete, comparando-o ao já citado de G. Scholem, com a discussão em torno da difícil questão: como pôde emergir, do seio do judaísmo, a ideia própria ao cristianismo, qual seja, de que o tempo da redenção consiste no advento de certa interioridade? Como é que essa ideia, que não desempenhou papel algum na Idade Média, pôde ser retomada no hassidismo primitivo? (cf. p. 269ss).

Teríamos então compreendido o sentido da espera e, ao esperar, teríamos continuado a cumprir os mandamentos, a servir ativamente a Deus, sem nos preocupar com o advento messiânico. Cumprir os mandamentos, aqui, significa estar atento — *na esfera do profano*, do social e do político — a todas as faltas contra a aliança, denunciando-as em nome dessa carta ética mínima da humanidade que são as leis noeicas. No contexto dessa aliança, conviria, portanto, *unir* nossas forças éticas e todos os meios possíveis para trazer uma resposta a essas transgressões, uma resposta teológica e prática que vise, pontualmente e passo a passo, o estabelecimento de uma sociedade organizada, um estado de direito que garanta institucionalmente as liberdades fundamentais dos seres humanos e sobretudo a do outro homem, ao mesmo tempo que afirma os deveres e as responsabilidades dos cidadãos como propedêutica da perfeição espiritual do indivíduo. É no terreno da ética — o da constituição das relações de "justiça", de relações entre os "terceiros", dito de outra forma, na área da "sabedoria prática" —, já balizado pelas reflexões cruzadas de Paul Ricoeur (protestante, 1913-2005) e Emmanuel Lévinas (judeu, 1906-1995), que devemos operar. Dessa forma, nosso encontro poderá ser mais fecundo.

David Banon

4. Protestantismo e judaísmo

No tecido complexo das relações entre judeus e cristãos, o protestantismo ocupa um espaço particular. Inúmeros historiadores concordam que o massacre dos séculos XV ao XVI representa uma transformação no destino do judaísmo. O ano 1492 é ao mesmo tempo o da expulsão dos judeus da Espanha e da descoberta da América. A expulsão de 1492 foi um grande drama, comparado a um novo exílio. Considera-se em geral que essa data marcou a maior tragédia entre o povo judeu depois da destruição do segundo templo e antes da época hitlerista. Foi a culminação de toda uma era de perseguições e banimentos (1290: expulsão da Inglaterra; 1394: expulsão definitiva do reino da França). No entanto, tais acontecimentos trágicos não tiveram somente consequências negativas. De modo paradoxal, o judaísmo se beneficiaria de certa redistribuição de cartas, acelerada pela Reforma: "O dilaceramento que a Reforma significou para a unidade cristã trouxe resultados diversos e contraditórios para os judeus. A difusão do calvinismo e a filiação a diversas igrejas protestantes, na França e nos países anglo-saxões, levou a uma compreensão melhor dos judeus" (François de FONTETTE, *História do antissemitismo*, Rio de Janeiro, Jorge Zahar Editor, 1989).

O calvinismo afirmaria com vigor os elementos de continuidade entre o Antigo e o Novo Testamentos, com suas implicações para o uso positivo do Decálogo e dos mandamentos, e para a relação com a história e a pertinência da ética no real. Por outro lado, devemos constatar os profundos desvios antijudaicos do pensamento protestante; somos obrigados a levar em consideração a incapacidade quase total de que o protestantismo enfrentasse a ascensão do antissemitismo.

Assim, o protestantismo surge como que dividido entre posições contraditórias. A autocrítica não é suficiente; uma nova postura é requerida. A teologia protestante tentou, por diferentes pontos de vista, encontrar estruturas de acolhimento para o judaísmo; tais modelos permaneceram, para a maioria, tomados de certo sentimento de superioridade. Uma cristologia mais aberta, e mesmo "messiânica", é inclusiva; entre as posições mais antigas de Wilhelm Vischer e Karl Barth, de um lado, e as tentativas de renovação de Jürgen Moltmann e Friedrich-Wilhelm Marquardt, de outro, operaram-se deslocamentos consideráveis de ênfase, sem desmentir um desejo de integração, seja por meio de uma nova cristologia, seja por uma revolução no conceito de Deus.

Autores protestantes se mostraram aqui mais radicais. Rosemary Ruether aspira a uma total reestruturação do pensamento cristão. O pastor genebrino Marc Faessler se questiona há muitos anos, na esteira de pensadores como Emmanuel Levinas e Jacques Derrida, sobre a revolução teológica requerida pelo Holocausto. Ele se recusa a ver na cristologia uma simples ponte para integração do judaísmo. É com o logocentrismo da tradição cristã helenizada que é preciso acabar, para captar verdadeiramente a exterioridade irredutível da transcendência de Deus, que é igualmente manifestada, sob diversas formas, nas três religiões monoteístas. Nossa cristologia não pode viver de sua "abertura messiânica" e implica uma "virada ética", bastante afastada de projetos de conversão. Faessler advoga uma renovação da cristologia quenótica (de acordo com o modelo de Fp 2.5-11), despojada de pretensões ao poder; a ética deve ganhar de longe da especulação trinitária. Trata-se de um modelo audacioso e provocante que tem o mérito de obrigar o protestantismo, e o cristianismo de modo mais amplo, a dilacerantes revisões cristológicas, teológicas e éticas, mas que deixa em banho-maria a questão mais delicada: seria preciso, para instaurar um diálogo autêntico com o judaísmo, selecionar de modo tão definitivo os dados evangélicos e apostólicos, a ponto de reduzir a quase nada a diferença entre as duas religiões?

4.1. Marcos históricos

4.1.1. A ambivalência de Lutero

A postura de Martinho Lutero (1483-1546) em relação aos judeus se caracteriza por uma trajetória bastante negativa.

Como lembra Marc Lienhard (*Martin Luther. Un temps, une vie, un* message [1983], Genebra, Labor et Fides, 1998, p. 259-274), a situação dos judeus no final da Idade Média era bastante difícil. Desde os Pais da igreja, pesava uma terrível reprovação sobre aqueles que eram acusados de ter feito correr o sangue de Cristo. Medidas de proteção foram tomadas a partir do império, mas se inseriam em uma perspectiva de conversão em médio ou longo prazo. A situação se tornou mais grave depois do século XII. A queda do império, no século XVI, privou os judeus da proteção que lhes garantia a autoridade do imperador. Os judeus foram expulsos de numerosas cidades da Alemanha, com a boa vontade dos príncipes. No tempo de Lutero, somente Worms, Frankfurt e Praga, dentre as grandes cidades do império, toleravam ainda os judeus intramuros.

Esse período conturbado coincidiu com o forte movimento de retorno às fontes, que também chegou ao judaísmo. O humanismo valorizou novamente os textos em hebraico; eruditos cristãos e eruditos judeus passaram a estudar juntos o hebraico, navegando mais à vontade por textos dos grandes comentadores rabínicos: Rashi (1040-1105), Ibn Ezra (1092-1164) e David Kimhi (1160-?1235). A *Septuaginta* foi substituída pelo texto massorético. Foi exemplar a atitude do humanista Johannes Reuchlin, que tomou a defesa da literatura hebraica opondo-se à destruição dos livros judeus (proposta pelo judeu desertor Pfefferkorn e pelos dominicanos de Colônia e promulgada por um edito do imperador Maximiliano I).

Esse movimento de retorno às fontes foi paralelo a uma efervescência messiânica e apocalíptica. A espera do Messias era o objeto de vivas esperanças; a descoberta da América deixou entrever filiações insuspeitas entre Israel e as tribos indígenas. Os marranos, judeus batizados à força, ousavam reafirmar sua identidade judaica.

Esses diversos fatores explicam por que, em um primeiro momento, os judeus viram na reforma de Lutero um sinal encorajador. O próprio Lutero havia adotado o ponto de vista de Reuchlin contra os dominicanos de Colônia.

O ponto de vista teológico do jovem Lutero em relação aos judeus (entre 1515 e 1530) é antes de tudo exegética e pastoral. Sem interessar-se tanto quanto os humanistas pelo texto em hebraico, ele se ergue contra as perseguições aos judeus e recomenda que se ore por eles. Em 1515-1516, sua obra *Commentaire de l'épître aux Romains* [Comentário sobre romanos] (em *MLO* 11-12) se insere na lógica da salvação final dos judeus, ligada ao retorno de Cristo. É uma perspectiva essencialmente espiritual. O interesse de Lutero se concentra na situação do cristão, pecador perdoado, que não tem por que sentir-se superior ao judeu.

Em 1523, Lutero redige um texto intitulado *Que Jésus-Christ est né juif* [Que Jesus Cristo nasceu judeu] (em *MLO* 4, 51-76). A orientação da obra é sobretudo cristológica e apologética, com ênfase nos laços dogmáticos entre a humanidade de Jesus, nascido judeu, e sua divindade, atestada pela virgindade de Maria. Ele espera assim conduzir alguns judeus, se não à verdade cristã, pelo menos à da fé de seus pais. A culpa pela ausência de conversão entre os judeus recai sobre os cristãos que os trataram como cães. Com a violência verbal e a ironia que o caracterizam, Lutero não hesita em afirmar que, no lugar dos judeus, ele também preferiria ser "uma javalina em vez de um cristão". O insulto habitualmente dirigido aos judeus se volta contra os cristãos. No entanto, o caráter apologético e missionário desse tratado mostra que Lutero permanece atrelado, apesar de suas boas intenções, a uma visão tradicional de evangelização dos judeus, impregnada de proselitismo. Em vez de violentá-los, é preciso tratá-los amigavelmente, instruindo-os de modo conveniente através das Santas Escrituras. O método se quer pacífico, mas a postura não se torna menos condescendente.

> Não deveríamos tratar os judeus de modo tão inamistoso, pois dentre eles há os que se tornarão cristãos, e há os que se tornam, todos os dias [...]. Se vivêssemos de maneira cristã e os levássemos a Cristo com bondade, essa seria, sem dúvida, a forma correta de fazê-lo. Quem gostaria de tornar-se cristão quando vê cristãos conduzindo-se de modo tão pouco cristão com as pessoas? Não, caros cristãos, não é assim que se faz! Vamos comunicar a verdade com bondade; se eles se recusam, vamos deixá-los em paz. Quantos cristãos desprezam Cristo, recusando-se a ouvir suas palavras, e são bem piores que pagãos e judeus, e no entanto nós os deixamos em paz.
>
> Martinho LUTERO, *Le Magnificat* [O Magnificat] (1521), em *MLO* 3, 73

Lemos esses textos com o recuo da experiência histórica moderna. Quaisquer que sejam os limites das propostas de Lutero, escritas em 1523, não se pode esquecer que tiveram um eco extraordinário, principalmente entre os judeus europeus. Tratou-se, no entanto, de um formidável mal-entendido. Um bom número de judeus viu em Lutero um libertador, um arauto da vinda do Messias e do restabelecimento de

Israel em todo o seu perdido esplendor. Sua crítica à Igreja Católica, ao monaquismo, à ascese, ao celibato, à destruição de imagens e estátuas, tudo isso lhes pareceu muito promissor. Uma nova era parecia surgir, permitindo novas relações entre judeus e cristãos. Nas igrejas, houve inquietação quanto a certa conivência de Lutero em relação aos judeus; mas, entre os judeus, Josel de Rosheim mostrou que a questão da messianidade de Jesus permanecia a pedra de tropeço entre judeus e cristãos (cf. a carta, datada de 11 de junho de 1537, que Lutero enviou a Josel de Rosheim, em *MLO* 8, 158-160).

Será que Lutero teria se decepcionado com a quase nula ocorrência de conversões entre os judeus? Teria sido ferido pelas acusações de conluio com os judeus? Fosse qual fosse o motivo, a partir de 1530, suas opiniões sobre os judeus se tornaram mais virulentas, atingindo o auge em 1542-1543. Lutero se mostrou cada vez mais desconfiado em relação à exegese rabínica.

Além do endurecimento doutrinário de Lutero, associado a sua missão como guardião da ortodoxia da fé luterana contra os hereges (aqueles que, fora das igrejas territoriais, não partilhavam essa fé), a reviravolta em sua postura foi provocada pelo temor de uma influência do judaísmo sobre o cristianismo, uma influência que, a seus olhos, seria inconciliável com a distinção entre os "dois reinos" (civil e espiritual). A ascensão da teocracia sanguinária dos anabatistas, assim como a Guerra dos Camponeses, apoiou-se em considerações fortemente marcadas pelo Antigo Testamento. Lutero se ergueu contra uma judaização legalista e teocrática da política, de dentro da própria igreja e da teologia cristãs (cf. sua carta *Wilder die Sabbather an einen guten Freund* de 1538, em *WA* 50, 312-337).

Essa crítica da judaização do cristianismo se tornou cada vez mais feroz ao longo dos anos. Lutero chegou a moderar seus apelos por tolerância, acusando os judeus de serem blasfemadores e colocando-os no mesmo lado dos turcos, dos papistas e dos sectários. Assim se constituiu um mecanismo de estigmatização bastante amplo, de acordo com a lógica do bode expiatório. Os tratados que Lutero publicou em 1542 e 1543 — *Von den Juden und ihren Lügen* (em *WA* 53, 417-552), *Vom Shem Hamphoras und vom Geschlecht Christi* (em *WA* 53, 579-648), *Von den letzten Worten Davids* (em *WA* 54, 28-100) — são desoladores pela violência e pelo antijudaísmo popular, e até primário, que veiculam. Lutero desceu ao nível mais baixo quando endossou as crenças populares tradicionais ligadas ao antissemitismo para estimular as autoridades a expulsar os judeus, a restringir seus direitos, a destruir sinagogas. Não podemos ler tais textos sem nos questionar sobre a influência exercida pelas opiniões de Lutero sobre as horas mais negras da história alemã, sobretudo sob o regime nazista. Claro, estamos lidando aqui com um Lutero envelhecido e amargurado; claro, suas opiniões foram condenadas pela maioria dos demais reformadores. Porém, o fato de que a propaganda nazista utilizou os tratados de Lutero não pode nos deixar indiferentes.

> Em primeiro lugar, que as sinagogas sejam queimadas, e que seja coberto de terra e dispersado tudo o que não queima, para que, por toda a eternidade, ninguém mais possa ver uma pedra ou um restolho delas. Que isso seja feito em honra de nosso Senhor e da cristandade, para que Deus veja que somos cristãos e que, em conhecimento de causa, não queremos nem toleramos tais mentiras, insultos e maldições abertamente pronunciados contra seu Filho e contra seus cristãos. Pois o que temos tolerado até hoje por ignorância (eu mesmo não sabia) nos será perdoado por Deus. Mas agora que sabemos que os judeus são protegidos e abrigados nesta casa, em que mentem, insultam, maldizem e desonram Cristo e os cristãos, e cospem neles [...], isso significa que nos tornamos nós mesmos autores de tais atos maus. [...]
>
> Em segundo lugar, devem ser destruídas também suas casas, pois ali eles cometem os mesmos atos que em suas casas de estudo. Deverão ser postos debaixo de um teto ou em um estábulo como os boêmios, para que saibam que não são senhores em nosso país, conforme se vangloriam, mas para que entendam que são estrangeiros e prisioneiros, como se queixam sem cessar com grandes gritos diante de Deus.
>
> Em terceiro, seus livros de orações e seus exemplares do *Talmude* devem ser confiscados, obras em que são ensinadas tais mentiras, idolatrias, maldições e ultrajes.
>
> Em quarto, que seus rabinos sejam terminantemente proibidos de ensinar. São depostos dessas funções por manterem os pobres judeus prisioneiros, apoiando-se em Deuteronômio 17.10ss, que ordena [aos judeus] a obediência de corpo e alma a seus doutores; ora, Moisés acrescenta claramente: "O que eles te ensinam de acordo com a lei do Senhor". Mas

esses vagabundos transgridem essa palavra e se utilizam da obediência do povo pobre para alimentar malevolência contra a lei do Senhor; eles derramam veneno, maldição e ultraje sobre o povo. [...]

Em quinto, que os judeus sejam desprovidos de salvo-conduto e tenham o acesso proibido às estradas, pois não têm nada que fazer no país, não sendo nem senhores, nem oficiais, nem mercadores. Devem ficar em casa. [...]

Em sexto, que sejam proibidos de praticar a usura, que seu dinheiro seja confiscado e suas joias em ouro ou prata sejam penhoradas. Eis o motivo: tudo o que possuem [...] foi roubado e desviado por eles pela prática da usura, pois não têm outro meio de sustento. Esse dinheiro deve servir aos judeus que se converterem verdadeiramente (e não a outros fins); que lhes sejam dados cem, duzentos, trezentos florins, de acordo com o número de pessoas, para que possam começar a trabalhar e sustentar a esposa pobre e os filhos, além de ajudar os velhos e enfermos, pois um bem adquirido de modo tão perverso é amaldiçoado quando não usado para um bom propósito, com a bênção de Deus. [...]

Em sétimo, que sejam postos nas mãos dos judeus e das judias jovens e fortes o malho, o machado, a enxada, a pá, a roca, o fuso, e que os deixemos ganhar o pão com o suor do rosto, conforme é infligido aos filhos de Adão em Gênesis 3.19. Afinal, não leva a nada seu desejo de que nós (os *goyim* malditos) continuemos trabalhando com o suor do rosto enquanto eles, pessoas santas, reclinam-se perto da lareira, desfrutando altivamente de dias felizes.

Martinho LUTERO, *Von den Juden und ihren Lügen* (1543), em *WA* 53, 523, 1-526, 4.

Jean Delumeau afirmou que o antissemitismo histórico de Lutero culminava na identificação do judeu com a figura de Satanás (*História do medo no Ocidente 1300-1800: uma cidade sitiada*, São Paulo, Companhia das Letras, 2009). Mark Saperstein observa com delicadeza que a Reforma muito tem a ensinar sobre as relações entre judeus e cristãos: "Que pode ocorrer, de fato, quando um grupo, para definir outro grupo, faz uso de termos que não têm relação alguma com os que foram utilizados por esse segundo grupo para definir-se?" (*Juifs-chrétiens: moments de crise* [Judeus-cristãos: momentos de crise] [1989], Paris, Cerf, 1991, p. 76). Tal é a questão: não somente os judeus são objetos, da parte de Lutero, de estigmatização, mas esse mecanismo tende a negar-lhe toda realidade física e espiritual. Real ou imaginário, o judeu está diante da recusa ao reconhecimento. Está desprovido de rosto, não mais sendo um outro, um irmão, um parceiro. É assim que se perpetua e se acentua em certos aspectos o movimento de negação que, partindo do antijudaísmo teológico, conduziria sutilmente até o extermínio físico. Nesse desvio fatal, revela-se a impossibilidade de reduzir o ato teológico a uma simples inocência especulativa, desprovida de qualquer implicação histórica e moral (cf. aqui o debate empreendido na Alemanha, sobretudo entre Martin Stöhr e Leonore Siegele-Wenschkewitz, sobre as teses do historiador Heiko A. Oberman em *Die Juden und Martin Luther — Martin Luther und die Juden*).

Após a Segunda Guerra Mundial, o luteranismo teve a coragem de enfrentar as sequelas causadas pela postura de Lutero, considerada cruel e inaceitável: "Com exceção das câmaras de gás, está tudo ali" (cf. H. Kremers). Em 1971, a Federação Luterana Mundial declarou que o pensamento e a linguagem de Lutero são, nesse sentido, "simplesmente indefensáveis" (cf. M.-T. HOCK e B. DUPUY, orgs., p. 254). No mesmo ano, o sínodo luterano de Nova York aprovou a publicação em inglês dos textos antissemitas de Lutero, acrescentando à obra os seguintes comentários: o editor demonstrou probidade histórica ao publicar esses textos "que revelam um aspecto lamentável do pensamento do reformador"; o sínodo condena as opiniões antissemitas de Lutero e faz um apelo a todos os seus membros para condenarem e combater ativamente toda forma de antissemitismo (p. 142).

Não nos podemos limitar a essa simples constatação. O inaceitável erro antissemita de Lutero testemunha uma filiação antissemita no centro do cristianismo, ao longo de toda a sua história; também não há dúvidas de que o destino do povo judeu foi decidido de um modo todo particular na história do Império Romano-Germânico e no surgimento da consciência alemã. Ao mesmo tempo, não podemos reduzir o pensamento de Lutero e a contribuição geral da Reforma a traços tão negativos. Como observa Saperstein, "o efeito da Reforma não se revelou de todo negativo" (p. 77). No século XVI, Joseph ha-Kohen percebeu nos conflitos entre católicos e protestantes uma trégua indecisa, propensa a melhorar a atmosfera cotidiana dos judeus.

A conclusão de Saperstein se caracteriza por uma sábia mescla de realismo e otimismo: "Sem exageros, poderíamos concluir que a Reforma, mais que as contribuições trazidas pelo Século das Luzes, desempenhou a função de instrumento no processo de criação de uma nova espécie de sociedade em que judeus, católicos e protestantes de várias denominações poderiam viver juntos em igualdade" (p. 78). A catástrofe nazista foi naturalmente a mais terrível prova enfrentada por esse projeto de esperança.

4.1.2. Calvino e o calvinismo: ressonâncias, tolerância e contragolpes

Entre calvinismo e judaísmo, as consonâncias parecem mais fortes, e as dissonâncias, apenas das evidentes rupturas como em Lutero, não degeneram em violência e injúria.

Calvino insiste ainda mais que Lutero na continuidade entre o Antigo e o Novo Testamentos; quando Paulo afirma que Cristo é o fim (*telos*) da Lei, Calvino nota as implicações paradoxais dessa afirmação (*IRC* II, VII): os seres humanos não são capazes de cumprir a Lei; trata-se de algo somente possível a Cristo. Em Cristo, a Lei é cumprida, mas é justamente desse cumprimento que decorre a teoria do "triplo uso da Lei". Calvino faz do uso "didático" da Lei, recusado por Lutero, o uso principal, para caracterizar a positividade da Lei na vida do cristão regenerado. Temos aqui um primeiro ponto de semelhança entre a postura calvinista e a postura judaica. A Lei não é relegada ao nível da valorização negativa do evangelho (como é o caso na insistência de Lutero sobre o uso teológico da Lei, também chamado de "elênctico"), mas, sim, como detentora de uma função positiva, de estruturação, na vida cotidiana do cristão.

Em seu *Comentário de Romanos* (1539), Calvino afirma o caráter imutável da eleição divina, deduzindo dessa imutabilidade a impossibilidade prática de presunção ou zombaria contra os judeus (11, 21). Encontramos o mesmo tom nas *Institutas*: ao tratar da doutrina do batismo, Calvino, além de enfatizar a prerrogativa dos judeus, "diretos e primeiros herdeiros do evangelho", "filhos primogênitos na casa do Senhor" (IV, XVI, 14), insiste na unidade da promessa divina e designa Cristo, segundo Romanos 15.8, como "o ministro da nação judaica" (IV, XVI, 15). A doutrina calvinista da eleição, evidentemente, distingue a eleição geral em Abraão e a eleição especial em Cristo (III, XXI, 5-7), arriscando-se a desvalorizar a primeira; de modo fundamental, no entanto, a eleição especial em Cristo confirma a eleição geral de Israel em Abraão; é por isso que Calvino pensa a igreja cristã em uma forte continuidade com Israel.

Em sua prática exegética, Calvino costuma recorrer diretamente às obras dos comentadores judeus Ibn Ezra, Kimhi e Rashi (cf. H.-J. Kraus). Nesse sentido, ele se insere na tradição humanista, o que o leva a um diálogo ideal com um interlocutor judeu (cf. sua *Responsio ad quaestiones et obiecta iudaei cuiusdam*, em *Opera Calvini* [Obra de Calvino] IX, col. 653-674): aqui, Calvino está à escuta das questões de seu parceiro e elabora respostas em um corpo a corpo comum com a Bíblia hebraica. Sua insistência central na *Torá* demonstra sua consciência da atualidade do judaísmo e também explica sua repugnância em abordar as afirmações judaicas somente em seu sentido cristão.

O judeu
— O senhor diz que ele é o filho de Deus, mas na verdade nós podemos identificar vários momentos em que os israelitas são chamados de filhos de Deus. Por exemplo: "sois todos filhos do Altíssimo" (Sl 82.6). Assim, isso seria de pouca importância, pois todos os israelitas são deuses.
Calvino
— Eu pergunto, então, se todos os filhos de Israel são indistintamente filhos de Deus, por que Davi recebe um elogio específico, quando Deus declara sobre ele: *Tu és meu filho* (Sl 2.7)? Da mesma forma, por que, em outro trecho, ele eleva Salomão acima de todos os que restam, com essas palavras: "Eu lhe serei por pai, e ele me será por filho" (2Sm 7.14)?
Assim, tal questão fútil deles já está suficientemente refutada, mas me agrada acrescentar ainda algumas palavras com o objetivo de ensinar as pessoas simples. Os anjos são chamados filhos de Deus. De modo paralelo, esse nome é atribuído a reis e juízes; mas, com relação a um favor único, [esse nome], é atribuído a Davi, por cuja consideração ele ultrapassa os próprios anjos. Conclui-se, portanto, que existe entre os filhos de Deus uma quantidade maior de níveis distintos. É por isso que não há nada de espantoso se o Messias se eleva acima de todos. Nós o chamamos, na verdade, de Filho único gerado, sendo-o por natureza, filho por quem obtemos a graça da adoção para que sejamos contados entre os filhos de Deus.

Responsio ad quaestiones et obiecta iudaei cuiusdam, em *Opera Calvini* [Obra de Calvino] IX, col. 662.

Há, portanto, traços distintivos que tornam Calvino um agente notável no diálogo com os judeus, em vez de condená-los teologicamente e rejeitá-los socialmente. Porém, isso não deve de modo algum nos levar a idealizar Calvino e subtraí-lo de seu tempo. Assim como Lutero, Calvino vislumbra os judeus a partir dos dogmas cristológico e trinitário que ilustram o espírito de superioridade cristão; ele sabe com clareza que pertence, em última instância, à igreja triunfante que se constrói em paralelo à militância cristã. O judeu se torna um valor respeitável, mas na verdade ultrapassado, da verdade última.

A tradição calvinista levou em consideração as categorias teológicas da aliança e da eleição para dar conta da relação instaurada e mantida por Deus com seu povo. Há nisso um deslocamento considerável em relação ao luteranismo, que tem a tendência de privilegiar a *oposição* entre a Lei e o Evangelho, em lugar da *fidelidade* manifestada por Deus em sua aliança. As declarações das igrejas que fazem uma referência mais explícita a essa categoria da aliança vêm da igreja protestante alemã (cf. M.-T. HOCK e B. DUPUY, orgs., p. 50), do Sínodo da Renânia (1980) ou de grupos americanos de sensibilidade ecumênica (ibid., p. 150). A maioria dos teólogos protestantes a aprofundarem essa questão (Jürgen Moltmann, Bertold Klappert, Peter von den Osten-Sacken, Paul Van Buren), assim como o Conselho Mundial de Igrejas, sustentam a tese de uma única aliança, enfatizando assim a continuidade fundamental entre judaísmo e cristianismo, em nome de uma visão forte da fidelidade divina (cf. John T. PAWLIKOWSKI, *Judentum und Christentum*, em *TRE*, t. XVII, 1988, p. 386-403).

4.1.3. Os limites da tolerância

Lutero inaugurara a via para a liberdade de expressão, inclusive para seus próprios adversários; ele só estimulou a repressão de Thomas Müntzer quando este se muniu de armas. Apesar de inegáveis aberturas, a Reforma manteve uma relação ambígua com a tolerância. Em Zurique, Zwinglio perseguiu o anabatismo pacífico; Calvino entregou Serveto aos magistrados e se opôs a Castellion. A *Paz de Augsburgo* em 1555 consagrou o princípio *cujus regio ejus religio* (a cada região a religião de seu príncipe) e os tratados de Westfália (1648) só poderiam abrandar essa regra. No entanto, o protestantismo, ao romper com o jugo da religião única e majoritária, despertou as consciências para o pluralismo religioso e o respeito pelas minorias. As Províncias Unidas e a Inglaterra, fortemente marcadas pelo protestantismo, foram modelos de tolerância religiosa, mesmo se, nas Províncias Unidas, as igrejas calvinistas paradoxalmente pressionaram o governo para calar os socinianos, os quacres, os menonitas e os judeus. A influência do modelo ligado à república calvinista de Genebra, por não respeitar o suficiente a distinção entre os dois reinos, levou a certa confusão entre o político e o religioso, resultando em novas formas de intolerância. Baruch Spinoza (1632-1677), o grande filósofo judeu excluído pela sinagoga, aliou-se aos republicanos para estigmatizar o dogmatismo religioso e clamar por uma leitura crítica rigorosa da Bíblia (*Tractatus theologico-politicus. Traité théologico-politique* [Tratado teológico-político], 1670, ed. bilíngue, Paris, PUF, 1999). Sua influência foi notável no desenvolvimento do método histórico-crítico.

4.1.4. Protestantismo e judaísmo na época moderna

A emancipação levou a *intelligentsia* judaica europeia e norte-americana a embarcar no movimento das ideias filosóficas e morais. As aproximações com o pensamento protestante foram facilitadas; ao mesmo tempo, o judaísmo encontrou nesses contatos alguns motivos para uma redefinição de sua identidade; personalidades marcantes da filosofia judaica moderna participaram desse processo, cada uma a seu modo, como Hermann Cohen, Franz Rosenzweig e Martin Buber.

Hermann Cohen (1842-1918), o filósofo neokantiano da escola de Marburgo, tornou a relação entre ética e religião o centro de suas reflexões. Seu neokantismo já surge no título de sua principal obra, *Religion de la raison tirée des sources juives* [Religião da razão tirada das fontes do judaísmo] (1918, 1928, Paris, PUF, 1994). Cohen não só se esforçou para suplantar o racionalismo ético de Kant destacando o caráter irredutível e original da religião, mas o fez à luz do judaísmo. O projeto de Cohen compreendia analogias impressionantes, mas também uma distância significativa, com o trabalho de seu colega de Marburgo, o teólogo Wilhelm Herrmann (1846-1922), mestre de Karl Barth e Rudolf Bultmann. Como Herrmann, Cohen quis evitar a redução (que, de acordo com ele, é kantiana) da religião à ética, reabrindo espaço para a categoria do pecado; porém, de modo mais profundo que Herrmann, ele associou a ideia de religião à ideia de sofrimento; o ser humano lhe parecia indissociável do irredutível sofrimento do indivíduo; a ética se viu assim aprofundada e radicalizada, como se lembraria sobretudo Emmanuel Levinas. Cohen percebeu a diferença central entre o judaísmo, forma pura do monoteísmo, que reconhece a responsabilidade ética autônoma do homem, e o cristianismo, que segundo ele é impregnado de panteísmo, já que mistura o agir do homem com o agir de Deus. Somente o protestantismo, a seus olhos, seria mais próximo do monoteísmo puro representado pelo judaísmo: de um lado, o Cristo histórico lhe surge como um modelo moral e, de outro, essa mediação cristológica é como uma mística (*La religion dans les limites de la philosophie* [A religião nos limites da filosofia] [1915], Paris, Cerf, 1990, p. 87). Sentimos, em Cohen, os sinais precursores da grande reviravolta que, em 1921, seria proporcionada por seu ex-aluno Franz Rosenzweig (*A estrela da redenção*) e, em 1922, Karl Barth (segunda edição da *Carta aos romanos*): a dimensão ética da religião só tem chances de aparecer em sua pureza cristalina se puder libertar-se das garras da moral burguesa do século XIX, abrindo-se para as grandes fontes da revelação.

Porém, Franz Rosenzweig romperia com Cohen em um ponto decisivo. Acusando-o de trair o ideal messiânico por um excesso de racionalismo, Rosenzweig tentou fazer com que a religião judaica voltasse a ocupar um espaço central na filosofia. Sua obra *A estrela da redenção* representa uma revolução intelectual semelhante à que foi operada pela *Carta aos romanos* de Barth, um ano antes. Nesse livro, o messianismo judaico dá origem a uma audaciosa interpretação da vida cotidiana, compreendida a partir da positividade da *Torá*. Judaísmo e cristianismo surgem então como duas faces de uma mesma busca, mas, ao mesmo tempo, como dois elementos irredutíveis: enquanto o cristianismo concentra a fé em seus conteúdos e a ética em Cristo, o judaísmo descobre na imediatez do outro o traço do infinito. Rosenzweig se liberta do racionalismo de Cohen assim como Barth precisou libertar-se do racionalismo da teologia liberal; a experiência religiosa que decorre desse processo, para ambos, tem em comum a radicalidade (não foi por acaso que Rosenzweig afirmou a importância da figura de Cristo contra a redução ao Jesus histórico que ele observava no protestantismo); o protesto messiânico e a concentração ética, operados pelo filósofo judeu, lembram a sutileza da "teologia dialética" em seus inícios. Judaísmo e protestantismo rompem igualmente com os ídolos e clamam por uma adesão ética sem concessões ao mandamento mais concreto. Encontramos sem dúvida alguma tais analogias no diálogo empreendido no final do século XX entre Emmanuel Levinas, que muito deve a Rosenzweig, e Paul Ricoeur, filósofo protestante muito influenciado por Barth.

A renovação intelectual dos anos 1920, tanto para judeus quanto para protestantes, testemunhou o retorno em pleno vigor do messianismo, com suas categorias apocalípticas e escatológicas. Estabeleceram-se laços estreitos entre o pastor socialista suíço Franz Lieb e Walter Benjamin, entre Martin Buber e o socialista cristão Leonhard Ragaz. Ernst Bloch e Franz Rosenzweig (tardiamente) exerceram uma grande influência sobre Paul Tillich, Karl Barth, Jürgen Moltmann e Helmut Gollwitzer. Michael Löwy acredita que isso se deve à persistência, no protestantismo, da referência ao profetismo neotestamentário (p. 222). Porém, não poderíamos reduzir as interações entre judaísmo e protestantismo à esfera revolucionária e messiânica. Tanto em Rosenzweig quanto em Buber (e também no jovem Barth), encontramos as marcas de Søren Kierkegaard e de um pensamento mais ancorado no fulgor do instante. Na obra *Deux types de foi. Foi juive et foi chrétienne* [Dois tipos de fé: fé judaica e fé cristã] (1950, Paris, Cerf, 1991), Buber menciona sua dívida para com autores protestantes tão diversos como Rudolf Bultmann, Albert Schweitzer, Rudolf Otto e Leonhard Ragaz, mas sua ênfase no caráter instantâneo da teofania e na dimensão histórica e apocalíptica da revelação messiânica é maior.

4.1.5 Diante do Holocausto: lucidez e silêncios

A postura das igrejas e dos teólogos protestantes no nazismo foi perpassada por inegáveis ambiguidades.

Um pesado tributo deveria ser pago à "desjudaização" da mensagem cristã primitiva, uma tendência que se afirmou sobretudo a partir do final do século XIX (cf. Paul de Lagarde [1827-1891], Arthur Drews [1865-1935]), cujos traços podem ser detectados mais tarde, nos anos 1930, nas obras de exegetas protestantes famosos como Gerhard Kittel (1888-1948) e de dogmáticos de peso como Emanuel Hirsch (1888-1972), Friedrich Gogarten (1887-1967) e Werner Elert (1885-1954).

A posição crítica e corajosa da Igreja Confessante contra o caráter totalitário do regime hitlerista e as aberrações dos "Cristãos Alemães" permaneceu minoritária e limitada. Em 1934, a *Declaração de Barmen* assumiu um caráter mais teológico e intraeclesiástico que propriamente político. O protestantismo se preocupou de início com os atentados à pureza da doutrina e com os perigos que a igreja corria. Os protestos contra o parágrafo ariano (que excluía do ministério pastoral os cristãos de ascendência judaica) se contentaram com a defesa dos interesses dos judeus convertidos. De modo geral, as igrejas protestantes deixaram de intervir de modo direto e coerente na política e nos acontecimentos que definiriam a sorte de todos os judeus.

Evidentemente, houve exceções, como, por exemplo, no burgo francês de Chambon-sur-Lignon e nos Países Baixos. Mas foi algo menos relacionado às igrejas que a pessoas isoladas. Assim, Dietrich Bonhoeffer (1906-1945), pastor e teólogo luterano próximo de Karl Barth, engajou-se pessoalmente em uma ação para salvar os judeus e foi condenado à morte, executado por participar de um complô contra Hitler (20 de julho de 1944), operação que por fim foi abortada. Sua teologia é habitada por uma nova e profunda valorização do Novo Testamento e por uma meditação incessante na radicalidade ética.

Bonhoeffer estava dividido entre a herança de uma leitura luterana conservadora da teoria dos dois reinos, por um lado, e sua própria pesquisa de uma teologia nova, adaptada à gravidade da situação histórica e às mudanças de paradigmas associadas à modernidade. Na questão do judaísmo, foi ao mesmo tempo prudente e inovador. A afirmação mais clara que nos chegou dele data de 1933: "Somente aquele que clama em favor dos judeus tem permissão de entoar o canto gregoriano" (frase proferida oralmente, registrada por E. Bethge, p. 389). Em abril do mesmo ano, Bonhoeffer posicionou-se contra a lei de 17 de abril de 1933, que continha o parágrafo ariano (*Die Kirche vor der Judenfrage*, em *Gesammelte Schriften* II, Munique, Kaiser, 1959, p. 44-53). A ênfase dessa conferência é exclusivamente eclesial; somente uma igreja que aceitasse em pé de igualdade os judeus e os cristãos seria uma igreja autêntica aos olhos de Bonhoeffer. O teólogo foi acusado, assim como Barth (principal redator da *Declaração de Barmen*), de limitar-se aos interesses da igreja e de não ter tomado a defesa explícita dos judeus. Emil Fackenheim emitiu um juízo bastante rígido sobre Bonhoeffer. De acordo com o filósofo judeu, somente o homem Bonhoeffer defendeu os judeus; o teólogo teria permanecido no nível de um antissemitismo teológico (*La question de l'extermination des juifs par les nazis. Un traumatisme constant pour la pensée non juive* [A questão do extermínio dos judeus pelos nazistas: um trauma constante para o pensamento não judeu], 1975, *Cahiers Confrontations* [Cadernos Confronto] 14, 1985, p. 142). Essa crítica parece justa na medida em que enfatiza os limites da postura explícita de Bonhoeffer, mas não parece dar conta do difícil contexto histórico. Retrospectivamente, sua luta pela igualdade dos judeus e dos cristãos na igreja, mesmo que tenha se mostrado insuficiente diante da gravidade da situação política, parece-nos um ato corajoso, com evidentes implicações políticas. Desse ponto de vista, com Hitler no poder em 1933, quando Bonhoeffer se engaja na resistência armada contra Hitler, Barth é expulso da Alemanha em 1935, e Paul Tillich é excluído da universidade alemã, tendo que exilar-se nos Estados Unidos, esses são sinais evidentes de algo importante. A existência teológica de tais homens lúcidos e corajosos teve de fato repercussões políticas.

A ação de Bonhoeffer, de Barth e seus amigos da Igreja Confessante, no entanto, não deve obscurecer o *déficit* que permanece na compreensão das relações entre judaísmo e cristianismo. Bonhoeffer não foi um cristão antissemita, como afirma Fackenheim, mas seu modo de dar conta da diferença teológica entre as duas religiões abraâmicas continha certo antijudaísmo. O mesmo pode ser dito de Barth. Sua doutrina da eleição fracassa em refletir sobre a perenidade e a consistência próprias de Israel. Na tipologia, que é certamente dialética, das relações entre a sinagoga e a igreja, Israel é e permanece, aos olhos de Barth, um povo eleito, mas somente na medida em que manifesta infidelidade à eleição. O judaísmo só é visto em termos de forma e sombra, enquanto a igreja, por princípio, tem (na fé somente) o monopólio do verdadeiro conteúdo e da plena luz, porém com a consciência de que "a igreja que deixa de solidarizar-se com o povo judeu, que esquece e nega a unidade entre Israel e a igreja, aliena sua vocação e sua eleição" (*Dogmatique* [Dogmática] II/2* [1942], 1958, p. 209s).

O pensamento protestante contemporâneo tem, portanto, uma imensa tarefa diante de si para suplantar seus *déficits* no assunto. Cada vez mais teólogos protestantes se esforçam para redefinir, de diversas maneiras, a relação entre judaísmo e cristianismo (cf. sobretudo Jürgen Moltmann, Martin Stöhr, Leonore Siegele-Wenschkewitz, Peter von der Osten-Sacken, Bertold Klappert, Friedrich-Wilhelm Marquardt, Pal Van Buren, Marc Faessler, Jacques Ellul e outros). O diálogo entre judeus e cristãos exige o reconhecimento das especificidades doutrinárias e práticas de ambas as religiões. Para os cristãos, trata-se de superar o antissemitismo que alguns autores (cf. R. Ruether) estimam ser de forma congênita associado ao cristianismo, mas sem cair, por outro lado, em uma simples tradução da fé cristã em termos messiânicos. A discussão em curso sobre uma "teologia messiânica" (F.-W. Marquardt) constitui aqui um teste particularmente decisivo.

4.2. Implicações

Existe entre judeus e cristãos uma evidente assimetria. Teologicamente, os cristãos precisam dos judeus, na medida em que o Novo Testamento não pode ser compreendido sem o Antigo e, também, que a confissão de fé em Cristo Jesus supõe a incontornável administração da simbólica messiânica. A religião judaica está afixada à consciência cristã, de acordo com um modo conjunto de continuidade e ruptura. Por outro lado, o judaísmo não precisa teologicamente do cristianismo, ainda que o cristianismo o solicite espiritualmente e o questione quanto a suas consequências históricas e éticas.

A isso se acrescenta uma percepção fortemente contrastada do *status* da reflexão teológica. Henry Siegman detectou a repugnância do judeu quanto a aprisionar em afirmações teológicas seu encontro existencial com o divino (cf. M.-T. HOCH e B. DUPUY, orgs., p. 391). Assim, não é espantosa a constatação de que o judaísmo sempre tenha se sentido mais próximo das formas protestantes modernas de piedade (pietismo, liberalismo), mais reticentes contra as fórmulas ortodoxas. Isso resultou sobretudo em uma ênfase na dimensão ética ao longo dos diálogos inter-religiosos.

4.2.2. A Escritura (texto e história)

O protestantismo foi atravessado por movimentos contraditórios sobre o *status* da Bíblia. De um lado, afirma de modo recorrente o princípio escriturístico (*sola scriptura*, "somente a Escritura"); por outro, suscita e acompanha o desenvolvimento dos estudos históricos e críticos dos textos bíblicos. Isso não foi feito sem dores e mal-entendidos no protestantismo. O luteranismo, assim como Barth, privilegiou o conteúdo (Cristo, a Palavra de Deus como ato de Deus) sobre a forma (a Escritura, os textos). Da mesma forma, Calvino havia desenvolvido uma hermenêutica em que tudo aquilo que, na Bíblia, permanecesse obscuro deveria ser esclarecido por passagens mais compreensíveis. Porém, o calvinismo, mais apegado à letra geral da Escritura, favoreceu o surgimento de certas formas de fundamentalismo, incompatíveis com a leitura crítica dos textos. O judaísmo ortodoxo se vê naturalmente mais à vontade quando o protestantismo afirma a plena clareza das Escrituras, mas se constrange, e o demonstra sem rodeios, em face do desenvolvimento das teses histórico-críticas; é quando se manifesta a forçosa incompatibilidade entre a visão judaica da *Torá* e a teoria das fontes elaborada por Julius Wellhausen e seus sucessores. Algumas aproximações entre o judaísmo ortodoxo, sobretudo, e o meio evangélico mais aberto são explicadas, sem dúvida, por essa consonância hermenêutica (cf. M. H. Tanenbaum et alii). A influência dos movimentos judaico-cristãos, reunindo judeus messiânicos que afirmam sua fé em Jesus, é outro indício, ainda que bastante diverso, da simbiose frequente entre judaísmo e protestantismo (cf. Jacques GUTWIRTH, *Les judéo-chrétiens aujourd'hui* [Os judeo-cristãos hoje], Paris, Cerf, 1987).

Sob outro aspecto, uma nova geração de teólogos pesquisa o fato de a história ser superestimada entre os pensadores protestantes, tendendo a enfatizar a dimensão textual. A Escritura em seu todo — esse "grande código" (de acordo com a obra de mesmo título [1982], Paris, Seuil, 1984) descrito pelo crítico canadense Northrop Frye — se torna mais uma vez pertinente, assim como o significado do texto, buscado de modo independente dos condicionamentos históricos. Essa nova abordagem do texto como lar de sentidos múltiplos abre fecundas pistas para o diálogo com um judaísmo talmúdico e midráshico, apegado à "leitura infinita" (David Banon).

4.2.3. A Lei

A ética judaica contemporânea afirma sua diferença constitutiva com a ética cristã. Enquanto o judaísmo descobre na face concreta do outro a própria expressão da Lei, "Não matarás" (cf. tema central na obra de Levinas), o cristianismo parece decifrar o sentido da *Torá* apenas através de sua reinterpretação e sua radicalização operadas por Cristo. Além disso, para os cristãos, a Lei não se restringe ao que Cristo falou sobre o assunto, mas deve ser buscada "em Cristo", à luz da cruz e da ressurreição. O desacordo messiânico (cristológico!) é aqui patente. Desse ponto de vista, a tradição luterana tornou mais difícil o diálogo com o judaísmo, por causa da oposição às vezes radical que é expressa entre a Lei e o Evangelho. A insistência de Calvino e da tradição reformada sobre "o terceiro uso da fé" (uso didático) certamente oferece mais abertura para um aprofundamento do diálogo judaico-cristão. Porém, o protestantismo não poderá contentar-se com a reprodução do discurso tradicional da teologia, mas é chamado a exercer uma imaginação criativa e fraterna para desenvolver uma teologia da fé que esteja à altura das Escrituras como um todo, em um diálogo constante com os representantes da tradição judaica.

4.2.4. O sagrado e o profano

Judaísmo e protestantismo partilham, fundamentalmente, uma mesma visão sobre as relações entre o sagrado e o profano: o sagrado não é objeto de um tratamento isolado, mas se manifesta no cerne do profano, na realidade contingente da história. Essa percepção inclusiva, que recusa tanto a confusão entre as duas esferas quanto sua oposição radical, tem consequências capitais para o significado da política. O Estado ou o sistema político são reconhecidos em seus lugares corretos, mas a legitimação teológica que os beneficia interdita qualquer tipo de absolutização.

De modo paradoxal, as convergências entre judaísmo e protestantismo (sobretudo o reformado) em geral se concentram em uma abordagem de tipo teocrático, que leva à sacralização do Estado. Algumas formas de sionismo, também em alta entre os protestantes, não hesitam em trazer essa teoria para o Estado de Israel. Porém, a distinção entre o sagrado e o profano, que subjaz tradicionalmente ao judaísmo e ao protestantismo, deveria servir aqui como uma proteção contra todo tipo de absolutização ou demonização da política.

Isso também reflete na articulação entre a religião e a ética. Ao mesmo tempo que permanecem atentos às características especificamente religiosas de suas respectivas éticas, judeus e protestantes lutam em prol de uma ética comum, baseada nos direitos humanos e na dignidade da pessoa humana concreta.

Denis Müller

▶ ATTIAS, Jean-Christophe e BENBASSA, Esther, *Dictionnaire de civilisation juive* (1997), Paris, Larousse-Bordas, 1998; Idem, *Le Juif et l'Autre*, Gordes, Le Relié, 2002; ATTIAS, Jean-Christophe, GISEL, Pierre e KAENNEL, Lucie, orgs., *Messianismes. Variations sur une figure juive*, Genebra, Labor et Fides, 2000; BANON, David, *Le Midrach*, Paris, PUF, 1995; Idem, *Le messianisme*, Paris, PUF, 1998; Idem, org., *Inquisition et pérennité*, Paris, Cerf, 1992; BENBASSA, Esther e GISEL, Pierre, orgs. (com a colaboração de Lucie KAENNEL), *L'Europe et les Juifs*, Genebra, Labor et Fides, 2002; BEN SASSON, Haim Hillel, org., *A History of the Jewish People* (1969), 3 vols., Londres-Cambridge, Weidenfeld and Nicolson-Harvard University Press, 1976; BERKOVITS, Eliezer, *Faith after the Holocaust*, New York, Ktav, 1973; BETHGE, Eberhard, *Dietrich Bonhoeffer* (1967), Genebra-Paris, Labor et Fides-Centurion, 1969; BIENERT, Walther, *Martin Luther und die Juden*, Frankfurt, Evangelisches Verlagswerk, 1982; "Racine et greffe. Juifs et chrétiens en chemin", *Bulletin du Centre protestant d'études* 44/7-8, Genebra, 1992; CABANEL, Patrick, *Juifs et protestants de France. Les afffinités electives (XIVe--XXIe siècles)*, Paris, Fayard, 2004; "Le judaïsme après Auschwitz", *Concilium* 195, 1984; DETMERS, Achim, *Reformation und Judentum. Israel-Lehren und Einstellungen zum Judentum von Luther bis zum frühen Calvin, Stuttgart, Kohlhammer, 2001; DRAÏ, Raphael, *Le mythe de la loi du talion*, Paris, Alinéa, 1991; FACKENHEIM, Emil, *La présence de Dieu dans l'histoire* (1970), Lagrasse, Verdier, 2005 (reed. de *Penser après Auschwitz. Affirmations juives et réflexions philosophiques*, Paris, Cerf, 1986); FAESSLER, Marc e CHALIER, Catherine, *Judaïsme et christianisme. L'écoute en partage*, Paris, Cerf, 2001; FLEISCHMANN, Eugène, *Le christianisme "mis à nu"*, Paris, Plon, 1970; GISEL, Pierre, "Le judaïsme: une source, une critique, un accompagnement?", *Sens* 56/6, 2004, p. 293-306; Idem, *Les monothéismes. Judaïsme, christianisme, islam. 145 propositions*, Genebra, Labor et Fides, 2006; Idem, TRIGANO, Shmuel e BANON, David, *Judaïsme et christianisme, entre affrontement et reconnaissance*, Paris, Bayard, 2005; HENRIX, Hans Hermann e RENDTORFF, Rolf, orgs., *Die Kirchen und das Judentum*, t. I: *Dokumente von 1945 bis 1985* (1988), Paderborn-Gütersloh, Bonifatius-Kaiser/Gütersloher Verlagshaus, 2001, e t. II: *Dokumente von 1986 bis 2000*, Paderborn-Gütersloh, Bonifatius-Kaiser/Gütersloher Verlagshaus, 2001 (acompanhado de um CD); HOCH, Marie-Thérèse e DUPUY, Bernard, orgs., *Les Églises devant le judaïsme, Documents officiels 1918-1978*, Paris, Cerf, 1980; ISAAC, Jules, *Jésus et Israël* (1948), Paris, Fasquelle, 1959; KAENNEL, Lucie, *Luther était-il antisémite?*, Genebra, Labor et Fides, 1997; KAISER, Jochen-Christoph e GRESCHAT, Martin, orgs., *Der Holocaust und die Protestanten. Analyse einer Verstrickung*, Frankfurt, Athenäum, 1988; KRAUS, Hans-Joachim, "*Israel* in der theologie Calvins", *Kirche und Israel* 4, 1989, p. 3-13; KREMERS, Heinz, org., *Die Juden und Martin Luther — Martin Luther und die Juden*, Neukirchen-Vluyn, Neukirchener Verlag, 1985; LEVINAS, Emmanuel, *À l'heure des nations*, Paris, Minuit, 1988; LÖWY, Michael, *Redenção e utopia: o judaísmo libertário na Europa central (um estudo de afinidade eletiva)*, trad. Paulo Neves, São Paulo, Companhia das Letras, 1989; "Judaïsme: la question chrétienne", *Lumière et Vie* 196, 1990; MOSÈS, Stéphane, *Système et révélation. La philosophie de Franz Rosenzweig*, Paris, Seuil, 1982; "Penser Auschwitz", *Pardès* 9-10, 1989; RENGSTORF, Karl Heinrich e KORTZFLEISCH, Siegfried von, orgs., *Kirche und Synagoge. Handbuch zur Geschichte von Christen und Juden*, 2 vols., Stuttgart, Klett, 1968-1970; ROSENZWEIG, Franz, *L'étoile de la rédemption* (1921), Paris, Seuil, 2003; RUBENSTEIN, Richard L. e ROTH, John K., *Approaches to Auschwitz. The Legacy of the Holocaust*, Londres, SCM Press, 1987; RUETHER, Rosemary Radford, *Faith and Fratricide. The Christian Theological Roots of Anti-Semitism*, New York, Seabury Press, 1974; SCHOLEM, Gershom G., *Le messianisme juif. Essais sur la spiritualité du judaïsme* (1971), Paris, Presses Pocket, 1992; SIBONY, Daniel, *Les trois monothéismes. Juifs, chrétiens, Musulmans entre leurs sources et leurs destins* (1992), Paris, Seuil, 1997; SIEGWALT, Gérard, "Le problème christologique dans les rapports entre l'Église chrétienne et le judaïsme d'une part, l'islam d'autre part, un obstacle ou un pont?", *Foi et Vie* 90/6, 1991, p. 23-44, e a resposta de Marc FAESSLER, *Trois voix pour un seul Dieu?*, ibid., p. 45-50; SÍNODO DA RENÂNIA, *La Déclaration sur la signification du peuple d'Israël*, *ETR* 57, 1982, p. 209-220; TANNENBAUM, Marc H., WILSON, Marvin R. e RUDIN, A. James, *Evangelicals and Jews in an Age of Pluralism*, Londres, Lanham, 1984; WIDOGER, Geoffrey (org.), adaptado para o francês sob a organização de Sylvie Anne GOLDBERG, *Dictionnaire encyclopédique du judaïsme* (1989), Paris, Cerf-Robert Laffont, 1996; YERUSHALMI, Yosef Hayim, *Sefardica. Essais sur l'histoire des juifs, des marranes et des nouveaux-chrétiens d'origine hispano-portugaise*, Paris, Chandeigne, 1998; ZARADER, Marlène, *La dette impensé. Heidegger et l'héritage hébraïque*, Paris, Seuil, 1990.

▶ Aliança; antissemitismo; Bonhoeffer; Buxtorf; Chambon-sur-Lignon (Le); Decálogo; De Wette; dispensacionalismo; Drews; eleição; hebraizantes cristãos; Heine; Igreja Confessante; kantismo (neo); Kittel G.; Lagarde; **Lei**; mandamento; messianismo; método histórico-crítico; Miskotte; profetismo; Ragaz; **religião e religiões**; Scheurer-Kestner; Sombart; **técnica; teologia**

JUÍZO FINAL → Morte e vida eterna

JÜLICHER, Adolf (1857-1938)

Exegeta do Novo Testamento e historiador da igreja, Jülicher foi pregador em Rummelsburg, perto de Berlim, a partir de 1882, e professor na Universidade de Marburgo (1888-1923). Sua competência abrange a introdução ao Novo Testamento (*Einleitung in das Neue Testament*, 1894), a teologia do Novo Testamento (*Paulus und Jesus* [Paulo e Jesus], 1907) e a edição crítica de textos (reconstituição da antiga versão latina *Itala* de 1938 em diante). Sua obra mais importante sobre as parábolas, *Die Gleichnisreden Jesu* (1888-1899), teve uma repercussão excelente: rompendo com a interpretação alegórica, cujo caráter arbitrário é denunciado por ele, Jülicher situa a parábola nas categorias da retórica greco-romana e a assimila à fábula. A parábola de Jesus está associada, segundo ele, à comparação, não à metáfora; à didática, não à poética; ilustra um princípio ou uma lei moral; seu uso traduz a ênfase pedagógica de Jesus, cuja mensagem Jülicher reconstrói ao modo da exegese liberal de sua época.

Daniel Marguerat

▶ JÜLICHER, Adolf, *Einleitung in das Neue Testament* (1894), Tübingen, Mohr, 1907; Idem, *Die Gleichnisreden Jesu* (1888-1899), 2 vols., Tübingen, Mohr, 1910.

◉ Exegese; método histórico-crítico

JULIEN, Charles-André (1891-1991)

De uma família huguenote do Tarn, Julien lutou durante quase um século contra diversas formas de opressão. Travou seu combate através das exigências que fez como professor e pesquisador, indissociáveis de suas exigências como militante envolvido em engajamentos públicos. Esteve em todas as frentes: caso Dreyfus (desde a infância), causa feminista, com Jaurès em 1914, em Moscou em 1921, em 1936 com Léon Blum, com Bourguiba de 1937 em diante, Massignon em 1947, Ben Barka em 1949. A luta contra o domínio e os privilégios de poderosos aos poucos se adensou no Magrebe e principalmente no Marrocos, a partir dos espasmos da descolonização. As reputadas cátedras (Sorbonne, Rabat, Escola Nacional de Administração), as polêmicas e as honras jamais tiraram da "linha reta", um milímetro que fosse, este centenário.

Michel Bouttier

▶ JULIEN, Charles-André, *Histoire de l'Afrique du Nord* (1931, 1952), Paris, Payot, 1972; Idem, *Les débuts de l'expansion et de la colonisation française (XVe-XVIe siècles)*, Paris, PUF, 1947; Idem, *L'Afrique du Nord en marche* (1952), Paris, Julliard, 1972; Idem, *Histoire de l'Algérie contemporaine*, t. I: *La conquête et les débuts de la colonisation* (1827-1871), Paris, PUF, 1964; Idem, *Le Maroc face aux impérialismes 1415-1956*, Paris, Éditions J. A., 1978; *Études maghrébines. Mélanges Charles-André Julien*, Paris, PUF, 1964.

JUNG, Carl-Gustav (1875-1961)

Psiquiatra de Zurique, pioneiro na psicanálise junto a Freud, Jung logo se distanciaria dele. Filho de pastor, contribuiria para a compreensão dos símbolos, sobretudo os religiosos, através do duplo conceito de inconsciente coletivo e arquétipo. Local de uma concentração de energia, o arquétipo é uma forma preexistente inconsciente que estrutura e determina o psiquismo. Sem conteúdo concreto, o arquétipo provoca uma representação simbólica que o manifesta nos sonhos, na arte ou na religião (árvore, criança, dragão, mandala, representação de Deus etc.). Os três principais arquétipos são: o *animus* ("imagem" do masculino), a *anima* ("imagem" do feminino) e o *ego* (verdadeiro "centro" da personalidade). Instintos e arquétipos constituem o inconsciente coletivo, "condição e base da psique, condição onipresente, imutável, idêntica a si mesma em todos os locais". Trata-se de nada menos que o patrimônio psíquico da humanidade, fonte da experiência religiosa.

A partir disso, Jung critica tanto o racionalismo quanto o protestantismo, interpretando a história protestante como um "iconoclasmo crônico" que leva a uma verdadeira "indigência espiritual". Incapaz de compreender o sentido da linguagem simbólico-religiosa, o protestantismo teria perdido o contato com os "desenvolvimentos arquetípicos". De fato, os dogmas centrais do cristianismo (dupla natureza de Cristo, Trindade, encarnação etc.) refletem a atividade do inconsciente, vivida na "experiência religiosa imediata", à qual o catolicismo teria permanecido mais aberto. Diante da modernidade e do protestantismo, Jung defende uma síntese renovada (e urgente) do racional e do irracional, do consciente e do inconsciente.

Em sua obra *Resposta a Jó*, bastante contestada por teólogos, Jung retoma a questão da realidade e da origem do mal, que foi apressadamente resolvida, de acordo com ele, pela pregação do cristianismo sobre um Deus que é unilateralmente amor. Para ele, é nisso que reside o erro fundamental: na verdade, o divino seria ambíguo, dividido em si mesmo. Lugar de manifestação do sagrado, o psiquismo humano se tornaria assim o teatro de um conflito de opostos (bem/mal, masculino/feminino etc.) que precisa de resolução em uma *conjunctio oppositorum*. Em definitivo, o homem é chamado a reconciliar o divino através de sua própria experiência simbólico-religiosa — sua confrontação aos arquétipos — para uma última vitória, esperada, do Bem sobre o Mal. Desse modo, Jung incorpora a tradição gnóstica.

Dimensão religiosa do homem, força e permanência do simbólico, importância da experiência — são questões insistentemente apresentadas à teologia por Jung.

Christophe Reymond

▶ JUNG, Carl Gustav, *Gesammelte Werke*, 25 vols., Olten-Friburgo-en-Brisgau, Walter, 1960-1991; Idem, *Dialectique du moi et de l'inconscient* (1928), Paris, Gallimard, 1964; Idem, *Psicologia e religião* (1938), Petrópolis, Vozes, 1978; Idem, *Psicologia e alquimia* (1944), Petrópolis, Vozes, 1994; *Resposta a Jó* (1952), Petrópolis, Vozes, 1979; *Presente e futuro* (1957), Petrópolis, Vozes, 1991; Idem, *Memórias, sonhos e reflexões*, Rio de Janeiro, Nova Fronteira, 2006; BAUDOUIN, Charles, *L'oeuvre de Jung et la psychologie complexe* (1963), Paris, Payot, 2002; MAILLARD, Christine, "L'idée d'un dépassement du christianisme dans l'oeuvre de Carl Gustav Jung: des *Sept Sermons aux Morts* (1916) à *Mysterium Coniunctionis* (1955-1956)", *Le texte et l'idée* 6, 1991, p. 175-202.

▶ Astrologia; desejo; demitologização; Fournoy; Hesse H.; mito; positivismo; religião e religiões; símbolo; Tillich

JÜNGEL, Eberhard (1934-)

Teólogo luterano nascido em Magdeburgo, na Alemanha Oriental. Seu pensamento e sua postura política foram constituídos em forte reação contra a ideologia comunista da antiga República Democrática Alemã. Após ser ordenado pastor em Berlim, ensina Novo Testamento e dogmática (1961-1966). Torna-se professor de teologia sistemática em Zurique (1966-1969) e em Tübingen (1969-2003). Jüngel é autor de uma obra considerável, caracterizada por uma releitura original da teologia de Karl Barth, a partir de considerações hermenêuticas inspiradas no Heidegger tardio e em temas luteranos como a justificação pela fé e a distinção entre Lei e Evangelho. Em *Deus mistério do mundo*, repensa a ideia de Deus em um diálogo crítico com a metafísica moderna. No plano ético e político, Jüngel se mostra conservador, recusando a ideia de uma ética dos valores, em nome de uma noção de verdade estritamente compreendida a partir da justificação pela fé.

Denis Müller

▶ JÜNGEL, Eberhard, *Dieu mystère du monde. Fondement de la théologie du Crucifié dans le débat entre théisme et athéisme* (1977), 2 vols., Paris, Cerf, 1983; Idem, *Barth-Studien*, Zurique-Gütersloh, Benziger-Mohn, 1982 (trad. franc. parcial em Pierre GISEL, org., *Karl Barth. Genèse et réception de sa théologie*, Genebra, Labor et Fides, 1987, p. 15-68: *La vie et l'oeuvre de Karl Barth*, e p. 195-215: *'Pas de Dieu sans l'homme'*, *La théologie de Karl Barth entre le théisme et l'athéisme*; Idem, *Gottes Sein ist im Werden. Verantwortliche Rede vom Sein Gottes bei Karl Barth* (1965), Tübingen, Mohr, 1986; Idem, *La signification de l'analogie pour le théologien*, em Pierre GISEL e Philibert SECRETAN, orgs., *Analogie et dialectique. Essais de théologie fondamentale*, Genebra, Labor et Fides, 1982, p. 247-258; Idem, *'Ma théologie' en quelques mots* [Minha teologia em algumas palavras] (1985), *ETR* 77, 2002, p. 217-234; Idem, *Wertlose Wahrheit*, Munique, Kaiser, 1990; Idem, *Das Evangelium von der Rechtfertigung des Gottlosen als Zentrum des christlichen Glaubens: Eine theologische Studie in ökumenischer Absicht* (1998), Tübingen, Mohr Siebeck, 2006; Idem, *Indikative der Gnade. Imperative der Freiheit*, Tübingen, Mohr Siebeck, 2000; BAUER, Johannes Baptist, *Entwürfe der Theologie*, Graz, Styria, 1985.

▶ Barthismo

JURIEU, Pierre (1937-1713)

Estudante de teologia na Academia de Sedan até 1658, Jurieu empreende uma *peregrinatio academica* ("percurso acadêmico") na Holanda e na Inglaterra, onde é ordenado pela Igreja Anglicana. Ministro na França, sucede a seu pai em Mer, perto de Blois. Em 1674, torna-se professor de hebraico e teologia na Academia de Sedan. Quando a academia é fechada, exila-se em Roterdã, onde se torna ao mesmo tempo professor de teologia na Escola Illustre e pastor da igreja valona na cidade.

Lança-se a uma produção intensa de obras de controvérsia: contra Jacques Benigne Bossuet (1627-1704), Antoine Arnauld (1612-1694), Pierre Nicole (1625-1695), Louis Maimbourg (1610-1686). Com a Revogação do Edito de Nantes, Jurieu acredita que as tribulações dos protestantes da França são sinais que prenunciam o cumprimento das profecias escatológicas. Desentende-se com Pierre Bayle sobre o assunto e sobre a postura política a adotar com relação a Guilherme III d'Orange-Nassau, *stathouder* (tenente, substituto) da Holanda que se torna rei da Inglaterra, e de Luís XIV. Enquanto o filósofo permaneceu fiel à tradicional posição de lealdade, típica dos protestantes do século XVII, Jurieu se aliou à Inglaterra protestante contra o soberano francês que, a seus olhos, traiu o acordo feito com o povo no passado.

Com sua obra *Lettres pastorales adressées aux fidèles de France qui gemissent sous la captivité de Babylon* (1686-1695, Hildesheim, Olms, 1988), missivas bimensais e clandestinas, Jurieu busca manter o moral dos protestantes perseguidos na França. No entanto, sua defesa dos huguenotes do Refúgio junto a Guilherme III d'Orange-Nassau (até a Paz de Ryswick, em 1697) não surtiu efeito.

Hubert Bost

▶ JURIEU, Pierre, *Le vray système de l'Église et la véritable analyse de la foy*, Dordrecht, casa da viúva de Caspar e casa de Théodore Goris, 1686; Idem, *L'accomplissement des prophéties ou la délivrance prochaine de l'Église*, 2 vols., Roterdã, Abraham Acher, 1686 (reed. do t. II: Paris, Impr. Nationale, 1994); Idem, *Des droits des deux souverains en matière de religion* (1687), Paris, Fayard, 1997; Idem, *Les soupirs de la France esclave, qui aspire après la liberté* (1689-1690), Paris, Édition d'histoire sociale, 1976; Idem, *La pratique de la dévotion ou Traité de l'amour divin*, 2 vols., Roterdã, Abraham Acher, 1700; BOST, Hubert, *La dévotion, un sport spirituel? Le paradoxe du salut dans la piété réformée au XVIIe siècle* e *L'Apocalypse et les Psaumes dans l'arsenal des Pastorales de Jurieu*, em *Ces messieurs de la R.P.R. Histoires et écritures de huguenots, XVIIe-XVIIIe siècles*, Paris, Champion, 2001, p. 99-119 e 175-213; CHAUFEPIÉ, Jacques George de, *Nouveau dictionnaire historique et critique pour servir de supplément ou de continuation au Dictionnaire historique et critique de Mr. Pierre Bayle*, t. III, Amsterdã, Chatelain, 1753, p. 57-82; HAAG, Émile e Eugène, "Jurieu", em *La France protestante*, t. VI, Paris-Genebra, Cherbuliez, 1856, p. 104-113; KAPPLER, Émile, *Bibliographie critique de l'oeuvre imprimée de Pierre Jurieu (1637-1713)*, Paris, Champion, 2002; KNETSCH, Frederik Reinier Jacob, "Pierre Jurieu, Theologian and Politician of the Dispersion", *Acta historiae Neerlandica* 5, 1971, p. 213-242; Idem, *Pierre Jurieu, réfugié unique et caractéristique*, BSHPF 115, 1969, p. 445-478; Idem, *Jurieu, Bayle et Paets*, BSHPF 117, 1971, p. 38-61; LE BRUN, Jacques, "Les oeuvres spirituelles de Pierre Jurieu", *Travaux de linguistique et de littérature* 13/2, 1975, p. 425-441.

◉ Bayle; Edito de Nantes (e Revogação do); Guilherme III d'Orange-Nassau; liberdade de consciência; milenarismo; Refúgio; Sedan

JUROS (cobrança de)

Emprestai sem esperar nenhuma paga (Lc 6.35). Por muito tempo, a tradição cristã compreendeu esse preceito com base em uma análise errônea do investimento, inspirada em Aristóteles: *pecunia pecuniam non parit* ("o dinheiro não produz dinheiro"). O credor que exigisse um valor maior que o valor devido seria um usurário, aproveitando-se do pobre e apropriando-se do tempo que só pertence a Deus. Em nome de uma análise mais realista da economia, João Calvino é sem dúvida um dos primeiros autores a distinguir claramente, em 1545, o juro e a usura, em carta a Claude de Sachins (em *Opera Calvini* [Obra de Calvino] X/1, col. 245s). Por permitirem o desenvolvimento das trocas, os empréstimos produtivos legitimam os juros, no limite dos ganhos de produtividade habituais, que se tornam possíveis através do investimento, contanto que não paralisem os devedores ao privá-los dos meios de exercer suas profissões (J. CALVINO, comentário a Dt 24.17s., em *Opera Calvini* XXIV, col. 677s). Tal abertura estimularia não somente o desenvolvimento de atividades bancárias, mas também o de toda a economia dos países protestantes. Contudo, os juros permanecem proibidos para os empréstimos de consumo e para os empréstimos de ajuda aos pobres.

Dois séculos depois, Adam Smith forneceria novos critérios para os juros, com base em sua análise do capital. Se o capital é necessário, os juros não são um "fator de produção" como o trabalho, pois o capitalista não trabalha (*A riqueza das nações* [1776], São Paulo, Juruá, 2006). Os juros são deduzidos do valor criado pelo trabalho. Smith denuncia então a ficção dos contratos, que mascaram as relações de força entre credor e devedor (I, VIII, 12). Os juros podem ser legítimos para compensar o risco assumido pelo investidor (I, IX, 19), mas devem permanecer inferiores à produtividade recebida pelo investimento. Para a ética protestante, por fim, não há outro critério para a legitimidade dos juros, além das consequências concretas para os pobres.

François Dermange

▶ BABOIN-JAUBERT, Christian, "Le problème du prêt à intérêt dans l'encyclique *Vix pervenit* de Benoît XIV (1745) et chez Jean Calvin", *Le*

Supplément 176, 1991, p. 103-115; BIÉLER, André, *O pensamento econômico e social de Calvino* (1959), São Paulo, Casa Editora Presbiteriana, 1990; DERMANGE, François, *Le Dieu du marché. Éthique, économie et théologie dans l'oeuvre d'Adam Smith*, Genebra, Labor et Fides, 2003.

● Bancos protestantes; **capitalismo**; cristianismo social/socialismo cristão; desenvolvimento; dinheiro; socialismo religioso

JUSTIÇA

A ética protestante é com frequência compreendida como uma ética fundada essencialmente na liberdade espiritual e individual, como uma consequência da justificação somente pela fé. No entanto, desde as origens, a Reforma desejou articular a libertação religiosa oferecida em Jesus Cristo e a justiça social e política em sua dimensão propriamente política. Em seu famoso sermão de Zurique, no dia 23 de junho de 1523, Zwinglio distingue a justiça divina, em sua clareza, da justiça humana, necessariamente ambígua. Como Lutero, Zwinglio reconhece que, diante da justiça divina, nós nos achamos totalmente despojados e imperfeitos; o homem interior é necessariamente injusto diante de Deus. Isso não significa, porém, que estejamos condenados à injustiça no campo exterior. A perfeição da justiça divina nos convida à perfeição, mas somente nas leis exteriores, ou seja, no nível social e político. As duas justiças não se encontram jamais, pois o homem não é Deus; no entanto, a vontade de Deus, se nos revela pecadores, exige de nós uma verdadeira justiça humana. Assim, a indispensável e constante distinção das duas justiças fundamenta nosso engajamento social e político, ao mesmo tempo que nos impede de sucumbir ao fanatismo. Na trilha aberta por Zwinglio, os pensadores Emil Brunner e Arthur Rich organizaram a ética social e a ética econômica em torno dos princípios da justiça dos homens. Paul Tillich e Paul Ricoeur, por sua vez, insistiram na compatibilidade profunda entre a justiça e o amor: é certo que o amor transcende infinitamente a regra da justiça, mas a justiça não permanece uma instância distinta, associada à finitude do homem na sociedade. Portanto, nenhuma ética cristã poderia, em nome do amor, abolir a exigência de justiça.

Denis Müller

▶ BRUNNER, Emil, *Gerechtigkeit*, Zurique, Theologischer Verlag, 1943; BÜHLER, Pierre et alii, *Justice en dialogue*, Genebra, Labor et Fides, 1982; RICH, Arthur, *Éthique économique* (1984-1990, 1987-1991), Genebra, Labor et Fides, 1993; RICOEUR, Paul, *Amor e justiça* (1990), São Paulo, Edições 70, 2010; RUMPF, Louis, *Chrétiens devant l'injustice*, Genebra, Labor et Fides, 1985; TILLICH, Paul, *Le fondement religieux de la morale* (1963-1965), Neuchâtel-Paris, Delachaux et Niestlé-Centurion, 1971; ZWINGLIO, Ulrico, *De la justice divine et de la justice humaine* (1523), Paris, Beauchesne, 1980.

● Amor; Habermas; justificação; **política**; Rawls; reinos (doutrina dos dois); utilitarismo; virtudes teologais; vocação

JUSTIFICAÇÃO

No sentido teológico, a noção de justificação se origina nas reflexões do apóstolo Paulo sobre o que torna o ser humano justo diante de Deus, principalmente nas epístolas aos Romanos e aos Gálatas. Em um diálogo crítico com a piedade judaica, que tinha sido a sua, Paulo enfatiza que o ser humano não deve tornar-se justo por si mesmo, esforçando-se para corresponder, com suas obras, às expectativas de Deus. Esse esforço seria a própria expressão do pecado, da glorificação de si mesmo diante de Deus. A justiça de Deus não é a que Deus exige do ser humano, mas, sim, a que Deus lhe dá graciosamente, aceitando o homem tal como é e proporcionando o reconhecimento verdadeiro de que é pecador e precisa confiar somente em Deus para a salvação. Inspirando-se em Abraão (cf. sobretudo Gn 15.6), Paulo afirma que *o homem é justificado pela fé, independentemente das obras da lei* (Rm 3.28).

No confronto crítico com a teologia da Baixa Idade Média, que valorizava os méritos e a cooperação humana na salvação, os reformadores redescobririam as ênfases paulinas na justificação somente pela fé (*sola fide*). Podemos até mesmo afirmar que todo o movimento da Reforma decorre dessa redescoberta (cf. o relato autobiográfico de Lutero, que coloca alguns problemas históricos).

Na cena pública, foi atacando a prática da venda de indulgências que Lutero dá origem ao debate com a tradição medieval. As indulgências são declarações oficiais que podiam ser adquiridas, com dinheiro, para si ou para familiares mortos, atestando o resgate de certas penas temporais que deviam ser pagas no purgatório, para a purificação da alma. O comércio de indulgências, que busca suas fontes nos tesouros dos méritos de Cristo e dos santos, parece a Lutero uma forma de desprezo à seriedade da graça e, portanto, à seriedade do pecado. Esse comércio cria a ilusão de que a salvação pode ser (ao menos parcialmente) adquirida pelos próprios meios, pelas próprias forças.

Do ponto de vista dos reformados, o ser humano permanece um pecador em tudo aquilo que empreende; é justificado somente pela fé, que o faz abandonar toda pretensão de justiça e lhe permite receber todas as coisas das mãos de Deus.

Embora continue pecador, a justificação pela fé somente enfatiza que a condenação já não existe mais. Logo, regenerado, todo cristão passa a viver em luta contra o pecado que não mais o domina. Além de não o dominar, o pecado não possui mais qualquer força condenatória visto a obra de Cristo para a justificação ser maior e mais eficiente que qualquer atitude pecaminosa por parte dos seres humanos.

A justiça graciosa que vem de Deus é eficaz e inalterável. Não por causa do homem, de seus méritos ou esforços, mas por causa daquele que o justifica. Assim, por causa do justificador, o pecador embora permaneça em luta contra o pecado, já não caminha como um condenado sem esperança. É neste sentido que surge a frase de Lutero *simul justus et peccator* (ao mesmo tempo justo e pecador). Martinho Lutero, se valendo de uma frase de Santo Atanásio relacionada à Divindade de Cristo — problema crucial de seu tempo —, reescreveu as palavras de Atanásio porém agora aplicando-as à "Justificação pela fé somente": *articulus stantis et cadentis ecclesiae*, "o artigo que mantém de pé ou faz cair a igreja".

Para o pensamento protestante, tanto luterano quanto reformado, há uma relação intrínseca entre justificação e santificação, sendo que a última é consequência da primeira, obra exclusiva da graça soberana de Deus sobre o ser humano. Com a perfeita justificação oferecida por Cristo e imputada pelo Espírito Santo ao ser humano, este passa a santificar-se e a ter obras que testemunham naturalmente de sua conversão e regeneração espiritual. Assim, as obras são uma consequência da justificação, e não o contrário.

Condenada no Concílio de Trento, a justificação somente pela fé seria um tema de diálogos ecumênicos que permitiriam certos consensos importantes entre diversas confissões. Assim, várias décadas de esforços de diálogo entre luteranos e católicos resultaram recentemente em um acordo importante: no dia 31 de outubro de 1999, em Augsburgo, a Igreja Católica Romana e a Federação Mundial Luterana assinaram uma "Declaração comum sobre a doutrina da justificação". Elaborada na forma de um consenso diferenciado, esse documento formula em paralelo os pontos de convergência e as ênfases próprias que continuam em ambos os lados. O acordo sobre a justificação pela fé é considerado suficiente para que as condenações recíprocas, feitas no século XVI, tornem-se injustificadas. A "Declaração comum" é um passo importante, ainda que abranja certo número de ambiguidades e inconsequências (a assinatura do documento em Augsburgo não impediu que o Vaticano reinaugurasse a antiga prática das indulgências no jubileu do ano 2000). Ambas as partes se comprometem a "interpretar a mensagem da justificação em uma língua acessível aos homens e mulheres de hoje, remetendo-a às preocupações tanto individuais quanto sociais de nosso tempo" (*A doutrina da justificação*, p. 79).

Mesmo que vista com bons olhos por parte da comunidade cristã, é ainda muito grande a parcela que considera indevida, inexata e equivocada tal aproximação. Que há muitos pontos de convergência entre o protestantismo e o Catolicismo-Romano, não há dúvidas. No entanto, no que diz respeito à Justificação pela fé somente, os pontos de conexão simplesmente não existem. Ainda que a Igreja Católica Apostólica Romana creia na "Justificação pela fé", não crê que é pela fé "somente". E a falta do "somente" no corpo de doutrinas crido pelo Catolicismo-Romano é crucial, especialmente neste ponto.

Pierre Bühler e Wilson Porte Jr.

▶ BIRMELÉ, André, *Le salut en Jésus-Christ dans les dialogues oecuméniques*, Paris-Genebra, Cerf-Labor et Fides, 1986; Idem, *La communion ecclésiale. Progrès oecuméniques et enjeux méthodologiques*, Paris-Genebra, Cerf-Labor et Fides, 2000; BÜHLER, Pierre, *Le protestantisme contre les indulgences. Un plaidoyer pour la justification par la foi* (2000), Genebra, Labor et Fides, 2003;

CALVINO, João, *IRC* III, XI-XVIII; *La doctrine de la justification. Declaration commune de la Fédération luthérienne mondiale et de l'Église catholique romaine*, Paris-Genebra, Bayard-Centurion-Fleurus--Mame-Cerf-Labor et Fides, 1999; LOHFF, Wenzel e WALTHER, Christian, org., *Rechtfertigung im neuzeitlichen Lebenszusammenhang. Studien zur Neuinterpretation der Rechtfertigungslehre*, Gütersloh, Mohn, 1974; LUTERO, Martinho, *Les quatre--vingt-quinze thèses (1517). Dispute académique destinée à montrer la vertu des indulgences*, org. por Matthieu ARNOLD, Estrasburgo, Oberlin, 2004; Idem, *Sommaire de l'épître de Saint Paul aux Galates*, em *MLO* 15, 21-28; Idem, *Préface au premier volume des oeuvres latines de l'édition de Wittenberg* (1545), em *MLO* 7, 206-308.

○ Augustianismo; Confissão de Augsburgo (*Apologia da*); escravidão da vontade; evangelho; Flacius Illyricus; fé; graça; Holl; Jüngel; justiça; **liberdade**; **lei**; Lutero; **mal**; Osiander; pecado; **predestinação e Providência**; **salvação**; santificação; Tamez; teologia da cruz; Trento (Concílio de); virtude; Wrede W.

JUVENTUDE (literatura para a)

A área coberta pela literatura para a juventude é extremamente vasta. Vamos primeiro examinar a literatura religiosa *ilustrada*.

Sabemos que o *Catecismo maior*, de Lutero (1529), era ilustrado, mas não era dirigido às crianças. No mesmo ano, porém, em um apêndice à reedição do *Betbüchlein* de 1522, Lutero acrescenta um *Passional*, dirigido às "crianças e pessoas simples, que são mais tocadas por imagens e parábolas, para guardar na memória a história divina, que é em seguida explicada com palavras ou um ensinamento simples" (*WA*, 10, II, 458, 17-19). Assim, Lutero se apropria de uma das funções reconhecidas na imagem sacra por toda a tradição medieval: a instrução dos simples. Ele inaugura também um tipo de literatura religiosa ilustrada que, apesar de dirigida a crianças, não se destina somente a elas. O *Passional* se compõe de cinquenta gravuras em madeira, acompanhadas de trechos resumidos das passagens bíblicas correspondentes. Não se encontra nenhum *motto* embaixo da gravura, nem título para o trecho bíblico, mas simplesmente sua referência no final. O estilo despojado da composição, a trajetória unívoca do texto à imagem, o uso da língua vernacular, tudo isso confirma a intenção do autor. As páginas do *Passional* são escolhidas em função da vida e principalmente da Paixão de Jesus, evitando-se todos os episódios indecentes, que aliás estavam contidos no *Catecismo* maior, como a embriaguez de Noé e o banho de Bate-Seba. O *Passional* acompanharia o *Betbüchlein* até 1566, ano em que é abandonado. Os teólogos luteranos mostravam pouco interesse em procurar edições da Bíblia, ainda que fossem parciais e sob a forma imagética do *Passional*, para crianças e simples leigos. Isso se explicava pelo fato de que a interpretação da Bíblia não mais surgia tão evidente quanto nos anos 1520; portanto, o texto não deveria mais ser posto em todas as mãos.

O ensaio de Lutero não permaneceu isolado; porém, ao longo de todo o século XVI, tal literatura não se dirigiu somente a crianças: adolescentes, jovens, leigos e, ainda, artistas e ourives recorriam a esses livros. Formato pequeno, textos curtos e ilustrações não necessariamente atraem apenas o público infantil.

Tradicionalmente, considera-se a obra *Orbis sensualium pictus* ("O mundo sensível ilustrado"), de 1658, da autoria de Jan Komensky, dito Comenius (1592-1670), como o primeiro livro ilustrado para crianças. No entanto, foi na Inglaterra, no final do século XVII, que se expandiu o uso da literatura religiosa ilustrada para crianças. Nathanael Crouch (1632-1725), autor prolífico para a juventude, edita nos anos 1680 o livro *Youth's Divine Pastime* [Passatempo divino da juventude]. Trata-se, novamente, de uma série de episódios bíblicos (36). Após o título com sua referência bíblica, no alto de cada verso das páginas, o registro mediano apresenta uma desajeitada gravura em madeira, imitando as cópias inglesas de Matthaeus Merian, antes de uma paráfrase histórica e moral de 32 versos irregulares. A gravura ilustra um acontecimento que o leitor deve reter como um grau na aquisição de uma sabedoria desenvolvida pela obediência a Deus e a seus mandamentos. Constata-se um quê de deísmo nessa didática, que foi abundantemente reeditada na primeira metade do século XVIII: a vida de Jesus é totalmente ignorada.

Em paralelo, na França, surge uma literatura católica de educação bíblica para os príncipes, que às paráfrases morais acrescenta ilustrações tais como *L'histoire des vieux et du nouveau Testament* [A história do Antigo e do Novo Testamentos] (1670), de Le Maistre de Sacy e Nicolas Fontaine, dedicada ao delfim.

JUVENTUDE

Essa história foi reeditada inúmeras vezes, até a primeira metade do século XIX. Também era acrescentado o texto *Éloges des personnes illustres de l'Ancien Testament* (1688), de Jean Doujat, dedicado ao duque de Borgonha. A imagem surgia para ajudar na memorização das paráfrases bíblicas ou dos epigramas versificados. Aqui, vários elementos revelam que se tratava de uma literatura para adolescentes: as idades de 15 ou 16 anos são constantemente mencionadas nos prefácios e nos comentários.

Foi somente no século XVIII que se desenvolveu de fato uma verdadeira literatura ilustrada para crianças, sob a dupla influência do conceito de "primeira infância", considerada uma categoria social autônoma, e de uma crítica da forma tradicional dos catecismos, estruturados em perguntas e respostas. Novamente, é a Inglaterra que abre caminho, com John Newberry (1760), Edward Ryland (1765) e, mais tarde, Sarah Trimmer (a partir de 1786). Em seguida, vêm a Alemanha, a França e a Suíça, com destaque para Johann Rudolf Schellenberg (1772-1776). As imagens foram adaptadas especialmente para as crianças, que passam a tocar, manipular e colorir as figuras, enquanto os pais ou os pedagogos leem os textos que as acompanham. Na mesma época, alguns catecismos foram também acrescidos de ilustrações, como o de Johann Hübner. Uma imagem suavizada faz com que desapareçam a violência e a sexualidade presentes na Bíblia, servindo massivamente como apoio didático e ajuda para a memorização. Acompanhando trechos da Bíblia ou um catecismo, a literatura religiosa ilustrada para crianças encontrou, portanto, suas bases, que ainda permanecem.

Mac Engammare

Alguns protestantes, cujos textos com frequência buscam fazer pouco da sociedade, tornaram-se, às vezes sem intenção, clássicos da literatura infantil, enquanto outros autores preferiram a revivescência de fadas, anões, feiticeiras, duendes e demais criaturas fantásticas, recorrendo à tradição dos contos, mitos e lendas.

De família presbiteriana de origem flamenga, cheio de uma fé bíblica que perpassa toda a sua obra, o escritor Daniel Defoe (1660-1731) renuncia ao pastorado em 1681. Ficaria para a posteridade seu romance *Robinson Crusoé* (1719, Rio de Janeiro, Record, 2004), cujo personagem principal é um marinheiro de York que, após um naufrágio, encontra-se sozinho em uma ilha deserta, distante da costa americana. Mas o "bom selvagem" Sexta-feira, o "outro", viria romper a solidão daquele que, aparentemente, havia dominado seu "eu" e superado as dificuldades materiais e espirituais advindas do isolamento forçado. Rousseau enxergou em *Robinson Crusoé* "o mais feliz tratado de educação natural".

De uma família de eclesiásticos, Jonathan Swift (1667-1745), que se torna clérigo anglicano, publicaria anonimamente o romance *As viagens de Gulliver* (Rio de Janeiro, Globo, 1987) em 1726. Trata-se das aventuras de Gulliver no reino dos anões de Lilliput e na região dos gigantes de Brobdingnag, cujos defeitos, aumentados ou diminuídos, lembram os dos seres humanos. Gulliver vai em seguida para a ilha de Laputa, onde a metafísica, as especulações científicas, as criações artísticas e industriais não passam de elucubrações do espírito humano e de ilusões. Depois, visita o país dos cavalos racionais, Houyhnhnms, que vencem os desprezíveis Yakoos, estranhamente semelhantes aos humanos.

Em *David Copperfield* (1849-1850, São Paulo, Ática, 1997), o anglicano Charles Dickens (1812-1870), marcado desde a infância pelo revés nas finanças de seus pais, descreve seus próprios sofrimentos e sua juventude infeliz.

De um tipo bastante diverso é a obra do sacerdote anglicano Charles Kingsley (1819-1875), *Water Babies* (1863, Londres, Dent, 1985), verdadeira lição de moral, em que o infeliz Tom, na escola do mundo subaquático que só quer seu bem, aprende a bondade.

Devemos à timidez do matemático inglês Charles Lutwidge Dodgson (1832-1898), diácono da Igreja Anglicana e professor na *Christ Church* em Oxford que publicou sob o pseudônimo de Lewis Carroll, o prazer de mergulhar em um mundo onde as leis comuns do espaço, do tempo e da linguagem são sutilmente subvertidas: em *Alice no país das maravilhas* (São Paulo, L&PM Editores, 1998) e *Alice no país dos espelhos* (São Paulo, Martin Claret, 2007), a personagem Alice empreende uma viagem em um país que é como um tabuleiro de xadrez por trás de um espelho.

Rudyard Kipling (1865-1936), de um meio anglo-indiano muito culto, neto de um pastor wesleyano, permaneceria por toda a vida profundamente marcado pela Índia. Em suas obras *O livro da selva* (São Paulo, Ática, 1994) e *Segundo livro da selva* (Lisboa, Livros do Brasil, 1987), Kipling apresenta Mogli ao leitor, um "homenzinho" que, perdido na floresta indiana, é criado por uma loba em meio à sociedade dos animais. Ainda jovem, Mogli se apercebe de sua espécie e retorna ao convívio com os homens.

O agnóstico Clive Staples Lewis (1898-1983) deve à profunda amizade com o anglicano convertido ao catolicismo John Ronald Reuel Tolkien (1892-1973) não somente o retorno ao seio da Igreja Anglicana, mas também o compartilhar da paixão pela mitologia nórdica, que subjaz ao mundo das *Crônicas de Nárnia* (São Paulo, Martins Fontes, 2002), que é uma leitura alegórica da Bíblia: faunos e seres humanos lutam contra as forças do mal para que o bem triunfe no país de Nárnia.

Ainda que tenha sido influenciado por um tio pastor, Wilhelm Busch (1832-1908) se tornou um dos espíritos mais cáusticos da segunda metade do século XIX na Alemanha, como demonstra a obra *Juca e Chico: história de dois meninos em sete travessuras* (1865, trad. de Olavo Bilac, São Paulo, Melhoramentos, s/d). Juca e Chico são dois moleques que pregam peças às vezes cruéis nos outros, mas que não são mais malvados que os adultos que os cercam.

Os contos, literatura popular por excelência, veículos do maravilhoso e do folclore, apelam para o imaginário e o simbólico. Foram aos poucos expulsos do repertório adulto, deslocados para a literatura juvenil, mas isso não os impediu de continuar a encantar pequenos e grandes.

Folclorista, pesquisador de contos populares, o reformado Jacob Grimm (1785-1863) reuniria e publicaria com seu irmão Wilhelm (1786-1859) a obra *Contos de Grimm* (São Paulo, Companhia das Letras, 1996), com o objetivo de salvar o patrimônio cultural germânico ameaçado de extinção.

A associação de contos e lendas à Escandinávia, terra inexplorada e encantadora, povoada de trolls, duendes e companhia, é imediata. A história não deixa de nos dar razão, quando lembramos, por exemplo, dos contos do dinamarquês Hans Christian Andersen (1805-1875) e de Selma Lagerlöf (1858-1940), que se inspira amplamente nos textos bíblicos e sobretudo no tesouro dos mitos e das tradições populares de sua Värmland (Suécia) natal para alimentar um dom excepcional de contadora de histórias que torna plausíveis os acontecimentos mais fantásticos, como em *A maravilhosa viagem de Nils Holgersson através da Suécia* (São Paulo, Itatiaia, 2005), em que o personagem Nils, para o desespero dos que o cercam, é vítima de uma peça de um troll. Transformado em um minúsculo anão, ele acompanha um voo de gansos selvagens em migração.

Lucie Kaennel

▶ BOTTIGHEIMER, Ruth B., "Martin Luther's Children's Bible", *Wolfenbütteler Notizen zur Buchgeschichte* 15, 1990, p. 152-161; Idem, *The Bible for Children. From the Age of Gutenberg to the Present*, New Haven-Londres, Yale University Press, 1996; BRÜGGEMAN, Theodor (em colaboração com Hans-Heino EWERS e Otto BRUNKEN), Metzler, 1982-1991; ENGAMMARE, Max, "Les Figures de la Bible. Le destin oublié d'un genre littéraire en image (XVIe-XVIIe s.)", *Mélanges de l'École française de Rome. Italie et Méditerranée* 106, 1994, p. 549-591.

◉ Bíblia; catecismo; Comenius; criança; **educação**; imagem; Lewis; literatura; Lutero; Oberlin

JUVENTUDE (movimentos de)

Ao longo do período contemporâneo, desenvolveram-se movimentos que contribuíram para o surgimento de novas formas de sociabilidade juvenil, cuja influência e função foram muito significativas no protestantismo mundial, assim como na sociedade. Dentre as maiores organizações de juventude estão a *Young Men's Christian Association* (no Brasil, ACM: Associação Cristã de Moços), fundada por George Williams em 1844. Suas atividades adquiriram uma dimensão espiritual (estudos bíblicos, encontros de edificação moral, reuniões de evangelização) e pedagógica quanto à formação da personalidade (cursos noturnos, discussões culturais, formação profissional etc.). Hoje, o aspecto cultural superou o espiritual e as ACMs desenvolveram estruturas para abrigo e acolhimento. A Aliança Mundial das Associações Cristãs reúne de modo confederado em torno da "Base de Paris" (1855) uniões locais e nacionais, masculinas e femininas, que se implantaram em inúmeros países e contam hoje com mais de 20 milhões de membros. A mesma especificação por idade é vista mais claramente no movimento dos escoteiros, fundado em 1908 por Baden-Powell, para insuflar na juventude inglesa os valores inspirados pelo evangelho e ajudá-los a viver esses valores nos níveis moral, intelectual, físico e cívico. Além da ala protestante, logo surgiram outras, leiga, católica e judaica, o que fez com que o escotismo ganhasse uma inegável dimensão universal, ainda presente em nossos dias.

A juventude também se organizou em função do meio socioprofissional, como foi o caso da Federação Mundial das Associações de Estudantes Cristãos, criada em 1895 por John Mott e Karl Fries. O movimento também se abre para não protestantes e se torna um formidável viveiro de um grande número de personalidades ecumênicas, dentre as quais podemos citar Ruth Rouse, Suzanne de Diétrich, Willem Adolf Visser't Hooft, William Temple, Daniel Thambyrajah Niles, Kuang Hsun Ting e Philip Potter.

Desde a Segunda Guerra Mundial, as organizações de juventude que se originaram do movimento evangélico têm em comum uma perspectiva missionária, cuja ação junto aos jovens não pode ser subestimada. São elas: Mocidade para Cristo, Jovens Com Uma Missão (Jocum), Operação Mobilização, *InterVarsity Christian Fellowship*, grupos bíblicos nas escolas e universidades etc. [como a Aliança Bíblica Universitária]. São grupos que objetivam a edificação espiritual, a formação bíblica, a evangelização etc.

Vanguarda do protestantismo, os movimentos de juventude participam amplamente da revitalização espiritual e eclesiástica protestante ao fornecer militantes atentos ao diálogo (são eles, p. ex., que mais trabalharam em prol da reconciliação dos cristãos nas nações beligerantes depois das duas guerras mundiais) e à facilitação de formas de piedade e vida comunitárias mais adaptadas ao seu tempo (cf. os atrativos do movimento carismático e a influência da Comunidade de Taizé).

Laurent Gambarotto

▶ BAUBÉROT, Arnaud, *L'invention d'un scoutisme chrétien. Les Éclaireurs unionistes de 1911 à 1921*, Paris, Les Bergers et les Mages, 1997; *Les mouvements de jeunesse protestants*, BSHPF 143/3, 1997; CHOLVY, Gérard, *Mouvements de jeunesse. Chrétiens et juifs: sociabilité juvénile dans un cadre européen 1799-1968*, Paris, Cerf, 1985; DIÉTRICH, Suzanne de, *Cinquante ans d'histoire. La Fédération universelle des associations chrétiennes d'étudiants (1895-1945)*, Paris, Le Semeur, 1946; ELLINGSEN, Mark, *The Evangelical Mouvement. Growth, Impact, Controversy, Dialog*, Mineápolis, Augsburgo, 1988; MENDEL, André-Jean, *Les mouvements de jeunesse protestants pendant la Seconde Guerra Mondiale*, em André ENCREVÉ e Jacques POUJOL, orgs., *Les protestants français pendant la Seconde Guerre Mondial. Actes du colloque de Paris, Palais du Luxembourg, 19-21 novembre 1992*, Paris, Société de l'histoire du protestantisme français, 1994, p. 185-210; POTTER, Philip e WIESER, Thomas, *Seeking and Serving the Truth. The First Hundred Years of the World Student Christian Federation*, Genebra, CMI, 1997; SHEDD, Clarence P., *History of the World's Alliance of YMCA*, Londres, SPCK, 1955.

◉ Baden-Powell; carismático (movimento); CIMADE; Diétrich; **educação**; esporte; Federação Mundial das Associações de Estudantes Cristãos; Moody; Mott; Niles; Potter; Taizé; Temple W.; Ting; Visser't Hooft; Williams G.

K

KAFTAN, Julius (1848-1926)

Nascido em Loit (Schleswig), morto em Steglitz (Berlim). Estudou em Erlangen e Berlim, tornando-se professor universitário de teologia sistemática em Leipzig (1873), professor em tempo parcial (1874), professor em tempo integral em Basileia (1881) e, a partir de 1883, em Berlim, onde passa a integrar, em 1904, o consistório superior da igreja. Em sua teologia, Kaftan tece correlações entre determinada compreensão de Ritschl, de um lado, e aspectos luteranos conservadores e fatores emotivos da fé, de outro. Com base em Kant, interpretado como "filósofo do protestantismo", tenta conciliar uma apologética da religião cristã com o velho dogma da ortodoxia protestante, levemente adaptado ao mundo moderno. As opções eclesiais de Kaftan permaneceram críticas em relação ao regime sinodal (conquanto tenha se afiliado aos *Freunde der Christliche Welt*) e suas opções políticas hostis à democracia (embora tenha colaborado com o Congresso Evangélico Social).

Dietrich Korsch

▶ KAFTAN, Julius, *Das Wesen der christlichen Religion*, Basileia, Bahnmaier, 1881; Idem, *Die Wahrheit der christlichen Religion*, Basileia, Detloff, 1888; Idem, *Dogmatik* (1897), Tübingen, Mohr, 1920; Idem, *Autobiographie*, em Erich STANGE, org., *Die Religionswissenschaft der Gegenwart in Selbstdarstellungen*, t. IV, Leipzig, Meiner, 1928, p. 201-232; GÖBELL, Walter, *Kaftan, Julius Wilhelm Martin*, em *TRE*, t. XVII, 1988, p. 518-521; Idem, org., *Kirche, Recht und Theologie in vier Jahrzehnten. Der Briefwechsel der Brüder Theodor und Julius Kaftan*, 2 vols., Munique, Kaiser, 1967; HEGER, Adolf, *Kaftans theologische Grundposition im Verhältnis zu Schleiermachers Prinzipienlehre*, Göttingen, Vandenhoeck & Ruprecht, 1930; RADE, Martin, *Ritschlianer*, em *RGG*, t. IV, 1913, col. 2334-2338; TITIUS, Arthur, "Julius Kaftan", *Zeitschrift für Theologie und Kirche* 8, 1927, p. 1-20; WITTEKIND, Folkhart, *Geschichtliche Offenbarung und die Wahrheit des Glaubens.* *Der Zusammenhang von Offenbarungstheologie, Geschichtsphilosophie und Ethik bei Albrecht Ritschl, Julius Kaftan und Karl Barth* (1909-1916), Tübingen, Mohr Siebeck, 2000.

◉ Congresso Evangélico-Social; ritschliana (escola)

KAGAWA, Toyohito (1888-1960)

Leigo japonês, Kagawa nasceu em Kobe, de família pobre, em um Japão em plena Revolução Industrial, cultural e social. Recebe o batismo em 1903 e demonstra em seus estudos uma grande preocupação com os desfavorecidos. Após um período em Princeton, durante o qual ele se interessa sobretudo pelo sindicalismo, Kagawa retoma sua vida como educador cristão. Compromete-se progressivamente com a política. É com sua iniciativa que se organiza, em 1919, a Federação Japonesa do Trabalho. Em paralelo, escreve e publica inúmeras obras, tanto na área social quanto na religiosa e literária. Indicado várias vezes para o Prêmio Nobel da Paz, esse cristão militante foi ao mesmo tempo um reformador social, um economista, um romancista, um poeta e um filósofo. Sua fé o levou a opor-se a todo tipo de violência, a lutar contra a guerra e a engajar-se na luta de classes para diminuir a injustiça social. Chamado de "santo do Japão" pelos ocidentais, Kagawa angariou mais notoriedade no exterior que em seu país.

Serge Molla

▶ KAGAWA, Toyohito, *Avant l'aube*, 2 vols., Paris, Je sers, 1931; AXLING, William, *Kagawa, un saint François japonais* (1932), Lausanne, La Concorde, 1933.

◉ Ásia

KÄHLER, Martin (1835-1912)

Filho mais velho de um conhecido teólogo, Martin Kähler nasceu em Königsberg (na época, capital da Prússia). Em 1853, entra para a faculdade de direito de sua cidade natal, mas depois de três semestres se transfere para a teologia. Estuda em Heidelberg, Halle e Tübingen, onde faz amizade com Cremer. Volta a Halle e se prepara em poucos anos para o ensino universitário. Em 1864, é nomeado em Bohn; em 1867, sucede a seu mestre August Tholuck (1799-1877) em Halle, onde ensinaria por trinta anos as disciplinas Novo Testamento e teologia sistemática. Exerceu uma influência pessoal que não foi menos forte que a influência de sua obra teológica. Sua cristologia, que se tornaria mais influente que a de Albrecht Ritschl, é significativa, com efeitos que se verificam ainda hoje.

De acordo com Kähler, a autoridade das Escrituras não depende dos resultados da crítica histórica (tampouco das pesquisas sobre o Jesus histórico), mas, sim, de seu conteúdo, a saber, da revelação que Deus faz de si mesmo na história de Jesus Cristo — o verdadeiro Cristo bíblico, ou seja, o Cristo confessado e pregado, que se manifesta na fé dos discípulos, que reconhecem nele o crucificado ressurreto.

Robert Stupperich e Jean Zumstein

▶ KÄHLER, Martin, *Das Gewissen*, Halle, Fricke, 1878: Idem, *Die Wissenschaft der christlichen Lehre* (1883, 1905), Neukirchen-Vluyn, Neukirchener Verlag, 1966; Idem, *Der sogenannte historische Jesus und der geschichtliche, biblische Christus* (1892), Munique, Kaiser, 1969; Idem, *Geschichte der protestantischen Dogmatik im 19. Jahrhundert* (1962), org. por Ernst KÄHLER, Wuppertal Brockhaus, 1989² (bibliogr. P. 299-317); KÄHLER, Anna, org., *Martin Kähler, Theologe und Christ. Erinnerungen und Bekenntnisse*, Berlim, Furche, 1926; NIEMEIER, Gerhard, *Wirklichkeit und Wahrheit. Grundfragen des Systems Martin Kählers*, Gütersloh, Mohn, 1937; SEILER, Christoph, *Die theologische Entwicklung Martin Kählers bis 1869*, Gütersloh, Bertelsmann, 1966; ZÄNKER, Otto, *Grundlinien der Theologie Martin Kählers*, Gütersloh, Bertelsmann, 1914.

◉ Halle; historicismo; Tholuck

KANT, Immanuel (1724-1804)

Podemos ter uma ideia de todo o conjunto da filosofia kantiana ao seguirmos a ordem das questões que o próprio Kant enumerou em *Opus postumum* [Obra póstuma]: *Que posso saber? Que devo fazer? O que me é permitido esperar? O que é o homem?* A pergunta sobre o homem, portanto, só deve ser feita em último lugar; é quando, no entanto, volta como uma forte questão.

As duas primeiras perguntas encabeçam as duas primeiras críticas: *Crítica da razão pura* (primeira edição em 1781) e *Crítica da razão prática* (1788). Por "crítica", é preciso entender, em um primeiro sentido, uma disciplina que não se debruça sobre o que é (as "coisas em si"), mas, sim, sobre as *condições de possibilidade*, seja do conhecimento sobre a razão de um espírito finito como o nosso, seja da obrigação moral tal como se impõe à livre vontade desses mesmos seres. Na primeira crítica, a condição finita consiste na dependência em que se encontra a sensibilidade em relação aos limites de espaço e tempo, que decorrem não da natureza das coisas, mas da constituição de nosso espírito. Na segunda crítica, a condição finita consiste no confronto entre a obrigação moral e a recalcitrância do desejo humano, que faz com que a obrigação moral pareça um imperativo que impõe mandamentos a nosso livre-arbítrio.

Essa dupla limitação da investigação filosófica a simples condições de possibilidade tem duas consequências que enriquecem o sentido dado à noção de "crítica". De acordo com a primeira consequência, sob a condição de possibilidade, o pensamento reflexivo só atinge *formas*, não conteúdos. Na primeira crítica, essas formas são estruturas ou relações universalmente presentes em todos os espíritos: já nomeamos o espaço e o tempo que atribuem formatos a nossa sensibilidade; a eles se superpõem as categorias do entendimento, dentre as quais a causalidade ocupa um lugar eminente por causa de sua localização no discurso que opõe o determinismo físico à liberdade. Que essas formas de sensibilidade e essas categorias do entendimento só constituem condições de possibilidade, não conteúdos efetivos de conhecimento, é algo que determina o *status transcendental* dessas condições. O mesmo não ocorre na segunda crítica, em que a obrigação moral, sob a forma do imperativo categórico, não nos diz o que devemos fazer aqui e agora, mas qual a condição formal as máximas de nossa ação devem satisfazer, se elas devem merecer o nome de "deveres"; essa condição se reduz à regra de universalização que é formulada desse modo: "Age sempre de tal maneira que tu possas querer que a máxima de tua ação seja ao mesmo tempo uma lei universal", ou seja, válida sem restrições quanto às pessoas concernentes, às circunstâncias ou às previsíveis consequências. Nesse sentido, o imperativo moral é tão transcendental na ordem prática quanto nas formas e nas categorias na ordem teórica.

A segunda consequência dessa limitação da investigação a condições de possibilidade, ou, dito de outra forma, a estruturas transcendentais do campo teórico e do campo prático, é que a crítica não se define somente pela inspeção da circunscrição no interior da qual essas estruturas se aplicam de modo legítimo, mas também pela vigilância exercida contra a nossa tendência de transgredir esses limites, pretendendo conhecer o absoluto da "coisa em si" ou tirar do fundo da aspiração do desejo humano o sentido de felicidade que corresponderia de modo absoluto a esse desejo. A crítica, nesse segundo sentido, não se reduz à constatação do caráter finito do espírito humano, mas combate o tipo de *hubris* que o espírito humano leva para além de seus limites. É nesse aspecto de luta que o pensamento kantiano pode ser considerado um pensamento dos limites. É ao mesmo tempo admitir que o pensamento (*Denken*) não se esgota nem no conhecimento (*Erkennen*) nem na vontade (*Wollen*); se não, esse desejo de transgressão rumo ao absoluto seria incompreensível, e não menos incompreensível seria o esforço considerável despendido no desmantelamento dos sistemas de pensamento herdados da tradição metafísica no contexto da "Dialética transcendental", nome dado ao sabor das modas dos paralogismos, das antinomias, das aporias em que se desvia a razão quando alega conhecer a alma, o mundo e Deus tais como são em si mesmos. A crítica da teologia racional ocupa um lugar eminente nessa crítica destrutiva dos raciocínios dialéticos; dentre todas as "provas de Deus" que caem sob os golpes kantianos, o argumento ontológico está em primeiro lugar, na medida em que se espera que as outras "provas" o pressuponham: ao argumento de que a existência não poderia estar ausente em um ser que consideramos dotado de todas as perfeições, é objetado que a existência não constitui uma perfeição pensada, como a bondade ou a onipotência, mas, sim, uma posição, constatada empiricamente, em virtude do fechamento do sistema de categorias do conhecimento humano finito.

No entanto, a dialética não deixa apenas ruínas, mas, de um lado, ideias reguladoras para guiar o conhecimento empírico para a coerência e a completude, sem que esse horizonte fique jamais saturado, e, de outro, uma busca legítima do incondicionado acima da sequência interminável de condições. Nisso se caracteriza a irredutibilidade do *pensar* ao *conhecer*. Assim, permanece no estado de *questão aberta* a questão da liberdade, já que é permitido reter em dois níveis diferentes (o numênico e o fenomênico) a "tese" e a "antítese" da antinomia cosmológica da liberdade e do determinismo: a "tese" quer que sejamos capazes de iniciar espontaneamente uma série de acontecimentos no mundo; a "antítese" quer que tudo o que acontece no mundo tenha uma causa anterior, em uma regressão ao infinito. Ora, se a "antítese" interessa à física, a "tese" interessa à moral. Desse modo, a primeira crítica é concluída com uma *questão aberta*. Essa dupla saída da "Dialética" da razão pura é da maior importância para a passagem da primeira para a segunda crítica, mas também para o acesso à questão "Que posso esperar?", e a filosofia da religião lhe é subordinada.

A segunda crítica também possui sua Dialética, ou seja, suas antinomias: em seu alcance demonstrativo (ou "Analítico"), essa crítica expulsou da região dos princípios, área do imperativo categórico, o desejo, o prazer, a felicidade, considerados grandezas empíricas; porém, não se encetou o requerimento de um "objeto inteiro da vontade" em que estariam reconciliadas a virtude, ou seja, o ato cumprido por dever, e a felicidade, ou seja, a plena satisfação. A finitude da razão prática, que não é de menos importância que a finitude da razão teórica, proíbe associar a segunda à primeira por laços diretos de implicação, impedindo, portanto, que estejamos de posse desse "objeto inteiro da vontade" na economia deste século. Mas tal limitação da razão prática não impede que formulemos, sob o formato de *postulados*, as condições existenciais dessa reconciliação, a saber, a efetividade de nossa liberdade, de outra forma além de uma simples pressuposição do dever; a imortalidade, como um tempo infinito aberto para a aproximação da virtude desinteressada; por fim, a existência de Deus como autor da síntese esperada entre a felicidade e a virtude, portanto o agente da efetuação do "objeto inteiro da vontade". A finitude do conhecimento e da vontade não impede que formulemos esses postulados: impede que seja reintroduzida, por esses meios, a metafísica das "provas de Deus".

É do destino reservado à questão "O que me é permitido esperar?" que depende não o discurso direto sobre Deus, a que não seria acrescentado mais nada que seja fundamental, mas, sim, o discurso sobre a religião, que, enquanto discurso sobre as relações entre Deus e o homem, diz indiretamente algo sobre Deus.

No entanto, antes, convém especificar o lugar da terceira crítica, a *Crítica da faculdade de julgar* (1790). Como crítica, trata também das condições de possibilidade, portanto de um dispositivo subjetivo do espírito; porém, enquanto o juízo, de acordo com a primeira crítica, "determina" os fenômenos, por exemplo situando-os em uma rede de causas e efeitos, o juízo de acordo com a terceira crítica é "somente refletidor", ou seja, limita-se a demarcar as vias que nosso pensamento segue ao emitir um juízo de gosto, na área da estética, seja sobre o belo, seja sobre o sublime, ou quando emite um juízo de finalidade, na área biológica, sobre a organização dos seres vivos. É evidente que nem o juízo de gosto nem o juízo teleológico acrescentam algo às leis científicas de um universo copernicano e newtoniano, mas, ao considerar as coisas belas e sublimes e os seres vivos que nos rodeiam, contribuem juntos para ampliar nosso campo de experiência, pelo menos em relação ao sentido que possuem para nós. Assim, o sublime, em que se exprime nossa admiração diante da desmesura dos espetáculos naturais, leva-nos ao sentimento de nossa grandeza moral superior: é quando a estética ajuda a moralidade. Da mesma forma, a finalidade natural se constitui em um nível intermediário entre um mundo físico indiferente à moralidade e uma ordem humana que culmina na tarefa de edificação de uma cidade regida pelo direito e uma constituição cosmopolítica voltada para a paz perpétua.

Assim, a terceira crítica serve como um suporte a um conjunto de textos dedicados à vida *na história*; sem transcendentais apropriados, esses "Escritos sobre a história" (título convencional dado pelos editores) não constituem uma quarta crítica. Entretanto, são dignos de figurar em algum lugar no cerne da questão "Que devo fazer?" e da questão "Que devo esperar?". À sua maneira, eles articulam a tarefa política e cosmopolítica sobre a finalidade natural, que no nível humano se limita a "destinar" os seres que nós somos à personalidade e à humanidade. É a esse estilo de transição que os "Escritos sobre a história" devem seu lugar na filosofia kantiana.

É na obra *A religião nos limites da simples razão* (1793) que se responde à pergunta "O que nos é permitido esperar?". A vigilância da razão nos assegura de que se trata de uma obra filosófica. Além disso, a referência a limites confirma que permanecemos na dependência do pensamento crítico. No entanto, não se trata de uma quarta ou quinta críticas, pois a obra não tem por objeto a ideia de Deus — sobre a qual tudo foi dito nas críticas —, mas, sim, a religião, como grandeza histórica dada, com suas representações, suas crenças, suas instituições. Desse dado histórico de uma espécie particular, a filosofia só reteria aquilo que se harmoniza com o transcendental, ao preço de uma reinterpretação racionalizante dos conteúdos culturais e cultuais da religião, mais precisamente da religião cristã, em sua vertente protestante. Que a filosofia não possa silenciar sobre o fato religioso — digamos, o fato cristão — se deve ao confronto do pensamento com um enigma inelutável, a saber, que o livre-arbítrio só existe historicamente sob a forma da escravidão da vontade, ou seja, do *mal que já está ali*, que atesta uma vontade que se torna indisponível para si mesma. É a possibilidade existencial da boa vontade que é questionada, o que a filosofia prática não pode omitir-se de interpretar. E é somente a significação que a filosofia pode dar à resposta da religião para o fato do mal radical que pode atribuir um conteúdo à resposta trazida para a questão da esperança. Tal é a implicação filosófica de *A religião nos limites da simples razão*.

Assim, a filosofia kantiana da religião é inaugurada com um ensaio dedicado ao *mal radical*. Esse texto não apresenta dificuldades para situar o mal, a saber, na máxima das máximas, com que revertemos a ordem de prioridades entre o dever e o prazer; o mal não está, portanto, nem na sensibilidade nem na razão, o que faz com que o homem não seja considerado nem besta nem demônio, mas, sim, um homem mau. Quanto a descobrir a raiz dessa máxima má, a razão é incapaz disso; ela *encontra* a tendência para o mal já implantada na disposição para o bem. Nessa enigmática justaposição entre o mau princípio e o bom princípio está o sentido filosófico do relato da Queda, despojado de seu invólucro narrativo. Nessa espécie de *midrash* filosófico proposto por Kant, o enigma do mal consiste no paradoxo de uma dupla inerência, de uma dupla exposição da tendência (para o mal) sobre a disposição (para o bem). Nesse sentido, o mal é radical e não original: nenhum começo no tempo e nenhuma transmissão de caráter biológico ou jurídico podem dar conta dele. Se queremos ainda falar de *origem*, será preciso dizer que sua origem é a-histórica e inescrutável.

É o que Karl Jaspers percebeu de modo fantástico em seu ensaio sobre "O mal radical em Kant": "Tal é a situação de fato: além de todos os conhecimentos que podemos adquirir, somos finalmente forçados a encontrar nosso próprio caminho a partir de um não saber que permanece como sua origem verdadeira; então nos tornamos responsáveis não somente por tal ato em particular, mas por nós mesmos. [...] Kant nos força a atingir pelo pensamento o ponto em que a origem deve falar por si em nós, esse ponto que o pensamento pode abordar de leve, mas que não pode reduzir a uma coisa sabida, e do qual somente pode jorrar a revolução moral" (em *Le diurne et le nocturne dans la nature, dans l'art et dans l'acte* [O diurno e o noturno na natureza, na arte e no ato] [*Deucalion* 4], Neuchâtel, La Baconnière, 1952, p. 238 e 242). Assim, a confissão da inescrutabilidade do mal só fecha a via da explicação para manter aberta a da regeneração.

O mal radical faz assim a diferença inicial entre a moral e a religião. A moral dita as condições de possibilidade de uma vontade boa. A religião oferece os meios históricos de restauração do poder perdido do livre-arbítrio. A religião nada acrescenta à moral, portanto, quanto à determinação do dever. Mas apresenta outro problema, o da *capacidade* para o livre-arbítrio quanto a reaver sua disposição primitiva para o bem. Essa restauração constitui um grande paradoxo para a razão filosófica: "A possibilidade de que um homem mau por natureza se torne bom por si mesmo supera todas as nossas ideias", lemos na "Nota geral" que fecha o livro II. É aqui que a religião se apresenta como o grande fora da filosofia: pois não é uma compreensão complementar que oferece, mas, sim, a própria operação dessa revolução da disposição humana.

No entanto, a filosofia ainda não terminou sua obra. Pois é através de *representações, crenças, instituições* que a religião responde ao desafio do mal radical. Nesses três níveis sucessivos, uma interpretação filosófica é necessária, na medida em que por três vezes a religião positiva, estabelecida, instituída, tende a perpetuar a condição de heteronomia que a filosofia moral condena. Nesse sentido, Kant vê o império do mal estendendo-se até nas esferas do poder eclesiástico, resultando em virulência e até mesmo na violência verbal que o leitor percebe inflar-se à medida que a obra se desenvolve.

A princípio, é no nível da *representação* que a filosofia exerce sua censura, ainda que o antagonismo esteja aqui em seu grau liminar. Pois Kant assume com tranquilidade, no mesmo sentido que Spinoza, a figura crística como representação por excelência do bom princípio "em luta com o homem mau para o domínio do homem". Mais que isso, Kant confessa que, desse arquétipo da intenção boa, "não somos os autores, e que [tal ideia] se instalou no homem sem que pudéssemos compreender como a natureza humana pôde estar suscetível a seu acolhimento". Porém, a interpretação filosófica da figura crística exclui que a humilhação de Servo sofredor e o rebaixamento de Cristo sejam considerados acontecimentos históricos. Mais que tudo, a razão rejeita a teologia da expiação, tradicionalmente associada à figura crística, na medida em que tende a substituir o sacrifício da cruz pela mudança do coração. Não sabemos, por fim, como a representação crística vem ao auxílio da conversão de nossa personalidade, sem diminuir sua responsabilidade.

A filosofia começa a se opor com mais veemência às crenças que a religião, enquanto "fé estatutária", impõe como veículo da representação crística. O contexto aqui é a doutrina da justificação pela fé. O serviço do filósofo consiste em ressaltar a antinomia engendrada pelas doutrinas unilaterais da justificação somente pela fé e da salvação somente pelas obras. De um lado, crer na efusão de um dom fora de toda boa intenção é corromper a força motriz da moralidade. De outro, uma boa disposição não pode proceder de uma vontade radicalmente má. O que significa que a vontade se volta para esse bondoso, que vem do fundo da disposição para o bem, uma disposição que a tendência para o mal não aboliu. A antinomia é assim transformada em paradoxo, no paradoxo do esforço e do dom. Podemos enxergar nesse paradoxo uma estrutura da esperança, no prolongamento da representação crística que seria o esquematismo disso.

Porém, na medida em que se avança no texto de *A religião nos limites da simples razão*, a polêmica contra o lado estatutário da crença leva a melhor sobre a reflexão do paradoxo. Com a religião, Kant estima que a fé sempre se correlaciona com uma fé estatutária, em que a ênfase é posta sobre os acontecimentos exteriores e no ensino autoritário da origem exterior a nós da regeneração da vontade. É na separação entre *verdadeiro culto* e *falso culto* que culmina o trabalho de purificação exercido pela filosofia em relação à religião. Há um problema aqui: Kant admite com tranquilidade que a *soberania* do princípio do bem requer uma comunidade de uma espécie única, um papel que a instituição política não poderia ocupar. Da mesma forma, a paz pública não requer de modo algum a melhoria moral dos homens: "Trata-se simplesmente de saber como se pode utilizar em relação aos homens o mecanismo da natureza para controlar o antagonismo das disposições hostis, em um povo, de tal modo que os homens obriguem uns aos outros a submeter-se a leis limitantes, produzindo assim, necessariamente, o estado de paz em que as leis dispõem da força" (*Projeto de paz perpétua*, 1795). Por esse motivo, nenhuma filosofia política tem condições de satisfazer a demanda de uma comunidade que só visa à regeneração da vontade por meios públicos específicos. Pelo mesmo motivo, a saída não está apenas na purificação da igreja, enquanto comunidade cuja razão filosófica não é a origem dos males com que o falso culto a sobrecarrega: submissão de escravos, veneração fingida, hipocrisia, em uma palavra má-fé da fé. Contra o clericalismo, o fanatismo, a crítica filosófica da religião não será jamais severa o suficiente. No entanto, o horizonte dessa crítica continua a ser a aproximação progressiva que a igreja visível é convidada a operar rumo à igreja invisível. Essa aproximação seria o emblema institucional da esperança.

Para concluir, a filosofia precisa de uma hermenêutica da religião porque é fora da circunscrição da razão que se insere o caráter inescrutável da origem do mal, da origem da representação crística implantada em nosso coração, da origem da instituição que dá visibilidade ao reino de Deus.

Mas essa hermenêutica se torna possível pela afinidade presumida entre as demandas da filosofia e os conteúdos reinterpretados. O preço da concórdia é uma relação polêmica, agravada pelos efeitos perversos do mal radical que culminam na postura de heteronomia do falso culto.

Se seu caráter misto impede a hermenêutica da religião de constituir uma extensão da crítica, insere-se na série de questões que a filosofia é habilitada a fazer sob a marca da inteligência da esperança.

Já a última pergunta, "Que é o homem?", não constitui uma questão complementar que requer uma resposta distinta. Para o filósofo crítico, essa pergunta apenas "resume — retomando e religando — as três perguntas para as quais não somente são importantes os três verbos saber, fazer e esperar, mas, sim, os três modos: poder, dever, ser autorizado.

Paul Ricoeur

▶ KANT, Emmanuel, *Werke* (1902-1923), 9 vols., Berlim, Walter de Gruyter, 1968; Idem, *Oeuvres philosophiques*, 3 vols., Paris, Gallimard, 1980-1986; BRUCH, Jean-Louis, *La philosophie religieuse de Kant*, Paris, Aubier, 1968; PHILONENKO, Alexis, *L'oeuvre de Kant*, 2 vols. Paris, Vrin, 1969; REBOUL, Olivier, *Kant et le problème du mal*, Montreal, Presses de l'Université de Montréal, 1971; RICOEUR, Paul, *Une herméneutique philosophique de la religion: Kant* (1992), em *Lectures 3. Aux frontières de la philosophie*, Paris, Seuil, 1994, p. 19-40.

⊙ Autonomia; Baumgarten A. G.; dever; **Deus**; estética; Fichte; fideísmo; fé; Habermas; Hegel; Jacobi; kantismo (neo); Kaufman; **liberdade**; **mal**; metafísica; moral; filosofia; filosofia da religião; físico-teologia; **razão**; Rawls; responsabilidade; Schelling; Schleiermacher; Secrétan

KANTISMO (neo)

O neokantismo é o movimento filosófico que domina o cenário intelectual e universitário alemão entre 1870 e 1925. Tendência filosófica do *Kulturprotestantismus*, esse movimento responde aos mesmos desafios e partilha os mesmos diagnósticos de uma situação de crise. O termo "neokantismo" surge por volta de 1875 e é popularizado pelo uso polêmico adotado por Eduard von Hartmann em *Neukantianismus, Schopenhauerianismus und Hegelianismus in ihrer Stellung zu den philosophischen Aufgabem der Gegenwart* (Berlim, Duncker, 1877). O neokantismo foi bem-sucedido intelectual e culturalmente por ter atribuído uma pertinência sistemática e fundadora à filosofia, ao articular de modo estreito seu programa de fundação transcendental aos desenvolvimentos fulgurantes das ciências modernas e aos problemas colocados pela modernização política e social do Império Guilhermino. A maior parte de seus representantes é composta de protestantes e judeus, sinal de uma convergência que Cohen aponta na resposta que endereçou em 1880 ao historiador antissemita Heinrich von Treitschke (1834-1896): "No conceito científico da religião, não posso achar diferença entre o monoteísmo israelita e o cristianismo protestante". Assim, não é de espantar que seus representantes tenham mantido estreitas relações pessoais com os teólogos liberais da época quando nenhum teólogo adotou sem reservas o ato filosófico que constitui a especificidade sistemática do neokantismo (cabe mencionar, porém, que Troeltsch reinvindica expressamente pertencer à escola de Baden).

Na historiografia filosófica, utiliza-se com frequência o termo "neokantismo" de modo bastante amplo: designa todos os movimentos intelectuais que, na segunda metade do século XIX, recorrem a Kant para reformular a tarefa da filosofia, cuja plausibilidade cultural estava sujeita a caução após o "fracasso do idealismo" e dos sucessos de uma pesquisa científica positivista. Diante dessa acepção pouco precisa, parece preferível distinguir: 1) as tradições kantianas que perduraram durante a primeira metade do século XIX, com, por exemplo, Adolf Trendelenburg (1802-1872), que foi aluno de Karl Leonhard Reinhold (1758-1823) e o professor de Hermann Cohen; 2) o apelo a Kant que surge por volta de 1850 para desconstruir as pretensões criptometafísicas que acompanham o sucesso das ciências experimentais e históricas, com Hermann von Helmholtz (1822-1894), Friedrich Albert Lange (1828-1875), Hermann Lotze (1817-1881), e a referência a Kant à medida que o requerem trabalhos de história e filosofia, de autores como Otto Liebmann (1840-1912), Kuno Fischer (1824-1907); 3) lugar, há o neokantismo propriamente dito, inaugurado pela obra de Hermann Cohen, *La théorie kantienne de l'expérience* (1871, 1918, Paris, Cerf, 2001).

Nessa acepção restrita, o neokantismo descobre na filosofia kantiana uma reflexão sobre as condições sistemáticas da produção de sentido, uma problemática cujo paradigma é encontrado por Cohen na produção de determinações matemáticas do objeto científico. É essa concentração transcendental que faz a especificidade do neokantismo.

O programa filosófico do neokantismo reage a uma configuração cultural marcada pelo triunfo da pesquisa científica, mas também pelos sintomas cada vez mais numerosos de uma desorientação e de uma desintegração culturais. Nesse contexto, a filosofia não mais pode pretender-se uma instância de conhecimento em concorrência com as ciências que, na época, são chamadas de positivas. O neokantismo reage a essa intimação cultural identificando no conhecimento científico (tratando-se da física na obra de Cohen ou das ciências históricas em Rickert) um dado cuja validade é culturalmente incontestada, de modo a fornecer a base de onde partirá uma análise reflexiva dos princípios da validade em geral. A lógica do conhecimento científico se revela assim o núcleo de uma teoria sistemática da cultura, atenta para a identificação tanto de princípios que permitam justificar racionalmente a cultura da modernidade como também de uma crítica de seus desdobramentos e suas insuficiências.

Porém, o neokantismo é tudo, menos um movimento unificado. O perfil que esboçamos descreve uma espécie de modelo ideal, para tentar circunscrever uma verdadeira nebulosa intelectual, organizada em torno de revistas (*Kant-Studien*; *Logos. Internationale Zeitschrift für Philosophie der Kultur*), centros acadêmicos (Marburgo, Friburgo-en-Brisgóvia, Heidelberg, Breslau) e amplamente reunida na *Kant-Gesellschaft*. A nebulosa neokantiana se concentra em torno de dois grupos, a escola de Marburgo, com Hermann Cohen (1842-1918), Paul Natorp (1854-1924), Ernst Cassirer (1874-1945), e a escola de Baden, com Wilhelm Windelband (1848-1915), Heinrich Rickert (1863-1937), Emil Lask (1875-1915), Bruno Bauch (1877-11942), Jonas Cohn (1869-1947). Se ambos os grupos têm em comum uma leitura de Kant que desemboca em uma filosofia da cultura, que por sua vez desenvolve uma lógica transcendental das formas culturais, ambos também se distinguem por sua interpretação do transcendentalismo kantiano, pelas questões metodológicas em que se escora seu programa sistemático e pela orientação política de sua filosofia da cultura. Por fim, tanto em Marburgo quanto em Baden, a questão de uma filosofia da religião se revelou incontornável para articular a instância universal da consciência à concreção individual da subjetividade singular. Mas também nisso a problemática comum encontra diversas realizações, que dão lugar a recepções teológicas sempre diferentes a cada vez.

A escola de Marburgo herda questionamentos abertos por Friedrich Albert Lange. Os trabalhos de Cohen, que sucedem Lange (morto em 1875), têm por base a física clássica, em que Cohen reconhece o paradigma de uma construção matemática do objeto científico (o "fato da ciência"). Para Cohen, a modernidade da posição kantiana consiste tanto na proposta de uma análise das regras às quais tal construção obedece quanto na descoberta de uma produção cuja origem é a consciência (*Bewußtsein*) enquanto princípio da ciência. Essa intuição fundamental implica uma reconstrução crítica de Kant, que se põe a desembaraçá-lo de seus últimos restos empíricos (o dado da intuição e a coisa em si). Nesse aspecto, ele é seguido por Paul Natorp. Diante de toda forma de dualismo epistemológico, Cohen e Natorp apontam para um idealismo crítico: a validade do conhecimento científico se deve exclusivamente ao fato de que tal produção está submetida a um princípio de legalidade que é sua "origem" (Cohen) ou sua "unidade sintética" (Natorp). A determinação do objeto científico é o processo através do qual uma desconhecida (objeto da experiência) é submetida a esse princípio de legalidade. Logo, o conceito (ou seja, a determinação do objeto) não denota mais a persistência de uma substância, mas a constância de uma função (no sentido matemático do termo, cf. Ernst CASSIRER, *Substance et fonction* [Substância e função] (1910, Paris, Minuit, 1977). Já as categorias se tornam os princípios hipotéticos da constituição do objeto experimental, o que permite a Cassirer estender o campo de aplicação da metodologia neokantiana não somente às teorias da relatividade e dos quanta (*Zur modernen Physik*, 1921 e 1937, Darmstadt, Wissenschaftliche Buchgesellschaft, 1957, 1994), mas também ao conjunto das modalidades simbólicas que presidem à construção de uma imagem do mundo: a *Philosophie des formes symboliques* (1923-1929, 3 vols., Paris, Minuit, 1972-1973) desenvolve uma tipologia das construções culturais da realidade (devendo-se a isso o interesse que Pierre Bourdieu [1930-2000] dedicou ao assunto).

A escola de Marburgo não se contenta em refletir no método das ciências da natureza para descobrir nas bases de sua metodologia as condições de validade de seus resultados. Essa reflexão transcendental é o fio de Ariadne que permite descobrir a legalidade que rege o agir e também articular uma crítica da realidade política e econômica da Alemanha bismarckiana e guilhermina. Nesse aspecto, Cohen e Natorp são herdeiros de Lange. Porém, mais uma vez, eles reformulam suas intuições no contexto sistemático que sua crítica idealista desenvolve. Cohen define a ética como "a doutrina dos princípios do Estado e do direito". A ética encontra seu ponto de partida na ideia de que a ação deve dirigir-se ao outro homem, entendido em sua dignidade ideal de sujeito do direito. Nesse sentido, o outro homem deve ser reconhecido como o próprio objetivo de si mesmo, ou seja, como se fosse estruturado por uma autoteleologia (*Selbstzweck*). Essa autoteleologia do ser-homem é o princípio de uma crítica tanto da economia capitalista, que obriga os trabalhadores a venderem sua força de trabalho como uma mercadoria vulgar, quanto do sistema político prussiano, em que o voto censitário não reconhecia o princípio da igualdade dos votos. Em ambos os casos, não se satisfaz à exigência de reconhecer no outro homem a dignidade de uma instância legisladora própria, já que é obrigado a submeter-se a regras que ele não pode reconhecer como leis universais do agir (ficando assim impossibilitado de torná-las máximas éticas de sua vontade, conforme a primeira forma do imperativo categórico). Ora, a ideia do direito consiste justamente na legalidade universal do agir, visando à realização escatológica do Ideal de uma comunidade universal da humanidade, de que o Estado — estado de direito e não simples instância de poder — representa a unidade simbólica.

Nisso chega-se à fundação filosófica do "socialismo ético", desenvolvida pela escola de Marburgo. Contra uma concepção materialista do socialismo que se utiliza da dialética histórica, o neokantismo de Marburgo defende uma compreensão ética que reconhece no Estado a tarefa de legislar para limitar o direito de propriedade, estimular as formas de propriedade cooperativa e desenvolver a educação popular. Se a filosofia da cultura desenvolvida por Cohen em sua obra *Ethik des reinen Willens* (1904, *Werke* VII, Hildesheim, Olms, 1981) visa a uma "regeneração da nação" com base no "ideal ético do socialismo", esse ideal ultrapassa as fronteiras nacionais e exige que a política mundial se guie pela ideia da humanidade. Em plena guerra, no dia 9 de junho de 1917, Cohen declara: "Não queremos abandonar o espírito alemão de nosso cosmopolitismo clássico, que associa do modo mais íntimo ao amor ardente da pátria a fé na humanidade, a piedade, a simpatia e o respeito pelas nações estrangeiras, assim como a esperança de um acordo e de uma concórdia com elas, que podem ser atingidos no futuro, apesar das resistências; o dever nos impõe que prossigamos com nossos esforços nesse sentido" (*Was einigt die Konfessionen*, Berlim, Hutten-Verlag, 1917, p. 36). Recuperada por Franz Staudinger (1849-1921) e Karl Vorländer (1860-1928), que defendem a ideia de um "socialismo idealista que supere os antagonismos de classes em um Estado comum" (Hermann Lübbe), essa posição exerce forte influência nos debates da virada do século em vista de uma transformação crítico-idealista da ortodoxia marxista, na Alemanha (Eduard Bernstein), na Rússia (Nicolas Berdiaeff), na Áustria (Max Adler) e na França (Jean Jaurès). Já Natorp formula uma teoria da "pedagogia social": a educação deve formar indivíduos como membros dessa comunidade ideal que é o estado de direito. Além disso, a ética do neokantismo de Marburgo fornece os meios conceituais de um renascimento da filosofia do direito: a ideia do direito que essa ética desenvolve permite de fato a Rudolf Stammler (1856-1938) e a Hans Kelsen (1881-1973) propor uma teoria normativa do direito que esteja acima da oposição entre direito natural e direito positivo. Por fim, o socialismo ético da escola de Marburgo é uma das fontes de inspiração fundamentais dos "socialistas religiosos".

Enquanto a filosofia da religião de Natorp se baseia na fundação de uma pedagogia social, as obras de Cohen visam a fundar o lugar sistemático que cabe à religião. A religião é o lugar da descoberta da singularidade do indivíduo que é confrontado com Deus. A relação religiosa fundamental, portanto, possui a forma de uma estreita correlação. A história das religiões é feita de uma interação das confissões religiosas cujo movimento tende para uma idealização cada vez mais completa; Cohen encontra o ideal disso na religião profética do judaísmo em que se articulam a universalidade da exigência ética e a singularidade da relação religiosa. Ele propõe assim uma leitura kantianizante do judaísmo liberal que equivaleria a uma figura singular do universal, enquanto a mediação cristológica manteria o cristianismo em uma irredutível particularidade. Tanto em seu engajamento pelo progresso religioso quanto em suas reflexões sobre a colaboração interconfessional no trabalho cultural, Cohen se sabia próximo ao protestantismo liberal e do *Kulturprotestantismus* (entre outros eventos, ele participou, em 1910, do quinto Congresso Mundial para o Livre Cristianismo e o Progresso Religioso, em Berlim, junto a Martin Rade, Ernst Troeltsch, Adolf Harnack, Wilhelm Bousset etc.). A filosofia da religião de Cohen exerceu uma influência decisiva no personalismo teológico e filosófico dos anos 1920 (Franz Rosenzweig, Martin Buber), que modificou o *status* sistemático da correlação: ela se tornou um princípio ontológico fundamental. Dentre os teólogos protestantes, Wilhelm Herrmann e Karl Barth discutiram a posição de Cohen e se referiram a ela para definir seu próprio programa.

A escola de Baden se organiza nos anos 1880 em torno das ideias programáticas expostas por Wilhelm Windelband em uma série de ensaios reunidos em 1884 com o título *Präludien. Aufsätze und Reden zur Einleitung in die Philosophie* (Friburgo em Brisgóvia, Mohr). A partir de 1883, Windelband formula a máxima do trabalho filosófico da escola de Baden em um adágio que se tornou célebre: "Compreender Kant é ir além de Kant". Aluno de Kuno Fischer e Hermann Lotze, permanece fiel à orientação axiológica da crítica em relação ao problema da validade dos valores. De acordo com esse princípio, os representantes do neokantismo de Baden trabalhariam para dar uma forma sistemática ao transcendentalismo em uma axiologia crítica. Porém, Heinrich Rickert iria bem mais longe que Windelband, sistematizando as intuições fundadoras desse neokantismo (cf. sobretudo *Der Gegenstand der Erkenntnis* [1892, 1915], Tübingen, Mohr, 1928; *System der Philosophie. Erster Teil: Allgemeine Grundlegung der Philosophie*,

Tübingen, Mohn, 1921). Essa transformação do kantismo é alimentada por três convicções básicas, em que podemos perceber como que uma condensação dos debates filosóficos do século XIX. Em primeiro lugar, a distinção entre o problema empírico da gênese e o problema crítico da validade; a questão transcendental do *apriori* trata exclusivamente do segundo problema. Em segundo lugar, a atenção que se dedica à pluralidade ordenada dos modos de validade (teórico, prático, estético, religioso), irredutíveis uns aos outros; para os representantes da escola de Baden, é a insistência nessa pluralidade que faz de Kant o filósofo da modernidade. Em terceiro, a moldagem da filosofia crítica em um sistema reflexivo organizado teleologicamente; essa moldagem encontra seus princípios nas modalidades da reflexão desenvolvida por Kant na *Crítica da faculdade de julgar.*

Interpretada nessa perspectiva, a noção de valor deve ser compreendida como uma reformulação do conceito kantiano de Ideia enquanto princípio da reflexão, ou seja, enquanto princípio através do qual o sujeito livre dá a si mesmo a lei de sua livre reflexão. Espontaneidade do entendimento e autonomia da razão prática são então reunidas sob o signo da heautonomia (cf. *Crítica da faculdade de julgar,* Introdução, seção V). A ênfase de Rickert sobre o caráter irreal dos valores (os valores são válidos, mas não existem) retoma a reserva crítica kantiana que atribui às Ideias uma validade somente reguladora. Por fim, já que as Ideias são conceitos da totalidade, uma filosofia reflexiva que encontra seus princípios em uma interpretação axiológica das Ideias terá necessariamente o caráter de uma reflexão sobre o sentido do mundo em sua totalidade e da vida humana enquanto inserida neste mundo: a filosofia não é somente "Doutrina da ciência" (*Wissenschaftslehre,* cf. Fichte), mas também é doutrina da visão do mundo (*Weltanschauungslehre*). Nesse sentido, a reflexão sistemática que é a filosofia tomará a forma de uma reflexão sobre os princípios da cultura (no sentido mais amplo do termo). Na escola de Baden, os debates sistemáticos se dariam basicamente em torno dos problemas relacionados ao *status* principial dos valores e às modalidades de sua validade para a realidade, e as contribuições mais importantes deverão-se a Emil Lask e Bruno Bauch. A teoria do sentido da vida desenvolvida por Rickert estaria aliás na própria base do conceito de sentido, e em torno dessa ideia se desenvolveu a teologia do jovem Tillich.

Embora Rickert tenha concebido abertamente a filosofia como uma "doutrina da visão do mundo", e não como uma visão do mundo, a maior parte dos representantes da escola de Baden se engajariam ativamente nos debates ideológicos que agitaram a burguesia culta alemã no final do século XIX e no início do XX. Se Windelband defendia ainda posições bastante típicas dos liberais-nacionais dos anos 1870-1880, Rickert e inúmeros representantes da segunda geração do neokantismo (os filósofos nascidos nos anos 1860-1880) buscariam conciliar um socialismo de inspiração fichteana com a concepção do Estado nacional alemão, herdada do liberalismo da geração anterior. Por sua vez, na obra de Jonas Cohn (professor de filosofia e de pedagogia em Friburgo em Brisgóvia, despedido por Heidegger em 1933; sob Heidegger, a cadeira se transformaria em educação política voltada para a propaganda ideológica nazista, cf. Martin HEIDEGGER, *Reden und andere Zeugnisse eines Lebensweges 1910-1976* [*Gesamtausgabe* 16], Frankfurt, Klostermann, 2000, p. 186) ou na obra de Troeltsch, essa síntese culminaria no engajamento em favor de uma renovação democrática e social do Estado alemão. Bruno Bauch e Georg Mehlis (1878-1942), assim como muitos neokantianos da terceira geração (nascidos depois de 1895), engajariam-se no nacional-socialismo ou no fascismo italiano.

Além dessas reflexões sobre o *status* transcendental dos valores, a aplicação dessas teses ao problema de uma lógica das ciências se verificou particularmente fecunda. Rejeitando a distinção proposta por Dilthey entre ciências da natureza e ciências do espírito, que recorria à disjunção ontológica entre dois domínios da realidade, Windelband demonstra que as ciências da natureza e as ciências históricas elaboram dois modos diferentes da constituição do objeto científico. A disjunção é, portanto, metodológica: enquanto as ciências naturais constituem seu objeto formulando leis universais (fala-se aqui de ciências nomotéticas), as ciências históricas captam a mesma realidade sob o ângulo do singular (fala-se aqui de ciências ideográficas). Mais uma vez, Rickert daria uma forma sistemática a essa tese fundamental (cf. *Die Grenzen der naturwissenschaftlichen Begriffsbildung. Eine logische Einleitung in die historischen Wissenschaften* [1902], Tübingen, Mohr, 1929), esclarecendo o *status* lógico do singular: ele é constituído por uma intencionalidade axiológica. A axiologia é, portanto, a chave para uma lógica do individual. O conjunto das disciplinas que tratam do individual formam as "ciências da cultura". O *organon* das ciências da cultura é constituído em referência a um sistema de valores, e Rickert enfatiza que esse sistema permanece hipotético em relação à validade epistemológica dessas ciências; as ciências da cultura não têm como tarefa propor uma cosmovisão, mas, sim, compreender as cosmovisões dos objetos que elas estudam. Essa retenção "ideológica" é uma das fontes da tese weberiana da "neutralidade axiológica".

As obras de Rickert exerceriam forte influência nas discussões metodológicas das ciências da cultura. Para a maior parte dos historiadores da época, ofereciam um bem-vindo esclarecimento para o debate que as opunha aos métodos materialistas ou positivistas. Sobre essas questões, a discussão com Troeltsch foi particularmente frutífera: as reservas de Troeltsch levaram Rickert a aumentar seu texto com uma seção dedicada à "compreensão histórica", enquanto a discussão das teses de Rickert forneceu a Troeltsch a moldura do debate que foi empreendido com o título *Historismus*. Sabemos, por outro lado, do papel considerável que ocupou a lógica metodológica de Rickert na epistemologia de Max Weber (1864-1920). Se Weber se apropriou do aparelho lógico de Rickert, assim como da ideia de um sistema de valores, também contestou toda possibilidade de redução ou síntese da pluralidade conflituosa da modernidade (o "politeísmo dos valores"). Tönnies e Simmel se referem também às análises de Rickert. Após 1950, os trabalhos de Rickert exerceram grande influência na América e na Itália, enquanto, a partir de 1934-1935, Raymond Aron dedicou a eles um capítulo bastante crítico de sua tese de doutorado sobre *La philosophie critique de l'histoire* [A filosofia crítica da história] (1938, Paris, Vrin, 1970).

Se todos os representantes da escola de Baden trataram de filosofia da religião, o ensaio que Windelband dedicou ao sagrado (*Das Heilige, Skizze sur Religionsphilosophie* [1902], em *Präludien. Aufsätze und Reden zur Philosophie und ihrer Geschichte*, t. II, Tübingen, Mohr, 1921, p. 295-332) foi o que mais exerceu influência nos debates teológicos. Troeltsch reconheceria nele a fonte de inspiração essencial de sua teoria do *apriori* religioso. Porém, foi principalmente esse texto que introduziu na discussão o conceito de sagrado para designar o polo intencional específico da experiência religiosa Sabemos o sucesso duradouro que obteve (após as obras de Rudolf Otto).

A diversidade demonstrada no neokantismo testemunha múltiplas maneiras com que a filosofia tenta responder a uma situação de crise cultural, aos sintomas cada vez mais manifestos, valorizando potências reflexivas que ela desenvolve em diálogo crítico com Kant. Essa preocupação com a atualização crítica de Kant se manifesta sobretudo nas obras suscitadas pelas três celebrações kantianas de 1881 (centenário da publicação de *Crítica da razão pura*), 1904 (centenário da morte de Kant) e 1924 (bicentenário de seu nascimento). A escolha dos ângulos de ponto de partida e dos questionamentos que presidem a essas releituras responde a desafios culturais que orientam o conjunto dos trabalhos históricos do neokantismo: contra uma história da filosofia que se contentaria com uma abordagem doxográfica, esses trabalhos demonstram uma exigência sistemática para reconstruir a história dos problemas em jogo (um programa executado por Windelband em seu famoso *Lehrbuch der Geshichte der Philosophie* [1892, 1912], Tübingen, Mohr, 1993). Tanto na filosofia quanto na teologia, os anos 1920 marcam um deslocamento de centros de interesse, algo que sinaliza alguns déficits sistemáticos das posições neokantianas (*status* da subjetividade concreta, ontologia da realidade). Um debate sobre a interpretação de Kant mostraria essa perda de plausibilidade cultural do neokantismo: em 1929, no simpósio de Davos, a interpretação existencial de Kant proposta por Martin Heidegger parece ter triunfado sobre a leitura neokantiana defendida por Ernst Cassirer (cf. Ernst CASSIRER e Martin HEIDEGGER, *Débat sur le kantisme et la philosophie, Davos, mars 1929, et autres textes de 1929-1931* [Debate sobre o kantismo e a filosofia, Davos, março de 1929, e outros textos de 1929-1931], Paris, Beauchesne, 1972). Ainda que desde então o neokantismo não tenha mais ocupado o cenário filosófico, seus herdeiros — Richard

Hönigswald (1875-1947), Wolfgang Cramer (1901-1974), Rudolf Zocher (1887-1976), Hans Wagner (1917-2000), Wolfgang Marx (1940-) — asseguraram a continuidade de uma tradição que preza por uma exigência sistemática e um rigor conceitual no ato filosófico.

Jean-Marc Tétaz

▶ BRANDT, Reinhard e ORLIK, Frank, orgs., *Philosophisches Denken — Politisches Wirken. Hermann-Cohen-Kolloquium, Marburg, 1992*, Hildesheim, Olms, 1993; CASSIRER, Ernst, COHEN, Hermann e NATORP, Paul, *École de Marbourg*, Paris, Cerf, 1998; COHEN, Hermann, et alii, *Néokantismes et théorie de la connaissance*, Paris, Vrin, 2000; DIETRICH, Wendell S., *Cohen and Troeltsch. Ethical Monotheistic Religion and Theory of Culture*, Atlanta, Scholar Press, 1986; DUFOUR, Éric, *Les néokantiens. Valeur et verité*, Paris, Vrin, 2003; FERRARI, Massimo, *Retours à Kant. Introduction au néo-kantisme*, Paris, Cerf, 2001; HOLZHEY, Helmut, org., *Ethischer Sozialismus. Zur politischen Philosophie des Neukantianismus*, Frankfurt, Suhrkamp, 1994; Idem e ORTH, Ernst Wolfgang, orgs., *Neukantianismus*, Würzburg, Königshausen und Neumann, 1994; KÖHNKE, Klaus Christian, *Entstehung und Aufstieg des Neukantianismus. Die deutsche Universitätsphilosophie zwischen Idealismus und Positivismus*, Frankfurt, Shurkamp, 1986; KORSCH, Dietrich, "Hermann Cohen und die protestantische Theologie seiner Zeit", *Zeitschrift für neuere Theologiegeschichte* 1, 1994, p. 66-96; OELKERS, Jürgen et alii, org., *Neukantianismus. Kulturtheorie, Pädagogik und Philosophie*, Weinheim, Deutscher Studien Verlag, 1989; OLLIG, Hans-Ludwig, *Der Neukantianismus*, Stuttgart, Metzler, 1979; Idem, org., *Materialien zur Buchgesellschaft*, 1987; RENZ, Ursula, *Die Rationalität der Kultur. Zur Kulturphilosophie und ihrer transzendentalen Begründung bei Cohen, Natorp und Cassirer*, Hamburgo, Meiner, 2002; "Néokantismes", *Revue de métaphysique et de morale*, 1998/3; RICKERT, Heinrich, *Les problèmes de la philosophie de l'histoire. Une introduction*, Toulouse, Presses universitaires du Mirail, 1998; Idem, *Science de la culture et science de la nature*, seguido de *Théorie de la définition*, Paris, Gallimard, 1997; SIEG, Ulrich, *Aufstieg und Niedergang des Marburger Neukantianismus. Die Geschichte einer philosophischen Schulgemeinschaft*, Würzburg, Königshausen und Neumann, 1994; TÉTAZ, Jean-Marc, "La logique de l'historisme entre épistémologie transcendentale et philosophie de l'histoire (Heinrich Rickert)", *Divinatio* 13, Sofia, 2001, p. 123-149; WILLEY, Thomas E., *Back to Kant. The Revival of Kantianism in German Social and Historical Thought 1860-1914*, Detroit, Wayne State University Press, 1978.

▷ Dilthey; direito natural; existencialismo; fideísmo; filosofia; filosofia da religião; Hartmann; hermenêutica; Herrmann; **história**; historicismo; indivíduo; Kant; *Kulturprotestantismus*; Lange; liberalismo teológico; metafísica; **modernidade**; **moral**; Otto; Rade; **razão**; **religião e religiões**; Renouvier; Ritschl; Sabatier A.; sagrado; símbolo; Simmel; socialismo religioso; Tillich; Treitschke; Troeltsch; valores; Weber M.

KÄSEMANN, Ernst (1906-1998)

Exegeta luterano, foi aluno de Bultmann (sobre cuja obra ele defendeu sua tese, em 1933, sobre o "corpo" e o "corpo de Cristo") e também de Erik Peterson (1890-1960) e Adolf Schlatter (1852-1938). Assumiu o cargo de professor de Novo Testamento em Göttingen (1946) e em Tübingen (1958). Engajando-se no combate da Igreja Confessante contra o nazismo (foi aprisionado em 1937), Käsemann manteria sempre que o evangelho não pode prescindir do protesto, da crítica, da revolta.

Teologicamente, Käsemann precisa ser compreendido a partir de Bultmann e da "teologia dialética". Ele jamais abandonou essa estrutura, e crê até mesmo tê-la "radicalizado": teologia da cruz e da crise, Deus outro e sempre dado *sub contrario*, posição "radical" e crítica. Porém, a partir dos anos 1950 ele voltou-se criticamente contra Bultmann (a divergência já era perceptível em 1933), para retomar questões sobre a "pertinência teológica", sucessivamente, do Jesus histórico (1953), do cânon em sua textualidade e sua pluralidade; do apocalíptico, "mãe de toda teologia cristã" (1960). Questões críticas contra a redução bultmaniana ao querigma (considerada "idealizante") e uma consideração insuficiente do criado (o peso do real e da dimensão cósmica), das relações institucionais concretas, das mitologias e das imagens.

Assim, Käsemann acabou adotando algumas questões da teologia liberal, mais ou menos recalcadas pela "teologia dialética" (cf. sua acepção positiva da *Aufklärung*, sua releitura de Ferdinand Christian Baur, sua valorização da escola da história das religiões etc.), mas inserindo-as em uma problemática teológica do "seguir" (contra todo tipo de ideologização) e de um primado cristológico (uma ordem estruturada e estruturante, contra todo tipo de redução soteriológica e antropológica).

Essa problemática tomou corpo sobretudo em uma leitura do apóstolo Paulo, de quem Käsemann é um dos grandes intérpretes.

Pierre Gisel

▶ KÄSEMANN, Ernst, *Exegetische Versuche und Besinnungen* I e II, Göttingen, Vandenhoeck & Ruprecht, 1960-1964; Idem, *Der Ruf der Freiheit*, Tübingen, Mohr, 1968; Idem, *Paulinische Perspektiven*, Tübingen, Mohr, 1969; Idem, *Das Neue Testament als Kanon*, Göttingen, Vandenhoeck & Ruprecht, 1970; Idem, *An die Römer*, Tübingen, Mohr, 1973; Idem, *Kirchliche Konflikte*, Göttingen, Vandenhoeck & Ruprecht, 1982; GISEL, Pierre, *Vérité et histoire. La théologie dans la modernité: Ernst Käsemann* (1977), Paris-Genebra, Beauchesne-Labor et Fides, 1982; Idem, *La question du Jésus historique chez Ernst Käsemann revisitée à partir de la 'troisième quête'*, *ETR* 79, 2004, p. 451-463; WAY, David, *The Lordship of Christ. Ernst Käsemann's Interpretation of Paul's Theology*, Oxford, Clarendon Press, 1991.

◉ Apocalíptico; Bultmann; cânon e cânon dentro do cânon; corpo; criação e criatura; demitologização; hermenêutica; Igreja Confessante; **Jesus (imagens de)**; Jesus (vidas de); **morte e vida eterna**; Schlatter; "teologia dialética"

KAUFMAN, Gordon Dester (1925-2011)

Teólogo americano, nascido em Newton (Kansas), Kaufman estudou sociologia na *Northwestern University* e teologia em Yale, onde obteve o doutorado em 1955. De 1958 a 1963, foi professor associado de teologia na *Vanderbilt University*. De 1963 a 1995, ensinou na *Divinity School* da Universidade de Harvard. Foi também ordenado pastor na Igreja Menonita.

Após confrontar, em suas primeiras obras, o problema do relativismo histórico e doutrinário, Kaufman se concentra na pesquisa dos fundamentos do método e da prática conceitual da teologia. Esse método, compreendido como atividade cultural e intelectual que se utiliza das mesmas fontes de construção, modelização e deslocamento que as outras áreas do pensar, constitui-se em um cenário de um debate crítico empreendido contra a "neo-ortodoxia" e suas lacunas epistemológicas. Sua problemática é a da "reapropriação do vocabulário e dos conceitos da teologia" e da pertinência do conceito de "Deus" em meio ao relativismo moderno dominante.

Para Kaufman, a teologia é fundamentalmente uma atividade de significado cultural geral que não pode ancorar sua reflexão nem em um dado dogmático, nem na experiência ou na revelação. O ponto de partida é fornecido pela análise das categorias, dos conceitos e das tradições teológicas. A teologia é compreendida assim, de modo essencial, como "gramática". Portanto, a partir da linguagem comum é que a teologia se constitui como tarefa específica, descobrindo o objeto central de seu trabalho, o conceito de "Deus", em sua dupla função, formal e material. Enquanto conceito formal, "Deus" surge na linguagem comum "para significar o ponto último de referência ao qual toda ação, toda consciência ou reflexão pode levar"; como conceito material, "Deus" — como agente — "não mais designa tanto esse ponto de referência, mas, sim, a trajetória específica dele". Para Kaufman, que segue aqui Kant, o conceito de "Deus", assim como o de "mundo", é antes de tudo uma ideia reguladora que serve para organizar nosso conhecimento e nossas concepções da realidade; não designa jamais um objeto apreensível, mas se dá como construção imaginativa que unifica e atribui sentido a todas as dimensões da vida.

Patrick Évrard

▶ KAUFMAN, Gordon D., *The Problem of Relativism and the Possibility of Metaphysics. A Constructive Development of Certain Ideas in R. G. Collingwood, Wilhelm Dilthey and Paul Tillich*, tese da Universidade de Yale, 1955; Idem, *Relativism, Knowledge and Faith*, Chicago, University of Chigago Press, 1960; Idem, *The Context of Decision*, New York, Abingdon, 1961; Idem, *Systematic Theology* (1968), New York, Scribner, 1978; Idem, *La question de Dieu aujourd'hui* (1972), Paris, Cerf, 1975; Idem, *An Essay on Theological Method* (1975), Missoula, Scholars Press para a American Academy of Religion, 1979; Idem, *Nonresistance and Responsibility, and other Mennonite Essays*, Newton, Faith and Life Press, 1979; Idem, *The Theological Imagination. Constructing the Concept of God*, Filadélfia, Westminster Press, 1981; Idem, *Theology for a Nuclear Age*, Filadélfia, Westminster Press, 1985; Idem, *Theology as a Public Vocation*, em Theodor JENNINGS, org., *The Vocation of the Theologian*, Filadélfia, Fortress Press, 1985, p. 49-66; Idem, *In Face of Mystery. A Constructive Theology*, Cambridge, Harvard University Press, 1993; DAVANEY, Sheila Greeve, org., *Theology at the End of Modernity. Essays in Honor of Gordon D. Kaufman*, Filadélfia, Trinity Press International, 1991; GUNN, Giles, "On the Relation between Theology and Art in the Work of Gordon Kaufman", *Journal of American Academy of Religion* 50, 1982, p. 87-91; JONES, Hugh O., "Gordon Kaufman's Perspectival Language", *Religious Studies* 14, 1978, p. 89-97; SHARPE, Kevin J., "Theological Method and Gordon Kaufman", *Religious Studies* 15, 1979, p. 173-190; THIEMANN, Ronald F., "Revelation and Imaginative Construction", *The Journal of Religion* 61, 1981, p. 242-263.

◐ Deus; dogmática; **teologia**

KELLER, Gottfried (1819-1890)

Escritor suíço, Keller conta em seu livro *Henri le Vert* [Henrique, o Verde] (1854-1855, 1879-1880, Paris, Aubier Montaigne, 1981), que é um dos grandes *Bildungsromane* ("romances de educação") da literatura alemã, sua juventude sem pai, sua vida com a mãe, mulher de princípios, e as dificuldades de uma educação religiosa na Zurique protestante. Foi inspirado por Ludwig Feuerbach, o crítico da religião. Fracassando como pintor, Keller inicia sua carreira literária em 1846, com poemas políticos que pregam a causa do movimento liberal antes da fundação da Confederação Suíça de 1848. De 1861 a 1875, trabalha como chanceler do cantão de Zurique. Suas novelas, cuja ação se desenrola parcialmente em Seldwyla (*Die Leute von Seldwyla* [A gente de Seldwyla], 1856-1874, trad. parcial *Les gens de Seldwyla*, Paris, Stock, 1928), cidade imaginária que se tornou proverbial, e principalmente sua última obra, *Martin Salander* (1886, Genebra, Zoé, 1991), apresentam o contraste entre os ideais liberais e a busca egoísta pelo sucesso econômico. Na Alemanha, Keller deve sua popularidade à obra *Sete lendas* (São Paulo, Civilização Brasileira, 1961), que é uma adaptação e uma paródia de *Legenden*, livro publicado em 1804 pelo pastor e escritor Ludwig Theobul Kosegarten (1758-1818), e também ao ciclo de novelas *L'épigramme* (1882, Lausanne, L'Âge d'Homme, 1974).

Dominik Müller

▶ KELLER, Gottfried, *Sämtliche Werke*, 24 vols., org. por Jonas FRAENKEL, Leipzig, Benteli, 1931-1948; CORNUZ, Jeanlouis, *Gottfried Keller*, Lausanne, Favre, 1990; ERMATINGER, Emil, *Gottfried Kellers Leben*, Zurique, Artemis, 1950; KAISER, Gerhard, *Gottfried Keller. Das gedichtete Leben*, Frankfurt, Insel, 1981.

◐ Literatura; Suíça

KENÓSIS

Esse termo (etimologicamente, "esvaziar") designa o rebaixamento infinito ou o despojamento do Filho na encarnação e na Paixão (cf. a "obediência" ao Pai de acordo com Fp 2.6-11). Enquanto as tradições católica romana e ortodoxa associam em geral sua compreensão da *kenósis* a uma teologia calcedônica rigorosa, que implica sobretudo união "sem mistura e sem transformação" das duas naturezas, divina e humana, o pensamento protestante (sobretudo o moderno) é mais inclinado a diversas formas de radicalização não calcedônicas desse tema, o que significa que o equilíbrio das naturezas divina e humana de Cristo se dissolve nessa diferença. Mencionaremos alguns exemplos importantes. Primeiro, a radicalização do caráter dialético da *kenósis*: sensível ao retorno da negatividade (kenótica) em positividade (força da ressurreição e surgimento da igreja), essa radicalização é interpretada como a concretização de uma teleologia universal. É o caso de Hegel e, na mesma época, dos teólogos de Erlangen, sobretudo Gottfried Thomasius (1802-1875) e Franz Hermann Reinhold von Frank (1827-1894). Segundo, a radicalização do sofrimento de Deus: para enfatizar a solidariedade divina para com os oprimidos, é acentuada a *kenósis* do próprio Deus em Jesus Cristo, a ponto de maximizar a unidade das naturezas de Cristo em relação a sua distinção (cf., p. ex., os textos de Moltmann nos anos 1970). Terceiro, a radicalização da irreversibilidade da *kenósis*. Com a preocupação de exprimir a seriedade do compromisso do Pai em Jesus, rebaixado e crucificado, chega-se a uma teologia da morte de Deus e, correlativamente, a uma sanção da estrita profanidade e imanência do mundo (cf. Altizer).

Com tudo isso, o protestantismo, graças à liberdade que lega a seus dogmáticos, permite retomadas originais, ainda que às vezes bastante unívocas, da dimensão kenótica.

Bernard Hort

▶ ALTIZER, Thomas J. J., *The Gospel of Christian Atheism*, Filadélfia, Westminster Press, 1963; BREIDERT, Martin, *Die kenotische Christologie des 19. Jahrhunderts*, Gütersloh, Mohn, 1977; FRANK, Franz Hermann Reinhold von, *System der christlichen Wahrheit* (1878-1880), Erlangen, Deichert,

1894; GISEL, Pierre, *Le Christ de Calvin*, Paris, Desclée, 1990; GOUNELLE, André, *Le Christ et Jésus. Trois christologies américaines: Tillich, Cobb, Altizer*, Paris, Desclée, 1990; KÄSEMANN, Ernst, *Analyse critique de Phil. 2,5-11* (1950), em *Essais exégétiques*, Neuchâtel, Delachaux et Niestlé, 1972, p. 63-110; MOLTMANN, Jürgen, *Le Dieu crucifié. La croix du Christ, fondement et critique de la théologie chrétienne* (1972), Paris, Cerf, 1999, cap. 4; THOMASIUS, Gottfried, *Christi Person und Werk. Darstellung der evangelisch-lutherischen Dogmatik vom Mittelpunkte der Christologie aus* (1853-1861), 3 vols., Erlangen, Blasing, 1856-1863.

● Altizer; comunicação de idiomas; cruz; encarnação; Erlangen; pobreza; sofrimento; teologia da cruz; teologias da morte de Deus; Thomasius

KEPLER, Johannes (1571-1630)

Nascido em Weil-der-Stadt, de uma modesta família luterana, Kepler redige, com 13 anos de idade, uma dissertação sobre a predestinação, que lhe valeu uma bolsa dos duques de Wurtemberg. Estuda teologia, matemática e astronomia em Tübingen (1589-1593). Orienta-se para o pastorado, mas as autoridades religiosas o afastam da carreira eclesiástica, pois ele é, tal como seu mestre e amigo Michael Maestlin (1550-1631), um resoluto copernicano. É nomeado professor de matemática em Graz (1593), onde rescreve *O segredo do mundo* (1596) e estabelece uma correspondência com vários eruditos como Galileu (1564-1642), David Fabricius (1564-1617) e Tycho Brahé (1546-1601). Em 1598, os protestantes são expulsos da Styria, onde a Contrarreforma se torna mais severa. Convidado por Brahé, Kepler emigra para Praga (1600), sucedendo ao amigo no cargo de matemático imperial (1601). Formula a lei das áreas (segunda lei de Kepler), a lei do movimento elíptico (primeira lei) e publica um tratado de óptica, assim como várias obras de astronomia. Após a morte de sua esposa, Barbara, e do imperador Rodolfo II, instala-se em Linz (1613) e se casa novamente. Correlaciona o período dos planetas a sua distância média do Sol (terceira lei) e redige, entre outros, *Epitome astronomiae Copernicanae visitata forma quaestionum et responsionum conscripta* (1618) e *L'harmonie du monde* [A harmonia do mundo] (1619, Bordeaux, Jean Peyroux, 1979). Em 1626, Kepler deixa Linz e passa certo tempo em Ulm para acompanhar a publicação de *Tables rudolphines suivies de l'emploi dans les calculs astrologiques* [Tabelas rudolfinas seguidas do uso nos cálculos astrológicos] (Paris, Blanchard, 1986). Torna-se o astrólogo do duque Albrecht de Wallenstein e se estabelece em Sagan, na Silésia, em 1628. Morre em Ratisbona, longe dos seus, no dia 15 de novembro de 1630.

Artesão da separação que se opera lentamente entre astronomia e astrologia, Kepler foi um dos raros estudiosos a salvar o heliocentrismo copernicano do naufrágio; ao apoiar tal posição, forneceu as bases para a mecânica newtoniana. Com muita frequência foi o único a defender suas ideias, tanto na ciência como na religião, e se tornou pobre, ainda que famoso, resignando-se com a venda de horóscopos para assegurar a sobrevivência da família. Espírito avançado demais para seu tempo, combateu a intolerância e a superstição.

Clairette Karakash

▶ KEPLER, Johannes, *Opera omnia*, 2 vols., Hildesheim, Gerstenberg, 1971-1977; Idem, *Le secret du monde* (1596, 1621), Paris, Gallimard, 1993; SIMON, Gérard, *Kepler, astronome astrologue*, Paris, Gallimard, 1979.

● Astrologia; **razão**; Tycho Brahé

KIERKEGAARD, Søren Aabye (1813-1855)

Nascido e morto em Copenhague, Kierkegaard recebeu de seu pai, luterano pietista, uma educação severa. Estudou teologia e, embora não tenha sido ordenado pastor, proferiu algumas pregações e publicou ao longo de toda a sua vida *Discursos edificantes* (uma centena). No texto há leituras assíduas do Novo Testamento e também do Antigo, como atestam seus *Papirer*. Ele reconhece experiências pessoais relacionadas à história de Abraão (*Temor e tremor*, 1843).

"Poeta do religioso", Kierkegaard inicia a elaboração de sua obra literária pensando em sua noiva, Régine Olsen, com quem o compromisso durou apenas de 1840 a 1841. A obra se organiza em torno do "Único" (*den Enkelte*), ou seja, a pessoa original, única "diante de Deus" (*A repetição*, ou, em outra tradução, *A retomada*, 1843). É oferecida "com a mão esquerda" em uma primeira série de escritos sob pseudônimos diversos, atribuídos principalmente a Johannes Climacus, mas também "com a mão direita" nos dezoito *Discursos edificantes* de 1843 e 1844 (1845), assinados pelo autor. As duas séries de textos se "correspondem", a ponto de serem publicadas no mesmo dia, assegurando o diálogo mais ou menos "paradoxal" entre o autor dos *Discursos* e os autores pseudônimos. Os pseudônimos nunca se apresentam como "anônimos" perdidos em uma "sociedade totalitária" (*Meu ponto de vista*, 1846). São "personagens fictícios", encarregados da ilustração de cada estágio, ou etapa, percorrido pelo homem em marcha no caminho da vida (*As etapas no caminho da vida*, 1845). Assim, dom Juan representa o estágio estético, em que se dispersam as sensações diversas, ao sabor do instante efêmero e na busca do prazer. Em oposição a isso, o assessor Wilhelm, esposo fiel e um cidadão "decente", desejoso de obedecer à lei o tempo todo, ilustra o estágio ético (*A alternativa* ou, em outra tradução, *Ou bem, ou bem*, 1843). No entanto, para atingir o estágio religioso, é necessário superar o estágio ético, cumprir o "salto decisivo" da fé ao seguir Abraão que, sob uma aparência absurda, revela-se "o cavaleiro da fé". A cada etapa, Kierkegaard (e cada um de nós?) libera as diversas personalidades que ele poderia ter sido, até que possa, por fim, libertar-se, dizer "eu" a si mesmo.

Utilizando-se de ironia (*O conceito de ironia constantemente referido a Sócrates*, 1841) e humor, Kierkegaard se propõe a responder à pergunta "O que é ser cristão?". Ele rejeita o racionalismo sistemático de Hegel e estabelece uma escala de conceitos suprarracionais, em que a fé ocupa "o ápice" (*Migalhas filosóficas*, 1844; *Pós-escrito final não científico às migalhas filosóficas*, 1846). Como todos esses conceitos são da esfera da *existência*, Kierkegaard é considerado o "pai do existencialismo". No cerne da angústia (*O conceito da angústia*, 1844), o pensador não esquece a alegria primordial, pascalina, que o inundou na manhã do dia 19 de maio de 1838.

No entanto, uma segunda experiência privilegiada sobrevém a Kierkegaard em abril de 1848: ele se apercebe de que o perdão anunciado pelo Salvador é para ele, em pessoa. Sua obra ensina então que "o Único" é totalmente penetrado pelo amor divino, e os discursos que ele passa a assinar são qualificados de cristãos. São os *Discursos edificantes em diversos espíritos* (1847: "Pureza do coração é querer uma coisa", "O que aprendemos dos lírios do campo e das aves do céu", "Evangelho dos sofrimentos") e sobretudo *As obras do amor* ("Meditações cristãs em forma de discursos", 1847), assim como os *Discursos cristãos* (1848), que são concluídos com "Discursos para a comunhão da sexta-feira".

Uma segunda série de textos, assinada sob o pseudônimo Anti-Climacus, abre caminho para uma reconciliação com o outro, com o próximo. Em *Doença para morte* (1849) e nos "três discursos de piedade" (*O lírio dos campos e o pássaro do céu*, 1849), a fé se torna formalmente "o único necessário". Os *Discursos para a comunhão da sexta-feira* visavam a equilibrar os textos do novo pseudônimo, a fim de que Kierkegaard pudesse ser julgado e perdoado com os outros. "O sumo sacerdote", "O publicano" e "A mulher apanhada em pecado" (1849) e *Dois discursos para a comunhão da sexta-feira* (1851), dedicados "de modo indireto" a Régine, a "pessoa inominada", respondem assim à obra *A escola do cristianismo* (1850), de Anti-Climacus. O *tempo* propriamente kierkegaardiano ressoa aqui: Kierkegaard não é nem Climacus nem seu oposto dialético Anti-Climacus, mas está no movimento de oscilação que vai de um a outro, em que "vibra" sua harmonia. Resta-lhe escrever um discurso em memória de seu pai (*A imutabilidade de Deus*, proferido na igreja da Citadelle, em 1851, publicado em 1855) e uma série de três discursos para "ler em voz alta", *Para o exame de consciência: recomendado para a época presente* (10 de setembro de 1851), com o objetivo de popularizar suas ideias.

Após um período de silêncio (1852-1855), em que ele só se expressa na massa de seus *Papirer*, Kierkegaard comparece novamente à arena e lança os panfletos de *O instante* (1855) contra a igreja estabelecida, a igreja do Estado que trai a fé conformando-se com a ordem social. O poeta ironista, transformado em testemunha, inaugura uma verdadeira "comunicação existencial". Porém, esgotado, sofre um colapso na rua e morre no dia 11 de novembro de 1855, com "todas as dissonâncias da [sua] vida resolvidas" em Cristo.

Nelly Viallaneix

▶ KIERKEGAARD, Søren, *Oeuvres complètes*, 20 vols., Paris, Orante, 1961-1987; Idem, *Journal*, tradução francesa parcial, 5 vols., Paris, Gallimard, 1941-1961; Idem, *Hâte-toi d'écouter. Quatre discours édifiants* (1843), edição bilíngue por Nelly VIALLANEIX, Paris, Aubier, 1970; Idem, *La reprise* (1843), org. por Nelly VIALLANEIX, Paris, Flammarion, 1990; CLAIR, André, *Kierkegaard. Penser le singulier*, Paris, Cerf, 1993; COLETTE, Jacques, *Histoire et absolu. Essai sur Kierkegaard*, Paris, Desclée, 1972; HOHLENBERG, Johannes, *Søren Kierkegaard*, Paris, Albin Michel, 1956; Idem, *L'oeuvre de Søren Kierkegaard. Le chemin du solitaire*, Paris, Albin Michel, 1960; VERGOTE, Henri-Bernard, *Sens et répétition. Essai sur l'ironie kierkegaardienne*, 2 vols., Paris, Cerf-Orante, 1982; VIALLANEIX, Nelly, *Écoute, Kierkegaard. Essai sur communication de la Parole*, 2 vols., Paris, Cerf, 1979.

▶ Barth; Bultmann; **Deus**; Dürrenmatt; existencialismo; Hegel; Hirsch; humor; **literatura**; Løgstrup; **mal**; Munch; paradoxo; Taylor M. C.; "teologia dialética"

KIMBANGU, Simon (?1887/89-1951)

Fundador da igreja africana, de origem batista. Sua escolaridade era baixa: "Não tenho jeito para a leitura, mas tenho muita inteligência para a religião", era como se descrevia. Colocava sua vocação nesses termos: "Então, tive um sonho, e Deus me disse: 'Ouvi suas orações — as pessoas pensam que é preciso um intelecto desenvolvido para a minha obra, mas eu vou dar a você algo que supera isso'." Em 1921, desistindo de colocar barreiras a sua voz interior, ele cura uma mulher. Pouco depois, outras curas se seguiriam. Multidões passaram a afluir a N'Kamba. Pregando a volta de Cristo, a libertação dos negros, a promessa de igualdade entre brancos e negros, Kimbangu tornou-se, sem intenção, o fundador de um grande e entusiasmado movimento que sacudiu o Congo Belga. As igrejas e os ateliês se esvaziaram, e Kimbangu foi considerado responsável por isso. M.L. Martin descreve esse movimento como "um movimento não cooperativo fundado apocalipticamente e que perturbou de modo considerável o curso da economia de exportação colonial".

O funcionário colonial belga Léon Morel foi encarregado de investigar o movimento. Chegou à conclusão de que Kimbangu queria fundar uma religião que correspondesse à mentalidade dos africanos: "É necessário combater Kimbangu porque a tendência de seu movimento é pan-negra [...]. A preocupação com a ordem e a tranquilidade públicas exige imperiosamente que seja posto um fim discreto a isso, sem mais delongas" (André RYCKMANS, *Les mouvements prophétiques du Congo en 1958* [Os movimentos proféticos do Congo em 1958], Kinshasa, Bureau d'organisation des programmes ruraux, 1970, p. 47). Kimbangu se rendeu sem resistências à polícia, que o buscava, após ter pedido a seus companheiros que não recorressem à violência de modo algum. Ao longo de um processo fictício, com base em fatos inexistentes, Kimbangu foi condenado à morte (pena que seria comutada em prisão perpétua) e a cem chicotadas pelo comandante militar Rossi. Foi deportado para Katanga, onde morreu na prisão de Elisabethville depois de trinta anos de detenção. Cinco meses de atividades (de abril a setembro de 1921) tinham sido suficientes para fundar a maior das igrejas da África, que só seria oficialmente reconhecida pelo Estado colonial em 1959, às vésperas da independência do país.

A Igreja de Jesus Cristo na Terra pelo Profeta Simon Kimbangu é membro do Conselho Mundial de Igrejas desde 1969. Exprime-se em formas familiares ao jeito africano: palavras cantadas, fanfarras, procissões em passos ritmados e flautas tradicionais do Baixo Zaire ocupam um papel importante nas celebrações. Hostil à violência e firme quanto à moral, a igreja crê responder ao racismo, à corrupção, à injustiça e à miséria naquela parte do mundo. Independente e bem organizada, administra suas próprias escolas, bem como uma faculdade de teologia, hospitais e consultórios, centros agrícolas e centros de formação profissional. Seu líder espiritual hoje é um neto de Simon Kimbangu, de mesmo nome que seu avô.

Jean-Nicolas Bitter e Walter J. Hollenweger

▶ ASCH, Susan, *L'Église du prophète Kimbangu. De ses origines à son rôle actuel au Zaïre (1921-1981)*, Paris, Karthala, 1983; GILIS, Charles André, *Kimbangu, fondateur d'Église*, Bruxelas, Librairie encyclopédique, 1960; KUNTIMA, Diagienda, *Histoire du kimbanguisme*, Lausanne, Soc, 1984; MARTIN, Marie-Louise, *Simon Kimbangu. Un prophète et son Église*, Lausanne, Soc, 1981; RAYMAEKERS, Paul, *Histoire de Simon Kimbangu, prophète d'après les écrivains Nfinangani et Nzungu (1921)* e CHASSARD, Paul-Éric, "Essai de bibliographie sur le Kinbanguisme", *Archives de sociologie des religions* 31, 1971, p. 15-42 e 43-49; USTORF, Werner, *Afrikanische Initiative. Das aktive Leiden des Propheten Simon Kimbangu*, Berna, Lang, 1975.

▶ Cura; inculturação; profetismo; teologias africanas

KING, Martin Luther (1929-1968)

Pastor batista afro-americano que combateu ativamente, nos Estados Unidos, a segregação racial com a resistência não violenta. Nascido em Atlanta (Geórgia), estudou no Norte até a obtenção de um doutorado em filosofia. Em 1954, assumiu a função de pastor no "sul profundo", em Montgomery, tornando-se o porta-voz e o líder de um novo movimento dos direitos civis nos EUA. Com sua organização, a Conferência dos Líderes Cristãos do Sul, desenvolveu estratégias e ações de resistência não violenta que obteriam um belo sucesso em Montgomery (1955-1956), Birmingham (1963) e Selma (1965). A partir de 1963, King torna-se famoso e reconhecido no país, chegando a receber o Prêmio Nobel da Paz em dezembro de 1964. Depois de lutar até 1965 contra os sinais "visíveis" da segregação radical, sua luta se amplifica. Esse último período (1966-1968) se inicia com demonstrações no Norte (Chicago) e se encerra tragicamente em Memphis, com seu assassinato. Essa fase se caracterizou por um aprofundamento das reflexões de King, com seu engajamento contra a Guerra do Vietnã e a organização de uma campanha pelos pobres.

Com uma teologia perpassada pela tradição negra, King é hoje considerado uma personalidade de proa para o pensamento religioso (afro)americano, um verdadeiro precursor da teologia negra, com as questões decisivas que levantou sobre o engajamento de Deus na história, sobre as relações entre o evangelho e a política e sobre a ética.

Serge Molla

▶ KING, Martin Luther, *"Je fais un rêve". Les grands textes du pasteur noir*, Paris, Centurion, 1987; Idem, *Autobiographie*, org. por Clayborne CARSON, Paris, Bayard, 2000; *Minuit, quelqu'un frappe à la porte. Les grands sermons de Martin Luther King*, Paris, Bayard, 2000; *The Papers of Martin Luther King, Jr.*, Berkeley, University of California Press, 1992; COMBESQUE, Marie-Agnès, *Martin Luther King Jr. Un homme et son rêve*, Paris, Le Félin, 2004; CONE, James H., *Malcolm X et Martin Luther King. Même cause, même combat* (1991), Genebra, Labor et Fides, 2002; MOLLA, Serge, *Les idées noires de Martin Luther King*, Genebra, Labor et Fides, 1992; OATES, Stephen, *Martin Luther King, Jr. (1929-1968)* (1982), Paris, Centurion, 1985.

▶ Cone; Direitos Civis (movimento dos); igreja negra (afro-americana); Jackson J. L.; **Jesus (imagens de)**; Movimento Internacional da Reconciliação; objeção de consciência; Rauschenbusch; teologia negra (afro-americana); **violência**

KIRCHENKAMPF

Palavra alemã que significa literalmente "luta da igreja", o termo *Kirchenkampf* surge no final de 1933 para designar o conflito em curso na época em relação à reorganização das igrejas protestantes alemãs. A partir de 1935, o sentido do termo se ampliou para abarcar as questões políticas e jurídicas que diziam respeito ao lugar das igrejas protestantes no Estado nazista; foi utilizado também no sentido de uma contestação essencial da ideologia do nazismo, compreendida como "religião política" (G. Jacob, dezembro de 1936). Hoje, entende-se por esse termo a história das igrejas alemãs de 1933 a 1945.

Para uma melhor compreensão dos eventos da época, é preciso lembrar dois dados determinantes. Primeiro, em sua grande maioria, o protestantismo alemão do entreguerras é dominado pela rejeição à modernidade liberal, em suas dimensões tanto políticas (democracia parlamentar e estado de direito) e econômicas (capitalismo e economia de mercado) quanto religiosas (pluralismo ideológico e *Kulturprotestantismus*). Assim, as instâncias eclesiásticas protestantes apoiaram as transformações da democracia de Weimar em um sistema presidencial independente do controle parlamentar, em funcionamento desde 1930 (governos Brüning, Von Papen e Von Schleicher), e saudaram o processo como um "Avivamento nacional" (*nationaler Aufbruch*), teologicamente legítimo e que exigia o apoio das igrejas. Segundo, a revolução de 1918 forçou as igrejas a uma reorganização institucional que colocou a questão eclesiológica no centro dos debates teológicos. Se o programa de uma *Volkskirche* ("igreja do povo") foi quase unanimidade, tanto a questão das formas institucionais da igreja quanto a do *status* reconhecido para as confissões de fé (assim como o impacto dessas duas questões uma sobre a outra) foram objeto de acirrados debates que não encontraram soluções definitivas. Em particular, a questão de uma estrutura nacional que superasse o particularismo das 28 igrejas protestantes territoriais (*Landeskirchen*) correspondentes a três famílias protestantes diferentes (luterana, unida e reformada), recebeu apenas uma resposta institucional provisória.

Em um primeiro momento, a nomeação de Hitler como chanceler e as medidas legislativas que suspenderam os direitos fundamentais e restringiram rigorosamente o papel das instâncias parlamentares e federais foram bem recebidas por todas as igrejas protestantes, que confiaram nas garantias oferecidas por Hitler quanto à política religiosa; essas garantias pareceram de fato apoiarem-se no artigo 24 do programa do *Nazionalsozialistische Deutsche Arbeiterpartei* ("Partido Trabalhista Nacional-Socialista Alemão), referindo-se a um "cristianismo positivo". Durante os primeiros meses, a política eclesiástica dos nazistas orientou-se pela ideia de uma unificação das igrejas protestantes alemãs em uma só *Reichskirche* ("Igreja do Império", ou seja, nacional), que deveria permitir uma solução homogênea para as relações entre as igrejas territoriais e o "novo Estado alemão".

Se houve acordo quanto ao objetivo, seriam objeto de controvérsias as modalidades institucionais e suas legitimações teológicas. Hitler se apoiou na *Glaubensbewegung Deutschen Christen* ("Movimento de Fé dos Cristãos Alemães"), fundado no dia 11 de fevereiro de 1932 tendo em vista as eleições eclesiásticas da Prússia dos dias 12 a 14 de novembro do mesmo ano. Em abril de 1933, os "Cristãos Alemães" propuseram para o cargo de bispo do Reich a candidatura do capelão militar de Königsberg, Ludwig Müller — que no dia 25 de abril de 1933 Hitler chamou para ser seu "homem de confiança, responsável pelos contatos políticos eclesiásticos" —, e solicitaram que fosse adotado nas igrejas o parágrafo ariano, regra do *Gesetz zur Wiederherstellung des nationalen Berufsbeamtentums* ("Lei para a reintrodução dos funcionários profissionais nacionais"), que excluía das funções públicas as pessoas de origem judaica. Para se contrapor a essas exigências, foi constituída a *Jungreformatorische Bewegung* ("Movimento dos Jovens Reformadores"), que reuniu primeiro teólogos luteranos conservadores (Walter Künneth, Hanns Lilje, Martin Niemöller, Karl Heim etc.). Embora apoiando politicamente o novo regime (seu manifesto proclama um "Feliz 'sim' ao novo Estado alemão"), seus participantes rejeitavam o fato de que a política eclesiástica de reforma institucional fosse inspirada em um modelo político e exigiam uma reformulação que partisse daquilo que é "a essência da igreja". Para o posto de bispo do Reich, propunham o fundador da Instituição Bethel, Friedrich von Bodelschwingh.

Entre maio e junho de 1933, o governo nazista já tinha conseguido aplicar sanções à maioria das igrejas protestantes alemãs. Bodelschwingh precisou retirar sua candidatura. Foi formada uma comissão, com Ludwig Müller na presidência, formada por um luterano (August Marahrens), um reformado (Otto Weber) e um representante das Igrejas Unidas, para a elaboração de uma constituição da Igreja Protestante Alemã (*Deutsche Evangelische Kirche, DEK*), promulgada no dia 14 de julho. As eleições eclesiásticas gerais do dia 23 de julho testemunham a esmagadora vitória dos "Cristãos Alemães", a quem Hitler manifestou apoio em um discurso pelo rádio no dia 21 de julho. O Sínodo Nacional reuniu-se em Wittenberg, no dia 27 de setembro, elegendo Ludwig Müller como bispo do Reich.

Porém, a partir do verão de 1933, essa marcha triunfal se chocaria com resistências teológicas. Em *Theologische Existenz heute!* (1933, Munique, Kaiser, 1984), Karl Barth argumentou que a transformação política do Estado não poderia legitimar uma reforma institucional da igreja e exigiu que, diante da *Jungreformatorische Bewegung* e dos "Cristãos Alemães", fosse entabulada uma reflexão sobre o fundamento teológico da existência eclesial. Da mesma forma, Martin Niemöller decide fundar o *Pfarrernotbund* para reagir à inserção do parágrafo ariano nas igrejas prussianas (inserção que a Faculdade de Erlangen apoiava, mas não a Faculdade de Marburgo — a faculdade de Bultmann e Von Soden). Os antagonismos se reforçaram com a ação dos "Cristãos Alemães", que, onde quer que fossem maioria, operavam em prol de uma integração forçada das igrejas territoriais à *DEK*, e também com o escândalo do Palácio dos Esportes (Berlim, 13 de novembro de 1933). Em um grande ajuntamento, o presidente berlinense dos "Cristãos Alemães" defende uma linha maximalista, exigindo que se expurgasse da Bíblia todo abrandamento em relação aos judeus (Antigo Testamento e Paulo) e que se visse em Cristo um "herói ariano". O repúdio a essas ideias foi geral e enfraqueceu de modo decisivo os "Cristãos Alemães".

O escândalo permitiu que todos os grupos que rejeitavam a política centralizadora de Ludwig Müller articulassem uma expressão teológica de desacordo. Essas forças convergiram para a formação da Igreja Confessante, na época do primeiro Sínodo Confessante de Barmen (29 de maio de 1934), preparado por sínodos regionais e diversos encontros prévios. Foi adotada ali a *Declaração de Barmen*, redigida por Karl Barth e proposta para a aprovação dos representantes pelo pastor luterano Hans Asmussen; em sua apresentação, Asmussen se esforçou para suavizar os ângulos de um texto em que, na quinta tese, Barth expressava claramente a negação teológica do Estado nazista. O Sínodo se considerou o único representante teologicamente legítimo da DEK; sua declaração adquiria um valor contextual e se desejava uma atualização das confissões de fé da Reforma diante das "falsas doutrinas dos Cristãos Alemães e do atual governo da Igreja Protestante Alemã". O protesto teológico da Igreja Confessante se inseriu em grande parte em uma linha confessional conservadora e antimoderna. "Se protestamos [...], não o fazemos como membros do povo contra a história mais recente do povo, não o fazemos como cidadãos contra o novo Estado, não o fazemos como sujeitos contra as autoridades; ao contrário, nós nos erguemos em protesto contra o fenômeno que há mais de duzentos anos tem lentamente preparado a destruição da igreja. [...] Fazer com que pretensões normativas se equivalham à Escritura, a eventos históricos, à razão, à cultura, ao sentimento estético, ao progresso ou quaisquer outras potências e instâncias, [tudo isso não passa de] diferença relativa" (Wilhelm Niemöller).

Em um primeiro momento, a organização das forças confessantes em Barmen não impede que se prossiga com a política de integração forçada empreendida pelo aparelho central da DEK e pelos "Cristãos Alemães". Essa política chega a seu ponto culminante no outono de 1934, com a prisão domiciliar dos bispos luteranos de Wurtemberg (Theophil Wurm) e da Baviera (Hans Meiser). Esse endurecimento leva à convocação do segundo Sínodo Confessante Geral em Berlim-Dahlem (paróquia de Martin Niemöller), nos dias 19 e 20 de outubro de 1934. O Sínodo se declara único representante jurídico legítimo da DEK e instaura o "direito de urgência eclesiástica" (*kirchliches Notrecht*) para enfrentar as medidas tomadas pelas instâncias eclesiásticas controladas pelos "Cristãos Alemães". Em 30 de outubro, Hitler recebe os bispos de Hanover, Wurtemberg e Baviera. Em 20 de novembro, as medidas legislativas que permitiam a integração forçada das igrejas territoriais são revogadas: a política de unificação e de centralização forçadas definitivamente fracassava. Em 22 de novembro, apoiando-se nas decisões tomadas em Dahlem, a Igreja Confessante se mune de uma Direção Provisória sob a batuta do bispo de Hanover, August Marahrens.

Os anos seguintes se caracterizaram por duas áreas de conflito: os confrontos ideológicos com os movimentos neopagãos ou pós-cristãos que atribuíam a si mesmos uma "fé alemã" e a volta da política eclesiástica do Estado nazista, que, após o fracasso de Ludwig Müller, encarrega Hanns Kerrl (1887-1941) do Ministério das Relações Eclesiásticas (16 de julho de 1935) e lhe atribui os poderes necessários para restabelecer a ordem na Igreja Protestante (24 de setembro). Essa "política de pacificação", em que Kerrl se esforçaria por um consenso, provocou a demissão da Direção Provisória da Igreja Confessante (Sínodo de Bad Oyenhausen, 17-22 de fevereiro de 1936) e sua consequente divisão institucional (18 de março de 1936). Enquanto a Segunda Direção Provisória da Igreja Confessante só era totalmente reconhecida pelos representantes das Igrejas Unidas, os luteranos se reuniram no Conselho da Igreja Protestante Luterana da Alemanha, presidido por Marahrens. Essa cisão da Igreja Confessante reflete divergências eclesiológicas entre os teólogos da Igreja Unida, que pregavam uma estrutura congregacionalista e uma linha estritamente confessional, enquanto os teólogos e homens do aparelho luterano defendiam uma concepção mais orientada para uma visão institucional da igreja e estavam mais propensos a ceder em acordos. Foi a esse conselho que Bonhoeffer se dirigiu, declarando que "quem se separa da Igreja Confessante se separa da salvação". Essa divisão duraria até o fim da guerra.

O ano de 1936 não marcou somente a cisão da Igreja Confessante. Foi também o ano em que, sob a influência de uma corrente anticristã no Partido Nacional-Socialista (Rosenberg, Himmler, Bormann, Hess, Heydrich), a política nazista em relação às igrejas começa a modificar-se: de uma política de integração e de enquadramento, visando a que as igrejas se tornassem aliadas do regime, passou-se a um desinteresse, que sinalizava uma política de restrição e perseguição, buscando limitar as possibilidades de ação e influência das igrejas cristãs. Na própria Alemanha, essa nova linha se caracterizou em grande parte pela prisão de um bom número de pastores e líderes da Igreja Confessante (Niemöller foi o caso mais conhecido) e pelo fechamento das estruturas paralelas de formação teológica (Altas Escolas eclesiásticas, seminários pastorais, como Finkenwalde, dirigido por Bonhoeffer), tudo isso após as decisões do Terceiro Sínodo Confessante (Augsburgo, 4-6 de junho de 1935). Por outro lado, na Áustria e nos territórios anexados da Polônia, os funcionários nazistas estabeleceram uma política cujo objetivo explícito era a eliminação das igrejas e do cristianismo, cuja aplicação na Alemanha se daria somente depois da "vitória final" (circular de Martin Bormann, de 9 de julho de 1941).

O despertar das hostilidades no dia 1º de setembro de 1939 modificou mais uma vez o panorama geral. Tanto os representantes de uma ala moderada (reunidos no *Geistiges Vertrauensrat der DEK*) quanto os da Igreja Confessante fizeram apelo à solidariedade nacional. O ataque contra a União Soviética foi saudado com uma mensagem do *Vertrauensrat* a Hitler, exprimindo a esperança de que "sob vossa liderança surja uma nova ordem em toda a Europa e que finalmente tenham fim toda dissolução interior, toda mancha no que é sagrado, toda violação da liberdade de consciência". Marahrens, presidente desse Conselho, saudou o fracasso do atentado contra Hitler com um telegrama que afirmava: "Em todas as igrejas protestantes da Alemanha, elevaremos nossas orações em reconhecimento pela proteção misericordiosa de Deus e sua visível preservação". Em 1945, as autoridades inglesas de ocupação pediriam a Marahrens que se demitisse de seu cargo de bispo luterano de Hanover.

Contudo, a solidariedade nacional raramente tomou a forma de uma homilética nacionalista tal como na Primeira Guerra Mundial. Ao contrário, as relações do "Serviço de Segurança" (*Sircherheitsdienst*) mencionavam regularmente tons críticos nas pregações, sinais evidentes de uma reprovação. De modo manifesto, as medidas restritivas contra as igrejas, assim como o caráter criminoso da política racial e militar dos nazistas, faziam com que se questionasse uma lealdade expressa no sentimento de dever patriótico e solidariedade nacional. A reprovação das igrejas visava sobretudo ao programa nazista da eutanásia, que também se estendia aos pensionistas de inúmeras instituições eclesiásticas. Esses protestos forçaram os nazistas a suspender o assassinato de doentes mentais e enfermos psíquicos. Por outro lado, as raras manifestações de oposição à política de extermínio dos judeus europeus (atribuídas sobretudo a Dietrich Bonhoeffer, Theophil Wurm e aos Sínodos da Igreja Confessante prussiana) não surtiram efeito algum. Por fim, mesmo se a maior parte dos representantes da resistência militar e civil (Carl Friedrich Goerdeler e Ludwig Beck, os dois maiores responsáveis pelo atentado de 20 de julho de 1944, mas também os membros dos círculos de Kreisau e Friburgo) era resolutos cristãos, as igrejas ou seus representantes não se engajaram como tais na resistência (Bonhoeffer foi uma exceção). No entanto, insistindo em sua especificidade, essas igrejas certamente contribuíram para reforçar a convicção dos membros que, em pouco número ou tarde demais, decidiram organizar uma resistência política e militar.

A *Kirchenkampf* desempenhou — e ainda desempenha — um papel essencial na identidade do protestantismo alemão. São as instâncias eclesiásticas da *Kirchenkampf* que presidiram a reestruturação da igreja protestante alemã no pós-guerra (fundação da *Evangelische Kirche in Deutschland*, a Igreja Protestante da Alemanha, em Treysa, nos dias 27 a 31 de agosto de 1945). No nível teológico, a *Kirchenkampf* contribuiu para deslegitimar uma abordagem extrateológica da realidade eclesial e cristã — tal como a privilegiara uma linha de pensamento advinda da *Aufklärung* e de Schleiermacher — em prol de uma tradição dogmática articulada com a teologia da Reforma e a terminologia da ortodoxia. Porém, o surgimento da *EKD* não significou o desaparecimento dos antagonismos teológicos e ideológicos que levaram à cisão da Igreja Confessante. Ao contrário, continuam a existir duas tendências eclesiológicas, cujos desacordos, já manifestos pela publicação de duas declarações diferentes sobre a responsabilidade das igrejas diante dos eventos de 1933-1945 (*Stuttgarter Schuldbekenntnis*, de 18-19 de outubro de 1945, e *Darmstädter Wort*, de 8 de agosto de 1947), são vislumbrados nas posições divergentes sobre a evolução política da Federação Alemã após 1949 (remilitarização, orientação para o Ocidente) e até nas reações aos problemas levantados pela reunificação dos dois Estados alemães em 1990 (capelania militar, ensino religioso nas escolas, impostos eclesiásticos), em que se unem às questões sobre como a igreja protestante se vê e como percebe sua relação com o Estado. Na República Democrática Alemã (a Alemanha Oriental comunista), as instituições que foram herdeiras da *Kirchenkampf* permitiram que se mantivessem as estruturas de formação independentes do Estado e do Partido. Foi aliás em referência explícita a Bonhoeffer e a sua concepção de uma "interpretação não religiosa" do cristianismo que as igrejas protestantes da Alemanha Oriental definiram sua posição ao mencionar uma "igreja no socialismo". De várias maneiras, a referência à *Kirchenkampf* serviu e ainda serve como legitimação ideológica e política para o protestantismo alemão. Nesse sentido, contribui tanto para a produção de lendas como para o esclarecimento histórico.

Jean-Marc Tétaz

▶ **Documentos:** NICOLAISEN, Carsten, org., *Dokumente zur Kirchenpolitik des Dritten Reiches*, 3 vols., Munique-Gütersloh, Kaiser, 1971-1994; SCHMIDT, Kurt Dieter, *Die Bekenntnisse und grundsätzlichen Äusserungen zur Kirchenfrage 1933 bis 1935*, 3 vols., Göttingen, Vandenhoeck & Ruprecht, 1934-1936. **Visões gerais:** MEIER, Kurt, *Der evangelische Kirchenkampf*, Göttingen, Vandenhoeck & Ruprecht, vols. I e II (1976), 1984, e vol. III, 1984; Idem, *Kreuz und Hakenkreuz. Die evangelische Kirche im Dritten Reich* (1992), Munique, Deutscher Taschenbuch Verlag, 2001; Idem, *Die theologischen Fakultäten im Dritten Reich*, Berlim, Walter de Gruyter, 1996; NOWAK, Kurt, *Geschichte des Christentums in Deutschland. Religion, Politik und Gesellschaft vom Ende der Aufklärung bis zur Mitte des 20. Jahrhunderts*, Munique, Beck, 1995, p. 242-322; SCHOLDER, Klaus, *Die Kirchen und das Dritte Reich*, 2 vols., Frankfurt, Ullstein, 1986-1988; Idem, *Die Kirchen zwischen Republik und Gewaltherrschaft*, org. por Karl Otmar Freiherr von ARETIN e Gerhard BESIER, Berlim, Siedler, 1988 (bibliografia, p. 162-170); SIEGELE-WENSCHKEWITZ, Leonore e NICOLAISEN, Carsten, orgs., *Theologische Fakultäten im Nationalsozialismus*, Göttingen, Vandenhoeck & Ruprecht, 1993.

◉ Alemanha; Althaus; *Barmen (Declaração de)*; Barth; Bonhoeffer; Cavaillès; Chambon-sur-Lignon; "Cristãos Alemães"; Dibelius O.; Drews; Erlangen; Gollwitzer; guerras mundiais; Hirsch; Igreja Confessante; Kittel G.; Müller L.; Niemöller; Revolução Conservadora; Weber O.

KITTEL, Gerhard (1888-1948)

Exegeta alemão, nascido em Breslau, morto em Tübingen, filho de Rudolf Kittel. Estudou teologia e línguas orientais, tornando-se professor de Novo Testamento em vários locais: Kiel (1913-1917), Leipzig (1917-1921), Greifswald (1921-1926) e Tübingen (1926-1945), com a garantia de um período de ensino em Viena, de 1939 a 1943. Em suas obras, Kittel mostra quanto o conhecimento do judaísmo palestino (cf. os *Rabbinische Texte* editados por ele a partir de 1933, com Kohlhammer em Stuttgart) e do mundo helenístico é essencial para uma correta compreensão do cristianismo primitivo. Seu nome permanece incontestavelmente associado ao *Theologisches Wörterbuch zum Neuen Testament* [Dicionário teológico do Novo Testamento], publicado em 1933, cujas novas edições seriam de responsabilidade de Gerhard Friedrich após a morte de Kittel. O objetivo dessa obra monumental consiste em repertoriar todos os conceitos teológicos e religiosos importantes do Novo Testamento para mostrar de que sentido particular se revestem nos diversos meios e nas diversas tradições que foram deles, sucessivamente. Esse dicionário é sem dúvida a obra científica mais representativa da exegese neotestamentária protestante alemã da primeira metade do século XX, encarnando de modo exemplar a renovação bíblica contemporânea.

O ano de 1933 marca uma virada na postura de Kittel quanto aos judeus: conferência sobre a *Judenfrage* (Stuttgart, Kohlhammer, 1934) em que, ao estabelecer uma distinção entre os judeus emancipados e o povo de Israel do Antigo Testamento, Kittel afirma a decadência do judaísmo contemporâneo, o que lhe permite sustentar que os judeus não têm direito à cidadania alemã. Assim, Kittel adere ao Partido Nacional-Socialista Alemão (*Nationalsozialistische Deutsche Arbeiterpartei*), aquiescendo à ideia de renovação nacional propagada pelo nazismo — uma ideia que ele embasava com um antissemitismo "cristão" racional. Para ele, os judeus, como povo eleito, não deveriam misturar-se com os outros povos. Preso pelos franceses em 1945, foi demitido de suas funções no ensino e internado durante quase um ano no campo de Balingen.

Lucie Kaennel e Jean Zumstein

▶ KITTEL, Gerhard, *Jesus und die Rabbinen*, Berlim, Runge, 1914; Idem, *Jesus und die Juden*, Berlim, Furche, 1926; Idem, *Die Probleme des palästinischen Spätjudentums und das Urchristentum*, Stuttgart, Kohlhammer, 1926; Idem e FRIEDRICH, Gerhard, org., *Theologisches Wörterbuch zum Neuen Testament* (1933-1979), 9 vols. + índice e complemento bibliográfico, Stuttgart, Kohlkammer, 1990 (trad. franc. parcial: 11 vols., Genebra, Labor et Fides, 1966-1976); BARR, James, *Sémantique du langage biblique* (1961), Paris, Cerf, 1988; ERICKSEN, Robert P., *Theologians under Hitler. Gerhard Kittel, Paul Althaus and Emmanuel Hirsch*, New Haven, Yale University Press, 1985; SIEGELE-WENSCHKEWITZ, Leonore, *Neutestamentliche Wissenschaft von der Judenfrage. Gerhard Kittels theologische Arbeit im Wandel deutscher Geschichte*, Munique, Kaiser, 1980.

◉ Antissemitismo; Barr; Bíblia; enciclopédias protestantes; exegese; método histórico-crítico

KITTEL, Rudolf (1853-1929)

Professor de Antigo Testamento nas universidades de Breslau (1888-1898) e Leipzig (1898-1924), Kittel foi primeiro chamado para Tübingen, onde estudou teologia. Porém, seu conservadorismo exegético e sua oposição às teses de Julius Wellhausen seriam um obstáculo para sua nomeação. Influenciado pelo pietismo de Wurtemberg, em seus comentários aos livros do Antigo Testamento (Isaías, Reis, Crônicas, Salmos), enfatiza a piedade individual dos autores bíblicos. Em sua obra *Geschichte des Volkes Israël* [História do povo de Israel] (que teve sete edições até 1925), com um objetivo apologético, Kittel insere resultados das descobertas arqueológicas na Mesopotâmia, que provariam, segundo ele, a veracidade dos relatos bíblicos. Sua reputação mundial se deve à edição da *Biblia Hebraica* (1ª edição em 1906), que se tornou uma ferramenta de trabalho indispensável para a exegética. Com base em primeiro lugar no *Textus Receptus* da tradição judaica, Kittel e seus colaboradores elaboram um "aparato crítico" que demonstra as diferenças textuais mais importantes que foram atestadas pelos manuscritos hebraicos e pelas versões. A 3ª edição se baseia no *Codex Leningradensis* (manuscrito B 19 da Biblioteca Pública de São Petersburgo), que é o mais antigo manuscrito com o Antigo Testamento completo. Essa edição foi revisada a partir de 1968. Hoje, é publicada com o nome *Biblia Hebraica Stuttgartensia*.

Thomas Römer

▶ KITTEL, Rudolf, *Geschichte des Volkes Israël*, 4 vols., Götha-Stuttgart, Perthes-Kohlhammer, 1909-11929 (1ª ed. publicada com o título *Geschichte der Hebraër*, 1888-1892); Idem, *Die Notwendigkeit und Möglichkeit einer neuen Ausgabe der Hebräischen Bibel*, Leipzig, Quelle und Meyer, 1901; HEMPEL, Johannes, "Rudolf Kittel †", *Zeitschrift der deutschen morgenländischen Gesellschaft* 84, 1930, p. 78-93; RÖMER, Thomas e MACCHI, Jean-Daniel, *Guide de la Bible hébraïque. La critique textuelle dans la* Biblia Hebraica Stuttgartensia, Genebra, Labor et Fides, 1994; TOV, Emanuel, *Textual Criticism of the Hebrew Bible*, Minneapolis-Assen-Maastricht, Fortress Press-Van Gorcum, 1992, p. 164-180, 374-378 e 406-407.

◉ **Bíblia**; exegese; pietismo; Wellhausen

KLEE, Paul (1879-1940)

Pintor alemão, nascido em Berna de uma família de músicos, Klee está entre os maiores pintores do século XX. Logo estabelecido em Munique, entra em 1911 para o movimento do *Blaue Reiter* ("Cavaleiro Azul"). Passa a ensinar no *Bauhaus*, em Weimar, de 1921 a 1924, e em seguida em Dessau, de 1926 a 1931, antes de fugir do nacional-socialismo.

Culturalmente protestante (seu avô Félix Klee era um bom tradutor da Bíblia), Klee se dizia ateu. Sua busca estética, no entanto, é permeada de espiritualidade, como testemunha sua famosa frase: "A arte não reproduz o visível, mas torna visível" (*Credo d'un créateur* [Credo de um criador] [1920], em *Théorie de l'art moderne* [Teoria da arte moderna], Paris, Denoël, 1985). Podemos compreender sua pintura, que lida com a abstração das formas e uma linguagem musical, como uma expressão moderna de uma estética de estilo calviniano, que une a espiritualidade da forma à profundidade do sentido.

Jérôme Cottin

▶ COMTE, Philippe, *Klee*, Paris, Nouvelles éd. françaises-Casterman, 1989; Parul Klee Stiftung, org., *Paul Klee. Leben und Werk*, Stuttgart, Hatje, 1991; PONENTE, Nello, *Klee*, Genebra, Skira, 1960.

◉ **Arte**; *Bauhaus*; expressionismo alemão

KNOX, John (?1513-1572)

Reformador escocês, formado na Universidade de Glasgow, Knox começa a trabalhar como notário, tornando-se preceptor por volta de 1544. Convertido à Reforma pouco depois, torna-se pastor em Saint Andrews. Capturado no cerco de Saint Andrews, é mandado para a prisão na França, onde fica durante um ano. Depois de ser libertado, vai para a Inglaterra em 1549, torna-se capelão de Eduardo VI em 1551 e participa da revisão do *Book of Common Prayer* [Livro de oração comum]. Durante o reinado da católica Maria Tudor, de 1553 a 1558, pressionado pelos acontecimentos, Knox é exilado. Reside em Genebra, Frankfurt e Escócia, voltando para Genebra em 1556, onde exerce a função de pastor da igreja inglesa, dotando-a de uma liturgia (1556) que é basicamente uma tradução da *Forma das orações* de Calvino; essa liturgia se tornaria a da igreja escocesa. De volta à Escócia em 1559, introduz a Reforma no país, pregando sermões contundentes contra a rainha Maria I Stuart. Com a abdicação dela, em 1567, Knox exerce uma influência considerável sobre o governo de Jaime VI da Escócia (futuro Jaime I da Inglaterra), mas morre antes do estabelecimento definitivo da Igreja Presbiteriana da Escócia.

Uma das vozes mais expressivas e fortes da Escócia, as palavras de John Knox eram enérgicas como um trovão em um tempo em que a maior necessidade do Reino Unido era um avivamento. Todos que o conheciam sabiam de suas limitações físicas, de sua timidez e de sua fé vibrante. Como escreveu Steven J. Lawson, Knox fez com que a igreja na Escócia viesse a ser uma das "mais fortes expressões do reino de Deus já vistas pelo mundo". Knox foi, indubitavelmente, o maior nome entre os cristãos escoceses que já existiu.

Knox foi o primeiro a desenvolver a ideia de que as autoridades subalternas (nobres, magistrados) têm o direito e o dever de resistir a um tirano que, como Maria Tudor, buscava impor a idolatria a seus súditos. Sua obra mais importante é *The First* [*Second-Third*] *Book of the History of the Reformation of Religion within the Realm of Scotland* [O primeiro — segundo, terceiro — livro da história da Reforma da religião no Reino da Escócia] (Londres, Thomas Vautrollier, 1587), enquanto seu texto mais famoso é *The First Blast of the Trumpet against the Monstrous Regiment of Women* [O primeiro toque de trombeta contra o monstruoso regimento de mulheres] (Genebra, Jean Crespin, 1558), que, embora tenha se dirigido contra Maria de Guise e Maria Tudor, valeu-lhe a hostilidade de Elizabeth I da Inglaterra.

Francis Higman e Wilson Porte Jr.

▶ *The Works of John Knox* (1846-1864), 6 vols., org. por David LAING, New York, AMS, 1966; JANTON, Pierre, *Concept et sentiment de l'Église chez John Knox, le réformateur écossais*, Paris, PUF, 1972; PERCY, Eustace, John Knox, Londres, Hodder and Stoughton, 1937; REID, William Stanfort, *Trumpeter of God. A Biography of John Knox*, New York, Scribner, 1974; BOND, Douglas, *A poderosa fraqueza de John Knox*, São José dos Campos, Editora Fiel, 2011.

◉ Escócia; Melville; monarcômacos; *Livro de oração comum*; presbiterianismo

KOCH, Christophe-Guillaume (1737-1813)

Nascido em Bouxwiller e morto em Estrasburgo, Koch foi professor de história e de direito na Universidade Protestante de Estrasburgo. Dentre suas obras, a mais conhecida é *Tableau des révolutions de l'Europe depuis le bouleversement de l'Empire d'Occident jusqu'à nos jours* [Quadro das revoluções da Europa desde a convulsão do Império do Ocidente até nossos dias] (Lausanne-Estrasburgo, Bauer, 1771). Em 1790, as igrejas protestantes da Alsácia recorrem a ele, que consegue a manutenção de seus bens eclesiásticos. Em 1801, desempenha um papel fundamental na elaboração dos *Articles organiques* [Artigos orgânicos] (1802), que regulam ainda hoje a Igreja Luterana da Alsácia e da Mosela. Em 1803, obtém a substituição da antiga universidade, suprimida em 1794, por uma academia protestante, estrutura universitária que desaparece após a criação das faculdades por Napoleão I em 1810.

Bernard Vogler

▶ HAAG, Émile et Eugène, *Koch*, em *La France protestante*, t. VI, Paris-Genebra, Cherbuliez, 1856, p. 124-128; RICHERATEAU, Jean, *Le rôle politique du Professeur Koch*, Estrasburgo, Impr. alsacienne, 1936; SCHEIDHAUER, Marcel, "Le Professeur Koch et la réorganisation des Églises luthériennes sous le Consulat et l'Empire", *Bulletin de la Société académique du Bas-Rhin* 72, 1971, p.

53-87; Idem, "Koch, Christophe-Guillaume", em Bernard VOGLER, org., *L'Alsace* (*Dictionnaire du monde religieux dans la France contemporaine II*), Paris, Beauchesne, 1987, p. 238-240.

◉ Alsácia-Lorena

KOECHLIN, Alphons (1885-1965)

Nascido e morto em Basileia. Ativo no movimento Vida e Ação desde a Conferência de Estocolmo, em 1925, Koechlin é um dos pioneiros do movimento ecumênico. Ao longo dos anos 1930, consegue convencer o bispo inglês George Bell do perigo que constitui o nacional-socialismo para o movimento ecumênico e, a partir de 1939, informa-o sobre os fatos da luta da igreja na Alemanha. Durante a Segunda Guerra Mundial, torna-se o braço direito de Willem Adolf Visser't Hooft no Conselho Mundial de Igrejas em formação e na reconstrução de uma Europa devastada pela guerra. Foi um dos idealizadores da primeira assembleia do CMI em Amsterdã, em 1948. Foi presidente da Missão de Basileia (1936-1959) e da Federação das Igrejas Protestantes da Suíça (1941-1954).

Ans J. van der Bent

▶ ESPINE, Henri d', *Alphonse Koechlin. Pasteur et chef d'Église, 1885-1965*, Genebra, Labor et Fides, 1971.

◉ Bell; Conselho Mundial de Igrejas; Federação das Igrejas Protestantes da Suíça; "Vida e Ação"; Visser't Hooft

KOHLBRÜGGE, Hermann Friedrich (1803-1875)

Influente teólogo reformado, Kohlbrügge esteve em conflito tanto com sua Igreja Luterana em Amsterdã quanto com a *Nederlandse Hervormde Kerk* (Igreja Reformada Holandesa). Ordenado pastor da comunidade reformada de Wuppertal-Elberfeld, desenvolve com afinco sua atividade como pregador da graça. A doutrina da justificação é seu tema básico: os seres humanos são todos pecadores, totalmente perdidos; em Cristo, o Salvador, encontramos tudo de que precisamos, justificação, santidade e plenitude da salvação. Mas somente os predestinados são regenerados. A teologia de Kohlbrügge é uma teologia do Espírito Santo, rejeitando todo ponto de partida antropológico (sentimento, consciência moral, espírito estético). Com o objetivo de derrubar a maneira pelagiana de conceber a ação do Espírito, e desejoso de glorificar somente a Deus, Kohlbrügge não acreditava favorecer algo como um "monismo da justificação" somente por Deus.

A personalidade e a obra de Kohlbrügge são compreendidas no contexo do Avivamento e do confessionalismo reformados do Reno inferior. Combinada com a tradição presbítero-sinodal, a vida ativa das comunidades dessas regiões se prolongou até a luta da Igreja Confessante alemã dos anos 1933 e seguintes (Barmen). O jovem Karl Barth faz algumas referências a Kohlbrügge.

Klauspeter BLASER

▶KOHLBRÜGGE, Hermann Friedrich, *Der Herr der Erde. Kohlbrügge-Schriften*, org. por Georg HELBIG, Berlim, Fruche, 1937; Idem, *Das siebte Kapitel des Römerbriefes in ausführlicher Umschreibung* (1852), Neukirchener, Verlag, 1960; Idem, *Der verheissene Christus. Sieben Predigten*, Elberfeld, Hassel, 1855; Idem, "Aus tiefer Not", *Vierzehn Predigten über den hundertachtzehnten Psalm*, Elberfeld, Kaufmann, 1884; Idem, *Quellwasser. Tägliche Andachten aus den Predigten*, Duisburgo-Meiderich, Steinmeyer und Mannes, 1931; Idem, *Lass dir an meiner Gnade genugen*, Briefe, Stuttgart, Steinkopf, 1959; BARTH, Karl, *La théologie protestante au dix-neuvième siècle. Préhistoire et histoire* (1946), Genebra, Labor et Fides, 1969, p. 419-427; LINDE, Simon van der, "Kohlbrügge", em *RGG*, t. III, 1959, col. 1718-1719; MOLTMANN-WENDEL, Elisabeth, *Theologie und Kirche bei Hermann Friedrich Kohlbrügge*, Munique, Kaiser, 1957 (bibliogr.).

◉ Igreja Confessante; justificação; Avivamento

KOTTO, Jean (1918-1987)

Nascido na região sul de Camarões, de pai evangelista, Jean Kotto trabalhou primeiro como professor de crianças na escola de catecismo de Ndoungué e como professor no Colégio Intermissionário de Libamba. Viaja para os Estados Unidos em 1952 e estuda teologia em Paris, sendo ordenado pastor no dia 17 de outubro de 1954. Ensina teologia em Ndoungué. Em 1957, é nomeado ao mesmo tempo como primeiro secretário-geral da Igreja Evangélica de Camarões, que se tornou autônoma em relação à Sociedade das Missões Evangélicas de Paris, e do Conselho das Igrejas Evangélicas e Batistas de Camarões. Continuaria presidindo essas instâncias até sua morte, assim como a Federação das Igrejas e Missões Evangélicas de Camarões, que assumiu em 1972.

Na assembleia geral da Sociedade das Missões Evangélicas de Paris, de 1964, lança um vigoroso apelo em favor de uma ação apostólica comum aos habitantes da África, da Oceania e da Europa, que se traduziu em 1971 pela transformação da Sociedade de Missões em Comunidade Evangélica de Ação Apostólica (CEVAA). Membro do conselho da CEVAA e do comitê central do Conselho Mundial de Igrejas, Kotto é a personalidade mais marcante do protestantismo africano francófono do pós-guerra.

Jean-François Zorn

▶ KOTTO, Jean, *La conception luthéranienne du baptême dans l'Église évangélique du Cameroun*, Paris, tese de licença em teologia, 1954; Idem e BONZON, Charles, *Face à l'avenir*, Paris, SMEP, 1965; EKOLLO, Thomas, *Mémoires d'un pasteur camerounais (1920-1996)*, Paris-Yaoundé, Karthala-Clé, 2003; ROUX, André, *Missions des Églises, mission de l'Église. Histoires d'une longue marche*, Paris, Cerf, 1984.

◉ África tropical; Comunidade Evangélica de Ação Apostólica; **missão**; missionárias (sociedades)

KRAEMER, Hendrik (1888-1965)

Nascido em Amsterdã, criado em um orfanato, Kraemer estuda no *Niederländisches Missionsseminar*. Aprende javanês em Leiden e aprofunda seus conhecimentos desde o islã até o Cairo. De 1922 a 1937, suas atividades missionárias na Indonésia (Java, Sumatra, Bornéu) o convencem de que os "campos de missão" devem transformar-se o mais rápido possível em igrejas autóctones e autônomas. Em vista da Conferência Missionária de Tambaram de 1938, escreve seu famoso *The Christian Message in a Non-Christian World* [A mensagem cristã em um mundo não cristão] em que defende o realismo bíblico de um Deus não assimilável às divindades de religiões não cristãs. Foi professor de sociologia da religião em Leiden. Preso durante a ocupação alemã, após a guerra Kraemer dirige o Instituto Ecumênico de Bossey, na Suíça, de 1947 a 1955. Grande pioneiro das missões e do ecumenismo, também foi colaborador do jornal *Kerk en Wereld* [Igreja no mundo] nos Países Baixos.

Klauspeter Blaser

▶ KRAEMER, Hendrik, The *Christian Message in a Non-Christian World* (1938), New York, Harper, 1947; Idem, *La foi chrétienne et les religions non chrétiennes* (1956), Neuchâtel, Delachaux et Niestlé, 1956; Idem, *Théologie du laïcat*, Genebra, Labor et Fides, 1966; Idem, *Why Christianity of All Religions?*, Londres, Lutterworth Press, 1962; HALLENCREUTZ, Carl F., *Kraemer towards Tambaram. A Study in Hendrik Kraemer's Missionary Approach*, Lund, Gleerup, 1966; "Tambaram Revisited", *International Review of Mission* 77/307, 1988; LEEUWEN, Arend T. van, Hendrik Kraemer, *Pionner der Ökumene* (1959), Basileia, Basileia Verlag, 1962.

◉ Islã; **missão**; missionárias (conferências); **religião e religiões**

KU KLUX KLAN

"Ontem, hoje, para sempre!" — esse foi, desde o início, o *slogan* da Ku Klux Klan, nome genérico que reúne as sociedades secretas que surgiram em 1866, nos Estados Unidos, após a Guerra de Secessão, para restaurar a supremacia branca. Depois de um intenso período de atividades, de 1866 a 1869, o movimento foi oficialmente dissolvido por seus numerosos atos terroristas. Porém, em 1915, ressurge com sucesso, arrebanhando cinco milhões de adeptos em 1925, sob a liderança do ex-pastor metodista William Joseph Simmons, em reação à onda massiva de imigrantes de fora do mundo anglo-saxão. Todavia, os escândalos internos e a crise econômica de 1929 levam o grupo ao declínio, e as conquistas sociais e políticas dos negros, a partir de 1954, suscitam um novo ressurgimento. Hoje, a Ku Klux Klan se divide em múltiplos pequenos grupos que partilham as mesmas ideias racistas, fascistas (e nazistas), dentre os quais pode ser citado o Partido Nacional pelos Direitos dos Estados, a Resistência Ariana Branca, a Frente Nacional Democrática, a Associação Nacional para a Promoção dos Brancos, a Identidade Cristã, a Liga de Defesa dos Cristãos e dos Patriotas. Trata-se de um mundo paralelo à organização social e política do país: cuidadosamente compartimentado, o movimento formava, na época de seu sucesso, algo como uma contrassociedade. A Ku Klux Klan sempre reivindicou a herança dos cruzados medievais, e vem desse fato a escolha de suas vestimentas: mantos brancos e capuzes. Quanto aos símbolos, com exceção da bandeira confederada, são todos de inspiração cristã, com atributos como a espada do Senhor, a água do batismo, a Bíblia e principalmente a cruz ("ao iluminá-la, cremos que purificamos e fortalecemos nossas virtudes, destruindo nossos vícios com o fogo da espada"). Espalhada pelos EUA, a Ku Klux Klan arregimenta hoje entre cinquenta e cem mil pessoas, uma porcentagem bem pequena da população; porém, extramamente bem organizada e armada, não hesita em perpetrar atos graves de violência. Sob a liderança de David Duke, Richard Butler e Tom Metzger, entre outros, prega um totalitarismo que não tolera nuances: "Antinegro, anticatólico, antijudeu, xenófobo e ultranacionalista, rejeita tudo o que se relaciona ao *outro*".

Serge Molla

▶ JACKSON, Kenneth T., *The Ku Klux Klan in the City 1915-1930*, New York, Oxford University Press, 1967; MARTIN, Roger, *AmeriKKKa. Voyage en Amérique fasciste*, Paris, Calmann-Lévy, 1989; RIDGEWAY, James, *Blood in the Face. The Ku Klux Klan, Aryan Nations, Nazi Skinheads, and the Rise of a New White Culture*, New York, Thunder's Mouth Press, 1991.

▶ Estados Unidos; racismo

KULTURKAMPF

Com o fim de concluir a unificação política e religiosa do novo Reich alemão dominado pela Prússia, Bismarck buscou se impor aos católicos, cuja importância numérica (15 milhões), política e cultural constituía uma ameaça à unidade e à identidade alemãs. Em 1871, as autoridades governamentais apresentaram seu apoio ao movimento veterocatólico, que rejeitava o dogma da infalibilidade papal proclamado no Concílio Vaticano I (1869-1870). Após o banimento dos jesuítas, em 1872, e de algumas congregações, as leis de maio, votadas em 1873, suprimiram os seminários menores e reforçaram o controle do Estado quanto à nomeação de candidatos para as funções eclesiásticas. Ao ser lançado, o *Kulturkampf* ("combate pela civilização") pretendeu enfraquecer a Igreja Católica e o *Zentrum* (Partido Centrista), acusado de ultramontanismo. Em julho de 1874, Bismarck sofreu um atentado por parte de um católico, o que agravou os conflitos, e novas medidas visaram ao fechamento de inúmeros conventos, à laicização do estado civil e à intervenção das autoridades locais nas decisões cotidianas das paróquias.

A forte resistência católica tornou a repressão ainda mais virulenta: os clérigos que se recusaram a obedecer às leis do Estado foram destituídos de seus cargos e arrastados para os tribunais, com muitos padres e bispos mandados para as prisões. Diante de tal selvageria, um bom número de protestantes exprimiu sua inquietação quanto aos atentados à liberdade religiosa, temendo por seus próprios interesses. O ano 1878, que marcou o ponto culminante do *Kulturkampf*, também apontou para uma reversão dos acontecimentos, pois Bismarck abrandou suas posições e tentou um acordo com o papa Leão XIII. Para favorecer uma aliança com a Áustria-Hungria e consolidar sua política socioeconômica, o chanceler precisava de fato do apoio do *Zentrum*, que ao longo da crise tornara-se um dos grandes partidos do Reichstag. A partir de 1880, as leis recém-promulgadas foram aos poucos suspensas, e a paz com os católicos voltou a reinar, graças ao restabelecimento das relações diplomáticas com o Vaticano, em 1882, e à normalização das relações entre a igreja e o Estado na Prússia (cf. as *Friedengesetze* de 1886 e 1887).

Lucien Gambarotto

▶ BESIER, Gerhard, *Preussische Kirchenpolitik in der Bismarckära. Die Diskussion in Staat und Evangelischer Kirche um eine Neuordnung der kirchlichen Verhältnisse Preussens zwischen 1866 und 1872*, Berlim, Walter de Gruyter, 1980; GOYAU, Georges, *Bismarck et l'Église. Le Kulturkampf*, 4 vols., Paris, Perrin, 1911-1913; LILL, Robert, org., *Der Kulturkampf*, Paderborn, Schöningh, 1997; SCHMIDT-VOLKMAR, Erich, *Der Kulturkampf in Deutschland 1871-1890*, Göttingen, Vandenhoeck & Ruprecht, 1962.

▶ Alemanha; anticatolicismo; Bismarck; **política**; Prússia

KULTURPROTESTANTISMUS

O *Kulturprotestantismus* ("protestantismo cultural") é uma configuração característica do protestantismo alemão moderno. Na Alemanha da virada do século XIX para o XX, os debates em torno da *Kultur* buscam formular um princípio integrador que esteja no cerne da pluralidade moderna. Esses debates indicam dois problemas concomitantes: o da fundação da unidade e da identidade nacionais alemãs, que se tornou virulento após a unificação política do país, em 1871, e o da orientação e do conteúdo normativo do mundo moderno, exacerbado pelo pessimismo cultural e pela crise do liberalismo dos anos 1880-1890. O *Kulturprotestantismus* toma parte nessas problemáticas, propondo que seja encontrada no protestantismo a instituição capaz de dotar o novo Estado nacional alemão dessa identidade cultural que ainda lhe falta. Para os representantes do *Kulturprotestantismus*, o protestantismo é o terreno comum em que floresce o melhor das tradições culturais alemãs (Bach, Kant, o idealismo, Schiller, Goethe); estaria, portanto, predestinado a assumir uma função de orientação normativa em uma cultura tomada pela dúvida e pelos desvios do caminho. Para isso, seria necessário que o protestantismo acompanhasse os debates culturais e científicos mais recentes, fosse o debate estético com o nietzscheanismo, fosse o teológico, com as ciências sociais e históricas.

O termo surge nos primeiros anos do século XX. Ernst Troeltsch define em 1905 o *Kulturprotestantismus* como "a cosmovisão básica" de um cristianismo liberal e democrático que privilegia os laços entre protestantismo e cultura moderna, interpretando o cristianismo como uma religião da consciência obrigatoriamente anticatólica, ao sabor de uma modernização do universo ideal do cristianismo, um processo que assume vários níveis de seriedade. Próximo às formas anglo-saxãs do protestantismo que preconizam uma total liberdade da igreja em relação ao Estado, o *Kulturprotestantismus* prega um individualismo cuja fraqueza institucional é a consequência (cf. *Protestantisches Christentum und Kirche in der Neuzeit* [1906/1909/1922] [Cristianismo protestante e a igreja nos tempos modernos 1906/1909/1922], em *Kritische Gesamtausgabe* VII, Berlim, Walter de Gruyter, 2004, p. 454). O termo seria logo retomado pelos adversários conservadores do *Kulturprotestantismus*.

Fenômeno difuso, o *Kulturprotestantismus* se caracteriza pela aceitação da legitimidade da modernidade e pela consciência do caráter irreversível dos processos de transformação do cristianismo induzidos pela modernidade (que são constantes objetos de estudo do "neoprotestantismo"). Historicamente, a expressão designa, em um sentido estrito, as correntes do protestantismo na linha de pensamento de Ritschl e de sua escola, expostas basicamente na revista *Die Christliche Welt*); em um sentido mais amplo, engloba também as posições liberais herdeiras da escola de Tübingen (Ferdinand Christian Baur, David Friedrich Strauß), representadas por Alois Emanuel Biedermann e Otto Pfleiderer e organizadas no *Protestantenverein* (Richard Rothe); por fim, pode também indicar toda a reflexão ético-teológica que, na esteira de Schleiermacher, propõe-se a compreender a especificidade do protestantismo privilegiando o ângulo da função cultural.

Acima de formas históricas datadas, o *Kulturprotestantismus* levanta duas questões de grande importância: a das relações entre as formas de expressão eclesiais do protestantismo (teologia, liturgia, pregação, catecismo) e suas formas de expressão cultural, de um lado, e a da contribuição do protestantismo para o surgimento e a orientação normativa do que se chamou "programa da modernidade" (Jürgen Habermas), de outro. Essa segunda questão suscita um problema que não perdeu sua atualidade: o protestantismo seria capaz de restituir aos engajamentos normativos suas forças prescritivas que levaram a modernidade às fontes batismais? Ou deve ser compreendido como uma instância crítica, atenta sobretudo aos déficits estruturais implicados pelos ideais da modernidade?

Jean-Marc Tétaz

▶ **Fontes:** HARNACK, Adolf von, *Protestantische Kultur* e *Protestantische Kultur und Dr. Max Maurenbrecher*, em *Aus der Friedens und Kriegsarbeit*, Giessen, Töpelmann, 1916, p. 203-212 e 212-226; LEESE, Kurt, *Die Religion des protestantischen Menschen* (1938), Munique, Federmann, 1948; TROELTSCH, Ernst, *Protestantisme et modernité* (1909-1913), Paris, Gallimard, 1991. **Literatura secundária:** DRESCHER, Hans-Georg, "Le *Kulturprotestantismus* et Troeltsch", em Pierre GISEL e Patrick ÉVRARD, orgs., *La théologie en postmodernité*, Genebra, Labor et Fides, 1996, p. 65-86; HÜBINGEN, Gangolf, *Kulturprotestantismus und Politik. Zum Verhältnis von Liberalismus und Protestantismus im wilhelminischen Deutschland*, Tübingen, Mohr, 1994; MÜLLER, Hans Martin, org., *Kulturprotestantismus. Beiträge zu einer Gestalt des modernen Christentums*, Gütersloh, Mohn, 1992; RUDDIES, Hartmut, "Karl Barth im *Kulturprotestantismus. Eine theologische Problemanzeige*", em Idem e Dietrich KORSCH, orgs., *Wahrheit und Versöhnung. Theologische und philosophische Beiträge zur Gotteslehre*, Gütersloh, Mohn, 1989, p. 193-231; SCHICK, Manfred, *Kulturprotestantismus und soziale Frage. Versuche zur Begründung der Sozialethik, vornehmlich in der Zeit von der Gründung des Evangelisch-sozialen Kongresses bis zum Ausbruch des ersten Weltkriegs (1890-1914)*, Tübingen, Mohr, 1970; TÉTAZ, Jean-Marc, *Protestantisme et modernité. Perspectives systématiques et constellations historiques*, RThPh 130, 1998, p. 121-149; ZIEGERT, Richard, org., *Protestantismus als Kultur*, Bielefeld, Bertelsmann, 1991.

● **Arquitetura**; Baur; Biedermann; Harnack; Hartmann; kantismo (neo); liberalismo teológico; **liberdade**; **modernidade**; Pfleiderer; protestantismo (neo); Rade; Ritschl; ritschliana (escola); Rothe; Schleiermacher; Strauβ; Troeltsch

KUTTER, Hermann (1863-1931)

Nascido em Berna, Hermann Kutter efetua a maior parte de seu ministério pastoral em Zurique, de 1898 a 1926. Várias estadas em Bad Boll permitiram que descobrisse a piedade de Christoph Blumhardt, que o faz tomar consciência da dimensão mística e social de uma fé cristã vivida na "proximidade de Deus". Kutter se deixa conhecer em seu livro *Dieu les mène* [Deus os guia], defesa radical dos socialistas, a quem Deus recorreria para cumprir aquilo que nem a igreja conservadora nem os cristãos sociais reformistas podem operar pelo reino de Deus. Personalidade de proa do movimento das *religiös-sozial* (socialismo religioso), Kutter recebeu de seu amigo Leonhard Ragaz uma veemente reprovação por demonstrar ideias germanófilas durante a Primeira Guerra Mundial (cf. *Reden an die deutsche Nation*, Iena, Diederichs, 1916). Foi em 1926 que Kutter pôs um termo a seu ministério, não sem antes voltar para os fundamentos centrais de sua pesquisa sobre a identidade e a ação do "Deus vivo".

Laurent Gambarotto

▶ KUTTER, Hermann, *Dieu les mène. Parole franche à la société chrétienne* (1903), Saint-Blaise-Roubaix, Foyer solidariste de librairie et d'édition, 1907; Idem *Nous les pasteurs* (1907), Saint-Blaise, Foyer solidariste, 1908; Idem *Wo ist Gott? Ein Wort zur religiösen und theologischen Krisis der Gegenwart*, Basileia, Kober, 1926; KUTTER, Hermann, Jr., *Hermann Kutters Lebenswerk*, Zurique, Evangelischer Verlag, 1965.

● Blumhardt C.; Brunner; Cristianismo social/socialismo cristão; Ragaz; socialismo religioso

KUYPER, Abraham (1837-1920)[1]

Teólogo, jornalista e político holandês, Kuyper exerceu grande influência sobre a igreja de seu país. Após editar em 1866 as obras de Jan Laski (1499-1560), abandona a teologia liberal dominante e se volta para Calvino e os pais da ortodoxia calviniana. Contra o espírito de seu tempo, busca restabelecer a honra e a soberania de Deus em todas as áreas da vida cultural, social, política e científica. Estabelece para si mesmo uma dupla tarefa: desenvolver o calvinismo como *Weltanschauung* adaptada para o mundo moderno e educar uma jovem elite que possa realizar esse programa. Kuyper se tornou assim o fundador do Partido Político Antirrevolucionário (1878) e da Universidade Livre de Amsterdã (1880); foi também o principal fundador da Igreja Reformada Neocalvinista (*Gereformeerde Kerk*), que através da "queixa" de 1886, separa-se da Igreja Nacional Multitudinista. Kuyper seria primeiro-ministro de 1901 a 1905.

Suas obras, como a *Encyclopedia of Sacred Theology. Its Principles* [Enciclopédia de teologia sacra: princípios] (1894, New York, Scribner, 1898) ou *De Gemeene Gratie* (3 vols., Leiden, Donner, 1902-1904) testemunham um pensamento que mantém o

---

[1] [NR]: No que diz respeito à posição de Blaser e Geense, autores deste verbete, parece um pouco injusto com Abraham Kuyper o correlacionarem com o *apartheid* na África do Sul. Embora existam alguns trabalhos acadêmicos em andamento relacionados à Kuyper e o *apartheid*, a existência destas pesquisas não implica a existência de relação paternal entre Kuyper e o terror social sul-africano. É consideravelmente grande o número de kuyperianos holandeses que se envolveram em movimentos anti-*apartheid* em meados do século XX. Quando se afirmou em meados de 1980 que, para os negros sul-africanos, "o Deus da tradição reformada era o Deus da escravidão, do medo, da perseguição e da morte" (BOESAK, 1984), os calvinistas holandeses não culparam Kuyper por este pensamento reprovável, mas outra fonte. Assim, é possivelmente duvidosa e provavelmente falsa a associação entre Kuyper e o *apartheid* na África do Sul.

dualismo entre reino de Deus e reino de Satanás, em que a predestinação se realiza através da regeneração que molda, antes de tudo, as áreas públicas. A graça comum permite a vida e a sociedade mesmo com o pecado e se manifesta de modo particular em uma cultura cristianizada. Esse corpo social se alimenta, no entanto, da "Igreja-instituição", que fornece princípios à sociedade. Opondo-se à onipotência do Estado, Kuyper defende a causa de "uma igreja livre em um Estado livre". Seus princípios teocráticos de um lado, de diversidade e autonomia criacionais de outro, seriam retomados por teólogos e políticos africâneres como Daniel François Malan (1874-1959) para fundar teologicamente o *apartheid* na África do Sul. Seu principal aluno e sucessor à cadeira de dogmática na Universidade Livre seria Herman Bavinck (1854-1921).

Klauspeter Blaser e Adriaan Geense

▶ KUYPER, Abraham, *Calvinismo* (1899), São Paulo, Cultura Cristã, 2002; AUGUSTIN, Cornelis, "Abraham Kuyper", em Martin GRESCHAT, org., *Gestalten der Kirchengeschichte*, t. IX/2: *Die neueste Zeit II*, Stuttgart, Kohlhammer, 1985, p. 289-307 (bibliogr.).

◉ Amsterdã; Antirrevolucionário (Partido); *apartheid*; calvinismo (neo); Dooyeweerd; **predestinação e Providência**; universidades protestantes; Van Til

LA BEAUMELLE, Laurent Angliviel de (1726-1773)

Nascido em Valleraugue, de mãe católica e pai protestante, batizado na Igreja Católica, Laurent Angliviel estuda no colégio católico de Alès. Após uma rápida passagem pelo deísmo, torna-se protestante militante. Empreende estudos de teologia em Genebra (1745-1747), adotando o nome de La Beaumelle. Abandona o pastorado e emigra para a Dinamarca, onde se torna preceptor e professor real de línguas e belas-letras em Copenhague. Essa fase é entrecortada por uma viagem a Paris, em que encontra Montesquieu e se torna um dos mais fervorosos admiradores do filósofo.

Várias obras suas manifestam o interesse pelo protestantismo francês e militam pela liberdade de consciência. Em *L'Asiatique tolérant* [O asiático tolerante] (Paris, Durand [endereço falso para Amsterdã, Reyl], 1748), La Beaumelle mostra que a tolerância é inseparável do verdadeiro cristianismo e é indispensável para o bem do Estado. Em seu periódico *La spectatrice danoise* [A espectadora dinamarquesa] (1749-1750), ataca o ateísmo e o deísmo, lutando pelo livre-exame e pela tolerância civil. Em *Mes pensées ou Le qu'en dira-t-on* [Meus pensamentos ou A tagarelice] (1751, Genebra, Droz, 1997), apresenta ousadas propostas nas áreas filosófica e política.

Sua obra *Mémoires pour servir à l'histoire de Madame de Maintenon et à celle du siècle passé* [Memórias para servir à história de madame de Maintenon e àquela do século passado] (15 vols., Amsterdã, 1755-1756) lhe proporcionam alguma notoriedade. Foi o primeiro historiador de madame de Maintenon, o primeiro a verificar a existência de seu casamento secreto com Luís XIV e a demonstrar a falsidade das acusações que pesavam sobre ela acerca da Revogação do Edito de Nantes. Porém, Voltaire lhe devotaria um ódio perpétuo por causa de um gracejo em *Pensées* [Pensamentos] sobre o círculo de Frederico II e as recompensas que o filósofo obtém desse meio, além da edição anotada do *Siècle de Louis XIV* [Século de Luís XIV] por La Beaumelle.

De volta à França, La Beaumelle foi preso duas vezes na Bastilha (1753 e 1757), denunciado por Voltaire. Exilado no Languedoc, passa a morar em Montpellier, em Nîmes e em Toulouse, onde se engaja na defesa de Jean Calas e em atividades pelo protestantismo francês: a redação de um *Catecismo universal* (1763), que permaneceu inédito, e um estudo da conferência entre Bossuet e o pastor Jean Claude. Corresponde-se com Jean Rabaut, pastor de Nîmes, que assina a brochura de autoria de La Beaumelle, *Calomnie confondue* [Calúnia confundida], que combate a ideia difamatória que se expandiu em Toulouse na época do caso Calas, de que os protestantes se predispunham ao assassinato quando um membro de sua família desejava converter-se. Rabaut edita a obra *Préservatif contre le déisme* [Preservação contra o deísmo] (Paris, 1763, refutação da *Profession de foi du vicaire savoyard* [Profissão de fé do vigário de Savoia] de Rousseau). La Beaumelle se empenha para que as igrejas reformadas francesas voltem a abrir suas portas legalmente, redigindo memórias em favor dos protestantes: por não terem sido adotados pelo sínodo nacional de 1763, permanecem desconhecidos até essa data.

Hubert Bost

▶ BOST, Hubert, *Une correspondance huguenote. La préparation du synode de 1763 par La Beaumelle et Paul Rabaut*, em Pierre-Yves BEAUREPAIRE, org., *La plume et la toile. Pouvoirs et réseaux de correspondance dans l'Europe des Lumières*, Arras, Artois Presses Université, 2002, p. 83-106; Idem, LAURIOL, Claude e ANGLIVIEL DE LA BEAUMELLE, Hubert, org., *Correspondance générale de La Beaumelle*, Oxford, Voltaire Foundation, 2005ss; LAURIOL, Claude, *La Beaumelle. Un protestant cévenol entre Montesquieu et Voltaire*, Genebra, Droz, 1978; Idem, "L'Asiatique tolérant ou le 'Traité sur la tolérance' de La Beaumelle", *Dix-huitième siècle* 17, 1985, p. 75-82; Idem, "Un militant du rétablissement de l'Édit de Nantes au milieu du 18ᵉ siècle: La Beaumelle", em Michel PÉRONNET, org., *Tricentenaire de la Révocation de l'Édit de Nantes. La Révocation et l'extérieur du royaume*, Montpellier, Université Paul Valéry, 1985, p. 273-286; Idem, *La Beaumelle (1763)*, em Marie-Madeleine FRAGONARD e Michel PÉRONNET, orgs., *Catéchismes et confessions de foi*, Montpellier, Université Paul Valéry, 1995, p. 263-283; Idem, *La Beaumelle et le "montesquieusisme"*. Contribution à l'étude de la réception de L'esprit des lois, Nápoles-Paris-Oxford, Liguori-Universitas-Voltaire Foundation, 1996; Idem, *Un huguenot homme de lettres: La Beaumelle*, em Jens HÄSELER e Antony MCKENNA, orgs., *La vie intelectuelle aux Refuges protestants*, Paris, Champion, 1999, p. 339-350; Idem, "Quand La Beaumelle réfutait la 'Profession de foi du vicaire savoyard'", em Idem e Hubert BOST, orgs., *Refuge et Désert. L'évolution théologique des huguenots de la Révocation à la Révolution française*, Paris, Champion, 2003, p. 281-304.

▶ Brousson; Calas; Claude; deísmo; Rabaut; Rousseau; tolerância

LA FLÉCHÈRE, Jean Guillaume de (1729-1785)

La Fléchère nasceu em Nyon (Suíça). Em 1750, desembarca na Inglaterra, angliciza seu nome para John William Fletcher, encontra metodistas que eram partidários de um avivamento na Igreja Anglicana e se torna pastor anglicano. Foi um dos personagens mais importantes da segunda geração do metodismo inglês. É reconhecido como teólogo do movimento de renovação, considerado "o santo do metodismo". Nos anos 1770, defende a tendência arminiana e wesleyana contra os ataques dos metodistas calvinistas, desenvolvendo uma teologia trinitária das dispensações da graça e da justiça no mundo e na vida individual. Várias vezes John Wesley lhe pediu que fosse seu sucessor, mas La Fléchère morre seis anos antes de Wesley, em sua paróquia de Madeley, na Inglaterra.

Patrick Streiff

▶ FLETCHER, John William, *The Works of the Rev. John Fletcher* [Obras do rev. John Fletcher], 8 vols., Londres, Richard Edwards, 1806-1808; Idem, *La louange. Poëme moral e sacré, tiré du Psaume CXLVIII*, Nyon, Natthey et Lapierre, 1781; Idem, *La grâce de la nature. Poème*, Londres, 1785; STREIFF, Patrick, *Reluctant Saint? A Theological Biography of Fletcher of Madeley*, Peterborough, Epworth Press, 2001.

▶ Metodismo; Wesley J.

LA TAILLE, Jean de (1533-1607)

Senhor de Bondaroy em Gâtinais, Jean de La Taille tomou partido, no campo huguenote, das guerras de religião, sendo ferido na Batalha de Arnay-le-Duc, em 1570. A partir de então, mais afeito a sentimentos pacíficos, passa a dedicar-se por inteiro à literatura. Poeta, é conhecido principalmente como o autor de "tragédias bíblicas" (*Saül le furieux* [Saul, o furioso]; *La famine, ou les Gabéonites* [A fome, ou os gibeonitas]; *Les Corrivaus* [Os rivais]; *Le Négromant* [O necromante]), que idealizou "de acordo com a arte e a moda dos velhos autores trágicos". Incluiu na primeira peça um pequeno tratado, intitulado *Art de la tragédie* [Arte da tragédia], em que foi o primeiro a formular o que se tornaria a regra clássica das três unidades: "É preciso sempre representar a história ou a encenação em um mesmo dia, um mesmo tempo e um mesmo lugar". La Taille também inova ao anunciar o objetivo que atribui ao teatro: "A verdadeira e única intenção de uma tragédia é emocionar e fazer aflorar maravilhosamente as emoções de cada um, pois é necessário que o enredo seja pungente e desperte nossa piedade, ainda que apresentado de modo breve e sinceramente dito, para que engendre em nós alguma paixão". La Taille pode ser considerado um dos principais autores protestantes de seu tempo.

Bernard Reymond

▶ LA TAILLE, Jean de, *Oeuvres*, org. por René de MAULDE, 2 vols., Genebra, Slatkine, 1968; Idem, *Saül le furieux*; *La famine, ou les Gabéonites*. *Tragédies*, org. por Elliot FORSYTH, Paris, Société des textes français modernes, 1998; BELLANGER, Yvonne org., *Le théâtre biblique de Jean de La Taille*. *Études sur* Saül le furieux, De l'art de la tragédie, La famine, Paris, Champion, 1998; FRAGONARD, Marie-Madeleine, org., *Par ta colère nous sommes consumés. Jean de la Taille, auteur tragique*, Orléans, Paradigme, 1998.

▶ Guerras de religião; **teatro**

LABADIE, Jean de (1610-1674)

Nascido na Guiana, morto em Altona, na Dinamarca, Labadie foi geográfica e espiritualmente um "nômade" por toda a vida (Michel de

Certeau). Estudou de 1625 a 1639 com os jesuítas, tornou-se padre jansenista e se converteu em 1650 ao protestantismo. Assumiu o pastorado em Montauban e em Orange. Em Genebra, onde permaneceu por sete anos (de 1659 a 1666), encontrou Philipp Jacob Spener (1635-1705) e, influenciado por teses milenaristas, começou a fazer discípulos, como os jovens pastores Pierre Dulignon (?1630-1681) e Pierre Yvon (1646-1707), seu futuro sucessor. Nas comunidades reformadas, criou grupos piedosos, em que ensinava mortificação, meditação e contemplação de acordo com técnicas católicas. Pastor do Refúgio nos Países Baixos (Utrecht, Middelburg), todos os seus encargos pastorais lhe foram retirados pelo Sínodo das Igrejas Valonas em 1668, por causa de suas posições teológicas e sobretudo do separatismo que advogava: Labadie queria a formação de uma igreja de puros (*ecclesiola extra corruptam ecclesiam*). Tornou-se então o líder de uma seita labadista, a "comunidade dos santos", que contou dentre seus membros com a famosa erudita Anna Maria von Schurman (1607-1678). Primeiramente acolhida de 1670 a 1672 na Abadia de Hervord pela princesa palatina Elisabeth (1618-1680) — outra mulher erudita a quem Descartes tinha dedicado seus *Princípios de filosofia* e que, sob a influência dos quacres, tinha se tornado uma verdadeira apóstola da tolerância —, a comunidade se estabelece em seguida em Altona, depois na Frise ocidental. Comiam juntos, mantinham as portas das casas permanentemente abertas, vestiam-se de modo sóbrio, celebravam cultos em que as mulheres eram autorizadas a coser ou tricotar, cantavam em francês, alemão e holandês, faziam artesanato; conhecida por essas caraterísticas, a comunidade labadista entrou em declínio após a morte de Pierre Yvon, desaparecendo em definitivo no ano de 1732.

Autor de cerca de quinze obras, Labadie não tinha uma doutrina específica. Considerado por todos como um traidor, mas mantendo o sentido de sua "vocação" ao longo de toda a sua busca insatisfeita, justificou suas novas posições com o abandono das antigas.

Marjolaine Chevalier

▶ BERKUM, Hendrikus van, *De Labadie en de Labadisten. Eene bladzijde uit de geschiedenis der Nederlandsche Hervormde Kerk*, 2 vols., Sneek, Van Druten & Bleeker, 1851 (contado sob uma forma literária,

com bastante informação); CERTEAU, Michel de, *La fable mystique XVIe-XVIIe siècle*, Paris, Gallimard, 1982, p. 374-405: *Labadie le nomade*; Idem, *Labadie*, em Marcel VILLER e André RAYES, orgs., *Dictionnaire de spiritualité ascétique et mystique*, t. IX, Paris, Beauchesne, 1976, col. 1-16; HEPPE, Heinrich, *Geschichte des Pietismus und der Mystik in der reformirten Kirche, namentlich der Niederlande*, Leiden, Brill, 1879, cap. 4; KOLAKOWSKI, Leszek, *Chrétiens sans Églises. La conscience religieuse et le lien confessionnel au XVIIe siècle*, Paris, Gallimard, 1969, p. 719-797; SAXBY, Trevor J., *The Quest for the New Jerusalem. Jean de Labadie and the Labadists*, 1610-1744, Dordrecht, Nijhoff, 1987.

● Espiritualidade; espiritualismo

LAGARDE, Paul Anton de (1827-1891)

Seu nome verdadeiro, Paul Anton Bötticher, foi mudado para Lagarde após sua adoção por uma tia. Foi colaborador científico de Christian Carl Josias von Bunsen (1791-1860) em Londres (1852-1853) e ensinou em várias escolas berlinenses, sendo chamado em 1869 para Göttingen, como orientalista. Nesse sentido, atém-se em particular à publicação de uma edição crítica da *Septuaginta* (tradução grega da Bíblia hebraica). Como teólogo, Lagarde pretendeu libertar o evangelho (inseparável da figura de Jesus) do cristianismo que, sob a influência primeira de Paulo, perverteu-o, reintroduzindo nele algumas influências veterotestamentárias (principalmente a doutrina da expiação sacrificial, de que advém a da justificação). Lutero e as Reformas recebem também um julgamento negativo de Lagarde: seu ideal é o estabelecimento de uma igreja nacional (supraconfessional), portadora da "religião nacional" (expurgada de todo resquício de judaísmo). Suas ideias foram popularizadas por Arthur Bonus (1864-1941), em sua obra *Zur Germanisierung des Christentums* (Iena, Diederichs, 1911), uma das bases da "teologia alemã", e também por Arthur Drews (1865-1935), em sua obra *Deutsche Religion* (Berlim, Heger, 1934), associada ao nacional-socialismo.

Jean-Denis Kraege

▶ LAGARDE, Paul Anton de, *Schriften für das deutsche Volk, t. I: Deutsche Schriften* (1886), t. II: *Ausgewählte Schriften* (1924), Munique, Lehmann, 1940; LAGARDE, Anna de, org., *Paul de Lagarde. Erinnerungen aus seinem Leben* (1894), Leipzig, Heims,

1918; FAVRAT, Jean, *La pensée de Paul de Lagarde, 1827-1891. Contribution à l'étude des rapport de la religion et de la politique dans le nationalisme et le conservatisme allemands au XIXe siècle*, Paris, Champion, 1979; GOTTHEIL, Richard J. H., "Bibliography of the Works of Paul Anton de Lagarde", *Proceedings of the American Oriental Society*, abril de 1892, p. CCXI-CCXXX; HANHART, Robert, *Paul Anton Lagarde und seine Kritik an die Theologie*, em Bernd MOELLER, org., *Theologie in Göttingen. Eine Vorlesungsreihe*, Göttingen, Vandenhoeck & Ruprecht, 1987, p. 271-305; SCHEMANN, Ludwig, *Paul de Lagarde. Ein Lebens-und Erinnerungsbild* (1919), Leipzig, Matthes, 1920; SCHÜTTE, Hans Walter, *Lagarde und Fichte. Die verborgenen spekulativen Voraussetzungen des Christentumsverständnisses Paul de Lagardes*, Gütersloh, Mohn, 1965; STERN, Fritz, *Politique et désespoir. Les ressentiments contre la modernité dans l'Allemagne préhitlérienne* (1961), Paris, Armand Colin, 1990.

▶ Drews, expiação; Hartmann; justificação; protestantismo (neo); Rahlfs; religiões (escola da história das)

LAICIDADE

1. O que é laicidade?
2. A Reforma e o surgimento da laicidade
   2.1. Uma desclericalização do cristianismo
   2.2. Uma dessacralização da política
   2.3. A liberdade de consciência
3. Protestantismo francês e laicidade
4. Laicidade e integração europeia
5. Laicização da laicidade e reestruturação da função das religiões no espaço público

1. O que é laicidade?

A laicidade resulta de um processo histórico que testemunha a emancipação de diversas esferas da vida social (jurídica, política, escolar, hospitalar etc.) em relação a qualquer tipo de tutela religiosa, desenvolvendo-se de modo autônomo. Enquanto marca o fim da religião como um poder tanto na sociedade quanto sobre os indivíduos, a laicidade está ligada, de um lado, ao surgimento de um espaço público autônomo regido por lógicas seculares e, de outro, à emergência do indivíduo como sujeito livre, com suas escolhas, capaz de reivindicar seus direitos. Laicidade e desclericalização estão associadas: trata-se da questão do poder temporal que é reconhecido nas instituições religiosas e em seu clero, o que, correlativamente, implica a discussão sobre a situação das esferas seculares de atividade, em suas relações com a religião.

A partir da análise sócio-histórica do caso francês, Jean Baubérot distingue, de modo ideal típico, duas fases no processo de laicização (cf. *Laïcité, quel héritage? De 1789 à nos jours* [Laicização, que herança?: de 1789 a nossos dias]). A primeira fase é o estágio em que o poder político, ainda que admitindo que a religião faz parte das instâncias estruturantes da sociedade e que há necessidades religiosas, autonomiza-se em relação a uma religião em particular e reconhece o pluralismo confessional. A aceitação do pluralismo religioso e o surgimento da noção de cidadania caminham juntos, demonstrando um início de laicização da política em que o Estado se declara incompetente em matéria de religião, sem, no entanto, permanecer indiferente à religião em geral. Essa primeira fase corresponde, na França, ao regime dos "cultos reconhecidos" de 1802. A segunda fase tem um alcance maior, pois a religião, concebida como socialmente facultativa, tende a ser relegada à esfera privada: é uma escolha pessoal dos indivíduos, que não diz respeito à sociedade. Nessa fase, não se reconhece mais a função social na religião no nível da sociedade em geral, e o Estado se torna não somente incompetente em relação à religião, mas também indiferente: "A República não reconhece, não financia nem subvenciona nenhum culto" (art. 2 da lei de separação entre igreja e Estado, 1905).

A laicidade, mesmo que o termo não seja diretamente traduzível para outras línguas, ultrapassa o caso francês e se insere no problema mais geral das relações entre o temporal e o espiritual, sobretudo o das relações entre as igrejas e o Estado. Se a laicidade se traduz por uma estrita separação entre as igrejas e o Estado, a inexistência de tal separação não significa obrigatoriamente a ausência de autonomia dos poderes religiosos e políticos. Inversamente, uma separação entre as igrejas e o Estado pode ser acompanhada de um reconhecimento implícito do papel preeminente de uma força religiosa na sociedade: na França, a lei da separação entre igreja e Estado não suprimiu todos os efeitos sociais do imaginário da "França católica", e o calendário francês ainda é o católico (dia 15 de agosto e 1º de novembro são feriados). A separação entre as igrejas e o Estado pode também ser acompanhada do reconhecimento do lugar e do papel das organizações religiosas na sociedade: nesse sentido, o exemplo dos Estados Unidos é significativo, por associar uma estrita separação entre as igrejas e o Estado (primeira emenda da Constituição americana) a uma forte integração das igrejas na vida pública (nas escolas e nos hospitais, principalmente).

A laicidade se manifesta não somente nas relações entre as igrejas e o Estado, mas também na educação: a defesa da escola pública e aberta a todos, independentemente das religiões, faz parte do ideal laico. De fato, a escola foi o terreno de afronta entre "clérigos" e "leigos", "confessionais" e "públicos". A distinção entre o público e o privado não cobre necessariamente a distinção entre confessional e laico. Como há o privado não confessional, há também o público confessional: na Alsácia-Mosela, na França, as escolas primárias são ao mesmo tempo públicas e confessionais, ou interconfessionais, do ponto de vista legal; na prática, porém, essa confessionalidade, que remonta à Lei Falloux de 1850, não mais se manifesta. As escolas privadas confessionais se laicizaram bastante: nelas, o programa, a equipe e a pedagogia se tornaram as mesmas que nos estabelecimentos públicos. Essa secularização interna as levou a questionar seu "caráter específico" (Guy de LONGEAUX, *Christianisme et laïcité, défi pour l'école catholique. Enquête en région parisienne* [Cristianismo e laicidade, um desafio para a escola católica: pesquisa na região parisiense], Paris, L'Harmattan, 2005). Por outro lado, os estabelecimentos escolares públicos são hoje muito menos portadores de uma cosmovisão de que seja alternativa às cosmovisões religiosas. Seu caráter laico não se manifesta mais no nível da ideologia, e elas levam em conta cada vez mais os fatos religiosos no ensino.

"Laicidade", "secularização", os dois termos são próximos e, em parte, sinônimos. A secularização tem de fato uma vertente institucional e uma vertente cultural. Um país pode ser bastante secularizado culturalmente, ter uma população bastante liberta, quanto às mentalidades, do poder religioso, mas sem ser laica, ou seja, sem que haja uma separação entre igreja e Estado e sem que se desenvolva uma ideologia alternativa em relação à religião: a Dinamarca é um excelente exemplo disso. Por outro lado, um país pode ter separados igrejas e Estado, realizando uma secularização no nível institucional, sem ser muito secularizado no nível das mentalidades: em certos aspectos, a Irlanda oferece um bom exemplo desse segundo tipo. Se a França é um país secularizado tanto no nível institucional quanto no cultural, a Grécia é, ao contrário, um país pouco secularizado institucional e culturalmente.

Países protestantes como a Dinamarca são profundamente secularizados sem que haja separação entre igreja e Estado. Isso leva ao seguinte questionamento: será que em certos aspectos a laicidade não seria algo próprio dos países católicos? Podemos pensar que a desclericalização efetuada pelo protestantismo permitiu fazer a economia de uma luta anticlerical radical, evitando a edificação de um contrassistema hostil à religião. O sociólogo britânico David Martin observou que a laicidade também representou uma espécie de contraigreja em relação ao catolicismo. A laicidade, de fato, não é somente a separação entre igreja e Estado, mas a adequação do sistema institucional secular a uma visão não religiosa do homem e do mundo, que determina certo ideal moral e cívico. É esse elemento ideológico que, segundo cremos, define a especificidade da laicidade e permite que se distinga entre laicidade, de um lado, e secularização institucional e cultural, de outro. Compreende-se melhor, assim, por que um país como os Estados Unidos, em que reina uma estrita separação entre igreja e Estado, não é um país laico: de fato, nesse caso, falta uma visão não religiosa do homem e do mundo que seja apresentada como alternativa às visões religiosas.

É significativo que justo nos Estados Unidos, país em que o protestantismo constituiu um elemento fundador, a separação entre igreja e Estado tenha sido realizada de modo estável desde o início, em 1791. Essa decisão se deveu principalmente à pluralidade que é inerente ao panorama das igrejas protestantes, que tornou indispensável a liberdade religiosa, para que nenhuma igreja pudesse ser privilegiada acima das outras. O processo foi facilitado pela denúncia de coações na religião, por parte de protestantes bastante convictos. Nesse sentido, não se tratou de enfrentar a hegemonia de uma igreja dominante nem de se contrapor a suas pretensões temporais, mas, sim, de respeitar escrupulosamente a liberdade religiosa em uma situação de um forte pluralismo. Essa separação não visava a limitar o poder social da religião, mas, sim, a organizar de um modo mais igualitário sua presença social. A partir do final do século XVIII, a religião continuou a exercer um papel social considerável nos Estados Unidos, onde ainda continua a fazer parte, de modo explícito, da cultura global. Aqui, a secularização institucional não foi impulsionada por uma visão não religiosa do homem e do mundo, mas, pelo contrário, foi mantida por uma visão religiosa do homem e da sociedade, algo como uma "religião civil" que inseriu o destino da América em certa concepção judaico-cristã do homem e da sociedade (cf. Robert N. Bellah). É por isso que não podemos falar de laicidade em relação aos Estados Unidos.

Os exemplos dos Estados Unidos e da Dinamarca mostram o aspecto paradoxal das relações entre protestantismo e laicidade. Ao mesmo tempo que manifestam os laços entre o protestantismo e as secularizações institucional e cultural, e portanto as afinidades entre protestantismo e laicidade, esses países manifestam uma relativa estranheza quanto à noção de laicidade, uma estranheza que é típica dos países protestantes. O fato de que os protestantes franceses tenham sido fervorosos partidários da laicidade no contexto específico de sua história nacional não deve mascarar a relação paradoxal entre protestantismo e laicidade. Quando o protestantismo esteve em uma situação majoritária ou culturalmente influente, a laicização religiosa não permitiu o desenvolvimento de uma laicização secular e o estabelecimento de um regime de laicidade semelhante ao francês. Por outro lado, quando em situação muito minoritária, a laicização religiosa encarnada pelo protestantismo encontrou de modo positivo a laicização secular, sobretudo o anticlericalismo secular. Antes de abordar o caso francês que ilustra essa última situação, examinemos em que o protestantismo, como um cristianismo anticlerical que valoriza a religião do indivíduo e o pluralismo, contribuiu para o surgimento da laicidade.

2. A Reforma e o surgimento da laicidade

Numerosos são os que enfatizaram as afinidades entre protestantismo e laicidade. Mesmo que alguns países e regiões protestantes não tenham vivido a separação entre igreja e Estado (Dinamarca, cantões suíços como Vaud, Zurique, Berna etc.), e mesmo o protestantismo tendo desenvolvido, sobretudo nas regiões de missões, uma rede escolar confessional, há incontestáveis laços entre protestantismo e laicidade. Esses laços são explicados pelas características fundamentais do protestantismo: por representar uma laicização interna do cristianismo — inclusive tendo sido chamado de "religião de leigos" —, o protestantismo operou a desclericalização da religião, com consequências para o lugar e o papel das igrejas na sociedade. Ao criticar o magistério da igreja e o poder dos clérigos, o protestantismo valorizou a religião como escolha individual e o espírito do livre-exame. Da mesma forma, quando o protestantismo era muito minoritário nos países de hegemonia católica (Itália, Espanha, França etc.), desenvolveu uma postura positiva em relação ao processo de laicização: quanto mais o Estado se tornava independente da religião, mais tranquila se tornava a situação das minorias não católicas.

A Reforma contribuiu para o surgimento da laicidade por três motivos primordiais: primeiro, por ter desclericalizado o cristianismo, a Reforma enfraqueceu o poder social dos clérigos e das igrejas; segundo, por ter dessacralizado o poder religioso, a Reforma facilitou também a dessacralização da autoridade política, e sua secularização; terceiro, por ter insistido nas prerrogativas religiosas do indivíduo, legitimando o pluralismo, a Reforma também contribuiu para o reconhecimento da liberdade de consciência e da separação entre igreja e Estado. Esses três fatores — desclericalização do religioso, desclericalização da política, afirmação da liberdade de consciência com a valorização do pluralismo — foram indispensáveis para o surgimento da laicidade.

2.1. Uma desclericalização do cristianismo

Ao negar à igreja o poder para a salvação e ao fazer dela uma instituição sócio-histórica sempre a ser reformada, a Reforma também retiraria dos clérigos uma grande parte de seu poder propriamente religioso. Essa posição produz, no século XVI, uma ruptura com a Igreja Católica Romana que de fato ampliou o caráter anticlerical da Reforma. Tal posição representaria um movimento de contestação do clero em nome da Bíblia, com o questionamento tanto dos funcionários autorizados da instituição religiosa quanto da própria instituição, em nome de uma mensagem religiosa que se apresenta como mais verdadeira. Através de seu ato fundador, a Reforma relativizou para sempre a instituição religiosa e seus servidores, que passam a ser considerados como associados à verdade a que devem servir, portanto submissos à crítica por parte dessa mesma verdade. O ato da Reforma equivale assim à relativização de toda autoridade de função, e há dúvidas acerca de todo tipo de transmissão automática da verdade originária: a verdade não está na instituição e em seus sacerdotes, mas, sim, na mensagem transmitida, e todo cristão pode criticar a instituição em nome dessa mensagem. É o alcance revolucionário da afirmação protestante da autoridade das Escrituras. De acordo com isso, como percebeu Ernst Troeltsch, chega-se a uma "religião de leigos" que recusa todo tipo de mediação clerical no acesso aos bens da salvação. Esse ato original de contestação dos funcionários autorizados da instituição religiosa desenvolveu uma dinâmica que percorre toda a história do protestantismo e resulta em uma série de questionamentos da igreja "oficial" e do clero, em nome da verdade da mensagem. Não se relativiza a instituição eclesiástica nem se desvaloriza a autoridade do clero sem consequências: a desclericalização inaugurada pelo protestantismo se exerceu legalmente, com prejuízo para as igrejas que o mesmo movimento protestante edificou, e todo protestante, em nome das Escrituras e do sacerdócio universal dos cristãos batizados, passou a estar sempre pronto a denunciar o poder do clero.

Diferentemente do padre católico, o pastor não se distingue do leigo por um status "ontológico" particular, mas permanece, para a teologia protestante, como leigo também, um leigo que exerce uma função particular para que uma igreja seja bem organizada. A teologia protestante insiste bastante no sacerdócio universal dos cristãos e no caráter de serviço do ministério pastoral. Assim, em sua obra *Do cativeiro babilônico da igreja* (1520), Lutero declara: "Somente um cargo é confiado ao ministro, com nosso consentimento [...] eles não têm direito algum de domínio sobre nós, a não ser na mesma medida em que nós admitirmos esse domínio de bom grado. É o que está dito em 1Pedro 2.9: *Vós, porém, sois raça eleita, sacerdócio real, nação santa*. Assim, somos todos sacerdotes, e há tantos sacerdotes quanto há cristãos. Os sacerdotes que chamamos de ministros são tomados dentre nós para fazer tudo em nosso nome, e seu sacerdócio nada mais é que um ministério.

Assim, em 1Coríntios 4.1 está dito: *Assim, pois, importa que os homens nos considerem como ministros de Cristo e despenseiros dos mistérios de Deus*" (*MLO* 2, 249).

Nessa perspectiva, o pastor é um leigo que exerce uma função particular e que, para o exercício dessa função, é controlado por outros leigos: ele não tem direito algum de domínio sobre eles, conforme afirma Lutero. Embora isso não tenha impedido que as igrejas protestantes se tornassem, às vezes, *Pfarrerkirchen* ("igrejas de pastores"), embora o protestantismo também possa constituir-se em uma nova forma de clericalismo através da afirmação da autoridade dos teólogos e pastores, a Reforma dessacralizou a autoridade religiosa e favoreceu a promoção dos leigos. A desclericalização da função pastoral está relacionada à promoção da função dos leigos no cotidiano e no funcionamento da igreja, conforme mostrado pelo papel atribuído aos antigos nas disciplinas eclesiásticas reformadas. Essa desclericalização facilitaria também o acesso das mulheres ao ministério pastoral. Algumas correntes protestantes chegariam a ponto de suprimir o ministério ordenado (entre elas, igrejas próximas ao anabatismo).

2.2. Uma dessacralização da política

Ao criticar o magistério romano, Lutero favoreceu a emancipação das autoridades políticas em relação ao papa e à hierarquia eclesiástica. Aliás, não foi por acaso que o protesto religioso de Lutero ganhou o favor dos príncipes e dos magistrados em algumas regiões e cidades: esse protesto correspondia a um processo de autonomia do poder político que já havia se iniciado. Lutero valorizou a autoridade temporal e estimulou sua emancipação em relação à igreja, o que só poderia favorecer a secularização da política. Ao mesmo tempo, Lutero, assim como Calvino, insistiu no dever de obediência às autoridades temporais, inserindo o *ofício* dessas autoridades na ordem divina.

No entanto, a relação crítica com o poder religioso não poderia deixar de trazer à baila a questão da legitimidade do poder político. Se a autoridade religiosa não era santa por si só, já que sua legitimidade dependia de sua conformidade com um dado que lhe era exterior (as Escrituras), não seria esse o mesmo caso da autoridade temporal? Essa autoridade também não poderia ter sua legitimidade questionada?

O ato da Reforma contribuiu para a dessacralização do poder político ao enfatizar que sua legitimidade não era automática, mas podia ser medida com a vara da lei. Nesse sentido, é significativa a elaboração de uma reflexão, no pensamento calvinista, que legitimava o direito de resistência a um poder político injusto. Aos poucos é esmiuçada a concepção de que as pessoas deveriam prestar obediência ao príncipe, mas não de modo incondicional, apenas na medida em que ele governasse de acordo com as leis divinas e humanas. Já no século XVI, sem dúvida sob a pluma de Teodoro de Beza (1519-1605), surge a expressão "leis fundamentais" para designar as condições de exercício da autoridade do príncipe.

Calvino reconhece nos magistrados, "constituídos para a defesa do povo", a possibilidade de frear "a grande cupidez e libertinagem dos leis" (IRC IV, XX, 31). Seu sucessor em Genebra, Teodoro de Beza, legitimaria o direito de resistência a um poder político abusivo, reservando-o aos "magistrados inferiores". Em caso de manifesta tirania, "a justa resistência pelas armas não é de modo algum algo contrário à paciência nem às orações dos cristãos", escreveria Beza em *Droit des magistrats* [Direito dos magistrados] (1574) (Genebra, Droz, 1970, p. 10).

A *Confissão de fé escocesa*, de 1560, inclui a luta contra a tirania na lista dos deveres cristãos, e o reformador escocês John Knox (?1513-1572), discípulo de Calvino, respondeu à rainha Maria Stuart (que havia perguntado a Knox se os súditos poderiam resistir a seus príncipes): "Se seus príncipes excedem seus mandatos, senhora, e transgridem os princípios sob os quais lhes devemos obediência, sem dúvida alguma podemos resistir a eles, até mesmo pela força" (*John Knox's History of the Reformation in Scotland* [A história da Reforma na Escócia por John Knox], org. por William Croft DICKINSON, t. II, Londres, Thomas Nelson, 1949, p. 16, citado por Pierre JANTON, *Voies et visages de la Réforme au XVIe siècle* [Caminhos e faces da Reforma no século XVI], Paris, Desclée, 1986, p. 138).

Em 1572, o Massacre de São Bartolomeu incita juristas e teólogos calvinistas a questionarem o poder absoluto; são os chamados "monarcômacos" (ou seja, aqueles que combatem a monarquia). Assim em *La Gaule française* [A Gália francesa] (1573, Paris, Fayard, 1991), o jurista François Hotman (1524-1590) defende a tese de que o povo, representado pelos Estados Gerais, tem o poder de instituir e destituir reis, quando esses reis falham. Em 1579, é publicado sob o pseudônimo de Stephanus Junius Brutus, em Edimburgo, um tratado intitulado *Vindiciae contra tyrannos*, que em 1581 seria traduzido para o francês com o título *De la puissance légitime du Prince sur le peuple, et du peuple sur le Prince* [Do poder legítimo do príncipe sobre o povo e do povo sobre o príncipe] (reed. com o título latino, Genebra, Droz, 1979), em que se lê: "É o povo que estabelece os reis, que põe o cetro em suas mãos e que, por meio de sufrágio, aprova a sua eleição [...]. É do povo, segundo Deus, que eles tiram sua soberania e seu poder" (p. 96). Na mesma linha, o autor puritano inglês John Milton (1608-1674), em *A Defence of the People of England* [Defesa do povo da Inglaterra] (1651, em *Political Writings* [Textos políticos], Cambridge, Cambridge University Press, 1991, p. 49-254), afirmaria que a Bíblia põe limites à submissão política e faz do povo a fonte de todo poder.

A dessacralização da autoridade religiosa favoreceu a dessacralização da autoridade política, contribuindo para fortalecer o desejo de que a segunda fosse controlada pelo povo. Para que se chegasse à laicidade, era preciso, de fato, não somente emancipar o poder político da tutela clerical, mas que o modo de legitimação desse poder fosse dessacralizado para permitir um controle democrático. Ao criticar a autoridade religiosa institucional em nome da Bíblia, a Reforma criou também as condições de possibilidade de uma relação crítica com o poder político, ou seja, de uma relação não religiosa com a política; assim, contribuiu para a implantação da laicidade.

2.3. A liberdade de consciência

Não há laicidade sem liberdade de consciência. Ora, o protestantismo, desde a Reforma, enfatizou fortemente os limites da autoridade política diante da consciência individual. Ao reconhecer de um modo bastante tradicional o papel das autoridades políticas e a obediência devida a elas, Lutero apresentou um importante limite para o poder político: a consciência, a vida interior. Afirma ele: "O poder temporal pressupõe leis que dizem respeito somente aos corpos e aos bens, e a tudo o que existe na terra como coisas exteriores. Quanto às almas, Deus não pode nem quer deixar a ninguém mais, além de si mesmo, o direito de governá-las. É por isso que o poder temporal, quando pretende atribuir leis às almas, pisoteia o controle de Deus, seduzindo-as e corrompendo-as" (*Da autoridade secular, até que ponto se lhe deve obediência* [1523], em *MLO* 4, 31). "Dado que cabe aos homens decidirem, de acordo com suas consciências, como crer ou não crer, sem causar com isso nenhum problema para o poder temporal, esse último deve contentar-se com esse fato, ocupando-se de um modo ou de outro como puder e como quiser, mas sem constranger ninguém pela força. Pois a fé é uma obra livre e não se pode forçar ninguém a abraçá-la" (ibid., p. 33).

Herança comum da Reforma (e da pré-Reforma, cf. Jan Hus), essa afirmação da liberdade de consciência e dos direitos do indivíduo contribuiria para o processo de democratização, com a verdade religiosa sendo submetida ao debate público, reforçando-se a distinção entre poder espiritual e poder temporal. Lutero, que confiaria a organização das igrejas protestantes aos príncipes e apelaria para eles com o objetivo de reprimir os dissidentes, não seria fiel aos princípios que ele mesmo estabeleceu (no começo, ele exigia a liberdade de pregação para seus oponentes anabatistas). Os anabatistas e os espiritualistas pediriam às autoridades políticas que se abstivessem de todo tipo de ingerência nas questões de fé e de organização das igrejas, tornando-se ardorosos defensores da separação entre igreja e Estado. O anabatista Menno Simons (1495/96-1561) escreveu: "Se os governos conhecessem Cristo e seu Reino, concordariam comigo, preferindo escolher a morte a controlar as questões espirituais com a espada e o poder secular; as coisas espirituais não estão submetidas à autoridade do homem, mas somente à autoridade do Deus todo-poderoso. Em vez disso, os magistrados passam a aprender com os próprios teólogos que podem prender, torturar e matar aqueles que não obedecem à doutrina religiosa, como já vimos, infelizmente, em inúmeras cidades e inúmeras regiões" (citado por Joseph LECLER, *Histoire de la tolérance au siècle de la Réforme* [1955] [História da tolerância no século da Reforma], Paris, Albin Michel, 1994, p. 219).

Calvino entregou Serveto ao magistrado de Genebra, e a ele se opôs Sébastien Castellion (?1515-1563), que denunciou a perseguição aos hereges (1555) e considerou ilegítimo o uso da espada em questões religiosas, já que o Estado, para ele, é incompetente em matéria de fé.

A contribuição de dois grandes pensadores protestantes seria decisiva para a evolução da ideia da tolerância: John Locke (1632-1704) e Pierre Bayle (1647-1706). John Locke, em *Cartas sobre a tolerância* (São Paulo, Ícone, 2004), insiste no fato de que o poder político só deve debruçar-se sobre os bens temporais, e não sobre as coisas espirituais. Escreveu: "A jurisdição do magistrado diz respeito unicamente aos bens civis, e o direito e a soberania do poder civil se limitam a conservar e promover esses bens somente; eles não devem de modo algum estender-se à salvação das almas". Assim, Locke não estaria definindo a verdadeira laicidade, em que o poder político renuncia a todo tipo de pretensão espiritual, proibindo-se de governar as almas, ainda que em nome de uma religião ou de uma filosofia ateia?

Quanto a Pierre Bayle, que escreveu *Commentaire philosophique sur ces paroles de Jésus-Christ Contrain-les d'entrer* [Comentário filosófico sobre essas palavras de Jesus Cristo: força-os a entrar] (1686-1687, reed. das partes I e II: *De la tolérance* [Da tolerância], Paris, Presses Pocket, 1992), ele defendeu com vigor a inviolabilidade da consciência e questionou o princípio da intolerância civil. À frente de seu tempo, admitia, em nome da tolerância, não somente a possibilidade de que se professasse pessoalmente o ateísmo sem sofrer perturbações, mas também que a Europa cristã deixasse entrar missionários muçulmanos, entre outros. Dessa forma, já havia avanços para a definição de um espaço público pluralista.

Embora os puritanos também tenham lançado mão do magistrado para condenar os que lhes pareciam hereges (cf. sobretudo o processo das bruxas de Salém e 1692), contribuiriam notavelmente para a instauração da liberdade de consciência e a separação entre igreja e Estado. Assim, Roger Williams (?1603/04-1684) defendeu os direitos dos índios e negou ao magistrado poderes de repressão eclesiástica. Fundou a colônia de Rhode Island, berço da Igreja Batista americana e refúgio de liberdade religiosa, onde buscou separar igreja e Estado. Em sua obra, *The Bloody Tenent of Persecution for Cause of Conscience Discussed* [Discussão do maldito princípio da perseguição por questões de consciência] (1644), Williams rejeita todo tipo de coerção religiosa, enfatizando as variantes dogmáticas que existiram desde o início do cristianismo. William Penn (1644-1718), discípulo do fundador dos quacres George Fox, estabeleceu uma Constituição para o estado que foi chamado de Pensilvânia, onde a liberdade religiosa estava garantida, o que lhe permitiu acolher vários dissidentes religiosos.

Porém, é preciso lembrar, de acordo com o sociólogo britânico Steve Bruce, que, se os protestantes dissidentes (tanto os mais críticos em relação à igreja estabelecida quanto os partidários de uma ortodoxia mais estrita) se tornaram bastante abertos para a tolerância, foi também porque tiveram de fazer da necessidade uma virtude: ao constatar que não era possível impor sua visão, viram-se preocupados com o respeito por seu inconformismo e exigiram que o Estado fosse liberal quanto à religião. Assim, paradoxalmente, os protestantes menos liberais teologicamente se tornaram ardorosos defensores da tolerância religiosa. Sobre isso, Steve Bruce escreveu: "A fragmentação do protestantismo foi um elemento importante do desenvolvimento da tolerância religiosa" (*A House Divided. Protestantism, Schism and Secularization* [Uma casa dividida: protestantismo, cisma e secularização], Londres, Routledge, 1990, p. 48). A pluralização das ortodoxias é de fato um poderoso fator de relativização das verdades religiosas na sociedade global: por seus efeitos deslegitimadores, a fragmentação religiosa acelera a secularização. Ao tomar o exemplo das divisões do presbiterianismo escocês, Steve Bruce mostra como "o crescente pluralismo religioso cria uma considerável pressão para que o Estado assuma diversas funções que antes cabiam ao *establishment* religioso dominante" (ibid., p. 6), o que leva à secularização de várias atividades. Ao provocar uma divisão no cristianismo, o protestantismo certamente favoreceu a secularização da política, em um processo de autonomia da tutela religiosa. Essa é a consequência, na esfera política, dos efeitos secularizantes do pluralismo.

O movimento "evangélico" no século XVI, que institucionalizou a dissidência religiosa, está inseparavelmente associado ao processo de secularização da política. A Reforma Protestante representou uma ampla reviravolta político-religiosa que se traduziu pela reorganização não somente do exercício do poder religioso, mas também das relações entre as autoridades religiosas e as autoridades temporais. Lembra Robert M. Kingdom: "A Reforma genebrina havia começado por uma revolução política e social dirigida contra o governo dos duques de Savoia. Os genebrinos ganharam a independência política ao mesmo tempo que adotaram a religião protestante" (em Paul VILLANEIX, org., *Réforme et Révolutions. Aux origines de la démocratie moderne*, Paris-Montpellier, Réforme-Presses du Languedoc, 1990, p. 44). Podemos afirmar, portanto, que há uma associação congênita entre protestantismo e secularização política: ao questionar o poder religioso em uma época em que a política e a religião estavam estreitamente imbricadas (em 1521, a excomunhão de Lutero foi seguida de seu banimento do império), esse movimento se indagava sobre a questão da legitimidade de todo poder, fosse religioso, fosse político. É por isso que a Reforma toma seu lugar no amplo processo de autonomia da política e de afirmação da soberania do Estado secular.

Ao desenvolver a doutrina dos dois reinos, espiritual e secular, Lutero reconhece a dignidade da autoridade temporal, mas observa ao mesmo tempo a distância entre o secular e o espiritual. De fato, a tradição luterana não se preocupava com o secular e o político: respeito pela autoridade e quietismo dominaram o mundo luterano, que julgava fundamentais a liberdade interior e a salvaguarda da liberdade de pregação na igreja. Lutero rejeita a ideia de uma "política cristã", o fato de fazer política em nome do evangelho. Essa postura favorece a laicização da política. Mas, ao mesmo tempo, ao confiar a organização da igreja aos príncipes (considerados *summus episcopus*), Lutero favoreceu o sistema das "igrejas de Estado" e freou o curso da separação. No entanto, a continuidade dos laços entre igreja e Estado nos países luteranos não deve obscurecer o fato de que somente no contexto de separação radical entre o espiritual e o temporal é que tais laços são possíveis sem que sejam levantadas grandes contestações anticlericais. Como percebeu o dinamarquês Nicolai Frederik Severin Grundtvig (1783-1872), os laços entre a Igreja Luterana e o Estado permitiram manter o pluralismo interno e proteger os fiéis do poder do clero. Os laços com o Estado permitiram que a Igreja Luterana dinamarquesa resistisse às pretensões hegemônicas das tendências teológico-religiosas que buscaram transformar a igreja em uma sociedade de cristãos que estejam de acordo. O Estado se mostrou a melhor garantia do pluralismo da igreja protestante e a impediu de adotar o modelo de seita. Os laços entre igreja e Estado, aplicados ao protestantismo, exerceram um efeito contrário aos que foram aplicados ao catolicismo. A Igreja

Católica, quando aliada ao Estado, viu reforçada sua tendência de buscar reger a sociedade civil; no protestantismo, esses mesmos laços protegem as igrejas de uma tendência sectária e atenuam sua precariedade institucional.

3. Protestantismo francês e laicidade

Na França, tentou-se o pluralismo no século XIX, com o sistema de cultos reconhecidos. Não deu certo. Autoridades administrativas avaliaram que o pluralismo religioso era algo socialmente danoso e combateram a evangelização protestante. O quase monopólio do catolicismo, herdado do Antigo Regime, fez com que uma corrente católica intransigente desejasse, em vez de uma verdadeira liberdade religiosa, uma simples tolerância em relação às minorias religiosas. Um reflexo desse estado de espírito é a expressão "cultos dissidentes", utilizada para designar os "cultos reconhecidos" além do catolicismo; essa expressão seria de uso comum até 1905. A minoria dinâmica que constituía o protestantismo aliou-se (até certo ponto) a correntes de livres-pensadores e anticlericais para instaurar uma república laica. Em *Dieu de la République* [Deus da República], Patrick Cabanel demonstrou as fontes protestantes da laicidade.

Nos anos 1880, a escola pública laica foi criada por Jules Ferry (1832-1893), livre-pensador envolvido por vários conselheiros protestantes liberais, como Ferdinand Buisson (1841-1932), Jules Steeg (1836-1898), Félix Pécaut (1828-1898). Ao tornar o ensino primário obrigatório e laico, a lei do dia 28 de março de 1882 substituiria a "instrução moral e religiosa" pela "instrução moral e cívica", permitindo que as crianças tivessem um feriado semanal além do domingo, "para que os pais possam instruí-los na religião, se assim desejarem, fora dos prédios escolares". Nisso, o problema central seria elaborar uma moral laica, livre de enraizamentos religiosos. Ferdinand Buisson, fronteiriço entre o protestantismo e o livre-pensamento, professor de filosofia, diretor do ensino primário de 1879 a 1896 e confidente de Jules Ferry, buscaria uma "religião laica do ideal moral", desejoso de "laicizar a religião". Opondo-se vigorosamente às ortodoxias confessionais, proporia a fundação de uma "igreja liberal", "sem livros infalíveis nem autoridade sacerdotal", aberta "aos representantes do teísmo, do panteísmo, do positivismo, do materialismo". Estimando que o ensino da "história santa" devia ser retirado do programa das escolas primárias e que os diversos tipos de moral confessional estavam ultrapassados, Ferry acreditava que a religião era pertinente como um questionamento sobre o infinito, excesso de sentido que impede a moral de reduzir-se a um aspecto utilitário.

A segunda etapa é a separação entre igreja e Estado (1905). A maioria dos protestantes foi favorável ao próprio princípio, mas temeu uma lei que limitaria o exercício da religião. Raoul Allier (1862-1939), leigo, professor de filosofia na Faculdade de Teologia Protestante de Paris, declarando-se favorável à separação entre igreja e Estado, combateria o projeto Combes, em que enxergava "Luís XIV corrigido e desenvolvido", na medida em que o rei subjugava as igrejas ao Estado e não respeitava suas especificidades. Um protestante, Louis Méjan (1874-1955), seria o principal redator de um projeto mais liberal; apresentado pelo socialista Aristide Briand (1862-1932), seria finalmente promulgado no dia 11 de dezembro de 1905. A liberdade religiosa tinha sido plenamente reconhecida: "A República assegura a liberdade de consciência. Garante o livre exercício dos cultos" (art. 1), mas "não reconhece, não paga salários nem subvenciona nenhum culto" (art. 2). Contrariamente a outras leis de separação (como a da Alemanha, quinze anos depois), as igrejas são de "direito privado". Isso equivale a declarar, como lamentou na época o cooperador protestante Charles Gide (1847-1932), que "a religião, como fator de progresso moral e social, é algo absolutamente negligenciável".

A laicidade à francesa surge de modo mais pronunciado que em outros países, pois é constituída de uma maneira mais conflitante. No entanto, o preço laico instaurado a partir da lei de separação permitiu uma evolução. Passamos aos poucos de uma estrita neutralidade para um reconhecimento mais aberto da diversidade. O protestantismo, assim como demais minorias religiosas, foi beneficiado por essa abertura.

4. Laicidade e integração europeia

A integração europeia apresenta países que se construíram como coletividades políticas em relações diferenciadas com a religião (J.-P. WILLAIME, 2004). Evocando o caso dinamarquês, Philippe Portier lembra que "para conquistar a autonomia, aqui a política não precisou recorrer ao procedimento separatista" (*Les laïcités dans l'Union européenne: vers une convergence des modèles?*, em Guy SAUPIN, Rémi FABRE e Marcel LAUNAY, org., *La tolérance. Colloque international de Nantes* [mai 1998]. *Quatrième centenaire de l'Édit de Nantes* [Colóquio Internacional de Nantes, maio de 1998, Quarto centenário do Edito de Nantes], Rennes, Presses universitaires de Rennes, 1999, p. 307). Na Alemanha, as igrejas católica e protestante estiveram presentes no ponto de partida de dois totalitarismos — nazismo e comunismo —, ambos hostis à religião. Nos países escandinavos, Estado, religião e sociedade evoluíram no mesmo ritmo sem grandes conflitos, e efetuou-se uma "revolução laica de veludo" em 2000, na Suécia, com a separação entre igreja e Estado que manteve certos dispositivos privilegiados para a Igreja Luterana (aliás, os suecos preferem nem falar em "separação").

Falar de laicidade em escala europeia é algo que, como observou Micheline Milot ao estudar o fenômeno no Québec, exige que o conceito seja extraído "de seu contexto francês de surgimento histórico" para livrá-lo de "seu uso ideológico" e melhor pensá-lo como conceito político (p. 23). Se a laicidade diz respeito à "organização política e à tradução jurídica" (ibid., p. 34) do lugar da religião nas sociedades que respeitam a autonomia política e religiosa e dissociam a cidadania da religião que se escolhe, se a laicidade é um princípio que faz operar a liberdade religiosa e não religiosa nas sociedades democráticas que se preocupam em não discriminar e respeitar os direitos humanos, torna-se possível falar de laicidade europeia. Surge, de fato, quando uma verdadeira separação entre a religião e a política não é incompatível com formas diversas de reconhecimento do papel das religiões no espaço público, um reconhecimento que se encontra nos países da Europa em que a autonomia política e a democracia não precisaram ser conquistadas, como na França, em uma relação tão conflituosa com a religião dominante, conquanto alguns países chegaram a passar pela experiência oposta: a do papel positivo das religiões na marcha para a democracia. A integração na União Europeia dos países do antigo bloco comunista que sofreram com o ateísmo estatal e perseguições religiosas é bastante significativa. Seria um erro crer que, por não terem adotado outras formas de relação entre igreja e Estado, muitos países europeus não conhecem formas de laicidade. Os princípios fundamentais da laicidade são respeitados na Europa, a saber, a dupla neutralidade (independência do Estado em relação às religiões e liberdade das organizações religiosas em relação ao poder político), a liberdade de religião e de consciência como um modo de evitar discriminação religiosa ou de qualquer outro tipo, prática dessas liberdades e garantias no limite da ordem pública e dos direitos humanos, tais como concebidos nas sociedades democráticas. A laicidade não é estranha à Europa, muito pelo contrário: é um bem comum ao continente, histórica, jurídica e sociologicamente. Em muitos aspectos, podemos afirmar que a Europa é laica.

Historicamente, desde a época de Constantino, a Europa foi profundamente marcada pelas tensões e pelos debates que surgiram em torno da questão da partilha de poder entre autoridades espirituais e autoridades temporais. A história religiosa da Europa, indissoluvelmente ligada a sua história política, é atravessada por essa questão da autonomia do espiritual e do temporal. Claro, todo tipo de combinações entre esses dois poderes, inclusive sua quase fusão (ou confusão), tomou parte na história europeia, banhada pelo sangue das guerras de religião. Claro, o processo de autonomia do espiritual e do temporal não se completou em um dia, encontrando muita resistência. Mas essa autonomia continua a ser uma característica fundamental da civilização europeia. Como observou Edgar Morin em *Pensar a Europa* (Lisboa, Europa-América, 1988), um traço importante da cultura europeia é a confrontação, o diálogo entre fé e razão, religião e mundo secular, o espiritual e o temporal, tradições religiosas e críticas da religião. Essa dialógica, junto com as tensões entre espiritual e temporal que acarreta, progressivamente levou ao reconhecimento da autonomia do mundo secular e à afirmação dos direitos do indivíduo.

Esse resultado tem uma longa história: hoje, pelo menos na Europa ocidental, certa laicidade tornou-se um bem comum. Não como se manifestou no nível institucional na França, mas, sim, uma laicidade cultural, que inspira em Émile Poulat as palavras "somos todos leigos", no sentido de que vivemos, hoje, "em uma sociedade, sob um governo que renunciou a buscar seu fundamento e suas garantias em Deus, em uma transcendência religiosa, e que se mantém atrelado a um contrato entre seus membros: a afirmação dos direitos fundamentais para todos e uma constituição escrita" (*En 1990, la laïcité pour une confession majoritaire: le catholicisme* [Em 1990, a laicidade por uma confissão majoritária: o catolicismo], em Hubert BOST, org., p. 108s, cf. tb. *Table ronde* [Mesa redonda], p. 213). Se puder ser definida pelas três características seguintes, a laicidade está presente na Europa até mesmo nos países em que as relações entre igreja e Estado se manifestam sob a forma de concordatas e sistemas de reconhecimento de cultos. A primeira dessas características é a *dupla neutralidade*, ou seja, a neutralidade confessional do Estado e do poder público, que implica a autonomia do Estado e dos poderes públicos em relação a todos os poderes religiosos e o respeito pelo Estado, nos limites da ordem pública e das leis, da autonomia da religião. A segunda é o *reconhecimento da liberdade de convicção*, que implica não somente a liberdade religiosa e a liberdade para a ausência de religião, mas também o *reconhecimento da autonomia da consciência individual*, ou seja, a liberdade pessoal do homem e da mulher em relação a todos os poderes, religiosos e filosóficos, a reflexão crítica aplicada a todas as áreas (religião, política, ciência etc.), o livre-exame e o debate contraditório. A terceira é o princípio da *não discriminação*, ou seja, o tratamento igual para todos, não importam as convicções, a dissociação de seus direitos, sobretudo como cidadãos, e de sua filiação (ou não) a um grupo religioso ou filosófico. O respeito por esses três grandes princípios de neutralidade, liberdade e não discriminação está no próprio fundamento da laicidade. E, se queremos de fato não confundir palavras e coisas, a partir desse respeito verificado na Europa, concluímos que existe uma laicidade europeia que está acima da diversidade das relações entre igreja e Estado que se construíram historicamente de acordo com cada país. O respeito por esses princípios não impede que a maior parte dos 25 países da União Europeia "reconheça" as religiões mais significativas de seu território, estabelecendo algumas relações de cooperação com elas. Assim, a Itália, cuja Corte Constitucional aprovou em 1989 a laicidade como parte integrante dos "princípios supremos" de seu sistema jurídico, distingue três níveis de reconhecimento estatal das religiões: primeiro, religiões que fizeram acordos com o Estado (concordata, para a Igreja Católica, "tratados", para diversas igrejas protestantes, o judaísmo, o budismo e as Testemunhas de Jeová); segundo, religiões que se contentam com o *status* de associações religiosas; terceiro, religiões que permanecem no direito comum das associações. Esse é um exemplo de uma laicidade que não é caracterizada pela indiferença do Estado em relação às religiões, e da prática de uma liberdade positiva para a religião.

A Europa é laica no nível do direito, através da *Convenção para a proteção dos direitos humanos e das liberdades fundamentais* (chamada mais comumente de *Convenção europeia dos direitos humanos*, 1950), proclamada solenemente em 2000 no Conselho Europeu de Nice. Esses textos garantem, nos limites do respeito pelas sociedades democráticas, a liberdade de pensamento, de consciência e de religião (o que inclui a liberdade de mudar de religião ou de não ter religião) e proíbem todo tipo de discriminação baseada em sexo, raça ou religião. Ao proteger os direitos da pessoa, inclusive proclamando "a igualdade dos homens e das mulheres" (art. 23 da Carta), esses textos confirmam a dissociação, em espaço europeu, da ordem sociopolítica e da religião. Em seu artigo 9, retomado na *Carta dos direitos fundamentais*, a *Convenção europeia dos direitos humanos* estabelece os princípios fundamentais de uma laicidade europeia que garante a liberdade individual e coletiva de religião ou de não religião, especificando que as únicas restrições que podem ser apresentadas se originam das "medidas necessárias em uma sociedade democrática":

"1. Todos têm direito à liberdade de pensamento, consciência e religião; esse direito pressupõe a liberdade de mudar de religião ou de convicção, assim como a liberdade de manifestar a religião ou a convicção pessoais, de modo individual ou coletivo, em público ou em privado, através de cultos, ensinamentos, práticas e cumprimento de ritos.

2. A liberdade de manifestar religião ou convicções pessoais não pode visar a outras restrições além das que, previstas em lei, constituem medidas necessárias, em uma sociedade democrática, para a segurança pública, a manutenção da ordem, da saúde ou da moral públicas, ou para a manutenção dos direitos e das liberdades alheias".

Esse artigo preserva as liberdades individuais contra abusos de poder, inclusive religiosos, ao mesmo tempo que garante a liberdade religiosa em suas dimensões tanto privadas quanto públicas, em suas dimensões tanto individuais quanto coletivas. No artigo 2 do *Primeiro protocolo adicional* (1952) a essa convenção, está especificado que "o Estado, cujo exercício de funções que assumirá nas áreas da educação e do ensino, respeitará o direito dos pais quanto a assegurar essa educação e esse ensino de acordo com as suas convicções religiosas e filosóficas". Com esse texto, o direito europeu reconhece que a escola pública deve ser pluralista, negando-se a doutrinar os alunos e respeitando as convicções religiosas e filosóficas dos alunos e de suas famílias. Esse texto rejeita o monopólio estatista da educação escolar, deixando aos pais o direito de escolherem uma escola particular, o que não significa, embora isso seja comum na Europa, que o Estado seja obrigado a subvencionar tais escolas.

A *Convenção europeia dos direitos humanos* não é apenas um texto com valor jurídico, mas também um documento que testemunha um *éthos* partilhado — sobretudo, "uma concepção e um respeito comuns pelos direitos humanos" —, um *éthos* reivindicado pelos Estados europeus "animados por um mesmo espírito, com um patrimônio comum quanto ao ideal e às tradições políticas, de respeito pela liberdade e de preeminência do direito" (abertura da *Convenção*). Um *éthos* partilhado que se manifesta, intelectualmente, em uma postura que valoriza a reflexão crítica (inclusive sobre si mesmo), o livre-exame e o dever do conhecimento. A laicidade europeia é o fim da religião como poder e a reorganização do papel da religião em uma sociedade pluralista que se libertou da tutela dos clérigos. É nesse contexto que se efetuam diversas reestruturações entre religião e política, em um contexto tal que surgem contestações religiosas e políticas contra a própria laicidade. Essa laicidade é algo sereno: não somente é uma aposta importante em diversas esferas religiosas, mas também tem uma dimensão geopolítica que não passa despercebida a todos os que se preocupam com o futuro das democracias na era do desencanto com a política.

A Europa também é laica quanto às mentalidades, conforme demonstram as pesquisas feitas em escala continental (*European Values Survey* [Pesquisa de valores europeus] e *International Social Survey Programme* [Programa internacional de pesquisa social]). Além de atestarem um aumento dos "sem religião" entre os jovens adultos de diversos países da Europa, tais pesquisas indicaram que as pessoas que se identificam com uma religião, inclusive os praticantes, afirmaram sua autonomia pessoal e são em maioria favoráveis a uma separação entre política e religião. É ainda mais interessante constatar que os religiosos aceitam cada vez mais, em seu modo religioso de ser, a pluralidade: na Europa, somente uma pequena minoria pensa que "a verdade só pode ser encontrada em uma religião". Há uma laicização da própria consciência religiosa que reforça a laicidade no nível jurídico; dito de outro modo, a secularização das mentalidades reforça a laicidade. O foco midiático sobre o sectarismo de alguns grupos e sobre o radicalismo religioso, principalmente o islâmico, não nos deve fazer esquecer essa tendência solidamente estabelecida no continente.

A Europa manifestou seu caráter laico ao adotar, no encontro de Bruxelas dos dias 17 e 18 de junho de 2004, um texto da *Constituição europeia* (cuja primeira versão tinha sido elaborada em 2002-2003 pela Convenção sobre o Futuro da Europa) com um texto introdutório que menciona a "herança cultural, religiosa e humanista da Europa". No outono de 2005, o projeto havia sido ratificado por 13 países e rejeitado por dois (França e Países Baixos).[1] Enquanto

---

[1] [NE] Com esta rejeição criou-se o tratado de Lisboa em 2007. O **Tratado de Lisboa** (inicialmente conhecido como o *Tratado Reformador*) é um tratado que foi assinado pelos Estados-membros da União Europeia (UE) em 13 de dezembro de 2007, e que reformou o funcionamento da União em 1º de dezembro de 2009, quando entrou em vigor. Ele emenda o Tratado da União Europeia (TUE, *Maastricht*; 1992) e o Tratado que estabelece a Comunidade Europeia (TCE, *Roma*; 1957). Neste processo, o TCE foi renomeado para Tratado sobre o Funcionamento da União Europeia (TFUE).

Importantes mudanças incluíram o aumento de decisões por votação por maioria qualificada no Conselho da União Europeia, o aumento do Parlamento Europeu, no processo legislativo através da extensão da codecisão com o Conselho da União Europeia, a eliminação dos Três Pilares e a criação de um Presidente do Conselho Europeu, com um mandato mais longo, e um Alto Representante da União para os Negócios Estrangeiros e a Política de Segurança, apresentando uma posição unida sobre as políticas da UE. O Tratado também fez com que a Carta da União em matéria de direitos humanos, a Carta dos Direitos Fundamentais, se tornasse juridicamente vinculativa.

O objetivo declarado do tratado é "completar o processo lançado pelo Tratado de Amesterdão (1997) e pelo Tratado de Nice (2001), com vista a reforçar a eficiência e a legitimidade democrática da União e para melhorar a coerência da sua ação". Os opositores do Tratado de Lisboa, como o instituto político britânico Open Europe e o dinamarquês e ex-deputado do Parlamento Europeu (MEP) Jens-Peter Bonde, argumentaram que seria uma maneira de centralizar a UE, e enfraquecer a democracia retirando poder ao eleitorado nacional.

As negociações para reformar as instituições da UE começaram em 2001, resultando, em primeiro lugar, na Constituição Europeia, que fracassou devido à rejeição pelos eleitores franceses e holandeses em 2005. Em substituição à Constituição, criou-se o Tratado de Lisboa, que estava inicialmente previsto para ter sido ratificado por todos os Estados-membros até ao final de 2008. Este calendário falhou, principalmente devido à rejeição inicial do Tratado em 2008 pelo eleitorado irlandês, uma decisão que foi revertida no segundo referendo realizado em 2009. Fonte: http://pt.wikipedia.org/wiki/Tratado_de_Lisboa_(2007) acessado em 19/05/2014 às 16h15.

alguns países, como a Itália e a Polônia, exigiram uma menção especial ao cristianismo e outras vozes se levantaram em favor da menção a Deus no texto introdutório, foi o *acordo laico* que prevaleceu. Ao ser reconhecida de modo plural, sem nomear uma religião específica (o que permite reconhecer as religiões não cristãs, sobretudo o judaísmo e o islamismo, na herança religiosa da Europa), a participação dos diversos tipos de herança religiosa na formação da Europa, com menção à herança cultural e humanista além da herança religiosa — um modo de levar em consideração não somente a importante contribuição trazida por filosofias não religiosas, mas também o fato de que a Europa foi uma região de confrontos permanentes entre a religião e a crítica da religião —, prevaleceu o reconhecimento laico da pluralidade das heranças que constituem a Europa. Da mesma forma, no artigo 52.3, o texto da *Constituição europeia* propôs que se mantivesse "um diálogo aberto, transparente e regular" com as igrejas, as organizações filosóficas e não confessionais dos Estados membros, situando-se na perspectiva (já prevalente na maior parte dos Estados Unidos) de uma *laicidade de reconhecimento*, ou seja, uma laicidade que, ao mesmo tempo que respeita seus princípios fundamentais, não impede que sejam levadas oficialmente em consideração as funções públicas das igrejas e das organizações filosóficas na sociedade democrática. Se a União Europeia é um laboratório sociopolítico, também o é na laicidade: é inventada uma laicidade que, ao mesmo tempo que respeita as prerrogativas dos Estados membros quanto às relações entre igreja e Estado, garante a autonomia da política e a liberdade das pessoas diante de todos os poderes religiosos, ao mesmo tempo que reconhece a contribuição das religiões para a formação dos indivíduos e para a vida em sociedade. Nas relações entre as instituições religiosas e a União Europeia, como afirma Bérengère Massignon, trata-se de um verdadeiro "laboratório de gestão da pluralidade religiosa e filosófica", em que "são criadas novas formas de relação entre organismos portadores de sentido e instâncias político-administrativas" em uma recomposição das funções estatais e da democracia (*Les relations entre les institutions religieuses et l'Union européenne: un laboratoire de gestion de la pluralité religieuse et philosophique?* [As relações entre as instituições religiosas e a União Europeia: um laboratório de gestão da pluralidade religiosa e filosófica?], em Jean-Robert ARMOGATHE e Jean-Paul WILLAIME, orgs., *Les mutations contemporaines du religieux* [As mutações contemporâneas do religioso], Turnhout, Brepols, 2003, p. 41). Essa laicidade europeia em gestação se insere na evolução religiosa geral das sociedades europeias, uma evolução que, como percebeu Yves Lambert, leva essas sociedades a um modelo de "secularização pluralista", qual seja, "um modelo em que a religião não deve exercer poder sobre a vida social, mas pode desempenhar plenamente seu papel como fonte espiritual, ética, cultural e até política em um sentido bastante amplo, respeitando a autonomia individual e o pluralismo democrático" (*Le rôle dévolu à la religion par les Européens* [O papel que os europeus escolheram para a religião], *Sociétés contemporaines* [Sociedades contemporâneas] 37, 2000, p. 32).

5. Laicização da laicidade e reestruturação da função das religiões no espaço público

A modernidade conquistadora foi secularizante e gerou uma cultura laica que, acima das diferenças das relações diversas entre igreja e Estado constatadas em cada país, parece ter se tornado patrimônio comum a todas as democracias. É preciso acrescentar que, onde não há democracia, a laicidade continua sendo uma luta em progresso. A liberdade religiosa implica o respeito pela liberdade de culto e de consciência, o que significa também o respeito pelas minorias e a autonomia do poder político em relação a todo poder religioso. Elementos essenciais da cultura laica foram transmitidos aos textos que garantem os direitos humanos e definem os princípios das democracias pluralistas. Se aceitamos privilegiar a ideia sobre a palavra, e se admitimos que os princípios fundamentais da laicidade podem ser garantidos em regimes diferentes de relações entre igreja e Estado, podemos então defender que a laicidade, enquanto secularização da política e da cultura, torna-se o contexto comum da vida em sociedade na maioria dos países democráticos. Essa vitória da laicidade, o fato de que passamos de uma laicidade de combate a uma laicidade de gestão, não é isenta de consequências sobre a laicidade e sua maneira de abordar os fatos religiosos.

Com efeito, a laicidade de combate se fez acompanhar de um anticlericalismo, desenvolvendo uma neutralidade bastante negativa em relação à religião: tratava-se sobretudo de emancipar-se da tutela clerical para promover a razão e institucionalizar a democracia. A desclericalização se efetuou junto com as filosofias do progresso, que tendiam a enxergar os fatos religiosos como fenômenos obsoletos, associados a ignorância e superstição. Enquanto o poder religioso justificou uma laicidade de combate, pôde existir uma dimensão antirreligiosa, até mesmo moderada, sobretudo quando conseguia escorar-se em visões alternativas do homem e do mundo, como o marxismo. A perda efetiva de poder das instituições religiosas, tanto sobre a sociedade quanto sobre os fiéis, e até a própria autocrítica da modernidade, que tende bem menos a considerar-se oposição radical às tradições e que desenvolve um pensamento de limites, o retorno público da questão ética e a redescoberta das dimensões simbólicas, tudo isso contribuiu para gerar, dentro da própria laicidade, uma postura mais aberta, feita de uma neutralidade benigna para com os fatos religiosos. É por isso que Jean Baubérot fala de um "novo pacto laico" (cf. *Vers un nouveau pacte laïque?* [Rumo a um novo pacto laico?]).

Essas profundas transformações, no entanto, não impedem a reafirmação periódica de uma laicidade de combate. Diante da questão das seitas e dos novos movimentos religiosos, e também dos problemas propostos pela integração do islã, assistimos de fato a uma reativação laicista de uma desconfiança exacerbada em relação à religião, identificada como fanatismo e costumes retrógrados. Os casos do "véu" e a votação de uma lei que proibia nas escolas "o uso de sinais ou vestimentas que manifestassem ostensivamente a filiação religiosa" (15 de março de 2004) testemunham um endurecimento por parte da laicidade. Ao mesmo tempo, a atenção que a França dedicou ao ensino do fato religioso na escola, após o relatório de Régis Debray ao ministro da Educação (*L'enseignement du fait religieux dans l'école laïque* [O ensino do fato religioso na escola laica], Paris, Odile Jacob, 2002), mostra que a República laica compreendeu perfeitamente que o estudo da religião era indispensável para a compreensão do mundo passado e presente. Assim, engendrou-se uma resposta laica inteligente com o estudo das religiões no ensino público.

Essas transformações mostram que a laicidade se define sobretudo como o contexto regulador de um pluralismo de cosmovisões, e não tanto como um contrassistema poderoso que visa à religião; há um processo de "laicização da laicidade". O Estado laico, tornando-se mais neutro filosófica e eticamente, laicizou-se em profundidade. Da Revolução Francesa aos nossos dias, passando pela Terceira República, evoluiu-se, na França, de um Estado regenerador a um Estado gestor, de uma escola como vanguarda da modernidade em um meio considerado tradicional a uma escola mais modesta em suas ambições pedagógicas. Passou-se de um civismo político-patriótico de uma República conquistadora ao civismo político-ético da República gestora de uma democracia pluralista, em que forças espirituais e morais da nação são convidadas a participarem da manutenção e da transmissão do *éthos* democrático e da definição de códigos de ética em diversas áreas (ciências naturais e biológicas principalmente). É nesse sentido que podemos falar, nas sociedades secularizadas que foram marcadas por uma cultura laica, de uma reorganização do papel das religiões no espaço público.

Jean-Paul Willaime

▶ BAUBÉROT, Jean, *Le protestantisme doit-il mourir? La différence protestante dans une France pluriculturelle*, Paris, Seuil, 1988; Idem, *La laïcité, quel héritage? De 1789 à nos jours*, Genebra, Labor et Fides, 1990; Idem, *Vers un nouveau pacte laïque?*, Paris, Seuil, 1990; Idem, *La morale laïque contre l'ordre moral*, Paris, Seuil, 1997; Idem, org., *Religions et laïcité dans l'Europe des douze*, Paris, Syros, 1994; Idem, *Laïcité 1905-2005. Entre passion et raison*, Paris, Seuil, 2004; Idem, org., *La laïcité à l'épreuve. Religions et libertés dans le monde*, Paris, Universalis, 2004; Idem, GAUTHIER, Guy, LEGRAND, Louis e OGNIER, Pierre, *Histoire de la laïcité*, Besançon, CRDP de Franche-Comté, 1994; BOST, Hubert, org., *Genèse et enjeux de la laïcité. Christianismes et laïcité*, Genebra, Labor et Fides, 1990; CABANEL, Patrick, *Le Dieu de la République. Aux sources protestantes de la laïcité (1860-1900)*, Rennes, Presses universitaires de Rennes, 2003; COSTA-LASCOUX, Jacqueline, *Les trois âges de la laïcité*, Paris, Hachette, 1996; LAGARDE, Georges de, *La naissance de l'esprit laïque au déclin du Moyen Âge*, 5 vols., Louvain, Nauwelaerts, 1956-1970; LALOUETTE, Jacqueline, *La séparation des Églises et de l'État. Genèse et développement d'une idée, 1789-1905*, Paris, Seuil, 2005; LEQUIN, Yves, org., *Histoire de la laïcité*, Besançon, CRDP de Franche-Comté, 1994; MAYEUR, Jean-Marie, *La question laïque, XIXe-XXe siècle*, Paris, Fayard, 1997; MILOT, Micheline, *Laïcité dans le Nouveau Monde. Le cas* *du Québec*, Turnhout, Brepols, 2002; PORTIER, Philippe e BAUDOUIN, Jean, orgs., *La laïcité. Une valeur d'aujourd'hui? Contestations et renégociations du modèle français*, Rennes, Presses universitaires de Rennes, 2001; POULAT, Émile, *Liberté, laïcité. La guerre des deux France et le principe de la modernité*, Paris, Cerf-Cujas, 1987; Idem, *La solution laïque et ses problèmes. Fausses certitudes, vraies inconnues*, Paris, Berg International, 1997; Idem, *Notre laïcité publique. "La France est une République laïque". Constitutions de 1946 et 1958*, Paris, Berg International, 2003; WILLAIME, Jean-Paul, "État, éthique et religion", *Cahiers internationaux de sociologie* 88, 1990, p. 189-213; Idem, "Le religieux dans l'espace publique", *Projet* 225, 1991, p. 71-79; Idem, *Europe et religions. Les enjeux du XXIe siècle*, Paris, Fayard, 2004; Idem e VINCENT, Gilbert, orgs., *Religions et transformations de l'Europe*, Estrasburgo, Presses universitaires de Strasbourg, 1993, 7ª parte: "Laïcité et réaménagements des rapports entre États et religions", p. 361-419.

● Anticlericalismo; **autoridade**; Buisson; concordata; democracia; dissidente; direito natural; direitos humanos; escolas livres; **educação**; igreja e Estado; Estado; indivíduo; Jefferson; **liberdade**; liberdade de consciência; lei; **modernidade**; monarcômacos; Pécault; pluralismo; **política**; reinos (doutrina dos dois); religião civil; **religião e religiões**; Réveillaud; secularização; tolerância

LAMBETH (Quadrilátero de)

A Comunhão Anglicana organiza o diálogo ecumênico com as demais igrejas na base do *Quadrilátero de Lambeth*, adotado em 1888 pela terceira Conferência de Lambeth, cujos quatro pontos tinham sido aceitos na Convenção Geral da Igreja Episcopal dos Estados Unidos, reunida em Chicago em 1886. Retomados no "Apelo pela união de todos os cristãos", lançado em 1920 pela sexta Conferência de Lambeth. Confirmados a partir de então, esses princípios fundamentais são: primeiro, as Santas Escrituras, que contêm tudo o que é necessário para a salvação e para as regras definitivas de fé; segundo, o *Símbolo dos apóstolos* como credo do batismo e o *Símbolo de Niceia* como expressão suficiente da fé cristã; terceiro, os dois sacramentos do batismo e da ceia, instituídos por Cristo e administrados segundo as palavras que ele mesmo pronunciou; quarto, o episcopado histórico adaptado, em sua aplicação, às necessidades das nações e dos povos chamados por Deus na unidade de sua igreja. No anglicanismo, o debate não está tão claramente definido a ponto de concluir-se se o *Quadrilátero* é uma base sobre a qual a discussão se torna possível ou se deve ser a convergência que permite a total reunificação.

Laurent Gambarotto

▶ EVANS, Gillian R. e WRIGHT, Robert, orgs., *The Anglican Tradition. A Handbook of Sources*, Londres, SPCK, 1991; SIMON, Marcel, *L'anglicanisme*, Paris, Armand Colin, 1969; SYKES, Stephen e BOOTY, John, org., *The Study of Anglicanism*, Londres, SPCK, 1988.

● Anglicanismo; **ecumenismo**; igrejas episcopais

LAMBOURNE, Robert Alfred (1917-1972)

Médico inglês nascido em Birmingham, onde passou a maior parte de seu período de estudos e atividades. Trabalhou primeiro como clínico geral em um bairro operário em que foi de fato solidário a uma população pobre e adoecida. Especializou-se em psiquiatria e fez parte do grupo do dr. Michael Balint (1896-1970) durante longos anos, buscando aprofundar as forças emocionais e simbólicas das relações inerentes à medicina. Sentindo-se chamado a construir uma ponte entre a medicina e a igreja, empreende estudos de teologia, completando-os com a idade de 40 anos. Sua tese sobre *Cristo e a saúde* (1963) se revelou bastante original. Nessa obra, Lambourne mostra o caráter comunitário e coletivo (*corporate*) das doenças e das curas, o que insta a fé e a igreja a redescobrir o tecido social de nossos sofrimentos e nossas feridas como o próprio lugar em que deve ser vivida uma diaconia que seja, ao mesmo tempo, leiga e eclesiástica, reintegrando social e espiritualmente as pessoas doentes a suas redes de vida. Nessa perspectiva, teve a ousadia de considerar um sacramento (o da "taça de água fresca") todo ato profano de cuidado, cumprido em um acompanhamento público de palavra confessante, como eram as intervenções curativas de Jesus. Sua visão alcançou um ensino que foi bem recebido na Universidade de Birmingham, e sua influência chegou até a Comissão Médica do Conselho Mundial de Igrejas.

Marc Faessler

▶ LAMBOURNE, Robert Alfred, *Le Christ et la santé. La mission de l'Église pour la guérison et le salut des hommes* (1963), Paris-Genebra, Centurion-Labor et Fides, 1972; Idem, *Explorations in Health and Salvation*, org. por Michael WILSON, Universidade de Birmingham, 1983.

◉ Cura; doença; saúde

LANCASTER, Joseph (1778-1838)

Nascido em Londres e morto em Nova York, Lancaster foi encaminhado para o ofício pastoral por seus pais, tornando-se quacre e fundando, em 1801, uma escola para os pobres em Londres, que logo contaria com mil alunos. Como o método tradicional de ensino individual é impossível e não paga os professores, Lancaster se inspira no sistema de ensino recíproco de André Bell (1753-1832), em que a gradação das dificuldades e uma disciplina quase militar permitiram que os melhores alunos mais velhos fossem aproveitados como monitores: em semicírculo diante de um quadro afixado à parede, as crianças repetiam palavras, frases, números, ou escreviam em suas carteiras. Apesar da oposição da Igreja Anglicana, a escola obteve sucesso, mas ele sofreu prisões por dívidas. Salvo pelos quacres, indispõe-se com eles, vai para a América, funda uma escola em Baltimore e publica em 1821 uma descrição de seu método: *The Lancasterian System of Education* [O sistema lancasteriano de educação]. Convidado a Caracas pelo presidente Simón José Antonio Bolívar (1783-1830) para estabelecer novas escolas, é surpreendido pela morte de seu protetor após um período de atividades, o que o obriga a partir. Morre em meio à pobreza em Nova York, vítima de um acidente.

Gabriel Mützenberg

▶ KAESTLE, Carl F., org., *Joseph Lancaster and the Monitorial School Movement*, New York, Teachers College Press, 1973; MÜTZENBERG, Gabriel, *Genève 1830. Restauration de l'école*, Lausanne, Éditions du Grand-Pont, 1974, p. 410-421: *La méthode*.

◉ Educação; quacres

LANGE, Friedrich Albert (1828-1875)

Filho de pastor e professor de teologia que sucedeu a David Friedrich Strauß em Zurique após a demissão forçada de Strauß em 1841, Lange se engajou ativamente em uma política socialista reformista (*Die Arbeiterfrage in ihrer Bedeutung für Gegenwart und Zukunft* [1865-1875], Hildesheim, Olms, 1979), primeiro em Duisburgo, sendo August Bebel (1840-1913) um de seus principais colaboradores; em seguida, em Winterthur, onde tomou parte na redação da Constituição democrática que substituiu, em 1869, a Constituição liberal do cantão de Zurique. A política reformista de Lange visou à fundação de um "Estado ideal", em que os trabalhadores pudessem atingir um nível desejado de desenvolvimento pessoal. Lange dedicou-se também à teoria da educação física e elaborou um programa de pedagogia social que retomaria Paul Natorp (1854-1924). Sua obra principal é *Histoire du matérialisme* [História do materialismo] (1866, 1873-1875, Checy, Coda, 2004). Reduziu as pretensões ontológicas e metafísicas do materialismo, tanto em suas formas "vulgares" quanto nas "dialéticas", recorrendo a uma interpretação fisiológica (ou antropológica) da crítica kantiana: é a organização dos órgãos sensíveis do gênero humano que constitui a representação da matéria. Essa restrição crítica à validade do materialismo permitiu que se valorizasse a exigência ética do "ponto de vista do ideal" que o programa socialista expõe, reconhecendo-se a religião como um fator fundamental para o desenvolvimento da personalidade. Essa concepção socialista estaria na origem do revisionismo de Eduard Bernstein (1850-1932) e exerceria uma influência determinante na prática política da social-democracia alemã, apesar da vitória da ortodoxia marxista no Programa de Erfurt (1891). A interpretação de Kant proposta por Lange (sobretudo na primeira edição, de 1866) forneceria a Nietzsche, seu leitor apaixonado, a matriz sistemática para sua destruição crítica de Kant.

A posição crítica de Lange impediu que ele reconhecesse uma pertinência epistemológica nos enunciados religiosos (em que ele vê "poesia", assim como em todas as demais formas de metafísica), o que o levaria a criticar o protestantismo liberal de Heinrich Lang (1826-1876) e de Alois Emanuel Biedermann (1819-1885), por exemplo. Nomeado professor em Zurique em 1870, atendeu a um chamado em Marburgo (1872), onde permite que Hermann Cohen (1842-1918) consiga enfim sua habilitação em filosofia. Embora a escola de Marburgo acabe seguindo outros caminhos do ponto de vista sistemático, a personalidade e o engajamento político de Lange exerceriam uma influência predominante sobre o perfil filosófico e os temas específicos dessa escola.

Jean-Marc Tétaz

▶ KNOLL, Joachim H. e SCHOEPS, Julius H., orgs., *Friedrich Albert Lange. Leben und Werk*, Duisburgo, Braun, 1975; LÜBBE, Hermann, *Politische Philosophie in Deutschland. Studien zu ihrer Geschichte*, Basileia, Schwabe, 1963, p. 85-102; STACK, George J., *Lange und Nietzsche*, Berlim, Walter de Gruyter, 1963.

▷ Biedermann; kantismo (neo); liberalismo teológico; Zurique

LANGUET, Hubert (1518-1581)

Nascido entre a pequena nobreza da Borgonha, Languet completou sólidos estudos em Poitiers e na Itália. Optou por apegar-se às ideias de Melâncton, convivendo com ele de 1549 a 1559, viajando, participando da preparação das *Centúrias de Magdeburgo* e embrenhando-se cada vez mais nos meios humanistas da Europa central. Enviado para a França em 1560, como diplomata e observador, pelo eleitor Augusto da Saxônia, redigiu excelentes relatórios que são uma fonte de primeira mão sobre a situação francesa e europeia entre o Colóquio de Poissy e o Massacre da Noite de São Bartolomeu. De 1573 a 1577, Languet cumpriria o mesmo trabalho em Viena. Fazendo a ponte entre seus compatriotas huguenotes e os humanistas filipistas (discípulos de Melâncton), Languet busca o tempo todo defender junto a seu mestre a unidade (pelo menos do ponto de vista político) entre os huguenotes franceses e os protestantes alemães, com a convergência dos interesses de ambos os grupos. Após o grave fracasso que representou, para ele, a vitória dos luteranos ubiquistas na Saxônia e a repressão dos criptocalvinistas (1574), Languet obteve do eleitor um período de descanso (1577) e se retirou, reunindo-se com o príncipe palatino João Casimiro e com Guilherme d'Orange-Nassau (dito o Taciturno). Morreu em Anvers. Durante muito tempo, atribuiu-se a ele a autoria do tratado monarcômaco *Vindiciae contra tyrannos* (1579, traduzido para o francês em 1581 sob o título *De la puissance légitime du prince sur le peuple et du peuple sur le prince* [Do poder legítimo do príncipe sobre o povo e do povo sobre o príncipe]; reed. sob o título latino, Genebra, Droz, 1979). Hoje, os pesquisadores costumam atribuir a autoria do documento a Philippe Duplessis-Mornay.

Béatrice Nicollier

▶ *Arcana saeculi decimi sexti, H. Langueti Legati dum viveret et consiliarii saxonici Epistolae secretae ad principem suum Augustum Sax. ducem et S.R.I. septemvirum*, Halle, 1699; CHEVREUL, Henri, *Hubert Languet* (1852), Nieuwkoop, De Graaf, 1967; HOZIER, Charles-René d', *Armorial général de France*, Paris, 1742, registro II, 2ª parte, p. 591-663; NICOLLIER, Béatrice, *Hubert Languet (1515-1581). Un réseau politique international de Melanchton à Guillaume d'Orange*, Genebra, Droz, 1995.

▷ Brutus; Duplessis-Mornay; luteranismo; Magdeburgo (*Centúrias de*); monarcômacos

LAPORTE

A família Laporte, originária do Mas Soubeyran (Cevenas), legou ao mundo dois chefes camisardos. O primeiro, Gédéon Laporte (?1657-1702), inflamou os ânimos dos cevenóis abatidos por uma derrota em Fontmorte e organizou várias expedições antes de ser traído e morto em Temelac.

Após ter servido em um Regimento de Dragões (cavalaria do Exército francês), seu sobrinho, Pierre Laporte, chamado de Rolando (1675-1704), liderou o levante da Vaunage, organizou as tropas camisardas em legiões e cuidou da logística (armas, munições, víveres, medicamentos). Buscou fazer reviver o culto protestante em todos os lugares em que venceu as tropas reais. Enquanto Cavalier negociava com o marechal de Villars (1704), esse Laporte cometia atos violentos em represália às crueldades perpetradas contra inocentes cevenóis. Rejeitando os termos do acordo concluído por Cavalier, já que não garantia a liberdade de consciência, é traído e morto em Castelnau, agosto de 1704.

Hubert Bost

▶ HAAG, Émile e Eugène, *La Porte*, em *La France Protestante*, t. VI, Paris-Genebra, Cherbuliez, 1856, p. 318-327; ROLLAND, Pierre, *Dictionnaire des Camisards*, Montpellier, Presses du Languedoc, 1995, p. 150s.

▷ Camisardos (Guerra dos); Cavalier

LATITUDINARISMO

Corrente dominante na Igreja Anglicana da segunda metade do século XVII, prolongando-se por todo o século XVIII, o latitudinarismo foi mais uma postura que um verdadeiro movimento teológico. Os latitudinários (*Latitude Men*) se afastaram tanto do catolicismo quanto do puritanismo, mas principalmente da concepção calvinista da graça, pessimista demais, segundo o grupo. Caracterizavam-se por uma hostilidade visceral a todo tipo de dogmatismo e uma notável tolerância religiosa. Consideravam a fé cristã e a moral como algo eminentemente conforme a razão. Foram acusados, em geral erradamente, de antitrinitarismo e deísmo. Dentre esses clérigos (muitos deles foram bispos) que tentaram adaptar o cristianismo a sua época, estão Simon Patrick (1625-1707), John Tillotson (1630-1694), Richard Kidder (1633-1703), Edward Stillingfleet (1635-1699), Joseph Glanvill (1636-1680), Gilbert Burnet (1643-1715), Samuel Clarke (1675-1761) e William Paley (1743-1805).

Michel Grandjean

▶ CRAGG, Gerald Robertson, *From Puritanism to the Age of Reason*, Cambridge, Cambridge University Press, 1966; KROLL, Richard, org., *Philosophy, Science and Religion in England 1640-1700*, Cambridge, Cambridge University Press, 1992; RUPP, Gordon, *Religion in England 1688-1791*, Oxford, Clarendon Press, 1985; SINA, Mario, *L'avvento della ragione. "Reason" e "above Reason" dal razionalismo teologico inglese al deismo*, Milão, Vita e Pensiero, 1976.

◉ Anglicanismo; antitrinitarianismo; deísmo; liberalismo teológico; Locke; **predestinação e Providência;** racionalismo teológico

LAUSANNE (Disputa de)

Organizada em 1536 pelo governo de Berna por ocasião da conquista política da região de Vaud, para convencer o povo e o clero locais antes da instauração do novo culto "evangélico", a Disputa de Lausanne serve como modelo de compreensão dos primeiros desenvolvimentos históricos e teológicos da Reforma. Conduzida por personalidades como Farel, Viret e Calvino, representou a vitória das ideias reformadoras, que sob a égide do Estado geraram transformações políticas, sociais, morais e religiosas.

Dentre as dez teses mais próximas ao pensamento de Zwinglio, a questão da igreja foi tratada como dependente da questão da fé, que lhe é anterior. As teses 1 e 2 estabelecem as condições da vida em Cristo; as teses 3 a 7, as da vida na igreja; as teses 8 a 10 se relacionam às condições da vida no mundo. Frentes polêmicas são esboçadas nas teses reportadas nos Atos, em que se abordam problemas relacionados à organização teológica e institucional da Igreja Católica, assim como diversas manifestações de piedade: hierarquia eclesiástica, papado, teologia dos méritos, lugar correto de Maria, missas, peregrinações, indulgências, orações a santos, velas, incensos, imagens durante os ofícios. Uma das condições estabelecidas pelo edito de convocação da disputa foi que somente argumentos escrituralmente embasados seriam acolhidos. Foi o momento perfeito para que Viret reafirmasse o princípio de que a Bíblia, como instância mediadora da mensagem cristã, está acima da autoridade da igreja.

Klauspeter Blaser

▶ PIAGET, Arthur, org., *Les Actes de la Dispute de Lausanne 1536*, Neuchâtel, Secrétariat de l'Université, 1928; DELUZ, René, org., *La Dispute de Lausanne (octobre 1536)*, Lausanne, Bibliothèque de la Faculté de théologie, 1936; JUNOD, Éric, org., *La Dispute de Lausanne (1536). La théologie réformée après Zwingli et avant Calvin*, Lausanne, Bibliothèque historique vaudoise, 1988; BAVAUD, Georges, *La Dispute de Lausanne (1536). Une étape de l'évolution doctrinale des réformateurs romands*, Friburgo, Éditions universitaires, 1956; VUILLEUMIER, Henri, *Histoire de l'Église réformée du Pays de Vaud sous le régime bernois*, t. I: *L'âge de la réforme*, Lausanne, La Concorde, 1927.

◉ Berna; Caroli; disputa; Farel; Reforma/Reformação; Suíça; Viret; Zwinglio

LAUSANNE (movimento de)

O movimento de Lausanne para a evangelização do mundo tem como lema *The Whole Church Taking the Whole Gospel to the Whole World* [A igreja inteira levando o evangelho inteiro para o mundo inteiro]. Surgiu após o Congresso de Lausanne, reunido em 1974. A *Declaração de Lausanne*, redigida durante o congresso, foi adotada com a aprovação da grande maioria dos participantes. No mundo evangélico, reabilitar o engajamento social, em paralelo à evangelização, constitui-se uma inovação. A declaração serve como base para os evangélicos e em geral é utilizada como base de ação missionária conjunta. John Stott, James I. Packer e Samuel Escobar são os teólogos representativos desse movimento.

De 1977 a 1982, quatro consultas deram seguimento às reflexões iniciadas em Lausanne. Em 1980, em Pattaya (Tailândia), houve uma importante consulta sobre o tema da evangelização mundial. A *Declaração de Pattaya* (*IDEA. Bulletin Mensuel d'information de l'Alliance évangélique française* [Boletim mensal de informação da Aliança Evangélica Francesa] 7, 1980, p. 21-24) reafirma o projeto de evangelização e engajamento social. Em 1989, houve um encontro em Manila, chamado Segundo Congresso de Lausanne, sobre a evangelização mundial. Foi permitida a livre expressão de carismáticos e não carismáticos, mas sem que houvesse um verdadeiro debate entre as duas correntes. Esse congresso gerou o documento *Manifesto de Manila*, claramente mais longo que a *Declaração de Lausanne*.

Na medida em que o movimento de Lausanne representa a posição dos evangélicos sobre várias questões teológicas fundamentais, pôde servir como base para diálogo com o Conselho Mundial de Igrejas.

Claude Baty

▶ *Déclaration de Lausanne et Manifeste de Manille*, em Klauspeter BLASER, org., *Repères pour la mission chrétienne. Cinq siècles de tradition missionnaire. Perspectives oecuméniques*, Paris-Genebra, Cerf-Labor et Fides, 2000, p. 112-122 e 445-464; DOUGLAS, James D., org., *Proclaim Christ until He comes. Calling the Whole Church to Take the Whole Gospel to the Whole World*, Minneapolis, World Wide Publications, 1990; "Proclamer le Seigneur jusqu'à ce qu'il vienne. Appel à toute l'Église à apporter tout l'Évangile au monde entier", *Hokhma* 46-47, 1991 (conferências do Congresso de Manila); STOTT, John, "Twenty Years after Lausanne: Some Personal Reflections", *International Bulletin of Missionary Research* 19/2, 1995, p. 50-55; Idem, org., *Making Christ Known. Historic Mission Documents from the Lausanne Movement 1974-1989*, Carlisle, Paternoster Press, 1996.

◗ Ecumenismo; evangélicos; Stott

LAVATER, Johann Caspar (1741-1801)

O nome Lavater está relacionado ao desenvolvimento da fisiognomia, ou seja, o estudo das associações entre o aspecto exterior e as tendências psicológicas do indivíduo. Essa ciência foi sistematizada por Lavater na obra *Essai sur la physiognomonie, destiné à faire connaître l'homme et à le faire aimer* [Ensaio sobre a fisiognomia, para estimular o conhecimento e o amor pelo ser humano] (1775-1778, 4 vols., La Haye, 1781-1803).

Filho de Heinrich Lavater, médico de Zurique, e de Regula Escher, Lavater teve um pai ocupado demais e uma mãe despótica. Diria ele mais tarde que Deus foi seu único e verdadeiro amigo. Estuda teologia no *Collegium Carolinum*, que era a faculdade de teologia de Zurique, "um centro fervilhante de ideias [...]; mestres e discípulos se afastavam juntos dos caminhos já abertos pela ortodoxia protestante" (A.-M. Jaton).

Era polemista, propagandista, um proselitista incansável e por vezes até impertinente. Alvo de suas tentativas de conversão, Goethe dirigiria a ele as palavras: "Cai fora, sofista, senão vem chumbo grosso!". Pregador de uma eloquência calorosa e convincente, madame de Staël afirmaria acerca dele: "Um Fénélon um tanto suíço". Lavater se interessava por tudo, mas Deus era sua prioridade. Criticando o racionalismo filosófico da teologia de seu tempo, que ele chamava de *Wassertheologie* [teologia da água], o autor do *Ensaio sobre a fisiognomia* buscou aliar fé e razão, ciência e crença, respeitando a autoridade das Escrituras, preconizando uma volta ao cristianismo primitivo. Aberto, tolerante, priorizava a expressão eterna da verdade. Pode ser considerado um dos precursores do ecumenismo.

André Péry

▶ *Johann Casper Lavaters ausgewählte Werke*, 4 vols., org. por Ernst STAEHELIN, Zurique, Zwingli Verlag, 1943; JATON, Anne-Marie, *Jean Gaspard Lavater*, Lausanne, Coeckelberghs, 1988; WEIGELT, Horst, *Johann Kaspar Lavater. Leben, Werk und Wirkung*, Göttingen, Vandenhoeck & Ruprecht, 1991.

◗ Pietismo

LE CÈNE, Charles (?1647-1703)

Nascido em Caen, termina seus estudos de teologia em Sedan, Genebra e Saumur. Ordenado pastor em 1672, exerceu o ministério em Honfleur e em Charenton, onde foi acusado de pelagianismo. Em janeiro de 1685, deixou a França e, uma vez na Holanda, abraçou o arminianismo. Suspeito de simpatias socinianas, não pôde encontrar cargo estável nem na Holanda, nem na Inglaterra, alternando entre esses dois países pelo resto de sua vida (morre em Londres). Partidário convicto da tolerância, privilegiou em sua reflexão os problemas relacionados ao pecado original e ao livre-arbítrio.

Maria-Cristina Pitassi

▶ LE CÈNE, Charles, *De l'état de l'homme après le péché et de sa prédestination au salut*, Amsterdã, Desbordes, 1684; Idem, *Entretiens sur diverses matières de théologie, où l'on examine particulièrement les questions de la grâce immédiate, du franc-arbitre, du péché originel, de l'incertitude de la métaphysique [et] de la prédestination*, Amsterdã, Wettstein, 1685 (a primeira parte é a obra de Le Cène; a segunda, de Jean Le Clerc); Idem, *La sainte Bible. Nouvelle version françoise*, Amsterdã, Michel Charles Le Cène, 1741; BRIGGS, Éric R., "Les manuscrits de Charles Le Cène (1647-?1703) dans la Bibliothèque de la Huguenot Society of London", *Tijdschrift voor de studie van de Verlichting en van het vrije denken* 4, 1977, p. 332-343; HAAG, Émile e Eugène, *Le Cène*, em *La France protestante*, t. VI, Paris-Genebra, Cherbuliez, 1856, p. 457-459; VERCRUYSSE, Jérôme, "Crellius, Le Cène, Naigeon ou les chemins de la tolérance socinienne", *Tijdschrift voor de studie van de Verlichting en van het vrije denken* I, 1973, p. 244-315.

◉ Arminianismo; Le Clerc; Socino; tolerância

LE CLERC, Jean (1657-1736)

Nascido em Genebra, foi um aluno talentoso da Academia, que concluiu em 1678. Suas rixas com François Turrettini, líder da ortodoxia reformada genebrina, levaram-no a deixar definitivamente a cidade, em 1683. Estabeleceu-se em Amsterdã, onde abraçou o arminianismo e se tornou professor no Seminário Remonstrante da cidade. Teólogo sensível aos direitos da razão histórica, filólogo, exegeta, jornalista, contribuiu consideravelmente para o avanço dos estudos bíblicos; com seus periódicos, tornou conhecido no continente o pensamento de John Locke, com quem partilha ideias filosóficas e teológicas.

Maria-Cristina Pitassi

▶ LE CLERC, Jean, *Sentimens de quelques théologiens de Hollande sur l'Histoire critique du Vieux Testament*, Amsterdã, Desbordes, 1685; Idem, *Bibliothèque universelle et historique* (1686-1693), 6 vols., Genebra, Slaktine, 1968; Idem, *Bibliothèque choisie* (1703-1713), 6 vols., Genebra, Slaktine, 1968; Idem, *Ars critica*, Amsterdã, Gallet, 1697; Idem, *Epistolario*, 4 vols., Florence, Olschki, 1987-1997; BARNES, Annie, *Jean Le Clerc (1657-1736) et la République des Lettres*, Paris, Droz, 1938; PITASSI, Maria-Cristina, *Entre croire et savoir. Le problème de la méthode critique chez Jean Le Clerc*, Leiden, Brill, 1987.

◉ Arminianismo; latitudinarismo; Le Cène; Locke; Remonstrantes; tolerância; Turretini F.

LE CORBUSIER, Charles-Édouard Jeanneret, dito (1887-1965)

Suíço de nascimento e francês de adoção, de cultura latina e educação protestante, Le Corbusier formou-se junto aos maiores arquitetos do início do século XX. No cruzamento de diversas influências culturais e artísticas, sua obra arquitetônica é uma resposta ao mesmo tempo original e exemplar às grandes questões apresentadas pelo mundo moderno.

Para mencionar algo como uma "arquitetura protestante", talvez seja suficiente evocar a construção da Cidade-Refúgio do Exército de Salvação (1933), em Paris, e o fato de que a ética protestante subjacente ao projeto, partilhada por Le Corbusier. Porém, nessa relação entre arquitetura e protestantismo, mais significativa ainda é a igreja do convento Sainte-Marie-de-la-Tourette (1959), em Éveux, perto de Lyon, algo como uma "caixa de orar" (referência aqui à "máquina de morar"), onde o grito do homem só recebe de volta o eco de seu desespero, única resposta de um Deus que se foi. Talvez esse "vazio sagrado", expressão da angústia humana e da morte de Deus, caberia para expressar a "realidade última", de acordo com Paul Tillich. Mais significativa, a capela Notre-Dame-du-Haut (1953), em Ronchamp, perto de Belfort, é onde podemos encontrar essa "dimensão de profundidade" cara ao mesmo Tillich, característica do "expressionismo" em que ele enxergava "uma chance para o ressurgimento da arte religiosa".

Considerado o maior arquiteto de seu tempo, Le Corbusier, arauto do "movimento moderno" e bardo do "espírito novo", pertence ainda, quarenta anos depois de sua morte, a essa grande tradição da arquitetura clássica que jamais foi negada por ele.

Daniel Gehring

▶ BESSET, Maurice, *Le Corbusier*, Genebra-Paris, Skira-Flammarion, 1987 (reed. de *Qui était Le Corbusier?*, 1968); BIOT, François e PERROT, Françoise, *Le Corbusier et l'architecture sacrée*, Lyon, La Manufacture, 1985; MONNIER, Gérard, *Le Corbusier* (1986), Lyon, La Manufacture, 1996; MOOS, Stanislaus von, *Le Corbusier. L'architecte et son mythe* (*Le Corbusier. Elemente einer Synthese*, 1968), Paris, Horizons de France, 1970; PAULY, Danièle, *Ronchamp. Lecture d'une architecture*, Paris, Ophrys, 1980.

◉ **Arquitetura**; edificações religiosas

LE COSSEC, Clément (1921-2001)

Católico, Le Cossec se tornou protestante com a idade de 14 anos. Pastor pentecostal, foi instrumento na conversão, em Rennes, no final dos anos 1950, de um jovem cigano chamado Mandz, que se tornou pregador itinerante em sua comunidade. Esse pregador promoveu tal ajuntamento de *trailers* que os guardas precisaram intervir. Mandz pediu então a Le Cossec que organizasse as reuniões, o que é feito com o aluguel de uma tenda.

Em 1954, uma centena de ciganos bretões se converteu, e a missão, liderada por Le Cossec, ultrapassa as fronteiras da Bretanha. No início, os convertidos precisaram afiliar-se às igrejas pentecostais existentes. Porém, problemas culturais e relacionados à itinerância fizeram com que Le Cossec concebesse em 1958 a Missão Evangélica Cigana e, em 1961, a revista *Vie et Lumière* [Vida e luz]. A nova igreja adere em 1975 à Federação Protestante da França. Em 2005, a instituição contava com cem mil adultos batizados (número que deve ser dobrado, se incluirmos crianças) e 1.400 pastores ciganos, sendo um deles o líder maior. Único pastor gadjó (não cigano) da igreja, Clément Le Cossec liderou a Missão Evangélica Cigana Mundial, um braço da missão francesa, que opera em mais de quarenta países.

Jean Baubérot

▶ LE COSSEC, Clément, *Mon aventure chez les Tziganes*, s.l., 1991; BAUBÉROT, Jean, *Le protestantisme doit-il mourir? La différence protestante dans une France pluriculturelle*, Paris, Seuil, 1988, p. 115-132.

◉ Federação Protestante da França; pentecostalismo

LE JEUNE, Claude (1528/30-1600)

Natural de Valenciennes, entre a França e Flandres, o compositor Claude Le Jeune é sem dúvida a figura dominante no cenário musical francês da segunda metade do século XVI. A partir de 1564, passa a morar em Paris, onde desfruta do apoio de personalidades importantes da nobreza huguenote, como Guilherme d'Orange, Agrippa d'Aubigné e Henri de Turenne. Com Henrique de Navarra os laços seriam decisivos. Em 1589, precisou fugir de Paris, que havia sido cercada; voltaria em 1594, tornando-se "mestre compositor da música de câmara do rei", função que manteria até sua morte. Le Jeune foi o único protestante a ocupar tal função na corte francesa.

A partir do final dos anos 1560, Le Jeune participou dos trabalhos da Academia de Poesia e Música, fundada por Jean Antoine de Baïf e Joachim Thibaut de Courville sob os auspícios de Carlos IX. Torna-se o músico mais importante e mais criativo da instituição. Colabora também com D'Aubigné e Ronsard. Na academia, buscava-se uma volta à prosódia antiga, com a criação de uma forma de poesia francesa que remetia aos ritmos da versificação das línguas antigas (grego e latim; tecnicamente, são chamados "versos medidos"). Nesse contexto, surgem metrificações e musicalizações de um número impressionante de salmos huguenotes ou paráfrases sobre os Salmos, em um estilo homófono, fortemente ritmado. No mesmo estilo, Le Jeune compôs mais de uma centena de árias de corte. Mas essa não foi a única orientação musical do compositor, que na verdade levou a tradição da polifonia flamenga a seu ponto alto, em uma série de obras vocais para o culto católico — como um *Te deum*, que foi provavelmente executado no casamento de Henrique IV com Maria de Médicis, e um grandioso *Magnificat*, também provavelmente executado na coroação de Henrique IV, bem como inúmeros salmos em latim ou francês. Le Jeune destinou suas composições tanto ao culto protestante quanto à missa católica, e essa era uma de suas características mais marcantes, já que, como Henrique IV, ele desejava a reconciliação das confissões para as quais contribuía musicalmente. Até sua morte, Claude Le Jeune permaneceria um compositor inovador e aberto a experimentações.

Jean-Marc Tétaz

▶ LE JEUNE, Claude, *Muze honorons l'illustre & grand Henry*, Paris, Alpha, 2002 (gravação); BONNIFFET, Pierre, *Un ballet démasqué. L'union de la musique au verbe dans "Le Printans" de Jean-Antoine de Baïf et de Claude Le Jeune*, Paris-Genebra, Champion-Slaktine, 1988; Idem e BOUQUET-BOYER, Marie-Thérèse, org., *Claude Le Jeune et son temps en France et dans les États de Savoie, 1530-1600. Musique, littérature et histoire*, Berna-Chambéry, Lang-Institut de recherches et d'histoires musicales des États de Savoie, 1996; HIS, Isabelle, *Claude Le Jeune (v. 1530-1600). Un compositeur entre Renaissance et baroque*, Arles, Actes Sud, 2000.

◉ Aubigné; Henrique IV; **música**

LECERF, Auguste (1872-1943)

Pastor e teólogo francês, "restaurador do calvinismo" na França, Lecerf nasceu em Londres e morreu em Paris. De família não cristã, converte-se ainda adolescente e estuda teologia na Faculdade de Teologia Protestante de Paris. Trabalha em várias igrejas reformadas da Normandia, participa da Assembleia de Jarnac (1906) e se torna capelão durante a Grande Guerra. Lidera a Sociedade Bíblica de Paris e ministra aulas de inglês e grego na faculdade em que estudou. Enquanto conclui a pós-graduação, seu curso livre de dogmática reformada atrai inúmeros ouvintes, entre eles o padre Congar; por fim, obtém a cadeira dessa disciplina, em 1938. Reage ao mesmo tempo contra a influência das ciências e contra a teologia dominante no final do século XIX (que ele acredita ser uma expressão muito sentimental e muito subjetiva de religião). Simpático à monarquia, é membro da Associação Sully.

Em um estilo sem adornos, iluminado por frases lapidares, Lecerf professa um calvinismo bastante claro. Em 1927, funda a Sociedade Calvinista da França. Distingue-se por seu diálogo com filósofos (em que defende um "realismo crítico moderado") e por seu conhecimento dos doutores da ortodoxia reformada.

Henri Blocher

▶ LECERF, Auguste, *Introduction à la dogmatique réformée*, 2 vols., Paris, "Je sers", 1931-1938; Idem, *Études calvinistes*, Neuchâtel, Delachaux et Niestlé, 1949 (introdução biográfica); Idem, "La prière et les problèmes dogmatiques qui s'y rattachent", *La Revue réformée* 19, 1954; Idem, "Des moyens de la grâce. La Parole, le Baptême, la Sainte-Cène", *La Revue réformée* 22, 1955; Idem, "Le péché et la grâce", *La Revue réformée* 43, 1960, p. 1-33; "Auguste Lecerf: 1872-1943. Cinquantenaire de sa mort", *La Revue réformée* 180, 1994.

◉ Calvinismo (neo); Courthial; Jarnac (Assembleia de); ortodoxia protestante; Sully (Associação)

LEENHARDT, Franz Jehan (1902-1990)

Teólogo reformado e exegeta do Novo Testamento. Estabelecido em Genebra, desenvolveu seus ensinamentos na faculdade de teologia e nos meios ecumênicos. Independentemente das várias escolas teológicas, Leenhardt sempre se esforçou por compreender e demonstrar as implicações de uma questão através de procedimentos bastante pessoais, junto a estudantes e ouvintes. Sem recuar diante dos debates públicos, tentou superar as clivagens, indo além dos dogmatismos. No centro de suas convicções está a fé no poder inovador e renovador da Palavra de Deus, manifestação de sua presença em um mundo profano. Como exegeta, nunca hesitou em oferecer sua contribuição para as questões atuais, sobretudo a compreensão dos sacramentos e da morte de Jesus, que tratou com um verdadeiro realismo bíblico. Leenhardt jamais separou, de um lado, a explicação de um texto e, de outro, suas implicações, fossem elas pessoais, eclesiásticas, teológicas ou éticas.

Michel Bouttier

▶ LEENHARDT, Franz J., *Christianisme et vie publique*, Genebra, Roulet, 1945; Idem, *L'épître de Saint Paul aux Romains* (1957), Genebra, Labor et Fides, 1995; Idem, *La Parole et le buisson de feu. Les deux sources de la spiritualité chrétienne et l'unité de l'Église*, Neuchâtel, Delachaux et Niestlé, 1962; Idem, *Parole, Écriture, sacrements. Études de théologie et d'exégèse*, Neuchâtel, Delachaux et Niestlé, 1968; Idem, *L'Église. Questions aux protestants et aux catholiques*, Genebra, Labor et Fides, 1978; Idem, *La mort et le testament de Jésus*, Genebra, Labor et Fides, 1983; *L'Évangile hier et aujourd'hui. Mélanges offerts au professeur Franz J. Leenhardt*, Genebra, Labor et Fides, 1968.

LEENHARDT, Maurice (1878-1954)

Missionário protestante enviado pela Sociedade das Missões Evangélicas de Paris à Nova Caledônia, em 1902, a pedido dos *natas*, que são evangelistas originários de Maré, Lifou e Ouvéa, formados pela Sociedade Missionária de Londres. Os *natas* sentiram a necessidade de uma presença missionária europeia tradicional, para proteção física — um deles, Setefano, havia sido assassinado em Nouméa — e também para o desenvolvimento de seu trabalho de conquista espiritual. De início, Leenhardt era um missionário clássico, voltado para a substituição de uma tradição milenar por uma sociedade totalmente cristã; porém, logo percebeu o valor da cultura antiga. Pôs em prática uma etnologia humanista que opera através de uma profunda análise, a partir de conceitos da língua vernacular, ao mesmo tempo que adota uma concepção tolerante das modalidades de conversão. Formou colaboradores melanésios, diáconos e pastores, com um ensino teológico na língua nativa, recrutando-os dentre as famílias que dispunham de certo prestígio na sociedade antiga, e colocou os pastores em locais onde pudessem se beneficiar de uma autoridade natural pelas relações tradicionais inerentes a suas linhagens. Assim estruturada, essa igreja sobreviveu a todas as tormentas. Maurice Leenhardt também buscou atenuar as consequências destrutivas da espoliação colonial e da imposição de um sistema de trabalhos forçados.

Jean Guiart

▶ LEENHARDT, Maurice, *Le mouvement éthiopien au Sud de l'Afrique de 1896 à 1899* (1902), Paris, Académie des Sciences d'Outre-mer, 1976; ID., *La Grande Terre* [A Grande Terra], Paris, SMEP, 1909; Idem, *Le catéchumène canaque*, Paris, SMEP, 1922; Idem, *De la mort à la vie. L'Évangile en Nouvelle-Calédonie*, Paris, SMEP, 1922; Idem, *Étapes lumineuses. Visites aux chantiers missionnaires*, Paris, SMEP, 1928; Idem., *Notes d'ethnologie néo-calédonienne*, Paris, Institut d'ethnologie, 1930; Idem, *Documents néo-calédoniens*, Paris, Institut d'ethnologie, 1932; Idem, *Gens de la Grande Terre*, Paris, Gallimard, 1937; Idem, *Do Kamo. La personne et le mythe dans le monde mélanésien*, Paris, Gallimard, 1947; CLIFFORD, James, *Maurice Leenhardt. Personne et mythe en Nouvelle-Calédonie* (1982), Paris, J.-M. Place, 1987; GUIART, Jean, *Destin d'une Église et d'un peuple. Nouvelle-Calédonie 1900-1959. Étude monographique d'une oeuvre missionnaire protestante*, Paris, Mouvement du christianisme social, 1959; Idem, *Maurice Leenhardt. Le lien d'un homme avec un peuple qui ne voulait pas mourir*, Nouméa, Le Rocher-à-la-Voile, 1997.

◉ Inculturação; **missão**; Oceania

LEFÈVRE D'ÉTAPLES, Jacques (?1455-1536)

Lefèvre d'Étaples (de nome latino Jacobus Faber Stapulensis), como seu nome indica, é de Étaples, na Picardia. Ordenado padre, ensina em Paris e viaja para a Itália até 1507. Produz inúmeras traduções (latinas), edições e comentários de autores clássicos e patrísticos (como Aristóteles, Inácio de Antioquia e Pseudo-Dionísio). Em 1507, Guilherme Briçonnet (?1472-1534; bispo de Meaux em 1516) o nomeia bibliotecário em Saint-Germain-des-Prés. Sob a influência de Erasmo, põe-se a comentar a Bíblia e publica, em 1509, o *Quincuplex Psalterium* (*Cinq versions du Psautier* [Cinco versões do Saltério], Genebra, Droz, 1979) com um comentário cristológico (segundo ele, o "sentido literal" dos Salmos). Embora menos radical que Erasmo, é censurado pela Sorbonne em 1521 por ter demonstrado (em 1517 e em 1518) que Madalena, venerada pela Igreja Católica Romana, é a figura simbólica de três mulheres diferentes que surgem com o mesmo nome nos relatos evangélicos.

Membro do grupo que, sob impulso de Briçonnet, reforma a Diocese de Meaux, Lefèvre d'Étaples é condenado em 1525 como herege pelo Parlamento de Paris e se refugia em Estrasburgo. Em 1526, Francisco I o chama à França, onde vive de 1530 a 1536 sob a proteção de Margarida de Navarra. Autor de comentários sobre as epístolas de Paulo (1512) e sobre os quatro evangelhos (1522), assim como de um manual litúrgico em francês, tradutor da

Vulgata para o francês (1523-1528), Lefèvre era um reformista, e nunca seria um reformador. Ao mesmo tempo que criticava o culto aos santos e a transubstanciação, não adere à doutrina luterana da graça e da justificação pela fé.

Irena Backus

▶ LEFÈVRE D'ÉTAPLES, Jacques, *Épistres et évangiles pour les cinquante et deux semaines de l'an* (1525), org. por Michael SCREECH, Genebra, Droz, 1964; Idem, *Épistres et évangiles pour les cinquante et deux dimenches de l'an* (1532), org. por Guy BEDOUELLES e Franco GIACONE, Leiden, Brill, 1976; BEDOUELLE, Guy, *Lefèvre d'Étaples et l'intelligence des Écritures*, Genebra, Droz, 1976; Idem, *Le "Quincuplex Psalterium" de Lefèvre d'Étaples. Un guide de lecture*, Genebra, Droz, 1979; HUGHES, Philip Edgcumbe, *Lefèvre. Pioneer of Ecclesiastical Renewal in France*, Grand Rapids, Eerdmans, 1984; RICE, Eugene F., Jr., org., *The Prefatory Epistles of Jacques Lefèvre d'Étaples and Related Texts*, New York, Columbia University Press, 1972.

● Caroli; Erasmo; evangelismo; humanismo

LEHMANN, Paul Louis (1906-1994)

Dogmático e ético americano, Paul Lehmann ensinou nas universidades de Princeton e Harvard, no *Union Theological Seminary* de Nova York e também na Virgínia. Amigo de Dietrich Bonhoeffer, organizou a visita do teólogo aos Estados Unidos, em 1939. Discípulo de Karl Barth, contribuiu para a renovação teológica americana ao reinterpretar as grandes decisões da Reforma e da "teologia dialética" europeia.

Sua obra mais importante, *Ethics in a Christian Context* [Ética em um contexto cristão] (1963), tornou-se um clássico, com três conceitos centrais que inspirariam a geração contemporânea: a humanização, o contexto e a completude do ser humano. Lehmann insiste, em primeiro lugar, na tarefa de humanização da ética cristã (*to make and to keep human life human* [fazer e manter humana a vida humana]). Em seguida, ele interpreta a noção de contexto em termos da *koinonia*, comunhão histórica e eclesial, em que a influência de Bonhoeffer se faz sentir (em oposição a uma "filosofia moral" abstrata). É necessário precisar que, para Lehmann, não é a situação como tal que define a ação do cristão, mas o contexto nos revela a ética apropriada para cada situação concreta em que Deus age. Uma ética contextual é uma postura que repousa no "seguir" Cristo, não na adaptação. Por fim, a ética deve visar à completude humana (*human wholeness*), em que a maturidade do ser humano é aceitar a si mesmo ao doar-se.

Em sua obra mais recente, *The Transfiguration of Politics* (1975), escrita no curso dos acontecimentos dos anos 1960, Lehmann estabelece um diálogo rigoroso, de inspiração bíblica, com os movimentos revolucionários do Terceiro Mundo e com a teologia negra afro-americana. Foi um dos raros grandes teólogos a levar em conta a teologia negra de James H. Cone, por exemplo. Transfigurar a política significa discernir nas revoluções um ideal de humanização, além de preservá-las de sua ilusão e seu pecado. Se a liberdade é a condição da ordem política, a justiça permanece o fundamento e o critério da lei. A "história messiânica" de Jesus de Nazaré é a história "iconoclasta" por excelência, que salva as revoluções, criticando-as e assumindo-as. Antes de sua morte, Lehmann trabalhava em um comentário teológico e ético do Decálogo.

Henry Mottu

▶ LEHMANN, Paul L. *Ethics in a Christian Context*, New York, Harper and Row, 1963; Idem, *Contextual Ethics*, em John MACQUARRIE, org., *A Dictionary of Christian Ethics*, Londres, SCM Press, 1977, p. 71-73; Idem, *The Transfiguration of Politics*, New York, Harper and Row, 1975; Idem, *The Decalogue and a Human Future* Grand Rapids, Eerdmans, 1994; DUFF, Nancy J., *Humanization and the Politics of God. The Koinonia Ethics of Paul Lehmann*, Grand Rapids, Eerdmans, 1992.

● Bonhoeffer; Cone; **moral**; teologia negra (afro-americana)

LEI

1. **A lei e suas implicações**
   1.1. Lei, justiça e direito
   1.2. Lei, palavra, estruturação da personalidade e da sociedade
   1.3. Lei e ética
2. **Tradição teológica, Reforma e lei**
   2.1. Lei natural e lei nova: Tomás de Aquino
   2.2. Lei e evangelho: a posição de Lutero
   2.3. As funções da lei: de Lutero a Calvino

2.4. Lei e mandamentos de Deus: o protestantismo contemporâneo
3. Para uma teologia da lei
   3.1. A lei na Bíblia
   3.2. Lei e Palavra de Deus
   3.3. Para uma ecumenicidade da lei

Na língua corrente, a palavra "lei" cobre várias acepções. De modo fundamental, também pertence ao vocabulário da Reforma, logo ao da própria Bíblia e da tradição teológica em geral. Porém, podemos perguntar: esses vários usos são coincidentes? Em que o uso teológico e o uso secular se correspondem e como? O estudo das implicações da questão da lei, bem como o do modo com que, tradicionalmente, tentou-se responder a suas indagações, permitirá que esbocemos algumas soluções para a questão apresentada aqui.

1. A lei e suas implicações

À primeira vista, o termo "lei" não provoca reações agradáveis. Leva a marca da severidade, seja tratando dos rigores dos "homens da lei", seja evocando repressão e condenação previstas no direito. Ninguém deseja, de fato, tratar com a lei. No entanto, como viveríamos sem ela? Essa ambivalência fundamental da lei caracteriza uma de suas implicações mais básicas. A lei é uma realidade sem a qual não podemos viver, mas que nos dilacera e nos destrói. Essa dupla perspectiva, ao mesmo tempo fundadora e acusadora, é indício de um alcance teológico específico que ainda será esmiuçado neste artigo.

Constata-se aliás que o termo "lei" surge em três contextos específicos. Primeiro, o da justiça e do direito; segundo, o da psicologia e das ciências humanas, que evocam a "Lei do Pai" e/ou a "Lei da palavra"; o terceiro, de um modo mais estritamente científico, descobre e estuda as "leis da natureza" ou "da matéria". Esse terceiro uso nos diz respeito aqui, ao mesmo tempo que joga uma interessante luz no sentido dos outros dois, apresentando a lei como um princípio (*a priori* universal) que estrutura um dado campo do real — um princípio que não permite transgressão sem consequências, ao qual convém dobrar-se para agir com sucesso. Na verdade, essa "definição" da lei vale para todos os seus usos: científicos, jurídicos, éticos, psicológicos e até teológicos.

1.1. Lei, justiça e direito

Podemos evocar a lei sem evocar o direito e a justiça, princípios fundamentais e estruturantes de toda sociedade. Mas a aplicação desses princípios, por mais básicos que seja, conduz por vezes às injustiças mais ululantes. Como entender teologicamente uma situação como essa?

1.1.1. A lei fundadora e estruturante

Não há sociedade sem lei (s). É quando a lei se afigura como o princípio de toda vida comum que é possível ser vivida, esforçando-se por fugir à destruição, ao caos da anarquia ou à razão do mais forte. Nessa perspectiva, a lei não surge como algo gerado da física ou do livre jogo das forças naturais, mas pertence ao domínio da cultura, que apresenta aos seres humanos os meios para um melhor convívio.

Porém, como definir o "melhor" — ou simplesmente o "bom" — que deve reger as relações humanas? Tal é a questão ética fundamental. Na área da história e da filosofia do direito, apresenta-se na divisão tradicional entre "lei natural" ou "eterna", de um lado, e "lei (s) positiva (s)" do outro, entre exigência de justiça e regras de direito inseridas em códigos particulares. Chamamos de "lei positiva" a lei em vigor em uma região ou país, que define com força de lei as estruturas da vida social. Essa realidade positiva se apresenta, em nossas sociedades complexas, em uma multidão de textos e regras (geralmente adotados, na maioria, nos regimes democráticos, pelos representantes do povo), codificados em documentos particulares, cuja aplicação e cujo bom funcionamento são assegurados pelos juristas qualificados: especialistas do direito, advogados, magistrados, tabeliões etc.

Porém, para que uma lei seja "boa", para assegurar o funcionamento harmonioso do corpo social, é preciso que seja "justa". Infelizmente, parece muito claro que muitas leis existentes não são igualitárias e até mesmo — quando instauram a discriminação racial ou a delação, por exemplo — devem ser denunciadas como escandalosas e verdadeiramente criminosas. Convém assim definir um princípio de justiça que deve estar na base de toda lei concreta (positiva) e revelar-se sua medida e regra.

É nesse ponto que intervém a noção de "lei natural", já invocada por Antígona, que se opunha aos decretos (leis) de seu tio Creonte por recusar-se a sepultar seu irmão Polinice. Antígona se insurge contra o tio, afirmando: "Um mortal não tem o poder de suplantar as leis não escritas, perenes, dos deuses, leis que não são de ontem nem de hoje, mas são sempre vivas, nem se sabe quando surgiram" (Sófocles, *Antigone* [Antígona], Paris, Les Belles Lettres, 1960). Por sua vez, Aristóteles observa que há "justiça e injustiça, que os homens como que adivinham, tendo delas um sentimento natural e comum [...], lei que não é nem de hoje nem de ontem, mas é eterna, cuja origem ninguém conhece" (*Rhétorique* [Retórica], Paris, Les Belles Lettres, 1967-1973, 1373b). Da mesma forma, lembramos os famosos textos de Cícero (*La République* [A República], Paris, Les Belles Lettres, 1980, III, 22, e *Traité des lois* [Tratado das leis], Paris, Les Belles Lettres, 1959, II, 4), em que a "lei verdadeira, conforme à natureza, eterna" é definida como "reta razão" (*recta ratio*). A lei natural surge assim como o princípio de justiça que deve levar à definição de toda lei positiva moral e justa.

De acordo com cada época, a definição desse princípio sofreria alterações. Porém, de modo geral, a lei natural sempre tentaria conjugar três elementos básicos: vinda "de fora", posta "acima" das leis e dos costumes, é compreendida como "divina", proferida pelos deuses ou pelo próprio Deus. O ser humano é chamado a descobrir essa lei divina através do uso da razão, que distingue o homem do mineral e do animal, levando-o a participar do mundo propriamente espiritual da "consciência" esclarecida e reta. Ora, a razão também é universal e se descobre em correspondência com a ordem e a harmonia que organizam a natureza, a vida e o cosmos — por isso o nome. Da mesma forma, a lei natural a que os homens são chamados a submeterem-se é de ordem e coerência: trata-se de decifrar a própria harmonia do cosmos para o qual essa lei convida. Por isso, tal lei toma o nome de "eterna", mas de uma eternidade sempre um pouco fixa, hierarquizada e conservadora.

No final do século XVIII — que testemunha tantas transformações na "ordem das coisas" e nas hierarquias humanas, compreendendo-se mais sob o signo da história que sob o da natureza —, o conceito de lei natural foi contestado e logo quase abandonado; somente a teologia católica o conservou. Porém, a exigência que tal conceito implica ainda permanece. Podemos especular que, mediante precisões futuras, os "direitos humanos" (que vieram à baila mais ou menos na mesma época) acabaram ocupando a função de "nova" lei natural (cf. Jean-Marie AUBERT, *Droits de l'homme et libération évangélique* [Direitos humanos e libertação evangélica], Paris, Centurion, 1987, p. 75 ss; J.-F. COLLANGE, 1989, p. 88ss.; Éric FUCHS e Mark HUNYADI, orgs., *Éthique et natures* [Ética e naturezas], Genebra, Labor et Fides, 1992). Tanto na época quanto hoje, postos acima das leis particulares, os direitos humanos enunciam os princípios fundamentais em função dos quais as leis devem ser elaboradas. Todavia, a questão não está resolvida e nada garante *a priori* que o direito X proclamado em um momento Y é de fato igualitário e humano. Essa possível distância entre, de um lado, a realidade e, de outro, a concretização da lei e seu objetivo básico assinala no mínimo histórias e destinos que podem revelar-se trágicos.

1.1.2. História e destino da lei: o legalismo

Por mais que seja fundamental e estruturante no nível social, a lei pode mostrar-se perversa e assassina. De fato, a lei é dessa forma quando corta laços com sua fonte transcendente e não remete a um princípio de justiça que a ultrapassa. Também é dessa forma quando pretende exprimir com exclusividade a riqueza dos encontros entre os seres humanos, considerando-se a própria amizade e o próprio amor. Ora, é claro que a amizade e o amor não são sem lei, mas se apoiam em certo número de exigências sem as quais não perduram; porém, em si mesmos, não são lei. Eles indicam ao mesmo tempo o objetivo a que a lei deve visar e os limites diante dos quais a lei deve permanecer humilde e modesta.

Há um adágio bastante conhecido: *Summum jus, summa injuria* ("Ao máximo direito, injustiça máxima"). A maior injustiça é produzida pela lógica do direito quando é levada às últimas consequências, sem discernimento. Também não se deve esquecer que a história da lei e do direito está longe de ser algo linear, marcado pelo selo da perfeição. Essa história costuma sofrer um destino trágico, que não só produz erros judiciários, mas oprime, exclui e discrimina. Assim como a justiça, a lei é cega e a faixa que lhe cobre os olhos é um sinal tanto de sua imparcialidade quanto de seu caráter impassível, quando não implacável.

A lei não é sempre imparcial, eis a questão. Há aqueles que a conhecem e aqueles que a ignoram, *a priori* culpados, já que "a ninguém é permitido ignorar a lei". Há aqueles que sabem manejá-la e utilizá-la, e há aqueles que são manipulados e utilizados por ela. Princípio estrutural de toda sociedade justa, a lei pode também revelar-se um sutil instrumento de justificação da injustiça e da segregação iníqua. E nada é pior que, quando inocentes, vemo-nos condenados pelos artifícios de um procedimento impiedoso em que, em vez de estruturante, a lei se mostra perversa, entregue a um trabalho de sabotagem que mina, destrói e mata.

1.1.3. As dimensões teológicas do direito e da lei

Como já observamos, o caráter fundador e estruturante da lei, a distância permanente que a lei revela entre suas formulações positivas e a exigência de justiça transcendente que a fundamenta, tudo isso levanta a questão da fonte, que não poderia situar-se em lugar algum, a não ser em Deus. De fato, é à lei natural que Antígona se refere quando menciona "leis não escritas, perenes, dos deuses".

A questão teológica surge ainda em outro nível mais soteriológico ou existencial: como explicar que, com a lei, são oferecidos o melhor e o pior? Como justificar que a lei tanto salva quanto condena? Não haveria algo de divino e de demoníaco em suas características, já que traz a vida e a morte? Como compreender a relação exata entre a obra de Deus e seus poderes, tanto salvíficos quanto destrutivos?

A revelação bíblica do Deus que reúne seu povo e o organiza em torno de uma aliança (*brit*), em função de mandamentos e de uma lei (*Torá*) que ele enuncia e aplica com rigor, insere-se nessa problemática fundamental e explica que a questão da lei tenha desempenhado, em todos os tempos, um papel determinante no cerne da teologia judaico-cristã. Veremos ainda de que maneira isso se deu. Antes, precisamos evocar outros elementos antropológicos presentes na realidade da lei. A lei não pressupõe apenas os aspectos jurídicos e sociais, mas também se desdobra no nível psicológico da construção da personalidade; ou, de modo mais claro, como esses vários elementos estão intimamente relacionados, além de uma abordagem de tipo jurídico e sociopolígico, a lei também pode ser abordada sob o ponto de vista psicológico e cultural.

1.2. Lei, palavra, estruturação da personalidade e da sociedade

A lei define as regras que presidem a vida humana. Visto que o psiquismo de um indivíduo é forjado progressivamente em função de seu entorno, compreende-se com facilidade que a lei, sob formas específicas, deve desempenhar um papel decisivo na constituição da personalidade. Costuma-se dizer que a sociedade se organiza em torno de dois interditos fundamentais: o assassinato e o incesto. Ora, o primeiro sinaliza o cerne de todo o aparelho sociojurídico da lei, enquanto em torno do segundo se organiza todo o desenvolvimento propriamente psíquico que caracteriza a personalidade do sujeito.

1.2.1. A estruturação pela Lei da palavra

O interdito do incesto não tem apenas uma função estritamente sexual. Nesse interdito é simbolizada e expressa a necessidade, para todo aquele que quer "crescer" e "tornar-se adulto", de não se deixar levar pelas fortes tentações que, ao longo da existência, não cessam de prendê-lo ao passado — um passado que é simbolizado pela "mãe" ou pelo "seio materno". Essas tentações não são somente de um quieto imobilismo, mas também de uma regressão, ambos constituindo-se em obstáculo ao ser e ao viver, fazendo com que a identidade caia na armadilha das identidades (amplamente imaginárias) de outros. A lei da construção do sujeito é enunciada então como a da interdição de todo apego não distanciado, imediato, à "imagem" da mãe. Como tal, pode ser chamada "Lei do Pai".

Não é só. O afastamento em questão — decisivo para o desenvolvimento — passa pela aquisição da linguagem e pelo acesso à palavra. Dizer as coisas — e em primeiro lugar poder se dirigir a "minha mãe" e falar dela — é começar a perdê-las. Talvez isso se deva ao fato de que, fisicamente, ninguém pode falar de boca cheia (não é por acaso que uma das regras mais presentes na educação das crianças é "não falar de boca cheia"). Falar é, em primeiro lugar, tomar distância em relação ao mundo dos objetos, renunciar a um gozo imediato em relação a eles.

Porém, essa renúncia permite o acesso a um estágio de outra riqueza, o do universo simbólico da palavra, das novas e frutíferas possibilidades de relações entre o real e as novas trocas que o real autoriza com os seres humanos, logo percebidos não mais como seres míticos (ao mesmo tempo fascinantes e repulsivos), mas como irmãos e semelhantes. O acesso à palavra provoca a abertura para o universo simbólico da cultura. E, no cerne dessa cultura, eu emerjo como um ser humano pronto, hábil para responder a uma vocação. A partir disso, a lei não mais se enuncia como "Lei do Pai", de modo estrito, mas como Lei do "nome do Pai", como Lei da palavra, da falta e do desejo, que é produzido e atiçado pelo uso da palavra.

Os mistérios da palavra são de fato espantosos. A palavra organiza em primeiro lugar a relação do ser humano com o mundo e com os outros, através da mediação que propõe. Nesse sentido, meu "contato" (tanto de gozo como de conflito) com o mundo e com o outro recebe um apelo para que seja humanizado. E é humanizado, na medida em que é "falado". Assim, surge a cultura, em que eu sou constituído enquanto um ser a quem se apela para que desenvolva sua identidade e suas potencialidades no contato com outras identidades e potencialidades. Porém, a cultura não existe fora das culturas e das identidades étnicas, comunitárias ou nacionais específicas, que também se constituem de acordo com regras que moldam minha própria identidade: é quando a abordagem psicológica da lei encontra sua abordagem sociojurídica.

A serviço da humanização do indivíduo (de sua inserção linguageira e cultural na sociedade), a Lei da palavra põe em funcionamento dois elementos que a caracterizam: sua relação com a falta e o desejo, de um lado, e sua estrutura propriamente linguística, de outro.

Dizer é sobretudo perder. Ora, perder é também a única via que nos é oferecida para desejar. Não podemos desejar o que temos; e conhecemos suficientemente o mal que é viver atrelado a cumulações demais, reais ou imaginárias. A Lei do desejo — lei de estruturação da personalidade e da existência humana — é sobretudo a Lei da falta. O instrumento privilegiado de concretização dessa Lei é a palavra.

É o que revelam, à sua maneira, as estruturas linguísticas da linguagem humana. Essas linguagens são organizadas em fonemas, palavras ou frases, distinguindo-se umas das outras e arrumando-se em sistemas complexos e ordenados que criam e organizam um mundo, não somente o da língua, mas o dos falantes, em sua relação com as coisas e com o outro. Assim, a língua me estrutura. A língua me "põe no mundo" (e nos referimos com propriedade à "língua *materna*") e me educa, permitindo que eu descubra e enuncie uma identidade que se torna minha. É de fato uma estranha experiência essa, constatar que as palavras, as frases, os enunciados que eu pronuncio são realmente meus: eles enunciam, em geral, o que eu sinto, o que eu desejo, o que eu experimento... em uma palavra, o que eu sou. No entanto, essa expressão pessoal só se realiza através das palavras que eu não criei, de estruturas das quais não sou eu o autor, de regras às quais (goste delas ou não) eu preciso me submeter, senão não serei compreendido. E não serei compreendido não só pelos outros (o que já é muito), mas nem por mim mesmo (o que é demais): só tenho acesso a mim mesmo através de uma lei que outros me propõem.

A evocação do outro implica discernir o que se oculta na problemática da lei: a realidade e a pessoa do outro. A Lei da palavra não tem somente um alcance individual. Trata-se de um fator, de uma marca de inserção do indivíduo no grupo, que também regula a existência desse indivíduo e se oferece como um modo de escapar da *violência*. Todo o sistema da justiça e do direito tem como função fundamental a redução ao mínimo da violência surda e cega, que passa a ser substituída por formas de palavra ("dizer o direito") que a contêm melhor. Dessa forma, o grau de civilização e de cultura de dada sociedade corresponde ao grau de elaboração de seu sistema jurídico e de sua capacidade para regular os conflitos que a constituem, regulação feita através de atos de linguagem.

Essas considerações dão ensejo a perspectivas éticas e teológicas da lei, reconfigurando o pano de fundo da salvação ou da perdição no horizonte.

1.2.2. A perversão da lei: mutismo, mentira e língua de pau

Não é necessário ser um fino psicanalista para compreender que os vários aspectos estruturantes da lei, evocados aqui, podem também não "funcionar", ou até mesmo revelar-se desestruturantes e alienantes. A palavra pode mentir, disfarçar e enganar. É possível sufocar, definhar e até morrer por não poder ou não querer dizer. Há também palavras que matam com mais eficácia que balas, ideologias ou propagandas que esmagam com mais força que canhões.

Não é preciso insistir, pois é evidente que a Lei da palavra, a Lei do "nome do Pai", sem a qual não há verdadeira humanidade, revela-se com frequência estar a serviço de processos desumanizantes e mortíferos. Novamente, a história da lei se afigura contrastada e dramática.

1.2.3. Uma dimensão teológica

Essa característica, pôr em jogo a vida e a morte, pertence a Deus. Afinal, o Deus da aliança se revela como aquele cuja Palavra é criadora; apresenta-se em Jesus Cristo como o Pai cujo nome deve ser santificado; assim, não é de espantar que a teologia se relacione com tanta propriedade à lei. Porém, antes de verificar como isso se dá, é preciso que evoquemos uma última implicação da lei, que diz respeito à ética.

1.3. Lei e ética

Veremos que, entre os reformadores, a própria existência de uma dimensão ética da lei é algo controverso. Ao abordar esse ponto aqui, não queremos passar a impressão de conjecturar em uma solução para um problema espinhoso. Porém, nossa perspectiva, nesse estágio, não é a da Reforma, mas consiste em verificar, de modo fenomenológico, que com a lei está também evocada a moral ou a ética. A ética pode ser definida não tanto como um aspecto totalmente novo da lei, mas sobretudo como aquilo que dá coerência aos vários aspectos que descrevemos, unificando-os de certa maneira, permitindo que se tornem realidade. A força da ética reside no princípio de coerência e de funcionamento — "pôr no mundo" — que nela habita. A vida ética, para dado ator, esforça-se por conciliar as diversas exigências da lei, dando-lhes coerência. Permite também assumi-las através dos atos que ela convida a serem seus. A ética se revela então como um esforço de apropriação das exigências da lei. Não deixa de ter afinidade com a espiritualidade que tenta unificar os vários momentos da existência de um indivíduo e dar-lhes sentido ao colocá-los sob o olhar de um outro ou um Outro. Desse fato, não se pode excluir que a ética se correlacione com o próprio Deus, em particular, com seu Espírito.

No entanto, claro está que esses esforços não produzem sempre os frutos esperados. A vida moral também costuma apresentar-se como um drama, entretecido de erros, faltas, traições. Assim como a vida, a justiça, o direito e a palavra de que é resultante, a vida ética não é sempre o lugar dos relatórios de vitória e alegres celebrações, mas é contínua e irremediavelmente marcada pelo fracasso.

Esse fracasso também tem alguma relação com Deus? É o que agora tentaremos discernir com cuidado.

2. Tradição teológica, Reforma e lei

É evidente que nos vários aspectos evocados sobre a questão da lei há profundas implicações relacionadas à história da teologia cristã. Dentre os inúmeros itens que podemos destacar nesse sentido, privilegiaremos o tomismo (cuja influência já é consenso no catolicismo) e, de acordo com a natureza da presente obra, o pensamento dos dois principais Pais da Reforma, Lutero e Calvino, assim como seus prolongamentos recentes nas obras de teólogos do século XX.

2.1. Lei natural e lei nova: Tomás de Aquino

O tomismo se apresenta como a síntese de uma percepção aristotélica do mundo e da fé cristã. Nessa perspectiva, Tomás de Aquino (1224/25-1274) faz uma distinção entre lei eterna, que é a lei do próprio Deus (ao mesmo tempo amor, liberdade e razão) e a lei natural, que deriva da lei eterna e leva os seres a concretizarem-se e a atingir os objetivos que sua própria natureza lhes propõe. Como o homem é um ser racional, é o uso da reta razão que lhe permitirá descobrir o fim das boas ações (por serem conformes à sua natureza) que convém buscar. Assim, o "doutor angélico" pôde escrever: "Como todos os seres que são submetidos à providência divina são regulados e medidos pela lei eterna [...], é evidente que esses seres participam de alguma maneira da lei eterna pelo fato de, ao receber a impressão dessa lei em si mesmos, possuírem inclinações que os levam aos atos e aos fins que lhes são próprios. Ora, dentre todos os seres, a criatura racional está submetida à providência divina de um modo mais excelente por participar dessa providência administrando a si mesma e a outras. [...] É a essa participação na lei eterna que, na criatura racional, chamamos lei natural" (*Suma teológica*, Ia-IIae, q. 91, a. 2, resp.).

A razão surge assim como o princípio organizador das diversas tendências e inclinações do ser humano para ordená-los em direção ao Bem, cujo fim último é Deus, que é o Sumo Bem. Aquino especifica: "A luz da razão natural, através da qual discernimos o que é o bem e o que é o mal, ou seja, o que se correlaciona à lei natural, é nada menos que a impressão da luz divina em nós. Torna-se claro, portanto, que a lei natural nada mais é que a participação da lei eterna na criatura racional" (ibid.).

Dessa forma, o uso da reta razão pressupõe certo número de preceitos que servem para guiar a boa ação. Esses preceitos, conformes à lei que os originou, são ao mesmo tempo universais, imutáveis e cognoscíveis. No entanto, a razão indica que sua aplicação pede adaptação às circunstâncias: ao levar sua tarefa até o fim, a virtude se torna "prudência".

Na verdade, a "lei revelada" ou "lei nova" (Ia-IIae, q. 106-108; cf. tb. U. Kühn e S. Pinckaers) não traz nenhuma novidade radical quanto ao conteúdo da lei moral natural. De acordo com o princípio central da teologia tomista, "a graça não abole a natureza, mas a cumpre": a lei de Cristo não abole a lei natural, mas a leva à perfeição. E isso é feito de pelo menos duas maneiras: pela ação do Espírito Santo no coração daquele que crê, não somente o bem se vê identificado, mas são oferecidas as forças necessárias para sua realização. Além disso, essas forças são estimuladas por "graças" dispensadas de modo especial com o advento da nova aliança e o surgimento da igreja: os sacramentos que fortalecem a alma e o texto evangélico que (sobretudo através dos "preceitos" do Sermão do Monte) guia e dá uma força especial para a realização do bem. Nessa perspectiva, o Sermão do Monte é uma "interiorização dinâmica" (S. Pinckaers) para a qual o Espírito de Cristo convida aqueles em que opera para permitir-lhes atingir o sumo bem que é o amor.

Deve-se constatar que, confrontada com as implicações da lei apresentadas neste artigo, a lei tomista se apresenta como fundadora e estruturante em diversos níveis. Porém, alinhada diretamente demais com o ser de Deus, a lei tomista não permite distinguir o humano do divino, reduzindo assim o campo da liberdade e da responsabilidade próprias a cada um (cf. sobretudo Roland SUBLON, *Fonder l'éthique en psychanalyse* [Basear a ética na psicanálise], Paris, FAC éditions, 1982, p. 49ss; cf. tb. as belíssimas obras de Félicien ROUSSEAU, *La croissance solidaire des droits de l'homme, Un retour aux sources de l'éthique* [O desenvolvimento solidário dos direitos humanos: um retorno às fontes da ética], Tournai-Montréal, Desclée-Bellarmin, 1982, e *Courage ou résignation et violence*, Montréal-Paris, Bellarmin-Cerf, 1985). A lei tomista confunde o saber e a verdade, tendendo a assimilar o discurso da ciência ao discurso do sentido e da salvação. Além disso, sua cosmovisão é a de uma cristandade natural, em que a fé cristã se impõe por si. Essa visão estabelece a razão em um lugar alto demais e ignora o drama em que a razão pode se ver presa. De fato, é o próprio drama da existência humana que é subestimado pelo tomismo. Não que demonstre algo como um otimismo beato: a dialética da salvação e da perdição é fundamental para Tomás de Aquino. No entanto, tal como uma catedral que se ergue majestosamente, a evidência dos meios de salvação propostos pela igreja é tal que, com ela, o próprio Deus surge e dissipa todo tipo de dúvida e toda obscuridade.

Essa limpidez é contestada, entre outras características, pela Reforma. Perdição e salvação assumem conotações mais existenciais e mais dramáticas no meio reformado, que apresenta outros modos de percepção de Deus. E, com ele, sua lei.

2.2. Lei e Evangelho: a posição de Lutero

Lutero também conhecia, assim como Calvino, a lei natural que Deus pôs no coração de cada ser humano que sua consciência e sua razão apontam. Porém, suas considerações recaem menos sobre a ordenação do cosmos que sobre o modo com que cada pessoa pode experienciar e conduzir sua vida, e seu sentimento sobre o caráter trágico da lei é bastante agudo. Sua perspectiva é sobretudo existencial, e ele se indaga o tempo todo como viver em paz com Deus. Ora, para responder a essa questão, a lei só arrasta o homem para um dédalo de respostas esgotantes e vãs, em que ele crê agradar a Deus ao oferecer-lhe obras que aparentemente lhe convêm, mas que não chegam a ser cumpridas. Eis as "obras" da Lei por excelência: a evidência de nossa incapacidade e de nossa falta ou a transformação do Deus de todas as graças em um contador celestial. Ora, novamente, como agradar ao Deus de amor, ao Deus de Jesus Cristo, de outra forma, a não ser através de uma aceitação incondicional de sua parte, portanto com a desistência quanto a ser obnubilado pela lei e suas obras?

Para o reformador, a lei só existe com seu complemento indispensável, que é o Evangelho. Com o Evangelho, a lei forma uma dupla de forças contraditórias, mas inseparáveis. Lei e Evangelho são, de fato, separada e conjuntamente, Palavra de Deus. Uma condena, o outro salva. Uma impulsiona a fazer e agir sem parar, enquanto o outro é acolhimento puro. Para retomar os termos do próprio Lutero: *Lex docet quid debeas et quo careas, Christus dat quod facias et habeas* ("A lei ensina o que tu deves e o que te falta, Cristo dá o que tu deves fazer e obter", *WA* 2, 500, 11s; sobre todas essas questões, cf. É. FUCHS, 1998, p. 15-24; Marc LIENHARD, *Martin Luther. Un temps, une vie, un message* [Martinho Lutero: um tempo, uma vida, uma mensagem] [1983], Genebra, Labor et Fides, 1998, p. 221-258; J.-L. LEUBA, em S. Pinckaers e L. Rumpf, orgs.). Lei e Evangelho expressam assim as duas maneiras (antinômicas em um nível unicamente racional, mas unidas no mistério do ser divino) pelas quais Deus fala aos homens e age com eles.

A existência humana se vê assim determinada, de modo paradoxal, pela Lei e pelo Evangelho. Pela Lei — da qual o Antigo Testamento é a cristalização particular, mas não exclusiva, pois encontramos ali palavras do Evangelho, enquanto a Lei também encontra expressão no Novo Testamento —, Deus dá ordens e castiga aos que não puderam se desemcumbir da tarefa que lhes fora confiada. Porém, essa tarefa, dada a condição pecaminosa do mundo, ninguém pode — sem Cristo — cumprir. O enunciado da lei deveria assim ser compreendido como um ato de equidade duvidosa ou perversa? Não! Pois Deus oferece perdão e graça ao pecador que confessa suas fraquezas e sua impotência. É *sola gratia* ("somente pela graça") que o pecador é salvo, sem as "obras da lei". A graça faz com que o pecador se volte para Cristo, e somente Cristo salva e justifica: "Deus é o Deus dos humildes, dos miseráveis, dos aflitos, dos que conhecem a opressão, o desespero, e que foram reduzidos a nada. [...] É preciso, assim, que Deus se utilize desse martelo que é a lei, para romper, quebrar, triturar e reduzir a nada essa besta selvagem e sua vã segurança [...]. Nesse ponto, enquanto a consciência é aterrorizada pela lei, o ensino do evangelho e da graça intervém, reerguendo e consolando, afirmando que Cristo não veio ao mundo para esmagar a cana quebrada [...]. Enquanto tua causa for totalmente desesperada, se a lei te leva a buscar socorro e consolo junto a Cristo, ela estará em seu uso verdadeiro e assim, através do evangelho, servirá para justificação. Este é o melhor e mais perfeito uso da lei" (Martinho LUTERO, *MLO* 16, 25s).

Tal é a obra essencial da lei de acordo com Lutero: provocar a contrição e levar de volta a Cristo. Essa função central é chamada, pelo reformador, de *usus theologicus*, *spiritualis*, *sanctus* (uso teológico, espiritual, santo) ou *elenchticus* (denunciatório).

Porém, a lei também tem outro uso. Contra o espiritualismo transbordante e com frequência anômico dos "entusiastas" ou *Schwärmer* da "ala esquerda" da Reforma, Lutero mantém a necessidade de uma ordem sociopolítica forte e consistente; ele explica sua posição sobretudo em um tratado intitulado *Da autoridade secular, até que ponto se lhe deve obediência* (1523, em *MLO* 4, 13-50). A autoridade secular sinaliza que Deus governa o mundo e não o abandona às forças do caos que o ameaçam o tempo todo. As autoridades políticas, assim, recebem do próprio Deus seu poder — mas do Deus da Lei, não do Deus do Evangelho. A ação dessas autoridades será de ordem e força, e seu instrumento, a justiça e a espada. Claro, essa ação não pode ser arbitrária, pois o uso da razão e o respeito pela justiça pertencem também à ordem política. Além disso, essa ordem não pode, em caso algum, ultrapassar as fronteiras da ordem da pregação do evangelho, que é função da igreja. O príncipe e as várias pessoas que constituem seu governo são chamados a ser cristãos, a se colocar sob a Palavra de Deus e a vivê-la. Os dois "reinos" assim distintos (o da força política e o da pregação do evangelho) não deixam de comunicar-se um com o outro e de manter pontos de contato, o que muitas vezes tem sido esquecido pela tradição luterana, fechada demais em suas especulações teológicas. Também é verdade que, para Lutero, o que está relacionado ao "uso político" da lei (*usus politicus*) não pode ser estruturado diretamente pelo evangelho (como o Sermão do Monte, por exemplo), que se situa em outra ordem. A via sociopolítica é o teatro de lutas que costumam ser duras, sangrentas, mas o melhor que pode fazer é nos levar a colocar-nos sob a graça e sua Palavra.

Assim Lutero exprime com propriedade, com seu uso do conceito da lei, o caráter binário e dialético de seu pensamento. Deus governa o mundo com a mão esquerda (a da força, da ordem, da justiça, da espada, em uma palavra: da Lei) e o salva com a mão direita (a do perdão, da justificação pela graça e da proclamação da Palavra, em suma: do Evangelho); a primeira tenta o tempo todo levar à segunda, mas sem que a necessidade da ação da primeira seja abolida.

Qual seria, então, o sentido propriamente moral da lei? Lutero sempre desconfiou desse sentido e nunca o aceitou. De fato, o cristão, justificado somente pela graça de Deus, produz "espontaneamente" (*sponte*) boas ações, assim como a árvore boa produz bons frutos. Essa produção não é motivada pelo senso do dever, mas, sim, pelo Espírito da justificação. Desse vigor, os mandamentos divinos — que Lutero comenta longamente, dedicando ao tema uma parte importante dos catecismos, mas recusando-se a colocá-los sob o comando da lei — exprimem as estruturas necessárias e fundamentais. No entanto, o respeito sempre imperfeito e precário a esses mandamentos é impotente para sustentar a verdadeira vida cristã, que encontra em Cristo, e somente nele, sua paz e seu cumprimento.

A força teológica de Lutero reside no fato de que o reformador enfatizou o que há de mais trágico na condição humana separada de Deus, lembrando sem cessar que somente a ação desse mesmo Deus, aproximando-se do homem em Jesus Cristo por pura graça, pode consertar essa tragédia. A forma que essa salvação toma é específica, não exprimindo de modo algum a presença do reino de Deus aqui: é sob o signo da graça, da palavra do evangelho, fortificado pelos sacramentos, que o cristão vive o poder do perdão, mesmo em um mundo marcado pelo pecado. A dialética luterana da Lei e do Evangelho está assim, com maestria, sustentada teologicamente.

Porém, podemos nos indagar se Lutero tem razão ao exprimir essa dialética com o uso do termo "lei" para dar conta da ira de Deus. Ambas as compreensões, tanto do Antigo Testamento quanto das realidades sociopolíticas e jurídicas deste mundo, não necessariamente se sobrepõem, assim como a apreensão teológica nem sempre corresponde à análise e à observação. Além disso, a compreensão luterana pressupõe um mundo imerso em cristandade: podemos nos perguntar como seria sua compreensão do primeiro uso da lei (político) em um mundo secularizado. Da mesma forma, é preciso admitir que, entre o tempo do Reino que não é deste mundo e a derrelição do pecado, não pode haver história: a própria força da graça e da salvação que é gerada não levaria a "mover" Deus, permitindo-lhe superar sua ira e permitindo a seu Espírito deixar sinais dessa graça neste mundo?

2.3. As funções da lei: de Lutero a Calvino

É justamente nesse último ponto que Calvino se distingue de Lutero. Melâncton também reconhece a necessidade de um terceiro uso da lei; a *Fórmula de Concórdia* [1580], que buscou formular a doutrina comum às igrejas luteranas, dedica os capítulos VII do *Epitomé* e VI da *Solida Declaratio* ao "terceiro uso da lei de Deus (cf. André BIRMELÉ e Marc LIENHARD, orgs., *La foi des Églises luthériennes. Confessions et Catéchismes*, Paris-Genebra, Cerf-Labor et Fides, 2003, § 905-909 e 1024-1031). O reformador genebrino retoma o vocabulário e o essencial do pensamento do teólogo de Wittenberg, considerando que a lei se encontra tanto no Novo quanto no Antigo Testamentos, que exprimem, cada um a seu modo, a revelação divina (cf. sobretudo IRC II, IX, 3s). Para ele, o "uso teológico" da lei consiste em convencer o homem de que ele não pode satisfazer por si só as exigências de Deus e elevar-se sozinho à graça divina (II, VII, 6-8). Porém, a apreciação geral mais positiva que Calvino faz da esfera sociopolítica, a maior consistência que ele atribui à própria materialidade do Antigo Testamento e um sentimento mais agudo (até demais, como diriam em Wittenberg) da necessária consistência ética da existência cristã o levaram a definir um "terceiro uso" (*tertius usus*) da lei. Esse uso propriamente ético ("didático", como diriam na tradição reformada) surge até mesmo como "o principal [... que] pertence à finalidade para a qual [a lei] foi dada [e] ocorre entre os fiéis, no coração de quem o espírito de Deus já tem seu reinado e seu vigor" (II, VII, 12). Assim, "o servo de Deus lançará mão dessa utilidade da Lei, e por frequente meditação na Lei será incitado à e confirmado na obediência a Deus, sendo livre de seus erros" (ibid.).

Essa introdução ao uso propriamente ético da lei será apresentada através de dois aspectos já postos em evidência por Tomás de Aquino: a leitura da Escritura e a obra do Espírito Santo. São de fato primordiais a meditação na Palavra de Deus, de forma geral, e a leitura dos Dez Mandamentos, que exprimem as regras (as "leis") de modo particular (a exposição da lei moral, em *IRC* II, VIII, é uma apresentação do Decálogo). No entanto, para inspirar efetivamente a obediência, a lei moral não deve ser uma serva, tratada de modo literalista, mas, sim, o fruto de todo um trabalho de reflexão e interpretação (cf. Gilbert VINCENT, *Exigence éthique et interprétation dans l'oeuvre de Calvin* [Exigência ética e interpretação na obra de Calvino], Genebra, Labor et Fides, 1984), obra do Espírito no cristão e na igreja. De fato, o Espírito orienta sem cessar a leitura e a interpretação da Bíblia através de Cristo e da aceitação de sua graça, conjugando assim os usos propriamente teológico e ético da lei.

Entretanto, o Espírito não age somente nesse nível puramente cognitivo, mas também trabalha no cristão para transformá-lo e para que ele viva em real conformidade com o evangelho, levando-o através do caminho da regeneração, ou santificação, trajetória que é explicada em boa parte do livro III das *Institutas* de Calvino. Essa renovação de vida, "contida na Lei de Deus", consiste "em quanto percebemos, em nossa vida, de harmônico entre a justiça de Deus e nossa obediência, ratificando por esse meio a adoção pela qual Deus nos aceitou como filhos" (III, VI, 1). Assim, "a obediência à Lei [surge como] o caminho de vida" (III, IV, 28).

Assim, são estabelecidas na obra de Calvino uma tensão e uma dialética entre os três polos estruturais da lei que são seus aspectos propriamente teológico, político e ético, cada um situando-se em relação ao outro e trazendo-o para um movimento fecundo que visa à vida da lei (cf. Éric FUCHS, *La morale selon Calvin* [A moral segundo Calvino], Paris, Cerf, 1986, p. 138-159). Nesse sentido, nota-se um deslocamento, aparentemente mínimo, mas de fato significativo, de Lutero para Calvino: enquanto Lutero considera que o primeiro uso da lei é o político, de que é preciso dar conta antes de passar para o problema realmente importante que representa o aspecto teológico, Calvino evoca logo de início a função teológica da lei, que, ao regular o problema fundamental do *status* da lei, pode abordar em seguida as questões correlatas, que são a política e a ética.

De certo modo, a postura de Calvino, ao mesmo tempo que conserva a estrutura dialética da relação entre Lei e Evangelho, reencontra a apreciação positiva (presente no tomismo, como vismos) da lei, transformada pela ação do Espírito. Sejam quais forem suas vantagens, tal postura não corre menos o risco de recair em certa "salvação pelas obras". Parte do calvinismo posterior, sobretudo o puritanismo, e o papel desempenhado pelo "silogismo prático" nas igrejas reformadas (que reza "como sou bem-sucedido, esse é o sinal — e a prova! — de que Deus está me abençoando"), ao darem lugar a uma forma de vida religiosa secularizada, mostram que talvez a posição e os temores de Lutero tenham encontrado um alvo. A razão para isso é que o mistério da lei não é esclarecido se não os lemos à luz do mistério da Palavra. Porém, antes de empreender essa direção, convém ainda evocar algumas imagens da lei na teologia protestante moderna.

2.4. Lei e mandamentos de Deus: o protestantismo contemporâneo

Dentre as formas que pôde e pode tomar a questão da lei na teologia recente, abordaremos primeiro a maneira com que falam Karl Barth e Dietrich Bonhoeffer, na primeira metade do século XX e no meio germânico. Em seguida, trataremos dos modos divergentes de apresentação da mesma questão, no meio francófono e, mais recentemente, de Éric Fuchs e Jean Ansaldi.

Barth se contrapõe às posições luteranas que, em sua época, tendiam a dissociar demais a Lei e o Evangelho. Para o teólogo, convém falar em primeiro lugar do Evangelho, e em seguida da Lei, já que está se encontra "oculta e fechada" na boa-nova, assim como as tábuas da lei estavam na arca da aliança. É apenas com Jesus Cristo e sua ação em nosso favor que podemos compreender o sentido das exigências de Deus em relação a nós. Assim, podemos afirmar que "a Lei é a forma do Evangelho".

Além disso, Barth trata com mais naturalidade dos mandamentos (de Deus) que da lei de modo genérico. Nisso, ele sem dúvida expressa sua preocupação com uma abordagem mais renovada e mais direta da vontade divina: à escuta da palavra de Deus, o cristão e a igreja são nem tanto os prisioneiros da observância de uma lei geral, mas são sobretudo chamados a discernir o tempo todo as formas da obediência ao mandamento de Deus que os desafia e os põe em marcha. A problemática da lei (se queremos de fato utilizar esse termo) só pode ser concebida de modo metafísico e geral, com seu valor na interpelação existencial que surge no coração da vida de cada pessoa que se coloca diante das exigências da Palavra de Deus.

Por isso tudo, Barth se esforça por inserir os diversos elementos da ética no interior de seu discurso dogmático (cf. a elaboração dos diversos volumes de sua *Dogmática*), extraindo as implicações concretas dos objetivos doutrinários ao longo de sua exposição. No último volume da *Dogmática*, ele apresenta também uma forma de ética mais específica, compreendida como "invocação", e um comentário do Pai-nosso.

Já Bonhoeffer utiliza pouco a noção de lei, preferindo tratar do mandamento de Deus. Ele retoma e traduz a distinção luterana dos dois reinos fazendo uma diferença entre as realidades últimas das realidades penúltimas (cf. *Éthique* [Ética], em que se encontra, entre outras, uma apreciação bastante crítica do primeiro *usus legis* luterano, p. 253-268): as realidades penúltimas são o próprio lugar da vida cotidiana e da ética; elas não conduzem à salvação, mas tiram seu peso e sua consistência do próprio fato do esclarecimento que as realidades últimas — a justificação oferecida por um Deus que nos acolhe, perdoa e ama — lançam sobre elas. A vida cristã é chamada a desenvolver-se evitando duas armadilhas: a do radicalismo, que dissolve toda realidade penúltima (humana) em contato apenas com as considerações relativas ao que é divino; e a do acordo, ou seja, de que as coisas deste mundo podem e devem ser reguladas sem relação alguma com a palavra que justifica. Entre esses dois extremos, Bonhoeffer buscou (infelizmente sem concluir seu projeto) estabelecer uma ética que deixe lugar para o "natural", em que, chamado à responsabilidade, o cristão põe-se a discernir (e de fazer surgir, adaptando-se a isso) no cotidiano a "realidade do real". Isto corresponde nada mais, nada menos, que ao próprio Cristo que toma forma dia após dia no mundo, ao qual atribui sua verdadeira dimensão e uma estatura enfim adulta.

A *Ética* de Bonhoeffer revela uma riqueza de potencialidades que ainda não foram exploradas em seu todo. Porém, o caráter particular dessa obra original, inacabada e não sistemática, impossibilitada de prosseguir no diálogo com as transformações do mundo e das ciências humanas, não lhe permitiu revelar toda a fecundidade de que podia ser portadora (mas convém observar o notável trabalho de André Dumas, *Une théologie de la réalité. Dietrich Bonhoeffer* [Uma teologia da realidade: Dietrich Bonhoeffer], Genebra, Labor et Fides, 1968). As pesquisas sobre a lei tomariam então outros rumos nos últimos anos e no protestantismo francófono. Essas pesquisas reinterpretariam em categorias contemporâneas a velha querela dos reformadores sobre a legitimidade de um terceiro uso da lei.

Na mesma linha de Lutero, Jean Ansaldi (cf. sobretudo *Éthique et sanctification* e, em uma perspectiva menos centrada na questão ética, *L'articulation de la foi, de la théologie et des Écritures* [A articulação entre fé, teologia e Escrituras], Paris, Cerf, 1991) afirma que, em matéria de teologia da lei, é melhor não apelar para um "terceiro uso", cuja posição teológica é duvidosa: de fato, a ética pertence a todos, situando-se na área somente da razão, e não deve ser um lugar de fraturas entre visões cristãs e laicas. Além disso, insistir na especificidade da ética cristã é algo que pressupõe o risco — mortal — do retorno à teologia da salvação pelas obras da lei. Para Ansaldi, é preciso então, claramente, renunciar a isso, procedendo à distinção entre santidade (que é da ordem do sentido, da fé e da piedade) e moral, já que a busca do bem é algo comum a toda a humanidade.

Já Éric Fuchs, que se insere na linha de Calvino, articula fé e promessa, percebendo nos três usos calvinianos da lei a necessária imbricação dos aspectos político, teológico e ético. À sua maneira, os direitos humanos refletem de modo secularizado essas estruturas fundamentais, principalmente ao desdobrar os eixos principais da lei (os artigos das declarações dos direitos humanos) articulados em torno da promessa que essas mesmas declarações constituem, puros atos de palavra, opondo à indignidade das situações da existência a utopia de um mundo em que a dignidade, a liberdade, a igualdade e a fraternidade sejam proclamadas como algo possível (cf. sobretudo *La morale selon Calvin* [A moral segundo Calvino] e *Au nom de l'Autre* [Em nome do Outro]).

3. Para uma teologia da lei

As implicações da lei evocadas aqui e as diversas tradições que buscaram responder-lhes conduzem ao esboço do que poderia ser, hoje, uma teologia da lei. É para onde convergirão nossos esforços: apresentaremos primeiro, em grandes linhas, aquilo que a própria Bíblia afirma sobre a lei, evocando em seguida o que podemos deduzir dos laços que unem lei e Palavra (de Deus). Concluiremos apontando para algumas pistas sobre as abordagens confessionais específicas e suas possibilidades ecumênicas.

3.1. A lei na Bíblia

Como não podemos abordar todo o escopo bíblico sobre o tema, nos concentraremos na *Torá*, na postura de Jesus em relação à lei e nas observações do apóstolo Paulo.

3.1.1. O Antigo Testamento

O termo *Torá* ("lei", "ensinamento") designa, no Antigo Testamento, o conjunto dos cinco primeiros livros da Bíblia, cuja autoria a tradição atribui a Moisés. No judaísmo posterior sobretudo, a *Torá* era considerada a parte central da revelação de Deus, indicando os preceitos e caminhos que convém seguir para agradar ao Senhor (cf. Edmond JACOB, *Théologie de l'Ancien Testament* [Teologia do Antigo Testamento], Neuchâtel, Delachaux et Niestlé, 1968, p. 219ss; Claus Westermann, *Théologie de l'Ancien Testament* [Teologia do Antigo Testamento] [1978], Genebra, Labor et Fides, 2002; Gérard SIEGWALT, *La Loi, chemin du salut* [A Lei, caminho da salvação]).

De modo mais preciso, a "lei" se apresenta como expressão da vontade de Deus em certo número de textos. De início, há as duas versões do Decálogo — Êxodo 20.1-17 e Deuteronômio 5.5-21 — que oferecem a lei como quintessência. A contextualização dessas duas versões (cujas diferenças importam pouco aqui) no relato bíblico, assim como as palavras que as introduzem, permitem compreender melhor seu sentido.

O Decálogo, e com ele o conjunto de toda a lei, é de fato apresentado ao povo no monte Sinai, entre a libertação do Egito e a organização dessa nova liberdade, sob a qual a partir de então estariam postos o povo com sua vida autônoma. Assim, o Decálogo mostra as condições que deveriam ser respeitadas para estruturar aquela nova vida. Apresenta-se, com a lei, não como um código de uma moralidade pesada, mas, sim, como uma declaração de liberdade (cf. Georges AUZOU, *De la servitude au service. Étude du livre de l'Exode* [Da servidão ao serviço: estudo do livro do Êxodo] [1961], Paris, Orante, 1968; Jan Milič LOCHMAN, *Faut-il encore parler des commandements?* [Ainda é preciso falar dos mandamentos?] [1979], Paris, Cerf, 1981), o que é confirmado pelas palavras com que se introduzem os mandamentos: *Eu sou o SENHOR, teu Deus, que te tirei da terra do Egito, da casa da servidão* (Êx 20.2; Dt 5.6). Os mandamentos que se seguem, portanto, são preceitos que devem ser respeitados para que fosse preservada tal liberdade, que então criaria vida, e isso evitaria o retorno a toda forma de escravidão.

Podemos mostrar em detalhes como cada um dos Dez Mandamentos responde a esse objetivo. Ter somente o Senhor como Deus equivale a colocar-se sob a proteção de um Deus libertador e não cair novamente nas mãos de um deus alienante; lembrar-se do dia de sábado, do repouso, é não voltar à escravidão de projetos de produção infinitos e desumanos; não matar constitui um dos princípios básicos de toda a vida civilizada etc. Nessa perspectiva, notamos que a maior parte dos mandamentos é expressa de modo negativo ("não farás tal coisa"), apresentando-se como grades de proteção que delimitam um espaço em que a ação pode desenrolar-se livre e plenamente.

É certo que a vida comum — sempre socializada e ritualizada — abarca múltiplas questões e se depara com as situações mais diversas. Da mesma forma, naturalmente, à medida que o povo desenvolve sua vida própria, a lei se enriquece e multiplica os registros de sua intervenção. Encontramos assim na *Torá* — no mesmo trecho do Decálogo ou em versículos seguintes, em função de processos sócio-históricos e literários que não podemos abordar — diversos "códigos" em diversos graus de elaboração: o código da aliança (Êx 20.22,23,19) define as regras para

LEI

a solidariedade na comunidade; o código deuteronômico (Dt 12—26) insiste na unicidade da lei e do santuário, como uma consequência da unicidade de Deus; o código de santidade (Lv 17—26) esmiúça as condições de um verdadeiro encontro entre Deus e seu povo.

Desses núcleos, e ainda de outros textos, advém a lista dos 613 mandamentos que regulam e definem a vida do povo de Deus. Porém, não se pode perder de vista a perspectiva primeira e fundamental: esses mandamentos só têm sentido como um modo de reviver a liberdade que os precede. Essa liberdade é a razão de ser dos mandamentos, que são os próprios termos de uma dupla aliança (*brit*) tanto entre o povo e Deus quanto entre os membros do povo. A lei é o pivô dessa aliança, os termos em função dos quais a aliança é chamada a desdobrar-se, a sinalização de sua concretude, a realidade de um projeto de liberdade e de partilha na vida dos indivíduos e do povo como um todo.

No entanto, claro está que, fora dessa perspectiva fundamental, a lei pode se revelar escravizadora, sufocante e mortal. Sem cessar, os profetas denunciaram o comportamento dos que buscam satisfazer em aparência as exigências da lei, mas que traem o sentido do respeito por Deus e pelo outro, desprezando a justiça. É por isso que Jeremias e Ezequiel profetizaram um tempo em que a lei não mais seria exterior ao povo, escrita em tábuas de pedra, mas, sim, gravada no coração, em tábuas de carne, o que prenuncia uma nova aliança (Jr 31.31-34; Ez 36.26ss).

3.1.2. Jesus

A postura de Jesus diante da lei não é sempre fácil de perceber, na medida em que os evangelhos revelam faces contraditórias em relação a isso (cf. J.-F. COLLANGE, 1981, p. 234-243; F. Vouga). Essa posição está em parte associada às relações entre Jesus e os fariseus (que apontam para o que se tornaria o judaísmo que conhecemos), de um lado, e às relações com os saduceus, de outro, gravitando em torno do cotidiano do templo. O que Jesus censura nos saduceus é o fato de se aproveitarem das disposições da lei — de Deus, portanto — para benefícios pessoais, sobretudo relacionados à ganância (Mc 11.15-19 e paralelos). Quanto aos fariseus, Jesus os acusa de hipocrisia (Mt 23.1-36 e paralelos), de serverem-se de argúcia para o desencargo de certas exigências que para eles eram limitantes demais, ao mesmo tempo que se vangloriavam de seguir estritamente os mandamentos de Deus. Essa hipocrisia era acompanhada de muita ostentação quanto à obediência à lei (Lc 18.9-14), enquanto o que Jesus pedia era uma obediência íntima, humilde e modesta (Mt 6.1-8 e 16-18), em que o importante é a pureza interior, do coração, e não os ritos e a aparência (Mc 7.1-32; Mt 15.1-20).

De fato, o Mestre de Nazaré não se opõe à lei, mas parece respeitá-la em seu todo, assegurando seus ouvintes de que não vinha "para revogar, mas para cumprir" a lei (Mt 5.17). Esse cumprimento é o amor de Deus e o amor ao próximo (Mc 12.28ss e paralelos). No emaranhado de prescrições em que consistia a lei na época, Jesus vem pôr alguma ordem, lembrando aos presentes a finalidade profunda dos mandamentos e defendendo os grandes princípios que orientam a relação que cada ser humano pode manter com eles. Percebe-se sobretudo que, na medida em que a lei é a expressão da vontade de Deus, essa vontade só pode ser libertadora e dinâmica, "boa-nova", e não exigência culpabilizante e sufocante. Pois Deus é Pai, e todos os homens são [suas criaturas e não filhos já que o pecado nos separa de Deus e é necessário receber a Cristo como Senhor e Salvador para sermos filhos de Deus] (Mt 5.43-48; Lc 6.27,28,32-36). Portanto, sua lei só pode ser uma lei de amor [mas que se baseia no seu caráter justo e santo que não tolera o pecado mas ama o pecador e deseja que este deixe seus maus caminhos e volte para ele].

Essa posição fundamental se exprime sobretudo nas "antíteses" do Sermão do Monte (Mt 5.21-48), cujo foco não é tanto uma radicalização inexequível da lei, mas, sim, longe das tradições de rotina, o sentido da exigência infinita do respeito pelo outro. O mesmo sentido está presente nas curas operadas por Jesus, quando diante do risco de infringir uma regra estabelecida (Mc 5.1-12 e paralelos). Assim, Jesus efetua curas provocadoras, mesmo nos dias de sábado, cujo respeito estrito era considerado a pedra de toque do respeito à lei (Lc 6.6-11; 13.10-17; 14.1-6). Da mesma forma, Jesus permite que seus discípulos, famintos, colham espigas em um dia de sábado (Mc 2.27 e paralelos), aproveitando para explicar que "o sábado [a lei] foi estabelecido por causa do homem, e não o homem por causa do sábado". Desse modo, *o Filho do homem* [ou seja, o princípio da humanidade que Jesus encarna de modo singular] *é senhor também do sábado* (Mc 2.28).

Essa visão específica das coisas colocará o mestre de Nazaré em oposição aos que mantiveram a tradição da lei até levá-lo à morte. Podemos assim afirmar que Jesus sucumbiu sob os golpes da lei, lutando para que a lei voltasse às fontes.

3.1.3. Paulo

Sem dúvida, com a consciência aguda de que determinada interpretação da lei levou à morte do homem, o apóstolo Paulo se mostra o autor bíblico mais sensível ao caráter trágico da lei (cf. J.-F. COLLANGE, 1981, p. 244-256).

Paulo não rejeita os laços que o unem de modo fundamental a Deus. Para ele, *a lei é santa, e o mandamento, santo, justo e bom* (Rm 7.12), *a lei é espiritual* (Rm 7.14), Cristo também é portador de uma lei (Gl 6.2) e Israel será sempre o povo da aliança e das promessas (Rm 9.1ss). Mas, ao mantermos em mente e enfatizarmos todos esses pontos, precisamos reconhecer que o apóstolo insiste principalmente no caráter pernicioso, perverso, que a lei pode assumir. A lei só tem sentido à luz de Cristo e de seu Espírito, que apontam para sua real finalidade e transmitem a força necessária para que seja cumprida. Ora, essa finalidade, na reta linha indicada pelo próprio Jesus, é o amor pelo próximo (Rm 13.8-10; Gl 5.14). O interesse da lei é fazer com que nos voltemos para o próximo, mostrando os meios concretos para tratar com ele em amor. A armadilha inerente à lei consiste em fixar a atenção nesses meios, desviando-se das pessoas a quem a lei deve servir.

É precisamente isso que o apóstolo observa, enfatizando a oposição entre a salvação pela fé e a salvação pelas obras da lei. Nas obras da lei, de fato, o indivíduo permanece fechado em si mesmo e só compreende sua relação com Deus (consequentemente, com o outro) como uma competição, em que o importante é mostrar que se está conforme ao modelo aparentemente exigido. Tal representação da vida é não apenas teologicamente inaceitável, mas também irrealizável, algo que dá margem a uma profunda confusão (Rm 7.13-25). Por outro lado, a salvação pela fé, com base na revelação da graça de Deus em Jesus Cristo (Rm 3.21-25), desvela a verdadeira natureza de Deus (graça e amor) e do homem (chamado a tecer relações de confiança/fé com seu Deus e com o próximo). Posta a serviço desse projeto, a lei não é destruída: *Anulamos pois a lei pela fé? Não, de maneira nenhuma! Antes, confirmamos a lei* (Rm 3.31). Da mesma forma, o espírito de Cristo, que é caridade (cf. Rm 8.1ss; 1Co 13), permite descobrir e concretizar as formas dessa fecunda comunhão, que sem cessar são renovadas. Fora desse projeto, a lei se revela extremamente alienante e conduz ao fechamento de si mesmo e à morte.

Por tudo isso, *o fim da lei é Cristo* (Rm 10.4ss). É dessa maneira que o apóstolo mostra duas verdades imbricadas: Cristo — com sua revelação da graça de Deus e seu apelo para que vivamos sob o registro da fé — constitui o cumprimento da lei (a palavra "fim" significa, aqui, finalidade); ao mesmo tempo, com esse cumprimento, não há mais como permanecer atrelado à economia de uma lei onipotente e imobilizada ("fim" assume então o sentido de término). A compreensão correta da lei, que advém da fé em Cristo, está relacionada à problemática da liberdade, que testemunhou seu surgimento na época da saída do Egito (Gl 5.1ss). Essa mesma perspectiva conduz ao sentido da relatividade histórica, não ao princípio da lei, mas de suas formas. A serviço da construção da fraternidade de um mundo que se transforma, a lei deve o tempo todo descobrir novas formas de aplicação *hic et nunc* de seu "espírito". Por isso, de um modo marcante, Paulo se mostra tão contrário à circuncisão, que em geral era apresentada como o sinal da fidelidade à lei. O apóstolo deplora o fato de que tal sinal, em vez de ser um fator de compreensão e de convivência em comunidade, havia se tornado um fator de segregação e incompreensão.

Nessa perspectiva, somente a fé salva, inaugurando uma comunidade nas dimensões da própria humanidade, encaminhando a humanidade para aberturas recíprocas, enquanto as obras da lei promovem um fechamento em particularismos, que são erigidos em absolutos.

Em resumo, os eixos fundamentais da mensagem bíblica relativa à lei se apresentam do seguinte modo: a lei surge como uma estrutura necessária para a manutenção e o desenvolvimento da liberdade do povo de Deus. Essa liberdade é vivida com o outro e face ao outro; é ao mesmo tempo resposta e responsabilidade.

Porém, o homem busca esquivar-se de tal responsabilidade, tentando sempre "voltar para os pratos de carne da servidão egípcia". Assim fazendo, o homem não hesita em utilizar os próprios termos da lei para combater o motivo pelo qual a lei foi instituída. Da mesma forma, convém a ele arrancar a lei do destino mortal que a espreita, lembrando-lhe sua finalidade original e descobrindo os atos de graça que permitem cumprir o que de fato a lei demanda. Isso significa nada mais, nada menos, que uma transformação do homem, que passa a ser desprovido do poder do pecado, que o destrói. Esse drama é o drama da salvação, da justificação somente pela graça, acolhida pela fé. A vida, a morte e a ressurreição de Jesus Cristo são sua plena realização.

A partir desses elementos fundamentais, poderíamos chegar a algumas observações suplementares quanto à realidade da lei?

3.2. Lei e Palavra de Deus

As primeiras palavras que Deus dirige ao homem, de acordo com o livro de Gênesis, apresentam-se como uma ordem e, assim, revelam-se pesadas com toda a questão da Lei. O Senhor ordena que Adão desfrute da vida que acaba de ser criada, permitindo-lhe comer livremente *de toda árvore do jardim* (Gn 2.16). Como mandamento, a primeira palavra de Deus ordena a fruição: comer livremente. Porém, para que haja fruição, é preciso um limite, um interdito, que possa afirmar-se pela força do confronto com o outro, surgindo como que por contraste. Da ausência de limites não pode surgir o prazer, mas, sim, seu oposto, a aversão ou a indiferença. Por isso o Senhor acrescenta: "[De toda árvore do jardim comerás livremente], mas da árvore do conhecimento do bem e do mal não comerás". Para comer livremente do maior número de árvores, é preciso renunciar ao fruto de uma dentre elas.

É significativo que essa árvore seja apresentada como "a árvore do conhecimento do bem e do mal". A árvore em questão é o símbolo da alteridade, do outro. É no respeito (ou no desprezo) ao outro que se realizam minha felicidade ou infelicidade, o bem ou o mal. Pois o outro representa o limite por excelência, que não só desempenha a função evidente de me restringir, mas também permite que eu seja de modo pleno (sobre esses diferentes pontos, cf.

Josy EISENBERG e Armand ABÉCASSIS, *Et Dieu créa Ève* [E Deus criou Eva], Paris, Albin Michel, 1979, p. 85ss; Marie BALMARY, *Le sacrifice interdit. Freud et la Bible* [O sacrifício proibido: Freud e a Bíblia], Paris, Grasset, 1986, p. 247ss; J.-F. COLLANGE, 1989, p. 140-146).

Portanto, a questão da lei se apresenta fundamentalmente como a de minha relação com o outro. É o que mostra o tempo todo a filosofia ética de Emmanuel Levinas (1906-1995; cf. *Autrement qu'être ou au-delà de l'essence* [De outro modo que não o ser ou além da essência], La Haye, Nijhoff, 1974; *Éthique et infini* [Ética e infinito], Paris, Fayard, 1982). De acordo com Levinas, nada pode ser mais valioso que a injunção que ordena ser respeitada de modo absoluto "a altura do rosto do outro" e que proíbe "matá-lo". Na verdade, minha relação com o outro oscila o tempo todo entre o amor e a morte. Entre esses dois extremos se insere a questão da linguagem e das palavras trocadas. Interditos fundamentais, tais palavras podem fazer surgir vida e podem (por sua dureza ou por sua ausência) fazer morrer. A lei da Lei surge então como a da Palavra.

Os antigos já haviam pressentido tais coisas, pondo no fundamento da lei o *logos*, ao mesmo tempo razão e palavra, termo que, ao ser traduzido por *ratio* em latim, acabou por ser amputado de boa parte de sua riqueza. Se reconhecida somente pela razão, a problemática da lei perde ao mesmo tempo sua dimensão de proclamação, de trocas de linguagem e de relações, além de seus possíveis aprofundamentos teológicos, já que o cerne da teologia está na revelação da Palavra criadora e salvífica de Deus. A razão jamais poderia ser o princípio do amor, mas a palavra sim! Somente uma lei compreendida como expressão particular da vida da Palavra pode conduzir ao amor. É por não terem associado devidamente a questão da lei à da Palavra (de Deus) que filósofos, juristas e teólogos nem sempre encontraram o melhor equilíbrio quanto a sua exposição.

A palavra possui mais humanidade que a razão sozinha. É também menos transparente e dá abertura a mundos mais complexos — e mais perigosos também. A palavra pode enganar e mentir. É o lugar de dramas em que estão em cena a vida e a morte. Pode apresentar-se como pura ideologia, língua de pau, discurso vazio que não encontra mais em si as ressonâncias da esperança que mobiliza energias. São muitos os exemplos de uso da lei que correspondem a tais perversões da Palavra (cf. em particular J.-F. COLLANGE, 1989, p. 179-195) e que de fato geram desumanização e morte.

Assim, é decisivo que a Palavra de Deus acompanhe e inspire sem cessar as palavras humanas. Em comparação a estas, a Palavra se revela "outra", sendo assim o contraponto que as limita e lhes dá razão de ser. A Palavra opera dessa forma na medida em que está em contínuo diálogo com as palavras humanas, fazendo-as nascer e salvando-as. No burburinho das palavras humanas, a Palavra de Deus se revela uma fonte autêntica, um lugar de regeneração contínua. Salva o discurso humano da insignificância e da loucura que muitas vezes o assolam.

A Palavra opera tais coisas enunciando sob mil e uma formas sempre novas a Promessa e a Lei, duas formas autênticas que constituem a própria essência de toda palavra, mas que muitas vezes a existência embaralha e perverte. Confrontadas com a verdadeira Promessa e com a autêntica Lei que lhe corresponde, palavras, promessas e leis humanas são chamadas a estruturar, nos tempos "penúltimos" que são os nossos, as sociedades e as vidas humanas, colocando-as sob o signo das alianças múltiplas e diversas que precisam ser concluídas. A aliança divina se oferece como matriz e modelo possíveis das alianças humanas.

3.3. Para uma ecumenicidade da lei

As diferenças confessionais assinaladas neste artigo somente poderão ser superadas por uma teologia da lei que compreenda a lei como integrante de uma teologia da Palavra. A comunicação possui vocação universal, mas, sem mencionar as armadilhas que a espreitam e os obstáculos que a entravam, as línguas — as linguagens — são legião.

O mesmo ocorre nas leis e nos costumes, que se apresentam como linguagens diversas e abundantes, mas cuja função é assegurar a justa comunicação entre os homens. Por isso, podemos supor que na fonte de leis e costumes está uma língua, uma revelação ou uma lei particular, que assegura ao mesmo tempo sua dimensão transcendente e a possibilidade de trocas que leis e costumes garantem e organizam. Porém, seria preciso que tal língua, tal revelação e tal lei se impusessem sem tradução, provocando o desaparecimento de outras palavras como pretensas concorrentes? Ou, ao contrário, seria necessário que ela se revelasse como libertadora de outras palavras, geradora e inspiradora, pondo em movimento todo tipo de modelos de articulação e de processos hermenêuticos?

A legitimidade desses processos e dessas formas de articulação será avaliada agora, a partir de três critérios fundamentais: a relação que ambos estabelecem com o O/outro; a qualidade da troca linguageira inerente a essa relação; a sinceridade do trabalho sempre recolocada à mesa, para chegar a um bom termo. É próprio à "essência" do Outro, ao mesmo tempo, oferecer-se sem cessar e fugir, pois é o objeto de uma busca que não finda.

É a partir desses pontos que avaliaremos as diferentes versões da lei que estão disponíveis por aí. O judaísmo sem dúvida se engaja nessa busca (cf. entre outros Gilles BERNHEIM, *Le souci des autres au fondement de la loi juive* [A preocupação com o outro no fundamento da lei judaica], Paris, Calmann-Lévy, 2002), mas por vezes se arrisca a confundir fim e meios. Já a moral católica tende a impor sua percepção universal à diversidade dos modos de ser que caracterizam a humanidade. Por sua vez, as posições protestantes oscilam entre uma forma de desdém e de severidade (Lutero), de um lado, e uma atenção rigorosa que flerta com o rigorismo e o moralismo (Calvino), de outro.

Entre essas várias posições, a linha não está completamente traçada. Falta-nos preservar a transcendência e a unicidade da fonte e assegurar a riqueza e a sobrevivência dos terrenos irrigados. Convém assim que passemos a escutar uns aos outros e ao Outro, que busquemos sem cessar formas justas de aplicação *hic et nunc* do mandamento divino e das regras que servem ao surgimento e à troca de palavras vivificantes e retas.

O conflito tipicamente protestante entre a necessidade e o caráter nocivo de um "terceiro uso da lei" especificamente ético deve ser considerado da mesma maneira: sem dogmatismo e em caráter dialogal. Há uma necessidade manifesta de uma ética cristã, sem a qual a fé estaria desencarnada e faltosa de plenitude. Porém, tal ética deve estar consciente de seu caráter relativo e dialogal. Em nenhum caso a ética trará a salvação; não poderá surgir como um absoluto. Além disso, essa ética só se constrói quando se leva em conta a ética daqueles que não partilham a mesma fé e se considera a esses como irmãos, por conta dos próprios pressupostos, irmãos que é preciso escutar, compreender e encontrar em justiça e em amor.

O ecumenismo da lei, com o objetivo de participar da transformação da terra habitada em terra habitável, só pode ser concebido se colocamos a lei sob a luz e o julgamento da Palavra. É a Palavra que permitirá e suscitará, sem cessar, a troca fervilhante e vital das palavras humanas, buscando não humilhar, mas endireitar; não negar, mas respeitar; não constranger, mas impulsionar para um caminho em comum.

Jean-François Collange

▶ ANSALDI, Jean, *Éthique et sanctification. Morales politiques et sainteté chrétienne*, Genebra, Labor et Fides, 1983; BARTH, Karl, *Evangelium und Gesetz*, Munique, Kaiser, 1935; BONHOEFFER, Dietrich, *Éthique* (1949), Genebra, Labor et Fides, 1997; COLLANGE, Jean-François, *De Jésus à Paul. L'éthique du Nouveau Testament*, Genebra, Labor et Fides, 1981; Idem, *Théologie des droits de l'homme*, Paris, Cerf, 1989; EBELING, Gerhard, *Wort und Glaube*, Tübingen, Mohr, t. I: 1960, 1967, t. II: 1969, t. III: 1975, t. IV: 1995; FUCHS, Éric, *L'éthique protestante. Histoire et enjeux* (1990), Genebra-Paris, Labor et Fides-Les *Bergers et les Mages*, 1998; Idem e STUCKI, Pierre-André, *Au nom de l'Autre. Essai sur le fondement des droits de l'homme*, Genebra, Labor et Fides, 1985; KLAPPERT, Bertold, *Promissio und Bund. Gesetz und Evangelium bei Luther und Barth*, Göttingen, Vandenhoeck & Ruprecht, 1976; KÜHN, Ulrich, *Vita caritatis. Theologie des Gesetzes bei Thomas von Aquin*, Göttingen, Vandenhoeck & Ruprecht, 1965; MÜLLER, Denis, *Jean Calvin. Puissance de la Loi et limite du pouvoir*, Paris, Michalon, 2001; PINCKAERS, Servais e RUMPF, Louis, orgs., *Loi et Évangile. Héritages confessionnels et interpellations contemporaines*, Genebra, Labor et Fides, 1981; RICOEUR, Paul, *O justo*, São Paulo, Martins Fontes, 2008; SIEGWALT, Gérard, *La Loi, chemin du salut. Étude sur la signification de la Loi dans l'Ancien Testament*, Neuchâtel, Delachaux et Niestlé, 1971; "Morale catholique et morale protestante", *Le Supplément* 147, 1983 (sobretudo os textos de Jean ANSALDI, Éric FUCHS e Pierre GISEL); VOUGA, François, *Jésus et la loi selon la tradition synoptique*, Genebra, Labor et Fides, 1988.

▶ Aliança; antinomismo; castigo; Decálogo; dever; direitos humanos; evangelho; **judaísmo**; justificação; **laicidade**; **liberdade**; Locke; mandamento; messianismo; **moral**; obediência; **política**; reinos (doutrina dos dois); responsabilidade; usos da lei

LEIBNIZ, Gottfried Wilhelm (1646-1716)

Para o jovem Leibniz, nascido em uma família piedosa luterana de Leipzig, composta de professores, o conhecimento surge como "uma espécie de butique, com mercadorias diversas em grande quantidade, mas desprovida de ordem e classificação". Em Leipzig, o filósofo defende a tese *Disputatio metaphysica de principio individui* (1663), em que afirma, com 17 anos, que "toda entidade individual é individualizada" (*omne individuum sua tota entitate individuatur*). Em Nuremberg, entra para o direito com uma dissertação, *De casibus perplexi in jure* (1666), publicando no mesmo ano, com 20 anos, *De arte combinatoria*, que propõe a invenção de um "cálculo" conceitual aplicável a todos os problemas da física, do direito e da teologia! Na corte do arcebispo príncipe-eleitor de Mayence, o filósofo expõe o direito natural e sonha com uma união entre as igrejas (*Confessio naturae contra atheistas*, 1668). Conhecendo bem os meandros europeus, dirige aos eruditos parisienses uma dissertação, *De motu abstracti*, e aos ingleses outra, *De motu concreti*. Enviado a Paris para persuadir Luís XIV quanto à conquista do Egito, encontra-se no período de 1672 a 1676 com os cartesianos Antoine Arnauld (1612-1694), Nicolas Malebranche (1638-1715) e Christiaan Huyghens (1629-1695), assim como com os herdeiros de Blaise Pascal, que lhe mostram os manuscritos matemáticos do mestre já morto. Foi com base nesses documentos que Leibniz desenvolveu os princípios do cálculo infinitesimal, publicados dez anos depois, na *Nova methodus pro maximis et minimis* (1684). Apesar de — e talvez por causa de — uma breve passagem em Londres, os newtonianos reivindicariam por muito tempo a paternidade da invenção do cálculo infinitesimal. Em Haia, Leibniz encontra-se com Baruch Spinoza (1632-1677), cujo sistema filosófico seria o único a ser rejeitado completamente por ele.

Torna-se bibliotecário e conselheiro do duque de Hanovre e começa a estudar a história da casa de Brunswick-Lüneburg, um procedimento que estabeleceria os direitos da casa de Hanovre à dignidade eleitoral da época (obtida em 1692) e ao trono da Inglaterra (1715). Assim como Goethe em Weimar, Leibniz cuida de tudo no pequeno Estado do "nono eleitor": academias, museus, ensino, indústria, transporte, máquinas de vento para as minas de Harz.

Publica uma revista, *Acta eruditorum*; combate Luís XIV com um panfleto, *Mars christianissimus* (1683), mas inicia uma troca de correspondências com Jacques Bénigne Bossuet (1627-1704) que só pararia em 1702. Envia a Antoine Arnauld sua obra *Discurso de metafísica* (1685). Corresponde-se com Pierre le Grand, que, encontrando-o pessoalmente, atribui-lhe o título *geheimer Justizrat*. Leibniz recomenda ao czar a fundação de uma academia, comparável à que acabara de ser estabelecida em Berlim (1700), onde foi confidente da rainha Sofia. Apesar de suas posições, é aceito na Academia de Ciências de Paris (1699). Para o príncipe Eugênio, escreveu a obra *Princípios da natureza e da graça* (1718), e para o duque de Orléans, *Princípios de filosofia*, normalmente chamada de *Monadologia* (1714). Leibniz polemiza com toda a Europa: com Bossuet, sobre a unidade das igrejas cristãs; com os cartesianos de Paris (com a obra *Sistema novo da natureza*, 1697); com os empiristas de Londres (os *Novos ensaios sobre o entendimento humano* são uma resposta ao *Ensaio filosófico sobre o entendimento humano* [1690], de John Locke); com Pierre Bayle e os paradoxos de sua obra *Dicionário histórico-crítico* (com os *Ensaios de teodiceia sobre a bondade de Deus, a liberdade do homem e a origem do mal*, de 1710, alvo das zombarias de Voltaire, que cunhou a frase "tudo está bem no melhor dos mundos").

Apesar de seus sucessos, Leibniz é "esquecido" em Hanovre pelo duque, que ao tornar-se Jorge I, rei da Inglaterra, não se preocupou em levar para o país de Newton um metafísico na bagagem. Um pastor de Hanovre o chamou de *Glaub nix*, pregando contra ele na frente dos empregados do castelo. O final sinistro de Leibniz, como um dócil criado esquecido na biblioteca, lembra o final de Casanova. Leibniz morre solitário no dia 14 de novembro de 1716, mas é homenageado em Paris por Fontenelle, na Academia.

A filosofia de Leibniz nunca foi exposta de modo sistemático. Todas as suas elaborações são esboços sucessivos. Leibniz prefere dialogar, conduzir socraticamente o interlocutor para além de si mesmo, em vez de pregar sermões. Na época dos grandes tratados metafísicos, essa escolha provavelmente não foi a melhor. Os grandes sistemas, como de Descartes, Spinoza e Malebranche, não se discutem: com eles, é pegar ou largar. Porém, Leibniz era ao mesmo tempo jurista, pleiteador que se fazia ouvir por príncipes e pela opinião pública e um *cristão* desejoso de reunir e reconciliar.

Seu estilo filosófico foi descrito em um texto de 1714, *Princípios de filosofia ou Monadologia*, resposta bastante sutil ao spinozismo confesso do meio do duque de Orléans, que passou a governar a França com a morte de Luís XIV. Leibniz se mostra chocado com a unicidade da substância, ponto forte da demonstração spinozista (todos os indivíduos seriam apenas *modos finitos* de uma mesma substância infinita). Defende que, com o nome de "mônada" ("verdadeiros átomos da natureza", "elementos das coisas"), há inúmeras substâncias simples e eternas que entram em composição para formar os agregados que são os fenômenos. Porém, as mônadas não podem ser corpos, que são sempre divisíveis. São, portanto, "coisas que pensam", ainda que muito pouco e muito mal, na linguagem dualista — cartesiana — da época.

Leibniz não deixa de desejar reduzir a fratura cartesiana entre as duas substâncias, pensamento e extensão, mas jamais considerando-as como dois atributos de uma mesma substância, como queria Spinoza. O corpo leibniziano é como o livro, o atlas, repertório da alma, e o filósofo desvela toda a riqueza contida neles. A própria mônada só seria chamada de "alma" se manifestasse percepções e vontades, afirma ele. Conhecemos a famosa pergunta cartesiana: quem dorme e não pensa ainda possui uma alma?. Leibniz responde: quem dorme profundamente "sem sonhos" por algum tempo não é uma alma, mas é, justamente, uma mônada! Cada mônada é diferente das outras e não é afetada pelas demais (o que provaria a infinita perfeição do mundo e a existência de Deus, compreensão infinita que possui um conhecimento adequado dessa infinitude). As mônadas "se classificam por ordem de perfeição", mas a menos digna dentre elas "não começaria nem acabaria, a não ser por criação ou aniquilação", já que não conhece nenhum "movimento interno", nenhuma transformação.

O arcebispo de Mayence e seu ministro Boinebourg tinham contratado o jovem Leibniz em 1667 para formular de modo teológico-político os princípios que seriam endossados por todos os cristãos: existência de Deus, imortalidade e imaterialidade da alma, possibilidade dos mistérios cristãos, autoridade espiritual da Igreja Católica. Para Leibniz, assim como o corpo e a alma não são duas substâncias, a igreja e o poder político não são opostos irredutíveis. Em vez disso, cada qual deve permanecer em sua verdadeira ordem: a igreja não pode impor nenhuma obrigação exterior aos fiéis, e a política não deve lhes impor nenhuma obrigação interior. A sacralização absoluta da interioridade (naturalmente irredutível, "monadológica", um termo que data somente de 1695) seria uma resposta para a laicização absoluta da exterioridade política e social. Porém, tal equilíbrio era politicamente indesejável antes das conquistas de Luís XIV em Flandres e na Holanda. Em 1676, a morte do príncipe eleitor Hans-Friedrich significaria o fim de uma nova e espantosa abertura de todos os envolvidos (até mesmo Bossuet se manifestaria a favor de uma tentativa de reunificação!). Leibniz começa então a desenvolver sua "característica", uma álgebra das proposições aplicáveis às conferências diplomáticas. Vinte anos depois, em 1698, Leibniz quase consegue afastar seus interlocutores católicos da intransigência tridentina de Bossuet, mas, ainda em dificuldade por causa da extraordinária erudição da escolástica que seu oponente de Hanovre possuía, o bispo de Meaux o leva até o imperador. A cultura política do Grande Século sacraliza resolutamente a exterioridade (com o absolutismo) e laiciza a interioridade (com o maquiavelismo). O fracasso dos projetos religiosos e políticos de Leibniz deve ser lamentado, tanto do ponto de vista cristão quanto do europeu.

Christophe Calame

▶ LEIBNIZ, Gottfried Wilhelm, *Sämliche Schriften und Briefe*, org. pela DEUTSCHE AKADEMIE DER WISSENSCHAFTEN ZU BERLIN, Berlim-Hildesheim, Akademie Verlag-Olms, 1970ss; Idem, *A monadologia e outros textos*, São Paulo, Hedra, 2009; BARUZI, Jean, *Leibniz et l'organisation religieuse de la terre d'après des documents inédits* (1907), Aalen, Scientia, 1975; BELAYAL, Yvon, *Leibniz. Critique de Descartes* (1960), Paris, Gallimard, 1978; Idem, *Leibniz. Initiation à sa philosophie* (1962), Paris, Vrin, 1989; Idem, *Études leibniziennes. De Leibniz à Hegel*, Paris, Gallimard, 1976; BRÜNNER, Fernand, *Études sur la signification historique de la philosophie de Leibniz*, Paris, Vrin, 1950.

◉ **Deus**; irenismo; Jaucourt; Luzes; **mal**; **predestinação e Providência**; teodiceia

LEIDEN

Cidade natal de Rembrandt, Leiden reflete a grande tradição cultural dos Países Baixos desde o século XVII. A universidade, que é a mais antiga e a mais prestigiosa dos Países Baixos, foi fundada em 1575, sob o impulso de Guilherme d'Orange-Nassau, dito o Taciturno, como recompensa pela vitoriosa resistência da população durante o cerco das tropas da Espanha católica. A inauguração dessa universidade se reveste de uma importância particular, pois sinaliza a independência da cidade diante da influência católica da Universidade de Louvain. A Universidade de Leiden seria um instrumento fundamental no processo de "protestantização" da região, principalmente através da faculdade de teologia, marcada pelo calvinismo e pela tradição humanista. Vários professores estrangeiros ministraram cursos ali, dentre eles Louis Cappel (1585-1658), Lambert Daneau (?1530-1595), François Du Jon (Junius, 1545-1602). Dentre os holandeses, podemos citar François Gomar (1563-1641) e Jacob Arminius (1560-1609), conhecidos por sua controvérsia sobre a predestinação. Centro de disputas entre arminianos e gomaristas, Leiden testemunha a demissão de professores remonstrantes, como Simon Episcopius (1583-1643), após o Sínodo de Dordrecht (1618-1619). Estabelecido em Amsterdã, em 1634, o Colégio Remonstrante seria transferido para Leiden em 1873. A partir de 1650, Johannes Coccejus (1603-1669) ensinaria sua "teologia da aliança" (teologia federal). Nomeado para Leiden em 1671, Christoph Wittich (1625-1687) buscou conciliar a dogmática reformada com o cartesianismo. Abraham Kuenen (1828-1891), conhecido por sua hipótese sobre as fontes distintas do Pentateuco, ensina Antigo Testamento de 1852 a 1891. Depois da lei de 1876, as cadeiras de dogmática e teologia prática seriam ocupadas por professores designados pela Igreja Reformada. A partir do final do século XIX, Cornelius Petrus Tiele (1830-1902), professor do Seminário Remonstrante (1873), foi nomeado em 1877 para as cadeiras de história da religião e filosofia da religião, da Faculdade de Teologia da universidade, ocupando depois, várias vezes, a função de reitor, assim como Pierre Daniel Chantepie de la Saussaye (1848-1920), titular da cadeira de história da religião em Amsterdã em 1878, que terminou sua carreira em Leiden (1899-1916). Ambos seriam os pioneiros da ciência da religião. O dogmático Hendrik Berkhof (1914-1995), que ensinou dogmática em Leiden de 1959 a 1979, foi um dos idealizadores do movimento ecumênico. A universidade permanece ainda hoje uma instituição de renome por seus estudos orientalistas.

Adriaan Geense

▶ AUNSINGH SCHEURLEER, Theodoor Hendrik e POSTHUMUS MEYJES, Guillaume Henri Marie, orgs., *Leiden University in the Seventeenth Century. An Exchange of Learning*, Leiden, Brill, 1975.

◉ Berkhof; Daneau; Países Baixos

LEIGO

Na doutrina protestante, o uso do termo "leigo" não é satisfatório, pois remete à distinção tradicional entre o clero, revestido de uma dignidade específica, e o laicato, espiritualmente subordinado ao clero. A visão da igreja como sacerdócio universal nos convida a situar na ordem dos carismas e das missões específicas a diferença entre os ministros e aqueles que qualificamos habitualmente como fiéis. Assim, o uso corrente reinseriu o termo "leigo" para designar, na igreja como um todo, aqueles que não receberam consagração para o ministério.

Se consideramos as diversas constituições eclesiásticas protestantes, perceberemos que, de diversas formas, esses documentos atentam para o papel ativo dos leigos na caminhada da igreja e de seu testemunho na sociedade. No culto, é comum que algumas tarefas sejam exercidas por eles: leitura de excertos bíblicos, coleta de doações, distribuição do pão e do vinho na ceia. Um leigo também pode pregar na ausência do pastor, por meio de uma delegação pastoral ou outros meios. Na igreja, as decisões são tomadas, no regime presbítero-sinodal, por conselhos em que os leigos estão em maioria, sendo os representantes da base da igreja local; no regime episcopal (p. ex., na Igreja Anglicana), são submetidas ao aval do episcopado. O testemunho da igreja no mundo é de responsabilidade tanto dos ministros quanto dos fiéis, sem distinção quanto à natureza e ao alcance de seu engajamento. Ao menos, essa é a perspectiva em vista.

Claude Bridel

▶ KRAEMER, Hendrik, *Théologie du laïcat* (1958), Genebra, Labor et Fides, 1966; REYMOND, Bernard, *Entre la grâce et la loi. Introduction au droit ecclésial protestant*, Genebra, Labor et Fides, 1992.

◉ Anticlericalismo; atos pastorais; **autoridade**; bispo; clericalismo; conselheiros, presbíteros ou anciãos; delegação pastoral; hierarquia; igreja; pastor; presbítero-sinodal (sistema); sacerdócio universal

LEIPZIG (cidade e Disputa de)

A cidade da Saxônia, que adquiriu importância comercial graças a suas feiras, adotou a Reforma em 1539; a partir de então, a universidade, fundada em 1409 pelos estudantes de Praga, torna-se um lugar estratégico para a Reforma na Alemanha. Ali ensinaram Martinho Lutero (1483-1546), Gottfried Fichte (1762-1814), Wolfgang Goethe (1749-1832) e Friedrich Schelling (1775-1854), entre outros. Leipzig também tem uma vocação artística: de 1723 a 1750, Johann Sebastian Bach foi o *cantor* da igreja São Tomás.

De 27 de junho a 15 de julho, ocorreu uma disputa teológica em Leipzig, opondo Carlstadt e Lutero a Johann Eck. A disputa foi precedida de uma troca de observações entre Eck (*Obelisci* de fevereiro ou março de 1518) e Lutero (*Asterisci*, maio de 1518, em *WA* 2, 160s), relativizando a autoridade da Igreja Católica Romana sobre as demais igrejas.

Em Leipzig, de início a disputa opôs Carlstadt e Eck sobre a graça e o livre-arbítrio. Com a entrada de Lutero em campo, o debate tratou principalmente do papado: argumentou-se sobre se sua instituição era divina ou não, sobre o problema da primazia e da autoridade dos concílios. De acordo com Lutero, a igreja não precisa de um chefe terreno, pois Cristo é sua cabeça. A pedra sobre a qual a igreja foi edificada é a fé em Cristo, não o sucessor de Pedro. A primazia de Roma não é um artigo de fé. Mais original foi a afirmação de que os concílios podiam errar. O Concílio de Constança errou em vários pontos ao condenar Jan Hus. Nenhuma instância eclesiástica pode qualificar uma doutrina como necessária para a salvação sem que essa doutrina seja estabelecida nas Escrituras. Eck afirma o oposto: um concílio reunido de modo legítimo não poderia enganar-se.

A Disputa de Leipzig revelou divergências enormes na concepção de autoridade eclesiástica. Lutero não rejeitou o papa, o episcopado e os concílios, mas os relativizou, afirmando que seus ensinamentos e toda a tradição eclesiástica podem e devem ser examinados à luz da Palavra de Deus.

Marc Lienhard

▶ *Disputatio Iohannis Eccii et Martini Lutheri Lipsiae habita* (1519), em *WA* 2, 250-383; LIENHARD, Marc, *Martinho Lutero: tempo, vida, mensagem*, São Leopoldo, Sinodal, 1998; SELGE, Karl Victor, *Der Weg zur Leipziger Disputation zwischen Luther und Eck im Jahr 1519*, em Bernd MOELLER e Gerhard RUHRBACH, orgs., *Bleibendes im Wandel der Kirchengeschichte. Kirchenhistorische Studien*, Tübingen, Mohr, 1973, p. 169-210.

◉ **Autoridade**; Carlstadt; disputa; Lutero; Reforma/Reformação

LEMAÎTRE, Auguste Antoine (1887-1970)

Lemaître estuda em Genebra, sua cidade natal, e em Marburgo, onde tem aulas com Wilhelm Herrman. Ocupa o cargo de pastor em Liévin (Pas-de-Calais), de 1911 a 1915, onde foi confrontado com graves problemas sociais; em Bessèges (Gard) e, por fim, a partir de 1919, na Igreja de Plainpalais, um bairro operário de Genebra. Adepto do cristianismo social, foi fundador e redator do *Messager social* [Mensageiro social], jornal que, de início somente no cantão de Genebra, passou a ser vendido em toda a Suíça romanda. Autor de um importante estudo crítico sobre *La pensée religieuse de Rudolf Otto et le mystère du divin* [O pensamento religioso de Rudolf Otto e o mistério do divino] (1924), com amplas alusões a Ernst Troeltsch, foi convidado a ocupar a cadeira de teologia sistemática da Faculdade de Teologia Protestante da Universidade de Genebra, cargo em que permaneceu até sua aposentadoria, em 1960.

Auguste Lemaître se considerava um teólogo da experiência, inserindo-se na linha de Schleiermacher. A partir de 1928, com uma conferência sobre *L'Évangile et la théologie du Dieu lointain* [O Evangelho e a teologia do Deus distante], passa a ser conhecido como um dos oponentes mais ferrenhos, mas também mais corteses, da teologia de Karl Barth, em que percebe um "procedimento de desespero": "Uma teologia que começa por negar todo traço de realidade divina na consciência só pode conhecer Deus em Cristo por um procedimento totalmente arbitrário". Seu pensamento denota duas constantes que o aproximam claramente das pesquisas americanas contemporâneas em torno da noção de *religious experience*: a rejeição de um discurso teológico sem laços estreitos com a experiência concreta, com vivências interiores; a tentativa de apropriar-se das afirmações da fé cristã de um modo contextualizado, inserido nas realidades mais íntimas e mais pessoais. Em sua "dogmática protestante", publicada em 1954 com o título *Foi et vérité* [Fé e verdade], Lemaître aborda todos os problemas fundamentais da teologia dogmática, mas sem a pretensão de impor dogmaticamente (normativamente) suas conclusões. Para ele, é melhor "comunicar uma atmosfera em vez de propor um sistema". E afirma: "Sendo uma ciência descritiva, a dogmática tem como primeiro objeto não o próprio Deus, Deus em si, mas, sim, nossa relação com ele, os estados de consciência do cristão, determinados por seu encontro com o evangelho". Toda teologia, assim, estaria marcada por sua historicidade e sua contextualização. "Protestante", Lemaître também não hesita em engajar-se em releituras doutrinárias, que podiam até mesmo culminar no abandono ou na reformulação de muitas expressões ou verdades que, para o pensamento ortodoxo, eram considerados intocáveis: rejeição do dogma da Trindade, abandono da noção de sacramento ("que não é um conceito necessário para a dogmática cristã"), a ideia de que "o protestantismo tem razão quando afirma que nada de jurídico, institucional ou hierárquico pertence à essência da igreja". Lemaître seleciona e hierarquiza as verdades em função do seguinte princípio: são importantes as que, indo diretamente ao cerne da fé cristã, estão em relação estreita com a experiência concreta dos cristãos. Para ele, a espiritualidade experienciada deve sempre ter a proeminência sobre as especulações teológicas; só essa espiritualidade, em última análise, justificaria o trabalho do teólogo.

Bernard Reymond

▶ LEMAÎTRE, Auguste, *Comment poser l'affirmation de l'immortalité*, Genebra, Kündig, 1911; Idem, *Un an près des champs de bataille de l'Artois*, Paris, Société centrale d'évangelisation, 1916; Idem, *La pensée religieuse de Rudolf Otto et le mystère du divin*, Lausanne, La Concorde, 1924; Idem, *La divinité de Jésus-Christ*, Lausanne, La Concorde, 1929; Idem,

Les devises du croyant, 2 vols., Genebra, Jeheber, 1930-1933; Idem, *La certitude chrétienne et les inquiétudes de la théologie*, Genebra, Georg, 1937; Idem, *L'universalité du message chrétien. Comment Jésus et les apôtres ont-ils envisagé la tâche missionnaire de l'Église?*, Genebra, Georg, 1944; Idem, *Dieu est amour. La 1re épître de Jean*, Genebra, Labor et Fides (Cahiers de Foi et Vérité 7), 1945; Idem, *Le chrétien devant la mort: certitudes et problèmes*, RThPh 79, 1947, p. 145-172; Idem, *Le calvinisme*, em Maxime GORCE e Raoul MORTIER, orgs., *Histoire générale des religions*, t. 4, Paris, Quillet, 1947, p. 141-162; Idem, "Un savant découvre Dieu. Lecomte du Noüy et la conception biologique de la religion", *Cahiers de Foi et Vérité* 17, 1950; Idem, *Foi et vérité. Dogmatique protestante* (1954), Carrières-sous-Poissy, La Cause, 2004; Idem, "Calvin et Luther", *Cahiers de Foi et Vérité* 38, 1959; REYMOND, Bernard, *Auguste Lemaître (1887-1970)*, em Bruno BÜRKI e Stephan LEIMGRUBER, orgs., *Theologische Profile. Schweizer Theologen und Theologinnen im 19. und 20. Jahrhundert. Portraits théologiques. Théologiens et théologiennes suisses des 19e et 20e siècles*, Friburgo, Universitätsverlag-Paulusverlag, 1998, p. 122-132.

● Cristianismo social/socialismo cristão; Schyns

LÉONARD, Émile Guillaume (1891-1961)

Após uma primeira carreira como historiador especialista na Itália medieval, Léonard começa, por volta dos 45 anos, uma segunda carreira como historiador do protestantismo. Essa mudança ocorreu com o processo de unificação da igreja reformada (1938): Léonard era contra e se tornaria membro das Igrejas Reformadas Evangélicas Independentes.

Minoria da minoria protestante, muitas vezes mal compreendido, Léonard lançou as bases para uma história científica do protestantismo, com um braço na sociologia, na Escola Prática de Altos Estudos (Sorbonne), onde ensinaria de 1948 até sua morte. Ficou reconhecido por suas obras sobre o século XVII e principalmente sobre o século XVIII, assim como duas sínteses notáveis: *Le protestant français* [O protestante francês] (1953, Paris, PUF, 1955) e *Histoire générale du protestantisme* [História geral do protestantismo] (1961-1964). Infelizmente, o terceiro tomo da História geral foi redigido com base em um manuscrito inacabado. Hoje, os historiadores do protestantismo honram sua obra.

Jean Baubérot

▶ LÉONARD, Émile Guillaume, *Histoire générale du protestantisme* (1961-1964), 3 vols., Paris, PUF, 1988; WILLAIME, Jean-Paul, "Du protestantisme comme objet sociologique", *Archives de sciences sociales des religions* 83, 1993, p. 159-178.

● História; protestantismo

LÉRY, Jean de (1534-1613)

Nascido em La Margelle, na Borgonha, Jean de Léry aprende a profissão de sapateiro. No dia 19 de novembro de 1556, com 22 anos, passa a integrar o grupo dos quatorze calvinistas "genebrinos" que embarcam em Honfleur para o Brasil, para onde foram chamados por Nicolas Durand de Villegagnon (1510-1571), cavaleiro de Malta e almirante do mar do poente. A expedição foi liderada por Du Pont de Corguilleray, e dentre os participantes estavam os pastores Pierre Richer e Guillaume Chartier. A missão genebrina chegou à baía de Guanabara, no Rio de Janeiro, em um domingo, dia 7 de maio de 1557, no que seria chamado Forte de Coligny. No dia 21 de março, houve a primeira celebração calvinista da ceia no Brasil e tiveram início as diferenças teológicas com Villegagnon. Chartier foi mandado de volta à França para consultar Calvino. No final de outubro, os protestantes foram expulsos do Forte de Coligny e encontraram refúgio em terra firme, entre as tribos indígenas, que lhes deram uma boa acolhida. No dia 4 de janeiro de 1558, Léry, Richer e seus companheiros decidiram empreender a viagem de volta. Três desses companheiros que haviam resolvido permanecer no Brasil foram condenados a morrer no mar por ordens de Villegagnon, que não tinha conseguido conquistá-los para o catolicismo. Jean de Léry se casou com Jeanne Rachel no dia 28 de maio de 1559, em Genebra. Tornou-se pastor em Nevers e em La Charité-sur-Loire, onde foi surpreendido pelo Massacre de São Bartolomeu. Refugiou-se em Sancerre, cidadela protestante que logo foi cercada pelo governador do Berry, Claude de La Châtre. O cerco ficou marcado por um episódio de canibalismo, no dia 23 de julho de 1573, e a cidade capitula no dia 20 de agosto, depois das negociações com os invasores, em que Léry desempenhou um papel primordial. Para explicar sua postura ao longo das discussões de negociação e também revelar à Europa protestante os sofrimentos dos perseguidos,

Léry publicou no ano seguinte seu primeiro livro, *Histoire mémorable de la ville de Sancerre* [História memorável da cidade de Sancerre], uma impressionante crônica sobre o cerco, que teve como um modelo distante a *Guerra dos judeus*, de Flávio Josefo. Depois de exercer seu ministério em várias igrejas da Borgonha, Léry termina seus dias como pastor na região de Vaud, em Aubonne, e em seguida em L'Isle, onde morre em decorrência da peste, entre 26 de fevereiro e 6 de maio de 1613. Viúvo, havia se casado novamente com Aymée de Bailly, que também era viúva de um ministro de Coppet.

Em 1578, é publicado em Genebra, com um endereço falso de La Rochelle, seu segundo livro, que também é uma obra-prima, *História de uma viagem feita à terra do Brasil, também chamada América*, um extraordinário documento que oferece uma descrição original e detalhada da viagem dos quatorze genebrinos, das pendengas teológicas com Villegagnon e do encontro com os índios tupinambás, cujos costumes são expostos com vivacidade e simpatia, mas não sem senso crítico e discernimento teológico. A análise das práticas antropófagas, característica que encontraríamos dois anos depois nos *Ensaios* (I, 31: "Dos canibais", 1580) de Montaigne (1533-1592), oscila entre uma atenta objetividade e uma contida reserva. Sempre aumentada ao longo das seis edições sucessivas publicadas com o autor ainda vivo, e logo traduzida para o latim, *História de uma viagem* foi lida em toda a Europa protestante. No Século das Luzes, inspiraria o abade Prévost, Diderot e o abade Raynal, sensíveis à eloquência veemente que Léry emprestou ao homem da natureza. Considerada por Claude Lévi-Strauss como o "breviário do etnólogo" e imitada por ele em *Tristes trópicos*, a obra de Jean de Léry ainda é um testemunho insubstituível do encontro cheio de ambiguidades entre a missão cristã e a etnologia no século das Reformas.

Frank Lestringant e Denis Müller

▶ LÉRY, Jean de, *História de uma viagem feita à terra do Brasil, também chamada América*, Rio de Janeiro, Fundação Darcy Ribeiro, 2009; Idem, *L'histoire mémorable du siège* [sic] *et de la famine de Sancerre* (1574), Genebra, Slaktine, 2000; CERTEAU, Michel de, *L'écriture de l'histoire* (1975), Paris, Gallimard, 2002, p. 245-283; CHAUNU, Pierre, *Conquista e exploração de novos mundos, século XVI* (1969), São Paulo, Pioneira, 1984; CONCONI, Bruna, *Le prove del testimone. Scrivere di storia, fare letteratura nella seconda metà del Cinquecento. L'*Histoire memorable *de Jean de Léry*, Bolonha, Pàtron, 2000; LESTRINGANT, Frank, *Le huguenot et le sauvage. L'Amérique et la controverse coloniale, en France, au temps des guerres de religion (1555-1589)* (1990), Genebra, Droz, 2004, p. 77-204; Idem, *Le cannibale. Grandeur et décadence*, Paris, Perrin, 1994; Idem, *Jean de Léry ou l'invention du sauvage. Essai sur l'Histoire d'un voyage faict en la terre du Brésil* (1999), Paris, Champion, 2005; LÉVI-STRAUSS, Claude, *Tristes trópicos* (1995), São Paulo, Companhia das Letras, 1996; REVERDIN, Olivier, *Quatorze calvinistes chez les Topinambous. Histoire d'une mission genevoise au Brésil (1556-1558)*, Genebra, Droz, 1957.

◉ Missão; viagens e descobertas

LESSING, Gotthold Ephraim (1729-1781)

Escritor com vários dons, fez progredir de modo decisivo a *Aufklärung* alemã. Tanto com suas críticas quanto com sua obra artística (poemas, fábulas, dramas, textos polêmicos), fixou os marcos que ainda hoje caracterizam o campo literário, filosófico e teológico na Alemanha.

Filho de pastor luterano, manteve por toda a vida uma relação de um diálogo diferenciado com a teologia de Lutero, submetendo a teologia de sua época a uma crítica vivaz. Visava sobretudo a desmascarar a pretensão "racional" dessa teologia, chamando-a de "irracional" e contrária à essência da religião. Foi para que a *Aufklärung* avançasse na área religiosa que Lessing publicou, entre 1774 e 1778, os *Fragmente des Wolfenbüttelschen Ungenannten* (trechos da *Apologie oder Schutzschrift für die vernünftigen Verehrer Gottes* de Hermann Samuel Reimarus), que submetem a um exame histórico os relatos do Antigo e do Novo Testamentos, inclusive os relatos evangélicos centrais, o que abre a era dos debates sobre o "Jesus histórico". Na "Querela dos fragmentos", que surge após essas publicações e que gira em torno da verdade histórica e do significado canônico do testemunho bíblico, a crítica da teologia empreendida por Lessing busca propor uma via que leve em consideração a historicidade da razão, algo evidente em suas teses sobre *A educação do gênero humano* (1780, em *Ernst et Falk. Dialogues maçonniques; L'éducation du genre humain* [Ernst e Falk. Diálogos maçônicos;

A educação do gênero humano], Paris, Aubier Montaigne, 1976) e seu diálogo franco-maçom, dentro da tradição da filosofia socrática, *Ernst et Falk* [Ernst e Falk] (1780, em ibid.), mas sobretudo em seu drama *Nathan le Sage* [Nathan o sábio] (1779, ed. bilíngue, Paris, Flammarion, 1997). Os conceitos de uma sabedoria com base religiosa e das formas de discurso correspondentes (diálogo e parábola, cf. principalmente a "parábola dos aneis") mostram a que ponto Lessing, que se considerava um "apaixonado" por teologia, permaneceu fiel, até mesmo em sua obra poética, à questão teológica e à tradição bíblica da Palavra.

Johannes von Lüpke

▶ LESSING, Gotthold Ephraim, *Sämliche Schriften*, 17 vols., Berlim, Walter de Gruyter, 1979 (reimpr. da ed. de Karl LACHMANN e Franz MUNCKER, Stuttgart, Göschen, 1886-1924); Idem, *Werke*, 8 vols., ed. por Herbert G. GÖPFERT, Munique, Hanser, 1970-1979; Idem, *Werke und Briefe in zwölf Bänden*, ed. por Wilfried BARNER et alii, Frankfurt, Deutscher Klassiker Verlag, 1985ss; BOLLACHER, Martin, *Lessing. Vernunft und Geschichte. Untersuchungen zum Problem religiöser Aufklärung in den Spätschriften*, Tübingen, Niemeyer, 1978; FREUND, Gerhard, *Theologie im Widerspruch. Die Lessing-Goeze-Kontroverse*, Stuttgart, Kohlhammer, 1989; KUSCHEL, Karl-Josef, *Vom Streit zum Wettstreit der Religionen. Lessing und die Herausforderung des Islam*, Düsseldorf, Patmos, 1998; LÜPKE, Johannes von, *Wege der Weisheit. Studien zu Lessings Theologiekritik*, Göttingen, Vandenhoeck & Ruprecht, 1989; PONS, Georges, *Gotthold Ephraïm Lessing et le christianisme*, Paris, Didier, 1964; SCHILSON, Arno, *Lessings Christentum*, Göttingen, Vandenhoeck & Ruprecht, 1980.

▶ Deísmo; **Deus**; estética; **Jesus (imagens de)**; Luzes; neologia; Reimarus

LEUBA, Jean-Louis (1912-2005)

Teológo reformado nascido em Travers (Neuchâtel), morto em Neuchâtel, Leuba foi pastor na Igreja Francesa de Basileia, cidade em que começou a conviver com Karl Barth. Torna-se conhecido em 1947 com a criação da revista *Verbum Caro*, que teria grande repercussão nos meios ecumênicos e, em 1950, com sua tese *L'institution et l'événement* [A instituição e o acontecimento], em que declarou seu afastamento da concepção barthiana de atualização e acontecimento da revelação e da igreja. De 1954 a 1982, Leuba ensinou teologia sistemática e ética na Universidade de Neuchâtel. Doutor *honoris causa* da Universidade Católica de Freiburg em 1967, contribuiu decisivamente para o diálogo ecumênico, junto aos colegas da "escola de Neuchâtel", Philippe Henri Menoud e Jean-Jacques von Allmen. Ao longo dos anos, Leuba se aproximou das teses de Bultmann e da teologia luterana dos dois reinos, em um debate crítico com a teologia política. Interessou-se também pelas relações entre fé e cultura. Foi bastante ativo nas instituições universitárias e políticas suíças.

Denis Müller

▶ LEUBA, Jean-Louis, *L'institution et l'événement. Les deux modes de l'oeuvre de Dieu selon le Nouveau Testament: leur différence, leur unité*, Neuchâtel, Delachaux et Niestlé, 1950; Idem, *À la découverte de l'espace oecuménique*, Neuchâtel, Delachaux et Niestlé, 1967; Idem, *Études barthiennes*, Genebra, Labor et Fides, 1986; Idem, *Reflets de l'épiphanie. Traces de la gloire de Dieu dans l'histoire, la culture et les corps*, Genebra, Labor et Fides, 1990; Idem, "Changer la papauté? Lecture par un théologien protestant", *Nouvelle revue théologique* 125, 2003, p. 21-39; MÜLLER, Denis, "J.-L. Leuba. Transcendance et dialectique", em Stephan LEIMGRUBER e Max SCHOCK, orgs., *Gegen die Gottvergessenheit. Schweitzer Theologen im 19. und 20. Jahrhundert*, Basileia, Herder, 1990, p. 546-560; STAUFFER, Richard, "J.-L. Leuba, esquisse d'un portrait", em Idem, orgs., *In necessariis unitas. Mélanges offertes à Jean-Louis Leuba*, Paris, Cerf, 1984, p. 9-14.

LEWIS, Clive Staples (1898-1963)

Escritor inglês, nascido em Belfast. Estuda filosofia em Oxford e ensina literatura medieval e renascentista em Oxford, e depois em Cambridge, de 1954 a 1963. Exerce grande influência sobre os estudantes, assim como certos colegas que compunham o grupo *The Inklings* ("As suspeitas") — John Ronald Reuel Tolkien (1892-1973), Charles Williams (1886-1945), Dorothy Leigh Sayers (1893-1957) e outros — e um sem-número de leitores e correspondentes. Deve sua popularidade não somente a sua obra interpretativa e crítica (cf. *English Literature in the Sixteenth Century* [Literatura inglesa no século XVI]; *The Allegory of Love* [A alegoria do amor]; *A Preface to "Paradise Lost"* [Prefácio a *Paraíso* perdido]), mas também a obras de apologética cristã (cf. *Cristianismo puro e simples*, coletânea de várias participações no rádio, na BBC, durante a Segunda Guerra Mundial, e *Milagres*), à ficção alegórica para crianças (*Crônicas de Nárnia*), a uma sátira (*Cartas de um diabo a seu aprendiz*, conselhos de um demônio experiente a um novato na área da tentação), a sua autobiografia (*Surpreendido pela alegria*) e a uma ficção científica filosófica (a trilogia espacial, com *Além do planeta silencioso* [1938], *Perelandra* [1943] e *Aquela força medonha* [1945]). Seu tratado sobre a educação, *A abolição do homem* (1943), pode ser considerado uma apologia da lei natural. Com *Aquela força medonha*, Lewis esboça um ataque ao naturalismo científico, considerado uma visão moderna, "progressista" e secular da realidade.

A apologética de Lewis é a de um agnóstico que se torna cristão, tendo sido influenciado pelo idealismo do século XIX e pela ênfase romântica no mito. A repercussão de seus textos (por volta de 1940 e 1963) é contemporânea aos movimentos da neo-ortodoxia protestante e do neotomismo católico, dos quais ele se aproxima em vários pontos. Desfrutando de enorme popularidade junto a católicos e protestantes, Lewis é uma personalidade importante no surgimento de uma ortodoxia cristã ecumênica (ou do "puro cristianismo", para retomar o título de uma de suas obras, *Mere Christianity*).

Influenciado por Platão e Aristóteles, e por Richard Hooker (1551-1600) na teologia, em questões eclesiásticas Lewis se enquadra na *via media* anglicana. Na literatura, foi inspirado por Edmund Spenser (1552-1599) e John Milton (1608-1674), assim como por seus contemporâneos George MacDonald e Gilbert Keith Chesterton (1874-1936). Como moralista e pensador social, Lewis se aproxima do distributismo e das ideias de Aldous Leonard Huxley (1894-1963), Frank Raymond Leavis (1895-1978) e Thomas Stearns Elliot (1888-1965). Alguns ecologistas afirmam sua dívida para com ele, como o americano Wendell Berry (1934-). Lewis permanece uma personalidade de peso para a vida religiosa, moral e imaginativa de seus leitores, ainda que seu conservadorismo moral e teológico o mantenha como uma figura suspeita nos círculos universitários.

Michael D. Aeschliman

▶ LEWIS, Clive Staples, *Selected Books*, Londres, Harper-Collins, 1999; Idm, *The Allegory of Love*, Oxford, Oxford University Press, 1973; Idem, *O problema do sofrimento* (1940), São Paulo, Vida, 2002; *A Preface to "Paradise Lost"* (1941), Londres, Oxford University Press, 1971; Idem, *Cartas de um diabo a seu aprendiz* (1942), São Paulo, Martins Fontes, 2009; Idem, *Cristianismo puro e simples* (1942), São Paulo, Martins Fontes, 2008; Idem, *A abolição do homem* (1943), São Paulo, Martins Fontes, 2005; Idem, *Além do planeta silencioso* (1938), São Paulo, Martins Fontes, 2010; *Perelandra* (1943), São Paulo, Martins Fontes; *Uma força medonha* (1945), São Paulo, Martins Fontes; *Crônicas de Nárnia*, São Paulo, Martins Fontes, 2002; Idem, *Surpreendido pela alegria* (1955), Rio de Janeiro, Ichtus; ID., *English Literature in the Sixteenth Century*, Oxford, Clarendon Press, 1954; Idem, *The Discarded Image: An Introduction to Medieval and Renaissance Literature* (1964), Londres, Cambridge University Press, 1994; AESCHLIMAN, Michael D., *The Restitution of Man. C. S. Lewis and the Case against Scientism* (1983), Grand Rapids, Eerdmans, 1998; LACOSTE, Jean-Yves, *Narnia, monde théologique? Théologie anonyme et christologie pseudonyme* (1990), Genebra, Ad Solem, 2005; MEILANDER, Gilbert, *The Taste for the Other. The Social and Ethical Thought of C. S. Lewis*, Grand Rapids, Eerdmans, 1978; MÜHLING, Markus, *Gott und die Welt in Narnia. Eine theologische Orientierung*, Göttingen, Vandenhoeck & Ruprecht, 2005; SAYER, George, *Jack. C. S. Lewis and His Times*, Londres, Macmillan, 1988; SCHULTZ, Jeffrey D. e WEST, John G., Jr., orgs., *The C. S. Lewis's Readers' Encyclopedia*, Grand Rapids, Zondervan, 1998; WALKER, Andrew e PATRICK, James, orgs., *A Christian for All Christians. Essays in Honour of C. S. Lewis*, Londres, Hodder and Stoughton, 1990; WALSH, Chad, *The Literary Legacy of C. S. Lewis*, Nova York, Harcourt Brace Jovanovitch, 1979.

◉ Apologética; juventude (literatura para a); **literatura**

LIBERALISMO (pós-)

Se o adjetivo "pós-liberal" designou ocasionalmente, na literatura teológica norte-americana, autores como Paul Tillich ou Reinhold Niebuhr, não é mais utilizado hoje, a não ser para qualificar uma corrente teológica ligada sobretudo à Universidade de Yale, em Connecticut. A escola se formou nos anos 1970, em torno de um grupo de teológos formado por Hans Wilhelm Frei (1922-1988), Brevard Springs Childs (1923-2007), David H. Kelsey (1932-), Paul Leroy Holmer (1916-2004), Wayne Atherton Meeks (1932-) e George Arthur Lindbeck (1923-), entre outros. Na década seguinte, o grupo ganhou a adesão de simpatizantes como Stanley Martin Hauerwas (1940-), Kathryn Tanner (1957-), Ronald Frank Thiermann (1946-2012) e William Carl Placher (1948-2008). Vindos de diversas universidades americanas, esses simpatizantes estão menos estritamente ligados a Yale que os primeiros teóricos da escola. Porém, essa ausência de unidade institucional e geográfica foi compensada por uma ênfase mais militante das afinidades eletivas, sob o emblema unificador do "pós-liberalismo".

Com as obras de George A. Lindbeck, precisamente *The Nature of Doctrines: Religion and Theology in a Postliberal Age* [A natureza das doutrinas: religião e teologia em uma era pós-liberal] (New York, SPCK, 1984), que a noção de "pós-liberalismo" se torna pela primeira vez uma palavra de ordem de um projeto definido com clareza. Lindbeck qualifica esse projeto de "pré-teológico", explicando que trata dos prolegômenos da teologia, mais que dos conteúdos dogmáticos. Em um nível hermenêutico, trata-se de recuperar os métodos de exegese "clássica" da Escritura (ou "pré-moderna"), sem abandonar as contribuições da crítica histórica; em um plano epistemológico, trata-se de rejeitar a prioridade "liberal" da experiência subjetiva da religião sobre suas formas culturais e linguísticas, sem ceder à nostalgia de um cognitivismo pré-crítico. Valendo-se de uma dupla herança, barthiana na hermenêutica e wittgensteiniana na epistemologia, esse projeto esboçado por Lindbeck é em geral ratificado — apesar das nuances e das correções substanciais — por todos os autores que, no panorama teológico norte-americano, atribuem a si mesmos o título de "pós-liberais".

Marc Boss

▶ BLASER, Klauspeter, "Libéralisme rénové ou post-libéralisme?", em *Les théologies nord-américaines*, Genebra, Labor et Fides, 1995, p. 113-139; BOSS, Marc, EMERY, Gilles e GISEL, Pierre, orgs., *Postlibéralisme? La théologie de George Lindbeck et sa réception*, Genebra, Labor et Fides, 2004; DAVANEY, Sheila Greeve e BROWN, Delwin, *Postliberalism*, em Alister MCGRATH, orgs., *The Blackwell Encyclopedia of Modern Christian Thought*, Oxford, Blackwell, 1993, p. 453-456; HAUERWAS, Stanley, MURPHY, Nancey e NATION, Mark, orgs., *Theology without Foundations. Religious Practice and the Future of Theological Truth*, Nashville, Abingdon Press, 1994; PLACHER, William C., *Unapologetic Theology. A Christian Voice in a Pluralistic Conversation*, Louisville, Westminster/John Knox Press, 1989; Idem, *Postliberal Theology*, em David F. FORD, org., *The Modern Theologians. An Introduction to Christian Theology in the Twentieth Century* (1989), Oxford, Blackwell, 1997, p. 343-356.

◉ Chicago (escola de); Hauerwas; Lindbeck

LIBERALISMO TEOLÓGICO

A tendência teológica que chamamos de "liberalismo", às vezes assimilada ao neoprotestantismo (vocabulário de Troeltsch, retomado por Barth) ou ao *kulturprotestantismus* (historicamente com limites mais definidos), não corresponde a um corpo de doutrina específico. Podemos até afirmar que remonta ao século XVI (cf. os unitaristas, a Reforma radical de tendência espiritualista), mas trata-se de uma filiação longínqua. Em geral, considera-se que o liberalismo tenha surgido no início do século XIX, após a elaboração teológica do século XVIII que levou os teólogos ao abrandamento das afirmações doutrinárias tradicionais — principalmente sobre a Trindade, as penas eternas e a corrupção da natureza humana —, mas nem sempre com sua contestação explícita (cf. o latitudinarismo, o deísmo etc.). Prosseguindo com essas pesquisas, os liberais do século XIX pretenderam interpretar a Bíblia com mais liberdade, afastando-se, às vezes explicitamente, das afirmações mantidas pelos reformadores do século XVI. Para isso, apoiaram-se nas contribuições da história, da arqueologia e da filologia, aplicadas tanto ao conhecimento do povo de Israel e da igreja primitiva, quanto à datação (e, portanto, à compreensão) dos livros do Antigo e do Novo Testamentos. Além disso, atribuem um valor somente relativo às afirmações dogmáticas — o que se opõe ao valor absoluto que boa parte dos evangélicos lhes atribui —, são desconfiados quanto às autoridades eclesiásticas e sobretudo atentos à evolução científica e intelectual de seu tempo. Também dedicam muito de seu pensamento à moral cristã. De modo geral, são hostis às confissões de fé obrigatórias, pois veem nelas não somente uma obra humana, mas também um entrave à liberdade do cristão. Ao longo do século XIX, alguns liberais se afastam cada vez mais das doutrinas ortodoxas. Assim, por exemplo, no Sínodo Geral da Igreja Reformada da França, em 1872,

Timothée Colani (1824-1888) contesta a maior parte dos artigos do *Símbolo dos apóstolos*. Os adversários do liberalismo costumam reprovar nessa tendência o apego ao homem, à razão, aos sentimentos, à experiência e à cultura, e não a Deus, que são colocados no centro da doutrina cristã, o que torna os liberais não muito diferentes dos humanistas e livres-pensadores.

Além de Karl Barth, Friedrich Schleiermacher (1768-1834) é geralmente indicado como o principal instigador dessa tendência. É verdade que, por sua maneira de apresentar o problema teológico mais amplo — para sair do dilema com que a filosofia kantiana cercou os teólogos, afirmou que a religião não lida com razão ou vontade, mas, sim, com o sentimento em primeiro lugar —, Schleiermacher influencia fortemente a tendência liberal. Porém, seria inexato limitar assim seu círculo de influência, que se estendeu a toda a teologia protestante do século XIX em suas diversas tendências. Dentre os principais teólogos liberais do século XIX, estão Ferdinand Christian Baur (1792-1860), Albrecht Ritschl (1822-1889) e Adolf (von) Harnack (1851-1930). No século XX, o liberalismo foi contestado com vigor por Karl Barth (1886-1968) e seus discípulos; Rudolf Bultmann (1884-1976), com seu projeto de "demitologização", e Paul Tillich (1886-1965), com sua "teologia da cultura" e seu "método de correlação", são vistos por parte dos estudiosos como herdeiros do liberalismo. Hoje, parece consenso que a teologia de Barth mergulha suas raízes no século XIX e busca-se saber exatamente como isso ocorre. Assiste-se também a uma nova abordagem dos motivos liberais por parte da geração recente de teólogos, em um trabalho com ênfase na cultura, com temas como a teoria da religião, a inserção do cristianismo em uma genealogia diferenciada do Ocidente, a redefinição da tarefa da teologia e outros.

André Encrevé

▶ BARTH, Karl, *La théologie protestante au dix-neuvième siècle. Préhistoire et histoire*, Genebra, Labor et Fides, 1969; GISEL, Pierre, *La théologie face aux sciences religieuses. Différences et interactions*, Genebra, Labor et Fides, 1999; ID. (org.), *Karl Barth. Genèse et réception de sa théologie*, Genebra, Labor et Fides, 1987 (destaque para o diálogo entre Barth e Harnack); Idem, org., *Histoire et théologie chez Ernst Troeltsch*, Genebra, Labor et Fides, 1992; Idem, KORSCH, Dietrich e TÉTAZ, Jean-Marc, orgs., *Albrecht Ritschl. La théologie en modernité: entre religion, morale et positivité historique*, Genebra, Labor et Fides, 1991; LICHTENBERGER, Frédéric, *Histoire des idées religieuses en Allemagne depuis le milieu du XVIIIe siècle jusqu'à nos jours*, 3 vols., Paris, Sandoz et Fischbacher, 1873; MICHAELSEN, Robert S. e ROOF, Wade Clark, orgs., *Liberal Protestantism. Realities and Possibilities*, New York, Pilgrim Press, 1986; REYMOND, Bernard, *Sur la trace des théologies libérales. Un demi-siècle de rencontres, de lectures et de réflexions*, Paris, Van Dieren, 2002; WOLFES, Matthias, *Protestantische Theologie und moderne Welt. Studien zur Geschichte der liberalen Theologie nach 1918*, Berlim, Walter de Gruyter, 1999.

○ Ansermet; antitrinitarianismo; apologética; arminianismo; **autoridade**; Barth; Baur; Bertrand; **Bíblia**; Biedermann; Bonnet; Bouvier; Buisson; Bultmann; Bushnell; Castellion; Chenevière; Colani; *Consensus Helveticus*; Coquerel A.; Coquerel A. filho; deísmo; **Deus**; doutrina; dogma; essência do cristianismo; Fournoy; Frommel; Fulliquet; Goblet d'Alviella; Harnack; Huisseau; kantismo (neo); *Kulturprotestantismus*; Lange; latitudinarismo; Lemaître; **liberdade**; livre-exame; Lichtenberger; Luzes; Maurice; Meinecke; Ménégoz; Monod G.; Naumann; Naville; ortodoxia protestante; Pécaut; protestantismo (neo); racionalismo teológico; razão; Renan; Réville; Ritschl; romantismo; Rothe; Rousseau; Ruyssen; Sabatier A.; Sabatier P.; Sand; Scherer; Schleiermacher; Schweitzer; Secrétan; Semler; Staël; símbolo-fideísmo; Tillich; Troeltsch; unitarismo; Vernes; Vincent; Wagner; Werner

LIBERDADE

1. **Introdução**
2. **Raízes bíblicas**
3. **As heranças da Reforma**
   3.1. A liberdade de acordo com Martinho Lutero (1483-1546)
   3.2. João Calvino (1509-1564): a ética prática da liberdade
4. **Liberdade e modernidade**
   4.1. Immanuel Kant (1724-1804): a liberdade como autonomia
   4.2. Liberdade e protestantismo: etapas da discussão do século XIX
5. **A dimensão teológica da liberdade no protestantismo moderno e contemporâneo**
   5.1. A teologia liberal e o questionamento de Troeltsch
   5.2. Rudolf Bultmann (1884-1976): liberdade grega e liberdade cristã, uma reinterpretação

- 5.3. Karl Barth (1886-1965): a liberdade no centro da doutrina de Deus e no motor da ética
- 5.4. Paul Tillich (1886-1965) e a interpretação teológica da autonomia
- 5.5. A liberdade e o mal
6. Implicações culturais e religiosas da liberdade
   - 6.1. Da liberdade negativa à liberdade positiva
   - 6.2. A liberdade de consciência
   - 6.3. A liberdade religiosa
   - 6.4. Um contrato entre igreja e Estado?
   - 6.5. A liberdade de expressão
7. Conclusão: protestantismo e liberdade

1. Introdução

Não há tema que seja mais intimamente ligado ao objetivo e à mensagem do protestantismo quanto a liberdade, nem tema que tenha sido alvo de tantos mal-entendidos e desvios, tanto no pensamento protestante como no histórico de suas consequências.

Histórica e teologicamente, o protestantismo se constituiu e se desenvolveu em uma dupla reação: de um lado, contra o autoritarismo da Igreja Católica e, de outro, contra o surgimento da autonomia humanista. A potência crítica da liberdade cristã, afirmada de modo central por Lutero e retomada por outros reformadores, atingiu em cheio a instituição romana, caracterizada como uma instância exclusiva de justificação pelas obras e como um catalisador prático de poder sobre as almas. A subversão crítica da Reforma se baseou assim no tema teológico radical da justificação pela fé somente e na declaração resoluta de liberdade de consciência do indivíduo cristão. Com isso, a Reforma se aproximou em parte das teses do humanismo da Renascença, representado na época por Erasmo de Roterdã, ao mesmo tempo que anunciou e preparou o discurso filosófico moderno da autonomia. Essas inegáveis analogias, portadoras de diferenças não menos resolvidas, explicam por que, desde então, os flertes entre protestantismo, modernidade e liberdade incluíram tantos embates amorosos, tantas decepções, divórcios retumbantes e novos ardores.

Cabe-nos, nestas páginas, descrever e compreender em detalhes os humores complexos e flutuantes nessa história de amor, para perceber com mais agudeza seus efeitos de sentido e suas implicações práticas. Nesses caminhos escarpados e sinuosos, não deixaremos de cruzar com problemáticas clássicas, bastante independentes do protestantismo, mas cuja retomada trai algo de fundamental no projeto protestante; basta lembrar as polaridades liberdade civil e liberdade interior (tendo como pano de fundo o debate sobre a concepção antiga e a concepção cristã de liberdade), liberdade oferecida e liberdade conquistada (nos temas da autonomia, da emancipação, da libertação) ou a liberdade negativa e a liberdade positiva (de acordo com a terminologia de Isaiah Berlin). Não pode haver esclarecimento e desenvolvimento do conceito de liberdade moderna sem articulações, distinções e retornos críticos em relação às tradições religiosas e eclesiásticas. A "saída da religião" afirmada por Marcel Gauchet constitui um processo ambivalente, correspondendo a uma transformação histórica irreversível. O protestantismo permanece atrelado à causa dessa liberdade, que, ao efetuar-se concretamente, pressupõe a plausibilidade existencial, cultural e política do "princípio protestante" (Paul Tillich) e seus desdobramentos eclesiais, mesmo no interior da *oikoumenè* pós-moderna.

Denis Müller

2. Raízes bíblicas

Os textos bíblicos não tematizam a liberdade como um objeto filosófico, mas a testemunham como uma ação libertadora da parte de Deus. De fato, para o testemunho bíblico, a experiência fundamental do homem que crê é a da libertação. Se o ser humano pode ser liberto, é antes de tudo por uma ação divina paradoxal, que o liberta com vistas a uma nova aceitação e uma transformação de sua vida. Objeto de um ato libertador, o homem o experiencia em várias áreas da vida. Por exemplo, suas dinâmicas interiores são libertas do bloqueio da culpa ou da melancolia da morte; da mesma forma, há libertação na organização social, em ações que visam à resistência e à oposição a diversas formas de opressão econômica, política, cultural e social.

Essa passagem da servidão (ou da escravidão) para uma existência liberta é contada na tradição veterotestamentária do êxodo: *Eu sou o SENHOR teu Deus, que te tirei da terra do Egito, da casa da servidão* (Êx 20.2). Nunca é demais enfatizar que a experiência bíblica da liberdade, antes de ser tematizada, como por exemplo nos textos do apóstolo Paulo (Gl 5), é *contada*; como se enveredar-se pela narração e pela inserção na história fosse o modo específico pelo qual os homens buscam dar conta das experiências com Deus. O Deus de Abraão, Isaque e Jacó não é o Deus despótico que constrange o homem a uma vigilância constante e a uma submissão exigida. É o Deus que suscita experiências libertadoras e convida o homem a trilhar caminhos de esperança. Por isso, a tradição bíblica não deixará de proclamar sem cessar que seu Deus é um Deus "libertador". Esse projeto de emancipação ultrapassa em muito a esfera individual ou a dimensão espiritual; o modo com que Deus opera em favor da libertação dos homens diz respeito ao ser humano por inteiro, todo o seu ser, afetando as diversas facetas de sua existência e de seu ser-no-mundo. Assim, essa libertação não deixará de produzir efeitos sobre as estruturas políticas e sociais, como atesta o grito do protestantismo que emerge dos livros proféticos: *Aborreço, desprezo as vossas festas e com as vossas assembleias solenes não tenho nenhum prazer*, diz Deus. *E, ainda que me ofereçais holocaustos e vossas ofertas de manjares, não me agradarei deles, nem atentarei para as ofertas pacíficas dos vossos animais cevados. [...] Antes, corra o juízo como as águas; e a justiça, como ribeiro perene* (Am 5.21-24). Na perspectiva veterotestamentária, a liberdade está relacionada à denúncia da idolatria e ao estabelecimento da justiça.

A experiência neotestamentária da liberdade é um prolongamento da visão hebraica, com a diferença de que se cristaliza na figura de Jesus Cristo. Ainda que Jesus não use o termo, a liberdade que caracteriza sua vida e sua pregação também se desdobraria, para aqueles em contato com ele, em experiências de libertação: libertação de doenças ou possessões demoníacas, expressas na simbologia dos relatos de milagres. Libertação da linguagem religiosa também: contra certa tradição, Jesus transformaria as representações religiosas ao chamar Deus de Pai; da mesma forma, promoveria uma abertura ao questionar a tradição com suas famosas antíteses: *Ouvistes que... Eu, porém, vos digo...* (Mt 5.21), denunciando as várias formas de religião que aprisionam Deus e buscam canalizá-lo para estruturas religiosas específicas (Mt 8.5-13) ou esquemas nacionalistas (Jo 4.21-24). Libertação, também, de certa visão da lei, ou mais precisamente dos efeitos de distorção que decorrem de uma relação hipostática com a lei. Sempre que a lei opera pela desumanização do ser humano e surge como que confiscada, Jesus lembraria que a lei está a serviço do homem, e não o contrário; aos olhos de Jesus, a lei deve ser criticada porque pode gerar dominação, opressão, anexação do outro. De fato, a lei é ambivalente na medida em que pode instaurar, em nome de Deus, um processo de exclusão: a do homem pecador, do oprimido, dos abandonados pela sociedade. Por fim, é em nome dessa mesma liberdade para os outros que Jesus quebraria tabus e convenções da época (como ilustração, cf. Mt 9.9-13), aproximando-se de marginais (prostitutas, pobres, doentes, pecadores, gente à beira da morte) e reconhecendo-os como pessoas, tão dignas como qualquer outra de encontrar seu valor como seres humanos.

Em ambas as tradições bíblicas, a liberdade é considerada antes de tudo como um acontecimento que chega ao homem sob a forma de uma experiência de libertação. É um ato de Deus que liberta o homem sem que ele possa apropriar-se da origem desse ato. Passividade fundamental (seria o vocabulário de Lutero e Calvino sobre o assunto), noção a que será preciso voltar quando falarmos da visão do sujeito humano que decorre dela (cf. Denis Müller, *Les sources religieuses du soi et l'éthique de l'action juste* [As fontes religiosas do eu e a ética da ação justa], *Laval théologique et philosophique* [Laval teológico e filosófico] 58, 2002, p. 341-356). Claro, não se trata de deduzir, dessa experiência de "um advento em si de alguma coisa que não pertence a si", que o homem perde a responsabilidade e a capacidade de decisão em sua vida. O ser humano permanece um ser responsável (cf. o relato sobre a queda em Gn 2—3; cf. tb. Rm 1.19-23, passagem que discorre sobre a responsabilidade do homem em relação ao conhecimento de Deus, ou Rm 2.14, que atribui ao homem uma capacidade ética, a de fazer o que a lei manda). Trata-se, sim, de uma dificuldade inerente ao homem, quanto a realizar de modo perfeito aquilo que deve ser, ou de coincidir consigo mesmo em total transparência.

O pensamento do apóstolo Paulo retomaria e aprofundaria essas perspectivas, não sem correr o risco de um julgamento radical que, se seguido à risca, causaria danos ao desenvolvimento da economia cristã geral (mas é preciso perceber que Lutero levaria em conta essa radicalidade de modo igualmente radical). Paulo desenvolve sua teologia da liberdade em dois aspectos: em um debate contínuo com as visões grega, gnóstica e estoica (Calvino voltaria constantemente a essa diferenciação entre as três) e em uma meditação sobre o *status* e a função da lei judaica à luz da morte e da ressurreição de Jesus (que é crucificado em nome da lei, e sua ressurreição atesta a liberdade escatológica de Deus).

Aos olhos do apóstolo, o crucificado revela a ausência de liberdade de um modo mais radical que os pensadores gregos. O grego recebe essa liberdade, em primeiro lugar, da cidade: à diferença do bárbaro, é declarado livre aquele que tem o direito de viver no território da cidade, onde reina um direito que harmoniza o poder e a lei divina. O forte apego à cidade e à liberdade que se produz nas democracias não excluía a consciência individual da liberdade, e é preciso afirmar que até mesmo estimulava. A poderosa necessidade que o homem helênico sentia quanto a dispor de si mesmo o levaria a tornar a liberdade um ideal de vida, uma autarquia, em analogia com a do Ser absoluto, que alia elementos como a autoconservação, a independência e a autossuficiência. É nisso que se enraíza uma definição de liberdade como perfeita independência e capacidade de dispor de sua vida e seus atos. Reconhecemos aí, sem dúvida, uma das definições modernas de liberdade.

Nesses aspectos, o pensamento paulino opera no mínimo um deslocamento e no máximo uma radicalização, lembrando que a liberdade, se é movimento em direção a algo e realização de si voltada para o exterior (emancipação), é também (e em primeiro lugar) abertura, acolhimento, despojamento e receptividade. A liberdade cristã é uma *liberdade recebida*, que conhece suas obrigações para com quem libertou e vive por um reconhecimento. Por isso, na perspectiva paulina, o ser humano não será jamais declarado um puro começo, mas será sempre precedido de um apelo ou uma determinação a entrar em liberdade. Por isso, também, o ser humano não pode ser considerado um sujeito autônomo, a não ser na medida em que se sabe, em um mesmo movimento, sujeito constituído (em categorias bíblicas: chamado e nomeado criatura, filho adotivo, Gl 4.5, ou herdeiro, Gl 4.7).

Em um diálogo e em um debate com a modernidade, tal ideia esbarra na contingência (não necessidade) e na finitude (limite e morte) do sujeito humano. Dizer essa contingência e essa finitude não significa desejar secretamente a desvalorização da existência humana e o real, depreciando-os para melhor entrar no jogo do tudo ou nada que espreita a perspectiva religiosa (por mim mesmo não sou nada; em Deus sou tudo). O pensamento paulino não está isento desses desvios: preocupado em deduzir a cada circunstância as especificidades da fé cristã, condensa rápido demais a espessura humana e histórica em conceitos (pecado/graça, Lei/Evangelho, fé/obras etc.) que só encontram sua força e seu momento de verdade na afirmação da fé para a salvação. Essa concentração soteriológica é problemática, pois reduz a salvação ao face a face do homem com Deus, privando-o de seu "mundo". A partir do reconhecimento de um processo de criação, correlacionado a uma história que representa ao mesmo tempo a pertinência do homem ao mundo e sua convocação para que responda ao que o solicita e inquieta, e ao que nele opera, poderá vir articular-se, na perspectiva cristã, um processo de recriação, em um ato de salvação ou redenção.

Em correlação com a tradição judaica, de onde veio, Paulo aprofundará o *status* da liberdade diante da Lei. A partir de sua própria experiência como um exemplar fariseu, Paulo descobre, com sua conversão, ao meditar no sentido da morte e da ressurreição de Cristo, que sua perfeição religiosa e sua obediência intacável à Lei (Fp 3.4-6) eram um obstáculo para a existência cristã autêntica. Pois a fiel observância à Lei convida o homem a considerar-se um sujeito autônomo. Ao simplesmente fazer o que deve ser feito, o homem atribui a si a possibilidade, sempre sedutora, de viver de si mesmo e por si mesmo, esquecendo tanto a origem da Lei (que vem de um Outro e remete a outro) quanto a origem de sua vida, que também veio de um Outro. Nesse esquecimento há a possibilidade, para o homem, de tomar posse de si mesmo, autocentrando-se e fundando sua vida e sua existência. Por sua fascinação pela busca de autonomia, o homem corre o tempo todo o risco de deformar a própria vida através da ênfase prioritária na necessidade de controle, esquecendo esse outro polo também constitutivo de sua humanidade, que é a experiência do não controle. Essa visão de um sujeito fechado em si mesmo e amputado de parte de sua humanidade é denunciada por Paulo como algo ilusório e logicamente redutor.

Para tentar exprimi-lo, ele usa a categoria teológica do pecado. Essa palavra, como sabemos, recebeu o peso da história, de mal-entendidos e reações intempestivas. É preciso afirmar que o pecado designa, aqui, esse mover do espírito humano que, paralisado em um dos polos da experiência humana (aqui, a autonomia, a autoafirmação ou o autocontrole), absolutiza esse polo, alterando e deformando a condição humana.

Em linguagem teológica, o pecado é "recusa do *status* de criatura"; isso significa uma rejeição do Outro (Deus) que tem como consequência a autoabsolutização, gerando uma desnaturação. Em sua intensidade máxima, essa noção nos faz sair de uma lógica simples da transgressão ou a falta moral (o pecado como ausência de virtude ou desobediência), para desdobrar-se no plano do "próprio ser do homem", da maneira com que ele se torna sujeito. É nesse sentido que podemos afirmar que o pecado remete fundamentalmente a um mal-estar: uma postura do sujeito humano em que se reflete uma "contradição íntima da liberdade".

A contribuição de uma reflexão teológica de inspiração paulina para a questão moderna da liberdade poderia residir no reconhecimento dessa contradição interna e, partindo disso, buscar tematizar a *estrutura teológica da liberdade*. Essa estrutura é constituída pela consciência do ser humano quanto a uma não liberdade no cerne de sua liberdade. Essa consciência da liberdade, para ser o que é, precisa ao mesmo tempo referir-se a sua face negativa, situada no contexto que, por falta de um termo melhor, poderíamos chamar de dependência, ao mesmo tempo que é expressa como processo através do qual o sujeito se liberta. A experiência da liberdade cristã busca, portanto, integrar a negação da liberdade em seu conceito, mantendo que a liberdade assim concebida não cessa de ser libertação de *si*, ou seja, ligada a um processo autorreflexivo. É tal consciência de liberdade que é a pressuposição necessária para uma verdadeira libertação do outro (emancipação). Por libertação de si, é preciso entender não tanto libertação *por* si, mas libertação da tentação jamais totalmente superada de querer ser imediatamente por si mesmo; portanto, a consciência de estar intimamente relacionado a um O (o) utro, no ato mesmo de sua própria libertação. Se a contestação paulina era sobre uma liberdade que não quer conhecer nenhuma outra autoridade (ou referência) além da sua própria, suas observações teológicas buscaram tematizar a liberdade na consciência do sujeito que se reconhece descentrado no próprio ato de afirmar-se. A consciência do sujeito, assim, recebe um apelo que vem de mais alto que o homem, ainda que saia do fundo do homem. É nessa passividade da interpelação que se atesta o não controle de um sujeito que não se constitui jamais sozinho.

Tradicionalmente, na teologia cristã, essa experiência de liberdade toma forma na doutrina da justificação pela fé, ou seja, a declaração de que o homem — surpreendido em um processo de autocentramento que coincide com o esquecimento de Deus e de parte de si mesmo: o homem pecador — é liberto na medida em que é descentrado e abordado pela iniciativa do Outro. Dito de outra forma, a liberdade que vem de Deus é recebida pelo homem em um ato de abertura de seu ser para o Outro (momento da fé); no acolhimento dessa liberdade, ele se recebe e se constitui como um ser liberto da fascinação de ser sozinho ou de ter de realizar-se por seus atos somente, portanto como um ser liberto para encontrar-se e voltar-se para os outros (momento ético). É o que Paulo busca exprimir quando afirma que o homem encontra sua justificação não em suas ações (obras), mas na abertura confiante para o Outro, em um movimento a que o Novo Testamento chama "fé". Porém, o homem só acessa sua identidade ao responder, conscientemente, por aquilo que lhe é dado: tanto pela criação quanto pela salvação.

Tal concepção da liberdade se verifica difícil por não especificar com suficiente acuidade o "lugar" desse Outro, autor da iniciativa de libertação. Para nós, não se trata simplesmente de afirmar, com boa parte da tradição cristã, que tal iniciativa vem do exterior em direção ao homem (risco de extrinsecismo) ou, em uma terminologia mais luterana, que tal libertação é imputada ao homem pecador como uma declaração de soltura comparável à que é pronunciada em um tribunal por terceiros. Tais afirmações poderiam de fato ser compreendidas pelo homem moderno como novas formas de sujeição, como o desvio para uma heteronomia da qual seria preciso justamente libertar-se.

É possível que o pensamento teológico busque menos, aqui, pronunciar-se sobre uma localização e sobretudo apontar para uma origem: a iniciativa não vem do homem. Nisso seria poupada a alteridade do Outro, em sua diferença insuperável em relação ao homem. Para um pensamento que navega com esses pontos de referência, tal iniciativa seria "internalizada", mas sem culminar, ao modo hegeliano, em uma nova vitória do sujeito absoluto, tendo integrado e absorvido em subjetividade a alteridade do Outro. O que é preciso contestar aqui é a pretensão da racionalidade a uma reflexividade onívora que, ao mesmo tempo que ganha em autocontrole e coerência, torna-se cega sobre o "fora" que ela não é. O pensamento que evocamos se encaminha principalmente para o de um "sujeito que é somente aquilo que ele se faz no ato pelo qual ele chega ao outro chegando a si mesmo como outro", pondo em cena uma subjetividade desejante e ferida que não se define "por uma imanência completa em si mesma, mas escapa a si mesma no lugar sem lugar de sua origem" (Pierre-Jean LABARRIÈRE, *L'utopie logique* [A utopia lógica], Paris, L'Harmattan, 1992, p. 106).

Jean-François Habermacher

3. As heranças da Reforma

3.1. A liberdade de acordo com Martinho Lutero (1483-1546)

Como vimos, a teologia paulina culmina em uma ética da liberdade, que se exprime de modo paradigmático no capítulo 5 da epístola aos Gálatas. A liberdade cristã é apresentada como uma radicalização da liberdade dos antigos, como uma libertação paradoxal e exacerbada da liberdade humanista clássica: *Para a liberdade foi que Cristo nos libertou. Permanecei, pois, firmes e não vos submetais, de novo, a jugo de escravidão* (Gl 5.1). Essa visão de liberdade subverte o processo de autonomia da liberdade tal como o herdamos dos antigos e tal como o compreendemos na modernidade (até em seus excessos ideologizantes); essa noção promove uma revolução no conceito de liberdade, que é visto como um dom gratuito, como o resultado de algo. É nessa mudança fundamental que Lutero se apoiaria para promover a Reforma, radicalizando o pensamento paulino.

Para compreender as ideias de Lutero, nós nos limitaremos ao texto de 1520 intitulado *Da liberdade cristã* (texto latino, *MLO* 2, 275-306; São Paulo, Sinodal, 2004). Trata-se de um dos opúsculos mais famosos e mais influentes de Lutero. Esse texto e mais dois do mesmo ano — *À nobreza cristã da nação alemã, acerca da melhoria do estamento cristão* (em *MLO* 2, 57-160) e *Do cativeiro babilônico da igreja* (em *MLO* 2, 161-264) — são considerados os três grandes textos reformadores de 1520. Redigido em outubro de 1520, *Da liberdade cristã*, mais positivo e irênico que os dois outros, insere-se em um contexto de relativo apaziguamento: Lutero acabava de encontrar-se com o núncio pontifício Charles de Miltitz, que tentava resolver a querela em torno da bula papal *Exsurge Domine* de 15 de junho de 1520. *À nobreza cristã da nação alemã* contestava de modo polêmico a distinção entre Estado eclesiástico e Estado laico. De um modo não menos polêmico, *Do cativeiro babilônico da igreja* denunciava o cativeiro babilônico imposto pela Igreja Católica, que mantinha a graça encerrada em uma ideia errônea de sacramento. *Da liberdade cristã* elucida o fundamento positivo dessa polêmica: a liberdade cristã seria a liberdade interior do cristão. Para que a igreja, povo de Deus, fosse liberta desse cativeiro, seria preciso adotar essa liberdade positiva, que só poderia ser resultado da redescoberta da graça justificadora. A liberdade tanto do cristão quanto da igreja é uma liberdade liberada pela graça: oferecida, não conquistada. Especificamente distinta da noção filosófica da liberdade, sobretudo de seus desenvolvimentos posteriores na modernidade (cf. item 4.1 deste artigo), ela não é uma autonomia autofundadora, que atribui a si mesma sua lei moral, mas uma liberdade recebida, dada, constituída por um Outro, Deus em pessoa. Observemos que, para Lutero, como também, sem dúvida, para Paulo, trata-se do mesmo fenômeno, a liberdade humana, mas apreendido por duas noções radicalmente diferentes. O debate sobre a liberdade, como fenômeno humano, é aqui radical, assim como mostraria a disputa com Erasmo em *Nascido escravo* (1525, em *MLO* 5, 7-236; São Paulo, Fiel, 2001). Enquanto a diatribe erasmiana focaliza o livre-arbítrio, Lutero tem apenas uma única preocupação, teológica e espiritual: a da liberdade *verdadeira* do homem diante de Deus (*coram deo*). Ele sabe que, filosoficamente, o livre-arbítrio e a vontade não são nada (ibid., 187); é somente *coram deo* que o livre-arbítrio nada significa: é "inútil diante de

Deus", ou seja, não conduz de modo algum à salvação. A responsabilidade ética, com o que implica de liberdade da vontade, não é negada, mas deslocada (cf. P. KAUFMANN, p. 21).

Examinemos mais de perto o texto de Lutero, com base no texto latino (*MLO* 2), mais longo e mais elaborado que a versão alemã. De modo fundamental, o texto radicaliza a tensão entre a fé e as obras, concluindo com uma ênfase renovada nas obras. Tentaremos agora analisar isso.

A obra *Da liberdade cristã* se compõe de duas partes, uma sobre a liberdade do homem interior e a outra sobre a liberdade do homem exterior. A tese, paradoxal, que abre esse tratado é famosa: "O cristão é o homem mais livre que existe; senhor de todas as coisas, não está sujeito a ninguém. O homem cristão é em todas as coisas o mais prestativo dos servos; está sujeito a todos" (*MLO* 2, 275). A tensão é clara.

De modo enfático, Lutero afirma que o amor é o princípio norteador de toda a sua reflexão. Vindo de Deus, o amor é a concretização da liberdade oferecida; é o sentido último da justificação pela fé. Porém, esse amor não é, para Lutero, uma virtude humana que viria complementar a fé; não é o tema escolástico da "fé formada pelo amor" (*fides caritate formata*), mas o de um amor oferecido, como base divina da justificação pela fé.

Lutero distingue fé e amor da mesma forma com que distingue, em um nível antropológico, pessoa e obra, ou homem interior e homem exterior. Isto é patente no tratado *Da liberdade cristã*, que é todo organizado em torno da distinção entre interior e exterior. "Consideremos essas coisas desde a raiz. A natureza do homem é dupla: espiritual e corpórea. Quando atentamos para sua natureza espiritual — que chamamos alma —, falamos do homem espiritual, ou interior, ou novo. Quando atentamos para sua natureza corpórea — que chamamos carne —, falamos do homem carnal, ou exterior, ou antigo" (ibid., 276). A base para tal distinção (e não para a oposição, pelo menos segundo Gerhard EBELING, *O pensamento de Lutero: uma introdução*, São Leopoldo, Sinodal, 1988) é a Escritura (2Co 4.16; Gl 5.17).

Lutero inicia *Da liberdade cristã* com o homem interior: perspectiva teológica, privilegiando a visão cristológica e trinitária da antropologia. Essa escolha tem uma incidência imediata, na argumentação do tratado, sobre a concepção da liberdade ou da justiça (aqui consideradas idênticas, em função da tese implícita da justificação pela fé, pois somente a fé liberta realmente). A liberdade exterior só é exercida para com a servidão exterior e material (saúde debilitada, prisão, fome, pobreza); a miséria sociopolítica, como diria Marx, é aqui relativizada, posta em segundo plano. Nessa perspectiva, libertar em primeiro lugar o homem de sua servidão exterior é colocar a carroça na frente dos bois. É confundir, ou inverter, a liberdade espiritual (que é fundamentalmente oferecida) com a liberdade intramundana (conquistada, promovida, almejada).

Quando se confere prioridade à natureza espiritual ao homem, obtém-se dois efeitos: primeiro, a natureza espiritual enfatiza a natureza última da liberdade, sua profundidade, sua radicalidade: a liberdade deve estender-se à servidão espiritual do homem, a sua autoalienação, sua sujeição (o que algum tempo depois Lutero afirmaria sobre a escravidão da vontade está, portanto, relacionado com sua concepção paradoxal de liberdade cristã); segundo, a natureza espiritual delimita e legitima o lugar do mundo, o necessário significado do que é material: o que prejudica a alma, segundo Lutero, é assombrar os lugares profanos (*MLO* 2.277). Os "lugares não santos" não são diabólicos; o profano não é o inimigo, a antítese ou a negação do sagrado, mas pode e deve coexistir com o sagrado; e mais, o "sagrado" — e com ele o processo de santificação que decorre da justificação — pode e deve ser expresso no profano, sobre o profano e ao mesmo tempo que o profano. Relativizado pela liberdade espiritual, o profano se torna (ou volta a ser) um lugar de libertação. Não é o livre-arbítrio que toma a frente, mas, sim, a força libertadora do evangelho: sobre esse ponto decisivo, a distância entre o liberalismo teológico moderno e o pensamento luterano parece mesmo gritante!

Essa nova perspectiva da liberdade se baseia na seguinte tese teológica: a liberdade de que se trata aqui não é autonomia (virtude, *habitus*), movimento do homem em direção a si mesmo, autolibertação, mas, sim, consequência da Palavra, fruto do evangelho. A verdadeira liberdade vem da fé, que por sua vez vem da Palavra ouvida e recebida: *fides ex auditur* (cf. Rm 10.17, em um capítulo que trata precisamente da justificação pela fé, com base em Cristo, *fim da lei*, Rm 10.4). Estamos aqui no cerne da descoberta reformadora de Lutero: somente a fé justifica, sem o concurso de obras (ibid., 279). Há portanto uma coerência entre, de um lado, a distinção antropológica entre homem interior e homem exterior e, do outro, a distinção teológica entre a salvação pela fé e a função limitada das obras. Toda a ética de Lutero se correlaciona com esse jogo sutil de distinções, que mais uma vez não deve ser compreendido como rede de oposições, mas, sim, como níveis que são claramente articulados.

Na mesma passagem, Lutero introduz de modo significativo a distinção entre preceitos (*Gebot*) e promessas (*Verheissung*): é o jogo da distinção entre Lei e Evangelho que comanda a compreensão da liberdade. "Os preceitos nos mostram o que devemos fazer, mas não dão o poder para fazer" (ibid.). Somente a fé justifica e liberta; somente a fé é eficaz; somente a fé, para Lutero, é sacramento operante por si mesmo.

Essa caracterização da verdadeira liberdade através da fé é algo que reorganiza a relação com uma Lei. Para Lutero, a descoberta da liberdade humana passa sempre pela confrontação com a Lei. A psicanálise o confirmaria: o desenvolvimento do ego passa pelo trabalho de luto, que supõe o assassinato simbólico do Pai ou a transgressão da Lei. Só crescemos em uma autêntica liberdade quando superamos a Lei ou a colocamos em seu devido lugar: diante de si, não atrás. O filho que chamamos de "pródigo" (Lc 15.11-32) volta para o Pai, e essa volta é tão constitutiva de sua liberdade quanto a saída; na verdade, a volta é mais constitutiva que a saída, pois o retorno em graça devolve à figura do Pai um lugar que não podia ocupar na consciência do filho no momento da ruptura. Só há identidade após a ruptura, sem que a ruptura seja, no entanto, causa da liberdade; a ruptura é a ocasião para a liberdade, a passagem obrigatória, mas não suficiente. A liberdade perante a Lei — perante o Pai — é uma viagem, um encaminhamento, um processo histórico e existencial.

A fé liberta; e mais, permite o reconhecimento de Deus como o único digno de honra; por fim, une o homem interior a Cristo, em uma relação que poderíamos chamar de "mística", se o termo não fosse tão ambíguo. De fato, essa terceira função da fé se correlaciona com o famoso tema da "alegre troca" (*fröhlich Wechsel und Streit, fröhlich Wirtschaft*, como afirma o texto alemão, p. 846). Cristo toma o pecado sobre si, libertando a alma, que recebe as qualidades que Cristo lhe confere; a liberdade oferecida, portanto, é uma liberdade que transforma, não somente uma liberdade conferida do exterior sem integração com o ser liberto. Há aqui um dinamismo quase ontológico da libertação, um dinamismo expresso pela metáfora nupcial. No entanto, Lutero enfatiza o tempo todo que essa união é ao mesmo tempo um combate, que essa troca é uma luta saudável, um trabalho de libertação, e não uma quietude ou uma tranquilidade sem sobressaltos.

Lutero argumenta sobre a figura de Cristo, verdadeiro rei e verdadeiro sacerdote. Por ser Cristo rei e sacerdote, o cristão pode ser ao mesmo tempo homem livre e servo. A tese paradoxal que abre o tratado recebe aqui sua legitimação cristológica. O cristão é "livre senhor" em virtude da realeza de Cristo; mas é também servo de seus irmãos, em virtude do sacerdócio de Cristo: "Reis — e os mais livres de todos —, somos também sacerdotes por toda a eternidade" (*MLO* 2, 285).

3.1.1. A alegre troca: fundamento da liberdade cristã

Essa dialética da liberdade e do serviço, expressa na simbólica real e sacerdotal, faz do cristão um ser ao mesmo tempo livre em relação às coisas e superior às coisas (*frei von allen Dingen, frei über alle Dinge*, ibid., p. 286). A liberdade é sempre negativa e positiva ao mesmo tempo. Somos libertos do pecado, do que nos entrava, das coisas do mundo; mas é por causa dessa liberdade negativa que também somos ao mesmo tempo positivamente articulados com o mundo. A liberdade "de" chama e traz consigo a liberdade "sobre".

Essa é a primeira parte do tratado, inteiramente centrada na liberdade interior, que não é de modo algum uma liberdade conquistada pela interioridade; não nos é proposta uma psicologia religiosa, uma gênese psíquica da liberdade, mas, sim, uma afirmação teológica: a liberdade é conferida, vem de fora; ao mesmo tempo, não permanece exterior ao homem interior, já que o transforma pela alegre troca. A liberdade é um processo teologal dinâmico, ato de Deus em Cristo, no Espírito. A liberdade é o agir justificador de Deus, na fé e através da fé.

Mas e quanto à realidade do homem exterior? À realidade da história? Essas realidades não seriam assim aniquiladas, queixa que às vezes é atribuída à concepção luterana da justificação pela fé? Poderíamos reduzir o ser humano a essa pura interioridade? Precisamos examinar agora a segunda parte do tratado, que se volta para o outro polo da dialética, ou outro lado do paradoxo inicial. Como o homem soberanamente livre poderia também ser o servo de todos, um escravo totalmente submisso à vontade do senhor?

Isso se dá justamente porque a liberdade interior é o extremo oposto de uma incitação à indolência ou ao desprezo para com as realidades exteriores ou corpóreas. Lutero afirma com vigor que, nesta vida, "apenas começamos e progredimos naquilo que só poderá ser completado na vida futura" (ibid., p. 288). A vida terrena do homem exterior não é pura aparência ou simples vale de lágrimas. Lutero a vê sobretudo (e Calvino seguiria seu exemplo nesse ponto) como progressão, caminhada, peregriação, orientada escatologicamente e colocada sob o Espírito, de quem podemos receber o depósito desde agora.

Na perspectiva da liberdade soberana, objeto da primeira parte, o cristão não tem necessidade alguma de obras; para ser verdadeiramente livre e justo, a fé é suficiente, com sua eficácia. Porém, se olhamos para o cristão na perspectiva do serviço, objeto da segunda parte da obra, ele cumpre legitimamente todas as obras; ele é convocado, requisitado quase deontologicamente, pela Lei, pelo mandamento, pelos preceitos. Essa requisição pela Lei não está ligada à salvação; é gratuita, liberta de qualquer necessidade de desempenho salvífico. A Lei não é necessária para o que diz respeito à salvação, no entanto o homem salvo (em esperança) precisa cumprir a lei da liberdade, ou seja, do amor. O amor cristão é consequência da fé, assim como a ética é resultado da justificação somente pela fé. Podemos resumir isso assim: em Cristo, na fé, tudo está dado ao cristão; esse é o fundamento de sua liberdade soberana. A partir dessa libertação, "uma só coisa lhe resta a fazer: servir a Deus alegremente, gratuitamente, na liberdade do amor" (ibid., p. 289).

3.1.2. Questões críticas

Há, portanto, uma correlação estreita entre as duas partes da obra *Da liberdade cristã*. Podemos, no entanto, indagar a nós mesmos se a prioridade de princípio atribuída à primeira parte não seria um fator de desequilíbrio. Ao localizarmos tão resolutamente a liberdade na justificação somente pela fé, será que damos conta da inserção concreta dessa liberdade na existência, na história, na sociedade? A justiça dita "passiva" impediria uma abordagem do ser humano como ser agente? A articulação com uma teoria da ação seria impossível?

Claro, podemos responder que para Lutero a prioridade dada à justificação, à liberdade oferecida e transformadora, não suprime de modo algum a necessidade da obra, portanto, de uma antropologia do homem que age (e que sofre). Pelo contrário: a inversão crítica obrigaria a levar em consideração a legitimidade e a relatividade constitutiva da ação em relação ao que a funda (a fé). Porém, a questão permanece a do modo concreto de articulação entre fé e ação. O modelo luterano só é válido se é repensado o conteúdo e a estrutura do agir. Acima da oposição entre fé e obras, é preciso pensar a obra na relação com o agir. Uma ética teológica deve se confrontar com a ética comum e uma teoria da ação, algo que não deixa de ter alguma ressonância com uma reflexão teológica sobre as obras confrontadas com a fé.

A teologia contribui para a crítica e o enriquecimento das concepções filosóficas da liberdade, obrigando-as a questionar-se mais radicalmente sobre os laços da liberdade com o mal, o pecado e a lei. Em retribuição, as filosofias da emancipação (p. ex., o marxismo ou a teoria crítica da escola de Frankfurt) questionam a teologia sobre a pertinência prática e sobre a efetividade sociopolítica de seu conceito sempre puramente interior de liberdade. As éticas das diferentes teologias da libertação tomaram consciência desse problema inevitável.

3.2. João Calvino (1509-1564): a ética prática da liberdade

De modo fundamental, Calvino concorda com a teoria luterana da liberdade. Porém, mais interessado pela ética que o reformador de Wittenberg, declara com mais vigor suas implicações práticas e políticas (cf. Roger MEHL, "Freiheit. V. Ethisch", *TRE*, t. XI, 1983, p. 516; D. MÜLLER, 2001).

O capítulo de Calvino sobre a liberdade (IRC III, XIX) participa do mesmo mover do livro III das *Institutas*, pneumatológico, e é sob essa luz que se situa a fé, "principal obra" do

Espírito. O livro II, resume Calvino, mostrava que, perante a Lei, permanecemos entregues a nós mesmos e reduzidos ao julgamento de Deus; fora de Cristo, não teríamos "uma só gota de esperança" (III, II, 1); a Lei nos conduziu, portanto, até o Redentor, e é a partir desse conhecimento do Deus redentor em Cristo que podemos falar da fé. O objetivo da fé, a partir do momento em que se explicita, é Cristo; a fé, que não é natural, está ligada à Palavra. Além disso, a fé não é simples conhecimento de seu objeto, mas implica o momento prático-ético da obediência; ela é conhecimento da vontade de Deus, e não especulação sobre Deus (III, II, 6).

No capítulo II, que abre de fato todo o livro III, Calvino desenvolve sua definição de fé, com a tensão interna que a constitui. Tensão entre a fé implícita, temporária e incerta e a certeza da fé explícita; Calvino não nega a realidade humana da "crença oscilante" (Edgar Morin), mas a articula com a fé explícita. Também há tensão entre uma fé fundada na promessa gratuita, uma fé que é dom de Deus, justificadora e não autojustificada, baseando-se em outra realidade que não a própria, e a ideia de crença. A fé não é subjetividade em primeiro lugar, autoconstituição da consciência em um sentido moderno; está em relação com a crença, mas não é crença. No centro da fé vivida, há uma luta entre a carne e o espírito (III, II, 18) e, em uma lógica dinâmica, não desprovida de polêmica, o espaço da experiência é perpassado por um horizonte de esperança; a fé, nascida da promessa, é por inteiro impulsionada pela esperança (III, II, 43).

Aqui nos aguarda uma grande surpresa. Contrariamente a um esquema recebido na memória calvinista e em sua recepção católica, a justificação pela fé não é seguida da santificação. Não há sequência justificação-santificação, à qual corresponderia também de modo didático uma sequência fé-obras, doutrina-ética. A articulação é mais sutil; isso se deve à dinâmica ou ao processo do pensamento de Calvino.

Justificação e santificação não são diacronicamente ordenados, mas se mesclam, cruzam-se, referem-se um ao outro em uma mesma realidade, em um mesmo caminho. A santificação não se segue à justificação: permanecendo logicamente distinta da justificação, a santificação tem seu valor específico, relacionado à operação secreta do Espírito. Para Calvino, a santificação (ou regeneração) não deve ser desvalorizada: o que é dito da santificação deve ser posto à luz da fé justificadora, mas a Reforma não pode ser reduzida à ponta do alfinete da justificação. Diante da crítica católica, Calvino busca mostrar a amplitude e o dinamismo do movimento em que a justificação participa de modo central (é a consciência da inserção pneumatológica, e não somente cristológica, da doutrina da justificação).

Vemos aqui a dimensão progressiva da santificação, o pecado como "fonte ou alimento para o mal"; nós nos movemos no horizonte histórico e escatológico de uma batalha, o que leva a uma crítica severa dos libertinos anabatistas e de sua concepção errônea da liberdade cristã: "Para os cristãos, o Espírito de Deus não é fruto de uma imaginação enlouquecida, [...] mas eles o conhecem tal como a Escritura o mostra, e nela está dito que o Espírito nos é dado em santificação para nos conduzir na obediência da justiça de Deus, tendo nos purificado de toda imundícia e sujeira. E essa obediência só pode ser o ato de domar e subjugar as concupiscências (que aqueles [os libertinos] querem deixar com rédea solta) (III, II, 14).

3.2.1. A estruturação da liberdade

Os capítulos VI a X do livro III formam um todo coeso. Foram publicados em separado, a partir do ano de 1545, sob o título *Traité très excellent de la vie chrétienne* [Tratado mui excelente da vida cristã]. São seguidos por capítulos sobre a justificação (XI-XVIII), sobre a liberdade cristã (XIX) e sobre a oração (XX). O texto de 1559-1560 nos oferece uma progressão magistral que faz pensar: a liberdade se segue à regeneração e à justificação, culminando na oração. *Lex credendi, lex agendi, lex orandi...*, doutrina, ética, espiritualidade não são peças separadas, mas dependem de uma estruturação teológica da liberdade em ação. Com Calvino, compreendemos que liberdade e libertação são um só na história e inseparáveis de um movimento escatológico posto em marcha pelo Espírito do Redentor e do Criador.

Essa ética da caminhada tende por completo para o objetivo da comunhão em Deus; ao mesmo tempo, nada é perdido da luta constitutiva da condição pecadora do homem na terra. Tal ética está dinamicamente relacionada com a figura de Cristo, e seguir Cristo implica a renúncia a si mesmo, em nome do serviço aos homens e a Deus. É esse seguir de uma pessoa marcada pela cruz que distingue entre os costumes do cristão e a moral estoica à qual poderia ser associada (cf. a precisão crítica de CALVINO, III, VIII, 9). De um lado, a renúncia relativiza a vida presente, ao enfatizar o essencial: a vida que virá (cap. IX: meditação sobre a vida futura); do outro, essa reviravolta crítica em favor da vida futura encontra seu equilíbrio no cap. X (do uso da vida presente), em que se oscila entre austeridade e intemperança.

Quando volta ao assunto do apego à vida terrena e à autoestima, Calvino não pode deixar de compará-las à "coroa da vida", objetivo da corrida e final do caminho. Se há uma ética do caminho e santificação, o objetivo não é para sacralizar a vida, satisfazer-se com o caminho, mas, sim, apontar para seu destino. A vida terrena é algo estimável, mas também é verdade que, comparada à vida futura, torna-se desprezível. Esse desprezo é relativo, condicionado pelo final visado e revelado, mas é de fato desprezo. A palavra retorna o tempo todo ao texto de Calvino, de um modo que salta aos olhos. Em nossa apreciação crítica, não deveríamos corrigir esse platonismo do desprezo e dar espaço a uma relativização legítima e nuançada, equilibrada e aberta para mais humor, prazer, felicidade?

Para Calvino, ou optamos pela terra, com seus apegos, ou optamos pelo céu; o apego à terra só pode indicar um amor destemperado por si mesmo. *Tertium non datur*. É preciso aqui distinguir o teocentrismo e a intransigência de Calvino, que encontram sua origem em uma visão teológica estrita e consequente (cf. III, IX, 2). Calvino faz o seguinte diagnóstico espiritual: o homem, esse "animal de um dia", até compreende por alguns instantes sua mortalidade fundamental; mas, no fundo, ele se vê (e, mais importante, quer se ver) como imortal. Diante dessa pulsão absoluta, irresistível, é preciso, denunciando teologicamente essa ilusão, operar uma conversão de 180 graus.

O pensamento de Calvino permanece dialético, porém, e sua vivacidade teológica não é destrutiva ou negativa, mas, sim, estruturante, destacando uma positividade da vida, um uso legítimo. Primeiro, Calvino distingue entre o desprezo (*contemptus*) e o ódio (*odium*). Essa vida "desprezível", feita, *Deus volens*, de misérias, permanece "contada com as bênçãos de Deus", que não devem ser desprezadas. É preciso assim nuançar as coisas para evitar o fatal mal-entendido: não é porque Deus nos envia misérias que a vida terrena é desprezível, pois, nesse caso, desprezaríamos o próprio Deus e a vida que ele nos dá. Deus não é esse Deus perverso. Ele nos envia misérias para nos prevenir contra o falso uso da vida, contra uma absolutização idólatra da vida. Deus nos dá a vida precisamente como um dom, não como uma continuidade imortal que nós fabricamos para nós mesmos. Em nossa relação com a vida terrena está nossa relação com Deus, o modo com que desmontamos as astúcias da imortalização. O desejo pela imortalidade, que é ilusão e má compreensão da vida que recebemos, acaba no momento em que se enuncia e anuncia nossa relação com um Deus criador e doador da vida.

A vida muda de *status* e de aspecto quando chegamos a compreendê-la (a "reputá-la") como um "dom da benignidade divina" (III, IX, 3). Portanto, a vida não é um dado bruto, biológico e natural, um fato sem significado. Precisa ser interpretada não com base em um mundo ideal à *la Nietzsche*, mas na ótica do mundo futuro, um Reino que dá sentido e gosto à vida. É o que faz Calvino quando enuncia esse Reino como objeto de metaforização e interpretação. Claro, a natureza pode nos exortar a isso, mas como parábola. Pois a razão para esse reconhecimento do sentido teológico da vida se deve ao teatro da glória que ela põe em cena, às imagens do Reino que se esboçam em nosso destino.

Para afirmar a positividade teologal da vida, seu valor legítimo mas relativo, Calvino elabora uma total articulação entre vida e finalidade escatológica, arriscando-se a depreciar a vida e a causar mal-entendidos que perdurariam e produziriam efeitos nocivos. Muitos não se incomodariam nem um pouco em nos lembrar esses efeitos, como o barão de Holbach, Feuerbach e Nietzsche, por exemplo. Calvino percebe que, para nada perder da positividade da vida terrena, é preciso de alguma forma transferir a seiva para "o desejo pela vida celeste". Esse processo de transferência, de metaforização, leva o bem que existe na vida terrena para o nível do que é fundamental ou essencial, portanto função da vida futura (III, IX, 4). Assim, não é de espantar que Calvino enuncie o sentido último dessa metaforização da vida terrena nos termos da ressurreição, e não nos termos do desejo pela imortalidade (III, IX, 5 e 6). A partir do "poder da ressurreição", não é somente o olhar para a vida terrena que se modifica, mas também a relação com a morte, que se torna também relativa, transformando-se. A dialética do terreno e do imortal não é mais somente a do visível e do invisível, do ser e do parecer, mas também se expressa, prioritariamente, em termos do olhar, da caminhada, do advir, portanto no horizonte de uma liberdade. Poderíamos reler o texto de Calvino a partir dessa orientação do olhar, do magnetismo último do poder da ressurreição de Cristo. A ética do caminho desconstruiria então, crítica e profeticamente, o dualismo entre a podridão e a perfeição que sobrecarrega a argumentação de Calvino, sem dúvida constituindo-se em obstáculo à recepção de seu pensamento.

3.2.2. O uso do mundo

A crítica escatológica da vida terrena, por mais radical e discutível que possa ser em seu vocabulário, produz na obra de Calvino uma relação fecunda com o mundo (esse é o tema do capítulo III, X). A questão é esta: sob que condições pode haver um reto uso dos bens terrenos? A resposta logo toma o caminho de uma reflexão prática e ética sobre o melhor modo de "ordenar a vida".

O uso da vida se insere na lógica de uma valorização da vida, sob o ângulo duplo da necessidade e do prazer (deleite, *oblectatio*). Calvino retoma aqui a linguagem da peregrinação. Entramos em uma corrida pelo Reino, e importa que, no uso que fazemos da vida, as realidades penúltimas sejam postas a serviço da corrida, em vez de fazê-la parar. É essa orientação e esse objetivo que condicionam a corrida e suas modalidades. Então, será que o uso dos bens deste mundo não acabaria se revelando algo utilitarista, um espécie de utilitarismo espiritual, visando a uma finalização estritamente espiritual do que é penúltimo? Ao uso do mundo atribuiríamos então um sentido puramente adversativo, negativo. A vida terrena seria assim uma concessão, não uma atribuição, um oferecimento. Seria absorvida por seu objetivo, sem encontrar sentido em si mesma. Porém, Calvino desenvolve mais uma vez sua perspicácia teológica. Reduzir o uso do mundo somente à necessidade seria demonstrar rigor demais, atando as consciências à negatividade, em vez de despertá-las para a *autêntica liberdade*. Por isso Calvino inclui nessa argumentação o tema do deleite. De fato, é preciso considerar os bens terrenos em função de sua finalidade interna. Deus nos dá o alimento para que nos alimentemos: lógica da necessidade. Porém, ele também nos dá as flores para o prazer; é a lógica do deleite ou da gratuidade. Não há somente trocas úteis, mas também a lógica da troca gratuita, do dom. A própria criação apresenta ao homem bens ordenados para diferentes fins, mas não menos legítimos. Calvino relativiza aqui o argumento da necessidade, indicando o que transcende o ascetismo. Lembramos assim a precedência fundamental da liberdade interior, condição de possibilidade, tanto para Calvino quanto para Lutero, da operação da libertação.

Disso decorre a lógica das regras como ferramenta de realização da ética de Calvino e, de modo mais geral, da ética reformada (Zwinglio opera no mesmo modelo). Uma "filosofia desumana" (III, X, 3) só pode produzir valores desumanos, altos e abstratos demais para serem aplicáveis, ou seja, vivenciáveis na consciência, à altura de uma liberdade autêntica. Tal ética seria desumana por ser inacessível, logo escravizante, não concedendo ao homem uso positivo algum dos bens criados e das criaturas, ou restringindo esse uso somente à necessidade. Calvino expressa essa ideia com estas palavras espantosamente modernas: uma ética alta demais avilta o homem. Uma ética regulada o enobrece. A regra não é sinônimo de degradação ou servidão, mas, sim, de crescimento. Despojar o homem de todo sentimento em nome de uma ética ideal é ver nele somente um "tronco de madeira", reto como a justiça, mas incapaz de caminhar em autêntica liberdade e com uma consciência desimpedida.

Em aparência de um simples "acessório da justificação" (III, XIX, 1), a liberdade cristã se desdobra para Calvino em três partes: graças à justificação somente pela fé, ela se eleva acima da Lei (III, XIX, 2); libertando as consciências, ela lhes dá acesso à livre obediência à vontade de Deus (III, XIX, 4); centrando o homem no que é essencial, ela coloca no lugar certo as coisas indiferentes (as famosas *adiaphora*, III, XIX, 7). Em suma, assim como para Lutero, a liberdade cristã é "coisa espiritual", pacificando as consciências tímidas; como para Lutero, ela se articula duplamente no homem, no reino espiritual e no reino político e civil (III, XIX, 15), prefigurando uma ética política (IV, XX) (cf. MEHL, art. cit.; D.

MÜLLER, 2001). Porém, ao inserir o *Tratado mui excelente da vida cristã* no mover do Espírito e no processo de regeneração, a doutrina de Calvino adquire uma tonalidade mais histórica, escatologicamente finalizada, base de um engajamento espiritual mais marcado na ordem do temporal. Esse é um ponto que Max Weber e, principalmente, Ernst Troeltsch não cessariam de evidenciar em sua interpretação da ética de Calvino (Weber) e de seus efeitos histórico-culturais (Troeltsch).

Nossa leitura tentou pôr em evidência os laços, na obra de Calvino, entre a justificação e a liberdade cristã, em vez de concentrar-se no debate sobre a doutrina da dupla predestinação, ensinada tardiamente por Calvino, mas cuja influência histórica, precisamos reconhecer, é imensa, e ao mesmo tempo paradoxal.

Os debates posteriores internos ao protestantismo não deixariam de entrecruzar os fios da doutrina e da prática (ou ética). Assim, seguindo os passos de Calvino, a declaração massiva sobre a dupla predestinação no Sínodo de Dordrecht (1618-1619) levaria a uma ênfase ainda maior na corrupção do livre-arbítrio; somente a graça de Deus, nessa perspectiva, pode permitir ao homem o acesso a uma verdadeira liberdade, cristã e espiritual. Essa foi uma maneira de anular, sem a menor consideração, as ideias de Armínio (1560-1609), ministro da igreja dos remonstrantes. De fato, Armínio declarava, contra a doutrina de Calvino sobre a predestinação, que a determinação do destino do homem por Deus não era absoluta. A aceitação ou a rejeição da graça pelo homem desempenhava também seu papel na justificação. Ele também defendia o livre-exame como algo superior às doutrinas das igrejas estabelecidas. Nisso, ele se mostrou um precursor do liberalismo teológico.

As discussões paralelas, no luteranismo, sobre as relações entre Lei e Evangelho e a doutrina da justificação, a rejeição da tese do finito capaz de infinito na *Fórmula de Concórdia* (1580), tudo isso contribuiria para aguçar as controvérsias sobre o sentido e o alcance da liberdade, assim como seus fundamentos espirituais e consequências políticas. No século XVII, o voluntarismo cartesiano supunha a vontade totalmente livre de Deus. "Porém, em oposição a Lutero, Calvino e Suárez, Descartes não mantém a ideia de que Deus teria nos mandado obedecer a certas leis da natureza" (J. B. SCHNEEWIND, p. 215); pelo contrário, Descartes seria um dos pensadores que mais acentuaram a temática do "autogoverno". Sua relação com a teologia de seu tempo é evidente: afirmar a glória de Deus não seria deduzir a ética de uma providência causal, mas, sim, reconhecer e estimular a responsabilidade do homem, e a "moral por provisão" é algo repleto de ceticismo e pragmatismo. Vemos assim esboçar-se uma aliança bastante sintomática entre uma forte crença teocêntrica e uma prática modesta e provisória, que compreende a união entre virtudes e paixões na busca infinita pela felicidade.

Schneewind mostrou que ao voluntarismo cartesiano (que à sua maneira era um prolongamento do voluntarismo dos reformadores) se opuseram diferentes formas de perfeccionismo: primeira, o perfeccionismo e o elitismo de Spinoza, para quem, no fundo, não há livre-arbítrio algum, nem em Deus, nem no homem; o homem só seria livre na medida em que, seguindo as leis da causalidade divina, fosse despojado de toda paixão; e a verdadeira liberdade não é a independência, mas a "perseverança no ser"; em seguida, o perfeccionismo e o otimismo de Leibniz, que rejeita todo voluntarismo e toda ideia de vontade de indiferença. Seguindo Agostinho, mas opondo-se aos reformadores, Leibniz mantém que Deus sabe sempre de antemão, em sua divina presciência, que agiremos livremente.

Aqui, somos remetidos a uma questão que estaria sempre presente na teologia e na ética protestantes dos séculos seguintes: será que, para pensar a liberdade do homem, seria preciso postular e pressupor a liberdade de Deus ou, pelo contrário, seria necessário renunciar a todo tipo de especulação acerca da liberdade de Deus para que adviesse disso uma liberdade plena e unicamente humana? Barth seguiria a primeira linha até seus maiores extremos, adotando o perfeccionismo de Leibniz, enquanto Bultmann se manteria claramente na segunda perspectiva, com um tipo de moral provisória à *la Descartes* e um decisionismo ético típico da tradição voluntarista.

Essas indagações estão no centro do problema da liberdade no protestantismo. Com o que podem conter de absurdo para nós (como a dupla predestinação, p. ex., embora Weber tenha mostrado sua influência na cultura, nas mentalidades, nos comportamentos) e o que permanece perfeitamente atual: a liberdade política e o problema ainda em aberto das relações entre liberdade política e liberdade metafísica, quer explicitemos a liberdade metafísica em um modo especulativo (liberdade, divina e humana, como espontaneidade absoluta, ou seja, sem submissão ao determinismo causal), quer o façamos em um modo ético (liberdade como autonomia, ou seja, identidade entre a lei moral e a natureza do objeto que ela rege: a vontade como razão prática). Essas questões serão aprofundadas no item seguinte.

Denis Müller

4. Liberdade e modernidade

4.1. Immanuel Kant (1724-1804): a liberdade como autonomia

Com o filósofo Immanuel Kant, o problema da liberdade se torna o problema nodal de uma recomposição geral da filosofia. A novidade da abordagem kantiana consiste em mostrar que somente a filosofia prática permite um conceito positivo da liberdade, enquanto a filosofia teórica só pode fornecer um conceito deficitário. Esse conceito positivo da liberdade é o conceito de autonomia. Kant faz de uma categoria tradicional da política a categoria central da filosofia prática. Essa inovação conceitual é a marca semântica de uma revolução sistemática que preside a reorganização da filosofia e a nova fundação da metafísica que essa reorganização implica. Tal virada realiza um balanço dos complexos debates dos tempos modernos sobre a filosofia moral e política, ao mesmo tempo que aproveita algo das filosofias do idealismo, que são filosofias da liberdade. Assim, inaugura uma filosofia da cultura moderna, em que o protestantismo surge como o fermento de uma civilização diferenciada da autonomia pessoal.

Essa instauração kantiana da autonomia não se insere somente em um contexto filosófico, mas aponta também para a história religiosa e teológica das controvérsias provocadas pela concepção paradoxal de liberdade desenvolvida pelo protestantismo da Reforma e da ortodoxia antiga, com Lutero como expoente maior. É em nome da *liberdade do cristão* que Lutero articula sua crítica às práticas de piedade do catolicismo, assim como sua interpretação teológica, insistindo na distinção entre "homem interior" e "homem exterior". Porém, a liberdade do homem interior (que acabava com a "servidão babilônica" da igreja) se baseava na afirmação da *escravidão da vontade*, ou seja, da recusa a uma liberdade da vontade compreendida como possibilidade de escolher entre o bem e o mal, entre a justiça e a injustiça. Radicalizada pela polêmica anti-humanista, essa herança agostiniana se mostrava vulnerável, nos termos escolhidos por Lutero, a uma leitura dualista. Com sua interpretação da predestinação como decreto absoluto, Calvino pôs fim a todo tipo de risco de desvio dualista. Porém, com isso, acaba empenhando o conceito de Deus em uma grave hipoteca: a escolha soberana da eleição ou da danação permanece algo inexplicável ou injustificável para o homem, e o conceito de Deus toma uma via irracional (esse seria o problema abordado por Leibniz no início do século XVIII em seus *Ensaios de teodiceia*). O paradoxo a que chega a concepção protestante clássica de liberdade se fundamenta assim na afirmação de que a verdadeira liberdade (tese da *liberdade do cristão*) implica a recusa da liberdade da vontade (tese da *escravidão da vontade*), entendida como capacidade de escolher o Bem e rejeitar o Mal de modo autônomo.

A tese kantiana da liberdade como autonomia deve assim ser lida duplamente: como uma resposta direta aos debates filosóficos dos modernos sobre a liberdade e também como uma retomada dos problemas que subjazem, de modo constitutivo, ao paradoxo protestante da liberdade. Além disso, essas duas perspectivas estão correlacionadas na medida em que a resposta kantiana aos debates filosóficos dos tempos modernos sobre a liberdade ecoa os debates da Reforma sobre a escravidão da vontade e a liberdade do cristão. Com efeito, podemos afirmar que, aos olhos de Kant, o que sinaliza a insuficiência das respostas trazidas para a questão da liberdade, tanto por Locke e Hume quanto por Leibniz e Wolff, é a desistência quanto a expor em toda a sua radicalidade a questão da liberdade da vontade, questão que está no cerne das controvérsias do século XVI. Assim, somente ao retornar às origens do problema levantado pelos reformadores é que poderemos captar, desde a raiz, aquilo que caracteriza a própria essência da liberdade humana: a autonomia da vontade. A cultura moderna da autonomia, cujo princípio é enunciado pela tese kantiana, pode agora ser compreendida como a reformulação das intuições fundamentais da Reforma Protestante, acima dos formatos doutrinários e institucionais daquilo que não demoraria a ser chamado de "veteroprotestantismo". Sob suas formas fichteanas, schellinguianas ou hegelianas, o idealismo é propositadamente um neoprotestantismo, cuja interpretação kantiana da liberdade em termos de autonomia é o núcleo sistemático e metódico. Porém, essas bases religiosas de uma cultura moderna da autonomia são paralelas a uma retomada das implicações metafísicas que se seguem a uma compreensão radical da liberdade, ou seja, de uma compreensão que torne a questão da realidade do mal um impasse. Esse aprofundamento implica uma superação dos limites críticos traçados para o conhecimento pela filosofia kantiana, uma superação cuja condição de possibilidade é localizada pelos filósofos idealistas na concepção kantiana de autonomia. Assim, Schelling pôde escrever: "Depois de tudo bem considerado, o idealismo foi o primeiro a localizar a doutrina da liberdade na única área em que a liberdade é compreensível. [...] Não formulamos o conceito kantiano de modo exato, mas do modo que julgamos correto para que seja compreensível" (*Philosophische Untersuchungen über das Wesen der menschlichen Freiheit und die damit zusammenhängenden Gegenstände* [1809], em *Schriften 1804-1812*, Berlim, Union-Verlag, 1982, p. 177). Para seus protagonistas, a metafísica idealista desenvolve os princípios fundamentais em que se baseia a cultura neoprotestante da autonomia.

4.1.1. Espontaneidade e eudemonismo: a liberdade dos modernos

Os debates dos tempos modernos sobre a filosofia moral (que aqui designa o conjunto formado pela ética, no sentido estrito do termo, e pela política, que Kant chamaria de "filosofia prática") são estruturados pela oposição básica entre a concepção voluntarista e a concepção perfeccionista. Essas duas concepções se opõem não somente pela abordagem teórica, mas também pela problemática em que identificam a questão fundamental a ser resolvida pela filosofia moral. Para os voluntaristas, a questão primordial é o conflito social e político entre os indivíduos, enquanto os perfeccionistas enfatizam o aperfeiçoamento do indivíduo cuja ação está em uma perspectiva ontológica.

Logo, a problemática voluntarista se organiza em torno da questão da lei natural (tal como reformulada por Grotius no início do século XVII) e da justiça, enquanto a problemática perfeccionista gira em torno da questão do Bem e do amor (na tradição inaugurada por Herbert of Cherbury e Descartes, ainda que Descartes defenda posições voluntaristas em teologia com a tese da criação das ideias inatas). Para os voluntaristas (Hobbes, Locke, Pufendorf etc.), a boa ação no sentido moral é a ação que está conforme a obrigação expressa pela lei natural. Nessa perspectiva, o Bem é definido pela felicidade, que se enuncia com mais frequência em termos de prazer (porém, pode ser necessário ou recomendável adiar um prazer imediato com vistas a uma felicidade futura). A reflexão moral é assim organizada em torno de um princípio subjetivo, a maximização da felicidade que advém do desfrute das coisas boas, ou seja, coisas que proporcionam prazer. Já para os perfeccionistas (os platonistas de Cambridge, Leibniz, Wolff etc.), o conceito de Bem é algo objetivo, definido por um critério qualitativo intrínseco: a perfeição, compreendida como "o grau de realidade positiva ou, o que significa o mesmo, de inteligibilidade afirmativa" (cf. carta de Leibniz a Wolff [1714-1715], em *Briefwechsel zwischen Leibniz und Christian Wolff*, Hildesheim, Olms, 1963, p. 161). Uma ação é moralmente boa quando contribui para aumentar a perfeição do mundo; é moralmente má quando diminui essa mesma perfeição. A questão do Bem moral está assim organizada em torno da questão do Bem metafísico, definido com o estado do mundo que realiza o grau máximo possível de perfeição. Corolário imediato dessa posição, o mal não é uma realidade positiva, mas um déficit de realidade, uma falta de ser. Logo, a lei moral é entendida como a instância que obriga o ser humano a aperfeiçoar-se, ou seja, a fazer o que promove sua perfeição, renunciando ao que se opõe a essa mesma perfeição. Agindo em conformidade com a lei moral, o homem livremente faz com que essas ações estejam de acordo com a lei da natureza, já que a natureza tende de per si a atingir o grau máximo de realidade, consistindo a felicidade no "progresso sem obstáculo rumo a uma perfeição cada vez mais alta" (Christian WOLFF, *Philosophia practica universalis*, Frankfurt, 1738, 1, § 374). Nessa concepção, não é a lei que define o Bem, mas o Bem que define a lei.

Porém, não há somente oposições. Uma perspectiva comum ainda se destaca: para os voluntaristas e perfeccionistas, a filosofia prática é norteada pela questão do Bem e do desfrute do Bem, a felicidade. Essa problemática comum do eudemonismo implica que se compreenda a liberdade como a capacidade de atingir a felicidade. Tal capacidade implica dois momentos: a possibilidade de agir sem entraves (liberdade de ação) e a possibilidade de escolher o objetivo da ação (liberdade da vontade). Assim, Locke define a liberdade como "a ideia do poder, por parte de um agente, para um agir em particular ou uma recusa de agir, de acordo com a determinação ou o pensamento do espírito que prefere um em detrimento do outro" (*Ensaio acerca do entendimento humano*, II, XXI, 8). Assim, o agente é capaz de suspender o impulso da vontade para submeter a um exame crítico a finalidade que apresenta esse impulso, agindo em função somente do resultado de tal exame. "O resultado do julgamento, após esse exame, é que determina de modo último o homem, que não poderia ser *livre* se sua *vontade* fosse determinada por outra coisa que não o seu *desejo* guiado por seu próprio julgamento" (ibid., p. 71). Tais ideias são encontradas também na obra de Leibniz (cf. *Ensaios de teodiceia*, § 34).

As divergências básicas entre Locke e Leibniz dizem respeito ao tipo de motivos que, em última análise, determinarão a vontade. Para Locke, o motivo fundamental que determina a vontade não é a busca do maior bem, mas, sim, a sensação de mal-estar (*uneaseness*), termo que Coste traduziria em 1700 recorrendo ao termo agostiniano "inquietude": "Nada nos faz mudar de estado, a não ser um mal-estar; esse é o grande motivo que opera em nós para colocar-nos em ação — uma ação que, por uma questão de brevidade, chamarei de *determinação da vontade*" (*Ensaio acerca do entendimento humano* II, XXI, 29). Mesmo reconhecendo que a posição de Locke não é desprovida de pertinência psicológica, Leibniz prefere permanecer fiel aos "antigos axiomas", de acordo com os quais "a vontade segue o maior bem" ou "evita o maior mal que sente" (*Novos ensaios acerca do entendimento humano* II, XXI, 31). Nessa perspectiva, Leibniz reinterpreta a noção de mal-estar ou inquietude com uma ideia de percepção insensível: a verdadeira inquietude não seria uma sensação de dor ou mal-estar, um "desconforto", mas, sim, "os pequenos impulsos" em que se manifesta o esforço incessante da natureza para "ficar mais à vontade": "o acúmulo desses pequenos sucessos contínuos da natureza" é uma etapa no "progresso contínuo e ininterrupto de maiores bens", os "primeiros passos que a natureza nos faz dar, não tanto para a felicidade, mas para a alegria" (ibid., p. 36). O que determina então a vontade não é tal percepção isolada, mas "o concurso de disposições interiores e impressões exteriores" (ibid., p. 48), o produto do conflito entre essas percepções e inclinações em que se exprime a tensão da natureza que tende para a perfeição, ou seja, que tende para seu máximo de realidade. Essa divergência não impede Locke e Leibniz de enfatizar a importância da educação moral do indivíduo: somente essa educação pode libertar o indivíduo da influência imediata das paixões, ensinando, acima do prazer do momento, a discernir o que vai contribuir para a verdadeira felicidade.

A liberdade dos modernos encontra sua peça-chave na afirmação do livre-arbítrio, que é entendido como a capacidade de determinação da vontade por motivos ou razões cuja força de motivação reside na natureza do agente. O livre-arbítrio se baseia na espontaneidade do agente. Porém, essa espontaneidade não significa uma arbitrariedade, uma ausência de motivos. E chega a excluir explicitamente toda forma de liberdade da indiferença: há sempre uma razão suficiente para determinar a vontade de tomar um partido em detrimento de outro (cf. LOCKE, *Ensaio acerca do entendimento humano* II, XXI, 48; LEIBNIZ, *Novos ensaios acerca do entendimento humano* II, XXI, 48; *Ensaios de teodiceia*, § 302ss). Dessa maneira, a liberdade dos modernos requer o determinismo como um elemento constitutivo de seu dispositivo, um elemento que permite designar uma causa para cada volição e explicar assim as ações humanas justamente naquilo que as torna ações livres. A inclinação da vontade é produto de toda a história anterior do indivíduo (*Ensaios de teodiceia*, § 291). Como enfatiza Leibniz, para evitar a indeterminação, "basta que a criatura seja predeterminada por seu estado anterior, que a inclina para um lado em vez de outro", ibid., § 47). Isso equivale a afirmar que a liberdade não escapa de modo algum da sequência de causas e efeitos, e Leibniz chega mesmo a qualificar a alma humana como "autômato espiritual" (ibid., § 52).

Essa rejeição de uma liberdade de indiferença não implica de modo algum, no entanto, que a liberdade dos modernos recorra à tese da escravidão da vontade. De fato, o paradoxo reformador acerca da liberdade consistia nisso: a negação da capacidade para escolher o Bem por si mesmo (tese da *escravidão da vontade*) é a condição de possibilidade da verdadeira liberdade do cristão (tese da *liberdade do cristão*). Ao afirmar que o movimento espontâneo do homem tende para a felicidade ou para a perfeição (e os desacordos visam somente à interpretação dessa tese) e que a compreensão permite ao homem distanciar-se das paixões para escolher o Bem verdadeiro e a felicidade, os modernos propõem uma concepção de liberdade que é oposta à concepção de liberdade da Reforma Protestante. Porém, os laços constitutivos entre livre-arbítrio e determinismo, inerentes a essa concepção, podem *a contrario* ser compreendidos como a confirmação indireta da polêmica anti-humanista da Reforma Protestante. Dizer que a escolha feita pela vontade é integralmente determinada pelos antecedentes do indivíduo equivale a afirmar que o agente não tem, de fato, liberdade alguma para decidir a finalidade que a cada vez sua ação deve atingir. O livre-arbítrio pressuposto pela liberdade dos modernos não seria então uma forma sutil de escravidão da vontade? Compreendida dessa maneira, a espontaneidade do homem não designaria a tendência da natureza humana para a busca da felicidade ou da perfeição, antes de tudo? Essa tendência não seria aquilo que a teologia dos reformadores e do veteroprotestantismo chama "pecado"? A essas três perguntas, Kant responderia "sim".

4.1.2. A autonomia como crítica do eudemonismo

Tanto perfeccionistas quanto voluntaristas situam o problema da liberdade no nível empírico: a liberdade é a característica dos atos, enquanto os atos são produto de uma vontade determinada unicamente por fatores subjetivos (motivos, intenções etc.). Aos olhos de Kant, o problema inerente a essa concepção é o seguinte. Como os fatores subjetivos que determinam a vontade são também determinados por outros fatores subjetivos anteriores, a liberdade não passa de uma variante do determinismo causal: os motivos que determinam a vontade são causas que têm como única especificidade o fato de ocorrerem na mente (desejos, medos, esperanças etc.), ou seja, não são acontecimentos físicos. Sua qualidade como acontecimentos mentais, porém, não os livra do reino da causalidade natural. Em ambos os casos, os acontecimentos são integralmente determinados por um ou mais antecedentes causais, e a diferença se deve unicamente à natureza da causalidade que está em jogo a cada vez: uma causalidade interna, em acontecimentos mentais, uma causalidade externa, em acontecimentos físicos (cf. *Crítica da razão prática*, AA V 94s.). Assim, como fazem Locke e Leibniz, podemos batizar de "espontaneidade" essa causalidade interna; porém, isso não ocultaria o fato de que tal concepção de espontaneidade escamoteia a diferença entre liberdade e determinismo. Compreende-se então por que Kant denuncia que a concepção de liberdade dos modernos se nutre de um "miserável subterfúgio" com o objetivo de resolver o "difícil problema" da liberdade, recorrendo a um "pequeno artifício verbal": entre o autômato espiritual de Leibniz e um "espeto giratório", na melhor das hipóteses, haveria apenas uma diferença de grau (ibid., p. 96s.)! A única solução para evitar o desvio de sentido em que se baseia a liberdade dos modernos seria identificar o que Kant chama de "espontaneidade absoluta", a saber, "uma causalidade pela qual algo acontece sem que a causa seja determinada, por sua vez, por uma causa anterior, de acordo com uma lei necessária, ou seja, uma absoluta espontaneidade das causas que consiste em inaugurar uma série de fenômenos que se desdobram de acordo com as leis da natureza" (*Crítica da razão pura*, B 475). Ora, tal espontaneidade absoluta é inconcebível se nos mantemos fiéis à visão eudemonista em que se insere a liberdade dos modernos.

Pelo termo "felicidade", Kant argumenta que é designado um "todo absoluto, um máximo de bem-estar em meu estado atual e em todo estado que poderia ser o meu no futuro" (*Fundamentação da metafísica dos costumes*, AA IV 418). Essa noção apresenta dois problemas. Primeiro, o bem-estar pode cobrir estados muito variados de acordo com cada indivíduo e cada momento; assim, o conceito de felicidade seria um "conceito flutuante" (*Crítica da faculdade de julgar*, AA V 430). Segundo, o momento de totalidade inerente à noção de felicidade exige que o indivíduo cuja conduta é guiada pela "busca da felicidade" (Locke) saiba com certeza tudo o que acontecerá com ele no futuro para que deduza as regras de comportamento que assegurarão essa felicidade. Como a condição da onisciência é irrealizável, o conceito de felicidade só pode oferecer uma orientação racional para a conduta do indivíduo. Ambas as dificuldades mostram que o conceito de felicidade não é um conceito racional, não podendo, portanto, servir como princípio para a elaboração de uma Ideia racional do Bem como perfeição: a felicidade não é uma "Ideia da razão", mas uma "Ideia da imaginação" (*Fundamentos da metafísica dos costumes*, loc. cit.), ou seja, uma síntese de todos os objetos empíricos que, na mente do indivíduo, poderão trazer-lhe bem-estar. Quando é coerente com suas premissas, o eudemonismo sempre chega a uma forma de empirismo.

Esse empirismo se estrutura em torno da noção de bem-estar (como oposto ao mal-estar). O bem-estar é sempre relacionado "ao que pode existir de agradável e desagradável, de prazer e dor, em nosso estado" (*Crítica da razão prática*, AA V 60). Considerado um recurso da vontade, supõe que o indivíduo determine sua vontade em função do sentimento de prazer e de dor que um objeto produziu. Isso significa submeter a vontade ao sentimento de prazer e de dor. Ora, como todo sentimento, prazer e dor são estados subjetivos em que o indivíduo está consciente de si em um modo passivo: ele é determinado por um objeto de um modo que o faz sentir prazer ou dor; mas ele não se determina a sentir aquilo que sente. Sua iniciativa se limita então a colocar-se em uma situação tal para que possa razoavelmente esperar prazer (ou que não possa esperar dor). Buscar na sensação de bem-estar o recurso da vontade é, assim, subordinar o poder ativo e espontâneo que é a vontade à dimensão receptiva e passiva da sensibilidade (Kant utiliza refletidamente nesse assunto o termo "patológico", que é preciso compreender em seu sentido literal), e submeter a vontade a uma lei que ela não promulgou, mas que está sobre ela, uma lei em que se exprime o caráter sensível do homem como pertencente ao reino da natureza. Portanto, o eudemonismo é uma atitude em que a vontade é escrava da natureza sensível do homem e do amor-próprio egoísta, exprimindo-se na busca do bem-estar: "O princípio que consiste em tornar a felicidade o princípio supremo de determinação do arbítrio é o princípio do amor-próprio" (ibid., p. 22). O amor que o indivíduo dedica a si mesmo o inclina a buscar em si mesmo o princípio de sua determinação. Mas esse "si" é o eu patológico dos afetos, das sensações e dos sentimentos, dimensões que escapam ao controle do indivíduo. Tornar a felicidade o princípio supremo da determinação do arbítrio é submeter-se a uma lei cuja origem é subtraída ao poder do indivíduo autoconsciente. A lei do eudemonismo é uma lei heterônoma. É a do sujeito empírico.

Isso permite definir pela negativa as condições possíveis para a proposta de uma solução verdadeira diante do problema da liberdade: será preciso passar da lei do sujeito empírico à lei de um sujeito que escaparia a todo condicionamento sensível, de um sujeito que não seria afetado patologicamente. Passa-se assim da lei do eu empírico à lei do eu transcendental. Somente tal sujeito poderia estar na origem de sua própria lei, sendo para si mesmo seu legislador. É essa autolegislação soberana que define o conceito de autonomia (que é um conceito político, não teológico). Por não poder submeter-se à lei heterônoma do eu empírico, esse sujeito transcendental é um sério candidato a essa espontaneidade absoluta que deve ser a característica do sujeito livre.

4.1.3. A autonomia como legislação da razão

Porém, não é suficiente afirmar que a autonomia é a negação da heteronomia e que o sujeito transcendental é um sujeito livre de toda determinação empírica, logo, de todo afeto, de todo desejo e de todo prazer: afirmar o que não é a liberdade ainda não equivale a afirmar o que é. A crítica kantiana do eudemonismo mostra que a liberdade é incompatível com o determinismo causal que constitui a "natureza em geral como conformidade à lei dos fenômenos no espaço e no tempo" (*Crítica da razão pura*, B 165). Essa crítica ainda não mostra que é possível descobrir uma forma de determinação do sujeito que escapa ao determinismo causal, sem abandonar a determinação do sujeito ao arbitrário ou ao acaso (e a isto se reduz definitivamente a liberdade de indiferença pregada pela escolástica católica para defender o livre-arbítrio contra a provocação representada pela tese protestante da escravidão da vontade). Para satisfazer essa segunda tarefa, é preciso, em primeiro lugar, descobrir uma lei (ou seja, um princípio de determinação universal e necessário) de outro tipo, que não seja a legalidade dos fenômenos espaçotemporais constitutiva da natureza em geral (tipo ao qual estão atreladas todas as regras técnicas ou pragmáticas do agir).

A legalidade dos fenômenos descreve a estrutura fundamental de tudo o que ocorre no espaço e no tempo. Portanto, esse outro tipo de lei não poderia ter um alcance descritivo (se é eliminado tudo o que ocorre no espaço e no tempo, não há mais nada que possa ser objeto de descrição). Assim, não será uma lei que enuncia a estrutura fundamental de tudo o que *deve* ocorrer. De uma semântica da descrição, passa-se a uma semântica da prescrição. Toda prescrição contém duas características: enuncia *o que* é preciso fazer e enuncia que *é preciso* fazer. O primeiro item define a *matéria* da prescrição, e o segundo, sua *forma*. Ora, toda regra que determine a ação que convém cumprir é uma regra empírica, pertencente ao tipo das regras técnicas ou pragmáticas ordenadas para a realização de uma finalidade pré-definida. Essas regras se inserem no contexto da legalidade dos fenômenos, já que toda ação é uma intervenção no curso dos acontecimentos espaçotemporais. Além disso, enquanto estamos unicamente atentos à materialidade da ação (o que se faz), a escolha da finalidade a ser atingida só pode ser determinada pelas expectativas de felicidade por parte do sujeito da ação. Caímos novamente, portanto, na heteronomia do eudemonismo. As regras materiais da ação só podem pretender, assim, pertencer a uma legislação autônoma. Resta, portanto, somente um candidato em potencial: a forma da prescrição, o simples "eu devo", em que se exprime a forma da obrigação. Se é feita abstração de toda determinação material da ação (ajudar a outrem quando em dificuldades, dizer a verdade, desenvolver talentos etc.), o "eu devo" exprime pura e simplesmente a obrigação que atribuo a mim mesmo e na qual eu faço abstração de toda finalidade da ação. A pura forma da prescrição é universal (é a materialidade da ação que individualiza seu tipo, a cada vez), dirigindo-se à vontade pura, não à vontade empírica.

Essa forma pura da prescrição se enuncia no que Kant chama "a lei fundamental da razão prática pura": "Age de modo a que a máxima de tua vontade possa sempre valer também como princípio de uma legislação universal" (*Crítica da razão prática*, AA V 30). Essa lei fundamental formula a regra universal em conformidade à qual a vontade deve eleger uma máxima. Encontramos aqui a problemática que estava no cerne dos debates do eudemonismo moderno: a questão da determinação da vontade. Mas a lei fundamental da razão prática exposta por Kant desloca o debate, ao pressupor que a vontade já é determinada por uma máxima e interrogar-se sobre a legitimidade dessa máxima. Esse deslocamento é a chave da tese kantiana da autonomia, permitindo a Kant reconhecer a pertinência do eudemonismo para tudo o que diz respeito ao primeiro aspecto da questão: é efetivamente a busca da felicidade como estado subjetivo de bem-estar que motiva a adoção de máximas. Ainda que essa adoção não seja de modo algum o fato de uma exigência, não se poderia buscar nisso a liberdade verdadeira, pois o que determina a vontade escapa ao poder discricionário do indivíduo. Porém, o eudemonismo não é a última palavra. A "lei fundamental da razão prática pura" requer de fato que se considere a escolha da máxima em outra perspectiva: se pode ou não valer como princípio de legislação universal, ou seja, se pode aplicar-se a todos os seres racionais. Portanto, essa lei exige que o indivíduo repense as razões que o levaram, ou o levam, a adotar uma máxima, não para indagar se foi vítima de suas paixões e se preferiu um prazer momentâneo a um bem-estar durável, mas, sim, para questionar se tal máxima pode ser legitimada no foro da razão. O que a "lei fundamental" requer é uma mudança radical do princípio de avaliação com base no qual o indivíduo adota uma máxima. Esse princípio não é mais o amor próprio egoísta, mas a compatibilidade com as exigências universais da razão.

O deslocamento operado por Kant é paralelo a uma distinção conceitual entre o arbítrio e a vontade. O arbítrio é a faculdade empírica que permite ao homem determinar-se a agir; a vontade é a faculdade racional que permite ao homem determinar os princípios sobre os quais irá agir. Disso decorre a famosa definição da vontade como "poder de agir em conformidade à representação das leis, ou seja, em conformidade a princípios" (*Fundamentos da metafísica dos costumes*, AA IV 412). Entre o arbítrio e a vontade, há, portanto, uma hierarquia: o arbítrio determina a ação, enquanto a vontade determina o arbítrio. As leis conformes à representação cujo arbítrio é determinado pela vontade podem ser de duas ordens. Quando o princípio em relação ao qual o indivíduo se determina a agir é a busca da felicidade, as leis que sustentam a ação do indivíduo são as leis da natureza. Por outro lado, se é a validade universal de sua máxima que guia a escolha da vontade, trata-se das leis da razão. A diferença entre ambos os tipos de leis não é material, mas de perspectiva. Sobre a mesma regra, podemos nos perguntar se poderia valer como lei universal. A primeira perspectiva é a perspectiva da legislação da natureza, e a segunda, da legislação da razão.

A "lei fundamental da razão prática pura" é simplesmente a própria forma da vontade, a vontade pura, livre de toda determinação sensível ou patológica. É, portanto, a expressão da pura vontade, da vontade que é legisladora naquilo em que é vontade, ou seja, determinação de agir em conformidade a princípios. Quando o homem obedece à lei fundamental da razão, obedece à lei da qual ele é legislador, já que é um ser racional. Da mesma maneira, essa lei é propriamente autônoma: é a expressão do poder legislador que o homem exerce sobre si mesmo. Isso equivale a afirmar que a consciência da lei moral é o modo sob o qual a razão está presente como determinação normativa do homem. Nesse sentido, a consciência da lei moral é "o fato da razão" (*Crítica da razão prática*, AA V 31), o fato em que se atesta, originariamente, que o homem está em si quando é fiel a sua determinação de ser racional (essa consciência da lei moral é indubitável; com a tese do "fato da razão", Kant propõe uma interpretação prática do *cogito* cartesiano).

Com a tese do "fato da razão", chegamos ao núcleo sistemático da reflexão kantiana. Enquanto está consciente da lei moral, o indivíduo está, claro, consciente de si como legislador que promulga a legislação da razão. Porém, ao mesmo tempo ele está consciente de si como aquele a quem se dirige tal lei, aquele que é capaz de obedecer a ela: capaz de adotar uma máxima porque essa máxima está conforme à lei moral e de rejeitar outra porque não está em conformidade com ela. A consciência da lei moral, portanto, é inseparável da consciência da liberdade. Essa liberdade não consiste na liberdade de cumprir sem entraves o que o indivíduo deseja cumprir, mas na liberdade de

determinar seu arbítrio, ou seja, de adotar as máximas de seu agir sem ser determinado por outra causa além da lei autônoma da razão. A implicação recíproca da lei moral e da liberdade fornece assim uma interpretação positiva da noção de espontaneidade absoluta: o sujeito autônomo é a própria origem de si mesmo. E essa autodeterminação do sujeito livre é a origem da liberdade do arbítrio, já que dá ao sujeito o poder de determinar o arbítrio sem recorrer às tendências sensíveis que se exprimem na busca do bem-estar: o arbítrio "que pode ser determinado de modo independente dos impulsos sensíveis, ou seja, por móbeis que são representados somente pela razão, chama-se *livre-arbítrio*" (*Crítica da razão pura*, B 830).

4.1.4. A autonomia como Ideal da cultura

A crítica kantiana do eudemonismo exclui o fato de tornar o Bem o princípio constitutivo da razão prática e de definir a lei moral a partir da noção de Bem ou Mal. Porém, não se depreende necessariamente daí que Kant estaria em um impasse sobre o problema do Bem. Um dos pontos altos da posição kantiana consiste justamente em reapresentar o conceito de Bem como um conceito que procede da exposição da lei moral. É o que Kant chama de "paradoxo do método em uma crítica da razão prática" (*Crítica da razão prática*, AA V 62s). Esse paradoxo significa que a conformidade com a lei moral é a condição suprema do Bem: o Bem é a finalidade para a qual convergem as máximas que têm *status* de leis práticas (as máximas que encontram espaço em uma legislação universal e que assim têm validade objetiva). Assim, torna-se possível para Kant distinguir o Bem no sentido moral do termo (*das Gute*) do bem no sentido subjetivo do bem-estar (*das Wohl*); somente o primeiro é um conceito que designa uma realidade objetiva, independentemente das sensações e dos desejos individuais (cf. ibid., AA V 57-64). Desse modo, Kant consegue operar uma dissociação entre o problema do Bem e o problema da felicidade, evitando que a irracionalidade que onera o conceito de felicidade como totalidade do bem-estar não transborde para o conceito de Bem.

Enquanto finalidade das leis práticas (das máximas conformes à lei moral), o Bem é o objeto da razão prática. Ora, esse objeto é a própria personalidade moral, como está dito na famosa sentença que abre os *Fundamentos da metafísica dos costumes*: "Não há em parte alguma o que quer que exista neste mundo, nem mesmo, de forma geral, fora dele, que seja possível pensar e que possa ser considerado sem restrição como bom, a não ser uma *vontade boa*" (AA IV 393). A personalidade moral como objeto da razão prática é definida por Kant, portanto, como o sujeito de uma vontade boa; uma vontade boa é uma vontade que elege espontaneamente, como regras de seu agir, as máximas conformes à lei moral, e isso pela simples razão de que estão conformes, ou seja, por respeito a essa lei. Todas as leis objetivas visam assim ao aperfeiçoamento moral da pessoa no seio de uma sociedade de personalidades morais. O mundo cuja legislação é constituída por elas é um mundo habitado por sujeitos autônomos; nesse sentido, as leis morais constituem a legislação de um reino formado de sujeitos livres, ou seja, personalidades morais (os dois termos são intercambiáveis). Tal reino seria "um reino das finalidades". Pelo termo "reino", Kant designa "a ligação sistemática de diversos seres racionais por leis comuns". O reino das finalidades é, portanto, um reino em que as "leis têm como intenção a relação dos seres racionais uns com os outros como finalidades e meios", o que exclui todo tipo de redução do outro a um simples meio (ibid., AA IV 433). Trata-se, claro, "somente de um ideal", como Kant se apressa a acrescentar. Porém, na esfera prática, o Ideal não tem somente uma função reguladora, mas é um princípio constitutivo do objeto. Logo, o Ideal de uma sociabilidade do reconhecimento recíproco surge como o horizonte de sentido constitutivo de todas as ações humanas cuja máxima deve ser reconhecida como uma lei prática (uma lei da razão pura em um uso prático). A realização desse Ideal define o sentido da cultura.

Kant não ignora nenhum aspecto da crítica da civilização informada por Rousseau em seus três *Discursos* da primeira metade dos anos 1750 (*Discurso sobre as ciências e as artes*, 1750; *Discurso sobre a origem da desigualdade*, 1754; *Discurso sobre a economia política*, 1755). Assim, Kant está bem longe de ser um apologista ingênuo da cultura. Porém, ele se recusa igualmente a idealizar o estado da natureza. Com Rousseau, Kant se sente à vontade para reconhecer que a cultura é fruto de tendências egoístas do homem tomado pela necessidade da busca da felicidade; e ele não esconde que o progresso da civilização está na origem da desigualdade entre os homens e dos conflitos gerados por ela. Mas é o preço a ser pago pelo desenvolvimento dos talentos humanos, para atingir os fins que o homem estabelece para si. Portanto, a cultura é a condição empírica para o aumento da liberdade de ação dos indivíduos, com um valor fundamentalmente positivo para Kant. No entanto, tal finalidade instrumental não esgota o sentido da cultura, mas serve também ao aperfeiçoamento moral do homem, contribuindo para a "disciplina das tendências", de duas maneiras: diretamente, já que "as belas-artes e as ciências", assim como o refinamento dos costumes, "preparam [...] o homem para um controle em que somente a razão deve ter poder"; e indiretamente, já que "os males que nos inflige [...] o intratável egoísmo dos homens" têm como consequência o incremento e o fortalecimento das "forças da alma", que também permitem que o indivíduo descubra sua natureza de personalidade moral destinada à autonomia" (*Crítica da faculdade de julgar*, § 83, AA V 433). Essas duas finalidades da cultura levam Kant a distinguir duas funções ou dois tipos de cultura: a "cultura da habilidade", visando ao aperfeiçoamento dos meios técnicos à disposição do homem para realizar os fins que ele estabelece arbitrariamente para si mesmo, e a "cultura da disciplina", visando ao progresso dos costumes, ao controle das paixões e à mobilização das forças da alma (ibid., p. 432).

O ponto alto da filosofia kantiana da cultura consiste na apresentação do que se poderia chamar dialética da cultura. O sentido objetivo da cultura (destinar-se à realização do Bem como Ideal) está em contradição com seu sentido subjetivo, ou seja, com as intenções dos indivíduos. O processo cultural encontra seu motor no egoísmo dos indivíduos que buscam otimizar suas possibilidades de atingir a felicidade. Essa busca pela felicidade engendra conflitos e injustiças. Porém, esses aspectos negativos são justamente o vetor do progresso cultural, já que contribuem para tornar possível a realização da autonomia moral. Porém, esse progresso se produz sem o conhecimento dos agentes, e até mesmo contra suas intenções expressas. O sentido objetivo da cultura é atribuído por Kant a uma intenção oculta da natureza, uma intenção em que se desvela o *status* de criação que pertence à natureza; enquanto a natureza é designada para a realização de um fim, o Bem no sentido moral do termo, que a transcende, ela remete para além de si, a um Deus cuja onipotência de Criador reúne sabedoria e bondade (cf. *Crítica da faculdade de julgar*, § 84-86). Assim, somente o filósofo parece apto para decifrar o sentido da cultura e, através dela, o sentido da natureza. No entanto, é preciso tomar cuidado com certo aspecto. A dialética kantiana da cultura não é uma lógica do processo diacrônico (como a dialética hegeliana e suas heranças de Marx), mas uma lógica da ambivalência sincrônica. Cada realidade cultural é ao mesmo tempo um produto do eudemonismo egoísta dos indivíduos e uma contribuição para o progresso cultural. Essa dialética da cultura permite a Kant uma síntese das posições opostas que inflamaram os filósofos das Luzes desde a publicação dos "brulotes" de Rousseau.

4.1.5. O direito como condição de possibilidade para a coexistência pacífica das liberdades individuais

Os confrontos e os conflitos são consequência inevitável da busca pela felicidade. Se esses antagonismos são o instrumento necessário para o nascimento e o progresso da cultura, são também o obstáculo mais temível com que se chocam os efeitos benéficos da civilização. O progresso da cultura só é possível, portanto, se reina a paz entre os cidadãos de um Estado, em primeiro lugar, e entre os Estados, em segundo. Cabe ao direito estabelecer e garantir essa paz, criando as condições institucionais para a coexistência pacífica das liberdades. O problema do direito é abordado por Kant de duas perspectivas diferentes, mas complementares. A primeira é empírica, propondo algo como uma história natural do direito. Os conflitos que resultam do uso egoísta de uma liberdade de ação que é ordenada à busca da felicidade provocam o surgimento de uma regulamentação institucional do uso individual da liberdade (o direito) e o progressivo estabelecimento de uma sociedade civil regida pelo direito. Esse processo só poderá pacificar de modo duradouro as relações entre os indivíduos caso seja perfeitamente justo. Porém, uma legislação que baste para essa necessidade de perfeita justiça precisaria da intervenção de um legislador também perfeitamente justo, condição claramente irrealizável. Da mesma forma, a noção de uma sociedade civil perfeitamente justa permanece como Ideia, um ponto de fuga que norteia a reflexão e o agir políticos (cf. *Ideia para uma história universal com um propósito cosmopolita*, teses 5 e 6). Disso se depreende a necessidade de uma segunda perspectiva, dessa vez puramente racional. A tarefa dessa segunda perspectiva é expor o conceito de direito tal como correlacionado à Ideia de um legislador perfeitamente justo. Esse conceito tem seu princípio na noção rousseauniana de vontade geral: "A pedra de toque de tudo o que pode ser outorgado a um povo como lei se encontra na questão: um povo imporia a si próprio tal lei?" (*Resposta à pergunta "O que é o Iluminismo"*, A 489). Uma norma jurídica só é legítima se podemos concebê-la como uma norma que "poderia ter surgido da vontade reunida de todo um povo" (*Teoria e prática*, A 250). É evidente que o "contrato social" é uma "Ideia da razão", e não uma realidade histórica; porém, essa ideia goza de uma "realidade prática" (ibid.), definindo as condições para que uma Ideia seja considerada justa e possa exigir ser reconhecida como legítima, à qual se deve obediência; de acordo com o princípio republicano da vontade geral, a legitimidade das imposições do Estado que sancionam a transgressão das normas jurídicas está baseada na convicção de que cada indivíduo teria legislado da mesma maneira se lhe coubesse fazê-lo (encontramos assim, no nível jurídico, a identidade entre o legislador e o governado, que é a característica formal da autonomia).

Ao princípio formal da vontade geral corresponde o princípio material da limitação das liberdades individuais como condição para sua compatibilidade: "O *direito* é a limitação da liberdade de cada indivíduo segundo a compatibilidade com a liberdade de cada um, na medida em que tal liberdade é possível em conformidade a uma lei universal; e o direito público é a quintessência das leis exteriores que tornam possível tal compatibilidade" (ibid., A 234). Como a ideia de limitação por outrem implica a ideia de coerção, as leis jurídicas (em um contraste com as leis morais) devem ser caracterizadas pela coação exterior que as acompanha. Essa limitação da liberdade de cada um respeita a liberdade individual de escolha e de ação na medida em que se destina a essa única finalidade: a coexistência pacífica das liberdades. O ponto alto da concepção kantiana do direito consiste novamente na recusa a todo tipo de eudemonismo: a finalidade do direito não é a realização da felicidade de todos ao preço da renúncia à liberdade de cada um (em oposição a Hobbes), mas somente a garantia das condições que permitem a cada um buscar livremente a felicidade de acordo com sua concepção pessoal de felicidade. Essas condições são a *liberdade* do homem, a *igualdade* de todos diante da lei e a *independência* do cidadão (ibid., A 235). As normas jurídicas, portanto, não estão diretamente destinadas ao progresso da cultura; a contribuição do direito é bem mais indireta: as limitações que o direito impõe para o uso da liberdade individual regulam o confronto dos egoísmos e o enfrentamento das paixões por meio de uma rivalidade recíproca que se abstém do uso da violência.

Essa concepção liberal do direito e do Estado restringe o alcance das leis jurídicas na regulamentação das ações e dos comportamentos individuais; tal concepção exclui as motivações para ações e comportamentos. Isso significa que o direito e o Estado não se interessam pelo problema que está no cerne da concepção kantiana da liberdade como autonomia: o móbil para o qual se adota uma máxima. Ora, é essa questão que decide o caráter moral do indivíduo. Ou seja, o problema da moralidade ou da virtude não é nem um pressuposto, nem uma consequência da regulamentação jurídica dos comportamentos e das ações. Porém, não há disjunção completa entre o direito e a moral, mas, sim, identidade material parcial de seus preceitos: enquanto o direito respeitar a Ideia da vontade geral como princípio regulador, não poderá prescrever uma ação cuja máxima seja incompatível com a lei moral, nem proibir uma ação cujo cumprimento é exigido por essa mesma lei. No entanto, essa identidade material parcial não poderia ocultar o que distingue formalmente o preceito jurídico do preceito moral: o motivo da obrigação. O preceito jurídico se baseia na coação (ameaça de sanção), enquanto o preceito moral se firma no respeito à lei fundamental da razão prática pura. Essa distinção formal faz com que Kant distinga de modo rigoroso a comunidade jurídica da comunidade moral. A primeira constitui a sociedade estatal das pessoas livres, detentoras de direitos e responsáveis por seus atos; a segunda, a sociedade moral das personalidades autônomas, pessoas cuja vontade é unicamente determinada pelo respeito à lei moral. Somente a sociedade moral das personalidades autônomas realiza a Ideia de um "Reino dos fins". Evidentemente, os membros de ambas as sociedades podem ser os mesmos: uma pessoa livre pode ser uma pessoa autônoma. Mas a liberdade jurídica não implica nem pressupõe a autonomia moral. Da mesma forma, o estabelecimento de um estado de direito republicano não seria uma condição suficiente para a realização da autonomia moral. A "Ideia da moralidade" almejada pela cultura remete para além da esfera do direito e não pode ser garantida nem pela legalidade do direito, nem pela paz perpétua entre as nações.

4.1.6. A religião como realização da autonomia

A passagem da legalidade à moralidade é o tema fundamental da filosofia da religião. De fato, para Kant essa passagem não pode ser compreendida como uma evolução ou um simples progresso, mas deve ser concebida como uma transformação radical, a que Kant não hesita em aplicar o termo "revolução": "A formação moral do homem não deve começar pela melhoria dos costumes, mas, sim, por uma transformação no modo de pensar e na inauguração de um caráter" (*A religião nos limites da simples razão*, AA VI 48). Essa tese dificilmente aparenta compatibilidade com a função reconhecida por Kant para a cultura, nem com a tese de que "a Ideia da moralidade ainda faz parte da cultura" (*Ideia de uma história universal de um ponto de vista cosmopolita*, tese 7, A 402s). No entanto, é compreendida sem dificuldades se lembramos as premissas rousseaunianas da filosofia kantiana da cultura: o motor do progresso cultural é a busca da felicidade, com o cortejo de conflitos e confrontos, desigualdades e opressões que engendra; obedece assim ao princípio do eudemonismo. Sem o eudemonismo, o que determina a vontade para a adoção de uma regra de conduta é a busca do bem-estar. Logo, a máxima fundamental a que o eudemonismo obedece é a inversão da máxima que caracteriza uma vontade boa: adotar uma regra de conduta simplesmente por respeito à lei moral, sem interesse especial nas consequências, aproveitáveis ou daninhas, de tal conduta. A máxima fundamental do eudemonismo confere assim à vontade de que ela é a máxima o caráter de uma vontade má, de uma vontade inclinada a deixar-se guiar em suas escolhas pelo interesse que o indivíduo nutre naturalmente por seu próprio bem-estar. Kant chega assim a formular um conceito de mal que lhe confere um conteúdo de realidade específica: o mal não seria simplesmente um déficit ou uma ausência de perfeição, mas, sim, a perversão do caráter, manifestando-se em uma inversão do que leva a vontade a adotar uma máxima.

Dessa forma, a tese de Kant afirma que a passagem do Mal para o Bem não pode ser compreendida sob o modelo de um aperfeiçoamento (justamente porque o mal não é apenas a carência ou deficiência do Bem), mas deve ser concebida sob o modelo de uma revolução, no sentido mais literal da palavra. O progresso da cultura e o refinamento dos costumes não bastam para provocar essa revolução. É nessa solução de continuidade entre cultura e moralidade que se insere a religião. Como a Ideia de moralidade expõe o sentido da cultura, a religião não se relacionará com a cultura como uma simples negação (contrariamente ao que proclamaram certos representantes da "teologia dialética" dos anos 1920, cujo expoente maior foi Gogarten). Porém, a religião também não poderá se relacionar com a cultura como uma simples confirmação, conferindo algo como uma consagração teológica à civilização moderna, ou a suas sublimes manifestações (conforme compreenderam certos representantes do que ficou conhecido como *Kulturprotestantismus*). Entre a religião e a cultura, Kant concebe uma relação mais sutil que esses dois modelos simplistas, uma relação atenta às ambiguidades da cultura moderna. A religião desvela o sentido da cultura, um sentido que permanece oculto para seus agentes; ela permite decifrar na cultura uma preparação para a autonomia. Porém, esse decifrar só é possível através de uma crítica da cultura, ou, antes, de uma crítica da intenção subjetiva que preside a atividade cultural dos indivíduos.

A orientação natural do ser humano consiste na busca da felicidade. Essa tendência natural o leva a obedecer à lei moral somente na medida em que tal obediência não oferece ameaça a sua felicidade. Nesse sentido, essa tendência está na origem de uma "inclinação para o mal" no ser humano; a maldade do homem não depende, portanto, de regras de conduta e de ação a serem adotadas, mas, sim, das prioridades de que tal escolha depende. Enquanto o indivíduo se deixar guiar pela busca do bem-estar e da felicidade, sua vontade estará determinada por suas tendências patológicas, que dependem, por sua vez, dos antecedentes biográficos da pessoa e de seu caráter empírico. Inclinado para o mal, o homem só poderá seguir o que determinar sua natureza patológica, seus desejos, tendências e interesses. A inclinação para o mal é assim o princípio de uma servidão da vontade. Tão apreciada pelos modernos, a liberdade para escolher o Bem ou buscar a felicidade em função de uma escolha racional se revela somente na dissimulação de uma submissão do indivíduo ao que escapa a seu poder discricionário. O livre-arbítrio dos modernos é de fato uma escravidão, a determinação do arbítrio pelas paixões e pelas tendências humanas. Com essa reformulação do conceito de mal, Kant propõe uma reformulação da doutrina reformadora do pecado. O pecado é a servidão do homem, uma servidão que não se exprime prioritária e necessariamente em certos atos repreensíveis, mas em uma atitude do coração, em uma orientação do homem interior, com os olhos voltados em primeiro lugar para si mesmo e sua felicidade. Portanto, a autonomia moral, como verdadeira liberdade do homem, requer efetivamente uma "revolução no modo de pensar".

Essa revolução consiste na adoção do que Kant chama de "máxima da santidade" (*A religião nos limites da simples razão*, AA VI 47). Essa máxima é a intenção firme e habitual de obedecer ao dever, ou seja, de adotar uma máxima unicamente porque tal máxima está de acordo com a lei moral. A "máxima da santidade" é o princípio da virtude, qualificando uma vontade como vontade boa. A adoção dessa máxima não pode ser o fruto de uma simples melhoria nos costumes. Essa melhoria só diz respeito à "legalidade das ações" logo, aos comportamentos, e não aos motivos dos comportamentos, enquanto a "máxima da santidade" requer uma "transformação do caráter", uma "modificação do coração" (ibid.). Essa transformação é o objeto da religião. Em um sentido objetivo, então, o conceito de religião designa a transformação do coração que torna o homem capaz de adotar a máxima de santidade.

Um indivíduo cuja vontade fosse determinada pela máxima de santidade realizaria "a humanidade [...] em sua perfeição moral total", ou seja, a humanidade que dá sentido à criação e, por extensão, à cultura (ibid., AA VI 60). Esse "Ideal da perfeição moral" só pode ser concebido sob a forma de uma "Ideia de um homem que não se contentaria com desencarregar-se de todo dever humano e espalhar o Bem o máximo possível através do ensino e do exemplo, mas que, além de tudo isso, ainda que fosse alvo das mais fortes tentações, estaria disposto a assumir todos os sofrimentos até a morte mais vergonhosa por aquilo que havia de melhor no mundo", ou seja, sob a forma da Ideia de um "Filho de Deus" (ibid., 61s). Essa Ideia é uma Ideia prática, que representa o Ideal da personalidade autônoma; não implica, portanto, crença alguma em acontecimentos históricos, mas é uma Ideia necessária da razão enquanto razão prática. A Ideia do Filho de Deus representa a totalidade das condições sob as quais uma vontade boa (uma vontade que adotou a máxima de santidade) possui realidade como um Ideal ao qual nos devemos conformar, e ao qual sabemos *a priori* que é possível nos conformar. A existência histórica de um indivíduo que corresponde a essa Ideia (Jesus Cristo) não pode ser outra coisa, portanto, a não ser um "exemplo". Mas isso é suficiente para tornar esse exemplo histórico o autor de uma "revolução no gênero humano", já que apresenta a todos o exemplo do que devem e podem ser, incitando-os a tornar aquilo para o qual sua natureza de ser racional os destinou e determinou. Fichte se lembraria do momento em que ele fazia da exortação à liberdade a condição empírica para o acesso autônomo à autonomia (*Fundamentos do direito natural segundo os princípios da doutrina da ciência 1796-1797*, Paris, PUF, 1988, § 3), encontrando assim na figura crística (que, no entanto, ele não nomeia em parte alguma nesse texto) o princípio de uma interssubjetividade que repousa no reconhecimento recíproco de cada um como pessoa autônoma.

Pois este é o *paradoxo da autonomia*, um tema que atravessa toda a problemática protestante da liberdade. Ninguém pode tornar-se autônomo se não for de modo autônomo; uma autonomia à qual seríamos coagidos estaria fadada à destruição. No entanto, o homem empírico não é uma personalidade autônoma, devendo conquistar tal autonomia (e esse é um ponto decisivo que a bioética contemporânea tende a esquecer, como percebemos na confusão entre autodeterminação jurídica puramente descritiva ou fatual do paciente e sua verdadeira autonomia), cf. o verbete "Bioética" desta enciclopédia). Porém, ele só pode conquistá-la por si mesmo; de outro modo, a autonomia seria heteronomia. A "revolução" como conceito objetivo da religião consiste assim na apresentação desse paradoxo como o paradoxo fundamental da natureza humana. Nos termos das controvérsias do século XVI, isso equivale a encontrar na conquista humana da verdadeira liberdade (a liberdade do cristão) a função da religião. Para Kant, não há dúvidas de que essa liberdade implica, como um núcleo, a afirmação do livre-arbítrio. Mas esse livre-arbítrio é definido por Kant como a capacidade do arbítrio (poder empírico de adotar uma regra de ação) em ser determinado unicamente pela lei em que é enunciada a liberdade do homem como ser racional. O livre-arbítrio, então, não consiste na capacidade de escolher livremente o Bem (ou o Mal), mas de algo como a abertura de parênteses para essa questão em prol exclusivamente da questão moral do dever, ou seja, da conformidade com a lei moral. O arbítrio é livre quando renuncia a buscar em si mesmo (ou seja, na faculdade empírica de desejar) a causa que o determina a adotar uma regra de conduta. É a submissão do arbítrio à lei da autonomia que torna esse arbítrio um arbítrio verdadeiramente livre. A autonomia da vontade é, portanto, a condição necessária e suficiente para a liberdade do arbítrio; mas essa autonomia consiste no livre reconhecimento da obrigação incondicional da lei moral que se exprime sob a forma do dever (*Pflicht*). Esse paradoxo da autonomia é aliás suscetível a uma interpretação religiosa. Em um sentido subjetivo, a religião consiste no "reconhecimento de todos os nossos deveres como mandamentos divinos" (*A religião nos limites da simples razão*, AA VI 154). Cada pessoa pode assim interpretar sua autonomia em termos teológicos, enxergando na lei moral a expressão da Lei divina.

Com essa interpretação, Kant chega a reformular o paradoxo luterano da escravidão da vontade, tornando-a a chave de uma releitura religiosa da autonomia como crítica ao eudemonismo. Porém, é preciso não enganar-se quanto ao deslocamento que essa reformulação kantiana pressupõe. Para Lutero, Calvino e todo o conjunto dos teólogos do veteroprotestantismo, a dimensão teológica definia o contexto fundamental e fornecia as bases inequívocas para toda certeza. Foi a partir das convicções da fé e das certezas teológicas que a teologia do veteroprotestantismo abordou o problema da liberdade. Nesse sentido, a filosofia kantiana da autonomia modifica radicalmente as coisas, obrigando o protestantismo a repensar suas fontes normativas quanto à liberdade do cristão. Agora, é a certeza do sujeito autônomo que pretende servir como fundamento irrefutável. E é nessa certeza que Kant encontra o contexto de referência que lhe permite restituir certa plausibilidade às problemáticas do protestantismo reformador. Assim, Kant estabelece um jogo de correspondências entre a teologia protestante e o mundo cultural da modernidade. Em uma filosofia da autonomia que funda uma crítica da cultura e da história, o pensador nos convida a buscar o dispositivo geral que permite compreender a religião e a teologia como uma hermenêutica da existência humana em luta contra os paradoxos de sua condição quanto a ser de cultura e de sociedade. Esse dispositivo implica uma crítica radical das formas tradicionais das regulamentações eclesiásticas da religião, assim como das intervenções estatais no campo religioso (sobre isso, Kant acompanha Locke e se opõe às posições tanto de Hobbes quanto de Rousseau em *O contrato social*).

4.2. Liberdade e protestantismo: etapas da discussão do século XIX

Desde o início do século XIX, a modernização social, política, econômica e cultural provoca no protestantismo discussões conflituosas em torno do conceito de liberdade. Nessas discussões, unem-se controvérsias teológicas e posicionamentos políticos. Enquanto os representantes da vertente liberal estabelecem modelos de mediação que propõem uma interpretação do cristianismo protestante em categorias da autonomia da razão, os defensores de um protestantismo confessional ou conservador se colocam como os apologistas de modelos de integração, recorrendo a esquemas materiais cuja legitimidade só é plausível para quem reconhece as premissas particulares de sua posição teológica fundamental. O problema da liberdade se torna assim o índice de uma politização dos debates teológicos do protestantismo, sob um fundo que apresenta a questão da legitimidade de uma modernidade cuja concepção kantiana de autonomia forma a coluna normativa.

4.2.1. Liberalismo e reação: a liberdade entre autonomia e heteronomia

Na primeira metade do século XIX, o protestantismo de fala alemã passa a participar ativamente nos debates ideológicos que se seguiram às transformações sociais, políticas e econômicas inerentes ao surgimento da modernidade. Nesses debates, a temática da liberdade foi o lugar privilegiado para uma interação entre a interpretação filosófico-política do mundo moderno e a autointerpretação das tradições teológicas do protestantismo. Enquanto as correntes conservadoras criticam as reivindicações constitucionais, liberais ou democráticas, em nome de um conceito substancial de liberdade que se baseia em um supranaturalismo teológico, os movimentos liberais sublinham o valor da legitimidade teológica de uma interpretação crítica das tradições dogmáticas do cristianismo protestante, o que lhes permite decifrar os movimentos de emancipação que operam na modernidade como os representantes de uma forma de liberdade homóloga à autonomia da subjetividade, que é o próprio princípio do protestantismo. É assim que, recorrendo à filosofia kantiana, o racionalismo teológico da última década do século XVIII e dos primeiros trinta anos do século XIX correlaciona reformulação doutrinária e programa político. De um lado, valoriza-se a exigência religiosa da liberdade de consciência e o programa teológico de uma liberalização doutrinária, que passa pela crítica histórica das fontes normativas do cristianismo protestante (Bíblia, textos simbólicos) e pela interpretação crítica dos enunciados dogmáticos; de outro, prega reformas jurídicas (direitos fundamentais, como a liberdade da imprensa e da pesquisa científica, emancipação dos juízes etc.) e institucionais, visando à instauração de um regime constitucional e a uma reorganização da igreja protestante, que a emancipe da tutela do Estado, com a adoção de uma constituição de tipo sinodal. Mostrando a interdependência entre os aspectos teológicos e políticos da questão da liberdade, o racionalismo teológico propõe assim uma interpretação do cristianismo protestante como um vetor do progresso político e moral. A teoria kantiana da religião é um pressuposto fundamental desse programa: a razão não vale como princípio a partir do qual devem ser deduzidos os enunciados doutrinários, mas como a instância crítica que permite também tanto excluir dogmas que estão em contradição com a exigência moral de autonomia quanto interpretar o cristianismo como religião da liberdade.

Selada em nome de uma ideia moral e religiosa de progresso, essa aliança entre racionalismo teológico e liberalismo político deparou com a oposição da teologia do Avivamento e da teologia confessional, que se uniram com as correntes conservadoras. Esse conservadorismo teológico se tornou o adversário não apenas das posições racionalistas, mas também de toda forma de mediação entre o cristianismo e os ideais éticos ou políticos da modernidade. Aqui, também, a interpretação do cristianismo e a compreensão da liberdade estão em estreita correlação. Porém, dessa vez, a insistência religiosa na realidade do pecado e da justificação faz com que seja rejeitada uma liberdade concebida como autonomia. A verdade da religião deve articular uma ruptura radical, cuja explicitação teórica recorreria aos esquemas do supranaturalismo. Protótipo dessa ilustração argumentativa, a pequena obra de August Tholuck, *Die Lehre von der Sünde und vom Versöhner, oder die wahre Weihe des Zweiflers* (Hamburgo, Perthes, 1823, 1871; trad. franc. da 5ª ed. alemã: *Guido et Julius ou Lettres de deux amis sur le péché et le Rédempteur* [Guido e Julius ou Cartas de dois amigos sobre o pecado e o Redentor], Neuchâtel, J.-P. Michaud, 1842), opõe-se à mediação elaborada pela filosofia especulativa de Hegel, em resposta ao romance religioso autobiográfico de Wilhelm Martin Leberecht De Wette (1780-1849), *Theodor oder des Zweiflers Weihe. Bildungsgeschichte eines evangelischen Geistlichen* (2 vols., Berlim, Reimer, 1822), que propunha uma interpretação liberal da religiosidade romântica.

As propostas supranaturalistas fazem do pecado a marca de uma negatividade resistente a toda mediação especulativa. Assim, Julius Müller (1801-1878), professor em Halle, dedica sua obra principal à *Christliche Lehre von der Sünde* [Doutrina cristã do pecado] (1839, 2 vols., Breslau, Max, 1867). Contra toda tentativa de integração sistemática, o autor afirma, como único horizonte de pertinência da teologia cristã, a questão da constituição da subjetividade individual em sua concretude empírica. Logo, torna-se manifesto que a relação consigo, constitutiva da identidade pessoal, só pode dever-se a uma Personalidade absoluta estritamente transcendente. Essa insistência na instância transcendente acompanha uma crítica radical da tese kantiana da autonomia (t. I, p. 92-99). Enquanto o programa liberal postulava justamente a identidade da liberdade formal (ou negativa) e da liberdade material (ou positiva), Müller insiste na diferença irredutível que separa essas duas compreensões. A liberdade formal é o princípio de uma autoafirmação absoluta que nega os limites que a lei moral coloca para a realização positiva da liberdade (t. II, p. 7-50); essa liberdade, portanto, é o que permite compreender a possibilidade do pecado (t. II, p. 30s e 194-198). A liberdade material, por outro lado, é correspondência com a Lei de Deus como expressão da vontade daquele que está no princípio da subjetividade individual (t. II, p. 181-192 e 244-309).

A crítica da autonomia moderna em nome de um fundamento divino da lei moral (quando se usa o termo "teonomia"), com a qual se conforma um conceito teologicamente legítimo de liberdade, acompanha aqui um programa político conservador: em nome do reconhecimento de uma autoridade em sua forma determinada pelo princípio teonômico da lei moral, ele rejeita o parlamentarismo e a democracia, que participam da pura negatividade do mal, incapaz de gerar uma realidade determinada; e ele critica o desenvolvimento moderno da economia e da industrialização. A essa estrutura fundamental corresponde a antinomia entre a liberdade formal e a liberdade material. Como a liberdade só está conforme à constituição da subjetividade na condição de referir-se à lei moral como a seu critério material, é a normatividade particular de uma ética conservadora que enuncia tanto as condições de realização da subjetividade cristã quanto os critérios normativos de uma sociedade conforme a vontade do Deus criador, de quem depende o indivíduo em sua concretude empírica.

Assim, não é de espantar que a primeira edição da obra de Müller tenha provocado uma resposta severa de Wilhelm Vatke (1806-1882), professor berlinense, amigo de David Friedrich Strauß e defensor de posições democráticas. Em sua monografia sobre *Die menschliche Freiheit in ihrem Verhältnis zur Sünde und zur göttlichen Gnade* (Berlim, Bethge, 1841), Vatke propõe uma interpretação especulativa dos enunciados dogmáticos clássicos da justificação e da predestinação, defendendo uma concepção de liberdade que identifica no princípio democrático a realização concreta da liberdade cristã, tal como se exprime no amor do homem por Deus. Na aurora da revolução de 1848, outro representante da primeira geração do liberalismo teológico, o historiador dos dogmas Ferdinand Christian Baur (1792-1860), chega a localizar na ênfase sobre a liberdade a especificidade do protestantismo: "Nesse sentido, o princípio da subjetividade, a autonomia do sujeito livre, é o princípio do protestantismo; porém, trata-se apenas de um aspecto de sua essência, o aspecto subjetivo, ao qual se opõe o objetivo, que não lhe pertence menos essencialmente [...]. Tanto a liberdade e a dependência quanto a autoatividade e o condicionamento absoluto constituem a essência do protestantismo" (*Lehrbuch der christlichen Dogmengeschichte* [1867], Darmstadt, Wissenschaftliche Buchgesellschaft, 1979, p. 274). A tarefa de uma leitura especulativa surge então duplamente. Deve mostrar teologicamente que o fundamento "objetivo" da liberdade (Deus) é pensado de modo adequado somente quando é compreendido como a universalidade de onde provém e para a qual tende a liberdade. A realização política da liberdade deve assim ser reconhecida como o processo com que o Absoluto chega a sua realidade concreta no reconhecimento recíproco dos sujeitos livres. O estado de direito moderno, sendo o representante da universalidade, deve outorgar as formas jurídicas que correspondem às instituições eclesiásticas.

4.2.2. O programa do liberalismo teológico: Alois Emanuel Biedermann (1819-1885)

É com base nessa compreensão especulativa da liberdade que Alois Emanuel Biedermann, que foi aluno de Vatke, elabora o programa clássico do liberalismo teológico, conjugando especulação teológica e liberalismo político. Esse programa é apresentado em sua primeira obra, *Die freie Theologie oder Philosophie und Christenthum in Streit und Frieden* (Tübingen, Fues, 1844), manifesto redigido em reação aos tumultos político-eclesiásticos contra os governos liberais pelas forças reacionárias, após a nomeação de Strauß em Zurique (1839). O ponto alto dessa concepção consiste em considerar a compreensão especulativa da religião um caminho para que o "indivíduo" se eleve a sua "essência universal eterna" (p. 176), ou seja, ao que Kant chamou "personalidade moral", sem recorrer a nenhum tipo de mediação exterior, de ordem simbólica, institucional ou doutrinária. A teologia especulativa opera assim uma autonomia no campo da religião e da teologia.

De modo mais específico, quanto à teologia como disciplina universitária, tal exigência de autonomia é explicitada em uma tríplice petição por liberdade científica. "A ciência é livre quando, primeiro, tem seu princípio no interior do espírito humano, em vez de recebê-lo do exterior; segundo, quando, no desdobramento desse princípio, segue as leis imanentes do espírito e não é determinada por nenhuma autoridade exterior; terceiro, quando dela resulta uma forma autônoma. É o caso da forma de teologia que desenvolve o conceito especulativo da religião em uma ciência completa; por isso, chama-se teologia livre" (p. 177). Essa exigência normativa vale para a liberdade tanto no sentido negativo (ausência de coerção exterior) quanto no positivo (livre desenvolvimento de seu conteúdo). A primeira exigência é de ordem política; já a segunda está ligada à tarefa própria à teologia (p. 193). O programa do liberalismo teológico retoma a exigência política dos direitos fundamentais que são a liberdade de imprensa e a liberdade de pesquisa, defendendo a garantia estatal para a autonomia da pesquisa, inclusive na área teológica (cf. p. 199s). "Somente a livre teologia compreende a liberdade formal e a diversidade da ciência teológica dela resultante como uma perfeição, que tem suas bases, evidentemente, na imperfeição ou, dito de outra forma, na finitude humana [...], e somente essa perfeição pode tornar a finitude humana um agente da universalidade divina do Espírito, que supera toda forma particular" (p. 200).

Porém, o programa político-teológico do protestantismo liberal não se limita a isso, mas propõe uma profunda reforma do Estado, regido pelo estado de direito, representando a universalidade em face dos interesses particulares dos indivíduos; a essa reforma deve corresponder uma reforma da igreja, que será evidentemente uma igreja nacional (*Landeskirche*), mas não uma igreja do Estado. O Estado deve não somente garantir a liberdade de consciência (p. ex., estabelecendo um estado civil independentemente dos registros eclesiásticos), mas também a liberdade de consciência, ao suprimir a obrigatoriedade dos símbolos eclesiásticos. Esse programa de reforma eclesiástica mostra os limites do programa liberal, que pressupõe a identidade extensiva do corpo estatal e do corpo eclesiástico (todos os cidadãos são membros da igreja, e reciprocamente). Claro, não ignora o problema da presença de uma comunidade judaica e da dualidade de fato das igrejas cristãs. Porém, não está suficientemente atento à diferença, frisada por Kant, entre a comunidade jurídica dos cidadãos (cujo princípio é a legalidade das ações) e a comunidade moral das pessoas (cujo princípio é a moralidade dos móbeis). Assim, a posição de Biedermann está exposta a dois perigos: reintroduzir um critério material heterônomo na definição da religião (aqui, o cristianismo) e sacrificar a capacidade de criticar a cultura inerente à religião. São riscos inseparáveis a toda tentativa de restituir na modernidade, ao cristianismo institucional, um papel de integração social global. Em sua forma especulativa, a teologia liberal fracassaria por ter desejado formular um conceito de liberdade em que as dimensões negativa e positiva são por demais ligadas uma à outra. A liberdade como autonomia oferece o contexto categorial em que pode desdobrar-se especulativamente o conteúdo do cristianismo; porém, os elementos materiais que essa liberdade deve inevitavelmente assumir marcam as fronteiras do programa: os fenômenos de diferenciação social e ideológico deparam com um limite normativo. O protestantismo liberal então faz jus ao nome, recusando-se a renunciar à liberdade para que a verdade triunfe, preferindo que a universalidade do cristianismo especulativo seja reduzida a uma posição particular dentre outras, e que seu próprio programa de uma correspondência entre Estado democrático e protestantismo liberal (fundada pelo desenvolvimento autônomo do Espírito) seja condenado à obsolescência teológica e política.

4.2.3. Uma hermenêutica da experiência subjetiva: Albrecht Ritschl (1822-1889)

Se durante a primeira metade do século XIX as discussões sobre o tema da liberdade se caracterizaram pela preponderância dos debates políticos que culminaram na revolução de 1848, são as questões levantadas pelo progresso das ciências biológicas que dominam os debates na segunda metade do mesmo século: diante do positivismo das ciências da natureza, que tende a impor uma imagem determinista do mundo, negando até mesmo a possibilidade da liberdade, a teologia protestante busca afirmar a independência do espírito humano em relação ao determinismo das leis naturais. Esse questionamento é o ponto de partida para as reflexões de Albrecht Ritschl, que o faz adotar posições do kantismo. Para Ritschl, a questão teológica fundamental está na formulação das condições de uma mediação entre a dependência em relação a Deus e a liberdade de ação. Porém, no contexto cultural da segunda metade do século XIX, essa questão deve ser mais específica: o homem tem consciência de sua liberdade como atividade espontânea, e essa consciência se vê em uma posição incômoda diante de um determinismo que integra o agir humano em uma rede causal do mundo natural ou social. A religião, portanto, deve ser o advogado da independência do espírito humano em face dos determinismos que denunciam essa independência como ilusória. Assim, a dependência em relação a Deus deve ser interpretada de um modo que exclua a ideia de uma estrutura homóloga ao determinismo causal. O interesse ético em uma explicitação não antinômica da liberdade implica uma concentração na consciência-de-si do sujeito que age, assim como a rejeição a uma perspectiva metafísica que se encontra prisioneira da ótica ontológica em que é impossível dar conta da liberdade.

Afirmar a liberdade em nome da dignidade específica do espírito humano, em sua diferença em relação à natureza, significa necessariamente definir a liberdade de um modo a ressaltar sua estrutura reflexiva. Toda liberdade é autodeterminação. Ora, a própria lógica do conceito de determinação exige uma perspectiva teleológica que indique o fim para o qual as pessoas se determinam. Se a autodeterminação deve excluir toda espécie de determinismo causal, seja natural, seja social, a finalidade que essa autodeterminação formulará deve ser capaz de integrar a diversidade dos momentos particulares. A universalidade da finalidade constitui a identidade construída em torno de um duplo gesto de integração: ela determina a diversidade das motivações particulares pela ideia de uma finalidade individual que vale como esquema de integração supraindividual. Essa Ideia de uma teleologia supraindividual cujo conteúdo é idêntico ao princípio que organiza a identidade do sujeito individual é a Ideia do reino de Deus que conjuga a Ideia do Bem supremo como finalidade subjetiva universal e como teleologia objetiva do mundo estabelecida por Deus. A interpretação protestante do cristianismo permite decifrar o cristianismo como o meio de uma hermenêutica da experiência subjetiva da liberdade, capaz de traçar o horizonte objetivo da liberdade ao mesmo tempo que reconhece a legitimidade das formas, particulares e socialmente determinadas, do agir ético dos indivíduos.

Apesar do retorno a Kant, Ritschl não segue o filósofo quanto à prioridade sistemática atribuída à lei moral, mas permanece fiel a uma interpretação especulativa que busca na finalidade última da cultura o princípio fundamental da liberdade que a põe a salvo de toda contestação empírica. A afirmação da liberdade garantida pelo conceito de reino de Deus como finalidade última do mundo permanece como uma simples asserção. Essa afirmação é a interpretação que a comunidade cristã dá de seu agir no mundo. Porém, como a interpretação religiosa do indivíduo é considerada incompatível com a imagem do mundo que as ciências modernas construíram, a objetividade da ideia do reino de Deus permanece uma simples convicção subjetiva. É o preço a ser pago por aqueles que recusam a pertinência teológica de toda metafísica.

Jean-Marc Tétaz

5. A dimensão teológica da liberdade no protestantismo moderno e contemporâneo

5.1. A teologia liberal e o questionamento de Troeltsch

Na linhagem do neoprotestantismo, sobretudo após Ritschl, foi comum que as teologias liberais passassem a privilegiar a continuidade entre a categoria ética da liberdade e a mensagem do evangelho. Ritschl, por exemplo, não conseguiu demonstrar que a ética teológica moderna, apoiando-se na liberdade formal da vontade, está em um nível totalmente diferente do que afirmou Lutero com sua vontade escrava. Discutindo o curso da "moral teológica" direcionado por Ritschl em 1882, Helga Kuhlmann fulminou: "De acordo com Lutero, é para a liberdade que os homens são libertos no ato divino: Deus livra os homens dos poderes da morte e do pecado, e esse ato é cumprido na cruz de Jesus Cristo. Essa liberdade só pode ser descoberta no próprio homem; ela não é autônoma. Porém, ela torna possível a autonomia no sentido da autoatividade e da liberdade humanas, exigindo tal postura e colocando-a a serviço do amor" (p. 119). Ritschl faz com que se interpenetrem reino de Deus, amor e juízo de valor, o que o levou inevitavelmente a subestimar a originalidade da liberdade cristã. De nosso ponto de vista, permanece então, acima das confluências entre liberdade dos evangelhos e liberdade dos modernos, um *desengate* fundamental, em toda a teologia protestante, entre a mensagem bíblica (supraética!) da liberdade e a exigência moderna de autonomia, tentada a fechar-se em sua ética autossuficiente. Isso mostra que os paradoxos inaugurados por Paulo e aprofundados radicalmente por Lutero não deixaram de inquietar e agitar os herdeiros protestantes de Kant e das Luzes, em um contexto cultural sempre em transformação.

Encontramos assim uma perspectiva similar à de Ritschl — inclusive a recusa à metafísica — na obra clássica de Adolf (von) Harnack (1851-1930), *L'essence du christianisme* [A essência do cristianismo] (1900, Paris, Fischbacher, 1907). Harnack ficou conhecido por afirmar que no cristianismo está o anúncio do reino de Deus, a valorização da alma humana individual e a proclamação da justiça, que para o teólogo se unem à mensagem libertadora da Reforma — algo que a helenização do evangelho obscureceu e que o catolicismo não conseguiu que emergisse em toda a sua radicalidade. Ao mesmo tempo, segundo o projeto de Ritschl, a abordagem da liberdade não se limita a uma visão puramente individualista: Harnack leva em consideração o programa social do evangelho, ampliando para esferas concretas, como o trabalho humano, as implicações do reino de Deus e de sua justiça. Porém, também aqui, o amor como categoria ética tende a tomar a frente da liberdade cristã como subversão paradoxal da autonomia.

Já Wilhelm Herrmann (1846-1922), que julgou demasiado o apego de Ritschl à teoria dos valores de Hermann Lotze (1817-1881) e identificou o amor escatológico de Deus com um julgamento axiológico, elaborou uma concepção bem mais radical e criativa da ética cristã da liberdade (cf. sua obra *Ethik* [1901], Tübingen, Mohr, 1913). O cerne do problema, de acordo com Herrmann, estava de fato na articulação entre a moralidade (*Sittlichkeit*) e a religião. Ora, tal articulação só podia ser, para ele, o resultado de um duplo combate, da moralidade consigo mesma e da moralidade com a religião. Se a autonomia ética deve estar garantida, na linha reta de Kant, e se a liberdade da vontade deve ser objeto de um aprofundamento específico, a ética cristã só poderia radicalizar tal autonomia, arriscando-se a fazê-la implodir. Portanto, a originalidade da posição de Herrmann consistiu no reconhecimento de uma luta no cerne da moralidade. Confrontada com a experiência do mal radical, a lei moral não podia livrar do dilaceramento a existência ética. Ora, é justamente esse conflito, inerente ao exercício da moralidade, que justificava a passagem (por assim dizer, necessária) da ética à religião e da simples liberdade do querer à potência libertadora do evangelho. A operação sobre si mesmo da reflexividade moral, com sua elaboração da liberdade do querer, exibia uma contradição em ato (*Widerspruch*), a partir da qual nenhum tipo de autonomia incondicional da ética poderia mais fazer valer seus direitos. Assim se cavou, segundo Herrmann, uma brecha no interior da liberdade do querer; quanto mais acreditamos que podemos nos tornar livres, mais nos descobrimos atados, endividados (p. 65). Herrmann conferiu assim uma cor bastante viva à radicalidade da experiência cristã da libertação de si. Sua influência foi determinante tanto em Barth como em Bultmann (cf. C. Chalamet). Porém, o que foi ganho em interioridade e radicalidade teve seu preço: de fato, era grande o risco de que a ética da liberdade se concentrasse essencialmente na subjetividade, em detrimento das dimensões sociais e políticas que a ênfase no reino de Deus contribuíra para trazer à luz, em autores como Ritschl ou mesmo antes, com Richard Rothe (1799-1867).

Em sua reinterpretação crítica da ética protestante, Ernst Troeltsch (1865-1923), embora se inserisse, de início, na linha da escola ritschliana, afastou-se com o tempo do subjetivismo de seus mestres, tal como apresentado por Wilhelm Herrmann em sua obra *Ethik*. Sua insistência na individualidade foi corrigida por uma abertura para uma dimensão mais objetiva e institucional de uma ética da cultura moderna, com as consequências que tal reestruturação implicava para a compreensão da liberdade. Nesse sentido, retomou a solitária linha traçada por Richard Rothe, mas sem acompanhar Rothe em sua visão extrema de uma supressão final da religião e da igreja em prol do secularismo da ética e do Estado. Recorreu assim a uma interpretação menos subjetivista e menos romântica da ética schleiermachiana, enfim reconhecida em sua ênfase filosófica na doutrina dos bens.

Troeltsch deplorava a sobriedade de Herrmann, que se contentou em afirmar a irracionalidade da liberdade e também, em outros momentos, do mal, mas sem aprofundar o sentido desses conceitos. Herrmann opôs-se com razão ao monismo das éticas da felicidade, mas deduziu rápido demais a estrutura da ética de sua interpretação do cristianismo mediante uma "intrusão algo agressiva da doutrina eclesiástica do pecado original".

Troeltsch reconheceu que, na obra de Herrmann, o conceito do mal e da falta, assim como o conceito da força do bem, balizavam o caminho que leva da ética geral à ética cristã. Porém, a ética cristã não modifica os conceitos éticos gerais: quanto ao *conteúdo*, há *total identidade* entre ambos. A função da ética cristã se reduz a *buscar a ajuda necessária* para o cumprimento do ideal estabelecido previamente: "A moralidade cristã não traz nada de novo e nada de específico na determinação da finalidade ética" (*Grundprobleme der Ethik* [1902], em *Gesammelte Schriften* II [Obras completas II], Tübingen, Mohr, 1922, p. 587).

Para Ernst Troeltsch, o impasse ao qual chega Herrmann se deve a sua enorme dependência do formalismo kantiano (o mesmo que Schleiermacher quis superar). O cristianismo, para Herrmann, resume-se finalmente na "realização da autonomia ética através da confiança em Jesus" (ibid., p. 590). O conteúdo ético se segue naturalmente a isto, já que o cristianismo opera como uma intervenção miraculosa (*Wunder*) para que se realizem as ações desse conteúdo. Permanece assim um dualismo intrínseco, imunizando o cristianismo contra seus próprios recursos éticos e deixando a ética mundana abandonada a sua autonomia.

Na aguda crítica de Troeltsch se anuncia seu engajamento por *uma ética cristã social deduzida de modo imanente das fontes internas do cristianismo*, tornando-se assim *capaz de questionar criticamente e transformar politicamente o* éthos *ambiente*. É esse programa teológico (que de longe ultrapassa uma simples curiosidade histórica ou sociológica) que

Troeltsch desenvolve nos *Soziallehren*. Essa posição corajosa do teólogo não foi reconhecida plenamente, sobretudo por seus adversários da primeira "teologia dialética", que se apressaram a ver no projeto de Troeltsch uma dissolução "liberal" da especificidade cristã. Se Barth e seus amigos tivessem captado melhor a crítica troeltschiana a Herrmann e o sentido exato de sua leitura de Schleiermacher, teriam ao menos reconhecido a legitimidade da problemática *teológica* de Troeltsch, quando recorre a uma dedução da ética cristã a partir de recursos próprios ao cristianismo e de fato em consonância com o movimento socialista.

A distinção operada por Troeltsch entre o tipo-Igreja, o tipo-Seita e o tipo-Místico fornece os meios de diferenciação das abordagens à liberdade e à tolerância (cf. *Christianisme e societé* [Cristianismo e sociedade], p. 20ss). Enquanto o tipo-Igreja privilegia a imposição, o tipo-Seita exige neutralidade do Estado e reivindica concessões externas por parte das igrejas estabelecidas e dos governos. "Porém, no interior de seus grupos, as seitas só conhecem pouco ou nada de tolerância, pois ali reina a lei bíblica" (p. 21). Para Troeltsch, o tipo-Místico, ainda que importante para a gênese da autonomia, também tropeça no problema da tolerância e da liberdade de consciência, já que o espiritualismo, com seu individualismo relativista, torna-se incapaz no final das contas de arbitrar comunitariamente a diversidade das expressões de liberdade.

No final do imponente percurso histórico e sociológico dos *Soziallehren*, Troeltsch conclui que a ética cristã "possui uma teoria metafisicamente fundada da personalidade e da individualidade" (p. 26), que pode concretizar-se em uma moral social e sustentar o engajamento dos cristãos em marcha rumo ao Reino: "A ideia do reino de Deus por vir, que não é outra coisa senão a crença na realização final do Absoluto [...], longe de esvaziar o mundo e a existência de seu valor [...], estimula, pelo contrário, as energias humanas e, através das diversas fases da experiência, solidifica o espírito na certeza de que um significado e um fim últimos e absolutos estão designados para a atividade humana" (p. 27). Assim se verifica o programa ético de Troeltsch, com seu desejo de priorizar novamente a doutrina de Schleiermacher dos bens e dos fins (*Gütelehre*), evitando os impasses de uma ética limitada à virtude e ao dever individuais. O jovem Barth também seria obrigado a enfrentar essa "metafísica da liberdade" (cf. a conferência feita por Barth em Genebra, em 1911: excertos em D. MÜLLER, 2005, p. 259-267).

5.2. Rudolf Bultmann (1884-1976): liberdade grega e liberdade cristã, uma reinterpretação

De todos os partidários da "teologia dialética", Bultmann é sem dúvida o que se esforçou de modo mais resoluto por afirmar o equilíbrio dialético entre a concepção grega e a concepção cristã de liberdade (a meditação ética e política de Hannah Arendt, de quem Bultmann foi aluno em Marburgo, deixaria traços nessa discussão, e Hans Jonas dedicaria um famoso estudo à concepção paulina de liberdade, em 1924). Bultmann acreditava ser fiel ao mesmo tempo à herança de Lutero e à herança de Kant, aderindo à liberdade interior, tal como o reformador de Wittenberg, mas também, tal como o filósofo de Könnigsberg, subscrevendo a racionalidade fundamental da liberdade humana. Teologicamente, a liberdade espiritual precisava ser acentuada: "A liberdade que a graça nos atribui é a liberdade interior". É um lugar de encontro, mas também de separação, entre a Antiguidade e o cristianismo: "Para a Antiguidade, a liberdade é adquirida por força própria do homem razoável e mestre de si mesmo; para o cristianismo, é o dom da graça libertadora de Deus". Assim, não há uma passagem *direta* da liberdade interior às liberdades civis e à responsabilidade ética. No entanto, inspirando-se na doutrina dos dois reinos de Lutero, Bultmann afirma a necessidade de laços *indiretos* entre esses dois níveis: "A graça que liberta o homem não faz com que ele saia do mundo nem de sua história, mas, ao contrário, faz com que ele seja reenviado ao mundo e à história como responsável" (t. II, p. 301). É desse modo que Bultmann dá conta do caráter intrinsecamente paradoxal da liberdade cristã.

As limitações do pensamento bultmanniano não surgem de modo menos agudo. Ao focalizar a liberdade sobretudo na dimensão individual e interior, Bultmann não consegue refletir de maneira realmente convincente na articulação entre a liberdade negativa e a liberdade positiva. O apelo à responsabilidade permanece assim confinado à responsabilidade pessoal, enquanto conviria pensar também, de forma

LIBERDADE

complementar, a dimensão institucional e social da responsabilidade. Além disso, a concentração do sentido teológico da liberdade na categoria de pecado e a recusa a toda reflexão propriamente dogmática (especulativa) impedem que Bultmann perceba o drama teológico e antropológico da liberdade, liberdade exposta tanto ao mistério do mal quanto ao mistério de Deus, em sua diferença, mas também em sua relação. Como resultado, temos um empobrecimento do *próprio mistério da liberdade*, que é percebida tanto através de lentes pietistas, algo típico da releitura kierkegaardiana do luteranismo, como também através de lentes racionalistas e voluntaristas, sem dúvida reveladoras de um neokantismo convencional e um tanto desgostoso de sua educação intelectual e filosófica.

5.3. Karl Barth (1886-1965): a liberdade no centro da doutrina de Deus e no motor da ética

Na obra de Karl Barth, a reflexão sobre a liberdade ganha em dimensão especulativa, reencontrando parcialmente as intuições de Hegel e Schelling. A liberdade se vê elevada dialeticamente ao nível do próprio ser de Deus, que "ama em liberdade" (*Dogmatique* [Dogmática] II/1**, § 28 [1940], Genebra, Labor et Fides, 1957). Não somente o ser de Deus é compreendido em seu próprio agir (atualismo), mas essa teo-lógica da ação, superando a rigidez de uma pura aseidade, abre-se para a presença do outro em Deus. "Ele não quer ser sem nós e não quer que sejamos sem ele", resume Barth (p. 20).

Barth reinterpreta com vigor o tema clássico da aseidade de Deus, mas de tal modo que a liberdade negativa, pela qual Deus se distingue absolutamente do que não é, aprofunda-se em uma liberdade positiva, determinando o que Deus é em si mesmo. Sem essa liberdade positiva, Deus não chegaria, por assim dizer, a unir-se ao homem, a manifestar-se ao homem em comunhão. Portanto, Deus é "livre em relação a sua própria liberdade" (p. 50); em sua liberdade negativa, mesmo sendo o Absoluto, nada o impede de entrar em relação com o que é distinto dele. A expressão fantástica sobre o ser de Deus "que ama em liberdade" indica que, para Barth, é o ser de Deus como amor que determina o conteúdo e a finalidade de sua liberdade. A liberdade de Deus, não mais que sua personalidade, não se torna objeto de uma especulação independente da autorrevelação de Deus em ato, da história de seu amor por nós ou da "intriga" de seu agir comunial. É nessa intriga que se apoiam as recepções narrativas de Barth, de Hans Frei na Escola de Yale e em Benoît Bourgine, para valorizar a contribuição dinâmica e libertadora do pensamento barthiano, uma vez suspensa a hipoteca de sua repetição neo-ortodoxa.

Essa quase hipótese da liberdade no coração de Deus está em correlação com a teoria barthiana do mal como nulo (*das Nichtige*), pois o mal é definitiva e radicalmente aniquilado e neutralizado no contato com o Deus de Jesus Cristo. De acordo com o método da analogia, sempre utilizado por Barth ("analogia da fé"), a liberdade humana que decorre do mandamento de Deus se insere em uma correspondência com a liberdade divina (*Dogmatique* III/4 [1951], ibid., 1964: o mandamento de Deus, o Criador). Passa-se assim, sem maiores problemas, do ser de Deus que ama em liberdade ao ser do homem que é, em Cristo, determinado pelo mandamento de Deus, portanto, em última instância, pelo amor e pela liberdade de uma criatura histórica, em marcha rumo ao Reino prometido em Cristo, dotado, pela presença da lei, de uma instância de estruturação. À imagem do Deus que ama em liberdade, a ética cristã desenvolve dialeticamente a liberdade na comunidade (a *Mitmenschlichkeit*) e a liberdade de viver. Barth especifica por fim os limites da liberdade: o homem só tem uma vida, é limitado; o homem é chamado (*Berufung*), em primeiro lugar, não apenas para exercer uma profissão (*Beruf*), mas para responder a sua vocação; o homem deve demonstrar ter o senso da honra, em outras palavras, não pode abstrair sua "reputação" dentre os homens. Esses critérios aparentemente tradicionais formam de fato o contexto natural em que é enunciada a limitação do ser humano e a determinação visível de sua liberdade em ato.

Como avaliar essa grandiosa arquitetura teológica? Em torno de Barth, as opiniões não cessaram de oscilar entre a admiração desmedida e a rejeição virulenta (cf. D. MÜLLER, 2005, cap. V sobre a recepção de Barth). Com a distância, a recepção dessa obra magistral se nuançou. Podemos notar dois tipos de observação crítica. Primeiro, Barth suporia de fato, sem ousar afirmá-lo diretamente, a fusão última, em

Cristo, do ser de Deus e do ser do homem, dessas duas liberdades por fim reconciliadas, sendo superada a cisão mortífera da modernidade. Assim como o pensamento do papa João Paulo II, mas de acordo com outras modalidades, o pensamento barthiano, em sua época, pretendeu subordinar a liberdade à verdade, portanto, definitivamente, ao próprio Deus. As consequências podem ser as de um conservadorismo político e eclesial; podem também alimentar um "entusiasmo" profético reconciliador. Essa forma de recepção se produz de modo bastante típico na concepção da teologia e da ética desenvolvida hoje nos Estados Unidos pelo teólogo metodista Stanley Hauerwas. Segundo, de acordo com Trutz Rendtorff, longe de ser antimoderno, Barth enfrentou teologicamente as consequências últimas da modernidade, buscando refletir sobre a liberdade dos modernos a partir da "autonomia radical de Deus". Esse movimento crítico é iniciado a partir do *Römerbrief* até chegar à *Dogmática*. "Karl Barth estabelece a teologia nas condições de autonomia, mas de tal modo que a posição da autonomia é inteiramente reivindicada pela teologia e é ocupada novamente a partir dela" (p. 227). Em vez de delimitar apologeticamente fronteiras para a autonomia, Barth transfere de fato as pretensões da teologia para o centro das exigências de autonomia. O princípio cristológico que comanda a *Dogmática* ocupa por toda parte essa posição crítica da autonomia radical de Deus, dissolvendo o mal, a religião e a igreja como instituição e, na política, levando a formas anarquistas de pensamento.

As críticas assim resumidas levantam os impasses do pensamento de Barth. Se admitimos, com Trutz Rendtorff e Michael Welker, que a teologia deve inserir-se no processo (em seus dois sentidos: jurídico e de desenvolvimento) da autonomia moderna, não estaríamos condenados a saturar teologicamente, como Barth, o espaço dessa autonomia, teologizando-o de uma ponta à outra? Cremos, pelo contrário, que é mais frutífero reconhecer a *diferenciação interna da autonomia*, assim como buscamos proceder nas várias partes deste artigo. Dito de outro modo, a interpretação teológica e crítica da liberdade implica atuar uma liberdade autêntica (e, portanto, também, uma autonomia realista e assumida, na ética) contra uma liberdade fantasmática, e implica também valorizar dialogicamente as vantagens de uma liberdade estruturada, sustentada em uma precedência e articulada em uma promessa, contrapondo-a às ilusões de uma liberdade ilimitada (potencialmente totalitária ou laxista, o que muitas vezes dá no mesmo). A teologia e a ética cristãs devem reconhecer na liberdade humana uma condição mais limitada e mais frágil, conforme à finitude do homem e à sua condição falível. *Splendor ac humilitas libertatis!* Se é verdade que a liberdade deve ser celebrada e magnificada, segundo a boa tradição protestante, também é certo que deve ser defendida e protegida contra interpretações libertárias e anarquistas. Humana liberdade, por ser dom, chamado e vocação de Deus. Nem mais, nem menos.

Tal desnível entre o ser de Deus e o ser do homem implica, em nossa opinião, levar em consideração o confronto permanente, por vezes trágico, sempre doloroso e estruturante, do homem com o mal, da liberdade humana com suas camadas de sombra e do não controlável. Pensar teologicamente a passividade constitutiva do homem é uma condição para que seja possível uma lógica cristã da ação, desvelando as potencialidades da liberdade positiva e os engajamentos libertadores que podem tornar plausíveis, no processo de autonomia e pluralidade democrática, a transcendência criadora de liberdade e a liberdade portadora de transcendência.

5.4. Paul Tillich (1886-1965) e a interpretação teológica da autonomia

Paul Tillich também se confrontou com a questão tipicamente protestante do *status* teológico da liberdade moderna. Para evitar as armadilhas tão supranaturalistas quanto moralizantes de toda forma de heteronomia, Tillich retomou a seu modo a categoria de teonomia conforme surgiu no século XIX (cf., acima, o item 4.2), mas sem aderir a traços conservadores. Sua ideia de teonomia está situada no cruzamento entre teorias pietistas da subjetividade e teorias liberais da religião (cf. sobre isso W. PANNENBERG, 1997, p. 332ss). O "princípio protestante" encontra então no americano Tillich sua formulação nesta expressão sintética: "A teonomia efetiva é uma ética autônoma sob a presença espiritual" (*Teologia sistemática*, São Leopoldo, Sinodal, 2005, parte IV: "A vida e o Espírito" [1963]). Tillich indica com isso o duplo movimento em que se concretiza a liberdade cristã na ótica protestante. De um lado, a teonomia se opõe aqui à heteronomia, que seria apenas uma submissão cega e alienante a princípios exteriores ou a leis rígidas (calcula-se então a distância entre Tillich e um Julius Müller, em cuja obra a categoria *teonomia* servia como suporte para um programa teológico e político conservador). Por outro lado, a teonomia no sentido tillichiano representa uma reinterpretação ao mesmo tempo construtiva e crítica da autonomia. Essa reinterpretação aceita o ponto de partida e o princípio que a autonomia constitui para o pensamento moderno, mas recusa a tendência à absolutização. A ética autônoma, típica da modernidade, é, portanto, conservada e confirmada, mas sob as condições teonômicas da presença do Espírito.

À sua maneira, original e poderosa, opondo-se tanto ao profetismo político-teológico de Barth quanto ao conservadorismo de Emanuel Hirsch (estigmatizado por Tillich em 1934, cf. *Écrits contre les nazis* [1932-1935] [Textos contra os nazistas 1932-1935], Paris-Genebra-Québec, Cerf-Labor et Fides-Presses de l'Université Laval, 1994, p. 215 ss), Tillich enfatiza a contribuição crítica e emancipadora do evangelho para um mundo moderno dilacerado e exposto ao domínio ideológico das "concepções de mundo". Tentando juntar os fios da ontologia e da existência, da racionalidade e da fé, da vida e do espírito, da história e do *eschaton*, insere uma definição dinâmica da autonomia no centro do mover reconciliador e unificador da presença espiritual. A liberdade não é mais somente o movimento da consciência ou do indivíduo, mas participa do processo mais amplo da vida do Espírito e da história do mundo. É importante afirmar, para evitar leituras harmonizantes das correlações tillichianas, que a teonomia do trabalho na realidade só pode cumprir-se escatologicamente, e dessa forma, cá embaixo, somente ao preço de uma luta constante contra os poderes destrutivos do demoníaco. É por isso que a libertação esperada passa por uma autocriação e uma recriação do sujeito e do mundo.

Se Bultmann refletiu na liberdade, em primeiro lugar, como algo interior, relacionado à responsabilidade pessoal; se Barth atrelou a liberdade ao ser do Deus de amor e a seu mandamento ético, Tillich enxergou na liberdade cristã, antes de tudo, a *participação ontológica* no movimento recriador da presença espiritual de Deus, concretizado prioritariamente no modo da criatividade. Trata-se de uma perspectiva exaltadora, não desprovida de um senso trágico, mas que encontra dificuldades para materializar-se em propostas de vida ou de ação. Também não se pode afirmar que é certo que tal perspectiva consiga explicitar as condições plurais da sociedade moderna, por não ter sido atenta o suficiente às formas sociais da autonomia. Nesse sentido, a teologia cristã deve imperativamente estabelecer um diálogo com uma teoria comunicacional como a de Jürgen Habermas, em que as condições sociais reais do mundo vivido são postas em relação com os diversos sistemas culturais e institucionais em que deve concretizar-se a exigência de liberdade, superando os entraves para a emancipação do sujeito e do cidadão.

5.5. A liberdade e o mal

Os paradoxos da liberdade no contexto moderno levaram a um crescente esfacelamento, confirmado de um modo alarmante por certos desenvolvimentos culturais e políticos atuais. Quando consideramos somente a questão da autonomia, a liberdade arrisca-se a tornar-se figura programática de uma modernidade limitada à racionalidade instrumental, ou, no melhor dos casos, de uma subjetivação isolada e sem transcendência; oposta de maneira esquemática demais à necessidade exterior, a autonomia só poderá perder todo o poder, voltando-se timidamente para ilusões piedosas ou para um subjetivismo vazio, ou ainda projetando-se em uma arrogância titânica e desmemoriada (como, p. ex., os panfletos de Michel Onfray). Porém, na virada do século XVIII para o século XIX, Kant, Schelling, Hegel e Kierkegaard, cada um a seu modo, tentaram pensar e articular o enigma da liberdade e do mal. De fato, é na condição expressa de pôr à prova o mal radical, sombra que a autonomia humana projeta, que a liberdade chega às profundezas, tomando consciência de suas incontornáveis vertigens e tornando-se capaz de aceitar sua finitude radical, fonte de esperança e responsabilidade, mais que de morna resignação. Retomando as intuições fundamentais não só de Kant, mas também de Schelling ("Assim, a unidade, indissociável em Deus, deve ser dissociável no ser humano, e eis o que engendra a possibilidade do bem e do mal", p. 169), Tillich e Ricoeur buscaram refletir sobre a liberdade "sob o sol de Satã", por assim dizer: face a face com o mal radical e com o trágico, portanto em uma profundidade e uma lucidez sem rodeios; esse é o único modo possível de confrontar eticamente o mal que está dado e de honrar "uma liberdade de acordo com esperança" (P. Ricoeur), esperança sempre ancorada em Deus e simbolizada na espera mobilizadora do Reino, mas nunca dissociada ou desconectada da experiência com as infelicidades, as violências, os mal-entendidos e as injustiças próprias à existência individual e coletiva.[2]

6. Implicações culturais e religiosas da liberdade

6.1. Da liberdade negativa à liberdade positiva

A famosa distinção filosófica e política proposta por Isaiah Berlin, entre liberdade negativa e liberdade positiva, pode ser correlacionada em parte também a uma herança tipicamente protestante, assim como surge nos debates propostos pelo neoprotestantismo, sobretudo em sua forma especulativa. Não ignoramos que há o perigo de uma sobreposição, ou até mesmo uma confusão, entre ambas as liberdades. Porém, devemos igualmente notar, no sentido inverso, que uma supervalorização da liberdade negativa fez com que o protestantismo relativizasse e até negligenciasse as dimensões objetivas, institucionais e sociopolíticas da liberdade. Na ânsia de enfatizar a liberdade "de" (*von*, K. Barth), o protestantismo acabou ocultando a liberdade "em" (*in*), ou seja, o processo de emancipação e libertação sem o qual a liberdade se reduziria a um grito ou a um simples apelo. Na esteira de Hegel, que interpretava a liberdade herdada do cristianismo como a efetuação do espírito livre na existência mundana através da religião, da moral, da arte e da ciência (*Encyclopédie des sciences philosophiques en abrégé* [Pequena

enciclopédia das ciências filosóficas], Paris, Gallimard, 1970, p. 427), Troeltsch lembrou com razão a dimensão propriamente objetiva de uma ética protestante da liberdade, ética da responsabilidade, e não somente de convicção (de acordo com a terminologia de Max Weber), chamada para superar o subjetivismo de uma ética estrita e tipicamente kantiana. A contribuição do protestantismo não se limita, portanto, à afirmação da liberdade negativa; ao assegurar proteção ao indivíduo, inscreve-se também na ordem do instituído.

6.2. A liberdade de consciência

De um ponto de vista histórico, a afirmação da liberdade religiosa esteve na origem da ideia mais geral de liberdade de consciência (cf. Trutz RENDTORFF, *Ethik* I [1980], Stuttgart, Kohlhammer, 1990, p. 148). Nesse sentido, os protestantes desempenharam um papel importante, defendendo seus direitos, mas também, de modo mais amplo, lutando para atribuir um valor universal à liberdade de consciência, que deveria ser aplicada independentemente da escolha confessional.

De modo paradigmático, Pierre Bayle (1647-1706) viu na liberdade de consciência o fundamento para a ideia da tolerância. Em sua obra *Commentaire philosophique sur ces paroles de Jésus-Christ: Contrain-les d'entrer* [Comentário filosófico sobre essas palavras de Jesus Cristo: Força-os a entrar] (1686-1687), contestando com virulência tanto a interpretação agostiniana de Lucas 14.23 quanto as atitudes intolerantes de Calvino e do calvinismo histórico (cf. a condenação e a execução de Miguel Serveto), Bayle defende os direitos imprescritíveis da consciência, essa "luz que nos informa que tal coisa é boa ou má" (p. 283), consciência que, evidentemente, pode errar, mas cuja convicção última (o *dictamen*) deve ser respeitada. Como a ideia da tolerância decorre da liberdade de consciência, e não dos interesses do poder político, não se pode dar às religiões majoritárias privilégios de tipo principesco. Bayle se opõe assim à inconsequência dos protestantes "que não atribuem liberdade de consciência a outras seitas" (p. 243; não foi justamente John Locke que afirmou, em 1686, que a tolerância não se aplica aos católicos nem aos ateus? *Carta sobre a tolerância*). Ainda que possamos enxergar em Bayle um precursor do

---

[2] [NR]: Após esboçar a dimensão teológica da liberdade nos pensamentos de Troeltsch, Bultmann, Barth e Tillich, todos bastante particulares e peculiares dentro do cristianismo protestante atual, por vezes associado ao liberalismo teológico (excetuando-se Barth), o autor do verbete isenta-se de posicionar-se ao colocar a liberdade em dois extremos dentro do protestantismo. Por um lado, uma parcela considerável tem relativizado a autonomia, apoiando-se no pragmatismo. Por outro lado, e é aqui que o autor possivelmente exagerou em sua observação (talvez, por opções teológicas pessoais) um número cada vez maior de protestantes tem abraçado a doutrina da escravidão da vontade, considerando-a doutrina fundamental para todo o desenvolvimento de uma teologia conservadora.

liberalismo protestante, é preciso enfatizar que ele não recusa em nada o direito de cada religião de impor a seus membros sua própria ortodoxia interna. Para ele, o que está em jogo é a liberdade de consciência incondicional, com que cada pessoa pode escolher sua religião e reconhecer no outro, em nome das prerrogativas de consciência, os mesmos direitos. É necessário acrescentar que Bayle não se emancipou da tradição protestante, mas reconheceu nas Escrituras Sagradas "a regra uniforme de consciência para todos os cristãos" (p. 355).

Durante todo o século XX, as igrejas protestantes não deixaram de reafirmar a primazia ética da liberdade de consciência. De fato, não era suficiente enunciar a tese reformadora da liberdade; era preciso ainda estendê-la a todos os seres humanos, reconhecendo na consciência o poder efetivo da liberdade. No debate sobre a objeção de consciência ao serviço militar, nenhuma solução se mostrou satisfatória enquanto os oponentes se esfalfaram para trinchar a consciência em motivações pessoais (éticas, religiosas, políticas) e acreditaram ser possível reservar aos motivos políticos um destino mais severo. Somente com o reconhecimento da unidade indivisível da consciência é que foi levada a sério a plena liberdade humana, o surgimento do sujeito em sua autenticidade e sua amplitude.

Assim, não se pode limitar a apologia da liberdade a uma estratégia defensiva que sirva aos interesses particulares daqueles que a reivindicam. Os direitos do objetor de consciência não têm como única função proteger a esfera privada do indivíduo, por mais decisiva que seja. Há também a dimensão política da liberdade, da responsabilidade positiva do sujeito e do cidadão no seio da política como tal.

6.3. A liberdade religiosa

Em sua famosa *Carta sobre a tolerância*, de 1686, John Locke (1632-1704) não buscou tanto firmar a tolerância sobre a liberdade de consciência (como quis Pierre Bayle), mas preferiu delinear os limites políticos, estatais e civis da liberdade religiosa. Afirmou com vigor a incompatibilidade entre a fé em Jesus Cristo e todo tipo de intolerância para com outras religiões. Porém, a tolerância na religião tem seus limites externos: quando uma comunidade religiosa, qualquer que seja ela, adota práticas imorais ou anticonstitucionais (imolar crianças, transgredir a ordem pública etc.), não se pode aplicar a tolerância a seu favor. A liberdade religiosa, portanto, tem um alcance interno — privado, por assim dizer — o que confirma, aos olhos de Locke, o princípio da estrita separação entre igreja e Estado. Além disso, como sabemos, Locke não chega a incluir os ateus em sua teoria da tolerância. O protestantismo moderno se viu constrangido a superar essa contradição, voltando sobretudo às teses de Bayle e valorizando assim a primazia da liberdade de consciência sobre a liberdade religiosa. John Rawls enfatizaria, em oposição a Locke, que "a liberdade moral e religiosa é consequência do princípio da liberdade igual para todos" e, portanto, que "a tolerância não deriva de necessidades práticas ou razões de Estado" (*Uma teoria da justiça* [1971], Lisboa, Presença, 1993).

Os protestantes se regozijaram diante do considerável avanço nas decisões do Concílio Vaticano II, com a declaração sobre a liberdade religiosa *Dignitatis humanae* [Dignidade humana], do dia 7 de dezembro de 1965 (cf. *Le concile Vatican II. Édition intégrale définitive* [1972], Paris, Cerf, 2003, p. 371-391). A articulação entre, de um lado, a liberdade religiosa e, de outro, a liberdade geral de pessoas e associações foi claramente afirmada a partir do conceito fundamental de dignidade da pessoa humana, "tal como conhecida através da Palavra de Deus revelada e da própria razão" (*Dignitatis humanae*, 2). Retomando em ordem inversa essa base tradicional (a razão e a Palavra de Deus), a declaração pode desenvolver uma doutrina geral sobre a liberdade religiosa e uma concepção específica da liberdade religiosa à luz da revelação.

Não se poderia contestar a legitimidade de um esclarecimento tanto universal quanto particular sobre a noção de liberdade religiosa. Todavia, também não se poderia deixar de constatar que, no desenvolvimento da declaração romana, a ênfase é sempre posta antes de tudo na defesa da liberdade religiosa da Igreja Católica. Já na doutrina geral, a descrição da proteção à liberdade religiosa por parte do poder civil é pouco precisa, deixando de mencionar a pluralidade confessional do cristianismo e das outras religiões, monoteístas ou não, sem falar das comunidades dissidentes, das seitas etc. Na parte da declaração que é mais dedicada à teologia, a liberdade religiosa está calcada na concepção cristológica da liberdade, algo sem dúvida feliz do ponto de vista eclesiástico, representando um inegável progresso no catolicismo (sabemos quanto o processo de redação dessa declaração foi longo e complexo, cf. Dominique GONNET, *La liberté religieuse à Vatican II. La contribution de John Courtney Murray* [A liberdade religiosa no Vaticano II: a contribuição de John Courtney Murray], Paris, Cerf, 1994). No entanto, nada é dito sobre a incidência dessa liberdade sobre a liberdade de crer diferente. Claro, podemos encontrar a resposta para essa questão em outros textos conciliares, como o decreto sobre o ecumenismo *Unitatis redintegratio* [Restauração da unidade] e a declaração sobre a igreja e as religiões não cristãs *Nostra aetate* [Em nossa época]. Porém, isso não anula essa contradição presente na declaração sobre a liberdade religiosa. Devemos também nos indagar se a denúncia das coerções estatais que prejudicam a liberdade religiosa não deve também aplicar-se à Igreja Católica, de um modo mais explícito e mais amplo do que foi afirmado na declaração. De fato, trata-se de um bom texto, sempre lembrado pelas igrejas protestantes, mas também por inúmeras correntes do catolicismo, quanto à necessidade de aplicar a si mesmo os princípios e as regras da liberdade religiosa. Levada a termo, tal reflexão obrigaria repensar a teologia do magistério e a própria estrutura do cânon, já que ambas ainda se caracterizam por uma opção hierárquica dificilmente compatível com as afirmações inovadoras do Vaticano II sobre a liberdade religiosa e sobre a igreja como povo de Deus.

A defesa da liberdade religiosa não tem o único objetivo de defender os direitos das diversas crenças, mas também está a serviço da sociedade democrática, pluralista e aberta, sem a qual não pode haver solidariedade na convivência nem busca comum da justiça. Ao superar a violência entre os homens que é propagada pelas paixões religiosas, formaremos as bases para uma cultura dialogal e civil mais tolerante.

6.4. Um contrato entre igreja e Estado?

Atribuir autoridade à liberdade pressupõe acatar a separação entre igreja e Estado, princípio constitucional que tradicionalmente encontrou apoio entre as igrejas protestantes, mas com práticas variáveis de acordo com as heranças históricas e as situações nacionais de cada uma. Essa separação não é apenas um resultado histórico e jurídico da crítica da religião e do processo de secularização, mas também decorre da ideia de que "a religião pertence à liberdade e à dignidade do ser humano, requerendo assim um respeito incondicional por parte do governo e do Estado" (Trutz RENDTORFF, *Die Autorität der Freiheit* [A autoridade da liberdade], em *Vielspältiges. Protestantische Beiträge zur ethischen Kultur*, Stuttgart, Kohlhammer, 1991, p. 96). Assim, o interesse público do Estado quanto a manter as igrejas e as comunidades religiosas a uma justa distância é correlato ao interesse espiritual das igrejas e das comunidades religiosas quanto a garantir e proteger sua independência. É preciso enfatizar que a separação entre igreja e Estado, garantia de laicidade do Estado e garantia de tratamento igualitário das minorias, não significa ausência de relação entre ambas as instâncias. Uma vez abandonados tanto o sonho neoprotestante de uma progressiva fusão entre igreja e Estado (partilhado por Biedermann e Richard Rothe, mas também perceptível no ideal católico de uma democracia cristã, sob uma forma diferente) quanto a ideologia laica (no sentido de uma laicidade rígida) de uma total separação entre os dois, pode haver modelos tão variáveis como a concordata, o contrato de direito público ou privado, a definição de um *status* particular, que também podem coexistir. A implicação fundamental da laicidade é sobretudo a regulamentação democrática da pluralidade das religiões e cosmovisões; uma vez estabelecida, a neutralidade não deve ser confundida com a preferência ideológica pelo agnosticismo ou pelo ateísmo. Por isso é importante continuar a defender o ideal de uma *laicidade aberta*, contra pretensões laicistas recorrentes que querem impor uma ortodoxia interpretativa de tipo ideológico.

Porém, a situação francesa, com suas características históricas e sociológicas específicas, não deve monopolizar as atenções. Na Suíça, por exemplo, há uma grande variação de contexto, de acordo com cada cantão, quanto às igrejas em geral e à Igreja Reformada em particular. Desde 1907, há uma clara separação em Genebra, enquanto Neuchâtel pratica um sistema de separação no nível financeiro e jurídico. A Igreja Reformada contava com uma concordata desde 1943; a nova Constituição, de 2002, manteve o princípio da separação, mas permitiu caso a caso o reconhecimento das igrejas e das comunidades religiosas como instituições de interesse público. No cantão de Vaud, a igreja protestante recentemente perdeu sua situação de monopólio, que perdurava há muito; a nova Constituição de 2003 passou a reconhecer igrejas protestantes e católicas como instituições de direito público e abriu as portas para o reconhecimento de outras comunidades, como a israelita. Observa-se que em vários cantões suíços a comunidade israelita, embora em pequeno número, foi posta quase em pé de igualdade com as diversas confissões cristãs. Quanto ao debate sobre o reconhecimento do islã, na Suíça tem sido mais lento e incerto, em uma situação em que a imigração árabe não é tão ampla quanto na França ou na Alemanha.

O ético zuriquense Hans Ruh elaborou há mais de dez anos a tese paradoxal de que o Estado só pode atribuir-se garantias de uma contraparte de poder moral forte se financiar as igrejas fortes (sobretudo protestantes e católicas). Para superar o *status quo* (resolver as questões pendentes e evitar uma separação radical), Ruh sugeriu que fosse assinado um contrato entre o Estado e as igrejas, que se estenderia por trinta ou cinquenta anos e seria periodicamente ajustado (*Das Interesse von Staat und Politik an der Kirche* [Os interesses do Estado e da política e os interesses da igreja], em Alfred SCHINDLER, org., *Kirche und Staat. Bindung, Trennung, Partnerschaft* [Igreja e Estado: associação, separação, parceria], Zurique, Theologischer Verlag, 1994, p. 67-81). Os habitantes do cantão de Zurique parecem ter lhe dado razão na votação do dia 30 de novembro de 2003, quando recusaram-se a estender o contrato a outras comunidades além das três oficiais, católica, protestante e católica cristã (cf. R. CAMPICHE et alii, p. 276). No entanto, além do caso de Zurique, a tendência é para uma abertura maior e mais igualitária em relação às religiões já estabelecidas e suficientemente conhecidas para receberem o benefício do reconhecimento. Assim, a orientação seria, aqui, a de uma "política de reconhecimento", que não esposa os contornos ideológicos de um comunitarismo mal compreendido, mas opera a síntese dinâmica e democrática entre o bem comum visado pelo Estado e os legítimos interesses das comunidades e dos indivíduos no espaço público liberal e pluralista garantido pelo Estado. De qualquer maneira, essa é a linha defendida com razão por Roland Campiche na Suíça e Jean Baubérot na França (*Laïcité 1905-2005. Entre passion et raison* [Laicidade 1905-2005: entre paixão e razão], Paris, Seuil, 2004).

As discussões francesas recentes sobre a laicidade — desde o relatório da Comissão Stasi e da lei (que julgamos infeliz) que se seguiu até a reabertura do dossiê da lei francesa de 1905 — demonstram à exaustão que a questão está longe de ser resolvida (cf. as bem-vindas explicações de Jean BAUBÉROT, op. cit.). O respeito pela liberdade do outro e pelas liberdades fundamentais que dela decorrem, assim como uma autêntica busca pelo "bem comum", pressupõem uma concepção de ética que não se contenta com ser mínima, pois esse formalismo poderia muito bem tornar-se um totalitarismo fraco em neutralidade, bem como uma ideologia racionalista e positivista, típica de outros tempos. Assim, é importante superar a insensata demonização que na França tem vitimado o debate filosófico e político sobre o comunitarismo. De fato, o tratamento igualitário que deve ser dispensado a igrejas e comunidades religiosas no espaço público liberal pressupõe, ao menos, uma nova reflexão sobre o significado das inserções comunitárias dos sujeitos e dos cidadãos, assim como das comunidades e das tradições espirituais, no horizonte universal de uma sociedade nacional e supranacional que respeite os direitos do ser humano.

6.5. A liberdade de expressão

Herança das Luzes, consagrada tanto pela Revolução Americana quanto pela Revolução Francesa, a liberdade de expressão foi afirmada, ilustrada e lembrada pelos protestantes, que intervieram não somente em favor de seus próprios direitos religiosos e morais, mas também em nome do outro, fosse quem fosse. O princípio voltairiano que enuncia "Não concordo com o que você diz, mas defendo até o fim seu direito de dizê-lo" se insere no reto fio dessa convicção protestante, e Voltaire (1694-1778) tinha razão, nesse sentido, ao afirmar que a tolerância, "apanágio da humanidade", desafiava todas as religiões e confissões, tornando inaceitáveis as guerras religiosas (*Tolérance* [Tolerância], em *Dictionnaire philosophique* [Dicionário filosófico] [1769], Paris, Impr. nacionale, 1994, p. 445-447).

Como articular, a essa altura, a liberdade primeira, que é a liberdade de consciência, e as liberdades derivadas, que são a liberdade religiosa e a liberdade de expressão? De John Locke a John Rawls, a constante questão é a tolerância para com os intolerantes. Esse ponto é de uma atualidade que os acontecimentos do Onze de Setembro tornaram ainda mais impressionante: as "seitas religiosas" ou as comunidades dissidentes e minoritárias devem ser protegidas ou cerceadas, e de acordo com quais critérios (éticos, políticos, religiosos)? Aqui, usaremos uma regra de justiça formal e rigorosa: não podemos cercear tal comunidade somente porque as suas ideias ou práticas contrariam outras convicções e outras práticas; podemos (e devemos) fazê-lo quando os "interesses legítimos" (John Rawls) da sociedade e os direitos fundamentais dos indivíduos se encontram gravemente ameaçados, honrando assim, não de modo seletivo e unilateral, o princípio fundamental da liberdade de consciência: tanto a liberdade de aderir a uma comunidade dissidente quanto a de deixá-la ou de contestar suas práticas.

Para concluir, observemos que há uma inegável tensão entre a concepção do liberalismo político defendida por John Rawls (2001) e a visão da liberdade religiosa subjacente à declaração sobre a liberdade religiosa do Vaticano II (ainda que, em muitos aspectos, seja perceptível a presença de argumentos apresentados por Rawls na elaboração de *Dignitatis humanae*, cf. D. GONNET, op. cit., p. 251-283). Além do contexto norte-americano em que se manifestou primeiro, essa tensão nos parece representativa de uma abordagem diferente da sociedade civil nas perspectivas católica e protestante. Sob um ângulo ideal típico, o protestantismo europeu parece menos propenso que o catolicismo em geral, ou que o protestantismo norte-americano, a sobredeterminar o espaço público das liberdades civis por meio de uma concepção metafísica ("substantiva", diria Rawls). Tal visão permite também mostrar melhor a concepção específica de cada religião ou cada confissão, facilitando a livre recepção das ideias e o diálogo aberto (inclusive o ecumênico). Ao promover uma dissociação entre o conteúdo doutrinário, que é de responsabilidade interna das igrejas e das comunidades de ideias, e as formas da discussão intelectual, o protestantismo europeu (ou suas visões liberais nos Estados Unidos) ratifica uma importante contribuição para o processo da modernidade, favorecendo o espaço público do debate ilimitado. A liberdade de pesquisa é, portanto, uma consequência do princípio protestante.

7. Conclusão: protestantismo e liberdade

"Entre os riscos da autoridade, que culminam nos privilégios exorbitantes da infalibilidade papal, e os da liberdade, que às vezes culminam nos privilégios excessivos do livre-exame, o protestantismo escolheu uma vez por todas os riscos da liberdade" (Laurent GAGNEBIN, *Le protestantisme. Ce qu'il est, ce qu'il n'est pas* [O protestantismo: o que é, o que não é], Carrières-sous-Poissy, La Cause, 1984, p. 41). O protestantismo sempre se apresentou como o campeão da liberdade, tornando-se vulnerável aos mal-entendidos já evocados aqui: a liberdade cristã, associada de modo decisivo, para os reformadores, ao tema da justificação pela fé, transformou-se progressivamente na liberdade dos modernos, tornando-se objeto de uma atenção particular do neoprotestantismo e das diversas variantes de teologia liberal. O equívoco surge claramente, por exemplo, na interpretação do historiador Lucien Febvre, que torna Lutero o porta-voz da autodeterminação humana (*Un destin. Martin Luther* [Um destino: Martinho Lutero] [1928], Paris, PUF, 1988). As diversas teorias protestantes originadas da "teologia dialética", assim como as teologias políticas e a teologia da libertação, retomaram essa herança, relendo de um modo mais crítico a história do liberalismo teológico e político, o que às vezes as conduziu a desvios autoritários, tanto no nível eclesiástico quanto no nível teológico. Porém, o tema da liberdade e de seus efeitos libertadores permanece no *éthos* protestante, como promessa e também como tarefa. Enfatizar tais ambivalências é certamente não negar que a teologia da Reforma, com sua potencialidade crítica, produziu frutos de liberdade civil e democrática. Élisabeth Badinter afirmou com razão, no dia 18 de junho de 1995, na televisão francesa: "Onde está o protestantismo, nasce a liberdade" (sem dúvida parafraseando inconscientemente a palavra do apóstolo Paulo em 2Coríntios 3.17: *onde está o Espírito do Senhor, aí há liberdade*). A honestidade pede que simplesmente se reconheça que a contribuição fundamental do protestantismo para o processo da liberdade e da emancipação, assim como para toda ideia verdadeira de liberdade, permaneça um *ideal* a ser perseguido sem cessar, bem acima das realizações concretas do protestantismo histórico e de suas práticas eclesiais, muitas vezes mais clericais e autoritárias que gostaríamos de admitir. Assim, será justo afirmar que a liberdade deve continuar a liberar-se: *libertas semper reformanda et liberanda*!

Denis Müller

▶ BARTH, Karl, *Das Geschenk der Freiheit. Grundlegung evangelischer Ethik*, Zollikon, Evangelischer Verlag, 1953; BAYER, Oswald, *Umstrittene Freiheit. Theologisch-philosophische Kontroversen*, Tübingen, Mohr, 1981; BAYLE, Pierre, *De la tolérance. Commentaire philosophique sur ces paroles de Jésus-Christ "Constrains-les d'entrer"*, Paris, Presses Pocket, 1992 (reeditado das partes I e II, 1686); BERLIN, Isaiah, *Éloge de la liberté* (1969), Paris, Calmann-Lévy, 1980; BIERI, Peter, *Das Handwerk der Freiheit über die Entdeckung des eigenen Willens*, Munique, Hanser, 2001; BULTMANN, Rudolf, *La signification de l'idée de liberté pour la civilisation occidentale* (1952) e *La compréhension antique et la compréhension chrétienne de la liberté* (1959), em *Foi et compréhension* [Fé e compreensão], Paris, Seuil, t. I, 1970, p. 669-693 e t. II, 1969, p. 292-301; CAMPICHE, Roland J. (com a colaboração de Raphaël BROQUET, Alfred DUBACH e Jörg STOLZ), *Les deux visages de la religion. Fascination et désenchantement*, Genebra, Labor et Fides, 2004; CHALAMET, Christophe, *Dialectical Theologians. Wilhelm Herrmann, Karl Barth and Rudolf Bultmann*, Zurique, Theologischer Verlag, 2004; COLLANGE, Jean-François, *Théologie des droits de l'homme*, Paris, Cerf, 1989; ELLUL, Jacques, *Éthique de la liberté*, 3 vols., Paris-Genebra, Centurion-Labor et Fides, 1973-1984 (o t. III se intitula *Les combats de la liberté*); FISCHER, Johannes, *Theologische Ethik. Grundwissen und Orientierung*, Stuttgart, Kohlhammer, 2002; GISEL, Pierre, *La création. Essai sur la liberté et la necessité, l'histoire et la loi, l'homme, le mal et Dieu* (1980), Genebra, Labor et Fides, 1987; GRAF, Friedrich Wilhelm, *Profile des neuzeitlichen Protestantismus*, 3 vols., Gütersloh, Mohn, 1990-1993; JÜNGEL, Eberhard, *Zur Freiheit eines Christenmenschen. Eine Erinnerung an Luthers Schrift*, Munique, Kaiser, 1978; KAUFMANN, Peter, *Freiheit, Wille, Verantwortung*, em Jean Pierre WILS e Dietmar MIETH, orgs., *Grundbegriffe der christlichen Ethik*, Paderborn, Schöningh, 1992, p. 9-30; KÖRTNER, Ulrich H. J., *Freiheit und Verantwortung. Studien zur Grundlegung theologischer Ethik*, Friburgo em Brisgóvia-Friburgo (Suíça), Herder-Universitätsverlag, 2001; KUHLMANN, Helga, *Le concept de liberté dans le cours de Ritschl 'Morale théologique' (semestre d'été 1882)*, em Pierre GISEL, Dietrich KORSCH e Jean-Marc TÉTAZ, orgs., *Albrecht Ritschl. La théologie en modernité: entre religion, morale et positivité historique*, Genebra, Labor et Fides, 1991, p. 109-133; LOCKE, John, *Lettres sur la tolérance et autres textes* (1686), precedido de *Essai sur la tolérance* (1667) e de *Sur la différence entre pouvoir ecclésiastique et pouvoir civil* (1674), Paris, Flammarion, 1992; LÖWY, Michael, "Modernité et critique de la modernité dans la théologie de la libération", *Archives de sciences sociales des religions* 71, 1990, p. 7-23; LUTERO, Martinho, *Da liberdade cristã* (1520), São Leopoldo, Sinodal, 1983; MÜLLER, Denis, "Morale, culture et religion dans la dynamique de l'Esprit", em *Les lieux de l'action*, Genebra, Labor et Fides, 1992, p. 78-89; Idem, *L'éthique protestante dans la crise de la modernité. Généalogie, critique, reconstruction*, Paris-Genebra, Cerf-Labor et Fides, 1999; Idem, *Les passions de l'agir juste. Fondements, figures, épreuves*, Friburgo-Paris, Éditions universitaires-Cerf, 2000; Idem, *Jean Calvin. Puissance de la Loi et limite du pouvoir*, Paris, Michalon, 2001; Idem, "Étude critique. Invention de l'autonomie et éthique inventive. Questions à J.-B. Schneewind", *RThPh* 136, 2004, p. 247-255; Idem, *Karl Barth*, Paris, Cerf, 2005; PANNENBERG, Wolfhart, *Gottesgedanke und menschliche Freiheit*, Göttingen, Vandenhoeck & Ruprecht, 1972; Idem, *Problemgeschichte der neueren evangelischen Theologie in Deutschland*, Göttingen, Vandenhoeck & Ruprecht, 1997; POTHAST, Ulrich, *Die Unzulänglichkeit der Freiheitsbeweise. Zu einigen Lehrstücken aus der neueren Geschichte von Philosophie und Recht* (1980), Frankfurt, Suhrkamp, 1987; RAWLS, John, *Libéralisme politique* (1993), Paris, PUF, 2001; Idem, *História da filosofia moral* (2000), São Paulo, Martins Fontes, 2005; RENDTORFF, Trutz, *L'autonomie absolue de Dieu. Pour comprendre la théologie de Karl Barth et ses conséquences*, em Pierre GISEL, org., *Karl Barth. Genèse et réception de sa théologie*, Genebra, Labor et Fides, 1987, p. 221-245; Idem, *Der Freiheitsbegriff als Ortsbestimmung neuzeitlicher Theologie*, em *Theologie in der Moderne. Über Religion im Prozess der Aufklärung*, Gütersloh, Mohn, 1991, p. 146-166; *Figures du néo-protestantisme*, *RThPh* 130/2, 1998, p. 115-220; RICOEUR, Paul, *La liberté selon l'espérance* (1968), em *Le conflit des interprétations. Essais d'herméneutique*, Paris, Seuil, 1993, p. 393-415; SCHELLING, Friedrich Wilhelm Joseph, *Recherches philosophiques sur l'essence de la liberté humaine et les questions connexes* (1809), em *Du vrai concept de la philosophie de la nature et de la bonne manière d'en résoudre les problèmes*; *Philosophie et religion*; *Recherches philisophiques sur l'essence de la liberté humaine et les questions connexes*, seguido de *Objections d'Eschenmayer contre les Recherches*. Réponses de Schelling, Paris, Vrin, 1988, p. 141-209; SCHNEEWIND, Jerome B., *L'invention de l'autonomie. Une histoire de la philosophie morale moderne* (1998), Paris, Gallimard, 2001; STEINVORTH, Ulrich, *Freiheitstheorien in der Philosophie der Neuzeit* (1987), Darmstadt, Wissenschaftliche Buchgesellschaft, 1994; TROELTSCH, Ernst, *Christianisme et société. Conclusions des Sozialllehren*, Archives de sociologie des religions 11, 1961, p. 15-34; WATERLOT, Ghislain, *Tolérance et modernité. Généalogie et destin d'un concept*, tese de doutorado da Universidade de Lille 3, 1996; WELKER, Michael, *Der Vorgang Autonomie*, Neukirchen-Vluyn, Neukirchener Verlag, 1975.

▶ *Adiaphora*; antinomismo; Antirrevolucionário (Partido); autonomia; **autoridade**; Barth; Bayle; Biedermann; Bismarck; Bultmann; calvinismo (neo); Constant; democracia; **Deus**; direitos humanos; Ellul; Erasmo; escravidão da vontade; estética; Fichte; fundamentalismo; Habermas; Hegel; igualdade; indivíduo; integrismo; Kant; Kierkegaard; *Kulturkampf*; Kuyper; **laicidade**; **lei**; Locke; Maioridade Moral; **mal**; **modernidade**; **moral**; Naville; obediência; pessoa; **política**; **predestinação e Providência**; Rawls; responsabilidade; Revolução Conservadora; Ricoeur; Ritschl; Schelling; Schleiermacher; Secrétan; Sully (Associação); teologias da libertação; Tillich; tolerância; Troeltsch; utilitarismo; **utopia**; valores; Weber M.

LIBERDADE DE CONSCIÊNCIA

A expressão "liberdade de consciência" enuncia certo direito de dispor de sua consciência, sobretudo nos meios jurídico, filosófico e teológico. É a essas áreas que nos referimos aqui ao tratar da consciência, relegando a segundo plano as definições no âmbito da psicanálise, da psicofisiologia e da neuropsicologia. Assim, o termo "consciência" indica o laboratório da atividade cognitiva (filosofia), o foro interior da vontade em ação (teologia moral) e a identidade individualizante da pessoa jurídica (direito). Na origem, entre os pensadores gregos, o substantivo e o verbo se correlacionam com o conhecimento e a moral (Demócrito, frag. 297). Quase ausente do Antigo Testamento (Eclesiastes 10.20; Sabedoria 17.11), o termo não é encontrado nos evangelhos. Paulo o utiliza cerca de trinta vezes (Romanos 13.5; 1Coríntios 8.7), enriquecendo a ideia de "liberdade cristã" (1Coríntios 10.29; 2Coríntios 3.17), que livra os cristãos da servidão da Lei mosaica. A partir de então, com Jerônimo, Agostinho e Ambrósio, os teólogos da Idade Média (de Bernardo e Abelardo a Tomás de Aquino) atribuem contornos mais precisos ao conceito de consciência, mais que ao de liberdade de consciência.

Seria preciso aguardar a chegada do século XVI, época da Reforma, para que a expressão "liberdade de consciência" completasse, de modo mais explícito, a expressão liberdade cristã; é assim, no nível teológico e pastoral, para Lutero (*Le jugement de Martin Luther sur les voeux monastiques* [O julgamento de Martinho Lutero sobre os votos monásticos] [1521], em *MLO* 3, 87-219), Melâncton (*Loci communes* [Lugares comuns], 1521) e Calvino (*Institutas da religião cristã*, 1536), que concebe a liberdade de consciência como fundamentalmente obediência à palavra divina. No nível jurídico e religioso, além disso, a expressão "liberdade de consciência" adquire a partir dos anos 1560 a conotação de uma reivindicação política que legitima a tomada de armas para a defesa. De fato, a expressão também entra para a linguagem jurídica dos editos reais sobre a religião, a começar pelo de Amboise (1563). No entanto, os legisladores tomam o cuidado de distinguir entre liberdade de consciência (puramente individual, limitada ao "foro interior") e liberdade de culto. A primeira seria um bem adquirido durante as guerras civis, enquanto a segunda seria objeto de negociações, revogações e limitações. Quanto às implicações em relação à liberdade religiosa e à tolerância religiosa, a liberdade de consciência alimenta um debate que, bastante vivo no século XVI, amplia-se na Inglaterra, na primeira metade do século XVII (Leonard Busher, Henry Robinson [1605-1664], Roger Williams [?1603/04-1684], John Goodwin [1594-1665], para culminar nas discussões entre reformados franceses, após a Revogação do Edito de Nantes (Pierre Bayle [1647-1706], Pierre Jurieu [1637-1713], Noël Aubert de Versé [1642-1714], Élie Saurin [1639-1703], Jacques Philipot [morto após 1685], Jean de la Placette [1629-1718]). A teologia moral, combinada à filosofia política, à liberdade e aos direitos da consciência, parece a partir de então fixar um limite intransponível para a soberania dos poderes constituídos. Embora amplamente admitida como um direito imprescritível nas Declarações dos Direitos Humanos que surgem a partir do final do século XVIII, a liberdade de consciência se mantém ainda hoje como um assunto problemático nas reflexões dos filósofos confrontados com a difusão de pluralismos ideológicos, assim como nas de teólogos preocupados com os subjetivismos doutrinários de certo "livre pensar" e nas de juristas que buscam definir as "liberdades fundamentais" para as convicções morais, políticas, filosóficas e religiosas do indivíduo.

Mario Turchetti

▶ BONET-MAURY, Gaston, *Histoire de la liberté de conscience depuis l'Édit de Nantes jusqu'à juillet 1870* (1900), Paris, Alcan, 1909; COSTE, René, *Théologie de la liberté religieuse. Liberté de conscience, liberté de religion*, Gembloux, Duculot, 1969; GUGGISBERG, Hans R. et alii, orgs., *La liberté de conscience (XVIe-XVIIe siècles). Actes du Colloque de Mulhouse et Bâle* (1989), Genebra, Droz, 1991; LECLER, Joseph, "Liberté de conscience. Origine et sens de l'expression", *Recherches de science religieuse* 54, 1966, p. 370-406.

● Bayle; consciência; Coornhert; democracia; Guilherme d'Orange-Nassau, dito o Taciturno; Hungria; hussismo; Jurieu; laicidade; liberalismo teológico; liberdade; moral; política; Polônia; Pufendorf; tolerância; Vaticano II (Concílio); Williams, Roger

LICHTENBERGER, Frédéric Auguste (1832-1899)

Trabalhou como professor de moral na Faculdade de Teologia Protestante de Estrasburgo de 1964 a 1871. Junto com Auguste Sabatier, Lichtenberger foi um dos principais fundadores da Faculdade de Teologia Protestante de Paris, em 1876. Especializou-se em história da teologia protestante (cf. *Histoire des idées religieuses en Allemagne depuis le milieu du XVIIIe siècle jusqu'à nos jours* [História das ideias religiosas na Alemanha desde meados do século XVIII até nossos dias], 3 vols., Paris, Sandoz et Fischbacher, 1873). Foi o principal idealizador e o único coordenador de uma obra marcante na história do protestantismo de língua francesa: a *Encyclopédie des sciences religieuses* [Enciclopédia das ciências religiosas], em treze volumes (o décimo terceiro é o *Dictionnaire des contemporains* [Dicionário dos contemporâneos] (Paris, Sandoz e Fischbacher, 1877-1882). Esse título mostra a intenção de Lichtenberger quanto a romper com uma concepção essencialmente doutrinária da fé para contemplar o cristianismo de um modo "científico", ou seja, do ponto de vista da pesquisa histórica. Essa enciclopédia ainda é uma preciosa fonte de informação sobre a história do protestantismo francófono.

Bernard Reymond

▶ REYMOND, Bernard, *Une centenaire: l'Encyclopédie des sciences religieuses* BSHPF 123, 1977, p. 617-637.

● Enciclopédias protestantes; liberalismo teológico

LIDERANÇA DA IGREJA

O protestantismo reafirma com vigor que o único cabeça da igreja é Jesus Cristo. Porém, a igreja instituída precisa ser humanamente organizada e liderada. Para as igrejas do tipo católico, a organização episcopal é de instituição divina e como tal não pode ser questionada. Para as igrejas do tipo protestante, a organização é necessária, mas não prioritária quanto à ordem da salvação. Podem ocupar a liderança os bispos (Alemanha, países escandinavos, Hungria, anglicanismo) ou os conselhos, que assumem coletivamente suas responsabilidades (França, Suíça). Na maior parte dessas igrejas, todas as funções são passíveis de eleição e têm um tempo predeterminado, sendo sujeitas a controle e renovações periódicas. A liderança da igreja protestante tira sua legitimação de duas fontes: daqueles que escolhem os líderes e da fidelidade com que o líder se submete somente à vontade de Deus. Por princípio, o líder deve sempre colocar a obediência a Deus acima da obediência aos homens. Na realidade, as lideranças das igrejas não deixam de dar espaço a jogos de poder e a conflitos, inclusive na sociedade civil ou política. Assim, seu caráter é ao mesmo tempo necessário e contestável.

Bernard Reymond

▶ REYMOND, Bernard, *Entre la grâce et la loi. Introduction au droit ecclésial protestant*, Genebra, Labor et Fides, 1992.

● Autoridade; bispo; conselheiros, presbíteros ou anciãos; organizações eclesiásticas; presbítero-sinodal (sistema); sínodo

LIGA PARA A LEITURA DA BÍBLIA

Fundada em 1867, na Grã-Bretanha, e operando hoje de modo autônomo em mais de uma centena de países, a Liga para a Leitura da Bíblia tem como objetivo divulgar o evangelho a crianças e jovens, além de estimular amplamente a leitura e o estudo da Bíblia. Movimento interconfessional, a Liga não está associada a nenhuma igreja ou união de igrejas em particular. É membro da Federação Protestante da França, e seu ministério é exercido sempre em colaboração com as igrejas. Tem como princípio não abrir novas igrejas.

A Liga foi inaugurada em 1922, na França, impulsionada pelo Avivamento na região da Drôme. Desde então, suas atividades se diversificaram, com a organização de acampamentos e vários retiros bíblicos para crianças, jovens e adultos, sobretudo nas duas colônias de férias da instituição, situadas no Vosges e nas Cevenas. A Liga oferece programas de leitura bíblica com comentários adaptados para a idade e o nível intelectual dos participantes; edita e divulga inúmeras obras de cultura bíblica para crianças e adultos; organiza cursos de formação para líderes de pequenos grupos. Seus recursos provêm da venda de publicações, das mensalidades dos participantes nas várias atividades e também de doações. É uma associação que se beneficia da lei de 1901, promulgada na França e em suas colônias. Foi instalada no Mas de Sumène (Gard), para depois se espalhar pelo país ao longo de vários anos a partir da comuna francesa de Guebwiller, na Alsácia. Desde 1992, seu centro administrativo é em Valence, na Drôme. Está presente na Suíça romanda e na Bélgica.

Daniel Poujol

▶ HEWS, Michael, *A Tale of Two Visions. The Story of Scripture Union Worldwide*, Bletchley, Scripture Union, 2000; SYLVESTER, Nigel, *La parole de Dieu dans notre monde: L'histoire de la Ligue pour la Lecture de la Bible* (1984), Guebwiller, Liga para a Leitura da Bíblia, 1987.

● Avivamento

LINCOLN, Abraham (1809-1865)

Filho de pioneiro, Abraham Lincoln teve uma infância difícil e trabalhou em várias ocupações antes de tornar-se, como autodidata, um famoso advogado e lançar-se na política. Foi presidente dos Estados Unidos do dia 4 de março de 1861 até o dia 15 de abril de 1865, quando foi assassinado. Governou em um período fundamental para o país, sendo bem-sucedido em mantê-lo unido mesmo sob a Guerra da Secessão, que estourou com sua chegada ao poder (os estados do Sul, cujas plantações de algodão se expandiram graças aos escravos negros, constituíram-se em uma confederação independente da união dos estados industrializados do Norte). Esse conflito deu ensejo a que Lincoln desferisse um golpe definitivo na escravidão praticada pela região do Sul. Assim, foi proclamada a emancipação dos negros no dia 22 de setembro de 1862 (embora a escravatura só fosse de fato abolida mediante a décima terceira emenda da Constituição, ratificada no dia 18 de dezembro de 1865). Homem de ideias generosas, nem um pouco rancoroso, influenciado pelo protestantismo, Lincoln estava persuadido de que a América, com seu modelo de democracia, seria um exemplo para todo o mundo. Sua morte trágica certamente contribuiu para a gloriosa fama que conquistou.

Serge Molla

▶ OATES, Stephen B., *Lincoln* (1977), Paris, Fayard, 1984.

● Escravidão; Estados Unidos

LINDBECK, George Arthur (1923-)

Professor luterano em Yale, nascido em Louyang, na China, onde viveu até os 17 anos, Lindbeck se fez notar por sua obra *The Nature of Doctrine* [A natureza das doutrinas], publicada em 1984, inaugurando um grande debate. O ponto de partida foi dado pelo engajamento de Lindbeck nos diálogos ecumênicos (foi observador no Concílio Vaticano II e presidiu por vários anos a comissão mista do Vaticano e da Federação Mundial Luterana): como a pertinência e a correção doutrinárias podem ser medidas? Como as soluções propostas se revelaram inadequadas, impôs-se uma perspectiva diferente como prolegômenos para todo tipo de exame dos dados ecumênicos. Assim, originou-se um "modelo cultural-linguístico", pertinente para o exame de toda teologia e toda religião. A perspectiva ultrapassa as discussões dirigidas pela busca de um consenso doutrinário, em favor de um método religiosamente neutro (que seria testado por Lindbeck na cristologia, na doutrina trinitária, na mariologia e no magistério). De fato, Lindbeck propõe que se considere a religião como uma espécie de enquadramento, justamente cultural-linguístico, para a construção da realidade, da expressão, da experiência e da ordem da vida. Dessa perspectiva decorrem a importância da narratividade "textual" e a constatação de uma necessária incomensurabilidade dos discursos religiosos.

Assim, as doutrinas precisam ser consideradas regulações de discursos, comportamentos e engajamentos de dada comunidade, não como uma exposição teológica cujos argumentos são questionados como verdadeiros ou falsos, ortodoxos ou heterodoxos. É nesse sentido que o método se propõe como "pós-liberal": acima de todo objetivo cognitivo ou "proposicional", mas também acima do modo liberal de apelar para um dado ou uma experiência religiosa fundamental no cerne das religiões (um "fundacionalismo"), cuja expressão pode diferir histórica e culturalmente, e que tende a ser compreendida como um desvelamento parcial, ou progressivo, de uma presença transcendente. Na obra de Lindbeck, as doutrinas não estão associadas a uma ordem primeira de proposição, mas a uma ordem segunda: disso decorre seu *status* de regulação no interior de dado sistema, constituído pelos textos fundadores (p. ex., a narratividade e a conceitualidade bíblicas) e articulado pela tradição e pelos enunciados teológicos. As doutrinas mantêm assim a identidade de um grupo, ao mesmo tempo que permitem a adaptação a novos dados. Em seu todo, está presente a preocupação quanto a situar a igreja e seu discurso no mundo pós-moderno.

Klauspeter Blaser e Pierre Gisel

▶ LINDBECK, George A., *The Nature of Doctrine: Religion and Theology in a Postliberal Age*, Londres, SPCK, 1984; BITTER, Jean-Nicolas, *Les dieux embusqués. Une approche pragmatique de la dimension religieuse des conflits*, Genebra, Droz, 2003; BLASER, Klauspeter, *Les théologies nord-américaines*, Genebra, Labor et Fides, 1995; BOSS, Marc, EMERY, Gilles e GISEL, Pierre, orgs., *Post-libéralisme? La théologie de George Lindberg et sa réception*, Genebra, Labor et Fides, 2004; ECKERSTORFER, Andreas, *Kirche in der postmodernen Welt. Der Beitrag George Lindbecks zu einer neuen Verhältnisbestimmung*, Innsbruck--Viena, Tyrolia, 2001; MARSHALL, Bruce D., org., *Theology and Dialogue. Essays in Conversation with George Lindbeck*, Notre Dame, University of Notre Dame Press, 1990; WALL, James M. e HEIM, David, orgs., *How My Mind Has Changed*, Grand Rapids, Eerdmans, 1991.

● Chicago (escola de); dogma; doutrina; Estados Unidos; liberalismo (pós-); **religião**

LITERATURA

1. A literatura de expressão francesa
   1.1. Literatura francesa e protestantismo
   1.2. A literatura romanda
   1.3. Digressão: o "romance de pastor"
2. A literatura de língua alemã
3. A literatura de expressão inglesa
   3.1. A literatura britânica
   3.2. A literatura americana
4. A literatura escandinava
5. Recapitulação conclusiva

1. A literatura de expressão francesa

1.1. Literatura francesa e protestantismo

Em nenhum outro país da Europa as origens do Renascimento das letras recobrem tão amplamente que, na França, os primórdios da Reforma. Exegetas ou poetas, os idealizadores da renovação frequentam a corte de Margarida de Navarra (1492-1549), que logo seria um refúgio para eles, e, em menor número, a de Francisco I. A irmã do rei utiliza a Bíblia como fonte de temas para suas peças de teatro e sua poesia. Empreende debates com clérigos sob suspeita de heresia, que restabeleceram um acesso livre e direto à Escritura, e sobretudo com Lefèvre d'Étaples (?1450-1537), autor da primeira tradução francesa dos evangelhos e do Antigo Testamento. Acolhe Clément Marot (1496-1544), poeta da corte que se torna ministro da Palavra e compõe uma versão harmoniosamente popular dos Salmos. Em sua obra *Espelho da alma pecadora* (1531), Margarida cultiva um lirismo de traços paulinos que, mal havia surgido, já desapareceria por longo tempo do repertório da Musa Nacional.

A prosa, após a poesia, beneficia-se do avivamento "evangélico" cujos pioneiros são condenados pela Sorbonne, que lhes aplica o termo "luteranistas". A obra *Institutas da religião cristã* (1541) se aventura por fontes dialéticas e persuasivas em uma língua vulgar, suplantada pelo latim dos teólogos da Igreja Católica Romana, e coloca tais fontes a serviço da fé em Cristo. Porém, Calvino (1509-1564) inaugura também, em *Traité des reliques* [Tratado das relíquias] (1543) e *Excuse aux Nicodémites* [Desculpas aos nicodemitas] (1544), algo como uma sátira, em um estilo irônico bem ao modo francês, de que seriam herdeiros o Pascal (1623-1662) das *Provinciales* [Provinciais] e o Voltaire (1694-1778) dos *Contos* (1775). Diríamos que a adesão ao *sola fide* é acompanhada de uma salutar irreverência, a mesma que, apesar dos escribas e fariseus da época, é capaz de despertar o riso do "evangélico" Rabelais (?1483/94-1553).

Na segunda metade do século XVI, a reação católica é oposta ao florescimento literário da piedade dos "protestantes", assim chamados a partir de 1546. Claro, Beza (1519-1605) conclui a tradução do *Saltério* e explora, representando um *Abraão sacrificando* (1550), a substância trágica dos relatos da antiga aliança. Mais ambicioso, Du Bartras (1544-1590), em *La semaine ou création du monde* [A semana ou Criação do mundo], comanda uma celebração grandiosa da obra do Criador. Além disso, para a causa huguenote não faltam nem pregadores, nem memorialistas, nem polemistas. Porém, os triunfais sucessos da Plêiade, que se orgulha por imitar os gregos e romanos, eclipsam os méritos da maior parte dos servos do Livro. A "ilustração" da literatura passa então a declarar sua filiação ao paganismo humanista, com Montaigne (1533-1592), que toma emprestadas do humanismo as máximas de uma sabedoria apropriada para a dura prova das guerras de religião.

No entanto, a obra-prima da poesia de viés reformado ainda teria sua vez. Veterano nos combates da "pobrezinha da igreja", Agrippa d'Aubigné (1552-1630) edifica um verdadeiro monumento de sete cantos, compostos durante quarenta anos, sem jamais depor a espada durante muito tempo. Só chega a publicar *Les Tragiques* [As trágicas] em 1616, pouco antes de retirar-se para Genebra, enquanto as aplicações do Edito de Nantes saem dos trilhos com o assassinato de Henrique IV. Gigantesco, o poema é também incomparável. Em torno do martirológio huguenote se desdobra uma visão que abarca a totalidade da história da salvação, com seus momentos e suas direções, desde a morte de Abel até o fim do mundo, o Julgamento e a entrada dos eleitos na Jerusalém celeste. Uma contínua metamorfose converte em sinais da vontade divina as múltiplas dores de um século que acreditaríamos ser maldito, não fosse a fidelidade redimida de um "novo Israel". A linguagem do poeta só serve a uma verdade, mas é tão radical e tão misteriosa que se liberta dos caminhos e das figuras convencionais para forçar o acesso a essa verdade. Desdobra-se assim uma arte que os apressados convencionam chamar de barroca, em vez de admitirem o prodígio, irredutível, enquanto manifestação do Espírito, em diversos gêneros literários: lirismo, epopeia, sátira, poesia didática a que parece aparentar-se.

A vida de D'Aubigné não é menos singular que sua obra, interrompendo-se ao mesmo tempo que regenera a criação literária que se seguiu ao retorno das fontes bíblicas para a fé. Quando o "bode do deserto" conclui *As trágicas*, a maior parte de seus contemporâneos não partilha mais seus gostos e seu credo. Francisco de Sales (1567-1622) ensina a sabedoria do humanismo devoto. François de Malherbe (1555-1628) purga a prosódia e o idioma das inconveniências do profetismo. Por um longo tempo, o classicismo à francesa desconsideraria todo modelo que leva a marca da "Heresia". Isso equivale a afirmar que, para os membros da Religião Pretensamente Reformada que não se dedicam à literatura, o Grande Século não se inicia, mas se conclui com a chegada do Rei Sol. Os protestos de D'Aubigné são sucedidos pelos lamentos de um delicado ministro, Laurent Drelincourt (1626-1680). Lemos no "Aviso ao leitor" dos *Sonnets chrétiens* [Sonetos cristãos] (1670): "É estranho que seja necessário ser pagão para ser poeta e que sob o cristianismo ainda seja queimado incenso aos ídolos!". Quando não se calam, os protestantes abjuram, como o sedutor Théophile de Viau (1590-1626), ou se organizam, como Valentin Conrart (1603-1675), ancião da Igreja Reformada de Paris, que com a colaboração do cardeal Richelieu (1585-1642) funda a Academia Francesa. Nas academias protestantes, a controvérsia teológica permanece ativa, mas a qualidade dos tratados inspirada por esses debates não se compara à da obra de Calvino, cujo vigor seria reencontrado nas *Provinciais* e na *Apologética* do jansenista Pascal.

LITERATURA

A criatividade ressurge com a intensificação das forças persecutórias e com a Revogação do Edito de Nantes (1685). Na história do povo huguenote, assim como na trajetória do povo de Israel, as pedras clamam durante a dura prova do exílio e do deserto. Vozes ecoam, simples e fortes no *Théâtre sacré des Cévennes* [Teatro santo das Cevenas] (1707), persuasivas nos sermões de *La manne mystique du Désert* [O maná místico do Deserto] (1695), de Claude Brousson (1647-1698). O protesto do Refúgio, uma vez liberado, desenvolve-se audaciosamente. Impressa em Roterdã, a literatura da dissidência se expande na França e por toda a Europa. Mais militante e patética em *Plaintes des protestants cruellement opprimés dans le royaume de France* [Lamento dos protestantes cruelmente oprimidos no reino da França], de Jean Claude (1619-1687), e em *Devoirs de l'Église affligée* [Deveres da igreja afligida] (1699) de Daniel de Superville (1657-1728), essa literatura chega a um nível superior de reflexão no diálogo que Pierre Jurieu (1637-1713) estabelece com Jacques Bénigne Bossuet (1627-1704). Esse polemista por vezes intemperante dedica duas de suas *Lettres pastorales* [Cartas pastorais] à refutação do princípio da monarquia absolutista, invocada pelos franceses desde 1792, e ainda com mais frequência, caso uma censura atávica se abatesse obstinadamente sobre os textos do Refúgio. A malevolência, contudo, nada pôde contra a recepção do *Dictionnaire historique et critique* [Dicionário histórico e crítico] (1696-1697), de Pierre Bayle (1647-1706), que é considerado com justiça um modelo para o *Dictionnaire philosophique* [Dicionário filosófico] (1764) de Voltaire e até mesmo da *Encyclopédie* [Enciclopédia] de Denis Diderot [1713-1784]. "Sou protestante", explica Bayle ao cardeal de Polignac, "pois protesto contra tudo o que é dito e tudo o que é feito que, a meus olhos, é pouco racional". A liberdade de julgamento não se separa de modo algum da liberdade de consciência. Bayle se sente fiel, mais que nunca, aos ensinamentos da Reforma ao combater a ignorância, o dogmatismo e a intolerância, registrando em um dicionário as formas mais diversas que podem assumir. Dessa maneira, forja um racionalismo crítico que deixaria herdeiros: os filósofos das Luzes.

Edificante fenômeno, que não faria feio em um conto filosófico: a influência protestante, afastada do reino, é exercida com mais vigor a partir do Refúgio. Ao longo do século XVIII, a intermediação suíça aos poucos suplanta a dos Países Baixos. Jean-Jacques Rousseau (1712-1778), de ascendência huguenote e educação calvinista, torna-se na França o profeta da modernidade, aclimatando nela um pensamento, uma sensibilidade e um modo de expressão que carregam as marcas de um protestantismo interiorizado por uma teologia mais que liberal. Sob sua autoridade e seu encanto se fortalece o culto à consciência importado por Bayle e se declara um sentimento republicano, durante muito tempo atribuído por seus adversários aos pensadores desajeitados da Religião Pretensamente Reformada. Se, por outro lado, a "profissão de fé do vigário da Savoia" (1762) não ensina dogma algum, também não opõe menos ao racionalismo do "partido filosófico", inimigo jurado de Jean-Jacques, certo pietismo. Nas *Confissões* (1782-1789), por fim, cadinho de todo um porvir literário, a ênfase na "justificação" só iguala a lucidez com que o "melhor" dos futuros antecipados pelo Julgamento desvela o "estilhaço" plantado em sua carne. Seria possível manter-se um discurso mais paulino diante do Senhor e, consequentemente, mais calviniano que o de Jean-Jacques: "Desvelei meu interior tal como tu mesmo o viste"? A sinceridade das *Confissões*, imitadas por tantos escritores franceses, também teve um modelo inspirador.

Durante os anos que se seguiram ao Edito de Tolerância (1787) e à Declaração dos Direitos Humanos, dois outros escritores da Suíça tornam patente a reintegração do princípio protestante ao patrimônio da ingrata pátria de Calvino. O grupo de Coppet se interpõe entre o norte da Europa, ganhada para a Reforma, e uma França cujo projeto revolucionário abala as tradições religiosas. Madame de Staël (1766-1817) prega com sucesso o "entusiasmo" que a experiência com a Alemanha luterana lhe havia inculcado. Em *Adolphe* (1816), Benjamin Constant (1767-1830) se entrega a um exame de consciência totalmente isento das complacências do confessional. Constant concebe "como filósofo" seu tratado *De la religion considérée dans sa source, ses formes et ses développements* [Da religião considerada em sua fonte, suas formas e seus desenvolvimentos] (1824-1831), mas o conclui quase reconvertido à fé de seus pais. Porém, como madame de Staël, dirige também aos franceses (de quem adota a nacionalidade em 1798) uma mensagem política, manifestando com opções circunstanciais um respeito bastante calvinista à liberdade individual. Ao mesmo tempo, sob o império, a dama de Coppet se torna a porta-voz da resistência ao poder absoluto, engajando-se na mesma missão de que se encarregaram Jurieu e Bayle em Roterdã após a Revogação do Edito de Nantes.

No entanto, tais exemplos não despertam muitas vocações literárias, nem mesmo na França, após a longa travessia do Deserto. Sob a Restauração, o jovem François Guizot (1787-1874) demonstra que a arte de escrever pode vivificar o saber de um historiador "da civilização" e contribuir para uma verdadeira reforma historiográfica. Durante todo o período da Monarquia de Julho (1830-1848), porém, a ação política faz com que despenda o máximo de seus esforços. Na verdade, nenhum dos grandes escritores franceses do século XIX seria filho da Reforma, ainda que alguns deles, e não dos menores, como George Sand (1804-1876), Hippolyte Taine (1828-1893) e Ernest Renan (1823-1892), considerem adotá-la. A "volta" dos huguenotes, cujo avivamento atesta a vitalidade, tem como um palco mundano os negócios, a universidade e as obras sociais. No entanto, com a iniciativa de republicanos criativos como Eugène Sue (1804-1857), Jules Michelet (1798-1874) e Edgar Quinet (1803-1875), de mãe calvinista, começa a ser escrita e propagada uma lenda protestante. A literatura romântica presenteia o povo huguenote com um lugar de honra que esses protestantes evitam reivindicar, como se temessem atrair para si uma nova onda de suspeitas.

Esse lugar é confirmado na representação do passado que prevalece nos manuais de história da escola laica, e assim a audiência de um escritor protestante passa a depender somente da autenticidade de sua vocação e da qualidade de seu texto. A obra de um André Chamson (1900-1983) se impõe na medida em que se mostra mais evangélica que das Cevenas, e mais pessoal que conforme a uma tradição. Mas é graças a André Gide (1869-1951) que se opera de um modo decisivo o transplante moderno desse galho para o tronco da literatura nacional. O romancista de *A porta estreita* (1909) e *A sinfonia pastoral* (1919), o narrador de *Se o grão não morre* (1920 e 1924) e o analista do *Diário* (publicado na França de 1943 a 1953) apresentam um pequeno mundo que por muito tempo foi mantido em segredo, não para aguçar a curiosidade do leitor surpreso, mas, sim, para fazer vir à tona, na estreiteza de tal espaço, alguns dilaceramentos íntimos através dos quais se revelaria um novo mal do século. Ao mesmo tempo, é publicada e sublimada, mesmo quando não partilhada, uma espiritualidade desconhecida, com dúvidas, contradições, perversões e também exigências. Gide se torna mais bem-sucedido nesse *tour de force* na medida em que sua escritura, formada pela leitura do evangelho, adquire uma eficaz simplicidade a partir de *Os frutos da terra* (1897). Assim se afirma, de modo inédito na França, um classicismo de feições calvinianas, capaz de "domesticar" o patético, o "romantismo" espontâneo da confissão. Inaugurada por Gide e Jean Schlumberger (1877-1968) em 1911, sob as benesses de algo como um "complô protestante", *La Nouvelle Revue Française* tem o cuidado de respeitar as regras não registradas dessa nova arte de persuadir que às vezes passa por... jansenista.

Apelidado por Rouveyre de "contemporâneo capital", Gide morre em 1951. Depois de Albert Camus e André Malraux, não se conhece nenhum sucessor seu. É o caso de indagar se a literatura francesa teria negado sua ambição quanto a exercer uma magistratura. Em uma nação que se laicizou mais que nenhuma outra, teria o protestantismo, audível novamente, feito ecoar seu canto de cisne? Fato é que atravessa uma grave crise de identidade. Logo após a primeira guerra, embora parecesse ter superado o liberalismo teológico em que Gide se formara, o barthismo na verdade não o suplantou. Somente um avivamento poderia estimular, nas igrejas da Reforma, não só a fé, mas também a necessidade de afirmá-la publicamente, celebrando-a, devolvendo-lhe a pluma entre os dedos. Para isso, seria preciso a intervenção do Espírito Santo, o verdadeiro, aquele que ilumina a leitura do Livro. Esse Espírito nada tem em comum com o "Divino derramado na Cultura", o "atributo da Substância infinita, patrono das letras e das artes", reverenciado pelo avô Schweitzer de Jean-Paul Sartre (1905-1980), tio do famoso pastor. Schweitzer é ridicularizado em *As palavras* (1964), obra que reproduz cruelmente a condenação à religiosidade protestante encetada por Gide em *Se o grão não morre*, por um autor que foi outro rebelde educado sob a cruz huguenote.

Paul Viallaneix

▶ BOURGEOIS, Charles, *Poètes protestants aujourd'hui*, Paris, Revue moderne, 1958; BRASPART, Michel, org., *Protestantisme et littérature*,

LITERATURA

Paris, *Je sers*, 1948; MILLET, Olivier, org., *Bible et littérature*, Paris, Champion, 2003; PINEAUX, Jacques, *La poésie des protestants de langue française, du premier synode national jusqu'à la proclamation de l'Édit de Nantes 1559-1598*, Paris, Klincksieck, 1971.

● Aubigné; Barthes; Bayle; Beza; Brousson; Calvino; Capieu; Chamson; **cinema**; Claude; Constant; Du Bartras; *Enciclopédia*; evangelismo; Gide A.; Guizot; humanismo; Jurieu; Lefèvre d'Étaples; Margarida de Navarra; Marot; Michelet; Pascal; Peyrat; Rabelais; Refúgio; Renan; Rousseau; Sand; Schmidt A.-M.; Sponde; Staël; **teatro**

1.2. A literatura romanda

Fazer história da literatura da Suíça romanda (francófona) é quase sempre colocar-se em uma posição satélite: é preciso abordar primeiro os autores que não "cruzaram a fronteira do Jura" e não se inserem com direitos plenos na história literária da França. Porém, se fosse o caso, autores como Jean-Jacques Rousseau (1712-1778), madame de Staël (1766-1817) e Benjamin Constant (1767-1830) não mais seriam contados na história da literatura romanda, assim como os autores franceses cuja trajetória literária tem uma forte dimensão romanda, mas cuja filiação seria preservada por sua origem francesa, como Calvino ou Agrippa d'Aubigné (1552-1630), no século XVI. Com tudo isso, a história da literatura na Suíça romanda só chamaria a atenção caso complementasse a história literária da França, que permaneceria como referência última. Ora, fazer história da literatura na Suíça romanda é em primeiro lugar provar que, a salvo de uma "bacia" natural e sobretudo política, podemos pensar, escrever e publicar em francês mesmo longe de Paris, sem provocar o desaparecimento de corpos e bens.

Em sua curiosa história sobre os últimos carolíngios, *La Reine Berthe* [A rainha Berta] (1947), Charles-Albert Cingria observou que a Suíça sempre foi uma terra de "refúgio" para fugitivos e exilados. Sabemos bem quanto a região representaria para os protestantes, tanto nos tempos da Reforma quanto nos da Restauração e da Ocupação, para citar apenas as páginas mais críticas da história da França, em que os espíritos livres ou heterodoxos não podiam mais contar com segurança alguma. O mesmo ocorreu com os escritores, e o historiador da literatura é obrigado a constatar que a Suíça romanda é de inspiração protestante (ou protestadora), o que a singulariza diante da França. (A Suíça romanda não teve contato com muitas vozes católicas de peso antes de Gonzague de Reynold (1880-1970), nem com uma grande poesia católica antes de Maurice Chappaz (1916-2009) — que na verdade nem sempre contou com uma acolhida muito fácil em terras católicas!)

Do ponto de vista histórico, a Suíça romanda não é um país muito tranquilo, apesar do bem estabelecido clichê: pelo menos quatro "revoluções" podaram profundamente a percepção de uma continuidade cultural, determinando "épocas" de um perfil bastante escarpado. Primeiro, a Reforma desconsiderou grandemente a cultura medieval (basta pensar na obra *Tratado das relíquias*, de João Calvino, ou na *La cosmographie infernale* [A cosmografia infernal] [1552], do reformador valdense Pierre Viret [1511-1571]). Em seguida, o pré-romantismo recusou a civilização clássica "à francesa" sob a influência de Rousseau, que foi violentamente rejeitado na Suíça, mas aos poucos adulado pela classe média. Depois, o romantismo cristão rejeitou a idealização da natureza e voltou-se para a herança do século XVII, com a influência do grande crítico valdense Alexandre Vinet (1797-1847), admirado por Chateaubriand (e também por Sainte-Beuve, que deu um curso sobre Port-Royal na universidade, sob a "acrópole" de Lausanne, em 1837, na época dos conflitos entre radicais e liberais sobre a liberdade religiosa). Por fim, houve a reação realista, após 1914-1918, rejeitando o espírito do liberalismo protestante que, aos olhos dos jovens da época, simbolizava o final do século XIX, com seu historicismo, suas dúvidas, suas vestimentas negras e longas barbas. A Ação Francesa, o neotomismo e a celebração da Idade Média arrancaram do protestantismo alguns autores, mas é preciso constatar que um dos maiores autores romandos do século XX, Charles Ferdinand Ramuz (1878-1947), permaneceu fiel ao espírito do protestantismo, e talvez até mesmo à letra (ainda que fosse interpretado de outras formas), em seus romances, como *La règne de l'esprit malin* [O reino do espírito maligno] (1917), *L'amour du monde* [O amor ao mundo] (1925), *La grande peur dans la montagne* [O grande medo na montanha] (1926).

Nessas sucessivas rupturas, nada facilita a percepção de uma continuidade literária, nem a consciência de uma tradição intelectual. Além de uma literatura medieval bem representada, reconhece-se a fecundidade da Reforma, que começou como um movimento literário antes de tornar-se uma revolução. Esse período é ilustrado na Suíça romanda por um panfletário como Pierre Viret, um poeta como Antoine de la Roche Chandieu (1534-1591), um memorialista como François de Bonivard (1493-1570) e até mesmo um romancista como Gédéon Flournois (1639-1693), com sua obra *Entretiens des voyageurs sur la mer* [Conversas dos viajantes no mar], que granjeou o espantoso sucesso de uma literatura galante e sentimental reformada. Porém, é verdade que a Reforma foi austera em terras romandas e que a ciência e a erudição pareceram bem mais dignas de atenção que os gêneros literários "agradáveis", cujo poder crescente sobre os formadores de opinião foi ignorado pelos protestantes.

A crítica à civilização purista e refinada da idade clássica talvez tenha começado com *Lettres sur les Anglais et les Français* [Cartas sobre os ingleses e os franceses], de Béat-Ludwid de Muralt (1665-1749), que algum tempo depois seria ilustrada com brilhantismo pela "discipuladora" de Benjamin Constant, Isabelle de Charrière (1740-1805), cujos romances descrevem, com um impressionante realismo, a condição injusta da mulher e sobretudo os medos e pudores de uma boa sociedade conservada em decências. Mais desalinhados, os romances de Isabelle de Montoliu (1751-1832) evocam os conflitos sentimentais das elites da Revolução e do império, época que a admirável obra *Souvenirs* [Lembranças] (1831), de Charles-Victor de Bonstetten (1745-1832), descreve com nostalgia. Os ecos da aventura napoleônica na galáxia da Europa protestante se tornam particularmente perceptíveis no ensaio *L'esprit de conquête* [O espírito da conquista] (1813), de Benjamin Constant.

Por fim, o monumental *Journal intime* [Diário], de Henri-Frédéric Amiel (1821-1881), registra as menores oscilações na vida interior de uma consciência protestante do século XIX presa da solidão e da dúvida. Na primeira publicação de excertos do diário, em 1884, Paul Bourget, em um de seus ensaios (*Essais de psychologie* [Ensaios de psicologia]), estigmatizou uma "doença da vontade", ao mesmo tempo que denunciava a influência do espírito germânico e do espírito de análise protestante em uma "prosa mista e quase bárbara que se põe a observar as nuances da alma de uma extraordinária complicação". A publicação completa do diário permite hoje a apreciação oposta, qual seja, o vislumbre de uma alma religiosa que questiona apaixonadamente a existência humana. O calvinismo partilha com certo jansenismo a visão pessimista das faculdades intrinsecamente humanas. Sem a graça, o homem não pode encontrar em si uma "vontade" forte, no sentido invocado por Paul Bourget. Hoje, a "pose" voluntarista *fin-de-siècle* foi relegada ao museu das curiosidades literárias, enquanto Amiel ainda é lido por ser verdadeiro. Sua descrição da intimidade da consciência não suscita mais a mesma rejeição, nem se afigura patológica. Herdeiro do *egotismo* stendhaliano, ele escolheu a melhor parte, a da verdade, opondo-se por isso a seus contemporâneos enganados pelas aparências. O exame protestante da consciência talvez tenha sido o que garantiu essa veracidade intransigente. Podemos assim considerar que o *Diário* de Amiel é a ilustração vivida em primeira pessoa das *Institutas da religião cristã*.

Tratamos do impulso ao mesmo tempo realista e religioso que foi dado à literatura romanda através das realizações e da obra de Charles Ferdinand Ramuz. Porém, um romance como *La pêche miraculeuse* [A pesca milagrosa] (1937), de Guy de Pourtalès (1881-1941), contém uma ainda mais legível tabela dos sentimentos religiosos de todas as classes da Suíça romanda na virada do século XIX para o XX. Por fim, autores contemporâneos como Jean-Pierre Monnier (1921-1997) e Jacques Chessex (1934-2009) se situam explicitamente na linhagem dessa herança literária. De Monnier, o romance intitulado *La clarté de la nuit* [A claridade da noite] (1956) conta alguns dias da história de um velho pastor do Jura, um homem que se defronta com o silêncio de Deus e com a hostilidade dos membros da igreja, tendo como única preocupação "estar ali", diante de todos e contra tudo aquilo. De Chessex, um relato como *La confession du pasteur Burg* [A confissão do pastor Burg] (1967) descreve a loucura dramática de um jovem pastor que é ao mesmo tempo puritano e sensível demais, em busca de poder e amor.

Com frequência experimentamos o desejo de "enxergar protestantismo" nas tormentas de poetas como Edmond-Henri Crisinel (1897-1948) ou na austeridade ostentatória de Philippe Jaccottet (1925-). Porém, com essa postura não estaríamos nos arriscando a atribuir a essa categoria crítica uma extensão pouco legítima? Talvez seja sábio limitar-se ao estudo das menções explícitas do protestantismo em obras literárias. A área é bem mais vasta. Para concluir, podemos afirmar que, se a Reforma foi uma das razões que decidiram e mantiveram a separação política entre a Suíça romanda e a França, então, a literatura europeia nada perdeu com isso.

Christophe Callame

1.3. Digressão: o "romance de pastor"

O pastor como personagem de romance figura nas obras de autores de confissão protestante desde o século XVIII; em alguns, surge em textos de vocação explicitamente edificante, utilizado como encarnação da mensagem que desejavam transmitir. Porém, uma verdadeira profusão literária da figura do pastor data sobretudo do aparecimento do romance psicológico, no final do século XIX: a tendência para a introspecção e a fineza analítica, atribuídas ao pastor, tornam-no um terreno fértil para exploração. Formalmente, recorre-se ao relato na primeira pessoa, com inserções de trechos de diário no tecido romanesco, para tornar essa presença mais concreta e crível, na medida em que a redação de um diário é percebida como o dispositivo de um exame de consciência inseparável da função pastoral. Ao longo do século XX, se a dimensão psicológica permanece uma constante, outros aspectos, éticos e sociológicos, seriam privilegiados pelos romancistas: o pastor passa a ser percebido como um personagem que cristaliza as dúvidas e os conflitos de naturezas diversas, e que, posto no cruzamento de aspirações contraditórias, presa de lutas interiores, vê-se obrigado a escolhas existenciais. A incompatibilidade entre as exigências da fé e a paixão amorosa é um dos temas mais ilustrados; como pano de fundo, há a oposição entre a moral religiosa e o desejo de realização pessoal, ou, mais amplamente, a dificuldade, ou mesmo impossibilidade, de conciliar a fé, lugar de uma forma de absoluto, e a vida, cuja relatividade social e histórica leva a "arranjos" que prejudicam a desejada coerência entre a Palavra e as obras. Os relatos do final do século XX — aliás bem menos numerosos, o que sem dúvida reflete a perda de importância e visibilidade do pastor na esfera social — tendem a acentuar tensões não resolvidas e a tornar a crise inerente a essas tensões um cadinho a originar questionamentos cujo alcance ultrapassa o nível religioso.

Na francofonia, o "romance de pastor" foi praticado sobretudo por escritores de origem suíça, por motivos culturais evidentes; porém, também foi o apanágio de alguns autores franceses de confissão reformada, como, em primeiro lugar, André Gide, cuja obra *Sinfonia pastoral* (1919) pode ser considerada o protótipo de um modo de tratar o personagem e as temáticas suscitadas por ele (a literatura escandinava e principalmente a literatura de expressão inglesa dariam vida a muitos personagens pastores). Dentre os romandos, após Rodolphe Töpffer (1799-1846) e seus ministros-modelo (*Le presbytère* [O presbitério], 1839; *Rosa et Gertrude* [Rosa e Gertrude], póstumo, 1847), está Édouard Rod (1857-1910). Valdense estabelecido em Paris, Rod retratou um bom número de pastores em seus romances; oscilando entre o ceticismo religioso e a necessidade de encontrar novas bases morais para a sociedade, culmina na sátira ou na admiração (*Côte à côte* [Lado a lado], 1882; *Les roches blanches* [As rochas brancas], 1895; *Le pasteur pauvre* [O pastor pobre], póstumo, 1911). Enquanto para Ramuz esse tipo de personagem se limita a questões utilitárias, no entreguerras, as escritoras Dorette Berthoud (1888-1975), em *Vivre comme on pense* [Viver como se pensa] (1939), e Clarisse Francillon (1899-1976), em *Le plaisir de Dieu* [O prazer de Deus] (1938), o aproveitam para desenhar um quadro contrastante da sociedade de seu tempo. Na obra de Jean-Pierre Monnier, os questionamentos do pastor de *La clarté de la nuit* [A claridade da noite] podem ser comparados com os dos heróis de Camus. Embora mais centrados em dramas ou hesitações individuais, os relatos dos autores da geração seguinte não excluem a dimensão política, que é prioritária em *Je* [Eu] (1959), de Yves Velan (1925-), nem a crítica social, primordial em *La confession du pasteur Burg* [A confissão do pastor Burg], de Jacques Chessex.

Daniel Maggetti

▶ BERCHTOLD, Alfred, *La Suisse romande au cap du XX⁰ siècle. Portrait moral et littéraire*, Lausanne, Payot, 1980; CALAME, Christophe, org., *700 ans de littérature en Suisse romande*, Paris, La Différence, 1991; FRANCILLON, Roger, org., *Histoire de la littérature en Suisse romande*, 4 vols., Lausanne, Payot, 1996-1999; MAGGETTI, Daniel, *L'invention de la littérature romande, 1830-1910*, Lausanne, Payot, 1995.

◉ Amiel; Chassex; Jeanneret; Muralt; Ramuz; Roud; Suíça; **teatro**; Töpffer

2. A literatura de língua alemã

A Reforma alemã foi acompanhada, desde o início, de uma literatura variada. Martinho Lutero (1483-1546), que compreendeu a importância e a influência da escrita como meio de propaganda e consolo, criou hinos de um notável valor poético. Depois de Lutero, o *Kirchenlied* [canto religioso] protestante foi um fio condutor da literatura alemã, de Paul Gerhardt (1607-1676) e Joachim Neander (1650-1680) a Jochen Klepper (1903-1942) e Rudolf Alexander Schröder (1878-1962). O princípio da multiplicação do efeito e da eficácia (a palavra reforçada pela música) também foi um motivo para o interesse reformador pelo teatro, que apela para o espírito de diversão sem negar o aspecto formador. Hans Sachs (1494-1576), um dos primeiros poetas a abraçarem a Reforma, imortalizado por Richard Wagner (*Die Meistersinger von Nürnberg* [O cantor mestre de Nurenberg], 1848), recorreu ao *Fastnachtsspiel* ("jogo de carnaval"), peças curtas de caráter satírico e às vezes obsceno, para uma mescla popular de diálogo picante e mensagem moral (*Das Narrenschneiden* [1534], em *Werke* [Obras] V, Hildesheim, Olms, 1964, p. 3-17; *Der Teufel mit dem alten Weib* [1545], em *Werke* [Obras] IX, p. 35-46; *Der fahrende Schüler im Paradeiß* [1550], em *Werke* [Obras] XIV, p. 72-83).

Na mesma época, em Berna, Niklaus Manuel Deutsch (1484-1530), membro do Grande Conselho, pintor e poeta, utilizou a forma do *Fastnachtsspiel* como ponto de partida para a popularização da polêmica anticatólica. O nível literário de seus dramas é bem superior ao das peças de Sachs ou de outros contemporâneos como Heinrich Bullinger (1504-1575; *Lucretia*, 1528) ou Sixt Birck (1501-1554; *Wider die Abgötterei*, 1535). Manuel era um mestre dos efeitos cênicos e da força do diálogo demagógico (*Von Papsts und seiner Priesterschaft* [1522], *Von Papsts und Christi Gegensatz terschaft* [1524] e *Der Ablaßkrämer* [1525], em *Niklaus Manuel*, org. por Jakob BAECHTOLD, Frauenfeld-Leipzig, Huber, 1917, respectivamente p. 29-102, p. 103-114 e p. 112-132). Enquanto a Reforma na Alemanha permanecia ambígua em sua postura diante do teatro, os suíços se beneficiaram do ponto de vista de Zwinglio, que o estimulava e chegou até mesmo a encenar uma comédia de Aristófanes, em 1531.

O escritor mais proteiforme da Reforma do século XVI foi o estrasburguense Johann Fischart (1546-1590), jurista, impressor, humanista poliglota e ardente adversário dos jesuítas. Além de compor hinos, sátiras e poemas épicos (como *Das glückhaft Schiff von Zürich*, 1576), demonstrou com suas obras em prosa que o gênero mais secularizado, o romance, era também o que mais estava em consonância com a Reforma. Escreveu um romance parafraseando *Pantagruel* (1532), de Rabelais, publicado em 1575 com o título *Affenteurliche und ungeheuerliche Geschichtschrift vom Leben, Raten und Taten der vor langen weilen vollenwolbeschraiten Helden und Herrn Grandgusier, Gargantoa, und Pantagruel, Königen in Utopien und Ninenreich*. Obteve um considerável sucesso e, com sua riqueza de estilo e de vocabulário, sua obra representou uma grande contribuição para a língua e a literatura alemãs.

No todo, é evidente que o século da Reforma, pleno de um vigor literário protestante, de fato não foi muito inovador. Praticavam-se os gêneros conhecidos, às vezes melhorando-os; rivalizava-se, em termos de popularidade, com os escritores católicos, aliás com sucesso; mas hesitava-se diante da invenção de novas formas. A única exceção, fecunda até nossos dias, foi o hino protestante que, renovando a herança de Ambroise, é ao mesmo tempo "católico" (no sentido literal de um cristianismo "universal") e tipicamente protestante no estilo, no vocabulário e na mensagem evangélica.

A literatura protestante de língua alemã floresceu em meio à perseguição ou a conflitos gerais: as épocas da Guerra de Trinta Anos (1618-1648), da filosofia da *Aufklärung* ou do nazismo engendram, por reação, esforços extraordinários. Houve a lembrança do dever, que foi definido no espírito de um testemunho que resistiu à mentalidade dominante. No século XVII, a época da Contrarreforma e da luta pela hegemonia religiosa e política foi marcada por um fenômeno ao mesmo tempo espiritual e secular. A literatura protestante, sob a forma de poesia, foi raramente anticatólica no sentido polêmico; essa literatura deplorava a querela entre irmãos (que declarava culpados os católicos) e lamentava as vítimas, os mártires das maquinações soldadescas. Andreas Gryphius (1616-1664) se distinguiu: verdadeiro europeu, conhecia nada menos que dez línguas antigas e modernas, cruzou o continente e lançou mão de uma riqueza literária quase inesgotável, de Sêneca a Shakespeare. Seus sonetos, procedendo do rigor dos alexandrinos franceses, apresentam uma riqueza poética e uma flexibilidade formal inauditas. Gryphius criou um novo gênero para a literatura alemã, a *bürgerliches Trauerspiel* (tragédia burguesa), com *Cardenio und Celinde oder unglücklich Verliebte* (1657, em *Trauerspiele*, Hildersheim, Olms, 1961, p. 257-342). Antes de tudo, porém, suas tragédias sobre mártires, como *Catharina von Georgien oden Bewährte Beständigkeit* (1657, em ibid., p. 135-255) ou *Ermordete Majestät oder Carolyus Stuardus* (1657,em ibid., p. 343-493), escrito imediatamente após a execução do rei inglês Carlos I pelos criados do carrasco do audacioso Oliver Cromwell, é um raro exemplo de um drama europeu que originou um testemunho cristão e protestante contemporâneo, com um notável sucesso popular e literário.

O barroco alemão, após a Guerra dos Trinta Anos e de Gryphius, não foi religioso de modo particular. Porém, ao lado de católicos apaixonados como Angelus Silesius (1624-1677, luterano convertido), Friedrich Spee von Langenfeld (1591-1635) e Abraham a Sancta Clara (nome religioso de Johann Ulrich Megerle, 1644-1709), houve também um Martin Opitz (1597-1639), que escreveu dramas cultos e o texto da primeira ópera alemã (*Dafne* [1627], em *Gesammelte Werke* [Obras completas] IV/1, Stuttgart, Hiersemann, 1989, p. 61-84, musicado por Heinrich Schütz, o grande compositor protestante) e místicos como Jakob Böhme (1575-1624) e Johann Valentin Andreae (1586-1654). As vicissitudes da época se refletiram na vida do duque Anton Ulrich de Brunswick (1633-1714), fundador da excepcional biblioteca de Wolfenbüttel. Ele iniciou sua carreira literária com odes e hinos luteranos, romances e "vaudevilles" sobre temas bíblicos; em 1710, mudou de religião, mantendo segredo no início, mas o fracasso de seus esforços por uma reconciliação entre as confissões (cf. correspondência com Leibniz) fez com que sua voz literária se calasse.

O nome de Leibniz sinaliza os esforços do Século das Luzes e os primórdios de uma crise da literatura protestante. A aceitação da presença de um Deus todo-poderoso mesmo em meio ao sofrimento (Gryphius) não era evidente; os cristãos foram forçados a justificar uma interpretação do mundo que tinha sido desvalorizada por uma sociedade cada vez mais crítica ante o abuso de poder das igrejas. A elegância intencionalmente ingênua de um Barthold Heinrich Brockes (1680-1747) apontou uma saída: esse diplomata e senador de Hamburgo não se contentava com a cristologia tradicional (*Der für die Sünden der Welt gemarterte und sterbende Jesus*, oratório musicado por Haendel, 1712); seus poemas *Irdisches Vergnügen in Gott* (1721-1748) apresentam uma descrição original da natureza como criação de um Deus pessoal. A ordem teleológica do mundo criado e a sabedoria do Criador são verdades empíricas que não são incompatíveis nem com a inteligência humana, nem com a modernidade das ciências. Na Suíça, nascido em Berna, o fisiologista, botânico e anatomista Albrecht von Haller (1708-1777) seguiu a mesma trilha de Brockes. Seus poemas *Les Alpes* [Os Alpes] (1732, ed. bilíngue alemão-francês, Lausanne, Gonin, 1944), ao mesmo tempo filosóficos, descritivos e teológicos, são uma celebração da grandeza de uma criação divina negligenciada, do amor de Deus e da contribuição do homem para a ordem universal. A obra de Haller, forte em sua veneração ao Criador, mas longe de uma espiritualidade sem máculas (p. ex., ele ignorou a natureza da alma), demonstra-se preciosa sobretudo na querela contra o racionalismo antirreligioso, na discussão com Johann Gottfried Herder (1744-1803) e seus discípulos, preparando o caminho que levou a Friedrich Gottfried Klopstock (1724-1803), Matthias Claudius (1740-1815), Johann Heinrich Jung-Stilling (1740-1817), Johann Caspar Lavater (1741-1801) e ao romantismo (sem falar de Johann Wolfgang Goethe [1749-1832], Johann Gottfried Herder [1744-1803] e Friedrich Schiller [1759-1805], a quem são dedicadas entradas específicas, assim como a um Friedrich Hölderlin [1770-1843] e um Eduard Mörike [1804-1875]).

Quanto à contribuição alemã para o pensamento europeu protestante, um nome relacionado ao romantismo se destaca de modo singular: o barão Friedrich von Hardenberg, mais conhecido como Novalis (1772-1801). Como Jung-Stilling, é oriundo do movimento pietista. Porém, Novalis preferiu a mistura entre misticismo "católico" (no sentido de um espírito pancristão), mariologia (que, nesse caso, devia sua origem ao próprio Lutero) e o desejo de unir toda a Europa sob a mensagem de Cristo. Morto com a idade de 28 anos, só concluiu uma parte de suas ambições. São os *Hymnes à la nuit* [Hinos para a noite] (1797, em *Oeuvres complètes* [Obras completas] I, Paris, Gallimard, 1975, p. 247-267), as obras em prosa (*Les disciples à Saïs* [Os discípulos em Saïs] [1797], em ibid., p. 33-68; *Henri d'Ofterdingen* [1802], em ibid., p. 69-246) e principalmente o ensaio *L'Europe ou la chrétienté* (1799, em ibid., p. 303-324), criticados por Goethe, mas publicados por Schlegel e Tieck.

O classicismo protestante do século XIX não engendrou quase nenhuma inovação, ainda que não se justifique a alegação de uma época de imitadores baratos. Jeremias Gotthelf (1797-1854) e Conrad Ferdinand Meyer (1825-1898), na Suíça, e Ricarda Huch (1864-1947), na Alemanha, são três exemplos de uma renovação dependente da fé dos autores, mas sem ostentação. Foi somente no século XX que a literatura do protestantismo alemão passou a novamente justificar sua existência em um mundo que se rebelava contra Deus, diante da crueldade de duas guerras mundiais e do genocídio dos judeus, organizado pelos nazistas.

Ricarda Huch personificou de modo exemplar a mudança de posição poética. De uma família originária de Brunswick, foi uma das primeiras mulheres a tornarem-se doutoras (em letras) da Universidade de Zurique. Iniciou a carreira literária nas pegadas de Conrad Ferdinand Meyer (com *Gedichte* [Poema] [1891, primeira edição publicada sob o pseudônimo de Richard Hugo], Leipzig, Haessel, 1894, 1908; seu romance *Erinnerungen von Ludolf Ursleu dem Jüngeren*, Berlim, Hertz, 1893) e continuou pelo mesmo caminho com outros romances, ensaios e poesias até a Grande Guerra, quando o tom de seus textos históricos se torna mais distante e nuançado (cf. sua história da Guerra dos Trinta Anos: *Der grosse Krieg in Deutschland* [A grande guerra na Alemanha], 3 vols., Leipzig, Insel, 1912-1914; a biografia *Wallenstein*, Leipzig, Insel, 1915; as reflexões teológicas *Luthers Glaube. Briefe an einen Freund* [A fé de Lutero: carta a um amigo], Leipzig, Insel, 1916). A evolução decisiva se completou com a chegada ao poder dos nacional-socialistas, em 1933. Sua autobiografia *Jahrhundertwende* [Virada do século] (1935), o romance *Die Elixiere des Glücks* [O elixir da felicidade] (1936) e os dramas *Erntefest* [Festa da colheita] (1936) e *Kaiser Friedrich II* [O imperador Frederico II] (1940) frisam a diferença insuperável entre, de um lado, um apego à pátria ligado a certa concepção da história europeia e nacional com base na fé cristã e, de outro, a mentalidade destrutiva de uma "raça de senhores" capaz de aniquilar uma civilização fundada na palavra bíblica. Seu ato público mais eloquente foi a saída da Academia Prussiana de Artes, em março de 1933. Sua carta de demissão, um ataque frontal à política nazista, foi descrita como um dos raros testemunhos de coragem pessoal e impiedosa candura diante dessa academia, no início da "acomodação" nacional-socialista.

A literatura protestante do século XX contou com várias personalidades de renome: o dramaturgo e escultor Ernst Barlach (1870-1938); o poeta, ensaísta e tradutor Rudolf Alexander Schröder; a romancista e poetisa Ina Seidel (1885-1974); o polivalente Manfred Hausmann (1898-1986); Jochen Klepper, levado ao suicídio pelos nazistas; Albrecht Haushofer (1903-1945), executado pela SS; Ernst Wiechert (1887-1950), levado ao campo de concentração de Buchenwald; Bernt von Heiseler (1907-1969), autor de dramas antinazistas (*Cäsar*, 1942; *Der Mann unter der Treppe* [O homem sob as escadas], 1944) e do grande romance de reconciliação pós-guerra, *Versöhnung* [Reconciliação] (1953, Neuhausen-Stuttgart, Hänssler, 1985). A popularidade da literatura cristã, restrita aos círculos da "imigração interior" durante o Terceiro Reich, amplia-se depois de 1945. Na Alemanha, ansiava-se por impulsos renovadores, e autores como Wiechert, Heiseler e, do lado católico, Reinhold Schneider (1903-1958) não hesitaram. Porém, o testemunho cristão nunca se conforma ao espírito do tempo; a construção de uma Europa partida pela cortina de ferro polarizou as forças culturais, e a voz cristã correu o risco de marginalização. O protestante Johannes Bobrowski (1917-1965) é um exemplo da tenacidade evangélica sob o regime comunista da República Democrática Alemã; as novelas *Le moulin à Levine* [O moinho de Levine] (1964, Paris, Seuil, 1966) e *Les pianos de Lituanie* [Os pianos da Lituânia] (1966, Paris, Maren Sell, 1991), assim como os livros de poemas *Sarmatische Zeit* (1961, Stuttgart, Deutsche Verlag-Anstalt, 1964), *Schattenland Ströme* (1962, Stuttgart, Deutsche Verlag-Anstalt, 1963) e *Signes du temps* [Sinais dos tempos] (1966, Saint-Pierre-la-Vieille, La Feugraie, 1992), dão mostras de um observador íntegro que apresenta uma confissão de fé em meio a uma sociedade secularizada e hostil.

Ainda são dignos de nota os nomes de Albrecht Goes (1908-2000), Rudolf Otto Wiemer (1905-1998) e Kurt Marti (1921-), que gozam de fama internacional. Autor de *La flamme du sacrifice* [A chama do sacrifício] (1954, Paris, Albin Michel, 1957), romance celebrado por George Steiner como uma das raras obras da literatura alemã do pós-guerra que merece ser lida, e de numerosos ensaios e livros de poesia, Goes se distingue também pela abordagem de temas judaicos. A complexidade da religião cristã, baseada no Antigo Testamento como documento do judaísmo eterno, torna-se concreta na obra de Goes, que nos aponta o caminho para um ecumenismo realista, protestante e sem ilusões.

Carsten Peter Thiede

▶ BLEICHER, Joan K., *Literatur und Religiosität. Untersuchungen zu deutschsprachiger Gegenwartsliteratur*, Berna, Lang, 1993; KLEPPER, Jochen, *Der christliche Roman*, Berlim-Steglitz, Eckart-Verlag, 1940; KRANZ, Gisbert, *Europas christliche Literatur*, t. II: *Von 1500 bis heute*, Munique, Schöningh, 1968; ROHLS, Jan e WENS, Gunther, orgs., *Protestantismus und deutsche Literatur*, Göttingen, V&R unipress, 2004; SCHRÖDER, Rudolf Alexander, *Dichtung und Dichter der Kirche* (1936), Witten, Eckart, 1964; THIEDE, Carsten Peter, org., *Christlicher Glaube und Literatur*, 7 vols., Wuppertal-Zurique, Brockhaus, 1987-1995.

● Dürrenmatt; Frisch; Goethe; Gotthelf; Heine; Herder; Hesse H.; Hölderlin; Keller; Mann; Meyer; Mörike; Novalis; Oetinger; pietismo; romantismo; Schiller; teatro

3. A literatura de expressão inglesa

3.1. A literatura britânica

Mais que nenhuma outra na Europa, a literatura britânica contém inúmeras referências à língua e aos temas religiosos. Desde a época conturbada e sangrenta do século XVI, quando o protestantismo se torna religião de Estado, os períodos de crise e conflito colocaram as questões religiosas em um primeiro plano na literatura. Podemos de fato medir a influência exercida pela nova igreja na supressão de importantes formas culturais antigas, sobretudo as do teatro popular na Idade Média tardia: em toda a Inglaterra, os mistérios e a moralidade que se encenavam tanto dentro quanto, posteriormente, nos pátios das catedrais foram pouco a pouco abandonados, de modo que os historiadores da literatura que buscavam estabelecer uma continuidade foram levados a questionar-se se, com 11 anos, o jovem Shakespeare não teria percorrido os trinta quilômetros que separam Stratford, sua cidade natal, de Coventry, para assistir a uma das últimas representações de um grande ciclo de mistérios, em 1575. Ao mesmo tempo, o teatro profano foi autorizado, e em 1576 um novo teatro foi construído sobre as ruínas de um mosteiro, em Shoreditch (Londres). De acordo com a tendência iconoclasta do protestantismo, em 1598 foi promulgada uma lei que proibia a representação de temas religiosos em teatros públicos e privados, autorizando somente as grandes famílias nobres (e, a partir de 1603, somente o rei) a patrocinar uma companhia de teatro. Isso se explica, entre outros motivos, pelo desejo de controlar e recuperar para fins oficiais (sobretudo as procissões reais) o poder de fascinação que o espetáculo exerce, associado às cerimônias do catolicismo romano. Da mesma forma, era de tendência puritana protestante a preocupação sobretudo com as fantasias e a ilusão em cena, ou seja, a *mimesis*. Em 1642, o Parlamento, de maioria puritana, fechou os teatros públicos, assimilados à licenciosidade da corte.

The Tragical History of Doctor Faustus [A história trágica do doutor Fausto] (1588-1592), de Christopher Marlowe (1564-1593), representa uma importante fase de transição no processo de separação entre o teatro e a religião. Essa peça toma emprestadas as formas da moralidade e as adapta ao contexto protestante; assim, Fausto é um humanista que estudou em

Wittenberg, a mesma universidade de Lutero, e certas passagens cômicas ridicularizam cruamente o aspecto cerimonial do culto católico romano, além do próprio papa. No entanto, a peça de Marlowe representa também as profundas ansiedades religiosas suscitadas pelas ambições do humanismo na época do Renascimento. Pelas mesmas razões, encontramos alusões frequentes a práticas tais como o exorcismo (e principalmente a feitiçaria) no teatro desse período; *Macbeth* (1604), de William Shakespeare (1564-1616), é apenas o exemplo mais famoso. O próprio Shakespeare é o mais profano dos autores, utilizando-se da religião como melhor lhe parece; assim, *Hamlet* (1600) também estudou em Wittenberg, embora fosse seguido por um fantasma que parece ter fugido do tradicional purgatório católico. Porém, é entre os contemporâneos de Shakespeare que vemos florescer uma literatura religiosa das mais notáveis.

Data da época de Shakespeare a tradução mais divulgada da Bíblia, conhecida pelo nome *Authorized Version*, na Inglaterra, e *King James Version*, nos Estados Unidos, em referência a sua publicação em 1611 sob o reinado de James I, ou Tiago I. Esse excepcional trabalho, cuja influência sobre a literatura inglesa supera a do próprio Shakespeare, não foi obra de um homem só; trata-se, de fato, de uma das raras obras-primas literárias redigidas coletivamente. De fato, William Tyndale, a quem devemos a maior parte da contribuição, tinha terminado esse trabalho cerca de um século antes, logo após a publicação da Bíblia de Lutero. Tendo sido impedido de ir até o fim com o projeto em seu país de origem, foi para Colônia, em 1524, onde começou a publicar seu Novo Testamento; expulso pelos administradores da cidade (que na época eram ainda católicos), terminou sua obra em Worms, e dali tentou secretamente enviar alguns exemplares para a Inglaterra. Traduzindo diretamente a partir do hebraico e dos textos gregos de Erasmo, Tyndale começou a revisar a edição definitiva de seu trabalho em Anvers, em 1534, complementando-o com prólogos controversos em cada livro e com inflamadas glosas marginais; ainda não havia concluído de fato a obra quando foi preso e executado, em 1536. Todavia, uma versão paralela foi concluída e publicada em Zurique, no ano 1535, por Miles Coverdale (1488-1568). A popularidade dessas Bíblias sofreu um revés com a *Grande Bíblia*, de 1539, que Henrique VIII destinou a sua igreja novamente independente. Porém, outra versão, a *Bíblia de Genebra*, foi publicada, como indica seu nome, em Genebra, no ano de 1560, em parte inspirada no Novo Testamento de Tyndale e em descobertas filológicas da época, compreendendo abundantes *marginalia* de um protestantismo veemente que a tornaram cara às gerações de puritanos ingleses. Embora proibida nas igrejas anglicanas, essa Bíblia teve cerca de cinquenta edições sucessivas, de 1560 a 1644. Para reduzir a influência da obra, os prelados de Elizabeth I mandaram publicar a *Bíblia do Bispo,* em 1568, versão revisada da *Grande Bíblia* de Henrique VIII. Para isso, James I criou uma comissão em 1604, que concluiu a tarefa em 1611; a *Authorized Version*, que incorpora inúmeros itens das tradições anteriores, foi enfim publicada, sendo "escolhida para leitura nas igrejas". Essa magnífica obra permanece como o mais prestigioso texto em prosa da língua inglesa, influenciando um grande número de autores desde então. Junto com o *Book of Common Prayer* (*Livro de oração comum*) (1549), contribuiu para preservar na língua inglesa as cadências elisabetanas e jacobitas.

Além dos autores dessa Bíblia fundamental, outros escritores notáveis ilustram o período de Shakespeare, dentre os quais está seu amigo e rival Ben Jonson (1572-1637). Hoje mais conhecido por suas peças de teatro de uma sátira amarga e pela elegância de sua poesia filosófica inspirada na tradição clássica, Jonson também é autor de alguns poemas religiosos no contexto de um projeto mais vasto: a busca de uma linguagem apropriada para dizer "o conflito/ Entre vício e virtude, em que toda grande vida/ É quase exercitada" (*this strife/ Of vice, and virtue; wherein all great life/ Almost is exercised*). Em sua obra encontramos um dos mais belos poemas religiosos em língua inglesa, *To Heaven* [Para o céu], que começa com estas palavras: "Bom e grandioso Deus, por que, ao pensar em Ti/ logo me perco em melancolia?" (*Good, and great God, can I not think of Thee,/ But it must straight my melancholy be?*)

Dentre os contemporâneos de Shakespeare, notamos também um grupo de poetas considerados "metafísicos", por vezes designados com o nome de escola de Donne, em homenagem à figura fascinante e atormentada de John Donne (1572-1631). Descendente do mártir católico Thomas More (1478-1535) por parte de mãe, nascido em uma família que abrigou espiões jesuítas, irmão de um homem que foi torturado por suas simpatias católicas e morreu na prisão, John Donne se tornou o venerável decano protestante da Catedral de São Paulo, em Londres, e um dos pregadores mais apreciados desse período rico em sermões. Embora seja mais famoso por seus poemas de amor, na maioria escritos nos anos 1590, mas publicados postumamente em 1633, seus poemas religiosos, tais como os *Sonetos sacros* (em *Poèmes*, ed. bilíngue inglês-francês, Paris, Gallimard, 1991, p. 204-237), são também muito apreciados ainda hoje. Ainda que esses poemas religiosos se distingam pela adoção de formas complexas próprias aos sonetos meditativos em voga em toda a Europa, utilizados tanto pela Reforma quanto pela Contrarreforma, os perpétuos dilemas da fé cristã são tratados da mesma maneira dramática e pessoal (Donne era um grande apaixonado pelo teatro) que nos poemas de amor: "E se esta noite o mundo se acabasse?" ou "Seja menos altiva, morte, é preciso reconhecer/ Que erramos em ver-te poderosa e temível" são inícios característicos; um deles recorre até mesmo ao vocabulário sexual dos poemas de amor, ratificado em contexto cristão pelo livro de Cantares, em sua busca da única igreja verdadeira: "Ó meu Cristo, mostra-me, claramente, tua esposa!" é concluído com um hábil e provocante paradoxo que compara essa igreja ideal a uma mulher pronta para aceitar todos que chegam até ela: "E deixa-me amar tua suave pomba,/ A teus olhos mais fiel e mais atraente/ Quando à multidão ela entreabre os braços".

No grupo dos poetas metafísicos, alguns discípulos de Donne se inspiram em seu gosto pelos inícios dramáticos de poemas. Com seus notáveis "Foram todos eles para o mundo de luz" (*They are all gone into the world of light*) e "Vi a eternidade na noite passada,/ Como um amplo círculo de luz pura e infinita,/ Tão calmo, tão brilhante" (*I saw eternity the other night/ Like a vast ring of pure and endless light,/ All calm as it was bright*) iniciam-se os poemas do autor místico galês Henry Vaughan (1622-1695); digno de nota também é o verso "Coragem, minha alma, aprende a levar/ O peso de tua couraça imortal" (*Courage, my soul, now learn to wield/ The weight of thine immortal shield*), de Andrew Marvell (1621-1678). No entanto, devemos as mais memoráveis meditações religiosas desse período a George Herbert (1593-1633), irmão de Edward, lorde Herbert of Cherbury, também um poeta excepcional, além de heterodoxo, e filho de *lady* Magdalene Herbert, amiga de Donne. Cônego da Catedral de Lincoln e clérigo de Leighton Bromswold a partir de 1626, George Herbert morou perto de Little Gidding, onde um de seus amigos de Cambridge, Nicholas Ferrar, tinha acabado de fundar uma comunidade religiosa. Tornou-se ministro religioso em Bemerton, não muito longe da Catedral de Salisbury, e dedicou o resto de sua discreta existência à paróquia e aos poemas que expressavam sua turbulenta relação com Deus. Publicado postumamente por Ferrar em 1633, o livro de poemas *The Temple* [O templo] pretendia ser "um reflexo dos inúmeros conflitos que se desenrolaram entre Deus e minha alma, antes de sujeitá-la à vontade de Jesus nosso Senhor". Conforme essa declaração, *Denial* [Negação] se inicia com uma crise em que o poeta é incapaz de chegar a Deus através da oração; a forma do poema (o último verso de cada estrofe não rima) reproduz esse fracasso e representa o desacordo espiritual de que se trata. No entanto, há o fechamento, com uma nota de reconciliação e harmonia reencontrada. Herbert clama a Deus: "Afina meu peito sem coração (*tune my heartless breast*) para que "com teus favores seja minha alma harmonizada/ e minha rima restaurada" (*They and my mind may chime,/ and mend my rhyme*). Ele procede do mesmo modo em *The Collar* [A coleira], em que rimas complexas e aparentemente irregulares ecoam os lamentos e os gritos de protesto desordenados do poeta, para finalmente pacificarem-se nos últimos versos, que são regulares: "Mas enquanto eu delirava e me tornava mais violento e selvagem/ A cada palavra/ Pensei ter ouvido alguém chamar 'Filho'/ E respondi 'Meu Senhor'" (*But as I raved and grew more fierce and wild/ With every word/ Me thought I heard one calling Child/ And I replied My Lord*). Nota-se que o conflito só é resolvido com a intervenção inesperada e abrupta de Deus. Esses temas clássicos do protestantismo às vezes são representados visualmente pela forma, que se diz emblemática, dos poemas (*carmina figurata*), que reproduzem na página a imagem de um altar (*The Altar*) ou de asas de Páscoa (*Easter Wings*). E toda a poesia de Herbert é rica em jogos verbais sofisticados mas reveladores, como em *Love* [Amor], esse maravilhoso poema sobre a mesa da comunhão: em inglês, *hóstia* e *anfitrião* são a mesma palavra (*host*), e o poeta brinca com a ideia de que Deus é nosso anfitrião. O poema se inicia à maneira de Donne, "O amor me abriu os braços/ Mas minha alma recuou/ Culpado de poeira e pecado" (*Love bade me welcome: yet my soul drew back,/ Guilty of dust and sin*), apaziguando-se em um tocante final, em que o anfitrião convence o convidado a servir-se dele: "'Meu amigo, eis a mesa'/ 'Senta-te', diz o Amor, 'e prova meu corpo'."/ Então sentei-me e comi (*"My Dear, then I will serve"/ You must sit down", says Love, "and taste my meat"/ So I did sit and eat*).

O próprio John Donne compôs menos poemas durante os últimos anos de sua vida, por estar ocupado redigindo os sermões dominicais que pregava na Catedral de São Paulo. De acordo com fontes da época, "às vezes ele chorava pelos ouvintes, às vezes com eles", e corre a anedota de que proferiu seu próprio sermão fúnebre, com o título *Death's Duel* [O duelo da morte] (1631). De fato, nessa época, e até mesmo até o século XIX, a forma literária dominante não era a poesia nem a prosa, mas o sermão, que se preferia ouvir ou ler a qualquer outro tipo de discurso. Ferozes rivalidades entre igrejas dissidentes se mostravam nas pregações, e era enorme a hostilidade da Igreja Anglicana em relação aos católicos, aos turcos e aos não conformistas (protestantes de demais tendências fora da igreja estabelecida). Como observou o autor satírico John Evelyn em 1659, "a religião dos ingleses consiste em pregar e permanecer sentado aos domingos". O estilo e os procedimentos retóricos dos sermões variam consideravelmente; vão desde o jogo de sonoridades e o apelo à mente e às emoções, característicos das pregações de John Donne, até a intensidade e a densidade das de Lancelot Andrewes (1555-1626). Assim como os sermões de Donne, os de Andrewes são ainda editados e influenciaram um bom número de poetas modernos, tais como Thomas Stearns Eliot. Em sua pregação de Natal do ano de 1622, por exemplo, Andrewes apresentou uma típica reflexão sobre a viagem dos magos, opondo a vontade do grupo em meio ao frio da estação às hesitações do homem comum: "Para eles, era *Vidimus*, *Venimus*; para nós, no melhor dos casos, seria apenas *Veniemus*. [...] Como viajar nessa estação? Impossível! Os senhores certamente teriam adiado tal viagem para a primavera do ano seguinte. [...] Examinando o tema mais de perto, encontramos mais coisas nesse *Venimus* que nos escapam em uma primeira leitura". Essas palavras ilustram o que hoje se consideraria uma atenção propriamente poética à língua e a seus significados, mas essa atitude era mais amplamente utilizada em um sistema pedagógico que se baseava no aprendizado da retórica clássica.

Na fase de convulsões que se segue à de Shakespeare e John Donne, o maior poeta é sem dúvida John Milton (1608-1674), que com Dante é considerado o maior poeta religioso da Europa. Milton nasceu em uma família com dons musicais (o pai era compositor e organista), e podemos notar em toda a sua poesia a importância do canto e da dança, em hinos de juventude (tradição poética muito vivaz na Inglaterra, inaugurada com base nos Salmos), no poema *Blest Pair of Sirens*, na máscara musical conhecida pelo nome *Comus* (1634, Paris, Hachette, 1924) ou, ainda, na ideia expressa em seu poema épico da maturidade, *Paradise Lost* [O paraíso perdido] (1667 e 1674, trad. por Chateaubriand, ed. bilíngue inglês-francês, Paris, Gallimard, 1995): os anjos caídos do inferno se divertem com músicas e cantos, e os que permaneceram no céu incluem danças. Descobre-se assim, através de um maravilhoso jogo de palavras sobre o ar (em que o sentido da música se acopla ao da atmosfera), a natureza misteriosa do mundo antes da Queda, em que o ar do Paraíso não somente serve de apoio para o canto dos pássaros, mas também é melodia: "Não cessa ali a música das aves:/ Virações meigas da estação das flores,/ Impregnadas de aromas recendentes,/ Entre a folhagem trêmula sussurram,/ Enquanto Pã, da Natureza emblema,/ Unido em danças com as Graças e Horas,/ Primavera conduz brilhante, eterna" (tradução para o português de Antônio José de Lima Leitão [1787-1856]).

Na *Saint Paul's School* e no *Christ's College* de Cambridge, onde se formou para tornar-se pastor, Milton adquire uma erudição enciclopédica obrigatoriamente admirável. Uma leitura atenta de suas obras é comparável a uma verdadeira educação clássica. Abandonou a carreira eclesiástica para dedicar-se à poesia. No entanto, a maior parte de seus textos é composta de panfletos que tratam de política e da necessidade de reformar a igreja e a doutrina, tais como *Of Reformation in England* [Da Reforma na Inglaterra] (1641) ou *The Reason of Church-Government Urg'd Against Prelaty* [A razão do governo da igreja instigada contra a prelazia] (1642); era de fato um ardente e ativo partidário do puritanismo e da ala republicana na Guerra Civil Inglesa. Secretário de Cromwell, encarregado das línguas estrangeiras (por seu domínio do latim), Milton recebeu a tarefa de justificar a execução de Carlos I, citando textos cristãos sobre os direitos do cidadão. Esse gosto pela controvérsia transparece em todos os seus textos. Em um dos primeiros e mais famosos panfletos, cujo título remete explicitamente ao sermão do apóstolo Paulo em Atenas, *Areopagitica: discurso pela liberdade de imprensa ao Parlamento da Inglaterra* (1644, ed. bilíngue português-inglês, Rio de Janeiro, Topbooks, 1999), Milton se declara como "um verdadeiro cristão militante. Não posso louvar uma virtude fugaz nem enclausurada, sem impulsos e sem fôlego, que jamais enfrenta o adversário, mas se esquiva para longe da corrida em que está em jogo, em meio a poeira e suor, a Coroa da Imortalidade". Em sua obra maior, a epopeia de forma clássica com um tema cristão, *Paraíso perdido*, o personagem principal é o adversário em pessoa, Satanás. Os momentos fortes do poema, aliás, são os que descrevem o desespero, o arrependimento e o amor reencontrado na resolução de um conflito.

Assim como demais relatos mítico-religiosos, o poema de Milton narra a história das origens do mundo. A narrativa se inicia cronologicamente com a rebelião de Satanás, prossegue com a guerra nos céus e antecipa toda a história da salvação da humanidade. O essencial da ação envolve Adão e Eva, a história de sua tentação, a queda resultante, a expulsão do jardim do Éden. Milton inicia o poema com o despertar de Satanás no inferno, levando-nos brevemente ao céu somente porque Satanás fugiu do inferno e passa perto do céu em seu voo rumo à terra recém-criada. Mesmo nos momentos mais belos e idílicos no Paraíso, a figura do Adversário está sempre presente para obscurecer a atmosfera do relato e perturbar o leitor. As cenas da tentação estão entre as de maior intensidade dramática, ainda que o poema seja concluído com a reconciliação do casal original, expulso do Paraíso, mas em paz. Adão e Eva finalmente entram no cotidiano, e o poema se esforça para nos ensinar a viver. Depois de poetas românticos como William Blake e Percy Bysshe Shelley (1792-1822), inúmeros leitores viram em Satanás o personagem mais fascinante, se não o mais simpático, do poema; mas também é maquiavélico, sutil e perigoso. O objetivo confesso de Milton era a teodiceia, "justificar os caminhos de Deus para o homem", sem temer abordar todos os problemas maiores inerentes ao sistema cristão de crenças, inclusive, e sobretudo, o da condição da mulher (na pessoa de Eva) em sua relação com o homem (Adão). O poema não traz solução para esses problemas, mas oferece uma representação imagética da estrutura do universo cristão, em que têm lugar os dilemas e demais dificuldades da existência, podendo, talvez, ser melhor compreendidos.

Quando Milton aborda diretamente a vida de Cristo na epopeia mais breve do *Paraíso reconquistado* (1671, ed. bilíngue francês-inglês, Paris, Aubier Montaigne, 2001), o foco é outro episódio bíblico de um conflito, a tentação de Jesus no deserto, em que a figura de Satanás desempenha um papel fundamental. O jovem Cristo conscientiza-se de sua missão, de sua identidade, através desse encontro com Satanás — que perdeu o porte heroico de seu predecessor e é descrito como um sinistro *trickster* ("crápula") cristão. O grande poema dramático *La lutte de Samson* [A luta de Sansão] (1671, em *L'allegro, Il penseroso et Samson Agonistes* [O Alegre, o Pensativo e Sansão em luta], Paris, Aubier Montaigne, 1937, p. 27-151), que adota a forma da tragédia grega clássica para apresentar a história do Antigo Testamento, tem como tema o conflito com os filisteus e termina com a destruição do templo pagão. Com a exceção da máscara de *Comus*, que aborda tanto a tentação quanto o conflito de consciência, todas as obras maiores de Milton são de formato clássico, prosa e poesia. Nesse aspecto, como em muitos outros, é importante não reduzir sua estatura à de um poeta inglês, mas, sim, de reconhecê-lo como um humanista cristão e como o último grande poeta do Renascimento europeu, situando-se muito claramente na linha da Reforma.

Se Milton conseguiu não ser preso nem executado durante a restauração da monarquia, em 1660, o outro grande poeta desse período turbulento é alguém de uma tendência política muito diversa, e bastante tenaz em suas opiniões. Embora tenha escrito *Heroique Stanzas* [Estrofes heroicas] (1658, em *Poèmes* [Poemas], ed. bilíngue francês-inglês, Paris, Aubier Montaigne, 1946, p. 66-79) sobre a morte de Cromwell, John Dryden (1631-1700) acolhe favoravelmente a Restauração e se torna poeta laureado e historiógrafo real a serviço dos Stuarts. Em sua obra *Religio laici* (1682, em ibid., p. 320-353), tenta defender a *via media* da Igreja Anglicana contra os não conformistas e os católicos, mas, quando James II, católico, sucede ao irmão no trono, Dryden se converte e escreve *The Hind and the Panther* (1687) como prova de sua sinceridade. Aparentemente, essa conversão não foi por oportunismo, pois, com a ascensão de Guilherme II d'Orange-Nassau ao poder, no ano seguinte, Dryden não se reconverteu. Perde então suas funções públicas e passa o restante da vida a traduzir poetas clássicos, dentre os melhores da literatura inglesa, em que não são abordadas as controvérsias religiosas da época.

Se o *Paraíso perdido* termina com a expulsão de Adão e Eva do Paraíso, o outro grande relato do século XVII com um tema religioso reverte esse movimento. John Bunyan (1628-1688) escreve a primeira parte de *O peregrino* (São Paulo, Mundo Cristão, 2006) ao ser preso por suas atividades como pregador batista. Os personagens principais, tratados de modo alegórico, são seres humanos comuns que partem em busca da salvação. Cada episódio da viagem apresenta personagens-tipos, tais como Adulação e Malícia, que põem à prova os dois heróis, Cristão e Fiel, em aventuras fantásticas. Além da simples alegoria que descreve a vida como uma viagem, o livro contém muitos episódios secundários e *flashbacks* que conferem à narrativa um caráter reflexivo maior, reforçando seu objetivo didático; como na epopeia de Milton, o leitor é colocado no centro do drama e levado a aprender a julgar os personagens que Cristão encontra. Assim como o leitor, Cristão talvez se engane ao avaliar Presunção e Hipocrisia. Seja como for, viajamos em companhia do herói por locais como o Desfiladeiro do Desespero, o Vale da Humilhação e a Feira das Vaidades. E, assim como um de seus companheiros de estrada, Ignorância, o leitor também corre o risco de ser excluído da Cidade Celeste no último minuto: por não saber o que significa ser cristão, Ignorância chega até as portas da Cidade, mas abre a porta errada e vai parar no Inferno. Com exceção da Bíblia e do *Livro de oração comum*, *O peregrino* é o livro religioso inglês mais publicado do mundo.

Bunyan redigiu também uma autobiografia, *Grace Abounding to the Chief of Sinners* [Abundante graça para o principal dos pecadores] (1666, New Kensington, Whitaker House, 1993), assim como muitas personalidades religiosas do século XVII, que gerou nada menos que duzentas autobiografias (enquanto o século anterior gerou apenas quatorze). Essas obras descrevem essencialmente as lutas dos autores com o diabo, representado sob formas humanas e sempre seguindo-os como uma sombra, tal como o diabo de Lutero. O relato dos sucessos e dos fracassos em momentos críticos da existência, tratados com grande intensidade, destina-se a servir de modelo para o leitor. Nessa época, a autobiografia espiritual se torna uma das formas mais importantes de literatura religiosa, sobretudo na América, onde é lida com proveito por pregadores como Jonathan Edwards (1703-1758). Seu tratado filosófico *Freedom of the Will* [Liberdade da vontade] (1754) inspirou a famosa observação do escritor inglês Samuel Johnson (1709-1784): "Toda teoria é contra a liberdade da vontade; toda a nossa experiência é a favor".

Um dos grandes autores dessa época, Daniel Defoe (1660-1731), zombou da crença na presença física do diabo e de sua imagem popular em *História política do diabo* (1726, Lisboa, Guerra e Paz, 2010); ao alvejar Milton, a obra também demonstra a vitalidade da tradição miltoniana. Defoe desistiu de seguir a carreira pastoral. Partidário de Monmouth na rebelião de 1685, apoia Guilherme III d'Orange e a Revolução Gloriosa contra o católico James II, defendendo o novo rei protestante (contra os que reprovam nele suas maneiras holandesas) com um poema satírico, *The True-Born Englishman* [O verdadeiro nativo inglês] (1701). Porém, no ano seguinte ele publica *The Shortest Way with the Dissenters* [O caminho mais curto com os dissidentes], panfleto em que denuncia a intolerância da igreja estabelecida e propõe ironicamente a eliminação dos não conformistas. Não é surpreendente, portanto, que seu herói mais famoso, *Robinson Crusoé* (Porto Alegre, L&PM, 1997), encarne as virtudes defendidas pelo protestantismo no sentido amplo do termo: o individualismo e o espírito empreendedor, assim como a fé na Providência e em si mesmo.

Em *As viagens de Gulliver* (Rio de Janeiro, Editoras Globo, 1987), Jonathan Swift (1667-1745) satiriza a postura de Robinson, mas sua visão moralista ainda é a de um cristão. Em *Uma história de um barril* (em *Panfletos satíricos*, Rio de Janeiro, Topbooks, 1999), Swift já havia criticado os abusos do cristianismo, descrevendo um panorama rude, obsceno e por vezes hilariante da história da igreja. Esse conto alegórico a léguas de distância da obra de Bunyan descreve a história de três irmãos e faz uma apologia ao anglicanismo (Martin) contra o calvinismo (Jack) e o catolicismo (Peter). Nascido na Irlanda, Swift se torna clérigo da Igreja Irlandesa e decano de Saint-Patrick, em Dublin. Também escreveu uma sátira de um humor grosseiro sobre a questão da tolerância em relação aos não conformistas, *An Argument against Abolishing Christianity* [Argumentos contra a abolição do cristianismo] (1708, em *A Modest Proposal and Other Satires* [Uma proposta modesta e outras sátiras], Colônia, Könemann, 1997), que parte do princípio (satírico, evidentemente) de que toda a cristandade conspira para a abolição da religião.

Assim, a carreira de Swift inaugura uma longa tradição, para a qual a maior parte dos grandes escritores de expressão inglesa é advinda de meios protestantes (até o século XX, cf. Samuel Beckett [1906-1989]). Em geral, são membros da classe média superior e se beneficiaram da educação imposta pelos ingleses, sendo testemunhas dos conflitos religiosos e nacionalistas que duram até os nossos dias. Ainda que a maioria, como Oscar Wilde (1854-1900) e George Bernard Shaw (1856-1950), não pertença de modo algum à categoria "autores religiosos", suas obras são marcadas pela presença do conflito moral. Geralmente intenso, esse conflito se manifesta na rejeição feroz das origens protestantes, no interesse por fantasmas de outro mundo (como nos poemas e nas polêmicas nacionalistas celtas do grande poeta William Butler Yeats [1865-1939]) e na aparição de diabólicos mortos-vivos, como no romance do dublinense Bram Stoker (1847-1912), *Dracula* (1897, Londres, Penguin, 1999).

No início, o romance inglês que se desenvolve no século XVIII, na época de Swift e Defoe, raramente aborda assuntos religiosos e, quando o faz, é com o intuito de ridicularizar o personagem do pastor, que se torna uma típica figura cômica: desde o ingênuo e quixotesco pastor Adams em *Joseph Andrews* (1742, Londres, Penguin, 1977), de Henry Fielding (1707-1754), passando pelo pomposo e divertido sr. Collins em *Orgulho e preconceito* (1813, Porto Alegre, L&PM, 2010), de Jane Austen (1775-1817). Porém, no século XIX, as questões religiosas já se encontram no centro dos debates e dos conflitos. Em parte, isso se deve à mudança de sensibilidade que é associada ao movimento romântico, que reavivou as questões espirituais na literatura ao mesmo tempo que fez surgir sinais de renovação da dissidência religiosa. Assim, nas obras de William Blake (1757-1827), o leitor encontra uma combinação original entre a visão romântica (inspirada por Böhme, Swedenborg e o neoplatonista Thomas Taylor) e uma dissidência radical (sob a influência de Milton e de pregadores político-religiosos populares). Dentre seus poemas, alguns antecipam a contestação social do romance vitoriano: "Como é possível vermos nesta terra,/ numa terra afinal rica e fecunda,/ crianças reduzidas à miséria/ nutridas pela mão fria da usura?" (*Holy Thursday* [Quinta-feira santa], em *Songs of Innocence and of Experience Showing the Two Contrary States of the Human Soul* [Canções da inocência e da experiência que mostram as duas faces opostas da alma humana], Londres, Methuen and Co., 1960). Outro poema famoso, *The Tyger* [O tigre], indaga ao leitor se é possível que o mesmo criador tenha concebido o tigre e o cordeiro. Por fim, graças a Blake, gerações e gerações de britânicos aprenderam a cantar um dos mais belos hinos da língua inglesa, conhecido pelo nome *Jerusalem*; extraído do prefácio a *Milton* (1804), fala da construção próxima da Nova Jerusalém em uma Inglaterra minada por sombrias e satânicas indústrias.

A literatura escocesa da época foi influenciada pelo calvinismo, tema de muitos romances como *Os puritanos da Escócia* ([*Old Mortality*, 1816], Rio de Janeiro, Garnier, s.d.), de *sir* Walter Scott (1771-1832), e *The Private Memoirs and Confessions of a Justified Sinner* [Confissões de um pecador justificado] (1824, Londres, The Folio Society, 1978), de James Hogg (1770-1835), obra impressionante pela clareza de sua teologia pessimista, que chega a uma obsessão religiosa, e pela forma inovadora. Essa tradição escocesa também está presente no final do século, nos romances de Robert Louis Stevenson (1850-1894), como

O estranho caso do doutor Jekyll e do Senhor Hyde (São Paulo, Landmark, 1998) e *Weir of Hermiston* [A barreira de Hermiston], romance inacabado, publicado postumamente em 1896 (Harvard, Scribner, 1896), e até mesmo nos romances de aventura de John Buchan (1875-1940), como, por exemplo, Witch Wood (1927, Oxford, Oxford University Press, 1993).

Na Inglaterra, porém, o romance vitoriano desenvolve um tipo de contestação social que já se encontrava nos poetas românticos como William Blake e John Clare, frequentemente associado a questões religiosas. Os bispos da Câmara dos Lordes votam contra os grandes projetos de reforma de 1832, sendo por isso vaiados e amargamente criticados; a obra *The Warden* [O diretor] (1855, Londres, Penguin Classics, 1993), de Anthony Trollope, é testemunha do forte anticlericalismo da época, abordando, por exemplo, as doações generosas concedidas à igreja. A reforma da igreja se torna um assunto quase tão debatido que na época de Milton, e o último avatar da tradição dos não conformistas, o Avivamento evangélico, também exerce influência sobre a literatura, como demonstra a última das três *Scenes of Clerical Life* [Cenas da vida clerical] (Edimburgo-Londres, William Blackwood and Sons, 1858), o primeiro romance de George Eliot (pseudônimo de Marian Evans, 1819-1880). Foi de fato um século de controvérsias e conflitos religiosos, e muitos são os romances que tomam partido no debate.

Assim, as pessoas são a favor ou contra o movimento de Oxford, os "tractarianos". Isso significava aderir a um anglicanismo *High Church*, aproximando-se do catolicismo em um espírito conservador (com o reconhecimento da sucessão apostólica e da autoridade sacerdotal, princípios rejeitados pelos calvinistas da tendência *Low Church*). O professor de poesia em Oxford John Keble (1792-1866) era líder do movimento e autor de um livro de poemas, *The Christian Year* (1827), que, apesar da superficialidade, foi um dos mais lidos do século. A seu lado no Oriel College trabalhava alguém bem mais resoluto e original, John Henry Newman (1801-1890), que causa escândalo ao afirmar em um de seus tratados (*tract* em inglês, daí o nome "tractarianos") a compatibilidade entre os 39 artigos da Igreja Anglicana e a teologia católica. Newman acabaria por converter-se ao catolicismo, em 1845. Enquanto ainda era protestante, escreveu um dos cânticos mais conhecidos da Igreja Anglicana, *Lead Kindly Light* (*Lead kindly light amid the encircling gloom*... [Conduze-me, doce Luz, pelas trevas que me cercam]), no trajeto de Palermo a Marselha (1833). Algum tempo depois, já católico, escreve *The Dream of Gerontius* [Sonho de Gerontius] (1865), que inspiraria o oratório de *sir* Edward Elgar. Newman é nomeado reitor da nova Universidade Católica de Dublin, em 1854, onde concebe *The Idea of a University* (1873), que coloca o ensino acima da pesquisa. Sua obra *Apologia pro vita sua ou história de minhas opiniões religiosas* (São Paulo, Paulinas, 1963) é logo reconhecida como uma obra-prima literária, apreciada mesmo por aqueles que não partilham de suas convicções, como George Eliot. O movimento de Oxford exerceu de fato uma influência considerável na cultura do século: observa-se sobretudo o interesse do poeta Alfred Lord Tennyson (1809-1892) pela Idade Média, as tendências paralelas dos pré-rafaelitas como Christina Rossetti (1830-1894) e o interesse renovado pela arquitetura gótica em torno de Augustus W. N. Pugin (1812-1852).

Outro romance típico da era vitoriana era favorável ao retorno do qual falava (sem acreditar) Matthew Arnold (1822-1888) do "protestantismo da religião protestante"; ou, ainda, esboçar os princípios agnósticos e pessimistas do famoso ensaísta Thomas Carlyle (1795-1881), cuja influência era perceptível por toda parte nessa época; ou, por fim, esposar o socialismo cristão de Charles Kingsley (1819-1875), que reverenciava Carlyle, mas abandonou a reverência quando Carlyle se pôs a inventar heróis representativos do "cristianismo musculoso" (segundo a expressão consagrada): robustos e dinâmicos, apoiam as reformas mesmo quando sua fé na Providência e nas virtudes do protestantismo é um tanto ingênua (foi um ataque de Kingsley que provocou a resposta de Newman, sob a forma da obra *Apologia*). Em *Hypathia* (1851-1853), que está na mesma linha do romance histórico popularizado por Walter Scott, Kingsley se propõe a tratar dos problemas sociais contemporâneos aguçando nosso sentido da história, através de um retrato pouco elogioso da Alexandria do século V e, de um modo anacrônico, da corrupção da cristandade dos monges e dos Pais da igreja.

O estranho e fascinante romance de Kingsley, *The Water-Babies* [Os bebês aquáticos] (1863, Oxford, Oxford University Press, 1995), tornou-se um clássico da literatura infantil, subgênero fértil inventado pelos vitorianos. Nessa categoria, observamos também a saga familiar de Charlotte Mary Yonge (1823-1901), *The Daisy Chain* [A corrente de margaridas] (1856, Londres, Macmillan, 1895), muito influenciada pelo movimento de Oxford; o ancestral de todos os romances de escola, *Tom Brown's School-Days* [Os dias escolares de Tom Brown] (1857, Londres-Nova York, Macmillan-St. Martin's Press, 1958), de Thomas Hughes (1822-1896); o famoso *Alice no país das maravilhas* (1865, São Paulo, Summus, 1980), de Lewis Carroll, pseudônimo de Charles Lutwidge Dodgson (1832-1898). No livro, Alice come e bebe substâncias milagrosas para crescer ou encolher, uma provável referência irônica à missa. Na mesma linha, são dignas de nota as obras mais recentes, com enorme popularidade devido ao conteúdo didático e religioso, de dois amigos e críticos literários de Oxford: os romances de John Ronald Reuel Tolkien (1892-1973), como *O hobbit* (1937, São Paulo, Martins Fontes, 2011) e *O senhor dos anéis* (1954-1955, São Paulo, Martins Fontes, 2001); e as histórias fantásticas *As crônicas de Nárnia* (1950-1956, São Paulo, Martins Fontes, 2002), de Clive Staples Lewis (1898-1963), bem como o famoso *Cartas do diabo a seu aprendiz* (Petrópolis, Vozes, 1996), um livro de instrução popular sob a forma de cartas de um diabo experimentado a seu sobrinho.

Voltando ao romance vitoriano *stricto sensu*, os romances das irmãs Brontë (*Selected Works of The Brontë Sisters*, Ware, Wordsworth, 2005) apresentam um complexo aspecto religioso. Como vários autores do mesmo período, elas eram filhas de pastor em Haworth, perto das terras selvagens de Yorkshire que surgem de modo tão significativo em *O morro dos ventos uivantes* (1847), romance de atmosfera pagã de Emily Brontë (1818-1848), escrito em uma clara reação a uma vida limitada e reprimida. No prefácio, redigido por Charlotte Brontë quando da nova publicação do romance, dois anos após a morte de Emily, Charlotte (1816-1855) o qualifica de "rústico", no contexto um eufemismo para "pagão". No entanto, Charlotte afirma ter percebido na obra de sua irmã Anne (1820-1849) uma "nuance de melancolia religiosa" que "projetou uma sombra triste em sua curta vida". Os romances de Charlotte também trabalham as questões religiosas que agitavam a época de um modo mais sério, embora a heroína de *Jane Eyre* (1847) se apaixonasse não por Saint John Rivers, futuro missionário pálido e rígido, mas, sim, pelo senhor de Rochester, figura pagã de um charme sombrio. Em *Shirley* (1853), Charlotte se utiliza de vários personagens vindos do clero — a maioria pouco simpática —, embora o contexto do romance trate de problemas sociais causados pelo uso de máquinas nas fábricas de Yorkshire.

Enquanto os romances de Charles Dickens (1812-1870) ridicularizam homens e mulheres da igreja (e Dickens malha principalmente as missões, então em pleno vapor, com sua caricatura, senhora Jellyby, em *Bleak House* [Casa abandonada] (Londres, Bradbury and Evans, 1853), há, porém, uma forma de sentimentalismo cristão que perpassa boa parte de sua obra. Sobre isso, por exemplo, são reveladores sua visão simplista, mas tocante, do Natal em *Um cântico de Natal* (São Paulo Landmark, 2010), que deu origem ao modelo visual do Natal britânico, e a obra *A vida de Nosso Senhor* (São Paulo, Martins Fontes, 2003), escrita para seus filhos. Em contraste, *North and South* (1855, Oxford, Oxford University Press, 1998), de Elizabeth Gaskell (1810-1865), coloca em evidência os conflitos religiosos da época: M. Hale, pai da família que compõe o núcleo principal do romance, abandona seu cargo na Igreja Anglicana estabelecida para tornar-se preceptor nas regiões industriais do norte da Inglaterra, após um conflito de consciência que o faz optar pelo não conformismo. Elizabeth Gaskell, esposa de um pastor dissidente unitarista, infelizmente não nos diz muita coisa sobre as questões que atormentam M. Hale. No entanto, o romance tematiza o abandono de um verdadeiro paraíso (o sul da Inglaterra) pelo mundo do trabalho e, como muitos romances do mesmo tipo, ecoa de um modo diferente o poema de John Milton.

O primeiro marido de Dorothea Brooke, a heroína do notável romance de George Eliot, *Middlemarch* (1872, Londres, Penguin Classics, 2003), é um pastor erudito do tipo miltoniano; Dorothea se desilude pouco a pouco com as pesquisas improdutivas do esposo; George Eliot trata assim de sua própria trajetória pessoal, difícil e tortuosa, que a afastaria da igreja e a faria adotar uma posição crítica radical em relação à sociedade vitoriana. Sua atitude também foi influenciada pelas obras da crítica hermenêutica alemã, traduzidas por ela para o inglês; dessa forma, ela contribuiu para a divulgação da *Vida de Jesus* (1835-1836), de David Friedrich Strauβ, publicado anonimamente por ela em 1846, e também de *A essência do cristianismo*, de Ludwig Feuerbach. Porém, sua obra integra algumas descrições afetuosas de pastores não conformistas (cf. *Felix Holt, the Radical* [Felix Holt, o radical] [1866], Oxford, Clarendon Press, 1980).

Na mesma época, surgem nos Estados Unidos vários romances que exploram as questões religiosas, como *A letra escarlate* (1850, São Paulo, Martin Claret, 2006), de Nathaniel Hawthorne (1804-1864), que lança um olhar sombrio sobre uma colônia puritana do século XVII. Para ilustrar a importância da *Bíblia King James*, devemos obrigatoriamente citar Herman Melville, cuja obra mais importante, *Moby Dick* (1851, São Paulo, Martin Claret), escrita sob a influência de Hawthorne, apresenta um narrador, chamado Ismael, e um herói, de nome Acab; *Billy Budd, marinheiro* (1891, Porto Alegre, L&PM, 2005) também se inspira no estilo e no vocabulário bíblicos. Ambos abordam problemas religiosos, sobretudo o do mal; notamos várias referências ao livro de Jó e às epístolas de Paulo. Essa tradição bíblica americana é maravilhosamente retomada e revitalizada na obra contemporânea de Toni Morrison (pseudônimo de Chloe Anthony Wofford, nascida em 1931), cujos romances, como *Song of Solomon* [Cântico de Salomão] (1977, Nova York, Vintage Books, 2004), tornaram-se famosos no mundo inteiro, graças ao Prêmio Nobel que recebeu, em 1993. Ao tratar da história trágica dos negros na América, todos os romances de Morrison apresentam referências à Bíblia, que foi por muito tempo o único livro ao qual eles tinham acesso, como antes era o caso dos ingleses.

Desde o século XVII, os poetas que tinham colocado a fé religiosa no centro de suas obras eram, salvo exceções (como William Cowper [1731-1800]), autores menores, citados em coletâneas de cânticos ou hinos, mais que em antologias poéticas. Porém, os grandes poetas do período vitoriano foram profundamente tocados pela crise da fé, como demonstram algumas de suas obras: *In Memoriam*, de Alfred Lord Tennyson (1809-1892), *Bishop Brougham's Apology*, de Robert Browning, *Dover Beach*, de Matthew Arnold, *Easter Day*, de Arthur Hugh Clough. A segunda metade do século XIX, no entanto, vê surgir um grande poeta, Gerard Manley Hopkins (1844-1889); anglicano, caiu sob a influência de Newman em Oxford e se converteu ao catolicismo em 1866, tornando-se padre jesuíta. Hopkins passou a vida no anonimato, tendo seus notáveis poemas publicados postumamente por seu amigo Robert Bridges, em 1918. De uma forma inabitual, intensos e por vezes desesperados, esses textos são talvez os mais emocionantes da tradição poética religiosa; são verdadeiros desafios à tradução, como mostra um de seus magníficos sonetos que começa por "O mundo está cheio da grandeza de Deus/ E brilhará, assim como flameja a folha de alumínio agitada" (*The world is charged with the grandeur of God/ It will flame out, like shinning from shook foil*). Quando da primeira publicação de seus poemas, Hopkins foi assimilado a um modernista. Mas sua alma, atormentada e cheia de incertezas, mostra-o mais vitoriano, e até romântico, em sua sensibilidade.

Com o poeta Thomas Stearns Eliot (1888-1965), cuja influência no século XX é considerável, estamos no modernismo, que em parte é definido por ele mesmo; experimental em suas formas poéticas, torna-se cada vez mais conservador nos temas e nas ideias. Eliot trata de assuntos religiosos em seus primeiros poemas, como na obra-prima *A terra desolada* (1921-1922, em *Obra completa*, vol. 1, *Poesia*, São Paulo, Arx, 2004). Depois de decidir explicitamente integrar-se à *High Church* anglicana, em 1927, os temas principais de suas obras passam a ser os de sua igreja escolhida: assim, em *Quarta-feira de cinzas* (1930, em ibid.), apresenta os progressos da regeneração espiritual; em *Assassínio na catedral* (1935, em *Obra completa*, vol. 2, *Teatro*, São Paulo, Arx, 2004), inspira-se no rigor moral medieval para abordar um dos grandes momentos da história da igreja, o assassinato de Thomas Becket (1118-1170); em *Quatro quartetos* (1936-1942, em *Obra completa*, vol. 1, *Poesia*, São Paulo, Arx, 2004), em meio a tempos de grande crise, medita na história e na eternidade. Cada um dos *quatro quartetos* tem um nome que situa o poema no espaço e no tempo; assim, Eliot menciona a cidadezinha de East Coker, na Inglaterra, de onde partiu para a América, no século XVII, seu ancestral (T. S. Eliot nasceu em Saint Louis, no Missouri, mas escolheu a nacionalidade inglesa); ele cita também Little Gidding, onde a comunidade religiosa de Nicholas Ferrar, amigo de George Herbert, estabeleceu-se por algum tempo. A necessidade de manter ou de reviver uma tradição que perdura por séculos é ainda avivada pelos perigos e desastres da Segunda Guerra Mundial: Eliot ficava de prontidão na Editora Faber and Faber, onde trabalhava, e passava longas horas vigiando os alertas, postado no telhado. Assim, criou uma visão tipicamente anglicana daquilo que é importante preservar: "Assim, enquanto falha a luz, /Numa tarde de Inverno, numa capela secular/ A história é agora e na Inglaterra".

Após Eliot, e com a exceção de *In Parenthesis* (1937, Londres, Faber and Faber, 1982), de David Jones (1895-1974), resposta cristã aos horrores da Primeira Guerra Mundial, a maioria dos grandes textos da literatura inglesa não tem quase relação alguma com a religião: a laicidade reina. É o caso também de Wystan Hugh Auden (1907-1973), cuja obra mais importante não se resume ao que ele escreveu após a confirmação de seu compromisso cristão, após sua fuga para Nova York em 1939 por causa da guerra. Dentre os poetas interessantes do ponto de vista religioso, dignos de nota são Edwin Muir (1887-1959) e Ronald Stuart Thomas (1913-2000), em geral poetas menores. No entanto, é importante frisar uma característica bastante presente entre os maiores escritores ingleses: mesmo no momento em que rejeitam claramente sua herança protestante, como Thomas Hardy (1840-1928) ou David Herbert Lawrence (1885-1930), eles ecoam essa tradição, chegando até mesmo a adotar inconscientemente a língua e a sensibilidade que recusaram. Essa tendência é perceptível em *O senhor das moscas* (Rio de Janeiro, Nova Fronteira, 2005), de William Golding (1911-1991), romance com considerável sucesso popular, cuja cosmovisão profundamente pessimista é expressa em uma terminologia cristã (e até uma teologia elaborada) que encontramos em *The Spire* [A torre] (Londres, Faber and Faber, 1964): "Como é orgulhosa, neles, a esperança do Inferno. Não há trabalho inocente. Deus sabe onde Deus está". Em romances mais recentes, as crises não se expressam mais na linguagem do protestantismo; porém, como ilustra o caso de Salman Rushdie, situam-se antes no discurso de outras tradições culturais. No entanto, na literatura contemporânea, às vezes encontramos imagens e personagens memoráveis que são inspirados na herança cristã; assim, não esqueceremos a igreja de vidro, construída e transportada em uma barcaça até a Austrália por um pastor imigrante fanático do século XIX em *Oscar e Lucinda* (1989, Oxford, Isis Large Print, 1989), de Peter Carey (1943-), romance que se insere na linha do "realismo mágico". Por fim, tende-se a reconhecer a importância da tradição religiosa, que surge de forma explícita em um dos poemas mais bem-acabados do poeta mais importante do pós-guerra, Philip Larkin (1922-1985). Em *Church Going* (Arles, Solin, 1991), Larkin lhe dedica uma homenagem irônica, em uma cena em que o poeta se descreve parando com a bicicleta perto de uma igreja, retirando desajeitadamente as presilhas refletoras da calça e entrando ali para encontrar algo menos trivial.

Neil Forsyth

▶ CAREY, John, *John Donne. Life, Mind and Art*, Londres, Faber, 1981; CHRISTOPHER, Georgia B., *Milton and the Science of the Saints*, Princeton, Princeton University Press, 1982; ELTON, William R., *King Lear and the Gods*, San Marino, Huntington Library, 1968; GILBERT, Sandra e GUBAR, Susan, *The Madwoman in the Attic*, New Haven, Yale University Press, 1979; HALEWOOD, William G., *The Poetry of Grace*, New Haven, Yale University Press, 1970; HILL, Christopher, *John Milton in the English Revolution*, Londres, Faber and Faber, 1977; JASPER, David, *The Study of Literature and Religion. An Introduction*, Basingstoke, Macmillan, 1989; LEWALSKI, Barbara Kiefer, *Protestant Poetics and the Seventeenth-Century Religious Lyric*, Princeton, Princeton University Press, 1979; MARTZ, Louis L., *The Poetry of Meditation*, New Haven, Yale University Press, 1962; MORTIMER, Anthony, *Théologie et démarche poétique: George Herbert et Gerard Manley Hopkins*, em Guy BEDOUELLE, org., *Les lettres et le sacré. Littérature, histoire et théologie*, Lausanne, L'Âge d'Homme, 1994, p. 28-56; NUTTALL, Anthony David, *Overheard by God*, Londres, Methuen, 1980; ROGERS, Pat, org., *The Oxford Illustrated History of English Literature*, Oxford, Oxford University Press, 1987; SINFIELD, Alan, *Faultlines*, Oxford, Clarendon Press, 1992; SUMMERS, Joseph H., *George Herbert. His Religion and Art*, Cambridge, Harvard University Press, 1954; THOMAS, Keith, *Religion and the Decline of Magic*, Harmondsworth, Peregrine, 1978.

▶ Bunyan; juventude (literatura para a); Lewis; Milton; Newman; Oxford (movimento de)

3.2. A literatura americana

A religião ocupa um lugar importante no surgimento de uma literatura americana autêntica, e isso por motivos geográficos, históricos e mais amplamente culturais. A função principal que desempenha a Nova Inglaterra nesse processo está estreitamente relacionada à experiência puritana, que desde os primeiros anos foi bastante frutífera em textos religiosos, influenciando de modo duradouro o imaginário americano. Para estimular o gosto pela leitura da Bíblia, os puritanos estabeleceram um sistema educativo que, desde o ensino primário até a universidade, não tinha tido equivalente nas outras colônias americanas, nem mesmo na Europa: assim, foi formado um leitorado numeroso, pronto para receber os muitos sermões, panfletos, biografias, diários, testemunhos, poemas e demais textos publicados para manter o fervor e servir como um guia religioso.

Como não poderia deixar de ser, a área mais abundantemente coberta nessa produção é a da teologia e da pregação. No século XVII, as controvérsias religiosas opõem congregacionais a presbiterianos e anglicanos, além dos "hereges" como Roger Williams e Anne Hutchinson; no século XVIII, os congregacionais "ortodoxos" (Jonathan Edwards entre eles, sem dúvida o mais talentoso) se opõem aos "liberais" como Charles Chauncy e Samuel Quincy. Os sermões — mencionando a aliança (*covenant*) que une a comunidade de eleitos ao Criador e descrevendo o processo de "preparação" e conversão — perfazem boa parte dos textos publicados entre 1620 e 1800. Dignos de nota são John Winthrop (cujo sermão *A Model of Christian Charity* [Um modelo de caridade cristã], proferido em pleno Atlântico, foi um modelo para seus sucessores, como o próprio nome indica), Thomas Hooker, John Cotton, Increase Mather, Urian Oakes, Samuel Willard. São particularmente interessantes as "jeremiadas" dos anos 1670-1690, em que os pregadores da terceira geração exaltam o exemplo dos pais fundadores contrapondo-os à moleza, à corrupção, ao orgulho e à impiedade de seus descendentes. Cerca de meio século depois, a pregação de Jonathan Edwards (1703-1758) provocaria o primeiro grande avivamento da história religiosa americana. Seu sermão *Sinners in the Hands of an Angry God* [Pecadores nas mãos de um Deus irado] é o mais conhecido, menos por suas características superiores que por sua intensa e única apresentação do que Emily Dickinson certamente chamaria "visitas guiadas ao inferno". Porém, Edwards proferiu muitos outros sermões que, mesmo sendo menos espetaculares, não são menos notáveis.

Outro gênero que também visa a manter a chama enfraquecida da fé puritana é a crônica. William Bradford (1590-1657), governador de Plymouth durante trinta anos, escreveu a obra *History of Plymouth Plantation (1620-1647)* [História da colônia de Plymouth (1620-1647)], em que descreve a aventura de sua experiência separatista: as perseguições na Inglaterra, o exílio em Amsterdã (1608), a travessia e a criação da colônia, a vida da comunidade até meados do século. Esse texto (que não seria publicado integralmente até 1897) se tornou, com razão, um clássico e um modelo do *plain style* puritano: Bradford evoca sem adornos, sem ênfases, recorrendo a uma linguagem de uma simplicidade extrema, uma experiência coletiva única e pungente. Outra crônica que alimentou gerações de fiéis é a de Edward Johnson (1598-1672), *Wonder-Working Providence of Sions Saviour in New England* (1654), um relato mais pesado, mais confuso, cheio de referências bíblicas que são exemplos bastante esclarecedores da tipologia puritana, já que cada grande acontecimento da história puritana é apresentado como réplica — antítipo — de um episódio bíblico. Por fim, *Magnalia Christi Americana* (1702), de Cotton Mather (1663-1728) — neto de Richard Mather e de John Cotton, filho de Increase Mather —, é ao mesmo tempo uma suma e um testamento: encontramos nesse relato, exaltadas e celebradas, todas as grandes personalidades do puritanismo americano. O conjunto, sobrecarregado de referências clássicas ou eruditas, é um tanto indigesto; porém, algumas biografias, como a do evangelista John Eliot, demonstram a intensidade da fé puritana e a inquebrantável resolução de seus porta-vozes.

A outra face do puritanismo, menos visível mas geralmente mais interessante para o leitor contemporâneo, é a dos textos íntimos em que o cristão exprime aspirações, temores, angústias, esperanças. Estão presentes nos diários, dos quais os mais famosos são o de John Winthrop (1588-1649), verdadeiro espelho de seu tempo (há, p. ex., uma minuciosa descrição da crise antinomista provocada por Anne Hutchinson), e o de Samuel Sewall (1652-1730), que cobre mais de sessenta anos (de 1673 a 1729) e permite acompanhar a evolução da experiência puritana, desde os tempos heroicos até a inevitável secularização. Por fim, cabe mencionar *Personal Narrative* [Narrativa pessoal] (escrito em 1740-1742, publicado em 1765), em que Jonathan Edwards expõe sua experiência de conversão em uma linguagem direta, simples, espantosamente moderna. Igualmente interessante é a correspondência de Winthrop (cujas cartas à esposa são tão calorosas quanto pudicas) e a de seu adversário Roger Williams (?1603/04-1683), impressionante de fervor e humanidade. Por fim, há os poemas. Nenhum dos puritanos que se aventuraram na poesia pode comparar-se a Milton ou aos poetas metafísicos ingleses, e aqueles que, como Michael Wigglesworth (1603-1705), foram os mais lidos enquanto vivos são com frequência os menos abordados hoje: *Day of Doom* [Dia de perdição], descrição em versos do julgamento final, é visto geralmente como uma obra de edificação. Por outro lado, dois nomes merecem ser citados: Anne Bradstreet (1612-1672), cuja obra permaneceu inédita (por seu pedido!) até 1939. Sua obra *Preparatory Meditations* [Meditações preparatórias] lembram Donne e Herbert, aliando as imagens mais concretas aos temas mais abstratos, e ainda recorrendo a símbolos bíblicos que servem como vetores para uma intensa fé.

Digno de nota, por fim, é um gênero que conheceu no século XIX uma grande fama, sendo recentemente objeto de muitos estudos: o das *captivity narratives* [narrativas de captura], em que colonos contam como foram capturados pelos índios, antes de sua libertação mediante resgate. O mais conhecido desses relatos é *A Narrative of the Captivity and Restoration of Mrs. Mary Rowlandson* [Narrativa da captura e da reintegração da sra. Mary Rowlandson], publicado em 1682. A autora (1636-1711) narra seus momentos difíceis, que deram ensejo a um exame de consciência, muitas orações e ações de graças: trata-se assim de um texto de inspiração religiosa. Observemos que a literatura americana dos séculos XIX e XX comporta muitos relatos em obras de ficção que retomam e transformam códigos desse gênero: é o caso do *Último dos moicanos*, de Fenimore Cooper, e de *Santuário*, de William Faulkner.

Antes de abordar os grandes autores americanos, é preciso mencionar dois autores de fé quacre. O primeiro, John Woolman (1720-1772), viveu frugalmente como fazendeiro e lenhador; escreveu um diário (1774) que, para os quacres, tornou-se um modelo de "luz interior" (*inner light*), sendo ao mesmo tempo um dos primeiros textos abolicionistas: Woolman passou o final de sua vida lutando pela abolição da escravatura. O segundo, John Greenleaf Whittier (1807-1892), rapidamente descobriu sua vocação de poeta, colocando-a de igual modo a serviço da causa abolicionista, por exemplo, em seu *Voices of Freedom* [Vozes da liberdade] (1846). Essa obra, abundante, em geral brilha mais pela sinceridade que pelo rigor métrico, mas impôs-se progressivamente diante dos leitores de seu tempo, pela eloquência generosa. Cabe ainda citar um terceiro autor, que, sem partilhar da fé quacre de Woolman e Whittier, contribuiu inegavelmente para a abolição da escravatura. Harriet Beecher Stowe (1811-1896) era filha de um pastor congregacional. Dois de seus irmãos se tornariam pastores famosos. O romance que ela publicou sob a forma de folhetim, em 1851, e em seguida como livro no ano seguinte, *A cabana do Pai Tomás*, logo se impôs ao leitorado do Norte, provocando algo como uma "conversão", uma conscientização, em muitos leitores nortistas, ao descrever o martírio e o sacrifício humilde de um escravo piedoso e fiel.

Os autores que, no começo do século, são de alguma forma os "pais fundadores" da literatura americana — Washington Irving (1783-1859), Fenimore Cooper (1789-1851), Edgar Allan Poe (1809-1849) — partiram de modelos europeus, fundamentalmente seculates; a religião tomava pouco espaço em suas obras. Por outro lado, o florescimento literário que se convencionou chamar "renascimento americano" (1830-1860) surgiu em uma região, a Nova Inglaterra, em que o congregacionalismo protestante havia deixado marcas, e isso em todos os aspectos da cultura. Não é de espantar, portanto, que a explosão literária desses anos muito fecundos seja indissociável da herança religiosa evocada aqui.

O primeiro desses autores, Nathaniel Hawthorne (1804-1864), era contemporâneo de Poe; mas, enquanto Poe era herdeiro de uma tradição sulista, Hawthorne dedicou sua obra ao passado puritano da Nova Inglaterra e ao que se poderia chamar suas sequelas contemporâneas. Nos contos publicados entre 1830 e 1851, assim como em seu primeiro romance, *A letra escarlate*, Hawthorne não deixa de examinar o puritanismo com um olhar arguto, que é ao mesmo tempo de historiador (ele conhecia perfeitamente a história política e social da Nova Inglaterra) e de historiador das religiões (ele cumpre um papel importante nas controvérsias religiosas e teológicas), além de exercitar a análise de um homem de seu tempo que não cessa de questionar-se sobre o legado do puritanismo.

Seus contos (*The Ambitious Guest and Lady Eleanore's Mantle* [O convidado ambicioso e O manto de *lady* Eleanore], Logan, Perfection Learning, 2007) evocam o estabelecimento de uma teocracia puritana em seus aspectos mais gloriosos (fervor, rigor moral, coragem, resistência às tentativas que a metrópole fazia para enquadrar os fundadores na Nova Sião em política e religião), mas também mais sombrios (fanatismo e autoritarismo, que levam os apóstolos da liberdade de pensamento à perseguição dos que se distanciam do modelo imposto: os quacres, os hereges tais como Anne Hutchinson e Roger Williams, em suma, qualquer um que significasse um obstáculo a seus intentos). Assim, os índios são comodamente vistos por eles como lacaios de Satanás, portanto candidatos ao extermínio. Alguns personagens da obra, retirados da história, encarnam a ambivalência de Hawthorne em relação ao legado puritano; é o caso de um dos primeiros líderes políticos, Endicott, sempre apresentado como heroico e implacável, se não sádico. Outros, como o jovem Brown (testemunha na floresta de uma cerimônia ímpia que jamais decide se viu ou sonhou), Richard Digby (um eremita misantropo que acabaria literalmente petrificado), o pastor Hooper (portador obstinado de um véu que dissimula seu rosto diante dos fiéis) e Ethan Brand (assombrado por sua obsessão com o "pecado imperdoável") são simples membros da comunidade que vivem intensamente terrores, tentações, tensões.

O primeiro romance de Hawthorne, *A letra escarlate* (1850), reconhecidamente sua obra-prima, prolonga e enriquece consideravelmente essa temática, que é em primeiro lugar a do pecado, da expiação e da redenção. A protagonista, Hester Prynne, acusada de adultério, é condenada a tornar-se um vivo contraexemplo para a comunidade, morando sozinha com a filha Pearl no meio da floresta e usando no peito um A escarlate que a expõe cotidianamente ao castigo público. Diante dessa exposição máxima, Hawthorne apresenta um oposto simétrico: o amante de Hester é nada mais, nada menos, que Arthur Dimmesdale, jovem pastor com uma carreira eclesiástica promissora. Sua culpa o leva a acusar-se o tempo todo em cada um de seus sermões, de modo geral o suficiente para que tais confissões fossem interpretadas pelos fiéis como um sinal eminente da santidade do pastor. É, portanto, a teocracia puritana que é questionada aqui, já que esse pecador nas sombras é um dos "santos visíveis" que têm em mãos o destino da "cidade na colina", para citar Winthrop. Após a confissão pública de Dimmesdale, no penúltimo capítulo do romance, inúmeras testemunhas da cena encontrarão um modo de negar a evidência. O último capítulo é dedicado a Hester, que (suprema subversão) permanece na posição de pecadora, mas se torna, aos olhos de todos, a verdadeira "santa visível", fazendo da infamante letra escarlate um símbolo de sacrifício e generosidade.

Hawthorne passou vários anos em Concord, Massachusetts, a cidadela que era na época lugar de residência dos transcendentalistas, e conheceu vários deles. Esse movimento também é tributário do protestantismo, mas de modo diferente, e de certas maneiras, diametralmente oposto. Ao mesmo tempo que Hawthorne desvelava os excessos do puritanismo, o transcendentalismo era visto, nas palavras de Perry Miller, como "a expressão de um radicalismo religioso em revolta contra um conservadorismo racionalista". Seu fundador, Ralph Waldo Emerson (1803-1882), pertencia a uma linhagem de pastores congregacionais, que se tornaram unitaristas, e se preparava para a carreira eclesiástica na Faculdade de Teologia de Harvard. Pastor de uma das igrejas mais importantes de Boston, não demorou a recusar o que ele chamava de "frias negações do unitarismo bostoniano", abandonando o sacerdócio após uma viagem pela Europa onde encontrou Coleridge e Carlyle. Emerson descobre o romantismo no mesmo momento em que questionava sua vocação: podemos assim afirmar que a literatura se tornou, para ele, uma segunda religião. O livro que fez dele um porta-voz do transcendentalismo, *Natureza* (1836), já o representava (em um eco a Carlyle) como um poeta profeta dos tempos modernos, e até de um novo Cristo, cuja "paixão", exaltada por ele em termos quase sacrílegos, seria capaz de "transfigurar" objetos materiais. Esse recurso à Bíblia não era inocente: Emerson propõe nada menos que a instituição de um livro da natureza como livro sagrado, fazendo de sua descoberta uma nova exegese. O novo evangelista entra abertamente em dissidência quando, em 1838, em um discurso para os estudantes da Faculdade de Teologia de Harvard, ousa denunciar a apostasia do clero unitarista, que seria indigno de seu cargo, e lhe opõe novas formas de culto, fundadas na "percepção da lei suprema"; finalmente, anuncia uma "nova revelação" que iria mais longe que o cristianismo. *Ensaios* (originalmente em dois volumes, 1841 e 1844) seria um prolongamento desses textos pioneiros, propondo uma mística secular fundada na divindade potencial do homem, a rejeição às instituições políticas e religiosas e uma confiança inquebrantável na ordem do mundo. Assim, Emerson se afasta radicalmente da ortodoxia congregacional ou unitarista, mas permanece profundamente fiel aos modos de pensar e crer do protestantismo americano. Encontramos sobretudo, em sua obra, uma tensão entre a denúncia e o apelo, a jeremiada e a profecia, a evidência dos fracassos ou das traições e a evocação de uma humanidade regenerada.

Henry David Thoreau (1817-1862), nascido em Concord, descobre Emerson depois da fase de Harvard, e empreende a tarefa de pôr em prática os preceitos transcendentalistas: descreve em sua obra mais importante, *Walden* (1854), como se isolou de sua comunidade, vivendo nas florestas durante dois anos, em autarquia, dentro de uma choupana que ele próprio havia construído. Essa experiência pode parecer estranha à tradição protestante, principalmente quando pensamos que Thoreau denuncia, no primeiro capítulo dessa obra, a caridade e a filantropia, exaltando em vez disso a sabedoria dos índios da América. No entanto, o desenvolvimento das ideias de Thoreau, assim como o das de Emerson, deve muito à pregação puritana. O primeiro capítulo do livro é uma jeremiada que deplora os desvios de uma sociedade voltada para a aquisição de bens materiais; a continuação é o relato de uma ascese e um percurso pessoal; e o capítulo central, intitulado "Considerações mais altas", enfatiza com clareza a dimensão religiosa de sua tarefa, em frases que soam curiosamente puritanas: "Nunca há trégua, nem por um só instante, entre o vício e a virtude [...]. O homem logo se volta para Deus, quando se abre a estrada da pureza". Já no último capítulo, Thoreau escreve uma profecia secular, mas justificada pela ascese que a precedeu, e seu fervor lembra o dos pregadores puritanos que evocam a Nova Jerusalém.

Nenhum leitor do século XIX, por mais culto que fosse, citaria Emily Dickinson (1830-1886) dentre os grandes autores de seu tempo. Nascida em Amherst, Massachusetts, passou na cidade toda a sua existência, solitária e reclusa, escrevendo poemas que, com exceção de sete peças breves, não seriam publicados enquanto ela vivesse. Sua reputação não cessou de crescer ao longo dos últimos anos, e hoje ela é contada entre os maiores poetas americanos. Encontramos em sua obra uma tensão inigualável entre a adesão a modos de crença ligados à tradição calvinista, em que ela foi criada, e a expressão espantosamente livre, ousada, de suas escolhas pessoais: "Alguns guardam o sábado indo à igreja;/ Eu o observo em casa,/ Meu coro é um pássaro/ E a catedral, um pomar" (*Some keep the Sabbath going to church;/ I keep it staying at home,/ With a bobolink for a chorister,/ And an orchard for a dome*). Alguns de seus poemas evocam momentos de pura epifania que lembram Emerson ou Thoreau: "Veio um dia em pleno verão/ Todo para mim/ Pensei que dias assim eram para os santos/ E suas ressurreições" (*There came a day at summer's full/ Entirely for me/ I thought that such were for the saints,/ Where ressurrections be*). Outros são puros gritos de angústia que, faz-se necessário notar, exprimem-se também através de imagens religiosas: "Há certas luzes oblíquas/ Nas tardes de inverno/ Que oprimem, como o peso/ Das árias de catedral" (*There's a certain Slant of light,/ Winter afternoons —/ That oppresses, like the Heft/ Of Cathedral Tunes*). Como última observação, frisando a que ponto Emily Dickinson pertence à cultura protestante da Nova Inglaterra, cabe afirmar que, em sua obra, Deus está sempre presente, embora longínquo e silencioso. Não é o Deus eloquente da tradição católica, mas o Deus ausente, o Deus transcendente do protestantismo: "De Deus pedimos um favor somente/ Que sejamos perdoados — / Pelo Crime que nos é oculto/ Mas que ele deve saber — / Enclausurados por toda a Vida/ Em uma mágica prisão/

Clamamos contra a Felicidade/ Que compete com o Céu" (*Of God we ask one favor,/ That we may be forgiven —/ For what, he is presumed to know —/ The Crime, from us, is hidden —/ Immured the whole of Life/ Within a magic Prison/ We reprimand the Happiness/ That too competes with Heaven*).

Walt Whitman (1819-1892) é em muitos aspectos a perfeita antítese de Emily Dickinson: sua obra *Folhas de relva* (1854-1892) teve um sucesso escandaloso que ele preservou cuidadosamente — e que seus discípulos preservaram após sua morte; seu caráter marginal o fez ser desprezado por uma América bem pensante, mas adulado por um grupinho de êmulos que já o viam como um guru dos tempos modernos. A heresia e a provocação em suas profissões de fé não significa de modo algum sua fuga da tradição protestante, sobretudo em campo norte-americano, rico de profetas rebeldes ou renegados. Aliás, Whitman conhecia perfeitamente bem a *Bíblia King James*, propondo paralelismos em sua obra, retomando-a, ecoando-a. Considerou-se com frequência uma inovação aquilo que é a marca mais evidente de uma dívida: a escolha do versículo como unidade estrutural do poema. Quanto à inspiração de Whitman, está muito próxima da "luz interior" dos quacres, transformada ou revelada (depende do caso) pela leitura de Ralph Waldo Emerson. Em muitos aspectos, Whitman foi o poeta anunciado por Emerson, e foi a Emerson que ele dedicou a primeira edição de *Folhas de relva*: o "libertador", o "destruidor de cadeias", aquele cuja "visão" soberana devolve vida a essa "poesia fóssil" que é a linguagem. Toda a poesia de Whitman é de ação de graças, e o título de um de seus poemas poderia defini-la toda: *A Song of Joys* ("Canto de alegrias"). Ainda que o cristianismo seja apenas um elemento dentre outros de seu sincretismo (junto com o hinduísmo, o budismo e muitas outras religiões), Whitman reserva para ele um lugar particular em um poema como *To Him that Was Crucified* ("A ele, que foi crucificado"), em que se dirige a Cristo como a um "companheiro" e um "igual", que o acompanha em sua caminhada, "até absorver os tempos e as épocas, para que homens e mulheres de todas as raças, de todas as idades por vir, descubram a fraternidade e o amor como nós" (*Till we saturate time and eras, that the men and women of races, ages to come, may prove brethren and lovers as we are*).

Herman Melville (1819-1891) não veio diretamente da mesma cultura que os autores mencionados até aqui — seu pai era um comerciante do estado de Nova York. A trajetória de Melville difere também da história desses autores, pois se inicia com uma série de aventuras em vários navios de comércio ou de guerra. No entanto, foi a leitura dos contos de Hawthorne que serviu como uma verdadeira revelação para ele, que nos deixou um testemunho dessa dívida em um ensaio publicado anonimamente, em 1850, *Hawthorne and His Mosses* [Hawthorne e seus musgos]. Para ele, o que faz o gênio de Hawthorne é o "poder do negrume" (*the power of blackness*), um poder nutrido por "esse senso calvinista da depravação inata e do pecado original" (*that Calvinistic sense of Innate Depravity and Original Sin*), "de cujas visitações, de um modo ou de outro, não escapa por completo nenhuma mente que pensa em profundidade" (*from whose visitations, in some shape or other, no deeply thinking mind is always and wholly free*). O final da frase demonstra claramente que a questão, aqui, é definir sua própria trajetória pela interposição do gênio. De fato, essa descrição se aplica perfeitamente a sua obra mais importante, que deveria ser um simples relato de aventuras com baleias, mas que foi reescrita após ter se encontrado com Hawthorne: *Moby Dick* (1851). Os nomes dos dois personagens principais, Ismael e Acabe, bastam para mostram quanto o romance é alimentado por leituras bíblicas, ainda que tais leituras sejam tão ousadas quanto as de Milton e tão heréticas quanto as de William Blake.

Acabe, cujo nome evoca o rei que, na Bíblia, provocou a ira do Deus de Israel, é mais que um pecador: é um anjo decaído, um novo Lúcifer, uma encarnação da revolta e da blasfêmia; e se duvidamos, o próprio Melville confessa, em carta a Hawthorne, que o livro foi mergulhado no fogo do inferno. A vontade sacrílega de Acabe é patente quando ele organiza, antes da caça, uma cerimônia sinistra em que faz de seus três "arpoadores pagãos" seus "doces cardeais", e onde ele derrama fogo líquido em fusão, a partir de um pote de estanho, no recipiente dos três arpões, tornando-os "cálices mortíferos" (v. capítulo 36 do romance). No mesmo capítulo, Starbuck, seu segundo, busca dissuadi-lo da tarefa, que a seu ver se nutre de um ódio obsessivo: "Esse furor contra um animal, capitão Acabe, é uma blasfêmia!". Ao que o capitão responde: "Não me fale de blasfêmia, homem, eu atacaria até o sol se ele me insultasse [...]. Quem está acima de mim?". Já Ismael, o narrador do romance, encarna a errância impotente da humanidade em geral. A citação bíblica posta como epígrafe chega a compará-lo a Jó: "E eu fugi, sozinho, para trazer-te essa novidade". A última frase da obra descreve como ele é salvo após o naufrágio, quando os demais marinheiros são mortos: "Foi a errante Raquel que, retrocedendo, em busca dos filhos perdidos, só encontrou outro órfão". Para concluir, somos tentados, na leitura das inúmeras referências religiosas de *Moby Dick*, a opor essa obra ao evangelho transcendentalista. Afinal, enquanto Emerson e Thoreau anunciam o surgimento de um homem liberto dos dogmas, acedendo ao divino, Melville relembra o leitor das limitações inerentes à condição humana.

Após a Guerra da Secessão, a dimensão protestante da literatura americana é menos visível, na medida em que as obras obedecem ou a uma lógica naturalista — como é o caso de Frank Norris (1870-1902) e Theodore Dreiser (1871-1945) —, ou a um desejo "modernista", que parece transportar o escritor para uma Europa católica ou laica, como Henry James (1843-1916), Edith Wharton (1862-1937) e Henry Adams (1838-1918). No entanto, basta ler James e Adams para compreender que sua relação com o protestantismo é complexa, demonstrando uma profunda ambivalência. Aparentemente, ambos associam a religião protestante à América provincial da infância; no caso de Adams, ao passado glorioso, mas que definitivamente teve fim, de uma verdadeira dinastia familiar (ele era bisneto de John Adams e neto de John Quincy Adams, ambos presidentes dos Estados Unidos). Os primeiros capítulos de *The Education of Henry Adams* [A educação de Henry Adams] (1907) descrevem uma educação "cromwelliana", baseada no "instinto de resistência" e caracterizada pela recusa puritana à mudança — o que parece relegá-la à pré-história; porém, Adams acrescenta que recebeu de herança um rigor moral que o teria conduzido ao pastorado, caso vivesse no século anterior, algo que deixou nele marcas indeléveis. No final do livro, ele propõe a sociedade unificada do século XII (simbolizada pelo culto à virgem) em lugar da sociedade do século XX, cujas energias são as do dínamo. Essa oposição parece indicar que o caos do mundo moderno fez com que Adams se voltasse para o catolicismo medieval (sua outra grande obra, publicada em 1913, chama-se *Mont-Saint-Michel and Chartres*). No entanto, a sensação de um iminente apocalipse que inspira os últimos capítulos de *The Education* é uma característica do imaginário protestante.

Henry James propõe uma imagem do protestantismo que também é marcada geográfica e historicamente; porém, essa imagem é mais unitarista que "cromwelliana". De uma Boston virtuosa mas amesquinhada de *Os europeus* (1878), descrita significativamente a partir do olhar dos dois europeus que originam o título, a uma Nova Inglaterra prosaica e pudica que Strether abandona pela Europa em *Os embaixadores* (1903), passando pela Boston moralista e "reformadora" de *Os bostonianos* (1886), James parece justificar seu exílio voluntário pela rejeição a uma cultura em que o protestantismo e o provincialismo são indissociáveis. Ele vai mais longe em *A volta do parafuso* (1898), em que descreve os efeitos devastadores de uma histeria (a de uma governanta que cuida de duas crianças) que surge de uma educação rígida demais. Também nos deixou uma versão "europeia" da mesma temática em *Daisy Miller* (1878), cujo protagonista, Winterbourne, é um americano educado na "pequena metrópole do calvinismo", Genebra. Essa longa novela é de certa forma um relato de iniciação, pois o jovem, incapaz de reconhecer a inocência de Daisy, compreende aos poucos que "viveu tempo demais em Genebra". Apesar de tudo, este é apenas um dos aspectos da obra, que abunda em relatos sobre a experiência de um jovem americano, cheio de moralismo protestante, assim como Christopher Newman, o protagonista de *O americano* (1877), ou de uma jovem americana, Isabel Archer, heroína de *Retrato de uma senhora* (1881), e Milly Theale, protagonista de *As asas da pomba* (1902). Os três descobrem uma Europa labiríntica, obscura, onde a história se caracteriza ao mesmo tempo pela aristocracia e pelo catolicismo, e onde a transmissão de códigos opacos é acompanhada de corrupção, complôs, cálculos cuja evocação lembra estranhamente a descrição puritana do catolicismo romano. A dimensão religiosa do conflito que opõe a jovem América à velha

Europa não é visível em uma primeira leitura, mas constatamos, ao reler *Retrato de uma senhora*, que o marido de Isabel reprova nela "o horizonte moral de um pastor unitarista", que sua primeira declaração ocorre em São Pedro, em Roma, e que sua decisão final quanto a ir para a sua prisão romana é a de uma moralista que enfrenta a corrupção, optando em suma pelo "não separatismo".

O protestantismo ainda está presente, mas, poderíamos afirmar, de um modo implícito, na obra de romancistas como Mark Twain, Stephen Crane e Ambrose Bierce. Em seu romance mais famoso, *As aventuras de Huckleberry Finn* (1885), Mark Twain (1835-1910) faz de seu herói a encarnação de uma sabedoria inata, selvagem, contra as sufocantes censuras de uma cidadela do Missouri. Ao acompanhar um escravo fugitivo, Jim, Huck Finn sem querer se coloca em uma situação de banimento em uma sociedade farisaica. Mais tarde, dois charlatães se unem a eles, apresentando-se como "Delfim" e "Duque" e aproveitando-se da credulidade das massas, principalmente nas grandes quermesses organizadas pelos metodistas no Sul do "Grande Avivamento". A cena em que Huck (que é o narrador do romance) descreve essa reunião ao ar livre é uma obra-prima da sátira religiosa, que anuncia *Elmer Gantry* (1927), de Sinclair Lewis (1885-1951). Twain explora a ingenuidade do narrador para mostrar ao leitor como dois escroques exploram a fé popular, e ao mesmo tempo a manipulação das massas pelas mãos de pregadores metodistas. Quanto a Huck, seu momento de verdade chega quando descobre que o companheiro negro foi vendido. Primeiro, ele pensa em escrever para o proprietário de Jim, contando onde está o escravo; sem conseguir decidir-se, conclui que, por ter sido criado de forma errada, por ter faltado ao catecismo e por de algum modo estar fora da comunidade dos cristãos, ele não tem como ser salvo. Assim, resolve ajudar Jim a fugir, persuadido de que nisso estará sua danação. Huck é um filho legítimo de Rousseau (é sua consciência, "instinto divino", que fala com ele), mas não se dá conta disso, pois se encontra cego pelos dogmas da sociedade sulista, sancionados pela igreja.

O pessimismo latente dessa visão se acentuaria nas primeiras obras de Twain, marcadas por um niilismo cada vez mais proeminente. O ponto culminante dessa deriva é *The Mysterious Stranger* (1916), fábula sinistra que se desenvolve em uma pequena cidade medieval. Os heróis da história são crianças que encontram o diabo em pessoa e o ouvem dizer: "Não há Deus, nem universo, nem raça humana, nem vida terrena, nem céu, nem inferno. Tudo não passa de um sonho — um sonho grotesco e risível. Só vocês existem. Você e Andy são um só pensamento — um pensamento errante, sem teto, que atravessa sem esperança as eternidades vazias!".

Stephen Crane (1871-1900) era o décimo quarto e último filho de um pastor metodista. Recebeu uma educação religiosa bastante severa. Seus romances, poemas e novelas refletem uma rebelião dolorosa, impotente, contra o pai e contra Deus. *Maggie, Girl of the Streets* (1893), narrativa naturalista de decadência, é salpicado de denúncias virulentas que visam explicitamente à traição da igreja: quando Maggie, abandonada pelo amante e cooptada pela prostituição, busca socorro a um pastor, só encontra um reflexo profilático: "Seu rosto radiante e gorducho era a própria imagem da bondade e da gentileza. Seus olhos irradiavam bondade. Mas, quando a moça o abordou timidamente, ele se sobressaltou e preservou sua respeitabilidade afastando-se dela com um passo enérgico. Ele não ia arriscar essa respeitabilidade para salvar uma alma". Essa preocupação com a "respeitabilidade" não é muito diferente da que leva a mãe de Maggie, uma beberrona grotesca e monstruosa, a amaldiçoá-la erguendo aos céus "olhos de mártir". No entanto, erraríamos se em tais passagens só enxergássemos simples expressões de anticlericalismo: Crane enviou o livro a vários pastores "progressistas" (sem receber deles uma só resposta) e afirmou em uma carta que queria "abrir lugar no céu para todos os tipos de almas (principalmente algumas moças das ruas) que muitas pessoas excelentes não esperam ver ali".

Em *O emblema vermelho da coragem* (1895), a revolta — encarnada por Henry Fleming, jovem recruta nortista durante a Guerra da Secessão — se torna mais metafísica e, em certos aspectos, adquire traços da revolta do último Twain: o combate faz em pedacinhos os fundamentos da crença do jovem, colocando-o sozinho diante da "besta vermelha — a Guerra! Esse deus inchado de sangue". Seu amigo Jim morre na frente dele, em uma pantomima terrível que oferece "a paixão de suas feridas" e "suas mãos sangrentas" aos olhos de Henry, sem que esse sacrifício dê origem a qualquer tipo de redenção. O capítulo que descreve essa cena é finalizado com uma frase quase sacrílega, pois Crane recorre a uma metáfora cristã para evocar um mundo sem deus: "O sol vermelho estava colado ao céu como uma hóstia". Essa deriva niilista é ainda mais impressionante nos poemas, alguns evocando o furor de um Deus que martiriza uma humanidade impotente: "Um deus irado batia em um homem; roía-o de golpes tonitruantes que ressoavam e cobriam a terra" (*A god in wrath/ Was beating a man; He cuffed him loudly/ With thunderous blows/ That rang and rolled over the earth*). Outros são puros gritos de revolta contra essa violência: "Deus fanfarrão/ Que atravessa o céu/ Com ruidosas bazófias/ Não temo você/ [...] Não temo você, presunçoso gabola" (*Blustering god, /Stamping across the sky/ With loud swagger,/ I fear you not/ [...] I fear you not, puffing braggart*).

De Hawthorne a Crane, muitos escritores americanos parecem assombrados por um deus longínquo, por vezes inacessível, que é ou invocado pelo pecador sedento de redenção, ou denunciado como fonte de um mal absoluto. Opondo-se a essa tradição, os herdeiros do romantismo querem ver a presença divina em uma natureza nutriz, generosa, que faz oposição aos procedimentos erráticos e às corrupções da sociedade. O caso de Twain, no entanto, mostra que não há fronteiras intransponíveis entre essas duas formas, já que ambas foram alimentadas pela tradição protestante. Em uma cultura em que a Europa geralmente só deseja ver pragmatismo, o escritor americano não cessa de opor a imagem radiosa de um mundo regenerado às disfunções ou aos escândalos do mundo real: um olhar nostálgico e profético, alimentado de leituras bíblicas e tipologias. A América, nessa perspectiva, é ao mesmo tempo o continente das esperanças traídas e o das aspirações incoercíveis, a *America microchrista*, para ecoar a pregação puritana.

Seria bem mais difícil definir a dimensão protestante da literatura do século XX, em parte porque a cultura americana tem se secularizado desde o final do século passado, em parte porque cada obra individual se desenvolve de acordo com uma lógica própria e a filiação religiosa não desempenha o mesmo papel. No entanto, observamos que a corrente denunciatória permanece na sátira cáustica de Sinclair Lewis, *Elmer Gantry*, enquanto o escritor negro James Baldwin (1924-1987) se coloca a meio caminho entre a denúncia e a confissão pessoal em um romance que também é autobiográfico, *Go Tell It in the Mountain* [Vá dizê-lo nas montanhas] (1953), em que o jovem protagonista, tentado pela vocação religiosa que herdou de seu pai pastor, descobre as traições e as mentiras do pai, logo fugindo da igreja. Por outro lado, no século XX, é a literatura do Sul com sua cultura, e não a do Norte, que é mais marcada pelo protestantismo. Seu maior escritor, William Faulkner (1897-1962), funda sua ética no que Butor chama de teologia. A obsessão com a culpa e com a transmissão da culpa, presente em seus grandes romances, torna-o herdeiro de Hawthorne. Seus títulos, *Absalom, Absalom* [Absalão, Absalão] (1929) e *Desça, Moisés* (1942), indicam com clareza um desejo de inserir sua obra na reta linha da grande tradição bíblica, fundamento do protestantismo americano.

Yves Carlet

▶ **Antologias:** BAYM, Nina, org., *Norton Anthology of American Literature*, 5 vols., New York, Norton, 2003; CHRISTOL, Hélène e MATHÉ, Sylvie, *An Introduction to American Fiction* (1999), Paris, Ellipses, 1999; ELLIOTT, Emory, org., *The Columbia Literary History of the United States*, New York, Columbia University Press, 1988; GRELLET, Françoise, org., *An Introduction to American Literature. "Time Present and Time Past"* (1987), Paris, Hachette, 2000; LAGAYETTE, Pierre, *Histoire de la littérature américaine* (1997), Paris, Hachette, 2001; ROYOT, Daniel, BÉRANGER, Jean, CARLET, Yves e VANDERBILT, Kermit, orgs., *Anthologie de la littérature américaine* (1991), Paris, PUF, 1998.

▶ Baldwin; Beecher Stowe; Edwards; Emerson; Faulkner; puritanismo; quacres; Styron; Thoreau; transcendentalismo

4. A literatura escandinava

Duas observações liminares se impõem. Primeira, a passagem para o luteranismo nos países escandinavos (a Dinamarca, que compreendia então a Noruega e a Islândia, e a Suécia, que incluía a Finlândia, que não é um país escandinavo), durante as primeiras décadas do século XVI, não foi tanto algo próprio à fé ou uma mudança profunda de crenças, mas algo mais relacionado à política. Os países escandinavos acabaram adotando, ao longo dos séculos X e XI, um tipo de monarquia que não correspondia a seus hábitos ancestrais, e aos poucos desenvolveram um modo de governo calcado nos usos do "Sul"; como resultado, a igreja, cujo magistério e organização eles tinham adotado sem grandes dificuldades (é preciso destruir uma lenda tenaz que faz dos vikings e de seu pretenso paganismo um bastião inexpugnável da barbárie), rapidamente se impôs sobre as demais estruturas sociais ou políticas, tornando-se a primeira potência dirigente, e principalmente proprietária, nessas regiões. Assim, chegou-se a uma situação paradoxal, em que a igreja era rica e aspirava ao poder de modo mais ou menos explícito, e em que o Estado, na pessoa do rei, via seus caixas esvaziarem-se e sua autoridade decair.

Quando as novas ideias de Martinho Lutero se expandiram (nos países germânicos), com seus ataques contra as pretensões autoritárias de Roma, os soberanos escandinavos não viram a coisa com maus olhos. Logo consideraram que as novas ideias poderiam lhes servir para acabar com rivalidades que tornavam seus poderes irrisórios. Fartos dos abusos visíveis da igreja, que era bastante rica, eles favoreceram por baixo dos panos os esforços dos reformadores, e é nesse sentido que se precisa compreender o surgimento das igrejas nacionais que foram postas sob o controle desses soberanos (as igrejas dinamarquesa, islandesa e norueguesa ainda são, hoje, igrejas estatais). Foi somente em terceiro lugar, por assim dizer, que se impôs o problema da crença. As igrejas nacionais mencionadas aqui adotaram como credo, em todo o Norte, a *Confissão de Augsburgo*. Porém, não se pode duvidar das reais motivações de um Gustavo Vasa (?1495-1560, rei da Suécia de 1523 a 1560) ou de um Cristiano II (1481-1559, rei da Dinamarca de 1515 a 1523). Ao afirmar isso, não estamos duvidando da retidão da fé cristã desses novos luteranos, não mais que da fé dos católicos convertidos por volta do ano 1000 em todo o Norte.

Todavia (esta é a segunda observação), o destino quis que essa passagem coincidisse, de modo evidentemente inconsciente da parte dos interessados, com disposições imemoriais confirmadas pelo estudo de todas as nossas fontes, ainda que sejam pouco numerosas: os *Edas*, as poesias escáldicas, as inscrições rúnicas de alguma amplitude e sobretudo as sagas islandesas. Em outros termos, sempre houve, em meios germânicos, predisposição para a escuta das propostas de Lutero e seus prosélitos — alguns deles escandinavos, e autores, como o sueco Olaus Petri (?1493-1522) e o dinamarquês Hans Tausen (1494-1561).

O luteranismo exigia do homem, do indivíduo humano, que existisse por si, sozinho, contra as manifestações de sua condição. Que reivindicasse as exigências de sua subjetividade sem buscar cobrir-se de autoridade ou carismas como intermediários humanos ou "celestes". É quando se introduz o magistério do dinamarquês Søren Kierkegaard (1813-1855), seguramente o melhor porta-voz dessa concepção da religião, e que solicitaremos bastante aqui. Kierkegaard coloca o ser humano diante de seu Deus, sem intermediários, sem "passadores", fossem santos, fosse a virgem Maria. Em uma palavra, quem deseja compreender o luteranismo na Escandinávia deve estudar em detalhes a obra de Kierkegaard, a quem atribuímos grandes absurdos sob a influência de certo existencialismo dos anos 1950. O autor de *Ou um, ou outro* encarnava o rigor, a exigência absoluta, a intransigência. Era um pouco como outro dinamarquês (que na verdade nasceu na Noruega), Ludvig Holberg (1684-1754), historiador e jurista, autor de comédias que podiam comparar-se às de Molière, e que denunciava as utopias sustentadas indulgentemente pelos idealistas (em uma narrativa alegórica, *à la* Swift, *Le voyage souterrain de Niels Kim* [A viagem subterrânea de Niels Kim], Paris, Corti, 2000), e como o sueco Pär Lagerkvist (1891-1974), que denunciou em seus *Contes cruels* [Contos cruéis] (Paris, Stock, 1994) essa tendência para a conciliação e a acomodação que nos marca a todos, ou retraçando em seus romances, considerados bíblicos (o mais bem-sucedido é sem dúvida *A morte de Ahasverus* [Rio de Janeiro, Globo, 1964]), a dolorosa e enigmática trajetória do ser humano em busca da verdade.

No luteranismo, há uma tendência para a confusão entre religião e moral, e moral e sexualidade. Esse ponto é particularmente sensível no Norte, em que, de um lado, a moral se tornou prioritária sobre um grande número de outras posturas e, de outro, a sexualidade deu lugar a uma falta de indulgência ou de compreensão dificilmente inteligível hoje. A isto,

LITERATURA

gostamos de chamar puritanismo. Não se pode duvidar de que todas essas belas literaturas partem de um ponto de vista ético e ainda o mantêm. Basta ver um filme de Ingmar Bergman para convencer-se disso, ou simplesmente percorrer a produção literária desses países até nossos dias. Sabemos sobre que premissas se sustentava a ação, representativa, de um Dag Hammarskjöld (sueco, 1906-1961); na francofonia, ignoramos o ponto de vista resolutamente moral de que partia o incansável analista do amor humano que foi Carl Jonas Love Almqvist (sueco, 1793-1866), um dos grandes desconhecidos do Norte nas regiões de fala francesa, cuja obra mais significativa se intitula *Vad är kärlek?* ("O que é o amor?").

É preciso reler com cuidado os dramas do norueguês Henrik Ibsen (1828-1906). Sem dúvida, ele se opõe com energia, até mesmo ódio, ainda que "amaciado" — bem ao estilo norueguês —, à "boa" sociedade de seu tempo, suas máscaras, suas pretensões, como "sepulcros caiados"; vejamos, por exemplo, *Os pilares da sociedade* ou *Quando despertamos de entre os mortos*, sem falar de *Casa de bonecas*. Porém, se visitamos intimamente a obra, precisamos opor Brand, com sua raiva do absoluto, não somente a *Peer Gynt*, que "faz a volta" em vez de tentar conhecer-se em verdade, mas principalmente a sombrias obras-primas como *Rosmersholm* e *Hedda Gabler*, em que o trágico prestígio da verdade termina por matar a consciência que o ser humano tem de suas imperfeições e faltas, além da vaidade de suas aspirações. Voltamos a Kierkegaard: ele exigia que fôssemos autênticos, que tendêssemos apaixonadamente a ser "verdadeiros".

E aqui chegamos ao sueco August Strindberg (1849-1912). Sua obra imensa e múltipla (que erraríamos se a reduzíssemos somente ao teatro) parece ter visado a um só objetivo: dizer, dizer-*se* em verdade, levar o leitor a ver e analisar o mistério de uma personalidade de uma excepcional riqueza. Suas peças, consideradas simbólicas (ou oníricas), como *O caminho de Damasco* ou, principalmente, *A grande estrada*, levam-nos quase desesperadamente a um estado de transcendência em que, por fim, passamos a conhecer-nos em nossa nudez. Há como que uma gravidade nessa proposta, que por sua natureza decepciona nosso espírito latino, mergulhado em acomodação, em *in medio stat virtus* ("a virtude está no meio").

Aliás, existe no Norte uma tendência — ainda kirkegaardiana, já que esse pastor parece ter obsedado o pensamento escandinavo ao encarná-lo com perfeição — para o que lá é chamado "absolutismo" ou "radicalismo". Esses vocábulos são suficientemente expressivos. Brand d'Ibsen, chamaria a isso "tudo ou nada", ainda afirmando: "O espírito de acomodação é Satanás". Quanto a isso, penso na dinamarquesa Karen Blixen (1885-1962), que buscava entre os negros do Quênia, onde morou durante dezessete anos, essa fagulha de verdade, de pureza, de um acordo consigo mesma que ela pensou ter perdido, vendo-se corrompida por nossa pretensa "civilização" ou "cultura". Somos levados a nos indagar se a obra de um Edvard Munch (1863-1944), pintor norueguês, não se insere na mesma perspectiva. Ele estava persuadido da miséria de nossa condição, buscando "exprimir" (por isso o nome "expressionismo" dado à tendência representada por ele) essa angústia fundamental, esse destempero total diante da morte (da "doença que leva à morte", como diria Kierkegaard), e ele o afirmou em seus quadros inesquecíveis, como *O grito*.

Evocarei inclusive o norueguês Knut Hamsun (1858-1952), cuja presença aqui pode surpreender. Ele passou toda a sua vida, em uma obra gigantesca, mostrando que a riqueza do psiquismo humano é infinita, que não se deve enquadrá-la em categorias determinadas, que uma força move nossos rins e corações, uma força que, apesar de todos os nossos vícios e defeitos, faz com que "a vida continue" (nome de um de seus romances mais eloquentes; na verdade, o norueguês diz *men livet lever*, "mas a vida vive"!). Hamsun verifica uma das intuições mais profundas que sustentam este pequeno ensaio: de fato foi necessário ser escandinavo para gestar tal obra — grave, sem dúvida, mas animada, no sentido literal do termo — de um espírito de vida, de uma paixão pela vida sem igual. Indaga-se com frequência se, além do estudo atento de textos e dogmas, não haveria entre os filhos do Norte uma reverência profunda à vida, à vida soberana que nessas latitudes tudo combate, e em decorrência disso uma espécie de adoração de um Deus que seria (apenas) a Vida. Emblemática dessa postura é a obra do dinamarquês Martin A. Hansen (1909-1955), que termina por descobrir que a humilde fé em Deus, experimentada por representantes do povo miúdo, é mais valiosa que todos os nossos raciocínios.

Em geral, observa-se que esses grandes autores do Norte são, acima de tudo, contadores de histórias. Não somente romancistas ou escritores de novelas, mas exatamente contadores, como o dinamarquês Hans Christian Andersen (1805-1875) e a sueca Selma Lagerlöf (1858-1940). O ato de contar tem dois lados: no primeiro, a condição em que estamos é encantada, transmutada em história; no segundo, a arte do Verbo é totalmente encurralada, essa arte que, por definição, é poética (poiética) e divina. Não poderíamos fornecer uma imagem melhor desse ato que a da obra-prima do dinamarquês Kaj Munk (1898-1944), precisamente intitulada *Ordet* ("O verbo", trad. franc. *Le verbe*, Auribeau-sur-Siagne, Esprit ouvert, 1996) e brilhantemente transposta para o cinema pelo sueco-dinamarquês Carl Theodor Dreyer (1889-1968). É como se esses homens e mulheres estivessem ou se sentissem mais próximos das camadas mais fundamentais de nosso destino, de nosso fardo. Ou como se tivessem da morte, da outra face do nosso real, um sentido e uma percepção mais imediatos, mais profundos também. Diz-se com frequência que essas obras, portanto essas visões do homem, da vida e do mundo que são comunicadas por elas, são "negras". Claro, não se pode desmenti-lo. Há no luteranismo — e havia na mentalidade escandinava antiga — uma vontade de não mascarar a essência do que é humano, de olhar diretamente para as implicações de nosso estado, que talvez não tenham a mesma agudeza em nossas latitudes. Eu sempre me perguntei se isso não se deve a uma questão de luz, ou até à hostilidade e à rudeza do meio ambiente, já que depositamos tanta crença no desbotamento que o meio provoca nos seres humanos! Os antigos escandinavos, principalmente islandeses, viviam em uma estranha relação ou familiaridade com a morte, que poderia a todo instante interferir na realidade vivida, já que esta possui a faculdade de abrir-se para o outro mundo, o todo com o naturalmente maior. De fato, aquele que ainda consideramos o maior romancista do século XX no Norte, Hjalmar Bergman (1883-1931), redigiu alguns dos romances mais sinistros que jamais viram a luz, e é com grande dificuldade que ele consegue temperar esse panorama com um humor ao mesmo tempo amargo e áspero!

No entanto, está faltando um elemento capital nesse panorama. Lutero exigia que traduzíssemos nossa fé (*fides*) em ações (*opera*). Talvez tenha sido por essa relação que sua influência no Norte se tornou a mais viva, ou que a coincidência entre sua pregação e as tendências inatas do homem do Norte se tornou a maior. Para voltar ainda mais uma vez a Kierkegaard, notemos que ele exigia satisfação da subjetividade (como já examinamos rapidamente); depois, exigia a autenticidade em todas as nossas ações (é o que entrevemos em alguns autores, Ibsen principalmente); por fim, prescrevia o que chamaríamos hoje um engajamento, ou seja, a tradução da nossa fé em ações. Talvez seja por causa desse último ponto que esse tipo de ensino suscitou na Escandinávia, sobretudo a literária, o mais profundo eco. Podemos até pensar que, em um bom número de casos, no Norte, a fé que não se resolve imediatamente em ações bastante visíveis não tem sentido algum. Isso parece justificar a proliferação de seitas ou capelas, um fenômeno verificável de modo especial na região. Sem recorrer a uma nomenclatura detalhada, evoquemos somente os Irmãos Morávios, que exerceriam grande influência, ou, tomando emprestado dos anglo-saxões, os quacres, cuja porta-voz na literatura foi a injustamente desconhecida Elin Wägner (1882-1949). Isso se correlaciona, evidentemente, com o culto à liberdade individual e com o desejo da livre expressão. Dessa forma, mais uma vez, a partir de tradições verdadeiramente imemoriais, podemos justificar o grande impulso que recebeu o feminismo escandinavo a partir de meados do século XIX. Lembramos que esse feminismo não adquire uma característica muito adversativa (mulheres contra homens), mas, sim, um ar quase carismático de uma preocupação com a realização do ser humano capaz de Deus, em boa teologia.

Aqui e acima de tudo, precisamos fazer jus ao dinamarquês Nicolai Frederik Severin Grundtvig (1783-1872), também pastor (como aliás a grande maioria dos autores escandinavos até esses últimos tempos, e, se não são pastores, são filhos de pastores). Começa-se a descobrir, na França, que Grundtvig foi o inventor de um novo tipo de escola, a escola para adultos (*folkehøjskoler*), que recusava-se a inculcar saberes de modo professoral, mas acreditava que o melhor era torná-los acessíveis por meio da discussão, da reflexão pessoal devidamente assistida e do engajamento. Depois de um bom século e meio, é justo afirmar que essas escolas formaram tudo o que o Norte pode contar de personalidades importantes, e não somente na literatura. Pois essa busca pessoal pelo saber, essa tomada de responsabilidades diante da ciência, essa marcada vontade de pôr em prática o que se adquiriu, tudo isso corresponde admiravelmente a um tipo de engajamento — intelectual, no caso, mas pode-se ampliar a noção — que me parece sempre ter sido próprio a essas mentalidades. Sempre houve, nessas personalidades, um sentido pedagógico admirável, que pode também estar na origem da impressionante obra missionária que o Norte empreendeu, assim como dos esforços realmente admiráveis que todos esses países despenderam para lutar contra o analfabetismo (que hoje está erradicado). Sobre isso, o caso da Islândia, o mais letrado e culto país do mundo, nem sequer precisa ser comentado. Ora, é incontestável que o luteranismo formou ali todas as mentes durante uns quatro séculos. De resto, o fato de que todos esses Estados tenham passado como que naturalmente para a social-democracia cumpre o duplo objetivo a que visamos aqui: a social-democracia resgata uma situação bem comprovada dos tempos da antiga Escandinávia, digamos, a sociedade *viking*, que só podia subsistir com ajuda e igualdade; em paralelo, corresponde a certo número de ideais cristãos.

Militantismo, abertura: falemos um pouco do sueco Nathan Söderblom (1866-1931), de quem convém afirmar que foi o verdadeiro fundador do ecumenismo, certamente não em uma perspectiva proselitista, mas em um espírito de abertura para o outro, de caridade no sentido mais nobre do termo, que acabou por configurar-se como modelo. Não conseguiríamos terminar de listar os promovedores e escritores que deram seu sangue e seu talento à causa. Citei há pouco a sueca Selma Lagerlöf. Seu díptico *Jerusalem en Dalécarlie* [Jerusalém como Dalarna] (Paris, Stock, 1995) e *Jerusalem en Terre Sainte* [Jerusalém como Terra Santa] (Paris, Stock, 1993), esta provavelmente a melhor de suas obras, vai nesse sentido. Essa notável obra apresenta ao leitor uma comunidade camponesa do centro da Suécia que se exila na Palestina para viver a fé em seu próprio lugar.

Também podemos estender essas considerações à política. A escola mais notável, na literatura, que o Norte experimentou, surgiu quase simultaneamente nos três países, mas partiram da Suécia seu maior impulso e seus maiores modelos. Trata-se dos escritores ditos "proletários" (termo que não se deve compreender no sentido francês!), ou seja, escritores que saíram das camadas mais desfavorecidas da população, autodidatas, que defendem visões políticas que chamaríamos de socialistas, com o fim de lutar contra a miséria e a injustiça, além de defender uma vivaz fraternidade e solidariedade. Esse movimento, que teve sucesso entre as duas guerras do século XX e que desembarcaria novamente na Dinamarca e na Noruega, representado por dois prêmios Nobel de literatura sueca, Eyvind Johnson (1900-1976) e Harry Martinson (1904-1978), é evidentemente marcado por valores cristãos e curiosamente teria contribuído para manter a nascente social-democracia, que lutava contra os desvios que certo tipo de luteranismo impôs à realidade espiritual — ainda que os apoiadores dessa tendência não fossem particularmente apaixonados por religião!

Em paralelo, a curiosidade pela ciência, sobretudo aplicada, a paixão pela pesquisa mais prática que abstrata — trata-se de uma característica incontestável dessas mentes, que pode ser imputada ao luteranismo. Tomarei o exemplo do sueco Emanuel Swedenborg (1688-1772), que se considera no mundo de fala francesa, erroneamente, um místico, algo que só ocorreu por acaso e no final de sua vida. Ele é o teosofista típico, se compreendemos o sentido não pejorativo da palavra. Foi um grande sábio e inventor de máquinas, podendo ser comparado, nesse aspecto, a Leonardo da Vinci; sonhava em pôr em funcionamento um sistema bastante matemático que faria transportes deste mundo para o mundo dos espíritos (ele dizia: dos anjos), em um impulso de amor e de fé. Nisso, há — não me canso de referir-me a ele, por ser tão paradigmático — algo de similar a Kierkegaard, que analisa cuidadosamente os três "estágios" que podemos ou devemos percorrer (estético, ético e religioso, de acordo com sua terminologia) para a realização (no duplo sentido do termo) de nossa existência. O tempo todo, sistematicamente, há um procedimento matemático, científico, presidindo esses encaminhamentos. Depois de tudo, o observador se surpreende ao constatar, com a passagem para o luteranismo, portanto após a primeira metade do século XVI, a proliferação de obras de caráter científico que o Norte testemunha:

conhecemos os nomes dos suecos Johannes (1488-1544) e Olaus (1490-1557) Magnus, ou do dinamarquês Tycho Brahé (1546-1601). Seria preciso citar inúmeros nomes aqui. De fato, essa característica é parte da paixão pelo ensino que já mencionamos. Inventário das obras de Deus, mas também vontade de manifestar potencialidades e virtualidades que Deus depositou no espírito humano. Da mesma forma, desenvolvemos o paraíso da exegese, como testemunha a famosa escola de Uppsala.

Subjetividade conquistadora, autenticidade provocante, engajamento com frequência bastante militante: será a última vez que faremos referência ao autor de *Temor e tremor*. Todavia, citei várias vezes os islandeses, que é necessário considerar como os depositários da própria essência, intelectual e espiritual, mas também cultural em um sentido amplo, do que podemos chamar de mentalidade escandinava. E eu gostaria de me ater por um instante no mais ilustre de seus filhos, o prêmio Nobel de literatura Halldor Laxness (1902-1995). Não que ele tivesse sido um luterano exemplar ou mesmo convincente. Porém, as posturas que assumiu durante sua longa vida semeada de obras que, todas elas, são obras-primas, parecem perfeitamente representativas da visão que tentamos, aqui, obter dessas coisas. Laxness nunca deixou de afirmar, com uma verve incrível, sua triunfal subjetividade. Foi verdadeiramente o homem em face de seu destino, consciente desse fato, sem assumir seu fardo de má vontade. Muitas vezes, e longamente, ele se explicaria em obras de teor autobiográfico, em que se colocava como um exemplo, e também através de personagens de romances que não se esquecem, como Jon Hreggvidsson de *La cloche d'Islande* [O sino da Islândia] (Paris, Flammarion, 1991) ou Bjartur de *Gente independente* (Rio de Janeiro, Globo, 2004) (um título que faz refletir). Quis de fato ser engajado, passando sucessivamente pelo catolicismo, pelo comunismo militante, pelo socialismo *à la* Upton Sinclair, por um estado algo sereno oriundo das filosofias do Extremo Oriente. Na arte, foi dadaísta, surrealista, até que optou por ser... ele mesmo. O que é interessante, mais que a natureza de seus vários engajamentos logo abandonados para voltar aos primeiros fundamentos, é essa vontade de sair de uma eventual torre de marfim para dedicar-se a ideias ou pessoas. Porém, acima de tudo, ele buscou permanecer autêntico, tanto fustigando impiedosamente os hipócritas, mentirosos e pretensiosos (p. ex., em *La saga des fiers-à-bras* [A saga dos valentões], Aix-en-Provence, Pandora, 1979) quanto espreitando todas as oportunidades possíveis para erguer-se diante das modas ou das incitações do momento. Repito que não penso um instante sequer em confundi-lo com um modelo de perfeição do luteranismo na Escandinávia — longe disso. Porém, ele surge como um autor bastante representativo dessa vontade de assumir valores os quais repito, uma última vez, vieram da Alemanha do século XVI, claro, mas que encontraram, felizmente, disposições ancestrais, imemoriais. Tais conjunções dão sempre resultados espantosos...

Régis Boyer

▶ BOYER, Régis, *Histoire des littératures scandinaves*, Paris, Fayard, 1996.

◉ Dreyer; escandinavos (países); Grundtvig; Ibsen; Kierkegaard; juventude (literatura para a); Söderblom; Strindberg; Swedenborg; Tycho Brahe

5. Recapitulação conclusiva

Uma herança comum é percebida de modo duradouro nas práticas literárias adotadas pela Europa protestante. A leitura da Bíblia, popularizada na Inglaterra pelas harmoniosas traduções do século XVI, dota Milton de uma potência poética comparável à de Aubigné, desacreditada na França por causa da aplicação das regras de conveniência católica. A literatura inglesa também dispõe de uma maliciosa lucidez que os reformadores exerceram na denúncia da idolatria e da superstição. Bunyan, com *O peregrino*, e Swift, com *As viagens de Gulliver*, aperfeiçoam, sob o nome do humor, uma ironia ainda mais calviniana que socrática, que Kierkegaard um dia adaptaria para o mui sisudo reino de Hamlet.

Cabe à literatura alemã, com certo atraso um pouco surpreendente no país de Lutero, mas que pode ser explicado, no século XVII, pela dura e desmoralizante prova da Guerra dos Trinta Anos, a honra de perpetuar o gênio propriamente teológico e especulativo da Reforma. Ao longo do Século das Luzes, que fala a língua da filosofia, um Brockes, em

Hamburgo, e um Haller, bernês germanófono, celebram a cada oportunidade, e não sem sinalizar imprudentes simpatias pela teologia natural, a grandeza divina do universo. Estimulada pelo Iluminismo, a poesia alemã se regenera e se supera ao apropriar-se da voz romântica do pietista Novalis, do jovem teólogo Hölderlin, condiscípulo de Hegel e Shelling, ou mesmo do pastor Mörike, primeiro lírico da geração que se seguiu. Os hinos dos dois primeiros exalam uma espiritualidade protestante, professante e profética, principalmente na medida em que rejeita as comodidades diversas da ortodoxia e cultiva até à vertigem as aspirações ao Totalmente Outro.

Realizada sob o signo da exaltação ou da ironia, a vocação literária da Reforma tem como sede a interioridade da consciência, esse "instinto divino" que Rousseau consulta, cidadão de Genebra, a quem se submete, depois de Amiel, toda uma linhagem de escritores que decidiram manter um diário, mas também de dramaturgos e romancistas intimistas, como Ibsen e Gide. Consciência exigente e, portanto, crítica, protestadora, que censura a injustiça nos tempos de perseguição e, a todo momento, o abandono da fé. Nas nações da Europa em que o protestantismo detém o temível privilégio de uma religião de Estado, os escritores veem como um dever o fato de exercerem um ministério anticlerical. "Sou não somente, por acaso, filho de piedosos protestantes", confessa o alemão Hermann Hesse, prêmio Nobel em 1946, "mas protestante do fundo da alma, o que não está em contradição com a antipatia que nutro pelas confissões protestantes de agora. O verdadeiro protestante se defende contra sua própria igreja, assim como contra as demais".

Indelével, dir-se-ia, quando toda uma cultura nacional a preserva, a marca impressa na literatura europeia através do ensino dos reformadores é algo que jamais se apaga. O exemplo francês é ao mesmo tempo singular e típico. O elegante rigor das *Institutas da religião cristã* se integra à composição e à língua das obras-primas do Grande Século. Esse rigor é ainda reconhecido muito tempo depois, transmitido por Gide e Schlumberger, no neoclassicismo da *Nouvelle Revue française* [Nova Revista Francesa]. No meio do caminho, remodelada no Refúgio, a "heresia" libertadora toma um novo impulso, no século XVIII, na pátria de Calvino, para associar-se ao combate "esclarecido" dos "filósofos". Depois disso, no impulso da revolução romântica, o gênio de Hugo reabilita e reatualiza o profetismo das *Trágicas*.

Que resta então na literatura europeia, no limiar do século XXI, do primeiro vigor da Reforma? Essa pergunta está mal formulada. Postulando que trata-se de uma questão de sobrevivência, privilegia ingenuamente a referência às origens. De fato, como atesta precisamente a literatura em sua diversidade, o protestantismo tanto se refaz quanto se desfaz, despertando e entorpecendo-se, reformando-se, mas também estragando-se em um conformismo, cujos trejeitos não fogem à atenção do escritor, principalmente se ele aprendeu a ler com o *Tratado das relíquias* e as *Desculpas aos nicodemitas*.

Paul Villaneix

LITURGIA

Do grego *leitourgia*, termo de origem política (serviço público assumido pelos cidadãos) que é composto de *leitos*, "relacionado ao povo" (*laos*), e *ergon*, "ação", "obra". No Novo Testamento, o termo, bastante raro, é utilizado para o culto da antiga aliança (em hebraico), mas também para uma coleta; na época patrística, a liturgia designa o serviço dos bispos, presbíteros e diáconos, em uma retomada da terminologia cultual do Antigo Testamento grego (a *Septuaginta*). No Oriente bizantino, "(Divina) liturgia" se torna o termo corrente para a celebração eucarística, enquanto o Ocidente usa outros termos (missa, ofício).

Foi somente no século XVIII que os protestantes de língua francesa utilizaram o termo "liturgia" para o livro que contém os formulários do culto comunitário. Liturgia passou a ser também o nome das partes comuns do culto, distinguindo-as da pregação.

De acordo com a terminologia atual, a celebração dominical se compõe da liturgia da Palavra e da liturgia eucarística. A abertura prepara o culto (um ato de arrependimento, cantos como o tradicional *Kyrie* e o *Glória*, uma oração). As semelhanças estruturais entre as diferentes tradições litúrgicas é impressionante. Isso pode ser constatado sobretudo na liturgia eucarística (que comporta memorial, ou anamnese, e epiclese, termo grego para a invocação do Espírito Santo). Como pano de fundo, há não somente a narrativa neotestamentária da instituição da ceia, mas ainda as tradições cultuais judaicas.

O ano litúrgico designa os ciclos festivos de Natal e Páscoa, seguidos do que se convencionou chamar "tempo comum", após Pentecostes. Seu aspecto central é a festa da Páscoa. Em suas origens, a igreja cristã festejava o domingo como a comemoração semanal da Páscoa. O desenvolvimento da liturgia fez surgir uma divisão das perícopes bíblicas (textos escolhidos) por todo o ano (hoje, geralmente em um ciclo trienal): o lecionário. Os atos pastorais têm uma liturgia própria.

A partir do século XVIII, e principalmente no século XIX, teólogos e fiéis, no anglicanismo, no protestantismo e na Igreja Católica, tiveram o desejo de resgatar a tradição litúrgica da igreja antiga. Fala-se assim de movimentos litúrgicos, cuja conotação ecumênica é importante. Foi redigida uma constituição sobre a liturgia, *Sacrosanctum concilium*, do Concílio Vaticano II, documento fundamental para a reforma católica moderna. Várias igrejas aspiram hoje a uma liturgia comunitária, compreendida como celebração do encontro entre Deus e os homens, na espera da parusia do Senhor.

As ciências litúrgicas (em alemão, *Liturgiewissenschaft* ou *Liturgik*, traduzido por "litúrgica") se desenvolveram desde a descoberta das fontes antigas pelos humanistas. Atualmente, a disciplina é concebida em uma relação com a teologia prática (e recorre-se às ciências humanas, algo que é muito importante). As ciências litúrgicas adquirem assim uma orientação histórica, doutrinária e espiritual, no espírito do conhecido adágio *lex orandi, lex credendi* ("a lei da oração é a lei da crença").

Bruno Bürki

▶ ALLMEN, Jean-Jacques von, *Célébrer le salut. Doctrine et pratique du culte*, Genebra-Paris, Labor et Fides-Cerf, 1984; BÜRKI, Bruno, *Cène du Seigneur — eucharistie de l'Église. Le cheminement des Églises réformées romandes et françaises depuis le XVIIIe siècle, d'après leurs textes liturgiques*, 2 vols., Friburgo, Éditions universitaires, 1985; Idem et alii, *La liturgie à vivre. Introductions au culte protestant*, Zurique, Gotthelf, 1993; GAGNEBIN, Laurent, *Le culte à choeur ouvert. Introduction à la liturgie du culte réformé*, Paris-Genebra, Les Bergers et les Mages-Labor et Fides, 1992; KLÖCKENER, Martin e KRANEMANN, Benedikt, orgs., *Liturgiereformen.*

Historische Studien zu einem bleibenden Grundzug des christlichen Gottesdienstes, Münster, Aschendorff, 2002; PAQUIER, Richard, *Traité de liturgique. Essai sur le fondement et la structure du culte*, Neuchâtel, Delachaux et Niestlé, 1954; SCHMIDT-LAUBER, Hans-Crhistoph et alii, orgs., *Handbuch der Liturgik. Liturgiewissenschaft in Theologie und Praxis der Kirche* (1995), Göttingen, Vandenhoeck & Ruprecht, 2003. **Liturgias protestantes de língua francesa:** *Liturgie des dimanches et fêtes* org. pela ALIANÇA NACIONAL DE IGREJAS LUTERANAS DA FRANÇA, Estrasburgo, Oberlin, 1983; *Liturgie à l'usage des Églises méthodistes d'expression française*, Lausanne, Igreja Evangélica Metodista, 1985; *Liturgie des temps de fête à l'usage des Églises réformées de la Suisse romande* e *Liturgie du dimanche pour le temps ordinaire à l'usage des Églises réformées de la Suisse romande*, Lausanne, Comunidade de Trabalho das Comissões de Liturgia da Suíça de Fala Francesa, 1979-1986; *Liturgie de l'Église réformée de France*, Paris-Lyon, Les Bergers et les Mages-Réveil Publications [1997]; *Textes liturgiques*, org. pela COMISSÃO DE LITURGIA DA IGREJA EVANGÉLICA REFORMADA DO CANTÃO DE VAUD, 1997 (disponível no secretariado da Igreja Evangélica Reformada do cantão de Vaud, caixa postal 871, CH-1000 Lausanne 9).

◉ Allmen; **art**; bênção; Bersier; Cambridge (movimento de); cântico; ceia; coleta; culto; cultuais (objetos); doxologia; *Livro de oração comum*; Ostervald; Oxford (movimento de); Paquier; **pastor**; **ritos**; sacramento; Stählin, símbolo

LIVINGSTONE, David (1813-1873)

Nascido em Blantyre, na Escócia, e destinado para o trabalho nas fábricas, David Livingstone revelou um gosto pelos estudos que lhe permitiu a formação como médico e teólogo. Nomeado pastor em 1840, integra a Sociedade Missionária de Londres e desembarca em Kuruman, atual Botswana, região em que permanece por onze anos, fundando várias estações missionárias. A partir de 1853, ele se dedica a explorações na África austral e oriental, mantidas pela Sociedade Real de Geografia, na verdade pelo governo britânico. Durante a primeira viagem (1853-1856), descobre a embocadura do Zambeze e, na segunda (1858-1864), passa a explorar a bacia da região. Ao longo da terceira viagem (1866-1873), explora a região dos grandes lagos (Nyasa, Tanganyka), onde Henry Morton Stanley (1841-1904) se une a ele. Atingido pela doença e esgotado, morre em Chitambo, atual Zâmbia.

Os relatos de suas descobertas, grandes sucessos de livraria, caracterizam-se pelo respeito e pelo interesse que devotou às culturas autóctones, assim como pela denúncia constante da escravatura. Seus esforços também foram parte da expansão colonial ocidental, como testemunham suas inúmeras condecorações e sua convicção de ter aberto caminhos para o comércio, a civilização e o cristianismo.

Jean-François Zorn

▶ LIVINGSTONE, David, *Exploration dans l'interieur de l'Afrique australe* (1859), Genebra, Slatkine, 1980; Idem e LIVINGSTONE, Charles, *Narrative of an Expedition to the Zambesi and Its Tributaries, and of the Discovery of the Lakes Shirwa and Nyassa, 1858-1864*, Londres, Duckworth, 2001; *Le dernier journal de Livingstone, 1866-1873*, Paris, Arléa, 1999; *David Livingstone. Letters and Documents 1841-1872. The Zambian Collection at the Livingstone Museum Containing a Wealth of Restored, Previously Unknown or Umpublished Texts*, org. por Timothy HOLMES, Livingstone-Bloomington, The Livingstone Museum-Indiana University Press, 1990; NICHOLLS, Christine Stephanie, *David Livingstone*, Stroud, Sutton, 1998.

◉ Escravidão; **missão**

LIVRE EXAME

"Para mim", escrevia o pastor Samuel Vincent, de Nîmes, "o fundamento do protestantismo é o evangelho, e sua forma é a liberdade de exame" (*Vues sur le protestantisme en France* [Visões sobre o protestantismo na França], t. I, Nîmes-Paris-Genebra, Bianquis-Gignoux-Servier-Treuttel e Wurtz-Ballimore-Cherbuliez, 1829, p. 19). É claro que nem todos os protestantes estão de acordo com essa opinião; no entanto, ainda que a fórmula do "livre exame" não esteja sob a pluma dos reformadores do século XVI, e que eles não acreditassem que a mensagem da Reforma pudesse ser resumida na capacidade de estudo da Bíblia em liberdade por parte de cada cristão, é evidente que o princípio é reconhecido pelos protestantes como um todo: assim, como podemos ler no artigo 4 da *Confissão de La Rochelle*, os protestantes veem a Escritura somente como regra de fé, "não tanto pelo comum acordo e consentimento da igreja, mas pelo testemunho e pela persuasão interior do Espírito Santo"; não é possível negar aos fiéis o livre acesso à Bíblia. Claro, de acordo com as épocas e os lugares, é possível haver nuances na interpretação desse princípio, o que conduziria à aceitação de certo pluralismo doutrinário; mas o princípio como tal não é questionado. Por outro lado, é comum estimar-se que o livre exame, corolário da doutrina do sacerdócio universal, traz influências sobre a ética, o engajamento político-social e até a cultura dos protestantes; sem dúvida, o princípio operou em favor da democracia política, que se baseia na livre escolha individual; além disso, nos países de tradição protestante, a liberdade de imprensa costuma ser notavelmente bem respeitada.

André Encrevé

▶ LECLER, Joseph, "Protestantisme et libre examen. Les étapes et les vocabulaires d'une controverse", *Recherches de science religieuse* 57, 1969, p. 356-371; STAUFFER, Richard, *Dieu, la création et la providence dans la prédication de Calvin*, Berna, Lang, 1978, p. 68-71.

◉ **Autoridade**; democracia; direitos humanos; liberalismo teológico; **liberdade**; **protestantismo**; Rousseau

LIVRO DE ORAÇÃO COMUM (Prayer Book)

O *Book of Common Prayer*, ou *Livro de oração comum*, da Igreja Anglicana, está acima de tudo associado ao nome de Thomas Cranmer (1489-1556), arcebispo de Cantuária durante a ruptura com Roma. A versão de 1662 (organizada após a restauração da monarquia) permaneceu normativa para o culto anglicano até o início do século XX, que testemunhou tentativas de revisão. Aceita pela igreja, a nova versão do *Prayer Book* (1928) nunca foi ratificada pelo parlamento inglês, que era na época a autoridade final em matéria de liturgia na Inglaterra. Recentemente, mudanças bem mais radicais foram introduzidas na liturgia inglesa, dando origem, em 1980, ao *Alternative Service Book* [Livro alternativo de culto]. Essa iniciativa, por sua vez, deu lugar ao *Common Worship* [Adoração comum], aceito pelo sínodo em 2001.

Grace Davie

▶ BUCHANAN, Colin, org., *Anglican Worship Today* Londres, Collins, 1980; DEARMER, Percy, *The Story of the Prayer Book*, Oxford, Oxford University Press, 1933; JASPER, Ronald, *The Development of the Anglican Liturgy 1662-1980*, Londres,

SPCK, 1989; MARTIN, David e MULLEN, Peter, orgs., *No Alternative. The Prayer Book Controversy*, Oxford, Blackwell, 1981; "Crisis for Cranmer and King James", *Poetry Nation Review* 13, 1979; PROCTOR, Francis, *A History of the Book of Common Prayer*, Londres, Macmillan, 1892.

◉ Anglicanismo; Bucer; Eduardo VI; Knox; liturgia; Vermigli

LOBSTEIN, Paul (1850-1922)

Nascido em Épinal, morto em Estrasburgo, estudou letras e teologia em Estrasburgo, junto a Auguste Sabatier, e em Tübingen e Göttingen, onde conheceu Albrecht Ritschl, tornando-se seu discípulo. De 1878 a 1915, ocupa a cadeira de professor de dogmática na Universidade de Estrasburgo, então alemã. Em novembro de 1918, retoma suas funções como professor e assume o cargo de reitor da nova Faculdade de Teologia Protestante, que se tornara francesa, de Estrasburgo.

Lobstein foi o principal representante da escola ritschliana em língua francesa. Escritor incansável (mais de quinhentos títulos!), trabalhou os princípios fundamentais de Ritschl sobre os temas teológicos mais diversos. De 1888 a 1918, na Alemanha, divulgou as principais publicações teológicas da época em língua francesa, através de mais de uma centena de recensões no *Theologische Literaturzeitung* [Jornal de Literatura Teológica]). Várias de suas obras também foram publicadas em alemão.

Jean-Marc Tétaz

▶ LOBSTEIN, Paul, *La notion de la préexistence du Fils de Dieu. Fragment de christologie expérimentale*, Paris, Fischbacher, 1883; Idem, *La doctrine de la sainte cène*, Lausanne, Bridel, 1889; Idem, *Essai d'une introduction à la dogmatique protestante*, Paris, Fischbacher, 1896; *Paul Lobstein. Esquisse biographique retracée d'après son journal intime, ses agendas, sa correspondance, ses publications*, Estrasburgo, Istra, 1926 (p. 272-280: lista de recensões publicadas na *Theologische Literaturzeitung*]); EHRHARDT, Eugène, *La pensée religieuse de Paul Lobstein*, *RHPhR* 3, 1923, p. 51-69; JACOB, Edmond, *Lobstein Paul*, em Bernard VOGLER, org., *L'Alsace* (*Dictionnaire du monde religieux dans la France contemporaine* II), Paris, Beauchesne, 1987, p. 270s.

◉ Alsácia-Lorena; Ritschl; ritschliana (escola)

LOCKE, John (1632-1704)

Nascido em Wrington, perto de Bristol, estudou de 1652 a 1658 no *Christ Church* de Oxford. Depois de completar sua formação em medicina, tornou-se em 1667 secretário do lorde Ashley, futuro conde de Shaftesbury, função que manteve até 1682, quando seu protetor caiu em desgraça na política. Exilado na Holanda de 1683 a 1688, volta à Inglaterra em fevereiro de 1689, depois da Revolução Gloriosa de Guilherme III d'Orange-Nassau. Com a saúde frágil, retirou-se para Oates em 1691 e lá ficou até sua morte.

Epistemólogo, filósofo político e teólogo, Locke influenciou profundamente o século XVIII, sendo decididamente um de seus pensadores mais importantes. Retomou e renovou, em sua obra *Ensaio sobre o entendimento humano*, de 1690, a tradição empirista, elaborando uma teoria do conhecimento com base na sensação e na reflexão, que exclui a possibilidade de conhecer a essência real das coisas. Teórico da monarquia constitucional em *Dois tratados do governo civil* (1690), Locke foi um defensor da tolerância, com base na distinção entre sociedade civil e sociedade religiosa (em *Carta acerca da tolerância*, publicada em 1689). Na obra *The Reasonableness of Christianity* [A razoabilidade do cristianismo], de 1695, Locke traça os contornos de uma religião que prega o acordo entre a razão e a revelação bíblica, cujo dogma essencial é o caráter messiânico de Cristo. Dedicou as últimas obras de sua vida à exegese das cartas paulinas, redigindo *A Paraphrase and Notes on the Epistles of Saint Paul to the Galatians, 1 and 2 Corinthians, Romans, Ephesians* [Uma paráfrase e notas sobre as epístolas de São Paulo aos Gálatas, 1 e 2Coríntios, Romanos, Efésios], publicados postumamente em 1705 (2 vols., Oxford, Clarendon Press, 1987).

Maria-Cristina Pitassi

▶ LOCKE, John, *The Works of John Locke*, 9 vols., Londres, C. & Rivington, 1824; Idem, *Ensaio acerca do entendimento humano*, São Paulo, Abril Cultural, 1973; Idem, *Carta sobre a tolerância*, São Paulo, Hedra, 2007; Idem, *An Essay on Toleration*, Cambridge, Cambridge University Press, 1997; Idem, *Sur la différence entre pouvoir ecclésiastique et pouvoir civil* (1674), Paris, Flammarion,

1992; Idem, *Dois tratados sobre o governo*, São Paulo, Martins Fontes, 1998; Idem, *Que la religion chrétienne est très-raisonnable, telle qu'elle est représentée dans l'Écriture Sainte* (1695); *Discours sur les miracles* (1706); *Essai sur la nécessité d'expliquer les épitres de S. Paul par S. Paul même* (1707), seguido de *La vie de Coste et anecdotes sur ses* (1747/1748) por Charles de LA MOTTE, org. por Hélène BOUCHILLOUX e Maria-Cristina PITASSI, Oxford, Voltaire Foundation, 1999; HALL, Roland e WOOLHOUSE, Roger, *80 Years of Locke Scholarship. A Bibliographical Guide*, Edimburgo, Edinburgh University Press, 1983.

○ Bodin; contrato social; deísmo; direito natural; direitos do homem; Edwards; Guilherme III de Orange-Nassau; Hobbes; Jefferson; latitudinarismo; Le Clerc; **lei**; Luzes; **política**; Rawls; Serres J. de; tolerância

LODS, Adolphe (1867-1948)

Nascido em Courbevois e morto em Paris, Lods estuda em Paris, Berlim e Marburgo. Em 1893, ocupa a cadeira de hebraico e Antigo Testamento na Faculdade de Teologia da Sorbonne. Após a separação entre igreja e Estado, em 1905, a Universidade de Paris cria para ele a cadeira de língua e literatura hebraicas, que ocupa até 1937, antes de ensinar na Faculdade de Livre de Teologia Protestante (até 1946). É conhecido como o fundador do Instituto de Estudos Semíticos (1930), membro da Academia das Inscrições e Belas Letras (1935) e responsável pelo Antigo Testamento na edição da *Bible du Centenaire* [Bíblia do centenário] (1916-1947). Embora fosse adepto da crítica literária da escola de Wellhausen, Lods renova as pesquisas sobre o Antigo Testamento ao acrescentar-lhes sociologia e arqueologia. Com sua afirmação "Israel só chegou ao monoteísmo [...] de um modo evidente [...] no século VI" (*Histoire de la littérature hébraïque* [História da literatura hebraica], p. 257), foi um precursor da atual discussão sobre o surgimento do monoteísmo bíblico.

Thomas Römer

▶ LODS, Adolphe, *Israël. Des origines au milieu du VIIIᵉ siècle avant notre ère* (1930), Paris, Albin Michel, 1969; Idem, *Les prophètes d'Israël et les débuts du judaïsme* (1935), Paris, Albin Michel, 1969; Idem, *Histoire de la littérature hébraïque et juive depuis les origines jusqu'à la ruine de l'État juif (135 après J.-C.)* (1950), Genebra, Slatkine, 1982; MICHAÉLI, Frank, *Vies parallèles: Adolphe Lods et Maurice Goguel*, *ETR* 52, 1977, p. 385-401; TRINQUET, Joseph, *Lods (Adolphe)*, em *Supplément au dictionnaire de la Bible*, t. V, Paris, Letouzey et Ané, 1957, col. 412-425.

○ **Bíblia**; exegese; Jacob; método histórico-crítico

LØGSTRUP, Knud Ejler (1905-1981)

Teólogo luterano dinamarquês, Løgstrup foi professor de ética e filosofia da religião na Universidade de Århus de 1943 a 1975. Influenciado por Søren Kierkegaard (de quem se distancia com o tempo) e próximo do pensamento de Rudolf Bultmann, renovou a abordagem fenomenológica da ética, sob o impulso de Martin Heidegger (1889-1976) e Hans Lipp (1880-1941). Após enfatizar com vigor a dimensão individual da exigência ética, elaborou uma dialética mais equilibrada entre a espontaneidade do agir (concentrada na pessoa de Jesus) e as normas da ética social. Para Løgstrup, não há conteúdos específicos da ética cristã; o perdão dos pecados sinaliza a especificidade da abordagem teológica da ética, mas a própria ética permanece um fenômeno, como a confiança, a compaixão, a sinceridade. Criticou o radicalismo kiergaardiano como um "pensamento do inumano", opondo-se assim ao ponto de vista de seu compatriota Johannes Sløk (1916-2001). Como filósofo da religião, Løgstrup realizou um reexame aprofundado do *status* e do significado da metafísica.

Denis Müller

▶ LØGSTRUP, Knud E., *Kierkegaards und Heideggers Existenzanalyse und ihr Verhältnis zur Verkündigung*, Berlim, Blascher, 1950; Idem, *Die ethische Fordegung*, Tübingen, Laupp, 1959; Idem, *Norme et spontanéité. Éthique et politique entre technocratie et "dilettantocratie"* (1972), Paris, Cerf, 1997; Idem, *Schöpfung und Vernichtung*, Tübingen, Mohr, 1990; Idem, *Weite und Prägnanz*, Tübingen, Mohr, 1991; KEMP, Peter, "Une controverse voilée sur Kierkegaard: l'opposition K. E. Løgstrup-Johannes Sløk", *Kairos* 10, 1997, p. 215-229; KOOTEN NIEKERK, Kees van, "Knud E. Løgstrups Norm und Spontaneität", *Zeitschrift für evangelische Ethik* 35, 1991, p. 51-59; SLØK, Johannes, *Kierkegaard. Penseur de l'humanisme* (1978), Paris, Orante, 1995.

○ Bultmann; Kierkegaard; metafísica; moral; filosofia da religião

LÖHE, Johann Konrad Wilhelm
(1808-1872)

Após seus estudos no ginásio de Nuremberg, Erlangen e Berlim, Wilhelm Löhe se tornou em 1837, depois de inúmeros vicariatos, pastor em Neuendettelsau (Francônia). A partir de então, até sua morte, deixaria profundas marcas nessa função, associando conscientemente teoria e prática em missões, na diaconia, no culto, na cura da alma e na teologia pastoral. Sua ação se estendeu até o luteranismo norte-americano, de cuja consolidação Löhe participou grandemente, formando e enviando "ajudas". Todas as atividades de Löhe estavam articuladas em uma confissão de fé luterana, oposta ao racionalismo tardio, o que abriu portas para espantosas possibilidades, tanto no campo do pensamento quanto na prática. No sul da Alemanha, o nome de Löhe permanece atrelado desde meados do século XIX à diaconia. Sua obra é muito variada: tratados, teorias, ordenanças cultuais, literatura ascética. Uma volumosa correspondência deixou um testemunho de suas diversas associações.

Dietrich Blaufuß

▶ LÖHE, Wilhelm, *Gesammelte Werke*, 7 vols., Neuendettelsau, Freimund, 1951-1986; Idem, *Gesammelte Werke. Ergänzungsreihe*, Neuendettelsau, Freimund, 1991ss; BEYSCHLAG, Karlmann, *Die Erlangen Theologie*, Erlangen, Martin-Luther-Verlag, 1993; GEIGER, Erika, *Wilhelm Löhe (1808-1872). Leben, Werk, Wirkung*, Neuendettelsau, Freimund, 2003; SCHMIDT, Heiner, *Quellenlexikon zur deutschen Literaturgeschichte*, t. XIX, Duisburg, Verlag für pädagogische Dokumentation, 1999, p. 243-255; WEBER, Christian, *Missionstheologie bei Wilhelm Löhe. Aufbruch zur Kirche und Zukunft*, Gütersloh, Gütersloher Verlagshaus, 1996.

◉ Ação social

LONDRES

A conturbação de Londres compreende duas comunas distintas: a cidade de Londres propriamente dita e a de Westminster. A catedral da diocese de Londres é a Catedral de São Paulo no coração da parte comercial da cidade. A catedral atual (cuja estrutura foi desenhada no final do século XVII por *sir* Christopher Wren) se tornou um dos símbolos mais conhecidos da capital. No entanto, é a Abadia de Westminster que se considera o santuário nacional. Desde a época de Guilherme I (dito o Conquistador, 1027/28-1087), a abadia é o lugar tradicional para o coroamento dos soberanos, e a proximidade com o palácio de Westminster (*Houses of Parliament*) simboliza os estreitos laços entre a igreja e o Estado na vida dos ingleses. O bispo de Londres é o terceiro personagem mais importante da Igreja da Inglaterra (Anglicana), além dos arcebispos de Cantuária e de York. O arcebispo de Cantuária, aliás, tem sua residência oficial em Londres. De segunda a sexta, ele costuma morar no palácio de Lambeth, perto do Tâmisa (sede de seu secretariado); nos fins de semana, ele volta para a diocese de Cantuária.

Além disso, é importante lembrar que Londres é também o centro de inúmeras outras confissões e denominações inglesas. A Catedral de Westminster, por exemplo, construída no final do século XIX, é a catedral do arcebispo católico romano de Westminster. Da mesma forma, o Westminster Central Hall é a sede e o local de reuniões dos metodistas de todo o país. E, a partir dos anos 1950, observa-se a presença significativa de comunidades não cristãs (judaicas, muçulmanas, hindus, siques etc.).

Grace Davie

▶ MCLEOD, Hugh, *Class and Religion in the Late Victorian City*, Londres, Croom Helm, 1974; PEVSNER, Nikolaus, *The Buildings of England*, t. XII: *London 1. The Cities of London and Westminster*, Harmondsworth, Penguin Books, 1962.

◉ Anglicanismo; Cantuária; Inglaterra; Westminster (Assembleia e *Confissão de*); Wren

LUTERANISMO

O luteranismo se origina do movimento reformador iniciado na igreja, no final da Idade Média, por Martinho Lutero. Esse movimento almejava a reforma, e não a divisão, da Igreja Católica. Frisava a graça de Deus em Jesus Cristo como único critério de toda pregação e da vida na igreja, e sabia estar em continuidade com a igreja apostólica. Porém, diversas condições teológicas, eclesiásticas e políticas levaram ao surgimento de um corpo eclesial à parte.

O luteranismo foi majoritário principalmente em boa parte do território da Alemanha e da Escandinávia. No século XIX, a emigração alemã e escandinava esteve na origem de igrejas luteranas das Américas do Norte e do Sul; as sociedades missionárias dos séculos XIX e XX fundaram igrejas luteranas na África, na Ásia e na Austrália.

Essas condições históricas singulares suscitaram uma grande variedade de igrejas luteranas, desde as igrejas estatais multitudinistas (Escandinávia, Alemanha) às igrejas independentes ou livres, minoritárias dentre as demais tradições cristãs e as demais religiões (na maior parte dos casos). Essas igrejas vivem hoje em contextos políticos, sociais e culturais os mais diversos. A maioria dos luteranos) permanece na Europa. Quanto às estruturas eclesiais, o modelo episcopal sinodal é preponderante.

Em sua diversidade, o luteranismo sabe de sua unidade, por sua referência comum às convicções fundamentais da Reforma e sua ênfase na justificação do pecador através da fé somente, que foram registradas nos Escritos Simbólicos das igrejas luteranas (com destaque para a *Confissão de Augsburgo* e o *Catecismo menor* de Lutero). A comunhão luterana mundial se estruturou a partir de 1947, com a criação da Federação Mundial Luterana. O luteranismo se engajou no movimento ecumênico contemporâneo (Conselho Mundial de Igrejas) priorizando o diálogo entre as famílias confessionais, o que está de acordo com sua convicção de que uma comunhão estreita, ou unidade, entre igrejas separadas deve basear-se em um consenso na fé e exprimir-se acima de tudo na celebração comum da Palavra e dos sacramentos.

Um pouco de história

Embora no início da Reforma as igrejas luteranas passassem por divergências, a Concórdia de Wittenberg (1536) promoveu um concerto que unificou todo o luteranismo germânico sob a batuta de Wittenberg. Enquanto viveu, Lutero soube assegurar uma relativa unidade teológica para o protestantismo alemão. Porém, com sua morte e a promulgação do Ínterim de Augsburgo, em 1548, houve uma cisão entre, de um lado, os gnesioluteranos, ou luteranos intransigentes, dentre os quais se encontravam os teólogos Nikolaus von Amsdorf (1483-1565), Mathias Flacius Illyricus (1520-1575), Nikolaus Gallus (1516-1570) e Johannes Wigand (1523-1587), cujos bastiões eram Magdeburgo e a Universidade de Iena; e, de outro, os filipistas, discípulos de Melâncton,

acusados por seus adversários de criptocalvinismo, dentre os quais muitos eram leigos com uma cultura universitária (sobretudo médicos, como Johannes Crato [1519-1585], e filólogos, como Abdias Praetorius [1524-1573] em Frankfurt an der Oder, e Jean Sturm [1507-1589], em Estrasburgo); eles aspiravam a uma renovação humanista da teologia, da ciência e da igreja, e sua teologia se caracteriza principalmente pela moderação.

Os dois lados se opõem em pontos de doutrina bastante precisos: a querela da *adiaphora* (deflagrada pelo Ínterim, que considerava as cerimônias de culto e as estruturas eclesiais como indiferentes em relação à salvação); o conflito majorista (de Georg Major [1502-1574], filipista que afirmava serem as obras necessárias para a salvação); o conflito antinomista (gerado pelas ideias de Johann Agricola [1492/94-1566], que em 1537 afirmou a inutilidade da Lei para os que são justificados pela fé; em 1556, a questão veio à tona novamente, sobre o terceiro uso da Lei); o conflito sinergista sobre a participação ou não do homem na salvação; o conflito suscitado por Andreas Osiander (1498-1552), que se contrapôs a Lutero (para quem a justificação consiste na imputação ao pecador dos méritos de Cristo, de modo que permanece exterior) afirmando que a salvação implica uma transformação mais substancial; as querelas sobre a ceia e a cristologia (Melâncton se distancia cada vez mais do dogma da presença real, enquanto Johannes Brenz [1499-1570] elabora o dogma da ubiquidade e da plena comunicação das propriedades, divina e humana, em Cristo, como no pão e no vinho, observando que o corpo glorificado de Cristo, assentado à destra de Deus, continua a estar também por toda parte, inclusive nas espécies eucarísticas). Ao longo desses diversos conflitos, são empreendidas várias tentativas de superação da fragmentação teológica e restabelecimento da unidade doutrinária; essas tentativas culminariam na adoção da *Fórmula de Concórdia*, em 1580.

André Birmelé e Lucie Kaennel

▶ BACHMANN, E. Theodore e Mercia Brenne, *Lutheran Churches in the World. A Handbook*, Minneapolis, Augsburgo, 1989; BIRMELÉ, André e LIENHARD, Marc, orgs., *La foi des Églises luthériennes. Confessions et Catéchismes*, Paris-Genebra, Cerf--Labor et Fides, 2003; ELERT, Werner, *Morphologie des Luthertums* (1932), 2 vols., Munique, Bech, 1965; VAJTA, Vilmos, org., *Die Evangelisch-Lutherisch Kirche. Vergangenheit und Gegenwart* (1977), Frankfurt, Evangelisches Verlagswerk, 1983.

▶ Bispo; calvinismo; comunicação dos idiomas; *Confissão de Augsburgo; Confissão de Augsburgo (Apologia da)*; igrejas luteranas; Federação Mundial Luterana; Flacius Illyricus; *Fórmula de Concórdia*; Gerhard; Lutero; Melâncton; ortodoxia protestante; revistas protestantes; *Smalkade (Artigos de)*; Smalkade (Liga de)

LUTERO, Martinho (1483-1546)

Nascido em Eisleben, Martinho Lutero está na origem da Reforma. Entra para o convento agostiniano de Erfurt em 1505, atravessando, de acordo com suas palavras, uma grave crise espiritual. Obtém resolução para a crise quando compreende que a justiça de Deus expressa no evangelho não é a do Deus juiz, mas a aceitação do homem pecador por Deus, a justificação do homem pela fé em Cristo (Rm 1.17). A partir de 1513, já doutor em teologia, Lutero comenta os Salmos, as epístolas aos Romanos, aos Gálatas e aos Hebreus na Universidade de Wittenberg. Opõe-se à teologia escolástica tradicional, acusando-a de minimizar o pecado humano e de admitir a ideia de que o homem pode desviar-se do mal por suas próprias forças, realizando boas ações e preparando-se para a obtenção da graça sacramental. Também se ergue contra a ideia de que seria dada ao homem uma graça habitual, como uma qualidade própria, que o tornaria autônomo em relação a Deus e ao perdão divino.

Em 1517, torna-se conhecido pelo grande público por suas 95 teses contra as indulgências. Deflagra-se assim um conflito, que visa sobretudo ao problema da autoridade na igreja: a do papa e do concílio. De acordo com Lutero, tanto o papa como o concílio podem enganar-se, devendo prestar submissão à Palavra de Deus. O diálogo com Cajetan, em outubro de 1518, e a Disputa de Leipzig, com Johann Eck (julho de 1519), mostram que não era mais possível conciliar os pontos de vista. A bula *Exsurge Domine* (1520) condena as concepções de Lutero, que é excomungado no dia 3 de janeiro de 1521. Em plena Dieta de Worms (abril de 1521), Lutero se recusa a voltar atrás, afirmando que só se retrataria "caso fosse convencido pelo testemunho da Escritura e por motivos evidentes".

De 1517 em diante, as publicações de Lutero se multiplicam. As de 1520 se revestem de uma importância particular: o sermão *Das boas obras* (em *MLO* 1, 207-295), *A respeito do papado em Roma contra o celebérrimo romanista de Leipzig* (em *MLO* 2, 9-56), o manifesto *À nobreza cristã da nação alemã, acerca da melhoria do estamento cristão* (em *MLO* 2, 57-160), *Do cativeiro babilônico da igreja* (em *MLO* 2, 161-264), *Tratado sobre a liberdade cristã* (em *MLO* 2, 275-306). Nessas obras, Lutero desenvolve uma visão do cristianismo que se baseia na fé atrelada à Palavra, libertando o homem do temor e da acusação que vêm da Lei, e desembocando no amor. Através do batismo e da fé, todos os cristãos são sacerdotes, pois têm acesso direto a Deus e são iguais diante de Deus, sem que para isso precisem abandonar suas funções específicas na igreja. A igreja é comunhão dos cristãos, concretizando-se pela pregação e pelos dois sacramentos que Lutero manteve: batismo e ceia.

A partir de 1521, Lutero entra em conflito, em primeiro lugar, com alguns de seus adeptos, tais como Carlstadt, que preconizava uma reforma mais radical, e Thomas Müntzer, que criticava tanto o apego de Lutero à letra da Escritura quanto a ênfase na justificação pela fé, e era partidário de uma reforma geral da sociedade. Lutero rejeita em 1525 a linha de ação dos camponeses revoltados que se utilizavam de suas afirmações sobre a liberdade cristã. Em 1525, em sua obra sobre *A escravidão da vontade* (em *MLO* 5, 7-236), opõe-se ao humanista Erasmo, observando que a vontade humana não coopera de modo algum com a salvação. Nossa segurança é inquebrantável porque a salvação repousa inteira em Cristo e na obra de Deus. Entre 1526 e 1529, ele afirma com firmeza, em oposição a Zwinglio, que o corpo de Cristo está de fato presente em e sob as espécies do pão e do vinho da ceia (para Zwinglio, o pão "significa" o corpo de Cristo), rejeitando a abordagem puramente simbólica ou uma visão comemorativa da obra de Cristo.

Excomungado junto com seus seguidores, Lutero se vê conduzido, a contragosto, a formar uma igreja separada de Roma. A espiritualidade dessa nova igreja seria caracterizada por sua tradução da Bíblia (Novo Testamento em 1522, Bíblia completa em 1534), por 36 cânticos, pelos *Postilles* (coletâneas de pregações) e pelos dois catecismos que escreveu, publicados em 1529. Conservador em matéria de culto, só tira da liturgia aquilo que atribui à ceia um sentido sacrificial, em vez de exprimir a graça de Deus. Depois de 1525, Lutero se acomoda a igrejas territoriais, em que as autoridades políticas exercem um poder específico.

Em inúmeros textos, Lutero toma posição sobre problemas da sociedade. Vários tratados vilipendiam a usura. Quando escreve sobre a autoridade temporal, em 1523, distingue o que é do escopo das autoridades políticas, ou seja, a paz e a vida social, e o que está relacionado ao reino espiritual, que se efetua pela Palavra e pela fé. A partir de 1522, e também quando da Guerra dos Camponeses, Lutero se ergue contra a revolta. Escreveu sobre a guerra e, de modo específico, sobre a guerra contra os turcos. Vários tratados reatribuem valor ao casamento. Em 1524, Lutero incita os magistrados das cidades a abrir escolas.

De 1530 até sua morte, Lutero seria um conselheiro bastante ouvido pela cristandade protestante, até mesmo fora da Alemanha. Na Concórdia de Wittenberg, de 1536, chega a um acordo com Bucer sobre a ceia. Lutero aplica esforços principalmente no ensino de teologia em Wittenberg (cursos sobre a epístola aos Gálatas e sobre Gênesis, teses teológicas diversas). Cada vez mais sensível à ação de Satanás na história, convencido da iminência do final a que faz apelos com suas promessas ("vem, estimado último dia"), Lutero denuncia com veemência o papado, os judeus e outros adversários.

Lutero utilizou com pouca frequência o termo "Reforma". Qualificou-se de doutor das Santas Escrituras, pregador ou "eclesiasta", afirmando que tinha sido somente o instrumento da Palavra de Deus, sem ocultar as provas e os momentos de dúvida que marcaram sua existência. A influência de Lutero é considerável até nossos dias, principalmente na cristandade protestante. A Alemanha luterana e a Escandinávia se beneficiaram de modo especial da ação e da teologia de Lutero. Outros reformadores, como Calvino, assim como as igrejas que se consideram calvinistas, jamais negaram quanto devem a Lutero. No entanto, seria preciso esperar até meados do século XX para que se esboçasse a valorização católica de Lutero. Além dos aspectos religiosos, Lutero deixou marcas na cultura alemã (principalmente no que tange ao idioma) e nas transformações das sociedades que adotaram o protestantismo.

Marc Lienhard

▶ LUTERO, Martinho, *Werke. Kritische Gesamtausgabe* [*Weimarer Ausgabe*], Weimar, Böhlau, 1883-1986; Idem, *Oeuvres*, 18 vols. publicados, Genebra, Labor et Fides, 1957ss; Idem, *Oeuvres*, ed. por Marc LIENHARD e Matthieu ARNOLD, Paris, Gallimard, 1999ss.; Idem, *Propos de table*, Paris, Aubier, 1992; Idem, *Du serf arbitre* (1925), seguido de Désiré ÉRASME, *Diatribe: du libre arbitre* (1524), Paris, Gallimard, 2001; Idem, *Nascido escravo* (versão condensada de *Escravidão da vontade*), São José dos Campos, Fiel, 2007; Idem, *Les quatre-vingt-quinze thèses* (*1517*). *Dispute académique destinée à montrer la vertu des indulgences*, ed. por Matthieu ARNOLD, Estrasburgo, Oberlin, 2004; Idem, *Obras selecionadas*, Sinodal-Concórdia, São Leopoldo-Porto Alegre, 1996. **Biografias:** BRECHT, Martin, *Martin Luther*, 3 vols., Stuttgart, Calwer, 1981-1987; FEBVRE, Lucien, *Un destin. Martin Luther* (1928), Paris, PUF, 1988; JOEST, Wilfred, "Martin Luther", em Martin GRESCHAT, org., *Gestalten der Kirchengeschichte*, t. V: *Reformationszeit* I, Stuttgart, Kohlkammer, 1981, p. 129-185; LIENHARD, Marc, *Martinho Lutero: tempo, vida, mensagem* (1983), São Leopoldo, Sinodal, 1998; LORTZ, Joseph, *La réforme de Luther*, 3 vols., Paris, Cerf, 1970-1971 (bibliogr.). **Teologia e interpretação:** ALTHAUS, Paul, *A teologia de Martinho Lutero* (1962), Canoas, Ulbra, 2008; ASSEL, Heinrich, *Der andere Aufbruch: Die Lutherrenaissance. Ursprünge, Aporien und Wege: Karl Holl, Emanuel Hirsch, Rudolf Hermann* (1910-1935), Göttingen, Vandenhoeck & Ruprecht, 1994; ARNOLD, Matthieu, *La correspondance de Luther. Étude historique, Littéraire et théologique*, Mayence, Philipp von Zabern, 1996; BORNKAMM, Heinrich, *Luther im Spiegel der deutschen Geistegeschichte* (1955), Göttingen, Vandenhoeck & Ruprecht, 1970; EBELING, Gerhard, *O pensamento de Lutero: uma introdução* (1964), São Leopoldo, Sinodal, 1988; LIENHARD, Marc, *Luther, témoin de Jésus-Christ. Les étapes et les thèmes de la christologie du Réformateur*, Paris, Cerf, 1989; Idem, *L'Évangile et l'Église chez Luther*, Paris, Cerf, 1973; STAUFFER, Richard, *Le catholicisme à la découverte de Luther*, Neuchâtel, Delachaux et Niestlé, 1966; STROHL, Henri, *Luther jusqu'en 1520* (1922), Paris, PUF, 1962.

▶ Calvino; Carlstadt; Cranach; Cruciger; Erasmo; escravidão da vontade; fé; Frederico da Saxônia; Guerra dos Camponeses; Hegel; Heine; Hirsch; Holl; Hutten; justificação; Leipzig (cidade e Disputa de); **liberdade**; luteranismo; Marburgo (Colóquio de); Müntzer; Reforma/Reformação; reinos (doutrina dos dois); **salvação**; Wittenberg; Worms (Dieta de); Zwinglio

LUTHULI, Mvimbi (Albert John) (1898-1967)

Neto de um chefe zulu, Mvimbi Luthuli (Albert John são nomes europeus; ao longo da africanização, seriam abandonados) nasceu em Bulawayo, sul da Rodésia, recebendo uma educação cristã. Professor de crianças e pregador leigo metodista, foi chefe de um grupo zulu em Groutville, na região de Natal, de 1935 a 1953, além de membro do Congresso Nacional Africano a partir do final dos anos 1940. Destituído de sua posição de chefe pelo governo sul-africano em 1952 por ter se oposto ativamente à política racista, no mesmo ano seria eleito presidente do Congresso Nacional Africano e reeleito para o mesmo posto até sua morte, em 1967. Apóstolo da não violência e partidário de uma sociedade multirracial, personificava a resistência ao *apartheid* e era aceito pelos oponentes de toda parte. Após repetidas prisões, foi designado para a residência em Groutville, em 1959. Em 1960, ganhou o Prêmio Nobel da Paz, mas não pôde comparecer em Estocolmo para recebê-lo, no ano seguinte. Morreu em um acidente de carro de circunstâncias pouco esclarecidas. Em dezembro de 1968, Luthuli recebe postumamente o prêmio das Nações Unidas pela defesa dos direitos humanos.

Klauspeter Blaser

▶ LUTHULI, Albert, *Liberté pour mon peuple* (1962), Paris, Buchet/Chastel, 1963.

⊙ África do Sul; *apartheid*

LUZES

Definido por Kant, em 1784, como a "saída da minoridade para o homem, de que ele mesmo é culpado", o movimento das Luzes (ou Iluminismo) se desenvolve no século XVIII em suas diversas faces, associadas aos contextos culturais e religiosos de cada país. Por todo lugar, porém, é definido por elementos tais como a confiança no poder da razão, a luta contra a ignorância e a superstição, o questionamento da tradição, a fé no progresso e na tolerância, a reivindicação da liberdade de consciência. Nos países de tradição protestante, como a Grã-Bretanha, a Alemanha luterana e calvinista, os cantões reformados suíços ou Genebra, as Luzes adquiriram um traço menos anticlerical que na Europa católica: a crítica à religião, dirigida sobretudo ao cristianismo histórico, apenas raramente culminou em declarações abertamente ateias, mas tomou os contornos de um deísmo que prega a volta a uma religião natural, sem mistérios nem revelações (na Inglaterra) ou os traços de uma reformulação cultural e social que integrou a dimensão religiosa (a *Aufklärung* alemã).

Os teólogos protestantes, sensíveis às exigências das Luzes, elaboraram uma teologia submetida ao controle racional, caracterizada por um conteúdo mais ético que dogmático, com o fim de eliminar toda espécie de contradição entre fé e razão. Nessa perspectiva, a cristologia perderia seu lugar de destaque, e Cristo, cada vez mais despojado de seus atributos divinos, é visto como um modelo, e não como redentor.

Maria-Cristina Pitassi

▶ ALBERTAN-COPPOLA, Sylviane e MCKENNA, Antony, orgs., "Christianisme et Lumières", *Dix-huitième siècle* 34, 2002; GUSDORF, Georges, *Dieu, la nature, l'homme au siècle des Lumières*, Paris, Payot, 1972; HAZARD, Paul, *La crise de la conscience européenne 1680-1715* (1935), Paris, Librairie générale française, 2005; Idem, *La pensée européenne au XVIIIe siècle. De Montesquieu à Lessing* (1946), Paris, Hachette, 1995; KORS, Alan Charles, org., *Encyclopedia of Enlightenment*, 4 vols., Oxford, Oxford University Press, 2003.

⊙ Abbadie; apologética; ateísmo; Bayle; Bonnet; crítica da religião; deísmo; direitos humanos; *Enciclopédia*; Huber; Iena; Jacobi; **Jesus (imagens de)**; Kant; Leibniz; Lessing; liberalismo teológico; Locke; neologia; protestantismo (neo); **razão**; racionalismo teológico; Refúgio; Revolução Francesa; Rousseau; Saurin; tolerância; Turrettini J.-A.

M

MACALL, Robert Whitaker (1821-1893)

Fundador da Missão Popular Evangélica da França, estudou arquitetura e teologia. Carreira pastoral na igreja congregacional (Sunderland, Leicester, Birminghan-Hadleigh). Filho de um pastor congregacional e de mãe metodista, situa-se teologicamente na tradição ortodoxa e pietista de sua igreja. Politicamente, declara-se radical, ou seja, liberal. Depois de uma visita a Paris alguns meses após a destruição da Comuna (22-28 de maio de 1871), decide morar na cidade para evangelizar os operários. Criação da Missão para Operários de Paris em 1872, da Missão Popular Evangélica da França em 1879, sob a direção vitalícia de MacAll, com a participação de Théodore Monod (1836-1921), Tommy Fallot (1844-1904), Ruben Saillens (1855-1942), Paul Passy (1859-1940). Com sua morte, 136 "salas MacAll" estão em atividade na França e até no norte da África. O "método MacAll" consiste no aluguel de lojas para a pregação da conversão individual, cânticos (cf. *Recueil des cantiques populaires* [Coletânea de cânticos populares]) e serviços como bibliotecas, sopas, dispensários, escolas populares etc. Interdenominacional, a Missão Popular Evangélica se beneficia da participação de evangelistas de todas as igrejas protestantes francesas, bem como do apoio de protestantes britânicos, americanos e canadenses.

Jean-Paul Morley

▶ *La vie et l'oeuvre de Robert W. Mac-All, fondateur de la Mission populaire évangélique de France. Fragments et souvenirs rassemblés par Mme Mac-All, traduits et complétés par son ami Eug[ène] Réveillaud*, Paris, Fischbacher, 1898; MORLEY, Jean-Paul, La Mission populaire évangélique. Les surprises d'un engagement, 1871-1984, Paris, Les Bergers et les Mages, 1993.

◉ Ação social; Missão Interior; Missão Popular Evangélica; Saillens

MACKAY, John Alexander (1889-1983)

Nascido em Inverness (Escócia), morto em Hightstown (Nova Jersey). Teólogo e clérigo presbiteriano, missionário no Peru, no Uruguai e no México (1916-1932), presidente e professor do Seminário Teológico Presbiteriano da Universidade de Princeton (1936-1959). Discípulo do filósofo espanhol Miguel de Unamuno (1864-1936), divulga suas ideias na América Latina. Em sua obra *The Other Spanish Christ* [O outro Cristo espanhol] (1933), busca enraizar o pensamento protestante latino-americano na tradição reformista e humanista espanhola.

Jean-Pierre Bastian

▶ MACKAY, John Alexander, *The Other Spanish Christ. A Study in the Spiritual History of Spain and Spanish America*, New York, Macmillan, 1933; GOODPASTURE, Henry McKennie, "The Latin American Soul of John A. Mackay", *Journal of Presbyterian History* 48, 1970, p. 265-292; SINCLAIR, John H., *Juan A. Mackay. Un escocés con alma latina*, México, Casa Unida de Publicaciones, 1990.

◉ América Latina

MACQUARRIE, John (1919-2007)

John Macquarrie foi de início pastor da Igreja Presbiteriana Escocesa, antes de ensinar teologia em Glasgow, no Union Theological Seminary de Nova York e em Oxford. Ordenado na igreja da Escócia, seria ordenado novamente na Igreja Episcopal da América e nomeado cônego na Igreja Anglicana. Teólogo relativamente atípico no mundo anglo-saxão, foi um dos raros (junto com Thomas F. Torrance) a ter ecoado a "teologia dialética" no panorama teológico inglês, principalmente através de Bultmann, mas observam-se também outras influências, como Karl Rahner.

Macquarrie deixou registrado um interesse particular pela relação entre teologia e filosofia. Pesquisou um "teísmo existencial-ontológico" com base em uma análise de nossa existência captada nas experiências e estruturas que constituem o substrato da religião e da crença (com um método que não se quer mais "fenomenológico" quanto o da metafísica teísta tradicional). A religião é compreendida como uma realidade correlacionada ao homem como um todo; referenciar-se à religião é algo que permite esclarecer os símbolos mais específicos da fé cristã. Em uma união entre a temática da experiência e o questionamento hermenêutico, toda a teologia de Macquarrie aparenta ser guiada por uma preocupação eclesial, cultual e ética.

Podemos também perceber em seu pensamento uma descentralização da figura de Jesus: a experiência ontológica do sagrado se desenvolve nos seres criados, e um deles, Jesus, manifesta um crescimento em direção ao "crístico", que ele conclui em sua morte. Podemos afirmar que é Deus na medida em que mostra uma possibilidade que vem inscrever-se nas criaturas, em que são ditas uma continuidade e uma coerência entre o que o sujeito realiza e o que é realizado pelo Ser transcendente. Essa mesma experiência e essa santificação tomam corpo e forma na vida comum sacramental e ética dos cristãos. Por fim, Macquarrie retomou uma tradição de tipo neoplatônico, postulando oposições dialéticas em Deus (ser/não ser, um/múltiplo, transcendência/imanência/eternidade/temporalidade etc.).

Klauspeter Blaser e Pierre Gisel

▶ MACQUERRIE, John, *The Scope of Demythologizing*, Londres, SCM Press, 1960; Idem, *Principles of Christian Theology* (1966), Londres, SCM Press, 1986; Idem, *In Search of Deity. An Essay in Dialectical Theism*, Londres, SCM Press, 1984; Idem, *Jesus Christ in Modern Thought*, Londres-Filadélfia, SCM Press-Trinity Press International, 1990; BLASER, Klauspeter, *Théologies nord-américaines*, Genebra, Labor et Fides, 1995, p. 31-34; HARDY, Daniel W., *Theology through Philosophy*, em David F. FORD, org., *The Modern Theologians. An Introduction to Christian Theology in the Twentieth Century* (1989), Oxford, Blackwell, 1997, p. 252-285.

◉ Deus; filosofia; religião e religiões

MADAGASCAR

Após algumas tentativas infrutíferas de implantação católica no país desde o século XVII, os enviados da Sociedade Missionária de Londres chegaram ao porto de Toamasina em 1818 e subiram para Antanarivo em 1820 com o acordo de Radama I. Esse foi o começo da aventura protestante na ilha. Os missionários britânicos terminaram a tradução da Bíblia para o malgache e a imprimiram antes que se iniciasse a perseguição aos cristãos por Ranavalona I em 1835. O período de 1835 a 1861 se caracterizou pela oposição à pequena igreja malgache, com violência e assassinatos. De 1861 a 1896, diversas sociedades missionárias, protestantes e católicas, trabalharam em todo o país: os protestantes, favorecidos pelas rainhas Ranavalona II e Ranavalona III, partilharam entre si, de comum acordo, os campos missionários. A colonização francesa precisou da ajuda da Sociedade das Missões Evangélicas de Paris, em 1897, conhecida pelo nome Missão Protestante Francesa. De 1896 a 1950, as missões protestantes reforçaram sua presença no ensino e na agricultura, ampliando as campanhas de evangelização, auxiliadas pelas igrejas de Antananarivo. Também cumpre mencionar a participação ativa de pastores e membros protestantes nos diversos movimentos sociopolíticos e nas lutas pela independência nacional. De 1950 a 1968, assistiu-se ao processo de independência e união das igrejas malgaches: a Igreja Luterana Malgache (anglicana) em 1965, a Igreja de Jesus Cristo em Madagascar (unida) em 1968, sem esquecer as múltiplas igrejas independentes e reavivalistas autóctones. Dentre os doze milhões de habitantes, contam-se hoje cerca de 25% de protestantes, cuja principal tarefa é encarnar o evangelho da liberdade em seu próprio seio e anunciá-lo de modo eficaz em situações de miséria e injustiça que prevalecem no país.

Andrianjatovo Rakotoharintsifa

▶ HÜBSCH, Bruno, org., *Madagascar et le christianisme*, Paris-Madagascar, ACCT-Karthala--Ambozontany, 1993; RABEMANAHAKA, Jean Williberton, *Topa-kazo iray ihany*, Antananarivo, Fanontam-boky Malagasy, 1971; RAISON-JOURDE, Françoise, *Bible et pouvoir à Madagascar du XIXe siècle. Invention d'une identité chrétienne et construction de l'État (1780-1880)*, Paris, Karthala, 1991; SPINDLER, Marc, "L'évolution de la théologie à Madagascar", *Aspects du christianisme à Madagascar* 19, 1984, p. 329-344.

◉ Missão; missionárias (sociedades); Pury

MAGDEBURGO (Centúrias de)

As *Centúrias de Magdeburgo* são o nome mais conhecido da *Historia Ecclesiae Christi* [História da igreja de Cristo], publicada entre 1559 e 1574 em treze volumes, em Basileia. A obra trata do período que se inicia no Novo Testamento até o século XIII. Concebida por Mathias Flacius Illyricus (1520-1575), um convicto luterano, foi redigida por diversos autores, parcialmente em Magdeburgo. O livro traz uma inovação por romper com o método dos anais e apresentar os acontecimentos de cada século (*centuria*) em dezesseis lugares comuns que pode variar ligeiramente de acordo com a centúria em questão. Para citar somente um exemplo típico, a décima centúria trata da transmissão da doutrina, da igreja, da perseguição à igreja, dos dogmas, das heresias, das cerimônias, do governo da igreja, dos cismas, dos sínodos, dos bispos e doutores, dos hereges, dos mártires, dos milagres, de assuntos judaicos, de outras religiões fora da igreja, dos acontecimentos políticos. O luteranismo é descrito como um retorno à igreja original, pura, sem influências romanas. As *Centúrias* serviram como um modelo para várias histórias eclesiásticas de inspiração protestante, publicadas nos séculos XVII e XVIII, com destaque para a *Historia ecclesiasticae Novi Testamenti* [História da igreja do Novo Testamento] (9 vols., Zurique, Hamberger, 1651-1667) de Johann Heinrich Hottinger (1620-1667) e a *Unparteiische Kirchen- und Ketzerhistorie vom Anfang des Neuen Testaments bis auf das Jahr Christi 1688* (1699-1700, 2 vols., Hildesheim, Olms, 1967) de Gottfried Arnold (1666-1714).

Irena Backus

▶ BACKUS, Irena, *Historical Method and Confessional Identity in the Era of the Reformation (1378-1615)*, Leiden, Brill, 2003, p. 326-391; SCHEIBLE, Heinz, *Die Entstehung der Magdeburger Zenturien. Ein Beitrag zur Geschichte der historiographischen Methode*, Gütersloh, Mohn, 1966.

◐ Flacius Illyricus; **história**; Languet

MAGIA

Provavelmente derivado do persa *mag* ("ciência", "sabedoria"), o termo "magia" está ligado etimologicamente à arte dos "magos" — de acordo com Heródoto, uma das seis tribos medas, e posteriormente uma casta sacerdotal no Império Persa. A magia se refere a um conjunto de práticas verbais e gestuais em um jogo de correspondências simbólicas, visando a obter maior poder sobre os seres e as coisas, através de uma monopolização ou conciliação de forças pouco ou mal conhecidas. Magia e religião não são tão facilmente diferenciáveis. Assim como o *homo religiosus*, o *homo magicus* reconhece carências na existência profana e recorre a realidades que o ultrapassam. Porém, enquanto a religião pode ser definida como um sistema de comunicação entre dado povo e um real último, percebido como mistério indomável, a magia pode ser considerada como uma manipulação de forças imanentes apreendidas como que de um mistério passível de apropriação, com vistas a resultados bondosos (magia branca) ou maus (magia negra ou feitiçaria). Uma fronteira clara entre comunicação e manipulação não pode ser determinada de uma vez por todas.

Os autores bíblicos jamais deixaram de denunciar as práticas de magia (encantamentos, adivinhações, feitiçarias, consulta a espíritos dos mortos ou dos astros etc.) fora e dentro do povo de Deus (Dt 18.9ss; 1Sm 28; 2Rs 17.13ss; Mq 5.12; At 8.9ss; Ap 21.8). A busca pelo poder (cósmico e satânico) é incompatível com a fé no Deus de Israel, que é fonte e limite de todo poder. O Deus da Bíblia é o Deus vivo e vivificante que comunica livre e gratuitamente seus dons.

Enquanto, em nosso mundo contemporâneo altamente tecnicizado e amplamente secularizado, a magia foi privatizada (solicitação em segredo de magos, participação em sociedades esotéricas e satânicas), e o mágico como busca de correlações não racionais para orientar a vida e trazer felicidade parece invadir o campo social da vida cotidiana (referências astrológicas ou numerológicas, comportamentos supersticiosos, crença na eficácia de certos "remédios" etc.). É como se as técnicas científicas fossem insuficientes para dar sabor e sentido às ações cotidianas, abrindo-se assim uma lacuna em que se abarrotam técnicas pretensamente "metacientíficas", que prometem poder e vida. A abertura para a magia e para a mágica exprime uma necessidade de uma volta do encantamento, traindo uma profunda sensação de despojamento de um real poder de ação sobre o mundo, que seja gratificante.

No cristianismo, e sobretudo no protestantismo, a criação é novamente desdivinizada (o que gera a valorização de uma abordagem não mágica, mas científica, da natureza) e celebrada como o lugar poético que é oferecido ao homem para o encontro com Deus (o que gera a valorização de uma abordagem não reificante, mas celebrante, do universo). Mais ainda que no mundo católico (que por vezes se prontifica a acolher práticas que se assemelham à magia), na perspectiva protestante Deus é percebido como soberanamente livre, não manipulável. Por ser chamado a acolher sua finitude e sua fragilidade não como obstáculos, mas como uma condição para o encontro autêntico com Deus e com o próximo, o homem só pode contestar seu apetite mágico por poder e domínio.

Shafique Keshavjee

▶ CHOCHOD, Louis, *Histoire de la magie et de ses dogmes. La magie dans la Bible, la science des Chaldéens, la doctrine secrète de l'ancienne Égypte, la magie en Extrême-Orient, la Grèce et Rome, la magie médiévale en Europe, la magie des temps modernes*, Paris, Payot, 1971; HASQUIN, Hervé, org., *Magie, sorcellerie, parapsychologie*, Bruxelas, Éditions de l'Université, 1984; JONES-DAVIES, Margaret, org., *La magie et ses langages*, Lille, Université de Lille 3, 1980.

● Astrologia; religião e religiões; superstição

MAIORIDADE MORAL

Esse movimento norte-americano foi iniciado em 1979 por um grupo de pastores que, com a ajuda de políticos conservadores, desejavam reabilitar na sociedade americana os valores morais que eles consideravam ameaçados. Seu líder foi o pastor Jerry Falwell (1933-2007), e de seu círculo faziam parte James Kennedy (presbiteriano da Flórida), Greg Dixon (batista independente de Indianápolis), Tim LaHaye (nascido em 1926, ideólogo conservador da Califórnia) e Charles Stanley (batista do sul de Atlanta). Em 1980, em uma obra de muito sucesso intitulada *The Battle for the Mind* [A batalha pela mente] (Old Tappan, Revell), denuncia o humanismo secular, acusando-o de dissolver as instituições fundamentais da sociedade que são a família, a escola e a igreja. Esse movimento funciona como um grupo de pressão contra o aborto, a homossexualidade, o ensino de teorias evolucionistas, e busca promover a oração e o ensino de teses criacionistas nas escolas públicas,

assim como a moral familiar tradicional. O grupo também se engajou com vigor na campanha eleitoral de Ronald Reagan em 1980 (estima-se que foi responsável por quatro milhões de votos). A Maioridade Moral e os televangelistas souberam habilmente utilizar temas caros ao povo americano: o mito da América com uma missão, o fato de ser uma nação moral e encarnar o bem e as virtudes puritanas. A partir de 1984, Jerry Falwell defendeu uma aliança entre fundamentalistas e neoconservadores republicanos. Fundou em 1986 a organização conservadora *Liberty Federation*, que se pronunciou a favor da política do *apartheid* na África do Sul e contra a agressão comunista no Afeganistão. Falou-se assim em "nova direita cristã". Dissolvido em 1989, o movimento da Maioria Moral foi substituído pela Coalizão Cristã do pastor Pat Robertson (1930-).

Jean-Paul Willaime

▶ AMMERMAN, Nancy T., *North American Protestant Fundamentalism*, em Martin E. MARTY e R. Scott APPLEBY, orgs., *Fundamentalisms Observed*, Chicago, University of Chicago Press, 1991, p. 1-65; BRUCE, Steve, *The Rise and Fall of the New Christian Right. Conservative Protestant Politics in America 1978-1988*, Oxford, Clarendon Press, 1988; Idem, *Conservative Protestant Politics*, Oxford, Oxford University Press, 1998, p. 143-189: *The Christian Right in the USA*; MARSDEN, George M., *Evangelicalism and Modern America*, Grand Rapids, Eerdmans, 1984; WEBBER, Robert E., *The Moral Majority. Right or Wrong?*, Westchester, Cornerstone Books, 1981.

● Criacionismo; igreja eletrônica; fundamentalismo

MAL

1. A insistência na questão
   1.1. A insustentável absurdidade do mal
   1.2. O trágico da responsabilidade
   1.3. Responsabilidade, sabedoria e perdão
2. A resposta em nome do Senhor
   2.1. A estratégia da redução
   2.2. A estratégia do isolamento
   2.3. A estratégia do aguçamento
3. A coragem do lamento e a audácia da oração

A Reforma enfatizou a radicalidade do mal de um modo todo particular. Essa radicalidade acompanha a afirmação da justificação pela fé somente, e não por obras; o bem e a salvação vêm de Deus, gratuitamente, sem que possamos dominá-los; além disso, nossas ações e boas intenções são sempre ambivalentes: o mal pode afetá-las no cerne de seus objetivos ideais. Portanto, o perdão e o mal precedem e superam o que é humano. O perdão é originário, e o mal excede nossa responsabilidade: aos olhos dos protestantes, a proposição moral e penitencial do catolicismo sempre pareceu afetada pelo "pelagianismo" (que atribui — e demanda! — demais do ser humano e da igreja).

O leitor encontrará neste artigo duas vozes protestantes, a primeira de tradição protestante clássica e a segunda de sensibilidade mais evangélica.

(Nota da Redação)

1. A insistência na questão

O sentimento de que "tal coisa" é insustentável e não deveria existir, de que devemos nos responsabilizar e fazer de tudo para que não se repita, misturado a esse outro sentimento de que somos impotentes e nada preparados diante disso, como sempre, eis alguns aspectos da experiência com o mal. O Pai-nosso pede que sejamos livres do mal, e essa é a última palavra da oração, ou seja, de uma situação sem saída. Portanto, não podemos nos contentar com simplesmente afirmar, ao consentir com a totalidade do mundo como "bom", que "é preciso de tudo para fazer um mundo" e que o mal faz parte de modo inseparável. Há sempre um momento em que essa sabedoria se racha; é quando não se trata mais, talvez, de consentir nem compreender, mas, sim, de agir, de "fazer algo para impedir".

Assim, quando Paulo escreve "não faço o bem que prefiro, mas o mal que não quero, esse faço" (Rm 7.19), está designando também esse paradoxo da não simetria entre a vontade humana de buscar o bem e a vontade humana de evitar o mal. Posso buscar o bem e, em seu nome, fazer o mal, e às vezes fazer até o pior mal. A tradição protestante, comparativamente a outras, fundou sua ética com base na redução do mal, mais que na promoção do bem; essa tradição desenvolveu um sentido agudo da realidade do mal, não como uma categoria teórica do ser, mas, sim, como um traço da existência ética. O mal não é nem o viático do bem desejado por Deus, nem uma força tenebrosa e espiritual que se oporia aos desígnios de Deus: em todos os casos, não é "nosso" problema. O mal é o que não devemos fazer, se quisermos praticar a justiça de Deus.

No entanto, quando tivermos eliminado a violência direta ou indireta, o sofrimento infligido aos homens pelos próprios homens, restaria ainda um sofrimento nu, diante do qual nosso agir também não se sustenta. É esse restolho de impotência que caracteriza todo o enigma. Pois, de um lado, o mal se torna aqui "o maligno", persuadindo-nos de que, ao fazer o bem, seremos felizes. De outro lado, o mal se torna simplesmente uma grande burrice, de fazer chorar. A sabedoria está, então, em não "revidar", em perdoar o mal e seus absurdos; mas o que seria perdoar?

Assim se apresenta a ênfase da questão do mal. No nível do que é pensável, como obstáculo ao consentimento. No nível do agir possível, como o trágico da responsabilidade. E a própria ênfase que nos remete de um ao outro engendra o sentimento de uma irredutível impotência. Não é por acaso que dois dos maiores filósofos modernos do mal, Pierre Bayle e Paul Ricoeur, são também os que, no pensamento protestante, levaram esse problema a seu ponto mais alto, assim como fizeram Kant, protestante e pensador do "mal radical", e Kierkegaard, que evoca o infinito da responsabilidade.

1.1. A insustentável absurdidade do mal

"O Deus dos cristãos deseja que todos os homens sejam salvos; ele tem o poder necessário para salvar todos; não lhe faltam poder e boa vontade, no entanto quase todos os homens serão condenados." Esse gracejo que Bayle coloca na boca de um partidário de Zoroastro exprime uma perplexidade fundamental do pensamento protestante. Essa perplexidade não está inclinada ao dualismo maniqueísta, que (sob a pena de Bayle e também Basnage, Beausobre, La Croze e outros huguenotes refugiados em Berlim) é apenas uma máquina de guerra contra o panteísmo implícito no deísmo. Ora, para eles, a história é posta sob a realidade da queda, da separação de Deus. A perplexidade de Bayle, contudo, expõe uma terrível alternativa: em vez de aceitar o absurdo enigma do mal, os homens preferem um Deus déspota que os determina, cegando-os e julgando-os; ou, então, preferem um Deus fraco e frágil. Nada permitiria resolver o dilema, e o próprio Calvino mais o afirma que o resolve. O mal não pode ser explicado, desculpado, justificado.

Os céus e todo o restante do universo pregam a glória, o poder, a unidade de Deus; somente o homem, essa obra-prima de seu Criador, entre as coisas visíveis, somente o homem, repito, fornece enormes objeções à unidade de Deus. Vejamos de que maneira.

O homem é mau e infeliz; cada um sabe de si e do outro, pelas trocas que é obrigado a fazer com o próximo. Basta viver cinco ou seis anos para convencer-se perfeitamente desses dois aspectos; os que vivem muito, e que são bastante engajados em seus afazeres, conhecem-nos ainda com mais clareza. As viagens são contínuas lições disso, mostrando por toda parte monumentos da infelicidade e da maldade do ser humano; por toda parte, prisões, hospitais; por toda parte, forcas e mendigos. Aqui se veem as ruínas de uma cidade próspera; ali, nem mesmo as ruínas se acham. [...]

Falando com franqueza, a história não passa de uma antologia de crimes e infortúnios do gênero humano; porém, observemos que esses dois males, um moral e o outro físico, não ocupam toda a história, nem toda a experiência dos indivíduos; encontramos por toda parte o bem tanto moral quanto físico; alguns exemplos de virtude, alguns exemplos de ventura; e é isso que se apresenta como dificuldade. Pois, se houvesse somente maldosos e infelizes, não seria necessário recorrer à hipótese dos dois princípios; é a mistura entre felicidade e virtude com miséria e vício que exige essa hipótese; é nisso que se encontra o ponto forte da seita de Zoroastro.

Pierre BAYLE, *Manichéens* [Maniqueístas], em *Dictionnaire historique et critique* [Dicionário histórico e crítico] (1696-1697), Roterdã, Reinier Leers, 1702, nota D.

Isso não significa que o mal não tenha sido "pensado". A massa dos argumentos acumulados no debate entre Bayle e Leibniz, sobre a teodiceia (como justificar Deus diante da presença do mal neste mundo?), é impressionante. Leibniz foi o mais longe possível na tentativa de pensar o mal. Assim como o inventor do "cálculo infinitesimal" demonstrou que há ainda uma regularidade das irregularidades, uma integral possível das pequenas diferenças, é possível, afirma ele, relacionar o mal à totalidade do mundo. Percebe-se então que Deus escolheu o melhor dos mundos possíveis, cuja variedade na unidade é a maior: Deus escolheu o mundo que permitia a coexistência o máximo de possíveis. Deus escolheu o máximo de perfeição e o mínimo de defeitos. É evidente que ele não poderia fazer com que suas criaturas não fossem limitadas ou se igualassem ao Criador. O bem comporta o mal como a luz comporta sombras, e tudo não é possível ao mesmo tempo.

O mal propriamente moral surge na ocasião dessa limitação física. Pois as criaturas só percebem uma ínfima parte do mundo: se elas pudessem contemplar a percepção clara do todo, veriam sua harmonia, e que há infinitamente mais bem que mal. O erro sobrevém quando a criatura toma seu ponto de vista como o único verdadeiro, como medida do bem. O pecado é consequência do erro. Mas mesmo desse mal Deus sabe tirar um bem maior, em uma espécie de economia em que o menor mal é sempre compensado em alguma parte (assim como um príncipe sabe fazer correr o sangue para abreviar a sedição e poupar mais sangue derramado). Assim, nada é perdido, tudo é recompensado.

Os antigos filósofos conheceram muito pouco dessas importantes verdades; somente Jesus Cristo as exprimiu divinamente bem, e de um modo tão claro e tão familiar que as mentes mais grosseiras puderam concebê-las; da mesma forma, seu evangelho mudou por completo a face das coisas humanas: ele nos deu a conhecer o reino dos céus ou essa perfeita república dos espíritos que merece o título de cidade de Deus, cujas leis admiráveis ele nos mostrou: somente ele mostrou quanto Deus nos ama e com que exatidão ele nos proveu de tudo; que, cuidando das aves do céu, ele não negligenciou as criaturas razoáveis que lhe são infinitamente mais caras; que todos os cabelos de nossa cabeça estão contados; que o céu e a terra perecerão, mas não a palavra de Deus e não o que pertence à economia de nossa salvação; que Deus preza mais a menor das almas inteligentes que toda a máquina do mundo; que nós não devemos temer aos que podem destruir o corpo, mas não a alma, já que somente Deus pode torná-la feliz ou infeliz; e que a alma dos justos está em suas mãos, protegida de todas as revoluções do universo, e somente Deus pode agir sobre elas; que nenhuma de nossas ações é esquecida; que tudo é contado, até as palavras vãs, e até uma colher d'água bem utilizada; por fim, que tudo deve chegar a bom termo pelo maior bem dos bons; que os justos serão como o sol, e que nem nossos sentidos nem nosso coração jamais experimentaram o que Deus tem preparado para aqueles que o amam.

Gottfried Wilhelm LEIBNIZ, *Discours de métaphysique* [Discurso de metafísica] (1685), Paris, Vrin, 1984, cap. XXXVII.

Bayle estima que, nesse "melhor dos mundos", o homem ainda é infeliz demais e mau demais; ora, antes da criação do mundo, já que tudo era insensível, não se conhecia o prazer, mas também não se conheciam o sofrimento, a dor, o crime! Deus poderia muito bem ter criado um mundo sem dor. Mesmo se a cessação do prazer resultasse de uma usura das fibras do cérebro, Deus poderia ter conservado eternamente essas fibras ou agir de modo que nossa felicidade não dependesse delas. Da mesma forma, Deus poderia não ter posto no coração do homem a tendência ao pecado. "As pessoas sempre se chocam que, sob um Deus perfeito, os maus prosperem e os homens de bem sejam oprimidos, mas para mim elas deveriam chocar-se mais com o fato de que homem algum está isento de pecado e aflições sob um Deus que só precisa dizer a palavra para que de um pulo os homens se tornem santos e felizes." E, se fosse a liberdade que Deus tinha a dar aos humanos, teria sido suficiente que esse dom fosse acompanhado da graça, que acrescentaria à liberdade a sabedoria e o bem. A liberdade deveria ser merecida e obtida através de boas obras? Não podemos imaginar Deus como "um monarca que deixa aumentarem as desordens e as insurreições em seu reino a fim de ter para si a glória de tê-las remediado".

Os argumentos de toda sorte acumulados por Bayle, em um estilo bastante shakespeariano, mostram que, para o filósofo, a razão nada edifica, mas, ao contrário, desconstrói o tempo todo sua própria obra (como Penélope). Assim descobre-se a absurdidade de uma situação em que Deus aparentemente desejou que Adão e Eva desobedecessem e cressem que ele queria essa desobediência. A convicção íntima de Bayle é que existe de fato um ponto de vista subjetivo em que o homem (em sua ingratidão restrita) vê o mal ou a infelicidade por toda parte, mas que o indivíduo não poderia ser consolado de sua miséria ao ouvir que há um ponto de vista sob o qual tudo é feliz. A menor crueldade é ainda grande demais, e "os senhores só podem chegar à bondade de Deus suprimindo até o último minuto os suplícios do inferno". Por fim, essa subjetividade radical é tão atormentada pelo mal que não pode em nada conhecer-se, nem justificar a si mesma (Calvino: o homem se conhece em Deus; Bayle: *Cogitas ergo es*, "Tu pensas, logo, tu és").

Leibniz critica, em Bayle, que a razão seja calada depois que ele a fez falar demais. De fato, Bayle compara o uso da razão à meditação paulina sobre a fé mosaica: é o que nos faz descobrir nossa impotência. E é verdade que encontra-se em Bayle uma espécie de "sobre-dialética", à maneira de Kierkegaard, em que o leitor parece ser esquartejado por alternativas sem sínteses. Nãos seria necessário, no entanto, crer que Leibniz seja o pensador racionalista da conciliação rasa: seu discurso se parece mais com o grande "poema" da criação com que o livro de Jó é concluído. Não há uma visão simplesmente moral do mundo que justifique o mal; foi remetendo os lamentos humanos à totalidade do mundo como maravilha e enigma ("onde estavas tu quando eu lançava os fundamentos da terra?") que Leibniz respondeu a eles. Porém, será que essa resposta faz calar a interrogação? Isso já equivaleria a tornar a resposta uma teodiceia. Bayle recusa-se a isso.

Assim, o mal não pode ser explicado, nem mesmo pensado em totalidade; pode somente ser narrado. Da mesma maneira, na história da redação da Bíblia, parece que o fracasso das construções deuteronômicas, em que o mundo era "mantido" por um princípio de retribuição e explicação, é que faz apelo, posteriormente, ao relato originário do Pentateuco. Encontramos nesse livro diversas metáforas para a origem do mal: em um combate primordial (mas o bem poderia combater o mal sem tornar-se com isso um mal mais poderoso?), em um ato de geração e engendramento (mas o "pecado original" que designa uma herança de culpa, anterior a toda responsabilidade individual, não buscaria biologizar e racionalizar esse sentimento de dívida?), em uma fabricação (mas se deve afirmar que essa fabricação encontra a entropia e a resistência da matéria?) ou em uma palavra (o mal, em primeiro lugar, é mentira, mas de onde vem essa possibilidade de uma palavra que arruína a palavra?). Porém, são metáforas, e não conceitos. A narração representa novamente o mundo vivido do sofrer e do agir, e não alegoriza um saber teórico.

Voltando à intuição fundamental dos reformadores, Kant pode assim enunciar essa separação entre o cosmológico e o ético. Em algo como uma ambiguidade de leitura, que lhe chegou certamente de Rousseau, temos em sua obra, de fato, um relato ao estilo de Bayle, que mostra a história da humanidade como um declínio em que o paraíso é perdido de um modo que, agora ("mas esse agora é tão velho quanto a história"), vivemos a idade de ferro das guerras e da maldade: aqui, a moral é uma exigência individual aguda; ou, então, temos um relato bastante marcado pela *Aufklärung*, que atesta com certos sinais a história da humanidade como um progresso constante da emancipação da razão: aqui, os limites físicos e os próprios conflitos conspiram para desenvolver pouco a pouco as disposições para o bem.

O mal, portanto, pode ser somente narrado, e narrado de modo interrompido. Em seu ensaio sobre o mal radical, que constitui a primeira parte de *A religião nos limites da simples razão* (1793), Kant designa ao mesmo tempo, em nós, tanto a disposição original para o bem quanto a tendência radical para o mal. Além do abismo inescrutável da origem desse mal que nos corrompe até em nossa boa vontade, mantenhamos em mente que esse mal radical consiste, entre outros aspectos, em fazer da lei moral um instrumento de felicidade, ou seja, em desejar uma recompensa por sua moralidade; em outras palavras, produzir sua salvação. Ora, o mal supõe, entre o registro "físico" do prazer e o registro "ético" da liberdade, uma desproporção que é vivida como uma "queda": os seres humanos sonham com o paraíso em que poderiam se deleitar em suas reinações, como crianças na sua inocência. A inocência se sabe perdida, e o jardim é o lugar para onde não se volta. Ora, a "punição" não é uma maldição, e a queda é indissociável da emancipação. É preciso aceitar cair para aprender a andar sozinho. Em um comentário de Gênesis, Kant resume: "A história da natureza começa assim com o Bem, pois a natureza é a obra de Deus; a história da liberdade começa com o Mal, pois a liberdade é obra do homem". Porém, somos impedidos de realizar a "síntese" entre ambas as histórias.

1.2. O trágico da responsabilidade

"Os efeitos de uma ação se descolam do agente assim como o discurso se descola da palavra viva pela mediação da Escritura. É dessa maneira que a ação tem efeitos não desejados, até mesmo perversos." Ricoeur observa que o ato se torna autônomo em relação à intenção, e as consequências de nosso agir são irreversíveis, mas somos responsáveis por elas. Esse é um modo possível de apresentar a responsabilidade como problema. Porém, antes de problematizá-la, a responsabilidade é uma "resposta", um modo de manter-se diante da questão. Se o mal é o que tememos (tememos por nós e por aqueles que amamos, pelos outros e pelas gerações futuras) ou do que reclamamos, a responsablidade é coragem.

A questão do mal é revisitada aqui através da raiz ética do problema, substituindo-se a pergunta "Por que o mal?" pela pergunta "Que posso fazer contra o mal?". Em uma espécie de inversão do olhar, o sujeito não é mais o espectador feliz ou infeliz, mas o sujeito que age e sofre, o agente ou a vítima do mal. Não se trata mais de provar se há ou não mais bem que mal no mundo; o mal é "experimentado", podemos simplesmente testemunhá-lo. Ainda que seja difícil testemunhar aquilo que não experimentamos, e mesmo aquilo que já experimentamos, pois, quando sobrevivemos a algum mal, podemos nos sentir culpados de alguma forma. Porém, a confissão de responsabilidade toma a forma de um testemunho, como quem diz "aqui estou eu", "isso é comigo".

Paul Ricoeur dedicou grande parte de sua obra à questão da implantação do mal na estrutura da responsabilidade. De acordo com Kant, trata-se de uma antropologia pragmática (ou seja, o que os homens fazem consigo mesmos), e não de uma antropologia "natural", cujo caminho está impedido para nós, por causa da queda. E a característica central dessa antropologia é a "desproporção" que constitui a fragilidade humana: desproporção entre a percepção finita do sujeito e a palavra que abre nele a possibilidade infinita do outro ponto de vista; desproporção entre o caráter ou os desejos de um sujeito e a ideia nele de uma felicidade que seja tudo em todos. Nenhuma dessas dimensões é "incorreta", mas é em sua desmesura ou em sua incomensurabilidade, e na fragilidade que introduzem no "cerne" do querer humano, que residem a possibilidade do erro e a condição trágica da responsabilidade.

Por fim, a unidade ética entre o agir e o sofrer é rompida por uma dissimetria interior. A unidade se deve ao fato de que, como escreve Ricoeur, "fazer o mal é fazer outros sofrerem": o combate pela justiça exige o restabelecimento de uma reciprocidade possível entre o "agente" e o "paciente". A lógica da reciprocidade, ou seja, da exata retribuição, estrutura amplamente a ética da responsabilidade, organizando a ordem das trocas através de um princípio de simetria (tratar o outro de forma a aceitar que ele me trate de igual modo). A reparação, a compensação, neste mundo, são a possibilidade de salário, de recompensa ou punição, a troca de um instante ou de uma duração por um outro instante ou outra duração.

A ideia de punição, em que é pago um erro moral através de dor física, para o restabelecimento da equivalência entre o mal sofrido e o mal que se fez, tem esse caráter "mágico" e quase infantil de uma espécie de repetição ética (mal que se faz) do mal físico (mal sofrido), que poderia apagá-lo, anulá-lo. Mas seria isso possível? A lógica da retribuição poderia reparar a distribuição aparentemente aleatória de bondade e maldade? E se admitirmos que não há ação que não seja limitada em sua finalidade, como que rodeada de uma "nuvem de inconsciência" quanto a suas consequências infinitas, como reparar a desproporção entre o mal que se faz e o mal sofrido, esse excesso de um sobre o outro que torna os seres humanos ainda mais infelizes que maus?

Se a punição "repara" com bastante amplitude a dissimetria das trocas, a visão moral de um mundo governado pela exata retribuição levanta vários problemas. Quando pensamos na retribuição do bem e do mal "nesta" vida, o bem se torna a manifestação de uma bênção, de uma boa conduta; essa mentalidade gera a veneração fanática da riqueza, os amigos de Jó que lhe viram as costas na miséria e esse escândalo absurdo que impede a solidariedade na adversidade: de que frequentemente os justos são infelizes, e os maus, prósperos.

Por isso, Calvino desenvolve a ideia de "lei" com a metáfora do espelho: a lei civil, exercida pelas autoridades, cumpre seu propósito quando recompensa os justos e pune os maus; porém, se a lei civil se desvia da justiça, é ainda o espelho das maldades humanas e o instrumento desviado da ira de Deus. A lei divina, por outro lado, é o espelho espiritual que nos faz conhecer a nós mesmos e nos revela que somos injustificáveis. De acordo com a grande afirmação de Lutero, a Lei deveria nos fazer considerar o outro como consideramos a nós mesmos, mas nós a utilizamos de modo perverso, reduzindo-a a uma espécie de terapia ou farmacopeia! Calvino demonstra como o sujeito deve desviar-se de si mesmo e da preocupação com a Lei, em vista de sua própria salvação, se quiser adotar a liberdade cristã, amando a Deus e ao próximo.

Do mesmo modo, o sofrimento ou o desejo podem inflar a subjetividade, tornando ocultos os outros e os demais sofrimentos. No entanto, a fragilidade também é aquilo que abre em mim a possibilidade do ponto de vista do outro, e é o que define o agir ético, sua responsabilidade (sua maneira de responder "diante do outro"). Sem poder isolar-se em uma ilhota de sentido ou de salvação privada em meio a um oceano de absurdos e perdas, o sujeito ético tem duas saídas. Ele pode permanecer na expectativa de uma "outra" vida, em que tudo será julgado de acordo com cada um em sua singularidade absoluta: esse tema do além surge ao mesmo tempo que o da morte individual, com um sentido extremo de imputação individual (Jeremias nega que possamos "pagar" pelo erro de nossos pais), com uma extrema interiorização da culpa e da revolta. Como a lei da retribuição sempre deixa um "resto", é o sentimento de injustiça que engendrou o sentimento individual. Por que, ou por que não, recair sobre mim a infelicidade? Ora, a infelicidade no mundo não é o preço de nada nem repara nada. A teologia da graça se apresenta então como uma tentativa de escapar à visão "penal" do mundo, propondo um discurso que, sem responder a isso, seja de alguma forma mais absurdo ainda, mais injustificável. Talvez, por isso, seja o fundamento de certa forma de teologia negativa, até mesmo na obra de Karl Barth.

O sujeito ético também pode pensar que a infelicidade é algo como uma pena solidária, uma consequência de erros e faltas dos ancestrais ou contemporâneos: essa culpa coletiva, talvez uma forma originária de laço social, é um sentimento de endividamento mútuo ou comum, que cada sujeito precisaria "honrar". Essa visão mais arcaica ganha um novo sentido, quando descobrimos com Ricoeur que o mal tem uma espessura política, econômica e quase cósmica. Claro, é preciso desconfiar das culpas coletivas e hereditárias (pois deve ser possível designar os responsáveis ou enfrentar a acusação da "memória"), mas estamos em uma época em que os resultados de nosso "agir instrumental", com as pesadas consequências de nossas técnicas, são tão amplas que, além de nossas intenções morais, devemos nos considerar responsáveis pelos efeitos planetários de nossos modos de vida em face das gerações futuras e da totalidade dos viventes (cf. Hans JONAS, *Le principe responsabilité. Une éthique pour la civilisation technologique* [O princípio responsabilidade: uma ética para a civilização tecnológica] [1979], Paris, Cerf, 1990). O "mal" não é algo pequeno, pessoal e privado, como se as humilhações e as misérias devidas a uma ordem injusta, mas não imputáveis a ninguém nominalmente, pudessem escapar a qualquer busca pela responsabilidade ética.

Ao mesmo tempo, a responsabilidade total indicaria algo como uma "responsabilidade estrutural" (o modo com que as responsabilidades são partilhadas) e uma responsabilidade "singularizada" (a diferença infinita que distingue cada responsabilidade). Seria estabelecida assim uma espécie de escala de responsabilidades, que permitiria distinguir o grau de responsabilidade dos indivíduos de acordo com cada caso, até nas situações em que o olhar habitual deixa de discernir responsabilidade. Porém, isso não bastaria para cobrir por completo o trágico da responsabilidade, criando três problemas: primeiro, o da desproporção entre o que queremos e o que fazemos, entre o que fazemos e seus resultados para os outros e para o mundo, ou seja, entre o mal que eu inicio e o mal que já está presente; segundo, o do conflito trágico que dilacera a responsabilidade entre apelos contraditórios; terceiro, o da cegueira criminosa.

Quanto ao primeiro, se a visão ética do mal pressupõe que "fui eu que comecei", que a responsabilidade chega até mim e eu tenho a iniciativa, a visão trágica expõe o mal como já presente, sempre nos precedendo, superando-nos de todo lado. Ora, a lógica da escolha e a do destino estão entrelaçadas, pois a visão trágica não é dissociável da visão ética: a trágica habita a ética como seu limite. É a rigor às vezes quase heroico da lei ética (e da retribuição) que permite designar o que a ultrapassa. A tragédia grega, por exemplo, desenvolve esse intervalo que se configura como a temporalidade trágica: entre o herói ativo em sua resistência, que busca ainda um ato possível para onde introduzir-se antes que seja tarde demais e em quem o destino se põe em movimento de alguma maneira, e a mesma pessoa, mas passiva, quebrada, impotente, como que abandonada ao irreparável e quase confiante, há um ritmo indivisível. Aliás, esse adiamento, ou *sursis*, não é um ritmo, mas, sim, um intervalo. E esse intervalo entre a ética da justiça e o trágico da compaixão é um dos lugares em que se situa o cristianismo iniciante, no dogma do "pecado original", principalmente em Agostinho.

Quanto ao segundo, o trágico também é o que mostra de que maneira a não escolha, o "destino", é inerente à própria escolha. Como vemos em Sófocles, culminando em *Antígona*, a forma trágica é a de uma contradição insolúvel, de um conflito não somente entre dois desejos (conflito que poderia submeter-se a uma regra moral), mas entre duas regras, dois direitos, dois deveres, ambos legítimos, mas incompatíveis. Essa situação primeira, quando lemos Ricoeur, é apresentada como o paradigma do trágico da responsabilidade.

Não se pode sair do conflito trágico sem morrer, sem desaparecer; isto é fato. Na obra de Hegel, o perdão é justamente o que termina o ciclo ético iniciado pelo trágico: o que há de propriamente trágico no conflito de Antígona é, como diz Ricoeur, a "estreiteza do ângulo de engajamento" de cada um dos protagonistas. O perdão hegeliano se baseia na renúncia de cada partido a sua parcialidade (baseia-se na aceitação, pelo protagonista, de seu desaparecimento, enquanto idêntico a si mesmo). O perdão é uma desistência recíproca, um consentimento do perdoador e do perdoado quanto a tornar-se outro.

Porém, o trágico consiste precisamente em não poder tornar-se "outro", como poderia objetar Kierkegaard, pois a responsabilidade consiste em responder a um apelo, e a identidade do personagem se mantém "diante" desse Outro que o chama e a quem ele responde. Diante dele, o personagem é obrigado a não contradizer-se, é obrigado à estreiteza. Não lhe cabe mudar de identidade. Ele pode despojar o "velho homem" das respostas sucessivas e por vezes contraditórias, assim como Kierkegaard adota pseudônimos (e, diferente de Hegel, não muda de discurso como quem muda de camisa: é uma ruptura). Porém, a identidade do "novo homem", que permaneceria sozinho e simples enfim diante do Interrogador, não lhe pertence.

Quanto ao terceiro problema, o trágico é a ideia de uma posse, e até mesmo de uma cegueira, do personagem por uma "força" estranha, ciumenta ou má. Essa ideia é encontrada no calvinismo trágico de Bayle, para quem a consciência está liberta dos poderes civis ou eclesiásticos — retributivos — por um julgamento que só cabe a Deus, e ao mesmo tempo está cativa a essa predestinação que não conhece. Pois ninguém conhece os desígnios da predestinação. Por isso, a consciência é "errante" e, de certa forma, cega.

Nessa leitura mais shakespeariana que grega do trágico, mas também mais shakespeariana que puritana calvinista, a cegueira do personagem atinge o ápice quando é ele mesmo que se afunda no crime, em ambas as situações: sendo vítima, busca cegamente um culpado; sendo já criminoso, comete mais crimes. Pois, quando já se começou a fazer o mal quase por acaso, prefere-se a autojustificação ao abandono do crime. Geralmente, os homens preferem ainda que sua dor ou sua morte seja a retribuição ou a consequência de um erro, deles mesmos ou de outros, a aceitar que a dor e a morte sejam desprovidas de significado.

1.3. Responsabilidade, sabedoria e perdão

Reservamos a última palavra ao perdão. O perdão não pretende resolver nem o insustentável enigma nem o trágico da responsabilidade. Porém, faz-nos passar da renúncia teórica quanto a compreender e justifica o mal à obrigação ética de não aumentar o mal no mundo; faz-nos, inversamente, passar do fracasso ético quanto a assumir a responsabilidade total pelo mal à sabedoria que espera, apesar do excesso do mal. De uma passagem a outra, no entanto, não se trata exatamente do mesmo perdão.

"Não aumentar o mal" consiste em romper a espiral irreversível das consequências de uma ação. De fato, a lógica da retribuição deve resolver o seguinte problema: como basear a troca de bens, interrompendo a troca de males, na violência? A solução para esse problema é extremamente difícil. De fato, alternamos, sem solução de continuidade, entre a troca de bens e a troca de males: a troca de bens não é necessariamente um bem. Trata-se, portanto, de encontrar uma "última violência", de romper com o mimetismo do mal. O perdão é esse mal último que responde ao mal primeiro, acima da lógica da troca e da retribuição; o sujeito perdoador age como se fosse ele que tivesse começado; é um acusado que não é acusador, um consolador que não é consolado. Ele "toma sobre si", decide que a violência anterior foi a última violência, sacrifício de algum modo seus direitos e retribui o mal com o bem; de modo mais simples, ele não retribui. Com isso, ele repara o mal, restaurando um futuro possível.

Perdoar o excesso do mal é uma postura bastante diferente. Se pretendemos, a todo custo, restabelecer a reciprocidade, não estaríamos nos enganando sobre a possibilidade de reparação? Não estaríamos fazendo do perdão uma máquina de reconciliação, de resolução de todas as dívidas? Não haveria dívidas irreparáveis, irreconciliáveis? Pois o aspecto mais terrível do mal não é tanto o sofrimento, mas, sim, o sentimento de irreversibilidade que o acompanha. Um perdão que pretendesse uma reparação ou reconciliação universais, e que considerasse que tudo o que se perde pode ser recuperado em algum lugar, não passaria de uma perversão, uma patologia da esperança. O único perdão possível aqui é (próximo à raiz etimológica do termo) uma "perda". É quando entendemos a perda que não traz de volta, que não é "retribuída", que jamais terá salário. Não a vontade de síntese, de reintegração, de reconciliação a todo custo. Mas um modo de designar o que não se pode mais contar, o que não se pode mais representar, o inegociável. É quando somos condenados à irresponsabilidade.

> A primeira maneira de tornar a aporia intelectual produtiva é integrar ao trabalho de luto a ignorância que ela engendra. À tendência para a culpa que os sobreviventes experimentam, culpa pela morte de seu objeto de amor, e pior, a tendência típica das vítimas para a acusação e para o jogo cruel da vítima expiatória, é preciso responder: não, Deus não quis isto, e quis ainda menos me punir. Aqui, o fracasso da teoria da retribuição, no nível especulativo, deve ser integrado ao trabalho de luto, como uma libertação da acusação, que de algum modo desnuda o sofrimento, enquanto imerecido. Nesse sentido, o livrete do rabino Harold S. Kushner, *Quando coisas ruins acontecem com pessoas boas* (São Paulo, Nobel, 1988), tem um grande alcance pastoral. Dizer "eu não sei por que, é assim que as coisas acontecem, acasos também existem" equivale ao grau zero da espiritualização da queixa, abandonada a si mesma, simplesmente.
>
> [...] Sabedoria semelhante pode talvez ser esboçada no final do livro de Jó, quando é dito que Jó chegou a amar a Deus gratuitamente, o que faz com que Satanás perca a aposta inicial. Amar a Deus gratuitamente é escapar por completo ao ciclo da retribuição, de que o lamento ainda está cativo enquanto a vítima se queixa da injustiça inerente a sua sorte.
>
> Eu não gostaria de separar essas experiências solitárias de sabedoria, de um lado, das lutas éticas e políticas contra o mal que podem unir

todos os homens de boa vontade. Em relação a essas lutas, tais experiências são, assim como as ações de resistência não violenta, antecipações sob a forma de parábolas da condição humana, em que, sendo a violência suprimida, o enigma do verdadeiro sofrimento, do *irredutível* sofrimento, seria desnudado.

Paul RICOEUR, *Le mal* [O mal], p. 61-65.

Dessa forma, o perdão vibraria entre duas interrogações não coordenáveis, entre duas orações. Entre a súplica de Bayle quanto a nada justificar que possa responder ao mal e a invocação de Leibniz quanto a uma sabedoria mais vasta que nossos pontos de vista, entre a intervenção corajosa do indivíduo que age e o gesto de abandono daquele que nada mais pode fazer, está talvez a distância entre o grito "Meu Deus, meu Deus, por que me abandonaste?" e o suspiro "Pai, entrego em tuas mãos o meu espírito".

Olivier Abel

2. A resposta em nome do Senhor

Os teólogos e doutores da igreja são *ministros da Palavra de Deus*. Eles não partilham suas interrogações e reflexões demasiadamente humanas, mas, sim, o eco refletido do testemunho recebido. À questão do mal, eles têm o mandato de trazer *resposta*; em nome do Senhor cujas misericórdias infinitas eles pregam, não podem empurrar para longe os porquês e os "até quando", até porque tais perguntas não procedem somente da inteligência curiosa, mas jorram da angústia e da paixão. A experiência do mal cometido e sofrido apresenta diante dos homens "a" questão.

A Escritura, à qual esses teólogos e doutores se referem, impediria que elucidassem o problema do mal. Da primeira à última página, a Bíblia fala abundantemente do mal. Alguns julgariam que o Livro é nada mais, nada menos, que obcecado pela questão! Nele, o lugar de destaque atribuído à mensagem de salvação pressupõe a experiência da perdição. É sobretudo no sofrimento e na confissão da culpa que a Bíblia confessa o nome do Senhor, o único Criador, de quem e para quem são todas as coisas. O apelo à *fé* nas palavras do profeta Habacuque (Hc 2.4b) se destaca em meio a um lamento acabrunhado ou indignado (1.2ss; 1.12ss), somando-se à reprovação do incrédulo (2.4 a): situação característica da fé bíblica. "Sem a questão da teodiceia, onde estaria o risco da fé?", indaga-se Jürgen Moltmann.

Uma olhadela nas Escrituras é suficiente para perceber as características da apresentação do mal. Suas páginas focam a atenção no pecado como o mal principal e capital; estão descartados assim o pessimismo (à maneira de Buda ou Schopenhauer), incompatível com o anúncio da boa-nova e de um Deus único e propício ao homem, sem minimizar a denúncia da realidade má ou escamotear o horror: *Detestai o mal* (Rm 12.9; na Bíblia francesa, "tenham o mal em horror"). Essa seria a censura dos reformadores do século XVI à tradição medieval que, segundo eles, diminuía a gravidade do mal-pecado. O pecado como mal, distinto do mal físico e do mal metafísico da finitude imperfeita, é enfatizado pelo relato do início de Gênesis, a queda. A ordem canônica conferiu à narração do Éden um papel determinante para o pensamento cristão. A *intenção* dessa história é realizar uma separação entre a origem do ser (a criação) e a origem do mal (que *entrou no mundo*, cf. Rm 5.12); diante das cosmogonias que apresentam o mal como um dos primeiros elementos do universo (como o *Enuma elish*), diante do mito trágico do deus mau, Gênesis estabelece a responsabilidade humana. Dessa forma, o senso do mal se agudiza: "O mal se torna escandaloso e, ao mesmo tempo, histórico" (Paul Ricoeur). O mal pode somente ser narrado, e é como que um mau uso da liberdade criada.

Correlativamente, e em um contraponto, as Escrituras mostram a qual ponto o mal nos preenche e nos envolve. Seguindo o exemplo de Jeremias e de alguns salmos (Salmo 51, p. ex.), o Novo Testamento, principalmente os textos de Paulo e João, revela a *alienação* do homem pecador: a escravidão em que caiu, a tirania de si (a "carne"). O parceiro da "carne" e do "mundo" é o *diabo*. O mal se desdobra cosmicamente e se organiza em um reino das trevas regido pelo Maligno (o Maligno como substantivo, não somente como epíteto); esse tema se desenvolve lentamente no Antigo Testamento e toma um lugar considerável no Novo. Tende ao dualismo, ao qual sucumbem os gnósticos. Mas as Escrituras resistem bravamente a desvios dualistas. Os poderes hostis não passam de criaturas (Rm 8.38s; Cl 1.16). O diabo, como diria Lutero, permanece o diabo de Deus. A prioridade atribuída ao pecado, mal radical, e a recusa a todo dualismo metafísico são demonstradas na escolha dos dois nomes do Maligno: *o tentador* (Mt 4.3) e *o acusador* (Ap 12.10).

A terceira característica está a um palmo do nariz e também pode dar lugar a prolongamentos tendenciosos: trata-se do mal já *vencido*. Todos os homens que falam em nome de Deus nas Escrituras podem fazê-lo, pois começaram a experienciar a libertação de seu mal. É em retrospecto que eles discernem a verdade desse mal. O Deus que os enche com sua Palavra é o mesmo que faz vir seu reino, onde "já não haverá luto, nem pranto, nem dor", assim como não existirá covardes, incrédulos, abomináveis, mentirosos (Ap 21.4,8).

Podemos nos indagar então se tais ênfases, ao longo de toda a Bíblia, ajudariam a responder ao incessante questionamento dos seres humanos em relação ao mal. Quando contemplamos a dispersão das propostas entabuladas pelos teólogos, duvidamos de que a tarefa seja fácil. É verdade que o aporte escriturístico não é a única influência sobre seus trabalhos.

John Huck, o mais importante autor anglo-saxão a tratar teologicamente da questão do mal, classifica as abordagens ao problema em dois grupos: irênico e agostiniano. Essa divisão mascara as muitas diferenças entre os que são caracterizados como pertencentes a cada grupo. Adotaremos, portanto, outra classificação, distinguindo três estratégias dentre os que tentaram responder à questão do mal, com suas versões variadas e algumas posições como que marginais.

2.1. A estratégia da redução

A coexistência entre o Deus dos evangelhos e o mal se torna mais pensável quando o fenômeno do mal é reduzido, seja em consistência, seja em malignidade. A estratégia mais comumente adotada pelos teólogos é afirmar que o mal é menos real que imaginamos: é periférico, local, relacionado a um ponto de vista parcial, e por isso não mereceria tanto assim a atenção de Deus. Isso equivale a declarar que o mal é menos mau que pensamos: real, sem dúvida, mas de certa forma útil, como o avesso de um bem, o preço do progresso. Eis por que, nessa concepção, Deus teria permitido o mal:

> Para nós, o pecado só está inserido no plano de Deus para a redenção, e isso com um benefício do qual não podemos afirmar que um dano [após uma queda] tenha sido a ocasião; pois o desenvolvimento gradual, somente, e imperfeito, da força da consciência divina, pertence às condições da existência humana no estágio em que se encontra.
>
> [...] Na medida em que [o mal] se manifesta como conflito das existências, não pode fundar-se em Deus: pois as existências só estão inseridas no plano de Deus por pertencer ao todo e por sua dimensão limitada, não como algo em si. Enquanto tal, o mal não é, portanto não passa de aparência, que surge do isolamento em que nos mantemos. O plano de Deus compreende, no entanto, que consideremos mal as imperfeições naturais, na medida em que a consciência divina ainda não reina em nós — de modo que o pecado, na medida em que reina, desenvolve-se em mal social, o todo também conservando seu fundamento na liberdade.
>
> Friedrich SCHLEIERMACHER, *Der christliche Glaube nach den Grundsätzen der evangelischen Kirche im Zusammenhange dargestellt (1830-1831)*, em *Kritische Gesamtausgabe* [Edição crítica completa] I/13, 1-2, 2 vols., Berlim, Walter de Gruyter, 2003, § 81.4 e 82.2, t. I, p. 506 e 509.

A tradição *agostiniana* e *tomista* reinou por muito tempo. O edifício é imponente. Em sua base, está o discernimento que livrou Agostinho do maniqueísmo: o mal não é. Compreendamos: o mal não é nem uma substância, nem um princípio eterno, nem uma criatura. O fenômeno, empiricamente real (e os teólogos da escola às vezes sabem dizê-lo com vigor), só é afirmado em termos de subversão, perversão e privação. O mal, para uma natureza, é a privação de uma perfeição (p. ex., a vista para o cego, a retidão moral para o desejo pecador); a privação é diferente da simples finitude, nesse sentido imperfeição (os tomistas se destacam aqui da confusão que, para eles, foi legada por Leibniz).

Um segundo elemento é adicionado à intuição da não substancialidade do mal. A criação *ex nihilo* é interpretada como se esse nada potencial, em espera, tivesse servido como matéria para o Criador, como se tirar a criatura do nada significasse tirá-la de alguma coisa e contra alguma coisa. A criatura carregaria assim a marca, a "mordida", do nada, e isso explicaria sua fragilidade, sua falibilidade. A marca indelével do nada-potencialidade justificaria o surgimento do nada-privação, ou seja, o mal. O enigma da origem é então dissipado.

Como um modo de concluir a demonstração reconciliadora, acrescenta-se uma consideração cuja principal característica parece ser estética. A marca do nada, inerente à finitude, é atestada nas desigualdades entre as criaturas. Do ponto de vista de uma criatura menos dotada, a diferença entre ela e uma criatura mais dotada se assemelha a uma privação, e pode passar por um mal; no entanto, se forem consideradas as criaturas como um todo, as desigualdades concorrem para a beleza da totalidade. Até as sombras, ou as dissonâncias na música, servem esteticamente ao bem. As trevas são necessárias para que haja luz! Assim, o mal só pareceria mau a olhos míopes, egoístas. Sem a morte do asno que é devorado, como o leão manifestaria a perfeição de sua força? Sem a crueldade do perseguidor, como o santo veria seus méritos acrescidos? O mal local é aparente e uma condição para o bem do universo. Nesse ponto, o discurso recorre de modo beato ao evangelho: não é parte da boa-nova que, onde abunda o pecado, superabunda a graça? Deus permitiu isso como preço de sua glória. O famoso e muito antigo hino da liturgia romana proclama *felix culpa*, feliz culpa (de Adão), que nos valeu tão grande redentor!

A resposta agostiniana e tomista não está reservada aos católicos romanos. A Reforma recebeu de Agostinho a não substancialidade do mal, esforçando-se para que o horror ao mal não fosse atenuado; Mathias Flacius Illyricus foi censurado quando quis tornar o pecado original uma substância. Alguns protestantes acolheram a ontologia do nada-potencialidade ou a justificação estética do mal, e a ideia de que Deus permitiria o mal como o outro lado de um bem maior encontrou audiência. Vários teólogos protestantes ortodoxos recorreram a essa segunda ideia (suspeita-se de uma afinidade com a posição supralapsariana). Auguste Lecerf, restaurador do calvinismo ortodoxo na França, não hesita em adotá-la:

> Quanto ao próprio pecado, ao mal moral, se Deus faz com que haja abuso da liberdade na trama de seus decretos, sem dúvida é porque julgou que um mundo em que o pecado nomeia esses decretos de arrependimento, perdão, heroísmo, sacrifício teria mais valor e ressaltaria melhor, aos olhos de anjos e homens, a misericórdia e a justiça divinas; julgou também que esse mundo seria estética e moralmente superior a um mundo de inocentes amorais ou justos imóveis em sua impecabilidade. Esse julgamento de valor pronunciado por Deus deve nos bastar, se cremos nele.
>
> Auguste LECERF, *Introduction à la dogmatique réformée* [Introdução à dogmática reformada], segundo caderno: *Du fondement et de la spécification de la connaissance religieuse* [Do fundamento e da especificação do conhecimento religioso], Paris, *Je sers*, 1938, p. 125.

Outros teólogos se mostram mais sensíveis à força do mal, mas conseguem mais ainda transmutá-lo em bem. Eles se apegam, por assim dizer, à *positividade* do mal: ao duplo sentido de sua realidade, sua densidade como fenômeno maior da existência, e de seu papel positivo, que é ressaltado como gerador de um bem. Eles entoam a *felix culpa* ainda com mais fervor. Mas o fazem a várias vozes.

John Hick acredita resgatar a tradição "irênica": no rastro de Schleiermacher, tira proveito de pesquisas empreendidas sob a influência do evolucionismo. O esquema do progresso comanda a teodiceia: este mundo não merece ser chamado de "vale de lágrimas", mas, sim, de acordo com a expressão do poeta John Keats, de *the vale of Soul-making*, ou seja, vale da formação do caráter, da promoção e do cinzelar da alma, para que ela acrescente por fim à dignidade metafísica da imagem de Deus a perfeição da *semelhança* com ele. O mal se justifica como meio de educação do gênero humano, e não é contrário à bondade do mundo criado, se perguntarmos por que e para quem. Este mundo, com o mal, é a melhor das escolas morais e espirituais possíveis. John Hick vira do avesso a representação paulina e agostiniana da queda: não é necessário enxergar o homem original caindo do alto, mas iniciando de bem baixo, na fragilidade de uma infância desfavorecida. É preciso até ir mais longe: para que o homem consiga amar a Deus, é necessário que esteja longe (que Deus seja o menos evidente possível para o homem), e essa situação tornaria virtualmente inevitável o pecado. "O homem de fato só pode ser *para* Deus", escreve John Hick, "se for moralmente independente dele, e não pode conquistar tal independência se, de início, não for contra ele". *Felix culpa*!

A inversão do mal em bem, a fecundidade do negativo: podemos reconhecer nisso o que subjaz à dialética hegeliana. Hegel imita o teólogo e o ultrapassa. Ao ler "especulativamente" a Sexta-feira Santa, constrói a teodiceia mais ambiciosa que se possa conceber. Eloquente para dizer o horror, ele o recupera; o pantragismo é panlogismo: graças ao mal e à astúcia da razão, o sistema avança e Deus se realiza.

Vários teólogos protestantes que se impuseram a partir de 1960, como por exemplo Jürgen Moltmann e Wolfhart Pannenberg (mas de modos diferentes), foram influenciados por Hegel, já que na época os neomarxistas em alta facilitavam essa revanche de Hegel contra Kierkegaard. Sob o signo da cruz, foi proposta uma retomada dessa primeira grande filosofia da morte de Deus que foi o pensamento hegeliano: a chave da teodiceia é a incorporação do mal à vida de Deus. Como continuar a fazer teologia depois de Auschwitz? Colocando Auschwitz (a cruz) em Deus e Deus no cadafalso da SS, no campo maldito. Essa teodiceia emocionada e que culmina em combates solidários e libertadores contra o nazismo quer somente manter de Hegel esse núcleo, rejeitando o panlogismo e a necessidade da razão total; porém, não deixa de ser uma teodiceia.

Por fim, Moltmann e John Hick confessam o fracasso da consolação dialética, ou "irênica", diante dos males que os revoltam para além do dizível. Ambos traem seu embaraço diante do escândalo do mal que acomete as pessoas. Porém, a fisionomia da teodiceia não é grandemente modificada.

Karl Barth é difícil de classificar e não ofereceu uma teodiceia *ex professo*. No entanto, propõe uma doutrina do mal, em que se pode detectar um parentesco com as concepções agostinianas e dialéticas. Ele chama o mal de *das Nichtige*, entre "nada" e "negativo", o que logo faz lembrar Agostinho; Barth demonstra essa característica ao escolher esse termo para título, em vez de privilegiar a noção de pecado, que era o procedimento comumente utilizado nos tratados de dogmática. Mais que isso, estende ao diabo e aos demônios o não-ser, ainda que eles sejam reais. O "nada" surge necessariamente, no momento da criação de Deus, ameaçando-a e projetando nela uma sombra sinistra; é produzido pelo "não" que Deus lhe diz implicitamente ao dizer "sim" à sua criação. Como tal, é temível e nos torna com facilidade sua presa. No entanto, é também, e desde o início ou até por toda a eternidade, aprisionado no acontecimento da cruz, vencido de antemão, liquidado, destruído, fantasma que se esvai. Em certos momentos, Barth deixa entrever que há teodiceia nisso: não somente por causa da necessidade da origem, mas porque o triunfo do "nada" sobre nós é necessário para o triunfo da graça. Se "Jesus é vencedor" resume tudo, o adversário não poderia deixar de comparecer.

> Afirmar que esse acontecimento (o pecado) pode produzir-se de acordo com a vontade e a dispensação de Deus seria ir longe demais. Só podemos afirmar algo negativo: como o homem não é Deus, não é invulnerável, e que assim o acontecimento absurdo do pecado não era e não é simplesmente excluído. Porém, esse acontecimento foi e é real somente em seu próprio absurdo: ele é sem necessidade alguma, e portanto, da mesma forma, sem possibilidade alguma, interna ou externa. [...] Ele é o que Deus renegou, rejeitou, proibiu, o nada como tal, que é em si impossível, que não existe, a não ser como que à esquerda de Deus.
>
> Karl BARTH, *Dogmatique* [Dogmática] IV/1** (1953), Genebra, Labor et Fides, 1966, p. 57s.

2.2. A estratégia do isolamento

Torna-se ainda pensável a coexistência entre o mal e o Deus bíblico ao *isolar* o fenômeno, ou isolar Deus do fenômeno, com um cordão sanitário teológico. Muitos modernos são atraídos por uma espécie de conciliação pela separação: exonera-se o Senhor da cumplicidade ao afirmar-se a independência do mal.

Alguns são orientados para a existência obscura de um mau fator, ou que causa o mal, e que escaparia ao controle divino. Teólogos evolucionistas flertam com essa ideia: o Deus que move o processo luta contra uma inércia que lhe seria contrária. Ou a "criação" toma a forma de uma "matéria" preexistente que lhe resiste em todos os níveis. Teilhard de Chardin atribui esse papel ao Múltiplo, escrevendo: "Nem tudo é absolutamente errado, e isso pode ser percebido na velha ideia do Destino, que reinava até sobre os deuses". Os teólogos protestantes caíram menos que os outros sob a sedução dessas visões; podemos estimar que a teodiceia do filósofo protestante genebrino Charles Werner é dessa lavra.

A maior parte dos teólogos que recorrem à estratégia do isolamento se apega à autonomia ou à absoluta espontaneidade da liberdade humana. Ao criar os homens, Deus teria assumido o "risco" de uma resposta ingrata e hostil da parte deles, que foi de fato o que recebeu. Não era possível que ele se garantisse contra essa manifestação funesta de liberdade: se fosse, Deus teria diante de si meros fantoches ou marionetes para manipular. Essa exigência de liberdade, que dá seu preço ao amor, desculparia Deus da presença do mal, implicando também a possibilidade da derrubada do mal com o sacrifício de amor e a conversão, o que reforça o valor de teodiceia.

Essa solução "indeterminista" do problema do mal agrada aos modernos. Dentre os herdeiros da Reforma, tal resposta pode ser encontrada de uma ponta à outra do espectro teológico. Inspira o misticismo liberal, por vezes grandiloquente, de um Wilfred Monod: em favor dessa ideia, Monod despoja Deus dos atributos do absoluto metafísico e, incomodado com o dogma da criação, ressuscita o demiurgo. Ele antecipa de um modo impressionante a teologia do processo (também conhecida como "teologia relacional" ou "teísmo aberto"), que se desenvolveu principalmente além do Atlântico. Essa teologia se atém muito vigorosamente à autonomia da liberdade, apresentando Deus não mais que um maestro diante do mundo, que se esforça para fazer o melhor que pode, mas não pode muito. Os teólogos mais conservadores hesitam em retirar de Deus sua onipotência tradicional; porém, atribuem a ele uma autolimitação que dá o mesmo resultado. A decisão da criatura não seria determinada de antemão, já que a possibilidade de rebeldia, de pecado, era essencial para a autêntica liberdade. A ideia da autolimitação divina foi acrescida de uma interpretação da criação como *kenósis*, às vezes recorrendo-se à noção de "contração" divina (*zinzoum*), apresentada pelo cabalista judeu Isaac Louria no século XVI e cara a Jürgen Moltmann. Acrescenta-se a essas ideias a compreensão da *theologia crucis* como um avesso do conceito do poder divino, ou seja, a celebração do Deus fraco entre nós. Sem esse último desenvolvimento, o tema do respeito divino à autonomia humana também é a chave da teodiceia de um apologeta conservador como o anglicano Clive Staples Lewis, e até mesmo de um evangélico militante de tendência reformada (no restante) como Francis Schaeffer.

Kant e Kierkegaard, pensadores da liberdade, forneceram provas para a solução indeterminista. Porém, nem um nem outro ficaram presos a elas; parecem compreender que há profundidades e complexidades que lhes escapam. O *mal radical*, de acordo com Kant, faz vacilar a evidência dessa solução. A obra de Kierkegaard *O conceito de angústia* (1844) parece recorrer a essa solução, em favor da liberdade independente. Detectam-se no livro ressonâncias pelagianas: se o homem se entrega ao mal, é porque Deus "deixa que o homem como que escape de suas mãos"; a relação com o mal parece definir a liberdade como tal, que há angústia, vertiginosa, desde antes da queda. Porém, outros indícios corrigem essa impressão; não é esse o tom geral do pensamento do luterano dinamarquês, que denuncia como um "sofisma preguiçoso" a ideia de uma liberdade "livre-arbítrio", "que pudesse escolher livremente tanto o Bem quanto o Mal". Ele não deixa de afirmar o "salto qualitativo" com que o pecado se apresenta e se postula, por menos que possamos explicá-lo com uma premissa qualquer. *Doença para morte* (1849) se afasta da equação, tão mal pensada, entre a liberdade e a independência em relação a Deus. Essa obra faz vibrar a corda agostiniana de uma graça fundadora, englobante e soberana, evocando, como um refrão, o eu que "mergulha, através de sua própria transparência, no poder que o estabeleceu".

2.3. A estratégia da intensificação

Se as estratégias anteriores decepcionam, se julgamos que elas não assimilam o "excesso do mal", se a Escritura as desmente, pode-se então renunciar às explicações ou especulações reconciliatórias. Escolhe-se assim intensificar o paradoxo, o enigma, o mistério opaco, da "permissão" soberana à existência real do mal por um Deus que é bom. Aqui não há mais teodiceia, mas uma recusa à teodiceia. No entanto, há uma resposta, deficiente e trêmula talvez, mas que se posiciona diante do questionamento sobre o mal. A meditação dá ensejo à compreensão de que não se pode compreender, ressaltando o valor dessa impossibilidade. Pode até mesmo definir o mal por uma singularidade incoordenável, essa estranheza e essa ruptura que impedem a integração a um todo racional. Explicado, o mal seria desculpado, justificado, e por fim transformado em não-mal. A opacidade do mistério atribui seu *status* ao mal, um *status* barrado, daquilo que não tem direito a *status* algum, que não encontra lugar que lhe sirva no ser ou na criação ("uma erva não semeada, sem germe e sem raiz", Gregório de Nissa).

Lutero enverada por esse caminho com o "Deus oculto" e principalmente, seu *opus alienum* (*obra estranha*). O Deus da lei, o Deus "nu" do absoluto, encontra-nos sob as máscaras de todos os males do mundo, que para nós são seus julgamentos. Levar-nos assim ao desespero é obra de Deus, sem a qual não teríamos contato algum com esse "desespero consolado" que é a fé: é sua obra da mão esquerda, sua obra estranha ou estrangeira (termos tirados de Isaías 28.21). Com a obra da mão direita, a obra "apropriada" de Deus, há antítese, sem síntese recuperadora, mas também sem uma complacência abstrata nessa antítese (Lutero a confessa em benefício do mistério da divindade e do maravilhamento da graça, e não de uma dialética última). Nas fontes do pensamento de Lutero nós encontramos um agostinianismo poderoso em relação à dependência para com Deus e a total eficácia divina, bem como a experiência com a revolução produzida pela mensagem do evangelho e de sua formação pelo irracionalismo nominalista (de Occam e Gabriel Biel).

Calvino parece intensificar mais ainda o escândalo, na medida em que mantém distância em relação a tal irracionalismo. Ele afirma a soberania do controle divino não mais vigorosamente que Lutero (isso nem sequer seria possível!), mas, sim, como um ensinamento mais coordenado, mais sistemático. A ordem de que Deus é o moderador resplandece. Assim, o escândalo de sua violação, a desordem, torna-se mais agudo: não pode mais ser dissimulado sob o véu de uma heterogeneidade obscura. O mal é um desastre inexplicável, e não pode ser justificado nem por um traço de maldade divina, nem por um desleixo no controle do Senhor: é inexplicável e, portanto, indesculpável para a criatura que o cometeu. Ainda que alguns calvinistas tenham se refugiado em uma explicação do tipo tomista, o calvinismo como tal está distante disso: a distinção entre um querer positivo e um querer "permissivo", vontade de desejo ou preceito e vontade de decreto, não pretende explicar, mas, sim, enunciar o problema em termos mais precisos; da mesma forma é a distinção que é feita entre a causalidade "eficiente" (para o bem) e a causalidade "deficiente" (para o mal). É a "alteza" de Deus que guarda o segredo de sua coexistência, atestada nas Escrituras, convidando a nada mais além de temer ao Senhor e crer.

Essa solução pode encontrar respaldo no livro de Jó, na primeira parte de Habacuque (que evoca o mal político, assim como Jó narra uma catástrofe pessoal) e a epístola aos Romanos: *Tu, porém, me dirás: De que se queixa ele [Deus] ainda? Pois quem jamais resistiu à sua vontade?* (Rm 9.19). Conhecemos a resposta do apóstolo, que não atenua nem lamenta o total controle do Senhor sobre tudo o que lhe acontece. No debate com as demais concepções, a estratégia da intensificação leva à crítica dos equívocos que se cometem sob a noção do possível (e que deixa entrever a expressão "possível real" que Kierkegaard utilizou, entre outros autores). Poder-se-ia projetar a possibilidade no vazio? A que essa possibilidade se referiria? Karl Barth conseguiu apresentar a ideia de que o pecado deveria ser "possível" para que o homem fosse livre em suas reações a Deus. Ele percebeu como a ambiguidade contida nessa noção implanta um germe de mal na ontologia da criação. Se o mal não pode ser compreendido, pode ser, porém, combatido. A renúncia a toda reconciliação racional entre o mal e o restante, a toda atribuição de um lugar teórico na síntese universal, correlaciona-se a sua eliminação *na prática*. E se Deus não é um Deus de confusão, se ele tem os olhos puros demais para "ver" um mal cuja consistência e malignidade ele não subestima, se ele ainda é o *Pantokratôr* (*El Shaddai*), há fundamento para a esperança. A "resposta" de Romanos 9 ao porquê dos seres humanos permite a resposta da esperança para a pergunta: "Até quando?".

E é o que enxergamos na cruz.

Henri Blocher

3. A coragem do lamento e a audácia da oração

É algo revelador, em relação ao mal, que a pergunta e a resposta não se encaixem como duas peças de um mesmo mecanismo. A resposta deixa subsistir a pergunta; a pergunta não rege a resposta. Ambas se encontram em um além não controlável, onde são pouco distinguíveis uma da outra. Seria esse um sinal de que a pergunta persiste mesmo naqueles que perceberam o eco da resposta? Ela engendra a *elegia* (ou lamento) que dá seu nome a todo um livro das Escrituras, Lamentações, em que vemos operar-se de fato um trabalho de luto: a pergunta não é suprimida (o doloroso "por que" insiste), mas é realmente superada. Ao elaborar sua queixa, o poeta já a apazigua, retomando a coragem (Lm 3.22,27s). Ainda que desprovido de respostas, ele assume a responsabilidade (Lm 3.39), confessa sua fé (Lm 3.22s,31s). A pastoral não deveria ignorar o valor da elegia, que consiste em *esperar contra toda esperança*. Pois a lamentação recusa toda esperança que pretenda dar o caminho da reconciliação neste mundo, da felicidade acabada, que poderia assim verificar-se como o que há de mais *maligno* no mal. A esperança que se eleva nas queixas permanece tímida, sem nada saber. A lamentação é o que rompe a malícia sempre possível das respostas ao mal. A elegia é a esperança *somente*.

Se a pergunta se supera em elegia, o que ocorre com a resposta? Ela atrai a *oração*. Ao suscitar a oração, a resposta demonstra respeito pela pergunta que continua a ressoar nela. Orar apesar do mal é esperar *apesar*. Orar, assim como chorar à maneira de Lamentações, é um ato de *coragem*. Trata-se de arriscar-se plenamente, de esperar contra o mal. Em primeiro lugar, aquele que ora avalia a situação com realismo: ele compreende a estatura de sua fraqueza e a estende a seu Deus; ele se sabe salvo na esperança somente, em um mundo incapaz de manifestar mais que alguns sinais do Reino. Sua audácia consiste em crer que a oração toca seu Deus; o modelo poderia ser Calvino em agonia: "Tu me esmagas, Senhor, mas me basta saber que é com tua mão". Em segundo lugar, aquele que ora se liberta dos conformismos deste mundo e para o mundo. Ele aposta nas primícias da esperança, com a ousadia de contar com Deus para vencer o mal aqui e agora, e afirma a segurança da completa vitória: *We shall overcome*.

Olivier Abel e Henri Blocher

▶ BARTH, Karl, *Dogmatique* III/3**, § 50-51 (1950), Genebra, Labor et Fides, 1963; BASSET, Lytta, *Guérir du malheur* e *Le pouvoir de pardonner*, Paris-Genebra, Albin Michel-Labor et Fides, 1999 (ed. abreviada e simplificada de *Le pardon originel. De l'abîme du mal au pouvoir de pardonner* [1994], Genebra, Labor et Fides, 1998); BERKOUWER, Gerrit C., *Sin*, Grand Rapids, Eerdmans, 1971; BLOCHER, Henri, *Le Mal et la Croix. La pensée chrétienne aux prises avec le mal*, Méry-sur-Oise, Sator, 1990; BÜHLER, Pierre, *Le problème du mal et la doctrine du péché*, Genebra, Labor et Fides, 1976; GISEL, Pierre, *La création. Essai sur la liberté et la nécessité, l'histoire et la loi, l'homme, le mal et Dieu* (1980), Genebra, Labor et Fides, 1987; HICK, John, *Evil and the God of Love* (1966), San Francisco, Harper and Row, 1978; KANT, Immanuel, *La religion dans les limites de la simple raison* (1793), em *Oeuvres philosophiques* III, Paris, Gallimard, 1986, p. 15-242; KIERKEGAARD, Søren, *O conceito de angústia*, Petrópolis, Vozes, 2010; Idem, *O desespero humano*, col. Os Pensadores, Rio de Janeiro, Abril Cultural, 1988; MOLTMANN, Jürgen, *Le Dieu crucifié. La croix du Christ, fondement et critique de la théologie chrétienne* (1972), Paris, Cerf, 1999; MONOD, Wilfred, *Le problème du bien, Essai de théodicée* e *Journal d'un pasteur*, 3 vols., Paris, Alcan, 1934; MOTTU, Henri, *Les "Confessions" de Jérémie. Une protestation contre la souffrance*, Genebra, Labor et Fides, 1985; REBOUL, Olivier, *Kant et le problème du mal*, Montreal, Presses de l'Université de Montréal, 1971; RICOEUR, Paul, *Philosophie de la volonté 2: Finitude et culpabilité* (1960), Paris, Aubier Montaigne, 1988, livro 1: *L'homme faillible* e livro 2: *La symbolique du mal*; Idem, *O conflito das interpretações* (1969), Rio de Janeiro, Imago, 1978; Idem, *O mal: um desafio à filosofia e à teologia* (1986), Campinas, Papirus, 1988; WENHAM, John W., *The Enigma of Evil. Can We Believe in the Goodness of God?*, Guildford, Eagle, 1994 (ed. revisada de *The Goodness of God*, 1974); WERNER, Charles, *Le problème du mal dans la pensée humaine*, Lausanne, Payot, 1944.

◉ Apocatástase; Bayle; castigo; **culpa**; demonologia; Habermas; Halle; Jung; justificação; Kant; Kierkegaard; Leibniz; **liberdade**; Naville; perdão; pecado; **política**; **predestinação e Providência**; Rawls; responsabilidade; Ricoeur; Secrétan; sofrimento; teodiceia; **violência**

MALAN, César filho (1821-1899)

Homem de temperamento extremamente introvertido, filho do fundador da Capela do Testemunho, em Genebra, Malan não chamou muito a atenção para si enquanto vivo. Porém, exerceu uma influência pessoal importante naqueles com quem convivia, especialmente Théodore Flournoy, pioneiro da psicologia religiosa, e os teólogos Gaston Frommel e Georges Fulliquet. Toda a reflexão de Malan se concentrou na noção de obrigação moral, de que acreditava manter o caráter absoluto, sem que se tornasse heteronômica. Como explicar, então, que, para ser absoluta, a noção precisasse impor-se ao ego como se vinda de fora? A originalidade de Malan consistiu na afirmação de que essa obrigação provém de um setor da consciência que escapa ao controle da consciência clara. Assim, ele evidenciava, cerca de vinte anos antes de Freud, a existência de um inconsciente ativo, que considerava a fonte da obrigação moral. Foi uma total mudança em relação ao ensino que prevalecera até sua época dentre os moralistas, de que o elemento primordial do ego residiria na consciência clara. Dessa forma, o caminho estava aberto para as investigações da psicologia religiosa concebida como disciplina teológica.

Bernard Reymond

▶ MALAN, César Filho, *La conscience morale. Trois études lues devant quelques amis. Avec une appréciation philosophique de M. Ernest Naville*, Genebra-Paris, Stapelmohr-Fischbacher, 1886; FULLIQUET, Georges, *La pensée théologique de César Malan*, Genebra, Robert, 1902.

◉ Dever; Flournoy; Frommel; Fulliquet; Malan C.

MALAN, Henri Abraham César (1787-1864)

Nascido em Genebra, de uma família de refugiados valdenses do Piemonte, César Malan estudou teologia na Academia e se tornou professor no Collège, em 1809, sendo um pedagogo bastante atento aos métodos ativos (ensino mútuo, Pestalozzi). Foi quando o Avivamento o surpreendeu, com a pregação da salvação somente pela fé. Começou a pregar, suscitando alguma hostilidade. Em sua classe, a Bíblia substitui o catecismo oficial. A Companhia Acadêmica o adverte e por fim o destitui. No dia 8 de outubro de 1820, ele inaugura em seu jardim a Capela do Testemunho, associada à Igreja da Escócia, fiel à doutrina calvinista; acabaria por demoli-la em 1864, ano de sua morte. Pregador itinerante, publicou e reeditou inúmeros textos evangelísticos e de controvérsia, assim como de cânticos.

Gabriel Mützenberg

▶ MALAN, César, *Les chants de Sion, ou le recueil de cantiques, d'hymnes, de louanges et d'actions de grâces, à la gloire de l'Éternel*, Genebra, Béroud, 1855; Idem, *Le véritable ami des enfants et des jeunes gens*, 4 vols., Paris, Delay, 1845 (narrativas); Idem, *Les grains de sénevé ou recueil de traités religieux, d'entretiens et d'anecdotes évangéliques*, 4 vols., Genebra, Bonnant, 1856; MALAN, César Filho, *La vie et les travaux de César Malan, ministre du Saint Évangile dans l'Église de Genève*, Genebra-Paris, Cherbuliez, 1869; MÜTZENBERG, Gabriel, *Grands pédagogues de Suisse romande*, Lausanne, L'Âge d'Homme, 1997, p. 85-98; SABLIET, Gédéon, *César Malan. Un gagneur d'âmes, 1787-1864*, Dieulefit, Nouvelle société d'édition de Toulouse, 1936.

◉ Avivamento; Bost A.; **educação**; Gaussen; Haldane; Malan. C. filho; Pestalozzi; Vinet

MALTHUS, Thomas Robert (1766-1834)

Thomas Robert Malthus foi clérigo da Igreja Anglicana de 1798 a 1804, deixando o cargo quando se casou. Elaborou teses econômicas na perspectiva de uma teodiceia, em que Deus calcula a quantidade de mal necessário para o cumprimento de sua obra. A teoria de Malthus se baseia no confronto entre dois males: o vício do homem, cristalizado em torno de sua sexualidade, que o impulsiona a multiplicar-se de modo irrefletido, sem levar em conta os riscos de superpopulação, e a constatação de que a terra oferece aos homens recursos limitados que o progresso econômico não pode aumentar na mesma proporção em que a população cresce. Desses dois males resultam dois bens: o estímulo ao trabalho do operário, preguiçoso por natureza, que se vê assim forçado a desdobrar-se em esforços para viver de seu trabalho, e o povoamento mais adequado aos recursos disponíveis. A miséria, as guerras e as epidemias obedecem aos desígnios divinos, que buscam reduzir a população e punir os pecados dos homens.

François Dermange

▶ MALTHUS, Thomas Robert, *Ensaio sobre a população*, São Paulo, Abril Cultural, 1982; FAUVE-CHAMOUX, Antoniette, org., *Malthus hier et aujourd'hui*, Paris, CNRS Éditions, 1984; WOLFF, Jacques, *Malthus et les malthusiens*, Paris, Economica, 1984.

◉ Darwinismo

MANDAMENTO

O mandamento (*mitsva* em hebraico, *entolè* em grego) se apresenta como parte concreta e específica da Lei, que de acordo com a tradição judaica inclui mais de 613. Enquanto o termo

"Lei" exprime a necessidade de interditos estruturantes sob uma forma bastante sistemática e geral, o termo "mandamento" possui um aspecto mais pessoal e existencial, mostrando a Lei que se dirige a uma pessoa em particular, abordando-a e chamando-a para realizar a vocação que Deus lhe designa. O mandamento do amor deve também exprimir *toda a Lei e os profetas* (Mt 22.34-39 e paralelos; Rm 13.8-10). Na perspectiva da Reforma, o termo *Lei*, sobretudo em seu uso teológico e acusador (*elenchticus*), adquire uma conotação mais negativa, isso porque teólogos como Karl Barth e Dietrich Bonhoeffer preferiram evocar a vontade de Deus recorrendo ao registro do mandamento. Porém, o termo *Lei* foi revalorizado pela psicanálise (principalmente a lacaniana, e ainda pelas ciências humanas das instituições), e hoje o vocábulo "mandamento" sofre um relativo eclipse na ética cristã.

Jean-François Collange

▶ BARTH, Karl, *Dogmatique* II/2 (1942), Genebra, Labor et Fides, 1959; BRUNNER, Emil, *Das Gebot und die Ordnungen. Entwurf einer protestantisch-theologischen Ethik* (1932), Zurique, Theologischer Verlag, 1978; CRÜSEMANN, Frank, *Die Tora. Theologie und Sozialgeschichte des alttestamentlichen Gesetzes*, Munique, Kaiser, 1992; KLAPPERT, Berthold, *Promissio und Bund. Gesetz und Evangelium bei Luther und Barth*, Göttingen, Vandenhoeck & Ruprecht, 1976; LOCHMAN, Jan Milic, *Faut-il encore parler des commandements?* (1979), Paris, Cerf, 1981.

◉ Decálogo; **lei**; usos da lei

MANDEVILLE, Bernard (1670-1733)

Bernard Mandeville, médico de origem huguenote, nasceu nos Países Baixos e emigrou para a Inglaterra. É conhecido principalmente por seu apólogo intitulado *La fable des abeilles* [A fábula das abelhas] (1714, traduzido para o francês em 1740), cujo subtítulo, *Les vices privés font le bien public* [Os vícios particulares resultam no bem público], resume a tese principal. Assim, suprimir a desonestidade de uma próspera colmeia significaria sua destruição, pois a riqueza da sociedade se baseia nos vícios particulares que, embora sejam vícios, contribuem para a felicidade de todos. O aspecto escandaloso em Mandeville resulta do fato de que é afirmada a positividade do mal para a economia e a sociedade. Porém, ao qualificar como "vícios" a paixão e o amor-próprio, Mandeville apenas extrai uma consequência da moral ascética reformada, moral partilhada, como em Rochefoucauld e Pascal, entre a condenação teológica do amor-próprio e o reconhecimento racional de sua utilidade. Opondo à virtude os sucessos mundanos, Mandeville teria contribuído paradoxalmente para a dissociação entre economia e moral. Ao criticá-lo, Adam Smith foi provavelmente influenciado por sua ideia de uma sociedade guiada para a prosperidade através da busca dos interesses individuais e do bem-estar pessoal.

François Dermange

▶ MANDEVILLE, Bernard, *La fable des abeilles ou les vices privés font le bien public* (1714), Paris, Vrin, 1990; Idem, *Pensées libres sur la religion, sur l'Église et sur le bonheur national* (1721, 1729). Trad. da 2ª ed., Paris, Champion, 2000; CARRIVE, Paulette, *Bernard Mandeville. Passions, vices et vertus*, Paris, Vrin, 1980; GOLDSMITH, Maurice Marks, *Private vices, Public Benefits. Bernard Mandeville's Social and Political Thought*, Cambridge, Cambridge University Press, 1985; HORNE, Thomas, *The Social Thought of Bernard Mandeville*, Londres, Macmillan, 1978; TERESTCHENKO, Michel, "La réevaluation de l'intérêt égoïste dans la philosophie utilitariste classique", *La revue de MAUSS* 14, 1991, p. 153-170.

◉ Economia; Smith A.

MANN, Thomas (1875-1955)

Escritor alemão, prêmio Nobel de literatura em 1929. Viveu uma vida de peregrinações, passando por Lübeck, Munique (1894-1933), Küsnacht, perto de Zurique (1933-1938), Princeton, na Califórnia (1938-1952), e, por fim, em Erlenbach, perto de Zurique (1952-1955). Ainda que Thomas Mann se origine de um meio tradicionalmente protestante, os temas de ressonância cristã só surgem mais tarde, e de modo bastante esporádico, em sua obra. De 1925 a 1943, mas com importantes interrupções, trabalhou na tetralogia romanesca *José e seus irmãos*. Essa vasta narrativa de tema bíblico é enriquecida de reflexões sobre o mito, a eleição, a marcha para o monoteísmo, a necessária evolução histórica da relação com Deus. Em *Doutor Fausto*

(1947), o personagem central, estudante de teologia antes de tornar-se compositor, termina como Nietzsche, submergindo na loucura. Porém, na última nota da cantata sinfônica "A lamentação do doutor Fausto", última partitura do músico, há (talvez) um sinal de esperança. A ironia toda particular de Thomas Mann, sensível às contradições inerentes em tudo (com a exceção do nazismo, execrável sem reservas), impede interpretações redutoras.

Numa Tétaz

▶ MANN, Thomas, *Gesammelte Werke in dreizehn Bänden*, Frankfurt, Fischer, 1960-1975; Idem, *Gesammelte Werke in Einzelbänden. Frankfurter Ausgabe*, Frankfurt, Fischer, 1981ss; Idem, *Romans et nouvelles*, 3 vols., Paris, Librairie générale française, 1994-1996; Idem, *José e seus irmãos* (1933-1943), 3 vols., Rio de Janeiro, Nova Fronteira, 2000; Idem, *Ouvintes alemães: discursos contra Hitler* (1940-1945) (1948), Rio de Janeiro, Zahar, 2009; HELLER, Erich, *The Ironic German. A Study of Thomas Mann* (1958), Cambridge, Cambridge University Press, 1981; MENDELSSOHN, Peter de, *Der Zauberer. Das Leben des deutschen Schriftstellers Thomas Mann*, 2 vols., Frankfurt, Fischer, 1975-1992; NAGEL, Stefan, *Aussonderung und Erwählung. Die "verzauberten" Helden Thomas Manns und ihre "Erlösung"*, Berna, Lang, 1987; ROHLS, Jan, "Thomas Mann und der Protestantismus. 100 Jahre 'Die Buddenbrooks'", *Zeitschrift für Theologie und Kirche* 99, 2002, p. 351-378; TRISTAN, Frédérick, org., *Thomas Mann*, Paris, L'Herne, 1973.

◐ Literatura

MANTZ, Felix (1498-1527)

Humanista de Zurique, filho de cônego, discípulo de Zwinglio, Felix Mantz seria, junto com Conrad Grebel, um dos principais iniciadores do movimento anabatista na Suíça. Mantz e Grebel participaram com Zwinglio das discussões sobre o batismo, em novembro de 1524. Em um texto dirigido ao Conselho de Zurique, Mantz justifica sua rejeição ao pedobatismo recorrendo ao Novo Testamento e à prática dos apóstolos ali descrita. Os primeiros batismos de adultos ocorreram na casa de sua mãe. Perseguido e aprisionado muitas vezes, Mantz seria o primeiro anabatista suíço condenado à morte, por afogamento, em Zurique.

Neal Blough

▶ *Protestation et défense*. Lettre adressée au conseil de la ville de Zurich par l'anabaptiste Félix Mantz (env. 1498-1527) au sujet du baptême chrétien, et rédigée entre le 13 et le 28 décembre 1524", em Claude BAECHER, *Michaël Sattler. La naissance d'Églises de professants au XVIᵉ siècle*, Cléon d'Andran, Excelsis, 2002, p. 28-37; KRAJEWSKI, Ekkerhard, *Leben und Sterben des Zürchers Täuferführers Felix Mantz*, Kassel, Oncken, 1957; SÉGUY, Jean, *Les Assemblées anabaptistes-mennonites de France*, Paris-Haia, Mouton, 1977.

◐ Anabatismo; Grebel; menonismo; Reforma radical; Zurique; Zwinglio

MANUEL DEUTSCH, Niklaus Aleman, dito Niklaus (1484-1530)

Por vezes chamado de Reformador de Berna, Niklaus era pintor e gravador. Seus temas favoritos eram, além da inspiração religiosa, a evocação da soldadesca mercenária, o homem diante da morte e um violento erotismo: nada supera a obra *A moça e a morte*, pintura aguada que é uma espécie de plágio ao avesso da representação de Bate-Seba no banho (Basileia, Cabinet des estampes). Foi poeta, dramaturgo e panfletário: dignos de nota são *Die Totenfresser*, os "comedores de cadáveres", subentendendo-se o clero, peça encenada no carnaval de 1523; *Barbeli* (1526), história de uma moça que se recusou a viver enclausurada no convento, cuja resistência se baseou justamente em uma leitura em privado do Novo Testamento; *Krankheit der Messe* e *Testament der Messe* (1528), série de diálogos em prosa sarcásticos e muito engraçados cujos protagonistas se condoem com a agonia da missa personificada. Foi também mercenário a serviço da França e político em Berna, cidade em que trabalhou durante os cargos políticos, militares e diplomáticos importantes. Eleito para o Grande Conselho de Berna em 1510, membro do Pequeno Conselho em 1528, seria um dos principais instigadores da Reforma durante a Disputa de Berna.

Manuel Deutsch foi uma das raras personalidades da Reforma, na Suíça, a utilizar-se de artes visuais, da expressão artística e teatral, do humor e da paródia, para propagar as ideias evangélicas em meio ao povo. Infelizmente, não conseguiu assumir até o fim a inevitável tensão entre seus dons artísticos e o clima político e religioso de sua época. Abandonou em 1527 a criação artística para dedicar-se à luta que incluía (trágica exigência para um pintor) um rigoroso iconoclasma — expresso em alguns desenhos "a três lápis" e esboços de vitrais como o bastante violento *Josias abatendo os ídolos* (Basileia).

Jérôme Cottin

▶ BAUD-BOVY, Daniel, *Nicolas Manuel*, Genebra, Skira, 1941; BEERLI, Conrad-André, *Le peintre-poète Nicolas Manuel et l'evolution sociale de son temps*, Genebra, Droz, 1953; GRÜNEISEN, Carl, *Niclaus Manuel, Leben und Werke eines Malers und Dichters, Kriegers, Staatsmannes und Reformators im 16. Jahrhundert*, Stuttgart, Cotta, 1837; *Niklaus Manuel Deutsch, Maler, Dichter, Staatsmann*, Berna, Kuntsmuseum, 1979 (catálogo de exposição).

▶ Arte; Berna; iconoclastia; Reforma; Suíça; **teatro**

MARBACH, Jean (1521-1581)

Nascido em Lindau, morto em Estrasburgo, Marbach foi sucessor de Bucer na Igreja Protestante de Estrasburgo. Discípulo de Lutero, impôs a ortodoxia luterana a todos os pastores de Estrasburgo, não sem dificuldades quanto à compreensão da ceia, sobretudo com o reitor da Academia, o humanista Jean Sturm, que rejeitava toda espécie de controle do estabelecimento por parte dos teólogos. Marbach elaborou uma nova liturgia e uma ordenança eclesiástica que, publicadas em 1598, estabeleceram as estruturas e a ortodoxia da Igreja de Estrasburgo até 1789. Como muitos teólogos de sua geração, preocupou-se em evitar a difusão do calvinismo.

Bernard Vogler

▶ HORNING, Wilhelm, *Dr. Johann Marbach, Pfarrer zu St. Nikolai, Münsterprediger, Professor und Präsident des Lutherischen Kirchenconvents in Straßburg, 1521-1581*, Estrasburgo, do autor, [1887]; KITTELSON, James M., "Marbach, Johannes", em *TRE*, t. XXII, 1992, p. 66-68.

▶ Alsácia-Lorena; Bucer; ortodoxia protestante; Sturm J.; Zanchi

MARBURGO (Colóquio de)

Colóquio reunido de 1º a 4 de outubro de 1529 com a iniciativa do *landgrave* Felipe de Hesse, com o objetivo de superar as divergências que surgiram em 1525 entre Lutero e Zwinglio, e entre seus adeptos, sobre a ceia. Ao longo do colóquio, o grupo reunido em torno de Lutero e de Melâncton, de um lado, e de Zwinglio, Oecolampadius e Bucer, de outro, buscaram um denominador comum.

Alguns mal-entendidos se dissiparam e surgiram convergências. Lutero consentiu em tratar a ceia como um sinal. Oecolampadius reconheceu que o verdadeiro corpo de Cristo estava presente pela fé. Foi formulado um acordo em quinze pontos, chamado *Artigos de Marburgo*, exprimindo as convicções reformadas comuns em relação aos principais pontos de doutrina. Os participantes também concordaram em afirmar a necessidade de comer do corpo e beber do sangue de Cristo, espiritualmente, e em declarar que o sacramento da ceia foi instituído para "incitar as consciências fracas à fé". Porém os *Artigos* foram concluídos com uma constatação de fracasso. Continuou-se a divergir sobre a questão "se o verdadeiro corpo e o sangue do Senhor estão substancialmente no pão e no vinho da ceia". Aos "luteranos" que afirmavam essa presença, Zwinglio e seus amigos redarguiram que Cristo estava assentado à direita de Deus desde a ascensão. Baseando-se no evangelho de João, propuseram uma interpretação simbólica da ceia, enquanto Lutero mantinha o sentido literal das palavras que a instituíram: "Este é meu corpo".

Os esforços para uma união política dos Estados protestantes, empreendidos por Felipe de Hesse, foram frustrados por esse fracasso, mas os *Artigos de Marburgo* foram uma etapa inicial da *Confissão de Augsburgo*. A polêmica entre os reformadores protestantes diminuiu de intensidade, e Bucer pôde prosseguir com suas tentativas de aproximação entre diversos pontos de vista.

Marc Lienhard

▶ HAMMANN, Gottfried, "Clarté et autorité de l'Écriture: Luther en débat avec Zwingli et Érasme", *ETR* 71, 1996, p. 175-206; KÖHLER, Walther, *Das Marburger Religionsgespräch 1529. Versuch einer Rekonstruktion*, Leipzig, Heinsius Nachfolger Eger und Sievers, 1929; Idem, *Das Religionsgespräch zu Marburg 1529*, Tübingen, Mohr, 1929; LÉONARD, Émile G., *Histoire générale du protestantisme* (1961), Paris, PUF, 1988, p. 153-156.

▶ Bucer; ceia; *Confissão de Augsburgo*; Lutero; Melâncton; Oecolampadius; Osiander; sacramentários; Zwinglio

MARGARIDA DE NAVARRA (1492-1549)

"Irmã única" do rei Francisco I, duquesa de Alençon pelo primeiro casamento, rainha de Navarra após sua união com Henrique d'Albret (1527), Margarida de Navarra desempenhou um papel considerável na vida política, religiosa e literária do reino até os anos 1530. Líder do movimento evangélico, utilizou sua posição para proteger os cristãos na medida do possível e também para divulgar as ideias do grupo, principalmente nas próprias obras que escreveu. Permaneceu fiel à instituição eclesiástica tradicional (tratá-la como "protestante" é um erro de perspectiva), exprimindo em seus textos de gêneros diversos uma visão pessoal da fé, não confessional, essencialmente espiritual, que enfatizava a leitura da Bíblia (sobretudo em tradução vernacular), a justificação pela fé, a centralidade de Cristo e a superioridade da caridade, compreendida em suas dimensões místicas. Utilizou formas fixas literárias em uma variedade de obras, cujas originalidade e coerência interna são descobertas ainda hoje. Suas peças, que incluem quatro comédias bíblicas sobre os episódios da Natividade, constituem o primeiro teatro de autor de nossa literatura; com a poesia, Margarida de Navarra aprofunda sua vida espiritual, e sua coletânea de novelas, *O heptameron*, é certamente sua obra-prima.

Olivier Millet

▶ MARGARIDA de Navarra, *Oeuvres complètes*, Paris, Champion, 2001ss (publicação em andamento); CAZAURAN, Nicole, *L'Heptaméron de Marguerite de Navarre* (1977), Paris, SEDES, 1992; JOURDA, Pierre, *Marguerite d'Angoulême, duchesse d'Alençon, reine de Navarre, 1492-1549. Étude biographique et littéraire* (1930), 2 vols., Genebra, Slatkine, 1978.

◉ Evangelismo; **literatura**

MARHEINEKE, Philipp Konrad (1780-1846)

Nascido em Hildesheim e morto em Berlim, Marheineke é, juntamente com seu mestre Carl Daub (1763-1836), o principal representante da teologia especulativa do século XIX, movimento teológico que se forma na Alemanha sob a influência da filosofia idealista de origem schellinguiana e hegeliana. Deve seu renome, antes de tudo, a suas obras na área da história da igreja e dos dogmas, assim como no campo da dogmática. O programa específico de uma teologia especulativa, tal como a compreendia Marheineke, encontra sua realização paradigmática em *Grundlehren der christlichen Dogmatik ols Wissenschaft* (1827): trata-se de uma dogmática que recorre metodicamente ao movimento da reflexão e cuja construção se apoia na teoria hegeliana do conceito especulativo; a obra busca desenvolver e fundamentar o conceito de religião no contexto de uma teoria da ideia de Deus, ao modo trinitário.

O recurso à teoria hegeliana do conceito pretendeu valorizar a universalidade e a objetividade da ideia cristã de Deus, em uma oposição aos riscos de fracionamentos que, para Marheineke, parecem fazer sucumbir todo programa teológico que se contenta em desdobrar discursivamente formas particulares de piedade ou enunciados dogmáticos. Ao reconduzir as formas particulares da religião cristã ao auto-desdobramento de Deus em seu agir salvífico, a teologia demonstraria seu caráter científico.

Marheineke também atuou como editor das aulas de Hegel que foram dedicadas à "filosofia da religião" (1832, 5 vols., Paris, Vrin, 1954-1959, 1970-1975). Representante de um hegelianismo ortodoxo, foi um dos alvos da crítica dos hegelianos de esquerda.

Eva-Maria Ruprecht

▶ MARHEINEKE, Philipp Konrad, *Das System des Katholicismus in seiner symbolischen Entwickelung*, 3 vols., Heidelberg, Mohr und Zimmer, 1810-1813; Idem, *Die Grundlehren der christlichen Dogmatik als Wissenschaft*, Berlim, Duncker und Humblot, 1827 (segunda edição totalmente revisada de *Die Grundlehren der christlichen Dogmatik*, 1819); *Philipp Marheinekes theologische Vorlesungen*, org. por S. MATTHIES e Wilhelm VATKE, 4 vols., Berlim, Duncker und Humblot, 1847-1848; BARTH, Karl, *La théologie protestante au dix-neuvième siècle. Préhistoire et histoire* (1946), Genebra, Labor et Fides, 1969, p. 289-295; IHLE, Elise, *Philipp Konrad Marheineke. Der Einfluß der Philosophie auf sein theologisches System*, Leipzig, 1938; KRÜGER, Klaus, *Der Gottesbegriff der spekulativen Theologie*, Berlim, Walter de Gruyter, 1970; RUPPRECHT, Eva-Maria, *Kritikvergessene Spekulation. Das Religions- und Theologieverständnis der spekulativen Theologie Ph. K. Marheinekes*, Frankfurt, Lang, 1993.

◉ Berlim (universidades de); **Deus**; dogma; Druey; Hegel; hegelianos de esquerda; metafísica; **modernidade**; Schelling; teologia especulativa; Trindade

MARIA

O protestantismo e Maria são geralmente vistos como irreconciliáveis. É preciso denunciar esse mal-entendido. O protestantismo se opõe somente a certa mariologia católica romana que foi ainda intensificada no século XX, mostrando-se através de uma intensa piedade popular.

Como todos os reformadores, Lutero insiste no nascimento virginal de Cristo e em Maria como mãe do Senhor. Em novembro de 1520, publica um comentário do *Magnificat*, que costuma ser apontado no debate ecumênico contemporâneo como um modelo de piedade mariana. No entanto, ele se esforça para purificar o culto dos "abusos" que provêm de uma transferência da obra de Cristo para a virgem. Para evitar todo tipo de confusão e definir o verdadeiro lugar de Maria nos planos de Deus, Lutero enfatiza a relação entre Maria e a igreja: "O que dizemos de Maria deve ser dito da igreja" (*WA* 40, II, 558, 17-19). Ela nos ensina a fé e, nesse sentido, assim como a igreja, é mãe dos cristãos (cf. *WA* 29, 655, 11s e 26). Maria não é nem salvadora nem redentora; porém, é um modelo de discípula e mãe, a mulher sobre a qual Deus pousa o olhar, cumulando-a de graças.

Diferentemente de Lutero e Zwinglio, Calvino recusa-se a celebrar as festas marianas. Ele chega a ser prudente na utilização do título "mãe de Deus" (*theotokos*, definido pelo Concílio de Éfeso em 431). Maria está submetida ao pecado original, portanto ao julgamento de Deus, precisando igualmente da salvação oferecida em Cristo. No entanto, isso não nos impede de enxergá-la como um modelo de obediência, fé, testemunho e louvor a Deus.

Dos séculos XVI ao XIX, a teologia e a piedade protestantes se caracterizaram por um longo silêncio sobre Maria, que ocupa um lugar secundário, assim como inúmeras outras testemunhas da história bíblica ou da história da igreja. Como modelo de fé, Maria está no extremo oposto da mariolatria. A oposição protestante a Maria só viria posteriormente, quando a Igreja Católica tornou dogma a imaculada conceição e a assunção (1854 e 1950). Para o protestantismo, o título "mãe de Deus" é um qualificativo de finalidade cristológica, que permite lembrar que Cristo é verdadeiro Deus e verdadeiro homem. A Igreja Católica Romana o vê como um título mariano que abre espaço para a divinização de Maria, que se torna "rainha dos céus" (de acordo com a encíclica de Pio XII, em 1954) e corredentora. Para as igrejas advindas da Reforma, a questão não é somente Maria, mas, sim, o fundamento da fé. Os dogmas romanos questionam a referência às Escrituras somente, a Cristo somente e à graça somente, e esse questionamento é confirmado pelo desenvolvimento da piedade popular e pela multiplicação das peregrinações marianas.

Os desenvolvimentos mais recentes, sobretudo a recusa do Concílio Vaticano II quanto a toda noção de corredenção mariana e sua ênfase na única mediação salvífica de Cristo, permitem novamente certo diálogo. A preocupação das igrejas da Reforma é preservar e afirmar a transparência total de toda a obra de Maria em função da única obra salvífica de Deus, que é em Jesus Cristo.

André Birmelé

▶ BIRMELÉ, André, "La mère du Seigneur dans la théologie protestante", *Lumière et Vie* 189, 1988, p. 33-48; Idem, "L'unique médiation du Christ et la 'coopération' de Marie à son oeuvre et salut", *Ephemerides Mariologicae* 50, 2000, p. 49-64; DUMAS, André e Francine, *Marie de Nazareth*, Genebra, Labor et Fides, 1989; GRUPO DE DOMBES, *Marie dans le dessein de Dieu et la communion des saints*, t. I: *Une lecture oecuménique de l'histoire et de l'Écriture* e t. II: *Les questions controversées et la conversion des Églises*, Paris, Bayard-Centurion, 1997-1998; LEPLAY, Michel, *Le protestantisme et Marie. Une belle éclaircie*, Genebra, Labor et Fides, 2000; LUTERO, Martinho, *Le Magnificat* (1521), em *MLO* 3, 9-77; MARON, Gottfried, "Marie dans la tradition protestante", *Concilium* 188, 1983, p. 81-92; MOLTMANN, Jürgen, "Y a-t-il une mariologie oecuménique?", *Concilium* 188, 1983, p. 17-22; PARMENTIER, Élisabeth, "Marie dans la communion des saints. Perspectives oecuméniques", *Ephemerides Mariologicae* 50, 2000, p. 65-86; PELIKAN, Jaroslav, *Mary through the Centuries. Her Place in the History of Culture*, New Haven, Yale University Press, 1996.

◯ Catolicismo; **ecumenismo**; graça; **salvação**; Vaticano II (Concílio)

MARION, Élie (1678-1713)

Até o final do século XX, o papel desse personagem na Guerra dos Camisardos foi minimizado pelos historiadores protestantes, que preferiram, em vez de Marion, figuras mais "exemplares" como Rolando ou Cavalier. Porém, Élie foi uma personalidade original da resistência armada e um representante emblemático do profetismo cevenol no exílio. Originário de Barre-des-Cévennes, pertencia a uma família de notáveis que de modo algum prenunciava sua participação na luta armada; quanto a ele, sua ambição era tornar-se jurista. Porém, em 1701, a irrupção traumatizante do profetismo na Hautes-Cévennes transtornou o destino do rapaz. Após um provável drama de consciência, Élie se tornou profeta em janeiro de 1703 e se engajou em uma tropa camisarda. Até 1704, seguiu a vida errante e perigosa dos "combatentes da fé". Depois da rendição de Cavalier, exilou-se em Genebra em novembro de 1704. No ano seguinte, Marion voltou à França para participar de um novo levante. O fracasso sangrento do "complô dos Filhos de Deus" (abril de 1705) o obrigou a trocar a França pela Suíça. Em setembro de 1706, instalou-se em Londres, onde reencontrou três antigos camisardos, todos profetas. Esse grupo de inspirados originou um movimento religioso chamado French Prophets, tornando-se resolutamente milenaristas e suscitando agressivas polêmicas que ultrapassaram as fronteiras da Inglaterra. Para difundir sua mensagem, Élie Marion e Jean Allut, acompanhados de dois "secretários", um deles o famoso erudito Nicolas Fatio, lançaram-se em uma prodigiosa aventura missionária que os levou de 1711 a 1713 a percorrer toda a Alemanha e uma parte da Europa. Para Marion, o périplo terminou no dia 29 de novembro de 1713, com sua morte em Livourne. Na Alemanha, os profetas conquistaram alguns discípulos, pietistas exaltados que difundiram o milenarismo na América do Norte. Interessante notar que os shakers fizeram da chegada dos profetas camisardos em Londres, em 1706, data da fundação de sua igreja: impressionante destino da mensagem desse vagabundo de Deus.

Jean-Paul Chabrol

▶ MARION, Élie, *Avertissements prophétiques* (1707), precedido de *Élie Marion, le prophète errant* por Jean-Paul CHABROL, seguido de *La prophétie de Marion, telle [sic] un psaume de dévastation* por Daniel VIDAL, Grenoble, Jerôme Millon, 2003; CHABROL, Jean-Paul, *Élie Marion, le vagabond de Dieu (1678-1713). Prophétisme et millénarisme protestants en Europe à l'aube des Lumières*, Aix--en-Provence, Édisud, 1999; GARRETT, Clarke, *Origins of the Shakers. From the Old World to the New World*, Baltimore-Londres, Johns Hopkins University Press, 1998 (anteriormente publicado sob o título *Spirit Possession and Popular Religion. From the Camisards to Shakers* 1987); MISSON, Maximilien, *Le théâtre sacré des Cévennes* (1707), Paris, Éditions de Paris, 1996; VIDAL, Daniel, *L'ablatif absolu, théorie du prophétisme. Le discours camisard en Europe (1706-1713)*, Paris, Anthropos, 1977.

▶ Camisardos (Guerra dos); milenarismo; profecia

MARNIX, Philippe, seigneur de Sainta Aldegonda (1540-1598)

Nascido em Bruxelas. Frequentou as universidades de Louvain (1553), de Dôle (1557), da Itália (1558) e, após sua conversão à Reforma, a Academia de Genebra (1559). Voltando para os Países Baixos, lutou no Compromisso dos Nobres, que exigia diante do governo a abolição da Inquisição e dos cartazes (editos) contra os hereges (1566). Com a chegada do duque de Alba, em 1567, emigrou para Emden, onde escreveu sob o pseudônimo Isaac Rabbotenu o panfleto *De Biënkorf der H. Roomsche Kerche* ("A colmeia da S. Igreja Católica", Emden, 1569), e para Heidelberg, a serviço de Frederico III do Palatinado. Em 1570, chamado por Guilherme d'Orange-Nassau (dito o Taciturno), cumpriu missões diplomáticas e militares, das quais se destaca a reunião do sínodo do exílio das igrejas reformadas dos Países Baixos, em Emden (1571). Essas atividades foram interrompidas quando foi capturado pelos espanhóis, período em que versificou em holandês o Saltério (1573-1574). A obra só foi publicada em 1580, depois de muita oposição, e não foi aceita pelos reformados, que preferiram a tradução mais popular de Pierre Dathénus (1531/32-1590). Foi nomeado em 1583 primeiro burgo mestre da República Calvinista de Anvers, sitiada pelo duque de Parma, Alexandre Farnésio, e precisou capitular em 1585, caindo em desgraça. Foi chamado novamente por Maurício de Nassau em 1590, que lhe confiou novas missões e o encarregou da tradução holandesa da Bíblia (1594), que Marnix não pôde concluir, morrendo em Leiden. Algumas de suas obras são póstumas: *Tabela dos conflitos da religião* (1599-1605); *De institutione principum ac nobilium puerorum* (1615). É o autor presumido de *Wilhelmus*, hino nacional holandês.

Émile M. de Braekman

▶ MARNIX, Philippe de, *Oeuvres*, 6 vols., Genebra, Slatkine, 1971; Idem, *Godsdienstige en kerkelijke geschriften*, 4 vols., org. por Johan Justus VAN TOORENENBERGEN, Haia, Nijhoff, 1871-1891; Idem, *Het Boeck der Psalmen Davids* (1580), org. por Gert-Jan BUITINK, Anvers, B-Promotion, 1985; *Marnixi epistulae. De briefwisseling van Marnix van Sint-Aldegonde. Een kritische uitgave*, org. por Aloïs GERLO e Rudolf DE SMET, Bruxelas, Presses universitaires, 1990ss; DUITS, Henk e STRIEN, Ton van, orgs., *Een intellectuele activist. Studies over het leven en werk van Marnix van Sint Aldegonde*, Hilversum, Verloren, 2001; ELKAN, Albert, *Phillip Marnix von St. Aldegonde I: Die Jugend Johanns und Phillips von Marnix*, Leipzig, Dyk, 1910; Idem, *Johann und Phillip von Marnix während des Vorspiels des niederländischen Aufstandes 1565-1567*, Leipzig, Herrmann, 1913; *Marnix Officieel Gedenkboek*, Bruxelas-Amsterdã, Onze Tijd-Wereld Bibliotheek, 1939.

◉ Bélgica; Guilherme d'Orange-Nassau, dito o Taciturno

MAROT, Clemente (1496-1544)

A família materna de Marot é originária de Cahors, em Quercy, onde "o rio Lot corre em águas não muito claras". Portanto, a língua materna do poeta foi o provençal, mas, como ele mesmo afirma, "nem tinha dez anos, levado foi à França", pois o pai se tornara então o poeta oficial de Luís XII, além de historiógrafo nas campanhas militares do rei na Itália. Por meio de seu pai, aos 16 anos, Clemente Marot conhece o mais ilustre dos Grandes *Rhétoriqueurs* ("retoricadores"), o poeta Jean Lemaire de Belges, que lhe ensina as sutilezas da função. Primeiro "dado" por Francisco I à irmã Margarida de Angoulême, futura rainha de Navarra, Marot assumiria o cargo do pai, *valet de chambre du roi*, ou seja, criado do rei. Assiste a todas as grandes "horas" diplomáticas e mundanas da época e presencia os primórdios da Reforma, em torno do grupo de Meaux e de Lefèvre d'Étaples. "Mal experimentara a fé", foi mandado para a prisão em fevereiro de 1526 por ter "comido torresmo" na Quaresma, prova flagrante de "luteranismo", como se dizia então. A prisão do Châtelet, em Paris, é para ele "um inferno mui imundo", descrito justamente em *O inferno*, longa epístola ao mesmo tempo satírica e alegórica, dirigida a seus amigos e a "irmãos muito caros", em que se pode sentir a influência de François Villon e de seu *Testamento*. De fato, Marot reeditaria *Obras*, de Villon, em 1533, prestando homenagem ao grande poeta lírico do século anterior, de quem ele é ao mesmo tempo o discípulo e a reencarnação. No ano de Pantagruel, de Rabelais (1532), Marot publica *A adolescência clementina*, coletânea de seus versos anteriores classificados por formas e gêneros: "opúsculos", epístolas, lamentações, baladas, rondós e canções. *A adolescência* obtém um imenso sucesso ("Nunca livro algum foi vendido como o dele", observaria Étienne Pasquier), sendo seguida de uma *Continuação*, com o enorme poema *Deploração de Florimond Robertet*, obra-prima em que, para exprimir o luto de um grande servo do Estado, Marot, em um espírito evangelístico, toma emprestados das epístolas de Paulo os tons mais patéticos e mais firmes.

Quando estoura o caso dos cartões contra a missa em 1534, Marot foi citado em sétima posição na lista de suspeitos. Precipita-se para abandonar a corte e se refugia em Nérac, junto à rainha de Navarra. Dali, vai para a Itália, sendo acolhido em Ferrara, em junho de 1535, por Renata de França, filha de Luís XII, tornando-se seu secretário e seu poeta pensionado. Foi na corte de Ferrara que ele lançou o famoso concurso dos brasões do corpo feminino, de que participam seus discípulos que haviam permanecido na França, entre os quais o lionês Maurice Scève. Foi também em Ferrara que, na primavera de 1536, entrou em contato com João Calvino, que acabava de publicar em Basileia a primeira edição latina das *Institutas da religião cristã*. As hostilidades que lhe dirige Hercule d'Este, duque de Ferrara, logo obrigam Marot a refugiar-se em Veneza, de onde implora a Francisco I o retorno em graça. Para isso, foi necessário que abjurasse publicamente do "erro luterano", em uma cerimônia solene presidida em Lyon pelo cardeal de Tournon, em dezembro de 1536. Dois meses depois, participou em Paris, com Guilherme Budé e Rabelais, do banquete pela graça concedida pelo rei a Étienne Dolet, impressor e humanista, que no entanto seria mandado para a prisão novamente mais duas vezes, em 1542 e 1544, sendo queimado vivo na Praça Maubert em 1546.

Poeta original que, nos tempos da Renascença, renovou a tradição do lirismo pessoal herdada por Carlos d'Orléans e François Villon, Marot também foi um grande tradutor, transpondo em versos franceses a *Primeira bucólica* de Virgílio, os dois primeiros livros das *Metamorfoses* de Ovídio, seis sonetos de

Petrarca, três *Colóquios* de Erasmo e *Trinta salmos* publicados em Paris, em 1541, com a autorização da Faculdade de Teologia, aos quais logo se acrescentariam *Vinte outros salmos* (1543), elevando a *Cinquenta* (na verdade, 49) o número total de salmos traduzidos por ele. O restante do conteúdo do *Saltério huguenote* seria obra de Teodoro de Beza.

Porém, as perseguições recomeçam. No final do mês de novembro de 1542, Marot precisou refugiar-se em Genebra, onde Calvino o recebe muito bem e solicita uma pensão para ele, que o Conselho recusa por falta de fundos. Sem emprego em Genebra, exilado na Itália onde os evangélicos são cada vez menos tolerados, Marot tenta novamente cair nas graças do rei. Viaja para Torino e entra para o exército francês, vitorioso em Cérisoles, e morre no local, em setembro de 1544. "Quercy, a corte, o Piemonte, o universo/ Me fez, me manteve, me enterrou, me conheceu/ Quercy minha honra, a corte teve todo o meu tempo/ Piemonte, meus ossos, e o universo, meus versos", diz seu epitáfio, composto pelo amigo Lion Jamet.

A contribuição decisiva de Clemente Marot para a causa protestante é sem dúvida alguma sua tradução dos Salmos. Essa contribuição é *religiosa* em primeiro lugar, ainda que o *Saltério* publicado em 1542, em Genebra, estivesse adaptado às exigências do Conselho. Quando Calvino vai ter com Clemente Marot e, em seguida, depois da morte de Marot, com Teodoro de Beza, é para que os salmos sejam musicados e cantados pela assembleia dos fiéis. À diferença de Beza, Marot ignorava o hebraico e o grego, e é por isso que se baseava nas versões latinas de Jerônimo, na edição de Lefèvre d'Étaples e Martin Bucer, e também nos comentários de Bucer, tomando emprestado dele o tema de cada salmo. A intervenção de Marot, portanto, nada tem de filológica; é orientada para a liturgia e para a memorização do texto pelos fiéis. Também se trata de uma contribuição *política*: os salmos seriam cantados em público e ao ar livre, e até em campos de batalha, como os hinos de concentração militar, pelos soldados protestantes. Foram impressos 27 mil exemplares dos *Salmos* genebrinos no dia 27 de janeiro de 1562. Por fim, é uma contribuição *literária*, que apresenta um modelo às gerações vindouras: as *Odes* de Ronsard, por exemplo, pretendiam imitar a métrica de Píndaro, mas se pareciam mais com as de Marot nos *Salmos*.

Os *Cinquenta salmos* são para Marot um ponto alto em sua trajetória, em que caminhou desde a retórica erudita até o "modo comum de falar", lição que a Plêiade, com exceção talvez de Ronsard em alguns momentos, logo esqueceria. A tradução da Bíblia se torna, no final, sua última linguagem, uma linguagem profundamente pessoal antes de ser a da comunidade reformada.

Fato é que Marot reinterpretou à sua maneira os salmos que versificou. Contrariamente ao que foi afirmado e repetido, a criação de uma obra original na língua francesa, que constituiu o núcleo do posterior *Saltério huguenote*, comporta em grande parte liberdade em relação ao texto hebraico, e também uma grande independência em relação à teologia de Calvino. Marot tende a humanizar o conteúdo dos Salmos e a fazer de uma tradução bastante livre uma espécie de autobiografia com textos bíblicos interpostos. O exame do Salmo 6, o primeiro que traduziu enquanto estava doente de peste, apresenta-o preocupado com sua doença e pouco inclinado a falar do além, como o salmista o convidava.

A partir de 1533, os salmos franceses passaram a ser cantados na corte com as melodias que estavam na moda. O poeta de Francisco I, evidentemente, não viu inconveniente algum nessa confusão entre profano e sagrado, uma confusão, na verdade, bastante tradicional. Porém, enquanto Marot, na epístola dedicatória às damas da França, aceita os dois modos como igualmente válidos, Calvino rejeita o *contrafactum* e cria um estilo melódico específico para a liturgia. A oposição musical de Genebra e da corte, que Marot preferiu ignorar, logo assumiria um significado confessional.

Christophe Callame e Frank Lestringant

▶ MAROT, Clément, *Oeuvres poétiques complètes*, 2 vols., org. por Gérard DEFAUX, Paris, Bordas, 1990-1993; Idem, *L'Adolescence clémentine; L'Enfer; Déploration de Florimond Robertet; Quatorze Psaumes*], org. por Frank LESTRINGANT, Paris, Gallimard, 1987; Idem e BEZA, Teodoro de, *Les Psaumes en vers français avec leurs mélodies* (1562), com introdução de Pierre PIDOUX, Genebra, Droz, 1986; DEFAUX, Gérard, *Le poète en son jardin. Étude sur Clément Marot et "L'Adolescence clémentine"*, Paris, Champion, 1996; Idem e SIMONIN, Michel, orgs., *Clément Marot "Prince des poëtes françois", 1496-1996. Actes du colloque international de Cahors en Quercy, 21-25 mai 1996*, Paris, Champion, 1997; LESTRINGANT, Frank,

Clément Marot, de L'Adolescence *à* L'Enfer, Pádua, Unipress, 1998; MAYER, Claude Albert, *Bibliographie des oeuvres de Clément Marot*, 2 vols., Genebra, Droz, 1954; Idem, *La religion de Marot*, Genebra, Droz, 1960; Idem, *Clément Marot*, Paris, Nizet, 1972; REUBEN, Catherine, *La traduction des Psaumes de David par Clément Marot. Aspects poétiques et theologiques*, Paris, Champion, 2000; ROUBAUD, Jacques, *Impressions de France. Incursions dans la littérature du premier XVIe siècle, 1500-1550*, Paris, Hatier, 1991; SCREECH, Michael A., *Marot évangélique*, Genebra, Droz, 1967; Idem, *Clément Marot. A Renaissance Poet Discovers the Gospel. Lutheranism, Fabrism and Calvinism in the Royal Court of France and of Navarre and in the Ducal Court of Ferrara*, Leyden, Brill, 1994.

○ **Música**; *Saltério huguenote*

MARPECK, Pilgram (1495-1556)

De início, Marpeck trabalhou como engenheiro-funcionário em sua cidade natal, Rattenberg (o Tirol austríaco). Apontado como anabatista, viaja a Estrasburgo em 1528, onde se emprega na administração municipal e lidera uma comunidade anabatista. Expulso após uma disputa teológica com Bucer, passa o restante de sua vida na Suíça, de 1532 a 1544, e em Augsburgo, de 1544 a 1556. Inúmeras comunidades anabatistas veem nele um líder nato, e Marpeck se esforça pela união entre vários grupos do anabatismo. Seus textos são considerados os mais importantes do anabatismo do século XVI. Inspirando-se em Lutero e Schwenckfeld, Marpeck desenvolve uma teologia com base na humanidade de Cristo.

Neal Blough

▶ *The Writings of Pilgram Marpeck*, org. por William KLASSEN e Walter KLAASSEN, Kitchener-Scottdale, Herald Press, 1978; BLOUGH, Neal, *Christologie anabaptiste. Pilgram Marpeck et l'humanité du Christ*, Genebra, Labor et Fides, 1984; Idem, *Le Christ glorifié et le Christ humilié: le débat christologique entre Pilgram Marpeck et Caspar Schwenckfeld*, em Idem, org., *Jésus-Christ aux marges de la Réforme*, Paris, Desclée, 1992, p. 141-162; BOYD, Stephen Blake, *Pilgram Marpeck. His Life and Social Theology*, Mayence-Durham, Philipp von Zabern-Duke University Press, 1992.

○ **Anabatismo**; **Jesus (imagens de)**; **Reforma radical**; **Schwenckfeld**

MARTIN, Frank (1890-1974)

O protestantismo é uma fonte espiritual para a arte desse filho de Genebra que é Frank Martin, talvez a mais importante de todas, ao lado da obra de Jung. Martin era protestante, de início, por hereditariedade (pois era filho de pastor), mas tornou-se na mesma medida um filho de Johann Sebastian Bach. Assim, sua fé era tão pouco convencional quanto à do músico alemão, precisando ser lida em suas composições — e não necessariamente nas obras consideradas religiosas, como *Golgotha* (1945-1948) e *Le Mystère de la Nativité* (1957-1959). Por mais profana que pareça cada uma de suas notas, percebe-se nelas o fruto de uma reflexão espiritual, que podemos chamar de "recolhimento", cuja fonte é o que ele mesmo afirmava ser a "transcendência".

J.-Claude Piguet

▶ MARTIN, Frank e PIGUET, J.-Claude, *Entretiens sur la musique*, Neuchâtel, La Baconnière, 1967; MARTIN, Bernard, *Frank Martin ou la realité du rêve*, Neuchâtel, La Baconnière, 1973; MARTIN, Maria, *Un compositeur médite sur son art*, Neuchâtel, La Baconnière, 1977; Idem, *À propos de... Commentaires de Frank Martin sur ses oeuvres*, Neuchâtel, La Baconnière, 1984; PIGUET, J.-Claude, *Correspondance Ernest Ansermet-Frank Martin*, Neuchâtel, La Baconnière, 1976.

○ **Música**

MARTINI, Cornelius (1568-1621)

Filósofo luterano, nascido em Anvers e morto em Helmstedt. Após a reconquista dos antigos Países Baixos do Sul (Bélgica) pelos espanhóis, Martini deixa Flandres para estabelecer-se na Alemanha. Estuda em Rostock e, em 1592, torna-se professor de filosofia em Helmstedt, entrando em contato com Johannes Caselius (1533-1613), aluno humanista de Melâncton. Atribui-se a Martini a reinserção da lógica (silogismo) e da metafísica aristotélicas no mundo acadêmico da Alemanha luterana. Suas aulas de metafísica, de 1597 a 1599, publicadas em 1605 com o título *Metaphysica commentatio*, abriram caminho para a escolástica católica, principalmente as *Disputationes metaphysicae* (1597, conhecidas na Alemanha a partir de 1604) do jesuíta espanhol Francisco Suárez (1548-1617). Seu ensino o tornou conhecido como o "fundador de uma metafísica autônoma na Alemanha". O aristotelismo de Martini e Caselius foi objeto de controvérsias com o teólogo Daniel Hoffmann (1538-1611), que em suas "Teses" de 1598 se opôs ao uso da silogística e da metafísica aristotélicas na teologia (retomando com isso as posições de Flacius Illyricus sobre a "dupla verdade": fé e saber). Martini influenciou profundamente toda a ortodoxia luterana, com destaque para Jakob Martini (1570-1649) e Johann Gerhard (1582-1637). Dentre seus alunos, dignos de nota são Georg Calixt (1586-1656) e Henning Arnisaeus (morto em 1615).

Patrick Évrard

▶ MARTINI, Cornelius, *Metaphysica commentatio*, Estrasburgo, 1605; LEWALTER, Ernst, *Spanisch--jesuitische und deutsch-lutherische Metaphysik des 17. Jahrhunderts* (1935), Darmstadt, Wissenschaftliche, Buchgesellschaft, 1967; PETERSEN, Peter, *Geschichte der aristotelischen Philosophie im protestantischen Deutschland* (1921), Stuttgart, Frommann, 1964; SCHEPERS, Heinrich, *La philosophie allemande au XVIIe siècle*, em Yvon BELAVAL, org., *Histoire de la philosophie*, t. II: *De la Renaissance à la révolution kantienne*, Paris, Gallimard, 1973, p. 418-437; SPARN, Walter, *Wiederkehr der Metaphysik. Die ontologische Frage in der lutherischen Theologie des frühen 17. Jahrhunderts*, Stuttgart, Calwer, 1976; WOLLGAST, Siegfried, *Philosophie in Deutschland zwischen Reformation und Aufklärung 1550-1650*, Berlim, Akademie Verlag, 1988, p. 154-163; WUNDT, Max, *Die deutsche Schulmetaphysik des 17. Jahrhunderts*, Tübingen, Mohr, 1939.

◉ **Deus**; dogmática; Gerhard; Melâncton; metafísica; Ramus

MARTÍRIO

O surgimento do martírio cristão se insere no contexto das perseguições do Império Romano. Diante de um tribunal, o herói da fé prefere a morte à apostasia. Esse sacrifício voluntário testemunha a morte do Senhor na cruz, conferindo ao supliciado uma pureza perfeita. A recusa absoluta à transgressão religiosa se aproxima do cumprimento judaico do *kiddoush ha-Shem*. O fiel escolhe a morte em lugar da idolatria ou de atos de perversão e assassinato. Por outro lado, o martírio se opõe ao *shahîd* muçulmano, na medida em que, no islã, a testemunha dos sinais de Deus é morta no "campo de batalha".

No século XVI, inúmeros protestantes aceitaram o suplício da fogueira. Em *Histoire des martyres* [História dos mártires], publicado pela primeira vez em Genebra no ano de 1554, Jean Crespin (?1520-1572) relata as tribulações de mais de 160 franceses (em 422 execuções por heresia) que decidiram afrontar os juízes até a morte em vez de retornarem ao catolicismo. Anne Du Bourg, conselheira no Parlamento de Paris, torturada no dia 23 de dezembro de 1559 por ter ousado criticar em uma das sessões a política de perseguição diante do rei Henrique II, é a mais famosa dentre eles. Os "fiéis perseguidos" durante as guerras de religião, por outro lado, não se valeram do mesmo prestígio, já que não escolheram a morte. No entanto, a partir do século XVII, as vítimas de São Bartolomeu encarnam o martírio coletivo da igreja reformada.

Nos anos 1550, são publicados outros martirológios protestantes: *Historien der Heyligen außerwölten Gottes Zeügen, Beken* [n] *ern vnd Martyrern* (1552-1558), do luterano Ludwig Rabus (1523-1592), *De Gheschiedenisse ende den doodt der vromer Martelaren* (1559), do calvinista flamengo Adriaen Cornelisz van Haemstede (?1525-1562) e os *Actes and Monuments of these Latter and Perillous Dayes, Touching Matters of the Church* (1554 em latim e 1563 em inglês), do anglicano John Foxe (1516-1587). Foxe se concentra no período de repressão sob Maria Tudor, de 1555 a 1558, em que ilustres eclesiásticos como Thomas Cranmer (1489-1556), ex-arcebispo de Cantuária, e Nicolas Ridley (?1500-1555), ex-bispo de Londres, preferiram resistir à recatolicização do reino em vez de exilarem-se. Impondo-se em todas as igrejas elisabetanas, a obra moldou a sensibilidade religiosa inglesa, tornando-se uma referência no século XVII para a oposição puritana à monarquia dos Stuarts.

Diferentemente de outras confissões cristãs, no protestantismo o martírio não se beneficia de um culto, em virtude da mediação única de Cristo. Sua missão não é a de um intercessor ao Senhor, mas, sim, da edificação de sua comunidade e do sinal de sua eleição. O teólogo alemão Dietrich Bonhoeffer, enforcado em 1945, manifestou tal vocação através da denúncia dos crimes nazistas a partir de 1933.

David El Kenz

▶ BURSCHELL, Peter, *Sterben und Unsterblichkeit. Zur Kultur des Martyriums in der frühen Neuzeit*, Munique, Oldenbourg, 2004; EL KENZ, David, *Les bûchers du roi. La culture protestante des martyrs (1523-1572)*, Seyssel, Champ Vallon, 1997; GREGORY, Brad S., *Salvation at Stake. Christian Martyrdom in Early Modern Europe*, Cambridge, Harvard University Press, 1999; KNOTT, John R., *Discourses of Martyrdom in English Literature, 1563-1694*, Cambridge-New York, Cambridge University Press, 1993; KOLB, Robert, *For All the Saints. Changing Perceptions of Martyrdom and Sainthood in the Lutheran Reformation*, Macon, Mercer University Press, 1987; LESTRINGANT, Frank, *Lumière des martyrs. Essai sur le martyre au siècle des Réformes*, Paris, Champion, 2004; MARX, Jacques, org., *Sainteté et martyre dans les religions du livre*, Bruxelas, Éditions de l'Université de Bruxelles, 1989; MONTER, William, *Judging the French Reformation. Heresy Trials by Sixteenth-Century Parlements*, Cambridge, Harvard University Press, 1999; "Martyrs et martyrologes", *Revue des sciences humaines* 269, 2003.

◉ Crespin; Deserto (igreja no); **mulher**

MASARYK, Tomáš Garrigue (1850-1937)

Filósofo e humanista checo, é uma das grandes personalidades nacionais. Jovem professor universitário, converteu-se ao protestantismo e se tornou membro da Igreja Reformada. Por muitos anos, ensinou filosofia na Universidade Charles, de Praga, e exerceu grande influência na vida cultural e intelectual de seu país. Fundador do "Partido Realista", foi eleito para o parlamento austro-húngaro de Viena. Manifestando alguma simpatia pelo movimento socialista, foi também um dos críticos mais pertinentes do marxismo. Em 1914, deixa o país e começa a lutar contra os Habsburgos. O plano de Masaryk para a reorganização do continente está na origem da criação de vários novos Estados da Europa central e oriental após a Primeira Guerra Mundial. Em 1918, torna-se o primeiro presidente da Checoslováquia. Seu *slogan*, "Jesus, não César", inspirou os estudantes ao longo das jornadas revolucionárias de novembro de 1989.

Milan Opočenský

▶ MASARYK, Tomáš Garrigue, *Der Selbstmord als sociale Massenerscheinung der modernen Civilisation* (1881), Munique-Viena, Philosophia-Verlag, 1982; Idem, *Česká otázka. Snahy a tužby národního obrození*, Praga, Čas, 1895; Idem, *Otázka sociálni. Základy marxismu sociologické a filosofické*, Praga, Jan Laichter, 1898; Idem, 2 vols., Iena, Diederichs, 1913; Idem, *La réssurrection d'un État. Souvenirs et réflexions, 1914-1918* (*Světová revoluce. Za války a ve vála 1914-1918*, *La révolution mondiale. La guerre 1914-1918*, Paris, Plon, 1930; ČAPEK, Karel, *Entretiens avec Masaryk* (1936), La Tour-d'Aigues, L'Aube, 1991.

◉ Checa (República)

MASTURBAÇÃO

Do latim *manus* (mão) e *stuprare* (macular), "masturbar-se" significa buscar prazer pela excitação manual das partes genitais. No passado, muitas vezes teólogos e médicos se uniram imperativamente para condenar a masturbação em virtude de uma desconfiança quanto ao prazer sexual e da importância atribuída à procriação. O *Catecismo da Igreja Católica* ainda demonstra essa visão ao afirmar, de acordo com uma constante tradição, que "a masturbação é um ato intrínseca e gravemente desordenado" (Tours-Paris, Mame-Plon, 1992, nº 2352). A Bíblia não aborda a masturbação, mas na literatura apócrifa do Antigo e do Novo Testamentos é comum que seja condenada. Um correlato, o onanismo, tem sua origem na história de Onã, que atraiu para si a ira de Deus ao recusar submeter-se à lei do levirato: "Sabia, porém, Onã que o filho não seria tido por seu; e todas as vezes que possuía a mulher de seu irmão deixava o sêmen cair na terra, para não dar descendência a seu irmão" (Gn 38.9). Assim, o texto não diz respeito à masturbação.

Samuel Auguste Tissot (1728-1797), médico de Lausanne, imortalizou essa condenação quase histérica da masturbação em seu livro *L'onanisme* [O onanismo] (1774), dirigido ao leitor europeu. Para Tissot, a masturbação gera doenças físicas e mentais graves: epilepsia, febre, enfraquecimento geral, loucura, impotência, desordens mentais etc.

A fixação na masturbação é geralmente própria às igrejas que impuseram o celibato aos padres e censuravam o gozo sexual. Hoje, no protestantismo, em geral se concorda que a masturbação não seria objeto de julgamento moral, mas, sim, eventualmente, de apreciação psicológica. Apesar do reflexo conservador que perpetua as condenações tradicionais, os éticos evangélicos evitam afirmar que a masturbação é pecado, pois a Escritura também não o afirma; no entanto, advertem contra a concupiscência que está associada ao ato (Mt 5.28) e contra a escravidão inerente ao vício.

Robert Grimm

▶ DREWERMANN, Eugen, *Fonctionnaires de Dieu* (1989), Paris, Albin Michel, 1993; RANKE-HEINEMANN, Uta, *Des eunuques pour le royaume des cieux. L'Église catholique et la sexualité* (1988), Paris, Robert Laffont, 1990; TISSOT, Samuel Auguste, *L'onanisme* (1774), Paris, La Différence, 1991; WHITE, John, *L'éros piétiné. Vaincre la culpabilité* (1977), Fontenay-sous-Bois, Farel, 1986.

▶ Bioética; prazer; **sexualidade**

MATERNIDADE

Se devemos a Calvino a ideia inovadora de que a mulher não foi criada somente para povoar a terra, mas que foi dada ao homem para ser sua "companheira inseparável por toda a vida" (Comentário a Gênesis 2.18), isso não significa, porém, que a maternidade tenha deixado de ser, de acordo com uma visão tradicional, o modo privilegiado de "retornar para a graça de Deus" (*Sermon* [Sermão] 1Tm 2.13-15, em *Opera Calvini* [Obra de Calvino] LIII, col. 227): a função materna aceita em fé liberta a mulher da "maldição" que pesava sobre ela. O pensamento reformado também contribuiu grandemente para a revalorização do *status* da mãe de família, ao atribuir-lhe, sobretudo no puritanismo, um papel de educadora da consciência moral de seus filhos.

Francine Carrillo

▶ BIÉLER, André, *L'homme et la femme dans la morale calviniste*, Genebra, Labor et Fides, 1963; LEITES, Edmund, *La passion du bonheur. Conscience puritaine et sexualité moderne* (1986), Paris, Cerf, 1988.

▶ Criança; **mulher**; paternidade

MATTHYS, Jan (morto em 1534)

Açougueiro do Haarlem, foi rebatizado por Melchior Hoffman em 1532 e, declarando-se o novo Enoque, impôs-se como líder anabatista milenarista nos Países Baixos, enviando doze apóstolos para as províncias. Dois deles se renderam em Münster, em janeiro de 1534; com o sucesso da pregação deles, Jan Matthys decidiu estabelecer na cidade a Nova Jerusalém, chegando ao local no dia 24 de fevereiro para assumir seu papel de profeta. A cidade foi purificada: os oponentes foram expulsos e os mornos obrigados ao novo batismo, enquanto os anabatistas afluíam para lá de todos os lugares. Para unir aquele "povo de santos", Matthys instituiu a comunhão dos bens. Quando o bispo de Münster cercou a cidade, Matthys efetuava uma retirada no Domingo de Páscoa, no dia 4 de abril de 1534, quando foi morto.

Émile M. Braekman

▶ STUPPERICH, Robert, *Das Münsterische Täufertum*, Münster, Aschendorf, 1958; VAN DER ZIJPP, Nanne, *Geschiedenis der Doopsgezinden in Nederland*, Arnhem, Loghum Slaterus, 1952; VERNEKOHL, Wilhelm, *Die Wiedertäufer in Münster*, Münster, Regensberg, 1963.

▶ Anabatismo; Hoffman; João de Leide; milenarismo; Münster (Reino de); Reforma radical

MAURICE, Frederick Denison (1805-1872)

Teólogo da Igreja Anglicana, Maurice foi fortemente influenciado por Samuel Taylor Coleridge (1772-1834). Professor de teologia no King's College de Londres a partir de 1846, fundou o socialismo cristão, junto com John Malcolm Forbes Ludlow (1821-1911) e Charles Kingsley (1819-1875). De fato, Maurice nutria uma ideia apolítica do socialismo e manteve distância dos partidos na igreja. Não só considerava a igreja como a morada dos remidos, mas também como o sinal de que, apesar das aparentes contradições exteriores, Deus já havia estabelecido seu Reino. Maurice não esperava que uma nova sociedade universal substituísse todas as organizações humanas, mas que essas organizações participassem de um mesmo Reino universal sob a liderança de Cristo. Em 1866, torna-se professor de filosofia moral em Cambridge. Dentre as obras desse autor prolífico estão *The Kingdom of Christ* [O Reino de Cristo] (1838, 1842, Londres, SCM Press, 1958), *Theological Essays* [Ensaios teológicos] (1853, Londres, James Clarke, 1957), *What Is Revelation?* [O que é revelação?] (1859, New York, AMS Press, 1975), *Social Morality* [Moralidade social] (1869, Londres, Macmillan, 1872), assim como um romance autobiográfico, *Eustace Conway* (Londres,

Richard Bentley, 1834). É considerado por alguns como o mais influente mentor do liberalismo anglicano moderno.

Anthony Dyson

▶ MAURICE, Frederick, org., *The Life of Frederick Denison Maurice Chiefly Told in His Own Letters*, Londres, Macmillan, 1885; MCCLAIN, Frank Mauldin, *Maurice. Man and Moralist*, Londres, SPCK, 1972; RAMSEY, Arthur Michael, *F. D. Maurice and the Conflicts of Modern Theology*, Cambridge, Cambridge University Press, 1951; VIDLER, Alexander Roper, *The Theology of F. D. Maurice*, Londres, SCM Press, 1948.

◉ Anglicanismo; cristianismo social/socialismo cristão

MAURY, Pierre (1890-1956)

Pastor e professor reformado de teologia. Filho do reitor Léon Maury (Faculdade de Teologia de Montauban). De sua união, em 1914, com Élisabeth Meyer, nasceram três filhos: Philippe (1916-1967), Jacques (1920-) e Nicole (1925-). Estudou filosofia, letras e ciências naturais na Sorbonne. O racionalista idealista Léon Brunschvicg (1869-1944) lhe apresenta o escritor Pascal. Após um período em Berlim, onde se inicia em teologia alemã, Maury empreende estudos de teologia em Montauban. É mobilizado em 1914 e, de 1919 a 1924, ocupa o cargo de secretário-geral da Federação Francesa das Associações Cristãs de Estudantes. De 1924 a 1929, é pastor da Igreja Reformada de Ferney-Voltaire, onde se torna amigo de seu frequentador ocasional Willem Adolf Wisser't Hooft, a quem se associa no secretariado-geral da Federação Universal das Associações Cristãs de Estudantes (1930-1934). A partir de 1930, assume o cargo de diretor da revista *Foi et Vie* [Fé e vida]. Em 1934, é chamado pela igreja parisiense de Passy-Annonciation, onde exerceria o ministério até a morte, em estreita colaboração com Marc Boegner. Ao mesmo tempo, assume os cargos de professor de dogmática na Faculdade de Teologia de Paris (1943-1950) e de presidente do Conselho Nacional da Igreja Reformada da França (1950-1953).

De início um fervoroso adepto do movimento neocalvinista liderado por Auguste Lecerf, Maury descobre com entusiasmo Karl Barth, de quem seria, na França, o principal representante, publicando um sem-número de artigos de Barth na revista *Foi et Vie* e traduzindo as principais obras (com destaque para a coletânea de artigos de 1924, com o título *Parole de Dieu et parole humaine* [Palavra de Deus e palavra humana], 1933, reeditado em 1966, Paris, Les Bergers et les Mages). Não somente formaria na França uma jovem e brilhante geração de barthianos, mas também traria contribuições para o pensamento do mestre no que diz respeito à doutrina da predestinação.

Roger Mehl

▶ MAURY, Pierre, *Trois histoires spirituelles. Saint Augustin, Luther, Pascal* (1931), Genebra, Labor et Fides, 1962; Idem, "Élection et foi", *Foi et Vie*, 1936, p. 203-223; Idem, *Jésus-Christ, cet inconnu*, Estrasburgo, Oberlin, 1948; Idem, *La prédestination*, Genebra, Labor et Fides, 1957; Idem, *L'eschatologie*, Genebra, Labor et Fides, 1959; Idem e BARTH, Karl, *Nous qui pouvons encore parler... Correspondance 1928-1956*, org. por Bernard REYMOND, Lausanne, L'Âge d'Homme, 1985.

◉ Barth; barthismo; calvinismo (neo); **predestinação e Providência**; revistas protestantes

MAZEL, Abraham (1677-1710)

Huguenote das Cevenas, participou da libertação dos prisioneiros do abade Du Chaila em Pont-de-Montvert (23 de julho de 1702), originando a guerra das Cevenas. Quando os camisardos são subjugados, Mazel se exila em Genebra, mas retorna na clandestinidade. Preso e interrogado pelo intendente Bâville, é condenado à prisão perpétua e encarcerado na Torre de Constance (Aigues-Mortes), da qual consegue escapar em julho de 1705. Depois de um período na Holanda, volta ao Languedoc, onde organiza algumas emboscadas e combate o duque de Roquelaure (julho de 1709). Esconde-se perto de Uzès e fica à espera de um auxílio financeiro prometido pelos genebrinos, mas é capturado e morto em outubro de 1710. Sua morte marca o fim dos distúrbios nas Cevenas.

Hubert Bost

▶ *Mémoires sur la guerre des Camisards*, Montpellier, Presses du Languedoc, 2001 (contém as *Mémoires inédits d'Abraham Mazel et d'Élie Marion sur la guerre des Cévennes 1701-1708* e as *Mémoires de Bonbonnoux, chef Camisard et pasteur du Désert*).

◉ Camisardos (Guerra dos)

MBITI, John Samuel (?1931-)

Originário do Quênia, Mbiti foi professor de crianças e pregador anglicano. Estudou em Makerere (Uganda), no *Barrington College* (Estados Unidos) e em Cambridge, onde obteve o grau de doutor em teologia por sua tese sobre escatologia neotestamentária em contexto africano. Tornou-se professor de teologia e ciências religiosas em Makerere antes de ocupar o cargo de diretor do Centro Ecumênico de Bossey, perto de Genebra (1974-1980). Desde então, e até a aposentadoria (em 1997), exerceu o ministério pastoral na Igreja Evangélica Reformada do cantão de Berna, congregação de Burgdorf, ao mesmo tempo que continuava suas atividades como missiólogo na Universidade de Berna. Com mais de 300 livros, artigos e outros textos nas áreas de literatura, teologia e religião africanas, é reconhecido internacionalmente como africanista e teólogo africano. A Universidade de Lausanne lhe conferiu o título de doutor *honoris causa* em 1990.

Klauspeter Blaser

▶ MBITI, John, Religions et philosophie africaines (1969), Yaundê, Clé, 1972; Idem, *Concepts of God in Africa* (1970), Londres, SPCK, 1975; Idem, *New Testament Eschatology in an African Background. A Study of the Encounter between New Testament Theology and African Tradicional Concepts* (1971), Londres, SPCK, 1978; Idem, *Prayers of African Religion* (1975), Maryknoll, Orbis Books, 1976; Idem, *Bible and Theology in African Christianity*, New York, Oxford University Press, 1986.

◉ Teologias africanas

MEDIAÇÕES

O protestantismo é por vezes compreendido como a rejeição das mediações católicas, em nome de uma transcendência de Deus que não se poderia associar a dados institucionais e rituais, em uma relação mais direta e irredutivelmente pessoal com Deus. Tal julgamento toca em um ponto essencial, de fato, mas não sem unilateralidade. Assim, é preciso aprofundar um pouco a questão se não se deseja ser vítima de polarizações que enrijeçam a posição católica e fazem com que o protestantismo simplesmente, com certa ingenuidade, tome a posição oposta. Na verdade, não só na religião, mas também, mais amplamente, nas relações humanas, não podemos prescindir de mediações, mas existe um debate quanto a seu *status* e sua administração.

Para mim, o protestantismo rejeita mediações quando são vistas como *intermediários*, assegurando uma passagem possível, de forma gradual mas necessariamente homogênea, das realidades humanas a Deus (e o elemento mediador se funda em um movimento descendente, e, de acordo com a mesma lógica linear, de Deus ao homem ou à história). É dessa maneira que a compreensão católica dos sacramentos é criticada, na medida em que são apresentados como se vindos diretamente demais da realidade de Deus: temos assim a recusa à transubstanciação e à adoração do santo sacramento, dentre outros pontos. Também é dessa forma que é criticada a compreensão católica da igreja, com a recusa a uma igreja que não se confessa como pecadora, e, evidentemente, a rejeição à infalibilidade, tanto papal como mais ampla, bem como a um "poder santo" na teologia dos ministérios; do mesmo modo, há reticências quanto à temática elaborada no Vaticano II em relação à igreja como sacramento. No protestantismo, o senhorio de Deus, manifesto em Cristo e atestado nas Escrituras, tem uma precedência originária e constitutiva, irredutível a toda antecedência que seja simplesmente histórica ou instituída; essa precedência desloca e se sobrepõe a todo presente, toda realidade de fé e da igreja, toda tradição, toda expressão ou toda encarnação concreta.

Tal perspectiva repercute na cristologia, lugar por excelência em que é afirmada e atestada uma mediação. Observar-se-ia assim que Cristo é o lugar e o corpo de uma relação (ativa ou "operada", e que solicita resposta ou "operante") entre os dados de Deus e os dados do homem. Portanto, a pessoa de Cristo parecerá ao mesmo tempo destacar-se mais deliberadamente dessa instância heterogênea que é Deus como tal, sendo vista sobretudo como irremediavelmente inserida em uma particularidade humana historicamente situada. Jesus não é Deus, e evitar-se-ia considerar um "mérito" de Cristo fora de uma história geral, desdobrada e operante, que vê os homens em luta com Deus e Deus em luta com os homens. No protestantismo, a pessoa de Cristo será antes de tudo o lugar de uma "revelação", uma revelação paradoxal (*sub contrario*, como declara Lutero).

Falar de mediação não pressuporia, portanto, alegar um dado que teria sua verdade e sua validade em si, mantendo-se no fundamento de um espaço próprio (o espaço eclesial) que seria legitimado de modo direto (seja de direito, seja idealmente).

Porém, a questão das mediações repercute e deve ser aprofundada. De fato, está inserida no cerne de toda relação entre o homem e Deus, assim como de toda relação entre o homem e o mundo e consigo mesmo; logo, com os outros, histórica e socialmente. Nisso, o protestantismo deve de forma geral confessar uma fraqueza quanto à articulação positiva com os dados religiosos, simbólicos, rituais, eclesiais e institucionais, assim como com os dados genealógicos e sociais.

O protestantismo deve, portanto, retomar do zero a questão das mediações, se não deseja enganar-se (e oferecer-se como presa às ideologias do momento, racionalismo e individualismo modernos, p. ex.) nem mostrar-se fraco em relação às propostas espirituais e pastorais efetivas e encarnadas. Acima de toda crispação anticatólica, o protestantismo sempre terá de redescobrir que não há identidade — religiosa e humana — fora de dadas mediações, compreendendo simplesmente que a identidade não é captada pelo recurso estrito a uma legitimação, seja "natural" (em relação a um Deus criador), seja institucional (em relação a um fundamento mais ou menos exterior). A identidade se estabelece (recebe-se, constrói-se!) sempre novamente, ao sabor de uma habitação humana do mundo: ao sabor de sua recepção, genealógica, e de sua produção, no presente e em um regime de pluralidade. É aliás por isso que há justamente mediação, e não simples saber, nem um estrito vislumbre ideal, nem uma relação direta consigo mesmo ou com o cosmos: a identidade é estabelecida no mundo (em situação encarnada) e de acordo com a intriga de uma verdade heterogênea (fora da imediação).

Não pensar em um regime de mediações concreto e articulado é afundar no puro fideísmo e dar razão à acusação (católica) de um nominalismo recorrente (de fato, Lutero teve mestres nominalistas, e Calvino também, em menor medida): é defender uma "onipotência absoluta" de Deus, não regulável pela razão e fora de toda relação coerente com o "ser" ou com o mundo. Porém, o protestantismo somente poderia alegar e pensar um regime de mediações propondo uma *articulação do mundo* em sua *contingência* e de acordo com um regime *cultural*, onde se responde por si e por aquilo que é dado, compreendendo-se a irredutível diferença entre o absoluto e o fato da natureza, de um lado, e a história, de outro. O protestantismo precisaria lembrar que é efetivamente dessa maneira (somente dessa maneira) que se administram as adesões e os enraizamentos, assim como as representações e as imagens que dão corpo a nossas existências individuais e coletivas. Precisaria também lembrar que estão em jogo uma socialidade (de acordo com uma ordem de direito) e uma condição histórica (heranças e uma tradição a ser regulada de acordo com uma ordem, específica mas humana, de valores). As realidades religiosas e eclesiais se inscreveriam em propostas articuladas com o mundo: na diferença e com a verdade (o protestantismo poderia ajudar a assegurar a validade, limitada e específica, do absoluto) e de acordo com a especificidade de seu *status* e seu alcance.

Pierre Gisel

▶ GISEL, Pierre, *La subversion de l'Esprit. Réflexion théologique sur l'accomplissement de l'homme*, Genebra, Labor et Fides, 1993; Idem, *Sacrements et ritualité en christianisme. 125 propositions*, Genebra, Labor et Fides, 2004; TILLICH, Paul, *Théologie systématique* IV: *La vie et l'Esprit* (1963), Genebra, Labor et Fides, 1991.

○ Analogia da fé; anjos; **arte**; **autoridade**; **comunicação**; encarnação; Espírito Santo; fideísmo; Hegel; igreja; **Jesus (imagens de)**; kantismo (neo); recapitulação; **ritos**; sacramento; santos (culto dos); sincretismo

MEHL, Roger (1912-1997)

Filósofo e teólogo reformado. Foi professor de ética e sociologia religiosa na Faculdade de Teologia Protestante de Estrasburgo (1945-1981), onde também ocupou o cargo de reitor. Sua obra, de inspiração barthiana, abrange um vasto campo e se aventura em quatro áreas principais. Primeira, filosofia e teologia sistemática, com as obras *La condition du philosophe chrétien* [A condição do filósofo cristão] (Neuchâtel, Delachaux et Niestlé, 1947), *Notre vie et notre mort* [Nossa vida e nossa morte] (1953, Paris, Société centrale d'évangelisation,

1966), *Vie intérieure et transcendance de Dieu* [Vida interior e transcendência de Deus] (Paris, Cerf, 1980). Segunda, ética cristã, com as obras *De l'autorité des valeurs* [Da autoridade dos valores] (Paris, PUF, 1957), *Pour une éthique sociale chrétienne* [Por uma ética social cristã] (Neuchâtel, Delachaux et Niestlé, 1967), *Éthique catholique et éthique protestante* [Ética católica e ética protestante] (Neuchâtel, Delachaux et Niestlé, 1970), *Essai sur la fidélité* [Ensaio sobre a fidelidade] (Paris, PUF, 1984). Terceira, sociologia religiosa, da qual ele foi um dos pioneiros no protestantismo, criando em Estrasburgo, no ano de 1969, o Centro de Sociologia do Protestantismo; as obras nessa área são, por exemplo, *Traité de sociologie du protestantisme* [Tratado de sociologia do protestantismo] (Neuchâtel, Delachaux et Niestlé, 1967), *Le protestantisme français dans la société actuelle 1945-1980* [O protestantismo francês na sociedade atual 1945-1980] (Genebra, Labor et Fides, 1982). E, por fim, a área de cotidiano da igreja e ecumenismo, em que foi uma personalidade marcante, com *Décolonisation et missions protestantes* [Descolonização e missões protestantes] (Paris, SMEP, 1964). Também dedicou-se a resgatar um autor com quem tinha afinidades, Marc Boegner, com a obra *Le pasteur Marc Boegner, 1881-1970. Une humble grandeur* [O pastor Marc Boegner, 1881-1970: uma humilde grandeza] (Paris, Plon, 1987). Membro correspondente do Instituto, Roger Mehl foi doutor *honoris causa* das universidades de Glasgow, Basiléia e Zurique.

Jean-François Collange

▶ Roger Mehl, *Bibliographie* (1937-1982), *RHPhR* 62, 1982, p. 487-496.

MEINECKE, Friedrich (1862-1954)

Historiador alemão, escreveu obras na área da história das ideias. Seus trabalhos históricos abrangem um período da história alemã que viu sucederem-se quatro regimes políticos diferentes. A cada vez, a sociedade alemã esperava da ciência histórica uma contribuição diferente, mas sem que essas divergências levassem à dissolução do paradigma científico que constitui a disciplina histórica. Meinecke reagiu às modificações às quais estavam submetidas as exigências de plausibilidade dirigidas à ciência histórica ao estudar, em prol da história das ideias, as interpretações da relação entre o Espírito e o poder, interpretações que ele via convergir para a moralização da ideia de Estado. Da mesma forma, diante da crise do historicismo, compreendido como uma cosmovisão centrada na historicidade do indivíduo, Meinecke concentra sua atenção na gênese desse historicismo, a fim de renovar historicamente sua plausibilidade enquanto princípio de vida.

Na obra de Meinecke, a tentativa de defender, contra o relativismo, a pretensão do historicismo à verdade, e isso apesar do colapso de seus fundamentos idealistas, culmina por fim em uma posição decisionista: a fé capaz de refletir-se na criação tem sua base no respeito diante do Insondável; se essa fé fornece garantia do caráter significante da história, a história se revela incapaz de trazer-lhe confirmação.

Meinecke dirigiu, de 1896 a 1935, a famosa *Historische Zeitschrift* [Revista histórica], órgão periódico mais importante das ciências históricas de língua alemã. Liberal ainda que não acalentasse convicções republicanas, Meinecke optou pela democracia a partir de novembro de 1918 e justificou seu engajamento em favor da República de Weimar, junto a Max Weber, Ernst Troeltsch e Friedrich Naumann, afirmando-se um "republicano racional".

Katherina Oehler

▶ MEINECKE, Friedrich, *Werke*, 9 vols., Munique, Oldenbourg, 1957-1979; Idem, *L'idée de la raison d'État dans l'histoire des Temps modernes* (1924), Genebra, Droz, 1973; ANTONI, Carlo, *L'historisme* (1957), Genebra, Droz, 1963; CONSTANZO, Giuseppe di, *Tragicita e senso della storia. Meinecke tra Ranke e Burckhardt*, Nápoles, Morano, 1986; ERBE, Michael, org., *Friedrich Meinecke heute*, Berlim, Colloquium, 1981; OEXLE, Otto Gerhard, "Meineckes Historismus, Über Kontext und Folgen einer Definition", em *Geschichtswissenschaft im Zeichen des Historismus. Studien zu Problemgeschichten der Moderne*, Göttingen, Vandenhoeck & Ruprecht, 1996, p. 95-136; RÜSEN, Jörn, "Die Krise des Historismus in unzeitgemäßer Erneuerung. Friedrich Meineckes 'Entstehung des Historismus'", em *Konfigurationen des Historismus. Studien zur deutschen Wissenschaftskultur*, Frankfurt, Surkhamp, 1993, p. 331-356; SCHULIN, Ernst, "Das Problem der Individualität. Eine kritische Betrachtung des Historismus-Werkes von Friedrich Meinecke", *Historische Zeitschrift* 197, 1963,

p. 102-133; Idem, *Friedrich Meinecke*, em Hans-Ulrich WEHLER, org., *Deutsche Historiker*, t. I, Gotinga, Vandenhoeck & Ruprecht, 1971, p. 39-57.

> Berlim (universidades de); **história**; historicismo; indivíduo; liberalismo teológico; Naumann; Troeltsch; Weber M.

MELÂNCTON, Filipe (1497-1560)

Philipp Schwartzerdt é originário de Bretten, no Palatinado Eleitoral. Frequenta a escola latina de Pforzheim, onde Johannes Reuchlin (1455-1522), um parente distante, atribui-lhe em 1509 o nome "Melâncton". Estudou em Heidelberg e em Tübingen. Fez amizade com Ambrosius Blarer (1492-1564) e Johannes Oecolampadius (1482-1531), os futuros reformadores de Constance e Basileia.

Com as recomendações de Reuchlin, o príncipe-eleitor Frederico da Saxônia nomeou Melâncton para a nova cadeira de grego da Universidade de Wittenberg. A cidade à beira do rio Elba, então pouco conhecida, torna-se o ponto de ataque do jovem professor, que se associa estreitamente a Lutero, ao mesmo tempo que prossegue com seus estudos clássicos. *Baccalaureus biblicus* em 1519, torna-se responsável pelo ensino das Santas Escrituras. Dois anos depois, publica a primeira exposição sistemática da teologia reformadora (*Loci communes rerum theologicarum seu hypotyposes theologicae*), criando um novo gênero de literatura científica. A obra teve muitas revisões subsequentes (1535, 1543-1559) e foi traduzida para o francês (*La somme de théologie ou lieux communs reveuz et augmentés de nouveau* [Suma de teologia, ou lugares-comuns revistos e aumentados novamente], Genebra, Jean Crespin, 1551).

Além de suas atividades científicas e pedagógicas, Melâncton logo se sobressai em outras áreas, tais como a organização da Universidade de Wittenberg e a reforma eclesiástica da Saxônia Eleitoral (visitas), e também como conselheiro político dos príncipes eleitores João e João Frederico da Saxônia. Participa das dietas de Spire (1529) e Augsburgo (1530). Nesse contexto, redige em 1530 a confissão de fé fundamental no luteranismo, a *Confissão de Augsburgo* (1531). Mais tarde, seguiram-se o *Traité sur le pouvoir et la primauté du pape* [Tratado sobre o poder e a primazia do papa] (1537), que completa a *Confissão de Augsburgo*, e a *Confessio Augustana variata* (1540), que é anexada à doutrina da ceia da Concórdia de Wittenberg (1536).

Nos anos 1530-1540, Melâncton é o teólogo mais influente do protestantismo alemão. Seu engajamento em favor da Liga de Smalkalde (1531-1546) o torna famoso também fora do império (principalmente na Inglaterra, na França e na Hungria). A isso se somam seus esforços para um acordo doutrinário com o catolicismo romano (colóquios de haguenau, Ratisbonne e Worms, 1540-1541).

As relações entre Melâncton e Lutero, no entanto, não são tão pacíficas, como deixam entrever as questões em torno da doutrina da justificação, central no protestantismo. Ainda que ambos os reformadores definam essencialmente a relação entre fé e obras da mesma maneira, apresentam várias ênfases diferentes: enquanto, para Lutero, trata-se sobretudo de demarcar-se de toda forma de justificação pelas obras, Melâncton faz questão de que a santificação possa ser verificada, na medida em que a fé leva diretamente a bons frutos (*Confissão de Augsburgo*, art. 6). Isso causa tensões, que explodem em conflitos doutrinários em meio aos discípulos de ambos os lados: a querela com Conrad Cordatus (1536-1537) sobre a necessidade das boas obras, o conflito majorista sobre a importância das boas obras para a salvação (1548-após 1574), o conflito sinergista sobre a relação entre pecado original e livre-arbítrio (1555-após 1566), o segundo conflito antinomista sobre o significado da lei e o terceiro uso da lei (1556-após 1568).

Por sua atitude após a morte de Lutero, em 1546 (Guerra de Smalkalde, *Interim*, política conciliadora do príncipe-eleitor Maurício da Saxônia), Melâncton recebe toda sorte de críticas. Muitos de seus antigos discípulos e colegas o atacam publicamente, como por exemplo o gnesioluterano Matthias Flacius Illyricus (1520-1575). É o violento conflito sobre o *interim* e as *adiaphora* (sobre a compatibilidade entre ritos católicos e doutrina protestante, 1549-1580), que se acentua diversas vezes (acordo de Frankfurt, 1558) e minaria a autoridade de Melâncton no luteranismo. Além dessas querelas doutrinárias intraprotestantes, surgem também querelas doutrinárias com o catolicismo romano (Concílio de Trento, 1545-1563; início da Contrarreforma), e em resposta Melâncton redige uma confissão conciliar (*Confessio Saxonica*, 1551) que não encontra o assentimento geral esperado.

No final da vida, Melâncton, manifestamente esgotado, deseja ser liberto da "raiva dos teólogos". Embora quisesse elaborar uma dogmática-modelo comum, que considerava indispensável, só deixaria para a posteridade uma coleção de textos mais importantes, o *Corpus doctrinae christianae* (1560). Morre em abril de 1560 em Wittenberg e é enterrado em frente ao altar da igreja do castelo, perto de Lutero.

A influência de Melâncton dificilmente poderia ser subestimada. Seus manuais obtiveram uma grande divulgação e permaneceram em uso por muito tempo. Isso é particularmente verdadeiro em relação aos *Loci*, cuja metodologia abre perspectivas não somente para a ortodoxia veteroluterana, mas também veterorreformada. A *Confissão de Augsburgo*, a *Apologia* e o *Tratado sobre o poder e a primazia do papa* se tornaram normativos no luteranismo (*Livro de Concórdia*, 1580). E, através dos discípulos, Melâncton também deixou sua marca além das fronteiras confessionais.

Christian Peters

▶ *Philippi Melanthonis opera quae supersunt omnia* (*Corpus Reformatorum* I-XXVIII) (1834-1860), org. por Carl Gottlieb BRETSCHNEIDER e Heinrich Ernst BINDELL, 28 vols., New York, Johnson Reprint, 1963; *Supplementa Melanchtoniana. Werke Philipp Melanchtons die im Corpus Reformatorum vermißt werden* (1910-1929), 5 vols., Frankfurt, Minerva, 1968; *Melanchtons Werke in Auswahl. Studienausgabe*, org. por Robert STUPPERICH, 7 vols., Gütersloh, Bertelsmann, 1951-1975 (segunda edição parcial: 1978-1983); *Melanchtons Briefwechsel. Kritische und kommentierte Gesamtausgabe*, org. por Heinz SCHEIBLE, Stuttgart-Bad Cannstatt, Frommann-Holzboog, 1977ss; *Melanchton deutsch*, org. por Michael BEYER, Stefan RHEIN e Günther WARTENBERG, 2 vols., Leipzig, Evangelische Verlagsanstalt, 1997; FRANK, Günter, *Die theologische Philosophie Philipp Melanchthons (1497-1560)*, Leipzig, Benno, 1995; HAMMER, Wilhelm, *Die Melanchthonforschung im Wandel der Jahrhunderte. Ein beschreibendes Verzeichnis*, 4 vols., Gütersloh, Mohn, 1967-1996; HAUSCHILD, Wolf-Dieter, *Lehrbuch der Kirchen- und Dogmengeschichte*, t. II: *Reformation und Neuzeit* (1999), Gütersloh, Kaiser/Gütersloher Verlagshaus, 2001; HAUSTEIN, Jörg, org., *Philipp Melanchthon. Ein Wegbereiter für die Ökumene* (1997), Göttingen, Vandenhoeck & Ruprecht, 1997; MAURER, Wilhelm, *Der junge Melanchthon zwischen Humanismus und Reformation* (1967-1969), Göttingen, Vandenhoeck & Ruprecht, 1996; PETERS, Christian, *Apologia Confessionis Augustanae. Untersuchungen zur Textgeschichte einer lutherischen Bekenntnischrift* (*1530-1584*), Stuttgart, Calwer, 1997; SCHEIBLE, Heinz, "Melanchthon, Philipp (1497-1560)", em *TRE*, t. XXII, 1992, p. 371-410; Idem, org., *Melanchthon in seinen Schülern Vorträge, gehalten anläßlich eines Arbeitsgespräches vom 21. bis 23. Juni 1995 in der Herzog-August-Bibliothek Wolfenbüttel*, Wiesbaden, Harrassowitz, 1997.

◉ Confissão de Augsburgo; Confissão de Augsburgo (Apologia da); Cruciger; dogmática; Flacius Illyricus; Fórmula de Concórdia; irenismo; luteranismo; Lutero; Marburgo (Colóquio de); **moral**; Osiander; Ramus; Smalkalde (Liga de); usos da lei; virtude

MELVILLE, Andrew (1546-1622)

Teólogo presbiteriano escocês, considerado o sucessor de John Knox, Andrew Melville estudou em Saint Andrews, em Paris, onde foi aluno de Pierre Ramus (1515-1572) e em Poitiers. Em 1569, torna-se professor da Academia de Genebra. Quando retorna à Escócia, em 1574, torna-se reitor da Universidade de Glasgow, onde reorganiza o programa de estudos; em 1580, é nomeado diretor do *Saint Mary's College* de Saint Andrews. De 1574 em diante, ele se afirmaria como um ardente defensor do presbiterianismo, principalmente participando da elaboração do *Second Book of Discipline* [Segundo livro de disciplina] (1578), caracterizado pela recusa a um episcopado imposto pelo governo real. Foi várias vezes moderador da Assembleia Geral (sínodo nacional). A partir de 1584, opõe-se cada vez mais ao rei Jaime VI da Escócia (Jaime I da Inglaterra) sobre a intervenção do rei em assuntos religiosos; promoveu a tese da superioridade do direito bíblico-eclesiástico sobre o direito temporal, defendendo a separação das jurisdições eclesiástica e secular. É preso em 1607 na torre de Londres. Quando é libertado, em 1611, encontra refúgio em Sedan, onde ensina teologia bíblica até sua morte, opondo-se ao arminiano Daniel Tilenus (1563-1633). Além dos poemas latinos sobre assuntos bíblicos, deixou *Theses theologicae de libero arbitrio* (Edimburgo, 1597).

Alasdair I. C. Heron

▶ KIRK, James, *Patterns of Reform. Continuity and Change in the Reformation Kirk*, Edimburgo, T. & T. Clark, 1989; M'CRIE, Thomas, *The Life of Andrew Melville*, 2 vols., Edimburgo-Londres, Blackwood-Cadell, 1824.

⊙ Escócia; Knox; presbiterianismo; Tiago I

MENDELSSOHN-BARTHOLDY, Felix (1809-1847)

Nascido em Hamburgo, morto em Leipzig. Neto de Moses Mendelssohn, "pai" das Luzes no judaísmo, Mendelssohn, compositor alemão, foi educado na tradição humanista e protestante alemã. Estudou piano, órgão e canto, e frequentou aulas na Universidade de Berlim. A partir de 1829, viaja para a Inglaterra, Escócia, Itália, Suíça, França (Paris); também passa algum tempo em Weimar, na casa de Goethe. Essas viagens foram o ponto de partida para diversas composições, como *Sinfonia escocesa* e *Abertura das Hébridas*. Em 1829, tem o mérito de tirar do esquecimento a *Paixão segundo São Mateus*, de Johann Sebastian Bach, regendo-a em Berlim. Em 1833, instala-se em Düsseldorf como maestro. Em 1835, é nomeado diretor musical dos concertos de *Gewandhaus*, em Leipzig, e em 1837 se casa com Cécile Jeanrenaud, de origem huguenote. A pedido do rei da Prússia, reorganiza a vida musical de Berlim e compõe obras de música religiosa. Afetado pela morte de sua irmã Fanny, em maio de 1847, morre em novembro do mesmo ano.

Compôs *Lieder* espirituais, corais para vozes de homens, hinos, cantatas, música de câmara (desde o duo até o octeto). Em sua sinfonia *Reforma* nº 5, em ré menor, explora a melodia do Salmo 46, *Ein feste Burg ist unser Gott* ("Deus é nosso refúgio"), como alusão histórica. Utiliza também fontes veterotestamentárias (Salmos 25, 42, 98, 114 etc.; oratório *Elias*) e neotestamentárias (*Paulus*). Além das obras para piano, compôs *Prelúdios e fugas* e *Sonatas* para órgão com base em corais luteranos tradicionais.

Seu estilo convencional não é isento de lirismo, intimismo, imaginação. Sua estética é marcada pela complexidade e pela dualidade: ao mesmo tempo erudita e popular, clássica e romântica, voltada para o passado e anunciando o futuro. Suas qualidades residem sobretudo na amplitude de sua construção melódica, no rigor e na elegância de seu pensamento. Impregnada de cultura luterana, sua música vocal religiosa litúrgica é típica da primeira geração romântica. É desse modo que Mendelssohn prepara o caminho para várias gerações de compositores românticos e pós-românticos. Sua contribuição para a música protestante ainda é magnificada por ter retomado Johann Sebastian Bach. Entre dois mundos sonoros, sua obra representa um "belo interlúdio da música alemã" (Friedrich Nietzsche).

Édith Weber

▶ INTERNATIONALE FELIX MENDELSSOHN GESELLSCHAFT, *Leipziger Ausgabe der Werke Felix Mendelssohn Bartholdys*, Leipzig, Deutscher Verlag für Musik, 1960ss; TIÉNOT, Yvonne, *Mendelssohn, musicien complet*, Paris, Lemoine, 1972.

⊙ Bach; **música**; musicais (formas)

MÉNÉGOZ, Eugène (1838-1921)

Teólogo luterano, foi pastor na Alsácia e, em 1877, professor na Faculdade de Teologia Protestante de Paris. Em sua obra *Réflexions sur l'Évangile du salut* [Reflexões sobre o evangelho da salvação] (Paris, Sandoz et Fischbacher, 1879), expôs a tese central do fideísmo no sentido em que o entendia, "a salvação pela fé independentemente de crenças", retomando o tema dos dogmas e da necessidade do *sola fide* luterano. Enquanto muitos de seus contemporâneos o acusaram de manter-se indiferente à doutrina, Ménégoz não deixou de defender a legitimidade de sua "fórmula" em numerosos artigos reunidos nos cinco volumes de *Publications diverses sur le fidéisme et son application à l'enseignement chrétien traditionnel* [Publicações diversas sobre o fideísmo e sua aplicação ao ensino cristão tradicional] (Paris, Fischbacher, 1900-1921).

Bernard Reymond

▶ REYMOND, Bernard, "Eugène Ménégoz et la permanence du principe luthérien", *Positions luthériennes* 27, 1979, p. 25-38.

⊙ Dogma; fé; fideísmo; Paris; Sabatier A.; símbolo-fideísmo

MENNO SIMONS (1495/96-1561)

Nascido em Witmarsum (Frísia), Menno Simons foi um dos líderes espirituais mais marcantes do anabatismo do século XVI. Vem de seu nome a expressão "menonita", mais conhecida atualmente. Foi padre católico antes de sensibilizar-se com a causa anabatista ao tomar conhecimento de várias perseguições, sobretudo o massacre de Oldeklooster (1535). Quando concluiu que as convicções anabatistas sanavam seus questionamentos e dúvidas, Menno Simons deixou a Igreja Católica, rebatizou-se e se tornou ancião. Foi o início de uma vida bastante movimentada: em locais secretos, estendeu aos poucos sua influência pelas comunidades da Holanda e, tempos depois, do norte da Alemanha. Após a catástrofe do Reino de Münster (1535), preocupou-se em atribuir ao anabatismo um caráter mais pacífico. Dentre suas obras, mencionaremos *Dat fundament des christelycken leers*, *Voele goede und christelycken leringhen op den 25. Psalm* (meditação sobre o Salmo 25) e *Van die wedergeboorte*, publicadas entre 1539 e 1540. A última fase de suas atividades seria marcada por difíceis controvérsias no movimento anabatista sobre a prática da excomunhão e, mais amplamente, a disciplina eclesiástica. Sua teologia se insere na herança do anabatismo em suas origens, principalmente relacionado a Melchior Hoffman.

Pierre Bühler

▶ *The Complete Writings of Menno Simons, c. 1496-1561*, Scottdale, Herald Press, 1956; BORNHÄUSER, Christoph, *Leben und Lehre Menno Simons. Ein Kampf um das Fundament des Glaubens, etwa 1496-1561*, Neukirchen, Neukirchener Verlag, 1973; BRUNK, Gerald R., org., *Menno Simons. A Reappraisal*, Harrisonburg, Eastern Mennonite College, 1992; GOERTZ, Hans-Jürgen, *Menno-Simons, 1496-1561. Esquisse biographique*, Montbéliard, Éditions mennonites, 1996; HORST, Irving B., *A Bibliography of Menno Simons ca. 1496-1561. Dutch Reformer*, Nieuwkoop, De Graaf, 1962.

▶ Anabatismo; *Confissão de Schleitheim*; espiritualismo; Hoffman; menonismo; Münster (Reino de); Reforma radical; **violência**.

MENONISMO

O termo é geralmente utilizado como um equivalente de "anabatismo". Ambos caracterizam um movimento religioso que descende da Reforma radical do século XVI e se singularizam sobretudo pela prática do batismo de adultos, pela condenação do porte de armas e pela recusa a prestar juramentos. Seus adeptos acreditam ter radicalizado a teologia dos reformadores. O menonismo se desenvolveu primeiro em Zurique, sob a influência de Conrad Grebel (?1498-1526) e Felix Mantz (1498-1527). Sob os efeitos da repressão, o movimento rapidamente se estendeu à Suíça, à Alemanha, à Áustria e à Holanda. Mais tarde, sob os efeitos das perseguições, muitos adeptos imigrariam para o Leste Europeu (Rússia, Ucrânia), mas principalmente para a América. Em 1527, o movimento fixou os principais pontos de sua doutrina na *Confissão de Schleitheim*. A expressão "anabatismo" acentua a especificidade batismal do movimento (em alemão, *Wiedertäufer*: rebatizadores). O termo "menonitas" vem de Menno Simons (1495/96-1561), teólogo de origem holandesa que influenciou fortemente o movimento anabatista na Holanda e no norte da Alemanha após a crise de Münster (1535). No início, só seus adeptos diretos se designavam assim; aos poucos, o termo se ampliou, concorrendo com "anabatista". Atualmente, contam-se pouco mais de um milhão de menonitas em todo o mundo: 400 mil nos Estados Unidos, 300 mil na África, 150 mil na Ásia e no Pacífico, 100 mil na América Latina e 60 mil na Europa, com 2.500 na Suíça.

Pierre Bühler

▶ DRIEDGER, Leo, *Mennonite Identity in Conflict*, Lewiston, E. Mellen Press, 1988; GOERTZ, Hans-Jürgen, *Die Mennoniten*, Stuttgart, Evangelisches Verlagswerk, 1971; "Les anabaptistes mennonites d'Alsace. Destin d'une minorité", *Saisons d'Alsace* 76, 1981; SÉGUY, Jean, *Les Assemblées anabaptistes-mennonites en France*, Haia-Paris, Mouton, 1977; STAUFFER, Richard, *Zwingli et Calvin, critiques de la Confession de Schleitheim* (1977), em *Interprètes de la Bible. Études sur les Réformateurs du XVIe siècle*, Paris, Beauchesne, 1980, p. 103-128; VOIROL, Xavier, *Sonnenberg. Une communauté mennonite des hauteurs jurassiennes. Eine Täufergemeinde der Jurahöhen*, Textos de Michel UMMEL, Pierre BÜHLER e Ulrich J. GERBER, Genebra, Labor et Fides, 1999.

▶ *Amishs*; anabatismo; batismo; *Confissão de Schleitheim*; entusiamo; espiritualismo; Grebel; iluminismo; Mantz; Menno Simons; Münster (Reino de); Reforma radical; Sattler; **seitas**; Smyth; Yoder.

MENTIRA

A ética da palavra, cara ao protestantismo, não é somente individual: todo o *status* da linguagem e da sociedade está comprometido diante da mentira. Assim, o termo será definido como toda palavra que arruína a confiança na palavra. Immanuel Kant trata do assunto em seu opúsculo *Do pretenso direito de mentir por amor à humanidade* (*Textos seletos*, Petrópolis, Vozes, 2008), em que afirma não ser necessário calcular as consequências, mas falar a verdade e agir de modo a não contradizer o que é dito! Mesmo "diante de Deus", no entanto, é comum que hesitemos quanto à verdade. Nesse sentido, não devemos desistir de unificar e totalizar rápido demais o verdadeiro: talvez essa seja outra definição possível da mentira, toda palavra que pretende fechar e cumprir por completo a verdade. O protestantismo é profundamente cético e refratário a todo discurso desse tipo. Se para os protestantes a verdade está no centro, está equidistante de todos nós, hostil a todo modelo de infalibilidade. Esse ponto não está desprovido de um efeito "pragmático", com o sentimento de uma fragilidade das palavras humanas e a obrigação de confrontar pontos de vista. Essa relação com a verdade se desdobra em novas capacidades de ser, habitar e agir em união, pois *a verdade vos libertará* (Jo 8.32), abrindo-nos para novas relações entre a palavra e o mundo.

Olivier Abel

▶ BOITUZAT, François, *Un droit de mentir? Constant ou Kant*, Paris, PUF, 1993; RICOEUR, Paul, *Le conflit des interprétations. Essais d'herméneutique* (1969), Paris, Seuil, 1993.

◉ Autoridade; papado

MERLE D'AUBIGNÉ, Jean-Henri (1794-1872)

Nascido em Genebra, de uma família de Nîmes que emigrou (e, por parte de mãe, descendente de Nathan, filho reconhecido de Agrippa d'Aubigné), estudou em Genebra e se tornou pastor em Hamburgo e Bruxelas. Em 1831, aquiesceu ao chamado da Sociedade Evangélica e se tornou reitor da Escola de Teologia Independente, ligada à sociedade. Cumpriu nessa escola toda a sua carreira como professor de história da igreja, pregador, defensor da Aliança Evangélica, autor de inúmeras apostilas e, principalmente, da monumental *História da Reforma do décimo-sexto século* (São Paulo, Casa Editora Presbiteriana, s.d.), traduzida para diversas línguas e sempre reeditada. Ao presidir a assembleia anual da Sociedade Evangélica na época da vitória de Solférino (29 de junho de 1859), ele a convida a enviar socorro ao local: é criado um comitê para os feridos que seria o precursor da Cruz Vermelha. Em 1867, inaugura a Sala da Reforma, onde ocorreriam as primeiras assembleias da Sociedade das Nações no século seguinte.

Gabriel Mützenberg

▶ MERLE D'AUBIGNÉ, Jean-Henri, *Histoire de la Réformation du XVIe siècle*, 5 vols., Genebra-Paris, Guers-Didot, 1835-1853; Idem, *Histoire de la Réformation en Europe au temps de Calvin*, 8 vols., Paris, Calmann-Lévy, 1863-1878; Idem, *Le Protecteur, ou la République d'Angleterre aux jours de Cromwell*, Paris-Genebra, Didot-Kaufmann, 1848; Idem, *Trois siècles de luttes en Écosse, ou deux rois et deux royaumes*, Genebra-Paris, Beroud-Guers-Librairie protestante-Grassart, 1850; BIÉLER, Blanche, *Une famille du Refuge. Jean-Henri Merle d'Aubigné*, Genebra, Labot et Fides, 1934; BONNET, Jules, "Notice sur la vie et les écrits de M. Merle d'Aubigné", *BSHPF* 23, 1874, p. 158-184.

◉ Aliança Evangélica; Cruz Vermelha; Dunant; evangélicos; Gaussen; **história**

MESSIANISMO

O movimento iniciado por Lutero, e que assumiria uma concretude institucional na Reforma conhecida como "magisterial", quis sobretudo reformar a igreja. Foi iniciado em nome de uma visão da salvação (a justificação gratuita), que supõe determinada concepção de Deus e da fé. Lutero o demonstra de modo particular ao enfatizar a "teologia da cruz" (e não "da glória"): a verdade de Deus e do homem está dada *sub contrario*, sem garantias nem evidências, quer institucionais (o regime "papista"), quer ideais (cf. a crítica dos votos monásticos). Portanto, a perspectiva aqui não é propriamente messiânica; ao contrário, tende a denunciar coincidências entre a verdade de Deus e as realidades do mundo, estabelecendo um acolhimento possível para o mundo, que, reconhece-se, caracteriza-se por precariedade e ambivalência, contingência e finitude. Esquecer a diferença irredutível e constitutiva entre a criação dada e um estado final, messiânico, é cair em uma ilusão perversa, a de uma falsificação de Deus, que se daria sob a forma de toda lei que possa estar no princípio de um ideal (ouvir ou pregar o evangelho é quebrar essa lei!).

Porém, a Reforma está presa, intencionalmente ou não, no movimento mais amplo que, no limiar dos Tempos Modernos, é carregado de novas esperanças e produtor de utopias (Thomas More, Tommaso Campanella etc.); é um tempo de descobertas, de uma revolução nos paradigmas científicos e simbólicos, do nascimento da Europa das nações, uma Europa que seria estendida até o Novo Mundo ou às missões. De modo concreto, a Reforma Protestante não existe fora do evangelismo e de suas esperanças, da militância e dos ideais da Reforma radical (anabatista e espiritualista) ou, mais amplamente, do Renascimento: nova relação com o passado, surgimento de um presente novinho em folha e abertura para o futuro; otimismo, advento do homem, projeto de futuro a ser construído. Tudo isso atesta vários aspectos messiânicos.

Talvez seja necessário dizer que, de um lado, a Reforma Protestante assume e participa de fato desse movimento mais amplo de teor messiânico. Ao longo da história, frequentemente (frequentemente demais?) o protestantismo se amalgamou à modernidade que triunfaria. Produziria também, por vezes, seus próprios milenarismos. Os protestantes do puritanismo (os "pais peregrinos") investiriam na América (no Novo Mundo) como terra prometida, tomados de um espírito messiânico de matriz diretamente veterotestamentário, e o mesmo ocorreria na África do Sul. Porém, ao mesmo tempo é necessário lembrar, por outro lado, a crítica originária que os reformadores desenvolveram quanto a certos aspectos do humanismo (cf., emblematicamente, o debate entre Lutero e Erasmo sobre a liberdade) e, principalmente, a recusa, clara, constante e estruturante, da Reforma radical (frente "esquerdista", tão presente quanto a frente "direitista" que constituía o "papismo"), acusada justamente de uma ilusão messiânica perversa: de apropriação indevida do evangelho ou de imediatismo na relação com a verdade (tanto na religião quanto na política e nas áreas humanas em geral), enquanto o catolicismo era acusado da mesma perversão espiritual e humana, ainda que se desse sob formas diametralmente opostas.

Teologicamente, o messianismo se insere na perspectiva bíblica, judaica e cristã (a palavra "Cristo" é a transcrição exata em grego do hebraico "messias"), com seus esquemas fundamentais: êxodo (ou exílio) e terra prometida (ou retorno), concepção de uma época orientada e transformação em oposição ao real. Porém, o cristianismo confessa de modo específico que um cumprimento messiânico já está dado com Cristo: tudo está cumprido na cruz e no cerne de uma história que, por esse acontecimento, não é mudada em um reino messiânico. O messianismo como uma espera do tipo político ou cósmico é assim subvertido desde o interior. O cristianismo dissocia a figura do Messias (que é dada) do império messiânico (ainda futuro), e por isso seria acusado pelo judaísmo (Franz Rosenzweig, Gershom Scholem etc.) de espiritualismo e de ter caído em uma espécie de gnose da salvação, que anula indevidamente a Lei (e o rito) e abre para um universalismo totalizante (que ultrapassa as diferenças marcadas pela eleição). Já no judaísmo, o Messias ainda virá, desconhecido e oculto, lugar de uma surpresa, e, nessa espera, a Lei deve ser cumprida.

Assim, há uma tensão no cerne do cristianismo entre o cumprimento em Cristo e a espera de um Reino a chegar. Essa tensão toca as relações entre o que é último (Deus, o Reino) e o mundo, ou a história. A meu ver, o protestantismo que guarda essas origens poderá afirmar de um modo especial que essa relação é o lugar da fé, o lugar de um testemunho rendido a Deus (em sua diferença e em sua verdade estruturante), e não o lugar de realizações visíveis. Esse protestantismo tomará a forma de um protesto contra todo tipo de realização ideológica (não só religiosa, mas também política e social), ao mesmo tempo que desconfia de suas próprias tentações comunitárias (reverso sectarizante de um protesto contra toda realização coletiva unificadora) e de uma veia profética ideal (reverso espiritualista do mesmo protesto). Também não esquecerá o potencial crítico e de inovação que a matriz messiânica condensa em relação ao presente, finito, imperfeito e contingente.

Pierre Gisel

▶ ATTIAS, Jean-Christophe, GISEL, Pierre e KAENNEL, Lucie, orgs., *Messianismes. Variations sur une figure juive*, Genebra, Labor et Fides, 2000; BÜHLER, Pierre, *Kreuz und Eschatologie. Eine Auseinandersetzung mit der politischen Theologie, im Anschluss an Luthers theologia crucis*, Tübingen, Mohr, 1981; MOLTMANN, Jürgen, *Conversion à l'avenir* (1970 e 1972), Paris, Seuil, 1975; SAUTER, Gerhard, *Zukunft und Verheißung. Das Problem der Zukunft in der gegenwärtigen theologischen und philosophischen Diskussion*, Zurique, Zwingli Verlag, 1965; TILLICH, Paul, *Sytematic Theology* III, Chicago, University of Chicago Press, 1963, parte V: *History and the Kingdom of God*.

◉ Apocalíptico; Guerra dos Camponeses; **história**; **judaísmo**; **lei**; milenarismo; Moltmann; Moon; Münster (Reino de); parusia; profetismo; Reforma radical; Reino de Deus; **utopia**

METAFÍSICA

A relação entre protestantismo e metafísica sempre foi objeto de controvérsias. Às críticas da tradição metafísica, elaboradas pelo Renascimento e pelos Tempos Modernos, esses debates misturam as discussões sobre o objeto ou a tarefa da metafísica e os conflitos sobre a articulação entre fé e razão, assim como sobre o alcance do conhecimento racional. A imbricação dessas diversas problemáticas atribui ao problema do *status* da metafísica no protestantismo uma complexidade tal que torna a questão ao mesmo tempo um reflexo e um fator das dificuldades inerentes a toda tentativa de esclarecer a metafísica nesse contexto.

O veteroprotestantismo

O protestantismo dos séculos XVI e XVII mantém relações contrastadas com a metafísica. Desde a rejeição sem apelos da parte dos reformadores, passa-se, no final do século, a um retorno à metafísica, com um sem-número de teólogos redigindo manuais sobre o tema. Tanto a recusa inicial quanto o retorno subsequente da metafísica em contexto protestante se inserem em constelações históricas e intelectuais mais amplas: a rejeição dos reformadores é solidária à crítica humanista e fideísta da metafísica; seu retorno participa da renovação da lógica e da metafísica aristotélicas no final do século XVI. Porém, o protestantismo se encontra, desde suas origens, confrontado com um jogo complexo. De fato, a questão metafísica se apresentou sob duas formas distintas no início do século XVI: como herança da tradição medieval, sob os traços de um aristotelismo cristianizado e posto a serviço de um procedimento teológico, mas também nas leituras humanistas que, em ruptura com as tradições escolásticas, redescobrem um Aristóteles grego cujas teses e questões são geralmente estranhas aos horizontes da teologia cristã. Essa situação recoloca na ordem do dia a questão do sujeito da metafísica. As respostas fornecidas por Aristóteles quanto a determinar o objeto da metafísica (na verdade, o filósofo prefere falar de "filosofia primeira") estão longe de serem unívocas. Trata-se ora de "primeiros princípios" (*Metafísica* A2, 982b, 9), ora do "ser como tal", ou seja, abstração de todos os aspectos particulares sob os quais se pode considerar o ser (Γ1, 1032a, 21ss), ora, por fim, do ser como "algo de eterno, imutável e separado" (E1, 1026a, 16s), uma formulação que a tradição posterior interpretou a seu favor em um sentido teológico (em referência ao livro Λ). É preciso também acrescentar o retorno com força do platonismo, assim como a redescoberta do estoicismo antigo, duas tradições presentes no humanismo da Renascença, cujos traços literários podem ser encontrados tanto na obra de Pierre de La Ramée como em textos de Calvino ou Melâncton, como testemunham as primeiras páginas das *Institutas* e o discurso de Melâncton sobre Platão, em 1538 (*De Platone*, em *Corpus Reformatorum* XI, Halle, Schwetschke, 1843, p. 413-425).

A Reforma luterana se vale de uma rejeição frontal à metafísica, rejeição em que se mesclam objeções humanistas e protestos teológicos. Pelo menos na obra de Lutero, o segundo elemento é decisivo. É em nome de um biblicismo teológico, o *sola scriptura*, que ele rejeita a filosofia escolástica em seu conjunto, e a metafísica de inspiração aristotélica em particular. Dessa forma, ele critica a terminologia escolástica por seu caráter obscuro, que ele opõe à clareza das Escrituras, instando a que a Escritura seja sua própria intérprete, em vez de inseri-la em um contexto sistemático que lhe é estranho (*Escravidão da vontade* [1525] é o exemplo clássico). Essa recusa a toda síntese entre filosofia aristotélica e teologia cristã encontra seu núcleo duro nas controvérsias antropológicas sobre a liberdade dos homens e sua capacidade de fazer o bem. No entanto, Lutero não limita suas críticas a tais problemas, mas contesta de frente a pertinência de Aristóteles na teologia, assim como o valor da silogística nas coisas divinas (cf. *Debate sobre a teologia escolástica*, 1517, teses 44-53, em *MLO* 1, 98 s) e instrui o processo das posições físicas e metafísicas de Aristóteles (cf. O debate de Heidelberg, 1518, teses 31-40, em *MLO* 1, 126s). Logo, não é de espantar que Lutero tenha recomendado em 1520 a supressão, como disciplina universitária, do estudo e do comentário de tratados aristotélicos, para só conservar a *Lógica* (tratados reunidos no *Organon*: Categorias, Hermenêutica, Analíticos e Tópicos) e a *Retórica* de Cícero. Adotando uma caraterística típica do humanismo, insistia para que fossem lidas essas obras sem acompanhamento, deixando de lado a tradição dos comentários e das opiniões da escola (*À nobreza cristã da nação alemã*, 1520, ponto 25, em *MLO* 2, 142-147).

No entanto, a reforma da Faculdade de Artes, empreendida por Melâncton cerca de quinze anos depois na Universidade de Wittenberg, não se restringiria a esse programa minimalista. De fato, Melâncton suprimiu a metafísica do currículo, mas conservou os demais tratados aristotélicos (incluindo *Ética a Nicômaco* e *De anima*, alvos diretos da crítica de Lutero) como base para os manuais redigidos por ele e que serviriam como referência para as universidades luteranas até o final do século. Porém, é necessário observar que, para Melâncton, esses tratados expõem saberes positivos, o que corresponde à concepção da filosofia defendida pelo reformador: a filosofia é ou aprendizado das coisas, ou tratado do método (cf. *De philosophia* [1536], em *Melanchton deutsch* [Melâncton alemão], org. por Michael BEYER, Stefan RHEIN e Günther WARTENBERG, t. I, Leipzig, Evangelische Verlagsanstalt, 1997, p. 125-135). Melâncton confia essa segunda tarefa da filosofia à dialética, reconhecendo seu *status* como ciência primeira. "A dialética é a arte das artes, a ciência das ciências, e nela está a via que conduz aos princípios de todos os métodos" (*Erotemata dialectices* [1547], em *Corpus Reformatorum* XIII, 1846, p. 513ss). A exclusão da metafísica é então justificada pelo fato de que seu tema específico (o ser em geral) não depende nem de um saber positivo, nem de uma reflexão metódica. Os princípios fundamentais da dialética têm o *status* de axiomas, ou seja, verdades inatas que se impõem a todo homem que é são de espírito; trata-se de uma herança estoica, totalmente estranha ao pensamento aristotélico. Como reflexão metódica, a dialética combina lógica e retórica, que são postas a serviço de uma teoria sintética da invenção. É um método da produção do saber, fornecendo a base técnica não somente das exposições filosóficas materiais agrupadas sob o título Física ou Ética, mas também de exposições doutrinárias da teologia bíblica, das quais Melâncton apresenta uma versão clássica com a segunda edição dos *Loci theologici* [Lugares teológicos] (1535). Se o caráter instrumental da dialética é incontestavelmente uma herança aristotélica (e antiplatônica), sua orientação sintética e inventiva, bem como a recorrência a ideias inatas, têm um alcance claramente antiaristotélico, e sobretudo antiescolástico. Esse caráter híbrido demonstra que a dialética de Melâncton tem suas raízes na tradição da dialética humanista dos séculos XV e XVI (Valla, Agricola, Vives, Pierre de La Ramée etc.).

A concepção do papel e do método da filosofia, defendida por Melâncton, não está de modo algum em desacordo com as posições de Lutero, pelo menos as que foram correntes nos anos 1530. Ao comentar a definição filosófica — aristotélica — do homem como animal racional, Lutero de fato qualifica a razão como "a melhor dentre as coisas desta vida, algo de divino", enfatizando que é "a inventora e a governadora de todas as artes [...], assim como de tudo que o homem possui de sabedoria, poder, capacidade de glória nesta vida" (*Disputatio de homine*, 1536, teses 4 e 5). Porém, no mesmo fôlego, Lutero afirma, em termos aristotélicos, os limites do conhecimento racional, incapaz de atingir tanto a causa final (a salvação) e a causa eficiente (a criação) do homem quanto a unanimidade quanto à causa formal do homem (a imagem de Deus; cf. ibidem, teses 13 e 15). Da mesma forma, é necessário evitar a mistura de gêneros, e em relação a isso Aristóteles não é de ajuda alguma quando se trata de definir teologicamente o homem (ibidem, tese 28). Assim, Melâncton ecoa Lutero quando declara não ignorar de maneira alguma que a filosofia pertence a outro tipo de doutrina que não a teologia, reiterando não ter intenção de misturá-las como um cozinheiro mistura sopas de sabores diversos (*De philosophia*, p. 131). Essa distinção estrita entre os registros de discurso da filosofia e da teologia, assim como a interdição a todo raciocínio que, de premissas filosóficas, passasse a uma tese teológica como conclusão, permaneceriam características da estruturação luterana quanto à relação entre razão e fé: já que filosofia e teologia se utilizam das mesmas palavras em sentidos diferentes, toda passagem de uma à outra cairia no erro de uma transferência abusiva, equivalente a uma sub-repção.

No lado reformado, as coisas se organizam em termos semelhantes. Teodoro de Beza, que, diante de Calvino, desempenha mais ou menos o mesmo papel que Melâncton para Lutero, também é um humanista aristotelizante. Como Melâncton, rejeita a metafísica do estagirita e considera a dialética como uma disciplina fundamental, uma dialética cujo espírito e cuja função estão próximos à *Dialética* de Melâncton. Porém, a organização do ensino superior, empreendida por Teodoro de Beza na Academia de Genebra em 1559, jamais exerceu um monopólio entre as universidades que fosse comparável com a reforma de Wittenberg em contexto luterano. Ao lado da dialética de tradição aristotélica defendida por Beza, a concepção antiaristotélica da dialética, desenvolvida por Pierre de La Ramée, exerceu uma notável influência nas universidades e academias reformadas da Alemanha e dos Países Baixos. Os empréstimos declarados que a dialética ramista toma do platonismo implicam uma recusa à compreensão estritamente instrumental e metódica que caracteriza a concepção aristotélica. Essa herança da crítica platonizante de Aristóteles está associada à opção por uma demarcação menos rígida entre filosofia e teologia, algo que permite uma progressão desde premissas filosóficas até conclusões teológicas, deixando entrever a possibilidade de um emprego inequívoco do vocabulário filosófico no campo da teologia. Essas questões não tardariam em desempenhar um papel essencial nos debates sobre o *status* e o sujeito da metafísica em contexto protestante.

Na virada do século, de fato, a metafísica retorna para as universidades protestantes, primeiro as luteranas, em seguida as reformadas. Essa iniciativa coube a Cornelius Martini (1568-1621), professor na Universidade de Helmstedt, que ministrou o primeiro curso sistemático de metafísica em uma universidade protestante, de 1597 a 1599, logo seguido por seu colega de Wittenberg, Jacobus Martini (?1570-1636), cujo manual substituiu de 1606 em diante a *Dialética* de Melâncton como manual oficial da universidade. Porém, esse retorno não se deu em meio a uma ausência de conflitos, atestados pelos vigorosos protestos do teólogo Daniel Hoffmann, professor em Helmstedt, que não hesitou em defender a dupla verdade em vez de reconhecer a legitimidade teológica da metafísica (*Pro dupplici veritate Lutheri... disputatio*, Magdeburgo, 1600). É preciso, porém, não cair no erro de reconhecer nesse retorno da metafísica a influência da obra de Suárez e da escola hispânica (ainda que tenham desempenhado um papel importante depois que os filósofos protestantes entraram em contato com essa linha). Os debates sobre a metafísica começaram em meados dos anos 1590, alguns anos antes do início da divulgação da obra de Suárez na Alemanha. Para compreender os motivos que importaram na reinserção da metafísica nos cursos universitários protestantes, portanto, é preciso identificar fatores internos aos debates teológicos e filosóficos do protestantismo no final do século XVI.

O primeiro fator foi de ordem teológica, relacionado à polêmica interconfessional entre reformados e luteranos mais ou menos rígidos; cabe notar que as polêmicas internas ao protestantismo eram teologicamente bem mais importantes nessa época que a oposição entre protestantes e católicos. As dissensões entre ambas as grandes famílias descendentes do movimento da Reforma Protestante se deram em questões cristológicas e eucarísticas. Nos dois casos, as questões em jogo se correlacionam à interpretação dos termos que tradicionalmente pertencem à metafísica, compreendida como ciência do ser. Nesses debates, os teólogos reformados recorrem regularmente ao que eles consideram o sentido comum dos termos utilizados (tais como "eternidade", pertencente à categoria do tempo, "ubiquidade", pertencente à categoria do lugar, e "infinitude", pertencente à categoria da quantidade, e seus contraditórios) para rejeitar as interpretações luteranas dessas questões, interpretações que os teólogos reformados criticam por aplicarem a uma mesma realidade (os elementos eucarísticos ou a pessoa de Cristo) predicados contraditórios, infringindo assim o princípio da não contradição. Em resposta, os teólogos luteranos acusaram os reformados de racionalismo (crítica que, no século XX, foi retomada por Karl Barth e muitos de seus alunos). Verificou-se assim impossível eludir o problema propriamente metafísico das categorias ontológicas mais gerais e de seu uso em contexto teológico.

A essa solicitação teológica associou-se uma necessidade metodológica. As últimas décadas do século XVI se caracterizaram por um novo interesse pela parte mais rigorosa da lógica aristotélica, a doutrina do silogismo e suas relações com a teoria da definição. De uma lógica sintética da invenção, que combinava a lógica aristotélica e a retórica ciceroniana em torno do tópico comum às duas abordagens, passou-se a uma lógica analítica. A questão decisiva de então era a da veracidade das premissas das quais se deduz a conclusão. Para garantir a veracidade da conclusão, as premissas deveriam ser analiticamente verdadeiras. Nesse sentido, a metafísica se tornava indispensável, fornecendo os princípios fundamentais de todas as ciências positivas e explicitando as estruturas mais universais da realidade. Essa transformação da lógica repercutiu imediatamente no método da exposição teológica. O método dos *loci*, introduzido por Melâncton, baseava-se no tópico, ou seja, em uma lógica sintética. O abandono da dialética, logo da lógica sintética, levou a uma redefinição das bases metódicas que organizavam a exposição doutrinária. Assim, o teólogo reformado Bartholomäus Keckermann (1572-1609) propõe que a teologia seja definida como uma ciência prática, ou seja, ordenada a um fim, a salvação do homem. A matéria doutrinária seria então organizada pela análise dos meios adequados para a concretização desse fim. Esse *método analítico* é introduzido nos meios luteranos por Georg Calixt (1586-1656), professor em Helmstedt. A partir de meados do século, tomou em definitivo o lugar do método dos *loci*.

As duas solicitações, teológica e lógica, associam-se para dar seu perfil à metafísica desenvolvida pelo veteroprotestantismo nos últimos anos do século XVI. Essa metafísica é uma doutrina do ser enquanto ser, ou seja, uma análise dos predicados mais gerais inerentes a toda coisa simplesmente tal como é; nesse sentido, toda coisa é dotada de uma essência própria, que a determina a ser justamente a coisa que é, e não outra. Essa problemática se distingue de duas outras abordagens. A primeira se interessaria a tal gênero de coisas particulares (os seres vivos ou os seres inteligentes, p. ex.); assim, estaríamos lidando não com uma ciência que trate do ser em geral, mas de um gênero de seres em particular (a zoologia ou a psicologia). A segunda seria um questionamento sobre a existência das coisas e as causas dessa existência; essa ciência que trata das coisas enquanto existentes, e das causas de sua existência, é a física (no sentido que o termo adquiriu antes do advento da ciência moderna). Enquanto doutrina do ser e de suas determinações mais gerais, portanto, a metafísica não trata nem das coisas consideradas em sua particularidade genérica (o que significa que o conceito de ser não é um conceito genérico), nem das coisas consideradas enquanto existentes. Assim, a metafísica não trata do que seria, a crer-se em Heidegger, a questão fundamental da metafísica: "Por que há alguma coisa, e não o nada?". Para os metafísicos do veteroprotestantismo, essa questão pertence mais à física que à metafísica. Se a metafísica trata efetivamente do "sendo como tal", ou seja, do *ens quatenus ens*, o "sendo" não designa, nessa fórmula emblemática, aquilo que existe, mas, sim, aquilo que possui tal ou tal caráter e pode, por isso, ser sujeito de um enunciado analiticamente verdadeiro.

Para designar essa tarefa específica da metafísica como ciência do ser e de suas determinações fundamentais, os metafísicos protestantes inauguraram o termo "ontologia". Seu inventor parece ter sido Rudolf Göckler (mais conhecido pelo nome latinizado, Rodolphus Goclenius, 1572-1621), filósofo reformado e professor da Universidade de Marburgo. Ele utilizou o termo na obra *Lexicon philosophicum*, publicada em Frankfurt (1613), definindo-o como "filosofia que trata do sendo em geral [*philosophia de ente*]". Essa terminologia foi reproduzida a partir de 1620 nas obras de, entre outros, Johann Heinrich Alsted (1588-1638) em Helmstedt, antes de ser retomada por Abraham Calov (1612-1686) em 1636, e em seguida pelo reformado de orientação cartesiana Johann Clauberg (1622-1665) em *Ontosophia* (Groningen, 1647), a quem Gilson atribui equivocadamente a paternidade do vocábulo (*L'être et l'essence* [O ser e a essência], 1948, Paris, Vrin, 1962, p. 171, nota 1).

A invenção do termo "ontologia" é sintomática da opção sistemática adotada por quase todos os metafísicos do veteroprotestantismo.

Confrontados com a polissemia do termo "metafísica", eles identificam a questão do sujeito da metafísica como filosofia primeira orientada para a questão do ser. Assim, excluem do campo primário da metafísica a questão propriamente teológica do ser de Deus, seja tornando-a um problema que depende de uma ciência especial, seja contestando a própria possibilidade de conhecer Deus em sua essência por meio de conceitos gerais. Em consequência, a opção ontológica da metafísica do veteroprotestantismo considera uma distinção entre uma metafísica geral (que trata do ser em geral) e a metafísica especial (que pode tratar particularmente de Deus e dos seres inteligentes, ou seja, a psicologia).

Dito isso, precisamos evitar uniformizar mais que o necessário as concepções da metafísica que foram desenvolvidas nas universidades protestantes do século XVII. De fato, um bom número de metafísicos protestantes se recusa a subscrever essa concentração ontológica da metafísica, bem como a marginalização da questão teológica que tal concentração implica. Exemplos dessa postura são fornecidos por Johann Piccart (1574-1620), professor em Altdorf, que defende uma concepção ontológica da metafísica, mas identifica no sendo primeiro e na substância primeira o tema central da metafísica, e Clemens Timpler (1567-1624), para quem o sujeito da metafísica como ontologia não são as coisas, mas, sim, os inteligíveis, o que lhe permite reconsiderar o nada e o não-ser como temas da metafísica. Mesmo dentre aqueles que se inserem no programa majoritário da metafísica como ontologia geral que trata do sendo como tal (desde o início do século XVII, traduz-se o latim *ens* pelo alemão *Ding*, "coisa"), são inúmeras as nuances. As discussões talvez mais interessantes tratam da articulação entre a metafísica como ontologia e a teologia. Nesse contexto, observaremos dois problemas.

O primeiro problema se relaciona ao fato de que, desde Heidegger, formou-se o hábito de referir-se à constituição ontoteológica da metafísica, que deve ser considerada "a unidade do que é interrogado e pensado no ontológico e no teológico: o sendo como tal naquilo que ele tem de universal e de primeiro, em conjunto com o sendo como tal naquilo que ele tem de supremo e de último" (*Identité et différence* [Identidade e diferença], Paris, Gallimard, 1968, p. 295). Para a maior parte dos metafísicos da época, Deus como tal não é o sujeito de que trata a metafísica; logo, as determinações ontológicas das coisas encontram seu primeiro princípio em Deus. Assim, para Bartholomäus Keckermann, Deus é "fonte e princípio de todas as substâncias, razão pela qual, aliás, ele não pode ser considerado uma substância nem estar correlacionado à metafísica: "De Deus, o metafísico não fala em sua qualidade de metafísico, pois Deus é algo ainda superior ao sendo, e, com razão ainda maior, está acima de toda substância e de todo acidente". O que define a substância é de fato a dualidade substância/acidente. Toda substância é, consequentemente, um composto. Nesse sentido, a substância não pode ser ela mesma seu princípio. Uma substância, portanto, é um ser dependente, posto por outro, a saber, pela vontade de Deus. Como princípio e fonte de substâncias, Deus é uma supersubstância, *supersubstantia* ou *huperousia*. O lado platônico dessa argumentação não deixaria de modo algum espantado um filósofo reformado cuja formação tivesse sido a dessa cidadela do ramismo que foi a Universidade de Heidelberg na terceira parte do século XVI. Porém, detectam-se também traços semelhantes em textos do mais ortodoxo dos metafísicos luteranos da época, Abraham Calov, professor em Wittenberg e avesso a qualquer tipo de acordo com os calvinistas. De fato, Calov defende a tese de que o verdadeiro autor da metafísica é Deus; seu manual se intitula, por isso, *Metaphysica divina*. A metafísica é a ciência tirada do livro da Natureza, assim como a teologia é a ciência tirada do livro da Revelação. Na mesma ótica, Deus surge como o responsável pela ontologia na medida em que é o princípio e a origem das coisas, de que a ontologia extrai por abstração a estrutura conceitual mais geral. Um último ponto precisa ser observado. Para Keckermann e Calov, Deus não é o princípio e a fonte do ser por trazer as coisas à existência, mas, sim, por ser a origem da estrutura racional que confere às coisas o *status* ontológico de coisas (ou de substâncias), garantindo assim a possibilidade de um conhecimento adequado de tudo o que é. É necessário ainda precisar que a função de Deus como princípio da estrutura ontológica fundamental do mundo não permite propriamente o acesso ao conhecimento de Deus, ou seja, à doutrina da Trindade. Se podemos, portanto, subscrever a tese da estrutura ontoteológica da metafísica acadêmica protestante, é necessário, no entanto, enfatizar que essa estrutura não trata da existência do sendo, mas, sim, da determinação racional da coisa. Isso não significa, evidentemente, que os metafísicos da época tivessem negado que Deus é o princípio da existência das coisas; significa simplesmente que eles observaram que tal questão não pertence propriamente à metafísica, mas, sim, à física. A metafísica trata da causa formal das coisas, não de sua causa eficiente nem de sua causa primeira.

As posições de Keckermann permitem também ilustrar o segundo ponto. Dessa vez, trata-se da diferença confessional entre luteranos e calvinistas. Para os luteranos, de fato, há uma diferença de princípio entre o registro da metafísica e o registro da teologia. Recorrendo à velha metáfora dos dois livros — o da Natureza e o das Escrituras —, Calov observa que Deus é o autor de ambos, evidentemente, o que basta para garantir que ambos não se contradirão. Porém, trata-se de dois livros escritos em idiomas diferentes, e o vocabulário de um não pode ser utilizado para provar as teses do outro. Da mesma forma, a teologia não requer da metafísica que sejam fornecidos conceitos utilizáveis em seu próprio campo. Como analisa Balthasar Meisner em seu livro *Philosophia Sobria* (3 vols., Wittenberg, 1611-1623), o que a teologia espera da metafísica é o oposto, ou seja, que a metafísica forje conceitos que permitam pensar a diferença entre a ciência metafísica do ser e a ciência teológica do divino. É somente quando essa diferença é claramente estabelecida que se torna possível apresentar o problema da mediação, de que se encarregam as doutrinas cristológicas e soteriológicas. A doutrina luterana da "comunicação dos idiomas" — que consiste em atribuir à natureza humana de Cristo os predicados (os "idiomas") da natureza divina, e à sua natureza divina os predicados da natureza humana, o que equivale a afirmar que o próprio Deus morreu na cruz e que Cristo está presente em todo lugar e a todo tempo de acordo com sua natureza humana — se revela então ser a operação teológica da mediação, permitindo superar a diferença definida conceitualmente graças ao trabalho da metafísica. Não se pode imaginar um contraste mais completo com as posições reformadas ilustradas por Keckermann. Não contente em contestar todo equívoco entre o uso metafísico e o uso teológico, ele vê na categoria da substância um "gênero análogo" que faz mediação entre o discurso metafísico e o discurso teológico, tese também defendida por Göckler e Timpler. Mas Keckermann vai além. Retomando os últimos livros da *De trinitate* de Agostinho e as posições de Melâncton nos *Loci*, propõe uma reconstrução racional da doutrina trinitária, o que equivale a incorporar a doutrina da Trindade à reflexão metafísica; logo, a relativizar a diferença entre metafísica e teologia sobre o tema, em que tradicionalmente essa diferença se manifestava de modo irredutível.

Em geral, considera-se a metafísica desenvolvida pela universidade protestante na primeira metade do século XVII como um fenômeno retrógrado, ou pelo menos como a sobrevivência de uma forma de filosofia irremediavelmente deixada no passado desde seu surgimento. Essa visão é provavelmente severa demais. Esquece-se, de fato, que os metafísicos protestantes da época são os primeiros a propor tratados sistemáticos de metafísica, rompendo com as formas medievais da disputa ou da questão. Negligencia-se também a importância da redução operada por eles ao definirem a metafísica como ontologia em oposição à teologia e à psicologia. Essa redução, evidentemente, obedece a uma preocupação teológica, e até apologética, desempenhando um papel essencial no processo que poderíamos chamar de secularização da filosofia. A ontologia não desenvolve um sistema conceitual em que se inseririam, de um modo ou de outro, a teologia e a questão de Deus, de que esta se encarrega. A ontologia pode libertar-se, portanto, das pretensões teológicas, compreendendo-se como uma investigação profana. Nesse ponto de vista, a metafísica protestante manifesta efetivamente a síndrome crítica que é típica dos Tempos Modernos: ao questionar a economia tradicional da metafísica, ela promove um programa original de remodelagem da metafísica. Todavia, é incontestável que a ontologia desenvolvida pelo protestantismo na primeira metade do século XVII ainda se vale, em geral, de uma economia antimoderna de pensamento. Essa ontologia se baseia em uma concepção de teoria como abstração conceitual generalizante que encontra seu fundamento na observação das coisas, concepção em que não há lugar para os dois elementos-chave da concepção moderna de ciência fundada por

Galileu: o método experimental e a interpretação matemática das leis naturais. Essa revolução na compreensão da teoria implica uma transformação fundamental do modo com que se entende a razão: de uma concepção da razão como apreensão contemplativa ou intuitiva das coisas em sua essência, passa-se a uma concepção de razão como espontaneidade na origem da produção do saber.

O neoprotestantismo

As relações entre o protestantismo moderno e a metafísica não poderiam ser tratadas a partir de abordagens unívocas demais, seja diagnosticando, na modernidade, uma era "pós-metafísica", ao modo de Jürgen Habermas, seja identificando, ao modo de Martin Heidegger, no reino da técnica o paroxismo de um "esquecimento do Ser", cuja metafísica seria ao mesmo tempo matriz e princípio; seja, ainda reduzindo, com Rudolf Carnap e seus herdeiros, os enunciados da metafísica a proposições "desprovidas de sentido", já que incapazes de satisfazer os critérios definidos pelas epistemologias científicas.

O movimento característico dos Tempos Modernos no nível filosófico é, de fato, a crítica da metafísica, uma crítica que se alimenta das fontes mais diversas. Fideísta ou cética, contesta que as questões tratadas pela *Metafísica* de Aristóteles estejam ao alcance do espírito humano. Racionalista e científica, observa que a concepção aristotélica do ser e do conhecimento do ser é inadequada às novas concepções científicas e metodológicas ilustradas por nomes como Galileu, Descartes e Newton, mas também Copérnico e Kepler. Empirista, recusa a própria existência dos objetos de que pretendia tratar a metafísica (o ser ou a substância, as inteligências, ou ainda as categorias e os transcendentais). Ética, política ou jurídica, não busca mais fundar a ordem jurídica ou os princípios da ética na permanência e no movimento eterno de uma ordem cósmica, mas, sim, nas exigências racionais da vida em sociedade ou da realização do indivíduo.

Essas críticas, no entanto, não significam o fim ou a morte da metafísica, mas implicam, pelo contrário, uma constante redefinição e uma reformulação de suas bases. Mais que prelúdio de uma era pós-metafísica, os Tempos Modernos e a modernidade são uma época de efervescência metafísica, em que programas e concepções se desafiam, em que cada anúncio de morte iminente sinaliza um renascimento e um deslocamento de questionamentos metafísicos. Basta mencionar aqui os nomes de Leibniz, Wolff, Kant, Hegel e Schopenhauer, mas também, mais perto de nós, Simmel, Whitehead, James, Strawson, Putnam, Kripke e David Lewis. O que caracteriza a modernidade não é a morte e o desaparecimento da metafísica, mas, sim, a pluralização das concepções metafísicas: a questão do ser, nela, perdeu o monopólio (ou o quase monopólio) que exercia enquanto as heranças aristotélicas definiam sozinhas seu campo, para se ver em concorrência com as questões da liberdade, da cultura e da história, do sentido e da língua, da matemática e da lógica. O protestantismo participa desses deslocamentos e também dos debates, sendo um de seus principais motores. Nisso se identifica o caráter inelutável da questão das relações entre o protestantismo moderno e a metafísica, algo que a teologia recente tende a deixar de lado, geralmente ao preço de uma marginalização intelectual.

Para a reorganização moderna da metafísica, o elemento essencial foi a revolução epistemológica induzida pelo surgimento da ciência moderna, que passou a organizar-se como ciência experimental buscando descobrir regularidades que pudessem exprimir-se matematicamente. O impacto dessa revolução, ligado aos nomes de Galileu e Newton, subjaz a todos os programas filosóficos dos tempos modernos, de Descartes aos filósofos populares da *Aufklärung*. Porém, o problema metafísico levantado pela nova concepção do conhecimento só encontraria uma solução de fato convincente na obra crítica de Kant.

No prefácio à segunda edição da *Crítica da razão pura* (1787), Kant identifica no método experimental o paradigma metódico em que deve inspirar-se uma reforma da metafísica que possa libertá-la da rotina e inseri-la no "caminho seguro da ciência" (B VII). Não se trata, para Kant, da proposta de uma nova base epistemológica para a metafísica, mas, sim, de um desenvolvimento conjunto. À imagem da prática científica moderna, a filosofia crítica coloca em operação uma experiência, a que a razão procede consigo mesma. O objeto sobre o qual a "experimentação" processada pela razão se debruça, portanto, é a própria razão, ou mais exatamente os conhecimentos de que a razão pretende dispor pela virtude de seu próprio poder (cf. ibid. B XIX, nota). Com a descoberta das leis da razão, Kant acredita desenvolver o sistema da razão como fundamento arquitetônico da metafísica.

Aqui, intervém uma segunda metáfora essencial, a do tribunal em que a razão é ao mesmo tempo juiz e reclamante, cujos direitos devem ser justificados e delimitados (a metáfora do tribunal está relacionada ao direito civil, não ao penal): "Pode-se considerar a *Crítica da razão pura* como o verdadeiro tribunal para todas as diferenças em que a razão é implicada; pois [... a *Crítica*] é instaurada para julgar e determinar os direitos da razão em geral segundo os princípios de sua primeira instituição" (ibidem, B 779). O caso a ser tratado por esse tribunal é o direito da razão ao conhecimento metafísico. Há a explicitação da diferença com a delimitação das condições de possibilidade da metafísica. A fundação da metafísica toma assim a forma de uma crítica das pretensões da razão, ou seja, de uma crítica da metafísica dos Tempos Modernos. Porém, a investigação crítica também é conhecimento da razão: é a razão que julga seus próprios direitos. Da mesma forma, tal investigação tem igualmente o *status* de metafísica. Como escreve Kant em uma carta a Marcus Herz do dia 11 de maio de 1781, a tarefa crítica é uma "metafísica da metafísica".

Ambas as metáforas, a da experimentação e a do tribunal, apontam para a mesma problemática: os fundamentos reflexivos da metafísica em uma crítica da razão operada pela razão. A metafísica encontra na razão sua origem e seu princípio, mas também encontra na razão seu tema e seu objeto. A metafísica é assim uma filosofia em que o sujeito e o objeto da filosofia coincidem. É por isso que pode pretender o *status* de "filosofia primeira": a coincidência da razão como sujeito e da razão como objeto confere à metafísica o *status* de uma fundação última, além da qual a busca de uma justificação racional perde todo o sentido. Ao esboçar um resumo dos debates metafísicos anteriores, Kant vê nos resultados da crítica a chave para a compreensão da história dos fracassos anteriores da razão em seus objetivos metafísicos. A concepção kantiana da metafísica se insere também em um movimento típico dos Tempos Modernos: o que faz da crítica da metafísica o princípio para uma nova concepção da metafísica. No entanto, Kant inovou ao fazer do princípio da crítica e da fundação de novas bases da metafísica o princípio de uma filosofia da história da filosofia.

Para compreender o alcance da crítica kantiana do conhecimento racional, é necessário lembrar o papel desempenhado pelas ideias inatas na metafísica da era clássica. O traço característico da metafísica dos Tempos Modernos consiste na passagem de uma metafísica das coisas (p. ex., a ontologia do veteroprotestantismo) para uma metafísica das ideias. O centro de gravidade se desloca da ontologia para a psicologia. A questão essencial, então, é saber se as ideias são verdadeiras, e sua veracidade garantiria de fato que essas ideias correspondem às coisas, estabelecendo sua pertinência como meio de conhecimento. É sobre a resposta dada a essas questões que as grandes correntes da filosofia dos Tempos Modernos se oporiam. A resposta do racionalismo clássico considera que as ideias mais fundamentais e as mais comuns não são adquiridas nem produzidas pela alma humana, mas, sim, são "inatas". Esse caráter inato se manifesta na certeza imediata que as acompanha. A verdade das ideias inatas é então garantida, seja pela origem divina (posição cartesiana), seja pelo caráter racional (posição leibniziana); no segundo caso, ainda que Deus não seja o autor das ideias inatas, é ele que impregna a alma com essas ideias. O conhecimento propriamente racional se estende na mesma medida em que as ideias inatas nos levam. Esse conhecimento é verdadeiro *per se*, independentemente da experiência. Na metafísica da era clássica, as ideias inatas fundam assim o conhecimento da existência de Deus e de sua essência (onipotência, sabedoria, bondade, justiça etc.), mas também o conhecimento da natureza da alma humana, especialmente de sua imortalidade, e o conhecimento do universo como totalidade dotada de sentido. As ideias inatas também nos fornecem as noções fundamentais da ontologia (substância, acidente, causalidade etc.). São, portanto, o princípio do conhecimento metafísico em sua totalidade.

É essa metafísica inatista que Kant submete a um exame crítico. Evidentemente, Kant não é o primeiro a fazer a crítica do inatismo. Porém, o que o torna original não é a rejeição ao inatismo, mas, sim, a apresentação de uma concepção de conhecimento racional que correlaciona inatismo e empirismo (o empirismo considera o espírito como "tábula rasa" e todas as ideias como adquiridas pela experiência dos sentidos, externas ou internas). O núcleo da concepção kantiana é a ideia de aprioridade, que não consiste em uma coleção de noções inerentes à alma humana, mas, sim, em um sistema de estruturas invariantes (espaço e tempo) e de leis (derivadas a partir de categorias) na origem da produção do saber. Essas estruturas e essas leis são produzidas espontaneamente pela razão no momento da experiência; a aprioridade é uma precedência de direito, não uma anterioridade cronológica. A crítica do conhecimento racional empreende, portanto, uma dupla tarefa: mostrar, em oposição ao empirismo, que todo conhecimento empírico recorre a elementos *a priori*, ou seja, a elementos cujo princípio não é a experiência; determinar, contra o racionalismo, o campo em que o uso desses elementos permite formular julgamentos que possam ser objetivamente verdadeiros, ou seja, vetores de conhecimento. A crítica do inatismo desloca o foco da questão metafísica da matéria do conhecimento metafísico (coisas ou ideias) para o sujeito desse conhecimento (a razão). Assim, tal crítica extrai uma problemática que se situa, de algum modo, contra a corrente de tudo o que havia sido tratado até então na metafísica.

A tarefa da "metafísica da metafísica" consiste assim em estabelecer com rigor os princípios em que se baseia o conhecimento *a priori*. Para esse fim, desenvolve o sistema das formas normativas da coerência ao definir o conceito mais geral e mais abstrato de objeto (com o termo "objeto", Kant designa o último princípio reflexivo da unidade como forma de todo sentido possível). Essa metafísica da metafísica toma o lugar da ontologia como metafísica geral. A metafísica geral, portanto, não é nem uma doutrina do "ser como ser" (veteroprotestantismo), nem uma doutrina da "substância" (racionalismo da era clássica), mas, sim, uma doutrina do objeto em geral como forma da unidade sintética (cf. *Crítica da razão pura*, B 873). É essa "metafísica da metafísica" que Kant chama "filosofia transcendental": uma teoria reflexiva da fundação dos saberes metafísicos. Não tem outra justificação, a não ser a legitimação e a delimitação desses saberes.

Desde o início, Kant distingue dois usos da razão, teórico e prático (cf. ibidem, B IXs), a que correspondem duas grandes divisões da metafísica: uma metafísica da natureza, sobre o objeto cuja razão determina o conceito, e uma metafísica dos costumes, sobre o objeto cuja razão realiza o conceito. A essa primeira divisão, que podemos considerar horizontal, vem sobrepor-se uma segunda divisão, que podemos considerar vertical, opondo os objetos da experiência aos objetos que transcendem a experiência, os objetos do mundo sensível aos objetos suprassensíveis que são a alma humana, a liberdade e Deus. Podemos assim vislumbrar quatro áreas do conhecimento metafísico: o conhecimento teórico do mundo sensível, o conhecimento teórico do mundo suprassensível, o conhecimento prático do mundo sensível e o conhecimento prático do mundo suprassensível. Para cada um deles, a filosofia transcendental (a "metafísica da metafísica") deverá determinar se e sob quais condições é possível o conhecimento *a priori*.

a) O conhecimento teórico do mundo sensível pressupõe uma metafísica da natureza, que é preciso compreender como o conhecimento *a priori* dos contextos conceituais mais gerais, que conferem ao conhecimento empírico o *status* de um conhecimento objetivo, ou seja, o *status* de um conhecimento que pode ser verdadeiro ou falso. Esses contextos conceituais são condições de possibilidade da experiência que determinam o conceito de um objeto possível da experiência. Esse objeto é a natureza no sentido mais geral e mais formal, ou seja, a realidade espaçotemporal enquanto é integralmente e necessariamente submetida a leis (ibidem, B 165). A metafísica da natureza se reduz, de fato, à física racional somente. Todavia, o problema da determinação conceitual dos objetos particulares da experiência — da natureza — remete para além dos contextos conceituais que definem o conceito geral de natureza e faz que intervenham os conceitos que designam tradicionalmente os objetos do mundo suprassensível (a alma, o mundo como totalidade, Deus). Esses conceitos, que Kant chama de Ideias, orientam a busca da determinação adequada para captar o particular em sua particularidade. Assim, têm uma função reguladora, trazendo o particular que está à espera de determinação para a exigência normativa de uma determinação completa.

b) Os contextos conceituais *a priori*, de fato, só são aplicados aos objetos que se nos apresentam sob a forma espaçotemporal; na falta desses objetos, eles são privados "de sentido e de significado" (ibidem, B 299). Os contextos conceituais da metafísica da natureza não podem servir, consequentemente, para elevar-se aos objetos transcendentes. Essa restrição crítica ao uso dos contextos conceituais constitutivos da metafísica da natureza é o princípio da destruição kantiana da metafísica da era clássica, seja a racionalista (Descartes, Leibniz, Wolff), seja a empirista (Locke, Berkeley). Ao limitar a pertinência do uso teórico da razão à esfera da experiência sensível (espaçotemporal), a crítica da razão teórica define pela negativa as condições de um pensamento coerente do transcendente. O transcendente só pode ser pensado de modo não contraditório como realidade suprassensível, que escapa ao contexto espaçotemporal e a suas determinações conceituais. Mesmo sendo incapaz de conferir o menor significado positivo aos conceitos do transcendente, a crítica da razão especulativa vislumbra a perspectiva de um possível conhecimento prático do transcendente.

c) Em uma perspectiva prática, o mundo sensível é contemplado sob o ângulo do prazer ou do desprazer que pode proporcionar ao indivíduo. A ideia que preside a tal abordagem é a da felicidade. Ora, a felicidade não é um ideal racional, mas, sim, um ideal da imaginação, de que "todos os elementos [...] são amplamente empíricos" (*Fundamentação da metafísica dos costumes*, AA IV 428). Todas as regras pragmáticas que determinam os meios adaptados para a realização de um objetivo são regras empíricas, e não leis da razão. Assim, não se deve ver na felicidade o objeto possível de um conhecimento racional.

d) Em uma perspectiva prática, portanto, o único objeto possível de um conhecimento metafísico é o mundo suprassensível. O meio para esse conhecimento é a lei moral, conforme observa Kant no prefácio de *Crítica da razão prática*. Estar consciente da lei moral é ao mesmo tempo estar consciente de uma obrigação incondicional e da possibilidade de conformar-se a ela, ou seja, de adotar uma regra de conduta por respeito à lei moral (o que não significa que o indivíduo seja sempre capaz de cumprir com sucesso o tipo de ação que a regra requer dele). A consciência da lei moral, portanto, é consciência da liberdade, ou seja, consciência da capacidade de adotar uma regra sem que essa adoção seja condicionada por uma causa anterior: por ser aquele a quem se dirige a lei moral, o indivíduo é livre. E já que a consciência da lei moral é um fato indubitável, a liberdade também é objeto de um saber possível (*Crítica da faculdade de julgar*, § 91,2). Ora, a liberdade é uma Ideia suprassensível. A consciência da lei moral como "*ratio cognoscendi* [princípio do conhecimento] da liberdade" (*Crítica da razão prática*, Prefácio, AA V 4) abre caminho para o acesso ao conhecimento prático do mundo suprassensível ou da esfera das Ideias. A vontade livre, no entanto, é o único objeto transcendente cuja realidade nos é conhecida; é o eixo de uma metafísica prática do transcendente. Os demais objetos de uma metafísica do transcendente (a alma humana, o Bem supremo como estado futuro do mundo, Deus) não são objeto de um saber, pois sua realidade não é imediatamente dada em um fato (como é o caso da liberdade, dada na consciência da lei moral como "fato de razão"); é somente uma implicação necessária da liberdade como objeto de um saber prático. A certeza subjetiva que os concerne tem, portanto, *status* de crença ou fé. Logo, o conhecimento metafísico se limita às normas da ação livre (que são as leis que regem o estado do mundo que corresponderia ao Bem supremo); nesse sentido, Kant fala de "metafísica dos costumes".

Na sistemática kantiana, a "metafísica da natureza" e a "metafísica dos costumes" ocupam um espaço que era da metafísica especial na metafísica acadêmica do século XVII e no sistema de Christian Wolff. O ponto alto dessa reestruturação precisa ser buscado na função arquitetônica reconhecida na razão prática, especificamente na liberdade: a reestruturação kantiana do campo metafísico destrona a razão teórica e consagra a primazia da razão prática. De uma metafísica do ser, Kant passa para uma metafísica da liberdade. A modificação radical da concepção de sujeito implicada pelo deslocamento kantiano é seu ponto essencial. Como aquele a quem a lei moral se dirige, o sujeito é aquele que obriga a si mesmo e que se sabe capaz de satisfazer essa obrigação. A "coisa pensante" de Descartes se torna assim uma pessoa a quem se pode imputar a responsabilidade de uma ação, pois tal pessoa é capaz de reconhecer-se como o livre autor da ação. Assim, a certeza originária do sujeito passa a ser a certeza da consciência moral (*Gewissen*). Nisso há uma veia tipicamente protestante.

Voltamos à problemática luterana do homem interior, mas também à problemática rousseauniana do indivíduo como juiz de si mesmo. Por fim, a obrigação incondicional expressa pela lei moral tem uma especificidade: não é necessário, de modo algum, recorrer a uma terceira instância (o Deus verídico de Descartes) para estabelecer sua validade. O princípio do conhecimento metafísico é portador de sua própria certeza, e a consciência moral do indivíduo é sua testemunha irrefutável.

Porém, a partilha das competências entre razão teórica e razão prática levanta o problema da passagem da metafísica da natureza para a metafísica da liberdade. A fundação arquitetônica exclui toda progressão linear em que a razão se elevasse regularmente do conhecimento metafísico da natureza ao conhecimento metafísico dos objetos transcendentes. Mas como evitar, então, que essa passagem seja interpretada como o "salto moral" defendido por Friedrich Heinrich Jacobi em sua polêmica contra Moses Mendelssohn? A questão é importante, conforme enfatiza Kant nos manuscritos sobre os *Progressos da metafísica* (1790). Se a filosofia transcendental não conseguisse sair desse impasse, seria prisioneira da concepção da filosofia que pretende superar. Progressão linear e salto mortal não são duas estratégias opostas, mas, sim, parecem valer-se da mesma economia de pensamento, o racionalismo clássico e a metafísica das ideias em que esse racionalismo se sustenta. A questão do processo que permite a passagem da metafísica do mundo sensível (metafísica da natureza) para a metafísica do mundo suprassensível (metafísica dos costumes), ou seja, o problema da possibilidade do movimento metafísico de transcendência, é portanto a chave da concepção kantiana de metafísica, e está no centro de sua última grande obra crítica, a *Crítica da faculdade de julgar*.

A solução proposta por Kant encontra seu princípio na ênfase da função específica da reflexão. A esfera da natureza e a esfera da liberdade têm, cada uma, seu princípio de coerência específico (sua "lei", na terminologia kantiana). Porém, ambos são incoerentes entre si: a causalidade natural (a lei da natureza) é o princípio objetivo da sucessão temporal, enquanto a causalidade da liberdade (a lei moral) escapa à ordem temporal. Não cabe, aqui, querer encontrar um terceiro princípio que possa superar a oposição, integrando natureza e liberdade. Essa impossibilidade obriga a uma mudança de registro, com o vislumbre de uma retomada reflexiva, que tratará das diversas modalidades em que a natureza se afigura como dotada de sentido para o homem que se questiona sobre seu lugar no mundo (um questionamento que se concretiza na indagação sobre se é possível realizar, na natureza, o objeto visado pela liberdade, ou seja, o Bem supremo). A chave do problema consiste então em descobrir "o fundamento da unidade do suprassensível que se encontra no fundamento da natureza com o suprassensível que está contido praticamente no conceito de liberdade" (*Crítica da faculdade de julgar*, Introdução, II, AA V 176). O que está em jogo é uma reformulação reflexiva do conceito de Deus, reformulação que se apoia no que se poderia chamar uma hermenêutica dos traços que revelam o autor razoável da natureza (ibidem, nota geral, AA V 478). A progressão dessa releitura descarta as diversas formas da reflexão, desde as problemáticas estéticas do belo e do sublime até as problemáticas teleológicas do sistema da natureza, do organismo vivo e da cultura, abrindo para uma reformulação da metafísica do transcendente, por uma passagem que, no limite, torna-se necessária pela Ideia de um fim último (ibidem, § 84, AA V 435). Esse fim só pode ser o homem em sua qualidade de sujeito da lei moral. A diferença entre a perspectiva da *Crítica da razão prática* e a ótica da *Crítica da faculdade de julgar* consiste então na descoberta de que o mundo tem um sentido para o homem na exata medida em que dá sentido à sua vida ao compreender-se como sujeito da lei moral, ou seja, uma pessoa livre. Se o homem não pode pretender o *status* de demiurgo, produzindo o mundo e a natureza, ele é a origem do sentido que atribui à sua vida e, desse modo, ao mundo. Para descobrir-se como a origem do sentido que a natureza tem para ele, o homem deve reconhecer que, considerada em si mesma, a natureza é desprovida de sentido. Pois o sentido não é uma dimensão ontológica, mas, sim, uma dimensão reflexiva. As formas da reflexão debulhadas por Kant em *Crítica da faculdade de julgar* descartam então um mesmo número de modos do sentido, cujo princípio só se desvela na culminação daquilo que se poderia considerar uma espécie de fenomenologia do sentido. Esse princípio é o conceito de Deus como "autor moral do mundo" (ibidem, § 87, AA V 450). A teologia como disciplina metafísica é assim a chave da reconstrução reflexiva da unidade entre a natureza e a liberdade. O conceito de Deus não é mais o conceito fundamental e primeiro de uma metafísica do ser, mas, sim, o conceito último e conclusivo de uma metafísica do sentido.

Resta o questionamento sobre a "metafísica da metafísica" que inaugura a recapitulação reflexiva operada por Kant em *Crítica da faculdade de julgar*. Isso equivale à indagação sobre a especificidade do ato de reflexão cujo sentido é o produzido. A resposta de Kant é a seguinte. A filosofia transcendental não trata da realidade das coisas ou do ser — as coisas tais como são, independentemente de todo ato de determinação —, mas da regra utilizada pelo pensamento para determinar o objeto (enunciar por meio de um conceito o que é esse objeto). Essa regra deve satisfazer duas condições: primeira, determinar o objeto *tal como é*, em sua realidade específica ou em seu em-si (se não, não poderíamos falar de conhecimento, quer teórico, quer prático); segunda, determinar o ato de julgamento que enuncia o que o objeto é em sua realidade própria ou em seu em-si. Ambas as dimensões podem estar em conflito ou em concordância. Quando o objeto a ser determinado é a natureza, estão em conflito; sobre isso, Kant fala de *heteronomia*. Quando o objeto a ser determinado é a vontade, estão em acordo; sobre isso, o termo utilizado por ele é autonomia. Quer haja conflito, quer concordância, ambas as dimensões são aspectos da razão, momentos do ato que consiste em determinar um objeto; o conceito de objeto designa, de fato, a lei fundamental de toda determinação: a exigência de coerência na medida em que essa exigência constitui o significado mais geral do que pode ser considerado um objeto. Assim, a reflexão pode deslocar o foco da regra que utiliza para determinar o objeto na relação com essa regra e a atividade da determinação. Esse é o deslocamento operado pela *Crítica da faculdade de julgar*. A heteronomia da natureza e a autonomia da vontade se revelam então como a expressão do conflito ou do acordo da razão consigo mesma. Ora, a exigência constitutiva da razão é a exigência de coerência ou unidade. Logo, há um conflito de segundo grau entre os dois modos da *determinação objetiva* (heteronomia e autonomia) e a *forma da razão*

como exigência de coerência, que lhe impõe o acordo entre o *conteúdo* de seus atos (aquilo que é enunciado) e a *forma* de seus atos (o próprio ato de enunciar algo).

Esse conflito é um conflito da razão consigo mesma. A razão só pode resolvê-lo produzindo uma nova série de determinações, nas quais se exprimirá a lei que a razão atribui a si mesma para tornar concordantes o conteúdo e a forma de seus atos. À diferença das leis que constituem, de um lado, a natureza como objeto do conhecimento e, de outro, a vontade boa como objeto do conhecimento prático, essa lei não constitui um domínio de objetos, mas enuncia o princípio das regras que a razão deve aplicar a si mesma para compreender o conflito em que está presa como um conflito que a opõe a si mesma. Sobre isso, Kant fala de *heautonomia*. Nessa visão, não se trata de reconciliar os opostos fazendo com que o desacordo desapareça, mas, sim, enunciar o sentido da oposição. Esse sentido é a exigência normativa de que a razão é portadora enquanto é requisição de coerência, busca de acordo consigo mesma dentro dos próprios conflitos e através deles. Portanto, a reflexão enuncia a coerência não como um dado originário, mas como uma requisição infinita, como uma exigência de sentido. A *questão do sentido como exigência infinita* se revela como a questão em que se cumpre o movimento próprio a essa metafísica de segundo grau (a "metafísica da metafísica") cuja questão específica é o fundamento último. O fundamento último toma a forma de uma tarefa infinita, em cuja realização a razão é ordenada e cujo sentido é o princípio reflexivo normativo. Como tema da metafísica, Deus é o símbolo dessa requisição infinita de sentido.

A recapitulação reflexiva da *Crítica da faculdade de julgar* passa a ser o ponto de partida para as posições idealistas desenvolvidas por Fichte, Schelling e Hegel. A característica comum a esses três filósofos é tornar a lógica da reflexão operada pela última obra crítica de Kant na matriz de uma lógica da produção de sentido (saberes e práticas). O idealismo opera assim uma inversão, já que torna em processo fundador inicial aquilo que era, em Kant, uma recapitulação conclusiva. Seja tratando-se de Fichte, Schelling ou Hegel, a mesma intenção fundamental subjaz a essa inversão: apresentar explicitamente a lógica do saber filosófico. Com o nome de "doutrina da ciência" (Fichte) ou "ciência da lógica" (Hegel), a "metafísica da metafísica" se torna, ainda mais claramente que em Kant, o tema central da filosofia. Porém, não é seu tema exclusivo. Para os filósofos idealistas, de fato, sua tarefa consiste em desenvolver um sistema que integre todos os saberes racionais.

A inversão operada pelos pensadores do idealismo, evidentemente, não pode deixar de lado o conflito da razão consigo mesma, que na sistemática kantiana tornava necessária a releitura reflexiva. Na verdade, tal conflito constitui o estímulo que reinicia constantemente a reflexão, levando-a até as últimas consequências. O que distingue de modo fundamental as posições de Fichte, Schelling e Hegel é a maneira com que se encarregam especulativamente do momento do não idêntico na origem do conflito da razão consigo mesma. O momento reflexivo da diferença se revela como o motor da especulação pós-kantiana. Desse modo, as posições fundamentais desenvolvidas por Fichte, Schelling e Hegel são três respostas à filosofia transcendental de Kant, e eles acreditam realizar e concluir aquilo que estava apenas em germe na filosofia kantiana. Apesar das pretensões hegelianas sobre a formulação do cumprimento definitivo da filosofia (uma tese cujo sucesso atual deve muito à sanção que lhe confere Heidegger), as três posições desenvolvidas progressivamente por Fichte, Schelling e Hegel representam três opções possíveis e três realizações, justapostas, e é preciso tomar cuidado para não colocá-las em série, como se a última delas tornasse obsoletas as anteriores. Abordaremos aqui dois pontos somente, essenciais para o debate entre teologia e metafísica.

O primeiro trata do movimento fundamental da especulação idealista. Em oposição a um tema priorizado por Heidegger e pela fenomenologia de inspiração husserliana, a especulação idealista mostra que o movimento próprio à razão é um movimento em que a razão é levada a se ultrapassar. A finitude, evidentemente, é o ponto de partida da especulação filosófica, mas não é de modo algum seu ponto de chegada. A reflexão é movimento de infinitização do finito em uma superação e uma relativização contínua das fronteiras que a razão coloca para si a cada vez, e que correspondem à determinação com movimento de finitização do infinito através do conceito. A reflexão é a ferramenta de uma constante passagem ao limite, permitindo à razão progredir no trabalho de determinação conceitual. Essa dialética do infinito e do finito subjaz tanto aos progressos da ciência quanto aos desenvolvimentos da civilização moderna. A reflexão especulativa se verifica, portanto, como a forma conceitual adequada para captar os desenvolvimentos da cultura e fornecer o enquadramento teórico de uma filosofia da história. Logo, não é de espantar que todos os filósofos idealistas tenham exposto uma filosofia da história que, a cada vez, corresponde à interpretação fundamental que eles dão da lógica da reflexão especulativa.

Essa dialética do infinito e do finito encontra seu auge e sua recapitulação no conceito de Deus. Esse é o segundo ponto anunciado. Isso significa que o conceito de Deus como Infinito, Incondicionado ou Absoluto não mais se opõe de modo mais ou menos abstrato à razão, que é concebida como finita, condicionada ou relativa. Ao contrário, nesse conceito está exposto o próprio sentido do objetivo da razão, a finalidade desse movimento de transcendência através do qual a razão se realiza ao ultrapassar-se e negar-se. Uma vez mais, as divergências se referem ao modo com que é interpretada a realização da razão no Absoluto, ou, mais exatamente, ao modo com que é pensado o momento do conflito, da diferença ou da alteridade na relação com o Absoluto. Para Fichte, o Absoluto só pode ser pensado sob o signo do autoaniquilamento da liberdade absoluta, e o momento de negação é o motor que leva o ser finito a superar-se o tempo todo para tender ao infinito, que é seu destino. Essa concepção de negação e infinito parece abstrata demais para Hegel, que desenvolve um conceito do Absoluto como autorrealização do Espírito. Nisso, a negação se torna um momento interno ao Absoluto, o momento em que o Absoluto pode reconhecer-se na alteridade que ele coloca, colocando-se desse modo como Absoluto. Esse movimento ternário permite a Hegel propor uma interpretação especulativa da doutrina agostiniana da Trindade.

Essas diferenças especulativas são correlatas a concepções divergentes da cultura moderna. Acima dos desacordos materiais (sobre o Estado, o direito, a religião etc.), tais diferenças tratam essencialmente da articulação entre o normativo e o efetivo. A proeminência atribuída por Fichte ao momento da negação se acompanha de uma crítica virulenta das Luzes e do expansionismo napoleônico, em prol da construção utópica de um Estado nacional que reconcilie cultura e direito como um prelúdio para a comunidade universal de amor fraterno. A posição hegeliana lhe é contrária, incitando a decifrar e identificar na realidade política do Estado prussiano pós-napoleônico a forma positiva do Espírito, uma forma que evidentemente requer a interpretação filosófica para alcançar seu pleno significado, mas cuja realidade efetiva não pode ser negada ou contestada. Por mais importantes que sejam, tais divergências não mascaram aquilo que promove a unidade fundamental do idealismo pós-kantiano: a retomada especulativa da lógica kantiana torna a questão propriamente teológica solidária à interpretação filosófica da cultura moderna como realização da autonomia do sujeito. A metafísica do idealismo é filosofia da cultura (seja sob forma crítica, seja sob forma afirmativa): ela identifica na cultura a realidade do sentido e explicita o sentido normativo da cultura.

Essa metafísica idealista da cultura como realização da liberdade de autonomia define o contexto conceitual do neoprotestantismo, independentemente das opções teológicas ou das tendências políticas. Assim, a metafísica da cultura toma o lugar da metafísica do ser para enunciar as condições de pertinência do discurso teológico. No nível da história das ideias, essa substituição marca a passagem do veteroprotestantismo ao neoprotestantismo. A referência que é reivindicada à cultura e à liberdade como autonomia se torna o ponto de vista através do qual a teologia protestante do século XIX se esforçará para explicitar e reformular a doutrina cristã. Nesse sentido, Schleiermacher é um exemplo instrutivo, com sua ênfase em assegurar a especificidade da comunicação religiosa e sua regulação doutrinária diante dos riscos de uma assimilação do discurso religioso à metafísica e à ética. Em *De la religion. Discours aux personnes cultivées d'entre ses mépriseurs* [Da religião: discurso às pessoas cultas dentre seus desprezadores] (1799, Paris, Van Dieren, 2004), logo de início Schleiermacher observa que a metafísica e a moral têm "o mesmo objeto que a religião, a saber, o universo e a relação do homem com o universo". Porém, ele se apressa em esclarecer que toda mistura de religião com a metafísica e a moral é feita em detrimento da religião; assim, é tempo "de atacar a questão por outro lado e entrar no assunto a partir da clara oposição em que a religião se encontra em relação à moral e à metafísica" (p. 22 e 27, trad. modificada). Esse foco, no entanto, não impede que Schleiermacher recorra implicitamente em *Der christliche Glaube* [A fé cristã] (1830-1831, em *Kritische Gesamtausgabe* [Edição crítica completa] I/13,1-2, 2 vols., Berlim, Walter de Gruyter, 2003) aos conceitos fundamentais da ética kantiana para explicitar o amor e a sabedoria de Deus, ou seja, os dois predicados em que se comunica a própria essência de Deus como princípio da ordem do mundo tal como ele é conhecido na redenção (§ 164-169). Assim, ele torna a redenção mediatizada por Cristo na condição histórica da realização cultural do Bem supremo.

Assim, é de um modo fundamental que o neoprotestantismo é um *Kulturprotestantismus*. Porém, o conceito de cultura a que recorre é um conceito normativo, não um conceito simplesmente descritivo. Contra o que puderam afirmar os teólogos da primeira metade do século XX, os teólogos do *Kulturprotestantismus* não se contentam em abonar e aprovar as realidades da civilização moderna. Essas realidades formulam um conceito teológico com que julgam a realidade moderna. Esse conceito, normativo, pode tomar formas liberais ou conservadoras, mas a cada vez seu núcleo sistemático, confessado ou não, é a reformulação do conceito de Deus no contexto de uma metafísica da cultura. Dessa maneira, os enunciados teológicos não são jamais somente normas doutrinárias, mas também têm valor e função culturais e políticas. Tais enunciados situam o cristianismo protestante em relação à cultura de seu tempo, da qual propõem uma interpretação ou uma crítica teológica.

Os sistemas idealistas desenvolvem uma síntese metafísica do sentido da cultura em seu todo. Esses sistemas estão mais expostos que outras formas de filosofia ou metafísica aos efeitos das modificações sociais e culturais. Não é de espantar, portanto, que seus esforços para integrar especulativamente a cultura ao mesmo tempo em que reconhecem a legitimidade de sua diferenciação moderna, não tenham resistido por muito tempo à especificação e à autonomização sempre mais pronunciada das sociedades modernas.

Essa autonomização das esferas culturais não poupa a metafísica, mas se desintegra em uma série de programas concorrentes, cujo ponto em comum é a consciência do caráter aporético de uma metafísica que não pode mais pretender o *status* de saber racional. Essa desintegração da metafísica como saber racional e sistemático é a consequência do apagamento do problema apresentado por aquilo que Kant chamava de "a metafísica da metafísica", ou seja, do problema da reflexão sobre os princípios e as regras constitutivas de todo saber racional como tarefa específica da filosofia. Por não questionar-se sobre a lógica da reflexão, esfacelam-se os saberes metafísicos do contexto arquitetônico (Kant), dedutivo (Fichte) ou especulativo (Hegel). Assim, a metafísica surge como um saber em concorrência com outros, mas um saber incapaz de satisfazer as exigências de rigor e universalidade requeridas dos saberes científicos.

A posição difícil em que se encontra a metafísica é ilustrada pelas concepções antagonistas defendidas a partir dos anos 1870 por Herrmann Lotze (1817-1881) e Friedrich Albert Lange (1828-1875). Lotze compreende a metafísica como a "ciência do real", em oposição à lógica como "ciência do pensável" (*System der Philosphie* [Sistema da filosofia], Leipzig, Hirzel, t. I: *Drei Bücher der Logik* [Três livros de lógica] [1874], 1880; t. II: *Drei Bücher der Metaphysik* [1879], 1884). Nesse sentido, a metafísica é a "doutrina do curso das coisas", obedecendo a um processo regressivo que tenta construir conexões empíricas observáveis em sua "fonte oculta" (ibidem, t. II, p. 180). Essa concepção resgata o programa da metafísica especial pré-kantiana, reunindo a ontologia (doutrina das coisas), a cosmologia (doutrina da natureza) e a psicologia (doutrina do espírito). É característico dessa posição que a teologia não seja considerada por Lotze como um tema inerente à metafísica. Para Lange, porém, a metafísica é uma "poesia conceitual especulativa". Como toda obra de arte, é um "jogo livre" que esboça ideais ou o "mundo dos valores", enquanto o conhecimento do mundo do sendo obedece à "exigência de sentido" (*Histoire du matérialisme & critique de son importance à notre époque* [História do materialismo & crítica de sua importância em nossa época] [1866, 1873-1875], Checy, Coda, 2004, p. 818-824). Assim, a metafísica seria a expressão de uma postura individual, ainda que possa revelar-se suficientemente forte para "dominar, com sua magia, épocas e povos inteiros" (ibidem, p. 512, trad. modificada). Para Lange, isso não significa de modo algum que seja necessário renunciar à metafísica. Pelo contrário. Ao distinguir a metafísica dos saberes positivos irreversivelmente voltados para o materialismo, Lange defende a adoção de um "ponto de vista do ideal", de que Schiller é o melhor exemplo. A cosmovisão idealista proposta pela metafísica desenvolve assim um contraponto necessário ao materialismo ambiente, ainda que pareça difícil preservar esse idealismo da suspeita de não ser outra coisa além de uma ilusão compensatória.

É no mesmo contexto que é preciso situar a crítica nietzscheana da metafísica. Para resumir a questão, poderíamos afirmar que Nietzsche relê a concepção da metafísica defendida por Lotze recorrendo ao esquema de interpretação proposto por Lange (de quem Nietzsche era um grande leitor e admirador). A ontologia, a cosmologia e a psicologia racional são, assim como a teologia racional, aliás, produções que se correlacionam mais com a arte que com o conhecimento do real. Porém, são obras de arte que se recusam a ser reconhecidas como tais, ou seja, como obras de ficção. Desse modo, a metafísica inventa um mundo de coisas estáveis pretendendo descrever as estruturas fundamentais do real. Disso resulta o apagamento da questão da produção da metafísica, o que permite eludir a questão dos motivos, inconfessados e inconfessáveis, aos quais a invenção metafísica de um mundo de coisas obedece. Pois a produção dos pseudosaberes metafísicos obedece, de fato, a uma lógica dos valores: a coisa estável, essa realidade inexistente inventada pelos metafísicos, é o que tem valor para esse ser vivo que é o homem, esse ser vivo que precisa de certeza. A crítica da metafísica é então a crítica dos engajamentos axiológicos que se exprimem na produção dos saberes metafísicos, e sobretudo no ideal de um saber de tipo metafísico. A crítica da metafísica se revela assim acompanhar-se da crítica da cultura moderna e de suas ordens de valor. Apenas escaparia a tal crítica uma metafísica que reconhecesse que tais produções são obras de arte, produtos de ficção, e não saberes.

Dilthey propõe uma interpretação da mesma ordem em sua *Théorie de la vision du monde* [Teoria da cosmovisão] (1911). Ele considera a metafísica como uma cosmovisão que leva a uma coerência conceitual, fundamentada cientificamente e com pretensões a uma validade universal (cf. *Weltanschauungslehre, Gesammelte Schriften* VIII, Leipzig-Berlim, Teubner, 1931, p. 94). A metafísica pertenceria, assim, ao mesmo tipo de problemática que a religião e a poesia, das quais não se distingue, a não ser por sua busca de rigor conceitual e validade universal. Como cosmovisão, toda metafísica combina três elementos: conhecimento da realidade, apreciação da vida e definição de uma finalidade (ibidem, p. 98). É a "consciência histórica" que permite compreender que o verdadeiro significado da metafísica consiste em propor uma cosmovisão, ou seja, uma interpretação geral do sentido, capaz de orientar o agir dos indivíduos. Na metafísica, de fato, expressa-se o movimento pelo qual a vida se objetiva e se interpreta. Ao desvelar o princípio secreto da metafísica, a consciência histórica restitui as questões metafísicas à esfera à qual elas pertencem fundamentalmente: a expressão como manifestação ou objetivação da vida. O sentido surge então como a estrutura teleológica inerente à vida e a suas manifestações, estrutura no interior da qual as objetivações constitutivas da cultura recebem significado. Assim, cabe à hermenêutica o papel de uma "filosofia primeira". Pois, para Dilthey, a hermenêutica é uma metafísica da expressão, da qual a vida tal como é imediatamente vivida (*Erlebnis*) é o verdadeiro sujeito.

De formas diferentes, Nietzsche e Dilthey retomam a problemática de uma metafísica da metafísica. Essa problemática toma a forma de uma hermenêutica como filosofia fundamental. Ambos fundamentam a hermenêutica na realidade processual da vida que eles analisam, recorrendo a estruturas autorreferenciais de tipo cibernético: a autorregulação da vida não é uma reflexão cujo princípio teria um *status* normativo e conceitual. A razão como instância da reflexão normativa surge como uma realidade secundária e derivada, sempre suspeita de deformar a vida. Como filosofia fundamental, a hermenêutica é uma posição antirracionalista, mas também antinormativa, fundando uma ética da autenticidade que recusa toda forma de universalismo ético.

Mais uma vez, a teologia protestante participa dessas discussões. Não desiste de compreender-se por uma referência constitutiva, afirmativa ou crítica, de acordo com o caso, à cultura. Porém, não pode mais pretender encontrar na instância propriamente teológica o princípio que integra todos os modos da produção de sentido (saberes científicos, práticas societais, atividades artísticas etc. Disso resulta uma desconexão entre a questão teológica do sentido, de um lado, e os saberes científicos e práticas societais, de outro, como demonstra a fortuna teológica do tema da "cosmovisão", apontada por Albrecht Ritschl (1822-1889). O essencial nos debates sobre as relações entre teologia e metafísica trata da necessidade de fundamentar a cosmovisão religiosa em um saber metafísico no sentido em que Lotze compreende o termo. Para Ritschl, que nesse ponto subscreve as teses defendidas por Wilhelm Herrmann (1846-1922) em *Die Religion im Verhältnis zum Welterkennen und zur Sittlichkeit* (Halle, Niemeyer, 1879), a metafísica é uma ontologia fundamental, por isso não pode fornecer um contexto de pertinência que explicite o significado da religião cristã, que se organiza em torno dos dois temas da justificação e da reconciliação. Assim, o cristianismo (protestante) desenvolve uma cosmovisão ética, ordenada teleologicamente pela questão do Reino de Deus como fim e norma da cultura moderna (cf. Albrecht RITSCHL, *Theologia und Metaphysik. Zur Verständigung und Abwehr*, Bonn, Marcus, 1887). Essa posição sistemática fornece o plano geral em que Adolf (von) Harnack (1851-1930) concebe o problema teológico de que se encarrega a disciplina da história dos dogmas. Questionar-se sobre a helenização do cristianismo é de fato encontrar, nas questões levantadas pela adoção do contexto ontológico posto à disposição pela filosofia grega, a origem das questões teológicas debatidas ao modo das controvérsias dogmáticas clássicas. Identificar no catolicismo pós-tridentino, na Reforma (luterana) e nas correntes radicais do século XVI a "saída tríplice da história do dogma" (*Lehrbuch der Dogmengeschichte* [Manual da história do dogma], vol. III, Tübingen, Mohr, 1901, p. 663ss) é diagnosticar no surgimento do mundo moderno, na Renascença, a obsolescência dos contextos ontológicos herdados da metafísica grega. E encontrar no antagonismo inicial entre uma teologia da fé e da salvação (Ireneu) e uma teologia do *logos* e da criação (Pais apologetas) a alternativa fundamental que estrutura a história do dogma é considerar a oposição entre teologia e metafísica como a oposição fundamental em que se decide a verdade religiosa do cristianismo. Acima das polêmicas que marcaram as primeiras décadas do século XX, está a recusa a qualquer tipo de mistura entre metafísica e teologia, que caracteriza um acordo fundamental entre Karl Barth (1886-1968) e Rudolf Bultmann (1884-1976), de um lado, e os herdeiros de Albrecht Ritschl, de outro.

No entanto, a recusa à metafísica mostra que essa cosmovisão teológica, assim como a interpretação do sentido do agir humano e de seus horizontes culturais, é suspeita de não passar de uma ideologia de compensação, incapaz de explicitar-se em um confronto com as ciências modernas da natureza e sua ontologia implícita (que evidentemente não tem nada a ver com a ontologia grega ou com a ontologia da metafísica protestante do século XVII). Assim, a teologia é atingida em cheio por Ludwig Feuerbach (1804-1872) e sua crítica da metafísica idealista como "consciência falsa". O primeiro a aceitar o desafio foi Ernst Troeltsch (1865-1923). Em sua tese de doutorado e em obras que se seguiram, Troeltsch levantou a questão de um esquema para articular o universal da metafísica e o singular do cristianismo de um modo abrangente e diferenciado, assim como o fazia o esquema da lei de natureza no veteroprotestantismo. A solução para o problema é vislumbrada por ele a partir dos anos 1890, em uma metafísica do individual, um programa destinado a combinar uma ontologia de vida e uma fenomenologia da razão individual, baseando-se em um teísmo voluntarista e personalista. Sempre reformulado, mas nunca concluído, esse programa permaneceu solidário às intenções principais do *Kulturprotestantismus*, implicando assim uma teologia da cultura organizada em torno de uma concepção de liberdade que busca reconciliar o formalismo kantiano da autonomia com a riqueza das concreções singulares, riqueza que foi evocada pelo romantismo e sistematizada por Schleiermacher em diversos esboços de ums sistema de ética filosófica (cf. *Éthique. Le "Brouillon sur l'éthique" de 1805-1806* [Ética: o "Esboço sobre a ética" de 1805-1806], Paris, Cerf, 2003). De início, Schleiermacher expõe os grandes eixos em um ensaio sobre *Die deutsche Idee von der Freiheit* [A ideia alemã de liberdade] (*Die neue Rundschau* [As nove análises] 27/1, 1916, p. 50-75), antes de atribuir a essa concepção um caráter universalista em seus trabalhos tardios sobre a história da cultura europeia (cf. *L'édification de l'histoire de la culture européenne* e *Droit naturel et humanité dans la politique mondiale*, em *Religion et histoire. Esquisses philosophiques et théologiques* [Religião e história: esboços filosóficos e teológicos], Genebra, Labor et Fides, 1990, p. 141-196 e 273-298).

Nos esboços sistemáticos de Troeltsch está presente um caráter aporético que evidencia uma crise maior ainda que a crise da base a partir da qual poderia ser vislumbrada uma nova síntese entre metafísica e teologia. Da mesma forma, ele não teve herdeiros diretos. O único que se esforçou para retomar as problemáticas de Troeltsch foi Paul Tillich (1886-1965), cuja teologia sistemática repousa em uma ontologia do acontecimento e da existência, com seu paradigma na metafísica de Schelling. Na mesma época, Emanuel Hirsch (1888-1972) encontra em uma metafísica da verdade, para a qual ele se apoia na *Doctrine de la science* [Doutrina da ciência] (1801), de Fichte, a base que lhe permite reformular a dialética da Lei e do evangelho como estrutura fundamental para articular e criticar cultura humana e fé cristã. Aqui, porém, trata-se de programas isolados, à margem das correntes dominantes da teologia de meados do século XX. Além disso, a recepção imediata a esses programas se debruçou pouco sobre suas implicações metafísicas e especulativas, concentrando-se nos aspectos políticos, eclesiásticos e éticos. Após a Segunda Guerra Mundial, os debates acabaram deixando de lado o problema metafísico, em geral acreditando ter encontrado na hermenêutica um pano de fundo suficiente para articular a explicitação cristã do sentido da existência sobre as realidades culturais ou científicas, mas hesitando diante das premissas ontológicas e metafísicas do programa que torna a hermenêutica herdeira da filosofia primeira. Somente Wolfhart Pannenberg é uma exceção aqui, mas suas intenções restauradoras impediram que empreendesse um diálogo teologicamente frutífero com as renovações metafísicas da segunda metade do século XX.

A longa história dos debates entre protestantismo e metafísica é concluída assim, provisoriamente, justo como havia começado: com a marginalização teológica da metafísica. Porém, é permitido duvidar de que tal exclusão, ou ausência de interesse, seja, como no século XVI, a contrapartida de um renovo teológico e espiritual. Novas abordagens à questão não poderiam fazer a economia de um debate nas formas com que a questão metafísica retorna atualmente na filosofia. Em poucas palavras, podemos distinguir duas orientações primordiais: de um lado, uma concepção ontológica, que busca formular as implicações da física contemporânea e trabalhos de lógica sobre o significado dos enunciados e suas condições de verdade; de outro, uma concepção romântica, que busca as estruturas ideais do sentido como condições de possibilidade de todo significado. A concepção ontológica é ilustrada pelos trabalhos de Russell, Wittgenstein, Strawson, Mulligan e Armstrong; já a concepção semântica surge no horizonte de trabalhos sobretudo influenciados pelo pragmatismo ou por releituras contemporâneas de Hegel — podem ser citados autores como James, Peirce, Putnam, Apel e Brandom, e, na francofonia, Jean Wahl, Éric Weil e Jean-Marc Ferry. Para uma renovação teológica, é provavelmente a segunda opção que se revela mais promissora.

Jean-Marc Tétaz

▶ **Veteroprotestantismo:** COURTINE, Jean-François, *Suarez et le système de la métaphysique*, Paris, PUF, 1990, p. 405-481; EBELING, Gerhard, *Disputatio de homine*, t. II: *Die philosophische Definition des Menschen. Kommentar zu These 1-19* (*Lutherstudien* [Estudos luteranos] II), Tübingen, Mohr, 1982; HÄGGLUND, Bengt, *Theologie und Philosophie bei Luther und in der occamistischen Tradition. Luthers Stellung zur Theorie von der doppelten Wahrheit*, Lund, Gleerup, 1955; LEINSLE, Ulrich Gottfried, *Das Ding und die Methode. Methodische Konstitutionen und Gegenstand der frühen protestantischen Metaphysik*, 2 vols., Augsburgo, Maro-Verlag, 1985; Idem, *Reformversuche protestantischer Metaphysik im Zeitalter des Rationalismus*, Augsburgo, Maro-Verlag, 1988; LEWALTER, Ernst, *Spanisch-jesuitische und deutsch-lutherische Metaphysik des 17. Jahrhunderts. Ein Beitrag zur Geschichte der iberisch-deutschen Idealismus* (1935), Darmsdadt, Wissenschaftliche Buchgesellschaft, 1967; SCHEPERS, Heinrich, *La philosophie allemande au XVIIe siècle* e TONELLI, Giorgio, "La philosophie allemande de Leibniz à Kant", t. II: *De la Renaissance à la révolution kantienne*, Paris, Gallimard, 1973, p. 418-437 e 728-785; SCHRÖDER, Richard, *Johann Gerhards lutherische Christologie und die aristotelische Metaphysik*, Tübingen, Mohr, 1983; SPARN, Walter, *Wiederkehr der Metaphysik. Die ontologische*

Frage in der lutherischen Theologie des frühen 17. Jahrhunderts, Stuttgart, Calwer, 1976. **Neoprotestantismo:** BOYER, Alain, *Hors du temps. Un essai sur Kant*, Paris, Vrin, 2001; FERRY, Jean-Marc, *Les grammaires de l'intelligence*, Paris, Cerf, 2004; HABERMAS, Jürgen, *Vérité et justification* (1999), Paris, Gallimard, 2001; HORSTMANN, Rolf-Peter, *Les frontières de la raison. Recherche sur les objectifs et les motifs de l'idéalisme allemand* (1991), Paris, Vrin, 1998; Idem e HENRICH, Dieter, orgs., *Metaphysik nach Kant?*, Stuttgart, Klett-Cotta, 1988; KONDYLIS, Panajotis, *Der neuzeitliche Metaphysikkritik*, Stuttgart, Klett-Cotta, 1990; LANGLOIS, Luc e NARBONNE, Jean-Marc, orgs., *La métaphysique. Son histoire, sa critique, ses enjeux*, Paris-Quebec, Vrin-Presses de l'Université Laval, 1999; LAUGIER, Sandra, org., *Wittgenstein. Métaphysique et jeux de langage*, Paris, PUF, 2001; LÖWITH, Karl, *De Hegel à Nietzsche* (1941), Paris, Gallimard, 1981; NEF, Frédéric, *Qu'est ce que la métaphysique?*, Paris, Gallimard, 2004; PIEROBON, Frank, *Kant et la fondation architectonique de la métaphysique*, Grenoble, Jérôme Millon, 1990; SCHÜSSLER, Ingeborg, *Hegel et les rescendances de la métaphysique. Schopenhauer, Nietzsche, Marx, Kierkegaard, le positivisme scientifique*, Lausanne, Payot, 2003; WAHL, Jean, *Les philosophies pluralistes d'Angleterre et d'Amérique* (1920), Paris, Les Empêcheurs de penser en rond, 2005; Idem, *Traité de métaphysique* (1953), Paris, Payot, 1968; WEIL, Éric, *Logique de la philosophie* (1950), Paris, Vrin, 1985; Idem, *Problèmes kantiens*, Paris, Vrin, 1998.

▶ Beza; Calvino; cartesianismo; **Deus**; Dilthey; dogmática; dogma; estética; fé; Fichte; filosofia; filosofia da religião; Habermas; Hegel; indivíduo; Kant; kantismo (neo); Lange; **liberdade**; Lutero; Martini; Melâncton; Newton; Nietzsche; Ramus; Rawls; **razão**; ritschliana (escola); Schleiermacher; Timpler; Troeltsch; Wittich

METODISMO

As igrejas metodistas descendem de um movimento de Avivamento na Inglaterra do século XVIII. John Wesley (1706-1791), fundador do metodismo, não queria se separar da Igreja Anglicana logo de início. Na mesma linha de George Whitefield (1274-1770), que no País de Gales e na Inglaterra pregava ao ar livre, em cima de barris, para uma plateia de mineiros, Wesley evangelizava entre o povo. Enfatizando a importância da experiência de conversão (pela qual ele mesmo passou, no dia 24 de maio de 1738), também considerava fundamental a santificação, ou seja, a manifestação concreta, por meio de obras, do estado de graça do cristão. Afirmando que a salvação era acessível a todos por meio da fé e opondo-se à predestinação calviniana, observou que o cristão, após a conversão, deveria comprovar a regeneração através de uma conduta piedosa e regrada, engajando-se constantemente em uma vida de fé, pois não poderia ter certeza de sua salvação eterna. Tanto Wesley como seu irmão Charles, junto com Whitefield, pertenciam a um círculo de estudantes piedosos (o *holy club*) em Oxford, com o hábito de leituras da Bíblia; eram chamados de "metodistas" por uma regra monástica, apelido que perdeu o caráter pejorativo e passou a designar um tipo de espiritualidade e uma denominação eclesiástica.

Podemos afirmar que John Wesley e seu colaborador George Whitefield (que permaneceram fiéis à Igreja Anglicana) inauguraram a evangelização moderna ao pregarem fora das igrejas, buscando suas audiências onde quer que se encontrassem: em locais de trabalho e nas casas. Suscitando uma feroz oposição dentre o clero anglicano, expostos a importunações e zombarias, os metodistas ligados à condessa de Huntington decidiram, a partir de 1770, iniciar um processo de independência em relação à Igreja Anglicana. A ruptura ocorreu em 1784, nos Estados Unidos, onde a igreja não estava mais sob a jurisdição do bispo de Londres e a independência havia criado uma "vida eclesial". Na Grã-Bretanha, John Wesley contribuiu para reforçar uma identidade metodista, ao propor como orientação teológica seus textos e ao legar seu poder a uma oligarquia de cem pregadores, os *Legal Hundred*, instituída em 1784. Ao mesmo tempo em que continuava a trabalhar no interior da Igreja Anglicana, o movimento metodista inglês se separou progressivamente da instituição, sem que tenha havido uma decisão que impulsionasse esse modo de agir. Foi somente, aliás, depois de 1830 que os metodistas ingleses passaram a empregar o termo "igreja" para designar o movimento. Em 1932, foi criada a *Methodist Church*, reunindo várias dissidências metodistas que surgiram na Inglaterra durante o século XIX.

O metodismo é, ao mesmo tempo, presbiteriano, pela importância atribuída ao grupo cristão de base, e episcopal, pelo modo de funcionamento da autoridade no interior da igreja, ainda que a denominação inglesa jamais tenha contado com um bispo. O próprio John Wesley tinha adotado a tendência *High Church* quanto à organização, cultivando uma enorme deferência para com o princípio hierárquico, embora tenha ficado furioso quando os superintendentes americanos começaram a utilizar o título de bispo. O metodismo sofreu várias rupturas decorrentes de protestos quanto ao modo de exercer a autoridade interna. O que não impediu reunificações posteriores: enquanto o metodismo americano foi dividido ao longo do século XIX, no século XX criou-se, em 1968, a *United Methodist Church* (Igreja Metodista Unida), que reúne hoje a maioria dos metodistas americanos. A primeira igreja metodista americana foi a *Methodist Episcopal Church* (Igreja Metodista Episcopal), fundada em 1784 por Thomas Coke (1747-1814), que John Wesley tinha enviado como superintendente para a América. Os metodistas desempenharam um papel fundamental no segundo Avivamento, que ocorreu nos Estados Unidos entre os anos 1797 e 1805. Os pregadores metodistas encetaram ações sistemáticas de evangelização junto às novas populações, sobretudo através dos famosos *camp-meetings*, grandes ajuntamentos religiosos para onde a multidão acorria com o objetivo de ouvir os pregadores. Entre 1850 e 1950, os metodistas representaram a maior denominação protestante nos Estados Unidos; hoje, foram superados pelos batistas. A tradição metodista legou ao protestantismo hinos que marcaram a espiritualidade de muitas gerações. Os *negro spirituals* são também, em grande parte, hinos que surgiram nas igrejas metodistas afro-americanas. Em 1878, na Inglaterra, o metodista William Booth (1829-1912) criou o Exército de Salvação, organização que logo se tornou independente. No início do século XXI, o metodismo está presente em todos os continentes. Na Europa e na África, também se desenvolveu um metodismo de fala francesa.

Com John Raleigh Mott (1865-1955) e Garfield Bromley Oxnam (1891-1963), os metodistas desempenharam um papel fundamental no movimento ecumênico, sobretudo na época da fundação do Conselho Mundial de Igrejas. Vários secretários-gerais do CMI foram metodistas, como o pastor jamaicano Philip Potter (de 1972 a 1984) e o pastor uruguaio Emilio Castro (de 1985 a 1992). Em vários países, os metodistas se uniram aos reformados para compor uma mesma igreja, como no Canadá, no sul da Índia, na Austrália, na Bélgica e na França, onde uma parte dos metodistas se mantiveram independentes. Na Itália, uniram-se à igreja valdense. Porém, na Inglaterra, o projeto de união concebido em 1972 entre a *British Methodist Church* (Igreja Metodista Britânica) e a *Church of England* (Igreja Anglicana) fracassou. Além dos diálogos com as demais confissões protestantes, como demonstra o fato de que na Europa as igrejas metodistas se juntaram aos reformados e aos luteranos para a Concórdia de Leuenberg (1973), que reconhece a plena comunhão eclesial das igrejas signatárias, os metodistas também se engajaram em um diálogo com a Igreja Católica, a partir de 1967.

Jean-Paul Willaime

▶ BERTRAND, Claude-Jean, *Le méthodisme*, Paris, Armand Colin, 1971; BUCKE, Emory Stevens et alii, orgs., *The History of American Methodism* 3 vols., New York, Abingdon Press, 1964; DAVIES, Rupert e RUPP, Gordon, *A History of the Methodist Church in Great Britain*, 4 vols., Londres, Epworth Press, 1965-1988; HARMON, Nolan B., *The Encyclopedia of World Methodism*, 2 vols., Nashville, United Methodist Pub. House, 1974; RATABOUL, Louis J., *John Wesley. Un anglican sans frontières, 1703-1791*, Nancy, Presses universitaires de Nancy, 1991; ROUX, Théophile, *Le méthodisme en France. Pour servir à l'histoire religieuse d'hier et d'avant-hier*, Paris, Librairie protestante, 1940.

⊙ Avivamento; Conselho Mundial Metodista; Cook; graça; hinschismo; La Fléchère; pietismo; **predestinação e Providência**; Santidade (movimento de); **seitas**; Wesley C.; Wesley J.; Whitefield; Wilberforce

MÉTODO HISTÓRICO-CRÍTICO

O método histórico-crítico é a expressão mais importante da exegese protestante alemã surgida na *Aufklärung*. Instrumento privilegiado da teologia liberal, teve seu apogeu no século XIX, antes de tornar-se um bem comum a toda exegese que se pretenda acadêmica no século XX. Não é muito fácil definir com precisão tal método. De forma mais restrita, o método histórico-crítico pode ser definido como o estudo de qualquer narrativa que tenha o propósito de ser histórica, a fim de determinar o que realmente aconteceu. Mas numa definição mais ampla, trata-se de um processo científico de investigação da transmissão, desenvolvimento e origens de um texto. Nesse último caso, o método inclui o estudo de contextos linguístico, literário, cultural, religioso, político, sociológico, psicológico, econômico e antropológico. De forma geral, o método histórico-crítico busca responder a duas perguntas importantes: a qual situação histórica esse texto se refere, e que situações históricas contribuíram para o surgimento desse texto? Dessa forma, a todo tempo se pergunta a relação entre o que está no texto e o que está por trás do texto. Apesar disso, a grande ênfase do método recaiu menos no texto em si do que naquilo que está por trás dele.

Muitos acreditam que o método histórico-crítico é descendente direto da Reforma, que pregava o retorno ao sentido *literal* das Escrituras, ou seja, o sentido que reveste o texto em seu primeiro contexto histórico de enunciação. Alguns acreditam que a força motivadora de tal busca por parte dos reformadores foi a ideologia do humanismo renascentista: "de volta às fontes". Com as inovações acadêmicas surgiram mais ferramentas, especialmente linguísticas, para que os reformadores buscassem o sentido literal do texto com mais confiança, demonstrando grande abertura para utilizar praticamente qualquer ferramenta que os ajudasse nessa tarefa. Ao fazê-lo os reformadores disputavam com as interpretações alegóricas, e muitas interpretações dogmáticas de Roma, como também com toda a história e tradição de interpretação. Nos primeiros dois séculos de protestantismo, o significado do texto era entendido como estando no próprio texto bíblico, presumindo, além disso, uma mensagem unificada da Bíblia. Durante esse período, havia poucas ferramentas críticas que pudessem questionar a veracidade histórica de algumas narrativas bíblicas. No entanto, isso muda com o Iluminismo. O pressuposto já não é o da confiança no texto bíblico, pois seu significado não está no próprio texto, já que seu significado estava na realidade das pessoas e dos eventos históricos por trás do texto, em todo o mundo humano do autor em seu contexto histórico, econômico, psicológico e sociológico. Com isso há uma mudança do sentido literal, que ainda valoriza muito o texto, conforme os reformadores, para o sentido histórico, que desconsidera o texto como fonte de significado. Deve-se admitir, porém, que metodologias críticas que fazem parte do processo do método histórico-crítico, mesmo durante esse período de suspeita do texto, como a crítica da forma, dão grande atenção ao arranjo literário do texto a fim de determinar seu significado. Além disso, surgem diversas ferramentas novas para o estudo histórico-crítico, pois há diversos avanços no conhecimento de línguas e culturas antigas, como acadiano, aramaico, siríaco, etc., que servem de comparação para a narrativa histórica bíblica.

A partir dessa distinção entre texto e história na interpretação bíblica, especialmente estudiosos alemães no século XIX, então, começam a diferenciar a história no sentido comum (*Geschichte*) e a história mais "científica" (*Historie*). Nisso se pressupõe uma posição de observação neutra por parte do historiador. No entanto, ao longo dos anos, ficou claro que os resultados de tais estudos científicos diferiam demasiadamente de estudioso para estudioso. Além disso, foi perdido de vista o propósito teológico por trás do texto bíblico. Por isso a reflexão hermenêutica presente nos trabalhos de Karl Barth e Rudolf Bultmann, e em seguida nas produções de suas escolas, suscitou uma reflexão crítica sobre a legitimidade, os pressupostos e os limites desse instrumento metodológico. Para Barth, o historicismo não considera que o texto bíblico, apesar de conter história, diz respeito a outras questões.

Atualmente, o método histórico-crítico perdeu sua hegemonia como metodologia interpretativa acadêmica, de tal forma que alguns estudiosos já proclamaram sua "morte". Percebeu-se que essa não é a única abordagem ao texto bíblico que pode ser empreendida com rigor acadêmico. No entanto, as ferramentas interpretativas utilizadas pelo método continuam com toda força nos estudos bíblicos e com toda razão.

O protestantismo sempre enfatizou a historicidade da revelação divina, descrevendo-a como uma condescendência de Deus para se comunicar com os seres humanos. Alguns chamam essa condescendência de "acomodação", outros de "encarnação", seja como for, se reconhece que o texto bíblico possui características humanas. Profetas e apóstolos escreveram em situações históricas específicas, numa cultura específica, numa língua específica, e por motivos específicos. Dada a grande distância entre essas especifidades do texto bíblico e o leitor contemporâneo, o estudo histórico é inevitável. Também inevitável é o estudo crítico, pois, seguindo os passos dos reformadores, o intérprete protestante não pode confundir pressupostos da história da tradição interpretativa com a própria palavra de Deus. Se tal ferramenta for usada de forma realmente crítica, ela não pode nem minar, nem provar a fé. Sua função é tão somente preparar o "terreno" para a interpretção do texto, levando em consideração seus propósitos teológicos. É um fato dado que a revelação bíblica interpreta a história teologicamente, em alguns casos de forma mais decisiva do que em outros. Portanto, em alguns textos, o aspecto mais importante no significado do texto não é sua historicidade, mas sim seu sentido teológico intencionado pelo autor. Enquanto em outros casos os aspectos históricos são mais importantes para o significado do texto. Assim, as ferramentas do método histórico-crítico têm mais ou menos peso dependendo do texto, e o intérprete contemporâneo, compromissado com a tradição protestante, deve saber como utilizá-las e até que ponto seus resultados devem definir o signifificado da revelação bíblica.

Jean Zumstein e Caio Peres

▶ KRAUS, Hans-Joachim, *Geschichte der historisch-kritischen Erforschung des Alten Testaments* (1956), Neukirchen-Vluyn, Neukirchener Verlag, 1988; KÜMMEL, Werner Georg, *Das Neue Testament. Geschichte der Erforschung seiner Probleme* (1958), Friburgo-en-Brisgau, Alber, 1970; Idem, *Das Neue Testament im 20. Jahrhundert. Ein Forschungsbericht*, Stuttgart, Katholisches Bibelwerk, 1970. BRUCE, F. F. "Criticismo Bíblico" in *O Novo Dicionário da Bíblia*, ed. J. D. Douglas (São Paulo: Vida Nova, 1962); BURNETT, Richard E. *Historical Criticism*, in *Dictionary for Theological Interpretation of the Bible*, ed. Kevin J. Vanhoozer (Grand Rapids: Baker, 2005); HAYS, Christopher M. e ANSBERRY, Christopher B. eds., *Evangelical Faith and the Challenge of Historical Criticism* (Grand Rapids: Baker, 2013); KNAPP, Henry N. "Protestant Biblical Interpretation", in *Dictionary for Theological Interpretation of the Bible*, ed. Kevin J. Vanhoozer (Grand Rapids: Baker, 2005).

◐ **Bíblia**; exegese; gêneros literários; hermenêutica; historicismo; Ranke; Semler; **teologia**

MEYER, Conrad Ferdinand (1825-1898)

Filho de um historiador e conselheiro de Estado em Zurique, morto ainda jovem, e de mãe hipersensível cujos sentimentos de culpa religiosa a levaram ao suicídio, o jovem Conrad Ferdinand encontrou refúgio por diversas vezes na Suíça romanda, entre os historiadores Félix Bovet (Neuchâtel) e Louis Vulliemin (Lausanne). Através dos pais, tinha relações também com o protestantismo genebrino, na pessoa de Ernest Naville. Estudou as cartas de Paulo, Vinet e Pascal, dos quais se sentia próximo. Viagens a Paris, a Roma e ao norte da Itália contribuíram para que aprofundasse suas relações com a cultura latina, cuja oposição à cultura germânica desempenhou um papel fundamental em sua obra, composta de um romance, dez novelas e três livros de poesia. Qualificou sua postura protestante como "protestante livremente conservadora", marcada pelas dúvidas de um humanista. Como poeta, por outro lado, buscava uma "objetividade" que reconhecesse legitimidade em cada postura; para isso, utilizava-se de uma sutil ironia, de tal forma que ambas as confissões interpretaram sua obra a partir da biografia, vendo nela um viés abertamente protestante e anticatólico; alguns católicos a consideram uma poesia argumentativa, cuja leitura escolar só poderia ser autorizada com uma cuidadosa preparação.

Hans Zeller

▶ MEYER, Conrad Ferdinand, *Sämtliche Werke*, org. por Hans ZELLER e Alfred ZÄCH, 15 vols., Berna, Benteli, 1958-1996; Idem, *C. F. Meyers Briefwechsel. Historisch-kritische Ausgabe*, org. por Hans ZELLER, Berna, Bentelli, 1998ss; Idem, *L'amulette* (1873), seguido de *Le page de Gustave-Adolphe* (1882), Lausanne, L'Âge d'Homme, 1989; Idem,

◐ Literatura

MICHELET, Jules (1798-1874)

Educado por um pai voltairiano, aos 18 anos o jovem Michelet cai nos braços de uma devota de idade madura e recebe o batismo católico na Igreja Saint-Médard, em Paris. Ignorava tudo da espiritualidade protestante. Porém, onze anos depois, em 1827, acreditou ter descoberto em Lutero "o homem completo, de pensamento e de ação", com quem ele poderia "estudar o geral no individual, a história na biografia". Admirava o reformador por "ter posto em marcha o espírito humano ao mesmo tempo que o fazia repousar no travesseiro da graça". Empreende com ele um diálogo apaixonado, enquanto, como historiador da Idade Média, deplorava as repetidas infidelidades da Igreja de Roma. Publica em 1835 *Memórias de Lutero*, com textos que ele tomou a liberdade de "pôr em ordem". Que o anúncio da salvação pela graça tenha suscitado uma expansão sem precedentes das obras é algo que permaneceria, para ele, um enigma. Porém, seria sempre atento à pregação de Lutero, de que não deixaria de alimentar-se por toda a vida.

Michelet passaria de filho da Reforma a um aliado consciente a partir de 1843, defendendo o livre-pensamento contra a postura dos jesuítas, que ele acusa de ter posto no lugar do gracioso vigor da fé as sutilezas da casuística e as ambiguidades da liderança de consciência, assim como os humores, de um pontífice soberano. Embora não consiga mobilizar os mui prudentes calvinistas de Genebra, obtém em Paris a estima e a simpatia de seus correligionários. Ouve os sermões do pastor Lutteroth e aprecia os artigos de Vinet em *Le Semeur* [O semeador]. Alguns de seus amigos procuram para ele a alma irmã que o livraria das tentações de uma sofrida viuvez, em uma intervenção que não é bem-sucedida, mas geraria laços de uma verdadeira cumplicidade. Também alocam Michelet em uma comunidade cristã depois que ele decidiu solenemente, no dia 4 de agosto de 1843, romper com a igreja de seu batismo.

Esses laços se confirmam em 1855, com a nova publicação da *Histoire de France* [História da França], eclipsada durante praticamente dez anos pela *Histoire de la Révolution française* [História da Revolução Francesa] (1847-1853). Michelet aborda com alegria o século do Renascimento, que é também o da Reforma; amplia seus elogios a Lutero; e se maravilha ao descobrir na história de seu próprio país, em 1559, o surgimento do primeiro protocolo democrático sob a forma de uma *Disciplina* da jovem igreja reformada da França: "Que vejo no século XVI? Que somente o protestantismo nos dá a República. Digo que ele dá a República, a ideia, a coisa e a palavra". Em tal perspectiva se manifesta o significado profundo das duras provas que a monarquia de direito divino infligiu durante dois séculos ao "partido do livre exame e da liberdade". Michelet não teme afirmar que "o lugar que a Revolução ocupa no século XVIII é preenchido no século XVII pela revogação do Edito de Nantes". Censurado por um longo tempo, o passado da "pobre pequena França reformada" pertencia então à legenda republicana.

As advertências de Michelet incitam os descendentes dos huguenotes e dos camisardos a cultivar a memória de suas histórias e a reivindicar suas identidades. Charles Read (1819-1898) e os irmãos Eugène (1808-1868) e Émile (1810-1865) Haag presidem a publicação de *La France protestante* [A França protestante], muitas vezes citada em *Histoire de la France au XVIe siècle* [História da França no século XVI]. Ao mesmo tempo, no Segundo Império, toda uma geração de franceses comparava Michelet a Edgar Quinet (1803-1875), considerando-o um *maître à penser*, um líder intelectual e espiritual. Esses jovens protestantes, que também rejeitaram o golpe de Estado de 2 de dezembro de 1851, participariam após 1870 do restabelecimento e da laicização definitiva da República.

Paul Viallaneix

▶ MICHELET, Jules, *Oeuvres complètes*, org. por Paul VIALLANEIX, Paris, Flammarion, 1971ss; Idem, *De la Révocation de l'Édit de Nantes à la guerre des Cévennes 1685-1704*, org. por Paul VILLANEIX, Montpellier, Presses du Languedoc, 1985 (extraído do t. III de *Histoire de France au XVIIe siècle*); Idem, *História da Revolução Francesa: da Queda da Bastilha à Festa da Federação*, São Paulo, Companhia das Letras, 2003; FEBVRE, Lucien, *Michelet et la Renaissance*, Paris, Flammarion, 1992; VIALLANEIX, Paul, *Michelet, les travaux et les jours*, Paris, Gallimard, 1998.

⏵ História; Reforma/Reformação; Revolução Francesa

MÍDIA

O protestantismo sempre manteve relações privilegiadas com a mídia. O desenvolvimento da imprensa, contemporânea à Reforma, contribuiu grandemente para esse fenômeno.

A abordagem protestante da fé está associada tanto a uma concepção de evangelização e de presença forte no mundo quanto à preocupação com o controle eclesiástico ou moral. O conteúdo dos documentos das igrejas protestantes ou do Conselho Mundial de Igrejas se diferencia, nesse ponto, da visão católica romana quanto à ética da mídia. O protestantismo se distinguiu pela criação de um bom número de jornais de tamanhos variáveis e diversas vocações. Seu investimento se concentrou principalmente nos semanários: na França, podemos citar *Réforme* [Reforma] e *Le Christianisme au XXe siècle* [Cristianismo no século XX], que se tornou *Christianisme aujourd'hui* [Cristianismo hoje]; na Suíça romanda, havia um semanário, *La Vie protestante* [A vida protestante], criado em 1938, que a partir de 1991 passou a circular mensalmente em Genebra, em Neuchâtel e em Berna-Jura. Também há outras revistas mensais, como *Évangile et liberté* [Evangelho e liberdade] e *Le Protestant* [O protestante]. Além de publicações regionais e nacionais, o protestantismo sempre produziu uma quantidade imensa de boletins, prática que corresponde muitas vezes a uma forte tendência congregacionalista.

As dificuldades permanentes da imprensa protestante de opinião se devem certamente ao lugar singular do protestantismo na vida local e nacional e a tendências eclesiais próprias, caracterizadas pela fragmentação e pelo individualismo. O protestantismo institucional, atualmente, sofre de certo refluxo social. As igrejas tendem a privilegiar os boletins de igreja ou a formação jornalística de teólogos que exercem seu talento na mídia secular. No entanto, podemos nos indagar se o fim de órgãos protestantes independentes não seria o sintoma de uma perda de substância intelectual e de pertinência social das igrejas protestantes. A presença da igreja protestante em outras mídias (rádio, televisão etc.) com frequência se insere em um contexto ecumênico que também abarca, como na França, as grandes religiões monoteístas, com grades de horário limitadas. O uso protestante de rádios e de canais locais ou privados de televisão é algo discreto e incerto. Nesse sentido, a situação americana, com o fenômeno das igrejas eletrônicas, é bem diferente.

Há alguns anos, um elemento novo entrou em cena na mídia eletrônica: a multiplicação de *sites* e fóruns de discussão na internet. A pluralidade no panorama midiático é sem dúvida típico de uma forma de pós-modernidade, representando uma porta aberta para protestantes especialmente sensíveis e abertos a essa expansão comunicacional e democrática. Ao mesmo tempo, torna-se evidente uma maior vigilância ética, em uma época em que se manifestam os efeitos perversos de uma liberação descontrolada dos costumes, como demonstra, por exemplo, a utilização despudorada do ciberespaço para a defesa da pedofilia e a propaganda neonazista.

Denis Müller

▶ "La communication", *Autres Temps* 16, 1987-1988; CHAPPUIS, Jean-Marc, *Information du monde et prédication de l'Évangile*, Genebra, Labor et Fides, 1969; CORNU, Daniel, *Journalisme et vérité. Pour une éthique de l'information*, Genebra, Labor et Fides, 1994; GOSSELIN, Marcel c CABRIÈS, Jean, *La télévision et les protestants, les protestants et la télévision*, Paris, Cerf, 1984; HUECK, Nicolas, *Mediengebrauch*, em Michael KLÖCKER e Udo TWORUSCHKA, orgs., *Ethik der Weltreligionen*, Darmstadt, Wissenschaftliche Buchgesellschaft, 2005, p. 200-203; INSTITUTO CATÓLICO DE LYON, GROUPE MÉDIATECH, org., *Les médias. Textes des Églises*, Paris, Centurion, 1990; MÜLLER, Denis, "L'éthique prise de vitesse par le cours du monde?", *Le Supplément* 190, 1994, p. 51-69; SCHULTZE, Quentin, org., *American Evangelicals and the Mass Media. Perspectives on the Relationship between American Evangelicals and the Mass Media*, Grand Rapids, Academia Books-Zondervan, 1990; STOUT, Daniel A. e BUDDENBAUM, Judith M., orgs., *Religion and Mass Media. Audiences and Adaptations*, Thousand Oaks, Sage, 1996.

▶ Comunicação; igreja eletrônica; impressão e edição; museus protestantes no mundo de língua francesa; imprensa protestante de língua francesa

MIEGGE, Giovanni (1900-1961)

Eminente pastor e teólogo da Igreja Valdense, Giovanni Miegge é provavelmente a personalidade mais importante do protestantismo italiano do século XX. De espírito aberto, vasta cultura e inteligência ao mesmo tempo arguta e flexível, foi um homem de diálogo em uma época ainda dominada pelos anátemas. Tomou por interlocutores a cultura laica e o catolicismo romano. Em sua igreja, esforçou-se por avivar e consolidar a consciência da fé protestante na linha da Reforma, abrindo-a para as exigências do ecumenismo. Teólogo e intelectual de alto nível, Miegge também se destacou como educador engajado na formação de leigos.

Dentre suas contribuições mais importantes, cabe mencionar a tradução italiana de *Carta aos romanos*, de Karl Barth, publicada em 1962; uma série de artigos que apresentam a teologia de Barth aos leitores italianos; uma monografia magistral sobre Lutero; um ensaio sobre Maria que ainda hoje é referência; um ensaio de apologética cristã dirigido à alma secularizada contemporânea; um estudo sobre a demitologização segundo Bultmann; várias obras de exegese bíblica de alta qualidade. Doutor da igreja e apologeta da fé, Miegge foi em sua época um grande mestre para muitos.

Paolo Ricca

▶ MIEGGE, Giovanni, *L'Evangelo e il mito nel pensiero di Rudolf Bultmann*, Milão, Comunità, 1956; Idem, *Lutero* (1946), Milão, Feltrinelli, 1964; Idem, *A Virgem Maria: uma análise da doutrina mariana do catolicismo* (1950), São Paulo, Cultura Cristã, 2005; Idem, *Per una fede* (1952), Torino, Claudiana, 1991; Idem, *Dalla "riscoperta di Dio" all'impegno nella società. Scritti teologici*, org. por Claudio TRON, Torino, Claudiana, 1977; SPINI, Giorgio, "L'avventura intellettuale e civile di Giovanni Miegge", *Il Ponte* 17, 1961, p. 1195-1201; VINAY, Valdo, "Giovanni Miegge e la sua generazione", *Protestantesimo* 17, 1962, p. 1-33.

▶ Barthismo; Itália; revistas protestantes

MIGRAÇÕES

Os movimentos migratórios em si são bem antigos. Ao mesmo tempo que os protestantes franceses eram expulsos, milhões de europeus investiam no Novo Mundo (África, Austrália etc.), em uma emigração que os protestantes, quando maioria, sentiram como uma conquista da Terra Prometida, tanto nos Estados Unidos como na África do Sul, em uma quase identificação com o povo de Israel estabelecendo-se em Canaã após o êxodo. Porém, a natureza dessas migrações e os problemas que engendram são hoje muito diferentes. Em geral, as correntes migratórias seguem os sentidos sul-norte e leste-oeste. São sedutoras, e muitas vezes é impossível impedi-las, na medida em que estão associadas à esperança de uma vida menos precária, de um lado, e à atração que exercem os países em escassez de mão de obra, de outro. Convém também citar os que pedem asilo, contra quem se defendem os países que se convencionou chamar "países de acolhimento". Porém, se as populações dos países industrializados e ricos, prejudicados por crises e por um desemprego estrutural, preocupam-se com uma dita "invasão", é também porque as reações espontâneas são utilizadas politicamente. A xenofobia e o racismo são alimentados de modo especial nas épocas de incerteza quanto aos frutos da globalização. Da mesma forma, o tráfico mafioso também tira proveito disso.

As igrejas devem exprimir-se sobre o tema, na medida em que se importam com a proteção de todos, com o respeito ao direito de asilo e da identidade, com a igualdade de direitos fundamentais e inalienáveis, com o benefício trazido pela diversidade e pelas trocas culturais e com a ajuda aos desfavorecidos. As igrejas estão conscientes de suas responsabilidades: a integração dos que já estão instalados, a adaptação dos recém-chegados, o reconhecimento da cidadania dessas pessoas, a limitação do número dos que devem ser acolhidos, todas essas questões geram debates que colocam em jogo o respeito pela justiça e o senso de solidariedade. As organizações ecumênicas estimularam as estruturas de reflexão e ação (como a Conferência das Igrejas Europeias, o Conselho Mundial de Igrejas etc.); porém, o peso das limitações e dos reflexos defensivos continua a frear as posturas proféticas e os testemunhos propriamente evangélicos.

André Jacques

▶ CHEMILLIER-GENDREAU, Monique, *L'injustifiable. Les politiques françaises de l'immigration*, Paris, Bayard, 1998; COSTA-LASCOUX, Jacqueline e WEIL, Patrick, orgs., *Logiques d'États et immigrations*, Paris, Kimé, 1992; Esprit 183, 1992, p. 96-139: *L'Europe de toutes les migrations*; JACQUES, André, *Les déracinés. Réfugiés et migrants dans le monde*, Paris, La Découverte, 1985.

◉ África do Sul; CIMADE; Estados Unidos; Ku Klux Klan; Refúgio

MIGUEZ BONINO, José (1924-2012)

Nascido em Santa Fé, na Argentina, viveu na pobreza operária desde a juventude. Sua família frequentava a Igreja Metodista, presente entre as classes baixas da população. A condição operária, uma grande piedade e a consciência social marcaram o personagem que, depois de estudar teologia, exerceu o ministério pastoral na Bolívia e na Argentina. Obteve em 1960 o doutorado no *Union Theological Seminary* de Nova York, com uma tese sobre "Escritura e tradição no pensamento católico recente". Professor de teologia e ética em Buenos Aires de 1954 a 1985, tornou-se observador no Concílio Vaticano II, membro de "Fé e Constituição" e um dos presidentes do CMI (Conselho Mundial de Igrejas) de 1975 a 1983. Muito engajado política e socialmente por causa da repressão em seu país, começou bem cedo a estudar as causas do subdesenvolvimento, da dependência e do imperialismo na América Latina, tornando-se um dos representantes mais destacados da teologia da libertação.

Klauspeter Blaser

▶ MÍGUEZ BONINO, José, *Doing Theology in a Revolutionary Situation*, Filadélfia, Fortress Press, 1975 (publicado na Inglaterra com o título *Revolutionary Theology Comes of Age*, Londres, SPCK, 1975); Idem, *Christians and Marxists. The Mutual Challenge to Revolution*, Grand Rapids, Eerdmans, 1976; Idem, *Room to Be People. An Interpretation of the Message of the Bible for Today's World*, Genebra, CMI, 1979; Idem, *Toward a Christian Political Ethics*, Londres, SCM Press, 1983; Iden, org., *Faces of Jesus. Latin American Christologies* (1977), Maryknoll, Orbis Books, 1984; Idem, *Faces of Latin American Protestantism*, Grand Rapids, Eerdmans, 1997.

◉ América Latina; Conselho Mundial de Igrejas; "Fé e Constituição"; teologia da libertação

MILAGRE

Foi a partir da *Aufklärung* que os relatos bíblicos de milagres, sobretudo os evangélicos, passaram a ser um problema dentro do protestantismo. Os autores de "vidas de Jesus" tentariam inserir as narrativas dos milagres em cosmovisões mais ou menos científicas, discorrendo sobre a explicabilidade final de todo fenômeno e, por fim, desvalorizando a importância do milagre. No entanto, cabe observar que é preciso evitar uma análise geral demais do assunto. Por exemplo, na obra *Vida de Jesus* (1795, obra de juventude), Hegel apresenta a cura de um paralítico, em um sábado, como um episódio crucial (condenação da heteronomia e ideal de liberdade prática), e não como um arcaísmo insignificante. Hoje, as principais obras de exegetas protestantes apontam para implicações litúrgicas, eucarísticas e eclesiológicas específicas, na descoberta de inúmeras analogias com outras religiões; assim, não mais buscam levar o leitor a conclusões de tipo científico. Só se desconfia da atual tendência para um fundamentalismo supranaturalista pronto a louvar fantasias infantis de onipotência e medo em discursos sobre o milagre, assim como de toda fascinação teológica por pretensas "ciências" paranormais. A questão do milagre coloca a teologia protestante diante de suas duas armadilhas seculares, o racionalismo e o irracionalismo, convidando-a sem cessar a desembaraçar-se delas.

Bernard Hort

▶ BULTMANN, Rudolf, *Le christianisme primitif dans le cadre des religions antiques* (1949), Paris, Payot, 1950; HEGEL, Georg Wilhelm Friedrich, *Vie de Jésus* (1795), Plan-de-La-Tour, Éditions d'Aujourd'hui, 1976; HOLLENWEGER, Walter J., *L'expérience de l'Esprit. Jalons pour une théologie interculturelle*, Genebra, Labor et Fides, 1991 (trad. Parcial de *Interkulturelle Theologie*, 3 vols., Munique, Kaiser, 1979-1988); MAILLOT, Alphonse, *Les miracles de Jésus et nous*, Paris, Réveil, 1977.

● Demitologização; fundamentalismo; **Jesus (imagens de)**; Jesus (vidas de); racionalismo teológico; supranaturalismo

MILENARISMO

Doutrina que prevê um reino visível de Jesus Cristo na terra, durante mil anos (o "milênio" descrito em Ap 20.1-10), antes do julgamento final. Também é chamada de quiliasmo. O pré-milenarismo situa esse reino após a parusia, e sua versão clássica está muito bem implantada na mentalidade da igreja antiga, desde Justino Mártir e Ireneu (conquanto a extensão de sua influência ainda seja discutível), retornando com o pietismo; a versão dispensacionalista, que correlaciona o milênio a Israel, surge por volta de 1830. O pós-milenarismo, que defende um reino anterior à parusia e que não implica mais a presença corpórea de Cristo, afasta-se do literalismo; sua versão ortodoxa, adotada por muitos puritanos do século XVII, apoia o vigor missionário; por muito tempo esquecida, volta a contar com adeptos, inclusive com uma vertente liberal que se alia ao cristianismo social.

Os reformadores do século XVI eram amilenaristas, descartando a ideia do milênio: no artigo 17, a *Confissão de Augsburgo* a qualifica como "judaica". Porém, a corrente milenarista está presente em muitos anabatistas da época, ou naqueles que sustentam posições espiritualistas. Essa corrente seria retomada no protestantismo posterior, por homens de orientações tão diversas quanto, por exemplo, os puritanos Thomas Brightman (1562-1607) e John Cotton (1584-1652), o anglicano Joseph Mede (1586-1638), o reformado alemão Johann Heinrich Alsted (1588-1638), o pastor morávio Jan Amos Comenius (1592-1670) e o reformado francês Pierre Jurieu (1637-1713).

Hoje, o debate é essencialmente hermenêutico, por vezes adquirindo implicações para a ética social e política.

Henri Blocher

▶ BUHLER, Frédéric, *Retour de Christ et millénium. Schéma des principaux systèmes prophétiques* (1976), Mulhouse, Centre de culture chrétienne, 1990; CLOUSE, Robert G., org., *The Meaning of the Millenium. Four Views*, Downers Grove, InterVarsity Press, 1977; GRIER, William J., *Le grand dénouement*, Mulhouse, Grâce et Vérité, 1977; HILL, Charles E., *Regnum Caelorum. Patterns of Future Hope in Early Christianity*, Oxford-New York, Clarendon Press-Oxford University Press, 1992; PAYNE, Homer e RYRIE, Charles C., *Le millénium, image ou réalité?* (1953), Sherbrooke-Genebra, Béthel-Maison de la Bible, 1982.

● Anabatismo; anticristo; anticomunismo; apocalíptico; dispensacionalismo; **história**; Hoffman; João de Leiden; Jurieu; Matthys; messianismo; mórmons; Münster (Reino de); Müntzer; parusia; Reforma radical; Reino de Deus; **seitas**; testemunhas de Jeová; **utopia**

MILTON, John (1608-1674)

Um dos maiores poetas ingleses, defensor da Revolução Inglesa e do governo puritano de Oliver Cromwell, autor de *Paraíso perdido* e *Sansão guerreiro*, assim como de muitas outras obras. Nasceu em Londres. Seu pai era um rico notário e emprestava a juros, além de ter sido um músico de talento. John Milton entrou para a *Saint Paul's School* em 1620 e logo se tornou um especialista em línguas clássicas. Foi como poeta latino que se tornou conhecido pela Europa. Seu amigo mais próximo era Charles Diodati, filho de um eminente médico italiano protestante, que estudou na Universidade de Genebra.

Milton se inscreveu no *Christ's College* de Cambridge em 1626, recebendo o título *Master of Arts* em 1632. Em seguida, passou cinco anos na casa familial, em Horton, no Buckinghamshire: abandonando o projeto de tornar-se pastor, resolveu dedicar-se à poesia. Em 1629, em um Dia de Natal, escreveu uma ode de 31 estrofes, *On the Morning of Christ's Nativity* [Na manhã seguinte à Natividade de Cristo]. Por volta de 1931, escreveu poemas que formam um par, *L'Allegro* e *Il Penseroso*, explorando e justapondo os conceitos do homem alegre e do homem meditativo ou melancólico, atribuindo importância à música em ambos. Seu primeiro poema publicado foi uma breve homenagem para o segundo *folio* das peças de Shakespeare, em 1632.

Em 1634, compôs um drama musical, *Comus. A Musique Presented at Ludlow Castle*, um poema musicado pelo compositor da corte, Henry Lawes. A moça da casa Egerton, para quem o drama foi escrito, desempenhou o papel da dama perdida nos bosques, capturada e tentada por Comus, rebento de Baco e Circe: Comus desenvolve uma retórica poderosa, mas em geral especiosa, defendendo a vil ideia de que o corpo foi concebido unicamente para o prazer ("Por que a natureza teria liberado seus dons [...] se não é para proporcionar prazer e apaziguar o gosto curioso?"). Por meio de um argumento ecológico original para a época, a jovem dama rejeita essa retórica, afirmando que a natureza não deve ser explorada de modo egoísta, mas apreciada como um presente de Deus. Encontramos uma concepção semelhante em um dos primeiros e mais influentes tratados políticos de Milton, *Areopagitica ou de la liberté de la presse* [*Areopagitica* ou sobre a liberdade de imprensa] (1644), em que ele louva a providência de Deus, que "coloca diante de nós toda sorte de coisas desejáveis, até a abundância, e nos dá o espírito" livre para escolher a moderação e a justiça. Assim, o homem merece o acesso a toda sorte de livros, sem que esses livros sejam censurados previamente pelos bispos. Aqui, o tema miltoniano da tentação é mais uma vez pertinente, no caso uma boa tentação: "Quem pode conceber e contemplar o vício com todos os seus atrativos e prazeres ilusórios, mas sabe abster-se deles [...], sabe escolher o que é de fato preferível, eis o verdadeiro cristão militante. Não posso louvar uma virtude fujona e enclausurada, sem ímpeto nem fôlego, que jamais sai a enfrentar o adversário, mas se esquiva ao longe dessa corrida em que o prêmio, através de poeira e suor, é a coroa da imortalidade". O dom divino da razão deve ser exercido para que possa ser apreciado em plenitude esse outro dom que é a liberdade.

No final de seu poema *Lycidas* (1637), uma monodia pastoral condensada e elegante, apresentada como um lamento pela morte de seu amigo Edward King, o poeta se imagina iniciando uma nova vida: "Amanhã, rumo aos campos e pastos novos" (*Tomorrow to fresh woods and pastures new*). De fato, Milton logo empreendeu uma viagem por toda a Europa e conheceu Hugo Grotius, o grande erudito e poeta holandês calvinista, talvez em Paris, antes de ir para a Itália, onde seu protestantismo não parece ter representado problema nem para seus anfitriões católicos, nem para os membros da *Accademia degli Svogliati* em Florença, e muito menos parece tê-lo impedido de visitar a biblioteca do Vaticano e encontrar-se com Galileu. Notícias da situação política e a guerra civil iminente fizeram com que Milton voltasse para a Inglaterra antes de terminar seu *tour* pela Europa. Na volta, parou por um breve tempo em Genebra, em 1638, sem dúvida na casa do tio de seu amigo, o teólogo Giovanni Diodati.

Durante os vinte anos que se seguiram, Milton se dedicou à composição de versos ocasionais (como o soneto sobre o massacre dos valdenses pelo duque de Savoia) e de diversos panfletos, dentre os quais *Of Reformation Touching Church Discipline in England* [Sobre a reforma concernente à disciplina da igreja na Inglaterra] (1641), contra os bispos da Igreja Anglicana, e *Of Education* [Da educação] (1644), inspirado pelo checo Comenius, que ataca "esses senhores de Paris de métodos frívolos e pródigos". O fracasso temporário de seu casamento deu ensejo a *The Doctrine and Discipline of Divorce* [A doutrina e a disciplina do divórcio] (1643), que enfatiza a importância de um fazer companhia ao outro. Escreveu também *Tenure of Kings and Magistrates* [O mandato de reis e magistrados] (1649) e outros tratados sobre o poder civil. *Eikonoklastes* (palavra grega que significa "iconoclasta") foi encomendado para responder a *Eikon Basilike* (expressão grega para "retrato real"), livro que se atribui a Carlos I, que o teria escrito às vésperas de sua execução, e que apresenta a imagem do rei (ícone) como um mártir. Durante esse período, Milton também começou a trabalhar em *De doctrina christiana* [Da doutrina cristã], jamais publicado, um resumo de suas crenças teológicas. Sem aderir a nenhuma igreja estabelecida, Milton acabou por professar uma fé heterodoxa, subscrevendo o mortalismo (a alma morre ao mesmo tempo que o corpo) e o arianismo, ao mesmo tempo que valorizava a liberdade individual de consciência. Milton chocou a audiência europeia com seus tratados latinos que defendiam o direito do povo inglês de destituir Carlos I, o que de fato foi feito em 1649. Com a Restauração, em 1660, o carrasco de Londres queimou publicamente esse tratado, *Defensio pro populo Anglicano* [Defesa do povo inglês], assim como o *Eikonoklastes*. Milton, que ficara cego, foi aprisionado durante algumas semanas e ameaçado de execução, mas alguns amigos, dentre os quais o poeta Andrew Marvell, conseguiram que fosse libertado.

A partir de então, o poeta se viu livre para concentrar-se em sua obra-prima, *Paraíso perdido* (1667 e 1674). O poema tomou a forma de uma epopeia ao modo de Homero e Virgílio, bastante evocados. No entanto, o tema é inabitual demais para uma epopeia, já que se trata da história de anjos caídos e da queda do homem, ambos relacionados ao fato de que Satanás deixa o inferno para tentar trazer Adão e Eva para aquilo que ele considera, nos termos políticos atuais, o seu "império". Adão e Eva são como um casal contemporâneo, e a cena em que eles se separam (para que Satanás possa ver-se com Eva sozinho) é apresentada quase como uma briga conjugal. De fato, Eva utiliza um argumento semelhante ao que Milton havia usado em *Areopagitica*. Os aspectos mais memoráveis do poema são a representação do jardim do Éden, a vida de Adão e Eva no paraíso e, acima de tudo, a figura de Satanás. O poema foi escrito em um momento que provavelmente foi o último a possibilitar não somente uma epopeia, mas ainda um poema popular e de sucesso que fosse ricamente impregnado de teologia cristã. O Satanás de Milton é uma das grandes invenções da literatura mundial, exercendo uma profunda influência: está presente como um pano de fundo para o poema épico *Messiade* (1748-1777), de Friedrich Gottlieb Klopstock; os poetas românticos ingleses, como Blake e Shelley, transformaram-no em uma figura para a imaginação poética, certamente inspirando as melhores passagens da excelente tradução francesa de Chateaubriand (1836).

Milton também escreveu um poema épico menor, *O paraíso reconquistado*, que apresenta a tentação de Cristo no deserto e sua rejeição a Satanás. Foi publicado em 1671, com *Sansão guerreiro*, em que o herói é claramente uma versão do poeta cego, e o tema da tentação é revisitado. No entanto, Milton faz de seu herói e do grande momento final a destruição do templo de Dagom um episódio tão ambíguo moralmente que foi comparado recentemente, em parte com razão, aos atos de um autor de um atentado suicida.

Neil Forsyth

▶ *The Works of John Milton*, 23 vol., org. por Frank Allen PATTERSON, New York, Columbia University Press, 1931-1940; MILTON, John, *Paraíso perdido*, São Paulo, Martin Claret, 2006; CHRISTOPHER, Georgia B., *Milton and the Science of the Saints*, Princeton, Princeton University Press, 2003; HIMY, Armand, *John Milton (1608-1674)*, Paris, Fayard, 2003; LEWALSKI, Barbara, *The Life of John Milton. A Critical Biography*, Oxford, Blackwell, 2000; TOURNU, Christophe, *Théologie et politique dans l'oeuvre en prose de John Milton*, Villeneuve d'Ascq, Presses universitaires du Septentrion, 2000.

▶ Du Bartas; estética; Füssli; literatura

MINISTÉRIOS

Um bom número dos grandes textos protestantes do século XVI desenvolveu uma teologia dos ministérios. Em relação ao catolicismo, o objetivo comum desses escritos é firmar biblicamente a nova doutrina, assim como articular melhor os ministérios na igreja como um todo. Os dois grandes tipos de ministros protestantes são os *ministri docentes* (pastores e doutores) e os *ministri ministrantes* (diáconos e anciãos).

Ao longo de toda a história do protestantismo, identificamos pelo menos quatro problemas constantes: o da lista e da determinação exata de cada ministério; o do significado teológico e de sua legitimação (instituição divina ou laicato especializado, para resumir os dois extremos de possibilidades); o do equilíbrio a ser encontrado entre o ministério pastoral (relacionado à pregação da Palavra) e os demais serviços (há algumas décadas, um esforço de restauração do diaconato tem sido empreendido para reavivar essa questão); o das relações entre ministérios e dons não institucionais (ou carismas).

Alguns desejam reduzir as tensões entre carismas e ministérios com a multiplicação dos procedimentos de consagração e confirmação. Outros veem o oposto, considerando que essa distinção, que coloca cada um diante dos limites de sua posição específica, seria um traço inerente à concepção protestante de igreja.

Bernard Hort

▶ ALLMEN, Jean-Jacques von, *Le saint ministère selon la conviction et la volonté des Réformés du XVIe siècle*, Neuchâtel, Delachaux et Niestlé, 1968; BÜHLER, Pierre e BURKHALTER, Carmen, org., *Qu'est-ce qu'un pasteur? Une dispute oecuménique et interdisciplinaire*, Genebra, Labor et Fides, 1997; GANOCZY, Alexandre, *Calvin, théologien de l'Église et du ministère*, Paris, Cerf, 1964; GISEL, Pierre, *Sacrements et ritualité en christianisme. 125 propositions*, Genebra, Labor et Fides, 2004, p. 41-66; HORT, Bernard, *Rêver l'Église*, Genebra, Labor et Fides, 1992.

◉ Atos pastorais; Allmen; apostolado; consagração; conselheiros, presbíteros ou anciãos; corte; diaconia e diácono; **igreja**; instalação; leigo; **pastor**; ritos; sacerdócio universal; sucessão apostólica; **vocação**

MISKOTTE, Kornelis Heiko (1894-1976)

Teólogo reformado holandês, pastor da Igreja Reformada (*Nederlandse Hervormde Kerk*) de 1921 a 1945, professor de dogmática, direito eclesiástico e missiologia na Universidade de Leiden de 1945 a 1959, marcou uma geração de teólogos dos Países Baixos por sua interpretação da teologia de Karl Barth, que foi seu amigo, e pela nova abordagem do significado das estruturas do Antigo Testamento e da filosofia judaica (principalmente a de Frank Rosenzweig), na medida em que são pertinentes para a teologia cristã.

Homem de grande cultura literária, pregador engajado, Miskotte conseguiu comunicar-se em um alto nível com os intelectuais que se encontravam à margem da igreja institucionalizada.

Adriaan Geense

▶ MISKOTTE, Kornelis Heiko, *Verzameld Werk*, org. por Jacobus Theodorus BAKKER et alii, Kampen, Kok, 1982ss; Idem, *Biblisches ABC* (*1941,*

1966), Neukirchen-Vluyn, Neukirchener Verlag, 1976; Idem, *Wenn die Götter schweigen, vom Sinn des Alten Testaments* (1956), Munique, Kaiser, 1963; Idem, *Zur biblischen Hermeneutik*, Zollikon, Evangelischer Verlag, 1959; Idem, *Das Judentum als Frage an die Kirche*, Wuppertal, Brockhaus, 1970; Idem, *Der Gott Israels und die Theologie*, Neukirchen--Vluyn, Neukirchener Verlag, 1975; *Briefwechsel, 1924-1968. Karl Barth, Kornelis Heiko Miskotte*, org. por Hinrich STOEVESANDT, Zurique, Theologischer Verlag, 1991.

◉ Barth; barthianismo

MISSÃO

1. O conceito de missão
2. A relação entre o protestantismo e o fenômeno missionário
   2.1. Da Reforma ao Avivamento
   2.2. As sociedades missionárias no tempo do colonialismo
   2.3. A missão protestante no século XX
3. A missão ontem e hoje: de finalidades controversas a fundamentos comuns
   3.1. Salvar almas ou cristianizar a sociedade?
   3.2. Plantar igrejas ou estender o Reino?
   3.3. Como se dá o consenso atual
4. Implicações e sentido de missão
   4.1. Das missões à missão: novas exigências
   4.2. Do conflito Norte-Sul à parceria
   4.3. Da exportação do cristianismo europeu à inculturação
   4.4. Das teologias do Terceiro Mundo a uma teologia ecumênica
   4.5. Da religião imposta ao diálogo e ao respeito pelo outro

1. O conceito de missão

Diferentemente das religiões tribais e semelhante a outras religiões messiânicas, o cristianismo é uma religião missionária. Em um primeiro nível, e em um primeiro momento, missão (que muitas vezes é sinônimo de evangelização) significa a difusão da mensagem cristã e a extensão da igreja, que é a portadora social dessa mensagem e que, através de suas atividades missionárias, faz convertidos e os batiza. Fundamentada na prática de Jesus e de seus discípulos (Mt 9-10; Atos), ancorada na obediência à ordem missionária (Mt 28) e na esperança do reino messiânico (Antigo Testamento, Lc 4), a pregação missionária dá um testemunho universal do Deus da verdade, do amor e da unidade (Jo 17). Até esse ponto, a noção de missão é teológica.

Na era moderna, o termo adquire uma conotação mais específica e mais carregada, ao fazer referência ao surgimento de um verdadeiro movimento missionário com organizações (congregações e sociedades missionárias) que se propõem a alcançar povos não cristãos, ditos pagãos. Essa missão, longínqua e exterior, é distinta da Missão Interior para a qual são designados empreendimentos de reevangelização e diaconia nos países tradicionalmente cristãos. Após a descolonização e com a autonomia das "jovens igrejas" plantadas durante trabalhos missionários, esse conceito geográfico e sociológico atravessa uma crise. Para muitos, o pluralismo de nossa época torna o conceito definitivamente inadequado, ilegítimo e até ultrapassado. Sua evolução e seu conteúdo estão, portanto, inseparavelmente ligados aos acontecimentos da história geral, política, social e espiritual. O aprofundamento teológico lhe atribui significados tais como a existência cristã, o envio para o mundo, a solidariedade (que com frequência é silenciosa) para com os desfavorecidos, apostolado da igreja etc. Em geral, antes da época ecumênica, os caminhos das missões católica e protestante se deram às antípodas, o que não é mais o caso atualmente.

Por missiologia, compreende-se a teoria ou o estudo científico das missões. Dada a natureza desta enciclopédia, os séculos de história e a problemática missionária anteriores ao advento do protestantismo não serão abordados; também nos absteremos de tratar da "missão da igreja" em um sentido geral.

2. A relação entre o protestantismo e o fenômeno missionário

2.1. Da Reforma ao Avivamento

A Reforma e a ortodoxia protestantes não praticam missões "longínquas" nos séculos XVI e XVII; nem os reformadores nem seus sucessores empreenderam qualquer iniciativa nesse sentido. No entanto, há certas nuances. Para Lutero, antes de tudo, os povos não cristãos são representados pelos turcos e pelos judeus, que lhe inspiram cautela ou polêmica. Como observariam mais tarde os teólogos luteranos, o mandamento para fazer discípulos já está cumprido pelos apóstolos. Assim como Erasmo (*Ecclesiastes*, Basileia, 1535), Zwinglio, de quem conhecemos a tese da salvação para "pagãos eleitos", reconhece a legitimidade de uma missão junto a não cristãos; a estruturação da Reforma e a luta contra os anabatistas o impedem de ir mais longe. Seu sucessor Bibliander (1504-1564), professor de Antigo Testamento em Zurique, obtém distinção por uma gramática hebraica (1535-1542), uma edição do Alcorão (*Machumetis Saracenorum principis, eiusque successorum vitae, ac doctrina, ipseque Alcoran*, Basileia, Jean Oporin, 1543) e uma obra em ciências da religião (*Relatio fidelis*, 1545). Universalista moderado, cultiva a ideia de uma missão para não cristãos.

Calvino também acredita que o ministério apostólico está entre os ministérios extraordinários, limitados no tempo, ou seja, não permanentes. Praticamente, e da mesma forma que Melâncton, ele atribui às autoridades políticas e coloniais a obrigação da propagação do evangelho. Nesse contexto, é preciso situar a única tentativa do tipo que foi aprovada por Coligny e Calvino: a alocação dos pregadores Pierre Richer e Guillaume Chartier, em 1556, na expedição de Nicolas Durand de Villegagnon (1510-1571) para o Brasil, com o objetivo de criar no país uma colônia francesa. Essa tentativa se verificou um desastre. Jean de Léry (1534-1613), um dos sobreviventes que se tornaria pastor na França e no cantão de Vaud, conta o que ocorreu em *Histoire d'un voyage faict en terre du Brésil* [História de uma viagem na terra do Brasil] (1578, 1580, org. por Frank LESTRINGANT, Paris, Le livre de poche, 1994), um clássico em etnologia. Villegagnon decidiu voltar para a fé católica e começou a perseguir os protestantes, até o martírio de alguns deles.

Adrien Saravia (1531-1613), pastor reformado em Anvers que imigrou para a Inglaterra, declara que a missão é obrigatória (Mt 28), e sua realização pressupõe o ministério episcopal, que ele defende ardorosamente. Rejeitando a necessidade de tal ministério, Teodoro de Beza afirma que o reino de Deus deve ser promovido por toda parte.

As missões exteriores e interiores se desenvolveriam somente com o surgimento das "sociedades religiosas" na Grã-Bretanha e no continente, associadas ao metodismo, ao pietismo alemão e ao Avivamento. Nesses movimentos, é necessária uma renovação, tanto do cristianismo como das igrejas que estão um tanto inertes em sua organização e em suas posturas. Se, por um lado, essas igrejas acreditam praticar o espírito comunitário em pequenos grupos de simpatizantes, logo, em uma relativa separação em relação às igrejas, aspiram, por outro lado, a sair desse gueto cultural e eclesiástico. É preciso cuidar dos indiferentes e dos que foram deixados por sua própria conta na sociedade, mas também é necessário levar a salvação dos pagãos da Índia, das Antilhas, da África do Sul. "O mundo é minha paróquia", exclamam John Wesley (1703-1791) e o conde Nikolaus Ludwig von Zinzendorf (1700-1760), fundadores, respectivamente, da Igreja Metodista (na Inglaterra e no Novo Mundo) e da comunidade morávia. Dessa forma, ambos abrem um caminho para um diálogo "ecumênico", ou seja, que envolva toda a terra habitada, um diálogo que não deixaria de intensificar-se.

As grandes iniciativas missionárias surgiriam no século XVIII e no início do XIX, com Bartholomäus Ziegenbalg (1682-1719) e Heinrich Plütschau (1677-1752), de Halle a Tranquebar, na Índia, a serviço do rei da Dinamarca; com os missionários morávios nas Antilhas e na África do Sul; com a Sociedade Missionária de Londres que, entre outras, começaria um trabalho de evangelização no Taiti, em uma expedição memorável. Poderíamos citar ainda inúmeras outras iniciativas de monta, como, por exemplo, a do filósofo Leibniz, fascinado pela ideia das verdades comuns a cristãos e chineses. Uma verdadeira eclosão se produziria nas décadas que se seguiram à Revolução Francesa, com a criação da Missão da Basileia (1815), da Sociedade das Missões Evangélicas de Paris (1822) e várias sociedades missionárias alemãs.

O surgimento da ideia missionária protestante contemporânea depende, historicamente falando, de vários fatores que teriam produzido a ampliação dos horizontes que conhecemos: as utopias dos séculos XVI e XVII, as diversas "descobertas", as novas redes de comunicação, o desenvolvimento da ideia de humanidade sob a influência da *Aufklärung* e do romantismo, a expansão europeia cada vez maior etc. O surgimento das missões justo nesse momento da história pode também ser interpretado como uma reação às mutações e às convulsões que acometeram as sociedades europeias em expansão. Se a Guerra dos Trinta Anos e as angústias que advieram desempenham um papel inegável na gênese do pietismo, fundando "a esperança de tempos melhores" (Philipp Jacob Spener), isso é ainda mais verdadeiro no período pós-revolucionário. De fato, podemos mostrar como as iniciativas missionárias inglesas, holandesas e suíças foram precedidas de motivos escatológicos e até apocalípticos: afirmou-se que, na Europa, reinava o anticristo, e que os distúrbios das guerras napoleônicas foram ou punições ou sinais do fim do mundo. Assim, argumentou-se, era necessário expandir o reino de Deus até os pagãos, que ainda não tinham sido tocados por Deus. Com a catástrofe geral religiosa e moral é preparado o tempo da redenção, tempo em que Israel e os pagãos se unirão à comunidade dos santos. Na primeira circular enviada às igrejas e diversas associações em que a fundação da Sociedade das Missões Evangélicas de Paris foi anunciada, o objetivo da organização recém-criada é assim definido: "Ainda que cuide das necessidades de suas igrejas associadas, devendo buscar, acima de tudo, o progresso da pura religião do evangelho em seu país natal, os protestantes da França não negligenciam a tarefa de participar dos esforços sinceros de irmãos de outros locais, associados a diversos setores da grande família dos cristãos evangélicos, para propagar a luz do evangelho e estender o reino de nosso divino Redentor" (Jean BIANQUIS, *Les origines de la Société des Missions évangéliques de Paris 1822-1829* [As origens da Sociedade de Missões Evangélicas de Paris 1822-1829], Paris, SMEP, 1930, p. 54s).

Apocalipse político, esperança cristã e apostolado estão em interação. A "esperança de tempos melhores" não leva ao quietismo, mas, sim, ao engajamento e à luta contra as forças da destruição. Interpretando os sinais dos tempos e promovendo o reino de Deus na terra, as missões se lançam em uma atividade sem repouso, sem recuar diante de sacrifício algum, lembrando a energia inesgotável que anima a classe burguesa europeia da época e o expansionismo que a acompanhou. Acrescenta-se a isso um fato econômico que ajuda a compreender o ânimo missionário. Em algumas regiões, como o sul da Alemanha, a inadaptação do direito agrário, que não mais permite a sobrevivência de grandes famílias por causa da fragmentação das terras, e a industrialização, que ameaça a existência de muitos setores artesanais, provocam emigrações e agrupamentos religiosos. Assim, os missionários exportam a estrutura de seus vilarejos de origem (Wurtenberg, p. ex.), assim como os valores morais do pietismo ou do puritanismo, valores que contribuem para a melhoria de vida nos níveis moral, espiritual e social dos que são alvo da atividade missionária.

Expansão europeia e expansão do cristianismo andam então de mãos dadas. No rastro dos empreendimentos de colonização, o cristianismo abandona o provincialismo em favor de um universalismo de caráter conquistador. Missão civilizadora e civilização missionária coincidem. A cristandade latina (e, algum tempo depois, germânica) consideraria missão divina civilizar e europeizar os bárbaros da América Latina, da África e da Ásia, convertendo os pagãos idólatras e supersticiosos. Porém, com que meios?

Inicia-se um debate sobre os métodos missionários no século XVI: missão pela espada (referindo-se ao famoso *Compele intrare* [Força-os a entrar], de Agostinho, ou à teoria aristotélica da escravidão natural dos bárbaros) ou missão espiritual? As missões protestantes optam pela persuasão não violenta, inserindo-se com isso na tradição do combate empreendido pelo padre dominicano Bartolomeu de las Casas (1474-1566), defensor dos índios na América Latina. Com muitos outros missionários, exigiu uma missão não violenta e opôs-se ao genocídio perpetrado em nome da religião. A atividade dos jesuítas entre os guaranis foi no mesmo sentido. Assim como nas instruções para os missionários na Libéria, de 1827, a liderança da jovem Missão de Basileia definiu então a intervenção missionária como "reparação": "Nós nos sentimos chamados a clamar com urgência para que não esqueçais, a cada passo vosso no mundo negro, com que prazer e com que infâmia os pobres negros foram e ainda são tratados, há séculos, por homens que se dizem cristãos. Também não esqueçais que vossa atitude entre eles, se for desinteressada e amigável, se for de apoio e perdão, poderá pôr fim a tanta e tão evidente injustiça, para que desapareçam do coração deles os sentimentos amargos que os rostos europeus lhes fazem emergir no rosto". A violência seria cometida em outro nível, mais cultural e ético (imposição de outro estilo de vida, normas econômicas não adaptáveis, denúncia da tradição religiosa nativa etc.).

Muito modesta em seu início, a missão se estenderia de modo fantástico, cumprindo a expansão europeia de modo ímpar e aproveitando o caminho aberto pela expansão dos mercados e das culturas.

2.2. As sociedades missionárias no tempo do colonialismo

Substituindo-se à Espanha, de que se libertou, a Holanda estabeleceu no início do século XVII sua presença, seu comércio e sua religião protestante no Atlântico Sul e no Oceano Índico, da África do Sul à Indonésia. Seus empreendimentos obedecem à doutrina do mercantilismo, que busca essencialmente proporcionar ao Estado os meios de obter riquezas, ouro e prata. A França faz sua aparição no Canadá e, um pouco mais tarde, por locais nos continentes africano e asiático. Porém, dentre os conquistadores, foi sobretudo a Grã-Bretanha que criou a reputação de ser a "mãe das nações". De fato, desde a tomada da Jamaica em 1665, imporia pouco a pouco sua hegemonia, até o ano de 1945, quando os Estados Unidos tomaram a frente como primeira potência capitalista. O domínio britânico seria particularmente forte na Índia e na África austral; a presença dos britânicos seria igualmente considerável e com pesadas consequências na China: basta pensar na guerra do ópio. Expansão europeia e expansão do sistema econômico europeu andam então de mãos dadas, assim como a ética do lucro, pautada na exploração, e a cultura individualista. O sistema unificador prossegue, aperfeiçoando-se e culminando no que podemos chamar "revolução capitalista" (Helmut Gollwitzer), uma revolução que foi mais bem-sucedida que qualquer outra, infelizmente ao preço da pilhagem, da escravidão, do extermínio dos índios e das guerras coloniais!

O fenômeno da missão protestante contemporânea, que geralmente é mais autônoma em relação ao poder político que o catolicismo da época, situa-se no contexto descrito acima. Na expansão colonial ocidental, a mensagem cristã desempenha um papel fundamental, às vezes até mesmo justificador. Muitos o demonstram. Livingstone declarou: "Vou abrir caminho para o comércio e para o cristianismo". Para a missiologia alemã, Deus se utiliza de dois meios, a missão e a colonização, e sua tendência foi interpretar a política vitoriosa dos poderes europeus como a história de um cristianismo vitorioso. Assim, talvez haja razão no marxismo quando se declara que, como o domínio colonial é de tipo capitalista, era natural que os colonizadores lançassem mão da religião para estabelecer esse domínio, com a ordem moral conforme a sua ideologia.

Com ou sem a expansão colonial, as missões conheceram de fato, no século XIX, seu *grand siècle* (Kenneth Scott Latourette). Os países escandinavos, a Suíça, os Estados Unidos, mesmo mantendo-se afastados dos empreendimentos coloniais, também desenvolveram uma intensa atividade missionária. Os meios de comunicação permitiram o acesso aos cantões mais longínquos do planeta, com o estabelecimento de um círculo crescente de relações comerciais, o que favoreceu a intensificação e o alcance formidável das missões. Por sua vez, esse trabalho missionário, de todas as confissões religiosas, criou uma significativa infraestrutura: a evangelização, os postos médicos e as escolas possibilitaram novas formas de vida e de organização social, um enorme investimento em pessoas e meios.

Alguns exemplos ilustram o que acaba de ser dito. As sociedades missionárias de todo tipo proliferaram: a Sociedade das Missões Evangélicas de Paris envia os primeiros missionários para a África austral, que lá chegam em 1829. A famosa *China Inland Mission* [Missão do Interior da China], inspirada pelo carismático James Hudson Taylor (1832-1905), inicia suas atividades em 1865. Do lado católico, o cardeal Lavigerie, antiescravagista, funda a Sociedade dos Missionários da África: seriam os padres brancos e as irmãs brancas cuja coragem e cujo sofrimento são conhecidos. Uma sociedade missionária ortodoxa surge em São Petersburgo, em 1870. Na Suíça romanda, os primeiros missionários das igrejas livres, Ernest Creux e Paul Berthoud, partem para o Lesoto, seguindo para o Transvaal (1874-1875), enquanto cinquenta anos antes o Conselho de Estado valdense (o governo) ainda rejeitava o pedido de criação de uma organização missionária. Falava-se ainda de "zelo inconsiderado pelos empreendimentos longínquos".

Os continentes investiram então em um verdadeiro exército de missionários para trabalhar em instituições as mais diversas. Até a Segunda Guerra Mundial, os defensores do trabalho missionário, assim como seus agentes, são recrutados quase exclusivamente em meio a círculos piedosos, dentre os convertidos dos vários avivamentos espirituais que geralmente eram acompanhados da criação de uma sociedade missionária. Com algumas exceções, as igrejas da Europa não financiavam o trabalho. As doações para a missão provinham, em sua maior parte, de grupos que sustentavam tal missionário ou tal sociedade missionária. Mesmo vivendo de um modo bastante modesto, sem temer os sacrifícios, os missionários representavam o poder e a riqueza.

Fiéis à herança pietista, os missionários e seus mantenedores insistiam na conversão individual acima de tudo, uma realidade que sempre seria estranha a povos cuja estrutura social é fundamentalmente comunitária. O sucesso numérico dessa atividade, considerável de acordo com o local, permaneceria relativo diante do total da população, já que os convertidos ao cristianismo geralmente são minoria. A difusão da mensagem evangélica em dada população ou dada região, aliás, não foi o único feito dos missionários, cuja reputação por vezes é legendária. As igrejas que surgem a partir do resultado de suas atividades não podem prescindir da colaboração de missionários autóctones que se tornam porta-vozes, por sua vez, da nova fé entre os seus. Porém, poucos deles recebem essa responsabilidade dos missionários brancos. Isso aponta para a presença de certa mentalidade colonial nessas igrejas: os que lideram são os missionários brancos e as decisões importantes são tomadas pela liderança das sociedades missionárias, na Europa. Por muito tempo, as "jovens igrejas" formadas por esses grupos retomariam inadvertidamente os modelos eclesiásticos herdados, seja da igreja multitudinista alemã, seja das igrejas livres da Inglaterra ou da Escócia — ou até, nas missões católicas, do modelo romano.

Em certa medida, a missão cristã está historicamente ligada aos empreendimentos coloniais. Porém, se é justo afirmar que a extensão da atividade missionária desfrutou de condições políticas favoráveis — proclamação generalizada da liberdade religiosa, estruturas administrativas leves e geralmente pouco definidas, proteção colonial —, é falso, por outro lado, que os missionários protestantes sejam vistos como lacaios do sistema colonial. Na verdade, inúmeros são os casos em que eles tomaram a defesa dos autóctones, opondo-se, tal como Moisés diante do faraó, às autoridades coloniais, denunciando extorsões e até mesmo questionando os fundamentos de tal sistema. O que um dos governadores gerais de Madagascar declarou ao líder de uma missão protestante é elucidativo desse fato: "O que queremos são nativos preparados para ser mão de obra. Vocês, missionários protestantes, é que os tornam homens". Podemos também citar o caso da Missão de Basileia que, diante do Reich alemão, manifestou-se contra a promulgação de leis que davam às autoridades coloniais de Camarões o direito de expropriar os africanos e vender suas terras a companhias agrícolas. Da mesma forma, porém, seria falso afirmar que os missionários protestantes do período colonial foram artesãos da contestação. Embora geralmente animados por reflexos bastante conservadores, jamais aprovavam cegamente o sistema em que se encontravam.

Além disso, é necessário enfatizar a extensão do processo de integração e modernização inaugurado com o período colonial e, em seu rastro, com as missões. Fator decisivo nos processos de transformação socioculturais, as missões ajudaram os colonizados a "administrar" o choque cultural. E, em um movimento dialético, a missão protestante fornece aos próprios colonizados as condições para sua emancipação e sua libertação. Pensemos, por exemplo, nas escolas cujo monopólio permaneceu por muito tempo nas mãos das missões, oferecendo certa mobilidade social, uma das condições necessárias para a eclosão de todo desejo por liberdade. A leitura da Bíblia também contribuiu para o surgimento de grupos e movimentos em luta pela dignidade humana. Na independência dessas colônias, as elites seriam compostas de pessoas educadas nesses estabelecimentos escolares e universidades que eram de propriedade das missões.

Tudo isso é especialmente verdade para a África e o Pacífico, em que a missão produziu um pastorado nativo e resistiu ao sistema escolar francês. O mesmo já não pode ser dito para a situação da América Latina, onde a independência política se deu ao longo do século XIX e a presença da igreja parecia favorecer ainda mais a dependência e a alienação. Isso também explica por que os movimentos mais recentes de libertação não são gestados em ambientes cristãos. Como vemos, as relações que as missões organizadas mantiveram com os poderes coloniais (e alguns se referem a essas relações como "pactos") são complexas e variadas.

2.3. A missão protestante no século XX

O declínio do regime colonial começa quando os impérios são prejudicados e enfraquecidos pelos embates das duas guerras mundiais. A reivindicação colonial se acompanharia então de um engajamento em prol do desenvolvimento das colônias e de sua preparação para uma eventual autonomia. Nesse sentido, a Sociedade das Nações e, mais tarde, a ONU inventaram o sistema dos territórios sob mandato (a Namíbia e a Palestina, p. ex.). Porém, acima de tudo, foram as transformações no sistema internacional que desencadearam o processo de descolonização: os Estados Unidos, que eram anticoloniais, a União Soviética e a China, com a revolução comunista, modificam profundamente o mapa geopolítico mundial. Em *Les damnés de la terre* [Os condenados da terra] (1961, Paris, Gallimard, 1991), Frantz Fanon descreve as consequências desintegradoras, desestabilizantes e psicologicamente deformadoras do colonialismo. Soa a hora da descolonização. Os movimentos de expansão europeia regridem de modo irreversível. Para a maior parte dos países sob tutela colonial, isso significou o início de um caminho delicado e pedregoso de independência. O progresso duraria de 1947 a 1960, período em que ressoaria o famoso "Uhuru!". Enfim, a liberdade! Porém, uma liberdade que seria apenas aparente durante o longo período em que o neocolonialismo dos países industrializados tentaria sutilmente manter as estruturas estabelecidas um século antes, perpetuando assim a divisão do trabalho em escala mundial.

"O acesso à independência dos povos antigamente colonizados e sua influência na política internacional constituem os fatos mais marcantes dessas últimas décadas" (R. Mehl). De fato, foi após as duas guerras mundiais que a questão da autonomia surgiu com toda a força. Essas guerras provocaram inúmeras mudanças, principalmente por terem falsificado a imagem pública do homem branco, o que coloca gravemente em xeque a superioridade do Ocidente cristão. O esfacelamento dessa imagem, relegada à ordem do mito desde então, leva a uma onda nacionalista, geralmente acompanhada do ressurgimento da religião tradicional, que na verdade não havia desaparecido.

A autoridade moral do colonizador é então fortemente desacreditada e, com ela, a do missionário na igreja "nativa", que caminha aceleradamente para a autonomia. O processo de emancipação também é acompanhado por uma tímida industrialização de países do Terceiro Mundo e pelo desenvolvimento da civilização urbana, com o surgimento de elites culturais e políticas locais.

As comunidades cristãs formadas com o trabalho missionário não podem escapar nem dos movimentos de autonomia, nem dos movimentos nacionalistas, em que os cristãos às vezes desempenham funções importantes. A busca de identidade é intensificada, ao mesmo tempo que dificilmente se resiste às tendências para o sincretismo. Além dos acontecimentos políticos e do surgimento de uma literatura contestatória, retém-se em geral dois fatores para explicar o acesso rápido à autonomia da esfera eclesiástica. O primeiro fator é a formação de líderes de empresas que são recrutados entre antigos alunos, evangelistas, pastores ou até mesmo professores. Constata-se assim que os efeitos modernizantes e emancipadores da missão cristã de fato contribuíram para o declínio das estruturas coloniais e para a conscientização das massas que eram dependentes. Isso é especialmente verdadeiro nas missões protestantes cujos esforços para a formação pastoral excelente balizaram o caminho que leva a cargos de responsabilidade e liderança. Nessa área, a evolução foi bem mais rápida na Ásia que na África. Já a América Latina católica não se beneficiou de uma iniciativa desse tipo.

O segundo fato é a experiência das igrejas que, por causa da guerra, tiveram de prescindir da ajuda dos ocidentais. Sob a ocupação japonesa, os missionários que dependiam dos países em conflito com o Japão foram obrigados a deixar o campo. Em outros locais, as missões alemãs foram impedidas de trabalhar. Além disso, a experiência mostrou que o papel de liderança dos brancos não era mais absolutamente indispensável, mesmo que fossem solicitados para algumas contribuições, como, por exemplo, na formação pastoral. A imagem romântica do "pioneiro de machado na mão, ou até mesmo fuzil, e a Bíblia na outra mão, percorre a floresta virgem, colonizador e pregador ao mesmo tempo" estava definitivamente condenada. No entanto, essa imagem deixou marcas no consciente coletivo, tanto dos adversários quanto dos amigos do trabalho missionário.

O processo de independência das igrejas em relação às conferências locais dos missionários e à liderança europeia, porém, foi bem lento. O estabelecimento de estruturas e mentalidades favoráveis à autonomia demandou bastante energia e foi apenas progressivo. Nos tratados de autonomia que institucionalizaram o processo, exigiu-se sobretudo a transferência de autoridade da conferência missionária para os órgãos das igrejas, a integração completa do ministério dos missionários no cotidiano da igreja e a transferência gratuita de bens imóveis da Missão (que desaparece como órgão) para a igreja. Em contrapartida, a igreja local deveria formular suas leis de modo claro, esforçar-se para evangelizar ainda mais, formar seus próprios pastores, encarregar-se do sustento financeiro; além disso, poderia entrar para o Conselho Mundial de Igrejas e se tornar afiliada de uma organização confessional (Aliança Reformada Mundial, Federação Mundial Luterana etc.).

Analisa-se assim todas as implicações da nova situação. Descobre-se que a Europa não é mais, de fato, o umbigo do mundo; que a missão não é mais um conceito geográfico, mas um trabalho complexo a ser realizado pelas igrejas, em todo lugar onde elas estiverem; que o missionário não é mais um líder, mas, sim, alguém que foi enviado para atestar a solidariedade cristã em todo o mundo, um mundo que, para a teologia, afigura-se com outro rosto. Essa emancipação culminaria também, pouco a pouco, em declarações e reivindicações pouco elogiosas sobre o norte e suas igrejas. A famosa frase do missiólogo Walter Freytag resume de modo pertinente a situação nos anos 1960: "Antigamente, a missão tinha problemas; hoje, ela mesma se tornou um problema".

3. A missão ontem e hoje: de finalidades controversas a fundamentos comuns

Sob certos aspectos, tudo o que será afirmado neste item diz respeito à teoria e à prática missionárias de todas as confissões cristãs, ainda que alguns meios e métodos tenham tido uma importância maior no passado de acordo com a confissão, se católica ou protestante. Esses missiólogos bastante diferentes foram progressivamente substituídos por visões mais concordantes entre si em relação às exigências e às aporias das missões.

Uma tipologia das motivações teológicas que, durante a fase de expansão europeia e ainda depois disso, parece ter suscitado os avanços missionários pode ser composta de quatro itens. Esses itens ainda são válidos hoje, sendo retomados em novos contextos espirituais e teológicos.

3.1. Salvar almas ou cristianizar a sociedade?

A primeira dessas motivações é a necessidade de salvar almas através da conversão individual. Surgem lemas como levar almas ao Senhor ou ganhar almas para o Cordeiro (principalmente entre os Irmãos Morávios). A conversão diz respeito ao coração, sendo fundamentada na Bíblia e manifestando-se na prática do amor. Herança do pietismo e do avivamento, essa motivação foi elaborada no contexto da *Aufklärung* como uma reação contra um dogmatismo árido. Encontra-se na maior parte dos discursos das sociedades missionárias do século XIX; ainda hoje, inspira missões consideradas "espontâneas", geralmente interdenominacionais ou supradenominacionais. Essa mesma tendência rapidamente produziu uma impressionante quantidade de instituições de ensino, além de obras diaconais e de desenvolvimento. As igrejas que foram criadas dentro desse contexto costumam ser comunidades do tipo livre.

Podemos contrastar tal motivação com outra que em geral se apresenta como alternativa, a da melhoria e da cristianização da sociedade. Exprime-se de várias maneiras: pela realização de uma obra cultural, pela função civilizatória (livrando os povos das religiões autóctones) e por empreendimentos na área da saúde. A exigência de compreensão e diálogo substitui a de conversão. De tendência liberal, esse projeto é às vezes acompanhado, apesar do que se prega, de preconceitos em relação aos nativos, que muitas vezes são expressos por meio de uma terminologia absolutista e imperialista. Fala-se, por exemplo, do cristianismo como uma religião absoluta, ou diz-se que "a missão protestante no mundo é parte integrante da expansão cultural dos povos euroamericanos". Porém, ao mesmo tempo que considera a cultura ocidental como expressão do reino de Deus, essa missiologia não deixaria de defender uma cristianização dos povos em harmonia com suas originalidades respectivas. Hoje, a luta pela justiça e pelo desenvolvimento estrutural, assim como o clamor por um diálogo entre as religiões, traz consigo certas inquietações inerentes a essa visão.

3.2. Plantar igrejas ou estender o Reino?

Um terceiro motivo diz respeito à igreja, uma igreja que é preciso plantar e fazer crescer. Assim, é rejeitada a ideia de uma espécie de propagação natural do evangelho. É necessário plantar a igreja onde ela ainda não existe, seja estabelecendo uma hierarquia, seja criando igrejas vivas a partir de comunidades vivas, ou ainda preparando a terra em que o evangelho será enraizado. A missiologia católica tradicional, a escola de Louvain em particular, mas também o Concílio Vaticano II, consideram que a implantação nunca é concluída. Essa teoria encontrou seus defensores principalmente na missiologia alemã, que por muito tempo afirmou que a implantação do evangelho deveria culminar na criação de igrejas nacionais nativas. A teoria que defende uma tripla autonomia da igreja (financeira, administrativa e missionária) também se ergue a favor do desenvolvimento de comunidades e de um clero autônomo, resultando possivelmente na eutanásia da missão europeia. Ainda hoje, a *Church Growth School* (cuja sede é o *Fuller Theological Institute*, em Pasadena) mantém que a expansão quantitativa é prioritária.

Histórica e teologicamente, essa motivação está em tensão com uma concepção messiânica da missão: estender o Reino, colaborar com a obra de Deus. Sendo o reino de Deus o objetivo e a finalidade da criação e da revelação, constitui o essencial da mensagem bíblica e o núcleo da ação missionária. Trata-se de dar a conhecer Jesus, sua palavra e sua obra messiânicas, de colaborar com seu Reino e fazê-lo avançar. Herdeira do anabatismo e do calvinismo, essa motivação está presente na missão do Avivamento, inspirando esforços para a cristianização de povos inteiros. Também há, nessa motivação, desvios secularizados: o otimismo, o progresso e, justamente, o colonialismo.

Hoje, essa motivação domina amplamente a nova visão da missão, compreendida como trabalho que busca o *shalom*, mais que como obra da igreja ou simplesmente de caridade. Jesus é o libertador. Quanto à conversão, inclui a sociedade e suas estruturas injustas. A igreja não é o Reino, mas deve esforçar-se para viver de modo correspondente ao Reino.

3.3. Como se dá o consenso atual

Três convicções teológicas são partilhadas por todas as grandes confissões cristãs e se formam a partir da teoria atual sobre missões. Se a organização e as práticas são legitimamente diversas, surge delas um consenso ecumênico nos documentos sobre o tema, um consenso que pode superar a fase de indecisão que o pós-colonialismo engendrou na concepção da missão cristã.

A ação missionária divina se desenvolve, em primeiro lugar, com o envio do Filho e o envio do Espírito Santo ao mundo, um processo do qual a igreja participa. A obra de Deus no mundo corresponde perfeitamente ao ser divino: é fundamentalmente a obra de salvação em Jesus Cristo, enviado para que o mundo creia. E "como o Pai me enviou, eu vos envio" (Jo 20.21). A missão de Deus como envio diz respeito a todo o mundo e, emanando de uma única iniciativa, implica-nos nela. Assim, as "intervenções" de Deus não são somente visíveis na figura histórica de Jesus e no homem renovado pelo Espírito divino, mas também, ainda que imperfeitamente, nas ações missionárias humanas. "Não podemos ter parte com Cristo sem participar de sua missão no mundo. As ações de Deus que fundamentam a existência da igreja são as mesmas que dão à missão mundial sua razão de ser" (Conferência Missionária Mundial de Willingen, 1952). Uma das características da dinâmica missionária é não considerar algo privado o fato de ser tocado pela mensagem de um Deus que quer ser próximo do homem. Essa dinâmica é confirmada em toda a Bíblia; o conteúdo e as promessas da mensagem só se desenvolvem e se revelam no partilhar com o semelhante. Nesse sentido, é verdade que "uma igreja sem missão acaba pedindo demissão" (Emil Brunner).

Conformando-se a essa dinâmica, a igreja se aprimora em seguir Deus, olhando ao mesmo tempo para Deus, que a faz viver pela Palavra e para a sociedade, à qual serve. Seus pontos de referência são ao mesmo tempo de natureza teológica e sociológica. É seguindo seu Senhor que a igreja o torna conhecido. O critério para suas ações não pode ser algo como necessidade de prestígio ou glória, mas somente o Reino de Deus. Não cremos na igreja, mas, sim, na vinda desse Reino. A igreja sempre será a igreja do Reino, chamada a ser testemunha em meio à história. Ao seguir Jesus, a igreja tenta estabelecer sinais do Reino, concebendo essa tentativa como um movimento dinâmico que progride desde o centro até a periferia. No desenvolvimento missionário, a igreja ultrapassa fronteiras étnicas, sociais e religiosas, mas sem sucumbir a um espírito de Cruzadas ou ao gosto pelo poder. Vive uma missão de solidariedade, sobretudo diante dos mais pobres, o que inclui sempre um chamado para a conversão (ou o julgamento) dos ricos. De acordo com cada situação, a igreja pode fazê-lo indo até seus semelhantes (missão centrífuga, como no livro de Atos) ou atraindo-os (missão centrípeta, como os povos que subiam ao templo do Senhor).

A missão cristã transmite a oferta divina de libertação. A missão única de Deus oferece um espaço para os envios mais diversos. O testemunho concreto do amor de Deus no mundo não é uniforme; pelo contrário, Deus exige ações plurais que tenham em comum o objetivo de libertação. Enquanto antigamente o testemunho cristão se esforçou para libertar pessoas de crenças malsãs, de sua subjugação por poderes ocultos, ignorância e doença, hoje as preocupações mais urgentes são em relação aos pobres, a sua sobrevivência física e a seu futuro, à dívida exterior que ameaça sufocar países inteiros, ao conflito entre opressores e oprimidos, mas também ao encontro com religiões vivas. De acordo com Mateus 25, é entre os pobres que Cristo manifesta sua presença; segundo a tradição bíblica, as promessas são dirigidas a eles. Da mesma forma, a misericórdia de Deus não é simultânea e indistintamente válida para pobres e ricos, oprimidos e opressores; é para quem de fato necessita e se deixa libertar pelo Deus que quer a vida, e não a morte. Esse aspecto inerente à mensagem evangélica demonstra como Deus interfere concretamente nas condições sociais existentes. O envio para a realidade plena exige a conversão do homem ao Deus de amor e, de modo prático, a solidariedade para com aqueles cuja miséria é devida, entre outros fatores, a nossa história e nossa prática comercial, cultural e espiritual, tanto no passado como no presente. Essa oferta divina de libertação seria de alguma ajuda nas condições reais da história? A questão permanece em aberto, mas muitas pessoas tiveram uma experiência positiva com isso.

4. Implicações e sentido de missão

Do que foi explanado aqui, faremos algumas problematizações que são centrais tanto para a reflexão sobre o fato missionário quanto para a prática missionária hoje.

4.1. Das missões à missão: novas exigências

Liberta de suas ligações com a expansão colonial, a missão cristã entrou em uma fase de arrependimento e humildade, ou, pelo menos, de questionamento e mudanças de postura. Como afirmou Emilio Castro: "Eis que chegamos ao fim da missão ocidental (de norte a sul) e no limiar das missões mundiais [indo de todo lugar para todo lugar]". É evidente que o conceito de missão sofreu uma total reviravolta; alguns o veem como vago e impreciso.

A crise na expansão europeia significa também uma crise nos métodos e nas teologias missionárias desse "grande século" que foi o século XIX; novas tendências se manifestam, situando a missão além de sua existência atual e concreta. Ainda que subsistam, as organizações missionárias entram em uma nova fase. Seu papel e seu status se modificam, sua função evolui, suas motivações para a ação se tornam mais desinteressadas. Alguns espíritos clarividentes já desejam, no século XIX, a eutanásia das missões, que se realiza na medida em que elas favorecem a autonomia das igrejas que elas mesmas formaram; assim, um pastorado local se estabelece.

Dito isso, as missões continuam, sob a responsabilidade dos sucessores nativos dos missionários. Assiste-se assim a um fenômeno espantoso: se para o Ocidente a descolonização parece ser acompanhada de uma descristianização, no Sul o mesmo processo se dá com um crescimento fantástico da igreja e uma libertação que se articula de um modo próprio, culturalmente diversificado, com a mensagem evangélica.

Nessa situação, muitos são os que desejam uma nova evangelização da Europa. Porém, de que maneira e por quais meios? Será que as organizações missionárias encontrariam um novo campo em que investir? Qual seria a mensagem que esse contexto exigiria, tendo em vista o passado que se considera "cristão" e o paganismo atual? Os europeus deveriam se deixar evangelizar pelos pobres?

O fato é que são empreendidos acalorados debates, tanto no Norte como no Sul, sobre a nova situação que o processo de independência engendrou, com suas implicações teóricas e administrativas, mas também sobre a hipoteca que o passado representa.

Junte-se a isso outra transformação bastante debatida: a missão, enquanto evangelização, deveria deixar lugar para uma obra diaconal e de desenvolvimento. Essa questão polariza consideravelmente o debate, mas mostra em detalhes no que reside o testemunho missionário. De fato, missão, diaconia e política de desenvolvimento são indissociáveis, ainda que distintas. A missão é sempre diaconia (e esforço de desenvolvimento, na medida em que é diaconia política), mas a diaconia (e o desenvolvimento) como tal não esgota a "missão da missão cristã". Considerados os fatos, tal identificação significaria a perpetuação do colonialismo europeu, e as realizações tecnológicas e médicas no Ocidente seriam vistas como o sentido e o conteúdo da tarefa missionária.

É inegável que as missões, quando obedecem a sua razão de ser, sempre suscitam um trabalho de diaconia e desenvolvimento; não poderia ser de outro modo. Há investimento no desenvolvimento, ainda que não esteja mais na moda (como hoje), assim como há pregação do evangelho quando o desenvolvimento se torna impossível ou supérfluo (em situações em que o bem-estar é assegurado). Se por vezes os observadores externos, e muitas vezes religiosos devotos, reprovam as missões por serem exclusivamente diaconia, essa impressão pode ser compreendida à luz da história e da situação atual: como a evangelização se tornou uma tarefa das igrejas nativas, essas igrejas precisam mais de ajuda técnica que espiritual. Porém, de qualquer modo, essa dicotomia não corresponde à antropologia ou à cosmologia dessas igrejas, e as polarizações sobre o tema no Ocidente são incompreensíveis para elas. Essa lição importante, que associa piedade e ética com repercussões teológicas, é apreendida justamente no encontro com o Sul. A questão é saber o que o "seguir Deus" exige como ação concreta e de que libertação esse seguir é capaz.

4.2. Do conflito Norte-Sul à parceria

A emancipação dos povos que costumam ser qualificados como "Terceiro Mundo" (noção cunhada por Alfred Sauvy, a partir de Georges Casalis, que falava em "dois terços do mundo") e das igrejas criadas por missões conduz a afirmações e reivindicações pouco elogiosas para o Norte e suas igrejas. O conflito, preparado há séculos, surge agora à luz do dia. Aqui, nos limitaremos a algumas citações significativas, reproduzidas em nossa obra *Le conflit Nord-Sud en théologie* [O conflito Norte-Sul em teologia] (p. 29s).

Reunidas em Kampala (Nigéria), as igrejas de toda a África mantêm este discurso: "Observamos que a atividade missionária neste continente não obedeceu ao esquema neotestamentário em que o apóstolo (cuja fraqueza devida à falta de apoio de uma potência estrangeira conquistadora realmente era sua força) plantava as sementes do evangelho, instruía alguns líderes locais e deixava que a nova igreja se desenvolvesse de acordo com suas características, suas iniciativas, suas intuições".

O tom da Conferência Missionária Mundial de Bangcoc (1973) é elucidativo: "Recusamo-nos a servir como simples matéria-prima que outros utilizam para fabricar sua própria salvação".

O teólogo negro americano James H. Cone faz um ataque qualificado: "Vocês não são capazes de entender nossa situação. Hoje, só podem fazer teologia aqueles que conhecem e partilham o fracasso, o desprezo e a exploração de que seu povo é vítima. Os seus teólogos e as suas igrejas são burgueses falidos. Vocês tiveram sua chance. E perderam. Acabou".

Em 1976, no manifesto de Dar es-Salaam, os teólogos reunidos na Associação Ecumênica dos Teólogos do Terceiro Mundo declararam: "As teologias da Europa e da América do Norte ainda são dominantes em nossas igrejas, representando uma forma de dominação cultural. [...] Rejeitamos como insignificante um tipo acadêmico de teologia que é separado da ação. Estamos prontos para uma ruptura epistemológica radical que torne o engajamento o primeiro ato teológico".

Por que essa conscientização e essa expressão tão agressiva? Ao tornarem-se membros plenos da comunidade mundial, as igrejas do Sul puderam reconsiderar sua história com um olhar crítico. Uma história que é bastante curta, já que não foi necessário mais de cem anos para que o cristianismo se impusesse em escala mundial. O cristianismo se tornou "ecumênico" de fato, ou seja, compreende toda a terra habitada. Nunca antes do século XIX uma religião se expandiu tão ampla e rapidamente. Ao longo da expansão europeia, o cristianismo de tipo ocidental se viu confrontado com outras culturas e sistemas sociais, de modo que, hoje, estamos em presença de uma miríade de igrejas, e nenhuma delas pode pretender o monopólio do fato cristão ou declarar ser detentora do cristianismo original.

A missão cristã, portanto, é o terreno em que a ideia de um ecumenismo interconfessional germinou, nasceu e cresceu. O movimento ecumênico reflete com precisão as divergências existentes hoje na cristandade, assim como as tentativas para superá-las. Com esses sucessos e esses fracassos, o movimento reflete também os frutos do testemunho missionário, que, ao mesmo tempo que suscita cristãos e igrejas, toca nos problemas relacionados a uma existência comum em um mundo dividido. Nesse sentido, o Conselho Mundial de Igrejas representa uma plataforma em que são vividos todos os níveis do conflito Norte-Sul, mas também há diálogo e encontro. A Igreja Católica Romana, que por definição se quer ecumênica, também experiencia conflitos internamente. Para compreender essa realidade, basta informar-se sobre as tensões existentes entre os teólogos da libertação, na América Latina, a Igreja da China e a Cúria romana.

Assim, o movimento ecumênico revela um fato primordial para a igreja europeia: o fato de que só ocupa um lugar modesto na história universal. Deve, portanto, desfazer-se do "eurocentrismo" que o período marcante de sua expansão lhe legou, pois atualmente a maioria dos cristãos está no Terceiro Mundo, entre os povos mais pobres. A globalização do cristianismo permite uma valorização de identidades específicas e novas formas de solidariedade entre os cristãos e entre os homens em geral; as condições para sua realização, por outro lado, fazem estourar conflitos e se tornam símbolos de uma ferida aberta. Assim, o trabalho missionário em todo o mundo encontra sua razão de ser na parceria que se estabelece em escala planetária, apesar das desigualdades que o caracterizam. Em uma igreja presente por toda parte, todos os discípulos estão no mesmo barco. Para todos, há somente uma missão: viver em todo lugar o evangelho libertador, traduzi-lo a cada vez em um novo contexto, com seus problemas específicos, dessa forma admitindo que Jesus é o Senhor de todos os senhores políticos, militares, econômicos e religiosos. Em função dessa única tarefa, todos nós somos parceiros, chamados para estabelecer condições que permitam a igualdade nessas parcerias. "Nós" vamos ao encontro dos povos mais pobres, para ajudá-los, e, na medida em que eles o desejarem, eles mesmos nos ajudam a perceber melhor nossas situações e tarefas, dirigindo-nos perguntas desconcertantes e confrontando-nos com espiritualidades profundas, alegres e combativas. Pensar e agir como parceiros nos leva também a uma reestruturação das relações institucionais que ligam os cristãos do Norte e os cristãos do Sul, como, por exemplo, através dos órgãos de missões. Velhas e caras tradições nessa área devem ser sacrificadas em prol de estruturas que permitam novas iniciativas missionárias "entre nós", na margem da sociedade ou em relação ao "novo paganismo" que alimenta nossas sociedades e aos deuses que as dominam.

Hoje, a igreja se apresenta como uma rede ecumênica em todo o mundo. Graças ao trabalho missionário, processos de aprendizagem ecumênica começaram a desenvolver-se. Esse mesmo trabalho mostra como homens podem viver e trabalhar em união, independentemente de raça, não sem conflitos e dores, mas como "irmãos e irmãs". Prova também que o amor e a justiça têm uma vida mais longa que o ódio e a exploração. A missão mundial empreendida em um espírito de parceria convive e trabalha com a visão do reino de Deus que se antecipa na justiça, na paz e na salvaguarda da criação.

4.3. Da exportação do cristianismo europeu à inculturação

A missiologia atual insiste na necessidade intrínseca do evangelho quanto a ser inculturado. Clama hoje que não há apenas uma teologia possível *made in Germany*, mas, sim, leituras múltiplas e contextualizadas da mensagem cristã, que emanam da base do povo. Somente é legítima uma retomada do evangelho que contribua para a libertação do homem oprimido e alienado. Como a leitura da Bíblia e a leitura do mundo se condicionam uma à outra, um novo olhar se desenvolve e se substitui pouco a pouco aos métodos de interpretação em vigor no mundo universitário.

Nisso há uma reação contra a invasão cultural de que participou a evangelização, uma invasão muitas vezes percebida como experiência traumatizante, até mesmo um ato de violência, de destruição. A marca que o Ocidente deixou nas culturas asiáticas, africanas e latino-americanas, com suas religiões milenares, teve um efeito que, de um lado, foi universalizante (pelo nivelamento das particularidades) e, do outro, alienante, na medida em que se tratou de uma influência imposta de fora (teologia, formação de pastores, sistema eclesiástico, arquitetura, vestimentas pastorais). Evidentemente, as consequências disso foram objeto de uma crítica radical, que não se hesitou em estender a todas as realizações missionárias. Essa crítica, porém, ainda é incapaz de explicar por que, apesar de tudo, as igrejas não europeias em geral estão crescendo e por que conseguiram manter sua particular espontaneidade na expressão da fé, sem falar do fato de que representam hoje, em muitas situações, o único local possível e eficaz de resistência contra a ditadura e a violação dos direitos humanos. Ainda que tenham às vezes contribuído para a perda das tradições culturais e religiosas que faziam parte da identidade dos povos com os quais se confrontaram, as teologias missionárias protestantes e católicas ajudaram na conservação do patrimônio cultural desses povos. Por exemplo, nomes divinos africanos foram reaproveitados nas traduções protestantes da Bíblia, e os católicos tentaram adaptar certos ritos à cultura local na Ásia.

A inculturação — conceito que substitui os de adaptação e indigenização e se aproxima da contextualização, correlacionando-se, no entanto, a uma concepção mais dialética — das igrejas do Terceiro Mundo progride na medida em que essas igrejas conseguem se apropriar da mensagem bíblica e desenvolver essa mensagem de modo existencial, libertando-se das heranças alienantes, mas sem desviar-se das exigências cristãs. Porém, em que condição é possível associar a mensagem bíblica ao mundo simbólico tradicional? Seria possível manter uma doutrina cara aos protestantes, como a da justificação do pecador somente pela fé, mesmo quando essa doutrina parece oferecer perdão aos piores e mais cruéis crimes e violências na América Latina, por exemplo? Essa é uma das indagações da teóloga protestante Elsa Tamez (*The Amnesty of Grace: Justification by Faith from a Latin American Perspective* [A anistia da graça: justificação pela fé de uma perspectiva latino-americana], 1991, Nashville, Abingdon, 1993). A aposta dos teólogos e teólogas do Terceiro Mundo, não importa de que teologias são adeptos, é que uma leitura renovadora do evangelho é possível, mas somente se for suspensa a influência totalitária dos instrumentos e das categorias da teologia eurocêntrica, que seria atrelada em demasia à cultura ocidental e ao sistema capitalista, permanecendo acadêmica, especulativa e individualista. Sobretudo, a teologia centrada na Europa estaria cega para o pecado que subjaz às estruturas políticas e econômicas e às trocas humanas em geral. De qualquer modo, o evangelho não pode se desembaraçar das diversas formas de comunicação cultural, pois está acoplado à prática que anuncia, só podendo oferecer a presença viva de Cristo através de dado contexto cultural. O evangelho só nos atinge pelos caminhos da escuta e da memória, lugar que chamamos "igreja". A mensagem cristã toma forma em uma comunidade mundial reunida em torno da Palavra e do sacramento. Toda teologia, portanto, só se torna pensável se for teologia contextual, referindo-se a um nível local. Nessa perspectiva, a tradição cristã surge como uma cadeia de teologias locais que deveriam dialogar entre elas, com a única finalidade de servir à presença salvífica de Deus no mundo. Como são todas devedoras da inculturação do evangelho, essas teologias poderão dialogar em um espírito de *interculturação*, em um processo de apropriação mútua.

4.4. Das teologias do Terceiro Mundo a uma teologia ecumênica

Na lógica do que acabamos de expor, a teologia do Terceiro Mundo, hoje já bastante diversificada, propõe um paradigma novo em que se renuncia à justificação teológica dos valores ocidentais e das práticas inerentes a esses valores, para priorizar, finalmente, o contexto. Assim procedendo, essa teologia propõe novas bases para as indagações acerca do universalismo.

A análise que se dá a partir desse contexto diagnostica uma série de "patologias" associadas à pobreza material e antropológica crescente, assim como a uma dominação de tipo neocolonial em relação aos países pobres. Segue-se daí a necessidade de reafirmar o caráter libertador do cristianismo, já que Deus liberta seu povo, e seu Filho toma partido dos que não têm poder na sociedade.

No movimento geral de emancipação empreendido pelo Sul, assistimos ao surgimento de vários tipos de teologia. Se o fato é novo, os problemas aos quais essas teologias são confrontadas ocuparam a fé cristã desde os primórdios: evangelho e cultura, igreja e política, cristianismo e religiões não cristãs. Quanto às formas e aos conteúdos da "nova teologia, variam razoavelmente.

A teologia que se chama "da libertação" é algo que advém da prática libertadora do povo latino-americano. Baseando-se em uma tradição que remonta a Bartolomeu de las Casas, o povo defende sua cultura e sua religião diante das ameaças da sociedade rica e do neoliberalismo. A partir de 1968, a teologia da libertação fez ouvir a voz dos oprimidos e, de fato, utilizou-se da revelação bíblica e da contribuição de certas teorias sociais (o marxismo principalmente) para interpretar sua situação histórica. A categoria universal da teologia será então a do pobre.

Podemos observar, na Ásia e na África, fenômenos análogos aos da América Latina. Porém, os contextos são bastante diferentes, e cada teologia carrega suas características particulares. A Ásia, onde o cristianismo é bastante minoritário, obriga seus teólogos a dialogarem com outras religiões que muitas vezes têm uma tradição tão longa quanto a do cristianismo. A teologia do *minjung*, a mais crítica da Ásia, por exemplo, enfatiza a importância da relação direta com a realidade, um laço que julga fundamental para a elaboração do diálogo e da teologia em seu todo. O lugar da reflexão teológica, portanto, não é o escritório, mas, sim, a rua, ou até mesmo a prisão. A universalidade é definida pela relação com o real, específico a cada vez.

A África evidencia um fenômeno que pode ser verificado praticamente por toda parte no Terceiro Mundo: uma estreita imbricação entre o religioso e o cultural. A comunidade cristã africana é fortemente marcada pela realidade simbólica das religiões ditas tradicionais com as quais convive. Deve sobretudo situar-se em relação a essas religiões, ao mesmo tempo que permanece cristã e africana. A tarefa dos teólogos é ainda mais difícil na medida em que é preciso administrar toda a bagagem teológica deixada pelos missionários, e que nem sempre é o evangelho puro. O Deus que eles pregaram era conhecido pelos africanos bem antes de sua chegada. Há algum tempo, uma teologia da reconstrução se tornou advogada do abandono dos sonhos que habitam o imaginário africano (identidade cultural, libertação política através da violência destrutiva), defendendo que o evangelho seja considerado um poder de inovação e energia étnica. Reconstruir a sociedade africana implica uma revolução das mentalidades, das racionalidades e das espiritualidades (cf. a obra do teólogo protestante africano Kä MANA, *Christ d'Afrique, Enjeux éthiques de la foi africaine en Jésus-Christ* [Cristo da África: implicações éticas da fé africana em Jesus Cristo], Paris-Nairóbi-Yaundé-Lomé, Karthala-Ceta-Clé-Haho, 1994).

A especificidade dessas teologias é incontestável. No entanto, todas elas parecem ter em comum o fato de cristalizarem-se em torno de dois polos, o da pobreza e o da religião "tradicional", cujo caráter temporal é enfatizado em relação ao cristianismo trazido pelos missionários. A mensagem evangélica, portanto, se quiser sobreviver, precisa articular-se nesse contexto. A questão da universalidade surge então sob um novo ângulo, pois a questão apresentada pela teologia do Sul é esta: pode-se evitar, nesses procedimentos, a ruptura fundamental com o cristianismo do Norte, suas tradições, seus interesses, seus modos de pensar? Como conquistar uma nova universalização na comunicação? Parece que somente uma reflexão teológica concebida como processo conciliar, em que se busca a unidade na diversidade, está apta a responder aos imperativos da situação. Ao mesmo tempo, há espaço para que todos questionem os fundamentos e as finalidades teológicas da missão cristã. As igrejas e seus teólogos podem viver em comunidade conciliar, pois seu diálogo se baseia em um reconhecimento recíproco. Assim como as várias igrejas são membros do corpo de Cristo, as teologias contextuais têm sua identidade, suas funções, seus talentos. Renunciando à uniformidade, busca-se a comunhão na diferença. As formas totalitárias e imperialistas são então excluídas da comunicação universal para fundar, no Cristo libertador, a opção comum para o reino de Deus. Pois, se a verdade não é uniforme, também não é relativa. Para todos, está dada no evangelho.

4.5. Da religião imposta ao diálogo e ao respeito pelo outro

Sob o peso de experiências infelizes, muitos opõem "pregação" e "diálogo", defendendo o diálogo como a única forma adequada para a missão cristã, se a missão não é totalmente rejeitada em nome da autonomia religiosa. O diálogo substitui então a evangelização imposta ou forçada em uma época de pluralismo religioso. A exigência do diálogo só é nova na forma, pois ainda no passado constituía a palavra de ordem da escola liberal contra o pietismo. As missões que trabalhavam entre meios religiosos orientais geralmente defendiam esse método, o único adequado, a seus olhos, diante dessas circunstâncias. Antes, houve o caso de Raymond Lulle (1233-1316) e outros, que dialogaram com muçulmanos para convencê-los da verdade cristã.

Depois das migrações contemporâneas e da troca intercultural atual, o encontro inter-religioso se tornou habitual, sendo uma exigência, principalmente nas regiões em que o cristianismo é minoritário. Se esse encontro nunca esteve ausente nas atividades missionárias, impõe-se hoje no testemunho cristão. O Conselho Mundial de Igrejas instituiu um plano de diálogo, e o papa João Paulo II rezou pela paz junto com os representantes das grandes religiões em Assis, no ano de 1986. Em nível mundial, várias organizações inter-religiosas tentaram promover uma compreensão mútua entre os adeptos de diferentes convicções religiosas.

O diálogo, por assim dizer, é um novo modelo de missão, renunciando a coações e aceitando a convicção de fé do interlocutor. Uma forte polarização está hoje presente nas igrejas e nos meios missionários, dividindo os "evangélicos" e os "ecumênicos", e muitas imagens caricaturais estão em jogo nesse embate. Para os primeiros, o que importa é a pregação correta do evangelho, já que o objetivo da missão é a conversão dos não cristãos à fé em Jesus, de acordo com sua ordem. Para os segundos, o que importa é uma ampla humanização do mundo, já que o ponto de partida da missão é o mandamento para amar o próximo; eles creem que a salvação não está indissoluvelmente ligada a Jesus e que precisamos ajudar para que o hindu seja um melhor hindu, o muçulmano um melhor muçulmano etc.

Aos poucos, a noção de diálogo, porém, parece perder o aspecto de provocação, sendo reconhecida como uma forma do único testemunho cristão: "Nossa salvação é em Cristo. Dentre os cristãos, ainda há modos diferentes de compreender como essa salvação se torna acessível a pessoas de diversas religiões. Porém, todos concordam quanto a prestar a todos esse testemunho. [...] Conviver com adeptos de outras religiões e ideologias é ir ao encontro de outros engajamentos. O testemunho não pode ser reduzido a um processo unilateral; é necessariamente bilateral; é nesse aspecto que os cristãos descobrem algumas convicções mais profundas de seus vizinhos, e é nesse momento que podem, em um espírito de abertura e confiança, prestar um testemunho autêntico e demonstrar seu engajamento por Cristo, que faz com que Cristo seja apresentado a todos" (*La mission et l'évangélisation. Affirmation oecuménique* [A missão e a evangelização: afirmação ecumênica], p. 19).

Na situação de pluralismo religioso, o sentido de missão cristã está em propor um diálogo sobre a verdade. Tanto por suas origens neotestamentárias quanto por suas experiências modernas, as missões lembram que a história é o teatro do combate entre o reino de Deus e o reino do Mal, e não do combate entre as religiões. Pretensões absolutas, mesmo sob uma aparência cristã, são sempre nocivas e resultam em impasse. De fato, o cristianismo e Cristo são duas coisas diferentes. O cristianismo, como religião, é com muita frequência uma coisa miserável e sem glória alguma, mas a pretensão de Jesus, não assimilável a um princípio filosófico absoluto, é e continua sendo um desafio. Poderíamos deixar de afirmar, sobre Jesus, que ele é o caminho, a verdade e a vida? A revelação é facultativa para a fé dos cristãos? O que cremos e aquilo em que o homem coloca sua esperança não são tão importantes assim? Debater-se com tais indagações é, em todo caso, mais pertinente que postular de modo piedoso uma religião que se quer absoluta. O diálogo sobre aquilo (ou aquele) que pode ajudar de modo efetivo e final, o diálogo sobre uma verdade necessária e salutar, é incontornável para as missões, que não podem prescindir disso. Missões e diálogo são inseparáveis, e nunca foi possível separá-los, na verdade. Qualquer outra postura culminaria em um gentil bate-papo, mas sem pertinência, ou então a um terrorismo religioso. Uma missão dialogal e o diálogo missionário têm ambos seu fundamento na aliança entre Deus e o homem, nessa comunicação profunda e íntima com o mundo. Em Jesus Cristo, Deus interfere na história e perturba todas as suas esferas, já que sua verdade é sempre maior que todas as representações que possamos elaborar sobre ele.

Klauspeter Blaser

▶ BLASER, Klauspeter, *Le conflit Nord-Sud en théologie*, Lausanne, Soc, 1990; Idem, *La mission. Dialogues et défis*, Genebra-Lausanne, Labor et Fides-Soc, 1986; Idem, "Le fait missionnaire: formes et mutations récentes", *Le fait missionnaire* 6, Lausanne, 1998, p. 71-107; Idem, org., *Repères pour la mission chrétienne. Cinq siècles de tradition missionnaire. Perspectives oecuméniques*, Paris-Genebra, Cerf-Labor et Fides, 2000; Idem e SCHMIDT, Martina, orgs., "Musée ou laboratoire? Mise en perspective de 125 ans de Mission en Afrique australe. Série de conférences données dans le cadre du cours public de l'Université de Lausanne", *Le fait missionnaire* 9, Lausanne, 2000; BOSCH, David J., *Dynamique de la mission chrétienne. Histoire et avenir des modèles missionnaires* (1991), Lomé-Paris-Genebra, Haho-Karthala-Labor et Fides, 1995; BRIA, Ion, CHANSON, Philippe, GADILLE, Jacques e SPINDLER, Mare, orgs. *Dictionnaire oecuménique de missiologie. Cent mots pour la mission*, Paris-Genebra-Iaundê, Cerf-Labor et Fides-Clé, 2001; CHENU, Bruno, *Dieu est noir*, Paris, Centurion, 1987; Idem, *Théologies chrétiennes des tiers-mondes*, Paris, Centurion, 1987; COMBY, Jean, *Deux mille ans d'évangélisation. Histoire de l'expansion chrétienne*, Paris, Desclée, 1992; "La mission: permanences et ruptures", *Journal des Missions évangéliques*, 1987/4; MEHL, Roger, *Décolonisation et missions protestantes*, Paris, SMEP, 1964; *La mission et l'évangélisation. Affirmation oecuménique*, Genebra, COE, 1982; MÜLLER, Karl e SUNDERMEIER, Theo, orgs., *Lexikon missionstheologischer Grundbegriffe*, Berlim, Reimer, 1987; NEILL, Stephen Charles, *A History of the Christian Missions*, Hamondsworth, Penguin Books, 1984; RAUPP, Werner, *Mission in Quellentexten. Geschichte der Deutschen Evangelischen Mission von der Reformation bis zur Weltmissionskonferenz Edinburgh 1910*, Erlangen-Bad Liebenzeller Mission, 1990; ROSSEL, Jacques, *Mission dans une société dynamique*, Genebra, Labor et Fides, 1967; SPINDLER, Marc, *La mission. Combat pour le salut du monde*, Neuchâtel, Delachaux et Niestlé, 1967; VALLÉE, Gérard, *Mouvement oecuménique et religions non chrétiennes*, Tournai-Montreal, Desclée-Bellarmin, 1975; WEBER, Hans-Ruedi, *L'invitation au festin. Matthieu et la mission*, Genebra, Labor et Fides, 1972; ZORN, Jean-François, *Le grand siècle d'une mission protestante. La Mission de Paris de 1822 à 1914*, Paris, Karthala-Les Bergers et les Mages, 1993; Idem, *La missiologie. Émergence d'une discipline théologique*, Genebra, Labor et Fides, 2004.

▶ África do Sul; África mediterrânea; África tropical; América Latina; Ásia; Bibliander; Carey W.; Casalis E.; Coillard; colonização; Comunidade Evangélica de Ação Apostólica; desenvolvimento;

MISSÃO INTERIOR ▶ 1194

Europa; evangelização; Harris; inculturação; Kotto; Kraemer; Leenhardt M.; Léry; Livingstone; Mackay; Madagascar; Missão Interior; Missão Popular Evangélica; missionárias (conferências); missionárias (sociedades); Morávios (Irmãos); Newbigin; Oceania; Oriente Próximo; paganismo; proselitismo; **religião e religiões**; Schweitzer; Selwyn; sincretismo; Taylor J. H.; teologia negra (afro-americana); teologias africanas; teologias contextuais; teologias da Ásia; teologias da libertação; testemunho; Vaucher; Warneck

MISSÃO INTERIOR

Com a marca de Johann Hinrich Wichern (1808-1881), o termo "Missão Interior" designa, na Alemanha e fora dela, uma instituição que visa a influenciar a sociedade com temas cristãos e renovar a igreja protestante. Trata-se de uma resposta à constatação de que os membros batizados da igreja deixaram de ser cristãos em seus comportamentos e modos de vida.

Historicamente, a Missão Interior tem sido compreendida como uma tentativa de restauração da cristandade após os acontecimentos de 1848. No entanto, também buscou a melhoria das condições dos operários, sem poupar críticas a certas formas de capitalismo em pleno desenvolvimento. Na prática, a instituição desenvolveu formas múltiplas de diaconia que correspondem a cada uma das adversidades presentes em uma sociedade moderna. Hoje, a Missão Interior alemã se uniu à instituição mais recente do *Diakonische Werk*. Sua intenção específica de evangelização é levada a cargo pelas "missões populares" e "missões urbanas", que procuram articular a proclamação do evangelho à ação diaconal ou militante.

Na França, há duas Missões Interiores, uma em Paris e outra em Estrasburgo. A de Paris se especializou na comunicação do evangelho pela multiplicação dos métodos de evangelização. A de Estrasburgo continua a combinar evangelho e diaconia, liderando as ações diaconais e missionárias das igrejas protestantes regionais. Na Suíça romanda, a fundação da Missão Interior da Igreja Nacional Protestante de Genebra data dos anos 1880. Até 1945, à semelhança do que foi feito na Alemanha, na Suíça germânica e na França, essa missão foi um órgão de evangelização popular e de diaconia. Em 1945, o pastor Pierre Secrétan-Rollier a tornou um órgão de ajuda à família e de aconselhamento conjugal. François Schlemmer, Éric Louis e Philippe Lechenne desenvolveram essa ação, que hoje está sob a responsabilidade do Gabinete Protestante de Aconselhamento Conjugal e Familiar da Igreja Protestante de Genebra.

Fritz Lienhard e François Schlemmer

▶ ALBECKER, Christian, *L'Évangile dans la cité. Histoire de la Mission urbaine de Strasbourg*, Estrasburgo, Associação de Publicações da Faculdade de Teologia Protestante da Universidade de Estrasburgo, 1992; BEYRREUTHER, Erich, *Geschichte der Diakonie und Inneren Mission in der Neuzeit* (1962), Berlim, CZV-Verlag, 1983; GRESCHAT, Martin, *Das Zeitalter der industriellen Revolution. Das Christentum vor dem Moderne*, Stuttgart, Kohlhammer, 1980.

▶ Ação social; Babut; cristianismo social/socialismo cristão; diaconia e diáconos; diaconisas; Exército de Salvação; MacAll; **missão**; Missão Popular Evangélica; Naumann; operário (mundo); Paulo; Seeberg; socialismo religioso; Wichern

MISSÃO POPULAR EVANGÉLICA

Obra de evangelização criada em 1872 em Paris pelo pastor escocês Robert Whitaker MacAll (1821-1893), que abriu 136 "lojas de evangelização" em 37 cidades diferentes, incluindo regiões como Córsega e norte da África. Nessas "lojas", são oferecidos vários serviços, como cursos diversos, creche-escola, postos de saúde, ajuda a alcoólicos e demais obras sociais, enquanto é pregada a conversão individual. A Missão Popular Evangélica amplia suas ações com automóveis, barcos, salas desmontáveis, e aos poucos transforma as lojas de evangelização em fraternidades (Emmanuel Chastand em Nantes, 1907), a exemplo das Solidariedades do Cristianismo Social (Élie Gounelle em Roubaix, 1898). O protestantismo institucional sustenta a obra, mas rejeita a criação de igrejas missionárias. É criado o primeiro Lar da Alma em Nantes, em 1919, e a primeira Igreja Missionária em Grenelle (Paris), em 1920. Teologicamente, os líderes e os mantenedores anglo-saxões impuseram um consenso evangélico estrito até a Segunda Guerra Mundial. A aceleração da laicização após a guerra leva a uma profunda transformação das concepções em geral, com o desenvolvimento de uma teologia contextual, engajamentos sociais e políticos diversos, apesar da oposição da liderança.

Essa transformação chegaria a incluir um posicionamento de tendência revolucionária, em 1972, com a nomeação de pastores-operários. Porém, vários fatores contribuíram para frear essa tendência, como a oposição interna, a perda do público popular mais tradicional e o desaparecimento das comunidades religiosas, o que resulta, de 1979 em diante, em um retorno às prioridades do protestantismo, mas sem abrir mão dos engajamentos sociais.

Atualmente, a Missão conta com dezesseis postos, implantados em bairros populares de doze cidades da França, com mais de vinte funcionários contratados, dos quais uma dúzia é composta de pastores. As principais atividades dessas fraternidades são: apoio escolar, luta contra o desemprego, alfabetização, planejamento familiar, cultos e grupos bíblicos, doação de roupas, reflexão social (missões nas fábricas) e busca de coerência entre teologia e engajamento. A Missão é uma igreja membro da Federação Protestante da França e tem o *status* de obra (ou movimento) na Igreja Reformada da França.

Jean-Paul Morley

▶ MORLEY, Jean-Paul, *La Mission populaire évangélique. Les surprises d'un engagement 1871-1984*, Paris, Les Bergers et les Mages, 1993; REDALIÉ, Yann, *Mission populaire. Itinéraires de la Mission populaire évangélique*, Genebra, Labor et Fides, 1981.

◐ Ação social; cristianismo social/socialismo cristão; Cruz Azul; Fallot; MacAll; **missão**; Missão Interior; operário (mundo); Passy; Roser; socialismo religioso

MISSIONÁRIAS (conferências)

A partir de meados do século XIX, os dirigentes das sociedades protestantes de missões sentiram a necessidade de reunirem-se, tanto no momento da expansão colonial quanto nas primeiras dificuldades que surgiram após meio século da "idade de ouro" das missões. Houve a primeira conferência, em 1860, em Liverpool, com 126 missionários e amigos das missões britânicas. Seu principal objetivo foi unificar um movimento que, apesar de ser constituído por sociedades que se conheciam, agia de modo disperso. Esse espírito de unidade ganha as sociedades missionárias de outros países novamente reunidos em conferência em Londres, no ano de 1878. Os 160 representantes analisam a situação da obra missionária em cada continente. Na conferência de Londres, em 1888, 1.500 representantes de praticamente todas as sociedades missionárias procuram estruturar um acordo em comum em uma terra disputada pelas nações coloniais. No ano de 1900, em Nova York, 2.000 representantes questionam os métodos missionários. A conferência seguinte, em Edimburgo, dez anos depois, rompe com o lado *happening* das precedentes e se apresenta como uma "conferência de negócios", após uma organização minuciosa sob a liderança de John Mott, um leigo metodista americano, pioneiro e líder do movimento dos estudantes voluntários nas missões e das associações cristãs de estudantes. A conferência trata de oito grandes temas: a evangelização em todo o mundo, a igreja nas missões, educação, religiões não cristãs, formação de missionários, apoio financeiro às missões, relações entre igreja e governo, cooperação entre as igrejas. O objetivo principal foi "a evangelização mundial em nossa geração".

Dessa conferência se originariam a *International Review of Mission* e o Conselho Internacional de Missões que, com "Fé e Constituição" e o movimento "Vida e Ação", constituem o movimento ecumênico do século XX. As conferências missionárias mundiais posteriores, compostas cada vez mais de representantes de igrejas jovens, passam a abordar o debate missiológico em voga e as grandes questões de seu tempo: o problema da secularização e das ideologias (Jerusalém, 1928), as religiões não cristãs (Madras, 1938), a necessária parceria entre igrejas "velhas" e "novas" (Whitby, 1947), o fundamento trinitário e as consequências eclesiológicas das missões (Willingen, 1952), a descolonização e suas repercussões para o trabalho missionário (Accra, 1958), as missões nos seis continentes (México, 1963), a salvação hoje em um contexto de miséria e opressão (Bangcoc, 1973), os pobres e as culturas populares em busca de paz e justiça (Melbourne, 1980; San Antonio, 1989), o evangelho e as diversas culturas em todo o mundo (Salvador, 1996), as comunidades de reconciliação e de cura (Atenas, 2005).

A síntese dessa evolução e do processo que levou à compreensão atual da *missio Dei* é retomada no documento *La mission et l'évangélisation. Affirmation oecuménique* (Genebra, CMI, 1982), que reuniu os temas antigos (conversão e testemunho) aos atuais (diálogo inter-religioso sob o signo do reino de Deus). O Conselho Internacional de Missões foi integrado ao Conselho Mundial de Igrejas durante a Assembleia de Nova Délhi (1961), tornando-se a divisão Missão e Evangelização. Esse fato marcou o momento em que as igrejas começaram a tomar para si a responsabilidade pela obra missionária.

Klauspeter Blaser e Jean-François Zorn

▶ BLASER, Klauspeter, *Une Église, des confessions*, Genebra, Labor et Fides, 1990; BOSCH, David J., *Dynamique de la mission chrétienne. Histoire et avenir des modèles missionnaires* (1991), Lomé-Paris-Genebra, Haho-Karthala-Labor et Fides, 1995; GÜNTHER, Wolfgang, *Von Edinburgh nach Mexico City. Die ekklesiologischen Bemühungen der Weltmissionskonferenzen (1910-1963)*, Stuttgart, Evangelischer Missionsverlag, 1970; MATTHEY Jacques e ZORN, Jean-François, "Les conférences universelles des missions de 1947 à 1996", *Perspectives missionnaires* 36, 1998, p. 33-65; SPINDLER, Marc, *La mission. Combat pour le salut du monde*, Neuchâtel, Delachaux et Niestlé, 1967.

◉ Conselho Mundial de Igrejas; "Fé e Constituição"; Kraemer; **missão**; missionárias (sociedades); Mott; Niles; **ecumenismo**; "Vida e Ação"

MISSIONÁRIAS (sociedades)

As sociedades missionárias fazem parte dos vários grupos do avivamento evangélico protestante ocidental do final do século XVIII e do início do XIX. Além de outras sociedades de evangelização que atuavam na Europa e nos Estados Unidos, as sociedades missionárias se encarregaram da evangelização em todo o mundo. Surgiram então dois tipos de sociedades: as que foram criadas por igrejas estabelecidas (anglicana, batista, luterana etc.) e as que se originaram da união de membros de várias igrejas diferentes. No primeiro grupo, há ainda dois outros tipos: as sociedades de igrejas livres, tais como a *Baptist Missionary Society*, fundada na Grã-Bretanha, em 1792, por William Carey (1761-1834), um modesto artesão que se tornou missionário na Índia, e as sociedades de igrejas oficiais, tais como a *Church Missionary Society*, originária da ala evangélica da Igreja Anglicana, fundada em 1899. No segundo grupo, devemos também distinguir as que têm sua origem e estruturação nacionais, tais como a Sociedade Missionária de Londres, fundada em 1795, e as que são internacionais, como a Missão de Basileia ou a Sociedade das Missões Evangélicas de Paris (SMEP), fundadas respectivamente em 1815 e em 1822.

Em geral, as sociedades missionárias preenchem várias funções simultaneamente: recrutamento, formação e envio de missionários; liderança nos campos missionários e fundação de igrejas autóctones; administração da rede de amigos das missões, que sustentam financeiramente o trabalho. A partir dos anos 1960, as sociedades missionárias sofreram profundas mutações que, para algumas, manifestam-se por meio de uma transformação institucional. Assim, em 1971, a Sociedade das Missões Evangélicas de Paris se torna a Comunidade Evangélica de Ação Apostólica (CEVAA), e em 1977 a Sociedade Missionária de Londres se torna o *Council for World Mission*. Essa transformação ilustra o fato de que, ao fundar igrejas, as sociedades de missões contribuem para a reintegração da problemática missionária ao ambiente eclesiástico.

Jean-François Zorn

▶ FUNKSCHMIDT, Kai, *Earthing the Vision. Strukturreformen in der Mission untersucht am Beispiel von CEVAA (Paris), CWM (London) und UEM (Wuppertal)*, Frankfurt, Lembeck, 2000; GOODALL, Norman, *A History of the London Missionary Society 1895-1945*, Londres, Oxford University Press, 1954; MURRAY, Jocelyn, *Proclaim the Good News. A Short History of the Church Missionary Society*, Londres, Holdder and Stoughton, 1985; WITSCHI, Hermann, *Geschichte der Basler Mission*, 2 vols., Bâle, Basileia, 1965-1970; ZORN, Jean-François, *Le grand siècle d'une Mission protestante. La mission de Paris de 1822 à 1914*, Paris, Karthala-Les Bergers et les Mages, 1993.

◉ África do Sul; África mediterrânea; África tropical; Ásia; Avivamento; Carey W.; Casalis E.; Coillard; colonização; Comunidade Evangélica de Ação Apostólica; desenvolvimento; evangelização; Kotto; Madagascar; **missão**; missionárias (conferências); Oceania; Oriente Próximo; Taylor J. H.; Westphal

MÍSTICA → Espiritualidade

MITO

A essência do mito pode ser extraída de uma definição unívoca: até hoje, a teoria do mito propôs as mais diversas tentativas de definição, às vezes contraditórias entre si. Uma definição mínima seria a que identifica no mito a parte cognitiva de uma prática ritual, portanto o comentário verbal de uma ação cultual. O mito tem uma estrutura narrativa; o que se conta em suas histórias são alguns acontecimentos que se repetem, situados fora do espaço e do tempo, e que fazem referência a alguns pontos nodais da existência humana. Desde Platão, existe uma crítica filosófica do mito. Na tradição cristã, essa crítica filosófica se vê acrescida de uma crítica teológica a partir dos Pais da igreja. A Idade Média atribui um novo significado às divindades da mitologia antiga, que não mais representam uma concorrência para o cristianismo: são compreendidas como prefigurações de Cristo. Desde o século XIII até o Renascimento, a prática da representação tipológica se expande cada vez mais, e com isso surge uma tradição de interpretação do mito em termos de uma alegoria moral.

A Reforma propicia um novo interesse pelo texto original do Antigo Testamento, com pesquisas em linguística comparada que, por sua vez, suscitam pesquisas comparativas na área dos mitos. Até o século XVIII, a concepção dominante é a do mito como uma tradição bíblica deformada; já a *Aufklärung* rejeita os mitos, considerando-os uma estratégia fraudulenta dos padres. Até o final do século XVIII, a análise retórica do mito, que surge nessa época com os trabalhos de Christian Gottlob Heyne (1729-1812), é sistematicamente aplicada à exegese do Antigo Testamento e, em seguida, do Novo Testamento. A redução bultmaniana da teologia à filologia e à hermenêutica caracteriza o auge dessa tradição. Muito criticado, seu programa de "demitologização", de 1941, não passa do avesso de uma interpretação existencial. Atualmente, a teologia protestante busca um novo acesso positivo à questão dos mitos, associado a um reexame da pertinência do religioso, como indicam as obras de Paul Tillich e Ernst Troeltsch. Porém, nada disso oblitera o fato de que as relações entre mito e cristianismo continuam a ser uma questão controversa.

Christoph Jamme

▶ BAYER, Oswald, org., *Mythos und Religion. Interdisziplinäre Aspekte*, Stuttgart, Calwer, 1990; BRISSON, Luc e JAMME, Christoph, *Introduction à la philisophie du mythe* (1991-1996), 2 vols., Paris, Vrin, 1995-1996; BULTMANN, Rudolf, *Novo Testamento e mitologia* (1941), São Paulo, Novo Século, 2003; CASSIRER, Ernst, *Philosophie des formes symboliques*, t. II: *La pensée mythique* (1925), Paris, Minuit, 1972; CASTELLI, Enrico, org., *Mythe et foi*, Paris, Aubier Montaigne, 1966; HARTLICH, Christian e SACHS, Walter, *Der Ursprung des Mythosbegriffes in der modernen Bibelwissenschaft*, Tübingen, Mohr, 1952; HORSTMANN, Axel, "Der Mythosbegriff vom frühen Christentum bis zur Gegenwart", *Archiv für Begriffsgeschichte* 23, 1979, p. 7-54 e 197-245; JAMME, Christoph, *Gott an hat ein Gewand. Grenzen und Perspektiven philosophischer Mythos-Theorien der Gegenwart* (1991), Frankfurt, Suhrkamp, 1999; RICOEUR, Paul, *Philosophie de la volonté* 2: *Finitude et culpabilité* (1960), Paris, Aubier Montaigne, 1988, livro 2: "La symbolique du mal", p. 163-488; Idem, *Lectures 3. Aux frontières de la philosophie*, Paris, Seuil, 1994; SCHMID, Hans Heinrich, org., *Mythos und Rationalität*, Gütersloh, Mohn, 1988; VERNANT, Jean-Pierre, *Entre mythe et politique*, Paris, Seuil, 1996; WILLIAMSON, George S., *The Longing for Myth in Germany. Religion and Aesthetic Culture from Romanticism to Nietzsche*, Chicago-Londres, University of Chicago Press, 2004.

▶ **Bíblia**; Bultmann; cosmologia; demitologização; **Jesus (imagens de)**; kantismo (neo); **Müller F. M.**; **religião e religiões**; Ricoeur; símbolo

MODERNIDADE

1. O que é a modernidade?
2. A modernidade no espelho da reflexividade pós-moderna
3. A modernidade como secularização
4. A modernidade sob o ângulo da ciência e da técnica
5. A modernidade na perspectiva do estado de direito
6. Liberdade do indivíduo e esfera privada do cidadão
7. A religião na era moderna
    7.1. Em uma perspectiva antagonista
    7.2. Em uma perspectiva genealógica
    7.3. Na perspectiva eclesiástica
    7.4. Na perspectiva dos limites da modernidade
8. Interpretações teológicas da modernidade
    8.1. Georg Wilhelm Friedrich Hegel (1770-1831)
    8.2. Friedrich Daniel Ernst Schleiermacher (1768-1834)
    8.3. Ernst Troeltsch (1865-1923)
9. A era cristã e a interpretação moderna dos tempos

1. O que é a modernidade?

O termo "modernidade" é um conceito-chave de grande complexidade. Tratar da era moderna é algo que evoca pretensões normativas, o que permite superar dependências em relação às tradições religiosas e políticas. Nessa perspectiva, o termo "modernidade" está estreitamente relacionado a objetivos como a emancipação do indivíduo, o progresso da sociedade, a libertação de determinados grupos e classes. Por outro lado, a modernidade também é objeto de crítica por esse motivo. Sob tal relação, o campo semântico da modernidade está ocupado por interpretações que tratam de perda de raízes, declínio da cultura moral, exigências de conformidade. Quanto a sua dimensão normativa, a característica geral da modernidade é seu lado controverso.

Poderíamos afirmar, com Ernst Troeltsch, que "as Luzes são o início e o fundamento do período moderno, no sentido da cultura e da história europeias, em oposição a uma cultura até então dominada pela igreja e determinada pela teologia" (*Realencyklopädie für protestantische Theologie und Kirche*, t. III, Leipzig, Hinrichs, 1897, p. 225). Foi a partir dessa oposição que se desenvolveram os traços mais básicos da pretensão normativa da era moderna. Crítica da religião, crítica das igrejas e crítica da teologia fazem parte dos primeiros critérios em função dos quais a era moderna se organiza. Porém, também é preciso reconhecer que Troeltsch estava certo quando observa que a era moderna, que surgiu das Luzes, não deve ser vista como "um movimento puramente ou predominantemente científico", mas, sim, como uma "total transformação da cultura em todas as áreas da existência" (ibid.), uma mudança que afetou e modificou todas as relações no mundo.

Por isso, acima de quaisquer pretensões normativas, o conceito de modernidade remete a aspectos constitutivos do homem moderno, que devem ser captados de modo descritivo. O americano Peter L. Berger, sociólogo da religião, utiliza a expressão "situação de modernidade" para caracterizar essa dimensão do conceito. Compreendida de modo geral, "toda pessoa que vive e pensa hoje se encontra em situação de modernidade"; por isso, mesmo as estruturas cognitivas, em que se discute o caráter controverso da era moderna, são sempre determinadas por aquilo que denominamos "consciência moderna", e fora dessa consciência não há percepção da era moderna.

Abordando tanto as pretensões normativas da modernidade quanto a situação geral da era moderna, conceitos como religião, cristianismo ou protestantismo devem abarcar significados que não sejam simplesmente conformes ao campo semântico da modernidade, nem no nível histórico, nem em conteúdo. Tais conceitos, no entanto, não se limitam ao tratamento de uma dimensão que se opõe à modernidade. Pelo contrário, religião, cristianismo ou protestantismo têm um significado próprio, mas de modo nenhum isolado, para a estruturação da modernidade. Correlação e diferenciação entre religião e era moderna constituem assim a perspectiva específica deste artigo, sobretudo em uma situação de modernidade em que a própria modernidade se problematiza, até tornar-se objeto de uma reflexão descritiva e de uma avaliação.

2. A modernidade no espelho da reflexividade pós-moderna

O final do século XX questiona de vários modos o programa da era moderna tal como se desdobrou na superação da história anterior, que se tornou "pré-história" (para a história do conceito e suas fontes, cf. H. U. GUMBRECHT). Esse questionamento é sinalizado pela rica fórmula, plena de significações, da "pós-modernidade". Lembramos que o conceito de modernidade finca suas primeiras raízes na "querela entre os Antigos e os Modernos", ou seja, no conflito entre o modelo normativo da Antiguidade e a pretensão dos Modernos de substituir esse modelo (Charles PERRAULT, *Parallèle des Anciens et des Modernes en ce qui regarde les arts et les sciences* [Paralelo entre os Antigos e os Modernos em relação às artes e às ciências] [1688-1697], Genebra, Slaktine, 1971). Essa pretensão é problematizada por Charles Baudelaire: *La modernité, c'est le transitoire, le fugitif, le contingent* [A modernidade é o transitório, o fugidio, o contingente] (*Le peintre de la vie moderne* [O pintor da vida moderna] [1859], em *Oeuvres complètes* [Obras completas] II, Paris, Gallimard, 1985, p. 695). Wilhelm von Humboldt já se referia com esses termos à reflexividade moderna: "Eles [os homens da Antiguidade] eram simplesmente o que eram. Sabemos, além disso, o que nós somos, e olhamos além. Pela reflexão, nós nos fizemos homens dobres" (*Ansichten über Ästhetik und Literatur* [Meditação sobre estética e literatura], 1803). Em uma visão "pós-moderna", a própria modernidade se submeteu a uma percepção relativizante, na medida em que sua conceitualização científica e filosófica foi reformulada e reinterpretada em termos de relatos de ficção (cf. Jean-François LYOTARD, *Le postmoderne expliqué aux enfants* [O pós-moderno explicado às crianças], Paris, Galilée, 1988). Ao mesmo tempo, a religião surge sob uma nova luz, sobretudo quando lembramos que o protestantismo tinha sido considerado "a religião da era moderna".

Esse deslocamento no conceito de era moderna, compreendida como uma época histórica autônoma, diz respeito principalmente à relação, que é central, entre modernidade e racionalidade, uma relação elaborada sobretudo por Max Weber. Porém, essa modificação não surge de um modo totalmente inesperado. As teorias sociológicas da modernização — categoria processual utilizada desde os anos 1950, primeiro nos Estados Unidos e em seguida na historiografia social europeia (cf. o panorama geral vislumbrado na obra de H.-U. Wehler) — permitiram que a modernidade se libertasse do conceito de época. A modernização vale como um paradigma de um processo estrutural que está sempre presente junto aos efeitos do desenvolvimento tecnológico e econômico, da alfabetização, da participação política e da demitologização das tradições religiosas. A modernização é então compreendida como "o modelo espaçotemporalmente neutralizado por processos de desenvolvimento em geral" (J. Habermas). Os pressupostos históricos e materiais que desempenharam um papel funcional no surgimento da era moderna deixaram de ser o centro dos interesses. Por outro lado, a discussão crítica da era moderna, empreendida em nome da "pós-modernidade", lembra os pressupostos históricos e culturais aos quais estiveram associados o surgimento e o sucesso dos fenômenos designados pelo conceito de era moderna.

Ao dar conta desse debate, permanece algo legítimo, a partir do conceito de era moderna, discutir seus aspectos pertinentes quanto à determinação do lugar da religião em geral, e do protestantismo em especial, no início do século XXI. Nos desenvolvimentos que se seguem, buscar-se-á tratar, em primeiro lugar, dos elementos fundamentais da modernidade. Em um segundo momento, serão abordadas algumas discussões modelares da era moderna na perspectiva religiosa e teológica.

3. A modernidade como secularização

A era moderna foi marcada pelas profundas modificações da cultura como um todo, que se deram na Europa após a Reforma do século XVI. Esse período se caracterizou pela diferenciação entre os campos do agir e dos modelos de orientação elementares em relação à cultura eclesiástica unitária da Idade Média. Em seu significado cultural geral, esse processo de diferenciação pode ser descrito recorrendo-se ao conceito de secularização (e, ao fazer isso, emprega-se o termo "secularização" em um sentido figurado).

Basicamente, "secularização" designa a transferência dos bens da igreja para o Estado, portanto a passagem desses bens para mãos seculares. Por extensão, o conceito de secularização serve para descrever a autonomização dos campos do agir e das formas de pensar em relação à cultura dominada pela igreja. Nesse contexto, podemos, para a clareza do que expomos aqui, distinguir três aspectos básicos que abarcam a problemática da era moderna em seu todo, correlacionada à religião, à igreja e à teologia.

Em uma primeira acepção, o processo de secularização diz respeito a uma libertação efetiva na relação com o mundo e na gestão da vida prática, pelo desdobrar de meios que abrem para novas possibilidades de ação, não ocupadas pela tradição religiosa. Antes de tudo, é preciso citar aqui o uso e a adaptação de técnicas das ciências modernas da natureza, assim como o desenvolvimento de um estado de direito com base em um direito natural racional. No contexto da explicação econômica da técnica e da constituição de relações jurídicas neutras religiosamente, a secularização leva também à formação de uma sociedade civil em que o cidadão desfruta de direitos jurídicos individuais, assim como uma emancipação relativa das práticas de vida e dos modelos de orientação religiosa em relação à doutrina religiosa instituída pelas igrejas.

Em uma segunda perspectiva, o conceito de secularização abarca o processo que associa esses campos de ação e orientação, a partir do momento em que se tornam independentes, a cosmovisões autônomas que se ampliam até tornarem-se interpretações de toda a cultura humana, adquirindo importância ideológica.

Em relação ao ponto anterior, podemos, em terceiro lugar, incluir no conceito de secularização a soma das experiências e dos conhecimentos que apontam para os limites com que se deparam os objetivos da realização existencial nos campos diferenciados do agir: essa situação leva necessariamente a um pluralismo das esferas culturais da existência, que se limitam umas às outras.

Esse tríplice significado da secularização permite descrever as características da modernidade na perspectiva da aurora do século XXI. Nas quatro seções que se seguem, descreveremos em linhas gerais essas características. Para essa finalidade, levaremos em consideração e faremos a síntese de resultados provenientes de uma pesquisa muito ampla, relacionados à história da cultura, às ciências sociais e à história da religião.

4. A modernidade sob o ângulo da ciência e da técnica

Para a era moderna, a transformação cultural mais fundamental e mais profunda resultou da civilização tecnológica. "O núcleo da modernidade é a tecnologia" (P. L. Berger). A tecnologia é parte das evidências culturais na modernidade avançada e, nesse sentido, é parte integrante da consciência moderna. Além disso, seu caráter geral se tornou com justeza objeto de uma crítica, que é típica da era moderna. Da mesma forma, a era moderna não poderia sequer ser pensada sem a técnica, que é uma das condições fundamentais de sua existência.

A técnica moderna pressupõe a ciência. A dinamização do saber é o que torna possível a ciência e a põe em movimento. No início do século XVII, Francis Bacon a considerou uma tarefa, definindo-a com estas palavras: "Buscar as causas e os movimentos, assim como as forças ocultas da natureza, e ampliar o máximo possível as fronteiras do poder humano". O aumento de poder sobre a natureza está associado ao interesse, vital e elementar, de diminuir o máximo possível a dependência da administração da vida humana em relação à natureza, ou seja, de estabelecer o homem como sujeito de suas condições naturais de vida. Descartes concebeu o saber metódico necessário para essa finalidade tecendo uma analogia com a técnica do artesão, já que o conhecimento das forças da natureza permite que tais forças sejam aproveitadas pelo domínio da técnica, a fim de que "sejam utilizadas da mesma maneira para cada uso a que ela se preste" para "que sejamos mestres e possuidores da natureza". O motivo primordial é tornar mais fácil a administração da vida que é dependente da natureza, com vistas a uma vida feliz, e essa é a constante que explica o sucesso e a plausibilidade com que a era moderna, determinada por uma ciência utilizada na área técnica, impôs a si mesma em todo o mundo, apesar das críticas, sempre justificadas, que teve de enfrentar. Esta é a base factual, que não reconhece fundamento algum, nem metafísico nem teológico, de tudo o que caracteriza a era moderna europeia e que constitui sua novidade na história universal.

A técnica moderna pressupõe novas formas e novos motivos do saber. Porém, a técnica só tem efeito cultural e consequências sociais através de sua exploração econômica. As oportunidades que a técnica oferece para a qualidade de vida estão ligadas a interesses econômicos. A ampliação das possibilidades de que dispõe o homem, um resultado da técnica, e o enriquecimento existencial que decorre disso atribuem ao interesse econômico pela riqueza material uma nova diversidade de significados. Dessa forma, a técnica utilizada na área econômica e dinamizada pela ciência se torna o ponto de referência das ideologias que atribuem à ciência e à técnica as expectativas de felicidade e sucesso que, no mundo pré-moderno, eram prerrogativa da religião (Auguste Comte).

O termo "ideologia" é compreendido como uma cosmovisão quase religiosa, portanto, com áreas de ação especificamente modernas. A ideologia surge como um substituto para as interpretações metafísicas ou religiosas do mundo, transportando as motivações e as energias de ordem religiosa para os meios científicos e técnicos, considerados eficazes e disponíveis. A era moderna é atravessada por um novo tipo de "guerra de religião", não regulamentada por fronteiras claras e atestadas pela experiência, entre a transcendência indisponível e a imanência disponível.

O cristianismo eclesiástico está implicado nesses combates ideológicos; é utilizado como um poder que se opõe às ideologias específicas da modernidade. A crítica eclesiástica e teológica à modernidade visa acima de tudo a posição de sujeito em que se encontra o homem, posição que surge com a utilização técnica da ciência, tornando-nos senhores da natureza. Da mesma forma, também visa a intenção associada a essa posição: dominar por completo as condições de vidas humanas. O homem surge então como um concorrente do senhorio exclusivo de Deus.

A crítica científica da religião se vale da mesma fonte, mas com uma intenção diametralmente oposta: de acordo com seu ponto de vista, a religião em sua forma tradicional é um obstáculo contra a realização humana por meio do progresso tecnológico e científico.

No final do século XX, ressurge em primeiro plano uma percepção da civilização tecnológica e científica que sinaliza os limites para a honra devida às promessas de libertação humana de todo tipo de dependência. A crítica da modernidade é precisamente uma crítica das pretensões normativas através das quais o programa da modernidade se apresentou como um substituto da religião. Na perspectiva da ciência e da tecnologia, as fronteiras da modernidade surgem nas consequências imprevisíveis e indesejadas da técnica científica que é utilizada na área econômica. Com o título de "crise ecológica", essas consequências levam a novas reflexões acerca da modernidade, fazendo com que se torne visível sua condição relativa, secular, não soteriológica (cf. U. Beck).

5. A modernidade na perspectiva do estado de direito

Para o perfil da forma de vida política da era moderna na Europa, foi determinante o surgimento do Estado depois das guerras de religião do século XVII. Iniciada em Wittenberg por Martinho Lutero e estendida a toda a Europa ocidental por meio do calvinismo, a Reforma do século XVI não culmina em uma nova unidade cristã, mas, sim, em uma permanente divisão da igreja. Ao mesmo tempo, dissolveu-se a forma política que tinha sido determinante por séculos: a unidade, cheia de tensões, entre o Império e a igreja. A pluralidade confessional preparou terreno para um conflito político que não podia ser resolvido por meio de confissões cristãs.

A era moderna foi então inaugurada com a experiência de que, sob a forma de igrejas cristãs, a religião não era capaz de garantir e fundamentar nem a paz política, nem uma convivência pacífica de modo geral. A dissociação entre a forma de vida política e o fundamento religioso foi de vital importância para a nova constituição de um sistema estatal racional. Em conformidade a isso, houve a necessidade de estabelecer regras jurídicas para a convivência pacífica, regras que pudessem encontrar seus princípios legítimos na racionalidade da paz e do reconhecimento recíproco, em vez de encontrá-los de modo imediato nas confissões ou teologias em conflito.

Por essa razão, o direito natural, enquanto direito de razão, fornece seus modelos diretivos à forma jurídica do Estado moderno racional. Esses modelos já haviam sido prefigurados no direito dos povos (Francisco de Vitoria [1486-1546], Francisco Suárez [1548-1617]). Um dos representantes mais significativos do pensamento moderno sobre o direito natural foi o calvinista Hugo Grotius (1583-1645). Sua ideia de um direito universal dos povos não dizia respeito somente aos países católicos e protestantes, mas também incluía os pagãos turcos ou indianos. Sua justificação era somente a razão humana natural. O conhecimento das condições de vida comum pacífica e amigável era para ele uma característica obrigatória, exigida pela razão humana.

A doutrina do direito natural se tornou um motor para a transformação do direito positivo. Visando a aproximar-se do ideal de igualdade e liberdade de todos os seres humanos, que são dotados de razão, o direito natural racional se tornou a força motora da revolução democrática e das reformas jurídicas nas democracias. Nesse processo, capital para a secularização, o reconhecimento da dignidade humana tomou o lugar que tradicionalmente pertencia à legitimação da ideia de império como *corpus christianum*.

O monopólio estatal da violência legítima e a exigência imperativa de resolver pacificamente todas as diferenças entre os cidadãos foram características essenciais do estado de direito moderno. Porém, a modernidade específica do Estado só surgiria com a submissão ao próprio direito do Estado, submissão que encontrou sua forma decisiva, válida até hoje, na doutrina da separação dos poderes, de Montesquieu. As revoluções democráticas nos Estados Unidos e na França desempenharam um papel essencial no reconhecimento dos princípios universais dos direitos humanos enquanto direitos dos cidadãos no estado de direito. O princípio formal decisivo é que o Estado, como detentor do monopólio da violência, está também atado ao direito. Esse princípio se realiza na validade jurídica dos direitos civis e políticos do homem. Os direitos humanos universais são o fundamento da democracia (cf. Martin KRIELE, *Die demokratische Weltrevolution*, Munique, Piper, 1987).

Desse modo, foi inaugurada uma oposição entre a noção de autoridade no cristianismo — que é recebida de Deus para garantir o direito e a paz e proteger do mal e do perigo aqueles que se submetem — e a figura jurídica, estruturada em função da natureza racional do homem, segundo a qual todo poder do Estado vem do povo, que se constitui em Estado. Essa transformação do Estado, com base no direito natural e nos direitos humanos individuais, encontrou na Europa uma desconfiança teológica e a resistência das igrejas cristãs. A aceitação do estado de direito democrático repousa, como um princípio, na convicção de que a liberdade do homem não lhe é concedida com uma graça do Alto, mas, sim, que lhe pertence em virtude de sua natureza.

Na era moderna, o estado de direito democrático secularizado satisfez as expectativas dos cidadãos quanto a uma vida bem-sucedida, na medida em que supera o monopólio estatal da violência e da ordem jurídica como garantidores da liberdade individual. Tanto a *pursuit of happiness* ("busca da felicidade"), postulada pela Revolução Americana, quanto o lema "Liberdade, igualdade, fraternidade" da Revolução Francesa dotam a forma democrática de finalidades que, como equivalentes da expectativa de uma realização religiosa da existência, desenvolvem uma dinâmica própria. Além do estado de direito, surge o Estado social, cuja instauração e cujo desenvolvimento trazem consigo um grande potencial para conflitos no interior dos Estados democráticos.

Foi sobretudo a formação de partidos políticos, indispensáveis para a democracia como forma política, que se tornou o ponto de partida para um rico arsenal de ideologias políticas especificamente modernas. Em uma luta permanente quanto ao que configura uma vida feliz, os partidos políticos se puseram a propagar ofertas de sentido que visaram a preencher as formas de vida democráticas e que recorreram a promessas ideológicas que ultrapassam a finalidade racional e secular do Estado. Para a forma do estado de direito democrático, o desafio mais importante foi a contrarrevolução socialista proclamada por Karl Marx e Friedrich Engels, que visava à superação do Estado no estabelecimento de uma ordem social definitiva, resultante da resolução de conflitos sociais e de interesses antagonistas dos cidadãos.

No final do século XX, afigura-se com clareza que, como forma de vida política da era moderna, o estado de direito democrático e seus pressupostos relacionados ao direito natural dependem, em relação aos fundamentos substanciais da liberdade dos cidadãos como indivíduos, de um reconhecimento e de uma confirmação diferentes das que são oriundas da definição dos interesses e de sua concretização. Não podemos nem devemos esperar do Estado o sentido para a existência humana, da mesma forma que nos promete a religião.

Por isso, a separação formal entre igreja e Estado, empreendida e aplicada de modos muito variados de acordo com os países e Estados, não poderia significar uma neutralização absoluta da comunidade política fundada no direito em relação aos conteúdos em que se baseia a liberdade, conteúdos preservados na religião. O desafio do Estado democrático moderno é encontrar um equilíbrio na distinção entre religião e política: ao mesmo tempo em que precisa evitar a identificação desses conteúdos com uma ideologia estatal, deve prevenir-se para não excluir as forças vitais religiosas da esfera pública.

No futuro, será muito importante debater se os direitos humanos têm um valor universal. Seria preciso ver neles um fundo cristão e europeu, portanto culturalmente condicionado, que não se pode impor a outras culturas? Ou as bases dos direitos humanos, ancoradas no direito natural, deveriam ser defendidas por serem fundamentalmente superiores às ordens sociais que só toleram o indivíduo como parte de um todo que o domina?

6. Liberdade do indivíduo e esfera privada do cidadão

As ideias de liberdade humana em relação à natureza e da autonomia do indivíduo diante das autoridades tradicionais são pressupostos fundamentais da modernidade. Após a civilização científica e tecnológica, com o sucesso da revolução democrática e secular, produz-se um fenômeno característico da era moderna: a gestão da vida individual se emancipa das ordens superiores da existência, regidas por aquilo que se coloca como autoridade. A era moderna é a era da esfera privada do cidadão.

Nesse contexto, é preciso, em primeiro lugar, lembrar as consequências da dissolução da sociedade corporativa da Idade Média, da liberalização das escolhas profissionais e da diferenciação das hierarquias sociais. Tanto em relação à ciência e à tecnologia quanto à forma de vida política, a religião se torna algo pertencente à esfera privada. Isso significa que a confissão religiosa é suprimida de sua imbricação com os demais aspectos da vida e que seu caráter obrigatório passa a depender da livre disposição do indivíduo. Tende-se assim a uma separação entre formas privadas e formas públicas de religião. Podemos distinguir entre cristianismo e igreja e, na prática, recorremos a essa diferença. Na era moderna, o caráter normativo da religião está associado à convicção pessoal, e sua práxis depende da administração da vida pessoal, antes de tudo familiar. Ao caráter privado da religião corresponde a privatização da administração da vida burguesa na esfera interna da família. Nesse contexto, é preciso manter em mente que a distinção, cada vez mais importante, entre vida privada e vida pública é como uma analogia para a distinção entre religião e política ou entre igreja e Estado. Na medida em que a determinação da felicidade e os objetivos da existência são da alçada do indivíduo, que decide sobre esses assuntos com toda liberdade, as áreas que fazem parte da esfera privada e íntima não mais estão submetidas às normas públicas e universais.

Ao mesmo tempo, a administração da vida privada corre o risco de ser ocupada ideologicamente. A realização de uma vida feliz se torna o objetivo da realização de cada indivíduo, com o desenvolvimento de interesses particulares. Nessa pretensão à autorrealização, a descoberta da sexualidade desempenha um papel decisivo. Por ser a área em que homens e mulheres têm experiências próprias e mais diretas (e por ser a área mais fortemente ocupada por expectativas de felicidade), a realização sexual pode realmente se afigurar como a quintessência da esfera privada. A expectativa de felicidade a ela associada faz com que sejam relegados a segundo plano os laços sociais entre os sexos, constituídos em meio ao grupo social através do casamento e da família. Isso implica uma sobrecarga ideológica da busca privada pela felicidade, cujo caráter praticamente irrealizável contribui para que, sob as condições da modernidade, seja percebida uma crise na administração da vida.

7. A religião na era moderna

Fazendo eco com o historiador norte-americano Paul Johnson, podemos qualificar como "o maior não acontecimento da história moderna" o fato de que, apesar dos frequentes prognósticos, a religião não ter desaparecido. Em escala universal, mas também na perspectiva da América do Norte, continente próximo à Europa por suas origens e por sua cultura, a Europa ocidental, nesse início de século XXI, é como uma espécie de ilha da secularização em um mundo marcado por movimentos e ressurgimentos religiosos. As margens da Europa, subsistem restos do *corpus christianum* sob a forma de um cristianismo de Estado, no norte com a Suécia luterana, no sul com a Grécia ortodoxa. Entre os dois, a leste, temos uma Polônia católica que tende a restabelecer a unidade entre igreja e Estado. Ao mesmo tempo, enquanto a parte ocidental da Europa está marcada pela França e sua estrita separação entre igreja e Estado, nos Países Baixos mais de 50% da população afirma não ter confissão alguma, ainda que tenham raízes no protestantismo reformado.

O mapa geográfico das religiões na Europa ainda é amplamente determinado pelas decisões que puseram fim às guerras de religião do século XVII. Por isso, é preciso sustentar que, em relação à geografia religiosa, os tempos modernos tiveram uma origem decisiva na Reforma do século XVI, iniciada na Alemanha de Lutero e na Suíça de Calvino. Após a Contrarreforma e as guerras de religião (que não obtiveram unidade confessional nem eclesiástica), os tratados de Westfália, em 1648, garantiram uma estrutura confessional básica, que permaneceu estável por vários séculos. É à luz desse pressuposto que é necessário considerar as diversas maneiras de observar as relações entre religião e modernidade em seu significado relativo.

Além dos desafios que as igrejas confessionais cristãs colocam umas às outras em virtude de suas diferenças irreconciliáveis, o processo das Luzes trouxe um novo elemento, a crítica da religião: a problematização da forma histórica do cristianismo eclesiástico, em particular, e da religião em geral. De início, o deísmo inglês propagava uma religião natural que pretendia formar a base do cristianismo histórico, aquilo que John Toland definiu com a expressão *Christianity as Old as Creation* ("Cristandade tão antiga quanto a criação").

Essa religião natural objetivava um nivelamento dos critérios históricos que garantiam a identidade da doutrina cristã, sobretudo da encarnação (cristologia) e da Trindade (doutrina de Deus), estabelecendo assim um "sentido comum" moral e religioso. Mesmo na França, com formas radicais de crítica ao cristianismo em oposição ao catolicismo dominante, as Luzes foram o ponto de partida para filosofias e teologias da religião independentes das igrejas, e até mesmo questionadoras em relação ao cristianismo. Isso deu origem a uma espécie de "religião dos intelectuais". Porém, esse formato não originou uma religião específica, "moderna", comparável às grandes igrejas cristãs e, além das variadas formas de expressão, não adquiriu uma existência institucional ou organizacional própria, capaz de substituir as igrejas (H. Lübbe).

Assim como demonstram os parágrafos anteriores, o tema religião e modernidade (em relação e em oposição) forma o quadro geral de referências para a reflexão sobre a era moderna. Diante desse quadro, precisamos agora abordar a modernidade na perspectiva da religião, em seus quatro aspectos mais importantes.

7.1. Em uma perspectiva antagonista

Por muito tempo, considerou-se a relação entre cristianismo e sociedade em uma perspectiva antagonista. A opinião de que "religião" e "modernidade" estão opostos se tornou lugar-comum. Essa ideia está profundamente enraizada na consciência eclesiástica, imputando às formas tomadas pelo desenvolvimento da sociedade moderna suas próprias insuficiências em matéria de transmissão de tradições e convicções cristãs. Também tende a interpretar as experiências problemáticas da era moderna — quer se trate de conflitos políticos em grande escala, quer se fale de sintomas de dissolução do *éthos* cotidiano — como uma perda dos laços religiosos.

A oposição entre cristianismo e tempos modernos é um dos frutos das Luzes europeias no Ocidente. Na ala radical das Luzes francesas, essa oposição se enrijeceu até tornar-se algo fundamental e filosófico, que se defende na crítica básica da religião. Ao mesmo tempo, a crítica da religião configura o surgimento da sociologia da religião, que em seguida engendraria a sociologia (J. Matthes). Nisso está um aspecto memorável da história das ciências sociais: suas categorias diretivas foram forjadas a partir do tema da religião. E esse conceito de religião designa os efeitos políticos e culturais do cristianismo.

Nos séculos XVII e XVIII, a crítica da religião é essencialmente a crítica do poder. Interpretada como instrumento de dominação política, a religião, ou seja, o cristianismo sob a forma da Igreja Católica Romana, foi objeto da crítica. A teoria conhecida como "burla dos padres" ilustra a crítica radical da religião, que sustenta que, na intenção de enganar os fiéis, a religião da igreja acena para eles com uma salvação eterna conquistada com a condição de que se submetam ao poder da igreja. A ideia de que a religião não está a serviço de uma verdade eterna, mas que é estruturada de acordo com uma racionalidade instrumental, pelos funcionários do poder eclesiástico, somente com o fim de dominar as massas, é algo que marca o início de uma teoria funcional da religião. Além da crítica radical da religião, a determinação da função política e social da religião se revelou frutífera na medida em que a interpretação funcional abriu uma perspectiva em que as funções exercidas pela religião organizada puderam também ser ocupadas de modo diferente. A interpretação funcional da religião levou à busca de substitutos para funções que antigamente eram assumidas pelas igrejas históricas.

Foram as características estruturais da modernidade, descritas aqui (ciência e técnica, estado de direito moderno, emancipação do indivíduo burguês), que vieram a ocupar o lugar funcional que pertencia às igrejas históricas. Porém, indo mais longe, a autointerpretação da era moderna concluiu que, a partir da determinação funcional da religião histórica (o cristianismo), a nova época só poderia encontrar identidade em uma superação da dependência em relação à religião, ao cristianismo e à igreja. Cada uma à sua maneira, as filosofias das Luzes participaram da construção desse modelo antagonista. Se Karl Marx, em seus textos de juventude, vislumbra na crítica da religião o início de toda crítica, essa interpretação da oposição entre religião e sociedade moderna é apenas o resultado de uma autointerpretação da era moderna já estabelecida de longa data. A transposição dessa oposição entre religião e modernidade para prognósticos sociológicos modernos influenciou consistentemente a compreensão que as ciências sociais nutrem sobre o cristianismo e as igrejas. A regressão da prática religiosa e da influência eclesiástica parecia conforme à modernidade, até mesmo fornecendo prognósticos de um fim iminente para a religião, sob as condições da modernidade.

7.2. Em uma perspectiva genealógica

Max Weber foi o primeiro a ler as relações entre cristianismo e sociedade moderna em uma perspectiva genealógica. Outras tradições culturais também desempenharam um papel importante nisso. Assim, de modo diferente da corrente radical francesa das Luzes e do deísmo inglês, os pensadores das Luzes cristãs do século XVIII estavam persuadidos de que o progresso cultural e científico era um fruto do cristianismo e, acima de tudo, uma consequência da Reforma Protestante do século XVI. Na filosofia da história de Hegel, essa relação entre cristianismo e surgimento da cultura moderna da liberdade e da subjetividade emancipada é reivindicada como uma etapa da história do Espírito Absoluto.

No final do século XVIII, autores teológicos e jornalistas já haviam estabelecido de modo empírico que uma comparação entre os países católicos e protestantes mostrava diferenças significativas no desenvolvimento social e econômico. No debate sobre as causas da Revolução Francesa, os autores católicos e protestantes, posicionando-se em oposição, apontaram os motivos religiosos e eclesiásticos que conduziram à Revolução: para os católicos, o espírito das Luzes, consequência da destruição protestante da unidade religiosa, foi responsável pela Revolução; já os protestantes mencionaram a hostilidade da Igreja Católica para com as reformas oportunas e pacíficas, uma hostilidade que provocou uma revolução violenta (cf. Friedrich Wilhelm GRAF, "Der deutsche Protestantismus und die Revolution der Katholiken", *Pastoraltheologie* 78, 1989, p. 61-76). Interpretar a era moderna e seus desenvolvimentos políticos e sociais como um efeito do cristianismo é uma tradição bem mais antiga que os trabalhos de Max Weber (ou Hegel), tanto na filosofia quanto na controvérsia interconfessional.

É nesse contexto que Max Weber, de modo inédito, apresentou a seguinte questão: por que uma civilização que, no essencial, é de um tipo novo (cujos traços fundamentais ele tentava apreender no conceito de racionalização), só se desenvolveu no Ocidente? A pesquisa histórica e sociológica sobre a genealogia cristã da sociedade moderna adquire uma consciência moderna marcada pelo antagonismo entre cristianismo e era moderna. Assim, "o homem moderno, com toda a boa vontade do mundo, geralmente não é capaz de compreender a importância dos conteúdos religiosos da consciência para a administração da vida, a cultura e o caráter de um povo, na ordem de grandeza que de fato pertenceram a esses conteúdos". Weber correlaciona o desenvolvimento da economia capitalista ao "espírito" do capitalismo, ou, mais precisamente, "a máximas de gestão da vida tingidas eticamente", a partir das quais se desenvolveu um estado de espírito econômico sem precedentes na história. Esse estado de espírito é a razão do desenvolvimento, sem comparações possíveis em escala global, do Ocidente em relação ao Oriente. "A gestão racional da vida, que surge de um espírito de ascese cristã" é um elemento constitutivo da cultura moderna.

Novamente, uma comparação entre as confissões cristãs pode fornecer o ponto de partida para essa tese sociológica, a mais frutífera (e, por esse motivo, constante objeto de controvérsias) sobre a relação entre cristianismo e era moderna. Um aluno de Weber (Martin OFFENBACHER, *Konfession und soziale Schichtung*, Tübingen, Mohr, 1901) tinha estabelecido, em uma região no sul da Alemanha, a adesão essencialmente protestante dos detentores de capital, dos empreendedores, dos operários especializados e dos técnicos. Ao estender essa observação à civilização moderna como um todo, Weber argumentou que o cristianismo, com a distinção eclesiástica resultante da cisão do século XVI, liberou as forças éticas e religiosas que, como motor da gestão da vida para uma finalidade intramundana, puseram em movimento, à parte das igrejas, um processo que resultou no formato moderno da economia.

Porém, para que se culminasse na transformação da ascese cristã em gestão racional da vida moderna, era necessário que o espírito do cristianismo se emancipasse, enquanto estado de espírito religioso e *êthos* cristão, do sistema teológico e religioso das igrejas. Nessa perspectiva, foi o "cristianismo" (aqui, protestante), e não a "igreja", que abriu caminho para a sociedade moderna e permitiu sua transformação prática em uma nova cultura. Essa tese não se aplica da mesma forma às igrejas. É evidente que, em sua análise do presente, Weber concluiu que "a apropriação subjetiva dessa máxima ética" não é mais uma condição para a existência do capitalismo. A aporia ética da cultura racional moderna consiste no fato de que esse "espírito" que a moldou escapou de sua "habitação". Weber correlaciona os lamentos sobre essa perda ao campo dos juízos de valor e de fé, para os quais não existe competência científica.

7.3. Na perspectiva eclesiástica

A teoria do surgimento da modernidade a partir do espírito cristão de ascese ainda não explica o papel social e a função das igrejas na sociedade moderna. À diferença de Max Weber, Ernst Troeltsch se debruça sobre esse problema: sob quais condições as igrejas cristãs poderiam marcar com sua doutrina social a cultura moderna, assim como o fazia na época em que atuava como edificadora do *corpus christianum*, da cultura unitária da Idade Média? Com essa problemática, passa a primeiro plano o significado da igreja como instituição social e organização religiosa. Desde Constantino, com quem a igreja se tornou uma instituição que passou a desfrutar de privilégios estatais, a história da igreja foi eivada de lamentos: o espírito do verdadeiro cristianismo abandonou o jugo das instituições estatais, com suas formas jurídicas, seus ritos, seus meios de controle e de formação. A crítica religiosa e espiritual da igreja instituída tem uma longa história, bastante anterior à crítica moderna das igrejas. Contra esse tipo de crítica, que também surge em algumas tendências espiritualistas das ciências sociais modernas, Troeltsch valorizaria a ideia sociológica de que não existe cristianismo sem institucionalização, já que o cristianismo se estabelece em uma duração determinada, desfrutando da oportunidade de transmissão social, de certa constância e de influência sobre a sociedade. É por isso que, diferente de Weber, Troeltsch, ao analisar o fato de que a doutrina cristã era capaz socialmente de tomar uma forma institucional através das igrejas, tornou essa capacidade no aspecto primordial de suas pesquisas sobre o futuro do cristianismo sob as condições da sociedade moderna. Para um projeto de futuro realmente eficaz da doutrina social da igreja, é necessário que haja condições sociais adequadas, resultantes de uma análise da modernidade na perspectiva deste início do século XXI.

7.4. Na perspectiva dos limites da modernidade

Do Século das Luzes ao final do século XX, testemunhamos nos tempos modernos um imperioso processo de modernização, que transforma e adapta todos os elementos culturais tradicionais, mas, acima de tudo, as tradições religiosas. Hoje, esse conceito unilateral de progresso da modernidade está exposto a consideráveis objeções. Em oposição a concepções que por muito tempo vigoraram sem questionamentos, a ciência moderna, com as ciências da natureza em primeiro plano, não mais assume uma função de liderança quanto à cosmovisão (cf. H. Lübbe). Esperava-se que a técnica e a economia estivessem destinadas a fornecer definições sobre o que é a cultura humana, apropriando-se dela; porém, essas expectativas se chocaram com limites claramente perceptíveis. As ciências sociais se revelaram incapazes de produzir uma nova teoria universalmente normativa da sociedade.

Em vez disso, a modernização, tanto no sentido estrito quanto no sentido amplo do termo, desdobrou-se em um processo de diferenciação. A coexistência de diversas tradições e orientações culturais se revelou finalmente mais plausível que os planos de uma nova cultura unitária que viria substituir uma cultura em vias de extinção. A "demitologização da modernidade" (F.-X. Kaufmann) equivale sobretudo a uma concepção da modernidade como uma culminação modelar. Nas igrejas, transmite-se a convicção de que, com o cristianismo, surge uma verdade incondicionada e insuperável que transcende e relativiza todo estado empiricamente acessível do mundo que possa ser estabelecido pelo homem.

As experiências da era moderna, relacionadas a sua história, assinalam que as realidades sociais são "modernas" na medida em que sua capacidade de adaptação é levada em conta; ser "moderno" também implica o caráter passageiro de certos aspectos do projeto da própria modernidade. Por isso, as ciências sociais demonstram um novo interesse pela religião, após as experiências de ambivalência da modernidade. O sociólogo americano Daniel Bell tratou de um "retorno ao sagrado". Enquanto o tema da modernidade surgia no conceito de *beyond* ("além") — *beyond nature, beyond culture, beyond tragedy* ("além da natureza, além da cultura, além da tragédia") —, o que se impõe hoje é a busca dos limites dessa superação: *limit to growth, limit to spoliation of environment, limit to hybris* ("limite para o crescimento, limite para a destruição do meio ambiente, limite para o orgulho", p. 207).

Os limites da modernidade não se reduzem a um conceito mitológico de religião que sacralizaria a realidade. Em tal ótica, os elementos do cristianismo que são decisivos para a gênese do mundo moderno desapareceriam. A noção genérica de religião é uma invenção europeia, que proveio dos debates que se seguiram à época das Luzes, também podendo ser identificada com a função de doação de sentido da sociedade em geral (Émile Durkheim). A existência duradoura das igrejas na pluralidade de suas formas institucionais, doutrinárias e organizacionais de fato, incontestavelmente, faz parte das sociedades dos tempos modernos. É verdade que as igrejas foram marcadas por uma mudança profunda; porém, não permitiram simplesmente que fossem ajustadas a um conceito unívoco e definitivo de modernidade pós-cristã.

8. Interpretações teológicas da modernidade

A discussão sobre o significado de modernidade é o tema central da teologia e da filosofia da religião nos séculos XIX e XX (cf. F. Wagner). Em geral, essa discussão toma dois caminhos, um em desacordo com o outro de modo fundamental. De um lado, desenvolvem-se concepções e posições que priorizam a concordância entre a consciência da era moderna e a orientação da teologia cristã; o paradigma histórico diretivo dessa orientação é a Reforma Protestante, cujo conteúdo é determinado pela noção de liberdade e por sua concretização no espírito do cristianismo. De outro, desenvolvem-se interpretações e critérios que denunciam o processo das Luzes como uma apostasia em relação ao verdadeiro cristianismo, propondo-se que seja enfrentado com uma atualização da tradição teológica e eclesiástica. Em uma tentativa de conciliar esses caminhos opostos, chega-se a concepções que determinam as relações entre religião e modernidade no estabelecimento de um equilíbrio entre a manutenção da tradição e uma renovação prática orientada pelas mudanças da consciência universal. O caráter controverso da modernidade na teologia e na religião reflete uma situação geral da modernidade que, em nenhum momento, foi objeto de uma aceitação simples e sem percalços. Como exemplo, podemos esboçar aqui algumas posições típicas.

8.1. Georg Wilhelm Friedrich Hegel (1770-1831)

Hegel compreende a "época nova" como o período do Espírito "que se sabe livre", espírito "que começa com a Reforma" (*Leçons sur la philosophie de l'histoire*, Paris, Vrin, 1979, parte IV/3). O "princípio" da época nova é a "doutrina da liberdade" em que a naturalidade é superada pela espiritualidade interior. "Com a Reforma, inicia-se o Reino do espírito", em que se desenvolve a "nova" e "última bandeira" em torno da qual os povos se unem. "O tempo que se passou até agora não teve outra obra a cumprir, senão esta: inserir esse princípio no mundo." No entanto, esse princípio ainda deveria receber a forma da liberdade. Hegel compreende então a Revolução Francesa como uma consequência das Luzes. Enquanto o período das Luzes é um período em que "o homem se coloca na cabeça, ou seja, no pensamento", com a Revolução Francesa o pensamento se constitui em "violência contra o que já existe", tomando de início a forma de uma oposição abstrata à realidade. Foi somente com a transposição do pensamento para o conceito jurídico de direitos humanos e do cidadão que se erigiu uma constituição na qual tudo deveria se basear. "Todos os seres pensantes comemoraram essa época." A Revolução obedecia a uma necessidade que surgia nos países latinos e católicos. Os protestantes de fato "cumpriram sua Revolução com a Reforma". Hegel fala de um "nó" em que a sociedade se encontra, e que teria de ser desembaraçado nos tempos futuros. Esse "nó" versa sobre como está a época nova em relação à religião, enquanto realização do princípio de liberdade, ou seja, como poderá encontrar o fundamento da liberdade política e social na liberdade do espírito. Pois, "sem mudança da religião", não poderia haver revolução política. Nesse sentido, aos olhos de Hegel, a Reforma é o processo fundamental da época nova, o ponto em que a purificação da Igreja Católica também deveria começar.

Para a realização jurídica do princípio de liberdade pelo estado de direito, é essencial, de acordo com Hegel, distinguir sob que "forma" essa liberdade se manifesta, ou seja, como Estado ou como religião. Com efeito, a liberdade não poderia existir sem um saber que se debruçasse sobre a distinção entre interior e exterior. Por isso, Hegel não pode considerar uma infelicidade a separação entre igreja e Estado, característica da modernidade. Foi somente graças a essa separação que "puderam surgir a racionalidade e a moralidade autoconscientes que definem o Estado". Porém, tal separação, consequência da cisão da igreja e fruto da Reforma, é "o acontecimento mais feliz que pôde sobrevir à igreja, e também ao pensamento, por sua liberdade e racionalidade" (*Principes de la philosophie du droit ou droit naturel et science de l'État en abrégé* [Princípios da filosofia do direito ou direito natural e ciência do Estado resumido], 1821, Paris, Vrin, 1982, § 270). Foi somente nessa separação que o Estado pôde reconhecer a liberdade do indivíduo, a saber, que o ser humano é indivíduo "por ser um homem, e não por ser judeu, católico, protestante, alemão, italiano etc." (§ 209).

8.2. Friedrich Daniel Ernst Schleiermacher (1768-1834)

Schleiermacher também recorre à metáfora do "nó" da história, mas em outra perspectiva, fazendo referência à história da teologia protestante (*Über seine Glaubenslehre. An Dr. Lücke. Zweites Sendschreiben* [1829], em *Kritische Gesamtausgabe* [Edição crítica completa] I/10, Berlim, Walter de Gruyter, 1990, p. 345 ss). Para ele, a novidade da era moderna reside no "estado atual das ciências da natureza", que se tornaram cada vez mais uma "cosmologia global" (o contexto aqui é o da doutrina da criação e de suas relações com as teorias científicas sobre a origem do universo), de que não se tinha ideia "até bem pouco tempo". Sobre a questão dos milagres, a teologia é desafiada pelas ciências modernas da natureza. Schleiermacher lembra a crítica elaborada pela *Encyclopédie*, uma crítica que agora se renovaria ainda mais eficazmente, já que se basearia em fatos científicos. As Luzes, portanto, mostrariam que os resultados das ciências da natureza para a visão religiosa do mundo logo estariam acessíveis "para todas as cabeças um pouco despertas e esclarecidas". Schleiermacher percebe o perigo que subjaz a esse processo: confrontada com esses novos conhecimentos das ciências naturais, a teologia se entrincheiraria por trás de seus "bastiões" e se afastaria da possibilidade de uma necessária renovação. Uma teologia que se recusa às teses das ciências modernas levaria essas ciências a "içar a bandeira da descrença". Schleiermacher se indaga se o "nó da história moderna se desembaraçaria dessa maneira: o cristianismo com a barbárie e a ciência com a incredulidade".

Schleiermacher desafia uma anticrítica teológica que desqualifica a ciência moderna ao perceber nela posturas contra a fé cristã. Para a liberdade da ciência, ele recorre à Reforma, cujo objetivo era "concluir um tratado eterno entre a fé cristã viva e a pesquisa científica totalmente livre, independente, trabalhando para si mesma", um contrato em que a fé não entrava a ciência e a ciência não exclui a fé. Se a Reforma não tivesse esse objetivo, não "seria suficiente para as necessidades de nosso tempo" e seria preciso estabelecer um novo contrato. Schleiermacher estava convencido de que a Reforma visava à liberdade da ciência moderna e de que a teologia era capaz de atingir o nível da modernidade científica, caso apreendesse a "doutrina da fé" de modo a não "implicar" a teologia nas ciências naturais e históricas. Foi justamente nessa distinção entre ciência e fé que Schleiermacher buscou a continuação da Reforma que a era moderna exigia.

8.3. Ernst Troeltsch (1865-1923)

Ernst Troeltsch modificou a interpretação protestante da modernidade, de acordo com a Reforma, ao recorrer a uma dupla linha de argumentação. Ainda que continuasse a reconhecer "a importância do protestantismo para o surgimento do mundo moderno" (1991, p. 19-130), Troeltsch enxergava no veteroprotestantismo (esse protestantismo que, entre a Reforma e as Luzes, baseia-se em uma estrutura teológico-eclesiástica) um fenômeno relacionado ainda ao mundo pretérito da Idade Média (*Protestantisches Christentum und Kirche in der Neuzeit* [Cristandade protestante e a igreja nos tempos modernos] [1906/1909/1922], em *Kritische Gesamtausgabe* [Edição crítica completa] VII, Berlim, Walter de Gruyter, 2004). Somente o neoprotestantismo, que tomou forma na época das Luzes, elaboraria uma modernização da teoria da religião e da teologia, orientando-se em função do nível atingido pela filosofia kantiana e uma consciência histórica, que conduziu a uma relativização das pretensões absolutas do cristianismo quanto a uma história universal da religião. Troeltsch via no calvinismo norte-americano a forma do protestantismo adaptada à modernidade, capaz de deixar na civilização cristã moderna marcas comparáveis à cultura homogênea medieval (cf. *Die Soziallehren*). Na mesma época, Adolf von Harnack defendeu uma teologia que valorizava a "essência do cristianismo". Valendo-se de uma interpretação especificamente moderna da Reforma luterana, essa teologia pretendia, ao mesmo tempo, ser resultado da pesquisa histórica e prestar-se a uma livre apropriação pela fé contemporânea (*L'essence du christianisme* [A essência do cristianismo], 1900, Paris, Fischbacher, 1907).

Além disso, é importante observar que, na teologia católica, desenvolveu-se um modernismo específico que tentou atribuir o "catolicismo concebido como princípio do progresso" (Hermann Schell) à consciência da era moderna. Com a encíclica *Pascendi dominici gregis* [Alimentando o rebanho de Deus], do dia 8 de setembro de 1907, o magistério romano organizou oficialmente um contramovimento antimodernista que iniciou uma polêmica de princípios, tendo como principal objeto os textos dos teólogos Alfred Loisy, francês, e George Tyrell, inglês. A introdução do sermão antimodernista, em 1910, obrigatória para todos os clérigos (somente os professores de teologia alemães que ensinavam nas faculdades estatais eram desobrigados da tarefa), marca o fim das tentativas de um acordo construtivo entre a teologia católica e a cultura científica moderna. Essas tentativas somente teriam lugar na Igreja Católica Romana novamente com o Concílio Vaticano II (1962-1965).

Após 1918, sob a influência da "teologia dialética", o neoprotestantismo foi amplamente recalcado, de início; tornando-se objeto de crítica, foi considerado uma forma teologicamente inaceitável de adaptação à modernidade. Sob a influência do teólogo suíço Karl Barth (cf. Hartmut RUDDIES, *Karl Barth und Ernst Troeltsch* [Karl Barth e Ernst Troeltsch], em Horst Renz e Friedrich Wilhelm Graf, orgs., *Umstrittene Moderne. Die Zukunft der Neuzeit im Urteil der Epoche Ernst Troeltschs*, Gütersloh, Mohn, 1987, p. 230-258), a teologia protestante tendeu finalmente a organizar-se em uma neo-ortodoxia segura de si, militando por uma independência incondicional entre igreja e teologia, em nome do direito à autonomia do espírito moderno, que aliás ela interpretava à sua maneira. Após uma fase em que observou a dicotomia radical entre a igreja e o mundo moderno (cf. Karl Gerhard STECK, *Karl Barths Absage an die Neuzeit*, em Idem e Dieter SCHELLONG, *Karl Barth und die Neuzeit* [Karl Barth e os tempos modernos], Munique, Kaiser, 1973, p. 7-33), Karl Barth desenvolveu uma teologia dos tempos modernos bastante pessoal, em sua doutrina (de orientação calvinista) do ofício profético de Cristo (*Dogmatique* [Dogmática] IV/3* [1959], Genebra, Labor et Fides, 1972, p. 18ss). Com sua "doutrina das luzes", que tematiza a correspondência entre a revelação divina e a razão humana, Barth reaproximou-se dessa "teologia natural" que antes havia combatido como a característica mais importante do neoprotestantismo. Ao abordar o assunto sob a égide de uma filosofia da religião, a teologia de Paul Tillich soube desenvolver um perfil autônomo, opondo-se a essa neo-ortodoxia (cf. Hermann FISCHER, org., *Paul Tillich. Studien zu einer Theologie der Moderne* [Paul Tillich: ensaios sobre uma teologia dos modernos], Frankfurt, Athenäum, 1989). Já a interpretação existencial do Novo Testamento, elaborada por Rudolf Bultmann, foi o ponto de partida para uma consideração construtiva da consciência moderna por parte da teologia protestante. Por meio de Bultmann, a hermenêutica se tornou o conceito metódico fundamental de uma nova teologia liberal. Seu programa de demitologização da cosmologia bíblica é o ponto alto da discussão construtiva entre espírito moderno e teologia do século XX.

Na situação atual, caracterizada por uma nova reflexividade da modernidade em todas as formas de pensamento — filosofia, estética, história, ética —, as controvérsias dicotômicas sobre a era moderna perderam, em boa parte, sua pertinência partidária. Foram substituídas por tentativas teológicas que buscam conciliar, de modo prático e teórico, de um lado, o pluralismo religioso e teológico e, de outro, a pretensão normativa da teologia e da fé cristã. Porém, o caráter controverso da modernidade não chegou ao fim, mas foi transposto para

MODERNIDADE

outro espaço de discussão, reconhecendo-se a permanência das divergências que suscita. Nesse contexto, a situação pluralista do *oikoumène* cristão é tão significativa como as tentativas de colocar o diálogo inter-religioso a serviço de uma *Aufklärung* da modernidade, em relação a suas oportunidades e seus limites.

9. A era cristã e a interpretação moderna dos tempos

A era cristã é um fator específico não negligenciável para a questão das relações entre religião e era moderna. A contagem dos anos a partir do nascimento de Cristo e a ordem dos dias da semana, ritmados pelo repouso dominical, representam um modelo de estruturação, ao mesmo tempo social e individual-biográfico, da interpretação do mundo e da vida. A estruturação cristã do tempo é um dos elementos de permanência cultural que, acima de todas as mudanças, tem um valor de continuidade fundamental no espaço cultural do cristianismo.

Com a aceitação da ordem dos dias da semana e das festas judaicas, combinadas com a divisão romana em meses, o domingo se tornou o novo centro do calendário cristão (sobre esses pontos, cf. Pierre GISEL, *L'excès de croire. Expérience du monde et accès à soi*, Paris, Desclée de Brouwer, 1990, cap. 4). Após um longo processo que encontra seu auge no século VI, o calendário da história universal, "antes e depois de Cristo", impôs-se em definitivo à alta Idade Média (cf. Arno BORST, *Computus. Zahl und Zeit in der Geschichte Europas*, Berlim, Wagenbach, 1990).

Quanto ao processo de modernização social, é preciso observar que houve tentativas de estabelecer uma alternativa para a cronologia e o calendário cristãos. A mais famosa foi o calendário republicano da Revolução Francesa (cf. Hans MEIER, *Revolution und Kirche. Zur Fruhgeschichte der christlichen Demokratie*, Friburgo em Brisgóvia, Herder, 1988). A ideia era que a ruptura com o passado, a realeza, a igreja e a tradição cristã se manifestassem, com a consciência do início da época nova, em um novo calendário, a fim de caracterizar "a virada de uma época". Da divisão do ano à divisão do dia, da organização do tempo de trabalho ao ritmo das festas e celebrações, a lógica da mudança de épocas deveria marcar a consciência do tempo. O fracasso nessa tentativa de adaptar o calendário à pretensão revolucionária de marcar o início de uma nova era é sintomático de que, apesar de todas as rupturas e de todos os antagonismos, a modernidade desenvolveu sua consciência de tempo em uma continuidade com a história cultural do cristianismo. As tentativas posteriores, empreendidas pelos regimes totalitários do século XX (a Rússia bolchevique, a Itália fascista e a Alemanha nazista), também não obtiveram sucesso em pôr em xeque por muito tempo a era cristã.

Por outro lado, houve uma diferenciação progressiva da consciência social do tempo. O tempo eclesiástico é orientado em função do calendário das festas do ano eclesiástico. Com suas festas principais, o calendário também estrutura de modo determinante a consciência social do tempo, ainda que o ano secular, que começa com o ano-novo, não coincida exatamente com o ano eclesiástico. As raízes sociais do ano eclesiástico se referem sobretudo às festas cristãs, que são defendidas fora da igreja como um direito social adquirido, principalmente pelos sindicatos que representam os interesses da população ativa quanto ao lazer. Além disso, a sociologia do tempo eclesiástico se caracteriza pelo ritmo dos domingos, dia em que é celebrado o culto cuja frequência é um dos deveres mais importantes dos membros da igreja. O fim da obrigatoriedade dominical, com a consagração e a sanção sacramentais, nas igrejas não católicas, assim como a supressão das sanções sociais e da exigência administrativa quanto ao cumprimento dos deveres eclesiásticos, relativizaram essa norma social. Mas, na era moderna, a importância social do domingo como um feriado continua ativa. Na verdade, a individualização e a comercialização dos lazeres apenas lhe atribuíram ainda mais importância. Nos países industrializados ocidentais, por causa da redução no tempo de trabalho, a civilização do lazer se tornou uma cultura festiva laica que não deixa de ampliar-se, promovendo uma evidente concorrência às expectativas da igreja em matéria de celebração.

Importantes em relação à divisão temporal implantada pelas igrejas, alguns comportamentos sociais se tornaram autônomos no contexto familiar e individual da modernidade. Em primeira instância, isso vale para os atos eclesiásticos correspondentes ao nascimento, à chegada à idade adulta, ao casamento e à morte, que se tornaram festas de família. Como ritos de passagem, esses atos eclesiásticos obtiveram um apoio claramente mais sólido na experiência biográfica do tempo, no contexto familiar, que na interpretação doutrinária proposta pelas igrejas. No entanto, permaneceram relacionados a uma forma eclesial, mesmo quando, no restante, o comportamento religioso foge à lista das obrigações eclesiásticas.

Tempo eclesiástico e tempo biográfico, portanto, não são idênticos, mas também não são neutros em relação um ao outro.

Em outro nível, a conceitualização do tempo é importante para o modo de ver o mundo em seu todo, para a estruturação da duração e do fim da história universal enquanto história do gênero humano. O cristianismo colocou o tempo cósmico na perspectiva de um fim do mundo que, considerado um julgamento, irradia uma força normativa poderosa, tanto social quanto moral. Já na Idade Média, a escatologia do cristianismo primitivo foi transformada, passando da perspectiva de um fim do mundo geral para uma escatologia individual. Refletindo-se nas normas sociais, uma grande questão marcou profundamente a administração da vida individual, antecipando, neste mundo, o céu ou o inferno: como o indivíduo, em sua morte, poderá encontrar graça diante do juiz do universo? Nesse contexto, a instituição do purgatório como local de purificação das culpas acumuladas durante a vida, impedindo o acesso direto à vida celeste eterna, tornou-se uma representação que também influenciou a administração da vida prática.

A era moderna destruiu todo esse complexo de expectativas escatológicas relacionadas ao julgamento final, em favor de uma valorização ético-cristã do presente. Isso também fez com que se tornassem obsoletos certos instrumentos socialmente pertinentes de disciplina eclesiástica. O antigo consenso sobre a finitude do tempo cósmico foi substituído por um novo consenso, relacionado ao caráter infinito da evolução que o progresso tecnológico e científico permitiu. Em substituição a uma ordem cósmica e social que coexistia com a expectativa de um dramático fim do mundo, surgiu a experiência temporal de uma mudança permanente e de modificações que se aceleraram. A adaptação às transformações não representa somente um problema constante de orientação para as instituições tradicionais tais como a igreja, mas também um problema pessoal e biográfico para o indivíduo na sociedade.

É nesse contexto, de uma representação do caráter infinito das sociedades, que, nas sociedades mais desenvolvidas, surgiu por volta do final do século XX a consciência racional dos limites do crescimento (cf. o Clube de Roma). A questão foi rapidamente aprofundada em uma crítica das teses ideológicas fundamentais sobre o consenso social quanto ao progresso. Assim, as representações cristãs tradicionais sobre o fim do mundo podem ser atualizadas, sendo citadas em relação aos conflitos resultantes do progresso civilizador, cada vez mais numerosos. Visando a uma crítica da civilização moderna, essas representações atualizadas são combinadas com antigas representações religiosas e mitológicas acerca de uma unidade divina e ordenada da natureza e do ser humano. Todas essas representações, trazidas recentemente para o debate, entram em um conflito ideológico com a cosmovisão racional desenvolvida pela tecnologia e pelas ciências da natureza. O ponto de convergência dessa nova configuração é a ecologia, com as ameaças ao meio ambiente que as atividades humanas têm evidenciado.

Contra a ideia de independência em relação à natureza, ergue-se uma interpretação do mundo que exige o retorno aos laços com a natureza. O consenso social sobre a consciência temporal da sociedade moderna foi questionado pelo conflito sobre a seguinte questão: os problemas ecológicos resultantes do crescimento social poderiam ser resolvidos por meio de programas de ajustes no sistema industrial, ou seria necessário operar uma mudança ideológica e religiosa fundamental? Nesse contexto, é oferecida às igrejas, que são guardiãs de tradições pré-modernas de interpretação do mundo, a possibilidade de aliarem-se aos movimentos modernos que se opõem à ideologia do progresso. Assim, as igrejas poderiam encontrar uma saída para a marginalização a que as constrangeu a explicação científica sobre o mundo, para recolocarem-se no centro dos debates atuais sobre a interpretação do tempo e sua relação com o cosmos.

Em paralelo, outro consenso moderno no cristianismo cultural é questionado: a exigência de justiça para todos os homens. Axioma da doutrina social das igrejas, a realização de justiça social está relacionada ao desenvolvimento do bem-estar nas sociedades ocidentais, que por sua vez se associa ao progresso e à expansão tecnológica e econômica. De fato, isso é particularmente verdade no caso dos países subdesenvolvidos. Na tensão entre ecologia e bem-estar se desdobra um amplo leque de interpretações opostas, relacionadas à valorização normativa das tendências da época e às explicações éticas e sociais às quais podemos recorrer. Uma nova configuração dessas questões tem surgido no final da era moderna, em que tanto o cristianismo incorporado cultural e socialmente quanto os potenciais hermenêuticos das igrejas restituídos à liberdade se veem engajados em antagonismos, cuja saída, até o dia de hoje, é imprevisível, entre ordem natural e justiça social. Essa situação mundial oferece, em todo caso, a oportunidade para uma reideologização de campos que a secularização havia pacificado no início da era moderna. É principalmente nesse contexto que precisamos compreender o ressurgimento, em todo o mundo, de correntes e movimentos fundamentalistas, de tendências muitas vezes francamente antimodernas (cf. a série editada por Martin E. MARTY e R. Scott APPLEBY, *The Fundamentalism Project* [O projeto Fundamentalismo], 5 vols., Chicago, University of Chicago Press, 1991-1995).

Trutz Rendtorff

▶ BECK, Ulrich, *Risikogesellschaft. Auf dem Weg in eine andere Moderne*, Frankfurt, Suhrkamp, 1986; Idem, *Die Erfindung des Politischen. Zu einer Theorie reflexiver Modernisierung*, Frankfurt, Suhrkamp, 1993; BELL, Daniel, "The Return of the Sacred", *British Journal of Sociology* 28, 1977, p. 419-449; BERGER, Peter L., *L'impératif hérétique. Les possibilités actuelles du discours religieux* (1979), Paris, Van Dieren, 2005; GISEL, Pierre, *La théologie face aux sciences religieuses. Différences et interactions*, Genebra, Labor et Fides, 1999; Idem e TÉTAZ, Jean-Marie, orgs., *Théories de la religion. Diversité des pratiques de recherche, changements des contextes socioculturels, requêtes réflexives*, Genebra, Labor et Fides, 2002; GUMBRECHT, Hans Ulrich, *Modern, Modernität, Moderne*, em Otto BRUNNER, Werner CONZE e Reinhard KOSELLECK, orgs., *Geschichtliche Grundbegriffe. Historisches Lexikon zur politisch-sozialen Sprache in Deutschland*, t. IV (1978), Stuttgart, Klett-Cotta, 1997, p. 93-131; HABERMAS, Jürgen, *Le discours philosophique de la modernité. Douze conférences* (1985), Paris, Gallimard, 1993; JAEGER, Friedrich, *Réinterprétations de la religion et théories de la société moderne. Religion et libéralisme en Europe et aux États-Unis: étude comparée*, Genebra, Labor et Fides, 2006; KAUFMANN, Franz-Xavier, *Religion und Modernität*, Tübingen, Mohr, 1989; LÜBBE, Hermann, *Religion nach der Aufklärung*, Graz, Styria, 1986; MATTHES, Joachim, *Religion und Gesellschaft. Einführung in die Religionssoziologie*, Reinbek, Rowohlt, 1967; MONTEIL, Pierre-Olivier, org., *La grâce et le désordre. Entretiens sur le protestantisme et la modernité*, Genebra, Labor et Fides, 1998; *Figures du néo-protestantisme*, RThPh 130/2, 1998, p. 115-220; SCHREY, Heinz-Horst, org., *Säkularisierung*, Darmstadt, Wissenschaftliche Buchgesellschaft, 1981; TOURAINE, Alain, *Critique de la modernité*, Paris, Fayard, 1992; TROELTSCH, Ernst, *Die Soziallehren der christlichen Kirchen und Gruppen* (*Gesammelte Schriften* I, 1912), Aalen, Scientia, 1977; Idem, *Protestantisme et modernité* (1909-1913), Paris, Gallimard, 1991; WAGNER, Falk, *Was ist Religion? Studien zu ihrem Begriff und Thema in Geschichte und Gegenwart*, Gütersloh, Mohn, 1986; WEBER, Max, *L'éthique protestante et l'esprit du capitalisme* (1904-1905, 1920), *suivi d'autres essais*, Paris, Gallimard, 2003; WEHLER, Hans-Ulrich, *Modernisierungstheorie und Geschichtswissenschaft*, Göttingen, Vandenhoeck & Ruprecht, 1975.

▸ Antirrevolucionário (Partido); autonomia; Baur; Bismarck; **capitalismo**; **comunicação**; Cox; crítica da religião; direito natural; dogmática; **ecologia**; fundamentalismo; Frank; Habermas; Hartmann; Hegel; Hirsch; Igreja e Estado; indivíduo; kantismo (neo); *Kulturkampf*; *Kulturprotestantismus*; **laicidade**; **liberdade**; Luzes; ortodoxia radical; pluralismo; **política**; neoprotestantismo; **razão**; Revolução Americana; Revolução Conservadora; Revolução Francesa; Revolução Industrial; secularização; Seeberg; Simmel; Sombart; **técnica**; teologia da secularização; Troeltsch; **utopia**; Weber M.

MOLTMANN, Jürgen (1926-)

Teólogo alemão de tradição reformada, nascido em Hamburgo, pastor em Bremen, professor em Wuppertal, em Bonn e em Tübingen, tornou-se famoso por sua obra *Teologia da esperança* (1964). Ele afirma a força de protesto do testemunho cristão: palavra de esperança, combate e paixão de Jesus Cristo, rejeição às idolatrias político-culturais, visão de um reino de Deus pacífico. Suas obras de teologia exprimem e desenvolvem tudo isso, ao mesmo tempo que se utilizam de meios contemporâneos de reflexão: categorias do pensamento histórico, antropologia dialética, novos paradigmas cosmológicos. "Teólogo político" nos anos 1970, influenciando profundamente os teólogos da libertação, a partir dos anos 1980 Moltmann se tornou o porta-voz de uma "teologia ecológica" que busca respeitar a igualdade entre os seres vivos, principalmente os da mulher em relação ao homem. Seu pensamento, resolutamente trinitário, é testemunha de um Deus que provoca o mundo moderno, religioso ou ateu, para a autenticidade.

Jean-Pierre Thévenaz

▶ MOLTMANN, Jürgen, *Teologia da esperança: estudos sobre os fundamentos e as consequências de uma escatologia cristã* (1964), São Paulo, Teológica, 2004; Idem, *L'espérance en action. Traduction historique et politique de l'Évangile*, 1970), Paris, Cerf, 1973; Idem, *Le Dieu crucifié. La croix du Christ, fondement et critique de la théologie chrétienne* (1972), Paris, Cerf, 1999; Idem, *L'Église dans la force de l'Esprit. Une contribution à l'ecclésiologie messianique* (1975), Paris, Cerf, 1980; Idem, *Trinité et Royaume de Dieu. Contributions au traité de Dieu* (1980), Paris, Cerf, 1984; Idem, *Dieu dans la création. Traité écologique de la création* (1985), Paris, Cerf, 1988; Idem, *O caminho de Jesus Cristo: cristologia em dimensões messiânicas* (1989), São Paulo, Academia Cristã, 2009; Idem, *L'Esprit qui donne la vie. Une pneumatologie intégrale* (1991), seguido de *Mon itinéraire théologique* (1991), Paris, Cerf, 1999; Idem, *A vinda de Deus: escatologia cristã* (1995), São Leopoldo, Unisinos, 2003; Idem e MOLTMANN-WENDEL, Elisabeth, *Dieu, homme et femme* (1983), Paris, Cerf, 1984; BAUCKHAM, Richard, *The Theology of Jürgen Moltmann*, Edimburgo, T. & T. Clark, 1995; ISING, Dieter, org., *Bibliographie Jürgen Moltmann*, Munique, Kaiser, 1987.

◉ Alves; barthismo; creiação/criatura; cruz; **ecologia**; esperança; messianismo; parusia; **política**; Reino de Deus; Trindade; Van Ruler

MONAQUISMO → Ordens monásticas

MONARCÔMACOS

O termo "monarcômano" deve ser compreendido em um sentido mais preciso que a simples contestação do poder que a etimologia sugere (luta contra o soberano). De acordo com o ensinamento bíblico, o povo deve submeter-se ao poder instituído e desejado por Deus (Rm 13.1-7). O que ocorre, então, quando o poder manifesta sua perversidade, sendo arbitrário e tirânico? O povo deve, nesse caso, preferir obedecer a Deus em vez de obedecer aos homens (At 5.29). Ainda sob o choque do Massacre de São Bartolomeu, os monarcômacos buscaram demonstrar em quais casos e sob quais condições a resistência ao príncipe é legítima. Os principais autores associados a essa corrente são François Hotman (1524-1590), com *La Gaule française* [A Gália francesa] (1573, Paris, Fayard, 1991); Eusèbe Philadelphe (pseudônimo de Nicolas Barnaud [nascido em 1538/1539], com *Le réveille-matin des François, et de leurs voisins* [O despertador dos franceses e de seus vizinhos] (1574, Genebra, Droz, 1970); Stephanus Junius Brutus, com *Vindiciae contra tyrannos* (1579, traduzido para o francês em 1581 com o título *De la puissance légitime du prince sur le peuple et du peuple sur le prince* [Do poder legítimo do príncipe sobre o povo e do povo sobre o príncipe], reed. com o título latino, Genebra, Droz, 1979). Todos eles partilham a ideia de que há casos em que o soberano deve ser destituído, contribuindo amplamente para promover a ideia de que o poder não deve ser absoluto, mas responsável diante dos representantes do povo.

As ideias dos monarcômacos inspiraram sobretudo a ideia puritana inglesa de um fundamento convencional para o poder político (contrato entre iguais em vez de entre o soberano e o povo), assim como as teorias de resistência dos jesuítas do século XVII, como por exemplo Juan de Mariana (1536-1624) em sua obra *De rege et regis institutione* (1599, Aalen, Scientia, 1969).

François Dermange

▶ BOUVIGNIES, Isabelle, "Monarchomachie: tyrannicide ou droit de résistance?", em Nicolas PIQUÉ e Ghislain WATERLOT, orgs., *Tolérance et réforme. Éléments pour une généalogie du concept de tolérance*, Paris, L'Harmattan, 1999, p. 71-98; Idem, "La résistance comme cadre de la mutation théologico-politique du droit", em Jean-Claude ZANCARINI, org., *Le droit de résistance, XIIe-XXe siècle*, Fontenay-aux-Roses, ENS Éditions, 1999, p. 105-138; DERMANGE, François, *Widerstand und Ergebung im politischen Denken Calvins*, em Martin LEINER et alii, orgs., *Gott mehr gehorchen als den Menschen. Christliche Wurzeln. Zeitgeschichte und Gegenwart des Widerstands*, Göttingen, V&R unipress, 2005, p. 113-136; ENGAMMARE, Max, "Calvin monarchomaque? Du soupçon à l'argument", *Archiv für Reformationsgeschichte*

89, 1998, p. 207-226; FUCHS, Éric e GRAPPE, Christian, *Le droit de résister. Le protestantisme face au pouvoir*, Genebra, Labor et Fides, 1990; TURCHETTI, Mario, *Tyrannie et tyrannicide de l'Antiquité à nos jours*, Paris, PUF, 2001.

▶ Absolutismo; Althusius; Beza; Brutus; direitos humanos; Duplessis-Mornay; Hotman; Knox; **laicidade**; Languet; **política**; resistência; São Bartolomeu (Noite de)

MONDRIAN, Pieter Cornelis Mondriaan, dito Piet (1872-1944)

Pintor holandês embebido de cultura calvinista, Piet Mondrian aspirava a uma arte feita de claridade e disciplina, que revelasse as realidades imutáveis além das formas mutantes da realidade subjetiva. Foi um pioneiro na abstração, com Kandinsky e Malevitch. Do ponto de vista espiritual, e ainda que tenha hesitado entre ser pintor ou ministro da Palavra, Mondrian se deixou influenciar pela teosofia, tornando-se membro da Sociedade Teosófica Holandesa em 1910, mais que pela teologia. Não teria, por isso, buscado menos "uma linguagem pictórica universal". De uma pintura figurativa, ele progrediu para uma simplificação da paleta, reduzida às três cores primárias, e às não cores (branco, preto), em uma organização perfeitamente serial das formas. Questionou-se se tal estética dos dados visuais elementares não seria um modo de reconciliar o interdito bíblico das imagens com a necessidade de criação artística. No entanto, ao instalar-se em Paris no ano de 1912, Mondrian descobriu o cubismo, o que o levaria a romper com a arte figurativa. Ele desenvolveria uma lógica de variações combinatórias, em processo que se repetiria por mais de vinte anos. Sua arte, acompanhada de uma série de textos explicativos de sua doutrina do "neoplasticismo" (publicados em grande parte na revista *De Stijl*) e tomada pela teosofia, exerceu uma influência determinante sobre a definição da imagem no século XX.

Jérôme Cottin

▶ JAFFÉ, Hans-Ludwig, *Piet Mondrian*, Paris, Le cercle d'art, 1991; MEURIS, Jacques, *Piet Mondrian*, Paris-Tournai, Nouvelles éditions françaises-Casterman, 1991; MILNER, John, *Mondrian*, Londres-Paris, Phaidon-Atelier d'édition européen, 1992.

▶ **Arte**; estética; imagem; teosofia

MONOD, Adolphe (1801-1856)

Filho do pastor Jean Monod e irmão de Frédéric, Adolphe nasceu em Copenhague. Estudou teologia em Genebra e conheceu pessoalmente Thomas Erskine (1788-1870), que o guiou pouco tempo depois para uma experiência religiosa do tipo reavivalista, no verão de 1827, enquanto exercia seu ministério em Nápoles. Em seguida, três grandes etapas marcaram a vida espiritual e profissional desse filho do Avivamento: Lyon, Montauban e Paris. O pastorado junto à Igreja Reformada de Lyon, para onde foi chamado em 1828, revela um pastor inflamado cujas posições inflexíveis resultam em sua destituição, em 1832. Atua como professor na Faculdade de Montauban (1836-1847), um período de maturação durante o qual sua ortodoxia se torna mais serena. Por fim, o ministério parisiense, de 1847 até sua morte, permitiu que esse pregador fora do comum expandisse sua arte oratória pelos grandes templos da capital.

Laurent Gambarotto

▶ MONOD, Adolphe, *Sermons. Première série, Lyon*, Paris, Meyrueis, 1860; Idem, *Sermons. Deuxième série. Montauban*, Paris, Meyrueis, 1857; Idem, *Sermons. Troisième série, Paris*, I, Paris, Meyrueis, 1859; Idem, *Sermons. Troisième série, Paris*, II, Paris, Meyrueis, 1860; Idem, *Les adieux*, Vevey, Éditions des Groupes missionnaires, 1956; Idem, *Souvenirs de sa vie. Extraits de sa correspondance*, Paris, Fischbacher, 1885; Idem, *Choix de lettres à sa famille et à ses amis*, Paris, Fischbacher, 1885; ENCREVÉ, André, *Protestants français au milieu du XIXe siècle. Les réformes de 1848 à 1870*, Genebra, Labor et Fides, 1986; GAMBAROTTO, Laurent, *Le 'coeur' et la 'raison' chez le pasteur Adolphe Monod*, ETR 73, 1998, p. 61-76; OSEN, James L., *Prophet and Peacemaker. The Life of Adolphe Monod*, Lanham, University Press of America, 1984.

▶ Aliança Evangélica; Avivamento; Monod F.; Roussel

MONOD, Frédéric (1794-1863)

Filho mais velho de Jean Monod e Louise de Coninck, irmão de Adolphe, foi influenciado por Robert Haldane enquanto estudava teologia em Genebra, ocupando as fileiras do Avivamento. Nomeado pastor adjunto em Paris, no ano de 1820, e titular em 1832, desenvolve uma intensa atividade, fundando a primeira escola dominical em Paris (1826), redigindo o

Archives du christianisme [Arquivos do cristianismo], participando da Sociedade das Missões Evangélicas de Paris, publicando tratados religiosos e colaborando com a Sociedade Bíblica, tanto britânica quanto estrangeira. Adepto da adoção de uma confissão de fé normativa e da separação entre igreja e Estado, sofreu uma decepção com a assembleia oficiosa do protestantismo de 1848 e deixou a igreja nacional, no momento em que seu irmão Adolphe voltava ao país, para fundar com Agénor de Gasparin a União das Igrejas Evangélicas Livres da França. Primeiro pastor parisiense associado ao Avivamento, participou da criação da capela do norte, inaugurada em 1862, local em que as pessoas seriam agraciadas com o ministério de Tommy Fallot.

Philippe Vassaux

▶ ENCREVÉ, André, *Protestants français au milieu du XIXe siècle. Les réformes de 1848 à 1870*, Genebra, Labor et Fides, 1986; PÉDÉZERT, Jean, *Cinquante ans de souvenirs religieux et ecclésiastiques 1830-1880*, Paris, Fischbacher, 1896.

◉ Avivamento; escola dominical; Fallot; Gasparin; Haldane; igrejas livres; Monod A.

MONOD, Gabriel (1844-1912)

Historiador, eminente porta-voz da escola metodista ou positiva, Gabriel Monod nasceu perto do Havre, mas foi em Paris que completou seus estudos secundários. Em seguida, entrou para a escola normal superior, tornando-se um de seus professores em 1880, e terminou sua carreira no Collège de France, onde ocupou a cadeira (criada para ele) de história geral e método histórico. Professor coordenador na Seção de Ciências Históricas e Filológicas da Escola Prática de Altos Estudos, fundou em 1876 a *Revue historique* [Revista histórica]. Essa publicação se tornaria a ponta de lança de um combate contra as ideias da escola católica, ultramontana e legitimista, que também tinha sua publicação, *Revue des questions historiques* [Revista das questões históricas].

Conhecedor da escola histórica alemã, Gabriel Monod se inspirou em seus métodos e participou, com Ernest Lavisse, Charles Victor Langlois e Charles Seignobos, da renovação da historiografia francesa. Ajudado por seus colaboradores, dos quais muitos eram protestantes, introduziu uma nova e rigorosa metodologia crítica no estudo das fontes documentais a fim de elaborar um conhecimento histórico do tipo "científico". Ainda que tenha se afastado da prática religiosa, cultivou uma preocupação tão grande com a retidão moral, tanto em suas pesquisas quanto como cidadão, que podemos indagar se isso não se deve à influência espiritual dos pastores Edmond de Pressensé (1824-1891) e Charles-Édouard Babut (1835-1916), um de seus primos. Tomou parte também, junto com outros intelectuais, do grupo de protestantes que se expressaram publicamente em favor da revisão do processo do capitão Alfred Dreyfus.

Laurent Gambarotto

▶ MONOD, Gabriel, *Études critiques sur les sources de l'histoire mérovingienne et carolingienne*, Paris, Frank, 1872; Idem, *Les maîtres de l'histoire. Taine, Michelet et Renan*, Paris, Calmann-Lévy, 1894; Idem, *Portraits et souvenirs*, Paris, Calmann-Lévy, 1897; CARBONELL, Charles-Olivier, *Histoire et historiens. Une mutation idéologique des historiens français 1865-1885*, Toulouse, Privat, 1976.

◉ Babut; **história**; liberalismo teológico; Pressensé; Scheurer-Kestner

MONOD, Théodore (1902-2000)

Théodore Monod nasceu em Rouen, filho de Dorina e Wilfred Monod, o mais novo de três irmãos: Gabriel (nascido e morto em 1892), Samuel (1894-1974) e Sylvain (1896-1987).

Chegou a Paris em 1909, onde seu pai se tornaria pastor no templo do Oratório do Louvre, e entrou para a Escola Alsaciana. Ainda moço, decidiu estudar ciências. Em 1921, foi nomeado assistente em ictologia no Museu de História Natural, e suas primeiras missões o levaram, de início, à Mauritânia, onde ele descobre o deserto. Ao longo de uma de suas viagens (Camarões, 1925), redigiu o *Livro de orações* para a terceira ordem dos Vigilantes, fraternidade criada por seu pai, mas sob sua iniciativa. Desse período data o apego de Théodore Monod ao deserto, o estudo científico do local (geografia, clima, fauna, flora etc.), bem como da população, da língua e da religião.

No dia 24 de março de 1930, Monod se casa com Olga Pickova. O casal teve três filhos, Béatrice, Cyrille e Ambroise. De 1938 a

1965, foi diretor do Instituto Francês da África Negra, em Dakar, onde deixou inúmeros estudos e publicações. Foi eleito membro da Academia das Ciências em 1963.

Quando voltou para Paris, em 1965, iniciou-se a fase dos "combates civis" que não cessariam mais: lutou contra a bomba nuclear, fez jejuns "de questionamento às autoridades", ajudou os desfavorecidos e continuou fiel aos Vigilantes, além de promover ideais de tolerância, pacifismo e posições ecológicas.

Na obra de Théodore Monod, que foi amigo de Pierre Teillhard de Chardin (1881-1955) e de Amadou Hampâté Bâ (1900-1991), a ciência é tão importante e profunda quanto a fé, independentes uma da outra, em uma liberdade de pensamento que caracterizou durante toda a vida o homem, o humanista protestante e o cientista. Defendendo a responsabilidade do homem diante dos semelhantes e da biosfera, aspirava a uma ética social fundada na leitura das Bem-aventuranças, em um respeito por toda forma de vida, e inspirada na obra de Albert Schweitzer.

Nicole Vray

▶ MONOD, Théodore, *Maxence au désert* (1996); *Méharées* (1937); *L'émeraude des Garamantes* (1984); *Le fer de Dieu* (1992); *Majâbat al-Koubrâ* (1958); *Désert libyque* (1989); *Plongées profondes* (1991), Arles, Actes Sud, 1997; Idem, *L'hippopotame et le philosophe* (1943), Arles, Actes Sud, 2004; *Les carnets de Théodore Monod*, org. por Cyrille MONOD, Paris, Le pré aux clercs, 1997; "Théodore Monod: un homme curieux", *Autres Temps* 70, 2001; "Théodore Monod", *La géographie* 104, 2002; HUREAU, Jean-Claude, *Le siècle de Théodore Monod*, Arles, Actes Sud, 2002; VRAY, Nicole, *Monsieur Monod. Scientifique, voyageur et protestant*, Arles, Actes Sud, 1994; Idem, *Théodore Monod. Une vie spirituelle*, Arles, Actes Sud, 2004.

◯ **Ecologia**; Monod W.; Schweitzer; **técnica**; viagens e descobertas

MONTAUBAN

Cidade que rapidamente aderiu à Reforma (1561), foi um lugar seguro para os protestantes após a promulgação do Edito de Saint-Germain (1570). Abrigou assembleias políticas em 1581 e 1584 e um sínodo nacional em 1593-1594. Foi inaugurado um colégio na cidade, em 1579, que se transformou em academia em 1598.

Ali ensinaram teólogos como Daniel Chamier (1565-1621), John Cameron (1580-1625) e Antoine Garrissoles (1587-1651). Estudaram no local Jacques Abadie (1656-1727), Pierre Bayle (1647-1706), Élie Benoît (1640-1728), Jean Claude (1619-1687), Élie Merlat (1634-1705), David Martin (1639-1721) e Paul Rapin de Thoyras (1661-1725). Após funcionar durante certo tempo em partilha com os católicos, a academia foi transferida para Puylaurens em 1659.

Em 1621, a cidade foi sitiada pelas tropas de Luís XIII, e décadas depois sofreu uma dragonada, em agosto de 1685, às vésperas da Revogação do Edito de Nantes. Durante o período do Deserto, reuniram-se assembleias clandestinas pela campanha de Montauban. A igreja foi restabelecida em 1733. Uma faculdade de teologia é reinstalada em 1808, cujos professores — Adolphe Monod (1801-1856), Prosper Frédéric Jalaguier (1795-1864), Guillaume de Félice (1803-1871) — encarnam uma "ortodoxia amável", nas palavras de Léon Maury. Sucedem-nos os teólogos Émile Doumergue (1844-1937), Charles Bruston (1838-1937), Henri Bois (1862-1924) e Louis Perrier (1875-1953). Pouco tempo depois do fim da Primeira Guerra Mundial, em 1919, a faculdade foi transferida para a cidade universitária de Montpellier.

Hubert Bost

▶ BOST, Hubert, "Daniel Chamier (1565-1621), le pasteur de Montélimar et le professeur de Montauban", em *Ces Messieurs de la R. P. R. Histoires et écritures de huguenots, XVIIe-XVIIIe siècles*, Paris, Champion, 2001, p. 49-81; GARRISSON, Robert, *Essai sur l'histoire du protestantisme dans la généralité de Montauban sous l'intendant de N. J. Foucault*, Mialet, Musée du Désert, 1935; LACAVA, Marie-José e GUICHARNAUD, Robert, orgs., *L'Édit de Nantes. Sûreté et éducation*, Montauban, Société montalbanaise d'étude et de recherche sur le protestantisme, 1999; LIGOU, Daniel, *Documents sur le protestantisme montalbanais au XVIIIe siècle*, Toulouse, Impr. Universitaire, 1955; Idem, *Les protestants de Montauban et la Révolution*, BSHPF 135, 1989, p. 733-761; OMBRET, Antoine e TOURON, René (com a colaboração de Mathieu MÉRAS), *Les protestants de Montauban et du Bas-Quercy et la royauté française de 1610 à 1715*, Montauban, Centre départemental de documentation pédagogique, 1970; ROME, Catherine, *Les bourgeois protestants de Montauban au XVIIe siècle. Une élite urbaine face à une monarchie autoritaire*, Paris, Champion, 2002.

● Abadia; academias; Bayle; Bois; Cameron; Chamier; Claude; Deserto; Doumergue; dragonada; Edito de Nantes (e Revogação do); faculdades de teologia latinas europeias; Monod A.; Montpellier; Westphal

MONTBÉLIARD

No início do século XVI, o condado de Montbéliard pertencia ao ducado de Wurtemberg. Em 1524, sob a influência de Oecolampadius, o duque Ulrico de Wurtemberg (1487-1550) envia Guilherme Farel para reformar Montbéliard. Farel deixa a cidade pouco depois, mas a Reforma ganha raízes e se consolida com o trabalho de Pierre Toussain (1499-1573), pastor de Montbéliard de 1535 até sua morte. No entanto, foi apenas em 1539 que o conde Georges (1498-1558), irmão do duque Ulrico, suprimiu a missa católica em Montbéliard e dentro de suas possessões. A liturgia adotada no condado foi elaborada por Toussain, que, assim como Farel, confirma a doutrina reformada suíça da ceia. Durante a segunda metade do século XVI, a liturgia reformada suíça e a teologia de Toussain irritam os duques luteranos de Wurtemberg. A resistência da população reformada francófona de Montbéliard aos esforços do duque, que buscava impor tanto a ordenança eclesiástica de Wurtemberg quanto a teologia de Johannes Brenz (1499-1570) e Jacob Andreae (1528-1590), intensificou-se quando os huguenotes, em fuga das guerras religiosas francesas, refugiaram-se em Montbéliard.

Houve em 1586 uma tentativa de reconciliação entre reformados e luteranos, quando Teodoro de Beza e Jacob Andreae foram chamados para debater sobre a ceia diante do conde Frederico (1557-1608), filho do conde Georges, que era reformado, e sobrinho do duque Ulrico, que era luterano. O debate se ampliou para a cristologia, a questão da arte e da música nas igrejas, o batismo e a predestinação. Com tudo isso, porém, o colóquio não chegou a convencer Frederico quanto à autorização de uma liturgia reformada francesa em Montbéliard. Foi apenas em 1617 que o luteranismo se impôs em definitivo, cessando-se os esforços para manter uma confissão de fé e uma liturgia reformadas.

Jill Raitt

▶ DEBARD, Jean-Marc, "Pierre Toussain et la Réforme dans le comté de Montbéliard", *Positions luthériennes* 40, 1992, p. 3-31; DUVERNOY, Charles, *Éphémérides du comté de Montbéliard*, Besançon, Charles Deis, 1832 (reeditado por Blaise MÉRIOT, "Nouvelles éphémérides du Pays de Montbéliard", *Mémoires de la Société d'émulation de Montbéliard*, t. 1: *1953-54*, 1955, p. 1-105, e t. 2: *1955-59*, 1960, p. 1-305); LOVY, René-Jacques, "L'Église luthérienne du comté de Montbéliard à la veille de la Révolution française", *Positions luthériennes* 1, 1953, p. 17-35; MABILLE, Florent, *Histoire succinte de la Réforme du pays de Montbéliard*, Genebra, Ramboz et Schuchardt, 1873; MÉRIOT, Blaise, *L'Église luthérienne au XVIIe siècle dans le pays de Montbéliard*, Montbéliard, Impr. Montbéliardaise, 1905; RAITT, Jill, *The Colloquy of Montbéliard. Religion and Politics in the Sixteenth Century*, New York, Oxford University Press, 1993; VIÉNOT, John, *Histoire de la Réforme dans le pays de Montbéliard depuis les origines jusqu'à la mort de P. Toussain 1524-1573*, 2 vols., Montbéliard, Impr. montbéliardaise, 1900.

● Alemanha; Beza; ceia; Cuvier; Farel; França; Schickhardt; Viénot

MONTPELLIER

Cidade de uma igreja reformada erguida em 1560, Montpellier se tornou local de refúgio para protestantes em 1577. A Academia de Montpellier foi fundada em 1596, com a vinda do erudito Isaac Casaubon. Seria "reunida" à de Nîmes por decisão do Sínodo Nacional de Vitré, em 1617.

Durante a campanha militar que levou os exércitos de Luís XIII ao sul da França, a cidade foi sitiada, no verão de 1622. Sua resistência por cinquenta dias permitiu que mantivesse seu *status* como local de segurança até a Graça de Alès, em 1629. A Revogação do Edito de Nantes foi antecipada em Montpellier por causa da interdição dos pastores e da destruição do templo. A cidade sofreu uma dragonada em 1685, no final do mês de setembro.

A Faculdade de Teologia Protestante de Montauban, que reabriu as portas em 1808, foi deslocada para Montpellier em 1919. A partir de 1972, foi integrada à de Paris, formando o Instituto Protestante de Teologia, que edita a revista *Études théologiques et religieuses* [Estudos teológicos e religiosos], criada em 1926.

Hubert Bost

▶ CHOLVY, Gérard, org., *Histoire de Montpellier*, Toulouse, Privat, 1984; GAMBAROTTO, Laurent, ROMESTAN, Guy e VERDIER, Thierry,

Montpellier, em Patrick CABANEL, org., *Itinéraires protestants en Languedoc. Du XVIᵉ au XXᵉ siècle*, t. III: *Hérault, Rouergue, Aude et Roussillon*, Montpellier, Presses du Languedoc, 2000, p. 33-113; GUIRAUD, Louise, *La Réforme à Montpellier. Études*, Montpellier, Impr. générale du Midi, 1918; JOUANNA, Arlette, *La première domination des réformés à Montpellier (1561-1563)*, em Bernard CHEVALIER e Robert SAUZET, orgs., *Les Réformes, enracinement socioculturel*, Paris, La Maisnie, 1985, p. 151-160.

▶ Academias; Bazille; Casaubon; dragonada; Edito de Nantes (e Revogação do); faculdades de teologia latinas europeias; Grâce d'Alès; Montauban; revistas protestantes

MONTREAL

Fundada em 1642, Montreal desempenharia um papel fundamental na história canadense. Enquanto Quebec ainda é considerada a capital histórica, Montreal seria, até meados do século XX, a metrópole canadense por excelência, agora substituída por Toronto. A Igreja Católica de Montreal desempenharia um papel determinante, principalmente desde a segunda metade do século XIX, detendo o monopólio da educação (desde a escola primária até a universidade), da saúde e das obras sociais nos meios de língua francesa. A partir do início dos anos 1960, depois da Revolução Tranquila, a cidade perderia suas aquisições, até mesmo a escola pública confessional. O catolicismo também enfrenta uma drástica diminuição na prática religiosa (de 40%, no início dos anos 1940, hoje está por volta de 6 a 15% na ilha de Montreal). Nos últimos anos, a maior parte do interesse religioso se deslocou para grupos ligados à Igreja Católica, como os carismáticos ou as comunidades de base, e uma menor parte buscou o protestantismo evangélico e os inúmeros novos movimentos à margem das igrejas históricas.

Atualmente, o protestantismo representa por volta de 10% dos três milhões de habitantes dentro da Grande Montreal. No entanto, sofreu uma sensível diminuição de adeptos, em razão da secularização e da partida dos protestantes de fala inglesa. Nas últimas três décadas, a chegada de novas comunidades étnicas permitiu certa renovação. Antigamente muito ativos na ação social e na educação, os protestantes hoje atuam prioritariamente na vida eclesiástica, onde desempenham um papel de identificação religiosa e cultural. Foi em Montreal que também se concentrou o protestantismo de língua francesa de tendência evangélica e pentecostal, favorecido pelo grande movimento de imigração do Terceiro Mundo e pela diáspora haitiana.

Grande cidade norte-americana, Montreal não foi palco de conflitos raciais, nem gerais, nem inter-religiosos. Ainda que bastante minoritárias, as igrejas protestantes francesas agiram, a seu modo, como pontes entre as duas entidades, francesa e inglesa, de Montreal, e as principais identidades eram católica francesa e protestante inglesa. O caráter pluralista das escolas protestantes francesas do início dos anos 1960 contribuiria positivamente para os novos rumos escolares linguísticos. A criação de um único pavilhão cristão para a Exposição Universal de 1967 seria um sinal significativo desses esforços de união, algo que lhe fora atribuído pelos franco-protestantes.

Jean Porret

▶ HAMELINE, Jean, *Histoire du catholicisme québécois*, 2 vols., Trois-Rivières, Boréal Express, 1984-1991; LALONDE, Jean-Louis, *Des loups dans la bergerie. Les protestants de langue française au Québec, 1534-2000*, Montreal, Fides, 2002; LINTEAU, Paul-André, DUROCHER, René e ROBERT, Jean-Claude, *Histoire du Québec contemporain*, t. I: *De la Confédération à la crise 1867-1929* e t. II: *Le Québec depuis 1930*, Trois-Rivières, Boréal Express, 1989-1993.

▶ Canadá

MOODY, Dwight Lyman (1837-1899)

Evangelista leigo americano, nasceu em Nothfield (Massachusetts), deixando a família com a idade de 10 anos para ganhar a vida. Com 17, vendeu sapatos em Boston. Frequentou a escola dominical da Igreja Congregacional de Mount Vernon e se converteu à fé cristã. Dois anos depois, estaria estabelecido em Chicago, cidade em que conseguiu negócios excelentes devido a seu senso comercial inato e a sua energia. Em 1858, abriu uma escola dominical em um *saloon* abandonado. O sucesso foi imediato. Ao mesmo tempo, passou a conduzir reuniões diárias de oração na sede local das Uniões Cristãs de Moços. Em 1860, decidiu dedicar todo o seu tempo à evangelização. Com seus talentos como contador de histórias da Bíblia, seu humor, sua convicção inquebrantável e contagiosa, tudo isso aliado a um notável senso de organização e publicidade, atraiu auditórios cada vez maiores, tornando-se o precursor dos métodos modernos de evangelização das massas.

Em 1870, conheceu o regente e músico Ira David Sankey em um encontro das Uniões Cristãs de Moços e o persuadiu a unir-se a ele na evangelização. Em uma campanha triunfal de avivamento na Grã-Bretanha, de 1872 a 1875, publicaram *Sacred Songs and Solos*, com mais de dez milhões de exemplares vendidos. Moody também fundou escolas e institutos, dos quais o mais importante é o *Moody Bible Institute* de Chicago (1889), instituição interconfessional, destinada sobretudo a educar leigos no conhecimento da Bíblia e na evangelização. Abriu a Associação de Colportagem em 1894, que mais tarde se tornou a *Moody Press*. Desempenhou um papel fundamental na criação do Movimento dos Estudantes Voluntários nas Missões Estrangeiras, em 1886. Inúmeros missionários, evangelistas e até mesmo adeptos do ecumenismo, como John Raleigh Mott, atribuem a Moody uma influência decisiva na escolha de seus ministérios.

Jacques Nicole

▶ A biblioteca do *Moody Bible Institute* (Chicago) abriga a coleção completa dos sermões, discursos e preleções de Dwight L. Moody; CURTIS, Richard K., *They Called Him Mister Moody*, New York, Doubleday, 1962; FINDLAY, James F., *Dwight L. Moody, American Evangelist, 1837-1899*, Chicago, University of Chicago Press, 1969.

⊙ Avivamento; escola dominical; Estados Unidos; evangelização; Santidade (movimento de)

MOON, Sun Myung (1920-2012)

Nascido na atual Coreia do Norte, em uma família convertida à Igreja Presbiteriana em 1930, Sun Myung Moon afirma ter visto Jesus em 1936. Nessa visão, Jesus teria lhe pedido para concluir sua missão, deixada incompleta há dois mil anos. Após frequentar, em 1946, um grupo messiânico autônomo, fundou em Pyongyang uma comunidade do tipo pentecostal e foi excluído da Igreja Presbiteriana em 1948, antes de ser preso no mesmo ano pelas autoridades comunistas. Liberto em 1950 pela ofensiva das tropas da ONU, fundou em Seul, no ano de 1954, a Associação do Espírito Santo para a Unificação do Cristianismo Mundial, ou simplesmente Igreja da Unificação. O movimento existe hoje em todos os continentes, e seu número de adeptos é estimado em 250 mil. Porém, a influência da Igreja da Unificação é mais forte através da ação localizada de inúmeras organizações menores na área universitária, na política, na mídia e na economia. Tanto por suas atividades quanto por frequentes tensões entre os convertidos e suas famílias, o grupo foi considerado um dos "novos movimentos religiosos" mais controvertidos. Considerado o Messias, Moon desenvolveu uma doutrina em que as referências à Bíblia são numerosas, mas cujo conteúdo se afasta da realidade do cristianismo em vários pontos essenciais. Como muitos novos movimentos, o de Moon sofreu algumas tranformações: ainda que a Igreja da Unificação esteja ativa, seu líder declarou, em 1994, que o ciclo das religiões estava concluído e que se iniciava a era da família. Assim, lançou a Federação das Famílias pela Paz Mundial, que coroa suas diversas atividades e se consolida como o rótulo que caracteriza a face pública do movimento.

Jean-François MAYER

▶ BARKER, Eileen, *The Making of a Moonie. Choice or Brainwashing?*, Oxford, Blackwell, 1984; BOYER, Jean-François, *L'Empire Moon*, Paris, La Découverte, 1986; CHRYSSIDES, George D., *The Advent of Sun Myung Moon. The Origins, Beliefs and Practices of the Unification Church*, Londres, Macmillan, 1991; HONG, Nansook, *L'ombre de Moon* (1998), Paris, Éditions n⁰ 1, 1998; INTROVIGNE, Massimo, *La Chiesa dell'Unificazione del reverendo Moon*

⊙ Ásia; **seitas**

MORAL

1. **Diagnóstico cultural: retorno da moral e o perigo do moralismo**
2. **A tradição ética e a complexidade do fenômeno moral**
3. **As representações atreladas à "moral protestante"**
4. **Os reformadores**
    4.1. **Martinho Lutero (1483-1546)**
    4.2. **Filipe Melâncton (1497-1560)**
    4.3. **Notas sobre o luteranismo**

MORAL

    4.4. Ulrico Zwinglio (1484-1531)
    4.5. João Calvino (1509-1564)
5. Uma herança cheia de acontecimentos
    5.1. As transformações na ética política
    5.2. O homem no centro da ética
6. A ética protestante e as implicações da modernidade
    6.1. Immanuel Kant (1724-1804)
    6.2. Friedrich Daniel Ernst Schleiermacher (1768-1834)
    6.3. Albrecht Ritschl (1822-1889)
    6.4. Wilhelm Herrmann (1846-1922) e Ernst Troeltsch (1865-1923)
    6.5. Alexandre Vinet, Charles Secrétan e a ética francófona
    6.6. A ética na "teologia dialética"
7. Ética cristã e ética protestante
    7.1. A problemática de uma ética cristã e o papel da Escritura
    7.2. Ética protestante e moral católica
8. O *status* da ética social
9. Os lugares da ética
    9.1. A ética da pessoa
    9.2. O mundo como lugar de serviço
10. Conclusão

1. Diagnóstico cultural: retorno da moral e o perigo do moralismo

A ética está na moda. O fenômeno moral se tornou objeto de estudos na sociedade e de paixão na mídia. Pululam comitês de ética e coletâneas de filosofia moral. A demanda pela ética se faz sentir principalmente na área da medicina e da biologia.

Protestantes e católicos participam do debate ético contemporâneo, assim como os representantes de demais famílias espirituais (islã, judaísmo, budismo etc.). Porém, ocorreu um deslocamento fundamental aí: a ética surge primeiro como uma disciplina secular, obrigatoriamente laica. Em primeiro lugar, convence pela solidez e pelo caráter racional dos argumentos, e não pela referência a valores transcendentes ou a convicções do tipo religioso. É vista como algo próprio à razão, e não à fé.

Podemos apontar vários motivos para essa laicização crescente da ética. Sem dúvida alguma, assinala-se com isso a perda de influência, sofrida tanto pelo cristianismo quanto pelas demais religiões, nas sociedades ocidentais, caracterizando um dos aspectos centrais do processo moderno de secularização. No entanto, a laicização pode também ser interpretada como evidência da liberdade do indivíduo, portanto como uma das consequências da Reforma: para o cristianismo histórico, foi a oportunidade de uma nova pertinência social, ainda fazendo apelo à fé pessoal e ao engajamento por livre vontade. Por outro lado, essa relativa redescoberta do caráter profano da ética vem lembrar-nos oportunamente de que o cristianismo como tal não inventou a ética, mas se contentou geralmente com a exploração teológica de suas contribuições. A ética é fundamentalmente uma disciplina filosófica atrelada à antiguidade clássica, portanto associada a uma tradição (cf. A. MacIntyre, J. Rohls).

A retomada teológica da tradição ética deve ser examinada à luz das relações culturais e antropológicas globais entre religião (ou religiões) e ética (D. MÜLLER, 1992). O cristianismo, de fato, perdeu todo o monopólio quanto à elucidação das motivações últimas e das perspectivas fundamentais do discurso ético. A ética parece ter se tornado o lugar de uma fundamental "evidência" (G. Ebeling); se é bem-vindo problematizá-la, é por duas razões. Internamente, a efervescência contemporânea da ética nos parece fortemente ligada à crescente diferenciação, ou até mesmo às rupturas sociais e ideológicas da sociedade como um todo. Tem-se a impressão de que a ética é o último baluarte das referências disponíveis, mas, quando conseguimos ir mais a fundo por trás do verniz dos comitês de ética, e da ética instituída ou bem-pensante, descobrimos a impossibilidade de uma ética unânime e unívoca. Externamente, não se resolverá a "crise da ética" (Wolfhart Pannenberg) apelando, seja de modo autoritário, seja de forma sutilmente apologética, para uma teologia cristã da revelação compreendida como manifestação, na história universal, de uma realidade última.

Para enunciar de modo crível e plausível o significado cristão da ética, é preciso que nos afastemos tanto de uma visão estritamente laica de uma ética antirreligiosa (cf. os estudos reunidos por Hubert BOST, *Genèse et enjeux de la laïcité. Christianismes et laïcité* [Gênese e implicações da laicidade: cristianismos e laicidade], Genebra, Labor et Fides, 1990) quanto da concepção rigidamente católica da dupla moral natural e revelada (cf. as reflexões pertinentes de Bernard Quelquejeu, *Pour une véritable recherche éthique: quelques préalables intellectuels* [Para uma verdadeira busca ética:

algumas considerações intelectuais iniciais], em Michel CHARTIER et alii, *Aux débuts de la vie. Des catholiques prennent position* [Nas origens da vida: católicos tomam posição], Paris, La Découverte, 1990, p. 171-203).

Culturalmente, a reflexão ética dá conta do fato moral e das morais constituídas. Deve-se elucidar a relação entre a moral, como dado humano universal, e os diversos tipos de ética que seus intérpretes elaboram. Convém, em seguida, reconhecer a legitimidade de uma ética interpretativa (M. Walzer; cf. também Gianni VATTIMO, *Éthique de l'interprétation* [Ética da interpretação] [1989], Paris, La Découverte, 1991) e discutir de modo particular as singularidades da ética protestante como tal.

2. A tradição ética e a complexidade do fenômeno moral

A ética está ligada sobretudo a uma tradição. Platão, Aristóteles e os estoicos, de formas diversas, balizaram o espaço ocidental da reflexão ética, influenciando fortemente a teologia cristã. Não podemos imaginar a moral de Ambrósio de Milão sem a transmissão da moral estoica por Cícero; do mesmo modo, a moral agostiniana é uma reinterpretação cristã da ética do Bem supremo de Platão, e a de Tomás de Aquino se valeu do modelo ético de Aristóteles. Os Pais da igreja e os grandes teólogos medievais extraíram seus argumentos e modelos éticos dos clássicos antigos. De um ponto de vista superficial, poderíamos pensar que os reformadores romperam de modo absoluto e definitivo com essa forma de lidar com a tradição ética. Basta lembrar a violenta ironia de Lutero quando falava de Aristóteles. De maneira geral, o protestantismo demonstrou uma grande hesitação diante de qualquer retomada harmonizadora da ética filosófica.

Tanto os reformadores quanto, no início do século XX, os representantes da "teologia dialética" costumavam privilegiar as rupturas, mais que as continuidades, com o pensamento secular. Assim, precisamos ter cuidado com simplificações enganosas. A postura dos pensadores protestantes é bem mais variada e nuançada em relação ao tema. Uma nova consciência se operou na ética teológica protestante contemporânea; o diálogo e o debate com as éticas filosóficas seculares se renovaram profundamente. Posições dogmáticas autoritárias e isolacionistas, tais como se viam (e ainda se veem!) entre os herdeiros apressados demais de Karl Barth ou em certas correntes ditas evangélicas estão em vias de extinção, ou pelo menos perderam muito de sua credibilidade intelectual e pertinência prática.

Uma insistência unilateral sobre a absoluta especificidade da ética cristã, ou mesmo da ética protestante, geralmente conduziu à ocultação não somente dos laços tradicionais entre teologia e filosofia, mas também do substrato cultural, social e histórico subjacente à reflexão ética propriamente dita. Hoje, assistimos ao surgimento de um novo interesse pelas ciências positivas da moral. A sociologia da moral não tem mais as pretensões normativas, efetivamente redutoras, das teorias durkheimianas do início do século. A psicologia da moral deu lugar a uma retomada original da noção de desenvolvimento moral, elucidada em primeiro lugar por Jean Piaget (*O juízo moral na criança* [1932], São Paulo, Summus, 1994) e sistematizada por Lawrence Kohlberg (*Essays on Moral Development* [Ensaios sobre o desenvolvimento moral], 2 vols., San Francisco, Harper and Row, 1981-1984). A antropologia cultural e social recolocou na ordem do dia a questão dos universais morais constitutivos de dada sociedade (Mondher KILANI, *Introduction à l'anthropologie* [Introdução à antropologia] [1989], Lausanne, Payot, 1998). No prefácio à monumental obra *Histoire des moeurs* [História dos costumes], Jean Poirier, que foi seu organizador (3 vols., Paris, Gallimard, 1990-1991), levantou a importância de invariantes que estruturem os diversos sistemas de costumes, que deixam entrever uma possível tipologia da vida moral instituída.

Através dessas diferentes pesquisas, o ético é levado a reconsiderar o significado da vida moral dos indivíduos e grupos. Não se trata, evidentemente, de deduzir uma moral normativa de condutas ou dados sistemas éticos na história. Immanuel Kant observou em seu tempo o abismo constitutivo entre a observação dos costumes empíricos e a constituição de uma metafísica dos costumes verdadeiramente fundamentada. No entanto, temos o direito de voltar à questão: que sentido teria um projeto de fundamentos éticos que não se debruçassem sobre o material empírico da moral prática existente? Em que local epistemológico uma ética estrita e puramente normativa poderia ancorar-se, se não na experiência moral factual da humanidade? O ético, assim, é levado a relativizar a oposição rígida demais entre descrição e legitimação normativa. Em todo projeto ético, trata-se definitivamente do homem, com sua experiência, sua memória, sua cultura, tudo o que estrutura sua identidade moral e política (cf. Jean-Marc FERRY, *Les puissances de l'expérience* [As potências da experiência], 2 vols., Paris, Cerf, 1991).

A própria ética protestante, muitas vezes extraída de uma ética deontológica considerada "ideal", descobriu com boas razões o enraizamento antropológico da questão ética: foi a própria lógica da encarnação que promoveu essa associação. Assim como Deus só surge, na tradição cristã, sob a forma velada da lei do Sinai e do rosto do homem de Nazaré, a exigência ética é indissociável do homem concreto a quem se dirige.

3. As representações atreladas à "moral protestante"

A linguagem corrente tende a assimilar a ética protestante ao puritanismo, apreendido em seu sentido mais estrito e de um modo fortemente caricatural. No entanto, a questão não diz respeito somente ao conhecimento histórico e às retificações que esse conhecimento pode proporcionar a certos estereótipos. É um fato que o protestantismo é amplamente percebido pela opinião pública de um modo ambíguo, uma impressão que não deixa de estar associada à herança puritana. Essa ambiguidade pode ser explicada pela tensão entre a paixão pela liberdade e o temor de suas explosões. A ética protestante, no nível prático, gera a distância simbólica constitutiva que permanece entre a ordem da fé e a das obras. Desde o instante em que a salvação se associa à justificação somente pela fé, em que as obras são declaradas em segundo lugar, deixa-se escapar uma força de liberação com um potencial explosivo, algo que não ficou imperceptível entre os detratores da Reforma e não deixou de causar problemas para os próprios protestantes, desde o início.

A liberdade, fundamentada dessa maneira, é com efeito uma liberdade perigosa; o que desenvolve na crítica ao moralismo corre o risco de tornar-se libertinagem. A questão ética consiste justamente em sacrificar essa potência e enquadrá-la em proporções aceitáveis. Em teoria, essa questão não deveria ter sido colocada, pois espera-se que o discurso teológico compreenda a liberdade de um modo puramente espiritual, associado ao dom objetivo da graça divina. Porém, da teoria teológica até a realidade psicossocial vai um longo caminho. A Reforma precisou lidar com o retorno do recalcado.

Portanto, não é por acaso que, ao longo de seus desdobramentos históricos e culturais, a ética protestante tenha conhecido certas vicissitudes que, não se pode negar, exerceram influência sobre a consciência de si dos protestantes e sua imagem exterior. Progressivamente, uma identificação vaga e sutil se operou entre ética protestante e ética puritana. Max Weber formulou de um modo clássico as associações entre, de um lado, Calvino e Lutero e, de outro, a ética puritana, que é fundamentalmente compreendida como ascese intramundana ou secular (*A ética protestante e o espírito do capitalismo*). Weber utilizava essa noção de ascese intramundana para expressar uma extraordinária ambivalência na ética protestante. À diferença dos modos de compreensão precedentes acerca da ascese, essencialmente monásticos, a ascese secular realiza de alguma forma a abstinência no exercício da profissão, da vocação: é engajada e produtiva, sem implicar nenhum tipo de retirada do mundo, mas aponta para a domesticação intramundana das paixões e das pulsões. Portanto, essa ascese é, por definição, estruturante e socializadora. A partir dessa visão, que identifica de modo estrito a ética protestante ao puritanismo e à ascese intramundana, Weber postulou a continuidade estrutural entre o protestantismo e o capitalismo.

Deve-se notar a distinção entre tal concepção do puritanismo e a acepção comum do termo. Para Weber, o protestantismo não é puritano no sentido de um piedoso desprezo pelo mundo, mas, sim, na ótica de uma administração moderada e reguladora do ser no mundo. A ênfase é colocada na contribuição positiva da postura ascética, não em seu ensimesmamento ou em sua pusilanimidade. O mesmo pode ser dito do pietismo, que obedece fundamentalmente a uma lógica idêntica no lidar com as realidades mundanas.

Ainda que sua tese apresente limites históricos que não passaram despercebidos à crítica, Weber permitiu o surgimento de um conceito positivo de puritanismo. A partir dele, não mais seria possível considerar a relação entre protestantismo (sobretudo calvinista) e puritanismo simplesmente sob um ângulo de ruptura ou oposição. Essa consciência teve prolongamentos importantes na compreensão da herança puritana para a ética. Alguns trabalhos felizmente demonstraram a que ponto a abordagem puritana, em vez de levar a uma dupla linguagem moralizante em áreas delicadas como a sexualidade, foi capaz de integrar não somente a paixão pela felicidade, mas as pulsões eróticas (cf. Edmund LEITES, *La passion du bonheur. Conscience puritaine et sexualité moderne* [A paixão pela felicidade: consciência puritana e sexualidade moderna] [1986], Paris, Cerf, 1989). Claro, essa integração, como o nome indica, tem como objetivo conter paixão e pulsões; estamos assim fundamentalmente na área do ascetismo moderado, com suas estratégias de controle individual e social. Porém, contrariamente a uma ideia nutrida sobretudo por Michel Foucault (*História da sexualidade, vol. I: A vontade de saber*, Rio de Janeiro, Graal, 1993), esse controle não é, em primeiro lugar, um enquadramento social, mas surge no próprio sujeito, em uma gênese propriamente ética, inserida em um projeto de futuro pessoal e busca autêntica de felicidade.

As sociedades contemporâneas se dividem entre certa nostalgia de um erotismo expandido (cuja liberação dos costumes foi apenas um episódio superficial) e as veleidades de normalização médica e social. A figura histórica do puritanismo funciona, em muitos aspectos, como uma lembrança simbólica dessa hesitação. Sem dúvida, é por isso que o debate com a ética protestante em sua versão puritana continua a operar nas consciências, acima de qualquer adesão confessional, e um grau de profundidade que transcende a cisão entre religião e ética. Não se trata, a nossos olhos, de atribuir novamente ao puritanismo, ainda que sob uma forma refinada e humanizada, uma plausibilidade contemporânea. A questão está em ultrapassar as oposições destrutivas que contribuem para a resignação social e cultural. A sexualidade é apenas mais um elemento do quebra-cabeça a ser montado, mas ocupa um lugar central no dispositivo das convivências humanas. Tratar da herança puritana nos permitiria certamente perceber melhor as chances para que se atinja uma sexualidade harmoniosa e feliz em uma sociedade sem rumos. Sobretudo, perceberíamos com mais clareza a conivência fundamental entre o erotismo e a relação, entre o desejo e a ternura (Éric FUCHS, *Le désir et la tendresse. Pour une éthique chrétienne de la sexualité* [O desejo e a ternura: por uma ética cristã da sexualidade] [1979], Paris-Genebra, Albin Michel-Labor et Fides, 1999), desde o momento em que seriam desfeitas as ilusões de uma sexualidade instrumental, puramente técnica, e as ilusões simétricas de uma normalização pública e política das formas de amor. A ética protestante tem um papel a desempenhar nessa crítica liberadora dos sentimentos e das relações, contribuindo para detectar os tabus e os ídolos relacionados ao sexo, ao atribuir novamente prioridade ao prazer de amar e ao desfrute do mundo.

Essa instituição de uma nova relação com o mundo, trazida pelo protestantismo através de suas promessas e de sua experiência histórica, também é plena de ensinamentos para tudo o que está correlacionado à área econômica e social. E assim chegamos a outro paradoxo social do *éthos* protestante. A Reforma não somente tornou possível uma postura positiva em relação aos mecanismos econômicos e à estruturação democrática da sociedade; ela também gerou atitudes ambivalentes de desconfiança, distância crítica e culpa. Uma das consequências disso foi a cisão mortífera entre o ideal de uma ética de convicção, puramente deontológica e idealista, e as duras realidades da vida econômica, social e política. O protestante muitas vezes é visto como o representante ideal e típico de uma ética das virtudes burguesas e convencionais, da honestidade nos negócios, do zelo e do trabalho benfeito. Essa individualização do *éthos* protestante exerceu uma notória influência sobre a construção do espaço socioeconômico e político, mas não é menos verdadeiro que a complexificação crescente de nossas sociedades ocidentais exige regulamentações éticas que transcendem as possibilidades da simples virtude individual. Além disso, não se deve confundir o pragmatismo inerente a esse *éthos* com as intenções dos reformadores. Entre a ética da Reforma e a ética moderna do trabalho (e a segunda seria criticada com grande lucidez pelo filósofo André Gorz), a ruptura é inegável. A ética protestante contemporânea não poderia contentar-se com voltar nostalgicamente ao modelo dos reformadores; além disso, não poderia reabilitar o protestantismo histórico consertando seus desvios pragmáticos e utilitaristas. Essa ética deve refletir com novas bases sobre a situação da ética em um mundo plural e fragmentário, completamente estranho à visão ainda unitária e totalizante de um Lutero ou um Calvino.

4. Os reformadores

A história da ética protestante, de fato, é mais complexa que se afigura à primeira vista. Tratar do tema sob um ponto de vista cultural e contextual é uma condição que nos parece indispensável para extrair de modo válido as implicações teológicas e espirituais do fenômeno moral e de suas manifestações contemporâneas.

Entre os reformadores, essa complexidade se deve a inúmeros fatores, principalmente pessoais, socioeconômicos, políticos e culturais. Assim, o conservadorismo bastante natural de Lutero quanto à política se deve a suas origens camponesas e à situação do Império Germânico, mais que a puras descobertas teológicas. Da mesma forma, a percepção política mais fina de Calvino, sem confundir-se com um modelo de fato democrático, depende amplamente, sem dúvida, de sua formação jurídica e do contexto urbano particular de Genebra.

4.1. Martinho Lutero (1483-1546)

4.1.1. A justificação pela fé e o senso das obras

Quem deseja compreender a teologia de Lutero em seu todo, sobretudo o *status* atribuído à moral, deve começar pela justificação pela fé, ponto decisivo e permanente para a igreja. Para Lutero, de fato, foi a partir do acontecimento da justificação, entendida como a intervenção de Deus na existência, que convém definir o ser humano. A ética, realidade que não é a mais importante, mas se afigura indispensável, decorre dessa antropologia teológica.

Como o homem é visto como um ser pecador e justificado, e não a princípio como animal racional, há uma tensão constitutiva entre fé e amor. A justificação não depende mais da caridade, como queria determinada interpretação escolástica de Gálatas 5.6 (*a fé que atua pelo amor*), mas depende da fé. É reconhecida, portanto, a prioridade radical da fé enquanto dom de Deus que torna o homem justo e o liberta. Disso se concluiria que, para Lutero, o amor não tem importância? De modo algum.

Ao recorrer à imagem bíblica da árvore e dos frutos, Lutero observa que a fé atua pelo amor. O amor é o instrumento indispensável da fé; nesse sentido, há uma continuidade profunda entre a fé e a ética. Porém, o amor não se torna, por causa disso, a causa das obras; a fonte viva da justificação permanece em Deus, e não se deve colocar a fé e o amor no mesmo plano quanto a nossa salvação. Por isso Lutero se opõe ao adágio escolástico da "fé formada pela caridade" (*fides caritate formata*).

A distinção capital que Lutero estabelece entre a fé e o amor tem como principal objetivo lembrar que a salvação chega até o homem a partir do exterior. A fé não é captada primordialmente como impulso moral, mas, sim, como transformação radical da pessoa, como passagem do velho Adão para o homem novo. Ao ler Gálatas 2.20 (*já não sou eu quem vive, mas Cristo vive em mim*), Lutero comenta: "Assim fala a justiça cristã. Se quero brigar sobre a justiça cristã, devo então descartar minha própria pessoa. [...] Que diante de meus olhos permaneça somente Cristo crucificado e ressuscitado" (*Comentário à epístola de São Paulo aos Gálatas* [curso de 1531 publicado em 1535], em MLO, 15, 177s, trad. modificada).

Lutero apresenta outra distinção fundamental: entre obra e pessoa. A modernidade, principalmente em sua versão romântica, tende a identificar ambas as dimensões: eu me realizo por completo e unicamente naquilo que faço. Para Lutero, a justificação como fonte de salvação diz respeito somente à pessoa; a obra só traz consequências. Com isso, ele não deseja negar a existência de uma ordem (antropológica, psicológica, moral) da autorrealização. Sua polêmica contra as noções de *habitus* e de virtude visa de fato à doutrina escolástica da graça, que se afirmava herdeira de Aristóteles, e não à ética aristotélica em si. Pois outra leitura de Aristóteles é possível, uma leitura que não confunda a autorrealização intramundana com o acesso à salvação. Lutero visava ao aristotelismo escolástico; isso explica principalmente por que, bem rapidamente, ocorreria dentro das fileiras da Reforma certa renovação dos estudos aristotélicos, mais humanista e ética que estritamente teológica.

Por vezes, as distinções luteranas foram interpretadas como dualismos ou oposições. A pessoa não teria relação alguma com a obra, nem a fé com o amor ou com as obras.

O homem seria um ser esquizofrênico. Ora, é preciso perceber que, ao operar diferenciações, Lutero acreditava fazer com que surgisse a originalidade de cada um dos polos em questão: compreender a pessoa como passividade originária, e não a partir de sua atividade no mundo, é também um modo de afirmar a positividade singular da relação com o mundo. Livre do peso da ilusão de que precisaria produzir sua própria salvação, o homem passa a perceber sua ação como um lugar de responsabilidade e vocação, uma oportunidade de servir, mais que um pretexto para a autojustificação. Assim, Lutero descobre toda uma dinâmica do agir humano, bastante afastada, pelo menos em teoria, de um quietismo irresponsável. Com efeito, a passividade originária que acompanha a concepção da justificação pela fé não pode ser confundida com um estímulo à indolência; pelo contrário, essa passividade liberta forças específicas do agir e do engajamento humanos no mundo. De modo fundamental, cede lugar ao que convém chamar de ética da liberdade e do serviço: "O cristão é um livre senhor sobre todas as coisas e não está submetido a ninguém. O cristão é um servo que obedece em tudo e está submetido a todos" (*De la liberté du chrétien* [Da liberdade do cristão] [versão alemã, 1920], em *Oeuvres* [Obras], Paris, Gallimard, 1999, p. 840).

4.1.2. Os dois usos da lei

A preocupação de Lutero em esclarecer as relações entre a justificação pela fé e a ordem do amor e das obras, ou, dito de outra forma, da santificação, respondia à necessidade de dar conta da primazia essencial da justificação. Da mesma forma, Lutero distingue entre Lei e Evangelho, não como por vezes se acreditou, para atribuir à lei um lugar privilegiado e autônomo, mas, sim, para fazer com que emergisse a originalidade irredutível do evangelho. O evangelho não deve se tornar uma lei, ainda que uma lei nova, como o entendia a escolástica tomista. Esse combate em nome da pureza e da clareza do evangelho explica por que Lutero, e toda a Reforma por extensão, falam de diversos usos da Lei. Bonhoeffer demonstrou que o sujeito que faz uso da lei não é o cristão ou o pregador, mas o próprio Deus. A distinção entre Lei e Evangelho corresponde assim à distinção dos dois reinos ou dos dois modos do agir divino no mundo e nas consciências.

Para Lutero, a lei é equívoca por definição, ao contrário do evangelho. Convém assim abordar suas diversas funções. Lutero se limita a dois usos da Lei. O uso civil, ou político, diz respeito à vida em sociedade como um todo. Através de leis e instituições, a lei de Deus permite que a vida social se desenvolva de modo ordenado e estável. Porém, a lei tem outro uso, mais essencial ainda, o uso teológico, que tem como função convencer-nos de que somos pecadores e de que precisamos da justificação para existir diante de Deus. Nesse sentido, Lutero leva a sério as palavras do apóstolo Paulo: a Lei mata, somente o Evangelho vivifica. Mas esses dois usos da Lei, o uso teológico, que é o verdadeiro, e o uso político, que evita confundir as realidades últimas e penúltimas, não deixam de se relacionar um com o outro. Nos dois casos, dependem da originalidade e da clareza sem iguais do evangelho.

Três problemas principais podem ser identificados na teoria luterana dos dois usos da lei:

a) O uso político frequentemente tem servido, assim como a teoria dos dois reinos, como um legitimador teológico de um conservadorismo político. Sem dúvida o próprio Lutero adotou postura semelhante, mas foram principalmente os "Cristãos Alemães", no século XX, que reivindicaram de modo funesto o modelo luterano para manter o regime nazista[1]. O luteranismo contemporâneo é testemunha da possibilidade de uma interpretação mais aberta desse modelo. O uso político pode de fato ser compreendido a partir da autonomia legítima da política e de uma visão ética da "lealdade crítica" (Pierre Bühler) com relação ao Estado e às instâncias políticas. Portanto, esse uso não se confunde de modo algum com uma atitude conservadora.

b) Lutero afasta toda possibilidade de compreender a obediência cristã a partir de um uso específico da lei (o uso didático de que tratariam sobretudo os reformados das gerações posteriores a Calvino). O agir cristão depende dos frutos da fé e de modo nenhum se relaciona a algum recurso renovado à Lei, o que nos faria recair sob o jugo de um legalismo insuportável. Ainda que a noção de um uso didático ou de um terceiro uso da lei seja problemática,

---

[1] [NT] A associação entre nazismo e conservadorismo é muito estranha, mas é um dos "tiques" recorrentes da esquerda. O regime de Hitler estava muito mais para um socialismo que para uma democracia liberal, como indica o próprio nome do partido: nacional-socialista.

não se vê muito bem por que Lutero se recusa a reconhecer uma função positiva na lei de Deus no cerne da vida do cristão justificado.

c) Essa última dificuldade está relacionada profundamente com o modo com que Lutero compreende a tradição judaica, sobretudo o significado espiritual e ético da Torá. O diálogo judaico-cristão contemporâneo nos obriga a revisitar uma questão essencial que certo antissemitismo contribuiu para velar. Não podemos mais recorrer hoje à teoria dos usos da lei sem questionar-nos sobre as implicações dessa teoria para a visão acerca do judaísmo. Porém, isso não significa que os cristãos devem desistir de ler a Lei na perspectiva do Evangelho. Sem dúvida há um interesse renovado pelo alcance teológico e ético da Torá, e a postura que Calvino e Zwinglio adotaram sobre o assunto fornece boas pistas para esses estudiosos. No século XX, Barth oporia ao conservadorismo luterano, tentado pelo regime nazista, a inversão (teológica e política) da sequência Lei/Evangelho para a sequência Evangelho/Lei (*Evangelium und Gesetz* [Evangelho e Lei], Munique, Kaiser, 1935).

4.1.3. Os dois reinos

Uma das pedras de toque da teologia de Lutero reside na distinção entre os reinos temporal e espiritual. Essa distinção, já presente na discussão sobre o primeiro uso da Lei, teve consequências importantes para a ética, sobretudo à ética política. É preciso perceber que Lutero parte da confusão habitual entre os dois reinos. Sua preocupação é esclarecer essa confusão, e não traçar linhas rígidas entre dois espaços fechados. Pois, em ambos os casos, trata-se sempre da ação de Deus de seus dois modos distintos de intervenção no mundo. Deus intervém tanto pela Lei quanto pelo Evangelho; tanto pelo poder temporal quanto pelo poder espiritual. Realidade do mundo e realidade do Espírito, obra e fé, ação e pessoa, Estado e igreja são objetos distintos da manifestação de Deus.

Com Gerhard Ebeling, podemos levantar as seguintes características da doutrina dos dois reinos. Primeira, Deus permanece senhor dos dois reinos: o reino secular só se torna precisamente o reino de Satanás quando se instaura a confusão entre o reino de Deus e a realidade do mundo; segunda, não há identificação estática entre o evangelho e o reino espiritual (p. ex., da igreja), nem entre a lei de Deus e a ordem política, pois é preciso o tempo todo submeter cada realidade à exigência especificamente apresentada pela Lei e pelo Evangelho; terceira, o que está em jogo é o foco na consciência, logo a garantia atribuída à liberdade naquilo que ela tem de mais autêntico (p. 160ss).

4.2. Filipe Melâncton (1497-1560)

Melâncton, amigo e principal colaborador de Lutero, desenvolveu na segunda fase de sua teologia, de 1522 a 1560, uma nova abordagem das relações entre moral filosófica e ética cristã (*Philosophiae moralis epitome*, 1538-1540; *Ethicae doctrinae elementa*, 1550). Sua formação humanista e seu crescente interesse por Cícero e Aristóteles fizeram com que ele se afastasse progressivamente das posições teológicas de Lutero. Em oposição a Lutero, Melâncton pressupõe a existência de uma luz natural no homem, renunciando assim à doutrina da escravidão da vontade (ou servo arbítrio); para ele, a justificação pela fé é puramente declarativa (ou forense): Deus nos reconhece justos, mas cabe a nós nos tornarmos justos. O homem é considerado um sujeito dotado de liberdade do querer diante de Deus. Por isso as obras do cristão não testemunham simplesmente a justificação operada por Deus, mas são necessárias para obter-se a vida eterna (*bona opera necesseria esse ad vitam aeternam*). Melâncton se afasta de Lutero sobre outro ponto fundamental: o domínio da fé está reservado para a interioridade, mas o da consciência, unindo-se à ordem universal da razão, identifica pura e simplesmente o Decálogo com a lei natural. Desse modo, Melâncton pensa ter respondido à questão central de toda a sua reflexão ética: como construir uma ética universal a partir da justificação pela fé? A solução proposta por ele em definitivo é subordinar a promessa particular do evangelho à racionalidade universal da lei natural. A ética política se estrutura assim em torno da noção significativa de *ordo politicus*. Ao atribuir ao Estado a responsabilidade de aplicar as duas tábuas da lei (como o faria também Calvino), Melâncton atenua a diferença entre os dois reinos; o Estado, como união entre o espiritual e o temporal, torna-se intocável; não é de espantar que, para Melâncton e para o luteranismo confessional posterior, toda ideia de resistência ao

Estado injusto surja como um pecado mortal! A evolução da ética luterana produzida por Melâncton, "o preceptor da Alemanha", trai um interesse legítimo por uma articulação entre a ética cristã e a ética filosófica, mas ao preço de um achatamento das ideias de Lutero. Homem diplomático, pronto a dialogar, Melâncton introduziu nos textos simbólicos do luteranismo o terceiro uso da Lei, opondo-se à opinião de Lutero sobre o assunto.

4.3. Notas sobre o luteranismo

Vimos por que, na obra de Lutero, a ética, no sentido moderno do termo, vem em segundo lugar e é praticamente secundária, pelo menos sob o ângulo da justificação pela fé. Ao mesmo tempo, a distinção estabelecida por Lutero entre a Lei e Evangelho, prolongada pela distinção entre os dois reinos, apresenta de modo positivo a possibilidade de uma abordagem secular à ética. O *pathos* para a justificação pela fé somente, como artigo decisivo da verdadeira igreja, leva paradoxalmente à libertação de um pensamento ético, que se torna independente, até mesmo autônomo. Aqui, nós nos aproximamos da ambivalência inerente ao luteranismo. As distinções fundamentais que são operadas podem atuar como legitimadoras do conservadorismo, mas abriram também as portas para que o pensamento e o mundo seculares fossem reconhecidos. É assim que encontramos no luteranismo histórico, ainda hoje, posturas contraditórias em relação à ética. Dietrich Bonhoeffer tenta sair dos impasses do dualismo luterano — representado de modo típico por um autor como Werner Elert — repensando a partir do evangelho a categoria do natural como fundamento para a ética; Gerhard Ebeling, seguindo as pegadas de Wilhelm Herrmann, afirmou certa "evidência" do fenômeno ético, partindo de considerações antropológicas indiretamente associadas ao discurso teológico. Wolfhart Pannenberg, ao contrário, tratou de uma crise da ética, devida ao desmoronamento das certezas teológicas na era moderna. Ele propôs como um novo fundamento para a ética cristã uma visão universalista da revelação, que dê sentido à realidade como um todo. Já Eberhard Jüngel fundamenta a ética cristã unicamente na justificação pela fé; a questão, para os cristãos, não é "o que devemos fazer?", mas, sim, já que tudo está cumprido em Cristo, "o que nos resta fazer?" (*Unterwegs zur Sache. Theologische Bemerkungen*, Munique, Kaiser, 1972, p. 234-245); como resultado, ele recusa toda ética material dos valores, pois vê na axiologia um esforço tirânico para controlar Deus e negar o princípio de justificação pela fé somente (*Wetlose Wahrheit. Zur Identität und Relevanz des christlichen Glaubens*, Munique, Kaiser, 1990, p. 90-109).

O mérito da ética luterana foi ter posto ênfase, de um ponto de vista estritamente cristão, no que está acima de toda moral. Aqui, a ética não é originária nem primeira; precisa ser pensada como uma consequência, uma elaboração ou um desdobramento, subordinados ao princípio radicalmente amoral ou metaético da salvação. O perigo do moralismo é assim claramente apontado, mas ao preço de certa resignação, como se o evangelho não tivesse nenhuma função inspiradora a desempenhar no desenvolvimento ético em si. A esfera propriamente ética fica ao encargo do mais puro secularismo, ao risco de esclerosar-se no conservadorismo ou autonomizar-se na laicidade (em neutralidade indulgente ou potencialmente demoníaca!). Ao denunciar previamente o moralismo que se verificaria uma doença infantil do protestantismo, o luteranismo se deixou absorver muito facilmente pela sedução do quietismo e do conformismo.

4.4. Ulrico Zwinglio (1484-1531)

Diferentemente de Melâncton e também de Lutero, Zwinglio demonstra ter trabalhado bastante por um equilíbrio entre ética política e mensagem do evangelho. Em seu famoso tratado de 1523, *De la justice divine et de la justice humaine* [Da justiça divina e da justiça humana] (Paris, Beauchesne, 1980), o reformador de Zurique se afasta tanto dos extremistas (os anabatistas que preconizavam somente a justiça divina) quanto dos conservadores, ao pregar um justo meio caminho entre a justiça de Deus e a justiça humana. Assim, contribuiu para distinguir religião e moral: a justiça interior depende da postura do cristão diante de Deus, enquanto a justiça exterior, ou honestidade cívica, condiciona a vida comunitária e social dos cidadãos. Fundamentada na justiça humana, a ordem política é necessariamente relativa (e aqui Zwinglio se opõe frontalmente a Melâncton) e, se deve tender a aproximar-se da regra de Cristo, é justamente porque de forma alguma estão confundidos. Compreende-se que, à luz dessa postura nuançada e realista, Zwinglio tenha chegado a aceitar um direito de resistência que podia incluir até mesmo a deposição dos tiranos.

4.5. João Calvino (1509-1564)

Na obra de Calvino, são operados vários deslocamentos significativos em relação a Lutero. Ao mesmo tempo que manteve a prioridade fundamental da justificação pela fé e a distinção entre os reinos espiritual e temporal, Calvino lida de modo diferente com a lógica da fé e sua relação com o mundo. Disso resulta outra apreciação daquilo que hoje chamamos moral (cf. É. FUCHS, 1986).

Contrariamente à famosa tese de Max Weber, que associava a ética protestante (sobretudo em sua forma puritana) ao tema da dupla predestinação, percebemos melhor hoje o que caracteriza a originalidade e a sedução da "moral calvinista". Tal como Lutero, Calvino afirma a importância do Deus criador e da Providência para o que diz respeito à dimensão universal da moral. Nesse sentido, adota a dupla distinção luterana entre a ordem da Lei e a do Evangelho, de um lado, e entre o reino temporal e o espiritual, de outro. Porém, sua distância de Lutero surge nos usos da lei e se confirma no *status* que reatribui à santificação.

4.5.1. Os três usos da lei segundo Calvino

Diferentemente de Lutero, Calvino distingue três usos da lei: o teológico, o civil ou político e o didático.

"Lutero e o luteranismo se orientam com base na fé, de onde decorre a ação. Calvino e a Reforma se orientam com base na ação, que decorre da fé" (J.-L. LEUBA, *La Loi chez les Réformateurs et dans le protestantisme actuel* [A lei nas obras dos reformadores e no protestantismo atual], em S. PINCKAERS e L. RUMPF, orgs., p. 101). Para Calvino, essa é a razão por que o uso didático (ausente em Lutero e problemático no luteranismo) ocupa um lugar central: "O terceiro uso da lei, que é o principal, e está fundamentalmente ligado ao fim para o qual foi concebido, encontra lugar entre os fiéis, no coração daqueles em quem o Espírito de Deus já estabeleceu seu reino e vigor" (*IRC* II, VII, 12). Esse uso da lei está correlacionado, para Calvino, a sua visão sobre o crescimento progressivo na fé; com a "doutrina cotidiana da lei", o cristão pode progredir no conhecimento da vontade de Deus e em sua prática. Porém, o uso didático não responde em nada a uma imagem idílica da obediência; sua função é precisamente constituir-se em obstáculo para "a preguiça e o peso" da carne, ou seja, para a vontade rebelde; a lei age como um chicote ou um aguilhão perpétuo para manter os cristãos despertos.

Esse terceiro uso da lei, no entanto, não tem um sentido autônomo. Os três usos são apenas modalidades que permitem cumprir a exigência ética fundamental que nos é transmitida pela lei divina. No cerne do terceiro uso estão permanentemente o primeiro e o segundo usos. Cumprir a lei implica reconhecer-se pecador e, como cristão movido pelo Espírito Santo, sentir-se solidário com a sociedade. Calvino descarta assim a própria justiça legalista que resultaria do esquecimento do primeiro uso da lei, mas também descarta a interioridade excessiva que seria resultante de uma separação estanque entre o uso político e o uso didático.

Assim, torna-se difícil conjeturar que Calvino confunde o uso político com o uso didático e só deseja construir a ética com base no terceiro uso (cf. J.-L. LEUBA, art. cit., p. 106s). A ética de Calvino se baseia na dialética dinâmica dos usos da lei. Ao colocar o teológico em primeiro lugar, Calvino não o desvaloriza, mas assegura para esse uso uma função crítica permanente contra o moralismo hipócrita e o conservadorismo político.

4.5.2. A santificação como processo e a construção da pessoa

De modo bastante significativo, no livro III das *Institutas* Calvino reúne os temas da regeneração, da santificação e da justificação, nessa ordem, sob a égide da operação oculta do Espírito Santo e da fé resultante dessa ação. A graça de Jesus Cristo é colocada como um ponto de partida, e se trata claramente da participação em seus benefícios. Como pedagogo, Calvino se interessa pelas regras da vida cristã, enfatizando seus frutos e os efeitos da graça. Sua perspectiva não é especulativa, mas prática. Ele quer mostrar aos leitores o caminho a ser seguido, o método que permite crescer no conhecimento e na experiência da salvação. A moral de Calvino é um instrumento primordial desse método, que é orientado tanto para a vida pessoal quanto para o serviço à sociedade.

A regeneração pessoal ocorre fundamentalmente por meio da penitência, que inclui um momento de evidente ruptura e conduz Calvino a enfatizar o autoquestionamento. Sabemos quanto essa ênfase no "repúdio a si mesmo" marcou a consciência calvinista até em suas formas puritanas mais negativas. Calvino deseja tanto manifestar a glória devida a Deus que o homem se afigura rebaixado por completo. Porém, a regeneração por meio da penitência é apenas um momento na visão de Calvino da construção da pessoa. A santificação forma um todo dinâmico. Calvino não se limita à penitência, mas enfatiza a vida cristã como um processo temporal e escatológico (III, VI). A ética da vida cristã é claramente uma ética do caminho; a marcha procede da vocação para a santidade e se orienta rumo à perfeição, para a qual precisamos tender. Nós não pertencemos a nós mesmos; por isso, devemos renunciar a nós mesmos, diminuindo-nos diante do próximo e diante de Deus. Aqui não se trata tanto de ascetismo, mas, sim, de serviço. Sobriedade, justiça e piedade: eis as "virtudes" que balizam o caminho da santificação. A exigência de justiça estrutura sem cessar uma vida ordenada, fornecendo-lhe regras apropriadas. Desse modo, Calvino, como um bom pedagogo, descreve as modalidades práticas do desenvolvimento pessoal. A santificação em Calvino não é de modo algum uma estratégia egoísta, reduzida às necessidades da vida interior; ordenada à transcendência de Deus, o único a quem é devida a honra, a santificação desemboca não somente no serviço ao próximo, mas também no amor pelos inimigos; pois, em vez de nos delongarmos na "malícia dos homens", precisamos reconhecer sua "excelência" e sua "dignidade" (III, VII, 6). Essa realização ética da santificação culmina na esperança. A meditação na vida que virá nos leva de fato a um estranho paradoxo: nossa vida presente é vã, mas é o local de nossa realização e de nossa responsabilidade. Rompendo com o ódio por si mesmo e com o desprezo pela finitude, Calvino reconhece na contingência de nossa vida uma oportunidade para antecipar o esplendor do Reino que virá. Como na obra de Zwinglio e, mais tarde, de Bonhoeffer, as realidades penúltimas, por mais relativas que sejam, são um lugar de santificação e esperança. É nelas que, com nossa participação, Deus trabalha pelo advento de seu Reino. Por vezes tememos que, em Calvino, a exigência ética faça com que o homem se dobre sob o peso insuportável da lei e o leve diretamente ao desespero ou ao orgulho. A própria estrutura dos usos da lei visa a evitar esse terrível mal-entendido. Confirmamos o fato na maneira com que Calvino se refere ao significado central da justificação pela fé e da liberdade cristã (III, XI-XIX). Diferentemente de Lutero, Calvino inicia pela regeneração e pela santificação; a justificação coroa, de alguma forma, a ética, mas é para melhor mostrar seu sentido e seus limites. "Era necessário primeiramente compreender de que maneira a fé não é ociosa e sem boas obras", mas é através da justificação que obtemos "justiça gratuita na misericórdia de Deus" (III, XI, 1). A inversão em relação a Lutero é explicada por uma mudança na linha de frente polêmica. Para Calvino, o perigo não está mais em sucumbir à hipocrisia dos méritos e da justiça pelas obras, mas, sim, de descansar sobre seus louros. Lutero combatia o legalismo; Calvino teme o laxismo. As duas perspectivas, no entanto, não são opostas. Assim como Lutero, Calvino afirma a primazia teológica da justificação, compreendendo-a, por assim dizer, a partir do interior do processo de regeneração e santificação. À pergunta de Lutero "Qual é o início da vida cristã?", Calvino acrescenta a sua: "Como regular e canalizar o desenvolvimento cristão iniciado pela justificação?".

4.5.3. Uma ética da política

Em oposição a uma ideia muito difundida, em Calvino está presente a distinção luterana entre os dois reinos (cf. III, XIX, 15 e IV, XX, 1). Porém, essa distinção não leva o reformador de Genebra às mesmas consequências políticas presentes na obra do reformador de Wittenberg.

É preciso perceber a insistência de Calvino no caráter totalmente diferente dos dois regimes. O regime espiritual, que diz respeito à salvação da alma e à vida interior do homem, tem uma prioridade absoluta, pois nele está implicada a vida eterna (IV, XX, 1). É por isso que, quando trata da liberdade cristã, Calvino insiste na necessidade de distinguir claramente a polícia e a consciência, ou seja, a jurisdição externa e a jurisdição interna (III, XIX, 15). A consciência, tema maior do *éhos* protestante, é de fato o lugar por excelência da união entre o espiritual e o prático. Para Calvino, não se trata de "encerrar o reino de Cristo sob os elementos do mundo", ou, dito de outra maneira, rebaixar o espiritual, submetendo-o ao material e ao político; no entanto, as realidades temporais conservam uma positividade fundamental, ligada à teologia da criação e da Providência.

Esse ponto demarca as perspectivas luterana e calvinista. Ainda que partilhando do mesmo temor pela confusão entre os dois reinos — temor reavivado pela ameaça anabatista —, Calvino compreende que ambos estão profundamente ligados à realidade da história, afirmando que o reino espiritual "já inicia na terra, em nós, um gosto pelo Reino celeste" (IV, XX, 2). Lutero tendia a opor os dois reinos de um modo absoluto, sem uma perspectiva histórica do Reino que virá; já Calvino enfatiza uma relação positiva entre os dois reinos. Para ele, isso decorre de uma apreciação mais otimista tanto dos laços antropológicos entre a alma e o corpo quanto do significado da temporalidade. O próprio reino de Deus se manifesta em nós, e essa é uma função do Espírito. Assim, não se deve negar à vida presente sua pertinência espiritual.

Com base nessa legitimação teológica da existência histórica do ser humano, Calvino não somente desenvolveu uma ética da presença verdadeira no mundo, mas chegou a conclusões primordiais para a organização política. A "polícia", como ele afirma, é tão necessária para a cidade quanto o alimento e a natureza para a biologia (IV, XX, 3). Relaciona-se com a subsistência social da humanidade e a vitória contra a barbárie. Desse ponto se segue uma intensa reflexão política, na qual Calvino distingue sucessivamente o magistrado, a lei, à qual ele está submetido, e o povo, "que deve ser governado pelas leis e obedecer ao magistrado". Como vemos, o argumento não é ainda aquele que viria fundar a ordem constitucional democrática, mas é rico de "potencialidades críticas" (É. FUCHS e C. GRAPPE, 1990), que seria explorada a partir de então. Historicamente, é justo dizer que Calvino, sob as circunstâncias de Genebra, prega uma oligarquia (um governo de vários com mecanismos de controle), e nem tanto uma democracia no sentido moderno (cf. IV, XX, 8). Depois de observar, de acordo com Romanos 13.1-7, o dever de obediência para com as autoridades com base na lei de Deus, Calvino insiste principalmente na estabilidade do poder. Seu discurso sobre a pena de morte e a guerra justa retoma temas tradicionais da teoria política, mostrando-se assim com tendências conservadoras. Ele se contenta em limitar as prerrogativas do magistrado, recomendando-lhe sabedoria e moderação. Magistrados infiéis permanecem legítimos, na medida em que são como que a expressão da punição de Deus. Não devemos destituí-los. Calvino fala explicitamente de uma "correção da dominação desordenada" e até mesmo de uma resistência "à intemperança ou crueldade dos reis", mas isso não o torna um monarcômaco de vanguarda: somente o magistrado inferior, e não o cidadão como pessoa privada, está habilitado a resistir institucionalmente ao poder injusto (IV, XX, 31). O mesmo tema foi desenvolvido por Teodoro de Beza (1519-1605) na obra *Du droit des magistrats* [Do direito dos magistrados] (1574, Genebra, Droz, 1971). Assim, a perspectiva de Calvino permanece fortemente centrada nos mecanismos internos ao governo. Somente o poder executivo e o conselho são implicados na correção dos abusos de poder, pois ainda não houve a passagem para a democracia moderna, com a plena aceitação do equilíbrio dos poderes e do direito de resistência institucionalmente legitimado. Porém, é preciso reconhecer que, ao referir-se à resistência do magistrado inferior, a tradição calviniana tornou possíveis as reflexões dos monarcômacos e dos teóricos modernos que tratam da democracia (cf. É. Fuchs e C. Grappe para mais detalhes).

5. Uma herança cheia de acontecimentos

Sob a influência das teses de Max Weber e dos debates que geraram, a ética puritana tem ocupado um lugar privilegiado na reconstrução da ética protestante. Esse evidenciamento do puritanismo não responde somente a critérios históricos, mas também demonstra o desejo de enfrentar o desafio da suspeita de puritanismo que pesa na imagem da ética protestante em seu todo. Para compreender o *status* e as dificuldades da ética protestante hoje, é importante levar em consideração tanto a estruturação e a dissolução da ortodoxia protestante quanto o surgimento da modernidade. Nesse contexto mais ampliado, consegue-se captar a dinâmica específica do puritanismo, com seu projeto positivo de sociedade, e o verdadeiro alcance de sua influência na consciência moderna.

A época entre a Reforma e a modernidade se caracteriza amplamente por uma disseminação interna dos protestantismos (desde a ala esquerda da Reforma até as seitas protestantes) e pela reação católica (Concílio de Trento). O tempo da sociedade cristã única e unitária passou. O mover devido a um impulso conjugado do humanismo e da Reforma é, a partir de então, irreversível. As próprias igrejas protestantes seriam confrontadas por contragolpes vindos das transformações históricas para as quais tanto contribuíram. A resposta dessas igrejas revela uma tensão interna que acompanharia o tempo inteiro o protestantismo e caracterizaria suas visões éticas. Ernst Troeltsch forjou a distinção entre veteroprotestantismo e neoprotestantismo para considerar os dois polos da tensão. O veteroprotestantismo, necessariamente medieval, debruçou-se sobre a ortodoxia; somente o neoprotestantismo, alimentado pela herança dos humanistas, criou as condições de adaptação à modernidade que surgia. Troeltsch viu no calvinismo, no puritanismo e no pietismo as formas típicas desse neoprotestantismo, mais abertas à democracia, aos direitos do homem e à livre atividade econômica.

5.1. As transformações na ética política

De Lutero a Zwinglio e a Calvino, e em seguida de Calvino a François Hotman (1524-1590), aos monarcômacos, a Hobbes e Locke, a passagem não é direta. Operou-se uma evolução lenta que nos transportou de uma concepção oligárquica da sociedade a uma visão propriamente democrática. A ética política protestante sofreu uma transformação que muito deve ao espírito do tempo e a fatores não teológicos, mas que se inserem em uma lógica fundamental que privilegia a exigência de justiça como um princípio crítico do Estado e da organização social. Já tratamos aqui das continuidades e das rupturas que caracterizam o pensamento dos diferentes reformadores. Da mesma forma, a teoria do direito de resistência aponta para uma nova visão, baseada nos conceitos de lei (como instância crítica do poder) e aliança (como base do sistema político, antecipando as teorias do contrato político). John Locke (1632-1704) entende que o poder está a serviço da liberdade, contrariamente a Thomas Hobbes (1588-1679), que privilegia uma visão autoritária do Estado (cf. Éric FUCHS e Pierre-André STUCKI, *Au nom de l'Autre. Essai sur le fondement des droits de l'homme* [Em nome do Outro: ensaio sobre os fundamentos dos direitos humanos], Genebra, Labor et Fides, 1985). Porém, Locke permanece dividido entre certo otimismo racionalista e o recurso ambíguo a categorias teológicas em vias de secularização. Como observaria Troeltsch, a lei da natureza de que trata Locke, ainda que fundamentada na transcendência do Deus legislador, está mais a serviço do bem dos indivíduos que da honra de Deus (1977, p. 700). Ocorre, portanto, um deslocamento considerável, que deve impedir-nos de assimilar apressadamente a posição de Locke à da tradição calviniana.

5.2. O homem no centro da ética

Não foi somente em Wittenberg que a ética protestante tentou encontrar um equilíbrio entre as teses de Lutero sobre a justificação pela fé somente e uma percepção mais filosófica da ética. Lambert Daneau (1530-1595), colega de Teodoro de Beza em Genebra, como bom reformado, concentrou sua reflexão ética na santificação, mas associou a santificação a uma visão aristotélica do homem, que age pela vontade e pela razão (*Ethices Christianae libri tres*, Genebra, Eustache Vignon, 1577). A síntese é espantosa: como beneficiária do novo nascimento que vem da santificação, o homem deve submeter-se ao Decálogo, compreendido como um catálogo de regras; é somente dessa maneira que se conseguirá atingir o verdadeiro objetivo da existência, a glória que é devida a Deus. A ética das virtudes é, assim, posta a serviço da santificação e orienta a disciplina eclesiástica. "Desse modo, no contexto da doutrina calviniana da santificação, Daneau recupera temas clássicos e medievais, que ele critica e reinterpreta" (Olivier FATIO, *Méthode et théologie: Lambert Daneau et les débuts de la scolastique réformée* [Método e teologia: Lambert Daneau e os primórdios da escolástica reformada], Genebra, Droz, 1976, p. 180).

Com essa ênfase na santificação, opera-se um acontecimento a princípio imperceptível, mas que é reencontrado no pietismo, no puritanismo e na ética bastante moralizadora de um autor como Jean-Frédéric Osterwald (1663-1746): apesar da dupla elipse constitutiva da ética da Reforma (justificação e santificação) — e essa dupla elipse é bastante enfatizada por

Pierre Jurieu na obra *Apologie pour la morale des réformez, ou défense de leur doctrine touchant la justification, la persévérance des vrais saints et la certitude que chaque fidèle pout et doit avoir de son salut* [Apologia da moral dos reformados, ou defesa de sua doutrina sobre a justificação, a perseverança dos verdadeiros santos e a certeza que cada fiel pode e deve ter de sua salvação], Quevilly, J. Lucas, 1675, respondendo ao jansenista Antoine Arnauld, *Le renversement de la morale de Jésus-Christ par les erreurs des Calvinistes, touchant la justification* [A inversão da moral de Jesus Cristo pelos erros dos calvinistas acerca da justificação], Paris, Guillaume Desprez, 1672) —, o crescente interesse pela santificação responde a necessidades práticas e políticas evidentes. Nessa concentração no sujeito humano, a ética está em busca daquilo que chamaríamos hoje uma maior operacionalidade, esforçando-se por enfrentar o perigo de quietismo que uma insistência unilateral na justificação poderia produzir. Enquanto na obra de Calvino o equilíbrio entre as duas elipses era mantido, o calvinismo posterior cede progressivamente às solicitações da realidade exterior. O motivo teológico da glória de Deus cede lugar ao motivo teleológico da verificação pela eficácia. Em sua visão sobre a vocação e o trabalho, o puritanismo inglês passou do teocentrismo calvinista de um autor como William Perkins (1558-1602) ao utilitarismo e à primazia dada à economia na obra de Richard Baxter (1605-1691) em *Christian Directory* [Diretório cristão] (1673, em *The Practical Works of Richard Baxter* [As obras práticas de Richard Baxter], vol. 1, Morgan, Soli Deo Gloria Publications, 2000). A vocação (*calling*, *Beruf*) se tornou um trabalho secular: "a ênfase se desloca da ação de Deus para a ação do homem" (M. MIEGGE, p. 82). Certa "religião do trabalho" foi instaurada, muito distante da concepção calviniana da graça e da liberdade. Mas não podemos atribuir esse deslocamento somente à intenção de um projeto teológico; também assistimos a um amplo deslocamento cultural, um sinal antecipado do maremoto da modernidade. A ética protestante é alocada em uma mudança de paradigma cujos dados ela não domina na totalidade. Assim, ela esposa a evolução da sociedade burguesa e anuncia o surgimento da racionalidade econômica. É um tanto arriscado opor a pureza da doutrina de Calvino aos desvios do puritanismo. Mas nada indica ser suficiente retornar a Calvino, passando por cima da experiência histórica da modernidade, para fundar uma ética adaptada à nossa época.

6. A ética protestante e as implicações da modernidade

O desenvolvimento da ética protestante moderna se caracteriza por uma inversão significativa, em geral ocultada pelas reconstruções idealizadoras de uma ética protestante original e imutável. Entre os reformadores, com exceção de Melâncton, a ética não era objeto de um tratamento em separado; a ortodoxia protestante encaixou a moral em uma dedução dogmática estrita, até que a moral, emancipando-se desse jugo, constituiu-se em sistema por sua vez. Com isso, o pietismo e o racionalismo abriram espaço para elaborações morais cada vez mais autônomas. A ética havia conquistado sua independência como ciência, o que a obrigaria a confrontar-se de um modo ainda mais exigente com a ética filosófica dominante. Porém, pareceu perder de vista com isso sua dimensão teológica. Esse progressivo afastamento foi uma das razões que, no primeiro quarto do século XX, fez com que a "teologia dialética" abordasse a ética teológica à luz da dogmática cristã.

6.1. Immanuel Kant (1724-1804)

Em uma enciclopédia do protestantismo, é impossível falar de moral sem evocar Kant. Com frequência, vê-se nele o filósofo protestante por excelência. Na teologia protestante moderna, sua influência é ao mesmo tempo importante e contraditória. De fato, as relações de Kant com a metafísica e a religião estão longe de serem simples. Sua crítica da razão pura, teórica e prática, tem sido compreendida como uma destruição radical de toda metafísica; porém, hoje percebe-se que tal crítica visava a uma reforma radical da metafísica. Isso parece evidente no projeto kantiano que buscou edificar uma metafísica dos costumes, ou seja, uma teoria moral independente de toda antropologia descritiva, de toda teologia dogmática e de toda física. Além disso, o racionalismo de Kant o levou a encaixar a autonomia da vontade e a lei moral no contexto estrito das possibilidades da razão. O sujeito ético se constitui como liberdade incondicional, confrontada com as exigências universais do imperativo categórico. Os postulados da razão prática (Deus, a imortalidade da alma, a liberdade) são necessários para quem busca fundar na razão a moral do dever. Vê-se com clareza como se distingue aqui o ponto de vista filosófico do ponto de vista teológico. Para Kant, a verdade das representações religiosas (a imortalidade da alma, o pecado) é indecidível no plano teórico, e só tem sentido no plano prático, como pressuposição necessária da moral. Jamais se poderá provar a existência de Deus, da imortalidade da alma ou da liberdade humana; no entanto, essas noções são necessárias para a constituição da vida moral.

Nisso reside a grandeza de Kant: a crítica da razão pura esclarece os próprios limites da razão e aponta para a necessidade prática dos postulados. Por não ser capaz de explicar a origem do mal, a filosofia moral se depara com o enigma irredutível de um mal radical, e através desse mal o sujeito ético acaba corrompendo as raízes de sua vontade. Os símbolos da tradição judaico-cristã a que Kant recorre (Deus como juiz, Cristo como exemplo moral, o pecado etc.) parecem indispensáveis para enunciar a transcendência da razão e o próprio fundamento da moral. Ao mesmo tempo, lei moral e liberdade humana formam um círculo que parece legitimar uma visão puramente autônoma da moral. O acolhimento de Kant no meio teológico tem gerado um amplo debate em torno dessas questões. O protestantismo moderno não deixou de elaborar questões acerca das relações entre ética e religião. E o catolicismo contemporâneo, relendo Tomás de Aquino em uma perspectiva muitas vezes bastante kantiana, reabriu o dossiê da autonomia da ética e da moral autônoma.

6.2. Friedrich Daniel Ernst Schleiermacher (1768-1834)

Schleiermacher é mais conhecido pela obra *Christliche Sitte nach den Grundsätzen der evangelischen Kirche im Zusammenhang dargestellt* (1843, 1884, org. por Wolfgang Erich MÜLLEr, 2 vols., Waltrop, Spenner, 1999) que por sua contribuição para a ética filosófica. De fato, ele atuou em ambas as frentes. Em 1803, esboçou um impressionante inventário crítico da história da ética ocidental (*Grundlinien einer Kritik der bisherigen Sittenlehre*, Berlim, Reimer, 1834), em que são evidentes sua dívida para com Platão e seu desejo de superar a ética kantiana. Seus cursos de ética filosófica (*Éthique. Le "Brouillon sur l'éthique" de 1805-1806* [Ética: o "Esboço sobre a ética"], Paris, Cerf, 2003; *Ethik [1812-1813]* [Ética], org. por Hans-Joachim BIRKNER, Hamburgo, Meiner, 1990) reestruturaram essa disciplina em torno dos três eixos centrais, que são a doutrina dos bens, a doutrina da virtude e a doutrina do dever. A doutrina do dever, que visa a Kant, está em último lugar, e como tal se depara com a pluralidade dos mandamentos. Já a virtude só pode influenciar a vontade do indivíduo. Somente a doutrina dos bens, culminando na noção (platônica) de Bem supremo, tem condições, de acordo com Schleiermacher, de abarcar a universalidade dos objetivos. A ética filosófica parte do universal para descobrir o particular, ou seja, as modalidades concretas com que a razão organiza (através da autoconsciência interior) e simboliza (através da expressão exterior) a natureza. De um modo mais modesto, a ética cristã procede em ordem inversa, tentando chegar, desde a particularidade de Jesus até a universalidade do homem tal como é figurada na noção de reino de Deus, expressão ética da semelhança do homem com Deus.

De acordo com sua visão da dogmática, Schleiermacher concebe igualmente a ética cristã como uma ciência descritiva. Assim como a ética filosófica descrevia as finalidades da cultura, a ética teológica expõe o espírito cristão tal como é experienciado na comunidade dos cristãos. De descritiva, a ética só se torna prescritiva ou imperativa através dos mandamentos concretos que a constituem desde o interior.

Ainda que sejam diferentes quanto à forma, a ética filosófica e a ética cristã têm o mesmo conteúdo. O Bem supremo constitutivo da destinação última do homem encontrou na individualidade particular de Jesus, como antecipação do Reino, seu modelo. A ética de Schleiermacher é fundamentalmente teleológica; orientada para o reino de Deus, tende a identificar a comunidade cristã e a sociedade civil, concentrada na forma do Estado. Isto leva Schleiermacher a um otimismo cultural e histórico: o Estado se cristianiza, e até mesmo a instituição da guerra poderia se humanizar. Na obra do teólogo reformado não se encontra em parte alguma esse senso do trágico e do histórico que anima Hegel, principalmente na obra *Fenomenologia do espírito*. A ética de Schleiermacher impressiona pela síntese e pela perspectiva, oferecendo pistas fecundas para superar as falsas oposições que o neokantismo tendeu a cristalizar. No entanto, devemos nos perguntar se essa ética não seria tipicamente burguesa, visando a uma conciliação pacífica das oposições e a um ingênuo apaziguamento dos conflitos. Em uma recusa muitas vezes injusta e caricatural, a "teologia dialética" se oporia ao projeto scheiermacheriano em seus primórdios, e nessa oposição não havia somente a crítica ao modo de relacionar fé e razão, igreja e cultura. Nesse processo, devemos perceber também, retrospectivamente, o diagnóstico lúcido que é instaurado sobre uma teologia confortável demais em seu século e satisfeita consigo mesma. Sem dúvida, essas fraquezas na ética de Schleiermacher se devem, em boa parte, à insuficiente consciência acerca do caráter escatológico (e não somente teleológico) do reino de Deus na mentalidade cristã do século XIX. Acrescente-se a isso que os herdeiros de Schleiermacher, tais como Richard Rothe (1799-1867) e principalmente a escola ritschliana, contribuíram para reforçar ainda mais não somente o aburguesamento da ética, mas também, em certos aspectos, uma falta de distância crítica e de um discernimento propriamente teológico.

6.3. Albrecht Ritschl (1822-1889)

Depois de Kant e Schleiermacher, Ritschl buscou fundar a ética teológica com base na liberdade, compreendida não somente como liberdade formal da vontade (Kant), mas também como liberdade positiva que se exprime na autonomia. Dessa maneira, ele pretendeu distanciar-se do conceito teológico de liberdade em Lutero, atraindo para si a ira posterior de Barth e Bonhoeffer. Pareceu a estes um tipo de pelagianismo inaceitável que a afirmação da justificação pela fé fosse precedida da tese da liberdade formal. Por outro lado, para Ritschl, era necessário libertar completamente a teologia da metafísica e constituir uma teologia fundamentalmente moral. Ele concebeu uma ética baseada em uma santificação de tipo comunitário, orientada pelo reino de Deus. Nesse sentido, esse autor foi duplamente significativo para a ética teológica do final do século XIX: tanto por sua insistência no diálogo com a ética filosófica herdada de Kant e modificada por Schleiermacher quanto pela dimensão social e escatológica de sua reflexão ética. No entanto, sua contribuição incluía graves limites que explicam as críticas ácidas que recebeu. Em seu desejo exagerado de ancorar a lei moral kantiana na religião, não estaria passando por cima das críticas de Kant à religião? Ao minimizar as diferenças entre a liberdade kantiana e a liberdade cristã, não estaria sucumbindo a uma mania conciliatória bastante típica da situação burguesa da teologia de seu tempo? Sobre essas questões, cf. as excelentes observações de Helga KUHLMANN, *Le concept de liberté dans le cours de Ritschl 'Morale théologique'* [semestre d'été 1882] [O conceito de liberdade no curso de Ritschl "Moral teológica" (verão de 1882)], em Pierre GISEL, Dietrich KORSCH e Jean-Marc TÉTAZ, org., *Albrecht Ritschl. La théologie en modernité: entre religion, morale et positivité historique* [Albrecht Ritschl: a teologia na modernidade: entre religião, moral e positividade histórica], Genebra, Labor et Fides, 1991, p. 124.

6.4. Wilhelm Herrmann (1846-1922) e Ernst Troeltsch (1865-1923)

Dentre os discípulos de Ritschl, sem dúvida foi Herrmann o que mais aprofundou o *status* teológico da ética. Sua obra *Ethik* [Ética] (1901, Waltrop, Spener, 2002) representa um esforço considerável de integração das perspectivas de Kant e Schleiermacher em um novo contexto. Para Herrmann, o indivíduo, tema central da ética, fracassa constantemente diante das exigências radicais da ética, e é dessa forma que é conduzido à religião. Se a ética serve como uma preparação indispensável para a religião, a religião comporta um núcleo de sentido irredutível à ética. Nesse modo original de situar religião e ética, Herrmann não somente proporciona uma pausa na reflexão ética protestante do século XIX, mas também anuncia os debates que seriam empreendidos de modo radical pela "teologia dialética", sobretudo com Karl Barth e Rudolf Bultmann (ambos seus alunos em Marburgo), em resposta contra Herrmann e também em uma continuidade mais ou menos confessada com ele.

Troeltsch esboçou nas famosas conclusões de suas *Soziallehren*, em 1912, um retrato da ética cristã que demonstra ao mesmo tempo seu apego à teologia liberal e sua proximidade do socialismo religioso. Ele cita cinco características da visão ética do cristianismo: uma metafísica da personalidade e da individualidade; um "socialismo inabalável"; a superação da falsa oposição entre desigualdade e igualitarismo; a produtividade social da caridade; o caráter transcendente do reino de Deus como finalidade e valor últimos da existência (cf. *Christianisme et société. Conclusions des Soziallehren* [Cristianismo e sociedade: conclusões das *Soziallehren*], *Archives de sociologie des religions* [Arquivos de sociologia das religiões] 11, 1961, p. 26s).

Essa espantosa síntese dá conta do projeto ético de Troeltsch em sua obra como um todo: depois de distanciar-se do individualismo e da "ética subjetiva" de Wilhelm Herrmann, atribuindo prioridade à ética objetiva dos bens, que é de origem schleiermacheriana (*Grundprobleme der Ethik* [1902], em *Gesammelte Schriften* II, Tübingen, Mohr, 1922, p. 552-672), no final da vida, Troeltsch se esforça para superar o historicismo através de uma teoria ético-cultural dos valores que operam na história. Sua contribuição foi negligenciada pela "teologia dialética", mas hoje encontra certa atualidade. De fato, poderia inspirar uma retomada mais ampla da questão das relações entre ética, cultura e sociedade, uma questão geralmente ocultada pelo protestantismo contemporâneo por um excesso de zelo dogmático ou de precipitação profética.

6.5. Alexandre Vinet, Charles Secrétan e a ética francófona

Em terras de língua francesa, nos passos de Kant e Schleiermacher, o protestantismo moderno tentou estabelecer uma síntese entre fé e moral. Alexandre Vinet (1797-1847) foi uma testemunha por excelência desse esforço. Em reação contra o Avivamento, que em sua opinião tendia a diminuir a importância da moral, Vinet enfatizou a dimensão intrinsecamente moral do evangelho, mas também se opôs à moralização pura e simples da fé, moralização que podia ser deduzida do neokantismo ou até do próprio Kant. "O evangelho é moral do início ao fim, [...] uma única ideia moral desenvolvendo-se por sua própria energia [...]. Portanto, na pessoa de Jesus Cristo, foi a verdade moral que os homens crucificaram. Foi pela verdade moral que ele atraiu ódio para si" (*Mélanges. Philosophie morale et morale religieuse, études littéraires et notices biographiques, fragments inédits et pensées* [Miscelânea: filosofia moral e moral religiosa, estudos literários e notas biográficas, fragmentos inéditos e pensamentos], Paris, 1869, p. 45s).

Poderemos nos perguntar se tal síntese respeitaria os momentos específicos da fé e da moral, ao mesmo tempo que dá conta de sua unidade, como era sua intenção inicial, ou não passaria de uma expressão final do moralismo protestante. Será que conseguiria reunir os polos da justificação e da santificação, objeto central da reflexão dos reformadores, ou se desviaria para uma interpretação moralizante e racionalista do evangelho? Certamente Vinet evitou substituir a moral pela fé, mas a síntese que ofereceu é bastante típica do moralismo protestante como um todo.

O filósofo Charles Secrétan (1815-1895) enxergou na unidade entre a liberdade e o dever a própria definição da natureza humana. Para ele, a consciência moral era o critério da verdade prática dos dogmas tradicionais do cristianismo. Sua doutrina sobre o homem, essencialmente otimista, conduzia diretamente a uma interpretação moral da salvação: "a salvação é apenas nossa transformação moral" (*Théologie et religion*, Lausanne-Paris, Imer-Monnerat, 1883, p. 42). Pensador especulativo, Secrétan não buscava libertar a moral da metafísica, mas demonstrar seus laços através da categoria de religião. Nesse sentido, ele se afastava claramente do afeto antimetafísico da escola ritschliana; todavia, não está claro se fundou de um modo verdadeiramente filosófico a objetividade da moral: para ele, a fé cristã permaneceu como a referência final habilitada a fundar ontologicamente a moral. César Malan filho (1821-1899), Gaston Frommel (1802-1906) e Georges Fulliquet (1863-1924) desenvolveram, no rastro de Secrétan, uma "teologia da consciência" centrada nas noções de dever e obrigação moral. Essa teologia pressupunha a síntese harmoniosa entre a revelação moral, a revelação pela natureza e a revelação bíblica. No entanto, Fulliquet, influenciado por Wilhelm Herrmann, via em Deus a fonte de obrigação moral, recusando-se, dessa maneira, a confundir ética e religião. A santidade e o caráter absoluto da obrigação dizem respeito, em primeiro lugar, ao homem em presença de si mesmo. Assim, não há traços de heteronomia na obrigação: por ser um poder inconsciente que constitui a essência íntima do homem, a obrigação não deriva da intervenção imediata de Deus. Porém, a filosofia moral deve reconhecer, no final de seu percurso reflexivo, que esse poder inconsciente, em última instância, está debaixo do controle imediato de Deus (*Essai sur l'obligation morale* [Ensaio sobre a obrigação moral], Paris, Alcan, 1898, p. 107s). Da mesma forma, a escola símbolo-fideísta de Auguste Sabatier (1839-1901) e Eugène Ménégoz (1838-1921) afirmou a superioridade da fé sobre os sistemas, fossem eles de crença, fossem eles de moral. Em Neuchâtel, Augustin Gretillat (1837-1894), professor da Faculdade Independente, enfatizou, tal como Vinet, o caráter essencialmente moral do evangelho; porém, em debate com Schleiermacher, declarou "a superioridade absoluta da moral cristã sobre todas as outras" (*La morale chrétienne* [A moral cristã], t. I, Neuchâtel, Attinger, 1898, p. 54), preparando assim o terreno para a recepção do barthismo. No século XX, o pensamento protestante oscilou entre duas tendências principais: a filosofia dos valores (Arnold Reynold, que na teologia inspirou Édouard Burnier e Gabriel-Ph. Widmer) e a crítica barthiana (Pierre Thévenaz, Paul Ricoeur). Foi com o esforço de uma vasta ampliação, sobretudo um novo debate entre Kant e Aristóteles, que Ricoeur, em sua última fase, estabeleceu uma reflexão ética que ultrapassou as cercas da herança barthiana e esclareceu as relações entre moral comum e fé bíblica (cf. *Soi-même comme un autre* [O si-mesmo como um outro], Paris, Seuil, 1990).

6.6. A ética na "teologia dialética"

Com o objetivo de sair dos impasses da teologia liberal e da sociedade burguesa, a "teologia dialética", em que pesem suas tensões internas, caracteriza-se fundamentalmente por uma redistribuição das cartas entre ética e dogmática. Sua principal frente polêmica foi a oposição à asseptização moralizante imposta à fé. Nesse sentido, é devedora dos corrosivos "mestres da suspeita" que foram, em matéria de crítica da moral, um Nietzsche, um Marx e um Kierkegaard.

Como um discípulo crítico de Calvino, Karl Barth (1886-1968) chamou a atenção principalmente para a continuidade fundamental entre Evangelho e Lei (1935): o Evangelho é o conteúdo da Lei, e a Lei é a forma necessária do Evangelho. Sem referir-se explicitamente a um terceiro uso da lei, Barth afirmou ao mesmo tempo a superioridade do Evangelho e a permanência da Lei, arriscando-se, aos olhos de muitos luteranos, a transformar o Evangelho em Lei e perder de vista a função negativa da Lei. Utilizando-se do mesmo modelo, ele inverteu a relação (que ele estimava fatal nas obras de Schleiermacher, Ritschl, Herrmann e Troeltsch) entre ética e dogmática para afirmar a primazia da dogmática como fundamento da ética. Muitos viram nisso uma subordinação inaceitável da ética, mas em Barth toda afirmação dogmática contém uma dimensão ética (*Dogmatique* [Dogmática], II/2** [1942], Genebra, Labor et Fides, 1959, p. 1ss). A herança calviniana transparece claramente aqui, assim como certa afinidade com a ética judaica, o que levou Barth a desenvolver uma ética da política com base na analogia fundamental entre "comunidade cristã e comunidade civil" (de acordo com a obra de mesmo título [1946], Genebra, Labor et Fides, 1958), uma analogia que tende a obnubilar a distância constitutiva entre religião e política em uma sociedade secularizada.

Bastante influenciado por Barth, Dietrich Bonhoeffer (1906-1945) buscou renovar a ética luterana, em geral dualista e conservadora. Em sua obra *Ética*, inacabada, e também em suas cartas póstumas da prisão (*Resistência e submissão* [1970], São Leopoldo, Sinodal, 2003), ele oferece pistas fecundas para uma ética da vida responsável, estruturada pelo mandamento de Deus e pela presença encarnada de Cristo, e aberta para a secularidade de um mundo que se tornou maior. Enquanto as primeiras páginas da *Ética* opõem com vigor a ética cristã, única verdadeira, à ética filosófica, ocupada em diferenciar o bem e o mal, as intuições fulgurantes do Bonhoeffer da última fase, sobre a interpretação não religiosa dos conceitos bíblicos e sobre o advento de um mundo sem Deus, deixam entrever um novo *status* para a ética comum. Da mesma forma, Bonhoeffer trouxe para a reflexão protestante uma nova abordagem da função do natural na ética, mas com conclusões bastante renovadoras com relação à ética da vida e da sexualidade. Para concluir, essa obra nos legou mais inspirações fecundas que argumentos e provas, por não ter recorrido a um método convincente. Distinguindo de modo insuficiente a "realidade última" manifestada em Cristo e a autonomia singular das "realidades penúltimas", a obra tem seu valor sobretudo pela radicalidade e pela intensidade exemplares de sua exigência ética.

Dentro da "teologia dialética", Rudolf Bultmann (1884-1976) ocupou um lugar singular também no que diz respeito à ética. Acima de tudo, ele insistiu no caráter instantâneo e imediato da decisão individual e desenvolveu uma teoria da compreensão e da pré-compreensão que supõe uma articulação diferenciada entre razão e fé, impensável aos olhos de Barth e de Bonhoeffer. Com isso, a ética está implicada unicamente na decisão existencial, jamais em função de conteúdos objetivos. Por essa razão, Bultmann e seus discípulos, com destaque para Gerhard Ebeling e Knud Ejler Løgstrup, rejeitam toda ideia de uma ética especificamente cristã. Nessa postura encontramos, sem dúvida alguma, a radicalidade do ponto de vista luterano sobre a justificação pela fé, mas não podemos negligenciar os elementos comuns que levaram Bonhoeffer, Barth e Bultmann a problematizar a pretensão da ética filosófica à autonomia absoluta.

7. Ética cristã e ética protestante

7.1. A problemática de uma ética cristã e o papel da Escritura

A noção de ética cristã se tornou problemática até mesmo dentro da teologia protestante. Somente os fundamentalistas convictos e alguns neocalvinistas pretendem deduzir diretamente da Escritura um sistema ético unívoco e unitário. A evolução das pesquisas histórico-críticas nos obriga a distinguir diversos modelos éticos na Escritura, em função de contextos tradicionais, culturais e sociais que variam. De um ponto de vista metodológico, é sem dúvida preferível falar hoje de ética teológica (cf. Dietrich Ritschl, artigo "Teologia", item 4.3) para descrever a reflexão crítica sobre o *status* da ética que decorre da fé cristã. Alguns autores, influenciados sobretudo por Bultmann, rejeitam toda noção de ética cristã, estimando que tal expressão supõe uma visão rígida e moralizadora dos conteúdos do *éthos* cristão. Outros, como Dietrich Ritschl, preferem referir-se à ética dos cristãos em um paralelo com a ética dos judeus e dos muçulmanos. De qualquer

maneira, na teologia cristã a ética permanece dependente da inspiração e das orientações que são fornecidas pelo evangelho. A exigência ética formulada na lei baseia-se em uma promessa que inclui reconhecimento e responsabilidade. Lembrar a Escritura na perspectiva da ética protestante é acolher os textos como proposições que estimulam nossa liberdade, e não transformá-las em modelos rígidos e atemporais (cf. É. FUCHS, 1998, p. 102-112; D. MÜLLER, 1999, p. 161-199).

7.2. Ética protestante e moral católica

A crise atual do ecumenismo não pode ser explicada somente por fatores teológicos, mas se deve também aos deslocamentos ocorridos na religião, no campo social e no cultural. Um dos maiores méritos dessa crise foi evidenciar as verdadeiras implicações do ecumenismo e as condições para uma verdadeira unidade.

A reflexão ética é exposta, em primeiro lugar, em correlação com esse processo de reidentificação confessional.

a) Protestantismo e catolicismo correspondem a duas maneiras fundamentalmente distintas de abordagem da realidade e do significado da salvação, da igreja e da história ou da antropologia. Compreender de modo diverso o papel da igreja, sua "instrumentalidade", também é atribuir-lhe um peso diferente nas coisas do mundo. Os debates clássicos que foram empreendidos desde o século XVI sobre o significado da justificação pela fé e o alcance das obras morais não são simples vestígios do passado, mas ainda condicionam a percepção de ambas as confissões sobre a fé e o engajamento dos cristãos no mundo. De um modo especial, esses debates fundamentam outra apreciação da profanidade, da laicidade e da democracia.

Enquanto o catolicismo tende a considerar a moral a partir da continuidade entre a natureza e a graça (de acordo com uma filiação tomista jamais desmentida), o protestantismo privilegia acima de tudo a relação ao mesmo tempo contínua e descontínua entre a Lei e o Evangelho. No entanto, o catolicismo também conhece a dialética da Lei e do Evangelho, ainda que esteja subordinada ao esquema da natureza e da graça, considerado mais essencial; da mesma forma, o protestantismo não é indiferente à questão natureza/graça. São os teólogos extremistas do protestantismo que recusaram toda associação entre a graça do evangelho e as realidades designadas pelo termo abstrato "natureza". Tanto Lutero quanto Zwinglio e Calvino buscaram pensar a articulação entre graça e natureza. No século XX, numerosos teólogos protestantes abordaram com um novo olhar a questão da pertinência da natureza e do real para o discurso teológico e suas implicações éticas (cf. em particular os conceitos de natural e de realidade penúltima na obra de Bonhoeffer ou o recente interesse pelas teorias do direito natural ou da lei da natureza na ética política). Essas aproximações não significam de modo algum a negação da diferença fundamental. Protestantismo e catolicismo, juntos no essencial e capazes de agir em união ocasionalmente, continuam a considerar esse essencial sob um ângulo específico e a motivar de modos diferentes os comportamentos e as normas éticas. Em questões espinhosas como o aborto, a eutanásia, a fecundação artificial ou o controle de natalidade, a diferença fundamental engendra importantes divergências, principalmente entre, de um lado, o magistério católico e, de outro, as igrejas reformadas e luteranas como tais (sobre vários desses pontos, as comunidades e as correntes ditas evangélicas costumam assumir posições similares às da Igreja Católica).

b) No entanto, é preciso evitar assimilar essa diferença fundamental e o modo com que as posições oficiais do magistério católico a compreendem. Aqui cabe saber se a concepção de João Paulo II sobre o magistério e a moral católica (inclusive como doutrina social) corresponde necessariamente e de modo estável à visão católica, seja na elaboração que lhe foi dada pelo Concílio Vaticano II, seja na que poderia esboçar-se no futuro, sob o duplo impulso do povo católico e da reflexão dos teólogos. Felizmente, também há no catolicismo tendências para a renovação teológica, ética e democrática. Além disso, é preciso perceber que a questão não é apenas doutrinária. O debate sobre o *status* da lei natural na ética e na pastoral depende igualmente do problema do poder na igreja e do poder da igreja.

8. O status da ética social

Roger Mehl escreveu em 1967: "A ideia da ética social é uma ideia nova" (p. 9). Tal afirmação, por mais espantosa que seja em uma obra relativamente recente, demonstra o atraso da ética protestante em uma área em que se apoia no imponente dispositivo de sua "doutrina social". Porém, para Mehl, de um modo mais amplo, a novidade da ética social se devia à difícil transição da ética individual à ética social propriamente dita. Em uma tradição de pensamento bastante arraigada, que, principalmente no protestantismo, tende a enxergar a ética a partir da consciência individual, não é automático conceber uma ética adaptada à sociedade e aos grupos que a constituem.

No entanto, o protestantismo nunca quedou-se à parte no setor do engajamento social. Na obra de Lutero há a valorização da ética do trabalho a partir do conceito de *Beruf* (profissão) e *métier* (ofício), e esse foi o ponto de partida para a ação social protestante. Nesse sentido, o calvinismo foi um fator de mobilidade social, enquanto o puritanismo, ao livrar o indivíduo dos fardos sociais, preparou o terreno para uma retomada crítica. O pietismo luterano alemão, assim como o puritanismo anglo-saxão, embora de um modo mais prudente, fundou importantes obras sociais, enfatizando a religião pessoal com seus correspondentes deveres sociais. Essa ação social ainda se mantinha necessariamente individual, sem conscientizar-se da dimensão estrutural da ética social. No século XIX houve certa ruptura no protestantismo em relação à concepção burguesa da moral. Ritschl e sua escola, apesar de suas ambiguidades, valorizaram a dimensão social da moral cristã. Na Inglaterra, Frederick Denison Maurice (1805-1872), preocupado com a questão social, enfatizou a função transformadora de Cristo na cultura, e William Temple (1881-1944) buscou legitimar o ideal sindicalista com base na ideia de encarnação inclusiva. Na Alemanha, Friedrich Naumann (1860-1919) e o Congresso Evangélico Social (1890) insistiram também na dimensão social do evangelho e sua contribuição para o progresso. Essas diversas tentativas, no entanto, permaneceram minoritárias em um meio protestante sobretudo constituído pelas classes burguesas. Para que o protestantismo se abrisse verdadeiramente para a ação social, foi necessário aguardar o surgimento de vários movimentos: o socialismo religioso na Alemanha e na Suíça, com Leonhard Ragaz (1868-1945); o cristianismo social na França, com Élie Gounelle (1865-1950) e Wilfred Monod (1867-1943); e o evangelho social nos Estados Unidos, com Walter Rauschenbusch (1861-1898), pastor batista em Nova York. As igrejas recolheram os frutos dessa conscientização principalmente graças ao movimento do cristianismo prático ("Vida e Ação"), um dos ramos constitutivos do Conselho Mundial de Igrejas.

Nos Estados Unidos, Reinhold Niebuhr (1892-1971) causou grande estardalhaço com o livro *Moral Man and Immoral Society. A Study in Ethics and Politics* [Homem moral e sociedade imoral: um estudo em ética e política] (1932, New York, Scribner, 1960), mostrando que o moralismo do evangelho social era ineficaz: não se pode transformar a sociedade apenas recorrendo ao amor. As categorias da ética individual não estão adaptadas à complexidade das estruturas sociais. Para confrontar as perversidades imanentes da "sociedade imoral", é preciso pensar na justiça distributiva. Assim, Niebuhr fez com que a ética protestante passasse a refletir sobre a tensão constitutiva entre justiça e amor, tema retomado por Paul Tillich e, na escola de Zurique, por Emil Brunner e Arthur Rich. Após a Segunda Guerra Mundial, Niebuhr assumiu uma orientação mais reformista, enfatizando a importância da democracia. Porém, sua obra como um todo demonstra uma vigilância crítica associada a uma vívida consciência das mediações políticas e jurídicas necessárias para a reflexão sobre a ética social.

Na Europa, Emil Brunner (1889-1966) também desempenhou um papel decisivo ao aplicar sua teoria da justiça à área da ética econômica e social (*Das Gebot und die Ordnungen. Entwurf einer protestantisch-theologischen Ethik* [1932], Zurique, Theologischer Verlag, 1978; *Gerechtigkeit. Eine Lehre von den Grundgesetzen der Gesellschaftsordnung* [1943], Zurique, Theologischer Verlag, 1981). Em um debate crítico com Barth, cujo modelo de analogia direta entre comunidade cristã e comunidade civil era inaceitável para ele, Brunner desenvolveu, na ótica de uma "sociologia cristã" (conceito que não podemos retomar como tal hoje), uma articulação nova entre o indivíduo, a sociedade e as "ordens sociais" relacionadas a uma lógica social específica. Enfatizando a comunidade originária que une os homens com laços de amor, Brunner observou a necessária gradação que conduz desde as "comunidades naturais" (parentais, filiais etc.) até as comunidades nacionais e jurídicas, em que estão em jogo, sem sombra de dúvida, os interesses e as relações de força.

A tentativa mais bem-sucedida de uma ética econômica na área protestante se insere na continuidade dessa tradição zwingliana exemplificada por Brunner. Trata-se da imponente obra de Arthur Rich (1910-1992), sucessor de Brunner em Zurique (*Ética econômica*). A partir de uma antropologia teológica de caráter interpessoal e social, Rich nos convida a respeitar a tensão entre a exigência de justiça e o princípio de realidade. A formulação cuidadosa de critérios éticos em conformidade com a exigência de justiça lhe permitiu extrair máximas concretas para orientar nossa ação e avaliar o significado ético dos grandes sistemas de organização econômica, ao mesmo tempo mantendo o senso da relatividade e da interdependência dos valores em jogo.

Nas últimas décadas, a ética social protestante também se desenvolveu vigorosamente na área da teologia política, das teologias da libertação e das teologias feministas. As reflexões e o engajamento de Martin Luther King abriram pistas fecundas para a ética da não violência e da solidariedade (cf. Serge MOLLA, *Les idées noires de Martin Luther King* [As ideias negras de Martin Luther King], Genebra, Labor et Fides, 1992, p. 135-183). Por sua vez, James H. Cone chamou a atenção para a associação fundamental entre libertação da violência e ética cristã (cf. *La noirceur de Dieu* [A negritude de Deus] [1975], Genebra, Labor et Fides, 1989, p. 226-260). Robert McAfee Brown, Julio de Santa Ana, Rubem Alves e Elza Tamez se inserem, em graus diversos, na perspectiva das éticas da libertação. Letty M. Russell, Dorothee Sölle, Elisabeth Moltmann-Wendel, Beverly W. Harrison e Karen Lebacqz são personalidades marcantes da ética feminista. A partir da distinção entre sexo e gênero, apontada pela antropologia da sexualidade, a ética teológica é chamada a superar o biologismo e o naturalismo do sexismo em vigor. Nem mulheres nem homens se reduzem a seu sexo específico; as mulheres também habitam a realidade construída de uma identidade feminina (o gênero) aberta e em mutação.

Essas inúmeras reflexões protestantes atestam a existência de uma evidente preocupação com a ética social. Aqui não se trata de uma doutrina social imposta do alto, como no catolicismo, mas, sim, de propostas e diretrizes para a livre apreciação da opinião. Comitês de ética, institutos de ética social e autoridades sinodais tomam posição regularmente, em nome dos protestantes, e às vezes em colaboração ecumênica, sobre questões éticas de interesse geral. Sobre esses documentos, algumas questões surgem sem cessar: qual seria a especificidade cristã dessas questões? Qual a função da Bíblia nessas discussões? Suas análises da realidade seriam críveis? Como atingir o grande público com uma argumentação universal e em uma linguagem simples, sem ocultar as convicções cristãs que subjazem à ética protestante?

9. Os lugares da ética

Definitivamente, quais são a especificidade, a pertinência e o porvir de uma ética protestante ou, de modo mais preciso, de uma abordagem protestante da ética? Buscamos delimitar os contornos do que, no protestantismo, perfaz o questionamento ético, assim como um modo de existir, de habitar o mundo e a sociedade e de encarnar um estilo de vida.

A especificidade da ética protestante se afigura associada, para nós, sobretudo a um modo de esclarecer as implicações da ética, mais que de conteúdos autônomos e originais. Desse ponto de vista, o conceito de ética protestante deve ser submetido às mesmas avaliações críticas que o de uma moral católica ou de uma doutrina social da igreja, concebidas como unitárias e invariáveis. Porém, a vocação do protestantismo é justamente explorar os recursos positivos inerentes à atitude crítica. Com um agudo senso do caráter secundário e derivado de uma ética puramente confessional, seja protestante, seja católica, a reflexão protestante sobre a ética repercute em um nível mais fundamental. A própria noção de ética cristã, que se identifica com um *corpus* de conteúdos certeiros e imutáveis, é problemática, o que nos impede uma justaposição ingênua entre a lei natural e a lei revelada, tal como está, por exemplo, no catolicismo oficial.

Como vimos, o *éhos* protestante permanece um objeto de perplexidade e de debate. Trata-se de um objeto que varia em suas práticas e em suas interpretações, privilegiando tanto o polo da integração e da atestação quanto o polo do protesto e da crítica social. Portanto, sua especificidade é algo relacionado à modalidade, à postura ou ao olhar. No fundo, há ética protestante onde a radicalidade de Deus constitui e apela para, ao mesmo tempo, um olhar crítico acerca dos ídolos e uma postura de serviço no mundo. Na perspectiva protestante, é praticamente impossível opor ou separar aquilo que, no evangelho, dissocia-nos do mundo e aquilo que nos relaciona com o mundo. Protesto e atestação, profecia e diaconia, crítica e solidariedade são indissociáveis. É o que dá ao *éthos* protestante sua pertinência e sua constância através dos séculos: essa mistura de distância e de paixão, de humor e de engajamento, em que se desvela sem restrição a profanidade do mundo como um lugar de todas as responsabilidades; pois esse mundo penúltimo (mas incontornável!) onde está o sentido da existência humana é, em definitivo, uma estrutura de manifestação do absoluto, um espaço de encarnação e de provação da realidade última.

9.1. A ética da pessoa

A ética protestante se caracteriza por uma insistência singular na primazia da pessoa. Rejeitando a doutrina escolástica da graça e dos *habitus*, uma teologização indevida de Aristóteles, Lutero afirmou vigorosamente que a salvação não pode decorrer do cumprimento de ações humanas. Assim como os frutos nascem da árvore sã, as obras só podem nascer da fé. Para Lutero, o que estava em jogo nessa nuance primordial era tão somente a distinção entre as relações do homem com Deus e suas relações com o mundo e, por fim, a distinção entre a fé e a moral.

O protestantismo faz sua entrada para a ética através dos majestosos portais da pessoa humana, de sua vocação e de sua liberdade, e essa abordagem inicial não cessa de imbuir o clima em que o protestante conduz sua reflexão e sua prática éticas. Eis a contribuição mais preciosa e mais duradoura do protestantismo para a ética. Compreende-se que seja alvo de inveja. Liberar o campo ético da ordem dogmática é valorizar as oportunidades de autonomia e das relações entre as pessoas; seus efeitos são sentidos em questões concretas, tais como a sexualidade, a ética econômica ou a doutrina política, em que o *éthos* protestante é claramente mais livre e com frequência mais criativo. Disso também decorre uma maior latitude de movimento em questões controvertidas, tais como engajamento político, aborto, contracepção, demografia, homossexualidade (cf. Christian DEMUR e Denis MÜLLER, *L'homossexualité. Un dialogue théologique* [A homossexualidade: um diálogo teológico], Genebra, Labor et Fides, 1992).

Porém, não se pode perder de vista o reverso da medalha. De fato, a ética protestante nem sempre escapou à influência do espírito do tempo. A estrutura teológica da pessoa surgiu como uma simples legitimação filosófica da subjetividade, servindo como um pedestal para uma visão romântica da individualidade ou para uma visão egoísta das necessidades humanas. A polêmica anticatólica por vezes levou o protestantismo moderno e contemporâneo a uma compreensão estreita da pessoa humana e sua relação com Deus. Isso é bastante perceptível em uma concepção muito limitada da consciência. Se para os reformadores a consciência está longe de ser um face a face heroico ou terrivelmente solitário do indivíduo consigo mesmo, mas é compreendida como o lugar em que se inscreve a interpelação divina e em que pode nascer a liberdade autêntica da fé, estamos bastante distantes do individualismo em que os protestantes têm se deleitado. No protestantismo, é muito comum a dificuldade de dar-se conta da dimensão comunitária e intramundana da pessoa. Em nossa opinião, isso se deve a uma reflexão insuficiente sobre a dimensão intersubjetiva e relacional da pessoa, com seu duplo enraizamento ontológico e social, natural e cultural. Certa leitura da herança dos reformadores pode gerar uma insistência unilateral na relação imediata entre o homem e Deus, assim como uma compreensão instantaneísta da história. Na medida em que a pessoa humana é chamada para tornar-se imediatamente contemporânea de Cristo ou só é compreendida de modo inter-relacional, o trabalho com as mediações sofre. Assim, não é de espantar que, tanto na ética como na eclesiologia, com frequência o protestantismo se mantenha errático; seu apego idealista e cândido a um modo de pensar deontológico abstrato, negligenciando a ordem das consequências, faz com que se subestime a importância das máximas intermediárias pelas quais uma convicção pode se tornar operatória e inserir-se em um autêntico espaço de responsabilidade pessoal e social. Portanto, como afirma aqui D. Ritschl (cf. artigo "Teologia", item 4.3), é importante reatribuir todo o seu significado à ética de responsabilidade diante de uma pura ética de convicção, de acordo com a distinção de Max Weber.

9.2. O mundo como lugar de serviço

Priorizar Deus não significa desprezar o mundo; pelo contrário, tal prioridade inclui o mundo criado sob a proteção e a graça da aliança. Por essa razão, a ética protestante é compreendida como uma adesão de quem crê, uma aquiescência, e não em primeiro lugar como uma recusa, uma renúncia e uma ascese. Se fizemos referência aqui, em termos que afinal se mostram equívocos, a uma "ascese intramundana" (Max Weber) ou a um "ascetismo moderado" (É. FUCHS, 1998) para caracterizar a relação protestante com o mundo, é porque a ênfase dizia respeito, em primeiro lugar, à positividade do mundo, e não à ascese como objetivo em si mesma. A autodisciplina e a moderação dos bens são secundárias na perspectiva protestante se comparadas à abundância da graça e de seus frutos "mundanos". Ou, dito de outra forma, a sobriedade e a moderação têm como finalidade o exercício da partilha fraterna e da justiça. Talvez o futuro da ética protestante dependa da capacidade de superar o espírito sofredor da ascese e de adotar a precedência superabundante da alegria do engajamento.

Na tradição ética do protestantismo, Dietrich Bonhoeffer foi quem mais contribuiu para revalorizar a primazia essencial da bondade e da vida em relação às situações-limite que o tempo todo vêm contradizê-las e desmenti-las, mas jamais destruí-las. Essa revalorização do mundo a partir de uma teologia renovada da criação permite que a ética compreenda melhor os lugares do agir e as estruturas da vida responsável. O fato de que o homem e o mundo são simples criaturas nos lembra o caráter fundamentalmente contingente e limitado de nossa situação e de nossa condição. Assumir nossas responsabilidades no mundo e para o mundo, sabendo que as assumimos diante de Deus, é o mesmo que reconhecer a finitude intransponível de nossa resposta e de nossos engajamentos. Não levamos sobre os ombros o peso do mundo, tal como Atlas, mas somos chamados a exercer o poder relativo que nos é conferido de um modo consciente, fazendo nosso melhor. "Nossa tarefa não é tirar o mundo dos eixos, mas fazer, nos locais desejados, aquilo que é necessário, levando-se em conta a realidade" (p. 190).

Tal é, em seu centro vital, a visão ao mesmo tempo mística e política da ética protestante: por tender a dar conta de Deus, a dar-lhe lugar, a reconhecer seu direito, essa ética abre espaço para os riscos livremente assumidos pelos homens, modesta mas firmemente. Conformar-se a Cristo, garantia de liberdade e de justiça mais altas, inclui o respeito ao real, sem confusão, mas sem separação. Aqui a fé não é uma desmobilização ascética ou hipócrita; a fé não foge para a realidade transcendente de uma convicção sem consequências, mas subverte o mundo, por fim apegado a seus limites e reconhecido em sua graça frágil, como lugar do agir e da solidariedade.

Torna-se mais fácil compreender que, a partir dessa visão fundamental, a ética protestante tenha mantido uma relação dialética (não somente paradoxal e conflitual) com as diversas áreas ou subsistemas em que a realidade social e cultural se desdobra.

9.2.1. A técnica

Observa-se na postura protestante a inegável influência da técnica e das biotecnologias, como se o liberalismo mais generoso ou a heurística do medo, o laxismo ou o catastrofismo apocalíptico pertencessem às estruturas elementares da consciência protestante. Assim, em uma área controvertida como a das energias nucleares, encontramos oposições básicas perceptíveis em relação à técnica: enquanto autores como Jacques Ellul não cessam de estigmatizar a violência e o blefe tecnológicos (partilhando das intuições do filósofo judeu Hans Jonas, amigo de Bultmann, na obra *O princípio responsabilidade: ensaio de uma ética para a civilização tecnológica* [1979], Rio de Janeiro, Contraponto, 2006), outros valorizam as contribuições da tecnologia e da ciência e chegam a celebrar o feliz enlace entre a utopia cristã e o mundo da técnica, como Gabriel Vahanian. No entanto, a questão permanece: não seria razoável unir às advertências proféticas e às previsões responsáveis o espírito destemido e empreendedor, em uma grata síntese do que há de melhor na herança protestante?

9.2.2. A política

Vimos por quais transformações passou o pensamento protestante para que considerasse a ordem democrática a mais adequada aos valores de liberdade, justiça e solidariedade indispensáveis para a sobrevivência da humanidade e uma convivência menos desumana. Sob esta ótica, não se trata de investir muito pesadamente na política. Conforme a história de seus próprios sofrimentos e desvios — a repressão dos anabatistas, Cromwell e as plantações de Ulster, os "Cristãos Alemães", a justificação teológica do *apartheid* na África do Sul etc. —, o protestantismo não esquece a que ponto o poder pode ser um lugar de sacralização e demonização. Só há ética política no protestantismo se houver respeito tanto à positividade quanto aos limites intrínsecos da política. A correta articulação entre religião e política pressupõe um duplo movimento crítico. Recorrer à transcendência permite relativizar a política, quando se denunciam as derivas absolutistas e satânicas; porém, essa crítica aos ídolos e às ideologias não deve reafirmar sub-repticiamente a indiscutível autoridade religiosa para fundamentar a política. Reconhecida em uma relativa autonomia, a política se verifica também responsável por atribuir à religião, em suas formas organizadas e instituídas, seu justo lugar ao lado de outros sistemas de crenças e referências. A relativização teológica da política implica, portanto, o reconhecimento de que a religião também é relativa. É desse paradoxo que se alimenta a ética protestante da política; é por isso que essa ética se mantém desconfiada em relação a toda veleidade (principalmente católica romana) de domínio teocrático ou até de uma pretensa democracia cristã.

9.2.3. A economia

Assim como a doutrina social católica romana evita corresponder a uma tentativa de legitimar determinado sistema político ou econômico, a perspectiva protestante na área econômica não pode confundir-se com uma postura teológica. Houve várias tentativas para concluir, a partir das teses de Max Weber, uma continuidade não problemática entre a ética protestante e o espírito do capitalismo. Por essa razão, alguns autores houveram por bem simplesmente inverter os termos e identificar os conteúdos da ética social cristã com valores marxistas e socialistas. O desmantelamento recente dos regimes comunistas e as dificuldades, passageiras ou duradouras, dos socialismos europeus, ainda que na forma mitigada da social-democracia, obrigam-nos a reforçar nossa vigilância e nossa imaginação. A questão econômica e social no mundo presente não é ideológica ou tecnocrática em primeiro lugar, mas, sim, moral e cultural. Aqui cabe distinguir os problemas no funcionamento da problemática dos valores. O bom andamento da economia é relativamente independente da ética e da cultura. Portanto, é preciso tomar cuidado para não inserir nas discussões tecnológicas (na economia nacional, europeia ou mundial) preferências morais, culturais ou políticas unilaterais. Porém, a realidade dessa autonomia relativa do subsistema econômico não implica o silêncio sobre a problemática ética. Pelo contrário: o futuro de nossas sociedades e o nível de justiça de sua organização exigem um debate e escolhas culturais e éticas. Por mais eficaz que seja, todo sistema socioeconômico se questionará sobre os valores pessoais e sociais em que se baseia. A ética protestante não cessa de questionar a economia sobre sua conformidade com a exigência de justiça; sem ela, nem o indivíduo nem a sociedade poderiam encontrar um sentido aceitável para sua existência, nem chances de sobrevivência.

9.2.4. A saúde e a vida pessoal

A ética protestante insiste ao mesmo tempo na primazia da consciência e na exigência de justiça social. Em um debate às vezes tenso com a Igreja Católica, os protestantes tendem a privilegiar o polo da consciência individual e do interesse pessoal. Isso certamente evidencia uma das contribuições permanentes de uma ética inspirada nos princípios da Reforma. Isso é bastante perceptível em questões difíceis como as do aborto, da contracepção e da eutanásia, sobre as quais o protestantismo muitas vezes defendeu posições bastante abertas, às vezes francamente liberais ou até mesmo laxistas. Ora, é preciso evitar reduzir o protestantismo a uma postura puramente reativa. Na opinião pública, é comum que se atribuam aos protestantes posições unilaterais. Por exemplo, argumenta-se que a ética protestante é favorável ao aborto ou que defende sem nenhuma diferenciação o direito ao aborto e à contracepção. Essas opiniões minimizam a seriedade da reflexão ética protestante sobre temas tão delicados. O protestantismo não é a favor do aborto, mas reconhece sua legitimidade em casos em que outros bens (sobretudo a saúde da mãe) são ameaçados. Em nenhum caso se deve confundir a posição protestante sobre o assunto com uma aceitação incondicional de um ato sempre problemático para aqueles que o vivem. Além disso, as críticas protestantes contra os obstáculos levantados pelo magistério católico não dizem respeito somente à dimensão individual e pessoal da existência, mas também consideram as implicações sociais e mundiais de uma ética adaptada às realidades da miséria, da exploração e da fome; assim, a postura católica sobre as questões de demografia e natalidade é vista como inconsequente e irresponsável.

9.2.5. A cultura

O estudo das dimensões estéticas da ética ainda é balbuciante (cf. *Esthétique de l'éthique* [Estética da ética], *Le supplément* [O suplemento], 180, 1992), Éric Fuchs mostrou o que a ética tem a receber da contemplação da beleza. Sob os farrapos da tragédia e do sofrimento, a arte busca a verdade final do homem, lembrando-nos a fonte viva da ética e os limites de uma moral fechada sobre si mesma ou obcecada com sua tradução jurídica. Em outro registro, o humor, no cerne de nossa cultura, demonstra também que uma ética séria demais culmina em uma moral desumana. "O humor me ensina a mendigar o tempo todo a graça de Deus" (Pierre BÜHLER, *Foi et humour. Une petite dramaturgie de la foi chrétienne, d'après Dürrenmatt* [Fé e humor: uma pequena dramaturgia da fé cristã, segundo Dürrenmatt], *Bulletin du Centre protestant d'études* [Boletim do Centro Protestante de Estudos] 28/3, Genebra, 1976, p. 38). Os laços entre ética e cultura passam pela ordem de uma verdade simbólica e metafórica; são ricos para toda a ética e, sobretudo, para uma ética protestante ameaçada por uma seriedade mortal, trazendo-lhe promessas de júbilo e reconhecimento.

10. Conclusão

A partir de sua visão positiva da consciência individual e do respeito incondicional das pessoas, mas mantendo-se atenta ao que transcende a vida moral, a ética protestante está em busca de uma antropologia equilibrada e de uma ética comunitária e social ao mesmo tempo libertadora e encarnada. Isso significa que essa ética supera as falsas oposições às quais por vezes se apega, entre deontologia e teleologia, convicção e responsabilidade, liberdade e justiça etc. Ao explorar mais profundamente as potencialidades críticas e construtivas que lhe pertencem (para um desenvolvimento mais completo, cf. D. MÜLLER, 1999), ela contribuirá não somente para o desenvolvimento de uma ética ecumênica, mas também para os debates que hoje envolvem todo o mundo em torno da afirmação de uma verdadeira "ética planetária" (Hans Küng), capaz de administrar a articulação entre o particular e o universal.

Denis Müller

▶ ANSALDI, Jean, *Éthique et sanctification. Morales politiques et sainteté chrétienne*, Genebra, Labor et Fides, 1983; BIÉLER, André, *O pensamento econômico e social de Calvino* (1959), São Paulo, Casa Editora Presbiteriana, 1990; BONHOEFFER, Dietrich, *Ética* (1949), São Leopoldo, Sinodal, 2001; DISSELKAMP, Annette, *L'éthique protestante de Max Weber*, Paris, PUF, 1994; DUMAS, André, *Les vertus... encore*, Paris, Desclée de Brouwer, 1989; EBELING, Gerhard, *Luther. Introduction à une réflexion théologique* (1964), Genebra, Labor et Fides, 1983; ELLUL, Jacques, *Éthique de la liberté*, 3 vols., Genebra-Paris, Labor et Fides-Centurion, 1973-1984 (o t. III se chama *Les combats de la liberté*); FISCHER, Johannes, *Theologische Ethik. Grundwissen und Orientierung*, Stuttgart, Kohlhammer, 2002; FREY, Christofer (com a colaboração de Martin HOFFMANN), *Die Ethik des Protestantismus von der Reformation bis zur Gegenwart* (1989), Gütersloh, Mohn, 1994; FUCHS, Éric, *La morale selon Calvin*, Paris, Cerf, 1986; Idem, *L'éthique protestante. Histoire et enjeux* (1990), Paris-Genebra, Les Bergers et les Mages-Labor et Fides, 1998; Idem, *Comment faire pour bien faire? Introduction à l'éthique*, Genebra, Labor et Fides, 1995; Idem e GRAPPE, Christian, *Le droit de résister. Le protestantisme face au pouvoir*, Genebra, Labor et Fides, 1990; HAUERWAS, Stanley e WELLS, Samuel, orgs., *The Blackwell Companion to Christian Ethics*, Malden, Blackwell, 2004; KITTSTEINER, Heinz D., *La naissance de la conscience morale* (1991), Paris, Cerf, 1997; LANGE, Dietz, *Ethik in evangelischer Perspektive. Grundfragen christlicher Lebenspraxis*, Göttingen, Vandenhoeck & Ruprecht, 1992; MACINTYRE, Alasdair, *A Short History of Ethics. A History of Moral Philosophy from the Homeric Age to the Twentieth Century* (1966), Londres, Routledge, 1998; MEHL, Roger, *Pour une éthique sociale chrétienne*, Neuchâtel, Delachaux et Niestlé, 1967; Idem, *Éthique catholique et éthique protestante*, Neuchâtel, Delachaux et Niestlé, 1970; MIEGGE, Mario, *Vocation et travail. Essai sur l'éthique puritaine*, Genebra, Labor et Fides, 1989; MÜLLER, Denis, *Les lieux de l'action. Éthique et religion dans une société pluraliste*, Genebra, Labor et Fides, 1992; Idem, *Éthique des valeurs et éthique théologique*, RHPhR 73, 1993, p. 409-427; Idem, *Les éthiques de responsabilité dans un monde fragile*, Montreal-Genebra, Fides-Labor et Fides, 1998; Idem, *L'éthique protestante dans la crise de la modernité. Généalogie, critique, reconstruction*, Paris-Genebra, Cerf-Labor et Fides, 1999; Idem, *Les passions de l'agir juste. Fondements, figures, épreuves*, Friburgo-Paris, Éditions universitaires-Cerf, 2000; Idem, *Jean Calvin. Puissance de la Loi et limite du pouvoir*, Paris, Michalon, 2001; Idem, *Karl Barth*, Paris, Cerf, 2005; MÜLLER, Wolfgang Erich, *Evangelische Ethik*, Darmstadt, Wissenschaftliche Buchgesellschaft, 2001; MÜTZENBERG, Gabriel, *L'éthique sociale dans l'histoire du mouvement oecuménique*, Genebra, Labor et Fides, 1992; O'DONOVAN, Oliver, *Résurrection et expérience morale. Esquisse d'une éthique théologique* (1986), Paris, PUF, 1992; PINCKAERS, Servais e RUMPF, Louis, orgs. *Loi et Évangile. Héritages confessionels et interpellations contemporaines*, Genebra, Labor et Fides, 1981; RICH, Arthur, *Éthique économique* (1984-1990, 1987-1991), Genebra, Labor et Fides, 1994; ROHLS, Jan, *Geschichte der Ethik* (1991), Tübingen, Mohr, 1999; TAYLOR, Charles, *Les sources du moi. La formation de l'identité moderne* (1989), Paris, Seuil, 1998; TROELTSCH, Ernst, *Die Sozial-lehren der christlichen Kirchen und Gruppen* (*Gesammelte Schriften* I, 1912), Aalen, Scientia, 1977; Idem, *Protestantisme et modernité* (1909-1913), Paris, Gallimard, 1991; VINCENT, Gilbert, *Exigence éthique et interprétation dans l'oeuvre de Calvin*, Genebra, Labor et Fides, 1984; WALZER, Michael, *La révolution des saints. Éthique protestante et radicalisme politique* (1965), Paris, Belin, 1987; WEBER, Max, *A ética protestante e o espírito do capitalismo* (1904-1905, 1920), São Paulo, Martin Claret, 2003.

◉ *Adiaphora*; antinomismo; ascese; **bioética**; Bonhoeffer; Buisson; consciência; cristianismo social/socialismo cristão; Decálogo; dever; evangelho social; fidelidade; Gustafson; Harrison; Hauerwas; Herrmann; Kant; kantismo (neo); **Lei**; **liberdade**; Løgstrup; mandamento; monarcômacos; Niebuhr, Reinhold; **política**; puritanismo; Quéré; Ramsey; Rawls; reinos (doutrina dos dois); Rendtorff; responsabilidade; Rich; Ritschl; santificação; Schleiermacher; **sexualidade**; socialismo religioso; Troeltsch; usos da lei; utilitarismo; **violência**; vitorianos (época dos valores); **vocação**; Weber M.

MORÁVIOS (Irmãos)

A história dos Irmãos Morávios, também chamados de Irmãos Checos, pode ser contada em duas fases: antes e depois de Zinzendorf. A primeira começa no século XV, como um grupo que se separou do movimento hussita, liderado por Petr Chelčický (?1390-?1460), cujas ideias mais importantes eram a não resistência ao mal e a fraternidade em pequenos grupos. As perseguições associadas à Guerra dos Trinta Anos reduziram esses grupos a quase zero.

Nas montanhas da Lusácia, o conde Nikolaus Ludwig von Zinzendorf (1700-1760) toma a seu encargo alguns morávios, trazendo-os ou permitindo que viessem para suas terras. Esta é a origem de Herrnhut ("a Vigilância do Senhor"). O conde pretendeu reconstituir os antigos grupos, mas de fato realizou algo novo, bem mais próximo à união das igrejas, na qual ele permitiria a participação de católicos de origem. Da mesma forma, esses grupos passaram a preparar-se para missões (na Europa e fora dela) e atuar na área da educação. Foi vigorosamente criticado por luteranos convictos.

A Igreja Morávia, com suas missões, ainda existe, mas não desempenha a função unificadora que Zinzendorf destinou para ela. Há uma igreja checa — a Igreja Protestante dos Irmãos Checos, com trezentos mil membros — que está sob sua influência direta. A partir de 1731, os Irmãos Morávios passaram a editar uma coletânea de versículos bíblicos para cada dia, *Palavras e textos* (*Losungen*), que foi traduzida para muitas línguas e ainda alimenta a piedade protestante além dos círculos morávios.

Daniel Robert

▶ MOLN, Amedeo, org., *Quellen und Darstellungen zur Geschichte der böhmischen Brüder-Unität*, 7 vols., Hildesheim, Olms, 1970-1982; RENKEWITZ, Heinz, org., *Die Brüder-Unität* (*Die Kirchen der Welt* V), Stuttgart, Evangelisches Verlagswerk, 1967; SENFT, Ernest-Arved, *L'Église de l'Unité des frères (moraves). Esquisses historiques, précédées d'une notice sur l'Église de l'Unité de Bohême et de Moravie et le piétisme allemand du XVIIe siècle*, Neuchâtel-Paris, Delachaux et Niestlé-Monnerat, 1888.

⊙ Avivamento; Eslováquia (República da); espiritualidade; hussismo; **missão**; pietismo; Checa (República); Zinzendorf

MÖRIKE, Eduard (1804-1875)

Neto de pastor, nascido em Ludwigsburg (Württemberg), Eduard Mörike também seguiu o pastorado, cursando os seminários de Urach e Tübingen. Foi somente em 1834 que foi de fato ordenado, em Cleversulzbach, perto de Heilbronn, depois de exercer o vicariato várias vezes em vilarejos suábios. Pouco tempo depois, em 1843, retira-se do cargo. Foi um pastor constantemente tomado de dúvidas, enfraquecido por doenças, pouco ativo no exercício de suas funções. No entanto, foi o maior poeta lírico alemão das décadas pós-românticas (1823-1863), herdeiro da Antiguidade, de Goethe e dos românticos. Em seus poemas, a temática religiosa é mais rara: *Josefina, Semana Santa, Em um velho quadro, O menino Jesus adormecido, Em uma rosa de Natal, Novo amor, Suspiro, De onde virá meu consolo?, Diante de Santa Maria da Montanha*. A natureza, o senso de pecado, o diálogo solitário entre o eu e Deus, a evocação de quadros religiosos arcaizantes são a substância principal de sua obra.

Bernard Böschenstein

▶ MÖRIKE, Eduard, *Werke und Briefe. Historischkritische Gesamtausgabe*, Stuttgart, Klett, 1967ss; Idem, *Poésies. Gedichte*, edição bilíngue, Paris, Aubier Montaigne, 1967; HEYDEBRAND, Renate von, *Eduard Mörikes Gedichtwerk*, Stuttgart, Metzler, 1972; KOSCHLIG, Manfred, *Mörike in seiner Welt*, Stuttgart, Reclam, 1998; WILD, Inge e Reiner, orgs., *Mörike-Handbuch. Leben, Werk, Wirkung*, Stuttgart-Weimar, Metzler, 2004; ZELLER, Bernhard, org., *Eduard Mörike. 1804-1875-1975* (1975), Marbach am Neckar, Deutsche Schillergesellschaft, 1990 (catálogo de exposição).

⊙ Literatura

MÓRMONS

A denominação surge no século XIX, nos Estados Unidos. Propôs uma releitura da história do cristianismo, o que lhe permitiu transplantá-la e integrá-la na história americana. Joseph Smith nasceu no estado de Vermont em 1805. A sociedade americana de sua época foi profundamente influenciada pela presença dos pioneiros, pela busca de novas fronteiras, pelo vigor missionário, pela efervescência e pelo pluralismo religioso. Por volta dos 15 anos de idade, Smith teve a revelação de que todas as igrejas estariam erradas; alguns anos depois, veio-lhe um anjo para comunicar a localização de placas que supostamente continham textos de israelitas emigrados para a América. Essas placas originaram o Livro de Mórmon, um complemento da Bíblia e um testemunho suplementar do caminho da salvação através de Jesus Cristo. Smith se tornou o líder de um movimento cuja aspiração é restaurar a igreja cristã primitiva e fazer com que os Estados Unidos voltem a ser o centro cristão do mundo. A história dessa igreja seria cheia de percalços, em uma longa marcha através dos Estados Unidos (como a busca da terra prometida), pontuada de perseguições e revelações. Esse movimento pós-milenarista deseja preparar e apressar a volta de Cristo, dirigindo sua ação para a tomada de poder nas instituições sociais com o objetivo de transformá-las e torná-las compatíveis com sua visão de progresso e da bondade do homem. Nessa perspectiva, igreja e Estado são indissociáveis, e um projeto teocrático levou Joseph Smith a apresentar sua candidatura à presidência dos Estados Unidos. Com sua morte, em 1844, sucedeu-o Brigham Young (1801-1877), que levaria a Igreja dos Santos dos Últimos Dias para o deserto de Utah, onde seria fundada a cidade de *Salt Lake City*, que se tornaria o centro mundial do mormonismo. A igreja passou por várias transformações desde sua fundação, obtendo sucesso em manter-se na cena religiosa americana por ser hoje uma denominação em separado. Ao fim da Segunda Guerra Mundial, o número de seus adeptos era de um milhão; em 1985, esse número havia chegado a seis milhões. Os mórmons se expandiram desde os Estados Unidos para a Ásia, a América Latina e a África. Essa igreja pratica o batismo dos mortos e desenvolve uma ampla atividade mundial de pesquisas genealógicas, com a informatização e o arquivamento de milhões de dados relacionados a genealogias.

Roland J. Campiche

▶ BITTON, Davis, *Les Mormons*, Paris-Montreal, Cerf-Fides, 1989; HEINERMAN, John e SHUPE, Anson, *The Mormon Corporate Empire*, Boston, Beacon Press, 1985; O'DEA, Thomas, *The Mormons*, Chigago, University of Chicago Press, 1957; SHIPPS, Jan, *Mormonism*, Urbana-Chicago, University of Illinois Press, 1985.

● Estados Unidos; milenarismo; **seitas**

MORTE E VIDA ETERNA

1. A morte
   1.1. O ser humano diante da morte
   1.2. Morte e personalidade individual
   1.3. Morte, alienação e finitude

2. O além
   2.1. Representações do além
   2.2. A Reforma e o além
   2.3. A teologia da "história da salvação"
   2.4. A teologia existencialista
   2.5. O nada
   2.6. A teologia do simbolismo
3. Conclusão

1. A morte

1.1. O ser humano diante da morte

Com raras exceções, os homens se preocupam com a morte e com o que vem depois. Em todas as épocas e em todas as regiões habitadas do planeta, a história das religiões, das culturas e das mentalidades nos leva a três constatações.

Primeira, o homem sabe que um dia sua vida terrena acabará e ele reflete sobre isso. É raro que ele vislumbre e espere a morte com confiança e serenidade; às vezes, pode esperá-la somente com uma ponta de inquietação, mas com frequência experimenta muita angústia, mesmo quando prefere não confessá-lo. Em geral, considera a morte, a sua ou a daqueles que ama, como algo absurdo ou objeto de escândalo. É possível que a consciência da inevitabilidade da morte também esteja presente entre alguns animais, atormentando-os, mas isso é um fato ignorado. De todo modo, essa consciência está presente entre a imensa maioria, para não dizer a totalidade dos seres humanos. Se houve quem não a tivesse, esses não deixaram nenhum rastro.

Muito já se afirmou que a sociedade moderna camufla e dissimula a morte. Essa declaração contém um elemento de verdade, mas necessita de correções: a televisão e o cinema colocam o tempo todo diante de nossos olhos pessoas mortas, em reportagens ou na ficção; são realizados inúmeros debates sobre a ameaça nuclear ou ecológica, sobre a eutanásia ou o direito de morrer quando a doença nos degrada e torna a existência um calvário; sobre a fome e as epidemias. De fato, Philippe Ariès (p. 16) constata: "Hoje, a morte [...] se tornou faladeira". Assim, nada indica que estamos vivendo um esquecimento da morte, ainda que sua presença tome aspectos diferentes. A morte se torna espetáculo ou tema de debate e reflexão, enquanto antigamente era um drama em que éramos necessariamente atores. A morte não ocorre tanto dentro de casa, entre seres queridos, mas geralmente no relativo isolamento do hospital, deixando de inserir-se na trama da vida familiar. Foi dito que isso desumanizava a morte, o que pode ser contestado: essas agonias quase públicas, em que se estava constantemente rodeado pelos próximos, por amigos e às vezes pelos vizinhos e passantes, em que era necessário manter-se um personagem até o final, fazer recomendações, dar a bênção, passar uma última mensagem, deviam ser uma prova terrível.

Em várias religiões, principalmente no cristianismo medieval, a perspectiva do julgamento aumenta a angústia da morte; cada um deverá responder por seus atos diante do tribunal de Deus. A morte é um prelúdio do momento decisivo em que a verdade da personalidade será desvelada e sancionada. A Reforma reagiu contra essa angústia e contribuiu para atenuá-la ao proclamar a gratuidade da salvação. Nos séculos XVI e XVII, além da inquietude que os testamentos católicos manifestavam, constatou-se uma relativa serenidade entre os protestantes, baseada na segurança de uma salvação que vem inteiramente de Deus e que em nada depende dos méritos humanos. Nossa verdade última não reside naquilo que somos e fazemos, mas naquilo que Deus nos dá. Mais que modificar as representações do além, a Reforma transformou a postura diante da morte.

Segunda, o ser humano cuida dos mortos e se preocupa com eles. Ocupa-se de ritos funerários, presentes em todas as religiões, nas quais com frequência os mortos estão em uma posição central. Estabelece um local para eles no espaço dos vivos, construindo cemitérios e erguendo em honra deles monumentos públicos ou privados (são as fotos que guardamos). Cumpre obrigações em relação a eles e dedica-lhes parte de seu tempo. Os cuidados com os mortos muitas vezes são comportamentos de proteção: em primeiro lugar, contra o próprio morto, para neutralizá-lo, a fim de evitar que ele volte para atormentar os vivos; em seguida, contra si mesmo, contra as emoções, pois eles ajudam a confrontar e atravessar o período de luto: dizia com ferocidade Jules Renard, "sem os padres, os enterros seriam muito tristes". Esses cuidados também são demonstrações de afeto ou lembrança, que prolongam as relações que tínhamos com o defunto, mantendo-o presente, de algum modo, no mundo dos vivos, impedindo que ele seja totalmente excluído e caia no esquecimento.

Nesse sentido, o protestantismo tem se caracterizado por uma grande sobriedade, muito mais presente em terras reformadas que nos países luteranos, mais apegados aos costumes tradicionais. Hoje constata-se que os protestantes se diferenciam cada vez menos do restante da população nessas práticas. O protestantismo clássico, embora não seja totalmente indiferente aos cemitérios, não lhes atribui uma grande importância. Na Suíça romanda, a tendência é que não sejam mais estabelecidos perto das igrejas, mas, sim, em locais ermos. Na França, os conflitos com o catolicismo fizeram com que os protestantes decidissem sepultar seus mortos em propriedades privadas. Até o século XIX, os cemitérios pertenciam geralmente à Igreja Católica, que os considerava terra sagrada e não permitia que se enterrassem ali não católicos. Hoje permite-se que os cemitérios privados continuem no mesmo local, desde que tenham sido criados há bastante tempo e que seu uso não tenha sido interrompido; por outro lado, não se permite a criação de novos cemitérios privados. Há muito tempo com uma manutenção deficitária, os túmulos reformados tradicionais são austeros, sem ornamento algum; em geral, constituem-se de uma pedra ou uma pequena coluna com o nome do falecido. Somente a partir do século XIX se tornou corrente o uso de uma cruz simples e de um versículo bíblico. No entanto, na Suíça do século XVII, reformados eminentes encomendaram monumentos funerários pomposos, e alguns, como Payerne, Orbe e outros, têm um verdadeiro valor artístico, mas seu estilo tende a ser laico; referências ao cristianismo são presentes mais em inscrições que nos motivos de tipo clássico (representações da morte, do tempo e, mais raramente, de virtudes), que seguem discretamente as modas da época (cf. Marcel GRANDJEAN, *Les temples vaudois. L'architeture réformée dans le Pays de Vaud [1536-1798]* [Os templos valdenses: a arquitetura reformada na região de Vaud, 1536-1798], Lausanne, Bibliothèque historique vaudoise, 1988, p. 509-526).

As igrejas reformadas do século XVI se mostravam reticentes em relação às cerimônias públicas (às vezes contestadas) e aos costumes associados ao luto (roupas e carpideiras), mas os fiéis recebiam de mau grado um ritual despojado demais (cf. Janine GARRISSON, *Protestants du Midi 1559-1598* [Protestantes do sul da França, 1559-1598], Toulouse, Privat, 1980, p. 249-252). Os protestantes não admitem nem orações nem ritos para os defuntos e consideram que as cerimônias do sepultamento têm como finalidade ajudar os aflitos, portanto dizem respeito aos vivos, e não aos mortos. Os reformados não somente deixam de elogiar o defunto — a não ser quando se trata de um pastor ou de um líder eclesiástico, uma inconsequência bastante frequente —, mas às vezes nem sequer dizem algo de pessoal sobre ele, enquanto os luteranos costumam lembrar os acontecimentos de sua vida. Em geral se afirma que os mortos estão nas mãos de Deus e que não precisam dos nossos cuidados; assim, não devemos nos preocupar com eles, nem tentar uma comunicação com eles (o que se costuma julgar impossível). Calvino preconizava cerimônias funerárias com um tom sereno, e não trágico. Ele enfatiza que os enlutados cristãos são pessoas afligidas, que não demonstram a indiferença dos estoicos, "rejeitando todo tipo de sentimento humano" (cf. 1Ts 4.7). Por sua confiança em Deus e suas promessas, porém, eles não são afligidos como os pagãos, que de acordo com Lutero proferem "urros e lamentos horríveis" (*MLO* 9, 244).

Como terceira constatação, o ser humano não crê na cessação de seu ser nem na destruição de sua existência, mas costuma enxergar na morte outra maneira de viver, um modo diferente de existir. Ele não admite nem chega a vislumbrar um desaparecimento ou uma dissolução de sua pessoa. Constata-se em quase toda parte a crença no além, pelo menos até uma época bem recente. Hoje parece que essa crença tem diminuído na Europa, onde as pesquisas têm mostrado um bom número de pessoas, dentre as quais católicos e protestantes, que acreditam que não há nada após a morte. Esse fato é relativamente novo.

Pretendeu-se explicar esse resultado através do aumento na expectativa de vida. Antigamente, e até uma época recente, as pessoas morriam jovens e de modo prematuro. Na Antiguidade, a imensa maioria dos mortos tinha menos de 20 anos; em 1900, menos de 40. Jacques Pohier escreveu: "Por milênios, a morte foi o apanágio dos bebês de colo, das crianças pequenas, das crianças maiores, dos adolescentes" (*Dieu fractures* [Deus fraturas], Paris, Seuil, 1985, p. 144). Hoje é frequente que venha a morte após uma existência longa, resultante de um processo de deterioração caracterizado pela perda das faculdades e às vezes por uma degradação física. É quando surge como uma culminação lógica, e não como uma interrupção anormal (e os prolongamentos terapêuticos de uma vida reduzida e sofredora têm sido objetos de escândalo, considerados opostos à dignidade humana). Assim, a ideia de uma sobrevida perde sentido e se impõe menos. Essa explicação interessante e engenhosa é confrontada por objeções. Em primeiro lugar, a diminuição na crença no além afeta a Europa, mas não a América do Norte, que no entanto tem experimentado o mesmo fenômeno de maior expectativa de vida. Em segundo, por muito tempo as pessoas se mantiveram mais sensíveis à morte dos idosos que à das crianças; houve mais preocupação com seus túmulos e seus destinos que com os dos defuntos mais jovens.

Em todo caso, se na Europa as pessoas parecem menos certas hoje que antigamente em relação ao além, continuam a debater bastante o assunto. Para convencer-se disso, basta dar-se conta do sucesso impressionante de livros sobre a comunicação com os mortos ou sobre experiências de quase morte em cirurgias. A questão da vida após a morte permanece, persiste e continua a ser trabalhada mentalmente. Portanto, não desapareceu, de modo algum.

1.2. Morte e personalidade individual

Nos anos 1950, houve vários debates entre pensadores cristãos e marxistas sobre a questão da morte (cf., entre outros, Helmut GOLLWITZER, *Athéisme marxiste et foi chrétienne* [Ateísmo marxista e fé cristã] [1965], Tournai, Casterman, 1965; Jean CARDONNEL, Dominique DUBARLE et alii, *L'homme chrétien et l'homme marxiste* [O homem cristão e o homem marxista], Paris, La Palatine, 1964; Roger GARAUDY e Quentin LAUER, *Marxistes et chrétiens face à face. Peuvent-ils construire ensemble l'avenir?* [Marxistas e cristãos face a face: podem eles construir juntos o futuro?], Paris, Arthaud, 1969; Jules GIRARDI, *Marxisme et christianisme* [Marxismo e cristianismo] [1968], Paris, Desclée, 1968).

De acordo com os marxistas, a morte torna evidentes a relatividade e a insuficiência do indivíduo. Para eles, a morte representa a grande objeção ao idealismo e ao subjetivismo burguês que superestimam a importância da pessoa individual. A morte deve desviar-nos de nós mesmos, de nossa própria sorte e felicidade. Como a pessoa está ineluntavelmente destinada a desaparecer, toda realização pessoal é insuficiente e, no final das contas, as vitórias puramente individuais se revelam fracassos. O sentido da vida não pode residir no indivíduo, mas está no povo ou na humanidade que os indivíduos constituem. A morte obriga ao abandono de toda perspectiva personalista, necessariamente decepcionante, em favor de uma perspectiva social ou socialista. Somente a sociedade pode dar valor, sentido e finalidade a uma vida.

Já os cristãos acreditam que a morte manifesta a relatividade e a insuficiência de todo projeto social, político e coletivo. Afirmam eles que, evidentemente, é preciso trabalhar pela edificação de um mundo que seja justo, mas isso não resolve o problema fundamental da morte. Esse trabalho não trará uma realização verdadeira, pois os homens continuarão a morrer. A morte manifesta o fato de que nenhuma realização no mundo é suficiente, demonstrando que não se pode ter solução social e comunitária para o problema humano, mas somente uma solução individual e pessoal. Um personagem de Soljenítsin em *Pavilhão de cancerosos* afirma com bastante propriedade: "A gente passa a vida inteira repetindo para os homens: 'Você faz parte do grupo, você faz parte do grupo'. E é verdade. Só que isso somente é verdade enquanto a gente está vivo. Quando chega a hora da morte, nosso interesse vai para fora do grupo, porque o grupo também morre". Essa frase faz eco ao que Lutero escreveu: "Todos nós estamos destinados à morte. E nenhum de nós morrerá pelo outro, mas cada um para si mesmo deve estar armado e equipado a fim de lutar contra o diabo e contra a morte. Claro que podemos gritar nos ouvidos do outro, consolando-o e exortando-o à paciência, à luta e ao combate; mas não podemos lutar e combater por ele. Cada um deve velar por sua própria fortaleza, engajar-se na luta contra os inimigos, contra o diabo e contra a morte, combatendo sozinho. É quando eu não estarei contigo, e tu não estarás comigo" (*MLO* 9, 67).

À argumentação cristã, os marxistas respondem, em primeiro lugar, com um discurso bastante romântico sobre a felicidade que advém para o indivíduo do devotamento e do sacrifício por uma causa que o ultrapassa. Em segundo lugar, eles deixam subentendido que, em um mundo socialista, o problema da morte será resolvido porque o homem poderá muito bem não morrer mais (a edição de 1970 do livro de Edgar Morin, *O homem e a morte*, adota essa linha; a edição de 1976 reexamina o tema e o abandona). Uma terceira resposta é mais frequente: o que apavora o homem não seria a morte em si mesma, mas, sim, a ideia que fazemos dela e a maneira como os vivos a consideram. O medo e a angústia que a morte suscita estão ligados à nossa cultura e, portanto, à sociedade capitalista. Preocupar-se com a morte é algo que demonstra uma mentalidade pequeno-burguesa ocidental, desconhecida nas culturas pré-capitalistas como a da África tradicional (cf. Louis-Vincent THOMAS, *Anthropologie de la mort* [Antropologia da morte], Paris, Payot, 1985). Em um mundo socialista, sem dúvida morreremos, mas a morte não será um problema para ninguém — afirmação que os cristãos contestam e julgam irrealista. Para eles, ao concentrar-se na situação social, o marxismo esquece a condição ontológica do ser humano, deixando de levar em conta aquilo que nossa condição implica, com suas consequências.

1.3. Morte, alienação e finitude

Na teologia protestante contemporânea, há dois modos diferentes de compreensão da morte. A primeira a associa à alienação; a segunda, à finitude.

A primeira tese observa que os relatos de Gênesis tratam a morte como uma consequência da queda (Gn 2.17; 3.3,19). O apóstolo Paulo parece ir na mesma direção quando declara que a morte é o salário do pecado (Rm 6.23). Se tivessem permanecido no estado edênico primitivo, os seres humanos não precisariam morrer. Assim, Adão e Eva não eram imortais, pois podiam morrer, e sua não mortalidade não se devia à estrutura de seu ser, mas, sim, à árvore da vida: ao comer de seu fruto, eles recebiam uma vida da qual não eram os donos. Eles eram amortais: se tivessem agido como deveriam, não teriam conhecido a morte. Sob uma forma mitológica, esses relatos afirmam que a morte não pertence à ordem da criação, mas resulta dessa contradição — que em linguagem religiosa chamamos pecado — entre a essência humana (o ser humano tal como Deus o quis e fez) e sua existência (o ser humano tal como vive de fato, por causa de uma história que contradisse e destruiu sua verdade essencial). Quando não aceitamos a morte e nos revoltamos contra ela, pode-se perceber nisso a manifestação de nossa natureza autêntica que rejeita a alienação sofrida. A morte não é natural; é resultante de um trágico acidente que afeta todos, mas que poderia não ter ocorrido.

Assim, a morte tem um lado apavorante que a espiritualidade cristã deve levar em consideração contra os tipos de sabedoria que querem assenhorear-se dela e reduzi-la a uma mutação natural. Aqui, a morte tranquila de Sócrates, que agoniza lentamente dialogando sobre o tema com seus amigos, está simbolicamente em contraste com a morte dramática, sofredora e atormentada de Jesus na cruz. Enquanto Platão dissimula o horror e a radicalidade da morte, a Bíblia os enfatiza. Em um caso, a morte destrói somente uma parte de nosso ser, o corpo; no entanto, presta um serviço à alma (que nela enxerga uma amiga) libertando-a das penas e da servidão da existência. No outro caso, a morte atinge e aniquila por completo o ser humano, corpo e alma, separando-o de Deus; assim, representa o último (e portanto o maior) dos inimigos, de acordo com a expressão do apóstolo Paulo (1Co 15.26). A morte não conclui a existência humana, mas a agride e a destrói totalmente.

Já na segunda tese, o ser humano é por natureza finito e limitado no tempo e no espaço, e a morte manifesta uma das dimensões constitutivas de sua finitude. Assim, o pecado ou a alienação existencial não fez surgir a necessidade de morrer, que é natural e inevitável, mas tornou a morte algo horrível e insuportável. O desejo pela imortalidade que nos habita demonstraria uma insensata negação da finitude, o desejo de ser como os deuses; esse desejo desaparece quando encontramos na fé sua justa relação com Deus e quando nos aceitamos como criaturas, ou seja, como seres finitos e mortais.

De acordo com essa visão, o importante é eliminar todo tipo de pregação que tende a ocultar a realidade da morte como um aniquilamento; pelo contrário, é necessário aprender a fazer o luto daqueles que perdemos, considerando seu desaparecimento sem dissimulá-lo com a afirmação de uma existência imaginária do além. Da mesma forma, é preciso ter a consciência de que estamos destinados para o nada. A ressurreição não abole nem dispensa a morte, mas nos fala de um ato de Deus, de uma verdadeira "criação a partir do nada" (*creatio ex nihilo*), que nos lembra que não possuímos a vida, mas que ela nos foi dada. A fé na ressurreição consiste em abandonar a si mesmo, aceitar a própria morte e tudo esperar de Deus. A finitude só se torna insuportável quando a vivemos em alienação, ou seja, em uma relação cortada ou deteriorada com Deus.

Desse modo, a fé comum na ressurreição pode gerar duas "pastorais" diferentes: a que se baseia na revolta diante de um acidente que destrói nossa natureza e a da aceitação de nossa finitude natural, da renúncia ao sonho de imortalidade. Em qualquer dos dois casos, a vida eterna é considerada um dom de Deus, e não algo que pertence naturalmente ao ser humano.

Esses dois debates podem ser correlacionados com a diferença entre Heidegger e Sartre em suas visões sobre o sentido da morte. Podemos formular desse modo a questão que os separa: no que e de que maneira minha morte diz respeito à minha existência? Para Heidegger, a morte manifesta o caráter irredutivelmente singular de toda existência e dá forma à sua temporalidade. Portanto, faz parte da existência, que se caracteriza pela imbricação constante entre vida e morte. Logo, é preciso ver na morte a condição de possibilidade de uma vida humana que tenha sentido. Para Sartre, a morte impede a existência de ter sentido, ao aniquilar a temporalidade que a constitui; a pessoa humana se caracteriza pelo projeto, enquanto a morte a transforma em objeto e a condena ao absurdo. Assim, a morte contradiz a existência, estando fora dela e contra ela, tornando toda vida humana um fracasso.

Sem referir-se explicitamente a Heidegger e a Sartre, Pierre-Luigi Dubied convida a assumir e a superar essa divergência considerando a morte uma "inimiga amiga". Ao mesmo tempo que fecha o sentido (pois está sempre relacionada à opacidade e ao absurdo), a morte abre para um sentido diferente, obrigando a que a humanidade seja pensada em uma relação com uma alteridade. Assim, a angústia que a morte representa inevitavelmente deve ser conjugada com a aceitação necessária para a qual somos chamados. A fé cristã consiste em desesperar-se de si mesmo e colocar toda a confiança somente em Deus, o que implica passar por uma nada fácil morte em si mesmo e de si mesmo, recebendo de

Deus a promessa de uma ressurreição que só depende dele e não suprime nossa finitude, mas supera nossa alienação.

2. O além

2.1. Representações do além

Nessas representações, é preciso distinguir o que pertence ao âmbito da "parescatologia" — expressão de John Hick para a transição entre este mundo e o além — e o que podemos qualificar como escatologia, pois trata-se do estágio último e do estado final a que chegam os mortos. A "parescatologia" descreve aquilo que ocorre imediatamente após a morte. O morto passa por certo número de provas e etapas sucessivas, como, por exemplo, o despojamento do corpo, a pesagem da alma ou julgamento final, o sono intermediário. Podemos abrigar sob essa categoria as análises de Raymond Moody (*A vida depois da vida* [1975], São Paulo, Butterfly, 2004), que são reproduzidas em uma literatura abundante e geralmente medíocre, sobre as experiências de quase morte (*near death experiences*): aquilo que as pessoas experimentam quando passam por uma morte clínica antes de retornar à vida. As representações "parescatológicas" se caracterizam pela abundância de detalhes, pela diversidade e, com frequência, por seu caráter pitoresco; em comparação, as descrições escatológicas parecem desprovidas de interesse. De um modo um tanto esquemático, sem abordar diferenças menores, podemos dividir essas representações em seis grandes tipos.

a. A vida diminuída: após a morte, o morto passa a ter uma existência diminuída, empobrecida, fantasmática, tornando-se uma sombra sem consistência. Não experimenta nem grandes alegrias nem grandes tristezas, mas está mergulhado em uma espécie de tédio e de indiferença em relação a tudo; é um ser digno de pena. Esse tema é encontrado tanto na Grécia antiga (cf. o canto XI da *Odisseia*) quanto em alguns textos do Antigo Testamento, o que nos leva a relativizar a oposição corrente entre a cultura grega e o pensamento hebraico.

b. A vida exaltada: esse tipo, desenvolvido no cristianismo e no islã populares, inverte o primeiro. O morto passa a ter uma existência de intensidade superior à que levava na terra, tanto na infelicidade (para os condenados) quanto na felicidade (para os bem-aventurados).

c. Um outro modo de presença: a morte faz com que a pessoa se torne invisível, ainda que levando uma existência terrena. Ainda que não possamos vê-los, os mortos não deixam o mundo, mas continuam a agir, embora de um modo diferente do que quando eram vivos. É importante manter um bom relacionamento com eles, manter a boa vizinhança. O que se costuma chamar de culto aos ancestrais, bastante presente na África, em geral estabelece regras de convivência entre vivos e mortos que partilham do mesmo espaço.

d. Uma imortalidade parcial: a morte opera uma dissociação entre os dois elementos que compõem o nosso ser e que correspondem, de modo geral, ao corpo e à alma. O corpo perece, e a alma subsiste. O que ocorre com ela? Passa a viver em um mundo celeste, espiritual ou metafísico; ou busca outro corpo em que possa reencarnar-se. No budismo, a reencarnação pertence à "parescatologia" e representa uma infelicidade ou, no melhor dos casos, um fracasso relativo: o morto não atingiu o nirvana. No Ocidente, a crença na reencarnação tende a expandir-se, inclusive entre os cristãos, sem dúvida por sua simplicidade, pois não torna obrigatório que se imagine um tempo, um espaço e um modo de existência diferentes dos que conhecemos.

e. A ressurreição: a morte aniquila por completo o homem, corpo e alma, e em seguida um ato de Deus o recria, em geral ao mesmo tempo que regenera todo o universo. Essa concepção tem sua provável origem no mazdeísmo do antigo Irã, e muito influenciou os autores bíblicos.

f. A imortalidade objetiva e não subjetiva: a morte faz com que o indivíduo se dissolva no todo. Durante nossa vida terrena, somos como uma gota d'água isolada do mar; com a morte, voltamos ao todo do qual fazíamos parte. Só desaparecem as separações e as limitações que nos tornavam uma individualidade. Da mesma forma, a gota não é destruída quando retorna para o oceano, mas não mais existe como gota. Escritores de obras de divulgação científica, bastante contestados, como Jean Émile Charon (*Mort, voici ta défaite. J'ai vécu des milliards d'années* [Morte, eis tua derrota: eu vivi milhares de anos], Paris, Albin Michel, 1984), buscaram atualizar e fortalecer esse modelo com a referência a partículas elementares de energia que se associam em diversas combinações mutantes. Nessa perspectiva, a morte de um indivíduo seria a ocasião de uma dissociação das partículas que o compõem, e que se reagrupariam de outras formas. Nada perece, a não ser a individualidade ou a subjetividade; tudo se desloca e se estrutura diferentemente (cf. J. Bowker).

2.2. A Reforma e o além

De acordo com representações dominantes no final da Idade Média, o além é composto de três lugares principais: o paraíso, para onde vão os que são dignos da salvação; o inferno, para os que mereceram a condenação; e o purgatório, que permite, aos que não são nem suficientemente bons para o paraíso nem maus o bastante para o inferno, a purificação antes de entrar no paraíso. No momento da morte, há um julgamento específico e a decisão sobre o lugar para onde se vai. Os reformadores rejeitaram o purgatório, que não tem bases bíblicas sólidas, e contestaram o princípio de retribuição que subjaz a todo o sistema e é oposto à gratuidade da salvação. Assim, eles apontaram para uma nova compreensão da vida presente: seu objetivo não é ganhar a salvação, mas manifestar a salvação que nos é dada por Deus em Cristo. Eis a mudança fundamental que eles nos trazem.

Os textos de Lutero nem sempre são coerentes sobre esse ponto. Na verdade, ele exprime grandes reservas em relação à imortalidade da alma. Ele considera que os seres humanos são feitos de relações e se mostra reticente quanto a todo tipo de afirmação que atribui ao homem propriedades naturais, como se possuíssemos algo por nós mesmos e não dependêssemos por completo do que se recebe, do que é dado. A ressurreição é um acontecimento que ocorre conosco e opera em nós, manifestando que nossa verdade final e a realidade mais profunda do nosso ser não estão em nós, mas vêm de fora, de Deus. Lutero propõe uma interpretação espiritual e existencial dos "lugares" do além: o inferno designa a separação entre o homem e Deus, o paraíso a comunhão com ele e o purgatório o medo de que Deus nos abandone. Assim, não são exatamente lugares para onde vamos após a morte, mas principalmente os estados de nossa relação atual com Deus.

Calvino considera a imortalidade da alma uma qualidade natural do ser humano (qualidade que lhe é dada por Deus na criação) que o distingue das "bestas brutas" (os animais). Com sua morte, o ser humano não morre por completo: sua alma subsiste de modo ativo (Calvino contesta a teoria do sono dos mortos). Vindo o tempo da ressurreição final, Deus devolverá à almas o seu corpo, que retornará à vida. Se a imortalidade da alma é um fato natural, acessível à razão filosófica, a ressurreição ultrapassa nosso entendimento e só pode ser crida pela fé.

Lutero e Calvino sabem que as categorias que utilizam para falar do além são imagens, que não nos fornecem um conhecimento sobre o que será a vida eterna, mas só nos dão um "gostinho". As especulações sobre o que virá depois da vida não nos devem desviar a atenção da realidade e das tarefas presentes. O Novo Testamento e o discurso cristão fiel às origens não buscam satisfazer nossa curiosidade, mas iluminar nossa existência com as promessas evangélicas, que a fortalecem e lhe dão vigor.

2.3. A teologia da "história da salvação"

Os teólogos da "história da salvação" criticam duramente as representações espaciais que dominam o cristianismo tradicional. Dizem eles que essas imagens são sem fundamento bíblico, originando-se do paganismo greco-romano. Para eles, essas representações negam a radicalidade da morte, tornando-a apenas uma passagem. Afirmam que nas Escrituras, principalmente no Antigo Testamento, a morte não representa uma transformação do ser, mas, sim, o seu aniquilamento. Os gregos que creem na imortalidade da alma se defrontam com a morte de um modo sereno. Para o homem bíblico, no entanto, a morte o apavora: ele a teme e se debate contra ela. O grego pensa que a morte livra a alma do peso e da prisão que o corpo representa, enquanto para quem crê na Bíblia o corpo e a alma formam uma unidade indissociável. A morte atinge tanto o corpo quanto a alma, levando à destruição total do ser e à cessação de toda forma de vida, mergulhando-nos no nada. A mensagem da ressurreição não significa que parte do nosso ser escapa à morte, mas, sim, que Deus nos recria a partir do nada, fazendo com que ressurja um ser que não mais existia.

Os teólogos da "história da salvação" concebem o além, assim, não em termos topográficos, como no final da Idade Média, mas cronológicos; eles distinguem tempos, e não lugares diferentes. O destino de um cristão se desenrola, para eles, em três momentos decisivos. A primeira fase começa no nascimento e termina na morte. O cristão se beneficia na ressurreição de Cristo na Páscoa e espera seu retorno no final dos tempos, para que o reino de Deus seja estabelecido. O além penetra e age no mundo a partir da Páscoa, mas ainda não invadiu nem modificou tudo; não absorveu este mundo. Na existência cristã, a vida eterna *já* começa a se manifestar e agir, trabalhando-a e transformando-a em parte, mas *ainda* não eliminou a morte.

A segunda fase se inicia com nossa morte. O cristão não mais vive a vida da terra, mas ainda não vive a do Reino que ainda não chegou. Está perto de Cristo, entre suas mãos, em um estado que podemos comparar ao sono. Aguarda o retorno de Cristo, um pouco como as almas do purgatório esperam sua entrada no paraíso, mas não sofre, pois sua sorte é melhor que a dos vivos.

A terceira fase começa com o final dos tempos. O Reino é estabelecido, e chega esse mundo novo em que Deus será tudo em todos. Nesse momento ocorre a ressurreição. Os cristãos se revestem de um corpo novo, sua pessoa é reconstituída e eles passam a levar uma nova existência em um universo regenerado, uma existência que evidentemente não terá mais fim. Assim, tanto vivos quanto mortos esperam, embora em uma situação diferente, a vinda do Reino, que tornará o além uma realidade cumprida (cf. O. Cullmann, Ph. Menoud e R. Mehl).

Temos três observações a fazer sobre essa concepção: primeira, ela apresenta algumas incoerências. Por exemplo, enfatiza que o ser humano forma um todo que não pode ser dividido em duas partes, alma e corpo, e que a alma o atinge por completo. Porém, advoga a existência de um estado intermediário latente em que a alma subsiste de modo independente do corpo. Segunda, implica uma solidariedade entre a sorte do indivíduo e a do cosmos. A vida eterna toma lugar em um mundo completamente renovado. Isso demonstra um problema de credibilidade: essa transformação do universo no final dos tempos também parece ser parte das ideias de uma época passada, e não se pode perceber como levá-la ao pé da letra. Terceira, preconiza uma oposição um tanto exagerada entre as ideias da cultura grega (e sua tendência é unificá-las e caricaturizá-las) e as do mundo bíblico (mais variadas do que essa teologia o confessa). Estima que de um lado temos representações humanas e de outro a revelação divina, mas esquece as raras passagens bíblicas que tendem a acatar a imortalidade da alma e o fato de que o tema da ressurreição do corpo é originário do mazdeísmo iraniano que influenciou Israel.

Em geral, os meios ditos evangélicos adotam a perspectiva da "história da salvação", que lhes parece mais conforme à letra da Bíblia, mas divergem em relação ao roteiro. Esses cristãos detalham seu desenrolar de diversas maneiras; com efeito, os textos não se deixam harmonizar facilmente no nível das representações. A principal controvérsia diz respeito ao estado dos mortos entre sua morte e a ressurreição final: dormem em uma espécie de inconsciência ou, enquanto os cristãos repousam *no seio de Abraão* (Lc 16.22), *no paraíso* (Lc 23.43), os descrentes permanecem em um lugar de tormento, aguardando o retorno de Cristo? E, no momento da ressurreição, todos eles ressuscitarão, os cristãos para entrar na vida eterna e os descrentes para entrar na morte ou em um sofrimento eterno? Que associação haveria entre o corpo morto e o corpo ressuscitado? Porém, esses problemas não parecem ocupar um espaço significativo nesses meios hoje. Insiste-se principalmente na realidade, inclusive a carnal, da vida após a morte e da ressurreição. Também se enfatizam a condenação e as penas eternas dos descrentes, e, de modo polêmico, levantam-se contra toda tentativa de comunicação com os mortos.

2.4. A teologia existencialista

Na vida eterna, na ressurreição, no além, a teologia existencialista não vê um lugar diferente, um futuro, outro tempo, mas, sim, uma realidade presente, atual, algo que na fé nos ocorre ou é produzido em nós, aqui e agora. Trata-se de uma dimensão que toma a nossa existência, de uma qualidade que se recebe em um encontro com Cristo. Bultmann insiste muito na afirmação do apóstolo Paulo: *fostes ressuscitados mediante a fé no poder de Deus* (Cl 2.12). Paulo não situa a ressurreição após a morte ou no fim dos tempos; ele não escreve "vós ressuscitareis", mas descreve uma realidade presente: "fostes ressuscitados". Bultmann comenta: "Em determinado sentido, o cristão superou a morte, já morreu e ressuscitou". Na fé, vivemos o presente da ressurreição, que se cumpre a partir de agora em nós e para nós. Espiritualmente, o cristão já se encontra na vida eterna.

Isso não significa que a fé dispensa o cristão da morte biológica. Ele deverá enfrentá-la e continuar a fazer perguntas sobre o que acontece depois. No entanto, para o cristão, a morte perdeu sua agudeza; não mais preocupa, não mais causa angústias. A presença de Deus em sua existência atual lhe fornece confiança e segurança para o futuro. Ele sabe que Deus não o abandonará e que a relação estabelecida em fé jamais acabará. Dito de outra forma, a vida eterna vivida no presente comporta necessariamente uma dimensão futura.

Todavia, Bultmann estima que esse futuro não pode ser descrito; não o conhecemos, ignoramos como será, não temos meios para tratar do tema. Sabemos somente que o futuro pertence a Deus, e isso basta. É preciso notar que diferentemente dos pregadores e dos apocalípticos de sua época, nos evangelhos, Jesus não descreve a vida futura nem o Reino, mas os evoca por comparações e imagens que sugerem, mais que representar ou desvelar. Jesus não só deixa de oferecer um quadro da existência futura, mas resguarda-se de oferecê-lo. Bultmann percebe duas razões para essa recusa.

Primeira, quando o ser humano tenta imaginar a vida eterna, apenas projeta nela seus desejos e aspirações, fazendo uma transposição do que ele já conhece. As descrições do além são sempre transfigurações idealizadas deste mundo. Como poderíamos elaborar uma representação de uma existência fundamentalmente diferente da que nós conhecemos?

Segunda, ideias, representações e teoria sobre o além muitas vezes são pretextos para a fuga das urgências do presente, para o mascaramento do caráter incisivo do instante em que vivemos. As especulações nos desviam da realidade e das tarefas imediatas a serem cumpridas. Prefere-se construir um sistema sobre as finalidades últimas do ser humano a questionar a si mesmo e a seu modo de vida hoje. Desenvolvem-se crenças e doutrinas, e não há conversão, engajamento, autodoação e confiança. O encontro com Cristo se faz no momento presente, e não em um futuro longínquo. A vida nova surge e nos mobiliza agora: não devemos adiá-la.

Para a corrente existencial, o Novo Testamento afirma que há uma vida após a morte, mas não oferece nenhuma indicação sobre o que será. O cristão sabe que há um futuro, mas só pode falar do modo com que a vida eterna se insere em seu presente e o afeta, ignorando a forma que essa vida tomará mais tarde, ao mesmo tempo que está convicto de que essa vida jamais acabará com sua morte.

2.5. O nada

Essa posição quase não é encontrada antes do século XX. Somente alguns pensadores católicos e protestantes a defendem. Porém, há sondagens que mostram que ela é bastante popular dentre os membros de igrejas, ao menos na Europa, ainda que não o afirmem claramente. De acordo com essa posição, não existe o além. A morte estabelece um ponto final para nossa existência pessoal, e o cristão não deve esperar nem desejar nada que possa vir depois, em continuidade. Assim, o Novo Testamento se utilizaria do adjetivo "eterno" para designar uma qualidade e uma dimensão da vida atual, e não para tratar de um modo de ser que surgiria ou seria prolongado além de nossa morte (cf. R. Parmentier).

Os defensores dessa tese apresentam três argumentos em favor de sua posição.

Primeiro, a Bíblia é discreta ou silenciosa sobre o além. Há um contraste muito grande entre os ensinos bíblicos e os das grandes religiões da Antiguidade, que se interessam quase exclusivamente por duas coisas: o que ocorre no mundo dos deuses (no Olimpo ou em seus equivalentes) e o que ocorre com o homem após a morte. Já a Bíblia fala sobretudo da terra e do que acontece nela. A Bíblia anuncia que Deus age, intervém e se encarna na história dos homens, convidando a uma nova maneira de existir neste mundo. É proposta nela uma religião deste mundo: não há negação do outro mundo, mas esse outro mundo não tem muita importância; de fato a Bíblia não se preocupa muito com ele. A análise parece discutível: será que poderíamos descartar tão facilmente assim, considerando como secundárias, as passagens do Novo Testamento que mencionam a vida após a morte?

Segundo, a afirmação de uma vida após a morte não representava problema algum antigamente, pois era encontrada por toda parte como uma realidade comum. Hoje não acontece o mesmo. Os desenvolvimentos da ciência, sobretudo da biologia, retiraram dessa afirmação toda credibilidade. Defendendo-a, no desejo de mantê-la, as igrejas desconsideram o evangelho, associando-o a crenças ultrapassadas e tornando-o solidário a superstições insustentáveis, e assim mascaram a mensagem espiritual que nos é dirigida, o convite para viver de um modo diferente, para encontrar em Cristo uma orientação e um sentido para nossa existência presente. Esse argumento também é discutível: os dados científicos, muito complexos e emaranhados, não apontam para uma conclusão categórica; ao suprimir o tema da vitória sobre a morte biológica, não estaríamos mutilando o evangelho em um de seus aspectos mais importantes?

Terceiro, a negação cristã de uma vida após a morte retoma as críticas dirigidas a essa crença por certos marxistas e psicanalistas. Os marxistas afirmam que tal crença leva a consequências sociopolíticas desastrosas. O cristão só atribuiria a este mundo uma importância secundária e um valor relativo, deixando de engajar-se verdadeiramente. Para ele, o essencial se encontra além; a espera e a preparação para a vida eterna o absorvem; em vez de revoltar-se contra os males e os sofrimentos do tempo presente, ele se resigna com muita facilidade por ansiar pelas compensações futuras. Essa crítica não resiste ao exame: a história nos ensina que a expectativa de um além com frequência mobilizou os cristãos, dando-lhes vigor, ardor e coragem para os combates e as tarefas deste mundo, impedindo-lhes a resignação e a submissão, ao retirar deles a preocupação com esta vida e com o conforto pessoal. Já os psicanalistas defendem que a crença na vida eterna seria um modo de recusar os limites humanos e atribuir a si mesmo uma importância infinita. A essa ideia também podemos opor um bom número de fatos: em muitos casos, a crença no além resultou em uma humildade pessoal e uma postura que considera que nem tudo está implicado na vida presente, que esta vida não é o valor supremo.

Em todo caso, por mais espantoso que possa parecer, hoje o nada faz parte do rol das respostas cristãs para a questão sobre o além.

2.6. A teologia do simbolismo

Essa teologia tem como ponto de partida tanto a aceitação quanto a crítica à posição existencialista, estimando que a salvação anunciada pelo evangelho significa e implica que a morte não é o fim da nossa existência. A salvação não se reduz à vida após a morte, mas tem múltiplos aspectos. Deus nos salva de todas as negatividades que pesam sobre nossa existência e que tentam destruí-la: a negatividade do erro e da culpa, a do absurdo ou da insignificância, a das potências sociais, políticas e econômicas do mundo (cf. Paul TILLICH, *A coragem de ser* [1952], Rio de Janeiro, Paz e Terra, 1977). A salvação equivale a perdão, dom do sentido, libertação. Compreende também a vitória sobre a morte. A ressurreição dos mortos não resume a mensagem do evangelho, nem constitui seu centro, mas é parte integrante dessa mensagem, ou seja, um dos elementos desse centro. Assim, é sem razão que alguns pretendem que a mensagem evangélica não diz respeito ao além.

É preciso reconhecer que não dispomos de nenhum saber sobre o que se segue à morte. Se pudéssemos conhecer e obter uma imagem disso, não estaríamos lidando com o *além*. Não sabemos como as coisas serão, nem o que acontecerá. As concepções tradicionais pecam por desejar dizer demais sobre o tema. Bultmann está perfeitamente correto quando denuncia o caráter não apenas arbitrário e ilusório, mas pernicioso e perverso de todas as representações do além. No entanto, não nos podemos satisfazer com o silêncio, nem limitar-nos a afirmar a existência do além sem mais nada dizer, uma postura que poderíamos ilustrar por estes versos de Marie Luise Kaschnitz: "Perguntaram-me: Tu crês / na vida após a morte? / Respondi que sim. / Mas então eu não soube / dizer / como seria / lá" ("Ein Leben nach dem Tode", em *Kein Zauberspruch. Gedichte*, Frankfurt, Insel, 1972, p. 119).

À primeira vista, há muita honestidade e sabedoria nessa intenção. Porém, também há dois inconvenientes. Primeiro, quando nos contentamos com afirmações "nuas" de um fato, com frequência atribuímos a ele a sensação de que se trata de uma palavra vazia, convencional, sem conteúdo, pronunciada somente pela forma. Somos seres de palavra, e o que não é expresso na linguagem, de um modo ou de outro, acaba desaparecendo de nosso horizonte, esvanecendo-se da existência. Em seguida, ao nos calarmos, criamos um vazio onde vêm instalar-se imagens e superstições de toda espécie. Nosso silêncio favorece o sucesso de uma literatura de baixa qualidade, e que nem sempre é inofensiva. Portanto, precisamos evitar duas armadilhas: falar do além como se fosse um objeto do saber e manter o silêncio sobre o assunto. Entre essas duas armadilhas, existe um caminho, o da evocação, ou seja, de um discurso que não apresente uma teoria, mas símbolos (no sentido de Tillich), explicitamente reconhecidos como tais e que nos dão aquilo que Calvino chama de um "gosto" ou um "gostinho" do além.

O Novo Testamento utiliza principalmente dois símbolos, o da ressurreição do corpo e o do Reino. Não podemos tomá-los ao pé da letra, interpretando-os literalmente e deduzindo deles uma descrição do além. Isso foi feito algumas vezes pela tradição cristã em pregações, na teologia e na arte inspirada por essa tradição; mas caiu no absurdo. Porém, se esses símbolos não descrevem o além, podemos tirar deles alguns ensinamentos.

a) A vida após a morte advém sempre de um ato de Deus, que no-la confere. Nosso destino e nossa natureza normalmente acabam com a morte. Não existe em nós algo que por natureza possa escapar à morte, que não seja atingido nem levado por ela. O símbolo da imortalidade da alma, que, com raras exceções, a Bíblia evita, tem o inconveniente de apresentar a vida eterna como algo que pertence a uma parte da vida humana, e não como um dom recebido de Deus.

b) O símbolo da ressurreição do corpo é utilizado com mais frequência no Novo Testamento. Paulo nos impede de levá-lo ao pé da letra, ao empregar a expressão *corpo espiritual* (1Co 15.44), que indica tratar-se de uma corporeidade que não podemos conceber. Esse símbolo aponta para duas constatações: primeira, nossa finitude persiste na vida eterna; nós permanecemos seres limitados, assim como somos na vida presente, por nosso corpo. Não podemos conceber a entrada no além como uma espécie de divinização que nos faz participar da essência divina. Somos criaturas e permanecemos criaturas. Segunda, nossa identidade ou personalidade não desaparecem. Com efeito, nosso corpo nos torna seres distintos, reconhecíveis, separados dos outros por uma fronteira clara, formando uma unidade. Porém, ao referir-se ao "corpo espiritual", o Novo Testamento observa uma profunda transformação. A vida eterna não consiste somente no prolongamento ou na continuação da vida atual, mas trata-se de outra forma de existência.

c) Do símbolo do Reino, da nova terra e dos novos céus podemos deduzir outro ensinamento: o do caráter universal e cósmico da vida eterna, que não diz respeito somente ao indivíduo, mas ao mundo inteiro.

d) O Novo Testamento não inventa os símbolos que utiliza, mas os toma emprestados das culturas e das religiões da época, sobretudo, evidentemente, das da bacia Mediterrânea, com a ressalva de que não os utiliza de modo idêntico, mas os modifica. A principal transformação efetuada pelo Novo Testamento consiste em centrá-los em Cristo, usando-os para proclamar Cristo e explicar sua pessoa e sua obra. É dele e por ele que recebemos a vida eterna; trata-se de sua obra, e nós a recebemos na fé nele.

e) Indago-me se os cristãos não deveriam intentar uma operação semelhante com o tema da reencarnação, que hoje conhece um grande sucesso no mundo ocidental. Em vez de questionarem se trata-se ou não de uma representação bíblica (cf. Geddes MCGREGOR, *Reincarnation as a Christian Hope* [A reencarnação como uma esperança cristã], Londres, Macmillan, 1982), será que não agiriam melhor se a retomassem e a transformassem, centrando-a em Cristo, utilizando-se dela como uma possibilidade de linguagem para comunicar o evangelho? Por outro lado, constatamos que a Bíblia não retomou todas as representações do além encontradas na atmosfera ambiente, mas adaptou ou adotou algumas e deixou outras de lado. Nem toda linguagem, nem toda imagem tem a capacidade de comunicar o evangelho, mas poderíamos nos indagar se a reencarnação poderia fazê-lo.

3. Conclusão

Se a existência se caracteriza pela temporalidade e pelo vislumbre de uma alteridade (como indica a etimologia *ek*, "fora de", e *sistere*, "manter-se"), parece difícil conceber a vida no além como algo estático e fixo, por ser achegada a um cumprimento ou a uma perfeição. À porta do paraíso, que seria essa culminação, bem se poderia afixar a inscrição que Dante colocou nos portais do inferno: "Deixai toda esperança, vós que entrais".

Esse paraíso, que é semelhante a um inferno, seria desesperador, já que nada haveria a ser construído ou esperado. Na Bíblia, tudo indica que o "Dia do Senhor" marca não um fim, mas um novo começo; não é a história que termina, mas um novo período se inicia. Nessa perspectiva, podemos nos indagar se o Reino não comporta necessariamente uma dimensão sempre utópica, jamais realizada. Seja aqui, seja no além, o ser humano se alimenta de uma transcendência que ultrapassa tudo o que lhe está efetivamente dado, e que o chama o tempo todo para outra coisa.

André Gounelle

▶ ARIÈS, Philippe, *Essais sur l'histoire de la mort en Occident du Moyen Âge à nos jours*, Paris, Seuil, 1975; BOWKER, John, *The Meanings of Death*, Cambridge, Cambridge University Press, 1991; BULTMANN, Rudolf, *Foi et compréhension* (1933-1965), 2 vols., Paris, Seuil, 1969-1970; Idem, *Jesus Cristo e mitologia*, São Paulo, Novo Século, 2003; CULLMANN, Oscar, *Immortalité de l'âme ou résurrection des corps? Le témoignage du Nouveau Testament*, Neuchâtel, Delachaux et Niestlé, 1956; DUBIED, Pierre-Luigi, *L'angoisse et la mort*, Genebra, Labor et Fides, 1991; ENGAMMARE, Max, "L'inhumation de Calvin et des pasteurs genevois de 1540 à 1620. Un dépouillement très prophétique et une pompe funèbre protestante qui se met en place*, em Jean BALSAMO, org., *Les funérailles à la Renaissance*, Genebra, Droz, 2002, p. 271-293; GISEL, Pierre, *Corps et esprit. Les mystères chrétiens de l'incarnation et de la résurrection*, Genebra, Labor et Fides, 1992; GOUNELLE, André e VOUGA, François, *Après la mort, qu'y-a-t-il? Les discours chrétiens sur l'au-delà*, Paris, Cerf, 1990; HEIDLER, Fritz, *Die biblische Lehre von der Unsterblichkeit der Seele. Sterben, Tod, ewiges Leben im Aspekt lutherischer Anthropologie*, Göttingen, Vandenhoeck & Ruprecht, 1983; HICK, John, *Death and Eternal Life* (1976), Louisville, Westminster--John Knox Press, 1994; JÜNGEL, Eberhard, *Tod* (1971), Gütersloh, Mohn, 1993; KÜBLER-ROSS, Elisabeth, *Les derniers instants de la vie* (1969), Genebra, Labor et Fides, 1991; KÜNG, Hans, *Vie éternelle?* (1982), Paris, Seuil, 1985; LEUBA, Jean-Louis, org., *Temps et eschatologie. Données bibliques et problématiques contemporaines*, Paris, Cerf, 1994; MAINVILLE, Odette e MARGUERAT, Daniel, orgs., *Résurrection. L'après-mort dans le monde ancien et le Nouveau Testament*, Montreal-Genebra, Médiaspaul-Labor et Fides, 2001; MAURY, Pierre, *L'eschatologie*, Genebra, Labor et Fides, 1959; MEHL, Roger, *Notre vie et notre mort* (1953), Paris, Société centrale d'évangelisation, 1966; MENOUD, Philippe Henri, *Le sort des trépassés d'après le Nouveau Testament* (1945), Neuchâtel, Delachaux et Niestlé, 1966; MORIN, Edgar, *L'homme et la mort* (1951, 1970), Paris, Seuil, 1976; MÜLLER, Denis, *Réincarnation et foi chrétienne* (1986), Genebra, Labor et Fides, 1993; PARMENTIER, Roger, *Pour ne pas se tromper de résurrection*, Champigny-sur-Marne, Service Concordia, 1983; Idem, *La foi chrétienne est-elle plus authentique sans l'hypothèse d'une vie après la mort?*, Cahier Évangile et liberté 84, março de 1990, p. VI-VIII (em *Évangile et liberté* 104); THOMAS, Louis-Vincent et alii, *Réincarnation, immortalité, résurrection*, Bruxelas, Facultés universitaires Saint-Louis, 1988; THOMAS-BRÈS, André, *Clartés sur l'au-delà!*, Lugano, Éditions de Radio réveil, 1962; TILLICH, Paul, "Symbols of Eternal Life", *Harvard Divinity School Bulletin* 26/3, 1962, p. 1-10; Idem, *Teologia sistemática* III (1963), São Leopoldo, Sinodal, 2005, parte V: "A história e o Reino de Deus".

◐ Apocalíptica; apocatártase; atos pastorais; castigo; corpo; doença; esperança; eutanásia; fim do mundo; **mal**; parusia; pecado; pena de morte; **predestinação e Providência**; recapitulação; reino de Deus; ressurreição; santos (comunhão dos); santos (culto dos); saúde; serviços fúnebres; sofrimento; **utopia**; velhice

MOSHEIM, Johann Lorenz von (1693-1755)

Nascido em Lübeck, filho de uma antiga família nobre estiriana, e morto em Göttingen. Em 1715 foi estudante e, em seguida, monitor de teologia na Faculdade de Filosofia da Universidade de Kiel. Em 1723 foi nomeado professor de teologia em Helmstedt, onde também ocupou funções eclesiásticas, como a de conselheiro do consistório e inspetor geral das escolas do ducado de Wolfenbüttel. Em 1747 tornou-se chanceler e professor da Universidade de Göttingen, de cuja criação ele havia participado, esboçando os estatutos da Faculdade de Teologia. Em seu ensino e suas publicações, tratou da exegese neotestamentária, da história da igreja, da dogmática e da ética. Dotado de um pronunciado senso histórico-crítico, inaugurou uma nova abordagem metodológica da historiografia, tornando-se assim o principal representante da história da igreja de sua época. Mosheim não mais interpretava a história da igreja em função do modo supranatural e dualista da luta entre o reino de Deus e o reino de Satanás, mas, sim, como a história de uma grandeza imanente e humana, de acordo com a fórmula "pragmática" desenvolvida na história secular, em que os acontecimentos são explicados segundo o modo psicológico a partir da motivação dos personagens históricos. Além disso, exerceu uma grande influência como pregador, cativando seus ouvintes com um alemão elegante e observações psicológicas pertinentes, que levavam em conta as expectativas do auditório. Sua obra *Heilige Reden über wichtige Wahrheiten der Lehre Jesu Christi* (1725-1739) pretendeu tanto instruir quanto edificar. Sua atividade como pregador e seus trabalhos sobre história da igreja mostram seu ponto de vista teológico, que se situa entre a ortodoxia, o pietismo e a *Aufklärung* em suas origens.

Martin Ohst e Christoph Strohm

▶ MOSHEIM, Johann Lorenz von, *Histoire ecclésiastique, ancienne et moderne, depuis la naissance de Jésus Christ jusques au XVIIIe siècle* (1726, 1737-1741, 1755), 6 vols., Yverdon, De Felice, 1776; Idem, *Versuch einer unpartheiischen und gründlichen Ketzergeschichte* (1746), org. por Dirk FLEISCHER, Waltrop, Spenner, 1995; Idem, *Anderweitiger Versuch einer vollständigen und unpartheyischen Ketzergeschichte*, Helmstedt, Weygand, 1748; BAUR, Ferdinand Christian, *Die Epochen der kirchlichen Geschichtsschreibung* (1852), Hildesheim, Olms, 1962, p. 118-132; HEUSSI, Karl, *Johann Lorenz Mosheim. Ein Beitrag zur Kirchengeschichte der 18. Jahrhunderts*, Tübingen, Mohr, 1906; MOELLER, Bernd, *Johann Lorenz von Mosheim und die Gründung der Göttinger Universität*, e MÜHLENBERG, Ekkehard, *Göttinger Kirchenhistoriker im 19. Jahrhundert*, em Bernd MOELLER, org., *Theologie in Göttingen. Eine Vorlesungsreihe*, Göttingen, Vandenhoeck & Ruprecht, 1987, p. 9-40 e 232-255; MULSOW, Martin et alii, org., *Johann Lorenz Mosheim (1693-1755). Theologie im Spannungsfeld von Philosophie, Philologie und Geschichte*, Wiesbaden, Harrassowitz, 1997; PETERS, Martin, *Der Bahnbrecher der modernen Predigt. Johann Lorenz Mosheim in seinen homiletischen Anschauungen dargestellt und gewürdigt*, Leipzig, Deichert, 1910; WETZEL, Klaus, *Theologische Kirchengeschichtsschreibung im deutschen Protestantismus 1660-1760*, Giessen, Brunnen, 1983, p. 371-381.

◉ Göttingen (Universidade de); **história**; método histórico-crítico

MOTT, John Raleigh (1865-1955)

Eminente americano e pioneiro do movimento ecumênico, nasceu no estado de Nova York, sendo educado no estado de Iowa, em uma família metodista de posses. Estudou história na *Cornell University*, onde se converteu após ouvir o campeão de críquete e evangelista inglês Charles Thomas Studd (1860-1931). Renunciou a uma carreira acadêmica ou eclesiástica para, em 1888, tornar-se secretário itinerante da seção estudante da Associação Cristã de Moços da América do Norte. No mesmo ano, foi nomeado presidente do Movimento dos Estudantes Voluntários para as Missões Estrangeiras. Percorrendo universidades, fundou associações cristãs de estudantes com o objetivo de recrutar e formar bíblica e eticamente os futuros líderes leigos da sociedade. Foi em Vadstena (Suécia), em 1895, que ele lançou as bases da Federação Universal das Associações Cristãs de Estudantes. A partir de então, viajou por todo o mundo e encontrou inúmeros dignatários eclesiásticos. Presidiu a Conferência Missionária Mundial de Edimburgo (1910), que originaria o Conselho Internacional de Missões. Incansável campeão da unidade cristã, Mott participou da primeira Conferência do Cristianismo Prático, em Estocolmo (1925), da conferência "Fé e Constituição", em Lausanne (1927), e da assembleia que fundou o Conselho Mundial de Igrejas em Amsterdã (1948). Teria a felicidade de ver trabalhando pelo ecumenismo inúmeras personalidades oriundas da Federação Universal das Associações Cristãs de Estudantes, tais como o primeiro secretário-geral Willem Adolf Visser 't Hooft.

John R. Mott desfrutava de tal notoriedade nos Estados Unidos que o presidente Wilson lhe conferiu algumas missões diplomáticas durante a Primeira Guerra Mundial, sobretudo na Rússia (1917). Em 1946, recebeu o Prêmio Nobel da Paz.

Jacques Nicole

▶ MOTT, John Raleigh, *Addresses and Papers*, 6 vols., New York, Association Press, 1946; Idem, *Evangelism for the World Today*, New York-Londres, Harper and Brothers, 1938; Idem, *L'heure décisive des missions chrétiennes* (1910), Saint-Blaise, Foyer solidariste, 1912; HOPKINS, Charles Howard, *John R. Mott, 1865-1955. A Biography*, Genebra, CMI, 1979; MACKIE, Robert Cuthbert et alii, *Layman Extraordinary. John R. Mott, 1865-1955*, Londres, Hodder and Stoughton, 1965; MATHEWS, Basil, *John R. Mott, World Citizen*, Londres, Harper and Brothers, 1934; VALLOTTON, Benjamin, *Un homme, John R. Mott*, Lausanne, Rouge, 1951.

◉ Conselho Mundial de Igrejas; **ecumenismo**; Federação Universal das Associações Cristãs de Estudantes; juventude (movimentos da); missionárias (conferências); Moody

MOVIMENTO INTERNACIONAL DA RECONCILIAÇÃO

O Movimento Internacional da Reconciliação surge em 1914, em Cambridge, a partir da conscientização de cristãos de várias nacionalidades e confissões, confrontados com o escândalo da Primeira Guerra Mundial. O movimento — em inglês, *International Fellowship of Reconciliation* — é constituído oficialmente em 1919, nos Países Baixos. Reúne associações nacionais compostas de membros que, em sua situação e em seus meios respectivos, engajam-se na promoção da paz e da justiça, desenvolvendo uma cultura da não violência e lutando contra todo tipo de alienação, econômica, política, policial, racial, ideológica ou cultural. Desde sua fundação, o movimento é conhecido por seu caráter ecumênico e estritamente pacifista, em referência ao evangelho e sobretudo ao Sermão da Montanha. Hoje reúne membros de fés e filosofias diversas, em todos os continentes. Dispõe de uma secretaria internacional em Alkmaar (norte da Holanda), que coordena as atividades e transmite as informações para os setores nacionais. Por ser uma organização não governamental, o movimento tem um *status* consultivo junto às Nações Unidas. Embora sempre sejam politicamente engajados, os membros, que em sua maioria são objetores de consciência, não são escravos de nenhum poder ou aparelho político. Pierre Cérésole (1879-1945), André Trocmé (1901-1971), Jean Goss (1912-1991), Marc Boegner (1881-1970), Henri Roser (1899-1981) e Martin Luther King (1929-1968) foram membros famosos do movimento, que publica regularmente em francês os *Cahiers de la réconciliation* [Cadernos da reconciliação], que se seguiram a *Réconciliation* [Reconciliação] e *Cahiers du Semeur* [Cadernos do semeador], e em inglês *Reconciliation International* [Reconciliação Internacional]. Além disso, é responsável por encontros para a gestão de conflitos, a não violência e técnicas de mediação.

Serge Molla

▶ *Lutter autrement. Pour une action non violente responsable et efficace*, Paris, Nouvelle Cité, 1989; GOSS, Jean e Hildegarde, *Évangile et luttes pour la paix*, Paris, Les Bergers et les Mages, 1989.

● Objeção de consciência; paz; Roser; socialismo religioso

MULHER

1. A Reforma, matriz de novos modelos
    1.1. A mulher virtuosa de Provérbios
    1.2. A mulher que prega
    1.3. Resumo
2. A mulher e o protestantismo no século XIX
3. O século XX
4. Uma relação atual feita de expectativa e confusão
    4.1. O trabalho do pensamento reformado nos bastidores
    4.2. Para além da indiferenciação dos sexos...
    4.3. ... despertar o diálogo entre mulheres e homens

1. A Reforma, matriz de novos modelos

Nos séculos XVI e XVII, era quase lugar-comum entre os polemistas antiprotestantes a denúncia de um conluio entre a "heresia" de Lutero e Calvino e as mulheres. "As mulheres foram as principais trombetas de vosso evangelho", escrevia desse modo um deles, dirigindo-se aos reformados (Louis RICHEOME, *L'idolâtrie huguenote figurée au patron de la vieille payenne*, Lyon, 1608, livro VI, cap. 6, p. 573). Reforma feminina, reforma feminista? Não a modernizemos rápido demais. Na verdade, a emancipação das mulheres não estava presente no programa dos reformadores. Porém, ao levantarem contra a tradição uma nova relação com o religioso e uma nova ética, suas propostas não transformaram todo o campo social? Será que seus feitos — reabilitar o casamento, suprimir os conventos, eliminar a Virgem e os santos e santas, anular as fronteiras entre clérigos e leigos— permaneceriam sem maiores consequências sobre a condição da mulher na sociedade ou, pelo menos, sobre suas representações?

Ao mesmo tempo que rejeitava os modelos tradicionais de santidade feminina, com o ideal virginal, a Reforma Protestante do século XVI, de modo geral, suscitou ou apresentou outros modelos. Através dos discursos de pregadores e fiéis e, entre eles, algumas mulheres, podemos detectar dois deles, que se fizeram presentes, com variações, do século XVI ao século XVIII. O mais prosaico se referia ao lar: a mulher virtuosa de Provérbios. O outro é mais heroico, voltado para o exterior: a mulher convertida e confessante, a "pregadora".

1.1. A mulher virtuosa de Provérbios

Na galeria das figuras bíblicas femininas, a mulher virtuosa do livro de Provérbios (31.10-31) foi honrada por Teodoro de Beza em uma paráfrase do texto escriturístico composta em versos. Foi publicada em Lausanne em 1556, intitulada *Les vertus de la femme fidèle et bonne mesnagère* [As virtudes da mulher fiel e boa dona de casa]. Essa mulher, que ao mesmo tempo é esposa fiel, mãe de família, boa dona de casa e temente a Deus, é apresentada às mulheres reformadas como um modelo duplo: mulher do lar e mulher de fé.

1.1.1. Dona de casa

A promoção religiosa da mulher casada, que substitui a "religiosa" ou a santa, virgem ou viúva, tem origem direta em Lutero. O reformador não se contentou em criticar os votos monásticos e o celibato eclesiástico, mandamentos inventados pelos homens que acreditavam merecer o céu. Como nenhum teólogo antes dele, Lutero exaltou o casamento, uma instituição divina que permite a realização do homem e da mulher. Conforme explicou em sua obra *Da vida matrimonial* (1522), somente a Palavra de Deus, em Gênesis, funda o casamento, mais especificamente esta palavra: *Não é bom que o homem esteja só; far-lhe-ei uma auxiliadora que lhe seja idônea* (Gn 2.18). Essa ordem boa da criação, para Lutero, não foi suprimida pela Queda; não se tornou um mal menor, um simples "antídoto contra o pecado", mas permanece "obra e ordem de Deus", "agradando a Deus com toda a sua realidade, suas obras, seus sofrimentos" (*MLO* 3, 242). Assim, "aos olhos de Deus, não devemos colocar nenhum estado acima do estado conjugal". Colocando em prática as "ideias novas", Matthieu Zell, cura na Catedral de Estrasburgo, no sermão de casamento de um de seus colegas, estimulou os clérigos a casarem-se, a transgredir a proibição da igreja, arriscando-se a serem excomungados: "Não se pode de modo algum pensar que um homem sozinho, sem mulher, ou que uma mulher sozinha, sem homem, seja um ser humano acabado" (*Ein Collation auff die Einführung M. Anthonii Pfarrherrn zu S. Thomas zu Strassburg und Katherine seines eelichen Gemahels*, Estrasburgo, Köpfel, 1523).

Se os conventos se esvaziaram com o apelo de Lutero, parece que as religiosas lhe opuseram muito mais resistência. Para muitas delas, que entraram para o convento ainda crianças, o local havia se tornado sua família; para a maior parte, talvez, deixar o convento não oferecia perspectiva alguma além de um casamento precipitado e talvez forçado, a sujeição a um marido e as preocupações materiais relativas à família. Indagavam-se se não era o convento que oferecia às mulheres a via de salvação por excelência, por meio de uma vida totalmente espiritual, regrada pelas práticas de penitência e devoção. Lutero ouviu esses argumentos e respondeu a eles rejeitando o modelo tradicional de perfeição cristã associada aos votos de castidade e obediência: "A obediência filial, conjugal, civil e [...] a dos servos está muito afastada da impiedade e do sacrilégio, pois ninguém imagina com isso dar a Deus uma homenagem que o distingue dos outros (*Julgamento sobre os votos monásticos* [1521], *MLO* 3, 187s). Ao contrário, "por sua obediência, os monges e freiras creem singularizar-se, indo mais longe que os outros e que o evangelho. Acreditam que só eles são noivas e esposas da Majestade divina e a tornam um Baal, ou seja, um marido que lhes pertence, de quem eles são também uma propriedade, já que fazem uma só carne e um só espírito com ele" (ibid., p. 188). E mais adiante: "Afirmo que todas as freiras e todos os monges que não têm fé e que se consolam com sua castidade e sua ordem não são dignos de ninar um bebê batizado nem de preparar uma papinha para ele, ainda que fosse filho de uma prostituta. [...] Eles não têm [...] o direito de glorificar-se pretendendo que seu modo de vida agrada a Deus, como uma mulher pode agir carregando no ventre um filho ilegítimo" (*Da vida matrimonial*, *MLO* 3, 244).

Na medida em que o casamento é valorizado, a mulher também é valorizada. Tal como o homem, é criatura de Deus, e não um "mal necessário", nem um obstáculo para a salvação. No entanto, nos discursos de Lutero, Calvino e pregadores da Reforma Protestante, o lugar da mulher no casamento permanece em subordinação. Se a leitura de Gênesis leva a enfatizar a paridade de ambos e a reciprocidade, a das epístolas paulinas (principalmente Ef 5) desloca essa ênfase para a união e a hierarquia no casal: a mulher está submetida a seu marido, que a ama e protege. Todavia, os reformadores reconhecem a igualdade dos cônjuges quanto à disciplina do casamento: o marido adúltero deve ser punido igualmente como a mulher adúltera e, em certos casos, se o casamento for "assomado por extorsões e injúrias", tanto o marido quanto a mulher podem pedir o divórcio e casar de novo. Isso está exposto nas *Ordennances sur le mariage* [Ordenanças sobre o casamento], escritas por Calvino em 1545 e aplicadas em Genebra a partir de 1561: "Embora o direito da mulher não se equivalesse ao do marido antigamente em caso de divórcio, e como, de acordo com o testemunho do apóstolo, a obrigação quanto à coabitação do leito é mútua e recíproca, e que nisso a mulher não está mais sujeita ao marido que o marido à mulher, se um homem é acusado com justiça de adultério e a mulher pede para separar-se dele, que lhe seja acordado o pedido, ou então que por bons conselhos possam ser reconciliados" (*Opera Calvini*, Rm 10, col. 41). No século XVI, em relação ao sexo fora do casamento, era uma prática dos consistórios reformados que o controle dos costumes pesasse mais sobre as mulheres; porém, o oposto era verdadeiro caso a situação fosse a violência conjugal.

Nos discursos dos reformadores e das igrejas originárias da Reforma, a mulher que encarna a imagem da mulher de Provérbios também é mãe. Lutero pregou com propriedade sobre o tema tradicional da maternidade como bênção do Deus Criador, dirigindo-se dessa maneira à mulher que dá à luz: em vez de invocar as santas, "lembra, cara Margarida, que tu és uma mulher, e que essa obra agrada a Deus em ti. [...] Dá à criança à luz e colabora com todas as tuas forças para pô-la no mundo. [...] Se tu não fosses uma mulher, apenas por amor a essa obra tu deverias desejar ser mulher e enfrentar a dor" (*Da vida matrimonial*, em *MLO* 3, 244). Tanto o casamento quanto a maternidade são "estados que agradam a Deus". As próprias dores da maternidade "se tornam santas" pela palavra de Gênesis. Calvino adota a mesma postura, mas com uma nuance: se a fecundidade é uma bênção de Deus, a esterilidade não é uma maldição: "às vezes Deus oculta os sinais de seu favor". Além disso, a "multidão de filhos" não é em si mesma uma felicidade, pois pode ser acompanhada *de muito choro e muitos gemidos* (cf. Sl 127.3). Alguns leem nessa passagem do comentário do reformador, em que a qualidade é preferível à quantidade (ter poucos filhos para educá-los melhor), o indício de uma preocupação pré-malthusiana.

Por fim, a mulher de Provérbios é uma boa dona de casa. Essa é a característica dominante no modelo apresentado por Teodoro de Beza: "Ela mesma fiará / e com suas mãos trabalhará / sincera e corajosamente [...] Incansável será / Com todas as forças / Ela se dobrará / Não poupará esforços / Mesmo quando a dor chegar". O poema de Beza era acompanhado da música do Salmo 15, com o objetivo de ritmar as tarefas domésticas das mulheres reformadas. Observa-se que o campo de ação da mulher virtuosa ultrapassa os afazeres domésticos. Ela é uma verdadeira administradora dos bens do casal, trabalha duro, vende os produtos de sua indústria, acumula, investe, faz frutificar. Para Beza, assim como para Lutero, o trabalho, como a família, é o lugar da "vocação" humana. Nos meses turbulentos que precederam a adoção da Reforma em Genebra, no ano 1535, Joana de Jussie, clarissa enclausurada, observa escandalizada que as mulheres "luteranas" manifestam silenciosamente sua adesão à "liberdade evangélica" fiando a roca na janela ou lavando roupa no Ródano em dias de festas da Igreja (*Le levain du calvinisme ou commencement de l'hérésie de Genève* [O levante do calvinismo ou o início da heresia de Genebra], Genebra, Frères Jullien, 1865).

À mulher virtuosa se opõe um contraexemplo tirado do mesmo livro de Provérbios (11.22): a "mulher formosa que não tem discrição" é comparada a uma "joia de ouro em focinho de porco". A citação acompanha o poema de Beza em uma edição de 1561 que também inclui um sermão de Calvino sobre "a modéstia das mulheres no vestir-se" ("Décimo sétimo sermão sobre a primeira epístola a Timóteo", *Opera Calvini* LIII, col. 197-210), em que a mulher preocupada somente com sua beleza, com "maquiagens e roupas supérfluas", é criticada, e a mulher sem maquiagem e "de roupas simples" é elogiada. Os consistórios reformados na França do século XVI tentaram impor o segundo modelo.

1.1.2. Mulher de fé

Desembaraçando-se com tanto zelo das tarefas domésticas, a mulher de Provérbios é conhecida por "temer a Deus". Não há outro traço de piedade feminina no retrato pintado por Beza. De fato, é no espaço do lar, nos papéis de mãe, esposa e dona de casa que se exprime a piedade da mulher "protestante". Como sabemos, Lutero tirou do claustro a piedade, arraigando-a no mundo da vida cotidiana, entre os "leigos", a "gente casada", os que trabalham. Da mesma forma, criticou a ilusória perfeição das práticas religiosas tradicionais, na retirada do mundo à sombra das igrejas. Calvino também zombou das "mulherinhas insensatas que correm de altar em altar e só fazem suspirar e resmungar até o meio do dia. Com esse pretexto, elas se livram de todos os deveres domésticos" (cf. 1Tm 5.5, em *Opera Calvini*, LII, 307).

Ao atribuir um valor religioso ao lar, a Reforma Protestante não teria privado as mulheres das possibilidades de expressão religiosa fora da tutela doméstica, algo que a religião tradicional reconhecia? Da mesma forma, no casal, o pai recebe pela Reforma a atribuição de um quase sacerdócio dos cultos domésticos. A questão permanece em aberto: lembremos apenas que nas igrejas reformadas, a cada domingo, as mulheres participavam da liturgia como os homens, cantando os salmos em uníssono, uma inovação considerada chocante para a época; e que, pelo menos em Genebra, no século XVI, é a mãe quem ensina às crianças o catecismo, a oração do Pai-nosso e o *Credo apostólico*. Notemos também que em Paris, assim como em Genebra, Lyon e Coutances, nos anos 1550-1560, muitas mulheres fizeram opções religiosas não conformistas (conversão, recusa a abjurar), independentemente de seu marido.

Sem dúvida as "duas reformas", protestante e católica, resultantes de uma concentração nova sobre a interioridade individual, abriram para as mulheres um novo espaço de piedade, não somente no contexto familiar, mas também em foro íntimo. No entanto, podemos pensar que a Reforma Protestante favoreceu de modo especial esse fenômeno, ao valorizar bem cedo o uso do livro, inclusive para as mulheres. É verdade que as leitoras de livros de horas já não pareciam raras no século XV, em meios urbanos da *devotio* moderna. Porém, foi Lutero quem soube aproveitar o melhor do programa humanista de instrução de crianças, moços e moças para a promoção do evangelho. O reformador exortou os magistrados a abrir escolas e os pais a matricularem seus filhos para que aprendessem a ler com o objetivo de ler o evangelho (*Aos conselhos de todas as cidades da Alemanha, para que criem e mantenham escolas* [1524], em *MLO* 4, 91-118). Além disso, traduziu o evangelho, a Bíblia completa, para a língua "vulgar", a fim de que o povo, e sobretudo as mulheres, sem aprendizado do latim, do grego e do hebraico, pudesse entender a Palavra de Deus.

No rastro de Lutero, alguns textos atacaram de modo mais direto a resistência contra a apropriação da Escritura pelas mulheres. Assim, um panfleto publicado em Genebra em 1539 se levantou contra o discurso dominante: "Não cabe às mulheres [...] saber [a Escritura], mas devem somente crer, simplesmente, sem nada inquirir, só cuidando de ser amável, cumprindo suas tarefas, fiando sua roca, vivendo como nossas predecessoras". A autora, Marie Dentière, ex-religiosa de Tournai convertida às ideias evangélicas, ataca o absurdo dessa posição: "Será que nós temos dois evangelhos, um para os homens e outro para as mulheres, um para o sábio e outro para os loucos?" E ela acrescenta citando Gálatas 3.28: *Dessarte, não pode haver [...] nem escravo nem liberto; nem homem nem mulher [...] em Cristo Jesus*. A igualdade dos sexos diante de Deus exige o livre acesso à Palavra de Deus, tanto a homens quanto a mulheres, assim como o aprendizado da leitura com base no uso comum da "língua vulgar" (*Épistre tres utile faicte et composée par une femme chrestienne de Tornay envoyée à la Royne de Navarre seur du Roy de France contre les Turcz, Juifz, Infidèles, faulx chrestiennes. Anabaptistes et Luthériens* [Epístola muito útil feita e composta por uma mulher cristã de Tornay enviada ao Reino de Navarra, irmã do rei de França contra os turcos, judeus, infiéis, falsos cristãos, anabatistas e luteranos], 1539).

Tanto nesse panfleto quanto nos discursos da Reforma em geral, a igualdade dos sexos diante de Deus requer não somente um programa educativo, mas também a identidade do livro: não há "dois evangelhos". Observou-se a ausência de uma literatura reformada para o uso específico das mulheres, uma lacuna que não ocorria na literatura de devoção católica. Em toda a propaganda protestante dos anos 1540-1560, a mulher "evangélica" era definida por sua relação com as Escrituras, enquanto a propaganda católica estigmatizava a leitura da Bíblia por pessoas sem instrução, especialmente as mulheres, denunciando nisso uma fonte de erros e heresias. Quando, nos martiriológios reformados, publicados a partir da segunda metade do século XVI, começam a surgir mulheres martirizadas por sua fé, é enfatizado o seu conhecimento da Escritura e, às vezes, seu apego ao livro: assim, no relato sobre Marguerite Pieronne, condenada em 1585, está registrado que a leitura da Bíblia era "todo o seu prazer" e que ela preferia ser queimada em vez de queimar sua Bíblia, livro proibido (*Histoire des martyrs* [História dos mártires], t. III, p. 896s).

A mulher protestante exemplar em sua versão cotidiana abrange uma variante original: a mulher de pastor. As primeiras a casarem-se com pregadores evangélicos, em geral ex-padres, causaram escândalo. De fato, esse modelo era inédito no Ocidente cristão, pois o Concílio de Latrão II (1139) promulgou em definitivo o celibato do clero, que aos poucos foi estabelecido na igreja do Ocidente. Assim, as igrejas da Reforma se preocuparam em manter sob controle a imagem da mulher do pastor. O casal é a liderança da família pastoral, que deve ser um exemplo para toda a comunidade. Por isso, a *Disciplina das igrejas reformadas de França* é mais rigorosa a seu respeito, orientando que o pastor deve expulsar de casa a mulher que cair em adultério (cap. XIII, art. 28). Algumas mulheres de pastores não se contentaram com esse papel de protótipo das virtudes familiares e passaram a participar do ministério do marido. O caso mais conhecido é o de Catherine Schütz, filha de artesão, que em 1523 se casou em Estrasburgo com o cura Matthieu Zel. Ela visitava acamados, prisioneiros, pobres, aconselhava refugiados, principalmente os anabatistas perseguidos por toda parte, ou seja, tomou para si o ofício da diaconia, ministério atribuído às mulheres em caso de necessidade. Ela também organizava reuniões de oração e participava com o marido dos acirrados debates teológicos na cidade, e não hesitou em publicar panfletos teológicos e pregar, encarregando-se assim, não sem contestação, de outro ministério: e aqui temos um novo modelo, a mulher pregadora.

1.2. A mulher que prega

"Terá havido pregadora maior que a mulher samaritana, que não teve vergonha de pregar Jesus e sua Palavra, confessando-o abertamente perante o mundo inteiro?" Esse é o modelo proposto para as mulheres evangélicas por uma mulher que inspirava as desconfianças de Calvino: Marie Dentière, em um trecho do panfleto já citado de 1539. Diferentemente da mulher de Provérbios, a mulher samaritana exprime sua fé fora do lar, fora do contexto feminino tradicional, em uma palavra pública. No entanto, ela tem um ponto em comum com a primeira: não é uma devota sem laços carnais, e é significativo que o panfleto lhe dedique mais espaço que à virgem, figura assexuada e passiva. Apesar dessa iniciativa de Marie Dentière, a mulher pregadora nunca chegou a ser um modelo comum no mundo protestante moderno. Porém, surge em contextos de crise sob a forma de mártir, pregadora e profetisa.

1.2.1. O martírio

Na Reforma do século XVI, nas seitas protestantes inglesas dos séculos XVII e XVIII ou no Avivamento dos séculos XVIII e XIX notou-se a importância do engajamento das mulheres nos processos de transformação religiosa, uma ocasião para o surgimento de novos papéis para o sexo tradicionalmente subalterno. A forma mais extrema de engajamento religioso é o martírio, testemunho diante de juízes e carrascos, através da boca e do sangue. No século XVI, em todos os países onde os adeptos da Reforma foram considerados hereges, na França, nos Países Baixos espanhóis, na Inglaterra de Henrique VIII e Maria Tudor, na Espanha, mulheres estiveram entre os mártires, conforme atestam os martiriológios protestantes da época.

Vejamos, por exemplo, a *História dos mártires* — obra de sucesso, com cerca de quinze reedições em francês e latim até 1619 —, publicada em 1554 por Jean Crespin, francês refugiado em Genebra. O autor pretendeu registrar os atos, "palavras e textos" das "testemunhas fiéis da verdade de Jesus Cristo" em todos os países. Esse memorial internacional deveria ser um livro de instruções para todos os fiéis em tempos de provação: "Aqui vós tendes maravilhosos espelhos e toda espécie de exemplos, de todos os estados, sexos, idades e nações. [...] Vós, mulheres, que a enfermidade de vosso sexo não vos faça recuar; há mulheres virtuosas que vos abrem o caminho através de seu exemplo" (t. I, p. XXXV). Na verdade, as mulheres são apenas uma pequena minoria dos mártires registrados por Crespin; 56 em um total de 664, na edição de 1570.

O perfil das mártires reformadas é bastante homogêneo: mulheres das cidades ou dos burgos, de classes mais favorecidas, casadas ou viúvas — diferentemente das santas da *lenda dourada*, caracterizadas por sua virgindade ou castidade. O comportamento dessas mulheres não se distingue em nada do comportamento dos homens. Foram presas por frequentar reuniões proibidas, defender conteúdos heréticos, deter livros suspeitos. Apesar da "fraqueza de seu sexo", assim como os homens, elas enfrentaram o calabouço e "suportaram os suplícios com alegria", o que Crespin interpreta como milagre de Deus. Para o autor do martiriológio, somente a perseverança não basta para que alguém seja considerado mártir. É preciso a fé, o testemunho da verdade. Assim, é necessário registrar "as respostas, a confissão de fé, as palavras e as últimas exortações" dos homens e mulheres martirizados. Das 56 mulheres identificadas na *História dos mártires*, somente 25 se exprimem, de modo direto ou através do narrador. As palavras dessas mulheres são, em geral, confissões de fé dirigidas aos juízes e, indiretamente, aos leitores da obra. Não são longas confissões de fé bem estruturadas, tais como as compostas por muitos mártires masculinos, mas sempre confissões improvisadas em resposta às questões dos juízes. Em nove casos, Crespin especifica os pontos sobre os quais os mártires foram interrogados, que compõem as controvérias costumeiras entre católicos e reformados: a missa / a ceia (seis vezes), os santos e a Virgem (quatro vezes), a confissão auricular (três vezes), as Escrituras (três vezes), o consumo de carne nos dias santos (duas vezes), as imagens (uma vez), a autoridade da Igreja (uma vez). Em suas respostas, as mulheres fazem como os homens: invocam as Escrituras e a citam com uma precisão satisfatória. Para elas, trata-se da Palavra de Deus, da autoridade suprema que as autoriza a falar. Assim, em 1541, Marguerite Boulard, de Orchies, "interrogada sobre a fé, declarou destemidamente o que havia aprendido das Santas Escrituras [...], atestando sua fé na verdade de Deus manifestada no evangelho [...] e rejeitando as invenções de homens que se colocam à frente dessa verdade" (t. I, p. 343). As orações dessas mulheres também são tiradas da Escritura. O Pai-nosso e orações espontâneas de arrependimento, de intercessão e principalmente de louvor são proferidos, com fragmentos dos Salmos ou do evangelho, e não apresentam grande diferença em relação às orações masculinas.

Aspectos mais insólitos surgem nas últimas palavras de várias mulheres: o tema das bodas com Jesus Cristo, associado à morte da mártir. "Adeus, Adriano, vou embora para celebrar outras bodas", declara Marian de Tournai a seu marido antes de ser enterrada viva, em 1545 (t. I, p. 465). O tema às vezes adquire as cores da imagem das vestes nupciais: "Meu Deus, que belo cinto meu esposo me dá!", exclama Anne Audebert, viúva de um farmacêutico de Orleans, atada por uma corda para ser levada ao suplício, em 1549 (t. I, p. 541). Philippe de Luns, que teve a língua cortada, substitui as palavras pelos gestos: "Antes, ela chorou pelo marido e trajou luto vestida de branco, como era o costume da região; agora ela deixava de lado todas as roupas de viúva, voltando a usar o chapéu de veludo e outros acessórios de festa, para [...] unir-se a seu esposo Jesus Cristo" (t. III, 567). Nisso encontramos uma expressão teológica especificamente feminina: tratar-se-ia de um retorno da mística nupcial das beguinas e monjas ou de uma referência direta ao Apocalipse (19.7s), às Bodas do Cordeiro e às vestes brilhantes do Esposo, tecidas com as obras dos fiéis que verteram seu sangue?

A feminilidade não está ausente dos discursos e dos comportamentos das mulheres martirizadas, mas é controlada, permanecendo dentro dos limites de uma linguagem bíblica e de uma teologia reformada. O fato de que a fé seja confessada em público por mulheres não é algo que inspire embaraço em Crespin. A essa objeção, ele apresenta uma resposta, citando a inglesa Anne Askewe, julgada em Londres no ano 1546, a quem o chanceler episcopal imputa culpa por discorrer sobre as Escrituras, pois Paulo proíbe que as mulheres ensinem a Palavra de Deus. A moça reage afirmando que em 1Coríntios 14 Paulo "proíbe às mulheres que falem na congregação" e pede que o chanceler lhe diga "quantas mulheres ele já viu subir no púlpito para pregar". Ele apenas "confessa que de fato nunca havia visto" (t. I, p. 503). Sem contestar a ordem paulina "conservem-se as mulheres caladas nas igrejas", Anne Askewe, e com ela Crespin e Calvino, retiram dessa aplicação a confissão de fé dos mártires. No entanto, parece que o juiz que admitiu jamais ter visto mulheres no púlpito não estava muito bem informado.

1.2.2. A pregadora

Os defensores da igreja tradicional apontaram o fenômeno das mulheres que "se metem com a pregação" entre os adeptos da Reforma no século XVI, denunciando esse escândalo, essa dupla transgressão da ordem hierárquica da igreja e da sociedade, entre clérigos e leigos, de um lado, e entre homens e mulheres, de outro. Na verdade, não seria essa uma das consequências da reforma de Lutero, que defendia o sacerdócio universal dos cristãos e o livre acesso às Escrituras, traduzidas para a língua vulgar e divulgadas através da imprensa? Porém, o modelo da "pregadora" permaneceu um fato excepcional e marginal, incipiente apenas nos primórdios da Reforma e, em seguida, nos períodos de crise, na Inglaterra puritana e sectária e na França depois da Revogação do Edito de Nantes.

Essas mulheres que pregavam por meio da pena ou da voz são diferentes das abadessas, monjas e terciárias fora das normas, que instruíam suas irmãs ou entregavam mensagens proféticas e místicas nos últimos séculos da Idade Média. Elas não viviam no claustro nem em reclusão, nem eram submetidas a uma regra ou à autoridade de um padre confessor. A autoridade que reivindicavam era a das Escrituras. Assim foi o caso de Marie Dentière, que, depois de abandonar o convento, casou-se com Antoine Froment, um dos pioneiros da Reforma em Genebra. Em sua *Epístola* de 1539, citada aqui, dedicada à rainha de Navarra, ela se dirige às mulheres, suas irmãs, "detidas no cativeiro", "pobres mulherinhas que desejam saber e ouvir a verdade". Ela as incita a "escrever, afirmar e declarar" o evangelho. Não seria "uma loucura ocultar o talento que Deus nos deu"? Ela também limita o alcance da proibição paulina tradicionalmente invocada, *que as mulheres se calem* (1Co 14.34; 1Tm 2.12): o apóstolo só visa à pregação pública nas igrejas, e assim "não é proibido escrever e admoestar uma à outra em toda a caridade".

Raras são essas mulheres que, autodidatas na teologia, pregaram por escrito. Menos raras, sem dúvida, são as que pregaram oralmente diante da comunidade reunida. Ao longo dos anos 1520-1530, nas cidades da França, da Suíça ou do império, foi confirmada a existência de reuniões de oração, leitura e comentários da Escritura em que as mulheres participavam ativamente. "Vimos [...] a senhora Argula [von Stauffen] subir ao púlpito e interpretar as Escrituras" (Florimond de RAEMOND, *L'histoire de la naissance, progrès et décadence de l'hérésie de ce siècle* [A história do nascimento, progresso e decadência da heresia deste século], (liv. VII, Paris, Charles Chastellain, 1605, caps. 7 § 5). No entanto, logo as autoridades luteranas, de um lado, e Calvino, de outro, esforçaram-se por acabar com esse evangelismo livre, constituindo igrejas locais sob a liderança de pastores certificados, homens, para respeitar a ordem formal das epístolas paulinas.

Foram necessários outros momentos de crise para que as mulheres retomassem a palavra "nas assembleias". Foi o caso sobretudo na França, após a Revogação do Edito de Nantes, quando os pastores foram expulsos do reino e a prática da Religião Pretensamente Reformada passou a ser proibida. No desmoronamento de seu mundo, os reformados releram o livro de Apocalipse; da mesma forma, a partir do Refúgio em 1686, Jurieu começou a anunciar "o cumprimento das profecias": a "Besta" (o papismo) seria vencida no ano 1689. Quando esse "ano das maravilhas" se aproximava, surgiram outros profetas, primeiro no Delfinado, com uma pastorinha de ovelhas, Isabeau Vincent, de 15 anos. Em 1688, ela começou a pregar todas as noites, dormindo, durante quatro meses, diante de um auditório cada vez maior, até ser presa. Os testemunhos sobre as "inspirações" da "pastorinha do Delfinado", impressos e divulgados no Refúgio, copiados e escondidos entre as famílias do Deserto, descrevem com maravilhamento o comportamento e os discursos da mocinha.

"Ela fala de olhos fechados", em um estado de insensibilidade, ela "estende os braços para fora da cama e gesticula, [...] ela abre só um pouco a boca para falar e [...] de vez em quando dá sorrisinhos" (*Relation curieuse et véritable d'une jeune bergère de Dauphiné* [Relato curioso e verdadeiro de uma jovem pastora de ovelhas do Delfinado], Amsterdã, s.d., p. 2). Essa moça, que normalmente se exprimia em algaravias, nesses momentos falava em "bom francês". Seus discursos não eram nada incoerentes, mas evocavam com muita justeza as "pregações dos ministros", tais como os que ela própria ouvia antes do ano 1685. Suas palavras da noite de 20 a 21 de maio de 1688 foram transcritas em um "relato completo". Entrecortado por longas pausas, ali se pode ouvir o desenrolar litúrgico tradicional das igrejas reformadas: canto de um salmo, confissão de pecados — o ato de arrependimento que surge em vários momentos ocupa lugar central: "Meus irmãos, vós sentistes a ira de

Deus, pois nós calcamos aos pés a sua Palavra. [...] Mas fazei penitência. [...] Tem piedade de nós, ó Deus!" —, canto do Decálogo, pregação sobre um texto bíblico, oração do Pai-nosso, *Credo apostólico*, oração, bênção final. Quanto à pregação propriamente dita, ela vai e vem, mistura e insere citações da Bíblia sem referências explícitas, comenta a Escritura e faz uma "aplicação", cita a controvérsia antirromana e faz uma exortação em torno do tema do Julgamento com base em um texto apocalíptico (Mt 25.31-46): *Os malditos que perseguem os fiéis* perecerão, enquanto *Deus* [...] *dirá* [aos fiéis]: *'Vinde, benditos de meu Pai'* (em H. MANEN e P. JOUTARD, p. 72-74).

O tema apocalíptico está sempre presente nas pregações de Isabeau Vincent, que espera o livramento "na vindima", após os "quarenta e dois meses de perseguição". Foi essa convicção quanto à iminência escatológica que também lhe deu a audácia para pregar. De fato, para a pastorinha iletrada e suas testemunhas, essas palavras são um milagre, um dom do Espírito Santo, a "inspiração": "Não sou eu que falo; é o Espírito que está em mim". Esse fenômeno foi interpretado à luz da profecia de Joel 3.1: "Naqueles dias, vossos filhos e filhas profetizarão" (ibid., p. 70). Assim, a Escritura confirma a pregação feminina e a insere no tempo escatológico.

O caso de Isabeau Vincent não é o único. À sua volta, entre 1688 e 1689, muitos jovens "dos dois sexos" profetizaram no Delfinado e em Vivarais. Duramente reprimido, o profetismo ressurgiu em plena luz do dia em 1702 nas Cevenas e no Languedoc, ao lado dos camisardos, estendendo-se lentamente para meados do século XVIII. Ao longo dessa história do Deserto inspirado, as mulheres, assim como as crianças, estão presentes em grande número: normalmente desprovidas da palavra, elas a tomaram, o espírito fluindo na língua da Escritura, conferindo-lhes autoridade para exortar e consolar um povo abatido. O entusiasmo local que os profetas e as profetisas suscitaram fez com que fossem considerados perigosos. Os poderes católicos não podiam tolerar tais discursos subversivos que clamavam por resistência e desobediência às autoridades. Quanto à maioria dos reformados, na França e principalmente no Refúgio, eles não eram menos hostis a essas vozes descoordenadas que podiam desqualificar sua causa e ainda confrontavam a disciplina das igrejas. Para restaurar as igrejas do Deserto, Antoine Court, em 1715, determinou como objetivo primordial calar as mulheres, "já que o apóstolo Paulo lhes proíbe a palavra no capítulo 14 de Primeira aos Coríntios" (Edmond HUGUES, org., *Les synodes du Désert* [Os sínodos do Deserto], t. I, Paris, Fischbacher, 1885, p. 2-26).

1.3. Resumo

Parece evidente que os modelos da mulher virtuosa de Provérbios e da mulher que prega — com suas duas variantes, a mártir e a pregadora — não podem ser colocados no mesmo nível, pois não eram destinados ao mesmo uso: um era praticável na vida cotidiana; o outro era limitado aos tempos de crise. Os dois modelos não receberam o mesmo reconhecimento: a mulher virtuosa e a mártir contaram com o apoio dos reformadores e da disciplina das igrejas, enquanto a pregadora foi marginalizada por essas mesmas instâncias.

Porém, esses modelos heteróclitos foram todos utilizados pela Reforma do século XVI, que, para evidenciá-los, procedeu ao mesmo tempo por ruptura e por reaproveitamento. Assim, a Reforma eliminou certos papéis femininos, modificou os que conservava ou redescobria, inventou outros. Os princípios ativos dessas transformações estabelecidas pelo movimento foram sem dúvida a desclericalização da piedade, com a autonomização da Escritura em relação à tradição. Esses fundamentos da Reforma certamente não foram contra a tradição em todas as suas frentes; podemos pensar que até mesmo reforçaram, de certa maneira, o modelo patriarcal tradicional. No entanto, por outro lado, abriram espaço para leituras dissidentes que tenderam para a igualdade entre os sexos e a apropriação da palavra pelas mulheres, mesmo se essa palavra que as emancipou devesse ser legitimada, relativizada como sinal do fim dos tempos.

Marianne Carbonnier-Burkard

2. A mulher e o protestantismo no século XIX

No século XIX, a situação das mulheres no protestantismo ainda era marcada por certa ambivalência. De um lado, a valorização dos leigos favoreceu a instrução das mulheres, e um relativo avanço nessa área foi bastante perceptível nos meios protestantes. De outro, porém, a concepção dominante dos papéis sociais masculino e feminino é encontrada no protestantismo e impede, com poucas exceções, o acesso das mulheres à função de pregadoras. Com frequência, esse contraste é resolvido na colaboração ativa que a mulher protestante presta a seu marido, sendo ela a corresponsável pelo sucesso afetivo, pela ascensão cultural e social do casal e da família e pelo testemunho cristão.

No início do século XIX, o avivamento deu ensejo a mudanças que não pouparam as relações entre homem e mulher. A pregação avivalista algumas vezes atingiu mais as mulheres que os homens. Nas classes populares, as "avivadas" podiam ser levadas a participar da "obra de Deus" mais ou menos em oposição a seus pais ou marido. Em algumas comunidades avivalistas, as "irmãs" eram tratadas quase em pé de igualdade com os "irmãos", o que reforçava a desconfiança masculina. Nas classes superiores, o Avivamento possibilitou a algumas mulheres a autonomia (responsabilidade por obras) e influência (converter os homens mais próximos ao avivalismo). De um modo mais geral, o avivamento privilegiou o fervor em detrimento do *status* eclesiástico. A noção de um "chamado extraordinário" permitiu justificar a presença de pregadores leigos. Dentre esses pregadores, as mulheres também podiam testemunhar publicamente sua fé e até pregar.

O papel quase pastoral de algumas mulheres foi afirmado no Novo Mundo, onde as necessidades consideráveis diminuíam o desejo de não escandalizar. Certos historiadores consideram Barbara Ruckle Heck (1734-1804) como "a mãe do metodismo americano", pois participou da fundação dos primeiros grupos no vale de São Lourenço. Porém, ela não pregava, contrariamente a outras mulheres avivalistas como Hannah Pearce Reeves, Lydia Sexton e as pregadoras negras Jarena Lee e Rebecca Gould Steward. A situação mais comum, no entanto, foi o papel deminino de anfitriã, em que as mulheres organizavam a vinda de pregadores itinerantes. Menos conflituosa com a mentalidade da época, essa função foi importante: o sucesso do pregador e a nfluência duradoura de suas atividades dependiam amplamente do campo de ação religioso da anfitriã. Isso foi demonstrado por Catharine Livingston Garrettson (1753-1849), que fundou, no vale de Hudson, uma espécie de quartel--general para pregadores itinerantes.

Em outras igrejas protestantes, a situação das mulheres de pastores, de uma forma geral, não era muito diferente da situação das anfitriãs avivalistas: o sucesso do ministério do marido se devia em parte às qualidades que elas demonstravam. Seu trabalho e sua influência dependiam principalmente do espaço da igreja local e da multiplicidade das atividades oferecidas. A existência de vários ambientes nos templos permitia que as teólogas autodidatas consolassem, aconselhassem, explicassem a Bíblia e dirigissem reuniões de oração. Ensinar e aconselhar eram atividades ainda mais costumeiras: cuidar das aulas para crianças e liderar a instrução de mulheres adultas de condição modesta era algo que favorecia a evangelização. Além disso, principalmente na primeira metade do século, o pudor e a moral as levaram a encarregar-se de atividades relacionadas à higiene pessoal, que envolvem um contato mais íntimo com outras mulheres. Assim surgiram formas de poder feminino que não beneficiaram somente as mulheres de pastores. Escolas não mistas de caráter confessional demandaram a presença de moças protestantes, sobretudo filhas de pastores, em seu quadro de professoras. Educadas por suas patroas, as empregadas das famílias pastorais puderam também exercer responsabilidades importantes. Louise Scheppler (1763-1832) auxiliou a sra. Oberlin na fundação das primeiras salas de abrigo (escolas maternais) na França. Com a morte da sra. Oberlin, Louise passou a dirigir essas escolas.

Assim, gravitam em torno do pastor diferentes mulheres: a esposa, as filhas, a(s) empregada(s), que podiam educar outras mulheres e proporcionar nelas o gosto pela iniciativa. De fato, elas constituíam um modelo positivo de mulher dinâmica, livre dos "langores" e de outras "afeições vaporosas" que os médicos se comprazian em descrever. Essa imagem da mulher é ainda mais sedutora na medida em que se afigura pouco inquietante e pouco conflituosa para os parceiros masculinos: ela prova que é possível para a mulher não limitar-se ao interior da esfera familiar sem que para isso precise despir-se da "modéstia que cabe a seu sexo", mantendo uma "moralidade irrepreensível". Nisso observamos uma matriz obscura de promoção feminina cujos efeitos seriam manifestados no século XX pelo acesso das mulheres à cidadania política, mais precoce nos países de cultura protestante que nos países latinos, e uma postura diferente quanto à contracepção.

Ao longo do século XIX, mulheres teriam seus nomes associados à ação social, contribuindo para o desenvolvimento da saúde pública com a criação de escolas de enfermagem, principalmente sob o impulso de Florence Nightingale (1820-1910), trabalhando pela melhoria da condição das prisões e até por uma reforma no direito penal, tais como a quacre inglesa Elisabeth Fry (1780-1845) e o "anjo das prisões", a finlandesa Mathilda Wrede (1864-1928), e lutando pela defesa das prostitutas e pela abolição do tráfico de brancas, como a inglesa Josephine Butler (1828-1906). A possibilidade de manifestar publicamente a piedade e exercer ações de caridade no protestantismo, principalmente de classe média, fez com que fosse criado o controvertido ministério da diaconisa. Esse ministério se originou do pietismo alemão, mais particularmente da Sociedade Feminina em favor dos pobres e do cuidado dos doentes, criada por Amalie Sieveking (1794-1859). O pastor Theodor Fliedner (1800-1864) fundou a primeira casa de diaconisas, em 1836. Esses estabelecimentos se multiplicaram bastante rápido nos países germânicos, mas também em outros locais; na França, a Comunidade das Diaconisas de Reuilly foi fundada em 1841 pelo pastor Antoine Vermeil.

A criação de estabelecimentos de diaconisas fez com que o protestantismo estabelecesse um dispositivo de cuidado social com os pobres (saúde e educação, sobretudo), complementando obras de caridade que não podiam ter a mesma eficácia que as diversas ordens de religiosas católicas. A instauração do ministério das diaconisas permitiu também uma resposta para a necessidade de engajamento total manifestada por protestantes, sem o acesso ao pastorado por parte das mulheres.

As regras redigidas na fundação desses estabelecimentos eram claras em relação à teologia protestante da graça somente: as diaconisas não adquiriam mérito algum e em nada contribuíam para a salvação dos homens, ao dedicarem-se ao serviço da "humanidade sofredora". Porém, em vários pontos (como o celibato e a obediência), a condição de diaconisa se afastava da visão protestante clássica da vida cristã, em que a dedicação por amor não implicava uma forma de vida específica. Homens e mulheres protestantes, como a condessa Valérie de Gasparin, denunciariam o que lhes parecia um afastamento dos ensinos da Bíblia: "Isso equivale à glorificação do celibato, à separação do mundo que Jesus não queria; é Roma sem o véu". Essas críticas ressurgiam de tempos em tempos, e ainda subsistem entre nós. Mas, em um protestantismo sempre multiforme, de modo geral as diaconisas foram progressivamente aceitas como uma forma particular de testemunho e espiritualidade.

A criação do ministério de diaconisa não impediu que continuassem a existir as reivindicações quanto ao pastorado feminino. Nos Estados Unidos, o poder das organizações controladas por mulheres foi afirmado em diversas denominações (batista, metodista, episcopal etc.), e sua influência lhes permitiu aumentar a pressão para uma maior partilha do poder religioso. No início, isso permitiu, nos anos 1880, a eleição de representantes femininas nos sínodos. Em paralelo, algumas igrejas (presbiterianas e metodistas principalmente) convidaram algumas mulheres para a pregação, como Sarah Smiley (pregadora quacre, denominação em que não havia problema na pregação de mulheres) e a *sufragette* Anna Howard Shaw. Frances Elizabeth Willard analisou a situação em sua obra *Woman in the Pulpit* [Mulher no púlpito] (Boston, Lothrop, 1888). Porém, não encontramos evolução equivalente na Europa antes da Primeira Guerra Mundial.

Assim, o século XIX é um período de mutação para as mulheres protestantes, cuja condição muda com diversos ritmos, de acordo com o país, a classe social e a igreja, e elas passam a ser agentes dessas diversas transformações. O combate mais difícil é o acesso ao ministério da pregação; apesar dos obstáculos, tal mudança já se esboça.

Jean Baubérot

3. O século XX

Em relação às mudanças no lugar e no papel da mulher na sociedade e na vida eclesial, três fatos fundamentais dominam o século XX. O acesso da mulher à maioridade política com a ampliação do direito de voto para as mulheres, o desenvolvimento da contracepção e da maternidade responsável e o acesso das mulheres ao ministério pastoral em inúmeras igrejas protestantes, sobretudo de confissão luterana ou reformada e nas igrejas anglicanas (depois das igrejas anglicanas de Hong Kong, Nova Zelândia, Canadá etc., houve as primeiras ordenações de mulheres na Igreja da Inglaterra, em março de 1994).

Lembrando algumas estatísticas — principalmente o fato de que na França, de 1900 a 1990, passou-se de 2% a 54% de mulheres estudantes —, os sociólogos Christian Baudelot e Roger Establet observam: "Quando lança um olhar panorâmico sobre as estatísticas escolares e sociais, o falocrata fica de coração apertado: a erupção de mulheres no mundo das competências reconhecidas do trabalho socializado e da vida pública não estaria anunciando o fim do antigo regime das relações entre os homens e as mulheres? Nosso século não estaria caracterizando nessa área o fim da pré-história?" (*Allez les filles!* [Vamos lá, meninas!], Paris, Seuil, 1992, p. 15). Desde o início do século até nossos dias, a mudança foi de fato considerável, e nós podemos afirmar que o século XX é a época de uma mutação sociocultural de grande amplitude para o lugar das mulheres na sociedade. No que diz respeito ao acesso das mulheres à plena capacidade política e civil, sobretudo pelo direito de voto, é impressionante constatar que os países protestantes ocupam os primeiros lugares. Dentre os países ocidentais, a Finlândia, a Noruega, a Dinamarca e a Islândia, quatro países de cultura luterana, foram os primeiros a admitir a capacidade política das mulheres: respectivamente, em 1906, 1913, 1915 e 1915. Ainda hoje esses países protestantes do norte da Europa se distinguem pela taxa mais elevada de presença feminina no parlamento: mais de um terço. Se na Europa a França foi a primeira nação, em 1848, a estabelecer o sufrágio universal masculino, esteve entre as últimas, em 1944, a reconhecer o direito de voto e de elegibilidade das mulheres. Em relação ao acesso das mulheres à cidadania política, Mariette Sineau opõe o modelo anglo-saxão e nórdico, influenciado pelo protestantismo, ao modelo latino, influenciado pelo catolicismo (*Droit et démocratie* [Direito e democracia], em *Histoire des femmes en Occident* [História das mulheres no Ocidente], t. V, p. 471-496). Na França, foi uma protestante diplomada em teologia, Catherine Trautmann, que, em 1989, tornou-se a primeira mulher prefeita de uma cidade de mais de cem mil habitantes, em Estrasburgo.

Com a "revolução contraceptiva", temos a segunda mudança de maior amplitude na condição das mulheres. Ao permitir às mulheres o planejamento de sua função como mãe, o controle de natalidade facilitou seu acesso à vida profissional e às responsabilidades sociais. Na Dinamarca, em 1878, abriu-se a primeira farmácia em que as parteiras passaram a ensinar o uso de contraceptivos. Nos Estados Unidos, onde Margaret Sanger (1879-1966) fundou a *National Birth Control League* [Liga Nacional do Controle de Natalidade] em 1915, na Inglaterra e na Holanda, centros de planejamento familiar se desenvolveriam durante o entreguerras. Em nome de uma teologia bíblica da sexualidade e de uma ética da responsabilidade, as igrejas anglicanas e protestantes adotariam uma postura positiva em relação ao controle de natalidade e aos meios contraceptivos modernos (cf. André DUMAS, *Le contrôle des naissances. Opinions protestantes* [O controle de natalidade: opiniões protestantes], Paris, Les Bergers et les Mages, 1965). Na França, somente em 1956 foi criada, pela doutora Marie-Andrée Lagroua Weill-Hallé e a socióloga protestante Évelyne Sullerot, a associação Maternidade Feliz, que deu origem ao movimento francês pelo planejamento familiar, dois anos depois. Militantes do movimento protestante Jovens Mulheres desempenhariam um papel importante na expansão do planejamento familiar.

Na vida eclesial, o século XX se caracterizaria pelo acesso das mulheres ao ministério pastoral. Desde o início do século, em Zurique (1908), em Marburgo (1909), em Neuchâtel (1912), em Estrasburgo (1920) e em Genebra (1920), moças se inscreveram em faculdades de teologia protestante, conseguindo o acesso a um aspecto primordial da legitimidade pastoral: a competência teológica. Porém, o acesso de mulheres ao pastorado seria ainda um longo e tortuoso combate, semeado de *status* intermediários (assistente, vicária, auxiliar do pastor), de orientação para ministérios ditos femininos e diversas restrições (pastorado reservado às celibatárias, p. ex.). Em alguns casos, fatores objetivos como a escassez de pastores facilitariam o acesso das mulheres às responsabilidades pastorais: assim, nas igrejas reformada e luterana da Alsácia-Lorena, o pastorado seria aberto às mulheres, com algumas restrições, em 1927 e 1929. Filha e neta de pastores, Madeleine Blocher-Saillens (1881-1971) se tornaria pastora da Igreja do Tabernáculo, batista, em 1929, com a morte de Arthur Blocher, seu marido, que acabara de assumir a liderança. Porém, foi sobretudo com o pós-guerra que, com velocidades variadas, várias igrejas tomariam a decisão de ordenar mulheres, como a Igreja Luterana da Suécia, em 1958, e a Igreja Reformada da França, em 1965. Hoje, o protestantismo conta com mulheres bispas e presidentes de igrejas, uma prova de que as mulheres começavam a alcançar as mais altas responsabilidades eclesiásticas: Marjorie Matthews, eleita bispa da Igreja Metodista dos Estados Unidos em 1980; Maria Jepsen, eleita bispa da Igreja Protestante Luterana do norte da Elba em 1992; Thérèse Klipffel, presidente da Igreja Reformada da Alsácia e da Lorena de 1982 a 1988 (que acolheu o papa na igreja protestante de São Tomás em uma visita a Estrasburgo, em outubro de 1988); Lois Wilson, eleita presidente da Igreja Unida do Canadá em 1980; Jane Douglass Dempsey, professora de história dos dogmas na Faculdade de Teologia de Princeton, eleita presidente da Aliança Reformada Mundial em 1990. É preciso também lembrar o papel importante das mulheres na vida religiosa local, não somente na catequese, mas também no próprio governo da igreja local; uma pesquisa franco-suíça revelou que, nas igrejas reformadas e luteranas, respectivamente 42% e 31% de mulheres eram conselheiras presbiterais (Roland J. CAMPICHE et alii, *L'exercice du pouvoir dans le protestantisme*, Genebra, Labor et Fides, 1990, p. 25). Claro, isso não corresponde à divisão dos sexos em toda a população, mas já é bem mais que nos conselhos municipais ou nas instâncias de muitos setores da vida associativa secular.

Tanto no século XX quanto nos períodos anteriores, algumas grandes personalidades femininas deixaram marcas no protestantismo. No mundo de língua francesa, cabe citar, no século XIX, Sarah Monod (1836-1912), primeira presidente do Conselho Nacional das Mulheres Francesas, em 1901; Suzanne de Diétrich (1891-1981), que exerceu uma profunda influência com sua obra de biblicista e teóloga, assim como por sua ação em movimentos de juventude; Madeleine Barot (1909-1995), que participou da fundação da CIMADE e foi diretora do departamento "Cooperação entre homens e mulheres na igreja e na sociedade", de 1953 a 1967, no Conselho Mundial de Igrejas.

Essa participação crescente por parte das mulheres, tanto na vida secular quanto na vida eclesial, é acompanhada de um trabalho teórico, levado a cabo por intelectuais feministas, sobre a representação do masculino e do feminino e sobre as dimensões patriarcais de nossa história e de nossa cultura. Isso deu ensejo a várias expressões feministas, principalmente na área da teologia, em que as mulheres quiseram tornar-se sujeito de expressão de fé e contestar as leituras patriarcais da Bíblia e do cristianismo.

Jean-Paul Willaime

4. Uma relação atual feita de expectativa e confusão

Se cada época tem seu tema a ser pensado, a diferença entre os sexos é provavelmente a de nosso tempo. O jogo do masculino e do feminino, relacionado ao mesmo tempo à experiência mais cotidiana e ao mistério mais profundo, não cessa de alimentar os discursos sociológicos, filosóficos e teológicos de hoje, indicando que a diferença sexual permanece como "aquilo com que decididamente não conseguimos nos habituar".

A divisão dos papéis articulada sobre a ideia de uma hierarquização das "naturezas" feminina e masculina explodiu em pedaços nos dias de hoje sob os golpes dos vários feminismos que, ao denunciar o androcentrismo dos poderes políticos e religiosos, permitiram que nas últimas décadas as mulheres pudessem alcançar uma nova autoconsciência e aos poucos encontrar uma palavra que nos fosse própria. Por recusarem-se hoje a associar sua identidade à vida familiar, por controlarem sua fecundidade, por serem juridicamente iguais aos homens, por ocuparem cada vez mais as esferas profissional e pública, as mulheres remodelaram consideravelmente o panorama das relações entre os sexos, assim como as funções de paternidade e maternidade.

Nós deixamos o mundo da tradição pelo mundo da inovação, o mundo da resignação pelo mundo do empreendimento. "A mulher de hoje nasce com a desconfiança em relação aos mitos que engendraram sua prisão de antanho" (Francine Dumas). Porém, se os antigos modelos parecem ter perecido, a tarefa de inventar outros é delicada, pois se choca com resistências ocultas, tanto nas mulheres quanto nos homens. O que antigamente era da ordem do destino — casar-se, ter filhos, assumir papéis definidos — é hoje algo confiado somente à nossa responsabilidade. Cremos escolher com toda a liberdade o tecer de nossa existência, sem deixar que as instituições legais e religiosas definam nossos comportamentos; porém, pagamos essa nova liberdade com o preço de um singular confusão.

O individualismo e o isolamento íntimo pesam sobre a família e o casal como um desafio realmente inédito, que jamais foi colocado historicamente nesses termos. Se a finalidade primordial da família, durante longo tempo, foi a sobrevivência, com a clara transmissão de um patrimônio biológico, material e simbólico, hoje a questão não é mais "como sobreviver juntos", mas "como conquistar juntos a felicidade". Diante dessa bela e grave questão, as desilusões muitas vezes surgem à porta, o que mostra a crise familiar que caracteriza nossas sociedades contemporâneas.

4.1. O trabalho do pensamento reformado nos bastidores

Quando revisitamos a história das relações entre homem e mulher, percebemos que o protestantismo jamais deixou de trabalhar as mentalidades como uma força subterrânea, porém decisiva, a partir do século XVI.

Antes de tudo, os reformadores se esforçaram por desvelar a bondade da criação para seus contemporâneos, dilacerados pelo dualismo, mais grego que bíblico, entre corpo e espírito, vida espiritual e vida temporal. O evangelho da salvação se insere não em um além da fé, mas no cerne do mundo, da história e dos corpos, que se tornam, assim, os lugares específicos da fidelidade cristã.

Criado à imagem de Deus, o homem foi moldado desde a origem como um ser único e duplo, e é dessa origem comum que o homem e a mulher recebem sua unidade espiritual e sua dignidade em igualdade, que precisam ser defendidas contra todas as desigualdades políticas e sociais que atravessam a sociedade de acordo com as épocas.

Contra uma moral idealista e contra o fechamento sacramental do casamento, Calvino lembra que a ética cristã tem como vocação mostrar o possível de uma situação propondo um caminho praticável, em vez de brandir um ideal de perfeição inatingível: "É verdade que é algo bom desejar que nenhum vício seja suportado; mas é preciso ver o que pode ser feito" (*Leçons et expositions familières sur les douze petits prophètes* [Lições e exposições familiares sobre os doze profetas menores] [1559], Lyon, Sébastien Honorat, 1563, Ml 2.16, p. 591). Calvino afirma que é melhor um divórcio que um adultério prolongado, e esse combate pela verdade contra a hipocrisia das relações conjugais é feito em favor da mulher: *Se uma mulher não é amada pelo marido, é melhor repudiá-la que mantê-la cativa, fazendo com que morra de luto ao tomar outra* (cf. Gn 29.27).

Assim, o casamento é revalorizado pela Reforma ao tornar-se um lugar de liberdade e responsabilidade. Dessa forma, é devolvida às mulheres sua plena identidade como criaturas de Deus e pessoas completas, oferecendo-lhes saída para a mortífera alternativa em que a Idade Média as encerrara: ou virgens, ou mães. Não mais que uma hipóstase do eterno feminino, a mulher não é um corpo-objeto de que o homem pode usar e abusar à vontade, nem uma mãe "criada somente para povoar o gênero humano". Ela é dada ao marido antes de tudo como "companheira inseparável por toda a vida" (Calvino). O casamento representa o engajamento ético dos esposos, que dependem de uma conversão cotidiana a Cristo, pois somente Cristo pode fazer com que entre eles o amor e o respeito sejam duradouros. A missão educativa dos pais cabe tanto à mãe quanto ao pai, pois ambos são depositários da autoridade de Deus. Na época das perseguições, os lares protestantes, na maioria, se tornaram escolas clandestinas em uma transmissão da fé que contribuiu largamente para fortalecer os laços entre os casais.

Embora os reformadores tenham mantido uma hierarquia estrita nos papéis masculino e feminino, caracterizada por uma divisão de tarefas bastante específica dentro da família e da igreja — à imagem de Cristo, o homem é o chefe e, à imagem da igreja, a mulher ajuda e serve —, a porta é então aberta para um pensamento igualitário que não deixaria de abrir caminho para as mulheres, que passam a afirmar-se como sujeitos de sua própria história, modificando aos poucos o olhar dos homens sobre a outra metade da humanidade.

O puritanismo histórico, ao tornar o casamento um lugar de felicidade destinado a realizar o ideal de co-humanidade para o qual estão prometidos o homem e a mulher, contribuiria também para modificar a imagem da mulher, que se torna uma guardiã das virtudes, educadora moral e espiritual, companheira e amante de seu marido.

Ainda é preciso enfatizar que, ao devolver a Bíblia ao povo de Deus, a Reforma favoreceu consideravelmente a emancipação intelectual das mulheres, fonte de todas as outras liberdades. O que se aprendia até então nas imagens religiosas passou a figurar em livros e em sermões. Os hinos e os salmos registrados durante séculos na memória protestante contribuíram igualmente para alimentar a cultura de gerações e gerações de mães que ninariam seus filhos com cânticos.

Da mesma forma, ao desenvolver uma verdadeira mística do trabalho e do dever, a Reforma modelou um novo tipo de mulher, ativa, econômica, que dedicava todo o seu tempo e todos os seus esforços às suas tarefas. Esse ideal de trabalho e austeridade foi para as mulheres um facilitador da conscientização quanto a seu valor e sua especificidade, permitindo que se tornassem colaboradoras eficazes e conselheiras respeitadas pelo marido quanto à vida profissional.

Para os reformadores, o ministério permaneceu um privilégio exclusivamente masculino, já que o ensino público era contrário ao estado de submissão da mulher. Porém, mesmo excluídas do ministério, as mulheres reformadas participavam ativamente das atividades da igreja, envolvendo-se em discussões doutrinárias e ocupando-se com obras de caridade. Um bom número de mulheres de pastores partilhava com eles, não oficialmente, mas de um modo bem real, o ministério.

A atmosfera do século XVI não permitia que as mulheres ocupassem o cargo pastoral. De fato, nem sequer estavam preparadas para isso. As mentalidades ainda precisavam amadurecer. Foi apenas quando tomaram consciência da vitalidade e da originalidade de sua palavra, lançando as bases para uma sensibilidade diferente na leitura das Escrituras e na reflexão teológica, que as mulheres protestantes aos poucos abriram brechas no que por muito tempo permaneceu como o último bastião da masculinidade: a instituição eclesiástica.

Hoje as mulheres têm livre acesso ao ministério pastoral e diaconal nas igrejas da Reforma, e, por toda parte onde a parceria consegue superar a desconfiança e os medos ancestrais, surge uma vitalidade que renova de modo considerável a presença da igreja no mundo, sua linguagem — em um esforço considerável para suprimir traços de sexismo nas liturgias — e um olhar atento sobre os mais desfavorecidos da sociedade.

4.2. Para além da indiferenciação dos sexos...

Através da história, o que parece evidente é que a questão da justiça nas relações entre homem e mulher logo se impôs no protestantismo como fundamental. Essa questão deve continuar a ser trabalhada em nossa mente, já que hoje é apresentada em novos termos.

Não somos mais convencidos pelo discurso tradicional que, ao afirmar a igualdade do homem e da mulher diante de Deus, mantém, em nome da diferença entre os sexos, uma subordinação social, política e eclesiástica das mulheres. O combate pela igualdade de direitos entre o homem e a mulher deve hoje inserir-se na estrutura da sociedade e das igrejas.

Nesse sentido, como exemplo, observemos a evolução das liturgias do casamento, que, até mais ou menos 1960, instituíam o casal como lugar de uma diferença claramente hierarquizada: o homem prometia manter e proteger a esposa, e a esposa prometia servir ao marido e submeter-se a ele "no Senhor". Ora, há cerca de quarenta anos as promessas dos noivos demonstram a mudança nas mentalidades ao evidenciar a importância do casal e a similitude dos compromissos do homem e da mulher.

No entanto, permanece uma questão, pois, quando se quer salvar a visão igualitária do casal, arrisca-se hoje a perder-se de vista a diferença entre os sexos, sem a qual a vida perde em vitalidade e sabor.

A insistência legítima na igualdade entre homens e mulheres não estaria produzindo uma deriva na qual deveríamos prestar atenção? De fato, podemos nos indagar se a igualdade não estaria sendo apresentada como uma indiferenciação, como uma uniformização do masculino e do feminino, tanto na esfera familiar quanto na esfera social. Depois de séculos caracterizados pela divisão sexual das tarefas, pela tradicional complementaridade que imolou tantas mulheres no altar doméstico, hoje as nossas sociedades ocidentais tendem à semelhança entre os sexos, em que cada um, para ser amado, busca parecer-se com o outro: para o feminismo em seus primórdios, o caminho rumo à igualdade passava pela inserção das mulheres no mundo e nos valores dos homens; hoje, as mulheres exigem que os homens façam o caminho para seu próprio mundo. Ora, essa busca do mesmo, esse medo do confronto com o outro, conduz ao isolamento individualista e ao *zapping* sentimental. Essa busca cria uma sociedade de solteiros e solitários, cujas consequências ainda não podemos medir em totalidade para o futuro, uma sociedade em que dificilmente conseguimos identificar os tempos fortes e significá-los simbolicamente, uma sociedade em que nada é feito ou desfeito verdadeiramente. "A amizade é a forma moderna — e polida — do fracasso do casal" (Françoise Parturier). Como se questionar sem cessar uma identidade que a partir de então é fluida causasse a perda, entre o homem e a mulher, da presença da paixão, da alegria e do vigor, arraigados em uma diferença portadora de vida.

Diante dessa deriva possível de uma tarefa que é imperativa da igualdade dos direitos de homens e mulheres se apresenta uma nova e delicada questão: como resgatar a diferença sem restaurar as desigualdades e sem retornar à antropologia clássica que fundamenta a diferença entre os sexos somente em seu substrato biológico?

Devemos nos interrogar hoje sobre algumas teologias feministas que, a partir da constatação da "invisibilidade das mulheres" na história e na teologia, buscam — aliás, bastante legitimamente — reconstituir uma *her-story* que corrija a unilateral *his-story* dos historiadores e dos teólogos. Se essas pesquisas apaixonantes e apaixonadas proporcionaram e continuam a proporcionar a mais de uma mulher a coragem e a vontade de buscar seu lugar na sociedade e na igreja, podemos, no entanto, nos perguntar se, ao circunscrever tanto a "especificidade feminina", elas não estariam recriando imperceptivelmente uma nova sacralização da diferença sexual, recaindo, assim, nos impasses de que pretendíamos por fim sair, ao associar novamente a mulher ao corpo, à intuição, às emoções. Seria um real avanço a substituição de um Pai todo-poderoso por uma Mãe toda-poderosa, como demonstra certa "tealogia" que celebra, através da Grande Mãe Natureza, a energia feminina que alimenta a humanidade desde a aurora dos séculos? Não estaria nisso um retorno ao modelo tão tradicional da complementaridade, que encerra cada sexo em uma autopreservação cheia de temores? Ainda que não façamos mais referência a uma "natureza feminina", mas a uma "vocação privilegiada das mulheres", o discurso permanece prisioneiro dos esquemas mais tradicionais. E o "eterno feminino" aponta para as mesmas coisas que pensávamos ter sepultado.

Podemos nos indagar se cindir dessa maneira a humanidade em dois, refazendo o tempo todo classificações que acabam decidindo a vocação dos outros, não seria definitivamente um modo sutil de negar a diferença ao erigi-la em absoluto, um modo de também evitar o diálogo e o confronto. A nossos olhos, o desafio a ser enfrentado hoje seria sobretudo pensar e viver nossas diferenças a partir da comum origem que nos fundamenta, sem considerá-las um destino ou uma exclusão do outro.

4.3. ... despertar o diálogo entre mulheres e homens

Aqui a intuição dos reformadores deve ser retomada e aprofundada. Ao lembrar a unidade essencial que fundamenta o homem e a mulher desde a origem no projeto de Deus, o pensamento protestante enfatiza que, no ser humano, o que está em primeiro lugar não é a diferença sexual, mas a alteridade mais profunda, de onde recebemos a vida a ser desdobrada de acordo com a personalidade de cada um. "Ser humano é sobretudo reconhecer no outro o meu semelhante e, em seguida, em meu semelhante, um outro" (Francine Dumas). A diferença é sobretudo uma relação com o (O) outro, antes de ser uma relação com o outro sexual.

Que o nome genérico de Adão tenha sido atribuído também à mulher indica que o sentido do feminino surge da essência humana comum. É do interior do humano que a mulher surge como uma instância de relacionamento para o homem, uma instância que, quando sondamos suas raízes hebraicas, revela-se essencialmente como uma instância de palavra: os vocábulos macho e fêmea são construídos de raízes associadas ao ato de nomear e falar, o que libera o homem da pura animalidade. A relação entre o homem e a mulher é, portanto, logo de início inserida no mundo como uma relação de palavra, em uma tarefa comum que é a de "nomear" a criação, e a mulher vem para salvar o homem da tentação de nomear tudo sozinho. Biblicamente, a palavra é o que sai daquilo que é indiferenciado, impedindo a fusão e a confusão. Foi através da palavra que Deus criou o mundo, e sem ela o mundo está condenado ao assassinato e à violência. Antes de tudo, nós, homens e mulheres, nascemos de uma Palavra que nos torna sujeitos falantes, capazes de dialogar: eu não sou você, e você não é eu, por isso temos coisas a nos dizer. A palavra, fonte da aliança, é o que assinala a diferença entre os seres e a faz viva. Essa diferença não é um destino que depende da natureza ou de esquemas culturais, mas um projeto e uma liberdade que convidam a inventar o novo. "O que é próprio ou específico ao ser humano não depende prioritariamente da anatomia, mas da liberdade. A verdadeira diferença é um projeto em devir" (*Donna Singles*). No começo de cada ser humano, portanto, não há um "ser homem" ou "ser mulher" que determine as funções e os comportamentos, mas, sim, um convite para que sejam construídos em relação, em uma dinâmica em que a diferença do outro é recebida não como ameaça, mas como um presente que nos enriquece de tudo aquilo que nós não somos.

Viver dessa certeza é arriscar um novo olhar uns sobre os outros. Um olhar que não esteja cravado nas características fisiológicas do masculino e do feminino, nem ditado por aquilo que deixamos entrever de nós mesmos, mas, sim, um olhar que se enraíze na certeza de que todos nós somos criados à imagem do Deus de quem não há imagem. É afirmar que, como homens e mulheres, somos portadores de uma riqueza que ignoramos, mas que, já que nossa vocação como seres humanos é ser criaturas "de companhia" (Calvino), exige ser captada na paciência de uma relação verdadeira. Nessa relação, a palavra se torna o meio privilegiado que revela o outro, ao mesmo tempo que preserva o mistério de sua alteridade e alimenta o desejo não por semelhança, mas por reciprocidade.

Para isso, é preciso deixar que o tempo permita vir à tona aquilo que, em nós, fala em verdade. As feridas e os desejos, os medos e as vontades. Na atmosfera cinza da uniformização dos sexos, em que falar em nome de todos equivale a falar em nome de ninguém, devemos ainda aprender a dizer "eu" no face a face com um "tu", pois o que somos de verdade, homens e mulheres, pais e mães, filhos e filhas, não sabemos de fato, mas aprenderemos nesse tratamento íntimo recíproco, em que nomear nossos medos e rivalidades nos manterá abertos para uma relação justa e fecunda para amanhã, nessa promessa que é posta em nossa humanidade desde a origem e que só espera para ser desvelada em plenitude. "Cada sexo precisa da saudação do outro para existir sem medo" (Francine Dumas).

A revelação da presença e do amor de Deus como Palavra, que convida nossas palavras de mulheres e homens, deve ser verificada — no sentido mais literal de "tornar-se verdadeira" — em nossa maneira de instalar em uma reciprocidade viva o casal, a família e, mais amplamente, os lugares de sociedade. Afinal, é em nossas relações mais cotidianas que deve inserir-se a convicção que subjaz ao pensamento reformado há mais de quatro séculos: é preciso dois para fazer imagem ("imagem de Deus"), é preciso ser dois, mulher e homem diferentes, mas voltados um para o outro, para moldar uma humanidade digna desse nome.

Francine Carrillo

▶ **Fontes:** BEZA, Teodoro de, *Les vertus de la femme fidèle et bonne mesnagère*, em *Poèmes chrestiens et moraux*, s.l.n.d.; CRESPIN, Jean, *Histoire des martyrs* (1554), 3 vols., org. por Daniel BENOÎT, Toulouse, Société des livres religieux, 1885-1889; DENTIÈRE, Marie, *Épistre tres utile faicte et composée par une femme chrestienne de Tornay envoyée à la Royne de Navarre seur du Roy de France contre les Turcz, Juifz, Infidèles, faulx chrestiennes. Anabaptistes et Luthériens*, Anvers, Martin Lempereur (endereço falso em Genebra, Jean Girard), 1539; LUTERO, Martinho, *Le jugement de Martin Luther sur les voeux monastiques* (1521) e *De la vie conjugal* (1522), em *MLO* 3, 87-219 e 225-251; *Abrégé de l'histoire de la bergère de Saou* (1688), em Henri MANEN e Philippe JOUTARD, *Une foi enracinée, la Pervenche. La résistance exemplaire d'une paroisse protestante ardéchoise (1685-1820)* (1685-1820)], València, Impr. Réunies, 1972, p. 64-78. **Estudos:** BERRIOT-SALVADORE, Évelyne, *Les femmes dans la société française de la Renaissance*, Genebra, Droz, 1990; BIÉLER, André, *L'homme et la femme dans la morale calviniste*, Genebra, Labor et Fides, 1963; *Femmes protestantes au XIXe siècle et au XXe siècle*, BSHPF 146/1, 2000; *La maternité*, Concilium 226, 1989; CONRAD, Anne, org., *In Christo ist weder man noch weyb. Frauen in der Zeit der Reformation und der katholischen Reform*, Münster, Aschendorff, 1999; CRÉTÉ, Liliane, *Le protestantisme et les femmes. Aux origines de l'émancipation*, Genebra, Labor et Fides, 1999; DAVIS, Natalie Zemon, *Les cultures du peuple. Rituels, savoirs et résistances au XVIe siècle* (1975), Paris, Aubier Montaigne, 1979; DELUMEAU, Jean, org., *La religion de ma mère. Les femmes et la transmission de la foi*, Paris, Cerf, 1992; DOUGLASS, Jane, *Mulheres, liberdade e Calvino: o ministério feminino na perspectiva calvinista* (1985), Manhumirim, Didaquê, 1995; DUBY, Georges e PERROT, Michelle, org., *Histoire des femmes en Occident* (1991-1992), 5 vols., Paris, Perrin, 2002; DUMAS, André, *Similitude et diversité des sexes dans le plan de Dieu*, ETR 40, 1965, p. 97-108; DUMAS, Francine, *L'autre semblable. Hommes et femmes*, Neuchâtel, Delachaux et Niestlé, 1967; FATH, Sébastien, *La prédication feminine en protestantisme évangélique. Le 'non-conformisme' à l'épreuve*, Hokhma 74, 2000, p. 23-60; FISCHER, Danielle, "L'apport de la Réforme à l'évolution de la condition féminine", *ETR* 57, 1982, p. 17-39; FUCHS, Éric, *L'éthique protestante. Histoire et enjeux*, Paris-Genebra, Les Bergers et Les Mages-Labor et Fides, 1998, p. 122-133; GREAVES, Richard L., org., *Triumph over Silence. Women in Protestant History*, Londres, Greenwood Press, 1985; HEAD, Thomas, *The Religion of the 'Femmelettes'. Ideals and Experience among Women in Fifteenth and Sixteenth-Century France*, em Lynda L. COON, Katherine J. HALDANE e Elisabeth W. SOMMER, orgs., *That Gentle Strength. Historical Perspectives on Women in Christianity*, Charlottesville, University Press of Virginia, 1991, p. 149-175; HORNUS, Jean-Michel e PETER, Rodolphe, *Calviniana rarissima*, ETR 54, 1979, p. 51-68; JAMES WILSON, Janet, org., *Women in American Religion*, Filadélfia, University of Pennsylvania Press, 1980; JOHNSON, Dale A., org.), *Women in English Religion (1700-1925)* (1700-1925)], New York, E. Mellen Press, 1983; LAUTMAN, Françoise, org., *Ni Ève ni Marie. Luttes et incertitudes des héritières de la Bible*, Genebra, Labor et Fides, 1997; LAZARD, Madeleine, *Deux soeurs ennemies, Marie Dentière et Jeanne de Jussie: nonnes et réformées à Genève*, em Bernard CHEVALIER e Robert SAUZET, orgs., *Les réformes, enracinement socioculturel. XXVe Colloque international d'études humanistes, Tours, 1er-13 juillet 1982*, Paris, La Maisnie, 1985, p. 239-249; *La différence des sexes*, Lumière et Vie 194, 1989; MENTZER, Raymond, *La place et le rôle des femmes dans les Églises réformées*, Archives des sciences sociales des religions 113, 2001, p. 119-132; MOLTMANN, Elisabeth e Jürgen, *Dieu, homme et femme* (1983), Paris, Cerf, 1984; NESBITT, Paula D., *Feminization of the Clergy in America. Occupational and Organizational Perspectives*, Oxford, Oxford University Press, 1997; PARMENTIER, Élisabeth, *Les filles prodigues. Défis des théologies féministes*, Genebra, Labor et Fides, 1998; PERRENOUD, Alfred, *Malthusianisme et protestantisme, un modèle démographique weberien*, Annales. Économies, sociétés, civilisations 29, 1974, p. 975-988; POUJOL, Geneviève, *Un feminisme sous tutelle. Les protestantes françaises 1810-1960*, Paris, Éditions de Paris, 2003; RUETHER, Rosemary Radford e KELLER, Rosemary Skinner, orgs., *Women and Religion in America*, 3 vols., San Francisco, Harper and Row, 1981-1986; ROWE, Kenneth E., org., *Methodist Women*, Lake Junaluska, General Comission on Archives and History, 1980; RUSSEL, Paul A., *Lay Theology in the Reformation. Popular Pamphleteers in Southwest Germany, 1521-1525*, Cambridge, Cambridge University Press, 1986; THOMPSON, John Lee, *John Calvin and the Daughters of Sarah. Women in Regular and Exceptional Roles in the Exegesis of Calvin, His Predecessors and His Contemporaries*, Genebra, Droz, 1992; VOELTZEL, René, *Service du Seigneur*, Estrasburgo, Oberlin, 1983; WILLAIME, Jean-Paul, *L'accès des femmes au pastorat et la sécularisation du rôle du clerc dans le protestantisme*, Archives des sciences sociales des religions 95, 1996, p. 29-45; Idem, *Les pasteurs et les mutations contemporaines du rôle du clerc*, Clio. Histoire, femmes et sociétés 15, 2002, p. 69-83.

> Biocher-Saillens; Bührig; Butler; casal; casamento; celibato; Child; contracepção; Crespin; criança; Dentière; desejo; Deserto; diaconisas; Douglass; Fallot; família; feminismo; Grimké; Harrison; hinschismo; Huber; maternidade; ministérios; Nightingale; prazer; profetismo; prostituição; Quéré; Russell; Schmidt É.; Sécrétan; **sexualidade**; Shaw; Sölle; Stanton; Tamez; teologia feminista; Willard; Wrede M.; Zell

MÜLLER, Friedrich Max (1823-1900)

Nascido em Dessau e morto em Oxford, onde se tornou professor em 1854 e titular em 1868 de uma cadeira de mitologia comparada criada especialmente para ele. Filho do filólogo e poeta Wilhelm Müller — autor, entre outras obras, dos ciclos de poesias *A bela moleira* e *Viagem de inverno*, que Franz Schubert musicou —, Friedrich Max Müller estudou filologia sânscrita e indo-europeia em Leipzig e Berlim (onde foi aluno de Friedrich Rückert) antes de dedicar-se à edição e à tradução do *Rig Veda*. Para melhor cumprir essa tarefa, foi morar na Inglaterra em 1847, onde permaneceu até sua morte, contribuindo de modo decisivo para o estabelecimento das disciplinas de história comparada das religiões, mitologia comparada e linguística comparada. Dedicou parte importante de seu trabalho à tradução para o inglês dos principais textos sagrados orientais na coleção *Sacred Books of the East* [Livros sagrados do Oriente]. Foi também o tradutor da *Crítica da razão pura* de Immanuel Kant.

Friedrich Max Müller foi o criador do comparativismo moderno na ciência e na história da religião, um comparativismo que se baseia em uma concepção filológica da religião. Influenciado pelo meio romântico de sua juventude e de seus estudos, ele percebeu, nas línguas, sistemas de formas que realizam uma mediação entre o homem e o mundo (cf. Wilhelm von Humboldt). Assim, cada língua veicula uma imagem do mundo, porém a língua é em si uma criação do espírito humano, criação em que o espírito simboliza um acesso original ao mundo; essa dimensão expressiva e poética confere valência religiosa às formas mais antigas da língua (cf. Friedrich Schleiermacher). A mitologia surge, então, como resultado da fixação objetiva abusiva da dimensão metafórica da língua, algo que também é percebido por Müller como uma espécie de doença da língua. Essa concepção da função e da história da língua permitiu que Friedrich Max Müller encontrasse na linguística histórica comparada um modo de acesso privilegiado às concepções religiosas mais antigas da humanidade, partindo da própria essência da religião. Essa abordagem filológica da ciência da religião conferiu à linguística comparada o *status* de disciplina fundamental para a história da religião. Da mesma forma, Müller reuniu as religiões em função de critérios linguísticos, distinguindo sobretudo a religião semítica da religião ariana. Enquanto a religião ariana é essencialmente uma religião da natureza, a religião semítica é uma religião da história; enquanto a primeira tende a diminuir a diferença entre o divino e o humano, a segunda radicaliza essa diferença. Para Friedrich Max Müller, não há dúvidas de que a religião semítica é superior à religião ariana.

A maior parte das teses de Müller tem apenas um interesse histórico hoje. No entanto, há um dado importante: diferentemente do comparativismo praticado posteriormente pela fenomenologia da religião, o comparativismo linguístico de Müller concentra suas atenções nas diferenças entre as famílias religiosas, mais que na busca de uma essência fenomênica comum a todas as religiões. Observamos também que seus trabalhos sobre as línguas indo-europeias e sobre os laços entre a semântica linguística e a imagem do mundo exerceram uma influência decisiva em pesquisadores como Émile Bemveniste (1902-1976) e Georges Dumézil (1898-1986); da mesma forma, os laços percebidos por Müller entre a experiência do mundo e a nominação do numinoso seriam retomados e desenvolvidos pelo helenista Hermann Usener (1834-1905) em sua obra clássica *Götternamen. Versuch einer Lehre von der religiösen Begriffsbildung* (1896, Frankfurt, Klostermann, 2000). Por fim, é importante notar que sua concepção das funções simbólicas da língua, do mito e da religião não está desprovida de paralelos com as teses desenvolvidas por Ernst Cassirer (1874-1945) em sua *Philosophie des formes symboliques* [Filosofia das formas simbólicas] (1923-1929, 3 vols., Paris, Minuit, 1977-1986).

Jean-Marc Tétaz

▶ MÜLLER, Friedrich Max, *La science du langage. Cours professé à l'Institution royale de la Grande-Bretagne en l'année 1861*, Paris, Durand, 1864, 1876; Idem, *Nouvelles leçons sur la science du langage. Cours professé à l'Institution royale de la Grande-Bretagne en l'année 1863*, 2 vols., Paris, Durand e Lauriel, 1867-1868; Idem, *La stratification du langage* (1868), Paris, Franck, 1869; Idem, *Essais sur l'histoire des religions* [Ensaios sobre a história das religiões] (*Chips from a German Workshop* 1: *Essays on the Science of Religion*, 1867), Paris, Didier, 1872, 1879; Idem, *La science de la religion* (1873), Paris, Germer-Baillière, 1873; Idem, *Origine et développement de la religion etudiés à la lumière des religions de l'Inde* (1878), Paris, Reinwald, 1879; Idem, *Introduction à la philosophie Védanta* (1894), Paris, Leroux, 1899; Idem, *Mythologie comparée*, Paris, Robert Laffont, 2002 (reed. de *Essais sur la mythologie comparée. Les traditions et les coutumes*, 1873 = *Chips from a German Workshop* 2: *Essays on Mythology, Traditions, and Customs*, 1867, e de *Nouvelles études de mythologie*, 1898 = *Contributions to the Science of Mythology*, 1897); KIPPENBERG, Hans Gerhard, *À la découverte de l'histoire des religions. Les sciences religieuses et la modernité* (1997), Paris, Salvador, 1999; KITAGAWA, Joseph M. e STRONG, John S., *Friedrich Max Müller and the Comparative Study of Religions*, em Ninian SMART et alii, org., *Nineteenth Century Religious Thought in the West*, vol. III, Cambridge,

Cambridge University Press, 1985, p. 179-213; KLIMKEIT, Hans-Joachim, *Friedrich Max Müller (1823-1900)*, em Axel MICHAELS, org., *Klassiker der Religionswissenschaft. Von Friedrich Schleiermacher bis Mircea Eliade*, Munique, Beck, 1997, p. 29-40 e 362-364; MANGOLD, Sabine, *Eine "weltbürgerliche Wissenschaft". Die deutsche Orientalistik im 19. Jahrhundert*, Stuttgart, Steiner, 2004; *Max-Müller-Ehrung der Stadt Dessau. Dessauer Kolloquium vom 5. Dezember bis 6. Dezember 1992*, Dessau, Anhaltische Landesbücherei, 1995.

▶ Humboldt; kantismo (neo); mito; **religião e religiões**; romantismo; Schleiermacher

MÜLLER, Ludwig (1883-1945)

Nascido em Gütersloh, morto em Berlim-Zehlendorf, em 1914 tornou-se capelão da Marinha em Wilhelmshaven e, em 1926, capelão militar em Kaliningrado (Prússia Oriental). Homem de confiança de Hitler, foi eleito bispo do Reich pelos "Cristãos Alemães" em 1933. Em 1934, a incorporação forçada das *Landeskirchen* (igrejas territoriais) em uma igreja protestante unificada do Reich (*Reichskirche*), submetida ao Estado, provoca uma cisão, originando a Igreja Confessante, que se oporia ao regime hitlerista até 1945. Após a investidura de Hanns Kerrl em 1935 como ministro dos assuntos eclesiásticos, Ludwig Müller é "suspenso" de sua função como bispo do Reich.

Para Müller, o Estado deveria reconhecer somente as organizações "que servem à unidade e à uniformidade do povo". Surgiria o "cristianismo positivo", um programa do Partido Operário Nacional Socialista Alemão, de 1920, que preconizava a relativização das diferenças confessionais e das relações com os textos bíblicos e as tradições dogmáticas; esse programa pretendia "influenciar uniformemente" o povo quanto à religião.

Kurt Meier

▶ MÜLLER, Ludwig, *Was ist Positives Christentum?*, Stuttgart, Tazzelwurm, 1938; KRETSCHMAR, Georg, *Die Auseinandersetzung der Bekennenden Kirche mit den Deutschen Christen*, em Helmut BAIER et alii, *Kirche und Nationalsozialismus. Zur Geschichte des Kirchenkampfes*, Munique, Claudius, 1969, p. 117-150; MEIER, Kurt, *Der evangelische Kirchenkampf*, Göttingen, Vandenhoeck & Ruprecht, vols. I e II (1976), 1984, e vol. III, 1984; SCHNEIDER, Thomas Martin, *Reichsbischof Ludwig Müller. Eine Untersuchung zu Leben, Werk und Persönlichkeit*, Göttingen, Vandenhoeck & Ruprecht, 1993; ULMENRIED, Will, *Ludwig Müller*, Berlim, Schmidt, [1933].

▶ Alemanha; "Cristãos Alemães"; Hirsch; Igreja Confessante; Kirchenkampf

MULTITUDINISMO

Se o termo multitudinismo pode também designar uma heresia pouco conhecida do século XII, que valorizava a opinião da multidão acima da doutrina ensinada pelas altas hierarquias, sua acepção principal nos chega por Alexandre Vinet, que em 1842 forjou essa palavra a partir de uma reminiscência bíblica — as multidões que inspiraram a compaixão de Jesus em Mateus 15.32 — para indicar a postura e a condição de uma igreja protestante que não mais seria estatal, mas se arrogaria como missão o cuidado espiritual de todo um povo. A transformação progressiva das igrejas estatais em igrejas territoriais (em alemão, *Landeskirchen*), abertas a todos, fez com que essas igrejas se tornassem verdadeiros bastiões do multitudinismo, enquanto as igrejas livres, que reivindicavam sua completa independência em relação ao Estado, geralmente encarnavam o princípio professante: as pessoas se tornam membros por escolha pessoal, aderindo a uma profissão de fé. Várias igrejas protestantes separadas do Estado não se tornam por isso menos multitudinistas, algo que se revela sobretudo em seu modo de conceber sua presença na sociedade. Enquanto a noção alemã de *Volkskirche* (igreja do povo), carregada de ambiguidades por causa do uso adotado pelos "Cristãos Alemães", insiste na constatação de uma situação eclesiológica majoritária, a de multitudinismo, também utilizada em um contexto de diáspora, valoriza principalmente a missão pastoral e evangelizadora. Porém, será que a igreja que perde o contato com as multidões continua sendo multitudinista? Tudo indica que hoje o termo deve ser rediscutido.

Bernard Reymond

▶ *Le multitudinisme hier, aujourd'hui, demain*, Cahiers de l'Institut romand e pastorale 1, Lausanne, 1988; MEIER, Kurt, *Volkskirche 1918-1945. Ekklesiologie und Zeitgeschichte*, Munique, 1982.

▶ **Igreja**; igreja e Estado; igrejas livres; Vinet

MUNCH, Edvard (1863-1944)

Famoso pintor norueguês, Edvard Munch é considerado o pai do movimento expressionista, que marcou o século XX, principalmente na Alemanha. Era originário de uma família religiosa e rígida (tinha vários antepassados pastores), e sua pintura, ainda que tenha recebido a influência do puritanismo que caracterizou sua educação e de uma expressão angustiada e mística da vida, é um manifesto pela liberdade dos costumes e da palavra.

Uma boa quantidade de suas obras tem como tema a condição trágica da humanidade, da verdade ou das ilusões amorosas, da onipresença da morte, exprimindo um pessimismo existencial que o torna próximo a Ibsen e Kierkegaard. Uma de suas telas mais célebres, *O grito* (1893), pode ser compreendida como a expressão de uma busca autêntica de Deus em meio à mais profunda solidão.

Jérôme Cottin

▶ *Edvard Munch 1863-1944*, Essen-Zurique, Museum Folkwang-Kunsthaus, 1987 (catálogo de exposição); BOCK, Henning e BUSCH, Günter, *Edvard Munch. Probleme. Forschungen, Thesen*, Munique, Prestel, 1973; SELTZ, Jean, *Edvard Munch*, Paris, Flammarion, 1974.

◉ **Arte**; escandinavos (países); estética; Füssli; Hodler; Ibsen; Kierkegaard

MUNDO

No catolicismo tradicional, geralmente o termo "mundo" adquire uma conotação pejorativa, já que era necessário sair do mundo e adotar a vida religiosa, com os três votos perpétuos — pobreza, castidade e obediência —, para uma melhor consagração a Deus. Em oposição a isso, os reformadores consideravam o mundo como o lugar providencial em que o cristão deveria formar família e exercer sua profissão (*Beruf*) como uma verdadeira vocação (*Berufung*) cristã. Essa visão implica uma relação diferente e específica entre a igreja e o mundo. Para o catolicismo, o espaço sagrado da igreja deveria invadir o mundo para salvá-lo tanto quanto fosse possível. Para o protestantismo, a igreja deve testemunhar no mundo o poder do evangelho, que ensina os homens a fazer uso do mundo para a glória de Deus.

Uma importante corrente do protestantismo contemporâneo (que, aliás, teve certo eco entre alguns teólogos católicos) extrai as consequências radicais de tal posição. A igreja se torna mais fiel na medida em que, ao respeitar a "mundanidade" do mundo, ela o dessacraliza e, em um mundo assim secularizado, pode desenvolver de modo mais eficaz a liberdade dos filhos de Deus, gloriosa e criadora, em todas as áreas da vida humana.

Jean-Louis Leuba

▶ BONHOEFFER, Dietrich, *Ética*, São Leopoldo, Sinodal, 2001; GOGARTEN, Friedrich, *Destin et espoir du monde moderne* (1953), Tournai, Casterman, 1970; JÜNGEL, Eberhard, *Säkularisierung. Theologische Anmerkungen zum Begriff einer weltlichen Welt*, em *Entsprechungen Gott, Wahrheit, Mensch*, Munique, Kaiser, 1980, p. 285-289.

◉ Ascese; criação/criatura; espiritualismo; **política**; secularização; **técnica**; teologia da secularização; **vocação**; votos

MÜNSTER (Reino de)

Sob a influência de Melchior Hoffman, surge após 1530, na Holanda e no norte da Alemanha, um movimento apocalíptico que pregava que o fim dos tempos estava próximo. Enquanto Hoffman foi condenado à prisão perpétua em Estrasburgo, seus discípulos caíram nas mãos de um padeiro de Haarlem, Jan Matthys. Diferentemente de Hoffman, que esperava que o próprio Deus exterminasse os ímpios, Matthys incitava os fiéis a estabelecer por meio de armas o reino dos santos, que inauguraria o tempo do fim. Os emissários de Matthys encontraram um terreno favorável para suas ideias em Münster, na Westfália, cidade episcopal que o pregador Bernhard Rothmann (?1495-?1535) tinha convertido sucessivamente ao luteranismo, ao zwinglianismo e ao anabatismo. Quando chegou o último emissário de Matthys, o alfaiate Jan Beuckelzoon, de Leiden (dito João de Leiden), o iluminismo tomou a frente. Em 23 de fevereiro de 1533, João de Leiden, logo acompanhado pelo próprio Matthys, conseguiu instituir um conselho que fosse conforme às orientações, liderado por Bernhard Knipperdolling (morto em 1536), pai da moça com quem ele acabou se casando. Os oponentes abandonaram a cidade. Ao longo de uma operação contra as tropas que cercaram a cidade, Matthys promoveu uma matança, mas foi João de Leiden que se impôs como o rei de Sião, com Knipperdolling como tenente e Rothmann como porta-voz. Assim, foi estabelecida uma teocracia comunista e instaurada a poligamia, não sem suscitar grande oposição. João de Leiden organizou uma resistência contra um sítio organizado por uma coalisão de protestantes e católicos. Desenvolveu uma intensa atividade de propaganda para mostrar ao mundo inteiro a instauração desse reino que preparava o retorno de Cristo. Traição e fome se apoderaram da cidade, que foi finalmente conquistada no dia 24 de junho de 1535. A maior parte dos duzentos ou trezentos sobreviventes foi massacrada, enquanto seus líderes foram torturados e executados. O Reino de Münster suscitou a revolta de toda a Europa, o que durante muito tempo contribuiu para o descrédito dos anabatistas, que em sua maioria, porém, não partilhavam do iluminismo que surgiu em Münster.

Marc Lienhard

▶ AUBARÈDE, Gabriel d', *La Révolution des saints 1520-1536*, Paris, Gallimard, 1946; STAUFFER, Richard, *L'instauration du Royaume de Munster*, ETR 57, 1982, p. 519-536; VAN DÜLMEN, Richard, *Reformation als Revolution. Soziale Bewegung und religiöser Radikalismus in der deutschen Reformation*, Frankfurt, Fischer Taschenbuch, Verlag, 1977.

◉ Anabatismo; apocalíptica; Hoffman; iluminismo; João de Leiden; Joris; Matthys; messianismo; milenarismo; parusia; Reforma radical; **utopia**

MÜNTZER, Thomas (?1490-1525)

Reformador radical, mais conhecido por sua participação no levante camponês de 1524 a 1525. Educado no contexto do realismo medieval, esse padre que se tornou "luterano" também seria bastante influenciado pela mística medieval e pelo anticlericalismo dos primeiros anos da Reforma. Em um primeiro momento, Müntzer acompanhou Lutero, tornando-se pastor em Zwickau (1520). Sua teologia espiritualista o fazia enfatizar o Cristo interior e "amargo" contra o Cristo "doce" luterano, tornando-o cada vez mais crítico em relação a Lutero. Müntzer desejava que o camponês iletrado também tivesse acesso ao evangelho e desconfiava que Lutero pregava o estabelecimento de uma nova elite clerical a serviço de uma ordem civil pervertida. Após uma curta passagem por Praga (1521) e uma nova estada pastoral em Allstedt (1523), onde escreveu uma liturgia em alemão, Müntzer apresentou seu programa de reforma no famoso *Sermão aos príncipes* (julho de 1524). Uma leitura particular da história da igreja e um milenarismo bastante acentuado levaram Münster a enxergar na revolta camponesa uma fase fundamental do julgamento de Deus. Assim, ele participou da revolta como líder e ideólogo. Capturado após a batalha decisiva de Frankenhausen, Müntzer foi interrogado sob tortura e em seguida executado.

Neal Blough

▶ *Thomas Müntzer-Ausgabe. Kritische Gesamtausgabe*, org. por Helmar JUNGHANS, Leipzig, Verlag der Sächsischen Akademie der Wissenschaften, 2004ss; MÜNTZER, Thomas, *Schriften und Briefe. Kritische Gesamtausgabe*, org. por Günther FRANZ, Gütersloh, Mohn, 1968; Idem, *Écrits théologiques et politiques, lettres choisies*, org. por Joël LEFEBVRE, Lyon, Presses universitaires de Lyon, 1982; PACKULL, Werner, *Thomas Müntzer: le Christ mystique et militant*, em Neal BLOUGH, org., *Jésus-Christ aux marges de la Réforme*, Paris, Desclée, 1992, p. 27-50; SCHAUB, Marianne, *Müntzer contre Luther. Le droit divin contre l'absolutisme princier*, Paris, À l'enseigne de l'arbre verdoyant, 1984.

◉ Anabatismo; entusiasmo; espiritualismo; Guerra dos Camponeses; iluminismo; Lutero; milenarismo; Reforma radical; Storch; **utopia**; Zwickau (profetas de)

MURALT, Béat-Louis de (1665-1749)

Os Muralts, uma família nobre de Berna originária de Ticino, considerava em alta estima a língua francesa e a cultura latina. O jovem Béat-Louis foi enviado a Genebra para estudar direito, filosofia e literatura; ali teve como condiscípulo o futuro teólogo de Neuchâtel, Osterwald. Ferindo a tradição familiar, sobretudo a paterna, foi oficial no regimento de Erlach, a serviço de Luís XIV. Em 1694 foi à Inglaterra, admirando-se da tolerância religiosa, do amor pela natureza e do patriotismo que pareciam ser exclusivos dos ingleses, além de seu completo desdém pela opinião pública europeia. Suas *Lettres sur les Anglais* [Cartas sobre os ingleses] correram o mundo, sendo traduzidas por volta de 1714 por importantes autores: Alexander Pope (1688-1744), Daniel Defoe (1660-1731), Jonathan Swift (1667-1745), Joseph Addison (1672-1719) e Richard Steele (1672-1729). O sucesso desse modo de observação em que o helvético se identifica com o habitante de Sirius dos contos da época, leva-o a ousar algumas *Lettres sur les Français* [Cartas sobre os franceses], primeiro questionamento, ainda tímido, da civilização à francesa. De volta a Berna, não tardou a se insurgir contra o formalismo e a hipocrisia do calvinismo oficial. Em 1707 aderiu ao pietismo e se retirou para Colombier (Neuchâtel), passando a morar no solar que depois pertenceria a Isabelle de Charrière (1740-1805). Esse retiro foi uma primeira revolta pré-romântica contra a hipocrisia e a frivolidade do mundo. Em 1725, teve medo de ser caricaturado pela pirataria editorial, o que o levou a consentir com a publicação de suas cartas. Em sua obra *Cartas filosóficas*, o jovem Voltaire se lembraria das observações sobre a Inglaterra do "cavalheiro", como Muralt era chamado no meio literário. Mas ele não se limitou a isso. Em *L'instinct divin recommandé aux hommes* [O instinto divino recomendado aos homens] (1727), e principalmente em *Lettres fanatiques* [Cartas fanáticas] (1739), ele atacou o protestantismo ortodoxo argumentando, antes de Rousseau, que "a razão e o saber causaram a queda do homem" e que somente a natureza fala verdadeiramente de Deus ao coração humano. Muralt estava convencido de que a boa religião é a que santifica o homem, atribuindo-lhe verdadeiras virtudes e fazendo-o notabilizar-se pelas boas obras. Correspondia-se regularmente com os pietistas alemães e suíços, não sem querelas, decepções, rupturas e disputas.

Christophe Calame

▶ MURALT, Béat-Louis de, *Lettres sur les Anglais et les Français*, Lausanne, Bibliothèque romande, 1972; FERRAZZINI, Arthur, *Béat de Muralt et Jean-Jacques Rousseau. Étude sur l'histoire des idées au XVIIIe siècle*, La Neuveville, Éditions du Griffon, 1952; GREYERZ, Otto von, *Beat Ludwig von Muralts "Lettres sur les Anglais et les Français et sur les voyages" und ihre Rezeption. Eine literarische "Querelle" der französischen Frühaufklärung*, Munique, Fink, 1979.

● Literatura; pietismo

MUSEUS PROTESTANTES NO MUNDO DE LÍNGUA FRANCESA

O museu mais antigo é o Museu do Deserto, em Mas Soubeyran (Gard), criado em 1910. Houve mais cinco em 1932, dez em 1968, dezessete em 2002 e cinco outros ainda estão sendo construídos. Essa onda de criação de museus abarca toda a França protestante, uns em torno de um personagem (João Calvino, Jean-Frédéric Oberlin, Albert Schweitzer, Pierre e Marie Durand), outros com uma abordagem regional (Delfinado, Alto Languedoc, Béarn, Poitou, Vendeia, Normandia etc.). Esses "lugares de memória" ilustram a busca de uma unidade e a necessidade crescente de reconstituir a história, negligenciada pelos teólogos durante várias décadas. Essa busca de "raízes" também é a de inúmeros estrangeiros descendentes dos huguenotes dos diversos Refúgios. Ao mesmo tempo, os não protestantes descobrem a existência da Reforma e sua presença na França de hoje. Os museus também são oportunidades para grandes encontros: a Assembleia do Deserto, em Mas Soubeyran, reúne de quinze mil a 25 mil participantes a cada primeiro domingo de setembro, com uma repercussão nacional e europeia, mantendo-se, porém, como um fenômeno meridional. O colóquio anual dos museus protestantes, inaugurado em 1985, é um espaço de confrontação de métodos de análise da mensagem e de formação museográfica; a partir de 1991, esse colóquio adquiriu uma dimensão mais propriamente europeia, reunindo-se em Torre Pellice, Berlim, Cantuária, Bretten (Melâncton), Debrecen, Telc e Praga, Wittenberg (Lutero), Genebra etc.

Temporão dos museus protestantes na francofonia, o Museu Internacional da Reforma abriu as portas em 2005, em Genebra, na Cidade Velha, ao lado da catedral, no mesmo local do antigo claustro em que a adoção da Reforma foi votada no dia 21 de maio de 1536. Desde as origens até nossos dias, a Reforma é apresentada e comentada ali de um modo vibrante, com o uso das mais avançadas técnicas museográficas.

Lançado na internet no ano de 2003, o museu virtual do protestantismo francês (www.museeprotestant.org) retrata a história do protestantismo francês desde o século XVI até hoje, através de milhares de notícias e imagens, assim como vídeos e gravações. Essa é uma produção da Fundação Pasteur Eugène Bersier, com a colaboração científica da Sociedade de História do Protestantismo Francês.

Pierre Bolle

▶ Os atos dos colóquios anuais são publicados pela Coordenação Testemunhar-Servir da Igreja Reformada da França em colaboração com a Sociedade de História do Protestantismo Francês (disponíveis no sítio da ERF, 47 rue de Clichy, F-75311 Paris Cedex 09); BOLLE, Pierre, "Les musées protestants" *Réveil. Journal régional de la région Centre-Alpes- -Rhône de l'Église réformée de France*, julho-agosto de 1988; CASTELNAU, Paul e GROJEANNE, Paul, *Protestantisme et tourisme religieux*, em Martine LUNVEN, org., *Tourisme religieux*, Paris, Éditions touristiques européennes, 1993, p. 39-46; DUBIEF, Henri e POUJOL, Jacques, orgs., *La France protestante. Histoire et lieux de mémoire* (1992), Paris, Éditions de Paris, 1996; LAUTMAN, Françoise, *Du Désert au musée: l'identité protestante*, em Michel CRÉPU e Richard FIGUIER, orgs., *Hauts lieux*, Paris, Autrement, 1990, p. 89-96.

● Cevenas; França; **história**; identidade; peregrinações

MÚSICA

1. Introdução
2. A Reforma: problemática funcional
   2.1. A problemática literária
   2.2. A problemática musical
   2.3. A problemática cultual e litúrgica
   2.4. A problemática pedagógica e prática
   2.5. A problemática estética e formal
3. Da Contrarreforma à morte de Johann Sebastian Bach (1750)
4. Crise e renovação da música protestante
5. O século XX
6. À guisa de conclusão

1. Introdução

Ao longo dos séculos, a música protestante, tributária de contextos históricos, tendências confessionais e movimentos teóricos, exerceu impacto considerável na piedade coletiva e individual. Corais luteranos, salmos huguenotes, hinos, salmos e *anthems* anglicanos representam a identidade espiritual e hinológica dos cristãos protestantes desde a Reforma. As melodias tradicionais — a partir de 1524 no repertório alemão, de 1539 para o cenário francês e de 1544 para a primeira litania em língua inglesa — mantiveram seu lugar nas publicações; enquanto *cantus firmus* (melodia), serviram como princípio estrutural para inúmeras composições vocais e instrumentais (sobretudo o órgão); inspiraram os músicos do século XVI até nossos dias; adquiririam uma finalidade cultual ou extracultural (concerto). Em graus diversos, os reformadores reconheceram a utilidade da música. Em Wittenberg, Martinho Lutero a considerou uma "serva da teologia" (*ancilla theologiae*), um "esplêndido dom de Deus bem próximo da teologia" (*Conversações à mesa*). Em Estrasburgo, Martin Bucer afirma que "a música e o canto são ordenados por Deus e não são somente coisas alegres e adoráveis, mas também cheias de força" (*Grund und Ursach der Neuerung*, Estrasburgo, 1524). Em Genebra, João Calvino estima que "entre as demais coisas que são próprias para renovar o homem [...] a música é a primeira ou uma das principais [...], um dom de Deus destinado a esse uso" (*À tous les chrétiens et amateurs de la Parole de Dieu* [A todos os cristãos e amantes da Palavra de Deus], Genebra, 1543). Em Zurique, Ulrico Zwinglio não quis "rejeitar as cerimônias mais numerosas de outras igrejas, como, por exemplo, o canto" (*Actions und Bruch des Nachtmahls*, Zurique, 1525). Na Inglaterra, em 1544, o arcebispo Thomas Cranmer observou que, em sua opinião, "o canto [...] não deve ser sobrecarregado de notas, mas executado o mais distintamente possível e com devoção"; dessa forma, ele levantou o problema do canto funcional e da inteligibilidade do texto, condição para a participação ativa dos fiéis no culto.

2. A Reforma: problemática funcional

Na época da implantação da Reforma, teólogos, humanistas, pedagogos, poetas e músicos buscaram um novo repertório (textos e música) em conformidade com as novas ideias.

2.1. A problemática literária

Em primeiro lugar, essa problemática está correlacionada à língua. Sobre isso, Martin Bucer lembra: "Só toleramos a língua alemã". O mesmo pode ser dito de João Calvino, que enfatizou a "língua comum e conhecida do povo", e Thomas Cranmer, que em 1555 preconizou "a língua comum" e acrescentou, sobre o canto, "que todos aqueles que conhecem a língua podem facilmente entender tudo o que é cantado". Ulrico Zwinglio também se pronunciou em favor da língua vernacular. Por outro lado, em sua *Deutsche Messe* [Celebração alemã] (1526). Martinho Lutero não desejava abandonar por completo o latim "por causa da juventude", mas o manteve nos *incipit* dos salmos e na terminologia musical.

Tendo sido imposta a língua vulgar, faltavam ainda os textos, respectivamente, em alemão, francês e inglês. Em uma carta a Georg Spalatin (no final de 1523), Lutero escreveu que andara buscando por toda parte poetas para traduzir e adaptar os textos existentes ou para criar outros. Na França e na Suíça, Clément Marot e Teodoro de Beza realizaram paráfrases francesas rimadas e em estrofes (e não "traduções") dos salmos: Marot fez 49 e Beza fez 101. Entre 1539 e 1562, o número de salmos parafraseados e musicados passaria de 19 a 83, e depois a 150. *Les Pseaumes mis en rime francoise* [Os salmos rimados em francês], livro oficial editado em 1562 em Genebra, contém 125 melodias diferentes para os 150 salmos, os mandamentos e o Cântico de Simeão (cf. Pierre PIDOUX, org., *Le Psautier huguenot du XVIe siècle* [O Saltério huguenote do século XVI], t. I).

2.2. A problemática musical

A problemática musical evoluiria em duas etapas. Primeira, os textos fornecidos deveriam receber uma melodia apropriada para o canto congregacional; a participação ativa da assistência era uma novidade para a época. As melodias seriam ora adaptações de cânticos anteriores à Reforma, para que os membros se sentissem à vontade, ora criações de músicos alemães ou chantres estrasburguenses e genebrinos. Na Alemanha, as primeiras publicações surgiram em 1524, por iniciativa de Martinho Lutero e seus colaboradores: Johann Walter (1496-1570), Balthasar Resinarius (?1485-1544), Arnold von Bruck (1480-1554), Ludwig Senfl (?1490-1543), Martin Agricola (1486-1556), Stephan Mahu (1480/90-?1541). Eles trabalhariam como "adaptadores" e "arranjadores", em adaptações piedosas de cantos profanos, paráfrases alemães de hinos latinos conhecidos pelos fiéis, arranjos de melodias gregorianas; também seriam "melodistas", ou seja, criadores de melodias, e "harmonistas", estabelecendo quatro vozes para as melodias. O novo repertório abordava todas as fases do ano litúrgico; esses corais são acompanhados de órgão, com prelúdios, improvisações e variações.

Em segundo lugar, com a melodia já composta e fornecida aos reformadores, faltavam — para os centros hinológicos de tradição polifônica — harmonizações, geralmente em quatro vozes, de acordo com o idioma em uso no século XVI, com a melodia confiada ora ao tenor, ao modo do *Tenorlide*, forma autóctone do século XV, ora ao soprano, em quem é mais claramente percebida. Na França e na Suíça, a "harmonia consoante ao verbo" (ou estilo "nota contra nota") era de praxe, envolvendo uma escrita homossilábica (uma sílaba para cada acorde) e homorrítmica (mesmo ritmo nas quatro vozes). Dentre os melodistas e harmonistas, cabe-nos citar Guillaume Franc (?1510-1570), ativo em Rouen e Lausanne, Loÿs Bourgeois (1510/15-?1560) e Pierre Davantès (?1525-1561), aos quais se sucederiam em Genebra Pierre Dubuisson e Pierre Dagues (?1525- após 1568). Loÿs Bourgeois desejava "conformar ao sujeito e ao canto comum dos salmos três partes concordantes opondo nota contra nota" (prefácio aos *Cinquante Pseaumes de David traduictz en vers françois par Clément Marot et mis en musique par Loÿs Bourgeois* [Cinquenta salmos de Davi traduzidos em versos franceses por Clément Marot e musicados por Loÿs Bourgeois], Lyon, Godefroy et Màrcellin Beringen, 1547). Claude Goudimel (?1520-1572) considerou a harmonização como "o mais doce trabalho da vida" e "o mais fiel testemunho, dos labores o mais belo". E especifica: "Ao canto dos salmos, nesse pequeno volume [Salmos a quatro vozes], nós acrescentamos três partes, não para que fossem cantados na igreja, mas para o regozijo em Deus nas casas". Na Inglaterra, a técnica dos falsos bordões — sucessão de acordes sobre os quais plana a litania silábica e declamada quase *recto tono* pelo celebrante — é explorada, o que não impede que os anglicanos também tenham "todo o Saltério em quatro partes".

2.3. A problemática cultual e litúrgica

A problemática textual e litúrgica é atestada pelos textos dos reformadores que especificam a ordenança do culto, com participação musical, e o modo da celebração dos sacramentos.

Em 1523, Martinho Lutero resumiu suas ideias na *Formula Missae et Communionis* (*WA* 12, 197-220) e em 1526 em sua *Deutsche Messe und Ordnung Gottesdiensts zu Wittenberg fürgenommen* (*WA* 19, 44-113). Em Estrasburgo, o latim foi suprimido em 1524; a ordenança do culto, com cantos de louvor, foi definida no *Teutsch Kirchenampt*, de 1525. João Calvino, que se refugiou na cidade em 1538, tinha sido inspirado pelos usos locais quando publicou, em 1539, a coletânea experimental *Aulcuns Pseaumes et cantiques mys en chant* [Alguns salmos e cânticos musicados], com melodias dos estrasburguenses Mathias Greiter (?1490-1550) e Wolfgang Dachstein (1487-1553). De volta a Genebra, Calvino publicaria, em 1542, *La forme des prières et chants ecclésiastiques, avec la manière d'administrer les sacrements, et de consacrer le mariage selon la coutume de l'Église ancienne* [A forma das orações e cantos eclesiásticos, com a maneira de administrar os sacramentos e de consagrar o casamento segundo o costume da igreja antiga]. Na Inglaterra, o Ato de Uniformidade prevê em seu rito a utilização da língua inglesa, estimulando a leitura da Bíblia e dos salmos em inglês. A nova liturgia foi elaborada por Thomas Cranmer, que no Processional de 1544, em *plain-chant*, podendo ser cantado pelos fiéis, já havia formulado suas intenções do seguinte modo: "Eu fiz isso somente como um teste, para ver como ficaria em inglês cantado". Publicado por John Marbeck, o *Book of Common Prayer Noted* [Livro de oração comum anotado] (com música, 1550), contendo as bases para a nova liturgia, seria substituído pelo *Edwardian Prayer Book* [Livro de oração eduardiano], autorizado pelo segundo Ato de Uniformidade, em 1552.

2.4. A problemática pedagógica e prática

A problemática pedagógica e prática diz respeito, em primeiro lugar, à difusão da nova liturgia e dos novos cantos, que foi facilitada pelo desenvolvimento da imprensa, sobretudo a imprensa musical; expandiu-se principalmente em Wittenberg, Estrasburgo, Lyon e Genebra. Os salmos seriam publicados em pequenos cadernos (*Stimmbücher*), um por voz.

Na Alemanha e na Alsácia, a pedagogia — proposta por Filipe Melâncton, "o preceptor da Alemanha", Martinho Lutero e Jean Sturm — reserva um amplo espaço para o ensino da música teórica e prática, com uma hora por dia de aula obrigatória. Assim, os estudantes das escolas municipais e latinas humanistas é que transmitiriam as melodias para a assembleia, nos cultos, e para os pais, em casa. O mesmo ocorreria na Suíça, onde os alunos tinham quatro horas por semana de aulas de música. Já na Inglaterra, a supressão das crianças no coro coincidiria com a fundação da Capela Real, em 1548, onde seria experimentado o protótipo do serviço anglicano. Coros são estabelecidos nas escolas (Eton) e nas universidades (*King's College*, Cambridge, Oxford).

Martinho Lutero, Martin Bucer, João Calvino e até mesmo Ulrico Zwinglio, em graus variados, reconheciam o valor do canto, que propiciava "corações inflamados". Em Genebra, cantava-se nos cultos dominicais de manhã e de noite, assim como nas noites de quarta-feira. O povo também cantava salmos e cânticos espirituais para "regozijar-se em Deus nas casas". Os 150 salmos eram integralmente retomados com todas as suas estrofes várias vezes por ano. Corais alemães e salmos huguenotes convêm perfeitamente ao canto coletivo, e ainda são mantidos hoje, por sua estética funcional, refletindo, através dos séculos, as transformações no gosto, nas mentalidades e nas sensibilidades religiosas.

2.5. A problemática estética e formal

A problemática estética e formal é marcada por inúmeras convergências estilísticas. Para serem facilmente aprendidos pelos membros da igreja, os corais alemães e os salmos franceses eram organizados em estrofes rimadas, em princípio com a retomada da melodia dos dois (ou três) primeiros versos para os versos seguintes e uma melodia diferente para os versos restantes. Essa estrutura repetitiva remonta às formas medievais dos hinos e canções dos *trouveurs* — um neologismo que designava ao mesmo tempo os trovadores [*troubadours*] da *langue d'oc* e os menestréis [*trouveurs*] da *langue d'oïl*: os que "encontram" [verbo *trouver*] o texto e a música). O *ambitus* (extensão da nota mais grave à nota mais aguda) é bastante restrito; o movimento, muitas vezes conjunto, podia ser disjunto (com intervalos de entonação fácil); o ritmo permanecia simples. A harmonização é silábica, homorrítmica, nota contra nota, de acordo com a definição de

Thomas Cranmer, "uma sílaba, uma nota", e a polifonia a quatro vozes do século XVI; ou, então, era em um contraponto floreado, com imitações e entradas sucessivas. O *cantus firmus*, em valores longos, é enunciado pelo tenor ou pela parte superior (soprano).

Na Alemanha, a geração de Martinho Lutero adaptou e arranjou as melodias anteriores, permanecendo próxima à estética franco-flamenga do século XV; a criação de novas melodias viria nas gerações seguintes, e o coral se distinguiria dos moldes católicos anteriores. As formas se diversificaram progressivamente: corais, motetos, cantatas, paixões, pequenos concertos espirituais (Heinrich Schütz) sobre temas de corais, enfatizando a voz individual. A partir do *Achtliederbuch* [Livro dos oito cânticos] (com oito corais e quatro melodias) de 1524, o coral, favorecido pelas circunstâncias históricas (apesar da Guerra dos Trinta Anos, de 1618 a 1648), prosseguiria em franca ascensão até atingir mais de cinco mil na época de Johann Sebastian Bach (1685-1750). O compositor buscaria inspiração em inúmeros livros e hinários: para as melodias, por exemplo, utilizou-se sobretudo de *Neu Leipziger Gesangbuch* (1682), de Gottfried Vopelius (1645-1715). Essas obras não são somente cantadas, mas também podem suscitar a meditação individual. De acordo com as ideias de Johann Jacob Rambach (1693-1735), os livros se destinavam tanto ao uso cultual (*zum Kirchengebrauch*, 1733) quanto ao uso doméstico (*zum Hausgebrauch*, 1735), e até mesmo para passeios, no pietismo.

Na França e na Suíça, o ano 1562 marcou um ponto culminante na hinologia, com 150 salmos editados em Genebra. Além dos salmos, o *corpus* abarcava algumas orações (Pai-nosso, orações para antes e depois das refeições), os Dez Mandamentos, a Confissão de Fé, alguns Cânticos (de Moisés, de Maria, de Simeão). No nível estético, músicos como Claude Goudimel, Paschal de l'Estocart (?1539-após 1584), Claude Le Jeune (1528/30-1600) colocariam essas melodias tradicionais em um estilo mais elaborado: o moteto. Dentre os que exploraram o *corpus* de melodias, dignos de nota são: Philibert Jambe de Fer (?1520-?1566); Jean-Servin (?1530-após 1596), que se interessou pelas paráfrases neolatinas dos salmos; Richard Crassot (século XVI); Thomas Champion, dito Mithou (?1530-?1580); Clément Janequin (?1485-1558); Pierre Certon (?1510-1572). Na Holanda, Jan Pieterszoon Sweelinck (1562-1621) retomaria os salmos no órgão, assim como Anthony Van Noordt (?1620-1675). Nicolas Vallet (?1583-?1642), Guillaume Morlaye (?1515-?1560) e outros comporiam, a partir dos salmos, "canções espirituais" acompanhadas do alaúde: essas "santas cantigas" destinavam-se a contrabalançar o sucesso das canções "licenciosas".

Na Inglaterra, os músicos William Byrd (1542/43-1623) e Thomas Morley (1557-1602) comporiam para ambas as confissões: textos em falso bordão, hinos, *anthems*, salmos para o culto anglicano; missas, hinos e motetos para os católicos, de acordo com a situação histórica e a confissão de reis e rainhas. Após certa convergência estilística e estética, a música protestante manifestaria diferenças de acordo com cada país.

3. Da Contrarreforma à morte de Johann Sebastian Bach (1750)

No século XVII, na França, a música protestante não evoluiu na área da criação. As melodias se manteriam através de séculos, já exploradas na Inglaterra, no *Anglo-Genevan Psalter* de 1560; na Holanda, por Jan Pieterszoon Sweelinck; na Alemanha, em que o poeta Ambrosius Lobwasser (1515-1585), em 1573, traduziu para rimas alemães as paráfrases de Clément Marot e Teodoro de Beza, fazendo com que coincidissem com a harmonização de Claude Goudimel; e na Suíça, onde os salmos de Lobwasser foram publicados por Johann Ulrich Sultzberger (1638-1701) em 1675 e 1680. E, para contrapor-se à moda do *Saltério huguenote*, os católicos musicariam suas paráfrases, sobretudo as de Antoine Godeau (1605-1672), com melodias de Antoine Lardenois (século XVII).

Tendo se tornado arcaico e fora de uso, o idioma seria atualizado em 1677 e 1679 por Valentin Conrart (1603-1675) e Marc-Antoine Croziat, senhor de La Bastide (morto em 1704) e, na Suíça, em 1693, por Bénédict Pictet (1655-1724). Durante as perseguições, os huguenotes exportaram para os países do Refúgio: Alemanha, Províncias Unidas, Inglaterra. O *Saltério huguenote* foi traduzido em várias línguas, como, por exemplo, húngaro, no livro de Molnar. A produção francesa se caracterizou por uma interrupção, enquanto além do Reno a forma do coral progrediria até Johann Sebastian Bach.

Na Alemanha, a partir da Reforma, várias gerações de músicos abriram caminho para a idade de ouro do coral. Depois dos "arranjadores" contemporâneos de Lutero, a segunda geração atribuiria ao coral uma identidade, afastando-o do contraponto franco-flamengo, do *Tenorlied* e das formas católicas, graças a Johannes Eccard (1555-1611), Melchior Vulpius (?1570-1615), Michael Praetorius (?1571-1621), Hans Leo Hassler (1564-1612), Bartholomaeus Gesius (?1560-1613), Sethus Calvisius (1556-1615) e até Lukas Osiander (1534-1604), que em 1586 faria com que o soprano ficasse com a melodia, sistematicamente. No século XVII, tendo conhecido os horrores da Guerra dos Trinta Anos, a terceira geração — representada, entre outros, por Johann Georg Ebeling (1637-1676), Heinrich Schütz (1585-1672), considerado o "pai da música alemã protestante", Johann Hermann Schein (1586-1630) e Samuel Scheidt (1587-1654) — utilizaria as melodias luteranas como um princípio estrutural em formas novas: árias, concertos espirituais, cantatas, prelúdios, variações, fantasias para órgão. Johann Crüger (1598-1662) teve o mérito de reunir os corais em coleções: *Praxis pietatis melica, Psalmodia nova*, com 189 melodias para 319 cantos (1647). Dentre os poetas do século XVII, encontram-se Johann Heermann (1585-1647), autor de *Trostlieder* ("Cantos de consolação") durante a Guerra dos Trinta anos, e Paul Gerhardt (1607-1676), o poeta mais popular depois de Martinho Lutero. Esses compositores abriram caminho para Johann Sebastian Bach.

Dispondo de mais de cinco mil corais, Johann Sebastian Bach integrou a forma em seus motetos, cantatas, oratórios, paixões e corais de órgão (prelúdio, coral simples, ornamentado e em cânone etc.), enfatizando a tradução musical figuralista das ideias e das imagens do texto. Bach levou o gênero ao ponto culminante. Violonista na capela da corte de Weimar (em sua primeira estada), organista em Arnstadt e Mülhausen na Turíngia, Bach compõe peças para órgão já promissoras (*Tocata e fuga em ré menor*), cantatas, prelúdios de coral e sonatas que atestam seus dons excepcionais. Na corte de Weimar, em sua segunda estada, de 1708 em diante, passou a preferir os *Prelúdios e fugas para órgão*. Em 1717, regeu a orquestra da corte calvinista de Anhalt-Köthen e deu os últimos retoques em seu *Pequeno livro para órgão* para o ano litúrgico. Ele demonstrou suas qualidades pedagógicas com o *Cravo bem temperado*. Com 38 anos, assumiu em Leipzig a responsabilidade de *cantor*; nessa função, ele deveria entregar uma cantata para cada domingo do ano litúrgico e para as grandes festas (provavelmente trezentas, das quais nos chegaram somente duzentas). *Director musices*, era responsável pela música nas várias igrejas da cidade. Na escola Saint-Thomas, cuidava do ensino cotidiano e dirigia a maestria (coro). Essas obrigações não o impediram de realizar suas grandes obras, tais como a *Missa em si menor* (1733 e 1748-1749) e as *Paixões*, das quais duas chegaram até nós, a *Paixão segundo São João* (primeira versão, quase toda perdida, 1724; segunda versão, 1725; terceira versão, 1732; manuscrito definitivo, que é a versão geralmente executada, 1739 e 1749) e a *Paixão segundo São Mateus* (1727 e 1729). Em 1747, como hóspede do rei Frederico, o Grande, Bach o presenteia com a *Oferenda musical* e a *Arte da fuga*, síntese do estilo contrapontístico barroco; mas sua escrita já estava fora de moda. Seus filhos o sucederiam: Wilhelm Friedermann, apelidado Bach de Halle (1710-1784); Carl Phillip Emanuel, o Bach de Berlim e de Hamburgo (1714-1788); Johann Christoph Friedrich, o Bach de Bückerburg (1732-1795); Johann Christian, o Bach de Milão e de Londres (1735-1782). O pai foi considerado o "quinto evangelista". Durante toda a sua vida, trabalhou "unicamente para a glória de Deus".

Johann Sebastian Bach teve várias influências, entre as quais os pietistas Johann Anastasius Freylinghausen (1670-1739), Phillip Jacob Spener (1635-1705), August Hermann Francke (1663-1727) e principalmente o conde Nikolaus Ludwig von Zinzendorf (1700-1760), que enfatizava a piedade individual, o conhecimento preciso da Bíblia (Spener), a conversão total, o aspecto social e educativo (Francke) e a importância da edificação individual e coletiva dos fiéis através da música. Eram programados encontros de canto (*Singübungen*). A primeira coleção de corais surge em 1697, *Hallersche Gesangbuch* de Freylinghausen, seguido de outra obra em 1704, que já sofria um pouco da influência da moda galante. Outras obras coletivas foram publicadas

MÚSICA

em Halle em 1704, 1714, 1741 e 1771; o *Porst Gesangbuch* surge em Berlim no ano de 1708, sob a influência de Spener, e o *Gesangbuch* de Hesse-Hombourg em 1734. Esses corais tratam do arrependimento (*Busslieder*), da luz, do exame de consciência, da justificação pela fé, da graça; o individualismo se manifesta na poesia na primeira pessoa (*Ich Dichtung*), destinada à meditação.

4. Crise e renovação da música protestante

Após o pietismo, a morte de Johann Sebastian Bach e o desaparecimento do baixo contínuo inauguram um período crítico para a música protestante. No entanto, Gottfried August Homilius (1714-1785), organista da *Frauenkirche* em Dresden (1742), cantor da *Kreuzschule* e diretor de música em três igrejas da cidade, compôs três livros de corais, prelúdios e *Choralvorspiele* para órgão, assim como uma paixão-cantata (1775), um *Oratório de Natal*, uma *Paixão segundo São Marcos* e um ciclo anual de cantatas da igreja.

Com o Século das Luzes, de 1750 a 1800, a poesia edificante se ressente de certo nivelamento; os textos não resistem aos ventos de transformação ao gosto do dia: *Ein feste Burg ist unser Gott / Ein gute Wehr und Waffen rempart* ("Castelo forte é nosso Deus / Espada e bom escudo") se tornou *Der Kirche feste Burg ist unser Gott / Ist ihrselbst Wehr und Waffen* ("O castelo forte da igreja é o nosso Deus / Ele é sua espada e seu escudo"). Somente o poeta Matthias Claudius (1740-1815) retomaria em seu vocabulário a tradição lírica, como nesta passagem de 1779: "A lua se ergueu / As pequenas estrelas douradas brilham / No céu com grande esplendor. / A floresta se cala, tenebrosa, / E dos prados se levanta / A bruma branca, maravilhosa". Quanto aos corais "retocados", não seriam mantidos, e essa seria uma oportunidade para que houvesse a consciência da herança e de uma volta às fontes. No século XIX, na Alemanha, um importante movimento hinológico seria lançado por Carl Georg August von Winterfeld (1784-1852) e Johannes Zahn (1817-1895), que prepariam o terreno para o movimento de restauração do canto protestante, impulsionado pela criação de inúmeros corais nas igrejas no final do século XIX — o que permitiu a maior difusão da música protestante e da obra de Bach.

Porém, não podemos esquecer que a estética musical do século XIX também foi bastante influenciada pelo romantismo, que tomou conta de todas as artes. Uma nova sensibilidade aflorava. O culto à Antiguidade, que prevaleceu durante o Renascimento, foi substituído pelas lendas da Idade Média, e a cultura cristã se tornou uma generosa fonte de inspiração: os relatos bíblicos deram origem a cantatas e oratórios. De acordo com a tendência da época, na literatura, na música e nas artes em geral, o artista exprimia acima de tudo seu sentimento pessoal, amplificando emoções e paixões.

Protestante de origem judaica, Felix Mendelssohn-Bartholdy (1809-1847) operou, com sua recriação da *Paixão segundo São Mateus* (Berlim, 1829) um "retorno a Bach", que também o influenciou no oratório *Paulus*, de 1836 (interpolações de coral luterano). De certa forma, era uma redescoberta do mestre já um pouco esquecido. Porém, a retomada da *Paixão segundo São Mateus* também inaugura um hábito que se perpetuou até nossos dias, com vários desdobramentos: os concertos públicos reapresentam obras antigas, minorando o hiato entre o gosto do público melômano, conservador, e a pesquisa musical.

Nessa época, a música de inspiração cristã era principalmente vocal: missas, e principalmente missas de Réquiem, oratórios e até algumas óperas. Na França de maioria católica houve uma verdadeira proliferação de missas, sobretudo de Réquiem, mas nos países germânicos, de tendência predominantemente protestante, em geral se acredita que o número de missas foi menor que nos países latinos. Robert Schumann (1810-1856), neto de pastor, regente em Düsseldorf, seria obrigado a reger concertos de música sacra em festas da Igreja Católica. Em 1849, Schumann compôs o *Requiem für Mignon*, inspirado no poema de Goethe *Os anos de aprendizado de Wilhelm Meister*, mas três anos mais tarde compôs o *Requiem*, opus 148, considerado "o primeiro Réquiem alemão".

Enquanto o Réquiem permite que os compositores exprimam seus sentimentos, o oratório lhes oferece a oportunidade de "contar": eles reinventam à vontade os personagens bíblicos. Na Alemanha, o oratório era principalmente inspirado por temas bíblicos com — *romantisme oblige* — uma forte atração por temas apocalípticos. Em 1834, Ludwig Spohr (1784-1859) escreveu *Des Heilands letzte*

Stunden, uma paixão muito dramática que foi comparada à *Paixão segundo São Mateus* de Bach. Porém, os oratórios de Mendelssohn obscureceram as composições de seus contemporâneos. Ele toma o próprio texto da Bíblia, "transfigurado por uma fé sincera". Além da influência de Bach, Mendelssohn sofreu a de Haendel, e os personagens de *Elias* (1846) estão bem representados. Haydn lhe inspirou uma construção equilibrada. Os efeitos pitorescos, que surgem aqui e ali em suas obras tornam o oratório um poema sinfônico. As duas obras, e também *Christus*, inacabado, são veículos para a mensagem do compositor: sua clara oposição à intolerância e ao fanatismo.

Johannes Brahms (1833-1897) privilegia as passagens bíblicas em seus *Vier ernste Gesänge*, opus 121 (1896), e principalmente em *Ein deutsches Requiem*, elaborado entre 1857 e 1868, obra que se insere no movimento protestante. Leitor da Bíblia na tradução alemã de Martinho Lutero, Brahms inova ao substituir o texto latino e o programa litúrgico da missa por uma compilação de versículos bíblicos mais próximos ao pensamento luterano (as Bem-aventuranças, Salmos, Isaías, Eclesiastes, João etc.). Ele se lembra das melodias tradicionais em seus onze *Prelúdios de coral* para órgão (1896). Contribuiu amplamente para a música protestante de inspiração bíblica.

Ao longo do século XIX, a Alemanha seria ganha para o Avivamento, que se expandiu principalmente para os países anglo-saxões e a França. Esse movimento está na origem de cânticos populares e místicos que não deixam de sofrer a influência do romantismo, do subjetivismo e de um sentimentalismo exagerado com grandes efusões de acordo com a atmosfera da época.

Na Inglaterra, Henry Purcell (1659-1695), organista e compositor, foi corista na Capela Real. Criado em um meio de músicos profissionais, começou a compor em 1670 uma *Ode para o aniversário de Carlos II*. De 1679 até sua morte trabalhou como organista da Abadia de Westminster. Sua música religiosa abrange principalmente *anthems* em inglês, cânones em latim, salmos nas duas línguas e cantos sacros monódicos. Para o ofício anglicano, Purcell compôs *Services* (em si bemol maior, por volta de 1682; *Evening Service*, em sol menor), um *Te Deum* e um *Jubilate* (1694), que impressionam pela unidade de estilo.

Depois da salmodia métrica de Isaac Watts (1674-1748), os *Wesleyan Hyms* dos metodistas Charles (1707-1788) e John (1703-1791) Wesley seriam substituídos, a partir do século XIX, pelos cantos do Avivamento, em uma época de preeminência do pregador Dwight Lyman Moody (1837-1889) e do músico Ira D. Sankey (1840-1908). O *Post-Revivalism* seria uma obra de destaque de Hugh E. Alexander (1883-1957). Bastante ativo além do canal da Mancha, o Avivamento ganhou os países francófonos. César Malan (1787-1864), Ami Bost (1790-1874), Ruben (1855-1947) e Jeanne (1856-1941) Saillens seriam os principais articuladores do Avivamento na França, que geraria um grande número de cânticos populares, como o livreto *Nas asas da fé* (1926, remodelado sob o título *À toi la gloire* [A ti a glória], Nogent-sur-Maine, Institut biblique, 1988), suplantando provisoriamente os salmos.

A expressão literária desses cantos anglo-saxões e franceses é muito direta, impressionando o ouvinte por seu caráter militante, contagioso e dinâmico, pela preocupação quanto a "avivar" a fé. A estrutura é em estrofes, com ou sem refrão. Esses cantos eram facilmente decorados por causa das rimas, do vocabulário imagético, dos ritmos enérgicos (como uma marcha militar) e dos intervalos de entonação fácil. A melodia em maior (raramente em menor) apela para notas repetidas, cromatismo (intervalos pequenos), sexto grau abaixado (de meio tom); a harmonia a quatro vozes demonstra certa liberdade e, às vezes, abusa dos acordes de sétimas. O órgão (e eventualmente o harmônio ou o piano) acompanhava o canto congregacional. No culto ou durante os grandes ajuntamentos, os anglicanos cantavam, por exemplo, *Stand up, stand up, Soldiers [for Jesus]* [Ergam-se, ergam-se, soldados, por Cristo], com texto de Goege Duffield (1818-1888) e melodia de George J. Webb (1803-1887), que Ruben Saillens adaptou para o francês: *Debout, sainte cohorte*.

Nos Estados Unidos, o Avivamento influenciaria fortemente o canto religioso norte-americano. Os *negro spirituals* surgiram no início do século XIX, no sul do país, e podem ser considerados, por assim dizer, uma apropriação da Bíblia pela comunidade negra, que se identificou com o povo de Israel, com Moisés e com os profetas do Antigo Testamento. O êxodo se torna um modelo para suas experiências;

MÚSICA ▶ 1288

em Jesus, a comunidade vê o Bom Mestre, em oposição ao mau mestre das plantações, e o Amigo que os acompanha e assume os sofrimentos do povo oprimido; a Jerusalém celeste do Apocalipse cristaliza a esperança da salvação e da felicidade eterna. A partir dos anos 1930, essa música da igreja negra, com suas cadências e sua estrutura dialogal, passou a ser chamada de *gospel song*.

5. O século XX

Na Alemanha, a consciência hinológica foi retomada por vários fatores: primeiro, graças à mobilização em favor de Heinrich Schütz — com a fundação da *Heinrich Schütz Gesellschaft* em 1929 (que posteriormente se tornou a *Internationale Heinrich Schütz Gesellschaft* e editou as obras completas do compositor); em seguida, à organização da profissão de músico da igreja, à *Singbewegung* e aos numerosos corais que, do final do século XIX em diante, passaram a interpretar tanto composições corais quanto grandes oratórios e, com o resgate das obras de Bach já iniciado por Mendelssohn, também das cantatas e das paixões, à revivificação da fabricação de órgãos e, mais tarde, à produção discográfica. Além disso, cada região (*Land*) passou a contar com seu próprio livreto de composições. A música protestante funcional presentificou-se nos cultos, nas *Kirchentage* (reuniões da igreja protestante na Alemanha) e, para as obras mais elaboradas, nos concertos, em que as obras-primas do passado eram apresentadas junto às obras de grandes músicos contemporâneos, tais como Siegfried Reda (1916-1968), Johann Nepomuk David (1895-1977), Günter Bialas (1907-1992), Hugo Distler (1908-1942) e Heinz Werner Zimmermann (1930-).

Na França e na Suíça, depois de sofrerem um eclipse na época do Avivamento, os salmos reencontram progressivamente seu espaço nos livretos oficiais, com novas paráfrases (René-Louis Piachaud [1896-1941], Edmond Pidoux [1908-2004], Roger Chapal [nascido em 1912] etc.) e às vezes uma verdadeira aventura semântica com base nas versões de Clément Marot e Teodoro de Beza: *Psaumes et cantiques* [Salmos e cânticos] (livreto publicado pelo Sínodo da Igreja Independente de Neuchâtel, 1895); *Psautier romand* [Saltério romando] (adotado pelas igrejas nacionais protestantes de Berna [Jura], Genebra, Neuchâtel e Vaud, 1937); *Louange et prière* [Louvor e oração] (livreto usado nas igrejas evangélicas da França e da Bélgica, 1939); *Psaumes et cantiques* [Salmos e cânticos] (livreto adotado pelas igrejas reformadas suíças de língua francesa, 1976); *Nos coeurs te chantent* [Nossos corações cantam a ti] (livreto usado nas igrejas da Federação Protestante da França, 1979); *Arc-en-ciel* [Arco-íris] (livreto de cantos para o culto de todas as igrejas, 1988); *70 Psaumes à retrouver* [70 salmos para recordar] ("Saltério huguenote" remodelado por Roger Chapal, 1992); *Vitrail* [Vitral] (livreto usado pelas igrejas reformadas suíças de língua francesa, 1992); *Le Psautier français. Les 150 Psaumes versifiés en français contemporain. Mélodies originales du XVIᵉ siècle harmonisées à quatre voix* [O Saltério francês: os 150 salmos versificados em francês contemporâneo, com melodias originais do século XVI harmonizadas para quatro vozes] (Lyon, Réveil Publications, 1995).

Na Itália, o livreto *I Salmi della Riforma* [Os salmos da Reforma] (editado por Emanuele Fiume e Daniele Cristiano Iafrate, Turim, Claudiana, 1999) retoma as melodias estrasburguesas e genebrinas tradicionais.

As melodias de salmos e corais inspiram novamente os compositores, que as traduzem para a linguagem contemporânea, como, por exemplo, na França, Alexandre Cellier (1883-1968), Charles Koechlin (1867-1950), Georges Migot (1891-1976), Arthur Honegger (1892-1955) e, na Suíça, Henri Gagnebin (1886-1977), Roger Vuataz (1898-1988), Willy Burckhard (1900-1955), Frank Martin (1890-1974), Bernard Reichel (1901-1992), Pierre Pidoux (1905-2001), Pierre Segond (1913-2000).

No catolicismo e no rastro do Concílio Vaticano II (1962-1965), a problemática literária e musical do século XVI surgiu e se concretizou no empréstimo de melodias huguenotes cantadas com paráfrases, como, por exemplo, *Au bord des eaux de la cité païenne* [À margem das águas da cidade pagã], que substituiu *Estans assis aux rives aquatiques* [Sentados nas margens aquáticas], harmonizada por Pierre Doury (1925-). Já os protestantes buscavam novos textos e novos meios de expressão. Porém, os corais luteranos e os salmos huguenotes permanecem desde o século XVI como um apanágio, uma referência espiritual e estética, que marca a identidade musical dos luteranos e dos reformados.

Em paralelo a essa redescoberta das heranças do passado, o século XX também foi uma fase de inovações, principalmente técnicas: questionamento do princípio de tonalidade; surgimento do sistema dos doze sons iguais, de quartos de tom, oitavas de tom etc.; novos instrumentos eletrônicos que definem os sons pela frequência. Forma-se uma vanguarda sempre pronta para experimentos acústicos cada vez mais avançados e novas definições para a música. Outros compositores preferem exprimir os sentimentos da época: reações e indagações, angústia e desorientação, medo e esperança impossível. Todas essas transformações não deixam de exercer influência sobre a própria compreensão acerca da música.

Uma breve incursão além do Atlântico nos faz descobrir Lowell Mason (1792-1872), o pai da música litúrgica americana, cofundador da *Boston Academy of Music* (1833), autor de mais de mil e seiscentas obras religiosas, como salmodias, *spirituals*, *anthems*, coros. Mason é igualmente conhecido por seus textos sobre a música de igreja, com exercícios musicais para a escola de canto, entre outras. Colaborou com David Greene na realização de um manual de salmodias cristãs (1832). Charles Ives (1874-1954) ocupa um lugar excepcional na história da música. Inclassificável, esse americano autodidata se isolou em uma feroz independência, o que lhe permitiu escrever uma obra bastante pessoal. Ele inventou uma linguagem própria em que o estilo pós-romântico foi enriquecido de achados ou invenções: politonalidade e polirritmia, microintervalos e clusters. Sua música religiosa, principalmente para coral, é das mais originais. Ives foi organista, trabalhando na maior parte do tempo na Igreja Presbiteriana de Nova York. Compôs nove salmos de uma escrita complexa, astuciosa, incrivelmente rica.

Na Alemanha, enquanto Franz Schmidt (1874-1939) permaneceu fiel ao sistema tonal do século XIX em sua obra *Buch mit sieben Siegeln* (1935-1937), Kurt Thomas (1904-1973) renovou a música litúrgica protestante com suas obras *Markus-Passion* (1927), *Weihnachtsoratorium* (1931) e *Auferstehungsoratorium* (1934).

Hugo Distler estudou no Conservatório de Leipzig, trabalhando como organista da famosa Igreja de São Tiago, em Lübeck (1931), e estudou na escola de música litúrgica em Spandau e Stuttgart. Cristão confesso, dedicou-se por completo à música litúrgica. Sua escrita é polifônica, melismática e às vezes se utiliza da escala pentatônica. O regime nazista pôs fim às suas atividades. Ele se suicidou em 1942. Compôs duas *partitas* para órgão: *Nun komm der Heiden Heiland* e *Wachet auf.* Sua música vocal religiosa se baseia em corais, como, por exemplo, o moteto *Herzlich lieb* (1930). Também escreveu uma *Deutsche Choralmesse*, opus 3 (1931) e uma *Adventsmusik*, opus 4 (1931). Sobressaiu-se nos motetos, como, por exemplo, *Der Jahreskreis*, opus 5 (1931-1933), com 52 pequenos motetos; em *Geistiche Abendmusik*, opus 6/1 (1933); e em *Geistliche Chormusik*, opus 12 (nove grandes motetos), composta entre 1934 e 1941.

Siegfried Reda, músico de igreja, aluno de Distler em composição, dirigiu o departamento de música religiosa da *Volkwangschule* em Essen. Sua obra é de inspiração litúrgica. Foi influenciado por Heinrich Schütz e Hugo Distler no reforço da expressão das letras. Compôs para órgão, com base em melodias de corais, prelúdios para os livretos da igreja protestante alemã (1957), uma fantasia coral com base em *Herzlich lieb* (por volta de 1965). Além de seu *Magnificat* (1948) e do *Te Deum* (1950), seu *Requiem vel vivorium consolatio* (1963) para *soli*, coro e orquestra é sem dúvida sua obra-prima.

Na Suíça, Frank Martin, filho de pastor calvinista, entremeou ao sistema tonal o dos doze sons. Em 1922, escreveu uma *Messe* para coro duplo *a capella* e, em 1948, concluiu o oratório *Golgotha* [Gólgota], em que cada episódio bíblico é acompanhado de uma meditação de Agostinho de Hipona. Sua obra-prima é, sem dúvida, seu *Requiem* (1972): no *Dies irae*, o compositor não deixa de exprimir o horror do dia da ira, a angústia extrema que sempre se manifesta, sem esquecer a virada psicológica, o *Pie Jesu* e o apaziguamento confiante que traz.

O compositor mais representativo do gênero é Arthur Honegger. Protestante convicto, esse suíço que vivia na França escreveu uma dezena de oratórios, dos quais *O rei Davi* — que recebeu uma acolhida triunfante em Paris ao ser reinstrumentalizado para grande orquestra, em 1924 —, em que os relatos são falados e as partes musicais têm "um caráter áspero e um pouco bárbaro". Em 1935, Honegger colaborou com Paul Claudel em *Jeanne au bûcher* [Joana na fogueira]. O poema é um verdadeiro roteiro cinematográfico, que Honegger musicou com entusiasmo, e essa sua obra se tornou a mais famosa. Também em colaboração com Claudel foi a composição *La danse des morts* [A dança dos mortos] (1938). Por fim, com base em um livreto de Denis de Rougement ele escreveu uma lenda dramática, *Nicolas de Flue* (1940), sua obra mais especificamente suíça. Em 1953, uma *Cantata de Natal* encerra a produção de Honegger com uma nota de esperança.

Na Grã-Bretanha, muitos compositores enriqueceram a música religiosa: William Turner Walton (1902-1983), com *Belshazzar's Feast* [O banquete de Belsazar] (1930-1931), história da queda da Babilônia em que se incorporam alguns versículos dos Salmos 137 e 81; o sofrimento dos prisioneiros judeus, o ódio que sentiram e a alegria quando a cidade foi destruída são expressos com vigor. Michael Tippett (1905-1997) escreveu *The Vision of St. Augustine* [A visão de Santo Agostinho] (1963-1965), que canta o mistério dos tempos e da eternidade, de acordo com as *Confissões* do bispo de Hipona. Trata-se de uma obra atonal de escrita complexa, em que a expressão é a principal preocupação do compositor. Vaughan Williams (1872-1958) deixou uma coleção de *Hinos* de uma notável pureza.

O grande compositor britânico que podemos comparar a Arthur Honegger é Benjamin Britten (1913-1976), que compôs várias obras religiosas, como, por exemplo, *A Ceremony of Carols* (1942), uma *Missa Brevis* (1959), *Cantata Misericordium* (1963) e *War Requiem* (1962), uma obra vigorosa que merece destaque. Britten acrescenta à liturgia da missa pelos mortos alguns poemas de Wilfred Owen, morto na Primeira Guerra Mundial. A partir disso, a mensagem se concentra e adquire peso: veemente questionamento, lembrança desesperada, esperança infinita. Essa obra pode ser contada entre os maiores Réquiens da história, como os de Mozart e Verdi.

Por volta dos anos 1950, na Alemanha, surge Dieter Schnebel (1930-). Pastor e musicólogo, não fazia parte de nenhuma vanguarda. Escreveu principalmente para vozes: os textos se encolhem, a linguagem é desviada "de sua função sacra" e o princípio se torna "falar como música e música como linguagem". Schnebel se interessava pela produção do som, escrevendo várias partituras para "sons vocais e instrumentais".

Entre 1984 e 1987, compôs uma missa para quatro vozes, dois corais, orquestra e órgão com vistas à comemoração dos 750 anos de Berlim. Schnebel quis emprestar-lhe um caráter ecumênico, aproveitando elementos das mais diversas liturgias cristãs, mas também de música das sinagogas. Em 1991, em plena Guerra do Golfo, Schnebel escreveu um *Lamento di Guerra* [Lamento de guerra] para voz alta e órgão, um lamento sobre a guerra e a violência.

6. À guisa de conclusão

Para alguns, a problemática do século XXI se resume a não depreciar a herança multissecular, não cortar o repertório hinológico de suas raízes históricas nem adulterá-lo, mas reviver essa música funcional com vistas a um equilíbrio entre tradição e modernidade, levando em consideração as sólidas pesquisas empreendidas por teóricos como Pierre Pidoux e a advertência de Henri Gagnebin: "O erro é crer que a destruição total equivale ao gênio. Eis o vício que ameaça nossa época" (*Musique, mon beau souci. Réflexion sur mon métier* [Música, minha bela inquietação: reflexões sobre minha profissão], Neuchâtel, La Baconnière, 1968, p. 43). Para outros, a música permaneceria sempre uma expressão de fé, e, ainda que a evolução tecnológica a torne cada vez mais esotérica, sua mensagem é mais que nunca atual, de uma atualidade que se afigura obscurecida, mas que por vezes é transcendida por um raio de confiança.

Édith Weber,
com a colaboração de Léopold Tonneau

▶ ATGER, Albert, *Histoire et rôle des cantiques dans les Églises réformées de langue française* (1883), Genebra, Slatkine, 1970; BLUME, Friedrich, *Geschichte der evangelischen Kirchenmusik*, Kassel, Bärenreiter, 1965 (reed. de *Die evangelische Kirchenmusik*, 1931); FISCHER, Albert Friedrich Wilhelm, *Kirchenlieder-Lexikon. Hymnologisch--literarische Nachweisungen über ca. 4500 der wichtigsten und verbreitetsten Kirchenlieder aller Zeiten in alphabetischer Folge nebst einer Übersicht der Liederdichter* (1878), 2 vols., Hildesheim, Olms, 1967; GUICHARROUSSE, Hubert, *Les musiques de Luther*, Genebra, Labor et Fides, 1995; HERBST, Wolfgang, *Komponisten und Liederdichter des Evangelischen Gesangbuchs*, Göttingen, Vandenhoeck & Ruprecht, 1999; Idem, org., *Wer ist wer im Gesangbuch?*, Göttingen, Vandenhoeck &

Ruprecht, 2001; JENNY, Markus, *Geschichte des deutschschweizerischen evangelischen Gesangbuches im 16. Jahrhundert*, Kassel, Bärenreiter, 1962; JULIAN, John, org., *A Dictionary of Hymnology. Setting Forth the Origin and History of Christian Hymns of All Ages and Nations* (1892, 1907), 2 vols., New York, Dover, 1957; KÜMMERLE, Salomon, *Enzyklopädie der evangelischen Kirchenmusik* (1888-1895), 4 vols., Hildesheim, Olms, 1974; LABELLE, Nicole, *Les différents styles de la musique religieuse en France. Le Psaume de 1539 à 1572*, 3 vols., Henryville-Ottawa-Binningen, Institute of mediaeval music-Institut de musique médievale-Institut für mittelalterliche Musikforschung, 1981; LE HURAY, Peter, *Music and the Reformation in England, 1549-1600*, Cambridge, Cambridge University Press, 1978; Idem, *The Treasury of English Church Music, 1540-1650*, Cambridge, Cambridge University Press, 1982; *Le patrimoine musical protestante. Les Psaumes*, LibreSens 66, 1997, p. 161-200 e 67, 1997, p. 201-217; MARBECK, John, *The Book of Common Prayer Noted* (1550), Londres, SPCK, 1939; PIDOUX, Pierre, org., *Le Psautier huguenot du XVIe siècle. Mélodies et documents*, 2 vols., Basileia, Bärenreiter, 1962; REYMOND, Bernard, *Le protestantisme et la musique. Musicalités de la Parole*, Genebra, Labor et Fides, 2002; SOCIEDADE INTERNACIONAL DE MUSICOLOGIA E ASSOCIAÇÃO INTERNACIONAL DE BIBLIOTECAS MUSICAIS, org., *Répertoire international des sources musicales*, série A/1: *Einzeldrucke vor 1800*, 12 vols., e série B8/1: *Das Deutsche Kirchenlied. Kritische Gesamtausgabe der Melodien*, parte 1: *Verzeichnis der Drucke von den Anfängen bis 1800*, Kassel, Bärenreiter, 1971ss; STEVENS, Denis, *Tudor Church Music* (1955), New York, Da Capo Press, 1973; TEMPERLEY, Nicolas, *The Music of the English Parish Church*, Cambridge, Cambridge University Press, 1979; WEBER, Édith, *La musique protestante en langue allemande*, Paris, Champion, 1980; Idem, *La Réforme en Allemagne et en France*, em Jacques PORTE, org., *Encyclopédie des musiques sacrées*, t. II, Paris, Labergerie, 1969, p. 341-372; Idem, *La musique protestante de langue française*, Paris, Champion, 1979; Idem, *La Réforme*, em Marie-Claire BELTRANDO-PATIER, org., *Histoire de la musique*, Paris, Bordas, 1982, p. 181-196; Idem, *La Réforme*, em Jacques CHAILLEY, org., *Précis de musicologie*, Paris, PUF, 1984, p. 185-193; Idem, *La nouvelle ordonnance du culte et l'hymnologie. Formula missae et Communionis (1523) et Deutsche Messe (1526)*, em Jean-Marie VALENTIN, org., *Luther et la Réforme. Du commentaire de l'Épître aux Romains à la Messe allemande*, Paris, Desjonquères, 2001, p. 385-404; Idem, *La recherche hymnologique*, Paris, Beauchesne, 2001; ZAHN, Johannes, *Die Melodien der evangelischen Kirchenlieder* (1889-1893), Hildesheim, Olms, 1963.

● Ansermet; Arndt; Avivamento; Bach; Bourgeois; Brahms; Buxtehude; Byrd; cântico; canto; *cantor*; coral luterano; Crüger; culto; Gerhardt; *gospel* (música); Goudimel; Haendel; hinologia; Honeger; Jackson M.; Le Jeune; liturgia; Malan; Marot; Martin; Mendelssohn-Bartholdy; metodismo; musicais (formas); *negro spiritual*; Pictet; Pidoux; pietismo; Purcell; Reichel; Saillens; *Saltério huguenote*; Schütz; Schweitzer; Sweelinck; Tallis; Telemann; Whitefield

MUSICAIS (formas)

Anthem, do latim *antiphona* (canto responsorial), é uma forma vocal originária da Reforma anglicana, cantada no culto, cujo texto, porém, não faz parte da liturgia. É mencionado no *Prayer Book* [Livro de oração], edição de 1662. Dois formatos coexistem: *full anthem*, cantado totalmente pelo coral, podendo ser acompanhado pelo órgão; e o *verse anthem*, para coral e órgão, alternando-se com solo e conjunto de violas. O formato atinge seu auge com Henry Purcell (1659-1695) e Georg Friedrich Haendel (1685-1759), por exemplo; foi ainda cultivada por William Boyce (1711-1779) e, no século XIX, por Samuel Wesley (1766-1837).

Cantata luterana: forma vocal para uma ou mais vozes com introdução, sucessão de árias, recitativos (em continuidade), coros e um coral luterano em conclusão. A cantata alemã se originou do "concerto espiritual" (Heinrich SCHÜTZ, *Kleine geistliche Konzerte*). No culto luterano, está atrelada à leitura do evangelho: é cantada após o sermão ou antes e depois da pregação, de acordo com a duração. A forma atingiu o apogeu com Johann Sebastian Bach e conheceu seu declínio na época do racionalismo. Tornou-se novamente objeto de atenções a partir de 1930.

Missa luterana: expressão mantida por Martinho Lutero em *Deutsche Messe und Ordnung Gottesdiensts zu Wittenberg fürgenommen*, de 1526 (*WA* 19, 44-113) e em *Formula Missae et Communionis*, de 1523 (*WA* 12, 197-220). Essa forma retoma as partes herdadas do Ordinário católico (o conjunto das partes fixas da missa): *Kyrie, Gloria, Credo, Sanctus, Agnus Dei*. No século XVI, o latim não foi sistematicamente abandonado; no *Ordo* (ordem do culto) estavam previstos, além dos textos latinos, alguns textos em língua vernacular, como, por exemplo, o coral *Allein Gott in der Höh sei Ehr* ("Glória a Deus nas alturas") para o *Gloria* cantado pela assembleia. A missa-cantata teve influência da ópera, com solos, árias, duetos, coros e orquestras. Johann Sebastian Bach, em sua *Missa em si menor*, respeitou integralmente o *Credo* católico. Missas breves, somente com o *Kyrie* e o *Gloria*, foram compostas por Dietrich Buxtehude e Johann Sebastian Bach para o culto protestante.

Moteto luterano (do latim *motetus* ou *motulus*, "palavrinha"; em alemão, *Motette*): os motetos são representados no século XVII na *Geistliche Chormusik* (1648) de Heinrich Schütz e lembram ainda a tradição do século XVI. O *moteto-cantata* associa citações bíblicas e coros. Johann Sebastian Bach evidencia a tradição musical figuralista (simbólica) das imagens e das ideias do texto; por exemplo, *Jesu, meine Freude* ("Jesus, minha alegria"), *Singet dem Herrn* ("Cantai ao Senhor") e *Fürchte dich nicht* ("Não temas"), compostas em Leipzig entre 1723 e 1731, para um ou dois corais, baixo contínuo (órgão, violoncelo e contrabaixo) e instrumentos *colla parte* para reforço dos corais. A forma atingiu seu apogeu com o *cantor* de Leipzig.

Oratório (do latim *oratorium*, designando, em princípio, o lugar): essa forma inclui narração, personagens e diálogos em voga no século XVIII, bastante próxima da *cantata* e do *oratorio*, com diálogos, solos, duetos, trios, ritornelos e coros. De acordo com Johann Gottfried Walther (1684-1748), trata-se da "representação musical de uma história espiritual" (*Musikalisches Lexikon oder musikalische Bibliothek* [1732], Kassel, Bärenreiter, 2001). Esse gênero é utilizado por Andreas Hammerschmidt (1611-1675), Georg Friedrich Haendel, Georg Philipp Telemann (1681-1767) e principalmente por Johann Sebastian Bach no *Oratório de Natal* (reunião de várias cantatas), no *Oratório de Páscoa*, no *Oratório da ascensão* etc.

Paixão luterana: do tipo *paixão-oratório*, retoma o relato neotestamentário. Heinrich Schütz inaugura esse tema com as *Sete palavras de Cristo* (1645), próximas ao relato evangélico, sobre o texto alemão de Lutero.

Schütz musicou as *Paixões segundo São João* (por volta de 1666) e *São Mateus* (1666), entre outras, como fariam Johann Sebastian Bach, Georg Friedrich Haendel e Georg Philipp Telemann, com base em textos de Erdmann Neumeister (1671-1756) e Barthold Heinrich Brockes (1680-1747): o evangelista relata a história, e os comentários ficam ao encargo das árias e recitativos, que são entrecortados por coros e corais.

Édith Weber

▶ WEBER, Édith, *La recherche hymnologique*, Paris, Beauchesne, 2001, p. 183-202.

◉ Cântico; coral luterano; *gospel* (música); hinologia; **música**; *negro spiritual*

MYCONIUS, Oswald (1488-1552)

Clérigo e teólogo reformado, Myconius nasceu em Lucerna, com o nome de Geisshüsler, e morreu em Basileia. Depois de estudar na Universidade de Basileia, onde conviveu com Erasmo e frequentou os meios humanistas, Myconius foi para Zurique, onde se encontrou com Zwinglio. Tornou-se um de seus mais fiéis colaboradores e seu primeiro biógrafo. Não há registros de que ele tenha ocupado formalmente o cargo de pastor, mas contribuiu ativamente para o estabelecimento da Reforma na Suíça. De 1532, pouco após a morte de Oecolampadius, em 1552, presidiu como antiste (pastor principal) a igreja de Basileia. Teólogo pouco fecundo, Myconius redigiu a *Primeira confissão de Basileia* (1534). Tentou, com variados níveis de sucesso, assegurar a autoridade da igreja diante do conselho e da universidade da cidade.

Michel Grandjean

▶ BRÄNDLY, Willy, *Oswald Myconius in Basel*, Zwingliana 11, 1960, p. 183-192; RÜSCH, Ernst G., "Oswald Myconius", em *Kirchenrat der Evangelisch-reformierten Kirche Basel-Stadt*, org., *Der Reformation verpflichtet. Gestalten und Gestalter in Stadt und Landschaft Basel aus fünf Jahrhunderten*, Basileia, Merian, p. 33-38.

◉ **Basileia**; Erasmo; humanismo; Oecolampadius; Suíça; Zwinglio

N

NACIONALIDADE E NACIONALISMO

De acordo com o dicionário francês *Le petit Robert*, o termo "nacionalidade" designa "a existência ou a vontade de existência, como nação, de um grupo de homens unidos por uma comunidade, com o território, a mesma língua, as mesmas tradições, as mesmas aspirações"; já o termo "nacionalismo" exprime a exaltação exclusiva e apaixonada do sentimento nacional. Por outro lado, compreende-se o termo "patriotismo" como um apego profundo e afetivo, mas não exclusivo, à nação à qual se pertence.

Nacionalidade e religião mantêm relações muitas vezes estreitas, nem sempre excluindo desvios nacionalistas. Na Europa, desde a queda do Império Romano do Ocidente, os reinos germânicos adotaram o princípio constantiniano de identificação em graus variados entre igreja e nação. O processo, moderado pela influência dominante da Igreja na Idade Média, tomou um impulso considerável na Reforma. Em virtude do princípio *cujus regio ejus religio* (a cada região a religião de seu príncipe), foram instaurados Estados-nações católicos (países latinos, Áustria, Polônia etc.) ou protestantes (Inglaterra, Escócia, Estados protestantes da Alemanha, Holanda, países escandinavos, cantões protestantes suíços, parte da Hungria, parte da Boêmia etc.). A evolução é análoga no Oriente, onde, sucedendo-se ao Império Bizantino, foram constituídos vários Estados cristãos (Rússia, Bulgária, Romênia, Sérvia etc.), em que religião e nacionalidade corroboraram uma à outra, principalmente nas nações que por muito tempo se mantiveram sob o domínio otomano.

Até hoje, embora de modo bem mais atenuado, a união entre a nação e as igrejas na maior parte dos países tradicionalmente protestantes é representada pela existência de igrejas chamadas nacionais (*Landeskirchen*), atreladas de modo mais ou menos estreito ao Estado, mas sem reivindicar monopólio em relação a outras comunidades cristãs. Por sua origem, os Estados Unidos só conhecem o regime de separação entre igrejas e Estado. No entanto, boa parte da nação americana pode ser associada a uma tradição cristã de inspiração protestante e até puritana. Na Ásia e na África, assistimos a um reforço da união entre nações e religiões autóctones, e ao mesmo tempo, entre as igrejas cristãs, há um esforço de inculturação, ou seja, de expressão da mensagem evangélica em categorias de tradições locais, categorias sociais e intelectuais. Se a necessidade de transcender as fronteiras nacionais não é tanto uma premência do catolicismo, por sua estrutura centralizada, o protestantismo moderno e contemporâneo tem consciência de sua vocação universal, que o leva a superar o provincianismo nacionalista de suas igrejas. Assim foram criadas as grandes associações confessionais, tais como a Federação Mundial Luterana e a Aliança Reformada Mundial, além de uma colaboração intensiva, desde o início, das igrejas protestantes no movimento ecumênico, como também no Conselho Mundial de Igrejas.

Jean-Louis Leuba

▶ GELLNER, Ernest, *Nations et nationalisme* (1983), Paris, Payot, 1989; MARIENSTRAS, Élise, *Nous, le peuple. Les origines du nationalisme américain*, Paris, Gallimard, 1988; THALMANN, Rita, *Protestantisme et nationalisme en Allemagne (de 1900 à 1945)*, Paris, Klincksieck, 1976; TROELTSCH, Ernst, "Droit naturel et humanité dans la politique mondiale" (1922), em *Religion et histoire. Esquisses théologiques et philosophiques*, org. por Jean-Marc TÉTAZ, Genebra, Labor et Fides, 1990, p. 263-298; VINZ, Warren L., *Pulpit Politics. Faces of American Protestant Nationalism in the Twentieth Century*, Albany, State University of New York Press, 1996.

◗ Druey; Erlangen; Estado; igreja e Estado; **política**; **protestantismo**; Sickingen

NATUREZA

O protestantismo tem uma postura ambivalente em relação à natureza. De um lado, ele a rejeita como fonte da normatividade ética.

Diferentemente da moral católica, que nisso segue os ensinamentos de Aristóteles e de Tomás de Aquino, fundamentando-se na permanência e na universalidade da "lei natural", na teologia protestante não se considera possível extrair do conhecimento das leis do funcionamento da natureza (aqui definida como o conjunto de seres viventes) normas para uma ética. O que "faz" a natureza não é nem bom nem mau: o homem é chamado a julgá-la a partir de outros critérios que incluem sua liberdade. Da mesma forma, se falamos da natureza com o objetivo de designar o conjunto das condições objetivas que determinam a existência humana (p. ex., o fato de ser o homem um corpo sexuado mortal), descrevemos uma ordem de realidade que não implica em si nenhuma obrigação moral, ainda que a moral deva, evidentemente, dar conta dessa realidade, para não sucumbir a um idealismo enganador.

Por outro lado, enquanto expressão da boa criação de Deus para o desfrute do homem, a natureza foi exaltada nos países de tradição protestante mais do que em qualquer outro lugar — e isso tanto por Calvino quanto por Rousseau. Pois, se o pecado afeta gravemente toda obra humana, a natureza permanece como o traço visível da bondade da obra de Deus. Por isso, podemos nos maravilhar e experimentar em meio à natureza um sentimento religioso. Assim, um dos raros objetos de piedade que podem ser encontrados com frequência nas casas de famílias protestantes é um quadro ou uma fotografia de uma bela paisagem, acompanhada de um versículo bíblico cujo sentido muitas vezes não tem relação com a imagem, mas que chama a atenção para o fato de que, na sensibilidade popular protestante, a admiração pela natureza e a fé em Deus estão geralmente juntas.

Éric Fuchs

▶ BONHOEFFER, Dietrich, *Ética* (1949), São Leopoldo, Sinodal, 2001; FUCHS, Éric e HUNYADI, Mark, orgs., *Éthique et natures*, Genebra, Labor et Fides, 1992.

● Brunner; criação/criatura; darwinismo; deísmo; **Deus**; direito natural; **ecologia**; estética; evolucionismo; Goethe; poluição; Smith A.; supranaturalismo; **técnica**; viagens e descobertas

NAUDÉ, Christiaan Frederik Beyers (1915-2004)

Beyers começou sua carreira como pastor da *Nederduitse Gereformeerde Kerk*, a principal igreja reformada da África do Sul, e como membro da sociedade secreta da *Afrikaner Broederbond*, uma organização que seu pai ajudou a fundar e cujo objetivo era lutar contra a influência anglo-saxã que dominava amplamente a sociedade nacionalista africâner. Parecia ter diante de si uma carreira brilhante na elite sul-africana branca e acreditava, como muitos de seus compatriotas brancos, que a separação das diversas comunidades em uma base racial era *a* solução do problema sul-africano. Porém, foi tomado por uma profunda crise de consciência a partir do massacre de Sharpeville, em 1960. Descobriu que seus compatriotas negros não desejavam essa pseudossolução, o que o levou a abandoná-la cada vez mais. Em 1963, fundou o Instituto Cristão da África do Sul, um organismo interconfessional e inter-racial que seria fechado em 1977, por ocasião do assassinato de Steve Biko. Esse instituto conheceu uma existência precária e ultraminoritária entre os brancos, que se recusaram a ouvir a voz que saía do meio deles (e Naudé tinha sido excluído de sua igreja). Mas sua mensagem atingia cada vez mais os compatriotas negros: tratava-se não de se comportar como um "liberal" em relação a eles, mas, sim, de aceitar a "libertação" que lhes está prometida e que também diz respeito aos brancos, caso aceitem uma mudança radical em seu comportamento. Durante oito anos, Naudé permaneceu em prisão domiciliar, uma medida acompanhada de várias proibições: não podia ser citado na imprensa, não podia falar com mais de duas pessoas etc. Em 1985, quando a prisão foi suspensa, aceitou por dois anos o cargo de secretário-geral do Conselho Sul-Africano de Igrejas, sucedendo a Desmond Tutu, embora as igrejas reformadas não fizessem parte do conselho. Frank Chikane o sucedeu em 1987. Embora não fizesse parte do Congresso Nacional Africano, foi escolhido por Nelson Mandela para integrar a delegação multirracial, que pela primeira vez foi recebida pelo governo branco.

Naudé inspirou a *Message to the People of South Africa* [Mensagem ao povo da África do Sul] (Braamfontein, *South African Council of Churches*, 1968), e o *Kairos Document*.

Challenge to the Church. A Theological Comment on the Political Crisis in South Africa [Documento Kairós: desafio à igreja. Um comentário teológico sobre a crise política na África do Sul]. Demonstrou grande inteligência política e um verdadeiro fôlego profético que o tornaram um homem sem dúvida mais ouvido pela comunidade internacional que pelos membros de sua própria comunidade, à qual, no entanto, ele sempre quis permanecer apegado. Depois do fim do *apartheid*, porém, foi reabilitado aos olhos de sua igreja de origem e das instâncias nacionais. A Universidade de Genebra lhe outorgou um doutorado *honoris causa* em 1986. No dia 18 de setembro de 2004, o governo sul-africano o homenageou com exéquias nacionais, reservadas aos heróis da luta pela libertação.

Anne-Marie Goguel

▶ NAUDÉ, Christian Frederik Beyers e SÖLLE, Dorothee, *Hope for Faith. A Conversation*, Genebra-Grand Rapids, CMI-Eerdmans, 1986; COMISSÃO INTERNACIONAL DOS JURISTAS DE GENEBRA, org., *The Trial of Beyers Naudé. Christian Witness and the Role of the Law*, Londres, Search Press, 1975; GOGUEL, Anne-Marie e BUIS, Pierre, orgs., *Chrétiens d'Afrique du Sud face à l'apartheid*, Paris, L'Harmattan, 1978; MOORE, Basil, org., *Black Theology. The South African Voice*, Londres, C. Hurst and Co., 1973; RANDALL, Peter, org., *Not without Honour. Tribute to Beyers Naudé*, Johanesburgo, Ravan Press, 1982; RYAN, Colleen, *Beyers Naudé. Pilgrimage of Faith*, Cidade do Cabo-Grand Rapids-Trenton, David Philip-Eerdmans-Africa World Press, 1990; VILLA-VICENCIO, Charles e DE GRUCHY, John W., orgs., *Resistance and Hope. South African Essays in Honour of Beyers Naudé*, Grand Rapids, Eerdmans, 1985; WALSHE, Peter, *Church Versus State in South Africa. The Case of the Christian Institute*, Londres-Maryknoll, C. Hurst and Co.-Orbis Books, 1983.

◯ África do Sul; *apartheid*

NAUMANN, Friedrich (1860-1919)

Naumann foi o liberal de maior destaque no Império Alemão, situando-se no cruzamento entre a teologia protestante e a política. Como pastor, de 1886 a 1897, foi influenciado pelo pensamento da Missão Interior de Johann Hinrich Wichern e pelo Congresso Evangélico Social; porém, acabou admitindo, principalmente com Max Weber, que a teologia protestante da virada do século não estava munida de um instrumento analítico para resolver a "questão social" na Alemanha. Seu ponto de vista cristão social se transformou em uma posição nacional social, o que despertou seu interesse pela política. Em 1895, Naumann fundou *Die Hilfe*, a revista liberal que, no meio sociopolítico, foi a mais influente. Em 1897, foi para Berlim trabalhar como jornalista e político. De início, entrou para a união liberal, tornando-se delegado no *Reichstag* em 1907, antes de mudar para o Partido Popular Progressista, que representou no *Reichstag* até 1918. Naumann é contado entre os mais eminentes publicistas alemães. Em 1919, como primeiro presidente do Partido Democrata Alemão, foi um dos pais fundadores da República de Weimar, destacando-se na redação dos artigos de direito fundamental da Constituição de Weimar. Associando de modo característico a política liberal ao protestantismo liberal, Naumann deixou sua marca em várias gerações de teólogos e políticos alemães, chamando a atenção para a necessidade de modernizar tanto a igreja quanto a sociedade.

Hartmut Ruddies

▶ NAUMANN, Friedrich, *Werke*, 6 vols., Colônia, Westdeutscher Verlag, 1964-1969; Idem, *Lettres sur la religion*, Lausanne, Bridel, 1905; KREY, Ursula e TRUMPP, Thomas, *Nachlaß Friedrich Naumann. Bestand N 3001*, Koblenz, Bundesarchiv, 1996; MILATZ, Alfred, *Friedrich Naumann-Bibliographie*, Düsseldorf, Droste, 1957 (incompleto); GÖGGELMANN, Walter, *Christliche Weltverantwortung zwischen sozialer Frage Naumanns 1860-1903*, Baden-Baden, Nomos, 1987; HEUB, Theodor, *Friedrich Naumann. Der Mann, das Werk, die Zeit* (1937), Munique, Siebenstern Taschenbuch Verlag, 1968; KRAMER-MILLS, Hartmut, *Wilhelminische Moderne und das fremde Christentum. Zur Wirkungsgeschichte von Friedrich Naumanns "Briefe über Religion"*, Neukirchen-Vluyn, Neukirchener Verlag, 1997; LEWERENZ, Olaf, *Zwischen Reich Gottes und Weltreich. Friedrich Naumann in seiner praktischen Arbeit und seiner theoretischen Reflexion*, Sinzheim, Pro Universitate, 1994; RUDDIES, Hartmut, *Friedrich Naumann. Moderner Protestant und Sozialliberaler*, em Joachim PROESCHOLDT, orgs., *Evangelische Persönlichkeiten in Frankfurt am Main. Zur 1200-Jahrfeier der Stadt*

Frankfurt am Main, Frankfurt, Evangelischer Regionalverband, 1995, p. 59-76; THEINER, Peter, *Sozialer Liberalismus und deutsche Weltpolitik. Friedrich Naumann im Wilhelminischen Deutschland 1860-1919*, Baden-Baden, Nomos, 1983; VOM BRUCH, Rüdiger, org., *Friedrich Naumann in seiner Zeit*, Berlim, Walter de Gruyter, 2000.

◉ Congresso Evangélico Social; liberalismo teológico; ritschliana (escola); Troeltsch

NAVILLE, Ernest (1816-1909)

Naville nasceu em Chancy (Genebra) e morreu em Genebra. Foi professor de história da filosofia na Academia de Genebra (1844), sendo destituído pelo governo radical em 1848. Sua clareza de pensamento e sua eloquência tornaram populares muitos cursos livres, como, por exemplo, *Le problème du mal* [O problema do mal] (Genebra, Cherbuliez, 1868) ou *Le livre arbitre* [O livre-arbítrio] (Paris, Fischbacher, 1890). Editor de três importantes *Oeuvres inédites* [Obras inéditas] de Maine de Biran (3 vols., Paris, Dezobry, Magdeleine, 1859), ele exprimiu seu próprio espiritualismo intelectualista sobretudo em *Les philisophies négatives* [As filosofias negativas] (Genebra-Paris, Georg-Alcan, 1900) e em *Les systèmes de philosophie ou les philosophies affirmatives* [Os sistemas de filosofia ou as filosofias afirmativas] (Paris, Alcan, 1909). Seu espiritualismo, próximo ao de seu amigo Charles Secrétan, é distinto pelo estilo de argumentação filosófica. Naville lutou por muito tempo pela representação proporcional e pela paz confessional.

Daniel Christoff

▶ MANGANELLI, Maria, *Il pensiero de Ernest Naville*, 2 vols., Milão, Marzorati, 1969-1973; NAVILLE, Hélène, *Ernest Naville. Sa vie et sa pensée*, 2 vols., Genebra-Paris, Georg-Fischbacher, 1913-1917.

◉ Espiritualismo; filosofia; liberalismo teológico; **liberdade**; Meyer; **razão**; Secrétan

NECKER, Jacques (1732-1804)

Necker nasceu em Genebra e morreu em Coppet. Filho de um imigrante prussiano acolhido como burguês em Genebra, Necker aprendeu os rudimentos bancários em Genebra. Em Paris logo se tornou parceiro, e depois dono do banco Théllusson & Necker, além de um dos financistas mais visados da capital. Seu gênio para os negócios e a qualidade de suas ideias econômicas originais, expressas em vários textos, tornaram-no conhecido na corte; Luís XVI lhe confia o cargo de controlador geral (ministro) das finanças em 1777. Em seu trabalho, demonstrou um elevado rigor moral, uma disciplina de ferro e um senso de responsabilidade pelo Estado, qualidades associadas à sua educação calvinista, cuja convicção foi expressa por ele. Sua política pouco convencional e sua gestão liberal dos negócios públicos fizeram com que fosse dispensado em 1781, mas foi chamado de volta pelo governo em agosto de 1788, em plena crise. Necker desempenhou uma função fundamental nos Estados Gerais de 1789, ganhando a confiança do Terceiro Estado. Sua demissão no dia 11 de julho esteve na origem da revolta do dia 14 (tomada da Bastilha), e logo foi reintegrado em suas funções. Bastante apegado à ordem pública, Necker se esforçou para canalizar positivamente o vigor revolucionário, porém teve de constatar que "nada mais está dando certo", pedindo demissão às carreiras, antes que ocorresse o pior, no dia 2 de dezembro de 1790. Retirou-se para seu castelo em Coppet para ali terminar seus dias, bastante atento aos acontecimentos, em companhia de sua mulher Suzanne Curchod (1738-1794), filha de um pastor valdense, e sua filha Germaine de Staël (1766-1817).

Jean-François Bergier

▶ NECKER, Jacques, *De l'importance des opinions religieuses*, Londres (na realidade Paris), 1788; BREDIN, Jean-Denis, *Une singulière famille. Jacques Necker, Suzanne Necker et Germaine de Staël*, Paris, Fayard, 1999; BURNAND, Léonard, *Necker et l'opinion publique*, Paris, Champion, 2004; FAURE, Edgar, *La disgrâce de Turgot. 12 mai 1776*, Paris, Gallimard, 1977; FURET, François, *La Révolution*, t. I: *De Turgot à Napoléon (1770-1814)*, Paris, Hachette, 1988; LÜTHY, Herbert, *La banque protestante en France. De la Révocation de l'Édit de Nantes à la Révolution*, 2 t. em 3 vols., Paris, Éditions de l'École des hautes études en sciences sociales, 1999; OPPENHEIMER, Wolfgang, *Necker. Finanzminister am Vorabend der Französischen Revolution*, Stuttgart, Deutsche Verlags-Anstalt, 1989.

◉ Bancos protestantes; dinheiro; economia; Revolução Francesa; Staël

NEFF, Félix (1797-1829)

Nascido em Genebra, filho ilegítimo de um zuriquense que não cuidava muito bem dele, Félix Neff é um dos mais conhecidos "missionários" do Avivamento, apesar de sua breve vida. De baixa instrução, entrou para o Exército e se tornou sargento da guarda assalariada de Genebra. Frequentador dos meios do Avivamento — a capela do Bourg-de-four —, ele se converteu (no sentido avivalista do termo) e passou a presidir pequenos encontros religiosos nos arredores de Genebra e, a partir de 1820, na Suíça romanda, tornando-se uma espécie de evangelista itinerante. Em setembro de 1821, viajou para a França a pedido de César Bonifas, pastor de Grenoble, permanecendo por alguns meses na cidade. Em seguida, atuou como evangelista em Mens (Isère) e nos Altos Alpes (Queyras e Freissinières), morando na França por quase seis anos no total. Muito dedicado, esteve a serviço de pequenos grupos de protestantes, em geral descendentes de valdenses, que viviam em condições econômicas bastante difíceis. Ocupava-se da pregação e da instrução religiosa dos jovens, organizando inúmeras reuniões religiosas à noite. Também passou a ajudar aquelas populações a sair de sua extrema pobreza, desempenhando geralmente o papel de conselheiro agrícola. Sempre na estrada e sofrendo de uma doença intestinal, esgotou-se no serviço de sua imensa paróquia. Doente, precisou deixar os Altos Alpes em abril de 1828. Trabalhou como evangelista em Plombières, onde buscou tratamento durante o verão de 1828, e morreu em Genebra no dia 12 de abril de 1829. O vigor de suas convicções e seu devotamento incessante lhe renderam admiradores: um de seus biógrafos o chamou de "o Apóstolo dos Altos Alpes". Porém, a falta de uma real formação teológica também foi digna de nota.

André Encrevé

▶ NEFF, Félix, *Lettres de direction spirituelle inédites*, Dieulefit, Nouvelle société d'édition de Toulouse, 1934; BOST, Ami, *Lettres de Félix Neff, missionnaire protestant en Suisse et dans les départements de l'Isère et des Hautes-Alpes, formant, avec quelques additions, la seule biographie complète qui ait paru sur ce prédicateur*, 2 vols., Paris, Delay, 1842; LORTSCH, Samuel, *Félix Neff, l'apôtre des Hautes-Alpes. Biographie extraite de ses lettres* (1926, 1933), La Bégude-de-Mazenc, La Croisade du livre chrétien, 1978; MÜTZENBERG, Gabriel, *À l'écoute du Réveil*, Saint-Legier, Emmaüs, 1989, p. 158-172; VALLOTTON, Benjamin, *Félix Neff, porteur de feu*, Genebra, Labor et Fides, 1950; WACHSMUTH, Jean-Charles, *Essai sur la vie et l'oeuvre de Félix Neff*, Genebra, Impr. Richter, 1917.

● Avivamento; Die et Dauphiné; evangelização

NEGRO SPIRITUAL

O *negro spiritual* é uma antiga forma de canto religioso negro americano que surgiu no século XIX e cujas raízes são provavelmente africanas. As letras das músicas apresentam frequentes analogias entre o povo negro e o povo de Israel, com destaque para a referência a muitos textos do Antigo Testamento. Durante o período da escravidão, até o ano de 1863, a maioria desses cantos era carregada de um duplo sentido, um espiritual e outro oculto, bastante concreto. Esse segundo sentido fornecia indicações de fuga para os estados do Norte ou do Canadá, nas barbas dos senhores brancos. Alguns foram aproveitados para o movimento dos Direitos Civis, como *We Shall Overcome* [Nós triunfaremos], às vezes com mudanças nas letras. Hoje são objeto de releituras teológicas rigorosas, mas muitos deles ainda são cantados nas igrejas negras, como, por exemplo: *Deep River* [Rio profundo], *Down by the Riverside* [Descendo pela margem do rio], *Go Down Moses* [Desce, Moisés], *O Freedom* [Oh, liberdade], *Steal Away to Jesus* [Levado para Jesus] e *When the Saints Go Marching In* [Quando os santos marcharem].

Serge Molla

▶ BALEN, Noël, *Histoire du negro spiritual et du gospel. De l'exode à la résurrection*, Paris, Fayard, 2001; BALMIR, Guy-Claude, *Du chant au poème. Essai de littérature sur le chant et la poésie populaires des Noirs américains*, Paris, Payot, 1982, p. 69-186; CHENU, Bruno, *Le grand livre des negro spirituals. Go down, Moses!*, Paris, Bayard, 2000 (com um disco compacto); CONE, James H., *Les negro-spirituals. Une interprétation thélogique*, Concilium 222, 1989, p. 51-62; LOVELL, John, Jr., *Black Song: The Forge and the Flame. The Story of how the Afro-American Spiritual Was Hammered Out*, New York, Macmillan, 1972; SPENCER, Jon Michael, *Protest and Praise. Sacred Music of Black Religion*, Minneapolis, Fortress Press, 1990;

WALKER, Wyatt T., *Somebody's Calling My Name. Black Sacred Music and Social Change*, Valley Forge, Judson Press, 1979; YOURCENAR, Marguerite, *Fleuve profond, sombre rivière*, Paris, Gallimard, 1966.

● Cone; direitos civis (movimento dos); *gospel* (música); igreja negra (afro-americana); Jackson M.; **Jesus (imagens de)**; **música**; teologia negra (afro-americana); Thurman

NEOLOGIA

Desde 1760, quando o termo foi criado para uma autodesignação programática da teologia "esclarecida", neologia designa, na historiografia da teologia alemã desde Gustav Frank (1875), a segunda das grandes etapas da história da teologia alemã da *Aufklärung* (entre 1740 e 1790). A expressão é distinta da teologia de transição que a precedia por levar em maior consideração as formulações histórico-críticas originárias do socinianismo e do arminianismo, assim como do iluminismo inglês e do francês.

Com base em uma interpretação histórico--gramatical da Bíblia (Johann August Ernesti [1707-1781], Johann David Michaelis [1717-1791]) e na então recente historiografia crítica da igreja e dos dogmas (Johann Friedrich Wilhelm Jerusalem [1709-1789], Johann Salomo Semler [1725-1791]), a posição em relação ao dogma se torna crítico-reducionista. São empreendidas as primeiras tentativas para afirmar a essência e a verdade do cristianismo (Johann Joachim Spalding [1714-1804]), em que a pretensão da revelação cristã à suprarracionalidade é defendida em relação à forma, enquanto os conteúdos são justificados e medidos à luz da racionalidade. Homens com Johann Gottlieb Töllner (1724-1774) e Johann August Nösselt (1724-1807) transformariam, em muitos aspectos, os conteúdos da dogmática da escola em função dessa compreensão fundamental. Em seguida, os polos conservadores e críticos dessa dupla conjuntura, sutilmente diferenciada em uma multiplicidade de esboços, tornam-se autônomos. A progressiva passagem da neologia ao racionalismo, que contesta toda correlação verdadeira entre razão e revelação, pode ser estudada, por exemplo, na obra de Wilhelm Abraham Teller (1734-1804), que foi, de início, um universitário e, mais tarde, um eminente homem da igreja. A transição da neologia para o supranaturalismo, que insiste no caráter essencialmente suprarracional da religião cristã positiva, surge principalmente na obra de Franz Volkmar Reinhard (1753-1812), que também foi professor antes de se tornar um grande pregador da corte em Dresden.

Martin Ohst

▶ ANDRESEN, Carl, org., *Handbuch der Dogmen- und Theologiegeschichte*, t. III, Göttingen, Vandenhoeck & Ruprecht, 1984; ANER, Karl, *Die Theologie der Lessingzeit* (1929), Hildesheim, Olms, 1964; BIANCO, Bruno, *Vernüftiges Christentum. Aspects et problèmes d'interprétation de la néologie allemande du XVIIIe siècle*, Archives de philosophie 46, 1983, p. 179-218; GABRIEL, Paul, *Die Theologie W. A. Tellers*, Giessen, Töpelmann, 1914 (apêndice); HIRSCH, Emanuel, *Geschichte der neuern evangelischen Theologie im Zusammenhang mit den allgemeinen Bewegungen des europäischen Denkers*, t. IV, Gütersloh, Bertelsmann, 1952.

● Arminianismo; Armínio; **Bíblia**; deísmo; **Deus**; **história**; história dos dogmas; Luzes; Lessing; racionalismo teológico; Semler; Socino; supranaturalismo

NEOPROTESTANTISMO

O termo "neoprotestantismo" é a marca programática de um protestantismo que se compreende como uma forma moderna específica, autônoma e legítima do protestantismo, portadora de uma reflexão histórica que lhe permite localizar seu lugar específico na história do protestantismo e do cristianismo. Assim, o recurso à filosofia da história é um elemento essencial do conceito de neoprotestantismo. Concretamente, o neoprotestantismo visa a uma reformulação doutrinária e uma reforma institucional, além de uma modernização das formas de piedade do protestantismo. O conceito parece ter surgido somente em 1886, na obra de Pfleiderer, mas o programa que ele designa já estava formulado por Schleiermacher e Baur. Terminologicamente, trata-se de um derivativo do termo *Altprotestantismus* ("veteroprotestantismo"), em uso desde meados do século para designar o conteúdo doutrinário da escolástica protestante dos séculos XVI e XVII.

No século XIX, os problemas teóricos que envolviam o programa do neoprotestantismo foram resolvidos através de um conceito teológico normativo no protestantismo: ao afirmar direito inamissível da consciência individual em relação à religião, esse conceito do protestantismo se ancora na ideia de liberdade. A modernidade abriu caminho para sua realização efetiva. Dessa maneira, o protestantismo está em homologia com a estrutura ideal da modernidade. A Reforma luterana formulou o conceito de protestantismo; porém, a radicalidade de suas consequências lhe escapou, tanto na dogmática quanto na ética social. Fazer surgir essas potencialidades ocultas é a tarefa do protestantismo moderno. Assim, o reconhecimento do caráter teologicamente normativo da Reforma para o protestantismo não implica um programa anacrônico de "repristinação" teológica (uma retomada repetitiva), mas, sim, de uma renovação radical no cerne da modernidade.

Troeltsch dá ao conceito de neoprotestantismo uma nova base. Não designa mais somente uma nova forma doutrinária e institucional, mas uma nova situação cultural global. A ampliação para perspectivas de história social torna caduco o uso de um conceito teológico normativo do protestantismo. Troeltsch abandona esse conceito e considera o protestantismo em uma perspectiva puramente histórica. Mesmo em sua dimensão religiosa, a Reforma está correlacionada tanto à Idade Média quanto aos tempos modernos: historicamente, tanto o veteroprotestantismo quanto o neoprotestantismo são consequências legítimas de ambos os períodos. O surgimento dos tempos modernos é marcado pelo retraimento das formas tradicionais da institucionalização religiosa (os tipos igreja e seita) e pelo surgimento de uma religiosidade extraeclesial que se alimenta de tradições místicas e espiritualistas (o tipo místico). Disso resulta uma transformação profunda do protestantismo, de que se originam tanto as formas liberais do protestantismo moderno quanto as formas mais conservadoras. Essa concepção da história do protestantismo foi tema de um vasto debate, tanto sobre a legitimidade do conceito de neoprotestantismo quanto sobre a interpretação da Reforma que essa legitimidade implica; nesse contexto, Karl Holl formulou as objeções mais interessantes à concepção de Troeltsch.

Além de sua dimensão diacrônica, opondo duas formas históricas do protestantismo, o conceito de neoprotestantismo inclui uma dimensão sincrônica, na qual se articula uma teoria do protestantismo que coloca em relação, em primeiro lugar, uma referência crítica, mas constitutiva, à Reforma; em segundo, uma teoria do cristianismo que reconhece a legitimidade religiosa da modernidade; e, em terceiro, simetricamente, uma teoria da modernidade que define o lugar e a tarefa da religião na modernidade. Essa teoria tem uma pertinência ao mesmo tempo descritiva e normativa. No nível descritivo, ela diagnostica a coexistência, na realidade sociológica do protestantismo, de elementos históricos díspares, já que os conteúdos dogmáticos da teologia do veteroprotestantismo ainda hoje formam a base doutrinária da maior parte das igrejas protestantes, enquanto a maioria dos protestantes só reconhece nesses conteúdos dogmáticos uma dignidade histórica — e isso vale tanto para o protestantismo liberal quanto para os protestantismos ditos evangélicos. No nível normativo, a teoria enuncia a necessidade do protestantismo quanto a assumir a exigência de uma transformação de suas formas de institucionalização cultural e social, assim como de uma reformulação reflexiva de seus conteúdos doutrinários. Acima dos traços históricos que caracterizaram o neoprotestantismo (liberalismo teológico e *Kulturprotestantismus*), a problemática da qual esse termo é o sinal fornece assim o contexto conceitual através do qual o protestantismo pode refletir sua situação ambígua no mundo moderno. Sobretudo, essa teoria oferece uma concepção alternativa para as diversas teorias da secularização.

Jean-Marc Tétaz

▶ BIRKNER, Hans-Joachim, *Über den Begriff des Neuprotestantismus*, em Idem e Dietrich RÖSSLER, orgs., *Beiträge zur Theorie des neuzeitlichen Christentums. Wolfgang Trilhaas zum 65. Geburtstag*, Berlim, Walter de Gruyter, 1968, p. 1-15; DREHSEN, Volker, *Neuprotestantismus*, em *TER*, t. XXIV, 1994, p. 363-383 (bibliografia); GRAF, Friedrich Wilhelm e TANNER, Klaus, orgs., *Protestantische Identität heute*, Gütersloh, Mohn, 1992; *Figures du néo-protestantisme*, *RThPh* 130/2, 1998, p. 115-220; RENDTORFF, Trutz, *Reflexiver Protestantismus. Die Gleichzeitigkeit von 'Altprotestantismus' und 'Neuprotestantismus' als Problemstellung der Theologie*, em Arnulf von SCHELIHA e Markus SCHRÖDER, orgs., *Das protestantische Prinzip. Historische und systematische Studien zum Protestantismusbegriff*, Stuttgart, Kohlhammer, 1998, 317-330; STEPHAN, Horst, *Die heutigen Auffassungen von Neuprotestantismus*, Giessen,

Töpelmann, 1911; TROELTSCH, Ernst, *Protestantisches Christentum und Kirche in der Neuzeit* [*1906/1909/1922*], em *Kritische Gesamtausgabe* VII, Berlim, Walter de Gruyter, 2004; WAGNER, Falk, *Metamorphosen des modernen Protestantismus*, Tübingen, Mohr Siebeck, 1999.

● Baur; Biedermann; Buisson; Bushnell; Chenevière; **Deus**; Drews; Eucken; fé; filosofia da religião; Harnack; Hartmann; Hegel; Hirsch; **história**; Holl; iluminismo; indivíduo; *Kulturprotestantismus*; liberalismo teológico; **modernidade**; ortodoxia protestante; Pfleiderer; Rendtorff; Rothe; Schleiermacher; Troeltsch

NEUCHÂTEL

Na história do protestantismo, a cidade e o principado de Neuchâtel ocupam um lugar de destaque bem mais considerável que sua importância numérica. No momento da Reforma liderada por Guilherme Farel, o condado de Neuchâtel e as terras da nobreza de Valangin reuniam entre dois e três mil habitantes, dez vezes menos que algumas cidades irmãs com as quais Neuchâtel mantinha relações bilaterais intensas, como Genebra ou Estrasburgo. Em 1530, Neuchâtel aderiu ao protestantismo, apesar de sua suserana, Jehanne de Hochberg (1503-1543), que permaneceu fiel à fé tradicional. O principado permaneceu uniformemente reformado até o século XIX, com exceção de dois burgos, Cressier e Landeron. Sua venerável Companhia dos Pastores cuidou zelosamente de seus privilégios. Tornando-se uma propriedade do rei da Prússia, em 1707, resistiu às ideias das Luzes (caso Rousseau), admitiu com muita dificuldade a readmissão do culto católico, em 1820, e tentou opor-se ao estabelecimento das igrejas livres, a partir de 1830. Neuchâtel se tornou um cantão suíço em 1814 e república em 1848. Em 1873, a Igreja Reformada de Neuchâtel se dividiu em duas, nacional e independente, mas sua união seria restabelecida com a "fusão" de 1943. Em 2001, o cantão contava com 72.140 protestantes declarados em 164.640 habitantes.

Gottfried Hammann

▶ FROIDEVAUX, Anita, *Bibliographie neuchâteloise* 3 vols., Hauterive, Attinger, 1990-2002; SOCIEDADE DE HISTÓRIA E ARQUEOLOGIA DO CANTÃO DE NEUCHÂTEL, org., *Histoire du Pays de Neuchâtel*, 3 vols., Hauterive, Attinger, 1989-1993

● Academias; faculdades de teologia latinas europeias; Farel; Godet; Humbert; igrejas livres; Ostervald; Suíça

NEWBIGIN, James Edward Lesslie (1909-1998)

Ecumenista e missiólogo, originário de uma família presbiteriana do norte da Inglaterra (Nothumberland), Lesslie Newbigin descobriu sua vocação pastoral, ecumênica e missionária no Movimento Cristão de Estudantes. Estudou teologia no *Westminster College* de Cambridge. Em 1936, foi para Madras, onde aprendeu tâmil e se familiarizou com a história e as religiões da Índia. Trabalhou no projeto de união entre sua igreja (que já era o resultado de uma fusão entre congregacionais e presbiterianos em 1908) e as igrejas metodistas e anglicanas. Quando foi criada a Igreja do Sul da Índia, em 1947, Newbigin se tornou bispo da diocese de Madura e Ramanathapuram. Inspirou-se no método gandhiano de formação de adultos e se esforçou para reduzir a dependência de sua igreja em relação a pessoal e dinheiro estrangeiros. Desempenhou um papel decisivo na criação do Instituto Cristão para o Estudo das Religiões e das Sociedades em Bangalore, em 1951, mas sempre resistiu à ideia de cultos comuns com os hindus, como havia sugerido Gandhi. Simultaneamente, participou da primeira assembleia do Conselho Mundial de Igrejas, em Amsterdã, em 1948, organizando na cidade um encontro das igrejas unidas. Em 1959, tornou-se secretário-geral do Conselho Internacional de Missões, cargo que ocupou até sua integração no Conselho Mundial de Igrejas, durante a terceira assembleia ecumênica de Nova Délhi, em 1961. Em 1965, deixou Genebra para tornar-se bispo da diocese de Madras. Aposentou-se em 1974 e ensinou ecumenismo por cinco anos nos Selley Oak Colleges, em Birmingham. Seus inúmeros textos são testemunhas de sua concepção cristocêntrica de missão e de seu engajamento pela unidade visível da igreja.

Jacques Nicole

▶ NEWBIGIN, James Edward Lesslie, *L'Église, peuple des croyants, corps du Christ, temple de l'Esprit*, Neuchâtel, Delachaux et Niestlé, 1958; Idem, *La mission mondiale de l'Église* (1958), Paris, SMEP, 1959; Idem, *L'universalisme de la foi chrétienne* (1961), Genebra, Labor et Fides, 1963;

Idem, *Une religion pour un monde séculier* (1966), Tournai, Casterman, 1967; Idem, *Unfinished Agenda. An Autobiography*, Genebra, COE, 1985; Idem, *The Gospel in a Pluralist Society*, Grand Rapids--Genebra, Eerdmans-COE, 1989.

▶ Ásia; **ecumenismo**; **missão**; missionárias (conferências); teologias da Ásia

NEWMAN, John Henry (1801-1890)

Um dos principais instigadores do movimento de Oxford dentro da Igreja Anglicana e, após sua conversão, cardeal da Igreja Católica Romana, Newman foi um dos mais notáveis homens de letras e clérigos do século XIX. Estudou no *Trinity College* de Oxford, foi professor do *Oriel College* de Oxford em 1822, tornou-se vice-diretor do *Alban Hall* em 1825 e vigário da Igreja St. Mary de Oxford em 1828. Sob a influência de homens como John Keble (1792-1866) e Richard Hurrel Froude (1803-1836), tornou-se membro da *High Church* anglicana, que valorizava a continuidade da antiga tradição cristã, sobretudo no que diz respeito ao episcopado, ao sacerdócio e aos sacramentos.

Notável organizador e líder intelectual do movimento de Oxford, foi o autor de quase um terço dos *Tracts for the Time* [Panfletos para o tempo], que marcaram os primeiros passos desse movimento. Nos anos 1838-1839, sua influência na Igreja da Inglaterra se tornou predominante pela importância que adquiriu a questão da autoridade dogmática da igreja na era liberal do século XIX. A qualidade de sua devoção pessoal se somava a um talento de orador e escritor que tornou sua prosa mágica e mantinha a congregação atenta a cada palavra sua quando pregava. Seus discípulos viam nele um homem convicto do valor de suas ideias e que colocava em prática o que pregava. Newman afirmava que somente a Igreja Anglicana representava a verdadeira catolicidade e que o teste dessa catolicidade consistia no ensino da antiga igreja não dividida dos Pais. A partir de 1834, a interpretação do anglicanismo como uma *via media* entre o protestantismo e Roma começou a ser atacada sob a alegação de que desvalorizava a Reforma. No último panfleto, *Tract 90* [Panfleto 90] (1841), Newman declarava que os *Trinta e Nove Artigos* não eram incompatíveis com as doutrinas do Concílio de Trento, e que era possível permanecer na Igreja Anglicana com opiniões católicas. A publicação dos *Tracts* [Panfletos] foi então suspensa, e Newman se viu cada vez mais isolado, o que abalou sua confiança e sua crença na catolicidade da Igreja Anglicana. Mudou-se para Littlemore, onde se reuniram vários de seus discípulos para formar um quase monastério. Ele pediu demissão de seu cargo na Igreja St. Mary no dia 18 de setembro de 1843.

Newman meditou sobre a ideia, então controversa, do desenvolvimento da doutrina cristã, tentando demonstrar que havia uma coerência e uma continuidade através da história entre a igreja dos Pais e a moderna Igreja Católica de Roma, pela existência de invariantes e de critérios de fidelidade às origens. Já a igreja protestante representava uma ruptura com esses desenvolvimentos legítimos da doutrina cristã. Essa é a tese de sua obra *An Essay on the Development of Christian Doctrine* [Ensaio sobre o desenvolvimento da doutrina cristã], redigida em 1845; logo em seguida, entrou para a Igreja Católica, no dia 9 de outubro do mesmo ano. Foi ordenado padre em Roma e fundou o Oratório de Birmingham em 1848. Considerado suspeito aos olhos dos antiliberais da Igreja Católica por muito tempo, foi finalmente nomeado o primeiro reitor da nova Universidade de Dublin, em 1852. Desafiado por Charles Kingsley, que o acusou de faltar com a sinceridade e de modificar suas posições rápido demais, Newman redigiu sua obra mais famosa, *Apologia pro vita sua* (1864), em que ele expõe a gênese de suas convicções. A obra recebeu ampla aprovação, bastante além dos limites da Igreja Católica Romana: a honestidade, a candura, a solicitude e a beleza de algumas passagens fizeram com que ele recobrasse o *status* nacional que tinha perdido, ao mesmo tempo que se afirmava sua posição na Igreja Católica Romana. Em 1870, publicou sua obra teológica mais importante desde 1845: *An Essay in Aid of a Grammar of Assent* [Ensaio em favor de uma gramática do assentimento] (Oxford, Oxford University Press, 1985), que responde às objeções do liberal William Froude (1810-1879) sobre a natureza da fé. Em 1879, o papa Leão XIII o nomeou cardeal de São Jorge em Velabro (Roma).

Newman foi teólogo, filósofo, romancista, historiador, ensaísta, pregador, polemista e poeta. Seus poemas mais famosos foram reunidos na obra *Lyra apostolica*, publicada em 1834. Sua obra foi uma das primeiras, na teologia, a dar conta da historicidade da igreja. Para explicar sua adesão à Igreja Católica Romana, argumentou em prol da unicidade da igreja através da história, e a Igreja Católica foi então concebida como igreja do desenvolvimento, inserida na história. Instigador do movimento de Oxford, participou ativamente da transformação da Igreja Anglicana e, com sua teoria do desenvolvimento doutrinário, ajudou também a Igreja Católica Romana a se reconciliar com as descobertas dos críticos intelectuais da época. Assim, sua influência foi considerável tanto na Igreja Anglicana quanto na Igreja Católica Romana.

Catherine Morello

▶ NEWMAN, John Henry, *Parochial and Plain Sermons*, 8 vols., Westminster Christian Classics, 1966ss; Idem, *Loss and Gain. The Story of a Convert*, Oxford, Oxford University Press, 1986; Idem, *Le songe de Gerontius* (1865), ed. bilíngue, Lausanne, L'Âge d'Homme, 1989; *The Letters and Diaries of John Henry Cardinal Newman*, 31 vols., org. por Charles Stephen DESSAIN, Oxford, Clarendon Press, 1961-1977; *Textes Newmaniens*, org. por Henry TRISTRAM, Louis BOUYER e Maurice NÉDONCELLE, Paris, Desclée de Brouwer, t. I: *Sermons universitaires. Quinze sermons prêchés devant l'Université d'Oxford de 1826 à 1843*, 1955, t. II: *Écrits autobiographiques*, 1956, t. III: *Esquisses patristiques. Le siècle d'or*, 1962, t. IV: *Essai sur le développement de la doctrine chrétienne*, 1964, t. V: *Apologia pro vita sua ou histoire de mes opinions religieuses*, 1967, t. VI: *L'idée d'université définie et expliquée. Les discours de 1852*, 1968; BOUYER, Louis, *Newman. Sa vie, sa spiritualité*, Paris, Cerf, 1952; CHADWICK, Owen, *Newman* (1983), Paris, Cerf, 1989; COULSON, John, *Newman and the Common Tradition. A Study in the Language of Church and Society*, Oxford, Clarendon Press, 1970; DESSAIN, Charles Stephen, *John Henry Newman* (1966), Oxford, Oxford University Press, 1980; MARTIN, Brian, *John Henry Newman. His Life and Work*, Londres, Chapman Mowbray, 1990; WALGRAVE, Jan Hendrik, *Newman. Le développement du dogme*, Tournai, Casterman, 1957.

● Catolicidade evangélica; Oxford (movimento de)

NEWTON, Isaac (1642-1727)

O ano de 1665, da grande peste de Londres, não foi perdido para todo mundo: refugiado na casa de sua família em Lincolnshire, o jovem Newton formulou pela primeira vez a teoria da gravitação universal ao observar a queda de uma maçã. Vinte anos depois, seria preciso que seu colega Edmund Halley (1656-1742) — na época da passagem do cometa que recebeu seu nome — usasse de toda a sua amizade e insistência para que Newton saísse de sua concha e publicasse sua descoberta em *Principia*, de 1687. Durante esse famoso ano de seus 23 anos, o *annus mirabilis* (1665-1666), o jovem Newton também se interessou pela decomposição da luz e, por meio de experiências com prismas, chegou à conclusão de que a luz branca do sol é uma mistura de todas as cores. Essa teoria, para ele, mostrou os limites da exploração do sistema solar por meio de lentes de aumento, cujas cores são deformadas pela aberração. Ele decidiu guardar para si mesmo suas ideias teóricas, buscando outro procedimento para a observação ótica do universo, com base em um espelho, em vez de lentes. Uma única apresentação pública de seu telescópio de cerca de 20 centímetros, mas capaz de mostrar os astros nove vezes maiores que qualquer luneta quatro vezes mais longa, proporcionou a ele a nomeação como professor no *Trinity College*, em Cambridge, onde ele permaneceria até o fim da vida. Asceta "intramundano", coberto de honras, Newton, ainda solteiro, presidiu a *Royal Society*, academia inglesa de ciências, recebendo o cargo de diretor da Casa da Moeda britânica. Após o grande incêndio de Londres, presidiu comissões encarregadas da reconstrução de igrejas. Com prestígio na corte, foi alvo do favor incondicional da princesa de Gales.

A paixão de Newton pelas ideias religiosas foi amplamente subestimada, como se, assim como seu confirmado interesse desde 1669 pela alquimia, essa paixão chocasse a sensibilidade dos historiadores das ciências. É preciso afirmar que as ideias de Newton não eram nada ortodoxas: como sociniano e ariano, ele negava a divindade de Cristo. No entanto, não proclamava essas ideias em praça pública: devemos à indiscrição do abade Conti a publicação, em 1725, de uma tradução francesa da obra *Esboço de cronologia*, em que Newton, convencido de que os povos antigos não passavam de desprezíveis pretensiosos, recalculou de modo bastante curto toda a cronologia bíblica. Hoje podemos nos espantar ao ver que a mesma mente que gerou na física a teoria do tempo e do espaço infinitos defendeu em seus estudos bíblicos a ideia de que Deus só criou o mundo para alguns milênios: estudando apaixonadamente a cronologia profética do livro de Daniel, Newton concluiu que o Apocalipse não viria nem antes de ano 2060 nem depois do ano 2344! Ele justificou esse espantoso atraso da parusia com um rígido cálculo de textos proféticos, explicando que o protestantismo de seu tempo ainda precisaria de vários séculos para se tornar tão corrompido quanto o indicava o Apocalipse.

Christophe Calame

▶ NEWTON, Isaac, *Princípios matemáticos da filosofia natural* (1687), São Paulo, Nova Stella, 1990; Idem, *Écrits sur la religion*, Paris, Gallimard, 1996; BLOCH, Léon, *La philosophie de Newton*, Paris, Alcan, 1908; METZGER, Hélène, *Attraction universelle et religion naturelle chez quelques commentateurs anglais de Newton*, Paris, Hermann, 1938; SEGRÉ, Emilio, *Les physiciens classiques et leurs découvertes* (1983), Paris, Fayard, 1987; WESTFALL, Richard S., *Newton* (1980), Paris, Flammarion, 1994.

◉ Comunicação; Jesus (imagens de); razão

NICODEMITAS

Como algumas pessoas se inspiraram no exemplo de Nicodemos, o fariseu que foi encontrar Jesus de noite (João 3.1s), Calvino inventou o termo para designar ironicamente os que permaneceram católicos de fachada, por medo das perseguições, mas que, para ele, não aderiram plenamente à Reforma: uns buscando seus próprios interesses, outros um sucesso intelectual e mundano. Calvino foi mais severo em relação a eles que em relação aos que, tornando-se reformados na França, acharam dura a escolha entre o exílio, com abandono de bens, e a perigosa proclamação da fé evangélica. Sobre isso, ele publicou duas cartas em latim a amigos que permaneceram católicos (Louis du Tillet e Gérard Roussel), *Pequeno tratado mostrando o que deve fazer um homem fiel e conhecedor do Evangelho quando está entre os papistas* (1543) e, no ano seguinte, *Justificativa de João Calvino aos senhores nicodemitas sobre a reclamação por eles feita de seu extremo rigor*. A mesma exigência se encontra em sua correspondência privada. Para ele, há algum parentesco entre os nicodemitas e alguns que ele nomeia libertinos (cf. o tratado de 1545 *Contra a seita fantástica e furiosa dos libertinos que se chamam de espirituais*). Os termos *moyenneurs* e *temporiseurs*, que seriam empregados algum tempo depois, não são sinônimos exatos para "nicodemitas".

Marjolaine Chevallier

▶ AUTIN, Albert, *Un épisode de la vie de Calvin. La crise du nicodémisme, 1535-1545*, Toulon, Tissot, 1917; CALVINO, João, *Petit traité montrant ce que c'est que doit faire un homme fidèle connaissant la verité de l'Évangile, quand il est entre les Papistes* (1543), em *Calvin, homme d'Église. Oeuvres choisies du Réformateur et documents sur les Églises réformées du XVIe siècle* (1936), Genebra, Labor et Fides, 1971, p. 193-242; Idem, *Traité des reliques*, seguido de *Excuse à Messieurs les Nicodémites* (1544), org. por Albert AUTIN, Paris, Bossard, 1921; Idem, *Contre la secte phantastique et furieuse des libertins qui se nomment spirituelz* (1545), em *Contre la secte phantastique et furieuse des libertins qui se nomment spirituelz; [Avec une epistre de la mesme matiere, contre un certain cordelier, suppost de la secte: lequel est prisonnier à Roan]; Response à un certain Hollandois, lequel sous ombre de faire les chrestiens toutes idolatries*, Genebra, Droz, 2005, p. 43-273; EIRE, Carlos M. N., '*Prelude to Sedition?' Calvin's Attack on Nicodemism and Religious Compromise*, Archive für Reformationgeschichte 76, 1985, p. 120-145; GINZBURG, Carlo, *Il Nicodemismo. Simulazione e dissimulazione religiosa nell'Europa del '500*, Turim, Einaudi, 1970; HIGMAN, Francis, *La diffusion de la Réforme en France, 1520-1565*, Genebra, Labor et Fides, 1992, cap. 11; WANEGFELEN, Thierry, *Ni Rome ni Genève. Des fidèles entre deux chaires en France au XVIe siècle*, Paris, Champion, 1997, sobretudo o cap. 1.

◉ Conversão; Reforma/Reformação

NIEBUHR, Barthold Georg (1776-1831)

Político e historiador alemão, Niebuhr dedicou-se primordialmente à história romana. Segundo ele, a coleta sistemática e o uso consequente dos métodos filológicos na crítica histórica das fontes é que são importantes para o desenvolvimento do paradigma historicista do conhecimento histórico. A crítica filológica das fontes históricas sobre a produção, a transmissão, o conteúdo e a plausibilidade dessas fontes possibilitou que, consideradas como saber histórico, fossem elevadas ao *status* de objetos da pesquisa. Assim, estabeleceu-se nas ciências históricas um modelo que associa o caráter científico do saber histórico a princípios de pesquisa incontornáveis, que regem a própria investigação histórica.

História e cultura, assim como todos os fenômenos do passado, tornam-se então os objetos potenciais de uma pesquisa que objetiva a reconstrução histórica; isso significa que, a partir de Niebuhr, passou-se a exigir da historiografia historicista que assegurasse seus conteúdos através de uma crítica das fontes. Claro, para o próprio Niebuhr a divinação (Schleiermacher), ou seja, a força imaginativa criadora do historiador, representa ainda um complemento graças ao qual o passado, objeto de uma investigação empreendida com os métodos da crítica das fontes, chega à unidade estética de uma "história" (*Geschichte*) verdadeira. Porém, os modelos metódicos que ele introduziu implicam que, em longo prazo, o ganho possível em fato de verdade histórica é adquirido ao preço de uma perda potencial quanto ao alcance histórico geral e estético.

O método da crítica das fontes empreendido por Niebuhr exerceu uma influência decisiva sobre a pesquisa histórica na teologia; esse método permitiu fundar os procedimentos para a pesquisa bíblica com base em um cânone metodológico que não necessariamente pertence ao campo bíblico; na história da igreja e na história dos dogmas, o método permitiu que se refletisse nas contribuições da crítica "pragmática", à qual os eruditos da *Aufklärung* tinham submetido as representações tradicionais da história do cristianismo e de seus dogmas. A leitura da *História romana* de Niebuhr desempenhou um papel decisivo na formação histórica de Ferdinand Christian Baur e foi o modelo metodológico para os trabalhos de Baur.

Katherina Oehler

▶ NIEBUHR, Barthold Georg, *Histoire romaine* (1811-1812, 1828-1832), 7 vols., Paris, Levrault, 1830-1840; Idem, *Histoires tirées des temps héroiques de la Grèce*, Paris, Hachette, 1873; Idem, *Kleine historische und philologische Schriften* (1828-1843), Osnabrück, Zeller, 1969; WALTHER, Gerrit, *Niebuhrs Forschung*, Stuttgart, Steiner, 1993; WITTE, Barthold C., *Der preußische Tacitus. Aufstieg. Ruhm und Ende des Historikers Barthold Georg Niebuhr 1776-1831*, Düsseldorf, Droste, 1979.

◉ Baur; **história**; historicismo; método histórico-crítico; Schleiermacher

NIEBUHR, Helmut Richard (1894-1962)

Teólogo e ético americano, irmão de Reinhold, Richard Niebuhr nasceu em Wright City, no Missouri. Após alguns anos de pastorado (1916-1918), ensinou ética, sociologia e história no seminário teológico de Eden e em seguida na Universidade de Yale, em 1931. A tese de doutorado sobre a "Filosofia da religião de Ernst Troeltsch", que Niebuhr apresentou em 1924 na Universidade de Yale, é duplamente significativa: de um lado, dá conta do papel relativamente importante que seu autor desempenhou na recepção americana do pensamento de Troeltsch; de outro, a obra ressalta a influência do pensador alemão em sua interpretação histórica e sociológica das instituições religiosas americanas. É com sua obra dedicada às *Social Sources of Denominationalism* [Fontes sociais do denominacionalismo] (1929, Gloucester, Smith, 1987) que ele se faz notar no seminário teológico. A partir de então, se seguiram inúmeras publicações, como *The Meaning of Revelation* [O significado da Revelação] (1941, New York-Londres, Macmillan-Collier Macmillan, 1960), enquanto as relações entre fé e cultura estariam no centro das pesquisas do autor. Nesse sentido, sua obra mais importante foi o famoso e já clássico *Cristo e cultura* (1951, Rio de Janeiro, Paz e Terra, 1967). Nessa obra, Niebuhr mostra como a igreja respondeu à sua vocação em relação à cultura, com base em toda uma tipologia das interações possíveis entre os cristãos e o mundo.

Serge Molla

▶ NIEBUHR, Richard, *Cristo e cultura* (1951), Rio de Janeiro, Paz e Terra, 1967; Idem, *The Responsible Self. An Essay in Christian Moral Philosophy* (1963), San Francisco, Harper and Row, 1978; HOLBROOK, Clyde A., *Richard Niebuhr*, em Martin E. MARTY e Dean G. PEERMAN, orgs., *A Handbook of Christian Theologians*, Cambridge, Lutterworth Press, 1984, p. 375-395; THIEMANN, Ronald F., org., *The Legacy of H. Richard Niebuhr*, Minneapolis, Fortress Press, 1991.

◉ Estados Unidos; Niebuhr, Reinhold; Troeltsch

NIEBUHR, Karl Paul Reinhold (1892-1971)

Teólogo americano, Reinhold Niebuhr nasceu em Wright City, no Missouri. Tendo adquirido uma sólida formação teológica, foi pastor durante treze anos em Detroit, onde a industrialização chegou a seu auge, o que tornou mais agudo seu olhar crítico de teólogo sobre a igreja e a sociedade. Em 1928, Niebuhr aceitou o chamado do *Union Theological Seminary*, em Nova York, onde ensinou ética até aposentar-se, em 1960. Foi com seus inúmeros artigos e obras, com a famosa *Nature and Destiny of Man* (1941-1943), que se aprofundou seu pensamento caracterizado pela palavra *crise*, que em sua obra abarca tanto a noção de momento crítico (*kairós*) quanto a de julgamento. Considerado um "otimista pessimista" por seu aluno Robert McAfee Brown, Niebuhr insistia na primazia da graça imerecida, assinalando o caráter pecador do ser humano, cujos melhores projetos e mais belos empreendimentos em geral se tornam um pesadelo. Sua teologia se distanciou, portanto, do evangelho social de Rauschenbusch, ao mesmo tempo que se lançava a uma crítica bastante acirrada ao capitalismo. Além de seu cargo como professor, participou da criação do periódico *Christianity and Crisis*, dos encontros ecumênicos (como a primeira assembleia do Conselho Mundial de Igrejas em 1948, em Amsterdã) e não hesitou em tomar uma clara posição politicamente. Seu pensamento hoje é retomado por teólogos tão diversos como Robert McAfee Brown e Michael Novak.

Serge Molla

▶ NIEBUHR, Reinhold, *Moral Man and Immoral Society. A Study in Ethics and Politics* (1932), New York, Scribner, 1960; Idem, *The Nature and Destiny of Man* (1941-1943), 2 vols., New York, Scribner, [1964]; Idem, *Foi et histoire* (1949), Neuchâtel, Delachaux et Niestlé, 1953; *The Essential Reinhold Niebuhr. Selected Essays and Addresses*, org. por Robert McAfee BROWN, New Haven, Yale University Press, 1986; FOX, Richard Wightman, *Reinhold Niebuhr. A Biography*, San Francisco, Harper and Row, 1987; GILKEY, Langdon, *On Niebuhr. A Theological Study*, Chicago, University of Chicago Press, 2001; VIGNAUX, Georgette-Paul, *La théologie de l'histoire chez Reinhold Niebuhr*, Neuchâtel, Delachaux et Niestlé, 1957.

◉ Brown; Estados Unidos; **moral**; Niebuhr, Richard; Rauschenbusch; **violência**

NIEMÖLLER, Martin (1892-1984)

Nascido em Lippstadt, Niemöller seria um dos protagonistas do *Kirchenkampf* alemão diante do nazismo dos anos 1930, sendo um dos que promoveram o movimento ecumênico do pós-guerra. Foi comandante de um submarino durante a Primeira Guerra Mundial. Estudou teologia, tornando-se secretário-geral da Missão Interior em Westfália e pastor em Berlim-Dahlem em 1931. Precursor do *Pfarrernotbund*, aliança de pastores que combateram a ideologia nazista no interior da igreja e sobretudo a inserção do parágrafo ariano, tornou-se então um símbolo da resistência eclesiástica contra Hitler, ainda que de início tenha saudado as transformações políticas na Alemanha. Durante oito anos, Niemöller foi prisioneiro pessoal do Führer nos campos de concentração de Sachsenhausen e de Dachau. Em 1945, passou a colaborar com o restabelecimento da igreja alemã e sua reintegração da comunidade mundial das igrejas. Presidente da Igreja de Hesse-Nassau (1947-1964), foi também uma personalidade importante do Conselho Mundial de Igrejas, tendo sido um de seus seis presidentes (1961-1968). Geralmente contestado e atacado por suas posições corajosas e não conformistas durante a guerra fria e na remilitarização da Alemanha, o "pastor N" foi, até a morte, um pregador incansável e perturbador, provocando à ira tanto políticos quanto líderes eclesiásticos.

Klauspeter Blaser

▶ NIEMÖLLER, Martin, *Vom U-Boot zur Kanzel*, Berlim, Warneck, 1935; Idem, *Briefe aus der Gefangenschaft Moabit*, Frankfurt, Lembeck, 1975; Idem, *De la culpabilité allemande* (1945-1946), Neuchâtel, Delachaux et Niestlé, 1946; *Martin Niemöller. Le témoignage d'un pasteur sous la croix* (1938), Genebra, Labor, 1942; BENTLEY, James, *Martin Niemöller*, Oxford, Oxford University Press, 1984; GRESCHAT, Martin, *Martin Niemöller*, em Idem, org., *Gestalten der Kirchengeschichte*, t. X/2: *Die neueste Zeit IV*, Stuttgart, Kohlhammer, 1986, p. 187-204; NIEMÖLLER, Wilhelm, *Neuanfang 1945. Zur Biographie Martin Niemöllers nach seinen Tagebuchaufzeichnungen aus dem Jahre 1945*, Frankfurt, Stimme, 1967; Idem, *Der Pfarrernotbund. Geschichte einer kämpferischen Bruderschaft*, Hamburgo, Wittig, 1973; SCHMIDT, Dietmar, *Martin Niemöller. Eine Biographie*, Stuttgart, Radius, 1983.

◉ Alemanha; Conselho Mundial de Igrejas; Kirchenkampf

NIETZSCHE, Friedrich (1844-1900)

Filho de pastor luterano, filólogo clássico de formação, Nietzsche se voltou para a filosofia com o objetivo de formular os problemas e definir novos fins (ou valores) no contexto de um questionamento geral sobre o problema da civilização (*Kultur*). Ao longo da maior parte de sua carreira filosófica (ou antifilosófica), foi desse ponto de vista que ele confrontou e atacou virulentamente o cristianismo, com uma crescente veemência. Nietzsche se tornou ateu bem cedo na vida e não confrontava a crença em Deus de acordo com os cânones clássicos que denunciariam seus erros; na verdade, ele ignorava toda a problemática das provas da existência de Deus. O filósofo contestou apenas de modo acessório os dados históricos do cristianismo e se manteve à parte quanto à querela do modernismo. Embora fosse duramente polêmico, Nietzsche parece ter poupado a pessoa e a doutrina do próprio Cristo.

O que Nietzsche atacou em primeiro lugar é o cristianismo como crença, como fé; ser cristão é desejar crer, é substituir a realidade pelos desejos. Nesse sentido, o cristianismo é uma das formas vulgares de "idealismo", inventando noções e seres do mesmo modo que a filosofia "até o presente" falsificou a realidade para se evadir na ilusão de uma realidade inteligível, do "verdadeiro mundo"; Nietzsche concluiu, como "psicólogo" da análise "genealógica", que o mundo irreal do "cristão" demonstra a fraqueza ou a decadência de uma vontade incapaz de assumir a realidade e que prefere "eludi-la através de uma mentira". Para Nietzsche, a cruz, interpretada por Paulo e na origem do cristianismo histórico, simboliza essa escapatória, essa negação do mundo e da vida. Assim, Nietzsche denunciou o abuso dos termos no discurso "cristão": "Só há um cristão, e esse morreu na cruz" (*O Anticristo*, §39). Ele afirma que os cristãos falam da fé e agem por instinto: a fé é uma invenção que serve para dissimular e mascarar as manifestações de fraqueza e ressentimento cristão sob a aparência verbal de "virtudes" cristãs. Moral que nega a vida e as paixões, a virtude cristã é filha do ressentimento, uma filha mascarada. "Cristianismo", que é por inteiro uma negação, é uma moral ascética, uma metafísica do trasmundo e da reversão dos valores, batizando a vingança com grandes palavras e transformando ilusões em "realidades"; é, enfim, uma religião da morte, da "castração" ou do sacrifício em nome do "inteligível". Desse modo, o cristianismo funda uma civilização da decadência, do ressentimento contra a realidade: é "um platonismo para o povo".

Éric Blondel

▶ NIETZSCHE, Friedrich, *Oeuvres philosophiques complètes*, 14 t., em 18 vols., Paris, Gallimard, 1967-1997; Idem, *O Anticristo* (1888), São Paulo, Martin Claret, 2004; Idem, *Crepúsculo dos ídolos* (1888), São Paulo, Abril Cultural, 1978; BLONDEL, Éric, *Nietzsche, le "cinquième évangile"?*, Paris, Les Bergers et les Mages, 1980; Idem, *La religion comme athéisme*, *Lumière et Vie* 56, 1982, p. 51-67; *Nietzsche et le christianisme*, Concilium 165, 1981; FRANCK, Didier, *Nietzsche et l'ombre de Dieu*, Paris, PUF, 1998; JASPERS, Karl, *Nietzsche et le christianisme* (1946), em *Nietzsche et le christianisme*, seguido de *Raison et existence* (1935), Paris, Bayard, 2003, p. 7-110 e notas p. 317-319; LE RIDER, Jacques, *Nietzsche en France. De la fin du XIXe siècle au temps présent*, Paris, PUF, 1999; PERNIN-SEGISSEMENT, Marie-José, *Nietzsche et Schopenhauer. Encore et toujours la prédestination*, Paris, L'Harmattan, 1999; VALADIER, Paul, *Nietzsche et la critique du christianisme*, Paris, Cerf, 1974; Idem, *Jésus-Christ ou Dionysos. La foi chrétienne en confrontation avec Nietzsche* (1979), Paris, Desclée, 2004.

▶ Altizer; ateísmo; crítica da religião; **Deus**; estética; Hartmann; historicismo; **Jesus (imagens de)**; Lange; Overbeck; Renan; Strauß

NIGHTINGALE, Florence (1820-1910)

Mesmo sendo membro de uma família da aristocracia inglesa, Florence Nightingale desejou seguir a formação de enfermeira, adquirida na Alemanha junto às diaconisas, e, em seguida, na França, com as Filhas da Caridade. Ganhou notoriedade durante a Guerra da Crimeia (1854-1856), ao suprir as deficiências do serviço de saúde do Exército britânico. Sua fama permitiu que ela abrisse uma escola de formação de *nurses*, função que hoje consideraríamos no âmbito da medicina social. Assim, ela foi responsável pelas origens da formação de todo o pessoal da medicina social inglesa. A análise e a melhoria das condições de vida da população são uma das principais preocupações dessas *nurses*, nos mais diversos meios, rural, operário ou hospitalar. Além disso, Nightingale foi consultada pelo governo britânico no desenvolvimento das condições sanitárias das populações das colônias britânicas, sobretudo na Índia. A jovem francesa protestante Anna Hamilton (1864-1935), doutora em medicina, ficou bastante impressionada pelas ideias e pelos feitos de Florence Nightingale. Em 1900, ela aceitou a direção da Casa de Saúde Protestante de Bordeaux, reestruturando a instituição de acordo com os princípios da enfermeira inglesa. Em 1918, a escola dessa instituição recebeu o nome de Escola Florence Nightingale, com a concordância da família.

Évelyne Diebolt

▶ DIEBOLT, Évelyne, *La Maison de santé protestante de Bordeaux (1863-1934). Vers une conception novatrice des soins et de l'hôpital*, Toulouse, Érès, 1990; HAMILTON, Anna e FORSANS, Jules, *Florence Nightingale*, Paris, La Cause, 1934; WOODHAM-SMITH, Cecil, *Florence Nightingale (1820-1910)* (1950), Paris, Albin Michel, 1953.

● Ação social; diaconia e diácono; **saúde**

NILES, Daniel Thambyrajah (1908-1970)

Nascido no Ceilão, esse teólogo metodista é uma das personalidades mais marcantes da fase de descolonização dos estados e das igrejas. De início, trabalhou para os estudantes no Ceilão e em Genebra (Federação Mundial das Associações de Estudantes Cristãos), por fim tornando-se pastor. Foi um orador ouvido com atenção na Conferência Missionária Mundial de Tambaram (1938) e no Conselho Mundial de Igrejas. Com o dom de unir as pessoas, Niles fundou em 1957 a Conferência Cristã da Ásia, para a qual criou um hinário. Antes de morrer em consequência de uma operação, escreveu: "O que conta para mim é ser alguém que Jesus Cristo amou e por quem morreu".

Jacques Rossel

▶ NILES, Daniel Thambyrajah, *Sur la terre... La mission de Dieu et de son Église* (1962), Genebra, Labor et Fides, 1965; NEWBIGIN, Lesslie, *Niles, Daniel Thambyrajah*, em Nicholas LOSSKY et alii, orgs., *Dictionary of the Ecumenical Movement* (1991), Genebra, CMI, 2002, p. 827s.

● Ásia; **ecumenismo**; missionárias (conferências); teologias da Ásia

NÎMES

Em Nîmes foi fundada uma das primeiras igrejas reformadas da França, por Imbert Pacolet, sucedido por Claude Baduel (1491-1561). Em 1562, foi aberta uma escola de teologia à parte da faculdade de artes e do colégio fundado em 1539 sob a direção de Claude Baduel e Guillaume Bigot (1502-após 1552). Nessa instituição, que se tornou academia, estudaram até 1664 homens como Samuel Sorbière (1615-1670), Claude Brousson (1647-1698) e David Martin (1639-1721).

A população de Nîmes rapidamente se tornou protestante em sua maioria. Em 1567, um levante armado (*michelade*) resultou no massacre de padres e leigos. Na época do Edito de Nantes, três quartos da população eram protestantes. Em 1629, a cidade e sua região sofreram duramente com a campanha militar de Luís XIII, que culminou na Garça de Alès. A cidade foi "dragonada" na revogação do Edito de Nantes. Durante o segundo "Deserto", o pastor de Nîmes, Paul Rabaut, que exercia o ministério clandestinamente, trabalhou na reestruturação das igrejas reformadas na França, sendo auxiliado por seu filho Rabaut Saint-Étienne, também pastor de Nîmes.

A primeira metade do século XIX foi marcada pelo ministério do pastor Samuel Vincent, precursor do liberalismo teológico. Influenciada tanto pelo Avivamento quanto pelo liberalismo, a população da cidade se opôs ao princípio das confissões de fé e da separação entre igrejas e Estado. Por volta de 1850, a "Genebra protestante do Sul" teve aos poucos sua preponderância diminuída, enquanto Paris crescia em influência.

O termo "escola de Nîmes" (1887) é utilizado para designar o movimento de cooperação (ajuda mútua, jornal) que foi estabelecido com o impulso de Charles Gide, professor de economia e apóstolo do cristianismo social.

Hubert Bost

▶ BONIFAS, Aimé, *Les protestants nîmois durant les années noires 1940-1944*, Montpellier, Presses du Languedoc, 1993; BORREL, Abraham, *Histoire de l'Église réformée de Nîmes* [História da igreja reformada de Nîmes], Toulouse, Société des livres religieux, 1856; CHAREYRE, Philippe, *Le consistoire de Nîmes, 1561-1585*, tese da Universidade Paul Valéry de Montpellier, 1987; *Charles Gide et l'école de Nîmes. Une ouverture du passé vers l'avenir. Actes du colloque organisé à Nîmes* les 19 et 20 novembre 1993, Nîmes, Sociedade de História do Protestantismo de Nîmes e do Gard, 1995; GROSSI, Roger, org., *Le Collège royal et l'Académie protestante de Nîmes aux XVIe et XVIIe siècles*, Nîmes, Sociedade de História do Protestantismo de Nîmes e do Gard, 1998; MOREIL, Françoise, "Le Collège et l'Académie réformée de Nîmes", *BSHPF* 122, 1976, p. 77-86; ROQUE, Jean-Daniel, "Nouveaux aperçus sur l'Église protestante de Nîmes dans la seconde moitié du XIXe siècle", *BSHPF* 120, 1974, p. 48-96.

▶ Academias; Avivamento; Brousson; Deserto; dragonada; Edito de Nantes (e revogação do); Gide C.; Graça de Alès, Rabaut; Rabaut Saint-Étienne; Vincent

NOMENYO, Ametefe (Seth) Kodzovi (1925-2004)

Nascido no sul do Togo (região *ewe*), Nomenyo foi professor e diretor de colégio. Após uma formação teológica em Camarões e na França, tornou-se pastor da Igreja Evangélica do Togo, que se originou do trabalho das missões protestantes de Bremen (1847-1917) e de Paris (1929-1959), em constante colaboração com pastores autóctones. Como pastor e, em seguida, secretário-geral de sua igreja, Nomenyo orientou seu ministério para a evangelização, com duas campanhas que receberam ampla adesão popular: *Agbe yeye* ("vida nova") nos anos 1960 e *Dzizi yeye* ("novo nascimento") nos anos 1980. Em 1968, foi um dos pioneiros de uma experiência missionária inédita, a Ação Apostólica Comum na região fon (sul do Daomé, atual Benin), empreendida juntamente com a do Poitou. Essas ações apostólicas comuns prefiguraram a Comunidade Evangélica de Ação Apostólica (CVAA), que em 1971 substituiu a Missão de Paris. Em 1972, Nomenyo assumiu o cargo de secretário teológico da CVAA, ocupando a função até 1989. Membro da comissão "Fé e Constituição" do Conselho Mundial de Igrejas e vice-presidente da Conferência das Igrejas de toda a África, Nomenyo sempre se preocupou em pôr a serviço do povo da igreja a reflexão teológica. A ele se atribui a famosa frase "O evangelho todo para o homem todo", título de sua principal obra. Além disso, trabalhou bastante com o tema da sexualidade em uma dupla perspectiva, bíblica e africana, em uma reflexão que beneficiou as igrejas da Europa.

Jean-François Zorn

▶ NOMENYO, Seth, *Tout l'Évangile à tout l'homme*, Iaundê, Clé, 1967; Idem, *Sexualité, mariage, famille*, Flambeau. Revue de théologie pour l'engagement de l'Église dans le monde africain 45, 1975, p. 49-61; Idem, "Le travail théologique dans les Églises en Afrique", *Flambeau* 48, 1975, p. 249-259.

▶ África tropical; Comunidade Evangélica de Ação Apostólica; **sexualidade**

NOORDMANS, Oepke (1871-1956)

Teólogo reformado holandês, Noordmans começou a publicar com a idade de 50 anos, sem ter escrito antes uma tese de doutorado, nem jamais ter ocupado cadeiras em uma faculdade de teologia. Em sua longa vida como pastor do interior, produziu uma obra teológica de grande riqueza, integrando todos os tesouros da cultura literária, filosófica e dogmática. Desenvolvida geralmente em uma série de "meditações", sua dogmática é uma pneumatologia original: o Espírito Santo é intérprete da obra de Jesus, ao mesmo tempo que é o Espírito criador de coisas novas. O grande intérprete do Espírito é Paulo, que se opõe a Pedro, protótipo da igreja institucionalizada.

Adriaan Geense

▶ NOORDMANS, Oepke, *Verzamelde Werken*, Kampen, Kok, 1978ss; Idem, *Das Evangelium des Geistes*, Zurique, Evangelischer Verlag, 1960; *Oepke Noordmans, eine Stimme aus Holland*, Beiheft zur Zeitschrift für dialektische Theologie 3/2, 1988.

▶ Espírito Santo; Países Baixos

NOVALIS, Georg Philipp Friedrich von Hardenberg, dito (1772-1801)

Georg Philipp Friedrich von Hardenberg nasceu em Oberwiederstedt (Turíngia). Seu pai foi influenciado pelo pietismo da comunidade de Herrnhut. As obras de Novalis — seus aforismos, seus poemas religiosos, seu ensaio sobre *A cristandade ou a Europa*, seus *Hinos à noite* e seu romance inacabado *Heinrich von Ofterdingen* (1802) — demonstram um cristianismo romântico que seria influenciado por Schleiermacher. Interioridade, universalidade, milenarismo se combinam nessa obra, transformando os ingredientes da época: a Revolução Francesa, a filosofia de Fichte, o romance *Os anos de aprendizado de Wilhelm Meister* (1795-1796,

São Paulo, 34, 2006) de Goethe. Novalis, que também era filósofo (formado em Iena), geólogo e inspetor de minas, empreendeu um projeto enciclopédico que amalgamava as ciências naturais, a filosofia idealista, a poesia romântica e um cristianismo que, sob a forma de uma síntese, ultrapassava todas as confissões.

Bernard Böschenstein

▶ NOVALIS, *Schriften. Die Werke Friedrich von Hardenbergs*, 5 vols., Stuttgart-Darmstadt, Kohlhammer-Wissenschaftliche Buchgesellschaft, 1977-1988; Idem, *Werke*, org. por Gerhard SCHULZ, Munique, Beck, 1969; Idem, *Oeuvres complètes*, 2 vols., Paris, Gallimard, 1981; Idem, *Le brouillon général* (1799), Paris, Allia, 2000; BESSET, Maurice, *Novalis et la pensée mystique*, Paris, Aubier, 1947; VORDTRIEDE, Werner, *Novalis und die französischen Symbolisten*, Stuttgart, Kohlhammer, 1963.

◉ Estética; Goethe; **Jesus (imagens de)**; **literatura**; pietismo; romantismo; Schleiermacher

NYGREN, Anders (1890-1978)

Nascido em Göteborg, na Suécia, Anders Nygren foi ordenado em 1912 e exerceu o ministério pastoral até 1920. Estudou na Universidade de Lund e defendeu em 1921 sua tese de doutorado sobre os pressupostos filosóficos e as implicações teológicas do *a priori* religioso, ensinando filosofia da religião. De 1924 a 1948, foi professor de teologia sistemática em Lund, antes de se tornar bispo luterano (1949-1958). Pioneiro do ecumenismo, participou das conferências de Lausanne (1927), Edimburgo (1937) e Oxford (1937), assim como da Assembleia de Amsterdã (1948). Foi também o primeiro presidente da Federação Mundial Luterana (1947-1952). Durante o *Kirchenkampf*, sua presença e suas palavras foram proibidas na Alemanha.

A obra mais importante de Nygren é *Érôs et agapè. La notion chrétienne de l'amour et ses transformations* [Éros e ágape: a noção cristã de amor e suas transformações] (1930-1936, 3 vols., Paris, Aubier Montaigne, 1952-1962). O termo *éros*, de acordo com ele, não figura no Novo Testamento, enquanto era considerado, na religiosidade ambiente, o impulsionador da aspiração ao divino. O cristianismo original privilegiou a palavra *ágape* para proclamar um amor que não é nem condicionado nem limitado pelas qualidades de seu objeto, mas, sim, gratuito, imerecido e criador de valores. Nos séculos posteriores, essa especificidade se alterou, e as duas motivações para tal foram combinadas em sínteses, analisadas por Nygren, que vê nelas o desenvolvimento na *sola gratia* e na *sola fide* de Lutero. Porém, será que o autor consegue se dar conta do amor por Deus e por si mesmo inseridos na totalidade da lei (Mc 12.28-23)? Essa é a maior objeção que lhe é feita no vasto debate que essa obra magistral provocou, uma obra que não visa nada menos que a identificação da própria essência do cristianismo.

Ao aposentar-se, Nygren retomou as questões metodológicas ao tratar de evoluções semânticas e filosóficas recentes, por exemplo, na obra *Meaning and Method. Prolegomena to a Scientific Philosophy of Religion and a Scientific Theology* [Significado e método: prolegômenos a uma filosofia científica da religião e uma teologia científica] (Filadélfia, Fortress Press, 1972).

Louis Rumpf

▶ BOUYER, Louis, *L'École de Lund*, *Irenikon* 17, 1940, p. 21-49; KEGLEY, Charles W., org., *The Philosophy and Theology of Anders Nygren*, Carbondale, Southern Illinois University Press, 1970; OUTKA, Gene, *Agapè. An Ethical Analysis*, New Haven, Yale University Press, 1972; QUANBECK, Warren A., *Anders Nygren*, em Martin E. MARTY e Dean G. PEERMAN, orgs., *A Handbook of Christian Theologians*, Cambdridge, Lutterworth Press, 1984, p. 297-307.

◉ Amor; desejo; **Deus**; **ecumenismo**; erotismo; fé; graça; luteranismo; **sexualidade**

O

OBEDIÊNCIA

De obediência a submissão, a diferença semântica, tênue, diz respeito sobretudo à conformidade exterior: pedir a alguém que obedeça é pedir-lhe que satisfaça todos os sinais exteriores e todas as manifestações "objetivas" — que na realidade são socialmente codificadas e esperadas — da ação que se espera dessa pessoa. É verdade que o pretendente ao domínio costuma ser tentado a obter mais, a saber, precisamente, a submissão, o que pode implicar tanto o amor do sujeito submetido a ele quanto, em menor grau, a ratificação pelo sujeito dos direitos do dominador ao comando: ao buscar obter a obediência, muitas vezes tentamos forçar ao mesmo tempo o reconhecimento, o que pode configurar uma violação da consciência.

O inglês Thomas Hobbes (1588-1679) é um dos teóricos das relações políticas que mais insistiram no poder da obediência, explicado e justificado a partir de uma transferência irreversível de soberania. De forma geral, é considerado um dos precursores do totalitarismo; porém, soube manter a obediência dentro dos limites da conformidade. Em sua obra, o "leviatã" é uma figura aparentemente "monstruosa" da soberania, destinada a impedir a desordem; em nenhum caso essa figura serve como mascaramento da fantasia de fusão, em que a vontade do sujeito é tão alienada que chega a identificar-se inteiramente com a vontade de seu senhor.

Por mais brutal que seja, a injunção da obediência é menos violenta que todo tipo de persuasão clandestina ou chantagem efetiva, procedimentos aparentemente suaves que, no entanto, atentam contra os laços sociais e a possibilidade básica de uma diferenciação dos papéis sociais, de onde brota a possibilidade posterior de oposição e conflito.

Provavelmente foi por não ter sido bem-sucedida o suficiente na distinção entre obediência e submissão que a exegese dos textos bíblicos em relação às autoridades em geral tendeu a exagerar o alcance do legalismo e atenuar a distância entre as autoridades prescritivas "penúltimas" e a autoridade "última" de uma Palavra cuja única força é despertar a livre resposta humana.

Gilbert Vincent

▶ BEAUVOIS, Jean-Léon e JOULE, Robert, *Soumission et idéologies*, Paris, PUF, 1981; HOBBES, Thomas, *Leviatã ou matéria, forma e poder de um Estado eclesiástico e civil* (1651), São Paulo, Abril Cultural, 1984.

⦿ Autonomia; **autoridade**; Decálogo; dever; Hobbes; indivíduo; Kant; **Lei**; **liberdade**; mandamento; monarcômacos; **política**; resistência

OBERLIN, Jean-Frédéric (1740-1826)

Pastor alsaciano em Ban-de-la-Roche, Oberlin exerceu seu ministério em um pobre vale de Vosges, mas suas influências tiveram um alcance muito mais vasto. Sua ênfase genial foi a associação entre céu e terra, que reflete o alcance do reino de Deus em todas as áreas da existência, ao longo de uma fase de transição agitada (Revolução Francesa, Império etc.) e em um lugar fronteiriço, de um encontro de culturas. As palavras e as ações de Oberlin semearam os terrenos mais variados. Em primeiro lugar, a ardente pregação do evangelho; uma pedagogia inovadora, com a fundação das escolas maternais, tendo à frente Louise Scheppler (1763-1837); um impulso decisivo no desenvolvimento agrícola e na renovação das relações sociais; uma consciência ecumênica profética ("eu sou um católico evangélico"); uma dimensão visionária que inclui um senso da comunhão dos santos e a descrição dos lugares celestes. Oberlin manifestou uma espontaneidade inspirada e criadora em suas múltiplas iniciativas envoltas em oração, e também engendrou uma linha de pensamento que, tanto na Alsácia como em outras regiões, estaria nas origens de uma piedade encarnada e do cristianismo social.

Michel Bouttier

▶ CHALMEL, Loïc, *Le pasteur Oberlin*, Paris, PUF, 1999; GOURSOLAS, François, *Jean-Frédéric Oberlin. Le pasteur "catholique" évangélique*, Paris, Albatros, 1985; LEENHARDT, Camille, *La vie de J.-F. Oberlin, 1740-1826*, Paris, Berger-Levrault, 1911 (ed. revista e aumentada de Daniel Ehrenfried STOEBER, *Vie de J.-F. Oberlin, pasteur à Waldbach, au Ban-de-la-Roche* (1831); PETER, Rodolphe, *Et plus bas, et plus haut": principe théologique de J.-F. Oberlin*, RHPhR 61, 1981, p. 351-366; PSCZOLLA, Erich, *Jean Frédéric Oberlin, 1740-1826* (1979), Estrasburgo, Oberlin, 1985; STROHL, Henri, *Études sur Oberlin*, Paris, Alcan, 1926.

◯ Catolicidade evangélica; **educação**

OBJEÇÃO DE CONSCIÊNCIA

A expressão designa a recusa à participação no serviço militar armado exigido pela lei do país, com vistas a servir à paz eficazmente. Trata-se de um direito reconhecido pelo Conselho da Europa a partir de 1967; os motivos para a desobediência vão desde o engajamento político até a convicção religiosa ou ética. Durante os primeiros séculos, a igreja primitiva proibiu que os cristãos participassem da violência militar, mas tudo mudou quando o Estado se tornou "cristão". A partir disso, o problema da objeção foi colocado em outros termos. No sentido das igrejas da Reforma, é utilizado para avaliar até onde se deve lealdade ou submissão às autoridades, uma questão sempre debatida e com diversas tomadas de posição. Os quacres, as testemunhas de Jeová e certas comunidades menonitas rejeitaram sistematicamente qualquer tipo de engajamento militar, e em geral o problema ficava ao encargo da consciência do indivíduo. Esse tipo de desobediência ultrapassa os limites confessionais e até mesmo religiosos, sendo inspirado por Henry David Thoreau (1817-1862), Gandhi (1869-1948), Martin Luther King (1929-1968) e pelos irmãos Philip (1923-2002) e Daniel (1921-) Berrigan. De forma geral, todas as igrejas defendem a instauração de um verdadeiro estatuto para os objetores, como ocorre, por exemplo, na França, onde em 1960 foi estabelecido um serviço civil de substituição, com uma duração igual à do serviço militar, um procedimento ainda em vigor. Embora a objeção de consciência seja praticada por uma minoria, a grave crítica que dirige ao conceito de defesa armada merece atenção, oferecendo, além disso, um sério testemunho moral, que pode continuamente questionar as igrejas quanto às suas relações com a violência. Por fim, observemos que, antes da Segunda Guerra Mundial, os primeiros países que reconheceram um estatuto aos objetores foram países de forte tradição protestante.

Serge Molla

▶ CATTELAIN, Jean-Pierre, *L'objection de conscience*, Paris, PUF, 1973; LORSON, Pierre, *Un chrétien peut-il être objecteur de conscience?*, Paris, Seuil, 1950; MULLER, Jean-Marie, *L'Évangile de la non-violence*, Paris, Fayard, 1969.

◯ Consciência; Humbert-Droz; King; monarcômacos; Movimento Internacional da Reconciliação; paz; **política**; quacres; Roser; testemunhas de Jeová; Thoreau; **violência**

OCEANIA

A Oceania é uma vasta extensão marítima entre a Ásia e a América, salpicada de mais de dez mil ilhas, das quais geralmente se excluem o Japão, as Filipinas, Taiwan e Indonésia. Por bastante tempo preferiu-se a denominação "Pacífico" à de "Oceania", marcada pela época colonial. Ao longo dos anos 1990, porém, o antropólogo tonganês Epeli Hau'ofa contestou tanto o termo "Pacífico", uma invenção europeia que, para ele, destinava-se a domesticar as populações insulares, quanto o quadrilátero arbitrário formado por quatro regiões principais (Austrália, Melanésia, Micronésia e Polinésia), também imaginado pelos invasores continentais. Hau'ofa propôs que se retomasse a designação "Oceania", mais adequada para significar a onipresença do oceano, que durante milênios era sulcado de ilha em ilha por marinheiros intrépidos que trocavam ideias e técnicas com os insulares, assim como conhecimentos profundos sobre os ventos, ondas, correntes, estrelas...

As primeiras tentativas missionárias foram um feito de navegadores espanhóis e portugueses no final do século XVI e no século XVII. A mais importante dessas tentativas data do ano 1668, quando a rainha-mãe e regente da Espanha Mariana enviou a Guam o missionário jesuíta Diego Luis de Sanvitores, acompanhado de uma guarnição militar. Essa expedição, cerca de 25 anos depois, terminou com o assassinato de Sanvitores, em uma vingança contra um verdadeiro banho de sangue: cerca de 95% das populações Chamorro perderam a vida na região. Foi necessário aguardar o século XVII e a fundação, na França, das congregações missionárias picpucianas (nome popular dado aos irmãos dos Sagrados Corações de Jesus e de Maria e da Adoração Perpétua, assim como aos religiosos da mesma ordem) e maristas, para que fossem estabelecidas comunidades católicas de modo permanente na maior parte das ilhas do Pacífico.

O relato de viagens do capitão James Cook (1728-1779) exercia tal fascinação entre os ingleses que os fundadores da Sociedade Missionária de Londres (1795) escolheram o Taiti e Tonga como alvos de sua primeira expedição. Logo foram seguidos por outras sociedades anglicanas e protestantes, tais como a *Church Missionary Society* (1799: Nova Zelândia, Polinésia ocidental e Melanésia) e a Sociedade das Missões Evangélicas de Paris (1824: Polinésia oriental, Nova Caledônia). Apesar de uma fase inicial sempre bastante difícil, os esforços dos missionários europeus geralmente resultavam na conversão de toda a população insular, que era reflexo da conversão inicial de seus chefes. Quando isso ocorria, vários convertidos se ofereciam para acompanhar a obra missionária em outras ilhas ou arquipélagos. Assim, eles desempenharam um papel decisivo na rápida cristianização da Oceania. As igrejas que se originaram do trabalho missionário do século XIX decidiram formar, em 1961, a Conferência das Igrejas do Pacífico, à qual se uniu a Igreja Católica Romana em 1976.

A exemplo de outras instituições ecumênicas, tais como o Colégio Teológico do Pacífico, em Suva (Fiji), a Conferência das Igrejas do Pacífico logo estimulou uma reflexão teológica que passou a lidar melhor com o ambiente oceânico e a experiência milenar das populações autóctones. Formuladas de um modo geralmente crítico em relação à teologia europeia, surgiram várias teologias, com maior ênfase na criação que na redenção: a "teologia do coco", cujo principal protagonista foi o teólogo tonganês Sione 'Amanaki Havea (1922-2000); a teologia do *vanua* ou *fenua* (ilha, terra), principalmente elaborada pelo teólogo fijiano Ilaitia Sevati Tuwere (1940-).

Convulsões políticas pós-coloniais afetaram profundamente as igrejas protestantes da Oceania, geralmente promovendo divisões. Em um primeiro momento, o clero católico, o clero anglicano e os líderes protestantes forneceram certo número de responsáveis políticos para as novas nações do Pacífico. Porém, a recente experiência de vários golpes de Estado militares e civis que buscaram apoiar-se em convicções religiosas tais como o caráter sagrado da terra, dos chefes tradicionais e do domingo parece hoje sugerir a necessidade de uma distância dessas lideranças eclesiásticas em relação ao debate político.

Jacques Nicole

▶ FORMAN, Charles W., *The Island Churches of the South Pacific. Emergence in the Twentieth Century*, Maryknoll, Orbis Books, 1982; GARRETT, John, *To Live among the Stars. Christian Origins in Oceania*, Genebra-Suva, CMI-University of the South Pacific, 1982; Idem, *Footsteps in the Sea. Christianity in Oceania to World War II*, Suva, University of the South Pacific, 1992; Idem, *Where Nets Were Cast. Christianity in Oceania since World War II*, Suva, University of the South Pacific, 1997; HAU'OFA, Epeli, *Our Sea of Islands*, em Idem, Vijay NAIDU e Eric WADDELL, orgs., *A New Oceania. Rediscovering Our Sea if Islands*, Suva, University of the South Pacific, 1993, p. 2-18; NEVERMANN, Hans, WORMS, Ernest A. e PETRI, Helmut, *Les religions du Pacifique et d'Australie* (1968), Paris, Payot, 1972.

▶ Leenhardt M.; **missão**; missionárias (sociedades); Selwyn

OCHINO, Bernardino (1487-1564)

Nascido em Siena, no bairro da Oca — que originou o apelido Ochino "filhote de ganso" —, Benedetto Tommasini entrou muito jovem para a ordem dos franciscanos, abandonando-a em 1534 para aderir à ordem mais ascética dos capuchinhos. Em 1538, foi nomeado vigário geral, função à qual seria reconduzido em 1541. Pregador eficaz, talvez o mais famoso de seu tempo, Ochino sofreu a influência de Juan de Valdés (1509-1541), por quem se aproximou das ideias da Reforma. A partir de 1534-1535, sua pregação passou a integrar elementos cada vez mais claramente reformados, o que provocou suspeitas de heresia entre as autoridades eclesiásticas. Chamado a comparecer em Roma perante a Inquisição para justificar-se de um incidente em Veneza (1542), ele preferiu fugir. Em Genebra, foi acolhido por Calvino e liderou durante três anos a igreja italiana, além de envolver-se com uma intensa atividade editorial. Após curtas estadas em Basileia e em Estrasburgo, mudou-se para Augsburgo em 1545, mas foi forçado a abandonar a cidade após o desenvolvimento desfavorável da Guerra de Smalkalde. Em 1547, com Pietro Martire Vermigli, aceitou o convite de Thomas Cranmer (1489-1556) para a Inglaterra. Porém, com a subida ao trono de Maria Tudor, precisou voltar para o continente. Chegou a Genebra no mesmo dia em que Serveto foi levado à fogueira (27 de outubro de 1553). Deixou mais uma vez Genebra, não sem antes denunciar a intolerância religiosa. Em 1555, na cidade de Zurique, foi encarregado da comunidade dos refugiados de Locarno. Por nove anos, pôde trabalhar e viver em paz na região, até que, em 1563, foram publicados os *Dialogi XXX*, que lhe valeram a condenação do Conselho da Cidade e um decreto de expulsão, em 2 de dezembro de 1563. Buscou refúgio na Polônia, mas não lhe concederam asilo. Então tomou a estrada para a Morávia, sendo acolhido em Austerlitz pelo anabatista veneziano Niccolò Paruta (morto por volta de 1581). Na casa de Paruta, morreu no fim do mesmo ano.

Acusado injustamente de antitrinitarismo e confrontado com o confessionalismo cada vez mais intolerante de sua época, Ochino defendia a urgência de apegar-se às "coisas necessárias à salvação" e a uma tolerância maior.

Emidio Campi

▶ BAINTON, Roland H., *Bernardino Ochino. Esule e Riformatore senese del Cinquecento, 1487-1563*, Florença, Sansoni, 1941; CAMPI, Emidio, *Michelangelo e Vittoria Colonna. Un dialogo artistico-teologico ispirato da Berdinado Ochino*, Turim, Claudiana, 1994; CAPONETTO, Salvatore, *La Riforma protestante nell'Italia del Cinquecento* (1992), Turim, Claudiana, 1997; CARLETTO, Sergio e LINGUA, Graziano, org., *Cristianesimo senza roghi*, Dronero, L'Arciere, 2003; FRAGNITO, Gigliola, "Gli 'spirituali' e la fuga di Bernardino Ochino", *Rivista storica italiana* 84, 1972, p. 777-811; TAPLIN, Mark, *The Italian Reformers and the Zurich Church, c. 1540-1620*, Aldershot, Ashgate, 2003.

● Antitrinitarismo; Serveto; tolerância; Valdo; Vermigli

OECOLAMPADIUS, Johannes (1482-1531)

O reformador de Basileia Johannes Huszgen (ou Husschin) demonstrou seu humanismo ao helenizar seu patronímico. Nascido em 1482 em Weinsberg, na Suábia, estudou teologia em Heidelberg e se tornou padre em 1510. Nos anos seguintes, associou-se a Reuchlin, Capiton, Erasmo e Melâncton, aprendendo hebraico e aperfeiçoando seu grego. Recebeu o título de doutor em 1518. Pregador em Augsburgo a partir de 1518, decidiu entrar para o convento dois anos depois. Ali amadureceu suas ideias reformadoras e abandonou o local em 1522. A partir de 1523, residente em Basileia, editou os Pais da igreja, como João Crisóstomo; no ano seguinte, foi nomeado professor na universidade e escreveu comentários das Escrituras: suas obras sobre Isaías e Romanos foram publicadas em 1525; sobre Malaquias, em 1527; sobre Jeremias e Ezequiel, em 1533 e 1534, publicadas por Capiton. Participou das disputas de Basileia em 1523 e 1525, das disputas de Baden em 1526 e das disputas de Berna em 1528, trabalhando pela Reforma em sua cidade e pregando incansavelmente. Tendia a adotar uma concepção simbólica da ceia (*De genuina expositio*, 1525). Quando a missa foi abolida em Basileia, em 1529, engajou-se na organização da nova igreja, no desejo de atribuir um lugar importante para os leigos (*presbyterium*). As autoridades civis impediram a plena realização desse conceito. Oecolampadius morreu dois anos depois de Zwínglio.

Max Engammare

▶ GUGGISBERG, Hans, "Johannes Oekolampad", em Martin GRESCHAT, org., *Gestalten der Kirchengeschichte*, t. V: *Die Reformationszeit I*, Stuttgart, Kohlhammer, 1981, p. 117-128; HAMMER, Karl, *Oecolampads Reformprogramm*, *Theologische Zeitschrift* 37, 1981, p. 149-163; Idem, *Der Reformator Oekolampad (1482-1531)*, em Heiko A. OBERMAN et alii, orgs., *Reformiertes Erbe. Festschrift für Gottfried W. Locher zu seinem 80. Geburtstag*, t. I, Zurique, Theologischer Verlag, 1992, p. 157-170; STAEHELIN, Ernst, org., *Briefe und Akten zum Leben Oekolampads* (1927-1934), 2 vols., New York-Londres, Johnson, 1971; Idem, *Oekolampad-Bibliographie* (1918 e 1928), Nieuwkoop, De Graaf, 1963; Idem, *Das theologische Lebenswerk Johannes Oekolampads* (1939), New York-Londres, Johnson, 1971.

● Basileia; Capiton; Erasmo; hebraizantes cristãos; Hubert; Marburgo (Colóquio de); Melâncton

OETINGER, Friedrich Christoph
(1702-1782)

Nascido em Göppingen (Wurtemberg), Oetinger, também chamado de "o mago do Sul", é considerado um dos "pais suábios". Foi pastor em Hirsau (1738), em Walddorf (1746), superintendente em Winsberg (1752), em Herrenberg (1759) e em Murrhardt de 1765 até sua morte. Pregador respeitado e influente, era conhecido sobretudo como teósofo, sem dúvida o maior do século XVIII alemão. Seu pensamento era próximo às ideias de Jakob Böhme (1575-1624). Também escreveu Emanuel Swedenborg (1688-1772), embora de um modo mais reservado que em relação a Böhme. A *Naturphilosophie* de Oetinger se situa, de modo geral, na linha boehmiana e rosacrucianista, ou seja, a pansofia do século XVII: para ele, Deus e o mundo se interpenetram. Assim, Oetinger se opõe a Leibniz e a Wolff, principalmente ao mecanismo, e, de acordo com a tradição de Paracelso, enfatiza a experiência. Repleta de alquimia, sua obra não é somente especulativa: ele se lançou a experiências em química e física (magnetismo, eletricidade). Seu comentário de 1763 sobre o retábulo de Bad Teinach (século XVII) também o torna um dos principais representantes da cabala cristã. Sua obra *Biblisches und emblematisches Wörterbuch* (1776) é um compêndio de suas ideias mestras, como a da corporeidade: "A corporeidade é o fim das obras de Deus", escreveu ele em uma frase que se tornou célebre ao exprimir um aspecto essencial desse pensamento. Oetinger exerce até hoje certa influência nos círculos pietistas do sul da Alemanha, a quem deu a conhecer o hassidismo, considerado por ele um semelhante espiritual do pietismo.

Antoine Faivre

▶ OETINGER, Friedrich Christoph, *Die Lehrtafel der Prinzessin Antonia* (1763), org. por Reinhard BREYMAYER e Friedrich HÄUSSERMANN, 2 vols., Berlim, Walter de Gruyter, 1977; Idem, *Biblisches und emblematisches Wörterbuch* (1776) org. por Gerhard SCHÄFER, 2 vols., Berlim, Walter de Gruyter, 1999; PIEPMEIER, Rainer, *Aporien des Lebensbegriffs seit Oetinger*, Friburgo-em-Brisgau, Alber, 1978; *Zum Hümmelreich gelehrt. Fr. Chr. Oetinger*, Stuttgart, Württembergische Landesbibliothek, 1982 (catálogo de exposição, inclui os estudos de Guntram SPINDLER e Reinhard BREYMAYER).

◉ Böhme; Heim; pietismo; Rosacruz; Swedenborg; teosofia

OFÍCIO

O desenvolvimento das cidades europeias na Idade Média favoreceu a emancipação das classes trabalhistas organizadas em corporações de ofício, que geralmente se tornavam o esqueleto do governo municipal. Em um mundo social e cultural em que os termos "arte" e "ofício" eram intercambiáveis, o Renascimento uniu as atividades das "mãos" e da mente no conceito universal de *homo faber*. A Reforma inseriu a vocação cristã entre os papéis e as tarefas da vida profissional, unindo "vocação", *Berufung*, e "profissão", *Beruf*, lembrando que "ofício" e "ministério" tinham a mesma etimologia. No início do século XIX, Hegel estabeleceu a originalidade e a superioridade da liberdade moderna — em relação ao conceito que os antigos tinham, liberdade política somente — na escolha individual do ofício e na autonomia das profissões. Porém, a organização capitalista do trabalho nas grandes empresas industriais reduziu a pedaços os ofícios e aniquilou os modelos éticos do Renascimento e da Reforma. Nesse início do século XXI, a busca de um trabalho que não seja sem sentido e da realização profissional continua a ocupar uma posição fundamental nas expectativas e na ansiedade das gerações por vir.

Mario Miegge

▶ ARENDT, Hannah, *A condição humana* (1958), Rio de Janeiro, Forense Universitária, 2001; FRIEDMANN, Georges, *Le travail en miettes. Spécialisation et loisirs*, Paris, Gallimard, 1956; GORZ, André, *Métamorphoses du travail, quête du sens. Critique de la raison économique*, Paris, Galilée, 1988; MIEGGE, Mario, *Vocation et travail. Essai sur l'éthique puritaine*, Genebra, Labor et Fides, 1989; WRIGHT MILLS, Charles, *Les cols blancs. Les classes moyennes aux États-Unis* (1951), Paris, Seuil, 1970, cap. 10.

◉ Calvinismo; **capitalismo**; Hegel; **moral**; Pestalozzi; puritanismo; Steele; trabalho (e legislação do); **vocação**; Weber M.

OLIVÉTAN, Pierre Robert, dito
(?1505-1538)

Pierre Robert, originário de Noyon, tal como João Calvino, seu parente, estudou em Orléans, que ele trocou por Estrasburgo na primavera de 1528, onde aprendeu hebraico com Bucer e Capiton. Em 1531, tendo recusado um cargo de pastor, tornou-se professor de crianças em Neuchâtel, preceptor em Genebra (1532) e novamente professor nos vales valdenses do Piemonte (1533). Esse interesse pedagógico foi confirmado pela publicação de uma obra intitulada *Instruction des enfans* [Instrução das crianças] em 1533, que foi reeditada em 1537. Farel e Viret o encarregaram da tradução da Bíblia para o francês, trabalho que Olivétan concluiu em menos de dois anos, consultando os textos originais e as obras dos melhores exegetas de sua época. Nos anos seguintes, ele corrigiu essa primeira tradução reformada de 1535, que permaneceu a base das revisões posteriores até a Bíblia dos pastores e professores de Genebra, de 1538. Deixou Genebra em março de 1538 e morreu na Itália no verão do mesmo ano.

Max Engammare

▶ BARTHÉLEMY, Dominique et alii, *Olivétan. Celui qui fit passer la Bible d'hébreu en français*, Bienne, Société biblique suisse, 1986; ENGAMMARE, Max, *Quelques prénoms sans noms. À la recherche du patronyme de 'l'humble et petit translateur' de la première Bible réformée en langue française*, BSHPF 133, 1987, p. 413-431; Idem, "Olivétan et les commentaires rabbiniques", em Ilana ZINGUER, org., *L'hébreu au temps de la Renaissance*, Leiden, Brill, 1992, p. 27-64; ROUSSEL, Bernard, *La Bible d'Olivétan: la traduction du livre du prophète Habaquq*, ETR 57, 1982, p. 537-557; Idem e CASALIS, Georges, orgs., *Olivétan, traducteur de la Bible*, Paris, Cerf, 1987.

◉ Bucer; Calvino; Capiton; Farel; Genebra; hebraizantes cristãos; traduções francesas da Bíblia; Viret

OPERÁRIO (mundo)

Nos países latinos, podemos observar que o mundo operário está discretamente presente, quando não é totalmente ausente, no protestantismo tradicional. Com a exceção dos lugares típicos, reminiscências da evangelização popular do século XIX, o mundo operário se origina da geração dos camponeses protestantes que migraram para as cidades no pós-guerra. Nas igrejas de linha evangélica é que foi melhor representado, sobretudo por causa da participação de cidadãos de além-mar.

Todavia, iniciativas como as da Missão Popular Evangélica (1872) ou das Equipes Operárias Protestantes (1964) na França merecem menção. Esses movimentos demonstraram o desejo de presença do protestantismo no mundo operário, que hoje tem uma porcentagem não desprezível de pessoas fora do protestantismo, o que configura uma situação missionária. Em nossos dias, o marxismo tem má fama, uma consequência da queda do comunismo, e o banho-maria em que se colocou a noção de classe oculta uma realidade para a qual esses movimentos precisam estar atentos. Ao ignorar esse fato, o protestantismo estaria privado de um meio de ajustar sua relação com os pobres. Com efeito, hoje muitas vezes se cede à tentação de deixar de lado o mundo operário, em que vivem milhões de pessoas em situação precária, para atingir os excluídos, considerados os únicos "verdadeiros" pobres.

Guy Bottinelli

▶ ISAMBERT, François André, *Christianisme et classe ouvrière*, Tournai, Casterman, 1961; KNEUBUHLER, Pierre, *Henri Roser. L'enjeu d'une terre nouvelle*, Paris, Les Bergers et les Mages, 1992; MORLEY, Jean-Paul, *La Mission populaire évangélique. Les surprises d'un engagement 1871-1984*, Paris, Les Bergers et les Mages, 1993; REDALIÉ, Yann, *Mission populaire. Itinéraires de la Mission populaire évangélique*, Genebra, Labor et Fides, 1981.

◉ Ação social; **capitalismo**; classes sociais; Congresso Evangélico Social; cristianismo social/socialismo cristão; Missão Interior; Missão Popular Evangélica; pobreza; socialismo religioso; trabalho (e legislação do)

ORAÇÃO

Ao insistir na fé somente, os reformadores não pretendiam enfatizar uma crença, mas, sim, a relação viva e confiante que une Deus aos seres humanos. Nessa relação há um lugar fundamental para a oração, que é um diálogo entre Deus e aquele que crê. A oração não é uma obra piedosa para conquistar o favor de uma divindade, mas, sim, um momento de palavra e de vida que une Deus, pessoa que fala e que escuta, à sua criatura. Os testemunhos do Antigo Testamento apontam para a oração como uma troca viva entre o povo e seu Deus, que o acompanha (cf. Êxodo e Salmos). O

Novo Testamento insiste na oração de Jesus, na relação privilegiada do Filho com o Pai para a qual os discípulos também são convidados (Gl 4.6).

O poder de orar é a expressão de uma riqueza infinita que é proposta ao ser amado. Nesse sentido, a primeira oração vem do próprio Deus, que suplica ao homem que se deixe reconciliar-se com ele (2Co 5.20s). Essa oração de reconciliação expressa a verdadeira autoridade que dá a quem se dirige o tempo para resposta. A oração humana é uma resposta à oração de Deus. Deus oferece seu amor incondicionalmente, e é por isso que a oração pode jorrar: o cristão é liberto para ouvir, louvar, pedir, interceder, gritar. Essa convicção dos reformadores, que hoje é amplamente partilhada pela maioria das igrejas cristãs, leva-nos a concluir que a vida cristã é como uma só oração. A oração não é algo que se restrinja aos cultos, mas todo ato da vida cristã se torna oração. "O cristão deve orar assim como o sapateiro faz sapatos e o costureiro faz ternos; a oração é o ofício do cristão" (afirmação atribuída a Martinho Lutero).

Entender a oração como uma postura de vida obviamente não exclui a oração nos momentos de recolhimento particular. A ação de graças, a confissão de pecados, a confissão da fé, os pedidos e as intercessões são os conteúdos importantes dessa oração. E nisso tudo há um lugar especial para o louvor: a partir do momento em que Deus o aceita como filho, o cristão tudo obtém; sua vida é marcada pela gratuidade, e a oração que corresponde a essa gratuidade é o louvor a Deus. Essa certeza inclui a necessidade de luta com Deus, no diálogo da oração que aspira a ser respondida de acordo com a promessa de Deus (Gn 18.16s; Lc 18.1-8).

A Reforma Protestante voltou a valorizar a oração tanto individual quanto comunitária, com a edição de livros para uso individual ou familiar. A oração comunitária obteve um novo lugar com a redefinição do culto, momento privilegiado do encontro com Deus. Essa oração não é somente falada, mas também cantada. As tradições protestantes desenvolveram uma piedade em que a oração cantada é central, seja no coral luterano, seja nos salmos do culto reformado.

André Birmelé

▸ ALLMEN, Jean-Jacques von, *Célébrer le salut. Doctrine et pratique du culte chrétien*, Genebra-Paris, Labor et Fides-Cerf, 1984; ARNOLD, Matthieu, *Prier 15 jours avec Luther*, Paris, Nouvelle Cité, 1998; BIRMELÉ, André, org., *La tradition luthérienne*, Chambray, CLD, 1981; BUTTE, Antoinette, *L'offrande, office sacerdotal de l'Église*, Saint-Étienne-du-Grès, Communauté de Pomeyrol, 1965; CHAPAL, Roger e PELLEGRIN, Jean, orgs., *La tradition calvinienne*, Chambray, CLD, 1981; MOLLA, Serge, org., *Voix ferventes. Prières afro-américaines, XVIIIe-XXe siècles*, Genebra, Labor et Fides, 2004; MOTTU, Henry, *La prière et les mouvements théologiques actuels, Bulletin du Centre protestant d'études* 20/4, Genebra, 1968, p. 5-32.

⊙ Coral luterano; desejo; doxologia; **espiritualidade**; fé; liturgia; *Livro de oração comum*; **predestinação e Providência**; *Saltério huguenote*

ORANGE

No território francês, enclave que pertenceu à casa de Nassau de 1530 a 1702. No início das guerras de religião, o massacre de protestantes em Orange, no ano de 1562, suscitou violentas represálias da parte do barão dos Adrets, em Vivarais e no Delfinado. O principado se tornou então um refúgio para os inúmeros huguenotes do sul da França que foram perseguidos: estima-se que seu número de fato foi superior a quatro mil, dos quais sessenta eram pastores. As tropas francesas investiram contra Orange em 1660 e em 1672, e Luís XIV comandou uma dragonada contra a região em outubro de 1686; suas tropas só desocuparam o local com a Paz de Ryswick, em 1697. O principado foi anexado à França em 1702. Uma universidade que havia sido fundada em 1365 se tornou academia protestante em 1573.

Hubert Bost

▸ ARNAUD, Eugène, *Histoire des protestants de Provence du Comtat Venaissin et de la principauté d'Orange* (1884), 2 vols., Genebra, Slatkine, 1979; BOURRILLY, Victor Louis, *Les protestants de Provence et d'Orange sous Louis XIV*, BSHPF 71, 1922, p. 7-40; MOREIL, Françoise, *Récit de la révocation de l'Édit de Nantes dans la principauté d'Orange: les aventures du pasteur Aunet* (1685-1697), *BSHPF* 147, 2001, p. 425-434.

⊙ Academias; dragonada; guerras de religião

ORDEM DE SÃO JOÃO DE JERUSALÉM

A Ordem de São João de Jerusalém é uma ordem de cavalaria protestante que se originou da Ordem católica soberana militar dos Hospitaleiros de São João de Jerusalém, também chamados cavaleiros de Rhodes e, algum tempo depois, cavaleiros de Malta, cuja origem remonta ao século XII. Essa ordem compreende dois ramos: *The grand priory of the british realm of the most venerable Order of the Hospital of Saint John of Jerusalem*, cujas atividades foram interrompidas por Elizabeth I e restauradas pela rainha Vitória (1888), e a *Balley Brandenburg des Ritterlichen Ordens Sankt Johannis vom Spital zu Jerusalem*, grupo relativamente independente dentro da ordem católica desde 1382, que aderiu ao protestantismo na Reforma e hoje reúne as comendadorias alemã, finlandesa, francesa, húngara e suíça, assim como as associações austríacas e de além-mar; dentre elas se destacam as comendadorias da Suécia (1945) e dos Países Baixos (1946). Uma Aliança (1961) reagrupa as quatro ordens protestantes, que também têm laços com a Ordem de Malta. Na Suíça, a Ordem católica, secularizada nos cantões protestantes no século XVI e nos cantões católicos no início do século XIX, foi restaurada em 1961. Uma comendadoria protestante constituída em 1937 se anexou ao distrito de Brandenburgo em 1948. A Ordem de São João manteve de suas origens medievais dois elementos básicos: a defesa da fé cristã e a ajuda aos desfavorecidos.

Jean-Louis Leuba

▶ CHAFFANJON, Arnaud e GALIMARD FLAVIGNY, Bertrand, *Ordres et contre-ordres de chevalerie*, Paris, Mercure de France, 1982; RÖDEL, Walter Gerd, *Der Ritterliche Orden St. Johannis vom Spital zu Jerusalem. Ein Abriß seiner Geschichte. Handreichung für Mitglieder und Freunde des Ordens und seiner Werke* (1986), Nieder-Weisel, Johanniter-Ordenshaus, 1989.

⊙ Frederico Guilherme IV

ORDENANÇAS ECLESIÁSTICAS

Geralmente promulgadas pelas autoridades temporais, as ordenanças eclesiásticas protestantes pretendem resolver a questão da organização das novas igrejas protestantes, uma questão levantada pelo desenvolvimento de doutrinas após a guerra dos camponeses. Elaborada por teólogos — dentre os quais podemos citar os luteranos Johannes Bugenhagen (1485-1558), Johannes Brenz (1499-1570), Caspar Cruciger (1504-1548) e Martin Bucer (1491-1551) ou os reformados João Calvino (1509-1564), Leo Jud (1482-1542), Jan Laski (1499-1560) —, essa abundante legislação eclesiástica, com base na doutrina protestante, regulamentou o cotidiano da instituição e, nos territórios protestantes, substituiu o direito canônico, assim como os missais, rituais e breviários.

Basicamente, as ordenanças luteranas são compostas de formulações doutrinárias, e algumas delas tomam a forma de verdadeiras dogmáticas ou catecismos; de prescrições para o culto (administração dos sacramentos; agendas para o tempo ordinário, as festas e as ofertas; florilégios de oração coleta); de disposições para o exame, a ordenação, a remuneração e a revogação dos pastores; diretrizes para o ministério dos leigos na igreja (sacristão, organista, tocador de sinos etc.). Logo surgiu uma segunda geração de ordenanças, levando em consideração a experiência das visitações, essas comissões de juristas e teólogos que percorrem as paróquias para examinar o conhecimento do clero e zelar pelo bom exercício do ministério pastoral, constatar o nível cultural e os costumes dos membros das igrejas e controlar seu comportamento religioso, estabelecer o inventário dos bens da cúria e da fábrica (o que é da alçada da gestão material de uma paróquia e da administração de seus bens). Essas novas ordenanças, bem mais detalhadas, não somente abrangem o cotidiano da igreja no sentido estrito, mas se estendem às áreas civil, social, econômica e cultural.

As ordenanças eclesiásticas reformadas diferem das luteranas na medida em que se concentram essencialmente na disciplina e na estrutura da igreja, mantendo à parte as observações cultuais e litúrgicas, que são da alçada das instâncias eclesiásticas. É o caso das ordenanças eclesiásticas de 1541, em que Calvino, após mencionar os quatro ministérios (pastores, doutores, anciãos e diáconos) como pilares da igreja, aborda a "polícia da igreja" (ofertas, cura das emoções, instrução religiosa, capelania, excomunhão etc.). É também o caso do *First Book of Discipline*, de 1560, da igreja da Escócia, que é apenas uma adaptação das ordenanças genebrinas com um complemento litúrgico, o *Book of Common Order*, de 1564, ou ainda da *Disciplina das Igrejas Reformadas da França*, adotada em 1559.

Lucie Kaennel

▶ **Fontes:** NIESEL, Wilhelm, org., *Bekenntnisschriften und Kirchenordnungen der nach Gottes Wort reformierten Kirche*, Zurique, Theologische Buchhandlung, 1985; RICHTER, Aemilius Ludwig, org., *Die evangelischen Kirchenordnungen des sechszehnten Jahrhunderts. Urkunden und Regesten zur Geschichte des Rechts und der Verfassung der evangelischen Kirche in Deutschland* (1846), 2 vols., Nieuwkoop, de Graaf, 1967; SEHLING, Emil, org., *Die evangelischen Kirchenordnungen des XVI. Jahrhunderts*, Leipzig, Reisland, mais tarde Tübingen, Mohr, 1902ss (reimpressão dos cinco primeiros tomos: Aalen, Scientia, 1970). **Literatura secundária:** SEHLING, Emil, *Geschichte der protestantischen Kirchenverfassung* (1907), Leipzig, Teubner, 1914; PLATHOW, Michael e SPRENGLER-RUPPENTHAL, Anneliese, *Kirchenordnungen*, em TRE, t. XVIII, 1989, p. 670-713; TSCHACKERT, Paul, *Die Entstehung der lutherischen und der reformierten Kirchenlehre samt ihren innerprotestantischen Gegensätzen*, Göttingen, Vandenhoeck & Ruprecht, 1910.

◉ **Autoridade**; Bugenhagen; disciplina; excomunhão

ORDENS MONÁSTICAS

Já presente no mundo grego e no oriental, o monaquismo cristão assume diversas formas, encontrando as raízes de uma ascese no apelo para tudo abandonar e seguir Jesus (Mt 16.21,28), assim como nos jejuns e nas vigílias de Paulo (2Co 6.5s). As condições para a pauperização e o campesinato, sobretudo no Egito do final do século III, impulsionam alguns cristãos a uma vida de isolamento no deserto. Esta também foi uma resposta a uma crise da igreja e ao apelo para o martírio. O monge é aquele que abandonou tudo para buscar, através do autoconhecimento, a unidade de seu ser com Deus. Vive sozinho (ermitão ou anacoreta) ou em comunidade (cenobitismo). Antão (251-356), Pacômio (292-346) e Evágrio (?345-?399) e Simeão Estilita (?390-459) são considerados os pais do monaquismo.

As *Regras* de Basílio e Pacômio foram introduzidas no Ocidente a partir do século IV. Em 529, Bento de Núrsia promulgou a *Regra* que leva seu nome e que se impôs no Ocidente a partir do século VII. Sob formas renovadas (beneditinos, cistercienses e cluniacenses), os monastérios constituíram verdadeiros microcosmos, desempenhando um papel considerável não somente na vida espiritual, mas também na preservação da cultura e na pesquisa de novas tecnologias. As Cruzadas e a expansão ocidental para o leste da Europa foram acompanhadas por ordens de cavalaria, como os templários (1118) e os teutônicos (1196). A partir do século XII, com o crescimento das cidades, os agostinianos se desenvolveram junto com as catedrais. Em seguida, foram fundadas as ordens dos dominicanos (1216) e a dos franciscanos (1221). Surgiu uma literatura considerável na área teológica e espiritual, por exemplo, com Bernardo de Claraval. Com a Reforma, as ordens monásticas foram questionadas e, no Concílio de Trento, foram objeto de profundas transformações. Em 1540, foi fundada a Companhia de Jesus. Até hoje, são criadas inúmeras novas ordens católicas.

A crítica protestante, principalmente a de Lutero, concentra-se em três pontos teológicos: primeiro, a recusa de considerar três estados distintos na igreja (batizado, padre e monge); segundo, a oposição à ideia de escolha do martírio; terceiro, o questionamento acerca dos votos. Percebendo o martírio como uma das consequências da fé no Cristo crucificado, Lutero rejeitou a concepção de um sofrimento meritório. Além disso, é neste mundo, e não fora dele, que o martírio deve ser suportado. Essas críticas são paralelas a uma convicção bastante presente sobre a autonomia do mundo secular (dinheiro, política, sexualidade, cultura etc.). No entanto, posteriormente, nada disso impediria a criação de comunidades religiosas protestantes.

Antoine Reymond

▶ ESNAULT, René Henri, *Luther et le monachisme aujourd'hui. Lecture actuelle de "De votis monasticis judicium"*, Genebra, Labor et Fides, 1964; JUNOD, Éric, *Les sages du désert*, Genebra, Labor et Fides, 1991; *Monachisme/protestantisme*, Foi et Vie 93/2, 1994; MOULIN, Léo, *La vie quotidienne des religieux au Moyen Âge. X^e-XVe siècle* (1978), Paris, Hachette, 1987.

◉ Ascese; celibato; comunidades religiosas; diaconisas; **protestantismo**; Schutz; secularização; Taizé; Thurian; **vocação**; votos

ORGANIZAÇÕES ECLESIÁSTICAS

O protestantismo não admite magistério eclesiástico, reconhecendo uma autoridade somente funcional nos que presidem as igrejas e nos bispos. Desta maneira, a organização das igrejas protestantes, ainda que seja diversificada de acordo com cada denominação, de modo geral se baseia em uma estrutura piramidal de assembleias e em um colegiado. Essa estrutura se torna particularmente clara no sistema presbítero-sinodal que caracteriza a maior parte das igrejas reformadas e algumas igrejas luteranas. Na base desse sistema estão as paróquias ou igrejas locais e seus conselhos (ou presbitérios), compostos de um pastor (ou de pastores) e de leigos eleitos para liderar a igreja junto com os pastores. O sínodo é o órgão soberano da igreja que toma todas as decisões quanto a doutrina, disciplina e organização, assim como em relação a orientações gerais que regem o cotidiano da igreja. Os sínodos são compostos de leigos e pastores, em proporção igual ou desigual em favor dos leigos: dessa maneira, os leigos estão presentes em todos os níveis do governo da igreja.

Outras igrejas protestantes, como as igrejas batistas, são organizadas de acordo com o modelo congregacional. Nesse caso, como a igreja é identificada com a comunidade reunida dos fiéis, cada igreja local (congregação) é autônoma. As federações das igrejas locais não têm um poder muito grande. Porém, como demonstrou o sociólogo Paul Harrison em relação aos batistas americanos, quando a preocupação com uma conformidade doutrinária exige uma regulação cerrada quanto à orientação religiosa, o papel dos órgãos dirigentes é fortemente acentuado.

Igrejas protestantes que, tais como as igrejas luteranas e metodistas, aceitam as funções de bispo ou inspetor eclesiástico, não têm uma estrutura episcopal, já que o bispo protestante só exerce uma autoridade funcional, com um mandato limitado. Em sua tendência *High Church*, a Igreja Anglicana reivindica um sistema episcopal semelhante ao da Igreja Católica, com uma forte ênfase na noção de sucessão apostólica.

Jean-Paul Willaime

▶ HARRISON, Paul M., *Authority and Power in the Free Church Tradition. A Social Case Study of the American Baptist Convention* (1959), Carbondale, Southern Illinois University Press, 1971; MEHL, Roger, "Problèmes institutionnels dans le protestantisme français", *Revue de droit canonique* 25, 1975, p. 233-248; REYMOND, Bernard, *Entre la grâce et la loi. Introduction au droit ecclésial protestant*, Genebra, Labor et Fides, 1992; SPIEGEL, Yorick, *Kirche als bürokratische Organisation*, Munique, Kaiser, 1969.

● **Autoridade**; bispo; congregacionalismo; conselheiros, presbíteros ou anciãos; hierarquia; liderança da igreja; presbítero-sinodal (sistema); sínodo

ORIENTE PRÓXIMO

Geógrafos, historiadores e politólogos estão longe de um acordo quanto à delimitação dessa zona tampão entre a Europa (o Ocidente) e a Ásia (o Oriente), onde surgiram e se desenvolveram prodigiosas civilizações e religiões, mas que não cessou de ser um território de confrontos entre grandes impérios. Ao menos é preciso distinguir entre o Oriente Próximo setentrional indo-europeu dos planaltos (Anatólia, Armênia, Irã) e o Oriente Próximo mediterrâneo e semita (Mesopotâmia, Siro-Fenícia, Palestina, Arábia, às quais podemos ainda acrescentar Egito e Chipre). Esse Oriente mediterrâneo é que é considerado o Oriente Próximo propriamente dito.

Em sua maioria, por sua situação geográfica, esses países têm uma história e uma memória comuns, constituídas através de línguas que são vizinhas bem próximas, ditas semíticas, com sua estrutura gramatical e raízes verbais semelhantes: o egípcio, o aramaico, o hebraico, o árabe. Entretanto, essas regiões são povoadas por grupos étnicos e religiosos extremamente variados e justapostos, em sociedades que, apesar das aparências, são pluralistas. Assim, há não somente judeus, cristãos e muçulmanos (e zoroastrianos no Irã), mas também judeus ortodoxos, liberais e messiânicos; muçulmanos sunitas, xiitas, drusos, alauitas; cristãos latinos, maronitas, gregos, sírios, armênios, ortodoxos coptas e católicos, assírios e aramaicos de rito nestoriano ou caldeus.

A partir do início do século XIX, estiveram presentes de um modo significativo no Oriente Próximo missões protestantes de todas as denominações, contribuindo para modelar a paisagem cultural e religiosa da região. São suas realizações a tradução e a divulgação da Bíblia na língua árabe, a criação de hospitais e dispensários, instituições de ensino secundário e universitário como, em Beirute, a Universidade Americana, a Escola de Teologia do Oriente Próximo, o Colégio Protestante Francês etc. O número de protestantes no Oriente Próximo varia muito de acordo com as fontes, perfazendo, de modo geral, 0,9% a 1,2% da população: no Egito, 130 a 200 mil; no Líbano, dez a vinte mil; na Síria, dez a dezoito mil; no Irã, cinco a nove mil; na Turquia, cinco mil; na Arábia Saudita, cinco mil; em Israel, cinco mil; nos territórios ocupados, 2.500 a 4.800; na Jordânia, cinco a dez mil; no Iraque, dez mil. A maioria dessas igrejas originadas das missões protestantes faz parte hoje do Conselho de Igrejas do Oriente Médio (em inglês, *Middle East Council of Churches*).

Estima-se que o número total de cristãos no Oriente Próximo é de cerca de dez milhões. Porém, a dura condição sob a qual vivem costuma levá-los a emigrar para os países ocidentais. Essa tentação é particularmente grande no leste de Jerusalém e nos territórios ocupados em que, há muitos anos, a política israelense consiste em expoliar os palestinos de suas riquezas materiais, humanas, espirituais e religiosas. De 1975 a 1990, cerca de um milhão de cristãos escolheram a emigração e, hoje, menos de 2% da população hierosolimita permanece ainda cristã.

Por esse motivo, igrejas protestantes e demais comunidades cristãs árabes entraram com convicção para a resistência à política de anexação do Estado israelense e à tentação de fuga para o estrangeiro. O bispo atual da Igreja Episcopal Árabe, monsenhor Elias Khoury, foi eleito presidente do comitê executivo da Organização para a Libertação da Palestina, na qual também estão presentes outros seis representantes cristãos. Em consequência, foi proibido de viajar para Jerusalém e Ramallah, sendo obrigado a morar em Amã, na Jordânia. Outra notória personalidade anglicana, Maim Ateek, fundou um centro ecumênico de teologia da libertação, Sabeel, que luta pelo estabelecimento de um território palestino independente e pelo diálogo aberto com as comunidades judaicas e muçulmanas com respeito por suas diferenças respectivas. Infelizmente, nos dias de hoje o Ocidente parece ter permanecido indiferente à sorte dessas comunidades.

Jean-Paul Gabus

▶ ATEEK, Naim Stifan, *Justice, and only Justice. A Palestinian Theology of Liberation*, Maryknoll, Orbis Books, 1989; BOULOS, Jawad, *Les peuples et les civilisations du Proche-Orient*, 5 vols., Haia, Mouton, 1961-1968; CORBON, Jean, *L'Église des Arabes*, Paris, Cerf, 1977; CORM, Georges, *Le Proche-Orient éclaté, 1956-2000*, Paris, Gallimard, 1999; GARELLI, Paul, *Le Proche-Orient asiatique. Des origines à l'invasion des peuples de la mer*, Paris, PUF, 1982; HORNER, Norman A., *A Guide to Christian Churches in the Middle East. Present-Day Christianity in the Middle East and North Africa*, Elkhart, Mission Focus, 1989 (reeditado de *Rediscovering Christianity where It Began*, 1974); HORNUS, Jean-Michel, *Cent cinquante ans de présence évangélique au Proche-Orient*, Foi et Vie 78/2, 1979, p. 5-108; JARGY, Simon, *L'Orient déchiré entre l'Est et l'Ouest (1955-1982)*, Genebra-Paris, Labor et Fides-Publications orientalistes de France, 1984; *Les communautés chrétiennes dans le monde musulman arabe*, Proche-Orient chrétien 47/1-3, 1997; VALOGNES, Jean-Pierre, *Vie et mort des chrétiens d'Orient. Des origines à nos jours*, Paris, Fayard, 1994.

○ África mediterrânea; Ásia; **missão**

ORTHEZ

Antiga capital de Béarn, onde foi criado um colégio protestante (transferido de Lescar) em 1564. A instituição foi alçada à categoria de academia em 1566 e de universidade em 1583, com diplomas não só em teologia, mas também em direito, ciências e medicina. Pierre Viret (1511-1571) ocupou o cargo de diretor da Academia de Teologia. Depois dele, ocuparam a mesma função teólogos como Nicolas des Gallars (1520-?1572) e Lambert Daneau (?1530-1595). Béarn foi anexado à França, o que levou à sua supressão em 1620. A cidade foi dragonada em julho de 1685, no final da campanha de conversões lideradas pelo intendente Foucault. Apesar das abjurações em massa, muitos orthezianos continuaram a confessar em segredo a fé huguenote. A partir do final do século XVII, houve várias assembleias no Deserto. Por volta de 1750, a ação clandestina dos protestantes de Béarn foi confederada pelo pastor Deferre. Em 1899, o pastor Jean Roth criou o jornal *L'avant-garde* [A vanguarda] para promover a evangelização das massas operárias e camponesas.

Hubert Bost

▶ Centro de Estudo do Protestantismo de Béarn, *L'Église protestante d'Orthez (XVIᵉ-XXᵉ siècle)*, Orthez, Église réformée d'Orthez, 1990; GARRISSON, Janine, *L'Académie d'Orthez au XVIᵉ siècle*, em *Arnaud de Salette et son temps. Le Béarn sous Jeanne d'Albret. Colloque international d'Orthez, 16, 17 et 18 février 1983*, Orthez, Per Noste, 1984, p. 77-88; PLANTÉ, Adrien, *L'université protestante du Béarn. Documents inédits du XVIᵉ siècle*, Pau, Ribaut, 1886.

⊙ Academias; Béarn; Daneau; Deserto; dragonada; Viret

ORTODOXA (Igreja Oriental)

A ortodoxia é um dos três grandes ramos do cristianismo. Em geral, a região de seu desenvolvimento foi o Leste Europeu, ainda que tenham sido criadas comunidades ortodoxas em outros locais. Em sua maioria organizadas em igrejas nacionais e autogovernadas em meio às quais o patriarca de Constantinopla exerce uma "primazia honorária", as comunidades ortodoxas estão ligadas entre si pelo reconhecimento dos sete primeiros concílios ecumênicos, desde o Primeiro Concílio de Niceia, em 325, até o Segundo Concílio de Niceia, em 787. Separada do Ocidente desde o Grande Cisma de 1054, cuja questão central foi a precessão do Espírito do Pai e do Filho (*filioque*), a Igreja Ortodoxa desenvolveu um modo de agir e de ser bastante particular. São os pontos fundamentais da ortodoxia o lugar de destaque reservado ao Espírito Santo, uma ampla e desenvolvida liturgia, a leitura da Palavra de Deus na igreja, o estudo das sínteses elaboradas pelos primeiros teólogos cristãos (os Pais da igreja, principalmente os orientais) e uma teologia de origem essencialmente monástica, portanto do autoconhecimento.

Com a Reforma (que afetou a igreja do Ocidente), a leitura dos Pais da igreja teria fornecido uma base para o diálogo entre o protestantismo que surgia e a ortodoxia; porém esse diálogo foi praticamente inexistente. No século XX, foi na área da patrística que se deram reencontros, concretizados com a participação dos ortodoxos no Conselho Mundial de Igrejas. Cabe assinalar que o patriarcado ecumênico de Constantinopla, assim como demais igrejas ortodoxas e algumas igrejas ortodoxas não calcedonianas, faz parte do CMI desde seus primórdios, enquanto a Igreja Ortodoxa Russa e outras igrejas ortodoxas do antigo bloco soviético só seguiram o exemplo das primeiras em 1961. Há vários anos, são empreendidos diálogos bilaterais ou multilaterais, que encontram um obstáculo sobretudo na questão da oposição entre fé e obras. Para a ortodoxia, o ser é plenamente livre desde o primeiro ato de vontade, que é a manifestação de seu desejo por Deus e uma preparação para a acolhida da graça. Assim, o ser é "à imagem de Deus" ainda que a possibilidade dessa "semelhança" plena e completa deva ser restaurada através da graça batismal. Da mesma forma, deve-se prosseguir com a reflexão sobre a natureza da instrumentalidade da igreja. Além dos diálogos, observa-se que a profundidade espiritual dos Pais orientais é hoje, para muitos protestantes e também muitos católicos, um acompanhamento importante no desejo de aprofundamento da fé; nota-se também que a Igreja Anglicana sempre manifestou historicamente uma simpatia em relação à ortodoxia oriental.

Antoine Reymond

▶ BIRMELÉ, André, *Le salut en Jésus-Christ dans les dialogues oecuméniques*, Paris-Genebra, Cerf-Labor et Fides, 1986 (em especial p. 423-472); BORRELY, André e EUTIZI, Max, *L'oecuménisme spirituel*, Genebra, Labor et Fides, 1988; CLÉMENT, Olivier, *Sources. Les mystiques chrétiens des origines. Textes et commentaires*, Paris, Stock, 1982; *Dieu est vivant. Catéchisme pour les familles*, Paris, Cerf, 1987 (por uma equipe de cristãos ortodoxos); GISEL, Pierre, *La subversion de l'Esprit. Réflexion théologique sur l'accomplissement de l'homme*, Genebra, Labor et Fides, 1993; MEYENDORFF, Jean, *Initiation à la théologie byzantine*, Paris, Cerf, 1975; VISSER'T HOOFT, Willem Adolf, *Le catholicisme non-romain*, Paris, Foi et Vie, 1933.

⊙ Bálticos (países); catolicismo; Conselho Mundial de Igrejas; Conselho Mundial de Igrejas (Assembleias do); **ecumenismo**; Espírito Santo; *filioque*; ortodoxia protestante; Romênia; Rússia

ORTODOXIA PROTESTANTE

O termo "ortodoxia" (literalmente, "opinião reta") é aplicado no catolicismo do Oriente (igrejas ortodoxas) ao conjunto das doutrinas que, sob a influência dos grandes teólogos da era patrística, foram definidas nos sete primeiros concílios ecumênicos: Niceia (325), Constantinopla (381), Éfeso (431), Calcedônia (451), Constantinopla (553), Constantinopla

(680) e Niceia (787). No catolicismo do Ocidente o termo é também aplicado às doutrinas que foram definidas nos quatorze concílios da Igreja Romana, desde o Concílio de Constantinopla em 869 até o Concílio Vaticano II (1962-1965). Nesse sentido, opõe-se à heterodoxia (doutrinas outras, diferentes) e à heresia (doutrinas originadas de uma escolha considerada arbitrária). Se ambas as igrejas reivindicam, em substância, os dois atributos de catolicidade e ortodoxia, a igreja do Ocidente tomou para si o primeiro, enquanto o segundo ficou reservado para a igreja do Oriente, sobretudo depois do século XVII.

No protestantismo, luterano e reformado, o termo "ortodoxo" define a sistematização da doutrina dos reformadores, incluindo o reconhecimento dos quatro primeiros concílios ecumênicos, tal como essa doutrina foi elaborada no século XVII. Dentre seus representantes, podemos citar, no luteranismo, Johann Gerhard (1582-1637), Georg Calixt (1586-1656), Abraham Calov (1612-1686), Valentin Ernst Löscher (1673-1749), Jakob Carpov (1699-1768); no campo reformado, François Gomar (1563-1641), Pierre Du Moulin (1568-1658), Antonius Walaeus (1573-1639), Johannes Wolleb (1586-1629), Samuel Maresius (ou des Marets, 1599-1673), François Turrettini (1623-1687), Jean-Henri Heidegger (1633-1698), Bénédict Pictet (1655-1724). O trabalho dos teólogos do século XVIII — como o famoso "triunvirato helvético", composto por Samuel Werenfels (1657-1704), de Basileia, Jean-Frédéric Ostervald (1663-1747), de Neuchâtel, e Jean-Alphonse Turrettini (1671-1737), de Genebra — recebeu o nome de ortodoxia "esclarecida", para harmonizar as doutrinas protestantes tradicionais com a filosofia da *Aufklärung*. Em nossos dias, compreendemos como ortodoxa a posição teológica que admite como ponto de partida para a reflexão a autoridade dos dados da Escritura e das doutrinas conformes à Escritura, à diferença do liberalismo teológico, que estima que esses dados só têm autoridade na medida em que correspondem às luzes — científicas, filosóficas, religiosas — que o homem possui por sua natureza e sua situação histórica. A ortodoxia protestante contemporânea se apresenta sob duas formas mais importantes. Para alguns, que nesse sentido se encontram próximos ao catolicismo, a fé cristã consiste essencialmente na adesão do espírito humano à letra dos textos bíblicos e doutrinários. Para os outros, os textos bíblicos e doutrinários são sinalizadores absolutamente indispensáveis no caminho dos cristãos que marcham para seu encontro existencial com o Deus trino, realizado sob a influência do Espírito Santo, que ilumina a letra e revela seu sentido.[1]

Jean-Louis Leuba

▶ DELLSPERGER, Rudolf, *Der Beitrag der 'Vernünftigen Orthodoxie' zur innterprotestantischen Ökumene. Samuel Werenfels, Jean-Frédéric Ostervald und Jean-Alphonse Turrettini als Unionstheologen*, em Heinz DURCHHARDT e Gerhard MAY, orgs., *Union, Konversion, Toleranz. Dimensionen der Annäherung zwischen den christlichen Konfessionen im 17 und 18. Jahrhundert*, Mayence, Philipp von Zabern, 2000, p. 289-300; ENCREVÉ, André, *Les protestants français au milieu du XIXe siècle. Les réformés de 1848 à 1870*, Genebra, Labor et Fides, 1986; HEPPE, Heinrich, *Die Dogmatik der evangelisch-reformierten Kirche* (1935), Neukirchen, Neukirchener Verlag, 1958; PERRIRAZ, Louis, *Histoire de la théologie française*, t. IV: *De Calvin à la fin du XIXe siècle*, Neuchâtel, Messeiller, 1961; PITASSI, Maria-Cristina, *De l'orthodoxie aux Lumières, Genève 1670-1737*, Genebra, Labor et Fides, 1992.

▶ Beza; Cameron; cartesianismo; catolicismo; Chladenius; confissão de fé; *Consensus Helveticus*; Daneau; dogma; doutrina; Du Moulin; *Fórmula de Concórdia*; Gerhard; Hollaz; Iena; liberalismo teológico; liberdade; Luzes; Marbach; Martini; neoprotestantismo; Ortodoxa (Igreja Oriental); "ortodoxia radical"; Ostervald; Pictet; Saurin; Simbólicos (Escritos); Tronchin L.; Turrettini F.; Turrettini J.-A.; Voetius; Werenfels; Wettstein; Zanchi

"ORTODOXIA RADICAL"

A "ortodoxia radical" (*Radical Orthodoxy*) é o movimento teológico que tomou forma na Universidade de Cambridge ao longo da última década do século XX. Depois de sua

---

[1] [NT] Observa-se que a tendência é para a neo-ortodoxia, que pensa combater o liberalismo teológico, mas está aberta a vários erros graves. "Autoridade dos dados da Escritura" é muito diferente de "autoridade da Escritura", expressão que o autor cuidadosamente evitou. Ele também tenta desqualificar implicitamente a posição teológica conservadora associando-a ao catolicismo e a uma leitura "literalista" da Escritura na qual nenhum papel é atribuído ao Espírito Santo. Ao fazer isso, atribui à leitura bíblica um excesso de liberdade ao afirmar que os textos bíblicos são "sinalizadores", e que o encontro com Deus é "existencial", o que faz transparecer o subjetivismo inerente à neo-ortodoxia.

obra *Teologia e teoria social*, publicada originalmente em 1990, o teólogo John Milbank (1952-) publicou um livro programático intitulado *Radical Orthodoxy. A New Theology* [Ortodoxia radical: uma nova teologia], com a colaboração de outros professores anglicanos (Catherine Pickstock e Graham Ward) e de alguns colegas católicos romanos de língua inglesa. Criou-se em torno dessa segunda publicação uma corrente ecumênica que conta com vários católicos romanos (William Cavanaugh; na francofonia, Adrian Pabst, Olivier--Thomas Venard etc.), assim como teólogos reformados (James K. Smith) e metodistas (D. Stephen Long). A noção de ortodoxia não se relaciona com uma denominação ou confissão particular, mas foi elaborada para enfatizar a herança cristã comum do primeiro milênio. O movimento se considera radical por defender a renovação do *Social Christianity* (cristianismo social), um cristianismo crítico em relação ao liberalismo econômico e ao individualismo político, que são denunciados como formas de egoísmo que se opõem à ética cristã.

De um modo mais fundamental, o termo "radical" designa uma crítica sobre as fontes da modernidade. Na situação pós-moderna, com seus meios conceituais, a "ortodoxia radical" denuncia o fato de que os atores das ciências sociais contemporâneas tendem a negar as origens cristãs dessas ciências e, em paralelo, desenvolver "paródias" e "versões heréticas" da posição cristã ortodoxa. De acordo com a "ortodoxia radical", o problema principal reside na noção unívoca do ser, descrita a partir do final da Idade Média por pensadores como Duns Scott e Suarez. Essa noção situa Deus no mesmo nível que o mundo e engendra duas consequências: primeira, Deus precisa justificar-se diante do mundo, o que fatalmente resulta em ateísmo; segunda, como a modernidade dominante exclui a participação do mundo em Deus — que, no entanto, é quem lhe dá valor e existência —, são abertos grandes portais para o niilismo.

Contra a corrente dominante, a "ortodoxia radical" defende uma modernidade que se aproprie da tradição de Platão, Agostinho de Hipona, Gregório de Nissa, assim como de uma nova interpretação de Tomás de Aquino e da "nova teologia" (Henri de Lubac). No contexto moderno, a "ortodoxia radical" pode ser localizada entre as posições minoritárias representadas por Christopher Smart, Johann Georg Hamann, Kierkegaard, Chesterton e Péguy. No rastro de sua crítica fundamental, a "ortodoxia radical" favorece uma teologia que não mais busca justificar-se diante da modernidade e das ciências contemporâneas, mas que desenvolve uma visão própria de Deus, das ciências e da vida social. São as ideias centrais de um desenvolvimento posterior uma ontologia voltada para a participação em Deus e a encarnação, uma concepção litúrgica da linguagem e uma visão eucarística da experiência do corpo.

Martin Leiner

▶ CAVANAUGH, William T., *Eucharistie et mondialisation. La liturgie comme acte politique*, Genebra, Ad Solem, 2001; MILBANK, John, *Teologia e teoria social: para além da razão secular* (1990), São Paulo, Loyola, 1995; Idem, *The Word Made Strange. Theology, Language, and Culture*, Oxford, Blackwell, 1997; Idem, PICKSTOCK, Catherine e WARD, Graham, orgs., *Radical Orthodoxy. A New Theology*, Londres, Routledge, 1998; LONG, D. Stephen, *Radical Theology*, em Kevin J. VANHOOZER, org., *The Cambridge Companion to Postmodern Theology*, Cambridge, Cambridge University Press, 2003, p. 126-145; PABST, Adrian, *De la chrétienté à la modernité? Lecture critique des thèses de Radical Orthodoxy sur la rupture scotiste et ockhamienne et sur le renouveau de la théologie de saint Thomas d'Aquin*, Revue des sciences philosophiques et théologiques 86, 2002, p. 561-598; Idem e VENARD, Olivier-Thomas, *Radical Orthodoxy. Pour une révolution théologique*, Genebra, Ad Solem, 2004; PICKSTOCK, Catherine, *After Writing. On the Liturgical Consummation of Philosophy*, Oxford, Blackwell, 1997; SMITH, James K. A., *Introducing Radical Orthodoxy. Mapping a Post-Secular Theology*, Grand Rapids, Baker Academic, 2004; Idem, *Speech and Theology. Language and the Logic of Incarnation*, Londres-New York, Routledge, 2002; Idem, org., *Radical Orthodoxy and the Reformed Tradition. Creation, Covenant, and Participation*, Grand Rapids, Baker Academic, 2005; WARD, Graham, *Barth, Derrida, and the Language of Theology* (1995), Cambridge, Cambridge University Press, 1998; Idem, *Cities of God*, Londres, Routledge, 2000.

OSIANDER, Andreas (1498-1552)

Osiander exerceu uma influência decisiva na Reforma luterana em Nuremberg e em sua região. Participou do diálogo entre Lutero e Zwinglio em Marburgo (1529) e foi um dos teólogos presentes na Dieta de Augsburgo (1530). Após 1548, Osiander, então em Kaliningrado (Prússia Oriental), esteve no centro de um conflito sobre a compreensão da justificação. Afirmou uma justiça "essencial", uma divinização do homem pela presença da natureza divina de Cristo nele. Essa ideia deve ser distinguida da reconciliação ou da salvação que precisa sempre ser renovada entre Deus e o homem. Para Osiander, a "imputação" ao homem da justiça de Deus — de acordo com os ensinos de Lutero — seria somente uma redução da justificação, atentando contra o próprio ser de Deus que deseja habitar no ser humano. Filipe Melâncton (1497-1560), Mathias Flacius Illyricus (1520-1575) e Martin Chemnitz (1522-1586) rejeitaram essa ideia. Depois de Osiander, o debate caracterizaria o luteranismo durante algumas décadas.

André Birmelé

▶ OSIANDER, Andreas, *Gesamtausgabe*, org. por Gerhard MÜLLER, Gütersloh, Mohn, 10 vols., 1975-1997; HIRSCH, Emanuel, *Die Theologie Osianders und ihre geschichtlichen Voraussetzungen*, Göttingen, Vandenhoeck & Ruprecht, 1919; SEEBASS, Gottfried, *Das reformatorische Werk des Andreas Osiander*, Nuremberg, Selbstverlag des Vereins für bayerische Kirchengeschichte, 1967.

⊙ Flacius Illyricus; justificação; Marburgo (Colóquio de); Melâncton; **salvação**

OSTERVALD, Jean-Frédéric (1663-1747)

Filho do pastor Jean-Rodolphe Ostervald e de Barbe Brun, Jean-Frédéric Ostervald é originário de uma família ilustre do principado de Neuchâtel. Com 13 anos, aprendeu alemão em Zurique e, em 1678, foi para a Academia na Saumur, onde recebeu o título de mestre em artes. A Companhia dos Pastores deu sua aprovação a esses estudos, embora, naquele tempo, a igreja de Neuchâtel normalmente se opusesse a essa escola universalista, aberta para o racionalismo e os novos métodos de crítica textual. Em 1681, Ostervald deixou Saumur para passar algum tempo em Orléans, onde ensinava Claude Pajon (1628-1685), e em seguida viajou para Paris, onde conheceu Jean Claude (1629-1687). De volta à Suíça em 1682, concluiu sua formação teológica junto a Louis Tronchin (1629-1705), em Genebra. Retornando em definitivo para Neuchâtel, em 1683, realizou os exames e recebeu a ordenação "ordens sagradas". Em 1684, casou-se com Salomé Le Chambrier, sendo nomeado em maio de 1686 "diácono" (pastor auxiliar, catequista) da cidade. Logo começou a reformar a igreja de Neuchâtel segundo os princípios de uma "ortodoxia esclarecida". Em 1699, foi nomeado primeiro pastor da cidade de Neuchâtel, fazendo amizade com os teólogos Jean-Alphonse Turrettini (1671-1737), de Genebra, e Samuel Werenfels (1657-1740), de Basileia. O trio determinaria a teologia na Suíça romanda, tornando-a conhecida em toda Europa na primeira metade do século XVIII. Caracterizadas pela linguagem apologética e por perspectivas moralistas, as obras de Ostervald (*Traité des sources de la corruption qui règne aujourd'hui parmi les chrétiens* [Tratado das fontes da corrupção que reina hoje entre os cristãos], 1700; *Traité contre l'impureté* [Tratado contra a impureza], 1707; *Catéchisme ou instruction dans la religion chrétienne* [Catecismo ou instrução na religião cristã], cinco edições enquanto seu autor era vivo, a partir de 1702). Foram traduzidas para várias línguas, e sua famosa revisão da Bíblia, em 1744, chamada Bíblia de Ostervald, legou-lhe o título de "segundo reformador de Neuchâtel", depois de Guilherme Farel (1489-1565). Treze vezes decano da Venerável Classe, morreu em Neuchâtel após 61 anos de ministério na cidade.

Gottfried Hammann

▶ ALLMEN, Jean-Jacques von, *L'Église et ses fonctions d'après Jean-Frédéric Ostervald*, Neuchâtel, Delachaux et Niestlé, 1947; BARTH, Karl, *La théologie protestante au dix-neuvième siècle. Préhistoire et histoire* (1946), Genebra, Labor et Fides, 1969, p. 82-84; BARTHEL, Pierre, *La 'religion de Neuchâtel' au petit matin du XVIIIe siècle, un phénomène unique en Europe*, Musée neuchâtelois 24, 1987, p. 41-80; Idem, *Jean-Frédéric Ostervald l'Européen (1663-1747), novateur neuchâtelois*, Genebra, Slatkine, 2001; ROBERT, Michèle e HAMMANN, Gottfried, *L'Église dans la société d'Ancien Régime*, em *Histoire du Pays de Neuchâtel*, Hauterive, Attinger, 1991, p. 271-316.

⊙ Catecismo; confirmação; Neuchâtel; ortodoxia protestante; Rabaut; Roques; traduções francesas da Bíblia; Turrettini J.-A.; Werenfels

OTTO, Rudolf (1869-1937)

Teólogo protestante alemão nascido em Peine (Hanover) e morto em Marbugo, estudou teologia em Erlangen e Göttingen, onde se tornou professor (*privat-docent*) em 1897 e professor extraordinário de filosofia da religião em 1904. Em 1915, foi nomeado professor ordinário de teologia sistemática em Breslau; de 1917 até a aposentadoria, em 1929, ocupou o mesmo cargo na Universidade de Marburgo.

Otto fazia parte da escola da história das religiões. Esforçando-se para alcançar uma compreensão científica e conceitual de todas as religiões, ele identificou o objeto delas no sagrado. De essência irracional (numinosa), o sagrado não pode ser captado de um modo conforme ao entendimento. Os documentos religiosos transmitidos pela tradição devem ser compreendidos como reações humanas diante do sagrado. Otto ilustrou essa tese em pesquisas sobre as tradições da "religião de graça" (*Gnadenreligion*) da Índia. Não obstante esse núcleo comum a todas as religiões, ele manteve a ideia de que a superioridade do cristianismo é cientificamente demonstrável.

Gerd Lüdemann

▶ OTTO, Rudolf, *O Sagrado: os aspectos irracionais na noção de divino e sua relação com o racional* (1917), São Leopoldo-Petrópolis, Sinodal-Vozes, 2007; Idem, *Aufsätze das Numinose betreffend*, Stuttgart, Perthes, 1923; Idem, *Mystique d'Orient et mystique d'Occident. Distinction et unité* (1926), Paris, Payot & Rivages, 1996; *Die Gnadenreligion Indiens und das Christentum*, Munique, Beck, 1930; ALMOND, Philip C., *Rudolf Otto. An Introduction to his Philosophical Theology*, Chapel Hill, University of North Carolina Press, 1984; BALLARD, Steven, *Rudolf Otto and the Synthesis of the Rational and the Non-Rational in the Idea of the Holy. Some Encounters in Theory and Practice*, Frankfurt, Lang, 2000; BOOZER, Jack S., "Rudolf Otto (1869-1937): Theologe und Religionswissenschaftler", em Ingeborg SCHNACK, org., *Marburger Gelehrte in der ersten Hälfte des 20. Jahrhunderts*, Marburgo, Elwert, 1977, p. 362-382; CAPPS, Donald, *Men, Religion, and Melancholia. James, Otto, Jung, and Erikson*, New Haven, Yale University Press, 1997; GOOCH, Todd A., *The Numinous and Modernity. An Interpretation of Rudolf Otto's Philosophy of Religion*, Berlim, Walter de Gruyter, 2000; LÖHR, Gebhard, "Rudolf Otto und das Heilige", *Zeitschrift für Religions- und Geistesgeschichte* 45, 1991, p. 113-135; LÜDEMANN, Gerd e SCHRÖDER, Martin, *Die Religionsgeschichtliche Schule in Göttingen. Eine Dokumentation*, Göttingen, Vandenhoeck & Ruprecht, 1987, p. 75-77; PFLEIDERER, Georg, *Theologie als Wirklickhkeitswissenschaft. Studien zum Religionsbegriff bei Georg Wobbermin, Rudolf Otto, Heinrich Scholz und Max Scheler*, Tübingen, Mohr, 1992; RAPHAEL, Melissa, *Rudolf Otto and the Concept of Holiness*, Oxford, Clarendon Press, 1997; SCHÜTTE, Hans Walter, *Religion und Christentum in der Theologie Rudolf Ottos*, Berlim, Walter de Gruyter, 1969.

▶ Göttingen (Universidade de); Gunkel; kantismo (neo); Lemaître; **religião e religiões**; religiões (escola da história das); sagrado; Troeltsch; Wrede W.

OVERBECK, Franz Camille (1837-1905)

"Na verdade, minha teologia não pode ser apresentada de nenhum modo, a não ser como uma teologia herética [*Ketzertheologie*]". Alemão nascido em São Petersburgo, professor de Novo Testamento e de história da igreja antiga na Universidade de Basileia (1870-1897), Franz Overbeck elaborou uma posição bastante crítica em relação à teologia e à tradição cristãs, uma posição que permaneceu discreta, já que a maioria de seus textos foi publicada postumamente. Oriundo de uma família cosmopolita, fluente em quatro idiomas desde a infância, sempre se manteve distante das ideologias dominantes de sua época. Tentou refletir sobre o que chamou de "morte do cristianismo" na modernidade (*finis christianisme*).

Ao longo de sua carreira como professor, desenvolveu conceitos originais e corrosivos sobre o tempo e o mito, despindo a história de todo fundamento apologético e considerando-a incapaz de responder às exigências de seus contemporâneos, a não ser por um viés crítico. Ao aplicar esse método ao estudo do cristianismo, opôs-se não somente aos teólogos ortodoxos, mas também aos teólogos liberais, a Ferdinand Christian Baur (que foi seu professor), a Adolf Harnack e a Paul de Lagarde. Para Overbeck, a temporalidade própria à história dissolve não apenas a possibilidade de determinar e reviver uma essência da fé, mas também toda tentativa de conceber na história uma continuidade, um desenvolvimento e uma substituição das formas e das aporias que surgem ao longo dos tempos. Assim, em relação às suas origens primitivas, a história é uma sucessão fatal de esquecimentos, deformações e dissoluções. Na digestão recíproca que os teólogos tentam operar entre o cristianismo e a história, a história está condenada a levar a melhor, *apesar da teologia*, decompondo o cristianismo quanto a toda relação dominante com o mundo.

Em *Über die Christlichkeit unserer heutigen Theologie*, pequeno panfleto publicado em 1873, paralelo à primeira das *Considerações intempestivas* de Friedrich Nietzsche, Overbeck afirmou que a tradição cristã era portadora de uma memória de morte (*memento mori*), que teria espiritualizado e deformado a fé apocalíptica das origens. Essa memória de morte, para ele, estraga todos os significados, todas as reconstruções e ideologias que se pretenda atribuir-lhe. É essa verdade carregada (e deformada) pelo cristianismo que o torna ao mesmo tempo impossível e inutilizável para os modernos, a não ser como uma potência vazia e sem poder. Em relação ao pensamento e à vida, à necessidade profunda de "respirar livremente" na modernidade, o cristianismo só poderia morrer — não sem levar consigo para o túmulo as construções mitográficas que poderiam tentar "substituí-lo". Nesse sentido, é indubitável que o pensamento de Overbeck carrega, secularizado, algo análogo a esse *memento mori*, que dá a seu pensamento virulência crítica e profundidade, mas também uma inocência discreta e feliz, ou ainda um sentimento melancólico de, no fundo, não passar de uma crítica irrisória. Sentindo-se cada vez mais estrangeiro tanto à potência "digestiva" da teologia, que ele descreveu como um "pensamento parasitário", quanto à do cristianismo e sua incapacidade de viver com esse mundo de outra forma a não ser se deixando absorver nele, Overbeck escreveu no final da vida: "Não tenho um cristianismo que seja meu, mas me tornei estrangeiro a ele; estrangeiro entre os meus, e depois também pela vida, por tudo o que me tocou, com relação a isso, nas pessoas e nas coisas; tornei-me cada vez mais um estrangeiro".

Progressivamente rejeitado pelos círculos teológicos, mantendo-se geralmente distante dos debates intelectuais de seu tempo, Overbeck publicou pouco, mas trabalhou, ao longo de seus últimos anos, em dois projetos que não conseguiu terminar: uma monumental história do cristianismo (o *Kirchenlexicon*), que ele quis elaborar de um modo "puramente profano", e ensaios biográficos sobre si mesmo e sobre os amigos (Nietzsche, Heinrich von Treitschke, Erwin Rohde).

Overbeck teve sua memória mantida ao longo do século XX principalmente por ter sido o melhor amigo de Nietzsche, tornando-se até mesmo uma figura literária arruinada à sua sombra. Ambos foram nomeados quase ao mesmo tempo como professores em Basileia, morando durante vários anos sob o mesmo teto. Foi Overbeck quem, alertado por Burckhardt, buscou um Nietzsche em colapso na cidade de Turim, após a famosa crise que precipitou o filósofo à loucura. Após sua morte, o amigo se esforçou para defendê-lo contra as falsificações e a lenda doentia que sua irmã procurou estabelecer sobre ele, principalmente na questão do antissemitismo. Se é incontestável que Overbeck e Nietzsche se inspiravam mutuamente em inúmeros assuntos (a relação com a história, o cristianismo como espiritualização de uma memória de morte etc.), chegando a conceber o projeto de um pequeno grupo de "inatuais" (ou "intempestivos"), e se também é verdade que seus pensamentos tomaram caminhos e formas diferentes, Overbeck afirmaria perto de sua morte: "Foi na companhia de Nietzsche que eu pude respirar mais livremente. Assim, foi com ele que eu exercitei os pulmões do modo mais satisfatório possível com o fim de prepará-los para o uso que fiz deles nas relações humanas que marcaram minha existência".

Carl-Albrecht Bernoulli, um dos alunos de Overbeck, publicou em 1919, com o título *Christentum und Kultur* [Cristianismo e cultura], uma seleção arbitrária e recomposta do *Kirchenlexicon* que teve certo eco. Esse livro inspirou Karl Barth, que utilizou Overbeck para pôr em crise as construções apologéticas dos teólogos liberais e ortodoxos. Foi somente no final do século XX que Overbeck saiu da órbita da "teologia dialética": os estudiosos deixaram de ver nele somente um "precursor" de Barth e o tiraram da sombra de Nietzsche para explorar de um modo mais concentrado a originalidade e a especificidade de seu pensamento, realizando edições críticas de suas obras completas.

Christian Indermuhle

▶ OVERBECK, Franz Camille, *Werke und Nachlaß*, Stuttgart, Metzler, 1994ss, Idem, *Souvenirs sur Friedrich Nietzsche* (1906), Paris, Allia, 1999; Idem, OVERBECK, Ida e NIETZSCHE, Friedrich, *Briefwechsel*, org. por Katrin MEYER e Barbara von REIBNITZ, Stuttgart, Metzler, 2000; BARTH, Karl, *Vorträge und kleinere Arbeiten 1922-1925*, Zurique, Theologischer Verlag, 1990; BRÄNDLE, Rudolf e STEGEMANN, Ekkehard W., org., *Franz Overbecks unerleidigte Anfragen an das Christentum*, Munique, Kaiser, 1988; EBERLEIN, Hermann-Peter, *Theologie als Scheitern? Franz Overbecks Geschichte mit der Geschichte*, Essen, Die Blaue

Eule, 1989; HENRY, Martin D., *Franz Overbeck: Theologiann? Religion and History in the Thought of Franz Overbeck*, Frankfurt, Lang, 1995; PETER, Niklaus, *Im Schatten der Modernität. Franz Overbecks Weg zur Christlichkeit unserer heutigen Theologie*, Stuttgart, Metzler, 1992; PFEIFFER, Arnold, *Franz Overbecks Kritik des Christentums*, Göttingen, Vandenhoeck & Ruprecht, 1975; SOMMER, Andreas Urs, *Der Geist der Histoire und das Ende des Christentums. Zur Waffengenossenschaft von Friedrich Nietzsche und Franz Overbeck*, Berlim, Akademie Verlag, 1997; WEHRLI, Rudolf, *Alter und Tod des Christentums bei Franz Overbeck*, Zurique, Theologischer Verlag, 1977; WILSON, John Elbert, *Gott, Mensch und Welt bei Franz Overbeck*, Berna, Lang, 1977.

▷ Hartmann; Nietzsche; "teologia dialética"

OXFORD (Grupos de)

Fundados em 1917 pelo pastor luterano americano Frank Buchman (1878-1961), os Grupos de Oxford se baseavam em um método espiritual com quatro "critérios absolutos" (pureza, amor, desinteresse e honestidade) e recorriam à direção divina (prática de oração em comum e recolhimento pessoal silencioso). Buchman estava persuadido de que somente uma revolução de ordem moral e espiritual poderia mudar o mundo: "O segredo está em uma grande verdade que foi esquecida: quando o homem escuta, Deus fala; quando o homem obedece, Deus age; quando os homens mudam, as nações mudam". Após a Segunda Guerra Mundial, ele empreendeu sua atividade de reconciliação europeia e mundial, com o Rearmamento Moral.

Bernard Reymond e Daniel Robert

▶ SPOERRI, Theophil, *Frank Buchman ou la dynamique du silence* (1971), Caux, Caux Édition, 1991.

▷ Rearmamento moral; Tournier

OXFORD (movimento de)

O movimento de Oxford surgiu em 1833 na Universidade de Oxford como uma acirrada reação contra o liberalismo doutrinário e o poder do Parlamento Britânico, que ameaçavam a Igreja da Inglaterra em sua primazia, sua independência e sua doutrina. Seus principais instigadores foram John Henry Newman (1801-1890), John Keble (1792-1866), Edward Bouverie Pusey (1800-1882) e Richard Hurrell Froude (1803-1836), que exaltavam a sucessão apostólica e defendiam a catolicidade da Igreja Anglicana, bem como os fundamentos de sua liturgia, através de inúmeros panfletos — o que lhes legou o apelido de "panfletários" (*Tractarians*, em inglês). A Igreja Anglicana se afigurou então como a *via media*, posição intermediária entre a Roma moderna e o protestantismo contemporâneo. Keble e Pusey mantiveram essa tese, enquanto Newman descreveu as linhas gerais de um anglicanismo renovado, fundado na tradição dos primeiros séculos e favorável à vida sacramental e à autoridade doutrinária da igreja. Em 1845, ele entrou para a Igreja Católica Romana, tornando-se cardeal em 1879. Sua conversão impressionou e chocou os meios clericais anglicanos.

A partir de 1845, o movimento prosseguiu sob a autoridade moral de Keble e a liderança efetiva de Pusey: nessa época, a fase ritualista suplantou a fase panfletária. Se no início era universitário e intelectual, com o tempo o movimento se estendeu às paróquias das cidades e do campo. Empreendeu uma reforma litúrgica, fazendo com que fossem adotadas cerimônias que, com sua dimensão sacramental, marcaram um retorno às doutrinas católicas romanas: prática da confissão, culto à Virgem e aos santos, missas para os mortos etc. A transformação das igrejas anglicanas em cópias do modelo católico e a passagem para Roma de muitos clérigos e leigos foram mudanças que suscitaram hostilidade e perseguição, e até prisão, dos ritualistas. Por várias décadas, no entanto, o movimento promoveu na *High Church* anglicana uma renovação anglo-católica.

Catherine Morello

▶ CHADWICK, Owen, *The Spirit of the Oxford Movement*, Cambridge, Cambridge University Press, 1990; Idem, *Newman* (1983), Paris, Cerf, 1989; CHURCH, Richard William, *The Oxford Movement. Twelve Years (1833-1845)*, Londres, Macmillan, 1891; RATABOUL, Louis J., *L'anglicanisme*, Paris, PUF, 1982; ROWELL, Geoffrey, *The Vision Glorious. Themes and Personalities of the Catholical Revival in Anglicanism*, Oxford, Oxford University Press, 1983; VIDLER, Alec R., *The Church in an Age of Revolution. 1789 to the Present Day*, Harmondsworth, Penguin Books, 1985.

▷ Anglicanismo; Cambridge (movimento de); catolicidade evangélica; catolicismo; liturgia; Newman

P

PAGANISMO

Termo que vem do latim *paganus*, "campestre". O paganismo se refere às práticas religiosas dos pagãos. O uso eclesiástico do nome remonta ao século IV de nossa era, quando os cristãos do Império Romano começaram a atribuir um nome aos não cristãos que, em sua maioria, povoavam o campo. Assim, os "pagãos" ou "gentios" (do latim *gentes*, "nações"; em hebraico, *goyim*, e em grego, *ethnikoi*) designavam os não judeus e os não cristãos, sem conotação pejorativa. Por extensão, o conceito passou a descrever as práticas religiosas que se originaram fora dos monoteísmos semitas. Cobrindo uma vasta diversidade de cosmovisões (desde o politeísmo até o panteísmo) e de práticas (desde os cultos de mistério até as escolas filosóficas), o paganismo cristalizou sua identidade através da rejeição da distinção judaico-cristã (e islâmica) entre o Criador e a criação. Para os "pagãos", o mundo, animado de espírito(s), é eterno, e o sagrado se manifesta nos ciclos temporais e nos altos lugares naturais. A cristandade ocidental sempre esteve em debate — oposição, superposição ou composição — com o paganismo greco-romano e oriental. Os "neopagãos" contemporâneos, adeptos do movimento *New Age* ou da nova direita francesa e europeia, apesar de seu ecletismo, dizem-se herdeiros de uma tradição filosófica que vai desde Heráclito (?576-?480 a.C.) até Heidegger (1889-1976), passando por Bruno (1548-1600), Goethe (1749-1832) ou Nietzsche (1844-1900) para justificar sua (s) cosmovisão(ões). Atualmente, é o neopaganismo que se define em oposição ao judaico-cristianismo, considerando-o um dos principais responsáveis pelas aporias do mundo ocidental. De acordo com seus partidários, a terra precisaria de uma "renovação pagã" que passe por cima de todo tipo de dualismo ontológico, epistemológico ou moral (Criador/criatura, espírito/corpo, fé/saber, bem/mal etc.) e de toda homogeneização igualitarista (os homens são todos iguais, os homens são pecadores). Desse modo, o neopaganismo pode ser resumido em um monismo particularizante que permitiria que cada indivíduo e cada povo (re) descobrisse o divino que está nele e em torno dele.

O cristianismo ocidental (provavelmente mais que o oriental) e *a fortiori* o protestantismo, por suas claras distinções entre Deus e o universo, entre o *Logos* e o mundo, certamente muito contribuíram para a dessacralização da natureza, a desvalorização do mito e o favorecimento da pesquisa científica. Porém, se levada ao extremo, a transcendentalização de Deus pode tornar-se praticamente um sinônimo de sua ausência, ou até de sua morte. Somente uma verdadeira teologia do Espírito Santo permite evitar os perigos tanto da fusão (armadilha em que cai o paganismo) quanto da cisão (armadilha em que cai o mundo moderno) entre o sagrado e o profano, o espiritual e o natural, o divino e o humano.

Chafique Keshavjee

▶ BENOIST, Alain de, *Comment peut-on être païen?*, Paris, Albin Michel, 1981; MARLAUD, Jacques, *Le renouveau païen dans la pensée française*, Paris, Le Labyrinthe, 1986; MOLNAR, Thomas, *The Pagan Temptation*, Grand Rapids, Eerdmans, 1987; *Paganisme, judaïsme, christianisme. Influences et affrontements dans le monde antique. Mélanges offerts à Marcel Simon*, Paris, E. de Boccard, 1978.

◉ **Deus**; discernimento de espíritos; **espiritualidade**; **missão**; sagrado; secularização; sincretismo; teologias da morte de Deus

PAÍSES BAIXOS

Se deixamos de lado o movimento da *devotio moderna*, com sua *A imitação de Cristo* atribuída a Tomás de Kempis (1379/80-1471), e o início do humanismo cristão, com Wessel Gansfort (1419-1489), Rodolfo Agrícola (1443/44-1489) e sobretudo Desidério Erasmo (1467?-1536), a história do cristianismo nos

Países Baixos antes da Reforma não oferece uma identidade específica. No entanto, a transformação que a Reforma significou não é tão radical quanto um clichê dos Países Baixos como nação tipicamente calvinista (ao lado da Escócia) deixaria supor. Por sua resistência ao domínio da Espanha católica, o calvinismo precisou de um século, com a influência de Zwinglio, dos anabatistas e dos menonitas, para tornar-se uma força determinante na vida pública. Assim, a Guerra dos Oitenta Anos (1568-1648) contra a Espanha em busca de liberdade religiosa caracterizou o surgimento da consciência nacional e da independência política da nova república, em que a religião reformada se tornou a confissão principal. Isso se deu em paralelo com o surgimento de um clima de tolerância que favoreceu tanto a vida espiritual quanto a vida científica e artística: Baruch Spinoza (1632-1677), René Descartes (1596-1650), John Locke (1632-1704), Hugo Grotius (1629-1695), Rembrandt (1606-1669). A Universidade de Leiden, fundada em 1575, tornou-se rapidamente um centro de grande importância para a teologia protestante. A expansão comercial dos Países Baixos, que então constituíam o primeiro poder marítimo da Europa, foi a base para a edificação de um império colonial na Ásia (a Indonésia atual), na África do Sul e nas Pequenas Antilhas. No início do século XVII, considerado o século de ouro, o Sínodo de Dort (1618-1619) tratou, contra os arminianos (remonstrantes), do tema da predestinação diante de uma ampla representação do calvinismo internacional.

Após uma curta ocupação francesa (1795-1815), a república se tornou o reino dos Países Baixos, compreendendo, até 1831, a Bélgica atual. Após a reestruturação da *Hervormde Kerk* (a Igreja Reformada) em 1815, o liberalismo teológico fez com que ocorressem cisões ao longo do século XIX. As mais importantes datam de 1834 e 1883; a segunda foi liderada por Abraham Kuyper (1837-1920), fundador da *Gereformeerde Kerk* (a Igreja Reformada Neocalvinista). Inserida na nova Constituição de 1848, a liberdade religiosa permitiu o restabelecimento do catolicismo romano, em 1853. Ao longo do século XX, os católicos se tornaram mais numerosos que os protestantes. Em 1951, a Igreja Reformada se tornou uma igreja confessante, o que favoreceu sua aproximação com as igrejas reformadas kuyperianas, libertas de um fundamentalismo rígido que se manifestava principalmente na questão da inspiração das Escrituras. A partir de 1960, impôs-se progressivamente um processo de reunificação, tanto no nível institucional quanto no nível local. Em 2004, a *Hervormde Kerk, a Gereformeerde Kerk* e a Igreja Luterana se uniram na *Protestantse Kerk in Nederland*, a "Igreja Protestante nos Países Baixos", à qual também passaram a pertencer as igrejas valonas dos Países Baixos, treze igrejas francófonas fundadas nos séculos XVI e XVII por refugiados reformados dos Países Baixos meridionais e da França.

A vida teológica adquiriu um novo impulso graças a teólogos como Oepke Noordmans (1871-1956), Kornelis Heiko Miskotte (1894-1976), Gerrit Cornelis Berkouwer (1903-1996), Arnold Albert Van Ruler (1908-1970) e Hendrikus Berkhof (1914-1995).

A população holandesa passa de dezesseis milhões de habitantes. Além da *Protestantse Kerk in Nederland* (três milhões de membros), os Países Baixos contam com uma miríade de pequenas igrejas reformadas dissidentes. Já a Igreja Católica Romana (quatro milhões de membros) é atravessada por tensões entre um catolicismo que deseja manter e ampliar as conquistas do Vaticano II e uma minoria conservadora mantida por Roma em sua política de nomeação de bispos fiéis à linha oficial do Vaticano. Ao mesmo tempo, essas inúmeras tensões fortaleceram a visão ecumênica e deram ao ecumenismo internacional líderes como Willem Adolf Visser't Hooft (1900-1985), Hendrik Kraemer (1888-1965), Johannes Christiaan Hoekendijk (1912-1975) e o cardeal Johannes Willebrands (1999-2006). Na população também são contadas quase novecentas mil pessoas de origem muçulmana, porém, nem todas praticantes. Metade da população holandesa afirma não aderir a nenhuma confissão religiosa.

Adriaan Geense e Henk Jan de Jonge

▶ Netherlands, em David B. BARRETT, org., *World Christian Encyclopedia. A Comparative Study of Churches and Religions in the Modern World AD 1990-2000*, Nairóbi-Oxford, Oxford University Press, 1982, p. 509-515; SCHAEFFER, Hein, *Handboek Goldsdienst in Nederland*, Amersfoort, De Horstink, 1992; STRASSER-BERTRAND, Otto Erich, *Die evangelische Kirche in Frankreich,* e DE JONG, Otto Jan, *Niederländische Kirchengeschichte seit dem 16. Jahrhundert* (*Die Kirche in ihrer Geschichte* III/M 2), Göttingen, Vandenhoeck & Ruprecht, 1975, p. 193-233.

▶ Academias; África do Sul; Amsterdã; anabatismo; Antirrevolucionário (Partido); arminianismo; Bélgica; Berkhof; Berkouwer; Brès; calvinismo (neo); *Confessio Belgica*; Coornhert; Dordrecht (Sínodo e *Cânones de*); Episcopius; Erasmo; Grotius; Kraemer; Kuyper; Labadie; Le Clerc; Leiden; menonismo; Miskotte; Noordmans; Rembrandt; remonstrantes; Van Ruler; Visser't Hooft; Voetius

PAJON, Claude (1628-1685)

Aluno de Amyraut em Saumur e professor na Academia de Saumur a partir de 1666, Pajon pretendeu conciliar a eficácia da graça com a liberdade humana ao defender que a ação divina que converte é a persuasão intelectual que vem com a pregação. Essa doutrina, que reduz a dimensão sobrenatural da ação divina, foi condenada por vários sínodos provinciais ao longo do ano 1677, após discussões que duraram dez anos e custaram a Pajon o cargo de professor. O debate continuou no refúgio holandês, onde Jurieu acusou os discípulos de Pajon de confundir "fé" com "motivos para a credibilidade". Seus discípulos, por sua vez, acusaram Jurieu de tornar inútil a apologética, ao afirmar que os motivos para credibilidade não podem suscitar a adesão do incrédulo.

François Laplanche

▶ LAPLANCHE, François, *Orthodoxie et prédication. L'oeuvre d'Amyraut et la querelle de la grâce universelle*, Paris, PUF, 1965; SINA, Mario, *Il tema della libertà divina in alcuni documenti inediti dell'epistolario de Claude Pajon e di Jean-Robert Chouet. Un confronto con la filosofia cartesiana*, Rivista di storia della filosofia 55, 2000, p. 99-141; VOELTZEL, René, *Vraie et fausse Église selon les théologiens protestants français du XVIe siècle*, Paris, PUF, 1956.

▶ Amyraut; apologética; Jurieu; Saumur

PALATINADO

Território descontínuo dos eleitores palatinos, situado nas duas margens do Reno médio até 1792. Com a Reforma, em 1556, o Palatinado foi até 1622 o principal bastião reformado na Alemanha, enquanto Heidelberg foi uma das mais brilhantes universidades. Após a terrível devastação causada pela Guerra dos Trinta Anos (1618-1648) e as campanhas militares de Luís XIV, o Palatinado se tornou, em 1685, uma terra habitada por todas as confissões religiosas sob uma dinastia católica. A *Kurpfälzische Religionsdeklaration* de 1705 reconheceu oficialmente a existência das três confissões, católica, reformada e luterana, o que favoreceu uma coexistência bastante rara no império durante o século XVIII. Em 1815, o Palatinado foi anexado à Baviera, e as duas confissões protestantes foram unidas em uma só igreja territorial em 1818, enquanto a diocese de Spira passou a corresponder à nova entidade administrativa.

Bernard Vogler

▶ HANS, Alfred, *Die Kurpfälzische Religionsdeklaration von 1705. Ihre Entstehung und Bedeutung für das Zusammenleben der drei im Reich tolerierten Konfessionen*, Mayence, Selbstverlag der Gesellschaft für Mittelrheinische Kirchengeschichte, 1973.

▶ Alemanha; Heidelberg

PALISSY, Bernard (1510-1590)

Nascido em Saint-Avit (Lot-et-Garonne), Bernard Palissy é mais conhecido como o artista e autodidata um pouco louco que descobriu ou redescobriu o segredo do cozimento das cerâmicas esmaltadas. No entanto, poucos sabem que esse contemporâneo de Calvino, morador de Saintes (Charente-Maritime) em 1539, converteu-se à Reforma em 1546. Em 1555, Philibert Hamelin (mártir em Bordeaux no ano de 1557), enviado por Calvino para Saintonge, nomeou Palissy responsável pela pequena comunidade reformada para cuja formação ele havia contribuído, tornando-se um dos pregadores.

Preso em Bordeaux por causa de sua fé, deixaria Saintonge por Paris em 1566, convidado por Catarina de Médicis, onde se tornou "inventor dos rústicos figulinos do rei". Como era artista do rei, conseguiu escapar do Massacre de São Bartolomeu, mas preferiu mudar-se para Sedan, onde passou por alguns conflitos com a paróquia reformada. De volta a Paris em 1576, abriu ao público um curso sobre suas pesquisas e observações, priorizando a experiência na pesquisa científica. Certamente um de seus ouvintes, a partir de 1578, foi Francis Bacon. Com o Edito de Nemours (1587), que impôs aos protestantes a escolha entre "reunir-se" (ou seja, abjurar) ou exilar-se, Parissy se escondeu em Paris, no bairro do Marais. Foi encontrado e mandado para a prisão na Conciergerie, e em seguida na Bastilha, onde morreu por falta de cuidados e fome. Seu corpo foi jogado aos cachorros nas muralhas.

Alain Schvartz

▶ PALISSY, Bernard, *Oeuvres complètes*, org. por Marie-Madeleine FRAGONARD, 2 vols., Mont-de--Marsan, Éditions InterUniversitaires, 1996; BOUDON-DUANER, Marguerite, *Bernard Palissy. Le potier du roi*, Carrières-sous-Poissy, La Cause, 1989; HAAG, Émile e Eugène, *Palissy*, em *La France protestante*, t. VIII, Paris-Genebra, Cherbuliez, 1858, p. 69-97; LESTRINGANT, Frank, org., *Actes du Colloque Bernard Palissy, 1510-1590. L'écrivain, le réformé, le céramiste. Journées d'études 29 et 30 juin 1990, Saintes, Abbaye-aux-Dames*, Mont-de-Marsan-[Niort], Éditions InterUniversitaires-Association internationale des Amis d'Agrippa d'Aubigné, 1992.

PALLADIUS, Peder (1503-1560)

Teólogo dinamarquês, estudou em Wittenberg com Lutero e Melâncton de 1531 a 1537, sendo recomendado por eles ao rei da Dinamarca. Em 1537, foi nomeado bispo de Seeland e professor de teologia na Universidade de Copenhague, dedicando-se por inteiro à organização da nova igreja luterana. Entre os anos 1537 e 1543, visitou as 390 igrejas de sua diocese. Seu Livro de Visitas, testemunho único de um pregador genial, só foi publicado em 1867. Seguindo o exemplo de Melâncton, o esboço da exposição era simples e claro: 1) a igreja e o culto; 2) o ministério do pastor e do regente; 3) as festas do ano eclesiástico; 4) os pobres; 5) a excomunhão. Sem perder a autoridade em momento algum, o bispo não hesitava em utilizar uma linguagem coloquial e direta, às vezes crua e cheia de humor, diante de seu público rural.

Os textos latinos de Palladius se espalharam por todos os países protestantes, principalmente a obra *Isagoge*. Traduziu o *Catecismo menor* de Lutero para o dinamarquês e publicou obras de edificação.

Frederik Julius Billeskov Jansen

▶ PALLADIUS, Peder, *Isagoge ad libros propheticos et apostolicos* (1557), Rostock, 1630; Idem, *Paroisses vivantes. Un livre de visite*, Genebra, Labor et Fides, 1963.

● Escandinavos (países)

PANNENBERG, Wolfhart (1928-)

Teólogo luterano nascido em Stettin (Pomerânia), tornou-se conhecido em 1961 com *Offenbarung als Geschichte* (Göttingen, Vandenhoeck & Ruprecht, 1982), em que se distancia tanto de Barth quanto de Bultmann. Sua obra *Esboço de uma cristologia* (1964) desenvolve uma visão dinâmica da revelação, vista sob o ângulo de uma antecipação proléptica do reino de Deus, ou seja, de um fim da história fundamentalmente aberto. Sua insistência na historicidade da ressurreição de Cristo está relacionada a uma teoria hermenêutica das tradições. A teologia pós-hegeliana de Pannenberg se pretende racional e universal, desenvolvendo-se no vasto projeto de uma "teologia sistemática". O interesse pela antropologia filosófica e pelo conceito de religião é acrescentado a um alto nível de reflexão especulativa que se reveste de um ecumenismo em um tom conservador. Com ênfase no realismo e na síntese, o pensamento de Pannenberg talvez deseje provar coisas demais.

Denis Müller

▶ PANNENBERG, Wolfhart, *Esquisse d'une christologie* (1964), Paris, Cerf, 1971; Idem *La foi des apôtres* (1972), Paris, Cerf, 1974; Idem, *Métaphysique et idée de Dieu* (1988), Paris, Cerf, 2003; Idem, *Teologia sistemática* (3 vols.), Santo André, Academia Cristã, 2009; Idem, *Theologie und Philosophie. Ihr Verhältnis im Lichte ihrer gemeinsamen Geschichte*, Göttingen, Vandenhoeck & Ruprecht, 1996; Idem, *Problemgeschichte der neueren evangelischen Theologie in Deutschland. Von Schleiermacher bis zu Barth und Tillich*, Göttingen, Vandenhoeck & Ruprecht, 1997; DUMAS, Marc, *Expérience religieuse et foi chrétienne chez Wolfhart Pannenberg*, RThPh 135, 2003, p. 313-327; KOCH, Kurt, *Der Gott der Geschichte. Theologie der Geschichte bei Wolfhart Pannenberg als Paradigma einer philosophischen Theologie in ökumenischer Perspektive*, Mayence, Matthias-Grünewald-Verlag, 1988; MÜLLER, Denis, *Parole et histoire. Dialogue avec Wolfhart Pannenberg*, Genebra, Labor et Fides, 1983; WENZ, Gunther, *Wolfhart Pannenbergs Systematische Theologie. Ein einführender Bericht*, Göttingen, Vandenhoeck & Ruprecht, 2003.

● Barthismo; revelação

PAPADO

Sistema de governo da Igreja Católica Romana em que o bispo de Roma exerce autoridade suprema como sucessor de Pedro. Assim, outros títulos lhe são atribuídos: vigário de Cristo, soberano pontífice, patriarca do Ocidente, servo dos servos de Deus.

Originalmente, o título de papa era aplicado a todos os bispos. A partir do século IV, a igreja cristã foi dividida em cinco patriarcados (Jerusalém, Antioquia, Alexandria, Constantinopla e Roma), todos iguais em direito. No entanto, os bispos de Roma logo reivindicaram uma posição de proeminência por pelo menos dois motivos: o primeiro se baseou em Mateus 16.18s (*Tu és Pedro, e sobre esta pedra edificarei a minha igreja*), texto que atribuiria a Pedro uma função privilegiada dentro do grupo dos apóstolos; o segundo, associado à importância histórica de Roma — além disso, consta que Pedro foi martirizado nessa cidade. Dessa forma, os bispos de Roma passaram a argumentar com base nessas duas realidades: como os bispos de Roma sucedem a Pedro, e como Pedro era o líder dos apóstolos, seus sucessores desfrutam de uma posição "proeminente".

A função do bispo de Roma e a extensão de seus poderes não deixariam de aumentar ao longo dos séculos. O fim do Império Romano (410) e o consequente desmantelamento do poder do Estado facilitaram o estabelecimento de um poder eclesiástico que surgiu como uma nova garantia de autoridade e como o continuador da "romanidade". Desse modo, Constantinopla jamais deixou de afirmar que sua sé é equivalente à de Roma. O fato de Roma não ter reconhecido essa igualdade desempenhou um papel importante no cisma do Oriente, em 1054, o que continuou a dificultar as relações entre Roma e a Igreja Ortodoxa.

Em 756, o bispo de Roma recebeu do rei Pepino Breve alguns territórios, o que permitiu a esse poder até então unicamente espiritual assentar-se em um poder temporal. Os Estados pontifícios subsistiram até 1870 — e encontrariam um prolongamento no Estado do Vaticano, criado em 1929.

Até 1059, o papa era eleito pelo povo e pelos sacerdotes de sua diocese, como todos os outros bispos. Foi Nicolau II que decidiu que, a partir de então, somente os cardeais elegeriam o papa, a fim de evitar as pressões políticas. O outro momento maior da evolução de um sistema presbiterial para um sistema quase monárquico foi a reforma do papa Gregório VII, que ocupou a função de 1073 a 1085: o papa passou a nomear ou depor os bispos, enquanto nenhuma autoridade poderia questionar as decisões da Santa Sé. O Concílio Vaticano I reiterou essa mudança ao promulgar o dogma da infalibilidade papal: "Ensinamos e explicamos o seguinte dogma revelado por Deus: quando o pontífice romano fala *ex cathedra* ["do alto de sua cadeira"], ou seja, quando, ao cumprir suas funções como pastor e doutor de todos os cristãos, ele define, em virtude de sua suprema autoridade apostólica, que uma doutrina em matéria de fé ou moral deve ser observada por toda a Igreja, em virtude da assistência divina que lhe foi prometida na pessoa de São Pedro, goza dessa infalibilidade que o divino Redentor preparou para sua Igreja quando ela define a doutrina sobre a fé e a moral; em consequência, essas definições do pontífice romano são irreformáveis por si mesmas, e não debaixo de algum consentimento da Igreja" (Primeira constituição dogmática sobre a Igreja de Cristo de 18 de julho de 1870, em Giuseppe ALBERIGO, org., *História dos concílios ecumênicos*, São Paulo, Paulus, 1995).

O Concílio Vaticano II confirmou essa doutrina ao mesmo tempo que desenvolveu a ideia de um colegiado maior entre o papa e os demais bispos: "Assim como, de acordo com as disposições do Senhor, São Pedro e os demais apóstolos constituem um só colégio apostólico, de modo semelhante, o pontífice romano, sucessor de Pedro, e os bispos, sucessores dos apóstolos, estão unidos entre si [...]. No entanto, o colégio ou corpo de bispos só possui autoridade na medida em que é compreendido como unido ao pontífice romano, [...] sem dano para o poder desse primado que se estende a todos" (constituição dogmática sobre a Igreja *Lumen Gentium*, de 21 de novembro de 1964, 22).

Os reformadores do século XVI se opuseram ao papado acusando-o de não ser bíblico, e o papa seria chamado de Anticristo. Em *Tratado sobre o poder e o primado do papa*, votado como conclusão dos *Artigos de Smalkade* (1537), Filipe Melâncton retoma os argumentos opostos à pretensão do primado do bispo de Roma: "Lucas 22: Cristo proibiu expressamente um domínio entre os apóstolos" (§ 464); quando se enfatiza com vigor o princípio da eleição do bispo por sua igreja, não é mais possível admitir algo como "superioridade ou domínio por parte do bispo de Roma" (§ 468); de acordo com Mateus 16.18s, "é necessário reconhecer que as chaves cabem não a um só homem determinado, mas, sim, à igreja" (§ 471), argumento com base em Mateus 18. Nessa recusa a todo tipo de superioridade atribuída a Pedro, o tratado ainda afirma opor-se à confusão entre os dois reinos, espiritual e temporal. Por fim, não se pode aceitar que a autoridade do papa seja inquestionável.

Atualmente, o papado se defronta com inúmeras críticas, inclusive dentro da Igreja Católica Romana, e isso se dá em conformidade com o restabelecimento da eclesiologia de comunhão, afirmada no Vaticano II. Ora, se a igreja é uma comunhão, a "unidade da igreja não é estabelecida em primeiro lugar em um governo central unitário, mas, sim, na sua vivência da única eucaristia" (J. RATZINGER, citado em Peter EICHER, org., *Dicionário de teologia*, São Paulo, Paulinas, 1993). A questão se resume a como essa eclesiologia de comunhão poderá articular-se com as concepções de tipo hierárquico.

Nos diálogos ecumênicos atuais, a questão do papado, por sua dificuldade, nem sempre está na ordem do dia. A cristandade não católica romana reconhece na Igreja de Roma uma igreja particular na qual o evangelho é anunciado. Isso significa que o primado da Escritura não pode se harmonizar com a ideia de infalibilidade e que a concepção eclesiológica das igrejas que se originaram com a Reforma não pode aceitar formas de primazia e jurisdição da parte de Roma. No entanto, a busca de um ministério de unidade permanece na ordem do dia se esse ministério "de fato promove a fidelidade em relação ao evangelho e exerce de modo justo uma função petrina na igreja" (de acordo com o relatório de um diálogo luterano-católico, Estados Unidos, 1974).

Antoine Reymond

▶ ALLMEN, Jean-Jacques von, *La primauté de l'Église de Pierre et de Paul. Remarques d'un protestant*, Friburgo-Paris, Éditions universitaires-Cerf, 1977; BALTHASAR, Hans Urs von, *Le complexe antiromain. Essai sur les structures ecclésiales* (1974), Paris-Montreal, Médiaspaul, 1999; CONGAR, Yves, *La collégialité épiscopale*, Paris, Cerf, 1965; CULLMANN, Oscar, *Saint Pierre, disciple, apôtre, martyr. Histoire et théologie*, Neuchâtel, Delachaux et Niestlé, 1952; DENTIN, Pierre, *Les privilèges des papes devant l'Écriture et l'histoire*, Paris, Cerf, 1995; GRUPO DE DOMBES, *Le ministère de communion dans l'Église universelle* (1985), em *Pour la communion des Églises. L'apport du Groupe des Dombes 1937-1987*, Paris, Centurion, 1988, p. 157-226; KÜNG, Hans, *Infaillible? Une interpellation* (1970), Paris, Desclée de Brouwer, 1971; LEGRAND, Hervé, *La réalisation de l'Église en un lieu*, em Bernard LAURET e François REFOULÉ, orgs., *Initiation à la pratique de la théologie*, t. III: *Dogmatique II* (1983), Paris, Cerf, 1986, p. 342-345; LEVILLAIN, Philippe, *Dictionnaire historique de la papauté*, Paris, Fayard, 1994; MELÂNCTON, Filipe, *Traité sur le pouvoir et la primauté du pape* (1537), em André BIRMELÉ e Marc LIENHARD, orgs., *La foi des Églises luthériennes. Confessions et Catéchismes*, Genebra-Paris, Labor et Fides-Cerf, 2003, § 463-480; RAHNER, Karl e RATZINGER, Joseph, *Episkopat und Primat* (1961), Friburgo em Brisgóvia, Herder, 1963.

▷ Anticristo; **autoridade**; catolicismo; concílio; Hutten; mentira; Roma

PAQUIER, Richard (1905-1985)

Pastor, teólogo e historiador valdense, exerceu seu ministério na paróquia de Bercher e na de Saint-Saphorin (Lavaux), vilarejos cuja história ele escreveu. Em 1930, fundou com alguns amigos o movimento Igreja e Liturgia, que originou um novo arraigamento do culto reformado na tradição litúrgica universal. Ecumenista convicto, era próximo à renovação comunitária (Grandchamp, Taizé) e a teólogos como Jean de Saussure e Jean-Jacques von Allmen.

Claude Bridel

▶ PAQUIER, Richard, *Vers la catholicité évangélique*, Lausanne, Église et Liturgie, 1935; Idem, *La sucession apostolique. Le problème oecuménique du ministère* Lausanne, Église et Liturgie, 1937; Idem, *Le Pays de Vaud. Des origines à la conquête bernoise* (1942), 2 vols., Lausanne, Aire, 1979; Idem, *Traité de liturgique. Essai sur le fondement et la structure du culte*, Neuchâtel, Delachaux et Niestlé, 1954; BÜRKI, Bruno, *Cène du Seigneur — eucharistie de l'Église. Le cheminement des Églises réformées romandes et françaises depuis le XVIIIe siècle, d'après leurs textes liturgiques*, vol. B: *Commentaire*, Friburgo, Éditions universitaires, 1985, p. 46-56.

▷ Allmen; catolicidade evangélica; liturgia

PARADOXO

De origem grega, o termo "paradoxo" (cf. Lc 5.26) designa, de acordo com sua etimologia (contrariamente à opinião comum), uma modalidade em que, contra toda expectativa, uma realidade se manifesta e se nos impõe sob a forma de seu contrário. Se concordamos com Paul Tillich, na esfera estética, o paradoxo se baseia em uma forma linguística cuja equivocidade contraditória permite ao chiste recorrer a um efeito surpresa. Na esfera lógica, o paradoxo se baseia na colisão entre duas deduções, contraditórias ainda que necessárias, denotando a relação dialética de uma diferença que recusa a sintetização. Por fim, no contexto teológico, o paradoxo, ainda segundo Tillich, designa o ponto em que o Incondicionado é tematizado sem ser um objeto condicionado (*Gesammelte Werke* I, Stuttgart, Evangelisches Verlagswerk, 1959, p. 367).

Na modernidade teológica, de um modo especial, Søren Kierkegaard conferiu um valor programático ao pensamento do paradoxo. Ao fazer um apelo nominal a Paulo e a Lutero e ao opor-se ao absolutismo da razão de um Hegel, ele afirmou que o religioso se recusa a ser assumido e assimilado pelo conceito, já que sua realidade revelada só pode ser captada através do risco, que parece absurdo, da fé ou de um salto existencial. A "teologia dialética" utilizou intensamente as fórmulas correspondentes de Kierkegaard; no início dos anos 1920, essa teologia atribuiu ao termo "paradoxo" o *status* de categoria teológica fundamental. Enquanto é o Totalmente Outro, aquele que se recusa a toda mediação ao sabor de uma filosofia da identidade, Deus, em sua revelação, manifesta-se à humanidade e ao mundo sob a forma de uma diferença qualitativa absoluta, portanto enquanto crise e julgamento radical de todo ser. Diante dessa compreensão unilateral do paradoxo como *crítica*, Tillich valoriza o paradoxo *positivo* a fim de conjurar o perigo de uma dissolução da unidade diferenciada da crítica e da construção que, a seus olhos, determinava a especificidade protestante. Dessa forma, e ainda que Karl Barth e Friedrich Gogarten tenham replicado para pôr em causa o caráter paradoxal do paradoxo positivo defendido por Tillich, o próprio termo ficou cada vez mais relegado a um segundo plano, ainda que Rudolf Bultmann tenha ousado ocasionalmente em sua interpretação existencial.

Hoje, às vezes usamos o termo "paradoxo" para nos referir à legitimidade teológica dos enunciados dogmáticos tradicionais em seu caráter irreconciliável com o mundo moderno. Podemos estimar que esse tipo de uso se enquadra como uma estratégia de imunização do pensamento teológico diante da modernidade. De um modo mais fundamental, o motivo do paradoxo surge em uma associação com a tensão entre a concretude da existência e a racionalidade do conceito. Nesse sentido, pode ser objeto de uma reflexão teológica que se justifica diante de uma teoria tanto da cultura quanto da religião.

Gunther Wenz

▶ FISCHER, Hermann, *Die Christologie des Paradoxes. Zur Herkunft und Bedeutung des Christusverständnisses Sören Kierkegaards*, Göttingen, Vandenhoeck & Ruprecht, 1970; JÜNGEL, Eberhard, "Von der Dialektik zur Analogie. Die Schule Kierkegaards und der Einspruch Petersons", em *Barth-Studien*, Zurique-Gütersloh, Benziger-Mohn, 1982, p. 127-179; KOEPP, Wilhelm, "Die antithetische Paradoxtheologie des späten A. H. Cremer", *Zeitschrift für systematische Theologie* 24, 1955, p. 291-341; PERROT, Maryvonne, *La notion de paradoxe chez Kierkegaard*, em Jean BRUN, org., *Kierkegaard*, Nyons, Borderie, 1981, p. 95-99; TILLICH, Paul, *Kairos I* (1922 e 1948) e *Kairos II* (1926), em *Christianisme et socialisme. Écrits socialistes allemands (1919-1931)*, Paris-Genebra-Quebec, Cerf-Labor et Fides-Presses de l'Université Laval, 1992, p. 113-161 e 253-267.

◉ Bultmann; **Deus**; existencialismo; Gogarten; Kierkegaard; Tillich

PARAPSICOLOGIA

O termo é formado da palavra grega *para* (ao lado de) e "psicologia", "ciência da *psychè* (alma)". A parapsicologia é o estudo de fenômenos psíquicos pouco habituais não (ainda?) incorporados às ciências dominantes. Debruça-se tanto sobre a área da "percepção extrassensorial" ou dos meios extraordinários de conhecimento (telepatia, clarividência e precognição) quanto sobre a área da psicocinese e da telecinese ou meios extraordinários de ação (deslocamentos e deformação de objetos, ou ainda, em alguns casos, cura e viagem extracorpórea). Essa disciplina surgiu no século XIX como uma reação tanto ao espiritismo, que explicava de forma não racional alguns desses fenômenos, aludindo a "espíritos dos mortos", quanto às ciências clássicas, que descartavam de um modo sumário esses fenômenos em nome de uma racionalidade positivista. Desse modo, a parapsicologia preconiza uma metodologia científica (em oposição à abordagem espírita) para apreender fenômenos metacientíficos (de acordo com a racionalidade das ciências dominantes).

Em uma perspectiva protestante, o real, em toda a sua complexidade, é digno de pesquisa. *A priori*, nenhuma área deveria ser recusada. Os paradigmas — ou modelos de pensamento — de dada sociedade são chamados a ser constantemente reformados, e isso através do acolhimento daquilo que foi excluído. Dito isso, uma interpretação de fenômenos extraordinários também aos olhos da perspectiva protestante precisa de uma perpétua vigilância. A complexidade da realidade visível e invisível não permite que os fenômenos (desde que não sejam nem truques nem fraudes) se reduzam a uma única causalidade (psicopatologia, inconsciente coletivo, transconsciente, anjos ou demônios etc.). O ser humano, feito de espírito e matéria, de graça e pecado, de potencialidades e perturbações, sempre excederá os discursos redutores.

Shafique Keshavjee

▶ AMADOU, Robert, *La parapsychologie. Essai historique et critique*, Paris, Denoël, 1954; BROCH, Henri, *Le paranormal. Ses documents, ses hommes, ses méthodes*, Paris, Seuil, 1985; HOLLENWEGER, Walter J., *L'expérience de l'Esprit. Jalons pour une théologie interculturelle*, Genebra, Labor et Fides, 1991 (tradução parcial de *Interkulturelle Theologie*, 3 vols., Munique, Kaiser, 1979-1988); TILLICH, Paul, *Théologie systématique* IV: *La vie et l'Esprit* (1963), Genebra, Labor et Fides, 1991; ZOLLSCHAN, George K., org., *Exploring the Paranormal*, Bridport-Lindfield, Prism Press-Unity Press, 1989.

◉ Discernimento de espíritos; **razão**

PARÉ, Ambroise (1510-1590)

Filho de um modesto artesão de Laval, Paré aprendeu o ofício de barbeiro-cirurgião em Paris. Trabalhou durante três anos na Santa Casa antes de engajar-se na campanha de Francisco I no Piemonte. Esse foi o início de uma prestigiosa carreira, com vários progressos: substituiu, em uma amputação, a ligadura dos vasos sanguíneos pela cauterização, revolucionou o tratamento das fraturas e propôs soluções para partos difíceis. Além disso, confiava na observação e na experimentação, mais que no saber livresco. Cirurgião de quatro reis da França, esse filho do Renascimento era amigo de André Vésale (1514-1564), François Rabelais (?1483/94-1553) e Pierre de Ronsard (1524-1585). Paré também foi testemunha das guerras de religião. Embora simpatizasse com a religião reformada, escapou por pouco do Massacre de São Bartolomeu: estava à cabeceira do almirante de Coligny na noite do assassinato e conseguiu fugir pelos telhados. De acordo com a tradição, Carlos IX o manteve dentro do Louvre para protegê-lo da carnificina. Pai da cirurgia moderna, Paré deixou para a posteridade os primeiros tratados de medicina em língua vulgar.

Clairette Karakash

▶ BERRIOT-SALVADORE, Évelyne (org., com a colaboração de Paul MIRONNEAU), *Ambroise Paré (1510-1590). Pratique et écriture de la science à la Renaissance. Actes du Colloque de Pau (6-7 mai 1999)*, Paris, Champion, 2003; DUMAÎTRE, Paule, *Ambroise Paré, chirurgien de quatre rois de France* (1986), Paris, Perrin-Fondation Singer-Polignac, 1990; PEDRON, François, *Histoire d'Ambroise, chirurgien du roi*, Paris, Orban, 1980.

PARIS

Em Paris, os protestantes nunca passaram de uma discreta minoria. De fato, seus lugares de memória datando de antes de 1802 são muito pouco numerosos na cidade. Centros intelectuais ativos em que, desde o início do século XVI, afirmava-se o desejo de reforma da igreja — como a Abadia de Saint-Germain-des-Prés, sob o abadado de Guillaume Briçonnet, que durou de 1507 a 1518, os encontros secretos do primeiro sínodo da igreja reformada em maio de 1559, os suplícios de vários huguenotes, tais como Étienne Dolet, em 1546 — não seriam suficientes para deixar marcas protestantes profundas em Paris. As comunidade que ali se constituíram permaneceram clandestinas e em número reduzido. Os mortos no Massacre de São Bartolomeu, em 24 de agosto de 1572, não foram parisienses, mas, sim, os huguenotes que se reuniram na capital para o casamento de Henrique de Navarra com Margarida de Valois. Com exceção dos lugares de culto clandestinos e das capelas pertencentes às embaixadas — Holanda para os reformados, Suécia desde 1626 e Dinamamrca a partir de 1744 para os luteranos, onde se reuniram comunidades prósperas e protegidas, em geral constituídas por artesãos —, não havia templos em Paris antes do período do Consulado (de 1799 a 1804). O mais próximo da cidade a ser autorizado pelo rei Henrique IV, apesar da proibição do Edito de Nantes (de que os templos protestantes não deveriam ser construídos a menos de cinco léguas), encontrava-se em Charenton, e foi devastado com a Revogação do Edito de Nantes. No entanto, havia pelo menos dois cemitérios protestantes oficiais em Paris sob o Antigo Regime, fechados em 1685, sem contar o cemitério dos protestantes estrangeiros da porta Saint-Martin, aberto em 1724. Entre luteranos e reformados, franceses e estrangeiros juntos, o número estimado mais razoável pouco antes da Revolução parece ter sido de 25 mil protestantes, ou seja, por volta de 15% da população de Paris e de regiões próximas.

A Revolução Francesa permitiu que os protestantes parisienses se manifestassem abertamente. Em 7 de junho de 1789, os reformados abriram seu primeiro lugar de culto provisório e, em abril de 1791, alugaram a antiga igreja católica Saint-Louis-du-Louvre, substituída em 1811 pela antiga Igreja do Oratório do Louvre, que até hoje é um dos principais templos da capital. No início do século XIX, o Estado concedeu mais dois locais de culto aos protestantes reformados, a antiga capela do convento das Filhas de Maria (conhecido como Templo Santa Maria) em 1802 e a antiga capela de Pentemont, inaugurada em 1846. Já os luteranos obtiveram, em 1809, a antiga capela do convento carmelita Billettes (chamada hoje de Igreja de Billlettes) e, em 1841, o antigo depósito aduaneiro na Rua Chauchat: inaugurado em 1843, o local passou a ser chamado de Igreja da Redenção. Como o número de protestantes parisienses (reformados, luteranos, de igrejas livres etc.) não parou de aumentar, com quarenta mil membros em 1850, os locais de culto também se multiplicaram. Em 1876, contavam-se 53 templos protestantes franceses, dos quais oito pertenciam a igrejas estrangeiras. Em 1990, contaram-se 184 locais de culto protestantes franceses (dos quais 98 pertenciam a igrejas afiliadas à Federação Protestante da França) e 31 locais de culto protestante estrangeiros. Hoje, somente para a Igreja Reformada, contam-se na região parisiense 65 igrejas locais, 80 pastores e pelo menos 50 mil fiéis; digna de nota também é a presença de 20 paróquias luteranas e 13 igrejas batistas.

Ao longo dos séculos XIX e XX, o papel de Paris no protestantismo francês não deixou de aumentar em importância. Isso se deu, em primeiro lugar, com o reconhecimento oficial das igrejas protestantes pelo Estado, em 1802, o que significou o estabelecimento de relações entre o governo e os representantes dos huguenotes. Além disso, no século XIX, foram fundadas sociedades religiosas — como a Sociedade Bíblica, a Sociedade das Missões Evangélicas etc. —, em geral com sede em Paris (embora Estrasburgo tenha permanecido como a "capital" dos luteranos); já o século XX foi o século das grandes instituições protestantes, como a Federação Protestante da França, que também costumam ser sediadas em Paris. A partir de 1877, Paris abrigou uma Faculdade de Teologia Luterana e Reformada, criada pelo Estado como uma compensação para a perda da Faculdade de Teologia de Estrasburgo, que foi anexada pelos alemães em 1871. Essa faculdade permaneceria em Paris após 1918, ainda depois que a Alsácia voltou para a França, constituindo-se como uma instituição importante no debate teológico; no final do século XIX, a Escola de Paris passou a designar a teologia símbolo-fideísta de dois professores do estabelecimento, Eugène Ménégoz e Auguste Sabatier. Na verdade, embora as grandes regiões protestantes "históricas" se encontrem no sul do país e na Alsácia, é natural que, em um país centralizado como a França, a capital política acabe também se tornando um local de uma forte presença protestante.

André Encrevé e Alain Joly

▶ DECOPPET, Auguste, *Paris protestant*, Paris, Bonhoure, 1876; DRIANCOURT-GIROD, Janine, *L'insolite histoire des luthériens de Paris de Louis XIII à Napoleon*, Paris, Albin Michel, 1992; Idem, *Ainsi priaient les luthériens. La vie religieuse, la pratique et la foi des luthériens de Paris au XVIIIe siècle*, Paris, Cerf, 1992; DUBIEF, Henri e POUJOL, Jacques, org., *La France protestante. Histoire et lieux de mémoire* (1992), Paris, Éditions de Paris, 1996, p. 170-200; ENCREVÉ, André, *Traits généraux de l'implantation des lieux de culte protestants à Paris et dans sa banlieue* (1802-1960), em Michel MESLIN, org., *Paris et ses religions au XXe siècle*, Paris, Presses de l'Université de Paris-Sorbonne, 1992, p. 37-68; Idem, "Sur l'implantation du protestantisme en banlieue parisienne à l'époque contemporaine", e HARISMENDY, Patrick, *Paris, capitale religieuse — et politique — du protestantisme français au XIXe siècle*, em André ENCREVÉ e Philippe BOUTRY, orgs., *La religion dans la ville*, Bordeaux, Éditions Bière, 2003, p. 37-62 e 63-78; PANNIER, Jacques, *L'Église réformée de Paris sous Henri IV*, Paris, Champion, 1911; Idem, *L'Église réformée de Paris sous Louis XIII*, 3 vols., Paris, Champion, 1922-1932; WEBER, Auguste, *L'Église évangélique luthérienne de Paris de 1808 à 1908*, Paris, Agence du consistoire luthérien, 1908.

◉ Faculdades de teologia latinas europeias; França; símbolo-fideísmo

PARÓQUIA

Etimologicamente, o termo "paróquia" tem dois significados: 1) vizinhança, anexo, proximidade (no sentido topológico); 2) colônia, estada no estrangeiro, embaixada (no sentido político e, posteriormente, no teológico: cf. Lc 24.18; At 7.6, 7.29 e 13.17; Ef 2.19; Hb 11.9; 1Pe 1.17 e 2.11). O primeiro sentido prevaleceu para designar desde os primórdios a implantação de uma igreja local, urbana, na região circundante, passando a designar posteriormente toda subdivisão, urbana ou rural, da igreja regional.

Reunindo teoricamente todos os cristãos de dado território, como uma manifestação primária da igreja, a paróquia seria somente uma subdivisão? Os reformados sempre se demonstraram hesitantes quanto a favorecer uma eclesiologia "descendente", preferindo usar o termo "igreja local", não sem razão com base no uso paulino; de fato, esse é o caso da igreja reformada da França e de diversas igrejas com tendência congregacional. No entanto, convém nuançar essa posição, justamente por tender a atribuir uma indevida suficiência à congregação de base, pois, se ela significa a igreja em dado local, não pode apresentar-se como a totalidade da igreja: para existir, precisa dos laços vitais com as demais congregações, expressando-se através da estrutura que é comum a todas elas (sínodo, ministérios, missões, nos níveis regional e nacional, auxílio coordenado etc.). Essa estrutura será melhor explicitada em igrejas que possuem um episcopado sacramental (anglicanismo) ou presidencial (luteranismo). Esse sistema tende a tornar visível o ministério da unidade.

De resto, percebe-se uma multiplicação legítima dos lugares de culto não paroquiais (comunidades regulares, grupos especializados, ministérios regionais) que se constituem para responder a funções que a congregação primária indiferenciada não pode cumprir. Sua existência não ameaça a das paróquias, que têm sua vocação específica: assumir as funções da igreja de acordo com uma divisão geográfica, deixando a outros o que se poderia chamar missão "temática" a serviço do evangelho. A coordenação dos diversos locais da igreja, como a paróquia, é a principal tarefa da autoridade sinodal.

Claude Bridel

▶ MEHL, Roger, *Traité de sociologie du protestantisme*, Neuchâtel, Delachaux et Niestlé, 1965; MOLTMANN, Jürgen, *L'Église dans la force de l'Esprit. Une contribution à l'ecclésiologie messianique* (1975), Paris, Cerf, 1980.

◉ Congregacionalismo; conselheiros, presbíteros ou anciãos; **igreja**; instalação; ministérios; multitudinismo; organizações eclesiásticas; **pastor**; presbítero-sinodal (sistema); sínodo

PARUSIA

Presença definitiva, desvelamento final, "volta de Cristo" (Cristo "em glória", e não, como antes, Cristo entregue à crucificação): a parusia se situa na escatologia, ou fim do mundo. Sua matriz histórica é apocalíptica. Em geral, há concordância quanto à ideia de que o "atraso" da parusia, esperada não sem "entusiasmo" (o apóstolo Paulo escreve em 1Tessalonicenses que essa geração não passará antes do soar das trombetas do último dia[1], e a segunda epístola aos mesmos tessalonicenses corrige esse ponto) desde a primeira comunidade cristã após a Páscoa e o Pentecostes foi a crise decisiva que marcou a primeira geração cristã, que desde então deu forma ao cristianismo como tal, com sua estrutura histórica específica.

A expressão teológica e cristã da parusia como "volta de Cristo" é por vezes pesadamente mitológica (assim como o discurso cristológico que é articulado em torno de Jesus de Nazaré), e alguns milenarismos

---

[1] [NT] Gisel dá a entender que o apóstolo errou na primeira epístola e se corrigiu na segunda, quando na verdade a interpretação dos tessalonicenses da primeira é que estava errada.

intraprotestantes não escapam disso. De um modo fundamental, o tema da parusia se correlaciona a um duplo motivo teológico: a) o cumprimento decisivo (último ou "escatológico") no cerne da história: o mistério pascal articulado com a vida, o destino e as palavras de Jesus; b) o caráter ainda oculto da manifestação ou do reino dessa verdade última, fazendo com que seu desdobramento seja transferido para uma espera sempre aberta ou uma realidade de outra ordem. É em função desse dado duplo que a teologia cristã fala de parusia ou de "retorno", para afirmar que o desvelamento final é ou será somente outra verdade manifestada "em Cristo", no cerne da história, assim como, de modo recíproco, são nossas histórias e nossas identidades que serão desveladas ("julgadas" e "transfiguradas": seremos "surpreendidos", e somente Deus nos "conhece" de acordo com nossa verdade última), e não uma realidade totalmente outra (coerentemente, temos o motivo de uma "ressurreição dos corpos", uma expressão que também pode ser pesadamente mitológica, apesar da oposição feita pelo apóstolo Paulo em 1Coríntios 15 entre "corruptível" e "incorruptível").

Compreendida corretamente, a teologia protestante se refere à parusia de um modo particular como a divisão entre a verdade última, revelada mas não ainda plenamente desvelada, e a história humana, que inclui a ordem da crença e os dados da igreja, ao mesmo tempo que assinala que justamente nossas histórias humanas, profanas e globais, são retomadas escatologicamente. Assim, não poderia haver verdade última fora de uma relação com o trabalho presente do Espírito e com a heterogeneidade constitutiva de Deus. E, assim como a revelação não ocorre sem "memória" (e recorrências), o desvelamento final não ocorre sem "volta" (ou retomadas).

Pierre Gisel

▶ GISEL, Pierre, *Discours sur l'au-delà de la mort*, em Louis-Vincent THOMAS et alii, *Réincarnation, immortalité, résurrection*, Bruxelas, Facultés universitaires Saint-Louis, 1988, p. 213-257; MAURY, Pierre, *L'eschatologie*, Genebra, Labor et Fides, 1959; MOLTMANN, Jürgen, *Teologia da esperança: estudos sobre os fundamentos e as consequências de uma escatologia cristã* (1964), São Paulo, Teológica, 2003.

● Adventismo; anticristo; apocalíptica; Dodd; esperança; fim do mundo; messianismo; milenarismo; **morte e vida eterna**; Münster (Reino de); reino de Deus; Schweitzer; **utopia**; Weiß

PARROT, André (1901-1980)

Filho de um pastor da igreja luterana da região de Montbéliard, onde nasceu (em Désandans), André Parrot soube associar por toda a sua vida a exigência de sua fé protestante (a Bíblia) a um gosto pela "aventura arqueológica".

Doutor em teologia (Antigo Testamento, 1938), exerceu em Paris várias missões: ensino (Faculdade de Teologia de Paris e Escola do Louvre, da qual foi aluno antes de seu período na Escola Bíblica e Arqueológica Francesa de Jerusalém), de pesquisa e administração (conservador no Departamento de Antiguidades Orientais do Museu do Louvre, em 1937; seria nomeado diretor do museu por André Malraux, 1968-1972). Ao mesmo tempo, a partir de 1926, Parrot se orientou para a redescoberta dos sítios sírios e mesopotâmicos, importantes para o conhecimento do Antigo Testamento: Neirab, Baalbek, Biblos, Tello (Lagash), Larsa, mas sobretudo Mari (Tell Hariri, na margem sul do Eufrates, Síria). Essa capital do terceiro e do segundo milênios antes de nossa era, com suas construções palacianas e cultuais e sua coleta de elementos epigráficos, que resultou em cerca de vinte mil tábuas de escrita cuneiforme (em babilônio antigo), da época de Hamurábi, constitui um sítio fundamental para a história do antigo Israel e suas origens amoritas. André Parrot participou de 21 escavações entre 1933 e 1974, dedicando quarenta anos de sua vida a esse sítio principal e a essa missão de "arqueologia bíblica", área que ajudou a criar e divulgar a um amplo público culto: por exemplo, fundou os *Cahiers d'archéologie biblique* [Cadernos de arqueologia bíblica] (18 vols., Neuchâtel, Delachaux et Niestlé, 1952-1969), que mostram as soluções trazidas pela arqueologia para alguns problemas apresentados pelos relatos bíblicos.

Jean-Georges Heintz

▶ PARROT, André, *Mari, une ville perdue* (1936), Paris, *Je sers*, 1945; Idem, *Mission archéologique de Mari*, 4 vols., Paris, Geuthner, 1956-1968; Idem, *Mari, capitale fabuleuse*, Paris, Payot, 1974; Idem, *L'aventure archéologique*, Paris, Robert

Laffont, 1979; HEINTZ, Jean-Georges et alii, *Bibliographie de Mari. Archéologie et textes 1933-1988*, Wiesbaden, Harrassowitz, 1990, p. 1-7 e 98-101 (bibliografia).

PASCAL, Blaise (1623-1662)

O leitor talvez se espante ao encontrar nesta enciclopédia um verbete sobre o católico Pascal. Não se trata de uma anexação. Sua presença se justifica apenas pela grande influência que exerce no protestantismo dos século XIX e XX. Três razões a explicam: jansenista, Pascal tinha uma concepção de graça próxima à da Reforma (por outro lado, sua doutrina dos sacramentos faz com que se afaste do protestantismo); Pascal expressa em certos momentos uma revolta contra a hierarquia católica, algo que, segundo se especula, poderia ter levado a uma ruptura: algumas de suas frases lembram Lutero; a apologética de Pascal se baseia na alienação de que sofrem todos os homens, bem como em sua impossibilidade de encontrar repouso e felicidade em outra coisa que não em Deus, e não em argumentos do tipo objetivo — isso corresponde perfeitamente bem à espiritualidade protestante, bastante aberta para temas existenciais. Dessa forma, tem havido uma "leitura protestante" de Pascal, com Vinet como seu autor mais representativo.

André Gounelle

▶ BABUT, Étienne, *Pascal proche parent des réformés ou authentique catholique?* (*d'après les Opuscules*), *La Revue réformée* 8, 1951, p. 239-251; BELIN, Christian et alii, *Port-Royal et les protestants*, Paris, Bibliothèque Mazarine, 1998; BENOÎT, Jean-Daniel, *Le protestantisme de Pascal*, RHPhR 32, 1952, p. 120-125; GOUNELLE, André, *Port-Royal vu par les protestants*, em Jean MESNARD et alii, *Pour ou contre Sainte-Beuve: le Port-Royal. Actes du colloque de Lausanne, septembre 1992*, Genebra-Paris, Labor et Fides-Chroniques de Port-Royal, 1993, p. 163-171; MAURY, Pierre, *Trois histoires spirituelles. Saint Augustin, Luther, Pascal* (1930), Genebra, Labor et Fides, 1962.

◉ Jansenismo; Vinet

PASSY, Paul (1859-1940)

De família católica — embora seu pai, Frédéric Passy, economista liberal, tenha frequentado a igreja reformada a partir de 1872 por hostilidade ao "clericalismo" —, Paul Passy se converteu ao protestantismo em 1878, logo tornando-se evangelista batista, ao mesmo tempo que seguia a carreira universitária. Foi professor do Departamento de Ciências Históricas e Filológicas da Escola Prática de Altos Estudos, em 1894. Foi um criador de métodos estruturais em fonologia.

Sua conversão religiosa também resultou em uma "conversão social": tornou-se membro de um grupo socialista em 1898 e aderiu à Seção Francesa da Internacional Operária (SFIO) em 1906. No ano de 1908, fundou com Raoul Biville (1863-1909), outro universitário protestante, a União dos Socialistas Cristãos, que se situa na ala esquerda do cristianismo social. Em 1909, criou uma empresa agrícola semicoletivista, Liéfra (abreviação de liberdade, igualdade e fraternidade em francês), com base na lei de Moisés (Levítico 25). Em nome da "pureza da igreja apostólica", criticou alguns aspectos da mecanização, sobretudo em relação aos produtos industriais e alimentares, que considerava adulterados ou nocivos à saúde. Também lutou contra os acidentes rodoviários e foi um adepto do naturismo. Protestante anarquista e socialista idealista, após 1917, tornou-se um convicto adversário do leninismo.

Jean Baubérot

▶ PASSY, Paul, *Souvenirs d'un socialiste chrétien*, 2 vols., Issy-les-Moulineaux-Paris, *Je sers*-Altis, 1930-1932; BAUBÉROT, Jean, *Le retour des huguenots. La vitalité protestante, XIXe-XXe siècle*, Paris-Genebra, Cerf-Labor et Fides, 1985, p. 129-150; Idem, *Un christianisme profane? Royaume de Dieu, socialisme et modernité culturelle dans le périodique "chrétien-social"* L'avant-garde (*1899-1911*), Paris, PUF, 1978.

◉ Cristianismo social/socialismo cristão; Missão Popular Evangélica

PASTOR

1. Descrição do ministério pastoral
2. Fontes históricas do ministério pastoral
    2.1. A Reforma
    2.2. O protestantismo posterior
    2.3. Uma imagem-modelo
3. Perspectivas atuais

1. Descrição do ministério pastoral

Ao passo que a palavra "pastor" é utilizada para o pregador em suas funções como guardião do rebanho, também serve como um termo técnico para designar o ministro profissional da religião nas confissões protestantes que se originaram da Reforma no século XVI, sejam esses ministros homens ou mulheres (e alguns utilizam o termo "pastora"). Termos menos frequentes e em vias de extinção como "ministro do santo evangelho" ou "guia espiritual" podem surgir como equivalentes. Nas igrejas abertas ou pluralistas, os pastores são recebidos profissionalmente depois de uma formação universitária que dura em torno de cinco anos, complementada por exames e, em geral, pela redação de uma monografia (dissertação de *master*). Salvo exceção, os estudantes de teologia são recrutados entre os que têm o ensino médio completo ou diploma equivalente. Entre os falantes de língua europeia, esses estudantes ingressam em faculdades de teologia protestante integradas às universidades (Genebra, Lausanne, Neuchâtel, Estrasburgo, como também é o caso na Alemanha, nos países escandinavos) ou em instituições autônomas, mas que são equivalentes quanto ao currículo escolar e à exigência (Faculdade Universitária de Teologia Protestante de Bruxelas, Instituto Protestante de Teologia de Montpellier e Paris; no mesmo modelo, há também a Faculdade Protestante da Igreja Valdense de Roma). As igrejas livres e algumas comunidades enviam candidatos para as faculdades ou escolas pastorais, cujo ensino melhor corresponde aos seus objetivos (Aix-en-Provence, Vaux-sur-Seine). Nesse caso, as faculdades universitárias às vezes podem exigir desses estudantes estudos complementares que garantam o aprendizado de uma competência crítica para o reconhecimento do diploma.

Depois do título universitário (*master* em teologia), exige-se dos candidatos ao pastorado um tempo de iniciação e formação em prática do ministério, sob a forma de estágios, de acordo com cada igreja. Em seguida, eles são examinados por uma comissão eclesial que pode ou não recomendar sua integração no corpo pastoral da igreja em que eles pretendem exercer o ofício. Ao ser julgado "digno e capaz", o pastor é oficialmente reconhecido como tal em uma cerimônia cultural de consagração ou ordenação. Segue-se a isso sua instalação em uma igreja local ou num ministério especializado.

Na igreja local, o pastor tem como responsabilidades principais conduzir o culto dominical (liturgia, pregação, sacramentos), realizar atos pastorais (preparação de batismo, cerimônia de casamento e serviços fúnebres), ensinar o catecismo (principalmente aos adolescentes), visitar os membros da igreja (em primeiro lugar os doentes, os sofredores e as pessoas que pedirem sua presença), liderar atividades diversas do cotidiano da igreja (principalmente em grupos locais) e representá-la na sociedade civil. Nessa tarefa, ele é apoiado e acompanhado por um grupo de anciãos (conselho presbiteral ou conselho paroquial) constituído de leigos que moram no local; às vezes, também é auxiliado por outros ministros, como os diáconos. Nesse sentido, a vida de um pastor em uma igreja local pode adquirir contornos diversos de acordo com sua situação: se está no campo ou no meio urbano, em uma região de forte concentração protestante ou não. Na cidade, em geral, será chamado a colaborar com outros pastores no mesmo território. Em regiões de fraca população protestante, seu serviço se estenderá a um raio de dezenas de quilômetros, em uma igreja cuja unidade e cuja coesão dependerão praticamente só do pastor. Em todos esses casos, esse cargo hoje é bastante pesado: a diversidade das tarefas, os horários de trabalho pouco definidos, a falta de uma divisão clara entre vida privada e vida ministerial tornam o trabalho na igreja local uma função bastante particular. Pesquisas mostram que o pastor costuma dedicar cerca de sessenta a setenta horas semanais ao exercício do ministério. Esse tempo de trabalho é fracionado em etapas muito diversas e dispersas. Cultos e atos pastorais (com as respectivas preparações) ocupam 26% de seu tempo; atividades de ensino, 13%; sessões de aconselhamento, 9%; visitas nos lares, 9%; administração da igreja, 9%; atividades em grupos, 9%; recolhimento em oração e meditação, 8%; formação contínua e trabalho teológico pessoal, 8%; engajamentos exteriores, 6%; outras atividades, 3%. Como se vê, o leque dos talentos necessários é amplo: além das habilidades sociais, o pastor precisa ser um bom administrador, um líder, um *expert* em interpretação, um bom orador, um bom confidente etc. Isso equivale a afirmar que a função pastoral exige uma grande capacidade de adaptação, e às vezes uma adaptação rápida, a demandas muito diferentes.

Já a tarefa dos pastores engajados em ministérios especializados fora da igreja local é geralmente bem mais definida. Por causa de seus talentos ou interesses particulares, são chamados a servir como capelães de hospitais, prisões ou outras instituições; ou então engajam-se em trabalhos culturais e teológicos em pequenos grupos, em centros de encontro e formação; podem também atuar na área social, com vários tipos de necessitados; alguns marcam a presença da igreja na imprensa, no rádio ou na televisão; por fim, a liderança de uma igreja, bem como sua administração, muitas vezes requerem mais de um pastor. Além disso, há os pastores que, munidos de um doutorado, encarregam-se do ensino de diversas disciplinas nas faculdades de teologia.

Para o público em geral, quer queira, quer não, o pastor atua como um representante do protestantismo e de sua igreja. Para compreender como isso ocorre, assim como a ambiguidade dessa imagem que se tem do pastor, é necessário um retorno às origens.

2. As fontes históricas do ministério pastoral

2.1. A Reforma

2.1.1. Martinho Lutero (1483-1546)

Devemos a Martinho Lutero, ex-monge que se tornou o primeiro pastor depois de ser excluído da Igreja Católica Romana, em 1520, o esboço do princípio que passou a ser conhecido como "sacerdócio universal". Extraído de 1Pedro 2.9, esse princípio só autoriza entre os cristãos as diferenças de *função*. Como todos nós somos igualmente sacerdotes, a separação entre clérigos e leigos não mais existe, e isso leva a consequências nos níveis jurídico, social, cultural e, principalmente, eclesial e teológico. Assim, um pastor só difere dos demais cristãos quanto à tarefa de proclamar a Palavra e administrar os sacramentos, uma tarefa que lhe cabe em razão de suas competências e em função de um reconhecimento eclesial. No que diz respeito aos demais aspectos, todos os cristãos devem ser igualmente "úteis e prontos para a ajuda" através de suas funções e profissões.

Todos estão submetidos de igual modo ao poder secular. Não há mais um mediador qualificado como tal entre Deus e os homens.

Para o pastor, o ministério inclui o risco de ser rejeitado ou exposto ao ridículo, já que uma de suas funções é admoestar e repreender os homens em nome dessa Palavra. É exigido dele o esforço do ensino, pois também tem como tarefa instruir cada homem no conteúdo da crença para a qual ele é convidado. A existência do ministério corresponde à vontade de Deus e às necessidades das comunidades. Trata-se de um serviço de Deus e dos homens.

Assim, o pastor é chamado a exercer sua função de um modo consciencioso, como qualquer outro homem, e a viver no mundo como qualquer pessoa. Por isso, lhe é recomendado o casamento: dessa forma, ele resiste melhor à "fraqueza da carne" e se desincumbe das tarefas domésticas.

A posição de Lutero em relação ao sacerdócio universal nem sempre foi mantida em sua pureza e radicalidade por todas as correntes do protestantismo, nem mesmo pelo luteranismo. No entanto, essa posição faz parte da essência da posição protestante quanto à doutrina do ministério.

Foi inventado que o papa, os bispos, os sacerdotes, as gentes dos monastérios seriam chamados estado eclesiástico, enquanto os príncipes, os senhores, os artesãos e os camponeses, estado laico, o que é claramente uma fina sutileza e uma bela hipocrisia. Mas ninguém deve se deixar intimidar por essa distinção, pela simples razão de que todos os cristãos, na verdade, pertencem ao estado eclesiástico; não existe entre eles diferença alguma, a não ser a da função, como demonstra Paulo ao afirmar (1Co 12) que todos nós somos um só corpo, mas que cada membro tem sua própria função, através da qual serve aos demais membros, e isso provém do fato de que temos um mesmo batismo, um mesmo evangelho e uma mesma fé, e somos, da mesma maneira, cristãos, pois são somente o batismo, o evangelho e a fé que formam o estado eclesiástico e o povo cristão.

[...] Disso resulta que entre leigos, sacerdotes, príncipes, bispos e, como eles dizem, entre o clero e o século, não há de fato nenhuma outra diferença, a não ser a que provém da função ou da tarefa, e não do estado, pois todos pertencem ao estado eclesiástico; eles são realmente sacerdotes, bispos e papas, mas não têm o mesmo tipo de tarefa a ser cumprida, nem mesmo entre os sacerdotes; a nenhum deles é atribuída a mesma espécie de tarefa. E está dito em São Paulo (Rm 12.4ss e 1Co 12.12ss) e em São Pedro (1 Pe 2.9), como mencionei há pouco, que todos nós somos um só corpo, cuja cabeça é Jesus Cristo, e cada um de nós é membro do outro. Cristo não tem dois corpos, nem duas espécies de corpos, um leigo e um eclesiástico. Ele é a cabeça e tem um corpo.

Da mesma forma, os que agora chamamos de eclesiásticos ou sacerdotes, bispos e papas, não são distintos por nenhum sinal particular nem dignidade especial, a não ser que devem administrar a palavra e os sacramentos de Deus — essa é sua tarefa e função; do mesmo modo, a autoridade temporal mantém em mãos a espada e a vara que servem para punir os maus e proteger os bons.

Martinho LUTERO, *À nobreza cristã da nação alemã* (1520), em *MLO* 2, 84, 87.

2.1.2. Ulrico Zwinglio (1484-1531)

Em 1523, na segunda disputa realizada em Zurique, Ulrico Zwinglio pregou, e o texto dessa pregação foi publicado em 1524 com o título *O pastor*. Em contexto polêmico, ele distingue entre os verdadeiros e os falsos pastores de ovelhas — os pastores tais como devem ser e os sacerdotes tais como continuam sendo em seus antigos hábitos. Ele mesmo nunca negou sua ordenação sacerdotal e visava a uma reforma interna do clero.

O texto é salpicado de citações e alusões bíblicas à ação de Deus e de Cristo, das quais são deduzidos os traços característicos do pastor. Sua tarefa primordial é "pastorear o rebanho", o que implica uma vida de sofrimentos, tanto por perseguições quanto pela renúncia que sua condição impõe. Educador, pai, dono de casa, desprendido em relação ao salário, ele cuida das ovelhas, opondo-se aos inimigos delas, até mesmo aos príncipes e poderosos. Para lutar contra a imoralidade do clérigo, Zwinglio recomenda que o pastor se case.

Em sua perspectiva, o pastor desempenha um papel próximo ao de Cristo e de Deus. É justamente um *modelo* que vive integralmente o que prega, um personagem fora do comum, um cristão perfeito. Essa imagem permaneceria viva na mente do público durante muito tempo, alimentando as críticas contra os pastores.

O pastor com suas ovelhas — eis uma imagem tão clara de Deus conosco que os textos do Antigo Testamento apresentam o tempo todo a providência divina e suas ações dirigidas aos homens através da imagem do pastor. Desse fato, precisamos entender Deus como o pastor e nós como as ovelhas. Da mesma forma, o autor de nossa salvação, Jesus Cristo, designou a si mesmo como um pastor (Jo 10.12), por nos conduzir para pastos verdadeiros e nos proporcionar verdadeiro alimento. Com isso, é o líder ou o pastor que nos guiou desde o sombrio estábulo da ignorância e das ligaduras com que nos mantinham presos as doutrinas humanas para a luz da sabedoria divina e da liberdade dos filhos (de Deus).

[...] Assim, cada pastor, ainda que seja um pastor entre as ovelhas de Cristo deve se colocar à frente e combater todos os que o atacam por causa de Deus, por causa da verdade, de sua Palavra e de sua fidelidade às ovelhas, sem procurar saber se está combatendo Alexandre o Grande, Júlio, o papa, o rei, os príncipes ou qualquer poder que seja.

[...] E, assim como tu suportarias mais a morte que ver teu pai terreno exposto à vergonha, tu sofrerás a morte em vez de aceitar que seja feito um desserviço ao teu Pai celeste. Se tu crês que a Palavra de Deus não pode mentir, também sabes que morrer para ele é a maior honra que o Pai celeste pode atribuir a um de seus filhos. Quanto menos temeres a morte, mais forte será tua fé. Quanto mais tiveres medo, menos haverá confiança e amor por Deus em ti.

[...] Em suma, somente o amor divino, baseado na indubitável confiança em Deus, pode fazer com que o pastor negue a si mesmo, abandone pai e mãe, ponha-se na estrada sem alforje, sem túnica e sem bordão (Mt 10.10) para comparecer diante dos príncipes, sofrer injúria, ser acusado falsamente e ser morto.

Ulrico ZWINGLIO, *Le Berger* [O pastor] (1524), p. 28s, 43, 57, 59s.

2.1.3. João Calvino (1509-1564)

Foi para estabelecer uma *ordem* e uma *disciplina* sistemáticas e claras na igreja que João Calvino desenvolveu sua concepção do ministério e, portanto, também do pastor (*IRC* IV, III). Nas cidades em que passou algum tempo, como Estrasburgo e Genebra, a Reforma já havia sido iniciada. Diferentemente de Lutero e Zwinglio, Calvino não veio de uma carreira eclesiástica.

A origem dessa ordem não deve ser buscada em lugar algum, a não ser em Deus, que se utiliza dos serviços dos homens para governar sua igreja. Calvino constata que Deus suscitou apóstolos, profetas, evangelistas cujo ministério não foi mantido, assim como pastores e doutores cujo "ofício" se tornou ordinário e permanente na igreja. Os doutores, próximos aos profetas dos tempos antigos, têm como tarefa principal o cuidado com as questões relacionadas à Escritura e à doutrina, e não se ocupam das questões de disciplina nem da administração dos sacramentos. Os pastores são semelhantes aos apóstolos na pregação do evangelho e na administração dos sacramentos, mas, de modo diverso dos apóstolos, cuidam de uma igreja específica. Uma parte importante da função dos pastores consiste também no ensino e na admoestação das ovelhas, às vezes de pessoas em relação às quais eles são "inferiores em dignidade". O ministério pastoral está exposto principalmente em 1Coríntios 4.1: os pastores são ministros de Cristo e despenseiros dos mistérios de Deus. Eles entram para o ministério por uma vocação interna que sua consciência identifica como um chamado de Deus, e também por uma vocação externa que consiste no reconhecimento da igreja em relação à sua dignidade e sua capacidade para exercer esse ministério. Assim, são ao mesmo tempo escolhidos por Deus e eleitos pelos homens "com o consentimento e a aprovação do povo". Esse reconhecimento duplo é sinalizado com a cerimônia da ordenação, por meio da imposição de mãos, e Calvino não parece se opor a que seja recebida como um sacramento. Os pastores são rodeados de anciãos que os apoiam e cuidam da igreja local, e assistidos ainda por diáconos, que têm como uma das tarefas principais servir aos pobres.

O pastorado implica conhecimento e temor de Deus, sã doutrina e santidade.

> Agora precisamos tratar da ordem que Deus designou para sua igreja, pois, ainda que somente ele deva governar e reger sua igreja, tendo nela toda a proeminência, e que seu governo e seu império devam ser exercidos somente por sua Palavra, ele não habita conosco em presença visível, de modo que possamos ouvir sua vontade de sua própria boca, mas se utiliza do serviço dos homens, tornando-os seus representantes (Lc 10.16), não para transferir-lhes sua honra e sua superioridade, mas somente para fazer sua obra através deles, assim como um operário se utiliza de um instrumento.

> [...] Minha intenção não é descrever aqui todas as virtudes de um bom pastor, mas apenas mostrar brevemente a profissão que fazem aqueles que se nomeiam pastores e querem ser considerados como tais: presidir a igreja de tal modo que não tenham uma dignidade inativa, mas que instruam o povo na doutrina cristã, administrem os sacramentos e corrijam os erros com boas admoestações, usando a disciplina paterna que Jesus Cristo ordenou.
>
> João CALVINO, *IRC* IV, III, 1 e 6.

2.2. O protestantismo posterior

Essas três exposições acerca do pastorado constituem os polos entre os quais se esboçarão as nuances das concepções protestantes posteriores.

Todas as três se distanciam de duas frentes: a da Igreja Católica Romana e a dos iluminados (sobretudo anabatistas). Em relação à primeira, o ponto mais importante é o fim da hierarquia e dos intermediários; em relação aos segundos, convém manter a ordem e a disciplina na igreja. O princípio do sacerdócio universal está afirmado em níveis diversos de explicitação (em oposição à Igreja Católica Romana). As três concordam quanto à ideia de que, se todos são sacerdotes, nem todos são pastores, e nem todos exercem o mesmo ministério na igreja (em oposição aos iluminados). No entanto, no princípio do sacerdócio universal, para nossos três reformadores, está implicada a ideia de que cada cristão seja competente para ler e compreender por si mesmo a Escritura. Não se pode explicar de outro modo o esforço extraordinário que foi empreendido pelos pastores desde o início da Reforma para a instrução do povo: era necessário tornar o princípio aplicável. As três concordam quanto à origem divina do ministério da igreja e do pastorado (em oposição aos iluminados). As três veem no pastorado o ministério mais importante, dentre outros. O pastorado certamente merece consideração e está investido de certa autoridade, mas tal autoridade é apenas de ofício, não de direito. A autoridade de direito só cabe a Cristo, que é o único verdadeiro chefe da igreja.

De início, os primeiros pastores foram escolhidos entre os ex-padres: a maioria abandonou a antiga função por convicção; alguns, por oportunismo. Monges deixaram para trás a vida monástica e se tornaram pregadores. Profissionais liberais e professores também abraçaram a carreira pastoral. A Suíça romanda foi beneficiada por um amplo engajamento de franceses, perseguidos por suas convicções, que se refugiaram em suas terras. Precisamos nos lembrar que Guilherme Farel, João Calvino e Teodoro de Beza estavam entre eles.

Logo os pastores começaram a se reunir em sociedades pastorais — a Venerável Classe em Neuchâtel, a Venerável Companhia dos Pastores em Genebra etc. —, cujo objetivo era a vigilância mútua, doutrinária e moral. Aos poucos, essas sociedades passaram a oferecer uma formação básica para os pretendentes ao pastorado e a confirmar com um exame uma formação recebida em outros locais. Era diante delas que o novo pastor era chamado a pronunciar seus votos. Essas sociedades eram administradas colegialmente, com um presidente que não gozava de nenhuma proeminência hierárquica, nem tinha o poder de impor a aceitação de um novo pastor a uma igreja local caso essa igreja manifestasse desaprovação. Em muitas regiões, tais grupos ajudaram no estabelecimento da instrução pública.

Os pastores dispunham de rendas diminutas e, às vezes, ficavam muito tempo sem receber. De fato, a comunidade local deveria fornecer-lhes o básico para sua subsistência. Era frequente que se vissem vulneráveis diante da turba e da perseguição católica por parte do povo. Logo, passou a ser exigida do pastor uma combinação de ciência e piedade que deveria ser evidente, em primeiro lugar, na pregação. O pastor era julgado de modo pessoal quanto a seu comportamento, que deveria ser exemplar, e os membros de sua família eram oferecidos como modelo da família cristã idealizada.

Para responder às crescentes e urgentes necessidades, foram abertas escolas pastorais. Assim, a *Prophezie* de Zwinglio, em Zurique, serviu como um modelo para a criação da Academia de Lausanne (1537); tanto essa academia quanto o Ginásio de Estrasburgo, organizado por Jean Sturm (1538), inspiraram a fundação da Academia de Genebra, inaugurada por Teodoro de Beza em 1559, com a colaboração de João Calvino. Em muitos casos, essas academias originaram universidades: Lausanne, Genebra, Neuchâtel. Note-se que, entre os séculos XVI e XVII foram fundadas na França oito academias protestantes.

A formação acadêmica dos pastores incluía teologia, línguas bíblicas (hebraico e grego), interpretação do Antigo e do Novo Testamentos e algumas disciplinas emprestadas do humanismo, como filosofia, dialética e retórica. Além disso, os estudantes eram sempre treinados no exercício da disputa. Dessa maneira, os novos pastores alcançavam um nível de competência que lhes valia uma alta consideração. Cultos, bons argumentadores e controversistas, eles pregavam várias vezes no domingo e também nos dias da semana. Além do próprio meio pastoral em que se desenvolviam inúmeras dinastias — o endorrecrutamento atinge ainda hoje, na França, 20% —, boa parte dos pastores era escolhida nos meios mais abastados e cultos, principalmente a magistratura e o ensino, mas também nas classes médias, para as quais o acesso ao pastorado constituía um meio de ascensão sociocultural. As condições se acumulavam para que eles se tornassem pessoas importantes. Na Suíça, foi precisamente o que ocorreu. Tendo passado o vigor profético da Reforma, em sua maioria os pastores se viram reinstalados em papéis sociais de tendência conservadora, e a própria teologia tendeu a fixar-se em uma ortodoxia. Vários sobressaltos, como, por exemplo, o do pietismo, tiveram o efeito benéfico de desfazer bases e pensamentos por demais solidificados. Porém, a figura e a função pastorais mantiveram suas características básicas até o século XX. Tal não foi exatamente a mesma situação na França, onde os pastores precisaram sofrer as consequências e as perseguições associadas à Revogação do Edito de Nantes (1685). Esses acontecimentos estão na origem do *status* de pequena minoria do protestantismo francês, marcando a consciência pastoral. Basta lembrar que 80% dos pastores que permaneceram na França naquela época escolheram o exílio em condições morais e materiais verdadeiramente atrozes, em vez de abjurar, para compreender que a luta inaugurada na Reforma prosseguiu nesse país de um modo e sob condições bem diferentes.

Uma das consequências do casamento de pastores foi o estabelecimento de verdadeiras "dinastias" pastorais, em que cada pastor tinha um ou mais filhos que se tornavam pastores. A tendência para a endogamia pastoral se verificou especialmente forte em países onde o protestantismo era minoritário ou nas igrejas minoritárias dentro do protestantismo. No entanto, isso não significava uma continuidade teológica automática. Ao contrário, cada geração podia contestar a precedente ao mostrar-se receptiva aos movimentos inovadores de seu tempo. Assim, Jean Monod, o pastor parisiense do início do século XIX (1765-1836), pré-liberal, teve entre seus quatro filhos pastores as duas personalidades marcantes do avivamento evangélico francês: Frédéric (1794-1863) e Adolphe (1801-1856).

No século XX, o acesso das mulheres ao pastorado até poderia ter reforçado essa tendência: o pai e os avós materno e paterno de Madeleine Blocher, pastora batista de 1929 a 1962, também eram pastores. Porém, nas últimas décadas, o "recrutamento" pastoral se diversificou, principalmente por causa do aumento dos "casamentos mistos" e das "vocações tardias".

Jean Baubérot

É importante assinalar o papel de intermediário cultural entre a Europa protestante do norte e a França, desempenhado pelos pastores que se exilaram. Sua atividade como tradutores e sua ativa participação na difusão de ideias das Luzes — para citar apenas alguns exemplos — fizeram com que o corpo pastoral se tornasse um agente de propagação da cultura. De fato, os pastores contribuíram amplamente para a criação do grupo social de intelectuais. A título indicativo, estima-se que no início do século XX a metade dos intelectuais alemães era composta de filhos de pastores.

Antes de abordar como se fixou a imagem pastoral contemporânea, pode ser útil esboçar dois perfis contrastados de pastores ilustres que não mais pertencem à época da Reforma, mas também ainda não pertencem aos tempos modernos. Cada um à sua maneira legou ao ministério uma orientação que influenciou a posteridade.

Jean-Frédéric Ostervald (1663-1747), clérigo e teólogo, é considerado o segundo reformador da igreja de Neuchâtel (o primeiro foi Farel). Foi partidário de certo clericalismo: encarregou os pastores da tarefa de liderança moral da sociedade. Suas responsabilidades eram, acima de tudo, a luta contra a ignorância, a celebração do serviço divino e a aplicação da disciplina eclesiástica. Em consequência, ele se mostrou severo quanto às condições de acesso ao ministério pastoral: o pastor deveria ser excelente em piedade, dons e capacidade de trabalho.

Jean-Frédéric Oberlin (1740-1826), pastor em Ban-de-la-Roche (Vosges), marcou a teologia pastoral não com seus textos, mas com sua prática de ministério. De personalidade excepcional, desenvolveu atividades pedagógicas na criação de escolas (as primeiras escolas maternais) e foi notado pelo engajamento político e social: aderiu às ideias da Revolução, à criação de revistas, de fundos de empréstimo, ao livre acesso ao Vosges etc. Também se destacou por sua postura ecumênica por visitar os membros da igreja sem fazer distinção entre católicos e protestantes. Pode ser reconhecido como um dos precursores do movimento do Cristianismo Social.

2.3. Uma imagem-modelo

Na metade do século XIX surgiu um tratado de teologia pastoral — uma reflexão teológica da essência do ministério pastoral — escrito por um professor de teologia prática da Faculdade de Lausanne que nunca trabalhou como pastor, Alexandre Vinet (1797-1847). No mundo protestante de língua francesa, essa síntese exerceu grande influência, propondo, em um contexto conjuntural e social bastante diferente da Reforma, uma imagem ideal adaptada às aspirações da época. Em vez das polêmicas e do combate contra a Igreja Romana e os iluminados, essa imagem retoma a reivindicação zwingliana do modelo: o pastor deve ser o exemplo do cristão, à semelhança de Cristo. Ele deve transmitir na condução do culto, na pregação e no ensino catequético, na cura das emoções, mas também, e sobretudo, por sua pessoa e seu comportamento, o sabor geral do cristianismo. Esse sabor é feito de gravidade, severidade, majestade e unção, misturadas a ternura, doçura, intimidade e piedade. Para Vinet, o pastor é alguém notável que se distingue pelo conhecimento e pela grandeza trágica de sua função, que o tornam diferente das pessoas com quem convive.

> O próprio nome já diz: o pastor pastoreia, alimenta as almas com uma palavra que não é a sua (assim como o pastor de ovelhas alimenta os animais com um pasto que ele não plantou); mas as apascenta por meio de sua própria palavra, e essa sua palavra reproduz a Palavra de Deus e se apropria dela, para fins diversos, tornando-se por sua vez uma palavra de instrução, direção, exortação, repreensão, encorajamento e consolação.
>
> [...] o pastor faz de um modo habitual aquilo que, de acordo com a ocasião e de um modo especial, todos os cristãos deveriam fazer, e o faz com um grau de autoridade proporcional ao que

se pode supor de conhecimento e aptidão em um homem que se dedica unicamente a essa obra. Porém, ele não tem nenhuma revelação particular.

[...] o pastor é apenas o distribuidor nominal da Palavra de Deus. É um homem que se dedica a dividir com as multidões o pão da verdade. É um homem que se esforça para aplicar aos homens [...] a obra redentora de nosso senhor Jesus Cristo, já que Deus decidiu salvar os homens pela loucura da pregação. Assim como Jesus Cristo foi enviado por Deus, ele foi enviado por Jesus Cristo. Assim, ele vem, de sua parte, fazer por reconhecimento o que Jesus Cristo fez por amor. Ele reproduz tudo de Jesus Cristo, menos os méritos. Em relação às obrigações que lhe são impostas, nem mais nem menos que seu Mestre, ele faz, sob os auspícios da divina misericórdia, tudo o que Jesus Cristo fez sob o peso da ira divina. Em palavras, em obras e em obediência, ele continua Jesus Cristo.

[...] sua vida é uma vida de devotamento. Sem isso, ela não tem sentido algum. Sua carreira é um sacrifício perpétuo, e isso inclui tudo o que lhe pertence. Sua família é consagrada; ela pertence ao ministério e participa de suas privações. Assim como Jesus veio ao mundo não para ser servido, mas para servir, assim é com o ministro, e essa é sua glória: "Servir a Deus é reinar". Ele busca a glória de Deus diretamente; ele a busca ainda servindo aos homens, pois servir aos homens por amor a Deus é servir a Deus.

[...] porém, a qualidade de pastor não substitui a do cristão; ambas se complementam. A primeira é acrescida à segunda, e é esse acréscimo que é preciso calcular [...]. Se existe tragicidade na vida do cristão, também existe para isso mais forte razão na vida do pastor, que é o cristão por excelência.

[...] o pastor deve conduzir o homem para onde ele não quer ir; deve fazer com que sejam aceitas ideias imprevisíveis que o homem não está disposto a receber e trata como loucuras: vê-se quão grande é a dificuldade da liderança pastoral.

[...] cada um sabe muito bem o que deve ser, pois todos sabem o que é ser um cristão; e, se cada um aplicasse a si mesmo a regra que aplica ao pastor, todos seriam modelos.

[...] a gravidade (do termo *gravis*) é o peso mais ou menos considerável que um interesse pesa, um pensamento, um mal etc. Na vida exterior e dos costumes, é tudo o que anuncia que um homem leva o peso de um grande pensamento ou de uma grande responsabilidade. O ministro é depositário de um grande pensamento e de uma grande responsabilidade, de modo tal que a gravidade é a decência de seu estado.

[...] afirmei em outro texto que uma das prerrogativas do pastor é o fato de não pertencer a nenhuma classe particular na sociedade; é necessário que sua mulher e seus filhos não o despojem dessa prerrogativa por buscar comércio com o mundo.

Alexandre Vinet, *Théologie pastorale ou théorie du ministère évangélique* [Teologia pastoral ou teoria do ministério evangélico] (1850), p. 6, 16, 19s., 41, 51, 129-130, 169.

3. Perspectivas atuais

Tal imagem dominou o protestantismo até meados do século XX, na mentalidade tanto dos leigos quanto dos ministros. Porém, com exceção dos meios evangélicos (cf. Maurice RAY, *Théologie pratique* [Teologia prática], 5 vols., Lausanne, Ligue pour la lecture de la Bible, 1986-1988), tornou-se cada vez mais abstrata e logo caduca. Vimos então multiplicarem-se os sinais da crise na qual tinham entrado não só a imagem, mas a função pastoral.

O pastor não mais correspondia a essa imagem sancionada por algumas obras literárias e cinematográficas (cf. *La symphonie pastorale* [a sinfonia pastoral] de André Gide ou *La confession du pasteur Burg* [A confissão do pastor Burg] de Jacques Chessex; *Jour de colère* [Dia de cólera] de Carl Theodor ou *Cris et chuchotements* [Gritos e sussurros]). Se, no exercício de suas funções cultuais, ele ainda aparece usando uma bata preta com peitilho branco, em um sinal típico de sua formação universitária (ou também uma roupa de linho branco), suas vestes cotidianas não mais o distinguem de seus contemporâneos. Nem mesmo sua casa, nas igrejas locais do interior, continua a ser o que era: muitas vezes a esposa do pastor se engaja em uma profissão (35% dos lares de pastores franceses). Além disso, depois de duas décadas surge a figura da mulher pastora, com um marido que também exerce uma atividade profissional.

Portanto, é frequente que o pastor se considere um semelhante em relação aos demais. No entanto esse desejo não estará isento de novos problemas, pois a perda de especificidade assim simbolizada acaba ferindo sua identidade. A função pastoral certamente se transformou e se diversificou bastante, mas isso ocorreu mais pela força das coisas do que por livres escolhas.

"Gerações de cristãos tiveram como modelo para o pastor uma visão idealizada de Cristo. Pareceu-lhes normal que o pastor fosse desprovido de paixões, que sua consciência fosse isenta de tentações, que sua moral fosse rigorosa e impecável. Ele deveria ser santo de pensamentos e costumes. Talvez fosse o caso, aqui, de um mecanismo de compensação por ter a Reforma retirado do templo e do pastor seu valor sagrado (somente Deus é santo). Em consequência, produziu-se um deslocamento na mentalidade popular: se o pastor não é santo por sua função, é preciso que ele seja santo pelo comportamento. Nos países católicos, parece que se admite mais facilmente que o sacerdote se desvie um pouco; não importa o que lhe aconteça, ele continua sendo um portador do sagrado por sua função de sacerdote. Já o pastor foi despojado de sua condição sagrada, sendo assim, de algum modo, laicizado; assim, transferiu-se para o nível espiritual e moral a necessidade de santidade visível que foi frustrada no plano religioso.

[...] o público, sobretudo os membros mais idosos, ainda conserva a imagem típica do pastor de antanho. Entretanto, nesse universo em que fui colocado na fileira dos acessórios folclóricos, eu me sinto um estranho. De fato, minha utilidade profunda só é reconhecida por uma minoria; a sociedade continua a pedir que eu cumpra os atos de meu papel, ainda que tenha retirado de mim o peso e a influência. Sou como um ator que declama um texto para o cenário: depois que a peça termina, todo mundo vai embora elogiando ou não meu desempenho, e eu permaneço em cena, esquecido, pois o real está lá fora.

Jean-François REBEAUD, *Lettre ouverte à mes paroissiens* [Carta aberta aos membros de minha igreja], Lausanne, L'Âge d'Homme, 196, p. 18s, 22.

Incontestavelmente, a secularização levou à perda de prestígio daquilo que estava no núcleo da função: a proclamação da Palavra e a administração dos sacramentos. A palavra do pastor não é mais autoridade. O brilho do personagem diminuiu bastante. A personalidade do indivíduo deveria agora superar todas essas deficiências. Os pastores que quisessem ser reconhecidos como semelhantes encontraram aqui o efeito negativo de seu desejo. De fato, são como os outros, com suas fraquezas e faltas, e qualidades que nem sempre são adequadas para que se imponham em seu papel. Alguns são reconhecidos e apreciados como bons pastores, enquanto outros, embora sem demérito, são ignorados ou depreciados porque se esforçam para impor-se por si mesmos. Ou, como todas as mulheres e todos os homens, e mais ainda como todos aqueles que exercem funções públicas, eles precisam de um mínimo de reconhecimento social. Em relação aos salários, a cifras podem variar consideravelmente de acordo com o *status* do pastor em sua igreja. Se os pastores da Alsácia Mosela, onde as igrejas estão ligadas ao Estado por meio de uma concordata, são beneficiados com salários equivalentes a duas vezes o que ganham os professores do ensino médio, os pastores do restante da França são remunerados como operários não especializados. Na Suíça, a situação nas igrejas cantonais separadas de seu Estado (Genebra e Neuchâtel principalmente) é diferente da situação nas igrejas em que os pastores gozam de uma posição e de uma renda comparáveis às de funcionários públicos.

Mesmo em sua comunidade, o pastor perdeu boa parte da autoridade devida a seu personagem e a seu papel. Em primeiro lugar, ele não é mais o único ministro profissionalizado, mas costuma ser acompanhado de um diácono ou evangelista. O benefício dessa colaboração às vezes é questionado pela descoberta de que a especificidade do papel pastoral no trabalho da igreja não parece mais evidente. A própria pregação pode ser assumida por pessoas que não são da área teológica. Resta então a administração dos sacramentos, que, por si só, pode dar a impressão de que o pastor foi reduzido ao papel de sacerdote atuando em um ritual, o que não convém à definição tradicional do ministro protestante. Esse sentimento é reforçado, para alguns, pela frequência dos atos pastorais, como, por exemplo, os serviços fúnebres.

Em muitas áreas de atividade da igreja local, os pastores estão rodeados de leigos que os ajudam em suas tarefas. Às vezes, eles se veem sobrecarregados. Quando o leigo, por seus talentos, oblitera a presença do pastor junto a um grupo de catecúmenos ou quando manifesta aptidões superiores à organização e à liderança, o pastor pode sentir que perdeu sua identidade.

A perda de prestígio da pregação, associada a um enfraquecimento geral do poder intelectual e moral dos clérigos, tem feito com que os pastores assumam a forma de homens e mulheres de escuta em vez de afirmação. Assim, houve um aumento no tempo dedicado ao encontro individual, à relação de ajuda e, mais tradicionalmente falando, à cura das emoções. Esse território, porém, não é desprovido de armadilhas. O pastor, com isso, sofre a concorrência de especialistas formados em psicologia, psicoterapia e áreas sociais. Assim, desenvolve-se hoje a atração pelas ciências humanas, principalmente pelas formações elementares em diversas teorias e práticas terapêuticas. O pastor tem tentado responder às carências que percebe na igreja por meio desse instrumental. Porém, é provável que tais competências não possam ser adquiridas tão facilmente em tão pouco tempo. O pastor que, bem-intencionado, busca esses meios pode rapidamente descobrir que está condenado ao amadorismo ou a um longo e extenuante caminho que talvez o conduza a outra profissão.

> O pastoreio no século XX exige grandes qualidades. A piedade não compensa a falta de conhecimento e tato. Hoje em dia, o pastor deve saber de tudo, entender de tudo, os problemas sociais mais delicados e as ideias filosóficas mais abstratas. Com uma confiante inconsciência, a igreja requer sua assistência tanto para questões jurídicas como para dificuldades pedagógicas. Se Vinet é brilhante ao observar que o talento não faz a vocação, como não se quedar incrédulo diante dessas palavras de um homem tão inteligente: "Assim como o ministério geralmente não exige grandes talentos, também não exige talentos muito especiais. Pode haver excelentes ministros com talentos que tornariam medíocres outras profissões".
>
> Jean RILLET, *Le pasteur et son métier* [O pastor e sua função], Paris, Fayard, 1961, p. 26.

A falta de coincidência entre a definição tradicional do pastorado, estabelecida na Reforma, e a imagem que o público construiu do pastor, correspondente a suas expectativas, explica a crise de identidade pastoral. Isso é atestado também pela multiplicação súbita das publicações sobre o assunto. Na Alemanha, Manfred Josuttis busca descrever as áreas em que o pastor experimenta seus conflitos por querer ser ele mesmo ao mesmo tempo que é diferente. Ele chega a sugerir novos ajustes na relação entre pastor e vários aspectos de sua função e sua pessoa: "O pastor que é outra pessoa, que quer ser outra pessoa, que deve ser outra pessoa e que não ousa ser de outro modo está em um campo de tensão elementar que está sempre associado ao fenômeno da alteridade. [...] Na vida pessoal do pastor, a frase-guia [o pastor é outro] significa que, ao longo de sua vida, ele deve aprender a distinguir entre sua própria alteridade e a alteridade de Deus. Tanto a expectativa social quanto os seus desejos o levam a identificar-se com Deus. [...] O pastor persegue [...] sempre esses três objetivos em seu trabalho na igreja local: ser colocado acima da comunidade, retornar para a comunidade e formar a comunidade de acordo com sua própria imagem. [...] O papel representativo que precisa desempenhar reduz ao mínimo a diferenciação habitual entre existência profissional e vida privada. Por estar sempre vulnerável às projeções das angústias e dos ideais dos membros da comunidade, em sua função ele atrai a curiosidade para aquilo que, para outros, pertence à esfera privada" (p. 14, 17, 67, 183).

Jean-Marc Chappuis evidencia a compatibilidade e a incompatibilidade da figura do pastor com os arquétipos culturais do religioso prometeico, do líder carismático, do homem sagrado, do sábio: "Vocês estão pedindo um sinal? Vocês estão em busca de sabedoria? Não temos nada para oferecer que corresponda a seu pedido. Se nessas situações há algo como uma lei da oferta e da procura, precisamos reconhecer: somos perdedores. Pois o que temos a oferecer a vocês, judeus, é um escândalo; e a vocês, gregos, é uma aberração. Proclamamos um Messias, e um Messias crucificado. [...] O que anunciamos e oferecemos a vocês, esse Messias crucificado, constitui uma resposta ao seu pedido e a sua busca, mas trata-se de uma resposta transformadora para esse pedido e essa busca. O pastor [...] não pode nem ignorar nem negligenciar o fato de que, em uma sociedade marcada por dois mil anos de cristianismo, a função de administrador do sagrado lhe é outorgada não fundamentalmente por tradição teológica, mas pelas expectativas e pelas exigências suscitadas por seu ministério" (1985, p. 19, 134).

Nós mesmos propomos uma análise teológica da crise pastoral. Para nós, "o pastor não é diferente dos outros no sentido de que não pode ter proeminência como um modelo de vida cristã. Não se pode reconhecer uma diferença de essência ou grau, no que concerne à fé, entre um pastor e outro cristão. Se é um modelo, isso se deve à busca aberta e sempre retomada que ele deve empreender, como qualquer outro. Quanto ao resto, o pastor é apenas um sinal de contradição" (p. 81).

> Ser autêntico... mas, na verdade, o que somos? Era então que, através de sua desconfiança, surgia uma atração profunda, um desejo imenso de conhecer melhor aquele ser misterioso que

ele encontrava todos os dias no exercício da profissão. Pois o pastor está cotidianamente em presença de todos aqueles homens e de todas aquelas mulheres — de todas aquelas mulheres, principalmente! — que recorrem a ele buscando ajuda... que exigem que seja desempenhado um papel importante na vida deles. Um papel... mas que papel? O que eu poderia ser na existência de todos esses seres que me interessam de modos tão diversos, alguns muito, outros menos... para não falar daqueles que nada representam para mim, aqueles que me aborrecem ou até mesmo me repelem? Por que um papel? Em nome do quê? Quem sou eu, ora, para ousar penetrar dessa maneira na intimidade dessas pessoas?

Bernard MARTIN, *Si Dieu ne meurt* [Se Deus não morrer], Paris, Buchet/Chastel, 1964, p. 10.

Como sociólogo da religião, Jean-Paul Willaime, entre outros, questionou os pastores franceses em relação à sua autoimagem. Para ele, "quando interrogamos o pastor sobre suas competências, ele logo as associa às relações humanas e à liderança de grupos, e sem dúvida isso indica certa mutação na percepção que o pastor tem de si mesmo: essa mutação se explica pelo fato de que as competências bíblicas e teológicas não mais têm um lugar central que ocupavam, há algumas décadas, na percepção do pastor sobre sua profissão" (p. 249). Dessa pesquisa sociológica, são deduzidas algumas tendências que, na prática pastoral, oferecem algumas possibilidades de solução para a crise. Quatro tipos de solução parecem esboçar-se:

a) Uma profissionalização mais acentuada em que se possa identificar sinais nas tendências para a sindicalização da profissão (reivindicação de horários fixos, tempo de trabalho limitado etc.), assim como nas várias especializações para as quais os pastores possam se orientar;

As autoridades da igreja adotaram, há alguns anos, o princípio das "especificações para o trabalho", que não mais se aplica somente aos zeladores e às secretárias da igreja, mas também aos diáconos e pastores. Para mim, trata-se de algo incongruente e até inconveniente. Nós sabemos muito bem quais são nossas tarefas e quais são as linhas gerais da prática do ministério pastoral. Fazemos o que podemos de acordo com as circunstâncias e os meios de que dispomos. As estratégias do ministério devem ser flexíveis e sempre adaptáveis. Sobretudo, sejam quais forem as contingências, existe um poder que se chama Espírito Santo, cuja característica é precisamente a liberdade, pois "o Espírito sopra onde quer", e quando quer.

André PÉRY, *La Parole et les mots. Journal d'un pasteur 1976-1979* [A Palavra e as palavras: diário de um pastor, 1976-1979], Genebra, Labor et Fides, 1980, p. 97).

b) Uma insistência no aspecto carismático da vocação, com a ênfase nos elementos emocionais (geralmente em detrimento do aspecto intelectual) e o recurso ao tema da inspiração;

Eu me encarrego de almas. As pessoas confiam em mim. Sou o mestre delas. Elas esperam que eu lhes diga a verdade. Nao como um mestre que distribui um saber, mas como um pai que vive, na presença delas e com elas, a difícil aventura da vida.

[...] O pastor é, em primeiro lugar, um espelho. Cabe-lhe refletir o céu com toda a sua luz para esclarecer os homens. Deus nos envia seu sol, e devemos refleti-lo. Esclarecer e esquentar meu semelhante [...] para isso, não posso colocar as mãos em cima, a não ser se for para poli-lo e torná-lo mais claro.

Georges-Émile DELAY, *Journal d'un pasteur* [Diário de um pastor], Lausanne, Galland, 1973, p. 158, 206.

c) Uma ênfase no elemento mágico, ou seja, em tudo o que parecer realizar uma mediação entre o sagrado e o profano: estão nessa linha os pastores que são fascinados por liturgia e pelos sacramentos, assim como os que buscam fazer ressurgir a prática da cura pela fé;

d) Uma restauração e uma afirmação tradicionalista do que se considera o núcleo da fé; o fundamentalismo protestante, por exemplo, vê no caráter intangível do texto da Escritura o princípio da mudança de vida.

O ministério pastoral foi um cargo exclusivamente masculino durante quatro séculos. O protestantismo não tinha razões doutrinárias para proibir que as mulheres assumissem o ministério, a não ser, talvez, a afirmação do apóstolo Paulo em 1Coríntios 14.34: *conservem-se as mulheres caladas nas igrejas, porque não lhes é permitido falar; mas estejam submissas como também a lei o determina*. Foi necessário o reconhecimento progressivo da igualdade entre homens e mulheres, com a aceitação da evidência de que a generalização da frase do apóstolo entrava em contradição com o que é dito sobre a igualdade de todos os cristãos diante de Deus (cf. Gl 3.28), para que o obstáculo fosse superado. Nas igrejas pluralistas e abertas, o acesso das mulheres ao pastorado é cada vez mais frequente, principalmente a partir de meados do século XX na Europa — nos Estados Unidos, a partir do final do século XIX —, e contribuiu indubitavelmente para a desestabilização da imagem tradicional. De um lado, as mulheres (apesar da hesitação de alguns públicos) demonstraram que podiam desempenhar um papel; de outro, elas mudaram a imagem desse papel. Isso foi manifesto de um modo particular no exercício do pastorado pelos casais que trabalham em conjunto. Não é raro perceber que a mulher, sem nada negar de sua feminilidade, impõe-se melhor e mais facilmente na função pastoral. A presença feminina no pastorado está contribuindo, de certa forma, para sua redefinição.

Se o protestantismo não produziu logo de imediato a pastora, produziu a *mulher de pastor*, introduzindo as mulheres na proximidade conjugal dos clérigos [...].

É esclarecedor o exame de como, em algumas circunstâncias, as mulheres adquiriram algum poder religioso no protestantismo. Ao percorrer a história das igrejas oriundas da Reforma, constatamos que o papel das mulheres se afirmou de um modo especial em situações de crise e inovação religiosas.

Na época mesmo da Reforma, algumas mulheres "se meteram com a pregação". [...] Marie Dentière, uma ex-religiosa de Tournai convertida às ideias de Lutero, proclamou: "Será que nós temos dois evangelhos, um para os homens e outro para as mulheres, um para os sábios e outro para os loucos? Para Deus [...] não há nem homem nem mulher, nem escravo nem liberto". Em sua *Epístola* de 1539, ela convidou as mulheres a "escrever, afirmar e declarar o evangelho", relativizando a injunção paulina *conservem-se as mulheres caladas nas igrejas* (1Co 14.34; 1Tm 2.12). Algumas mulheres de pastores [...] não se contentavam, como boas esposas de pastores, com o cuidado de pobres e doentes, nem mesmo com a pregação: Catherine Zell participava com o marido dos debates teológicos da época, até mesmo publicando panfletos teológicos. Porém, logo "as coisas voltaram a entrar em ordem": as igrejas locais se organizaram sob a autoridade de pastores, e as mulheres que tinham se metido com a pregação foram aos poucos devolvidas ao seu papel tradicional como esposas e mães.

Outro exemplo: após a Revogação do Edito de Nantes (1685), em um clima apocalíptico [...], mulheres começaram a pregar, como Isabeau Vincent, no Delfinado. Durante a Guerra dos Camisardos (1702-1704), profetas e profetisas se manifestaram nas Cevenas. Também ali, buscou-se restabelecer a ordem calando as mulheres, com a restauração das Igrejas do Deserto por Antoine Court (1695-1760), que proibiu a pregação das mulheres no Sínodo dos Montèzes (Gard) em 1715.

Os movimentos de avivamento também foram propícios a um papel maior das mulheres [...] nas dissidências metodistas inglesas, como os *Bible cristians* (1815-1907) e os *primitive methodists* (1808-1932), houve mulheres que se afirmaram como pregadoras. [...] Em épocas de guerra, quando os maridos partiam para o *front*, observaram-se na vida religiosa os mesmos efeitos que na sociedade civil: mulheres, esposas de pastores e de outros leigos, se encarregaram do cotidiano da igreja, inclusive do culto. Isso foi constatado durante a guerra de 1914-1918 e, principalmente, durante a guerra de 1939-1945. [...]

Em relação às missões, na África e em outros locais, muitas foram as mulheres que se responsabilizaram por encargos diretamente religiosos. Elas partiam como enfermeiras ou professoras, mas acabavam por dirigir os cultos e liderar o cotidiano da igreja, pois a vida religiosa estava estreitamente imbricada nas atividades educativas e de saúde nos postos missionários. Da mesma forma, por terem afirmado seus papéis nas obras de caridade, as mulheres recebiam mais facilmente certa legitimidade religiosa. [...]

Esse rápido percurso histórico permite enfatizar que, antes mesmo da abertura do pastorado às mulheres, reconheceu-se nelas ucerto papel religioso em situações de crise e de efervescência religiosa, assim como na ação social com dimensões religiosas e na educação religiosa. [...] Assim, não é de espantar a constatação de que, em relação ao acesso das mulheres a certas responsabilidades, as igrejas pioneiras não foram as reformadas e luteranas, mas movimentos como o Exército de Salvação, os quacres, as dissidências metodistas, as igrejas congregacionais.

Também é importante observar que, em primeiro lugar, as mulheres desempenharam a função de pregadoras, mas não administravam os sacramentos [...].

Antes do advento das pastoras, houve estudantes de teologia do sexo feminino, assim como diplomadas em teologia. O acesso das mulheres ao estudo da teologia se insere no movimento geral de abertura dos estudos universitários às mulheres, facilitado pela existência das faculdades de teologia estatais, relativamente independentes das igrejas. [...] Ao estudar a biografia das primeiras pastoras da França, constatamos que essas pioneiras se originaram ou de meios sociais mais abastados ou de famílias de pastores, e muitas vezes ambos os aspectos eram conjugados.

As teólogas que se engajaram na luta pelo acesso de mulheres ao pastorado não estavam engajadas no movimento feminista. Pesquisas revelam que as pastoras enfatizavam suas competências na área da cura das emoções e da relação de ajuda, bem como suas dificuldades em relação a questões de poder, como se elas se apropriassem do esquema de valorização de traços considerados especificamente femininos, associados tradicionalmente à mulher nos estereótipos de diferenciação ocidental de gêneros.

O acesso das mulheres ao pastorado não se deu de uma só vez. Antes, eram mencionados os "ministérios femininos", as "assistentes da igreja local" ou as "colaboradoras dos pastores" (na Alemanha, Pfarrgehilfin, Pfarrhelferin, Vikarin, Pfarrvikarin). Questionou-se se a especificidade das mulheres não deveria ser concretizada em ministérios especializados: capelãs de hospitais, de asilos, de movimentos da juventude, de prisões. Na verdade, esses ministérios especializados funcionaram como salas de espera para o ministério pastoral. [...] O acesso das mulheres ao pastorado pode [...] ser considerado uma segunda secularização do papel do clero, uma segunda secularização que se caracterizou pela perda de poder do clero e pela dissolução de seu *status* de exceção [...]: a figura do pastor, "pregador doutor", transformou-se para "líder ouvinte" [...]. As mulheres se tornaram pastoras justo no momento em que o pastorado se feminizou [...], perdendo prestígio social e banalizando-se. Essa feminização é um dado da profissionalização da função pastoral: tende-se a identificar o pastorado a um fazer, mais que a um ser; a uma prática social, mais que a uma condição. A distinção entre vida profissional e vida privada se acentua, e os pastores não mais se consideram pastores o tempo todo. A moradia do pastor se privatiza. Ao priorizar seu papel como mãe e ao exigir dias de folga para os períodos de maternidade, a pastora casada acentua essa distinção entre a vida privada e a vida profissional, enquanto a pastora solteira tende a assimilá-las, chegando até a assumir a igreja como sua "família".

O acesso das mulheres ao pastorado se insere nas profundas mutações do próprio pastorado, naquilo em que a função se tornou na prática. No protestantismo, esse acesso faz parte de um processo de secularização que se estendeu ainda mais à função clerical, um processo que foi acompanhado do deslocamento da diferenciação sexual para a partilha do poder. [...] No acesso das mulheres às responsabilidades sacerdotais, é também a secularização interna do cristianismo que está em jogo. E foi justamente por ter sido um vetor primordial dessa secularização que o protestantismo foi o primeiro, dentre as confissões cristãs, a admitir as mulheres ao pastorado.

Jean-Paul WILLAIME, *L'accès des femmes au pastorat et la sécularisation du rôle du clerc dans le protestantisme* [O acesso das mulheres ao pastorado e a secularização do papel do clérigo no protestantismo], *Archives de sciences sociales des religions* [Arquivos de ciências sociais das religiões] 95, 1996, p. 30-45.

A ausência de uma grande obra que faça referência ao cenário teológico é um dos principais fatores que contribuem atualmente para a crise da identidade pastoral. Essas grandes sínteses ainda existiam em um passado recente. A última delas, cujo declínio coincidiu com o questionamento da pregação, a *Dogmática* de Karl Barth, foi substituída por uma miríade de interesses divergentes. Hoje, as posições teológicas dos pastores parecem, em geral, mais imprecisas: elas vão desde certo liberalismo cético em relação à elaboração doutrinária da verdade cristã até um fundamentalismo que busca manter a absolutização dos textos bíblicos como único critério, passando por todo tipo de nuances em uma teologia crítica, alimentada em graus variados pelas ciências humanas.

A compreensão protestante do ministério pastoral está essencialmente baseada na competência teológica. Consequentemente, a não ser que haja um rompimento radical com suas origens, exige-se do pastorado que encontre soluções teológicas para a crise por que está passando. Isso não significa esperar o surgimento de uma nova obra doutrinária que se imponha à maioria e traga uma definição já pronta do ministério. Por outro lado, é urgente que os pastores reencontrem sua vocação como teólogos inseridos em uma prática e que se redefinam ao elaborar novas idas e voltas entre o real comum que pretendem servir e a tradição à qual se apegam.

É desejável que o pastor conjugue caráter moral e personalidade religiosa, que seja um homem de bom gosto, culto, um pensador audacioso e ao mesmo tempo respeitoso para com as exigências do bom senso, que seja alguém sólido, mas também aberto às alegrias e às dores dos que o rodeiam, de longe ou de perto, um homem de oração, sincero e um trabalhador disciplinado, um homem muito natural, mas também muito espiritual, um bom pai de família, um bom cidadão e um bom patriota, mas com horizontes amplos, um homem que vive de todo o coração em seu tempo e com seu tempo, ou seja, que experimenta os fracassos e as esperanças como se fossem seus.

[...] É necessário que se sinta perfeitamente à vontade com a Bíblia e a dogmática, mas também precisa ter opiniões políticas e manter pelo menos uma compreensão simpática pelo cinema e pelo esporte. Deve ser um homem educado, mas nada burguês; seu coração deve inclinar-se para o proletariado.

Karl BARTH, *Le ministère du pasteur* [O ministério do pastor], 1934, p. 7.

O anúncio da Palavra e a administração dos sacramentos como tarefas fundamentais do ministério sempre exigiram uma formação rigorosa na leitura dos textos bíblicos e o aprendizado de técnicas de comunicação de acordo com cada época.

Ainda hoje, nas faculdades de teologia protestante, os estudantes são iniciados nas línguas bíblicas (hebraico e grego), assim como na exegese do Antigo e do Novo Testamentos. São, assim, exercitados em altas competências que nada ficam a dever para as de seus colegas estudantes de áreas seculares históricas e filológicas. Em seguida, recebem uma formação em história do cristianismo, que é conduzida de acordo com os métodos habituais nesse tipo de disciplina. A elaboração dogmática, ética e filosófica exige uma educação rigorosa da mente, e não a ingurgitação de conteúdos doutrinários. A reflexão na prática e nos efeitos da comunicação da Palavra os torna atentos às características da época e do mundo, assim como às ferramentas de análise e ação que são apresentadas em algumas ciências humanas. Como um complemento a essas disciplinas fundamentais, os estudantes de teologia recebem aulas sobre aspectos variados que compõem a ciência da religião, a psicologia e a sociologia, e, às vezes, a música sacra. Portanto, a formação do teólogo é bastante ampla e o qualifica para a interpretação de textos, a compreensão das regras relacionadas à vida espiritual dos homens e à compreensão profunda dos dados da existência humana e do mundo. O teólogo formado hoje é, em primeiro lugar, um hermeneuta: um especialista em interpretação que, ao mesmo tempo, deve ajudar os outros a compreenderem-se, compreendendo Deus, a vida, o mundo e a cultura em que vivem. Não podemos afirmar que tal competência esteja hoje ultrapassada, desde que não limitemos o anúncio ou a comunicação da Palavra somente à pregação. No entanto, é preciso constatar que muitos pastores se mostram hesitantes quanto à sua formação teológica, considerando-a abstrata demais e até inútil para a prática do ministério. Se é verdade que, com um reexame de alguns de seus aspectos, a teologia acadêmica teria muito a ganhar, seus tiques não bastam para justificar as objeções. Assim, como explicar essa hesitação?

A educação teológica é um tipo de educação que implica no mais alto grau a pessoa em sua inteireza. Dito de outra forma, para serem bem aproveitados, os estudos em teologia requerem a formação consciente e convicta do estudante. Ora, essa formação concerne ao mais íntimo, às crenças e a seu eventual reexame. Do ponto de vista teológico, este é o maior desafio: que a pessoa aceite tal reexame no mais profundo de sua interioridade ao longo do aprendizado. Somente ela pode submeter-se a isso. Nas faculdades de teologia, os professores geralmente não se permitem intervir a esse ponto. Assim, o estudante é livre para formar a si mesmo aprendendo teologia, ou abandonando o processo. Às vezes, o estudante procede ao abandono por motivos justificados por ele em nome de sua fé e de sua vocação. Mais tarde, quando se torna pastor, esse estudante, de modo consciente ou não, viverá um constante desnível entre sua fé e sua formação teológica, que contribuirá para um mal-estar. No entanto, no próprio exercício da profissão, o pastor encontrará oportunidades para atualizar-se. De fato, as igrejas têm oferecido uma formação contínua, assim como propostas de tutoria, que hoje se multiplicam cada vez mais. Também nesses processos, o comprometimento pessoal é algo fundamental.

Se a tarefa teológica, para todo cristão, consiste em uma (re) definição permanente de sua relação com Deus em Jesus Cristo, o pastor não está dispensado disso. Sua competência profissional será demonstrada na medida em que ele oferece a cada um (e, portanto, a si mesmo) os meios e os limites para tal definição. Redescobrir a especificidade teológica da identidade pastoral é verdadeiramente aceitar lançar-se a esse trabalho pessoal e existencial ao mesmo tempo que cumpre sua função. E é também reencontrar o sentido profundo do sacerdócio universal.

Pierre-Luigi Dubied

▶ BARTH, Karl, *Le ministère du pasteur* (1934), Genebra, Labor et Fides, 1961; BÜHLER, Pierre e BURKHALTER, Carmen, orgs., *Qu'est-ce qu'un pasteur? Une dispute oecuménique et interdisciplinaire*, Genebra, Labor et Fides, 1997; CALVINO, João, *IRC* IV; CHAPPUIS, Jean-Marc, *Ecclesiastic Park. Histoire fantastique de William Bolomey, dernier pasteur chrétien* (1984), Genebra, Labor et Fides, 1998; Idem, *La figure du pasteur. Dimensions théologiques et composantes culturelles*, Genebra, Labor et Fides, 1985; Idem, org., *Se dire en vérité?*, Genebra, Labor et Fides, 1988; DUBIED, Pierre-Luigi, *Le pasteur, un interprète. Essai de théologie pastorale*, Genebra, Labor et Fides, 1990; HORT, Bernard, *Rêver l'Église*, Genebra, Labor et Fides, 1992; JOSUTTIS, Manfred, *Der Pfarrer ist anders. Aspekte einer zeitgenössischen Pastoraltheologie*, Munique, Kaiser, 1982; LUTERO, Martinho, *À nobreza cristã da nação alemã* (1520), em *Obras selecionadas*, vol. 2, São Leopoldo, Sinodal, 1995, p. 277-340; REYMOND, Bernard, *La femme du pasteur*, Genebra, Labor et Fides, 1991; VINET, Alexandre, *Théologie pastorale ou théorie du ministère évangélique* (1850, 1854, 1889), Lausanne, Payot, 1942; WILLAIME, Jean-Paul, *Profession: pasteur. Sociologie de la condition du clerc à la fin du XXe siècle*, Genebra, Labor et Fides, 1986; ZWINGLIO, Ulrich, *Le berger* (1524), Paris, Beauchesne, 1984.

◐ Academias; atos pastorais; **autoridade**; Bergman; bispo; catequese; **cinema**; clericalismo; consagração; conselheiros, presbíteros ou anciãos; culto; cura das emoções; delegação pastoral; deontologia; faculdades de teologia latinas europeias; formação de pastores; **igreja**; instalação; leigo; **literatura**; ministérios; paróquia; pregação; presbitero-sinodal (sistema); **ritos**; Roques; sacerdote; sacramento; Schmidt E.; teólogo; Vinet; **vocação**

PATERNIDADE

O cristianismo anuncia necessariamente o amor e a reconciliação entre Deus e os seres humanos, assim como entre os próprios seres humanos, e as duas coisas estão ligadas, ainda que sejam diferentes. Porém, esse amor, pelo menos em princípio, não é totalizante e não deveria ser recebido nem vivido de acordo com esquemas de identificação universalizantes. Bem compreendida, a temática da paternidade, e da genealogia que lhe está associada, funciona como um corretivo.

Bíblica e teologicamente, o eixo fundamental do amor de Deus é afirmado em sua paternidade: nós somos engendrados; porém, somos engendrados a nós mesmos, na diferença e no mundo. De modo significativo, o apóstolo Paulo fala de uma filiação "adotiva" (não natural) e de recriação "para a liberdade" (não como impressão de um modelo ideal). E, nos vocabulários próximos de ou tomados de empréstimo à gnose, os teólogos dos primeiros séculos distinguiram fortemente o que diz respeito ao Filho *único* (ou "unigênito") e o que está em jogo para o ser humano, na criação. O argumento está inserido em todo um contexto em que:

a) as relações entre Deus e a humanidade se desdobram de acordo com uma *disposição plural* (que *o* Filho recapitula, mas não reabsorve, nem de fato nem de direito), no interior de uma história e de uma criação que não são pensadas como vindas do Pai em um modo direto de geração; assim, nessa história e nessa criação, Deus abençoa, à distância, a geração humana, a dos pais que devem deixar o pai e a mãe para encontrar sua mulher (Gn 2.24);

b) Deus é intrinsecamente *trino* (Pai, Filho e Espírito): feito de um jogo interno de diferenças, fechado em sua riqueza e estruturação internas que sancionam sua diferença diante da criação e, portanto, a diferença específica da criação. Para o ser humano, a filiação é diferenciada: à distância (marcada pela criação), mediatizada (que requer uma cristologia específica e caminhos de espiritualidade simbolicamente estruturados) e oferecida (deve obrigatoriamente ser ratificada a partir do interior e só pode encontrar sua plena verdade escatologicamente, ou, justamente, "em Cristo"). A filiação está acessível ao homem, que é convidado a recebê-la.

A paternidade afirma uma antecedência não redutível (não uma pura presença) e uma constituição de si, oferecida e possível, mas que deve encarnar-se (em exterioridade) e para si (na singularidade de um sujeito). É por isso que o amor de Deus se dá necessariamente como uma libertação (libertação do Egito, das armadilhas da eleição natural, da totalidade, de si mesmo) e requer uma retomada (em espírito e entre as nações). A invocação da paternidade de Deus afirma, desse modo, que o amor não ocorre sem feridas (e essa invocação está inserida de um modo exemplar no cerne da libertação: na morte do Filho, mas também na morte do faraó ou do cordeiro, quando da décima praga, primeiro, e de sua morte, depois). A teologia protestante está especialmente atenta a isso: nela, o amor verdadeiro se desdobra evangelicamente de acordo com o eixo de uma paternidade que supõe que nem tudo é absorvido no corpo da mãe (a igreja), mas as diferenças e as particularidades são constitutivas — na ordem do criado, evidentemente, mas a crença se desdobra a seus olhos de um modo radical, assim como o criado ou o real —, a começar pelas diferenças do homem e da mulher, que são sexuados.

Tal ensino é de alcance geral, e o cristianismo deve sempre reconquistar seu eixo específico nesse assunto, e isso é tão verdadeiro quanto são temíveis as armadilhas de um discurso sobre o amor e a reconciliação. É possível que nossas modernas e avançadas sociedades estejam ameaçadas de um modo particular pelo apagamento dos pais, logo, do processo de filiação descrito aqui. Provavelmente isso é parte das dificuldades que essas sociedades experimentam, tanto em relação às precedências e às heranças quanto às diferenças. Às vezes, a modernidade é afirmada como órfã e secretamente uniformizante. Ora, é provavelmente uma verdade humana profunda que o pai não deva ser unicamente morto, nem que a vida social se torne um tecido indiferenciado e (pseudo)natural: o que equivaleria a um corpo de mãe que se tornou monstruoso pela ausência do pai.

Pierre Gisel

▶ SULLEROT, Évelyne, *Quels pères? Quels fils?*, Paris, Fayard, 1992; VISSER'T HOOFT, Willem Adolf, *La paternité de Dieu dans un monde émancipé* (1980), Genebra, Labor et Fides, 1984; *La filiation interrogée*, Le Supplément 225, 2003.

◉ Bênção; criação/criatura; criança; família; maternidade; **mulher**

PAUL, Jonathan (1853-1931)

Nascido em Gartz an der Oder (Alemanha), Jonathan Paul se engajou, como pastor, na *Gemeinschaftsbewegung*, em que forças essencialmente pietistas se uniram para promover a evangelização e a Missão Interior nas igrejas estabelecidas. O Avivamento se estendeu a toda a Alemanha, tendo seu ponto alto na Conferência de Pentecostes, que de bienal passou a ser anual, de onde saiu o *Gnadauer Verband*.

A partir de 1899, Paul se tornou um evangelista itinerante. Membro do comitê do *Gnadauer Verband*, ele se tornou conhecido por suas posições ousadas, principalmente por afirmar ter atingido a santificação e não mais ser tentado pelo pecado (declarações que ele renegou em 1919). Ao tornar-se o guia espiritual do movimento do Pentecostes que surgia na Alemanha, Paul se apartou em 1908 do *Gnadauer Verband*, que o condenou por heresia (a *Berliner Erklärung* [Declaração de Berlim], de 1909, reprovou esse movimento, considerando-o demoníaco). É autor de vários tratados sobre a santificação e trabalhou como editor de periódicos.

Patrick Streiff

▶ GIESE, Ernst, *Pastor Jonathan Paul, ein Knecht Jesu Christi. Leben und Werk* (1964), Altdorf, Missionsbuchhandlung, 1965; HOLLENWEGER, Walter J., *Enthusiastisches Christentum. Die Pfingstbewegung in Geschichte und Gegenwart*, Wuppertal-Zurique, Brockhaus-Zwingli Verlag, 1969; OHLEMACHER, Jürg, *Das Reich Gottes in Deutschland bauen*, Göttingen, Vandenhoeck & Ruprecht, 1986.

◉ Avivamento; Missão Interior; pentecostalismo

PAZ

As igrejas sempre tomaram parte em conflitos, o que levou certos pensadores, como Grotius e Puffendorf, após as guerras de religião entre católicos e protestantes, a pregar a tolerância e preconizar um poder político forte, baseado no direito natural, para que as rivalidades religiosas fossem superadas. Em paralelo, sempre houve também nas igrejas o surgimento de correntes de resistência contra a violência e pelo estabelecimento da paz, em nome de princípios evangélicos. Alguns indivíduos, leigos, teólogos ou pastores, não deixaram de conjugar suas convicções ao engajamento pela paz, tais como Charles-Édouard Babut, Nathan Söderblom, Théodore Ruyssen, Madeleine Barot e Henri Roser; o mesmo pode ser dito de certas comunidades ou prolongamentos das igrejas: assim, desde sua criação, a Sociedade Religiosa dos Amigos (quacres) e, mais recentemente, a ala militante da igreja negra americana, que se engajou ao lado de Martin Luther King no movimento dos Direitos Civis, ou ainda as igrejas sul-africanas de linha reformada e anglicana que lutaram contra o *apartheid* sob a batuta de homens como os pastores Frank Chikane e Beyers Naudé e o arcebispo Desmond Tutu. Ao compreender seu papel como mediadora, as igrejas buscaram favorecer diálogos em momentos de crise, fosse essa crise racial, social ou política (cf., p. ex., o papel desempenhado pela Igreja Reformada da França, em 1988, em relação à Nova Caledônia); ao mesmo tempo, em geral, as igrejas protestantes lutam pelo *status* de objetores de consciência.

Serge Molla

▶ BLONDEL, Jean-Luc, *Transferts d'armements et éthique chrétienne*, Genebra, Labor et Fides, 1983; *Église et paix*, *Concilium* 184, 1983; LORENZ, Eckehard, org., *Risquer la paix. Guerre sainte ou paix juste*, Paris-Genebra, Mission interieure de l'Église évangélique luthérienne-Labor et Fides, 1992; *La paix. Une voix allemande* (1982), Genebra, Labor et Fides, 1984.

◉ Babut; Barot; Brown; Chikane; Duplessis-Mornay; Grotius; guerras mundiais; Hammarskjöld; Hauerwas; Hromádka; Humbert-Droz; Kagawa; King; Monod T.; Movimento Internacional da Reconciliação; Naudé; objeção de consciência; Pufendorf; quacres; resistência; Roser; Ruyssen; Serres O. de; socialismo religioso; Söderblom; tolerância; **violência**; Wilson

PÉAN, Charles (1901-1991)

Charles Péan nasceu em uma família de banqueiros, em Neuilly-sur-Seine. Fez o curso da escola de formação de oficiais do Exército de Salvação e concluiu o mestrado em teologia protestante, em Paris. Depois de sete missões na Guiana, de 1928 a 1951, ele contribuiu para a supressão da colônia penal. Em 1950, o governo francês o encarregou de uma missão para o repatriamento dos libertos. Péan escreveu várias obras sobre o tema, sendo a primeira *Terre de bagne* [Terra de colônia penal], editada em 1930. Em 1944, foi nomeado chefe dos serviços sociais do Exército de Salvação, na França; em 1957, comissário geral do Exército de Salvação para a França e o norte da África; em 1966, para a Suíça e a Áustria. Em seguida, representou o Exército de Salvação junto a organizações internacionais, em Genebra, até o ano de 1985.

Philippe Vassaux

▶ PÉAN, Charles, *Le Christ en terre de bagne*, Yverdon, Cornaz, 1969; Idem, *À-Dieu-vat!*, Neuchâtel, Delachaux et Niestlé, 1973.

◉ Exército de Salvação

PECADO

Para tornar-se cristão, necessário se faz entender-se pecador. É quando nos lembramos diretamente de pelo menos dois dos maiores pensadores protestantes, Lutero e Kierkegaard, que paradoxalmente incentivaram que se magnificasse o pecado. Mas o que seria o pecado para receber tanta importância aos olhos de um protestante?

Em primeiro lugar, o pecado é uma noção legada pela Bíblia (em, p. ex., Gn 3, Sl 51 e as epístolas paulinas). Biblicamente, o pecado não é um defeito ou uma falta que diz respeito somente a uma parte do ser humano, mas é uma falsa orientação geral de toda a pessoa. Em segundo lugar, o pecado não é definido de modo fundamental na menção das "relações horizontais", constitutivas de toda pessoa humana (relação com o outro, com os mundos material e cultural, consigo mesmo, com o tempo). É uma função da relação com Deus. Nesse sentido, é um pecado "original": está na origem de todo o mal por que somos responsáveis nas demais relações constitutivas de nossa humanidade. Esse caráter original, fundamental ou ainda radical do pecado leva a algumas consequências importantes no protestantismo.

Assim, o protestante típico é levado a afirmar junto com Søren Kierkegaard que "o contrário do pecado não é a virtude, [...] é a fé". Pecar não é basicamente transgredir a segunda tábua da lei (cometer um assassinato, um roubo, um adultério...). Tudo isso não passa de consequências do pecado. O pecado é não seguir a primeira tábua, sobretudo o primeiro mandamento: *Não terás outros deuses diante de mim* (Êx 20.3). Da mesma forma, em Gênesis está escrito que o pecado é o desejo de ser *como os deuses* (Gn 3.5).

Dessa definição do pecado como "original" decorre também o fato de que o protestante fala *do* pecado em vez de falar *dos* pecados. Esse pecado único e fundamental, no entanto, por ser uma relação ruim com Deus, pode tomar formas diversas: indiferença, agressividade, revolta contra Deus. É caracterizado pelo desejo de prescindir de Deus ou tomar seu lugar. Está associado a um fechamento, a um encarquilhamento do homem sobre si mesmo.

Outra consequência: esse pecado que está "na raiz" de todo o nosso ser não mais pode ser distribuído entre alguns pecados considerados veniais e outros considerados mortais. O pecado é mortal por definição, na medida em que injeta ruptura, alienação ou alteração em todas as relações que nos constituem.

A radicalidade do pecado faz com que mesmo o melhor cristão permaneça por toda a vida um pecador. Sim, é um pecador perdoado, um pecador a quem seu pecado não é "imputado"; ele vive desse perdão e dessa não imputação, mas permanece pecador. O cristão que tem a pretensão e a ilusão de ser um justo está, na verdade, mostrando um orgulho pecador de crer-se senhor de seu pecado. Ele aumenta seu pecado. No melhor dos casos, nós somos "ao mesmo tempo justos e pecadores". Entendemos assim porque a tarefa do cristão consiste em tornar-se esse pecador que ele já é.

Resta saber como é que nos tornamos esse pecador. No protestantismo, a consciência do pecado e da radicalidade de nossa condição é primeiro tornada possível pela lei. É o que chamamos *uso teológico* da lei. "Eu não teria conhecido o pecado, senão por intermédio da lei; pois não teria eu conhecido a cobiça, se a lei não dissera: Não cobiçarás", afirma o apóstolo Paulo em Romanos 7.7. Disso decorre que podemos muito bem estar conscientes de nossa condição pecadora sem que sejamos cristãos (cf. Rm 1.18—3.20). No entanto, o que o cristão não pode fazer é aceitar-se pecador e aceitar que, enquanto pecador, ele não se pode tornar senhor de seu pecado, e só pode ser perdoado a partir do exterior. Assim, só pode tornar-se esse pecador ou aceitar que é pecador a partir do momento em que se sabe um pecador agraciado.

Há outro meio além da lei para descobrir-se pecador. Trata-se, evidentemente, da revelação de Deus em Jesus Cristo. Por que foi necessário que Deus se encarnasse, se não porque os homens tinham estabelecido uma distância pecadora infinita entre si e seu Deus? Por que Jesus foi condenado teologicamente à abominação da cruz, se não porque os pecadores que nós somos se escandalizam diante da reconciliação que é oferecida pelo Filho e têm seu modo de vida pecador desafiado?

Observemos, por fim, que essa definição do pecado radical não é compatível com qualquer antropologia. As Escrituras nos levaram a definir o pecado em um contexto de ontologia relacional, e não essencialista. Desse modo, a filosofia existencialista parece ser particularmente compatível com nossa representação do pecado. Convém, no entanto, evitar o erro tão frequente que consiste em identificar o pecado com a angústia. A angústia não é nem pecado nem consequência de pecado, mas é nossa resposta à angústia que será pecadora ou cristã. Kierkegaard se utiliza da categoria do desespero para qualificar essa resposta errada à angústia. O desespero, sob suas duas formas, é o equivalente semântico para o termo bíblico "pecado": tanto de quem quer ser autêntico e jamais consegue como de quem não mais quer ser autêntico e não chega a ser diferente do que é. Como não podemos querer outra coisa, exceto "ser autênticos ou não ser", a filosofia da existência faz com que se admita não somente a radicalidade do pecado, mas também sua universalidade.

Jean-Denis Kraege

▶ BASSET, Lytta, *Guérir du malheur* e *Le pouvoir de pardonner*, Paris-Genebra, Albin Michel-Labor et Fides, 1999 (ed. condensada e simplificada de: *Le pardon originel. De l'abîme du mal au pouvoir de pardonner*, Genebra, Labor et Fides, 1998); BRUNNER, Emil, *Der Mensch im Widerspruch*, Berlim, Furche, 1937; Idem, *Dogmatique* II (1950, 1960), Genebra, Labor et Fides, 1965, cap. III: *L'homme comme pécheur* e cap. IV: *Les conséquences du péché*; BÜHLER, Pierre, *Le problème du mal et la doctrine du péché*, Genebra, Labor et Fides, 1976; DORÉ, Joseph, org., *Le péché*, Bruxelas, Académie internationale des sciences religieuses, 2001; KIERKEGAARD, Søren, *O conceito de angústia*, São Paulo, Hemus, 1968; Idem, *O desespero humano: doença até a morte*, São Paulo, Abril Cultural, 1979.

▶ Carne; confissão de pecados; corpo; **culpa**; **Deus**; escravidão da vontade; justificação; **mal**; perdão; **salvação**; usos da lei

PÉCAUT, Jean, dito Félix (1828-1898)

Nascido em Salies-de-Béarn, Félix Pécaut estudou teologia na Faculdade de Montauban, concluindo o bacharelado em 1848. Passou algum tempo na Alemanha (Berlim e Bonn), o que lhe permitiu familiarizar-se com o pensamento de August Neander (1789-1850) e Richard Rothe (1799-1867); em seguida, viajou para Genebra, onde conheceu Edmond Scherer (1815-1889). Em 1850, foi nomeado pastor assistente em Salies-de-Béarn, demitindo-se alguns meses depois para não quebrar a unidade da igreja, já que se recusava a subscrever algumas doutrinas cristológicas do Credo apostólico. Sua ordenação em 1853 não foi seguida pelo ministério pastoral, mas Pécaut continuou a interessar-se por questões teológicas e eclesiásticas. Suas publicações marcam o surgimento de um liberalismo cuja radicalidade está em uma clara rejeição dos dogmas tradicionais e do princípio de autoridade da ortodoxia protestante. Incansável advogado do espírito religioso leigo e livre, Pécaut pôs suas convicções e sua pedagogia a serviço da escola republicana, quando se tornou inspetor geral de estudos na Escola Normal Superior de Fontenay-aux-Roses, de 1880 a 1896.

Laurent Gambarotto

▶ PÉCAUT, Félix, Le Christ et la conscience. Lettres à un pasteur sur l'autorité de la Bible et celle de Jésus-Christ (1859), Paris, Cherbuliez, 1863; Idem, De l'avenir du théisme chrétien considéré comme religion, Paris, Cherbuliez, 1864; Idem, De l'avenir du protestantisme en France, Paris, Cherbuliez, 1865; Idem, Le christianisme libéral et le miracle. Quatre conférences prononcées à Nîmes, Neuchâtel et Paris, Paris, Cherbuliez, 1869; CABANEL, Patrick, Les nouvelles Provinciales: Félix Pécaut et la formation de l'esprit républicain dans les années 1870, BSHPF 142, 1996, p. 755-774; CARRIVE, Lucien, Pécaut Jean (dit Félix), em André ENCREVÉ, org., Les protestants (Dictionnaire du monde religieux dans la France contemporaine V), Paris, Beauchesne, 1993, p. 377-378; Idem, Félix Pécaut d'après sa correspondance, BSHPF 142, 1996, p. 855-881; ENCREVÉ, André, Protestants français au milieu du XIXe siècle. Les réformés de 1848 à 1870, Genebra, Labor et Fides, 1986, cap. 7.

● Laicidade; liberalismo teológico

PENA DE MORTE

A tradição ética protestante — Lutero, Calvino, Locke, Rousseau, Kant — por muito tempo aprovou a pena de morte como legítima em nome de uma compreensão literal do poder da autoridade política, o uso da espada (Rm 13.4) como antecipação do julgamento de Deus, ou em nome de uma teoria da expiação reparadora. O procedimento só passou a ser questionado em um debate ético e teológico nos séculos XIX e XX. Atualmente, a posição abolicionista parece ter tomado a frente no protestantismo: "Quando a pena de morte é preconizada, é violado o amor redentor e reconciliador de Deus", afirmou a Declaração da Aliança Reformada Mundial (agosto de 1989). "A pena de morte já caiu sobre todos os malfeitores. Foi por isso que Deus enviou seu Filho único. Na morte de Jesus Cristo, ele de fato pronunciou um julgamento [...]. Ora, esse evento de um justo julgamento não significa misericórdia e perdão para todos eles?" (Karl BARTH, p. 131).

Éric Fuchs

▶ BARTH, Karl, Dogmatique III/4**, § 55 (1951), Genebra, Labor et Fides, 1965, p. 125-139; BONDOLFI, Alberto, Pena e pena di morte, Bolonha, Dehoniane, 1985; CALVINO, João, IRC IV, XX, 10.

● Moral

PENN, William (1644-1718)

Filho do almirante sir William Penn, quando estudou em Oxford, Penn foi expulso por não conformismo religioso. Foi quando inscreveu-se na Sociedade dos Amigos (quacres). Em 1669, publicou No Cross, No Crown [Nem cruz, nem coroa] (Londres, Jacques Philips, 1793), com o subtítulo Discurso em que, ao explicar a natureza e a disciplina da santa cruz de Cristo, o autor demonstra que o único caminho para o repouso e o Reino de Deus é renunciar a si mesmo e carregar cada um a cruz de Cristo, obra em que Penn criticou as doutrinas eclesiásticas tradicionais. Foi condenado a seis meses de prisão. Com a morte de seu pai, herdou terras em Nova Jersey e Delaware. Fundou a Pensilvânia, que se tornou um refúgio para inúmeros imigrantes quacres, e fez um acordo com os chefes indígenas, "o único tratado [...] que não teve nem juramento, nem rompimento" (Voltaire).

William Penn foi, em sua época, um campeão da tolerância.

André Péry

▶ *The Papers of William Penn*, 5 vol., org. por Mary Maples DUNN e Richard S. DUNN, Filadélfia, University of Pennsylvania Press, 1981-1987; LOUIS, Jeanne Henriette e HÉRON, Jean-Olivier, *William Penn et les quakers. Ils inventèrent le Nouveau Monde*, Paris, Gallimard, 1990; SODERLUND, Jean R., org., *William Penn and the Founding of Pennsylvania 1680-1684*, Filadélfia, University of Pennsylvania Press, 1983.

● Democracia; Estados Unidos; Filadélfia; Pensilvânia; quacres; tolerância

PENSILVÂNIA

Esse estado da costa leste da América do Norte, situado entre Maryland, Delaware e Nova Jersey, foi primeiro colonizado por um breve tempo pelos suecos e pelos holandeses, antes da chegada dos ingleses (1644). Em 1682, foi batizado com o nome de seu novo proprietário, o quacre William Penn (1644-1718), recebendo o território do rei Carlos II em troca do pagamento de uma dívida de milhares de libras contraída pela Coroa da Inglaterra (como herança de seu pai, o almirante Penn, que conquistou a Jamaica). O território, *Holy Experiment*, foi destinado à acolhida de todos os não conformistas perseguidos no Velho Mundo. O próprio Penn morou ali por duas vezes, de 1682 a 1684 e de 1699 a 1701, ano em que ofereceu ao território a famosa Carta de privilégios e liberdades, que permaneceu em vigor até 1776, data da Declaração de Independência, que retoma seus princípios gerais (a não ser em relação à não violência): liberdade de consciência, direitos políticos na designação dos magistrados, juízes e delegados nas assembleias representativas, direito de defesa em processos criminais e civis, separação entre os poderes, recusa à consideração de serem indignos os testamentos dos suicidas.

Graças a esses princípios tolerantes e pacíficos dos quacres, sua convicção quanto a não portar armas nem edificar fortalezas e sua recusa aos juramentos (o que originou a cruel brincadeira de Voltaire: "foi o único tratado entre esses povos e os cristãos que não teve nem juramento nem rompimento"), um bom relacionamento com os indígenas algonquinos garantiu uma duradoura prosperidade ao território.

Em *Cartas filosóficas* (1734), Voltaire descreveu a Pensilvânia como um pequeno paraíso na Terra: "Era um espetáculo de grande novidade, um soberano que todo mundo tratava por 'tu', a quem as pessoas se dirigiam de chapéu na cabeça, um governo sem sacerdotes, um povo sem armas, cidadãos considerados iguais pelos magistrados e vizinhos sem inveja" (quarta carta).

Christophe Calame

▶ LOUIS, Jeanne Henriette e HÉRON, Jean-Olivier, *William Penn et les quakers. Ils inventèrent le Nouveau Monde*, Paris, Gallimard, 1990.

● Democracia; Estados Unidos; Filadélfia; Penn; quacres

PENTECOSTALISMO

Charles Fox Parham (1873-1929) foi o primeiro a formular a doutrina que associa o falar em línguas ao batismo do Espírito, comum à maioria dos pentecostais. Com o evangelista negro William James Seymour (1870-1922), que se beneficiou dos ensinamentos de Parham, o pentecostalismo nasceu em 1906, na confluência entre a espiritualidade afro-americana e elementos da espiritualidade católica e metodista (através do movimento de Santidade americano). A oralidade da liturgia e da teologia, a substituição de conceitos abstratos por testemunhos, descrições e cantos são elementos afro-americanos; a ênfase posta no livre-arbítrio e em uma *ordo salutis* ("ordem da salvação") efetuada em níveis (conversão, santificação, batismo com o Espírito) vem da espiritualidade católica; a ideia de uma "segunda bênção", que se seguiria à conversão, provém do movimento de Santidade que se expandiu em parte do metodismo americano. Além da temática do Espírito como fonte ilimitada de efusões do poder de Deus, assim como a experiência de renovação pelo batismo com o Espírito, a teologia pentecostal evoca, de modo particular, o Jesus que salva, que cura e que vai voltar. Por suas estruturas orais de comunicação (que são identificadas com a ação do Espírito Santo), o pentecostalismo, única denominação cristã mundial fundada por um negro, rapidamente se espalhou pelo Terceiro Mundo. Dentre as igrejas pentecostais mais conhecidas, podemos citar a Igreja de Deus e a Assembleia de Deus.

Atualmente, contam-se por volta de 150 milhões de pentecostais clássicos em todo o mundo. A esses é preciso acrescentar os carismáticos que saíram de suas igrejas (cuja maioria se afastou das igrejas históricas para fundar suas próprias igrejas) e as igrejas indígenas não brancas, que, em geral, também remontam ao pentecostalismo, formando no total mais de 500 milhões de pessoas, um número que não cessa de aumentar em grande velocidade. Dignas de nota são as igrejas pentecostais que são financeira e teologicamente independentes e retomam elementos fundamentais da cultura pré-cristã nas regiões em que se instalaram, como a África, a Coreia, a China e a América Latina. Na Europa, onde os pentecostais estão geralmente em igrejas evangélicas de classe média, o pentecostalismo está presente na França, na Romênia, na ex-União Soviética, na Itália e na Escandinávia. Centenas de teólogos pentecostais estudaram em universidades de renome, traçando os contornos políticos e teológicos do movimento — como, por exemplo, Frank Chikane e Miroslav Volf. Também atestam a vitalidade do movimento a criação de sociedades científicas (*Society of Pentecostal Studies*, nos Estados Unidos, *European Pentecostal and Charismatic Association*) e a publicação de revistas internacionais, entre as quais *Pneuma* (Springfield) e *Journal of Pentecostal Theology* (Sheffield).

Opondo-se à exegese histórico-crítica, com sua própria história e, principalmente, suas raízes ecumênicas, com um impressionante desenvolvimento teológico das igrejas do Terceiro Mundo ou ainda nos países do ex-Leste Europeu, o movimento pentecostal ingressou na cena ecumênica. Ocorreram vários encontros entre o Conselho Mundial de Igrejas e as igrejas pentecostais, e doze grandes igrejas pentecostais são membros do CMI. Podemos perguntar: será que a adesão massiva das igrejas pentecostais ao CMI obrigará o pentecostalismo a enfrentar o desafio da oralidade da teologia? As igrejas pentecostais também se engajaram em diálogos bilaterais com o Vaticano, a Aliança Reformada Mundial e as igrejas ortodoxas.

No movimento carismático católico que surgiu no final dos anos 1960, são utilizados normalmente os termos "novo Pentecostes" e "(neo) pentecostalismo católico".

Atualmente, as correntes pentecostais carismáticas continuam a se expandir por todo o mundo, enquanto os meios independentes das grandes denominações pentecostais experimentam o índice de crescimento mais alto. No entanto, principalmente na África e na Ásia, a diferenciação entre pentecostais e carismáticos independentes nem sempre é fácil de ser estabelecida. Estudos sociológicos de David Martin indicam que 1) o rápido crescimento do pentecostalismo nos países do Terceiro Mundo, sobretudo na América Latina, foi impulsionado por fatores locais, e não por iniciativa ou influência dos Estados Unidos; 2) há significativas diferenças nas expressões que o pentecostalismo assume na América Latina, na Ásia e na África; 3) na América Latina, a fé pentecostal se expandiu mais rápido entre os mais marginalizados; 4) essas situações e essas culturas tão diferentes apresentam, porém, um tom comum, que pode ser reconhecido como pentecostal. No Terceiro Mundo, estudos pentecostais são mais desenvolvidos na Ásia, principalmente na Coreia do Sul, nas Filipinas, em Cingapura e na Malásia, com as revistas *Asian Journal of Pentecostal Studies* [Revista Asiática de Estudos Pentecostais] (Baguio, Filipinas) e *The Spirit and Church* [O Espírito e a Igreja] (Daejeon, Coreia do Sul).

Walter J. Hollenweger

▶ BOUTTER, Bernard, *Le pentecôtisme à la Réunion. Refuge de la religiosité populaire ou vecteur de la modernité?*, Paris, L'Harmattan, 2002; BRANDT-BESSIRE, Daniel, *Aux sources de la spiritualité pentecôtiste*, Genebra, Labor et Fides, 1986; BURGESS, Stanley M. e VAN DER MAAS, Eduard M., orgs., *The New International Dictionary of Pentecostal and Charismatic Movements*, Grand Rapids, Zondervan, 2002 (ed. revista e ampliada de Stanley M. BURGESS e Gary B. MCGEE, orgs., *Dictionary of Pentecostal and Charismatic Movements* (1988); CORTEN, André, *Le pentecôtisme au Brésil. Émotion du pauvre et romantisme théologique*, Paris, Karthala, 1995; COX, Harvey, *Retour de Dieu. Voyage en pays pentecôtiste* (1994), Paris, Desclée de Brouwer, 1995; HOLLENWEGER, Walter J., *Enthusiastisches Christentum. Die Pfingstbewegung in Geschichte und Gegenwart*, Wuppertal-Zurique, Brockhaus-Zwingli Verlag, 1969; Idem,

Charismatisch-pfingstliches Christentum. Herkunft, Situation, ökumenische Chancen, Göttingen, Vandenhoeck & Ruprecht, 1997; JONES, Charles Edwin, *A Guide to the Study of the Pentecostal Movement*, 2 vols., Metuchen-Londres, Scarecrow Press-American Theological Library Association, 1983 (bibliografia); JONGENEEL, Jan A. B., org., *Experiences of the Spirit. Conference on Pentecostal and Charismatic Research in Europe at Utrecht University 1989*, Frankfurt, Lang, 1991; MARTIN, David, *Pentecostalism. The World Their Parish*, Oxford, Blackwell, 2002; PFISTER, Raymond, *Soixante ans de pentecôtisme en Alsace (1930-1990). Une approche socio-historique*, Frankfurt, Lang, 1995; STOTTS, George Raymond, *Le pentecôtisme au pays de Voltaire* (1973), Craponne, Association *Viens et Vois*, 1982; WACKER, Grant, *Heaven below. Early Pentecostals and American Culture*, Cambridge, Londres, Harvard University Press, 2001.

▶ América Latina; Ásia; carismático (movimento); Chikane; conversão; Du Plessis; Espírito Santo; glossolalia; igreja eletrônica; imposição de mãos; Irving; Le Cossec; Paul; **ritos**; Santidade (movimento de); **seitas**

PERDÃO

O tema do perdão está no cerne do cristianismo, sendo radicalizado no protestantismo. A proclamação da "justificação pela fé" — articulada com uma meditação da cruz posta em relação com aquilo que se desvela quanto ao poder da Lei e à perversão de uma referência ideal a Deus — remete de fato ao que pode ser chamado de perdão originário (que vem de Deus); esse perdão está associado a uma compreensão do pecado como realidade em excesso em relação a todo erro cometido e, portanto, a todo arrependimento, toda culpa e toda reparação (à sua maneira, o pecado surge, portanto, também como originário aqui).

O perdão é evangelicamente a possibilidade dada e proclamada de um recomeço, libertando-nos do peso do passado, quebrando os ensimesmamentos, principalmente os da culpa. Ao mesmo tempo, não é nem negação do passado nem uma fuga para o futuro. Por ser radical, o perdão é renovação do mundo, do outro, de si mesmo. É (re) criação no mundo, o que supõe e passa por uma memória e uma reconciliação; bem entendido, não há perdão sem reconciliação com o passado: o pecador é "justificado". É por isso que, ainda evangelicamente, não há amor pelos outros sem um amor por si mesmo ("amarás o teu próximo como a ti mesmo"), nem perdão de Deus sem perdão dado aos outros ("perdoa as nossas dívidas, assim como nós perdoamos aos nossos devedores").

O perdão se origina de um Deus heterogêneo e em excesso, inserindo-se na realidade de um pecado irredutível à ordem dos atos morais; ele vem, por fim, cumprir-se em uma condição encarnada, histórica, finita e intersubjetiva — o perdão está no princípio do advento de uma identidade singular que também é dotada de uma posição própria: é, ao mesmo tempo, em excesso com relação à ordem do mundo, dos valores e de suas regulações e está exposto a um jogo de reconhecimento recíproco.

Não podemos esquecer que, originariamente, essa temática é o que separa a Reforma do catolicismo romano.

Pierre Gisel

▶ BASSET, Lytta, *Guérir du malheur* e *Le pouvoir de pardonner*, Paris-Genebra, Albin Michel-Labor et Fides, 1999 (ed. condensada e simplificada de: *Le pardon originel. De l'abîme du mal au pouvoir de pardonner*, 1994, Genebra, Labor et Fides, 1998); BEISSER, Friedrich e PETERS, Albrecht, *Sünde und Sündenvergebung. Der Schlüssel zu Luthers Theologie*, Hanover, Lutherisches Verlagshaus, 1983; DORÉ, Joseph, org., *Le péché*, Bruxelas, Académie internationale des sciences religieuses, 2001.

▶ Confissão de pecados; **culpa**; expiação; graça; **mal**; pecado

PEREGRINAÇÕES

"No sentido católico, esse termo está ausente do vocabulário protestante" (C. Marquet). De acordo com o dicionário Littré, trata-se de "uma viagem empreendida por devoção a um lugar consagrado" e, com frequência, rumo a relíquias cujo culto se desenvolveu consideravelmente nos séculos XIV e XV. Em sua juventude, depois de acompanhar sua mãe em inúmeras peregrinações nos arredores de Noyon, João Calvino escreveu em 1543 o *Tratado das relíquias* e marcou a ruptura total da Reforma com a "perigosa prática" do culto aos santos e das peregrinações. Além disso, não existe no protestantismo dessa época a noção de "território sagrado", quer se trate de um templo, quer se trate de um lugar onde são recebidas graças específicas.

Por outro lado, há "lugares de memória", em que podem ser lembradas as perseguições da Igreja do Deserto (*Le Bouschet-de-Pranles* em Ardèche, o Museu do Deserto em Mialet no Gard etc.), de pregadores do evangelho (p. ex., Félix Neff em Freissinières, nos Altos Alpes, na época dos festivais de colheita) e de figuras históricas (como Lutero na Alemanha e Gustavo Adolfo).

Pierre Bolle

▶ CALVINO, João, *Traité des reliques* (1543), em *La vraie piété. Divers traités de Jean Calvin et Confession de foi de Guillaume Farel*, org. por Irena BACKUS e Claire CHIMELLI, Genebra, Labor et Fides, 1986, p. 163-202; GOMEZ-GÉRAUD, Marie-Christine, *Le crépuscule du Grand Voyage. Les récits des pèlerins à Jérusalem (1458-1612)*, Paris, Champion, 1999, p. 61-139: *Les pèlerinages à l'épreuve de la Réforme*; HERVIEU-LÉGER, Danièle, *Le pèlerin et le converti. La religion en movement* (1999), Paris, Flammarion, 2003; LEFRANC, Abel, *La jeunesse de Calvin*, Paris, Fischbacher, 1888; MARQUET, Claudette, *Le protestantisme*, Paris, Seghers, 1977.

▶ **História**; museus protestantes no mundo de língua francesa

PERKINS, William (1558-1602)

Pregador e professor do *Christ's College*, de Cambridge, William Perkins foi o teólogo calvinista mais conhecido da Igreja Anglicana no final do século XVI. Engajou-se na polêmica contra os decretos do Concílio de Trento e publicou, em 1597, o tratado *Reformed Catholike*, que recebeu uma ampla acolhida na Europa, com três edições em latim na cidade de Genebra, de 1612 a 1624. Expôs de um modo límpido e acessível ao público leigo as doutrinas da eleição e da aliança, da conversão pessoal, da regeneração e da disciplina vocacional (*A Treatise of the Vocations*, 1603). Preocupado com a unidade da Igreja Anglicana, Perkins assumiu uma posição moderada sobre as questões da ordem e do governo eclesiástico. No entanto, foi o mestre espiritual dos puritanos da geração seguinte, entre os quais se encontram os fundadores da colônia americana de Massachussetts e da Universidade de Harvard, assim como um bom número de participantes da Revolução Inglesa dos anos 1640.

Mario Miegge

▶ *The Works of that Famous and Worthy Minister of Christ in the Universitie of Cambridge, Mr. William Perkins*, 3 vols., Londres, John Legatt, 1616-1618; BAARSEL, Jan Jacobus van, *William Perkins*, Haia, Sevart, 1912; HALLER, William, *The Rise of Puritanism, or the Way to the New Jerusalem as Set Forth in Pulpit and Press from Thomas Cartwright to John Lilburne and John Milton, 1570-1643* (1938), Filadélfia, University of Pennsylvania Press, 1972; MIEGGE, Mario, *Vocation et travail. Essai sur l'éthique puritaine*, Genebra, Labor et Fides, 1989.

▶ Aliança; anglicanismo; calvinismo; puritanismo; Steele; **vocação**

PERSONALISMO

O tema da pessoa é central em todo o protestantismo, desde Lutero. A história do conceito está relacionada às do sujeito e do indivíduo cujas forças e dificuldades são centrais na modernidade. Nos anos 1890-1940, a modernidade representou uma ameaça para a pessoa e seus lugares e possibilidades de ação. A pessoa surge como uma ilusão, de acordo com as tematizações de Schopenhauer e Hartmann sobre o assunto. Assim, o personalismo se construirá como uma reação crítica a essa modernidade. Considerando Hartmann mais perigoso que Feuerbach, Troeltsch trataria de um personalismo teísta cristão, originário do profetismo judeu, como um conceito orientador, tanto em relação ao absoluto quanto na regulação dos valores humanos e sociais. No mesmo contexto de reação crítica, mas de acordo com estruturações diferentes, digno de nota é o personalismo francófono de inspiração mais católica, associado ao fundador da revista *Esprit* [Espírito] Emmanuel Mounier (1905-1950), mas de que também participou Denis de Rougemont (1906-1985), e a Paul Ricoeur (1913-2005).

Desenvolveu-se uma corrente de pensamento personalista nos Estados Unidos, entre os protestantes, em associação com a Universidade de Boston. Seu precursor foi o professor de filosofia Borden Parker Bowne (1847-1910), que fixou as bases metafísicas e epistemológicas do sistema. A influência de Bowne foi profunda em quatro de seus estudantes: Ralph Tyler Flewelling (1871-1960), fundador da Escola de Filosofia da Universidade do Sul da Califórnia e do periódico *The Personalist*, Albert Cornelius Knudson (1873-1953), Francis John McConnell (1871-1953) e

Edgar Sheffield Brightman (1884-1953), que ensinou em Boston durante 34 anos. Brightman descrevia essa corrente como "um modo de pensar que torna a noção de pessoa uma chave para todos os problemas filosóficos" e ainda lhe atribuía essa outra definição: "o personalismo é a convicção de que a pessoa consciente é, ao mesmo tempo, o valor e a realidade suprema no universo". Essa noção se reveste de um *status* ontológico que marca não somente toda a realidade, mas o próprio processo que produz e mantém essa pessoa é também pessoal. Como um correlato, no nível metafísico, Deus, a causa suprema do universo, é descrito como a única pessoa verdadeira e perfeita. A ele, realidade última da forma pessoal, tudo está ligado, de quem tudo participa, já que o universo forma um todo orgânico em que os seres humanos têm um valor e uma dignidade particulares no que foi criado. Essa ontologia assume tons religiosos e éticos, que os discípulos de Brightman, dentre os quais Lotan Harold DeWolf (1905-1986) e Walter George Muelder (1907-2004) se encarregaram de desenvolver.

Serge Molla

▶ BRIGHTMAN, Edgar Sheffield, *Nature and Values*, Nashville, Abingdon Press, 1945; DEWOLF, Lotan Harold, *A Theology of the Living Church* (1953), New York, Harper and Row, 1968; KNUDSON, Albert Cornelius, *The Philosophy of Personalism* (1927), Boston, Boston University Press, 1949.

◉ **Deus**; Estados Unidos; Hartmann; indivíduo; **liberdade**; pessoa; Reymond; Rougemont

PESSOA

Originário do latim *persona*, que significa "máscara (de teatro)", "papel", "personagem", o conceito de pessoa tem uma história bastante complexa quanto às suas conotações filosóficas e teológicas, relacionadas a outros conceitos gregos e latinos. No final da Antiguidade e por toda a Idade Média, o conceito foi utilizado para designar a integridade substancial dos seres espirituais, o que os torna entidades autônomas. Isso permitiu progressivamente sua aplicação ao ser humano. Todavia, sua retomada teológica foi operada, em primeiro lugar, em outro contexto, o dos debates trinitários e cristológicos. De fato, para esclarecer as relações da Trindade, foi feita uma referência às três *pessoas* da Trindade; da mesma forma, a noção de *pessoa*, aplicada a Jesus Cristo, permitiu que fossem assumidas teologicamente as interações complexas entre suas duas naturezas, a humana e a divina.

Na época da Reforma, além do uso trinitário e cristológico como parte integrante e incontestada da tradição, o uso antropológico do conceito de pessoa já era relativamente comum. Assim, os reformadores puderam retomá-lo, esclarecendo-o e reinterpretando-o. Sua ênfase recaiu sobre o *status* relacional da pessoa: o ser humano só é constituído como pessoa no face a face com Deus, e é nessa relação fundamental que tudo é decidido. Por isso, Lutero pôde afirmar que "é somente a fé que faz a pessoa" (*WA* 39, I, 282, 16). Essa tese levou a uma revisão crítica da articulação entre a pessoa e seus atos ou suas obras, que os reformadores contrapuseram à teologia escolástica das obras meritórias. Essa nova insistência na pessoa diante de seu Deus fez com que a Reforma enfatizasse a liberdade e a responsabilidade do cristão em seus compromissos concretos, contra o perigo de uma dependência das mediações eclesiásticas (sacerdócio universal). Essa acentuação da pessoa não deixaria de exercer influência no pensamento moderno e nos discursos modernos sobre o sujeito e a subjetividade, com suas tendências para o individualismo e o subjetivismo. Essas transições não foram isentas de ambiguidades e descontinuidades, e, assim, assumir a ênfase protestante na responsabilidade pessoal em diálogo com a modernidade permanece uma tarefa em aberto. No século XIX, a reflexão de Kierkegaard sobre a subjetividade constitui uma importante contribuição para esse esforço, ainda mais valiosa na medida em que o conceito se enriqueceu durante os dois últimos séculos de conotações psicológicas e psicanalíticas e se desenvolveu de um modo intenso a investigação sociológica dos individualismos contemporâneos.

Pierre Bühler

▶ BÜHLER, Pierre, *L'individu. Quelques réflexions à propos d'une catégorie oubliée*, RHPhR 58, 1978, p. 193-215; CORRAZE, Jacques, *Personnalité*, e DUMÉRY, Henry e SINDZINGRE, Nicole, *Personne*, em *Encyclopaedia Universalis*, t. XVII, Paris, 1990, p. 920-924 e 925-927; EBELING, Gerhard, *Luther. Introduction à une réflexion théologique* (1964), Genebra, Labor et Fides, 1983, p. 121-133: *Personne et oeuvre*; EHRENBERG, Alain, *L'individu incertain*, Paris, Calmann-Lévy, 1995; JOEST, Wilfried, *Ontologie der Person bei Luther*, Göttingen, Vandenhoeck & Ruprecht, 1967.

● Consciência; exterioridade; fé; indivíduo; Kierkegaard; **liberdade**; personalismo; responsabilidade; sacerdócio universal; Trindade

PESTALOZZI, Johann Heinrich (1746-1827)

Órfão de pai, educado de modo bastante rigoroso por sua mãe, o jovem Pestalozzi estudou no *Carolinum*, o grande colégio zuriquense em que ensinaram Bodmer, Gessner e Breitinger, pioneiros das Luzes de Zurique, inventores do pré-romantismo germânico. O jovem Pestalozzi logo se uniu aos protestos republicanos contra o governo aristocrático e chegou até a permanecer preso durante alguns dias, quando houve a investigação sobre um panfleto anônimo que defendia a causa dos republicanos genebrinos. Em 1771, foi morar no campo, em Neuhof (Argóvia), para pôr em prática as ideias morais e pedagógicas de Rousseau (cf. *Emílio ou da educação*, 1762). Depois de um previsível, se não inevitável, fracasso, ele se viu munido de uma poderosa experiência com as relações sociais no mundo rural, descritas no *roman-fleuve* ["romance-rio", ou uma longa crônica social sob a forma de romance] *Léonard et Gertrude, ou les moeurs villageoises telles qu'on les retrouve à la ville et à la cour* [Leonardo e Gertrudes, ou os costumes de vilarejo tais como encontrados na cidade e na corte] (1781-1787, Berlim, Decker, 1783). A obra se tornou um dos *best-sellers* da época, assegurando, com sucessivas edições, o levantamento de fundos para as experiências pedagógicas posteriores.

Em 26 de agosto de 1792, a Convenção Nacional declarou Pestalozzi cidadão da república francesa. No inverno de 1798-1799, foi enviado a Stans (Nidwald) pelos líderes da República Helvética para cuidar dos órfãos de guerra, após a derrota da Suíça central, que se levantara contra o exército francês. Instalado em um aposento de um convento destruído, Pestalozzi passou a cuidar sozinho de mais de oitenta crianças, partilhando com elas seu cotidiano: "Minhas lágrimas corriam com as delas, eu sorria com elas. Elas estavam fora do mundo, fora de Stans; estavam comigo, e eu estava com elas". Esse momento se constituiu como o auge dessa estranha paixão pedagógica pelos pobres, seu *cogito* metodológico, seu ponto de primeira evidência. Em seguida, Pestalozzi foi enviado a Berthoud (Berna) pela República Helvética para dirigir um estabelecimento pedagógico modelo (1800-1804). Depois, as autoridades do novo cantão de Vaud abrigaram seu instituto no Castelo de Yverdon (1805-1825), onde inúmeras dissensões entre seus primeiros discípulos não impediriam nem o reconhecimento internacional, nem a passagem de muitos visitantes importantes. Seu método de cálculo mental se tornaria uma das grandes fontes pedagógicas da nova escola primária prussiana. Pestalozzi morreu em Brugg, no ano de 1827.

Suas ideias religiosas foram expostas em *Minhas pesquisas sobre a marcha da natureza na evolução do gênero humano* (1797). Tocado pela dissolução das estruturas sociais, Pestalozzi buscou fundar, acima da oposição clássica entre estado de natureza e estado de sociedade, o estado *moral*, em que somente o homem é verdadeiramente *obra de si mesmo*. Afirmando que não existe religião "natural" que não seja "uma superstição de meu egocentrismo ansioso e sempre em engano" e que, na sociedade, o Estado se apodera da religião para torná-la um novo instrumento de poder, Pestalozzi julga que "a religião se torna facilmente, de acordo com as necessidades, as circunstâncias e as vantagens de cada Estado, egoísta, agressiva, rancorosa, violenta e mentirosa [...], mãe de mascaramentos reais dos monges e de mascaramentos monásticos dos reis". Pestalozzi acreditava que, assim como os "erros" dos gregos e dos judeus prepararam o mundo antigo para reconhecer o valor da mensagem puramente moral de Jesus, "as infidelidades nacionais a nossos cristianismos nacionais" nos Estados contemporâneos pode preparar um renascimento moral: "O cristianismo é por completo uma moralidade, e é por isso que se trata de algo próprio à individualidade de cada homem, um por um".

Christophe Calame

▶ PESTALOZZI, Johann Heinrich, *Lettres de Stans*, Yverdon-les-Bains, Centre de documentation et de recherche Pestalozzi, 1985; Idem, *Mes recherches* sur la marche de la nature dans l'évolution du genre humain (1797), Lausanne, Payot, 1994; SÖETARD, Michel, *Johann Heinrich Pestalozzi*, Lucerna, Coeckelberghs, 1987.

O **Educação**; esporte; Fellenberg

PEYRAT, Napoléon (1809-1881)

Pastor, historiador e poeta, Napoléon Peyrat nasceu em Bordes-sur-Arize, perto do Mas-d'Azil (Ariège). Em vários livros de poesia, Peyrat cantou suas origens pirenaicas. Amigo de Pierre Jean de Béranger (1780-1857), de Felicité Robert de Lamennais (1782-1854) e de Jules Michelet (1798-1874), foi também considerado um precursor dos felibres occitanos.

Após estudar teologia em Montauban, assumiu o pastorado em Saint-Germain-en-Laye, de 1847 até sua morte. Seu ministério gerou oito novas igrejas locais. É conhecido principalmente por suas obras históricas: *Histoire des pasteurs du Désert depuis la Révocation de l'Édit de Nantes jusqu'à la Révolution française, 1685-1789* [História dos pastores do Deserto, da Revogação do Edito de Nantes até a Revolução Francesa] (1842, Montpellier, Presses du Languedoc, 2002), *Les Réformateurs de la France et de l'Italie au XIIe siècle* [Os reformadores da França e da Itália no século XII] (Paris, Meyrueis, 1860), *Le Colloque de Poissy et les conférences de Saint-Germain en 1561* [O Colóquio de Poissy e as conferências de Saint-Germain em 1561] (1868, Nîmes, Lacour, 2003) e, por fim, a monumental *Histoire des Albigeois* [História dos albigenses] (1870-1882). Trata-se de uma obra engajada e marcada pelo romantismo, o que lhe valeu o apelido de "Michelet do Sul".

Philippe de Robert

▶ PEYRAT, Napoléon, *Histoire des Albigeois. Les Albigeois et l'Inquisition* (1870-1872), reed. em 2 vols., Nîmes, Lacour, 1996; Idem, *Histoire des Albigeois*, 1: *La civilisation romane* e 2/3: *La croisade*, Paris, Fischbacher, 1880-1882; CABANEL, Patrick e ROBERT, Philippe de, orgs., *Cathares et camisards. L'oeuvre de Napoléon Peyrat (1809-1881)*, Montpellier, Presses du Languedoc, 1998; DUCLOS, Henri-Louis, *Histoire des Ariégeois* (1881-1887), Toulouse, Milan, 1984, t. I, p. 45-52 e 444-471 (o poeta) e t. V, p. 585-593 (o historiador); PEYRAT, Eugénie, *Napoléon Peyrat, poète, historien, pasteur*, Paris, Grassart, 1881; SALVAT, Joseph, *Napoléon Peyrat Poète des Pyrénées*, *La Revue réformée* 37, 1959, p. 26-42.

PEYRON, Albin Louis Octave (1870-1944)

Oficial do Exército de Salvação, nascido em Nîmes e morto em Paris, filho de Albin Peyron (1838-1907), negociante, e de Amélie Theule. Casou-se no dia 30 de abril de 1891 com Blanche Roussel (1867-1933), filha do pastor Napoléon Roussel (1805-1878) e de Mary Stuart.

Originário de uma família abastada da burguesia protestante de Nîmes, Albin Peyron decidiu, em 1884, engajar-se no Exército de Salvação, o que fez em 1888. Tornou-se, então, evangelista na França, na Suíça e na Itália, com a ajuda de sua esposa, que também era, desde 1884, oficial do Exército de Salvação, trabalhando junto a ele muito ativamente e também exercendo sobre ele uma grande influência, não somente por suas atividades, mas por sua personalidade: Raoul Gout a chamou (talvez um pouco exageradamente) de "mãe do Exército de Salvação francês". Em 1917, Albin Peyron se tornou chefe do território para a França e, em acordo com a esposa, desenvolveu no local de um modo vigoroso as atividades do Exército de Salvação, criando novos cargos de evangelização e abrindo em Paris instituições de auxílio social como o Palácio do Povo (1925), o Palácio da Mulher (1926), a Casa do Jovem (1932), a Cidade Refúgio (1933). Na mesma época, o Exército de Salvação estendeu suas atividades para os sem-teto.

André Encrevé

▶ PEYRON, Albin, *Réflexions et expériences d'un salutiste*, Paris, Armée du Salut, 1924 (4ª ed. de *Un salutiste*; PEYRON, Blanche, *Sur le chemin qui monte*, Paris, Altis, 1929; FORISSIER, Michel, *Albin Peyron (1870-1944). Un soldat du Christ de l'Armée de Salut*, Tarbes, Éditions d'Albret, 1958; GOUT, Raoul, *Une victorieuse, Blanche Peyron*, Paris, Altis, 1942.

O Exército de Salvação

PFISTER, Oskar Robert (1873-1956)

Pastor de Zurique, é mais conhecido por sua amizade com Sigmund Freud e por sua correspondência com ele (cf. Ernst L. FREUD e Heinrich MENG, orgs., *Cartas entre Freud e Pfister, 1909-1939*, Viçosa, Ultimato, 2009, assim como seu ensaio *L'illusion d'un avenir* [A ilusão de um futuro, 1928], *Revue française de psychanalise* [Revista francesa de psicanálise]

41, 1977, p. 503-546, resposta a *O futuro de uma ilusão* [1927], Porto Alegre, L&PM, 2010, de Freud). Doutor *honoris causa* pela Universidade de Genebra, Pfister foi o primeiro pastor e teólogo a reconhecer o valor da psicanálise na cura das emoções e na catequese (já em 1903). Sua teologia, de orientação liberal, não permitiu um encontro frutífero com a "teologia dialética" de Eduard Thurneysen, nem com sua concepção de cura das emoções. Sua obra pioneira foi redescoberta bem recentemente.

Ermanno Genre

▶ PFISTER, Oskar, *Au vieil Évangile par un nouveau. La psychanalyse au service de la cure d'âme pour ceux qui se sentent esclaves de leurs nerfs et de leur caractère*, Berna, Bircher, 1920; Idem, *Analytische Seelsorge. Einführung in die praktische Psychoanalyse für Pfarrer und Laien*, Göttingen, Vandenhoeck & Ruprecht, 1927; Idem, *Das Christentum und die Angst* (1944), Olten-Friburgo em Brisgóvia, Walter, 1975; Idem, *Calvins Eingreifen in die Hexerund Hexenprozesse von Peney, 1545, nach seiner Bedeutung für Geschichte und Gegenwart*, Zurique, Artemis, 1947; BARON, Michel, *Oskar Pfister, "pasteur à Zürich" (1873-1956). Psychanalyse et protestantisme*, Puteaux, Éditions du monde interne, 1999.

◉ Cura das emoções; desejo

PFLEIDERER, Otto (1839-1908)

Pfleiderer nasceu em Stetten (Wurtemberg) e morreu em Berlim. Em 1870, foi professor de teologia prática em Iena; a partir de 1875, passou a ensinar teologia sistemática em Berlim.

O programa de Pfleiderer é um hegelianismo que passou pela fratura do empirismo e do historicismo. Representante típico da teologia liberal alemã e do *Kulturprotestantismus*, último aluno de Baur, Pfleiderer permaneceu fiel ao programa de uma inteligência histórica e crítica do cristianismo, ao mesmo tempo que foi um feroz adversário de Ritschl e Harnack, além de um dos precursores da escola da história das religiões.

Além de importantes trabalhos sobre o cristianismo primitivo, muito fiéis às opções fundamentais de Baur, Pfleiderer se dedicou essencialmente à filosofia da religião. Para devolver a plausibilidade intelectual ao conceito idealista de religião, empreendeu uma reconstrução do conceito integrando-o à psicologia empirista. Fiel a Hegel, considerava a história das religiões em seu todo como revelação; consequentemente, reformulou o caráter absoluto do cristianismo ao interpretar o dogma cristão como resultado do processo genético da história das religiões. Contra o projeto de um "cristianismo adogmático", a história das religiões lhe pareceu apta a promover uma interpretação especulativa do dogma, compatível com a situação intelectual da época e orientando a necessária aculturação dos conteúdos doutrinários tradicionais na modernidade.

Se Pfleiderer foi objeto de violentas polêmicas na Alemanha, encontrou um eco bastante positivo de suas ideias no mundo anglo-saxão. Apoiou, com sua pena, uma política liberal-conservadora. Mas, como a maioria de seus congêneres alemães, associou-se à política bismarckiana, e em seguida wilhelmiana, adotando progressivamente posições políticas mais conservadoras e nacionalistas.

Jean-Marc Tétaz

▶ PFLEIDERER, Otto, *Religionsphilosophie auf geschichtlicher Grundlage* (1878, 1883-1884), Berlim, Reimer, 1896; Idem, *Die Entwicklung der protestantischen Theologie in Deutschland seit Kant und in Großbritannien seit 1825*, Friburgo em Brisgóvia, Mohr, 1891; Idem, *Die Ritschl'sche Theologie kritisch beleuchtet*, Brunswick, Schwetschke, 1891; GRAF, Friedrich Wilhelm, *Theonomie. Fallstudien zum Integrationsanspruch neuzeitlicher Theologie*, Gütersloh, Mohn, 1987, p. 128-192; LEUZE, Reinhard, *Theologie und Religionsgeschichte. Der Weg Otto Pfleiderers*, Munique, Kaiser, 1980; SCHMITHALS, Walter, *Von der Tübinger zur Religionsgeschichtlichen Schule* (Otto Pfleiderer), em Gerhard BESIER e Christof GESTRICH, orgs., *450 Jahre Evangelischer Theologie in Berlin*, Göttingen, Vandenhoeck & Ruprecht, 1989, p. 309-332.

◉ Baur; Berlim (Universidades de); dogma; dogmática; filosofia da religião; Hartmann; Hegel; historicismo; Iena; *Kulturprotestantismus*; neoprotestantismo; religiões (escola da história das)

PHILIP, André (1902-1970)

Economista reputado, político de primeiro nível, um europeu apaixonado e cristão confesso, André Philip é uma grande personalidade do protestantismo francês, vivendo sua vida de discípulo de Cristo em praça pública. Era engajado no movimento socialista e enraizado em uma fé sob a influência de Barth e da Federação Francesa das Associações Cristãs de Estudantes, uma fé exercida no ambiente do cristianismo social.

Professor agregado de direito, universitário, Philip entrou para o combate político sob a bandeira da Frente Popular, como deputado do Ródano em 1936. Com a derrota, integrou a resistência, uniu-se a De Gaulle e o seguiu até Londres, Argel e Paris. *Commissaire à l'intérieur* no Comitê Nacional Francês de Londres, foi nomeado ministro da Economia e das Finanças após a liberação. Em 1944, criou a Federação Francesa das Casas de Jovens e da Cultura, que presidiu de 1944 a 1968. Foi presidente do Movimento Socialista pelos Estados Unidos da Europa (1950-1954). Participou de inúmeros colóquios, congressos e sessões do Conselho Mundial de Igrejas. A liberdade que se depreendia de sua fé e o rigor de sua fidelidade aos compromissos lhe impuseram mais de uma ruptura em relação aos partidos e grupos: "solitário na reflexão, solidário na ação", foi dito dele.

Em 1933, ao longo de uma reunião no Quartier Latin, eis como foi percebido por um participante: "Insatisfação radical e paixão pela justiça orientadas e transcendidas por uma fé invencível na vitória de Cristo". Não menos impressionante é o testemunho de sua idade madura: mesmo diante do general De Gaulle, manteve a liberdade de expressão e sabia dirigir-lhe admoestações proféticas.

Michel Bouttier

▶ PHILIP, André, *Guild-socialisme et trade-unionisme. Quelques aspects nouveaux du mouvement ouvrier anglais*, Paris, PUF, 1923; Idem, *Le problème ouvrier aux États-Unis*, Paris, Alcan, 1927; Idem, *L'Europe unie et sa place dans l'économie internationale*, Paris, PUF, 1953; Idem, *Histoire des faits économiques et sociaux. De 1800 à nos jours* (1963), 2 vols., Paris, Aubier Montaigne, 1978; Idem, *Les socialistes*, Paris, Seuil, 1967; *André Philip par lui-même ou les voies de la liberté*, Paris, Aubier Montaigne, 1971; PHILIP, Loïc, *André Philip*, Paris, Beauchesne, 1988; POUJOL, Jacques, *André Philip. Les années de guerre 1939-1945*, BSHPF 138, 1992, p. 181-241.

◉ Cristianismo social /socialismo cristão; **Europa**; política

PIAGET, Jean (1896-1980)

Pesquisador e pensador suíço, ensinou em Genebra, Neuchâtel e Paris. Fundou, em 1956, o Centro Internacional de Epistemologia Genética, através do qual foi confirmada a divulgação de seus trabalhos sobre a gênese do conhecimento em todo o mundo. Suas autobiografias (1952, 1966, 1976), aproveitadas pela maioria de seus biógrafos, insistem na precocidade de sua vocação científica e crítica, mas minimizam a amplitude de seus engajamentos de juventude no protestantismo romando. *La mission de l'idée* [A missão da ideia] (Lausanne, La Concorde, 1915) e *Recherche* [Pesquisa] (Lausanne, La Concorde, 1918) anunciavam, no entanto, um ambicioso empreendimento de renovação do pensamento religioso e moral. *O julgamento moral na criança* (1932, São Paulo, Mestre Jou, 1977) talvez possa ser considerado uma extensão desse empreendimento, enquanto *Sabedoria e ilusões da filosofia* assinalava claramente sua inutilidade, em 1965.

Daniel Hameline

▶ PIAGET, Jean, *Autobiografia*, em EVANS, Richard, *Jean Piaget: o homem e suas ideias*, Rio de Janeiro, Forense, 1980, p. 125-153; Idem, *Sabedoria e ilusões da filosofia* (1965), São Paulo, Difusão Europeia do Livro, 1969; BARRELET, Jean-Marc e PERRET-CLERMONT, Anne-Nelly, orgs., *Jean Piaget et Neuchâtel. L'apprenti et le savant*, Lausanne, Payot, 1996; VANDER GOOT, Mary, *Piaget as a Visionary Thinker*, Bristol, Wyndham Hall Press, 1985; VIDAL, Fernando, *Piaget before Piaget*, Cambridge, Harvard University Press, 1994.

◉ Razão

PICTET, Bénédict (1655-1724)

Nascido e morto em Genebra, Bénédict Pictet viajou bastante para a França, a Holanda e a Inglaterra. Ordenado pastor em Genebra no ano de 1680, professor de teologia em 1686, foi um ardente defensor da ortodoxia reformada, lutando contra aqueles que, como seu primo Jean-Alphonse Turrettini, queriam ab-rogar o *Consensus Helveticus*. Dentre suas obras que foram editadas e traduzidas muitas vezes, podemos citar *La théologie chrétienne* [A teologia cristã] (ed. latina: 1696; tradução francesa: 1702, Genebra, por Gabriel de Tournes e filhos, 1721) e *La morale chrétienne ou l'art de bien vivre* [A moral cristã ou a arte de bem viver] (1693, Genebra, Compagnie des Libraires, 1710).

Pictet foi encarregado de uma reforma litúrgica e presidiu a comissão para a revisão do *Saltério* (com base em obras preliminares de Valentin Comrart), publicado em 1694. Entre suas obras estão o *Cântico para o centenário da Escalada de Genebra* (1702); a *Oração de intercessão* (abreviada); a paráfrase do cântico de Zacarias: *Bendito seja o Senhor, Deus de Israel* (Lc 1.18-79), cantado com a melodia do Salmo 89 (1704); o *Cântico de Maria: meu coração repleto de bens* (Lc 1.47-55), com a melodia do Salmo 8; o *Te Deum: grande Deus, nós te louvamos*, com a melodia do Salmo 89; o *Veni Creator*, de Raban Maur, com a melodia do Salmo 84. De 1705 a 1708, Pictet versificou o *Cântico dos cânticos* para o ano litúrgico (Natal, Páscoa, Ascensão, Pentecostes, Exaltação da Cruz etc.), que figura, entre outros, no livreto *Salmos de Davi versificados, revistos e aprovados*, seguidos de *Cânticos sacros para as principais solenidades dos cristãos* (1705). Seus textos ainda são cantados em nossos dias.

Édith Weber

▶ BUDÉ, Eugène Guillaume Théodore de, *Vie de Bénédict Pictet, théologien genevois 1655-1724*, Lausanne, Bridel, 1874; CANDAUX, Jean-Daniel, *Histoire de la famille Pictet, 1474-1974*, t. I, Genebra, Braillard, 1974, p. 101-116; WEBER, Édith, *La musique protestante de langue française*, Paris, Champion, 1979; Idem, *La recherche hymnologique*, Paris, Beauchesne, 2001.

◐ Cântico; **música**; musicais (formas); ortodoxia protestante; *Saltério huguenote*

PIDOUX, Pierre (1905-2001)

Musicólogo e compositor nascido em Neuchâtel e morto em Genebra, estudou teologia na Faculdade da Igreja Livre de Lausanne e aprendeu órgão com Montillet no conservatório de Genebra. Foi organista dos Terreaux em Lausanne e do templo Saint-Vincent em Montreaux. Em Lausanne, organizou na Casa Foetisch a "coleção de música protestante", presidindo em seguida as Edições Cantate Domino para promover uma música eclesiástica de qualidade. Compôs peças para órgão e corais destinados ao culto. Publicou a obra para órgão de Girolamo Frescobaldi (*Orgel- und Klavierwerke*, 5 vols., Kassel, Bärenreiter, 1949-1954) e a de Andrea Gabrieli (*Orgel- und Klavierwerke*, 5 vols., Kassel, Bärenreiter, 1954-1978), um estudo em dois volumes sobre *Le Psautier huguenot du XVIe siècle. Mélodies et documents* [O Saltério huguenote do século XVI: melodias e documentos] (Basileia, Bärenreiter, 1962), que acompanhou a edição em fac-símile da *Forme des prières et chants ecclésiastiques de 1542* [Formas das orações e cânticos eclesiásticos de 1542], precedida de uma nota explicativa (Kässel, Bärenreiter, 1959), e dos velhos mestres italianos (*Le dix-septième siècle italien. Oeuvres pour orgue* [O século XVII na Itália: obras para órgão], Monthey, Cantate Domino, [1982]). Como especialista do *Saltério* de Genebra, ministrou muitas conferências, redigiu a nota "Saltério huguenote" para o dicionário de música publicado sob a organização de Marc Honegger, *Science de la musique* [Ciência da música] (Paris, Bordas, 1976), e escreveu artigos para revistas.

Alfred Bertholet

▶ PIDOUX, Pierre, *La Genève des psaumes et les psaumes de Genève (1536-1562)*, em *Musique à Saint-Pierre*, Genebra, Les Clefs de Saint-Pierre, 1984, p. 25-60.

◐ **Música**; *Saltério huguenote*

PIETISMO

Poderosa corrente da Reforma relacionada à piedade protestante como um todo, o pietismo dos séculos XVII e XVIII insistiu ao mesmo tempo em um "Avivamento", uma "regeneração" e uma "santificação" de cada alma, assim como em uma vivificação espiritual da vida eclesiástica e na transformação do mundo com vistas ao reino de Cristo (reino de paz que os pietistas acreditavam estar próximo).

Para se contrapor às ortodoxias ancoradas no dogmatismo teológico da controvérsia e em um cristianismo rotineiro, no pietismo houve o esforço para a estruturação de uma comunidade dos santos que fosse "filadélfica" (do grego *phil-adelphon*: marcado pelo amor fraternal, a partir do nome da igreja de Filadélfia, de acordo com Apocalipse 1.11 e 3.7-13), em que as diferenças de confissão e de atribuição eclesiástica teriam perdido seu valor separatista e em que somente seriam importantes os "frutos da fé" com vistas ao aperfeiçoamento da alma e à prática cotidiana do amor. O pietismo foi fundado com base nas tradições da mística, da ala radical da Reforma, dos espiritualistas e ascetas pansofistas — tais como Johannes Tauler (?1300-1361), Caspar Schwenckfeld (1489-1561), Johann Arndt (1555-1621), Jakob Böhme (1575-1624), Christian Hoburg (1607-1675) —, e retomando correntes precursoras como o puritanismo inglês, a *Nadere reformatie* holandesa (precisismo, ou a prática meticulosamente precisa de todas as prescrições da Lei) ou o quietismo católico na França e na Espanha, tendo como efeito uma interiorização da piedade e a expansão da tolerância religiosa (lutando o mesmo combate das Luzes). Deram um impulso ao movimento a criação de uma "comunidade de despertos" com vistas à edificação (conquanto os *collegia pietatis* fossem compreendidos como *ecclesiolae in ecclesia*, de acordo com a tradição do reformador estrasburguense Martin Bucer) na Igreja Reformada em 1665 por Theodor Undereyck (1635-1693), na igreja luterana em 1670 por Philipp Jacob Spener (1635-1705), assim como o texto programático de Spener, *Pia desideria, ou désir sincère d'une amélioration de la vraie Église évangélique* [Pia desideria, ou desejo sincero de um melhoramento da verdadeira igreja evangélica] (1675, Paris, Arfuyen, 1990), que predominaria até meados do século XVIII na teologia alemã, suíça, escandinava e norte-americana.

As fundações de August Hermann Francke (1663-1727) em Halle (1698), os irmãos morávios do conde Nikolaus Ludwig von Zinzendorf (1700-1760) em Herrnhut (1722) e os locais de reunião dos pietistas radicais separados da igreja nas imediações de Frankfurt e Berleburg constituíram os centros pietistas da pedagogia, da formação de pregadores, da difusão literária e da missão no mundo. As universidades de Giessen (a partir de 1688), de Halle (a partir de 1691-1694) e o capítulo (*Stift*) de Tübingen (a partir de 1688) eram núcleos do pensamento acadêmico pietista. A corrente pietista em Wurtemberg, com seus teólogos especulativos, tais como Albrecht Bengel (1687-1752) e Friedrich Christoph Oetinger (1702-1787), forma comunidades ativas até nossos dias. Retomando os pietistas tardios, tais como Johann Heinrich Jung-Stilling (1740-1817) e Johann Caspar Lavater (1741-1801), o neopietismo do "Avivamento" romântico e das igrejas livres evangélicas transformou o vigor revolucionário inicial em um conservadorismo.

O pietismo não só exerceu um efeito considerável sobre a igreja e a piedade, mas também abriu novas linhas na filosofia, na pedagogia, na medicina, na farmácia, na tecnologia, nas artes e na música, com destaque para o impulso dado à modernização literária na época de Rousseau e Goethe. Na literatura dos próprios pietistas, hesitantes em relação à ficção e à beleza sem função religiosa, predominaram, além de tratados parenéticos e traduções e comentários novos da Bíblia (a *Berleburger Bibel*, 1726-1742), o canto religioso (Gerhard Tersteegen [1697-1769]; Joachim Neander [1650-1680]) e (em uma proporção que ultrapassa a média das autoras) biografias exemplares (cf., p. ex., as compilações de Johann Heinrich REITZ, *Historie Der Wiedergebohrnen* [1698-1745/53], 4 vols., Tübingen, Niemeyer, 1982, ou Gottfried ARNOLD, *Das Leben der Gläubigen* [1701], Halle, Verlag des Waysen-Hauses, 1732). Porém, o novo significado de indivíduo, a intensificação da introspecção (diários, cartas), os argumentos e a linguagem da alma pietista desenvolveram em plenitude seu impulso literário na herança secularizada do pietismo desde o pré-romantismo — um renovo literário que ganhou expressão na sentimentalidade e no *Sturm und Drang* — até o idealismo e o romantismo.

Hans-Jürgen Schrader

▶ BRECHT, Martin et alii, org., *Geschichte des Pietismus*, 4 vols., Göttingen, Vandenhoeck & Ruprecht, 1993-2004; *Kleine Texte des Pietismus*, Leipzig, Evangelische Verlagsanstalt, 1999ss; LAGNY, Anne, org., *Les piétismes à l'âge classique. Crise, conversion, institutions*, Villeneuve-d'Ascq, Presses universitaires du Septentrion, 2001; *Pietismus und Neuzeit. Ein Jahrbuch zur Geschichte des neueren Protestantismus*, Göttingen, Vandenhoeck & Ruprecht, 1974ss; SCHICKETANZ, Peter, *Der Pietismus von 1675 bis 1800*, Leipzig, Evangelische Verlagsanstalt, 2001; SCHRADER, Hans-Jürgen, *Literaturproduktion und Büchermarkt des radikalen Pietismus. Johann Henrich Reitz' "Historie Der Wiedergebohrnen" ind ihr geschichtlicher Kontext*, Göttingen, Vandenhoeck & Ruprecht, 1989; WALLMANN, Johannes, *Der Pietismus* (1990), Göttingen, Vandenhoeck & Ruprecht, 2005.

○ Ação social; Arndt; Avivamento; Bengel; cântico; **ecologia**; **educação**; **espiritualidade**; Francke; Halle; Heim; Lavater; metodismo; Morávios (Irmãos); Mural; Oetinger; Poiret; puritanismo; quietismo; romantismo; **seitas**; Spener; Voetius; Zinzendorf

PILATTE, Léon Rémi (1822-1893)

Nascido em Vendôme e morto em Nice (?), casado em 1851 com Julia Whithmore (de Boston); de origem católica, Léon Pilatte se converteu ao protestantismo com a idade de 17 anos. Em 1842, entrou para a Casa das Missões, mas não pôde embarcar por problemas de saúde. Tornou-se, então, um evangelista. Ordenado em 1844, entrou em 1845 para o serviço da Sociedade Evangélica da França, trabalhando em Limoges, Angoulême e Sens. Revelou-se bastante ativo em relação tanto à controvérsia anticatólica quanto ao desenvolvimento das comunidades protestantes. Entre 1848 e 1850, tentou manter um trabalho de evangelização em Paris, em um bairro popular, mas teve de interrompê-lo por causa de aborrecimentos burocráticos (foram consideradas reprováveis suas opiniões políticas de esquerda e sua polêmica anticatólica). A Sociedade Evangélica decidiu enviá-lo aos Estados Unidos para coleta de fundos. Permaneceu dois anos no país e, de volta à França, recomeçou seu trabalho como evangelista na capital, ao mesmo tempo que passou a colaborar com *La presse* [A imprensa], de Émile de Girardin, e escrevendo artigos para *The Independent*, de Nova York, participando ativamente da campanha pela abolição da escravatura nos Estados Unidos. Mudou-se para *Côte d'Azur* por problemas de saúde, tornando-se pastor independente em Menton (1853) e Nice (1854-1875). Em 1869, fundou *L'Église libre* [A igreja livre], semanário religioso (pró-igrejas livres) e político (republicano), que dirigiu até sua morte. Em 1874, abriu uma escola de evangelistas independente das igrejas, com a ambição de ajudar todas elas; o estabelecimento permaneceu aberto até 1886. Também redigiu inúmeras brochuras de evangelização e controvérsia, como, por exemplo, *Du mariage des prêtres, réponse à une brochure intitulée "Du célibat ecclésiastique"* [Do casamento dos padres, resposta a uma brochura intitulada "Do celibato eclesiástico", Limoges, Ranson frères, 1846; *Sortez de Babylone! Appel à la population sénonaise* [Saí da Babilônia! Apelo à população de Sens], Paris, Impr. Ducloux, 1848, e muitos artigos para *L'Église libre*. De 1855 a 1860, organizou uma reimpressão das principais obras de Calvino.

André Encrevé

▶ PILATTE, Léon, *Oeuvres choisies*, Paris-Lausanne, Fischbacher-Grassart-Chastel-Bridel, 1894 (com uma introdução biográfica); MOURS, Samuel, *Un siècle d'évangélisation en France 1815-1914*, 2 vols., Flavion, Éditions de la librairie des éclaireurs unionistes, 1963-1964.

○ Anticatolicismo; escravidão; evangélicos; evangelização

PILGRIM FATHERS

No início do século XVII, o estabelecimento dos ingleses na Virgínia foi uma decisão basicamente econômica, liderada por homens de negócios. Porém, foram razões de consciência e busca de liberdade que comandaram a migração para a costa setentrional (Baía de Massachusetts). Os "pais peregrinos" que, em 1620, ergueram a colônia de Plymouth, não muito longe de *Cape Cod*, e os puritanos que fundaram em 1630, um pouco mais ao norte, a cidade de Boston partilhavam do mesmo projeto: propuseram-se a edificar a "Nova Inglaterra" em um território selvagem que o oceano isolava do controle da corte e dos prelados. Os "pais peregrinos" faziam parte da ala minoritária e separatista do movimento puritano. Considerando irreformável a Igreja Anglicana, eles buscaram refúgio nos Países Baixos, constituindo uma comunidade livre em Leiden, com John Robinson (?1575-1625) como pastor. Robinson não pôde unir-se ao grupo que decidiu atravessar o Atlântico a bordo do *Mayflower*. A aventura teve como um dos principais líderes William Bradford (1590-1657), que foi eleito governador da colônia em 1621 e, algum tempo depois, escreveu a história da região (*Histoire de la colonie de Plymouth. Chroniques du Nouveau Monde [1620-1647]* [História da colônia de Plymouth: crônicas do Novo Mundo, 1620-1647], Genebra, Labor et Fides, 2004). Em 11 de novembro de 1620, antes de desembarcar, 41 membros da expedição subscreveram um pacto instituindo um "corpo político e civil": o *Mayflower Compact* pode ser considerado o primeiro documento da democracia americana. O desenvolvimento de Massachusetts foi assegurado pela chegada de uma colônia de imigrantes, em 1630, que gozavam de importantes contribuições financeiras e políticas, lideradas por John Winthrop (1588-1649). Diferentemente dos "pais peregrinos", os puritanos de Boston mantiveram formalmente sua lealdade à Igreja da Inglaterra. Porém, organizaram a vida eclesiástica e civil da região de acordo com o formato congregacional que os peregrinos tinham instituído em Plymouth. Em oposição evidente às estruturas centralizadas e hierárquicas da metrópole, esse modelo de autogoverno marcaria profundamente a identidade da Nova Inglaterra.

Mario Miegge

▶ ANDREWS, Charles MacLean, *The Colonial Period of American History* (1934-1937), 4 vols., New Haven-Londres, Yale University Press-Milford, 1964; MARIENSTRAS, Élise, *Les mythes fondateurs de la nation américaine. Essai sur le discours idéologique aux États-Unis à l'époque de l'indépendance (1763-1800)* (1976), Bruxelas, Complexe, 1992; MILLER, Perry, *Errand into the Wilderness* (1956), New York, Harper and Row, 1964; Idem e JOHNSON, Thomas H., *The Puritans*, 2 vols., New York, Harper Torchbook, 1963.

● Aliança; anglicanismo; congregacionalismo; dissidente; Estados Unidos; Inglaterra; puritanismo; Williams, Roger; Winthrop

PLURALISMO

Trata-se de um fato empírico bastante amplo: diante da unicidade da Igreja Católoca Romana ou até da pluralidade regulamentada das igrejas ortodoxas, o protestantismo surgiu como um fenômeno religioso fragmentário e pululante, cujas fronteiras são difíceis de identificar. Esse aspecto parece limitado em locais onde o protestantismo se estabeleceu absorvendo sem muitos conflitos a herança do catolicismo (cf. os países escandinavos), mas surge em todo o seu esplendor nos demais casos, com duas variantes possíveis: uma igreja majoritária e diversas minorias (caso da Inglaterra) e uma multiplicidade de denominações cujo número vai aumentando (Estados Unidos).

O motivo principal para esse pluralismo deve ser buscado nas palavras de ordem "somente a Escritura" e "somente a fé", que relativizam toda a ordem hierárquica e tornam impossível, a partir da Reforma, uma unidade institucional protestante: o reconhecimento comum da autoridade soberana da Bíblia é acompanhada de leituras divergentes dos textos bíblicos sem autoridade que possa destrinchá-los em última instância e indicar, de modo infalível, a boa doutrina. Esse pluralismo desempenhou um papel essencial na construção histórica da modernidade, não impedindo, porém, a busca de uma unidade "comunial" por reconhecimento recíproco da validade cristã de outras interpretações além da própria. Isto é o que com frequência os teólogos protestantes que se engajam no ecumenismo buscam.

Jean Baubérot

▶ BAUBÉROT, Jean, *Histoire du protestantisme* (1987), Paris, PUF, 1998; DAVIE, Grace e HERVIEU-LÉGER, Danièle, orgs., *Identités religieuses en Europe*, Paris, La Découverte, 1996; WILLAIME, Jean-Paul, *La precarité protestante. Sociologie du protestantisme contemporain*, Genebra, Labor et Fides, 1992.

● **Autoridade**; democracia; **ecumenismo**; fé; **igreja**; laicidade; **modernidade**; **protestantismo**

POBREZA

Toda definição de pobreza encerra um componente normativo e representa uma aposta política, quando se coloca a questão quanto ao nível de vida mínimo a que os membros de uma sociedade podem aspirar. Os significados sociais da pobreza são o resultado de uma sedimentação histórica ao longo da qual se sucederam vários olhares e estratégias. Os historiadores costumam associar à tradição cristã duas representações contraditórias de pobreza. Primeira, uma glorificação da pobreza e uma imagem que atribui valor ao pobre, que encontra sua utilidade social como vetor de salvação dos ricos através da esmola. Segunda, a concepção da pobreza como um resultado do pecado, a punição de uma falta. O desenvolvimento dessa representação é favorecido por um contexto social em que o aumento do número de pobres foi percebido como uma ameaça.

O *éthos* do trabalho que se desenvolveu sob os efeitos conjugados do desenvolvimento do capitalismo e da difusão das ideias da Reforma serviu para legitimar uma distinção entre "bons" e "maus" pobres: sobre os "maus" recaía a suspeita de não querer trabalhar e de se comprazer na ociosidade.

O desenvolvimento da sociedade industrial fez com que surgisse a pobreza como um fenômeno cujas causas são estruturais (emprego, casa, educação etc.). Os sistemas de assistência estabelecidos pelo Estado social visam a minorar a exclusão social que lhe está associada, sem, no entanto, resolver a precariedade ("nova" pobreza) e a desigualdade na distribuição dos recursos.

Claude Bovay

▶ BIÉLER, André, *Chrétiens et socialistes avant Marx*, Genebra, Labor et Fides, 1982; GEREMEK, Bronislaw, *La potence ou la pitié. L'Europe et les pauvres du Moyen Âge à nos jours* (texto polonês inédito, 1978; ed. italiana de 1986), Paris, Gallimard, 1987; HAINARD, François et alii, *Avons-nous des pauvres? Enquête sur la précarité et la pauvreté dans le canton de Neuchâtel*, Neuchâtel, EDES, 1990; SASSIER, Philippe, *Du bon usage des pauvres. Histoire d'un thème politique (XVIe-XXe siècle)*, Paris, Fayard, 1990; *Crise, pauvreté développement social*, Parole et société 90/3-4, 1982; WEBER, Max, *L'éthique protestante et l'esprit du capitalisme* (1904-1905, 1920), *suivi d'autres essais*, Paris, Gallimard, 2003.

⦿ Ação social; **capitalismo**; cristianismo social/socialismo cristão; classes sociais; evangelho social; Missão Interior; operário (mundo); socialismo religioso

PODER

A Reforma contestou a concepção clerical do poder religioso ao afirmar o "sacerdócio universal" dos cristãos: todos os cristãos são igualmente sacerdotes. Para evitar o risco de um furor anárquico, o movimento organizou vários ministérios que são "funções" diferentes (e não "estados" específicos), sobretudo o ministério pastoral. A recusa quanto a atribuir ao pastor um poder sagrado ainda hoje é causa de uma divergência fundamental nos debates ecumênicos, ainda que cada uma das igrejas protestantes cultive sua própria concepção de ministério. Nas igrejas, a liderança é colegial, e os leigos desempenham no processo um papel importante. Assim, quando dos debates sobre a ordenação feminina na Igreja da Inglaterra, o voto decisivo foi o dos leigos no sínodo anglicano.

Essa forma de partilha do poder favoreceu principalmente os intelectuais, sobretudo os teólogos, tornando possível a promoção das classes médias e das mulheres. Está afinada com a noção de democracia que, historicamente, contribuiu para fazer surgir. Porém, o poder político também pode exercer alguma função (como na noção de "príncipe cristão" na obra de Lutero e na história do luteranismo), e as igrejas protestantes reproduzem com maior ou menor intensidade as desigualdades de poder que existem na sociedade. Nesse sentido, é interessante observar que o tema do poder teria um grande destaque na reflexão teológica afro-americana desde o início, como, por exemplo, na obra de James H. Cone.

Jean Baubérot

▶ BAUBÉROT, Jean, *Le pouvoir de contester. Contestations politico-religieuses autour de "mai 68" et le document "Église et pouvoirs"*, Genebra, Labor et Fides, 1983; CAMPICHE, Roland J. et alii, *L'exercice du pouvoir dans le protestantisme*, Genebra, Labor et Fides, 1990; CONE, James H., *Black Theology and Black Power* (1969), San Francisco, Harper and Row, 1989; WILLAIME, Jean-Paul, *La précarité protestante. Sociologie du protestantisme contemporain*, Genebra, Labor et Fides, 1992.

⦿ Absolutismo; **autoridade**; democracia; **igreja**; laico; **pastor**; **política**; presbítero-sinodal (sistema); resistência

POIRET, Pierre (1646-1719)

Poiret nasceu em Metz e morreu em Rijnsburg, perto de Leiden. Órfão, originário de um meio de artesãos, desde criança Poiret recebeu bolsas para uma escolarização bastante excepcional. Depois de estudar teologia em Basileia e em Heidelberg, trabalhou na região renana durante alguns anos como pastor, em igrejas huguenotes. Em seguida, passou a exercer o ministério pastoral somente através de sua pena. A profetisa católica Antoinette Bourignon de la Porte (1616-1680), de quem ele se tornou um filho espiritual, marcou profundamente tanto seu pensamento quanto sua espiritualidade. De início, foi um filósofo de linha cartesiana, autor de vários tratados latinos filosóficos e teológicos; depois, escreveu uma grande síntese ao mesmo tempo teórica e prática, *Oeconomie divine* (1687). Pouco a pouco, tornou-se um campeão da teologia mística, inspirando-se na mística renana e em certas teses de Antoinette Bourignon Jakob Böhme (1575-1624). Para seus correligionários, editou um grande número de obras de espiritualidade, além de antologias, às vezes acrescentando textos de sua lavra que foram bastante divulgados em traduções e inúmeras reedições. Poiret também editou uma adaptação da *Imitação de Cristo*, chamada por ele de *Kempis comum* (1683), com vistas a partilhar esse "tesouro comum" com os protestantes do Refúgio. Já com certa idade, foi ajudado por amigos para completar seu último esforço literário, a edição da coleção completa das obras de sua correspondente madame Guyon (1648-1717), assim como havia iniciado seu trabalho com a publicação da coleção de todas as obras de Antoinette Bourignon.

Em sua época, Poiret foi famoso e rejeitado. Suas posições irênicas e seu pioneirismo ecumênico o tornaram alvo das reprovações de Pierre Jurieu, com quem travou violentas disputas (*A paz das boas almas*, 1687); porém, recusou a oferta de Fénelon quanto a converter-se ao catolicismo. Defrontou-se com outros detratores, como Pierre Bayle (1647-1706), Jean Le Clerc (1657-1736) e Veit Ludwig von Seckendorf (1623-1692). No entanto, através da divulgação de seus textos, exerceu uma duradoura influência na espiritualidade de inúmeros protestantes do século XVIII, no pietismo que ficou conhecido como "quietismo" e até mesmo na pedagogia de John Wesley (1703-1791).

Marjolaine Chevallier

▶ POIRET, *La paix des bonnes âmes* (1687), Genebra, Droz, 1998; Idem, *Écrits sur la théologie mystique. Préface. Lettre. Catalogue* (1700), Grenoble, Jérôme Millon, 2005; AMADOU, Robert, *Un grand mystique protestant, Pierre Poiret*, BSHPF 99, 1950, p. 104-116; CHEVALLIER, Marjolaine, *Pierre Poiret* (*Bibliotheca Dissidentium* V), Baden-Baden, Koerner, 1985; Idem, *Pierre Poiret* (*1646-1719*). *Du protestantisme à la mystique*, Genebra, Labor et Fides, 1994; KRIEG, Gustav A., *Der mystiche Kreis. Wesen und Werden der Theologie Pierre Poirets*, Göttingen, Vandenhoeck & Ruprecht, 1979; MORI, Gianluca, *Tra Descartes e Bayle. Poiret e la Teodicea*, Bolonha, Il Mulino, 1990; WIESER, Peter Poiret. *Der Vater der romanischen Mystik in Deutschland*, Munique, Müller, 1932.

◉ Cartesianismo; **espiritualidade**; espiritualismo; pietismo; quietismo

POISSY (Colóquio de)

Após a criação das Igrejas Reformadas na França (Sínodo de Paris, 1559) e o fracasso da Conjuração de Amboise — complô que evidenciou o perigo que os Guise representavam para o jovem rei —, Catarina de Médicis convocou os Estados Gerais e a assembleia do clero. Em seguida, com o objetivo de buscar um consenso teológico, ela reuniu um colóquio em Poissy, em setembro de 1561. Teodoro de Beza liderou a delegação protestante do colóquio, enquanto o cardeal de Lorraine liderou a delegação católica. O acordo eucarístico com base na *Confissão de Augsburgo* não deu certo. No entanto, a regente manteve Beza na corte. Coligny, assegurando-a do apoio dos reformados franceses caso recebessem uma permissão para abrir templos, obteve de Catarina a assinatura de Edito de Janeiro, em 1562.

Hubert Bost

▶ DUFOUR, Alain, *Le Colloque de Poissy*, em *Mélanges d'histoire du XVIe siècle offerts à Henri Meylan*, Genebra, Droz, 1970, p. 127-137; NUGENT, Donald, *Ecumenism in the Age of the Reformation. The Colloquy of Poissy*, Cambridge, Harvard University Press, 1974; TURCHETTI, Mario, *Une question mal posée: la Confession d'Augsbourg, le cardinal de Lorraine et les Moyenneurs au Colloque de Poissy em 1561*, Zwingliana 20, 1993, p. 53-101.

◉ Beza; Coligny; França; irenismo; Vermigli

POLÍTICA

1. Introdução
2. O político e a política
   2.1. O sentido da vida política
   2.2. A ordem e a justiça
   2.3. Limites do Estado
   2.4. A paixão pelo poder e a ética da democracia
   2.5. A profissão política
   2.6. Políticas nacionais, globalização e cosmopolítica
3. Evangelho e política
   3.1. O poder entre crítica e celebração
   3.2. Uma nova aliança
   3.3. A doutrina dos dois reinos

3.4. A responsabilidade política da igreja
3.5. Sentidos e limites da política

1. Introdução

O século XX foi um século marcado pela política, com todas as promessas e todas as tragédias que tal perspectiva evoca. Horrores de guerras mundiais e conflitos étnicos de proporções até então nunca igualadas foram contrapostos, em um movimento incessante de vaivém, pela proclamação convicta dos direitos universais do homem e pela visão mais ampliada de uma comunidade internacional firmada em normas jurídicas, morais e políticas para fazer frente às piores injúrias e aos mais desumanos dilaceramentos. Em paralelo, nenhuma outra época apresentou uma reestruturação tão impressionante do campo religioso, tanto nas relações internas do cristianismo (ecumenismo) quanto no diálogo inter-religioso. É preciso perceber que ambos os movimentos — politização do mundo e deslocamentos religiosos — mantêm relações complexas entre si. Ciente das contradições tanto da rebelião guevarista quanto da política socialista, Régis Debray escreveu uma obra bastante esclarecedora, *Critque de la raison politique* [Crítica da razão política] (Paris, Gallimard, 1981), demonstrando de que maneira, na autonomização irracional dos poderes, é enunciado um "inconsciente religioso", um novo absoluto totalitário e mortífero, o da política sem controle e sem partilha, desconectada de toda dimensão ética. Ao mesmo tempo, o grupo "Socialismo ou barbárie", liderado por Claude Lefort, Cornelius Castoriadis e Edgar Morin, abandonando a ideologia marxista, denunciou o totalitarismo de uma política saturada de poder que não deixa espaço algum para um "centro vazio" (Lefort), condição *sine qua non* para uma vida democrática autêntica. Marcel Gauchet colocou em evidência a laqueadura entre religião e política, fazendo referência a uma "saída da religião" que não corresponda a uma absolutização da política (*Le désenchantement du monde* [O desencantamento do mundo], Paris, Gallimard, 1985). Com efeito, essa "história política da religião", subtítulo da obra de Gauchet, ao desenvolver as transformações modernas e pós-modernas da religião, retira do mundo institucional e político todo o direito de tutela sobre a posição subjetiva do indivíduo, espaço de uma incessante problematização. Já Gilles Kepel apresenta a hipótese de uma "revanche de Deus" (cf. sua obra de mesmo título, São Paulo, Siciliano, 1991), que passa pelos fundamentalismos próprios às três religiões monoteístas e conduz diretamente ao conceito das "políticas de Deus" (cf. seu livro de mesmo nome, Madri, Grupo Anaya & Mario Muchnik, 1995). Tal conceito implica que a descoberta do sentido, que se supõe fundar a justificação da política, também opera na religião.

Portanto, assistimos a um retorno espetacular dos supostos efeitos do processo de secularização: em vez de emancipar-se da tradição e da religião, a política, para constituir-se, volta a apelar para elas, seja para restaurar um sistema hierárquico, seja para fundar um sistema democrático.

Tratar de política ou do que é político em uma enciclopédia do protestantismo é questionar-se sobre os destinos cruzados e ambivalentes da religião e da política e ao mesmo tempo prestar atenção à sua configuração específica na experiência protestante. O modo com que a tradição reformada — sobretudo João Calvino, os monarcômacos, Hugo Grotius, Samuel Pufendorf e John Locke — deu continuidade e colorações diferentes à reflexão clássica inaugurada por Tomás de Aquino sobre os tipos de poder também desempenhou um papel considerável na moderna elaboração da democracia. Todavia, não podemos, aqui, sucumbir a efeitos deformantes: o pensamento político de Calvino apontava menos para uma autêntica democracia que para uma espécie de aristocratismo esclarecido. Nesse sentido, é importante evitar todo tipo de anacronismo, assim como qualquer chauvinismo protestante.

Para tal, é necessária a consciência quanto às especificidades que levaram o protestantismo a estabelecer com o campo político laços ao mesmo tempo subversivos e perversos, audaciosos e reacionários, libertadores e alienantes. A postura protestante acolhe a experiência política, em sua autonomia própria, como a expressão de uma atividade plenamente livre e plenamente responsável; ao mesmo tempo, o protestantismo trabalha para intensificar a positividade da política, sem, no entanto, jamais perder de vista o mal radical que pode corromper a legitimidade dessa área. Da mesma forma, em vez de lançar sobre a política um olhar puramente crítico ou utópico, o protestantismo histórico se compromete com ela séria e apaixonadamente, a ponto de, por vezes, sucumbir a seus ardores absolutos e a suas derivas totalitárias. É quando a mesma atitude que levava a uma vigilância permanente e até a uma desconfiança congênita quanto aos excessos do poder humano se volta para si mesma em uma rigidez perversa e em uma manipulação secretamente ímpia.

Assim, como assumir o fato contraditório, mas bastante real, de que a Reforma e o protestantismo — que foram primícias, de várias maneiras, da democracia e dos direitos humanos — tenham contribuído tanto para legitimar e estimular a exploração política e a alienação ética do ser humano? Além disso, como refletir sobre as associações entre a presença protestante e a área política mantendo em mente os exageros inaceitáveis de Lutero e Calvino, as perseguições políticas (e não somente religiosas) dos anabatistas e de dissidentes de toda sorte, os desmandos de Cromwell, o extremismo protestante em Ulster e a heresia protestante do racismo branco na África do Sul?

A recepção protestante contemporânea da herança calviniana e reformada atesta mais que nuances. Éric Fuchs privilegia a pertinência política e ética da moral calvinista, analisando as interações sistêmicas e críticas entre o teológico, o ético e o político (*La morale selon Calvin* [A moral segundo Calvino], Paris, Cerf, 1986), ao mesmo tempo que constata previamente os impasses do sistema e as armadilhas de uma coerência dogmática sem falhas. Porém, o leitor não pode impedir-se de pensar que as armadilhas às quais Calvino é exposto o tempo todo de fato não passam de possibilidades teóricas na própria obra de Calvino, e que são os herdeiros inconsistentes de Calvino que correm o risco de sucumbir a elas. A aposta de Fuchs permanece a de uma atualidade principial do modelo calviniano. As perversões que o ameaçam, no final das contas, seriam apenas acidentais. Do lado oposto, Jean Ansaldi não hesita em inserir de um modo fundamental e constitutivo o projeto geral de Calvino "no campo da perversão" (*L'articulation de la foi, de la théologie e des Écritures* [A articulação entre fé, teologia e Escrituras], Paris, Cerf, 1991, p. 107ss).

Essas considerações deveriam bastar para balizar a problemática exposta neste artigo: no cruzamento ineluctável entre a política e a religião, lugar tanto de legitimações bem-vindas quanto de perversões trágicas, o protestantismo se reconhece centralmente confrontado com o enigma mais intenso da história humana — o do mal radical e da violência, expressão última de uma visão antropológica marcada pelo selo do pecado. É necessário precisar que a questão não é somente a da luta entre o bom e o mau princípios (para retomar os termos de Kant em seu tratado sobre o mal radical, *A religião nos limites da simples razão* [1793], Rio de Janeiro, 70, 1992), nem mesmo a da vitória moral (afirmada pelo mesmo Kant), mas, sim, a de uma promessa e de uma esperança atreladas a uma redenção positiva. A crítica da política será tão severa quanto convicta for sua reabilitação, não só no nível local e nacional, mas também global. Somente então é que poderemos, talvez, apostar em uma resposta, a partir de uma ética cosmopolítica que se posicione diante das relações internacionais e dos conflitos geopolíticos, para a pergunta surpreendente e provocadora de um especialista em ciências políticas: "Será que o mundo vai se tornar protestante?" (Ariel Colonomos, *La morale dans les relations internationales* [A moral nas relações internacionais], Paris, Odile Jacob, 2005, p. 35). Em outros termos, será que o mundo, como cidade mundial, *cosmopolis*, chegará ao nível mais alto de uma ética plausível e crível?

2. O político e a política

2.1. O sentido da vida política

O termo "política" é polissêmico. No feminino, designa uma atividade a serviço da cidade. No masculino, designa tanto a essência ou a natureza do alcance dessa atividade quanto o homem, o cidadão, que adota tal atividade ou se dedica a ela. Há outra palavra que pode ser traduzida pelo termo no masculino, *politicien*, mas geralmente apresenta uma nuance pejorativa, e por isso só será empregado para designar uma patologia do *Homo politicus*. Esses três significados — a atividade, a essência da atividade e seu agente — estão tão imbricados que não poderemos tratá-los separadamente.

Só existe política em uma cidade, quaisquer que sejam suas dimensões. A cidade supõe a existência de uma comunidade humana cujos membros (indivíduos e grupos) desejam viver juntos e ter e criar uma história específica. Esse desejo está arraigado em um passado que é ao mesmo tempo histórico e mítico. Não há cidade sem tradição e sem respeito por essa tradição. Porém, também não há cidade sem um projeto para o futuro. Entre a tradição e o projeto para o futuro pode haver uma tensão; pode ocorrer que o projeto rompa com a tradição. Porém, ele jamais a varre totalmente. Chamamos revolução ao momento histórico que pode ser brutal ou estender-se no tempo, em que, entre tradição e projeto, a quebra é evidente. Um dos exemplos clássicos é a Revolução Francesa: não somente as instituições e a legislação foram completamente derrubadas, mas (e sem dúvida isto é o mais importante) os agentes sociais da revolução, na execução do rei Luís XVI, cumpriram o que a psicanálise chamaria de "assassinato do pai" — de fato, o rei, pai de seus súditos, era ao mesmo tempo o portador e o garantidor da tradição. No entanto, ainda que os contemporâneos tenham vivido a revolução como uma ruptura da antiga ordem, ao recuarmos no tempo, percebemos que ela não matou a tradição, mas, ao contrário, prosseguiu com um trabalho de unificação e centralização que já caracterizava a realeza há séculos (cf. Tocqueville). Continuidade e progresso, tradição e revolução, são as características da política.

A existência de uma comunidade de homens e mulheres decididos a viverem juntos não é a única condição para a política, mas, sim, a mais fundamental, que exige necessariamente uma segunda: a existência de um poder organizador que permita que essa vida comum não se desagregue. Se a primeira condição pode ser considerada horizontal, a segunda é vertical, pois se exerce de cima para baixo. Na época moderna, chamamos Estado a esse poder organizador. É preciso compreender que, se a dimensão horizontal que podemos chamar de nação é uma realidade concreta à qual é possível atribuir uma descrição sociológica e até psicológica (psicologia dos povos), o Estado não é uma comunidade concreta, mas um ser abstrato que só se torna visível em suas encarnações concretas: o governo, as autoridades regionais e locais, as várias formas de administração. Essas formas concretas podem ser transformadas, mas o Estado subsiste sob essas transformações. Seu desaparecimento é possível, mas somente durante um tempo bem curto: pode haver (embora os exemplos disso sejam raros) um período de anarquia no sentido específico da palavra. Porém, a anarquia se revela insuportável por privar os homens de pontos de referência, de critérios de ação, de segurança. Tal como a fênix, o Estado renasce das cinzas: atribui-se uma nova constituição, confia o exercício do poder a outros representantes e a outras forças sociais. Ao dizer "o Estado sou eu", Luís XIV se enganou absurdamente. Ele queria dizer, o que era mais ou menos exato, que concentrava todos os poderes. Porém, Luís XIV morreu, e o Estado não foi sepultado com ele.

O Estado só exerce poder dentro de limites territoriais precisos: em nossa época, esses limites muitas vezes são definidores de uma nação, eventualmente de um grupo de nações, às vezes de outros agrupamentos. Porém, não é de modo algum inconcebível o surgimento de formas de Estado supranacionais. Essas formas se tornaram conhecidas no passado quando, depois dos infortúnios da política e das guerras, nações concordantes ou não se reuniam sob a mesma autoridade estatal, como, por exemplo, o Estado austro-húngaro. Quando a consciência nacional foi reforçada, assistimos à queda de grandes impérios: a desarticulação da União Soviética é um exemplo recente bastante significativo. Porém, outra forma estatal supranacional é esboçada hoje. Por motivos econômicos, mas também políticos e culturais, os Estados-nações são levados a abandonar muito de sua soberania por aquilo que não é ainda um Estado, mas já apresenta algumas características de Estado; convém aqui citar a construção europeia, ainda que não tenha atingido o grau intermediário de federação de Estados. A Europa será um Estado, reunindo sob sua autoridade nações diversas que conservarão sua identidade e boa parte de sua soberania interna, no dia em que dispuser não somente de uma moeda e de uma defesa coordenada, mas elaborar uma política estrangeira comum, desenvolver uma legislação própria diretamente aplicável e der à cidadania europeia um valor pleno.

O debate está longe de uma conclusão entre os que sustentam uma identidade estatal nacional e os que advogam uma identidade estatal supranacional. Observamos aqui duas perspectivas diferentes que trazem uma contribuição para o debate. De um lado, um autor de inspiração protestante e ecologista como Denis de Rougemont empreendeu uma crítica radical da ideia do Estado-nação (*L'avenir est notre affaire* [O futuro é problema nosso], Paris, Stock, 1977), em nome de uma visão federalista e autogerida da democracia e da Europa, mas podemos temer que nisso haja uma utopia baseada, em última instância, na rejeição de todo tipo de organização política verdadeira e, portanto, do próprio Estado. De outro lado, o filósofo Jean-Marc Ferry (*Les puissances de l'expérience* [As potências da experiência], 2 vols., Paris, Cerf, 1991), nos passos de Jürgen Habermas, defendeu vigorosamente a ideia de uma identidade pós-nacional, baseada não mais em um sentimento nacional, mas em um patriotismo constitucional que garanta os fundamentos democráticos do estado de direito.

É possível que estejamos abandonando a era dos Estados-nações, que conheceu seu triunfo nos séculos XIX e XX, mas se trata de uma lenta transição, com uma resistência que brota do mais fundo das consciências nacionais. Sejam quais forem os contornos políticos e as fronteiras geopolíticas dos Estados de amanhã, o problema da legitimação dos Estados e da definição normativa de suas relações não poderia ser resolvido, mas continuará a determinar o desenvolvimento interior e exterior dos povos e a traçar o pano de fundo das relações internacionais e da paz mundial.

A vida política consiste em apropriar-se do poder e esforçar-se para mantê-lo. Existe a democracia onde a conquista e a manutenção do poder se baseiam em eleições livres organizadas periodicamente e com datas fixas. Não existe mais democracia quando o poder se mantém apenas com a existência de um partido único que é considerado o único legítimo e quando a consulta popular é metamorfoseada em um plebiscito de um homem, do grupo de homens e de forças sociais que o levaram ao poder. Enquanto tanto os antigos (sobretudo Platão) quanto os modernos (Montesquieu) podiam distinguir pelo menos quatro formas de regimes políticos, hoje não é mais possível, apesar da diversidade das constituições e das instituições, identificar qualquer outra coisa, a não ser a democracia e a ditadura. A ditadura tem seu ponto de apoio no exército e na polícia, mas, de modo mais discreto, também em certas forças econômicas dominantes.

A democracia tem como regra o respeito pela vontade da maioria dos cidadãos, uma vontade que é expressa nas eleições livres. O postulado implícito desse regime político é que a razão e a verdade estão do lado da maioria. É evidente que tal postulado é indemonstrável, ainda que acreditemos, com Descartes, que "o bom senso é o que existe de mais bem distribuído no mundo". Assim, é importante inserir várias correções no funcionamento do regime democrático. Em princípio, um parlamento eleito democraticamente não tem o poder de votar qualquer lei. É preciso que a lei esteja em conformidade com a Constituição, ou seja, com um conjunto de princípios que o povo atribuiu a si mesmo, certamente, mas com os quais também abdica parte de sua arbitrariedade ao longo da história. Da mesma forma, percebe-se em muitos Estados modernos a existência de uma corte institucional que se pronuncia de modo soberano sobre a constitucionalidade ou a inconstitucionalidade das leis votadas no parlamento. A eficácia dessa instância ainda é maior na medida em que se compõe de um pequeno número de homens e mulheres que já deram provas de imparcialidade e competência. Em nossas sociedades secularizadas, a Constituição desempenha um papel análogo ao que desempenhava o Decálogo para o povo de Israel ou o direito natural para a Europa cristianizada. Pois, contrariamente a uma interpretação estritamente laicista do processo de secularização e de transformação do direito positivo, deve-se admitir aqui a necessidade vital de uma referência suprapositiva, que possa legitimar um verdadeiro estado de direito e fundar uma possível resistência em relação a ele.

Há outras correções que podem e devem ser concebidas. Por exemplo, a das disposições que, em uma nação, protegem os direitos das minorias, ocasionais mas principalmente permanentes, minorias que não poderiam ser representadas de modo significativo no parlamento. São minorias étnicas ou religiosas que precisam ser protegidas para conservar sua identidade ou minorias políticas vencidas em uma eleição, mas que mantêm chances futuras para chegar novamente ao poder. Os politólogos podem defender de modo legítimo a tese de que, em um parlamento democrático, não é bom que haja uma maioria esmagadora que faça leis sem consideração pelas minorias. Mas aqui nós entramos na categoria do desejável, que não pode ser determinado por disposições legais. É desejável que uma maioria esmagadora que saiu vencedora das urnas saiba dominar sua vitória e suscite uma oposição que se constitua como um contrapoder.

Até agora, examinamos o único caso em que, por meio de eleição, os cidadãos designam seus representantes, ou seja, o caso da democracia parlamentar ou indireta. De modo geral, esse é o sistema adotado pelas grandes nações, principalmente quando não têm estrutura federal, enquanto os países menores, como a Suíça, podem recorrer — seja para um cantão, seja para todos os cantões — à democracia direta, que ainda é chamada de referendo popular. Esse sistema apresenta a vantagem da participação pessoal de todos os cidadãos na formação da lei, pois pode haver rapidamente uma distância entre os representantes da população e seus eleitores. Isso gera diversas tentativas para aumentar as oportunidades possíveis para o referendo e, às vezes, para abrir aos cidadãos simples, tendo reunido um número suficiente de assinaturas, a possibilidade de obter um referendo. Porém, é evidente que o manejo dessa arma é delicado: para que o referendo tenha valor político, é preciso que a questão levantada seja de tal clareza e de tal simplicidade que não haja na mente dos cidadãos nenhuma ambiguidade possível.

Por seus laços cada vez mais fortes com a economia e, por extensão, com o progresso tecnológico e científico, a política deixou de ser somente uma simples questão de bom senso, ainda que sempre o requeira. Sua própria complexidade pede que seja o tempo todo explicada, o que aponta para um dos problemas do Estado moderno, o da comunicação, como testemunha o surgimento relativamente recente de ministérios da informação e da comunicação. A imprensa escrita, cujo papel não podemos subestimar, não é mais a primeira fonte de informação, mas tem sido substituída pelos meios audiovisuais que trazem a ouvintes e telespectadores um volume quase excessivo de informações imediatas sobre os acontecimentos próximos ou longínquos. Embora necessariamente atrasados em relação ao audiovisual, o jornal, o semanário e as revistas se tornam indispensáveis como portadores de comentários, explicações e visões em perspectiva dos acontecimentos. Todos esses meios de informação — sem os quais haveria a desmobilização e a despolitização da opinião — apresentam, de acordo com cada época e cada regime político, um risco mais ou menos acentuado, mas jamais ausente, de falta de imparcialidade, que não pode ser ignorado nem totalmente suprimido, pois não há política sem paixão. Sem dúvida, a paixão pode ser comedida, refreada e cerceada pela reflexão, mas nunca é reduzida a zero. A despolitização é sinal de uma sociedade que está entediada, talvez em razão de um conforto extremo. Porém, tanto Saint-Simon (1760-1825) quanto Cournot (1801-1877) se enganaram ao profetizar um reino dos "industriais" — hoje, diríamos, "tecnocratas" e "empresários". Cournot atribuiu à sua própria doutrina um julgamento crítico que a condena: ele anunciou o fim da história, que é também o fim de toda paixão, inclusive a paixão, tão importante na política, da esperança quanto aos novos tempos ou a um novo reconhecimento histórico. Por isso, não é raro que os *politiciens* prometam a felicidade: claro, trata-se de uma promessa enganosa, mas significativa.

2.2. A ordem e a justiça

Qual o alvo da política? A multiplicidade de seus objetivos, necessários de acordo com as circunstâncias e o estado da sociedade, não pode ocultar o fato de que o objetivo da política é duplo: ordem e justiça. Aqui, chegamos a uma diferença importante entre a política e a ética, pois a ética coloca a justiça acima da ordem. Porém, aquele que exerce verdadeiramente o poder político, aquele que chamamos de homem de Estado, ainda que seja levado ao poder através de uma revolução, sabe que não há ação possível sem uma ordem prévia. A ordem designa um estado social em que a sobrevivência de todos os indivíduos e grupos sociais está assegurada, em que cada um cumpre de modo consciencioso sua função, em que todos os empreendimentos obedecem a leis. A ordem se caracteriza pelo equilíbrio entre as diversas forças sociais que conseguiram conviver em uma relativa paz. Não há ordem revolucionária, e a ideia de uma revolução permanente, por mais generosa que seja, é sempre uma ilusão. Não esqueçamos que as revoluções só se iniciam em meio à desordem, onde reinam a confusão de poderes, os desmandos do Executivo sobre o Legislativo (ou, mais raramente, o inverso) e as desigualdades sociais.

Nos diversos exemplos que evocamos aqui, surge com clareza a necessária superação da ordem: essa superação é a justiça. A ordem, sobretudo quando surge como uma desordem resolvida, sempre implica o recurso a algum tipo de violência, uma violência política, econômica, militar, ideológica. Ora, não há violência que seja inocente. Toda ordem comporta uma dimensão repressora. A famosa frase "A ordem reina em Varsóvia" não deve ser generalizada. Nem toda ordem é estabelecida na paz dos cemitérios; no entanto, os que sustentam a ordem estabelecida tendem a torná-la um absoluto, camuflando os problemas não resolvidos, bem como os privilégios que mantêm. É preciso atingir uma ordem justa, simbolizada pela igualdade nas oportunidades, pela redução dos privilégios injustificados, pela redução constante do número dos que foram abandonados em razão da evolução tecnológica. A terceira revolução industrial — a da eletrônica, da informática, da robótica — multiplicou o número desses abandonados, ou seja, de desempregados. É possível que daqui a algum tempo essa evolução tecnológica crie novos empregos. Porém, mesmo que o desemprego fosse substancialmente reduzido, seria necessário criar uma política social que permitisse que os desempregados levassem uma existência decente, sem o sentimento de inutilidade social.

Com base em uma ordem que não poderia ser definitiva, a política busca edificar a justiça e criar, acima de todos os arbitrários, um estado de direito que tem esse nome por respeitar os direitos humanos, que são os mesmos para todos os cidadãos, sem distinção. Quando os cidadãos são agrupados em categorias que não mais gozam dos mesmos direitos, não há mais estado de direito. Em uma nação que não é homogênea, onde não foi realizada a integração de todos os grupos étnicos, o estado de direito dificilmente pode realizar-se. Se um grupo étnico é mais numeroso ou detém o poder, os demais grupos étnicos não gozam das mesmas prerrogativas. Esse é o drama que se desenrola hoje na maior parte dos Estados africanos. A desigualdade entre os grupos étnicos geralmente se traduz em guerras inexpiáveis.

A verdadeira justiça política deve abstrair todas as diferenças entre os indivíduos (ainda que eles sejam *naturalmente* desiguais), assim como todas as particularidades étnicas ou religiosas. De acordo com a perspectiva protestante, a independência das religiões em relação ao Estado é um elemento necessário para a constituição do estado de direito. Na ordem política, a característica específica da justiça é a sua universalidade. O direito, em seus princípios, não apresenta exceções sob a forma de privilégios. Na ordem ética das relações interpessoais, é preciso, sem jamais ferir a justiça, ir além de sua universalidade para dar conta da singularidade das pessoas, das situações e das histórias pessoais. O reconhecimento da singularidade pessoal faz parte do amor e, se o amor pode inspirar os agentes políticos, não constitui uma norma da política.

À ordem e à justiça, aspectos fundamentais de uma política digna desse nome, às vezes acrescentamos o progresso. No entanto, o progresso está mais correlacionado à atividade cultural, científica e econômica dos cidadãos que ao Estado em si. O exemplo mais elementar desse fato é a ciência, à qual devemos os avanços mais importantes em diversas áreas, como saúde, higiene, longevidade, queda na mortalidade infantil etc. Esses avanços estão associados diretamente à inteligência e à dedicação dos pesquisadores. Porém, se o Estado não é o autor dessas evoluções, pode favorecê-la por sua ação, colocando à disposição dos cientistas os meios necessários para suas pesquisas e, evidentemente, não interrompendo a pesquisa científica em nome de uma ideologia oficial, como ocorreu no stalinismo. Em outras palavras, o Estado adota uma política científica, mas não produz ciência.

Da mesma forma, o Estado não é criador de cultura, mas a recebe do trabalho e da história da nação. Assim, precisa respeitar a cultura em todos os seus elementos, além de, com a criação de instituições dotadas de meios financeiros, favorecer sua conservação e seu desenvolvimento. Em toda cultura há, evidentemente, elementos mortos ou caducos. É preciso reconhecer no Estado o direito de discernir entre o que está morto e o que ainda vive, mas ele não pode decidir isso sozinho, sem aconselhar-se com homens e mulheres competentes (comunidade científica, academias artísticas, autoridades religiosas) e independentes dele.

O mesmo que foi dito da cultura e da ciência pode ser aplicado à felicidade. Pode ocorrer que homens ou partidos políticos prometam modificar as instituições e a legislação para proporcionarem felicidade a todos. Essas propostas não são apenas ingênuas, mas são claramente mentirosas, pois ninguém pode produzir a nossa felicidade além de nós mesmos. Tudo o que se pode esperar da política e, por extensão, do Estado, é certo número de condições e certo número de estruturas que não tornem impossível a felicidade. A abolição da escravatura, do trabalho forçado, da miséria e do desemprego e a estruturação da segurança são exemplos de medidas que tornam a felicidade possível, na medida em que a queremos e não nos enganamos quanto à determinação de sua natureza.

2.3. Limites do Estado

Tudo o que afirmamos sobre o papel do Estado e o alvo da política pressupõe que o Estado não professa nenhuma ideologia específica e que a política se mantenha nos limites que lhe são próprios — que nem o Estado nem a política exerçam ingerência sobre as escolhas fundamentais (sobretudo as religiosas) que somente pertencem ao âmbito da consciência humana. Não declararemos com Karl Barth que o Estado é espiritualmente cego, pois essa cegueira conhece limites: não podemos recusar ao Estado e à política o direito e o dever de exercer certo discernimento moral. Porém, a determinação do que é o bem e do que é o mal, no nível político, não apresenta um caráter absoluto: ambos são compreendidos em função daquilo que é preciso chamar (ainda que o conteúdo desse conceito seja teologicamente criticável) direito natural, ou o conjunto dos valores comumente admitidos. Também convém reconhecer que o respeito ao direito natural apresenta problemas difíceis: em certas civilizações africanas, a prática da excisão das meninas e até das mocinhas é considerada uma tradição que deve ser respeitada e que confere ao sexo feminino sua dignidade. Ora, quando vêm para a Europa, as famílias africanas acreditam que devem exercer em plena liberdade essa prática mutiladora que nós julgamos monstruosa. Problemas análogos se apresentam em relação à poligamia. Assim, a política se vê confrontada com problemas éticos e, para a solução desses problemas, em casos particulares, é levada a declarar a superioridade de uma cultura e uma tradição sobre outras. Trata-se de uma situação delicada para o Estado e a política que, se não se mostrarem atentos o suficiente, correm o risco de compactuar com o racismo. A política, portanto, é confrontada com a necessidade de andar em cima de uma linha divisória bastante estreita.

De um modo lento, mas progressivo, há cerca de dois séculos, o Estado e a política no mundo ocidental foram levados a uma separação de todo tipo de influência religiosa, de todo controle eclesiástico, em um processo que recebeu o nome de laicização. A laicidade pode ser definida como a distinção que se estabelece entre a vida civil e a vida religiosa: a cidadania é independente da prática de uma religião. É preciso reconhecer de um modo honesto que o que tornou possível e acelerou esse processo foi o fato de que boa parte da população se afastou de uma religião (no mundo ocidental, o cristianismo, em suas várias denominações). No entanto, também é preciso reconhecer que o próprio cristianismo, principalmente sob sua forma protestante, é favorável a uma independência da igreja em relação ao poder político ou ideológico: o preço disso foi a liberdade para a pregação da Palavra. Desde a Reforma (e mais particularmente na obra de Lutero), a doutrina dos dois reinos, na cultura europeia do século XVI, expressou uma primeira forma de laicidade.

Já assinalamos várias vezes os pontos de contato e as diferenças entre política e moral. Será que a política tem valores que lhe são específicos, distintos dos valores éticos, sem, no entanto, perder o significado ético? Não podemos suprimir a questão com a ideia de que o político deve ter todas as qualidades de um homem honesto: a bondade, a honestidade, a lealdade etc. Evidentemente, essas são qualidades que o político deve cultivar; porém, não podemos esquecer as condições e o contexto institucional em que o político exerce sua função. A política é uma luta pela conquista do poder e por sua conservação. Ora, nenhum poder tem um caráter tão geral quanto o poder político, na medida em que diz respeito a todos os aspectos da existência humana e dá forma ao futuro dos homens. Ter poder é ter o sentimento de "fazer a história". É evidente que há algo ilusório nessa convicção, já que cientistas, artistas, engenheiros, operários e camponeses também fazem a história. Óbvio! Com nossas escolhas políticas, moldamos o futuro não só de nossa geração, mas das gerações seguintes. Imaginamos que, para o político, existe algo de inebriante no pensamento de que ele está fazendo história. É por isso que há uma paixão política específica, a paixão do poder.

2.4. A paixão pelo poder e a ética da democracia

Se a política é uma luta pela conquista do poder, o político, com os partidos, encontrará obstáculos em outros que, por suas escolhas, também desejam conquistar e conservar o poder. Por muito tempo, a política foi uma espécie de guerra, e o campo político, um campo de batalha. Ainda que haja exceções, com mortos e feridos, as democracias conseguiram civilizar a política. O combate político adotou as armas da palavra, uma palavra que pretende tanto persuadir quanto desqualificar o adversário. Se muitos cristãos tendem a abster-se da política ou a votar naqueles que consideram, talvez erradamente, os mais equilibrados, é justamente porque têm consciência do caráter agonístico da política: não se faz política sem adversários e sem combatê-los. Nessa luta, uma virtude ética deve se impor: em primeiro lugar, deve-se abster de golpes baixos, de desacreditar o adversário de modo pessoal, em sua vida íntima, atendo-se somente ao caráter contestável de suas ideias e dos interesses que defende. Falamos aqui de ideias e interesses porque é próprio à vida política que se busque o triunfo de ideias que representam os interesses de um grupo social, de uma classe social. Desmascarar os interesses mais ou menos confessos que se ocultam por trás das ideias pode ser uma obrigação ética do combate político. Mas, para isso, não é preciso aderir à tese de Karl Marx, para quem as ideias sempre são superestruturas de interesses de classe: uma ideia pode valer por si mesma, ainda que favoreça ou pareça favorecer certo grupo social. O perigo ético que espreita o político em sua luta pela conquista do poder é transformar o adversário em inimigo, ou seja, transformar a diferença legítima em motivo para ódio. Concretamente, essa máxima significa que o político buscará reconhecer o que pode haver de legítimo e respeitável na pessoa e no comportamento de seu adversário. Isso também significa que o homem não será confundido com a doutrina. Assim, a conquista do poder não se deve tornar um fim em si mesma. Se deter o poder pode constituir uma satisfação pessoal, a satisfação pessoal jamais poderá justificar sozinha a tomada do poder. O poder se destina à realização, no mínimo parcial, dos fins da política. A maior tentação em que pode cair o político é esquecer seus projetos em nome de sua preocupação quanto a manter o poder, ou confundir a causa pela qual ele foi eleito com seu próprio poder.

No entanto, não podemos construir a imagem do político como um personagem que se mantém firme e rígido em posturas sempre fixas. Saint-Just (1767-1794) não é um modelo de político. Existe uma intransigência política culpabilizável. Uma das virtudes específicas do político — e, de modo mais amplo, da atividade política como tal — é seu oposto, o espírito diplomático. À primeira vista, o termo parece suspeito; no entanto, trata-se de uma virtude: a diplomacia é não apenas o método que permite uma decisão, mas também um sinal do desejo de não esmagar o outro que pensa diferente. Chegar a um acordo é atribuir ao outro inteligência e boa-fé. Ninguém pode vangloriar-se de ser o único a ter a verdade. Sem o espírito diplomático, o político e a política se tornam doutrinários.

Há acordo em vários níveis. Primeiro, entre o projeto político e a realidade: os fatos são teimosos, e é preciso dar conta deles. A lei que em vários países autorizou, sob determinadas condições e em certos casos, a interrupção voluntária da gravidez, é um meio-termo entre um ideal altamente respeitável, o respeito pela vida humana e o fato social do recurso a um aborto selvagem de consequências catastróficas. Também há acordo entre o projeto político e a opinião pública: é evidente que, para lutar contra o câncer de pulmão, seria desejável proibir totalmente o fumo, mas parte da opinião pública se revoltaria contra essa proibição e conseguiria desafiá-la (como ocorreu nos Estados Unidos). Assim, o legislador deve recorrer a medidas de meio-termo: proibição de propaganda de cigarros, proibição de fumar em locais públicos etc. O sentido do acordo, aqui, é pedagógico: espera-se que essas medidas freiem o consumo e diminuam a "necessidade" de fumar.

É raro, e sem dúvida nada desejável, que, em um país, um só partido político detenha nas mãos uma maioria absoluta que lhe permita impor suas decisões sem obstáculos. Quando esse não é o caso, o governo é o resultado de uma coalizão de partidos mais ou menos próximos; porém, tal coalizão só é possível se os diversos partidos fizerem concessões. Até mesmo dentro do governo haverá naturalmente oposições e confrontos, que geram a necessidade de uma arbitragem que justamente, na maioria dos casos, será um acordo entre as teses ou os interesses que se opõem. Por fim, campanhas eleitorais podem exacerbar as hostilidades: quando isso ocorre, é necessário que se retorne a períodos anteriores de relações menos conflituosas e mais objetivas. Nesse caso, também são necessários os acordos, que demonstrarão uma estima recíproca que se projeta acima das divisões.

Se a busca pelo acordo é uma virtude política, também não deixa de apresentar riscos éticos dos quais o político deve estar consciente. Sobretudo, ele deve saber discernir os limites do meio-termo. Nem tudo será negociável. Chegará um momento em que o acordo significará covardia, infidelidade às convicções íntimas e, no mínimo, falta de caráter. Em cada caso concreto, o político deverá se questionar: até onde posso ir sem trair a causa que defendo, minha honra e a confiança dos meus eleitores? Da mesma forma, a virtude do espírito diplomático deve ser confrontada com outra virtude, não especificamente política, mas que desempenha na política um papel decisivo: a coerência. Nenhuma doutrina política pode pretender a verdade absoluta. É preciso considerar a evolução socioeconômica e os "efeitos perversos" e muitas vezes imprevisíveis da aplicação da doutrina. O político não deve ser sectário nem dogmático, mas dele se exige certa coerência em suas decisões, pois é evidente que, se nos desviamos demais da linha que propomos e tomamos medidas contraditórias, o resultado será somente a desorganização. Apesar de todos os seus defeitos, a ideologia política pode ser benéfica na medida em que mantém a coerência em suas ações.

Além disso, o político é um homem que não age ao sabor do momento, e assim ele não se preocupa tanto com as satisfações que deve dar às reivindicações recentes, quer de determinado grupo social, quer de toda a coletividade. Ele deve pensar no longo prazo, prevendo as consequências para as futuras gerações — sem, no entanto, tal como Hans Jonas, priorizá-las de modo absoluto a ponto de mostrar-se injusto com a geração presente. A tarefa é difícil: de um lado, ele deve realizar investimentos que gerarão poucos benefícios para a geração contemporânea; de outro, deve tomar cuidado para que a dívida pública não cresça de modo a pesar demais para as gerações por vir. Assim, ele não pode manter uma política de curta visão que satisfaça aos eleitores atuais, mas cujas consequências serão inutilmente onerosas ou prejudiciais para uma ou duas gerações. Certamente é necessário encontrar novas fontes de energia que sejam baratas, e, assim, é normal que os Estados construam usinas termonucleares. Porém, será que os homens de Estado podem ter certeza de que serão aplicados os meios necessários para que essas usinas já gastas não ofereçam o perigo de poluição nuclear para as gerações futuras? Esse exemplo mostra que o político digno desse nome vive constantemente sob tensão entre as exigências do presente e a salvaguarda do futuro: uma situação pouco confortável, mas que aproxima a política da ética.

2.5. A profissão política

A política é ou tende a tornar-se uma profissão? Adere-se à política como se adere à religião? Em todas as épocas, principalmente nas classes burguesas (já que as classes operárias tendem para o sindicalismo), houve dinastias políticas, o filho que se torna candidato às funções políticas do pai, quando o pai estima que já chegou a idade (geralmente bastante avançada) da aposentadoria. Esse fato ainda pode ser constatado em nossos dias, mas está longe de ser comum, primeiro porque os filhos não terão obrigatoriamente a mesma visão política dos pais, e segundo porque, como os problemas políticos não mais são problemas de bom senso, mas problemas complexos, a competência se tornou uma qualidade essencial para o candidato. Por isso, constata-se com mais frequência que os políticos se originam de meios profissionais que exigiam deles competência em pelo menos um dos setores políticos. Assim, entre os eleitos, geralmente estão professores, advogados, médicos, empresários e homens que ocuparam altos cargos administrativos. Muitos excelentes prefeitos de pequenas comunidades não ultrapassarão o nível local. Por outro lado, homens que já deram provas de sua competência cumprirão carreiras políticas por trinta anos ou mais, constituindo o que chamamos "classe política". Ainda que essa classe implique um conteúdo variável, sobretudo por causa da imprevisibilidade do encerramento dos mandatos, não constitui menos um sinal de profissionalização da função política. No entanto, a profissão não se aprende em escolas particulares, mas com a mão na massa.

Além disso, a profissionalização política nunca é plena, pois o político pode perder o mandato por causa das mudanças da opinião pública. Portanto, é importante que o político tenha outra formação profissional e que não perca contato com sua profissão anterior, sem a qual ele será tentado a agarrar-se a seus mandatos políticos de todos os jeitos, inclusive os mais duvidosos. Some-se a isso que, com exceção do frenesi suscitado por alguns políticos de grande envergadura, a opinião pública só devota uma consideração medíocre pelo político — o que não significa que se deixará de recorrer a ele para apressar um processo ou obter um favor ou um privilégio. De um lado, considera-se que o político é um arrivista, um corrupto; de outro, recorre-se a ele. Essa situação é perversa: não é verdade que todos os políticos sejam corruptos e compráveis, e também não é bom que precisem defender casos privados.

Os partidos políticos também podem contribuir para a formação dos futuros políticos? Nossa resposta não é unívoca. Se é verdade que muitos homens que entram para a política foram, em primeiro lugar, militantes de partidos políticos e se formaram nessa função, não menos verdadeiro é o fato de que essa formação é de caráter partidário. Os partidos comunistas são um exemplo particular, pois aprenderam a arte de inculcar em seus militantes verdadeiros catecismos, com respostas para todos os grandes problemas do momento. A função primordial dos partidos políticos é estruturar a opinião pública, mas, ao fazê-lo, eles oferecem aos militantes uma formação que inclui ao mesmo tempo elementos utópicos e passionais de um lado e dados racionais e científicos de outro. Apesar dessa inevitável ambiguidade, a existência de partidos políticos, e sobretudo sua pluralidade, é uma garantia de liberdade. A democracia morre com o partido único.

No nível legislativo, a tarefa mais importante do deputado é votar leis com base em um estudo sério, nas comissões competentes, e, através do Poder Executivo, supervisionar a aplicação dessas leis. O Poder Executivo, que tem cada vez mais a iniciativa de propor leis, o que supõe estudos complexos, deve dedicar-se à defesa desses projetos de lei, e, se eles são votados, a executá-los. E, quando evocamos o Executivo e seus poderes, é impossível não dar-se conta de outro poder, mais anônimo, porém grande: a administração. Sem ela, o ministro é incapaz de cumprir seu cargo, pois a administração é composta de especialistas de alto nível que têm um conhecimento aprofundado dos documentos e que, a partir desse conhecimento e também da experiência, sabem o que é possível e o que não é. Ora, se os governos passam, a administração permanece. Disso decorre seu grande poder nos Estados modernos, o que também gera certos conflitos entre políticos e administradores.

Todas essas observações servem para evidenciar a complexidade da função política, a necessidade de seu aprendizado e certa profissionalização. Aqui temos uma nova diferença entre vida política e vida moral: há profissionais da vida política, mas não há nem pode haver profissionais da vida moral.

No entanto, não podemos enfatizar essa distância entre política e moral sem lembrar também o que ambas têm em comum, ou seja, o uso da palavra como meio de ação. Como demonstra Jürgen Habermas, a política é paralela a uma ética da discussão democrática: é o melhor argumento que aponta para seus direitos, e não a força, nem o prestígio. Não há político nem política que prescinda das diversas modalidades da palavra: a discussão, a promessa, a reflexão, a persuasão. A política, idealmente, se vale de uma atmosfera de confiança, instaurada por uma promessa sincera, ainda que, na realidade, as promessas surjam como estratégias eleitorais sem conteúdo e sem compromisso verdadeiro. A política é reflexão, ou seja, um exame crítico do estado das coisas e uma antecipação corajosa de uma mudança. Por fim, a política persuade pela palavra dos políticos. É verdade que essa persuasão pela palavra precisa ser acompanhada de resultados positivos, reconhecidos como tais. Porém, é a palavra que diz o sucesso ou o fracasso, e que deve dizê-lo, pois tudo é passível de discussão. Da mesma forma, a moral busca persuadir o homem a conduzir sua vida de acordo com certa direção. Assim como ocorre com a palavra política, a palavra moral não tem garantia de que será recebida, mas pode tornar-se palavra crítica, palavra que julga, absolve ou condena.

Podemos resumir a dimensão ética da ação política retomando, para nuançá-la, a distinção clássica estabelecida em 1919 por Max Weber entre a ética de convicção e a ética de responsabilidade. De início, a ética de convicção não está correlacionada somente a uma postura ingênua ou idealista, mas de fato, se pensamos bem, constitui o pano de fundo ineluctável de toda responsabilidade. Por isso insistimos tanto nas virtudes do político, virtudes que se apoiam, em última instância, na solidez e na retidão da convicção. Porém, também não podemos restringir a ética política ao engajamento ético do político individual. A ética política também deve levar em consideração a espessura e a complexidade, frequentemente ambíguas, das mediações do político como tal: organização, ordem, força, administração etc. Uma verdadeira ética de responsabilidade não significa a capitulação um tanto cínica diante do mundo das pressões, assim como também não representa a negação das convicções sinceras. Pelo contrário, essa ética deve ser compreendida como a realização responsável das convicções em meio a um real que resiste a elas. Aqui encontramos a tensão constitutiva de toda ética social e política, uma tensão que, de acordo com o teólogo zuriquense Arthur Rich, surgiu do choque entre dois imperativos morais: de um lado, o dever de fazer justiça ao ser humano e, de outro, o dever de respeitar os limites do real.

2.6. Políticas nacionais, globalização e cosmopolítica

Hoje, a política não mais se limita somente às questões nacionais ou regionais, mas também diz respeito a realidades mundiais e internacionais. A globalização, que às vezes chamamos de mundialização, é alvo de apreciações bastante contraditórias: de um lado, pode-se enxergar nela uma chance para uma visão mais ampla, internacional, planetária e cosmopolita, das realidades políticas, com tudo o que implicam quanto a exigências éticas de justiça, desenvolvimento sustentável e partilha fraterna; por outro lado, inúmeras vozes se fazem ouvir, sobretudo a dos altermundialistas, para denunciar a multiplicação das injustiças e desigualdades que, paradoxalmente, parece ser de responsabilidade da globalização.

O debate certamente se torna mais complexo quando pensamos na recorrente dificuldade que é constituir e propor uma ética planetária realmente universal. O projeto de um *éthos* planetário (Hans Küng) é generoso e legítimo em seus objetivos, mas se choca com evidentes resistências empíricas, culturais e políticas. Quanto à teoria ética, dois modelos-tipo ideais competem entre si: o do liberalismo político, de um lado, e o do comunitarismo, de outro. Os partidários do liberalismo político — John Rawls, mas também Jürgen Habermas, à sua maneira — postulam e sustentam uma visão universalista da ética, enquanto os comunitarianos, quer progressistas (Michael Walzer, Charles Taylor), quer conservadores (Alasdair MacIntyre), tendem a pensar o sujeito moral e político — o cidadão — como um sujeito que se insere em uma comunidade ou uma tradição. A evolução de Rawls mostrou quanto esse tipo de posição pode tornar-se simplista e injusta. De fato, é necessário um esforço para pensar a universalidade da ética, dos direitos humanos e finalmente do político como uma universalidade concreta, que leve sempre em consideração as inserções culturais, sociais e étnicas particulares de indivíduos e grupos. No mesmo sentido, a cosmopolítica, inspirada pelos textos políticos de Kant, não pode contentar-se hoje com a concha vazia de um ideal abstrato, acima das realidades nacionais. Superar a noção de Estado-nação, um processo herdado do século XIX cujos efeitos catastróficos foram as guerras regionais e mundiais testemunhadas até hoje, não significa instaurar um governo transnacional (europeu ou mundial) que oblitere a realidade histórica e política dos povos e dos países existentes e que estão surgindo. Em vez disso, trata-se de fundar e realizar um pacto democrático internacional que reconheça, una e integre as diferenças nacionais e regionais em uma convivência pacífica, com base no respeito aos direitos humanos e no direito internacional. O debate sobre a guerra do Iraque em 2003 demonstrou a necessidade de um consenso internacional forte calcado no direito internacional e na comunidade das nações contra os perigos de desvios nacionalistas e imperialistas.

A solução para as tensões entre os modelos liberais e comunitários exige uma visão inovadora e audaciosa da convivência, comparável, no nível nacional, à integração republicana dos diversos modos de vida e convicções, no sentido de uma laicidade aberta, e não ideológica nem dogmática, incapaz de assumir a complexidade das tradições e das crenças individuais e comunitárias.

3. Evangelho e política

Definir a política e sua função quanto à sua natureza e seus limites não equivaleria a responder à pergunta quanto à atitude do cristão em relação à política? Essa questão se afigura ainda mais difícil na medida em que a Bíblia não fornece indicações diretas e imediatamente aplicáveis sobre o tema. Além disso, o

POLÍTICA

pensamento bíblico, em suas diversas épocas, desenvolve-se em formas culturais e de sociedade bastante diferentes da nossa.

Na Bíblia há, ao mesmo tempo, uma desconfiança em relação às autoridades políticas e à submissão a essas mesmas autoridades (cf. de modo paradigmático, no Novo Testamento, a distância entre Romanos 13.1-7 e Apocalipse 13. O segundo texto foi provavelmente escrito sob a perseguição dos cristãos por Nero). Disso resulta uma tensão muito grande que é importante analisar. Na verdade, desconfiança e submissão são duas formas antagônicas de uma falta de liberdade e de um profundo medo. Só conseguiremos estabelecer uma relação mais justa com a política e os poderes que nos regem se pudermos conjurar essas forças ansiógenas e destrutivas.

3.1. O poder entre crítica e celebração

Uma primeira linha de interpretação atravessa toda a Escritura. Quando os seres humanos tendem a supervalorizar e sacralizar o poder, uma palavra teológica questiona radicalmente essa legitimidade. Bastam alguns exemplos.

Quando, pelo desejo de seguir os povos vizinhos, os hebreus pediram um rei, Deus concedeu esse pedido com reticência, pois toda autoridade humana pode fazer sombra à autoridade daquele que é o único a ser honrado. Em inúmeros textos do Antigo Testamento, além disso, Deus é chamado de Rei e somente ele merece plenamente o título. Assim, o desejo por um rei é uma postura ímpia por parte dos hebreus (cf. 1Sm 8.5; 6.10; 10.19; 12.12). Não que o povo judeu tenha prescindido de líderes antes do período dos reis, líderes como Moisés, Arão, os juízes etc. Porém, eram personagens carismáticos que, em princípio, não tinham um poder próprio, e se limitavam a transmitir ao povo a vontade de Deus. Após a instituição da realeza, esses personagens carismáticos ressurgem sob a forma de profetas, que se mantêm perto do rei para aconselhá-lo e, com frequência, o desafiam. Aliás, é por isso que os profetas geralmente são perseguidos pelos reis.

Podemos encontrar um eco dessa desconfiança contra as autoridades políticas, principalmente quando são forças ocupantes ou reis que dependem dessas forças, nas palavras de Jesus: *Sabeis que os governadores dos povos os dominam e que os maiorais exercem autoridade sobre eles. Não será assim entre vós* (Mt 20.25-26a). Muitas são as declarações de Jesus contra os que buscam poder e honra. Ele previne seus discípulos contra a busca de primazia. Certamente Jesus não tem uma consideração muito elevada pelo poder político-religioso, que para ele avilta o homem. No entanto, ele reconhece a necessidade de um poder político quando trata do imposto devido a César, uma obrigação que ele considera justa: *Dai, pois, a César o que é de César e a Deus o que é de Deus* (Mt 22.21). Mas nesse texto podemos discernir uma ironia oculta: dar a César o que lhe pertence, ou seja, o dinheiro, é, para Jesus, dar-lhe muito pouco, pois na época de Jesus o dinheiro estava longe de desempenhar o papel insubstituível que desempenha em nossas sociedades modernas, enquanto dar a Deus o que lhe pertence (ou seja, tudo) é o ponto decisivo.

Observemos que tal vigilância crítica não objetivava negar a legitimidade, ainda que relativa, do poder humano. Foi, sem dúvida, por não ter aceitado sua fragilidade fundamental que a sociedade judaico-cristã, ao longo dos séculos, acabou oscilando entre o desprezo pela política e sua absolutização totalitária, entre sua vergonhosa domesticação e sua recuperação diabólica.

Há uma segunda linha de interpretação, já presente na Bíblia, e é essa linha que conheceu um sucesso ideológico e uma amplitude histórica mais consideráveis, pelo menos no cristianismo estabelecido. Em primeiro lugar, trata-se menos de uma questão de vigilância crítica das autoridades que de um apelo à obediência e à submissão. Os adeptos dessa interpretação se apoiam geralmente em Romanos 13.1-7, texto controverso ao qual voltaremos aqui.

O próprio Lutero, a quem se costuma atribuir essa tendência, afirmou vigorosamente os limites do poder temporal (*Da autoridade secular, até que ponto se lhe deve obediência*, [1523], em *MLO* 4, 13, 50). Foi de acordo com essa ênfase, de modo fundamental, que Calvino desenvolveu sua doutrina de um respeito condicional às autoridades (*IRC* IV, XX, 22-30). Assim, como é possível que a postura das igrejas, mesmo protestantes, geralmente surja diante da opinião pública como majoritariamente servil para com o poder político?

De modo mais geral: como sair do impasse que nos deixa entregues a, de um lado, uma desconfiança sem esperança e, de outro, uma submissão sem limites?

3.2. Uma nova aliança

A tradição reformada operou aqui com a categoria bíblica e teológica da aliança, uma categoria que teve uma influência decisiva nas diferentes teorias do contrato, tais como desenvolvidas na filosofia política moderna, de Hugo Grotius a John Rawls, passando por John Locke e Jean-Jacques Rousseau.

Na obra de Lutero, a aliança intervinha principalmente em uma relação com os sacramentos, o batismo e a ceia. Para Zwinglio, Bullinger e Calvino, observa-se uma ampliação no significado de aliança, que passa a ser aplicada, por analogia, também aos campos cívico e político. Esse recurso à aliança se dá como uma refutação das teses anabatistas, e não é por acaso que a insistência dos reformadores na continuidade entre a antiga e a nova alianças, que toca na temática dos sacramentos, tenha produzido frutos em sua concepção do mundo e da política. No século XVII, Johannes Coccejus (1603-1669) tornaria a aliança da graça o tema central de sua teologia, que passou a ser chamada de federal (cf. *Summa doctrinae de foedere et testamento Dei* [1648], Amsterdã, Viduam Joannis a Somerem, 1683). Essa aliança (em latim, *foedus*, mas também *pactum*), presente no próprio Deus, desdobra-se no tempo de acordo com o princípio de uma economia e é alvo de interpretações tipológicas. O resultado disso é não somente uma compreensão dinâmica da revelação, mas também uma nova visão da política.

Na obra de Calvino, a política, por ser subordinada à soberania do Deus criador, não é minimizada nem "desrealizada" (Paul Laurent Assoun); é reconhecida em sua plena positividade. O pacto fundamental antigo entre Deus e os homens permite compreender o caráter específico da aliança que preside a instituição da política. No espaço de um século, Teodoro de Beza (*Du droit des magistrats* [Do direito dos magistrados, 1574], Genebra, Droz, 1971), Johannes Althusius (*Politica methodice digesta* [1603], Groningen, 1610), Hugo Grotius (*Le droit de la nature et des gens* [O direito da natureza e das pessoas, 1672], 2 vols., Caen, Centre de philosophie politique et juridique de l'Université de Caen, 1987) traçarão o caminho para uma autonomização cada vez maior da política, em que o direito natural moderno, em alguns aspectos, substitui as legitimações teológicas anteriores. Sobretudo para Pufendorf, o contrato que está na origem da sociedade civil é completado por uma "segunda convenção" que institui o governo como tal. Locke retomaria essa distinção dos dois contratos antes que Rousseau e Kant viessem a questioná-la.

Porém, de Pufendorf até as Luzes se produziu um movimento irreversível, bem atestado pela filosofia política de Spinoza: a partir de então, a política não mais se baseraria em um fundamento transcendente, e a regulação do mercado entre os homens passaria a ser um assunto somente humano. "O homem só tem a si mesmo como mestre" (Antonio Negri). O protestantismo clássico soube reconhecer a legítima autonomia da política, mas será que aceitou sua autonomização absoluta, na medida em que parece ter se separado do processo da modernidade? E a laicidade, cara aos protestantes, torna-se uma laicidade fechada ou pode ser compreendida como uma laicidade aberta para elementos de transcendência e de limitação crítica?

Assim, essa genealogia da instituição da política, brevemente retratada aqui, testemunha a tentativa, por parte da tradição protestante, de superar os obstáculos com base em uma interpretação *dinâmica* das Escrituras. De fato, parece-nos possível distinguir na Bíblia *duas* abordagens distintas do poder político e do direito, que basicamente correspondem a duas modalidades da ação de Deus na história. Essa dualidade fundamental é reencontrada de modos variáveis nos diversos relatos e códigos que a tradição hebraica testemunha. De um lado, o direito humano como princípio destacou-se do direito divino, a ponto de parecer *isento de relação positiva* com ele, não mais que com a ética que decorre diretamente dos mandamentos de Deus; de outro, o mesmo direito humano e seus elementos éticos são pensados, em primeiro lugar, em uma relação com a vontade de Deus. Está claro que, a partir de duas concepções assim descritas dos laços entre direito, ética e vontade divina, a visão quanto ao poder humano, às instituições e à vida política varia consideravelmente.

Aqui, vale a pena citar a síntese magistral do exegeta protestante alemão Frank Crüsemann, *Die Tora. Theologie und Sozialgeschichte des Altestamentlichen Gesetzes* (Munique, Kaiser, 1992). Para esse autor, o código da aliança (Êx 20, 22—23, 33), que é anterior a Deuteronômio e constitui a base da teologia veterotestamentária, é o mais antigo código jurídico do Antigo Testamento. Crüsemann se recusa a ver nas exigências sociais de Deus uma pura *ética*, sem relação com o *direito* israelita. Direito e ética estão estreitamente ligados. Crüsemann enfatiza criteriosamente a continuidade profunda entre tal visão e uma abordagem sadia das relações modernas entre direito positivo e instância normativa (o que o filósofo Otfried Höffe chama de direito suprapositivo). Assim, as exigências da ética social, tais como Deus as anuncia nos mandamentos do código da aliança, funcionam como uma instância crítica, de metanorma ou de princípios constitutivos em relação às regras jurídicas concretas (p. 228).

Evocamos assim a diferença entre duas concepções profundamente distintas das relações entre essas três instâncias que são o direito, a ética e a vontade de Deus. Trata-se de uma bifurcação anterior ao pensamento do Novo Testamento. Os pesados debates teológicos que, em sua forma canônica, o Antigo Testamento revela concentram-se nesse ponto. O projeto de uma "teologia do direito", cujas implicações têm sido descobertas hoje pela ética protestante, insere-se, provavelmente de um modo prioritário, na linha de Crüsemann. Contra uma passagem direta de Deus para a ética, defendemos sua articulação, valorizando a dimensão positiva do direito e sua significação irredutível e estruturante. Evidentemente, tal orientação, já perceptível no Antigo Testamento, está em uma tensão necessária com a outra linha de interpretação, mais diretamente ancorada na crítica profética da realeza e das instâncias políticas.

Acreditamos existir uma relação entre dois problemas, que são geralmente tratados de forma separada, a saber, de um lado, o problema das relações, dentro da própria *Torah* (ou Pentateuco), entre partes essenciais e partes secundárias, e, de outro lado, o problema das relações entre a vontade de Deus e o sentido da atividade e a estruturação política como tais. De modo diferente do judaísmo, a tradição cristã sempre percebeu no Decálogo (Êx 20 e Dt 5) o núcleo ou a essência da *Torah*. Porém, no plano catequético, isso fez com que a dimensão jurídica, legal e sacra fosse subordinada à dimensão moral da *Torah*. A ética protestante tomou essa direção a partir das distinções operadas por Calvino entre a lei "moral", que permanece, e as outras leis, ditas "cerimoniais", consideradas caducas.

Vimos que Jesus opera uma estrita demarcação entre o poder de Deus e o dos homens, no entanto afirma que César está justificado quando exige imposto. E mais, quando comparece diante de Pilatos, que menciona a extensão de seu poder, Jesus responde: *Nenhuma autoridade terias sobre mim, se de cima não te fosse dada* (Jo 19.11). Isso não equivaleria ao reconhecimento de que o poder político, que é, então, um poder de vida e morte, tem sua origem e seu fundamento na vontade de Deus? Deus atribui um poder legítimo às autoridades políticas que não o reconhecem como o único Deus.

Assim se esboça a doutrina que seria de Paulo (e também de Pedro) e que é expressa de modo tão claro e espantoso em Romanos 13. A finalidade do poder político é o bem dos homens, a proteção dos honestos e a repressão dos que praticam o mal. Se essa finalidade assume inegavelmente aqui um aspecto repressivo, estamos ainda bastante longe da diversidade das funções do Estado moderno. No entanto, é preciso perceber o objetivo concreto de Paulo, centrado na justiça. A autoridade só faz sentido se promove, ainda que através de coerção (a espada!), uma ordem justa. E é nesse sentido que a autoridade deve ser vista como algo instituído por Deus. Com efeito, convém uma atenção específica na estrutura da recomendação paulina. A doutrina da submissão do cristão às autoridades instituídas por Deus — que, ao estabelecê-las, quis preservar a ordem na humanidade — é justificada pela menção à função efetivamente cumprida pelas autoridades: "A autoridade está a serviço de Deus para incitar ao bem". Assim, não há espaço para a suposição de que Paulo, ao escrever essa carta aos cristãos de Roma, antes de viajar para essa cidade, quis angariar a boa vontade dos pagãos-cristãos e agiu como um conformista. Estamos diante de uma doutrina cara, muito cara, aos olhos do apóstolo. Ele não contempla a hipótese (e sem dúvida a *Pax romana* o reforçava) de que o Estado se torne demoníaco, sem cumprir as funções para as quais Deus o estabeleceu, praticando sistematicamente o mal e chamando de bem aquilo que é fundamentalmente um mal, como a mentira, a delação, a tortura. Se devemos obedecer às autoridades não somente por temer a ira delas, mas "por dever de consciência" (v. 5), essa mesma consciência nos persuade, no caso de demonização do Estado, de que é melhor obedecer a Deus que aos homens (At 5.29). A obediência às autoridades se subordina ao cumprimento das funções para as quais foram instituídas. Trata-se da mesma ideia retomada por Pedro (1Pe 2.13-17). É verdade que Pedro, conhecendo as perseguições que vitimaram seus irmãos, não os chama à revolta contra as autoridades injustas (aliás, tal revolta logo seria esmagada), mas os convida a comportarem-se como homens livres, já que está convencido de que a autoridade reconhecerá a boa conduta dos cristãos.

Na primeira epístola a Timóteo (2.1s), à ideia do respeito necessário pelas autoridades se acrescenta a da oração pelas mesmas autoridades, e com isso devemos compreender uma oração para que cumpram bem sua tarefa, que é permitir aos homens (e, naturalmente, aos cristãos) levarem "vida tranquila e mansa, com toda piedade e respeito". Essa vida mansa é mencionada por Karl Barth como uma vida que não é um fim em si mesma: o contexto (v. 4) permite afirmar que essa tranquilidade é necessária para que os homens "cheguem ao conhecimento da verdade". A tarefa da política, a partir do momento em que ela assume essa ordem necessária, sejam quais forem os motivos que inspiraram o político, tem, portanto, uma relação oculta e indireta com a tarefa da igreja, com a evangelização. É verdade que a igreja precisa cumprir sua missão em situações favoráveis e desfavoráveis, mesmo em épocas conturbadas, mesmo em períodos de guerra e perseguição. A paz civil nunca é uma condição para a evangelização, mas a igreja deve orar por essa paz, não somente para que todos os homens sejam beneficiados, mas para que o evangelho seja anunciado às almas que não são alvo de perigos exteriores. A igreja, portanto, deve orar pelas autoridades para que cumpram corretamente sua tarefa, assegurando uma ordem justa e uma paz fundamentada não na violência, mas na concórdia.

Seria essa a sua única tarefa? Por muito tempo, se acreditou nisso, e muitos cristãos continuam a acreditar, esquecendo que a igreja também é herdeira dos profetas, que deve exercer um ministério de vigilância e sentinela, discernir perigos e injustiças e, sempre que for possível, denunciar publicamente, por meio de pregações e ensinamentos, as ameaças que pesam sobre o homem e a humanidade. Como afirmou após a guerra de 1939-1945 o pastor Martin Niemöller, a Igreja Confessante alemã denunciou o perigo mortal do Estado nazista, que quis exigir da igreja a aplicação do "parágrafo ariano", ou seja, proibir a comunhão entre cristãos considerados arianos e cristãos de origem judaica. Porém, conforme conta Niemöller, era tarde demais: a igreja deveria ter protestado assim que o primeiro comunista foi posto no campo de concentração, pois não vive para si mesma, mas carrega diante de Deus a responsabilidade por toda a humanidade.

3.3. A doutrina dos dois reinos

Se a igreja muitas vezes falhou nessa tarefa, é por ter sido vítima de uma falsa interpretação da doutrina dos dois reinos, formulada vigorosamente por Lutero, mas partilhada por toda a Reforma (cf. a distinção estabelecida por Zwinglio entre justiça divina e justiça humana e por Calvino entre o regime espiritual e o regime temporal, IRC III, XIX, 15 e IV, XX, 1). De acordo com essa doutrina, a igreja é soberana em seu próprio domínio, e nenhum outro poder exterior pode restringir sua liberdade de pregar o evangelho. O Estado não deve se imiscuir no campo espiritual, pois seu domínio é temporal. Porém, como a igreja também tem um aspecto temporal, por ser uma instituição, o Estado tem o direito e o dever de encarregar-se de todos os aspectos temporais do cotidiano da igreja, e no século XVI essa área era bastante ampla: como declaram os dois últimos artigos da *Confissão de La Rochelle* (1571), o Estado deve zelar pelo respeito não somente à segunda tábua da Lei, mas também pela primeira. As confissões de fé da Reforma, ao proclamar o sacerdócio universal dos batizados, frisam que, com exceção de circunstâncias excepcionais, ninguém pode instituir-se ministro do evangelho se não for *recte vocatus* — expressão que indica que somente o príncipe está qualificado para reconhecer a correta vocação. Dito de outra forma, é ele quem nomeia os pastores, sendo para eles uma espécie de "bispo do exterior".

A maioria dos defensores modernos dessa doutrina dos dois reinos não a recontextualizou na situação sócio-histórica original. Não compreenderam que, ao levar em conta o caráter de cristandade da sociedade europeia de então e a impossível separação entre igreja e Estado naquele contexto, a doutrina dos dois reinos, ao afirmar, diante das autoridades políticas, a plena independência da igreja na pregação e administração dos sacramentos, constituía a primeira forma de laicidade. Em um contexto totalmente diferente, eles exigem hoje a estrita aplicação dessa doutrina. Essa postura teve consequências que podemos considerar catastróficas, sobretudo na Alemanha diante do nazismo. Os "Cristãos Alemães" não admitiram que a igreja adotasse, contra essa nova forma de paganismo, uma atitude de protesto e resistência. Eles assistiram passivamente aos horrores do antissemitismo e não pareceram ter percebido a existência dos campos de concentração. A Igreja Confessante sempre foi constituída de uma minoria na clandestinidade ou na semiclandestinidade, e, nessa situação, foram os "Cristãos Alemães" que levaram a melhor.

Ainda que se restitua à doutrina dos dois reinos seu sentido verdadeiro e sua aplicação, não é menos verdade que, acreditando interpretar corretamente Romanos 13, os reformadores ensinaram, de modo geral, que, diante de um príncipe injusto, diante de um tirano, os cristãos deveriam crer que precisavam suportar pacientemente a tirania como uma prova enviada por Deus, e que somente Deus poderia castigar o culpado, quando julgasse oportuno. No pensamento dos reformadores, não havia espaço para oposição, revolta e resistência armada. No máximo, e de modo bastante tímido, Calvino considerou a possibilidade de que os corpos intermediários, praticamente os parlamentos, resistissem ao príncipe. Sabemos com que dureza Lutero se referiu à Guerra dos Camponeses, e é verossímil que Calvino tivesse a mesma postura com relação à Guerra dos Camisardos. No entanto, devemos considerar que, ainda que modesta, a abertura demonstrada por Calvino continha "uma potencialidade crítica" (Éric Fuchs e Christian Grappe) que não deixou de ser explorada no campo teórico. Tanto os monarcômacos quanto o filósofo protestante John Locke tiraram dessa abertura conclusões mais explícitas, preparando o terreno para uma teoria política moderna de um novo tipo. Porém, é preciso reconhecer que a postura protestante foi bastante prudente nesse assunto e, de forma geral, permaneceu atrelada a um conservadorismo bem pensante.

A mudança que se produziu nesse campo não se deve somente à transformação das mentalidades e ao estabelecimento de regimes democráticos. Não devemos hesitar em afirmar que essa mudança se produziu no reto fio da doutrina dos dois reinos, e é importante enfatizar que o limite entre o espiritual e o temporal se deslocou, ou, melhor dizendo, de acordo com uma antropologia que firmou suas raízes nas Escrituras, não mais consideramos o espiritual como separado do temporal e, portanto, a igreja não é mais somente responsável pelo futuro espiritual da humanidade, mas também pelo devir do homem e da cidade em sua globalidade. Abandonar o homem ao arbitrário, à injustiça, à tortura e a tudo que atenta contra sua dignidade é ultrajar a criatura de Deus e o próprio Criador. Assim, sempre que o direito dos povos e dos indivíduos é pisoteado, a igreja deve não apenas elevar a voz, mas realmente tomar sua defesa, evidentemente com os meios que lhe são próprios. Se Deus instituiu o homem como guardião (Calvino usava o termo "mordomo") de toda a criação, a igreja deve estar na vanguarda da defesa do meio ambiente, do equilíbrio ecológico, da proteção dos animais e dos vegetais. Conforme o relato de Mateus 25 nos lembra, a tarefa da igreja e, naturalmente, de todo cristão é socorrer o menor e o mais ameaçado dos homens.

3.4. A responsabilidade política da igreja

Portanto, há uma responsabilidade política da igreja que é parte integrante da pregação da salvação e da atividade específica da igreja, ainda mais se pensamos que se, nos séculos anteriores, a política dizia muito pouco respeito ao homem privado, a não ser em relação aos impostos e à guerra, hoje estendeu consideravelmente seu império: saúde, educação, segurança, condições de existência. Não há área alguma de nossa vida na qual ela deixe de intervir, no mínimo indiretamente. E, em todas essas áreas, a igreja precisa manter-se ao lado do homem, mesmo diante de uma política indulgente de um Estado-providência que priva o homem de uma das qualidades de sua vocação: a responsabilidade.

Mesmo renunciando a todo tipo de clericalismo, ou seja, a toda vontade de poder e ao desejo de partilhar do poder do Estado, as igrejas protestantes não podem limitar sua tarefa à esfera privada da existência. Seus representantes terão ainda mais autoridade para intervir junto aos governantes e adverti-los de certas tentações inerentes ao poder, mostrando-lhes os "efeitos perversos" de certas decisões, na medida em que forem totalmente independentes de partidos políticos e, por extensão, de todo poder econômico. Convém aqui enfatizar quanto foi fecunda a ação do Conselho Mundial de Igrejas, estimulando as igrejas a assumirem firmemente seu ministério político. Ainda que, em 1939, às vésperas da Segunda Guerra Mundial, o CMI estivesse em formação, funcionou como um exemplo para as igrejas protestantes.

No entanto, é preciso reconhecer que o exercício desse ministério político ainda suscita, em muitos cristãos, uma incompreensão escandalizada. Esses cristãos não estão errados quando consideram a igreja um lugar de unidade e paz, um refúgio em relação à vida profissional, o lugar em que nossa fé é alimentada pela pregação da Palavra e pela administração dos sacramentos. Eles estão certos quando afirmam que a igreja de Cristo não é deste mundo, mas esquecem que ela não foi retirada do mundo e é responsável pelo mundo. Uma postura negativa pode adquirir um valor positivo na medida em que lembra os responsáveis e os pastores de que, se a igreja repete as mesmas palavras dos partidos e dos jornais políticos, é melhor calar-se. Além disso, é necessário reconhecer que o exercício do ministério político da igreja comporta um duplo perigo: o das intervenções frequentes demais que, banalizadas, deixam os ouvintes indiferentes (a igreja deve intervir com certa solenidade) e o das intervenções baseadas em informações errôneas ou incompletas (é preciso que a igreja saiba utilizar as verdadeiras competências que estão em seu seio ou fora).

Porém, é ainda mais importante não confundir responsabilidade política com politização da igreja. Há politização a partir do momento em que a igreja acredita aderir a determinado partido político ou manter relações privilegiadas com ele. A existência de partidos políticos considerados cristãos ou que incluem as palavras "cristão" ou "evangélico" em seus títulos não é de modo algum desejável, pois a igreja deve acolher no mesmo espírito os fiéis que pertencem a diversas orientações políticas, mas com reservas contra aqueles que não podem ser considerados discípulos de Jesus Cristo: os que defendem o racismo, o antissemitismo, a purificação étnica e outras monstruosidades.

Pelos mesmos motivos, não é desejável que um pastor que se encarrega de uma igreja local seja um militante de um partido político ou ocupe uma função política eletiva. Pois, embora manifeste total objetividade em seu ministério pastoral, ele não será visto como pastor de todos, e aqueles que não partilham de suas posições políticas se sentirão, talvez erradamente, empurrados para as margens da comunidade. Compreende-se que, nessas condições, a maioria das igrejas ordene a seus ministros que desejam entrar para a política a exoneração do cargo pastoral ou um período de afastamento. Todavia, em épocas muito conturbadas — por exemplo, no final da Segunda Guerra Mundial, em que o confronto entre "resistentes" e "colaboradores" às vezes se tornou sangrento —, observou-se que, para restabelecer a paz e a reconciliação, o vilarejo ou a cidade pediram ao pastor que assumisse provisoriamente as funções de prefeito. Tais situações devem ser levadas em consideração e autorizar exceções.

A responsabilidade política da igreja não se limita a intervenções ou posturas políticas específicas. Ao analisar quanto a política condiciona a existência humana na modernidade, a igreja deve incitar os fiéis a não se desinteressarem pela coisa pública e até mesmo a aceitar responsabilidades no mundo político. É particularmente importante que os leigos que assumem responsabilidades nos diversos conselhos da igreja também as assumam na cidade. Assim, eles testemunharão que a igreja não é um gueto na sociedade e que se interessa diretamente pela evolução política, social, econômica e cultural do país.

A tradição protestante permanece bastante apegada à contribuição que pode trazer para a vida democrática, cujo significado propriamente espiritual a igreja já deve atestar: a liberdade cristã naquilo que tem de mais fundamental. Tal concepção permanece crítica em relação a todo tipo de monolitismo moral e político. Em vez de impor suas visões a toda a sociedade, como parece pressupor o tempo todo a doutrina social da Igreja Católica Romana, e assim tornar-se um sutil fator de doutrinação ideológica e política, a comunidade cristã, distinta da comunidade civil, reconhece com ainda mais boa vontade que a comunidade civil tem autonomia e vocação democrática específicas, mantendo, em relação a seus objetivos e suas realizações, uma permanente distância crítica, inspirada somente pelas perspectivas do evangelho.

Não se pode de modo algum subestimar o papel que as igrejas podem exercer no campo da política, sem "fazer" política militante. O Conselho Mundial de Igrejas desempenhou um papel certeiro na descoberta dos problemas do Terceiro Mundo, na luta contra as doenças, na emancipação da mulher, na defesa da liberdade religiosa, na luta contra o racismo, no combate pela justiça social e política e no surgimento das preocupações ecológicas. Raramente o papel da igreja é elaborar soluções técnicas, mas ela deve denunciar as injustiças, apontar os problemas que não estão evidentes e não deixar que a política se atole em combates de retaguarda e em lutas passionais.

Aludimos à hostilidade de muitos cristãos em relação ao engajamento político. Essa postura pode ser explicada pela própria natureza da política: não existe política sem acordos, e os limites entre os acordos e as acomodações às vezes não podem ser precisados; em um mundo pecador, é difícil não "sujar as mãos" (também sujamos as mãos fora da política, mas esse fato é menos percebido), e o cristão, sem dúvida esquecendo que nenhuma de nossas ações é totalmente justa se não for oferecida ao perdão de Deus, quer ser justo a qualquer preço... e acaba deixando que os outros sujem as mãos. Ao proceder assim, ele esquece que a abstenção não é menos impura que o engajamento.

A filósofa judia Hannah Arendt indicou outra razão, mais profunda, para explicar o recuo espontâneo de muitos cristãos diante do engajamento político: "Jesus ensinou, através de palavras e ações, uma atividade, a bondade, e a bondade tende evidentemente a ocultar-se: ela não quer ser vista nem ouvida. A hostilidade cristã para com a área pública, a tendência dos cristãos, pelo menos em suas origens, a levar uma vida tão separada quanto possível da área pública, pode ser interpretada como uma consequência bastante natural da devoção ao bem, independentemente de toda crença e de toda expectativa. Pois está claro que, assim que uma boa obra se torna conhecida, pública, ela deixa de pertencer especificamente ao bem, de ser cumprida unicamente para o bem" (1961, p. 86). Hannah Arendt poderia encontrar respaldo para essas observações em uma palavra do próprio Jesus, no Sermão da Montanha: *Tu, porém, ao dares esmola, ignore a tua mão esquerda o que faz a tua mão direita; para que a tua esmola fique em secreto; e teu Pai, que vê em secreto, te recompensará* (Mt 6.3,4). Essa máxima tem todo valor e toda força nas relações interpessoais. Porém, a política — e isso é ao mesmo tempo sua grandeza e seu limite — não diz respeito às relações interpessoais, e de fato deve estabelecer leis que proíbem violar a vida pessoal. A política deve ser uma ação pública, que possa submeter-se à discussão, ou não haveria vida democrática. O caráter público da ação política não deve impedir o poder político de fazer o bem e — ousemos aplicar o termo — exercer amor aos mais desvalidos e afligidos. O Estado age através daquilo que Paul Ricoeur (*História e verdade* [1955], Rio de Janeiro, Forense, 1968) chama "relações longas", ou seja, relações que exigem mediações institucionais, em oposição às relações curtas, que são interpessoais e imediatas. O recurso às mediações institucionais é indispensável para assegurar a eficácia da ação política. Por mais generosa e oculta que seja, a caridade pessoal jamais poderá cuidar dos males sociais, cuja amplitude ultrapassa em muito a ação pessoal. Como demonstra Ricoeur, o cristão deve entender que, sem renunciar em nada à ação pessoal, ele pode e deve também exprimir seu amor pelos outros através da mediação de instituições ligadas ao Estado, das coletividades regionais, comunais ou integradas em uma rede de associações.

Assim, é importante superar a desconfiança quase original de muitos cristãos em relação a todo tipo de mediação institucional. Porém, a correlação proposta por Ricoeur pode ainda ser aprofundada. Claude Gruson e Paul Ladrière, inspirando-se nas obras de Habermas, demonstraram que a ética política nada tem a ganhar encerrando-se no contexto exclusivo da teoria dos sistemas, já que tal teoria se limitaria somente às ações estratégicas, orientadas para fins, enquanto a atividade política se orienta para valores (p. 100). Essa distinção, que é perfeitamente convincente do ponto de vista normativo e ideal, não deve mascarar a tensão real que busca superar: a teoria dos sistemas também nos ensina que, quanto mais o sistema se torna complexo, mais opaca se torna a relação de uma sociedade com seus valores e suas legitimações éticas. Assim, somos obrigados a assumir a contradição crescente entre as "estruturas pesadas" nas quais se movem a política e a economia, de um lado, e o ideal democrático objetivado e valorizado por toda a ética da discussão, de outro. É verdade que nem a vontade política nem a exigência ética podem ser confundidas com as contradições do vivido institucional. Porém, querer impor um projeto político ou um objetivo ético ao mesmo tempo em que se desprezam as realidades estruturais equivaleria a contentar-se com o ideal enganador de um falso absoluto, de um mau infinito, preparando um futuro trágico ou, no mínimo, moroso. Desejando agir como anjo, o cristão, de acordo com a expressão de Pascal, acaba bancando a besta. Ora, na política, nada é tão próximo a esse angelismo desencarnado quanto a porta aberta para a barbárie. Portanto, é necessário recorrer a uma ética de responsabilidade que se baseie em uma sólida consciência teológica da realidade do mal para confrontar os desafios da vida política no sentido mais amplo.

3.5. Sentidos e limites da política

Permanece uma questão: para a fé cristã, qual seria o significado por trás da ação política? Por que motivo valeria a pena entrar para a política, assumir responsabilidades, consentir com acordos e, às vezes, sujar as mãos? O significado imediato é claro: o exercício do poder político, em todos os níveis, só tem sentido se concorrer ao bem-estar da coletividade, à ordem na justiça, fornecendo a todos os homens possibilidades de desenvolvimento pessoal e contribuindo para a paz e a cooperação entre as nações. É preciso afirmar mais uma vez que, embora muitos políticos finjam ignorar o fato, está claro que o significado imediato da ação política não é nem deve ser buscar a felicidade. Esse significado prolonga suas raízes na intimidade da existência pessoal, em que, felizmente, a política não tem poder. Quando falamos de um significado último, pensamos, evidentemente, na realidade última que nos está prometida pela vinda de Jesus Cristo, o reino de Deus. Ora, esse Reino não é feito por mãos de homens, mas somente Deus é seu arquiteto. Alguns cristãos, no cristianismo social e no socialismo religioso, por exemplo, pensaram ser possível preparar e apressar a vinda do Reino e que a política poderia, de modo consciente ou não, contribuir para a tarefa. Outros, pelo contrário, pensaram ser necessário limitar-se a esperar com oração e expectativa a vinda desse Reino, que não tem relação alguma com a política, que lhes parecia diabólica. Ambos os pontos de vista nos parecem contestáveis: nem o ativismo nem o quietismo representam a verdadeira atitude cristã.

Karl Barth lembra com vigor que a verdadeira tarefa do homem cristão é edificar aqui sinais ou parábolas do reino de Deus, e que uma política séria deveria contribuir para essa edificação. Utilizando a palavra "sinal", ele indica o caráter imperfeito e provisório de todas as ações e inovações políticas e sociais: a política jamais se move no campo do absoluto; utilizando a palavra "parábolas", ele frisa que nossas ações visam além delas mesmas, apontando para um futuro que não atingirão, mas do qual mantém a esperança, mesmo sem sabê-lo. Essa esperança se tornaria mítica e impalpável e acabaria morrendo (como quase morreu por causa do atraso da parusia) se não atestasse sua seriedade no cumprimento desses sinais proféticos que nos lembram que Deus, o Deus do Reino que virá, deve ser anunciado. Se, do ponto de vista político, o conjunto desses sinais pode ser inserido em um programa coerente, dotado de certa estabilidade, o político cristão em nenhum momento poderá considerar esse conjunto satisfatório e definitivo; pelo contrário, deverá submetê-lo a uma crítica e buscar os caminhos e os meios para superá-lo. Somente a esperança do Reino pode dar à história e, por extensão, à política essa tensão interna que a dinamiza e essa vontade de um progresso que não seja utópico.

Outro teólogo protestante que marcou o século XX, Paul Tillich, também meditou sobre a responsabilidade política do cristão na história humana. Porém, mais que Barth, Tillich apontou para a ambivalência das utopias políticas, mesmo (e talvez principalmente) quando elas buscam colocar-se a serviço de uma esperança escatológica. Para demonstrar essa tensão, Tillich recorreu à dialética histórica da autonomia e da teonomia. A autonomia é, para ele, "o princípio portador da história" ("Kairos I" [1922], em *Christianisme et socialisme* [Cristianismo e socialismo], p. 146), mas no fundo não passa de um destino, de uma forma trabalhada pela força do incondicionado, de um absoluto de pura imediatez. O símbolo que constitui o reino de Deus precisa das mediações autônomas da vida política e econômica para realizar-se; do contrário, permaneceria em um estado de absoluto desencarnado e até mesmo poderia transformar-se em uma tirania do tipo demônico. Somente uma autonomia aberta para o princípio espiritual de uma teonomia em operação pode escapar ao trágico dos poderes humanos, do mal e da violência. A teonomia protege o movimento legítimo da autonomia moderna (da secularidade ou da laicidade) de suas pretensões demônicas ou de seu destino de ídolo. Nisso, as mediações não são desvalorizadas, mas, sim, reorientadas para um significado que as transcende e as justifica, naquilo que Tillich chamaria "irrupção de uma nova teonomia no solo de uma cultura autônoma secularizada e vazia" (p. 150).

Cada um à sua maneira, Karl Barth, com sua herança reformada, e Paul Tillich, de origem luterana, souberam dar conta da irredutível transcendência sem a qual a política arriscaria constituir-se em um absoluto, fora de toda limitação e de toda relatividade. A teologia crítica de ambos os pensadores atesta, de modo particularmente sugestivo, a que ponto a autonomização da política, iniciada pelos reformadores e radicalizada pelas Luzes, não poderia representar a última palavra do pensamento político moderno, ciente dos delírios e das patologias que surgem quando o homem chega a reivindicar seu próprio domínio sobre os demais homens.

Assim, para pensar a ambivalência da política e do político, será necessário verificar as camadas mais trágicas de nossa história, onde se acomoda nosso desejo humano de destruição e ódio. Será necessário aceitar que tal desejo nos seja extraído pela graça de um poder estrangeiro que nos conduza através de uma visão inovadora de esperança (J. Moltmann). Somos levados a mergulhar no lodo do mal e da inimizade, reconhecendo que estamos plenamente implicados nisso, a fim de que possa surgir diante de nós, de um modo sensível, a indefectível promessa do reino de Deus, com suas exigências radicais de justiça e paz. A política, como lugar decisivo de nossa existência teológica, remete-nos para nossa própria ambivalência; mas só encontra dignidade e valor de maneira última em uma referência dinâmica à vinda incomensurável do Deus de Jesus, entregue à cruz pela força cega dos poderes humanos, tanto políticos quanto religiosos.

Roger Mehl e Denis Müller

▶ ARENDT, Hannah, *A condição humana* (1958), São Paulo, Universitária, 1987; Idem, *Origens do totalitarismo* (1951), São Paulo, Companhia das Letras, 1989; Idem, *Eichmann em Jerusalém: um relato sobre a banalidade do mal* (1963), São Paulo, Companhia das Letras, 1999; BARTH, Karl, *Dogmatique II/2*** (1942) e *III/4*** (1951), Genebra, Labor et Fides, 1959 e 1965, § 38, p. 220 ss, § 55, p. 146ss e 154ss; Idem, *Communauté chrétienne et communauté civile* (1946), Genebra, Labor et Fides, 1958; BOLTANSKI, Luc e THÉVENOT, Laurent, *De la justification. Les économies de la grandeur*, Paris, Gallimard, 1991; BRUCE, Steve, *Conservative Protestant Politics*, Oxford, Oxford University Press, 1998; CABANEL, Patrick, *Les protestants et la République. De 1870 à nos jours*, Bruxelas, Complexe, 2000; CHÂTELET, François, DUHAMEL, Olivier e PISIER, Évelyne, org., *Dictionnaire des oeuvres politiques* (1986), Paris, PUF, 1995; CONSELHO MUNDIAL DE IGREJAS, *Église et société*, 4 vols., Genebra, Labor et Fides, 1966; CULLMANN, *Dieu et César. Le procès de Jésus, Saint Paul et l'autorité, l'Apocalypse et l'État totalitaire*, Neuchâtel, Delachaux et Niestlé, 1956; Idem, *Jésus et les révolutionnaires de son temps*, Neuchâtel, Delachaux et Niestlé, 1970; DUMAS, André, *Théologie politique et vie de l'Église*, Lyon, Chalet, 1977; FUCHS, Éric e GRAPPE, Christian, *Le droit de résister. Le protestantisme face au pouvoir*, Genebra, Labor et Fides, 1989; HABERMAS, Jürgen, *Écrits politiques. Culture, droit, histoire* (1985, 1987 e 1990), Paris, Cerf, 1990; Idem, *A ética da discussão e a questão da verdade* (1991), São Paulo, Martins Fontes, 2004; Idem, *Direito e democracia: entre faticidade e verdade* (1992), Rio de Janeiro, Tempo Brasileiro, 1997; Idem e RAWLS, John, *Débat sur la justice politique* (1995 e 1996), Paris, Cerf, 1997; HENRIET, Marcel, org., *Briser les barrières. Rapport officiel de la cinquième Assemblée du Conseil oecuménique des Églises, Nairobi, 23 novembre-10 décembre 1975*, Paris, IDOC France-L'Harmattan, 1976; HÖFFE, Otfried, *La justice politique. Fondement d'une philosophie critique du droit et de l'État* (1987), Paris, PUF, 1991; HUBER, Wolfgang e REUTER, Hans-Richard, *Friedensethik*, Stuttgart, Kohlhammer, 1988; JONAS, Hans, *Princípio responsabilidade* (1979), Rio de Janeiro, Contraponto, 2006; LADRIÈRE, Paul e GRUSON, Claude, *Éthique et gouvernabilité*, Paris, PUF, 1992; MEHL, Roger, *Pour une éthique sociale chrétienne*, Neuchâtel, Delachaux et Niestlé, 1967; MOLTMANN, Jürgen, *L'espérance en action. Traduction historique et politique de l'Évangile* (1971), Paris, Seuil, 1973; MONTEIL, Pierre-Olivier, org., *La grâce et le désordre. Entretiens sur le protestantisme et la modernité*, Genebra, Labor et Fides, 1998; MÜLLER, Denis, *Jean Calvin. Puissance de la Loi et limite du pouvoir*, Paris, Michalon, 2001; Idem, *Karl Barth*, Paris, Cerf, 2005; NIEBUHR,

Reinhold, *On Politics. His Political Philosophy and Its Application to Our Ages as Expressed in His Writings*, New York, Scribner, 1960; Idem, *Parole de Dieu et éthique*, em Jean-Louis LEUBA, org., *L'éthique. Perspectives proposées par la foi*, Paris, Beauchesne, 1993, p. 9-19; RAWLS, John, *Uma teoria da justiça* (1971), São Paulo, Martins Fontes, 2002; Idem, *Justiça e democracia* (1993), São Paulo, Martins Fontes, 2000; Idem, *O liberalismo político* (1993), São Paulo, Ática, 2000; RICH, Arthur, *Éthique économique* (1984-1990, 1987-1991), Genebra, Labor et Fides, 1994; RICOEUR, Paul, "Éthique et politique" (1983), em *Du texte à l'action. Essais d'herméneutique II*, Paris, Seuil, 1986, p. 393-406; Idem, *Leituras 1: em torno ao político* (1991), São Paulo, Loyola, 1995; Idem, "Histoire et civilisation. Neuf textes jalons pour un christianisme social", *Autres temps* 76-77, 2003, p. 5-41; ROCARD, Michel, *Une pratique morale est-elle possible en politique?*, em Jean HALPÉRIN e Georges LÉVITTE, orgs., *Morale et politique en péril: données et débats. Actes du XXXIIe Colloque des intellectuels juifs de langue française*, Paris, Denoël, 1993, p. 141-151; STRAUSS, Leo e CROPSEY, Joseph, *Histoire de la philosophie politique* (1987), Paris, PUF, 1999; TILLICH, Paul, *Christianisme et socialisme. Écrits socialistes allemands (1919-1931)*, Paris-Genebra-Quebec, Cerf-Labor et Fides-Presses de l'Université Laval, 1992; Idem, *Écrits contre les nazis (1932-1935)*, Paris-Genebra-Quebec, Cerf-Labor et Fides-Presses de l'Université Laval, 1994; TROELTSCH, Ernst, *Die Sozialehren der christlichen Kirchen und Gruppen (Gesammelte Schriften* I, 1912), Aalen, Scientia, 1977; WEBER, Max, *Le savant et le politique. Une nouvelle traduction* (1919), Paris, La Découverte, 2003.

○ Absolutismo; Alemanha; aliança; Althusius; autonomia; Bismarck; Bodin; **capitalismo**; "Cristãos Alemães"; cristianismo social/socialismo cristão; **comunicação**; contrato social; democracia; direito natural; direitos humanos; Estado; **Europa**; evangelho social; Fallot; Gide C.; Gollwitzer; Grotius; Habermas; Hammarskjöld; Heinemann; Hobbes; Hotman; Hromádka; Humbert-Droz; igreja e Estado; indivíduo; Jefferson; Kirchenkampf; Kulturkampf; **laicidade**; **Lei**; **liberdade**; liberdade de consciência; Lincoln; Locke; **mal**; **modernidade**; monarcômacos; **moral**; mundo; nacionalidade e nacionalismo; Naumann; obediência; Philip; poder; Pufendorf; Rawls; reinos (doutrina dos dois); resistência; Revolução Americana; Revolução Francesa; Rocard; Rougemont; Scheurer-Kestner; Siegfried; socialismo religioso; tolerância; usos da lei; **utopia**; **violência**; Wilson

POLÔNIA

A cristianização da Polônia remonta ao ano 966, quando Mieszko I decidiu se batizar e converter seus súditos ao cristianismo. A partir do ano 1000, foi criado o arcebispado de Gniezno, que tornou a Polônia uma província eclesiástica diretamente dependente de Roma — medida que objetivou entravar as ambições político-religiosas do Sacro Império.

A influência dos valdenses se estendeu até a Polônia, e as doutrinas dos hussitas foram bem acolhidas no país por muitas grandes famílias. Já o clero, contribuindo para manter a ideia nacional diante do vigoroso poder germânico, aliou-se ao humanismo. A partir de 1518, as ideias de Lutero se expandiram rapidamente pelas cidades da Pomerânia e da Grande Polônia, de população majoritariamente alemã. Sob o reinado de Sigismundo II Augusto Jagiello, de 1548 a 1572, o protestantismo assumiu várias expressões: o luteranismo; o calvinismo, que se propagou a partir de 1548 na Lituânia (ligada à Polônia desde 1386) e na Pequena Polônia, alcançando fundamentalmente a nobreza, mas também parte do clero; os Irmãos Boêmios, que se estabeleceram na Grande Polônia ao fugir das perseguições; em 1546, o antitrinitarismo, vindo da Itália. Enquanto o catolicismo buscava opor-se à propagação da "heresia" protestante, a dieta de 1552 reconheceu a liberdade religiosa, um feito notável para a época.

Dois personagens podem ser associados aos progressos da Reforma na Polônia. O primeiro é João Laski (1499-1560), que morou primeiramente em Basileia, próximo a Erasmo, e, após uma passagem pela Frísia, passou a cuidar da congregação dos refugiados protestantes em Londres. Em 1556, Laski voltou para a Polônia e foi nomeado superintendente das igrejas reformadas da Pequena Polônia. O segundo é o príncipe Nicolau Radziwill, o Negro (1515-1565), que pode ser considerado o pioneiro da Reforma na Lituânia. Graças a ele a primeira Bíblia protestante polonesa, chamada *Bíblia de Brest*, é impressa em 1564.

Em 1555, os Irmãos Boêmios e os reformados reconheceram sua comunhão, ainda que mantendo suas estruturas hierárquicas particulares. Em 1570, a *Confissão de Sandomierz*, de orientação calvinista, uniu os luteranos, os reformados e os Irmãos Boêmios. Porém, o protestantismo foi enfraquecido por

POLÔNIA

tensões internas: no calvinismo, as doutrinas antitrinitárias elaboradas por Pierre Gonesius (1525-1581) levaram, em 1565, à ruptura entre a *Ecclesia maior* (reformada) e a *Ecclesia Minor* (ou igreja dos Irmãos Poloneses, antitrinitária), que, por sua vez, se dividiu em múltiplas frações, cujo único denominador comum era a afirmação doutrinária da subordinação do Filho ao Pai. Fausto Socino (1539-1604), que chegou à Polônia em 1579, deu uma forma definitiva às doutrinas antitrinitárias e conseguiu reunir as diversas tendências no socinianismo, cujo documento maior é o *Catecismo racoviano* (1605). Porém, o protestantismo polonês teve seu apogeu na Confederação de Varsóvia (1573), que proclamou a liberdade de consciência.

Essa situação fez com que a Igreja Católica reagisse. Stanislaus Hosius (1504-1579), conhecido por sua animosidade com o protestantismo e autor da *Confessio catholicae fidei christianae* (1551), apelou aos jesuítas para que o ajudassem na luta contra a "heresia" protestante. Introduzida na Polônia em 1564, a Companhia de Jesus conseguiu liderar com sucesso a Contrarreforma católica, extirpando do país o protestantismo e até mesmo cindindo a Igreja Ortodoxa Grega da Polônia, levando-a a submeter-se à autoridade de Roma. No final do reinado de Sigismundo III Vasa, em 1632, o protestantismo havia praticamente desaparecido da Lituânia. Em 1645, o *Colloquium charitativum* de Torun constituiu a última tentativa de unificação entre a Igreja Católica e os protestantes. Em 1658, a dieta proibiu os socinianos de professarem sua fé. O grupo se refugiou na Hungria, na Transilvânia e até nos Países Baixos, e o socinianismo não mais deixaria traços na Polônia. Em 1717, a dieta ratificou o primeiro ato oficial que atentou contra a liberdade religiosa: confessar a fé protestante passou a ser proibido. Sob os golpes da Contrarreforma, cujos efeitos foram duradouros, o protestantismo passou a sofrer graus variados de perseguição, de acordo com cada região.

Em 1767, após certas intrigas políticas (intervenções da imperatriz Catarina da Rússia e do rei Frederico II da Prússia), os protestantes obtiveram igualdade civil e política. A história da Polônia não é menos atribulada: por três vezes (1772, 1793 e 1795), foi fatiada entre a Áustria, a Rússia e a Prússia, chegando até mesmo a ser riscada do mapa depois de 1795. Ao longo do século XIX, os territórios prussianos foram submetidos a uma forte germanização, e o "território do Vístula" foi alvo de uma vigorosa russificação administrativa, linguística e religiosa. Em 1918, a proclamação da República Polonesa significou o restabelecimento da Igreja Católica Romana, que sempre desempenhou um papel marcante na consciência nacional. Os novos limites territoriais, depois de 1945, tornaram a Polônia um país mais homogêneo em relação à religião.

Além do catolicismo, que conta com 37,5 milhões de fiéis, ou seja, mais de 95% da população polonesa, o protestantismo continua a distinguir-se por uma grande diversidade. Além das três denominações reconhecidas como igrejas pelo governo — os luteranos (120 mil membros), bastante enfraquecidos com a expulsão dos alemães após a Segunda Guerra Mundial, os reformados (cerca de cinco mil) e a Igreja Evangélica Unida (vinte mil), uma denominação que costuma ser constituída basicamente por pentecostais —, há um bom número de igrejas livres que surgiram principalmente na segunda metade do século XIX, dentre as quais somente os metodistas, os adventistas e os batistas foram reconhecidos oficialmente. Em 1945, foi constituído o Conselho Ecumênico Polonês, que compreende representantes da Igreja Ortodoxa (um milhão de membros), de igrejas protestantes e de duas igrejas veterocatólicas (25 mil).

Lucie Kaennel

▶ *Antitrinitaires polonais* I-III (*Bibliotheca Dissidentium* VIII, XIII e XIV), Baden-Baden-Bouxwiller, Koerner, 1987-1992; BASSARAK, Gerhard, *Ökumene in Polen* Berlim, Evangelische Verlagsanstalt, 1982; JOBERT, Ambroise, *De Luther à Mohila. La Pologne dans la crise de la chrétienté, 1517-1648*, Paris, Institut d'études slaves, 1974; JØRGENSEN, Kai Eduard Jordt, *Ökumenische Bestrebungen unter den polnischen Protestanten bis zum Jahre 1645*, Copenhague, Busck, 1942; KLOCZOWSKI, Jerzy, org., *Histoire religieuse de la Pologne*, Paris, Centurion, 1987; SCHRAMM, Gottfried, *Der polnische Adel und die Reformation 1548-1607*, Wiesbaden, Steiner, 1965; WILBUR, Earl Morse, *A History of Unitarianism. Socinianism and Its Antecedents*, Boston, Beacon Press, 1945.

▶ Antitrinitarismo; bálticos (países); Biandrata; Hus; liberdade de consciência; *racoviano* (*Catecismo*); Reforma (Contra); Socino; unitarismo; Valdo

POLUIÇÃO

A poluição do ar, da água e do solo é o sinal mais manifesto das disfunções ecológicas associadas à atividade humana, sobretudo industrial. É provocada pelo acúmulo de resíduos físico-químicos tóxicos, ou simplesmente que excedem a capacidade de autoestabilização dos ecossistemas. Nos anos 1960, "poluição" era uma palavra-chave no debate público sobre a ecologia. Desde então, houve sucessos relativos na luta contra os poluentes: biodegradabilidade, purificação dos lagos, filtração da fumaça, estabelecimento de estudos de impacto, progressos em "engenharia ecológica" etc. No entanto, o problema persiste em escala mundial e se diversificou consideravelmente: radioatividade difusa, exportação de dejetos, chuva ácida, buraco na camada de ozônio, efeito estufa e, por extensão, poluição sonora.

O desenvolvimento industrial avançou sobretudo nos países de cultura protestante, fato que talvez se explique, pelo menos em parte, pelo alarme dado pela opinião pública nesses mesmos países diante da poluição industrial a partir dos anos 1960. Seja como for, os Países Baixos, a Dinamarca, a Alemanha e a Suíça desempenharam um papel pioneiro no estabelecimento de dispositivos antipoluição de ordem técnica, econômica e jurídica.

Otto Schäfer

▶ CHARDONNEAU, Jean-Pierre et alii, *Encyclopédie de l'écologie. Le présent en question*, Paris, Larousse, 1977; Comissão Mundial sobre Meio Ambiente e Desenvolvimento, *Notre avenir à tous* (1987), Montréal, Éditions de Fleuve, 1988 (Relatório Brundtland); RAMADE, François, *Éléments d'écologie*, t. II: *Écologie appliquée. Action de l'homme sur la biosphère*, Paris, McGraw-Hill, 1991; *Environment and Man* e *Environmental Ethics*, em Warren T. REICH, org., *Encyclopaedia of Bioethics*, New York, Free Press, 1982, p. 366-379 e 379-399.

◉ Criação/criatura; **ecologia**; natureza

PORNOGRAFIA

A pornografia flertou, de início, com o erotismo, para tornar-se, no século XX, um setor do comércio voltado para as massas, já que o sexo provou ser tão lucrativo quanto a violência. Como uma alternativa para a prostituição, a pornografia oferece um produto que excita a curiosidade e a imaginação, ainda que empobrecida, ao mesmo tempo que evita o risco da relação interpessoal e estabelece gozos parciais. Essa fragmentação da sexualidade, que se planifica no realismo monótono da repetição das imagens (assim como a violência, que é banalizada pela telinha), é um sinal de um possível desvio niilista da mentalidade moderna. As relações equívocas entre a sociedade e a pornografia tornam difíceis os necessários limites da censura (proteção mínima das crianças) e indispensável a educação para uma vida de fato "adulta".

Diante da pornografia, a postura protestante consiste tanto na demanda dirigida ao Estado no sentido de que este prescreva e faça com que se respeitem os limites para conter atentados à dignidade humana quanto na ajuda para que as pessoas realmente se libertem da agressão pornográfica.

Claude Schwab

▶ MELTON, J. Gordon e WARD, Gary L., orgs., *The Churches Speak on Pornography. Official Statements from Religious Bodies and Ecumenical Organizations*, Detroit, Gale Research Inc., 1989.

◉ Erotismo; **sexualidade**

PORTUGAL

A Reforma do século XVI não teve um eco significativo em Portugal. Algumas conversões ao protestantismo se deram no estrangeiro, dentre as quais a de dois grandes exilados, João Ferreira de Almeida (1628-1681), autor da primeira tradução da Bíblia para o português, e o nobre Francisco Xavier de Oliveira (1702-1783), que aderiram, respectivamente, à Igreja Reformada e à Igreja Anglicana.

Foi somente no século XIX que a primeira comunidade protestante portuguesa, a Igreja Presbiteriana Portuguesa, foi fundada em 1845 pelo médico e pastor escocês Robert Kalley (1809-1888), instalando-se em Funchal (Madeira). Em 1870, uma segunda comunidade presbiteriana surgiu em Lisboa. No ano seguinte, foi organizada no Porto a primeira igreja metodista pelo pastor inglês Robert Hawkey Moreton (1844-1917). Em 1880, um grupo de sacerdotes católicos decepcionados com o Concílio Vaticano I criou a Igreja Lusitana (anglicana). Outras igrejas surgiram nesse período: os congregacionais em 1877, os batistas em 1888 e os pentecostais em 1914. Hoje, há por volta de trinta igrejas protestantes em Portugal.

Em 1956, as igrejas lusitana, metodista e presbiteriana criaram a Comissão Intereclesial Portuguesa, que por sua vez fez surgir, em 1971, o Conselho Português da Igrejas Cristãs. A instituição impulsionou o movimento ecumênico em Portugal, opondo-se às críticas do protestantismo conservador representado pela Aliança Evangélica Portuguesa. Em 2004, estima-se em trezentos mil o número de protestantes, dos quais pouco mais de quinze mil são "ecumênicos", termo que, em Portugal, é utilizado para identificar os membros das igrejas que compõem o Conselho Português das Igrejas Cristãs.

José M. Leite

▶ ASPEY, Albert, *Por este Caminho: origem e progresso do metodismo em Portugal no século XIX. Umas páginas da história da procura da liberdade religiosa*, Porto, Edição do Sínodo da Igreja Evangélica Metodista Portuguesa, 1971; CARDOSO, Manuel Pedro, *Geschichte des Protestantismus in Portugal* (1985), Buarcos-Figueira da Foz, Ökumenisches Zentrum zur Versöhnung, 1987; Idem, *Por vilas e cidades: notas para a história do protestantismo em Portugal*, Lisboa, SET, 1998; GUICHARD, François, *Le protestantisme au Portugal*, Arquivos do Centro Cultural Português 28, 1990, p. 455-482; MOREIRA, Eduardo, *Vidas convergentes: história dos movimentos da Reforma cristã em Portugal, a partir do século XVIII*, Lisboa, Junta Presbiteriana de Cooperação em Portugal, 1958; Idem, *A Reforma Protestante e os seus antecedentes em Portugal*, Língua e Cultura 3/1, 1973, p. 54-64; TESTA, Michael P., *Injuriados e perseguidos: panorâmica histórica da fé reformada em Portugal*, Lisboa, Igreja Evangélica Presbiteriana de Portugal, 1977; RIBEIRO, Eduardo, *Da Reforma Luterana à Contrarreforma ibérica*, Queluz, Núcleo, 1987; Idem e RIBEIRO, Joel, *Precursores da Reforma em Portugal*, Queluz, Núcleo, 2001.

◉ Dispersão

POSITIVISMO

Apesar de considerar importante e até decisivo o papel do protestantismo na história, Auguste Comte (1798-1857), fundador do positivismo, depreciou esse papel em relação ao do catolicismo. A Reforma marcou o início de uma longa crise ocidental que ainda está para ser resolvida. No entanto, teve principalmente efeitos negativos, destrutivos e, além disso, parciais, já que o essencial foi feito no século XVIII, com a Revolução Francesa. O que foi uma etapa do movimento progressivo se tornou cada vez mais um criador de obstáculos.

O "livre exame" logo teve consequências desastrosas, políticas e morais, quando se tornou um "princípio de liberdade ilimitada de consciência", levando a um individualismo exacerbado, que é fermento para a anarquia. Além disso, os protestantes nem compreenderam muito bem nem respeitaram a separação entre o espiritual e o temporal, entre o "governo moral" e o "governo material". Comte reprovou o realismo protestante, julgando-o temporal demais: nacionalização do clero, intensificação da política colonial etc. Para ele, o espírito do protestantismo é o materialismo.

Comte minimizou também as implicações e o alcance da Reforma, associando-os a protestos que nada têm de muito original nem de muito radical. Ele só reconheceu como "realmente característica" a "abolição combinada do celibato eclesiástico e da confissão universal", lembrando que tais demandas já existiam dentro do catolicismo. Assim, ao mesmo tempo que reconheceu o papel do "levedo protestante", Comte atribuiu aos católicos a condução da história.

A análise dos papéis que serão cumpridos confirma as análises da história: Comte acreditava que as nações católicas sairiam mais rápido da crise que as nações protestantes. A Alemanha seria a última, já que Comte diagnosticou no povo alemão "a doença ontológica inerente ao protestantismo".

Assim, a Reforma é apresentada, na obra de Comte, como essencialmente "crítica", ou seja, reveladora e portadora de crises, nada apta para guiar uma reorganização espiritual e social.

Annie Petit

▶ COMTE, August, *Cours de philosophie positive* (1830-1842), t. II, Paris, Hermann, 1975, lição 55; Idem, *Catecismo positivista* (1852), Rio de Janeiro, Templo da Humanidade, 1934; Idem, *Système de politique positive, ou Traité de sociologie instituant la religion de l'Humanité* (1851-1856), 4 vols., Paris, na sede da Sociedade Positivista, 1928-1929, sobretudo o volume III.

> História; indivíduo; **liberdade**; liberdade de consciência; livre exame; **modernidade**; **protestantismo**; **razão**; Revolução Francesa; revoluções da Inglaterra

POTTER, Philip Alford (1921-2015)

Terceiro secretário-geral do Conselho Mundial de Igrejas, nascido em Roseau, na ilha Dominica (Pequenas Antilhas), de pai católico romano e mãe metodista, Philip Potter precisou abandonar o ensino médio com a idade de 16 anos para trabalhar em um escritório de advocacia. Teve aulas de direito, mas se tornou mais conhecido como um pregador leigo. Em 1944, iniciou seus estudos no *Caenwood Theological College*, de Kingston, na Jamaica.

Bastante ativo nos movimentos estudantis e de juventude, assistiu à segunda Conferência Mundial da Juventude em Oslo (1947). Continuou seus estudos em Londres, onde obteve diploma de licenciatura (1948) e o mestrado em teologia (1954). Militou na Associação Cristã de Estudantes Britânicos. Participou como representante da juventude na primeira assembleia do Conselho Mundial de Igrejas, em Amsterdã (1948) e, no ano seguinte, da Conferência Mundial da Federação Universal das Associações Cristãs de Estudantes em Whitby (Canadá). Em 1950, sua igreja o enviou para o Haiti, onde, durante quatro anos, ele exerceu o ministério pastoral a serviço de uma população pobre e dizimada por doenças. De 1954 a 1960, trabalhou no departamento "Juventude" do CMI. Voltou para Londres como secretário da Sociedade Missionária Metodista. Em 1967, foi chamado pelo CMI para liderar a divisão "Missão e Evangelização". Em 1972, sucedeu a Eugene Carson Blake (1906-1985) como secretário-geral do CMI. Com sua liderança, o movimento ecumênico adquiriu uma visão mais clara quanto à unidade entre testemunho e serviço, fé cristã e engajamento concreto em favor dos pobres, dos oprimidos e dos excluídos. A quinta Assembleia de Vancouver (1983) seria o ponto culminante de sua obra ecumênica, quando todas as igrejas membros do CMI decidiram entrar em "um processo conciliar de engajamento mútuo pela justiça, pela paz e pela salvaguarda da criação". Aposentou-se no ano seguinte e voltou para as Caraíbas como capelão de estudantes.

Jacques Nicole

▶ POTTER, Philip, *Life in All Its Fullness. Reflection on the Central Issues of Today's Ecumenical Agenda*, Grand Rapids, Eerdmans, 1982; Idem e BERKHOF, Hendrikus, *Key Words of the Gospel*, Londres, SCM Press, 1964; BENT, Ans Joachim van der, *Présence du Conseil oecuménique dans le monde. Une interview du pasteur Philip Potter* (1978), Genebra, CMI, 1979; Idem, *The Whole Oikoumene. A Collection of Bibliographies of the Works of Philip A. Potter*, Genebra, CMI, 1980; GENTZ, William H., *The World of Philip Potter*, New York, Friendship Press, 1974; MÜLLER-RÖMHELD, Walter, *Philip Potter. Ein ökumenisches Lebensbild*, Stuttgart, Evangelischer Missionverlag, 1972.

> Conselho Mundial de Igrejas; **ecumenismo**

PRAGMATISMO

No uso comum, o termo "pragmatismo" designa uma atitude que prioriza as consequências práticas do que é dito e do que é feito. A palavra adquire conotações negativas quando essas consequências só são contempladas em curto prazo; é quando ser pragmático cai no opróbrio reservado para as doutrinas que preconizam que o fim justifica os meios. Quando o termo foi introduzido, no final do século XIX, por filósofos americanos, tratava-se de uma filosofia rigorosa e completa, com uma epistemologia e uma teoria da razão. Enquanto o sucesso das ciências naturais alimentava um positivismo metafísico materialista que encerrava o homem em uma sucessão de causas naturais, o pragmatismo renovou a filosofia ao afirmar que o ser humano é dotado de inteligência e vontade, ou seja, que é sujeito, não somente objeto.

Uma coleção de ensaios de William James (1842-1910) reunidos em 1907 sob o título *O pragmatismo* (São Paulo, Martin Claret, 2007) ofereceu tanto a base teórica quanto suas aplicações às áreas da moral e da religião. Ao partir da observação de que o que chamamos de crenças são regras de ação, os pragmatistas propuseram um método para pôr fim às intermináveis disputas metafísicas. O que consideramos real é o que influencia nossa prática. Encontramos sentido onde encontramos aquilo que nos orienta no mundo. Nesse ponto de partida há algo de anti-intelectualista. Ao contrário daqueles que buscam causas primeiras, categorias, do supostamente necessário, James se interessa pelos fins e pelas consequências de fato. O próprio *status* das ideias entra nessa perspectiva. Parte integrante de nossas experiências, as ideias se tornam verdadeiras quando nos permitem estabelecer relações satisfatórias entre as diversas dimensões de nossa experiência.

What would be better for us to believe? A questão não é saber no que deveríamos crer, nem no que seria útil crer. Traduzida dessa maneira, a frase de James tornaria superficial a pergunta. James se une a parte da grande tradição da filosofia antiga para perguntar que crenças nos permitem transformar naquilo que somos, realizando plenamente nosso potencial e vivendo uma boa vida. A moral não é uma questão de mandamentos, mas, sim, de energia moral, de coragem para buscar ativamente o bem.

Convidado para as famosas *Gifford Lectures* em Edimburgo (1902), James proferiu uma série de palestras sobre *As variedades da experiência religiosa: um estudo sobre a natureza humana* (1902, São Paulo, Cultrix, 1991). Nessa obra, o pragmatismo é o fio condutor de uma miríade de testemunhos sobre experiências religiosas. James cita os textos que foram redigidos pelas pessoas que buscaram dar conta do que viveram. Ele as separa cuidadosamente em vários tipos e propõe uma definição para religião, mas sem imposições. No início de suas conferências, decidiu que a religião "é feita de sentimentos, ações e experiências de indivíduos em sua solidão, na medida em que são considerados em relação com o que percebem como divino". Depois de dar a palavra a místicos e convertidos, deixa que seus ouvintes-leitores julguem o valor do que seu filtro definidor recolheu no vasto campo dos testemunhos humanos. Porém, começa por descartar o saber dos patologistas que só enxergam nas experiências religiosas aspectos fisiológicos do sistema nervoso. James não esconde que alguns dos autores dos textos citados são o que chamaríamos *casos*; em tudo e todos, porém, ele encontra não objetos da natureza, mas sujeitos da cultura que manifestam suas decisões de vida. O que lhe interessa não é o que está por trás da experiência vivida, mas, sim, o que é gerado por ela, sem negar o valor dos estudos sobre o que está por trás. E se permite a elegância de citar Jesus: "Pelos frutos os conhecereis".

James foi mais que um filósofo? Ele começou a carreira como professor de psicologia em Harvard, passando depois para a filosofia. Prosador de um excepcional talento, cosmopolita, sentia-se à vontade na França, e se mantinha informado quanto aos trabalhos alemães. Foi um conferencista eloquente. Sua biografia denota algo de robustamente militante. Engajou-se em vários empreendimentos de educação popular e foi o primeiro a denunciar a prática dos grandes hotéis de veraneio que rejeitavam a clientela judia. Foi caricaturado como um otimista tipicamente americano: na França, era a época da literatura dos decadentes. Na verdade, ele era um grande ansioso. Deixou para a posteridade o relato de um pesadelo que o aterrorizava após sua visita a um hospital de doentes mentais. Seu senso de poder do mal é tão presente quanto o de alguns sobreviventes da catástrofe da Primeira Guerra Mundial.

O aspecto epistemológico e mais formalizado do pragmatismo foi elaborado antes de James, sendo desenvolvido em paralelo por Charles Sanders Peirce (1839-1914), originário de uma família protestante unitarista, que adotou o episcopalismo depois de seu casamento e cujos textos demonstrariam, cada vez mais, uma desconfiança em relação ao que acreditava serem as raízes individualistas do protestantismo. Alguns filósofos da linguagem e semióticos se referem ainda à obra de Peirce como à de um fundador. Inegavelmente, porém, foi James quem faz da escola um movimento, conferindo-lhe alcance internacional e estendendo seus frutos para a área dos estudos religiosos. John Dewey (1859-1952) aumentou seu círculo de influência, principalmente na área das ciências da educação, e incrementou a reflexão pragmática no nível mais amplamente social e político.

As variedades da experiência religiosa, de James, enriqueceram os trabalhos de psicologia da religião, que deixaram de ser partilhados entre os teólogos que estudavam os grandes místicos e os psicólogos que pesquisavam os casos patológicos. Além disso, o fio condutor e as conclusões desses trabalhos ultrapassam o domínio estreito da psicologia e da observação do vivido para abordar problemas filosóficos.

Michel Despland

▶ JAEGER, Friedrich, *Amerikanischer Liberalismus und ziville Gesellschaft. Perspektiven sozialer Reform zu Beginn des 20. Jahrhunderts*, Göttingen, Vandenhoeck & Ruprecht, 2001; JAMES, William, *A vontade de crer* (1897), São Paulo, Loyola, 2001; LAPOUJADE, David, *William James. Empirisme et pragmatisme*, Paris, PUF, 1997; PEIRCE, Charles Sanders, *Oeuvres philosophiques*, t. I: *Pragmatisme et pragmaticisme* e t. II: *Pragmatisme et sciences normatives*, Paris, Cerf, 2002-2003; TAYLOR, Charles, *La diversité de l'expérience religieuse aujourd'hui. William James revisité* (2002), Saint-Laurent, Bellarmin, 2003.

● Dewey; Estados Unidos; James

PRÁTICA RELIGIOSA

Ainda que as práticas religiosas sejam as mais diversas (comparecimento ao culto, participação na santa ceia, oração, leitura da Bíblia etc.), entende-se tradicionalmente por "prática religiosa" o ato objetivo que consiste em ir ao culto ou à missa; foi em consideração a esse ato que a sociologia do cristianismo habituou-se a distinguir entre "praticantes regulares", "praticantes ocasionais" e "não praticantes". Como o comparecimento à missa é uma obrigação canônica no catolicismo, a consideração dessa prática religiosa teve um grande sucesso na teologia do catolicismo, com o impulso das obras de Gabriel Le Bras (1891-1970) e do cônego Fernand Boulard (1898-1977). Em sua obra *Estudos de sociologia religiosa*, Le Bras estabeleceu uma tipologia quadripartida que distinguia os estrangeiros na igreja (ou dissidentes), os conformistas ocasionais (os que vão à igreja para os ritos de passagem que marcam as grandes ocasiões da vida: batismo, primeira comunhão, casamento, enterro), os praticantes regulares (que frequentam normalmente a missa dominical) e os devotos (militantes religiosos). Dessa forma, foram estabelecidos mapas da França religiosa rural (1947) e urbana (1968). Em 1980, surgiu o *Atlas da prática religiosa dos católicos da França*, de François-André Isambert e Jean-Paul Terrenoire. Hoje, na França, as pesquisas identificam os praticantes dominicais (frequência à igreja uma ou duas vezes por semana), os praticantes mensais (uma ou duas vezes por mês), os praticantes ocasionais (algumas vezes por ano, nas grandes festas), os não praticantes, os sem religião e as demais religiões. Compreendendo que a frequência a um serviço religioso não é mais um ato socialmente cumprido em um meio de prática majoritária, mas um ato bem mais individualizado em um contexto de prática minoritária, coloca-se hoje os praticantes mensais ao lado dos praticantes dominicais, na categoria de praticantes regulares.

Se o valor atribuído à prática cultual para medir a vitalidade religiosa de uma população pôde ser discutido, análises aprofundadas mostraram que, no catolicismo sobretudo, o nível de prática é correlativo ao nível de crença: a medida da prática é um bom indicativo da integração dos indivíduos em um universo religioso cristão (no entanto, constatam-se hoje alguns deslocamentos entre nível de prática e nível de crença). Acertadamente, os historiadores e sociólogos protestantes insistiram no fato de que a prática cultual não poderia assumir, no estudo do protestantismo, um lugar tão importante quanto no estudo do catolicismo, já que a assistência regular ao culto não tem, no protestantismo, nenhum caráter obrigatório. De fato, as taxas de prática cultual são sempre mais fracas nas igrejas protestantes que na Igreja Católica: na Alemanha, em 1991, verificaram-se 20% de praticantes dominicais entre os católicos e 5% entre os protestantes; na Suíça, em 1989, 27% entre os católicos e 10% entre os protestantes. No entanto, essa diferença clássica entre ambas as frequências ao culto não pode ser interpretada como uma perda de vitalidade protestante. Medir a prática cultual também nos permite verificar a amplitude das modificações que ocorreram nas últimas décadas: na França, enquanto havia 30% de católicos praticantes dominicais em 1950, o número baixou para menos de 10% no início do século XXI; a taxa de protestantes que frequentam regularmente o culto também baixou para cerca de 5%. É evidente que esses dados precisam ser complementados com outros indicadores quanto ao compromisso religioso; porém, os números evidenciam um aspecto das transformações religiosas contemporâneas: um distanciamento dos indivíduos em relação às organizações religiosas, o que não significa obrigatoriamente um declínio na prática religiosa, tampouco um declínio da religiosidade.

Jean-Paul Willaime

▶ ISAMBERT, Jean-François e TERRENOIRE, Jean-Paul, *Atlas de la pratique religieuse des catholiques de France*, Paris, CNRS Éditions, 1980; LE BRAS, Gabriel, *Études de sociologie religieuse*, t. I: *Sociologie de la pratique religieuse dans les campagnes françaises* e t. II: *De la morphologie à la typologie*, Paris, PUF, 1955-1956; MEHL, Roger, *Traité de sociologie du protestantisme*, Neuchâtel, Delachaux et Niestlé, 1965; VOYÉ, Liliane, *Sociologie du geste religieux. De l'analyse de la pratique dominicale en Belgique à l'interprétation théorique*, Bruxelas, Vie ouvrière, 1973; WILLAIME, Jean-Paul, *Intérêt, difficultés et limites de l'étude quantitative de la minorité protestante en France*, em ASSOCIAÇÃO FRANCESA DE HISTÓRIA RELIGIOSA CONTEMPORÂNEA, org., *L'observation quantitative du faix religieux*, Villeneuve-d'Ascq, Centre d'histoire de la région du Nord et de l'Europe du Nord-Ouest de l'Université Charles-de-Gaulle, Lille 3, 1992, p. 91-104.

PRAZER

O prazer é um estado afetivo caracterizado por seu tom agradável. Sexual ou não, faz parte, de acordo com a Bíblia, da criação boa de Deus. O pecado não está de modo algum associado ao prazer enquanto tal, mas inclui a tendência para a objetivação ou a manipulação de outrem, o medo e a vergonha. O Antigo Testamento fala do prazer de um modo positivo não somente no Cântico dos Cânticos, mas também em outros textos: *Alegra-te com a mulher da tua mocidade* (Pv 5.18; cf. Ez 24.15, e Ec 9.9).

Os puritanos estiveram entre os primeiros a atribuir um significado positivo ao prazer sexual. Sua "constância" tinha o objetivo de tornar possível a felicidade que inclui a união sexual. Para eles, o prazer sensual era indispensável para a harmonia do casal.

Sabemos que, de acordo com Freud e a psicanálise, o "princípio de prazer", corrigido pelo "princípio de realidade", é o motor essencial da atividade psíquica. Para ele, o prazer aumenta com o obstáculo que lhe é anteposto e, portanto, é incrementado caso o cultivemos. Essa constatação, confirmada por obras orientais como o *Kama sutra* — que aconselha o aumento da tensão erótica com o adiamento de seu ápice —, permite associar a busca do prazer a uma ética que inclui uma forma de disciplina, tal como surge tradicionalmente no protestantismo. Em oposição a todo tipo de objetivação, o prazer pode ser vivido em um contexto de intimidade confiante, aprofundando-se na fidelidade.

Fritz Lienhard

▶ FREUD, Sigmund, *Das Unbewusste. Schriften zur Psychoanalyse*, Frankfurt, Fischer, 1960; FUCHS, Éric, *Le désir et la tendresse. Pour une éthique chrétienne de la sexualité* (1979), Paris-Genebra, Albin Michel-Labor et Fides, 1999; LEITES, Edmund, *La passion du bonheur. Conscience puritaine et sexualité moderne* (1986), Paris, Cerf, 1989.

● Alegria; casal; casamento; castidade; erotismo; masturbação; **sexualidade**

PREDESTINAÇÃO E PROVIDÊNCIA

1. Introdução
   1.1. Para comunicar a primazia da graça
   1.2. Noções controversas
2. Primeiras delimitações e definições
   2.1. No início: aspectos contrastantes
   2.2. Laços indissolúveis: criação e salvação
3. A predestinação, suas ênfases, suas dificuldades
   3.1. Elementos constitutivos da predestinação em Calvino
   3.2. Predestinação e escravidão da vontade
   3.3. Apostas em aberto
   3.4. O arminianismo e o Sínodo de Dordrecht
   3.5. Reelaborações modernas
   3.6. Universalidade ou particularidade?
4. Providência e teodiceia: dificuldades e desafios
   4.1. Elementos constitutivos da Providência em Calvino
   4.2. "Uma singular segurança para o futuro"
   4.3. O problema do mal e a elaboração moderna da teodiceia
   4.4. Crítica da teodiceia e deslocamento na filosofia da história
   4.5. O problema do mal e o ateísmo
   4.6. Deus presente ou ausente?
5. Para uma compreensão renovada da graça primeira
   5.1. A tendência determinista, ou o risco de uma teoria geral
   5.2. Afirmações de fé assumidas diante de Deus
   5.3. Graça e liberdade
   5.4. A certeza da fé provada pelo enigma de Deus
   5.5. "Deus meu, Deus meu, por que me desamparaste?", ou Providência e oração
   5.6. A ignorância no cerne da confiança
   5.7. As tarefas seculares sob a Providência divina
   5.8. "Como se...": graça e humor

1. Introdução

Sola gratia, somente pela graça: esse princípio protestante demonstra um aspecto prioritário da Reforma, segundo o qual todas as coisas dependem fundamentalmente da graça divina. Assim como chama à existência aquilo que não é, criando a partir do nada, Deus faz os mortos reviverem (cf. Rm 4.17). Ele salva o pecador sem pressupor qualquer iniciativa ou ação humanas que possa contribuir para a salvação. Em todas as coisas, a iniciativa graciosa de Deus está em primeiro lugar.

1.1. Para comunicar a primazia da graça

As duas noções estudadas aqui, predestinação e Providência, têm como objetivo inicial apontar para a primazia da iniciativa divina, essa antecedência da graça, e assumir teologicamente as consequências e as implicações do fato. Evidentemente, tais noções não foram inventadas pelos reformadores. Ambas têm uma história longa e complexa que até mesmo ultrapassa as fronteiras do cristianismo. Dessa forma, a noção de Providência, por exemplo, desempenha um papel central já no antigo estoicismo. Seu desenvolvimento no cristianismo foi operado em várias etapas, tanto na época patrística quanto no período medieval. Dentre essas etapas, a de Agostinho merece ser mencionada de um modo particular, pois contribuiu profundamente para a explicitação teológica dessas noções.

> A fé como ato livre da decisão é um abandonar-se à graça de Deus, no sentido radical de que ela não se olha, ela não explica a si mesma. A fé é uma condição de recepção da graça, mas não no sentido de que o cristão imagine poder cumprir essa condição e, a partir disso, pretender a graça. Tudo isso — esse olhar sobre si, essa autoglorificação, essa pretensão — aniquilaria a fé; ela suprimiria a si mesma e se tornaria uma obra. A fé é um ato verdadeiro na medida em que tem consciência de nada dever a si mesma, mas de tudo dever à graça que a encontra. O cristão sabe que é um eleito pelo encontro com a graça. [...]
>
> A fé sabe que quando crê, ou seja, quando se decide livremente por Deus, deixa que Deus aja nela, mas ela só conhece essa ação de Deus *na medida em que crê*: ela não pode especular fora da fé sobre a ação de Deus. Além disso, ela não pode falar de sua eleição dirigindo um olhar lateral sobre outros que não são eleitos. Ela se sabe eleita, e o mistério, para ela, não é que ela seja eleita à diferença dos outros, mas que, não sendo digna, ela o tenha sido.
>
> Rudolf BULTMANN, *Grâce et liberté* (1948), p. 542s.

No entanto, os dois conceitos adquirem uma importância praticamente inigualável com a Reforma. Isso vale sobretudo para a Reforma calviniana: mesmo se as doutrinas da predestinação e da Providência são fundamentalmente comuns aos diferentes reformadores, Calvino privilegia mais que eles esses temas em sua reflexão teológica. Talvez isso permita compreender por que, com tanta frequência na cultura francófona e até mesmo mais amplamente latina, essas duas noções logo são atribuídas ao protestantismo, enquanto elas não têm nada de especificamente protestante enquanto tais.

1.2. Noções controversas

Ao mesmo tempo, do ponto de vista de sua influência cultural, os dois conceitos assinalam igualmente as dificuldades que os contemporâneos experimentam em relação às teses protestantes ou mais amplamente cristãs. Predestinação e Providência não são mais categorias evidentes. Pelo contrário: hoje são verdadeiros obstáculos, em geral incompreensíveis e inutilizáveis. São a expressão por excelência dos excessos aos quais pode chegar um endurecimento irrefletido próprio a algumas afirmações teológicas. Nessa contestação, reteremos, em primeiro lugar, os seguintes pontos: a) as noções de predestinação e Providência não seriam sinônimo de determinismo? Esses termos não significariam simplesmente que nada é por acaso, que tudo é uma necessidade fixada desde sempre? Mas, se tudo já está determinado, como se pode ainda falar de liberdade humana? b) A salvação é dirigida a todos ou está reservada somente a alguns? Como a universalidade e a particularidade podem articular-se do ponto de vista da mensagem cristã? Uma graça que escolha alguns em detrimento de outros é justa? E ainda é uma graça? c) Como se pode falar de uma Providência graciosa de Deus diante de um mundo dominado pelo mal, onde Deus parece cruelmente ausente? A experiência do mal não seria uma prova tangível da inexistência de Deus, ou pelo menos de sua impotência ou de sua injustiça?

Se queremos compreender o sentido dessas duas noções problemáticas, não podemos poupar esforços para precisar de que forma elas tentam passar pela dura prova dessas objeções. Primeiro, porém, é preciso observar que os debates sobre a predestinação e a Providência não são recentes. Como teremos a oportunidade de ver, os aspectos brevemente evocados aqui pontuam a história dos dois conceitos. Abordar as doutrinas da predestinação e da Providência é entrar em debate, abrindo-se para uma controvérsia de longa data.

2. Primeiras delimitações e definições

Quando buscamos captar de um modo mais preciso as duas noções em questão, constatamos ao mesmo tempo certo número de contrastes entre elas e um laço indissolúvel que as une.

2.1. No início: aspectos contrastantes

Como o prefixo "pré" já indica, a predestinação seria uma decisão prévia de Deus: é a decisão de designar anteriormente aqueles que são destinados para a salvação, aos quais ele dispensa sua graça. Essa ideia também pode ser expressa na noção de eleição: em uma livre ação, Deus elege, escolhe, aqueles para os quais ele reserva sua salvação. Em muitas dogmáticas (p. ex., nas obras de Schleiermacher ou Barth), a noção de eleição é preferida à de predestinação, por ser mais fortemente bíblica e prestar-se a menos confusões.

Do ponto de vista etimológico, a noção de Providência, por outro lado, remete ao verbo latino *providere*, indicando a solicitude de Deus, o fato de que ele zela pelo bem de sua criação e suas criaturas, tomando conta delas, orientando-as, conservando-as e protegendo-as. Ele tudo tem nas mãos, e é por isso que nada pode ocorrer com suas criaturas sem que ele o deseje em seu soberano poder e bondade: "Não se vendem dois pardais por um asse? E nenhum deles cairá em terra sem o consentimento de vosso Pai. E, quanto a vós outros, até os cabelos todos da cabeça estão contados" (Mt 10.29,30).

O contraste suscitado por essas primeiras definições é reforçado quando se consideram, de um modo mais preciso, as implicações de cada aspecto. A eleição ou predestinação parecem indicar uma escolha da parte de Deus, uma escolha "particularista" em um sentido: se ele escolhe alguns, outros não serão eleitos, o que levará, como veremos, à ideia da dupla predestinação, predestinação à salvação para alguns e à perdição para outros. Por outro lado, a Providência sugere a ideia de um Deus que se preocupa com todas as suas criaturas, sem exceção, um Deus "universalista" em sua magnânima bondade: *ele faz nascer o seu sol sobre maus e bons e faz vir chuvas sobre justos e injustos* (Mt 5.45).

Essa variedade de ênfases também faz com que, tradicionalmente, esses temas sejam abordados em diferentes campos da argumentação dogmática. É verdade que essa alocação não se dá sempre sem dificuldades. Com efeito, ambas as noções recobrem dimensões muito vastas que, em certo sentido, estão presentes desde o início até o fim do desenvolvimento da história da salvação. Por estar associada a um decreto eterno de Deus, a predestinação existe desde o início; no entanto, é na história dos homens que ela se concretiza, mas é no fim dos tempos que ela se cumpre de modo último. O mesmo pode ser dito da Providência, que se integra à vontade do Criador quanto a não abandonar sua criação; todavia, visa a guiá-la e conservá-la através de todos os meandros da história, até seu fim último.

Ainda que as ramificações sejam onipresentes, ambas as doutrinas têm seus "lugares" tradicionais. Como regra geral, a Providência é tratada em estreita correlação com a criação, no contexto da explicitação do primeiro artigo de fé, dedicado a Deus Pai e às obras. É nesse âmbito que são tratados os temas tradicionalmente associados ao complexo da Providência: o governo e a conservação do mundo, o "concurso" dos atos divinos e dos atos humanos, os anjos (guardiões designados pela Providência), a oração, os milagres (ou a Providência "extraordinária"). Como veremos adiante, localizar a Providência no contexto do primeiro artigo de fé permitiria, nos tempos modernos, uma retomada filosófica do tema, o que foi bem menos o caso da predestinação, que claramente permaneceu mais ligada à doutrina cristã da salvação.

É interessante constatar que a atribuição de um lugar à doutrina da predestinação ou da eleição é algo flutuante. Enquanto se deseja enfatizar o aspecto do decreto eterno na vontade de Deus, esse aspecto é abordado no contexto da doutrina de Deus (p. ex., nas obras de Barth ou Brunner). Por outro lado, ao tratar-se da designação para a salvação ou para a perdição, a questão é abordada no contexto da doutrina da graça e da salvação, no terceiro artigo de fé, dedicado às obras do Espírito Santo (p. ex., é o caso das obras de Schleiermacher, Pannenberg e Ebeling).

Para Calvino, na edição das *Institutas da religião cristã* de 1559-1560, a divisão dos temas corresponde às possibilidades evocadas: a Providência é tratada no livro I, em correlação com a criação, e a predestinação, no final do livro III, em correlação com a justificação e a liberdade, e pouco antes da ressurreição final.

É importante, porém, notar que essa solução resultou em sucessivos ajustes nas *Institutas*. De fato, no início, e até 1557, os dois temas eram tratados por Calvino em um único capítulo, chamado "Da predestinação e da Providência de Deus". Apesar dos contrastes, essa constatação nos leva a considerar a unidade profunda entre os dois temas.

2.2. Laços indissolúveis: criação e salvação

Como já afirmamos, as duas noções são submetidas hoje à mesma contestação, acusadas de alimentar o determinismo religioso e desprezar a liberdade humana, fechando prematuramente o futuro. O fato de estarem expostas a uma mesma controvérsia dá ensejo a uma primeira unidade de perspectiva, negativa e exterior. A esta se segue outra unidade, inserida na própria temática: em ambas as dimensões, em diversos sentidos e de acordo com modalidades próprias, há uma prioridade na iniciativa de Deus em suas ações para com os homens. A Providência o exprime sob o ângulo da criação, do ponto de vista do real dado, proclamando o que o constitui em seus limites, sua consistência e sua duração. Já a predestinação o exprime do ponto de vista do destino dos homens, ao proclamar a única fonte da salvação. Por isso, considerar juntas a Providência e a predestinação equivale a considerar os laços indissolúveis entre criação e salvação. Dito de outra forma, equivale a abordar a questão da graça primeira de Deus sem desconectar o destino dos homens da confrontação com o real a que eles pertencem e sem fechar a criação para a dimensão da salvação que a transcende.

Assim, ainda que, na continuação, façamos a distinção entre os dois planos por motivos de clareza, devemos nos manter atentos a esses laços. Voltaremos a isso no final de nosso percurso, quando as duas noções tiverem sido explicitadas em suas ênfases e dificuldades próprias.

3. A predestinação, suas ênfases, suas dificuldades

3.1. Elementos constitutivos da predestinação em Calvino

Calvino desenvolveu sua concepção de predestinação nos capítulos XXI a XXIV do livro III das *Institutas da religião cristã*. A primeira constatação de Calvino é a variedade de situações na proclamação e na recepção da mensagem do evangelho, que não é igualmente pregado a todos e, ao ser pregado, não é recebido de modo uniforme. "Nessa diversidade há um segredo admirável no julgamento de Deus: não há dúvidas de que tal variedade serve para seu bom prazer." É importante lembrar-se dessa base inicial na experiência vivida. Como o próprio Calvino observou, a experiência está na fonte de "grandes e altas questões". Porém, é necessário não temê-las, mas afirmar a predestinação, pois "essa doutrina não somente é útil, mas também doce e saborosa pelo fruto que dela advém". Se Calvino pode falar desse modo, é porque tal doutrina aponta para o princípio do *sola gratia*. "Jamais seremos claramente persuadidos, como é requerido, de que a fonte de nossa salvação é a misericórdia gratuita de Deus, até que sua eleição eterna também nos seja clara, porque ela nos esclarece a graça de Deus" (III, XXI, 1). A "utilidade" dessa doutrina se afigura clara: ela glorifica a Deus e nos chama para a humildade, lembrando-nos que nada podemos por nossas próprias obras.

Evidentemente, não devemos buscar saber mais do que aquilo que Deus quis que conhecêssemos: é preciso não desejar penetrar o segredo de Deus, como fazem os "curiosos". Porém, também é necessário não temer nem inquietar-se em dizer claramente as coisas. É o que faz Calvino ao apresentar sua tese central: "Chamamos predestinação ao conselho eterno de Deus, pelo qual ele determinou o que desejava fazer de cada homem, pois ele não criou todos em condição idêntica, mas ordenou uns para a vida eterna e outros para a eterna danação. Assim, de acordo com o fim para o qual foi criado o homem, afirmamos que ele está predestinado ou para a morte ou para a vida" (III, XXI, 5).

Ao continuar sua exposição, Calvino distingue três formas de predestinação ou eleição na perspectiva da história da salvação: a eleição do povo de Israel dentre as nações, a eleição de alguns e a rejeição de outros dentre o próprio povo eleito e, finalmente, a eleição e a reprovação das pessoas em particular, inseridas na nova aliança e que, por esse motivo, ultrapassam as formas precedentes em clareza e certeza. No final do capítulo, Calvino apresenta uma distinção fundamental que é retomada com frequência ao longo da obra: a eleição de alguns se baseia na misericórdia de Deus, que não diz respeito a nenhuma dignidade humana, enquanto a reprovação de outros se faz por seu julgamento justo e reto, levando em consideração o pecado dos seres humanos.

Tendo assim estabelecido suas bases, Calvino dedicou os três capítulos seguintes (XXII-XXIV) a desenvolver as referências bíblicas da predestinação, a refutar as objeções levantadas contra essa doutrina e a formular suas implicações teológicas. Ao longo das páginas, ao mesmo tempo que enfatiza a necessária prudência e caridade no ensino dessa doutrina, Calvino acentua e reforça a dualidade fundamental da eleição e da reprovação, da predestinação de alguns para a salvação e de outros para a perdição. Essa dualidade não contradiz a vocação universal, pois, "quando Deus convida todos para que lhe obedeçam, essa generalidade não impede que o dom da fé seja algo bastante raro" (III, XXII, 10). A proclamação do evangelho a todos permanece submetida às diferenças extremas quanto à resposta que é recebida de acordo com cada destinatário. Para uns, torna-se vocação eficaz, confirmando e certificando a eleição dada gratuitamente por Deus; essa confirmação dá aos eleitos a força e a coragem para a perseverança. Para outros, porém, a proclamação obscurece, endurece e cega, afastando-os de Deus. Assim, os que estavam destinados à salvação são graciosamente salvos, enquanto os reprovados atraem para si a justa perdição.

No entanto, é certo que permanece um limite que é preciso jamais ultrapassar, pois nossa ignorância nos obriga a reconhecer somente em Deus a resposta final para a questão: "Por não sabermos quais são aqueles que pertencem ou não ao número e à companhia dos predestinados, devemos apegar-nos ao desejo de que todos sejam salvos. Se agirmos assim, nós nos esforçaremos para tornar participantes de nossa paz todos aqueles que encontrarmos. [...] Em suma, no que estiver a nosso alcance, precisamos lançar mão de uma correção saudável e severa, como a de um médico, para com todos, a fim de que não pereçam nem percam os outros; porém, cabe a Deus tornar essa correção útil naqueles que ele predestinou" (III, XXIII, 14).

3.2. Predestinação e escravidão da vontade

Como Calvino afirma, o correlato antropológico da predestinação é a contestação de toda contribuição humana para a salvação. É quando surge o problema da liberdade humana, e é um mérito de Lutero o confronto acirrado com o tema em sua obra *Escravidão da vontade*, de 1525, em resposta à diatribe de Erasmo, que defendia a via média de uma cooperação harmoniosa entre a graça divina e o livre-arbítrio humano. Tal posição é rejeitada pelos reformadores, pois suscita o efeito colateral de uma salvação adquirida, pelo menos em parte, através de forças, meios e obras do ser humano, com todas as angústias associadas ao processo: será que posso agradar a Deus, será que tenho boas obras o suficiente para satisfazer suas exigências? Tal cooperação arruína toda a certeza da salvação.

Aqui manifesta-se precisamente a servidão da vontade humana nas considerações de Lutero. Com efeito, a ideia do "servo arbítrio" não significa que a vontade seja impedida de agir por uma coação exterior (*necessitas coactionis*, afirma Lutero); mas exprime que a vontade humana caiu na própria armadilha e se sujeitou a si mesma, de modo a não mais poder fazer o que quer nem fazer o que não quer (*necessitas immutabilitatis*, em estreita associação com Rm 7). A libertação só pode advir do exterior, pela irrupção da graça divina.

É importante compreender com clareza que a tese do servo arbítrio não trata do que o ser humano empreende e realiza no mundo. Como observa Lutero, naquilo que está "abaixo dele", sob sua responsabilidade, ele age, realiza obras, assume sua vida e suas tarefas. Mas sua vontade nada pode em relação ao que diz respeito a ele próprio diante de Deus, do ponto de vista do que o constitui de modo último na questão da salvação. Aqui, a graça divina intervém, oferecendo uma nova certeza. Claro que essa graça também comporta seus enigmas, que não é possível suprimir. É preciso distinguir cuidadosamente entre o que Deus quis nos revelar em sua Palavra e o que nele permanece oculto para nós: é quando Lutero apresenta sua distinção entre o Deus revelado e o Deus oculto.

> Quanto a mim, isto confesso: ainda que fosse possível, eu não gostaria de receber um livre-arbítrio ou alguma possibilidade de esforçar-me para a salvação; não somente por não ser capaz de resistir a tantas tentações, tantos perigos, tantos demônios que nos assediam [...]; mas ainda porque, mesmo que não houvesse perigo, nem tentação, nem demônio, eu seria constantemente obrigado a penar diante de um objetivo incerto e de dar golpes no ar; pois, mesmo se eu vivesse e realizasse obras até o julgamento final, minha consciência jamais teria uma perfeita certeza de ter feito o suficiente para satisfazer Deus. Fossem quais fossem minhas obras, de fato restaria em minha consciência um melindre [...]. Porém, agora Deus retirou minha salvação de sob a ação de minha vontade e a confiou à ação de sua vontade, prometendo salvar-me, não em virtude de minhas obras ou de meus esforços, mas em virtude de sua graça e de sua misericórdia. Desse modo, tenho certeza de que ele é fiel e não me mentiria...
>
> Martinho Lutero, *A escravidão da vontade*, em *MLO* 5, p. 228s.

3.3. Apostas em aberto

A parte polêmica das explicações dos reformadores é forte, sendo um indício de que o assunto tratado toca em questões controversas e em implicações fundamentais. Apresentaremos três pontos particularmente debatidos que concentram as maiores dificuldades nos debates modernos:

a) Eternidade e temporalidade. Para Calvino, a predestinação é um decreto eterno fixado previamente segundo o qual os seres humanos já são criados de acordo com sua destinação posterior. Esse aspecto eterno, que transporta a questão para fora da temporalidade concreta da relação entre Deus e os homens, tende a transformar a doutrina da predestinação em um determinismo. É quando há o risco de que o problema do pecado só intervenha de modo secundário na questão da salvação e da perdição. Por isso, debate-se sobre se a predestinação pode ser de um *status* "supralapsariano", já decidido antes do pecado, ou se deve ser de um *status* "infralapsariano", iniciado somente após o pecado.

b) A dupla predestinação. Nas afirmações de Calvino se prepara aquilo que chamamos de doutrina da *gemina praedestinatio*, da dupla predestinação: eleição de alguns por misericórdia e reprovação de outros por justiça. Mas haveria um paralelismo estrito entre ambas as ações de Deus, que consistem em destinar alguns para a salvação e outros para a perdição e a morte? Propriamente falando, haveria dois atos distintos? Por que Deus teria dividido desse modo a humanidade que ele mesmo criou?

c) Que Deus? Como sugere a última questão, a concepção de Deus é o ponto decisivo aqui. Como compreendê-lo, já que se trata do Deus da dupla predestinação? Mais precisamente, esse ponto é decidido na articulação entre a misericórdia pela qual ele elege alguns e a justiça pela qual ele reprova outros. Ambas as dimensões podem ser unidas em uma síntese convincente? Lutero e a tradição luterana, nesse ponto, permanecem mais reservados que Calvino e a tradição reformada. A questão de fato se correlaciona com o Deus oculto, inacessível a nossa investigação. Ao avançar nos esforços de assenhorear-se do problema, na lógica teológica, a tradição suscita debates mais acirrados que servem como uma preparação para as discussões modernas.

3.4. O arminianismo e o Sínodo de Dordrecht

Jacob Armenszoon, dito Arminius (1560-1609), e em português Armínio, era pastor em Amsterdã antes de ser encarregado por seu consistório de refutar as posições hostis à doutrina calvinista da predestinação, defendidas por Dirk Coornhert (1522-1590). Coornhert, homem da Renascença holandesa, influenciado pela tradição mística, figura marcante da revolta dos Países Baixos contra a Espanha, tinha escrito em 1572 um tratado "sobre a permissão e o decreto de Deus", em que ele atacou a insistência na corrupção total do pecador e defendeu a ideia de uma salvação resultante da cooperação, da sinergia, entre a graça divina e a vontade humana.

Porém, em vez de combater essas teses, Armínio foi na verdade seduzido por elas. Sem chegar a adotar uma postura pelagiana, que seria simplesmente afirmar a dependência das obras humanas para a salvação ou a danação, ele se pôs a moderar a doutrina da predestinação, defendendo um ponto de vista infralapsariano: Deus só predestinou os homens para a salvação ou a danação depois do pecado de Adão. Nomeado professor na Universidade de Leiden em 1603, Armínio é confrontado pelas posições de seu colega Francisco Gomarus (1563-1641), que defendia uma postura abertamente supralapsariana (o decreto da predestinação é anterior à decisão de Deus para a criação do mundo). O arminianismo, que conduz a privilegiar a universalidade da proclamação da salvação e a importância da decisão da fé, encontrou uma expressão pública entre os "remonstrantes", a partir da publicação de um texto cujo autor mais importante foi Jan Uytenbogaert (1557-1644), apresentado por 46 pastores aos Estados da Holanda e da Frésia. Ao mesmo tempo que mantinha a ideia de um decreto eterno da predestinação para a salvação e a perdição, os remonstrantes se inspiraram em Armínio para estabelecer uma separação entre suas posições e a argumentação das teses ultracalvinistas de Gomarus e seus adeptos sobre dois pontos: a) a graça não é irresistível e inamissível, e a salvação depende de sua recepção na fé; b) a predestinação para a salvação ou a perdição não se baseia somente na vontade de Deus, mas em sua presciência quanto àqueles que crerão ou não ao ouvirem sua mensagem.

Em maio de 1611, uma assembleia de teólogos reunida em Haia só serviu para enrijecer ainda mais as posições de ambos os lados. Disso resultou uma convocação pelos Estados Gerais de um sínodo que se reuniria em Dordrecht, de novembro de 1618 a maio de 1619. Citados diante desse sínodo, os arminianos compareceram ali como acusados. Foram atacados principalmente por Gomarus, enquanto Simon Episcopius (1583-1643), que também havia assinado a "Remonstrância", toma a defesa deles. Em sua resolução, chamada *Cânones de Dordrecht*, o sínodo condenou a posição arminiana e redefiniu a predestinação em termos que excluíam todo tipo de participação humana na salvação. Os remonstrantes recusaram-se a assinar os *Cânones*, que consideraram contrários à Bíblia; assim, duzentos pastores foram depostos e oitenta banidos, enquanto o Grande Pensionário Oldenbarnevelt foi decapitado e Hugo Grotius lançado na prisão.

Essa severa repressão não chegou a frear o movimento. Refugiados em Anvers, os arminianos banidos, como Uytenbogaert e Episcopius, fundaram em 1619 a Fraternidade dos Remonstrantes, que se expandiu para a Alemanha e, mais tarde, chegou a ser reconhecida como igreja. Após a morte do príncipe Maurício de Nassau, os remonstrantes reintegraram progressivamente as Províncias Unidas, com destaque para Amsterdã, onde Episcopius fundou um colégio remonstrante, em 1634. Por diversos caminhos, o movimento também chegou à França. Assim, sob a influência do escocês John Cameron (1580-1625), pastor e professor em Sedan, Bordeaux, Saumur e Montauban, a questão foi retomada na obra Moyse Amyraut (1596-1664). Esse pastor e teólogo francês, professor na Academia Protestante de Saumur a partir de 1633, tentou conciliar os pontos de vista de Armínio e Gomarus em um sistema teológico chamado *universalismo hipotético*. Desse modo, de acordo com Amyraut, Deus quer a salvação de todos, no sentido de uma graça proclamada como virtualmente universal. Todavia, para que a salvação se realize completamente, a fé em Cristo é uma condição necessária. Ora, se Deus não recusa a ninguém o poder de crer, ele não dá a todos a assistência necessária para utilizar esse poder. Essa concepção foi ativamente combatida por Pierre Du Moulin (1568-1658), que a considerava uma versão do arminianismo. Porém, isso não impediu que Amyraut inaugurasse uma verdadeira renovação da teologia reformada no século XVII, retirando-a da estrita ortodoxia calvinista e abrindo-a para os debates dos tempos modernos.

3.5. Reelaborações modernas

Sob o signo do racionalismo das Luzes e de sua abertura para os princípios universais, a discussão prosseguiu e se radicalizou, sem que as problemáticas se renovassem de modo fundamental. No entanto, em suas reelaborações da doutrina da predestinação, os teólogos se esforçariam por abrir-se para as objeções modernas. Podemos ilustrá-lo em diversas épocas e segundo opções específicas, tanto nas obras de Schleiermacher quanto nas de Barth.

Ao realizar uma crítica da tradição, Schleiermacher concentra todas as suas reflexões no fato de que os seres humanos entram de modo desigual para a comunhão do reino de Deus e da redenção — desigualdade, porém, que é apenas relativa e provisória. É impensável que a humanidade seja cindida definitivamente em duas partes. A desigualdade do acesso é absorvida em transformações posteriores. Primeiro há a eleição da comunidade, que progressivamente reunirá toda a humanidade.

> Se consideramos agora a danação eterna em suas relações com a felicidade eterna, é fácil perceber que esta não pode subsistir enquanto existir aquela. Pois, mesmo se os dois domínios são exteriormente separados por completo um do outro, tal estado superior de felicidade não pode ser conciliado com uma total ignorância quanto à perdição dos outros. Ainda menos, então, quando a própria separação é apenas a consequência de um julgamento geral de que ambos os grupos participam, o que significa que cada um dos grupos está consciente do outro. Se atribuímos aos bem-aventurados o conhecimento do estado dos condenados, tal conhecimento não pode ser concebido sem o sentimento de piedade. Pois, se o acabamento de nossa natureza é algo que não regride, essa piedade necessariamente abrange todo o gênero humano. Ora, tal piedade pelos condenados necessariamente perturba a felicidade, sobretudo na medida em que não é atenuada pela esperança, como ocorre em nosso mundo. Ainda que pensemos na existência de uma condenação eterna que também deve ser justa, e que a justiça de Deus também está incluída na contemplação de Deus, a piedade não é suprimida. [...] É por ousar reconhecer um direito igual nessa representação mais leve [...] que afirmaremos que, pela força da redenção, um dia ocorrerá o restabelecimento geral de todas as almas humanas.
>
> Friedrich SCHLEIERMACHER, *Der christliche Glaube*, § 163. Anhang, t. II, p. 491s.

Em Barth, o ponto de partida é decididamente cristológico, o que lhe permite, logo de início, priorizar a profunda dimensão evangélica da eleição. Somente em Cristo a eleição tem sentido e valor, e é no acontecimento de Cristo que se realiza verdadeiramente. Nesse contexto, Barth interpreta a dupla dimensão da eleição e da reprovação. Jesus Cristo é, por excelência, ao mesmo tempo, o eleito e o reprovado. A reprovação se expressa no destino de Jesus Cristo através de sua paixão e condenação à morte pelo sacrifício na cruz. No "jogo" das duas naturezas, a reprovação é a que Jesus Cristo assume enquanto Deus. Em Jesus Cristo, o próprio Deus sofre sua reprovação, o que abre para o homem a possibilidade da eleição, representada no homem Jesus Cristo e prometida a todos.

3.6. Universalidade ou particularidade?

Os dois exemplos que acabamos de citar são instrutivos. De fato, em ambos, de modo bastante moderno, há a preocupação com a universalidade da salvação. Como resultado, aliás, por motivos muito diferentes e em graus diversos, ambos simpatizam com a esperança de uma salvação universal tal como é expressa na ideia do restabelecimento final de todas as coisas (a apocatástase), de acordo com Atos 3.21. Logo, para eles, torna-se difícil pensar, ao mesmo tempo e plenamente, na particularidade: para Schleiermacher, a particularidade parece essencialmente provisória e ultrapassável; para Barth, mantém-se em associação com Jesus Cristo, arraigamento histórico da universalidade. Porém, do ponto de vista do final dos tempos, a ideia da apocatástase rivaliza com a de um julgamento final: Jesus Cristo volta como um juiz do final dos tempos para operar a distinção última entre os eleitos e os reprovados, em uma espécie de cumulação final da dupla predestinação.

A tensão entre ambas as representações é dificilmente solúvel, tanto do ponto de vista do dado bíblico quanto na perspectiva dogmática, refletida na dificuldade de pensar ao mesmo tempo a universalidade e a particularidade. Essa tensão não deixa de ter seus efeitos concretos na concepção da salvação: se a salvação é decidida em um julgamento final, o que eu valho, por fim, com minhas obras, parece tornar-se o critério decisivo, e eu me vejo submetido a um regime de lei, em que preciso me distinguir de um modo particular; de modo inverso, se a salvação é logo de início prometida a todos, essa distinção se torna, talvez, indiferente, já que estou preso a um processo universal de salvação. Em ambos os casos, a salvação se afigura pervertida.

4. Providência e teodiceia: dificuldades e desafios

4.1. Elementos constitutivos da Providência em Calvino

> Ora, a fé deve ir mais fundo, reconhecendo como governante e guardião perpétuo aquele que ela conheceu como criador; e não somente no fato de conduzir a máquina do mundo e todas as suas partes em um movimento universal, mas em manter, alimentar e suster cada criatura, até os menores pássaros. [...] Por isso, deve ser primeiramente decidido que, quando tratamos da Providência de Deus, esse termo não significa que Deus, ocioso no céu, especula o que é feito na

terra, mas, sim, que ele é como um armador que mantém em mãos o leme para dirigir todos os acontecimentos. [...] Conclui-se disso que a Providência é atual, como se diz. Pois aqueles que se apegam a uma presciência vazia e sem efeito são por demais tolos e frívolos.

João CALVINO, *IRC*, I, XVI, 1 e 4.

Quando explicita o sentido da Providência nos três últimos capítulos do livro I de sua obra *Institutas da religião cristã*, Calvino logo se distancia de uma teoria geral da Providência, considerada por ele fria e magra, na medida em que faz de Deus uma espécie de necessidade em um sentido estoico, um princípio ordenador que assegura de modo mecânico a conjunção perpétua de todas as coisas. Pelo contrário, ele enfatiza a Providência de Deus no sentido de uma solicitude ativa (cf. texto que acabamos de citar), que se engaja de modo concreto no governo e na conservação da criação, não como uma Providência geral distante, mas em uma atenção toda especial às criaturas para as manter, alimentar e suster. Seguro nisso, "o coração do homem cristão [...] não duvidará de que a Providência de Deus zela por sua continuidade e que nada permite que ocorra a não ser para seu bem e sua salvação (I, XVII, 6)".

Aqui, no entanto, convém apresentar uma nuance importante: essa certeza não se dá em um acesso direto, mas pertence à ordem da fé, oposta à experiência das coisas. De fato, "ainda que todas as coisas sejam guiadas pelo conselho de Deus, elas não são fortuitas". Podemos afirmar que, no cerne da fé na Providência, há uma ignorância radical: a razão, a ordem e o fim das coisas permanecem ocultos. "Quando as consideramos em sua natureza, ou quando são estimadas de acordo com nosso julgamento e conhecimento, essas coisas não mostram nenhuma outra aparência. [...] À primeira vista, os homens não podem chegar à primeira causa, que lhes está oculta de um modo bem profundo" (I, XVI, 9).

Resulta dessa ignorância fundamental a impossibilidade de um determinismo que possa incitar, por sua vez, ao fatalismo e ao quietismo. A Providência não nos dispensa de nossas tarefas, mas, ao contrário, nos chama a tomá-las sob nossas responsabilidades. "O decreto eterno de Deus não nos impede de administrarmos nossa vida sob sua boa vontade, pondo ordem em nossos negócios. A razão é manifesta: este que limitou nossa vida também nos proporcionou solicitude por ela, dando-nos os meios para conservá-la [...]. Agora, verifica-se qual é nosso dever. Se o Senhor nos atribuiu a tutela de nossa vida, que nós a conservemos; se nos ofereceu meios para fazê-lo, que os usemos" (I, XVII, 4). Portanto, o ser humano deve assumir sua responsabilidade concreta e cotidiana, reconhecendo a Providência em toda sobriedade e modéstia, sem querer possuí-la nem dominá-la.

4.2. "Uma singular segurança para o futuro"

Em sua exposição, Calvino apresenta de modo bastante breve a questão do significado existencial dessa doutrina: "a finalidade dessa doutrina para que nos seja útil" (título do capítulo XVII). Para responder, ele discorre sobre a ameaça que pesa sobre a vida humana, que está rodeada e é assediada por infinitas misérias. Nessa situação, o homem não somente está exposto à angústia, mas ainda experimenta a ira de Deus. Ele vê sua vida ameaçada por todos os lados sob o abandono de Deus.

A fé na Providência vem opor-se a esse sentimento de ameaça. A certeza de que tudo está no conselho de Deus nos livra da inquietação e da dúvida, dando ao cristão a serenidade de abrir-se para o destino que Deus lhe oferece cotidianamente e no qual ele lhe pede para tornar-se uma testemunha corajosa de sua presença bem-aventurada: "no momento em que adquirimos esse conhecimento, segue-se necessariamente tanto a ação de graças pela bondade de Deus em toda prosperidade quanto à paciência na adversidade, além de uma singular segurança para o futuro. [...] Pois nosso entendimento está plantado unicamente na Providência de Deus. Assim, não nos deixaremos distrair dessa Providência pela consideração das coisas presentes" (I, XVII, 7 e 9).

4.3. O problema do mal e a elaboração moderna da teodiceia

O problema ancestral do mal está no cerne da explicitação tradicional da doutrina da Providência. De fato, em todo o tempo, trata-se de precisar de que modo o governo e a conservação do mundo podem incluir o fator do mal: tanto a patrística quanto a escolástica buscaram responder a essa questão. A ortodoxia protestante, inspirando-se em antigas distinções, desenvolveu todo um arsenal de noções para explicitar as associações entre a ação providencial de Deus e a realidade do mal. Em certos aspectos, Deus pode desviá-lo (*aversatio*) ou colocar diante dele um obstáculo (*impeditio*); porém, também pode mantê-lo (*sustentatio*), permiti-lo (*permissio*) ou até mesmo infligi-lo, impô-lo (*irrogatio*), por exemplo, como punição.

Todavia, essas nuances sutis não escondem o problema fundamental: será que a experiência do mal permite que sejam pensadas juntas a onipotência de Deus e sua soberana bondade? Exprimindo-o sob a forma de um dilema: Deus quer combater o mal e não pode, ou ele não quer mesmo quando pode? Deus é bom, mas impotente, ou onipotente, mas mau?

Os reformadores tinham uma plena consciência dessa dificuldade. Lutero, por exemplo, afirmou: "Deus governa o mundo corpóreo nas coisas exteriores, de tal modo que, se nos conformamos ao julgamento da razão humana, somos obrigados a declarar ou que Deus não existe ou que ele é injusto" (*A escravidão da vontade*, em MLO 5, 230).

Esse problema foi tratado pela filosofia moderna, que retomou a doutrina da Providência de um modo autônomo sob a égide de um procedimento racional. Qual o julgamento da razão sobre Deus? Teríamos de aprovar Lutero, ou seria possível demonstrar racionalmente a justiça de Deus, justificando Deus? O exemplo mais ilustre é o do filósofo alemão Gottfried Wilhelm Leibniz (1646-1716), que chegaria a elaborar um conceito para designar esse procedimento: teodiceia. Em sua obra *Ensaios de teodiceia sobre a bondade de Deus, a liberdade do homem e a origem do mal*, de 1710, ele busca demonstrar a justiça de Deus no modo de governar e conservar o mundo.

Sua argumentação, que mais tarde Hegel qualificaria de indigesta e tediosa, organiza-se em torno da ideia de harmonia preestabelecida. Todas as coisas no mundo contingente têm, no mundo das verdades eternas, sua razão suficiente de serem o que são. Portanto, tudo é para o melhor, ainda que não possamos sempre sabê-lo, ainda que as razões suficientes geralmente nos sejam desconhecidas. Assim, o mal que constatamos no mundo faz parte dessa harmonia preestabelecida. Por motivos que ignoramos, o mundo não seria tão bom sem o mal, que sempre está a serviço de um bem maior.

Não somente tudo é para o melhor no mundo, mas se trata também do melhor dos mundos possíveis. Esse aspecto também pertence à glória de Deus: ele podia escolher entre os vários mundos possíveis e, dentre esses mundos, escolheu o melhor possível. Como o mundo é finito, e não infinito, não poderia ser perfeito. A imperfeição era inevitável, mas Deus escolheu a imperfeição menor; é por isso que, de acordo com sua declaração consagrada, tudo é para o melhor no melhor dos mundos possíveis.

Assim, o tom geral em sua argumentação é o da aquiescência, excluindo a revolta ou a resignação. Fé e razão se unem em um livre consentimento ao monarca do mundo, o que leva a respeitar suas exigências e a conformar-se a elas na vida.

Tal justificação racional de Deus, à qual não falta certa força, está exposta à seguinte crítica: não estaria passando impavidamente por cima de certo número de dificuldades? Seus raciocínios não estariam fundados em petições de princípio? A partir do século XVIII, vozes críticas não deixariam de levantar-se para quebrar a bela certeza de Leibniz. No entanto, a crítica não levaria simplesmente à destruição, mas, sim, a um deslocamento da teodiceia.

4.4. Crítica da teodiceia e deslocamento na filosofia da história

O terremoto de Lisboa, em 1755, sacudiu a consciência das Luzes e suscitou vivos debates sobre a teodiceia. Em sua obra *Cândido ou o otimismo* (1759), Voltaire (1694-1778) expôs, com uma mordaz ironia, a certeza de seu Pangloss, um personagem leibniziano que é confrontado por todos os males imagináveis que este mundo conhece. O autor se diverte, não sem alguma simpatia, em aprofundar a distância entre a teoria metafísica e a realidade tal como se dá a ver. De um modo mais severo, o empirismo inglês estabeleceu os limites insuperáveis do conhecimento racional, demonstrando que, em uma construção dedutiva como a teodiceia, a razão ultrapassa esses limites. Immanuel Kant (1724-1804), em 1791, em sua obra *Sur l'insuccès de toutes les tentatives philosophiques en matière de théodicée* [Sobre o insucesso de todas as tentativas filosóficas em matéria de teodiceia] (em *Oeuvres philosophiques* [Obras filosóficas] II, Paris, Gallimard, 1985, p. 1391-1413), elaborou do modo mais claro o impasse do que ele mesmo chamou de teodiceia doutrinária. Essa teodiceia pretende que a justiça de Deus se torne um conteúdo de conhecimento teórico. Ora, nada permite à razão humana captar os objetos metafísicos como objetos de saber. O problema da teodiceia é, portanto, teoricamente indecidível: os ensaios de teodiceia não conseguem responder às dúvidas, e as dúvidas não conseguem, de fato, provar o contrário, e assim a razão se encontra presa em um processo interminável.

Porém, isso não faz com que Kant liquide a questão, mas ele lhe atribui um novo *status*, o da razão prática que, para orientar-se, precisa de postulados e ideias reguladoras. Dessa forma, a teodiceia autêntica, ilustrada por Kant através da piedade moral de Jó, postula a representação que a razão deve fazer de Deus e do mundo para guiar-se rumo ao objetivo que almeja. Um mundo em que tudo está bem, onde o mal é punido e o bem, recompensado.

Esse deslocamento operado por Kant prepara a retomada da teodiceia na filosofia de Hegel (1770-1831). De fato, no esforço de ultrapassar as dualidades kantianas, Hegel buscou inserir todas as coisas no desenvolvimento da história do Espírito, que se encaminha pacientemente através de todas as negatividades rumo ao saber absoluto. A partir de então, não era de espantar que o próprio movimento da história se tornasse, para Hegel, a única verdadeira teodiceia. Compreender a necessidade do movimento da história como reconciliação progressiva do Espírito consigo mesmo é operar a justificação de Deus na história. Se Leibniz se contentava em deixar que o perfeito e o imperfeito convivessem lado a lado, Hegel quis compreender a necessidade do imperfeito do ponto de vista do absoluto, em um movimento dialético que permite a integração constante do negativo no positivo, proclamando, assim, o estabelecimento final da justiça de Deus como ápice da história.

Sob sua forma prometeica, o comunismo de Karl Marx (1818-1883) retomaria essa perspectiva da Providência que opera na história dos homens. Todavia, a crítica da religião inverteu a perspectiva: a história não mais é a do Espírito divino que busca reconciliar-se consigo mesmo, mas, sim, a do engendramento do homem através de seu trabalho, a do acontecimento do homem justo em um mundo justo. Mestres de seus destinos, os homens são os artesãos da Providência através da ação histórica.

A dinâmica dessa ação histórica providencial justifica os males, as dores e os sofrimentos pelos quais o engendramento do homem deve passar. O comunismo é chamado a assumir esse engendramento, sendo "o enigma resolvido da história, conhecendo-se como essa solução" (*Manuscrits de 1844* [Manuscritos de 1844], Paris, Éditions sociales, 1972, p. 87).

Em relação a esse desenvolvimento moderno da teodiceia na história, as vozes críticas são numerosas, enfatizando também impasses e dificuldades. O racionalismo crítico atacou essa filosofia (teologia) da história, mostrando todos os efeitos perversos inerentes a uma tese de um sentido objetivo da história (cf. *A sociedade aberta e seus inimigos* [1945], 2 vols., São Paulo, Edusp, 1974, sobretudo t. II: "A história tem sentido?"). Dentro do próprio pensamento marxista, os representantes da escola de Frankfurt não deixariam de afirmar os limites da perspectiva prometeica. A teoria crítica chama a atenção para os perigos de uma justificação instrumentalizada dos meios pelos fins. Walter Benjamin desvelou, com muita ironia, o perigo de uma "teologia" do materialismo histórico na imagem da boneca turca. "Conhecemos a lenda do autômato que, em uma partida de xadrez, responde a cada lance do adversário e assegura o sucesso da partida. Uma boneca de roupas turcas, narguilé na boca, está sentada em frente ao tabuleiro, em cima de uma mesa enorme. Um conjunto de espelhos cria a ilusão de que o olhar atravessa a mesa de par a par. Na verdade, um anão corcunda está agachado ali: é um mestre do xadrez que controla a mão da boneca por meio de barbantes. Na filosofia, há como que uma réplica desse aparelho. A boneca chamada 'materialismo histórico' sempre ganha. Ousadamente, ela pode desafiar qualquer pessoa se colocar a teologia a seu serviço, uma teologia que hoje, como sabemos, é pequena e feia, e não ousa mais mostrar-se" (Walter BENJAMIN, "Teses sobre a filosofia da história" [1940, publicadas em 1950], em KOTHE, Flávio R., org., *Walter Benjamin*, São Paulo, Ática, 1985).

4.5. O problema do mal e o ateísmo

O problema do mal desempenha um papel fundamental na crítica da religião, como atestam inúmeros exemplos da literatura moderna. O escândalo intolerável do sofrimento dos inocentes chega a levar à contestação da existência de Deus em personagens como, por exemplo, Ivan em *Os irmãos Karamazov* (1880, 2 vols., São Paulo, 34, 2009), de Fiódor Dostoiévski, e o médico Rieux em *A peste* (1947, Rio de Janeiro, Record, 2009), de Albert Camus. Um mundo entregue dessa maneira ao mal é um mundo abandonado a si mesmo, um mundo sem Deus, um mundo em que Deus brilha por sua ausência, como proclama Jean-Paul Sartre em *O diabo e o bom Deus: três atos e onze quadros* (1951, São Paulo, Difusão Europeia do Livro, 1964) e Wolfgang Borchert em *Em frente da porta, do lado de fora* (1947, Lisboa, Portugália, 1965). A existência do mal constitui uma espécie de prova objetiva da inexistência de Deus, sendo o argumento-chave em prol do ateísmo.

> E as crianças, o que eu faria delas? Não posso resolver a questão. Se todos precisam sofrer para concorrer com seus sofrimentos à harmonia eterna, qual o papel das crianças? Não entendemos por que elas têm que sofrer também em nome da harmonia. [...] Enquanto ainda é tempo, eu me recuso a aceitar essa harmonia superior. Afirmo que ela não vale uma só lágrima de criança, uma só lágrima dessa pequena vítima que batia no peito e implorava ao "bom Deus" em seu canto infecto; não, a harmonia não vale essas lágrimas, que não são redimíveis. [...] É por amor pela humanidade que eu não quero essa harmonia. Prefiro manter comigo meus sofrimentos não resgatados e minha indignação persistente, *ainda que eu esteja em erro!* Além disso, essa harmonia foi superfaturada; a entrada custa caro demais para nós. Prefiro devolver meu bilhete. [...] Não me recuso a admitir Deus, mas mui respeitosamente devolvo a ele meu bilhete.
>
> Fiódor DOSTOYÉVSKY, *Os irmãos Karamazov*.

4.6. Deus presente ou ausente?

Diante dessas transformações modernas, a questão é: como falar hoje da fé na Providência de Deus? O desafio é imenso e muitas são as armadilhas, porém a tarefa continua presente, na medida em que a fé cristã deseja proclamar um Deus que não está indiferente ao destino dos homens, mas que intervém "como um armador que mantém em mãos o leme", para retomar as palavras de Calvino. Os debates modernos sobre a Providência e a teodiceia chamam a teologia para enfrentar o problema da presença e da ausência de Deus em um mundo preso em sua radical contingência e seus limites. Seria possível situar-se entre uma pura e simples ausência, abandonando o mundo e os homens a si mesmos, e uma presença plena demais que, à maneira da teodiceia clássica, ocupa massivamente o espaço e tudo justifica por motivos suficientes, mesmo os piores males? Ou, dito de outro modo, como afirmar um Deus que está ao mesmo tempo presente e ausente, um Deus que não se identifica pura e simplesmente com este mundo tal como se dá a ver, mas que não deixa de solidarizar-se com ele na indiferença, deixando que se encaminhe para sua perda?

> O instante de pura graça havia passado, assim como passam os instantes de amor louco. Depois a noite se encerra. Mas ela não é mais a mesma. Nunca mais será a mesma. A partir de então, em algum lugar de seu flanco gigantesco, a noite carrega um buraco. Uma brecha por onde o dia pode irromper a qualquer instante, jorrando e pondo-se a luzir. A graça é somente um rasgo muito breve, fulgurante. Mas nada pode encerrá-la. Um minúsculo rasgo, e tudo em volta se vê transformado. Não magnificado, mas transfigurado. Tudo toma um rosto, não uma face de glória e poder, mas perfis de pobres. E esses perfis inúmeros de traços fugidios à contraluz, é preciso enumerá-los, aprender a nomeá-los; únicos a cada vez. A graça é apenas uma pausa em que o tempo se volta, roçando a eternidade. Depois disso, é preciso recomeçar, pôr-se novamente ao trabalho, pôr-se a durar. A graça é uma foice que desgasta o mundo, tornando-o nu, cru; é quando não se pode mais andar, falar, tocar nada, sem tomar cuidado com a infinita vulnerabilidade deste mundo esfolado.
>
> Sylvie GERMAIN, *Nuit-d'Ambre* [Noite-de-Âmbar], Paris, Gallimard, 1987, p. 429s.

5. Para uma compreensão renovada da graça primeira

O caminho percorrido até aqui permitiu a análise das dificuldades e o exame dos desafios aos quais as duas noções nos expõem. Considerá-los em uma reflexão atual é uma tarefa que precisa ser empreendida. O último ponto de nosso artigo buscará esclarecer algumas pistas nesse sentido.

5.1. A tendência determinista, ou o risco de uma teoria geral

Como vimos, ambas as noções estudadas se expõem ao risco de tornarem-se princípios gerais, inserindo-se facilmente em um contexto de uma teoria objetivizante. É quando são transformadas em teses deterministas, e as argumentações e de seus epígonos nem sempre estão a salvo desses desvios. Desse modo, percebe-se que, já em Calvino e, principalmente, nas tabelas que Teodoro de Beza utilizou para a questão da predestinação, opera-se uma sistematização cada vez mais rigorosa da dupla predestinação, que a transforma em um esquema explicativo da judiciosa divisão entre eleitos e reprovados de acordo com o eterno decreto de Deus. Quando a doutrina se torna uma teoria geral de tipo metafísico, deduzida diretamente da vontade de Deus e elaborada a partir de um ponto de vista situado fora do mundo, as últimas reservas de prudência caem, uma por uma, resultando em objetivizações massivas. A eleição, nesse contexto, pode ser reivindicada por tal povo contra outro, por tal raça (geralmente os brancos) que se considere mais eleita que outra (a negra, p. ex.). A dupla predestinação foi usada para legitimar o nacionalismo e o racismo, particularismos humanos fundamentados em uma autodenominada particularidade de tipo teológico.

O mesmo ocorre com a Providência, que também pode ser objetivada em um sistema de tipo determinista. No sentido estrito do termo, a teodiceia é uma perfeita ilustração disso, permitindo a justificação de todos os males do mundo em nome de um bem superior. A consequência direta disso é a reivindicação "Deus está conosco", uma extrapolação frequente na história: o que fazemos é o cumprimento da Providência divina, obra de homens encarregados por Deus. Foi assim que Hitler interpretou o fracasso do atentado contra ele: como um sinal da aprovação da Providência divina à sua missão.

Embora tal determinismo objetivizante nem sempre resulte em excessos tão radicais, é fato que sucumbe, e acertadamente, à crítica da religião. Como declaram os mestres da suspeita, esse determinismo fere a dignidade do homem ao submetê-lo a um Deus indigno. Porém, será que essa crítica da religião deve levar imediatamente a um indeterminismo, ao reino do acaso, à glorificação de uma liberdade humana incondicionada e ilimitada? Ou seria possível, para a fé cristã, em um diálogo com essa crítica, demonstrar o valor de suas convicções sobre a graça, sem cair no desvio do determinismo?

5.2. Afirmações de fé assumidas diante de Deus

Quando as doutrinas da predestinação e da Providência são desenvolvidas como uma teoria geral objetivizante, o contexto em que se inserem é esquecido. Tais doutrinas são afirmações de *fé*: afirmações pelas quais a fé compreende a si mesma e dá conta de si mesma. Portanto, não podem ser dissociadas da situação fundamental dos cristãos que as assumem. O ponto de vista desses cristãos não está situado fora do mundo, ou seja, não lhes permite ver as coisas a partir do alto, resolvendo as dificuldades como se penetrassem os segredos de Deus para a humanidade e para o mundo. O mesmo pode ser afirmado da expressão da convicção cristã tal como vivida na situação concreta dos cristãos, que são expostos aos desafios inerentes à sua condição humana. Essa convicção é expressa como um ponto de vista particular, em um engajamento subjetivo e, portanto, anunciado pelas expressões "eu creio" ou "nós cremos".

Assim, chega-se à impossibilidade de qualquer tipo de objetivização em que se possa deduzir, da convicção de fé do cristão, um *saber* sobre o destino humano, do vizinho, dos amigos, dos inimigos, dos povos, do mundo como tal.

> Purim: a festa dos loucos, das crianças e dos mendigos. A festa das máscaras. [...]
>
> A peça será apresentada como uma farsa trágica — como um *Purim shpiel* tradicional.
>
> O início: no reino da noite, assisti a um julgamento bastante estranho. Três rabinos eruditos e piedosos decidiram, em uma noite de inverno, julgar Deus pelo massacre de seus filhos. Eu me lembro: estava lá e tinha vontade de chorar. Mas lá ninguém chorava. [...]
>
> *Berish:* Vocês querem montar um *Purim shpiel*? Tudo bem, vamos lá? Mas eu quero decidir o assunto! [...] Eu quero um julgamento! Um julgamento de verdade!
>
> *Avremel:* Você quis dizer um julgamento de mentira?
>
> *Mendel:* Um julgamento de mentira de verdade?
>
> *Berish:* Um julgamento, é o que eu quero!
>
> *Yankel:* Contra quem?
>
> *Berish:* Você ainda não entendeu, seu imbecil? Contra o Rei supremo, o Juiz supremo, o Mestre do universo! Esse é o espetáculo que vocês vão montar para mim esta noite. Vai ser isso ou nada! Vocês escolhem!
>
> *Yankel:* Mas o que é que a gente vai fazer se o veredito for...
>
> *Avremel:* ... culpado?

> *Berish:* Que se dane! É Purim ou não é? Na brincadeira do Purim, a gente pode falar o que quiser! Então, vocês aceitam? (*Animado!*) Vocês vão ter coragem para dizer coisas que nunca ninguém mais ousou dizer? E fazer as perguntas que nenhum homem teve a audácia de fazer? E acusar o *verdadeiro* acusado? Vocês vão ter essa coragem?
>
> Elie WIESEL, *Le procès de Shamgorod* [O julgamento de Shamgorod], p. 8, 50s.

O processo da teodiceia ilustra esse desvio. De fato, em seus esforços para justificar Deus, ela o faz comparecer ao tribunal dos homens, atribuindo a eles a tarefa de pronunciar-se sobre Deus e sua justiça. Podemos absolver esse acusado ou devemos condená-lo? Deus diante dos homens: essa perspectiva é falsa, pois seus defensores esquecem a situação verdadeira (cf., sobre esse ponto, a impressionante peça de teatro *Le procès de Shamgorod tel qu'il se déroula le 25 février 1649* [O julgamento de Shamgorod tal como ocorreu no dia 25 de fevereiro de 1649, Paris, Seuil, 1979] de Elie Wiesel). A situação verdadeira é: homens diante de Deus, que é essa instância que os toma à parte, questiona-os e interroga-os de um modo final.

Que efeitos a consciência dessa situação fundamental exerce sobre a compreensão das noções?

> De fato, quando Deus é citado no fórum dos homens e posto na posição do acusado, toda a situação se afigura como o ápice da impiedade. É o homem que está diante de Deus, estando consciente disso ou não. Seu ser depende do julgamento de Deus, não o oposto. [...]
>
> A palavra teológica que é conforme à fé se distingue, de início, da palavra filosófica sobre Deus pelo fato de que, quando se trata de defender Deus, é a justificação do homem diante de Deus que permanece como um elemento determinante, e não a justificação de Deus diante dos homens. O tema principal não é a salvação de Deus pelos homens, no sentido de uma reparação da honra ou de uma luta pela existência, mas é a humanidade que é salva por Deus. A resposta ao problema da justiça de Deus não está no centro, mas, sim, a redenção pela revelação da justiça de Deus. [...]
>
> Além disso, a consequência desse fato também é a diferença de postura em relação ao tema que apoia a teodiceia. A teodiceia filosófica é de pouca ajuda para aquele que sofre, pois não consegue questioná-lo do ponto de vista do seu ser diante de Deus. O falar teológico de Deus conforme à fé, por outro lado, prefere preservar a solidariedade com o sofredor e sua pergunta "por quê?". Assim, esse falar permanece mais próximo que a própria teodiceia da fonte primordial do problema da teodiceia. [...]
>
> A autojustificação de Deus é a justificação do homem por Deus. Eis a resposta decisiva para a questão da teodiceia. Nela, a pergunta de Jó não é recalcada, mas abraçada no acontecimento de Cristo, de modo que cada sofredor pode crer que seu sofrimento e sua morte são abraçados no sofrimento e na morte de Cristo.
>
> Gerhard EBELING, *Dogmatik des christlichen Glaubens* [Dogmática da fé cristã], t. III, p. 517-519.

5.3. Graça e liberdade

O núcleo da doutrina da predestinação é constituído pela dependência da graça cristã afirmada pela fé. Lutero o expressa ao comentar o terceiro artigo do *Credo apostólico*: "Creio que, por minha razão e minhas próprias forças, não posso crer em Jesus Cristo, meu Senhor, nem ir até ele, mas o Espírito Santo me chamou pelo evangelho, iluminou-me com seus dons, santificou-me e me conservou na verdadeira fé, assim como ele chama, une, esclarece, santifica toda a cristandade sobre a terra e a conserva em Jesus Cristo na unidade da verdadeira fé" (*Catecismo menor* [1529], em *MLO*, 7, p. 174).

A declaração é reveladora: "Creio que não posso [...] crer". Dito de outro modo, a referência ao Espírito Santo serve para mostrar que, no próprio momento em que se crê, a fé sabe que é impotente, incapaz de surgir e permanecer por si mesma e por suas próprias forças. No movimento da crença, o cristão não se vangloria de sua fé diante de Deus, como se fosse aquele que a gera, como se, dessa maneira, ele tivesse adquirido um mérito. O cristão não torna a si mesmo um cristão. Ao crer, ele crê que foi levado a crer. Confiando em Deus, dependendo de Deus, ele atribui a Deus a fé que lhe permite depender de Deus. A fé é recebida por meio da graça, e dessa dependência o cristão recebe toda a sua liberdade. Ele não mais depende de si mesmo, nem de suas forças e capacidades. Liberto de si mesmo, de suas pressões autoexercidas e de seus impasses, posto à distância de si mesmo, ele pode morrer para sua autoafirmação e receber a si mesmo como um dom de Deus. Nos termos de Paul Tillich, ele recebe "a coragem de aceitar ser aceito" (*A coragem de ser* [1952], Rio de Janeiro, Paz e Terra, 1977). É dessa coragem que a fé obtém a certeza da salvação, uma certeza subjetiva que ele confessa e em que crê ao responder ao apelo de Deus.

Assim, a predestinação só tem valor na perspectiva do cristão que não crê por si mesmo. Essa convicção não lhe permite, de modo algum, que se pronuncie sobre a salvação ou a perdição de fulano, dos incrédulos, dos torturadores ou das vítimas da história. Evidentemente, isso não equivale a afirmar que estão extintas todas as dificuldades. Essa certeza crida e confessada permanece exposta a questões perturbadoras.

> Assim como devemos saber que Deus é misericórdia unicamente em Jesus Cristo e que fora dele Deus é ira, também devemos saber que ele só é misericordioso para com aqueles que creem e que, fora da fé, ele não exerce misericórdia alguma. Porém, o outro elemento da alternativa não pode ser, para nós, objeto de um ensinamento teórico ou de uma representação especulativa. A *nós* é ordenado crer, a fim de que *nós* creiamos, e nos é ordenado afirmá-lo a *todos*, e nos é ordenado dessa forma a fim de que *eles* creiam. O resto não nos diz respeito. Devemos resistir resolutamente à necessidade de tirar "conclusões lógicas" que estariam carregadas de dois erros: a doutrina do duplo decreto ou a doutrina da salvação de todos os homens que abolem a realidade de uma decisão da fé. Somente a renúncia ao estabelecimento de uma teoria logicamente satisfatória cria uma atmosfera favorável a uma verdadeira decisão...
>
> Emil BRUNNER, *Dogmatique* [Dogmática] I (1946), p. 375s.

5.4. A certeza da fé provada pelo enigma de Deus

Os cristãos estimam que não mereceram a salvação. Essa salvação se dirige a todo ser humano, sem pressupor aptidões particulares. A mensagem não é elitista, nem reservada somente para alguns escolhidos a dedo. É universal. Ao mesmo tempo, porém, nos fatos não é anunciada uniformemente em todo lugar e, quando é anunciada, não é recebida da mesma maneira. Isso significa que a graça não é dada de modo igualitário para todos? Será que alguns são excluídos previamente? Será que Deus chama alguns e endurece a outros? Leva alguns à fé e outros ao pecado?

Querer resolver essas questões equivale a cair na armadilha da objetivização determinista. É preciso, aqui, valer-se do princípio de ignorância: não podemos entrar no mistério de Deus. O enigma põe à prova a certeza da fé, ou seja, a certeza de que, se Deus é o Deus de amor revelado em Jesus Cristo, é possível atribuir a ele todas as coisas na ignorância e no respeito por seu mistério.

Por isso, do ponto de vista de seu engajamento concreto, os cristãos, em nome de Jesus Cristo, partem da corajosa hipótese de que ninguém está excluído do projeto de Deus. Essa aposta os preserva de agir como juízes, estabelecendo quem são os eleitos e quem são os reprovados, separando puros e impuros. Torna-os testemunhas que proclamam a salvação em toda a terra habitada. Em primeiro lugar, e de modo fundamental, a igreja não é dos eleitos, mas, sim, dos chamados.

Porém, para que essa perspectiva permaneça aberta, deve ser mantida uma última reserva: os locutores da mensagem não são senhores de seu efeito. "Pois somente Deus [...] torna viva a Palavra nos corações dos homens quando e onde ele quer, de acordo com seu conhecimento divino e sua vontade divina. [...] Devemos pregar a Palavra, mas, em relação à execução, devemos deixá-la com Deus" (MARTINHO LUTERO, *MLO* 9, p. 75). Temos o dever de testemunhar, mas estamos liberados da tarefa de salvar. Ignoramos por completo a salvação de outras pessoas, que é posta nas mãos de Deus: essa é a única expressão não objetivizante da ideia-limite da dupla predestinação, que respeita seu caráter de enigma.

> Não podemos usar os mesmos termos para falar da vontade de Deus que é pregada, revelada e oferecida à nossa adoração, de um lado, e da vontade de Deus que não é nem pregada, nem revelada, nem oferecida à nossa adoração. Na medida em que Deus se oculta e não quer ser conhecido por nós, ele não está ao nosso alcance. Aqui se aplica o provérbio *quae supra nos, nihil ad nos*, o que está acima de nós não nos diz respeito. [...]
>
> Portanto, deixemos Deus em sua majestade e em sua essência, pois não temos nada a fazer com esse Deus oculto, e ele mesmo não quis que fizéssemos. No entanto, na medida em que ele se encarnou e se revelou a nós por sua Palavra, devemos tratar dele. Pois é nisso que residem sua majestade e sua glória [...]. Assim, nós afirmamos: o Deus justo não deplora a morte de seu povo, morte de que ele mesmo seria a causa. Ele deplora a morte que encontra nele e da qual ele busca livrá-lo. Eis o que faz o Deus anunciado e pregado aos homens, a fim de que, libertos do pecado e

da morte, sejamos salvos. *Enviou-lhes a sua palavra, e os sarou* (Sl 107.20). Quanto ao Deus oculto em sua majestade, ele não deplora nem suprime a morte, mas produz a vida, a morte e tudo em todos. Deus não está restrito aos limites de sua Palavra, mas conservou sua liberdade acima de todas as coisas.

Martinho LUTERO, *A escravidão da vontade*, em *MLO* 5, p. 110.

A incerteza objetiva quanto à proclamação da salvação e sua aceitação pode redundar em uma prova para a minha própria certeza: se a graça é resolutamente aberta, tenho tanta certeza assim quanto a ser eleito? Essa certeza é uma certeza sem bases ou pode se apoiar em alguns sinais, algumas garantias? Com relação a isso, a tradição calvinista desenvolveu a ideia de que a certeza da eleição podia ser medida pelos frutos que decorrem dela. Assim, a prosperidade temporal do cristão ou seu cumprimento do bem podem ser uma espécie de verificação de sua eleição: é o que está expresso na noção bastante controversa do silogismo prático, que deduz a certeza da eleição diretamente da presença de frutos.

O risco de, com isso, suscitar uma objetivização é grande, podendo verificar-se tanto como inquietante (será que fiz o suficiente para ser eleito?) quanto como tranquilizador (sou um homem de bem, logo, sou eleito). Em oposição a esse risco, é preciso sustentar que a certeza da fé é aberta: ela permanece exposta ao questionamento e à dúvida, confrontada com experiências que jamais a confirmam de modo final, mas a põem à prova o tempo todo. Todas as objetivizações em que tropeçamos são oferecidas à fé como escapatórias para essa tensão, seja no sentido de uma espécie de inquietude infinita, seja no de um apaziguamento tranquilizador.

Na perspectiva do final dos tempos, essa polaridade é reencontrada no confronto entre a tese da reconciliação universal (apocatástase) e a do julgamento final, que é a derradeira seleção entre eleitos e reprovados. Por que inquietar-se se, no final, todas as coisas chegam a uma salvação universal? Por outro lado, como não se aterrorizar com a consciência de que tudo só se decide no grande dia que virá? Interpretadas a partir da existência do cristão, as duas teses, que são objetivizantes quando as tomamos em separado, assinalam, de fato, a tensão irredutível à qual a certeza da fé está constantemente exposta. Com efeito, a promessa da graça é proclamada e, no entanto, ao mesmo tempo, nada é adquirido, nunca, nos dois sentidos do termo: o futuro é, sem cessar, aberto. Esse paradoxo imprescindível que mantém a fé viva está expresso em Paulo pela tensão entre o indicativo e o imperativo em Filipenses 2.12s: *desenvolvei a vossa salvação com temor e tremor; porque Deus é quem efetua em vós tanto o querer quanto o realizar, segundo a sua boa vontade*.

5.5. "Deus meu, Deus meu, por que me desamparaste?", ou Providência e oração

Quando evitamos, assim, toda objetivização, é operada uma inversão comparável na noção da Providência. De fato, o que acabamos de declarar quanto à relação do cristão com a salvação também vale para sua relação com a criação, com o que o constitui em seu corpo e em sua alma, ao que faz sua vida, sua condição neste mundo que o rodeia e no qual ele habita. Agora vamos esboçar, de início, o núcleo dessa inversão.

Em seu caráter objetivizante, a teodiceia se apresenta como um modelo explicativo. A questão "como Deus pode permitir isto?" é respondida por ela com uma teoria geral que explica o mal do ponto de vista da justa vontade de Deus. Tanto na questão como na resposta, fala-se de Deus na terceira pessoa. É um indício da adoção de um ponto de vista fora do mundo, inaceitável na perspectiva da fé cristã. De fato, para ela, trata-se, acima de tudo, da *fé* na Providência. Não se trata, em uma espécie de demonstração, de justificar Deus em vista do mal ou, ao contrário, declarar a morte de Deus em vista do mal. Por tratar-se da fé, a questão da Providência é, primeiro: como posso, em todas as coisas, me confiar a Deus? É por isso que seu lugar existencial não é a teoria, mas a oração.

A sabedoria não está em reconhecer o caráter aporético [o caráter de impasse] do pensamento sobre o mal, caráter aporético conquistado pelo próprio esforço de pensar mais e de outros modos? [...] O enigma é uma dificuldade inicial, próxima do grito da lamentação; a aporia é uma dificuldade terminal, produzida pelo próprio trabalho do pensamento; esse trabalho não é abolido, mas incluído na aporia.

A essa aporia, a ação e a espiritualidade são chamadas a dar não uma solução, mas uma *resposta* que torne a aporia produtiva [...].

A primeira maneira para tornar a aporia intelectual produtiva é integrar a *ignorância* que ela engendra ao trabalho de luto [...].

Um segundo estágio da espiritualização da lamentação é deixá-la se expandir em queixa contra Deus. [...] A acusação contra Deus é, aqui, a impaciência da esperança. Ela se origina no grito do salmista: "Até quando, Senhor?"

Um terceiro estágio da espiritualização da lamentação, indicada pela aporia da especulação, é descobrir que os motivos para crer em Deus não têm nada em comum com a necessidade de explicar a origem do sofrimento. [...] Então nós cremos em Deus *apesar* do mal [...]. Crer em Deus *apesar* é uma das maneiras de integrar a aporia especulativa ao trabalho de luto.

Paul RICOEUR, *Le mal*, p. 56-63.

Assim, podemos afirmar que, no sentido da teologia da cruz, a fé na Providência está arraigada na oração do Crucificado: *Deus meu, Deus meu, por que me desamparaste?* (Mc 15.34; Mt 27.46). Essa oração está centrada na experiência do abandono, de um abandono que é vivido até o final, de um abandono pelo próprio Deus. A questão do motivo para tal abandono é expressa aqui em um grito que, com a ajuda do Salmo 22, está na segunda pessoa: por que me desamparaste? Essa perspectiva muda tudo, pois esse Deus que abandona é, ao mesmo tempo, o Deus a quem posso me dirigir: Deus *meu*. Bradar do mesmo modo com Jesus torna possível abandonar-se àquele que abandona. Assim, é possível não levar em conta seu abandono para, apesar de tudo, confiar em Deus, para se colocar em suas mãos com todos os conflitos, todas as tensões, todas as contradições que pesam na vida. Desse modo, a fé na Providência confronta essa tensão irredutível que lhe é inerente: essa fé crê na presença de Deus até mesmo quando experiencia sua ausência, em nome do Deus que se manifestou no abandono radical ocorrido na cruz. Para o cristão, todos os abandonos estão abraçados nesse, e é por isso que ele pode se referir a *seu* Deus.

Fielmente rodeado de forças benevolentes,
Maravilhosamente protegido e consolado,
Quero viver esses dias com vocês
E entrar com vocês em um novo ano;
O passado ainda quer atormentar os corações,
Dias maus, pesado fardo que ainda oprime
Ah, Senhor, dá a tuas almas em terror

A salvação pela qual tu as criaste.
[...]
Deixa que hoje as velas queimem e brilhem,
Velas que tu trazes a nossas trevas,
E junta-nos de novo, se possível!
Sabemos que na noite há claridade.
Quando reinar o silêncio à nossa volta,
Faze-nos ouvir todas as vozes deste mundo
Que nos rodeia tão invisível,
Hino supremo de todas as crianças.
Maravilhosamente abrigados por tuas forças benevolentes,
Esperamos sem temor o que nos espera.
Deus é conosco manhã e noite
E certamente o será a cada novo dia.

Dietrich BONHOEFFER, *Forças benevolentes* (poema escrito na prisão para o Natal de 1944), em Idem e Maria von Wedemeyer, *Lettres de fiançailles. Celule 92, 1943-1945* [Cartas de noivado: célula 92, 1943-1945], Genebra, Labor et Fides, 1998, p. 264s.

5.6. A ignorância no cerne da confiança

Como ocorre com a predestinação, um princípio de ignorância está inserido no cerne da fé na Providência divina: nem todas as minhas questões encontram resposta, e o enigma do mal permanece. O mal não é explicado, justificado, resolvido por uma teoria que pretenda, de um modo ou de outro, captar as intenções secretas de Deus. Não se trata de explicar e justificar: na luta com o enigma do mal, o cristão, tal como Jó, confronta seu Deus, interpela-o, expressa sua ira e lhe apresenta todas as suas questões, até que se abra a possibilidade de entregar-se em suas mãos, de saber-se acolhido e abraçado por ele. O enigma pode continuar existindo, mas está posto nas mãos de Deus. O enigma é confiado a outro cujas intenções secretas são ignoradas pelo cristão, mas o mesmo cristão crê que Deus faz com que sua solicitude e sua benevolência reinem sobre todas as coisas e em todo o tempo.

Assim, ele poderá deixar com seu Deus benevolente o mundo e a história dos homens, com seus problemas, suas dificuldades, seus desafios. O Criador não abandona sua criação, mas cuida dela com solicitude e amor, para conservá-la e guiá-la de acordo com sua vontade insondável. Assim, a fé na Providência está livre em relação ao futuro: o destino de todas as coisas, desconhecido, imprevisível, escapa ao meu controle. Está nas mãos de outro. Cabe somente a ele esse controle.

Porém, isso não significa, por extensão, um quietismo beato. *Ora et labora*, "ore e trabalhe": a possibilidade de descanso em Deus na oração abre a perspectiva do trabalho. Dito de outra forma, sob essa confiança ignorante torna-se possível resistir ao mal, lutar no mundo contra tudo o que ameaça sua conservação, contribuir com todas as forças para o restabelecimento e a reparação do bem.

Ao proclamar que todas as coisas podem ser atribuídas à mão soberana e benevolente de Deus, a fé na Providência não sufoca esse trabalho humano, mas o protege de dois desvios: o que consiste em ceder à impressão de impotência e, portanto, resignar-se ao mal de um modo fatalista ou cínico e o que consiste em sucumbir à tentação de um domínio prometeico e, portanto, querer extirpar a todo custo o mal do mundo. Quando é posta sob a Providência, a luta contra o mal se situa dentro de sua contingência e seus limites, que são livremente assumidos. É o que está expresso em uma oração cuja origem é pouco conhecida, mas que talvez seja da autoria de um "pai peregrino" da América: "Senhor, dá-me a serenidade para aceitar o que não pode ser mudado; dá-me a coragem de mudar o que pode e deve ser mudado; e dá-me sabedoria para distinguir um do outro".

Nessa perspectiva, a fé na Providência divina está nas antípodas de um determinismo. Essa fé permite ao cristão assumir os desafios de sua vida no mundo em toda a liberdade, em uma serenidade lúcida, consciente dos limites que se lhe apresentam.

5.7. As tarefas seculares sob a Providência divina

Para Calvino, isso tem efeitos até na maneira de conceber as tarefas seculares, como ilustra essa instrução aos magistrados: "Em suma, se eles se lembrarem de que são vigários de Deus, se esforçarão o máximo em seus estudos e em seus cuidados para representar os homens em todos os seus atos, como uma imagem da Providência, do cuidado, da bondade, da doçura e da justiça de Deus" (IRC IV, XX, 6).

Esses laços entre Providência e governo civil são estruturados em torno da exigência de igualdade e caridade que está presente na lei de Deus. De fato, é por sua lei que o Criador exprime, em primeiro lugar, sua solicitude para com suas criaturas, garantindo-lhes limites em que suas vidas são preservadas e protegidas. Por isso, assim como ocorre nas obras dos demais reformadores, a reflexão calviniana sobre o governo civil se erige sobre uma teologia da lei e da Providência. Esse aspecto é debatido vivamente por Karl Barth, que critica os reformadores por não terem desenvolvido uma ética "à frente", na dinâmica do evangelho e do reino que virá, por terem se contentado com uma ética "de trás", erigida sobre a Providência e a lei (cf. principalmente *Justification divine et justice humaine* [Justificação divina e justiça humana, 1938], *Les cahiers bibliques de Foi et Vie* [Os cadernos bíblicos de Fé e Vida] 5, 1938, p. 2-48). De fato, a preocupação dos reformadores é claramente assegurar um âmbito de direito que permita proteger a coexistência humana dos confrontos descontrolados das veleidades e paixões humanas, cegas pelos fins que tais paixões objetivam. Para eles, trata-se de estabelecer, para o direito e a justiça, uma prioridade sobre os projetos e as realizações a que os homens aspiram. Nesse sentido, é legítimo vislumbrar uma linha histórica que leva desde a concepção do governo secular nas obras dos reformadores até as declarações dos direitos humanos no século XVIII, passando por teóricos modernos da democracia, como John Locke, principalmente (cf., sobre esse tema, É. Fuchs e P.-A. Stucki). A história desses efeitos é ambígua: ainda que a tradição geralmente tenha retido somente a submissão às autoridades, a herança protestante também suscita uma dinâmica ética que nos faz fundamentar na Providência divina a perspectiva da resistência contra a opressão e da desobediência civil.

5.8. Como se...: graça e humor

Como já vimos, ainda é forte hoje a tendência que nos faz compreender as noções de predestinação e Providência de um modo fundamentalmente determinista. Quando mal compreendidas, apontam para uma submissão dos seres humanos a um destino que se desenrola de um modo inelutável, como se todos estivéssemos de pés e mãos atados ao longo da vida. Essa negação trágica da liberdade humana precisa ser radicalmente contestada.

É preciso reaprender a descobrir, nessas duas noções, a expressão de uma graça que irrompe de modo inesperado na vida dos homens, de uma graça que precede suas iniciativas e veleidades e que, por essa razão, em vez de fixá-los no curso inabalável das coisas, abala-os, colocando-os à distância de si mesmos e da sua vida, arrancando-os de si mesmos para oferecer-lhes viver de algo mais que de si mesmos.

Viver da graça é uma aventura aberta e o tempo todo recomeçada que liberta o ser humano de uma relação imediata demais com o curso de sua vida e o curso do mundo. Afirmando-o com o apóstolo Paulo, é introduzido o espaço de um "como se", dando ao cristão uma distância interior que lhe permite assumir sem cessar os desafios do real sem sucumbir a eles: *o que resta é que não só os casados sejam como se não o fossem; mas também os que choram, como se não chorassem; e os que se alegram, como se não se alegrassem; e os que compram, como se nada possuíssem; e os que se utilizam do mundo, como se dele não usassem; porque a aparência deste mundo passa* (1Co 7.29-31).

Essa liberdade interior do "como se" define a fonte do humor que está indissociavelmente ligado à fé, e que dá ao cristão a coragem para não desesperar-se nas provas cotidianas do real, assumindo suas alegrias e suas vicissitudes em um espírito de liberdade sereno e lúcido.

"É evidente que quem vê a absurdidade, a ausência de esperança em relação a este mundo, pode desesperar-se, mas esse desespero não é uma consequência deste mundo, mas uma resposta que ele dá a este mundo; outra resposta seria não desesperar-se, sua decisão, por exemplo, de resistir a este mundo em que, muitas vezes, vivemos como Gulliver em meio aos gigantes" (Friedrich DÜRRENMATT, *Écrits sur le théâtre* [Escritos sobre o teatro, 1966], Paris, Gallimard, 1976, p. 66). Um aforismo que se costuma atribuir a Lutero expressa com perfeição essa coragem de não se desesperar, acompanhada da graça (no sentido do humor), que dobra sem cessar as limitações do real: "se o fim do mundo fosse amanhã, eu não deixaria de plantar uma pequena macieira hoje".

Pierre Bühler

▶ BARTH, Karl, *Dogmatique* II/2* (1942), III/3* e ** (1950), Genebra, Labor et Fides, 1958, 1962 e 1963; BERNHARDT, Reinhold, *Was heißt "Handeln Gottes"? Eine Rekonstruktion der Lehre von der Vorsehung*, Gütersloh, Kaiser/Gütersloher Verlaghaus, 1999; BRUNNER, Emil, *Dogmática* (1946-1950), 3 vols., São Paulo, Novo Século, 2004, t. I e t. II; BÜHLER, Pierre, *Gottes Vorsehung und die Bewahrung der Schöpfung*, em Hans WEDER, org., *Gerechtigkeit, Friede, Bewahrung der Schöpfung. Theologische überlegungen*, Zurique, Theologischer Verlag, 1990, p. 99-121; Idem, *Providence et résistance, une interprétation protestante des droits de l'homme*, Cahier Évangile et liberté 98, junho de 1991, p. IV-VIII, e bibliogr. P. III (em *Évangile et liberté* 105); BULTMANN, Rudolf, *Grâce et liberté* (1948), em *Foi et compréhension*, t. I, Paris, Seuil, 1970, p. 534-547; CALVINO, João, *IRC* I, XVI-XVIII e III, XXI-XXIV; Idem, *De aeterna Dei praedestinatione. De la prédestination éternelle* (1552), Genebra, Droz, 1998; DANTINE, Johannes, *Les tabelles sur la doctrine de la prédestination par Théodore de Bèze*, RThPh 98, 1966, p. 365-377; EBELING, Gerhard, *Dogmatik des christlichen Glaubens*, Tübingen, Mohr, 1979, t. I, p. 296-333 e t. III, p. 509-528; FUCHS, Éric, *La morale selon Calvin*, Paris, Cerf, 1986; Idem e STUCKI, Pierre-André, *Au nom de l'Autre. Essai sur le fondement des droits de l'homme*, Genebra, Labor et Fides, 1985; GISEL, Pierre, *La création. Essai sur la liberté et la nécessité, l'histoire et la loi, l'homme, le mal et Dieu* (1980), Genebra, Labor et Fides, 1987; HIRSCH, Emanuel, *Hilfsbuch zum Studium der Dogmatik. Die Dogmatik der Reformatoren und der alvervangelischen Lehrer quellenmäßig belegt und verdeutscht* (1937), Berlim, Walter de Gruyter, 1964, p. 147-173, 340-357 e 398-404; KRAEGE, Jean-Denis, *La prédestination, d'un autre 'point de vue'*, ETR 73, 1998, p. 349-369; LEIBNIZ, Gottfried Wilhelm, *Essais de théodicée. Sur la bonté de Dieu, la liberté de l'homme et l'origine du mal* (1710), Paris, Garnier-Flammarion, 1969; LÖHRER, Magnus, *Prédestination/élection*, em Peter EICHER, org., *Nouveau dictionnaire de théologie*, Paris, Cerf, 1996, p. 746-751; LUTERO, Martinho, *Nascido escravo* (1525), São José dos Campos, Fiel, 1992; MAURY, Pierre, *La prédestination*, Genebra, Labor et Fides, 1957; MULLER, Richard A., *Christ and the Decree. Christology and Predestination in Reformed Theology from Calvin to Perkins*, Durham, The Labyrinth Press, 1986; PANNENBERG, Wolfhart, *Teologia sistemática* (1993), vol. 3, São Paulo, Paulus, 2009; RICOEUR, Paul, *Le mal. Un défi à la philosophie et à la théologie* (1986), Genebra, Labor et Fides, 2004; SCHILSON, Arno, *Providence/théologie de l'histoire*, em Peter EICHER, org., *Nouveau dictionnaire de théologie*, Paris, Cerf, 1996, p. 784-789; SCHLEIERMACHER, Friedrich, *Der christliche Glaube nach den Grandsätzen der evangelischen Kirche im Zusammenhange dargestellt* (1830-1831), em *Kritische Gesamtausgabe* I/13, 1-2, 2 vols., Berlim, Walter de Gruyter, 2003, t. I, § 46-49 e t. II, §115-120; Idem, *Ueber die Lehre* *von der Erwählung; besonders in Beziehung auf Herrn Dr. Bretschneiders Aphorismen* (1819), em *Kritische Gestamtausgabe* I/10, Berlim, Walter de Gruyter, 1990, p. 145-222; SPARN, Walter, *Leiden. Erfahrung und Denken. Materialien zum Theodizeeproblem*, Munique, Kaiser, 1980; TRILLHAAS, Wolfgang, *Dogmatik* (1962), Berlim, Walter de Gruyter, 1972, p. 152-178 e 234-246; WENDEL, François, *Calvin. Sources et évolution de sa pensée religieuse* (1950), Genebra, Labor et Fides, 1985, p. 131-136 e 199-216.

○ Augustianismo; Amyraut; apocalíptica; apocatástase; arminianismo; Armínio; bênção; Beza; Bolsec; Cameron; Castellion; castigo; Coornhert; criação/criatura; Curione; **Deus**; *Dordrecht* (Sínodo e *Cânones de*); Du Moulin; **ecologia**; eleição; Episcopius; escravidão da vontade; Gilkey; Gomarus; graça; Grotius; Hegel; **história**; humor; justificação; Kant; Kohlbrügge; latitudinarismo; Leibniz; **liberdade**; **mal**; Maury; metodismo; **morte e vida eterna**; puritanismo; remonstrantes; sacerdote; **salvação**; Schweitzer; teodiceia; teologia da cruz; Weber M.; Wesley J.

PREGAÇÃO

No sentido amplo, entende-se por pregação toda ação verbal ou gestual que tende a comunicar ou proclamar o evangelho. Na prática litúrgica e missionária das igrejas protestantes, o termo "pregação" designa o discurso público que habitualmente está reservado ao pastor e que tem como sinônimos, com certas nuances, "sermão", "homilia".

Na tradição protestante, a pregação consiste em uma leitura atualizada de uma passagem das Sagradas Escrituras. Essa definição formal está aberta a inúmeras variantes, que vão desde o didatismo do minucioso estudo do texto até a liberdade inspirada de uma exortação profética. Porém, baseia-se em algumas fortes convicções: 1) a Bíblia, [... é a...] Palavra de Deus, foi confiada à igreja para ser proclamada; 2) em um contexto diferente, o pregador prossegue hoje com a tarefa dos autores bíblicos. Seu ministério como intérprete se torna possível pela ação do Espírito Santo; 3) a pregação fiel da Palavra de Deus pode ser assegurada pelo efeito da mesma Palavra; 4) com a ceia (concentração da Palavra análoga à Escritura, que também é concentração da Palavra), a pregação se constitui no essencial do culto (de acordo com a posição dos reformadores, para quem o anúncio fiel da Palavra — portanto, a pregação — e a correta administração dos sacramentos são o que constituem a igreja, cf. *Confissão de Augsburgo*, artigo 7, e *IRC* IV, I, 9).

Na tradição protestante, o pastor tem sido identificado como pregador da Palavra de Deus, já que o sermão é posto em um lugar de importância no culto e o protestantismo é a religião da palavra, e não do livro (a Bíblia). Como demonstrou Max Weber (*Economia e sociedade* [1922], Brasília, UnB, 2009), o pregador suplantou o sacerdote, e o profeta substituiu o administrador dos sacramentos. A história da teologia protestante é inseparável da história de seus maiores pregadores. Atualmente, o pregador só é reconhecido na medida em que também é um homem que escuta, já que escutar se tornou a condição para uma palavra autêntica: pregar é escutar Deus, os outros e o mundo.

Claude Bridel e Laurent Gagnebin

▶ BONHOEFFER, Dietrich, *La Parole de la prédication. Cours d'homilétique à Finkenwalde*, Genebra, Labor et Fides, 2003; CRADDOCK, Fred B., *Prêcher* (1985), Genebra, Labor et Fides, 1991; GAGNEBIN, Laurent, *Prêcher c'est écouter*, Lumière et Vie 199, 1990, p. 45-54; LISCHER, Richard, *A Theology of Preaching. The Dynamics of the Gospel*, Nashville, Abingdon, 1981; Idem, *The Preacher King. Martin Luther King, Jr. and the Word that Moved America*, New York, Oxford University Press, 1995; MITCHELL, Henry H., *Black Preaching*, San Francisco, Harper and Row, 1970; MOTTU, Henry e BETTEX, Pierre-André, orgs., *Le défi homilétique. L'exégèse au service de la prédication*, Genebra, Labor et Fides, 1994; REYMOND, Bernard, *De vive voix. Oraliture et prédication*, Genebra, Labor et Fides, 1998; WILLAIME, Jean-Paul, *Prédication, culte protestant et mutations contemporaines du religieux* (1986), em *La précarité protestante. Sociologie du protestantisme contemporain*, Genebra, Labor et Fides, 1992, p. 97-110.

○ **Comunicação**; culto; **pastor**

PRESBITERIANISMO

O termo "presbiterianismo" conhece duas acepções no mundo protestante. A primeira é um sistema de organização e de funcionamento eclesiástico em uso nas igrejas reformadas. Geralmente chamado regime presbítero-sinodal, esse sistema se distingue pela participação dos anciãos (presbíteros) no governo da igreja.

Na segunda acepção, trata-se do termo empregado para indicar a confissão reformada nos países anglo-saxões. Devemos ao reformador John Knox o uso desse termo para designar as igrejas que são análogas às igrejas reformadas nos países latinos e germânicos. A Igreja Presbiteriana da Escócia, de tipo multitudinista, é independente do Estado. Nos Estados Unidos, assim como todas as igrejas do país, as igrejas presbiterianas requerem a adesão de seus membros. Em outros locais, principalmente nos antigos "países de missões", os presbiterianos estão muito próximos aos congregacionais que praticam a fé reformada, como, por exemplo, Madagascar.

Claude Bridel

▶ BLASER, Klauspeter, *Une Église des confessions*, Genebra, Labor et Fides, 1990; HERMELINK, Jan, *Kirchen in der Welt. Konfessionskunde*, Stuttgart-Gelnhausen, Kreuz-Verlag-Burckhardthaus-Verlag, 1959; MEINHOLD, Peter, *Oekumenische Kirchenkunde. Lebensformen der Christenheit heute*, Stuttgart, Kreuz-Verlag, 1962.

◉ **Autoridade**; dissidente; Escócia; igrejas reformadas; Melville; presbítero-sinodal (sistema); *Westminster* (Assembleia e *Confissão de*)

PRESBÍTERO-SINODAL (sistema)

Via anglo-saxões, o adjetivo "presbiteriano" vem diretamente do Novo Testamento, mas no sentido em que os tradutores traduziram o grego *presbyteros* por ancião (e não por sacerdote), o que originou a expressão "anciãos da igreja", que designa os homens (e também as mulheres, mas esse uso é relativamente recente) que, constituídos em um grupo, formam o conselho ao qual uma comunidade local confia sua gestão, tanto temporal como espiritual, diaconal ou caritativa. Normalmente, os pastores fazem parte desse grupo. Sob o Antigo Regime, os anciãos eram escolhidos por cooptação e, em seguida, propostos para o assentimento da comunidade. A partir do século XIX, impôs-se aos protestantes um modelo democrático como um encaminhamento normal e necessário de suas opções nessa área; assim, a escolha dos anciãos está sujeita a eleições periódicas.

O adjetivo "sinodal" assinala o fato de que as comunidades locais não se consideram nem autossuficientes nem autônomas, como é o caso, por exemplo, do congregacionalismo, mas atribuem uma dimensão institucional à solidariedade que as une. Cada comunidade local (ou cada conselho de anciãos) envia seus representantes para um sínodo e atribui a essa instância superior à igreja local a gestão dos problemas que não podem ser tratados satisfatoriamente no nível local: doutrina, consagração de ministros, ajustes financeiros, ajuda na gestão de conflitos entre comunidades ou dentro de uma comunidade etc. Os ministros (pastores e diáconos) constituem uma proporção variável dos representantes que tomam parte em um sínodo: paridade de um ministro para um leigo, em alguns casos; número dobrado (ou maior) de leigos em relação ao número de ministros na maioria das igrejas protestantes.

A originalidade do sistema presbítero-sinodal (termo inventado na Alemanha do século XIX) se baseia em dois aspectos: primeiro, não há uma relação de autoridade em um sentido único, de cima para baixo, ou da base presbiteral em direção ao sínodo, mas busca um movimento constante de vaivém, evitando que cada nível entre nas competências do outro, de tal modo que cada um se remeta melhor e mais diretamente à autoridade única de Deus — ainda que seja ao preço de contestações ou conflitos diante de abusos de autoridade. Segundo, concebe-se a igreja como um corpo formado de todos os homens e todas as mulheres que a constituem, com a certeza de que a gestão é uma responsabilidade comum. O que outras tradições cristãs regulam por meio do episcopado (que pode corresponder a diversos regimes de governo eclesial), o regime presbítero-sinodal o realiza por meio do que se pode chamar episcopado colegial.

A fraqueza do sistema repousa no fato de que as autoridades colegiais frequentemente experimentam dificuldade de tomar decisões difíceis a tempo e no fato de que o discernimento da verdade não pode ser abandonado em favor de ocasionais maiorias (fortes maiorias não têm necessariamente razão, principalmente no âmbito espiritual). Há também o perigo de que líderes de temperamento autoritário atrapalhem o bom funcionamento do sistema. Mas essas possibilidades de fraqueza podem implicar sua própria correção: tanto por dissuadir que se ceda a qualquer tipo de sacralização do sistema quanto por chamar à responsabilidade as pessoas que fazem parte dos conselhos. O sistema presbítero-sinodal estabelece, assim, os limites de todo procedimento democrático, ao mesmo tempo que valoriza suas vantagens. Com a vocação de só desejar a autoridade de Deus, tal sistema pode e deve ser referência para as democracias contemporâneas.

Bernard Reymond

▶ REYMOND, Bernard, *Entre la grâce et la loi. Introduction au droit ecclésial protestant*, Genebra, Labor et Fides, 1992.

O **Autoridade**; bispo; congregacionalismo; conselheiros, presbíteros ou anciãos; igrejas reformadas; leigo; liderança da igreja; organizações eclesiásticas; paróquia; **pastor**; presbiterianismo; sínodo

PRESSENSÉ, Edmond Marcellin de Hault de (1824-1891)

Nascido e morto em Paris, Pressensé é filho de Victor de Pressensé (1796-1871) e de Victoire Hollard. Casou-se no dia 26 de maio de 1847 com Élise du Plessis-Gouret (1826-1901).

Estudou teologia em Lausanne, onde foi um devotado aluno de Alexandre Vinet: por toda a vida, ele se apresentaria como um de seus discípulos. Depois de algum tempo em várias universidades alemãs, foi ordenado em 1847 na Capela Taitbout, famosa igreja independente parisiense. Tornou-se pastor dessa capela (passando pelas posições de auxiliar, assistente e titular), permanecendo nessa função por toda a vida. Tanto seus artigos como *Le Semeur* [O Semeador] quanto suas qualidades pessoais — entusiasmo, inteligência, abertura de mente, atenção aos problemas sociais, interesse pela vida política — logo lhe permitiram tornar-se conhecido no mundo intelectual da capital. Sua notoriedade cresceu a partir de 1854, quando se tornou diretor da *Revue chrétienne* [Revista cristã]. Revelou-se, então, como um dos mais brilhantes adversários dos liberais extremistas que publicavam geralmente na *Revue de Strasbourg* [Revista de Estrasburgo]. Pouco a pouco, tornou-se uma personalidade de proa entre os evangélicos. Redigiu toda uma série de obras, com destaque para *Histoire des trois premiers siècles de l'Église chrétienne* [História dos três primeiros séculos da igreja cristã] (6 vols., Paris, Meyrueis, 1858-1877) e, principalmente, *Jésus-Christ. Son temps, sa vie, son oeuvre* [Jesus Cristo: sua época, sua vida e sua obra] (1866, Paris, Fischbacher, 1881), que se apresentou como uma sólida resposta à *Vida de Jesus* (1866, São Paulo, Martin Claret, 2004), de Renan. Após 1870, iniciou uma carreira política nas fileiras do Partido Republicano, mas sem abandonar o púlpito da Capela Taitbout: tornou-se deputado (centro-esquerda) de 1871 a 1876 e senador inamovível a partir de 1883. Em razão de sua cultura, da fecundidade de sua pluma e da diversidade de seus engajamentos, Pressensé pode ser considerado uma das principais figuras do protestantismo francês da segunda metade do século XIX.

André Encrevé

▶ CORDEY, Henri, *Edmond de Pressensé et son temps (1824-1891)*, Lausanne-Paris, Bridel-Fischbacher, 1916; ROUSSEL, Théophile, *Notice sur la vie et les oeuvres de M. de Pressensé*, Paris, Didot, 1894.

O Evangélicos; **Jesus (imagens de)**; prostituição; Vinet

PRINCETON (escola de)

O *Princeton Theological Seminary*, em Nova Jersey, foi fundado em 1812 em resposta à necessidade de formação de pastores das igrejas protestantes — sobretudo presbiterianas —, então em rápida expansão nos Estados Unidos. Em 1844, com 110 estudantes e quatro professores, Princeton se tornou a mais importante entre as doze instituições de formação presbiteriana. Na época, somente o *Union Theological Seminary*, de Nova York, tinha uma fama comparável. Os anais da escola mostravam, em 1933, que, desde o ano em que se formou a primeira turma (1815) até 1920, a instituição havia recebido 6.386 estudantes.

O pensamento teológico de Jonathan Edwards (1703-1758) marcou a primeira fase do seminário. Também caracterizou suas origens uma forma de piedade prática nos moldes de Archibald Alexander (1772-1851), o mais conhecido de seus fundadores. Os sucessores de Alexander defenderam um calvinismo ortodoxo impermeável às contribuições teológicas do que então era chamado a "nova escola", liberal. Dentre esses sucessores, podemos citar Charles Hodge (1797-1878), autor de uma *Teologia sistemática* (1871-1872, São Paulo Hagnos, 2001), manual ainda utilizado um século depois de sua morte, e Benjamin B. Warfield (1851-1921), teólogo sistemático e polemista que se encarregou da tarefa de responder às inovações da teologia crítica alemã e às ideias da "nova escola". Em segundo plano, podemos citar os filhos do fundador, James Waddell (1804-1859) e Joseph Addison (1809-1859) Alexander; o filho de Charles Hodge, Archibald Alexander Hodge (1823-1886); Lyman H. Atwater (1813-1883); William Henry Green (1825-1900); John Gresham Machen (1881-1937); Geerhardus Vos (1862-1949). A escola de Princeton se tornou conhecida graças aos textos de seus professores e de uma série de periódicos, da qual fez parte a *Princeton Theological Review*, editada pela faculdade.

Em Princeton, no século XIX, sempre se lia em latim a obra do calvinista ortodoxo genebrino François Turrettini, *Institutio theologiae elencticae* (1679-1685). Assim, Francis L. Patton (1843-1932) afirmava, em 1912, que, na instituição, "ensinava-se o calvinismo clássico, sem modificações". Também houve outras influências, como a do filósofo escocês do "senso comum" Francis Hutcheson (1694-1746) e de Thomas Reid (1710-1796), que buscaram responder ao ceticismo de David Hume e ao idealismo de George Berkeley. Em uma perspectiva apologética, essa filosofia desejava fortalecer a teologia calvinista tradicional recorrendo a "fatos" ou "evidências" favoráveis à fé cristã, contribuindo para a elaboração do "método científico" de Princeton, que acabou sendo criticada como "racionalista" por seus detratores liberais. Apesar dessa ênfase, a piedade sempre ocupou um lugar central nos trabalhos de teólogos convencidos da obra sobrenatural do Espírito Santo na experiência cristã e na vida em comum da igreja.

Se, no século XIX, somente Princeton e a *Harvard Divinity School* defendiam posições calvinistas conservadoras, foi no início do século XX que repercussões da modernidade começaram a se fazer sentir. Após desacordos internos quando da publicação da *Auburn Affirmation* (1924), redigida por pastores presbiterianos progressistas, Machen pediu demissão de suas funções ao concluir que a "velha" Princeton estava ameaçada pelo modernismo teológico. Acompanhado de Cornelius Van Til (1895-1987) e outros nomes importantes, fundou uma escola independente na Filadélfia, o *Westminster Theological Seminary*, destinado a perpetuar o calvinismo original.

Paul Wells

▶ BARR, James, *Fundamentalism* (1977), Londres, SCM Press, 1981; NOLL, Mark A., org., *The Princeton Theology, 1812-1921. Scripture, Science, and Theological Method from Archibald Alexander to Benjamin Breckinridge Warfield* (1983), Grand Rapids, Baker Academic, 2001; SANDEEN, Ernest R., *The Roots of Fundamentalism. British and American Millenarism, 1800-1930*, Chicago, University of Chicago Press, 1970; VANDER STELT, John C., *Philosophy and Scripture. A Study in Old Princeton and Westminster Theology*, Marlton, Mack Publishing, 1978; WELLS, David F., org., *Reformed Theology in America. A History of Its Modern Development*, Grand Rapids, Eerdmans, 1985.

◉ Calvinismo (neo); Edwards; Turrettini F.; Van Til; Warfield

PROFETISMO

Crítica do rei ou do culto, denúncia do pecado do povo, anúncio de punição ou restauração, de infelicidade ou salvação, promessas messiânicas ou visões apocalípticas, tudo isso são manifestações da profecia na tradição religiosa hebraica. Para o cristianismo primitivo, as promessas do Antigo Testamento estão "cumpridas", ou seja, retomadas, atualizadas e verificadas na pessoa do profeta escatológico Jesus.

Na doutrina reformada dos três ofícios de mediador — rei, sacerdote e profeta —, o ofício profético permite que a lei, a Escritura e a aliança sejam remetidas a Cristo, que é o garantidor e o responsável pela liberdade cristã. Por ser portador da revelação, Cristo é o único Senhor e Mestre autorizado da igreja. A função de profeta ocupa um papel preponderante na tradição protestante, tanto na interpretação de Cristo quanto na definição da existência eclesiástica e cristã: em oposição ao legalismo sacrificial e à autoridade do poder, a fé e a ética enfatizam a pregação de Cristo, assim como a da igreja. Os cristãos que participam do ofício de Cristo são chamados a fazer soar a palavra que conduz, de um modo totalmente verdadeiro, a revelar a condição do mundo diante de mentiras otimistas ou pessimistas, assim como a confrontar as autoridades eclesiásticas ou políticas com o verdadeiro Senhor e, portanto, com os limites de todo tipo de poder. A crítica ao poder decorre do anúncio do Reino. O ofício profético é, ao mesmo tempo, o de sentinela e o de servo responsável.

Em situações de injustiça e opressão, as tradições proféticas se verificaram muito importantes:

Guerra dos Camisardos, Igreja Confessante, movimentos e teologias da libertação etc. Além disso, o profeta desempenha um papel central nas igrejas independentes, pentecostais e carismáticas, da África (kimbanguismo, Shembe etc.) e em outros locais, assim como nos cultos nativistas (p. ex., na Melanésia).

Klauspeter Blaser

▶ BLASER, Klauspeter, *Calvins Lehre von den drei Ämtern Christi*, Zurique, Evangelischer Verlag, 1970; CALVINO, João, *IRC* II, XV; Idem, *Catéchisme de l'Église de Genève* (1542), em Olivier FATIO, org., *Confessions et catéchismes de la foi réformée*, Genebra, Labor et Fides, 1986, § 34-44; DUNN, James D. G., *Jesus and the Spirit. A Study of the Religious and Charismatic Experience of Jesus and the First Christians as Reflected in the New Testament* (1975), Grand Rapids, Eerdmans, 1997; MOLTMANN, Jürgen, *Teologia da esperança: estudos sobre os fundamentos e as consequências de uma teologia cristã* (1964), São Paulo Teológica, 2003; PANNENBERG, Wolfhart, *Esquisse d'une christologie* (1964), Paris, Cerf, 1971, p. 267ss; RAD, Gerhard von, *Théologie de l'Ancien Testament*, t. II (1960), Genebra, Labor et Fides, 1967; SCHWARTZ, Hillel, *The French Prophets. The History of a Millenarian Group in Eighteenth Century England*, Berkeley, University of California Press, 1976; SUNDKLER, Bengt G. M., *Bantu Prophets in South Africa* (1948), Oxford, International African Institute-Oxford University Press, 1961.

◉ Camisardos (Guerra dos); Court; Harris; **Jesus (imagens de)**; Kimbangu; Marion; messianismo; **mulher; utopia**

PROSELITISMO

O termo "proselitismo" vem do grego *proselytos*, que, por sua vez, é uma tradução do hebraico *ger*, utilizado para designar o estrangeiro que se instalava no país e que, de algum modo, era naturalizado. No judaísmo helenístico, chama-se prosélito aquele que se converte ao judaísmo, passando pela circuncisão e pelo banho ritual, que se diferencia daquele que teme a Deus, apega-se ao monoteísmo e aos princípios morais do judaísmo (cf. At 2.11; 6.5; 13.43). Em Mateus 23.15, Jesus profere palavras severas em relação a certos modos de fazer prosélitos. Hoje, indaga-se se o judaísmo praticou um proselitismo ativo (como Marcel Simon e Joachim Jeremias) ou se houve apenas um erro de interpretação de Mateus 23.15, assim como de outros textos de autores latinos (Juvenal, Tácito, Tertuliano), de acordo com a resistência dos rabinos quanto a acolher convertidos (Édouard Will e Claude Orrieux).

Em português, o termo "prosélito" designa qualquer novo convertido a dada religião; assim, "proselitismo" adquiriu o sentido de um zelo intempestivo que visa a conquistar outros para suas próprias convicções a todo custo, o que gerou a propensão para a denúncia do proselitismo de outrem: dissidentes na Grã-Bretanha do século XVII, missões católicas e protestantes nas igrejas orientais etc. O proselitismo dentro do universo cristão, de que frequentemente têm sido acusados protestantes e grupos dissidentes, foi tema de várias decisões do Conselho Mundial de Igrejas, principalmente na Assembleia de Nova Délhi, em 1961, e em dois documentos preparados com os católicos sobre o testemunho comum e o proselitismo, em 1970 e 1980.

Nas relações inter-religiosas, foram criadas leis para limitar o proselitismo cristão na Índia, em Israel e em um bom número de países muçulmanos. O proselitismo precisa ser denunciado em nome do respeito à liberdade religiosa quando se recorre a meios ilícitos (benefícios materiais, pressões políticas, prestígio social etc.) e quando a passagem de uma devoção religiosa a outra for o único objetivo, confessado ou não. Sem restringir a liberdade das missões cristãs, muçulmanas e outras, a resposta aos abusos de um zelo intempestivo e interessado é o testemunho recíproco de cristãos de diversas convicções.

Jean-Claude Basset

▶ JEREMIAS, Joachim, *Jérusalem au temps de Jésus. Recherches d'histoire économique et sociale pour la période néo-testamentaire* (1923-1937, 1958, 1962), Paris, Cerf, 1967, p. 420-438; SIMON, Marcel, *Verus Israël. Étude sur les relations entre chrétiens et Juifs dans l'Empire romain (135-425)* (1948, 1964), Paris, E. de Boccard, 1983, p. 315-355; WILL, Édouard e ORRIEUX, Claude, *Prosèlytisme juif? Histoire d'un erreur*, Paris, Les Belles Lettres, 1992; *Le témoignage chrétien, le prosélytisme et la liberté religieuse dans la structure du COE*, em *Evanston-Nouvelle-Delhi 1954-1961* (relatório do Comitê Central à terceira Assembleia do CMI), Genebra, CMI, 1961, p. 252-258; "Témoignage commun et prosélytisme de mauvais aloi", *La documentation catholique* 1575, 1970, p. 1077-1081; *Le témoignage commun des chrétiens*, *La documentation catholique* 1807, 1981, p. 450-458.

○ Conversão; evangelização; **missão**; **religião e religiões**; testemunho

PROSTITUIÇÃO

No século XIX, foi desenvolvida uma regulamentação para conter a prostituta (considerada um "esgoto seminal") em locais fechados como a casa de tolerância, o hospital, a prisão. Nas décadas de 1870 e 1880, os protestantes, geralmente oriundos de meios evangélicos, lideraram uma ampla campanha abolicionista contra essa "lepra social" (condessa de Gasparin), com o objetivo de libertar a "mulher escrava" (Tommy Fallot).

Inspirada pela campanha que foi desenvolvida nos mesmos meios contra o tráfico e a escravidão dos negros, essa "cruzada" foi lançada por uma inglesa, Josephine Butler (chamada "a Débora dos tempos modernos"), ajudada por sua amiga de Neuchâtel, Amélie Humbert (1851-1936). Em setembro de 1877, houve um congresso em Genebra que originou a Federação Britânica e Continental para a Abolição da Prostituição. Josephine Butler passou vários períodos em Paris ("a grande Babilônia") e, sob sua influência, foram criados um comitê, em 1875, e uma liga para a restauração da liberdade pública, em 1883, com os pastores Edmond de Pressensé e Tommy Fallot e o médico Gustave Monod. Para Josephine Butler, a regulamentação da prostituição implicava a escravidão da mulher e a libertinagem do homem. Segundo ela, esse duplo atentado à liberdade e à moralidade levava ao "fetichismo do Estado" e a uma "tirania médico-legal". Como se vê, a argumentação não era especificamente religiosa e, sobretudo na França, a luta contra a prostituição foi uma oportunidade para o encontro e o diálogo entre protestantes, livres-pensadores e feministas.

Jean Baubérot

▶ BAUBÉROT, Jean e MATHIEU, Séverine, *Religion, modernité et culture au Royaume-Uni et en France, 1800-1914*, Paris, Seuil, 2002; BUTLER, Josephine, *Souvenirs personnels d'une grande croisade* (1896), Paris, Fischbacher, 1900; CORBIN, Alain, *Les filles de noce. Misère sexuelle et prostitution (XIXe et XXe siécles)*, Paris, Aubier, 1978.

○ Ação social; Butler; escravidão; Fallot; feminismo; **mulher**; Pressensé

PROTESTANTISMO

1. **Apresentação histórica**
2. **A noção de protestantismo na história da teologia**
    2.1. **O "princípio protestante"**
    2.2. **Reforma e protestantismo**
3. **Extensão por adição ou ruptura instauradora? Uma abordagem sociológica**

O protestantismo é uma família teológica, espiritual e ética do cristianismo, oriunda da Reforma do século XVI. Em um primeiro momento, o qualificativo "protestante" foi utilizado pelos adversários da Reforma para designar os adeptos do movimento depois da segunda dieta do Império Romano Germânico, em Espira (1529). As correntes que compõem essa família são múltiplas, e cada uma delas se separou da Igreja Católica Romana. Por isso, o protestantismo não é uma igreja, mas um conjunto de igrejas que não estão em comunhão umas com as outras em totalidade, já que é enorme a diversidade teológica, cultural e histórica das tendências que são expressas nessa família. Ao longo dos séculos, os termos "protestante" e "protestantismo" não se limitaram às igrejas que se originaram diretamente da Reforma (luteranas, zwinglianas, calvinistas etc.), mas também serviram para designar comunidades pré-reformadoras (valdenses, hussitas) e formações eclesiásticas posteriores (batistas, congregacionais, metodistas, pentecostais etc.). O anglicanismo pertence igualmente a essa corrente, ainda que se defina como uma modalidade que está entre o catolicismo e a Reforma, experimentando alguma hesitação quanto ao adjetivo "protestante".

O protestantismo é uma das três expressões fundamentais da cristandade contemporânea, ao lado do catolicismo romano e da ortodoxia oriental.

1. *Apresentação histórica*

Na história da igreja, geralmente se usa o termo "Reforma", ou "Reformação", para designar a corrente religiosa que se originou dos textos e da ação de Martinho Lutero (1483-1546), na Alemanha, e, quase simultaneamente, de Ulrico Zwinglio (1484-1531), em Zurique e em toda a Suíça. De fato, esse movimento não tardou a adquirir uma dimensão europeia, arraigando-se em um profundo *desejo de Reforma* que já tinha se manifestado nos séculos anteriores, tanto na igreja quanto fora dela. Isso se deu por vários fatores: retorno às exigências espirituais originais no monaquismo (Cluny, Cîteaux, século XII) e criação das ordens franciscana e dominicana (século XIII); surgimento de novas demandas espirituais (*devotio moderna*), em meio a leigos que tinham mais leitura e formação melhor; pregação bíblica de Valdo (final do século XII e início do século XIII) e dos seus "pobres de Lyon" (valdenses); golpes fatais contra a legitimidade da hierarquia eclesiástica por John Wycliffe (entre 1320 e 1330-1384), na Inglaterra, e Jan Hus (1371-1415), na Boêmia.

Nesse contexto, as propostas das próprias autoridades eclesiásticas, de doutores ou de leigos, das esferas políticas ou das margens da sociedade, podiam ser qualificadas como "reformadoras". No entanto, o termo "Reforma" designa, de modo específico, o movimento que culminou na ruptura com a igreja de Roma e que recebeu o aval das autoridades políticas (o magistrado) das cidades ou dos Estados implicados. A expressão Reforma *magisterial* o expressa com precisão, opondo-se a uma reforma *católica* que se originou no Concílio de Trento (em geral, chamada de Contrarreforma na historiografia) e a todo movimento *radical* do século XVI (anabatista, espiritualista, milenarista, antitrinitário).

Na origem do despertamento para a Reforma está o que Richard Stauffer chamou de "descoberta reformadora": a justificação *sola fide* pelo monge Martinho Lutero. As novas propostas teológicas, eclesiológicas e éticas — salvação pela fé somente, teologia da cruz, em oposição à escolástica, sacerdócio universal, crítica do magistério, autoridade da Escritura, rejeição do sacramento *ex opere operato* — suscitaram um conflito dentro da igreja, que resultou na excomunhão e no banimento de Lutero, em 1521. As cidades e os Estados alemães que tomaram partido dele se opuseram a Carlos V e à sua política de união católica. Na segunda Dieta de Espira, eles "*protestaram* diante de Deus [...] e diante de todos os homens", exprimindo sua recusa quanto a admitir um decreto que julgavam contrário "a Deus, à sua santa Palavra, à boa consciência e à salvação da alma". Depois do fracasso do debate teológico organizado na Dieta de Augsburgo, em 1530, e um período de confrontos, o império foi organizado, no nível religioso, de acordo com o princípio *cujus regio ejus religio*: a confissão que o príncipe adota passa a ser a do Estado que ele governa (*Paz de Augsburgo*). Nisso, o luteranismo foi legitimado, e as estruturas políticas confirmaram a separação confessional. Adotando, em sua maior parte, a *Confissão de Augsburgo* (1530), os *Artigos de Smalkade* (1537) e os *Catecismos* (1539) de Lutero, as igrejas luteranas se expandiram rapidamente em toda a Alemanha, adotando uma referência doutrinária comum que foi resumida no *Livro de Concórdia* (1580). Como a maioria dos eleitores e dos príncipes aderiu à Reforma luterana, a Igreja Luterana, aos poucos, ocupou o mesmo lugar e assumiu o mesmo peso que antes pertenciam ao catolicismo. Essa mudança foi acompanhada de graves perturbações políticas, e a situação só foi estabilizada com os tratados de Westfália (1648).

No norte da Europa, a adesão à Reforma luterana rapidamente se estendeu aos reinos da Dinamarca (1536), da Suécia (1536), da Noruega (1537), da Islândia (1538) e da Finlândia — onde um discípulo de Lutero, Miguel Agrícola (?1510-1557), tornou-se reitor da universidade, em 1539, e, em seguida, bispo de Turku, em 1554. Realizou-se a passagem do catolicismo para o luteranismo sem muitos choques, principalmente porque os soberanos viam no movimento uma possibilidade de destacar-se do Império Romano e Germânico. O luteranismo se tornou a religião oficial, e a situação se estabilizou a partir do final do século XVI. Essa região do continente europeu ainda hoje se caracteriza por uma homogeneidade confessional fortemente perceptível: 95% da população.

Na Suíça, o padre Ulrico Zwinglio começou a organizar, em 1522, a reforma de Zurique, em uma perspectiva mais influenciada pelo humanismo. As ideias reformadoras de Zwinglio encontraram eco principalmente nos cantões mais urbanizados, como Berna, Basileia e Schaffhausen e, algum tempo depois, fora das fronteiras confederadas, em Genebra, Lausanne e Neuchâtel.

Lutero e Zwinglio se encontraram em um colóquio na cidade de Marburgo, em 1529, permitindo-lhes constatar que ambas as correntes, alemã e suíça, estavam amplamente de acordo em relação ao conteúdo da Reforma, a não ser quanto à questão eucarística e a seus fundamentos cristológicos, em que as posições foram irreconciliáveis.

Em Estrasburgo, a Reforma ganhou, de fato, seu maior impulso a partir de 1523, quando se instalaram na cidade Wolfgang Capiton (1478-1541) e Martin Bucer (1491-1551). A teologia de Bucer foi influenciada por Lutero, mas era menos radical e enfatizava a necessidade de uma realização eclesiológica. Antes que a Genebra de Calvino se tornasse a referência desses reformadores, era para a cidade de Estrasburgo que os "evangélicos" franceses, em busca de um modelo, voltavam os olhos.

Em Genebra, a Reforma foi votada pelos burgueses da cidade (maio de 1536) e conduzida por Guilherme Farel (1489-1565), logo assistido por João Calvino (1509-1564). Reduzidos a uma minoria em 1538, os dois homens se instalaram, respectivamente, em Neuchâtel e Estrasburgo, mas Calvino foi chamado de volta para Genebra em 1540, iniciando seu trabalho de estruturação da igreja e da cidade (*Ordenanças eclesiásticas*, 1541). Ali, ele contribuiu para que fosse adotado um modo de vida que se caracterizou por certa austeridade evangélica.

O modelo genebrino chamou a atenção das comunidades reformadas francesas inspiradas pelas ideias luteranas e pelo evangelismo humanista, representado por Guillaume Briçonnet (?1472-1534) e Jacques Lefèvre d'Étaples (?1455-1536). Parte importante da nobreza aderiu ao modelo, fazendo surgir, assim, um "partido" protestante. Igrejas se "levantaram" de acordo com o modelo estrasburguense e, em seguida, adotaram o modelo genebrino e uma organização sinodal (1559). O Colóquio de Poissy (1561), organizado por Catarina de Médicis, demonstrou a impossibilidade de unificar a prática religiosa do reino e pôs fim às esperanças huguenotes de que a França passasse de vez para o lado da Reforma. Os huguenotes franceses sempre seriam minoria e, muitas vezes, pegariam em armas durante as guerras de religião até que fosse assinado o Edito de Nantes (1598). Depois de um breve período de bonança, perderiam as garantias políticas (Graça de Alès, 1629) e, sob Luís XIV, que revogaria o edito em 1685, a liberdade de confessar a fé protestante.

Nos países em que a Reforma foi implantada — Suíça, França, Escócia, Países Baixos, Hungria —, foram adotadas confissões de fé nacionais. No sínodo europeu de Dordrecht (1618-1619), os reformados buscariam uma total coesão dogmática.

Na Inglaterra, o conflito entre Henrique VIII (1491-1547) e o papa Clemente VII sobre o divórcio do rei levou ao cisma de 1534. Porém, ao tornar-se o chefe supremo da Igreja da Inglaterra, o rei permaneceria partidário da fé católica e até combateria as ideias luteranas. O anglicanismo só foi verdadeiramente instaurado sob o breve reinado (1547-1553) do filho de Henrique VIII, Eduardo VI (1537-1553) e, depois de um período intermediário católico (1553-1558) orquestrado por Maria Tudor (1516-1558), sob o reinado (1558-1603) de Elizabeth I (1533-1603). Teologicamente, o anglicanismo se estruturou em torno dos *Trinta e nove artigos*, proclamados em 1571, e do *Prayer Book* [Livro de oração], de 1662. Esses textos de referência carregam a marca luterana da *Concórdia de Wittenberg* (1536) e atestam a influência do reformador Martin Bucer, que passou seus últimos anos de vida na Inglaterra.

No final do século XVI, as ideias protestantes foram implantadas com recursos variáveis, de acordo com cada país. Essas ideias se dividiram em três correntes mais importantes: luterana, reformada (ou seja, zwingliano-calvinista) e anglicana.

Ao longo do século seguinte, essas famílias protestantes foram atravessadas por diversos movimentos, tais como o pietismo, de origem mais luterana, e o puritanismo, que surgiu quando da primeira revolução da Inglaterra (1642-1649). O puritanismo esteve na origem do movimento batista, que se constituiu em uma igreja autônoma ao criar uma primeira igreja local de imigrantes ingleses em Amsterdã, em 1609, antes de expandir-se para a Inglaterra, em 1612, e para a América, em 1639. Famílias protestantes foram abaladas pelos conflitos europeus, como a Guerra dos Trinta Anos e as campanhas militares de Luís XIV; com isso, elas testemunharam toda uma reflexão filosófica sobre a tolerância e a liberdade de consciência, principalmente no contexto do Refúgio. As ortodoxias protestantes se entrelaçaram com sistemas tais como o socinianismo (antitrinitário), o arminianismo (contra a estrita e dupla predestinação), o deísmo e o racionalismo, o que favoreceu o surgimento de um pluralismo teológico. A reflexão teológica suscitou debates que abriram portas para os questionamentos radicais sobre a religião e a crença empreendidos pela filosofia das Luzes.

No século XVIII, o racionalismo influenciou fortemente a identidade protestante sem, no entanto, esgotá-la, já que também foi atravessada por correntes neopietistas e movimentos de avivamento. Levando à criação das igrejas protestantes metodistas, o avivamento sacudiu a Inglaterra e a América, passando igualmente pela Suíça e, no início do século XIX, pela França. Nessa época, importantes esforços de evangelização e diaconia, iniciados tanto pela dinâmica espiritual quanto pela consideração com os problemas sociais, concretizaram-se em movimentos e obras tais como as Missões Interiores, a Missão Popular Evangélica, as Uniões Cristãs de Moços, os asilos de A Força e o Cristianismo Social, para citar apenas alguns exemplos. Fora das fronteiras europeias, o empreendimento missionário assumiu a expansão mundial da evangelização: associaram-se intimamente a pregação da mensagem cristã, as atividades comerciais e o desejo de levar a civilização para os povos dos continentes africano e asiático. Essas missões ocasionaram uma expansão mundial de diversas famílias protestantes, situando-se na origem dos primeiros esforços ecumênicos (Conferência Missionária de Edimburgo, 1910).

No século XX, o protestantismo se caracterizou tanto pela renovação teológica quanto pelo diálogo ecumênico, ao mesmo tempo que continuou a cobrir todo um conjunto de práticas eclesiásticas, afirmações dogmáticas e princípios éticos bastante variados. Também estabeleceu um diálogo com a cultura, em cujo vocabulário buscou exprimir a atualidade do evangelho, e insistiu na crítica das doutrinas humanas, emitindo-a em nome da transcendência do Deus da Bíblia. Da mesma forma, assumiu rostos tão diversos quanto o fundamentalismo evangélico e o liberalismo teológico.

Diante de toda essa diversidade, afigura-se necessário recolocar a definição do protestantismo tanto na perspectiva de uma história da teologia (item 2) quanto em uma problemática sociológica (item 3). Percebe-se então que, de acordo com cada ponto de vista adotado, os mesmos elementos históricos são passíveis de interpretações variadas e, às vezes, opostas. No entanto, essa diversidade não é necessariamente um problema, na medida em que reflete, de acordo com a interpretação do fenômeno estudado, os conflitos e as contradições entre os elementos confessionais que clamam sua filiação ao protestantismo.

2. A noção de protestantismo na história da teologia

Assim como é lógico desenvolver a história do protestantismo a partir da Reforma do século XVI, também é necessário mostrar as escolhas históricas e teológicas que estão por trás dos fatos. Com efeito, na origem, os "protestantes", assim chamados por seu compromisso com a liberdade da fé, não queriam romper com a Igreja Católica, mas, sim, reformá-la, clamando para que a igreja voltasse às declarações do evangelho atestadas nas Sagradas Escrituras. No século XVI, esses protestantes foram sobretudo homens de uma *atitude* (protesto e afirmação) em vez de defensores de um *sistema* (o protestantismo). Da mesma forma, a genealogia do protestantismo, noção considerada aqui em dimensões teológicas e históricas, tomou dois caminhos diferentes, e talvez complementares.

2.1. O "princípio protestante"

Existe um "princípio protestante" (Paul Tillich) em germe desde a Reforma do século XVI, um princípio que se desenvolveu progressivamente através das épocas e dos territórios. Essa perspectiva permite compreender a ruptura com a lógica do catolicismo que os reformadores provocaram — e aqui é preciso lembrar que tal ruptura não foi imediata em todos os níveis, e que alguns de seus efeitos se diversificaram com o tempo — e marcar uma continuidade de atitude em relação aos luteranos, os reformados e anglicanos de ontem e os protestantes de hoje. O princípio protestante pode ser resumido nas seguintes convicções:

Primeira, o evangelho de Jesus Cristo é e deve permanecer a orientação mais importante na vida e no testemunho do cristão e da igreja. Jesus Cristo está no centro das Escrituras e lhes dá sentido. Ele dá sentido a toda vida, individual e eclesiástica. É a razão e a fonte da salvação, o único mediador da graça de Deus. Essa convicção se concretiza na insistência da mensagem da justificação dos homens diante de Deus: é por pura graça, e não com base em obras, que Deus aceita o pecador e lhe dá vida. A relação pessoal do cristão com Deus se fundamenta na certeza de uma salvação que é recebida gratuitamente por meio da fé, uma relação que é determinante. A fé não é, em primeiro lugar, uma aceitação intelectual de dogmas e doutrinas, mas, sim, uma confiança infinita em Cristo e um reconhecimento da fidelidade de Deus, que mantém as promessas que faz àqueles que são seus.

Segunda, a primeira convicção é consequência do estudo aprofundado do testemunho bíblico. As Escrituras são a única fonte que permite descobrir as verdades da fé. Elas são a norma (*norma normans*) de toda pregação, de toda confissão de fé (*norma normata*) e de toda vida eclesiástica. A organização eclesiástica não poderia controlar a validade da fé, que decorre exclusivamente da leitura bíblica esclarecida pelo Espírito Santo. É desse modo que, por exemplo, a *Confissão de fé das igrejas reformadas da França* (1559) afirma que os livros que compõem a Bíblia são "canônicos e regra muito certeira de nossa fé, não tanto pelo comum acordo e consentimento da igreja, mas, sim, pelo testemunho e pela persuasão interior do Espírito Santo, que nos faz distingui-los dos demais livros eclesiásticos" e que "a palavra que está contida nesses livros procede de Deus, que é o único a atribuir-lhe autoridade, sem o concurso de homens" (art. 4 e 5, em Olivier FATIO, org., *Conféssions et Catéchismes de la foi réformée* [Confissões e catecismos da fé reformada], Genebra, Labor et Fides, 2005, p. 116). A Reforma insiste sobre o necessário aprendizado da leitura e defende o estudo erudito da Bíblia que foi empreendido pelo humanismo, com o retorno aos textos originais em hebraico e grego. Na obra *Épître à tous amateurs de Jésus-Christ et de son Évangile* [Epístola a todos os que amam Jesus Cristo e seu Evangelho] (1535), prefácio à tradução francesa do Novo Testamento por Olivétan, Calvino expressa com clareza esta reivindicação: "Todos nós somos chamados para essa herança, sem acepção de pessoas, homem ou mulher, pequeno ou grande, servo ou senhor, mestre ou discípulo, clérigo ou leigo, judeu ou grego, francês ou latino, ninguém é rejeitado; todo aquele que, com uma confiança certeira, receber o que lhe é enviado, acolherá o que lhe é apresentado, em suma, reconhecerá Jesus Cristo tal como veio do Pai. No entanto, todos nós que nos chamamos cristãos e cristãs, deixaríamos que nos fosse arrebatado, oculto e corrompido esse Testamento, que justamente nos pertence, sem o qual não podemos pretender direito algum no reino de Deus, sem o qual ignoramos os grandes bens e promessas que Jesus Cristo nos fez, a glória e a beatitude que ele nos preparou?" (em *"La vraie piété". Divers traités de Jean Calvin et Confession de foi de Guillaume Farel* ["A verdadeira piedade": diversos tratados de João Calvino e Confissão de fé de Guilherme Farel], org. por Irena Backus e Claire Chimelli, Genebra, Labor et Fides, 1986, p. 32).

Terceira, a ênfase em Jesus Cristo como única fonte de salvação corresponde à rejeição de qualquer outro tipo de mediação. A intercessão de Maria, mãe de Jesus, e a dos santos são como uma tela entre o cristão e Deus, desfavorecendo o diálogo da fé. Ritos que possam ser interpretados como uma repetição da morte de Cristo, que deu sua vida uma vez por todas na cruz pela salvação do mundo, são rejeitados. O culto cristão não cumpre, mais uma vez, o sacrifício que foi oferecido uma vez por todas pelo Filho de Deus, mas atualiza essa promessa. De importância particular para a ceia ou a eucaristia, esse ponto é melhor compreendido quando o contemplamos sob a concepção de que o sacramento não age de modo automático em nome de uma virtude que lhe é própria. A *Confissão de Augsburgo* rejeita a ideia de um sacrifício eucarístico que, *ex opere operato* (ou seja, por um poder inerente ao próprio ato), apague os pecados dos homens. Pelo contrário, essa confissão afirma que "o Santo Sacramento foi instituído não para ser feito como sacrifício pelo pecado, pois esse sacrifício já foi cumprido, mas para despertar nossa fé e reconfortar as consciências. De fato, por esse Sacramento, as consciências podem compreender que a graça e a remissão dos pecados são prometidas por Cristo. É por isso que esse Sacramento exige a fé; sem a fé, é recebido em vão" (art. 24, em André BIRMELÉ e Marc LIENHARD, org., *La foi des Églises luthériennes. Confessions et Catéchismes* [A fé das igrejas luteranas: confissões e catecismos], Paris-Genebra, Cerf-Labor et Fides, 2003, § 44). É verdade que a compreensão da realidade sacramental foi objeto de acirradas controvérsias mesmo no interior da família protestante. Os luteranos insistiram na realidade sacramental independente da fé, mas que só "opera" a salvação se for recebida na fé, enquanto a corrente zwingliana afirmou que são as disposições espirituais daquele que recebe o sacramento que lhe atribuem sentido e eficácia. Porém, há concordância quanto a recusar todo tipo de "automatismo sacramental". O sacramento é um dom oferecido por Deus aos cristãos, e não o contrário. Da mesma forma, o culto não é uma obra humana cumprida com o objetivo de reconciliar-se com Deus, mas, sim, um serviço que Deus presta aos homens: ele se propõe e se dá àqueles que querem recebê-lo. "Todo o bem que podemos fazer a Deus é o louvor e a ação de graças" (Martinho LUTERO, *MLO*, 10, 9, 3).

Quarta, a insistência na justificação do cristão diante de Deus como norma para a vida eclesiástica conduz a uma compreensão renovada da igreja. A igreja é "a assembleia de todos os cristãos aos quais o evangelho é pregado puramente e os santos sacramentos são administrados de acordo com o evangelho" (*Confissão de Augsburgo*, art. 7, em op. cit., § 13). O ser da igreja é garantido pelo Espírito Santo por meio dos sinais visíveis que são a Palavra e os sacramentos, e não por uma continuidade institucional, por ordenanças eclesiásticas ou pela autoridade de um magistério. Essa preeminência inverte a pretensão de toda hierarquia quanto a encarnar a igreja. Esse ponto é ilustrado por Martinho Lutero em *À nobreza cristã da nação alemã, acerca da melhoria do estamento cristão* (1520): "Inventaram que o papa, os bispos, os padres e as gentes dos monastérios seriam chamados estado eclesiástico, enquanto os príncipes, os senhores, os artesãos e os camponeses seriam considerados o estado laico, o que é, evidentemente, uma fina sutileza e uma bela hipocrisia. Mas ninguém deve se deixar intimidar por essa distinção, pela boa razão de que todos os cristãos pertencem verdadeiramente ao estado eclesiástico [do latim *ecclesia*: "assembleia"]; entre eles não há diferença alguma além da função, como demonstra Paulo ao afirmar (1Co 12) que todos nós somos um só corpo, mas que cada membro tem sua função própria, através da qual serve aos demais, e isso provém do fato de que temos um mesmo batismo, um mesmo evangelho e uma mesma fé, e somos, da mesma maneira, cristãos, pois são somente o batismo, o evangelho e a fé que formam o estado eclesiástico e o povo cristão" (*MLO* 2, 84s).

A comunhão dos santos à qual os protestantes têm a consciência de pertencer não é em nada negada. Pelo contrário, é reforçada pela declaração do sacerdócio universal. Através do batismo, todo cristão participa do ministério da igreja, da missão de anunciar o evangelho de Jesus Cristo: "É por isso que todos nós somos sacerdotes. Os sacerdotes que chamamos ministros são tomados dentre nós para, em nosso nome, fazer o que fazem, e o sacerdócio deles é apenas um ministério [um serviço]" (*MLO* 2, 249). O ministro que é especialmente encarregado da pregação e da celebração dos sacramentos exerce uma função particular dentro da igreja, mas sua consagração não o torna um ser revestido de uma "natureza" diferente do povo cristão.

Não é inútil acrescentar que, diante de tudo isso, o protestantismo não rejeita a instituição eclesiástica como tal. Trata-se de algo necessário para o "bem-estar" da igreja (cf. a função disciplina na tradição reformada), estando submetida ao evangelho, e sua liderança eclesiástica geralmente é exercida por grupos.

Inspirando-se em Friedrich Schleiermacher (1768-1834), podemos esquematizar a originalidade da eclesiologia protestante da seguinte forma: enquanto, no catolicismo, a relação que une o fiel a Cristo passa pela igreja que ele instituiu historicamente, o protestantismo considera que o encontro pessoal com Cristo tem prioridade e determina a comunidade dos cristãos.

Quinta, ainda que as obras não possam levar à salvação, o protestantismo não as negligencia. As obras são a consequência necessária da fé e o sinal de reconhecimento para a salvação que já foi recebida. Lutero e Calvino devolvem a dignidade a todo tipo de atividade humana, à "profissão" (a vocação, *Berufung*, é exercida na profissão, *Beruf*), opondo-se aos que consideram que as vocações religiosas são superiores ao testemunho secular. O culto e a oração, além da celebração comunitária, estendem-se a toda atividade profana, que pode, assim, tornar-se um testemunho de fé. De forma geral, o protestantismo defende uma ética rigorosa e convida os fiéis ao engajamento na família e na sociedade para o benefício de todos. Ainda que as diversas correntes do protestantismo não o enfatizem da mesma maneira, todas insistem na indispensável concretização ética da fé. Esse procedimento gera necessariamente suas consequências sociais, políticas e até econômicas, cujos traços são verificáveis até hoje nos países "protestantes" (cf. Max Weber).

Sexta, a preferência que se atribui ao acontecimento em detrimento da instituição tem como efeito a valorização da consciência e da liberdade do indivíduo. Nos séculos XVI e XVII, essa postura foi assumida na crítica à instituição eclesiástica, que para a Reforma era como um muro entre o cristão e a verdade divina revelada na Bíblia. Contra a orientação da autoridade, o protestantismo pregaria a orientação através do exame: inspirado pelo Espírito, o cristão pode ler e deve compreender o que Deus lhe diz através das Escrituras.

Sob a influência do racionalismo das Luzes, a apologia da orientação através do exame se radicaliza e desemboca, principalmente na corrente reformada da Europa Ocidental, na apologia do livre exame. Isso foi resumido pelo pastor Samuel Vincent (1787-1837) ao afirmar que "o conteúdo do protestantismo é o evangelho; sua forma é a liberdade de exame" (*Vues sur le protestantisme en France* [Visões sobre o protestantismo na França], t. I, Nîmes-Paris-Genebra, Bianquis-Gignoux-Servier-Treuttel e Wurtz-Ballimore-Cherbuliez, 1829, p. 19). Já na primeira metade do século XIX, o individualismo protestante se afirmava no pensamento de inspiração reavivalista: Alexandre Vinet (1797-1847) de fato podia militar, ao mesmo tempo, pela liberdade de consciência de todo cristão e pela independência da igreja em relação ao Estado. Nesse ponto de sua história, a noção de protestantismo pode perder toda referência direta à Reforma do século XVI e ser compreendida, de acordo com a frase de Gabriel Monod (1844-1912), como "a série ilimitada das formas religiosas do livre-pensamento" (citado por Henri HAUSER, *La naissance du protestantisme* [O nascimento do protestantismo], Paris, PUF, 1940, p. 116).

No luteranismo da Alemanha e do norte da Europa, assim como no anglicanismo, também se insistia constantemente no livre exame e na liberdade de consciência como princípios fundamentais do protestantismo (v., p. ex., as filosofias de Hegel e Herder): esses princípios eram convicções essenciais, mas não culminaram nas mesmas conclusões por seres oriundos de um contexto protestante majoritário e multitudinista. A oposição ao catolicismo romano nessas regiões era menos ativa ou quase ausente. Assim, nesses locais, o protestantismo desempenhou menos um papel crítico que o de um fator estruturante de toda a sociedade. Permaneceu, portanto, mais conservador, estreitamente associado às estruturas sociais que contribuiu para instaurar e preocupado com a preservação da ordem estabelecida.

Podemos concluir afirmando que o "princípio protestante" pode ser resumido nas grandes declarações exclusivas da Reforma: *soli Deo gloria*, "glória somente a Deus"; *solus Christus*, "somente Cristo" (em oposição a todo tipo de pretensão humana ou institucional quanto a erigir-se em mediador da fé); *sola scriptura*, "somente a Escritura", em oposição à autoridade da tradição, dos padres, dos concílios, dos papas e de tudo que viesse somar-se a ela); *sola gratia*, "somente pela graça" (em oposição a uma teologia em que as obras humanas contribuem para obter uma salvação pelo homem); *sola fide*, "somente pela fé" (em oposição a uma teologia em que a relação com Deus depende da observância de regras eclesiásticas).

Aqui, o protestantismo é compreendido como um conjunto de recusas diante da Igreja Católica Romana e de afirmações fundamentais da fé. Laurent Gagnebin propôs que esse conjunto — que se *refere* geralmente à Reforma, mas não *repete* todas as suas características — em um duplo tríptico: a tripla rejeição a "*um homem, uma mulher, uma coisa*, a saber, o papa, Maria, a missa" e os três "grandes princípios" que são a autoridade da Escritura, a justificação pela fé somente e o testemunho do Espírito Santo, que culmina na liberdade de consciência (*Qu'est-ce que le protestantisme? Trois definitions possibles*, em Idem e André GOUNELLE, *Le protestantisme. Ce qu'il est, ce qu'il n'est pas*, Carrières-sous-Poissy, La Cause, 1987, p. 9). Historicamente, o movimento tomou corpo na ruptura e na formação de igrejas "alternativas" (em épocas diferentes de acordo com cada país) e, em seguida, com o surgimento, na Europa, de um campo político que pudesse levantar-se contra os monarcas católicos, onde eles permanecessem no poder.

2.2. Reforma e protestantismo

De acordo com uma segunda perspectiva — e diante dos violentos antagonismos que opuseram os líderes e os teólogos da Reforma magisterial aos porta-vozes das correntes radicais —, é necessário diferenciar a Reforma e o protestantismo.

O uso tradicional do termo "Reforma", com inicial maiúscula e no singular, é prático, mas apresenta dificuldades. Podemos, de fato, constatar que há várias reformas: primeira, uma forte corrente de "desejo de Reforma" encarnada pelas renovações monásticas dos séculos XII e

XIII e pela *devotio moderna* nos séculos XIV e XV, e que também está presente no humanismo. Segunda, a Reforma que se convencionou chamar "magisterial" por apoiar-se no magistrado, ou seja, nas autoridades políticas dos Estados e das cidades por onde passou. Essa Reforma se subdivide em duas principais correntes, o luteranismo e o zwingliano-calvinismo (e ao segundo geralmente se aplica o adjetivo "reformado"), enquanto na Inglaterra tomou uma forma nacional específica, o anglicanismo. Essas correntes não deixaram de condenar-se mutuamente, como indicam suas confissões de fé e seus credos; terceira, uma reforma radical nebulosa, de correntes diversas, que são ora aliadas, ora inimigas. O anabatismo, o espiritualismo e um milenarismo entusiasmado, assim como o unitarismo, são os principais.

Essa diversidade original é de uma importância determinante, pois no século XVI a Reforma magisterial partilhava com o catolicismo um ideal de coextensividade entre a igreja e a sociedade (*corpus christianum*) e reconhecia no poder secular o direito de estruturar a vida religiosa. A Reforma rompeu com Roma, acusando-a de perverter o evangelho original ou mascará-lo sob um amálgama de tradições humanas, mas conservou a ideia de que a vida civil deveria ser organizada e melhorada de acordo com princípios cristãos: o mundo criado, a humanidade em geral e a igreja em particular sofrem com o peso do pecado, mas não estão condenados enquanto tais. Por outro lado, a doutrina cristã, na medida em que foi objeto de reflexão segundo as normas da Escritura, conservou uma grande força: a liberdade cristã de modo algum consiste em crer no que se quer, e a regulamentação da fé pela instância comunitária permanece um dado fundamental. Com isso, a Reforma magisterial se opôs de modo virulento às opções éticas e teológicas do movimento radical. Para os anabatistas e os espiritualistas, de fato o importante é romper com os valores de um mundo e de uma "cristandade" corrompidos, com o objetivo de viver segundo altas exigências espirituais que somente um pequeno número de eleitos poderia satisfazer. De acordo com cada caso, essa radicalidade desembocou em várias ênfases. Foi atribuída à ética uma primazia, por exemplo, no anabatismo — cf. a *Confissão de Schleitheim*, cuja redação final foi, muito provavelmente, assumida por Michael Sattler (?1490-1527), adotada em 1527 —, principalmente em sua versão menonita. Também houve uma relativização das referências à Escritura em prol de uma inspiração pessoal do cristão, como no espiritualismo de homens tais como David Joris (?1501-1556), Hans Denck (?1500-1527), Caspar Schwenckfeld (1489-1561) e Sebastian Franck (?1500-1542), e o surgimento de uma concepção escatológica em que a história humana se verificava condenada desde já no milenarismo de Thomas Müntzer (?1490-1525), de Bernard Rothmann (?1495-1535) e de Jean de Leyde (?1510-1536) com a instauração do Reino de Münster em Westfália. E, finalmente, foi feita uma crítica a todas as grandes afirmações doutrinárias clássicas do cristianismo, sobretudo o dogma trinitário, com o unitarismo de Miguel Serveto (?1509/11-1553) e de Fausto Socino (1539-1604). Diante dessas tendências, consideradas como indício de uma teologia das obras, ou seja, do retorno ao legalismo ou de uma perversão individualista da fé, a Reforma magisterial se mostrou de uma extrema severidade. Para combatê-las, utilizou-se dos mesmos argumentos polêmicos e dos mesmos anátemas contra a heresia adotados pela Igreja Católica Romana, o que é de grande importância histórica e dogmática para nosso tema.

Ao longo do século XVI, se inicia na Europa um diálogo entre os defensores dessas correntes antagonistas a favor de acontecimentos históricos como a primeira Revolução Inglesa, em que o legitimismo anglicano foi confrontado com o radicalismo puritano e houve a Revogação do Edito de Nantes, que provocou o exílio e o amálgama das correntes protestantes do Refúgio. Porém, jamais houve ocasião para uma reconciliação dessas correntes, como demonstram a lealdade monárquica dos protestantes franceses, muito críticos em relação aos regicidas ingleses, e a forte desaprovação de grande parte do Refúgio contra o profetismo cevenol do início do século XVIII.

Depois de todos esses acontecimentos, um grande número de protestantes passou a adotar os valores da modernidade — democracia, direitos humanos, valorização do indivíduo —, os mesmos que, aliás, o pensamento protestante havia contribuído para criar, direta ou indiretamente. Assim, essa adoção pareceu legítima na medida em que os protestantes passaram a compreendê-los como uma versão secularizada de seus princípios religiosos; além disso, houve sobre eles a influência da história, sobretudo política e filosófica. Um bom exemplo disso foi o funcionamento da estrutura presbítero-sinodal: concebido como um modelo eclesiástico que, na França, em suas origens, não inspiraria de modo algum um questionamento da monarquia absoluta à qual os huguenotes permaneceram muito apegados, tanto por motivos teológicos (um paralelo entre Deus e o soberano, que é seu representante na terra) quanto táticos (necessidade de um poder forte para garantir a sobrevivência dos editos), esse sistema foi interpretado como o germe protestante do espírito democrático e republicano.

Essa perspectiva histórica suscitou a distinção, feita por Ernst Troeltsch (1865-1923), entre o veteroprotestantismo e o neoprotestantismo. Além da identificação de uma "mudança de paradigma" e de um limiar que foi cruzado entre as ideias, as mentalidade e as práticas da Reforma, de um lado, e as do protestantismo moderno, de outro: "Foi apenas quando o neoprotestantismo perdeu de vista o ideal de cultura eclesiástica como totalidade que foi capaz de manter como princípios autenticamente protestantes o escrúpulo moral na crítica histórico-filológica, a formação de comunidades religiosas independentes do Estado, a doutrina da revelação fundamentada na convicção e na iluminação individuais e íntimas; já o protestantismo antigo atacava tudo isso com os termos 'naturalismo', de um lado, e 'fanatismo', 'entusiasmo' e 'sectarismo' de outro lado, e ainda hoje combate seus vestígios, na medida em que reconheceu parcialmente essas heresias" (p. 49). A influência que aqui é exercida pela evolução da sociedade, pela modificação das ideias e das modalidades de ação política, das trocas econômicas e do direito, é determinante: todos esses diversos fatores contribuem para o surgimento de comportamentos e ideias que rompem com as posturas características do protestante. Em um plano especificamente religioso, é produzido um deslocamento de ênfases teológicas com a crítica bíblica, a pesquisa histórica, as viagens, a emancipação da razão (que até então estava sob tutela eclesiástica), a confrontação com sistemas filosóficos ateus: os grandes *slogans* da Reforma são conservados, mas seu conteúdo e sua influência se encontram modificados.

Ao longo dos séculos XVII e XVIII, podemos identificar diferentes etapas dessa mutação. O protestantismo surge (e o termo entra progressivamente para a língua usual) como a síntese sempre inacabada entre os ideais da Reforma magisterial e os das diversas correntes que essa Reforma combateu, que às vezes indistinguimos — abusivamente — sob a noção de "Reforma radical" (cf. Richard STAUFFER, *L'aile gauche de la Réforme' ou la 'Réforme radicale'. Analyse et critique d'un concept à la mode* [A "ala esquerda da Reforma" ou a "Reforma radical": análise e crítica de um conceito em voga] [1976], em *Interprètes de la Bible. Études sur les Réformateurs du XVIe siècle* [Intérpretes da Bíblia: estudos sobre os reformadores do século XVI], Paris, Beauchesne, 1980, p. 31-41). Enquanto a primeira encarna valores daquilo que a sociologia troeltschiana designa como de tipo igreja (multitudinismo e coextensividade igreja-sociedade), a segunda representa tanto o tipo místico (tendência a rejeitar as mediações, inclusive a revelação bíblica, em favor de uma iluminação interior), como o tipo seita (a assembleia dos cristãos vive sob ideais incompatíveis com os valores do mundo, tendendo a excluir-se dele) e ainda o tipo "escola" (categoria tomada emprestada de Albrecht Ritschl, cf. Martin OHST, *Entre Baur et Harnack: Albrecht Ritschl, théoricien de l'histoire des dogmes* [Entre Baur e Harnack: Albrecht Ritschl, teórico da história do dogma], em Pierre GISEL, Dietrich KORSCH e Jean-Marc TÉTAZ, orgs., *Albrecht Ritschl. La théologie en modernité: entre religion, morale et positivité historique* [Albrecht Ritschl e a teologia na modernidade: entre a religião, a moral e a positividade histórica], Genebra, Labor et Fides, 1991, p. 148: o evangelho é compreendido como um conjunto de ensinamentos morais).

A crise religiosa do século XVI surgiu em um processo histórico complexo, porém com frentes claramente situadas, do ponto de vista tanto da Reforma magisterial quanto dos porta-vozes radicais: para a primeira, era preciso combater o "papismo" que confina os cristãos em idolatria e o "entusiasmo", que, ao pretender radicalizar a prática da mensagem bíblica, retoma uma teologia baseada em méritos; já os radicais espiritualistas, anabatistas e entusiastas confirmaram a existência dessa fronteira confessional quando, por sua vez, passaram a atacar a prudência da Reforma magisterial, que para eles equivalia a ceder à posição católica.

Por outro lado, o protestantismo que foi herdeiro desses diversos componentes se verificou fundamentalmente plural, caracterizando-se por um debate interno constante e agitado. Enquanto isso, a percepção dos teólogos e dos líderes eclesiásticos sofreu uma profunda mutação: eles passaram a estar conscientes quanto a pertencer a um mundo religioso plural em que uma rejeição comum ao catolicismo culminou, na falta de unidade institucional, em certa coerência; porém, também sabem que essa coerência não poderia ser definida por nenhuma expressão doutrinária ou ética — principalmente no protestantismo reformado do sul e do oeste da Europa. No entanto, essa pluralidade não mais poderia ser recebida *a priori* como uma fraqueza, à maneira de Bossuet, que escreveu uma obra irônica chamada *Histoire des variations des Églises protestantes* [História das variações das igrejas protestantes] (2 vols., Paris, Sébastien Mabre-Cramoisy, 1688), estabelecendo a falsidade do protestantismo de acordo com o princípio de que aquilo que não é unificado não pode ser verdadeiro. A pluralidade protestante resulta de um risco hermenêutico e ético que é sempre retomado, de um modo ao mesmo tempo irredutivelmente individual e comunitariamente deliberado, a partir de princípios permanentes. Como percebeu André Gounelle, "De um lado, o protestantismo apresenta uma unidade por concordar com princípios fundamentais [...]. De outro, há uma diversidade no modo de compreensão e de prática desses princípios, e diferenças de ênfase às vezes bem fortes". O protestantismo não é "nem um bloco monolítico que justifique o singular, nem um simples agregado de correntes que imponha o plural" (1992, quarta capa).

O protestantismo luterano e o anglicanismo das Ilhas Britânicas, porém, só foram confrontados com essa pluralidade religiosa muito depois. Sua coerência teológica estava assegurada pelas convicções enunciadas na época da Reforma, mas, de um modo mais amplo, sua expressão social estava garantida pelo Estado ao qual essas modalidades de protestantismo se associavam estreitamente, responsabilizando-se também pelas necessidades materiais dessas igrejas. Esse aspecto contribuiu para certa uniformidade que só se tornou problemática a partir do momento em que a expansão dessas igrejas para outros países e continentes fez com que percebessem a necessidade de uma redefinição identitária. Essa consciência foi uma das razões para o ecumenismo contemporâneo, que surgiu, antes de tudo, em contexto protestante. Para os protestantes, a busca de unidade da igreja é fundamental desde o século XVI até hoje. O objetivo dessa busca não é uma uniformização, mas, sim, uma unidade na diversidade e no reconhecimento mútuo. Fiel às convicções dos reformadores, o protestantismo declara que tal unidade está dada a partir do momento em que há comunhão na pregação da Palavra e na celebração dos sacramentos. Os demais pontos têm espaço para uma legítima diversidade.

Ao apresentar o protestantismo do ponto de vista histórico-teológico, segundo duas perspectivas, este artigo faz surgir a ideia de que o objeto "protestantismo" não é um dado histórico simples e unívoco, mas é atravessado pelas diversas imagens dos que se veem como protestantes e elaborada pelo olhar daquele que estuda o protestantismo. A primeira perspectiva realçou a ruptura original do surgimento da Reforma em relação ao mundo cristão da época e buscou observar os efeitos imediatos e diversos que essa ruptura causou. A segunda enfatizou as continuidades entre catolicismo e Reforma magisterial, apresentando as soluções de continuidade entre a última e o movimento radical para constatar sua aproximação posterior. Acima de sua aparente contradição, ambas as perspectivas expostas aqui devem correlacionar-se uma à outra: histórica e teologicamente, a noção de protestantismo serve para designar tanto o conjunto das declarações da Reforma quanto as transformações que a modernidade fez incidir sobre elas, tornando-as problemáticas.

Hubert Bost

3. Extensão por adição ou ruptura instauradora? Uma abordagem sociológica

Seria possível esboçar de modo amplo um modelo ideal de protestantismo? Um modelo ideal não procura dar conta de todas as características de uma realidade sócio-histórica, mas busca selecionar e acentuar traços específicos. Poderíamos distinguir assim o protestantismo de outros fenômenos sociorreligiosos? Talvez. Vamos tentar fazê-lo em uma perspectiva de sociologia histórica a partir da noção de revelação, uma noção que é fundamental para a teologia.

Quando uma religião se declara fundamentada em uma revelação, surgem dois problemas: essa revelação é fechada? E quem a interpreta de modo legítimo? A Lei — a *Torah* — se apresenta como o primeiro *corpus* de livros sagrados do judaísmo. Em seguida, foi completada pelos Profetas e pelos Escritos. Seria permitido, a cada acréscimo, o fechamento da revelação? De certa maneira, o cristianismo primitivo prosseguiu com esse processo, tornando todo o conjunto um Antigo Testamento, acrescentando a ele o Novo Testamento e formando, assim, a Bíblia, e somente dessa forma a revelação foi considerada completa.

Supondo que houvesse um consenso sobre o *corpus* bíblico, havia ainda o problema de sua interpretação. Os grandes concílios ecumênicos dos séculos IV e V permitiram, com a ajuda do poder político e uma hermenêutica marcada pela filosofia da época, em meio à pluralidade das interpretações, a triagem do que deveria ser considerado parte de uma ortodoxia legítima. Antes da normalização imperial, os pais da igreja já tinham começado a declarar que cabia à tradição eclesiástica afirmar quais eram as doutrinas corretas, já que, para eles, as heresias não podiam lançar mão da Escritura para justificar suas posições. Com o protestantismo, o Concílio de Trento decidiu retomar e oficializar essa posição referindo-se a "duas fontes" para a revelação: a Escritura e a tradição guardada pela igreja. Nessa lógica, a revelação está oficialmente fechada (pela Escritura) e, de fato, aberta (pela tradição e pelo magistério eclesiástico que é seu portador). Assim, não se acaba de fechar; integra-se. No século XIX, o catolicismo romano promulgou dois dogmas: a imaculada conceição da Virgem e a infalibilidade papal. No século XX, surgiu um novo dogma, a assunção da Virgem. Esses dogmas têm um valor geral, constituindo-se como uma universalização de uma crença considerada tradicional: em 1992, a publicação do *Catecismo da Igreja Católica* é bastante representativa dessa lógica.

Nos séculos IV e V de nossa era, a instauração de um cristianismo que se convencionou chamar ecumênico não colocou ordem em tudo. De um lado, no século VII, o islã afirmou trazer uma revelação mais completa, acrescentando Maomé a Abraão e a Jesus, como o último dos profetas. Por outro lado, no século XI, houve um cisma entre a igreja do Ocidente e a igreja do Oriente, o que fragilizou bastante a segunda, com a tomada de Constantinopla pelos cruzados latinos em 1204 e, em seguida, pelos otomanos muçulmanos em 1453. Ao longo da Idade Média, as duas grandes forças religiosas no mundo mediterrâneo passaram a garantir seu poder através do ferro e do fogo: o islã estabeleceu um domínio fundamentalmente político, que atribuía àqueles cuja doutrina era considerada incompleta (os povos do Livro, ou seja, os judeus e os cristãos) o *status* de cidadãos de segunda ordem (a *dhimma*). Já o catolicismo passou a priorizar cada vez mais a posse das almas, não suportando a incompletude do que denunciava como "heresia" (escolha parcial). No século XIII, os albigenses sofreram na pele os efeitos dessa cruel experiência. Desenvolveu-se a Inquisição. Quem se desviava era uma espécie de incendiário e passava a constituir uma ameaça para si mesmo e os outros.

Ora, a Reforma Protestante de fato inverteu o movimento, constituindo, em certa medida inadvertidamente, uma verdadeira revolução copernicana na história dos símbolos do Ocidente com seus três grandes lemas: "somente Deus", "somente a Escritura" e "somente a graça". O termo que se repete e cria a ruptura é o advérbio "somente", portador de uma diferenciação estrutural, já que Deus, a Escritura e a graça eram também importantes bens simbólicos no catolicismo. No entanto, afirmar o *soli Deo gloria* equivalia a pretender que a piedade mariana ou o culto aos santos, que se desenvolveram ao longo dos séculos, eram intermediários ilegítimos; da mesma forma, afirmar a autoridade soberana da Escritura somente era rejeitar a ideia de uma tradição de que a igreja seria a depositária. O que se dizia era o oposto, ou seja, a tradição eclesiástica deveria se submeter ao critério de uma conformidade com esses textos originários que são as Escrituras. Por fim, afirmar que o cristão recebe a salvação que provém somente da graça de Deus era rejeitar a ideia de que a igreja poderia dispensar o alívio das penas e a possibilidade, para o cristão, de adquirir, ainda que com a ajuda de Deus, méritos que o tornassem "justo".

Em cada um desses pontos, a radicalidade do termo "somente" se opunha a uma relação que até então era de adição ou plenitude (Deus *e* intermediários como Maria e os santos, Escritura *e* tradição, graça *e* méritos). E essa radicalidade do "somente" passou a ser levantada por homens e mulheres que não afirmavam ter recebido uma nova revelação, mas, sim, que queriam reencontrar algo como uma pureza original ao livrar o cristianismo daquilo que teria sido acrescentado indevidamente a ele.

O movimento é, assim, inverso: em vez de ampliar, tratava-se de distinguir, despojar e depurar. Porém, se a produção de novos dogmas mostrou que no catolicismo jamais havia de fato um fechamento, o caminho inverso tomado pelo protestantismo também apontou para um horizonte inatingível. Será que se poderia, ou se deveria, de fato, interromper de modo legítimo uma reforma, sobretudo quando se contesta, no magistério eclesiástico, o direito de ter a última palavra? Com efeito, a Reforma se manteve, desde o início, em uma postura radical, a fé — *somente* a fé que podia corresponder aos três grandes bens simbólicos de "somente Deus", "somente a Escritura" e "somente a graça" —, mas essa mesma fé também deu ensejo a uma multiplicação de diversas seitas.

O movimento da Reforma se considerou um retorno ao "puro evangelho". De fato, o objetivo principal dos "grandes reformadores" consistiu em retomar as principais declarações dos primeiros concílios ecumênicos, postulando a fidelidade dessas declarações ao dado bíblico, e a Reforma se apoiou no magistrado para manter certa consistência doutrinária. Os que preferiram ir mais longe ou tomar outros caminhos — os anabatistas, os socinianos etc. — foram marginalizados e combatidos de modo tão violento pelo protestantismo dominante quanto pelo catolicismo. É verdade que, quando Müntzer e seus partidários romperam com Lutero, o reformador defendeu a liberdade de pregação para seus oponentes: "Deixemos que as mentes se choquem e se batam". Porém, quando o movimento dos camponeses se tornou violento, Lutero aconselhou que se lhe opusesse a repressão. Além disso, embora pacífica, a contestação anabatista zuriquense também foi perseguida por Zwinglio.

Evidentemente, o projeto almejado era bastante problemático. Em muitos momentos, Lutero, Zwinglio, Bucer e Calvino estiveram tanto aquém quanto além do cristianismo ecumênico dos grandes concílios. Aquém porque as pesquisas historiográficas modernas demonstraram que a dependência dos reformadores em relação a algumas correntes da teologia medieval tinha sido minimizada. Além disso, como desprender-se completamente de suas raízes teológicas, culturais e históricas? E além porque, se Lutero pretendeu manter as doutrinas dos grandes concílios, por vezes ele se questionaria se não seria necessário estabelecer algo como um princípio evangélico que permitisse distinguir, na própria Bíblia, de um lado os textos que anunciam "somente a graça" e, de outro, os que tendem para uma teologia dos méritos. Desse modo, ele qualificou a epístola de Tiago como uma "epístola de palha", por não estar isenta de uma valorização das obras, e buscou relativizar a importância do Apocalipse, livro que, para ele, parecia apresentar Cristo mais como um juiz que como o Salvador. E, se Calvino se mostrou um adversário tão feroz dos antitrinitários, foi porque ele mesmo tinha sido acusado de ter sido por demais sutil em relação à doutrina da Trindade.

Ao iniciarem o movimento, os reformadores logo trataram de canalizá-lo para uma direção, algo obrigatório, pois a Reforma, tal como a caixa de Pandora, implicava contestações que podiam encaminhar-se para mil e uma direções. Era necessário pôr ordem ao movimento para que ele sobrevivesse. Em um processo em que a ruptura se torna organização, o protesto adquire poder, a heresia se torna uma nova ortodoxia, o acontecimento se transforma em instituição ou, até mesmo, instituições, no plural. Não houve uma igreja protestante em oposição à Igreja Católica. Em 1529, manifestou-se uma divergência irredutível sobre a ceia no Colóquio de Marburgo. Existia um consenso quanto à comunhão sob as duas espécies, com a ideia de que as espécies do pão e do vinho permanecem fora do sacramento materialmente como pão e vinho, em uma rejeição da transubstanciação católica; porém, constituíram-se dois grupos que não interpretavam da mesma forma as palavras de Jesus que instituíram a ceia, de acordo com os textos dos evangelhos: "Este é meu corpo, este é o meu sangue". De um lado, Lutero e os saxões; de outro, Zwinglio e os suíços. Lutero interpretou a frase de um modo literal: há, ao mesmo tempo, pão e vinho, corpo e sangue de Cristo. Já para Zwinglio, as expressões de Jesus queriam dizer: "isto significa meu corpo, isto significa meu sangue". Essa divergência doutrinária era, na verdade, um desacordo hermenêutico, um modo diferente de ler a Bíblia. O lema "somente a Bíblia", portanto, dividia os protestantes na mesma época em que se constituía um princípio comum a eles. Ora, a Bíblia dos três "somente" (Deus, a Escritura e a graça) é o único bem simbólico empiricamente discernível. Sobre isso, Joseph de Maistre escreveu com exatidão: "Se ainda há disputa sobre o livro que deve servir como regra, o que fazer, e o que resolver?". E, de acordo com o princípio da lucidez cruzada, esse grande adversário do protestantismo cunhou fortes declarações: "De um modo positivo e ao pé da letra, o protestantismo é verdadeiramente o *sem-culotismo* da religião [...] quebrando a soberania para distribuí-la à multidão" (*Écrits sur la Révolution* [Escritos sobre a Revolução], Paris, PUF, 1989, p. 239).

Compreende-se facilmente que os protestantes não tenham vivido isso com leveza. No começo, havia uma tendência que consistia em privilegiar uma ordem nova. Porém, a própria pluralidade inerente a essa ordem colocava o protestantismo entre duas opções: ou seus vários componentes, na medida em que coexistiam no mesmo território (p. ex., na Alemanha do início do século XVII), brigariam entre si de um modo tão virulento quanto o catolicismo lutava contra o protestantismo (postura suicida) ou, aos poucos, tateando, esses componentes chegariam a um modo de viver em comum. As duas escolhas foram assumidas de modo simultâneo: era mais fácil romper institucionalmente que abandonar uma mentalidade inquisidora, mas, ao mesmo tempo, o sentimento de fazer parte de uma família protestante emergiu e se desenvolveu. No entanto, enquanto as igrejas luteranas e as igrejas reformadas persistiram em uma postura dominante de exclusão mútua ("antes ser católico que ser reformado", afirmava a ortodoxia luterana), o protestantismo de fato constituiu-se como um vetor da modernidade. Ernst Troeltsch mostrou que a sociedade da cristandade se encontrava em maus lençóis quando, não duas, mas três igrejas pretenderam atribuir-lhe seus fundamentos simbólicos legítimos. E "a partir da erosão mútua que na verdade não passou de um polimento relativo, dessas três instâncias supranaturais [a Igreja Católica, a Igreja Luterana e a Igreja Reformada] que surgiu a modernidade" (p. 70; o *modus vivendi* estabelecido na Alemanha após a Guerra dos Trinta Anos foi uma construção de juristas protestantes; o catolicismo teve de aclimatar-se a isso ao mesmo tempo que recusava o fato no nível dos princípios).

Ao mesmo tempo, o desejo de purificar o sagrado também permitiu ao protestantismo uma participação mais ativa no processo da modernidade, principalmente ao inaugurar a emancipação da família, célula social fundamental, em relação à instituição religiosa: de acordo com Troeltsch, o protestantismo "pôs fim à concepção monástica e clerical da vida sexual; contribuiu para aumentar a população, tão decisivo na formação do Estado moderno; [...] tornou possíveis o divórcio e o recasamento, abrindo caminho para uma circulação mais livre dos indivíduos". Essa secularização foi completada em nome da purificação da religião. A igreja estabelecida, católica, foi desestabilizada em sua vontade aditiva e plena, e assim "o casamento e a família [se tornaram] a forma original da igreja e da ordem universal" (p. 72). Portanto, existe aqui uma associação entre "purificar" a religião e livrar o indivíduo da sacralização eclesiástica do social. Os dissidentes da Reforma também questionariam a sociedade de cristandade ao abandonar o sistema de interação entre autoridades religiosas e autoridades políticas. Seu desejo de voltar ao "puro evangelho" os levou a romper com a lógica dita constantiniana do poder cristão. A comunidade eclesiástica é, para eles, uma espécie de pequena contrassociedade que vive afastada do "mundo" e se submete a outras regras. Essa comunidade não pretende se impor na sociedade global com a ajuda do magistrado, mas somente propor essas regras de acordo com o princípio da exemplaridade ("vejam como eles se amam"). Esse foi o caso do anabatismo zuriquense, que, diante da repressão, refugiou-se nas montanhas do Jura bernense (cf., em 1527, a assembleia que se reuniu perto de Schaffhausen e elaborou a *Confissão de Schleitheim*, que precedeu as grandes confissões de fé da Reforma).

Autonomização do indivíduo e questionamento do sistema de união estreita e de reforços mútuos entre igreja e Estado: podemos encontrar esses dois aspectos nas correntes dissidentes da Reforma, pois nelas a comunidade eclesiástica tendia a ser constituída em uma base voluntária e a exigir de cada um que desse conta pessoalmente de sua fé. O indivíduo era considerado religiosamente mais importante, mesmo quando, no restante do corpo social, ele geralmente permanecia um sujeito encerrado em laços hierárquicos.

Esses dissidentes eram combatidos pelo protestantismo dominante e, de acordo com a região, essa situação permaneceu por um longo tempo. Porém, nós os consideramos protestantes desde o início, pois, no contexto do tipo ideal que construímos, eles funcionam como tais, constituindo um componente do movimento mais amplo de "purificação" (e, portanto, triagem ou ajuste em vez de globalização), buscando o impossível retorno a uma pureza original. Além disso, não foi por acaso que, aos poucos, foram sendo incorporados à família protestante, sendo reconhecidos em níveis diversos como pertencentes a possíveis protestantismos. Por exemplo, era comum que a vontade de purificar a doutrina estabelecida resultasse na rejeição do batismo infantil como não bíblico. Implicitamente, isso trazia o germe de um questionamento profundo da sociedade de cristandade, onde, naturalmente, cada um já nascia cristão. Ora, de início perseguidos, os adeptos do batismo de adultos acabariam por ser admitidos como parte do movimento protestante: hoje, na França, várias igrejas do tipo são parte da Federação Protestante da França, enquanto uma igreja como a Igreja Reformada da França admite ambas as práticas, tanto o batismo infantil quanto sua rejeição. Isso equivale a reconhecer uma possível dúvida sobre a legitimidade bíblica do batismo infantil. Assim, da divisão controlada nasce a "diversidade" e, como Ernest Renan já tinha percebido, a divisão, a diversidade e a "extrema atividade" são elementos essenciais da modernidade.

Fosse na divisão conflituosa, fosse na diversidade mais conciliadora, ao longo dos séculos o protestantismo se constituiu progressivamente em uma pluralidade de igrejas e de movimentos. Não somente por ter incorporado os ramos dissidentes, mas também porque periodicamente os protestantes percebem que a Reforma parou cedo demais ou que surgiram novas impurezas desde o século XVI. Por motivos diversos, para eles, o trabalho de triagem, de purificação e realinhamento deveria continuar ou ser retomado. Os lemas "sempre reformando", "continuar a Reforma", "provocar uma nova Reforma", "conclamar um avivamento nas igrejas" são plenos de sentido no protestantismo, como versões da frase *Ecclesia semper reformanda*. Em diversas épocas e em diferentes lugares, novos movimentos de Reforma surgem de dentro do protestantismo, como o pietismo alemão, o puritanismo e o metodismo anglo-saxão, podendo aproximar-se, até certo ponto, de grupos advindos de dissidências do século XVI. Até mesmo as grandes igrejas (anglicanismo, luteranismo, igrejas reformadas) são trabalhadas por várias correntes, às vezes em uma tensão explícita, só conseguindo manter sua unidade através do reconhecimento de um pluralismo interno de dimensões variadas de acordo com cada caso. Para o indivíduo protestante, essa tendência gera a possibilidade de mudar de corrente e até mesmo de igreja de acordo com suas escolhas pessoais em sua caminhada, sem romper com o protestantismo.

O protestantismo explode em uma multiplicidade de igrejas, fazendo surgir na história do mundo ocidental uma dúvida fundamental sobre a origem divina de qualquer autoridade humana. Trata-se de uma transgressão difícil de ser vivida na prática, e, a cada século, as igrejas protestantes se desdobram para calafetar a brecha. Toda uma história do protestantismo poderia ser escrita para descrever as diversas estratégias elaboradas para cicatrizar essa ferida. Constituem-se em variantes dessa tentativa as ortodoxias convencionais, o fundamentalismo e o ecumenismo. Nenhuma delas foi totalmente bem-sucedida: as ortodoxias são menos críveis quando são plurais, e o fundamentalismo protestante é bem mais variado do que a mídia acredita: além do fundamentalismo radical (literalista, antievolucionista etc.), existe um fundamentalismo moderado que hoje, nos Estados Unidos, é encarnado pelo pregador Billy Graham. Foi ele quem presidiu o aspecto religioso da cerimônia de posse do presidente Bill Clinton, em janeiro de 1993. Esse presidente e um de seus predecessores, Jimmy Carter, estão ligados a igrejas do tipo fundamentalista moderado. Já o ecumenismo se vê atualmente às voltas com sua incapacidade de autoanalisar-se e compreender seus limites.

A transgressão operada não tem somente consequências religiosas, mas produz também efeitos políticos e culturais. Assim, dentro do calvinismo, Teodoro de Beza (1519-1605) insistiu na fundação dos magistrados intermediários, entre o magistrado supremo e o povo, para exercer um contrapeso em caso de abuso do poder real. Essa ideia de uma resistência constitucional retoma parcialmente teorias da Idade Média que, no entanto, defendiam o direito de resistência ao tirano em referência ao papa, que podia desobrigar os súditos de seus deveres de obediência. Com Beza, tratava-se de um órgão de controle dentro do próprio Estado, que podia limitar o poder real ou, caso não o conseguisse, estabelecer uma oposição a ele. De fato, foi o que ocorreu em 1642, com a guerra civil inglesa, em que a resistência do Parlamento concretizou a teoria do "direito dos magistrados". Na época, falava-se, significativamente, de uma "nova Reforma". Os acontecimentos se aceleraram: minoritária no Parlamento, a ala radical do puritanismo estava bastante presente no exército de Cromwell, onde os pregadores eletrizavam os soldados com suas pregações. No final de 1648, esse exército se apoderou do rei e prendeu parlamentares moderados. Após um rápido julgamento, Carlos I foi condenado à morte no dia 30 de janeiro de 1649.

Desse modo, o "princípio protestante", em uma conjuntura que o radicalizou, teve como ponto culminante o assassinato legal de um rei. Esse acontecimento aterrorizante escandalizou a grande maioria dos protestantes: através desse ato de pretensão jurídica, o princípio monárquico do direito divino é que tinha sido condenado à morte. Diante da necessidade de calafetar a brecha, somente foi possível inventar uma nova lógica, em que a autoridade terrena remetia a algo que passava a limitá-la em seu próprio âmago: a monarquia constitucional. Com a Revolução Gloriosa (1688-1689), anglicanos e não conformistas se uniriam por medo de um "despotismo católico", sob o lema de Guilherme III d'Orange-Nassau: "A religião protestante e os libertos do Parlamento".

A esses transtornos políticos se somaram transformações culturais. O que ocorreu na Inglaterra não era independente de uma mudança na concepção de escatologia: no século XVI, percebia-se o fim do mundo e a volta de Cristo como uma ruptura no encadeamento temporal dos homens.

Então foi proposta uma escatologia mais evolutiva, com base no milênio mencionado em Apocalipse, um período transitório em que, em uma continuidade histórica, a "verdadeira" igreja triunfa progressivamente. A noção de progresso emerge dessas novas ideias teológicas.

As Províncias Unidas do final do século XVII constituíram um dos berços das Luzes europeias. Cada um à sua maneira, dois filósofos protestantes, Pierre Bayle (1647-1706) e John Locke (1632-1704), foram teóricos da tolerância. Algum tempo depois, parte dos textos da *Enciclopédia* foi de fato uma paráfrase de textos de huguenotes do Refúgio que difundiram conteúdos daquilo que a Europa produziu de mais importante sobre direito, ciência e filosofia. Aliás, de modo geral, nessa Europa protestante (que é tão alemã quanto inglesa, ainda que de modos diversos), o movimento das Luzes, ao contrário do que ocorreu nos países latinos, foi uma das contestações internas da religião: menos uma ruptura em relação a ela que, na verdade, uma reinterpretação de sua herança para a época moderna.

As dissidências internas do protestantismo também puderam privilegiar uma leitura da Bíblia em que a rejeição da igreja como mediadora foi acompanhada da apropriação, por parte do grupo contestatário, da noção de "povo eleito", resultando disso um messianismo conquistador de múltiplos efeitos. Na Irlanda, por exemplo, Cromwell e seu exército foram persuadidos de que a vitória do protestantismo inglês sobre o catolicismo irlandês era um dos sinais do milênio. Deram mostras de grande brutalidade e cometeram os massacres de Drogheda e Wexford. Iniciou-se um processo de expropriação de terras. Na América inglesa, os puritanos tenderam a considerar-se o "novo Israel", continuador do povo hebreu do Antigo Testamento. Assim, a América se tornou a "nova Jerusalém", refúgio escolhido por Deus para os destinados à preservação da corrupção. Tais ideias justificaram as espoliações infligidas aos índios, acompanhadas de uma organização da vida social pré-democrática. Por fim, na África do Sul, alguns protestantes descendentes de perseguidos também se consideravam povo eleito, criando um sistema de *apartheid* que foi combatido por outros protestantes. Em alguns casos, portanto, o racismo pôde adquirir uma tonalidade protestante. Aliás, a dessacralização da igreja, em circunstâncias específicas, deixou uma porta aberta para a sacralização da política: apesar do combate da Igreja Confessante, o nazismo é uma trágica ilustração desse fato, ainda que as origens de Hitler fossem católicas.

A fratura do interdito e a ruptura instauradora, portanto, desempenharam um papel importante na invenção da democracia — a organização interna de várias igrejas protestantes seguiu o mesmo caminho —, mas isso também teve efeitos múltiplos, alguns deles muitas vezes minimizados pelos protestantes por serem "fatos desagradáveis" (Max Weber). No entanto, não podem ser esquecidos quando analisamos a contribuição protestante para a construção da modernidade.

O lema "somente a graça" também é corrosivo em relação à crença em um Deus que recompensa e pune, fundamento da moral. É evidente que muitos protestantes dedicaram tempo e energia para ressuscitar esse Deus; nisso, também, tratava-se de calafetar brechas abertas em um nível moral. Ao longo dos séculos, a polêmica católica reprovou dois aspectos do protestantismo: o engendramento de uma (auto)disciplina cheia de meticulosidades e a abolição do freio moral que advém do "medo de perder-se e de ser condenado" (Antoine Arnauld). A questão moral apresentada ao protestantismo frequentemente é análoga à que tem sido anunciada em relação ao ateísmo, quanto à descrença e à moral laica, e pode ser resumida na famosa frase: "Se Deus não existe, tudo é permitido". E, com efeito, se Deus não existe, ou se ele é pura graça, a moral é algo profano. Assim, a moral não poderia valer-se de fundamentos sagrados, e a cada geração deve reinterpretar-se ou reconstituir-se em um debate social. Aos utópicos de toda sorte, o cardeal Joseph Ratzinger, que se tornou em 2005 o papa Bento XVI, apontou para uma das dificuldades fundamentais da busca da unidade entre católicos e protestantes: ao afirmar que somente a graça proporciona salvação, Lutero se recusou a atribuir à ética todo aspecto meritório. Ainda que queira ser um testemunho do amor salvífico de Deus, entre os protestantes, o amor é "profano".

Ecoando tudo isso, assumindo teologicamente a secularização do mundo moderno, Dietrich Bonhoeffer (1906-1945) afirmou: "Não podemos ser honestos sem reconhecer que precisamos viver no mundo *etsi deus non daretur* [como se Deus não fosse dado, expressão de Hugo Grotius (1583-1645)]. E é justamente isso que nós reconhecemos diante de Deus, que nos obriga a admiti-lo. [...] Deus nos mostra que precisamos viver como homens que conseguem viver sem Deus. O Deus que está conosco é o Deus que nos abandona (Mc 15.34)! [...] Diante de Deus e com Deus, nós vivemos sem Deus" (carta do dia 16 de julho de 1944, em *Resistência e submissão: cartas e anotações escritas na prisão*, São Leopoldo, Sinodal, 2003).

Trata-se de uma dialética difícil de ser vivida. Assim como a natureza, a cultura tem horror do vazio. Chega um momento em que é preciso pôr fim ao debate, decidir e, desse modo, reconstruir uma soberania quebrada, legitimando a decisão ou a doutrina; e nisso sempre há o risco de fechamento, sufocamento, adoração e sacralização (ou seja, de interrupção do movimento de "purificação" que é criador de vida e liberdade, na busca de fechar o infinito). Porém, se o protestantismo é dinâmico e vivo, ele anuncia a lei do Deus de somente a Escritura e somente a graça: *Não terás outros deuses diante de mim* (Dt 5.7). Ele reafirma a proibição da idolatria e lembra que o profano deve permanecer como tal e que é possível confrontar o vazio, viver a "gloriosa liberdade dos filhos de Deus", e não morrer.

Jean Baubérot

▶ BAUBÉROT, Jean, *Histoire du protestantisme* (1987), Paris, PUF, 1998; Idem, *Le protestantisme doit-il mourir? La différence protestante dans une France pluriculturelle*, Paris, Seuil, 1988; Idem e WILLAIME, Jean-Paul, *ABC du protestantisme* (1987), Genebra, Labor et Fides, 1990; Idem e ZUBER, Valentine, *Une haine oubliée. L'antiprotestantisme avant le "pacte laïque"* (1870-1905), Paris, Albin Michel, 2000; Idem e MATHIEU, Séverine, *Religion, modernité et culture au Royaume-Uni et en France, 1800-1914*, Paris, Seuil, 2002; CABANEL, Patrick, *Les protestants et la République. De 1870 à nos jours*, Bruxelas, Complexe, 2000; Idem e CARBONNIER-BURKARD, Marianne, *Une histoire des protestants en France, XVIe-XXe siècle*, Paris, Desclée de Brouwer, 1998; CHAUNU, Pierre, *Le temps des Réformes* (1975), Paris, Hachette, 1996; Idem, org., *L'aventure de la Réforme. Le monde de Jean Calvin* (1986), Paris, Hermé, 1992; COURVOISIER, Jacques, *De la Réforme au protestantisme. Essai d'ecclésiologie réformée*, Paris, Beauchesne, 1977; CURTIS, Charles J., *Contemporary Protestant Thought*, New York, Bruce, 1970; DELUMEAU, Jean e WANEGFFELEN, Thierry, *Naissance et affirmation de la Réforme* (1965), Paris, PUF, 1997; DUBIEF, Henri e POUJOL, Jacques, orgs., *La France protestante. Histoire et lieux de mémoire* (1992), Paris, Éditions de Paris, 1996; ENCREVÉ, André, *Les protestants en France de 1800 à nos jours. Histoire d'une réintégration*, Paris, Stock, 1985; Idem e Michel RICHARD, orgs., *Les protestants dans les débuts de la Troisième République* (1871-1885), Paris, Société de l'histoire du protestantisme français, 1979; GARRISSON, Janine, *Les protestants au XVIe siècle*, Paris, Fayard, 1988; GERRISH, Brian Albert, *The Old Protestantism and the New. Essays on the Reformation Heritage*, Chicago-Edimburgo, University of Chicago Press-T & T. Clark, 1982; GISEL, Pierre, *La théologie face aux sciences religieuses. Différences et interactions*, Genebra, Labor et Fides, 1999, p.

129-164; GOUNELLE, André, *Les grands principes du protestantisme*, Paris, Les Bergers et les Mages, 1985; Idem, *Protestantisme*, Paris, Publisud, 1992; JANTON, Pierre, *Voies et visages de la Réforme au XVIe siècle*, Paris, Desclée, 1986; LÉONARD, Émile G., *Histoire générale du protestantisme* (1961-1964), 3 vols., Paris, PUF, 1988; *Figures du néo-protestantisme*, Revue de théologie et de philosophie 130/2, 1998; STAUFFER, Richard, *La Réforme (1517-1564)* (1970), Paris, PUF, 1998; TILLICH, Paul, *Substance catholique et principe protestant* (1929-1965), Paris-Genebra-Quebec, Cerf-Labor et Fides-Presses de l'Université Laval, 1996; TROELTSCH, Ernst, *Protestantisme et modernité* (1909-1913), Paris, Gallimard, 1991; VENARD, Marc, org., *De la réforme à la Réformation (1450-1530)* e *Le temps des confessions (1530-1620/30)* (*Histoire du christianisme des origines à nos jours* VII e VIII), Paris, Desclée, 1994 e 1992; WILLAIME, Jean-Paul, *La précarité protestante. Sociologie du protestantisme contemporain*, Genebra, Labor et Fides, 1992; WOLFF, Philippe, org., *Histoire des protestants en France. De la Réforme à la Révolution* e *Les protestants en France 1800-2000*, Toulouse, Privat, 2001 (reed. em 2 vols. de *Histoire des protestants en France*, 1977); ZAHRNT, Heinz, *Aux prises avec Dieu. La théologie protestante au XXe siècle* (1966), Paris, Cerf, 1969; ZUBER, Roger e THEIS, Laurent, orgs., *La Révocation de l'Édit de Nantes et le protestantisme français en 1685*, Paris, Société de l'histoire du protestantisme français, 1986.

● Adventismo; Aliança Batista Mundial; Aliança Evangélica; Aliança Reformada Mundial; *amishs*; anabatismo; anglicanismo; antiprotestantismo; **autoridade**; Avivamento; Batista, Igreja; calvinismo; calvinismo (neo); cátaros; catolicidade evangélica; catolicismo; congregacionalismo; Conselho Mundial Metodista; darbismo; **ecumenismo**; **educação**; espiritualismo; evangélicos; evangelismo; Exército de Salvação; fé; Federação das Igrejas Protestantes da Suíça; Federação Mundial Luterana; Federação Protestante da França; Federação Protestante da Itália; fundamentalismo; **história**; huguenotes; Igreja Valdense; igrejas episcopais; igrejas livres; igrejas luteranas; igrejas não denominacionais; igrejas reformadas; igrejas unidas; indivíduo; justificação; *Kulturprotestantismus*; liberalismo teológico; **liberdade**; livre exame; luteranismo; menonismo; metodismo; **modernidade**; multitudinismo; nacionalidade e nacionalismo; neoprotestantismo; organizações eclesiásticas; ortodoxia protestante; **pastor**; pentecostalismo; pietismo; pluralismo; presbiterianismo; puritanismo; Reforma (Pré-); Reforma radical; Reforma/Reformação; **seitas**; Spira (dietas de); Tillich; unitarismo

PRÚSSIA

O Estado prussiano procedeu da ação dos *Hohenzollern*, que acessaram a dignidade eleitoral em Brandenburgo no ano de 1415. Essa ação se opera a partir da Marcha Colonial e da Prússia, território do antigo povoamento báltico, submetido e cristianizado pela Ordem Teutônica (1230-1286), que, ao tornar-se um ducado hereditário após sua secularização e a introdução da Reforma luterana em 1525 — em Brandenburgo, em 1539 —, permaneceu sob a suserania polonesa até 1657-1660 e exterior ao império. Os dois territórios foram reunidos em 1618 sob o cetro de João Sigismundo, adotando o calvinismo em 1613. A entrada desse Estado para o concerto europeu foi efetuada após os ganhos territoriais consecutivos do Tratado de Westfália. A realeza, adotada em 1701 e ignorada pela Cúria romana até 1787, foi o principal traço da união entre os territórios espalhados desde Cleves até o Neman. O sucesso militar e diplomático de Frederico Guilherme I (1688-1740) e de Frederico II (1712-1786) torna a Prússia uma potência europeia, reforçada por diversas correntes de imigração, entre as quais os huguenotes, principalmente depois da conquista da Silésia e das partilhas da Polônia, que integraram populações alógenas e católicas a um todo majoritariamente alemão e protestante. Sob o despotismo esclarecido de Frederico II, imperaram a tolerância, a humanização da justiça e a racionalização de um governo bastante centralizado.

O edifício estatal e militar desmoronou em 1806-1807 diante do exército napoleônico, mas em seguida foi lançado um programa de reformas ousadas que, na administração, na justiça, na educação e nas forças armadas, fizeram da Prússia o protótipo do Estado moderno em pleno século XIX. A extensão territorial consecutiva ao Congresso de Viena a tornou o Estado mais poderoso da Confederação Germânica, com um centro de gravidade econômica a oeste e política a leste, e uma população que passou a contar com dois quintos de católicos. A Constituição outorgada em 1850 introduziu na monarquia elementos parlamentares. Com a ação de Bismarck, a predominância econômica impulsionada pela União Alfandegária (1834) se tornou uma hegemonia política após 1866 e após a eliminação da Áustria do processo de unidade alemã, operada de acordo com a decisão da pequena Alemanha, com a constituição da Confederação da Alemanha do Norte (1867). A Confederação foi sagrada em Versalhes no ano de 1871, com a proclamação do Império Alemão, em que houve a união pessoal entre o imperador alemão e o rei da Prússia, entre o chanceler do império e o ministro-presidente da Prússia e, *de facto*, um direito de veto na câmara alta. Embora fosse fortemente industrializada e dispusesse de equipamentos científicos notáveis, a Prússia ainda conservava um sufrágio ultracensitário de tipo plutocrático e, principalmente ao leste do Elba, uma tradição feudal latifundiária que, com sua aristocracia, fornecia o pessoal da alta administração e do Exército, permanecendo depositária de uma tradição de militarização social e política.

Em 1918, após a queda dos *Hohenzollern*, o Estado livre e republicano da Prússia permaneceu como a entidade mais importante da República de Weimar. Com o alinhamento sob o Reich, em 1933, perdeu toda autonomia verdadeira. Em 1947, o Conselho de Controle dos Aliados procedeu à dissolução da Prússia.

Ao introduzir a Reforma luterana em seus territórios, estabelecendo consistórios regionais em 1543, os *Hohenzollern* procederam a uma estatização do protestantismo. A ideia inicial de Lutero, uma igreja com base nas comunidades, foi rapidamente substituída pelo governo do príncipe, que passou a ser o bispo da igreja territorial. A transferência da jurisdição episcopal para o príncipe *summus episcopus* em seus territórios constituiu a pedra angular de um sistema de administração eclesiástica que, aos poucos, se tornou um simples ramo da administração estatal. A passagem da dinastia para um calvinismo privado de suas dimensões presbítero-sinodais abriu caminho para um pluralismo confessional. Ao mudar de denominação, João Sigismundo renunciou ao direito de determinar a adesão confessional de seus súditos, um dispositivo de que já aproveitavam os súditos católicos dos ducados de Cleves (1609) e da Prússia (1611) por causa de um tratado com o rei da Polônia. Se o príncipe conservava a autoridade sobre uma igreja luterana majoritária à qual ele não mais pertencia, surgiu um primeiro elemento de tolerância religiosa, concretizado com o edito de 1615. Ao acentuar a primazia da racionalidade estatal sobre o elemento nacional e confessional, o Grande Eleitor reforçava o acolhimento e a integração de elementos alógenos em seus territórios. Ao mesmo tempo que privilegiava o calvinismo, religião do Estado e da corte, o Grande Eleitor tentava promover a tolerância tanto por necessidade de Estado quanto por convicção, assim como a ideia de união, defendida por Leibniz, que se deparou com a resistência dos luteranos. Com o Edito de Potsdam (1685), Brandenburgo-Prússia reforçou sua imagem como um abrigo para refugiados protestantes.

Adepto da tolerância por conta das necessidades inerentes à sua política, e adversário do fanatismo religioso, Frederico II garantiu, com a aquisição da Silésia, o livre exercício público do culto para os católicos (1742). Em 1794, o Código Geral prussiano instaurou a liberdade religiosa e de consciência, definiu os direitos e deveres das igrejas e instaurou uma paridade entre as igrejas reformada, luterana e católica, reconhecidas como "corporações privilegiadas", distintas das sociedades religiosas simplesmente toleradas.

Em geral, o corpo pastoral fortemente endógamo e o presbitério protestante foram importantes núcleos de cultura, associando piedade e senso social. A passagem da dinastia para o calvinismo cavou o abismo entre um Estado que unia, centralizava e modernizava e a Igreja Luterana, que permanecia como um apêndice do mundo feudal e, clerical em seu interior e subordinada no exterior, afundava-se em um provincianismo e um particularismo confessional. Nas duas igrejas, a ausência de um elemento laico verdadeiramente livre, fator de abertura e de modernidade, reforçou a tutela do Estado. É claro que o calvinismo e o pietismo foram menos influenciados pelo particularismo que a ortodoxia luterana; porém, não apresentaram uma verdadeira alternativa à política eclesiástica do Estado. O pietismo chegou a estabilizar o sistema ao canalizar oposições e evitar dissidências. Com sua religiosidade interiorizada e atuante, constituiu-se como um elemento importante da identidade prussiana tanto com sua ação educativa, caritativa e missionária quanto com sua penetração na aristocracia, inspirando os movimentos patrióticos e reavivalistas do início do século XIX e contribuindo para a elaboração de uma ética social.

Instrumento de propagação da moral sob Frederico II, a igreja testemunhou o auge de sua sujeição com Frederico Guilherme III. Atrelada sucessivamente aos ministérios da Justiça e do Interior, com os superintendentes (1828) são-lhe impostos verdadeiros prefeitos espirituais, enquanto o movimento sinodal se via entravado.

O projeto de Schleiermacher (1808) em favor de uma maior autonomia para uma igreja que se havia tornado apenas um componente espiritual do Estado permaneceu letra morta. Com Frederico Guilherme IV, que hesitava entre o episcopalismo e o sinodalismo, a tutela estatal subsistiu através do conselho superior eclesiástico protestante, isso apesar da separação entre igreja e Estado presente na constituição de 1850. O movimento sinodal progrediu a partir de 1861, mas com frequência os sínodos eram apenas uma cópia do leque político parlamentar e, sobre eles, os consistórios mantiveram a supremacia.

Apesar da secularização (1803) e do confisco dos bens da igreja (1810), um *modus vivendi* se estabeleceu entre os católicos com a bula papal *De salute animarum* (1821), complementada pelo breve *Quod de fidelium*, que recebeu sanção real (1823). Apesar dos elementos de discriminação que suscitaram a organização de um catolicismo político, a constituição de 1850 beneficiou bastante os católicos.

Enquanto o Sacro Império Romano-Germânico era essencialmente católico, a hegemonia prussiana imprimia, após 1871, um caráter predominantemente protestante no Segundo Reich. O discurso que visava à permanência da coexistência foi substituído pela fase do *kulturkampf* (1871-1878), uma luta anticatólica em prol da civilização (protestante), avatar da luta milenar contra Roma e o ultramontanismo, considerado uma ameaça para a Prússia e para a unidade do Reich. A história nacional passava a ser reescrita como uma lenda protestante, um ato de libertação nacional da tutela estrangeira, cujas grandes etapas seriam 1517, 1813 e 1871, em que a nação alemã, incluindo-se nisso a Prússia, reaveria sua natureza profunda, que seria protestante. O *kulturkampf* se solidificou no compromisso de laicização do Estado civil e no enfraquecimento do poder das igrejas na educação; já a capacidade de resistência católica reforçou o partido interclassista (*Zentrum*) e o tecido associativo católico. Em 1887, Bismarck se referiu à igreja protestante como hóspede do Estado prussiano, a coproprietária de uma casa da qual o Estado permanecia como o proprietário original. Nessa habitação, os católicos não gozavam de uma verdadeira igualdade, ainda que representassem por volta de um terço da população.

Em 1918, a queda dos *Hohenzollern* deixou órfãos os protestantes que eram fortemente apegados à dignidade imperial. Apesar dos privilégios conservados com a separação entre a igreja e o Estado, instaurada pela Constituição de Weimar, as igrejas protestantes mantiveram distância do regime republicano que se originara de uma revolução. As oito igrejas protestantes da Prússia logo adquiriram um *status* reconhecido pelo Estado, em 1924. Permaneceram estranhos ao mundo democrático os sínodos que, antes de 1918, mantinham, principalmente ao leste do Elba, um arcaísmo social e uma dependência do Estado. O Terceiro Reich instrumentalizou a lenda de Frederico II ao apresentar-se como o continuador do prussianismo após o acidente de Weimar. No entanto, a Igreja da União da Antiga Prússia, com seus sínodos confessantes e conselhos de irmãos, constituiu um dos polos de resistência da Igreja Confessante ao nazismo, inspirando a renovação protestante alemã pós-1945.

Frédéric Hartweg

▶ BESIER, Gerhard, org., *Preußischer Staat und Evangelische Kirche in der Bismarckära*, Gütersloh, Mohn, 1980; BRAKELMANN, Günter, *Die soziale Frage des 19. Jahrhunderts*, t. II: *Die evangelisch-soziale und die katholisch-soziale Bewegung*, Witten, Luther-Verlag, 1962; Idem, *Der deutsche Protestantismus in Epochenjahr 1917*, Witten, Luther-Verlag, 1974; BÜSCH, Otto, *Militärsystem und Sozial-leben im alten Preußen 1713-1807* (1962), Frankfurt, Ullstein, 1981; HARTWEG, Frédéric, *Protestantisme et socialisme sous le Second Empire: l'exemple de Rudolf Todt*, Revue d'Allemagne et des pays de langue allemande 30, 1998, p. 245-260; HINRICHS, Carl, *Preußentum und Pietismus. Der Pietismus in Brandenburg-Preußen als religiös-soziale Reformbewegung*, Göttingen, Vandenhoeck & Ruprecht, 1971; HONECKER, Martin, *Schleiermacher und das Kirchenrecht*, Munique, Kaiser, 1968; HUBER, Ernst Rudolf e Wolfgang, *Staat und Kirche im 19. und 20. Jahrhundert. Dokumente zur Geschichte des deutschen Staatskirchenrechts*, t. I-III, Berlim, Duncker und Humblot, 1973-1983; JACKE, Jochen, *Kirche zwischen Monarchie und Republik. Der preußische Protestantismus nach dem Zusammenbruch von 1918*, Hamburgo, Christians, 1976; JANZ, Oliver, *Bürger besonderer Art. Evangelische Pfarrer in Preußen 1850-1914*, Berlim, Walter de Gruyter, 1994; MOTSCHMANN, Klaus, *Evangelische Kirche und preußischer Staat in den Anfängen der Weimarer Republik*, Lübeck, Matthiesen, 1969; NÄRGER, *Das Synodalwahlsystem in den deutschen evangelischen Landeskirchen im 19. und 20. Jahrhundert*, Tübingen, Mohr, 1988; POLLMANN, Klaus Erich, *Landesherrliches Kirchenregiment und soziale Frage.*

Der evangelische Oberkirchenrat der altpreußischen Landeskirche und die sozial-politische Bewegung der Geistlichen nach 1890, Berlim, Walter de Gruyter, 1973; RUHBACH, Gerhard e MOELLER, Bernd, org., *Bleibendes im Wandel der Kirchengeschichte*, Tübingen, Mohr, 1973; THADDEN, Rudolf von, *La Prusse en question. Histoire d'un État perdu* (1981), Arles, Actes Sud, 1985; Idem, *Die Geschichte der Kirchen und Konfessionen*, em Wolfgang NEUGEBAUER, org., *Vom Kaiserreich zum 20. Jahrhundert und große Themen der Geschichte Preußens* (*Handbuch der preußischen Geschichte* III), Berlim, Walter de Gruyter, 2001, p. 547-711; VOGLER, Günter e VETTER, Klaus, *Preußen von den Anfängen bis zur Reichsgründung*, Colônia, Pahl-Rugenstein, 1980.

▶ Alemanha; Berlim; Bismarck; Droysen; Frederico II da Prússia; Frederico Guilherme III; Frederico Guilherme IV; Halle; Humboldt; Igrejas Unidas; *Kirchenkampf*; Treitschke; Troeltsch

PUAUX, Noé Antoine François (1806-1895)

Nascido em Vallon-Pont-d'Arc (Ardèche), morto em Paris. Puaux começou uma carreira como advogado em Largentière (Ardèche), tornando-se notário em Vallon-Pont-d'Arc e ingressando em um curso de teologia. Adepto convicto do movimento do Avivamento, foi pastor em Luneray (1846-1851), Rochefort (1851-1856) e Mulhouse (1856-1864), dedicando-se, depois, ao ministério itinerante. Apresentou inúmeras conferências em que defendia o campo evangélico e não hesitava em atacar os liberais. Tornou-se conhecido por suas qualidades como controversista. Redigiu uma série de brochuras hostis ao catolicismo, como, por exemplo, *L'anatomie du papisme et la Réforme évangélique d'Angers* [A anatomia do papismo e a Reforma evangélica de Angers] (Paris, Delay, 1845), *La messe sans voiles* [A missa sem véus] (Dieppe, Impr. Delevoye, 1850), *Le catholicisme romain ou la religion du doute et du désespoir* [O catolicismo romano ou a religião da dúvida e do desespero] (Cherbourg, Impr. Syffert, s.d.). Também publicou panfletos contra o liberalismo protestante, dentre os quais *Les dragons d'autrefois et les vers rongeurs d'aujourd'hui* [Os dragões do passado e os vermes roedores de hoje] (Mulhouse, Impr. Risler, 1864) e *Les déserteurs du drapeau protestant* [Os desertores da bandeira protestante] (Nîmes, Impr. Calvel-Ballivet, 1873). Da mesma forma, publicou obras de história de segunda mão, em que a intenção apologética é evidente, como *Histoire de la Réformation française* [História da Reforma francesa] (7 vols., Paris, Lévy, 1859-1863), *Vie de Calvin* [Vida de Calvino] (Estrasburgo, Berger-Levrault, 1864), *Vie de Jean Cavalier* [Vida de Jean Cavalier] (Estrasburgo, Berger-Levrault, 1868) e *Histoire populaire des Camisards* [História popular dos camisardos] (Toulouse, Société des livres religieux, 1878).

André Encrevé

▶ SABATIER, Auguste, *Le pasteur François Puaux*, *Revue chrétienne* 42, 1895, p. 232-236.

▶ Anticatolicismo; Avivamento; evangélicos

PUDOR

O pudor se caracteriza pela ambivalência. Em sua positividade, trata-se de uma contenção ou uma reserva respeitosa tanto do outro como de si mesmo. Em um aspecto mais problemático, está associado ao registro da vergonha e, às vezes, até mesmo do desgosto. Biblicamente, a correlação entre a vergonha e o pudor tem suas raízes no relato das origens, no momento em que, ao terem transgredido o mandamento divino, Adão e Eva lançam um olhar diferente sobre a própria nudez: *Abriram-se então, os olhos de ambos; e, percebendo que estavam nus, coseram folhas de figueira e fizeram cintas para si* (Gn 3.7). No *Comentário do livro de Gênesis* (1543), Lutero interpretou o pudor como uma consequência da Queda, já que "foi o pecado que provocou a perda da honra à nudez", enquanto antes a nudez tinha sido "as vestes mais belas diante de Deus e de toda a criação" (*MLO* 17, 152). Calvino desenvolveu uma perspectiva bastante semelhante, insistindo, porém, no caráter difuso de uma vergonha que ainda não era consciência de pecado, mas somente seu sinal (*Com.* Gn 3.7). Para toda uma tradição cristã, sobretudo certo puritanismo, o pudor é uma exigência moral, inerente à santidade, desenvolvida com base em uma aguda consciência da falta.

Em uma perspectiva distinta, o pudor evoca um não revelado ou uma reserva. Aqui, o pudor não consiste simplesmente em desviar os olhos de algo, mas conjuga o desvelado e o velado. É um limite no próprio centro do desvelamento. Longe de penetrar no mistério do outro, o desvelamento o torna manifesto. Retomando a herança do judaísmo, um filósofo como Emmanuel Levinas tematizou uma ética do pudor em função do interdito da representação. Assim, o rosto é alteridade absoluta no sentido em que confronta com o fugidio, o mistério irredutível do outro. Nesse sentido, o obsceno não é simplesmente um fato de mostração, mas pretende dar a ver aquilo que está fora de toda representação. Ao contrário do ídolo, que é uma presença sem resto, o pudor encontra um eco teológico na compreensão de um Deus cuja manifestação não é um desvelamento total. Lutero define o Deus que ninguém pode ver como o Deus nu (*deus nudus*) e afirma que Cristo é o "revestimento" (*involucrum*) de um Deus que é desvelado e, ao mesmo tempo, cujo ser é oculto (*MLO* 17, 303). Mais associado a um pensamento da transcendência, Calvino insiste em um Deus cuja essência não pode ser captada e cujo mistério é preciso respeitar (*IRC* I, V, 1).

Jean-Daniel Causse

▶ BOLOGNE, Jean-Claude, *Histoire de la pudeur* (1986), Paris, Perrin, 1999; HABIB, Claude, org., *La pudeur. La réserve et le trouble*, Paris, Autrement, 1992; LEVINAS, Emmanuel, *Totalidade e infinito: ensaios sobre a exterioridade* (1961), Lisboa, 70, 1980; *Pudeur et secret*, *Lumière et Vie* 211, 1993; PÉLISSIÉ DU RAUSAS, Inès, *La pudeur, le désir et l'amour*, Nouan-le-Fuzelier, Les Béatitudes, 1997.

◉ **Moral**; puritanismo

PUFENDORF, Samuel, barão von (1632-1694)

Jurista, filósofo e historiador alemão, filho de pastor luterano, estudou direito, matemática e filosofia em Leipzig e em Iena. Morou por algum tempo na Dinamarca e nos Países Baixos, onde publicou, em 1660, sua obra *Elementia jurisprudentiae universalis libri duo* (edição trilíngue, latim-alemão-inglês, 2 vols., Oxford-Londres, Clarendon Press-Milford, 1931), que lhe valeu a cadeira de direito da natureza e das pessoas criada especialmente para ele na Universidade de Heidelberg. Em seguida, ele ocupou a mesma cadeira na Universidade de Lund, na Suécia, onde escreveu sua obra mais importante, *Le droit de la nature et des gens* [O direito da natureza e das pessoas] (1672, 2 vols., Caen, Centro de Filosofia Política e Jurídica da Universidade de Caen, 1987), que ele mesmo resumiu, no ano seguinte, na obra *Devoirs de l'homme et du citoyen tels qu'ils lui sont prescrits par la loi naturelle* [Deveres do homem e do cidadão tais como são prescritos pela lei natural] (2 vols., ibid., 1984). Atraído por estudos históricos e políticos, ocupou o cargo de historiógrafo e conselheiro em Estocolmo, junto ao rei da Suécia, e, mais tarde, em 1688, em Berlim, colocou-se a serviço do eleitor de Brandenburgo. Influenciado de formas diferentes por Hobbes e Grotius, Pufendorf desenvolveu suas teorias pessoais sobre o direito natural, que ele concebia como algo à parte da teologia e tentou sistematizar organicamente ao modo da física e das ciências naturais. Ao separar o direito natural, fundado sobre a razão, da moral, baseada na revelação, Pufendorf elaborou sua doutrina do direito natural, ou jusnaturalismo, para que servisse como um guia aos homens em geral, enquanto homens, não enquanto cristãos. Quanto à política e à religião, em sua obra *Of the Nature and Qualification of Religion in Reference to Civil Society* [Da natureza e qualificação da religião em referência à sociedade civil] (1687, Indianápolis, Liberty Fund, 2002), ele explicou sua concepção dos limites do poder do Estado em relação à igreja: a diversidade das cerimônias no Estado não coloca em risco os fundamentos da religião. O príncipe não age bem quando impõe aos súditos sua própria religião, enquanto antes ele deveria verificar se essa religião está de fato conforme à piedade e à razão. Em sua obra *Jus feciale divinum sive de consensu et dissensu protestantium* (Lübeck, 1695), Pufendorf entrou no debate sobre os problemas da concórdia e da tolerância das confissões, discutindo em profundidade o texto de Pierre Jurieu, *De pace inter protestantes ineunda consultatio* (Utrecht, Halma, 1688). De acordo com Pufendorf, o magistrado pode legalizar a coexistência de duas religiões em um mesmo país em virtude da tolerância política, que faz com que aqueles que se mantêm separados por causa de uma grave divergência doutrinária "possam viver em paz na sociedade civil e beneficiar-se das vantagens comuns, das leis e da ordem pública". Já a concórdia e a união entre as igrejas luterana e reformada era bem mais difícil de ser atingida, pelo menos enquanto a Igreja Reformada permaneceu fiel ao dogma da predestinação absoluta.

Mario Turchetti

▶ DENZER, Horst, *Moralphilosophie und Naturrecht bei Samuel Pufendorf. Eine geistes- und wissenschaftsgeschichtliche Untersuchung zur Geburt des Naturrechts aus der praktischen Philosophie*, Munique, Beck, 1972; DÖRING, Detlef, *Pufendorf-Studien. Beiträge zur Biographie Samuel von Pufendorfs und seiner Entwicklung als Historiker und theologischer Schriftsteller*, Berlim, Duncker und Humblot, 1992; LAURENT, Pierre, *Pufendorf et la loi naturelle*, Paris, Vrin, 1982; TODESCAN, Franco, *Le radici theologiche del giusnaturalismo laico*, t. III: *Il probleme della seccolarizzazione nel pensiero giuridico di Samuel Pufendorf*, Milão, Giuffrè, 2001; ZURBUCHEN, Simone, *Naturrecht und natürliche Religion. Zur Geschichte des Toleranzproblems von Samuel Pufendorf bis Jean-Jacques Rousseau*, Würzburg, Königshausen und Neumann, 1991.

> Bodin; direito natural; Grotius; Hobbes; Jurieu; liberdade de consciência; **política**; tolerância

PURCELL, Henry (1659-1695)

Nascido em Londres ou Westminster e morto em Westminster, Henry Purcell era filho de um membro da Capela Real e regente de corais na Abadia de Westminster. De início, foi corista: seu nome figura entre os *Boys* da *Westminster School* em 1678. Sucedeu a seu mestre John Blow como organista da Abadia de Westminster; em 1682, foi um dos organistas da Capela Real. É famoso por sua música de cena (*King Arthur* [Rei Artur], 1691, sobre o texto de John Dryden [1631-1700]; *The Fairy Queen* [A rainha das fadas], 1692; etc.), por suas óperas (*Dido and Aeneas* [Dido e Eneias], 1689; *The Indian Queen* [A rainha índia], 1695), suas músicas de circunstância para as festas reais (o coroamento de Guilherme III d'Orange-Nassau e de Maria da Inglaterra, 1689, e, principalmente, suas odes para o aniversário da rainha). Compôs ainda aberturas, cânticos, canções. Para a Abadia de Westminster, escreveu *anthems* (como, por exemplo, *Hear me, o Lord* [Ouve-me, ó Senhor]; *I will sing unto the Lord* [Eu cantarei ao Senhor]; *My heart is inditing* [Meu coração está compondo]), cânones, hinos, salmos e cânticos sacros. Sua produção se situa na mesma linha de mestres ingleses como William Byrd (1543-1623), Orlando Gibbons (1583-1625), Thomas Tallis (?1505-1585). Sua obra impressiona pela profundidade da expressão e pelas inovações orquestrais. Henry Purcell se impôs como o músico da Restauração na Inglaterra.

Édith Weber

> PURCELL SOCIETY, org., *The Works of Henry Purcell* (1878-1965), 32 vols., Londres, Novello, 1968ss; WESTRUP, Jack Allan, *Purcell* (1937), Oxford, Oxford University Press, 1995; ZIMMERMANN, Franklin B., *Henry Purcell (1659-1695). His Life and Times*, Filadélfia, University of Pennsylvania Press, 1983.

> Byrd; **música**; musicais (formas); Tallis

PUREZA

A pureza consiste em estar sem misturas em seu ser e em suas preocupações. Nas religiões primitivas, a pureza e a impureza são compreendidas como realidades substanciais. Na Bíblia, é impuro tudo o que se afasta de Deus e que se aproxima da morte, berço da impureza por excelência. A purificação é feita ou por abluções rituais ou pela expiação.

O problema da noção de pureza, sobretudo em sua forma farisaica, está associado à exclusão dos impuros. Por isso, o Novo Testamento, em seu todo, põe fim à noção de pureza oposta à impureza. Paulo (Gl 2.16ss, 1Co 8.4ss, Rm 14.14) e Lucas (At 10.15; 11.9) afirmam que tudo o que é recebido de Deus com gratidão e generosidade é puro, pois escapa à dinâmica mortal através da vitória de Cristo sobre a morte e o pecado. A pureza que é preconizada no Novo Testamento é da ordem da simplicidade (2Co 6.14-16; 7.1), consistindo em guiar a vida em torno do único polo, que é Deus em Cristo, para receber, nele, toda a criação.

Fritz Lienhard

> BÜHLER, Pierre, *Le problème du mal et la doctrine du péché*, Genebra, Labor et Fides, 1976; GIRARD, René, *A violência e o sagrado* (1972), São Paulo, Paz e Terra, 1990; HAUCK, Friedrich, Καθαρός, em Gerhard KITTEL e Gerhard FRIEDRICH, orgs., *Theologisches Wörterbuch zum Neuen Testament*, t. III (1938), Stuttgart, Kohlhammer, 1990, p. 416-434; LÉVY, Bernard-Henri, *La pureté dangereuse*, Paris, Grasset, 1994.

> Ascese; carne; confissão de pecados; corpo; expiação; justificação

PURITANISMO

O movimento puritano surgiu sob o reinado (1558-1603) de Elizabeth I, propondo-se a ultrapassar o meio-termo que deu origem à Igreja

Anglicana: para os puritanos, a instituição deveria ser "purificada" dos resíduos do catolicismo, que ainda persistiam nos rituais, na prática dos sacramentos e na constituição episcopal. O projeto puritano suscitou a crescente hostilidade do alto clero e da corte. O sucessor de Elizabeth, Tiago I Stuart, estimava que a abolição do episcopado resultaria na queda da monarquia (*no bishop, no king*). De fato, sua previsão se confirmou alguns anos depois (1649), após a vitória do Parlamento e do *New Model Army* (o "Exército novo modelo" de Oliver Cromwell) na guerra civil iniciada pelo rei Carlos I, que foi sua mais ilustre vítima. O puritanismo elaborou de um modo original as doutrinas calvinistas da liberdade soberana de Deus, da eleição e da disciplina vocacional. Enfatizava a conversão pessoal e o itinerário cheio de perigos da "peregrinação" cristã (John Bunyan). Também esforçou-se por unir os "santos" em associações voluntárias, realizando, de formas visíveis e eficazes, a aliança mútua (*covenant*) entre Deus e seu povo, que muitas vezes estava em conflito com as instituições tradicionais da igreja e do Estado. Porém, no apogeu da Revolução Inglesa, o projeto de reforma foi rompido: aos presbiterianos, defensores de uma igreja nacional que fosse solidamente organizada e homogênea doutrinariamente, os independentes e os batistas opuseram os princípios da liberdade religiosa e da separação entre igreja e Estado. Vencido tanto por divisões internas quanto pela restauração da monarquia (1660) e da igreja episcopal (*Ato de uniformidade*, 1662), o projeto puritano se desenvolveu além do Atlântico, exercendo uma influência decisiva na formação moral e política da Nova Inglaterra e, por fim, na constituição republicana e federal dos Estados Unidos.

Mario Miegge

▶ HALLER, William, *The Rise of Puritanism, or the Way to the New Jerusalem as Set Forth in Pulpit and Press from Thomas Cartwright to John Lilburne and John Milton, 1570-1643* (1938), Filadélfia, University of Pennsylvania Press, 1972; LEITES, Edmund, *La passion du bonheur. Conscience puritaine et sexualité moderne* (1986), Paris, Cerf, 1988; MIEGGE, Mario, *Vocation et travail. Essai sur l'éthique puritaine*, Genebra, Labor et Fides, 1989; MILLER, Perry, *The New England Mind*, t. I: *The Seventieth Century* (1939), Boston, Beacon Press, 1970; WALZER, Michael, *La révolution des saints. Éthique protestante et radicalisme politique* (1965), Paris, Belin, 1987.

◉ Aliança; anglicanismo; bênção; Bunyan; calvinismo; **capitalismo**; congregacionalismo; Cromwell; dissidente; **educação**; Edwards; Estados Unidos; Inglaterra; Milton; ofício; Perkins; pietismo; *Pilgrim Fathers*; **predestinação e Providência**; presbiterianismo; Revolução Americana; revoluções da Inglaterra; **seitas**; Steele; **vocação**; Weber M.; *Westminster* (Assembleia e *Confissão de*); Williams, Roger; Winthrop

PURY, Roland de (1907-1979)

Nascido em Genebra, morto em Lyon, Pury foi pastor, teólogo, missionário e escritor. Primeiro frequentou os meios monarquistas e de extrema-direita: foi sua fase maurrassiana, porém descobriu Karl Barth no início dos anos 1930 e, profundamente influenciado por ele, passou a esforçar-se para apresentar o barthismo à sua geração. Pastor em Lyon durante a guerra, personalidade marcante da resistência espiritual contra Hitler, Pury foi preso pela Gestapo e escreveu o *Journal de cellule* [Diário de cela] (1944, reeditado em uma obra que reúne vários outros textos, com o título *Évangile et droits de l'homme* [O Evangelho e os direitos humanos], Genebra, Labor et Fides, 1981). Missionário em Madagascar de 1961 a 1966, ergueu-se contra o ritual da virada dos mortos (*famadihana*), no qual percebia uma prática pagano-cristã; essa postura lhe valeu tanto apoio quanto hostilidade. Pregador apaixonado, teólogo da liberdade, lutaria sem cessar por aquilo que ele mesmo chamou de "os direitos humanos pelos quais Cristo morreu".

Daniel Galland

▶ PURY, Roland de, *Présence de l'éternité* (1943), Neuchâtel, Delachaux et Niestlé, 1946; Idem, *Pierres vivantes*, Neuchâtel, Delachaux et Niestlé, 1944; Idem, *Notre Père...*, Paris, Les Bergers et les Mages, 2000 (pregações proferidas em 1942); Idem, *Job, ou l'homme révolté* (1955), Genebra, Labor et Fides, 1982; Idem, *Qu'est-ce que le protestantisme?*, Paris, Les Bergers et les Mages, 1961; Idem, *Aux sources de la liberté*, Genebra, Labor et Fides, 1967; Idem, *Lettres de Moncoutant. Correspondance à Éric de Montmollin, 1934-1938*, Genebra, Labor et Fides, 2001; GALLAND, Daniel, *Roland de Pury. Le souffle de la liberté*, Paris, Les Bergers et les Mages, 1994.

◉ Barthismo

Q

QUACRES

Os membros da Sociedade Religiosa dos Amigos, fundada por George Fox em 1652, aceitaram de bom grado, a partir do século XVII, o apelido *quaker* ("trêmulo"), inventado por seus detratores, que os consideravam agitados demais pelo Espírito em seus cultos. Esse movimento cristão, que surgiu no rastro da Reforma, não é tão aparentado com o protestantismo de Lutero e Calvino, mas se aproxima da corrente anabatista menonita, que o precedeu de um século na Europa continental. No entanto, levou ainda mais longe que os menonitas o princípio do ministério leigo, atribuindo às mulheres responsabilidades espirituais do século XVII em diante. O culto quacre, com base no silêncio, é mais despojado que o culto menonita, e os sacramentos são interiorizados, ou seja, não são celebrados de modo exterior. Para os quacres, Deus é sobretudo uma experiência. Cada ser humano possui, no fundo de si, uma "fagulha divina" (*divine spark*), a "luz interior" (*inner light*), que é preciso encontrar em seu interior e cultivar. O Novo Mundo a ser explorado era menos geográfico que espiritual, e o aprisionamento do inimigo interior era uma tarefa que se impunha diante da tentação de matar o inimigo exterior.

Os grandes princípios da "teologia" quacre estão expostos na *Apologia* (1675), de Robert Barclay (1648-1690), quacre escocês que pretendeu, com essa obra, justificar diante de seus contemporâneos o grande despojamento exterior da vida espiritual quacre. A *Apologia* permanece até hoje um livro de referência por excelência para apreender o espírito do quacrerismo. Um Estado "quacre", a Pensilvânia, foi fundado na América do Norte por William Penn em 1682. Na França, a Sociedade Religiosa dos Amigos surgiu oficialmente no Languedoc, em 1788, quando os Inspirados do Languedoc foram aceitos na família internacional dos Amigos. Quando, em 1756, a Pensilvânia não mais pôde manter suas promessas de *Holy Experiment* (coexistência pacífica com os ameríndios e a América francesa), a ilha de Nantucket, que havia se tornado majoritariamente quacre, apresentou neutralidade em período de guerra. William Rotch, armador e quacre de Nantucket, preservou a neutralidade da ilha durante a Revolução Americana. Tendo emigrado em 1786 para Dunquerque, na França, com outros pescadores de baleias, uniu-se a seu filho Benjamin e ao quacre francês Jean de Marsillac para apresentar à Assembleia Constituinte, no dia 10 de fevereiro de 1791, uma petição por uma revolução não violenta que se queria herdeira do *Holy Experiment* da Pensilvânia. Porém, os revolucionários franceses não estavam prontos para essa mensagem.

Atualmente, há por volta de 340 mil quacres em todo o mundo: 153 mil na América, 157 mil na África, vinte mil na Europa e dez mil na Ásia. Eles mantiveram o pacifismo como um valor importante que, em geral, não os retira do mundo, mas os estimula ao engajamento tanto na mediação quanto no socorro às vítimas e aos desfavorecidos.

Jeanne Henriette Louis

▶ ANSERMOZ-DUBOIS, Violette, *Aux sources du quakerisme avec Margaret Fell-Fox*, Genebra, Labor et Fides, 1977; BARCLAY, Robert, *La Lumière intérieure, source de vie. Apologie de la vraie théologie chrétienne telle qu'elle est professée et prêchée par ce peuple appelé par mépris les Quakers* (1675), Paris, Dervy, 1993; DOMMEN, Édouard, *Les quakers*, Paris-Montreal, Cerf-Fides, 1990; HIRONDEL, Georges, *Marius Grout. Aventurier de l'absolu*, Luneray, Bertout, 2002; LOUIS, Jeanne Henriette e HÉRON, Jean-Olivier, *William Penn et les quakers. Ils inventèrent le Nouveau Monde*, Paris, Gallimard, 1990.

⊙ Amyraut; anabatismo; dissidente; Estados Unidos; experiência; Filadélfia; Fox; Grimké; Lancaster; **literatura**; menonismo; objeção de consciência; paz; Penn; Pensilvânia; **seitas**

QUÉRÉ, France (1936-1995)

De família protestante originária das Cevenas, France Quéré, nascida Jaulmes, é nativa de Montpellier. Nessa cidade, estudou letras clássicas, recebendo o diploma de estudos superiores e o certificado de aptidão pedagógica para o ensino médio. Após várias experiências como professora, a partir do início dos anos 1960, ela iniciou trabalhos de edição e tradução dos textos dos Pais da igreja, com a frequente colaboração do padre Adalbert Hamman. Foi responsável por várias obras da coleção "Lettres chrétiennes. Antiquité chrétienne" [Letras cristãs, antiguidade cristã] (Paris, Centurion-Grasset), que apresentava textos patrísticos em francês sobre temas variados: o mistério do Natal, o mistério da Páscoa, a missa, a mulher, o casamento, ricos e pobres etc. Esse trabalho na área da patrística também se desdobrou em outras edições, das quais se destacam duas coletâneas: *Pères apostoliques* [Pais apostólicos] (Paris, Seuil, 1980) e *Évangiles apocryphes* [Evangelhos apócrifos] (Paris, Seuil, 1983). Nos anos 1970, inaugurou-se para France Quéré sua fase como escritora e teóloga, com a publicação de inúmeras obras que buscavam pôr em diálogo os textos bíblicos e os desafios do contexto atual. Os temas têm uma prioridade ética: a condição da mulher, as dificuldades do casal e da família, o respeito pela alteridade, o amor aos inimigos. Além de uma intensa atividade como editorialista, jornalista e conferencista, ela se engajou em diferentes comitês de conselho ético, sobretudo o Comitê Nacional de Ética, do qual foi membro desde a fundação, em 1983. Essa atividade a levou a abordar em detalhes as questões da bioética, do ponto de vista dos progressos tecnológicos recentes da medicina e das ciências biológicas (para um resumo de suas ideias nessa área, cf. *L'éthique et la vie* [A ética e a vida, 1991], Paris, Seuil, 1992). Recebeu da Universidade de Neuchâtel o título de doutor *honoris causa* em teologia, em 1988. Em suas realizações, soube aliar a um notável dom da palavra e da escrita uma competência imensa como teóloga e eticista, além de uma grande aptidão para a escuta e o diálogo.

Pierre Bühler

▶ QUÉRÉ, France, *Dénuement de l'espérance*, Paris, Seuil, 1972; Idem, *La femme avenir*, Paris, Seuil, 1976; Idem, *Au fil de l'autre*, Paris, Seuil, 1979; Idem, *As mulheres do Evangelho* (1982), São Paulo, Paulinas, 1984; Idem, *Les ennemis de Jésus* [Os inimigos de Jesus], Paris, Seuil, 1985; Idem, *Une lecture de l'évangile de Jean* [Uma leitura do evangelho de João], Paris, Desclée de Brouwer, 1987; Idem, *La famille* [A família], Paris, Seuil, 1990; Idem, *L'amour, le couple* [O amor, o casal], Paris, Centurion, 1992; Idem, *Jésus enfant* [Jesus criança], Paris, Desclée, 1992; Idem, *Si je n'ai pas la charité. Propos sur l'amour* [Se eu não tiver amor: o propósito do amor], Paris, Desclée de Brouwer, 1994; Idem, *Le sel et le vent* [O sal e o vento], Paris, Bayard, 1995; Idem, *Marie* [Maria], Paris, Desclée, 1996; Idem, *Présence d'une parole* [A presença de uma palavra], Paris, Les Bergers et les Mages, 1997; Idem, *Au fil de la foi* [No fio da fé], t. I: *Le chemin de l'Écriture* [O caminho da Escritura] e t. II: *Les chemins de la vie* [Os caminhos da vida], Paris, Desclée de Brouwer, 2000; Idem, *Conscience et neurosciences* [Consciência e neurociências], Paris, Bayard, 2001; Idem, *L'homme maître de l'homme* [O homem mestre do homem], Paris, Bayard, 2001.

▶ Bíblia; **bioética**; casal; casamento; família; **moral**; **mulher**; **sexualidade**; teologia feminista

QUIETISMO

Termo que designa, em geral, a postura que prega o abandono da alma a Deus, o quietismo indica, mais propriamente, um movimento espiritual católico do século XVII. Suas origens remontam ao sacerdote espanhol Miguel de Molinos (1628-1696), autor de uma obra de grande sucesso, *O guia espiritual* (1675, Rio de Janeiro, Safira Estrela, 1998). Essa obra preconiza o repouso completo da alma em Deus, para que, em um estado de abandono místico, ela se desinteresse pelas obras e pela própria salvação. O livro foi condenado em 1687 por Inocêncio XI, na constituição apostólica *Coelestis Pastor*, e seu autor foi sentenciado à prisão perpétua. Na França, o movimento se desenvolveu através de madame Guyon (1648-1717) e do abade François de Salignac de La Mothe-Fénélon (1651-1715). Por sua vez, a obra de Fénélon *Explication des maximes des saints sur la vie intérieure* [Explicação das máximas dos santos sobre a vida interior] (1697, em *Oeuvres I* [Obras I], Paris, Gallimard, 1983, p. 999-1095) foi condenada em 1699 no breve papal *Cum alias*. A espiritualidade quietista não deixou de atrair simpatias dentre alguns movimentos proféticos e iluminados que se desenvolveram no interior do protestantismo a partir do final do século XVII.

Maria-Cristina Pitassi

▶ ARMOGATHE, Jean-Robert, *Le quiétisme*, Paris, PUF, 1973; COGNET, Louis, *Crépuscules des mystiques. Bossuet, Fénelon* (1958), Paris, Desclée, 1991; KOLAKOWSKI, Leszek, *Chrétiens sans Église. La conscience religieuse et le lien confessionnel au XVIIe siècle* (1965), Paris, Gallimard, 1969 (em particular p. 492-566); LE BRUN, Jacques, *Le pur amour de Platon à Lacan*, Paris, Seuil, 2002.

◗ **Espiritualidade**; pietismo; Poiret; Stäel

R

RABAUT, Paul (1718-1794)

Junto com Antoine Court, Paul Rabaut é o pastor francês mais conhecido do século XVIII. Nascido em Bédarieux (Hérault), em um meio piedoso, foi colocado com a idade de 20 anos em Nîmes, a igreja mais importante que se assume de bom grado como líder. Ali, assumiu o cargo de *proposant* (em português, "proponente"), ou seja, assistente do pastor, considerado apto para pregar; por toda a vida seria pastor de Nîmes. Sua teologia foi tradicional do começo ao fim, ainda que marcada pelo racionalismo moderado de Jean-Frédéric Ostervald, cujo catecismo Rabaut utilizava, simplificando-o.

De 1752 em diante, o papel de Rabaut, que acabara de volta do seminário de Lausanne após um curto período de descanso, foi capital do Languedoc, adquirindo os mesmos contornos da função de Court. Em 1752, o intendente de Saint-Priest e o clero, através de uma pequena dragonada, tentaram fazer com que as crianças que não haviam sido batizadas passassem a sê-lo na Igreja Católica, em uma época em que a ausência do batismo católico era um claro sinal da reconstituição das igrejas reformadas. As autoridades temeram que, com essa medida, o povo se revoltasse. Rabaut agiu de modo eficaz para impedi-lo, mandando para o exterior um pastor suspeito no caso. O intendente acabou desistindo desses rebatismos.

Em julho-agosto de 1755, Rabaut viajou para Paris com a finalidade de obter progressos na liberdade de culto, graças ao príncipe Louis-François de Conti, primo do rei. Logo percebeu que tinha sido vítima de um mal-entendido: Conti, com possessão no Languedoc, só se interessava pelos protestantes na medida em que estes podiam servir-lhe como apoio. Rabaut afirmou no sínodo sua fidelidade ao rei, e não houve revolta. A partir de 1756, alguns dos sucessivos comandantes no Languedoc se encontraram secretamente com Rabaut, passando-lhe o que ele mesmo chamou de "ordens" ou "defesas" (cf. a carta do dia 2 de fevereiro de 1783, de Rabaut à corte de Gébélin). Progredia-se assim, lentamente, para certa tolerância, favorecida pelo progresso geral das ideias. Pode-se medir o caminho percorrido ao evocar-se o estado de espírito da cidade de Toulouse quando do caso Calas: Rabaut precisou publicar em seu nome *La calomnie confondue* [A calúnia confundida], obra em que La Beaumelle denunciou e demoliu as acusações de que os protestantes teriam recebido ordens para matar os membros de sua família que desejassem se converter.

O fim de Rabaut foi determinado pelo papel político de seu filho mais velho, um notável girondino, guilhotinado. O pai, mandado para a prisão com quase 75 anos, não sobreviveu à libertação (depois do 9 Termidor, ano II, ou seja, após a queda de Robespierre no dia 27 de julho de 1794), falecendo em Nîmes. O partido Rabaut, girondino no sentido político do termo, sobreviveu.

Daniel Robert

▶ *Paul Rabaut, ses lettres à Antoine Court (1739-1755). Dix-sept ans de la vie d'un apôtre du Désert*, org. por A. PICHERAL-DARDIER, 2 vols., Paris, Grassant, 1884; *Paul Rabaut, ses lettres à divers (1744-1794)*, org. por Charles DARDIER, 2 vols., Paris, Grassart, 1892; BOST, Hubert, *Une correspondance huguenote. La préparation du synode de 1763 par la Beaumelle et Paul Rabaut*, em Pierre-Yves BEAUREPAIRE, org., *La plume et la toile. Pouvoirs et réseaux de correspondance dans l'Europe des Lumières*, Arras, Artois Presses Université, 2002, p. 83-106; RABAUD, Camille, *Paul Rabaut, apôtre du Désert*, Paris, Fischbacher, 1920; SOCIEDADE DE HISTÓRIA DO PROTESTANTISMO DE NÎMES, *Les Rabaut. Du Désert à la Révolution. Colloque de Nîmes*, Montpellier, Presses du Languedoc-Chaleil, 1988.

◉ Court; Court de Gébelin; Deserto; Nîmes; Ostervald; Rabaut Saint-Étienne; Revolução Francesa

RABAUT SAINT-ÉTIENNE, Jean-Paul (1743-1793)

Filho do pastor Paul Rabaut, cuja cabeça tinha sido posta a prêmio, Jean-Paul Rabaut, dito

Saint-Étienne, defendeu em Paris os interesses do protestantismo no final do Antigo Regime. Escreveu em defesa de um edito de tolerância (1786). O que foi promulgado no ano seguinte tinha um conteúdo decepcionante, mas Rabaut Saint-Étienne julgou positiva essa rejeição implícita da revogação. Para ele, foi um ponto de partida.

Foi autor da obra *Considérations sur les intérêts du Tiers-État adressées au peuple des provinces par un propriétaire foncier* [Considerações sobre os interesses do Terceiro Estado dirigidas ao povo das províncias por um proprietário de terras]. Em 1789, tornou-se membro da Constituinte e relator do regulamento interno (seria por sua experiência com decisões coletivas, adquirida com sua participação em consistórios e sínodos?). Tornou-se conhecido por debates sobre a *Declaração dos direitos humanos e do cidadão*, ao defender não a tolerância, mas, sim, uma plena liberdade religiosa. Em 1790, tornou-se presidente da Constituinte. Moderado, aderiu, em 1791, ao clube dos folhantes e publicou a obra *Précis historique de la Révolution françoise* [Compêndio histórico da Revolução Francesa] (Paris-Estrasburgo, Onfroy-Treuttel, 1792). Girondino, foi eleito, em setembro de 1792 para a Convenção, tomando parte em seu escritório. Ali desenvolveu um programa de educação nacional e, quando se iniciou o julgamento de Luís XVI, pediu que o povo apelasse. Eleito em janeiro de 1793 presidente da Convenção, sofreu a oposição dos montanheses. Em junho, escondeu-se para fugir da prisão, mas foi encontrado no dia 5 de dezembro e, trazido diante do Tribunal Revolucionário, foi executado.

Jean Baubérot

▶ DUPONT, André, *Rabaut Saint-Étienne, 1743-1793. Un protestant défenseur de la liberté religieuse* [Rabaut Saint-Étienne (1743-1793): um protestante defensor da liberdade religiosa] (1946), Genebra, Labor et Fides, 1989.

◉ Barnave; Jean-Bon Saint-André; liberdade de consciência; Nîmes; Rabaut; Revolução Francesa; tolerância

RABELAIS, François (?1483/94-1553)

Do pouco que conhecemos sobre a vida de Rabelais, que assumiu sucessivamente as funções de monge, médico e cura, nada nos faz pensar em qualquer tipo de associação de seu nome à Reforma. Calvino o atacou com virulência, junto com outros, em sua obra *Des scandales* [Dos escândalos] (1550, Genebra, Droz, 1984), e Rabelais lhe respondeu veementemente em *Quart livre* [Quarto livro] (1552, Genebra, Droz, 1967), arrolando-o entre os "*Matagotz, Cagotz* e *papelars* [isto é, seguidores do papa]" e tornando-o o patronímico dos "demoníacos Calvinos, impostores de Genebra". Seus livros não foram melhor recebidos pela Sorbonne, que condenou todos eles. Protegido pelos círculos do rei, nunca deixou de ser impulsionado pelo evangelismo erasmiano. Sua obra denuncia as fraquezas da igreja, devendo também ser lida como uma defesa da abertura de sentido e da livre interpretação textual contra todo tipo de censura — e é nisso que consiste o "pantagruelismo", essa filosofia da generosidade.

Yves Delégue

▶ FEBVRE, Lucien, *Le problème de l'incroyance au XVIe siècle. La religion de Rabelais* (1942), Paris, Albin Michel, 1988; SAULNIER, Verdun-Louis, *Le dessein de Rabelais*, Paris, SEDES, 1957; SCREECH, Michael A., *L'évangelisme de Rabelais. Aspects de la satire religieuse au XVIe siècle*, Genebra, Droz, 1959.

◉ Evangelismo; humanismo

RACIONALISMO TEOLÓGICO

O pensamento racionalista dos séculos XVIII e XIX engendrou no protestantismo não só o deísmo, mas uma releitura ampla e profunda das Escrituras, caracterizada por uma conquista cada vez mais audaciosa da autonomia histórico-crítica e, principalmente, por uma revisão da cristologia (cf. as famosas "vidas de Jesus" de vários filósofos e teólogos da época), orientadas pela contestação do dogma da divindade de Cristo e de sua idealização moralizante. Na "esquerda hegeliana", e sobretudo na obra de Feuerbach, a dissolução racionalista do dogma de Calcedônia — que, datando de 451, afirmou a união das duas "naturezas" de Cristo "em uma só pessoa e uma só hipóstase", união "sem confusão, sem mudança, sem divisão e sem separação" — foi ainda mais longe: em meados do século XIX, desembocou em uma crítica radical da religião que pode ser considerada um fruto do protestantismo, na medida em que foi gerado na Alemanha e teve como ponto de partida uma conceituação kantiana e hegeliana. Chega-se, assim, a um naturalismo e a um sensualismo que serviram como referência para Engels e Marx.

Desde então, os teólogos protestantes mais significativos buscaram não repetir, mas superar os cânones do racionalismo teológico. Em Søren Kierkegaard, essa superação tomou a forma de um ardente protesto com base na redescoberta da distância entre o eterno e o temporal, o infinito e o finito e, assim, o evangelho foi tratado como uma perspectiva de existência, não mais como um terreno para o exercício da razão crítica do tipo racionalista. Para Ernst Troeltsch, tomou a forma de uma problematização do historicismo, de uma tentativa de redefinição da tarefa teológica em um contexto moderno, levando em consideração as realidades do religioso (e seu caráter *a priori*). Por fim, para o Paul Tillich dos anos alemães, tomou a forma de um esforço para identificar e manifestar a especificidade do discurso teológico em relação a outras disciplinas, sobretudo situando-o em um "sistema das ciências" (a exemplo do que fizeram vários pensadores do século XIX e do início do XX).

No entanto, seria ingênuo crer que no século XX houve uma superação completa do racionalismo teológico protestante, que permaneceu implícito na fonte de algumas leituras da Bíblia, principalmente nos registros da vulgarização e da midiatização. Da mesma forma, às vezes esse mesmo racionalismo inspirou tentativas de aproximação do protestantismo com as correntes que pregam o livre exame.

Porém, a partir de meados do século XX, trabalhos exegéticos e teológicos que foram conduzidos sob a necessidade de uma "segunda busca" do Jesus histórico caracterizaram uma nova fase no aprofundamento da superação das aporias do racionalismo teológico. Com efeito, ao operar com métodos histórico-críticos, não mais se privilegiou um ato unívoco de desdogmatização. Em prol de um esforço exegético, empreendeu-se preferencialmente um novo desenvolvimento de certos questionamentos propriamente teológicos (como, p. ex., na obra de Ernst Käsemann, a questão da apocalíptica).

Com tudo isso, porém, as questões fundamentais apresentadas pelo racionalismo teológico não desapareceriam. Nas últimas três décadas do século XX, observou-se, de fato, que tais questões voltariam sob novas formas. Assim, nos anos 1970, a teologia protestante alemã foi confrontada com o desafio do racionalismo crítico, entendido como a negação da cientificidade da teologia e a crítica da linguagem doutrinária, rejeitada como não falseável. Em 1972, no Castelo de Sindlingen, houve o debate entre o filósofo Hans Albert e o teólogo Gerhard Ebeling, que se constituiu como a principal referência histórica em relação ao tema.

A problemática do que se convencionou chamar *God-talk*, que a partir dos anos 1980 adquiriu uma importância não negligenciável na teologia anglo-saxã, também representou um retorno de algumas perspectivas do racionalismo teológico, algo que não se fez sem transformações. Essa problemática designava, em uma convergência com o pensamento de Wittgenstein, a crítica de toda teologia que pretendesse descrever um referente externo. Era acompanhada da promoção correlata de uma abordagem "culturolinguística" ou "antifundacionalista", que considerava a linguagem um elemento constitutivo e primeiro do vivido religioso. Como referências ao tema, podemos citar as obras de George Lindbeck e a escola de Yale, assim como as discussões que geraram, bastante ricas.

Bernard Hort

▶ ENGELS, Friedrich, *Ludwig Feuerbach e o fim da filosofia clássica alemã* (1886), São Paulo, Sociais, 1977; GISEL, Pierre, *Verité et histoire. La théologie dans la modernité: Ernst Käsemann* (1977), Paris-Genebra, Beauchesne-Labor et Fides, 1983; Idem, org., *Histoire et théologie chez Ernst Troeltsch*, Genebra, Labor et Fides, 1990; Idem, BOSS, Marc e EMERY, Gilles, orgs., *Postlibéralisme? La théologie de George Lindbeck et sa réception*, Genebra, Labor et Fides, 2004; PAROZ, Pierre, *Foi et raison. La foi chrétienne aux prises avec le rationalisme critique: H. Albert et G. Ebeling*, Genebra, Labor et Fides, 1985; STRAUB, David Friedrich, *Gesammelte Schriften*, 12 vols., org. por Eduard ZELLER, Bonn, Strauß, 1876-1878.

● Apologética; Chenevière; crítica da religião; deísmo; Ebeling; fé; hegelianos de esquerda; historicismo; Huber; **Jesus (imagens de)**; Jesus (vidas de); kantismo (neo); Käsemann; Kierkegaard; liberalismo teológico; Lindbeck; Luzes; método histórico-crítico; neologia; neoprotestantismo; **razão**; supranaturalismo; **teologia**; Tillich

RACISMO

No sentido estrito, o racismo é um discurso que afirma vigorosamente a existência de diferenças biológicas: cor da pele, formato do nariz, dimensão do crânio etc. No sentido amplo, "o racismo é a valorização, generalizada e definitiva, de diferenças reais ou imaginárias para o proveito do acusador e em detrimento de sua vítima" (Albert Memmi).

Se os comportamentos racistas têm uma longa história, suas justificativas teóricas e sistematizadas são relativamente recentes. Reconhecidas sem fundamento científico algum, essas pseudoteorias são sustentadas por outra coisa. Com efeito, associado a uma busca de pureza desde a origem, o racismo se alimenta de uma função: manter ou adquirir privilégios e se defender de ou justificar uma agressão. Esse discurso corresponde a um mecanismo de defesa de um homem ou um grupo que tem medo e se sente ameaçado.

Hoje, o racismo é denunciado não somente como um fenômeno interpessoal, mas também como um fenômeno institucional. As igrejas não estão imunes a isso: alguns aspectos de suas teologias e de suas liturgias foram utilizados no século XX pelo antissemitismo nazista e pelo sistema do *apartheid* na África do Sul, por exemplo. Após a Segunda Guerra Mundial, o Conselho Mundial de Igrejas se levantou muito fortemente contra o racismo, definido claramente como pecado (Noordwijkerhout, Países Baixos, 1980), assim como as alianças confessionais (Aliança Reformada Mundial, 1982, e Federação Mundial Luterana, 1983): trata-se de uma tarefa da teologia cristã, junto com a comunidade internacional, condenar o racismo como um crime contra a humanidade, denunciando-o como heresia, violação do evangelho e pecado contra Deus.

Jean-Nicolas Bitter

▶ "L'Église et le racisme", *Concilium* 171, 1982, CONSELHO MUNDIAL DE IGREJAS, UNIDADE DE TRABALHO JUSTIÇA E SERVIÇO, org., *Churches Responding to Racism in the 1980s. The Report of the World Consultation on Racism Called by the World Council of Churches, Held in Norrdwijkerhout, Netherlands, 16-21 June 1980*, Genebra, CMI, 1983; MEMMI, Albert, *Le racisme. Description, définition, traitement*, Paris, Gallimard, 1982; *Sciences et racisme. Cours général public 1985-1986*, Lausanne, Payot, 1986.

◉ África do Sul; antissemitismo; *apartheid*; Direitos Civis (movimento dos); heresia; Igreja Confessante; *Kirchenkampf*; Ku Klux Klan

RACOVIANO (Catecismo)

Elaborado com base nas obras preliminares de Fausto Socino, esse catecismo (na verdade um tratado teológico) foi publicado em 1605 em Racov, centro espiritual do unitarismo polonês, e foi ampliado em suas versões alemã (1608) e latina (1609). Foi traduzido para o inglês em 1652. Em uma atmosfera de crítica racionalista impregnada de uma ética que se inspira grandemente no espírito do humanismo italiano, o *Catecismo racoviano* questiona diversos pontos centrais do dogma cristão tradicional, o que levou a uma revisão radical do cristianismo como caminho para a salvação revelado por Deus em Cristo: assim, de acordo com esse documento, Cristo é somente um homem, mas habitado pela virtude divina. Sua morte não tem um valor expiatório, pois a natureza humana não está corrompida por inteiro e não tem necessidade de uma reconciliação com Deus. A fé que salva é a que de fato crê nos ensinamentos de Cristo e observa com o maior cuidado possível seus preceitos. Do ponto de vista social, o *Catecismo racoviano* reconheceu na autoridade o exercício do *jus gladii* ("direito da espada", conforme Rm 13), admitindo, com reservas, a participação dos cristãos na vida política e afirmando o direito à liberdade de consciência.

Emidio Campi

▶ *Catechismus der Gemeine derer Leute, die da im Königreich Poln, und im Grosfürstenthumb Littawen, und in andern Herrschaften zu der Kron Poln gehörig, affirmiren und bekennen, das niemand anders, den nur allein der Vater unsers Herrn Jesu Christi, der einige Gott Israel sey, und das der Mensch Jesus von Nazareth, der von der Jungfrawen geboren ist, und kein ander ausser oder von ihm, der eingeborne Sohn Gottes sey*, Utrecht, Theologisch Institut Rijksuniversiteit Utrecht, [1980]; *The Racovian Catechism*, Londres, Longman-Hurst-Rees-Orme-Brown, 1818; SZCZUCKI, Lech (org., com a colaboração de Zbigniew OGONOWSKI e Janusz TAZBIR), *Socinianism and Its Role in the Culture of XVIth to XVIIth Centuries*, Varsóvia, PWN, 1983; WILLIAMS, George Huntston, org., *The Polish Brethern. Documentation of the History of Unitarism in the Polish-Lithuanian*

Commonwealth and in the Diaspora 1601-1685, Missoula, Scholars Press, 1980; WRZECIONKO, Paul, "Die Theologie des Raków Katechismus", *Kirche im Osten* 6, 1963, p. 73-116.

○ Antitrinitarismo; **Jesus (imagens de)**; liberdade de consciência; Polônia; Socino; unitarismo

RAD, Gerhard von (1891-1971)

Nascido em Nuremberg e morto em Heidelberg, Gerhard von Rad estudou teologia em Erlangen e Tübingen, tornando-se, em 1925, pastor estagiário da igreja luterana bávara. Nessa época, seu interesse pelo Antigo Testamento surgiu como uma reação às opções antissemitas que começaram a ganhar a Alemanha. Professor de Antigo Testamento em Iena a partir de 1934, feudo dos "Cristãos Alemães", Von Rad ingressou na Igreja Confessante. Após o final da guerra, foi nomeado em Göttingen e, depois, em Heidelberg (1949-1966). A obra principal de Von Rad é *Teologia do Antigo Testamento* (1957-1960), que revela a preocupação desse erudito quanto a demonstrar as implicações teológicas das pesquisas exegéticas. Influenciado pela "teologia dialética", Von Rad construiu sua teologia do Antigo Testamento não em função dos *loci* clássicos, mas, sim, como uma "repetição narrativa" (*Nacherzählung*) da história da salvação. Essa concepção marcou profundamente a teologia protestante do pós-guerra. Von Rad também forneceu à teoria documentária de Wellhausen uma orientação mais teológica, que tornou o javista o primeiro teólogo da Bíblia hebraica. Também contribuiu para uma maior compreensão do Pentateuco e, sobretudo, do Deuteronômio, livro ao qual dedicou três obras.

Thomas Römer

▶ RAD, Gerhard von, *La Genèse* (1949-1953), Genebra, Labor et Fides, 1968; Idem, *Théologie de l'Ancien Testament* (1957-1960), 2 vols., Genebra, Labor et Fides, 1963-1967; CRENSHAW, James L., *Gerhard von Rad*, Waco, Word Books, 1979.

○ Bíblia; exegese; **história**; Igreja Confessante; método histórico-crítico; "teologia dialética"; Wellhausen

RADE, Martin (1857-1940)

De 1875 a 1878, Martin Rade estudou teologia protestante na Universidade de Leipzig, onde foi influenciado, entre outros, pelo jovem Adolf Harnack, no círculo de estudos em que ele descobriu o *Kulturprotestantismus* de Albrecht Ritschl, de caráter ético e histórico. De 1882 a 1899, foi pastor em Schönback (Saxônia) e na *Paulskirche* de Franfurt; de 1900 a 1924, ensinou teologia sistemática na Universidade de Marburgo.

A importância toda particular de Rade para a teologia e o protestantismo alemãos se deve ao fato de que, em 1886, ele participou, junto com Wilhelm Bornemann (1858-1946), Paul Drews (1858-1912) e Friedrich Loofs (1858-1928), da criação de *Die Christliche Welt*, a mais importante revista do *Kulturprotestantismus*, da qual foi o redator responsável até 1931. O engajamento constante de Rade tornou essa publicação quinzenal o órgão emblemático para as discussões das controvérsias sobre a teologia de Ritschl, a escola da história das religiões e também a "teologia dialética". Em 1890, Rade participou da fundação do Congresso Evangélico Social, que, após a abolição das "leis antissocialistas" de Bismarck (1891), tornou-se um dos fóruns para discussões construtivas e abertas com a social-democracia. Rade também foi o primeiro a escrever um estudo teológico-empírico sobre o universo das representações religiosas dos operários da indústria. Após 1918, Rade foi um dos raros teólogos protestantes a engajarem-se em favor da República de Weimar. A teologia de Rade empregou esforços para a formulação de um "cristianismo do presente" (*Gegenwartschristentum*), capaz de, em plena modernidade, conferir ao protestantismo contornos e conteúdos.

Hartmut Ruddies

▶ RADE, Martin, *Ausgewählte Schriften*, t. I: *Wirklichkeit und Wahrheit der Religion*, t. II: *Religion, Moral und Politik*, t. III: *Recht und Glaube*, org. por Christoph SCHWÖBEL, Gütersloh, Mohn, 1983-1988; *Ein Briefwechsel. Karl Barth-Martin Rade*, org. por Christoph SCHWÖBEL, Gütersloh, Mohn, 1981; *Der Briefwechsel zwischen Adolf von Harnack und Martin Rade. Theologie auf dem öffentlichen Markt*, org. por Johanna JANTSCH, Berlim, Walter de Gruyter, 1996; NAGEL, Anne Christine, *Martin Rade. Theologe und Politiker des Sozialen Liberalismus. Eine politische Biographie*, Gütersloh/Gütersloher Verlaghaus, 1996; RATHJE, Johannes, *Die Welt des freien Protestantismus. Ein Beitrag zur deutsch-evangelischen Geistesgeschichte, dargestellt am Leben und Werk von Martin Rade*, Stuttgart, Klotz, 1952; RUDDIES, Hartmut,

Liberales Kulturluthertum. Martin Rade 1857-1940, em Friedrich Wilhelm GRAF, org., *Profile des neuzeitlichen Protestantismus*, t. II/2, Gütersloh, Mohn, 1993, p. 398-422 (bibliogr.); SCHWÖBEL, Christoph, *Martin Rade. Das Verhältnis von Geschichte, Religion und Moral als Grundproblem seiner Theologie*, Gütersloh, Mohn, 1980.

◯ Congresso Evangélico Social; democracia; Harnack; kantismo (neo); *kulturprotestantismus*; liberalismo teológico; Ritschl; ritschliana (escola); Troeltsch

RAGAZ, Leonhard (1868-1945)

Teólogo suíço, Ragaz nasceu em Tamins (Grisons) e morreu em Zurique. Filho de camponeses das montanhas, foi influenciado por Christoph Blumhardt (1842-1919), tornando-se uma das personalidades mais importantes do combate pacifista e do socialismo religioso, não estatal, mas baseando-se na teologia do reino de Deus e de sua justiça em toda a terra. Foi um pioneiro na ecologia e federalista, aliando uma preocupação comunitária (Tolstoi) ao personalismo (Vinet), e se opôs desde 1919 aos princípios violentos do leninismo. Foi um dos primeiros a exigir, bem antes do Holocausto, um autêntico diálogo entre judeus e cristãos, sem propósitos ocultos de evangelização, em uma abertura que também foi um reflexo de sua proximidade e de sua amizade com Martin Buber (1878-1965). Durante a Segunda Guerra Mundial, ergueu-se contra o nazismo e o antissemitismo. Por quarenta anos, foi um comentarista político de sua revista, *Neue Wege* (1906-1945). Em 1921, abandonou sua cadeira de teologia na Universidade de Zurique para dedicar-se à atividade livre como educador de adultos em um bairro popular. Dentre suas inúmeras publicações, podemos citar seus comentários das parábolas de Jesus (*Die Gleichnisse Jesu* [1944], Gütersloh, Mohn, 1990) e do Sermão do Monte (*Die Bergpredigt Jesu* [1945], Gütersloh, Mohn, 1983), além de sua imponente *Bibel. Eine Deutung* (1947-1950, reeditada em 4 vols., Friburgo, Exodus, 1990).

Alfred Berchtold

▶ RAGAZ, Leonhard, *Mein Weg*, 2 vols., Zurique, Diana Verlag, 1952; Idem, *La Suisse nouvelle* (1917), Genebra, Atar, 1918; Idem, *Messages d'un chrétien*, Paris-Genebra, "Je sers"-Labor, 1936; Idem, *Nouveaux cieux, Terre nouvelle* (1927-1936), Aubervilliers, La Réconciliation, 1936; Idem, *Le message révolutionnaire. Entretiens sur le Royaume de Dieu et notre monde* (1942), Neuchâtel, Delachaux et Niestlé, 1945; *Leonhard Ragaz in seinen Briefen*, org. por Markus MATTMÜLLER et alii, 3 vols., Zurique, Evangelischer Verlag, depois Theologischer Verlag, 1966-1992; "Foi et socialisme. Trois figures: Leonhard Ragaz, Karl Barth, André Philip", *Bulletin du Centre protestant d'études* 28/4, Genebra, 1976; JÄGER, Hans Ulrich, *Ethik und Eschatologie bei Leonhard Ragaz*, Zurique, Theologischer Verlag, 1971; LINDT, Andreas, *Leonhard Ragaz. Eine Studie zur Geschichte und Theologie des religiösen Sozialismus*, Zollikon, Evangelischer Verlag, 1957; MATTMÜLLER, Markus, *Leonhard Ragaz und der religiöse Sozialismus*, 2 vols., Basileia, Helbing und Lichtenhahn, 1957-1968; Idem e STEGEMANN, Ekkehard W., orgs., "Leonhard Ragaz", *Zeitschrift für Kultur. Politik, Kirche. Reformatio* 46/2, 1997, p. 90-152; MOTTU, Henry, *Un débat inachevé: Ragaz et Barth*, em Michel ROCARD et alii, *Itinéraires socialistes chrétiens*, Genebra, Labor et Fides, 1983, p. 57-69.

◯ Blumhardt C.; Brunner; Kutter; paz; reino de Deus; Rich; socialismo religioso; Vinet

RAHLFS, Alfred (1865-1935)

Teólogo protestante alemão nascido em Hanover-Linden, estudou teologia, filosofia e línguas orientais em Halle e em Göttingen, onde tornou-se *privat-docent* em 1891. Em 1901, foi nomeado professor de Antigo Testamento. Professor emérito em 1933, morreu em Göttingen em 1935.

No início de sua carreira universitária, Rahlfs pertencia à escola da história das religiões. Sua atividade acadêmica permaneceu limitada em Göttingen. Continuando o trabalho de seu mestre, Paul de Lagarde, Rahlfs logo se especializou no estudo do texto grego do Antigo Testamento, a *Septuaginta*. Em 1908, desempenhou um papel importante na implementação do projeto de edição da *Septuaginta* pela Sociedade de Ciências de Göttingen (hoje Academia de Ciências de Göttingen), sob a batuta de Rudolf Smend pai (1851-1913). Conservou a direção desse projeto mesmo após a aposentadoria.

Gerd Lüdemann

▶ RAHLFS, Alfred, *Septuaginta-Studien* I-III (1904-1911), Göttingen, Vandenhoeck & Ruprecht, 1965; Idem, *Das Buch Ruth griechisch*, Stuttgart, Privilegierte Württembergische Bibelanstalt, 1922; Idem, *Septuaginta. Editio minor* (1935), 2 vols., Stuttgart, Deutsche Bibelgesellschaft, 1965; BAUER, Walter, "Alfred Rahlfs", *Nachrichten von der Gesellschaft der Wissenschaften zu Göttingen. Jahresbericht über das Geschäftsjahr 1934/35*, 1935, p. 60-65; LÜDEMANN, Gerd e SCHRÖDER, Martin, *Die Religionsgeschichtliche Schule in Göttingen. Eine Dokumentation*, Göttingen, Vandenhoeck & Ruprecht, 1987, p. 79s.

❯ **Bíblia**; Götingen (Universidade de); Lagarde; religiões (escola de história das)

RAMSEY, Paul (1913-1988)

Eticista norte-americano de origem metodista, aluno de Richard Niebuhr, Ramsey foi professor em Princeton de 1944 até a aposentadoria. Ao mesmo tempo que apresentava, de um modo bastante tradicional, as bases para uma ética cristã em uma sociedade abalada pela recente Segunda Guerra Mundial, foi um dos pioneiros da renovação da ética em medicina nos Estados Unidos. Apoiando-se nas noções de aliança, amor e justiça, pronunciou-se de modo preciso sobre assuntos delicados, justificando parcialmente a Guerra do Vietnã e rejeitando tanto o aborto quanto a experimentação médica em crianças. Sua obra *The Patient as Person* [O paciente como pessoa] (1970) desempenhou um papel considerável na reflexão bioética americana. Ramsey privilegiava uma abordagem deontológica dos direitos da pessoa, que deveriam sempre ter a primazia sobre as consequências da ação. Enfatizou a confiança e a lealdade necessárias entre o médico e o paciente, condições imprescindíveis para fundamentar a regra do consentimento livre e esclarecido do paciente.

Denis Müller

▶ RAMSEY, Paul, *Basic Christian Ethics* (1950), Louisville, Westminster-John Knox Press, 1993; Idem, *The Just War. Force and Political Responsability* (1968), New York, Scribner, 1983; Idem, *The Patient as Person. Exploration in Medical Ethics*, New Haven, Yale University Press, 1970; Idem, *Ethics at the Edge of Life*, New Haven, Yale University Press, 1978; Idem, "Indignité de la 'mort digne'", *Éthique* 11, 1994, p. 11-34; ATWOOD, David, "Paul Ramsey: brève présentation", *Éthique* 11, 1994, p. 8-10; CURRAN, Charles E., "Théologie morale aux États-Unis: une analyse des vingt dernières années", *Le Supplément* 155, 1985, p. 95-116; LONG, Steve, *Tragedy — Tradition — Transformism. The Ethics of Paul Ramsey*, Boulden-San Francisco-Oxford, Westview Press, 1993; SMITH, David H., *On Paul Ramsey. A Covenant-Centered Ethic for Medicine*, em Allen VERHEY e Stephen E. LAMMERS, orgs., *Theological Voices in Medical Ethics*, Grand Rapids, Eerdmans, 1993, p. 7-29.

❯ **Bioética**; **moral**; Niebuhr; Richard

RAMUS, Pierre de La Ramée, dito (1515-1572)

Ramus foi uma das mentes mais abertas de uma época em que tal abertura não era escassa. Foi matemático, retórico, gramático, teólogo etc., com um gênio múltiplo e uma curiosidade universal. Lutou contra o aristotelismo (*Dialecticae institutiones*; *Aristotelicae animadversiones* [1543], Stuttgart-Bad Cannstatt, Frommann, 1964), em que ele percebeu uma filosofia ímpia, o que lhe valeu inúmeros ataques, tanto na França, de conservadores como Jacques Charpentier, Pierre Galvateurs, Joachim Périon e, principalmente, Adrien Turnèbe, quanto no estrangeiro, de Melâncton e seus discípulos. No entanto, graças à proteção do cardeal Carlos de Lorena, foi nomeado, em 1551, leitor do rei, por sua eloquência e filosofia. Em 1555, publicou uma *Dialectique* em francês e, em 1562, uma *Gramere*.

Ramus impôs à retórica uma "redução" em nome de uma espécie de evidência racional. Porém, contrariamente ao que em geral foi estabelecido, não é um dado definitivo que ele tenha aberto caminho para a lógica moderna. Sua redução se desembaraça grandemente da complexidade do mundo, em uma confusão entre retórica e filosofia, dialética e lógica, análise e síntese, ou então em uma associação forçada entre a matemática e a lógica, em uma época em que ambas as áreas estavam conquistando sua autonomia. É um consenso certo que Ramus modernizou a antiga arte da memória, purificando-a de suas imagens obsoletas ou incongruentes; no entanto, ele errou ao eliminar, por um mesmo reflexo de iconoclastia mental, a geometria do cálculo astronômico. A contribuição definitiva da reforma ramista é de ordem pedagógica, mais que metodológica, e não foi por acaso que logo tenha recebido uma acolhida favorável dos estudantes. Além disso, as provocações de Ramus permitiram que o *establishment* do meio acadêmico parisiense fosse sacudido, o que obrigou os aristotélicos a refinar seus pontos de vista e favoreceu uma evolução para uma nova ciência prática.

Convertido ao protestantismo em 1561, na véspera da primeira guerra de religião, Ramus foi proscrito na França e teve uma cadeira em Genebra recusada por Teodoro de Beza. Foi uma das mais famosas e ilustres vítimas do Massacre de São Bartolomeu, em 1572. Após sua morte, e apesar da oposição ao melanctonismo, o ramismo se expandiu para os países protestantes, como a Inglaterra, os Países Baixos, a Suíça, a Dinamarca e a Alemanha. Em certa medida, o "método" cartesiano e a "lógica" de Port-Royal são devedoras de Ramus pela simplificação formal que ele preconizou e por sua desconfiança em relação às forças cegas da imaginação.

Yves Delègue e Frank Lestringant

▶ RAMUS, Pierre, *Dialectique 1555*, org. por Michel DASSONVILLE, Genebra, Droz, 1964; Idem, *Grammaire* (1572), org. por Colette DEMAIZIÈRE, Paris, Champion, 2001; BUSSON, Henri, *Le rationalisme dans la littérature française de la Renaissance* (1922, 1957), Paris, Vrin, 1971, p. 266-273; MEERHOFF, Kees, *Rhétorique et poétique au XVIe siècle en France. Du Bellay, Ramus et les autres*, Leiden, Brill, 1986; Idem, *Entre logique et littérature. Autour de Philippe Melanchton*, Orléans, Paradigme, 2001; ONG, Walter J., *Ramus: Method and the Decay of Dialogue. From the Art of Discourse to the Art or Reason* (1958), Cambridge, Harvard University Press, 1983; *Ramus et l'Université*, Paris, Éditions Rue d'Ulm, 2004; YATES, Frances A., *L'art de la mémoire* (1966), Paris, Gallimard, 1975, p. 250-261.

◉ Cartesianismo; Martini; Melâncton; metafísica; São Bartolomeu (Noite de)

RAMUZ, Charles Ferdinand (1878-1947)

Romancista e ensaísta de origem valdense e de tradição protestante, Ramuz escreveu sobre as estratégicas narrativas e as modalidades de integração da língua oral na língua escrita, modificando consideravelmente o gênero romanesco e influenciando de modo direto os romancistas da modernidade, tais como Céline e Queneau. Paul Claudel e Henri Barbusse, Henri Pourrat e Henry Poulaille, Jacques Maritain e, uma geração depois, Denis de Rougemont, adeptos de várias teologias diferentes, saudaram a "falação" de um escritor que se dedicou a descrever o homem em suas relações com a natureza e a transcendência. Por escolha estética, Ramuz situou todos os seus temas no "pequeno país" que ele mesmo percorreu de cima a baixo, a bacia lemânica, tendo o Valais em sua nascente, e, de modo excepcional, Paris, onde ele viveu de 1900 a 1914. Seus personagens são camponeses ou pessoas simples que lutam com o básico.

Ramuz aborda a questão religiosa, que sempre o preocupou, de três maneiras complementares: a primeira, pessoal; a segunda, estética e poética; a terceira, ética.

Em seu diário, sobretudo nos anos da juventude, exprimiu suas buscas, suas descobertas, suas dúvidas. Ele estimula uma retomada dos relatos bíblicos em uma relação de complementaridade com os mitos antigos, em um procedimento antropológico e um trabalho de reescrita. A vantagem que obteve com sua cultura protestante é confirmada em um de seus grandes ensaios dos anos 1930: "Uma mitologia camponesa, eis o que o Antigo Testamento foi e ainda é para mim; uma mitologia camponesa que confere, aos camponeses que me rodeavam e dos quais eu vim, uma magnífica nobreza".

A Bíblia correlaciona de modo dinâmico o passado ao presente, o geral ao particular; Ramuz introduz esse aspecto como um intertexto em seus romances, ligados ao destino de pequenas coletividades ameaçadas por desastres cósmicos, a guerra, figuras estrangeiras que os atravessam e os perturbam. Em *L'amour du monde* [O amor do mundo] (1925), por exemplo, ele encena a irrupção do cinema em uma cidadezinha, evocando, dentre outros, o imaginário religioso; em *Les signes parmi nous* [Os signos entre nós] (1919), ele se indaga acerca dos sinais e da leitura minada do Apocalipse; em *Le règne de l'esprit malin* [O reino do espírito maligno] e *La guérison des maladies* [A cura das doenças] (ambos de 1917), ele representa tanto uma história de diabo quanto um "mistério", o das forças do bem; em *Terre du ciel* [Terra do céu] (1921), ele imagina o que significariam uma vida ressurreta, seu lugar, seu ritmo, a ausência do tempo. Em *Adam et Ève* [Adão e Eva] (1932), ele retoma a questão do jardim, da culpa, do amor, de acordo com uma leitura bíblica sutilmente enviesada. Nesse entrelaçar do tema romanesco com as Escrituras bíblicas transpostas, desviadas e laicizadas, o escritor trabalha com dados concretos, percepções, sensações e impressões, de onde vêm afirmações metanarrativas, que dão uma ideia de seu trabalho poético (no sentido etimológico):

"Deus deve ser tão concreto quanto uma garrafa" (*Journal* [Diário], 1924) ou "Devemos acabar colocando toda a metafísica em uma tabela" (*Remarques* [Observações], 1928).

Para Ramuz, estética e ética são paralelas. Por isso, suas reflexões, suas meditações e seus ensaios — *Taille de l'homme* [Tamanho do homem] (1932), *Questions* [Questões] e *Besoin de grandeur* [Necessidade de grandeza] (1937) — correspondem às suas obras romanescas em sua inquietude, seu sentimento do trágico, seu desespero, mas também sua busca, seus frágeis vislumbres, seus esforços, sua confiança, ao mesmo tempo que as liga ao tempo presente, às questões existenciais do momento, às mutações que se preparam diante de seus olhos. O cristianismo e o comunismo são dois polos de referência. Ramuz se espanta. A arte não basta, mas o amor pela vida enquanto tal, sim.

Doris Jakubec

▶ RAMUZ, Charles Ferdinand, *Oeuvres complètes*, 5 vols., Lausanne, Rencontre, 1976; Idem, *Romans*, 2 vols., Paris, Gallimard, 2005; Idem, *Journal. Journal notes et brouillons* (*Oeuvres complètes* I-III), 3 vols., Genebra, Slatkine, 2005; BÉGUIN, Albert, *Patience de Ramuz*, Neuchâtel, La Baconnière, 1950; NICOD, Margueritte, *Du réalisme à la realité. Évolution artistique et itinéraire spirituel de Ramuz*, Genebra, Droz, 1966; OLIVIER, Francis, *Ramuz devant Dieu*, Paris, Desclée de Brouwer, 1975; PASQUALI, Adrien, *Adam et Ève*, t. I: *Genèse du récit*, Paris, Minard, 1993; ROUGEMONT, Denis de, *Les personnes du drame*, Neuchâtel, La Baconnière, 1945.

◉ Literatura

RANKE, Leopold von (1795-1886)

Historiador e representante típico do historicismo, Ranke nasceu em uma família de pastores luteranos e juristas. Estudou teologia e filologia na Universidade de Leipzig. Em 1825, tornou-se professor extraordinário e, em 1934, professor ordinário de história na Universidade de Berlim.

A importância de Ranke para o desenvolvimento da ciência histórica está no modo específico com que sua historiografia combinou com um ideal científico, uma concepção histórica e o dom da narração histórica. Seu método recorreu ao exame histórico-crítico das fontes, que constitui o fundamento do saber histórico, mas lhe acrescentou o ideal metódico que visa a mostrar o passado tal como "foi verdadeiramente"; a concepção da busca que orienta a ciência histórica se vê complementada por um conceito de objetividade cuja intenção é submeter a subjetividade do pesquisador à mais rigorosa disciplina quando se trata de estabelecer o conteúdo empírico do passado.

Ranke fundou essa concepção da busca em um conceito de história em que a ideia de individualidade desempenha um papel central. Para Ranke, a individualidade significa de fato o valor imediato de tudo o que aconteceu historicamente, encontrando sua expressão na famosa frase "todas as épocas estão em uma relação imediata com Deus". O sentido de cada época histórica se desvela esteticamente na exposição que dela nos faz o historiógrafo Ranke. A tensão potencial entre o ideal científico, as escolhas que são feitas quanto às realidades da história passada e a estética à qual a exposição dá livre curso se resolvem, para Ranke, em sua fé no agir de Deus sobre a história. É esse agir que garante, em última instância, a unidade histórica que é impossível de decifrar através dos recursos do conhecimento ou a partir dos fatos.

Katherina Oehler

▶ RANKE, Leopold von, *Sämtliche Werke*, 54 vols., Leipzig, Duncker und Humblot, 1867-1890; Idem *Werke. Gesamtausgabe der Deutschen Akademie*, org. por Paul JOACHIMSEN et alii, Munique, Drei Masken Verlag, 1925ss (inacabado); Idem, *Aus Werk und Nachlaß*, t. I: *Tagebücher*, t. II: *Über die Epochen der neueren Geschichte. Historisch-kritiche Ausgabe*, t. III: *Frühe Schriften* e t. IV: *Vorlesungseinleitungen*, org. por Walther Peter FUCHS e Theodor SCHIEDER, Munique, Oldenbourg, 1964-1975; Id., *Histoire de France, principalement pendant le XVIe et le XVIIe siècle* (1852-1861), 6 vols., Paris, Klincksieck, 1854-1889; Idem, *Histoire de la papauté, pendant les seisième et dix-septième siècles* (1834), Paris, Robert Laffont, 1986; IGGERS, Georg Gerson, *The German Conception of History. The National Tradition of Historical Thought from Herder to the Present* (1968), Middletown, Wesleyan University Press, 1983; Idem e MOLTKE, Konrad von, org., *The Theory and Practice of History*, Indianápolis, Bobbs-Merrill, 1973; MOMMSEN, Wolfgang J., org., *Leopold von Ranke und die moderne Geschichtswissenschaft*, Stuttgart, Klett-Cotta, 1968; WHITE, Hayden, *Metahistory. The Historical Imagination in Nineteenth-Century Europe*, Baltimore-Londres, Johns Hopkins, University Press, 1973.

> Berlim (universidades de); **história**; historicismo; indivíduo; método histórico-crítico

RAUSCHENBUSCH, Walter (1861-1918)

Pastor de um bairro pobre de Nova York, esse batista de origem alemã que foi educado no pietismo evangélico estimava que "quem quer que separe a vida religiosa da vida social não compreendeu Jesus". Ele participou de movimentos de luta social e fundou, em 1890, uma associação socialista cristã. Para Rauschenbusch, a tradição social do protestantismo deveria estimular a participação em um combate amplo contra o lucro e a exploração para apressar a vinda do Reino de Deus. Essas ousadias sociais eram acompanhadas de uma preocupação com a modernidade cultural que o levaram a aceitar os métodos histórico-críticos e a teoria da evolução, afastando-o de seu território evangélico. No entanto, sua utopia "cristianizar a ordem social" situa-o em uma linha neocalvinista. Da mesma forma, seu desejo de privilegiar as cooperativas para democratizar a ordem econômica o aproxima do protestante francês Charles Gide. Influenciou o pensamento de Martin Luther King, que o descobriu ao longo de seus estudos.

Nomeado professor de história da igreja em Rochester, desenvolveu suas ideias em várias obras: *Le christianisme et la crise sociale* [O cristianismo e a crise social] (1907, Paris, Fischbacher, 1919); *Christianizing the Social Order* [Cristianizando a ordem social] (1912, tradução francesa parcial: *Le plat de lentilles...* [O prato de lentilhas], Neuchâtel-Genebra-Paris, Forum, [1921]; *La situation tragique du riche* [A situação trágica do rico], Neuchâtel-Genebra-Paris, Forum, [1921]; *Agir. Comment?* [Agir? Como?], Neuchâtel-Genebra-Paris, Forum, [1923]); *Les principes sociaux de Jésus* [Os princípios sociais de Jesus] (1916, Genebra, Labor et Fides, 1947); *A Theology for Social Gospel* [Uma teologia para o evangelho social] (1917, Nashville, Abingdon Press, 1945).

Jean Baubérot

▶ CROUZET, Didier, "Un chrétien social américain: Walter Rauschenbusch", em Michel ROCARD et alii, *Itinéraires socialistes chrétiens*, Genebra, Labor et Fides, 1983, p. 45-54; DORRIEN, Gary J., *Reconstructing the Common Good. Theology and the Social Order*, Maryknoll, Orbis Books, 1990, p. 16-47; HANDY, Robert T., *Walter Rauschenbusch*, em Martin E. MARTY e Dean Gordon PEERMAN, orgs., *A Handbook of Christian Theologians*, Cambridge, Lutterworth Press, 1984, p. 192-211; MINUS, Paul M., *Walter Rauschenbusch, American Reformer*, New York-Londres, Macmillan-Collier Macmillan, 1988; SHARPE, Dores R., *Walter Rauschenbusch*, New York, Macmillan, 1942.

> Ação social; cristianismo social/socialismo cristão; evangelho social; Gide C.; Niebuhr, Reinhold; **política**; reino de Deus; socialismo religioso

RAWLS, John Bordley (1921-2002)

Filósofo norte-americano, nasceu em Baltimore e, após estudar na Universidade de Princeton, tornou-se, em 1962, professor de filosofia na Universidade Harvard. Em 1971, publicou a monumental obra *Uma teoria da justiça*, que teve um imenso sucesso e foi tema de discussões apaixonadas. Bastante influenciado pela teoria dos jogos e pelas doutrinas utilitaristas moderadas — principalmente a de Henry Sidgwick (1838-1900) —, buscou fugir das armadilhas do neoliberalismo apoiando-se nas teorias do contrato social (mais Locke que Rousseau) e na filosofia de Kant. Sua teoria da justiça se baseia na ficção de uma "posição original" de sujeitos racionais que lançaram um "véu de ignorância" por cima das desigualdades sociais efetivas. O primeiro princípio de justiça, fiel ao liberalismo político, postula um acesso igualitário às liberdades de base, enquanto o segundo princípio, com base na igualdade das oportunidades, introduz uma necessária compensação em prol dos mais desfavorecidos (princípio de diferença). Assim, a teoria da justiça como equidade (*fairness*) culmina na noção de igualdade democrática. Portanto, o neoliberalismo francês contemporâneo — por exemplo, de Alain Minc — erra e cai em uma desenvolta superficialidade quando se baseia em Rawls para opor equidade a igualdade.

Surgiu a questão sobre se o contratualismo de inspiração kantiana que subjaz ao pensamento de Rawls não pecaria por um otimismo racional excessivo, insensível aos efeitos reais da violência histórica e à radicalidade do mal e se isso não o tornaria incapaz de abordar a política em sua estruturação específica (cf. C. Mouffe). No entanto, observa-se que a teoria rawlsiana da justiça é concretizada em reflexões do tipo político, principalmente acerca da questão da desobediência civil, criteriosamente distinta da objeção de consciência. A desobediência civil de fato pode ser justificada somente com base na teoria racional da justiça e das liberdades básicas, enquanto a objeção de consciência, mais radical, costuma apelar para motivações religiosas. Do ponto de vista político, Rawls estimou que uma recusa sistemática de participação em uma guerra, fossem quais fossem as circunstâncias, tratava-se de uma atitude irrealista e sectária. Nesse ponto, Rawls concorda com as teses do eticista protestante Paul Ramsey sobre a guerra justa.

Em relação às posições teológicas, porém, Rawls manteve certa reserva metodológica: ele não considerava desejável que fossem levadas em consideração na argumentação racional propriamente dita as concepções metafísicas (*comprehensive*); ele percebeu uma contradição entre a ideia de tolerância e a postura intolerante dos reformadores, na medida em que estes recorriam a motivos teológicos para reprimir as liberdades. A posição original implicava também colocar entre parênteses concepções teológicas substanciais. De modo típico, portanto, Rawls se insere em uma linha de pensamento protestante norte-americana que é crítica quanto a todo tipo de confusão entre pressupostos metafísicos e argumentação racional. Também representa um tipo de liberalismo político que se baseia no respeito às liberdades fundamentais e à autonomia da consciência, e não em conteúdos religiosos específicos. Na necessidade de justificar a universalidade de sua teoria da justiça, no entanto, ele acabou reconhecendo o condicionamento histórico dessa teoria, marcada pelo contexto cultural da democracia ocidental. Ainda que Rawls não tenha refletido explicitamente sobre o tema, não se pode esquecer o que a democracia ocidental deveu à sua inspiração fortemente judaico-cristã e singularmente protestante. Seria um exagero afirmar que Rawls é um defensor comum tanto da democracia ameaçada quanto da "precariedade protestante" (Jean-Paul Willaime)?

Denis Müller

▶ RAWLS, John, *Uma teoria da justiça* (1971), Lisboa, Presença, 1993; Idem, *Justiça e democracia* (1978-1988), São Paulo, Martins Fontes, 2000; Idem, *O liberalismo político* (1993), São Paulo, Ática, 2000; Idem, *História da filosofia moral* (2000), São Paulo, Martins Fontes, 2005; AUDARD, Catherine et alii, *Individu et justice sociale. Autour de John Rawls*, Paris, Seuil, 1988; BÜHLER, Pierre et alii, *Justice et dialogue*, Genebra, Labor et Fides, 1982; DUPUY, Jean-Pierre, *Le sacrifice et l'envie. Le libéralisme aux prises avec la justice sociale*, Paris, Calmann-Lévy, 1992; FUCHS, Éric, *John Rawls et la justice*, RThPh 122, 1990, p. 253-260; HÖFFE, Otfried, *La justice politique. Fondement d'une philosophie critique du droit et de l'État* (1987), Paris, PUF, 1991; MONTEFIORE, Alan, org., *John Rawls. Justice et libertés*, Paris, Minuit, 1989; MOUFFE, Chantal, *Le politique et ses enjeux. Pour une démocratie plurielle*, Paris, La Découverte, 1994; VAN PARIJS, Philippe, *Qu'est-ce qu'une société juste? Introduction à la pratique de la philosophie politique*, Paris, Seuil, 1991.

▶ Aliança; contrato social; democracia; direitos humanos; Habermas; justiça; Kant; **liberdade**; Locke; **mal**; metafísica; **moral**; objeção de consciência; **política**; Ramsey; utilitarismo; **violência**.

RAZÃO

1. Introdução
2. Razão e fé
    2.1. A inovação do Renascimento e da Reforma
    2.2. Os reformadores
    2.3. O novo espírito científico
    2.4. O Século das Luzes
    2.5. O pós-Kant
3. Ciência e fé
    3.1. Metamorfoses científicas
    3.2. Metamorfoses religiosas
    3.3. Articulações entre ciência e fé
    3.4. As implicações do diálogo entre ciência e fé
    3.5. Um debate que permanece em aberto
4. Razão e ciências humanas
    4.1. O homem, imagem de Deus ou espelho do mundo?
    4.2. Literatura e filosofia, imaginação e conhecimento
    4.3. Crítica do antropocentrismo
    4.4. A antropologia entre biologia e hermenêutica
    4.5. Línguas e linguagem: culturalismo ou simbólica?
    4.6. Ciências do normal e objetivos normalizadores
    4.7. Práticas sem sujeito: ideologia e inconsciente
    4.8. A historicidade do sujeito prático
    4.9. O horizonte da prática: as figurações teológica e filosófica da esperança

1. Introdução

Ainda hoje, e certamente mais ainda amanhã, a clareza trêmula da razão corre o risco de ser perturbada, assim como pelo passado, pela miragem do irracional. A exigência de racionalidade que atribui razão de ser às ciências, tanto da natureza quanto do homem, deve novamente desembaraçar-se das formas de religiosidade que favoreçam a superstição e o fanatismo. A luz do evangelho confere inteligibilidade à teologia cristã e deve resplandecer — caso as igrejas queiram se opor (e devem, de fato, se opor) às forças regressivas das gnoses e dos sincretismos que sempre ressurgem.

Diante desse confronto, que pode degenerar em conflitos e provocar uma conflagração mundial, como o protestantismo deve reagir? Sendo responsável pela própria fé e pela própria esperança, cada protestante deve responder pessoalmente a essa questão. A *Enciclopédia do protestantismo* não tem como função fornecer soluções, mas precisa limitar-se a informar para que cada um possa discernir, sobre esses assuntos, com conhecimento de causa.

Este artigo não pretende ser exaustivo; antes, oferece apenas uma leitura limitada e seletiva, dentre muitas outras, da história das relações entre a razão e a fé na cristandade ocidental, assim como uma análise do estado atual da questão das relações entre a ciência e a teologia. Não devemos esquecer que a problemática reformada das relações entre a fé e a razão se inscreve em uma tradição que remonta às origens do cristianismo, mesmo quando essa problemática introduz nessas relações um contexto de pensamento que considera o das Escrituras.

2. Razão e fé

2.1. A inovação do Renascimento e da Reforma

A Reforma do século XVI se insere no fio reto da grande Renascença dos séculos XV e XVI. Para alguns historiadores contemporâneos, a distância entre a Idade Média e o Renascimento é mais profunda que o que se cavou entre a antiguidade pagã e a cristandade antiga e medieval. Para os teólogos, permanece em aberto a questão quanto a se a Reforma não ocasionou uma ruptura e um novo ponto de partida na história da igreja, e isso na medida em que os reformadores privilegiaram a normatividade do momento fundador do cristianismo em vez da normatividade de seu desenvolvimento. Só haveria reforma efetiva na medida em que o "instante" do acontecimento levasse a melhor sobre a "duração" das instituições.

Para seus agentes e testemunhas conscientes, o Renascimento e a Reforma operaram uma transição entre dois mundos. Para os leitores atuais de Lutero (1483-1546), Zwínglio (1484-1531) e Calvino (1509-1564), os acontecimentos que eles viveram e sobre os quais agiram, assim como o modo com que tomaram consciência e trataram do tema, apresentam, retrospectivamente, profundas correspondências.

Os humanistas romperam com a Idade Média. Diferentemente dos medievais, não mais exploraram a Antiguidade para que servisse tal qual à pedagogia e à cultura de seu tempo. Não mais podiam seguir o exemplo de seus predecessores ao prolongá-la, pois, com um sentimento de nostalgia, atualizaram a distância que os separava dos clássicos e adotaram uma postura nova, limitando-se a definir-se em relação a eles e, para fazê-lo de um modo rigoroso, lançaram um olhar crítico sobre aquelas obras. Fizeram com que a filologia avançasse de tal modo que esse campo do conhecimento passou a constituir a base para sua filosofia, tornando-se um veículo cultural destinado para um grande futuro. A filologia fez com que eles afirmassem em novos termos os problemas associados às relações entre o homem e a realidade final, entre o homem e as coisas, entre o homem e as instituições. Os humanistas inauguraram um modo de pensar e de agir que preparou o da mentalidade moderna.

Por sua vez, com a formação dessa mesma filologia, os reformadores se desviaram da escolástica e se colocaram na escola de Jesus Cristo para escutar somente a Palavra de Deus, conforme testemunhada nas Escrituras. Eles aprenderam que as filosofias e as sabedorias são invenções da razão humana, uma razão obscurecida pelo pecado. De acordo com eles, essa razão, para reencontrar o brilho de sua luz, deveria primeiro permitir ser despojada de suas pretensões ao conhecimento do verdadeiro Deus e, em seguida, deixar que lhe fosse mostrado o caminho que conduz à salvação. Com efeito, este é o "acontecimento" da cruz e da ressurreição de Jesus Cristo que, pela pregação do evangelho, abre os olhos da razão, mostrando-lhe sua cegueira; é o "acontecimento" do derramamento do Espírito Santo, que a purifica e a renova ao lançar luz sobre ela.

As teologias dos reformadores são teologias do "sim" e do "não". Do "sim" na medida em que se fundamentam exclusivamente, de acordo com eles, na Palavra de Deus: *sola scriptura* ("somente a Escritura") porque *solus Christus* ("somente Cristo"), *sola gratia* ("somente a graça"), *sola fide* ("somente a fé"). Do "não" na medida em que rejeitam a divinização do homem e a humanização do cosmos, que aproximariam de modo indevido a graça divina da natureza humana, a fé da razão, a sabedoria de Deus das sabedorias deste mundo. Como tais, essas teologias não podem justificar nem pessimismo nem otimismo, mas somente uma visão realista da condição humana, que valoriza a ação a expensas da contemplação.

Essas teologias tendem a orientar-se no sentido inverso da história, já que, ao voltar às fontes, pretendem ser teologias estritamente bíblicas. No entanto, seu método é moderno ao privilegiar o estabelecimento dos textos e sua análise, de acordo com normas provadas, para descobrir o sentido originário desses textos. Sua teoria do conhecimento, que leva em conta diferenças irredutíveis entre a esfera da salvação e a das realidades mundanas, antecede de longe (bem longe, é verdade), e à sua maneira, que ainda é teológica, o separatismo dos modernos.

Defendemos, porém, a tese da originalidade do engajamento teológico dos reformadores e de suas escolhas metodológica e epistemológica. A singularidade de suas obras decorre, em parte, do fato de que não conseguem romper totalmente com seus predecessores, por respeito às tradições da igreja antiga, nem inovar audaciosamente, como alguns dos seus que radicalizaram suas críticas e, assim, abriram caminho para o protestantismo moderno.

Por uma ênfase apologética, partilhada com seus adversários católicos, os sucessores dos reformadores adaptaram sua teologia às concepções e aos métodos dos filósofos e, em seguida, aos das ciências humanas.

Convém, portanto, expor brevemente os pressupostos epistemológicos dos teólogos do século XVI e os dos teólogos modernos, se desejamos compreender a diversidade de posições que o protestantismo assumiu no passado e ainda assume hoje, em relação à razão, à filosofia e às ciências.

2.2. Os reformadores

Os reformadores constataram o fracasso das reformas precedentes, que deveriam ter posto um fim no declínio da cristandade e na destruição da igreja. Perceberam que a instituição, ainda que eclesiástica, não podia reformar a si mesma e que a renovação espiritual, ainda que mística, não era uma panaceia. Concluíram que a solução para a crise só podia ser encontrada no ensino dos apóstolos, sendo necessário, para tal, conhecê-los e colocá-los em prática. Foi através do prisma das profecias e do querigma evangélico que eles diagnosticaram as causas do mal, e foi graças aos dons que o Espírito lhes atribuiu que eles tentaram enfrentar essas causas.

Assim, encontraram nas epístolas de Paulo a chave que lhes permitiu desmascarar e denunciar, por sua vez, aqueles que, na igreja, "judaizavam" o evangelho em nome da Lei, das cerimônias e das tradições, além dos que "helenizavam" o evangelho em nome da razão raciocinante ou do entusiasmo espiritualista. Para consolidar a Reforma, foram levados a polemizar contra os católicos e o humanismo erasmiano, de um lado, e contra os iluminados, de outro.

Essa Reforma resultou de uma vontade de mudança. Seu objetivo e os meios para atingi-lo definiam essa vontade. O objetivo: levantar a igreja em seus fundamentos apostólicos para restaurar a ordem na cristandade e preparar a vinda do reino de Deus. Os meios: desenvolver o ensinamento para dar a cada um os meios de cumprir suas vocações, erguer as estruturas para edificar a comunidade com vistas ao testemunho e fazer com que reinasse a concórdia na cidade para a melhoria das condições de vida em geral.

Assim, os reformadores elaboraram um programa de dupla missão evangelística e civilizatória da igreja. Para cumpri-lo, deveriam antes resolver duas questões de ordem metodológica: com base em seu apego à Bíblia, será que ainda poderiam, como os Pais da igreja e os medievais, tomar emprestado da filosofia elementos de lógica, física, metafísica e moral para complementar os dados escriturísticos? A prática da filologia humanista não os obrigaria a delimitar, a partir do zero, as áreas do saber e do crer, e a circunscrever a esfera da sabedoria mundana e a da sabedoria de Deus?

Quanto a esse aspecto, convém lembrar que os Pais e os medievais, depois dos doutores judeus, correram o risco de "aculturar" o evangelho na mentalidade helenística. Ao mesmo tempo que buscavam evitar a armadilha do sincretismo, elaboraram sínteses entre a cosmologia, a física e a ontologia dos filósofos pagãos (com exceção dos epicureus), de um lado, e a dramática bíblica da história da salvação, de outro. No entanto, a questão permaneceu: a representação fixista, eternista e hierárquica da ordem do mundo, a teoria das essências ou das formas universais, imutáveis e predeterminadas, que constituem os seres particulares, seria compatível com a revelação do Deus criador que chamou todas as coisas à existência, conservando-as e orientando-as para sua finalidade, que faz o homem à sua imagem, salvando-o e instaurando seu Reino? Para pôr a salvo o absoluto do evangelho e o escândalo da encarnação redentora, os autores dessas sínteses subordinaram a razão à fé, submetendo as verdades racionalmente demonstráveis às verdades reveladas, em suma, a filosofia à teologia.

Porém, a partir do século XIV, o Ocidente enveredou por um caminho que começava a anunciar, ao longe, a modernidade. O nominalismo desafiava a legitimidade dessas sínteses, ao substituir o conhecimento experimental indutivo, que ainda era balbuciante, pelo conhecimento nocional dedutivo. Para o nominalismo, somente os objetos empíricos particulares são cognoscíveis, enquanto os universais não passam de seres de razão; de acordo com essa ótica, somente mereceria o nome de "ciência" a ciência "ativa" que procede a pesquisas correlacionadas ao real, e não uma ciência cujo ideal fosse a contemplação da harmonia imutável do cosmos e da hierarquia fixa das formas. Em suma, os trabalhos dos nominalistas sobre a lógica e a linguagem questionavam a metafísica dos realistas; suas reflexões metodológicas e epistemológicas a partir de experiências reais ou fictícias conferiam um novo *status* e uma nova finalidade à ciência.

Foram assim estabelecidas as condições para que a teologia revelada se desprendesse da filosofia e das teologias naturais e racionais. Além disso, o "espírito leigo" começa a erguer-se, enfrentando o papel invasivo que o clero desempenhava na cultura da época, exigindo a revisão das relações entre os poderes temporais e espirituais, entre as coisas terrenas, mundanas e profanas, de um lado, e as coisas celestes, divinas e sagradas, de outro.

A partir do século XV, o homem do Renascimento se considerava dotado de um poder criador, ao mesmo tempo que estava consciente dos limites de seu saber e sua ação. Em todo tipo de assunto, o discurso "exprimia" esse poder de um modo exemplar graças à palavra; fosse sua linguagem verbal, musical ou plástica, era portadora de vida e conseguia comunicá-la.

Esse homem colocava em dúvida as seguranças e as certezas que a cristandade medieval garantira, por sua concepção fixista e hierárquica do mundo e da sociedade; colocava-as em dúvida para livrar-se delas. Tinha consciência de evoluir em um mundo vivo e mutante, percebendo por toda parte a ação de energias e forças antitéticas. Concebia-se como "indivíduo" e se representava como um "modelo reduzido" do universo. Dito de outra forma, como "microcosmo". Reencontrava, de um modo original, algumas das intuições do epicurismo e do estoicismo; tentava, ao mesmo tempo, distingui-las e conciliá-las com as do platonismo e do aristotelismo dos escolásticos: filólogo, astrólogo, alquimista (cf. Fausto).

Da mesma forma, esse homem se entrega mais à busca, uma busca atormentada, que à contemplação, ainda que seu sentimento estético continue impulsionando-o a contemplar. Seu ideal é o do homem livre que se define por sua dignidade; ele rejeitava todo ponto de apoio que lhe fosse imposto de fora. Assombrado pela dúvida e pelo medo de não ser nada, desejava construir um mundo à sua medida para vencer o destino e modificar os dados do acaso. As grandes descobertas vieram a confirmar seu sentimento de que um mundo se extinguia enquanto outro começava.

A insegurança da existência e o desconcerto que o fim de um mundo e o início de outro provocam favoreceram o temor do julgamento de Deus, a apreensão em relação ao futuro e o terror diante da morte. O "grande Medo" que caracterizou o final do século XV e a primeira metade do século XVI atribuiu um novo vigor ao pensamento apocalíptico. Até mesmo alguém de fé como Lutero via por toda parte a mão de Satanás e a de Deus em sinais: cometas, cruzes no céu, tempestades, guerras, epidemias, fome na terra, tudo isso parecia anunciar o tempo em que Deus julgará o mundo, unirá os seus, porá fim ao reino do diabo e inaugurará seu Reino.

Essa atmosfera de uma perturbação destruidora, de uma febre criadora, de angústia e exaltação, determinou o modo de formular e resolver a questão da salvação e a da certeza da fé:

será que dependem somente da graça de Deus ou requerem a participação da razão, da vontade e do livre-arbítrio do homem? Tal atmosfera também condiciona a problemática das relações entre a filosofia e a teologia, entre a razão e a fé: quais seriam as possibilidades e os limites da razão humana para conhecer e afirmar Deus?

Para responder a essas questões, os reformadores adotaram os mesmos pressupostos bíblicos que os pais: "se o não crerdes, não compreendereis" (Is 7.9, tradução da *Septuaginta*), *o saber ensoberbece, mas o amor edifica* (1Co 8.1). A razão exige a fé, a ciência, o amor.

2.2.1. Martinho Lutero

Assim, para Lutero, a fé é um "puro dom de Deus": "Deus cria a fé em nós e, do mesmo modo, a conserva. Para começar, ele dá a fé através da Palavra e, ainda pela Palavra, ele a exerce, faz com que cresça, seja fortalecida e aperfeiçoada" (*MLO* 15, 79). Dito de outra forma, a fé "é criadora da divindade, não em Deus, substancialmente, mas em nós" (*MLO* 15, 234).

Dom sobrenatural, a fé é, portanto, a condição necessária para que a razão, que também é um dom, mas um dom da natureza, possa exercer corretamente suas funções: conhecer, compreender, julgar, discernir, raciocinar. Com efeito, após a Queda, a luz natural da razão foi privada de grande parte de sua clareza; é a graça que pode devolver essa clareza à razão, acrescentando à sua luz uma luz sobrenatural.

Os reformadores buscaram corrigir o modelo de pensamento agostiniano que foi herdado, esforçando-se por suprimir o máximo possível os elementos filosóficos por desconfiança em relação a todo tipo de síntese. Porém, por fidelidade à Escritura, mantiveram a estrutura do tipo dialético, que lhes pareceu adaptada à estrutura das acusações intentadas pelo evangelho contra a razão. Com esse objetivo, eles substituíram o máximo possível as categorias "substancialistas" da ontologia filosófica fixista pelas categorias "momentosas" da dramática bíblica da salvação. Eles priorizam a história acima da natureza, o homem acima do cosmos, porque, para eles, e isso no reto fio da hermenêutica da igreja antiga, a Bíblia conta com destaque os altos fatos de Deus, as profecias e seus cumprimentos, as promessas e suas realizações.

Isso equivale a dizer que os reformadores elaboraram um modelo de pensamento e de ação que é diferente dos modelos dos teólogos católicos e dos humanistas. Eles calcaram seu modelo no do querigma neotestamentário, cuja característica lhe chega sob a forma do testemunho.

Três referências que funcionam como postulados configuram o sistema de coordenadas desse modelo. Em primeiro lugar, é somente em Cristo que está o conhecimento do Deus verdadeiro. Fora dele, o homem só conhece ídolos. Da mesma forma, é em Cristo que a sabedoria e a ciência são autênticas, pois ele lhes confere verdade e finalidade. Fora dele, toda sabedoria e toda ciência não passam de vaidade. Em segundo lugar, Deus não deve nada a ninguém. Sua criação e sua salvação são totalmente gratuitas. Enquanto fonte de todos os seres, sua palavra é a medida de todas as coisas, e não o homem, cuja finitude e, sobretudo, cujo pecado o tornam "incapaz" do infinito que é Deus. Em terceiro lugar, em relação ao governo e às disposições de Deus para exercê-lo, o reino celeste e espiritual — o das coisas interiores, eternas, invisíveis e incompreensíveis da salvação — é radicalmente distinto do reino mundano e carnal, o das coisas exteriores, contingentes, aparentes e perceptíveis da vida terrena. Deus condena à precariedade a economia atual, que está destinada a desaparecer, e atribui consistência à economia futura, que ele está instaurando.

Podemos caracterizar esse modelo de pensamento não somente como "dialético", mas também de "pragmático", na medida em que, de acordo com a Palavra de Deus, descarta as sutilezas e a curiosidade especulativa em prol somente de um conhecimento utilitário e edificante. O evangelho dá ao cristão tudo o que é útil para a salvação. Ao mesmo tempo, a razão esclarecida pela fé e pelas artes mecânicas e liberais completadas pela graça trazem à cristandade aquilo que é aproveitável para sua conservação. Esse modelo permite dar conta da ação transformadora através da qual o Espírito de Cristo estabelece seu reinado na "ordem da natureza" para que esteja disposta a receber o reino de Deus.

Ao elaborar seu modelo de pensamento, os reformadores estavam persuadidos de que o estado atual da razão humana deveria ser levado a sério. O pecado tornou débil a razão, colocando a inteligência do homem sob o juízo de Deus. Eles acusaram os escolásticos e os espiritualistas de elaborar seus modelos a partir de uma razão que teria permanecido intacta após a Queda.

Assim, Lutero aponta o erro fundamental da teologia em voga em sua época: os escolásticos teriam colocado sua confiança em uma razão que "encontra mais prazer em buscar a medida de Deus em si mesma e nos próprios pensamentos que na Palavra de Deus" (*MLO* 17, 232). Desviada, certamente a razão chega a aberrações como esta: "Quando Deus fala, ele estima que sua Palavra é heresia e palavra do diabo, pois tal palavra lhe parece absurda" (*MLO* 15, 235).

De direito, a razão natural poderia reconhecer e glorificar Deus, pois recebeu sua luz da luz divina. De fato, sob a ação do pecado, ela se fecha e se separa de sua fonte; ao desejar-se autônoma, ela se perverte e perverte tudo o que conhece. Da mesma forma, seria atingida por uma incapacidade total caso a luz da graça não lhe tivesse deixado um mínimo de brilho indispensável para conhecer o estrito necessário para a sobrevivência da humanidade, por exemplo, no que diz respeito à política e à economia. Assim, diminuída e limitada, "a luz natural não pode afirmar o que é bom e o que é mau, [...] não envereda pelo caminho que conduz a Deus; ela também não pode conhecê-lo, ainda que saiba o suficiente por que se deve tomar o caminho correto; é por isso que a razão sempre confunde o bem com o mal, algo que ela não faria se não soubesse com clareza que somente o bem deve ser escolhido" (*MLO* 10, 339).

A luz sobrenatural da fé ajuda a luz natural da razão, acrescentando aos olhos do mundo os olhos de Deus. Essa luz dá a conhecer os mistérios, ou seja, as coisas e os bens que são pregados por Cristo no evangelho: a Trindade, a encarnação do Filho, sua dupla natureza e sua obra redentora, a efusão do Espírito Santo e sua obra recriadora e santificadora.

A partir de seu ponto de vista, cristocêntrico, Lutero leva em consideração, em seu modelo de pensamento e ação, uma das intuições fundamentais da teologia cristã que os escolásticos e os espirituais da baixa Idade Média tinham questionado, mas de um ponto de vista especulativo e analítico: o Deus da Bíblia é um Deus oculto e revelado (*Deus absconditus et revelatus*). Com efeito, Deus pode agir de acordo com seu poder absoluto (*de potentia absoluta*), que ele oculta do homem, ou de acordo com seu poder ordenado (*de potentia ordinata*), que ele lhe comunica. Quando ele age de acordo com o poder ordenado, ele se revela sob aspectos contrários ao que ele é (*revelatio sub contrariis*).

É assim que, no "evento" central de sua revelação, o da cruz, Deus oculta seu poder sob a fraqueza, seu amor sob a justiça, sua misericórdia sob a cólera, sua vida sob a morte. O Filho oculta sua divindade sob sua humanidade, mas também a revela através dela. Destruidor e criador, o ato fundador da nova aliança, a crucificação do Messias e sua ressurreição, transforma e renova a situação de Deus em relação aos homens e a dos homens em relação a Deus. De modo exemplar, em Cristo, Deus tira o existente do nada, a vida da morte, a sabedoria da loucura.

Para comunicar essa revelação e trazer os cristãos para participarem dela, Deus começa por tornar louca a razão humana antes de iluminá-la: ele esvazia a inteligência de seu entendimento impotente para colocar em seu lugar um novo entendimento, eficaz. Para pensar e exprimir a mensagem e a obra da salvação, seus portadores e seus intérpretes devem conformar-se com esse procedimento divino. Eles procedem, como Deus em Cristo, a uma redução ao absurdo (*reductio ad absurdum*), com o fim de instaurar uma redução à unidade (*reductio ad unitatem*). Paulo praticou essa dupla redução simplificadora, negativa e afirmativa, em sua argumentação, ao opor a sabedoria de Deus à sabedoria do mundo.

Compreende-se por que Lutero identifica o homem pecador e carnal à razão natural entenebrecida. Também está habilitado a lançar mão de expressões violentas e ousadas para descrever o modo com que o evangelho despoja a inteligência de sua pretensa racionalidade. A palavra da cruz torna louca a razão, a fim de livrá-la das trevas e liberá-la de suas vãs pretensões; ela a "mata", "crucifica", "sacrifica" e "acorrenta", ainda "calando sua boca" e "jogando-lhe bosta no meio da cara" para desfigurá-la.

Lutero frequentemente é considerado alguém que desprezava a razão. Seria porque a desmascarava como a "sedutora" por excelência? Em todo caso, ele a considerava "a esposa do diabo", vendo nela "a bela prostituta que começa a dançar e alega ser sábia". É dessa maneira que ela semeia a confusão, por exemplo, entre os entusiastas, pois "ninguém pode julgar a razão: ela vem chegando e provoca as extravagâncias do iluminismo com o batismo e a santa ceia; ela acredita que tudo o que lhe passa pela cabeça, e que o diabo lhe sopra, é uma inspiração do Espírito Santo" (*MLO* 9, 345).

Deixada a si mesma, a razão só discerne absurdos na Palavra de Deus; não consegue compreender que é necessário e vital deixar-se interpelar por essa Palavra e ouvir o que há para ser dito. A fé lhe é indispensável para que haja um julgamento verdadeiro da razão sobre essa Palavra. Pois "ao propor-nos afirmações da fé, Deus nos propõe coisas impossíveis e absurdas demais para serem postas sob o julgamento da razão [...]. Pois ela não entende que o serviço supremo é ouvir a Palavra de Deus e crer" (*MLO* 15, 235).

Lutero, esse pretenso desprezador da razão, humilha de fato a razão, não para rejeitá-la, mas, sim, para reformá-la. Prova disso é seu comentário do testemunho que João Batista presta à luz que, em Cristo, brilha nas trevas: "O Evangelho se propõe unicamente como um testemunho, por causa da razão cega e obstinada, opondo-se a ela e arrancando-a de sua própria luz, assim como da presunção, para conduzi-la à fé através da qual ela poderá captar essa luz viva e eterna" (*MLO* 10, 348s). Prova disso, também, é a constatação de Lutero sobre os que nasceram da vontade de Deus: "Quando morre a antiga luz, a razão, com sua velha presunção, sendo obscurecidas e transformadas em uma nova luz, a vida por inteiro e todas as faculdades do homem devem necessariamente acompanhá-la, sendo também transformadas. Pois, aonde vai a razão, a vontade a segue, e aonde vai a vontade, o amor e a alegria a seguem" (*MLO* 10, 357).

Assim, comete-se um anacronismo quando se qualifica Lutero como um "fideísta". A oposição moderna entre o racionalismo e o fideísmo é estranha à mentalidade do século XVI. O mesmo ocorre com Calvino.

2.2.2. João Calvino

Calvino toma emprestadas as ideias-mestras de Lutero quanto às relações entre a razão e a fé; porém, deve a santo Agostinho sua problemática. É sobretudo à luz da dupla doutrina da Providência e da predestinação, e nem tanto da justificação, que ele discorre sobre as capacidades da razão e a necessidade da fé.

Deus grava no homem sua imagem para torná-lo o eleito que participará de sua vida e levará sua glória ao auge. Nesse sentido, ele dota a alma do homem de dons naturais (a razão, a vontade e o livre-arbítrio, que o distinguem dos animais) e de dons sobrenaturais (a clareza da fé, a justiça, a integridade do entendimento e a retidão da vontade, que o predispõem a receber a vida eterna).

O pecado apaga quase por completo essa imagem, ferindo com impotência o entendimento e levando a vontade à rebelião. Porém, ele não tem o poder de "abolir" completamente a humanidade do homem. Segundo sua "bondade paterna", Deus deixa que o pecador mantenha dons naturais indispensáveis para sua sobrevivência. De acordo com sua justiça, priva-o dos dons sobrenaturais, tirando dele, provisoriamente, a felicidade prometida.

O pecado transforma a natureza humana, destinada por Deus à imortalidade, em uma "massa composta de vários vícios" (*Com.* Cl 3.5). Por sua natureza, o homem é, então, "terreno", ao mesmo tempo que, de acordo com os desígnios de Deus, é destinado a tornar-se "celeste por meio da renovação do Espírito" (ibid.).

De modo resumido, podemos afirmar que, diferentemente de Lutero, Calvino admite, com Agostinho, a existência de "graças naturais" que "a ação providencial secreta" de Deus comunica a todos os homens, enquanto só atribui a seus eleitos as "graças sobrenaturais". Por causa disso, Calvino discerne na natureza "viciosa" e "bastarda" do homem algumas "relíquias" dos dons naturais, algumas "fagulhas de clareza" na razão, algumas "sementes de religião" no coração. Porém, tais "marcas" jamais conduzirão o pecador a Cristo.

De modo ainda mais explícito que Santo Agostinho, para Calvino, assim como para Lutero, mas de maneira mais sistemática, o *status* da razão depende da ação de Cristo e da ação de seu Espírito: "O Filho de Deus tem duas virtudes [forças] distintas: a primeira é a que surge na criação do mundo e na ordem da natureza; através da segunda, ele renova e restaura a natureza caída; [...] por sua virtude, todas as criaturas persistem e são mantidas na vida que elas uma vez receberam: o homem, sobretudo, foi dotado desse dom singular da inteligência e, ainda que, por sua revolta, ele tenha perdido a luz da inteligência, ainda discerne e compreende, de modo que aquilo que ele tem naturalmente através da graça do Filho de Deus não é de modo algum abolido. Porém, por sua estupidez e perversidade, ele enche de trevas a luz que ainda permanece nele, e assim o Filho de Deus faz uma nova obra, ou seja, a de mediador, que consiste em reformar, através do Espírito da regeneração, o homem que estava perdido e destruído" (*Com.* Jo 1.5). Assim, o primeiro Adão foi responsável por perder a imagem de Deus, e o segundo Adão reforma essa imagem nele através de seu Espírito.

Assim como os demais reformadores, Calvino defende, de um ponto de vista prático, uma concepção pragmática da razão e da ciência para preservar o homem das seduções da especulação e da mística; e, ainda mais que eles, Calvino se refere a essa concepção para fornecer uma base teórica à sua ética, cuja originalidade consiste na união entre saber e saber-fazer.

Porém, como Calvino considera a razão o instrumento da inteligência, ele também constata que, por causa de sua debilidade, a razão impede a inteligência de atingir seu objetivo, a verdade que salva. Ignorando o verdadeiro Deus, a inteligência perde seu fruto vindouro: a felicidade que, para o eleito, tem como resultado sua participação na vida divina. No presente, a inteligência não consegue mais orientar a vontade, a imaginação e a afetividade, e sua incapacidade durará indefinidamente até que o Espírito Santo a renove e ilumine.

Na "ordem natural" que rege a economia presente, as faculdades da alma são prisioneiras dos sentidos, que as desviam ao fixá-las em realidades "terrenas". O livre-arbítrio é incapaz de fazer a escolha correta, pois o entendimento está sujeito a erros e a vontade é "garroteada" e "cativa": não passa de um servo-arbítrio. É somente no "reino de Cristo", que age através de seu Espírito, que as faculdades da alma são restabelecidas e reformadas pela graça.

Essa concepção da razão permite a Calvino justificar a posição que ele assume diante da cultura de seu tempo. Ele se regozija com a coincidência, que atribui à Providência, entre o renascimento das letras, das artes e da técnica, de um lado, e a restauração do evangelho, de outro, ao mesmo tempo em que teme e denuncia o recrudescimento do naturalismo pagão.

Sua obra *Advertissement contre l'astrologie qu'on appelle judiciaire, et autres curiositez qui regnent aujourd'huy au monde* [Advertência contra a astrologia chamada preditiva e outras curiosidades que reinam hoje no mundo] (1549, Genebra, Droz, 1985) testemunha esse fato: "Ainda que Deus não nos tivesse revelado a pureza de seu evangelho, visto que ele ressuscitou as ciências humanas, que são apropriadas e úteis para a orientação de nossa vida e, ao nos ser úteis, podem também servir à sua glória, ainda assim ele teria justa razão em punir a ingratidão daqueles que, não se contentando com as coisas sólidas e bem fundadas, preferem, munidos de uma ambição arrogante, voltear no ar. Agora, como Deus nos abriu para ambos e, sobretudo, nos restituiu o puro conhecimento de sua doutrina celestial para nos conduzir a si mesmo e nos introduzir nesses altos e admiráveis segredos, se alguns, em vez de aproveitar essas coisas, preferem vagar através dos campos em vez de manter-se dentro dos limites, não merecem ser castigados duplamente?" (p. 52s).

Por dependerem da ação providencial que manifesta a bondade paterna de Deus, as artes mecânicas e liberais têm um fim duplo: primeiro, contribuir para a conservação da espécie humana e melhorar as condições de vida e, segundo, encaminhar os homens para a vida eterna. Nesse sentido, Calvino insiste na finalidade última do conhecimento: "Nenhuma boa ciência é repugnante [oposta] ao temor de Deus, nem à doutrina que ele nos dá para nos encaminhar para a vida eterna, desde que não coloquemos a carroça à frente dos bois: ou seja, que conservemos a prudência de utilizarmos as artes, tanto liberais quanto mecânicas, em nossa passagem por este mundo para tendermos continuamente ao reino celestial" (ibid.).

Tendo estabelecido tais condições, Calvino aconselha o leitor a estudar geometria com Euclides, história natural e física com Aristóteles, geografia com Ptolomeu, medicina com Hipócrates e Galeno, o ser humano com Platão. Esse apego aos antigos é inseparável de seu respeito pelas Santas Escrituras, o que explica, em parte, suas reservas, para não dizer sua recusa, quanto à hipótese heliocêntrica defendida por Nicolau Copérnico (1473-1543), a quem conheceu pessoalmente.

Podemos afirmar que Calvino valoriza teologicamente as "ciências" na medida em que suas informações especificam o conhecimento que o vulgo pode adquirir quanto à ação providencial onipresente de Deus. Desse modo, o reformador pode legitimar o papel dos eruditos e apontar para suas responsabilidades nas pesquisas. "Há ensinamentos infinitos, tanto no céu quanto na terra, que nos atestam o admirável poder divino; não falo somente dos segredos da natureza, que requerem um estudo especial e um saber astrológico [astronômico], médico, físico, mas também daqueles que são tão manifestos que até os mais rudes e idiotas conhecem o suficiente, de tal modo que não podem abrir os olhos sem se tornarem suas testemunhas. Admito que os mais entendidos e experimentados em ciência, ou que pelo menos as provaram um tanto, são ajudados por esse meio e avançam na compreensão mais precisa dos segredos de Deus [...]. Certamente, para sondar o movimento dos astros, determinar suas posições, medir as distâncias, registrar suas propriedades, são necessárias arte e indústria mais refinadas, que não se encontrarão entre o povo comum, quando se tratar de compreender em minúcias a providência de Deus" (*IRC* I, V, 2).

Assim, Calvino atribui um papel positivo à razão e às ciências em seu programa reformador. Como no augustianismo, a concretização desse programa se inicia pela crítica ao ceticismo e ao panteísmo, que, como atitudes mentais, resultam da perversão da inteligência. Ao generalizar a dúvida, o ceticismo desmobiliza aquele que busca a verdade e visa a fazer o bem, cultivando a incredulidade e justificando a descrença. O panteísmo é paralelo ao animismo e ao vitalismo: ao sancionar a confusão entre Deus, a criação e a criatura, estimula a mística e desenvolve a superstição, que são tão desmobilizantes que a dúvida.

Nessas condições, a teoria da certeza se reveste de uma importância primordial. Com relação a isso, a certeza que a revelação e a iluminação do Espírito comunicam aos eleitos é um excelente exemplo; prova disso é o lugar central que ocupa em Calvino a doutrina do testemunho interior do Espírito Santo, paralela à do testemunho exterior da Palavra. Com efeito, o Espírito de Deus é por excelência um "expositor" de sua sabedoria que "supera" (o moderno diria "transcende") o mundo e as capacidades de entendimento. Pelo dom da fé, ele eleva a inteligência acima de si mesma para que conheça tal sabedoria de Deus, comunicando-lhe uma verdade "firme" e "constante", "isenta dos acasos da dúvida" (*cf.* 1Co 2.11).

Dado o caráter exemplar da certeza da fé, o que vale para os enunciados da doutrina cristã também vale, de certa forma, para os enunciados e os discursos das artes liberais e mecânicas. O que equivale a afirmar que Calvino é levado a aproximar, de um lado, os critérios de evidência das normas da certeza e, de outro, o julgamento da crença, e isso cria para ele algumas dificuldades, como mostram sua hesitação e, por que não dizer, sua recusa quanto à hipótese heliocêntrica.

Tanto para Calvino quanto para os demais reformadores, não é o pensamento enquanto tal, mas, sim, a fé, dom do Espírito, que é o "elemento" (no sentido em que o ar é o "elemento" vital dos insetos e dos pássaros) em que a razão pode voltar a funcionar normalmente. Com efeito, é nesse elemento que, de acordo com a vontade de Deus, a razão encontra seu sentido e sua finalidade, seu lugar e sua eficácia. Pois é pela fé que o Verbo de Deus, que também é Razão Divina, comunica ao cristão os princípios que regem o conhecimento certo e verdadeiro. E, onde os princípios estão dados, ali está a certeza. De fato, é Deus que, através do Verbo, confere a tudo o que existe não somente seu ser, seu modo de ser e de agir, perfeição e finalidade, mas também o modo com que tudo é cognoscível e exprimível; é também ele que, através do Espírito, proporciona aos cristãos os dons que lhes permitem a certeza dos objetos da fé e da esperança.

Em tudo Calvino descobre a força de Deus em operação no mundo e no homem, a da Providência e a da graça. Deus opera na ordem do ser, na ordem da ação, na ordem do conhecimento e na ordem do discurso. Por isso se deve falar de "panenergismo" e "pancarisma" de Calvino.

O mesmo não pode aplicar-se aos teólogos que, a partir do século XVII, adotam a filosofia nova. De fato, com o *cogito* de René Descartes (1596-1650), que se refere mais à ciência nova que à metafísica de escola, a razão encontra no pensamento, e não mais na fé, seu "elemento" vital. A revolução moderna se inicia com essa mudança de "elemento".

No *cogito*, a razão "secularizada" é antes de tudo operativa, definindo-se pela capacidade de julgar. Julgar é estabelecer relações, proceder a medidas e avaliações, operar deduções etc. Operativa, a razão deve buscar os princípios que não lhe são mais dados; ao colocar fundamentos objetivos, pode efetivamente determinar as leis que regem os fenômenos. Da mesma forma, só pode conquistar autonomia se definir por si mesma os critérios da evidência, tomando o cuidado de distingui-los das normas da certeza, quer moral, quer religiosa.

2.3. O novo espírito científico

No rastro dos nominalistas, começando com Copérnico, para explicar as "coisas observadas" Tycho Brahe (1546-1601), Giordano

Bruno (1548-1600) e Johannes Kepler (1571-1630) se questionam sobretudo sobre o "como" que sobre o "por quê"; dessa maneira, eles inauguraram o caminho que levou à época moderna. Seus sucessores aos poucos tomaram consciência da importância das operações técnicas e lógicas pelas quais eles chegaram a "desengrenar" o quantitativo do qualitativo. Seu pensamento se libertou dos limites aristotélicos com o esboço de modelos teóricos que seriam verificados pela experimentação.

Nesse sentido, o surgimento de uma nova concepção do movimento é significativo da desistência do senso comum com a invenção de modelos teóricos. Lembremos que, para os aristotélicos, o Primeiro Motor move tudo sem ser movido, conferindo o movimento ao móvel para fazê-lo passar da potência ao ato e para fazê-lo voltar para seu lugar próprio e ali descansar; ele confere ao móvel sua "forma", que, como princípio agente, não lhe confere somente suas características, mas sua própria causalidade. No universo finito e no espaço cheio de Aristóteles, só há causalidade por contato, pressão ou tração; a ação à distância é impossível. Além disso, para o nominalismo, o movimento resulta da "força impressa" (*vis impressa*, e não *infusa*) no móvel ou *impetus* ("força motriz"); uma vez o móvel posto em movimento, o *impetus* o torna capaz de mover-se sozinho.

Galileu (1564-1642), por outro lado, "pensa" o movimento como o produto da força que acelera o móvel e o repouso como o efeito de sua desaceleração. O movimento e o repouso designam estados, e não mais qualidades substanciais ou acidentais das coisas. De fato, ele "concebe" um universo infinito, um espaço geométrico, uma matéria corpuscular. Desse modo, ele substitui a física qualitativa de Aristóteles por uma física matemática. Por estar convencido de que essa "novidade" física estava mais apta que a "antiga" para decifrar os segredos da criação, ele partilhou com os que a adotaram a certeza de que as verdades descobertas pela nova ciência eram compatíveis com a revelação bíblica da salvação.

Com a ciência galileana e, logo depois, a cartesiana, iniciou-se o desencantamento do mundo, inaugurando uma ruptura entre a ciência positiva e as ciências ocultas e apresentando o mecanicismo como a única hipótese verificável, capaz de explicar fenômenos naturais sem recorrer a conceitos pseudocientíficos como o da "força oculta" ou aos princípios metafísicos como o do Primeiro Motor. O mecanicismo despojou os astros de sua imutabilidade transcendente e de sua influência sobre o destino das nações e dos homens, ao negar as pretensas perfeições do movimento circular e as influências ocultas das conjunções astrais. Para o mecanicismo, o livro da natureza está escrito na língua das "figuras matemáticas" (linha, círculo, triângulo etc.), enquanto, para o hilemorfismo aristotélico, estava escrito na língua das "formas" e das "substâncias", as dos quatro elementos e suas relações de simpatia e antipatia.

A revolução galileano-cartesiana sucedeu àquela que foi esboçada pelas correntes nominalistas dos séculos XIV e XV, inaugurando uma nova fase ao substituir a noção de "ciência contemplativa" pela noção de "ciência ativa". Ciência da medida, ela substitui o "quase" da mensuração qualitativa pela "precisão" da mensuração quantitativa (método e unidade de medida); ela recorre à observação e à experimentação para verificar as teorias e as hipóteses. Ela chega a isso aperfeiçoando as técnicas existentes e também inventando novas. As lunetas (telescópio, microscópio) mostraram aos eruditos, que também eram engenheiros, novas dimensões; relógios, balanças e tabelas lhes permitiram refinar as medidas.

Esse novo espírito científico pode ser definido pelo questionamento da percepção sensível e pela prioridade atribuída à análise. Por esse motivo, utilizando-se da linguagem matemática, ele conseguiu, lenta mas irreversivelmente, dissociar as recentes teorias do conhecimento e metodologia das teorias e das metodologias da metafísica. O novo espírito científico pertence ao homem do *cogito* cartesiano, mestre e possuidor do mundo, que pensa com "ideias claras e distintas"; para ele, a evidência é o critério da certeza.

Com o surgimento desse novo ambiente de pensamento, se inicia uma longa história em que, à diferença da Idade Média, o erudito não mais deve justificar-se diante do teólogo, mas o teólogo é que precisa defender sua disciplina contra os ataques do erudito.

Com efeito, a razão passou a ser a instância universal de todo julgamento e de todo enunciado verdadeiros. Para Descartes, ela é idêntica ao bom senso, que "é a coisa mais bem distribuída do mundo" (*Discurso do método*, 1637, São Paulo, Martins Fontes, 2001), ou seja, de um lado, a faculdade de julgar bem, de discernir o verdadeiro do falso, o bem do mal, através de um sentimento interior, imediato e espontâneo e, de outro, um instrumento universal que permite raciocinar e combinar proposições. Para Baruch Spinoza (1632-1677), a razão é a arma que permite combater eficazmente os delírios da imaginação e as superstições que são fonte de impiedade (*Tratado teológico-político*, 1670, São Paulo, Martins Fontes, 2003). Para o empirista John Locke (1632-1704), a razão compreende o conjunto dos princípios claros e verdadeiros certamente, mas também abarca as condições que permitem deduzir conclusões desses princípios, com referência, por exemplo, à causalidade eficiente e final, de modo que a razão é criadora na medida em que descobre provas e normativa na medida em que prova o valor demonstrativo.

Ao reconciliar fé e razão, o luterano William Gottfried Leibniz (1646-1716) encontrou um modo de aproximar as igrejas, como mostra sua correspondência com Bossuet: "O objeto da fé é a verdade que Deus revelou de um modo extraordinário e [...] a razão é o encadeamento das verdades, mas particularmente (quando é comparada com a fé) daquelas que o espírito humano pode atingir naturalmente, sem ser ajudado pelas luzes da fé" (*Discours de la conformité de la foi avec la raison* [Discurso da conformidade da fé com a razão], em *Essais de théodicée sur la bonté de Dieu, la liberté de l'homme et l'origine du mal* [Ensaios de teodiceia sobre a bondade de Deus, a liberdade do homem e a origem do mal], 1710, Paris, Garnier-Flammarion, 1969, § 1, p. 50). Se os mistérios ultrapassam a razão, naquilo que não são compreendidos no encadeamento das verdades conhecidas pela *lumen naturale*, eles não são contrários (ibid., § 17, p. 61). De fato, a razão progride em direção a um limite, explicitando os princípios implícitos que a constituem em seu dinamismo; no final, ela eliminará todo acaso, conformando todas as coisas com as regras lógicas e morais.

Em resumo, podemos afirmar que, a partir do século XVII, na atmosfera de uma teologia de controvérsia que se esgotava, o novo *status* da razão contribuiu para minar o da fé, assim como a "nova ciência" acelerou a desestabilização da cristandade, que já se encontrava abalada pelas guerras de religião. Além disso, a introdução do método histórico-crítico na hermenêutica bíblica também obrigou os teólogos a situarem-se em relação ao novo espírito científico, do qual esse método era representativo. Dito de um modo mais sucinto, ao praticar cada vez mais esse método, os protestantes viram nele um meio de adaptar a pesquisa teológica ao novo espírito; em oposição a isso, ao criticá-lo, os católicos esperavam preservar a teologia dos perigos pressentidos nesse mesmo espírito.

Os católicos consideram as relações entre a ciência e a religião de duas maneiras. Na primeira, a tradição medieval é modernizada: a física que se constrói com base no modelo mecanicista se torna auxiliar da fé, pois, ao afastar-se dos modelos pagãos animistas, panteístas e ateus, postula um Deus pessoal que cria, governa e dirige o mundo; cf. Marin Mersenne (1588-1648) e Nicolas Malebranche (1638-1715). Na segunda, o modelo mecanicista postula um Deus impessoal que, uma vez criada a natureza, subsiste unicamente por força de suas leis naturais; o sobrenatural pertence ao âmbito da revelação, de que a fé e a teologia se ocupam (Descartes). A primeira prenuncia os concordismos que viriam, enquanto a segunda, o separatismo; mas ambas ainda são reflexos da predominância da cristandade.

Com seus progressos, a ciência moderna se impõe como uma explicação necessária e suficiente do mundo e não pretende contribuir para a salvação. Tende a impor uma compreensão da natureza como o lugar da ausência de Deus. Da mesma forma, Blaise Pascal (1623-1662) demonstra não adotar as tendências concordistas que incluem o risco de redução do mistério da fé, mas também se afasta das separatistas, que chegam a ponto de retirar Deus do campo da experiência. Pascal conclui que o conhecimento científico difere radicalmente do conhecimento religioso; paradoxalmente, ele identifica um ponto de contato entre ambas na diferença que reside em seus objetos e métodos: a ciência rejeita qualquer tipo de autoridade, a não ser a da razão e da experiência, enquanto a religião se refere à autoridade da revelação e da tradição. A ordem do espírito não é a da caridade, e a grandeza de Arquimedes não é a de Cristo.

Já o protestantismo, sobretudo o latitudinarismo inglês, aponta para outro caminho, tanto inspirando-se no "pragmatismo", no sentido que lhe deu Calvino, quanto compreendendo as transformações que sobrevieram ao campo da hermenêutica bíblica. Assim, para Francis Bacon de Verulam (1561-1626), que substituiu a lógica do silogismo dos escolásticos pela lógica da experiência e da indução, a ciência não acua o cristianismo evangélico, e esse cristianismo não levanta barreira de espécie alguma contra a pesquisa científica.

Quanto às relações entre o homem e Deus, o protestantismo identifica a divisão entre dois tipos de universalismo, o que impulsiona a pregação do evangelho e o que foi instaurado pelo novo espírito científico. Não se busca nem reduzi-los nem radicalizar sua diferença, mas organizam-se os contextos de pensamento de origem bíblica de tal modo que, se eles se tornam caducos quanto ao conhecimento do mundo, mantêm todo o seu valor nas áreas da vida moral e espiritual. Os tratados de apologética, até mesmo de autores que confessam sua herança da ortodoxia luterana ou reformada, são exemplos dessas tendências à acomodação.

Posteriormente, esse "pragmatismo" favoreceu a penetração do deísmo no protestantismo e, como reação, o surgimento do supranaturalismo. Na medida em que se apresentava como um racionalismo religioso, o deísmo busca um acordo com os direitos que o homem se arroga para conhecer e transformar o mundo. É evidente que o deísmo lidou com questões como o universalismo do mecanicismo e seu determinismo unitário, mas foi para preservar-se das facilidades do concordismo e para preservar a especificidade da religião. Por outro lado, o supranaturalismo enfatizou o caráter fundamentalmente misterioso do "sobrenatural", que abarca a inspiração da Escritura, os milagres, o conteúdo dos dogmas, as experiências de iluminação e de santificação.

2.4. O século das Luzes

A revolução inaugurada pela ciência galileano-cartesiana na mentalidade ocidental passou a contentar cada vez mais o lugar da teologia no novo espaço mental ocupado pelo conhecimento positivo. O homem tendia a privilegiar suas relações com o mundo a expensas de suas relações com Deus. A verdade não mais tinha sua fonte unicamente em Deus, nem sua referência na ordem imutável e objetiva do mundo, mas as encontrava nos princípios e nas operações da razão, assim como nas convicções da consciência; a certeza passou a depender delas.

Da mesma forma, entre meados do século XVII e o início do século XVIII, os questionamentos trazidos pelo desenvolvimento da nova ciência provocaram uma revolução religiosa. De fato, a certeza científica demonstrava possuir uma força de convicção mais eficaz que a certeza religiosa, ainda que, através de suas conquistas, se tornasse consciente da extensão do que permanecia incerto. Mais que isso, a certeza científica se impunha como o modelo para todos os tipos de certeza, sobretudo os das verdades teológicas. A teologia enquanto tal, tematizando e sistematizando a história da salvação com base em dogmas (criação, queda, redenção, vida eterna) foi progressivamente recalcada para fora da área do conhecimento científico. A sociedade dos cristãos arriscava-se a ser cortada da sociedade dos eruditos. Assim, teólogos e eruditos buscaram elaborar uma espécie de contrato entre a ciência nova e a teologia, algo que permitisse a coexistência entre o conhecimento sobrenatural e o saber positivo.

Esse contrato foi feito com base em dois pressupostos: a ciência não deve tratar da causa primeira e dos fins últimos, das relações entre o temporal e o eterno, mas produz as normas que lhe conferem sua inteligibilidade; a teologia desiste de exercer qualquer controle sobre as pesquisas científicas, sendo considerada uma ciência na medida em que aplica o método histórico-crítico.

Se o contrato impôs ao erudito uma teoria do conhecimento e um método, portanto uma reforma de seu entendimento, deixou-lhe a liberdade pessoal da escolha quanto a aderir ou não a uma religião. Por outro lado, foi imposta ao teólogo que aceita tal contrato a adaptação de seus métodos ao método da ciência, cujo princípio fundamental é o da exclusão da transcendência; por fim, o teólogo se comprometeu a recorrer ao livre exame em seus estudos dos textos e dos dogmas, correndo o risco de ignorar a revelação.

Esse contrato representou um novo panorama teórico que substituiu, de modo irreversível e cada vez mais acelerado, o da Antiguidade, que havia sido modificado pelo cristianismo medieval e rompido pelos pensadores e humanistas tanto do Renascimento quanto da Reforma. Esse panorama teórico instaurou um novo tipo de racionalidade, que levou à dessacralização do universo, dos costumes e dos textos. Sua difusão contribuiu para a secularização da sociedade e para a descristianização, já que a religião se tornava algo privado. Enquanto se desenvolveu o processo de dissociação entre razão e crença, o caráter racional do cristianismo passou a ser discutido em novos termos: uma vez definidas as normas do saber positivo e circunscrita sua extensão, como definir o que permanece objeto de revelação?

Ao longo de todo o período das Luzes, os representantes do que passou a ser considerado o neoprotestantismo, ancestral do protestantismo liberal, romperam com o supranaturalismo da ortodoxia. Baseando-se no princípio da autoridade, a ortodoxia impunha confissões de fé e uma dogmática que se tornaram insignificantes para a mentalidade moderna, estimulando, assim, os defensores do ateísmo. Para fazer frente à ameaça que o ateísmo representava para o cristianismo e a ciência, os teólogos neoprotestantes buscaram uma espécie de meio-termo entre ambos, a religião natural. Nessa visão, a mensagem racional revelada pela natureza a quem a estuda cientificamente é complementada pela mensagem histórica da revelação sobrenatural que a exegese crítica decifra na Bíblia; a físico-teologia explicita essa compatibilidade.

Assim, Isaac Newton (1642-1727) descobriu correspondências entre, de um lado, a mecânica que ele construiu exclusivamente com a matemática, sem recorrer a "hipóteses", e, de outro, suas exegeses bíblicas, que lhe descortinaram o poder e a engenhosidade de Deus na simplicidade dos meios que ele escolheu para criar e conservar o universo. Para praticar tanto a ciência quanto a teologia, ele as dissociou: sua mecânica funcionava sem Deus, e sua fé se alimentava da Bíblia, sobretudo dos apocalipses; porém, ele as associou para fazer delas uma "gnose" que satisfizesse as exigências de unidade do saber. Compreende-se, então, por que algumas faculdades católicas de teologia adotaram o newtonianismo antes das faculdades protestantes. Porém, seus intérpretes continentais privaram o newtonianismo da dimensão religiosa para garantir sua cientificidade, preparando, assim, a evicção de Deus da cosmologia e da epistemologia científicas. No entanto, por falta de uma cultura substituta, o século das luzes permaneceu cristão em seu todo, mas, como demonstrava o exemplo do cristianismo racional, os "esclarecidos" que ousaram pensar por si mesmos operaram uma revolução religiosa, assim como os eruditos do século XVII tinham operado uma revolução científica. A partir de então, a pessoa decidia sua adesão religiosa, não mais a igreja em que nascia.

A universalidade da religião natural, fosse complementada ou não pela religião revelada, passou a ressaltar os particularismos das instituições eclesiásticas, relativizando-os. Por isso, apesar de suas divergências, o empirista Locke e o racionalista Leibniz lançaram um mesmo apelo à concórdia: ambos admitiram que a razão era o árbitro em matéria de religião e que, à sua maneira, o erudito era o revelador dos desígnios de Deus. Por sua vez, o enciclopedista esclarecido, a menos que fosse um ateu declarado, abria espaço para o Deus da religião natural, pois esse Deus sancionava os valores morais e sociais indispensáveis para que as ciências continuassem a progredir.

Para Jean-Jacques Rousseau (1712-1778), porém, o sentimento da existência, o da liberdade e o do sofrimento é a única instância que permite superar a oposição entre o dogmatismo que ameaça o racionalismo, de um lado, e o ceticismo que vicia o empirismo, de outro. Através do sentimento, eu sei que existo como sujeito, sei também, e creio, que Deus existe, que é bom, justo e poderoso, e também sei o que é o bem e o que é o mal. Da mesma forma, a consciência, no sentido da interioridade, precede ontologicamente os sentidos e a razão: "Os atos da consciência não são julgamentos, mas sentimentos; embora todas as nossas ideias venham de fora, os sentimentos que as apreciam estão dentro de nós, e é somente através deles que conhecemos a adequação ou a inadequação existente entre nós e as coisas, que devemos buscar ou rejeitar" (*Emílio ou da educação*, 1762). Sendo moral, a consciência contém o princípio inato da justiça e da virtude, do qual se deduzem as regras da moralidade.

A verdadeira religião é única, universal e racional, fundamentada no fato de que Deus é afirmado de modo imediato no coração do homem: "Eu creio [...] que há uma vontade movendo o universo e animando a natureza. [...] Se a matéria movida me mostra uma vontade, a matéria movida de acordo com certas leis me mostra uma inteligência" (ibid.). Porém, a essência de Deus permanece incompreensível. O Deus sensível à consciência escapa ao conhecimento objetivo: "Eu percebo Deus por toda parte em suas obras; eu o sinto em mim, o vejo em torno de mim, mas, assim que quero contemplá-lo em si mesmo, assim que busco onde ele está, o que ele é, qual é sua substância, ele me escapa, e meu espírito atormentado não percebe mais nada" (ibid.). Da mesma forma, Rousseau se distancia "da revelação, das Escrituras, desses dogmas obscuros em que vou errando desde a infância sem poder concebê-los nem crer neles, sem saber, nem admiti-los, nem rejeitá-los (ibid.).

Ao fundamentar-se no sentimento da existência, Rousseau rompia com os iluminados traídos pela imaginação, com os supranaturalistas prisioneiros dos dogmas e com os deístas atraídos pelo ateísmo. Ele passava a exprimir uma nova sensibilidade religiosa que buscava equilibrar, sem consegui-lo, as aspirações do coração e uma piedade pessoal e os deveres impostos à vontade pela religião civil. Por sua vez, um dos príncipes dos "esclarecidos", Gotthold Ephraim Lessing (1729-1781), que apelava para a exclusividade da luz natural, também não conseguiu assegurar o triunfo da tolerância e da religião universal, mas contribuiu para definir o que deveria ser a racionalidade da religião. Ambos seriam lembrados pelo século XIX.

Immanuel Kant (1724-1804) buscou superar a oposição entre o racionalismo de Christian Wolff (1679-1754), que admitia um conhecimento *a priori*, e o empirismo de David Hume (1711-1776), para quem só havia conhecimento através da experiência. Kant constatou a crise da razão: quando se une à fé, é esclerosada no dogmatismo; quando repudia a fé, condena-se ao ceticismo. Os partidários das Luzes imaginaram resolver a crise ao reduzir a razão à sua função operativa e utilitária, mas, na verdade, a agravaram.

Para pôr ordem nesse caos filosófico, Kant pressupôs que a razão é a do homem que pertence, com seu corpo, ao mundo sensível (o domínio do conhecimento pela experiência) e, com sua alma, ao mundo suprassensível (o campo do conhecimento *a priori*). Ele demonstrou de que forma: "Todo o nosso conhecimento começa pelos sentidos, passando, então, para o entendimento e culminando na razão. Acima da razão, não há outra faculdade em nós para elaborar a matéria da intuição e trazê-la para a mais alta unidade do pensamento" (*Crítica da razão pura*, 1781).

Para tal demonstração, Kant operou uma revolução na epistemologia análoga à que Copérnico havia operado na astronomia (de que os astros não giram em torno do observador, mas o observador é que gira em torno dos astros imóveis): "Admitia-se, até aqui, que todo o nosso conhecimento deveria se ordenar de acordo com os objetos; porém, todas as tentativas de estabelecer, em relação a eles, qualquer coisa *a priori* através de conceitos, pelos quais nosso conhecimento pudesse ser estendido, não chegam a nada nessa hipótese. Portanto, que tentemos perceber se não estaríamos mais felizes nas tarefas da metafísica, admitindo que os objetos devem estar de acordo com nosso conhecimento, o que já corresponde melhor à possibilidade exigida de um conhecimento *a priori* desses objetos, que deve estabelecer algo quanto a eles antes que nos sejam dados" (ibid.).

A revolução epistemológica limita os poderes da razão em seu uso especulativo na metafísica (o conhecimento conceitual do mundo suprassensível) e os reforça em seu uso prático na moral (regras da moralidade): "Eu deveria [...] suprimir o saber para encontrar um lugar para a fé" (ibid.).

Essa revolução conferiu à metafísica seu *status* de ciência "ativa", assim como havia feito com a matemática e a física. Por quê? Porque "a própria experiência é um modo de conhecimento que exige o entendimento, devo, portanto, pressupor a regra em mim mesmo antes que me sejam dados objetos, assim, *a priori*; e essa regra se exprime em conceitos *a priori* de acordo com os quais todos os objetos da experiência devem necessariamente se ordenar e aos quais devem corresponder" (ibid.).

Ainda que, em seu uso teórico, a razão deseje conhecer intelectualmente a essência das coisas, para Kant o homem só pode conhecê-las tais como elas lhe surgem, pois as formas *a priori* da sensibilidade (para o sentido interno, tempo; para o sentido externo, espaço) condicionam sua intuição dos fenômenos, e porque as categorias de seu entendimento condicionam a elaboração dos conceitos. Sem o conceito, a intuição seria cega; sem a intuição, o conceito seria vazio.

Como forma inferior do pensamento, o entendimento (*Verstand*, a *ratio* dos escolásticos) reúne, por meio dos conceitos, os fenômenos para colocá-los em série. Como sua forma superior, a razão (*Vernunft, intellectus*) se reporta unicamente ao entendimento; ela não produz conceitos de objetos, mas os livra dos limites que a experiência lhes impõe, ao mesmo tempo que os mantém em relação com ela para ordená-los e unificá-los em sistemas; pois é ela que fornece os princípios e as ideias do conhecimento *a priori*.

Porém, essas "ideias transcendentais" (Deus, alma, mundo) são estritamente reguladoras: "Defendo [...] que as ideias transcendentais nunca possuem um uso constitutivo, como se fossem dados, por esse meio, os conceitos de determinados objetos, e que, caso alguém as compreenda dessa maneira, essas ideias não passam de conceitos sofísticos (dialéticos). Ao contrário, elas têm um uso regulador excelente e indispensavelmente necessário, o de orientar o entendimento para certo objetivo na perspectiva de que as linhas diretivas de todas as suas regras convirjam para um ponto que, ainda que só seja uma ideia [...], ou seja, um ponto de onde os conceitos do entendimento realmente não partem, já que de fato ele se situa fora dos limites da experiência possível, serve para fornecer-lhes a maior unidade com a maior extensão" (ibid.).

Portanto, o homem é capaz de "conhecer" os fenômenos. Por outro lado, só pode *pensar* os númenos: Deus, a imortalidade, a liberdade, a justiça etc. De fato, o entendimento passa de condição em condição até um incondicionado que torna possível seu encadeamento em virtude da causalidade. Já a razão supõe que existe para todo conhecimento "condicional", experimental ou *a priori*, um elemento "incondicionado" do qual depende, mas que está presente apenas na ideia, e não na experiência. A explicação dos fenômenos independe da ideia de Deus, que é incondicionado e inteligência suprema; a ordem e a unidade dos fenômenos supõem essa ideia somente como uma condição hipotética, pois "o incondicionado não se encontra nas coisas conforme as conhecemos (conforme elas nos são dadas), mas nelas conforme não as conhecemos, como coisas em si" (ibid.). Em seu uso teórico, portanto, a razão não pode elaborar especulativamente uma cosmologia, uma psicologia, uma teologia racionais, como pretende o dogmatismo.

A crença, fato de considerar verdadeiro e certo (*fürwahrhalten*), baseia-se nos princípios objetivos do entendimento e na subjetividade daquele que julga. Chama-se "ciência" quando é "suficiente tanto subjetivamente quanto objetivamente" e "fé" quando é "subjetivamente suficiente" e "objetivamente insuficiente", ou seja, na área da moral e dos fins absolutamente necessários.

Porém, como firme confiança do sujeito, a fé moral se baseia na certeza da existência de Deus e da vida futura (*regnum gratiae*). Nesse sentido, a "teologia moral" é o ponto de convergência de todas as atividades humanas, na medida em que se baseia na ideia do soberano Bem. Da mesma forma, confessou que "duas coisas enchem o coração de uma admiração e veneração sempre renovadas e sempre crescentes, à medida que aplicamos nelas nossa reflexão: o céu estrelado acima de mim e a lei moral dentro de mim" (*Crítica da razão prática*, 1788).

2.5. O pós-Kant

Para o idealismo absoluto — Johann Gottlieb Fichte (1762-1814), Friedrich Wilhelm Joseph Schelling (1775-1854), Georg Wilhelm Friedrich Hegel (1770-1831) —, o criticismo não consegue superar a dicotomia entre a razão teórica e a razão prática, entre a ciência e a moral, mas apenas estabelece o diagnóstico da crise da razão no mundo moderno. Se, em seu uso teórico, a razão humana é incapaz de conciliar este mundo e o outro, o mundo sensível e o mundo suprassensível, o finito e o infinito, o homem e Deus, o sentimento conseguirá? Rousseau estava convencido disso; Friedrich Heinrich Jacobi (1743-1819) o demonstrou. Friedrich Schleiermacher (1768-1834) se manteve no mesmo espírito: ele substituiu a "ideia" kantiana de Deus, inacessível, pela "consciência", que oferece de Deus o "sentimento de dependência absoluta" (ou seja, ontológico) em relação a ele; esse sentimento é a fonte da piedade, tanto da comunidade quanto do cristão. Encontramos temas análogos na obra de Alexandre Vinet (1797-1847), mas fecundados pela teologia do Avivamento.

Esse fideísmo defende que, por si mesma, a razão não pode nem conhecer Deus nem provar sua existência. Deus e a imortalidade da alma só podem ser objeto de atos de fé. Por isso, o fideísta tende a reduzir a teologia ou a uma apologética da fé ou a uma teologia da religião. Ele deixa livre espaço para a erudição que, própria ao entendimento, estuda o fenômeno religioso na história e na psicologia.

O idealismo absoluto denuncia a ilusão do fideísmo que crê resolver os conflitos entre a fé e a razão ao invocar o sentimento. Hegel exprime uma ideia que já estava presente em Schelling: somente o método dialético pode compreender a crise e resolvê-la. A razão está no devir da história e, como sucessão de conflitos, a história é de natureza dialética. A Razão, o *Logos*, se constitui na história para revelar-se nela. Através de suas destruições e suas criações, o tempo inteiro recomeçadas, a história se orienta para seu fim: o reino da identidade, em que o real é racional e o racional é real. Afinal, o Espírito indeterminado não se aliena na natureza para determinar-se nela, não se liberta da natureza ao tornar-se consciente de si mesmo, ao subir o calvário da história, e não conclui sua volta para si mesmo ao saber-se no Saber Absoluto? A encarnação do *Logos* em Jesus é, figurativamente, sua revelação absoluta: Deus morre e ressuscita na comunidade cristã. Se a fé cristã e a razão diferem por suas linguagens, a da representação e a do saber, seu conteúdo é idêntico; é quando a reconciliação entre Deus e o homem entra em sua fase final, sendo efetiva com a filosofia de Hegel: o infinito vem ao finito, e o finito se eleva ao infinito. Assim, Deus é cognoscível através da razão, contrariamente ao que pensam o criticismo e o fideísmo, pois ele se conhece nela, e ela nele.

Da mesma forma, Hegel pôde definir a razão como "o poder infinito, a matéria infinita de toda a vida natural e espiritual, a forma infinita, a realização de seu próprio conteúdo" (*Leçons sur philosophie de l'histoire* [Lições sobre filosofia da história], Paris, Vrin, 1979, p. 23). Para ele, seu receptáculo é seu conteúdo: a razão é Deus em devir. Portanto, a razão é imanente a seu próprio desenvolvimento, assim como a verdade de Deus que ela percebe. Isso explica que, na conclusão desse desenvolvimento, o sentido oculto da história se torne plenamente manifesto.

Nessas condições, a fé não é mais somente um assentimento (*fürwahrhalten*) e confiança (*Glaube*), mas conhecimento do real, evidentemente provisório, já que a razão assume seu lugar; sua linguagem, a da representação, é substituída pela linguagem do saber absoluto, a do conceito. Pela fé e pela razão, o sentimento se eleva do sensível ao suprassensível, provando, através dessa elevação, a existência de Deus. Da mesma forma, podemos qualificar como "gnose" o panlogismo de Hegel: sua lógica do infinito, a da dialética, não isola os contrários como o faz a lógica do finito do criticismo, mas os concebe sob o ângulo de sua conciliação como as condições para o devir de Deus.

Com suas pretensões a saber absoluto, o sistema hegeliano carregava em si mesmo os germes de sua desconstrução. Ludwig Feuerbach (1804-1872) interpretou a teologia como uma antropologia inversa, em que Deus é somente a projeção sobre o absoluto da imagem ideal que o homem faz de si mesmo. David Friedrich Strauß (1808-1874) viu no evangelho a expressão de mitos coletivos. Karl Marx (1818-1883) fez com que a filosofia colocasse os pés no chão: ela não deve especular sobre o mundo, mas transformá-lo ao conhecer as leis que regem o trabalho e a propriedade. Søren Kierkegaard (1813-1855) criticou a dialética quantitativa do histórico-mundial que atribuiu a Hegel; ele recorreu à dialética qualitativa do devir cristão, a do "Indivíduo". Razão e fé são irredutíveis por serem descontínuas. O salto de fé é provocado pelo paradoxo e pelo escândalo do *incógnito* de Deus em sua revelação.

As descobertas científicas, sobretudo na termodinâmica, e, em seguida, a teoria da evolução, colocaram em xeque as concepções da razão, do espaço e do tempo, assim como as concepções da história tanto de Kant quanto dos pós-kantianos. As buscas históricas na teologia relativizaram as definições dadas por Schleiermacher e pelos teólogos hegelianos da revelação e da fé. As controvérsias em torno do racionalismo e do fideísmo retomaram as dos séculos anteriores sobre o natural e o sobrenatural. No entanto, a adesão confessional dos participantes dos debates sobre a relação entre religião e ciência perdeu sua relevância em uma sociedade que se secularizou e se laicizou.

Auguste Comte (1798-1857) acreditou ter provado, com o positivismo, que o estado científico colocou um fim definitivo aos estados teológico e metafísico; porém, ele acabou fundando a "igreja positivista", a serviço da "religião da humanidade". Por outro lado, os representantes católicos e protestantes das várias correntes do espiritualismo francês, tais como Antoine-Augustin Cournot (1801-1877), Charles Secrétan (1815-1895), Charles Renouvier (1815-1903), Émile Boutroux (1845-1921), Jean-Jacques Gourd (1850-1909) e Arnold Reymond (1874-1958), demonstraram os pressupostos e os erros do positivismo e do cientificismo, recorrendo a pesquisas em epistemologia e em história das ciências. Esses autores estudaram a interdependência entre as ciências, a moral e a religião como momentos da vida da mente. Cada uma de suas disciplinas, de acordo com sua finalidade e seus meios, esforçou-se para modificar um estado de coisas em vista da promoção de um estado B. Essa transformação requereu um concurso de inteligência e vontade, ou seja, das faculdades teórica e prática da mente que as unifica, enquanto elas mesmas se complexificam.

O espiritualismo considera a ciência, a moral, a arte e a religião como imanentes à vida da mente, na medida em que a mente as produz para agir sobre a natureza e os costumes visando à melhoria da condição humana. Da mesma forma, a razão científica, enquanto uma função da vida da mente, abre-se para as exigências de uma razão que está a serviço dos valores; essa razão criadora e normativa apela para a crença como fonte da certeza moral ou do gosto estético.

Os teólogos protestantes francófonos descobriram, graças às filosofias espiritualistas, a via média que buscavam entre uma ortodoxia ameaçada pelo fundamentalismo — como, por exemplo, o de Louis Gaussen (1770-1863) — e o liberalismo teológico dominado pelo agnosticismo, como o de Edmond Schérer (1805-1889). Eles tomaram emprestados dessas filosofias esquemas que lhes permitiram adaptar a teologia às exigências e aspirações da época moderna, ao mesmo tempo que evitavam a facilidade do separatismo e os artifícios do concordismo entre ciência e teologia. A obra de Auguste Sabatier (1839-1901) é típica desse procedimento.

A partir do final do século XIX e até nossos dias, muitos filósofos e teólogos se afastaram do espiritualismo, operando uma inversão no modo de conceber as relações entre a realidade, o pensamento e a linguagem: a realidade doadora de sentido o comunica ao pensamento, que o confere à linguagem. Esse é seu modo de reagir à crise dos fundamentos que atingiu, ao mesmo tempo, a ciência, a moral, as artes e a teologia.

Os filósofos do concreto (fenomenologia, filosofia da ação, dos valores e da existência etc.) inverteram o movimento natural do neocriticismo e do neopositivismo: enquanto essas correntes se baseiam nos enunciados para se indagar sobre as realidades que correspondem a eles, as filosofias do concreto buscam saber quais são os enunciados que correspondem ao sentido das realidades que servem como um ponto de apoio para o pensamento. Ao operar essa inversão, esses filósofos conseguiram chegar a um modo de explicitar o processo em que a ciência se tornou um mito, e de distinguir o pensamento da racionalidade. Por sua vez, a epistemologia desmistificou a ciência, ao criticar seus pressupostos metafísicos e separar-se da psicologia, elaborando seus métodos e suas normas.

Em um retorno aos reformadores e à sua teologia bíblica, os teólogos da Palavra de Deus ("teologia dialética") inverteram o movimento natural do liberalismo: enquanto o liberalismo parte dos enunciados que lhe fornecem a história e a psicologia religiosas para abordar a revelação, esses teólogos buscam os enunciados de acordo com o sentido da revelação, que serve como ponto de apoio para o pensamento esclarecido pela fé. Ao operar essa inversão, os teólogos discernem os desvios operados pela teologia, que a transformaram em apologética, até mesmo as teologias mais recentes, as do devir e da morte de Deus, as da libertação e da revolução. Por sua vez, a exegese crítica aponta para a origem dessa tendência apologética, que teria nascido do esquecimento da diferença operada pelo texto bíblico entre aquilo que, para seus autores, depende das intervenções da revelação e aquilo que pertence à mentalidade e ao meio cultural ambientes.

Em tudo isso, os filósofos e os teólogos contemporâneos levaram em consideração as ameaças que representa para a razão e a fé a "desconstrução" da linguagem e do discurso (seja qual for seu objeto), que acarreta a do pensamento e a da realidade. Essa desconstrução se inicia com a crítica ao sistema hegeliano; Friedrich Nietzsche (1844-1900) a radicalizou; também contribuíram para seu desenvolvimento as ciências humanas, na medida em que tomaram emprestado da psicanálise e do estruturalismo os seus métodos. A desconstrução condena o homem ao silêncio místico ou à tagarelice vazia, à errância ou à acomodação.

O vigor com que essa desconstrução tem sido efetuada é algo que desorienta e tira do eixo a consciência ocidental, cuja gênese e cujo desenvolvimento sempre se fizeram acompanhar de uma constante busca de equilíbrio entre a ação, a criação e a invenção, de um lado, e a reflexão e a contemplação, de outro. Ela provoca um dilaceramento em sua história bimilenar. Da mesma forma, a consciência ocidental se arrisca a perder as exigências que a motivam, exigências que, por sua transcendência, sempre foram sua razão de ser: a busca do inteligível no cerne do mistério, a busca da unidade e da ordem em meio às aparências de multiplicidade e desordem, a busca da liberdade em oposição a todas as formas de tirania e alienação. Ora, é justamente a inversão que responde a essas exigências, para reagir ao niilismo que surge no momento em que a razão e a fé estão ora separadas, ora confundidas, correndo o risco de perderem-se.

Gabriel-Ph. Widmer

3. Ciência e fé

De um jeito ou de outro, a religião e a filosofia cederam lugar a esse terceiro estado moderno constituído pela ciência experimental. Exposto a julgamento desde que nasceu, o *enfant terrible* do século XVII não demorou a encetar vingança. Impondo repetidas refutações às crenças religiosas sobre a matéria, de início a inerte e em seguida a viva. Querelas acerca do heliocentrismo, do atomismo, da existência do vácuo, da idade da terra, do evolucionismo e da poligenia, foram todas resolvidas a favor da racionalidade científica. A partir do século XVIII, as ciências da natureza conheceram um desenvolvimento bem mais rápido no norte do que no sul da Europa, e certamente um fator determinante para tal foi que o protestantismo tenha atribuído à razão humana uma autonomia de direito desde a Reforma. A partir do início do século XIX, a ciência experimental foi aureolada por um desempenho tanto teórico quanto técnico, o que lhe creditou o poder de reduzir os fenômenos observáveis a leis da física. Progressivamente, o discurso religioso se viu desprovido de pertinência para a explicação dos fenômenos naturais.

Em meados do século XIX, o desenvolvimento acelerado das ciências humanas levou ao surgimento da crítica da religião. Após a relativização das crenças, induzida tanto pela crítica histórica quanto pelo estudo comparado das civilizações e das mitologias, a própria religião se tornou objeto de investigação para áreas como a etnologia, a sociologia e a psicanálise. Por sua vez, as ciências do homem reivindicaram parte do domínio antes reservado à filosofia e à teologia. A religião logo foi relegada ao *status* de superstição em via de extinção (Auguste Comte) ou de fator de alienação (Ludwig Feuerbach e Karl Marx): uma relíquia do passado ou um mal remediável. Ao longo das três primeiras décadas do século XX, as ciências da linguagem e a epistemologia científica vieram substituir a filosofia da natureza como intermediário do debate entre ciência e religião. Essa nova mediação teve uma dupla consequência: radicalizar a crítica da religião e estimular a reflexão sobre os fundamentos do conhecimento. Enquanto o núcleo duro da crítica externa, em torno dos lógicos do Círculo de Viena, considerava os enunciados da fé como proposições desprovidas de significado, os teólogos que haviam aderido ao método histórico-crítico se esforçavam por imprimir à exegese um formato resolutamente mais rigoroso.

No final do processo de emancipação da razão moderna, que podemos caracterizar como um esforço de separação das áreas e de especificação dos métodos, houve menos um desencantamento do mundo que um desinteresse crescente em relação às igrejas cristãs. A razão se encontrava novamente associada à descrença, e a fé ao irracional. Conforme afirmou Jean Baubérot, a modernidade havia ultrapassado "a segunda fase da secularização" (separação entre igreja e Estado acompanhada de uma marginalização e de uma privatização da religião). A fé religiosa se tornara algo individual, cuja validade se limitava à esfera privada. Desse modo, até pouco tempo, tanto entre os eruditos quanto para a opinião pública, a história das relações entre ciência e religião parecia se resumir a uma luta por influência, vencida com vantagem pela racionalidade científica.

A história do século XX desmentiu uma após outra as ideologias positivistas e progressistas, e, com isso, a modernidade se pôs a duvidar de si mesma. A distinção separatista cedeu ao desejo de reconquistar uma compreensão geral dos fenômenos. Há algumas décadas, estudos multidisciplinares multiplicam os vários tipos de mestiçagem entre diferentes abordagens do real. Aos poucos, o homem supera o reducionismo epistemológico, cujas aporias se tornaram flagrantes diante da consciência da complexidade do mundo. Em alguns meios intelectuais, a ciência ocupa o lugar da crença, enquanto uma relativa cientificidade é concedida à teologia. O que teria, então, ocorrido nos laboratórios e nas capelas? De ambos os lados, profundas transformações estão na origem dessa reviravolta. Assim, antes de especificar os diversos tipos de articulações possíveis entre ciência e fé, convém evocar as modificações mais importantes nessas duas áreas ao longo do século.

3.1. Metamorfoses científicas

3.1.1. Os novos paradigmas

No início do século XX, uma série de descobertas veio abalar o belo edifício das certezas científicas e prover um antídoto para as várias incoerências que surgiram na margem das teorias bem aceitas.

A mecânica relativística pôs fim à independência mútua entre tempo e espaço, entre matéria e energia, tirando do observador a esperança de que um dia ele se deslocaria mais rápido que a luz. A mecânica quântica pôs fim ao objeto galileano e tornou o cientista-observador um agente implicado no real que ele busca conhecer. A astronomia pôs fim à eternidade e à imobilidade do universo ao produzir índices de seu surgimento e de sua expansão vertiginosa. A ciência do calor, que debatia com a mecânica newtoniana sobre a reversibilidade do tempo, já tinha substituído o determinismo estrito por uma evolução probabilística. A segunda lei da termodinâmica estabeleceu que a troca de energia entre dois sistemas de temperaturas ou concentrações diferentes chegaria inelutavelmente ao nivelamento das diferenças iniciais. Extrapolada para a escala cósmica, essa lei anunciou a morte térmica do universo. Ora, sem invalidar essa lei, pareceu evidente que os sistemas que são abertos e estão longe do equilíbrio não estão condenados a uma evolução única, pois as equações que regem seu comportamento admitem várias soluções: esses sistemas podem tanto evoluir para a inércia quanto chegar a um estado de organização superior. Essa observação originou a teoria que se tornou famosa: a da ordem por flutuação.

Na miríade de estudos sobre o comportamento dos sistemas de três corpos, a dinâmica também descobriu o imprevisível dentro dos sistemas mais determinísticos. A impossibilidade de prever sua evolução provém de diferenças ínfimas e irredutíveis em suas condições iniciais. Foi assim que os matemáticos se dedicaram a captar o caos e hoje, da mesma forma, buscam apresentar uma teoria do caos.

As ciências biológicas realmente só abandonaram o vitalismo após a elucidação das estruturas responsáveis pela hereditariedade. Assim, a vida biológica passou para a jurisdição da matéria por meio da biologia molecular. A partir de então, um de seus problemas é explicar de que modo o código genético surgiu na história da evolução.

Por fim, a associação entre a lógica matemática e a engenharia de automação fez com que as sociedades industriais entrassem para a revolução da informação. O computador não somente aboliu as distâncias e a duração, transformando a economia e fornecendo à ciência meios fabulosos de investigação; também deu origem à inteligência artificial. Nessa área, boa parte das pesquisas tem como alvo reproduzir a inteligência humana com a ajuda das ciências cognitivas e das neurociências, o que oferece novos desafios à questão das relações entre corpo e espírito.

Dito de outro modo, as concepções de mundo que derivavam da física clássica, e que ainda impregnam em muito o imaginário ocidental, encontram-se privadas de base científica. Novas disciplinas surgiram, ferramentas conceituais e técnicas foram aperfeiçoadas, permitindo o estudo de sistemas ainda mais complexos que os anteriores. Ora, a complexidade reservou surpresas para os cientistas; a imprevisibilidade, a partir de então, pode estar associada ao determinismo, e assim o acaso não mais é uma confissão de ignorância, pois se revelou fecundo, ou seja, portador de novidades. A fronteira entre as explicações causais e as explicações finais se tornou fluida. As intenções, os sentimentos e a liberdade não mais são lançados na conta da ilusão. Portanto, foi dentro dos laboratórios que se efetuou a revisão da vulgata materialista e determinista. O aleatório se introduziu entre as teorias científicas e o real apreendido por elas, gerando um questionamento acerca dos fundamentos e do próprio *status* do conhecimento.

3.1.2. Status do conhecimento científico

Geralmente se admite que o método científico se baseia na experimentação e que as teorias são elaboradas a partir dos fatos observados e dos saberes anteriores. Todavia, o *status* do conhecimento, as condições de validade das teorias ou os critérios de cientificidade são questões que fomentam regularmente um debate entre pesquisadores, epistemólogos e filósofos. Até o início do século, em geral, os cientistas eram realistas, fosse um realismo garantido pelos cinco sentidos ou pela matemática: a natureza parecia possuir propriedades definidas, e supunha-se que o real existisse enquanto tal, de forma independente de nosso modo de descrevê-lo. As observações perturbadoras da mecânica quântica abalaram esses postulados, gerando um obrigatório questionamento sobre a adequação do discurso científico ao objeto. A violação dos princípios de localidade e de separabilidade, a evidência de ações instantâneas à distância e a determinação do objeto quântico no momento de sua medida provocaram uma onda sísmica na comunidade científica. A famosa controvérsia entre Niels Bohr e Albert Einstein sobre a existência de uma realidade objetiva independente da observação se prolongou até nossos dias. Para os defensores do *realismo matemático*, o real está acessível pela razão, mesmo quando não é acessível aos sentidos. Cada sistema físico pode ser definido por certo número de parâmetros que caracterizam seu estado objetivo, e as entidades descritas pelas teorias científicas realmente existem. Assim, a ciência teria acesso às verdadeiras estruturas de um real, do qual os sentidos só mostram as aparências. Por outro lado, os defensores do *instrumentalismo* não se arriscam a pretender que a ciência dê conta do real como tal. Eles consideram as teorias científicas como instrumentos que permitem prever alguns acontecimentos e transformar o real. A maior parte dos cientistas adere a essa concepção, que equivale a uma suspensão do julgamento quanto à verdade da ciência, no sentido de conformidade com o real. Entre o realismo e o instrumentalismo, se desvela um leque de posições que conferem à ciência uma objetividade fraca. Hoje, muitos físicos defendem a existência de um "real velado", acessível o suficiente para deixar-se transformar, mas insuficientemente cognoscível para deduzir que a ciência desvela os arcanos do mundo (Bernard D'ESPAGNAT, *Une incertaine realité* [Uma incerta realidade], Paris, Gauthier-Villars, 1985). Para os defensores do *relativismo epistemológico*, a ciência reflete o estado atual dos nossos conhecimentos e as "leis da natureza" são, em primeiro lugar, as que o espírito humano confere à natureza. Isso não é motivo para que a ciência seja assimilada à metafísica, mas é necessário um critério para distinguir uma da outra. Karl Popper propôs como critério de cientificidade o "princípio de falseamento": são consideradas científicas as teorias que podem ser refutadas pela experiência. Da mesma forma, enquanto não são achadas em erro, essas teorias valem como a melhor aproximação do real. A comunidade científica aderiu a esse critério e considera

hoje o conjunto dos conhecimentos um saber intersubjetivo e revisável: a ciência procede por tentativa e erro (*falibilismo*).

Assim, nem todos os pesquisadores aderem à mesma concepção quanto às relações entre a ciência e o real. Tais divergências epistemológicas exercem muito pouca influência na prática cotidiana dos laboratórios, mas se tornam capitais na reflexão sobre o *status* do conhecimento científico. Afinal, foram os avanços da ciência que permitiram aos cientistas a consciência de que a essência da realidade final lhes escapa, e que tal realidade é tanto construída quanto decifrada. O verdadeiro não mais se limita ao verificável, e o verificável não é obrigatoriamente real.

A transformação dos paradigmas e da epistemologia progressivamente livrou a ciência do jugo positivista. Essa libertação também teve causas externas à pesquisa científica: a história, a sociologia e a filosofia das ciências passaram a interessar-se pela dinâmica da pesquisa científica, pela legitimação dos enunciados, pelas metamorfoses dos conceitos, pelas relações entre o saber e o poder. Para uma breve abordagem do assunto, cf. Alan F. CHALMERS, *O que é ciência, afinal?* (1982), São Paulo, Brasiliense, 1995, e Michel CALLON, org., *La science et ses réseaux. Genèse et circulation des faits scientifiques* [A ciência e suas redes: a gênese e a circulação dos fatos científicos], Paris, La Découverte, 1989. O principal mérito desses estudos foi ter desvelado as redes e os interesses entre o progresso científico e o restante da cultura. A ciência não mais se apresenta como saber revelado, puramente racional e sereno acima das contingências. Feita pelo homem, a ciência também se descobre humana. Aliás, a imagem da ciência e da técnica se degradou consideravelmente na opinião pública a partir do momento em que o saber se revelou potencialmente mortífero: bomba atômica, poluição, esgotamento de fontes não renováveis, manipulação genética. A esperança de uma ciência que fosse puramente benéfica foi cruelmente desenganada. Ídolo quebrado, a ciência se viu caracterizada como uma ideologia de domínio sobre o homem e a natureza. Como consequência, a razão instrumental é acusada de oferecer ao público um perfil bastante baixo.

O novo espírito científico não mais confisca o real, pois descobriu os limites intrínsecos do conhecimento humano. Hoje, os cientistas adotam uma estratégia de abertura que se manifesta através de uma intensa atividade de popularização e comunicação dos novos saberes científicos. Em favor dessa abertura, a religião também tem sido uma parceira de diálogo.

3.2. Metamorfoses religiosas

A história das doutrinas apresenta uma grande heterogeneidade e se estende por muito mais tempo que as ciências da natureza. A uma igreja *semper reformanda* correspondem uma busca teológica ininterrupta e uma reinterpretação contínua das Escrituras. No século XX, dois fatores de ordem teológica desempenharam um papel particular nas relações entre ciência e fé: a crise dos fundamentos e o retorno da apocalíptica.

3.2.1. Crise dos fundamentos e "teologia dialética"

O protestantismo liberal do século XIX submeteu tanto o evangelho ao crivo da razão que dele só subsistiu um código de sabedoria ou moral. Na virada do século XIX para o século XX, quando os exegetas se debruçaram sobre a história das formas literárias, perceberam que os relatos evangélicos não eram reportagens, mas, sim, testemunhos, redigidos muito tempo depois dos acontecimentos relatados. Sob o bisturi da crítica textual e histórica, as últimas certezas naufragaram. Não se tratava mais de angariar acesso aos fatos brutos — nem ao Jesus da história —, já que as próprias Escrituras só ofereciam dos fatos as interpretações de fé. Essa dissolução dos fundamentos era um resultado direto de uma maior cientificidade nos métodos utilizados na teologia. Em reação contra a tendência hegemônica dos saberes, Karl Barth (1886-1968) afirmou, desde o início dos anos 1920, a primazia da Palavra de Deus sobre todos os discursos humanos. Nem a razão nem a intuição levam a Deus, pois há uma descontinuidade radical entre o humano e o divino. Cabe somente a Deus a iniciativa de se fazer conhecido, e o único ponto de contato entre o céu e a terra é a revelação escriturística. A teologia natural, que até então era o local privilegiado de articulação entre as ciências da natureza e a religião, não mais tem direito de cidadania, nem mesmo como uma premissa para a fé. A incomensurabilidade entre a Palavra revelada e as palavras humanas tem o seguinte corolário: "As ciências da natureza têm o campo livre além daquilo que a teologia deve descrever como a obra do Criador". Ao mesmo tempo, a teologia é posta fora do escopo das objeções que as ciências poderiam levantar acerca das concepções bíblicas sobre o homem e o mundo.

Esforçando-se por separar a ciência da fé e por purificar a fé da religião, Barth aderiu totalmente ao movimento de distinção e ordenação que caracteriza a modernidade. Tal como seu contemporâneo Einstein, ele relativizou os dados imediatos dos sentidos e da consciência, reestruturando os saberes anteriores em um sistema coerente e fecundo.

Assim como Einstein precisou enfrentar a oposição de seus pares, Barth encontrou em Friedrich Gogarten (1887-1967), Emil Brunner (1889-1966) e Rudolf Bultmann (1884-1976) — partidários e artesãos da "teologia dialética" — os oponentes a seus pressupostos hermenêuticos. Os conflitos com Brunner diziam respeito ao *status* da teologia natural e à possibilidade de fundar a teologia em ordens divinas inscritas na criação. Seu debate com Gogarten girava em torno da articulação entre a doutrina da salvação e a da criação, assim como do significado da secularização. O desacordo com Bultmann era se havia legitimidade nos debates teológicos com as ciências positivas. Assim como Barth, Bultmann afirmava que um discurso objetivizante sobre Deus não era possível, mas, para ele, era necessário considerar o fato de que as representações bíblicas do mundo não são as mesmas do homem moderno, na medida em que foram tornadas caducas pelas ciências da natureza. Seu projeto de demitologização visava a retirar da mensagem evangélica a camisa de força das representações míticas, pré-científicas, em que a mensagem se cristalizou ao ser redigida. Essa operação se fez acompanhar de uma reinterpretação da mensagem à luz da filosofia da existência: a fé se apresentou como uma nova autocompreensão no mundo (interpretação existencial). O empreendimento bultmaniano tinha por objetivo devolver ao evangelho sua força contestatória passando-o para categorias de pensamento que fossem acessíveis ao homem do século XX. Acima da autocompreensão e da compreensão da existência, a teologia se esforçou por integrar as visões do homem e do mundo que derivaram das ciências experimentais. Esse esforço foi empreendido sobretudo por Paul Tillich, que durante toda a vida buscou a linguagem adequada para estabelecer uma mediação entre a verdade da mensagem cristã e a cultura contemporânea.

Fiéis à Reforma, os autores da "teologia dialética" afirmaram que somente a fé leva à salvação. Seu mérito foi apontar para a descontinuidade entre história e revelação e lembrar que o conhecimento humano não pode servir como uma garantia para a fé. Porém, em seus esforços de dissociar o saber e o crer, o querigma se arriscava a ser reduzido a um "mito dos novos começos", elaborado pela comunidade primitiva. Os discípulos de Bultmann — Ernst Käsemann, Günther Bornkamm, Gerhard Ebeling, Ernst Fuchs, Hans Conzelmann — pretenderam restabelecer os laços entre os testemunhos bíblicos e o Jesus terreno. Ao inverter o movimento das narrações evangélicas, eles buscaram reconstituir o fio desde as confissões de fé pós-pascais até a pregação de Jesus. A pesquisa bíblica conheceu, assim, uma nova idade de ouro, enquanto a atualização da mensagem cristã permaneceu suspensa até que fossem resolvidos os conflitos de interpretação suscitados, entre outros fatores, pela redescoberta da dimensão escatológica da pregação de Jesus.

3.2.2. O retorno da apocalíptica

Na virada do século XIX para o XX, Johannes Weiß (1863-1914) e Albert Schweitzer (1875-1965) tinham apontado para o caráter futuro, transcendente e definitivo do Reino anunciado por Jesus nos evangelhos. Porém, não foram ouvidos. O protestantismo liberal tornou o reino de Deus uma realidade espiritual, enquanto o cristianismo social o compreendeu como uma realidade a ser concretizada por meios humanos. As profecias de um fim brutal e iminente do mundo eram, então, um apanágio quase exclusivo das seitas e dos iluminados, e a representação dominante da evolução do mundo físico era a morte térmica do universo em um prazo bastante longo.

Na teologia, a descoberta dos manuscritos de Qumran, em 1947, confirmou que, no judaísmo tardio, havia uma forte corrente apocalíptica que ultrapassava em muito os limites dos círculos essênios. Os especialistas em Antigo Testamento buscaram detectar os sinais precursores dessa corrente nos textos proféticos. Todavia, as opiniões eram divergentes quanto à influência da apocalíptica na escatologia do Novo Testamento. Nos anos 1960, a querela se polarizou em torno do debate entre Käsemann, de um lado, e Bultmann e Ebeling, de outro. Enquanto o primeiro tornou a apocalíptica "a mãe de toda a teologia cristã", os segundos viam nele uma forma de linguagem mítica que exprimia uma necessidade radical de escolher entre Deus e o mundo. Algum tempo depois, o confronto entre essas posições se tornou em consenso (Charles Harold Dodd, Werner Georg Kümmel, Norman Perrin, Philipp Vielhauer, Walter Schmithals). Já realizada e, no entanto, futura, a escatologia cristã está ao mesmo tempo em ruptura e em continuidade com a apocalíptica judaica. O cumprimento se inicia na pessoa de Jesus Cristo, que pôs fim ao reinado da Lei e inaugurou uma era nova, mas seu término será somente no final dos tempos. A escatologia bíblica ocultada pelas Luzes e, em seguida, secularizada nas ideologias progressistas, tornou-se uma preocupação teológica de primeira linha na segunda metade do século XX. Para sistemáticos tão diferentes quanto Ernst Käsemann, Jürgen Moltmann e Wolfhart Pannenberg, a escatologia foi um ponto de referência que orientou suas reflexões rumo à destinação da vida, mais que suas origens e seus fundamentos.

O retorno da apocalíptica na teologia coincidiu com o amplo questionamento das instituições e dos valores modernos. Com a publicação, em 1918, da obra de Oswald Spengler *A decadência do Ocidente* (Rio de Janeiro, Zahar, 1973), os filósofos passaram a anunciar o fim das Luzes, do progresso, da democracia, da moralidade, da metafísica. O trauma da Segunda Guerra Mundial repercutiu na multiplicidade dos discursos sobre o fim — o fim da utopia, da razão instrumental, das ideologias totalitárias e imperialistas, do cristianismo, da história, em suma, o fim da modernidade. O sonho de um radioso porvir, destruído com o choque da experiência, cedeu a um desencanto e, em seguida, ao relativismo. Na outra vertente da cultura moderna, ou seja, da ciência e da tecnologia, o otimismo sofreu uma queda vertiginosa com o bombardeio de Hiroshima e Nagasaki. O fim não mais estava reservado à cultura: toda a vida, a partir de então, via-se posta sob o signo da ameaça. A força nuclear, primeiro cavaleiro do Apocalipse, acompanhou-se de demais figuras inquietantes: o crescimento exponencial da demografia, o esgotamento dos recursos naturais não renováveis, a poluição que levou ao efeito estufa etc. Talvez ainda precisemos temer a expansão galopante da engenharia genética. Além disso, a sombra da finitude paira sobre a economia mundial. A recessão industrial, o desemprego e a pauperização que se estende do Sul ao Norte só fazem aumentar o sentimento geral de insegurança.

Esses aspectos não deixaram os teólogos indiferentes. Em uma atmosfera de destruição de certezas e ansiedade pelo futuro, os esforços teológicos das últimas décadas do século XX se concentraram na reconquista de uma esperança concreta para a existência humana e a vida em geral. Em sua ênfase ecumênica, a teologia tem privilegiado a reflexão sobre questões éticas e ecológicas. Com resultados mais ou menos bem-sucedidos, a teologia contemporânea retomou a crítica da ciência, da razão e da religião para afirmar o valor dos limites. Como tem demonstrado o estudo das diversas articulações que hoje são propostas entre ciência e fé, as posturas estão longe da unanimidade.

3.3. Articulações entre ciência e fé

Por causa dos antigos conflitos entre conhecimento científico e crença religiosa, há uma necessidade de esclarecer essas relações, principalmente nos países de cultura cristã. Mudanças em ambos os lados fizeram com que a curiosidade superasse a indiferença. Hoje, o diálogo corre em condições bem mais favoráveis que há meio século. Com mais frequência, esse diálogo reúne teólogos cristãos e cientistas que são agnósticos ou religiosos (cristãos ou adeptos de outras religiões). Para falar da fé, os cientistas precisam sair um pouco de sua área profissional, enquanto os teólogos permanecem profissionais completos quando agem como hermeneutas das relações entre ciência e fé.

Em geral, foram propostos quatro tipos de articulações entre o saber científico e a fé religiosa: convergência, conflito, complementaridade e recusa à interação. Essas articulações podem se manifestar em conteúdos da ciência e da fé, na lógica dos desenvolvimentos científicos e religiosos ou, ainda, nos objetivos e nos fundamentos respectivos. O mais comum, porém, é que o confronto se estabeleça quanto a concepções de Deus, do mundo e do homem, assim como suas consequências para o exercício da liberdade e da responsabilidade. A transcendência que se faz presente nessas articulações toma diversas formas: Deus pessoal ou impessoal, Deus revelado na história ou através de uma iluminação mística, Deus totalmente outro ou Deus imanente.

Em vista da diversidade de objetos e de pontos de vista, a exposição se limita a considerações de ordem geral, inevitavelmente simplificadoras.

3.3.1. Convergência

Propostas dos cientistas

Para alguns cientistas, a inteligibilidade do mundo, desvelada pela ciência, remete à realidade última, intuída pelas religiões. Assim, homologias foram feitas entre os conceitos da física e os conceitos das religiões orientais: entre o vácuo quântico e o vácuo taoísta, entre a não separabilidade quântica e a unidade do *yin* e do *yang*, entre o movimento subatômico e a dança de Shiva (Fritjof CAPRA, *O Tao da física: um paralelo entre a física moderna e o misticismo oriental* [1979], São Paulo, Cultrix, 1983).

Outros partem da constatação de que, se as condições iniciais do universo tivessem sido um pouco diferentes, a vida não se teria desenvolvido. Esse ajuste tão fino das constantes universais seria indício de uma intencionalidade na natureza: o universo teve como objetivo originar a vida, e a vida, o homem; é o que exprime o princípio antrópico em sua versão forte (John D. BARROW e Frank TIPLER, *The Anthropic Cosmological Principle* [O princípio cosmológico antrópico], Oxford, Oxford University Press, 1988).

Nos anos 1960, a ideia de um espírito universal que opera na natureza motivou igualmente a elaboração de uma nova gnose a partir das teorias da física (Raymond RUYER, *La Gnose de Princeton. Des savants à la recherche d'une religion* [A Gnose de Princeton: os cientistas à procura de uma religião, 1974], Paris, Librairie générale française, 1978). Essa religião cosmológica se opõe à concepção materialista de que a ordem emergiria do caos e o vivo do inanimado.

A transcendência em questão pode ser um Todo primordial e indiferenciado, uma Consciência Cósmica ou um Deus Criador, incluindo-se na terceira hipótese o conceito teológico de *creatio continua*.

Propostas dos teólogos

Alguns teólogos levam em consideração os dados científicos para elaborar uma doutrina que permita pensar sem descontinuidade a matéria, a vida e Deus. É o caso da ontologia teilhardiana, em que ciência e fé convergem ao infinito, e que hoje voltou a ser popular. Os dados científicos também estão na base da teologia elaborada por John B. Cobb e David R. Griffin em Claremont (Califórnia): Deus age no mundo como princípio do real e motor da história, desempenhando, na massa do mundo, o papel de fermento. Precedendo de mais ou menos vinte anos a Gnose de Princeton, essa teologia conhecida como teologia do processo tem como referência a ontologia de Alfred North Whitehead (1861-1947), mas distinguindo-se pela cristologia. A teologia do processo é uma teologia da natureza segundo a qual a fé dá conta de seus conteúdos em termos coerentes e atuais.

Certos meios protestantes, geralmente de tendência fundamentalista, mas não de forma exclusiva, utilizam as descobertas científicas de modo seletivo para dar crédito à tradição bíblica: a ciência vem confirmar a Bíblia. Aliás, a teologia do Espírito — Walter J. HOLLENWEGER, *Geist und Materie* [Espírito e matéria] (*Interkulturelle Theologie* [Teologia intercultural] III), Munique, Kaiser, 1988 —, cuja renovação foi atestada pelos movimentos carismáticos, às vezes se une à metafísica dos cientistas (Olivier Costa de BEAUREGARD, *La physique moderne et les pouvoirs de l'esprit* [A física moderna e os poderes do espírito], Paris, Le Hameau, 1981) e, eventualmente, oferece uma garantia à parapsicologia e às medicinas que se convencionou chamar de alternativas.

As visões concordistas fazem uma junção entre ciência e fé, seja através de uma seleção eclética de dados científicos e teológicos, seja através de uma filosofia da natureza. No segundo caso, a tradição judaico-cristã, que sempre colocou a revelação histórica acima da revelação natural, é mais raramente solicitada pelos cientistas que as religiões extraocidentais.

3.3.2. Conflito

As relações entre ciência e fé podem se transformar em conflito entre duas verdades opostas, como foi muitas vezes o caso na história moderna.

Cientificismo

Na área científica, a fonte do conflito geralmente se origina de uma concepção realista das teorias científicas, às quais é conferida uma objetividade forte. Se o conjunto dos fenômenos obedece às leis da natureza, a ciência crê que pode fornecer uma explicação exaustiva do real. É quando as crenças religiosas são rebaixadas a meras superstições a serem substituídas, cedo ou tarde, por conhecimento objetivo gerado pela ciência. De acordo com essa postura, que é ideológica e recebe o nome de cientificismo, só existiria o tipo científico de verdade. Há muito tempo, seus adeptos se fecharam para o diálogo, e logo ela se tornou obsoleta em vista dos novos paradigmas científicos.

Fundamentalismo e magistério

Entre os teólogos e as igrejas, pode haver conflito quando há uma postura fundamentalista em relação à Bíblia. Nessa visão, se a Escritura é compreendida como uma autoridade divina infalível, pois é inspirada do início ao fim, segue-se que os saberes científicos que estão em desacordo com a letra da Escritura se afiguram inverdades. A ilustração mais espetacular de tal posição é o recrudescimento do criacionismo nos Estados Unidos. O fundamentalismo está para a teologia como o cientificismo está para a ciência. Na Igreja Católica Romana, por muito tempo, a autoridade magisterial é que julgava a pertinência teológica dos saberes científicos. Desde que a ciência conquistou sua autonomia, tal prática caiu em desuso.

Essas posturas religiosas consistem em censurar a ciência em nome de uma doutrina que não pode tolerar os vários discursos sobre a realidade, por ignorar toda mediação hermenêutica e toda distinção nos níveis de linguagem. No espírito da Reforma, assim como no espírito científico, tais posições são inconcebíveis. Não mais se exerce censura sobre as teorias científicas, mas o criacionismo se tornou uma exceção a essa regra. A luta por influência se deslocou para frentes na área da ética, sobretudo médica e sexual: eutanásia, contracepção, aborto, reprodução assistida, manipulação genética. De modo geral, os integrismos mantêm uma relação ambígua diante da ciência: eles acreditam dar o troco na modernidade ao mesmo tempo que requisitam os serviços da ciência e da tecnologia.

3.2.3. Complementaridade dinâmica

Vista pelos cientistas

Os cientistas que admitem uma complementaridade entre ciência e fé e, ao mesmo tempo, reinvindicam uma filiação à tradição judaico-cristã costumam definir com grande cuidado as diferenças irredutíveis entre ciência e religião, enfatizando a especificidade de seus respectivos procedimentos. A ciência oferece conhecimentos parciais, coerentes e refutáveis que, acessíveis à razão, permitem transformar a natureza. Já a fé fornece um sentido para o mundo e a existência, escapando de toda tentativa de objetivização e requerendo uma adesão pessoal que não é de ordem racional. Os enunciados científicos, portanto, não são da mesma ordem que as declarações de fé: a ciência responde ao "como" e a fé responde ao "por quê". Essa é a partilha comumente admitida entre os cientistas cristãos.

Vista pelos teólogos

Inúmeros teólogos enfatizam igualmente a irredutibilidade dos procedimentos científicos e religiosos, que oferecem um olhar diferente sobre a realidade. Esses teólogos costumam enxergar uma descontinuidade de princípio entre as afirmações que pertencem à esfera da experiência existencial e as afirmações que resultam de exploração científica. Do ponto de vista estrutural, Karl Heim (*Der evangelische Glaube und das Denken der Gegenwart*, t. IV: *Der christliche Gottesglaube und die Naturwissenschaft*, Stuttgart, Aussaat, 1976) e Paul Tillich (*Teologia sistemática*, 1951-1963, São Leopoldo, Sinodal, 2005) deixaram claro que as dimensões racional, existencial e espiritual se desdobram em níveis diferentes, formando um sistema de coordenadas inseparáveis.

Em uma ótica mais funcional, os teólogos contemporâneos se interessaram sobretudo pela especificação dos laços mantidos entre a fé e a razão e, de acordo com cada modelo, a ênfase podia recair tanto na sinergia quanto na competição entre ambas. Por exemplo, Wolfhart Pannenberg (*Grundfragen systematische Theologie*, t. I, Göttingen, Vandenhoeck & Ruprecht, 1967) propôs, entre razão e fé, a mediação da história, ou seja, a experiência concreta dos acontecimentos em que Deus se manifesta. A unidade entre fé e razão já está se cumprindo no presente, e a perspectiva escatológica pode servir-lhes como orientação comum. A mesma insistência na sinergia entre fé e razão é acompanhada de uma perspectiva ontológica e cosmológica, bem próxima, dessa vez, da teologia do processo. Por outro lado, Gerhard Ebeling (*Dogmatik des christlichen Glauben* [Dogmática da fé cristã], t. I: *Prolegomena* [Prolegômenos], Tübingen, Mohr, 1979) mostrou que, ao mesmo tempo que são complementares, fé e razão entram necessariamente em tensão. Sob o domínio do pecado, que determina a condição real do homem, a razão se opõe à verdadeira fé. A fé revela ao homem que ele não pode mudar sua condição como pecador através das virtudes da inteligência. Sua salvação depende da graça divina, mas a inteligibilidade da fé depende da razão. Em um prolongamento dessa linha teológica, com um modelo sistêmico arraigado na experiência cotidiana, Pierre Bühler confia à razão a tarefa de fazer com que a fé se abra para autocríticas, encarregando a fé de lembrar à razão quais são seus limites (*Faille, conformité ou dialogue critique? Une approche systémique des interactions entre la foi et la raison* [Falha, conformidade ou diálogo crítico?: uma abordagem sistêmica das interações entre fé e razão], *RThPh* 123, 1991, p. 59-77).

Mais raros são os teólogos que buscaram colocar a fé cristã em correlação com uma teoria científica específica, mas foi atribuída uma atenção especial ao paradigma da evolução e às diferentes teorias dos sistemas (ver a recensão estabelecida por Jürgen Hübner). A fé foi posta em uma perspectiva evolucionista por Gerd Theissen (*Biblischer Glaube in evolutionärer Sicht*, Munique, Kaiser, 1984), que enxergou certa continuidade entre os processos biológicos e os processos culturais, na medida em que estes tomam o lugar daqueles, atenuando o rigor da seleção natural. Ciência e fé são ambas formas de adaptação à realidade última, lutando contra o absurdo. Sempre a título de exemplo, Jürgen Moltmann tentou, em seu "Tratado teológico da criação" (*Dieu dans la création* [Deus na criação, 1985] Paris, Cerf, 1988), conciliar a teoria dos sistemas e o dogma trinitário.

A categoria da complementaridade dinâmica apresenta a maior heterogeneidade, mas, dos dois lados em debate, é o tipo de articulação mais respeitoso.

3.2.4. Rejeição da articulação

Entre os cientistas

A recusa a todo tipo de articulação temática ou processual entre ciência e fé parte do postulado de que o real, como objeto da ciência, não tem interseção com as realidades da fé. Isso não impede, de modo algum, um diálogo entre ambas, desde que, como preconizou Henri Atlan, "não se busque um metadiscurso que as abarque", com o risco de esterilizar ambas. Essa opinião é partilhada por muitos cientistas que não sentem mais necessidade de articular sua atividade profissional à sua fé que de articular sua profissão aos esportes ou à arte.

Entre os teólogos

As teologias de Karl Barth, de Rudolf Bultmann e, de modo menos radical, de Jürgen Hübner efetuam uma separação parecida entre a área científica e a religião. Reconhecendo plenamente a autonomia da ciência, eles lhe deixam livre espaço quanto à causalidade natural, mas lhe negam toda pertinência quanto ao sentido que a criação ou a existência humana adquirem à luz do querigma cristão.

A recusa da articulação, a não ser na experiência individual concreta (quando cada um é, de fato, implicado em processos de conhecimento e experiências de fé), representa uma tentação para o protestantismo. O risco que tal opção apresenta está na ambiguidade, ou até na contradição, pois cada área lida com um sistema de valores e de convicções que nem sempre coincidem. Essa recusa se verifica insuficiente quando se torna necessário tomar decisões que não engajam somente o indivíduo, mas toda a coletividade.

A diversidade de articulações propostas, tanto por cientistas quanto por teólogos, atesta com clareza que o campo epistemológico está aberto. Estabelecida com base em conclusões às quais chegaram tanto cientistas quanto teólogos, essa tipologia só reflete um dos aspectos da questão. Se consideramos todas as implicações do diálogo entre ciência e fé, surge outra configuração de autores e suas posições.

3.4. As implicações do diálogo entre ciência e fé

3.4.1. Implicações teológicas

A questão de Deus e o conteúdo do discurso empreendido pelo homem sobre o tema são o próprio objeto da teologia. No debate com os cientistas, uma das pedras de tropeço é a articulação entre a transcendência e a imanência de Deus. Dispensando tanto o teísmo quanto o panteísmo, a fé cristã confessa um Deus que se manifesta sob forma humana na contingência da história. Deus se dá a conhecer através da figura mediadora de Jesus, o Cristo. O reconhecimento de um Deus que é pai, pessoal, dotado de uma vontade em relação ao mundo, procede de um ato de fé, não é resultado de uma busca intelectual nem de uma iniciação, mas, sim, fruto de um encontro existencial. Assim, qual relação existe entre o Deus Jesus Cristo e essa realidade última que os cientistas pressentem além do real observável? De ambos os lados, a crença em uma transcendência é reconhecida como um salto ou uma aposta, em descontinuidade com a razão. Mas, quando se trata de dar conta do que é o objeto da fé, as opiniões divergem, e toda tentativa de confrontar a ciência e a fé sempre recai em um ou outro dos tipos de articulação mencionados.

3.4.2. Implicações cosmológicas

Há concepções do mundo e significados que são atribuídos à sua existência e a seu devir. Ao longo das descobertas científicas, o universo foi sucessivamente representado como um relógio, um mecanismo sem atritos, uma máquina térmica, um cassino gigante. À luz dos novos paradigmas, a evolução do cosmos surge como um processo auto-organizador que, no planeta Terra, caracteriza-se por uma crescente complexificação. Essa tendência para a complexificação suscitou duas interpretações concorrentes, e ambas buscam superar o dualismo entre o inerte e o vivo, a matéria e o espírito. A vida ou o espírito podem ser compreendidos como propriedades que surgem da energia-matéria original ou, ao contrário, tudo o que existe pode ser concebido como o produto de uma inteligência que opera desde as origens. As relações entre esse monismo, do espírito ou da matéria, e o monoteísmo judaico-cristão merecem maior consideração.

Do ponto de vista teológico, o mundo como criação também tem suscitado diversas interpretações: mundo como emanação de Deus ou resultado de um decreto divino, mundo como projeto de Deus ou teatro de sua obra salvífica. De acordo com a tradição, a criação se divide em criação original, criação contínua e recriação no final dos tempos. A esses diferentes atos criadores corresponde uma divisão do tempo: o tempo das origens, o tempo histórico e o tempo escatológico do cumprimento. O debate cosmológico entre a ciência e a teologia se concentrou sobretudo na origem do mundo e no sentido de sua existência, até que a descoberta da expansão do universo fez com que a questão do devir voltasse à baila. Questões que se consideravam resolvidas agora são formuladas em novos termos. Que relação haveria entre a criação original e as teorias cosmológicas? Que relação devemos estabelecer entre a criação contínua e a teoria da auto-organização? Em que medida a tendência para a complexificação pode ser aproximada da escatologia cristã? Sem preconceitos com as respostas, podemos apostar que tais perguntas não podem deixar de incluir uma reflexão sobre o *status* das explicações finalistas em assuntos científicos e sobre o *status* da linguagem mítica na teologia.

Dentre os sistemas de pensamento que partilharam das preocupações cosmológicas, podemos citar a síntese de Teilhard de Chardin, a Gnose de Princeton e a teologia do processo. E a elas podemos acrescentar a teologia da história de Pannenberg e a teologia da criação de Moltmann.

3.4.3. Implicações antropológicas

Trata-se da concepção do homem e do significado que se atribui à condição humana. No todo, o Ocidente adere à concepção acerca do homem que advém da teoria da evolução e que inseriu o ser humano na história da natureza. Saber se a vida, e sobretudo a vida inteligente, é um produto do acaso ou de uma vontade sobrenatural é apenas um dos pontos na ordem do dia. Saber em que medida o ser humano se distingue do animal é outro. Mais lancinante ainda é a questão da finitude e da falibilidade humanas. As ciências da natureza têm muita dificuldade em explicar esses resultados da evolução, a menos que considerem a raça humana como uma monstruosidade que, cedo ou tarde, será eliminada pela seleção natural. Em consequência, o debate antropológico entre as ciências naturais e a tradição cristã deverá lançar-se à tarefa, entre outras, de elucidar as relações entre, de um lado, o surgimento da autonomia e a autorreferência e, de outro, a noção teológica de pecado. Formulada de um modo positivo, será objeto de reflexão a tendência para a complexificação da vida em toda a sua diversidade, junto com a convicção, partilhada por todas as religiões, de que o homem e a humanidade têm um destino.

3.4.4. Implicações epistemológicas

O próprio homem pode ser pensado tanto como objeto quanto como sujeito do conhecimento. Disso resulta uma dualidade da experiência: cognitiva e existencial. Nesse caso, as implicações do diálogo entre ciência, razão e fé consistem em uma reconsideração da articulação entre os diversos conceitos da realidade e os diversos conceitos de verdade. A metamorfose dos paradigmas científicos e teológicos deveria permitir uma especificação do papel das convicções nos processos de conhecimento e do papel dos saberes na elaboração dos sistemas de crenças. Uma questão que volta para a ordem do dia, principalmente entre os epistemólogos anglo-saxões, é a da cientificidade da teologia. Outra, que lhe é conexa, consiste na elucidação dos *status* respectivos da teologia e das ciências da religião, em correlação com a incerteza sobre os limites entre subjetividade e objetividade.

A preocupação epistemológica testemunhou uma convergência entre a reflexão dos teólogos sobre os fundamentos da religião e a reflexão dos filósofos e dos cientistas sobre os fundamentos da ciência. Os defensores da relatividade e da contingência do discurso científico (Henri Atlan, Bernard d'Espagnard, Bruno Latour, Ilya Prigogine e Isabelle Stengers) podem se achar de acordo com teólogos como Rudolf Bultmann, Paul Tillich e Thomas F. Torrance, ao mesmo tempo que divergem consideravelmente acerca dos conteúdos da fé.

3.4.5. Implicações éticas

Como as ciências da natureza conferiram ao homem poderes que constituem uma ameaça para a vida dos indivíduos e das espécies, não mais está para ser estabelecido um diálogo entre cientistas, juristas e eticistas. Não abordamos este ponto aqui, mas nos artigos "Bioética" e "Moral", sobre ética, nesta enciclopédia.

3.4.6. Implicações culturais e sociais

Em um mundo em que os saberes explodiram em mil especializações, onde as crenças religiosas se justapõem como ofertas em um supermercado, torna-se necessário, em primeiro lugar, facilitar o acesso à cultura, tanto científica quanto teológica, às pessoas interessadas, na esperança de que o tecido cultural de uma sociedade que se tornou fragmentada seja reconstituído. Isso não se fará sem repercussões no financiamento de projetos de pesquisa e no exercício democrático de um direito de observar os apoiadores e os realizadores da investigação científica. Da mesma forma, isso não será feito sem que haja repercussão nas representações que os teólogos e as autoridades eclesiásticas mantêm da ciência, assim como na credibilidade dos discursos sustentados pelas igrejas.

Os efeitos perversos (não desejados) da ciência e da técnica são parte de um questionamento fundamental para os cristãos de tradição protestante. Se o sutil equilíbrio da biosfera hoje está comprometido por causa da ação humana, seria necessário considerar a autonomia concedida à razão como um erro imputável, em boa parte, aos desenvolvimentos engendrados pela Reforma? Ou se deveria concluir que a secularização, com seus riscos, estava inscrita no cerne da tradição judaico-cristã desde as origens? Bastaria invocar o relato da Queda ou o obscurecimento da razão humana para explicitar o atual estado dos fatos, ou seria preciso indagar-se sobre os perdedores da evolução biológica e concluir que a espécie humana está condenada à extinção por não adaptar-se? São questões que, dento da ética, perpassam o diálogo entre ciência e fé. Boa parte das reflexões apresentadas pelos cientistas ao grande público se limita a enunciar o problema do abismo entre a cultura científica e a cultura humanista. Teólogos como Theissen e Hübner tentaram levantar o desafio e, tanto na Europa quanto nos Estados Unidos, muitas instituições aceitaram a tarefa de oferecer uma plataforma para o diálogo entre as ciências da natureza e as ciências religiosas ou a teologia cristã. Mas, para um contato maior com outras culturas e o pleno benefício de suas tradições religiosas, ainda está faltando uma visão clara e geral das relações entre a racionalidade ocidental e a herança judaico-cristã.

3.5. Um debate que permanece em aberto

No final desse percurso, a diversidade das opiniões que encontramos é um impeditivo para qualquer tipo de síntese: a interpretação permanece em aberto. Essa constatação deve alegrar os protestantes e encorajá-los a manter ativas as vias de circulação entre as capelas e os laboratórios. Certamente essa é uma das maneiras de resistência contra as tendências sincréticas e integristas, quer de obediência religiosa quer de obediência secular.

Clairette Karakash

4. Razão e ciências humanas

4.1. O homem, imagem de Deus ou espelho do mundo?

As ciências humanas são de constituição recente. Seria por causa da complexidade de seu objeto, como afirmava Auguste Comte no século XIX? A abordagem racional desses objetos complexos que são a vida e a história, dimensões fundamentais de uma humanidade tecida de incontáveis interações, é efetivamente difícil. No entanto, também cabe apontar o obstáculo de uma representação plurissecular do *status* excepcional do homem e de sua vocação.

De fato, ainda que as ciências da natureza tenham se emancipado da tutela de todo tipo de magistério normativo, os partidários da investigação científica da condição humana precisavam contar com o temor dos clérigos de que, se fosse o último bastião em que, para eles, a revelação bíblica conservava sua pertinência teórica, depois que a "Natureza", de início considerada o segundo livro da revelação (cf. Francis BACON, *O progresso do conhecimento* [1605], São Paulo, Unesp, 2007), ofereceu-se a uma exploração autônoma que só prestava contas à comunidade dos cientistas. Do ponto de vista teológico, ainda que não subscrevêssemos as representações cosmológicas veiculadas pelos textos bíblicos, será que não deveríamos confiar nos mesmos textos quando nos asseguram que o homem foi criado à imagem e semelhança de Deus? E, depois que o naturalismo aristotélico foi desacreditado pela nova física, ansiosa por explorar as estruturas profundas do universo, além de suas aparências qualitativas (cf. a famosa análise do pedaço de cera na segunda meditação de Descartes, em *Meditações* [1641], São Paulo, Abril Cultural, 1983), não poderíamos esperar encontrar, na filosofia de Platão, um complemento de autoridade próprio a reforçar a ideia de que a eminente dignidade do homem reside em sua participação no *Logos* divino, no exercício de uma razão cujo objetivo mais alto, a saber, o conhecimento das essências, ou arquétipos ideais das coisas, parecia incluir a promessa de uma progressiva eliminação dos acidentes da pesquisa em prol da participação sempre melhor assegurada do mundo inteligível?

Na aurora dos tempos modernos, a volta de um interesse pelo platonismo deveria reforçar amplamente o crédito atribuído à antropologia teológica de Agostinho de Hipona, que não hesitava em enxergar na estrutura da alma os "vestígios", ou traços, da trindade de seu Criador. Ora, se os reformadores se sentiram à vontade para recorrer à autoridade de Platão e rebaixar a de Aristóteles, que, para eles, estava irremediavelmente comprometido pelo uso teológico oficial e pelos grandes sistemas especulativos escolásticos, afigura-se patente que esse recurso cessa no momento capital da interpretação dos textos bíblicos: a hermenêutica da Reforma pressupõe que é importante ouvir a palavra da salvação, não decifrar os arcanos de um saber esotérico que possa levar a melhor sobre os saberes teóricos de que o homem é capaz quando está entregue às suas próprias forças (sobre a hermenêutica calviniana, cf. Gilbert VINCENT, *Exigence éthique et interprétation* [Exigência ética e interpretação], Genebra, Labor et Fides, 1984).

Em última análise, essa hermenêutica, cuja aposta está em discernir diversos regimes de verdade e repudiar as fantasias investidas na ambição especulativa em teologia, deveria verificar-se um auxiliar indispensável da autonomização das pesquisas antropológicas, devido à autolimitação da razão teológica preconizada pela Reforma. No entanto, as promessas dessa hermenêutica permaneceriam inexploradas por muito tempo.

Para explicar esse fato, é indispensável analisar o acontecimento cultural que o surgimento de uma filosofia moderna representa. De modo bastante curioso, a fascinação da filosofia nova pela nova ciência, durante muito tempo, se constituiu em obstáculo maior para o surgimento das ciências humanas específicas: a filosofia tomaria, logo de início, um caminho epistemológico, hierarquizando as diversas manifestações da vida humana a partir da excelência do conhecimento científico, e nisso impediu-se de buscar conhecer a humanidade comum, definida por ela de modo predominantemente negativo em relação ao defeito em suas capacidades de conhecimento.

Certamente teologia e filosofia, de acordo com perspectivas geralmente opostas, celebram, em rivalidade, o sujeito humano. Tanto é assim que poderíamos estimar que, dessa celebração até a constituição das ciências humanas, há somente um passo. A constatação histórica é bem diferente e nos obriga a formular a hipótese de que o ponto de vista normativo sobre o homem dos teólogos e dos filósofos os leva a propor esquemas de inteligibilidade do fenômeno humano inspirados por suas convicções respectivas quanto ao sentido da dignidade humana — descoberta da razão imanente à natureza, para uns, e reconhecimento dos traços da vontade de Deus para o homem, para outros. A finalidade da vida humana, a saber, salvação, santidade e conhecimento, são tão evidentes que a descrição das manifestações do viver humano comum ou parece acessória ou serve principalmente para enfatizar uma necessária diversidade, algo desencorajador de todo esforço para organizá-la.

4.2. Literatura e filosofia, imaginação e conhecimento

Aparentemente distante tanto da ciência quanto da teologia, a literatura pode ser objeto da seguinte questão: será que merece figurar em primeiro lugar entre as premissas de um conhecimento do homem independente de qualquer *a priori*, ou até crítico em relação a todo modelo normativo? De fato, ensaios, memórias, relatos de viagem etc. exprimem uma busca pela exatidão e um gosto pelo pitoresco, uma busca de instrução e o objetivo de distrair. Tudo isso mesclado nas manifestações exóticas consideradas demonstrações práticas dos limites da representação oficial do que é próprio ao homem. Todavia, o descritivo e o ficcional, o criptonormativo e a recusa irônica das normas estabelecidas, se misturam de tal maneira nesses primeiros ensaios "literários" que podemos hesitar quanto a enxergar como precursores das ciências humanas escritores tais como Montaigne (1533-1592) ou os memorialistas e moralistas. Hesitações quanto à maneira com que os identificamos são significativas, pois classificá-los sob a rubrica "literatura", como hoje convencionou-se fazer, não deixa de exprimir, antes de tudo, a ideia que temos do lugar a ser assumido pela metodologia para que uma descrição possa ser acolhida como científica. Inversamente, considerar esses autores como testemunhas importantes do surgimento de uma nova relação com o homem equivaleria a sugerir que o "corte epistemológico" de que se valem as ciências, e também as humanas, está longe de ser evidente e que o interesse pelo conhecimento se comunica com muitos outros interesses possíveis.

É inegável que, com a filosofia moderna, cuja ambição mais constante é justificar o procedimento científico com a defesa de um princípio de estrita separação do campo da fé e do campo da razão, toma forma um saber mais circunscrito sobre o homem. Geralmente concedendo aos teólogos a função de decidir, se possível, a finalidade última da vida humana, os filósofos se sentem obrigados a tratar somente dos problemas do conhecimento "natural", relacionando-o com os seguintes questionamentos: como é possível o saber? E, já que é possível, de que forma pode nos faltar?

Com a filosofia moderna, o ato de conhecer é considerado o mais alto dos desempenhos humanos, destronando qualquer outra autorrealização, como, por exemplo, a ação ou a contemplação. Além disso, de acordo com os filósofos, conhecer é algo que está em correlação estreita com uma necessária competência universal; é por isso que eles investem naturalmente na ciência a esperança de uma unificação do gênero humano, enquanto, de modo inverso, consideram os preconceitos, tanto dos costumes quanto da religião, como as maiores fontes de divisão. Assim, é necessário adotar medidas pedagógicas rigorosas para forçar cada homem a tornar-se o ser racional que deve ser; e a educação se tornou um meio privilegiado para a aplicação e a revisão de princípios que se espera que estejam em estreita correspondência com uma antropologia do sujeito desejante e cognoscente. As práticas pedagógicas passaram a refletir e amplificar com frequência as diversas concepções do verdadeiro e do acesso ao verdadeiro em competição nas nossas sociedades. Assim, foi necessário que a pedagogia se elevasse ao *status* de uma prática *sui generis*, sobretudo quando a criança não mais era considerada o negativo do adulto racional, para que surgisse o esboço de uma psicologia da infância. De modo mais fundamental, foi necessário que essa mutação cultural, ilustrada pelo romantismo e anunciada pela obra de Rousseau, totalmente engajada na celebração dos poderes do sentimento, dos privilégios da intuição e da simpatia e, por fim, das armadilhas deliciosas da admiração e do amor. Foi somente depois disso que se afirmou o desejo por uma experimentação metódica.

Parente do inatismo cartesiano, a teoria spinozista do conhecimento ilustra claramente a estreita correlação entre uma crítica da imaginação e uma crítica anti-institucional dirigida contra os dogmatismos e o autoritarismo das instituições religiosas. Tal concepção negativa de imaginação (considerada o nível inferior de toda representação da realidade), como a de Spinoza, cristaliza um amplo conjunto de considerações quase psicológicas e sociológicas, de concepções teóricas e de julgamentos normativos, que por muito tempo seriam encontradas em toda análise filosófica e científica da vida humana. Do ponto de vista racionalista de um Spinoza, as tradições religiosas cujo poder de atração é diretamente correlacionado ao excesso de sentimentos de temor e esperança que imbuem o ser humano diante da questão da morte, são todas também prejudiciais ao despertar de um conhecimento autêntico e libertador; só diferem por sua aparelhagem institucional e do ponto de vista de seu potencial "moralizante". E, tanto na obra de Spinoza como na maior parte das obras de filósofos da era clássica, a história só ocupa um lugar secundário, pois serve como arma de combate para invalidar as pretensões das normas que, historicamente, surgiram com um valor incondicional. A história não prova nada, a não ser a labilidade de toda justificação das normas positivas. Na era clássica, a história é uma escola de ceticismo, e não a manifestação de um dever essencial da verdade cujo curso educativo devesse reproduzir os principais escansões, para que as crianças possam fazer frutificar a herança, levadas pela admiração pelos grandes heróis do passado. E quando, por exemplo, com Hegel, a história foi concebida como uma espécie de propedêutica da razão enfim autoconsciente (com uma concepção que está no cerne do projeto da *Fenomenologia do espírito*, 1807), ainda não se tratava da história tal como a historiografia contemporânea tentou reconstruir: uma história liberta de toda norma transcendente e de toda finalidade imanente, desprovida de qualquer tipo de tese relativa a um progresso mensurável através do aumento do saber e suas aplicações técnicas. As tradições, desprezadas pelo racionalismo clássico e, logo em seguida, exaltadas pelo romantismo como um núcleo expressivo da alma dos povos, são hoje objetos neutros de uma investigação em que mal se discerne a nostalgia suscitada pela evocação de culturas de forte consenso, um consenso que se tornou possível através da crença na transcendência do Princípio a que essas culturas exprimem sua adesão.

4.3. Crítica do antropocentrismo

Na outra extremidade do espectro epistemológico do período clássico, as teorias do conhecimento empiristas e materialistas enfatizaram os dados dos sentidos, a condição de receptividade sensorial de toda construção racional; essas teorias ocuparam um lugar importante e contribuíram para afrouxar o torno do intelectualismo anterior e, em seguida, do idealismo. Ora, apesar do que os opõe, empiristas e idealistas concordam quanto à centralidade do papel da linguagem na interpretação dos fatos. Inevitável, a linguagem é, ao mesmo tempo, ocasião para graves distorções interpretativas. As mais graves e as mais sistemáticas são as que nos levam a crer que nossos modos de dizer correspondem a modos de ser, ou seja, as que nos levam a considerar as qualificações não como um meio de qualificar o que as coisas são em relação a nós, mas, sim, como uma manifestação autêntica do próprio ser das coisas.

Essas considerações são importantes, pois denunciam o finalismo ingênuo e a metafísica espontânea do homem que se considera a medida de todas as coisas e imagina que a natureza se oferece tal como é à humanidade, composta de criaturas privilegiadas. É necessário enfatizar que a crítica do finalismo e, mais fundamentalmente, a do antropocentrismo com que até mesmo o conhecimento causal estaria maculado é comum tanto a Hume (cf. *Tratado da natureza humana*, 1737) quanto a Spinoza. Em caminhos bastante diferentes, ambos contribuíram para desfazer a confiança em nossas categorias e em nossos modelos de análise e explicação. Ao suscitar uma suspeita sobre o desempenho epistêmico de que o ser humano tanto se gaba, eles enfraqueceram de modo irreversível o *status* de exceção de que parecia gozar a natureza humana, seja por sua característica de imagem de Deus, seja por sua capacidade de conhecimento e autoconhecimento. Dessa forma, em última análise, eles tornaram possível uma antropologia que passou a ser apenas mais um capítulo das ciências naturais: ainda que a espécie humana comporte traços específicos, pode figurar em um quadro geral das espécies (Buffon [1707-1788], Carlos Lineu [1707-1778] etc.). Mais ainda, a comparabilidade de princípio dessa espécie com qualquer outra, uma vez reduzida a representação teológica e idealista da exceção que antes encarnava, autorizou programas de pesquisa que se esforçaram para derivar os atributos de que o homem mais se orgulha (linguagem, razão, técnica) de características mais ou menos contingentes, seja de seu organismo (espessura do cérebro, p. ex.), seja da relação de seu organismo com o meio ambiente (postura, bipedismo, liberação das funções manuais etc.). Em suas diversas variantes (Lamarck [1744-1829], Charles Darwin [1809-1882] etc.), o evolucionismo somente radicalizaria o movimento de naturalização do homem.

4.4. A antropologia entre biologia e hermenêutica

Tais como se afiguram hoje a nossos olhos, as ciências humanas não surgem do universalismo racionalista, ou seja, de uma filosofia que se esforça por justificar o desenvolvimento e o sucesso das ciências da natureza e por deslegitimar as pretensões de uma teologia que é considerada dependente da tradição bastante particular das sociedades fascinadas pelas imagens míticas do mundo. É evidente que a descoberta de outras culturas — e, sobretudo, desse outro por excelência que foi o "bom selvagem" — servirá para alimentar uma primeira crítica do universalismo cristão; porém, com mais frequência, esse tipo de crítica permaneceu na órbita de um ceticismo que o racionalismo filosófico pareceu vencer, alicerçado no universalismo do discurso da nova física, em que se supõe que realidade e verdade são intercambiáveis. Entre a física e o surgimento das ciências humanas modernas, a distância é cavada por uma consciência coletiva de um tipo de historicidade que é diferente da historicidade das ciências físicas: as ciências humanas só se desenvolvem quando se liberam da filosofia clássica, em que se conjugam uma exaltação dos poderes teóricos do homem e uma certeza quanto ao progresso da humanidade através do desenvolvimento exponencial das aplicações técnicas da ciência. A recusa sempre mais marcada da filosofia acompanhou tanto o crescente questionamento dos esquemas de explicação causal herdados da física quanto uma crescente resistência aos poderes exclusivamente atribuídos à inteligência analítica; foi nesse campo das ciências biológicas que se desenvolveram as primeiras tentativas de pluralização dos modelos de inteligibilidade, que Kant consagrou fazendo jus aos conceitos de totalidade e finalidade, que, segundo ele, podiam aplicar-se ao campo da vida social e da história (cf. *Crítica da faculdade do juízo* [1790], Rio de Janeiro, Forense, 1993; a concepção da história que esses modelos autorizam é apresentada em *Ideia de uma história universal de um ponto de vista cosmopolita* [1784], São Paulo, Brasiliense, 1986).

Notemos que Hume desenvolveu uma crítica pré-psicológica e pré-sociológica da racionalidade científica, cuja originalidade está no fato de não apoiar-se em nenhuma teoria empirista para enfraquecer o intelectualismo. Com efeito, para ele, a confiança com que recorremos à noção de causa não tem fundamento ontológico algum, mas corresponde somente aos velhos hábitos a que se reduz a dita "natureza" humana. Trata-se de uma inversão considerável: a física não mais serve como um modelo para a antropologia e, ao reivindicar sua independência disciplinar, a antropologia passou a servir como um vetor para a crítica inédita, intracientífica, do domínio da física, uma crítica à qual, no final do século XIX, fizeram eco tanto a filosofia da vida nietzschiana quanto a metapsicologia freudiana.

Embora reconheça a importância do procedimento humano, Kant prefere defender a existência de estruturas *a priori* do entendimento, o que lhe permite salvar a pertinência cognitiva da ciência ao mesmo tempo que, graças à famosa distinção entre fenômeno e númeno, evita exagerar seu alcance e seu privilégio ontológicos. Devemos a Kant não somente a ideia de que não é o real "em si" que a ciência conhece, mas um real apreendido sensorialmente, esquematizado graças à imaginação e estruturado de acordo com formas espaçotemporais *a priori*; também lhe devemos a distinção entre dois tipos de racionalidade: a que opera no conhecimento de uma natureza que se supõe tecida por relações que é preciso de fato chamar causais e a que é requerida pelo conhecimento desse ser, o homem, cuja aspiração à liberdade é um fator decisivo para a compreensão do que ele é, faz, quer e deve ser. Em primeiro lugar, na obra de Kant, essa distinção objetiva salvar o exercício de julgamentos normativos de uma crítica cética devastadora, antes que estabelecer, além das ciências físicas, outro tipo de ciência. As consequências, porém, são consideráveis, pois acompanham o enfraquecimento do otimismo das Luzes: como o progresso moral não depende nem da ciência nem da técnica — e, de fato, Kant é um leitor atento de Rousseau —, o interesse no assunto deve se concentrar naquilo que o homem "pode". Ora, trata-se de uma formidável peripécia do surgimento de novos saberes sobre a humana "razão prática", e nem a observação fenomenal nem a introspecção — pois a imaginação é fértil em autoilusões — poderiam guiar esse interesse. Assim, só podemos manter alguns textos e, de modo mais geral, as obras de cultura se, ao interpretá-los, os livrarmos de qualquer tipo de uso dogmático, considerando-os boas testemunhas daquilo que o sujeito humano pode ou não pode. Apesar do título, *A religião nos limites da simples razão* (1793, Rio de Janeiro, 70, 1992) não é uma obra que subordina a interpretação do material bíblico à autocompreensão da razão por si mesma, definida como o poder de pensar, e não somente de conhecer, a razão pode receber, através de expressões linguajeiras relativamente estranhas a seu verdadeiro universo de discurso, sugestões simbólicas que aumentam não o cognoscível, mas o que lhe é permitido pensar.

Pela primeira vez, encontram-se estreitamente ligados de um modo positivo o autoconhecimento e a interpretação. Ao longo de todo o século XIX, os debates internos às ciências humanas buscariam sobretudo saber se a interpretação é suscetível de regulação metodológica e até onde deveria ir, da parte do pesquisador, a consideração do sentido que os próprios "atores" conferem à sua ação. Além de Schleiermacher, estiveram envolvidos no tratamento dessas problemáticas os autores William Dilthey (1833-1911; cf. *Introdução às ciências do espírito*, 1883) e Max Weber (1864-1920; cf. *Economia e sociedade*, 1922). O mérito de Kant foi colocar tanto a instância textual quanto a exigência de interpretação entre a antropologia de intenção científica e o interesse normativo, suplantando muitos futuros esforços de pesquisadores nas ciências humanas quanto a evitar sucumbir à ilusão cientificista e tecnicista de uma objetivação experimental autossuficiente e à ambição de um controle científico das práticas (ambição de uma política enfim científica, em que o "governo dos homens" foi substituído por uma "administração das coisas"). Pelo menos indiretamente, dada a conexão que foi operada entre o questionamento moral e a exploração da simbólica bíblica do mal, a obra de Kant atesta a pertinência antropológica da hermenêutica bíblica, ou seja, uma relação interpretativa com os textos que foi definida a partir da complementaridade de uma intenção de compreender diante do "mundo do texto" e uma atenção exegética escrupulosa à instância textual, condição de todo distanciamento crítico (tal dialética, de compreensão e distanciamento, está no cerne da hermenêutica de Ricoeur).

4.5. Línguas e linguagem: culturalismo ou simbólica?

A contribuição da obra de Johann Gottfried Herder (1744-1803) quanto à exploração da condição simbólica da existência humana não deve ser negligenciada: a influência desse teólogo e pensador é tão grande entre as primeiras gerações românticas que seus participantes se puseram a afrouxar o torno de um racionalismo considerado estreito demais, ansiosos por apelar às fontes míticas e religiosas de uma apreensão poética do existir humano. Na obra de Herder, o divórcio clássico entre o teológico e o científico dá lugar a uma racionalidade complexa, capaz de reconhecer, acima de qualquer elaboração teórica, o peso das tradições, sobretudo da linguagem. Antes mesmo de Wilhelm von Humboldt (1767-1835), Herder foi um dos primeiros a fazer justiça à condição simbólica do homem. Para ele, a linguagem "natural" não é aquilo que nos prende a preconceitos imemoriais, mas, sim, àquilo que dá carne a nosso pensamento e consistência aos laços de solidariedade entre as gerações. No entanto, o próprio Herder não é um romântico, já que sua ênfase na linguagem (e não na língua), portanto em certa fluidez das tradições e na ausência de separação entre essas tradições e a nova cultura científica, faz com que ele evite cair no excesso culturalista ao qual com frequência sucumbiram os românticos na exaltação do gênio criador. Com Fichte, ao contrário, a observação da diversidade da condição simbólica cede diante da afirmação de uma diferença radical entre as línguas, manifestação por excelência da diversidade fundamental dos povos e garantidora da possibilidade de diferenciar e hierarquizar seus destinos. Uma vez descartado um conceito forte de humanidade — o que supõe a recusa tanto da interpretação kantiana, para a qual a ideia de humanidade é o horizonte indispensável para todo agir moral, quanto da concepção herderiana de uma humanidade em devir —, de fato permanece a positividade de cada cultura, na qual todo sujeito advém como sujeito verdadeiramente concreto e real.

4.6. Ciências do normal e objetivos normalizadores

Historicamente, as ciências humanas partem da paisagem intelectual e dos debates sobre o *status* de entidades como a língua, a linguagem, o povo, a mente, a cultura etc. Durante o século XIX, o desenvolvimento das ciências humanas se caracterizou pela oscilação recorrente entre duas posturas opostas: a primeira foi a de um reforço máximo da tese culturalista (p. ex., o projeto de Hippolyte Taine [1828-1893]); a outra foi a crítica apaixonada dessa mesma tese (p. ex., a perspectiva de Jules Michelet [1798-1874]). A grande questão foi a das relações entre indivíduo e sociedade, particularmente reacendida com a experiência da Revolução Francesa, em torno da qual adversários e defensores se comprazlam em apontar a longínqua ascendência religiosa na Reforma. Essa questão tendeu a substituir a das relações entre natureza e liberdade. Seu primeiro campo sensível foi o do direito. Entre a afirmação revolucionária dos direitos humanos e uma reafirmação contemporânea, moral, desses mesmos direitos (ampliados como direitos sociais e culturais), geralmente prevaleceu uma concepção positivista do direito, em vez de uma concepção apriorística: o direito não mais designava a instituição normativa em que, mesmo corrompida com algum particularismo, a enunciação do direito podia ser compreendida "no limite" como imputável ao exercício de um julgamento racional; passava a designar somente o conjunto das instâncias empíricas, dos agentes e das normas particulares com que dada sociedade institui todos os sujeitos e os submete a normas cuja existência constatada tornava inútil e vã toda tentativa de justificação a partir de princípios (sobre a diferenciação dessas concepções a partir da época clássica, aconselhamos consultar Franck TINLAND, *Droit naturel, loi civile et souveraineté à l'époque classique* [Direito natural, lei civil e soberania na época clássica], Paris, PUF, 1988; para uma exposição da concepção kantiana e de algumas teorias contemporâneas, cf. Rawls, Habermas etc., cf. Otfried HÖFFE, *Principes du droit* [Princípios do direito, 1990], Paris, Cerf, 1993).

O peso das situações sociais, no entanto, desviou o curso dos debates epistemológicos. Assim, tanto no século XIX quanto no nosso tempo, o tema da integração corresponde à consciência crescente da divisão social, um fato que deixa pouco à vontade um culturalismo que postula a coextensividade entre cultura e nação. É verdade que o culturalismo ainda fascina os pesquisadores e que, embora não se possa acatá-lo no plano de uma análise geral da sociedade, muitas vezes lhe é atribuída uma participação importante na análise dos fenômenos de associação, concebidos como fenômenos de sujeição a alguma lei grupal com o *status* equívoco de transcendência-imanência.

Não somente as primeiras grandes teorizações sociológicas — de autores como Joseph de Maîstre (1753-1821) a Émile Durkheim (1858-1917), passando por Pierre Joseph Proudhon (1809-1865) ou Auguste Comte —, mas também as primeiras investigações em psicologia experimental foram tentativas de responder e oferecer perspectivas de solução prática ao problema da integração. As primeiras privilegiaram os fenômenos e as transformações gerais — relacionadas à divisão social do trabalho — de que trata a política. Desde o início, as segundas se mantiveram atentas às manifestações patológicas da vida psíquica, elaborando classificações nosográficas, e preconizaram tratamentos diferenciados em hospitais que antes haviam sido um refúgio para qualquer forma de anomalia orgânica, fisiológica ou psíquica, todas misturadas sem critério (Michel FOUCAULT, *O nascimento da clínica* [1963], Rio de Janeiro, Forense-Universitária, 1977). Porém, mais para o final do século XIX, quando as instituições escolares começaram a assumir um papel de liderança como agente de socialização e normalização, a psicologia se pôs a estudar, de modo cada vez mais fino, o campo da "normalidade", com o objetivo de orientar a experiência pedagógica dos professores. Experimentação e estatística se tornaram os métodos privilegiados para o estabelecimento de níveis de aptidão e de formas de inteligência das crianças, com fins práticos de prognóstico e prevenção.

4.7. Práticas sem sujeito: ideologia e inconsciente

As ciências e as pesquisas novas privilegiaram o campo das "práticas". Ora, em uma análise mais minuciosa, tudo ocorre como se, a partir do momento em que a esfera da prática e a esfera da liberdade não mais se correspondem de modo tão estreito quanto na filosofia kantiana, a antiga versão racionalista e os antigos modelos causalistas reencontrassem seu prestígio de antanho junto aos pesquisadores, ansiosos por mostrar que os recursos explicativos de sua disciplina são valiosos e merecem reconhecimento. Sob um olhar objetivizante, portanto, o sujeito da prática geralmente se torna um agente submetido a um papel, uma função, um *status*, bem mais que um "ator", capaz de participar da elaboração consciente e bem pensada das próprias finalidades do agir (em *O retorno do ator*, Lisboa, Instituto Piaget, 1984), Alain Touraine esboça um convicto repúdio a esse tipo de objetivização, que impede o conhecimento da gênese dos movimentos sociais.

Em uma ênfase descritiva, as ciências humanas, e principalmente as sociais, foram levadas a relativizar a suposta importância somente das estruturas do "mercado" e a importância das modelagens econômicas do agir a partir do momento em que são confrontadas com a observação das diferenciações institucionais relacionadas à modernidade, dos tipos de papel, de *status* etc. A diversidade das práticas observáveis e de seus contextos institucionais respectivos se tornou uma referência crítica contra todo reducionismo que retivesse das práticas somente o que fosse considerado "racional" e identificasse o "racional" com a aptidão para o cálculo do tipo estratégico. Entre outros qualificativos, o século XIX foi a era das utopias socialistas (Pierre Joseph Proudhon, Charles Fourier [1772-1837] etc.), com protestos contra o que é recalcado pelas visões economicistas e liberais dominantes (em geral, de origem anglo-saxã), a saber, a afetividade, a religião, a solidariedade e a própria política.

Menos radical que a crítica freudiana do sujeito racional, que se supõe capaz de reduzir ao silêncio ou dominar em si próprio o irracional, a crítica de Karl Marx do fetichismo da mercadoria e da alienação capitalista não rompe totalmente com a herança das Luzes. Simplesmente, as bodas da razão com a liberdade são adiadas para depois da solução — ou resolução — revolucionária dos conflitos sociais entre trabalhadores e capitalistas. A crítica freudiana, porém, ao afirmar que nossos desejos dependem de uma economia pulsional inconsciente, não nos deixando ansiar por uma vitória da luz sobre as sombras em nós, designa-nos como único objetivo razoável a aceitação desse limite de nossas aspirações, apontadas pelo inconsciente. Em uma perspectiva psicanalítica, de fato nada seria mais devorador e destrutivo que a paixão narcísica, que se mantém atrelada ao princípio do apetite de transparência, ao princípio de um ideal de conhecimento perfeito a serviço de um domínio sem resto. Se analisamos a questão à luz dessas duas críticas, o real não é racional, embora seja teorizável. O racional não é real ou, pelo menos, não é todo o real. Não, o racional não esgota a vocação da razão — apesar de todas as suas diferenças, Aristóteles e Kant declararam igualmente que a razão é a capacidade de fazer jus ao contingente, que não é um defeito de necessidade, e ao possível, que não é menos real que o "real". De inspiração hegeliana, a equação do racional e do real é, a princípio, recusada, assim como qualquer outra fórmula de ambição especulativa pelas ciências humanas, que, em maior ou menor grau, são todas devedoras das obras de Marx e Freud (em princípio, pois a prática da pesquisa não está ao abrigo da *hubris* epistêmica e, além disso, não é raro que os pesquisadores pressuponham a adequação de sua representação àquilo que ela representa ou quer representar).

4.8. A historicidade do sujeito prático

A multiplicação das especializações reforça quanto a lição kantiana foi esquecida — a lição de que não existe exercício da razão sem um julgamento reflexivo sobre os "limites" desse mesmo exercício — e favorece o eclipse da historicidade do sujeito prático (ao qual se costuma manter atrelada, desde sempre, a tradição teológica protestante moderna). No entanto, isso não deve ser compreendido como uma consequência fatal do *status* que caberia às ciências humanas por causa da natureza de seu objeto. A historicidade desse objeto, seja qual for, indivíduo ou grupo, não poupa a pesquisa, assim como o demonstra exemplarmente a historiografia. É evidente que aos diversos tipos de objeto tratados pelas ciências correspondem diversos ritmos temporais, diversos estados de contração ou expansão, mudanças que fazem e desfazem sujeitos frágeis, expostos à contingência do nascer e do morrer. Entretanto, todos eles são "históricos": em primeiro lugar, no sentido em que são mergulhados em uma história que eles não fizeram; em segundo lugar, no sentido em que participam, ainda que superficialmente, do devir histórico, produto não totalizável de condições "objetivas" e de interpretações contínuas, ora ratificadoras, ora retificadoras das interpretações recebidas, relativas a essas condições (e, mais fundamentalmente, ao que se deve considerar "condições", ontologicamente distintas das determinações).

Hoje, o objeto das ciências humanas não mais pode ser simplesmente definido como o homem, não porque a figura do homem esteja menos nítida (cf. as últimas páginas de *As palavras e as coisas: uma arqueologia das ciências humanas* [1966], São Paulo, Martins Fontes, 1985, de Michel Foucault), mas porque do "homem" vários saberes se desenvolveram que em nada deixam a dever às ciências ditas exatas em termos de rigor e aplicação técnica (engenharia genética, neurociência). A partir do desenvolvimento mais recente da sociologia, associado à crítica do cientificismo, esse objeto requer uma definição, depois de Kant, como o campo do "prático". É verdade que a própria história das ciências humanas testemunha uma dificuldade de reconhecer o prático de outro modo a não ser o negativo das ciências exatas, da "natureza". As ciências humanas passarão por ciências envergonhadas na medida em que se considera evidente que a prática, nas fronteiras do desejo e do dever, é confundida com um teatro da liberdade por sujeitos prontos a imaginar que a humanidade seria uma exceção à ordem de uma legalidade natural homogênea. Nesse caso, só haveria de fato ciência se fosse reduzida a afirmação da liberdade, e assim estariam justificados tanto o sucesso dos métodos de tratamento estatístico quanto a redução do normal ao frequente, com o esquecimento da responsabilidade normativa antes assumida por toda a sociedade enquanto comunidade política. Se é verdade que não nos podemos satisfazer com a maneira que Kant encontrou para apontar a especificidade da prática contra todo reducionismo anunciador do cientificismo, defendendo uma concepção abstrata demais de liberdade, também é verdade que não nos podemos satisfazer com a solução corrente que consiste em privilegiar as manifestações mais massivas de reificação das práticas, cuja única vantagem epistêmica é encontrar nas práticas o equivalente a uma quase natureza. Contra esse privilégio, uma miríade de pesquisadores de ciências sociais se mostrou ansiosa por reatar laços com a tradição filosófica, preocupando-se com fazer jus às capacidades reflexivas do sujeito que age, e assim a questão teórica mais sensível passou a ser a seguinte: o raro, não menos que o geral, pode ser objeto de ciência? Quais seriam as implicações epistemológicas e metodológicas de tal reorganização da atenção?

No entanto, se não podemos negligenciar o raro, que, para as teorias da informação, é rico em informação, inclusive teórica, isso significa que o demoníaco e a santidade — e era com hesitação, ou até mesmo repugnância, que Kant considerava a ideia de colocá-los no campo do prático, ou seja, daquilo de que o homem é capaz — deveriam ser levados em consideração e constranger as ciências humanas a aceitarem a vizinhança longamente rejeitada não somente da literatura, mas também das tradições religiosas e de suas interpretações teológicas (a obra de Michel Serres constitui, aqui, uma firme apologia de uma necessária reorganização de nossa cultura). Caso fosse mais bem aceita, essa vizinhança não deixaria de ter suas consequências metodológicas; com relação a isso, as perspectivas abertas por Dilthey e Weber poderiam revelar-se frutíferas.

4.9. O horizonte da prática: as figurações teológica e filosófica da esperança

Estaríamos condenados a deplorar a falta de cientificidade das ciências humanas e a competir com as ciências consideradas exatas em busca de rigor? O modelo platônico de uma ciência enrijecida pela matemática nos obriga a desprezar as ciências humanas considerando-as apenas frutos de opinião, frutos pretensiosos e, pior ainda, mais tediosos que os jogos da ficção literária? Talvez tenha chegado o tempo de um novo aristotelismo, atento para a pluralidade dos modos de ser e das maneiras epistêmicas de conceber cada um deles. Esse tempo seria, então, voltado para uma redescoberta da amplitude das tarefas da "razão prática". A razão é "prática" na medida em que seu "sujeito" é refletido em seus objetos, em que a objetivização de uma natureza mais reflete que anula uma exigência de liberdade cuja compreensão comum institui esse sujeito frágil que é a humanidade. A razão é "histórica" na medida em que, sob pena de ser confundida com a apologia de uma liberdade indiferente, o sujeito racional não poderia eludir a questão de seus procedimentos, de suas orientações programáticas e das urgências associadas à sua situação. E a razão é "dialética" porque há orientações teóricas e práticas, para os sujeitos históricos que não cessamos de ser mesmo quando nos engajamos no empreendimento do conhecer, que só se esboçam na retomada crítica das múltiplas heranças que estão sedimentadas nos corpos da tradição. A dialética está eternamente no cerne da razão.

Ao voltar a ser modesta, porém, a razão se arrisca a sucumbir sob o peso da inquietude contemporânea suscitada pela forma de um mundo órfão de toda transcendência, excessivamente bem moldado e invadido pelas produções e seus dejetos, cada vez menos visitado pela graça dos recomeços ou cada vez menos disposto para a gratidão do nascimento. Os diagnósticos são legião, alimentando prognósticos alarmistas quanto ao futuro da civilização. Evidentemente, não se trata de renunciar à tarefa do diagnóstico que cabe às ciências humanas, nem de desejar que elas cumpram um papel profético. Talvez, de modo mais simples, seja necessário zelar para que, ao concentrar-se, na prática, como objeto de reflexão — o sujeito que age e sofre de acordo com a expressão recorrente de Ricoeur em sua famosa "Simbólica do mal" (1960, em *Philosophie de la volonté* [Filosofia da vontade] 2: *Finitude et culpabilité* [Finitude e culpabilidade], Paris, Aubier Montaigne, 1988, livro 2, p. 163-488) —, as ciências humanas não reforcem uma visão determinista cujo sucesso social, levado adiante pela mídia, desativaria a "coragem de existir". Ousar saber era a palavra de ordem das Luzes. Ousar agir poderia ser a das novas Luzes às quais aspiramos diante de um mundo e um tempo que se libertaram da compulsão de produzir, possuir e também execrar. Entre essa potência, que nos esmaga, e o poder autêntico de agir, que ainda nos falta em grande medida, a diferença parece tênue. No entanto, é importante para nós, pois dependemos do reconhecimento da diferença para a audácia de toda iniciativa, esboço de recomeços e anúncio de níveis de liberdade insuspeitos (cf. P. RICOEUR, "A iniciativa" [1986], em *Do texto à ação: ensaios de hermenêutica II*; v. tb. Angèle Kremer-Marietti, *Les apories de l'action. Essai d'une épistémologie de l'action morale et politique* [As aporias da ação: ensaio de uma epistemologia da ação moral e política], Paris, Kimé, 1993).

Se as ciências — incluindo-se aí as ciências humanas — contribuíram para o "desencantamento do mundo", ao mesmo tempo participaram da lassidão que nos ameaça coletivamente, e da qual, muitas vezes, nos orgulhamos, felicitando-nos por nossa renúncia à utopia. Após Kant, no entanto, será que não deveríamos zelar pela frágil conexão entre a prática e a esperança? Com a esperança, chegamos, talvez, ao *topos* que melhor define a responsabilidade cultural e "prática" atual da teologia, servindo a uma voz que nos convida à doação e nos engaja em um mundo que se enriquece com nossas partilhas. Tal teologia não deixa de estar em consonância com as pesquisas das ciências humanas, que ousam criticar a excessiva influência das análises em termos de interesse e de estratégia e que propõem — no contexto das reflexões sobre o dom, ao risco de uma referência anacrônica a sociedades e práticas normalmente consideradas arcaicas — contramodelos potencialmente libertadores dos preconceitos acadêmicos e de práticas excessivamente moldadas pelo economismo ambiente. O dom é um universal antropológico, assim como um imperativo ético; trata-se de um conceito misto, teórico-prático, um daqueles conceitos de que as ciências humanas não se podem livrar, sob pena de macaquear uma inteligibilidade que não é a delas, mas, sim, das ciências ditas da natureza e, principalmente, sob pena de contribuir para o empobrecimento de nossos mundos vividos. Reencontrar o sentido do dom, caso se testemunhe de modo excelente a complementaridade necessária entre a explicação e a interpretação nos procedimentos das ciências humanas, é algo que pode também, em uma perspectiva teológica, fazer parte do penhor do Espírito, *Logos* da generosidade infatigável e da vida renovada.

Gilbert Vincent

▶ **Razão e fé:** BARTH, Karl, *La théologie protestante au dix-neuvième siècle. Préhistoire et histoire* (1946), Genebra, Labor et Fides, 1969; Idem, *Images du XVIIIe siècle* (1946), Neuchâtel, Delachaux et Niestlé, 1949; Idem, *Philosophie et théologie* (1960), Genebra, Labor et Fides, 1960; BOUTROUX, Émile, *Science et religion dans la philosophie contemporaine*, Paris, Flammarion, 1908; BRUNSCHVICG, Léon, *La raison et la religion*, Paris, Alcan, 1939; CASSIRER, Ernst, *Indivíduo e cosmos na filosofia do Renascimento* (1927), São Paulo, Martins Fontes, 2001; Idem, *A filosofia do Iluminismo* (1932), Campinas, Unicamp, 1994; CHAUNU, Pierre, *La civilisation de l'Europe classique*, Paris, Arthaud, 1971; COURNOT, Antoine-Augustin, *Considérations sur la marche des idées et des événements dans le monde moderne*, 2 vols., Paris, Boivin, 1934; DUMÉRY, Henry, *Philosophie de la religion*, 2 vols., Paris, PUF, 1957; Idem, *La foi n'est pas un cri*, Paris, Seuil, 1959; GOURD, Jean-Jacques, *Philosophie de la religion*, Paris, Alcan, 1911; GUSDORF, Georges, *Les sciences humaines et la pensée occidentale*, 13 t. em 14 vols., Paris, Payot, 1966-1988; HAZARD, Paul, *Crise da consciência europeia* (1935), Lisboa, Cosmos, 1948; Idem, *O pensamento europeu no século XVIII: de Montesquieu a Lessing* (1946), Lisboa, Presença, 1989; KANT, Immanuel, *Oeuvres philisophiques*, 3 vols., Paris, Gallimard, 1980-1986; LALANDE, André, *La raison et les normes*, Paris, Hachette, 1948; LAPLANCHE, François, *L'évidence du Dieu chrétien. Religion, culture et société dans l'apologétique protestante de la France classique*, Estrasburgo, Association des publications de la Faculté de théologie protestante de l'Université de Strasbourg, 1983; Idem, *L'Écriture, le sacré et l'histoire. Érudits et politiques protestants devant la Bible en France au XVIIe siècle*, Amsterdã, APA-Holland University Press, 1986; LÖWITH, Karl, *De Hegel à Nietzsche* (1941), Paris, Gallimard, 1969; MEHL, Roger, *La condition du philosophe chrétien*, Neuchâtel, Delachaux et Niestlé, 1947; PIGUET, J.-Claude e WIDMER, Gabriel-Ph., *Le renversement sémantique. Dialogue d'un théologien et d'un philosophe*, Lausanne, *RThPh* (Cahiers de la *RThPh* 16), 1991; PITASSI, Maria-Cristina, *De l'orthodoxie aux Lumières. Genève 1670-1737*, Genebra, Labor et Fides, 1992; Idem, org., *Apologétique 1680-1740. Sauvegarde ou naufrage de la théologie?*, Genebra, Labor et Fides, 1991;

REYMOND, Arnold, *Philosophie spiritualiste*, 2 vols., Lausanne-Paris, Rouge-Vrin, 1942; SABATIER, Auguste, *Esquisse d'une philosophie de la religion d'après la psychologie et l'histoire*, Paris, Fischbacher, 1897; THÉVENAZ, Pierre, *L'homme et sa raison*, 2 vols., Neuchâtel, La Baconnière, 1956; Idem, *La condition de la raison philosophique*, Neuchâtel, La Baconnière, 1960.

Ciência e fé: ALLÈGRE, Claude, *Dieu face à la science*, Paris, Fayard, 1997; ANSALDI, Jean, *L'articulation de la foi, de la théologie et des Écritures*, Paris, Cerf, 1991; BAUD, Philippe e NEIRYNCK, Jacques, *Première épître aux techniciens*, Lausanne, Presses polytechniques et universitaires romandes, 1990; BLONDEL, Jean-Luc, org., *Science sans conscience? Foi, science et avenir de l'homme* consciência?, Genebra, Labor et Fides, 1980; BÜHLER, Pierre e KARAKASH, Clairette, orgs., *Science et foi font système*, Genebra, Labor et Fides, 1992; DELUMEAU, Jean, org., *Le savant et la foi. Des scientifiques s'expriment*, Paris, Flammarion, 1989; DOUCET, Louis, *La foi affrontée aux découvertes scientifiques*, Lyon, Chroniques sociales, 1987; DUBOUCHER, Georges, *La science et la foi. Thèmes et exigences d'un dialogue*, Paris, Beauchesne, 1988; HÜBNER, Jürgen, *Der Dialog zwischen Theologie und Naturwissenschaft. Ein bibliographischer Bericht*, Munique, Kaiser, 1987 (bibliografia comentada das obras publicadas em alemão e em inglês sobre a relação entre a teologia e as ciências da natureza até 1986); LATOUR, Bruno, *Ciência em ação: como seguir cientistas e engenheiros sociedade afora* (1987), São Paulo, Unesp, 2000; MANGUM, John M., org., *The New Faith-Science Debate. Probing Cosmology, Technology and Theology*, Minneapolis-Genebra, Fortress-Press-CMI, 1989; MINOIS, Georges, *L'Église et la science. Histoire d'un malentendu*, 2 vols., Paris, Fayard, 1990-1991; PRIGOGINE, Ilya e STENGERS, Isabelle, *A nova aliança: metamorfose da ciência* (1979), Brasília, UnB, 1984; TORRANCE, Thomas F., *Science théologique* (1969), Paris, PUF, 1990; WIDMER, Gabriel-Ph. E WASSERMANN, Christoph, "Révolutions dans les sciences. Vers de nouveaux horizons", *Bulletin du Centre protestant d'études* 44/2, Genebra, 1992.

Razão e ciências humanas: ALQUIÉ, Ferdinand, *Le rationalisme de Spinoza*, Paris, PUF, 1981; DILTHEY, Wilhelm, *Oeuvres*, t. I: *Critique de la raison historique. Introduction aux sciences de l'esprit et autres textes*, Paris, Cerf, 1992; FICHTE, Johann Gottlieb, *Discours à la nation allemande* (1808), Paris, Aubier Montaigne, 1981; GODBOUT, Jacques T. e CAILLÉ, Alain, *L'esprit du don*, Paris, La Découverte, 1992; GUSDORF, Georges, *Introduction aux sciences humaines* (1960), Paris, Orphys, 1974; HABERMAS, Jürgen, *Conhecimento e interesse* (1968), Rio de Janeiro, Zahar, 1982; HEGEL, Georg Wilhelm Friedrich, *Fenomenologia do espírito* (1807), Petrópolis, Vozes, 2008; Idem, *Leçons sur la philosophie de l'histoire*, Paris, Vrin, 1979; HERDER, Johann Gottfried, *Idées sur la philosophie de l'histoire de l'humanité* (1785-1792), Paris, Presses Pocket, 1991; HUME, David, *Tratado sobre a natureza humana* (1737), São Paulo, Unesp, 2001; NIETZSCHE, Friedrich, *Genealogia da moral: uma polêmica* (1887), São Paulo, Companhia das Letras, 1998; Id., *O livro do filósofo* (1872, 1873 e 1875), São Paulo, Escala, 2007; RICOEUR, Paul, *Do texto à ação: ensaios de hermenêutica II* (1986), Lisboa, RÉS, 1989; ROUSSEAU, Jean-Jacques, *Emílio ou da educação* (1762), São Paulo, Martins Fontes, 2004; WEBER, Max, *Economia e sociedade* (1922), Brasília, UnB, 2009.

▶ **Razão e fé:** Baumgarten S. J.; **Bíblia**; cartesianismo; Cavaillès; crítica da religião; deísmo; **Deus**; espiritualismo; fé; fideísmo; filosofia; Hegel; hermenêutica; humanismo; Kant; Le Clerc; liberalismo teológico; Luzes; metafísica; **modernidade**; Naville; neologia; neoprotestantismo; Newton; ortodoxia protestante; Pascal; Piaget; racionalismo teológico; Renascença; Schelling; teologia da cruz; teologia da secularização

Ciência e fé: apocalíptica; autonomia; Bacon; criacionismo; Cuvier; Darwin; darwinismo; **ecologia**; evolucionismo; Heim; Kepler; parapsicologia; Paré; **técnica**; teologia do processo; Torrance; Tycho Brahe; Weizsäcker; Whitehead

Razão e ciências humanas: Dilthey; filosofia da religião; Habermas; Herder; kantismo (neo); Rawls; **religião e religiões**; Ricoeur; romantismo; Simmei; Weber M.

REARMAMENTO MORAL

Lançado em 1938 por Frank Buchman (1878-1961), pastor luterano americano fundador dos Grupos de Oxford, o Rearmamento Moral declara que a transformação do indivíduo — o "arrependei-vos" do evangelho — é um componente imprescindível para a transformação da sociedade. O movimento preconiza valores morais e a busca da vontade divina, clamando a que cada um coloque em prática essa vontade em todas as esferas da vida, privada e pública, nacional e internacional, e enfatizando a responsabilidade pessoal e as iniciativas individuais. Reúne homens e mulheres de todas as crenças e todas as áreas do saber. Ativo em cerca de sessenta países — dezoito entidades nacionais se constituíram em uma associação internacional, com sede na Suíça —, o

Rearmamento Moral foi rebatizado em 2002 como Iniciativas e Mudança. Hoje, é mais conhecido por seu centro de encontros em Caux (Suíça), por suas ações práticas e, principalmente, suas experiências de reconciliação.

Daniel Mottu

▶ *Changer International*, revista trimestral publicada por Iniciativas e Mudança; LEAN, Garth, *Frank Buchman. A life*, Londres, Constable, 1985; PIGUET, Charles e SENTIS, Michel J., *Ce monde que Dieu nous confie. Rencontres avec le Réarmament moral*, Paris, Centurion, 1979; SPOERRI, Theophil, *Frank Buchman ou la dynamique du silence* (1971), Caux, Caux Édition, 1991.

⊙ Oxford (Grupos de)

RECAPITULAÇÃO

Do grego *anakephalaiōsis*, o termo está sob a forma verbal em Efésios 1.10, que afirma que o desígnio criador e redentor de Deus visa a "fazer convergir nele [em Cristo] [...] todas as coisas", ou seja, literalmente, dar-lhes sua cabeça nele. Irineu de Lyon (?130-200) foi o primeiro a desenvolver essa afirmação, que vai ao encontro da que é central na ortodoxia oriental, a do Cristo *Pantokrator* ("todo-poderoso") ou Cristo cósmico, ao mesmo tempo criador e redentor (cf. 1Co 8.6; Cl 1.12ss; Jo 1.1-18). Às vezes, sobretudo no movimento pietista, a declaração é colocada em paralelo com a de Atos 3.21 sobre a restauração universal (*apokatastasis pantōn*), compreendida em um sentido geral, não se limitando a Israel (cf. a esperança de novos céus e nova terra: Is 65.17; 2Pe 3.16; Ap 21.1ss).

Porém, se a afirmação cristológica da recapitulação diz respeito a tudo, trata-se de uma afirmação de fé, não da razão, e só é inclusiva ao mesmo tempo em que é exclusiva. Assim, o Novo Testamento só é inclusivo do Antigo por meio de uma triagem, portanto, de modo crítico: o evangelho só cumpre a Lei (a Lei verdadeira de Deus) ao aboli-la (a Lei pervertida pelos homens no sentido de um legalismo totalitário) e a Lei cumprida confirma a Lei verdadeira. Dito de outra forma, a recapitulação é, ao mesmo tempo, negação e julgamento, confirmação e conservação, cumprimento e realização perfeita.

O que vale para a relação entre o evangelho e a Lei também vale para a relação entre o evangelho e as religiões, entre a revelação e a realidade ou entre a fé e a razão etc. Todavia, se podemos falar de uma teologia cristã da recapitulação, o sujeito da recapitulação é Cristo, não a fé, nem a igreja. A função da fé e da igreja é atestar a obra recapituladora de Cristo e servi-la, não tomá-la nas mãos, para não perverter a recapitulação em recuperação. A afirmação de Cristo como um recapitulador de todas as coisas, ao associar criação e redenção, preserva a teologia cristã da estreiteza ou da unilateralidade, ao mesmo tempo que requer o discernimento dos espíritos, tarefa por excelência da teologia (cf., p. ex., 1Co 12.10 e 1Jo 4.1).

Gérard Siegwalt

▶ BENOÎT, André, *Saint Irénée. Introduction à l'étude de sa théologie*, Paris, PUF, 1960, p. 202-233; GISEL, Pierre, *Un salut inscrit en création*, em Adolphe GESCHÉ et alii, *Création et salut*, Bruxelas, Facultés universitaires Saint-Louis, 1989, p. 121-161; GROTH, Friedhelm, *Die "Wiederbringung aller Dinge" im württembergischen Pietismus*, Göttingen, Vandenhoeck & Ruprecht, 1984; MEYENDORFF, Jean, *Le Christ dans la théologie byzantine*, Paris, Cerf, 1989; SIEGWALT, Gérard, *Dogmatique pour la catholicité évangélique*, Paris-Genebra, Cerf-Labor et Fides, 1986ss (em especial t. I/1, 1986, p. 80-104).

⊙ Apocatástase; Espírito Santo; mediações; **salvação**; utopia

REFORMA (aniversários da)

A ideia de uma comemoração anual da Reforma surge bem cedo no século XVI. Um bom número de cidades alemãs celebrava o dia do nascimento (10 de novembro de 1483) ou da morte (18 de fevereiro de 1546) de Lutero, o da apresentação da *Confissão de Augsburgo* a Carlos V (25 de junho de 1530) ou o da introdução da Reforma em seu território. Johannes Bugenhagen (1485-1558), colaborador próximo de Lutero, instituiu em algumas cidades uma "festa de reconhecimento da Reforma". Era o dia em que Lutero tornou públicas as teses em Wittenberg (31 de outubro de 1517), cujo centenário passou a ser regularmente celebrado na Alemanha a partir do ano 1617, impondo-se em definitivo como o aniversário da Reforma, primeiro na Saxônia (1667), em toda a Europa luterana e, por fim, na segunda metade do século XIX, nas igrejas ligadas ao calvinismo. De acordo com cada região, o dia da Reforma cai no último dia de outubro ou no primeiro domingo de novembro.

Além do evento de 1517, outros episódios da Reforma originaram celebrações, que dizem respeito à história local (p. ex., a abolição da missa em Genebra foi solenemente comemorada nos anos 1635, 1735 e 1835, e a adoção da Reforma foi comemorada em 1936 e 1986) ou à vida dos principais reformadores. Assim, o quadrigentésimo aniversário do nascimento de Calvino (em 1909) foi uma ocasião para que se estabelecesse a primeira pedra do Monumento Internacional da Reforma em Genebra e o quingentésimo aniversário do nascimento de Lutero originou, em 1983, um grande número de manifestações culturais e religiosas, assim como uma extraordinária profusão de publicações científicas ou de popularização sobre a Reforma.

Michel Grandjean

▶ CARBONNIER-BURKARD, Marianne, *Fêter la Réformation*, ETR 63, 1988, p. 421-426; DIENST, Karl, "Reformationsfest", em *RGG*, t. V, 1961, col. 873s; FATIO, Olivier, *Quelle réformation? Les commémorations genevoises de la Réformation à travers les siècles*, RThPh 118, 1986, p. 111-130; SCHWAIGER, Georg, org., "Reformationsjubiläen", *Zeitschrift für Kirchengeschichte* 93/1, 1982.

🟢 Festas; **história**; identidade; peregrinações; Reforma/Reformação

REFORMA (Contra)

O termo Contrarreforma foi forjado no século XVIII e geralmente indica o período histórico em que a Igreja de Roma reagiu contra as "heresias" luterana, zwingliana, calvinista e demais — em geral, de 1550 a 1650. No século XIX, os historiadores católicos desenvolveram a noção de uma reforma católica, com o objetivo de apontar para as raízes comuns às duas reformas e o desenvolvimento autônomo (ou até anterior) da ação reformadora de pensadores como o cardeal Francisco Jiménez de Cisneros (1436-1517) na Espanha, Guillaume Briçonnet (?1472-1534) na França, Gian Matteo Giberti (1495-1543) na Itália, além das ordens que surgiram depois de 1520 (capuchinhos, teatinos, barnabitas), para citar apenas exemplos dentre os mais ilustres. Cabe mencionar que o italiano Giberti se tornou o mestre ideal dos grandes bispos da Contrarreforma, tais como Carlos Borromeu (1538-1584) e Francisco de Sales (1567-1622). De acordo com historiadores como Pierre Chaunu e Hubert Jedin, a noção de Contrarreforma manteve sua importância para designar um esforço de reação e reconquista da Igreja Católica Romana diante dos rápidos progressos da Reforma.

O Colóquio de Ratisboa, em que o cardeal Gasparo Contarini (1483-1542) se esforçou por reunir forças reformadoras moderadas da cristandade, e que, de acordo com a vontade de Carlos V, deveria recompor a unidade religiosa de seu império, fracassou em 1541. O papa tomou a iniciativa de reunir um concílio sem os hereges. O Concílio de Trento (1545-1563) tinha por principal objetivo destruir os fundamentos dogmáticos da Reforma, sobretudo o *sola scriptura* (sessões de 1545 a 1546) e, em seguida, o *sola fide* (1546). Para a Igreja Católica Romana, o concílio significou "a derrota das correntes augustinianas e humanistas bíblicas", assim como "do occamismo e do pelagianismo humanista de Erasmo" (A. G. Dickens). Ao confirmar o valor primordial para a Igreja das ordens, da hierarquia e da missa como sacrifício, o concílio erigiu, "face a uma religião da Palavra, uma religião do gesto e do sacramento" (P. Chaunu). Nos níveis dogmático e doutrinário, a Contrarreforma estava concluída. As ordens religiosas — sobretudo a Companhia de Jesus, fundada em 1540 por Inácio de Loyola (?1491-1556) — foram a base operacional da Contrarreforma, enquanto a Inquisição foi sua base disciplinar e repressiva. O concílio também tomou uma série de decisões com o fim de estabelecer uma diferença entre as reformas protestantes e a Igreja Católica Romana, que deveria ser renovada na mente dos fiéis; assim, foi dada ênfase à justificação tanto pela fé quanto pelas obras, o que atribuía aos sete sacramentos um poder "objetivo", sendo um exemplo particularmente marcante o da crença no batismo como indispensável para a salvação do nascido de novo. Além disso, o concílio sugeria decretos de "polícia eclesiástica": residência do clero, instituição de um seminário em cada diocese, sínodos diocesanos e provinciais, visitas pastorais, disciplina estrita para eliminar a praga dos clérigos indignos. Antes de dissolver-se em janeiro de 1564, o concílio estabeleceu diretrizes de um imenso alcance prático, como a confirmação da existência do purgatório, da intercessão dos santos e da utilidade da oração dos vivos pelos mortos. Por fim, foi confiado ao papa (a Igreja da Contrarreforma, e por muito tempo desde então, é uma monarquia absoluta) o cuidado de estabelecer as consequências no nível eclesiástico e concluir a revisão do *Breviário* (1568), do *Missal* (1570) e do texto latino da Bíblia (*Bíblia Clementina*, 1592). *Professio fidei tridentina*, um credo complementado por uma suma de dogmas tridentinos, foi publicada por Pio IV no dia 13 de novembro de 1564. Todo o clero, a partir de então, seria obrigado a subscrever essa profissão de fé. Foram produzidos abundantes catecismos — dos quais um dos mais importantes foi a *Summa doctrinae christianae* (Viena, 1555) de Pedro Canísio (1521-1597) — para combater os reformados com suas próprias armas; de resto, não se pode exagerar o efeito desses manuais sobre a população amplamente analfabeta, entre as mãos de um clero geralmente refratário quanto a assumir a pesada tarefa da catequese. Para uso dos religiosos, havia o *Catechismus ex decreto Concilii Tridentini*, (1566, em português: *Catecismo dos párocos, redigido por decreto do Concílio Tridentino, publicado por ordem do papa S. Pio V, dito vulgarmente Catecismo Romano*, Petrópolis, Vozes, 1962), exposição doutrinária dos textos fundamentais da religião cristã. Se a Igreja da Contrarreforma surgiu sobretudo em razão da reconquista antiprotestante, a Inquisição e as visitas pastorais foram armas voltadas tanto contra a heresia quanto contra a superstição e o paganismo que sobreviviam principalmente nos meios rurais. Um espírito missionário sem precedentes inflamou o clero regular, herói de uma igreja organizada desse modo. Os membros das ordens religiosas, assim como os grandes viajantes, multiplicaram-se por todo o mundo, convertendo populações inteiras e estabelecendo igrejas por toda parte.

Alguns anos depois, as *Disputationes de controversiis christianae fidei adversus hujus temporis haereticos* (3 vols., Ingolstadt, 1586-1593), de Roberto Belarmino (1542-1621), sistematizaram as argumentações dos polemistas católicos, e a obra monumental *Annales ecclesiastici a Christo nato ad annuum 1198* (12 vols., Roma, 1588-1607; ed. em protótipo revista e aprovada pelo autor, 11 vols., Mayence, 1601-1608), do cardeal Cesare Baronio (1538-1607), retomando a história do cristianismo desde as origens, desmontou a visão protestante da história do cristianismo como um afastamento progressivo da pureza da igreja dos apóstolos até o esclarecimento do início do século XVI.

Territorialmente, as posições confessionais foram estabilizadas com os tratados de Westfália (1648), que puseram fim à Guerra dos Trinta Anos (1618-1648).

Matteo Campagnolo

▶ BEDOUELLE, Guy e ROUSSEL, Bernard, orgs., *Le temps des Réformes et la Bible* (*Bible de tous les temps* V), Paris, Beauchesne, 1989; CHAUNU, Pierre, *Église, culture et société. Essais sur Réforme et Contre-Réforme (1517-1620)* (1981), Paris, SEDES, 1984 (bibliogr.); DELUMEAU, Jean, *Le catholicisme entre Luther et Voltaire*, Paris, PUF, 1996 (bibliogr.); DICKENS, Arthur Geoffrey, *La Contre-Réforme* (1968), Paris, Flammarion, 1969; ISERLOH, Erwin, GLAZIK, Josef e JEDIN, Hubert, *Reformation, katholische Reform und Gegenreformation* (*Handbuch der kirchengeschichte* IV) (1967), Friburgo em Brisgóvia, Herder, 1999; JONES, Martin D. W., *The Counter Reformation. Religion and Society in Early Modern*, Cambridge, Cambridge University Press, 1995; RICHARD, Pierre, *Concile de Trente* (*Histoire des conciles d'après les documents originaux* IX), 2 vols., Paris, Letouzey et Ané, 1930-1931; SARPI, Paolo, *Opere*, org. por Gaetano e Luisa COZZI, Milão-Nápoles, Ricciardi, 1969; Idem, *Histoire du concile de Trente* (*Édition originale de 1619*), reed. da tradução francesa de Pierre-François Le Courayer (1736) por Marie VIALLON e Bernard DOMPNIER, Paris, Champion, 2002; SEIDEL-MENCHI, Silvana, *Erasmo in Italia 1520-1580*, Turim, Bollati-Boringhieri, 1987; VEISSIÈRE, Michel, *L'évêque Guillaume Briçonnet (1470-1534). Contribution à la conaissance de la Réforme catholique à la veille du Concile de Trente*, Provins, Société d'histoire et d'archéologie, 1986; VENARD, Marc, *Le catholicisme à l'épreuve dans la France du XVIe siècle*, Paris, Cerf, 2000.

● Carlos V; catecismo; catolicismo; Guerra dos Trinta Anos; Hungria; papado; Polônia; Reforma/Reformação; Trento (Concílio de); Westfália (tratados de)

REFORMA (pré-)

A noção de pré-Reforma foi forjada por Augustin Renaudet no início do século XX e reúne os diversos movimentos religiosos e intelectuais que precederam a Reforma do século XVI: os valdenses (seguidores de Valdo, que viveu entre o final do século XII e o início do século XIII), John Wycliffe (entre 1320 e 1330-1384) e Jan Hus (1371-1415), o humanismo e o evangelismo. Essa noção permite dar conta das reivindicações religiosas e do desejo de reforma que inflamavam a cristandade desde o século XIII, na compreensão de que a Reforma Protestante é uma modalidade particular — certamente a mais espetacular — de uma onda sociorreligiosa de aspectos variados e complexos que atravessou toda a Europa por vários séculos.

Se a palavra "pré-reforma" foi uma criação recente, o mesmo não se pode dizer da ideia de que os reformadores teriam tido predecessores na fé. Para responder à questão que advém do catolicismo, "onde estavam vocês antes de Lutero e Calvino?", os protestantes precisaram rapidamente demonstrar que os valores teológicos pelos quais lutavam já tinham sido atestados ao longo dos séculos anteriores: a reforma da eclesiologia, a crítica ao poder do papa, a ceia sob as duas espécies, o retorno à autoridade unicamente da Escritura e a crítica da escolástica de fato foram reivindicações surgidas bem antes que Lutero e Zwinglio as assumissem. Por exemplo, Teodoro de Beza declarou: "Tendo chegado o tempo em que Deus ordenou a retirada de seus eleitos das superstições que sobrevieram pouco a pouco à Igreja Romana, e para recuperar mais uma vez o esplendor de sua verdade, embora um século antes essa verdade tenha sido perseguida por ferro e fogo quando John Wycliffe e, depois dele, Jan Hus e Jerônimo de Praga a trouxeram e apresentaram ao mundo, Deus suscitou primeiro na Alemanha um grande personagem chamado Johann Reuchlin" (*Histoire ecclésiastique des Églises réformées de France* [História eclesiástica das igrejas reformadas da França], t. I, Toulouse, Société des livres religieux, 1882, p. 1).

Apesar de seu caráter prático, a noção de pré-Reforma não está isenta do vício do anacronismo. Não é satisfatório definir o passado a partir do futuro. Como observa Pierre Chaunu, "Jan Hus não é pré-luterano: foi Lutero quem afirmou que 'somos todos hussitas'." Nesse sentido, é significativo que essa noção não tenha lugar no volume VII da recente *História do cristianismo, das origens até nossos dias*, dedicado ao período que precede a Reforma.

Hubert Bost

▶ CHAUNU, Pierre, *Le temps des Réformes* (1975), Paris, Hachette, 1996; RENAUDET, Augustin, *Préforme et humanisme à Paris pendant les premières guerres d'Italie 1494-1517* (1916, 1953), Genebra, Slatkine, 1981; VENARD, Marc, *Réforme, Réformation, Préréforme, Contre-Réforme... Étude de vocabulaire chez les historiens récents de langue française*, em Philippe JOUTARD, org., *Historiographie de la Réforme*, Neuchâtel, Delachaux et Niestlé, 1977, p. 352-365; Idem, org., *De la réforme à la Réformation (1450-1530)* (*Histoire du christianisme des origines à nos jours* VII), Paris, Desclée, 1994; WEISS, Nathanaël, "Réforme et préréforme. Jacques Lefèvre d'Étaples", *Revue de métaphysique et de morale* 25, 1918, p. 647-667.

◉ Evangelismo; humanismo; Hus; hussismo; **protestantismo**; Reforma/Reformação; Renascença; Valdo; Wycliffe

REFORMA RADICAL

Termo utilizado para designar a dissidência protestante do século XVI. Inspirando-se em princípios reformadores (*sola scriptura*, *sola fide*), em Erasmo, Lutero, Zwinglio e na mística medieval, a dissidência surgiu desde os primeiros anos da Reforma. Sua história se caracteriza por personagens e acontecimentos multiformes: Carlstadt (1486-1541), Thomas Müntzer (?1490-1525), o levante camponês (1524-1525), Conrad Grebel (?1498-1526), Balthasar Hubmaier (?1485-1528), os anabatismos, Caspard Schwenckfeld (1489-1561), Sebastian Franck (?1500-1542), os espiritualismos, Melchior Hoffman (?1500-1543), o Reino de Münster (1534-1535), Miguel Serveto (?1509/1511-1553), o antitrinitarismo etc. A Igreja Romana enxergou nessa diversidade as conclusões lógicas da Reforma. Para proteger-se, os reformadores se distanciaram da Reforma radical. Durante séculos, as historiografias católica e protestante consideraram a dissidência como um fenômeno homogêneo e negativo. A partir de Troeltsch, os pesquisadores distinguiram vários tipos de dissidência e começaram a explicá-los de um modo não apologético. Os temas teológicos variam segundo o caso: rejeição do batismo de crianças, ênfase no sacerdócio universal, vida comunitária, não violência, interiorização da fé, milenarismo. No entanto, são encontrados temas constantes: a rejeição da simbiose entre igreja e Estado, a importância do engajamento do indivíduo, a ênfase na ética e nas implicações concretas da fé cristã.

Neal Blough

▶ BLOUGH, Neal, org., *Jésus-Christ aux marges de la Réforme*, Paris, Desclée, 1992; JANTON, Pierre, *Voies et visages de la Réforme au XVIᵉ siècle*, Paris, Desclée, 1986, p. 167-211: *La Réforme radicale ou la quatrième voie*; STAUFFER, Richard, "L'"aille gauche de la Réforme' ou la 'Réforme radicale'. Analyse et critique d'un concept à la mode" (1976), em *Interprètes de la Bible. Études sur les Réformateurs du XVIᵉ siècle*, Paris, Beauchesne, 1980, p. 31-41; WILLIAMS, George Huntston, *The Radical Reformation* (1962), Kirksville, Truman State University Press, 2000; Idem e MERGAL, Angel M., org., *Spiritual and Anabaptist Writers. Documents Illustrative of the Radical Reformation*, Filadélfia, Westminster Press, 1957.

● Anabatismo; antitrinitarismo; Biandrata; Carlstadt; Dávid; Denck; **Deus**; dissidente; entusiasmo; Franck; Grebel; Guerra dos Camponeses; Hoffman; Hubmaier; iconoclasmo; iluminismo; João de Leiden; **Jesus (imagens de)**; Joris; Mantz; Marpeck; Matthys; Menno Simons; menonismo; milenarismo; Münster (Reino de); Müntzer; **protestantismo**; Reforma/Reformação; **ritos**; Sattler; Schwenckfeld; **seitas**; Serveto; Socino; Storch; unitarismo; Zwickau (profetas de)

REFORMA/REFORMAÇÃO

Historiadores discutem há várias décadas o uso da palavra "Reformação": o que está em jogo nesses debates historiográficos é a "própria interpretação do movimento religioso iniciador do cristianismo moderno" no século XVI (M. Venard).

"Reformação" [em francês, *Reformation*] é um termo atestado na língua francesa desde o século XIII. A obra *Trésor de la langue française* [O tesouro da língua francesa] (t. XIV, Paris, CNRS Éditions, 1990, p. 615s) data de 1213 uma primeira ocorrência e especifica que a acentuação na primeira sílaba [*Réformation*, como é a forma francesa hoje] só foi atestada em 1740. Trata-se da transcrição do latim *reformatio*, também verificada em alemão e em inglês.

O campo semântico do termo é bastante extenso. No campo político e jurídico, designa a revigoração de um direito antigo, eventualmente revisado, do qual se espera a restauração das instituições e dos valores sociais. Os traços de significado são mais numerosos quando se trata de religião: diz respeito à correção da conduta de homens e mulheres para conformá-los às exigências enunciadas em seu batismo em nome de Jesus Cristo ou, ainda, apontar para uma regra monástica original ou leis canônicas em que se verifica uma expressão da lei evangélica. Espera-se um bem considerável de tal reformação das pessoas, das cidades ou do império. Assim, o termo é próximo a "renascimento", "renovação" e "restauração", recebendo também conotações escatológicas. Cabe observar que a *reformatio legum ecclesiasticarum* (1549-1551), empreendida sob o reinado de Eduardo VI, remete a um sentido inclusivo do termo: trata-se de uma revisão das leis eclesiásticas do reino da Inglaterra para que estejam conformes com os dois princípios reconhecidos como fundamentais — a Escritura e o rei, fontes de toda jurisdição.

Em francês, o termo *reformation* envelheceu, e o substantivo *reforme*, em seguida *réforme*, o substituiu, enquanto as formas do verbo *reformer/réformer* estão em uso desde o século XVI. Desde então, seriam frequentes as interferências entre os usos alemães e franceses desses termos[1].

Os historiadores divergem quanto ao uso adequado para a dupla reformação/reforma em textos sobre os movimentos religiosos que levaram à criação de múltiplos cristianismos modernos na Europa (catolicismo tridentino, diversos protestantismos, anglicanismo etc.). Os agentes das mudanças religiosas no século XVI tornavam Deus o sujeito da ação da reforma ou atribuíam essa ação à Palavra divina. No século XVII, passou-se a atribuir a Lutero a reformação da igreja: W. Maurer enfatiza, quanto a isso, a importância dos trabalhos de Veit Ludwig von Seckendorf (1626-1692) na polêmica que disputou com o jesuíta Louis Maimbourg (1610-1686).

Muito rapidamente, se expandiu pela Alemanha e entre os historiadores protestantes franceses do século XIX certo uso do termo *Réformation* para designar sucintamente a sequência dos acontecimentos associados a Lutero, que "transformou uma contestação apresentada no interior da Igreja Católica em um protesto que se pôs a agir fora dela" (Jean Baubérot).

---

[1] [NE] Em português: *reformação*: 1 Ação ou resultado de reformar; CORREÇÃO; EMENDA; REFORMA. Fonte: dicionário Aulete digital.

Émile G. Léonard fez a mesma escolha quando, em 1961, intitulou o primeiro tomo de sua *Histoire générale du protestantisme* [História geral do protestantismo] (reed. Paris, PUF, 1988), em torno de Lutero e Calvino, como *La Réformation* [A Reformação]. Para ele, esse foi o momento central de um novo episódio de reforma que atingiu a igreja ocidental, uma Reforma que integrou uma pré-Reforma, de um lado, e uma Contrarreforma, de outro, como as duas abas de um "tríptico historiográfico" então no ponto de ser criticado, pois se encontravam mais ou menos explicitamente subordinadas, cronológica e logicamente, à Reformação (M. Venard). Com efeito, nesse esquema, no final do século XV e no início do século XVI, o resultado dos movimentos de reforma que haviam sido preparados de longa data e modificavam as instituições e a vida cristã tradicional foi perdida de vista. Já a expressão "Contrarreforma" foi derivada das contrarreformações, reconquista de territórios protestantes pelos católicos (Johann Stephan Pütter [1725-1807]). Leopold von Ranke (1795-1886) e Moriz Ritter (1840-1923) tornaram comum o uso do singular no final do século XIX.

Esse tríptico facilitou a imposição de um sentido confessional restrito às expressões Reforma e igrejas reformadas. A Reforma passou, então, a designar os movimentos que surgiram das iniciativas de Ulrico Zwinglio, Heinrich Bullinger, pastores e Conselhos de Zurique, de um lado, e João Calvino, pastores e Conselhos de Genebra, de outro. Ambas as cidades e ambas as igrejas se aliaram de um modo eficaz após a conclusão do *Consensus Tigurinus* (1549). A partir do século XVI, nesses meios, na Suíça e na França, o termo "igrejas reformadas" passou a ser utilizado para a autodesignação desses movimentos.

Os historiadores nunca concordaram sobre uma terminologia única. Com Jules Michelet (1798-1874), passou a ser corrente designar o conjunto dos movimentos protestantes pelo vocábulo "a Reforma"; a obra *Les Réformes, enracinement socioculturel* [As Reformas, enraizamento sociocultural] (editada por Bernard Chevalier e Robert Sauzet, Paris, La Maisnie, 1985) ainda é testemunha de uma grande variedade de termos. Levantemos aqui algumas variações para o uso de "Reformação" e termos conexos. Seus traços de significado originais pareceram por demais institucionais e jurídicos a pesquisadores que, comprometidos em primeiro lugar com a sociologia e a antropologia, preferem não utilizá-los, como John Bossy, *Christianity in the West, 1400-1700* [O cristianismo no Ocidente de 1400 a 1700] (Oxford, Oxford University Press, 1985). Por outro lado, inúmeros autores, medievalistas e modernistas, consideraram necessário especificar o uso dos termos "Reforma" e "Reformação" para fazer uso aos que vieram antes de Lutero com sua amplitude e autonomia em seus esforços para corrigir, renovar e formar a doutrina, a espiritualidade, as práticas e as instituições da igreja ocidental, retomados sobretudo pelos concílios do século XV. Assim, Jaroslav Pelikan dá o nome *Le réforme de l'Église et du dogme (1300-1700)* [A reforma da igreja e do dogma (1300-1700)] ao tomo 4 de sua obra *La tradition chrétienne. Histoire du développement de la doctrine* [A tradição cristã: história do desenvolvimento da doutrina] (1971-1989, 5 vols., Paris, PUF, 1994). A partir dos trabalhos de Wilhelm Maurenbrecher (1838-1892) sobre a Itália e a Espanha, mas principalmente das contribuições essenciais que proporcionaram as obras de Hubert Jedin (a começar por *Katolische Reformation oder Gegenreformation*, Lucerna, Stocker, 1946), a expressão "Reforma católica" foi mantida por inúmeros autores. O termo "Reformação" foi então utilizado para apresentar os movimentos protestantes que têm em comum o rompimento com a ontoteologia, não mais reconhecendo na igreja uma instituição mediadora e formando cristianismos não clericais. Se há concordância quanto ao singular, os limites cronológicos da Reformação continuam a variar: por exemplo, Euan Cameron abarca sob o título *The European Reformation* [A Reformação europeia] (Oxford, Clarendon Press, 1991) um ciclo de acontecimentos e transformações que cobre todo o século XVI. A explicação também se estende à designação da "resposta", da "reação" católica ao protestantismo que surgiu da Reformação: a Contrarreforma.

Em francês, o uso de "Reformação" e "Contrarreformação" pode se tornar cada vez mais raro. Considerações linguísticas (envelhecimento da palavra "reformação") e historiográficas de fato levaram vários historiadores a privilegiar o termo "Reformas", no plural, para designar os movimentos religiosos europeus do século XVI. Já nos anos 1940, Lucien Febvre tinha exprimido sua insatisfação por ter atribuído, em 1929, somente aos protestantismos a expressão "a Reforma"; Marc Bloch e Henri-Irénée Marrou também se questionavam sobre quando se referir a uma reforma católica. A partir de então, tornou-se corrente a referência a duas reformas, uma católica e outra protestante, que se teriam desenvolvido ao mesmo tempo, apresentando muitas analogias do ponto de vista da história das mentalidades e da sociologia: nesse sentido, as obras de Jean Delumeau exerceram, na França, uma grande influência sobre muitos historiadores. De modo concomitante, refinou-se o conhecimento dos agentes da Contrarreformação e suas intenções. Élisabeth Labrousse e Robert Sauzet se referem à lenta implementação da Reforma Tridentina (1598-1661) —*La lente mise en place de la Réforme tridentine (1598-1661)* (observar a cronologia) — no capítulo 3 do tomo II de *Histoire de la France religieuse* [História da França religiosa] (Paris, Seuil, 1988); Guy Bedouelle e Bernard Roussel deram o título *Le temps des Réformes et la Bible* [A época da Reforma e a Bíblia] ao volume V da coleção *Bible de tous les temps* [Bíblia de todas as épocas] (Paris, Beauchesne, 1989); os autores do tomo XIV da *Histoire du droit et des institutions de l'Église en Occident* [História do direito e das instituições da igreja no Ocidente] (Paris, Cujas, 1990) apresentaram várias seções ou partes da obra com as expressões "as vitórias da Reformação", "a reforma católica", "a obra da reforma no Quinto Concílio de Latrão", "a obra reformadora do Concílio de Trento" (note-se o emprego ou não das iniciais maiúsculas).

Nesse contexto, outros historiadores, em geral de expressão alemã, buscaram retrabalhar o conceito de Reformação, por vezes criando dificuldades para os tradutores. Citaremos aqui três exemplos que são alvo de debate. Primeiro, inquietações ecumênicas e teológicas levaram Carter Lindberg (*The Third Reformation? Charismatic Movements and the Lutheran Tradition* [A terceira Reformação?: Movimentos carismáticos e a tradição luterana], Macon, Mercer University Press, 1983) a designar três reformações que por muito tempo foram coordenadas: um primeiro luteranismo, o pietismo e os movimentos pentecostais protestantes. Esse uso responde a seu cuidado em iniciar um diálogo sobre os predecessores do pentecostalismo no século XVI e sobre a interpretação de temas luteranos por pentecostais contemporâneos. Segundo, na Alemanha, estende-se um debate em torno da elaboração, por Heinz Schilling, do conceito de *Zweite Reformation*, para designar as situações política, social, religiosa e cultural que se criaram quando da introdução do calvinismo nas cidades, nos principados e nos territórios do império, nos últimos trinta anos do século XVI. Terceiro, dedica-se uma atenção particular às obras de George H. Williams, autor que distingue fortemente uma Reforma magisterial, iniciada e estabelecida com o apoio dos conselhos urbanos ou dos príncipes, e a Reforma radical dos anabatistas, espiritualistas e racionalistas evangélicos, certamente inseparável da Reforma luterana, mas cuja originalidade se caracteriza pelas expressões alternativas de "reforma separatista" ou "restituição radical".

Bernard Roussel

▶ HILLERBRAND, Hans J., org., *The Oxford Encyclopedia of the Reformation*, 4 vols., New York-Oxford, Oxford University Press, 1996; ISERLOH, Erwin, GLAZIK, Josef e JEDIN, Hubert, *Reformation, katholische Reform und Gegenreformation* (*Handbuch der Kirchengeschichte* IV) (1967), Friburgo em Brisgóvia, Herder, 1999, p. 449s: "Die historischen Begriffe"; MAURER, Wilhelm, "Reformation", em *RGG*, t. V, 1961, col. 858-873; RICHARD, Willy, *Untersuchungen zur Genesis der reformierten Kirchenterminologie der Westschweiz und Frankreichs mit besonderer Berücksichtigung der Namengebung*, Berna, Francke, 1959; SCHILLING, Heinz, "Die 'Zweite Reformation' als Kategorie der Geschichtswissenschaft", em *Die reformierte Konfessionalisierung in Deutschland. Das Problem der "Zweiten Reformation"*, Gütersloh, Mohn, 1986, p. 387-437; VENARD, Marc, *Réforme, Réformation, Préréforme, Contre-Réforme... Étude de vocabulaire chez les historiens récents de langue française*, em Philippe JOUTARD, org., *Historiographie de la Réforme*, Neuchâtel, Delachaux et Niestlé, 1977, p. 352-365; WILLIAMS, George Huntston, *The Radical Reformation* (1962), Truman State University Press, 2000.

◉ Anabatismo; Beza; Bucer; Bullinger; Calvino; Caroli; disputa; evangelismo; Farel; **história**; humanismo; iconoclasmo; Knox; Lausanne (Disputa de); Leipzig (cidade e Disputa de); Lutero; Melânctor; Michelet; Oecolampadius; **protestantismo**; Reforma (aniversários da); Reforma (Contra); Reforma (pré-); Reforma radical; Renascença; Viret; Zwinglio

REFÚGIO

Termo que designa a saída dos huguenotes franceses de seu país e a acolhida que obtiveram em diversos países protestantes, na Europa (Inglaterra, Províncias Unidas, Alemanha, Suíça) e em outros continentes (Estados Unidos, África do Sul). O Refúgio contou com várias ondas de exílio: a primeira se deu no século XVI, no momento em que as ideias "evangélicas" se difundiram pelo reino e, em resposta, houve uma repressão político-religiosa contra esses *mal-sentants de la foi* [constrangidos com a fé]; a segunda, no período que precedeu e se seguiu à Revogação do Edito de Nantes (1685).

Acima das considerações religiosas, o Refúgio se reveste de uma importância econômica, como deixa entrever, por exemplo, a política do eleitor de Brandenburgo, que, com o Edito de Potsdam, em 1685, incitou os protestantes franceses a se instalarem em suas terras despovoadas pela Guerra dos Trinta Anos. No nível intelectual, desempenhou um papel decisivo na "crise da consciência europeia" (Paul Hazard) no período que precedeu e anunciou a filosofia das Luzes. O Refúgio foi encarnado por homens tais como Jacques Basnage (1653-1723), Henri Basnage de Beauval (1656-1710), Pierre Bayle (1647-1706), Pierre Coste (1668-1747), Pierre Du Moulin (1568-1658), Pierre Jurieu (1637-1713) e Jacques Saurin (1677-1730).

Hubert Bost

▶ BIRNSTIEL, Eckart (org., com a colaboração de Chrystel BERNAT), *La diaspora des huguenots. Les réfugiés protestants de France et leur dispersion dans le monde, XVIe-XVIIIe siècles*, Paris, Champion, 2001; BOST, Hubert, *Ces Messieurs de la R. P. R. Histoires et écritures de huguenots, XVIIe-XVIIIe siècles*, Paris, Champion, 2001; Idem e LAURIOL, Claude, orgs., *Refuge et Désert. L'évolution théologique des huguenots de la Révocation à la Révolution française. Actes du colloque du Centre d'étude du XVIIIe siècle, Montpellier, 18-19-20 janvier 2001*, Paris, Champion, 2003; COTTRET, Bernard, *Terre d'exil. L'Angleterre et ses réfugiés français et wallons, de la Réforme à la Révocation de l'Édit de Nantes 1550-1700*, Paris, Aubier, 1985; DUCOMMUN, Marie-Jeanne e QUADRONI, Dominique, *Le Refuge protestant dans le Pays de Vaud (fin XVIIe-début XVIIIe siècle)*, Genebra, Droz, 1991; HAASE, Erich, *Einführung in die Literatur des Refuge. Der Beitrag der französischen Protestanten zur Entwicklung analytischer Denkformen am Ende des 17. Jahrhunderts*, Berlim, Duncker und Humblot, 1959; HÄSELER, Jens e MCKENNA, Antony, orgs., *La vie intelectuelle aux Refuges protestants*, Paris, Champion, 1999, e t. II: *Huguenots traducteurs*, Paris, Champion, 2002; MAGDELAINE, Michelle e THADDEN, Rudolf von, orgs., *Le Refuge huguenot*, Paris, Armand Colin, 1985; SAUTIER, Jérôme et alii, *Genève au temps de la Révocation de l'Édit de Nantes, 1680-1705*, Genebra-Paris, Driz-Champion, 1985; WEISS, Charles, *Histoire des réfugiés protestants de France depuis la Révocation de l'Édit de Nantes jusqu'à nos jours* (1835), 2 vols., Le Lavandou, Layet, 1985; YARDENI, Myriam, *Le Refuge protestant*, Paris, PUF, 1985; Idem, *Le Refuge huguenot. Assimilation et culture*, Paris, Champion, 2002.

▶ Basnage; Bayle; Beausobre; Berlim; Brousson; Camisardos (Guerra dos); Coste; Deserto; Du Moulin; Edito de Nantes (e Revogação do); Jurieu; Saurin

REICHEL, Bernard (1901-1992)

Compositor, Bernard Reichel nasceu em Montmirail (Neuchâtel) e morreu em Lutry (Vaud). Era filho de Heinrich Reichel, pastor morávio de origem alemã, naturalizado suíço, e de Thérèse Brindeau, de família morávia e origem huguenote do sul da França. Estudou órgão com Charles Faller em Locle, Adolphe Hamm em Basileia e William Montillet em Genebra; harmonia, contraponto e composição com Paul Benner em Neuchâtel, Hermann Suter em Basileia e Ernst Lévy em Paris; foi aluno e, em seguida, professor do Instituto Dalcroze, em Genebra. Organista em várias paróquias de Genebra, professor de harmonia no Conservatório de Genebra, não deixou de compor, dedicando-se tanto à música profana quanto à religiosa. A presença do salmo e do coral em sua música eclesiástica atesta sua tradição protestante e reformada. Um domínio perfeito da harmonia clássica e uma inspiração profundamente original conferem à sua linguagem musical uma característica bastante única e resolutamente moderna.

Alfred Bertholet

▶ Associação Bernard Reichel, *Catalogue des oeuvres Bernard Reichel*, Lutry, Association Bernard Reichel, 1993; MATTHEY, Jean-Louis, *Inventaire du fonds musical Bernard Reichel*, Lausanne, Bibliothèque cantonale et universitaire, 1974.

▶ Música

REIMARUS, Hermann Samuel (1694-1768)

Reimarus estudou teologia, filosofia e línguas antigas, ministrando aulas por um curto período nas universidades de Iena e Wittenberg. A partir de 1728, passou a ensinar línguas orientais no ginásio de sua cidade natal, Hamburgo. Em paralelo, desenvolveu uma intensa atividade literária. Sua obra *Abhandlungen von den vornehmsten Wahrheiten der natürlichen Religion* contava com mais de seis edições até 1791. No entanto, em oculto, foi a *Apologie oder Schutzschrift für die vernünftigen Verehrer Gottes* que Reimarus se dedicou por longos anos. Tinha descoberto o deísmo durante uma viagem para a Inglaterra e os Países Baixos, nos anos 1720 e 1721. Através de uma historicização consequente, nessa obra, ele relativizou a autoridade das histórias do Antigo e do Novo Testamentos, assim como das igrejas que as interpretaram, objetivando desse modo garantir o direito à existência social de uma "religião razoável" puramente humana e autônoma. Lessing tomou conhecimento dessa obra através dos herdeiros de Reimarus. Como não estava destinada à publicação, ele fez circular alguns de seus capítulos entre 1774 e 1778, dando-lhes o título *Fragmente des Wolfenbüttelschen Ungenannten* (Berlim, Reimer, 1895), que teria pretensamente encontrado na biblioteca de Wolfenbüttel, da qual era diretor na época. O último e mais importante desses fragmentos tratava "do objetivo de Jesus e de seus discípulos": nesses textos, Reimarus descreve Jesus como um pretendente messiânico com intenções políticas, cujos discípulos, após seu fracasso, roubaram o cadáver para dar respaldo a uma falsa ressurreição, tornando-o um Messias espiritual cuja morte propiciatória na cruz passaria a fazer parte do plano divino da salvação. Essas teses provocativas, com base em uma argumentação histórica cerrada, deram origem a uma discussão literária extremamente abundante e marcaram uma etapa fundamental na história da pesquisa crítica sobre Jesus e o cristianismo primitivo.

Martin Ohst

▶ REIMARUS, Hermann Samuel, *Apologie oder Schutzschrift für die vernünftigen Verehrer Gottes*, 2 vols., org. por Gerhard ALEXANDER, Frankfurt, Insel, 1972; GAWLICK, Günther, *Hermann Samuel Reimarus*, em Martin GRESCHAT, org., *Gestalten der Kirchengeschichte*, t. VIII: *Die Aufklärung*, Stuttgart, Kohlhammer, 1982, p. 299-311; *Hermann Samuel Reimarus (1694-1768). Ein "bekannter Unbekannter" der Aufklärung in Hamburg. Vorträge gehalten auf der Tagung der Joachim Jungius-Gesellschaft der Wissenschaften, Hamburg am 12. und 13. Oktober 1972*, Göttingen, Vandenhoeck & Ruprecht, 1973; HIRSCH, Emanuel, *Geschichte der neuern evangelischen Theologie im Zusammenhang mit den allgemeinen Bewegungen des europäischen Geistes*, t. IV, Gütersloh, Mohn, 1952, p. 120-165; PHILIPP, Wolfgang, *Das Werden der Aufklärung in theologiegeschichtlicher Sicht*, Göttingen, Vandenhoeck & Ruprecht, 1957; SCHWEITZER, Albert, *A busca do Jesus histórico: um estudo crítico de seu progresso, de Reimarus a Wrede* (1913, 1951), São Paulo, Novo Século, 2005; WALTER, Wolfgang, org., *Herrmann [sic] Samuel Reimarus, 1694-1978. Beiträge zur Reimarus-Renaissance in der Gegenwart*, Göttingen, Vandenhoeck & Ruprecht, 1998.

◉ Deísmo; **Jesus (imagens de)**; Jesus (vidas de); Lessing; Luzes; Semler

REINO DE DEUS

Se a noção de realeza divina tem suas fontes no Antigo Testamento, de modo mais particular em Salmos e nos livros proféticos, em que o advento de um reino divino eterno e cósmico constitui uma proclamação que não deixa de estar atrelada ao anúncio do dia do Senhor, é no Novo Testamento, principalmente nos evangelhos sinóticos e nos textos de Paulo, que o reino de Deus se torna uma realidade central, ocupando o primeiro lugar na pregação de Jesus. No final do século XIX, foi preciso esperar o resultado de algumas pesquisas sobre o "Jesus histórico" (Johannes Weiß [1863-1914] e Albert Schweitzer [1875-1965]) para descobrir a importância decisiva da realidade do reino de Deus para nossa compreensão da mensagem evangélica. O tema também é central na obra de Albrecht Ritschl (1822-1889) e Adolf von Harnack (*L'essence du christianisme* [A essência do cristianismo, 1900], Paris, Fischbacher, 1907).

Na aurora do século XX, o reino de Deus passou a ocupar um lugar decisivo, tanto na teologia do católico Alfred Loisy (1857-1940) quanto na do ortodoxo Nicolas Berdiaeff (1874-1948) e de cristãos sociais protestantes como Christoph Blumhardt (1842-1919), Hermann Kutter (1863-1931), Leonhard Ragaz (1868-1945), Walter Rauschenbusch (1861-1918) e Wilfred Monod (1867-1943).

Tornou-se, assim, o núcleo do pensamento trabalhado pelo cristianismo social. Três dados principais caracterizam aqui o reino de Deus: primeiro, uma referência privilegiada à mensagem dos profetas; segundo, uma abordagem cristocêntrica e propriamente messiânica de todo o cristianismo, que tradicionalmente era habitado pelo Messias sem o messianismo, enquanto o socialismo ateu se apresenta messiânico, mas sem o Messias; terceiro, o problema e o drama da justiça social é inseparável do reino de Deus. Realidade de ordem social e espiritual, o reino de Deus corresponde a uma transfiguração da terra e ao retorno de Cristo, em uma colaboração entre o homem e Deus. Encontro entre o céu e a terra, o reino de Deus designa não exatamente um além, mas, sim, algo para um tempo futuro: ele é o céu na terra.

Em uma configuração teológica um pouco diferente — enfatizando a irredutibilidade da diferença entre o Reino e o mundo, ao mesmo tempo que promove o frutificar crítico e positivo do tema do Reino para este mundo —, a "teologia dialética" também tornaria o tema um motivo central, que seria posteriormente retomado por Jürgen Moltmann (1926-).

Laurent Gagnebin

▶ BARTH, Karl, *Parole de Dieu et parole humaine* (1924), Paris, Les Bergers et les Mages, 1966; KORSCH, Dietrich, *Le Royaume de Dieu comme révélation rationelle. Introduction à la lecture d'Albrecht Ritschl*, em Idem., Pierre GISEL e Jean-Marc TÉTAZ, orgs., *Albrecht Ritschl. La théologie en modernité: entre religion, morale et positivité historique*, Genebra, Labor et Fides, 1991, p. 63-81; MOLTMANN, Jürgen, *Teologia da esperança: estudo sobre os fundamentos e as consequências de uma escatologia cristã* (1964), São Paulo, Teológica, 2003; MONOD, Wilfred, *L'espérance chrétienne*, 2 vols., Vals-les-Bains-Paris, Aberlen-Fischbacher, 1899-1901; SAUTER, Gerhard, *Die Theologie des Reiches Gottes beim älteren und jüngeren Blumhardt*, Zurique, Zwingli Verlag, 1962; SUBILIA, Vittorio, *Il regno di Dio. Interpretazioni nel corso dei secoli*, Turim, Claudiana, 1993; VIVIANO, Benedict Thomas, *Le Royaume de Dieu dans l'histoire* (1988), Paris, Cerf, 1992; WISSER, Laurent, "Leonhard Ragaz: Royaume de Dieu et socialisme", *Les cahiers protestants*, Lausanne, 1979/2, p. 8-25.

◐ Apocalíptica; Bluhardt C.; cristianismo social/socialismo cristão; esperança; evangelho social; Kutter; messianismo; milenarismo; Moltmann; Monod W.; morte e vida eterna; parusia; Ragaz; Rauschenbusch; Schweitzer; socialismo religioso; "teologia dialética"; teologias da libertação; "Vida e Ação"; Weiß

REINOS (doutrina dos dois)

Tradicionalmente, a expressão "doutrina dos dois reinos" caracteriza um aspecto central da teologia de Lutero, em que o reformador tenta articular aquilo que pertence aos negócios deste mundo com aquilo que diz respeito à relação com Deus. Sob formas diferentes, essa doutrina é reencontrada nas obras de outros reformadores, como Calvino (*IRC* III, XIX, 15 e IV, XX, 1) e Zwinglio (cf. o par "justiça divina" e "justiça humana"), por exemplo, com nuances. É evidente que a dualidade entre a ordem temporal e a ordem espiritual é bem mais antiga que a Reforma, tendo suas origens nos textos bíblicos e conhecendo uma primeira articulação sistemática na doutrina agostiniana das duas cidades. A cristandade medieval assumiu essa doutrina na partilha mais ou menos harmoniosa das duas espadas. Contestando a confusão entre as duas dimensões, sua simples divisão ou ainda sua estrita separação — modelos que confrontou vez por vez, tanto na tradição católica quanto nos movimentos da Reforma radical —, Lutero atribui à sua doutrina uma dimensão resolutamente dialética. O cristão sempre vive simultaneamente nos dois reinos. No reino de Deus (ou de Cristo), ele crê no evangelho e recebe todas as bênçãos de Cristo; no reino do mundo, ele se engaja para cumprir as obras da lei, lutando com inteligência e amor pelo bem e pela justiça. Essa doutrina permitiu que Lutero revalorizasse as funções seculares e assumisse a secularização da sociedade e do mundo com uma lealdade crítica e serena. Desse modo, a distinção entre os dois reinos não é tarefa das instituições (Estado e igreja), mas tem lugar sobretudo na consciência de cada ser humano que é chamado a assumir o conflito das instâncias que o reivindicam, chamado a retomar sem cessar a tarefa de dar a cada uma delas aquilo que ele estima dever-lhes. Através dos tempos modernos, a doutrina dos dois reinos conheceu diferentes tropeços, geralmente sendo compreendida como uma partição entre o público e o privado. Esse revés fez com que a igreja e os cristãos se desinteressassem por tudo aquilo que é público, abandonando sua função crítica ao poder e às limitações socioeconômicas.

Concebida na perspectiva dialética de Lutero, essa doutrina mantém toda a sua pertinência para articular, hoje, as relações entre a fé e um engajamento responsável no mundo.

Pierre Bühler

▶ BAYER, Oswald, *Martin Luthers Theologie. Eine Vergegenwärtigung*, Tübingen, Mohr Siebeck, 2003, p. 281-296; EBELING, Gerhard, *Luther. Introduction à une réflexion théologique* (1964), Genebra, Labor et Fides, 1983, p. 163-175; Idem, "Leitsätze zur Zweireichelehre" (1972), em *Wort und Glaube*, t. III, Tübingen, Mohr, 1975, p. 574-592; GOGARTEN, Friedrich, *Destin et espoir du monde moderne. La sécularisation comme problème théologique* (1953), Tournai, Casterman, 1970; SCHREY, Heinz-Horst, org., *Reich Gottes und Welt. Die Lehre Luthers von den zwei Reichen*, Darmstadt, Wissenschaftliche Buchgesellschaft, 1969.

● Autonomia; Bismarck; consciência; Erlangen; Estado; Gogarten; igreja e Estado; indivíduo; justiça; **laicidade**; **Lei**; **liberdade**; Lutero; **política**; secularização; teologia da secularização; usos da lei

RELIGIÃO CIVIL

Esboçada pela primeira vez por Rousseau, em 1756, em sua correspondência com Voltaire, a noção de religião civil inspirou muitas tentativas para dar conta dos modos de adaptação da religião à sociedade moderna. Para Rousseau, os princípios da religião civil incluíam a existência da divindade e da vida por vir, a felicidade dos justos e a punição dos maus, a santidade das leis e a exclusão da intolerância religiosa. Will Herberg, fazendo um jogo com os adjetivos "cívico" e "civil", utilizou-se do conceito para designar os valores que constituem a base da fé comum dos americanos, justificando, assim, seu papel como campeões da civilização judaico-cristã no mundo. Esse corpo de valores e crenças se constituiu através de sucessivos empréstimos da corrente dominante protestante, aos quais vieram associar-se elementos da tradição católica e judaica. Devemos a Robert N. Bellah a teorização do conceito para designar a religião operante nos Estados Unidos. Foram desenvolvidas variações em outros contextos para exprimir algumas especificidades da reestruturação das relações entre a igreja e a sociedade que tiveram lugar nas sociedades ocidentais, sobretudo a transferência de legitimidade desde o campo institucional eclesiástico até o campo institucional civil. Foi assim que se tornaram comuns as referências a uma religião civil, ao modo francês, ao modo suíço, ao modo belga... Trata-se, portanto, de um conceito fronteiriço que exprime as dimensões tanto religiosas quanto políticas dos laços sociais, ou seja, a difusão de símbolos comuns e necessários para a sociedade civil e a produção do imaginário de uma nação em termos difusos e recompostos.

Roland J. Campiche

▶ BELLAH, Robert N., "La religion civile en Amérique" (1967), *Archives de sciences sociales des religions* 35, 1973, p. 7-22, nova tradução: "La religion civile aux États-Unis", *Le débat* 30, 1984, p. 95-111; CAMPICHE, Roland J., "Les minorités et la constitution de 'religions civiles' en Suisse et en France", em Jean BAUBÉROT, org., *Pluralisme et minorités religieuses*, Louvain, Peeters, 1991, p. 87-97; DOBBELAERE, Karel, "Religion civile et différenciation fonctionelle: étude critique", *Revue suisse de sociologie* 19, 1993, p. 509-534; HERBERG, Will, *Protestants, catholiques et israélites. La religion dans la société aux États-Unis* (1955), Paris, Spes, 1960; JAEGER, Friedrich, *Réinterprétations de la religion et théories de la société moderne. Religion et libéralisme en Europe et aux États-Unis: étude comparée*, Genebra, Labor et Fides, 2006; MARTY, Martin E., org., *Civil Religion, Church and State*, Munique, Saur, 1992; ROUSSEAU, Jean-Jacques (1762), São Paulo, Martin Claret, 2007; SCHIEDER, Rolf, *Civil Religion. Die religiöse Dimension der politischen Kultur*, Gütersloh, Mohn, 1987; ZANDER, Helmut, "Religion civile: théorie universelle ou pratique américaine? Perspectives critiques sur les débats actuels à propos de la pertinence de la 'religion civile'", em Pierre GISEL e Jean-Marc TÉTAZ, orgs., *Théories de la religion. Diversité des pratiques de recherche, changements des contextes socio-culturels, requêtes réflexives*, Genebra, Labor et Fides, 2002, p. 129-148.

● Deísmo; filosofia da religião; **laicidade**; **religião e religiões**; Rousseau; secularização

RELIGIÃO E RELIGIÕES

1. Introdução: a problemática
2. Definição prévia e situação contemporânea
3. Os reformadores e a religião
4. De uma religião natural a uma filosofia da religião
5. História e ciência das religiões
   5.1. A abordagem etnoantropológica
   5.2. A abordagem sociológica
   5.3. A abordagem psicológica

5.4. A abordagem fenomenológica
6. Fé e religião
   6.1. Karl Barth (1886-1968)
   6.2. Dietrich Bonhoeffer (1906-1945)
7. O diálogo inter-religioso
   7.1. Breve histórico
   7.2. Contribuição das igrejas
   7.3. Alguns modos de ação
8. Rumo a uma teologia das religiões?
   8.1. Uma reorientação
   8.2. Teologia e pluralidade religiosa
   8.3. Via dialogal: uma proposta
9. Qual gestão pública do religioso?

1. Introdução: a problemática

A temática da religião — seu *status*, sua função, o tipo de verdade que lhe está correlacionado, sua legitimidade, seus limites — está mais atual do que nunca, bem como o tema da confrontação inter-religiosa, de sua riqueza, da sua fecundidade possível e de sua necessária regulação. Em função da apreensão suposta ou proposta de seu campo de realidade e verdade possível, está em jogo ou se desvela, de fato, tudo o que diz respeito à:

a) sociedade: estaria a sociedade afetada por um movimento de secularização e racionalização crescente e retilíneo ou seria presa de fenômenos diversos de resistências (irredutíveis?), "retornos" ou "recomposições" do religioso, ou até de novas produções religiosas?

b) cultura: viveria a cultura de um princípio que controla uma simbolização social uniforme ou, ao contrário, seria caracterizada por uma instância específica e um campo de expressões diversificadas, irredutíveis, tanto a uma "infra-estrutura" socioeconômica dada quanto a toda afirmação de verdades dominantes, integrantes e absolutas?

c) teologia: falaria a teologia de uma verdade que é gerada da religião, contentando-se em espossar seu desenvolvimento e as formas positivas da crença, em suas diversidades, ou seria conduzida, ao mesmo tempo, a uma problematização específica das maneiras com que o religioso, cristão ou outro, se refere a arraigamentos particulares e se desdobra historicamente, e a uma explicação crítica — específica também, ainda que conduzida em associação com outros tipos de interrogações críticas — tanto quanto ao *status* e à pertinência do religioso como quanto à validade e à regulação de suas formas efetivas?

Concretamente, o caráter atual da temática exposta aqui surge sob três ângulos, historicamente balizados:

1) o advento de uma religião e de uma teologia "naturais" potencialmente universais, centralmente estabelecidas no cerne das Luzes europeias e em debate crítico com relação a religiões e teologias "positivas", historicamente dadas, particulares e institucionais;

2) a confrontação inter-religiosa de tradições e afirmações diferentes, uma confrontação particularmente sensível hoje, mas que sempre esteve presente nas margens da história ocidental e cristã (cf. a constituição do cristianismo "clássico" no coração da Antiguidade tardia, atravessada por múltiplas ofertas de salvação, de gnoses ou de sabedorias, sem estar isenta de profundas interações; o debate sempre aberto e, com muita frequência, dramático com o judaísmo; o diálogo com o islã, principalmente na Idade Média; os amálgamas com o Renascimento etc.);

3) o questionamento em uma modernidade comandada pela razão e pela laicidade sobre o alcance e a eventual legitimidade do religioso, tanto em suas dimensões estruturantes simbólicas, e até afetivas (caracterizando nossas raízes, nossa articulação com o mundo e os outros e nossos sistemas de representação, portanto nossas identidades) quanto em nossas buscas, reconhecidas ou não, do absoluto.

Sob esses três ângulos pode ser assinalada uma especificidade protestante, evidentemente sem exclusividade, e principalmente com respeito à ponderação ou ao estabelecimento de termos em jogo a cada vez?

Pierre Gisel

2. Definição prévia e situação contemporânea

A religião e as religiões, o religioso ou a religiosidade: mais de um século de estudo comparado das religiões e de reflexão sobre o tema não permitiu que se chegasse a uma definição única e satisfatória para um fenômeno em que os pesquisadores são unânimes em reconhecer tanto a extraordinária diversidade de suas manifestações particulares quanto a universalidade (não se conhece sociedade humana que não possua alguma dimensão religiosa).

Na linguagem corrente, podemos discernir com Wilfred C. Smith (1978, cap. 2, § 8) pelo menos cinco acepções diferentes que correspondem cada uma a uma abordagem: primeira, a religião como um conjunto de mitos e ritos arraigados em dada cultura; segunda, a religião como referência ideal e critério de verdade; terceira, a religião como reserva de valores e poder de legitimação; quarta, a religião como piedade pessoal e engajamento cotidiano; quinta, a religião como resposta existencial para o sentido da vida e o enigma do mundo (cf., p. ex., Alfred North Whitehead, "a religião é aquilo que o indivíduo faz com a própria solidão", e Hermann Lübbe, a religião como "resposta à contingência").

Provavelmente não será inútil declarar, logo de início, que o termo "religião" é essencialmente uma noção ocidental, que supõe sua distinção da cultura e da sociedade ambientes — ainda que, na mesma perspectiva ocidental, a realidade religiosa pareça sempre apresentar uma dimensão pública, tanto quanto individual, dimensões que estão associadas e diferenciadas ao mesmo tempo. Esse conceito é desconhecido na maior parte das "religiões" étnicas e orientais. Assim, por exemplo, o termo "hinduísmo" é um neologismo criado pelo Ocidente para qualificar os hindus, que entre eles preferem a expressão "Lei eterna" (*sanâthana dharma*); os budistas também não se referem à sua prática como uma religião, mas como o caminho de Buda.

O termo "religião" também é desconhecido da Bíblia hebraica, que se refere a temer (*yara'*) Deus, observar (*shamar*) os mandamentos, escutar (*shama'*) a voz ou amar (*ahav*) Deus e o próximo. O Novo Testamento recorre ocasionalmente a diversos vocábulos gregos para se referir ao temor pelos deuses (*deisidaimonia*), à piedade (*eusebeia*), ao temor de Deus (*theosebeia*) ou à adoração (*threskeia*). A etimologia latina da palavra *religio* é incerta: em geral, segue-se Cícero, que defendia sua origem do termo *relegere* (reler, repassar no coração), de que se teria originado o sentido de uma observância escrupulosa (o advérbio "religiosamente" conservou esse traço). Já Lactâncio propõe o termo *religare* (religar, associar), com o sentido de laços a serem estabelecidos ou promovidos entre o ser humano e Deus.

Enquanto a *Encyclopedia of the Jewish Religion* [Enciclopédia da religião judaica] (org. por R. J. Zwi WERBLOWSKY e Geoffrey WIGODER [1965], New York, Adama Books,

1986) não tem a entrada "religião", o termo conheceu uma ampla utilização tanto entre os muçulmanos (*dîn*, em árabe) quanto entre os cristãos, na acepção geral e em uma referência à própria fé, e geralmente para exaltar a "verdadeira religião", com a exclusão de outras, ou para uma diferenciação crítica interna. Como exemplo, temos a obra de Agostinho de Hipona, *De vera religione* [Da verdadeira religião] (390). No Alcorão está dito três vezes que Deus "enviou seu Profeta com a Orientação e a verdadeira Religião para fazer com que prevalecesse sobre toda outra religião" (suras 9.33; 48.28; 61.9). No campo reformado, Zwinglio intitulou a primeira dogmática protestante de *De vera et falsa religione commentarius* [Comentário sobre a verdadeira religião e a falsa] (Zurique, Froschauer, 1525); o mesmo procedimento seria adotado por Pierre Viret, *De la vraye et fausse religion* [Da verdadeira religião e da falsa] (Genebra, Rivery, 1560).

A maioria das definições modernas cai sob o golpe de uma das três críticas que se seguem. Algumas definições são específicas demais, como "crença [*doctrine*] em seres espirituais", extraída de uma obra de Edward Burnett Tylor (cf. *La civilisation primitive* [A civilização primitiva, 1871]), t. I, Paris, Reinwald, 1876, p. 493) ou em uma versão monoteísta "fé em Deus": ambas privilegiam a doutrina em detrimento das práticas efetivas, excluindo, por exemplo, as escolas ateias do budismo; outras são muito gerais, como a de Paul Tillich "preocupação última", que inclui não somente as ideologias seculares, mas qualquer outro tipo de paixão; outras ainda são parciais demais no mesmo momento em que se querem totalizantes, como a de Sigmund Freud, "neurose obsessiva", a de Friedrich Nietzsche, efeito de um "ressentimento" e a de Karl Marx, "ópio do povo".

Na mesma linha de Rudolf Otto, em geral houve concordância em situar a especificidade da religião na noção de sagrado, distinto de profano (esse é o ponto fundamental das análises de Mircea Eliade), ou, dito de outra forma, "o que constitui a essência da religião é a distinção entre duas maneiras de ser, de dois mundos radicalmente diferentes" (*Vocabulaire technique et critique de la philosophie* [Vocabulário técnico e crítico da filosofia, 1926, Paris, PUF, 1991], de André Lalande, ad loc.) A essa diferenciação fundamental, convém acrescentar o elemento de comunicação entre as duas áreas como razão de ser do fenômeno religioso. Podemos exprimir essa separação de acordo com registros variados: além do profano e do sagrado, são o puro e o impuro que foram apontados (desempenhando um papel decisivo tanto no hinduísmo quanto no judaísmo), ou o natural e o sobrenatural, o relativo e o absoluto, o tempo e a eternidade, este mundo e o outro etc.

Partindo de uma alteridade, sagrada ou não, como núcleo da religião, faltava especificar as diversas facetas do fenômeno. Aos três termos característicos apresentados por Michel Meslin (*A experiência humana do divino: fundamentos de uma antropologia religiosa* [1988], Petrópolis, Vozes, 1992), *Lei*, *Caminho* e *Comunidade*, podemos acrescentar *Experiência*. A *Lei* (*Dharma* hindu, *Torah* judaica etc.) é o princípio fundador, ao mesmo tempo ensino e regra para a vida, que se recebe e transmite. O *Caminho* (*Tao* chinês, caminho óctuplo budista, os Caminhos do Senhor na Bíblia hebraica, o Caminho no evangelho de João e em Atos 9.2 e 19.9, o Caminho Reto na sura *Fâtiha* 1.7) mescla uma visão do mundo e o engajamento ritual ou ético para constituir menos um sistema de doutrinas e de práticas que uma dinâmica. A *Comunidade* (casta hindu, *sangha* budista, povo eleito na Bíblia hebraica, *ekklēsia* cristã, *umma* muçulmana) caracteriza a dimensão ao mesmo tempo coletiva e institucional de toda a vida religiosa, implicando certo grau de organização interna e uma delimitação entre o lado de dentro e o lado de fora. Por fim, a *Experiência* está na origem de todo movimento religioso (despertar de Buda; diálogo de Krishna com Arjuna; luta de Jacó/Israel; sarça ardente de Moisés; vida, morte e ressurreição de Jesus; revelação recebida por Maomé; missão de Joseph Smith entre os mórmons etc.). Singular e inovadora (inspiração profética, união mística, aparição divina, adoração, dever cumprido, conversão, missão etc.), a experiência constitui um polo pessoal, valorizado na época moderna, sobretudo no protestantismo relacionado a Friedrich Schleiermacher.

De modo sucinto, podemos afirmar que tanto a religião em geral como cada religião em particular constituem uma vida de comunicação e mediação, orientada em seus princípios e em sua prática pela percepção de uma realidade radicalmente outra. Quando nos referimos a uma via em vez de um sistema, privilegiamos um lugar de encontro entre o ponto de vista engajado do fiel para quem a religião é a verdade final e o ponto de vista do observador exterior ou da retomada reflexiva. Enquanto o sistema é fechado e estático, a via (ou caminho) pertence ao vocabulário religioso, dando conta dos laços entre ideias e ações, bem como do dinamismo histórico que é próprio de toda tradição; além disso, deixa em aberto a questão do sentido ou da realidade final (entidade espiritual, Deus pessoal, absoluto etc.), decisiva para aquele que crê, mas que escapa aos procedimentos científicos e à percepção racional.

Em tudo isso, o campo religioso surge atualmente como o lugar que se designa ao encontro e à confrontação entre a abordagem teológica e as análises das ciências humanas e sociais.

Jean-Claude Basset

Além disso, é preciso observar que a teologia protestante, no século XX e em suas expressões majoritárias, mostrou-se mais desconfiada que sua irmã católica em relação às realidades religiosas. Isso porque a teologia protestante considera o fenômeno religioso como necessariamente ambíguo, por ser, de parte a parte, humano, o que origina uma rejeição por vezes emblemática de toda ideia de "teologia natural" em prol de uma ênfase somente na graça de Deus (exterior e outra), assim como uma relação crítica estabelecida entre a "fé" como dom de Deus e a "religião" como aspiração humana. Karl Barth vê na religião a "não fé" (um empreendimento de "justificação", profundamente idolátrico), enquanto Dietrich Bonhoeffer se refere a um "cristianismo não religioso". No contexto francófono, Marcel Gauchet propôs que se visse no fim da religião a culminação da tradição judaico-cristã, retomando assim, à sua maneira, alguns aspectos da obra de Max Weber sobre o "desencantamento" do mundo (uma "desmagificação", uma "historicização" e uma "racionalização" etc.), em que o cristianismo, de um modo particularmente apoiado em sua modalidade protestante, representaria uma passagem ou uma transição.

Há algumas décadas, o fenômeno religioso e suas diversas manifestações têm sido novamente objeto de interesse. Cabe-nos citar, nesse processo, os integrismos (principalmente católicos), os fundamentalismos (principalmente protestantes) ou o islamismo, tanto como reafirmações de identidade quanto mobilizações contra a modernidade, que podem até mesmo visar a uma revolução social e política. Basta pensar no "retorno do religioso" ou em sua "recomposição", nos "novos movimentos religiosos" e na recente valorização das tradições esotéricas, tudo isso apontando para um deslocamento para fora das instituições estabelecidas e uma abertura eclética para diversas correntes, tanto orientais quanto ocidentais. Por fim, precisamos mencionar o encontro das religiões em um contexto pluralista das sociedades contemporâneas, constituindo um novo desafio, global, tanto para os fiéis de todos os horizontes como para a sociedade como tal. Esses aspectos falam da importância e da urgência de avaliar, em novas bases, de um lado, no nível sociocultural, as relações entre a tradição ocidental e as realidades religiosas hoje e, de outro, no nível religioso, as relações entre a teologia e as comunidades de crenças com a diversidade das religiões dadas. De igual modo, são aqui convocados uma releitura do passado, uma análise das ciências humanas, um diálogo inter-religioso e uma nova reflexão filosófica e teológica.

3. Os reformadores e a religião

De acordo com os termos da problemática que foram anunciados na introdução, nosso tema ganha contornos mais precisos a partir das Luzes europeias, de modo emblemático no século XVIII. No entanto, não será inútil esboçar o estado do debate no tempo da Reforma, para uma reflexão em campo protestante.

Constatamos que o termo "religião" está bastante presente no século XVI, mas de início não diz respeito à comparação entre várias religiões, ainda que seja conhecida, e muitas vezes mencionada, a diversidade existente entre um judeu, um maometano e um turco (para não falar dos pagãos, principalmente em contexto histórico e exegético), como foi o caso durante os séculos anteriores e como ainda seria nos seguintes. O termo "religião", nessa época, pertencia a uma problemática inscrita no cerne do cristianismo como tradição herdada e efetiva. Assim, em uma atmosfera de crise e de uma sensação de ruínas (*religio collapsa*), Erasmo e os humanistas, os teólogos do Quinto Concílio de Latrão (1512) e também os reformadores e os anabatistas, todos se referem à religião que era preciso reconstruir,

reformar, restaurar, restituir. É nesse contexto que se inserem, por exemplo, os títulos das obras já citadas de Zwinglio, Calvino e Viret. Se nesses textos surgem os termos "verdadeira religião" ou "falsa religião", ou ainda "instituição" da religião, isso se deve, em primeiro lugar, à necessidade de uma diferenciação e de uma crítica internas: a religião verdadeira (ou "piedade", que geralmente é o termo equivalente) se opõe a "superstição", "idolatria" e "impiedade". Aqui, os reformadores retomam um veio amplamente partilhado com o Renascimento (também presente na Idade Média) e que remonta à Antiguidade (principalmente a Cícero e aos estoicos).

Os reformadores empreendem a tarefa de pregar ou reformar a religião contra a "idolatria": eis o tema central, o de um julgamento e uma crítica a serem operados no interior da religião ou de dado "culto". Principalmente seguindo o exemplo de Lutero, pode-se declarar que a religião é boa ou "verdadeira" quando dela se recebe a fé que vem de Deus (a fé do Deus "próximo" e de sua "Palavra"), e é má ou "falsa", falsificada, quando é vivida como "obra" com a função de elevar o homem a Deus: nesse processo, o homem é um "inventor" ou "forjador" de Deus. Através do evangelho, que é a boa-nova do rebaixamento em Cristo, é Deus que salva e que proporciona a "verdadeira religião". Assim, por exemplo, pode-se dizer que os monges "não têm religião", pois estão afastados do evangelho. Sob esse ângulo, Lutero colocou no mesmo nível o judaísmo, os turcos, o papismo e o anabatismo, que são igualmente "religiões da Lei": eles conhecem Deus, o "Deus nu" ou o "Deus Criador", mas não o recebem como Salvador; religiões da Lei só podem encerrar o homem no desespero.

Firmados nesse eixo, Lutero, Zwinglio e Calvino se situam de modo análogo, e Calvino chega a se referir à "verdadeira e pura religião" (*IRC* I, II, 1s.). Convém enfatizar que a operação diferenciadora ou crítica apontada se insere na obra desses autores, mesmo sob modalidades variadas, em uma dialética ou no desdobramento de uma dramática. Na obra de cada um dos reformadores, de fato, é dada e reconhecida uma pertinência geral e universal da relação do homem com Deus; a diferença entre as religiões a atesta, assim como a atesta a perversão e as falsificações do cristianismo. Somente uma pregação concreta — como diferenciação interna a ser operada em um culto ou uma piedade humanamente dada: efetiva e ao mesmo tempo objeto de uma perversão fundamentalmente recorrente, associada à condição de pecado e distinta de um originário mais radical — pode nos proporcionar a saída dessa generalidade abstrata, para que possamos testemunhar o verdadeiro Deus e instituir a "verdadeira" religião.

Observamos que Calvino não se isenta de uma referência positiva tanto ao humanismo quanto à Antiguidade para apontar, de um modo particular, quanto a religião está arraigada na natureza ou no coração do homem. Como uma força específica, a religião tende a elevar o homem acima do mundo e proporcionar-lhe o conhecimento de Deus; nele, ela está ligada à mortalidade e, por fim, à imortalidade (distinguindo o homem das "bestas brutas"). Contrariamente, a idolatria atesta esse dado afixado no coração do homem (o mesmo é dito na obra de Lutero, mas ele tende a correlacionar essa propensão humana ao uso espiritual da Lei, objeto de apreciação negativa). Para Calvino, e em associação com um humanismo que não está isento de platonismo, o homem é necessariamente um ser aberto e inacabado que deve conformar-se à "imagem de Deus" acima de toda queda, de toda corrupção, de toda superstição.

Além disso, cabe observar que Calvino e a tradição que lhe está associada abrem espaço para a dimensão pública da religião, mais que Lutero, que a princípio se manteve atrelado à visão do homem na totalidade de sua existência pessoal: submetido e alienado pela idolatria e pela Lei, ou justificado, recriado e restituído pela verdadeira religião, o evangelho. Para Calvino, a verdadeira religião depende de Deus e, ao mesmo tempo, estabelece uma ordem social e institucional: é necessário "que surja uma forma pública de religião dentre os cristãos" (IRC IV, XX, 3). Isso também vale para o que se correlaciona com a igreja — visível — e, acima de uma diferença necessária e legítima das instâncias (em oposição aos anabatistas), para o que diz respeito ao "governo civil".

É necessário acrescentar que, com esse aspecto duplo de uma dimensão pública da religião e de seu arraigamento em uma antropologia geral, a tradição originada por Calvino integra à visão propriamente teológica da Reforma — com suas ênfases no pecado original, na exterioridade da graça e na subordinação de todas as formas religiosas, individuais e eclesiásticas, à transcendência de Deus, assim como com uma doutrina decisiva da vocação e da eleição — a herança antiga que reavivou o Renascimento. A religião autêntica remete a uma condição geral do homem no cosmos e, se está concretamente atrelada ao princípio de um pertencer, isso só se dá em associação com uma igreja "reformada e sempre reformando", uma igreja peregrina e militante, em que sempre é renovada a conformidade à imagem da verdade. Dessa forma, ela assume, do seu modo, um projeto civilizatório.

4. De uma religião natural a uma filosofia da religião

Depois da Reforma, analisemos o século XVIII, momento decisivo para o pano de fundo de nossa problemática contemporânea. Nessa época, verifica-se o surgimento da temática de uma religião e uma teologia "naturais", associadas a uma razão confiante em seus próprios poderes, em sua autonomia e em sua suficiência, além de obrigatoriamente crítica quanto a toda tradição dada ou "positiva". A mudança de perspectiva não deve ser negligenciada: de fato, a partir de então, foi em função de um horizonte formado por uma razão externa e em princípio partilhada por todos que os diversos temas, formas e afirmações da fé e da teologia passaram a ser apreendidos e apreciados, uma razão vista de um modo diferenciado e crítico em relação às religiões, que então eram vistas como corpos constituídos e ligados a confissões diferentes.

Os fatores presentes no pano de fundo dessa mudança não podem ser subestimados. Além dos dados históricos que são amplamente culturais e sociais, é preciso apontar os eventos propriamente confessionais (católico e protestante e, tão fortes quanto, luterano e reformado), em parte associados à ascensão dos Estados-nações, e mencionar as guerras de religião que desacreditaram a verdade afirmada em sua única particularidade. As ortodoxias, sobretudo cristalizadas no século XVII, desempenharam nesse processo um papel importante (estando distantes da visão abrangente do *Logos* própria à igreja dos primeiros séculos, por exemplo, também articulado a uma reflexão geral quanto às relações entre o homem e o divino), identificando, a partir de então, a verdade e a pertinência a dada ordem, que era assegurada em associação a um fundamento considerado, em graus diversos, supranaturalista.

Em uma perspectiva de "religião natural", distinta de uma "religião positiva", a primeira referência é o deísmo inglês, antecipado por Herbert de Cherbury (1583-1648, cf. sua *De religione laici* [Da religião leiga] de 1645 — tradução francesa em Jacqueline Lagrée, *Le salut du laïc. Edward Herbert de Cherbury. Étude et traduction du* De religione laïci [A salvação do leigo: Edward Herbert de Cherbury, estudo e tradução do *De religione laici*], Paris, Vrin, 1989, p. 167-184, e sua *De religione gentilium* [Da religião dos gentios] de 1663, em *Pagan Religion. A Translation of De religione gentilium* [Religião pagã: uma tradução de *De religione gentilium*], Ottawa-Binghamton, Dovehouse-Medieval and Renaissance Texts and Studies, 1996) e até por um calvinista francês como Philippe Duplessis-Mornay (1549-1623), da Academia de Saumur (cf. seu *De la vérité de la religion chrestienne contre les Athées, Épicuriens, Payens, Juifs, Mahumédistes et autres Infidèles* [Da veracidade da religião cristã contra os ateus, epicuristas, pagãos, judeus, maometanos e outros infiéis], 1581, traduzido para o inglês em 1587), o deísmo inglês estabelece uma acepção da existência de Deus que aponta para o dever da veneração, sobretudo uma prática moral, com futuras retribuições. Muitas expressões tradicionais e positivas das religiões foram submetidas a uma leitura alegórica e simbólica. Por vezes, alegaram-se falsificações e manipulações associadas às instituições e a seus sacerdotes, seus poderes ideológicos e efetivos. Thomas Hobbes (1588-1679) também antecipou essa tradição, principalmente em seu texto *Leviatã ou matéria, forma e poder de um estado eclesiástico e civil*, publicado em 1651 (São Paulo, Abril Cultural, 1979), que apresenta a religião como um sistema, não de verdade, mas de leis, leis proclamadas por um soberano. Aqui, política e religião, em contraposição à tradição anterior, estão estritamente associadas; David Hume (1711-1776), John Locke (1632-1704, cf. sua *Carta acerca da tolerância* de 1689, São Paulo, Abril Cutural, 1978, e de *Sur la différence entre pouvoir ecclésiastique et pouvoir civil* [Sobre a diferença entre poder eclesiástico e poder civil, 1704], Paris, Flammarion, 1992, p. 161-240, e seu *Que la religion est très-raisonnable, telle qu'elle est représentée dans l'Écriture Sainte* [Que a religião é muito razoável, tal como está representada na Santa Escritura] de 1695, em *Que la religion est très-raisonnable, telle qu'elle est représentée dans l'Écriture Sainte* [Que a religião é muito razoável, tal como está representada na Santa Escritura]; *Discours sur les miracles* [Discurso sobre os milagres, 1706]; *Essai sur la nécessité d'expliquer les épîtres de S. Paul par S. Paul même* [Ensaio sobre a necessidade de explicar as epístolas de S. Paulo pelo próprio S. Paulo, 1707], org. por Hélène BOUCHILLOUX e Maria-Cristina PITASSI, Oxford, Voltaire Foundation, 1999, p. 33-175) e o conde Anthony Ashley Cooper de Shaftesbury (1671-1713; cf. sua *Lettre sur l'entousiasme* [Carta sobre o entusiasmo] de 1707 [Haia, Johnson, 1709]) ilustraram, de diversas maneiras, essa linha da religião ou da teologia "naturais", que para eles deveria ser identificada e valorizada, sendo universal e moral ao mesmo tempo, além da única a permitir uma necessária tolerância — aliás, em assuntos sociais e políticos, Locke se via como o adversário de Maquiavel e Hobbes, exprimindo algo como um eco secularizado da tradição cristã anterior.

O mesmo pano de fundo também foi verificado na França, onde tanto aqueles homens típicos dos séculos XVIII, que são os enciclopedistas, quanto Voltaire (1694-1778) foram influenciados pelo deísmo inglês. Em sua obra *Dicionário filosófico*, de 1764, nos artigos "Necessário", "Caráter", "Superstição", "Catecismo do cura" e "teísmo" (artigo que não aparece na edição de 1764), Voltaire afirma que Deus pode tolerar as religiões, "assim como permite que o mundo se encha de tolices, erros e calamidades"; "a religião e a moral põem um freio à força do natural, mas não podem destruí-la"; "quase tudo o que está acima da adoração de um Ser supremo e da submissão do coração às suas ordens eternas é superstição"; "falarei sempre de moral e nunca de controvérsia"; "o teísmo é uma religião que se estendeu a todas as religiões; é um metal que se liga com todos os outros". Jean-Jacques Rousseau (1712-1794) também tratou de uma "religião natural", "pura e simples religião do evangelho", compreendida como a veneração do Deus supremo e dos deveres eternos da moral, sobretudo no quarto livro de sua obra

Emílio ou da educação, de 1762: "Os senhores só percebem em minha exposição a religião natural. É bem estranho que se considere necessária outra! [...] Pensem que os verdadeiros deveres da religião são independentes das instituições dos homens, que um coração justo é o verdadeiro templo da Divindade, que, em toda região e em toda seita, amar a Deus acima de todas as coisas e amar ao próximo como a si mesmo é o ápice da lei, e que não há religião que dispense os deveres da moral" (em *Oeuvres complètes* [Obras completas] IV, Paris, Gallimard, 1969, p. 607 e 631s). Além de uma religião do homem (sem templo, sem altar, sem ritos, limitada ao culto puramente interior do Deus supremo e aos deveres eternos da moral), Rousseau também defende uma religião civil, o que implicava que cada um, em oposição à religião do sacerdote (a seus olhos, católica), fosse um corpo particular que só podia engendrar conflitos de lealdade.

A ideia de uma religião e de uma teologia "naturais" foi criticada de um modo acirrado, e sobretudo no protestantismo, a partir de Schleiermacher e Hegel, percorrendo todo o século XIX, e de modo emblemático com a "teologia dialética". Porém, os primeiros retomavam o tema através de uma "filosofia da religião" ou de uma "teologia filosófica", o que não ocorre entre os representantes da "teologia dialética". A crítica nos parece legítima quando visa à conjuntura específica que se desenvolveu no século XVIII e que marca o par de oposição "natural" (portanto, universal e, aqui, racional, correlacionável ao homem como livre sujeito) e "positivo" (portanto, particular e, aqui, herdado ou contingente, associado a uma dependência extrínseca, ou a um regime de uma obediência alienante). No entanto, diante de toda a tradição teológica cristã (inclusive a Reforma), a crítica não pode desqualificar nem as questões nem a busca que se anunciam por trás da proclamação de uma religião ou de uma teologia "naturais" e, deste modo, escolher defender o segundo dos dois termos que estão em oposição. Isso equivaleria a sua perda. Mais uma vez, a não ser em casos de cegueira, é o par de oposição como tal, central na conjuntura evocada, que deve ser recusado (sobre isso, cf. minha obra *La théologie face aux sciences religieuses* [A teologia diante das ciências religiosas], cap. 6).

A problemática de uma religião e de uma teologia "naturais", típica do século XVIII, deve ser criticada na medida em que se alimenta de uma concepção racionalista, que deixa de lado as condições reais do homem e de sua razão, uma concepção que muitas vezes as pessoas se sentiram à vontade para qualificar, pejorativamente e sem precisão histórica, como metafísica. De fato, aqui, sub-repticiamente ou em plena luz do dia, é abandonada toda relação entre a fé e a razão de acordo com uma dialética irredutível, assim como é ignorada toda genealogia diferenciadora. Esse abandono é feito em prol de uma razão estrita. Assim, a fé se torna (deve-se escolher) um falso saber ou uma forma provisória de um saber que ainda não está autoconsciente, e a razão tende perigosamente a uma autoposição toda permeada por ideologização.

Teologicamente, será necessário reconquistar uma compreensão da fé em sua força e sua especificidade. Será necessário repensar as relações entre o homem e Deus, orientadas sobretudo pelas características próprias a esse objeto que é nomeado Deus (é essa especificidade que determina a postura do homem aqui requerida e somente ele pode corresponder a tal: justamente a fé, e não um saber, qualquer que seja ele). Teologicamente, a revelação não poderia valer como dispensação de informações a serem apreendidas, como as Luzes tendem a fazer crer (ao mesmo tempo que contestam o modo com que isso é feito, supérfluo ou alienante) ou como algumas teologias "ortodoxas", defensivas e mal inspiradas, parecem aceitar, esforçando-se para confirmar o fato.

Em uma reflexão autenticamente teológica, Deus é absoluto — não ligado — e só se pode falar dele através de uma ruptura. Ele está fora da necessidade e não é integrado ao sistema das coisas como aquilo que as fundamenta e as estabelece em si mesmas, como de fato é o caso nas teodiceias e na conjuntura dominante no século XVIII.

As apostas que são feitas por trás de uma religião ou de uma teologia "naturais", tais como imaginadas pelo século XVIII, por fim se verificam incapazes de problematizar uma ordem de evidência dada abstratamente, fora de toda efetividade; justamente, uma ordem natural. Por isso aqui se passa ao largo do que se pode desdobrar como um fato de revelação dado através de uma defasagem, algo que impõe uma evidência nova em tensão com uma ordem antiga. Da mesma forma, passa-se ao largo daquilo que é a existência humana como tal, cuja efetividade e cuja experiência concreta, as autodenominadas possibilidades ou impossibilidades, como a possível liberdade ou a servidão, não são decididas *a priori*, mas em toda materialidade e singularidade a cada vez. Teologicamente, se há "religião natural", em sua forma moderna, que deve finalmente ser recusada, é que a figura de Deus deve deliberadamente, e logo de início, apresentar-se como eminentemente concreta e singular (deslocando e radicalizando, assim, toda a busca ou toda posição de absoluto), requerendo uma fé também eminentemente concreta e singular (deslocando e radicalizando, assim, o próprio processo da existência humana em seu interior).

Além da *religião natural*, deve-se levar em conta historicamente a constituição de uma *filosofia da religião*. Enquanto a primeira dominou a paisagem intelectual do século XVIII, a segunda se mostrou típica do século XIX, inserindo-se, porém, na mesma linha da primeira: é diferente quanto a seu *status*, sua organização interna e a relação que estabelece com as tradições religiosas positivas, mas cumpre parte da mesma função da anterior, apresentando-se também de um modo distinto das teologias internas nas tradições particulares relacionadas à fé.

Rigorosamente, uma filosofia da religião (que em princípio não é uma filosofia religiosa) pressupõe uma crítica das tentativas de falar de Deus e da verdade das religiões a partir do presente e somente da razão, preferindo um exame e uma reflexão que se articulem na positividade do fato religioso e em seu desdobramento efetivo. Podemos estimar, de modo emblemático, que foi Kant quem ao mesmo tempo deu o golpe de misericórdia na busca de uma religião ou de uma teologia naturais, inaugurando a possibilidade e a tarefa de uma filosofia da religião. Hegel, Schelling e outros deram forma à filosofia da religião; sobre a modificação do olhar e a substituição funcional que marca a passagem de uma teologia natural a uma filosofia da religião, Hegel é bastante explícito (cf. a primeira seção da introdução de *Leçons sur la philosophie de la religion* [Lições sobre a filosofia da religião], I, Paris, Vrin, 1971); boa parte do neoprotestantismo seguiria a mesma linha de diversas maneiras: Alois Emanuel Biedermann, Auguste Sabatier, Ernst Troeltsch etc.

Historicamente, podemos estimar que essa mudança foi preparada por alguns aspectos da *Aufklärung* na Alemanha, cuja atmosfera foi mais influenciada pelo protestantismo que, por exemplo, na França. Além dos apelos a uma ordem moral e natural, encontramos nesse movimento uma atenção mais marcada tanto na capacidade quanto na necessidade de uma formação (*Bildung*) do homem através do religioso e das religiões, o que origina um esforço "hermenêutico" de autoexplicação com o passado, em um processo educativo e quase genealógico. Um exemplo clássico disso é a famosa obra de *Gotthold Ephraim Lessing* (1729-1781), *A educação do gênero humano* (1780, São Paulo, Religião e Cultura, 1986). Para ele, "a partir da religião da natureza", devemos "construir uma religião positiva" (*Werke* [Obras] VII, Munique, Hanser, 1976, p. 282). Tal linha seria desenvolvida de um modo central no romantismo, que inclui o autor Johann Gottfried Herder (1744-1803).

De modo concreto, a filosofia da religião assume dois estilos ou duas modalidades diferentes. Na primeira, concentra-se no próprio fato da fé, subordinando a ele todas as suas manifestações de autoexpressão: nesse sentido, é acima de tudo uma hermenêutica das crenças. Na segunda, concentra-se de um modo mais deliberado na própria questão de Deus como temática orientadora de seus questionamentos: nisto, ela objetiva uma retomada reflexiva da questão do absoluto. A personalidade de referência da primeira modalidade, tradicionalmente, é Schleiermacher, enquanto Hegel é a figura emblemática da segunda. No entanto, cabe assinalar que provavelmente está presente nessa divisão certa redução, já que se considera que Schleiermacher, a seu modo, também responde à questão de Deus como tal.

De modo geral, a substituição da teologia natural por uma filosofia da religião no início do século XIX foi uma mutação que inaugurou um campo de trabalho cujo estilo obrigatório é ao mesmo tempo histórico e hermenêutico. Nesta mutação cultural, em seguida, vieram inserir-se a história das religiões e as "ciências religiosas", que buscaram perceber os funcionamentos do religioso e das religiões, suas manifestações históricas e até, de acordo com cada caso, suas tipologias possíveis (religiões orientais, grega ou ariana *versus* religiões semitas; magia *versus* razão moderna; recusa do mundo por meio de um recolhimento *versus* ascese intramundana etc.) ou sua energética própria (pulsão sacrificial; obsessões diversas;

necessidade de uma racionalização fictícia das relações com o extra-humano etc.). A nossos olhos, é importante perceber aqui que um olhar cada vez mais polarizado pela descrição dos funcionamentos e dos dados positivos da crença ou das crenças é acompanhado pelo ato de colocar entre parênteses uma reflexão tanto sobre o fato do crer enquanto tal quanto sobre o absoluto enquanto tal, a não ser quando conduz a uma valorização do religioso místico, não institucional, ou do religioso em reação à tradição ocidental majoritária, ou ainda a um investimento do religioso como contraponto à modernidade (Otto, Eliade etc.). Essa conjuntura já tinha sido esboçada na passagem da afirmação de uma religião natural para a elaboração de uma filosofia da religião, mas de modo parcial, e não em todos os autores; ela se desdobra de forma mais clara e deliberada nas ciências religiosas ou nas ciências das religiões. Além disso, tende para uma oposição não mediatizada entre as ciências religiosas, que buscam ser descritivas em primeiro lugar, e uma teologia que se considera apta para levar adiante as questões do crer e de Deus, uma oposição destrutiva que sanciona a privatização e uma pura subjetivização daquilo que está no cerne da religião: não se sabe mais como apreendê-lo, nem socialmente, nem intelectualmente. Nesse sentido, uma retomada filosófica, reflexiva e teórica, a nosso ver, poderia oferecer, em interação com as ciências religiosas e as teologias, uma bem-vinda mediação. Voltaremos a esse ponto no item 9; cf. também a rubrica "Filosofia da religião".

Por fim, é necessário acrescentar que essa conjuntura geral também foi encorajada, ou pelo menos acompanhada, por alguns aspectos da evolução interna da teologia protestante na modernidade. Assim, podemos fazer referência a uma linha que se originou no século XVIII, ao mesmo tempo "liberal" e não isenta de certa influência pietista, tendendo a emancipar o conceito de religião da tradição doutrinária, denominada "ortodoxa", culminando em uma privatização (cf. o "liberal" Johann Salomo Semler [1725-1791]). Essa mesma disposição fundamental sancionou, de modo consciente ou não, a teologia, que foi logo remetida à tradição da crença, retomada e desenvolvida por ela: tanto Schleiermacher, no início do século XIX, em seu *organon* teológico (cf. *Le statut de la théologie. Bref exposé* [O *status* da teologia: uma breve exposição][1811, 1830], Paris-Genebra, Cerf-Labor et Fides, 1994), quanto Karl Barth, no século XX, de fato compreenderam necessariamente a teologia como hermenêutica ou inteligência de uma fé historicamente dada, inteligência ancorada em um objetivo "prático" e de crença. Nisso há a marca de uma dobra (mas, na obra de Schleiermacher, associada a uma especificação reflexiva do trabalho diferenciado da razão, e, na obra de Barth, associada a uma constituição de um jogo de oposições e de alteridade validável na modernidade), ainda que isso tenha se dado com uma retomada interna forte e frutífera, uma dobra que não foi isenta de efeitos sectários, internos, com o abandono da pertinência externa, pública e de alcance geral em assuntos religiosos. Aliás, não foi por acaso que uma das escolas dominantes na teologia protestante no final do século XIX e no início do século XX, a de Albrecht Ritschl, assim como a "teologia dialética" do século XX, sobretudo a partir de Barth, consideraram impossível e ilegítima a elaboração de um pensamento ou de uma teoria da religião. Em uma posição oposta, Ernst Troeltsch empreende um debate crítico com a primeira e Paul Tillich empreende um debate com a segunda.

Pierre Gisel

5. História e ciência das religiões

"Quem só conhece uma não conhece nenhuma", escreveu Friedrich Max Müller (1823-1900) referindo-se às religiões em sua obra *La science de la religion* [A ciência da religião] (1873, Paris, Germer-Baillière, 1873, p. 13), que fez desse filólogo alemão instalado na Grã-Bretanha um dos pais do estudo sistemático e crítico das religiões, honra que ele divide com o pastor remonstrante Cornelis Petrus Tiele (1830-1902), nos Países Baixos.

O estudo da religião pode ser identificado já na Antiguidade, com o filósofo Xenófanes (570-475 a.C.) e o historiador Heródoto (484-425 a.C.). Cícero (106-43 a.C.) escreveu sobre a natureza dos deuses (*De natura deorum* [44 A.D.], ed. bilíngue, Paris, Garnier, 1935), enquanto Evêmero (330-260 a.C.) inaugurou um processo de demitização. As diferentes religiões passam a ser objeto de um novo interesse no Renascimento e durante as grandes explorações. Dentre as obras que abordariam o tema e posteriormente apresentariam conclusões teóricas gerais estão: a do alemão Gottfried Wilhelm Leibniz (*Essai de théodicée sur la bonté de Dieu, la liberté de l'homme et l'origine du mal* [Ensaio de teodiceia sobre a bondade de Deus, a liberdade do homem e a origem do mal] [1710], Paris, Vrin, 1989), do inglês David Hume (*História natural da religião* [1757], São Paulo, Unesp, 2005), do francês Charles de Brosses (*Du culte des dieux fétiches* [Do culto dos deuses fetiches] [1760], Paris, Fayard, 1988), sem esquecer o franco-suíço Benjamim Constant (*De la religion considérée dans sa source, ses formes et ses développements* [Da religião considerada em sua fonte, suas formas e seus desenvolvimentos], 1824-1831, Arles, Actes Sud, 1999).

No final do século XIX, generaliza-se o interesse por um estudo sistemático das religiões fundamentado no princípio da comparação: *sciences religieuses* ou *science des religions* na França, *Religionswissenchaft* na Alemanha, *comparative religion* nos países anglo-saxões; no primeiro congresso internacional em Paris, no ano 1900, foi mantida a expressão "história das religiões". Atualmente, é a expressão "ciências das religiões", no plural, que tende a impor-se, para exprimir a diversidade dos métodos operados.

Na origem desse desenvolvimento fantástico estava o século das Luzes e a evolução geral das ciências positivas e históricas do século XIX. A nova disciplina seguiu dois caminhos, o reconhecimento ou o apagamento da especificidade do fenômeno religioso. Cada uma delas originou duas correntes que perduram até hoje. A primeira, influenciada pelo romantismo, almeja compreender as diversas expressões religiosas em função de uma concepção da religião como tal que não exclui a referência a um além que escapa aos dados da observação e da razão. A segunda se caracteriza por um racionalismo e um funcionalismo que tendem a reduzir as expressões religiosas de várias maneiras: como projeções (Ludwig Feuerbach, 1804-1872), como manifestações sociais (Karl Marx, 1818-1883) e como sintomas de patologias coletivas (Friedrich Nietzsche, 1844-1900) ou psíquicas (Sigmund Freud, 1856-1939).

Historicamente, o estudo comparado das religiões surge, de início, em muitos aspectos, como uma extensão da teologia cristã, contestando sua estreiteza confessional e seu caráter normativo. Foi apenas progressivamente que o estudo profano das religiões se emancipou através de uma revolta laica na França, de uma independência em nome da religião natural na Grã-Bretanha e de uma autonomia fundamentada na complementaridade na Alemanha. Assim, foi formulada a questão das relações entre as ciências das religiões e a teologia engajada, algo que cada geração passaria a revisitar. Esse é o caso sobretudo no protestantismo, que desempenhou um papel decisivo na eclosão e na progressão dessa nova ciência, tanto no nível pessoal quanto no institucional.

Se não levamos em consideração ensinamentos específicos — como o curso de história das religiões politeístas que foi ministrado em Basileia a partir de 1834, assim como demais iniciativas semelhantes, sobretudo nos Países Baixos —, a primeira cadeira de história das religiões foi estabelecida no ano 1873 na Faculdade de Teologia da Universidade de Genebra (que passou a fazer parte da Faculdade de Letras no ano de 1960). Na Suíça, as faculdades protestantes de teologia passaram a oferecer cursos semelhantes nas cidades de Lausanne, Neuchâtel, Zurique, Berna e Basileia. Em 1876, os Países Baixos abriram espaço para quatro cadeiras de história das religiões através de um remanejamento do ensino das faculdades protestantes de teologia. Em 1879, foi criada uma cadeira da matéria no Collège de France, cujos primeiros titulares foram os protestantes liberais Albert (1826-1925) e Jean (1854-1908) Réville. Em 1883 foi instalado um Departamento de Ciências Religiosas na Escola Prática de Altos Estudos no mesmo local da antiga Faculdade de Teologia (católica) da Sorbonne; seus primeiros professores foram também Albert e Jean Réville, assim como o teólogo protestante igualmente liberal Auguste Sabatier (1839-1901). Na Bélgica, o conde Eugène Goblet d'Aviella (1846-1925), francomaçom e livre-pensador, tornou-se em 1884 o primeiro professor de história das religiões na Universidade Livre de Bruxelas. Na Alemanha o estudo das religiões foi progressivamente introduzido no estudo da teologia protestante com a escola da história das religiões e Ernst Troeltsch (1865-1923), mas foi somente no início do século XX que cadeiras de "ciência das religiões" foram estabelecidas nas principais faculdade de teologia do país.

5.1. A abordagem etnoantropológica

Um dos primeiros impulsos da história comparada das religiões foi a pesquisa das origens da religião, abordadas na perspectiva do evolucionismo de Charles Darwin (1809-1882). Inglês de origem quacre, Edward Burnett Tylor (1832-1917) é considerado o pai da antropologia britânica com sua teoria geral do animismo. O biblista escocês William Robertson Smith (1846-1894) é conhecido por suas investigações sobre a religião dos semitas e seu apego à origem totêmica da religião. Outro escocês, Andrew Lang (1844-1912), identifica na origem das religiões a crença em deuses superiores, uma tese que podemos encontrar radicalizada na obra do católico austríaco Wilhelm Schimidt (1868-1954), defensor de um monoteísmo original (*Urmonotheismus*).

Em uma perspectiva sempre evolucionista, mas concentrada nos mitos, James George Frazer (1854-1941), também escocês, escreveu a obra monumental *Rameau d'or* [O ramo de ouro] (1890, trad. da 3ª ed.: 4 vols., Paris, Robert Laffont, 1981-1984), comparando a magia, o folclore e os mitos das religiões antigas, em um projeto que lembra o de Friedrich Max Müller e que Georges Dumézil (1898-1986) limitou à escala indo-europeia, demonstrando sua estrutura trifuncional simbolizada pela soberania jurídica, pela força guerreira e pela fecundidade (*Mythe et épopée* [Mito e epopeia], 3 vols., Paris, Gallimard, 1968-1973). Devemos a Frazer a distinção entre magia, religião e ciência, que foi muitas vezes retomada e discutida, sobretudo na França, pelos autores Lucien Lévy-Bruhl (1857-1939) e Claude Lévi-Strauss (1908-2009). Tanto a etnologia quanto a etnologia religiosa conheceram numerosos desenvolvimentos, com destaque para o trabalho em campo e a noção de observação participante. No protestantismo francófono, o nome mais conhecido é o do missionário e etnólogo Maurice Leenhardt (1878-1954), com suas obras sobre os canacos (*Do Kamo. La personne et le mythe dans le monde mélanésien* [Do Kamo: a pessoa e o mito no mundo melanésio] [1947], Paris, Gallimard, 1985).

5.2. A abordagem sociológica

A sociologia religiosa tem dois fundadores: o francês Émile Durkheim (1858-1917), no contexto católico, e o alemão Max Weber (1864-1920), no contexto protestante. Enquanto o primeiro reduz a religião a um fenômeno social cujo funcionamento ele busca mostrar em seu livro *As formas elementares da vida religiosa* (1912, São Paulo, Martins Fontes, 2003), o segundo se mantém atrelado ao sentido e à influência da religião na sociedade (entendida em um pano de fundo mais diferenciado), principalmente em seu famoso estudo *A ética protestante e o espírito do capitalismo* (1904-1905, 1920, São Paulo, Afiliada, 2007). Na mesma linha de Max Weber, cabe mencionar dois outros protestantes alemães: Ernst Troeltsch, já citado, e Joachim Wach (1898-1955), que se estabeleceu nos Estados Unidos. Buscando aliar ao estudo crítico da religião o respeito pela realidade última que escapa ao pesquisador, Wach contribuiu em muito para que o estudo comparado das religiões fosse incluído no programa dos cursos da maior parte das maiores universidades norte-americanas.

Objetivando localizar novamente os fenômenos em seu contexto sociocultural, a análise sociológica se desenvolveu em várias direções: uma sociologia do tipo confessional associada à pastoral e às igrejas católicas, em sua maioria, mas também às igrejas protestantes (Roger MEHL, *Traité de sociologie du protestantisme* [Tratado de sociologia do protestantismo], Neuchâtel, Delachaux et Niestlé, 1965); o estudo da secularização e daquilo que se convencionou chamar recomposição do religioso, com as obras de Jean Baubérot, Roland Campiche e Jean-Paul Willaime, em contexto protestante francófono; também não devem ser esquecidos os impulsos críticos de Karl Mannheim (1893-1947) sobre a relação entre cultura e sociedade e da escola de Frankfurt, com a "teoria crítica" de Max Horkheimer (1895-1973), a "dialética negativa" de Theodor Wiesengrund Adorno (1903-1969) e, hoje, o programa de "etica comunicacional" de Jürgen Habermas (1929-).

5.3. A abordagem psicológica

Em sua dimensão pessoal, a experiência está atrelada à análise psicológica. Enquanto Freud tendia a identificar na religião apenas uma neurose obsessiva, a psicanálise fornece atualmente a base para uma releitura da experiência religiosa individual, que desemboca em uma terapia das patologias. Carl Gustav Jung (1875-1961) originou outra corrente que se interessa tanto pelo funcionamento religioso do psiquismo quanto pelo alcance e pelo conteúdo do simbolismo das religiões (*Psicologia e religião* [1938, 1940], Petrópolis, Vozes, 1978).

No campo protestante, certamente foi nos Estados Unidos que a psicologia religiosa obteve seu maior desenvolvimento, sobretudo com William James (1842-1910), que ficou conhecido por uma série de conferências ministradas em Edimburgo, em 1901 e 1902, publicadas em 1906 em francês com o título *L'expérience religieuse. Essai de psychologie descriptive* [A experiência religiosa: ensaio de psicologia descritiva] (Lausanne, *La Concorde*, 1931). Se hoje a psicologia religiosa se vê um tanto abandonada pelo protestantismo francófono, não podemos esquecer o que ensinava George Berguer (1973-1945) em Genebra (*Traité de psychologie de la religion* [Tratado de psicologia da religião], Lausanne, Payot, 1946), sucedido por Edmond Rochedieu (1895-1987) na Faculdade de Teologia. Em Genebra, Gaston Frommel e Georges Fulliquet ilustraram esse abandono na mesma linha de Théodore Flournoy (cf. o artigo de Bernard Reymond, "Quand la théologie de la Faculté de Genèbre était tentée de virer à la psychologie religieuse" [Quando a teologia da Faculdade de Genebra foi tentada a transformar-se em psicologia religiosa], em *Actualité de la Réforme. Vingt-quatre leçons présentées par la Faculté de théologie de l'Université de Genève à l'Auditoire de Calvin dan la cadre du 450ᵉ Anniversaire de la Réformation* [Atualidade da Reforma: 24 lições apresentadas pela Faculdade de Teologia da Universidade de Genebra ao Auditório de Calvino durante o 450ᵉ aniversário da Reformação], 1536-1986, Genebra, Labor et Fides, 1987, p. 191-206). Mais recentemente, a tese original de René Girard (1924-) de que a violência constitui o cerne do sagrado (*La violence et le sacré* [1972], Paris, Grasset, 1987) se situa no limiar entre a psicologia e a etnossociologia da religião.

5.4. A abordagem fenomenológica

Existe certa afinidade e alguns laços históricos entre o protestantismo e uma abordagem fenomenológica da religião. Um dos precursores dessa abordagem das religiões é o sueco Nathan Söderblom (1866-1931). Para esse bispo luterano e pai do ecumenismo, haveria uma continuidade entre a história das religiões e a teologia: a história das religiões tornaria visível uma unidade fundamental que testemunha a realidade divina. Herdeiro de Schleiermacher e Troeltsch, o teólogo alemão Rudolf Otto (1869-1937) se tornou famoso com seu livro *O sagrado* (1917, São Leopoldo-Petrópolis, Sinodal-Vozes, 2007); na fronteira entre a teologia e a psicologia religiosa, esse colega de Edmund Husserl (1859-1938) fez do "numinoso" uma categoria irredutível da religião (no contexto dos debates do neokantismo sobre o *a priori*). Seu discípulo, Friedrich Heiler (1892-1967), um católico que se tornou luterano, manteve os laços entre o estudo das religiões e a teologia em uma belíssima obra sobre a oração (1918, *La prière* [A oração], Paris, Payot, 1931). Ambos se engajaram pela unidade entre as religiões.

O mestre da fenomenologia religiosa é o teólogo e pastor holandês Gerardus Van der Leeuw (1890-1950), com sua obra *La religion dans son essence et ses manifestations* [A religião em sua essência e suas manifestações] (1933, Paris, Payot, 1948). Buscando situar-se entre a filosofia religiosa e a simples acumulação dos fatos, Leeuw se esforçou por compreender o fenômeno religioso através de grandes categorias tais como o sacrifício, a oração, o salvador etc. Ao mesmo tempo que exigiu do pesquisador uma suspensão do julgamento (a *epochè* fenomenológica), jamais renunciou a suas preocupações teológicas. A fenomenologia das religiões encontrou um campo favorável no protestantismo holandês com o colega norueguês de Gerardus Van der Leeuw em Leiden, William Brede Kristensen (1867-1953), e seu discípulo em Amsterdã, o pastor Claas Jouco Bleeker (1898-1983).

A personalidade que domina o estudo contemporâneo das religiões é o romeno Mircea Eliade (1907-1986), de origem ortodoxa, sucessor de Joachim Wach em Chicago. De toda a sua imponente obra, em que se esforçou por conciliar as abordagens histórica e fenomenológica, cabe mencionar *La nostalgie des origines* [A nostalgia das origens] (1969, Paris, Gallimard, 1971), *História das crenças e ideias religiosas* (3 vols., Rio de Janeiro, Zahar, 1978) e a edição de *The Encyclopedia of Religion* [A enciclopédia de religião] (16 vols., New York, Macmillan, 1987). Convencido de que os diversos fenômenos históricos e religiosos refletiam as experiências fundamentais do *homo religiosus*, Eliade buscou compreendê-las através do estudo do sagrado, do mito e do símbolo. Sua visão hermenêutica procurou nada menos que auxiliar o homem moderno a situar-se no universo. Outra grande personalidade no estudo da religião na América do Norte foi o canadense protestante Wilfred Cantwell Smith (1916-2000). Missionário que se tornou islamólogo, Smith buscou repensar a religião, não como um sistema fechado e abstrato, mas como uma faculdade humana e dinâmica. Através de seus estudos notáveis sobre a fé e as Escrituras, ele se pôs à procura de uma linguagem que fosse comum às teologias e ao estudo das religiões.

Jean-Claude Basset

6. Fé e religião

No século XX, a teologia protestante de bom grado opôs a fé à religião. Podemos perceber, implicados nesse processo, vários motivos de graus variados de importância, intencionais ou subjacentes: a busca de uma veia crítica de que a teologia cristã sempre se encarregou (cf., neste verbete, o item 3); um modo de assumir a crítica moderna e ateísta da religião, e, um modo mais amplo, das ideologias (como, p. ex., a crítica de Feuerbach, mas também as de Marx e Nietzsche); uma vontade de afastar-se de uma ancoragem nas realidades da fé e nas realidades teológicas no campo religioso, uma ancoragem então percebida, acertadamente ou não, como redução do alcance da verdade teológica. Essa oposição entre fé e religião desempenha um papel fundamental na obra de dois teólogos, Karl Barth e Dietrich Bonhoeffer.

6.1. Karl Barth (1886-1968)

Na obra de Barth, dois textos devem ser levados em consideração: *Carta aos Romanos* (na segunda edição, de 1922) e o § 17 da *Dogmática* (1939).

De início, examinemos os elementos mais importantes da *Carta aos Romanos*. A temática da religião está presente no capítulo 7, que é o capítulo que corresponde ao comentário do capítulo 7 da epístola de Paulo. Em Barth, esse capítulo é chamado "a liberdade" e possui três seções: "o limite da religião", "o sentido da religião" e "a realidade da religião". A tese central pode ser identificada quando se lê na página 227: "No Gólgota, com todas as possibilidades humanas, também a possibilidade religiosa é sacrificada e abandonada a Deus. [...] O Gólgota marca o fim da lei, o limite da religião. Em Cristo, submetido à lei e morto, a última, a suprema possibilidade humana: a possibilidade de ser um homem de fé, um homem piedoso, um homem entusiasta, um homem de oração, teve seu cumprimento com sua... supressão total".

Como se vê, aqui a religião é posta ao lado da Lei, e da Lei interpretada de acordo com a leitura bastante radical que Lutero faz do apóstolo Paulo. A religião é compreendida por Barth como um processo de autojustificação da parte do homem, ou (auto)idolatria, em outros termos como pecado. Trata-se de uma "possibilidade humana", nem mais, nem menos, e desse modo não está, enquanto tal, associada ao divino, ainda que de modo imperfeito ou aproximado. Nesse nível, radicalmente interna aos dados da criação e da humanidade, a religião também é, em sua contingência, suas riquezas e suas ambivalências, "a suprema possibilidade humana", e poderíamos dizer: para o melhor e para o pior. Na obra de Barth, por ser "suprema", a religião é a possibilidade mais suscetível de manifestação e revelação do pecado.

Ao tratar da religião, Barth fala com razão de uma dualidade: "a possibilidade religiosa é a que mais caracteriza o dualismo instituído entre transcendência e imanência, premissa e ato, determinação e ser, verdade e realidade"; porém, isso ocorre "no seio" da realidade natural: Deus como tal não é parte desse jogo. "O Deus que é ainda Alguma Coisa em oposição a Outra Coisa, um polo oposto a outro polo, um Sim oposto a um Não, o Deus que não é um Deus absolutamente Livre, Único, Superior, Vitorioso, é o Não Deus, o Deus de nosso mundo." Aqui, "dentro dos limites do que é humanamente possível", só posso ser "um homem religioso: no *melhor* dos casos, um São Francisco, em *todos* os casos o 'Grande Inquisidor'" (p. 225).

Desse modo, trata-se de ser liberto da religião, no mesmo sentido em que o homem é liberto da Lei na cruz ("com o corpo 'que foi morto' de Cristo, [...] somos arrebatados e retirados da lei, da possibilidade e da necessidade religiosas, assim como de todas as outras possibilidades e necessidades humanas", p. 228). De acordo com a perspectiva apontada, que correlaciona a religião à realidade humana e Deus a uma realidade de outra ordem e, como será preciso compreender, de outra modalidade, "a religião e a graça se opõem como a morte e a vida" (ibid.). Sempre que trata radicalmente do homem e de Deus, portanto do pecado e de uma recriação, Barth jamais se refere a "uma transição progressiva, "uma ascensão gradual" ou "um passo que atravessa a fronteira", mas, sim, a "uma ruptura brutal", "o começo, sem transição, de alguma coisa completamente diferente": "a graça se opõe em toda a linha à Lei, a primeira possibilidade divina se opõe à ultima possibilidade humana" (p. 233s).

Compreende-se assim que em Barth não se trata de modo algum de uma abordagem a qualquer busca que seja de uma "nova religião", uma empreitada que para Barth está sob o signo de Marcião, algo significativo quando trata das relações com a Lei, já que Marcião é justamente a figura de uma substituição, e não de uma dialética interna. Também não se trata de uma melhoria, uma renovação ou uma modificação da religião, empreitada que Barth coloca sob a referência emblemática de Ragaz, o socialista religioso (p. 234). Em vez disso, Barth aponta para uma dialética que está em jogo somente em terreno humano (o da religião, dada ou efetiva), uma dialética que é a da "graça", portanto de um julgamento, de uma crise e de uma recriação, ao mesmo tempo que é outra e, por assim dizer, interna (cf. p. 234s). Não se trata de modo algum de "eludir" a religião (p. 246), seja qual for "seu caráter ambíguo e perigoso" ou, mais radicalmente, "pecador" (lugar do "sereis como Deus", p. 236). Isso equivaleria a, de modo ilusório e pecador, abandonar a condição humana, enquanto é preciso, ao contrário, manter-se nela. Saber em que podemos viver essa condição e não sucumbir a ela é algo que diz respeito estritamente à mesma problemática quanto a saber como, em todas as atividades humanas, podemos viver de Deus, e não somente do pecado. Veremos, de modo mais direto, as consequências disso no campo das religiões na passagem da *Dogmática* que examinaremos. Antes disso, citemos, à guisa de conclusão, a página 249 de *Carta aos Romanos*: "O sentido da religião é fazer surgir o poder com que o pecado reina no homem deste mundo: o homem religioso enquanto tal, também ele, especialmente, precisamente, é um pecador!".

Abordemos agora o famoso § 17 da *Dogmática*, que está nos Prolegômenos. Em Barth, esses Prolegômenos constituem uma pequena dogmática que, por assim dizer, é embrionária; aqui, estamos na seção relativa ao Espírito Santo e, dentro desta seção, no polo do homem rumo a Deus. O § 17 se intitula "a revelação de Deus como assunção [*Aufhebung*] da religião" e também conta com três partes: "o problema da religião na teologia", "a religião enquanto incredulidade" e "a verdadeira religião".

De início lemos o que Barth enuncia como tese, conforme é de hábito em sua *Dogmática*, no começo do parágrafo. Apresenta-se desta maneira: "A revelação de Deus pela efusão do Espírito Santo é sua presença crítica e reconciliadora no mundo das religiões humanas, ou seja, no campo das tentativas feitas pelo homem para justificar-se e santificar-se diante da imagem da divindade que ele constrói a partir de sua própria iniciativa, arbitrariamente" (p. 71). Após a leitura de *Carta aos Romanos*, isto não é surpresa alguma; encontramos a mesma temática fundamental: a religião é interpretada no contexto da problemática herdada de Paulo e de Lutero da (auto)justificação, que é considerada arbitrária por não ter uma relação verdadeira e real com seu objeto: Deus. Aqui, Barth talvez simplesmente enfatize as implicações daquilo que ele chama "revelação de Deus" no núcleo das religiões, em que a revelação é considerada "crítica e reconciliadora".

Em primeiro lugar, podemos observar que o cristianismo é considerado, radicalmente, uma religião dentre as demais, portanto como uma realidade humana que, como tal — seja no que for e ainda que parcialmente —, não pode afirmar peremptoriamente a verdade ou Deus: "a religião é incredulidade, a religião é, por excelência, o fato do homem *sem* Deus" (p. 91). A religião é uma produção humana, ilusória, e aqui Barth claramente dá razão a Feuerbach (o que ele já tinha feito em *Carta aos Romanos*: "justiça seja feita a Feuerbach", p. 229). Nesse contexto, convém notar que o ateísmo é compreendido por Barth como uma pura e simples inversão da religião ou do teísmo, dentro de um mesmo jogo, humano, enquanto "a crise verdadeira da religião deveria ser muito mais radical do que o que ocorre no ateísmo". De fato, não se trata "de destruir as manifestações exteriores da religiosidade humana"; isso equivaleria somente a "atacar a Hidra de Lerna com suas cabeças que renascem à medida que são cortadas" (*Dogmática*, p. 113s).

Identificar o cristianismo como uma religião dentre outras, de modo deliberado e sem restos, sem que se possa defender que se trata da religião absoluta, nem mesmo, como o faz Troeltsch, apresentar valores que, sob alguns aspectos, podem ser avaliados como "mais altos", equivale a questionar-se sobre quão "verdadeiro" pode ser considerado o cristianismo. De fato, pode ser verdadeiro, mas enquanto realidade humana e no mesmo sentido em que é considerada verdadeira, diante de Deus, qualquer realidade humana. Como prova disso, lemos (p. 115): "Uma religião só pode ser reconhecida como 'verdadeira' do mesmo modo com que um pecador pode ser declarado justo", declaração que deve ser compreendida de acordo com a herança luterana; o pecador é justificado diante de Deus ao mesmo tempo que permanece pecador, fenomenológica ou humanamente. Assim, o cristianismo é verdadeiro "diante de Deus" (e é preciso especificar o que isso quer dizer), enquanto é sempre, humanamente, "incredulidade", mentira e idolatria.

Especifica-se ao longo da leitura: "Nenhuma religião é verdadeira *em si* [...]. Tudo o que cabe dizer é, ao contrário, que uma religião pode *tornar-se* verdadeira, assim como o homem pode tornar-se um pecador justificado" (ibid.). É quando Barth faz referência à graça ou à "revelação divina", que "desmascara a mentira das religiões e a injustiça inerente ao homem" (na operação "crítica" que lhe é própria, apontada desde o início na tese) e que pode, ao mesmo tempo, permitir que se viva nela, humana e religiosamente, por assim dizer (e isso também estava indicado desde o início, através dos termos "assunção" e de uma operacionalidade "reconciliadora").

Não nos devemos deixar enganar. Aqui, falar de verdade não significa voltar atrás no que já foi dito: "Ao mesmo tempo que consideramos a religião cristã verdadeira, convém igualmente reconhecer que ela permanece sob o golpe da sentença de incredulidade que vale para todas as religiões" (p. 117). Barth fala de "verdade" e de "revelação" em termos de "acontecimento", operando no cerne do que é dado, e em oposição a isso, sem nada acrescentar ou suprimir. Assim, sempre fenomenologicamente, a verdade é *incógnito*: "De fato, a revelação de Deus é a presença de Deus, portanto seu *incógnito* no mundo das religiões humanas" (p. 73).

Desse modo, o cristianismo é posto no mesmo nível das demais religiões. É lugar da manifestação do homem em toda a sua ambivalência e, de certa maneira, trata-se de uma ambivalência maximizada, pois a tentação é suprema (assim como, na obra de Lutero, o pecado se apega mais radicalmente às boas obras que às más). No entanto, o cristianismo também é o lugar de uma dialética entre a graça e um fechamento mortífero, e o homem pode se reconciliar com a religião (assim como pode reconciliar-se consigo mesmo) através de uma descentralização radical, que permitirá justamente receber a religião (assim como o homem recebe a si mesmo) como realidade humana que como tal não é verdadeira (nem falsa, aliás), nem divina ou associada intrinsecamente a Deus (nem satânica ou associada intrinsecamente ao pecado).

Essa é a primeira subdivisão. De modo recíproco, quando contemplamos o outro lado, será que podemos dizer algo análogo sobre as demais religiões? De modo importante e talvez decisivo, parece que sim, precisamente porque a religião cristã remete ao homem de ponta a ponta, e a questão de Deus pertence a outra ordem, formulando-se de um modo descentralizado em relação à riqueza e à multiplicidade do que é humano, de acordo com uma modalidade específica (pensada em termos de acontecimento, não captável como objeto próprio); por ser pensado desse modo, Deus é afirmado, concretamente, ao modo *incógnito*. Nessa configuração, as demais religiões também podem ser vistas sob um ângulo não somente crítico, mas também como lugar de uma "assunção" e de uma "reconciliação" da parte de Deus, portanto lugar de sua graça. Na perspectiva indicada, ainda que a graça transborde ou seja em excesso, está quase dada por definição. E se confirma explicitamente que a lógica de toda a proposta de Barth caminha na direção indicada: "viver da graça *pela graça* significa depender por completo da realidade em que o cristão tenta viver e em que todo homem, em qualquer religião, pode de fato viver" (p. 133). O enunciado parece inequívoco, e nele encontramos totalmente Barth: a ênfase em uma graça heterogênea (pois só podemos vivê-la pela graça!), a referência à ordem complexa e autônoma do ser humano para qualquer realidade, inclusive o cristianismo, e, por fim, a referência a uma ordem de efetividade concreta, com parênteses radicalmente postos na questão do que seria o ponto de vista de Deus, em uma lógica geral, suturante e diretamente ligada às realidades em causa, o que é justamente impossível e se coloca como supremo obstáculo ao que é Deus como tal.

No entanto, por outro lado, a resposta de Barth parece diferente. Na página 171 e nas seguintes, quando trata de algumas semelhanças entre o "protestantismo japonês" de Jenku e Shinram, acima das "diferenças imanentes" reais ("fenômenos naturais e históricos nunca são idênticos"), Barth escreve que só há uma coisa que é "decisiva": "o nome de Jesus Cristo", "a única diferença fundamental que conta aqui". Em que sentido? De uma positividade ou do positivismo de uma revelação exclusiva? Em um primeiro olhar, parece que é assim; e esse aspecto não poderá ser totalmente suprimido. Porém, uma análise mais aprofundada provavelmente concluirá que a passagem não é inequívoca. De início, principalmente, notemos que, sobre as diferenças positivas ("históricas", "reais", "imanentes"), Barth precisa que "não dizemos nada de essencial quando [as] especificamos". Em segundo lugar, a referência a Jesus Cristo parece indicar que a realidade de uma vida ou uma religião da graça só é verdadeira se for vivida "pela graça", portanto dada pelo Deus que é livre, de modo independente de tudo aquilo que o homem pode afirmar (na "doutrina"), algo que é resumido por Barth de uma forma radicalmente particular quando se refere a Jesus Cristo como lugar da ação de Deus.

Entretanto, o equívoco permanece e, em toda hipótese, o efeito retórico da referência a Jesus Cristo não é minimamente sustentável nem em uma reflexão sistemática sobre a verdade e o cristianismo como religião, nem, *a fortiori* talvez, em um diálogo inter-religioso, a menos que se afirme que a radicalidade de Barth consiste em centrar-se no puro acontecimento, por fim, fora da consideração da religião e das religiões em suas positividades. Nesse sentido, mantém-se na estrita linha de uma "teologia dialética" negativa, criticada em Barth por Tillich, e, no protestantismo, na linha de Albrecht Ritschl, que, ao contrário da tese de Ernst Troeltsch, acreditava ser ilegítima e impossível toda teoria da religião relacionada à apreensão do cristianismo como portador de sentido e de verdade possível.

6.2. Dietrich Bonhoeffer (1906-1945)

Nos anos 1960, muito se evocou a visão bonhoefferiana de um "cristianismo não religioso". Foi a época de uma apologia da secularização (*La cité seculière* [A cidade secular] [1965, Tournai, Casterman, 1968], de Harvey Cox, um convite para a adesão) e, nos Estados Unidos, de uma teologia que se convencionou chamar "da morte de Deus". A referência a Bonhoeffer diz respeito a algumas de suas cartas da prisão, reunidas em um livro chamado *Resistência e submissão* (1951, São Leopoldo, Sinodal, 2003), com destaque para a do dia 30 de abril de 1944. Vamos examiná-la, lembrando que, originariamente, não se trata de um texto elaborado em um modo acadêmico, mas, sim, da expressão por escrito de uma situação dramática à sombra da morte.

Lê-se nessa carta, em primeiro lugar, um questionamento, relacionado a algo como um diagnóstico da situação concreta do mundo, tal como experimentada por seu autor, principalmente no convívio com os que eram prisioneiros como ele: "O tempo em que se podia dizer tudo aos homens com palavras teológicas ou piedosas passou, assim como o tempo da interioridade e da consciência, ou seja, o tempo da religião em geral. Estamos diante de uma época totalmente irreligiosa; tais como são, os homens não podem mais simplesmente ser religiosos" (p. 288). Após essa constatação, vem o questionamento propriamente dito: "Como falar de Deus sem religião, ou seja, sem o dado prévio e contingente da metafísica, da interioridade etc.? [...] Como ser um cristão irreligioso e profano?" (p. 289). A pergunta é retomada no *post-scriptum*, acompanhada de considerações sobre a circuncisão nos textos do apóstolo Paulo: "A questão paulina, a saber, se a circuncisão é necessária para a justificação, é hoje esta: A religião é necessária para a salvação? A libertação da circuncisão também é a libertação da religião" (p. 290).

De passagem, notamos que a religião é novamente caracterizada por aquilo que está no âmbito da interioridade e por aquilo que se chama metafísica. Em relação à reflexão propriamente teológica, encontramos elementos que lembram Barth (e de fato Bonhoeffer se refere a ele explicitamente): a recusa quanto a correlacionar a verdade teológica e da fé à religião considerada "província", particular e marginal, junto ao desejo de, ao contrário, afirmar a verdade de Cristo no centro dos dados mais fortes do mundo como tal. Na obra de Bonhoeffer, este chega a ser o tema dominante. Nos bastidores, ressoa uma crítica da religião com ênfases mais nietzschianas que feuerbachianas. Ouçamos: "Uma vez retirado o fundamento daquilo que tem sido nosso cristianismo até aqui, nossa religião só pode pôr os pés no chão com alguns 'últimos cavaleiros' e um punhado de homens intelectualmente desleais. [...] Será que devemos nos precipitar sobre esse grupo de homens suspeitos, como fanáticos, para derramar em cima deles a nossa mercadoria? Será que devemos cair sobre alguns infelizes em momentos de fraqueza e violá-los religiosamente [...]? [...] se, por fim, precisamos considerar a forma ocidental do cristianismo como os portais de uma irreligiosidade completa, qual seria, para nós e para a igreja, a situação daí resultante? Como Cristo pode se tornar o Senhor dos irreligiosos? Haveria cristãos sem religião? [...] O que seria, então, um cristianismo irreligioso? Barth foi o único a iniciar uma reflexão nessa direção, [...] e chegou a um 'positivismo' da Revelação que, no final das contas, reduziu-se a uma restauração [...]. Como ser um cristão irreligioso e profano? [...] Nesse caso, Cristo não mais seria alvo da religião, mas algo completamente diferente, de fato o Senhor do mundo" (p. 288-290).

Ainda nesse tema, examinemos as confirmações no *post-scriptum*: "As pessoas religiosas [...] sempre exploram a fraqueza e os limites dos homens [...]. As discussões sobre o limite humano se tornaram suspeitas para mim: seriam ainda verdadeiros limites a própria morte, que os homens não temem mais, e o pecado, que eles não mais compreendem? Sempre me parece que, com essas discussões, queremos timidamente abrir espaço para Deus; eu gostaria de falar de Deus, não nos limites, mas no centro; não na fraqueza, mas na força; não sobre a morte e a culpa, mas na vida e na bondade do homem. Perto dos limites, parece-me preferível calar-se e deixar irresoluto aquilo que não tem solução".

A ênfase sobre a secularidade do mundo, que em si mesma é boa, e em um senhorio não religioso de Deus sobre esse mesmo mundo (um Deus deliberadamente outro) atesta, para mim, uma veia tipicamente protestante. Quanto à declaração sobre a vontade de afirmar Deus, não na fraqueza, mas na força, não nos limites, mas no centro, tais palavras demonstram uma perspicácia, uma retidão e um vigor que são tanto cristãos quanto simplesmente humanos; de minha parte, só posso deixar que ecoem.

Intelectual e teologicamente, restaria a retomar: *a)* o diagnóstico (ou o que parece se apresentar como diagnóstico na obra de Bonhoeffer) do "fim da religião": no final do século XX e no início do XXI, certas declarações de Bonhoeffer sobre o tema só podem ser compreendidas como ironia, e aqui é preciso lembrar as palavras de Barth sobre a "Hidra de Lerna", o que atestava outro diagnóstico; *b)* quanto aos limites e ao centro, precisamos perguntar onde estão eles respectivamente ou como devemos entendê-los, também em suas relações recíprocas. Aqui, sob certo ângulo, o limite não seria central, e no mínimo revelador? Porém, pensá-lo talvez suponha outra definição do limite, ou, pelo menos, um uso diferente daquele que Bonhoeffer denuncia. *c)* Há o questionamento sobre o que seria a igreja e a fé em um sistema considerado não religioso: o próprio Bonhoeffer se indaga sobre isso várias vezes em sua carta, o que demonstra que ele não pensava simplesmente em uma abertura para o mundo e para a vida humana, individual e social, de um modo unidimensional, em que aquilo que se encontra no centro da proclamação cristã bem compreendida seria finalmente esquecido em prol de uma afirmação substitutiva, a da profanidade simplesmente humana e alvo de puro saber — o que, no final, nos levaria novamente para os ateísmos superficiais da época das Luzes ou a alguns de seus avatares posteriores.

Pierre Gisel

7. O diálogo inter-religioso

7.1. Breve histórico

Por convenção, podemos assinalar o Parlamento Mundial das Religiões reunido em Chicago, no ano de 1893, como o início do diálogo inter-religioso contemporâneo (cf. Richard Hughes SEAGER, org., *The Dawn of Religious Pluralism. Voices from the World's Parliament of Religions* [A aurora do pluralismo religioso: vozes do Parlamento Mundial das Religiões], 1893, La Salle, Open Court, 1993). Naturalmente, as religiões sempre estiveram em um contato mais ou menos estreito, mais ou menos amigável. Se as fases de ignorância partilhada ou de conflitos declarados estão sempre presentes na história religiosa da humanidade, também há exemplos de diálogo: o clamor pela tolerância do imperador budista Ashoka na Índia (século III a.C.), os encontros entre monges budistas e filósofos confucionistas na China, os diálogos entre cristãos e muçulmanos (século VIII) com judeus na Andaluzia ou entre os khazars à beira do mar Cáspio, sem esquecer a corte do rei Akhbar no século XVI na Índia, onde se encontraram brâmanes e jesuítas, assim como juristas e místicos muçulmanos.

De acordo com as próprias palavras, o Parlamento das Religiões buscou unir as religiões contra toda forma de irreligião com base no respeito mútuo e na responsabilidade ética. Foi uma iniciativa do protestantismo liberal norte-americano, reunindo milhares de pessoas e dando a palavra a centenas, dentre as quais o hindu Vivekananda (1863-1902) e outras personalidades, budistas, chineses, jainistas, judeus, muçulmanos, xintoístas, zoroastrianos, em meio a uma esmagadora maioria de cristãos. Ao mesmo tempo que questiona não a superioridade do cristianismo, mas, sim, seu exclusivismo, essa feira de uma nova espécie caracterizou um novo interesse norte-americano pelas religiões orientais.

Até a celebração do centenário em 1993, o evento de Chicago foi seguido de certo número de iniciativas que buscaram engajar-se continuamente em favor de uma maior compreensão entre as religiões. Aqui, cabe mencionar a Associação Internacional pela Liberdade Religiosa, de inspiração liberal protestante; o *World Congress of Faiths* [Congresso Mundial de Fés] na Grã-Bretanha, hoje associado ao *Temple of Understanding* [Templo do Entendimento] nos Estados Unidos; o Conselho Internacional dos Cristãos e dos Judeus, desenvolvido após a guerra de 1939-1945; a Conferência Mundial de Religiões pela Paz, que estendeu sua rede de capítulos locais a partir de 1970, e os encontros organizados pelo movimento da Unificação.

A Associação Internacional da História das Religiões se viu diretamente confrontada com a questão do diálogo inter-religioso em seus congressos de Tóquio (1958), Marburgo (1960) e Claremont (1965). Operou-se uma clivagem em dois pontos essenciais. De um lado, questionou-se se a finalidade do estudo acadêmico das religiões seria um conhecimento puramente histórico e crítico ou se objetivaria uma melhor compreensão e até uma colaboração entre as religiões, posição defendida por Friedrich Heiler, Claas Jouco Bleeker e uma maioria de orientais. De outro lado, no nível metodológico, buscou-se saber "se um observador exterior está em posição de melhor compreender uma religião viva que alguém que vive essa mesma fé do interior". Nisso verifica-se um aspecto da relação entre teologia e história ou ciências das religiões que foi formulado desse modo.

7.2. Contribuição das igrejas

Entre os cristãos, a igreja sempre foi confrontada com outras religiões, geralmente consideradas adversárias a serem combatidas ou convertidas, mas não podemos esquecer que foi em interação com formas culturais e religiosas diferentes (estoicismo, as gnoses etc.) que se constituiu o cristianismo propriamente dito. Além disso, o caminho do diálogo contou com precursores na Europa, principalmente na Idade Média, com o catalão Raimundo Lúlio (1233-1316), autor da obra *O livro do gentio e dos três sábios* (1274-1276, Petrópolis, Vozes, 2001), e o cardeal alemão Nicolau de Cusa (1401-1464), que publicou um livro chamado *A paz da fé* (1453, Coimbra, Minerva, 2002) no ano da tomada de Constantinopla pelos turcos. No campo missionário, o calvinista Jean de Léry (1534-1613) na América Latina e os jesuítas Matteo Ricci (1552-1610) na China e Roberto De Nobili (1577-1656) na Índia se lançaram a uma escuta das populações encontradas nesses locais.

Na Europa, Louis Massignon (1883-1962), o abade Jules Monchanin (1895-1957) e o padre Henri Le Saux (1910-1973) anteciparam a declaração do Concílio Vaticano II pelo diálogo inter-religioso *Nostra aetate* (1965). Com isso, a Igreja Católica multiplicou as iniciativas, desde a criação de um secretariado, atualmente Conselho Pontifício pelo Diálogo Inter-religioso, até o encontro de Assis, em 1986, passando pelas visitas do papa João Paulo II, as declarações, os colóquios teológicos e os encontros monásticos.

No campo protestante, além das reflexões e dos trabalhos elaborados no neoprotestantismo no século XIX e no início do XX (podemos mencionar os nomes mais recentes de Paul Tillich e Henry Corbin), boa parte da iniciativa coube ao Conselho Mundial de Igrejas, que, na mesma linha das conferências missionárias, preparou o terreno de 1955 a 1970 pelo estudo "Palavra de Deus e convicções religiosas contemporâneas". Em 1970, foi criada a seção "Diálogo com os adeptos das tradições religiosas e ideológicas de nosso tempo", que por muitos anos foi dirigida pelo pastor indiano Stanley Samartha. Essa seção foi muito importante para que o CMI multiplicasse os encontros bilaterais e multilaterais antes de entrar em uma fase de reflexão sobre as implicações teológicas do diálogo, em uma resposta às resistências expressas nas assembleias de Nairóbi (1975) e, em menor medida, Vancouver (1983). Aos poucos, o diálogo inter-religioso se impôs à ordem do dia das diferentes igrejas nos níveis local, regional e internacional, constituindo hoje uma das clivagens da família protestante entre a ala "ecumênica", favorável, e a ala "evangélica", reticente.

7.3. Alguns modos de ação

Para não utilizar o termo "diálogo" para qualquer tipo de encontro inter-religioso que não é abertamente polêmico, cabe especificar as condições necessárias e suficientes para a instauração de um autêntico diálogo entre fiéis de diferentes religiões. Cinco condições parecem ser particularmente dignas de nota:

1) O diálogo requer uma *relação pessoal*; o que distingue a comparação entre ideias da confrontação de sistemas fixos é o encontro de pessoas com sua individualidade e liberdade (pessoas que se inserem em determinada tradição e são capazes de retomá-la em seu nome).

2) De fato, não há diálogo possível sem uma *base comum* que não se limite à adoção de uma língua de comunicação, mas implica um contexto de referência que permita que cada um saia de seu sistema de compreensão. Fora de uma história comum entre hindus e budistas, ou judeus, cristãos e muçulmanos, a escolha se situa entre os valores religiosos do *homo religiosus* ou os valores humanos, intelectuais e morais.

3) O diálogo pressupõe o *direito à diferença*, o reconhecimento da alteridade que não deve somente ser tolerada, mas valorizada para o enriquecimento potencial dos participantes, sem pressupor uma unidade que jamais é dada como condição prévia, mas que precisa ser descoberta em meio à diversidade e até acima dela.

4) O diálogo se situa na *tensão entre abertura e fidelidade*: abertura para o outro, que possa trazer algo de novo, inclusive para a compreensão que eu tenho de mim mesmo, e fidelidade a uma tradição determinada que eu herdei e da qual sigo sendo uma testemunha fiel sem ser servil.

5) O diálogo se distingue tanto da conversa de salão quanto do colóquio acadêmico, pois está em uma *relação direta* com a vida e a fé dos religiosos e de suas respectivas comunidades.

Por mais cômodo que seja, o termo "diálogo" pode restringir o campo das relações inter-religiosas quando estas não passam pela palavra nem adotam a forma convencional de um encontro em torno de uma mesa de conferências. Para dar conta da riqueza dessas relações, podemos identificar quatro principais modos de ação: a cooperação, o testemunho, a compreensão e a comunhão. Essas modalidades podem corresponder ao mesmo número de "ideais-tipo", no sentido de Max Weber: o leigo engajado na sociedade, o sacerdote que lidera sua comunidade, o teólogo que estuda a doutrina e o monge ou qualquer religioso que se interessa pela vida interior.

Em relação às heranças religiosas de modo mais amplo, mas não exclusivamente concebidas em termos de monólogo (e aqui o cristianismo não é uma exceção) e em um contexto de um relativo isolamento (como se os demais religiosos não existissem ou não vivessem nem afirmassem nada pertinente sobre Deus ou sobre o absoluto), o diálogo abre novas perspectivas que estão acompanhadas de profundas transformações na vivência da fé e na retomada crítica dessa fé no nível teológico. Quando levado a sério (e o pluralismo crescente de nossas sociedades exigem isso), o diálogo inter-religioso constitui um dos principais desafios que se apresentam hoje para a teologia, cristã ou não, assim como ocorre com a teologia da libertação, a teologia feminista, a inculturação, suas mutações internas etc.

Dessa forma, os religiosos que se engajam no caminho do diálogo, de partidários da comunidade a que pertencem, passam a ser chamados *parceiros* na sociedade em que vivem, parceiros e solidários diante da amplitude e da urgência dos problemas éticos e sociais do mundo contemporâneo. Em vez de considerar seu engajamento religioso como a única realidade possível ou a única válida, os religiosos passam a ser, em primeiro lugar, as *testemunhas* de suas convicções. Ao rejeitar tanto o proselitismo quanto um sincretismo de pura justaposição (sem uma retomada interior que expresse uma coerência junto à afirmação da própria identidade), o diálogo inter-religioso oferece um espaço para um testemunho recíproco que, de acordo com cada circunstância, pode se tornar um testemunho comum, diante da indiferença e do niilismo. Por fim, o diálogo, principalmente em sua dimensão espiritual, convida os religiosos a não se comportarem nem como detentores nem como defensores da verdade, mas, sim, como peregrinos em busca de uma verdade, Deus ou o absoluto, sempre além do que podemos afirmar ou pensar.

8. Rumo a uma teologia das religiões?

8.1. Uma reorientação

Se a tarefa da teologia consiste em pensar a fé no mundo em uma confrontação dialética à tradição recebida e à abertura para as questões antigas e novas colocadas pela cultura e pela sociedade ambiente, sem dúvida alguma a teologia cristã contemporânea e, de modo mais geral, todo tipo de pensamento religioso, não poderiam fazer a economia do encontro com as outras religiões. Sem exagero: podemos considerar que essa é de fato uma das mais importantes tarefas da teologia cristã, por causa da amplitude das confrontações que estão em jogo, tendo em vista a variedade das tradições implicadas nisso; ao mesmo tempo, trata-se de uma das tarefas mais difíceis, por causa da profundidade dos reexames previsíveis quando existe o esforço de levar-se em consideração o testemunho e a experiência de Deus e do mundo por outros religiosos.

Não é por acaso que a teologia católica hoje se encontra um tanto adiantada nesse processo; ela não somente pode se apoiar nos textos que foram autorizados no Concílio Vaticano II, como *Nostra aetate*, mas também por ter guardado a imensa herança da teologia que se convencionou chamar de natural. Em oposição a isso, a teologia protestante ostentou amplamente, no século XX, uma desconfiança em relação às religiões em geral, manifestando pouco interesse por elas, a não ser quando se tratava de um objetivo missionário. Aqui, é preciso evocar a oposição barthiana entre fé e religião (cf. item 6.1), a empreitada de demitologização de Rudolf Bultmann (1884-1976), a perspectiva de uma interpretação não religiosa da Bíblia e da vida cristã nas últimas cartas de Dietrich Bonhoeffer (cf. item 6.2); somente Paul Tillich (1887-1965) refletiu em uma teologia em diálogo com a cultura enquanto expressão da compreensão que os povos têm de si mesmos, iniciando um diálogo com o budismo japonês.

Nos trinta anos que se seguiram à guerra de 1939-1945, a teologia protestante resolutamente se esforçou por responder ao desafio da secularização reformulando suas declarações em vista de um mundo que se tornou "maior", e alguns até mesmo chegaram a falar de uma teologia da morte de Deus. Hoje, sabemos que o paradigma da secularização deve ser diferenciado, em oposição a toda visão unilinear, e que, se as igrejas instituídas perderam sua marca social, a sociedade e a cultura devem contar com uma recomposição multiforme do religioso e com dados relacionados ao pluralismo religioso. Nesse contexto, não mais podemos fazer teologia (seja cristã, seja outra) como se não houvesse modificações do *status*, da função e das disposições institucionais da religião na sociedade, nem como se não existissem outros religiosos ou como se não dissessem nada sobre Deus, o ser humano, o mundo e a salvação, ou mesmo sobre Cristo e a igreja.

Nesse sentido, é revelador que vários representantes das novas perspectivas teológicas que foram propostas no protestantismo de 1960 tenham aos poucos se convertido novamente no encontro inter-religioso. Assim, Harvey Cox, autor de *La citè sèculière* [A cidade secular] (1965, Tournai, Casterman, 1968), escreveu várias obras sobre os novos movimentos religiosos, tais como os seguidores do reverendo Moon, as religiões orientais (*L'appel de l'Orient* [O chamado do Oriente] [1977], Paris, Seuil, 1979), os desenvolvimentos do pentecostalismo (*Retour de Dieu. Voyage en pays pentecôtiste* [O retorno de Deus: viagem pela terra pentecostal] [1994], Paris, Desclèe de Brouwer, 1995), e o bispo anglicano John Arthur Thomas Robinson, autor de *Dieu sans Dieu* [Deus sem Deus] (1963, Paris, Nouvelles éditions latines, 1964) e de *La nouvelle réforme* [A nova reforma] (1964, Neuchâtel, Delachaux et Niestlé, 1967), que se esforçou por demonstrar a complementaridade entre as espiritualidades do Oriente e do Ocidente (*Truth Is Two-Eyed* [A verdade tem dois olhos], Filadélfia, Westminster Press, 1979). Acrescentemos que um autor como Paul Van Buren, após escrever a obra *The Secular Meaning of the Gospel* [O significado secular do Evangelho] (NewYork, Macmillan, 1963), caracterizado pela análise linguística inspirada por Ludwig Wittgenstein, engajou-se seriamente na tarefa de repensar a teologia à luz de um encontro entre judeus e cristãos, em três obras reunidas com o título *A Theology of The Jewish Christian Reality* [Uma teologia da realidade judaico-cristã] (New York, Seabury Press, 1980-1983).

8.2. Teologia e pluralidade religiosa

As respostas que foram trazidas para o desafio da pluralidade religiosa são várias. No campo da história das religiões, podemos discernir quatro tipos principais de relações inter-religiosas:1) o modelo *isolacionista* rejeita todo tipo de interação ao instituir um verdadeiro *no man's land* geográfico ou ideológico; 2) o modelo *expansionista* tende a reduzir a diversidade ao propagar sua própria norma pela força ou pela persuasão; 3) o modelo *sincretista* busca uma nova síntese a partir de elementos extraídos das diversas tradições religiosas; 4) o modelo *pluralista* reconhece a pluralidade e valoriza os encontros e os questionamentos como em um fórum.

Se o encontro dos outros religiosos hoje se reveste de uma nova agudeza por causa do extraordinário desenvolvimento dos meios de comunicação, de uma mistura das populações e de transformações internas na sociedade, para os cristãos se trata de um dado tão antigo quanto a própria formação do cristianismo nos primeiros séculos da nossa era. Hoje, no encontro com as outras religiões, a teologia cristã se mantém entre dois axiomas: a vontade de salvação universal de Deus (Deus nosso salvador [...] *deseja que todos os homens sejam salvos e cheguem ao pleno conhecimento da verdade*; cf. tb. Tt 2.11) e o caráter único da pessoa e da obra de Cristo (cf. 1Tm 2.5,6: *Porquanto há um só Deus e um só Mediador entre Deus e os homens, Cristo Jesus, homem. O qual a si mesmo se deu por resgate por todos*).

Dentre outros, o ministro anglicano Alan Race, em sua obra *Christians and Religious Pluralism. Patterns in the Christian Theology of Religions* [Os cristãos e o pluralismo religioso: padrões na teologia cristã das religiões] (Londres, SCM Press, 1983), distingue três opções principais: exclusiva, inclusiva e pluralista. Sem esquecer algumas nuances, podemos aproximar essas três posições dos três modos de situar o critério da verdade: no nível da igreja ou da confissão de fé; na figura de Cristo, distinto de Jesus de Nazaré; no mistério de Deus. Chega-se, assim, à nomenclatura seguinte:

1) O exclusivismo confessional ou eclesiocêntrico é a postura dominante do protestantismo que se seguiu imediatamente à Reforma, assim como a do catolicismo da Contrarreforma. Hoje, é encontrada nos meios evangélicos ou fundamentalistas: há somente uma verdadeira religião ou uma só revelação; ao adágio católico *extra ecclesiam nulla salus* corresponde a convicção de que somente há salvação na confissão de fé explícita em Jesus Cristo de acordo com as Escrituras.

2) O inclusivismo cristocêntrico é a posição amplamente aceita tanto nos meios ecumênicos quanto na Igreja Católica após o Vaticano II, afirmando geralmente a universalidade da graça no contexto de uma teologia do *Logos* tal como expressa pelo metropolitano ortodoxo libanês Georges Khodr: "Somente Cristo é a luz recebida quando a graça visita um bramanista, um budista ou um muçulmano que lê suas próprias escrituras" ("Christianity in a Pluralist World" [O cristianismo em um mundo pluralista], *Soborbost* 3, 1971, p. 171). De acordo com uma variante cara ao liberalismo protestante do século XIX (assim como na crítica, cf. Feuerbach), o cristianismo representa o cumprimento ou o coroamento das religiões, conforme declaram os autores John Nicol Farquhar (*The Crown of Hinduism* [A coroa do hinduísmo], Oxford, Oxford University Press, 1913) e, mais recentemente, Eugene Hillman (*The Wider Ecumenism. Anonymous Christianity and the Church* [O ecumenismo mais amplo: o cristianismo anônimo e a igreja], Londres-New York, Burns and Oates-Herder and Herder, 1968), que reconhece sua dívida para com o teólogo católico Karl Rahner (cf. sobretudo a tese que diz respeito aos "cristãos anônimos").

3) O pluralismo teocêntrico representa uma clara mudança, na medida em que não reconhece na fé cristã superioridade alguma na percepção do absoluto e no acesso à salvação. O filósofo e teólogo britânico John Hick convida os leitores para uma verdadeira revolução copernicana: "Copérnico afirmou que era o Sol, e não a Terra, que estava no centro; todos os

corpos celestes, inclusive nossa própria Terra, giram em torno dele. Temos de compreender que o universo religioso está centrado em Deus, não no cristianismo ou em qualquer outra religião. Deus é o sol, a fonte original da luz e da vida, sendo refletido por todas as religiões, cada uma de seu modo específico" (1982, p. 70s). Objeto de inúmeras críticas, essa postura encontrou eco entre teólogos católicos, como Paul F. Knitter (1985), Leonard Swidler (*After the Absolute. The Dialogical Future of Religious Reflection* [Após o absoluto: o futuro dialógico da reflexão religiosa], Minneapolis, Fortress Press, 1990) e, com reservas, Hans Küng. No campo prostestante, a opção pluralista retoma as linhas principais de Ernst Troeltsch (L'absoluité du christianisme et l'histoire de la religion" [O cristianismo como absoluto e a história da religião] [1901, 1912], em *Histoire des religions et destin de la théologie*, [História das religiões e destino da teologia] p. 69-177) e tem seu prolongamento no projeto de uma teologia mundial das religiões, tal como o concebe Wilfred Cantwell Smith (1989).

Sejam quais forem as modalidades do modelo adotado, acreditamos que a teologia cristã não pode pura e simplesmente abstrair as demais religiões. Assim como a teologia levou em consideração a variação dos modelos de saber sobre a natureza e a contestação das ciências humanas, também precisa levar em conta as questões apresentadas pelos demais religiosos, o olhar crítico que eles lançam sobre suas próprias afirmações e o enriquecimento que pode ser trazido para sua visão do mundo e de Deus. É a esse preço que a teologia estará apta para formular propostas críticas e abrir novas perspectivas que possam ser apreciadas acima dos limites de sua própria tradição ou de sua própria comunidade.

Jean-Claude Basset

8.3. Via dialogal: uma proposta

Na linha do que, aos meus olhos, constitui a fé cristã, e *a fortiori* em sua modalidade protestante, rejeito terminantemente todo "supranaturalismo", ou seja, toda continuidade direta entre o religioso e uma mensagem ou um depósito originário, pensado como fundamento historicamente situado e verdadeiro em seu próprio conteúdo; logo, é rejeitada toda postura exclusivista. Mas do fato de que o sistema religioso ignora toda a adequação ou toda imediatez em relação à verdade segue-se uma pura relativização de seu próprio fato e de sua condição encarnada, concreta, em prol de uma pura superação? E será necessário apelar para um princípio teísta, universalizante, que permitirá dar conta da verdade em cada expressão religiosa? Não acredito nisso.

Certamente não poderia haver uma pura junção entre a verdade e as mediações que lhe dão forma e corpo, sejam elas textuais, históricas, eclesiásticas ou outras. No entanto, é irredutivelmente convocado um regime de mediações: só nelas se realiza o crer, quando nos deixamos alimentar e provocar por elas, meditando e nos aprofundando nelas, compreendendo as relações que estabelecem ao avançar em sua positividade, não abandonando-as. Paradoxalmente, e no final das contas, é sua própria concretude, seu *status* encarnado, imagem e história, que, sobre o pano de fundo de uma exposição ao outro e do diálogo, remete a essa verdade em excesso que só pode ser a de Deus ou do absoluto.

Reconheceremos, portanto, a particularidade e a finitude irremediáveis das mediações propostas; logo, reconheceremos, em nome do absoluto que acreditamos testemunhar, a pluralidade insuperável das vias históricas em que há o cumprimento do homem em verdade. Porém, se então rejeitamos a pura superação rumo a uma verdade que possa ser considerada como una e universal, sendo realmente pensada como tal, não seria para fazer a simples apologia dos caminhos diferentes do ser humano, em um pluralismo sem articulação nem regulação? Não, afirmar a pluralidade insuperável e feliz não condena a uma pura justaposição, que talvez seja sábia, mas infrutífera; pelo contrário, pode permitir um confronto que leve a um aprofundamento mútuo.

Em oposição a uma intolerância exclusivista (fora de tal caminho não há verdade!), em oposição também a um universalismo pobre ou a um pluralismo feito de uma simples justaposição, eu defendo com gosto uma via *dialogal*; mas um diálogo determinado (e, como tal, descentralizado) por um questionamento acerca da verdade. Não um diálogo que tenha como principal finalidade o pacificar (o que certamente pode ser acrescentado, e isso não pode ser negligenciado), mas um diálogo como confrontação, em que um se expõe ao outro sobre aquilo que é o mais central, com todo o peso e toda a riqueza de nossas particularidades na relação com a verdade e na força de nossas convicções de verdade.

A identidade religiosa e humana só se correlaciona à verdade em uma exposição máxima no mundo que é tomado em sua exterioridade e nas diferenças irredutíveis que o atravessam. Assim, essa identidade está constitutivamente à distância da verdade: sua condição real não é unicentrada, o absoluto confessado está em excesso, suas expressões estão sujeitas a revisão, sendo de parte a parte culturais e até mesmo, sempre nesse nível, sincretistas. Na confrontação proposta, eu me exponho a outra exprreriência do mundo, de mim mesmo e de Deus. Eu me arrisco com o que eu sou, em minha particularidade assumida. Nisso há descentralização, que permite um aprofundamento: sou levado a descobrir tal aspecto de minha própria identidade, tal como o outro a vê, um aspecto do qual eu não tinha consciência, um aspecto negativo ou positivo. Além disso, posso progressivamente descobrir quanto a particularidade da tradição que me porta e que eu acredito seguir não esgota a verdade, ainda que seja essa mesma verdade que minha tradição acredita testemunhar. Ao me expor a uma experiência humana diferente, budista, muçulmana ou outra, "convertendo-me" a uma escuta radical, posso ser levado (de modo indireto, mas central) a um aprofundamento da minha experiência e da minha identidade, ainda que eu deva, para isso, passar por uma modificação de formas e enunciados.

Via dialogal; mas, em termos de confrontação, debruça-se sobre o essencial — a verdade — e no nível máximo de nossas diferenças. Vamos especificar um ponto importante. A via proposta pressupõe que cada tradição humana e religiosa não seja nem pensada nem vivida como um conjunto autossuficiente, autocentrado. Não é por acaso que volta e meia eu falo de "vias" ou "caminhos". Isso equivale a sugerir que cada tradição religiosa é, no fundo, uma maneira específica de dar conta do mundo, do homem, de si e do absoluto como tais e, portanto, de dar conta de realidades e questões de todos. Assim, a confrontação proposta não é feita termo a termo, mas, sim, em função das realidades "terceiras" que cada tradição igualmente toma a seu encargo a cada vez, e acredita responder à sua maneira. Disso, e somente disso, decorre o fato de que a confrontação pode ser e é comandada por uma questão sobre a verdade. Por isso, pode levar ao aprofundamento, "além do diálogo", como afirma John B. Cobb, e não como estratégia pacificadora externa somente.

A confrontação e a exposição ao outro, esboçadas aqui, pressupõem, portanto, que nenhuma tradição religiosa esgota as realidades terceiras, geral e universalmente humanas, às quais elas respondem. Aliás, é exatamente por isso que elas não podem ser "absolutizadas", mas se oferecem como mediações a serem habitadas, compreendidas e honradas, portanto a serem aprofundadas, mediações que de parte a parte são feitas com a carne do mundo, ao mesmo tempo que remetem para além de si mesmas. Cada tradição religiosa é vista como uma maneira específica de dar conta das realidades de todos, e não como uma afirmação centrada em si mesma ou naquilo que a autoriza de acordo com um julgamento ou uma confissão interna; por isso, a confrontação contribui para abrir novamente o espaço da crença ao que na verdade ele é: um testemunho em excesso que assume toda a sua particularidade ao render-se a um absoluto em excesso, e não um saber (pseudossaber), nem um desejo de harmonização social e humana.

De modo concreto, e de acordo com as modalidades próprias a cada vez, reconheceremos que toda tradição religiosa se insere nos jogos infinitamente variados do ser e do além do ser, da unidade e da pluralidade, do corpo e do espírito, do real que é dado e de uma precariedade necessária, do mundo como positividade irredutível e do mundo como moldado por sinais que remetem aos deuses. Fazer com que ressoem esses jogos, e também outros, através do confronto inter-religioso permitirá descobrir, em primeiro lugar, que as ponderações e as modalidades próprias a uma tradição dada só podem ser profundamente compreendidas em função de um conjunto mais amplo de possibilidades; isso também permitirá a descoberta de que tal termo, que é enfatizado por outra tradição religiosa (e que, em uma primeira abordagem, poderia constituir uma oposição frontal com suas heranças), também é levado em consideração de modo diferente em sua própria tradição.

É preciso enfatizar que tal confronto dialogal não coloca entre parênteses a questão de nossas relações com a verdade, logo de nossas relações com demais atestações de verdade. A questão das relações com a verdade de fato me parece fundamental para cada um. A própria existência humana exige isso, de certa maneira, no íntimo e para si mesma; nossa identidade está ligada a isso, ou aquilo que assumimos como nosso, cada um de sua parte. Além disso, a mesma questão parece dever ser reconhecida igualmente no espaço público, e a esse aspecto voltaremos mais adiante; de fato, provavelmente, se a verdade em um sentido religioso é estritamente abandonada ao indecidível, isso só poderá levar a aporias potencialmente explosivas; o mesmo ocorrerá caso não saibamos como abordar o assunto e tratá-lo por não estar à altura da enunciação dos termos de sua problemática ou caso fracassemos em afirmar sua pertinência, sua realidade e seus limites, desprovidos daquilo que é necessário para validar um espaço que permita o diálogo, o confronto e possíveis arbitragens.

Essa é a proposta geral, que, no entanto, exige alguns esclarecimentos reflexivos.

De início, é preciso afirmar que, a meus olhos, devemos levar a sério de modo radical (e, de princípio, de modo positivo) tanto a pluralidade das convicções, das referências e dos valores quanto a diversificação das instâncias de regulação e dos espaços de racionalidade que, na modernidade, presidem respectivamente a ordem da política, da sociedade civil, do direito, da moral, do saber, da expressão cultural ou do religioso. Aqui, há autonomia das instâncias e dos espaços evocados, em sua ordem específica a cada vez: eles são não coordenáveis (e ainda menos integráveis) em uma lógica única ou uma homogeneidade social qualquer, ainda que ideal. Evidentemente, não devemos esquecer que a diversificação das instâncias e das ordens de regulação ou de racionalidade tende a abandonar o indivíduo à tarefa das sínteses que a vida concreta pressupõe e requer; disso, advém um peso nada negligenciável sobre cada um, assim como uma privatização e uma individualização que conduzem justamente a riscos de justaposições em mediações; mas também há nisso uma oportunidade, a de ser requerido em sua responsabilidade como sujeito e pessoa.

Além disso, penso teologicamente em função do seguinte eixo principal: Deus, a verdade e o evangelho não podem estar no princípio de uma totalização. Nem em relação ao mundo, à sua autonomia, à sua realidade secular e exterior à igreja; mas também não em relação às realidades da fé, quer se trate da igreja e de seus dados simbólicos próprios, de suas pertinências e representações, quer se trate do fato do crer enquanto tal. A posição protestante enfatiza peculiarmente que, de modo bíblico e cristão, o mundo e Deus estão em diferença, não em continuidade ou homogeneidade, e isso não pela existência de uma imperfeição ou, pior, do pecado, mas, sim, em um nível constitutivo, originário, no cerne do que é dado como criação e na própria dramática do crer. Trata-se de uma diferença que, sendo constitutiva, pode se revelar frutífera. O mundo é dado fora de toda imediatez do homem e do princípio que vive ou confessa: sua origem ou sua verdade. A contingência é originária e irredutível, enigma de um mal que já é compreendido e se esboça; assim, para o ser humano, a gramática de uma resposta que se decide, em última instância, ou espiritualmente "diante de Deus", mas que se realiza concretamente na própria maneira com que ele responde ao mundo: o ser humano responde menos a Deus diretamente, em um "face a face" ou diante de seus enviados e intérpretes autorizados, e mais da maneira com que se coloca na criação. Um mundo como contingência dada, o enigma de um mal originário, uma dramática humana que se desdobra no coração do criado por todos e, por seu propósito, apontam justamente, quanto à verdade última, para Deus ou para o absoluto, não para uma lógica de continuidade e síntese, mas para uma lógica do acréscimo ou do excesso. Ora, essa última exige uma pluralidade e pode se articular nela.

Na perspectiva cristã, confessar a verdade — a verdade última quanto a Deus, ao mundo e a si mesmo — não advém de um ato que visa a uma totalização; trata-se de uma confissão: um momento de um crer, e não de um saber, ainda que possamos e devamos tanto desenvolver sua racionalidade interna quanto legitimar e circunscrever seu próprio fato ou ato. Em sua radicalidade e por seu próprio benefício, o crer pressupõe o pleno reconhecimento do pleno e do enigma, assim como o caráter perverso das harmonizações que camuflam o seu dado. Em última instância, o crer se articula com um Deus cujo processo recriador no mundo se estabelece de modo heterogêneo, associado a uma presença *incognito*, *sub contrario*, revelada no mais íntimo da carne e na cruz. Para mim, este é o ensinamento que foi reatualizado por Barth e Bonhoeffer (cf. item 6).

Em vez de fugir do mundo ou permitir sua superação, o crer é paralelo a uma inserção máxima na exterioridade, seu desdobramento no espaço e no tempo, suas manifestações nunca acabadas, autônomas e plurais. No mesmo sentido, o fato do crer — fato espiritual associado ao trabalho do espírito em que está em causa o acesso a si mesmo em sua intimidade e o acesso a Deus em seu absoluto — também está em excesso com relação às pertinências eclesiais e às representações simbólicas propostas: um jogo tipológico cristalizado na Escritura, um credo, uma sacramentalidade. Teológica e espiritualmente, é a relação com Deus (logo, consigo mesmo) que é decisiva, não o pertencer à igreja visível e positiva (ainda que essa igreja tenha sua importância em sua ordem), nem o enunciado confessional ou doutrinário (que também tem sua importância, sempre em sua ordem). Cada um de nós sabe que pode praticar na igreja ou professar uma doutrina correta e estar em uma relação espiritual errada com Deus, assim como, do modo inverso, adotar práticas heterodoxas ou sustentar doutrinas errôneas ao mesmo tempo que se tem uma relação verdadeira com Deus e consigo mesmo. Sem isso, não haveria nem um encontro nem um trabalho espiritual ou aprofundamento, mas somente o abrigo cada vez mais recorrente em um partido (o único verdadeiro...). Na teologia cristã, esse processo não ocorre sem a reorientação da cristologia ou, pelo menos, um esclarecimento do *status* e do alcance do significado de Cristo como figura central e recapituladora no sistema cristão. Como afirmar a centralidade de Cristo, com sua unicidade e universalidade, sem que isso se constitua uma rejeição ou uma negação das outras vias de acesso à transcendência que são a Torá para os judeus, o Alcorão para os muçulmanos, o *Bhakti* hindu, os ensinamentos de Buda ou o Tao chinês? Além disso, será que não devemos pensar ou repensar a cristologia tendo em vista, de modo comparativo, a percepção judaica do caráter messiânico da relação com a Lei e a visão de Jesus no Alcorão, assim como o *status* de Maomé e do próprio Alcorão, o Brahma do hinduísmo, os três corpos de Buda do Mahayana etc.?

Teologicamente, podemos lembrar aqui, minimanente, que Cristo é necessariamente uma figura recapituladora na articulação de um cânon textual plural e irredutivelmente duplo: o Antigo e o Novo Testamentos. A mesma figura dá origem ao advento de uma existência de crença que se equivale à carne, no cerne do tempo e das coisas. Ora, não é por acaso que pensamos a regulação dessa ordem (em sua realidade de fé e em seus dados eclesiais) de acordo com uma irredutível polaridade: a de um Cristo *e* de um Espírito, ambos apontando para, acima de suas diferenças, o *Pai* (e aqui não apelamos para um princípio único, ainda que cristológico: a uma confirmação ou uma revelação heterônoma). Lembrar tal perspectiva pode dar eco, à sua maneira, aos teólogos que acreditam hoje reencontrar um teocentrismo ao mesmo tempo que relativizam a cristologia (cf. item 8.2). No sistema cristão, bem compreendido, Cristo é o mediador como figura recapituladora de uma economia de fé e de sua articulação na criação; ele não toma o lugar de Deus, que permanece infinito ou absoluto, fora de toda medida ou de toda ordem captável. Ele é central (e, neste nível, único), mas como mediador que não é nem um obstáculo nem um substituto, e a fé, evangelicamente, vive constitutivamente em uma relação diferenciada com Deus. O mundo é, assim, mantido em sua diferença e sempre dá no que pensar teologicamente, inclusive em sua crítica do cristianismo, e isso é tão verdadeiro quanto o fato de que a salvação se articula no mundo sem esgotá-lo e que, portanto, a partir de sua própria posição, a fé deve afirmar a verdade desse mundo; a particularidade de Cristo seria então articulada (não identificada!) com a universalidade do *Logos*. Da mesma forma, as demais crenças surgem como irredutíveis ao caminho cristão e também dão no que pensar teologicamente em suas diferenças, inclusive na visão que têm sobre o cristianismo.

9. Qual gestão pública do religioso?

A meus olhos, a questão da verdade religiosa e a temática, que lhe é associada, do encontro inter-religioso devem ser abordadas e tratadas de acordo com uma gestão *interna*, de um lado, e de acordo com uma gestão *externa* e pública, de outro (esses dois olhares devem estar em interação, ao mesmo tempo que permanecem distintos). Já examinamos a primeira no item 8 com uma explicação da crença em si mesma, tarefa classicamente considerada um aprofundamento, mas aqui retomada no contexto de um confronto inter-religioso e das mutações que afetam o lugar e as formas do religioso em nossas sociedades; na segunda, consideram-se sobretudo as relações a serem pensadas na ordem pública — *etsi deus non daretur* ("como se Deus não fosse dado"), como afirmava de modo significativo o pensador político e jurista calvinista Hugo Grotius (1583-1645) —, da sociedade e do religioso.

Precisamos especificar, preliminarmente, que a teologia tem uma responsabilidade — e, aos meus olhos, uma pertinência possível — nos dois lados indicados, e não somente no primeiro, como geralmente se tendia a considerar no século XX, no protestantismo, nos passos da "teologia dialética" (sobretudo com referência a Karl Barth e Rudolf Bultmann) e, como foi igualmente afirmado há algumas décadas, no catolicismo, provavelmente por motivos sócio-históricos e sociais análogos. É evidente que, aqui, a teologia não é a única a ter sua pertinência; não há domínios reservados, mas, sim, olhares cruzados.

A teologia não poderia se debruçar, de um modo particularista, somente sobre a tarefa de uma autocompreensão religiosa. Tradicionalmente, a teologia cristã sempre soube disso; aliás; trata-se de uma coextensão de seu desenvolvimento como teologia, e, de modo significativo, em uma interação e em um debate constantes com a filosofia. Bem compreendida, se não deseja se tornar nem ser vista como uma ideologia de dada crença, a teologia cristã acredita se pronunciar sobre a verdade enquanto tal (contra a mentira) e a "verdadeira piedade" (contra a idolatria): o cristianismo é — deve ser, sempre novamente, o que supõe, de um lado, reformas e aprofundamentos sempre retomados, e, de outro, debates críticos e interação com olhares exteriores — religião "verdadeira", o que justamente não quer dizer que o cristianismo seja a única religião, ao lado ou distinta de outras, que seriam, então, falsas.

Parece-me que a própria sociedade requer uma gestão *externa* do religioso, ainda mais quando pensamos que, no Ocidente, a sociedade tem sido confrontada com um pluralismo que talvez nunca tenha atingido esse ponto. As instituições portadoras de um sentido minimamente geral — as igrejas históricas, claro, mas não somente elas: também outras ideologias ou movimentos laicos — estão perdendo a credibilidade, os esoterismos voltam à superfície,

o recalcado retorna, surgem "novos movimentos religiosos", como seitas de todo tipo, sem contar com o confronto inter-religioso sem precedentes e uma sectarização interna que afeta as igrejas históricas tradicionais, tanto na órbita protestante (cf. o domínio da linha dita evangélica) quanto católica (cf. uma crítica de princípio recorrente da modernidade e bloqueios institucionais e simbólicos).

Essa gestão pública do religioso é requerida em momento em que justamente não se sabe mais, ou simplesmente não se sabe, como empreendê-la; em um momento de privatização do religioso e de sua localização na ordem da convicção individual. Em um momento em que Deus não surge mais como pensável (a questão de Deus e as implicações que podem ser associadas a ela): na melhor das hipóteses, só sabemos correlacionar o religioso com a auto-hermenêutica da fé, escutar e agir, sem mais. Marca de tolerância? Às vezes, entre muitos universitários e novos clérigos, e até, de modo difuso, na mentalidade pública global, crê-se nisso e se vangloria disso. O que poderia ser feito além disso que não fosse uma armadilha ideológica? Como confessar melhor que, nesses assuntos, as questões da validade e da verdade não têm nem lugar nem pertinência mais, a não ser com um exame e um debate sobre suas modalidades de expressão ou como uma legitimização formal que permite a regulação e o exercício crítico?

Ora, não levar em conta essa gestão pública do religioso não conduz factualmente à tolerância e à pacificação. De modo legítimo, o religioso está correlacionado com o absoluto: ele propõe que se encarregue e se lide com um alcance de absoluto oculto no coração do homem, e que pode estar no princípio do melhor (um acréscimo de acolhimento e de finitude assumida) ou do pior (um totalitarismo em germe ou explícito).

A modernidade sabe disso, ou deveria saber, pois não foi sem consequências que passou pelas guerras de religião, e foi justamente nesses dolorosos momentos que começou a refletir tanto em um espaço de tolerância quanto em uma regulação externa do religioso: uma regulação que não estivesse associada a uma de suas afirmações positivas ou a uma de suas expressões de fé como tal. Jean Bodin (1530-1596) buscou pensar em lugar de um monarca que, acima das leis e dos partidos, permitisse a coexistência das religiões ou das confissões; no mesmo contexto das guerras de religião na França, também objetivando a reflexão sobre uma instância que se colocasse acima dos partidos, Jean de Serres (1540-1598) buscou pensar além. Thomas Hobbes (1588-1679) e John Locke (1632-1704), de modos diferentes, retomaram o mesmo questionamento, em que os indivíduos se despojariam de parte de seus direitos em prol de uma soberania exterior que permitisse contratualmente, por assim dizer, a instituição de um espaço comum reconhecido e regulado como tal. Teóricos do direito, como Hugo Grotius ou Samuel von Pufendorf (1632-1694), pensaram na necessidade de um poder civil forte, fora da revelação religiosa e de toda confissão positiva, para assegurar um espaço de paz e de diferenças que fosse organizado. Assim, é feita uma distinção, também operacional, entre a confissão de uma fé e o direito dos homens enquanto tais (não sem retomar a temática do direito natural).

Foi dessa temática que se encarregou o deísmo, estabelecendo uma religião e uma teologia naturais como contexto crítico e regulação das expressões religiosas positivas, no melhor dos casos, pelo menos; é verdade que, por vezes, a religião e a teologia naturais foram apontadas como objetos de substituição, o que privou delas seu interesse próprio e as fez recair para o nível de uma religião positiva então ideologizada, como foi o caso das festas de comemoração da Revolução Francesa, associadas ao culto da Razão (1793) e do Ser Supremo (1794), além das celebrações nazistas de Nuremberg, os rituais do partido soviético etc.

Diante de tudo isso, temos hoje uma tarefa a ser retomada, que em parte podemos colocar sob a filosofia da religião. Além dos funcionamentos simbólicos e rituais que podem ser encontrados em toda sociedade, ainda que laicizada — funcionamentos associados às matrizes religiosas, cujas implicações e avatares as ciências religiosas podem esclarecer, em uma perspectiva histórica e uma nova reflexão que podem permitir uma teoria —, essa filosofia da religião teria como tarefa retomar e levantar a dupla questão de *Deus*, ou do absoluto, e do *crer*, uma questão arrancada das positividades eclesiásticas ou doutrinárias que foram herdadas; portanto, que levem em consideração a pluralidade da expressão religiosa e se desenvolvam tendo em vista um horizonte universal e as diversificações que são inerentes à sociedade moderna.

Tal tarefa é necessária porque há uma persistência do religioso (avatares ideológicos ou "recomposições" diversas) e uma pluralidade das religiões, e porque pensar no que é o homem, em sua vida individual ou coletiva, só pode ser feito, a não ser em casos de ingenuidade ou impotência, se a questão de sua relação com o absoluto (e, portanto, a questão do crer) for assumida, tratada e refletida; logo, se for regulável. Trata-se, aqui, de nada menos que a elaboração de uma teoria da religião (que vá até o pensar do absoluto e do crer) como linhas gerais para toda confissão de Deus ou dos deuses e de toda expressão de fé ou de tipo religioso. Se a tarefa deve ser distinta do *intellectus fidei* (o desdobramento de uma racionalidade interna a dada crença), o teólogo não deve se desinteressar; acima da diferença entre ambas as tarefas, deve haver interação frutífera.

Na perspectiva que subjaz à exposição dos pontos precedentes, deveríamos nos repugnar ainda menos com tal pensamento do absoluto ou de Deus como um limite *externo* das crenças — devendo assegurar sua regulação e, portanto, especificar sua legitimidade e seus limites — na medida em que rejeitamos, a título teológico *interno*, unir a confissão de Deus, religiosa, e a generalidade englobante (ainda que como ideal); além disso, constitutivamente, confirmamos o reconhecimento da exterioridade boa do mundo e reconhecemos a ambivalência inerente ao religioso como tal, inclusive o cristianismo.

Não assumir a tarefa esboçada aqui equivale a colocar a verdade do religioso e das religiões dentro dos limites de uma estrita facticidade das crenças diversas, em um pluralismo não regulado, em que o religioso — por se correlacionar somente às convicções privadas — se encontra obrigatoriamente fora do alcance de toda articulação com o social e o cultural de todos, estando, assim, diretamente ameaçado de se tornar secreta ou abertamente totalitário. No entanto, se em princípio a sociedade deve entrar em uma perspectiva que supere a ordem subjetiva das crenças justapostas, a igreja cristã e a teologia também precisam entrar, naquilo que lhes diz respeito, em tal perspectiva, se não desejam enganar-se quanto ao seu lugar e à sua função, deixando-se, assim, perverter (ideologizar-se). Afirmamos isso dessa maneira porque consideramos que, a não ser em caso de um desprezo fundamental, a igreja cristã não significa nem atesta como tal a unidade da humanidade ou sua comunhão universal: ela somente testemunha a verdade, à sua maneira e como verdade de um Deus outro, de um Deus que não pertence ao espaço do mundo e das sociedades.

A fé cristã não se correlaciona com a totalidade (ela não é um modelo de totalidade, belo ou perverso, pervertido ou a ser corrigido). Sua função é outra: cultivar as virtudes teologais e espirituais da fé, do amor e da esperança, renascendo sem cessar, da transcendência para a qual ela aponta. E, para preservar a atestação dessa transcendência (uma atestação sobre a qual há necessariamente um debate, a não ser em caso de apropriação fraudulenta), requer um espaço social outro, que, por ser outro, é paralelo a uma teoria do religioso que afirma a legitimação externa da qual ela precisa continuamente para seu desenvolvimento interno em verdade.

Aliás, necessariamente, a verdade (em última instância, Deus) não é somente o absoluto que eu experimento ao sabor de uma determinação intra-histórica: o absoluto que me institui em singularidade de crença e me dá acesso a mim mesmo no momento em que recebo temporalmente o mundo e carnalmente a minha existência (em que experimento minha finitude e em que se funda minha identidade). A verdade (em última instância, Deus) também é o absoluto que eu evoco como limite externo que permite a universalidade de um espaço principialmente aberto e articulado de acordo com um consenso mínimo, arbitrável na razão.

Para se correlacionar a outra lógica e ser comandada por outros "interesses" ou outro horizonte além das considerações propostas sobre a luz da questão interna do ser (que abarcava constitutivamente uma confrontação inter-religiosa), a segunda tarefa evocada neste item 9 não contradiz a primeira, mas está até mesmo associada a ela. A ênfase deliberada em uma contingência originária e insuperável radicaliza o próprio momento do crer (o ato de fé) como excesso atrelado a toda encarnação, como uma tarefa singular, equivalente ao mundo finito, de uma heterogeneidade não normalizável ou não integrável (Deus nisso era mediatamente experimentado como força máxima de determinação); e, ao mesmo tempo, a ênfase no caráter absoluto somente de Deus, à altura daquilo que ele é, obriga a levar radicalmente em consideração as figurações diversas do mundo que acompanham uma fé encarnada (o crer se mostrava como desdobrado mediatamente no cerne das simbolizações irredutivelmente humanas do absoluto). Ora, essa dupla ênfase sobre a contingência e o caráter absoluto é justamente acompanhada por uma pluralidade que é reconhecida, sancionada e até mesmo requerida, a pluralidade da expressão religiosa. Também é paralela a um mundo que é rebelde a toda apropriação religiosa, um mundo restituído à sua exterioridade, um mundo que não se abarca de um só olhar — seja para conhecê-lo, seja para dominá-lo —, esse mundo cujos processos de diversificações modernas acentuam justamente a autonomia e a multiplicidade interna, o que, pelo menos em parte, relança o questionamento sobre o religioso.

Pierre Gisel

▶ AEBISCHER-CRETTOL, Monique, *Vers un oecuménisme interreligieux. Jalons pour une théologie chrétienne du pluralisme religieux*, Paris. Cerf, 2001; BARTH, Karl, *Carta aos Romanos* (1922), São Paulo, Novo Século, 2003, cap. 7; Idem, *Dogmatique 1/2***, § 17 (1939), Genebra, Labor et Fides, 1954; BASSET, Jean-Claude, *Le dialogue interreligieux. Chance ou déchéance de la foi*, Paris, Cerf, 1996; BERGER, Peter L., *La religion dans la conscience moderne* (1967), Paris, Centurion, 1971; Idem, org., *Le réenchantement du monde* (*The Desecularization of the World. Resurgent Religion and World Politics*, 1999), Paris, Bayard, 2001; BERNHARDT, Reinhold, *Der Absolutheitsanspruch des Christentums. Von der Aufklürung bis zur pluralistischen Religionstheologie*, Gütersloh, Mohn, 1990; BORGEAUD, Philippe, *Aux origines de l'histoire des religions*, Paris, Seuil, 2004; BOSS, Marc, LAX, Doris e RICHARD, Jean, orgs., *Mutations religieuses de la modernité tardive. Actes du XIVe Colloque international Paul Tillich, Marseille, 2001*, Münster, Lit, 2002; BRAYBROOKE, Marcus, *Pilgrimage of Hope. One Hundred Years of Global Interfaith Dialogue*, New York, Crossroad, 1992; CABANEL, Patrick, "*L'institutionnalisation des 'sciences religieuses' en France (1879-1908). Une entreprise protestante?*", BSHPF 140, 1994, p. 33-80; CAMPICHE, Roland J., org., *Croire en Suisse (s)*, Lausanne, L'Âge d'Homme, 1992; Idem (com a colaboração de Raphaël BROQUET, Alfred DUBACH e Jörg STOLZ), *Les deux visages de la religion. Fascination et désenchantement*, Genebra, Labor et Fides, 2004; COBB, John B., *Bouddhisme-christianisme. Au-delà du dialogue?* (1982), Genebra, Labor et Fides, 1988; CRACKNELL, Kenneth, *Towards a New Relationship. Christians and People of Other Faith*,

Londres, Epworth, 1986; CRAGG, Kenneth, *The Christ and the Faiths. Theology in Cross-Reference*, Londres, SPCK, 1986; D'COSTA, Gavin, org., *Christian Uniqueness Reconsidered. The Myth of a Pluralistic Theology of Religions*, Maryknoll, Orbis Books, 1990; DESPLAND, Michel, *La religion en Occident. Évolution des idées et du vécu*, Paris-Montreal, Cerf-Fides, 1979; Idem e VALLÉE, Gérard, orgs., *Religion in History. The Word, the Idea, the Reality. La religion dans l'histoire. Le mot, l'idée, la réalité*, Waterloo, Wilfrid Laurier University Press, 1992; DUPUIS, Jacques, *Vers une théologie chrétienne du pluralisme religieux* (1997), Paris, Cerf, 1997; GISEL, Pierre, *La théologie face aux sciences religieuses. Différences et interactions*, Genebra, Labor et Fides, 1999; Idem, "Tâche et fonction actuelles de la théologie. Déplacements et perspectives dans le contexte contemporain", *Revue théologique de Louvain* 35, 2004, p. 289-315; Idem e TÉTAZ, Jean-Marc, orgs., *Théories de la religion. Diversité des pratiques de recherche, changements des contextes socioculturels, requêtes réflexives*, Genebra, Labor et Fides, 2002; HICK, John, *God Has Many Names. Britain's New Religious Pluralism* (1980), Philadelphia, Westminster Press, 1982; Idem, *An Interpretation of Religion. Human Responses to the Transcendent*, Londres, Macmillan, 1989; Idem e KNITTER, Paul F., orgs., *The Myth of Christian Uniqueness. Toward a Pluralistic Theology of Religions*, Maryknoll, Orbis Books, 1987; KELLER, Carl-A., *Approche de la mystique* (1989-1990), Paris, Albin Michel, 1996; KIPPENBERG, Hans Gerhard, *À la découverte de l'histoire des religions. Les sciences religieuses et la modenité* (1997), Paris, Salvador, 1999; KNITTER, Paul F. *Towards a Protestant Theology of Religions. A Case Study of Paul Althaus and Contemporary Attitudes*, Marburgo, Elwert, 1974; Idem, *No Other Name? A Critical Survey of Christian Attitudes toward the World Religions*, Maryknoll, Orbis Books, 1985; Idem, *Introducing Theologies of Religions*, Maryknoll, Orbis Books, 2002; LENOIR, Frédéric, *Les métamorphoses de Dieu. [La nouvelle spiritualité occidentale]*, Paris, Plon, 2003; Idem e TARDAN-MASQUELIER, Ysé, orgs., *Encyclopédie des religions* (1997), 2 vols., Paris, Bayard, 2000; LÜBBE, Hermann, *Religion nach Aufklärung*, Graz, Styria, 1986; MANGOLD, Sabine, *Eine "weltbürgerliche Wissenschaft". Die deutsche Orientalistik im 19. Jahrhundert*, Stuttgart, Steiner, 2004; MICHAELS, Axel, org., *Klassiker der Religionswissenschaft. Von Friedrich Schleiermacher bis Mircea Eliade* (1997), Munique, Beck, 2004; MOLENDIJK, Arie L. e PELS, Peter, orgs., *Religion in the Making. The Emergence of the Sciences of Religion*, Leiden, Brill, 1998; PANNENBERG, Wolfhart, *Teologia sistemática* (1988), t. I, São Paulo, Academia Cristã, 2002, caps. 2 e 3; PATTE, Daniel, *The Religious Dimensions of Biblical Texts*, Atlanta, Scholars Press, 1990; *Approches du phénomène religieux*, *RThPh* 120/2, 1988; SAMARTHA, Stanley J., *One Christ, Many Religions. Toward a Revised Christology*, Maryknoll, Orbis Books, 1991; SHARPE, Eric J., *Comparative Religion. A History* (1975), La Salle, Open Court, 1986; SCHWEITZER, Albert, *Les religions mondiales et le christianisme* (1923), Paris, Van Dieren, 2000; SCHWEITZER, Louis, org., *Conviction et dialogue. Le dialogue interreligieux*, Cléon d'Andran-Meulan-Saint-Légier, Excelsis-Édifac-Institut évangélique de missiologie, 2000; SIEGWALT, Gérald, *Dogmatique pour la catholicité évangélique*, t. I: *Les fondements de la foi*, 2: *Réalité et révélation*, Paris-Genebra, Cerf-Labor et Fides, 1987; SMITH, Wilfred Cantwell, *The Meaning and End of Religion* (1963), San Francisco, Harper and Row, 1978; Idem, *Towards a World Theology. Faith and the Comparative History of Religion* (1981), Londres, Macmillan, 1989; SWIDLER, Leonard J.,org., *Toward a Universal Theology of Religion*, Maryknoll, Orbis Books, 1987; TILLICH, Paul, *Philosophie de la religion* (1925), Genebra, Labor et Fides, 1971; Idem, *Le christianisme et les religions* (1963), Paris, Aubier, 1968; TRACY, David, *Dialogue with the Other. The Inter-Religious Dialogue*, Grand Rapids-Louvain, Eerdmans-Peeters, 1991; TROELTSCH, Ernst, *Histoire des religions et destin de la théologie. Oeuvres III*, Paris-Genebra, Cerf-Labor et Fides, 1996; VALLÉE, Gérard, *Mouvement oecuménique et religions non chrétiennes (1938-1968)*, Tournai-Montreal, Desclée-Bellarmin, 1975; WAARDENBURG, Jacques, *Classical Approaches to the Study of Religion*, 2 vols., Haia-Paris, Mouton, 1973; Idem, *Des dieux qui se rapprochent. Introduction systématique à la science des religions* (1986), Genebra, Labor et Fides, 1993; WHALING, Frank, *Contemporary Approaches to the Study of Religion*, 2 vols., Haia-Paris, Mouton, 1984-1985; Idem, *Christian Theology and World Religions. A Global Approach*, Londres, Marshall Pickering, 1986; WILLAIME, Jean-Paul, *Sociologie des religions* (1995), Paris, PUF, 2004; Idem e HERVIEU-LÉGER, Danièle, *Sociologies et religion. Approches classiques*, Paris, PUF, 2001; ZEHNER, Joachim, *Der notwendige Dialog. Die Weltreligionen in katholischer und evangelischer Sicht*, Gütersloh, Mohn, 1992.

▶ Apologética; astrologia; ateísmo; Bastide; Berger; Corbin; Cox; crítica da religião; **Deus**; **espiritualidade**; estética; fé; fenomenologia; filosofia da religião; Goblet d'Alviella; Habermas; Hartmann; Heiler; Hick; **islã**; Jacobi; James; **judaísmo**; Jung; kantismo (neo); Kraemer; Leenhardt M.; Léry; Leiden; Macquarrie; magia; **missão**; missionárias (conferências); mito; **modernidade**; Müller F. M.; Otto; proselitismo;

razão; religião civil; religiões (escola da história das); Renan; revelação; Réville; Ricoeur; Robinson; Sabatier A.; Schweitzer; secularização; símbolo; sincretismo; Smith W. C.; Smith W. R.; Söderblom; superstição; **técnica**; teologias da morte de Deus; Tillich; tolerância;Troeltsch; unitarismo; Van der Leeuw; Vernes; Weber M.

RELIGIÕES (escola da história das)

O nome "escola da história das religiões" designa um grupo de teólogos protestantes alemães que foram habilitados para o ensino universitário por volta de 1890, na maior parte em Göttingen. O círculo incluía Albert Eichhorn (1856-1926, habilitação em 1886), Hermann Gunkel (1862-1932, habilitação em 1888), Johannes Weiß (1863-1914, habilitação em 1888), Wilhelm Bousset (1865-1920, habilitação em 1890), Alfred Rahlfs (1865-1935, habilitação em 1891), Ernst Troeltsch (1865-1923, habilitação em 1891), William Wrede (1859-1960, habilitação em 1891), Heinrich Hackmann (1864-1935, habilitação em 1893), assim como, mais tarde, Rudolf Otto (1869-1937, habilitação em 1898), Hugo Greßmann (1877-1927, habilitação em 1902) e Wilhelm Heitmüller (1869-1926, habilitação em 1902). Devem-se observar também os nomes dos teólogos seguintes que, sem pertencer à escola da história das religiões, defendiam ideias bastante próximas: Carl Mirbt (1860-1929, habilitação em 1888), Carl Clemen (1865-1940, habilitação em 1892), Heinrich Weinel (1874-1936, habilitação em 1899), assim como o suíço Paul Wernle (1872-1939, habilitação em 1897), pelo menos na fase de sua juventude.

De início, a escola da história das religiões foi influenciada sobretudo pela teologia de Albrecht Ritschl, mas logo adotou, sob o impulso de seus mestres Bernhard Duhm (1847-1928) e Paul de Lagarde (1827-1891), um historicismo radical nas pesquisas teológicas, que colocou a Bíblia e os textos do cristianismo primitivo contemporâneos a ela no contexto de uma história universal das ideias e da cultura. Isso permitiu que fossem evidenciadas as influências judaicas, babilônicas, persas e helênicas que se exerceram no surgimento do cristianismo.

A escola da história das religiões atribuía grande importância à divulgação dos resultados de suas pesquisas por meio de conferências e publicações. Essa corrente originou coleções voltadas para a popularização do tema que obtiveram um grande sucesso após a virada do século, tais como *Religionsgeschichtliche Volksbücher für die christliche Gegenwart* (Tübingen, Mohr), *Lebensfragen* (Tübingen, Mohr), *Göttinger Bibelwerk* (hoje *Das Alte Testament deutsch* [Do Antigo Testamento alemão] e *Das Neue Testament deutsch* [Do Novo Testamento alemão], Göttingen, Vandenhoeck & Ruprecht) e ainda *Forschungen zur Religion und Literatur des Alten und Neuen Testaments* [Pesquisas sobre a religião e a literatura do Antigo e Novo Testamentos] (Göttingen, Vandenhoeck & Ruprecht, 1903ss). O mesmo ocorreu com seu ambicioso projeto lexicográfico, a enciclopédia *Die Religion in Geschichte und Gegenwart* (5 vols., org. por Hermann GUNKEl, Otto SCHEEL e Friedrich Michael SCHIELE, Tübingen, Mohr, 1909-1913).

Após a Primeira Guerra Mundial, a teologia protestante se desviou do historicismo como prática de pesquisa e autointerpretação, o que levou ao declínio da escola da história das religiões. No entanto, conceitos como história da tradição, história das formas, *Sitz im Leben*, judaísmo tardio e comunidade helênica ainda hoje são testemunhas de uma persistente influência.

Gerd Lüdemann

▶ GREβMANN, Hugo, *Albert Eichhorn und die Religionsgeschichtliche Schule*, Göttingen, Vandenhoeck & Ruprecht, 1914; GUNKEL, Hermann, *Zum religionsgeschichtlichen Verständnis des Neuen Testaments*, Göttingen, Vandenhoeck & Ruprecht, 1903; LEHMKÜHLER, Karsten, *Kultus und Theologie. Dogmatik und Exegese in der religionsgeschichtlichen Schule*, Göttingen, Vandenhoeck & Ruprecht, 1996; LÜDEMANN, Gerd, *Das Wissenschäftsverständnis der Religionsgeschichtlichen Schule im Rahmen des Kulturpròtestantismus* e *Die Religionsgeschichtliche Schule und ihre Konsequenzen für die neutestamentliche Wissenschaft*, em Hans-Martin MÜLLER, org., *Kulturprotestantismus. Beiträge zu einer Gestalt des modernen Christentums*, Gütersloh, Mohn, 1992, p. 78-107 e 311-338; Idem, org., *Die "Religionsgeschichtliche Schule". Facetten eines theologischen Umbruchs*, Frankfurt, Lang, 1996; Idem e SCHRÖDER, Martin, *Die Religionsgeschichtliche Schule in Göttingen. Eine Dokumentation*, Göttingen, Vandenhoeck & Ruprecht, 1987; MURRMANN-KAHL, Michael, *Die entzauberte Heilsgeschichte. Der Historismus erobert die Theologie 1880-1920*, Gütersloh, Mohn, 1992; ROLLMANN, Hans, "Theologie und Religionsgeschichte. Zeitgenössische Stimmen zur Diskussion um die religionsgeschichtliche Methode und die Einführung religionsgeschichtlicher Lehrstühle in den theologischen Fakultäten um die Jahrhundertwende", *Zeitschrift für Theologie und Kirche* 80, 1983, p. 69-84; TROELTSCH, Ernst, "La dogmatique de l'"École de l'histoire des religions"" (1913), em *Histoire des religions et destin de la théologie. Oeuvres* III, org. por Jean-Marc TÉTAZ, Paris-Genebra, Cerf-Labor et Fides, 1996, p. 333-355 (assim como a "Introduction II. Ernst Troeltsch: le systématicien de l'"École de l'histoire des religions'?", de Jean-Marc TÉTAZ, p. XXXVII-LIV); Idem, "Die 'kleine Göttinger Fakultät' von 1890", *Die Christliche Welt* 34, 1920, col. 281-283; WREDE, William, *Theologisches Studium und Religionsgeschichte* (1903), em *Vorträge und Studien*, Tübingen, Mohr, 1907, p. 64-83.

▶ Bíblia; Bousset; enciclopédias protestantes; exegese; Göttingen (Universidade de); Gunkel; historicismo; Lagarde; Otto; Pfleiderer; Rade; Rahlfs; religião e religiões; revistas protestantes; Ritschl; ritschliana (escola); Troeltsch; Weiβ; Wrede W.

REMBRANDT (1606-1669)

Rembrandt Harmenszoon van Rijn, personalidade muito importante na pintura holandesa, dedicou muitos quadros, águas-fortes e desenhos de temas bíblicos, o que o torna o pintor bíblico por excelência. Fortemente influenciado pelo meio calvinista de Amsterdã, Rembrandt praticamente se tornou, para o protestantismo reformado, o único pintor realmente aceito, reconhecido e mostrado. Recorrendo essencialmente à Bíblia para sua inspiração, em uma leitura cotidiana, ele reatualizou os textos do Antigo Testamento (e os Apócrifos também se revestem de uma importância bastante particular na obra deste grande pintor barroco do século de ouro holandês), com uma predileção por Abraão, Isaque e Jacó, José, Sansão, Saul e Davi. O Novo Testamento também lhe serviu como inspiração para muitas cenas bíblicas, com uma interpretação bastante pessoal do claro-escuro: Rembrandt apresenta seus personagens na penumbra e, por meio de sutis passagens da sombra para a luz, consegue fazer brilhar as partes em que se concentra o interesse.

No entanto, é preciso fazer uma distinção entre a busca artística de Rembrandt e sua posterior recepção no protestantismo: os protestantes geralmente utilizaram sua obra com fins bíblicos e catequéticos, por vezes deixando de lado a estética do mestre. Porém, a produção de Rembrandt é prova de que a Bíblia, redescoberta pela Reforma, permaneceu como um grande livro de inspiração artística.

Jérôme Cottin

▶ BAUDIQUEY, Paul, *Un Évangile selon Rembrandt*, Paris, Mame, 1989; BENESCH, Otto, *Rembrandt* (1957), Genebra, Skira, 1990; Idem, *The Drawings of Rembrandt. A Critical and Chronological Catalogue* (1954-1957), 6 vols., Londres, Phaidon, 1973; BREDIUS, Abraham, *Rembrandt. The Complete Edition of the Paintings*, revisado por Horst GERSON, Londres, Phaidon, 1969[3]; HOEKSTRA, Hidde, *Rembrandt et la Bible, Épisodes de l'Ancién et du Nouveau Testament dans les toiles, les eaux-fortes et les dessins de Rembrandt* (1983 e 1990), Weert, Smets Illustrated Projects, 1990; SCHAMA, Simon, *Les yeux de Rembrandt* (1999), Paris, Seuil, 2003; TÜMPEL, Christian, *Rembrandt* (1986), Paris, Albin Michel, 1986; VISSER'T HOOFT, Willem Adolf, *Rembrandt et la Bible*, Neuchâtel, Delachaux et Niestlé, 1947.

▶ Arte; ilustradores da Bíblia

REMONSTRANTES

A controvérsia sobre a predestinação entre Franciscus Gomarius (supralapsarianismo) e Jacó Armínio (infralapsarianismo) levou 46 pastores arminianos a dirigir aos estados da Holanda e da Frésia uma "remonstrância", elaborada por Jan Uytenbogaert (1610). Citados diante do Sínodo de Dordrecht (1618-1619), eles se recusaram a assinar os cinco *Cânones*. Como resultado, duzentos pastores foram depostos e oitenta foram banidos. Refugiados em Anvers, eles fundaram, no dia 30 de setembro de 1619, a Fraternidade dos Remonstrantes e se estabeleceram em Friedrichstadt an der Eider (1617) e em Glückstadt (1624). Após a morte do príncipe Maurício de Nassau, eles puderam retornar aos Países Baixos, organizando-se. Em 1795, a Fraternidade foi reconhecida como igreja. Influenciada pelo cartesianismo e pelas Luzes, encaminhou-se para a teologia liberal no século XIX.

Émile M. Braekman

▶ HAENTJENS, Antonie Hendrik, *Fragmenten uit de geschiedenis de Remonstrantse Broederschap*, Lochem, De Tijdstroom, 1959; HARRISON, Archibald Walter, *Arminianism*, Londres, Duckworth,

1937; HEERING, Gerrit Jan, org., *De Remonstranten. Gedenkboek bij het 300-jarig bestaan der Remonstrantsche Broederschap,* Leiden, Sijthoff, 1919; *In het spoor van Arminius. Schetsen en studies over de Remonstranten in verleden en heden aangeboden aan Prof. Dr. G. J. Hoenderdaal ter gelegenheid van zijn 65^e verjaardag,* Nieuwkoop, Heuff, 1975; SCHNOOR, Willi Friedrich, *Die rechtliche Organisation der religiösen Toleranz in Friedrichstadt in der Zeit von 1621 bis 1727,* tese da Faculdade de Direito da Universidade de Kiel, 1976; STUBENVOLL, Willi, *Die deutschen Huguenottenstädte,* Frankfurt, Umschau, 1990.

◐ Arminianismo; Armínio; Dordrecht (Sínodo e *Cânones de*); Episcopius; Gomarius; Le Clerc; **predestinação e Providência**; Uytenbogaert; Wettstein

RENAN, Ernest (1823-1892)

De início, Ernest Renan, filósofo e historiador de origem bretã, destinava-se ao sacerdócio. Brilhantes estudos, em sua maior parte no seminário de Saint-Sulpice, em Paris, convenceram-no a romper com o catolicismo tradicional dogmático em 1845 e adotar a fé racionalista que ele tingiu com o romantismo. "Por quase dois meses eu fui protestante [...]. Sonhei com reformas futuras, em que a filosofia do cristianismo, liberta de todo tipo de escória supersticiosa, [conservaria] sua eficácia moral [...]. Eu era cristão, assim como é cristão um professor de teologia de Halle ou de Tübingen" (E. RENAN, *Souvenirs d'enfance et de jeunesses* [Recordações da infância e da juventude] [1883], Paris, Gallimard, 1983, p. 177).

Agregado de filosofia em 1848, doutor em letras em 1852, foi encarregado pelo instituto, em 1849, de inúmeras missões arqueológicas em regiões como, por exemplo, a Grécia, a Ásia Menor, o Egito e a Palestina. Em 1856, casou-se com uma protestante, Cornélie Scheffer. Em um estudo intitulado *De l'avenir religieux des sociétés modernes* [Do futuro religioso das sociedades modernas] (*Revue des Deux Mondes* [Revista dos dois mundos], 15 de outubro de 1860, p. 761-797), Renan considera que o mundo será eternamente religioso e que o cristianismo, em um sentido amplo, é a última palavra da religião. Trata-se de um "cristianismo livre e individual, com inúmeras variedades interiores, como foi aquele dos três primeiros séculos que parece, portanto, o futuro religioso da Europa"; e ele acrescenta: "Sem argumentos em contrário, o protestantismo está o mais perto possível desse ideal" (p. 790-792).

Nomeado professor de hebraico no Collège de France em 1862, foi suspenso das aulas pelos eruditos de tendência conservadora por evocar Jesus como "um homem notável". No ano seguinte, pôde publicar sua obra sobre os lugares santos que se tornaria famosa, *Vida de Jesus,* em que, paralelamente a uma documentação erudita e rigorosa, a penúria das fontes é contornada com um "sentimento das coisas primitivas" para adivinhar os estados de alma e interpretar os fatos. Nessa obra, que foi também uma das fontes de inspiração para o tratamento da pessoa de Jesus na obra de Nietzsche, Renan buscou, através de uma reconstituição ao mesmo tempo filológica, histórica e psicológica, explicar de que maneira esse homem "no mais alto cume da grandeza humana [...] fez com que sua espécie desse o maior passo de todos em direção ao divino". O livro inaugurou uma série de sete volumes, *Histoire des origines du christianisme* [História das origens do cristianismo] (1863-1882, reed. em 2 vols., Paris, Robert Laffont, 1995), obra fundamental do historiador, que pretendeu fundar "um cristianismo racional e crítico", e seria complementada por uma *Histoire da peuple d'Israël* [História do povo de Israel] em cinco volumes (1887-1891).

Após a guerra de 1870-1871, decepcionado com a Alemanha e, sem dúvida, também com as transformações do protestantismo, Renan se afastou de suas posições de 1845-1860. Ele escreveu: "O protestante mais livre muitas vezes mantém algo como uma tristeza, uma austeridade intelectual" (*Henri-Frédéric Amiel, Le journal des débats* [Revista dos debates], 30 de setembro de 1884). Ele afirma, então, que "o individualismo da crença" se tornou "a lei de nosso tempo". Por fim readmitido em sua cadeira de hebraico na Terceira República, foi eleito para a Academia Francesa (1878) e se tornou administrador do Collège de France (1883), passando a desfrutar de grande prestígio na Europa, um prestígio que durou por toda a sua vida. Exerceu uma enorme influência sobre a juventude intelectual de sua época (Paul Bourget, Pierre Loti e Anatole France, p. ex.). Sua obra é semelhante às buscas empreendidas pelos teólogos liberais protestantes, não somente por suas relações com a Bíblia, que para Renan era o lugar da arte e do humano, mas também na medida em que contribuiu para abrir espaço para os métodos e resultados da escola crítica alemã, protestante, entre o grande público de expressão francesa, dessacralizando as pesquisas bíblicas tradicionais.

Philippe Chanson

▶ RENAN, Ernest, *Oeuvres complètes*, 10 vols., Paris, Calmann-Lévy, 1947-1961; ALLIER, Raoul, *La philosophie d'Ernest Renan* (1895), Paris, Alcan, 1906; BAUBÉROT, Jean, "Renan et le protestantisme", em Jean BALCOU, org., *Mémorial Ernest Renan*, Paris, Champion, 1993, p. 435-440; CALOUETTE, Jacqueline, *Épouser une protestante: le choix de républicains et de libres penseurs au siècle dernier*, BSHPF 137, 1991, p. 197-231; RÉTAT, Laudyce, *Religion et imagination religieuse. Leurs formes et leurs rapports dans l'oeuvre d'Ernest Renan*, Paris, Klincksieck, 1977.

◉ **Bíblia**; Humbert; **Jesus (imagens de)**; Jesus (vidas de); liberalismo teológico; Nietzsche; **religião e religiões**; Sabatier P.; Strauß

RENASCENÇA

No século XIX as obras de Burckhardt definitivamente impuseram o termo "Renascença" para designar o movimento artístico e literário que surgiu com o *Trecento* italiano, e que se baseou na volta das inspirações clássicas. Hoje, ainda somos prisioneiros do valor polêmico do termo, que durante séculos desvalorizou a cultura medieval. No entanto, teve um mérito de expressar o sentimento de libertação e eclosão que os humanistas do século XVI com tanta frequência demonstravam: *Palingenesia litterarum*, afirmava o historiador Paul Jove (1483-1559). Se as reformas religiosas aproveitaram essa renovação, é preciso compreender que isso se tornou inevitável por nescessidade: a Renascença não surgiu do acaso dos textos redescobertos (por que esse súbito apetite pelos manuscritos?), e a Antiguidade não teria exercido um efeito de revelação caso não se houvesse percebido nela o *Eldorado* de uma pureza a ser reconquistada no registro da vida espiritual. A Renascença viveu o sonho de um retorno às fontes de uma origem perdida ou oculta. Porém, o movimento, cedo ou tarde, apresentaria problemas difíceis ao pensamento teológico: de que forma conciliar a confiança que o homem agora colocava em suas forças com a crença na queda desde o pecado original? Depois de um otimismo inicial (com o evangelismo erasmiano e fabrista), a reação luterana, e depois a calviniana, inalguraria um tempo de guerras que lançou sombras, pelo menos na consciência daqueles que as viveram, sobre o ideal pacifista da Renascença.

Yves Delègue

▶ BURCKHARDT, Jacob, *La civilisation de la Renaissance en Italie* [(1860), 3 vols., Paris, Librairie générale française, 1986; RENAUDET, Augustin, *Préréforme et humanisme à Paris pendant les premières guerres d'Italie, 1494-1517* (1916, 1953), Genebra, Slatkine, 1981.

◉ Burckhardt; Erasmo; evangelismo; humanismo; **razão**; Reforma/Reformação; Reforma (Pré)

RENDTORFF, Trutz (1931-)

Teólogo luterano alemão, Rendtorff nasceu em Schwerin (Mecklemburgo) e foi professor de dogmática e ética na Faculdade de Teologia Protestante da Universidade de Munique, de 1968 a 1999. Foi um dos coautores, com Wolfhart Pannenberg, do manifesto *Offenbarung als Geschichte* (1961, Göttingen, Vandenhoeck & Ruprecht, 1982), revalorizando a dimensão histórica do cristianismo e opondo-se à teologia querigmática e existencial de Bultmann e Barth. Suas obras históricas, sociológicas e teológicas se inserem na linha de Ernst Troeltsch. No nível dogmático, propôs uma vigorosa reinterpretação crítica da cristologia de Karl Barth em suas relações ambíguas com a modernidade. É autor de *Ethik* [Ética] (1980-1981), obra impressionante pelo método e pela estrutura; teoria da condução da vida, a "teologia ética" compreende a vida sob o triplo ângulo (implicitamente trinitário) da vida dada, da vida a ser dada e do sentido da vida; o campo ético em seu todo é dividido em cinco temas recorrentes (casamento, política, trabalho, cultura e religião), que se recapitulam em uma ética da democracia e da liberdade. O procedimento político e teológico de Rendtorff assume inegáveis ênfases liberais, com os limites que por vezes tal opção implica.

Denis Müller

▶ RENDTORFF, Trutz, *Theorie des Christentums*, Gütersloh, Mohn, 1972; Idem, *Ethik* (1980-1981), 2 vols., Stuttgart, Kohlhammer, 1990-1991; Idem, *Vielspältiges. Protestantische Beiträge zur ethischen Kultur*, Stuttgart, Kohlhammer, 1991; Idem, "L'autonomie absolue de Dieu. Pour comprendre la théologie de Karl Barth et ses conséquences", em Pierre GISEL, org., *Karl Barth. Genèse et réception de sa théologie*, Genebra, Labor et Fides, 1987, p. 221-245; Idem, *Theologie in der Moderne*, Gütersloh, Mohn, 1991; Idem, *Principes et perspectives pour une éthique de la paix aujourd'hui*, em Eckehart, LORENZ, org., *Risquer la paix*, Genebra, Labor et Fides, 1992, p. 33-48; Idem, "L'actuel renouveau d'intérêt pour l'oeuvre de Troeltsch", *Revue de l'histoire des religions* 214, 1997, p. 133-152; FISCHER, Johannes, *Handeln als Grundbegriff christlicher Ethik. Zur Differenz von Ethik und Moral*, Zurique, Theologischer Verlag, 1983; GEISTHARDT, Günter, *Theologische Konzeptionen von Gesellschaft. Studien zu Richard Rothe, Wolfliart Pannenberg und Trutz Rendtorff*, Berna, Lang, 1987; REINER, Anselm, "Ethische Theologie. Zum ethischen Konzept Trutz Rendtorffs", *Zeitschrift für evangelische Ethik* 36, 1992, p. 259-275; WENDEBOURG, Ernst-Wilhelm, "Die Reformulierung der lutherischen Zweireiche-Lehre in Trutz Rendtorffs Ethik: Der Versuch einer theologischen Bewertung", *Kerygma und Dogma* 38, 1992, p. 199-229.

◉ Barth; neoprotestantismo; Troeltsch

RENOUVIER, Charles (1815-1903)

Filósofo neokantiano, conhecido por seu agnosticismo e sua elaboração teórica da moral laica (*Manuel républicain de l'homme et du citoyen* [Manual republicano do homem e do cidadão] [1848, nova ed. 1904] Genebra, Slatkine, 2000; *Science de la morale* [A ciência da moral] [1869], Paris, Fayard, 2002), Renouvier mudaria, publicando na *Critique philosophique* [Crítica filosófica] (revista fundada por ele) artigos elogiosos sobre o protestantismo. No início, tratou-se menos de uma real adesão "religiosa" que de uma tentativa de fazer surgir uma terceira força entre o catolicismo e o livre-pensamento (considerado o catolicismo às avessas). Nesse espírito, ele se tornou membro da paróquia reformada de Avignon, em 1873. Aos poucos, aderiu às crenças fundamentais do cristianismo (doutrina da criação) e do protestantismo (salvação somente pela fé). Em 1884, porém, sua adesão foi contestada, mas ele obteve sua reintegração em 1886. Sob a influência do filósofo suíço Charles Secrétan, adotou convicções protestantes cada vez mais "ortodoxas". A tal ponto que, no final da vida, reprovou a Faculdade de Teologia de Montauban por não ter se oposto ao evolucionismo, que, para ele, conduz ao ateísmo.

Digno de nota também é o fato de que, ao mesmo tempo que se encaixava nos debates da época que valorizavam a Índia como origem da civilização e da Europa (cf. sobretudo sua grande suma, *Philosophie analytique de l'histoire. Les idées, les religions, les systèmes* [Filosofia analítica da história: as ideias, as religiões, os sistemas], 5 t. em 4 vols., Paris, Leroux, 1896-1897), Renouvier afirmou o primado da Grécia e defendeu o valor do personalismo advindo do cristianismo contra o "pessimismo budista" e seu "aniquilamento do desejo" (*Le personnalisme* [O personalismo], Paris, Alcan, 1903).

Jean Baubérot

▶ ARNAL, André, *La philosophie religieuse de Charles Renouvier*, Paris, Fischbacher, 1907; BLAIS, Marie-Claude, *Au príncipe de la République. Le cas Renouvier*, Paris, Gallimard, 2000; CHENET, François, *Renouvier et l'Orient*, em Michel HULIN e Christine MAILLARD, orgs., *L'Inde inspiratrice. Réception de l'Inde en France et en Allemagne (XIXe-XXe siècles)*, Estrasburgo, Presses universitaires de Strasbourg, 1996, p. 71-106; MÉRY, Marcel, *La critique du christianisme chez Renouvier* (1952), 2 vols., Gap, Ophrys, 1963 (subestima sua evolução em direção ao protestantismo); ROBERT, Daniel, *Les intellectuels d'origine non protestante dans les protestantisme des débuts de la Troisième République*, em André ENCREVÉ e Michel RICHARD, orgs., *Les protestants dans les débuts de la Troisième République (1871-1885)*, Paris, Société de l'histoire du protestantisme français, 1979, p. 91-98.

◉ Bois; kantismo (neo); Secrétan

RESISTÊNCIA

Na tradição moral protestante, evoca-se a resistência quando se trata do direito de resistência, ou seja, da possibilidade de que os cidadãos se oponham a decisões tomadas de acordo com o procedimento legal por um poder reconhecido como legítimo, por motivos de consciência moral. Portanto, não se trata da questão da oposição a um poder tirânico, e do dever de resistência que nessas ocasiões se impõe, mas, sim, da questão da legitimidade de um direito particular, qual seja, desobedecer a leis consideradas injustas, ainda que juridicamente válidas.

Os primeiros elementos de reflexão sobre a questão se encontram na obra de Calvino (IRC IV, XX, 31), que, ao mesmo tempo que defendeu o princípio da submissão ao poder político, vislumbra uma instituição político-jurídica, a dos "magistrados inferiores", para proteger o povo contra os abusos de poder, instaurando os "direitos do pobre do povo". Com base nisso, o movimento huguenote, que se convencionou chamar os monarcômacos (por volta dos anos 1570-1580), afirmou a legitimidade da resistência a um rei que não respeitasse o contrato estabelecido com seu povo. Mais tarde, essa problemática foi retomada e desenvolvida pela corrente puritana na Inglaterra (p. ex., John Milton [1608-1674]) e, principalmente, o fisólofo John Locke (1632-1704).

Atualmente, a questão repercute no contexto da democracia: se a democracia é fundada sobre o conjunto de valores (que podem ser resumidos pelos direitos humanos), toda decisão que viola gravemente um desses valores, ainda que tomada pela maioria dos cidadãos, deve ser combatida em nome da mesma democracia. Esse direito é particularmente justificado no que diz respeito à defesa das minorias. Não se trata de um direito ilimitado, nem incondicional, mas está submetido ao princípio que se convencionou chamar de proporcionalidade, ou seja, é nescessário que a causa defendida seja importante e que os benefícios esperados para o funcionaento democrático sejam maiores que os efeitos negativos; não pode ser invocado para a defesa de interesses pessoais ou ideológicos.

Éric Fuchs

▶ CAHEN, Gérald, org., *Résister. Le prix du refus*, Paris, Autrement, 1994; FUCHS, Éric e GRAPPE, Christian, *Le droit de résister. Le protestantisme face au pouvoir*, Genebra, Labor et Fides, 1990; HARDING, Vincent, *Religion and Resistance among Antebellum Negroes 1800-1860*, em August MEIER e Elliott RUDWICK, orgs., *The Making of Black America*, t.I: *The Origins of Black Americans*, New York, Atheneum, 1969, p. 179-197; LOCKE, John, *Segundo tratado sobre o governo civil* (1690), São Paulo, Abril Cultural, 1973; RAWLS, John, *Uma teoria da justiça* (1971), São Paulo, Martins Fontes, 2000, § 55, 57 e 59; *Résistance? Les chrétiens et les Églises face aux problèmes relatifs à l'asile*, Berna, FEPS, 1988.

○ **Autoridade**; Chambon-sur-Lignon; direitos humanos; Durand; Estado; *Kirchenkampf*; Locke; Milton; monarcômacos; **política**; poder; Rawls; **violência**

RESNAIS, Alain (1922-2014)

Nascido em Vannes, Resnais é uma das personalidades a quem o cinema francês mais deve. Sua obra, que conta com relativamente poucos exemplares, marcou profundamente nossa época. Ao longo da carreira, filmou curtas-metragens de uma rara qualidade estética, *Van Gogh* (1948), *Guernica* (1950) e *Nuit et brouillard* [Noite e nevoeiro] (1956), dedicado aos campos de extermínio. Para seus longas-metragens, muitas vezes Resnais trabalhou com roteiristas de renome, como Marguerite Duras para *Hiroshima mon amour* [Hiroshima meu amor] (1959) e Alain Robbe-Grillet para *L'année dernière à Marienbad* [O último ano em Marienbad] (1961). Em toda a sua obra, percebe-se uma constante, a obsessão com o tempo e com a morte, associada a temáticas religiosas (como, p. ex., *Providence* [Providência], 1977). Esses temas também dominam em *L'amour à mort* [O amor à morte] (1984), que poderia ser intitulado "A morte – amor"), em que o agnóstico Resnais e o ateu ex-seminarista Jean Gruault, roteirista, apresentam, em uma Cevenas protestante, um casal de pastores confrontados em suas convicções por um amigo, o arqueólogo Simon, que, como Lázaro, voltou do além antes da partida definitiva... O pastor não tem como explicar os milagres: ele crê em Deus, e isso basta. Resnais evidencia que a consciência da morte é o único caminho para a felicidade e o amor para o casal humano, deixando o pastor de frente para sua impotência. São explícitas as referências de Ernest a *Ordet* (1955), de Dreyer, e a *Communiants* [Comungantes] (1962), de Bergman. Sobre ele, escreveu Marcel Oms: "Resnet sabe subverter a dimensão religiosa das paixões humanas para restituí-las aos homens através das próprias estruturas de sua alienação ou sua despossessão" (p. 159). Nos últimos anos, o cineasta se voltou para formas de comédia mais descontraídas, ao mesmo tempo que prossegue em sua busca espiritual (*Smoking/No Smoking* [Fumar/Não fumar], 1993; *On connaît la chanson* [A mesma velha música], 1997).

Pierre Bühler

▶ BOUNOURE, Gaston, org., *Alain Resnais* (1962), Paris, Seghers, 1974 (filmografia e bibliografia); FLEISCHER, Alain, *L'art d'Alain Resnais*, Paris, Centre Georges Pompidou, 1998; GOUDET,

Stéphane, org., *Alain Resnais. Anthologie*, Paris, Gallimard, 2002; OMS, Marcel, *Alain Resnais*, Paris, Rivages, 1988; PRÉDAL, René, *L'itinéraire d'Alain Resnais*, Paris, Lettres modernes, 1996.

● Bergman; **cinema**; Dreyer

RESPONSABILIDADE

A história do conceito moral de responsabilidade está estritamente ligada à dos códigos e práticas jurídicas, assim como à das representações globais, mais ou menos religiosas ou metafísicas, relativas à diferença entre seres humanos e deuses, entre homem e animal, homem livre e escravo, adulto e criança, masculino e feminino ou sujeito relacional e louco. Subjacentes à afirmação de um *status* do ser humano, por sua vez trabalhadas pela difusão das ciências do homem (psicologia, genética, sociologia etc.), essas representações, que são um misto de simbólico e imaginário, esperança e angústia, são testemunhas, por sua história, que nada tem de linear ou irreversível, da fragilidade da consciência de responsabilidade.

A aderência do jurídico ao moral na noção de responsabilidade indica que a afirmação de responsabilidade não é algo natural, mas depende de um julgamento que conclua temporariamente e sob reserva de apelo um processo, um afrontamento de vozes e argumentos relativos à qualificação de agentes, atos ou danos. No entanto, como tendência, a racionalização jurídica das relações sociais deveria levar a um inventário cada vez mais extenso e detalhado das causas a serem conhecidas e, portanto, a uma objetivização crescente das circunstâncias suscetíveis de limitar as responsabilidades civil ou penal, enquanto a racionalização moral deveria, ao contrário, universalizar o *status* de responsável e limitar a esfera da responsabilidade.

A complexificação moderna da vida social através da multiplicação das interdependências, da diversificação das mediações coletivas, institucionais e técnicas, a amplitude cada vez maior, no espaço e no tempo, da esfera de ação ou de intervenção dos sujeitos, tudo isso levou a um nível extraordinário de opacidade; a intervenção jurídica se esforça por remediá-lo, por exemplo, estendendo o *status* de responsável às entidades coletivas ("pessoas morais") ou procedendo analogicamente à qualificação dos atos inéditos (no caso do sangue contaminado, será que se trata de envenenamento?). Porém, ao mesmo tempo e pelas mesmas razões, o encargo pelos danos em um sistema de segurança banaliza a imputação da responsabilidade. No total, as representações dominantes que sustentam nossa concepção da responsabilidade oscilam entre um modelo ultracartesiano do sujeito livre e agente, de um lado, e uma apreensão fatalista, ou no mínimo cética, quanto à capacidade humana de fugir das forças mais exteriores ou dos efeitos inesperados, de outro.

Em comparação, é notável que a moral kantiana, tão preocupada em exaltar a responsabilidade do sujeito diante da lei, tenha aberto espaço para a questão do pecado e, talvez possamos afirmar, da falibilidade. A confissão da falibilidade, aqui, não está a serviço de um desencargo de responsabilidades, mas sim, ao contrário, a serviço da coragem e da lucidez, de modo que a questão poderia se debruçar sobre o bom uso da responsabilidade como "prudência", ou seja, um autoconhecimento e um conhecimento do outro tão falível quanto frágil. Trata-se, assim, de uma questão de lucidez, e até de conversão, fora de toda complacência narcísica; trata-se também de uma questão de honestidade, para que sejam assumidos atos prudentes sem que se refugie rápido demais por trás do argumento da resistência das coisas ou da malignidade das pessoas. É a questão que está no cerne do *Princípio responsabilidade,* de Hans Jonas, o qual explora a ideia de uma corresponsabilidade ativa diante das consequências mais longínquas de nossas decisões, diante dos descendentes que possam vir a pagar o preço de nossa despreocupada liberdade ou de nossa pretensão excessiva quanto a controlar o rumo das coisas reduzindo drasticamente a capacidade de escolha desses descendentes; logo, reduzindo sua própria responsabilidade. A argumentação de Jonas sugere que a famosa distinção weberiana entre ética de convicção e ética de responsabilidade é menos plausível que as aparências deixam crer, pois, assim como é o caso na obra de Kant, o exercício da responsabilidade precisa ser regulado pela ideia de uma humanidade solidária.

Gilbert Vincent

▶ JONAS, Hans, *O princípio responsabilidade: ensaio de uma ética para a civilização tecnológica* (1979), Rio de Janeiro, Contraponto, 2006; LENOIR, Frédéric, *Le temps de la responsabilité*, Paris, Fayard,

1991 (posfácio de Paul RICOEUR); MÜLLER, Denis e SIMON, René, orgs., *Nature et descendance. Hans Jonas et le príncipe "Responsabilité"*, Genebra, Labor et Fides, 1993; RICOEUR, Paul, *Philosophie de la volonté 2: Finitude et culpabilité* (1960), Paris, Aubier Montaigne, 1988, livro 1: *L'homme faillible*, p. 19-162; WEBER, Max, *Le savant et le politique. Une nouvelle traduction* (1919), Paris, La Découverte, 2003.

○ **Dever**; direitos humanos; exigência; Habermas; indivíduo; Kant; **liberdade**; **lei**; **moral**; **política**; Ricoeur; **técnica**; testemunho; **vocação**; Weber M.

RESSURREIÇÃO

Do ponto de vista cristão, ocorrem juntos, nescessariamente, uma releitura do passado (um "faz memória") e o testemunho de uma novidade (uma "boa-nova"), contra o autoaprisionamento, tanto nas relações com Deus quanto nas relações com os outros, e contra todo peso e toda submissão servil. Nesse sentido, a proclamação cristã se insere no movimento profético do Antigo Testamento, que é justamente feito de uma retomada renovadora, de crítica do dado e abertura para o futuro, assim como em sua matriz messiânica.

O anúncio de uma novidade ou de uma renovação impregna o relato evangélico da vida de Jesus, determinado pelo perdão, uma boa-nova para todos, uma proximidade decisiva, embora ainda oculta, do Reino, e, assim, um conflito com as autoridades e a reafirmação de uma promessa que ultrapassa a ordem do mundo. De modo específico, a temática da ressurreição se insere nesse contexto. Seu terreno é apocalíptico. Teologicamente, ela é, de início, decifrada e afirmada sobre Jesus e o mistério pascal, mistério de uma morte na cruz (Jesus é "entregue" aos homens e ao pecado) e sobre uma ressurreição, justamente (Jesus é "elevado" à direita do Pai e se torna "Senhor"): subversão do túmulo ("ele não está mais aqui"), vida de Deus e em Deus (Jesus, o Cristo, é "o Vivo").

A presença do ressuscitado se dá além da ausência e da morte, sem anulá-la (ela pressupõe a meditação do "é nescessário que ele padeça", Lc 24.25): seu corpo pós-pascal surge e desaparece, atravessa a parede; e ele está no princípio da manifestação de um espírito escatológico enviado "em seu nome" e de um corpo eclesial que toma metaforicamente seu nome ("corpo de Cristo"), corpo aberto pelo batismo, que associa o cristão à sua morte e à sua ressurreição (Rm 6), e recapitulado na eucaristia, onde está presente *incógnito* e ausente no momento em que é reconhecido (Lc 24.13-35).

Assim, a ressurreição não é retorno à vida (em seus limites e para morrer de novo); ela afirma a irrupção de uma realidade radicalmente outra no cerne do mundo (não pertence ao tempo e ao espaço do mundo, ainda que interfira nele): a realidade de Deus, originariamente e escatologicamente recriadora. Nesse sentido, ela é figura (Cristo ressussitado é o "primogênito") e promessa de renovação ampla do mundo e de uma "ressurreição dos mortos" (de acordo com o motivo apocalíptico). A ressurreição pertence ao âmbito da entrada de Cristo em sua glória, da plena revelação da verdade de seu destino e de sua identidade diante de Deus. Por isso, confessar a ressurreição, em primeiro lugar, não é contar um acontecimento antigo, mas, sim, nescessariamente, um anúncio associado à fé, uma fé que está correlacionada também à força libertadora, renovadora e esperançosa, em radical dependência de Deus. Afirmar a ressurreição não é algo que depende de evidências do saber, mas, sim, algo que participa de uma obra inscrita no mais íntimo do corpo, fazendo memória de um passado e renovando o presente na abertura para um futuro. Ela se inscreve no processo de Deus com o mundo.

Os relatos evangélicos põem em cena a história de Jesus em um enigma quanto à sua origem ("de onde ele vem?", cf. Jo 6) e seu fim (*aonde ele foi?*, cf. Jo 13-17, ou *eu vou para o Pai*, Jo 16.10): desde *concebido pelo Espírito Santo* até *vida junto a Deus*. Eles afirmam o *túmulo aberto*, de onde jorra a mensagem de vida (*ele vai adiante de vós* [...], *como ele vos disse*, Mc 16.7) e contam os quarenta dias entre a Páscoa e a Ascensão (analogia com os quarenta anos do povo de Israel no deserto antes da chegada à Terra Prometida, ou com os quarenta dias de Jesus no deserto antes de começar seu ministério), tempo do trabalho da inteligência e da fé (*tardos de coração*, Lc 24.25), na leitura das Escrituras e onde está dito *bem-aventurados os que não viram e creram* (Jo 20.29). Os discípulos devem descobrir nessas palavras aquilo que, na verdade, é o cumprimento prometido para proclamar Cristo "recapitulador" e "consumador" da fé, "filho do homem" e "novo Adão".

Não há anúncio da ressurreição sem o anúncio da cruz: em vez de anulá-la, a ressurreição está inscrita nela, irredutivelmente; mas também não há ressurreição sem o Espírito e uma abertura escatológica. Mistério pascal, Ascensão e Pentecostes foram, assim, uma mesma sequência, cujos termos estão em profunda interação. Não há ressurreição sem uma relação com a história de cada um, de modo particular e íntimo, e abertura de vida; portanto, não há ressurreição sem um trabalho no cerne da identidade (assim como o Cristo ressuscitado é identificado como o Cristo crucificado). É por isso que o cristianismo confessa metaforicamente uma "ressurreição dos corpos", embora esses corpos estejam em um jogo de oposições do apóstolo Paulo em 1Coríntios 15.42-50 (*semeados corruptíveis*, "ressuscitados incorruptíveis") ou a heretogeneidade das ordens de Jesus em Mateus 22.23-30. Desse modo, ele confessa uma continuidade além da descontinuidade, ou uma retomada além da ruptura, a morte e o trabalho de transformação de acordo com Deus e em Deus.

Pierre Gisel

▶ BARTH, Karl, *Dogmatique* IV/2* (1955), Genebra, Labor et Fides, 1963; Idem, *Die Auferstehung der Toten. Eine akademische Vorlesung über I. Kor. 15* (1924), Zollikon, Evangelischer Verlag, 1953; BULTMANN, Rudolf, "Karl Barth, 'La résurrection des morts'" (1926), em *Foi et compréhension*, t. I, Paris, Seuil, 1970, p. 48-76; GISEL, Pierre, *Corps et esprit. Les mystères chrétiens de l'incarnation et de la résurrection*, Genebra, Labor et Fides, 1992; LÜDEMANN, Gerd, *Die Auferstehung, Jesu. Historie, Erfahrung, Theologie*, Stuttgart, Radius, 1994; MOLTMANN, Jürgen, *Teologia da esperança: estudos sobre os fundamentos e as consequências de uma escatologia cristã* (1964), São Paulo, Teológica, 2003, cap. III.

⊙ Alegria; apocalíptica; cruz; Espírito Santo; **Jesus (imagens de); morte e vida eterna**; parusia; teologia da cruz

RETORROMANA (Reforma)

A Reforma nos Grisões foi feita sob a influência de Zurique, com Zwinglio e Bullinger. De início, era de fala alemã. Refugiados italianos pregaram no vale de Poschiavo, na Bregalia — com destaque para Pietro Paolo Vergerio (1497/98-1565), ex-bispo de Capo d'Istria e fornecedor de panfletos antipapistas da gráfica Landolfi (Poschiavo) — e no Moesano. As três sedes da divisão adminstrativa das ligas, Coira, Ilans e Davos, passaram para a Reforma em 1526-1527.

Todo esse movimento se apoiou na autonomia recém-conquistada da República das Três Ligas (Liga da Casa de Deus, Liga Cinza, Liga das Dez Jurisdições), confederação de jurisdições soberanas que, em 1499, aliada às suíças, triunfou na Guerra da Suábia do poderoso imperador Maximiliano I. Ela adotou com os artigos de Ilanz, em 1524 e 1526, aquilo que estimou serem seus direitos. Esses textos são uma carta camponesa, inspirada nos *Doze artigos* de Memmingen (1525) e pregam a abolição do poder temporal do bispo de Coira, a escolha comunitária de um sacerdote ou pastor — é a comunidade que passa a decidir pela adoção ou não da Reforma —, a supressão do "pequeno dízimo", a diminuição do grande dízimo na décima quinta, um censo mais moderado etc. Esses artigos, adotados pelo órgão deliberativo regular da República, passaram a ter força de lei, contrariamente a todos os artigos da mesma época e mesma natureza. Na Contrarreforma, o bispo ainda conseguiu reaver parte de seu poder. Mas a liberdade estava em marcha, sob a forma de uma autonomia comunal bastante ampla, até mesmo excessiva.

Essa situação estimula as mudanças. Em Coira, o *magister* Jacob Salzmann (morto em 1526) e o pregador de Saint-Martin, Johannes Comander (morto em 1557), ambos amigos de Zwinglio, exerceram grande influência nesse contexto. Os cônegos acusaram Johannes de liderança revolucionária, e para se defender ele redigiu dezoito teses que foram discutidas em Ilans, em janeiro de 1526, diante de seis deputados da dieta. O pastor foi justificado, mas, como a assembleia se dissolveu antes da conclusão dos debates, a República deixou às comunas toda liberdade quanto à religião. As comunas desfrutavam dessa liberdade até o início da Contrarreforma (Inquisição, fogueiras, massacres de Valteline e de Poschiavo), fossem de língua romanche, alemã ou italiana. Em 1537, os pastores constituíram o Sínodo Protestante Rético, ainda hoje a autoridade superior da igreja. Em 1552, foi elaborada uma confissão de fé que funcionou como um necessário anteparo diante de teólogos que começaram a se desviar, instalados, em sua maioria, em Chiavenna. Três personalidades, Bifrun, Chiampel e Gabril, dentre outros, encarnaram a Reforma Retorromana.

Gabriel Mützenberg

▶ BONORAND, Conradin, *Die Engadiner Reformatoren. Philipp Gallicius, Jachiam Tutschett Bifrun, Durich Chiampell*, Coire, Evangelischer Kirchenrat Graubünden, 1987; MÜTZENBERG, Gabriel, "Émancipation paysanne et Réformation dans la République des Trois-Ligues", *Les cahiers protestants* 45, Lausanne, 1961, p. 300-319; PEER, Florian, *L'Église de Rhétie aux XVIe et XVIIe siècles*, Genebra, Impr. Rivera et Dubois, 1888; PIETH, Friedrich, *Bündnergeschichte*, Coire, Schuler, 1945; VASELLA, Oskar, "Der bäuerliche Wirtschaftskampf und die Reformation in Graubünden (1526 bis etwa 1540)", em *73. Jahresbericht der historisch-antiquarischen Gesellschaft von Graubünden. Jahrgang 1943*, Coire, 1944, p. 1-183.

◉ Bifrun; Bullinger; Chiampel; Gabriel; Suíça; Zwinglio

REUSS, Édouard Guillaume Eugène (1804-1891)

Nascido e morto em Estrasburgo, Reuss foi teólogo e professor de Antigo Testamento na Faculdade de Teologia de Estrasburgo de 1838 a 1888. Elaborou um sistema que é válido ainda hoje, o da anterioridade dos profetas em relação à Lei e da anterioridade da Lei em relação a Salmos. Realizou várias grandes sínteses: *Histoire de la théologie chrétienne au siècle apostolique* [História da teologia cristã no século apostólico] (2 vols., Estrasburgo, Treuttel et Wurtz, 1852), *Die Geschichte der Heiligen Schriften Neuen Testaments* (1842, Brunswick, Schwetschke, 1853) e *Die Geschichte der Heiligen Schriften Alten Testaments* (Brunswick, Schwetschke, 1881), mas principalmente uma tradução comentada da Bíblia em dezesseis volumes (Paris, Sandoz et Fischbacher, 1874-1879), para que os protestantes franceses conhecessem o método e os resultados de um estudo científico da Bíblia. Com Johann Wilhelm Baum (1809-1878) e Eduard Cunitz (1812-1886), editou os *Ioannis Calvini Opera quae supersunt omnia* (59 volumes no *Corpus Reformatorum*). Também foi jornalista, defensor da cultura regional, poeta e romancista. Deixou marcas na universidade, no ginásio protestante, no capítulo de São Tomás e na Conferência Pastoral (criada em 1834, essa associação de pastores existe ainda hoje e desempenha um papel ativo na liturgia e nas questões profissionais).

Bernard Vogler

▶ JACOB, Edmond, "Édouard Reuss et l'Alsace", *BSHPF* 128, 1982, p. 517-536; Idem, "Reuss Édouard", em *Nouveau dictionnaire de biographie alsacienne*, t. XXXI, Estrasburgo, Fédération des Sociétés d'histoire et d'archéologie d'Alsace, 1998, p. 3174 s; LAPLANCHE, François, *Reuss Édouard*, em André ENCREVÉ, org., *Les protestants* (*Dictionnaire du monde religieux dans la France contemporaine* V), Paris, Beauchesne, 1993, p. 408-411; número especial consagrado a Édouard Reuss, *RHPhR* 71, 1991, p. 425-471.

◉ Alsácia-Lorena; **história**; traduções francesas da Bíblia

RÉVEILLAUD, Eugène (1851-1935)

Nascido em Saint-Coutant (Charente-Maritime) e morto em Versalhes. Após estudos secudários na Instituição Diocesana de Pons, de onde ele se "evadiu" e no Liceu Charlemagne, engajou-se no jornalismo: Charentes, Épinal, Reims e Troyes. Licenciado em direito (Paris), inscreveu-se na Ordem dos Advogados de Troyes. Depois de sua conversão, no dia 14 de julho de 1878, e de sua adesão ao protestantismo, passou a lutar pela fé, multiplicando o número de conferências evangélicas e anticlericais. Fundou e dirigiu o semanário *Le signal* [O sinal] (1879-1894), fundou uma obra para acolher os padres que aderiram ao protestantismo, liderou a Sociedade Coligny, criada para a colonização protestante da Argélia pelos emigrados dos Altos Alpes, e foi agente geral da Sociedade dos Tratados Religiosos. De 1902 a 1921, foi deputado e, em seguida, senador da Charente-Inférieure. Participou ativamente nos debates que antecederam a separação entre a igreja e o Estado. Foi autor de várias obras de poesia, história e outras, e seu maior sucesso foi *La question religieuse et la solution protestante* [A questão religiosa e a solução protestante] (1878, Paris, Fischbacher, 1923). Consagrou-se como uma personalidade típica do protestantismo francês republicano e anticlerical.

Pierre Petit

▶ RÉVEILLAUD, Eugène, *Autobiographie*, depositada na Biblioteca da Sociedade de História do Protestantismo Francês, Paris; PETIT, Pierre, "Républicain et protestant, Eugène Réveillaud (1851-1935)", *RHPhR* 64, 1984, p. 237-254.

◉ Anticatolicismo; anticlericalismo; **laicidade**

REVELAÇÃO

Muitas religiões pretendem fundar-se em alguma revelação. O termo é formal; ele recebe sua qualificação pelo autor da revelação e por seu conteúdo. Na tradição judaico-cristã a revelação é a de Deus a Israel (Antigo Testamento) e em Jesus Cristo (Novo Testamento). Seu conteúdo é a retenção ou salvação. No Antigo Testamento, consiste na aliança de Deus com o seu povo; exprime-se de modo central na Lei; no Novo, a salvação está correlacionada à pessoa e à obra, de modo central à morte e à ressurreição de Jesus, confessado como o Cristo (Messias). Ele é o conteúdo do evangelho, que cumpre a Lei.

Esse cumprimento, porém, é dado somente pela fé, não por vista. No Novo Testamento, a orientação para o reino de Deus, presente no Antigo Testamento, salta aos olhos: a salvação já cumprida em Cristo se manifestará no final dos tempos. Dessa forma, a revelação se inicia, e sua continuidade é posta em questão, para além do cumprimento em Cristo e até sua manifestação em glória. A promessa dada pelo Cristo joanino sobre o Espírito Santo que os levará a toda a verdade, atualizando o testemunho de Cristo (cf. Jo 14.16ss; 14.26; 15.26; 16.13), atesta que Deus é um Deus vivo. Se não há outra revelação, há uma atualização ao longo da história daquilo que foi dado. Seu critério é a revelação atestada nas Santas Escrituras do Antigo e Novo Testamentos e, assim, Deus em Cristo pelo Espírito Santo.

Coloca-se ainda outra questão: de que forma se situa a revelação — especial — de Deus a Israel e em Jesus Cristo em relação a outras revelações ou outras religiões, e em relação a uma "revelação universal" impressa na consciência humana como criatura de Deus? Que laços haveria entre a realidade tal como perceptível para todos (criação) e a revelação (redenção)? A resposta deve ser buscada na dimensão da profundidade da realidade, seu mistério ou sua transcendência. É essa dimensão, atestada de modos diversos pelas diferentes religiões, que a revelação especial de Deus em Israel e em Jesus Cristo vem esclarecer criticamente.

Gérard Siegwalt

▶ BARTH, Karl, *Dogmatique* I/1 e 2 (1932-1938), Genebra, Labor et Fides, 1953-1955; PANNENBERG, Wolfhart, org., *Offenbarung als Geschichte* (1961), Göttingen, Vandenhoeck & Ruprecht, 1982; SIEGWALT, Gérard, *Dogmatique pour la catholicité évangélique*, t.I: *Les fondements de la foi*, 2: *Réalité et révélation*, Paris-Genebra, Cerf-Labor et Fides, 1987; TILLICH, Paul, *Teologia sistemática* I: *Introdução; Primeira parte: razão e revelação* (1951), São Leopoldo, Sinodal, 2005.

▶ Acomodação; **Bíblia**; deísmo; discernimento de espíritos; Espírito Santo; fé; Pannenberg; **religião e religiões**; **salvação**

RÉVILLE, Albert (1826-1906) e Jean (1854-1908)

Albert Réville nasceu em Dieppe. Ordenado pastor em 1849, exerceu o ministério na igreja valona de Roterdã de 1851 a 1873. Na época, estabeleceu relações científicas com o círculo liberal da Universidade de Leiden, com a escola de Tübingen e com Ernest Renan. No dia 10 de janeiro de 1880, surgiu um decreto inspirado por Jules Ferry, que instituiu no Collège de France a primeira cadeira de história comparada das religiões, para a qual Réville foi nomeado, apoiado por Gabetta. No dia 24 de fevereiro de 1880, foi ministrada a aula de abertura. Seis anos mais tarde, foi fundado o Departamento de Ciências Religiosas na Escola Prática de Altos Estudos, presidido por Albert Réville. Entre suas obras mais importantes estão *Histoire du dogme de la divinité de Jésus-Christ* [História do dogma da divindade de Jesus Cristo] (1869, Paris, Alcan, 1907) e *Jésus de Nazareth. Études critiques sur les antécédents de l'histoire évangélique et la vie de Jésus* [Estudos críticos sobre os antecedentes da história evangélica e a vida de Jesus] (1897, 2 vols., Paris, Fischbacher, 1906). Quando foi nomeado para o Collège de France, publicou a obra fundamental *Histoire des religions* [História das religiões] (4 vols., Paris, Fischbacher, 1883-1889).

Jean Réville pode ser considerado um verdadeiro discípulo de seu pai. Ordenado pastor em 1880, exerceu o ministério em Montbéliard até 1885, sendo nomeado também para a Escola Prática de Altos Estudos. De 1889 a 1906, foi mestre de conferências na Faculdade de Teologia Protestante de Paris; a partir de 1907, sucedeu a seu pai no Collège de France. Jean Réville se especializou no estudo das origens cristãs e em obras de epistemologia como *Les phases sucessives de l'histoire des religions* [As fases sucessivas da história das religiões], publicada postumamente (Paris, Leroux, 1909). Ele é também um dos porta-vozes do protestantismo liberal (*Paroles d'un libre croyant. Prédication moderne de l'Évangile* [Palavras de um livre crente: a pregação moderna do evangelho] [1898], Paris, Fischbacher, 1909; *Le protestantisme libéral. Ses origines, sa nature, sa mission* [O protestantismo liberal: suas origens, sua natureza e sua missão], Paris, Fischbacher, 1903).

Vincent Schmid

▶ MARTY, Jacques. *Albert Réville. Sa* vie, *son oeuvre*, Cahors, Coueslant, 1912.

● Goblet d'Alviella; liberalismo teológico; **religião e religiões**; Vernes

REVISTAS PROTESTANTES

Revistas francesas e romandas

Bulletin de la Société de l'histoire du protestantisme français [Boletim da Sociedade da História do Protestantismo Francês]

A mais antiga revista francesa de história, trimestral desde 1914, surgiu em 1852, ao mesmo tempo que a Sociedade da História do Protestantismo Francês, que a criou. Seu iniciador for Charles Read (1819-1898), então subdiretor dos cultos não católicos no Ministério dos Cultos. Buscou publicar sobretudo documentos históricos, mas, a partir de 1866, sob o impulso de François Guizot, o Boletim propôs estudos históricos, que hoje ocupam a maior parte de suas publicações (cerca de 650 a 850 páginas por ano). No século XVI, privilegiaram-se, por muito tempo, duas fases históricas: a primeira compreendeu desde as origens da Reforma até o Edito de Nantes e o século do "Deserto" (1685-1787), e a segunda se inicia com a Revogação até o Edito de Tolerância. A história das minorias foi escrita do lado de dentro, evocando suas lutas, seus sofrimentos e sua fidelidade. Uma abordagem mais científica e distanciada se tornou mais comum nas últimas três décadas do século XX, com a história contemporânea. Hoje, o Boletim desfruta de uma visibilidade e uma reputação consolidadas no seio da comunidade científica. Com regularidade, oferece ao público números especiais que são como verdadeiras obras: nos anos 1986, 1987, 1989, 1998 e 2005, os periódicos foram dedicados aos vários centenários da Revogação do Edito de Tolerância, da Revolução Francesa, do Edito de Nantes e da separação entre a igreja e o Estado; em 1992 abordou-se a ação dos protestantes na Segunda Guerra Mundial; em 2002, o tema foi os 150 anos da Sociedade da História do Protestantismo Francês, com um importante apanhado da historiografia do protestantismo francês a partir de 1945. A revista publicou sete volumes de tabelas cobrindo os anos 1852 a 1965; está sendo preparado um oitavo volume (1965-2000). Os tomos publicados de 1852 a 2000 estão disponíveis em CD.

Patrick Cabanel

● França; imprensa protestante de língua francesa

Études théologiques et religieuses [Estudos teológicos e religiosos]

Fundada em 1922 (mas em continuidade a periódicos anteriores), essa revista trimestral é publicada hoje pelo Instituto Protestante de Teologia, e, de modo mais particular, foi colocada sob a responsabilidade da Faculdade de Teologia de Montpellier. No espírito de seus fundadores, o título indica o objetivo dessa publicação: estabelecer correlações entre uma reflexão teórica e fundamental (indicada pela palavra "teológicos") e inquietações práticas (indicadas pela palavra "religiosos"). Nessa linha, a revista se propõe como um instrumento de formação permanente que acompanha e amplia o ensino da teologia. Ela busca tornar acessível a não especialistas a pesquisa de ponta, apresentando conteúdos com rigor científico e inteligibilidade para o maior número possível de leitores. De modo geral, seus leitores são membros de igrejas (protestantes ou católicos, ministros ou não) e universitários (professores e estudantes). A revista cobre a totalidade das áreas teológicas e comporta uma parte importante de resenhas. De tempos em tempos, são publicados cadernos especiais, sem assinatura, que são verdadeiros livros. É responsável por cerca de 630 páginas anuais, e sua tiragem atualmente é de 1.800 exemplares.

André Gounelle

▶ "Tables de la revue 1926-1975, *ETR* 50/4,1975; "Tables de la revue 1975-1990", suplemento de *ETR* 65/4, 1990; um disco compacto reúne os números publicados de 1926 a 2000 (disponível na secretaria de *ETR*, Rua 13 Louis Perrier, F-34000 Montpellier).

● Montpellier; imprensa protestante de língua francesa

Foi et Vie [Fé e Vida]

Essa revista foi fundada em 1898 pelo pastor Paul Doumergue (1859-1930) como órgão de atividades que compreendiam conferências, cursos dedicados ao serviço social e, a partir de 1913, a Escola Prática de Serviço Social. O projeto de um cristianismo prático incluiu o desejo de romper o "silêncio da ideia cristã". O espiritualismo evangélico de Doumergue encontrou nos nomes de Pierre Maury (1890-1956), Charles Westphal (1896-1972), Jean Bosc (1910-1969) e Jacques Ellul (1912-1994) sucessores que, em novos contextos, preocuparam-se com o retorno às fontes evangélicas (cf. o barthismo, do qual a revista ofereceu ecos precoces), problemas da sociedade e expressões literárias ou artísticas da consciência moderna. Com cinco números anuais (um caderno de estudos bíblicos e um caderno de estudos judaicos bienais), *Fé e Vida* conjuga a expressão da cultura religiosa de inspiração protestante com ênfase nas questões da sociedade.

Olivier Millet

▶ "Centenaire de la naissance de P. Maury", *Foi et Vie* [90/3-4, 1991; BULTÉ, Jeanne e MILLET, Olivier, "L'École pratique de Service social et Foi et Vie", *Foi et Vie* 88/3-4, 1989, p. 33-37; DOUMERGUE, Paul, "La Foi et la Vie. Ce que nous voulons être" (1898), *Foi ei Vie* 97/5, 1998, p. 3-17; ENCREVÉ, André, "Paul Doumergue et la fondation de *La Foi et la Vie*", *Foi et Vie* 97/5, 1998, p. 19-33.

● Barthismo; Bosc; cristianismo social/socialismo cristão; Ellul; Maury; imprensa protestante de língua francesa

Positions luthériennes [Posições luteranas]

Esse periódico é o único a tratar da teologia luterana em língua francesa. Fundado em Paris em 1953, por iniciativa de René-Jacques Lovy (1908-1993) e Théobald Süss (1902-1983), e, além do âmbito da francofonia, contou com leitores que apreciavam seu rigor e sua preocupação quanto a não lidar com a teologia de modo isolado. Com o desejo de valorizar a herança positiva da Igreja Luterana, a revista também demonstra uma preocupação ecumênica ao dar a palavra à teologia de outras confissões e publicar um bom número de documentos da Federação Mundial Luterana. Em 1956, seu comitê lançou, com a editora Labor et Fides, de Genebra, a publicação francesa das principais obras de Lutero.

Albert Greiner

▶ "Tables. 1953-1992", *Positions luthériennes*, 1994; *Positions luthériennes* 1, 1953, p. 1s; *Positions luthériennes* 20, 1972, p. 5-13: *Positions luthériennes a vingt ans*, textos de Roger MEHL, Robert WOLFF e Daniel OLIVIER.

● Luteranismo; imprensa protestante de língua francesa

Revue de Théologie et Philosophie [Revista de teologia e filosofia]

De início chamada *Théologie et philosophie. Compte rendu des principales publications scientifiques à l'étranger* [Teologia e filosofia: resenha das principais publicações científicas no estrangeiro], essa revista foi fundada no ano 1868 em Genebra, com o objetivo de oferecer um espaço de encontro de todas as tendências do pensamento protestante, com ênfase no pensamento teológico. Publicada em Lausanne a partir de 1872, a revista também deu espaço a resenhas de obras em língua francesa e a alguns artigos. A redação dessa primeira série (1868-1911) foi dirigida por Eugène Dandiran (1825-1912), Jean-Frédéric Astié (1822-1894) e, por fim, Henri Vuilleumier (1841-1985) e Philippe Bridel (1858-1936). Uma "nova série" (1913-1950) abrigou mais páginas para a filosofia, com o objetivo de "não isolar as pessoas quanto aos problemas apresentados pela vida da mente". Os quatro exemplares anuais ofereciam vários artigos, estudos críticos e resenhas. A redação também contava com filósofos com formação teológica, sendo dirigida até 1934 por René Guisan (1874-1934); em seguida, encarregou-se da redação Henri Meylan (1900-1978) na maior parte do tempo. Em 1951, surgiu a terceira série. Sua primeira equipe de redação, dirigida até 1955 por Pierre Thévenaz (1913-1955), reafirmou o desejo de "unir teologia e filosofia, acima de suas especialidades, em uma busca e confrontação comuns". A partir de 1967, a revista passou a publicar 22 cadernos separados.

Daniel Christoff

▶ "Tabies. Première série 1868-1911", *RThPh*, 1935; "Table des vingt-cinq premières années de la seconde série 1913-1937", *RThPh*, 1941; "Table 1938-1967", *RThPh*, 1968; "Table 1968-1995", *RThPh*, 1997; BOVET, Pierre, org., *René Guisan par ses lettres*, t. II, Lausanne, La Concorde, 1940; MEYLAN, Henri, "La *Revue de théologie et de philosophie*, 1868-1968", *RThPh* 100, 1968, p. 273-292; REVERDIN, Henri, "Henri-L. Miéville au comité de rédaction de la *Revue de théologie et de philosophie* et à la Société romande de philosophie", em *Hommage à Henri Miéville offert par ses amis, collègues et anciens élèves à l'occasion de son soixante-dixième anniversaire, 5 décembre 1947*, Lausanne, La Concorde, 1948, p. 22-32.

◉ Guisan; imprensa protestante de língua francesa; ritschliana (escola); Thévenaz

Revue d'histoire et de philosophie religieuses [Revista de história e filosofia religiosas]

Fundada em 1921 na Faculdade de Teologia Protestante da Universidade de Estrasburgo pelo professor Antonin Causse (1877-1947), sua criação fez com que a faculdade tomasse parte na mesma notoriedade e no mesmo brilho que o governo francês atribuía à universidade da província que recebia a publicação. Dessa maneira, a revista se reconciliou com a tradição, por algum tempo interrompida, da *Revue de théologie et de philosophie chrétienne* [Revista de teologia e de filosofia cristã] (ou *Revue de Strasbourg* [Revista de Estrasburgo]), criada em 1850 por Timothée Colani. O título escolhido em 1921 para a revista demonstra a preocupação de se desembaraçar um pouco da noção de teologia, que na época era considerada muito estreita. A política editorial, que hoje não existe mais, fez com que a revista se abrisse para todas as disciplinas teológicas e todas as correntes de pensamento, com preferência pelas ciências bíblicas e pela história do cristianismo. Foi dada uma enorme importância à parte bibliográfica. Publicam-se quatro números por ano, constituindo um volume de 500 a 550 páginas. Nunca deixou de ser publicada, nem mesmo durante a Segunda Guerra Mundial, quando seu diretor, Charles Hauter (1888-1981), e seu administrador, Robert Eppel, foram deportados para Buchenwald. A divulgação da revista é nacional e internacional.

Roger Mehl

▶ "Tables 1921-1945", *RHPhR* 25, 1945, p. 91-194; "Tables 1946-1970", *RHPhR* 50, 1970, p. 337-544; "Tables 1971-1995", *RHPhR* 75, 1995, p. 449-513.

◉ Colani; Héring; imprensa protestante de língua francesa

La Revue réformée [A revista reformada]

Disponível desde 1950, essa revista sucedeu o *Boletim da Sociedade Calvinista da França*, fundado por Auguste Lesserf (1872-1943) e Jacques Pannier (1869-1945) em 1927. Pierre Charles Marcel (1910-1992), presidente da Associação Internacional Reformada, ocupou o cargo de diretor e editor da revista até 1980. Os cem primeiros números foram publicados "com a colaboração de pastores, doutores e professores das igrejas e faculdades reformadas francesas e estrangeiras". A partir do número 101 (1975), após uma fase de transição, a revista passou a ser publicada "com o concurso dos professores da Faculdade Livre de Teologia Reformada de Aix-en-Provence", instituição que foi inaugurada em 1974. Em 1983, a revista instalou sua administração na Faculdade de Aix, e o conselho dos professores da faculdade passou a constituir a equipe de redação. A partir de 1988, os números anuais passaram de quatro para cinco. Em 1994, o total de páginas aumentou para 320, a tiragem chegou aos 1.300 exemplares e mais de 40% dos leitores estão fora da França, em um grande número de países, francófonos ou não.

A Revista Reformada não tem a pretensão de ser uma revista acadêmica. Desde as origens, foi destinada "para uso dos fiéis, dos presbíteros e dos pastores". Hoje, sempre na perspectiva definida por Pierre Marcel, a revista busca apresentar, de modo acessível, um calvinismo que zela pela herança reformada e ao mesmo tempo está aberto para os problemas da atualidade.

Paul Wells

▶ "Tables générales. 1950-1974", *La Revue réformée* 100, 1974, p. 1-16.

◉ Calvinismo; calvinismo (neo); Courthial; imprensa protestante de língua francesa

Revistas belgas

O protestantismo belga se caracteriza por uma grande pluralidade teológica e pela grande autonomia das comunidades locais. Em consequência, as igrejas publicam seus boletins sem se posicionar sob uma coordenação nacional ou regional. No entanto, alguns desses periódicos não são somente boletins informativos, mas também contêm artigos de reflexão teológica ou social, e às vezes recorrem a colaborações exteriores importantes, tornando-se, assim, verdadeiras revistas. Em Bruxelas, esse é o caso das publicações *Le lien. Bulletin de l'Église protestante de Bruxelles — Chapelle Royale* [O laço: boletim da igreja protestante de Bruxelas — capela real], criada em 1922; *La colombe. Bulletin de l'Église protestante de Watermael-Boitsfort-Auderghem* [A pomba: boletim da igreja protestante de Watermael-Boitsfort-Auderghem], que também publica cadernos especiais; e *Le Centurion. Bulletin trimestriel de l'Association des amis de l'aumônerie militaire protestante belge* [O centurião: boletim trimestral da Associação dos Amigos da Capelania Militar Protestante Belga], que foi uma continuação de *Sous le drapeau* [Sob a bandeira], fundada no *front*, em 1915.

A Faculdade de Teologia Protestante de Bruxelas também edita uma revista teológica: trata-se da *Analecta Bruxellensia. Revue annuelle de la Faculté universitaire de théologie protestante de Bruxelles* [Analectos bruxelenses: revista anual da Faculdade Universitária de Teologia Protestante de Bruxelas], publicada a partir de 1996, um volume por ano (com cerca de 250 páginas), uma continuação de *Veritatem in Caritate* [Verdade em amor], publicada de 1955 a 1964, e de *Analecta Theologiae Facultatis Bruxellensis* [Analectos de teologia da Faculdade de Bruxelas] (primeira série: 1950-1975; segunda série: 1976-1985). Esses *Analecta* divulgam artigos em todas as áreas da teologia, de autoria de professores e, às vezes, doutorandos da faculdade, assim como de participantes externos. Uma de suas características mais originais é o fato de que são bilíngues (francês-holandês). Além disso, encontramos neles o eco de numerosos contatos que a faculdade mantém com as igrejas e as faculdades de teologia da África.

De 1983 a 1997, professores e antigos alunos da Faculdade de Teologia Protestante de Bruxelas publicaram *Ad Veritatem. Revue trimestrielle de réflexion et de théologie protestante* [Ad Veritatem: revista trimestral de reflexão e de teologia protestante], que provavelmente foi a publicação protestante belga mais conhecida no mundo de fala francesa. *Ad Veritatem* se caracterizou por uma abertura teológica bastante ampla, mas também interdisciplinar, com artigos nas áreas de teologia, história, poesia, música etc. Essa publicação fechou as portas quando o secretário de redação, Léopold Tonneau, aposentou-se.

A mais antiga revista ainda na ativa é o *Bulletin de Société d'histoire du protestantisme belge* [Boletim da Sociedade de História do Protestantismo Belga], fundada em 1904 e renomeada para *Bulletin de Société royale d'histoire du protestantisme belge* [Boletim da Sociedade Real de História do Protestantismo Belga] em 1990. De início, limitava-se à publicação de textos das conferências anuais, mas, com o tempo, incluiu artigos científicos em suas páginas, limitados à época que antecede o ano de 1830, mas logo estendendo-se para o final do século XX. Mudou de título várias vezes: *Rapport-Bulletin* [Relatório-boletim] (durante a Segunda Guerra Mundial), [*Annales*] [Anais] (durante os anos 1952 a 1967), *Bulletin-Chronique* [Boletim-Crônica] (a partir de 1996, depois de sua fusão com a *Chronique de la Société* [Crônica da sociedade], que apresenta artigos de popularização e resenhas de livros). As 130 primeiras publicações estão disponíveis em CD.

Émile M. Braekman e Bernard Hort

Revistas alemãs e alemânicas

Revistas alemãs

Ao longo do Século das Luzes, o surgimento de uma imprensa periódica foi paralelo à abertura de um espaço público, apontando para o nascimento de um discurso que escapava das limitações das autoridades tradicionais. Essa imprensa criou condições para uma discussão pública sobre questões políticas, sociais, culturais e científicas, para isso recorrendo somente ao caráter universal da razão e do bom senso. O surgimento da imprensa, portanto, foi uma etapa decisiva da modernização. Porém, as revistas e gazetas não permaneceram um apanágio dos adeptos da transformação da sociedade. Seus adversários também souberam utilizar esse meio de propaganda para seus fins. Assim, a pluralidade das publicações periódicas passou a refletir a pluralização do cristianismo protestante, em seguida a uma desorganização sociológica que fez com que a instituição eclesiástica perdesse o monopólio da manifestação cultural da instância religiosa. A esse fator de diversificação veio acrescentar-se a especialização científica das disciplinas teológicas, que originou as revistas especializadas.

Em primeiro lugar, mencionaremos uma revista de orientação teológico-eclesial visando a um largo público: *Zeitzeichen. Evangelische Kommentare zu Religion und Gesellschaft* (Stuttgart, Kreuz-Verlag, a partir de 2000), resultado de uma concentração da imprensa religiosa por motivos econômicos, reunindo três revistas que eram independentes (*Evangelische Kommentare* [Comentário evangélico], Stuttgart, Kreuz-Verlag, a partir de 1968; *Die Zeichen der Zeit / Lutherische Monatsshefte*, Hanover, Lutherisches Verlagshaus, a partir de 1962; *Reformierte Kirchenzeitung* [Jornal da igreja reformada], Neukirchen-Vluyn, Neukirchener Verlag, a partir de 1851). Dentre as revistas de caráter científico, dignas de nota são: 1) as revistas que cobrem as disciplinas teológicas em geral: a *Zeitschrift für Theologie und Kirche* [Revista de teologia e igreja], que foi originada na escola ritschliana, mais próxima da teologia hermenêutica (Tübingen, Mohr, a partir de 1891); a *Evangelische Theologie* [Teologia evangélica], atrelada à escola barthiana, que por muito tempo foi influenciada por Ernst Wolf (1902-1971), hoje dirigida por um grupo de editores responsáveis (Munique, em seguida Gütersloh, Kaiser, a partir de 1934); *Kerygma und Dogma. Zeitschrift für theologische Forschung und kirchliche Lehre*, de tendência luterana moderadamente conservadora (Gotinga, Vandenhoeck & Ruprecht, a partir de 1955); 2) Revistas que se dedicam a uma só disciplina: a *Zeitschrift für die alttestamentliche Wissenschaft* [Revista para a ciência do Antigo Testamento] (Giessen, Töpelmann, e em seguida Berlim, Walter de Gruyter, a partir de 1881); *Zeitschrift für die neutestamentliche Wissenschaft und die Kunde der älteren Kirche* (Giessen, Töpelmann, e em seguida Berlim, Walter de Gruyter, a partir de 1900); *Zeitschrift für Kirchengeschichte* [Revista de história da igreja] (Stuttgart, Kohlhammer, a partir de 1874); *Neue Zeitschrift für systematische Theologie und Religionsphilosophie* [Nova revista de teologia sistemática e filosofia da religião] (Berlim, Walter de Gruyter, a partir de 1959), de início publicada com o nome *Zeitschrift für systematische Theologie* [Revista de teologia sistemática] (Berlim, Töpelmann, 1923-1955), em sua origem um órgão da escola de Karl Holl e da renascença luterana; a *Pastoraltheologie* [Teologia pastoral] (Göttingen, Vandenhoeck & Ruprecht, a partir de 1904); *Praktische Theologie* [Teologia prática] (Gütersloh, Kaiser, a partir de 1994), uma continuação de *Theologia Practica. Zeitschrift für praktische Theologie und Religionspädagogik* [Theologia Practica: revista de teologia prática e pedagogia religiosa] (Hamburgo, Furche, 1966-1980) e os *Themen der praktischen Theologie. Theologia practica* [Temas de teologia prática: Theologia Practica] (Munique, Kaiser 1981-1993). Por fim, vale a pena mencionar as revistas que se dedicaram fundamentalmente a resenhas: *Theologische Literaturzeitung* [Jornal de literatura teológica], fundada por Adolf Harnack, entre outros (Leipzig, Hinrichs, em seguida *Evangelische Verlagsanetalt*, a partir de 1876). Há também as que oferecem boletins temáticos: *Theologische Rundschau*, de início associada à escola ritschliana (Tübingen, Mohr, a partir de 1897); *Verkündigung und Forschung* (a partir de 1940), um suplemento de *Evangelische Theologie* [Teologia evangélica].

Dietrich Korsch

▶ MILDENBERGER, Friedrich, "Informationen über Theologen und ihre Zeitschriften", em *Geschichte der deutschen evangelischen Theologie im 19. und 20. Jahrhundert*, Stuttgart, Kohlhammer, 1981, p. 239-252.

Theologische Zeitschrift [Revista de teologia]

Fundada em 1945 por Karl Ludwig Schmidt, *Theologische Zeitschrift* é editada pela Faculdade de Teologia da Universidade de Basileia. Atualmente, a redação está sob a responsabilidade de Reinhold Bernhardt, professor de teologia sistemática, e Hans-Peter Mathys, professor de Antigo Testamento. Publicada com o apoio da Academia Suíça de Ciências Humanas e Sociais, a revista não está ligada a nenhuma escola teológica específica. Representando a tradição liberal de Basileia, propõe-se aberta em um sentido ecumênico, e seus colaboradores lhe conferem uma dimensão internacional que consolida seu multilinguismo: são publicadas contribuições em alemão, francês e inglês. É difundida em mais de trinta países, em quase todos os continentes. Desde sua criação, *Theologische Zeitschrift* estabeleceu o objetivo de promover um diálogo intradisciplinar e interdisciplinar da teologia. Assim, publica também estudos científicos (somente contribuições inéditas) e resenhas de obras de teologia e disciplinas próximas, sobretudo trabalhos cujo interesse não se limita somente à área teológica.

Reinhold Bernhardt

Revistas de expressão inglesa

Revistas anglo-saxãs

Diferentemente da Alemanha, onde, segundo a tradição, as instituições universitárias fundam e administram revistas, no Reino Unido essa responsabilidade cabe às sociedades privadas. Durante a depressão dos anos 1930, inúmeras sociedades teológicas fecharam, mas algumas sobreviveram, como a *Fellowship of Saint Alban and Saint Sergius* [Sociedade de Santo Albano e São Sérgio], que ainda edita *Sobornost*, e a *Church Service Society* [Sociedade de Serviço Eclesiástico] (escocesa), que ainda publica *Record* [Registro]. Em lugar delas, quase todas as principais revistas teológicas modernas inglesas foram fundadas (ou refundadas) por editores e, em certa medida, refletem a visão de cada uma das editoras responsáveis. Pelo prestígio que se atribui às universidades de Oxford e Cambridge, as revistas publicadas sob a égide dessas duas universidades impõem um respeito singular. Essa proeminência atualmente tem sido desafiada por novas revistas, mais especializadas.

A revista mais universitária é *Journal of Theological Studies* [Jornal de estudos teológicos] (Londres, Oxford e University Press, fundado em 1899, com uma nova série em 1950, semestral, com artigos e muitas resenhas, patrística e crítica textual). É sobretudo uma revista de referência, mais que um espaço de debates. A publicação *Scottish Journal of Theology* [Revista escocesa de teologia] (Cambridge, Cambridge University Press, fundada em 1948, trimestral, com artigos e resenhas) é totalmente independente, universitária e internacional. A *New Testament Studies* [Estudos do Novo Testamento] (publicada pela Cambridge University Press para a *Studiorum Novi Testamenti Societas* [Sociedade de Estudos do Novo Testamento], fundada em 1974, trimestral, com somente artigos e estudos) é a revista mais universitária no campo neotestamentário. Da mesma forma, são universitárias a *Journal of Ecclesiastical History* [Revista de história eclesiástica] (Cambridge, Cambridge University Press, fundada em 1950, trimestral, com artigos e resenhas) e a *Religious Studies. An International Journal For The Philosophy of Religion* [Estudos religiosos: revista internacional de filosofia da religião] (Cambridge, Cambridge University Press, desde 1965, trimestral, principalmente com artigos concentrados na área de filosofia da religião). Mais recentes e menos tradicionais são as revistas bíblicas *Journal for the Study of the New Testament* [Revista para o estudo do Novo Testamento] e *Journal for the Study of the Old Testament* [Revista para o estudo do Antigo Testamento] (ambos editados por JSOT Press, Sheffield). Menos acadêmica e mais aberta para os problemas da atualidade, e também mais inserida na tradição anglicana, é a publicação *Theology* [Teologia] (Norwich, SPCK, fundada em 1948, bimestral, com artigos curtos e resenhas). Mais popular, tradicionalmente não conformista, de grande tiragem (com sermões, artigos curtos e resenhas), está o *Expository Times* [Jornal expositivo] (Edimburgo, T. & T. Clark, desde 1889, mensal).

Iain R. Torrance

Revistas norte-americanas

Tradicionalmente, na América do Norte, são as faculdades universitárias de teologia e de religião, as igrejas e as associações científicas que se interessam pelas questões teológicas e religiosas. São elas os principais responsáveis pela edição de periódicos acadêmicos sobre temas teológicos e religiosos. De início, o projeto de vários periódicos se caracterizou por uma influência ou uma predominância da teologia protestante, mas aos poucos passaram a abrigar estudos transconfessionais e até não confessionais de teologia e religião, o que transformou muitos periódicos originalmente publicados sob os auspícios de instituições e associações acadêmicas; porém, as publicações das igrejas particulares mantiveram sua orientação protestante.

As revistas norte-americanas que cobrem a maior parte dos temas teológicos e religiosos, das questões metodológicas, dos debates e das resenhas de livros são a *Journal of The American Academy of Religion* [Revista da Academia Americana de Religião], publicada trimestralmente pela *American Academy of Religion* [Academia Americana de Religião] desde 1933, e *Religious Studies Review* [Revista de estudos religiosos], publicada trimestralmente pelo *Council on the Study of Religion* [Conselho de Estudo da Religião] desde 1975; esta contém artigos vastos sobre temas de pesquisa científica, além de pequenas notas sobre as publicações recentes, organizadas de acordo com as disciplinas.

Muitas faculdades universitárias ou escolas de teologia e estudos religiosos publicam revistas que cobrem as principais áreas da teologia e dos estudos religiosos (artigos e resenhas de livros). Dentre as publicações mais significativas, podemos mencionar *Harvard Theological Review* [Revista teológica de Harvard], publicada trimestralmente pela *Harvard Divinity Scholl* [Escola de Divindade de Harvard], desde 1908 (não propõe resenhas); *The Journal of Religion* [A revista de religião], publicada trimestralmente pela *Divinity School of the University of Chicago* [Escola de Divindade da Universidade de Chicago] desde 1921; *Theology Today* [Teologia hoje], publicada trimestralmente pelo *Princeton Theological Seminary* [Seminário Teológico de Princeton] desde 1944; *Union Seminary Quartely Review* [Revista do Seminário Teológico Union], publicada pelo *Union Seminary* [Seminário da União] de Nova York desde 1945; *Laval théologique et philosophique* [Laval teológica e filosófica], publicada três vezes por ano desde 1945 pelas faculdades de teologia e filosofia da Universidade Laval, de Quebec.

Dentre as revistas teológicas associadas às igrejas norte-americanas, podemos citar *Review and Expositor* [Revista e expositor], publicada trimestralmente desde 1904 pelo *Southern Baptist Theological Seminary*, de Louis Ville, no Kentucky; *Anglican Theological Review* [Revista teológica anglicana], publicada trimestralmente desde 1918 em Evanston no Illinois; *Interpretation. A Journal of Bible and Theology* [Um periódico de Bíblia e teologia], publicada trimestralmente pelo *Union Theological Seminary* e pela *Presbyterian School of Christian Education*, de Richmond, na Virgínia, desde 1947; *Lutheran World* [Mundo luterano], publicada trimestralmente pela Federação Mundial Luterana e as Edições Augsburg em Minneapolis, desde 1954; *Quarterly Review* [Revista trimestral], publicada pelo *General Board of Higher Education and Ministry* e pela *United Methodist Publishing House*, de Nashville, no Tennessee, desde 1980.

Entre as revistas que se originaram de grupos editoriais científicos que obtiveram uma ampla audiência teológica, devemos citar: *Zygon. Journal of Religion and Science* [Zygon: revista de religião e ciência], publicada trimestralmente pela *Joint Publication Board of Zygon*, em Chicago, desde 1966; *Modern Theology* [Teologia moderna], publicada trimestralmente por uma equipe editorial teológica (de início na Inglaterra e em seguida nos Estados Unidos), desde 1984; *Journal of Feminist Studies in Religions* [Revista de estudos feministas em religiões], publicação semestral de uma equipe editorial científica desde 1985.

Werner G. Jeanrond

Revistas italianas

Quatro revistas merecem uma menção especial. Em primeiro lugar, a revista trimestral da Faculdade Valdense de Teologia, *Protestantesimo* [Protestantismo], que teve uma história agitada, administrada por Giovanni Miegge (1900-1961). De fato, foi Miegge quem, em 1931, assumiu a direção da revista *Gioventù cristiana* no momento de sua fusão com a revista *Gioventù valdese* [Juventude valdense]; ele se esforçou por trabalhar na elaboração de uma cultura protestante e por uma abertura ecumênica diante do fascismo e um catolicismo romano fechado em si mesmo. O governo fascista suprimiu a revista em 1940 por sua oposição ao regime. Em 1941 *Gioventù cristiana* [Juventude cristã] foi publicada com uma nova identidade, *L'appello*, e sua publicação continuou até fevereiro de 1944, quando também foi suprimida pelo regime. No final da guerra, a mesma equipe trabalhou na publicação de *Protestantesimo*, que hoje conta com cerca de oitocentos assinantes. Essa revista foi um dos principais meios de divulgação na Itália do pensamento de Karl Barth. Em segundo lugar, o *Bollettino Della Società di Studi Valdesi* [Boletim da Sociedade de Estudos Valdenses] [Revista de

Estudos e Pesquisas Relacionadas ao Valdismo e aos Movimentos de Reforma Religiosa na Itália] (Torre Pellice), fundado em 1883, com cerca de seiscentos assinantes. *Gioventù evangelica* [Juventude evangélica] (Milão), revista bimestral da Federação dos Jovens Evangélicos da Itália, com cerca de mil assinantes. Por fim, *Confronti* [Confrontos] (Roma) é uma publicação mensal que trata de questões de fé e política, mas também do cotidiano. Interconfessional, essa revista propõe um "diálogo" com as religiões e as culturas contemporâneas.

Ermanno Genre

● Federação Protestante da Itália; Itália

REVOLUÇÃO AMERICANA

A Revolução Americana, também chamada de Guerra da Independência, estendeu-se de 1775 a 1783. No movimento há dois aspectos fundamentais. O primeiro diz respeito à independência que foi conquistada pelos treze Estados Unidos da América frente à Coroa Britânica. Opondo efetivos limitados, sobretudo milícias, o desfecho da guerra — liderada do lado americano por George Washington — permaneceu incerto durante um longo tempo. A partir de 1778, os franceses enviaram reforço militar por meio de tropas e da intervenção da Marinha, o que levou à vitória de Yorktown, no dia 19 de outubro de 1781. O segundo aspecto diz respeito à revolução política que acompanhou a independência e dotou a (con)federação de novas estruturas particularmente originais. Essas novas estruturas permitiram que fossem aplicados os princípios de Locke e Montesquieu, assim como alguns princípios puritanos inspirados em uma leitura da Bíblia que se aplicavam à situação do povo americano, considerado herdeiro da aliança entre Deus e Israel. Esses princípios, em um primeiro momento, concretizaram-se na proclamação de certo número de *Bills of Rights* (declarações dos direitos dos cidadãos). Essas declarações estão resumidas na *Declaração de Independência*, cujo principal redator foi Thomas Jefferson, documento adotado no dia 4 de julho de 1776; sua ênfase recaiu na necessidade de que o governo fosse fundado em um contrato com os interessados, respeitando seus direitos fundamentais. Com isso, eles se opuseram a toda autoridade que não respeitasse esses princípios (tal como o Parlamento inglês) e convocaram a uma rebeldia contra a instituição inglesa. Em seguida, eles estabeleceram regras para uma Constituição escrita que regesse o Estado.

A Constituição da Federação foi redigida por James Madison (1751-1836). Foi adotada em 1787 e entrou em vigor em março de 1789. O documento prevê uma estrita partilha entre as competências (fundamentalmente exteriores) do governo federal e dos estados, com os cidadãos sendo membros ao mesmo tempo de um estado particular e de um Estado federal. Quanto ao Estado federal, previu-se uma rigorosa separação entre os poderes executivo, legislativo e judiciário. Embora não oferecesse ainda direito de voto a todos, essa Constituição inaugurou as profundas transformações que caracterizariam o advento da modernidade política.

Jean-François Collange

▶ COTTRET, Bernard, *La Révolution américaine. La quête du bonheur 1763-1787* (2003), Paris, Perrin, 2004; FOHLÉN, Claude, *Les pères de la Révolution américaine*, Paris, Albin Michel, 1989; KASPI, André, *L'Indépendance américaine, 1763-1799*, Paris, Gallimard-Julliard, 1976; MORISON, Samuel Eliot, org., *Sources and Documents Illustrating the American Révolution (1764-1788) and the Formation of the Federal Constitution* (1923), New York, Oxford University Press, 1965; TOCQUEVILLE, Alexis de, *De la démocratie en Amérique* (1835-1840), 2 vols., Paris, Gallimard, 1991.

● Aliança; democracia; direitos humanos; Estado; Estados Unidos; Filadélfia; Jefferson; Jellinek; Locke; **modernidade; política**; puritanismo; revoluções da Inglaterra; Revolução Francesa

REVOLUÇÃO CONSERVADORA

Esse nome foi atribuído a um movimento político alemão que, durante a República de Weimar (1918-1933), articulou um programa de refundação nacional com base na rejeição da modernidade liberal em suas dimensões políticas, econômicas e ideológicas. A obra de Armin Möhler, *Die Konservative Revolution in Deutschland 1918-1932* [A Revolução Conservadora na Alemanha] (1949, 2 vols., Darmstadt, Wissenschaftliche Duchgesellschaft, 1989), conferiu à expressão o *status* de conceito histórico. O sintagma "revolução conservadora" geralmente é empregado pelos ensaístas neonacionalistas da oposição antidemocrática na República de Weimar; a estrutura semântica paradoxal exprime bastante bem o dilema de uma posição conservadora na modernidade. A volta de uma comunidade forte em que os indivíduos pudessem encontrar um solo firme não poderia fazer a economia de uma ruptura com as estruturas sociais, políticas e econômicas da modernidade; para refletir nessa ruptura, o conservadorismo precisa recorrer ao emblema da revolução em seu próprio programa, ou seja, ao emblema da modalidade que marcou, em 1789, o surgimento da modernidade política. Há alguns anos, Stefan Breuer sugeriu que se abandonasse esse nome e se adotasse o termo "neonacionalismo" (*Anatomie de la Révolution conservatrice* [Anatomia da Revolução Conservadora] [1993], Paris, Éditions de la Maison des sciences de l'homme, 1996). Se a "Revolução Conservadora" recorre a ideias e a emblemas ideológicos especificamente alemães, insere-se no contexto europeu de uma consciência exacerbada dos fenômenos de crise induzidos pela modernidade. Encontramos, portanto, fenômenos paralelos na França, com os autores Georges Sorel (1847-1922), Maurice Barrès (1862-1923), Charles Maurras (1868-1952) Louis-Ferdinand Céline (1894-1961), na Suíça (o fenômeno das Ligas; a Liga Valdense ainda subsiste), na Itália e na Espanha. Todos esses movimentos estão correlacionados à história anterior dos fascismos, para os quais eles preparam caminho, mesmo se seus representantes muitas vezes tenham se oposto aos regimes fascista ou nazista.

Na Alemanha, a Revolução Conservadora foi herdeira de movimentos intelectuais e culturais específicos, como, por exemplo, o pessimismo cultural da virada do século, representado por autores como Friedrich Nietzsche, Richard Wagner, Paul Anton de Lagarde etc.; o protesto da jovem geração das elites culturais burguesas contra os costumes da burguesia alemã (*Jugendbewegung*, "movimento da Juventude", anterior a 1914) teve grande repercussão entre as elites culturais protestantes, marginalizadas pela restauração confessionalista e pelo clericalismo da maior parte dos aparelhos eclesiásticos. Portanto, não é de espantar que muitos de seus representantes tenham sido de origem protestante, ainda que muito poucos entre eles (como o nacionalista Wilhelm Stapel e o nacional-bolchevique Ernst Niekisch) tenham atribuído a seu programa político uma legitimação especificamente protestante. No entanto, todos os analistas declaram que é impossível estabelecer um programa mínimo que represente a totalidade dos adeptos do movimento. Isto vale tanto para as ideologias subjacentes quanto para as estratégias políticas concretas das quais esses ensaístas se consideram arautos.

Por fim, é preciso mencionar a homologia estrutural entre a ruptura com as formas políticas ou econômicas da modernidade liberal pregadas pelos representantes da Revolução Conservadora e a ruptura teológica e religiosa com o liberalismo teológico e o neoprotestantismo, cujas diversas renovações teológicas do pós-guerra são os porta-vozes ("teologia dialética", renascença luterana, neocalvinismo). Não somente esses movimentos teológicos participavam do mesmo diagnóstico de uma modernidade em crise: muitos de seus representantes também propuseram programas de teologia política e social que tendiam a superar o individualismo da sociedade liberal em prol da renovação de uma concepção "holística" da comunidade (Karl Holl, Emanuel Hirsch, Paul Althaus, Friedrich Gogarten etc.).

Hoje, utiliza-se frequentemente o sintagma "revolução conservadora" para designar o pensamento neoconservador americano. Esse uso pode ser justificado a partir de um ponto de vista genealógico em razão do papel que, nesse contexto, é desempenhado pela filosofia política de Leo Strauss (1899-1973), cujas ideias foram indubitavelmente influenciadas pela revolução conservadora dos anos 1920 (Strauss estudou em Marburgo, onde foi aluno de Heidegger). No entanto, não podem ser negligenciadas as enormes diferenças que separam o neoconservadorismo contemporâneo da rejeição revolucionária da modernidade nos anos 1920. É evidente que o pensamento neoconservador é política e culturalmente antiliberal e de bom grado comunitarista; porém, não é nem anticapitalista nem antidemocrático. E seria vã a busca de um equivalente, no neoconservadorismo contemporâneo, para aquele "fundamentalismo estético" (Stefan George, Hugo von Hofmannsthal etc.) que mantém uma presença estética em um movimento politicamente obsoleto.

Jean-Marc Tétaz

▶ BREUER, Stefan, *Ästhetischer Fundamentalismus. Stefan George und der deutsche Antimodernismus*, Darmstadt, Wissenschaftliche Buchgesellschaft, 1995; DUMONT, Louis, *Homo aequalis*, t. II: *L'idéologie allemande. France-Allemagne et retour*, Paris- Gallimard, 1991; DUPEUX, Louis, *La Révolution conservatrice allemande sous la République de Weimar*, Paris, Kimé, 1992; Idem, "'Révolution conservatrice' et modernité", *Revue d'Allemagne et des pays de langue allemande* 14, 1982, p. 3-34; Idem, "L'antisémitisme culturel de Wilhelm Stapel", *Revue d'Allemagne et des pays de langue allemande* 21, 1989, p. 610-618; GANGL, Manfred e RAULET, Gérard, orgs., *Intellektuellendiskurse in der Weimarer Republik. Zur politischen Kultur einer Gemengelage*, Darmstadt, Wissenschaftliche Buchgesellschaft, 1994; KOEHN, Barbara, org., *La Révolution conservatrice et les elites intellectuelles européennes*, Rennes, Presses universitaires de Rennes, 2003; TANGUAY, Daniel, *Leo Strauss. Une biographie intellectuelle*, Paris, Grasset, 2003.

◉ Althaus; Erlangen; Gogarten; Hirsch; Holl; indivíduo; Kirchenkampf; **liberdade**; **modernidade**; nacionalidade e nacionalismo; Seeberg; Sombart

REVOLUÇÃO FRANCESA

Vários fatores prepararam a queda do Antigo Regime. Necker não acabou com a crise financeira e ainda modificou a estrutura dos estados gerais. Também são considerados influenciadores do movimento o autor Pierre Bayle, todos os enciclopedistas, Jean-Jacques Rousseau, as revoluções inglesa e americana etc. Cabe observar que, hoje, a tese de Georg Jellinek (1851-1911) sobre a associação entre a Revolução Americana e a Revolução Francesa é bem recebida; além disso, também é necessário evocar a presença de Thomas Jefferson em Paris no ano 1789.

A revolução foi acima de tudo um feito da classe burguesa, que fornecia o pessoal administrativo e as principais fontes para a monarquia. Iniciou-se com a transformação dos Estados Gerais em Assembleia Nacional, a votação da *Declaração dos direitos humanos e do cidadão*, a reestruturação dos poderes públicos com a supressão das ordens, o que tornou as funções acessíveis a todos. No dia 9 de julho de 1789, a França se tornou uma monarquia institucional com a Assembleia Nacional Constituinte, da qual participaram Rabaut Saint-Étienne, Barnave e o círculo protestante de Mirabeau. A Constituinte votou a Constituição Civil do Clero (12 de junho de 1790), que exigiu de todos os sacerdotes um juramento de fidelidade à Constituição de 1790, o que ocasionou a divisão do clero em *assermentés* (ou constitucionais: padres que prestaram juramento — *serment* em francês — de fidelidade à Constituição Civil) e refratários (que, em maioria, fomentaram a agitação contrarrevolucionária). Substituindo a Constituinte no dia 1º de outubro de 1791, a Assembleia Legislativa era composta de uma ala direita (folhantes), de um centro e de uma esquerda (jacobinos e cordeleiros). A queda da monarquia teve como resultado o surgimento da República, proclamada no dia 21 de setembro de 1792 pela Convenção Nacional, em que os deputados se dividiram em direita (girondinos), centro (Plaine ou Marais) e esquerda (montanheses).

Com o avanço da contrarrevolução (Chouannerie, Guerra da Vendeia), a Convenção instituiu um Tribunal Revolucionário (1º de março de 1793) e um Comitê de Salvação Pública (6 de abril de 1793), medidas que revelam o fracasso de uma revolução burguesa liberal e moderada e que acentuam os conflitos entre montanheses e girondinos. Após a eliminação dos girondinos, os montanheses adotaram medidas revolucionárias radicais. Foi a fase do Terror: os moderados foram eliminados, os direitos humanos foram suspensos, Rabaut Saint-Étienne e Barnave foram executados, todas as igrejas foram perseguidas, Paul Rabaut foi lançado na prisão, pastores abandonaram o ministério. A descristianização que acompanhou o Terror culminou na adoção do calendário republicano e no culto à Razão, substituído por Robespierre pelo culto ao Ser Supremo. A queda de Robespierre em 9 Termidor ano II (dia 27 de junho de 1794) marcou a volta da República burguesa liberal e moderada. Depois de tantos excessos, a Constituição do ano III (1795), com Boissy d'Anglas, estabeleceu direitos e deveres, promoveu uma separação entre os cultos e o Estado, restabeleceu a liberdade religiosa, limitou o sufrágio universal e os poderes das assembleias. Tentou-se assim confirmar a Revolução. O Antigo Regime não mais ressurgiria. Começava uma etapa importante na formação da modernidade.

É importante observar que certa historiografia também estabelece relações entre a Revolução Francesa e a Reforma, representada por autores como Jules Michelet (1798-1874), Edgar Quinet (1803-1875) e Jean Joseph Louis Blanc (1811-1882). O mesmo foi feito, de um modo todo particular, por Hegel.

Jacques Galtier

▶ "L'émancipation comme problème", *Autres Temps* 25, 1990; "Les protestants et la Révolution française", *BSHPF* 135/4, 1989; GALTIER, Jacques, *Protestants en Révolution*, Genebra, Labor et Fides, 1989; GAUCHET, Marcel, *La révolution des droits de l'homme*, Paris, Gallimard, 1989; PÉRONNET, Michel, org., *Protestantisme et Révolution*, Montpellier, Sauramps, 1990; QUINET, Edgar, *La Révolution* (1865), Paris, Belin, 1987; VAN KLEY, Dale K., *Les origines religieuses de la Révolution française, 1560-1791* (1996), Paris, Seuil, 2002; VIALLANEIX, Paul et alii, *Réforme et Révolutions. Aux origines de la démocratie moderne*, Paris-Montpellier, Réforme-Presses du Languedoc, 1990.

◐ Antirrevolucionário (Partido); Barnave; Bayle; Boissy d'Anglas; Constant; direitos humanos; Fichte; Guizot; Hegel; igualdade; Jean-Bon Saint-André; Jefferson; Jellinek; liberdade de consciência; Luzes; Michelet; **modernidade**; Necker; **política**; Rabaut; Rabaut Saint-Étienne; Revolução Americana; revoluções da Inglaterra; Rousseau; Staël

REVOLUÇÃO INDUSTRIAL

Do ponto de vista histórico, a Revolução Industrial marcou uma grande mudança nas formas de produção das sociedades ocidentais do final do século XVIII: a passagem de uma sociedade amplamente baseada na produção agrária para uma sociedade industrial. A Revolução Industrial se caracterizou pela conquista humana da matéria, da natureza e do espaço por meio de técnicas originais. Assim, não nos podemos referir a uma Revolução Industrial sem evocar a revolução científica e intelectual. Porém, nada disso se constitui um fenômeno linear. Os aparatos tecnológicos permitiram a mecanização das manufaturas, e o uso do vapor abriu caminho para a produção de massa, o que por sua vez favoreceu a ampliação das trocas comerciais. O desenvolvimento que foi esboçado dessa maneira facilitou o modo capitalista de circulação e mobilização monetária. Essas mudanças foram acompanhadas de uma modificação nas relações sociais: êxodo rural e concentração da mão de obra, urbanização, surgimento do salário. Portanto, a Revolução Industrial é explicada através de uma conjunção de diversos fatores econômicos, sociais, demográficos, tecnológicos e ideológicos.

A análise do peso de cada um desses fatores, assim como da própria definição do conceito de "revolução industrial" — cuja primeira utilização aparentemente remonta a Engels (1845) —, foi e ainda é objeto de controvérsias nas ciências humanas e sociais. Uma das abordagens mais famosas do tema foi proposta pela obra de Max Weber, *A ética protestante e o espírito do capitalismo*. Suas teses ficariam inconclusas provavelmente por causa das diferenças contextuais que caracterizaram a França, a Grã-Bretanha e a Alemanha no final do século XVIII. Quando analisamos o caso da Suíça, próximo e dependente do caso inglês, constatamos que o fator confessional pesou em dois parâmetros: o nível de formação mais elevado na Suíça protestante e urbana e a circulação do capital facilitada pela adesão das famílias suíças à "Internacional Huguenote". No entanto, é necessário abster-se de conclusões generalizadas a partir desses fatos, considerando, por exemplo, que na Inglaterra o fator da formação não foi decisivo para o desenvolvimento da grande indústria.

Roland J. Campiche

▶ AMIN, Samir et alii, "Industrie", em *Encyclopaedia Universalis*, t. IX, Paris, 1984, p. 1083-1107; BADHAM, Richard. "The Sociology of Industrial and Post-Industrial Societies", *Current Sociology* 32/1, 1984, p. 1-157; BERGIER, Jean-François, *Histoire économique de la Suisse*, Lausanne, Payot, 1984; BIÉLER, André, *Chrétiens et socialistes avant Marx*, Genebra, Labor et Fides, 1982; RIOUX, Jean-Pierre, *La révolution industrielle 1780-1880*, Paris, Seuil, 1971; WEBER, Max, *A ética protestante e o espírito do capitalismo* (1904-1905, 1920²), São Paulo, Afiliada, 2007.

◐ Capitalismo; ecologia; **modernidade**; **técnica**; Weber M.

REVOLUÇÕES DA INGLATERRA

A Inglaterra passou por duas grandes transformações no século XVII: a Revolução Puritana (1642-1649) e a Revolução Gloriosa (1688-1689).

A "Grande Rebelião" surgiu da oposição entre Carlos I e o Parlamento. Houve duas guerras civis que culminaram no julgamento e na execução do rei (1649), com a subsequente proclamação da República, a *Commonwealth*. Em uma fase de um extraordinário fervilhar de ideias e movimentos diversos, Oliver Cromwell (1599-1658) acabou se voltando contra o radicalismo social (aniquilação dos *levellers*, "niveladores", que exigiam reformas constitucionais e igualdade de direitos perante a lei) e o radicalismo religioso (milenarismo e quacres). Uma política realista conduziu à guerra contra as Províncias Unidas e contra a Espanha (que foi reforçada por uma aliança com a França de Mazarin). Isso não impediu que o *lorde* protetor defendesse suas convicções, tornando-se um herói dos valdenses perseguidos e autorizando o retorno dos judeus, povo do Livro, para a região. Os Stuarts foram para o exílio em 1660.

Trinta anos depois, a Revolução Gloriosa foi mais limitada socialmente. A partida de Tiago II e o coroamento de Guilherme III de Orange-Nassau e sua esposa Maria são acompanhados por um importante trabalho legislativo: a *Declaração dos direitos* (1689), que apresenta um resumo das liberdades dos ingleses, e o Ato de Tolerância (1689), que confirma a existência de igrejas não conformistas que se desenvolveram fora da "grande rebelião".

A especificidade dos acontecimentos na Inglaterra não escapou a Guizot: "Na Alemanha, no século XVI, a revolução foi religiosa, e não política. Na França, no século XVIII, foi política, e não religiosa. No século XVII, a Inglaterra foi afortunada por reinarem juntos um espírito de fé religiosa e um espírito de liberdade política, o que fez com que fossem empreendidas por ela as duas revoluções". Todo o questionamento sobre a Inglaterra do século XVII parte desse questionamento, que ainda foi revisitado por François Furet: a "mutação de um conteúdo religioso em princípios políticos".

Bernard Cottret

▶ COTTRET, Bernard, org., *La Glorieuse Révolution d'Angleterre (1688)*, Paris, Gallimard-Julliard, 1988; Idem, *Cromwell*, Paris, Fayard, 1992; HILL, Christopher, *Le monde à l'envers. Les idées radicales au cours de la Révolution anglaise* (1972), Paris, Payot, 1977; LUTAUD, Olivier, org., *Les Niveleurs, Cromwell et la République*, Paris, Julliard, 1967; MARX, Roland, *L'Angleterre des Révolutions*, Paris, Armand Colin, 1971; POUSSOU, Jean-Pierre, *Cromwell, la Révolution d'Angleterre et la guerre civile*, Paris, PUF, 1993; SPECK, William Arthur, *Reluctant Revolutionaries. Englishmen and the Revolution of 1688*, Oxford, Oxford University Press, 1988; STONE, Lawrence, *Les causes de la Révolution anglaise 1529-1642* (1972), Paris, Flammarion, 1974.

◉ Abbadie; Cromwell; direitos humanos; dissidente; Guilherme III de Orange-Nassau; Guizot; Inglaterra; liberdade de consciência; puritanismo; Revolução Americana; Revolução Francesa; tolerância

REY, Jean (1902-1983)

Nascido em Liege, filho do pastor Arnold Rey e neto do burgomestre Léo Gérard, Jean Rey estudou direito na Universidade de Liege, ao mesmo tempo que militava no Partido Liberal. Conselheiro comunal de Liege (1935-1958), deputado (1936-1958), ministro da Reconstrução (1949-1950), ministro de Assuntos Econômicos (1954-1958), ministro de Estado em 1972. Defensor da unidade europeia, Rey foi presidente do Conselho dos Ministros da Comunidade Europeia do Carbono e do Aço (1954-1958) e conduziu as negociações do *Kennedy Round*, que em 1968 resultaram no Tratado da União Duaneira dos Seis, compondo então o Mercado Comum. Membro da Comunidade Econômica Europeia desde 1958, foi presidente da Comissão Europeia (1967-1970), que se originou da fusão dos executivos da Comunidade Europeia do Carvão e do Aço, Comunidade Econômica Europeia e Comunidade Europeia de Energia Atômica. Em 1969, recebeu o Prêmio Carlos Magno das mãos da cidade de Aix-La-Chapelle em reconhecimento de suas ações em prol da Europa. Presidente do Movimento Europeu (1974-1976), Rey foi eleito para o Parlamento europeu (1979-1980). Em memória dos pais, redigiu *La pensée d'un pasteur libéral* [O pensamento de um pastor liberal] (Nancy, Berger-Levrault, 1970).

Émile M. Braekman

▶ FENAUX, Robert, *Jean Rey. Enfant et artisan de l'Europe*, Bruxelas, Labor, 1972; POORTERMAN, Jean, org., *Jean Rey nous parle*, Bruxelas, Impr. Guyot, 1984; STENGERS, Marie-Laure, *Le libéralisme de Jean Rey*, Bruxelas, Centre Paul Hymans, 1985.

◉ Bélgica; **Europa**

REYMOND, Arnold (1874-1958)

Filósofo, historiador das ciências, epistemólogo e lógico suíço, Reymond nasceu em Vevey e morreu em Lausanne. Licenciado da Faculdade de Teologia da Igreja Livre do cantão de Vaud (*Essai sur le subjectivisme et le problème de la connaissance religieuse* [Ensaio sobre o subjetivismo e o problema do conhecimento religioso], Lausanne, Bridel, 1900), foi doutor em Letras da Universidade de Genebra (*Logique et mathématiques. Essai historique et critique sur le nombre infini* [Lógica e matemáticas: ensaio histórico e crítico sobre o nome infinito], Saint-Blaise, Foyer solidariste, 1908) e professor de filosofia nas universidades de Neuchâtel (1912-1925) e Lausanne (1925-1944).

A filosofia trata das relações entre o Absoluto e a existência (do mundo e do homem); portanto, sua história é inseparável das histórias das ciências e da teologia. Espiritualista por suas origens cristãs, essa filosofia se distancia tanto do materialismo quanto do idealismo. Princípio e razão de ser tudo o que é, o Absoluto é pessoal. Se é o fundamento das relações entre o real, na diversidade de suas modalidades e seus valores, e o pensamento, com seus princípios e suas regras, é também o fundamento dos direitos da pessoa humana, da liberdade, da justiça e do amor. O homem não cria os valores que têm um *status sui generis*, mas, sim, as normas que os atualizam.

Gabriel-Ph. Widmer

▶ REYMOND, Arnold, *Histoire des sciences exactes et naturelles dans l'Antiquité gréco-romaine. Exposé sommaire des écoles et des principes* (1924), Paris, PUF, 1955; Idem, *Les principes de la logique et la critique contemporaine* (1932). Paris, Vrin. 1957; Idem, *Philosophie spiritualiste. Études et méditations, recherches critiques*, 2 vols. Lausanne-Paris, Rouge-Vrin, 1942; Idem, *Introduction aux problèmes philosophiques*, Bienne, Panorama, 1967; REVERDIN, Henri, *Hommage à Arnold Reymond*, RThPh 91, 1959, p. 28-68; VIRIEUX-REYMOND, Antoinette, BLANCHÉ, Robert et alii, *Arnold Reymond*, Turim. Éditions de "Filosofia", 1956.

▶ Espiritualismo; filosofia; valores

RICH, Arthur (1910-1992)

Ético suíço, Rich nasceu em Neuhausen. Especialista em Zwinglio, adepto do socialismo religioso, Rich ensinou na Universidade de Zurique de 1954 a 1982. Influenciado por Leonhard Ragaz (1868-1945) e Emil Brunner (1889-1966), acima de tudo é autor da obra *Éthique économique* [Ética econômica] (1984-1990). Nesse livro, ele estabeleceu os fundamentos para uma ética social cristã com base na exigência de justiça e no princípio de conformidade com o real. A exigência de justiça é formulada antropologicamente como aquilo que fornece justiça ao homem. Esse princípio superior leva à elaboração de critérios: a criaturalidade, a relatividade, a relacionalidade, a participação na criação, a participação social etc., das quais decorrem máximas que são ao mesmo tempo normativas e descritivas, suscetíveis de orientar a ação. Torna-se assim possível submeter sistemas econômicos a uma autêntica apreciação ética.

Denis Müller

▶ RICH, Arthur, *Éthique économique* (1984-1990, 1987-1991), Genebra, Labor et Fides, 1994; MÜLLER, Denis, "Les fondements théologiques de l'éthique économique et leur opérationnalité", *Le Supplément* 176, 1991, p. 135-156; Idem, "Entre principe de justice et conformité au réel", em *Les lieux de l'action*, Genebra, Labor et Fides, 1992, p. 101-115; PUEL, Hugues, "Arthur Rich et l'éthique économique de langue allemande", *Le Supplément* 190, 1994, p. 255-262.

▶ Biéler; Brunner; **capitalismo**; economia; **moral**; Ragaz; socialismo religioso

RICOEUR, Paul (1913-2005)

Ricoeur se tornou órfão muito cedo. Pacifista convicto e futuro prisioneiro de guerra, deparou com o tema do mal na escala do desastre coletivo. Assim como o tempo, o mal não pode ser objeto de saber ou de descrição "direta", mas apenas pode ser contado através da história e das ficções que auxiliam a constituir um sujeito responsável, apesar de sua fragilidade, de sua dispersão. Decano demissionário de Nanterre em 1970 — após ter sido levado a essa responsabilidade com base em um projeto reformista depois dos acontecimentos de 1968 —, mas prosseguindo com seu ensino entre Paris, Chicago e inúmeras cidades em todo o mundo, Ricoeur nunca desistiu de estabelecer um diálogo filosófico entre a fenomenologia francesa, da qual foi, com Maurice Merleau-Ponty (1908-1961), uma das personalidades mais importantes (sua *Filosofia da vontade* se insere nesse tema de modo bastante direto, na parte 1; cf.tb. sua tradição da obra de Husserl, *Ideias para uma fenomenologia pura* [*Idées directrices pour une phénoménologie*, 1913, Paris, Gallimard, 1950] e a coletânea de estudos *Na escola da fenomenologia*, Petrópolis, Vozes, 2009), e a hermenêutica alemã, ou entre a poética estruturalista e a filosofia analítica anglo-saxã (*A metáfora viva*, 1975).

Pensador da vontade, mas incluindo em seu pensamento uma meditação sobre o peso e as passividades do "involuntário" (cf. o título da parte 1 de sua *Filosofia da vontade*: "O voluntário e o involuntário", 1950, assim como sua passagem por Freud, a quem ele dedicou *Da interpretação*, 1965), do corpo e da opacidade (de seu *Gabriel Marcel et Karl Jaspers. Philosophie du mystère et philosophie du paradoxe* [Gabriel Marcel e Karl Jaspers: filosofia do mistério e filosofia do paradoxo], Paris, *Temps présent*, 1947), da "falibilidade" e do "servo arbítrio" (cf., em 1960, *L'homme faillible* [O homem falível] e *La symbolique du mal* [A simbólica do mal], parte 2 da *Filosofia da vontade*; cf. tb. sua leitura de Agostinho de Hipona em *O conflito das interpretações*, 1969), Ricoeur está em busca de um pensamento renovado do sujeito humano, sujeito "prático" ou sujeito da "ação", necessariamente inserido no mundo das instituições, sociais e políticas (cf. *História e verdade*, 1955, e *Leituras 1: em torno ao político*, 1991), e o mundo das obras, culturais (de onde vem sua hermenêutica). Essas variações o conduziram a *Si mesmo como um outro* (1990), que constrói uma articulação entre a vulnerabilidade e capacidade do sujeito que fala, age e sofre, conta a si mesmo, aceita-se como responsável, cuja trilogia "ética, moral e sabedoria" se tornou um clássico. Em seguida, publicou *O percurso do reconhecimento* (2004), em que o sujeito só surge em uma tecitura de reconhecimentos mútuos.

Hermeneuta, apresentou um insuperável "conflito de insterpretações" e identificou um espaço de sentido menos "oculto por detrás" do texto aberto por ele, em uma proposta de mundo habitável pelo leitor (*Do texto à ação*, 1986). Filósofo do tempo e da identidade narrativa, estabelece na obra imensa *Tempo e narrativa* (1983-1985) uma audaciosa ponte entre a aporética do tempo e a poética da narrativa, tanto historiográfica quanto de ficção. Ele voltou ao mesmo tema em *A memória, a história e o esquecimento* (2000), que cruza novamente o problema da representação do passado ausente com a delicada questão política da justa memória, e culmina na tensão entre um esquecimento terrível e um esquecimento feliz.

Moralista e filósofo da política, buscou equilibrar o sentido aristotélico e latino da pluralidade das visões éticas do bem pelo sentido kantiano e protestante do respeito às regras morais universalizáveis. O delicado equilíbrio entre essas duas orientações é conseguido em uma sabedoria prática, plena de solicitude. Ricoeur se iniciou na filosofia, mas adentrou o campo bíblico e recorreu a outras fontes não filosóficas da filosofia (cf. principalmente *Leituras 3: nas fronteiras da filosofia*, 1994, e *Penser la Bible* [Pensar a Bíblia], 2003). Membro fiel e engajado da Igreja Reformada da França e por um longo tempo presidente da Federação Protestante do Ensino e do Movimento do Cristianismo Social, buscou a passagem entre a sabedoria trágica do meio-termo e a poética do amor, conforme está no Sermão do Monte, sobre o qual ele faz essa "afirmação originária" (herança de Jean Nabert) que perpassa toda a sua obra.

Olivier Abel e Pierre Gisel

▶ RICOEUR, Paul, *Philosophie de la volonté* 1: *Le volontaire et l'involontaire* (1950) e 2: *Finitude et culpabilité* (livro 1: *L'homme faillible* e livro 2: *La symbolique du mal* (1960), 2 vols., Paris, Aubier Montaigne, 1988; Idem, *História e verdade* (1955), Rio de Janeiro, Forense, 1968; Idem, *Da interpretação: ensaio sobre Freud* (1965), Rio de Janeiro, Imago, 1977; Idem, *O conflito das interpretações: ensaios de hermenêutica* (1969), Rio de Janeiro, Imago, 1978; Idem, *La métaphore vive* , Paris, Seuil, 1975; Idem, *Tempo e narrativa*, t. I; *L'intrigue et le récit historique* (1983), t. II: *La configuration dans le récit de fiction* (1984) e t. III: *Le temps raconté* (1985), Campinas, Papirus, 1994; Idem, *Du texte à l'action. Essais d'herméneutique II*, Paris, Seuil, 1986; Idem, *O si-mesmo como um outro* (1990), Campinas, Papirus, 1991; Idem, *Liebe und Gerechtigkeit. Amour et justice*, Tübingen, Mohr, 1990; Idem, *Leituras 1: em torno ao político* (1991), São Paulo, Loyola, 1995; Idem, *Leituras 2: a região dos filósofos* (1992), São Paulo, Loyola, 1995; Idem, *Leituras 3. Nas fronteiras da filosofia* (1994), São Paulo, Loyola, 1995; Idem, *Réflexion faite. Autobiographie intellectuelle*, Paris, Esprit, 1995; Idem, *A memória, a história, o esquecimento* (2000), Campinas, Unicamp, 2007; Idem, *A hermenêutica bíblica* (2001), São Paulo, Loyola, 2006; Idem e LACOCQUE, André, *Pensando biblicamente*, Bauru, Edusc, 2001; Idem, *Percurso de reconhecimento* (2004), São Paulo, Loyola, 2006;

"Paul Ricoeur", *Esprit* 140-141, 1988; ABEL, Olivier, *Paul Ricoeur. La promesse et la règle,* Paris, Michalon, 1997; AZOUVI, François e REVAULT D'ALLONNES, Myriam, orgs., *Paul Ricoeur,* Paris, L'Herne, 2004; DOSSE, François, *Paul Ricoeur. Les sens d'une vie* (1997), Paris, La Découverte, 2001; GREISCH, Jean, *Paul Ricoeur. L'itinérance du sens,* Grenoble, Jérôme Millon, 2001.

⊙ Fenomenologia; filosofia; filosofia da religião; Habermas; hermenêutica; indivíduo; **mal**; **razão**; símbolo

RIESI

Pequena cidade situada na província de Caltanissetta (Sicília). Foi em Riesi que, após ter deixado os vales valdenses do Piemonte (onde fundara o Centro Ágape), Tullio Vinay realizou em 1961 um projeto de serviço cristão internacional e ecumênico. Assim, Riesi se tornou o símbolo do engajamento e do testemunho cristãos nas zonas de influência e cultura da máfia. O objetivo almejado pela experiência de Riesi permanece atual: sabemos hoje que a máfia não se limita à Sicília nem mesmo à Itália, mas é um problema internacional.

Ermanno Genre

⊙ Ágape; centros de encontro; Itália; Vinay

RITOS

1. Uma relação tensa com a ritualidade
2. O universo sacramental clássico
3. O protesto de Lutero
4. Uma tipologia das posições protestantes
   4.1. A fé alegre do culto luterano
   4.2. Zwinglio: sinais comunitários e cívicos
   4.3. Calvino: os sacramentos como signos pedagógicos
   4.4. Correntes anabatistas: um profetismo interior separado do mundo
   4.5. O movimento pentecostal: um retorno à emoção
   4.6. Resumo
5. Rumo à reconquista da ritualidade no protestantismo?
6. As chances do protestantismo

1. Uma relação tensa com a ritualidade

"Não existe religião sem ritos e sem cerimônias", afirmava Bergson. Como religião experimentada e fenômeno histórico, o protestantismo não foge à regra. Toda religião inserida na sociedade implica uma ordem que tem suas raízes no sagrado. De modo significativo, a palavra "rito" vem do sânscrito *rita*, que significa "o que está conforme à ordem". Por outro lado, o protestantismo também é um protesto contra o excesso de ritualidade em nome do advento sempre imprevisto da Palavra de Deus pregada e escutada. Conhecemos a centralidade da pregação protestante, em um culto despojado e sóbrio, que se faz de acordo com a palavra muito citada: *Deus é espírito: e importa que os seus adoradores o adorem em espírito e em verdade* (Jo 4.24). Assim, há uma relação tensa e conflituosa, e até ambígua, com o rito. Há quatro motivos para isto: um de ordem teológica, o segundo de ordem antropológica, o terceiro de ordem bíblica e o quarto de ordem eclesiológica.

O primeiro motivo para essa relação difícil com a ritualidade advém do fato de que, para o protestantismo, a separação entre o campo do sagrado e o campo do profano é uma distinção alienante, falsa, que em princípio não deveria existir. Com efeito, como demonstrou Paul Tillich, o "princípio protestante" é um princípio protestatário que se opõe à "substância católica"; para os protestantes, o sagrado não é uma ordem ou um lugar à parte, fora da realidade cotidiana, mas, sim, uma exigência, um princípio moral: "o sagrado daquilo que deve ser" (*holiness of what ought to be*). Em uma primeira análise, portanto, o protestantismo é a dissolução da oposição entre o sagrado e o profano, pois a graça não poderia ser identificada com nenhuma realidade visível, humana, ainda que seja a igreja e seus sacramentos. Somente Deus é santo. Essa é a origem do que Tillich chamou de coragem existencial contra todas as formas de expropriação do divino, que podem culminar em uma demonização do próprio sagrado e em sua perversão; porém, essa coragem protestante não se dá sem angústia, na medida em que nenhuma igreja ou tradição religiosa pode sobreviver e ser transmitida sem o mínimo de cerimonial e rito.

O segundo motivo dessa relação complexa com a ritualidade se deve ao ideal antropológico do protestantismo. Considera-se assim que o ser humano não deve se deixar seduzir pela magia do gestual, pela magnificência dos ritmos litúrgicos, pela regularidade e pela ordem de um culto imutável. A fé vem pelo *ouvir*, não por aquilo que se vê. A prática do rito não está em proeminência (pois os ritos podem ser cumpridos sem o crer), mas a fé e somente a fé. O protestantismo valoriza a Palavra de Deus em oposição aos ritos, mas também valoriza o aspecto relacional da condição humana, o engajamento no mundo e para o mundo, a escuta somente da Palavra de um Deus de quem não podemos fazer a imagem. Foi demonstrado que no protestantismo o gestual simbólico não consiste mais em um fazer sacramental, de acordo com o eixo de uma eficácia simbólica massiva, mas, sim, o eixo de *comunicação* que é pensado de acordo com o modelo da *linguagem*. A ambição da Reforma seria subordinar os ritos e o gestual à leitura e à escuta das Santas Escrituras. Enquanto na Idade Média o padre é antes de tudo um *orante*, erguendo as mãos para consagrar as espécies eucarísticas, o pastor protestante é principalmente um *orador*, explicando e comunicando o sentido das Escrituras. É por isso que os templos protestantes, até mesmo em sua decoração, parecem mais com uma escola que com uma igreja no sentido religioso do termo. Em suma, o protestantismo não "desencantou" o mundo, sobretudo o mundo religioso, para apontar a centralidade da fé no serviço e no culto da vida cotidiana do mundo?

Isso não é tudo. Do ponto de vista bíblico, é preciso observar que a palavra "sacramento" não é encontrada como tal no Novo Testamento, mas é empregada 28 vezes a palavra "mistério" (em grego, *musterion*) para designar não os rituais que conhecemos, como o batismo e a santa ceia, mas o mistério do advento do reino de Deus (uma só vez nos evangelhos sinóticos). Seu uso é mais frequente nas epístolas paulinas no sentido da manifestação de Deus em Cristo, na plenitude dos tempos e na antecipação do Reino, assim como da união dos cristãos de várias origens em um só corpo (p. ex., em Ef 3.1-13). Esse silêncio representa um problema para o protestantismo, na medida em que o Novo Testamento jamais descreve em detalhes os ritos que no cristianismo se tornaram tradicionais. Em todos os casos, é impossível atribuir ao Novo Testamento cerimônias que, embora claramente atestadas ali, sem dúvida não possuíam o mesmo sentido apontado tradicionalmente pelo vocábulo "sacramento". Assim, os protestantes se mostram bastante críticos quanto a representações tais como "graça sacramental" ou sacramentos como "meios de graça", que parecem desprovidas de fundamento bíblico. Isso explica por que inúmeros autores como Lutero e Zwinglio, mas também Schleiermacher e Barth, não apreciam essa palavra "sacramento", que para eles provém da tradição, e não das Escrituras. De todo modo, nesse contexto, os protestantes geralmente citam a palavra de Jesus no Sermão do Monte: *Se, pois, ao trazeres ao altar a tua oferta, ali te lembrares de que teu irmão tem alguma coisa contra ti, deixa perante o altar a tua oferta, vai primeiro reconciliar-te com teu irmão; e então, voltando, faze a tua oferta* (Mt 5.23-24). Acima de tudo, o protestantismo é uma religião profética, antirritualística.

Por fim, a eclesiologia protestante não conhece, pelo menos não de modo tão nítido quanto no catolicismo, por exemplo, uma distinção dogmática entre o clero e aquilo que se convencionou chamar impropriamente de leigos, ou seja, os cristãos em geral (a palavra "leigo" vem de *laos*, que em grego significa "povo"). Nesse sentido, o cristianismo considera que seus pastores são parte integrante do povo de Deus, obviamente com uma *função* particular, a do ensino e da pregação sobretudo, mas não exercem um *poder*, no caso um poder sacramental. De fato, as religiões rituais sempre pressupõem uma separação de natureza entre o clero que controla a administração dos sacramentos, de um lado, e os leigos, de outro. Ora, como veremos aqui, é precisamente essa distinção que foi alvo de um questionamento radical por parte de Lutero.

2. O universo sacramental clássico

"Sacramento" vem da palavra latina *sacramentum*, cujo significado na história das religiões é completo: de acordo com alguns especialistas, esse substantivo remonta a uma raiz indo-europeia, s*a-kr*, que implica a ideia de levar alguma coisa a um nível de excelência, principalmente através do cumprimento de um ritual (cf. o sânscrito *samskara*). Esse ato tem como origem um ato específico, o de colocar em um *locus sacer*, lugar santo ou templo, certa soma como garantia de boa-fé; por exemplo, em um acordo jurídico. Esse ato naturalmente é acompanhado de um *juramento*. Parece que a aplicação dessa acepção dupla, tanto religiosa quanto jurídica, aos "mistérios" cristãos remonta a Tertuliano, no século II. Dessa forma, sobretudo o batismo, como *sacramentum*, pode então ser compreendido como uma garantia, uma chancela e um juramento (como, p. ex., o juramento que o soldado presta ao entrar para o Exército). Assim, é preciso reter de Tertuliano a concorrência de duas ordens que o sacramento cristão busca reunir: o significado religioso de "consagração", "separação", e o significado jurídico de juramento.

Porém, toda a longa tradição sacramentária do Ocidente remonta praticamente a Agostinho (354-430). De fato, ele é autor do primeiro tratado de semiologia clássica (semiologia é o estudo da vida dos signos do universo social), *De doctrina christiana*, concluído em 427, e devemos a ele a famosa distinção entre o "signo" (*signum*) e a "coisa" (*res*) designada pelo signo. Ele escreve: "O signo é uma coisa que, além da imagem que propõe aos sentidos, faz com que dessa imagem venha ao pensamento outra coisa" (II, I, 1). Essa "outra coisa" é o sentido. Por exemplo, a palavra "barco", como objeto, em relação somente ao uso, designa a viagem; porém, como signo evoca, por exemplo, o desejo de retorno à pátria, ou, para o cristão, o desejo de voltar para a pátria celestial. Disso advém a ideia de que o sacramento é "o signo de uma coisa sagrada", na medida em que conduz a alma de uma realidade visível a uma realidade sagrada invisível. Essa distinção clássica foi retomada por todos os reformadores. No entanto, eles defenderam uma interpretação mais espiritualista que realista dos textos de Agostinho, citando com frequência um fragmento famoso do doutor africano sobre o batismo: "Que a Palavra venha unir-se ao elemento [material] e temos um sacramento, que assim se torna como que uma Palavra visível (*visibile verbum*). [...] De onde a água extrai sua grande eficácia em tocar o corpo e purificar o coração, a não ser da Palavra, não por ser pronunciada, mas, sim, por ser crida [...]?" (*Homilia sobre o evangelho de São João* LXXX, 3).

Agostinho insistia muito em uma necessária subordinação dos signos cristãos ao imperativo da verdade; pois também existem signos demoníacos, signos de morte, e a "superstição" é esse uso demoníaco dos signos. Portanto, é preciso que a Palavra de Deus intervenha para tornar determinado signo em um sacramento cristão. A Reforma guardou essa lição, mas acentuou o que aos seus olhos era decisivo: a interpretação da Palavra como "instituição" do sacramento por parte de Cristo e, praticamente, como pregação.

No entanto, a evolução da doutrina sacramental no Ocidente, sobretudo na Idade Média, de modo geral, seguiu uma linha de interpretação realista dos textos agostinianos. O foco foi sobretudo o polo do *significado* dos sacramentos, mais que o polo de sua *eficácia*. O batismo faz o cristão, a ordenação faz o padre, a eucaristia faz o corpo de Cristo, a igreja. A "Palavra", bastante presente nos textos de Agostinho, foi concebida como a palavra verborritual do padre que, como representante de Cristo, transformava os elementos materiais. Por isso, um teólogo medieval que exerceu grande influência sobre a trajetória desses conceitos, Pedro Lombardo (?1100-1160), afirmou que os "sacramentos da nova lei" continham e conferiam a graça, ou seja, "efetuam aquilo que figuram", "causam a graça ao significá-la". Foi essa interpretação *causal* que a Reforma pôs em xeque.

Convém acrescentar que o número de sacramentos não foi fixado durante a antiguidade cristã e a Idade Média (podiam ser contados quatro, dez, doze ou até mais). Foi necessário esperar até o século XII para que esse número parasse em sete: batismo, confirmação, eucaristia, penitência, sacerdócio (ordenação), matrimônio e extrema-unção (que com o Concílio Vaticano II se tornou unção dos enfermos). O *setenário sacramental* foi confirmado tanto pelo Ocidente quanto pelo Oriente, cuja intenção fundamental foi encarregar-se de "cristianizar", através do ministério ordenado à igreja, toda a condição humana em todos os seus aspectos: nascimento, adolescência, alimentação, pecado e perdão, sacerdócio, união conjugal, doença e morte. Essa estrutura se baseia no que ficou caracterizado como "mentalidade simbólica" do cristianismo medieval, acentuando a distinção entre clérigos e leigos; foi codificada dogmaticamente nos Concílios de Florença (1439) e de Trento (1547).

3. O protesto de Lutero

Como abordar, porém, o assunto de modo genuinamente bíblico, sendo a ritualidade algo tão extenso e, naquele momento histórico, sem base bíblica? Essa foi a grande questão para a Reforma, em primeiro lugar para Lutero. Em seu texto de 1520, *Do cativeiro babilônico da igreja* (em *MLO* 2, 163-260), Lutero desmantela o *setenário*, atacando o cerne da instituição eclesiástica tradicional com o objetivo de pôr em questão a missão da igreja. O objetivo do profeta-reformador foi abolir a separação entre clérigos e leigos, devolvendo aos leigos a sua vocação como cristãos. Nessa perspectiva, os sacramentos mudam seu sentido: não são causa da salvação, mas a fé passa a ser o critério para seu uso autêntico. Lutero explicou isso utilizando-se de um ditado: "Não é o sacramento que justifica, mas a fé no sacramento".

Desde as primeiras páginas de seu tratado, Lutero afirma que, de modo estrito, só seria necessário falar de um só "sacramento", a Palavra, e três "signos sacramentais", o batismo, a penitência e a ceia. "Inicio recusando-me a reconhecer sete sacramentos e, no momento, propondo apenas três: o batismo, a penitência e o pão [a ceia]. Eles foram relegados a um lamentável cativeiro por culpa da Cúria romana, e a igreja foi totalmente despojada de sua liberdade. É verdade que, se eu quisesse conformar minhas palavras ao uso escriturístico, eu manteria somente um sacramento [a Palavra] e três signos sacramentais [*signa sacramentalia*]" (*MLO* 2, 168).

No final do tratado, Lutero diminuiria esse número para dois, considerando a penitência como somente "uma via para o batismo, um retorno ao batismo". Portanto, somente subsistiriam como sacramentos o batismo e a ceia, "já que é nesses dois sacramentos apenas que nós vemos um signo divinamente instituído e a promessa do perdão dos pecados". Se Lutero não considera os outros ritos como "sacramentos", é porque, para ele, estão desprovidos dos dois critérios fundamentais para serem vistos como tais, critérios que permaneceriam clássicos no protestantismo: é necessário que o signo seja claramente "instituído" por Cristo e seja revestido da promessa do perdão de pecados. Por sua vez, Calvino acrescentou um terceiro critério, a saber, o fato de que o signo deve abranger todos os cristãos; assim, a ordenação de pastores não é um sacramento. A *Confissão de Augsburgo*, de 1530, redigida pelo amigo e colaborador de Lutero Melâncton, oficializou no artigo 7 a seguinte doutrina: "A igreja é a assembleia dos santos em que o evangelho é ensinado em sua pureza e os sacramentos são administrados corretamente", o que significa "de acordo com o evangelho", com a instituição explicitamente ordenada por Cristo. Porém, cabe observar que Melâncton distinguiu entre, de um lado, aquilo que está diretamente relacionado com a doutrina e não é negociável e, de outro, aquilo que se correlaciona com os "ritos" ou as "tradições humanas"; neste último nível, é permitida às tradições locais certa liberdade.

Nessa verdadeira poda da sacramentalidade, é aplicado o mesmo princípio aos ritos e à tarefa da igreja como um todo. O que "faz" o sacramento é a *promessa* de Deus atestada pela Palavra e somente significada pelo sacramento. A vocação da igreja é anunciar a todos a Palavra como promessa de Deus, não celebrar ritos incompreensíveis que caibam somente aos clérigos. Lutero denuncia os "três cativeiros" da igreja de seu tempo: *a)* o cálice retirado dos leigos; afirma ele que "o sacramento não pertence aos padres, mas a todos, e os sacerdotes não são senhores, mas, sim, servos que devem dar as duas espécies a quem lhes pede e todas as vezes em que lhes é pedido"; *b)* a *transubstanciação* das espécies; em oposição a esse dogma do Quarto Concílio de Latrão em 1215, Lutero afirma que o pão e o vinho realmente subsistem e que sua substância não é transformada, pois "o verdadeiro corpo de Cristo está ali pela virtude da Palavra"; *c)* a missa concebida como um sacrifício; Melâncton explica em *Apologia da Confissão da Augsburgo* (1531) que, se o sacramento "é uma cerimônia ou uma obra em que Deus nos apresenta aquilo que a promessa oferece junto com a cerimônia", por outro lado "o sacrifício é uma cerimônia ou uma obra que, de nossa parte, apresentamos a Deus para honrá-lo". No culto, trata-se, portanto, de um sacrifício de *louvor*, oferecido por seres humanos *já* reconciliados, e não de um sacrifício meritório que visa a agradar a Deus. Dito de outra forma, o sacramento é o que Deus oferece e dá aos seres humanos que o recebem na fé, enquanto o sacrifício é aquilo que os seres humanos alegam imaginariamente "oferecer" a Deus ao instrumentalizá-lo. Sobre isso, todos os reformadores são unânimes.

Se evocamos com bastante amplitude a crítica de Lutero à sacramentalidade tradicional, é porque tal protesto constitui a base de todos os desenvolvimentos posteriores no protestantismo. Mesmo com as diferenças e os deslocamentos de ênfase que examinaremos aqui, a intenção evangélica de Lutero permaneceu fiel às suas duas linhas fundamentais. Primeira, os ritos, sejam quais forem suas ordenanças, variam de acordo com a época e o lugar, figurando sobretudo a promessa de Deus para os homens; eles não são outra coisa além da

Palavra, mas a dizem de *outra forma*. Segunda, a promessa de Deus é inútil e permanece vazia se não for recebida pela fé.

4. Uma tipologia das posições protestantes

Agora, vamos esboçar uma *tipologia* das cinco posições protestantes mais importantes, apontando do modo mais objetivo possível para a intenção fundamental de cada uma delas: na tradição luterana, há a ênfase em uma fé alegre e confiante (4.1); nos textos de Zwinglio, há a ênfase nos signos comunitários e cívicos (4.2); na obra de Calvino, predomina o aspecto principalmente pedagógico dos sacramentos (4.3); no movimento anabatista, aponta-se para um profetismo interior (4.4); por fim, no pentecostalismo do século XX, há um retorno à emoção religiosa (4.5). Nosso objetivo não é descrever cronológica e historicamente essas correntes em sua totalidade, mas, sim, propor modelos que, embora esquematizados, ajudem os leitores a distinguir os traços específicos de cada sensibilidade. Assim, será possível perceber tanto a unidade quanto a diversidade dos variados tipos de ritualidade protestante. Essas cinco correntes de pensamento permanecem como uma base para posturas e sensibilidades ainda presentes no protestantismo contemporâneo.

4.1. A fé alegre do culto luterano

As reformas litúrgicas de Lutero, embora prudentes, exerceram grande influência na história da piedade; basta evocar a *Deutsche Messe* [Missa alemã] de 1526. Na verdade, Lutero era um teólogo de tendências pastorais. Não era um homem da instituição, mas, como observa Marc Lienhard, "demonstrava suas melhores qualidades ao formular e apresentar textos em uma linguagem popular, explicando as verdades da fé às pessoas mais simples e dando conselhos para a cura da alma". Foi notado com justeza o caráter "batismal" da piedade luterana, na medida em que Lutero desejava acima de tudo devolver o culto ao povo cristão e estabelecer sua participação ativa no louvor. Todos os batizados são sacerdotes e têm uma função sacerdotal a cumprir (1Pe 2.9). Lutero propõe uma nova teologia do laicato. O batismo assume assim algo como uma natureza corporativa: cada batizado coloca seu ministério a serviço da comunidade, e a comunidade está a serviço de cada cristão.

Conta-se que, nos momentos de dúvida, Lutero tinha o hábito de escrever com giz em sua mesa *Baptizatus sum* ("eu sou batizado").

Em nenhum outro momento, Lutero exprimiu essa confiança reencontrada, essa fé alegre ancorada na justificação dos pecadores somente pela graça, quanto em seus corais. Ele compôs ao todo 36 cânticos, entre eles o famoso *Nun freut euch lieben Christengmein* ("Cristãos, alegres jubilai, felizes exultando"). De fato, esses hinos insistem menos na miséria do pecador de acordo com o modelo penitencial que na confiança depositada na graça gratuita de um Deus misericordioso em Jesus Cristo. A liturgia luterana é uma liturgia musical. Assim, através do pietismo, autores como Paul Gerhardt (1607-1676), Dietrich Buxtehude (?1637-1707) e Johann Pachelbel (1653-1706), sem falar de Johann Sebastian Bach (1685-1750), encarnaram esse gênio musical. Até o século XX, em sua prisão de Tegel, Dietrich Bonhoeffer buscou consolação nessa fonte, principalmente nos corais de Paul Gerhardt.

É preciso compreender a doutrina luterana da santa ceia sob o pano de fundo da encarnação. Lutero se propôs a resgatar a comunhão frequente, tradição que se havia perdido no mundo ocidental no fim da Idade Média. O cristão não precisa temer aproximar-se do sacramento, pois no sacramento Deus se oferece a ele de modo diretamente acessível ao coração. A presença real significa para Lutero a presença corpórea da Palavra sob a forma do sacramento. Essa posição defendida por Lutero, bastante realista, é distinta do simbolismo de Zwinglio, que abordaremos mais adiante. O pensamento do reformador alemão é paradoxal: de um lado, buscou superar a doutrina tradicional da transubstanciação (são as palavras da instituição da ceia por Cristo que contam, não a substância do pão e do vinho); por outro lado, em oposição a Zwinglio, Lutero não admite que o verbo "ser" do texto evangélico ("isto *é* meu corpo") equivale simplesmente ao verbo "significar". Se a presença não é a substância, para Lutero, ela está sobretudo no *ato* que Deus cumpre ao encarnar-se realmente, verdadeiramente, no signo: *em*, *com* e *sob* o pão. Desse fato advém o termo "consubstanciação", empregado pelos teólogos luteranos para caracterizar essa posição. Assim, Lutero afirmou: "Como Wycliffe, creio que o pão permanece; e, com os sofistas [os teólogos católicos], creio que o corpo está ali".

Essa insistência no dom do corpo provém de duas preocupações. Teologicamente, em primeiro lugar, mas também por motivos pastorais, Lutero busca concentrar a fé na *humanidade* de Jesus: assim como Deus se manifestou na criança que nasce em uma estrebaria, torna-se presente nesse ínfimo pedaço de pão. Portanto, há uma comunicação dos atributos divinos à natureza humana na pessoa de Cristo ("comunicação dos idiomas"). Em segundo lugar, filosoficamente, o signo, para Lutero, não é sobretudo um símbolo que remete a uma realidade ausente (hoje, diríamos "um significante que designa um significado"), nem um fragmento de substância divina que desceu do céu, mas, sim, um invólucro que contém a salvação de acordo com a vontade de Deus, invólucro (*involucrum*) que não somente anuncia, mas efetua essa salvação.

Além da escola teológica (priorizada pela ortodoxia luterana), são a piedade pessoal e as preocupações pastorais de Lutero que, de acordo com o reformador, exigem a afirmação de uma presença real, em oposição aos reformados e aos anabatistas. Conforme é afirmado no artigo 10 da *Confissão de Augsburgo*, "sobre a ceia do Senhor, as igrejas luteranas ensinam que o corpo e o sangue de Cristo realmente estão presentes nos alimentos e são de fato distribuídos àqueles que se alimentam deles; essas igrejas reprovam todos os que ensinam algo diferente disso" (em André BIRMELÉ e Mark LIENHARD, orgs., *La foi des Églises luthériennes. Confessions et catéchismes* [A fé das igrejas luteranas: confissões e catecismos], Paris-Genebra, Cerf-Labor et Fides, 2003, § 16).

Para citar somente um exemplo desse fervor, nós sabemos, graças às pesquisas de Janine Driancourt-Girod, que no século XIII os luteranos de Paris celebravam a ceia um domingo por mês, mas podiam aumentar essa frequência caso as circunstâncias o exigissem. Essa periodicidade bastante atípica para a época demonstra que a piedade eucarística de Lutero havia passado a fazer parte da mentalidade dessas igrejas. Esse era o rito celebrado de acordo com a doutrina da consubstanciação: "Foi-nos ordenado comer o verdadeiro corpo e beber o verdadeiro sangue de Cristo, consagrados no pão e no vinho da santa ceia". A comunhão era feita com os membros ajoelhados, já preparados pelo pastor através de uma instrução pedagógica que ocorria uma hora antes do culto.

4.2. Zwinglio: sinais comunitários e cívicos

Ao contrário de Lutero, para quem a eucaristia era um sacramento sobretudo individual, um momento de interiorização mística mais intenso, quando a alma recebe seu Senhor presente, Zwinglio percebe o batismo e a ceia não como sacramentos (termo que ele não apreciava) no sentido medieval, mas, sim, como signos, *gestos* pelos quais os cristãos respondem publicamente com sua fé e seu compromisso a serviço da igreja e da cidade. Zwinglio afirma que são atos "dados *em testemunho público* de uma graça já presente anteriormente em cada um em particular". O que chamamos tradicionalmente de *sacramentos*, portanto, não veicula a graça, nem a produz: para Zwinglio, os sacramentos são apenas uma resposta humana à graça, que é inteiramente espiritual. Assim, os sacramentos seriam mais propriamente ações de graças. No século XX, encontraremos a mesma ideia no reformado Karl Barth, por exemplo, para quem os sacramentos não passam de atos simbólicos através dos quais a comunidade responde à graça de Deus e exprime sua fé diante do mundo e para o mundo.

Aliás, Zwinglio observa que a palavra "sacramento" foi envolvida de mistério erradamente, já que significa apenas um compromisso mútuo através de juramento (*eidliche Verpflichtung*). As cerimônias são signos exteriores, confirmações que mostram para outros quanto o participante se comprometeu com uma nova vida. Bem antes da sociologia moderna, Zwinglio compreendeu que a ritualidade religiosa representa os laços sociais entre homens engajados no mundo da cidade. Aqui, há uma retomada teológica de uma mentalidade nova, a dos artesãos, dos humanistas e dos burgueses das cidades, enquanto Lutero ainda representa o meio medieval camponês.

É preciso afirmar sobretudo que Zwinglio, filólogo convicto, deve muito à corrente humanista, a Erasmo e seus seguidores. Sua posição na querela eucarística não deve ser caricaturizada, nem mesmo deformada, como se ele fosse um representante de um espiritualismo evanescente e até de um dualismo entre espírito e matéria. Atualmente, os pesquisadores se esforçam acertadamente para corrigir essa imagem distorcida do reformador de Zurique, cujo pensamento foi amplamente ignorado por seus contemporâneos, a começar pelo próprio Lutero. De fato, na eucaristia, Zwinglio não se apegou tanto às palavras de Cristo ao pé da letra ("isto é o meu corpo"), mas preferiu enfatizar o ato cumprido por Jesus para os seus ("*fazei isto em memória de mim*"). Para ele trata-se não de um simples "símbolo" no sentido espiritualista do termo, em oposição à realidade, mas, sim, de um ato simbólico e profético realizado pelo Senhor para mostrar e significar a seus discípulos o sentido salvífico de sua morte. Em seguida, o Senhor nos pede para cumprir esse gesto, testemunhando visivelmente o sentido de sua morte e nosso compromisso a seu serviço; porém, se esse gesto é compreendido fora de seu significado, ele não possui nenhum alcance salvífico. Aqui, simbólico quer dizer parabólico. Zwinglio é o primeiro reformador a ter percebido o sentido acima de tudo hermenêutico da ceia sob a forma de uma refeição de despedida: nas palavras de Cristo, trata-se de uma ação simbólica ou analógica, cujos termos devem ser tomados não em um sentido próprio ou natural, mas em um sentido figurado. Zwinglio declarou a Lutero: "Você tem para si a palavra [*Wort*], mas não o sentido [*Sinn*]". Na realidade, com Zwinglio, como demonstrou com propriedade Jaques Courvoisier, a antiga doutrina da transubstanciação muda de perspectiva: as espécies não são transformadas materialmente, mas é a própria comunidade que é "transformada" no verdadeiro corpo de Cristo. Assim, o sacramento não é mais algo que se relaciona à substância, mas, sim, às relações. A presença não é uma presença "local", e o que importa é sobretudo a alimentação espiritual.

> Eu creio que na ceia santa da eucaristia (que significa "ação de graças"), o verdadeiro corpo de Cristo está presente pela contemplação da fé. Dito de outro modo, aqueles que dão graças ao Senhor pela bênção que nos foi dada em seu Filho reconhecem que ele assumiu de fato uma carne verdadeira, sofrendo verdadeiramente nessa carne e verdadeiramente lavando os nossos pecados por meio de seu sangue. Dessa maneira, tudo o que Cristo cumpriu se torna presente para eles através da contemplação da fé.
>
> Por outro lado, negamos que o corpo de Cristo, em sua essência e em realidade, que o próprio corpo natural esteja na ceia, presente ou comido com a boca e os dentes, como afirmam os papistas e alguns que olham para as panelas do Egito [Êx 16.3: alusão aos luteranos]. Afirmamos firmemente que isso constitui um erro que se opõe à Palavra de Deus. [...]

> Desses textos [Ambrósio e Agostinho, citados por Zwinglio], percebemos com bastante clareza que os antigos, ao privilegiarem o ato de comer o corpo de Cristo, sempre se expressaram em termos de símbolos. Eles compreenderam que comer o sacramento não equivalia a purificar a alma, mas somente a fé em Deus por Jesus Cristo, comida espiritual cujo comer exterior é símbolo e esboço.
>
> Ulrico ZWINGLIO, *Présentation de la foi* [Apresentação da fé] (*Fidei ratio* [Razão da fé], 1530), em *La foi réformée* [A fé reformada], Paris, Les Bergers et les Mages, 2000, § 8.

Em seu projeto litúrgico de 1525, intitulado, significativamente, *Aktion oder Brauch des Herren Nachtmahls*, Zwinglio tentou pôr em prática suas ideias. Assim, ele enfatizou o aspecto festivo e comunitário, jubiloso, da ceia pascal, em que os cristãos celebram a vitória do ressuscitado sobre as forças da morte; de acordo com o reformador de Zurique, era necessário celebrar a ceia não na Sexta-feira Santa, mas, sim, na Páscoa (assim como no Pentecostes, no outono e no Natal). Zwinglio desejava que esse ato da comunidade, uma ceia comunitária, não fosse algo seco e cerebral por demais. Da mesma forma, ele imaginava uma celebração antifonada em que homens e mulheres, unidos, à direita e à esquerda da nave, responderiam uns aos outros no Glória, no Credo e, principalmente, no Salmo 113, o louvor final. Dessa forma, ele desejou demonstrar concretamente o fato de que a igreja, como corpo, é formada de pessoas diferenciadas, mas reunidas em louvor. De tudo o que conhecemos, tratava-se de uma proposta única entre os reformadores clássicos, mas foi rejeitada e suprimida pelo Magistrado de Zurique. Outras sugestões do reformador caíram em desuso ao longo das décadas seguintes: a presença de dois diáconos em torno do pastor para assisti-lo, o ajoelhar-se durante a recitação do Pai-nosso, o relato da lavagem dos pés dos discípulos por Jesus (João 13.1ss) durante a comunhão, a epiclese sobre a comunidade (invocação do Pai para o envio do Espírito) etc. Infelizmente, Zwinglio foi atingido prematuramente durante a Batalha de Kappel, em 1531, e assim não pôde dispor nem de tempo nem da possibilidade de incluir, no culto, o canto congregacional dos salmos, conforme foi feito pela Reforma genebrina. Em nossa opinião, as reformas de Zurique e

Genebra, do ponto de vista dos desejos litúrgicos expressos tanto por Zwinglio quanto por Calvino, foram movimentos inacabados, ou até mesmo contrariados. Não podemos perder de vista esse ponto importante, se quisermos fazer justiça a esses acontecimentos.

4.3. Calvino: os sacramentos como signos pedagógicos

Enquanto para Zwinglio os signos deixam claro o compromisso dos cristãos a serviço de Deus e são testemunhas que consideramos comunitárias e civis, para pôr em evidência essa perspectiva, Calvino proporá uma via média entre Lutero e Zwinglio. Homem da segunda geração a sofrer com as divisões do protestantismo após o fracasso do Colóquio de Marburgo, em 1529, Calvino apresentou ensinos sobre os sacramentos que fizeram dele um precursor do ecumenismo intraprotestante. Para ele, assim como para Lutero, Deus está engajado no sacramento, sua promessa não é vã e os signos não são, como em suas palavras, "vazios e frustrantes". Aqui, há uma consistência própria ao signo como testemunha da *aliança* concluída entre Deus e os homens, mas sem que a transcendência divina seja questionada. Os sacramentos são parte do que Calvino chama, no livro IV das *Institutas da religião cristã*, "meios exteriores ou ajudadores dos quais Deus se serve para chamar-nos a Jesus Cristo, seu Filho, e manter-nos nele". São, portanto, *mediações* que Deus escolheu, em sua bondade, para auxiliar-nos em nossa fraqueza, guiando-nos, de um modo mais visível que a Palavra, para si mesmo. O sacramento é "outra ajuda próxima e semelhante à pregação do evangelho para sustentar e confirmar a fé", ou seja, trata-se fundamentalmente de um instrumento pedagógico.

> Os sacramentos, portanto, são um exercício que nos torna mais certos da Palavra e das promessas de Deus. Como nós somos carnais, recebemos os sacramentos em coisas carnais, a fim de que eles possam instruir-nos de acordo com nossa rudeza [ignorância], conduzindo-nos e guiando-nos assim como o fazem os pedagogos em relação às crianças pequenas. Por isso, Santo Agostinho se refere ao sacramento como uma *Palavra visível*, por demonstrar-nos como se fosse uma pintura, as promessas de Deus, representando-as vivamente.
>
> João CALVINO, IRC, IV, XIV, 6

Teologicamente, o que é fundamental no ensino dos sacramentos em Calvino está correlacionado com a importância primordial do Espírito Santo nesse tema. Zwinglio já havia enfatizado esse fato, mas Calvino desenvolveu essas intuições e demonstrou que o Espírito é quem opera a conjunção entre a transcendência de Deus e a finitude humana, a matéria, o carnal. O Espírito estabelece os laços entre Deus e a história, explicou Calvino: "em primeiro lugar, nosso Senhor nos ensina e instrui através de sua Palavra. Em segundo lugar, ele nos confirma por seus sacramentos. Em terceiro, pela luz de seu Espírito Santo, ele esclarece nosso entendimento, fazendo com que a Palavra e os sacramentos entrem em nosso coração. Sem isso, a Palavra e os sacramentos somente entrariam nos ouvidos e somente se apresentariam aos olhos. Sem penetrar e sem mover nada em nosso interior" (IRC IV, XIV, 8). Esse texto notável apresenta o papel fundamental do Espírito Santo, que faz da Escritura uma Palavra viva para nós e comunica aos ritos a sua consistência existencial. Assim, é necessário que o "interior", o centro da pessoa, não somente ouça a Palavra, mas a considere com atenção; não somente tome o sacramento, mas participe dele. Dito de outra forma, os sacramentos são como selos de autenticação, marcas, alianças, pilares que Deus nos dá, mas somente são eficazes "*quando* o Espírito trabalha interiormente". Para que cumpram seu efeito e nos toquem, é necessário que "o Mestre interior das almas acrescente a eles sua virtude".

Assim, não é de espantar que Calvino tenha atribuído à doutrina da santa ceia sua plena medida, apontando para o grande papel que a pneumatologia tem nesse âmbito. O *Petit traité de la sainte cène* [Pequeno tratado da santa ceia] (1541), escrito para cristãos que não são teólogos, é um modelo de moderação e equilíbrio. Calvino argumenta nesse tratado que Cristo está plenamente presente na celebração do sacramento, mas de um modo espiritual. Trata-se, assim, de uma presença espiritual, não "local" nem corpórea.

> Confessamos todos, a uma só voz, que, ao receber na fé o sacramento, de acordo com a ordenança do Senhor, de fato nos tornamos participantes da própria substância do corpo e do sangue de Jesus Cristo. A maneira pela qual isso é feito recebe deduções e explicações com graus variados de clareza. Para rejeitar todo tipo de fantasia carnal,

precisamos elevar nosso coração ao céu, recusando-nos a pensar que o Senhor Jesus se rebaixa a ponto de encerrar-se em alguns elementos corruptíveis. Porém, para não minimizar a eficácia desse santo mistério, precisamos pensar que isso é feito através da virtude secreta e miraculosa de Deus, e que o Espírito de Deus é o laço dessa participação, e que, por isso, é considerada espiritual.

> João CALVINO, *Petit traité de la sainte cène* [Pequeno tratado da santa ceia] (1541), em *"La vraie piété". Divers traités de Jean Calvin et Confession de foi de Guillaume Farel* ["A verdadeira piedade": diversos tratados de João Calvino e *Confissão de Fé de Guilherme Farel*], org. por Irena BACKUS e Claire CHIMELLI, Genebra, Labor et Fides, 1986, p. 151.

A ideia de "participação" do homem e de "comunicação" (antigo termo para comunhão) de Deus é central. Calvino percebeu que "quase toda a força do sacramento" reside nas palavras "entregue *por* vós" e "vertido *por* vós", pois de nada valeria participar do corpo e do sangue sem a transformação correspondente. Aqui, a substância não é carnal nem natural, pois Cristo não falou ao pão nem ao vinho, mas, sim, aos seus discípulos. Somente o Espírito Santo pode fazer *por nós*, dessa substância, uma "substância espiritual".

Contudo, e este é o ponto decisivo contra os zwinglianos, isso não significa que a celebração seja somente comemorativa. Na verdade, ela é "exibitiva", no sentido de que os alimentos espirituais não somente representam Cristo, mas de fato o *apresentam*. Se a presença não é "local", também não é, por isso, menos verdadeira. Os signos cumprem sua função na medida em que a verdade da coisa está unida a eles. Por isso, Calvino pôde afirmar: "Ora, se é verdade que o signo visível nos é dado para selar em nós a doação da coisa invisível, é preciso manter essa confiança indubitável de que, ao tomar o signo do corpo, nós também tomamos o corpo" (IRC IV, XVII, 10). Trata-se, portanto, de um autêntico realismo espiritual na obra de Calvino. A pesquisa recente mostrou que, se Calvino concorda com Zwinglio e com os humanistas acerca da interpretação e da linguagem (de que as palavras de Cristo na ceia, "este é meu corpo", são uma metonímia), de modo mais fundamental ele se aproxima mais de Lutero que de Zwinglio. No entanto, nas décadas que se seguiram, esse ensinamento passou a ser incompreendido e, sobretudo depois do *Acordo de Zurique*, de 1549 (o *Consensus Tigurinus*), a especificidade da doutrina de Calvino tendeu a desaparecer em prol de um simbolismo e um espiritualismo mais afirmados.

A partir de então, a palavra "espiritual", no protestantismo, passou a equivaler a "não físico", e até mesmo a "não real". As palavras mudaram de sentido, e a pneumatologia de Calvino passou a ser mal compreendida.

Nesse meio-tempo, a polêmica entre luteranos e reformados se acirrou novamente e foi necessário que viesse o século XX, com a Concórdia de Leuenberg (1973), para que as antigas divergências, que em geral consistiam em problemas de linguagem e comunicação, fossem compreendidas como complementaridades. Calvino já observara que não tinha havido "paciência para escutar uns aos outros". A Concórdia de Leuenberg buscou superar o conflito sobre a forma de presença do Senhor na ceia, afirmando no artigo 19: "Não podemos dissociar a comunhão com Jesus Cristo no corpo e no sangue do *ato* de comer e beber. Toda consideração sobre o modo de presença de Cristo na ceia que não leve em conta esse ato se arrisca a obscurecer o sentido da ceia".

Encontramos o mesmo aspecto pedagógico na liturgia calviniana. Na verdade, essa liturgia pode ser considerada mais genebrina que calviniana, na medida em que, assim como Zwinglio, Calvino não pôde concretizar em Genebra todos os seus intentos. Com efeito, com base no modelo que testemunhou de Bucer em Estrasburgo, Calvino teria preferido incluir na igreja em Genebra o sinal de absolvição no início do culto. Da mesma forma, ele quis atribuir à ceia toda a sua importância ("deveríamos pelo menos uma vez por semana propor à congregação dos cristãos a ceia do nosso Senhor", *IRC* IV, *XVII*, 46), restabelecer a imposição de mãos na ordenação dos pastores, levar a comunhão aos enfermos etc. Sob a pressão de Berna, e também por anticatolicismo, o Magistrado rejeitou essas orientações. A ceia só era celebrada quatro vezes por ano, como em Zurique. Porém, Émile Doumergue observou com justeza que as intenções do reformador foram incompreendidas. Doumergue escreveu: "Para Calvino, o culto completo é o culto em que a santa ceia é celebrada, e a liturgia completa da manhã de domingo é a liturgia que inclui a celebração da ceia" (*Jean Calvin*

[João Calvino], 1902, t. II, Genebra, Slaktine, 1969, p. 504). É preciso, portanto, manter em mente que os reformadores foram censurados em algo significativo: justamente na questão dos atos simbólicos. Nem Zwinglio nem Calvino puderam concretizar o que desejavam sob as formas de práticas rituais. Essa consciência de não saber criar ou não poder criar uma ritualidade renovada que fosse coerente com a mensagem reencontrada da justificação somente pela fé era algo presente em todos eles, em primeiro lugar em Lutero, que observou em sua obra *Do cativeiro babilônico da igreja*: "Seria necessário introduzir nas igrejas *um tipo totalmente diferente de cerimônias*, ou então restaurá-las no mais profundo".

De fato, o ideal de voltar a um culto de inspiração não biblicista propriamente dita, mas sim patrística, é bastante presente em Calvino. A obra *A forma das orações e dos cantos eclesiásticos, com a maneira de administrar os sacramentos e consagrar o casamento*, de 1542, é acompanhada da especificação "*de acordo com o costume da igreja antiga*", o que demonstra bastante bem essa intenção (aqui, a igreja antiga designa não a igreja do Novo Testamento, mas, sim, a dos primeiros séculos). O culto calviniano foi concebido, em nossa opinião, como uma eucaristia penitencial de caráter comunitário. Testemunha disso é a famosa oração introdutória de confissão de pecados, formulada na primeira pessoa do plural e atribuída ao estrasburguense Diebold Schwarz (1524); retomada por Bucer, foi adaptada por Calvino com alguns retoques: "Senhor Deus, Pai eterno e todo poderoso, *nós* confessamos e reconhecemos sem fingimento, diante da tua santa majestade, que *nós* somos pobres pecadores". A liturgia calviniana mostra que os cristãos devem confessar não os pecados *deles*, como os modernos compreenderam erradamente, mas, sim, o *estado* de pecado em que se encontram, o que é bem diferente. A assembleia deve receber a absolvição *para que* possa participar da mesa santa, enquanto, para Lutero, os cristãos são perdoados *através* da comunhão com o corpo e o sangue de Cristo. Todo o culto é concebido como uma preparação para que se receba a comunhão, a fim de que a igreja possa de fato se constituir em uma assembleia eucarística. Na Holanda do século XVII, os reformados tomavam a santa ceia sentados à mesa, em grupos, para simbolizar esse sentido comunitário. Permaneceriam constantes três características desse culto: primeira, a epiclese sobre a assembleia (e não sobre as espécies); segunda, o pedido por esclarecimento antes da leitura e da interpretação das Escrituras; terceira, a leitura do relato da instituição da ceia (*O Senhor Jesus, na noite em que foi traído, tomou o pão...*, 1Co 11.23-26).

Também é importante lembrar que nos cultos Calvino não introduziu hinos, como no luteranismo, mas o canto dos salmos, que se tornaria um dos emblemas do calvinismo. São conhecidos os nomes de Clément Marot (1496-1544), Claude Goudimel (?1520-1572) e Loÿs Bourgeois (1510/15- ?1560). O canto dos salmos atribuiu ao culto um aspecto ao mesmo tempo solene e alegre, característico da piedade reformada, também por conta da participação ativa da assembleia. No final do século XIX, um liturgo como Eugène Bersier (1831-1889) tentou resgatar a intenção participativa do culto reformado, concebendo esse culto como um apelo de Deus seguido de uma resposta da comunidade, em um ato dialogal entre Deus e a assembleia (cf. *Liturgie à l'usage des Églises réformées* [liturgia para uso das igrejas reformadas], Paris, Fischbacher, 1874).

Por fim, precisamos observar um elemento importante que foi subestimado: o culto familiar. A leitura da Bíblia, o canto dos salmos e a oração eram seus itens habituais. Sem dúvida alguma, esse costume, que até pouco tempo era um verdadeiro ritual, foi um dos fatores que permitiram historicamente a sobrevivência do protestantismo francês durante as perseguições. Após a Revogação do Edito de Nantes (1685), a Igreja do Deserto, quando o culto público foi proibido, manteve-se graças a esse tipo de solidariedade interna. Atualmente, o culto familiar se encontra em extinção, o que traz consequências negativas em um contexto em que a transmissão da fé não é mais algo certo e assegurado por ritos semelhantes.

4.4. Correntes anabatistas: um profetismo interior separado do mundo

Agora, precisamos evocar uma quarta corrente, ou um conjunto de correntes, que chamamos anabatismo. Na verdade, esse rótulo polêmico que designa os anabatistas como "rebatizadores" não correspondia à sua real intenção: de fato, eles consideravam que o batismo de bebês não era um batismo verdadeiro. Assim, positivamente, são batistas. Dentre os mais radicais, alguns realizariam rebatismos, outros não, mas havia entre eles um ponto em comum: somente o batismo dos adultos era, em princípio, considerado válido, pedido e recebido por cristãos conscientes e capazes de exprimir sua fé. Após a querela sobre a ceia, testemunhamos, portanto, outra grande fratura da Reforma. Uma fratura que cronologicamente é anterior à primeira e que de novo teve como foco o rito e seu significado.

Desde as origens do movimento reformador, ou seja, a partir dos anos 1522-1523, vários grupos criticaram Lutero e Zwinglio por não terem ido muito longe nas mudanças necessárias, assim como por não terem desejado ou podido realizar uma volta mais radical às práticas apostólicas do Novo Testamento. Assim, deriva-se dessa crítica o adjetivo "radical" atribuído à reforma anabatista, que de forma geral evoca a intenção de restituir ou voltar à pureza primitiva, em oposição à ideia de reforma que implica a continuidade da igreja. Esses movimentos são muito variados, alguns literalistas, outros espiritualistas, mas todos eles são unânimes sobre um ponto: a concepção objetivista dos sacramentos, que tende a transformá-los em "meios de graça", não seria bíblica. Para eles, por exemplo, o batismo só podia ser realizado em seguida a uma *conversão* da pessoa adulta. Assim, as divergências em relação à Reforma clássica são importantes: a fé não se baseia na administração exterior do rito, mas é o rito que se fundamenta na fé interior da pessoa. Radicaliza-se a oposição zwingliana entre o interior e o exterior, entre o espírito e o rito, tornando-se uma oposição entre o mundo e a igreja dos regenerados. De fato, isso não ocorreu somente no movimento dos batistas de Zurique: Conrad Grebel (?1498-1526) e Felix Mantz (?1500-1527) se desviaram de Zwinglio em 1523 justamente por causa do batismo de crianças, pois o ideal de ambos não era transformar a sociedade em geral, mas, sim, estabelecer uma comunidade de verdadeiros cristãos. Portanto, eles não queriam "cristãos comunitários" (*Gemeinschaftschristen*). Insistiam no testemunho interior do Espírito na consciência do cristão, na igreja como comunidade dos santos, na oposição (que para eles era fundamental) entre a comunidade cristã e a comunidade civil. A questão essencial era eclesiológica, e o artigo 1 sobre o batismo do mais antigo texto oficial anabatista, *Confissão de Schleitheim* (1527), bem o demonstra.

> O batismo deve ser administrado a todos os que receberam instrução sobre o arrependimento e a mudança de vida e que creem realmente que seus pecados foram suprimidos por Cristo; e a todos os que vivem na ressurreição de Jesus Cristo e desejam ser sepultados como ele em sua morte a fim de serem ressuscitados com ele; e a todos os que, nesse sentimento, pedem e requerem o batismo. Nessas condições, está excluído o batismo infantil, pois se trata da pior e da maior abominação do papismo. Para isso, temos o fundamento e o testemunho da Escritura, assim como o costume apostólico (Mt 28.19; Mc 16.16; At 2.38 [...]). Queremos simplesmente nos ater a tudo isso, de modo firme e seguro.
>
> *Confissão de Schleitheim* (1527), art. 1 (em Claude BAECHER, *Michaël Sattler. La naissance d'*Églises des professants au XVIe siècle [Michaël Sattler: O surgimento de igrejas de professantes no século XVI], Cléon d'Andran, Excelsis, 2002, p. 57s, trad. modificada).

Assim, nesse projeto, tratava-se não somente de uma reforma da igreja tradicional, mas, sim, de uma nova *fundação* da igreja. Três princípios permaneceram constantes sobre a condição da ritualidade: primeiro, o culto é de tipo exclusivamente biblicista (em princípio, não há livros litúrgicos nem rituais por escrito); segundo, a ordem do culto é localmente determinada por cada comunidade (e essa é a origem do congregacionalismo litúrgico); terceiro, o governo civil não deve intervir na igreja em hipótese alguma.

Menno Simons (1496-1561), de quem os descendentes adotariam o nome (menonitas), estabilizou o movimento e estabeleceu regras para essa leitura literalista do evangelho da não violência. Após a violência sangrenta da teocracia de Münster (Westfália) em 1535, ele guiou o movimento para uma rejeição absoluta da violência, rejeição que já caracterizava os primeiros anabatistas zuriquenses. O pensamento desse sacerdote, que foi ordenado novamente, é interessante em mais de um aspecto, pois comporta elementos racionalistas: a presença corpórea na ceia é negada como "contrária à natureza, à razão e à Escritura". O batismo de crianças é considerado uma aberração, pois as crianças "estão desprovidas de razão e não podem ser ensinadas; é por isso que não se pode administrar-lhes o batismo". O argumento bíblico (com base em uma cronologia estrita: ensino e surgimento da fé e, depois, o batismo) é acompanhado de uma defesa filosófica da autonomia do ser humano, da razão humana e da livre escolha da consciência. Dessa forma, elementos oriundos do Renascimento, sobretudo de Erasmo, mesclam-se com o argumento bíblico. Compreende-se melhor, na leitura de Menno Simons e outros autores mais espiritualistas (tais como Caspar Schwenckfeld [1489-1561], que interioriza totalmente a ceia na alma do cristão e abandona o rito exterior), de que forma o anabatismo preparou caminho para o pietismo e, com seu ideal de autonomia, as Luzes. Sejam quais forem essas filiações, os literalistas e os espiritualistas concordam em um ponto fundamental: não é a realização exterior do rito que faz o cristão. Observemos que o mesmo processo radical de interiorização seria reencontrado entre os quacres e entre os membros do Exército de Salvação, dois movimentos que ignoram por completo a administração de sacramentos.

No século XVII, a *Confissão Anabatista de Dordrecht* (1632), redigida com base nas confissões de fé reformadas, não seguiu a *Confissão de Schleitheim* nesse ponto: reconheceu o magistrado "como um ministro de Deus", representando assim uma postura mais moderada. As circunstâncias históricas haviam mudado, e territórios como a Holanda e a Polônia já toleravam o anabatismo. O artigo 8 da *Confissão de Dordrecht* sobre a igreja descreve uma comunidade visível de cristãos confessos "que realmente se arrependeram, que realmente creem, *são batizados corretamente*, estão unidos com Deus no céu e incorporados na comunhão dos santos na terra (1Co 12.13)". O artigo 13 trata da disciplina como a marca por excelência da igreja: nesse documento, mais que a própria pregação e os sacramentos, a disciplina é sumamente importante, sendo concebida como "demonstração visível da salvação", que se tornou o elemento central da eclesiologia. É notável a diferença em relação à perspectiva estrita da *Confissão de Augsburgo* de 1530: a eleição deve ser constatada *de visu*. A ideia de uma terceira marca da igreja além da pregação pura do evangelho e da administração correta dos sacramentos, a marca ética ou comportamental, seguiu seu caminho, e hoje sabemos o papel que essas perspectivas representaram no pietismo e no puritanismo anglo-saxão. A ritualidade se tornou menos importante que o comportamento do cristão, e a ética passou a constituir o cerne da sacramentalidade.

Esse quarto modelo de reforma, chamado por James F. White de *Free Church Worship*, culto da igreja livre ou independente, desempenharia um papel fundamental nas transformações históricas do protestantismo. Assim como os menonitas, os batistas se organizaram na Inglaterra do século XVII em uma denominação independente. Os dissidentes encontraram refúgio sobretudo na Holanda e em seguida na América. Muitos *Pilgrim Fathers* [pais peregrinos] que desembarcaram na América em 1620 eram batistas, entre os quais os fundadores das igrejas batistas em Rhode Island, Roger Williams (?1604-1683). O culto se organizou em torno da ideia da conversão e do compromisso. De início praticado por aspersão, o batismo passou a ser realizado por imersão, ato simbólico forte e concreto, instaurado para enfatizar o caráter abrangente, total, que funda uma nova identidade. Em todos esses movimentos, o elemento fundamental a ser retido é a vontade de reencontrar certos signos ou gestos simbólicos que haviam sido deixados de lado pela Reforma clássica, tais como, por exemplo, a lavagem dos pés (Jo 13.3-12), a unção dos enfermos com óleo acompanhada de oração (Tg 5.14), a imposição de mãos sobre cristãos arrependidos etc. Esses ritos, diferentemente do batismo e da ceia, objetivavam não somente fundar e desenvolver a comunidade, mas também apontar simbolicamente para a conversão e a nova vida, além da cura. O papel de *individuação* dos signos estava mais claro que na Reforma clássica, assim como a ênfase comunitária e emocional. Essa é uma das razões pelas quais o batismo, símbolo de uma nova identidade individual e comunitária, desempenhou um papel mais importante que a santa ceia entre os batistas negros americanos, por exemplo. Os famosos *spirituals* dos negros testemunharam essas novas ênfases de uma expressão comunitária e emocional da fé.

O quarto modelo, cujo ponto de partida foi uma vontade de interiorizar os sacramentos, culminou não tanto em uma restrição do campo da ritualidade, mas sobretudo na extensão desse campo à pessoa, ao corpo, à vida em comunidade. Porém, trata-se de uma ritualidade bíblica, evangélica, e não social. Veremos esse fato no último tipo de sensibilidade que evocaremos aqui: o pentecostalismo.

4.5. O movimento pentecostal: um retorno à emoção

Enquanto o modelo anabatista era estritamente literalista e voltado para o interior, ao mesmo tempo para a comunidade interna e o indivíduo, o movimento pentecostal, que historicamente surge no início do século XX, também é um literalismo, porém mais emocional e extrovertido. Nesse movimento, há uma retomada longínqua do componente espiritualista do anabatismo do século XVI. Aqui, o corpóreo, a emotividade, as manifestações extáticas são encontrados em primeiro nível no ato cultual. Vimos o papel desempenhado pelo Espírito na teologia eucarística de Zwinglio e de Calvino; porém, no pentecostalismo moderno, o Espírito se tornou o princípio orgânico do culto por excelência, não somente em seu conteúdo conceitual, mas também em seu desenvolvimento. Assim como ocorria entre os quacres, o centro do culto passou a ser não a Escritura propriamente dita e a ordem litúrgica, mas, sim, a imediatez da irrupção sempre inesperada do Espírito, fora de toda instituição. Trata-se, portanto, de um biblicismo espiritualista. De fato, e isso se reveste de uma grande importância para nossa exposição, os sacramentos tradicionais (batismo com água e ceia) tenderam a perder sua importância para *outros atos simbólicos* em que a atenção se centralizou. Passou a ser valorizado o batismo com o Espírito como uma "segunda bênção", tornando-se uma experiência distinta da conversão ou da justificação. A amplitude dos "carismas" ou dons, tais como surgem no Novo Testamento (mas que os reformadores pretenderam limitar), foi restaurada: *falar em línguas* ou glossolalia (cf. At 2.4), um fenômeno extático completo que consiste em falar em uma língua estrangeira ou incompreensível; a profecia que explica ou interpreta o falar em línguas (1Co 14); os cultos voltados para a cura; a oração livre; e sobretudo o "testemunho", com que os cristãos, homens e mulheres, de qualquer origem social ou racial, narram em público sua experiência de fé. O tema central dessa perspectiva é que o Espírito "não faz acepção de pessoas" e sopra onde quer. É por isso que, em seu livro sobre as origens sociais das denominações protestantes nos Estados Unidos, Richard Niebuhr tratou da "religião dos deserdados". Hoje, o pentecostalismo é bastante ativo na América Latina, sobretudo no Chile e no Brasil, como também na África. James F. White observou que essa é a única tradição que os negros norte-americanos moldaram desde o início. O culto pentecostal representa, conforme declara White, "a mais completa democratização da participação dos fiéis" na ritualidade protestante.

4.6. Resumo

A questão da participação ativa dos fiéis está no cerne do ideal do culto e dos ritos protestantes como um todo. Para resumir nossa *tipologia*, observemos de fato que essa já era a intenção inicial de Lutero, para quem o ato cultual não deveria reservar-se ao clero, mas pertence a todo povo cristão. Em um campo paralelo, seu esforço catequético demonstrou essa convicção. Já evocamos os corais e a característica musical da sensibilidade luterana, que canta com alegria a justificação dos pecadores somente pela graça. Certamente não foi por acaso que o famoso cântico *Ein feste Burg ist unser Gott* [Castelo forte é o nosso Deus] tenha se tornado o emblema mais universal da alma protestante. E trata-se justamente de um hino que parafraseia um salmo bíblico (Salmo 46). Porém, ao longo das eras, o culto luterano se tornou tão formal que o pietismo passou a resgatar o sentido mais existencial e vivo. Hoje, o aspecto pietista da hinologia protestante ainda está presente por toda parte.

Zwinglio também desejava uma maior participação dos fiéis. Mostramos aqui que seu programa litúrgico, logo interrompido, não deu todos os frutos que poderiam ser esperados dele. Menos formalista que o luterano, o culto zwingliano se caracterizou sobretudo por sua simplicidade, por uma espécie de depuração radical da sacramentalidade ritual. O culto autêntico seria assim somente aquele que cada cristão presta em sua vida social, cívica e profissional. O culto religioso apenas o prepara. Porém, a religiosidade em si mesma acaba perdendo sua importância, e assim o resultado é uma amputação da sacramentalidade em prol somente da pregação.

Assistimos às mesmas transformações de forma geral no calvinismo. O *Consensus Tigurinus* — assim como, aliás, o Catecismo de Calvino — trata dos sacramentos como "ajudas inferiores" e, contrariamente aos desejos explícitos do reformador, a ideia de que os sacramentos e as cerimônias não passam de coadjuvantes, remédios, portanto instrumentos menos importantes, permaneceria bastante presente na mentalidade geral. Essa desconfiança congênita em relação aos ritos marcou fortemente o puritanismo. A sacramentalidade é evidentemente pedagógica, para eles, simplesmente ilustrando a verdade da Palavra. Então, o que os sacramentos nos comunicam *especificamente* que somente a pregação da Escritura não comunicaria? A teologia reformada não responde com clareza a essa pergunta.

Por outro lado, o movimento anabatista, desde o século XVI, tornou um ato ritual o batismo, pedra de toque do verdadeiro cristianismo. Além disso, no século XX, o reformado Karl Barth também se colocaria contra o pedobatismo herdado da tradição. Os batistas trazem a prova de que não se pode deixar de lado os rituais nem mesmo no protestantismo. Sejam quais forem os argumentos a favor do batismo das crianças pequenas ou contra ele (e hoje as igrejas protestantes tendem a admitir as duas práticas, o pedobatismo e o batismo de adultos), essa questão nevrálgica tem outras consequências que também são fundamentais: a essência da igreja (se é multitudinista ou composta somente de cristãos confessos); o papel do Estado, da socialidade e da história em geral; a visão de cada um acerca do ser humano, sua autonomia ou independência etc. Em muitos setores do protestantismo, não há concordância interna quanto a essas questões. Nesse sentido, precisamos desejar que um ecumenismo intraprotestante progrida e que enfim possa haver concordância sobre o sentido e a prática (ou as práticas) do batismo, como foi feito sobre a santa ceia, graças à Concórdia de Leuenberg.

Por fim, o culto pentecostal lembra que o protestantismo, em suas práticas, não é somente um fenômeno europeu, que muitas vezes é caracterizado apressadamente como algo apenas cerebral e intelectual. A realidade é bem mais complexa, e hoje, justamente com relação aos ritos, a presença do Terceiro Mundo se faz sentir um pouco por toda parte, principalmente no Conselho Mundial de Igrejas. Certamente há no pentecostalismo elementos discutíveis, sobretudo seu lado irracional, assim como a ausência de um caráter institucional e de laços com a história. Porém, gostaríamos de mostrar as transformações pelas quais passou o protestantismo em busca de outros ritos, além do batismo e da ceia, e que buscariam de fato levar em consideração o que foi chamado de corporeidade da fé.

5. Rumo à reconquista da ritualidade no protestantismo?

Em primeiro lugar, convém rediscutir a distinção estabelecida com Melâncton na *Confissão de Augsburgo* entre, de um lado, aquilo que diz respeito aos sacramentos propriamente ditos, batismo e santa ceia, e de outro, aquilo que diz respeito aos ritos. O artigo 7 apresenta uma especificação importante: "Para que haja uma verdadeira unidade na igreja, basta que se esteja de acordo quanto à doutrina do evangelho e à administração dos sacramentos. Não é necessário que por toda parte estejam presentes as mesmas tradições humanas ou os mesmos ritos ou as mesmas cerimônias de instituição humana". Assim, uma grande liberdade é estabelecida, e não precisamos objetivar a uniformidade das cerimônias. Algum tempo depois, por sua vez, Calvino desenvolveu aquilo que se chamou "princípio de acomodação" em épocas e locais diversos. Esse é o motivo pelo qual os protestantes não visaram a uma unidade exterior de tipo ritualístico.

De todo modo, uma demarcação estrita, que por fim se mostraria artificial, entre o que é um sacramento e o que é apenas rito, parece ser uma tarefa voltada para o fracasso. Podemos nos perguntar, afinal, se a Bíblia apresenta tais distinções. Por isso, Melâncton considerava a penitência seguida da absolvição como um sacramento. Da mesma forma, ele explicou na *Apologia* que, se a ordenação "for entendida a partir do ministério da Palavra, poderemos chamá-la, sem inconveniente algum, de sacramento". De todo modo, o pastor deve ser "chamado nas regras" (*rite vocatus*). O próprio Calvino hesitou em considerar um sacramento a imposição de mãos na ordenação ou na consagração, concluindo que de fato não era um sacramento, já que este deve dizer respeito a todos os cristãos.

Essas hesitações são reveladoras. Mostram que o que importa no protestantismo não é o número nem o limite exato dos sacramentos, mas, sim, o uso que se faz deles. Melâncton, que provavelmente foi o que mais levou adiante a reflexão sobre a ritualidade, escreveu de modo significativo: "Deus, *por meio tanto da palavra quanto do rito*, age nos corações para que creiam e que deles surja a fé". Recentemente, André Dumas propôs uma distinção rigorosa entre a promessa sacramental e a bênção cerimonial: o sacramento pertence fundamentalmente "à ordem da *redenção*", enquanto a cerimônia pertence principalmente "à ordem da *criação*". Nesse sentido, a consagração pastoral ou a absolvição dos pecados, e também a bênção nupcial, a confirmação, as cerimônias fúnebres, tudo isso seria uma invocação humana que pede pela bênção de Deus sobre o agir e o destino humanos.

No entanto, a tendência geral do protestantismo contemporâneo, se nos colocamos em um plano prático, tende para uma extensão da ritualidade. Para citar apenas alguns exemplos disso, assistimos hoje, mesmo entre os reformados, a um retorno aos "cultos de cura", no mesmo modelo dos *healing services* dos batistas e dos pentecostais, com imposição de mãos sobre as pessoas que pedirem e unção com óleo. A lembrança do trabalho de Johann Christoph Blumhardt (1805-1880) permaneceu no coração de muitos pastores e teólogos contemporâneos, sobretudo Eduard Thurnesey e Karl Barth. Blumhardt praticou um ministério de cura da alma e do corpo no mesmo espírito do pietismo de Wurtemberg, em Bad Boll, que ficaria marcado na mente de muitos. A *confissão* individual, seguida do ato da *absolvição*, também retorna sob as mais diversas formas, um retorno que também havia sido do desejo dos pietistas; é encontrada nos textos de Bonhoeffer, por exemplo. A *confirmação* às vezes é celebrada ao mesmo tempo que o batismo pedido pelos adolescentes. As cerimônias de envio para as missões ou de consagração também podem ser celebrações marcantes, geralmente acompanhadas da imposição de mãos. A *santa ceia* também é geralmente celebrada hoje mais que nunca, e seus componentes comunitários e festivos são mais levados em consideração; muitas vezes é estabelecido o contexto do "ágape" (refeição comunitária) que estava presente no cristianismo primitivo. Em uma palavra, os protestantes têm reencontrado uma maior plenitude de fé e ação, que inclui o corpo, o convívio, o acompanhamento dos seres humanos segundo uma abordagem holística da pessoa, alma e corpo. Esses exemplos mostram que, sem dúvida, é preciso, de um lado, referir-se a dois sacramentos, batismo e santa ceia, e, de outro, tratar de *signos* *simbólicos* ou *sacramentais* a serem praticados com discernimento, em paralelo às expectativas da comunidade. É preciso acrescentar que isso não equivale a imitar servilmente um ou outro ato praticado no cristianismo primitivo (o que se configuraria quase um biblicismo), mas, se for necessário, inventar novos atos na medida em que correspondam à cultura e às exigências de determinados tempo e lugar.

A teologia protestante, por seu lado, empreende uma reflexão a ser aprofundada: sobre os *símbolos*. Com efeito, os ritos e os sacramentos não somente ilustrariam a Palavra em uma simples redundância explicativa? Se eles não comunicam nada além da Palavra, há algo *diferente* no que fazem, como afirma Eberhard Jüngel. É esse "diferente" que é preciso agora repensar no protestantismo. Uma simples dicotomia entre a Palavra e o sacramento não mais é válida, pois a Palavra realmente nos é comunicada de várias maneiras, com o dizer e também o fazer, com a linguagem mas também o símbolo, com o intelecto mas também o corpo. Essa pluridimensionalidade da Palavra precisa ser reconquistada teologicamente com discernimento e imaginação. As pesquisas atuais sobre o símbolo mostram amplamente essas transformações, que já haviam sido antecipadas, por exemplo, por Paul Tillich.

Todo sacramento está exposto ao perigo de tornar-se demoníaco. O temor dessa demonização fez com que o protestantismo, tanto o reformado quanto o de numerosos grupos chamados de sectários, diferentemente do luteranismo, reduzisse radicalmente ou até totalmente a mediação sacramental do Espírito. O resultado foi uma intelectualização ou uma moralização da Presença Espiritual ou, como entre os quacres, uma interiorização mística. À luz da redescoberta do inconsciente no século XX, a teologia cristã pode agora considerar positivamente o calor da mediação sacramental do Espírito. Poderíamos até mesmo afirmar que uma Presença Espiritual apreendida somente pela consciência seria puramente intelectual, e não verdadeiramente espiritual. Isso significa que a Presença Espiritual não pode ser recebida sem o concurso de um elemento sacramental, por mais discreto que seja. Em linguagem religiosa, diríamos que Deus capta todos os aspectos do homem por cada um dos meios. [...] Na linguagem da teoria do simbolismo, diríamos que a matéria do sacramento não é um signo, mas, sim, um símbolo. Enquanto símbolo, essa matéria está intrinsecamente em relação com o que significa. A água, o fogo, o óleo, o pão, o vinho etc. têm qualidades inerentes que os tornam adequados para a sua função simbólica, o que faz com que sejam elementos insubstituíveis. O Espírito "utiliza" os poderes de ser da natureza para entrar no espírito do homem. Assim, não são as qualidades do elemento material que tornam os sacramentos meios da Presença Espiritual, mas, sim, o fato de que tais qualidades se prestam para a união sacramental. Essa posição exclui tanto a doutrina católica da transubstanciação, que transforma o símbolo em uma coisa manipulável, quanto a doutrina reformada, que dá ao símbolo sacramental o caráter de um signo. O símbolo sacramental não é nem uma coisa nem um signo. Ele participa da potência daquilo que simboliza, e é por isso que pode ser considerado um médium do espírito.

PAUL TILLICH, *Théologie systématique* IV: *La vie et l'Esprit* [Teologia sistemática IV: a vida e o Espírito] (1963), p. 135s.

6. As chances do protestantismo

No todo, parece que, diante da ritualidade, o protestantismo se encontra entre dois obstáculos que deve evitar. O primeiro obstáculo é o *passadismo*, a nostalgia do culto da igreja primitiva e da igreja dos primeiros séculos, como se o objetivo fosse reproduzi-los (admitindo-se que isso seja possível) sem reinterpretá-los. Trata-se do risco em que incorrem os defensores da tradição a qualquer preço, sobretudo os movimentos litúrgicos. Do lado oposto, o outro risco é o de um *carismatismo* tão forte que toda reflexão sobre as formas, a história e o princípio de realidade tende a desaparecer. Ora, a efervescência imediata sempre se depara com o problema da duração. Entre ambos os obstáculos, a ritualidade protestante afirmaria de modo positivo sua especificidade em dois aspectos: sua *simplicidade inventiva* e seus *laços com a realidade*.

Declarou-se com frequência que a simplicidade não exclui a beleza. É preciso que os protestantes resgatem o belo, a estética, a imaginação. Trata-se de uma simplicidade criadora. Ainda que os protestantes não creiam que os rituais, as cerimônias, os cultos impliquem diretamente, em sua forma ou estrutura, a salvação das almas, deverá repensar a importância humana dos ritos e daquilo que foi chamado *avènement aux formes* ("advento às formas"). Porém, não é ao hieratismo que é preciso visar, que não é nosso carisma. O culto protestante é e será sempre móvel, revisável, reformável. Em certo sentido, é preciso reinventá-lo de acordo com cada contexto humano e histórico. Em uma época de tentações de um "retorno ao religioso" acrítico, trata-se de uma grande força, já que a essência do protestantismo é a redução da distância entre o gesto ritual e o ato profético. James F. White observa com justeza que "o papel do culto protestante no contexto geral do culto cristão no seu todo é o pioneirismo".

Por outro lado, a fraqueza geralmente apontada no protestantismo quanto à sua alergia à "magia religiosa" dos gestos e dos ritos grandiosos também é sua força. De fato, a ritualidade protestante é uma ritualidade "leiga" próxima do real. Caracteriza-se, desde suas origens, pela ideia de que o essencial está em outro lugar, fora da igreja, no mundo ao qual é preciso servir, administrar, transformar. O culto autêntico é vivido por cada um em sua vida cotidiana. Há nisso como que um desencanto, efetivamente, uma lembrança de que serviço de Deus é um envio ao mundo, uma missão para o mundo. O protestantismo se ergue contra todas as formas de irrealidade religiosa. A seus olhos, a igreja deve sempre permanecer como serva da Palavra, e de uma Palavra inteligível. Assim, é uma tarefa indispensável a busca de compreensão e a transmissão dessa compreensão acerca da situação humana e histórica na qual nos encontramos. Nesse sentido, o ideal último do culto protestante é proporcionar um esclarecimento transcendente sobre a realidade, reconciliando a religião com a cultura.

Henry Mottu

▶ **História**: COURVOISIER, Jaques, *De la Réforme au protestantisme. Essai d'ecclésiologie réformée* Paris, Beauchesne, 1977; DRIANCOURT-GIROD, Janine, *Ainsi priaient les luthériens. La vie religieuse, la pratique et la foi des luthériens de Paris au XVIIe siècle*, Paris, Cerf, 1992; GANOCZY Alexandre, *Calvin, théologien de l'Église et du ministère*, Paris, Cerf, 1964; JANTON, Pierre, *Voies et visages de la Réforme au XVIe siècle*, Paris, Desclée, 1986; LIENHARD, Marc, *Martin Luther. Un temps, une vie, un message* (1983), Genebra, Labor et Fides, 1998; PITASSI, Maria-Cristina, org., *Édifier ou instruire? Les avatars de la liturgie réformée du XVIe au XVIIIe siècle*, Paris, Champion, 2000; SCHMITT, Jean-Claude, *La raison des gestes dans l'Occident médiéval*, Paris, Gallimard, 1990; STEPHENS, W. Peter, *Zwingli le théologien* (1986), Genebra, Labor

et Fides, 1999; WENDEL, François, *Calvin. Sources et évolution de sa pensée religieuse* (1950), Genebra, Labor et Fides, 1985, p. 221-271.
Sobre o culto protestante: ALLMEN, Jean-Jacques von, *Célébrer le salut. Doctrine et pratique du-culte chrétien*, Genebra-Paris, Labor et Fides-Cerf, 1984; CARBONNIER-BURKARD, Marianne, "La pratique réformée du culte de famille", *La vie spirituelle* [A vida espiritual] 149/715, 1995, p. 307-317; GAGNEBIN, Laurent, *Le culte à chœur ouvert. Introduction à la liturgie du culte reforme*, Genebra-Paris, Labor et Fides-Les Bergers et les Mages, 1992; WHITE, James F., *Protestant Worship. Traditions in Transition*, Louisville, Westminster-John Knox Press, 1989.
Pesquisas atuais: BÉLAND, Jean-Pierre, *Substance catholique et principe protestant d'après Paul Tillich*, *RHPhR* 67, 1987, p. 383-397; BELL, Catherine, *Ritual Theory, Ritual Practice*, New York-Oxford, Oxford University Press, 1992 (bibliogr.); CHAUVET, Louis-Marie, *Symbole et sacrement. Une relecture sacramentelle de l'existence chrétienne*, Paris, Cerf, 1987; DUMAS, André, "Sacrements ou cérémonies?", *Bulletin du Centre protestant d'études* 36/3-4, Genebra, 1984, p. 9-19; GISEL, Pierre, *Sacrements et ritualité en christianisme. 125 propositions*, Genebra, Labor et Fides, 2004; KÜHN, Ulrich, *Sakramente*, Gütersloh, Mohn, 1985; "Concorde entre Églises issues de la Réforme en Europe (Concorde de Leuenberg)", *Positions luthériennes* 21, 1973, p. 182-189; LEENHARDT, Franz J., *Parole visible. Pour une évaluation nouvelle du sacrement*, Neuchâtel, Delachaux et Niestlé, 1971; MOTTU, Henry, "Les sacrements selon Karl Barth et Eberhard Jüngel", *Foi et Vie* 88/2, 1989, p. 33-55; Idem, *Le geste prophétique. Pour une pratique protestante des sacrements*, Genebra, Labor et Fides, 1998; RENARD, Jean-Bruno, "Les rites de passage: une constante anthropologique", *ETR* 61, 1986, p. 227-238; TILLICH, Paul, *Théologie systématique* IV: *La vie et l'Esprit* (1963), Genebra, Labor et Fides, 1991; Idem, *Substance catholique et principe protestant* (1929-1965), Quebec-Paris-Genebra, Presses de l'Université Laval-Cerf-Labor et Fides, 1996; WENZ, Günther, *Einführung in die evangelische Sakramentenlehre*, Darmstadt, Wissenschaftliche Buchgesellschaft, 1988.

▷ Apresentação; atos pastorais; batismo; casamento; ceia; **comunicação**; Concórdia de Leuenberg; confirmação; confissão de pecados; consagração; culto; cura; delegação pastoral; **ecumenismo**; espiritualidade; excomunhão; festas; **igreja**; imposição de mãos; liturgia; ministérios; **pastor**; pentecostalismo; Reforma radical; sacramentários; sacramento; **seitas**; serviços fúnebres; símbolo; unção dos enfermos

RITSCHL, Albrecht (1822-1889)

Nascido em Berlim, estudou teologia em Bonn e em Halle. Em 1846, bastante influenciado na época por Ferdinand Christian Baur, tornou-se *privat-docent* em Bonn; em 1852, foi nomeado professor extraordinário e, em 1859, professor ordinário. Em 1869, foi chamado para Göttingen, onde ensinou até sua morte, em 1889. A teologia de Ritschl mescla teses históricas, ênfases sistemáticas e intenções práticas com uma justificação do cristianismo que leva em conta o surgimento da modernidade, que deu origem a uma "escola", mesmo em uma época em que foi objeto de vigorosas contestações por parte de seus contemporâneos. Para Ritschl, a origem da ideia do Reino de Deus na pregação de Jesus é historicamente autêntica; é essa ideia que funda tanto a autonomia do cristianismo como religião (graças à doutrina dos "julgamentos de valor") quanto sua capacidade de formular um sistema de regras éticas, correlacionando o objetivo próprio (*Selbstzweck*) e o objetivo final (*Endzweck*). Em sua obra principal *Die christliche Lehre von der Rechtfertigung und Versöhnung* (1870-1874, 3 vols. Bonn, Marcus, 1888-1889), Ritschl retomou essa ideia fundamental de Lutero e a desenvolveu recorrendo a Kant. Essa prudente modernização do protestantismo contou com adeptos eminentes, como Wilhelm Herrmann e Adolf von Harnack; por outro lado, esse modo de proceder pareceu suspeito para a "teologia dialética", que viu nisso um aburguesamento do evangelho. Atualmente, reconhecemos com mais clareza o significado funcional da teologia de Ritschl.

Dietrich Korsch

▶ RITSCHL, Albrecht, *Die christliche Vollkommenheit* (1874), Göttingen, Vandenhoeck & Ruprecht, 1889; Idem, *Unterricht in der christlichen Religion* (1875, 1881, 1886), org. por Christine AXT-PISCALAR, Tübingen, Mohr Siebeck, 2002; Idem, *Geschichte des Pietismus* (1880-1886), 3 vols., Berlim, Walter de Gruyter, 1966; Idem, *Kleine Schriften*, org. por Frank HOFMANN, Waltrop, Spanier, 1999; GISEL, Pierre, KORSCH, Dietrich e TÉTAZ, Jean-Marc, orgs., *Albrecht Ritschl. La théologie en modernité: entre religion, morale et positivité historique*, Genebra, Labor et Fides, 1991; HOFMANN, Frank, *Albrecht Ritschls Lutherrezeption*, Gütersloh, Gütersloher Verlagshaus, 1998; KORSCH, Dietrich, *Glaubensgewißheit und Selbstbewußtsein*, Tübingen, Mohr, 1989; NEUGEBAUER, Matthias,

Lotze und Ritschl. Reich-Gottes-Theologie zwischen nachidealistischer Philosophie und neuzeitlichem Positivismus, Frankfurt, Lang, 2002; SCHÄFER, Rolf, *Ritschl. Grundlinien eines fast verschollenen Systems*, Tübingen, Mohr, 1968; TIMM, Hermann, *Theorie und Praxis in der Theologie Albrecht Ritschls und Wilhelm Herrmanns*, Gütersloh, Mohn, 1967; WITTEKIND, Folkart, *Geschichtliche Offenbarung und die Wahrheit des Glaubens. Der Zusammenhang von Offenbarungstheologie, Geschichtsphilosophie und Ethik bei Albrecht Ritschl, Julius Kaftan und Karl Barth (1909-1916)*, Tübingen, Mohr Siebeck, 2000; ZELGER, Manuel, *Modernisierte Gemeindetheologie. Albrecht Ritschl 1822-1889*, em Friedrich Wilhelm GRAF, org., *Profile des neuzeitlichen Protestantismus*, t. II/1, Gütersloh, Mohn, 1992, p. 182-204.

● **Deus**; Göttingen (Universidade de); Harnack; Herrmann; Holl; kantismo (neo); *Kulturprotestantismus*; liberalismo teológico; **liberdade**; Lobstein; neoprotestantismo; Pfleiderer; ritschliana (escola); Seeberg; Troeltsch; Weiß

RITSCHLIANA (escola)

A escola de Albrecht Ritschl não surgiu de seu ensino acadêmico, mas foi fruto do sucesso literário que sua obra principal obteve, *Die christliche Lehre von der Rechtfertigung und Versöhnung* (1870-1874, 3 vols. Bonn, Marcus, 1888-1889). No trabalho teológico de Ritschl, a combinação de três elementos foi o que o tornou o líder de uma escola teológica para toda uma geração: 1) com base em uma abordagem histórico-positivista, Ritschl associou o conceito de reino de Deus, que considerava o cerne da pregação de Jesus, ao princípio que preside à construção dogmática para uma orientação ética. Dessa maneira, ele pareceu rejeitar a fundação da teologia sobre os sentimentos (Schleiermacher), sobre a especulação (Hegel) e sobre um estreito confessionalismo luterano; 2) ele sustentava essa concepção histórica, dogmática e ética com um kantismo bastante grosseiro, que opunha o espírito à natureza e a ética à metafísica; 3) a estrutura de sua teologia enfatizava a dimensão prática da religião, conferindo um lugar central à comunidade cristã.

Essas razões encontraram um eco bem além dos limites do campo linguístico de fala alemã e bem além das fronteiras das disciplinas teológicas. Dentre os teólogos que na Alemanha estavam próximos de Ritschl, mencionaremos Bernhard Stade (1848-1906), professor de Antigo Testamento em Giessen, Hermann Schultz (1836-1903), professor de Antigo Testamento e teologia sistemática em Göttingen, os historiadores da igreja Theodor Brieger (1842-1935) e Adolf von Harnack (1851-1930), os sistemáticos Wilhelm Herrmann (1846-1922), Julius Kaftan (1848-1936) e Ferdinand Kattenbusch (1851-1935), o practólogo Johannes Gottschick (1847-1907). A escola de Ritschl criou revistas teológicas influentes, e algumas delas são importantes até hoje. Na francofonia, Ritschl teve uma participação importante na elaboração do programa teológico da escola símbolo-fideísta na Faculdade de Teologia Protestante de Paris (cf. Auguste Sabatier). Com uma série de obras, Paul Lobstein fez com que frutificassem os princípios da teologia ritschliana. Por fim, a teologia de Ritschl deu o tom até os anos 1930 na Faculdade de Teologia da Universidade de Lausanne: a publicação da *Revue de théologie et de philosophie* [Revista de teologia e filosofia] representou, até 1915, o porta-voz dessa tendência no mundo teológico de fala francesa.

No entanto, a síntese ritschliana não demorou para sofrer decomposições; a abordagem histórico-crítica (escola da história das religiões, de Ernst Troeltsch) e a doutrina dogmática positiva (Julius Kaftan) se lhe opuseram, e essa tensão permanece até hoje irresoluta. Ainda que, nos anos 1920, a "teologia dialética" se destacasse demonstrativamente da teologia de Ritschl, essa teologia também tomou para si tanto as problemáticas quanto as tendências presentes na elaboração da síntese ritschliana: cristocentrismo da revelação, reino de Deus e ênfase na comunidade.

Dietrich Korsch

▶ HARNACK, Adolf von, *Ritschl und seine Schule* (1897), em *Reden und Aufsätze* II, Giessen, Ricker, 1904, p. 345-368; MACKINTOSH, Hugh Ross, *The Development of the Ritschlian School* (1914), em *Some Aspects of Christian Belief*, Londres, Hodder and Stoughton, 1923, p. 156-176; RADE, Martin, *Ritschlianer*, em *RGG*, t. IV, 1913, col. 2334-2338; REYMOND, Bernard, *Lectures et réception de Ritschl parmi les francophones*, em Pierre GISEL, Dietrich KORSCH e Jean-Marc TÉTAZ, org., *Albrecht Ritschl. La théologie en modernité: entre religion, morale et positivité historique*, Genebra, Labor et Fides, 1991, p. 183-209 (bibliogr.); RICHMOND; James, *Ritschl. A Reappraisal*, Londres, Collins, 1978; SCHOEN, Henri, *Les origines historiques de la théologie de Ritschl*, Paris, Fischbacher, 1893; TROELTSCH, Ernst, "Regard rétrospectif sur un demi-siècle de science théologique" (1909, 1932), em *Histoire des religions et destin de la théologie. Oeuvres* III, Paris-Genebra, Cerf-Labor et Fides, 1996, p. 245-274; WEINHARDT, Joachim, *Wilhelm Herrmanns Stellung in der Ritschlschen Schule*, **Tübingen, Mohr, 1996.**

◉ Dogma; Harnack; Herrmann; historicismo; Kaftan; kantismo (neo); Lobstein; metafísica; Naumann; Rade; religiões (escola de história das); revistas protestantes; Ritschl; Sabatier A.; Schleiermacher; símbolo-fideísmo; "teologia dialética"; Troeltsch

RIVIER, Louis (1885-1963)

Pintor valdense, Rivier atuou fundamentalmente no cantão de Vaud, mas também em dois templos parisienses, o antigo templo reformado de Auteuil e o templo luterano da Redenção. Foi um dos representantes mais típicos, na primeira metade do século XX, do desejo de reinserir pinturas figurativas nos templos reformados. Ele escreveu por volta de 1915: "Praticamente por toda parte, estamos cansados da sala fria e de uma expressão caricatural demais do espírito reformado [...]. A arte precisa penetrar de fato na igreja". Resolutamente alheio e até hostil à estética de vanguarda de todo tipo, Rivier quis uma pintura legível por completo, que se aproxima das telas dos pré-rafaelitas, sem no entanto estar ligada a nenhuma escola. Sua obra mais marcante é a do templo Saint-Jean de Cour (1915), em Lausanne; nessa construção, são de sua autoria as pinturas, os vitrais (bastante aparentados com o Art Nouveau) e até mesmo a mobília.

Bernard Reymond

▶ DONCHE GAY, Sophie, *Les vitraux du XXe siècle de la càthédrale de Lausanne. Bille, Cingria, Clément, Poncet, Ribaupierre, Rivier*, Lausanne, Payot, 1994; GAMBONI, Dario, *Louis Rivier (1885-1963) et la peinture religieuse en Suisse romande*, com contribuições de Antoine BAUDIN e de Claire HUGUENIN, Lausanne, Payot, 1985 (catálogo de exposição); Idem, "Route ouverte, route barrée: l'art d'Église protestant", em Collectif de recherches de l'Université et des musées lausannois, *19-39. La Suisse romande entre les deux guerres. Peinture, sculpture, art religieux, architecture, céramique, photographie, littérature, musique, cinéma, radio, théâtre, fêtes*, Lausanne, Payot, 1986, p. 73-81; Idem e MORAND, Marie Claude, "Le 'renouveau de l'art sacré'. Notes sur la peinture d'église en Suisse romande, de la fin du XIXe siècle à la Seconde guerre mondiale", *Nos monuments d'art et d'histoire* 36, 1985, p. 75-86.

◉ Arte

ROBINSON, John Arthur Thomas (1919-1983)

Bastante apreciado por suas obras de exegese do Novo Testamento, Robinson se tornou bispo anglicano de Woolwich e logo descobriu a extensão do marasmo intelectual e espiritual que atingiu a igreja: ela cavou o fosso que a separa do mundo, enquanto o evangelho apresenta o mundo como a única cena em que se desenvolve a fé. Em um estilo menos contestatório que de protesto, no sentido original do termo protestação, Robinson apresenta suas ideias em um livro que ficou menos conhecido por seu radicalismo que pela simplicidade evangélica de sua argumentação. O título francês dessa obra, *Dieu sans Dieu* [Deus sem Deus], é mais ousado que o original, *Honest to God,* expressão corrente que, diferentemente de seu equivalente, "Deus seja minha testemunha", evoca Deus, mas não garante sua existência. No rastro de Bultmann (demitologização), Tillich (Deus como o fundo do Ser ou Deus acima de Deus) ou ainda o Bonhoeffer da última fase (um mundo maior), Robinson reafirma que nas Escrituras nada é tão simbólico quanto o literal. Preconizando uma transformação fundamental da linguagem da fé, defendeu uma revelação sem religião, que para ele está oposta ao afadigamento de uma religião sem revelação a que chegam tanto o magma de crenças caducas (pois se despojaram de todo caráter simbólico) quanto, pela mesma razão, a profusa descrença de um mundo que se tornou inapto para a fé.

Gabriel Vahanian

▶ ROBINSON, John A. T., *Le corps. Étude sur la théologie de Saint Paul* (1957), Lyon, Chalet, 1966; Idem, *Dieu sans Dieu* (1963), Paris, Nouvelles éditions latines, 1964; Idem, *Morale chrétienne aujourd'hui* (1964), Paris, L'Epi, 1968; Idem, *La nouvelle réforme* (1965), Neuchâtel, Delachaux et Niestlé, 1966; Idem, *Ce que je ne crois pas* (1967), Paris, Grasset, 1968; Idem, *La différence du chrétien aujourd'hui* (1972), Paris, Seuil, 1974; Idem, *Redater le Nouveau Testament* (1976), Paris, Lethielleux, 1987; KEE, Alistair, *The Roots of Christian*

Freedom. The Theology of John A. T. Robinson, Londres, SPCK, 1988; SLEE, Colin, org., *Honest to God. Forty Years On*, Londres, SCM Press, 2004.

○ Bonhoeffer; Bultmann; demitologização; teologia da morte de Deus; Tillich

ROCARD, Michel (1930-)

Político francês. Entre o jovem inspetor geral de finanças protestatário, que deixou a Seção Francesa da Internacional Operária (SFIO) em 1957 por ocasião dos acontecimentos da Guerra da Argélia para fundar o Partido Socialista Unificado (PSU), e o primeiro-ministro (1988-1991) pragmático que obrigou os socialistas a certo realismo e estabeleceu acordos sobre a Nova Caledônia, o que permaneceu em comum foi a tensão mantida entre uma ética de convicção e uma ética de responsabilidade, recebida de Max Weber através de Paul Ricoeur. Rocard sempre buscou tomar decisões movido por convicções finais, mas desconfiando das convicções excessivamente parciais ou unilaterais, nos momentos em que a responsabilidade deveria demonstrar uma inteligência que engloba o todo e uma noção do tempo em que o agir está inserido. Seu pessimismo em relação à natureza humana manteve uma característica bastante calvinista. Arauto da "segunda esquerda" (social-democrata, e não marxizante), defensor do estado de direito, da ética individual e do diálogo social, bastante apegado ao projeto europeu, Rocard, como escreve o politólogo Alain Duhamel no jornal *Libération* do dia 17 de junho de 1994, é produto de "uma cultura tipicamente calvinista em uma frança mais católica do que pensa ser".

Olivier Abel

▶ ROCARD, Michel, *Parler vrai. Textes politiques précédés d'un entretien avec Jacques Julliard*, Paris, Seuil, 1979; Idem, *Le coeur à l'ouvrage*, Paris, Odile Jacob, 1987; Idem, *Un pays comme le nôtre. Textes politiques 1986-1989*, Paris, Seuil, 1989; Idem, *Éthique et démocratie*, Genebra, Labor et Fides, 1996; Idem, *Si la gauche savait. Entretiens avec Georges-Marc Benamou*, Robert Laffont, 2005; "Chrétien social et militant politique. Interview de Michel Rocard", por Jean BAUBÉROT, em *Itinéraires socialistes chrétiens*, Genebra, Labor et Fides, 1983, p. 137-146; SANTINI, Sylvie, *Michel Rocard. Un certain regret*, Paris, Stock, 2005.

○ Cristianismo social/socialismo cristão; **política**

ROCHELLE (La)

Antiga capital da Aunis e porto do Atlântico, dotada desde o ano 1175 de uma carta de comuna e, nos séculos seguintes, de privilégios políticos, fiscais e alfandegários consideráveis que favoreceram sua independência e sua prosperidade, La Rochelle foi ganha para a Reforma nos anos 1560. Tornou-se um grande centro intelectual e religioso, abrigando o sínodo de 1571 em que foi adotado o texto definitivo da *Confissão de La Rochelle*. Durante as guerras de religião, foi a verdadeira capital do Partido Protestante. Em 1598, com o Edito de Nantes, a cidade se tornou um dos espaços mais fortes de segurança concedido aos huguenotes. A constante preocupação com a defesa da fé, associada a liberdades políticas e privilégios econômicos, fez com que a cidade se opusesse constantemente, e muitas vezes sem sucesso, a um poder real cada vez mais centralizador. O cerco de 1627-1628, em que resistiu contra o rei Luís XIII, pôs fim a sua autonomia e apressou o declínio do protestantismo francês: devastada pela fome após uma resistência desesperada que havia durado quase 14 meses, La Rochelle perdeu 2/3 de seus habitantes. A partir de então, o número de protestantes da cidade não deixou de diminuir: houve expulsões nos anos 1661-1662 e partidas clandestinas após a Revogação do Edito de Nantes. No entanto, aqueles que ficaram após uma abjuração aparente em 1685 (negociantes, armadores) contribuíram amplamente para a expansão de uma cidade que obtinha seu sustento do comércio marítimo. Até meados do século XX, La Rochelle apresenta a fisionomia original de uma cidade em que, apesar de seu número restrito, os protestantes exerceram uma influência certeira na economia, na política, no plano social e também religioso.

Olga de Saint-Affrique

▶ DELAFOSSE, Marcel, org., *Histoire de La Rochelle*, Toulouse, Privat, 2002; DESGRAVES, Louis e DROZ, Eugénie, *L'imprimerie à La Rochelle*, 3 vols., Genebra, Droz, 1960; FORLACROIX, Élisabeth, *L'Église réformée de La Rochelle face à la Révocation*, 3 vols., Lille, Presses universitaires du Septentrion, 2001; *La Rochelle, capitale atlantique, capitale huguenote*, Paris, Éditions du patrimoine, 1998; LA VEAU, Claude, *Le monde rochelais des Bourbons à Bonaparte*, La Rochelle, Rumeur des âges, 1988; RAMBEAUD, Pascal, *De La Rochelle* vers l'Aunis. L'histoire des réformés et de leurs Églises dans une province française au XVIᵉ siècle, Paris, Champion, 2003; ROBBINS, Kevin C., City on the Ocean Sea: La Rochelle, 1530-1650. Urban Society, Religion, and Politics on the French Atlantic Frontier, Leiden, Brill, 1997; TROCMÉ, Étienne, "L'Église de La Rochelle jusqu'en 1628", BSHPF 90, 1952, p. 133-199; VRAY, Nicole, La Rochelle et les protestants du XVIᵉ au XXᵉ siècle, La Crèche, Geste, 1999.

● Confissão de La Rochelle; Edito de Nantes (e Revogação do); França; guerras de religião

ROMA

Sede do papado e do Estado do Vaticano (após os acordos de Latrão acertados em 1929 entre a Santa Sé e a Itália, esse Estado, o menor do mundo, está submetido somente à autoridade do papa), é a capital da Itália desde 1870. Por suas grandes instituições pontifícias de ensino e pesquisa (*Pontificio istituto bíblico*, *Gregorianum*, *Anselmianum*, *Latheranum*, *Camillianum* etc., a que podemos acrescentar a Biblioteca do Vaticano) e certas regulamentações internas, Roma é o lugar por excelência de formação dos teólogos católicos do mundo inteiro. Desde 1921, Roma também é a sede da Faculdade Valdense de Teologia, único instituto da Itália do tipo universitário (mas não estatal) para o estudo da teologia protestante. A biblioteca da faculdade, composta de 80 mil volumes, é um lugar precioso para pesquisa histórica e teológica sobre o protestantismo.

Ermanno Genre

● Catolicismo; faculdades de teologia latinas europeias; Itália; papado

ROMANTISMO

Na França do século XVII e na Inglaterra do século XVIII, o adjetivo "romântico" exprime o romanesco, a fantasia, o sentimento ou a profundidade de pensamento, em oposição a um ideal de racionalidade. Na Alemanha, o romântico significa simplesmente o próprio ser da literatura. Também serve para caracterizar a Idade Média (August Wilhelm [1767-1845] e Friedrich Schlegel [1772-1829]). Nos anos 1830, o romantismo se tornou na Alemanha um conceito aplicado a uma época na história da literatura (Heinrich Heine, *L'école romantique* [A escola romântica] [1836], Paris, Cerf, 1997). Os termos *romantisme* em francês, *romanticismo* em italiano e *romanticism* em inglês correspondem aproximadamente ao conceito alemão de romantismo, enquanto a palavra *romantizism* (russo) caracteriza geralmente o romantismo da Europa oriental.

Do final do século XVIII até meados do século XIX, o romantismo foi uma corrente cultural de renovação da arte, da literatura e da *Weltanschauung* que atingiu toda a Europa. Poetas da sentimentalidade (o inglês Samuel Richardson [1689-1761], filósofos (Jean-Jacques Rousseau [1712-1778]), poetas e estéticos do gênio pessoal (p. ex., Anthony Ashley Cooper, terceiro conde de Shaftesbury [1671-1713]) foram seus precursores. Na Alemanha, o movimento *Sturm und Drang* (1770-1790) [Tempestade e Ímpeto], corrente literária preparada por Johann Georg Hamann (1730-1788) e sobretudo por Johann Gottfried Herder (1744-1803), abriu caminho para o romantismo. Também devemos mencionar o filósofo alemão Friedrich Heinrich Jacobi (1743-1819).

Apesar dos ritmos diferentes de desenvolvimento e das numerosas particularidades nacionais, as comunidades europeias se reúnem sob o romantismo. Na Alemanha, o primeiro grupo de românticos foi constituído em Iena, em 1798 (*Frühromantik*). Na França, *De l'Allemagne* [Da Alemanha] (1813, 2 vols., Paris, Flammarion, 1998-1999), de madame de Staël, impôs o termo "romântico" em oposição a "clássico", e o uso do termo "romântico" passou a restringir-se ao período da Restauração (1814-1830). *Préface de Cromwell* [Prefácio a Cromwell] (1827, Paris, Larousse, 2001), de Victor Hugo (1802-1885), representou o ponto alto da querela romântica francesa. Ainda que tenha caracterizado sobretudo a literatura (e aqui devem ser citados, entre outros, os alemães Johann Paul Friedrich Richter, dito Jean-Paul [1763-1825], os irmãos Schlegel, Friedrich Von Hardenberg, dito Novalis [1772-1801], Friedrich Hölderlin [1770-1843] ou o inglês William Blake [1757-1827]), o termo "romantismo" por vezes também foi aplicado à música e à pintura (cf. o alemão Caspar David Friedrich [1774-1840] ou o suíço Johann Heinrich Füssli [1741-1825]), às ciências do espírito (onde o idealismo alemão tem raízes), às ciências sociais, às ciências da natureza e à medicina. Uma reinterpretação e uma nova forma da poesia, uma apreensão mitificada da natureza e uma compreensão organológica do Estado e da sociedade modificaram as categorias da estética, da teoria do conhecimento e da sociologia, em comparação com o classicismo e da *Aufklärung*. No entanto, o surgimento do romantismo não significou uma ruptura radical com a *Aufklärung*. As antíteses das pesquisas mais antigas estão hoje ultrapassadas. Na França, o romantismo jamais esqueceu a herança classicista.

Em 1799, Friedrich Schleiermacher publicou *Sobre a religião: discursos aos seus menosprezadores eruditos* (São Paulo, Novo Século, 2000). Em seguida, François René de Chateaubriand (1768-1848) publicou, em 1802, sua obra *Génie du christianisme* [O gênio do cristianismo] (Paris, Gallimard, 1978). Partindo de considerações diferentes, ambos os autores perseguiram os mesmos objetivos: a revivificação da religião pela "contemplação do universo" (Schleiermacher) ou pela redescoberta do "código cristão" (Chateaubriand). *Sobre a religião* e *Gênio do cristianismo* foram o ponto de partida para a modernidade teológica. Os românticos ingleses (Samuel Taylor Coleridge [1772-1834]) também aspiraram a uma nova compreensão da religião. O romantismo exerceu os mesmos efeitos tanto sobre católicos quanto sobre protestantes. Os movimentos de Avivamento na Europa e na América do Norte receberam muitos impulsos do romantismo. No plano político, o romantismo influenciou cristãos conservadores e cristãos liberais. Na França, o "movimento romântico" é parte integrante da tradição cultural nacional, enquanto, em outros países, constituiu-se como uma época específica da história literária e cultural. No Império Alemão, após uma interpretação errônea de muitas de suas ideias, o romantismo conheceu um ressurgimento, o neorromantismo, que influenciou os debates populares sobre a religião e a *Weltanschauung* do final do século XIX. Associadas principalmente a Schleiermacher, as ideias românticas se perpetuaram na teologia do século XX.

Kurt Nowak

▶ BARBÉRIS, Pierre, *Chateaubriand. Une réaction au monde moderne*, Paris, Larousse, 1976; BEHLER, Ernst e HÖRISCH, Jochen, orgs., *Die Aktualität der Frühromantik*, Paderborn, Schöningh, 1987; FARINELLI, Arturo, *Il romanticismo nel mondo latino*, 3 vols., Turim, Bocca, 1927; LACOUE-LABARTHE, Philippe e NANCY, Jean-Luc, orgs., *L'absolu littéraire. Théorie de la littérature du romantisme allemand*, Paris, Seuil, 1978; MANDELKOW, Karl Robert, *Europäische Romantik* I (*Neues Handbuch der Literaturwissenschaft XIV*), Wiesbaden, Athenaion, 1982; PETER, Klaus, org., *Romantikforschung seit 1945*, Königstein, Verlagsgruppe Athenäum, Hain, Scriptor, Hanstein, 1980; PEYRE, Henri, *Qu'est-ce que le romantisme?*, Paris, PUF, 1971.

◉ **Arte**; astrologia; Böhme; **ecologia**; estética; Friedrich; **Füssli; Goethe; Jacobi; Jesus (imagens de); literatura**; Mörike; Müller F. M.; **música**; Novalis; pietismo; **razão; Sand; Schelling**; Schiller; Schleiermacher; Staël; **superstição**.

ROMÊNIA

O cristianismo se expandiu na Romênia no final do século IX. A igreja romena, que adotava a liturgia eslava, foi anexada aos bispados ortodoxos da Bulgária. A invasão otomana desde o final do século XIV até o início do século XVI pôs sob o domínio do Império Turco os dois principados da Moldávia e da Valáquia, assim como o principado da Transilvânia, antes dependente do Reino da Hungria. Se no século XVI o protestantismo, tanto sob sua forma luterana ou calvinista quanto antitrinitária, encontrou eco na Transilvânia, sobretudo entre os alemães ("saxões") e os siculas (de ascendência turco-magiar), a população romena da Transilvânia não foi atingida de modo algum: para o benefício desde o século XV de dois bispados ortodoxos que dependiam dos metropolitanos da Moldávia e da Valáquia, permaneceu ortodoxa. Outras tentativas de apresentar a Reforma aos principados moldávios e valáquios foram infrutíferas, como a de Jacobus Basilicus Heraclides (?1520-1563) que, depois de adotar para si as ideias da Reforma, esteve em contato com Filipe Melâncton e Jean Laske e em seguida se tornou príncipe da Moldávia em 1561. Apesar da recusa que enfrentou, a Reforma suscitou uma abundante literatura religiosa e polêmica que favoreceu o desenvolvimento da língua romena.

No século XVII, a Igreja Ortodoxa foi influenciada pela Grécia dos fanariotas, famílias bizantinas que participaram da administração do Império Otomano e que, em contato com a cultura ocidental, adotaram as ideias das Luzes. Isso representou uma abertura para a cultura ocidental. Porém, em 1697 a igreja precisou enfrentar a cisão dos bispos ortodoxos da Transilvânia, que proclamaram uma união com Roma e constituíram a Igreja Católica Uniata de rito bizantino. Muitos bispos moldávios e valáquios tomaram partido dessa união. Sob o impulso dos húngaros e dos transilvanos, houve novas tentativas de introduzir o protestantismo na Romênia no século XVII, porém a igreja do país permaneceu estrangeira e bastante minoritária.

O Estado Romeno foi fundado no ano 1859, mas foi somente em 1885 que o patriarcado ecumênico de Constantinopla reconheceu a autocefalia da Igreja Ortodoxa Romena, concluindo assim o processo de independência. Em 1920, a anexação da Transilvânia pela Romênia foi confirmada através do Tratado de Trianon. Em todas as igrejas, tanto ortodoxas quanto protestantes, agrupamentos são operados para resultar em apenas uma igreja de cada confissão, e em 1923 a Igreja Ortodoxa foi declarada a religião do Estado. Em 1947, o rei Miguel foi forçado a abdicar, o que pôs fim à monarquia. Assim, foi proclamada a República Romena, comunista. A partir dos anos 1950, a Romênia tentou se afastar da União Soviética. Quando chegou ao poder, em 1965, Nicolau Ceausescu (1918-1989) estabeleceu uma verdadeira autocracia, fundada no nepotismo. A Romênia foi cortada do restante do mundo, e as minorias étnicas (húngaros, alemães, ciganos) foram submetidas a fortes pressões para assimilar a cultura e a língua romenas. A Igreja Ortodoxa (por volta de 75% da população) foi a menos prejudicada pelo contexto político. Já a Igreja Católica Uniata foi suprimida à força pelo governo comunista, em 1948, que promoveu a tese da autodissolução dos uniatas e sua integração na Igreja Ortodoxa Romena. Na verdade, ela subsistiu clandestinamente. Os católicos romanos de rito latino, grupo composto fundamentalmente de húngaros da Transilvânia, só representam 6% da população. A comunidade protestante da Romênia (menos de 8%) se caracteriza por sua diversidade habitual. Além das igrejas históricas transilvanas — reformada, luterana, unitarista —, surgiram comunidades do tipo evangélico ou pentecostal associadas a missões exteriores, que experimentam um crescimento bastante forte. Um dos aspectos impulsionadores de tal crescimento é a presença de programas de evangelização pelo rádio.

Lucie Kaennel

▶ RÉVÉSZ, Imre, *L'influence du calvinisme sur la Réforme hongroise*, BSHPF 84, 1935, p. 91-103; Idem, *La Réforme et les Roumíains de Transylvanie*, Budapeste, Stemmer, 1937; Idem, RAVASZ, László e KOVÁTZ, J. István, *Hungarian Protestantism. Its Past, Present and Future*, Budapeste, Bethlen Gábor, 1927.

◉ Hungria; Ortodoxa (Igreja Oriental); unitarismo

ROQUES, Pierre (1685-1748)

Pastor da Igreja Francesa de Basileia, Pierre Roques publicou, entre outras obras, *Le pasteur évangélique, ou essais sur l'excellence et la nature du saint ministère* [O pastor evangélico, ou ensaios sobre a excelência e a natureza do santo ministério] (Basileia, 1723), que em francês é a mais importante teologia pastoral do século XVIII. Discípulo de Ostervald, deu forma ao que o famoso mestre de Neuchâtel só tinha ensinado nessa área; na verdade, a teologia pastoral de Ostervald é um texto publicado de sua própria vontade por alguns estudantes, com base em anotações de aula. Nesse contexto, o pastor é como um modelo de moralidade cuja tarefa fundamental é estimular sem cessar os membros de sua igreja a progredir no caminho da virtude.

Bernard Reymond

◉ Ostervald; **pastor**

ROSA DE LUTERO

Se a cruz huguenote realmente se tornou, desde o final do século XIX, a insígnia dos reformados, sobretudo no mundo de língua francesa, a Rosa de Lutero não foi imposta de modo tão emblemático no mundo luterano, talvez por ser menos visualizada. Sua imagem é encontrada principalmente em antigas edições da Bíblia ou em publicações de cânticos. Já em 1519, Lutero retoma a rosa de cinco pétalas, que ele complementa e para a qual propõe uma reinterpretação, com o fim de torná-la um selo que passou a enfeitar as páginas de título de algumas obras de sua autoria. Em uma carta do dia 8 de julho de 1530 (*WA Br* 5, 444s, número 1628), escrita em meio à solitude do Castelo de Coburgue, onde, banido do império, ele esperava a decisão da Dieta de Augsburgo, o reformador de Wittenberg explica de que maneira essa rosa é um resumo de sua teologia. No centro está uma cruz negra que lembra que somente a fé em Cristo crucificado justifica e salva. A cruz é negra para mostrar a necessidade da morte pela qual o cristão deve passar; no entanto, a cruz não mata, mas vivifica, e por essa razão o coração que envolve a cruz mantém a cor vermelha natural. A fé que nos proporciona alegria, consolação e paz nos faz repousar em uma rosa branca, cor dos espíritos e dos anjos, não vermelha, pois não se trata de uma felicidade segundo o mundo. A cor de fundo, azul-celeste, significa que a alegria que advém da fé é um penhor da felicidade por vir, ainda invisível, apontando para a esperança. Há um anel de ouro que circula o campo em azul, mostrando que a felicidade celeste não terá fim e que é o bem mais estimável, assim como o ouro, metal precioso inalterável.

Em uma de suas conversas à mesa (*WA Tr* 3, 315, número 3436), Lutero elucidou de modo mais conciso o mistério de seu selo:

O círculo	significa	a perfeição
A rosa		a alegria
O coração		a cruz
Do coração		sob a cruz.

Por vezes, pode ser encontrado um dístico em torno da Rosa de Lutero: *Des Christen Herz auf Rosen geht, Wenn's mitten unterm Kreuze steht* ("O coração do cristão está estendido sobre rosas quando repousa aos pés da cruz").

Lucie Kaennel

ROSA-CRUZ

Entre 1614 e 1616 foram publicados na Alemanha três misteriosos textos: *Fama Fraternitatis*, *Confessio Fraternitatis* e *Noces Chymiques*, de Christian Rosencreuz. Era uma divulgação de uma tal Fraternidade Rosa-cruz. Na verdade, esses textos se originavam de um grupo de jovens teólogos, o cenáculo de Tübingen, que contestavam a ortodoxia seca da Igreja Luterana, inspirados principalmente pelo místico Johann Arndt (1555-1621). O principal protagonista da história foi o pastor Johann Valetin Andreae (1586-1654), neto de um dos redatores da *Fórmula de concórdia* de 1580, Jacob Andreae (1528-1590). A associação entre a rosa e a cruz, que Jacob Andreae já havia inserido no brasão de sua família, não deixa de lembrar o selo de Lutero.

Influenciada pelas utopias de Thomas Morus (1477/78-1535) e Tommazo Campanella (1568-1639), próxima das concepções alquímicas e científicas de Paracelso (1493-1541), opondo-se a toda forma de institucionalização da religião e equiparando dessa maneira protestantes e católicos, a Rosa-cruz de fato só existiu de um modo verossímil na mente e nas aspirações de Andreae e seus amigos. A partir de 1616, o próprio Andreae não deixava de afirmar que se tratara na verdade de uma farsa. Porém, inúmeros foram os que acreditaram na existência real desses misteriosos iniciados e criaram círculos rosacrucianos na Alemanha, nos Países Baixos e na Inglaterra. Convém aqui distinguir os grupos que realmente existiram, qualificados como "rosacrucianos", e os místicos rosa-cruzes originais.

Com frequência se admite que os rosacrucianos ingleses foram integrados desde meados do século XVII às lojas maçônicas, que em 1717 dariam origem à francomaçonaria moderna. Assim, o esoterismo maçônico viria dessa fonte rosacruciana. Porém, a prova histórica jamais foi demonstrada de maneira decisiva.

A partir da segunda metade do século XIX, inúmeros movimentos ocultistas ou esotéricos reivindicavam a herança rosacruciana, por vezes associada à lenda templária. Hoje, os mais conhecidos são a AMORC (*Antiquus Mysticusque Ordo Rosae Crucis*), criada em 1909 pelo metodista americano Harvey Spencer Lewis (1883-1939); a Associação Rosacruciana (*Rosicrucian Fellowship*), fundada no mesmo ano pelo antroposofista dissidente Max Heindel (1865-1938), de origem dinamarquesa e luterana; a Rosa-cruz de Ouro do Raarleim ou *Lectoruim Rosicrucianum*, de tendência neocátara, fundada em 1952 pelo holandês Jan van Rijckenborgh (1896-1968). Observe-se que a Ordem do Templo Solar, que deu muito o que falar nos anos 1994-1995, também alardeava ser herdeira do movimento Rosa-cruz.

Apesar dos nomes, esses vários movimentos contemporâneos nada têm em comum com a Rosa-cruz original e não podem requerer nenhum tipo de filiação histórica. Geralmente, trata-se de um empréstimo de um *corpus* de símbolos, que são interpretados sem referência alguma à corrente de pensamento de onde se originaram.

Contudo, há pelo menos um ponto em comum entre a Rosa-cruz mística de Andreae e os diversos movimentos que afirmam sua filiação a ela: seus principais adeptos são quase sempre de origem protestante.

Jean-Luc Rojas

▶ ARNOLD, Paul, *Histoire des Rose-Croix et les origines de la franc-maçonnerie* (*1955*), Paris, Mercure de France, 1990; EDIGHOFFER, Roland, *La Rose-Croix* (*1982*), Paris, PUF, 1991; GORCEIX, Bernard, *La bible des Rose-Croix. Traduction et commentaire des trois premiers écrits rosicrusiens, 1614, 1615, 1616*, Paris, PUF, 1998; SABLÉ, Erik, *Dictionnaire des Rose-Croix*, Paris, Dervy, 1996.

● **Antroposofia**; Arndt; **espiritualidade**; espiritualismo; francomaçonaria; iluminismo; Oetinger; pietismo; rosa de Lutero; **seitas**; teosofia

ROSER, Henri (1899-1981)

Nascido em Paris, onde seu pai foi pastor luterano, Henri Roser obteve sua licença em letras no ano de 1918. Mobilizado, cumpriu três anos de serviço armado, e em seguida iniciou seus estudos em teologia (1921) com vistas ao ministério de pastor missionário. Após sua conversão ao pacifismo integral, devolveu seus documentos militares em 1923, o que provocou sua exclusão da Casa das Missões. A partir de então, dedicou toda a vida à evangelização em meios populares e à causa da objeção de consciência e da não violência. Redator dos *Cahiers de la* Réconciliation [Cadernos da reconciliação] (1927-1957), secretário europeu do Movimento Internacional da Reconciliação (1933-1939), diretor da Missão Popular Evangélica (1956-1965), Roser exerceu várias responsabilidades, como um ministério pastoral a que foi oficialmente ordenado em 1945. Até sua morte, permaneceu uma testemunha enérgica e lúcida desse ideal de justiça e paz que ele embasava com sua fé cristã.

Laurent Gambarotto

▶ ROSER, Henri, *Un peu d'amour*, Neuchâtel, Delachaux et Niestlé, 1949; Idem, *Le chrétien devant la guerre*, Genebra, Labor et Fides, 1953; KNEUBUHLER, Pierre, *Henri Roser. L'enjeu d'une terre nouvelle*, Paris, Les Bergers et les Mages, 1992.

● Missão Popular Evangélica; Movimento Internacional da Reconciliação; objeção de consciência; paz

ROTHE, Richard (1799-1867)

Nascido em Posen, morto em Heidelberg, estudou em Heidelberg e Berlim, junto a Hegel, Schleiermacher e outros. De 1837 a 1849 foi professor em Heidelberg. De 1849 a 1853, em Bonn; de 1853 a 1867, novamente em Heidelberg. Em 1855 e nos anos seguintes, participou ativamente da política eclesiástica do grão-ducado de Baden. Em 1863, foi cofundador do *Protestantenverein* que reuniu as forças do protestantismo liberal alemão.

A posição teológica de Rothe é herdeira de Schleiermacher e Hegel: com o primeiro, Rothe distinguiu a teologia especulativa da dogmática eclesial, encontrando no conteúdo da consciência de si cristã o objeto da reflexão teológica; com o segundo, mas também recorrendo a motivos emprestados da filosofia de Schelling, transpôs de modo especulativo esse conteúdo para a esfera do conceito e deduziu da ideia do Absoluto assim obtida as determinações essenciais do real.

A intenção fundamental da teologia de Rothe foi estabelecer a universalidade das representações particulares da fé cristã. Seu programa teológico foi exposto em sua principal obra, *Theologische Ethik*, em cinco volumes. Combinando entre si a especulação e a história da salvação, Rothe defende nessas páginas a legitimidade teológica do processo da modernidade e a secularização do cristianismo que a acompanha: como o cristianismo é uma verdade universal, não poderia se manter confinado à forma cultural particular das igrejas. De bom grado, o protestantismo (moderno) faz soar o fim da forma eclesiástica do cristianismo; a partir de então, o cristianismo deveria encontrar um lugar próprio no Estado, compreendido como a forma universal da cultura (e aqui, também, Rothe é herdeiro de Hegel). Essa posição é o rigoroso resultado de seu programa especulativo, tornando Rothe um dos teóricos clássicos do *Kulturprotestantismus* e da teologia liberal.

Jean-Marc Tétaz

▶ ROTHE, Richard, *Zur Dogmatik (*1863), Gotha, Perthes, 1898; Idem, *Theologische Ethik* (1845-1848, 1867-1871), 5 vols., Waltrop, Spenner, 1990-1991; BARTH, Karl, *La théologie protestante au dix-neuvième siècle. Préhistoire et histoire* (1946), Genebra, Labor et Fides, 1969, p. 386-394; BIRKNER, Hans-Joachim, *Spekulation* *und Heilsgeschichte. Die Geschichtsauffassung Richard Rothes*, Munique, Kaiser, 1959 (bibliogr. até 1957, p. 111-113); Drehsen, Volker, *La vision d'un âge éthique non ecclésial du christianisme: Richard Rothe (1799-1867)*, RThPh 130, 1998, p. 173-192; HAUSRATH, Adolf, *Richard Rothe und seine Freunde*, 2 vols., Berlim, Grote, 1902-1906; KRÖTKE, Heike, *Selbstbewußtsein und Spekulation. Eine Untersuchung der spekulativen Theologie Richard Rothes unter besonderer Berücksichtigung des Verhältnisses von Anthropologie und Theologie*, Berlim, Walter de Gruyter, 1999; WAGNER, Falk, *Theologische Universalintegration. Richard Rothe 1799-1867*, em Friedrich Wilhelm GRAF, org., *Profile des neuzeitlichen Protestantismus*, t. I, Gütersloh, Mohn, 1990, p. 265-286 (bibliogr., a partir de 1958, p. 285s).

◯ Estado; Hegel; *Kulturprotestantismus*; **modernidade**; neoprotestantismo; Sabatier A.; Schelling; Schleiermacher; teologia da mediação; teologia especulativa; virtude

ROUD, Gustave (1871-1976)

Após estudos clássicos e uma licença em letras obtida na Universidade de Lausanne, Gustave Roud passou o resto de sua vida na fazenda da família Carrouge (Vaud), colaborando com diversas revistas, traduções, vários volumes de prosa poética e ao mesmo tempo uma importante atividade como fotógrafo. Educado no protestantismo, Roud se manteve longe de qualquer tipo de influência dogmática. Apesar de tudo, sua obra "reúne certas aventuras espirituais e místicas" (Philippe Jaccottet). Em uma unidade reencontrada consigo mesmo e com a vida, o poeta busca estar atento aos sinais do eterno no tempo. Uma poesia que, de acordo com Albert Béguin, tem o poder "de tornar o mundo tal que não seja mais necessário fugir dele". Gustave Roud deixou uma obra de grande valor literário, uma meditação sobre a existência, um exercício de despojamento que leva às raízes do ser.

André Péry

▶ ROUD, Gustave, *Écrits*, 3 vols., Lausanne, Bibliothèque des Arts, 1978; Idem, *Journal*, Vevey, Bertil Galland, 1982; Idem e CHAPPAZ, Maurice, *Correspondance 1939-1976*, Carouge, Zoé, 1993; SALEM, Gilbert, *Gustave Roud*, Lyon, La Manufacture, 1986.

◯ Literatura

ROUGEMONT, Denis de (1906-1985)

Filho e neto de pastor de Neuchâtel, Denis de Rougemont reencontrou suas origens em seu engajamento e em seu espírito independente: foi corredator do manifesto de *Hic et Nunc* de 1932 dos jovens barthianos. Opondo ao Estado-nação o princípio do federalismo personalista, participou ativamente a partir de 1946 do Movimento Europeu, dando uma ênfase especial à herança cultural comum com os povos do continente, que para ele é o fundamento de uma nova cidadania (1949: em Genebra, fundação do Centro Europeu da Cultura). Ensaísta (*O amor e o Ocidente* [1939], Rio de Janeiro, Guanabara, 1988), apegado a seu país (*La Suisse ou l'histoire d'um peuple heureux* [A Suíça, ou a história de um povo feliz] [1965], Lausanne, L'Âge d'Homme, 1989), não deixou de clamar pelo homem ameaçado pela sociedade industrial (*L'avenir est notre affaire* [O futuro é o nosso negócio], Paris, Stock, 1977).

Jean-Claude Favez

▶ ROUGEMONT, Denis de, *Oeuvres completes*, org. por Christophe CALAME, Paris, La Différence, 1994ss (publicação em andamento); DEERING, Mary Jo, *Combats acharnés. Denis de Rougemont et les fondements de l'unité européene*, Lausanne, Fondation Jean Monnet pour l'Europe-Centre de recherchés européennes, 1991; RESZLER, André e SCHWAMM, Henry, *Denis de Rougemont. L'écrivain européen*, Neuchâtel, La Baconnière, 1976; REYMOND, Bernard, *Hic et Nunc*, em *Théologien ou prophète. Les francophones et Karl Barth avant 1945*, Lausanne, L'Âge d'Homme, 1985, p. 62-73.

◯ Barthismo; **ecologia**; **Europa**; personalismo; **política**; **sexualidade**; Suíça

ROUSSEAU, Jean-Jacques (1712-1778)

Nascido em Genebra e morto em Ermenonville, escritor e filósofo, Rousseau era de origem calvinista. Apesar de uma conversão passageira ao catolicismo, ele sempre foi um pensador tipicamente protestante. Sem negligenciar o lugar ocupado por *A nova Heloísa* (1761) em seu itinerário espiritual, suas convicções religiosas fundamentais estão expostas em duas importantes obras: a "Profissão de Fé do Vigário da Savoia", no livro IV de *Emílio ou a educação* (1762), e *Carta a Christophe de Beaumont*

(1763). Na primeira, que é um verdadeiro tratado, ele se opõe aos ateus materialistas e racionalistas de seu tempo, apresentando-se como o apologeta de uma religião do coração em que o sentimento permite apreender Deus sem objetivá-lo: "Eu percebo Deus por toda parte em suas obras; eu o sinto em mim, eu o vejo à minha volta; mas, quando busco onde ele está, o que ele é, qual sua substância, ele me escapa, e meu espírito perturbado não percebe mais nada". Na segunda, ele responde em um tom bastante incisivo ao arcebispo de Paris sobre a condenação de *Emílio*: "Monsenhor, eu sou cristão, e sinceramente cristão, de acordo com a doutrina do evangelho. Eu sou cristão, não como discípulo dos padres, mas, sim, como discípulo de Jesus Cristo". Rousseau é o representante de um cristianismo liberal em que o amor pelo próximo e a moral são expressões melhores e mais fiéis de uma fé autêntica, se comparadas às crenças e aos dogmas. Em *Cartas escritas da montanha* (1764), em que reagiu contra a condenação em 1762 de *Emílio* e do *Contrato social* (1762) pelo Pequeno Conselho de Genebra, Rousseau de fato foi um pioneiro da noção de livre exame: quando os reformadores se referiram ao testemunho interior do Espírito Santo em oposição à *autoridade da igreja*, a "livre interpretação", para o filósofo, tornou-se obra do "espírito particular", reconhecido como o "único intérprete das Escrituras".

Laurent Gagnebin

▶ ROUSSEAU, Jean-Jacques, *Oeuvres completes*, 5 vols., Paris, Gallimard, 1990-1997; BARTH, Karl, *Images du XVIIIᵉ siècle* (1946), Neuchâtel, Delachaux et Niestlé, 1949, p. 77-151; GAGNEBIN, Laurent, *Jean-Jacques Rousseau théologien ou les chemins du réalisme. Le problème du mal* e LEUBA, Jean-Louis, "Rousseau et le milieu calviniste de sa jeunesse", em *Jean-Jacques Rousseau et la crise contemporaine de la conscience. Colloque international du deuxième centenaire de la mort de J.-J. Rousseau*, Paris, Beauchesne, 1980, p. 209-233 e 11-46; MASSON, Pierre- Maurice, *La religion de J. J. Rousseau*, 3 vols., Paris, Hachette, 1916; RAVIER, André, "Le Dieu de Rousseau et le christianisme", *Archives de philosophie* 41,1978, p. 353-434.

◐ **Autoridade**; contrato social; direito natural; **educação**; Genebra; Hobbes; liberalismo teológico; livre exame; Luzes; Muralt; **política**; religião civil; Revolução Francesa; tolerância; viagens e descobertas

ROUSSEL, Napoléon (1805-1878)

Nascido em Sauve (Gard) e morto em Genebra, Roussel era filho de Pierre Roussel, artesão, e de Marie Rey. No dia 14 de julho de 1829, casou-se com Antoinette Roman (morta em 1835); em 1837, com Caroline Jeanne Dunant, de Genebra, que morreu cinco meses depois do casamento; no dia 8 de novembro de 1838, com Emma Gale (inglesa, falecida em 1855); por fim, no dia 19 de agosto de 1857, com Marie Stuart (escocesa, nascida em 1824).

Após estudar teologia em Genebra, foi ordenado em 1829. Em seguida, tornou-se pastor auxiliar no Havre e em Rouen, além de diretor de um estabelecimento de ensino em Annonay. Em 1832, foi ordenado pastor em Saint-Étienne; ali, ele se "converteu", no sentido avivalista do termo, sob a influência de Adolphe Monod. Em 1835, precisou deixar Saint-Étienne em virtude de um conflito com os membros do consistório, que não aceitaram suas opiniões favoráveis ao avivamento. Partiu para a Argélia e tentou implantar no país uma obra de evangelização, com pouco sucesso. Em 1837, voltou para a França, sendo nomeado pastor em Marselha. Em 1839, foi a Paris e passou a dirigir *L'Espérance* até o ano de 1843. Em seguida, tornou-se um evangelista bastante ativo na formação e no desenvolvimento de novas comunidades protestantes, como por exemplo em Villefavard (alta Viena) e Mansle (Charente). De 1843 a 1847, fez parte do grupo que fundou doze igrejas locais. Em 1847, abriu uma escola para evangelistas, em Paris, mas precisou fechá-la por dificuldades financeiras. Evangelista nas Cevenas em 1849, voltou para Paris em 1850, onde permaneceu até 1856, atuando como evangelista e visitando as comunidades que contribuiu para fundar, durante os anos 1840. De 1857 a 1863, foi pastor independente em Cannes; de 1863 a 1868, foi pastor da Igreja Evangélica de Lyon. Aposentou-se por problemas de saúde em 1868.

Redigiu inúmeras brochuras polêmicas que lhe valeram certa notoriedade, como *Pourquoi votre cure vous défend-il de lire la Bible?* [Por que seu padre proíbe você de ler a Bíblia?] (Toulouse, Froment, 1836); *Le catholicisme aux abois* [O catolicismo acossado] (Lyon, Laurent, 1839); *L'Église du pape n'est ni catholique, ni apostolique, ni romaine* [A igreja do papa não é nem católica, nem apostólica, nem romana] (Paris, Delay, 1842); *Rome et compagnie* [Roma e companhia] (Paris, Delay, 1846). Também publicou obras sobre a espiritualidade protestante, como, por exemplo, *Le culte domestique pour tous les jours de l'année, ou trois cent soixante-cinq courtes méditations sur le Nouveau Testament* [O culto doméstico para todos os dias do ano, ou 365 meditações curtas sobre o Novo Testamento] (1844, Paris-Genebra, Meyrueis-Grassart--Béroud, 1854) ou *Les femmes du Nouveau Testament* [As mulheres do Novo Testamento] (Paris, Grassart, 1857).

André Encrevé

▶ DELAPIERRE, E., *Un pionnier de l'Évangile. Napoléon Roussel, 1805-1878,* Lausanne, Bridel, 1888; MOURS, Samuel, *Un siècle d'évangélisation en France,* t. I: *1815-1870,* Flavion, Éditions de la librairie des éclaireurs unionistes, 1963.

● Anticatolicismo; Avivamento; Monod A.

RUNCIE, Robert Alexander Kennedy (1921-2000)

Robert Runcie foi ordenado pastor em 1951 e ordenado bispo de Saint Albans em 1970; foi arcebispo de Cantuária de 1980 a 1991. Sua experiência anterior abarcava sobretudo o ensino universitário e a formação pastoral. Teologicamente, era oriundo da corrente liberal de tendência anglocatólica da Igreja Anglicana. Arcebispo da igreja estabelecida, levava em consideração toda a nação, mesmo os mais desfavorecidos (cf. o relatório da comissão arquiepiscopal sobre os bairros mais pobres das grandes cidades, *Faith in the City* [Fé na cidade]). Do ponto de vista pastoral, preocupou-se com os "cristãos sociológicos" da Igreja Anglicana, situação de muitos ingleses no final do século XX.

Grace Davie

▶ RUNCIE, Robert, *Windows onto God,* Londres, SPCK, 1983; Idem, *The Unity We Seek,* Londres, Darton, Longman, and Todd, 1989; CARPENTER, Humphrey, *Robert Runcie. The Reluctant Archbishop,* Londres, Hodder and Stoughton, 1996; DUGGAN, Margaret, *Runcie. The Making of an Archbishop* (1983), Londres, Hodder and Stoughton, 1985; EDWARDS, David, org., *Robert Runcie. A Portrait by His Friends,* Londres, Harper Collins-Fount Paperbacks, 1990; HASTINGS, Adrian, *Robert Runcie,* Londres, Mowbray, 1991; MANTLE, Jonathan, *Archbishop. The Life and Times of Robert Runcie,* Londres, Sin-clair-Stevenson, 1991.

● Anglicanismo; Cantuária; Carey G.; Temple W.; Williams, Rowan

RUSSELL, Letty Mandeville (1929-2007)

Professora da Faculdade de Teologia da Universidade de Yale, Letty Russell foi uma das primeiras mulheres a serem ordenadas pastoras na Igreja Presbiteriana Unificada (1958). Por dezessete anos, serviu na Paróquia de East Harlem em Nova York, composta principalmente de negros e porto-riquenhos. Desde o início de seu trabalho nessa igreja, desenvolveu uma paixão pela formação cristã como um processo contínuo na comunidade cristã, visando a partilhar a missão de Deus no mundo. Sua luta em favor dos desfavorecidos fez com que aderisse à teologia da libertação. A partir disso, foi só um passo para a teologia feminista, concebida como uma teologia da libertação. A obra de Letty Russell ficou caracterizada por esses três temas, unidos entre si por uma forte inspiração bíblica. Nesse sentido, seu livro *Théologie féministe de la libération* [Teologia feminista da libertação], publicado em 1974 e rapidamente traduzido para várias línguas, tornou-se um clássico nas igrejas reformadas e contribuiu para uma abertura maior para o ministério da mulher na igreja.

Anneke Geense Ravestein

▶ RUSSELL, Letty M., *Théologie féministe de la libération* (1974), Paris, Cerf, 1976; Idem, *The Future of Partnership,* Filadélfia, Westminster Press, 1979; Idem, *Household of Freedom. Authority in Feminist Theology,* Filadélfia, Westminster Press, 1937; Idem, *Church in the Round. Feminist Interpretation of the Church,* Louisville, Westminster Press-John Knox Press, 1993; Idem e CLARKSON, J. Shannon, orgs., *Dictionary of Feminist Theologies,* Louisville, Westminster John Knox Press, 1996; FARLEY, Margaret A. e JONES, Serene, orgs., *Liberating Eschatology. Essays in Honor of Letty M. Russell,* Louisville, Westminster John Knox Press, 1999.

● Mulher; teologia feminista; teologias da libertação

RÚSSIA

Na Rússia, o protestantismo não chegou a se constituir uma religião autóctone. Não houve reformadores na Rússia. As igrejas protestantes surgiram da atividade missionária das igrejas do Leste Europeu e da América do Norte. O protestantismo foi fortemente influenciado, de um lado, pela imigração e pelos processos de colonização e, de outro, pelas igrejas das regiões limítrofes e dos territórios conquistados pelos czares (países bálticos, Finlândia, Polônia).

O grão-ducado de Moscou rejeitou com firmeza as ideias reformadoras. A nova fé foi importada por estrangeiros (comerciantes, soldados, colonos) e por muito tempo se limitou a seus descendentes. Apesar da proibição a todo tipo de atividade missionária que vigorou desde a Reforma até o século XX, algumas comunidades luteranas conseguiram se estabelecer na segunda metade do século XVI, em Nijni-Novgorod, Moscou e Vologda, entre outras regiões. Durante os reinados de Pedro, o Grande (1672-1725), e de Catarina II, a Grande (1729-1796), que estimularam o acolhimento dos estrangeiros, cresceu o número de igrejas protestantes nas regiões de São Petersburgo e do Volga. Algum tempo depois, em reação à Revolução Francesa e sob a influência da Igreja Ortodoxa, estatal, desencadeou-se uma política xenófoba e hostil aos protestantes, com severas restrições e promessas de favores a quem se convertesse à ortodoxia. A campanha da Rússia de Napoleão (1812) e o grande incêndio de Moscou também exerceram um efeito negativo sobre os protestantes, que foram considerados responsáveis por todos esses acontecimentos. Como resultado, a população destruiu as três igrejas protestantes de Moscou. O *ukase* de 1832 reconheceu a existência jurídica do protestantismo na Rússia, estabelecendo duas circunscrições consistoriais: o distrito de São Petersburgo, desde o oceano Ártico até o mar Negro, e o distrito de Moscou, abrangendo a Rússia central e a região do Volga até o Cáucaso. Essa lei permitiu que os protestantes se organizassem de um modo homogênio e desenvolvessem atividades pedagógicas e sociais. Em 1905, o *ukase* de Nicolau II (1868-1918) autorizou a livre escolha e a mudança de religião. A relativa liberdade dos protestantes, no entanto, teve curta duração, pois a Primeira Guerra Mundial reativou o ódio aos estrangeiros e aos protestantes. Em seguida, veio a Revolução de Outubro, com a supressão dos privilégios das igrejas (15 de novembro de 1917), a proibição ao ensino religioso nas escolas (24 de dezembro de 1917), a lei de separação entre igreja e Estado (23 de janeiro de 1918); em seguida, houve a secularização dos bens eclesiásticos. Com isso, o número de protestantes diminuiu bastante no país. A "nova política econômica" (1921) do governo bolchevique trouxe certo alívio para as igrejas: no dia 21 de junho de 1924, os protestantes puderam estabelecer o primeiro sínodo nacional. Foi uma trégua que só durou até o ano de 1927, em que se desencadeou uma violenta perseguição à igreja.

Os batistas russos foram reconhecidos como comunidade religiosa em 1879, constituindo-se em uma união em 1884. Durante a Segunda Guerra Mundial, Stalin autorizou as atividades tanto das igrejas batistas quanto das igrejas ortodoxas. A Aliança Batista foi incorporada à União dos Evangélicos e dos Pentecostais para formar a Aliança dos Batistas e dos Evangélicos (1944), que até o fim do bloco soviético (1991) representou todos os cristãos não ortodoxos e não católicos da União Soviética (100 mil membros em 1917, 600 mil em 1960), o que significou que os luteranos e os reformados foram contados entre os membros da Aliança Batista.

A partir da desintegração da União Soviética, o protestantismo, que se caracterizava essencialmente por uma atividade missionária intensa desenvolvida pelas comunidades protestantes da Europa ocidental e da América do Norte, passou a compor-se de muitas denominações, dentre as quais podemos citar a Igreja Luterana (cerca de 300 mil membros), algumas comunidades reformadas, a Aliança dos Batistas e dos Evangélicos (cerca de 5 milhões), o movimento de Pentecostes (por volta de 120 mil), os adventistas do sétimo dia (aproximadamente 30 mil membros), as testemunhas de Jeová. Mesmo com a adoção da nova lei sobre a religião pelo Parlamento russo (Duma estatal) em 1997, não é mais possível saber o número exato de protestantes na Rússia por causa da extensão do território, da classificação das denominações protestantes como seitas e das mudanças radicais por que passou a sociedade multinacional.

Károly Tóth

▶ AMBURGER, Erik, *Geschichte des Protestantismus in Rußland*, Stuttgart, Evangelisches Verlagswerk, 1961; EPP, George K., *Geschichte der*

Mennoniten in Rußland, 2 vols., Lage, Logos, 1997-1998; KÄÄRIÄINEN, Kimmo e FURMAN, Dmitrii, *Starye tserkvi, novye veruiushchie. Religiia v massovom soznanii postsovetskoi Rossii*, Moscou, Letnii sad, 2000; KÄMMERER, Jürgen, *Rußland und die Hugenotten im 18. Jahrhundert (1689-1789)*, Wiesbaden, Harrassowitz, 1978; PODBEREZSKIJ, Igor V., "Les protestants en Russie", *Revue d'études comparatives Est-Ouest* 24/3-4, 1993, p. 139-153; RAMET, Sabrina Petra, org., *Protestantism and Politics in Eastern Europe and Russia. The Communist and Postcommunist Eras*, Durham, Duke University Press, 1992; SAWATSKY, Walter, *Soviet Evangelicals since World War II*, Kitchener, Herald Press, 1981.

◐ Bálticos (países); ortodoxa (Igreja Oriental)

RUYSSEN, Théodore (1868-1967)

Incansável defensor do pacifismo jurídico, Théodore Ruyssen empreendeu estudos na Escola Normal Superior que lhe permitiram obter sua agregação de filosofia. Professor em La Rochelle (1896) e na Faculdade de Bordeaux (1908), aproximou-se do liberalismo teológico em suas reflexões intelectuais. Presidente da Associação da Paz pelo Direito (de 1897 a 1948), fundada pelos protestantes de Nîmes (1887), Ruyssen também foi diretor da revista *La Paix par le droit* [A paz pelo direito], em que publicou um bom número de artigos e crônicas. Em 1913, foi fortemente criticado por suas posições favoráveis à autonomia da Alsácia-Lorena; durante a Grande Guerra, foi evidenciado seu patriotismo de união sagrada. Aderiu às ideias do presidente Wilson e encarregou-se da secretaria-geral da União das Associações pela sociedade das nações (1921). Sua vigilância crítica não deixou de exercer-se diante da ascensão dos totalitarismos, mas a provação cruel da Segunda Guerra Mundial representou um golpe fatal no mito do internacionalismo pelo direito.

Laurent Gambarotto

▶ RUYSSEN, Théodore, *Kant*, Paris, Alcan, 1900; Idem, *De la guerre au droit*, Paris, Alcan, 1920; Idem, *Les sources doctrinales de l'internationalisme*, 3 vols., Paris, PUF, 1954-1961; Idem, *Itinéraire spirituel. Histoire d'une conscience*, Paris, Les Écrivains associés, 1960; FABRE, Rémi, *Un exemple de pacifisme juridique: Théodore Ruyssen et le mouvement La Paix par le droit (1884-1950)*, *Vingtième siècle* 39, 1993, p. 38-54; GROSSI, Verdiana, *Le pacifisme européen, 1889-1914*, Bruxelles, Bruylant, 1994, p. 96-107.

◐ Liberalismo teológico; paz; Wilson

S

SABATIER, Charles Paul Marie (1858-1928)

Aluno de Auguste Sabatier, com quem não tinha laços de parentesco, e de Ernest Renan, a quem devia a vocação como historiador, oriundo de uma família de pastores de Ardèche, Paul Sabatier primeiro ingressou na carreira pastoral (na paróquia francesa de Estrasburgo e, em seguida, na paróquia de montanha no Vivarais). De saúde delicada, tendência intelectual e alma liberal, orientou-se para a erudição histórica e o estudo do movimento franciscano. Em 1893, publicou uma biografia de São Francisco de Assis, de inspiração "modernista" e logo condenada ao *Index* pela Igreja Católica. A obra obteve um excepcional sucesso, com 43 edições francesas até 1918, e uma edição definitiva em 1931 (Paris, Fischbacher). Em reconhecimento por seu trabalho, a cidade de Assis o nomeou "burguês de honra" e, com sua morte, foi decretado luto público. As controvérsias que a obra suscitou conduziram-no para um trabalho erudito de longo fôlego, fazendo com que se introduzisse nos meios católicos mais diversos, o que lhe proporcionou um grande conhecimento da Itália religiosa e lhe permitiu desempenhar um papel ativo na crise modernista durante o papado de Pio X. Seu liberalismo protestante o fazia enxergar o futuro por meio de um modernismo e um ecumenismo cristão de inspiração franciscana.

Em 1920, Paul Sabatier foi nomeado professor de história do cristianismo na Faculdade de Teologia Prostestante na Universidade de Estrasburgo.

Émile Poulat

▶ SABATIER, Paul, *A propos de la séparation de l'Église et de l'État*, Paris, Fischbacher, 1905; Idem, *Les modernistes. Notes d'histoire religieuse contemporaine*, Paris, Fischbacher, 1909; Idem, *L'orientation religieuse de la France actuelle*, Paris, Armand Colin, 1911; Juston-Sabatier, Louise, *Enfance pastorale en pays huguenot. Souvenirs de jeunesse du pasteur Paul Sabatier de sa naissance en 1858 jusque vers 1895*, Valence, Imprimeries réunies, 1976; MAUGAIN, Gabriel e LEMAIRE, Henri, *Paul Sabatier*, Paris, Fischbacher, 1931.

◉ Liberalismo **teológico; Renan**; Sabatier A.

SABATIER, Louis Auguste (1839-1901)

Teólogo reformado nascido em Vallon-Pont-d'Arc (Ardèche). Foi professor de Novo Testamento em Estrasburgo e na Faculdade de Teologia Protestante de Paris, da qual foi um dos fundadores; diretor adjunto de estudos no Departamento de Ciências Religiosas da Escola Prática de Altos Estudos; colaborador regular do jornal *Le Temps* [O tempo] e no Journal de Genève [Jornal de Genebra] (suas crônicas foram reunidas na obra *Lettres du dimanche* [Cartas de domingo] (Paris, Revue chrétienne, 1900). Fortemente influenciado pelos ensinamentos de Richard Rothe e pela teoria do conhecimento de Kant (primeira Crítica), assim como pela leitura de Alexandre Vinet, Auguste Sabatier nunca deixou de combater os processos de autoridade em relação à fé.

Em sua tese *L'apôtre Paul, esquisse d'une histoire de sa pensée* [O apóstolo Paulo, esboço de uma história de seu pensamento] (1870, Paris, Fischbacher, 1896), Sabatier defendeu uma interpretação do pensamento paulino que estabelece sua divisão em etapas distintas. Além de vários outros estudos sobre o Novo Testamento, dos quais vários artigos *Encyclopédie des sciences religieuses* [Enciclopédia das ciências religiosas] (publicada sob a direção de Frédéric Lichtenberger, Paris, Sandoz-Fischbacher, 1877-1882), Sabatier publicou em 1897 a obra *Esquisse d'une philosophie de la religion d'après la psychologie et l'histoire* [Esboço de uma filosofia da religião segundo a psicologia e a história] (Paris, Fischbacher, 1920), seguida da publicação póstuma, em 1904, de *Les religions d'autorité et la religion de l'Esprit* [As religiões de autoridade e a religião do Espírito]

(Paris, Berger-Levrault, 1956). Sua tese central é o simbolismo crítico, que, combinado com o fideísmo de Eugène Ménégoz, é conhecido como símbolo-fideísmo da escola de Paris. Com sua morte, foi considerado "o maior teólogo protestante da França depois de Calvino" (Eugène Ménégoz, *Publications diverses sur le fidéisme* [Publicações diversas sobre o fideísmo], t. II, Paris, Fischbacher, 1909, p. 1). Em todo caso, é um dos teólogos mais marcantes da virada do século XIX para o século XX.

Bernard Reymond

▶ REYMOND, Bernard, *Auguste Sabatier et le procès théologique de l'autorité*, Lausanne, L'Âge d'Homme, 1976; SILKSTONE, Thomas, *Religion, Symbolism and Meaning. A Critical Study of the Views of Auguste Sabatier*, Londres, Faber, 1968.

● **Autoridade**; Bois; fé; fideísmo; liberalismo teológico; Lobstein; Ménégoz; ritschliana (escola); Rothe; símbolo; símbolo-fideísmo; Vinet

SABEDORIA

Oriundo do deísmo e das Luzes, o protestantismo liberal pôde encontrar ou reencontrar raízes bíblicas graças às pesquisas contemporâneas sobre a sabedoria. Fortalecidas por uma abordagem das correntes sapientais estrangeiras, com destaque para as egípcias e mesopotâmicas, essas pesquisas valorizaram a corrente sapiental de livros bíblicos tais como Provérbios, Jó, Eclesiastes (ou Coelet) ou "deutero-canônicos", tais como a *Sabedoria de Salomão* ou o *Sirácida*, em relação aos quais a tradição protestante se demonstra geralmente reticente. Na história israelita, essa corrente em geral se viu em situação polêmica. Porém, na Bíblia, encontrou seu lugar, apesar do peso dos outros livros que tratam da história santa de um povo em particular, que foi escolhido, recebeu promessas, foi abençoado com acontecimentos e personagens fundadores; ou seja, apesar do caráter exclusivo das teologias reveladas.

A sabedoria antiga se fundamenta nas experiências comuns aos homens mais diferentes. Exprime um humanismo, o dos "homens de boa vontade", constituído de respeito, tolerância, modéstia e equilíbrio, além do cuidado com os mais fracos. A teologia sapiencial dos textos bíblicos faz parte do tronco religioso comum aos vários povos do Oriente Próximo; é uma "teologia natural", resultante das constatações humanas, como, por exemplo, "o homem propõe, mas Deus dispõe". Nessa teologia, Deus é criador, providência e juiz, punindo e recompensando, um Deus transcendente que ninguém viu nem ouviu.

Essa sabedoria bíblica lembra hoje valores comuns a todos, ortodoxos e liberais, católicos e protestantes, judeus e muçulmanos. Em tempos de integrismo e fanatismo, a "sabedoria" tem um papel a desempenhar: além de suas afinidades com o protestantismo liberal, pode ser aproximada de posições mais tradicionais sobre o tema da Providência e o horizonte universal em que se desenha a confissão cristã de Deus e da salvação.

Acrescentemos que as pesquisas feministas contemporâneas, assim como algumas buscas espirituais, referem-se à tradição sapiencial como uma filiação. Além disso, podemos perceber analogias, estruturais e materiais, entre a sabedoria no Antigo Testamento e o *Lógos* (Palavra), o Filho e o Espírito nos textos de Paulo e no evangelho de João.

André Lelièvre

▶ BOLLI, Michèle, *Une écoute de l'Oubliée. La Sagesse de Dieu*, tese da Faculdade de teologia da Universidade de Lausanne, 1991; CADY, Susan, RONAN, Marian e TAUSSIG, Hai, *Sophia. The Future of Feminist Spirituality*, San Francisco, Harper and Row, 1986; GILBERT, Maurice, org., *La sagesse de l'Ancien Testament*, Gembloux-Louvain, Duculot-University Press, 1990; GISEL, Pierre, *La subversion de l'Esprit. Réflexion théologique sur l'accomplissement de l'homme*, Genebra, Labor et Fides, 1993, p. 16-25; LELIÈVRE, André, *La sagesse des Proverbes. Une leçon de tolérance*, Genebra, Labor et Fides, 1993; Idem e MAILLOT, Alphonse, *Commentaire des Proverbes*, 3 vols., Paris, Cerf, 1993-2000; RAD, Gerhard von, *Israël et la sagesse* (1970), Genebra, Labor et Fides, 1971; RÖMER, Thomas, *Les chemins de la sagesse. Proverbes, Job, Qohéleth*, Poliez-le-Grand, Éditions du Moulin, 1999 (revista e ampliada de *La sagesse dans l'Ancien Testament*, 1991).

● Apócrifos; **criação/criatura**; **Deus**; **história**; **predestinação e Providência**

SACERDÓCIO UNIVERSAL

O sacerdócio universal é um princípio protestante que se inspira em 1Pedro 2.4s., com ênfase na igualdade em dignidade de todos os batizados e sua missão comum no mundo. A ênfase é ao mesmo tempo polêmica (contra o sacerdócio pessoal), soteriológica (a plena suficiência da salvação adquirida por Jesus Cristo) e eclesiológica (a responsabilidade de todos os cristãos sem distinção). A doutrina do sacerdócio universal, ao mesmo tempo que se opõe ao retorno ao sacerdócio individual e confere a todo o corpo uma vocação sacerdotal comum, não rejeita o ministério pessoal. Engajados como todos os outros batizados na missão comum da igreja, os ministros são separados para uma tarefa particular a serviço da Palavra.

Claude Bridel

▶ CALVINO, João, IRC IV, III; LUTERO, Martinho, *"À nobreza cristã da nação alemã"* (*1520*), *em Martinho Lutero: obras selecionadas*, v. 2, São Leopoldo, Sinodal, 1995, p. *277-340;* WILLAIME, Jean-Paul, *Profession: pasteur. Sociologie de la condition du clerc à là fin du XXe siècle*, Genebra, Labor et Fides, 1986.

● Atos pastorais; anticlericalismo; **autoridade**; clericalismo; **igreja**; leigo; **pastor; vocação**

SACERDOTE

Na história das religiões, o sacerdote faz parte da ordem particular dos mediadores entre a divindade e os homens. Enquanto tal, dedica-se sobretudo a atividades litúrgicas, como, por exemplo, o sacrifício. A Reforma lutou contra esses aspectos que faziam parte do sacerdócio da Igreja Romana do século XVI e que permaneceram até o Concílio Vaticano II (cf. a diferença fundamental associada ao ministério ordenado), assim como a ordenação sacramental que o coloca à parte do mundo profano; por exemplo, fora da jurisdição comum. A Reforma inaugurou o princípio do sacerdócio universal de todos os cristãos, algo que não estava totalmente ausente da teologia da Idade Média. Nas discussões ecumênicas, configuram hoje uma pedra de tropeço as definições do ministério do padre e do ministério do pastor.

Pierre-Luigi Dubied

● Catolicismo; clericalismo; **ecumenismo**; leigo; mediações; ministérios; **pastor**; pregação; **protestantismo; ritos**; sacerdócio universal; sagrado; teólogo

SACRAMENTÁRIOS

Trata-se de um termo pejorativo utilizado por Lutero na querela eucarística para designar os defensores da interpretação espiritualista e "simbólica" da santa ceia: Zwinglio e Oecolampadius, Carlstadt e Schwenckfeld. Em alemão, *Sakramentierer*, "sacramentário", é um termo próximo de *Sektierer*, "sectário". No tratado *Sobre a ceia de Cristo* (1528, em *MLO* 6, 9-185), Lutero chama seus adversários de "visionários [*Schwarmgeister*] e inimigos do santo sacramento". A posição de Zwinglio remonta à do humanista holandês Cornelius Honius (morto em 1524), que incluía a compreensão de "isto é meu corpo" como "isto *significa* meu corpo". Para Honius, o alimento é somente espiritual, e a fé não precisa de elementos exteriores para fortalecer sua certeza. Além disso, desde sua ascensão, Cristo não pode mais estar presente corporeamente na ceia. Em oposição a isso, Lutero enfatizava a real presença da humanidade de Cristo na ceia. No Colóquio de Marburgo (1529), não houve acordo; foi necessário aguardar oficialmente a Concórdia de Leuenberg (1973) para que essa penosa querela pudesse ser repensada como uma complementaridade, e não como exclusão.

Henry Mottu

▶ LIENHARD, Marc, *Martin Luther. Un temps, une vie, un message* (1983), Genebra, Labor et Fides, 1998, p. 208-220; STEPHENS, Peter, *Zwingli le théologien* (1986), Genebra, Labor et Fides, 1999, cap. XI: *L'eucharistie*, p. 273-320 (em especial p. 293-309: "La controverse avec Luther".

● Ceia; **Concórdia de Leuenberg; Marburgo (Colóquio de); ritos**; sacramento; Zwinglio

SACRAMENTO

Em um primeiro momento, a Reforma luterana reconheceu vários usos do termo "sacramento". Martinho Lutero falava de Jesus Cristo como o único sacramento (*MLO* 2, 168), mas também empregava o termo em referência a celebrações particulares, como o batismo, a ceia e a penitência (cf. o *Grand Catéchisme* [Catecismo Maior], em *La foi des Églises luthériennes* [A fé das igrejas luteranas], § 583s e 828). Filipe Melâncton considerava a ordenação ao ministério como um sacramento (*Apologie de la Confession d'Augsbourg* [Apologia da Confissão de Augsburgo], art. 13, em ibid., § 242). Essa diversidade indica certa liberdade no uso do termo e também demonstra certa desconfiança contra ensinamentos únicos sobre o sacramento. É posta uma ênfase nas celebrações particulares, sobretudo o batismo e a ceia, que possuem seu sentido e se impõem à vida da igreja sem que seja necessário recorrer à palavra "sacramento" como uma noção genérica. Se o termo ainda está em uso nas igrejas luteranas, serve para designar "os ritos que são mandamento de Deus, aos quais está atrelada a promessa da graça" (ibid., § 238). No entanto, podemos observar nos textos dos reformadores, e até mesmo nas dogmáticas luteranas contemporâneas, que não há um tratado sobre os sacramentos, enquanto são numerosos os tratados sobre o batismo e a ceia. Há uma ênfase no advento da Palavra. Deus trabalha para nossa salvação. Ele nos é propício e nos oferece sua graça. Ele nos oferece graça na Palavra pregada e na Palavra visível (batismo e ceia), sem que seja possível opor ou hierarquizar os meios de graça.

Dessa maneira, a reforma luterana se opôs a duas compreensões que eram correntes no século XVI: de um lado, rejeita a compreensão católica bastante comum que afirma a eficácia do sacramento através de sua administração (uma concepção quase mágica); de outro, rejeita a abordagem de Zwinglio, que insistia no aspecto mais simbólico e compreendia o sacramento como uma resposta individual e comunitária à graça oferecida na palavra pregada (cf. o debate entre Lutero e Zwinglio em Marburgo, 1529). Essas controvérsias resultaram em uma ruptura tanto com Roma quanto com Zurique. Em seu breve artigo sobre os sacramentos, a *Confissão de Augsburgo* resumiu a dupla tensão ao enfatizar a fé do recebedor (art. 13). Diante de Roma, é lembrado que o dom da graça no sacramento exige a fé e a fortalece. Diante de Zwinglio, afirmou-se que a realidade sacramental não é simplesmente uma obra da fé. Deus se dá na pregação e na escuta da Palavra, na celebração do batismo e da ceia. Essa realidade existe de modo independente da fé, mas só opera a salvação quando é recebida na fé. Assim, Deus cria e mantém sua igreja, a assembleia dos cristãos que celebram e vivem da pregação da Palavra e dos sacramentos (*Confissão de Augsburgo*, art 7).

Para o protestantismo *reformado*, a dificuldade com o termo "sacramento" provém sobretudo do fato de que o Novo Testamento não o utiliza jamais para designar os atos cúlticos que lhes são tradicionalmente atribuídos: batismo e santa ceia. É por essa razão que não só Zwinglio, mas também Schleiermacher e Barth, preferem outros termos: atos simbólicos, "signos" ou pactos de aliança. "Signo visível da graça invisível" (Santo Agostinho), o ato que se chama "sacramental" é considerado a partir de então principalmente no contexto de sua recepção na igreja, da fé e da comunidade reunida, mais do que em termos de uma manifestação de algum misterioso sagrado vindo do alto.

Enquanto a tradição católica e ortodoxa clássica defende o setenário, ou seja, os sete sacramentos — batismo, confirmação, eucaristia, penitência, extrema-unção ou unção dos enfermos (a partir do Concílio Vaticano II), ordenação, casamento —, o protestantismo limitou esse número, considerando-o muito extenso, adotando somente o batismo e a ceia, embora Lutero tenha mantido por algum tempo a penitência ou "confissão" como sacramento (cf. *supra*) e Calvino tenha hesitado quanto ao *status* da imposição de mãos no ministério. Na obra de Calvino, além disso, foi mantido como sacramento tudo aquilo que "figura" e "apresenta" Jesus Cristo (como o batismo e a ceia, justamente), distinguindo o sacramento das demais "cerimônias públicas" que podiam acompanhar certos momentos-chave da existência, como o casamento, o funeral etc. Os três critérios que tornam um ato cúltico em sacramento são: que o ato seja um mandamento explícito do Senhor; que esteja atrelada ao ato uma promessa de graça, em particular o perdão dos pecados; que seja acompanhado da fé e "nos seja ordenado", ou seja, dirija-se a *todos* os cristãos (*IRC* IV, XIX, 20).

Enquanto no século XVI os protestantes precisavam lutar contra a mentalidade mágica e o excesso de sagrado, no século XX eles tendem a redescobrir o sentido pleno dos "sinais" da graça — unção com óleo, confissão, imposição de mãos, por exemplo —, mas sem conferir a esses atos um significado "sacramental" específico.

André Birmelé e Henry Mottu

▶ BIRMELÉ, André e LIENHARD, Marc, orgs., *La foi des Églises luthériennes. Confessions et Catéchismes,* Paris-Genebra, Cerf-Labor et Fides, 2003; BLASER, Klauspeter (com a colaboração de Christian BADET), *Signe et instrument. Approche protestante de l'Église,* Friburgo, Éditions universitaires, 2000; GISEL, Pierre, *Sacrements et ritualité en christianisme. 125 propositions*, Genebra, Labor et Fides, 2004; GOUNELLE, André, *Le baptême. Le débat entre les Églises*, Paris, Les Bergers et les Mages, 1996; Idem, *La cène. Sacrement de la division*, Paris, Les Bergers et les Mages, 1995; JANTON, Pierre, *Voies et visages de la Réforme au XVI$^{e\ siècle}$*, Paris, Desclée, 1986; KÜHN, Ulrich, *Sakramente*, Gütersloh, Mohn, 1985; MOTTU, Henry, *Le geste prophétique. Pour une pratique protestante des sacrements*, Genebra, Labor et Fides, 1998; VAJTA, Vilmos, *Évangile et sacrement*, Paris, Cerf, 1973; WENZ, Gunther, *Einführung in die evangelische Sakramentênlehre*, Darmstadt, Wissenschaftliche Buchgesellschaft, 1988.

▶ **Arte**; atos pastorais; batismo; bênção; casamento; ceia; **comunicação**; *Consensus Tigurinus*; culto; **igreja**; **pastor**; **ritos**; sacramentários

SAGRADO

Ainda que alguns tenham definido a religião como "administração do sagrado" (Henri Hubert), a noção de sagrado ultrapassa a de religião sem se confundir com ela. Há um sagrado não religioso, principalmente político, quando os poderes se absolutizam em nome de alguma verdade transcendente. E há também um religioso não sagrado ou que se pretende como tal: as tradições judaica e cristã contribuíram de modo decisivo para a dessacralização do mundo e da religião ao libertar o homem do poder encantatório da natureza e confrontá-lo com sua responsabilidade ética. Principalmente em sua versão calvinista, o protestantismo adiantou mais ainda o processo, dessacralizando a instituição eclesiástica (a igreja histórica, que não é santa por si mesma e precisa sempre ser reformada), o clero (os pastores não são sacerdotes com poder religioso específico) e o próprio culto (centralizando-o na pregação e desmistificando o modo de conceber os sacramentos). O templo protestante não mais se apresentava como uma construção e um espaço sagrados, mas, sim, como o local em que irmãos se reúnem para ouvir o evangelho através da pregação e da administração dos sacramentos.

Embora o protestantismo represente uma versão particularmente dessacralizada do cristianismo, quando comparada com o catolicismo e a Igreja Ortodoxa, não rejeitou por completo a noção do sagrado. Para os protestantes, por mais secularizado que seja, o pastor, ainda é muitas vezes percebido como um homem (ou uma mulher) do sagrado, alguém que mediatiza a relação com o divino e possui alguma autoridade para manipular as coisas que são vistas como sagradas (como a água do batismo, os elementos da santa ceia etc.) e efetuar alguns gestos (bênção, imposição de mãos). Ao dessacralizar a instituição eclesiástica, por vezes os protestantes, principalmente nos meios mais fundamentalistas, sacralizaram a Bíblia ao esquecer que os textos bíblicos têm uma história e foram transmitidos através de traduções.

Para a história e a sociologia das religiões, o sagrado se manifesta de diversas formas. De acordo com Émile Durkheim (1858-1917), o sagrado se define sobretudo por sua oposição ao profano (ou seja, há coisas que não são tratadas da mesma forma com que se tratam coisas comuns), mas também se define como uma força que transcende os indivíduos e se impõe a eles (*mana*). O sagrado está associado ao puro e ao impuro, à ordem e à desordem, é sagrado de respeito ou sagrado de transgressão. Para Rudolf Otto (1869-1937), o sagrado é a própria característica do numinoso (do latin *numen*, "deus"), o numinoso que Otto concebia como "totalmente outro" que o homem experiencia através de um sentimento ambivalente de terror e atração (*mysterium tremendum et fascinans*). Mircea Eliade (1907-1986) buscou estudar as hierofanias, ou seja, delimitar as diversas maneiras pelas quais o sagrado se manifesta. Para ele, o sagrado se manifesta sobretudo como uma cratofania, ou seja, como uma potência na natureza ou em um ser que oferece uma experiência da diferença absoluta, uma experiência que é objeto de uma expressão simbólica e uma ritualização. René Girard (1923-) propôs uma interpretação do rito sacrificial: através de uma vítima que serve como bode expiatório, a violência é transferida para outra ordem e toma um sentido; isso permite que se renuncie à violência, pois entregar-se a ela equivaleria a cometer um sacrilégio. Se o sagrado pode engendrar a violência ao demonizar o inimigo e legitimar de modo absoluto o combate que é empreendido, pode desativá-la ao significar um interdito incontornável.

Jean-Paul Willaime

▶ BASTIDE, Roger, *Le sacré sauvage et autres essais* (*1975*), Paris, Stock, 1997; CAILLOIS, Roger, *L'homme et le sacré* (*1939*), Paris, Gallimard, 1988; CASTELLI, Enrico, org., *Le sacré. Études et recherches*, Paris, Aubier, 1974; ELIADE, Mircea, *O sagrado e o profano* (*1957*), São Paulo, Martins Fontes, 2002; GIRARD, René, *A violência e o sagrado* (1972), São Paulo, Paz e Terra, 1990; ISAMBERT, François-André, *Le sens du sacré. Fête et religion populaire*, Paris, Minuit, 1982; OTTO, Rudolf, *O sagrado: aspectos irracionais na noção do divino e sua relação com o racional* (1917), São Leopoldo-Petrópolis, Sinodal-Vozes, 2007; WUNENBURGER, Jean-Jacques, *Le sacré* (1981), Paris, PUF, 1990.

○ **Arte**; Bastide; bênção; kantismo (neo); Otto; sacerdote; santos (culto dos); santificação

SAILLENS, Ruben (1855-1942)

Evangelista, poeta, fundador de obras, Saillens nasceu na França, em Saint-Jean-du-Gard, e morreu em Condé-sur-Noireau (Calvados). Em Lyon, onde seu pai esteve a serviço da igreja livre, seu zelo e seus dons chamaram a atenção. Recebeu uma formação bíblica no Instituto dos Guiness em Londres, de 1873 a 1874, e logo após a Missão MacAll o encarregou da evangelização dos operários parisienses. Saillens criou uma obra parecida em Marselha (1878-1882), voltou a Paris e reuniu parte dos novos cristãos em uma igreja batista, que de início foi mantida pela Missão MacAll (1888-1892). Tornou-se uma personalidade importante entre os batistas franceses, às vezes contestado ou invejado; exerceu forte influência sobre a sociedade de seu tempo com sua eloquência, suas *Narrações e alegorias*, seus numerosos cânticos (cf. a coletânea *Nas asas da fé*, 1926). A partir de 1905, dedicou-se a um ministério intereclesiástico que trouxe o avivamento do País de Gales para a Europa francófona e firmou os fundamentos evangélicos em contraposição ao modernismo. Entre as instituições mais importantes fundadas por ele, estão as "convenções cristãs" de Chexbres (1907) e de Morges (1910), além do instituto bíblico de Nogent-sur-Marne (1921).

Henri Blocher

▶ SAILLENS, Ruben, *La croix de Jésus-Christ et l'évangélisation* (1908), Vevey, Groupes missionnaires, 1954; Idem, *Sur les ailes de la foi* (1926), Nogent-sur-Marne, Institut biblique, 1962; WARGENAU-SAILLENS, Marguerite, *Ruben et Jeanne Saillens, évangélistes*, Paris, Les Bons Semeurs, 1947.

○ Avivamento; **Batista, Igreja**; Blocher-Saillens; MacAll

SALÁRIO

Classicamente, o "justo salário" determina qual deve ser a remuneração do trabalho. Para a tradição medieval, três elementos entram em consideração: o sustento da família do trabalhador, a esmola e o sustento da pátria. Tal noção estabelece "aquilo que é indispensável para viver de acordo com as exigências normais da condição ou do estado da pessoa, e de acordo com a exigência das outras pessoas das quais se encarrega" (Tomás de Aquino, *Summa Theologica*, q. 32, art. 6, resp.). Martinho Lutero prosseguiu na mesma linha ao especificar que o lucro do comerciante não deveria ultrapassar 3% ao ano. João Calvino não entra no mérito desses detalhes, mas percebe a questão como um desenvolvimento do oitavo mandamento do Decálogo: além da proibição ao roubo, a lei divina exige que não se poupem esforços para que aqueles que dependem de nós possam viver dignamente. Quem paga mal o pobre lavrador, ou o artesão, quase lhe corta a garganta, pois seu salário é tudo que ele tem para sobreviver. "Não há nada mais injusto que quando os pobres nos servem para que, em retribuição, somente sobrevivam". Além disso, de acordo com Calvino, o produto do labor comum de todos os trabalhadores da empresa (fornecedores de capital e trabalho em todos os níveis) não pertence a eles propriamente, mas aponta para uma bênção em comum, uma bênção que proporciona a cada um dos parceiros no trabalho o direito de dispor delas, um direito diferenciado mas partilhado. Esse direito deve estar garantido pela legislação do Estado para que reine entre os homens o mínimo de justiça, como reflexo do amor de Deus.

Dois séculos depois, Adam Smith retomou a questão ao afirmar que o salário não deve ser inferior ao "preço natural do trabalho", "que permite ao homem viver durante sua vida ativa, reembolsar seus custos de formação e compensá-lo pelo duplo risco que o trabalhador assume quanto a não viver por tempo suficiente para aproveitar seu ganho ou fracassar no emprego" (*Enquête sur la nature et les causes de la richesse des nations* [Investigação sobre a natureza e as causas da riqueza das nações] [1776], 4 vols., Paris, PUF, 1995, V, ii, k, 3). Em paralelo, o salário deve permitir que se desfrute das "coisas necessárias para a vida" — alimento, vestes, moradia, educação dos filhos — e levar uma existência decente em seu contexto. Observemos que, no século XIX, protestantes de tendência evangélica estimam que o patrão deve ao operário mais que o salário, o que resultou na construção de casas operárias, da criação da licença maternidade, do estabelecimento de regras para a prevenção de acidentes de trabalho etc.

André Biéler e François Dermange

▶ BIÉLER, André, *O pensamento econômico e social de Calvino* (*1959*), São Paulo, Casa Editora Presbiteriana, 1990; Idem, *O humanismo social de Calvino* (*1961*), São Paulo, Oikoumene, 1970; Idem, *Chrétiens et socialistes avant Marx*, Genebra, Labor et Fides, 1982; CALVINO, João, *Commentaires sur les cinq livres de Moïse*, em *Opera Calvini*, XXIV-XXV, em especial sobre Levítico 19.13 e Deuteronômio 24.14s.

◉ **Capitalismo;** cristianismo social/socialismo cristão; dinheiro; ofício; pobreza; socialismo religioso; trabalho (e legislação do); **vocação**

SALTÉRIO HUGUENOTE

O processo de elaboração do *Saltério huguenote* cobriu os anos 1539 a 1562. No dia 16 de janeiro de 1537, João Calvino, após ter constatado a frieza dos fiéis em relação aos cânticos dos salmos, propôs ao Conselho de Genebra, com Gilherme Farel e Pierre Viret, incorporá-lo no culto. No ano seguinte, Calvino foi obrigado a deixar Genebra, rumando para Basileia e Estrasburgo, onde tomou conhecimento de uma liturgia que desde 1525 atribuía um lugar central ao canto congregacional. No início de 1539, publicou a primeira coletânea dos reformados franceses, *Aulcuns Pseaulmes et cantiques mys en chant* [Alguns salmos e cânticos musicados]. Suas 21 melodias são de autoria de Matthäus Greiter (?1494-1550) e Wolfgang Dachstein (?1487-1553). De retorno a Genebra, Calvino publicou em 1542 *La forme des prières et chantz ecclesiastiques* [a forma das orações e cantos eclesiásticos], com 22 novas melodias atribuídas ao chantre Guillaume Franc (?1510-1570). Ao mesmo tempo, outro *corpus* foi constituído para a igreja de Lausanne, provavelmente com o músico François Gindron (?1491-1564). No dia 21 de julho do mesmo ano, Pierre Viret escreveu a Calvino e suscitou um debate interessante: "Decidimos cantar no primeiro dia os salmos tais como Gindron os musicou. Suas árias são muito mais fáceis e harmoniosas que as suas, e eu queria que nós as imprimíssemos em vez daquelas que temos usado até aqui". Em 1543, foram publicados os *Cinquante pseaumes en François* [cinquenta salmos em francês], de Clément Marot, com 20 melodias suplementares atribuídas a Guillaume Franc. No dia 10 de junho, Calvino assinou seu famoso prefácio em que suas opções em matéria de música foram afirmadas, mas não sem alguma ambiguidade. A etapa seguinte, em 1551, foi crucial, com os *Pseaumes Octantetrois* [Salmo 83], com novas melodias e antigas melodias readaptadas pelo teórico da música Loÿs Bourgeois (?1510-?1561). Foi especialmente frutífera a colaboração desse melodista com Teodoro de Beza.

O ano de 1562 caracterizou a última etapa editorial, com o título *Les Pseaumes en rime francoise par Clement Marot & Theodore de Beze* [Salmos em rima francesa por Clément Marot & Teodoro de Beza]. A partir de então, o *Saltério* estava completo, com 49 paráfrases de Clément Marot e 101 de Teodoro de Beza, acrescido dos mandamentos e do cântico de Simeão. O conjunto é sustentado por 125 melodias, das quais as mais recentes são de Pierre Davantès (?1525-1561). A obra contou com 30 mil exemplares e obteve um enorme sucesso. Três anos depois, foi publicada em Genebra a versão de Lausanne por Guillaume Franc, com o título: *Psaumes mis en rime française par Clément Marot et Théodore de Bèze, avec le chant de l'Église de Lausanne* [Salmos postos em rima francesa por Clément Marot e Teodoro de Beza, com o canto da igreja de Lausanne]. Seus responsáveis estimaram "ser coisa bastante útil se cada um dos salmos tiver seu canto específico".

Os textos foram refeitos várias vezes, entre 1677 e 1970, por Valentin Conrart (1603-1675) e Roger Chapal. Muitas traduções foram feitas para os idiomas holandês (1551, 1566-1568, 1773 e 1973), gascão (1565), alemão (1573), bearnês (1583), checo (1587), occitano (por volta de 1589), polonês (1660), húngaro (1606-1607 e 1743) e reto-romanche (1661 e 1683). As musicalizações mais emblemáticas são de Claude Goudimel (?1520-1572) e Claude Le Jeune (1528/30-1600).

Na psicologia e no contexto reformados, o canto dos salmos tem essencialmente um valor identitário, exprimindo e testemunhando o apego indefectível a uma nova concepção de fé.

James Lyon

▶ BARILIER, Roger, *"Les Psaumes de Lausanne"*, BSHPF 147, 2001, p. 553-567; BERNOULLI, Peter Ernst e FURLER, Frieder, orgs., *Der Genfer Psalter. Eine Entdeckungsreise*, Zurique, Theologischer Verlag, 2001; CALVINO, João, *Aulcuns pseaulmes et cantiques mys en chant* (*1539*), Brasschaat, Buitink, 2003; CANDAUX, Jean-Daniel, org., *Le Psautier de Genève 1562-1865. Images commentées et essai de bibliographie*, Genebra, Bibliothèque universitaire et publique, 1986; GRUNEWALD, Eckhard, JÜRGENS, Henning P. e LUTH, Jan R., orgs., *Der Genfer Psalter und seine Rezeption in Deutschland, der Schweiz und den Niederlanden. 16.-18. Jahrhundert*, Tübingen. Niemeyer, 2004; PIDOUX, Pierre. *"La Genève de Calvin et le chant des psaumes"*, Revue musicale de Suisse romande 44, 1991, p. 139-160; PIDOUX, Pierre, org., *Le Psautier huguenot du XVIe siècle. Mélodies et documents*, 2 vols., Basileia, Bärtnreiter, 1962; WEBER, Edith, *La musique protestante de langue française*, Paris. Champion, 1979; WEEDA, Robert, *Le Psautier de Calvin. L'histoire d'un livre populaire au XVIe siècle (1551-1598)*, Turnhout, Brepols, 2002; YARDENI, Myriam, *"La querelle de la nouvelle version des Psaumes dans le Refuge huguenot"*, em Brigitte MAILLARD, org., *Foi, fidélité, amitié en Europe à la période moderne. Mélanges offerts à Robert Sauzet, t. II: Sensibilités et pratiques religieuses*, Tours, Publications de l'Université de Tours, 1995, p. 457-463; ZUBER, Roger, *"Les psaumes dans l'histoire des Huguenots"*, BSHPF 123, 1977, p. 350-361.

◯ Beza; Bourgeois; cântico; cantor; Goudimel; hinologia; Le Jeune; Marot; **música**; Pictet; Pidoux

SALVAÇÃO

1. Introdução
2. Martinho Lutero (1483-1546)
3. João Calvino (1509-1564)
4. A questão da salvação do século XVII ao século XIX
   4.1. O puritanismo e o quacrerismo
   4.2. A contestação do princípio reformado
   4.3. O pietismo e o metodismo
   4.4. O protestantismo razoável
   4.5. A revalorização da soteriologia
   4.6. A crítica radical
   4.7. As reações à crítica

5. A compreensão da salvação no século XX
   5.1. A compreensão barthiana
   5.2. Teologia existencial (Rudolf Bultmann) e teologia do paradoxo e do símbolo (Paul Tillich)
   5.3. Retorno da história e perspectiva escatológica (Jürgen Moltmann e Wolfhart Pannenberg)
   5.4. Novas implicações (ecumenismo, teologias da libertação, diálogo inter-religioso)

1. Introdução

Sendo seres pensantes, os homens sabem que são mortais, mas se creem imortais. Da mesma forma, dedicaram-se no passado e, no presente, pelo menos em maioria continuam dedicando tempo, pena e recursos para buscar o caminho mais certo que os conduza, para além da morte, a uma vida bem-aventurada.

Para a revelação bíblica, não é o homem que busca a salvação, mas, sim, Deus que toma iniciativa e a cumpre. O Deus vivo, santo e soberanamente livre é o Deus da aliança e da promessa. Santo e justo, ele julga e salva. Tendo resgatado Israel da servidão no Egito, ele libertará os seus, espalhados pelo mundo, da corrupção e da morte, para torná-los filhos adotivos e herdeiros de seu Reino.

Os reformadores do século XVI estão convencidos de que Deus os chamou para pregar a mensagem bíblica autêntica da salvação, que as glosas e os comentários haviam falsificado e corrompido ao longo da transmissão. Para eles, a interpretação que Paulo fornece do evangelho se tornou um modelo e uma norma para a compreensão do seu tempo e para a reforma da igreja. Por sua obediência completa a Deus e através da paixão, Jesus Cristo salva os homens do Julgamento e os conduz ao Reino, e não a prática sempre parcial das prescrições e das cerimônias da lei mosaica. Somente o Filho de Deus cumpriu plenamente a Lei. Ele venceu Satanás na cruz, abateu os ídolos e eliminou as superstições. Assim, ele liberta os seus dos golpes do destino e dos caminhos do acaso, chamando-os e reunindo-os para torná-los seu povo.

Adoecido pelo Grande Medo que se apodera de todos, o homem do século XVI precisava ter certeza da salvação. Não é mais o magistério da igreja que fundamenta essa certeza, pois está desacreditado. Somente a Palavra de Deus pode comunicar essa certeza e apenas o Espírito Santo pode imprimi-la nos corações. Os reformadores se viram ainda mais persuadidos quando buscaram confirmar suas convicções com a leitura das Escrituras. De fato, eles redescobriram o sentido histórico dos textos bíblicos com a ajuda de regras de exegese gramatical e retórica, estabelecidas pelos humanistas; passaram a discernir o sentido espiritual ao colocar essas regras sob o esclarecimento do Credo da igreja antiga, sob a luz do Espírito Santo.

Desse modo, os reformadores buscaram ao mesmo tempo, de um lado, condições, meios e certeza da salvação e, de outro, questões sobre a pregação e a interpretação das Escrituras. Eles experimentaram a clareza e a simplicidade da Palavra, sua inspiração e sua verdade, em suma, sua autoridade. Estavam convencidos de que Deus falava com eles através das Escrituras, assim como falou àqueles cujos testemunhos estão registrados ali.

Vivendo e pensando em um contexto de cristandade, os reformadores concebiam a história, tal como o augustianismo, como "história da salvação", ou seja, "uma economia": em seu conselho secreto, Deus estabeleceu desde a eternidade as condições, as disposições e as dispensações da execução de seu decreto de criação e redenção. Em virtude de seus decretos, Deus elegeu aqueles que destinou para a salvação. Assim, ele colocou o homem diante da seguinte alternativa: ou o bem, a salvação e a vida, ou o mal, a perdição e a morte. Na realidade, e Deus sabe disso, o homem é incapaz de praticar a justiça que Deus prescreveu para ele e que o tornaria agradável; o homem só poderá se tornar agradável para Deus caso sejam perdoadas suas iniquidades através da paixão de Cristo.

Lutero, por exemplo, interpretou a crise da cristandade por meio da chave que extraiu dessa teologia da história: da mesma forma que livrou a "igreja" do "cativeiro egípcio e babilônico", Deus a livrará do atual "cativeiro romano", restaurando-a através da pregação do puro evangelho que é poder de salvação. A seus olhos, é a palavra de Deus que o tornou capaz de diagnosticar as causas dos fracassos das reformas anteriores e encontrar os meios de remediá-los; do mesmo modo, foi a palavra que lhe proporcionou a convicção para desmascarar as tendências pagãs do Renascimento tais como se manifestaram na obra de alguns humanistas. No que diz respeito à piedade, Lutero deixou de crer que o claustro fosse a única porta para o céu. A espiritualidade afetiva e interior da *devotio moderna*, centrada na imitação de Cristo, é praticável na vida cotidiana, até mesmo por leigos; no entanto, a disciplina penitencial, justificada pela teoria de Anselmo da satisfação vicária de Cristo, impedia a comunhão direta com o Salvador. Lutero submeteu a um questionamento radical a capacidade do homem quanto a "realizar a própria salvação" e o valor redentivo das "devoções": o culto aos santos intercessores, inspirado pela crença na reversibilidade dos méritos, assim como o culto das relíquias e das imagens piedosas, a celebração de missas a favor dos mortos, a observância de jejuns e festas, a participação em romarias, o uso de indulgências, tudo isso foi posto radicalmente em dúvida.

Quanto à teologia, Lutero denunciou a ambiguidade das posições da teologia nominalista: de um lado, a concepção pelagiana, naturalista, do homem, que é tributária dos filósofos pagãos; de outro, a doutrina da salvação supranaturalista, herdada do augustianismo. Lutero rejeita essas acomodações e combate todos os tipos de teologia natural.

Para os reformadores, a "religião das obras" foi a causa da crise da cristandade. Essa crise é análoga à crise por que passavam as comunidades paulinas. A igreja tendia a tornar-se judaica e pagã. Atingida por todo tipo de abuso, encontrava-se em tal estado que não mais conseguia diferenciar o profano do sagrado, nem colocar ordem nos poderes seculares e espirituais. Viu-se incapaz de inventar e instaurar um *status* religioso que pudesse corresponder às aspirações de uma sociedade em que surgia o espírito leigo, e às aspirações de um homem que se conscientiza de sua nova dignidade.

Por isso, estava claro para os reformadores que somente a "religião da fé" poderia restabelecer a igreja em seus fundamentos e restaurar a ordem na cristandade. Dessa maneira, eles buscaram reformar a doutrina e os costumes com base no princípio paulino da salvação: a justificação somente pela fé. A igreja conhecia desde sempre este princípio, mas o havia relativizado ao colocar as obras no mesmo nível da fé. Do mesmo modo, a igreja se afastara de Santo Agostinho para aproximar-se de um semipelagianismo difuso, privando assim a graça divina daquilo que era concedido à natureza humana.

De acordo com o "realismo bíblico", a obra complementar de Cristo e do Espírito Santo é plenamente suficiente para a salvação, pondo fim ao reino de Satanás e inaugurando o de

Deus. Paradoxalmente, o homem não é salvo nem pelas próprias obras, que o pecado perverte, nem sem as obras que a graça lhe proporciona realizar, para testemunhar a liberalidade de Deus.

Assim, a palavra salva os fiéis eficazmente do medo e do desespero, que os fazem mergulhar em ignorância, dúvida e superstição. Se é através da palavra que Deus visita a cristandade para reunir os seus, também a palavra é posta à prova: a pregação do evangelho provoca dissensões nas comunidades reformadas e dissidências na periferia.

Aqui, podemos tratar de um conflito dos caminhos da salvação quando abordamos a crise religiosa do século XVI. Para os reformadores, o único caminho é o da justificação somente pela fé. Para os herdeiros espirituais da Idade Média tardia, que são os dissidentes, os caminhos da salvação são comunicados por meio de revelações particulares. Para o catolicismo romano, o caminho da salvação só pode ser uma via média entre o pelagianismo e o predestinacionismo protestante; essa via média conjuga fé e obra, Palavra e os sete sacramentos, Escritura e Tradição.

As consequências do conflito se fazem sentir até hoje. Além daquilo que os historiadores designaram como ortodoxia luterana ou reformada, houve correntes que se desenvolveram a partir do século XVII, correntes dissidentes e não conformistas, como o puritanismo. Assistimos a uma valorização da conversão e da santificação acima da vocação e da santificação. A busca pela salvação tende a tornar-se algo privado. No entanto, ao longo do século XVIII, o pietismo e o metodismo, ao mesmo tempo que manifestam um fracasso em adaptar a ortodoxia à mentalidade moderna, confirmam quanto estava correta a intuição dos reformadores: a Palavra de Deus salva e renova a igreja.

Com a lenta consagração da civilização tecnológica como veículo cultural a partir do século XIX, a confrontação entre o cristianismo e as filosofias deu lugar à confrontação entre as religiões e as ciências. O uso descontrolado das técnicas coloca em risco a sobrevivência da humanidade, que era preservada pelas religiões que pregam a salvação. A questão contemporânea da sobrevivência da humanidade modifica ou não a problemática tradicional da salvação: salvação pela fé ou salvação pelas obras, ou salvação por ambos ao mesmo tempo?

Sobre esse assunto, observemos que, a partir de meados do século XX, os cientistas passaram a admitir cada vez mais que as ciências da natureza e as ciências do homem são complementares, pois o homem se vê integrado no universo, e sua ciência é sua obra. Por sua vez, os teólogos críticos apontam tanto para o processo do sincretismo, que confunde ciência e religião, quanto para o catastrofismo, que considera a ciência responsável pela deterioração da terra.

Além disso, a ameaça de uma regressão ao estado da barbárie e do retorno ao caos reapresenta a questão da salvação: se Deus está morto, se foi retirado do mundo ou se identifica com todas as vítimas da escravidão, haveria ainda um sentido?

Esse modo de apresentar a questão da salvação é tipicamente ocidental: o Ocidente teria passado (o que ainda precisa demonstrar-se) do teísmo cristão ao deísmo racionalista, e do deísmo ao ateísmo teórico e prático. O judaísmo, o islã, o hinduísmo e o budismo partem de outras premissas quando abordam a questão da salvação.

Nessas condições, como reagem os protestantes? Estariam eles tentados mais uma vez à nova mentalidade dos diversos caminhos de salvação, ou até mesmo a relativizá-los? Ou teriam coragem, a exemplo do que foi feito pelos reformadores do século XVI, de reformar as doutrinas e a disciplina no sentido de um maior rigor teológico, e as instituições no sentido de uma maior coerência eclesiológica? Para esclarecer como se dá a segunda alternativa, apresentamos aqui o estudo da doutrina da salvação de Lutero (item 2), o estudo de Calvino (item 3), o esboço de suas transformações ao longo dos séculos (item 4) e algumas teologias contemporâneas (item 5).

Gabriel-Ph. Widmer

2. Martinho Lutero (1483-1546)

O estudo dos textos bíblicos levou Martinho Lutero a uma compreensão da salvação que, em muitos aspectos, era diferente da compreensão da igreja oficial de sua época. Geralmente, o pensamento de Lutero é resumido na oposição entre salvação pela fé e salvação pelas obras. No entanto, ultrapassa essas questões particulares. Lutero propõe uma compreensão da salvação que confronta toda a concepção da teologia escolástica. A abordagem que Lutero faz da pessoa humana, da vida e da obra de Cristo, da salvação oferecida por Deus representa uma ruptura com o ensino da igreja oficial, que para Lutero e os seus era considerado desconforme com a mensagem intangível do evangelho.

Uma nova compreensão da pessoa humana e de sua relação com Deus surge desde o início da obra de Lutero e marca uma primeira mudança de rota na tradição teológica da época. A abordagem antropológica de Lutero é "existencial", diferentemente da abordagem sapiencial tradicional. Retomamos aqui os qualificativos propostos pelo teólogo católico alemão Otto Hermann Pesch em seu livro *Theologie der Rechtfertigung bei Martin Luther und Thomas von Aquin. Versuch eines systematisch-theologischen Dialogs* (Mayence, Matthias-Grünewald-Verlag, 1967).

O mundo medieval e a Igreja Católica Romana da Idade Média, influenciada pela filosofia grega e sobretudo por Aristóteles, propunham uma concepção sapiencial ou ontológica substancialista da pessoa humana. O ser humano é a soma de um corpo, uma alma e um espírito. A identidade da pessoa é um dado bem definido. O ser humano é o que é em e por si mesmo. Evidentemente, não é senhor de seu destino, mas tem uma vontade e uma consciência, a possibilidade de fazer algo a partir da própria iniciativa. O indivíduo realiza obras moralmente más, pecados (quantificáveis) que provocam a ira de Deus. É preciso confessá-los, expiá-los e receber a graça que Deus dá e que restabelece a integridade original. O ser humano se apropria dessa graça, que passa a lhe pertencer; ela é como um objeto trocado entre Deus e ele (um *habitus*). É necessário que essa graça seja mais abundante que o pecado para que o ser humano sobreviva ao terrível juízo de Deus.

Visão semelhante do ser humano e a compreensão da salvação que decorre dessa visão são estranhas a Lutero. Lutero concebe o ser humano de um modo relacional: a totalidade da pessoa (*totus homo*) está submetida ou ao poder da graça ou ao poder do pecado. Com o apóstolo Paulo, Lutero não entende a "carne" e o "espírito" como partes do ser humano, em que uma recusa Deus e a outra não, mas, sim, como expressões da totalidade da pessoa submetida ou ao homem ou a Deus (*WA* 2, 585s). Tratando do homem interior ou do homem exterior, ele não retoma a distinção da teologia escolástica entre alma e corpo, mas a aplica a toda a pessoa humana no sentido bíblico do velho homem e do novo homem (*MLO* 2, 276). A pessoa humana não tem sua identidade em si mesma, mas sua realidade lhe é conferida pelo poder que a domina. Está submetida a Deus, que lhe dá seu ser verdadeiro, ou está submetida ao diabo e ao mundo, que lhe dão a ilusão de viver de modo autônomo e a arrastam para a morte. O ser humano não possui a si mesmo, mas é possuído. Ele não é em e por si mesmo, mas está sempre diante de Deus (*coram Deo*) ou diante dos outros e do mundo (*coram hominibus* ou *coram mundo*, cf. *WA* 3, 182s.). O ser do homem diante de Deus é revelado pela palavra de Deus e transformado por ela a fim de que se torne aquilo que foi e aquilo para o qual é chamado: um ser que corresponde a Deus.

A essa compreensão relacional da pessoa humana se segue logicamente uma compreensão relacional de todos os dados soteriológicos. Assim, a fé ultrapassa a crença na veracidade dos dados bíblicos (*fides historica*) e abarca a relação do cristão com seu Senhor: "A fé dos 'sofistas' fala sobre Cristo desta maneira: eu creio que o Filho de Deus sofreu e foi ressuscitado. A afirmação para neste ponto. A verdadeira fé declara: eu creio que o Filho de Deus sofreu e foi ressuscitado por mim, por meus pecados e tenho certeza disso. [...] Assim, crer 'por mim' e 'por nós' constitui a verdadeira força e a distingue de qualquer outra fé que se contenta em engendrar fatos" (*WA* 39, I, 45s). A noção de uma fé formada pelo amor (*fides caritate formata*) precisa ser rejeitada, pois reduz a fé. A fé que é adesão a Cristo compreende o amor, diferentemente da crença. Da mesma forma, a consciência não é mais uma instância de discernimento moral interna ao homem, mas, sim, uma instância metaética que qualifica a relação com Deus e o ser diante de Deus.

Essa compreensão relacional leva a uma redefinição do pecado. De acordo com a mensagem bíblica, e principalmente segundo os textos paulinos, Lutero não concebe o pecado como algo relacionado a uma falta moral em primeiro lugar, mas, sim, como a postura fundamental do homem que acredita poder viver sem Deus e autorrealizar-se dessa maneira. O pecado é concupiscência (cf. *WA* 40, II, 325s; 8, 104), já que esse termo não se limita aos desejos terrenos, mas qualifica o desejo humano de ser Deus e viver sem Deus. As formas mais impactantes desse pecado são a descrença (o fato de desejar viver sem relação alguma com Deus: cf. *WA* 39, I, 84) e o foco central em si mesmo (*homo incurvatus in se*, cf. *WA* 39, I, 202). Sua forma mais perniciosa é a crença de que, com suas obras, o homem é capaz de realizar a justiça que lhe permitirá subsistir diante de Deus (*WA* 4, 374s). Já as faltas morais (os pecados) são expressões pontuais do pecado fundamental.

Antes de ser obra humana, o pecado é um poder que sujeita todo ser humano ao lhe dar a ilusão de sua liberdade. Leva à morte, que é o pior inimigo do ser humano (*WA* 23, 713).

Pecado e morte exprimem o poder do diabo ao qual os seres humanos estão submetidos desde a Queda. Somente Cristo pode livrar o homem do poder do pecado (*MLO* 5, 54 e 227). O ser humano não consegue livrar-se por si mesmo, seu livre-arbítrio é ilusório, pois está impotente diante do poder de Satanás. "Assim, a vontade humana, colocada entre Deus e Satanás, é como uma besta de carga. Quando Deus monta nela, ela vai para onde Deus quiser [...]. Quando Satanás monta nela, ela vai para onde ele quer. E ela não é livre para escolher um dos cavaleiros; mas ambos lutam entre si para se apoderarem dela e possuí-la" (ibid., 53).

Para Lutero, a mensagem central das Escrituras, o evangelho, é a boa-nova da vinda de Jesus Cristo a este mundo para pôr fim ao reino do pecado e da morte, oferecendo salvação aos homens. Em sua compreensão da pessoa de Cristo, Lutero é fiel à doutrina das duas naturezas do Concílio de Calcedônia (451). Na pessoa de Cristo, o próprio Deus vem declarar guerra às forças que oprimem os homens. Despojando-se (*kenósis*) e aceitando plenamente a natureza humana, Cristo é Deus e permanece sendo Deus, como ensinam as Escrituras. "Se de Cristo fosse retirada a divindade, não haveria nem socorro nem salvação diante da ira e do julgamento de Deus" (WA 46, 555). Convém distinguir, mas não separar, as duas naturezas de Cristo, que em sua pessoa formam uma união hipostática (*unio hypostatica*) que permite uma comunicação dos idiomas (*communicatio idiomatum*). Lutero retoma esse ensinamento da tradição da igreja para explicar que a natureza humana de Cristo faz parte das qualidades da natureza divina e vice-versa (cf. *WA* 46, 300-302). A ênfase na comunicação dos idiomas não é uma figura de retórica ou especulação filosófica, mas é soteriologicamente decisiva, pois em Jesus Cristo a natureza divina participa da fraqueza humana. Os cristãos "creem que não foi somente a natureza humana, mas, sim, a natureza divina ou o verdadeiro Deus que sofreu por nós e que morreu. Evidentemente, o sofrimento e a morte são propriedades estranhas que de hábito não podemos atribuir à natureza divina, somente à natureza humana. Porém, como a natureza divina assumiu a natureza humana e a revestiu, ambas as naturezas estão associadas de um modo inseparável, de modo que, em uma só pessoa, Cristo é ao mesmo tempo Deus e homem. O que quer que ocorra a essa pessoa, Cristo, ocorre também a esse Deus e esse homem" (*WA Tr* 6, 67, número 660).

Essa abordagem cristológica de Lutero é decisiva para a interpretação da obra de Jesus Cristo, sobretudo da cruz e da ressurreição. Na tradição da igreja ocidental em que foi educado, Lutero pode compreender a cruz como Anselmo de Cantuária, de modo legalista e meritório (cf. *WA* 31, II, 329). Cristo correspondeu à lei e aceitou a punição divina que era destinada aos seres humanos conforme a lei. A obra necessária — a satisfação — é cumprida pelo homem Deus. No entanto, Lutero insiste também em outros aspectos já afirmados pela igreja antiga. O objetivo da redenção não é somente expiar uma falta, mas, sim, extirpar o pecado e vencer a morte. Lutero descreve a obra de Cristo como uma luta contra os poderes da destruição. Esses poderes são confrontados com a justiça de Cristo, com o Deus que, em Cristo, submeteu-se à morte, aceitando-a e finalmente vencendo-a. A Sexta-feira Santa e a Páscoa formam um todo coeso; são dias de alegria e anunciam a morte da morte, a vitória da vida que não é mais e não será jamais limitada pela morte (cf., entre inúmeras passagens, *WA* 3, 562ss; 2, 689ss; 17, II, 291ss). "Foi um combate espantoso entre a morte e a vida. A vida venceu, engolindo a morte. As Escrituras anunciaram de que forma uma morte devorava a outra. A morte se tornou objeto de escárnio" (estrofe 4 do cântico de Lutero para a Páscoa: *Christ lag in Todesbanden*, *WA* 35, 444).

Deus não triunfou dos poderes enganando-os ou evitando-os, mas, sim, oferecendo-se a eles na humanidade de Cristo, cumprindo a lei e sofrendo o castigo merecido pelo pecador. Dessa forma, ele venceu a morte e deu vitória à vida, de uma vez por todas. Cristo é o reconciliador, o mediador, o intercessor, o sacerdote e o salvador que propôs a própria vida a todos os seres humanos. Ele oferece ao homem a salvação que o livra do poder do pecado e da morte.

Na cruz e na ressurreição, a justiça exterior e estrangeira de Deus (*justitia externa et aliena*) é oferecida à humanidade. Essa justiça, de início, não é uma punição, mas uma justiça que declara e torna o cristão justo diante de Deus (Rm 1.17).

Em seu *Comentário da epístola aos Romanos* (1515-1516), Lutero mostra que a justiça de Deus é e permanece estrangeira e exterior ao homem (*extra nos*, cf. *MLO* 11, 216) e que o ser humano pecador recebe o benefício dessa justiça que é a justiça de Cristo. Ao mesmo tempo que, em nós e por nós mesmos, permanecemos pecadores, somos justos aos olhos de Deus, que nos "imputa" (*imputatio*) essa justiça de Cristo. Nós recebemos esse julgamento misericordioso de Deus na fé e na esperança em Cristo (MLO 12, 23s e 32). A justificação do pecador é obra do julgamento forense de Deus, que declara o cristão agradável aos seus olhos. Em *Sobre a liberdade cristã* (1520), Lutero descreve esse momento como o de uma "alegre troca": o esposo Cristo oferece à esposa a sua justiça e se encarrega de seu pecado (cf. *MLO* 2, 282s para o texto latino; *Oeuvres* [Obras] I, Paris, Gallimard, 1999, p. 846s para o texto alemão publicado com o título *Sobre a liberdade do cristão*). Essa troca ocorre na Palavra de Deus: "Se [a alma] tem essa Palavra, ela é rica, a ela nada falta" (*MLO* 2, 277). Deus aceita a pessoa humana não por causa de suas obras, mas as obras por causa de sua pessoa. O ser humano não é justo com base em obras justas, mas é justificado e, a partir de sua justificação, torna-se capaz de obras justas (*MLO* 11, 19s; 12, 22s).

A única realidade humana capaz de corresponder à justiça que é oferecida em Cristo é a fé. A fé é dom do Espírito Santo e surge a partir da escuta da palavra (*ex auditu*). É ao mesmo tempo conhecimento de Cristo e confiança que compreende Cristo. É expressão de uma nova relação. Para evitar qualquer mal-entendido e não tornar a fé uma obra humana, "é necessário ensinar a fé corretamente: pela fé tu estás unido a Cristo de tal maneira que de ti e dele a fé faz, por assim dizer, uma só pessoa que não pode ser dividida, mas não deixa de estar unida e declara: [de alguma forma] eu sou Cristo, e Cristo por sua vez diz: [de alguma forma] eu sou esse pecador, pois ele está em união comigo, e eu, com ele" (*MLO* 15, 180).

As boas obras teriam se tornado inúteis? O debate da Reforma tem sido com frequência reduzido a uma alternativa: salvação pela fé/salvação pelas obras. Essa visão é certa e errada. É errada se colocamos as duas declarações em um mesmo plano ao considerar que, onde uns localizavam as obras, alguns localizam a fé. É correta quando compreendemos que os dois elementos da alternativa se situam em níveis diferentes. Lutero rompe com a compreensão da igreja de sua época, uma igreja que considerava a graça e a justiça como "qualidades da alma", e as boas obras como uma contribuição para essa qualidade com vistas à salvação da alma. Para Lutero, a afirmação da justificação somente pela fé é a declaração de Deus ao cristão: "Tu és meu filho". Essa declaração cria uma nova relação entre Deus e o homem que crê, exprimindo o amor que Deus lhe devota, a ele, não a suas obras. Assim, é igualmente evidente que aquele que, por um amor puro, é declarado filho, não permanece no mesmo estado em que se encontrava, mas é radicalmente transformado e, com base nessa nova vida que recebeu, esforça-se para levar uma vida que corresponda presentemente, e isso inclui as obras, à vontade de Deus. O Espírito Santo que agora reina na vida do cristão o torna capaz de realizar boas obras. A crítica do Concílio de Trento, de que o luteranismo teria proclamado a inutilidade das obras, não tem fundamento, pois seus responsáveis não compreenderam (ou não puderam compreender) o nível diferente em que se situa a compreensão luterana da justificação somente pela fé. Lutero simplesmente recolocou as obras no lugar que, para ele, pertence a elas. As obras não se antepõem à aceitação de Deus, mas são uma consequência evidente dessa nova situação. "Se a fé não é sem as obras, ela não justifica e não é fé. [...] É impossível que a fé permaneça sem obras, cheias de zelo, grandes e inúmeras" (*WA* 7, 231).

Outra declaração de Lutero atraiu a incompreensão e a recusa do Concilio de Trento: a afirmação de que o cristão justificado permanece ao mesmo tempo justo e pecador (*simul justus et peccator*). Tal visão de fato é inaceitável diante de uma compreensão substancialista da pessoa humana, pois significaria que a justificação não é total e que o poder do pecado permanece intocado. Assim, impõe-se em uma concepção relacional. Lutero explica que o pecado antes da justificação é um pecado dominante (*peccatum regnans*) no ser humano; após a justificação, em analogia com a manhã da Páscoa, o pecado passa a ser dominado (*peccatum regnatum*, *WA* 8, 96). Vivendo neste mundo, o homem é assediado de muitas formas e deve empregar todos os seus esforços para lutar contra o pecado. Permanece pecador enquanto humano, mas é justo aos olhos de Deus, pois foi aceito por ele (*coram deo*): "Em mim mesmo, fora de Cristo, sou pecador; em Cristo, fora de mim mesmo, não sou pecador" (*WA* 38, 205). Lutero acrescenta que, nesta vida, o coração do homem permanece mau, pecador e em oposição a Deus. No homem, coexistem a justiça de Deus e o pecado. Até o fim de sua existência, o homem justificado diante de Deus permanece também pecador, ou seja, um ser humano que quer viver a partir das próprias qualidades e capacidades. É necessário que receba cotidianamente o perdão dos pecados e a justiça de Cristo, é preciso constantemente voltar ao seu batismo (cf. *MLO* 2, 202).

Quando se fundamenta a salvação *extra nos in Christo* e a fé na promessa intangível de Deus, o ser humano pode ter certeza de que os limites e as ambiguidades de sua santificação não mais porão em dúvida sua nova condição como filho de Deus, cuja plenitude será revelada no final dos tempos (cf. *MLO* 5, 26). Essa certeza da salvação, na qual Lutero insiste com tanta frequência e que também seria vivamente contestada pelo Concílio de Trento, não é uma questão relacionada a determinado estado do ser humano, mas, sim, uma afirmação que enfatiza a fidelidade de Deus e sua postura para com o homem. Lutero não ensina nem uma falsa segurança, nem uma falsa certeza, apenas como uma consolação subjetiva. A certeza é expressão da fé fundamentada na promessa e na Palavra de Deus: "O cristão precisa ter certeza [...] de que Cristo veio para ele e é seu supremo sacerdote diante de Deus" (*WA* 57, III, 215). "Portanto, é preciso lutar a cada dia para que passemos da incerteza à certeza [...]. Pois, se duvidamos [...], negamos que Cristo nos resgatou: [...] negamos todas as suas benesses" (*MLO* 16, 90).

Essa mensagem da salvação, para Lutero, não é uma afirmação específica dentre muitos outros temas teológicos, mas a mensagem fundamental de que dependem todos os ensinamentos e todas as práticas eclesiásticas. A mensagem da justificação esclarece toda a mensagem da igreja. Além disso, não se trata de uma doutrina (já que a doutrina da justificação é apenas a explicação teológica da mensagem da justificação), mas, sim, a Palavra de Deus dirigida a todos, como centro da Escritura, como boa-nova de Cristo que morreu e ressuscitou por nós. Por esse motivo, Lutero pode afirmar: "O artigo da justificação é senhor e chefe, guia e juiz de todos os tipos de doutrina [...]. Sem esse artigo, o mundo não passa de morte e trevas" (*WA* 39, I, 205).

O lugar central da mensagem da justificação foi enfatizado com muita constância no luteranismo. Valentin Ernst Löscher (1673-1749) se referiria a esse ponto como "o artigo que mantém de pé ou faz cair a igreja" (*articulus stantis et candentis ecclesiae*), citado em Walther KOEHLER, *Dogmengeschichte als Geschichte des christlichen Selbstbewußtseins*, t. II: *Das Zeitalter der Reformation*, Zurique, Niehans, 1951, p. 329).

As convicções fundamentais reafirmadas por Lutero foram retomadas amplamente por seus discípulos. No entanto, observamos algumas nuances que têm sua importância. Com um objetivo pedagógico, Filipe Melâncton deu destaque à santificação, que para ele, diferente de Lutero, era distinta da justiça divina que declara justo o pecador; as primeiras confissões de fé do luteranismo não concebem essa distinção, mas em 1580 esse ponto esteve presente na *Fórmula de Concórdia* (em André BIRMELÉ e Marc LIENHARD, orgs., *La foi des Églises luthériennes. Confessions et Catéchismes* [A fé das igrejas luteranas: confissões e catecismos], Paris-Genebra, Cerf-Labor et Fides, 2003, § 988-995). A ortodoxia luterana seguiu o mesmo caminho ao insistir na retribuição divina pelas boas obras, prometida ao cristão. Evidentemente, essa retribuição é um dom da graça de Deus somente, mas a ideia do mérito não está mais totalmente ausente (*sinergia*). A ortodoxia buscou sistematizar a doutrina reformadora da salvação, que com frequência foi racionalizada, formalizada e recapitulada naquilo que ficou conhecido como *ordo salutis* ("ordem da salvação"), com a descrição das diversas etapas da justificação plena (Johann Andreas Quenstedt [1617-1688], David Hollaz [1648-1713]). A abordagem relacional defendida por Lutero foi geralmente substituída por uma visão ontológica mais aristotélica.

André Birmelé

3. João Calvino (1509-1564)

A reforma doutrinária e eclesiástica empreendida por Calvino em Genebra e, de Genebra, para toda a Europa, inscreve-se na história como uma resposta a uma pergunta bastante específica: o que os sucessores dos primeiros reformadores deveriam fazer para assegurar a sobrevivência do trabalho, já que a Reforma se via ameaçada do interior, pela Reforma radical, e do exterior, pela Contrarreforma?

A reforma de Calvino se beneficiou das reformas de Lutero, Ulrico Zwinglio (1484-1531), Martin Bucer (1494-1551) e seus contemporâneos mais próximos, Guilherme Farel (1859-1565) e Pierre Viret (1511-1571). Para Calvino, a justificação somente pela fé é o único princípio da salvação: "Que possamos sempre nos lembrar de que esse é o principal artigo da religião cristã" (*IRC* III, XI, 1).

A Reforma manteria assim seu vigor na medida em que se apoiou nesse artigo, cujos fundamentos estão de acordo com os critérios da *sola scriptura* e da *sola gratia*. No contexto da aliança, a obra conjunta da Palavra de Deus e do Espírito confere certeza à salvação pela fé. A eleição é o ponto em que se baseia. Seu cumprimento é o conteúdo desse artigo, limitando-se, em primeiro lugar, a Israel, estendendo-se em seguida a toda a humanidade.

Assim, para o augustiniano Calvino, a doutrina da salvação se baseia em uma leitura messiânica da história à luz da revelação bíblica. O advento de Cristo caracteriza o auge dessa revelação. Sendo o Eleito, o Ungido de Deus, o mediador renova a aliança, reunindo em sua pessoa as funções de profeta, sacerdote e rei, cumprindo-as ao longo de seu ministério terreno e celestial. Ele cumpre as promessas e as profecias. Nesse dia que é o seu, Deus visita seu povo, julga o mundo, instaura seu reino, "o claro dia do mundo", "o pleno dia" da revelação.

Ainda que se apresente como um servo, o Salvador brilha como o "Sol da justiça": "Quando finalmente a Sabedoria de Deus foi manifestada em carne, declarou-nos em alto e bom som tudo o que pode, de Deus, penetrar no espírito humano, e tudo o que se pode pensar de Deus. Digo ainda que, se temos em Jesus Cristo o Sol da justiça luzindo sobre nós, ele nos dá a perfeita clareza da verdade de seu Pai, como ao meio-dia, enquanto antes essa verdade não estava descoberta, mas um tanto obscura" (*IRC* IV, VIII, 7).

O "meio-dia" desvela as causas da salvação, que são as da justificação. Após discorrer sobre o sentido da obra de Cristo, Calvino define essas causas ao explicar as palavras de Paulo: *Sendo justificados gratuitamente, por sua graça, mediante a redenção que há em Cristo Jesus* (Rm 3.24).

Em primeiro lugar, ele expõe o sentido da salvação: "Pois nada resta aos homens, a não ser a morte, quando são esmagados pelo justo julgamento de Deus; por isso, eles são justificados gratuitamente por sua misericórdia. Cristo vem em nossa ajuda e remedia essa miséria, comunicando a si mesmo aos cristãos, para que somente nele encontremos todas as coisas que nos faltam (*Comentário a Romanos*, Rm 3.24). Em segundo lugar, suas causas: "A misericórdia de Deus é a causa eficiente da justificação, e Cristo, com seu sangue, é sua matéria; a fé concebida pela palavra é sua forma ou seu instrumento, e a glória da justiça e da bondade de Deus é sua causa final" (ibid.).

A história "santa" se torna assim o centro da perspectiva em que Lutero trata da gratuidade da salvação, uma salvação que não mais deve, de modo algum, às obras de piedade, aos ritos de iniciação ou às luzes do conhecimento especulativo.

Ao morrer, Cristo aniquila a morte: o pecador não mais incorre na punição que Deus lhe inflígia. Ao ressuscitar, traz vida: os eleitos acessam o destino que Deus havia fixado para eles. Esses acontecimentos messiânicos antitéticos "historicizam" a justiça e a misericórdia divinas, portanto, eles as "humanizam": "No sacrifício, pelo qual foi feita expiação de nossos pecados, nossa salvação começou, mas foi na ressurreição que se tornou perfeita e foi cumprida. Pois o início da justiça está no fato de que somos reconciliados com Deus; e o cumprimento, de que a morte, estando abolida, marca o domínio da vida. [...] Pois, para que Cristo nos restaurasse na graça do Pai, foi necessário que abolisse nossa culpa e nossa condenação, o que não poderia ser feito sem que ele pagasse por nós a pena, da qual não poderíamos nos livrar" (ibid., 4, 25).

A crucificação do Mestre descobre o "abismo" do pecado e sua "monstruosidade". Seduzido pelas promessas de Satanás, o primeiro casal transgrediu o interdito divino para se tornar imortal, atentando assim contra a justiça e a honra do Criador. Dessa forma, o pecado original é "a corrupção e a perversidade hereditária de nossa natureza, que se estendeu por completo à alma e nos tornou culpados da ira de Deus, ainda produzindo em nós as obras que a Escritura chama de 'obras da carne'" (*IRC* II, I, 8). Por sua culpa, o homem perde os bens sobrenaturais, principalmente a justiça, que fariam com que obtivesse a imortalidade; restam-lhe então apenas os bens indispensáveis para a sobrevivência.

Submetido à corrupção, o homem não é forçado contra a sua vontade a fazer o mal, mas é levado a isso por sua cupidez, por uma "necessidade voluntária". Ele não pode se abster de pecar. Sob o reinado do pecado, o livre-arbítrio, que é a faculdade de discernir o bem do mal e escolher o bem e a vida, foi transformado em servo-arbítrio; a vontade sã foi curvada e transformada em vontade má, e o entendimento que deveria dirigir essa vontade foi debilitado. O homem se alienou de Deus e de si mesmo, fazendo mau uso da liberdade e do poder que seu Criador lhe deu para alcançar a imortalidade.

Diante da gravidade da alienação que é fruto de suas iniquidades, os homens só podem ser libertos por um "Líder" que desceu do céu e que partilha sua condição, o Emanuel: "Para que não se caísse no desespero, só restava um remédio, que a própria majestade de Deus descesse até nós, já que não estava em nosso poder o subir até ela" (II, XII, 1). O Emanuel manifesta tanto sua filiação divina, ao revelar a paternidade de Deus, quanto sua fraternidade para com os pecadores, ao comunicar-lhes o perdão. Assim, ele pôde "nos restituir na graça de Deus de tal maneira que fomos feitos seus filhos e herdeiros de seu reino, enquanto, sendo linhagem maldita de Adão, éramos herdeiros da geena do inferno" (II, XII, 2).

Conforme o decreto da eleição eterna, o mediador deve ser verdadeiro Deus e verdadeiro homem. Nele, tanto para Calvino quanto para Zwinglio, a natureza divina e a natureza humana não estão nem misturadas nem separadas, mas, sim, "conjuntas". Ao encarnar-se, o Verbo de Deus não se transformou em carne nem se misturou a ela; mas recebeu da Virgem seu corpo humano. Dessa maneira, "sua divindade foi conjunta e unida à humanidade da qual ele se apropriou, de tal forma que cada uma das duas naturezas reteve as suas propriedades. No entanto, Jesus Cristo não tem duas pessoas distintas, mas uma só" (II, XIV, 1). Jesus Cristo, portanto, é uma pessoa única: Filho de Deus e Filho do homem, ele existe de duas maneiras durante seu ministério terreno, de acordo com sua divindade e de acordo com sua humanidade. Calvino enfatiza o caráter "indizível", "miraculoso" dessa "conjunção" ou dessa comunhão entre dois modos de ser simultâneos, devido a essas duas naturezas, em uma só pessoa.

Na primeira edição das *Institutas* (1536), Calvino escreveu sobre o Filho do homem: "O Filho do homem estava no céu e na terra, pois Jesus Cristo segundo a terra viveu aqui durante sua vida mortal, no entanto não deixou de habitar no céu como Deus [...]. Ele desceu do céu, não que sua divindade tenha deixado o céu para se encapsular na carne como se fosse uma moradia, mas porque aquele que a tudo preenche habitou corporeamente e de modo indizível sua humanidade" (IV, XVII, 30). Na última edição, de 1560, Calvino se exprime de outra forma para afirmar a mesma coisa, mas sobre o Filho de Deus: "O Filho de Deus desceu miraculosamente do céu, de tal forma que permaneceu lá; da mesma forma, ele foi levado miraculosamente para dentro do ventre da Virgem, e viveu no mundo, foi crucificado, de tal modo que ao mesmo tempo, de acordo com sua divindade, preencheu o mundo como antes" (II, XVIII, 4).

Os sucessores de Calvino exprimiram a originalidade de sua cristologia, comparando-a à de Lutero, pelo uso do termo *extracalvinisticum*. Para exercer sua função redentora e mediadora, Jesus Cristo, em sua condição como encarnado, está ao mesmo tempo na carne e fora (*extra*) dela. Consequentemente, está na pregação do evangelho e na celebração dos sacramentos, e também fora delas, assim como está na igreja e fora dela. Além disso, assim como as duas naturezas estão conjuntas em Cristo, cada uma delas mantém suas propriedades, e, da mesma forma, as "realidades" e os "signos" estão conjuntos nos sacramentos, ao mesmo tempo que mantêm suas propriedades; da mesma forma, "alma" e "corpo" estão no homem e, também, "espírito" e "letra" nas Escrituras.

Para seus partidários, o *extracalvinisticum* foi como um dique para resistir à pressão que exerciam o naturalismo e o panteísmo pagãos sobre o cristianismo, prevenindo contra toda confusão entre o divino e o humano, o incriado e o criado, o infinito e o finito.

Nessas condições, o Filho de Deus não poderia se "esvaziar" de sua glória tornando-se "servo de Deus", mas ele a "oculta" velando-a com sua humanidade. A transição "do mais alto grau de glória e honra ao mais baixo grau de ignomínia" se apresenta como uma ocultação do "maior" no "menor", do positivo sob o negativo: "Aquele que era Filho de Deus, igual ao Pai e à verdade, renunciou a sua glória quando em carne e mostrou uma aparência de servo [...]. No entanto, a humildade da carne foi como um véu que ocultava a majestade divina" (*Comentário à epístola aos Filipenses*, Fp 2.7). É por isso que a loucura da cruz escandaliza a mente humana e torna louca a razão; a cruz é a passagem obrigatória para aqueles que Deus chama de volta.

Calvino faz sua a doutrina clássica da redenção pela satisfação substitutiva: No lugar dos pecadores, Jesus Cristo satisfaz a justiça divina ao morrer na cruz, em expiação pelos pecadores. Porém, em Calvino o aspecto jurídico está moderado, e a satisfação substitutiva se torna um testemunho da gratuidade da salvação. Ele afirma que o Pai se satisfaz com a própria misericórdia tal como se manifesta na paixão de Cristo. Por sua liberalidade, Deus resgata as dívidas insolúveis desses devedores que são os pecadores: "Deus se agrada em apagar liberalmente nossas dívidas, sem receber pagamento algum, mas satisfazendo-se com a própria misericórdia em Jesus Cristo, que se entregou por nós em compensação de todas as nossas faltas (Rm 3.24)" (*IRC* 3, 20, 45).

Contrariamente a Zwinglio, Calvino admite, junto com Santo Agostinho, que a paixão de Cristo tem uma virtude meritória. Cristo não merece por si mesmo, mas em virtude da vontade de Deus e de sua graça. Com efeito, não seria ele o "patrono", o "exemplo" mais claro e mais notável da predestinação gratuita? A salvação só pode ser gratuita, primeiro porque é o fruto da bondade e do favor divinos, e em seguida porque é a recompensa que Deus deu à obediência de Cristo. Ao escolher esse modo de salvação, Deus rejeita todas as pretensões humanas à justificação, ainda que parcial, a seus olhos.

Portanto, Deus "ordenou" na eternidade que o Filho fosse o Salvador. Ao assumir a natureza e a condição humanas, Cristo, Filho de Deus e Filho do homem, levou sobre si as suas dores e partilhou com eles sua abundância. Dito de outra forma: com seu sacrifício, Jesus Cristo apaziguou a ira de Deus diante do pecado; com sua obediência, tomou sobre si as transgressões dos homens e comunicou-lhes os benefícios de sua justiça. O mediador atendeu às condições de reconciliação de Deus com suas criaturas: "Ao abolir toda inimizade, Deus nos reconciliou totalmente consigo mesmo ao estabelecer a satisfação que foi feita na morte de Jesus Cristo, abolindo todo o mal que está em nós, para que comparecêssemos justos diante dele, enquanto antes éramos impuros e imundos" (II, XVI, 3).

Ao fazer do mediador o salvador e da reconciliação a obra redentora, Calvino pretendeu afirmar a liberalidade de Deus e a gratuidade da salvação. A remissão dos pecados e a justificação do pecador não passariam de ilusão caso resultassem de obras piedosas; somente a fé enquanto dom de Deus pode ser eficaz. Cristo justifica, e o Espírito regenera. Justos, eles restauram a imagem de Deus no homem, uma imagem que o pecado quase apagou, para testemunhar a bondade paterna de Deus.

A reconciliação atribui sentido à oposição entre a justiça que procede da lei e a justiça que procede da fé, ou seja, entre a própria justiça à qual pretende o pecador e a justiça que Deus proporciona. Diante do tribunal do Deus juiz, o pecador não pode se justificar por meio da integridade de suas obras, da pureza e da santidade de sua vida, pois tais coisas são deficientes. Porém, em presença do Pai cuja misericórdia é revelada por Cristo, que tomou nosso lugar, o pecador é considerado "justificado pela fé": "Ele se apropria pela fé da justiça de Jesus Cristo, revestindo-se dessa justiça e surgindo diante de Deus não como um pecador, mas como justo" (III, XI, 2).

Diferentemente da justiça pelas obras, a justiça pela fé não mais depende do modo com que o pecador se impõe aos olhos dos homens e aos olhos de Deus, mas resulta por completo do modo com que Deus vê o pecador através de Cristo: "Assim, afirmamos que nossa justiça diante de Deus é uma aceitação através da qual, recebendo-nos em sua graça, ele nos tem como justos; e afirmamos que essa graça consiste na remissão dos pecados, com a justiça de Cristo nos sendo imputada" (ibid.). Da mesma forma, os eleitos são reputados justos, mas somente na medida em que, "enxertados" em Jesus Cristo, tornam-se membros de seu corpo e se beneficiam dos frutos de sua justiça.

Se Deus olha para os eleitos em Cristo de modo propício, o Espírito lhes proporciona crer, esperar e amar. A partir de então, a fé é "o único refúgio da salvação, proporcionando à esperança seu objeto; a esperança a alimenta". A fé é "um firme e certeiro conhecimento da boa vontade de Deus para conosco: fundamentada na promessa gratuita que nos é dada em Jesus Cristo, é revelada a nosso entendimento e selada em nosso coração pelo Espírito Santo" (III, II, 7). Contrariamente à opinião da escolástica tardia, a fé não pode ser reduzida a uma fé "histórica" e "implícita", uma simples adesão ao Credo da igreja, assim como a justificação não pode limitar-se ao primeiro momento da santificação.

Justiça por meio de obras e justiça por meio da fé são incompatíveis, não importa o que veicula sobre o assunto a teologia tradicional que os padres do Concílio de Trento sancionam. Assim como os demais reformadores, Calvino declara: "A justiça por meio da fé difere tanto da justiça por meio das obras que, se uma é estabelecida, a outra é derrubada. [...] *Ora, a justiça é dada à fé através da graça* (Rm 4.4s); depreende-se disso que não há justiça a partir dos méritos das obras" (III, XI, 13).

No entanto, a fé autêntica não é ociosa. Se Deus salva gratuitamente os eleitos, ele lhes dá a fé para fazer obras que testemunhem sua bondade e sua glória. Para ser eficaz, a fé não mais precisa ser "informada pela caridade"; não deve produzir obras meritórias que confirmem e concluam aquilo que a justificação começou; basta-lhe receber força do Espírito Santo para que o cristão adote um modo de ser e de agir conforme o de Jesus Cristo.

O Espírito Santo une os cristãos ao Cristo morto e ressuscitado, liberando-os do reinado de Satanás e do império do pecado. Ele os renova tornando-os filhos adotivos de Deus. Ele lhes dá os meios de buscar e conhecer sua vontade, assim como a força para praticar a lei de amor no serviço da comunidade civil e da comunidade religiosa. A partir disso, os cristãos não mais estão entregues a si mesmos para fazer as obras da carne, mas a Cristo, para fazer as obras do Espírito. Na escola de Cristo, sob a ação do Espírito, eles aprendem a renunciar a si mesmos para servir a Deus e ao próximo, bem como a meditar em uma vida futura, preparando-se para a morte e para comparecer diante de Deus.

Dessa maneira, a graça não somente justifica o pecador, mas também suas obras em um objetivo específico, a glória e o prazer de Deus: "O Senhor ama e tem sua imagem em honra em todo lugar onde a contempla, e não é sem motivo que se afirma que a vida dos fiéis, formada e regrada em santidade e justiça, lhe é agradável" (III, XVII, 5).

A justificação e a santificação são inseparáveis, pois Cristo designa aos seus uma "vocação" para uni-los em torno de si por sua adoção. De fato, Cristo vive neles, de duas formas: "A primeira vida está no fato de que ele nos governa através de seu santo Espírito e conduz todas as nossas operações. A segunda é que nos torna participantes de sua justiça a fim de que, já que não podemos ser agradáveis a Deus por nós mesmos, sejamos agradáveis nele. A primeira vida está correlacionada à regeneração; a segunda à imputação gratuita da justiça" (*Comentário à epístola aos Gálatas*, Gl 2.20).

Em sua luta contra seus oponentes, Calvino foi levado progressivamente a subordinar a vocação, a justificação e a santificação ao decreto eterno de Deus em seu conselho secreto. Por coerência doutrinária e disciplinar, foi levado a considerar a doutrina da dupla predestinação, cuja explicitação não foi encontrada nem em Agostinho nem em Lutero, como a chave de toda a sua teologia: segundo sua vontade mas conformemente a sua misericórdia e justiça, Deus determina o que quer fazer de cada uma das criaturas que chama pessoalmente à existência. Ele decide salvar alguns e condenar outros.

A doutrina da dupla predestinação corrobora a da soberania onipotente de Deus e da onipresença de sua ação providencial, permitindo dar conta da concepção da salvação por pura graça e da certeza que a acompanha. Na perspectiva da economia da salvação, é o decreto eterno de Deus que dá sentido à história: o que Deus ordena acontece, o que ele quer deve ser considerado justo, pois ele é a lei para si mesmo, o que exclui de sua vontade a arbitrariedade de um poder absoluto.

A dupla predestinação não decorre da presciência divina, do mérito para os eleitos e do endurecimento para os reprovados, como rezava o semipelagianismo. Faz parte da decisão de Deus quanto a criar homens em condições diferentes, ordenando alguns à salvação e outros à condenação. Por outro lado, a presciência caracteriza o modo do conhecimento divino, a simultaneidade: todas as coisas permanecem eternamente diante de seus olhos. Dessa forma, "Deus não somente previu a queda do primeiro homem e, com ela, a ruína de toda a posteridade, mas assim quis, pois é própria de sua sabedoria a presciência de todas as coisas futuras, assim como lhe cabe reger e governar tudo por sua mão" (*IRC* III, XXIII, 7).

Com sua doutrina da predestinação, Calvino e seu sucessor, Teeodoro de Beza, pensaram ter resolvido pela negativa o problema da universalidade da salvação e da colaboração humana com sua realização. Porém, os teólogos reformados ortodoxos do final do século XVI e do século XVII reabriram o debate.

De um lado, aqueles que receberam o nome de supralapsarianos, dos quais Francisco Gomarus (1565-1646) é o principal, partiram do princípio de que a justiça de Deus é constitutiva da essência divina, portanto imutável. Assim, o decreto eterno da dupla predestinação também é, precedendo o decreto da criação da humanidade e a decisão divina quanto a permitir sua queda. Nessas condições, Cristo morre somente pelos eleitos: a graça é irresistível e inamissível. Por outro lado, os infralapsarianos ou remonstrantes, representados por Jacó Armínio (1560-1609), acreditam que a dupla predestinação é incompatível com a natureza de Deus e que a salvação diz respeito mais à bondade humana que à glória de Deus. Eles afirmam que o decreto é posterior ao da criação. Em virtude de sua presciência, Deus decide tirar do meio da humanidade pecadora aqueles que ele prevê que crerão e perseverarão com ajuda da graça, abandonando os incrédulos ao pecado. Da mesma forma, com seu sacrifício, Cristo adquiriu para todos os homens a reconciliação e o perdão, mas a salvação só se torna efetiva para os que creem verdadeiramente. O pecado não é mais uma ofensa a Deus, mas, sim, a violação de seus mandamentos; a pena que lhe está atrelada não é infinita. O homem não tem em si mesmo a fé justificadora, mas deve ser regenerado por Cristo e pelo Espírito Santo; ele pode resistir à graça e perdê-la. Em primeiro lugar, de fato, a fé não é a comunhão viva da alma com Deus que lhe assegura salvação, mas, sim, a aceitação intelectual e moral dos ensinamentos e dos preceitos da revelação.

Apesar de condenado no Sínodo de Dordrecht (1618-1619), o arminianismo não deixou de exercer uma considerável influência.

Assim, Hugo Grotius (1583-1645) estabeleceu a diferença entre a honra de Deus e a redenção do homem; ele considerou o pecado como algo acidental, a lei como relativa e a salvação como a suspensão da pena. Ele moralizou a graça ao reconhecer que ela age por persuasão, assim como a razão. De modo exemplar, Cristo manifesta ao mesmo tempo o caráter horripilante do mal e a força do perdão, os castigos da justiça e a felicidade do homem. Moisés Amyraut (1596-1664) defendeu a universalidade condicional da salvação, distinguindo o decreto particular ou especial de Deus quanto à salvação e à condenação, de um lado, e o decreto universal, de outro. Para ele, Cristo morre suficientemente para todos e eficazmente para os eleitos.

4. A questão da salvação do século XVII ao século XIX

4.1. O puritanismo e o quacrerismo

Não conformista, o puritanismo inglês faz empréstimos do arminianismo. Define-se sobretudo como uma atitude interior, em vez de uma doutrina. O puritanismo angliciza as ideias e as práticas dos reformadores continentais: o princípio das Escrituras, o culto em espírito e em verdade, a segurança da salvação. Como concepção de vida, desenvolve a santificação a expensas da justificação. Ao mesmo tempo que considera a graça inamissível, estabelece as bases para uma moral pessoal e social que privilegia a escolha, a seriedade e a honestidade. Seu ativismo e seu otimismo identificam a busca da salvação com o desenvolvimento das faculdades da mente e o estabelecimento do Reino de Deus aqui.

Seu anticlericalismo favoreceu a multiplicação das dissidências nos meios presbiterianos, batistas e independentes, e alguns participantes dessas oposições chegariam a negar a divindade de Cristo, o pecado original, a imortalidade da alma, que para a ortodoxia são as condições necessárias da salvação.

No rastro do puritanismo, surgiu o quacrerismo de George Fox (1624-1691). Para ele, a luz interior revela em cada um o caminho que leva a Cristo; a Bíblia apenas o confirma. Fox também cultivava um amor otimista pela natureza e pelos homens. Ele distinguia o Cristo histórico do Cristo interior, que como salvador condiciona a santificação, e a única justificação passou a ser a das obras.

SALVAÇÃO

4.2. A contestação do princípio reformado

Assim, sendo admitida a universalidade da salvação e com o decreto da eleição colocado em segundo plano, a preocupação com a santificação acabou relativizando o princípio da salvação que a Reforma havia restaurado: a justificação somente pela fé. A contestação desse princípio havia se iniciado já no século XVI, com o tio e o sobrinho Socino, por exemplo. Lelio (1525-1562) e Fausto (1539-1604) constituíram o socianismo, que tratou de eliminar da doutrina aquilo que contradizia a razão e o que não é necessário para a salvação: a Trindade, a divindade fundamental de Cristo, o pecado original e a satisfação vicária. Deus é somente um, e Cristo recebe sua divindade como recompensa pela obediência. O pecado é somente voluntário, a redenção é uma anistia e a salvação é a imitação de Cristo.

A contestação dos princípios formal (somente a Escritura) e material (a justificação pela fé) da Reforma se amplificou ao longo do século XVII sob um duplo movimento: primeiro, o método histórico-crítico, que questionava a argumentação com base em citações bíblicas artificialmente relacionadas umas com as outras; segundo, o cartesianismo, que solapou o "aristotelismo eclético" da ortodoxia protestante em sua base. Além disso, essa contestação encontrou alimento nas aspirações religiosas da alma individual que o intelectualismo da ortodoxia não mais satisfazia.

4.3. O pietismo e o metodismo

O pietismo respondeu a essas aspirações mostrando que a vida cristã se manifesta mais na prática que no saber. Recorrendo a Lutero, Philipp Jacob Spener (1635-1705), o iniciador do pietismo, restaurou o princípio da salvação: "Reconhecemos de boa vontade que só podemos ser salvos pela fé e que as obras ou uma vida piedosa não contribuem nem pouco nem muito para a salvação: as obras são apenas frutos da fé e parte do reconhecimento que devemos a Deus, pois já foram dadas como um presente para a nossa fé a justiça e a salvação" (*Pia desideria, ou désir sincère d'une amélioration de la vraie Église évangélique* [Pia desideria, ou desejo sincero de um melhoramento da verdadeira igreja evangélica] [1675], Paris, Anfuyen, 1990, p. 37). A fé é uma obra divina que transforma o homem, colocando-o em contato imediato com Cristo e fazendo com que atravesse um novo nascimento. Por isso, a busca individual e comunitária da salvação e sua apropriação devem vir à frente das buscas intelectuais e controvérsias teológicas. A conversão e o arrependimento contínuos, assim como a vida santa e piedosa, exigem o estudo e a meditação diários na Palavra de Deus e sua prática. Edificação e santificação consistem em aceitar a cruz, andar nas pegadas de Cristo, esquecer a si mesmo, desprezar o mundo, seguir a pura e piedosa doutrina. Da mesma forma, o pietista combate o espírito do mundo, morrendo para ele e evangelizando-o; ele busca converter judeus e católicos para o avanço do reino de Deus. Nikolaus Ludwig von Zinzendorf (1700-1760) lega ao pietismo um vigor missionário e ecumênico todo particular.

Leibniz, Rousseau, Lessing, Kant, Schleiermacher, Kierkegaard, entre muitos outros, seriam profundamente influenciados, em graus diversos, pelo pietismo. Os vários movimentos "avivalistas" também receberam a mesma influência. Da mesma forma, o metodismo de John Wesley (1703-1791) fundamentou-se, como o pietismo, no princípio reformado da salvação para pregar a necessidade de uma vida santa e consagrada a Deus. Wesley enfatizou a importância da conversão e do novo nascimento, dos quais um dos sinais mais importantes é a circuncisão do coração. A alegria da salvação e a seriedade da santificação exigem a prática de uma moral austera e uma luta pelo aperfeiçoamento da vida. Wesley criticou a mística quietista, o antinomismo, a predestinação particular. Estava convencido do alcance ecumênico de seu "método", próprio para despertar todas as almas, conduzindo-as a Cristo.

4.4. O protestantismo razoável

A partir da segunda metade do século XVII, a confrontação entre supranaturalismo e racionalismo provocou uma crise que atravessou o Século das Luzes. De modo esquemático, nesse confronto nós temos, de um lado, os partidários do teísmo, que, assim como os pietistas e os metodistas, são biblistas e fideístas por apego aos princípios formal e material da Reforma e, de outro, os representantes de um deísmo que, ansioso por adaptar o cristianismo ao espírito moderno, buscam sínteses várias entre a razão e a fé, a natureza e a graça, a religião natural e a religião revelada.

O embate principal dessa crise era a questão da compatibilidade entre as condições do progresso e as condições da salvação. Estava em causa a extensão da corrupção da natureza humana e o remanescente da imagem de Deus em nós; dito de outra forma, a questão dos limites e das possibilidades do entendimento e da vontade do homem. Para os supranaturalistas ortodoxos e pietistas, o Deus que criou o mundo e o homem, conservando-os e guiando-os, é um Deus justo e bom; o homem que recebeu de Deus a liberdade deve trabalhar para alcançar a imortalidade à qual estava destinado. Para os "racionalistas", a doutrina da salvação não mais é autoexplicativa, a partir do momento que o universo é representado como regido por suas próprias leis e a existência do além é tida como um objeto de crença. A causalidade mecânica é incompatível com a causalidade oculta; ela rejeita a imediatez e a universalidade da ação providencial de Deus na natureza. Além disso, as pesquisas históricas mostram que o curso da história é irreversível e indefinido, caracterizado pelo progresso contínuo das ciências, das técnicas, da arte e dos costumes; da mesma forma, seu fim não poderia ser a restauração de um estado primitivo paradisíaco reservado somente aos eleitos.

Nessas condições, as novas imagens do mundo e do homem diferem radicalmente das imagens que haviam servido como um suporte cultural para as doutrinas da eleição eterna, do pecado original, da transmissão hereditária do pecado, da expiação redentora e da satisfação vicária. Da mesma forma, os partidários de um cristianismo razoável, como John Locke (1632-1704) e Isaac Newton (1642-1727), reinterpretaram as dogmáticas ortodoxas com vistas a conservar os elementos doutrinários que lhes pareciam fundamentais. A fé "esclarecida" aperfeiçoa a razão "que crê". O "livro do mundo" e o "Livro revelado", cada um a sua maneira, tornam perceptível ao espírito humano a ação de Deus que conserva a ordem da criação e que enriquece as faculdades humanas de novos conhecimentos. Com efeito, a lei da razão é a da natureza. A razão é uma revelação natural de Deus para as faculdades humanas, enquanto a revelação é a razão natural, mas aumentada daquilo que Deus o comunica através de Cristo, com suas promessas sobre a vida eterna. A metafísica foi desacreditada, o mistério da união das duas naturezas em Cristo foi posto entre parênteses e Cristo só passou a conservar sua função como mediador e modelo na obra da salvação. A doutrina do pecado original foi eliminada, e como consequência a obra redentora de Cristo foi reduzida ao seu ensinamento.

Mais crítico, John Toland (1670-1722) defendeu um cristianismo sem mistério e sem milagre. Aqui, é a razão que rege a crença: a salvação reside no combate da luz natural contra as trevas do sobrenatural. Só se retém da Bíblia aquilo que está conforme à razão; surge a suspeita de que os líderes religiosos sejam impostores que falsificaram alguns textos. Jesus é considerado um redentor por fundar uma sociedade fraternal.

Para o racionalista, Deus é o arquiteto e o relojoeiro do mundo. Ele esclarece a razão e proporciona aos homens os meios de aperfeiçoar-se, garantindo-lhes a imortalidade caso eles pratiquem o bem e a justiça. A religião natural serve de base para as religiões reveladas, fornecendo-lhes os critérios de veracidade. A razão dá lugar ao sentimento do divino que coloca o homem imediatamente em contato com Deus. Da mesma forma, no limite, o homem não mais necessita de um mediador e redentor para justificá-lo diante de Deus, nem do Espírito Santo para regenerá-lo. A consciência através da razão e do sentimento faz com que descubra a presença do Ser supremo em si mesmo e nas maravilhas da natureza; essa consciência instrui o homem quanto a seu dever, mesmo se ele se apoia na crença para cumpri-lo.

Jesus se torna o porta-voz da religião natural, despojando-se de seu caráter messiânico e de sua divindade, e sua pregação não mais se vale de sua dimensão escatológica. O deísta laiciza Cristo, tornando-o um "homem divino". Ele rejeita o dogma da encarnação, distinguindo entre "Jesus da história" e "ideia de Cristo". Pouco a pouco a igreja forjou a "ideia de Cristo" a partir da revelação para legitimar e impor seu poder e para justificar seus dogmas. O Jesus da história se apresenta em oposição a essa ideia, como um mestre de moral e de sabedoria que alcançou a síntese entre os dois caminhos da salvação: o do conhecimento intelectual, ou via mística, e o da obediência moral, ou caminho das obras. A redenção passa por esses dois caminhos; aquele que os segue pode no máximo tolerar as crenças particulares fundadas na revelação.

Nessa crise, surgiu a posição conciliadora de Gottfried Wilhelm Leibniz (1646-1716), considerada profunda e original. Tal posição manteve do racionalismo e do supranaturalismo aquilo que é afirmado por eles e que os aproxima, deixando de lado aquilo que eles negam e que os opõem, até mesmo relativizando esses pontos.

Para resolver as antinomias entre a predestinação e a presciência de Deus, de um lado, e a existência do mal e da liberdade, do outro, Leibniz postulou que, ao criar o melhor dos mundos possíveis, Deus permitiu o pecado para manifestar o poder de sua graça e de sua glória. Dessa forma, ele aplica na teologia sua doutrina da harmonia preestabelecida e da pré-formação dos seres no pensamento divino. Assim, ele passa a criticar todas as formas de necessidade (muçulmana, estoica, cristã) que tornam Deus um déspota, e conjuga a ordem da natureza com a ordem da graça, da razão e da fé. Leibniz também refutou o separatismo, o fideísmo e o predestinacionismo de Pierre Bayle (1647-1706), que "quer calar a razão após tê-la feito falar demais" (*Essais de théodicée sur la bonté de Dieu, la liberté de l'homme et l'origine du mal* [Ensaios de teodiceia sobre a bondade de Deus, a liberdade do homem e a origem do mal] [1710], Paris, Garnier-Flammarion, 1969, "Préface" [Prefácio], p. 39). Admirador da *Confissão de Augsburgo*, artesão das aproximações entre cristãos, Leibniz tratou da eleição divina e do papel determinante da graça para a conversão e da santificação a partir da obra de Cristo: "Deus quer a salvação de todos os homens e [...] só condena aqueles que têm má vontade: [...] ele distribui a todos uma graça suficiente, desde que eles queiram usar dela; [...] como Jesus Cristo é o princípio e o centro da eleição, Deus destinou os eleitos à salvação, pois previu que eles se apegariam à doutrina de Jesus Cristo através da fé viva"; e, consciente dos limites do entendimento humano diante do mistério do decreto de Deus, Leibniz prossegue: "Ainda que seja verdadeiro que essa razão da eleição não é a última razão e que essa previsão é ainda uma continuação de seu decreto anterior; na medida em que a fé é um dom de Deus, e que ele predestinou a estes para que tivessem a fé por um decreto superior que dispensa as graças e as circunstâncias de acordo com as profundezas de sua suprema sabedoria" (ibid., p. 38).

Em pleno Século das Luzes, Jean-Jacques Rousseau (1712-1778) se situa em um ponto de chegada e um ponto de partida. Deísta protestante, ele se levanta contra os deístas racionalistas, os materialistas ateus e os "devotos" supranaturalistas. Convencido de que era o beneficiário de uma revelação, Rousseau acredita ter sido chamado para ser um reformador capaz de resolver os conflitos entre o estado da natureza e as contribuições da cultura que, para ele, deterioram a ordem social e impedem o desenvolvimento humano. A alienação em que está a humanidade resulta de um desvio acidental: levados pela cupidez de dominar e possuir, os homens passaram do estado de natureza ao estado de guerra, e sua natureza, essencialmente boa, foi transformada em uma natureza má e capaz de males, e sua razão se perverteu. A redenção consiste em tornar boa a razão, seguindo a voz da natureza que Rousseau identifica com a graça. Essa voz é a do instinto para o corpo, a da consciência para a alma. A religião natural, sem dogmas nem superstições, poderia servir com um fundamento para a religião civil; aliás, essa religião constitui o núcleo das religiões históricas. Pessoalmente, Rousseau se declara discípulo de Jesus. Humano mais que humano, Jesus é o homem perfeito de acordo com a natureza, tendo sido crucificado por causa de sua perfeição. Sua morte é a morte de um deus. Em um movimento que foi um modelo para o que se seguiu, Rousseau apresenta as ideias responsáveis pela condução da antropologia à teologia.

Para o príncipe das Luzes, Gotthold Ephraim Lessing (1729-1781), as verdades históricas, por sua contingência, não podem servir como provas para as verdades dogmáticas, já que essas verdades pretendem ser verdades de razão, ou seja, verdades necessárias. Da mesma forma, o sobrenatural (milagres, profecias, o fato de Cristo ser Deus e homem) levanta dúvidas e questões; ao buscar resolvê-las, os teólogos racionalizam o mistério. Na história da revelação progressiva, Cristo surge como o pedagogo "que ensinou a imortalidade da alma de modo prático e merecedor de confiança" (*L'éducation du genre humain* [A educação do gênero humano] [1780], § 58, em *Ernst et Falk. Dialogues maçonniques; L'éducation du genre humain* [Ernst e Falk: diálogos maçônicos; A educação do gênero humano], Paris, Aubier Montaigne, 1976). Assim como o evangelho substitui a Lei, o "novo evangelho" ou "evangelho eterno" substituirá o de Jesus em virtude do esforço contínuo da razão rumo a mais verdade. O gênero humano progride no caminho da perfeição que é também o caminho da salvação. De acordo com a hipótese das sucessivas existências, defendida por Lessing, cada indivíduo conheceu o caminho materialista do Judeu, conhece o caminho espiritual do Cristão e conhecerá o caminho perfeito prometido pelo evangelho eterno.

Lessing considera o racionalismo moral como a base da religião do futuro, um racionalismo que permitirá escapar dos limites por demais humanos das igrejas, manifestando a relatividade das religiões reveladas.

4.5. A revalorização da soteriologia

Immanuel Kant (1724-1804) também tem como alvo o mesmo tema; porém, diferentemente de Lessing, que substitui a fé pela razão, Kant considera o racionalismo moral um substituto da metafísica dogmática; além disso, ele reconhece, assim como Rousseau, que a vontade humana tem o poder de obedecer ou transgredir a lei moral de origem divina. Seu realismo pietista lhe revelou as fraquezas do otimismo de Lessing.

Para superar a oposição entre o racionalismo e o supranaturalismo, uma oposição que arruína o cristianismo, Kant distingue "história" e "dogma". Ele especifica a distinção entre Jesus, Senhor do evangelho, e a "ideia de Cristo": de um lado, a pura religião moral; de outro, a fé eclesiástica. Os critérios morais validam ou invalidam os dogmas. A fé moral se baseia na fé razoável (*Vernunftglaube*): em seu uso prático, a razão postula a existência de Deus, a imortalidade da alma e a liberdade. A fé estatutária e eclesiástica só se justifica para a fé moral, através da existência do mal radical e da perversão da vontade que a razão não consegue explicar.

Como a consciência é o espaço da luta entre o bom e o mau princípios, e como a história é seu teatro, a salvação só pode ser interior, obra da razão prática.

Kant apresenta uma interpretação simbólica dos dogmas. Dito de um modo figurativo, o dogma é uma verdade universal que diz respeito ao dever-ser. Ele exprime o que devem ser as relações morais entre os homens, como se fossem relações entre Deus e os homens. O arquétipo (*Urbild*) ou modelo que é "ideia de Cristo", sinônimo do "Homem perfeito", "filho de toda a eternidade" e "Filho Unigênito de Deus", está na razão como um puro transcendental. Para seu uso prático, a razão dispõe da "Ideia de bem", na medida em que recobre o ideal de humanidade sob o ângulo de sua perfeição moral. Nesse sentido, a Ideia de bem, sob sua forma de um ideal cristológico, modela a história. Essa ideia se "personifica" em Jesus para torná-lo o "mestre incomparável", o "moralista profundo", o "fundador da religião cristã". Jesus promove o bem através de seu despojamento e seu sofrimento; ele o faz triunfar com sua morte. Sua crucificação significa que ele se torna modelo de humanidade agradável a Deus; sua ressurreição e sua ascensão indicam que ele abre a porta da salvação, do reino moral e da nova vida. Da mesma forma, a humanidade será juiz dos justos e dos maus. Nessas condições, a conversão a Cristo só pode ser moral. A justificação, evidentemente, é extrínseca ao homem moral, já que a Ideia de Cristo se personaliza em primeiro lugar em Jesus; porém, também é intrínseca, já que o homem moral está unido moralmente a esse modelo através de sua elevação. É por isso que o novo homem é ao mesmo tempo receptivo no acolhimento do modelo e ativo em sua imitação.

Friedrich Schleiermacher (1768-1834) também substitui as noções estáticas de natureza e substância da cristologia e da antropologia clássicas pelo conceito antitético e dinâmico de consciência. Inseparável do "sentimento de dependência" do qual ela é o correlato reflexivo, a consciência se define por sua "receptividade" e por sua "atividade".

O arquétipo "Cristo" é sobretudo o "Homem eterno em Deus", mais que a segunda pessoa da Trindade. Ao tomar consciência de si mesmo (atividade), Jesus toma consciência de sua filiação divina e de seu caráter messiânico: um ser que vive de Deus está nele (receptividade). Igualmente, a igreja só pode projetar, através da experiência da fé (atividade), o arquétipo "Cristo" em Jesus porque Jesus, como figura exemplar (*Vorbild*), deixou sua marca nela (receptividade). Da mesma forma, a redenção não pode ser um resgate a partir de uma satisfação vicária, mas é uma nova criação: uma criação personalizante. O redentor temporaliza o amor eterno de Deus; ele sempre trabalha no mundo, mas está nele de modo decisivo ao tornar-se carne. Como educador da pessoa, o segundo Adão, através do Espírito, dá vigor à consciência divina presente em todo homem e a reconcilia com Deus. Em sua comunhão mútua, Deus é de início ativo, e o homem é passivo: esta é a condição inicial da personificação da consciência humana e de sua atividade futura.

Assim, se para Kant a união entre o homem e Deus é moral, para Schleiermacher ela é religiosa ou "edificante". Com efeito, essa comunhão depende do cumprimento dos três ofícios críticos que tornam Cristo o representante da comunidade dos cristãos junto a Deus e de Deus junto à comunidade. Jesus morre como salvador, pois está certo de sua vitória e de sua beatitude; ele ensina, fundamentado na certeza de que é o modelo do novo homem; ele é elevado, na certeza de que é o líder dessa nova humanidade.

Para Friedrich Wilhelm Joseph Schelling (1775-1854), a doutrina cristã da redenção esvazia as teologias cosmológicas de seu conteúdo e as complementa com as mitologias do paganismo. Para Schelling, no contexto de sua "gnose", o Filho de Deus não é a segunda pessoa da Trindade, mas, sim, o primogênito da criação. Isso leva Schelling a substituir a teologia da cruz de Lutero, que Hegel atualiza, por uma teologia do despojamento. Cristo se priva de uma divindade à qual ele tinha direito para desqualificar a das divindades pagãs. Assim, pelo processo da encarnação que prolonga o movimento de exinanição de Deus, o finito entra no infinito, e aquele que é o primogênito entre os homens se torna o último dos deuses.

Se para Schelling o cristianismo assinala a morte dos deuses, para Georg Friedrich Wilhelm Hegel (1770-1831) a secularização matou Deus. A consciência ocidental que recapitula a consciência das outras civilizações é a figura da consciência infeliz. O saber absoluto, e não uma gnose, pode salvá-la dessa tragédia. Ainda é necessário compreender o destino do Ocidente, que desde sua origem une os destinos de Israel e da Grécia. O drama é centrado historicamente na paixão de Cristo. Em sua teologia da cruz, o luteranismo havia parado no aspecto factual da Sexta-feira Santa e viu-se desarmado diante da secularização. Nessa mesma teologia, Hegel descobre a Sexta-feira Santa especulativa para construir uma filosofia da cruz. Referindo-se à teoria das comunicações dos idiomas, ele afirma que o próprio Deus se aliena e se nega na exinanição do Filho, o absoluto que é crucificado e novamente se torna Deus na comunidade. Deus se faz na história que o revela a si mesmo. Ele é a própria dialética do "morrer e tornar-se". O Cristo crucificado é apenas a figura da infinita dor da separação, e o Cristo ressuscitado pelo Espírito em sua igreja é a figura da reparação e da eterna reconciliação dos opostos; da mesma forma, o destino do Espírito figura o sentido da civilização ocidental que se realiza efetivamente na construção do Estado moderno. Nele, a escatologia se realiza, assim como a salvação é dada com o saber absoluto.

4.6. A crítica radical

Para Ludwig Feuerbach (1804-1872), o idealista se fecha no delírio circular do imaginário ao desejar defender o cristianismo; ele não percebe o abismo que separa a religião da realidade concreta do século XIX. Da mesma forma, ele fracassa quando crê poder apropriar-se do real. O postulado da explicação antropológica (e não mais teológica) da religião é o inverso do postulado do idealismo: o saber que o homem pretende ter de Deus é o saber que ele tem de sua própria essência, pois ele fabrica Deus à imagem de suas aspirações pelo infinito. O gênero humano, levado pelo desejo, pela preocupação e pela esperança da salvação, empobrece a si mesmo para enriquecer seus deuses; o homem nega a si mesmo para afirmar-se e espera dessa maneira libertar-se da morte e alçar-se à imortalidade. A paixão de Cristo como condição objetiva para a salvação e a fé como sua condição subjetiva alienam o homem. O inverso da situação: o protestantismo moderno deve visar à salvação *da* fé ameaçada pelo saber positivo, enquanto os reformadores pregavam a salvação *pela* fé. Ora, essa postura defensiva apenas reforça a alienação do protestante na sociedade secularizada.

Para Feuerbach, o homem, despossuído de sua identidade, só pode reencontrá-la apropriando-se da realidade; ele só chegará nisso ao secularizar o espírito do cristianismo para livrar-se dele. Para Karl Marx (1818-1883), o homem só poderá conseguir tal fato substituindo a religião pelo materialismo científico.

Assim como Feuerbach, David Friedrich Strauß (1808-1874) contribuiu para a aniquilação dos princípios da Reforma e o desaparecimento do problema da salvação. Suas pesquisas sobre a vida de Jesus e o desenvolvimento do cristianismo o levaram a considerar a pessoa e a obra de Cristo como criações da consciência mitologizante. Quanto à pessoa e ao ensino do

Jesus da história, só podem tornar-se objeto de problemas, pois não podem pretender-se como objetos da fé. A apropriação do real e sua transformação, que engajam o futuro do gênero humano, só são eficazes se puserem em marcha as fontes das ciências naturais e sociais.

Por sua vez, as várias correntes do protestantismo revolucionário socialista e utópico, que surgiram desde a Revolução Francesa, em 1789, e se prolongaram ao longo do século XIX, buscam a salvação do gênero humano através da mudança da sociedade. As virtudes de desinteresse, abnegação e devotamento têm sua eficácia atribuída aos direitos humanos e aos deveres do cidadão, resumidos na nova trindade "liberdade, igualdade, fraternidade". Essas virtudes são religiosas e evangélicas, antes de se tornarem cívicas: o amor pelo próximo, inseparável do amor de Deus, é seu princípio; Jesus as pregava.

Não há salvação real para a classe operária sem um progresso econômico resultante da distribuição das riquezas e da organização do trabalho, nem sem o progresso moral, que está subordinado à melhoria das condições de vida. Porém, esse progresso não pode ocorrer sem reformas. Somente a violência revolucionária pode livrar o povo da escravidão e da miséria. O sofrimento e o sacrifício requeridos pela revolução adquirem uma eficácia redentiva. A paixão do povo é um prolongamento da paixão de Cristo.

4.7. As reações à crítica

Em oposição a isso, as correntes avivalistas do protestantismo, que adotaram uma ideologia política do tipo liberal, associam a busca da salvação à evangelização das massas descristianizadas. Evidentemente, a melhoria da sociedade resulta do progresso das ciências, das intituições e dos costumes, mas só será possível e efetiva se os indivíduos se converterem e se a graça os santificar para fazer com que produzam boas obras. Como mostrou de modo enfático Alexandre Vinet (1797-1847) com sua vida e sua obra, a primazia atribuída ao indivíduo supõe uma relação estreita entre "religião" e "encarnação": a "solidariedade" de Cristo em relação aos homens fundamenta a "solidariedade" dos homens entre si, dando sentido à redenção e à regeneração do Espírito Santo. A prática da solidariedade requer a elaboração de uma moral da responsabilidade individual e social fundamentada na liberdade e na caridade; ela promove uma cultura cristã a serviço da educação e do testemunho.

Alérgica a todo tipo de especulação e reservada em relação à crítica radical, a teologia liberal se fundamenta unicamente na história e na psicologia religiosas em seu exame das condições da salvação. Por isso, essa teologia critica tanto as interpretações clássicas quanto as teorias modernas da persistência, do rebaixamento e da encarnação de Cristo, do pecado original e da satisfação. No entanto, suas pesquisas sobre a vida de Jesus, os ensinamentos dos apóstolos e a história da igreja, assim como sobre a experiência religiosa, levam em consideração as problemáticas da cristologia e da soteriologia.

Os teólogos que explicitam sua filiação à Kant, Schleiermacher ou Hegel substituem a dogmática por uma doutrina da fé, ou então por uma filosofia da religião. Em vez de servir à defesa do cristianismo acomodando-o ao espírito do tempo, a apologética desses teólogos fornece *a contrario* argumentos aos que, como Friedrich Nietzsche (1844-1900), afirmam os motivos inconfessados e os poderes secretos das religiões da salvação, dissipando as ilusões dos trás-mundos.

Consciente das diferenças que o afastavam de todas essas correntes, o "pensador religioso" Søren Kierkegaard (1813-1855) quis reintroduzir na cristandade o cristianismo que ela aboliu ao torná-la um novo paganismo. As obras de Lessing, Feuerbach, Strauß e Arthur Schopenhauer (1788-1860) estão presentes em seu diagnóstico, reforçando-o; os princípios da Reforma lhe fornecem o antídoto. A salvação consiste em tornar-se "Indivíduo" tornando-se cristão. "Tornar-se cristão", "entrar para a vida", é tornar-se "contemporâneo" de Cristo, não para "admirá-lo", ou "interessar-se" por ele, mas, sim, para "imitá-lo".

Três condições tornaram possível essa "imitação" especificamente cristã: Cristo é o "Redentor" que salva o cristão com seu sacrifício, o "Examinador" que descobre seus pensamentos mais ocultos e o "Modelo" que o convida a segui-lo tomando o seu jugo suave. Cristo lhe possibilita crer para que ele possa seguir caminho e dar o salto decisivo. Somente a fé cura o homem do pecado que, como desespero absoluto, é uma doença que leva à morte. É a fé que faz o cristão evitar tropeçar na pedra de escândalo deixada pelo rebaixamento de Deus e por sua elevação em Jesus Cristo. É a fé que o recria como "Indivíduo": ela o transforma em "penitente" que se matricula na escola da renúncia, da pureza de coração e do sofrimento. Assim, ao longo de seu "arrebatamento" ao cristianismo, o "Indivíduo" se apropria da eternidade.

Se o século XIX foi o do anúncio da morte de Deus, também foi, paradoxalmente, o da restauração do cristianismo e da radicalização de sua crítica, enquanto se iniciava o conflito das ideologias. Da mesma forma, foi confirmado, à sua maneira, o pressentimento dos "Iluminados" do século XVIII: o Ocidente ainda não teve êxito em inventar uma cultura original que substituiria a resultante de um casamento entre helenismo e judaico-cristianismo, uma cultura que por fim pudesse escapar do desejo e da preocupação com a salvação, bem como da esperança da vida eterna.

Gabriel-Ph. Widmer

5. A compreensão da salvação no século XX

A primeira parte do século XX se caracteriza por uma viva contestação da compreensão cristológica e soteriológica do liberalismo protestante do final do século anterior. Essa contestação é de início resultante do trabalho de alguns teólogos eminentes e de suas escolas. Esse século também é um século de abertura para outras culturas ou religiões, do diálogo ecumênico entre tradições cristãs, das revoluções que representam desafios e não deixam de ter consequências para a compreensão protestante da salvação.

Essas novas abordagens cristológicas e soteriológicas surgem no rastro da Primeira Guerra Mundial, evento histórico que mostrou os limites do neoprotestantismo liberal que era dominante até então.

5.1. A compreensão barthiana

Karl Barth (1886-1968) foi o autor que propôs as redefinições mais radicais. Na segunda edição (1922) de seu comentário à *Carta aos Romanos* (São Paulo, Novo Século, 2003), apresentou a "teologia da Palavra", enfatizando aquilo que Deus tem a dizer aos seres humanos. Deus falou, e falou em Jesus Cristo. O conteúdo da Bíblia não é um conjunto de ideias justas dos homens sobre Deus, mas, sim, as ideias justas de Deus sobre os homens. Houve revelação, e a única tarefa presente da teologia e da igreja é acolher essa revelação que vem "do alto" e que estabelece uma "crise".

A teologia que estuda a Palavra de Deus descobre sua especificidade e se dá conta de que essa palavra é de uma ordem completamente diferente da filosofia ou das correntes culturais de dada época. Nessa palavra, Deus se exprime e se comunica. Ela é viva e é o próprio Jesus Cristo, Palavra da qual decorrem duas formas diretamente perceptíveis: a palavra escrita das Escrituras Santas, cujo Cristo é o centro, o sujeito e o objeto, e a palavra pregada da pregação que testemunha de Cristo e o tem como único conteúdo.

Em sua *Dogmática*, Barth detalha o modo com que Deus parte em busca do homem, faz aliança com ele e lhe permite viver o senhorio de Cristo na concretude de sua humanidade, na igreja. Cristo é começo, meio e fim. Toda teologia é uma consequente cristologia.

Para mostrar exatamente que Cristo não é uma emanação de Deus, mas o próprio Deus, Barth apresenta sua *Dogmática* com uma longa reflexão sobre a Trindade, em que ele se esforça por mostrar que o Filho (o *Lógos*) é e sempre foi participante do próprio ser de Deus. Não se pode, portanto, reduzir Jesus Cristo a uma simples pessoa humana. Ao mostrar que Cristo é ao mesmo tempo o Deus da eleição e o homem eleito, Barth chega à conclusão de que, por toda a eternidade, a humanidade tem seu lugar em Deus, e que desde as origens ela foi escolhida por Deus para a salvação.

A plena divindade de Jesus Cristo é expressa no fato de que ele é Deus que se rebaixa e sofre a cruz. Nisso, ele é Deus reconciliador. Sua plena humanidade é expressa no fato de que ele é o homem elevado e reconciliado por Deus. Em Cristo, há aliança eterna e definitiva entre Deus e o homem, sem que a diferença qualitativa infinita entre Deus e o homem seja abolida. Na cruz, Deus rejeita a si mesmo para que nenhum homem seja rejeitado. Deus quis perder para que o homem ganhasse. Essa "troca" jamais pode ser questionada. Há superabundância da graça. Essa graça é salvação e, ao mesmo tempo, eleição, justificação e santificação, exprimindo a aliança e a reconciliação entre Deus e os homens. A aliança é a condição prévia para a reconciliação, e a reconciliação é o cumprimento da aliança.

Inúmeros teólogos retomaram, não sem nuances, as grandes linhas propostas por Barth. O mais eminente desses teólogos foi provavelmente Dietrich Bonhoeffer (1906-1945), que também insistiu no significado central da pessoa de Cristo. Como Cristo é o *Lógos*, a cristologia é "logologia", a forma mais nobre de ciência. A logologia deve insistir no rebaixamento, uma dimensão que não é desconhecida por Deus, mas que determina fundamentalmente seu ser. Em Cristo, vemos de que maneira Deus se deixa levar para fora do mundo, na cruz. Tendo estado neste mundo sem poder, fraco, Deus se aproxima dos homens e se apresenta como seu único socorro.

5.2. Teologia existencial (Rudolf Bultmann) e teologia do paradoxo e do símbolo (Paul Tillich)

Ao mesmo tempo que, desde o início, estava próxima das posições barthianas, a teologia marcada pela filosofia existencial acaba propondo, por fim, uma concepção diferente da pessoa de Cristo e da salvação. Seu representante mais famoso é Rudolf Bultmann (1884-1976).

Conhecido principalmente como um exegeta que desejou reencontrar no texto bíblico a mensagem do evangelho ("querigma") por meio da "demitologização", Bultmann buscou demonstrar que uma cristologia "existencial" podia responder às questões de seus contemporâneos. As afirmações cristológicas não são metafísicas e dogmáticas em primeiro lugar, mas são confissões de fé que exprimem o significado de Jesus Cristo para a fé. Para isso, não dependem unicamente da subjetividade dos cristãos.

Assim como Barth, Bultmann se interessou logo de início pelo Cristo elevado, e não pelo Jesus histórico. Nesse sentido, sua cristologia é uma cristologia "do alto". Se a teologia deve ajudar o homem a superar a distância cultural que separa o homem moderno do universo da mensagem bíblica, não pode, com isso, ocultar o verdadeiro escândalo cristão: Deus se revela e age em Cristo. Somente a Palavra de Deus, acolhida na fé, justifica o ser humano. Não podemos fragmentá-la para tornar essa Palavra menos radical. A divindade de Cristo é evidente no evento da pregação, que o proclama como graça de Deus vinda até nós (*L'investigation des évangiles synoptiques* [A investigação dos evangelhos sinóticos] [1961], em *Foi et compréhension* [Fé e compreensão],

t. II, Paris, Seuil, 1969, p. 256s). Nessa pregação, o cristão descobre o "querigma", o anúncio de que Jesus Cristo, morto e ressuscitado, é a salvação escatológica de Deus.

Porém, as afirmações sobre Cristo também devem ser e tornar-se afirmações sobre nós. Nesse sentido, a cristologia sempre tem uma dimensão "de baixo". O acontecimento *extra nos* sempre deve ser *pro nobis*, e Bultmann enfatiza claramente esse último aspecto. Ao olhar a cruz, não se contempla um acontecimento mítico que teria se passado fora do homem e do mundo dos homens, um acontecimento objetivamente contemplável que Deus nos imputa; crer na cruz significa encarregar-se da cruz de Cristo como se fosse nossa, deixar-se crucificar com Cristo. A cruz não é um dado isolado do passado, mas, sim, uma realidade presente (*Kerygma und Mythos* [Querigma e mito], t. I, Hamburgo, Reich, 1960, p. 42).

O ser humano, prisioneiro de sua pretensão quanto a salvar-se pelos próprios meios (o pecado), precisa da salvação divina. Essa salvação o liberta de seu egocentrismo e promove uma abertura para o futuro que é nada mais nada menos que o próprio Deus. A graça é a presença incaptável de Deus, que neste mundo anuncia ao ser humano que ele não vive dos dados deste mundo. A dimensão escatológica da existência cristã é a constante esperança da fé apesar das aparências. A salvação é ao mesmo tempo o conhecimento que o homem tem de si mesmo, de sua finitude e de sua inautenticidade, um conhecimento que se retira do sentido oferecido por Cristo.

Bultmann não quer concretizar essas afirmações através de procedimentos da razão ou de verificações históricas. Tais procedimentos levariam novamente a objetivações, mitologizações das quais o texto bíblico precisa, na verdade, ser libertado. A mensagem da salvação é da ordem das verdades existenciais, portanto não objetiváveis. A salvação é oferecida para quem deseja acolhê-la sem se impor. A palavra da graça, dita por Cristo, liberta o ser humano caso ele se abra para essa palavra e decida fundamentar nela sua existência. Para isso, é necessário que ele se desapegue voluntariamente de toda vontade de poder, pois Deus só intervém na existência se encontrá-la despojada e aberta para ele.

Paul Tillich (1886-1965), buscando também anunciar a graça ao homem moderno, propôs uma cristologia e uma soteriologia intencionalmente "de baixo". Seu ponto de partida não é a afirmação de que Deus se tornou homem, mas o paradoxo de que, em Cristo, aquele que é a imagem de Deus originalmente incorporada em todo homem, a essência humana em sua expressão mais pura, aceita viver a existência dos homens, submetidos à realidade dessa vida. Jesus Cristo é o homem tal como deveria ser e o homem em sua realidade. Ele é o verdadeiro homem e o homem real. Ele não é o próprio Deus, mas é o homem plenamente unido a Deus que aceita o caminho dos seres humanos na alienação da existência, a fim de buscar os homens para que se tornem novamente unidos a Deus. Sua tarefa é anular o pecado do homem. Essa possibilidade está dada porque a essência advém na existência com o objetivo de superar a existência. A cruz e a ressurreição simbolizam esse acontecimento: a cruz simboliza a submissão de Jesus à existência, e a ressurreição simboliza a vitória de Cristo sobre essa mesma existência.

Essa salvação é oferecida ao ser humano. O novo nascimento é a participação no ser novo, a justificação é a aceitação por Deus daquele que é inaceitável e a santificação é a transformação pelo ser novo. As características do ser novo são opostas à alienação: a fé substitui a não fé, a autodoação substitui o orgulho e o amor substitui a concupiscência. A realidade da salvação é a unificação do ser humano alienado a Deus. No ser novo, a oposição entre essência e existência é anulada.

5.3. Retorno da história e perspectiva escatológica (Jürgen Moltmann e Wolfhart Pannenberg)

Após a Segunda Guerra Mundial, e de modo particular depois de 1960, os teólogos formados por Barth e Bultmann corrigiram as cristologias e as soteriologias propostas por seus mestres, enfatizando com mais vigor a escatologia e a história.

O representante mais conhecido dessa nova teologia escatológica é Jürgen Moltmann (1926-). Em sua *Teologia da esperança* (1964, São Paulo, Teológica, 2003), Moltmann compreende Deus como potência do futuro e concentra a fé cristã na ressurreição do crucificado, que é promessa do futuro universal de Cristo e da ressurreição futura dos cristãos. Ele critica Bultmann por ter falado bastante de escatologia esvaziando-a de seu verdadeiro conteúdo ao reduzi-la a uma verdade espiritual já "realizada" na experiência da comunidade cristã. Além disso, ele desejou superar o individualismo de Bultmann insistindo no significado sociopolítico da salvação e desenvolvendo uma visão utópica do futuro reino de Deus na terra. A esperança e o futuro em Deus dão sentido ao sofrimento na vida humana, pois o próprio Deus conheceu o sofrimento ao participar plenamente, em Jesus Cristo, de nossa humanidade (*O Deus crucificado*). A imagem do Deus-rei pregada no monoteísmo é superada na encarnação e na cruz de Jesus. O mundo em sofrimento é o mundo que Deus ama e não abandona na cruz. Esse mundo não mais é acusado, mas liberto e chamado para a vida. A reconciliação na cruz de Cristo é revolucionária, pois anuncia que nada permanece em seu estado, tudo é chamado para tornar-se novo. Em vez de afastar-se do mundo, o cristão se engaja nele e experiencia, em seu nível, a solidariedade de Deus com toda a humanidade sofredora. O indivíduo só é salvo na igreja e com o mundo. Qualquer outra forma de fé seria apenas egoísmo, e não testemunho da salvação. Em todos os seus textos, Moltmann desenvolve uma soteriologia cósmica e histórica.

Para Wolfhart Pannenberg (1928-2014), a história é a perspectiva mais ampla da teologia cristã. Pannenberg propõe uma cristologia "de baixo". A tarefa principal da cristologia é mostrar por que a divindade de Cristo deve ser confessada. Todas as questões e as respostas teológicas só adquirem sentido no contexto da história que Deus realiza com a humanidade e, por ela, com toda a criação, para chegar a um futuro que ainda está oculto para o mundo, mas já revelado em Jesus Cristo. O próprio Deus se revela em Cristo de maneira plena, única e definitiva através da mediação da história. A revelação é um acontecimento escatológico. O fim da história já está antecipado (prolepse) em Jesus de Nazaré. Cristo é a antecipação autêntica da única revelação de Deus operando na história universal e realizando-se somente no final dessa história. Por essa razão, a teologia é necessariamente cristocêntrica, já que a ressurreição de Cristo é o centro da teologia. Ela antecipa o fim do mundo, revela definitivamente Deus e proporciona a confissão da divindade de Cristo. Nesse acontecimento, o homem está presente, e essa presença dá sentido às experiências humanas que, como antecipação, são uma espécie de verificação da revelação cristã. Através da cruz e da ressurreição, Cristo substitui os seres humanos em comunhão com Deus. Com sua vida, ele oferece o exemplo de uma vida em Deus. Diferentemente de Moltmann, Pannenberg não deduz disso consequências sociopolíticas diretas.

5.4. Novas implicações (ecumenismo, teologias da libertação, diálogo inter-religioso)

Por volta do final do século XX, novas configurações fazem com que a teologia protestante volte a especificar sua compreensão da pessoa de Cristo e da salvação em Cristo.

Um primeiro dado é a evolução da cristologia e da soteriologia na Igreja Católica Romana. O Concílio Vaticano II volta a localizar centralmente a teologia romana na igreja, tendo como único fundamento Cristo e sua obra salvífica pela humanidade. Cristo é a única reconciliação da humanidade com Deus; nele, Deus nos arrebata da escravidão do diabo e do pecado, oferecendo-nos gratuitamente uma nova vida (cf. sobretudo a constituição sobre a igreja no mundo dessa época, *Gaudium et spes*, 22). O Concílio e a teologia pós-conciliar por muito tempo apresentaram uma separação entre cristologia e soteriologia: a cristologia tratava essencialmente da união das duas naturezas em Cristo, e a soteriologia era considerada parte da ética, conforme figura na obra de Tomás de Aquino; agora, voltavam a afirmar que ambos os aspectos são dois lados de uma mesma realidade. Assim, em suas declarações fundamentais, autores católicos propõem cristologias recentes que se aproximam das cristologias dos autores protestantes do século XX (cf. Karl RAHNER, *Traité fondamental de la foi* [Tratado fundamental da fé] [1976], Paris, Centurion, 1983; Walter Kasper, *Jésus le Christ* [Jesus, o Cristo] [1974], Paris, Cerf, 1986; Edward SCHILLEBEECKX, *Le Christ, sacrement de la rencontre avec Dieu. Étude théologique du salut par les sacrements* [Cristo, sacramento do encontro com Deus: estudo teológico da salvação pelos sacramentos] [1959], Paris, Cerf, 1964; Hans KÜNG, *Être chrétien* [Ser cristão] [1974], Paris, Seuil, 1978).

Essa evolução permitiu que fossem superadas clivagens conhecidas do século XVI, conduzindo logicamente a progressos ecumênicos significativos. Assim, a Igreja Católica Romana e as igrejas membros da Federação Mundial Luterana assinaram em outubro de 1999 uma "declaração comum acerca da doutrina da justificação", resultado de trinta anos de diálogo (*A doutrina da justificação*). Não se trata somente de conclusões de diálogos entre teólogos, mas, sim, de uma declaração que anuncia um compromisso oficial entre as igrejas envolvidas. O consenso não significa que todas as formulações doutrinárias são idênticas, mas, sim, que exprimem uma mesma convicção fundamental nas linguagens e nas opções teológicas que permanecem legitimamente diferentes. As condenações recíprocas que foram pronunciadas no século XVI não mais dizem respeito à igreja parceira. Atualmente, é preciso traduzir esse consenso na eclesiologia, especificar o lugar da igreja, de suas instituições e de seus ministérios na transmissão e na "realização" dessa salvação (cf. A. BIRMELÉ, 1986 e 2000). Pretende-se que outras tradições oriundas da Reforma, sobretudo a dos metodistas e dos anglicanos, sejam reunidas nesse processo em um futuro próximo.

O segundo elemento novo foi a irrupção na teologia clássica de interpretações propostas pelas teologias cristãs africanas, asiáticas e sobretudo latino-americanas. Como essas teologias são muito diversas, seria falso harmonizar essas abordagens, que são marcadas por culturas múltiplas e não mais trazem consigo as antigas oposições confessionais ocidentais. Seu ponto de partida em comum é a situação de pobreza, injustiça e opressão na maioria dos países deste mundo. A análise do fenômeno do subdesenvolvimento e a situação intolerável dessas populações fizeram com que essas teologias enfatizassem a "libertação". Elas são expressões de uma presença da igreja no mundo, denunciando a situação de injustiça estrutural e de pecado social. O Cristo que elas confessam é um Cristo que é necessário seguir em sua prática histórica e que prega um reino de Deus que põe em crise todas as estruturas, religiosas, políticas e sociais. O evangelho anuncia o amor apaixonado de Deus pelos pobres, a salvação que, em um primeiro momento, é uma libertação histórica e política conduzindo a uma nova forma de vida social e comunitária. A preocupação central dessas teologias é a referência à prática pastoral da igreja, que deve lançar mão de tudo para libertar os oprimidos e os pobres, por quem Deus tem uma "opção preferencial". Essas reflexões resultam da experiência de comunidades eclesiásticas de base que apontam para a atualidade da salvação que, hoje e agora, engendra justiça e fraternidade.

Um terceiro desafio surge do encontro entre as compreensões cristãs e as religiões não cristãs que também são portadoras de uma mensagem de salvação para a humanidade. Nesse encontro, a questão da salvação dos não cristãos é colocada sob novas bases. No catolicismo romano, a questão foi apresentada no Concílio Vaticano II e, no protestantismo e na ortodoxia, em inúmeros encontros e programas de estudos do Conselho Mundial de Igrejas. É amplamente debatida e objeto de controvérsias em cada tradição cristã. Alguns mencionam o "cristianismo anônimo" (termo de Karl Rahner) dos não cristãos; por esse motivo, experimentam pouca dificuldade para estender o benefício da salvação em Jesus Cristo a outra religiões. Outros afirmam a unidade da salvação em Cristo, de acordo com Atos 4.12. Esse problema está na ordem do dia e precisa com urgência de um aprofundamento e de um esclarecimento teológicos.

André Birmelé

▶ BARTH, Karl, *Dogmatique* IV/1* e **, § 59-61 (1953), IV/2* e **, § 64-66 (1955) e IV/3* e **, § 69-71 (1959), Genebra, Labor et Fides, 1960-1973; BIRMELÉ, André, *Le salut en Jésus-Christ dans les dialogues œcuméniques*, Genebra-Paris, Labor et Fides-Cerf, 1986; Idem, *La communion ecclésiale. Progrès oecuméniques et enjeux méthodologiques*, Paris-Genebra, Cerf-Labor et Fides, 2000; CHAUNU, Pierre, *Brève histoire de Dieu. Le coeur du problème*, Paris, Robert Laffont, 1992; *La doctrine de la justification. Déclaration commune de la Fédération luthérienne mondiale et de l'Église catholique romaine*, Paris-Genebra, Cerf-Bayard-Centurion-Fleurus-Mame-Labor et Fides, 1999; EBELING, Gerhard, *Luther. Introduction à une réflexion théologique* (1964), Genebra, Labor et Fides, 1983; GISEL, Pierre, *Le Christ de Calvin*, Paris, Desclée, 1990; JÜNGEL, Eberhard, *Dieu mystère du monde. Fondement de la théologie du Crucifié dans le débat entre théisme et athéisme* (1977), t. II, Paris, Cerf, 1983, p. 121-276; Idem, *Das Evangelium von der Rechtfertigung des Gottlosen als Zentrum des christlichen Glaubens. Eine theologische Studie in ökumenischer Absicht* (1998), Tübingen, Mohr Siebeck, 2005; Idem, org., *Zur Rechtfertigungslehre*, Tübingen, Mohr Siebeck (Zeitschrift für Theologie und Kirche. Beiheft 10), 1998; LIENHARD, Marc, *Luther, témoin de Jésus-Christ. Les étapes et les thèmes de la christologie du Réformateur*, Paris, Cerf, 1973; MOLTMANN, Jürgen, *O Deus crucificado: a cruz de Cristo como base e crítica da teologia cristã* (1972), São Paulo, Academia Cristã, 2011; PANNENBERG, Wolfhart, *Esquisse d'une christologie* (1964), Paris, Cerf, 1971; PETERS, Albrecht, *Rechtfertigung* (1984), Gütersloh, Mohn, 1990; SENFT, Christophe, *Jésus et Paul. Qui fut l'inventeur du christianisme?*, Genebra, Labor et Fides, 2002 (reed. de *Jésus de Nazareth et Paul de Tarse*, 1985); TILLICH, Paul, *Teologia sistemática* (1951-1963), São Leopoldo, Sinodal, 2005 (especialmente a parte III); WIDMER, Gabriel-Ph., *L'aurore de Dieu au crépuscule du XXᵉ siècle*, Genebra, Labor et Fides, 1979.

> Apocatástase; ascese; Bovon; castigo; comunicação dos idiomas; conversão; cruz; **culpa**; eleição; escravidão da vontade; evangelho; expiação; *extracalvinisticum*; fé; graça; **Jesus (imagens de)**; justificação; *kenósis*; **mal**; Osiander; pecado; **predestinação e Providência**; razão; recapitulação; revelação; santificação; teologia da cruz

SAND, George (1804-1876)

Aurore Dupin, nome verdadeiro de George Sand, foi criada em um cristianismo mais moral que dogmático. Aos 15 anos, no convento, foi invadida por uma crise mística que por muito tempo fez dela uma católica fervorosa, embora tolerante em relação a outras confissões. Aos poucos, ela se afastou de todo tipo de prática cultual e se posicionou contra Roma, o que atraiu a atenção dos pastores que desejavam incluí-la nas fileiras da Reforma. Ela rejeitou os ortodoxos, mas manifestou uma simpatia pelos aspectos mais avançados do protestantismo liberal: sem que o reconhecesse claramente, suas convicções estavam bastante próximas das crenças liberais. Ela não chegou a lançar-se à conversão, mas colaborou para que seu filho e sua família o fizessem, contra as pressões de um meio social exclusivamente católico.

Anne Chevereau

▶ CHEVEREAU, Anne, *George Sand du catholicisme au paraprotestantisme?*, Antony, pelo próprio autor, 1988; KARÉNINE, Wladimir, *George Sand, sa vie et ses oeuvres 1804-1876*, 4 vols., Paris, Ollendorff-Plon, 1899-1926; ROBERT, Daniel, *Les intellectuels d'origine non protestante dans le protestantisme des débuts de la Troisième République*, em André ENCREVÉ e Michel RICHARD, orgs., *Les protestants dans les débuts de la Troisième République (1871-1885)* [Os protestantes no início da Terceira República (1871-1885)], Paris, Société de l'histoire du protestantisme français, 1979, p. 91-98.

◉ Liberalismo teológico

SANTIFICAÇÃO

No Antigo Testamento, a santificação designa a passagem do profano para a esfera do sagrado. Alguns ritos de purificação caracterizavam a santificação do homem que vai ao encontro de Deus, o Santo (Is 6.3), no local de culto (Gn 35.2; Êx 19.10); isso vale sobretudo para os sacerdotes (Êx 28ss). O aspecto ritual e cultual desaparece do Novo Testamento, em que a santificação designa toda ação que corresponde à santidade de Deus. Deus santifica e conclama ao engajamento ético correspondente (1Pe 1.16). Na primeira igreja, os cristãos sabiam que eram santificados pela cruz e pela ressurreição de Cristo, que os liberta do pecado e da morte (Rm 3.24s; 1Co 1.30; Ef 1.7); sua santificação lhes é oferecida no batismo (Rm 6.3ss) e expressa na vida cristã (Rm 6.19 e 22; 1 Ts 4.3). A relação entre a santificação oferecida ("indicativo") e as obras humanas em vista da santificação ("imperativo"), no entanto, é compreendida de diversas maneiras. Paulo enfatiza a prioridade da santificação recebida (Gl 5.25; Rm 6.1ss), enquanto o evangelho de Mateus e a epístola de Tiago insistem na necessidade das obras em vista da santificação (Mt 5.3ss; 25.31ss; Tg 2.12s; 5.7ss).

Essa articulação foi interpretada de diversos modos no protestantismo, provocando vários conflitos, ainda que todos concordassem em que a verdadeira fé, fruto da primeira palavra divina, não pode deixar de ser acompanhada da santificação. Para Lutero, a santificação está inclusa na justificação, obra do Espírito Santo que nos leva a Cristo (cf. sua explicação do terceiro artigo do Credo no *Catecismo maior* e no *Catecismo menor*). Sobre a santificação como obra humana recaía a suspeita de favorecimento da salvação pelas obras; por isso, no luteranismo há a afirmação de que o cristão permanece "ao mesmo tempo justo e pecador". Enquanto insiste na santificação como um dom de Deus, a tradição calvinista distingue entre a justificação pela fé e o progresso na santificação do cristão que vive sua fé em conformidade com a imagem de Deus que é Cristo (através da "mortificação" e da "vivificação" espirituais). Os metodistas compreendem a santificação como "uma segunda graça" que complementa a primeira (a justificação) e propõem aos cristãos, assim como no anglicanismo, que a santificação seja exercitada com a meditação na vida dos santos da história da igreja. O pietismo enfatiza a necessária tríade, muitas vezes mencionada até na teologia do século XX (Paul Tillich).

No protestantismo contemporâneo, geralmente há o reconhecimento de que a santificação do cristão é o dom da graça que lhe oferece uma nova identidade. Essa identidade pressupõe uma vida de testemunho e obediência que signifique essa santificação oferecida, cuja plenitude só será revelada no final dos tempos.

André Birmelé

▶ ANSALDI, Jean, *Éthique et sanctification. Morales politiques et sainteté chrétienne*, Genebra, Labor et Fides, 1983; BONHOEFFER, Dietrich, *Le prix de la grâce* (1937), Genebra-Paris, Labor et Fides-Cerf, 1985; COLLANGE, Jean-François, *De Jésus à Paul. L'éthique du Nouveau Testament*, Genebra, Labor et Fides, 1980; GISEL, Pierre, *Le Christ de Calvin*, Paris, Desclée, 1990, p. 151-190.

◉ Avivamento; discernimento dos espíritos; discípulo; edificação; Espírito Santo; justificação; sagrado; **salvação**; Santidade (movimento de); **técnica; vocação**; Westminster (Assembleia e *Confissão de*)

SANTIDADE (movimento de)

O movimento de Santidade (ou de Santificação: *Holiness Movement*, em inglês) foi um avivamento que aproveitou alguns aspectos da teologia wesleyana que têm alguma analogia com elementos católicos, tais como o livre-arbítrio e a *ordo salutis* ("ordem da salvação", ou seja, um crescimento gradual da existência cristã). Mas, além de John Wesley (1703-1791), o movimento se inspira em práticas devocionais de místicos católicos, tais como o espanhol Gregor Lopez (1542-1596) ou o barão francês Gaston Jean-Baptiste de Renty (1611-1649), e dos teólogos anglicanos Jeremy Taylor (1613-1667), suspeito de criptocatolicismo e que influenciou fortemente

Wesley, e William Law (1686-1761), autor de *A Practical Treatise upon Christian Perfection* [Um tratado prático sobre a perfeição cristã] (1726, Londres, Longmans, Green, 1901) e de *A Serious Call to a Devout and Holy Life* [Um chamado sério para uma vida devota e santa] (1728), Londres, SPCK, 1978), obras que, em uma continuidade com a literatura puritana de edificação, enfatizam a exploração da consciência e a autodisciplina. Os defensores do movimento de Santidade mencionam a expressão "vida mais alta", estabelecendo uma distinção entre a justificação pela fé, que livra o pecador da pena pelo pecado, e a obra de santificação, recebida igualmente na fé, que liberta o pecador do poder do pecado, com o "batismo no Espírito" como elemento fundamental.

Nesse movimento, não somente a piedade individual desempenhou um papel importante, mas também a responsabilidade social. Os evangelistas do movimento foram os primeiros a permitir que negros e mulheres estudassem em suas universidades, bem como os primeiros a reconhecerem o ministério pastoral feminino. Eles combateram a escravidão, ajudando ativamente os escravos a fugirem. Eles também elaboraram projetos para garantir internacionalmente a manutenção da paz, projetos que se realizaram com a ONU. A maior parte das iniciativas sociais e políticas das igrejas americanas atuais remonta ao movimento de Santidade, fato que com frequência é ignorado pelos evangélicos, que são herdeiros do movimento. Quando foram traduzidas obras do movimento de Santidade para o alemão e o francês, os aspectos políticos e sociais caíram no esquecimento; o mesmo ocorreu com as edições inglesas mais recentes.

O *College Oberlin* (em Oberlin, no estado de Ohio) foi o centro espiritual do movimento. Charles Grandison Finney (1792-1875) e Dwight Lyman Moody (1837-1899) podem ser considerados seus principais representantes. Foi no seio desse movimento, arraigado no metodismo, que surgiu o pentecostalismo, em 1901.

Walter J. Hollenweger

▶ Uma reedição de fontes sobre a história do movimento de Santidade e do pentecostalismo pode ser encontrada na coleção *The Higher Christian Life*, org. por Donald W. DAYTON et alii, 48 vols., New York-Londres, Garland, 1984-1985 (resenha de Walter J. HOLLENWEGER, em *International Review of Mission* 77/306, 1988, p. 272-276); BESSON, Henri, *Le Réveil d'Oxford ou le mouvement de sanctification de 1874 à 1875,* Neuchâtel, Delachaux et Niestlé, 1915; BRANDT-BESSIRE, Daniel, *Aux sources de la spiritualité pentecôtiste,* Genebra, Labor et Fides, 1986; DIETER, Melvin H., *The Holiness Revival of the Nineteenth Century* (1980), Metuchen, Scarecrow Press, 1996; Idem, org., *The 19th-Century Holiness Movement*, Kansas City, Beacon Hill Press of Kansas City, 1998; JONES, Charles Edwin, *A Guide to the Study of the Holiness Movement*, Metuchen, Scarecrow Press, 1974; Idem, *Black Holiness. A Guide to the Study of Black Participation in Wesleyan Perfectionist and Glossolalic Pentecostal Movements,* Metuchen, American Theological Library Association-Scarecrow Press, 1987; KOSTLEVY, William C., org., *Historical Dictionary of the Holiness Movement*, Lanham-Londres, Scarecrow Press, 2001.

▶ Avivamento; **espiritualidade**; Finney; justificação; **metodismo; Moody; pentecostalismo; santificação; seitas; Wesley J.**

SANTOS (comunhão dos)

A expressão é derivada do Credo Apostólico ("Creio... na santa igreja católica, *na comunhão dos santos*..."), sendo que a expressão em si é um acréscimo posterior, atestado somente a partir do século V. De forma geral, a teologia protestante entendeu a expressão a partir da ideia da comunhão dos cristãos com o próprio Cristo, seguindo o conceito de que todos os cristãos são santos. A comunhão dos santos, portanto, designa a unidade espiritual dos cristãos acima das diferenças de época e lugar. Pode ser compreendida em um sentido tanto intraeclesial quanto intereclesial. Alguns, porém, como Calvino, limitaram a comunhão dos santos aos relacionamentos dos cristãos de uma mesma igreja local. Os reformadores, formulando sobre a fundação do Credo Apostólico, reconheceram as quatro "notas" da igreja (unidade, santidade, catolicidade e apostolicidade) e enfatizaram que era necessário considerar tanto a catolicidade quanto a apostolicidade a partir das duas primeiras, e não o inverso; isso manifesta bastante bem a importância da comunhão dos santos no protestantismo.

A noção foi periodicamente resgatada na teologia pré-barthiana com Leonhard Ragaz, Wilfred Monod e outros, sendo fortemente enfatizada por alguns teólogos influenciados pela teologia chamada "dialética" (como

Dietrich Bonhoeffer). Hoje, o conceito precisa continuar sendo desenvolvido diante das crescentes reivindicações das teologias feminista, negra etc., bem como das injustiças sociais persistentes e das trocas intercontinentais mais avançadas, para que todas as expressões da fé em Cristo sejam incluídas nessa unidade e catolicidade da igreja. Num aspecto da aplicação dessa crença num âmbito institucional, são consultadas as diversas elaborações do Conselho Mundial de Igrejas, desde 1948 até nossos dias. Como efeito, mesmo quando não culminam em soluções teologicamente satisfatórias, esses documentos refletem uma consciência cada vez maior da profundidade do problema.

Apesar de a expressão estar vinculada ao nível dogmático procedente do Credo Apostólico, é necessário que tal crença permaneça dependente do significado atestado nos escritos do Novo Testamento, onde a comunhão (gr. *koinōnia*, "associação", "compartilhamento") dos membros da igreja local (i.e. santos) diz respeito ao compartilhamento da vida recebida de Deus, da mutualidade do serviço e da generosidade no suprimento das necessidades dos membros da família da fé.

Bernard Hort e Caio Peres

▶ BETHGE, Eberhard, *Dietrich Bonhoeffer. Vie, pensée, témoignage* (1967), Genebra-Paris, Labor et Fides-Centurion, 1969; BRIDEL, Claude, *L'Église que nous vivons*, Genebra-Friburgo, Labor et Fides-Saint-Paul, 1992; VAN ELDEREN, Marlin e CONWAY, Martin, *Introducing the World Council of Churches* (1990), Genebra, CMI, 2001. CALVINO, João. *Institutas* (São Paulo: Cultura Cristã, 2006). GEORGE, Timothy, "Toward an Evangelical Ecclesiology", in *Catholics and Evangelicals: Do They Share a Common Future?*, ed. Thomas P. Rausch (Nova Iorque: Paulist Press, 2000):122-148; GOUVEA, Fernando Q. "Comunhão dos Santos", in. *Enciclopedia Histórico-Teológica da Igreja Cristã*, ed. Walter A. Elwell (São Paulo: Vida Nova, 1988); MCGRATH, Alister. Creio (São Paulo: Vida Nova, 2013);

◉ Amor; edificação; igreja invisível; santos (culto dos); santificação; tradição

SANTOS (culto dos)

Nas religiões em geral, é santo tudo aquilo que é posto à parte por Deus ou para Deus. No Novo Testamento, os cristãos são chamados "santos" (Rm 1.7; 8.27; 12.13; 15.25ss). No século II, entre os cristãos, os mártires, testemunhas sangrentas de Cristo, passaram a ser venerados. Logo se desenvolveu o culto aos santos protetores locais. O Concílio de Trento afirmou que os santos reinam com Cristo e apresentam a Deus suas orações pelos cristãos (Heinrich DENZINGER, *Symboles et définitions de la foi catholique. Enchiridion symbolorum*, ed. bilíngue latim-francês por Peter Hünermann e Joseph Hoffmann, Paris, Cerf, 1996, 1821). No protestantismo, os santos não podem ser considerados intermediários de nossas orações, já que somente Cristo é o mediador (1Tm 2.5). Não se pode esperar deles proteção alguma. No máximo, principalmente no luteranismo (cf. a *Confissão de Augsburgo*, art. 21, ou a *Apologia da Confissão de Augsburgo*, art. 21), no anglicanismo e no metodismo, eles são considerados modelos de fé propostos como um exemplo para os cristãos.

Jean-Denis Kraege

▶ AIGRAIN, René, *L'hagiographie, ses sources, ses méthodes, son histoire*, Paris, Bloud et Gay, *1953;* CALVINO, João, *IRC III, XX, 21-26*; LUTERO, Martinho, *"À nobreza cristã da nação alemã" (1520), em Martinho Lutero: obras selecionadas*, v. 2, São Leopoldo, Sinodal, 1995, p. *277-340.*

◉ Catolicismo; mediações; sagrado; santos (comunhão dos); santificação; superstição

SÃO BARTOLOMEU (Noite de)

Ficou conhecida como Massacre de São Bartolomeu a noite do dia 23 a 24 de agosto de 1572 em que milhares de protestantes foram assassinados em Paris. Em agosto de 1570, o edito de Saint-Germain havia posto um fim na terceira guerra de religião. As bodas do protestante Henrique de Navarra (futuro Henrique IV) com a irmã do rei, Margarida de Valois, celebradas no dia 18 de agosto de 1572 em uma atmosfera tempestuosa, atraíram um grande número de nobres protestantes para a capital, cuja população estava sob forte tensão: calor, falta d'água, preços elevados, hostilidade contra os protestantes fomentada por pregadores. No dia 22 de agosto, o almirante Coligny, que tinha uma grande ascendência sobre o jovem Carlos IX e o incitou a declarar guerra em Flandres contra a Espanha, foi vítima de uma tentativa de assassinato. O atentado havia sido obra dos Guises, casa católica, o que suscitou a ira do rei e fez com que prometesse punir os culpados. Os Guises se consideraram em desgraça e fingiram abandonar Paris, quando na verdade começaram a planejar o massacre dos huguenotes de Paris, valendo-se de um antigo preboste dos comerciantes, Claude Marcel, que armou as milícias burguesas.

O toque do sino a rebate, ordenado por Catarina de Médicis ao campanário de Saint--Germain-l'Auxerrois, anunciou a matança. Coligny, que se recuperava dos ferimentos em seu hotel perto do Louvre, foi morto à espada e em seguida lançado pela janela para que Henrique de Guise constatasse sua morte. Os gentis homens protestantes (com exceção de Henrique de Navarra e Henrique de Condé) e suas comitivas foram reunidos e exterminados no pátio do Louvre; muitos soldados huguenotes partidários de Coligny, residentes do *faubourg* Saint-Germain, foram mortos pelas milícias. Depois, com o amanhecer, a carnificina se estendeu a toda a população protestante. As casas foram pilhadas, e os moradores, inclusive crianças, foram trucidados. Seus corpos nus e sangrando foram jogados no rio Sena. A matança só se interrompeu no dia 28 de agosto.

De modo oportuno, foi espalhado o rumor de que havia recomeçado a florir o espinheiro morto do cemitério dos Inocentes. O partido católico aproveitou para apropriar-se do símbolo: o sangue derramado dos hereges estaria promovendo o renascimento da França. No dia 26 de agosto, em uma seção formal do Parlamento, o rei Carlos IX revelou ter sido de sua vontade tanto a execução de Coligny quanto o massacre que se seguiu. A historiografia clássica considerou por muito tempo que o rei foi efetivamente responsável; hoje, historiadores como N. A. Sutherland e J.-L. Bourgeon acreditam que Carlos IX foi manipulado e decidiu assumir a responsabilidade pelo massacre para não fragilizar seu poder, que já se encontrava abalado pela casa dos Guises. Também há hesitações entre os historiadores quanto à postura bastante ambígua de Catarina de Médicis e sobre o papel que o rei Filipe II, da Espanha, teria desempenhado no acontecimento.

Depois do dia 24 de agosto, estouraram vários episódios de "São Bartolomeu" nas cidades do interior: Charité-sur-Loire, Orléans, Meaux, Bourges, Angers, Saumur e Lyon em agosto; Troyes, Bourges (de novo), Albi e Rouen em setembro; Toulouse, Gaillac e Bordeaux em outubro. Como afirmou Michelet, "São Bartolomeu não foi uma noite, mas uma estação".

Hubert Bost

▶ BOURGEON, Jean-Louis, *L'assassinat de Coligny*, Genebra, Droz, 1992; *Idem, Charles IX devant la Saint-Barthélemy*, Genebra, Droz, 1995; CROUZET, Denis, *La nuit de la Saint-Barthélémy. Un rêve perdu de la Renaissance*, Paris, Fayard, 1994; GARRISSON, Janine, *1572. La Saint-Barthélemy* (1987), Bruxelas, Complexe, 2000; JOUTARD, Philippe, org., *La Saint-Barthélemy ou les résonances d'un massacre*, Neuchâtel, Delachaux et Niestlé, 1976; SUTHERLAND, Nicola Mary, *The Massacre of St. Bartholomew and the European Conflict 1559-1572*, Londres, Macmillan, 1973.

▶ Bodin; Coligny; França; guerras de religião; Léry; liberdade de consciência; monarcômacos; Ramus; Sully

SÃO MIGUEL (Confraria Evangélica)

Fundada em 1931, essa confraria originou-se do movimento de Berneuchen, local em Brandenburgo, Alemanha, onde se reuniam suas dezenas de membros desde 1923. A confraria era composta principalmente de pastores, professores de teologia e representantes das profissões liberais; diante da aflição da igreja manifesta na Primeira Guerra Mundial, eles se uniram pelo desejo comum de trabalhar, em nome do evangelho, pela renovação do pensamento teológico, da vida eclesiástica e da ação cristã na sociedade. Fortemente influenciado por Wilhelm Stählin (1883-1975) e Paul Tillich (1886-1965), o movimento publicou em 1926 o *Manifesto de Berneuchen*. O movimento como tal não existe mais.

Hoje, a confraria une várias centenas de homens em países como Alemanha, Áustria, Suíça, Alsácia e outros. Há também um grupo misto, com homens e mulheres, desde os anos 1990, com o nome Comunidade São Miguel, que aceita uma regra de vida espiritual. Vivendo no mundo de modo engajado, pastores ou leigos, casados ou solteiros, em suas respectivas igrejas (protestantes, veterocatólicas e, para alguns hoje, Católica Romana), eles se organizam em regiões e se encontram periodicamente para passar dias de convivência.

Sentem-se chamados para trabalhar pela renovação e pela unidade da igreja, em primeiro lugar no convívio eclesiástico, e encontram alimento espiritual na eucaristia, na oração e na partilha fraterna. Cada irmão tem alguém que o orienta ou um confessor. Sob o símbolo do arcanjo Miguel (cf. Ap 12.7s), a luta espiritual pela verdade e pelo amor é compreendida por eles como um combate por paz e justiça na sociedade e entre os povos. A confraria tem um centro de retiro em Kirchberg, perto de Sulz am Neckar, na Alemanha; mantém relações fraternas com outras confrarias e comunidades monásticas.

Gérard Siegwalt

▶ *Quatember. Vierteljahreshefte für Erneuerung und Einheit der Kirche*, org. pela CONFRARIA EVANGÉLICA SÃO MIGUEL, Kassel, Bärenreiter, depois Hanover, Lutherisches Verlagshaus; *Vivre l'Église pour le monde. Le Manifeste de Berneuchen*, Paris, Concordia-Librairie protestante, 1982; MUMM, Reinhard, *Oeuvrer à la construction de l'Églisè. Ce qu'est et ce que veut la Confrérie évangélique Saint-Michaël*, Convent Alsace, 1989; SIEGWALT, Gérard, "La rencontre des religions dans la pensée de Paul Tillich", *RHPhR* 58, 1978, p. 37-53; STÄHLIN, Wilhelm, *La communauté fraternelle* (1940), Paris-Estrasburgo, Cerf-Oberlin, 1980.

⊙ Comunidades religiosas; Stählin; Tillich

SATÃ →Culpa

SATTLER, Michael (?1490-1527)

Michael Sattler é conhecido por ter defendido uma reforma protestante radical rejeitando todo tipo de coação. Sattler nasceu nos arredores de Friburgo em Brisgóvia, entrando para a ordem beneditina da região; uma fonte afirma que ele foi prior. Sobre a influência dos textos de Lutero, adotou a Reforma; aproximou-se dos anabatistas e foi rebatizado sob profissão de fé na região de Zurique-Schaffhouse. Participou de disputas teológicas com Zwinglio, em Zurique, e com Capiton, em Estrasburgo, rejeitando a simbiose entre igreja e Estado desses reformadores. Exerceu atividades missionárias e foi preso no caminho para Wurtemberg; morreu na fogueira em Rotemburgo.

Em um clima crescente de perseguição, sua contribuição mais importante foi provavelmente ter proporcionado às comunidades anabatistas os meios de subsistência, elaborando artigos para organizar seu modo de vida com uma estrita separação entre os religiosos e o "mundo". O ex-monge certamente foi o redator final da *Confissão de Schleitheim* (1527). Esse documento e o relato do julgamento e da morte de Satler eram tidos em consideração na piedade menonita. A partir do século XVI, as assembleias menonitas se dispersaram de Berna para Colônia, e de Metz para a Morávia, podendo ser encontradas em todos os continentes.

Claude Baecher

▶ BAECHER, Claude, *Michaël Sattler. La naissance d'Églises de professants au XVIe siècle*, Cléon d'Andran, Excelsis, 2002 (edição revista e ampliada de *L'affaire Sattler* [O negócio Sattler], 1990); SNYDER, Arnold C., *The Life and Thought of Michael Sattler*, Scottdale, Herald Press, 1984; *L'affaire Sattler* (*The Radicals*, 1989), filme de Paul V. Carrera (AFFOX AG, Lilienstraβe 114, CH-4123 Allschwil).

⊙ Anabatismo; **Confissão de Schleitheim**; **menonismo**; Reforma radical

SAUMUR

Cidade cujo governo foi atribuído por Henrique III de Navarra (futuro Henrique IV) a Philippe Duplessis-Mornay em 1588, erigida como local de segurança em 1589.

Foi criada na cidade uma academia em 1604, onde estudaram, entre outros, Jacques Abbadie (1656-1727), Pierre Allix (1641-1717), Jacques Basnage (1653-1723), Isaac de Beausobre (1659-1738), Jean Daillé (1594-1670), Charles le Cène (?1647-1703) e Claude Pajon (1628-1685). Nos anos 1635-1650, o ensino praticado ali se caracterizou pela ousadia teológica. A inovação foi encarnada por Josué de Laplace (1596-1655/56; doutrina da não imputação do pecado de Adão), Moyse Amyraut (1596-1664; universalismo hipotético) e Louis Cappel (1585-1658; *critica sacra*); Cappel discutia sobretudo a vocalização do texto hebraico do Antigo Testamento. As teses saumurianas foram estigmatizadas pela ortodoxia calvinista, principalmente no *Consensus Helveticus*.

A Academia de Saumur também seria um dos locais em que se introduziu na teologia protestante o cartesianismo na segunda metade do século XVII.

Hubert Bost

▶ "Saumur, capitale européenne du protestantisme au XVIIe siècle", *Cahier de Fontevraud* 3, 1991; LAPLANCHE, François, *L'Écriture, le sacré et l'histoire. Erudits et politiques protestants devant la Bible en France au XVIIe siècle*, Amsterdã--Maarssen, APA-Holland University Press, 1986; PITTION, Jean-Paul, *Intellectual Life in the Académie of Saumur (1633-1685). A Study of the Bouhéreau Collection in Marsh's Library Dublin*, Dublin, Trinity College, 1969 (tese); VAN STAM, Frans Pieter, *The Controversy over the Theology of Saumur, 1635-1650*, Amsterdã-Maarssen, APA-Holland University Press, 1988.

● Abbadie; academias; Amyraut; Basnage; Beausobre; Cameron; Cappel; cartesianismo; *Consensus Helveticus*; Duplessis-Mornay; Henrique IV; **história**; Huisseau; Le Cène; Pajon; Turrettini F.

SAURIN, Jacques (1677-1730)

Nascido em Nîmes, pastor da igreja francesa de Londres e pastor extraordinário em Haia a partir de 1705, Saurin adquiriu uma grande reputação como pregador. Publicou inúmeros volumes de sermões. Também dedicou-se a responder às críticas contra a Bíblia que se acumulavam nos tempos das "primeiras Luzes". Sua obra *Discours historiques, critiques, théologiques et moraux sur les événements les plus mémorables du Vieux et du Nouveau Testament* [Discursos históricos, críticos, teológicos e morais sobre os acontecimentos mais memoráveis do Velho e do Novo Testamentos] (6 vols., Haia, 1728-1739) se destinava originalmente a observações sobre gravuras, mas, já nos primeiros tomos, os únicos que foram publicados pelo próprio Saurin, o texto acabou se tornando, por insistência do autor, um grande manifesto da ortodoxia "esclarecida". A vontade de não entrar na controvérsia teológica é abertamente declarada, e o comentário passa a voltar-se quase exclusivamente para a apologética e a moral.

François Laplanche

▶ VINET, Alexandre, *Histoire de la prédication parmi les réformés de France au XVIIe siècle*, Paris, 1860; VOELTZEL, René, *Vraie et fausse Église selon les théologiens protestants français du XVIIe siècle*, Paris, PUF, 1956.

● Apologética; **Bíblia**; Luzes; ortodoxia protestante

SAXÔNIA

De Lutero até 1697, a Saxônia foi o bastião do luteranismo teológico e político. Porém, a rivalidade entre os dois ramos da casa de Wettin, o ernestino e o albertino, foi uma desvantagem. Até 1547, o ramo ernestino protegeu Lutero. João, o Constante (1468-1532), estabeleceu a Reforma em seus estados, e seu filho João Frederico I, o Magnânimo (1503-1554), formou, com Filipe de Hesse (1504-1567), a Liga de Smalkade. Vencido por Carlos V na Batalha de Mühlberg (1547) que marcou a derrota da Liga, João Frederico perde a dignidade eleitoral e a maior parte de suas posses para o duque Maurício da Saxônia (1521-1553), da linha albertina. Até então aliado do imperador, Maurício mudaria de lado, formando uma liga de príncipes protestantes e obrigando Carlos V a conceder a liberdade religiosa aos protestantes, com o Tratado de Passau (1552). Seu irmão Augusto I (1526-1586) se tornou um campeão da ortodoxia luterana diante das tendências reformadas, estimulando a publicação do *Livro de Concórdia* (1580), que se tornou a norma doutrinária da grande maioria dos estados luteranos. Até mesmo o ambiente universitário seria marcado pela querela que opôs os "gnesio-luteranos" (defensores da ortodoxia luterana), que tornaram a Universidade de Iena seu feudo, e os filipistas (discípulos de Melâncton), suspeitos de criptocalvinismo, de Wittenberg. Mas Augusto levou o luteranismo para o rastro dos Habsburgos, o que, no século XVII, reduziu a liberdade de ação dos seus sucessores e resultou na perda da liderança do lado protestante para Brandenburgo.

Bernard Vogler

▶ WARTENBERG, Günther, *Landesherrschaft und Reformation. Moritz von Sachsen und die albertinische Kirchenpolitik bis 1546*, Gütersloh, Mohn, 1988.

● Alemanha; Frederico da Saxônia; Iena; Smalkalde (Liga de); Wittenberg

SCHAFF, Philip (1819-1893)

Nascido em Coira (Grisons), órfão, Philip Schaff foi um precursor do ecumenismo moderno. Estudou teologia em Tübingen, Halle e Berlim. Sob a influência de professores hegelianos como Bauer, Strauß e Neander, dedicou-se à história da igreja. Tendo diante de si a possibilidade de uma brilhante carreira acadêmica em Berlim, aceitou o chamado da Igreja Reformada Alemã nos Estados Unidos e partiu para ensinar em Mercersburg, na Pensilvânia, em 1824. De seu encontro com John Nevin (1803-1886) surgiu a "teologia de Mercersburg", um esforço de restauração e renovação da igreja que, em um ambiente dominado pelo puritanismo, pelo avivamento e pelo anticatolicismo, enfatizou o valor das tradições e das confissões católicas e protestantes, a presença de Cristo na ceia e a importância da mesa do Senhor para a vida cristã, assim como a unidade dos cristãos e das igrejas cristãs. Autor prolixo, Schaff também contribuiu para o desenvolvimento da Aliança Evangélica em 1873, participando da fundação da Aliança Presbiteriana em 1875, da fundação da Sociedade Americana de História da Igreja em 1888 e do surgimento do Parlamento Mundial das Religiões em 1893. Ensinou no *Union Theological Seminary* de 1870 até sua morte.

Odair Pedroso Mateus

▶ SCHAFF, Philip, *The Creeds of Christendom. With a History and Critical Notes*, 3 vols., New York, Harper, 1877; KLOEDEN, Gesine von, *Evangelische Katholizität. Philip Schaffs Beitrag zur Ökumene. Eine reformierte Perspektive*, Münster, Lit, 1998; SCHAFF, David, *A Life of Philip Schaff. In Part Autobiographical*, New York, Scribner, 1897; NICHOLS, James, *The Mercersburg Theology*, New York, Oxford University Press, 1966; SCHRIVER, George, *Philip Schaff. Christian Scholar and Ecumenical Prophet*, Macon, Georgia University Press, 1987.

▷ Aliança Evangélica; Aliança Reformada Mundial

SCHELLING, Friedrich Wilhelm Joseph (1775-1854)

Nascido em Leonberg, perto de Stuttgart, estudou filosofia e teologia no Seminário Protestante de Tübingen, onde foi condiscípulo de Hegel e Hölderlin. Depois de trabalhar durante algum tempo como preceptor em casa, tornou-se professor de filosofia em Iena (1793), em Wurzburgo (1803), em Munique (1806), em Erlangen (1820) e em Berlim (1841). Morreu em Bad Ragaz.

Durante a juventude, Schelling desenvolveu sua filosofia recorrendo criticamente a Fichte e assim enriquecendo seu idealismo transcendental com uma filosofia da natureza que mostrou o devir do espírito que emana da natureza (*Le système de l'idéalisme transcendantal* [O sistema do idealismo transcendental] [1800], Louvain, Peeters 1978). Essa reflexão o levou aos princípios que presidem tal unidade ("filosofia da identidade"). Foi a partir disso que Schelling passou a considerar de modo inovador o problema da liberdade humana (*Recherches sur la liberté humaine* [Investigações sobre a liberdade humana] [1809], Paris, Payot, 1977), uma problemática que levou à crise do idealismo absoluto. Em seus textos tardios, Schelling se esforçou para associar o devir do Absoluto a seu ser absoluto, escrevendo sobre história (*Les âges du monde* [As eras do mundo] [1813], Paris, Aubier, 1949) e religião (*Philosophie de la mythologie* [Filosofia da mitologia], Grenoble, Jérôme Millon, 1994; *Philosophie de la révélation* [Filosofia da revelação] [1841-1842], 3 vols., Paris, PUF, 1989-1994). Por esse motivo, pode ser considerado tanto o "realizador do idealismo alemão" quanto o anunciador do existencialismo.

Na teologia protestante do século XX, encontramos sobretudo em Tillich uma forte influência de Schelling. De fato, Tillich lhe dedicou suas duas teses.

Dietrich Korsch

▶ SCHELLING, Friedrich Wilhelm Joseph, *Sämmtliche Werke*, 14 vols., org. por Karl Friedrich August SCHELLING, Stuttgart-Augsbourg, Cotta, 1856-1861; Idem, *Werke. Historisch-kritische Ausgabe*, 80 vols., org. por Wilhelm G. JACOBS, Jörg JANTZEN e Walter SCHIECHE, Stuttgart--Bad Cannstatt, Frommann-Holzboog, 1976ss; Idem, *Ausgewählte Schriften in sechs Bänden*, org. por Manfred FRANK, Frankfurt, Suhrkamp, 1985; BOSS, Marc, *Le monothéisme de Friedrich Wilhelm Schelling ou la figure achevée du 'système de la liberté'*, em Gilles EMERY e Pierre GISEL, orgs., *Le christianisme est-il un monothéisme?*, Genebra, Labor et Fides, 2001, p. 252-272; HEIDEGGER, Martin, *Schelling. Le traité de 1809 sur l'essence de la liberté humaine* (1971), Paris, Gallimard, 1977; KORSCH, Dietrich, *Der Grund der Freiheit,*

Munique, Kaiser, 1980; SCHULZ, Walter, *Die Vollendung des deutschen Idealismus in der Spätphilosophie Schellings* (1955), Pfullingen, Neske, 1975; TILLIETTE, Xavier, *Schelling, une philosophie en devenir*, 2 vols., Paris, Vrin, 1970; Idem, *L'absolu et la philosophie. Essais sur Schelling*, Paris, PUF, 1987; Idem, *Schelling. Biographie*, Paris, Calmann-Lévy, 1999.

● Berlim; Böhme; **Deus**; Espírito Santo; estética; Fichte; Hegel; Hölderlin; Iena; Jacobi; **liberdade**; metafísica; **razão**; Rothe; Secrétan; Tillich; Tübingen

SCHERER, Edmond Henri Adolphe (1815-1889)

Antes contado entre os céticos e os destruidores da fé por suas ideias religiosas, Scherer se converteu às ideias do avivamento em 1832. Pouco tempo depois de obter seu doutorado em teologia na Faculdade de Estrasburgo, foi nomeado professor na Escola do Oratório em Genebra, um ambiente privilegiado da ortodoxia avivalista, em 1845. Após sua demissão, em 1850, chocou todos ao encaminhar-se de modo irreversível para as posições do liberalismo radical (cf. sua colaboração na *Revue de Strasbourg* [Revista de Estrasburgo] ao longo dos anos 1850). A fase que se iniciou com sua chegada em Versalhes (1860) foi marcada por sua obra *Études sur la littérature contemporaine* [Estudos sobre a literatura contemporânea] (9 vols., Paris, Calmann-Lévy, 1863-1895). O conflito franco-prussiano o levou à política: em julho de 1871, tornou-se membro da Assembleia Nacional e em 1875 foi eleito senador inamovível. Foi redator do jornal *Temps* [Tempo], e o grande número de artigos que publicou de 1871 a 1887 mostra que esse protestante, tão liberal e anticlerical em um sentido religioso, também o foi na política, afirmando-se como um dos mais fiéis defensores da Terceira República.

Laurent Gambarotto

▶ SCHERER, Edmond, *Esquisse d'une théorie de l'Église chrétienne*, Paris, Delay, 1845; Idem, *Mélanges de critique religieuse*, Paris, Cherbuliez, 1860; Idem, *Mélanges d'histoire religieuse* (1864), Paris, Lévy, 1865; GRÉARD, Octave, *Edmond Scherer*, Paris, Hachette, 1890; VIGIER, Philippe, "Edmond Schérer, père fondateur de la Troisième République", em André ENCREVÉ e Michel RICHARD, orgs., *Les protestants dans les débuts de la Troisième République*, Paris, Société de l'histoire du protestantisme français, 1979, p. 183-197.

● Anticlericalismo; Avivamento; liberalismo teológico

SCHEURER-KESTNER, Auguste (1833-1899)

Assim como ocorreu com o historiador Gabriel Monod (1844-1912), o nome de Auguste Scheurer-Kestner se tornou um emblema da postura assumida pelos protestantes, em geral ligados à Alsácia, no caso Dreyfus. De uma família de industriais, genro do industrial Charles Kestner, Scheurer-Kestner dirigiu a importante fábrica de produtos químicos de Thann, ao mesmo tempo que suas pesquisas possibilitaram-lhe a presidência da Sociedade Química de Paris (1894). Ardente republicano, foi preso em 1862. Próximo a Léon Gambetta, foi eleito deputado do Sena em 1871, nomeado senador inamovível em 1875 e eleito vice-presidente do Senado.

Seu diário, publicado parcialmente, mostra como esse homem, convencido de que Dreyfus pertencia ao mesmo meio que ele (a burguesia alsaciana patriota e republicana), começou a questionar a culpa de Alfred Dreyfus e empreendeu uma discreta pesquisa que o persuadiu de sua inocência. O encontro decisivo foi com o advogado Louis Leblois, filho do pastor liberal de Estrasburgo, que por sua vez atuou como o confidente de outro alsaciano, dessa vez católico, o tenente-coronel Georges Picquart. Auguste Scheurer-Kestner acreditava que suas amizades e seus conhecidos no mundo republicano permitiriam o desenlace do drama, mas ele se viu impedido diante do silêncio e da covardia dos políticos. Engajou-se então publicamente, trazendo para a arena do caso Dreyfus um reforço inesperado, por sua atitude e pelas conversões que realizou. O ódio dos oponentes de Dreyfus se voltou para esse homem que, sozinho, aguentou firmemente. Scheurer-Kestner morre, consumido por doença, no momento em que é assinada a graça do capitão. Embora sua família e seus amigos pertencessem ao meio protestante, pessoalmente ele se considerava um livre-pensador. No entanto, encarnou o melhor desse espírito republicano de que lançaram mão tantos protestantes franceses do século XIX, mas que, na época do caso Dreyfus, fez falta a tantos políticos.

Patrick Cabanel

▶ SCHEURER-KESTNER, Auguste, *Mémoires d'un sénateur dreyfusard*, Estrasburgo, Bueb et Reumaux, 1988; APRILE, Sylvie, *L'engagement dreyfusard d'Auguste Scheurer-Kestner: un combat pour l'honneur de la République et de l'Alsace*, BSHPF 142, 1996, p. 55-79; ROUMIEUX, André, *Auguste Scheurer-Kestner*, em Michel DROUIN, org., *L'Affaire Dreyfus de A à Z*, Paris, Flammarion, 1994, p. 277-281.

● Monod G.

SCHICKHARDT, Heinrich (1558-1635)

Marceneiro de formação, Heinrich Schickhardt aprendeu arquitetura em Stuttgart com o arquiteto dos duques de Wurtemberg, Georg Beer, morto em 1600. Descoberto pelo duque Frederico (1593-1608), tomou parte na maioria das realizações desse príncipe, que foi um grande construtor: fundação da cidade de Freudenstadt em Floresta Negra (1599), Neuveville de Montbéliard (1598); construção de igrejas luteranas (Saint-Martin em Montbéliard, Freudenstadt), de palácios (*Neuer-Bau* em Stuttgart), de castelos (Calw, Backnang). Além disso, era um técnico talentoso, o "Leonardo suabe" que ajudou no desenvolvimento na indústria de sal e dotou os estados de Wurtemberg de notáveis instalações hidráulicas. Em 1598 e 1599, empreendeu duas viagens para a Itália, e na segunda se acomodou na suíte ducal, contando essa história em 1602. Foi promovido como arquiteto ducal em 1608 pelo duque João Frederico. Schickhardt continuou a desenvolver uma atividade remunerada, cujos detalhes deixou registrados em seu *Inventar* (1632). Morreu assassinado durante a Guerra dos Trinta Anos.

A Igreja Saint-Martin, em Montbéliard (1601-1607), foi uma obra fundamental do Renascimento. Inspirada na basílica vitruviana, adotou o mesmo mapa e o mesmo ritmo, utilizando a colossal ordem toscana como ornamento exterior. No interior, há uma vasta sala quadrangular com o teto em tabiques de madeira. A decoração inicial, bastante rica (284 motivos em madeira torneada, revestidas de ouro fino, ornamentavam o teto), foi suprimida no século XIX, assim como foi modificada a disposição dos assentos e do mobiliário, como exigência da nova liturgia luterana.

André Bouvard

▶ SCHICKHARDT, Heinrich, *Voyage en Italie. Reiß in Italien (1599-1600)* (1602), Montbéliard, Société d'émulation de Montbéliard, 2002; BOUVARD, André, *L'église luthérienne Saint-Martin à Montbéliard*, Montbéliard, Atelier du patrimoine, 2001; HERTEL, Gerhàrd, "Entre l'Allemagne et la France, le fondateur de Freudenstadt et son rôle dans la guerre européenne de religion", *Bulletin et mémoires de la Société d'émulation de Montbéliard* 111, 1988, p. 310-338: LORENZ, Sönke e SETZLER, Wilfried, orgs., *Heinrich Schickhardt, Baumeister der Renaissance. Leben und Werk des Architekten, Ingenieurs und Städteplaners. Heinrich Schickhardt, maître d'oeuvre de la Renaissance. Vie et oeuvre d'un architecte, ingénieur et urbaniste*, Leinfelden, DRW, 1999.

● **Architecture**; Montbéliard

SCHILLER, Friedrich (1759-1805)

Na obra de Friedrich Schiller, nascido em Marbach am Neckar, filho de um médico e oficial do duque Carlos Eugênio de Wurtemberg, a tradição familiar protestante se manifesta em sua independência de espírito, sua luta contra a tirania dos príncipes do Antigo Regime, seu kantismo, seus trabalhos como historiador sobre a deserção dos Países Baixos e a Guerra dos Trinta Anos. Podemos caracterizar como protestante o credo do final do canto *An die Freude* (1785, que se tornou célebre com a Nona Sinfonia [1824] de Beethoven): "Firme coragem nas grandes provas/ Apoio ao choro de inocentes/ Eternidade devida aos juramentos/ Verdade defendida para amigos e inimigos/ Orgulho de um homem perante tronos de reis". A tirania do príncipe logo o afastou de sua região natal, Souabe (1782); perambulou bastante por Iena e Weimar (1788), circulando nos meios do classicismo alemão. Ao lado de Goethe, Humboldt, Wieland, Herder, tornou-se o maior dramaturgo classicista alemão. É autor de uma estética idealista fundada em Kant.

Seus dramas de juventude foram escritos na época do final do *Sturm und Drang*. Em seguida, de *Don Carlos* (1783-1787) a *Guilherme Tell* (1804), os temas de suas peças de teatro foram retirados da história, mas em uma perspectiva que anula o temporal em prol de uma consciência moral que se deseja absoluta. Em sua obra *Cartas sobre a educação estética do homem* (1793-1795), a beleza tem a missão de conciliar a sensualidade e as emoções com a razão, a matéria com a forma, a individualidade com a universalidade.

Bernard Böschenstein

▶ SCHILLER, Friedrich, *Werke und Briefe im zwölf Bänden*, Frankfurt, Deutscher Klassiker Verlag, 1988ss (edições bilíngues publicadas em Aubier, Paris: *Les brigands* [1781], 1961; *Intrigue et amour* [1784], 1953; *Don Carlos* [1783-1787], 1934; *Lettres sur l'éducation esthétique de l'homme* [1793-1795], 1992; *Poésie naïve et poésie sentimentale* [1795], 1947; *Poèmes philosophiques* [1798], 1954; *Le camp de Wallenstein* [1799], 1961; *La mort de Wallenstein* [1799], 1934; *Marie Stuart* [1800], 1964; *La pucelle d'Orléans* [1801], 1932; *La fiancée de Messine* [1803], 1942; *Guillaume Tell* [1804], 1933); Idem, *Histoire de la guerre de Trente Ans* (1791-1793), Paris, Charpentier, 1841; ALT, Peter-André, *Schiller. Leben, Werk, Zeit*, 2 vols., Munique, Beck, 2000; HINDERER, Walter, org., *Schillers Dramen. Neue Interpretationen* (1979), Stuttgart, Reclam, 1983; KOOPMANN, Helmut, *Friedrich Schiller* (1966), 2 vols., Stuttgart, Metzler, 1977; Idem, *Schiller. Eine Einführung*, Munique, Artemis, 1988.

◉ Estética; Goethe; Kant; **literatura**; romantismo

SCHINKEL, Karl Friedrich (1781-1841)

Arquiteto alemão, conviveu com Schleiermacher em Berlim, que o influenciou fortemente na concepção de suas construções religiosas, levando-o a buscar formas arquitetônicas que correspondessem à concepção romântica do sentimento religioso: o resultado é uma combinação entre neoclassicismo e veleidades neogóticas. Frederico Guilherme III o encarregou da reconstrução da Igreja de São Pedro, em Berlim, no ano 1811, um trabalho que lhe abriu as portas para a feitura de muitos outros templos na Prússia e na Saxônia.

Seu estilo, que prefiguraria o neoclássico e o neomedieval, exerceu grande impacto na arquitetura protestante alemã no início do século XIX.

Bernard Reymond

▶ MAI, Hartmut, *Kirchen in Sachsen vom Klassizismus bis zum Jugendstil*, Berlin, Koehler und Amelang, 1992, p. 29-32; STROHMIER-WIEDERANDERS, Gerlinde, *Die Bedeutung der Antike- und Mittelalterrezeption bei Kirchenbauten Karl Friedrich Schinkels*, em Klaus RASCHZOK e Reiner SÖRRIES, orgs., *Geschichte des protestantischen Kirchenbaues*, Erlangen, Junge & Sohn, 1994, p. 75-81.

◉ **Arquitetura**; Schleiermacher

SCHLATTER, Adolf (1852-1938)

Nascido em Saint-Gall e morto em Tübingen, Schlatter é herdeiro do pietismo, mas formou-se no método histórico-crítico. Não exerceu uma influência muito significativa na igreja de seu tempo: uns o viam como um crítico incrédulo, enquanto outros o consideravam um biblicista não crítico. Hoje, é conhecido como um teólogo original, tendo sido um dos professores de Ernst Käsemann.

Schlatter atribui à abordagem histórica uma função decisiva: é em Cristo e na história que Deus cria o mundo. Os resultados da crítica histórica e da tradição da cristologia reformada não necessariamente se excluem, mas sua tensão permite elaborar novas sínteses teológicas. Nessa perspectiva, Schlatter dedica uma atenção particular ao meio judeu que originou a igreja e à literatura rabínica, assim como à envergadura teológica dos redatores dos evangelhos. Em ambos os aspectos, foi um precursor.

Ulrich Ruegg

▶ SCHLATTER, Adolf, *Der Glaube im Neuen Testament* (1885), Stuttgart, Calwer, 1982; Idem, *Synagoge und Kirche bis zum Barkochba-Aufstand* (1897-1915), Stuttgart, Calwer, 1966; Idem, *Die christliche Ethik* (1914), Stuttgart, Calwer, 1929; Idem, *Der Evangelist Matthäus* (1929), Stuttgart, Calwer, 1933; Idem, *Zur Theologie des Neuen Testaments und zur Dogmatik. Kleine Schriften*, Munique, Kaiser, 1969.

◉ **Bíblia**; exegese; método histórico-crítico; pietismo

SCHLEIERMACHER, Friedrich Daniel Ernst (1768-1834)

Nascido em Breslau, Schleiermacher é filho de um capelão militar reformado. De início aluno dos Irmãos Morávios, rompeu com eles e empreendeu seus estudos de teologia na Universidade de Halle, um dos centros da *Aufklärung* alemã. De 1796 a 1802, foi capelão do Hospital da Caridade, em Berlim, onde participou dos círculos românticos. De 1804 a 1806, foi professor de teologia em Hale. A partir de 1808, participou da criação da Universidade de Berlim, onde foi professor de teologia e filosofia de 1810 até sua morte.

Teólogo e filósofo, Schleiermacher é herdeiro das críticas que a *Aufklärung* alemã dirigiu às formas e aos enunciados tradicionais da teologia protestante. Convicto do caráter irrevogável dessas críticas, pretendeu ultrapassar suas aporias propondo uma compreensão nova tanto da realização ética da religião estabelecida pelo cristianismo quanto da realidade ética da civilização moderna. Com essa base, pôde formular o programa de uma revisão fundamental do *status* científico das disciplinas teológicas e confirmar a legitimidade do recurso dessas disciplinas às metodologias científicas contemporâneas; é graças a este *status* que se opera a diferenciação moderna das abordagens científicas do cristianismo (teologia filosófica, histórica, prática).

Schleiermacher abriu novos caminhos em praticamente todas as disciplinas teológicas, com exceção do Antigo Testamento: fundou a dogmática moderna e a teologia prática, redigindo também estudos importantes sobre o Novo Testamento (entre outros, o primeiro curso sobre a vida de Jesus: *Das Leben Jesu. Vorlesungen an der Universalität zu Berlin im Jahr 1832 gehalten*). Mas suas obras filosóficas são igualmente importantes: foi um verdadeiro pioneiro em hermenêutica e esboçou uma filosofia fundamental, a *Dialética*. Em Berlim, ensinava regularmente tanto filosofia quanto teologia: seu trabalho acadêmico se voltou para a reconciliação entre ambas as disciplinas sob os auspícios da consciência moderna de verdade.

Sua obra mais conhecida é *Sobre a religião: discurso a seus desprezadores eruditos*, redigida durante sua fase romântica em 1799. A religião tem seu lugar no "sentimento", o centro pessoal do homem, distinguindo-se assim da metafísica e da moral. Com essa obra, ele introduz na teologia as dimensões da individualidade e da comunidade orgânica, sem as quais historicamente não poderia existir religião. Em sua dogmática, *Der christliche Glaube nach den Grundsätzen der evangelischen Kirche im Zusammenhange dargestellt* (1821-1822, 1830-1831), ele desenvolve com mais amplitude essas ideias fundamentais. Enunciados teológicos só são possíveis enquanto enunciados sobre a consciência humana de Deus, o "sentimento de dependência absoluta". Para a fé cristã, é a pessoa de Jesus que se encontra no centro, arquétipo (*Urbild*) real e produtivo do ser homem; a fé é participação na relação com Deus, que se comunica na comunidade dos cristãos e constitui, portanto, a igreja.

A relação entre indivíduo e comunidade é tratada nas obras que ele dedicou à ética. Schleiermacher supera a unilateralidade do imperativo categórico kantiano ao reintroduzir a ideia do Bem como princípio organizador da ética e correlacioná-la aos conceitos de virtude e dever; ele constrói a ética como teoria das formas da cultura. A ideia central de sua filosofia fundamental é que as funções empírico-receptivas e lógico-sintéticas da razão só podem se encontrar no infinito (em uma assíntota) e não poderiam atingir os conceitos-limites do mundo, como totalidade do que é e de Deus, como fundamento de todo ser e de todo saber.

As obras de Schleiermacher enfatizam que a religião depende de um ato hermenêutico, em que o indivíduo enuncia o sentido de sua existência finita referindo-a ao Absoluto de uma origem transcendente que estabelece as condições de sua possibilidade. Assim, os enunciados doutrinários não valem como proposição que articula um saber específico, mas, sim, como regulação conceitual e sistemática da comunicação religiosa. Essa compreensão da função da religião e da tarefa da dogmática leva à descoberta, por parte da teologia, da pertinência do universo completo da existência concreta. Cabe à teologia prática, portanto, refletir nas modalidades técnicas da inserção do cristianismo protestante nas estruturas sociais e culturais da modernidade. Ao correlacionar a pertinência da religião à função que ela desempenha na constituição do sujeito individual, Schleiermacher instaurou um novo paradigma teológico e abriu caminho para o neoprotestantismo. Ao identificar as categorias éticas e teológicas que permitem refletir sobre a inserção cultural do cristianismo protestante, ele formulou o questionamento que presidiria os debates do *Kulturprotestantismus*.

Não poderíamos deixar de observar que a influência de Schleiermacher ultrapassa o campo teológico e filosófico. É autor de uma tradução alemã de Platão que se tornou clássica (primeira edição: 1804-1809, segunda edição: 1817-1828), teórico da pedagogia, também foi pregador, primeiro na Caridade e depois, a partir de 1809, na Igreja da Trindade, em Berlin. Na política eclesiástica, apoiou a política de união das igrejas luterana e reformada, operada pelo rei Frederico Guilherme III, da Prússia (1817), mas se opôs energicamente à intromissão do Estado nas questões internas da igreja, ao mesmo tempo que defendeu, contra Hegel, a autonomia do trabalho científico e de suas instituições universitárias e acadêmicas.

Dietz Lang

▶ SCHLEIERMACHER, Friedrich Daniel Ernst, *Sämmtliche Werke*, 31 vols., Berlim, Reimer, 1834-1864; Idem, *Kritische Gesamtausgabe*, org. por Hans-Joachim BIRKNER et alii, Berlim, Walter de Gruyter, 1980ss (publicação em andamento); Idem, *Sobre a religião: discurso a seus desprezadores eruditos* (1799), São Paulo, Novo Século, 2000; Idem, *Hermenêutica*, Genebra, Labor et Fides, 1987 e Paris, Cerf, 1987; Idem, Le statut de la théologie. Bref exposé (1811, 1830), Paris-Genebra, Cerf-Labor et Fides, 1994; Idem, *Dialectique*, Genebra-Paris-Quebec, Labor et Fides-Cerf-Presses de l'Université Laval, 1997; Idem, *Éthique. Le "Brouillon sur l'éthique" de 1805-1806*, Paris, Cerf, 2003; Idem, *Esthétique. Tous les hommes sont des artistes*, Paris, Cerf, 2004; Idem, *Introductions aux dialogues de Platon* (1804-1828); *Leçons d'histoire de la philosophie* (1819-1823), seguidas de textos de Friedrich SCHLEGEL relativos a Platão, Paris, Cerf, 2004; BERNER, Christian, *La philosophie de Schleiermacher. "Herméneutique", "Dialectique", "Éthique"*, Paris, Cerf, 1995; DILTHEY, Wilhelm, *Leben Schleiermachers*, t. I (1870, 1922), org. por Martin REDEKER, 2 vols., Göttingen, Vandenhoeck & Ruprecht, 1970, e t. II: *Schleiermachers System als Philosophie und Theologie*, org. por Martin REDEKER, 2 vols., Göttingen, Vandenhoeck & Ruprecht, 1985 (= *Gesammelte Schriften* XIII e XIV); HIRSCH, Emanuel, *Geschichte der neuern evangelischen Theologie im Zusammenhang mit den allgemeinen Bewegungen des europäischen Denkens*, t. IV, Gütersloh, Bertelsmann, 1952, p. 490-582, e t. V, 1954, p. 281-364; LANGE, Dietz, org., *Friedrich Schleiermacher 1768-1834. Theologe, Philosoph, Pädagoge*, Göttingen, Vandenhoeck & Ruprecht, 1985; MOXTER, Michael, *Güterbegriff und Handlungstheorie. Eine Studie zur Ethik Friedrich Schleiermachers*, Kampen, Kok Pharos, 1992; NOWAK, Kurt, *Schleiermacher. Leben, Werk und Wirkung*, Göttingen, Vandenhoeck & Ruprecht, 2001; *Schleiermacher-Archiv*, Berlim, Walter de Gruyter, 1985ss; SCHOLTZ, Gunter, *Ethik und Hermeneutik. Schleiermachers Grundlegung der Geisteswissenschaften*, Frankfurt, Suhrkamp, 1995; SIMON, Marianna, *La philosophie de la religion dans l'oeuvre de Schleiermacher*, Paris, Vrin, 1974; TICE, Terrence N., *Schleiermacher Bibliography*, Princeton, Princeton University Press, 1966; Idem, *Schleiermacher Bibliography (1784-1984)*, Princeton, Princeton University Press, 1985.

◉ Apologética; Berlim (Universidades de); Biedermann; **Deus**; Dilthey; **dogmática**; fé; filosofia da religião; Halle; hermenêutica; Hirsch; **história**; Humboldt; Igrejas Unidas; indivíduo; **Jesus (imagens de)**; Kant; *Kulturprotestantismus*; **liberdade**; metafísica; **moral**; Müller F. M.; neoprotestantismo; Prússia; ritschliana (escola); romantismo; Rothe; Schweizer; **teologia**; teologia da mediação; Troeltsch; virtude

SCHMIDT, Albert-Marie (1901-1966)

Albert-Marie Schmidt confessou um dia que "o calviniano exulta com a graça gratuita que recebeu e consome sua vida em um delírio de reconhecimento" (*Chroniques de Réforme* [Crônicas de Reforma], p. 405). Tal júbilo espiritual o tornou em primeiro lugar uma testemunha privilegiada do bastante gracioso século XVI, do qual ele esposava com igual intimidade tanto as vertigens quanto as certezas. Ele soube explicar por que a teologia calvinista se acomodava tão bem à estética barroca, a única capaz de "restituir, sem apaziguar, os apectos arrebatadores de um universo antilógico em que o homem e Deus são dois polos confrontados" (p. 370). Schmidt defendeu a causa do ocultismo enquanto "catálogo prodigiosamente atualizado de todos os emblemas possíveis de suas influências recíprocas, de suas combinações mútuas" (p. 151).

Impulsionado pelo vigor do século, não se deixou aprisionar nele. As múltiplas práticas que havia experimentado o ajudaram muitas vezes a compreender por analogia as práticas da cultura contemporânea. Assim, de 1945 até sua morte, foi cronista de *Réforme* [Reforma], aplicando-se a discernir, no espetáculo das modas passageiras, "a Única Coisa Necessária que o mundo ignora". Sua fidelidade às ousadias barrocas de Du Bartas (1544-1590) e D'Aubigné (1552-1630) o tornou sensível à "gravidade do surrealismo", fazendo com que se solidarizasse com os sonhos de André Breton (1896-1966) e Julien Graqc (1910-2007), seu amigo pessoal. Nas premissas do fenômeno hoje chamado "retorno do religioso", identificou os sinais de um renascimento do mito ocultista de uma revelação primitiva, na qual respeitava, sem endossar, uma "dramática paixão pelo inconsciente humano". Ele se inspirou no modelo dos grandes retóricos para dar conta do formalismo inserido na crítica pelo "engenhoso e sutil" Roland Barthes (1915-1980), por Claude Simon (1913-2005) e Alain Robbe-Grillet (1922-2008) no romance ou por Raymond Queneau (1903-1976), do qual se tornou cúmplice no registro da pura fantasia literária. No entanto, mantinha sua confiança somente na Palavra, e por isso elogiava Brice Parain (1897-1971), por seu culto do silêncio, e Jean Paulhan (1884-1968), por sua censura do "galimatias generalizado".

Assim, Albert-Marie Schmidt foi tanto o juiz como o advogado da modernidade. Ao mesmo tempo que diagnosticava um lamentável "desespero" na "necessidade de profanação" que tantos romancistas apresentavam, não dissimulava o "profundo horror" que experimentava diante de um desses desregramentos que o Inimigo inspira no homem com a pretensão de destronar Deus. A ideia que acalentava de seu ministério de "crítica protestante", cheia de caridade e retidão, pode ser plenamente reconhecida em sua análise da "religião" de André Gide (1869-1951). Observou que o pregador de *Os frutos da terra* (1895), em nome da "oposição dos ensinamentos de Jesus ao farisaísmo", descreve de modo complacente "um Éden de franqueza e espontaneidade" que se mantém alheio ao amor pelo próximo. Ele criticou Gide por se apropriar do evangelho segundo sua egolatria, "em vez de aceitá-lo com humildade como uma boa nova".

Ao contrário do que ocorre em Gide, toda a obra de Albert-Marie Schmidt testemunha dessa "humildade" no respeito ao outro, na obediência a uma vocação e em um humor leve que contrasta com a alma séria e pesada dos pedantes dos quais zombava o "evangélico" Rabelais.

Paul Viallaneix

▶ SCHMIDT, Albert-Marie, *La poésie scientifique en France au seizième siècle. Ronsard, Maurice Scève, Baïf, Belleau, Du Bartas, Agrippa d'Aubigné*, Paris, Albin Michel, 1938; Idem, *L'esprit de la littérature protestante du XIXe et du XXe siècle*, Paris, "Je sers", 1948; Idem, *Jean Calvin et la tradition calvinienne* (1957), Paris, Cerf, 1984; Idem, *La littérature humaniste à l'époque de la Renaissance*, Paris, Gallimard, 1958; Idem,

Maupassant par lui-même (1962), Paris, Seuil, 1971; Idem, *Chroniques de Réforme*, 1945-1966, Lausanne, Rencontre, 1970.

◯ Gide A.; **literatura**

SCHMIDT, Élisabeth (1908-1986)

Em 1949, foi a primeira mulher a dedicar-se ao ministério pastoral na Igreja Reformada da França. Após uma infância privada de qualquer tipo de educação cristã, Élisabeth Schmidt descobriu o evangelho e foi batizada aos 15 anos. Licenciada em filosofia na Sorbonne, tomou parte na seção parisiense da Federação Francesa das associações cristãs de estudantes. Ali, encontrou Suzanne de Diétrich e Pierre Maury, acolhendo a certeza de que Deus a estava chamando para seu serviço como pastora. Estudou teologia em Genebra e iniciou seu ministério na França, de 1935 a 1949, com uma delegação pastoral que era renovada a cada ano. Foram necessários dois sínodos nacionais — o de Grenoble em 1948 e o de Paris em 1949 — para que o ministério pastoral da mulher fosse plenamente reconhecido na Igreja Reformada da França, com a ressalva, que perdurou até 1965, de que a mulher fosse celibatária.

Élisabeth Schmidt completou 37 anos de ministério em vários locais: em Sainte-Croix--Vallée-Française, na Lozère; no campo de internamento de Gurs, com a CIMADE; em Sète, cidade ocupada e bombardeada; em Blida, na Argélia dilacerada; em Nancy, onde o movimento de Maio de 68 tornava febril a juventude. Em todos esses lugares, a firme autoridade de Élisabeth Schmidt anunciava que a igreja não pode ser propriedade de um clã, de uma bandeira ou de um passado, mas que está a serviço somente da Palavra viva de Deus e de sua promessa. Aposentou-se em 1972 na cidade de Castres, junto a sua irmã médica. Deixou também seu testemunho por meio de três livros.

George Faure

▶ SCHMIDT, Élisabeth, *En ces temps de malheur... J'étais pasteur en Algérie 1958-1962*, Paris, Cerf, 1976; Idem, *Quand Dieu appelle des femmes. Le combat d'une femme pasteur*, Paris, Cerf, 1978; Idem, *Entendons-nous le chant de cette joie?*, Paris, Cerf 1982.

◯ **Mulher; pastor**

SCHOPENHAUER, Arthur (1788-1860)

Com base na divisão kantiana entre fenômeno e númeno, Schopenhauer demonstrou a diferença entre o conhecimento do mundo como representação, que está submetido a um princípio de razão e individuação, e o conhecimento do mundo como vontade, energia do desejo ou querer-viver idêntico em todas as coisas e que permite uma intuição do interior, em que se revela a luta universal entre as diversas formas da vontade, que buscam exercer domínio umas sobre as outras. Dificilmente se poderá medir a influência dessa ideia em autores como Nietzsche, que dedicou a ele a terceira de suas *Considerações extemporâneas* (1874, Paris, Aubier Montaigne, 1966), ou Freud. Porém, Schopenhauer se opôs ao princípio que descobriu: declarando-se herdeiro de Platão, pretendeu isolar a representação da vontade e torná-la uma contemplação pura; esse isolamento seria a arte. Ele pretendeu que a vontade se destaca da roda de um querer-viver individualizado, ascedendo à piedade, a alma verdadeira da moral. Nessa renúncia, Schopenhauer aproximou Jesus de um pensamento budista que ele introduziu na filosofia da religião. Educador de uma literatura alemã que, de Thomas Mann a Hermann Hesse, proporcionou-lhe muitos de seus temas, ministrou aulas na Universidade de Berlim, na época dominada por Hegel. Contra Hegel, utilizou-se inovadoramente de um estilo pouco habitual na filosofia: a vituperação. Vivendo de rendas, dedicou igualmente toda a vida à redação de sua principal obra, *O mundo como vontade e representação* (1818).

Olivier Abel

▶ SCHOPENHAUER, Arthur, *O mundo como vontade e como representação* (1818), São Paulo, Unesp, 2007; SCHMIDT, Alfred, *Die Wahrheit im Gewande der Lüge. Schopenhauers Religionsphilosophie*, Munique, Piper, 1986; VALADIER, Paul, *Nietzsche et la critique du christianisme*, Paris, Cerf, 1974, p. 69-111.

⊙ Drews; estética; Hartmann; Hegel; neokantismo; Nietzsche

SCHÜTZ, Heinrich (1585-1672)

Nascido em Bad Köstritz, morto em Dresden, Heinrich Schütz (Enricus Sagittarius) foi o primeiro grande músico protestante alemão. Em 1591, instalou-se com a família em Weissenfels; o *cantor* Georg Weber ensinou-lhe os fundamentos da música. Solista do coral de meninos, foi descoberto pelo *landgrave* Maurício de Hesse, que se encarregou de sua educação humanista no *Collegium Mauritianum* em Kassel. Em 1608, Schütz estudou direito em Marburgo e, no ano de 1609, graças ao *landgrave* Maurício de Hesse, morou em Veneza, onde Giovanni Gabrielli (1557-1612) lhe ensinou contraponto; compôs o *Primo libro de madrigali* [Primeiro livro de madrigais] em 1611. De volta à Alemanha, retomou seus estudos jurídicos em Leipzig. Também ocupou o cargo de segundo organista em Kassel. Em 1614, ocupou o prestigioso cargo de mestre de-capela na corte de Dresden. Durante a Guerra de Trinta Anos (1618-1648), viajou bastante, morando novamente em Veneza, onde conheceu Claudio Monteverdi (1567-1643), primeiro mestre de capela em São Marcos; voltou para Dresden em 1614. Em 1617, foi mestre de capela na corte de Dresden, onde organizou um espetáculo musical para o centenário da Reforma; por dificuldades materiais devido à Guerra dos Trinta Anos, só dispunha de poucos cantores e instrumentistas, o que não o impediu de realizar verdadeiras obras-primas. Morou em Copenhague, onde ocupou o cargo de mestre de capela do rei da Dinamarca, Cristiano IV. Em 1650, retirou-se para Weissenfels, onde se dedicou à composição. Em 1669, fixou residência em Dresden, onde morreu em 1672.

Sua música vocal religiosa abarca 494 números de *opus*; inúmeras obras desapareceram. Compôs *Psalmen Davids* [Salmos de Davi] a oito vozes (1619), *Beckersche Psalter* a quatro vozes (1628, revisado em 1661), *Historia des Auferstehung Jesu Christi* (1623), *Historia der Geburt Jesu Christi* (1664), *Cantiones sacrae* [Canções sacras] (1625), *Symphoniae sacrae* [Sinfonias sacras] (três coletâneas: 1628, 1647 e 1650), *Musikalische Exequien* [Exéquias musicais] (1636), *Kleine geistliche Konzerte* [Pequenos concertos sacros] (I: 1636, II: 1639), *Sieben Worte Jesu Christi am Kreuz* (por volta de 1645), *Geistliche Chormusik* [Música coral sacra] (coletânea de motetos, 1648), três *Paixões* (*São João*, 1664; São Mateus, 1666; São Lucas, 1668), *Deutsches Magnificat* [Magnificat alemães] (1671).

Heinrich Schütz foi mestre de capela, conselheiro musical, compositor. Na história da musica alemã luterana, foi responsável pela transição da Reforma para Johann Sebastian Bach. Sua música permanece por sua densidade espiritual, profundidade e interioridade. É considerado com justiça o "pai da música protestante alemã" (Friedrich Blume).

Édith Weber

▶ SCHÜTZ, Heinrich, *Neue Ausgabe sämtlicher Werke*, org. por INTERNATIONALE HEINRICH SCHÜTZ-GESELLSCHAFT, Kassel, Bärenreiter, 1955ss; BRODDE, Otto, *Heinrich Schütz. Weg und Werk*, Kassel, Bärenreiter, 1972; EGGEBRECHT, Hans Heinrich, *Heinrich Schütz musicus poeticus* (1959), Göttingen, Heinrichshoffen, 1984; PIRRO, André, *Heinrich Schütz* (1924), Paris, Éditions d'Aujoud'hui, 1975; VOLCKMAR-WASCHK, Heide, *Die "Cantiones sacrae" von Heinrich Schütz. Entstchung, Texte, Analysen*, Kassel-Basileia, Bärenreiter, 2001.

◉ Bach; **música**; musicais (formas)

SCHUTZ, Roger (1915-2005)

Roger Schutz-Marsauche (conhecido como irmão Roger) foi o fundador e prior da Comunidade Ecumênica de Taizé, França. Nasceu na Provença (Vaud, Suíça). Seu pai era pastor, e sua mãe era do norte da Borgonha. Estudou teologia em Lausanne e Estrasburgo, sendo ordenado pastor.

Com o objetivo de encontrar um local para implantar uma vida comunitária, Roger Schutz se instalou em Taizé, perto de Cluny, em agosto de 1940. Viveu sozinho ali durante dois anos, acolhendo refugiados e levando uma vida de oração. Durante a ocupação, foi impedido de voltar a Taizé, estabelecendo-se em Genebra até o outono de 1944, quando retornou para a comunidade definitivamente, com três outros irmãos. A partir de então, a vida de Roger Schutz e a Comunidade de Taizé se confundem.

Em 1949, os primeiros irmãos se engajaram na vida comunitária com base em uma regra fundada nas Bem-aventuranças: "alegria, simplicidade, misericórdia". Para as igrejas reformadas, esse movimento era considerado algo grande, inconformista, na contracorrente; houve por isso fortes oposições e resistências protestantes. No entanto, as coisas mudam, e foi concedida à igreja romana de Taizé, durante a Páscoa de 1948, uma autorização de *Simultaneum* (permissão para servir a ambos os cultos, católico e protestante), por monsenhor Roncalli, núncio em Paris e futuro papa João XXIII. A comunidade cresceu bastante, e irmão Roger publicou a *Regra de Taizé* em 1952. Um dos acontecimentos mais marcantes foi o encontro com João XXIII, em 1958, e o encontro com o patriarca de Constantinopla, Atenágoras, em 1962. Roger Schutz também foi observador no Concílio Vaticano II, junto a outros irmãos, como Max Thurian.

Roger Schutz estava convencido da necessidade de tornar essa comunidade um sinal visível de unidade entre as diversas confissões protestantes, de início, abarcando em seguida o catolicismo romano. Esse sinal, amplo e visível, tornou-se ainda mais evidente quando, em 1969, irmãos católicos puderam se unir à comunidade junto a irmãos reformados, luteranos e episcopais de todos os continentes. Em 1952, Roger Schutz e a comunidade passaram a desenvolver "fraternidades" para irmãos do sexo masculino, estabelecidas fora de Taizé. Essas fraternidades ainda representam a comunidade, e os irmãos em missão constituem "uma presença, mais que uma eficácia" (1966, p. 50); cada um deles busca sobretudo estar aberto aos que os circundam. Essas fraternidades também vivem no provisório.

No entanto, a vontade de realizar naquele momento a unidade cristã, concebida de um modo que vai além da comunhão espiritual entre as igrejas e do reconhecimento mútuo da legitimidade evangélica, suscitou questionamentos no meio protestante: será que Roger Schutz ainda se considerava pastor? Se não era pastor, qual seria sua verdadeira confissão religiosa? Parte dos protestantes suspeitava de que Roger Schutz teria passado de um alvo ecumênico para um criptocatolicismo um tanto nebuloso.

Roger Schutz sempre esteve em busca de uma unidade maior, não somente entre os cristãos, mas também entre todos os seres humanos. Seus esforços foram reconhecidos pela comunidade internacional e intelectual: ganhou prêmios como o Prêmio Unesco da Educação pela Paz, em 1988; Prêmio Internacional *Karlpreis*, em 1989; Prêmio Robert Schuman do Conselho da Europa, em 1992; e recebeu o título de doutor em teologia da Universidade de Glasglow, em 1880. Roger Schutz deixou marcas na igreja do século XX ao viver profundamente o desejo de unidade e procurar meios para concretizá-la.

Irmão Roger foi assassinado no dia 16 de agosto de 2005 durante as orações noturnas na Igreja da Reconciliação. Os ritos fúnebres foram celebrados em Taizé de acordo com o rito católico; presidiu-os o cardeal Walter Kasper.

Willy-René Nussbaum

▶ SCHUTZ, Roger, *Introduction à la vie communautaire*, Genebra, Labor et Fides, 1944; Idem, *Vivre l'aujourd'hui de Dieu*, Taizé, Presses de Taizé, 1959; Idem, *Dynamique du provisoire*, Taizé, Presses de Taizé, 1965; Idem, *Unanimité dans le pluralisme*, Taizé, Presses de Taizé, 1966; Idem, *Amour de tout amour. Les sources de Taizé*, Taizé, Presses de Taizé, 1990; PAUPERT, Jean-Marie, *Taizé et l'Église de demain*, Paris, Fayard, 1967; SPINK, Catherine, *Frère Roger et Taizé*, Paris, Seuil, 1986.

◉ Comunidades religiosas; ordens monásticas; Taizé; Thurian

SCHWEITZER, Albert (1875-1965)

Em 1913, Schweitzer abandonou sua carreia universitária e musical como organista, que prometia bastante, e, ao mesmo tempo que permaneceu bastante apegado a sua cidade natal (Alsácia), tornou-se médico no Gabão e fundou em Lambaréné um hospital, responsabilizando-se pela instituição até sua morte, promovendo concertos e conferências para mantê-la viva. Também escreveu uma obra considerável em teologia, filosofia e música. Atingido durante muito tempo pela oposição do protestantismo francês (com exceção dos liberais), ganhou o Prêmio Nobel da Paz em 1952 e se tornou uma figura legendária — uma lenda que o ofusca.

Especialista em Novo Testamento, tornou-se conhecido demonstrando quanto as "vidas de Jesus" eram desprovidas de rigor, refletindo opiniões e tendências de seus autores em vez de curvar-se aos dados históricos (cf. *Geschichte der Leben-Jesu Forschung* [História da pesquisa sobre a vida de Jesus], 1913, uma versão bastante aumentada de *Von Reimarus zu Wrede* [De Reimarus a Wrede], de 1906). Defendia que a proclamação do evangelho, em linhas gerais, anuncia o surgimento de um mundo totalmente novo e diferente do nosso — uma tese que é chamada de escatologia consequente. O anúncio da vinda iminente do reino de Deus está no centro da pregação de Jesus e dos apóstolos.

Schweitzer considera que se deve despojar a mensagem evangélica de sua expressão apocalíptica original, que se tornou caduca, para que sejam encontrados seu sentido e seu dinamismo profundos. Preconizou um cristianismo livre de especulações dogmáticas. Inspirado pelo kantismo, não ocultou seu ceticismo metafísico, ao mesmo tempo que insistia na convergência entre o verdadeiro pensamento e a fé autêntica, que para ele se auxiliam e se confortam mutuamente. Defendeu uma religião que antes de tudo era mística (sustentada por uma presença misteriosa) e ética (engajando-se ativamente a serviço do homem, do animal e da natureza). Observava que a civilização ocidental se degrada e se torna desumana por falta de espiritualidade. Desenvolveu uma crítica severa e lúcida da modernidade, instando ao "respeito à vida" (uma verdadeira tradução moderna daquilo que está no cerne da mensagem de Jesus, segundo ele), ou seja, a uma luta para que, na vida, o positivo sempre seja superior ao negativo. Em 1952, assume uma posição corajosa e vigorosa contra o armamento atômico. Na musicologia, enfatizou o contexto litúrgico das obras de Bach.

André Gounelle

▶ SCHWEITZER, Albert, *Gesammelte Werke in fünf Bänden*, org. por Rudolf GRABS, Munique, Beck, 1974 (o vol. III é uma reedição da *Geschichte der Leben-Jesu- Forschung* de 1913, da qual algumas passagens foram traduzidas em francês: o cap. 1: "Le problème", *Études schweitzeriennes* 4, 1993, p. 102-112; o cap. 13: "Ernest Renan", *Études schweitzeriennes* 3, 1992, p. 191-201; um trecho do cap. 23: "Les positions de Troeltsch e de Bousset dans la controverse sur l'historicité de Jésus" *Études schweitzeriennes* 11, 2003, p. 79-84; a "considération finale", *ETR* 69, 1994, p. 153-164); Idem, *Werke aus dem Nachlaß*, Munique, Beck, 1995ss; Idem, *Le secret historique de la vie de Jésus* (1901), Paris, Albin Michel, 1961; Idem, *Conversations sur le Nouveau Testament* (1901-1904), Paris, Brepols, 1996; Idem, *J.-S. Bach le musicien-poète* (1905), Lausanne, Foetisch, 1967; Idem, *Une pure volonté de vivre* (1912), Paris, Van Dieren, 2001; Idem, *Vivre* (1900-1919), Paris, Albin Michel, 1970; Idem, *Les jugements psychiatriques sur Jésus* (1913), Paris, Le Foyer de l'Âme, 2001; Idem, *Les religions mondiales et le christianisme* (1923), Paris, Van Dieren, 2000; Idem, *La mystique de l'apôtre Paul* (1930), Paris, Albin Michel, 1962; Idem, *Ma vie et ma pensée* (1931), Paris, Albin Michel, 1986; Idem,

Les grands penseurs de l'Inde (1936), Paris, Payot, 1990; Idem, *Six essais sur Goethe* (1928-1948), Boofzheim, ACM, 1999; Idem, *Paix ou guerre atomique* (1958), Paris, Albin Michel, 1958; Idem, *Humanisme et mystique*, org. por Jean-Paul SORG, Paris, Albin Michel, 1995; GAGNEBIN, Laurent, *Albert Schweitzer 1875-1965*, Paris, Desclée de Brouwer, 1999; GROOS, Helmut, *Albert Schweitzer. Größe und Grenzen*, Munique, Reihardt, 1974; a Association des Amis d'Albert Schweitzer (1 quai Saint Thomas, F-67000 Strasbourg) publica os *Cahiers* e os *Études schweitzeriennes*.

○ **Ecologia**; **Jesus (imagens de)**; Jesus (vidas de); liberalismo teológico; **música**; **utopia**; Werner

SCHWEIZER, Alexander (1808-1888)

Dogmático e praxólogo, Schweizer nasceu em Morat, no cantão de Friburgo, e morreu em Zurique. Foi um dos alunos de Schleiermacher que mais permaneceu fiel ao mestre, esforçando-se por prosseguir o trabalho da dogmática em laços estreitos com a tradição reformada. Após seu primeiro exame teológico, que se deu em Zurique em 1831, estudou a teologia de Schleiermacher, enquanto seus anos como "candidato" lhe proporcionaram um longo período em Berlim, Iena e Leipzig. Em 1834, voltou para Zurique, onde foi nomeado professor e vigário no *Großmünster*. Em 1835, publicou com base em suas anotações de aula a edição póstuma da ética filosófica de Schleiermacher: *Entwurf eines Systems der Sittenlehre* (*Sämmtliche Werke* III/5, Berlim, Reimer, 1835). Professor extraordinário em 1835, foi nomeado professor ordinário na Universidade de Zurique, em 1840, cargo que exerceu até sua morte. Em 1844, assumiu igualmente o cargo de pastor do *Großmünster*, que deixou em 1871. Membro do Grande Conselho Zuriquense, em 1837-1839 se opôs à nomeação de David Friedrich Strauß ("Das Leben Jesu von Strauß im Verhältnis zu Schleiermacherschen Dignität des Religionsstifters", *Theologische Studien und Kritiken* 10, 1837, p. 459-510), engajando-se em uma política de reformas eclesiais — por causa desse engajamento, deixou de ser reeleito em 1839 pela maioria conservadora. De 1849 a 1872, foi membro do Conselho Eclesial (Conselho Sinodal).

Ainda que redigidos totalmente sob a influência de Schleiermacher, os ensaios que Schweizer dedicou à obra *Kritik des Gegensatzes zwischen Rationalismus und Supranaturalismus und exegetischkritische Darstellung der Versuchungsgeschichte Jesu* (Zurique, Schulthess, 1833) e ao artigo *Eber die Dignität des Religionsstifters* (*Theologische Studien und Kritiken* 7, 1834, p. 521-571 e 813-849) já indicavam a intenção fundamental de Schweizer: fazer uma mediação entre o cristianismo dado historicamente e o interesse especulativo da razão. Para descrever as relações com Deus, inclusive, ele permaneceria sempre fiel ao conceito de Schleiermacher, o "sentimento de dependência absoluta". Seu trabalho de história dos dogmas, dedicado a *Die protestantischen Centraldogmen in ihrer Entwicklung innerhalb der reformirten Kirche* (2 vols., Zurique, Orell und Füssli, 1854-1856), forneceria a base para sua exposição dogmática; nesse trabalho, ele analisa a doutrina reformada da predestinação, assim como o processo que levou à sua fixação ortodoxa e à perda progressiva de seu significado. Nessa doutrina, toma forma a ideia reformadora de que a graça de Deus, que opera de modo absolutamente livre mas também ordenado, é indispensável para o homem, que é empiricamente pecador. *Die christliche Glaubenslehre nach protestantischen Grundsätzen* (1863-1869, 2 vols., Leipzig, Hirzel, 1877) reformulou essa tese fundamental em um sistema dogmático que passou a englobar todas as áreas doutrinárias. Schweizer também trabalhou com algumas ideias de Schleiermacher sobre a organização científica da teologia prática. Digna de nota é sua obra *Über Begriff und Einteilung der Praktischen Theologie* e sua *Homiletik der evangelisch-protestantischen Kirche* (Leipzig, Weidmann, 1836 e 1848).

Christian Seysen

▶ SCHWEIZER, Alexander, *Schleiermachers Wirksamkeit als Prediger*, Halle, Kümmel, 1834; Idem, *Die Glaubenslehre der evangelisch-reformirten Kirche dargestellt und aus den Quellen belegt*, 2 vols., Zurique, Orell und Füssli, 1844-1847; *Professor Dr. theol. Alexander Schweizer. Biographische Aufzeichnungen von ihm selbst entworfen*, org. por Paul SCHWEIZER, Zurique, Schulthess, 1889; BAUMGARTNER, Markus, *Ins Netz verstrickt. Beobachtungen zum Denkmuster des sogenannten Vermittlungstheologen Alexander Schweizer*, Berna, Lang, 1991; BAUR, Ferdinand Christian, "Über Princip und Charakter des Lehrbegriffs der reformierten Kirche in seinem Unterschied von dem lutherischen, mit Rücksicht auf A. Schweizers Darstellung der reformierten Glaubenslehre", *Theologische Jahrbücher* 6, 1847, p. 309-390; Idem, "Das Princip des Protestantismus und seine geschichtliche Entwicklung, mit Rücksicht auf die neuesten Werke von Schenkel, Schweizer, Heppe und die neuesten Verhandlungen über die Unionsfrage", *Theologische Jahrbücher* 14, 1855, p. 1-137; CHRIST, Paul, "Schweizer, Alexander", em *Realenzyclopädie für protestantische Theologie und Kirche*, t. XVIII, Leipzig, Hinrichs, 1906, p. 66-72; FLÜCKIGER, Felix, "Alexander Schweizer (1808-1888). Vermittler zwischen Glauben und Wissen", em Stephan LEIMGRUBER e Max SCHOCH, orgs., *Gegen die Gottvergessenheit. Schweizer Theologen im 19. und 20. Jahrhundert*, Basileia, Herder, 1990, p. 68-85; SCHWEIZER, Paul, *Freisinnig, positiv, religiössozial. Ein Beitrag zur Geschichte der Richtungen im Schweizerischen Protestantismus*, Zurique, Theologischer Verlag, 1972.

▶ Baur; Biedermann; dogmática; **predestinação e Providência**; Schleiermacher; Strauß; teologia da mediação; Zurique

SCHWENCKFELD, Caspar (1489-1561)

Nobre silesiano ganho para a Reforma por Lutero, Schwenckfeld acabou enveredando pelo caminho da dissidência. Interessou-se bastante pela controvérsia eucarística entre Lutero, Carlstadt e Zwinglio, rejeitando a celebração da ceia (moratória) até que fosse feito um acordo. Em 1529, exilou-se em Estrasburgo, passando algum tempo na casa de Matthieu e Catherine Zell. Seu espiritualismo adquiriu contornos cada vez mais nítidos com o tempo: sua cristologia finalmente negou o estado de criatura na humanidade de Cristo. Condenado oficialmente pelos reformadores em 1540, Schwenckfeld viveu clandestinamente até o fim da vida no sul da Alemanha, estimulando seus adeptos e escrevendo um bom número de cartas e obras. A Igreja Schwenckfeldiana ainda existe nos Estados Unidos.

Neal Blough

▶ SCHWENCKFELD, Caspar, *Corpus Schwenckfeldianorum*, 19 vols., Leipzig, Breitkopf und Härtel, 1907-1961; BLOUGH, Neal, *Le Christ glorifié et le Christ humilié: le débat christologique entre Pilgram Marpeck et Caspar Schwenckfeld*, em Idem, org., *Jésus-Christ aux marges de la Reforme*, Paris, Desclée, 1992, p. 141-162; LECLER, Joseph, *Histoire de la tolérance au siècle de la Réforme* (1955), Paris, Albin Michel, 1994, p. 187-195; SÉGUENNY, André, *Homme charnel, homme spirituel. Étude sur la christologie de Caspar Schwenckfeld (1489-1561)*, Wiesbaden, Steiner, 1975.

▶ Ceia; espiritualismo; Filadélfia; Hoffman; **Jesus (imagens de)**; Marpeck; Reforma radical; Zell

SCHYNS, Mathieu (1890-1979)

Mathieu Schyns nasceu na Bélgica, em Louvière. Estudou em Glay (Doubs), na Escola de Teologia do Oratório em Genebra (1908-1913) e na Universidade de Genebra, onde obteve seu doutorado em filosofia (1923). Tornou-se pastor em Ittre (1915-1916), em Seraing (1916-1917) e em Bruxelas-Capela Real (1918-1968). Foi eleito para a direção sinodal da União das Igrejas Protestantes Evangélicas em 1935 e presidiu o Sínodo de 1942 até 1954. Em 1942, fundou os Cursos de Teologia em Bruxelas, que se tornaram faculdade universitária em 1950, da qual ele foi professor até 1966. Faleceu em Forest-lez--Bruxelles. Influenciado pelo pensamento de Émile Boutroux (1845-1921) e pela teologia liberal de Auguste Lemaître (1887-1971), expôs com grande abertura de espírito as verdades evangélicas que sintetizou em sua última obra, *La pensée de Jésus* [O pensamento de Jesus] (1979).

Émile M. Braekman

▶ SCHYNS, Mathieu, *La philosophie d'Émile Boutroux*, Paris, Fischbacher, 1924; Idem, *L'Église de Jérusalem. Étude sur le christianisme apostolique en Palestine*, Bruxelas, Librairie évangélique, 1931; Idem, *La route de la Vie*, Bruxelas, Association royale des boys-scouts de Belgique, 1953; Idem, *Philosophie du protestantisme*, Bruxelas, Librairie évangélique, 1962; Idem, *Principes de la théologie protestante*, Bruxelas, Faculté de théologie protestante, 1977; Idem, *La pensée de Jésus*, Bruxelas, Faculté de théologie protestante, 1979; BOUTON--PARMENTIER, Suzanne, *Vie évangélique-vie nouvelle d'après les manuels du pasteur M. Schyns*, Louvain, Institut supérieur de sciences religieuses de l'Université catholique, 1972; BRAEKMAN, Émile M., "Un centenaire: la naissance de Mathieu Schyns", *Bulletin de la Société royale d'histoire du protestantisme belge* 105, 1990, p. 39-48.

▶ Bélgica; faculdades de teologia latinas europeias; Lemaître

SECRÉTAN, Charles (1815-1895)-

Filósofo suíço nascido e morto em Lausanne, foi professor na Academia de Lausanne (1841-1846 e 1866-1895) e nos Auditórios de Neuchâtel (1850-1866). A partir de 1874, também ensinou direito natural. Seu pensamento religioso foi em parte inspirado por seu amigo mais velho Alexandre Vinet; há em sua filosofia elementos de Kant e também de Schelling, cujas aulas ele frequentou nos anos 1835 e 1836. Sua *Philosophie de la liberte* ([Filosofia da liberdade], 2 vols., Paris-Lausanne, Hachette-Bridel, 1849) fundamenta a liberdade humana tal como experimentada diante dos apelos do dever, com base na liberdade absoluta de Deus. Sendo causa possível do mal na medida em que a criatura só a usa para os próprios fins, a liberdade estimula a "restauração" do mundo e a solidariedade dos homens a exemplo de Cristo.

Publicista engajado, participou do cotidiano religioso político e literário de seu país. Atento aos problemas sociais e econômicos, escreveu *Le droit de la femme* ([Direitos da mulher], Lausanne, Benda, 1886) e *Les droits de l'humanité* ([Direitos da humanidade], Paris-Lausanne, Alcan-Payot, 1890), além de preconizar as organizações cooperativas. Na Suíça e na França, seu espiritualismo exerceu uma profunda influência no protestantismo liberal *Le príncipe de la morale* ([O princípio da moral], Lausanne-Paris, Imer-Monnerat, 1883; *La civilisation et la croyance* [A civilização e a crença], Lausanne, Payot, 1887). Um de seus discípulos foi Philippe Louis Justin Bridel (1852-1936), professor de filosofia na Faculdade de Teologia da Igreja Evangélica Livre do Cantão de Vaud e autor de uma tese sobre a filosofia da religião de Kant.

Daniel Christoff

▶ *Correspondance de Renouvier et Secrétan*, Paris, Armand Colin, 1910; LEHNER, Felix, *Freiheit in Wirtschaft, Staat und Religion. Die Philosophie der Gesellschaft von Charles Secrétan (1815-1895)*, Zurique, Füssli, 1967; SECRÉTAN, Louise, *Charles Secrétan, sa vie et son oeuvre*, Lausanne, Payot, 1911; *Centenaire de la naissance de Charles Secrétan et bibliographie complète de ses oeuvres*, *RThPh* 5, 1917, p. 249-348.

○ Dever; direito natural; espiritualismo; feminismo; filosofia; Gide C.; Kant; liberalismo teológico; **liberdade**; **mal**; Naville; Renouvier ; Schelling; Vinet

SECULARIZAÇÃO

A noção de secularização entrou para a linguagem religiosa de modo bastante ambíguo. Algumas correntes teológicas de origem protestante (cf. Dietrich Bonhoeffer, Friedrich Gogarten, Harvey G. Cox, Thomas Altizer) utilizaram o termo para designar, de um modo positivo, o surgimento de um cristianismo "adulto", liberto de suas vestimentas religiosas, tendo readquirido a autenticidade de sua mensagem. Por outro lado, as igrejas se referem à secularização para caracterizar negativamente a crise de sentido religioso do mundo moderno e a resultante marginalização cultural e social da mensagem cristã.

Para os sociólogos, a polissemia do termo não deixou de ser percebida. A tradição anglo-saxã correlacionou a noção de secularização com a análise do processo de racionalização moderna, que produz a dessacralização das visões de mundo ao mesmo tempo que a privatização e a pluralização das opções religiosas. A tradição francesa pôs uma ênfase especial no processo social da laicização, através do qual as diversas esferas da atividade humana conquistaram sua autonomia, dotando-se de ideologias, referências e regras de funcionamento, de tal modo que, em todas as áreas, a religião entrou em uma concorrência com uma nova visão do lugar do homem em um mundo a ser conquistado, organizado, transformado. Esse processo de laicização se caracteriza pela perda de influência das instituições religiosas sobre a sociedade e sobre seus membros, uma perda que as leva a consentir com certo grau de secularização interna. Porém, as renovações religiosas que se manifestam nessas mesmas sociedades modernas secularizadas exigem que hoje essa noção seja incrementada, identificando, além da perda de influência das instituições religiosas, os processos multiformes da recomposição do crer que opera nessas sociedades.

Danièle Hervieu-Léger

▶ DOBBELAERE, Karel, "Secularization: A Multi-Dimensionnal Concept", *Current Sociology* 29/2, 1981, p. 1-216; HERVIEU-LÉGER, Danièle (com a colaboração de Françoise CHAMPION), *Vers un nouveau christianisme? Introduction à la sociologie du christianisme occidental*, Paris, Cerf, 1986; Idem, *La religion pour mémoire*, Paris, Cerf, 1993; MONOD, Jean-Claude, *La querelle de la*

SEDAN

secularisation. Théologie politique et philosophies de l'histoire de Hegel a Blumenberg, Paris, VRIN, 2002; RÉMOND, René, *Religion et société en Europe. Essai sur la sécularisation des sociétés européennes aux XIXe et XXe siècles*, Paris, Seuil, 1998; TSCHANNEN, Olivier, *Les théories de la sécularisation*, Genebra, Droz, 1992.

○ Altizer; ateísmo; Berger; Cox; Gogarten; **laicidade**; **modernidade**; mundo; religião civil; **religião e religiões**; **seitas**; **técnica**; teologia da secularização; teologias da morte de Deus; Weber M.

SEDAN

A conversão ao calvinismo do governador do principado de Sedan, Henri-Robert de la Marck (1539-1574), permitiu a abertura de um colégio em 1579. Esse colégio foi promovido a academia, reconhecida pelo Sínodo Nacional de Gergeau (1601) e tornada efetiva no ano seguinte. Estudaram ou ensinaram na instituição as seguintes personalidades: Pierre Du Moulin (1568-1658), Louis Le Blanc de Beaulieu (1614-1675), Pierre Jurieu (1637-1713), Pierre Bayle (1746-1706), Jacques Du Rondel (1636-1715).

Pela situação geográfica privilegiada e pela notoriedade do corpo docente, a academia passou a acolher estudantes não só franceses, mas também alemães e holandeses. Das três grandes academias reformadas que operaram na França sobre os auspícios do Edito de Nantes (as duas outras foram Saumur e Montauban), foi a que manifestou de modo mais constante a fidelidade à ortodoxia calvinista que se originou do Sínodo de Dordrecht.

Como o principado tinha um *status* de Estado soberano, os reformados nutriam a esperança de que Sedan escaparia a uma aplicação rigorosa das medidas do Edito de Nantes. Expectativas frustradas: na verdade, o fechamento da academia, promulgado em julho de 1681, foi um sinal da Revogação por vir.

Hubert Bost

▶ GAYOT, Gérard e SCHEIDECKER, Marc, *Les protestants de Sedan au XVIIIe siècle. Le peuple et les manufacturiers*, Paris, Champion, 2003; HENRY, Ernest, *Notes biographiques sur les membres de l'Académie protestante et les pasteurs de l'Église réformée de Sedan*, Sedan, 1896; MELLON, Paul, *L'Académie de Sedan, centre d'influence française*, Paris, Fischbacher, 1913; PEYRAN, Charles, *Histoire de l'Académie de Sedan*, Estrasburgo, Berger-Levrault, 1846; SAPIN, A., *L'Église réformée de Sedan de ses origines jusqu'au rattachement de la principauté à la France (1562-1642)*, tese da École des Chartes, 1974.

○ Academias; Bayle; Cameron; Du Moulin; Jurieu; Melville

SEEBERG, Reinhold (1859-1935)

Depois de atuar como *privat-docent* e professor extraordinário em Dorpat (a partir de 1884), Seeberg se tornou professor ordinário em 1889 em Erlangen, sendo o sucessor, em 1898, de Adolf Schlatter (1852-1938) na cadeira conservadora (*Strafprofessur*) de Berlim. Os temas principais de suas obras são história dos dogmas, dogmática e ética. Ele mesmo caracterizou seu programa como *modern-positiv* (a partir de 1903): com isso, pretendeu enfatizar os conteúdos tradicionais da doutrina eclesiástica no contexto da modernidade, recorrendo a uma abordagem que fizesse justiça à dupla dimensão do cristianismo, ao mesmo tempo fenômeno histórico e religião revelada absoluta. Para alcançar esse objetivo, combinou influências de Ritschl e da teologia da experiência de Erlangen — Johann Christian Konrad von Hofmann (1810-1877), Franz Hermann Reinhold von Frank (1827-1894) — com uma metafísica especulativa da vontade. Para ele, a essência do cristianismo é "a comunidade relacional, operada por Jesus Cristo, do homem com Deus; essa comunhão consiste na fé, que é a aceitação do senhorio redentor de Deus, e no amor, que é o abandono a Deus e ao Reino que ele deve realizar".

No plano político, Seeberg se engajou por uma transformação conjuntural da sociedade, antiliberal e antimoderna. A partir de 1909, sucedeu a Adolf Stoecker na liderança da bastante conservadora *Kirchlich-soziale Konferenz*; a partir de 1923, acumulou o cargo de presidente do Comitê Central da Missão Interior. Durante a Primeira Guerra Mundial, foi um dos defensores mais ardorosos da "paz alemã", o que implicava anexações tanto no leste (países bálticos) quanto no oeste (Bélgica). Após 1933, saudou o regime nazista, acreditando reconhecer nele a realização das próprias tendências.

Martin Ohst

▶ SEEBERG, Reinhold, *Die wissenschaftlichen Ideale eines modernen Theologenlebens und die Versuche ihrer Verwirklichung*, em Erich STANGE, org., *Die Religionswissenschaft der Gegenwart in Selbstdarstellungen*, t. I, Leipzig, Meiner, 1925, p. 173-206; Idem, *Selbstbiographie*, em Georg von BELOW e Hans von ARNIM, orgs., *Deutscher Aufstieg. Bilder aus der Vergangenheit und Gegenwart der rechtstehenden Parteien*, Berlim, Schneider, 1925, p. 415-422; Idem, *Lehrbuch der Dogmengeschichte* (1895-1898, 1908-1920, 1922-1933), 5 vols., Graz, Akademische Druck- und Verlagsanstalt, 1953-1954; Idem, *Die Grundwahrheiten der christlichen Religion* (1902), Leipzig, Deichert, 1910; Idem, *Die Theologie des Johannes Duns Scotus. Eine dogmengeschichtliche Untersuchung* (1900), Aalen, Scientia, 1971; Idem, *System der Ethik im Grundriß*, Leipzig, Deichert, 1911; Idem, *Christliche Dogmatik*, 2 vols., Erlangen-Leipzig, Deichert, 1924-1925; BRAKELMANN, Günter, *Protestantische Kriegstheologie im Ersten Weltkrieg. Reinhold Seeberg als Theologe des deutschen Imperialismus*, Bielefeld. Luther-Verlag, 1974; GRAF, Friedrich Wilhelm, *Reinhold Seeberg*, em Wolf-Dieter HAUSCHILD, org., *Profile des Luthertums. Biographien zum 20. Jahrhundert*, Gütersloh, Gütersloher Verlagshaus, 1998, p. 617-676; LAMMERS, Heinrich, *Reinhold Seeberg Bibliographie*, Stuttgart, Kohlhammer, 1939; SCHIAN, Martin, "Modern-Positiv", em *RGG*, t. IV, 1913, col. 418-425.

🟢 Berlim (universidades de); dogma; Erlangen; Frank; história do dogma; Missão Interior; modernidade; política; Revolução Conservadora; Ritschl

SEGOND, Louis (1810-1885)

Teólogo nascido e morto em Genebra, Louis Segond estudou em sua cidade natal e em seguida em Estrasburgo, onde obteve seu doutorado em teologia (1836), e na Alemanha. Foi pastor em Chêne-Bougeries de 1840 a 1864 e nomeado professor de Antigo Testamento na Faculdade de Teologia de Genebra, em 1872. A pedido da Companhia de Pastores dessa cidade, empreendeu em 1865 uma nova tradução do Antigo Testamento, concluída em 1871 e publicada em 1874. A essa tradução se seguiu a do Novo Testamento, publicada em 1880. No mesmo ano, surgiu a edição de toda a Bíblia em um só volume. A princípio recebida com reservas pelos meios conservadores, essa versão foi bastante difundida nos meios protestantes de língua francesa.

Jean-Claude Margot

▶ BOGAERT, Pierre-Maurice, org., *Les Bibles en français. Histoire illustrée du Moyen Âge à nos jours*, Turnhout, Brepols, 1991; DELFORGE, Frédéric, *La Bible en France et dans la francophonie. Histoire, traduction, diffusion*, Paris-Villiers-le--Bel, Publisud-Société biblique française, 1991; LORTSCH, Daniel, *Histoire de la Bible française* (1910), Saint-Légier, PERLE, 1984.

🟢 Traduções francesas da Bíblia

SEGUNDA CONFISSÃO HELVÉTICA

Obra-prima de Heinrich Bullinger, a *Segunda confissão helvética* (1566) obteve grande repercussão no mundo reformado europeu. Seus trinta artigos enfatizam a catolicidade da igreja e suas raízes antigas, incluindo um resumo teológico simples mas bem construído sobre a predestinação, o livre-arbítrio, os sacramentos, a vida eclesiástica, o casamento e a família. Essa confissão evoca sobretudo uma "predestinação moderada" e afirma a presença espiritual de Cristo nos elementos da ceia. Foi rapidamente adotada por quase todos os cantões reformados helvéticos e seus aliados. Contou com, em média, oitenta edições.

Paul Sanders

▶ *La Confession helvétique postérieure* (1566), em Olivier FATIO, org., *Confessions et Catéchismes de la foi réformée*, Genebra, Labor et Fides, 2005, p. 179-306; COURVOISIER, Jacques, *La Confession helvétique postérieure. Son histoire et sa signification pour aujourd'hui*, RThPh 98, 1966, p. 289-298; KOCH, Ernst, *Die Theologie der Confessio Helvetica Posterior*, Neukirchen, Neukirchener Verlag des Erziehungsvereins, 1968 ; STAEDTKE, Joachim, org., *Glauben und Bekennen. Vierhundert Jahre Confessio Helvetica Posterior. Beiträge zu ihrer Geschichte und Theologie*, Zurique, Zwingli Verlag, 1966.

🟢 Anátema; Bullinger; confissão de fé; Gaussen; Simbólicos (Escritos)

SEITAS

1. Questões vocabulares
2. As seitas religiosas: ponto de vista sociológico
3. Seitas "por enquanto"
4. Nem todas as seitas são protestantes
5. Radicalismo sectário e *sola scriptura*
    5.1. A Reforma radical
    5.2. Os anabatistas

SEITAS

   5.3. Um anabatismo pacífico
6. A Inglaterra radical (século XVII)
   6.1. As igrejas livres
   6.2. As seitas
   6.3. Os "espirituais"
   6.4. O cristianismo sectário na América do Norte
   6.5. Ainda outros
7. A teologia das seitas: entre *sola scriptura* e tradição
   7.1. As convicções comuns
   7.2. As divergências
   7.3. Teologia sectária, tradição e organização
8. Seitas, classes sociais, protestos sociorreligiosos
9. As seitas e a secularização

1. Questões vocabulares

Na linguagem da conversa comum, seja na religião, seja na política, o termo "seita", utilizado com frequência, é pejorativo. Aqui, porém, nós o utilizaremos de modo bastante diverso, desprovido, esperamos, de todo traço desagradável.

Entre os filósofos, há hesitação quanto à origem do termo. Etimologicamente, a palavra "seita" (do latim *secta*) pode remeter a duas raízes latinas de sentido diferente: *sequi* (particípio passado *secutum*, do qual se formou *sectari*) ou *secare* (particípio passado *sequitum*, que originou a palavra "setor"). Assim, pode se compreender que a seita é um grupo dissidente que se dividiu (*secare, sectum*) de outro, anterior, após um desacordo; ou, então, trata-se de um grupo formado pelos "seguidores" (*sequi, sectari*) de um líder específico, em qualquer área da vida social.

Se deixamos de lado a etimologia e recorremos ao uso, o emprego corrente não criticado dos termos "seita" e "sectário" (substantivo ou adjetivo) visa a depreciar grupos e indivíduos aos quais se aplica. Na linguagem corrente, chamamos em geral de "seita" os grupos cujas crenças, posturas e práticas nós desaprovamos. Da mesma forma, grupos e indivíduos com o rótulo "sectários" caem na reprovação de seu entorno. Na prática, qualquer grupo ou qualquer indivíduo pode ser qualificado assim, de acordo com as discordâncias teóricas ou práticas com outros grupos ou pessoas.

De fato, as sociedades costumam perceber como insuportáveis certas reivindicações de autonomia (julgamento, atitudes, condutas etc.). A lista das áreas sensíveis varia de acordo com as culturas e os contextos. A ameaça percebida em casos assim — ameaça sempre "construída", segundo o imaginário social — é representada por meio de medidas de proteção; entre outras coisas, segue-se uma marca social, e o uso linguístico comum contribui para o procedimento. Um bom exemplo disso é fornecido pelos grupos maçônicos: quem (indivíduos, grupos, partidos ou regimes políticos) os qualifica como sectários, e quem não os qualifica? Essa evocação já basta para permitir a divisão do universo social em função das relações, dos interesses e das estratégias. O mesmo tipo de fenômeno ocorre no campo das religiões.

Constatamos assim que não existe linguagem que seja inocente, ainda que pretensamente espontânea. Sem dúvida, a linguagem corrente considera o sectário algo estreito, intolerante e fanático; no entanto, a história é uma testemunha frequente da incapacidade coletiva e individual de suportar opiniões, condutas e atitudes "outras", o que faz com que seja adotada uma linguagem comum com termos ou rótulos depreciativos, como "seita" e "sectário".

2. As seitas religiosas: ponto de vista sociológico

O que acabamos de expor ilustra a necessidade de especificar com precisão o vocabulário que se costuma usar. A partir de agora, utilizaremos os termos "seita" e "sectário" exclusivamente no campo religioso e em uma perspectiva sociológica. Esse "modo de fazer" é tomado de empréstimo de dois alemães, o sociólogo Max Weber (1864-1920) e o teólogo e sociólogo Ersnt Troeltsch (1865-1923). Ambos foram os primeiros que, no início do século XX, passaram a utilizar a palavras em questão em uma perspectiva sociológica, de um modo não valorativo (nem pejorativo, nem positivo).

Estudando problemas nos quais eles tinham um interesse científico, distinguindo grupos cristãos diversos do mundo ocidental, esses pesquisadores foram levados à seguinte constatação: do ponto de vista que os interessava, as várias organizações sociais que se caracterizam como cristãs respondem claramente, e em primeira análise, a dois "modelos aproximativos" (dois "ideais-tipos") que podem servir como referências em uma organização do terreno. De um lado (e Max Weber foi o primeiro a constatá-lo), estamos diante de "instituições de salvação" (como as grandes igrejas). Essas instituições têm um traço em comum: pelo menos até os séculos XVIII e XIX, de forma geral, foram ligadas aos Estados e participaram da cultura das sociedades gerais em cada contexto. Essas formações "comprometidas" com o "mundo" exibem exigências religiosas e éticas mínimas em relação aos membros comuns. Por outro lado, Weber percebeu a existência de associações voluntárias de indivíduos caracterizados religiosamente "em geral por uma experiência de conversão". Esses grupos (as seitas) adotam, de acordo com Weber, posturas críticas e até mesmo denunciadoras em relação à cultura e aos costumes da sociedade em geral. Além disso, exigem dos membros um compromisso ético e religioso específico e sistematicamente verificável na realidade cotidiana concreta.

Ernst Troeltsch utilizou os ideais-tipos da igreja e da seita elaborados por seu colega de Heidelberg e que acabamos de resumir rapidamente. Ele também os enriqueceu consideravelmente. Por exemplo, acrescentou à tipologia dicotômica um terceiro tipo, chamado tipo místico. Esse tipo está correlacionado a redes fluidas que, como o tipo seita, partilham uma intensidade religiosa característica, enquanto o tipo igreja privilegia a extensão em detrimento da intensidade. O tipo místico também enfatiza o sentido metafórico dos dogmas e sacramentos, opondo-se a qualquer tipo de rigidez literalista ou ritualística; da mesma forma, nesse caso, a igreja invisível é privilegiada acima da igreja visível como ideal de comunidade. Esse tipo místico (e Troeltsch também lhe atribui o termo *Spiritualismus*) oferece pouco interesse para esta exposição. Mas faremos alusão a ele com o fim de efetuar mais adiante algumas comparações.

3. Seitas "por enquanto"

Compreende-se de que modo utilizamos aqui o substantivo "seita" e o adjetivo "sectário". Não se trata de uma depreciação, mas, sim, da designação, com base em critérios não valorativos, de um tipo específico (dentre outros) de agrupamento religioso, na medida em que se opõe (por suas características determinadas quanto à "organização") a um ou dois outros tipos apreendidos de acordo com critérios da mesma natureza.

Será que poderíamos estabelecer uma lista de grupos pertencentes ao nosso ideal-tipo (ou seja, idealmente construído) de seita? A resposta é negativa, por vários motivos. Devemos compreender que o número de características do tipo seita (ou sua importância respectiva) pode variar, em determinado grupo, de acordo com o ponto em que ele se encontra em sua trajetória, quanto à dinâmica social. Aplicando-se igualmente ao tipo igreja e ao tipo místico, esse critério basta para mostrar que os nossos tipos são "formas descritivas" aproximativas, que nenhum fenômeno histórico pode esgotar. Em outras palavras, a seita merece essa designação apenas provisoriamente, já que está suscetível a transformar-se em igreja livre, ou seja, a situar-se progressivamente entre o tipo igreja e o tipo seita, aproximando-se eventualmente mais de um que do outro.

Também é possível que tal igreja, após um encadeamento de determinados acontecimentos, tenha seus traços sectários, até então secundários, cada vez menores, ou maiores, em alguns casos. A passagem para o tipo seita também não está excluída, em algumas circunstâncias e durante o tempo que durarem. Pode ocorrer que, na maioria dos casos, os agrupamentos religiosos cristãos conservem ao longo de sua história uma tendência privilegiada para um tipo mais que para outro; mas, como a história sempre permanece em aberto, não podemos descartar nenhuma eventualidade, já que todo agrupamento sempre comporta alguns traços de outro tipo de agregação, que são suscetíveis de desenvolvimento, caso haja oportunidade para tal.

Assim, entende-se por que nenhuma "lista de igrejas e seitas" teria qualquer valor além do puramente indicativo e provisório. O interesse dos ideais-tipos, como os que usamos aqui, é permitir medir em cada caso a proximidade ou o afastamento que podem existir, em dada conjuntura, entre dados fenômenos e as ferramentas para sua eventual apreensão. Em outras palavras, na perspectiva em que nos localizamos aqui, não há igreja ou seita "em si"; por outro lado, historicamente falando, alguns agrupamentos são mais ou menos próximos — no momento e no lugar em que são observados — de determinados tipos de agrupamento religioso (no nosso caso, seita ou igreja).

4. Nem todas as seitas são protestantes

Apesar de tudo isso, será necessário esboçar aqui uma tabela, estabelecendo algo como um levantamento do "cristianismo sectário": isso nos forçará a desenhar os traços gerais de uma "lista". Consideraremos essa lista aquilo que ela é: um conjunto de indicações aproximativas e contestáveis, ao mesmo tempo que são reveladoras de um tipo de cristianismo com uma coerência própria.

Porém, o cristianismo sectário, contrariamente ao que se pensa em geral, não é exclusivamente protestante. A igreja antiga originou dissidências protestatárias de tipo sectário (marcionismo, montanismo, novacianismo, donatismo, priscilianismo etc.); da mesma forma, a Idade Média também produziu seus dissidentes: petrobrussianos, henriqueanos, cátaros (desde que fosse um grupo cristão), milenarismos diversos, movimentos penitenciais heterodoxos, agrupamentos espiritualizantes de inspiração pós- e pseudojoaquimizante, irmãos do Livre Espírito etc. Por sua inspiração e suas especificidades quanto a lugar e tempo, esses agrupamentos manifestam certa heterogeneidade; no entanto, têm em comum a expressão de um conflito em relação à organização eclesiástica com suas práticas e crenças. Neles, há movimentos maximizantes, reivindicadores de uma pureza e muitas vezes de uma pobreza maiores que as que estão presentes na igreja histórica, "tanto nos membros quanto no líder".

Com frequência, essas formações à margem ou claramente fora da igreja, designadas por ela como heréticas e/ou cismáticas, entretêm um diálogo ortodoxo no interior da igreja. Esse é o caso sobretudo dos movimentos que têm a pobreza como ênfase maior (a partir do século XII), como o dos valdenses; os franciscanos, até certo ponto, de fato formularam sua réplica no interior da igreja. Porém, os "protestos internos" do tipo nem sempre estão isentos, por sua vez, de dissidências externas (*ad extra*) ou das hesitações de seus membros e da tendência a adotar o *ad intra* e o *ad extra*. Em suma, tudo se passa como se todo protesto sempre transitasse entre viver o exemplo reformador do interior da igreja ou dar-se para a igreja pura, santa e sem rugas (Ef 5) por fim presente na história.

A presença restauradora ou restitucionista que assinalamos encontra uma expressão cada vez mais clara no final da Idade Média, nas dissidências oriundas do hussismo checo (taboristas, União dos Irmãos Checos) ou ainda na dissidência um pouco mais tardia dos lolardos. Nesses casos, temas como a pureza da igreja, a pobreza de membros e ministros, a fidelidade ao que era sentido como "ideal evangélico" continuam a ocupar um lugar de prioridade na cena protestatária. Um anticlericalismo virulento e a aspiração, bem atestada em certas áreas geográficas, a um igualitarismo social e religioso também se exprimem nesses movimentos. Junto com o avanço das línguas vulgares, há o esforço de tradução e difusão das Escrituras, na medida das possibilidades existentes antes da invenção da imprensa. No entanto, foi no protestantismo, em um sentido mais amplo, que esse gênero de protesto maximizante (o tipo seita na descrição de Weber e Troeltsch) encontraria no Ocidente um desenvolvimento que se prolongou até nossos dias.

5. Radicalismo sectário e sola scriptura

5.1. A Reforma radical

Os grandes reformadores do século XVI — Lutero, Zwinglio, Calvino e outros — foram ajudados por príncipes e vários magistrados a impor suas reformas. A eles se aplica o termo "reforma magisterial", que empregaremos eventualmente neste artigo. Observamos que os mesmos grandes reformadores em geral são eruditos, às vezes oriundos de universidades consagradas. Sua abordagem "somente a Escritura" (*sola scriptura*, o *slogan* por excelência da Reforma Protestante), consequentemente, não está isenta de mediações; da mesma forma, a exposição que fazem de sua fé não deixa de recorrer aos Pais da igreja e às declarações dos concílios ecumênicos. Por fim, sua ruptura com a igreja, denunciada por eles o tempo todo por sua "infidelidade", não impede que, pelo menos na prática, seja reconhecida na instituição uma legitimidade mínima, nem impede que eles conservem determinadas práticas ou crenças que outros, com tipo diferente de exigências, poderiam considerar comprometedoras.

A ideia de que seria preciso cortar mais fundo, até a raiz, os males denunciados inspirou a reforma das seitas e das redes e personalidades ditas místicas (ou espiritualistas). De modo geral, podemos afirmar que os radicais pretendem voltar às Escrituras em todas as coisas: *nada* que não esteja na Escritura, *tudo* o que está na Escritura, em matéria de fé e prática.

Enquanto os reformadores magisteriais pretenderam *reformar* a igreja de acordo com a Escritura, os sectários buscaram *restabelecer* a igreja da Escritura; já os místicos desejaram restabelecer o cristianismo da Escritura.

5.2. Os anabatistas

Para os radicais, a igreja falhou; assim, não há mais igreja, há muito tempo — e, para a maioria, é assim desde Constantino. É esse soar dos sinos que os anabatistas ouviram de 1525 em diante, ao longo de suas assembleias de "irmãos pacíficos", na Suíça sobretudo. Alguns irmãos pacíficos posteriores (na Holanda, no vale do Reno ou em diversas partes da Alemanha) às vezes professam também determinada escatologia: para eles, a volta de Cristo e o estabelecimento do reino de Deus sobre a terra estão próximos. O chamado "caso do Reino de Deus" em Münster (Westfália, 1534-1535) está relacionado a essa perspectiva; a diferença é que líderes e membros da seita não permaneceram pacíficos, mas se tornaram revolucionários. Seu fracasso final ecoou um mais antigo (1524-1525), o da Revolta dos Camponeses, com Thomas Müntzer como o inspirador mais conhecido. Mas aqui, contrariamente ao que muitos acreditam hoje, esse grupo não é de anabatistas; sua ideologia e suas práticas se relacionam a um espiritualismo revolucionário: é com armas que creem aguardar e estimular ativamente a vinda do reino do Espírito.

Convém notar que todas as formas de radicalismo de que tratamos aqui se baseiam em diversos "fatores" sociais e religiosos no século XVI, sobretudo um anticlericalismo virulento e bastante difundido, acompanhado de uma forte aspiração ao igualitarismo social e religioso de origem cristã. Esses grupos e movimentos são parte dos conflitos sociais, econômicos e religiosos que estruturam o espaço de língua alemã e holandesa na época examinada.

5.3. Um anabatismo pacífico

As considerações sobre o uso da força dividem os radicais: de acordo com as Escrituras, será que devemos recorrer à força para apressar as coisas de Deus ou somente para proteção quando somos atacados (família, amigos, cidade, país)?

De fato, os movimentos radicais que recorrem à força para realizar seus objetivos ou se proteger das "armadilhas dos inimigos" desapareceram por completo, considerando-se mais fortes que eles. Somente os pacifistas sobreviveram, apesar das perseguições desencadeadas contra eles por toda parte.

O anabatismo pacífico se manifesta em Zurique e no entorno de Zwinglio, reformador oficial da cidade do cantão. A partir de 1525, o movimento afirma sua identidade celebrando os primeiros batismos da fé. Para os dissidentes de Zurique, para quem a igreja fracassou longo tempo atrás, o objetivo era reconstruir o que foi a igreja que surgiu da pregação dos apóstolos de acordo com o testemunho do Novo Testamento, por meio de ações de alcance escatológico. Isso implicava a pregação da fé de acordo com as Escrituras, a conversão dos que se sentiram implicados e, por fim, o batismo: nesse caso, tratava-se de um batismo de adultos, já batizados na "ordem antiga"; desse fato se originou o termo "anabatistas" ("rebatizadores"), que foi atribuído aos irmãos zuriquenses e outros. Criada nesta forma, com base na profissão de fé e no compromisso, ergue-se em oposição tanto ao mundo profano quanto ao meio eclesiástico. As "comunidades da fé" em que se prega "retamente" a Escritura e se celebra "retamente" a ceia também são locais autônomos de decisão religiosa e ética: ali se decidem a fé, a conduta cristã e os limites da igreja. Da mesma forma, são locais de apoio mútuo (material, religioso, ético) e controle social (respeito às normas do grupo).

Imbuídas de um ideal igualitário e profundamente apegadas à noção de um sacerdócio universal dos cristãos, as assembleias anabatistas pacíficas — que depois disso passaram a ser chamadas "menonitas" — rejeitavam no início o líder de tipo profissional. Da mesma forma, seus membros rapidamente recusaram-se a todo tipo de atividade de natureza militar ou policial e passaram a se abster de qualquer participação na vida cívica.

A ajuda mútua entre cristãos, espiritual e material, sempre caracterizou essas assembleias, revelando-se efetiva. Como consequência final dessa lógica, os huterianos formam a ala comunitária do anabatismo pacífico, sendo organizados em comunidades de produção e consumo. Graças à tolerância de certas autoridades locais e outras, eles se desenvolveram durante algum tempo na Morávia, e em seguida na Eslováquia, para, através da Transilvânia e da Ucrânia, estabelecerem-se na América do Norte, onde atualmente prosperam. Suas "fazendas fraternas" são conhecidas pelo rigor moral e religioso, acompanhado de um sucesso agrícola, financeiro e até mesmo demográfico. O rótulo "menonita" foi constante para o anabatismo pacífico através dos séculos. O nome se origina de Menno Simons, líder influente nas assembleias pacíficas holandesas, alemãs (do norte) e de alguns grupos renanos que partilhavam a mesma convicção. Após o caso do Reino de Deus de Münster, ele reorganizou o movimento anabatista pacífico praticamente em sua totalidade. Suas concepções, embora muito mais rigorosas eticamente, aproximavam-se bastante das crenças dos "irmãos suíços" (herdeiros dos "irmãos zuriquenses"), tais como a *Confissão de Schleitheim* (1527) os definia.

Além dos grupos anabatistas pacíficos e bastante próximos entre si em inúmeros pontos, é preciso também assinalar, no século XVI, a existência de outra família do tipo seita: o antitrinitarismo (que mais tarde foi chamado de unitarismo sobretudo nos países anglo-saxões). Esse apelido indica no que eles se diferenciavam dos anabatistas pacíficos: na recusa dos ensinamentos cristãos tradicionais sobre Deus e Cristo. Quanto ao restante, os antitrinitários também praticavam tanto o congregacionalismo quanto o pacifismo dos "irmãos suíços" e menonitas, mantendo a mesma concepção de igreja e vida cristã. Suas assembleias — principalmente na Polônia e na Hungria, enquanto os grupos italianos tiveram pouca duração — passaram por uma fase de desenvolvimento no século XVI e XVII. Porém, os antitrinitários acabaram deixando a Polônia e a Hungria por causa da perseguição sistemática pela Contrarreforma, que vinha obtendo sucesso. A perseguição era por vezes bastante severa, sendo uma consequência comum para todos os radicais, sobretudo no século XVI, tanto em países católicos quanto em países protestantes.

6. A Inglaterra radical (século XVII)

No século XVI, o radicalismo sectário e místico foi continental e, em grande parte, de fala alemã; no século seguinte, foi inglês.

6.1. As igrejas livres

Os defensores da ala radical do puritanismo inglês começaram a manifestar com clareza algumas tendências sectárias durante o reinado de Elizabeth I (1533-1603). Esses maximalistas desejavam levar a reforma da Igreja da Inglaterra à perfeição, tornando-a mais "pura". Seus esforços favoreceram o surgimento, por volta de 1650, de paróquias independentes (ou congregações) que eram autônomas em relação à organização episcopal na Igreja da Inglaterra. Desse primeiro congregacionalismo surgiu rapidamente, e não sem certa lógica, a denominação batista. A legitimação do cisma das congregações autônomas em termos de pureza da igreja e adesão voluntária culminou no questionamento dos critérios e das modalidades de engajamento na comunidade de fé. Assim, surgiram questões importantes sobre o sentido, as funções e a prática do batismo. Portanto, não é de espantar que alguns grupos congregacionalistas tenham adotado concepções e práticas batistas. Por outro lado, outros só chegaram a adotá-las sob influências externas, no caso menonitas (na Holanda).

Como foi observado, os congregacionais e os batistas formaram grupos voluntários de convertidos; este é um aspecto sectário bastante típico. Por outro lado, ambos os grupos conservaram inúmeros traços do tipo igreja: desejo de participar, ainda que de modo crítico, da cultura geral, da vida civil, da aplicação da justiça e da força. Nisso, estamos diante do que Ernst Troeltsch chamou "igrejas livres", ao mesmo tempo igrejas e seitas.

6.2. As seitas

Além desses grupos, que sobretudo no meio anglo-saxão pareciam estar destinados a um belo futuro, o século XVII inglês viu nascer e desenvolver-se seitas propriamente ditas. *Levellers* ("niveladores"), *diggers* ("cavadores"), homens da Quinta Monarquia (com expectativas apocalípticas características) formaram grupos de marcados interesses sociopolíticos. Opondo-se geralmente a Cromwell, eventualmente conspiravam contra ele. Ou ainda, como os *diggers*, reivindicavam e impunham seu direito de cultivar comunitariamente as comunas e outras terras ocupadas de modo ilícito. Esses protestos de classes urbanas e rurais marginalizadas pelas transformações políticas, econômicas, culturais e religiosas da época não sobreviveram ao final do *Commonwealth* (ou República da Inglaterra). O *Commonwealth* representou um momento excepcional de experimentação religiosa e social, com uma multidão de grupos religiosos (somente em Londres, por volta do final desse período, fala-se de 240 seitas), caracterizando-se por uma relação bastante forte entre experiência social, projetos utópicos e inovação religiosa.

6.3. Os "espirituais"

Os conflitos religiosos e políticos permanentes que acompanhavam a efervescência do século XVII inglês, especificamente na fase de Cromwell, desencorajaram certas almas em busca de salvação. Os "buscadores" individuais (*seekers*), de tendência espiritualista (no sentido de Troeltsch), multiplicaram-se na época do *Commonwealth*, com uma hostilidade direta contra toda forma de organização e prática ritual. É nessa população que foram recrutados os primeiros quacres. George Fox, seu chefe incontestável, atribuiu ao grupo uma organização e uma ética de tipo seita: rejeição do juramento, dos cargos públicos, das formas de tratamento etc. Sua ideologia espiritualista subsiste até hoje: inspiração pessoal (*divine spark*, "fagulha divina"), com ênfase na conversão individual, na recusa aos sacramentos e aos ministérios profissionais.

Os *ranters* ("vagabundos"), que na mesma época pilhavam as margens do universo social e religioso, também eram espiritualistas, mas sem organização alguma, prontos para assumir posturas anômicas (anárquicas) a qualquer momento. No continente, os labadistas tinham uma organização sectária e comunitária (do tipo familiar) em paralelo a uma ideologia espiritualista. A Família do Amor se expandiu principalmente para os Países Baixos e a Inglaterra, e era bastante semelhante aos labadistas com sua reputação de antinomismo.

Fora do período do *Commonwealth*, os não conformistas ingleses tiveram frequentes dificuldades com a polícia e a lei. Isso também ocorreu com os quacres e os sectários em geral, mesmo durante o *Commonwealth*. As últimas restrições em relação aos direitos civis dos não anglicanos (incluindo os protestantes) só surgiram ao longo do século XIX.

6.4. O cristianismo sectário na América do Norte

A presença de colônias inglesas na América do Norte desde o século XVII, que se tornaram independentes politicamente no século seguinte, favoreceu a persistência e a consolidação do protestantismo sectário no país. Os protestantes encontraram nos Estados Unidos — graças aos quacres (Pensilvânia), a alguns batistas e "libristas", assim como, mais tarde, aos redatores da Constituição — as condições que eram reivindicadas em vão na Europa desde o século XVI: separação entre igreja e Estado (ou Estados) e pleno respeito à consciência religiosa. Essa tolerância, que na época era rara, atraiu para as margens americanas um número significativo de sectários europeus a partir do século XVII (sobretudo na Pensilvânia) e principalmente nos séculos XVIII e XIX. De início ainda cautelosamente, o Canadá de fala inglesa também se abriu para os sectários menonitas, *amishs*, huterianos e *doukhobors* ("lutadores do Espírito"), além de muitos outros.

De modo geral, as seitas americanas se desenvolveram em paralelo ao surgimento dos grandes "avivamentos". Não é de espantar que os grupos sectários tenham acompanhado a trajetória da história americana, do meio rural ao urbano e do leste ao oeste, de acordo com os avanços da "fronteira". De um modo ainda mais impressionante que na Europa protestante, a história sectária deve muito ao impulso do pietismo e do metodismo, basicamente através das igrejas livres.

Na abundância de criações sectárias americanas, podemos distinguir várias tradições (linhagens ou correntes) que por vezes se sobrepõem. Assim, por seu modo de organização, a maioria das seitas pertence à corrente congregacionalista. Da mesma forma, a maioria desses grupos é de tradição batista, na medida em que pratica o batismo dos adultos acompanhado da confissão de uma fé pessoal.

A tradição comunitária tem velhas raízes nos Estados Unidos, onde uma comunidade chamada "A Mulher no Deserto", que hoje não existe mais, foi criada por volta do final do século XVII. Seus aspectos monásticos (vida e produção comunitárias, celibato, renúncia total à propriedade individual) também estiveram presentes no "Claustro de Efrata", de fundação pensilvânica e origem pietista e alemã, assim como A Mulher no Deserto. Instalados nos Estados Unidos a partir de 1774, os *shakers* ("tremedores") surgiram da influência dos metodistas e dos "profetas cevenóis" refugiados na Inglaterra. Defendendo e experienciando uma vida comunitária estrita, constituíram-se durante muito tempo em um polo de atração religiosa profunda e, durante várias décadas, um ponto de referência quase obrigatório para os aspirantes revolucionários, os utopistas e os planificadores sociais. A originalidade do experimento social, econômico, cultural e religioso que eles realizaram não deixa de fascinar até hoje alguns pesquisadores. Os *shakers* deixaram de existir de modo significativo no início do século XX.

O século XX foi o século do comunitarismo sectário protestante: a comunidade de Harmony, chamada do Zoar, a sociedade de Amana, todas elas germano-pietistas de origem, obtiveram graus variados de sucesso e duração de acordo com cada caso. Dentre elas, somente a comunidade de Oneida, fundada por um ex-pastor congregacional, conseguiu angariar uma reputação comparável à dos *shakers*. Porém, sua prática de um "casamento complexo" (troca periódica de parceiros ordenada comunitariamente) foi mal recebida pela comunidade em geral. Sob pressão, o grupo abandonou esse costume em 1881, extinguindo-se no ano seguinte, após três décadas de uma existência que geralmente é considerada bem-sucedida quanto à experimentação social, econômica e cultural.

A maioria das comunidades que citamos aqui tomou parte em uma espera escatológica fervorosa, o que os torna participantes da linhagem milenarista (ou escatológica). Esse foi o caso da comunidade que se chamava *Adonai Shomo* ("o Senhor está próximo"), na ativa de 1861 a 1896. Porém, a corrente em questão não se reduz de modo algum aos grupos de vida comunitária, mas é conhecida pelo vigor da fileira adventista: sete agrupamentos com graus variados de descendência direta da atividade e do fracasso de William Miller (1782-1849) nos anos 1830-1850, como a Igreja Adventista do Sétimo Dia.

Inicialmente com o nome Estudantes da Bíblia, os hoje denominados Testemunhas de Jeová são dos anos 1870-1880. Desde essa época, eles evoluíram bastante em suas crenças e em sua organização, mas a natureza escatológica de suas convicções não variou, apesar das periódicas mudanças no conteúdo. Houve um cisma com a morte do fundador, Charles Taze Russell (1852-1916). Subsiste até nossos dias. Os Amigos do Homem, uma dissidência das Testemunhas de Jeová, também são da linha escatológica e da tradição comunitária. Eles consideram suas comunidades (que chamam de "estações") o local onde, por antecipação, já se experimenta a existência do Reino por vir, que por fim será resultado da multiplicação das "estações".

6.5. Ainda outros

A Inglaterra das décadas de 1830 a 1850 testemunhou o surgimento de vários grupos de convicções escatológicas fortes, mas com uma organização não comunitária, embora veiculassem uma tradição eclesiológica. Essa linhagem, da qual os anabatistas pacíficos do século XVI e seus sucessores representam um modelo típico, polariza sua reflexão sobre os problemas da igreja e a relação com o mundo (não mundanidade).

A originalidade dos darbistas — que também são chamados de irmãos "estreitos" ou "largos" de acordo com o caso — reside no modo com que eles conjugam, assim como o fizeram alguns anabatistas pacíficos do século XVI, uma ênfase nos problemas da pureza da igreja com uma expectativa escatológica forte e original. Encontramos essas mesmas duas características nos discípulos do fundador da Igreja Católica Apostólica, Edward Irving (1792-1834); além disso, paradoxalmente, esses discípulos combinam a prática carismática com uma estrita preocupação litúrgica. Os neoapostólicos, grupos dissidentes do anterior de origem alemã, enfatizam a não mundanidade, a expectativa escatológica e a natureza carismática da liderança; porém, eles se mantêm longe dos refinamentos litúrgicos da igreja apostólica. Com os cristadelfianos, de origem americana, mas também encontrados na Grã-Bretanha, pode-se perceber, sob uma forma diversa, a aliança simples entre espera escatológica e preocupação com a pureza da igreja, que caracteriza a originalidade das Assembleias de Irmãos, chamados de darbistas.

Por fim, a cena sectária atual é dominada por uma variedade significativa de grupos pentecostais oriundos da corrente de santidade. Essa corrente se originou, por sua vez, no metodismo e na atmosfera geral das obras de evangelização inspiradas por sua mensagem, obras como o Exército de Salvação. Porém, enquanto o Exército de Salvação, de origem inglesa e vitoriana, cultiva o social e o caritativo tanto quanto a piedade, o pentecostalismo que surgiu nos Estados Unidos no início do século XX enfatiza sobretudo (e por vezes quase exclusivamente) a piedade individual. Assim como Edward Irving e seus discípulos na Grã-Bretanha dos anos 1830 a 1850, o pentecostalismo pretendeu reaver a prática dos carismas (dons) da igreja primitiva, tais como estão expressos no Novo Testamento.

Sabemos que, na variedade de suas obras de evangelização, o pentecostalismo representa hoje a ala que mais claramente avança no cristianismo do mundo todo. Superando o catolicismo e o protestantismo tradicionais, o pentecostalismo atual obteve grande sucesso na América Latina, sendo uma presença forte na mídia e sobrepondo-se ao sucesso pentecostal já antigo na Itália e em outras regiões do sul da Europa. Isso não impediu que algumas personalidades pentecostais buscassem um diálogo amigável com instâncias ecumênicas e católicas. Esse fato ilustra a diversidade das correntes do pentecostalismo, apontando também para a variedade das transformações que são típicas nesse meio: são os líderes e as assembleias mais próximas do tipo da igreja livre que entram em contato com as grandes igrejas. Cumpre observar que as características do tipo seita permanecem vivas e em grande número nos meios pentecostais.

7. A teologia das seitas: entre sola scriptura e tradição

Quanto à teologia das seitas no campo protestante, já apresentamos um bom número de características dispersas em tudo o que acabamos de expor. No entanto, será útil abordar agora o assunto de modo mais sistemático. Precisamente, buscaremos dar conta da variedade por vezes surpreendente de um universo sectário que, no entanto, demonstra-se claramente unificado por princípios básicos.

7.1. As convicções comuns

Na primeira fileira das convicções que são comuns ao cristianismo sectário protestante, é necessário localizar a confiança na Bíblia como Palavra de Deus. A Palavra se impõe sobre a crença e determina aquilo em que se deve crer, bem como aquilo que é preciso fazer, não só na igreja, mas também na vida cotidiana e no mundo. A Bíblia, e somente a Bíblia, compõe toda a religião dos sectários protestantes, para os quais cabe ao Novo Testamento a interpretação do Antigo. Sendo assim, é natural que, nesses mesmos meios, uma leitura "sem intermediários" da Escritura permita ao cristão uma compreensão direta e evidente do texto (ou textos). Isso é manifesto sobretudo nas passagens sobre a salvação, a organização e a vida concreta dos cristãos, problemas em que o Espírito de Deus não deixaria abandonados os "verdadeiros" cristãos.

Essa leitura supostamente direta da Escritura está correlacionada às origens do radicalismo protestante no século XVI. Nessa época, a ideia de uma evidência do texto bíblico se estabelece em todo o meio protestante. Porém, a leitura em questão, tal como se pratica nas seitas, também tem outros garantidores, dos quais citaremos dois: o *pietista*, que priorizava o papel do Espírito na produção de uma evidência convincente na leitura "direta" das Escrituras, e também, mais recentemente, um garantidor *fundamentalista*, que especifica prudentemente quais são as crenças "fundamentais" que uma leitura segundo o Espírito deve fazer surgir. Porém, é preciso também notar que nem todas as seitas do campo protestante mantêm uma relação uniforme com o fundamentalismo.

Em suma, podemos afirmar que, com base nessa leitura da Escritura, considerada "sem intermediários humanos", as seitas do campo protestante possuíam uma cristologia suficientemente tradicional, uma concepção professante da igreja, um modelo congregacional de organização e uma vida com ética rigorosa, composta principalmente de não mundanidade. Evidentemente, isso ocorre (é preciso repetir) de modo geral: vários aspectos demonstram que o fenômeno sectário não é uniforme, tais como a existência de uma corrente e de grupos antitrinitários, a organização centralizada de algumas seitas do século XIX e XX ou o antinomismo de outras seitas, ontem e hoje.

Da mesma forma, é preciso reconhecer que a concepção da não mundanidade, ou seja, da "recusa do mundo", pode variar bastante de acordo com o grupo, o local e o tempo. Assim, alguns aceitam participar da vida civil, em graus variados; da mesma forma, o juramento pode parecer legítimo a alguns e ilegítimo a outros. O mesmo ocorre na participação, ou na recusa de participação, da administração legítima da força. Os eventuais modelos e/ou tabus com relação a roupa e alimento também são suscetíveis a variação dependendo do grupo e até, com o passar do tempo, no interior de uma mesma tradição histórica.

7.2. As divergências

Podemos constatar que o partilhar das mesmas convicções sobre "a completa suficiência da Escritura em matéria de fé e prática", e até mesmo sob a evidência de uma leitura direta dos textos bíblicos, não necessariamente leva a um partilhar das mesmas convicções quanto ao sentido da Escritura. Essas hermenêuticas, que se desejavam em todos os casos literal, pode eventualmente levar a posições muitas vezes contraditórias, e os grupos que as sustentam sabem disso. Cada um deles está persuadido quanto a, sozinho ou com outros, deter a verdade sobre os pontos contestados. Para eles, a verdade surge de modo evidente quando a Bíblia é lida sem preconceitos.

Citaremos aqui dois exemplos como ilustração do processo ao qual aludimos. O primeiro diz respeito ao batismo e ao modo de administração; o segundo, ao dia de repouso semanal.

Sem exceção, as seitas do campo protestante concordam quanto à natureza confessante (ou professante) da igreja. A prática do batismo somente de adultos decorre quase necessariamente dessa convicção. Mas como administrar o batismo? Por aspersão, infusão ou imersão? Foi necessário um tempo bastante longo, entre 1525 e 1641, para que os interessados percebessem que a prática habitual do batismo no Novo Testamento parece ser a da imersão. Até então, os anabatistas pacíficos, os menonitas e os primeiros batistas o administravam por infusão. A maioria dos agrupamentos sectários posteriores (por sua origem) a 1641 adotavam a imersão. Os menonitas, no entanto, mantêm-se apegados à infusão. No entanto, entre eles, já se defende a imersão desde o final do século XIX.

Desde o século XVI, mas principalmente a partir do século XVII, passaram a existir grupos sectários cristãos, geralmente em pouco número, que observam o repouso sabático (do sétimo dia) no sábado. Os Adventistas do Sétimo Dia são hoje o mais conhecido desses grupos, e provavelmente o mais numeroso, com sete milhões de membros. Porém, como todas as grandes igrejas, a maioria das seitas do campo protestante continua a privilegiar o domingo como o dia de repouso, em nome da Escritura.

Poderíamos ainda citar outros casos em que a mesma preocupação de reproduzir o modelo neotestamentário, considerado único da igreja (na fé, nas práticas e na organização), resulta em posições divergentes e por vezes opostas. Sem dúvida, o melhor procedimento é questionar se o princípio *sola scriptura* realmente pode dar conta, sozinho, da relação que as seitas entretêm com a Escritura. Isso é pouco provável de fato, na medida em que nenhum grupo pode jamais se definir por uma relação única e invariável com um "documento fundador". Toda leitura de um documento fundador sempre se revela função de inúmeros fatores sócio-históricos que definem a conjuntura em que tal leitura particular é feita. Isso equivale a afirmar que o "fator Escritura" não pode desempenhar um papel nem exclusivo nem unívoco, nem produzir os efeitos sociais esperados.

7.3. Teologia sectária, tradição e organização

Acreditamos que é com justeza que falamos aqui de uma *teologia* das seitas; mas com isso é preciso compreender que, mais que uma teologia, a maior parte das seitas se contenta com *opiniões teológicas*, apresentadas e coordenadas com graus variados de sistematização. O conjunto da teologia de um agrupamento sectário geralmente se resume a uma série de afirmações sob forma de "confissão de fé", acompanhadas de referências escriturísticas *ad hoc*. Essas afirmações e os textos em questão às vezes desempenham um papel como imagens-referência ou imagens-choque, com o que isso implica de recurso ao imaginário. Já o imaginário se constrói frequentemente em torno da tradição-transmissão (através da repetição catequética e homilética) das confissões de fé sucessivas de cada grupo. Por sua vez, os grupos guiam os membros na leitura e na interpretação da Escritura. Em suma, e um tanto paradoxalmente, a teologia sectária surge de uma referência particular à parte normativa da memória dos grupos, ou seja, de sua tradição. Além disso, é preciso compreender que a teologia sectária difere de modo muito profundo da teologia dos agrupamentos do tipo igreja, que busca uma síntese sistemática que, com base em premissas filosóficas, dê conta da reivindicação de inteligibilidade da fé cristã. Não apenas as seitas se recusam a esse tipo de trabalho sobre conteúdos cristãos, mas sobretudo o denunciam como "mundano". Quando deixam de fazê-lo, começam também a se aproximar do tipo misto da igreja livre.

Já insistimos aqui no congregacionalismo da maior parte das seitas cristãs modernas. Nesse sentido, a teologia sectária deveria brotar da crença partilhada dos cristãos sectários no exercício do sacerdócio universal dos cristãos. De modo mais concreto, constatamos que as seitas também têm um peso ou rapidamente adquirem esse peso: assim como nas igrejas, podem ser encontrados nelas especialistas na ideologia e no culto, seja qual for o nome com que os designam e seja qual for sua relação com um eventual carisma (de função e/ou pessoal). Ocorre também uma centralização de diversas maneiras, como, por exemplo, entre os adventistas do sétimo dia, as testemunhas de Jeová e os neoapostólicos. Nas seitas centralizadas, a importância dos "ideólogos", profissionais ou "informais", aumenta de acordo com o grau efetivo de centralização. Por sua própria natureza, sentimos na teologia das seitas uma relação direta com o lugar que esses grupos ocupam enquanto organizações que permanecem no *continuum* seita-igreja. Quanto mais uma seita tende à igreja livre, mais sua teologia tende a se desenvolver no sentido de uma teologia do tipo igreja. Esse gênero de transformação não se opera sem provocar conflitos de interesse (como, p. ex., pelo poder) no interior dos grupos envolvidos. Nesse sentido, seitas e igrejas são mais aparentadas do que poderiam imaginar.

8. Seitas, classes sociais, protestos sociorreligiosos

Será que as seitas representariam, como por vezes se afirmou, o cristianismo das classes inferiores da sociedade ocidental? Talvez seja melhor observar que as classes inferiores, em certas épocas e em certos lugares, provaram sua capacidade de inovação religiosa com a criação de seitas. Por motivos históricos e teológicos variados, isso se verificou e continua a se verificar sobretudo no protestantismo. Porém, nem todas as seitas e nem todos os sectários foram ou são sempre os rejeitados da sociedade. Alguns representantes das classes superiores e médias por vezes surgiram nesse tipo de cristianismo de intensidade. A Idade Média conheceu casos assim. O século XIX protestante também: veja-se o exemplo dos darbistas e dos vários grupos de expectativa escatológica. Hoje, são abundantes as seitas oriundas das camadas médias inferiores em ascensão social, principalmente na América do Norte e nos países anglo-saxões. Em paralelo, a tradição das seitas como "os descontentes da história" é perpetuada nos fracassados da modernidade.

Os sociólogos familiarizados com a América Latina (com destaque para Christian Lalive d'Épinay) perceberam que as seitas do campo protestante servem atualmente como um lugar de transição individual e coletivo entre a sociedade tradicional e a sociedade moderna. Dessa forma, as seitas ajudariam de algum modo certas populações a abandonarem sua ruralidade de origem, na base da pirâmide social, para, em um desvio sociorreligioso não desprovido de laços com certa modernidade, ganhar mobilidade e promoção social nos meios urbanos.

Por fim, não devemos esquecer que as seitas podem evoluir em vários sentidos, o recrutamento de seus membros pode mudar de natureza, bem como as funções sociais que o grupo preenche. Para a infelicidade dos marxistas e marxizantes, o cristianismo sectário não é a expressão religiosa (ou seja, de acordo com os marxistas, errônea) de conflitos sociais e principalmente econômicos. No entanto, isso não impede que algumas seitas possam ou tenham podido se apresentar como, entre outras características, locais de experimentação social alternativa, com motivações religiosas. Isso parece ter se verificado sobretudo no final do século XVII. De modo geral, a partir do século XVIII esses grupos parecem ter limitado suas ofertas alternativas (seu "protesto") somente ao religioso. Porém, no século XIX (como em comunidades sectárias da América do Norte) e ainda no século XX (sobretudo no Brasil, com agrupamentos messiânicos), encontramos também seitas cujo projeto protestatário diz respeito tanto ao religioso quanto ao socioeconômico. Em suma, não existe e nunca existiu fatalidade histórica ou sociológica.

9. As seitas e a secularização

Abordamos aqui o sucesso atual das seitas do campo protestante na América Latina e em outras regiões. Alguns sociólogos anglo-saxões da secularização — Peter L. Berger, David A. Martin, Bryan R. Wilson e outros — se mostraram impressionados com o fato. Para eles, e até certo ponto, a modernidade assinala o desbaste do religioso. Ora, as seitas protestantes recrutam e dão a impressão de que consideram um dever não deixar de fazê-lo. Não deixa de ser intrigante que, enquanto a influência das igrejas, portadoras da religiosidade majoritária e tradicional, declina cotidianamente, a influência das seitas, que são jovens e bastante minoritárias, está se expandindo. Para os sociólogos que cuidam do assunto, esse sucesso relativo das seitas protestantes em vários lugares do mundo ocidental hoje não confronta o processo mundial de secularização do mesmo universo. Na verdade, esse sucesso apenas confirmaria a secularização, por vários motivos, pois as seitas são bem-sucedidas por três causas. Primeira, a capacidade já mencionada de oferecer-se como um local de passagem para a modernidade diante de populações desestabilizadas pelas transformações socioeconômicas impulsionadas por um desenvolvimento descontrolado. Segunda, a simplicidade e a precisão das crenças e práticas que são oferecidas a essas populações, combinadas com uma proximidade diferenciada com as crenças e práticas anteriores: de fato, nesses grupos, as "verdades para crer" imediatamente são resumidas ao essencial e geralmente a algumas proposições pouco elaboradas, enquanto as práticas a serem observadas, positivas ou negativas, são expressas claramente, exigindo-se sua execução e sancionando-se sua omissão; além disso a assimilação dessa cultura sectária é facilitada por uma proximidade com o catolicismo tradicional. Terceira, a combinação de todas as características que abordamos neste artigo contribui para criar, em populações inseguras, grupos portadores de uma identidade coletiva e individual bastante forte, que não deixa de ter alguma relação com uma cultura protestante anglo-saxã prestigiosa quanto a sua modernidade.

Tendo explicado desta maneira o relativo sucesso atual das seitas protestantes, os sociólogos da secularização concluem que esses grupos têm uma capacidade especial para se manter e prosperar em um contexto de secularização. Alguns até mesmo acreditam, como uma hipótese, que, no caso de uma secularização plena e total (situação que nunca se concretizou), somente as seitas seriam capazes de persistir "nos interstícios do social", criando novas funções para a religião, no caso o cristianismo.

Para falar a verdade, essa hipótese não nos parece totalmente convincente. Por exemplo, tais considerações não dão conta do fato de que as seitas são bem-sucedidas por conta justamente das igrejas. De fato, por motivos diversos que não teremos tempo de examinar aqui, as igrejas deixam terreno livre para as seitas, não mais atuando em certos campos e/ou certas populações e, assim, deixando-os concretamente abertos para as seitas. Além disso, as seitas levam vantagem por causa de uma "primeira evangelização" efetuada no passado pelas igrejas nas populações maiores. E, ainda, são essas mesmas igrejas que, com seu trabalho no passado e atual sobre conteúdos cristãos, ainda buscam na sociedade e na cultura ocidentais uma plausibilidade intelectual mínima no cristianismo. Além de muitas outras causas, o sucesso das seitas também provém do desvio que elas operam, a seu modo e para seu benefício, dessa plausibilidade considerada um ganho cultural comum. Trata-se de uma exploração involuntária das seitas: para elas, as igrejas ainda servem muito explicitamente como um espantalho a ser denunciado, ou seja, um argumento apologético negativo, pois, no dizer das seitas, as igrejas estariam "tomadas" por longas e renovadas infidelidades. Assim, seria urgente abandoná-las para garantir a salvação.

As seitas constituem um fenômeno "secundário" em relação às igrejas. Não no sentido de que a toda seita corresponderia necessariamente uma igreja da qual teria havido dissidência, pois nem sempre essa é uma descrição estrita do que realmente ocorre. Porém, as seitas são de fato "secundárias" em relação às igrejas no sentido de que a lógica e a dinâmica de seu tipo pressupõe uma correlação tanto com o tipo igreja quanto com o tipo místico, ainda que não tenhamos abordado o segundo aqui. Em suma, não nos parece provável que um cristianismo sectário possa subsistir na ausência de um cristianismo eclesiástico (ou de ramificações místicas). A não ser que se pense obrigatoriamente que toda "última seita" se tornará igreja: nesse caso, somente para produzir, em um acordo com a cultura ambiente, um discurso missionário cognitivamente plausível, com vistas a assegurar-se da própria sobrevivência em um meio desconhecido.

Jean Séguy

▶ BALL, Bryan W., *A Great Expectation. Eschatological Thought in English Protestantism to 1660*, Leyden, Brill, 1975; COAD, F. Roy, *A History of the Brethren Movement*, Exeter, Paternoster Press, 1968; COGGINS, James Robert, *John Smyth's Congregation, English Separatism, Menonnite Influence and the Elect Nation*, Waterloo-Scottdale, Herald Press, 1991; DESROCHE, Henri, *Les shakers américains, D'un néo-christianisme à un pré-socialisme?*, Paris, Minuit, 1955; DÜLMEN, Richard van,

Reformation als Revolution, Soziale Bewegungen und religiöser Radikalismus in der seutschen Reformation (1977), Frankfurt, Fischer Taschenbuch Verlag, 1987; DURNBAUGH, Donald F., *The Believers' Church. The History and Character of Radical Protestantism* (1965), Scottdale-Kitchener, Herald Press, 1985; EGGENBERGER, Oswald, *Die Kirchen, Sondergruppen und religiösen Vereinigungen* (1969), Zurique, Theologischer Verlag, 1994; ERB, Peter C., org., *Schwenckfeld and Early Schwenckfeldianism*, Pennsburg, Schwenckfelder Library, 1986; FATH, Sébastien, *Une autre manière d'être chrétien en France. Socio-histoire de l'implantation baptiste (1810-1950)*, Genebra, Labor et Fides, 2001; GINZBURG, Carlo, *Il Nicodemismo, Simulazione e dissimulazione religiosa nell'Europa del '500*, Turim, Einaudi, 1970; HILL, Christopher, *Le monde à l'envers. Les idées radicales au cours de la Révolution anglaise* (1972), Paris, Payot, 1977; HOLLENWEGER, Walter J., *Enthusiastisches Christentum. Die Pfingstbewegung in Geschichte und Gegenwart*, Wuppertal-Zurique, Brockhaus-Zwingli Velarg, 1969; HOSTETLER, John Andrew, *Amish Society* (1963), Baltimore, Johns Hopkins University Press, 1993; Idem, *Hutterite Society*, Baltimore, Johns Hopkins University Press, 1974; HUGHEY, John David, org., *Die Baptisten*, Stuttgart, Evangelisches Verlagswerk, 1964; LA ROCCA, Tommaso, *Es ist Zeit. Apocalisse e storia. Studio su Thomas Müntzer (1490-1525)*, Roma, Cappelli, 1988; LEHMANN, Richard, *Les Adventistes du septième jour*, Turnhout, Brepols, 1987; LIENHARD, Marc, org., *The Origins and Characteristics of Anabaptism. Les débuts et les caractéristiques de l'anabaptisme*, Haia, Nijhoff, 1977; Idem, org., *Croyants et sceptiques au XVIᵉ siècle. Le dossier des "Épicuriens"*, Estrasburgo, Istra, 1981; LITTEL, Franklin Hamlin, *The Anabaptist View of the Church. A Study in the Origins of Sectarian Protestantism* (1952), Boston, Starr King Press, 1958; LUTAUD, Olivier, *Les deux Révolutions d'Angleterre*, Paris, Aubier, 1978; Idem, *Winstanley. Socialisme et christianisme sous Cromwell*, Paris, Didier, 1976; OLIVER, William Hosking, *Prophets and Millennialists. The Uses of Biblical Phophecy in England from the 1790s to the 1840s*, Auckland-Oxford, Auckland University Press-Oxford University Press, 1978; REDEKOP, Calvin, *Mennonite Society*, Baltimore, Johns Holpkins Universsity Press, 1989; ROWDON, Harold H., *The Origins of the Brethren 1825-1850*, Londres, Pickering and Inglis, 1967; SÉGUY, Jean, *Les Assemblées anabaptistes-mennonites de France*, Paris-Haia, Mouton, 1977; Idem, *Christianisme et société. Introduction à la sociologie de Ernst Troeltsch*, Paris, Cerf, 1980; Idem, *Les non-conformismes religieux d'Occident*, em Henri-Charles PUECH, org., *Histoire des religions*, t. II, Paris, Gallimard, 1972, p. 1229-1303; TROELTSCH, Ernst, *Die Soziallehren der christlichen Kirchen und Gruppen* (Gesammelte Schriften I, 1912), Aalen, Scientia, 1977; WEBER, Max, *A ética protestante e o espírito do capitalismo* (1904-1905, 1920), São Paulo, Companhia das Letras, 2004; WEIGELT. Horst, *Spiritualistische Tradition im Protestantismus. Die Geschichte des Schwenckfeldertums in Schlesien*, Berlim, Walter de Gruyter, 1973; WILLIAMS, George Huntston, *The Radical Reformation* (1962), Kirksville, Truman State University Press, 2000; WILSON, Bryan Ronald, *Les sectes religieuses* (1970), Paris, Hachette, 1970; Idem, *Sects and Society, A Sociological Study of the Elim Tabernacle, Christian Science, and Christadelphians* (1961), Westport, Greenwood Press, 1978.

▶ Adventismo; amishs; anabatismo; antroposofia; antitrinitarismo; apocalíptica; arminianismo; Avivamento; Batista, Igreja; carismático, movimento; cátaros; Ciência Cristã; congregacionalismo; darbismo; Discípulos de Cristo; dissidente; entusiasmo; **espiritualidade**; Exército de Salvação; evangélicos; fundamentalismo; Guerra dos Camponeses; heresia; hinschismo; hussismo; **igreja**; igrejas livres; igrejas não denominacionais; iluminismo; Labadie; menonismo; metodismo; milenarismo; Moon; mórmons; Münster (Reino de); pentecostalismo; pietismo; **protestantismo**; puritanismo; quacres; Reforma radical; remonstrantes; **ritos**; Santidade (movimento de); sincretismo; Swedenborg; teosofia; Testemunhas de Jeová; Troeltsch; unitarismo; Weber M.

SELWYN, George Augustus (1809-1878)

Primeiro bispo anglicano da Nova Zelândia e da Melanésia (1841-1861). Formado na Universidade de Edimburgo, Selwyn se viu tão chocado com a brutalidade dos métodos aplicados aos maoris durante a colonização galopante que decidiu, em 1847, empreender uma nova obra missionária na Melanésia, com o objetivo de proteger as populações de avanços coloniais paralelos, ao mesmo tempo que as cristianizava pacientemente através da formação de equipes cristãs recrutadas em todas as ilhas. Obteve sucesso com a ordenação do primeiro clérigo melanésio, Georges Sarawia, em 1873. Ao mesmo tempo, estabelecia um método missionário tolerante tanto com as igrejas concorrentes quanto com a tradição local, deixando de vislumbrar a necessidade de destruir o passado sob pretexto de paganismo.

As sociedades que se tornaram anglicanas seriam as mesmas que melhor conservariam seu equilíbrio social. Também conseguiram escapar da onda dos messianismos antibrancos dos anos que precederam e que se seguiram à guerra de 1939-1945.

Jean Guiart

▶ SELWYN, George Augustus, "The Islands in the Western Pacific", *Proceedings of the Royal Colonial Institute* 25, Londres, 1894; ARMSTRONG, E. S. *The History of the Melanesian Mission*, Londres, Isbister, 1900; CODRINGTON, Robert Henry, *The Melanesians. Studies in Their Anthropology and Folklore*, Oxford, Clarendon Press, 1891; Idem, *The Story of a Melanesian Deacon. Clement Marau*, Londres, SPCK, 1894; DURRAD, Walter John, "Attitude of the Church to the Suqe, Melanesian Mission Occasional Papers 1, Ilha Norfolk, 1920; FOX, Charles Elliot, *Lord of the Southern Isles, Being the Story of the Anglican Mission in Melanesia, 1849-1949*, Londres, Mowbray, 1958; *100 Years Christian Progress in the Pacific Melanesian Mission 1849-1949*, Auckland, Melanesian Mission, 1949; MONTGOMERY, Henry Hutchinson, *The Light of Melanesia. A Record of Fifty Years' Mission Work in the South Seas*, Londres, SPCK, 1896; WILSON, Cecil, *The Wake of the Southern Cross*, Londres, John Murray, 1932.

◐ Missão; Oceania

SEMANA DE ORAÇÃO PELA UNIDADE CRISTÃ

A semana de oração se originou com o abade Paul Couturier (1881-1953), sendo realizada pela primeira vez em 1936, na cidade de Lyon. Na verdade, foi beneficiada por iniciativas anteriores, como, por exemplo, a fundação da *Church Unit Octave* pelos anglicanos Spencer Jones e Thomas Wattson (que se converteria ao catolicismo). A fundação ocorreu entre a festa da Cadeira de São Pedro (18 de janeiro) e a festa da Conversão de Paulo (25 de janeiro), duas datas simbólicas que evocam respectivamente o episcopado e a primazia de Pedro e a liberdade cristã.

Em seu diálogo com os emigrados ortodoxos de Lyon, depois de um período no priorado de Amey-sur-Meuse, fundado por dom Lambert Beauduin (1873-1960, fundador da revista *Irenikon*), o abade Couturier descobriu a verdadeira questão que causa a divisão dos cristãos. Acreditou ser necessário então imaginar outra oração de unidade que diferenciasse da que havia sido lançada em meados do século XIX, em meio protestante, pela Aliança Evangélica, que tendia ao anticatolicismo, ou da que havia sido criada por Wattson e Jones em 1908. Em 1935 e 1937, o abade Couturier publicou na *Revue apologétique* [Revista apologética] dois artigos em que afirmava ser a unidade visível "uma necessidade da encarnação" e que "a essência do amor é unificar, tornar um". Para ele, não se tratava de resolver o problema da unidade, mas, sim, de entrar em seu mistério. Os fundamentos dessa oração seriam a humildade, a oração e a penitência: três palavras para garantir uma convergência de oração em cada confissão cristã.

Porém, era necessário que o "ecumenismo espiritual" que caracterizava o abade Couturier fosse manifestado em todas as confissões cristãs. Em 1836, no Sínodo de Agen, a Igreja Reformada da França acolheu com "emoção e alegria" a iniciativa de intercessão pela unidade da igreja. Foram realizadas as Semanas de Lyon, com grande repercussão entre os anglicanos e ortodoxos, e também na Suíça, na comunidade de Erlenbach, fundada pelo pastor Richard Bäumlin. Em uma referência aos locais de reunião, o abade Couturier chamou esse grupo de Fraternidade de Erlenbach e Fraternidade de Dombes. Esse pequeno grupo chegaria à mesma descoberta da comissão "Fé e Constituição" e do Conselho Mundial de Igrejas, a saber, o mistério da unidade da igreja.

Willy-René Nussbaum

◐ Dombes (Grupo de); **ecumenismo**

SEMLER, Johann Salomo (1725-1791)

Semler é o representante mais importante da neologia e da teologia histórico-crítica das Luzes. Após um curto período em que ministrou aulas de história na Universidade de Altdorf, perto de Nuremberg, ensinou por quase quatro décadas na Universidade Prussiana de Halle, de 1753 a 1791. Suas pesquisas têm como temas principais a exegese neotestamentária, a crítica textual e a hermenêutica, bem como a história da igreja. No entanto, com seus estudos intensivos das fontes e com suas observações incisivas, também ofereceu um novo impulso à história dos dogmas e à dogmática. Dentre suas principais obras, podemos citar *Abhandlung von freier Untersuchung des Canon* (4 vols.,

Halle, Hemmerde, 1771-1775), em que trata da formação e do significado atual do cânon neotestamentário; superando a doutrina da inspiração literal, ele pôde ao mesmo tempo superar a compreensão formal e legalista da Bíblia. Semler defendia uma exegese histórica da Escritura. Compreendida corretamente, a autoridade da Escritura diz respeito somente à Palavra de Deus que provoca a fé. Porém, Semler, que não era somente exegeta, apresentou a distinção que seria fundamental para todos os tipos de teologia liberal: religião e teologia. Distinguia também a religião pública da religião privada.

Como luterano, Semler se engajou em prol da liberdade de consciência, da tolerância e do irenismo, mas se opôs à união entre protestantismo e catolicismo. Em uma discussão iniciada após a publicação por Lessing da obra *Fragmente des Wolfenbüttelschen Ungenannten* (1774-1778, Berlim, Reimer, 1895), de Reimarus, Semler defendeu a credibilidade do Novo Testamento e rejeitou rigorosamente a teoria de Reimarus sobre um suposto embuste dos discípulos.

Gottfried Hornig

▶ HIRSCH, Emanuel, *Geschichte der neuern evangelischen Theologie im Zusammenhang mit den allgemeinen Bewegungen des europäischen Geistes*, t. IV, Gütersloh, Bertelsmann, 1952, p. 48-88; HORNIG, Gottfried, *Die Anfänge der historisch-kritischen Theologie. Johann Salomo Semlers Schrift- verständnis und seine Stellung zu Luther*, Göttingen, Vandenhoeck & Ruprecht, 1961; Idem, *Johann Salomo Semler. Studien zu Leben und Werk des Hallenser Aufklärungstheologen*, Tübingen, Niemeyer, 1996; LÜDER, Andreas, *Historie und Dogmatik. Ein Beitrag zur Genese und Entfaltung von Johann Salomo Semlers Verständnis des Alten Testaments*, Berlim, Walter de Gruyter, 1995; SCHULZ, Harmut H. R., *Johann Salomo Semlers Wesensbestimmung des Christentums*, Würzburg, Königshausen und Neumann, 1988.

⊙ Bíblia; cânon e cânon dentro do cânon; exegese; fé; Halle; história dos dogmas; indivíduo; liberalismo teológico; método histórico-crítico; neologia; Reimarus

SENARCLENS, Jacques de (1914-1971)

Pastor genebrino, tornou-se professor de teologia sistemática na Universidade de Genebra em 1960. Foi uma das personalidades mais marcantes da teologia de fala francesa do pós-guerra. Dedicou toda a sua vida à obra monumental de Karl Barth, buscando torná-la acessível aos leitores de língua francesa. Como capelão da universidade, pastor de igreja local, fundador e primeiro diretor do Centro Protestante de Estudos, e também por meio de seu ensino, não deixou de apresentar o cerne do pensamento barthiano, afirmando a ênfase cristológica para a qual deveria voltar-se toda teologia fiel à herança da Reforma.

Empreendedor de grande envergadura, restabeleceu a editora Labor et Fides, de Genebra, e, com a colaboração de seu amigo, o pastor Fernand Ryser (1911-1977), começou a publicar em francês a *Dogmática* de Barth. Foi um desafio gigantesco. Com um espírito livre e uma força de caráter incomum, trouxe sua contribuição intelectual pessoal para a escola do pensamento barthiano. Demonstrou de que forma a história e a ética são esclarecidas através da revelação do Deus que se aproxima de nós em sua Palavra encarnada em Jesus Cristo; dessa forma, para ele, insere-se na história uma dimensão de esperança que escapa totalmente às diversas filosofias da história, enquanto, na ética, aquilo que é compreendido dogmaticamente no mistério da encarnação funciona como um orientador decisivo da fidelidade de nossos comportamentos. Essa recusa quanto a separar revelação e história, dogmática e ética, foi a contribuição original de um pensamento desejoso de realizar-se como herdeiro da Reforma.

Marc Faessler

▶ SENARCLENS, Jacques de, *Le mystère de l'histoire. Introduction à une conception christologique du devenir*, Genebra, Roulet, 1949; Idem, *Héritiers de la Réformation*, t. I: *Le point de départ de la foi* e t. II: *Le centre de la foi*, Genebra, Labor et Fides, 1956-1959; Idem, *La personne et l'oeuvre de Jésus-Christ*, Genebra, Labor et Fides, 1958.

⊙ Barthismo

SERRES, Jean de (1540-1598)

Jean de Serres, irmão de Olivier de Serres, nasceu em Villeneuve-de-Berg (Ardèche). Pastor calvinista, humanista, foi nomeado historiógrafo da França por Henrique IV. Tornou-se famoso por duas obras.

Sua obra *Commentatorium de statu religionis et reipublicae in regno Galliae*, história das guerras de religião na França, cobre o período de 1557 a 1576, tendo sido publicada em 1571 e 1580 em cinco tomos. Composta durante o período em que Serres morou em Genebra e em Lausanne, essa obra foi a primeira história das guerras de religião elaborada com base nos testemunhos dos refugiados franceses na Suíça. Escrita em latim, foi bastante lida pelos historiógrafos posteriores, até que caiu no esquecimento.

A outra obra de Serres foi sua tradução latina dos diálogos de Platão, precedida de introduções e publicada em 1578. Nessa obra, Jean de Serres propôs uma interpretação sistemática de Platão, centralizada no pensamento político do filósofo grego. Serres atribui a Platão a teoria de uma monarquia em que o príncipe se submete às leis civis e à jurisdição civil. Essa tese contraria a ideia da soberania de Jean Bodin, definida com base no *status exlex* (retirado de sua própria legislação) do príncipe.

Além de suas obras, Jean de Serres se esforçou por reconciliar as duas confissões por meio de textos e missões diplomáticas. Vista com desconfiança por ambas as igrejas, sua obra pacifista foi logo esquecida.

Ada Neschke

▶ DARDIER, Charles, "Jean de Serres (1540-1598), historiographe du roi. Sa vie et ses écrits d'après des documents inédits", *Revue historique* 22, 1883, p. 291-328 e 23, 1883, p. 28-76; NESCHKE, Ada, "Jean de Serres 1540-1598", em Idem, org., *Platonisme politique et théorie du droit naturel*, t. II: *Platonisme politique et jusnaturalisme chrétien*, Louvain-la-Neuve-Louvain, Éditions de l'Institut supérieur de philosophie-Peeters, 2003, p. 274-297; VIVANTI, Corrado, *Lotta politica e pace religiosa in Francia fra Cinque e Seicento*, Turim, Einaudi, 1963, p. 246-291.

● Bodin; guerras de religião; **história**; Hume; Locke; Serres O. de

SERRES, Olivier de (1539-1619)

Fidalgo da pequena nobreza rural francesa, Olivier de Serres foi membro fundador e também ancião da Igreja Reformada de sua região natal, Villeneuve-de-Berg, no Vivarais. Está entre essas mentes superiores que, diante do fanatismo e da violência, não pouparam esforços pela paz confessional ao longo das guerras de religião. No papel de mediador que os acontecimentos lhe legaram, chegou a receber em casa os representantes de ambos os partidos.

Apegado aos valores da terra e autêntico cultivador, um grande inovador na arte da agricultura, fez de seu lar, o Castelo de Pradel, uma verdadeira fazenda-modelo. Sua paixão pela agronomia o levou a propagar o afolhamento sistemático, o enxoframento da vinha, do milho, do lúpulo da Inglaterra, do arroz, da beterraba e, com a amoreira, a indústria da seda.

Seu imponente tratado *Le théâtre d'agriculture et mesnage des champs* [O teatro da agricultura e o cultivo do campo] (1600, Arles, Actes Sud, 1997) foi difundido por toda a França pelo rei Henrique IV, que o apreciava muito e recebeu dessa obra uma feliz influência. No livro, a agricultura é elevada ao *status* de uma verdadeira ciência. Foram feitas oito reimpressões enquanto o autor era vivo. Além de uma miríade de técnicas inovadoras, Serres expõe uma motivação de ordem espiritual naquilo que foi a obra de toda a sua vida: "A finalidade de nossa agricultura é alimentá-la e sustentá-la com os bens que, através dela, Deus nos dá [...]. Ora, já que nos esforçamos tanto e tão cuidadosamente para tirar da terra esses ricos tesouros, necessariamente devemos lançar mão de igual meio com o fim de utilizá-los para a glória de Deus, usando mas não abusando de seus bens".

Em 1601, o rei mandou transplantar para as Tulherias e para Fontainebleau vinte mil mudas de amoreiras brancas, originárias do Pradel. Um ano depois, um mandamento real ordenou que em cada igreja fossem instalados um viveiro de plantas, um pomar de amoreiras e um ambiente para a criação do bicho-da-seda. A perseverança de Olivier de Serres encontrou aí seu ponto mais alto. Sua fama foi eclipsada após sua morte, para em seguida ressurgir no final do século XVIII. Naquele período turbulento, esse que foi um verdadeiro homem de diálogo conseguiu uma unanimidade em torno de sua memória: Luís XIV pretendia uma nova edição do *Teatro*, e os revolucionários preconizaram para ele as honras do Panteão. O século XIX deu seu nome a várias ruas, dedicou-lhe inúmeras estátuas, reeditou sua obra várias vezes. Louis Pasteur renderia homenagem a este em quem ele enxergava um precursor de seu pensamento. Foi comparado aos que foram gênios em suas áreas respectivas, como Ambroise Paré e Bernard Palissy.

Jean-Marc Daumas

▶ LAVONDÈS, Antoinette, *Olivier de Serres, seigneur du Pradel*, Carrières-sous-Poissy, La Cause, 1936; LEQUENNE, Fernand, *La vie d'Olivier de Serres*, Paris, Julliard, 1942; Idem, *Olivier de Serres, agronome et soldat de Dieu*, Paris, Berger-Levrault, 1983; VASCHALDE, Henry, *Olivier de Serres, seigneur du Pradel. Sa vie et ses travaux*, Paris, Plon-Nourrit, 1886.

⊙ Guerras de religião; Henrique IV; paz; Sully

SERVETO, Miguel (?1509/11-1553)

Nascido em Villanueva de Sijena ou em Tudela, na Espanha, Serveto foi perseguido tanto pela Igreja Católica Romana quanto pelos reformadores. Após estudar direito em Toulouse, passou algum tempo na Itália, mudou-se para Basileia em 1530 e estabeleceu-se em seguida em Estrasburgo. Seus dois primeiros tratados antitrinitários, *De Trinitatis erroribus libri septem* [Os erros da Trindade em sete livros] e *Dialogorum de Trinitate libri duo* [Diálogos sobre a Trindade em dois livros], foram publicados respectivamente em 1531 e 1532. Ele desenvolveu a mesma doutrina em 1553, em sua obra *Christianismi restitutio* [A restauração do cristianismo]. Serveto considerava antibíblica a fórmula trinitária de Niceia, portanto como uma heresia. Para ele, Deus é único, e a Palavra e o Espírito são as manifestações dessa unidade; Jesus Cristo, engendrado pela Palavra, é o Filho que torna o homem divino. Serveto também combateu o batismo infantil e a predestinação. Entre 1541 e 1553, depois de ter estudado medicina em Lyon e Paris, trabalhou como médico do arcebispo de Viena (França) e publicou um tratado de medicina, astrologia e geografia. Sua edição da Bíblia latina de Sante Pagnini (1470-1541) foi publicada em 1542. Em 1546 e 1547, começou a corresponder-se com Calvino, mas o reformador logo condenou suas doutrinas. Sua obra *Christianismi restitutio* foi editada sem autoria explícita, em janeiro de 1553. O genebrino Guilherme de Trie, impulsionado por Calvino, teria denunciado Serveto à Inquisição de Viena. Condenado, Serveto fugiu, sendo queimado simbolicamente, mas foi preso em Genebra e mandado para a fogueira após o processo por heresia no dia 27 de outubro de 1573, em Chantel. A sentença foi emitida pelo Pequeno Conselho, única instância que podia emitir sentenças criminais. No entanto, Calvino, os demais pastores e as igrejas protestantes da Suíça foram consultados e apresentaram um parecer prévio de condenação. A execução de Serveto e a doutrina calviniana do magistrado como juiz da ortodoxia foram responsáveis por desencadear uma polêmica sobre a tolerância religiosa, cujo defensor principal foi Sébastien Castellion (?1515-1563). No início do século XX, os genebrinos erigiram no local do suplício de Serveto um monumento em sua honra.

Irena Backus

▶ *Michael Servetus. A Translation of His Geographical, Medical and Astrological Writings*, org. por Charles Donald O'MALLEY, Filadélfia, American Philosophical Society, 1953; ALCALA, Angel, *El sistema de Servet*, Madri, Fundación Juan March, 1978; BAINTON, Roland H., *Michel Servet, hérétique et martyr, 1553-1953*, Genebra, Droz, 1953; BECKER, Bruno, org., *Autour de Michel Servet et de Sébastien Castellion*, Haarlem, Tjeenk Willink, 1953; KINDER, A. Gordon, *Michael Servetus* (*Bibliotheca Dissidentium* X), Baden Baden-Bouxwiller, Koerner, 1989; ZUBER, Valentine, *Les conflits de la tolérance. Michel Servet entre mémoire et histoire*, Paris, Champion, 2004.

⊙ Antitrinitarismo; Calvino; Castellion; **comunicação**; heresia; **Jesus (imagens de)**; liberdade de consciência; Reforma radical; tolerância; Trindade

SERVIÇOS FÚNEBRES

Apegados ao princípio da salvação somente pela graça de Deus, e não pelas obras ou por atos de piedade, os defensores da Reforma pretenderam acabar com a ideia de que o funeral seria um ritual ou uma oração *pelos* mortos. Assim, optaram por exéquias bastante sóbrias. Calvino e os reformados da França proibiram até mesmo os pastores de presidir cerimônias assim, confiando aos regentes a leitura de textos bíblicos em torno do túmulo. Porém, a exclusão dos pastores nesses momentos era draconiana demais para se manter por muito tempo, ainda mais porque eles se encarregavam de atualizar os registros daquilo que, tempos depois, tornou-se o estado civil. Atualmente, o funeral é um dos serviços para os quais os pastores são mais solicitados. Eles concebem esses momentos, de forma geral, como um serviço que se destina não ao falecido, mas, sim, aos enlutados e àqueles que os rodeiam. Nos anos 1950, sob a influência da "teologia dialética", muito se insistiu na necessidade de proclamar o evangelho da ressurreição, portanto de evangelizar. A partir dos anos 1980, o aspecto diaconal desses serviços é mais enfatizado: trata-se de um ritual de acompanhamento que deve permitir o "trabalho do luto", o que evidentemente pressupõe uma perspectiva de ressurreição.

Bernard Reymond

▶ ALLMEN, Jean-Jacques von, "Remarques sur les services fúnebres", em *Prophétisme sacramentel*, Neuchâtel, Delachaux et Niestlé, 1964, p. 213-246; "Services funèbres et multitudinisme", *Cahiers de l'Institut romand de pastorale* 2, Lausanne, 1989; "Histoire et pratique des services fúnebres", *Cahiers de l'Institut romand de pastorale* 31, Lausanne, 1998.

● Atos pastorais; **morte e vida eterna**; ressurreição; ritos

SEXUALIDADE

1. Dados históricos
   1.1. Os reformadores
   1.2. A tradição protestante
2. Reavaliação das fontes bíblicas
3. Reflexões éticas
4. Algumas questões particulares
   4.1. O celibato
   4.2. A homossexualidade
   4.3. A aids
5. Conclusão

Comparado ao catolicismo, o protestantismo cultivou em relação à sexualidade uma postura ao mesmo tempo mais positiva e mais exigente. Ao valorizar o casamento em vez do celibato, devolveu à sexualidade um sentido positivo, deixando de reduzi-la a sua função procriadora. E, ao dessacralizar o casamento, que não mais era considerado um sacramento, o catecismo protestante priorizou a responsabilidade dos esposos, principalmente do pai de família, quanto a tornar o casamento e a família um lugar de testemunho de uma moralidade pessoal e social.

1. Dados históricos

O conflito de autoridade que a Reforma representou necessariamente envolveu a moral. O magistério moral da igreja também foi questionado, assim como o magistério doutrinal. Valendo-se da autoridade da Santa Escritura, a moral protestante foi levada a contestar o ensinamento tradicional sobre dois pontos importantes: a sacramentalidade do casamento que, ao impedir o divórcio, tornou-se com o tempo uma fonte de conflitos insolúveis e socialmente custosos; a superioridade do celibato, considerado mais perfeito que o casamento, concepção que no final da Idade Média havia criado abusos evidentes e moralmente chocantes por parte do clero.

1.1. Os reformadores

A ênfase principal da luta dos reformadores nessa área, como afirma Calvino, era "ajudar as pobres consciências" oprimidas pelo legalismo imposto tanto pelo direito canônico quanto pela prática pastoral da Igreja Romana. A partir de 1520, em seu apelo À nobreza cristã da nação alemã, Lutero citou entre as propostas para reformar a igreja a liberdade dada ao clero quanto a casar-se ou não. Afirmou ele: "Se um bom sacerdote ao qual não podemos dirigir nenhuma reprovação além de 'a carne é fraca' caiu com uma mulher, e se ambos, do fundo do coração, estão dispostos a permanecer um ao lado do outro e a manter a verdadeira fidelidade conjugal, podendo fazê-lo com a consciência tranquila, ainda que sofram opróbrio público, ambos certamente estão casados diante de Deus! E eis o que digo: se eles se dispõem a unir suas vidas, que libertem com presteza sua consciência; que ele a tome como mulher legítima, conservando-a e vivendo honestamente com ela como qualquer marido, sem se preocupar quanto a saber se o papa consente ou não com isso ou se isso é contrário às leis espirituais ou carnais. A salvação de sua alma importa mais que leis tirânicas, autocráticas e criminosas que não são necessárias para a salvação e não foram prescritas por Deus" (*MLO* 2, 224).

Esse texto afirma todas as lutas da Reforma: o valor da consciência pessoal, a validade do casamento como fruto do livre consentimento dos esposos, e não de leis eclesiásticas, o questionamento da salvação das almas por um comportamento moral, constrangido e hipócrita. E, acima de tudo, nada é tão grave quanto o obstáculo à liberdade espiritual que é conferida por Cristo aos que creem nele, tornando-os responsáveis por seus comportamentos. É nesse espírito que

Lutero lutou contra a obrigação do voto de castidade e contra a proibição absoluta ao divórcio, pois essas prescrições ferem a liberdade e oprimem as consciências em nome de uma lei que não tem fundamento na Escritura.

Assim como Lutero, Calvino também percebeu que o desejo da Igreja Católica de reger estritamente a moral, sobretudo por meio de leis que proibiam o divórcio, tornava os costumes ainda mais hipócritas e perversos em vez de melhorá-los. Isso se dá porque a moral diz respeito em primeiro lugar à responsabilidade pessoal, portanto à liberdade; somente em segundo lugar, para evitar desordens grandes demais, é que as leis do Estado podem intervir nesse campo. O que é verdadeiro para o Estado também o é para a igreja, que, ao obrigar o clero ao celibato, não melhorou de forma alguma sua qualidade moral, mas o submeteu a uma "tradição humana" daninha: "Afirmo que nisso houve uma tirania perversa não somente contra a Palavra de Deus, mas também contra todo tipo de igualdade. Em primeiro lugar, não era de modo algum lícito aos homens proibir aquilo que Deus colocou em nossa liberdade. Em segundo, é algo notório e sem necessidade de provas que nosso Senhor expressamente ordenou que essa liberdade não fosse violada" (*IRC* IV, XII, 23).

Um dos pontos decisivos dessa luta pela liberdade da moral foi a demonstração do erro teológico e exegético que consiste na representação católica do casamento como um sacramento. De fato, estavam associados a essa doutrina a rejeição do divórcio e a exaltação religiosa da virgindade e do celibato: a igreja pensou que dessa maneira seria possível disciplinar a conjugalidade ao conferir-lhe um *status* sacramental (pois se tornava impossível romper o laço a partir de então sagrado do casamento) e manter a superioridade da vocação religiosa: algo que exigia um heroísmo espiritual que o casamento não reclamava. O casamento não é um sacramento, pois pertence à ordem da criação e jamais foi estabelecido como um sacramento por Cristo. Para uma argumentação detalhada dos reformadores sobre essa questão, ver *Le désir et la tendresse* [O desejo e a ternura], p. 165ss.

Uma vez estabelecida essa crítica, o casamento se tornou uma responsabilidade do casal. A partir de então, passou a caber-lhes toda a grandeza que se devia atribuir ao casamento. A laicização do casamento não é uma autorização para vivê-lo de qualquer jeito; pelo contrário:

ao escapar de um juridismo sacramental, o casamento se torna novamente o lugar de um compromisso pessoal. Assim, a sexualidade é apreciada de outra forma. E o papel da mulher é revisto positivamente, em oposição à tradição antifeminista patrística e medieval: "Eles decidiram que a mulher era um mal necessário e que nenhuma casa poderia prescindir desse mal. Aí está, na verdade, uma afirmação digna de pagãos cegos, que ignoram que o homem e a mulher são criaturas de Deus, e que blasfemam contra a obra divina, como se fosse por acaso que tivesse surgido o homem e a mulher. [...] A fim de não andar às cegas como eles, mas de caminhar de um modo cristão, [...] devemos não injuriar a obra de Deus e não chamar mau aquilo que ele mesmo chama bom" (LUTERO, *De la vie conjugale* [Da vida conjugal], 1522, em *MLO* 3, 241). A partir disso, a causa é compreendida: Deus imprime ao casamento uma bondade fundamental. Essa bondade é estendida à sexualidade, que nos limites do casamento perde seu caráter pecaminoso: "De resto, o fato de Deus permitir que uma jovem se alegre com seu marido é uma aprovação da bondade e da doçura infinitas do casamento. É verdade que não se pode evitar a ausência de intemperança da carne, que torna a companhia do homem e da mulher algo vicioso. Ora, não somente Deus perdoa tudo isso, mas cobre com o véu do santo casamento, para que aquilo que era vicioso por si mesmo não seja imputado; mesmo quando consente em permitir que o marido e a mulher se regozijem juntos".

Percebemos que se trata ainda, apenas, de um reconhecimento prudente da positividade da sexualidade. Não mais se está na recusa desconfiada da tradição augustiniana que havia dominado a Idade Média. No contexto do casamento, onde a grandeza é celebrada, a sexualidade é avaliada positivamente como um meio de união entre o homem e a mulher, "que coabitam juntos através desse laço de ajuda e amizade mútua", como declara Calvino.

Para devolver ao casamento toda a sua importância social, é preciso questionar o velho princípio romano, retomado no direito canônico, do *consensus faciti nuptias* (que significa: "é o consentimento que faz o casamento"). Esse princípio, garantido pela igreja, teve, entre outras consequências, a autorização e a validação dos casamentos clandestinos, concluídos às pressas, contra o interesse das famílias. Para combater esse tipo de anarquia social, os reformadores honraram novamente o papel das testemunhas, representantes da sociedade que ratificam o compromisso dos esposos e sobretudo a autorização dos pais. Sem essa autorização, o casamento passava a ser considerado inválido. Esse grande reforço da autoridade paternal nos países protestantes obedecia a uma demanda social, testemunhando uma sensível modificação dos costumes que atribuía à família uma nova importância, sob a autoridade mais afirmada do pai de família.

Vemos surgir aqui a dificuldade que consiste em um desejo, ao mesmo tempo, de liberdade e de moralização social. O protestantismo se libertou do legalismo inquisidor da moral católica, mas criou rapidamente, para garantir a nova ordem social, um mecanismo jurídico rígido. É evidente que os pastores, em oposição aos confessores católicos, não se creem obrigados a cuidar da vida sexual dos membros de sua igreja, sendo eles os responsáveis pela vida em comum do casal; porém, o controle eclesial da validade do casamento dependeria, muito mais que no catolicismo, da celebração religiosa do casamento pelo pastor (cf. François WENDEL, *Le mariage à Strasbourg à l'époque de la* Réforme, 1520-1692 [O casamento em Estrasburgo na época da Reforma (1520-1692)], Estrasburgo, Impr. alsacienne, 1928; Pierre BELS, *Le mariage des protestants français jusqu'en 1685* [O casamento dos protestantes franceses até 1685], Pichon et Durand-Auzias, 1968; François LEBRUN, *La vie conjugale sous l'Ancien Régime* [A vida conjugal sob o Antigo Regime], Paris, Armand Colin, 1975). A liberdade e a responsabilidade são devolvidas para o cristão, mas em uma ordem social autentificada pela igreja. A laicização do casamento desejada pelos reformadores por fim não pôde se impor, pois o esforço de moralização social não podia ser bem-sucedido somente mediante o apelo à responsabilidade dos esposos. O casamento continuaria ainda por muito tempo a ser ao mesmo tempo objeto de uma atenção espiritual e moral, visando a valorizar seus efeitos benéficos para as pessoas e a sociedade, e de um controle jurídico cerrado, para protegê-lo e mantê-lo no centro da vida social como um de seus elementos essenciais.

Em resumo, podemos dizer que o protestantismo pretendeu realizar, em matéria de moral conjugal, ao mesmo tempo uma libertação da responsabilidade pessoal — o que ocorre no quarto de dormir dos esposos só interessa a eles mesmos, e cabe à sua consciência viver uma experiência espiritual junto com a carnal — e uma moralização social centrada nos valores familiares. Ambos os objetivos foram atingidos de modo desigual, o segundo mais que o primeiro, como testemunhou o rumo da história posterior.

1.2. A tradição protestante

Quando consideramos os costumes dos países protestantes no século XVII e XVIII, observamos um controle social forte sobre a vida conjugal e sexual, ao mesmo tempo que uma valorização bastante intensa das virtudes familiares. Toda uma literatura é dedicada a essa defesa dos deveres domésticos, destinada a justificar o modelo familiar burguês. Foi em meio a essa defesa, e para melhor estabelecê-la, que surgiu aos poucos uma nova ideia, a saber, que o casal e a família podem dar felicidade aos esposos (cf. [E. LEITES, *La passion du bonheur* [A paixão da felicidade], importante obra acerca das concepções inovadoras sobre o casamento e a sexualidade nos meios puritanos ingleses). Evidentemente, essa ideia estava em germe na ênfase do valor humanizante do casamento pela Reforma, mas foram os teólogos presbiterianos e puritanos anglo-saxões que desenvolveram suas potencialidades. O casamento é não apenas uma instituição social, mas, sim, o próprio meio dado por Deus ao homem e à mulher para encontrar a felicidade. Um meio que também inclui a valorização da vida sexual, que passa a ser objeto de uma nova consideração.

O casamento é finalmente o melhor meio de integrar a força da paixão e do prazer a um projeto construtivo de vida. Por isso, rompendo com toda a tradição anterior, os puritanos atribuem uma grande importância ao prazer sexual, que desempenha um papel decisivo no sucesso do projeto conjugal. Além disso, o casamento é o lugar de uma experiência de amizade entre o homem e a mulher, que é o modelo de todas as outras amizades humanas. A fraternidade viril, ou tribal, cede diante do ideal de uma relação apaziguada entre o homem e a mulher, evidentemente, no contexto do casamento, pois fora do casamento só há a paixão e suas devastações. E. Leites, na obra que citamos aqui, apresenta uma rica documentação e muitos textos que mostram de que forma os meios puritanos defendiam a instituição conjugal menos como uma instituição e mais como o meio que Deus deu aos homens de serem felizes; sem dúvida, isso representa uma nova ideia na Europa.

Como dissemos, essa valorização moderna do casal se insere em um contexto rígido, que constituiria por dois ou até três séculos o modelo familiar dominante. O casal é muito bem representado na apologia de inúmeros textos edificantes publicados em países protestantes durante esse longo período. Como exemplo, cito uma obra inglesa, por volta de 1658, traduzida várias vezes para o francês, *La pratique des vertus chrétiennes, ou tous les devoirs des hommes avec les dévotions particulières pour diverses occasions ordinaires et extraordinaires* [A prática das virtudes cristãs, ou todos os deveres dos homens com as devoções particulares para diversas ocasiões ordinárias e extraordinárias] (citaremos a quinta edição, "mais organizada e bem mais correta que as precedentes", Lausanne-Genebra, Marc-Michel Bousquet et Cie, 1745). Esse livro, "necessário em todas as famílias", apresenta os deveres de modo sistemático: de início, os deveres para com Deus; em seguida, os deveres para consigo mesmo, para com nossa alma e nosso corpo; por fim, os deveres para com o próximo. É no capítulo sobre os deveres para com nosso corpo que o autor, provavelmente Richard Allestree (1619-1681), trata da questão da sexualidade. Na verdade, trata-se do dever de castidade, em relação ao qual a sexualidade é percebida unicamente como uma ameaça. O dever de castidade aqui é antes de tudo guardar-se da mácula que a sexualidade não deixa de representar; consiste em evitar toda ação impura, "fora dos direitos implicados no casamento legítimo. No entanto, até mesmo nesse estado, não podemos imaginar que não devamos nada recusar a nossos apetites brutais. É preciso se manter dentro das regras da moderação, de acordo com a finalidade do casamento; uma dessas finalidades é gerar filhos, e a outra é evitar a impudicícia" (p. 197).

Como se vê, estamos longe da alegre liberdade com que os reformadores se maravilharam quando falavam da vida conjugal! A vontade de impor uma ordem social estrita, fundada em uma moralidade de deveres, a toda a sociedade, inclusive àqueles cujo "conhecimento é mais limitado", claramente tomou a dianteira em relação ao risco de um reconhecimento do valor da sexualidade. Assim, o casamento é descrito como um lugar de um conjunto de deveres específicos, não mais como um dom concedido por Deus ao homem e à mulher para que eles se regozijem e o tornem instrumento de sua felicidade na terra. Trata-se sobretudo de manter firme uma ordem social em que o casamento exemplifica os papéis que cada um deve desempenhar, sem buscar ultrapassar os limites prescritos. Dessa maneira, a mulher deve obedecer em tudo a seu marido, prestar-lhe fidelidade em todas as coisas e "trabalhar para assisti-lo, tornando-lhe a vida mais fácil quanto possível" (p. 364). Por sua vez, o marido deve primeiramente a sua mulher o amor e, em seguida, a fidelidade; ele deve mantê-la e instruí-la nas coisas da salvação. Os papéis morais de cada membro da família são fixados com tal rigidez que cada um é remetido a sua responsabilidade específica; o casal como tal parece não mais ter uma existência própria. Essas duas ênfases diferentes na tradição protestante se mantiveram até nossos dias. Encontramos nos textos recentes produzidos pelas igrejas e comunidades protestantes essas duas linhas: de um lado, a valorização do casal, o que hoje, ainda mais que na época puritana, significa um reconhecimento do valor da vida sexual, lugar de uma relação verdadeiramente desabrochada e feliz; de outro, a afirmação do valor social da instituição conjugal e familiar, que deve ser defendida pela sociedade e que, em relação aos cristãos, deve ser objeto de compromissos morais estritos. Será que, hoje mais que ontem, poderíamos manter unidas essas duas linhas? Essa é uma das questões que se colocam na reflexão ética das igrejas protestantes.

2. Reavaliação das fontes bíblicas

A tradição moral protestante, desde a Reforma, pretendeu encontrar sua fonte de inspiração unicamente nas Santas Escrituras, e não em uma filosofia particular. É em nome desse princípio que os reformadores criticaram as práticas católicas. Eles também desclericalizaram todo esse amplo setor da vida que é constituído do casamento, da família e da sexualidade. Porém, para propor normas positivas de comportamento, capazes de organizar a vida sexual, o recurso às Escrituras se verificou delicado. Dois procedimentos então seriam adotados: ou se invoca, como aliás costumam fazer os juristas protestantes, o grande tema bíblico da criação para apelar à natureza (leis naturais e direito natural), da qual se esperam referências objetivas; ou privilegiam-se alguns textos bíblicos particulares que assim se tornam referências obrigatórias, sem que se coloque a questão das razões para tal escolha, sem, por exemplo, que se pergunte se não seriam as necessidades de ordem na sociedade que levariam a uma ênfase sistemática no Novo Testamento, sobretudo os textos conservadores (p. ex., Efésios 5, sobre a submissão da mulher) em detrimento dos textos que testemunham a novidade que traz o evangelho (p. ex., sobre o papel fundamental das mulheres no relato da ressurreição de Cristo ou da subversão das classes sociais por amor).

A preocupação pedagógica e social do protestantismo teve de início um efeito inovador, e assim vimos que os teólogos se apoiaram na Bíblia para colocar em crise a velha sociedade; depois, na medida em que algo como uma sociedade protestante se estabelecia nos diferentes países da Europa ou da América do Norte, a teologia passou a buscar na Bíblia sustentação para legitimar a sociedade burguesa. Hoje, em uma época em que a utopia de uma sociedade "cristã" desapareceu, em que a secularização e o pluralismo se tornaram nosso meio ambiente cultural e nós fomos libertados da preocupação de fornecer para a sociedade as suas normas morais, podemos reavaliar de modo mais tranquilo a contribuição das Escrituras para a reflexão ética sobre a sexualidade e o casamento. Isso não significa que a Escritura tenha sido, no passado, apenas um álibi para posicionamentos que não lhe deviam muito, nem que hoje estaríamos livres desse tipo de confusão. No entanto, tornamo-nos mais sensíveis, por causa das reflexões modernas sobre as condições das interpretações de um texto (o que chamamos de hermenêutica) a tudo que pode interferir na relação entre o leitor e o texto. Portanto, podemos avaliar melhor as dificuldades inerentes a um processo que se vale da invocação da autoridade da Escritura para a moral. É necessário ao mesmo tempo respeitar a especificidade histórica dos textos — esse é o trabalho da exegese bíblica: tornar-nos sensíveis ao texto — e, ao mesmo tempo, buscar compreender de que maneira esses textos, no contexto deles, tentam fazer surgir um significado ético. É sobre esse significado que nosso julgamento se exerceria, quanto à aplicação desse ensinamento à nossa situação, às questões éticas que nosso contexto social e cultural nos apresenta. Esforçamo-nos por mostrar o resultado que poderia advir desse trabalho de releitura do famoso texto de Efésios 5 (cf. *De la soumission des femmes* [Da submissão das mulheres], *Le Supplément* [O Suplemento] 161, 1987, p. 73-81).

Na área que nos diz respeito aqui, esse trabalho de interpretação de texto resulta em certo número de propostas éticas que se constituem naquilo que se poderia chamar o ensino bíblico sobre o sentido e as implicações da relação entre homem e mulher. Fiel ao princípio da autoridade das Escrituras, a ética protestante se esforçaria para compreender o sentido deste ensinamento interpretando-o no contexto da cultura e da sociedade em que se exprime hoje.

Dessa forma, podemos resumir o ensino bíblico sobre a sexualidade e o casamento: a ambivalência da sexualidade é apresentada, desde as primeiras páginas da Bíblia, como a do próprio *desejo*, ao mesmo tempo uma busca do outro por si mesmo e uma recusa do outro para reduzi-lo a si mesmo. Assim, a Bíblia descreve a sexualidade como o lugar possível da experiência feliz da complementaridade do homem e da mulher. *Não é bom que o homem esteja só*, diz Deus em Gênesis 2.18. Assim, ele deu a mulher para o homem, e a "bondade" dessa união coroa a bondade de toda a criação. O reconhecimento da positividade da diferença sexual se tornou possível por remeter à alteridade de Deus. Simbolicamente dito pelo texto de Gênesis, no momento em que o homem descobre a mulher, ele acessa a linguagem do maravilhamento e da relação, não somente a linguagem da nomeação. Quando o outro é reconhecido pelo desejo como diferença irredutível, a consciência de si pode ampliar-se na dimensão da alteridade.

Porém, essa experiência também é a do *limite* — que simboliza no relato de Gênesis 2 como a árvore no meio do jardim, proibida ao homem e à mulher. Esse limite, em vez de ser reconhecido como positivo e como a condição para uma relação verdadeira com o outro, pode ser interpretado pelo desejo como uma limitação insuportável de sua busca. É por essa razão que a sexualidade também pode exprimir a violência do desejo quando busca tomar posse do outro para reduzi-lo a si mesmo. A diferença se torna sinal daquilo que é necessário suprimir, pois representa o limite, que obriga a dever sua existência ao outro. Dessa maneira, a nudez, que no amor é sinal da autodoação ao outro em confiança, torna-se motivo de vergonha que é preciso ocultar sob roupas, como se o próprio sinal da diferença do nosso sexo só pudesse ser reconhecido no modo do medo, daquilo que fascina e inquieta.

Há, portanto, uma implicação ética essencial que a sexualidade representa de um modo exemplar. Na relação com o outro, especificamente com o outro sexo, busca-se saber o que se faz desse desejo: abertura para o outro ou recusa do outro por medo ou violência. Essa implicação, que é conhecida praticamente por todas as religiões e filosofias, está explicitada na Bíblia em termos teológicos: na verdade, o que está em jogo no desejo é a relação com Deus. Assim, Deus seria um concorrente do homem, um obstáculo no caminho de sua autoafirmação, ou seria o Outro, cuja presença limita a fantasiosa autonomia do desejo para estruturá-lo em reconhecimento do outro? Aqui, trata-se do tema teológico por excelência em que são confrontadas a fé e a idolatria. Esse é o ponto em que o desejo só encontra todo o seu significado se reconhecer que o outro buscado é sempre o outro que escapa ao seu poder. É dessa maneira que ele poderá escapar tanto ao medo quanto à cobiça para construir com o outro uma relação justa e criadora.

Nessa perspectiva, a Bíblia torna o casamento o lugar por excelência da realização possível dessa relação, em que o próprio Deus está engajado, conforme afirma Jesus quando incita os esposos a *não separar o que Deus uniu* (Mt 19.6). *Tornar-se uma só carne* é cumprir aquilo que o desejo busca, a unidade sem confusão e sem desaparecimento de si; dessa forma, somos nós mesmos o mais totalmente possível no mesmo momento em que somos totalmente do outro. É uma parábola da relação com Deus, como dizem tão bem os textos místicos. Assim, o desejo encontra sua plenitude quando se torna amor. Ou seja, respeito pela alteridade do outro e vontade de inserir a relação no tempo e no espaço. Quanto Deus em Cristo "se faz carne", ele assume o tempo e o espaço para construir com os seres humanos uma relação fecunda e duradoura. O casamento é da mesma ordem: exprime a vontade do amor de inserir-se no tempo e no espaço, para que a relação do desejo que une o homem e a mulher se torne fecunda e duradoura.

Tal relação não ocorre por si mesma, mas é constantemente fragilizada pelo egoísmo, pela incompreensão, pelo enfado. Portanto, é necessário proteger o mais possível o casal contra essas ameaças, lembrando que não se trata somente de uma instituição humana, mas de uma vocação em que se exprime a vontade criadora de Deus. Jesus afirma isso com vigor diante de seus adversários que gostariam de vê-lo defender a autorização cômoda do divórcio. Por outro lado, Jesus não se alinha com os que preferem proibir todo divórcio: há casos em que o fracasso da relação é patente, em que a ruptura de fato é consumada. A dureza do coração humano de fato é capaz de fazer fracassar a vontade de Deus. Para Jesus, o divórcio jamais é banal ou anódino, mas constitui sempre o fracasso de uma intenção e de uma esperança em que a vontade do próprio Deus quer engajar dois seres. Porém, se "a vontade de Deus subsiste e qualifica a desunião, essa mesma vontade não mantém a união para além da ruptura" (Franz J. LEENHARDT, *Les femmes aussi... À propos du billet de répudiation* [As mulheres também... a propósito da carta de repúdio], *RThPh* 19, 1969, p. 40).

Assim, a sexualidade é arrancada do campo do sagrado para ser devolvida à plena responsabilidade humana, tornando-se objeto de uma escolha ética permanente. Para os ensinamentos bíblicos, a sexualidade jamais é separada de outras práticas humanas como algo que funcionasse instintivamente e sem importância existencial. Ela exprime as escolhas éticas que marcam aliás toda a vida. Agora, vamos examinar o que significa, hoje, no contexto sociocultural que é o nosso, essa exigência ética.

3. Reflexões éticas

Hoje, a sexualidade é objeto de uma atenção que nossos antepassados julgariam praticamente escandalosa. Em nossa época, é mais que evidente o fato de que recebemos uma liberdade de linguagem que felizmente se opôs às hipocrisias de antanho. No entanto, isso não significa que não mais haja controle social da sexualidade, mas, sim, que esse controle mudou de aspecto. Enquanto antigamente "não se falava dessas coisas", hoje se fala o tempo todo. O controle passa por esse discurso que não cessa de querer dizer tudo, nada deixando na sombra, evitando, portanto, que a sociedade perturbe as relações humanas, que devem permanecer transparentes, *clean*, ao mesmo tempo higiênicas e banais. Isso sem falar da aids, que gerou um terrível desconforto nesse modo de ver as coisas. Devemos constatar que esse discurso contemporâneo, ao dissociar gravemente o desejo sexual e a pessoa, por fim apenas reproduz nessa párea a ideologia individualista de nossa sociedade capitalista. Tudo se passa como se os homens devessem ser convencidos de que precisam administrar seu desejo da mesma forma com que administram suas posses, em uma sociedade de competição e livres trocas. O desejo é investido onde há melhores chances de retribuição, e os bens são retirados quando o desejo se torna decepcionante. O casal está a serviço de indivíduos que investem seu desejo em uma relação contratual e condicional. As noções de projeto comum, fidelidade e compromisso são assim fortemente relativizadas, tributárias de outros valores mais essenciais, como a busca da felicidade, do desenvolvimento pessoal, do prazer.

Remetidos assim cada um a suas particularidades, os indivíduos são mais facilmente controlados pela ideologia dominante, a ideologia de uma sociedade de livre troca, de competitividade e de extrema valorização dos bens materiais. Os sociólogos percebem essa deriva individualista e egotista constatando ao mesmo tempo outra expectativa que se une aos valores mais clássicos relacionados ao casamento e à família. Divorcia-se muito, mas esse também é um sinal de que a expectativa em relação ao casal e a vida de família é grande e muito exigente, e que não mais se suporta viver o fracasso ou viver as dificuldades.

O indivíduo moderno prefere não mais ter que escolher entre o desejo de liberdade e a necessidade de afeto, entre a defesa intransigente de seu eu e o acolhimento do outro, um outro escolhido, em quem se reconhecem direitos sobre si. Porém, a reconciliação dessas duas exigências não é possível. Durante séculos, a moral social, incluindo a moral inspirada pelo cristianismo, enfatizou a necessidade de que o indivíduo sacrificasse seus direitos pelo bem da vida conjugal e da família. As mulheres e também os homens, ainda que em menor medida, deveriam calar seus desejos para manter a unidade, a paz e a estabilidade da família. Hoje, manifestamente, a ênfase se inverteu: a moral comum defende o direito individual de não ceder, com base no desejo legítimo de ser quem é.

Diante dessa transformação, a ética protestante se opõe, acomoda-se ou propõe soluções diferentes? Está claro que, se pretende permanecer fiel aos ensinamentos bíblicos, essa ética não pode ceder em no mínimo dois pontos: o respeito pelo outro como condição ética de cada relação, inclusive sexual, e a importância do amor em um projeto que assume o tempo e o espaço. São duas afirmações que representam com bastante clareza uma contestação dos valores de ordem moral que é dominante em sociedades ocidentais e seu fundamento. Isso não significa adotar o modelo burguês da conjugalidade e da família, como se realizou nas sociedades de fato influenciadas pelo protestantismo. Uma das complicações éticas do nosso dia é, certamente para o protestantismo, perceber se ainda é capaz, com base em seus valores éticos específicos, de propor soluções alternativas realizáveis e fecundas para homens e mulheres que não se satisfazem com a deriva utilitarista. Trata-se de demonstrar, numa sociedade onde os costumes mudam com rapidez, que esses dois valores permanecem fundamentalmente necessários e verdadeiros; e que a tradição bíblica, em vários contextos, não deixou de defender, em primeiro lugar, que é o amor que dá sentido à sexualidade humana e, em segundo lugar, que o que dá ao amor todo o seu significado é sua inserção em um projeto que assume o tempo e o espaço.

Esses dois valores são complementares, pois o que ameaça a sexualidade é a busca de uma satisfação imediata que não chega a assumir a realidade do outro, consequentemente falhando em instituir uma relação criadora com ele. De modo inverso, o que ameaça a conjugalidade é a lassidão, o afundamento do projeto comum no hábito e na insignificância. Assim, é preciso que o amor aceite inscrever-se em um projeto de longo prazo, e é preciso que o projeto conjugal seja o tempo todo reavivado pela força criadora do desejo.

A forma concreta do casamento não está prescrita uma vez por todas; sentimos que hoje, por causa de novos dados, como, por exemplo, a maior expectativa de vida dos cônjuges, a transformação das tarefas exigidas da família ou o novo *status* da mulher, novas maneiras de viver a conjugalidade são experimentadas. A coabitação juvenil, que se tornou praticamente uma norma, é um exemplo disso, permitindo que se experimente a vida comum sem assumir ainda todas as exigências sociais; ou, ainda, um número crescente de casais que se divorciam quando as crianças atingem certa idade, como se fosse legítimo vislumbrar, uma vez que um primeiro círculo conjugal está terminado (ou supõe-se que esteja terminado), recomeçar um segundo. Na perspectiva ética em que nos encontramos, o que importa é questionar de que forma esses novos modelos de vida conjugal assumem ou não aquilo que implica, para o ensinamento bíblico, a relação conjugal, a saber, a fidelidade, a liberdade e a conjugalidade.

A *fidelidade* não é, em primeiro lugar, a fidelidade a um compromisso assumido no passado, nem a fidelidade às exigências de seu desenvolvimento presente, mas, sim, a fidelidade a um projeto que foi decidido de comum acordo, o da criação contínua e sempre por vir do casal. Isso implica que os dois parceiros se comprometem a confiar e a se deixar mudar e questionar um pelo outro. Fidelidade significa criação de uma história comum que cada um considera de certa maneira como mais pessoal que sua história pessoal. É por esse motivo que a felicidade não é condicional, mas, sim, um compromisso sem volta, arriscado. A única coisa que pode alimentá-la é o amor, a confiança e a esperança. Na ética protestante, notamos que tais virtudes, diante da fragilidade dos sentimentos humanos, não são naturais, e que para praticá-las é necessário primeiro recebê-las da graça de Deus. O amor conjugal deve ser arraigado no amor de Deus, a confiança na fé e a esperança na certeza de que o tempo não necessariamente leva à extenuação e à morte, mas, sim, à vida, pela graça do Deus que ressuscita os mortos.

A *liberdade* de que tratamos aqui não é a liberdade de fazer o que der na telha em função dos próprios desejos, mas, sim, a liberdade que Cristo nos ensina nos evangelhos, que é uma maneira de viver, atenta em primeiro lugar à realidade do outro. Portanto, a liberdade do casal é uma atenção de cada um ao outro para liberá-lo dos medos e paralisias e tornar possível a expressão de suas riquezas potenciais. Trata-se também do aprendizado de uma libertação dos próprios medos diante do outro, que se torna possível através da confiança do outro. O casal não é chamado a realizar uma fusão em uma identidade incerta, nem a se congelar em papéis preestabelecidos e alienantes, mas a permitir que cada um descubra, no olhar confiante do outro, aquilo que é chamado para tornar-se. Trata-se de dar ao tempo seu valor positivo, ou de uma duração em que essa construção mútua se torna possível, com suas etapas, onde o desejo e as responsabilidades mudam de expressão. Contra o mito da paixão amorosa que desaparece inexoravelmente com o tempo, a perspectiva ética defende a convicção de que a fidelidade e a liberdade podem assegurar na duração um valor criador para o casal.

A *conjugalidade* assume seu sentido máximo na inserção voluntária do casal na sociedade. O casamento não pode ser algo privado sem perder uma das suas características essenciais: o reconhecimento social. Aliás, esse reconhecimento é duplo: o casal se engaja na sociedade e é reconhecido pela sociedade, que por sua vez reconhece os direitos do casal e seus deveres para com ele. Em oposição a certa tendência de privatizar a conjugalidade, a ponto de muitas vezes rejeitar a ratificação da existência do casal "no cartório", a ética protestante insiste no valor, para o próprio casal, dessa institucionalização da vida privada mais íntima. Falamos desse aspecto da realidade somente em terceiro lugar, para mostrar que o casamento como instituição só é verdadeiro se exprimir, em primeiro lugar, um amor fiel e livre. Mas os valores relacionados ao amor não são expressões idealizadas de sentimentos somente, mas exprimem a vontade de assumir o real e de se propiciar os meios para manter vivo o amor que une um homem e uma mulher. A passagem pela substituição não é um fim em si, mas o justo reconhecimento de que nossas relações, mesmo as mais íntimas, são sempre mediadas pelo social, e que, portanto, é indispensável que o social seja claramente definido em seus direitos e deveres.

Essa é a perspectiva que a ética de inspiração protestante defende em matéria de casamento. Quanto à sexualidade, é chamada a exprimir o arraigamento carnal do amor e, ao mesmo tempo, tudo aquilo que o desejo visa, através do corpo, além da espessura corporal somente, a saber, a presença do outro. Ela também pode afirmar a liberdade de não se deixar encerrar em papéis prescritos através da invenção de jogos eróticos. Há uma verdade do erotismo que consiste em desafiar a implacável precariedade da vida, do sofrimento e da morte, que é atestar que o ser humano é chamado por Deus a deixar que a vida subverta a morte e deixar que o prazer afirme que o fim do homem, o Reino de Deus de que fala Cristo, está simbolizado nas Escrituras como uma refeição abundante, generosa, onde a alegria de estar juntos se manifesta pela alegria de encher a barriga! O prazer, quando não é expressão egoísta da rejeição do outro, é um dom de Deus para nos dar o verdadeiro gosto da vida. Assim, o prazer sexual abre para o homem e para a mulher a consciência da profundidade de sua existência, que é de ordem espiritual. Na experiência do amor, que é ao mesmo tempo um encontro dos corpos e uma aproximação do mistério das pessoas que a união dos corpos não reduz, o homem e a mulher podem descobrir que o espírito só é verdadeiramente acolhido quando a espessura carnal da existência não é negada, mas, sim, celebrada. O outro é esse corpo próximo que eu posso abraçar, e também é o mistério irredutível de uma presença. Assim, o homem e a mulher podem celebrar na frágil palavra de sua carne o mistério do mundo e de Deus.

Existe, portanto, uma autêntica espiritualidade no erotismo que se funda em um reconhecimento da fragilidade e do dom; porém, o reconhecimento do valor espiritual do prazer não está separado do reconhecimento do mistério do outro, o que significa uma relação com o corpo do outro que não é dominada pela cobiça. O corpo do outro é um sinal que é preciso decifrar, uma esfera a perceber, um dom a aceitar e uma presença a acolher.

Uma palavra final sobre a *família*. Tudo o que afirmamos aqui sobre a inserção no tempo e no espaço da existência do casal evidentemente diz respeito à família. Sua fragilidade atual é a mesma fragilidade do casal, e nós tratamos da dificuldade de assumir um projeto que obriga os dois parceiros a renunciarem a uma afirmação egoísta de seus direitos. Ao mesmo tempo, a família é reconhecida por uma maioria de nossos contemporâneos como um lugar precioso, em que cada membro deve poder ser o que é, além dos papéis sociais: como uma espécie de oásis em que a afetividade, a ternura e a liberdade, tão frequentemente frustradas na vida social, podem reencontrar toda a sua importância. Essa imagem ideal é com frequência posta em pedaços, porque se esquece que os sentimentos, para que se mantenham e se desenvolvam, precisam de uma vontade ética que os insira em uma ordem que, por sua vez, proteja-os e torne reais os valores relacionais. É necessário repetir que essa ordem consiste em assumir a duração, a temporalidade da existência comum, com seus ritmos diferentes, seus momentos fortes e seus momentos ocos, seus rituais que vocalizam o sentido e o espaço em que devem aprender a viver e a se desenvolver os membros da família. Viver com o tempo, e não contra ele; aprender a deixar espaço aos outros, partilhando esse espaço, tais são talvez as implicações principais da vida em família. As crianças significam essa dupla realidade; elas são a expressão da fecundidade do amor, quando o amor se insere em um projeto de vida em longo prazo. Melhor que tudo, elas apontam para a necessidade de dar tempo ao tempo quando queremos construir uma vida, e de cativar o espaço para que cada um possa construir seu mundo construindo o mundo em comum. É dessa forma que a família se torna um lugar de aprendizado para todos, além de um lugar de verificação das escolhas éticas que fundamentam o casal.

4. Algumas questões particulares

4.1. O celibato

Historicamente, o ensinamento moral protestante, ao insistir, como de fato fez, no valor do casamento, desvalorizou de forma sensível o celibato. Chegou até mesmo a combater o celibato imposto por disciplina eclesiástica. Assim, tornou-se mais difícil dar sentido a uma situação de vida na qual parecia faltar o essencial. Nos últimos tempos, sob a influência de relações ecumênicas que permitiram uma compreensão mais acurada da prática de outras igrejas, o protestantismo reavaliou essa posição. A criação de comunidades religiosas protestantes (Taizé, Grandchamp, Reuilly, Pomeyrol etc.) resultou em um novo sentido positivo atribuído à vocação do celibato. Dessa forma, reencontrou-se uma tradição cristã que remonta aos tempos apostólicos, em que o celibato era escolhido por questões de disponibilidade. Assim, em 1Coríntios 7, o apóstolo Paulo trata tanto do casamento quanto do celibato como vocações: a primeira implica deveres que de algum modo limitam a disponibilidade para o serviço do Senhor, enquanto a segunda permite a preocupação somente com "as coisas do Senhor" (v. 32). Parece então evidente que, escolhido por vocação, o celibato tem seu lugar garantido na igreja.

Contudo, é preciso também abordar a questão muito mais delicada do celibato imposto contra a vontade daqueles que, por motivos diversos, não puderam casar. É claro que isso também pode se dar por um medo inconsciente, que conviria investigar para buscar sua superação, ou por decepções específicas, por exemplo, de caráter profissional, o que nos leva ao caso anterior, com a diferença de que, nesses casos, não mais se trata de vocação religiosa. Com exceção desses exemplos, só podemos desejar que os celibatários encontrem em sua situação um motivo de verdadeira vocação, não com um espírito do tipo "fazer das tripas coração", mas, sim, buscando viver a realidade que foi imposta ao sujeito como uma circunstância de liberdade. Já a vida sexual dos celibatários é uma questão que pertence ao âmbito da consciência de cada um, algo que se deve viver na perspectiva esboçada nos pontos precedentes: uma perspectiva de respeito.

4.2. A homossexualidade

A homossexualidade está hoje no centro de debates acirrados nas igrejas protestantes. O artigo mais diminuto sobre a questão na imprensa religiosa suscita imediatamente uma quantidade imensa de cartas para a redação.

Para uns, de acordo com aquilo que dizem as Escrituras, a homossexualidade é uma perversão moral e espiritual, um pecado de ordem sexual tal como o é a masturbação, a pedofilia ou a bestialidade. Para todos que defendem tal posição, a prática homossexual não pode ser aceita pelos cristãos.

Para outros, a posição antiga não mais pode ser defendida por motivos ao mesmo tempo de caridade cristã e melhor conhecimento da etiologia da homossexualidade, e é preciso admitir homossexuais na igreja sem pedir-lhes que mudem de vida. Alguns chegam até mesmo a defender a igualdade de direitos entre homossexuais e heterossexuais, já que ambas as práticas sexuais são consideradas "normais". Por que não aceitar então casamento entre homossexuais, ratificando assim a qualidade da relação que pode unir por toda a vida dois homossexuais?

É do pensamento popular achar que as igrejas protestantes, de tendência fundamentalista, chamadas evangélicas, são muito negativas em relação aos homossexuais. Todavia, o que não é dito em tais afirmações é que tal posicionamento não se dá por conta de um preconceito ou antipatia gratuitos diante da sexualidade de alguém. O que fundamenta tais pensamentos são, obviamente, a clareza dos textos bíblicos sobre o assunto, textos que, para a maioria dos cristãos, guiam seu pensamento sobre o assunto.

De acordo com alguns textos bíblicos, que não são muitos, mas que são unânimes em tratar a questão de modo negativo, essas igrejas denunciam a homossexualidade como uma perversão que se opõe aos desígnios de Deus, que deseja que o ser humano seja ou homem ou mulher. Assim, esses meios propõem aos homossexuais tratamentos médicos ou espirituais que os curem dessa doença-pecado, como alguns denominam, ou então abandonar a prática sexual. É importantíssimo frisar que não são todos os protestantes que consideram a homossexualidade uma doença. A grande maioria dos protestantes não consideram como doença, mas como pecado. Há uma distância enorme entre doença e pecado, e a vasta maioria dos cristãos consideram a homossexualidade um pecado de ordem sexual, como já posto acima, e não como uma doença. O posicionamento minoritário que considera a homossexualidade como uma doença carece de fundamentação bíblico-teológica, a qual, obviamente, não existe.

Evidentemente, enfatiza-se a importância da ordem da criação que de fato constitui o ser humano em sua bipolaridade sexual, em que se descobre o valor da diferença como sinal de alteridade. No entanto, essa postura peca contra o espírito evangélico, que acolhe todos os seres humanos sem julgá-los, sejam como forem; a consequência é rejeitar os homossexuais, seja retirando-os da comunidade eclesial, seja mergulhando-os em uma culpa que também reforça seu sentimento de exclusão.

Adotando uma atitude oposta, algumas igrejas, principalmente na América do Norte ou em alguns países do norte da Europa, demonstram, em nome do amor cristão, uma abertura tão grande que não mais questionam a legitimidade teológica da homossexualidade. Em um relatório recente apresentado pela Companhia dos Pastores de Genebra ao Consistório da Igreja Protestante dessa mesma cidade, esse posicionamento foi defendido por algumas igrejas do seguinte modo: "O evangelho, que se pretende uma irrupção do Reino na economia presente, transtorna os critérios tradicionais do que é permitido e do que é proibido para privilegiar, por meio de uma nova relação com Deus, a relação dos seres entre si, uma relação feita de amor, ternura, paciência, escuta e fidelidade. [...] À imagem do amor de Deus, o amor humano também permanece um mistério, que coloca em relação e depois em marcha dois seres por um momento ou por toda a vida. Fracasso ou sucesso, homem ou mulher, o movimento que une dois seres em proximidade pertence, portanto, a esse mistério divino do amor, e assim, não nos cabe julgar o mistério, seja qual for o sexo das pessoas que o experimentam e o vivem". Esse ponto de vista coloca em destaque ético somente o comportamento dos indivíduos, deixando de pronunciar-se sobre a orientação sexual desses indivíduos.

Se o amor prevalece nessas relações, está tudo certo, é o lema muitas vezes empregado, porém, totalmente sem fundamento bíblico, visto que os protestantes entendem que a prática do amor não pode ser fundamento para pecar — se sabemos que algo é pecado, então não podemos amar tal coisa, ou manifestar amor por ela; se este desejo está em nós, devemos, como a qualquer outro pecado, resisti-lo por não glorificar a Deus.

A dificuldade de tal proposta é a distância tomada em relação aos textos bíblicos, não somente os que condenam de modo explícito a homossexualidade (Lv 18.22 e 20.13; Rm 1.26ss; 1Co 6.9; 1Tm 1.9s), mas também em relação aos que, como Gênesis 1 e 2, percebem o casal heterossexual como a expressão dos desígnios de Deus para o cumprimento do sentido de sua criação. Assim, os teólogos que defendem tal posição liberal precisam fingir ignorar os laços que a Bíblia estabelece entre homossexualidade e idolatria: o casal homem-mulher é para a Escritura o paradigma daquilo para o qual a humanidade é chamada, uma vida de reconhecimento da alteridade. Um fato fundamental para a antropologia bíblica é ignorado: a diferença sexual é um sinal da falta que impede a totalização sobre si mesmo. Recusar esse sinal é permitir a crença de que podemos encontrar o outro no mesmo e, na recusa da falta, uma completude satisfatória. Formalmente, trata-se da mesma raiz espiritual da idolatria, que busca também evitar a falta para conseguir, como em um espelho, um contato disponível e sem alteridade: o ídolo é o Mesmo em que o ser humano se fecha para fugir da angústia da morte, assim como da angústia do risco da vida. Dessa forma, não podemos considerar que a orientação heterossexual e homossexual são indiferentes sem ignorar uma parte essencial dos ensinamentos bíblicos.

As duas dificuldades fundamentais na homossexualidade — não poder experimentar a função procriadora da sexualidade e não poder viver a alteridade quanto à diferença sexual — excluem a possibilidade de reconhecer na homossexualidade o mesmo *status* da relação heterossexual.

Não reconhecer a homossexualidade como um princípio legítimo não significa que devamos desprezar os homossexuais como pessoas. Como recomenda a maioria das igrejas protestantes, precisamos acabar com os processos de exclusão que atingem os homossexuais. Acolhê-los não significa nem uma aceitação condescendente de tudo o que eles dizem e fazem nem uma condescendência moral que os encerra em julgamentos morais preestabelecidos. Acolher significa dialogar, partilhar o mesmo impacto que o evangelho exerce em todas as nossas idolatrias pessoais e sociais; acolher é questionar pessoalmente de que maneira o Senhor deseja que sejamos fiéis a ele, com os meios e as situações que são os nossos. Se existem cada vez mais grupos de homossexuais cristãos (tais como os grupos Davi e Jônatas, na França, e Cristãos e Homossexuais em Genebra), essa pode ser uma solução provisória para que eles possam compreender-se melhor em sua relação com a fé, mas não deveria resultar em uma espécie de gueto homossexual; há somente uma comunidade cristã da qual ninguém está *a priori* excluído. Às pessoas cuja orientação homossexual é irreversível, seria necessário indagar, assim como a cada cristão, de que maneira, na liberdade de consciência impactada pelo evangelho, eles podem viver sua condição homossexual de modo digno do evangelho, sem decidir por eles sobre o que é moralmente justo e permitido. Afinal, a moral protestante não dita a conduta íntima de ninguém, nem aos homossexuais nem aos heterossexuais.

É consenso entre a grande maioria dos protestantes que, quem dita a conduta íntima dos cristãos é o próprio Cristo através de sua Santa Palavra.

Em relação à simbólica social religiosa que às vezes os homossexuais exigem das igrejas, como por exemplo uma bênção que é chamada "benção da amizade" (que funcionaria como um "casamento homossexual"), tal coisa não pode ser permitida, por tudo o que já afirmamos sobre a diferença essencial de significado entre casal heterossexual e casal homossexual.

4.3. A aids

A questão da aids, em primeiro lugar, não é moral, mas pertence ao âmbito da medicina. No entanto, por transmitir-se sobretudo na relação sexual, a aids suscitou, desde seu surgimento, inúmeras reflexões sobre a ética sexual. Alguns viram nessa doença algo como uma sanção (divina?) a uma liberdade sexual abusiva e imoral. Sem chegar a efetuar tal julgamento, que é teológica e eticamente ambíguo, no mínimo, outros observaram que, se todos vivessem com fidelidade a relação conjugal, a aids não teria se desenvolvido tão amplamente. O que parece certo é que a aids se afigura como um novo dado que está modificando os costumes sexuais: a apologia do sexo por puro prazer e da relação sexual livre de acordo com a própria vontade transformou-se em conselhos de prudência e recomendações para o uso de preservativos. Colocaram-se sobre as relações sexuais um medo e um peso que já se consideravam superados. O risco é que o medo do parceiro potencialmente perigoso resulte em uma sexualidade *soft*, com parceiros a distância ou imaginários. O surgimento de ligações telefônicas eróticas, filmes pornográficos e outros aparelhos eletrônicos vai neste sentido.

A aids nos põe diante de duas questões: a da solidariedade diante dos atingidos por essa terrível doença que condena à morte e a de nossos valores sociais em matéria de costumes sexuais. A primeira questão diz respeito ao amor, que suspende todo tipo de julgamento moral para cuidar da pessoa que precisa de ajuda ou de cuidados. Nossas igrejas reagiram rapidamente neste nível, com a criação de inúmeros ministérios especializados no acompanhamento dos doentes, manifestando a compaixão que devemos àqueles atingidos cruelmente pelo destino. Diante do desenvolvimento da doença, em todo o mundo, não faltaram oportunidades para a manifestação dessa compaixão.

A segunda questão diz respeito a nossas sociedades. Será que elas podem continuar ainda por tanto tempo evitando toda afirmação moral ou de contenção sexual, questões que hoje são consideradas próprias à vida pessoal e íntima, ou seja, da liberdade de cada um, e ao mesmo tempo se engajarem em uma luta impiedosa contra a doença? As igrejas protestantes que respeitam a liberdade de consciência não pretendem desempenhar o papel de guardiãs da moral pública, mas apelam para que os cristãos vivam com alegria, liberdade e convicção seus compromissos nessa área, sobretudo em uma vida conjugal e familiar de qualidade. Quanto ao restante, só podem lembrar o Estado de que é mais sábio prevenir do que remediar; e que a prevenção não é somente obra de preservativos, mas também de educação moral e espiritual. Assim, seria talvez correto que mais meios fossem empregados para defender e ajudar as famílias a desempenharem melhor seu papel educativo. Em todo caso, a aids lembra que as questões de moral sexual, que se acreditavam definitivamente algo restrito ao âmbito privado, também são, em muitos aspectos, questões de ética social.

5. Conclusão

Assim como foi feito em outras áreas, a ética protestante da sexualidade e do casamento apela para a responsabilidade de todos, para que, com a ajuda do Espírito Santo, que os capacita a compreender o sentido das Escrituras, os cristãos saibam perceber as implicações éticas e espirituais das situações que vivem. A igreja existe para afirmar normas de comportamento [contidas na Palavra de Deus], [e também], para lembrar o sentido e o valor dos ensinamentos bíblicos, assim como a responsabilidade de cada um diante de Deus quanto a viver de um modo que honre o Senhor e realmente sirva ao próximo. A sexualidade representa uma maravilha que oferece muitas promessas de vida, mas também, por causa da maldade natural do ser humano, representa ameaças reais. Diante disso, com a Escritura, é preciso louvar a Deus por esse dom que foi concedido do homem para a mulher e da mulher para o homem, e ao mesmo tempo encarregar-se com seriedade da responsabilidade que esse dom deve suscitar em cada um de nós.

Éric Fuchs

▶ ALLMEN, Jeun-Jacques von, *Maris et femmes d'après Saint Paul*, Neuchâtel, Delachaux et Niestlé, 1951; ARIÈS, Philippe e DUBY, Georges, orgs., *História da vida privada* (1985-1987),

5 vols., São Paulo, Companhia das Letras, 1990-1992; BIÉLER, André, *L'homme et la femne dans la morale calviniste*, Genebra, Labor et Fides, 1963; BROWN, Peter, *Le renoncement à la chair. Virginité, célibat et continence dans le christianisme primitif* (1988), Paris, Gallimard, 1995; DEMUR, Christian e MÜLLER, Denis, *L'homosexualité. Un dialogue théologique*, Genebra, Labor et Fides, 1992; DERMANGE, François, EHRWEIN, Céline e MÜLLER, Denis, orgs., *La reconnaissance des couples homosexuels. Enjeux juridiques, sociaux et religieux*, Genebra, Labor et Fides, 2000; FUCHS, Éric, *Le désir et la tendresse. Pour une éthique chrétienne de la sexualité* (1979), Paris-Genebra, Albin Michel-Labor et Fides, 1999; Idem, "Sexualité et pouvoir dans l'Église", *Concilium* 217, 1988, p. 37-43; Idem, "La difficile parole de la différence", *Lumière et Vie* 194, 1989, p. 83-90; GRIMM, Robert, *L'institution du mariage. Essai d'éthiqúe fondamentale*, Paris, Cerf, 1984; Idem, *Luther et l'expérience sexuelle. Sexe, célibat et mariage chez le Réformateur*, Genebra, Labor et Fides, 1999; LEITES, Edmund, *La passion du bonheur. Conscience puritaine et sexualité moderne* (1986), Paris, Cerf, 1989; LUTERO, Martinho, *Des bonnes ceuvres* (1520), em *MLO* 1, 285-287: "Du sixième commandement"; Idem, "O matrimônio", em *Do cativeiro babilônico da igreja* (1520), São Paulo, Martin Claret, 2006, p. 232-244; Idem, *De la vie conjugale* (1522), em *MLO* 3, 225-251; Idem, *Le Grand Catéchisme* (1529), em *MLO* 7, 64-67: "Le sixième commandement"; Idem, *Prédication prononcée le lundi après Quasimodo pour le mariage de Caspar Cruciger* (1536), em *MLO* 9, 256-269; MEHL, Roger, *Société et amour. Problèmes d'éthique de la vie familiale*, Genebra, Labor et Fides, 1961; Idem, *Essai sur la fidélité*, Paris, PUF, 1984; MENOUD, Philippe Henri, "Mariage et célibat selon Saint Paul" (1950), em *Jésus-Christ et la foi. Recherches néotestamentaires*, Neuchâtel, Delachaux et Niestlé, 1975, p. 13-23; ROUGEMONT, Denis de, *L'amour et l'Occident* (1939), Paris, Plon, 2001; WILLAIME, Jean-Paul, "Entre éthique de responsabilité et éthique de conviction: l'éthique sexuelle en débat dans le protestantisme français des années 1970-2000", em Jacques MAÎTRE e Guy MICHELAT, orgs., *Religion et sexualité*, Paris, L'Harmattan, 2002, p. 59-72.

▶ Amor; aborto; aids; **bioética**; casal; casamento; castidade; celibato; criança; coabitação; contracepção; desejo; erotismo; família; fidelidade; homossexualidade; incesto; masturbação; maternidade; **moral**; mulher; Nomenyo; Nygren; paternidade; prazer; pornografia; Quéré; Rougemont; vitorianos (época e valores)

SHAW, Anna Howard (1847-1919)

Ordenada ministra metodista americana, médica, oradora e militante do voto feminino, Anna Howard Shaw nasceu em Newcastle-upon-Tyne (Inglaterra), instalando-se ainda na infância nos Estados Unidos com sua família. Com 24 anos, tornou-se metodista e estudou no Boston University Theological Seminary, com o objetivo de ser ordenada na Igreja Metodista Episcopal Americana. Diplomada em 1878, serviu como pastora leiga a duas paróquias de Massachusetts, mas deixou a denominação quando sua ordenação foi recusada. Em outubro de 1880, tornou-se a primeira mulher ordenada na Igreja Metodista Protestante.

A experiência direta com a pobreza e as péssimas condições sanitárias dos membros de sua paróquia nos bairros pobres de Boston fez com que Shaw iniciasse estudos em medicina, obtendo o doutorado em 1885. Tornou-se vice-diretora nacional das questões do direito de voto na União Moderada Cristã das Mulheres, distinguindo-se por suas qualidades como oradora. Representou a União durante a Conferência Internacional das Mulheres, em 1888, sendo descoberta por Susan Brownell Anthony (1820-1906) e Frances Elizabeth Willard (1839-1898), militantes do voto feminino. Engajou-se então na Associação Americana do Voto Feminino, servindo incansavelmente à causa: em 1892, por duas semanas, percorreu mais de onze mil quilômetros para ministrar vinte conferências, chegando a dirigir-se a mais de seis mil pessoas em um ajuntamento em Salt Lake City, em Utah. Catt e Shuler a consideram "a maior oradora que o mundo já conheceu".

O movimento pelo voto feminino era dividido entre uma ala radical, representada por Elizabeth Cady Stanton, que rejeitava a religião institucionalizada e o ensinamento bíblico, e uma facção mais moderada representada pela União Moderada Cristã das Mulheres, de Frances Willard. Em 1896, a Associação Americana do Voto Feminino propôs uma moção de censura contra a posição de Stanton, e Shaw se manifestou a favor do processo. Ela foi eleita presidente da associação em 1904, exercendo essa função até 1915. Morreu em 1919, ano da décima nona emenda à Constituição americana que concedeu o direito de voto às mulheres.

Elaine Graham

▶ SHAW, Anna Howard, *The Story of a Pioneer* (1915), Cleveland, Pilgrim Press, 1994; CATT, Carrie Chapman e SHULER, Nettie Rogers, *Woman Suffrage and Politics. The Inner Story of the Suffrage Movement* (1926), Seattle, University of Washington Press, 1969; LINKUGEL, Wil A. e SOLOMON, Martha, *Anna Howard Shaw. Suffrage Orator and Social Reformer*, New York, Greenwood Press, 1991.

◉ Feminismo; **mulher**; Stanton; Willard

SICKINGEN, Franz von (1481-1523)

Nascido no Castelo de Ebernburg, perto de Worms, esse nobre alemão, chefe de mercenários, juntou bens consideráveis e uma sólida posição política ao longo de suas numerosas campanhas contra senhores e cidades. Passou algum tempo a serviço de Francisco I, rompendo com o rei para aliar-se a Charles V, tornando-se uma peça-chave em sua eleição. Assim como seu amigo Ulrich von Hutten, Sickingen pertencia a essa nobreza humilhada pelo fracasso econômico e social, que só retinha da mensagem de Lutero aquilo que poderia afirmar um nacionalismo alemão contra uma latinidade que desprezava essa nobreza; enquanto o reformador tratava da liberdade cristã, da independência dos fiéis e da grandeza de Deus (cf. *De la papauté de Rome* [Sobre o papado de Roma], 1520, em *MLO* 2, 13-56, e À nobreza cristã da nação alemã, acerca da melhoria do estamento cristão, em Martinho LUTERO, *Martinho Lutero: obras selecionadas*, vol. 2, São Leopoldo, Sinodal, 1989, p. 277-340), Sickingen compreendia liberdade, independência e grandeza da nação alemã. Ele aderiu a ambas as causas, o humanismo nacional e a Reforma. Desse modo, defendeu Johannes Reuchlin na querela contra os dominicanos de Colônia, protegeu Lutero durante a Dieta de Worms e acolheu humanistas e reformadores como Martin Bucer e Johannes Oecolampadius em seus castelos que, de acordo com a expressão de Hutten, tornaram-se verdadeiros "refúgios de justiça".

Em 1522, Sickingen encabeçou a revolta dos cavaleiros, e essa decisão marcou sua derrota. Com o apoio da pequena nobreza, invadiu a terra do arcebispo Trier, com o objetivo de levar a termo a secularização dos bens eclesiásticos. Deparando com Felipe de Hesse, com o eleitor palatino e com a Liga da Suábia que haviam tomado partido do prelado, Sickingen foi obrigado a se refugiar em seu castelo de Landstuhl, onde foi mortalmente ferido. Enquanto a guerra dos senhores chegava ao auge, Lutero deixou de solidarizar-se com o movimento, escrevendo a obra *Sincère admonestation à tous les crhétiens pour qu'ils se gardent de la révolte et de la sédition* [Sincera admoestação a todos os cristãos para que se mantenham afastados da revolta e da sedição] (1522, em *Oeuvres* [Obras] I, Paris, Gallimard, 1999, p. 1131-1145) e, recusando-se a confundir a causa da liberdade cristã com a da liberdade alemã, redigiu *De l'autorité temporelle et des limites de l'obéissance qu'on lui doit* [Sobre a autoridade temporal e os limites da obediência que se lhe deve] (1523, em *MLO* 4, 13-50).

Lucie Kaennel

▶ MEYER, Manfred, "Sickingen, Hutten und die reichsritterschaftlichen Bewegungen in der deutschen frühbürgerlichen Revolution", *Jahrbuch für Geschichte des Feudalismus* 7, 1983, p. 215-246; PRESS, Volker, "Ein Ritter zwischen Rebellion und Reformation, Franz von Sickingen, 1481-1523", *Blätter für pfälzische Kirchengeschichte und religiöse Volkskunde* 50, 1983, p. 151-171; SCHOLZEN, Reinhard, *Franz von Sickingen. Ein adeliges Leben im Spannungsfeld zwischen Städten und Territorien*, Kaiserslautern, Institut für pfälzische Geschichte und Volkskunde, 1996.

◉ Alemanha; Felipe de Hesse; Hutten; nacionalidade e nacionalismo

SIEGFRIED, André (1875-1959)

Nascido em Havre, filho de Jules Siegfried, industrial e político protestante, André Siegfried foi professor de economia política em vários estabelecimentos de ensino prestigiosos na França, tais como o Instituto de Estudos Políticos em Paris, o Colégio de França e a Escola Nacional de Administração. Tornou-se conhecido em todo o mundo por suas viagens e pelos estudos que empreendeu em países como Nova Zelândia, Estados Unidos, Canadá, Grã-Bretanha e Israel. Criou na França a sociologia eleitoral e religiosa. Foi presidente do conselho de administração da Fundação Nacional de Ciências Políticas (1945-1959), membro da Academia de Ciências Morais e Políticas (1932), da Academia Francesa (1944), do Comitê Constitucional (1955) e da Corte de Arbitragem de Haia (1957). André Siegfried foi um dos protestantes franceses mais conhecidos de sua época, sendo membro ativo do movimento liberal e da organização A Causa.

Jean-François Zorn

▶ SIEGFRIED, André, *Tableau politique de la France de l'Ouest sous la Troisième République* (1913), Genebra, Slatkine, 1980; Idem, *Les États--Unis d'aujourd'hui* (1927), Paris, Armand Golin, 1945; Idem, *La Suisse, démocratie-témoin* (1948), Neuchâtel, La Baconnière, 1956; Idem, *Géographie électorale de l'Ardèche sous la IIIe République*, Paris, Armand Colin, 1949; Idem e LATREILLE, André, *Les forces religieuses et la vie politique. Le catholicisme et le protestantisme*, Paris, Armand Colin, 1951; *L'oeuvre scientifique d'André Siegfried*, Paris, Presses de la Fondation nationale des sciences politiques, 1977.

◐ Durrleman

SIMBÓLICOS (Escritos)

Os Escritos Simbólicos das igrejas protestantes são declarações de fé com base no exemplo da igreja antiga, retomando aliás explicitamente o *Símbolo dos apóstolos*, o *Símbolo de Niceia--Constantinopla* e o *Símbolo de Atanásio*.

Martinho Lutero já havia sentido a necessidade de uma confissão de fé, e a *Confissão de Augsburgo* (1530), redigida por Melâncton e aprovada por Lutero, exerceu uma autoridade primordial para as igrejas de tradição luterana. Nenhuma confissão exerceu tal autoridade para os reformados, geralmente divididos pelos idiomas. Para os falantes de língua francesa, o *Catecismo da Igreja de Genebra* (1542), de João Calvino, desempenhou um papel fundamental, mas a *Confissão de fé das igrejas reformadas da França*, conhecida como *Confissão de La Rochelle* (1559), teve uma influência maior. Nos países reformados de língua alemã, o *Catecismo de Heidelberg* (1563) ainda é atual, assim como a *Confissão de Westminster* (1648) para os falantes do inglês, influenciada pelos *Irish Articles* (1615), que se supõe tenham sido redigidos pelo arcebispo de Armagh, James Ussher (1581-1656). A *Confessio Belgica* (1561) ainda é importante para as igrejas de fala holandesa. Alguns escritos simbólicos como os *Cânones do Sínodo de Dordrecht* (1618-1619) exprimem ideias que se tornaram embaraçosas para a maioria das igrejas reformadas (como, p. ex., em relação à predestinação). Tais catecismos e confissões de fé são expressão da fé em dado contexto histórico. Um elemento comum a essas confissões é a lista de livros da Bíblia e uma declaração que atesta sua autoridade. Em uma preocupação ortodoxa, ou seja, com uma doutrina que fosse "reta" e "justa", algumas dessas confissões de fé, sobretudo no século XVI (*Confissão de Augsburgo*, 1530; *Fórmula de concórdia*, 1580; *Primeira confissão helvética*, 1566), mas não exclusivamente (*Declaração de Barmen*, 1934), foram levadas a reprovar e condenar as posições defendidas por determinadas denominações.

Houve tentativas de reescritura das confissões de fé nos tempos modernos, que obtiveram graus variados de sucesso, como a *Confissão de fé da Igreja Presbiteriana Reformada de Cuba* (1977) com suas ideias marxistas. O mais importante documento do tipo no século XX é a *Declaração de Barmen* da Igreja Confessante, que marcava posição contra os "Cristãos Alemães" em maio de 1934.

William McComish

▶ BIRMELÉ, André e LIENHARD, Marc, orgs., *La foi des Églises luthériennes. Confessions et Catéchismes*, Paris- Genebra, Cerf-Labor et Fides, 2003; *The Constitution of the Presbyterian Church (U.S.A.)*, Parte 1: *Book of Confessions*, Louisville, Office of the General Assembly, Presbyterian Church, 1999; FATIO, Olivier, (org.), *Confessions et Catéchismes de la foi réformèe*, Genebra, Labor et Fides, 2005; LEHMANN, Karl e PANNENBERG, Wolfhart, orgs., *Les anathèmes du XVIe siècle sont-ils encore actuels? Les condamnations doctrinales du concile de Trente et des Réformateurs justifient-elles encore la division de nos Eglises?* (1986), Paris, Cerf, 1989; MOTTU, Henry, org., *Confessions de foi réformées contemporaines et quelques autres textes de sensibilité protestante*, Genebra, Labor et Fides, 2000; NIESEL, Wilhelm, org., *Bekenntnisschriften und Kirchenordnungen der nach Gottes Wort reformierten Kirche*, Zurique, Theologische Buchhandlung, 1985; "Confesser la foi", *RThPh* 117/2, 1985; VISCHER, Lukas, org., *Reformed Witness Today. A Collection of Confessions and Statements of Faith Issued by Reformed Churches*, Berna, Evangelische Arbeitsstelle Ökumene Schweiz, 1982; WENZ, Gunther, *Theologie der Bekenntnisschriften des evangelisch-lutherischen Kirche. Eine historische und systematische Einführung in das Konkordienbuch*, 2 vols., Berlim, Walter de Gruyter, 1996-1998.

> Anátema; *Barmen (Declaração de)*; catecismo; concílio; *Confessio Belgica*; *Confissão de Augsburgo*; *Confissão de Augsburgo (Apologia da)*; confissão de fé; *Confissão de La Rochelle*; *Confissão de Schleitheim*; doutrina; *Dordrecht (Sínodo e Cânones de)*; *Fórmula de Concórdia*; *Heidelberg (Catecismo de)*; heresia; ortodoxia protestante; *Segunda confissão helvética*; *Smalkalde (Artigos de)*; *Trinta e nove artigos*; *Westminster* (Assembleia e *Confissão de*)

SÍMBOLO

Em um sentido etimológico e na acepção mais ampla, a palavra "símbolo" designa todo signo representativo, verbal ou não verbal, que associa (lit., "coloca uma ponte entre") um significante e um significado. Em um contexto mais técnico e mais rigoroso, na teologia clássica e até na teologia de Paul Tillich, é denominado "símbolo" um significante que tem laços ontológicos com seu significado. Assim, dizemos que a bandeira é um símbolo da pátria, e que o pão e o vinho da ceia são símbolos do corpo e do sangue de Cristo. De algum modo, o símbolo participa da realidade que designa ou significa.

Na teologia protestante, o símbolo, em nenhum caso, pode ser confundido ou identificado com a realidade significada, ou seja, não pode ser nem sacralizado nem absolutizado. Permanece como um signo totalmente secular. Um símbolo sacralizado, de fato, só pode ser pervertido em ídolo, tomando o lugar do Absoluto que se propôs a significar. Nesse sentido, o pensamento católico e ortodoxo é muito mais ambíguo: o símbolo é e não é o Absoluto; por ser portador do sagrado, torna-se um signo sagrado.

É preciso perceber que na filosofia de Paul Ricoeur, assim como em parte da reflexão contemporânea, o termo "metáfora" tende a substituir o termo "símbolo". Esse descolamento da problemática não é inocente, mas aponta para o desejo de limitar o problema do sentido ao nível da linguagem e da Escritura, mais que do que do imaginário e do gestual não verbal. A relação significante-significado tende somente a ser tratada como um puro jogo de signos em que o significante chega a esvaziar o significado de toda relação com o "real". No entanto, na obra de Ricoeur, a "metáfora viva", assim como o símbolo na obra de Tillich, mantém uma relação ontológica com a realidade significada.

Contrariamente a um pensamento bastante difundido, o protestantismo em geral não se orienta para um nominalismo ou um formalismo separado de toda consciência ontológica ou realista, e é reticente quanto a tratar as realidades da fé como um puro jogo de significantes.

Jean-Paul Gabus

▶ DUNPHY, Jocelyn, *Paul Tillich et le symbole religieux*, Paris, Delarge, 1977; DECLOUX, Simon et alii, *Langage et symbole*, Louvain-la-Neuve, Presses universitaires de Louvain-la-Neuve, 1984; RICOEUR, Paul, *Philosophie de la volonté* 2: *Finitude et culpabilité* (1960), Paris, Aubier Montaigne, 1988, livro 2: *La symbolique du mal*, p. 163-488; Idem, *A metáfora viva* (1975), São Paulo, Loyola, 2000; TILLICH, Paul, *Das religiöse Symbol* (1930), em *Gesammelte Werke* V, Stuttgart, Evangelisches Verlagswerk, 1978, p. 196-212; Idem, *Dynamique de la foi* (1957), Tournai, Casterman, 1968, p. 57-69: *Les symboles de la foi*.

> Arte; **comunicação**; demitologização; Jung; kantismo (neo); mito; **ritos**; Sabatier A.; símbolo-fideísmo; Tillich

SÍMBOLO-FIDEÍSMO

Nome da doutrina teológica dominante na Faculdade Protestante de Paris, entre 1880 e 1920 (o que originou sua outra designação: escola de Paris), o símbolo-fideísmo conjuga o fideísmo de Eugène Ménégoz e o simbolismo crítico de Auguste Sabatier. Por fideísmo, Ménégoz compreendia a doutrina da "salvação pela fé independentemente das crenças". De acordo com essa concepção, as crenças não são inúteis ou supérfluas, mas têm uma função estritamente pedagógica, conduzindo o homem à fé e permitindo seu desenvolvimento: o cristão não é salvo pela retidão de suas crenças, mas pela fé/confiança que Deus desperta nele. Apesar das negações de Ménégoz, sua concepção com frequência resultou em um enfraquecimento da função doutrinária, provavelmente por falta de uma concepção rigorosa o suficiente da expressividade religiosa. O simbolismo crítico de Sabatier, em oposição a Ménégoz, funda-se na ideia de que o símbolo é por excelência a linguagem da religião. Porém, os símbolos são suscetíveis tanto ao melhor quanto ao pior, e por isso é necessário criticá-los sob vários ângulos: não só sua conveniência escriturística, mas também sua história, seu alcance psicológico e seu significado teológico. O símbolo-fideísmo teve a ambição de superar a oposição a que se aferravam ortodoxos e liberais; na verdade, contribuiu para a renovação do debate teológico antes da Primeira Guerra Mundial.

Bernard Reymond

▶ REYMOND, Bernard, *L'École de Paris*, *ETR*, 52, 1977, p. 371-383.

◉ **Autoridade**; Babut; Bois; Bouvier; fideísmo; liberalismo teológico; Ménégoz; Paris; ritschliana (escola); Sabatier A.; símbolo

SIMMEL, Georg (1858-1918)

Georg Simmel nasceu em Berlim. Seu pai, Edward Simmel, que pertencia a uma família de ricos comerciantes judeus, converteu-se ao catolicismo na juventude; sua mãe, Flora Simmel, nome de solteira Bodstein, também era de origem judaica, mas na juventude se batizou na igreja protestante. Como seus irmãos e irmãs, Georg foi batizado como protestante e recebeu da mãe uma educação cristã. Mesmo deixando a igreja protestante durante a Primeira Guerra Mundial, não voltou ao judaísmo, mas foi movido por uma necessidade de independência ideológica. Estudou durante cinco anos na Universidade de Berlim (1876-1880), terminando seu doutorado em 1881 e a habilitação em 1885. O *privat-docent* Simmel ainda teria de esperar o ano de 1900 para ser nomeado professor extraordinário, apesar de suas qualidades como pedagogo e suas inúmeras publicações. Dez anos depois, casou-se com Gertrud Kinel, batizada como católica, mas que havia recebido da mãe uma educação protestante; um ano depois do casamento, nasceu seu filho Hans. Em 1908, Eberhard Gothein e Max Weber tentaram sem sucesso fazer com que fosse nomeado professor de filosofia em Heidelberg. Foi somente cinco anos depois, quando Simmel tinha 55 anos, que recebeu o convite para professor ordinário de filosofia na universidade, então alemã, de Estrasburgo, onde ensinou de 1914 até sua morte.

A obra de Simmel é heterogênea e fragmentária. Em inúmeros ensaios e monografias, Simmel trata de problemas de sociologia, psicologia, epistemologia, metafísica, estética, filosofia da história, filosofia da religião e filosofia da cultura. Podemos dividi-la em três fases: na primeira, o jovem Simmel foi influenciado por um positivismo que não deixa de ter características em comum com a teoria da evolução de Herbert Spencer (1820-1903). Foi a época em que Simmel formulou pela primeira vez sua compreensão da sociologia (Über sociale Differenzierung, 1890): com base na distinção entre indivíduo e sociedade, retraçou o processo de diferenciação que caracteriza os termos modernos. Com sua obra *Einleitung in die Moralwissenschaft. Eine Kritik der etischen Grundbegriffe* (1892-1893), empreendeu uma "crítica dos conceitos éticos fundamentais" com base em um fundamento empirista. Na segunda fase, com a *Philosophie de l'argent* [Filosofia do dinheiro] (1900, Paris, PUF, 1987), duas reflexões axiológicas passam para o primeiro plano, permitindo a Simmel uma análise dos processos modernos de racionalização constitutivos da imagem moderna do mundo. Ele prosseguiria com essa "análise das imagens do mundo" em uma série de trabalhos, examinando o papel da filosofia dos tempos modernos para a gênese das cosmovisões modernas (cf., p. ex., *Kant*, 1904; *Kant und Goethe* [Kant e Goethe], 1906; *Schopenhauer und Nietzsche* [Schopenhauer e Nietzsche], 1907). A segunda edição da obra *Problèmes de la philosophie de l'histoire* [Problemas da filosofia da história] (1892, 1905, Paris, PUF, 1984) se caracterizou pela influência kantiana: de um ponto de vista transcendental, Simmel concebe o conhecimento histórico como um produto de categoria *a priori* da consciência. As "pesquisas das formas de socialização", reunidas na obra *Sociologia* (1908), também se baseiam em uma teoria transcendental do conhecimento. A terceira fase é marcada por uma virada rumo a uma filosofia de vida que já anunciava as obras dedicadas aos autores filosóficos clássicos. Porém, foi a influência de Henri Bergson (a partir de 1908) que se revelou decisiva. *Goethe* (1913), *Rembrandt* (1916, Saulxures, Circé, 1994) e *Lebensanschauung* [A visão da vida] (1918), seu "testamento sistemático", são documentos centrais dessa fase de seu encaminhamento intelectual.

Simmel não desenvolveu um sistema homogêneo, mas seu pensamento é regido por uma sistemática latente, que Michael Landimann caracterizou como uma "dialética sem reconciliação". Simmel apresenta a existência de contradições irreconciliáveis, o que lhe valeu o reconhecimento como um teórico precoce da modernidade. Partindo da tese epistemológica de que tudo está compreendido em um sistema de interações, Simmel desenvolve uma perspectiva "relacionista" que, em vez de destruir toda possibilidade de conhecimento, busca fundamentar o conhecimento e a postura que são compatíveis com a imagem moderna do mundo. No centro das reflexões dedicadas à filosofia da cultura, encontramos a seguinte questão: em que condições a vida individual é possível, já que é confrontada com o domínio da "cultura objetiva" e suas formações fixas ("pessimismo cultural")? Acima das descrições sociológicas, Simmel acreditou ter encontrado uma solução na ética da "lei individual": em cada instante da vida, cada indivíduo deve se realizar como totalidade e ideal. Simmel atribui tanto à arte quanto à religião uma função constitutiva para a individualidade.

A compreensão da religião desenvolvida por Simmel parte da distinção entre religião objetiva e religiosidade subjetiva. Enquanto a religião objetiva é composta de dogmas e instituições determinadas, a religiosidade é uma categoria *a priori* graças à qual a consciência é capaz de construir uma imagem homogênea de si e do mundo. Essa concepção é próxima da tese troeltschiana do *a priori* religioso. O olhar do sociólogo permitiu a Simmel mostrar que a categoria religiosa já funda certas realidades sociais, como, por exemplo, a relação do indivíduo com o grupo. Esses "semiprodutos religiosos" podem ser transformados em um universo autônomo das representações religiosas. Desse modo, Simmel consegue reconduzir certas figuras religiosas a sua "origem" nessa forma da consciência que é a religiosidade, ao mesmo tempo que assegura o valor duradouro dessas figuras acima de sua formulação histórica. Como correlato transcendente, a ideia da personalidade de Deus tem uma função fundamental para a unificação das divergências empíricas que constituem ricamente a autoexperiência interior e os antagonismos culturais. Mas, como a unificação da vida em uma totalidade jamais pode ser plenamente realizada, a religião deve ser compreendida como um processo infinito. Além das influências judaicas que conseguimos perceber nessa estrutura não fechada (cf., p. ex., seu aluno Martin Buber), a concepção da religião desenvolvida por Simmel denota um forte parentesco com o *kulturprotestantismus* da virada do século, principalmente com Adolf von Harnack e Ernst Troeltsch .

Volkhard Krech

▶ SIMMEL, Georg, *Gesamtausgabe*, org. por Otthein RAMMSTEDT, Frankfurt, Suhrkamp, 1989ss; Idem, *Gesammelte Schriften zur Religionssoziologie*, Berlim, Duncker und Humblot, 1989; Idem, *Philosophie et société* (1894-1912), Paris, Vrin, 1987; Idem, *Philosophie de la modernité*, 2 vols., Paris, Payot, 1989-1990; Idem, *Sociologie. Études sur les formes de la socialisation* (1908), Paris, PUF, 1999; Idem, *Sociologie et épistémologie* (*Grundfragen der Soziologie*, 1917), Paris, PUF, 1991; Idem, *La tragédie de la culture et autres essais*, Paris, Rivages, 1993; Idem, *La religion* (1906, 1912), [Belfort], Circé, 1998; GASSEN, Kurt e LANDMANN, Michael, orgs., *Buch des Dankes an Georg Simmel. Briefe, Erinnerungen, Bibliographie*, Berlim, Duncker und Humblot, 1958; HERVIEU-LÉGER, Danièle e WILLAIME, Jean-Paul, *Sociologies et religion. Approches classiques*, Paris, PUF, 2001, cap. 4: "Georg Simmel (1858-1918). Permanence et fluidité de la religiosité"; JUNG, Werner, *Georg Simmel zur Einführung*, Hamburgo, Junius, 1990; KRECH, Volkhard, *Georg Simmels Religionstheorie*, Tübingen, Mohr Siebeck, 1998; MÜLLER, Horst, *Lebensphilosophie und Religion bei Georg Simmel*, Berlim, Duncker und Humblot, 1960; RAMMSTEDT, Otthein, org., *Simmel und die frühen Soziologen.* Nähe und Distanz zu Durkheim, Tönnies *und Max Weber*, Frankfurt, Suhrkamp, 1988; Idem e DAHME, Hans-Jürgen, orgs., *Georg Simmel und die Moderne. Neue Interpretationen und Materialien*, Frankfurt, Suhrkamp, 1984; SCHNABEL, Peter-Ernst, "Georg Simmel", em Dirk KÄSLER, org., *Klassiker des soziologischen Denkens*, t. I, Munique, Beck, 1976, p. 267-311; ULLRICH, Peter-Otto, *Immanente Transzendenz. Georg Simmels Entwurf einer nach-christlichen Religionsphilosophie*, Frankfurt, Lang. 1980.

◉ Capitalismo; filosofia da religião; indivíduo; kantismo (neo); metafísica; **modernidade**; neoprotestantismo; Sombart; Troeltsch; Weber M.

SIMULTANEUM

Há igreja em *Simultaneum* ou, diferenciando-se do alemão, igreja "paritária" (*paritätische Kirche*), sempre que a mesma construção é utilizada de modo alternativo tanto por protestantes quanto por católicos. Esse uso remonta ao século XVI, quando em algumas localidades, por motivos geralmente políticos, nenhuma das duas confissões conseguiu se impor à outra, e ambos os cultos se viram em pé de igualdade. Encontramos esse mecanismo em cantões e distritos confessionalmente paritários da Suíça, em algumas localidades da Alsácia e em várias regiões da Alemanha. Na Alsácia-Lorena, essa prática foi imposta às igrejas protestantes por Luís XIV e implementada por Louvois em 1684, para que os católicos pudessem dispor de um local para celebrar a missa. Por motivos de economia, para evitar a construção de um novo local para uma das confissões ou porque nenhuma das duas desejava abrir mão do uso da igreja que já existia, o poder secular impôs essa solução de partilha do lugar. Na grande maioria dos casos, o prédio foi reformulado de tal maneira que cada confissão pudesse dispor de seu próprio mobiliário litúrgico, e assim é comum que cada igreja conte com dois púlpitos distintos, que em geral são dispostos um em frente do outro, além de um altar para os católicos e uma mesa de comunhão para os protestantes. Em alguns locais, quando o altar católico continuou situado no coro medieval da construção, era disfarçado por uma cortina durante o culto protestante. Em alguns casos, nos séculos XVII e XVIII, chegou-se até mesmo a construir igrejas destinadas para o uso em *Simultaneum*, com soluções práticas que variavam muito de um lugar para outro. A partir do século XIX, quando as condições econômicas melhoraram, nota-se que em muitos casos as duas confissões acabaram por achar difícil essa coexistência e buscaram construir um novo local para uso específico. Ao longo das últimas décadas do século XX, igrejas e centros de atividades ecumênicos se multiplicaram, o que implicou com frequência a instalação de mecanismos que lembram as igrejas em *Simultaneum*, mas sem que a expressão fosse utilizada para esse propósito. A solução do *Simultaneum* não deve ser confundida com outra, mais rara, presente nas construções medievais divididas em duas partes por um muro: em geral, os católicos ficavam com o uso do coro e do transepto, enquanto os protestantes ficavam com a nave (ver a igreja romana de Beaumont-lès--Valence e a Catedral Saint-Pierre de Bautzen na Saxônia).

Bernard Raymond

▶ MEYER, Octave, *Le simultaneum en Alsace. Étude d'histoire et de droit*, Saverne, Impr. savernoise, 1961; MULLER, Claude e VOGLER, Bernard, *Catholiques et protestants en Alsace. Le simultaneum de 1802 à 1982*, Estrasburgo, Istra, 1983; SCHÄFER, Christoph, *Das Simultaneum. Ein staatskirchenrechtliches, politisches und theologisches Problem des alten Reiches*, Frankfurt, Lang, 1995.

SINCRETISMO

Por sincretismo, geralmente se compreende, em um sentido pejorativo, um amálgama de elementos religiosos ou culturais de diversas proveniências, assim como determinadas aculturações entre o cristianismo e outra religião tradicional fora da Europa (como anteriormente, na Europa, entre esse mesmo cristianismo e dados da Antiguidade tardia ou tradições locais da Idade Média etc.). Hoje, recorre-se ao termo no contexto das "recomposições religiosas" em curso em nossas sociedades ocidentais: "novos movimentos religiosos", adaptações de tradições religiosas orientais, novas gnoses, esoterismo, Nova Era, sedução pelas tradições apócrifas, ocultismo etc.

Os cristãos protestantes de hoje estão sempre prontos para denunciar o sincretismo. É verdade que o fenômeno está particularmente presente em nossas sociedades, em que a coerência tradicional parece ser afetada pelo enfraquecimento da substância social das instituições historicamente portadoras (e as igrejas estão em primeiro lugar nisso, mas o mesmo ocorre em outras referências culturais, sociais, políticas etc.), em um amálgama de civilizações e culturas, e portanto das religiões, algo sem precedentes e através de fenômenos de recomposições internas acima mencionados.

A denúncia do sincretismo por cristãos e pastores tradicionais, porém, demonstra um excesso de purismo e sofre de uma falta de diferenciação no nível dos dados e das implicações.

É preciso especificar em primeiro lugar que o cristianismo sempre foi culturalmente sincretista: é consecutivamente marcado por uma aculturação com dados culturais, religiosos e sociais da Antiguidade tardia, além de outros solos provenientes das tradições da Europa "pagã" na Idade Média, tanto como no surgimento do Renascimento, os racionalismos modernos e suas complexidades etc. A formulação dos dogmas cristãos mais centrais (a Trindade, a cristologia etc.) é irremediavelmente marcada por esse sincretismo, assim como as formulações doutrinárias e as formas da igreja e de piedade do protestantismo do século XVI. Por fim, a própria Bíblia é culturalmente sincretista, tanto ao longo do Antigo Testamento (representações de origem mesopotâmica, egípcia etc.) quanto no Novo (correntes helenísticas, estoicismo etc.).

O cristianismo é de fato culturalmente sincretista, mas a história das religiões mostra claramente que, em graus diversos, isso ocorre em todas as grandes religiões históricas. Talvez o cristianismo esteja armado de um modo especial para assumir e legitimar esse sincretismo, já que se alimenta da lógica de uma encarnação em plena massa humana: o texto bíblico não é diretamente ditado por Deus, Jesus não é imediatamente o Cristo enviado por Deus, de um modo evidente, ainda que potencial; a igreja, em princípio, é feita constitutivamente da humanidade dos cristãos, e suas respostas singulares, como os sacramentos, o simbolismo e as regras são também feitas de atos humanos, históricos e institucionais envolvidos na natureza e na sociedade de todos.

Esses são os dados. O cristianismo deve ser considerado sincretista no nível de suas representações, que são mutantes, história e culturalmente determinadas. Porém, a questão de uma identidade própria e de uma coerência deve ser ressaltada, pois é fundamental no cerne da fé e da teologia. De modo simples, nem a identidade nem a coerência são decididas no nível das imagens ou do material de referência, mas no nível de uma necessária postura no relacionamento consigo, com o outro, com Deus. Esse ponto é decisivo para o que diz respeito a cada um dos cristãos; é decisivo também, *mutatis mutandis*, no que diz respeito à igreja e à doutrina como tais (e ao cristianismo em suas características gerais, como o tipo religioso dado): é a modalidade da relação (interna) com a verdade e a modalidade da relação (externa) com a sociedade global que são decisivas, ou seja, a maneira de pensar-se verdadeiro, de referir-se ao passado e àquilo que, para nós, autoriza-nos a administrar os jogos do pertencer e as marcas simbólicas etc.

A fé e a teologia se correlacionam necessariamente com a identidade, que é sempre particular (em suas formas) e singular (assumida em um registro pessoal). De acordo com seu gênio próprio, o protestantismo só pode enfatizar esse fato, assim como enfatiza o transcendente ou o absoluto de Deus no próprio cerne das mediações e representações que são remetidas a ele. Sendo fundamentais a identidade e a coerência, a teologia cuidará de um modo especial das articulações, diferenciadas, da identidade do cristão e da igreja, tanto sincronicamente (a relação com a sociedade geral e com as instâncias não teológicas) quanto diacronicamente (genealogia e releitura do passado, acima das rupturas e das novidades históricas a serem integradas). Bem compreendidas, a fé e a teologia deverão aqui demonstrar uma inventividade sempre a ser retomada, diante do mundo e das culturas humanas mutantes, sabendo que elas não são nem principalmente unicentradas, nem a continuação linear de uma tradição que seria homogênea e específica em seus conteúdos ou em suas representações.

Humana e espiritualmente, e com toda probabilidade também socialmente, devemos superar o puro "supermercado do religioso"; mas isso será feito objetivando-se uma superação interna, que passa, espiritualmente, por novas integrações e, materialmente, por novas combinações. De modo necessário a identidade é construída, passando por uma coerência assumida por si mesmo e para si mesmo, em uma articulação com outros. Teologicamente, falaremos aqui de um "discernimento dos espíritos", espiritual, não da adesão ao corpo homogêneo ou a uma tradição contínua que estaria, de direito, em uma relação direta com a verdade (através de um corpo eclesial com uma aura de inabilidade ou através de um Livro que dependa de uma revelação não paradoxal). Teologicamente, a verdade é obrigatoriamente crucificada e aberta, e é materialmente ambivalente, e somente a esse preço, humana.

Pierre Gisel

▶ GISEL, Pierre, "L'Église face à la 'recomposition du religieux'", *Les cahiers protestants*, Lausanne, 1992/4, p. 13-21; VISSER'T HOOFT, Willem Adolf, *L'Église face au syncrétisme* (1963), Genebra, Labor et Fides, 1964.

Antroposofia; encarnação; Espírito Santo; **espiritualidade**; inculturação; magia; **missão**; Moon; paganismo; parapsicologia; prática religiosa; **religião e religiões**; **seitas**; **técnica**; teosofia

SÍNODO

Do grego *sunodus*, que significa "reunião", o termo "sínodo" designa as assembleias convocadas periodicamente para regulamentar as questões da igreja e determinar as formas de seu testemunho. Praticamente todas as igrejas cristãs conhecem esse tipo de assembleia. Porém, a composição dessa reunião e principalmente a autoridade que lhe é atribuída diferem de uma igreja para outra. De fato, há poucos pontos em comum entre um sínodo de bispos convocado pelo papa, um sínodo diocesano reunido por um bispo católico e um sínodo nacional ou regional de uma igreja reformada; enquanto o primeiro não inclui nenhum leigo e o segundo é apenas uma instância consultiva que em nada associa o bispo que a convoca, o sínodo reformado também é composto tanto de leigos quanto de pastores e tem um poder decisório quanto ao governo da igreja.

Relativizando a instituição eclesiástica e questionando o magistério dos papas e dos bispos, a Reforma provocou um rearranjo do modo de exercício da autoridade eclesiástica. Enquanto as igrejas luteranas por muito tempo permaneceram marcadas pela tradição do príncipe como o *summus episcopu*, as igrejas reformadas se organizaram bem rápido de modo sinodal. Assim, em 1559, as primeiras igrejas reformadas da França enviaram deputados a Paris que se reuniram clandestinamente em sínodo nacional, votando uma confissão de fé e uma disciplina eclesiástica: uma assembleia de pastores e leigos especificava a fé dos protestantes franceses e determinava o modo com que eles desejavam viver como igreja. A igreja não mais era definida com base em uma autoridade episcopal que acreditava estar em sucessão apostólica, mas, sim, por uma assembleia que, em seu modo de relacionar-se com as Escrituras, considerava-se fiel aos tempos apostólicos: as edições originais da confissão de fé de 1559, que em 1571 foi chamada de *Confissão de La Rochelle*, trazem de modo significativo as seguintes palavras: "Confissão de fé feita de comum acordo pelos franceses que desejam viver de acordo com a pureza do evangelho de nosso Senhor Jesus Cristo". Surgiu o termo "regime presbítero-sinodal": presbiteriano por arraigar-se nas igrejas locais que designam seus representantes, sinodal por designar a realidade supralocal da igreja e a comunhão que une diferentes igrejas locais. O regime presbítero-sinodal é "um regime em que o governo da igreja se deve a uma pirâmide de assembleias deliberativas que delegam seu poder executivo a conselhos eleitos por elas mesmas" (R. Mehl). Esse regime articula uma forte participação de leigos e um *status* especial reservado aos pastores, que com frequência formam entre um terço e a metade dos membros do sínodo. De fato, os pastores, com base em sua formação teológica, exercem certo papel no que diz respeito às questões da doutrina e da fidelidade de determinada tradição eclesiástica. O sínodo representa uma forma colegial de exercício do magistério e uma organização da vida eclesial. Assim, as funções de presidente da igreja estão ligadas a um mandato confiado pelo sínodo, ao qual o presidente deve prestar contas periodicamente. Elogiado por aqueles que o consideram um modo democrático de funcionamento da igreja, o sistema presbítero-sinodal é criticado por aqueles que pensam que ele possui os defeitos do regime de assembleia. A análise do funcionamento dos sínodos mostra que o poder dos representantes é bastante variável de acordo com os ativos sociais, culturais e religiosos, de que eles dispõem para intervir de modo eficaz nos debates que exigem a arte de manejar a palavra pública, além de outras competências. Ainda que não sejam numericamente majoritários, os teólogos profissionais que são os pastores costumam dominar esses momentos. No entanto, cada vez mais leigos se formam teologicamente, e o nível cultural se eleva; isso poderia, em um momento futuro, transformar essa situação.

Jean-Paul Willaime

▶ HAMMANN, Gottfried, "'Synode' e 'synodalité': histoire et enjeux d'un concept ecclésiologique", *Positions luthériennes* 46, 1998, p. 131-155; MEHL, Roger, "Problèmes institutionnels dans le protestantisme français", *Revue de droit canonique* 25, 1975, p. 233-248; REYMOND, Bernard, *Entre la grâce et la loi. Introduction au droit ecclésial protestant*, Genebra, Labor et Fides, 1992; WILLAIME, Jean-Paul, *Du problème de l'autorité dans les Églises protestantes pluralistes*, RHPhR 62, 1982, p. 385-400.

◉ Autoridade; bispo; concílio; disciplina; liderança da igreja; organizações eclesiásticas; presbítero-sinodal (sistema)

SMALKALDE (Artigos de)

Texto redigido por Lutero em 1537 com o objetivo de expor a fé protestante. É composto de artigos que se dividem em três categorias: na primeira, estão aqueles que não são controversos, que em algumas linhas apresentam a Trindade e a cristologia (de acordo com o *Símbolo dos apóstolos* e o *Símbolo de Atanásio*); na segunda, estão aqueles sobre os quais não há discussão, como a justificação em Cristo, a abominação da missa e a rejeição da supremacia pontifícia; na terceira, estão os que podem ser debatidos com alguns papistas razoáveis, como o pecado, a lei, a penitência, os sacramentos e vários pontos de disciplina eclesiástica. Esse documento é um dos textos fundamentais do luteranismo, sendo chamado desde 1533 de *Artigos de Smalkade* (ou, em português, Esmalcalda), de modo abusivo, já que não foi submetido à assembleia que se reuniu em Smalkade.

Michael Grandjean

▶ LUTERO, Martinho, *Les Articles de Smalkalde* (1537-1538), em André BIRMELÉ e Marc LIENHARD, orgs., *La foi des Églises luthériennes. Confessions et Catéchismes*, Paris-Genebra, Cerf-Labor et Fides, 2003, § 360-462.

◐ Luteranismo; Lutero; Simbólicos (Escritos)

SMALKALDE (Ligas de)

A Liga de Smalkalde (ou Esmalcalda) foi uma coalizão formada em 1531 em Smalkalde (Turíngia) pelos príncipes e pelas cidades livres protestantes do Sacro Império Romano-Germânico. Estendendo-se em um território recortado que ia desde o lago de Constance até o mar Báltico (Wurtenberg, Hesse, Saxônia, Luneburgo, Brandenburgo; cidades de Constance, Ulm, Augsburgo, Estrasburgo, Frankfurt, Bremen, Hamburgo, Lübeck etc.), a liga tinha por objetivo unificar a resistência protestante, enfrentando o imperador Carlos V. Mais que um verdadeiro Estado dentro do Estado, constituiu uma confederação. Adotou a *Confissão de Augsburgo*, o que contribuiu para marginalizar a reforma zwingliana na Alemanha. Após um apogeu nos anos 1535 a 1542, a liga foi desfeita pelo imperador em 1546-1547, durante a Guerra de Smalkalde. Os membros da coalizão conseguiram paralisar a expansão dos Augsburgos, mas não puderam superar as rivalidades internas.

Michael Grandjean

▶ BRADY, Thomas A., "Phases and Strategies of the Schmalkaldic League", *Archiv für Reformationsgeschichte* 74, 1983, p. 162-181; SCHMIDT, Georg, *Die Freien und Reichsstädte im Schmalkaldischen Bund*, em Volker PRESS, org., *Martin Luther. Probleme seiner Zeit*, Stuttgart, Klett-Cotta, 1986, p. 177-218; SCHMIDT, Heinrich Richard, "Der Schmalkaldische Bund und die oberdeutschen Städte bis 1536", *Zwingliana* 18, 1989, p. 36-61.

◐ Alemanha; Augsburgo; Carlos V; *Confissão de Augsburgo*; *Confissão de Augsburgo (Apologia da)*; Felipe de Hesse; luteranismo

SMITH, Adam (1723-1790)

Adam Smith nasceu na Escócia. Com 15 anos, entrou para a Universidade de Glasgow, onde foi aluno do pastor Francis Hutcheson (1694-1746), descobrindo a escola filosófica escocesa. Com 17 anos, foi para a Universidade de Oxford, deixando-a seis anos depois. Em 1551, Smith ocupou a cadeira de lógica na Universidade de Glasgow e, em 1752, a cadeira de filosofia moral. Diante de um auditório composto principalmente de futuros pastores, ensinou teologia natural, ética, jurisprudência e economia política. Esse curso, ministrado até o ano de 1763, foi a matriz de toda a sua obra, sobretudo dos dois livros publicados por Smith enquanto em vida: sua teoria ética, *Teoria dos sentimentos morais*, e sua teoria econômica, *A riqueza das nações*, em que elaborou o principal conceito do pensamento econômico contemporâneo. Smith também continuou a trabalhar em outros pontos de seu curso durante a vida, mas queimou todos os manuscritos às vésperas de sua morte, acreditando que não estavam prontos. As relações entre Smith e o cristianismo geralmente são mal compreendidas. Amigo de Hume, mas distante em relação a suas posições críticas do cristianismo, Smith nunca entrou em conflito com as instituições eclesiásticas. Ele se coloca geralmente ao lado do teísmo e da teologia científica, mas para atribuir um fundamento apolítico ao cristianismo, já que estava convencido de que as obras da natureza atestam a existência, a sabedoria e a bondade de Deus. Como explicar então que na economia os comportamentos *naturais* não acompanhem a moral *natural* da justiça? Depois de explorar a via de uma correlação jurídica pelo Estado e constatar sua impossível aplicação, Smith apela para a "mão invisível", metáfora da Providência que comuta o mal em bem apesar dos homens. É dessa forma que Smith, contra a vontade, acaba por abrir caminho para o utilitarismo e o darwinismo.

François Dermange

▶ SMITH, Adam, *A riqueza das nações* (1776), São Paulo, Martins Fontes, 2003; Idem, *Teoria dos sentimentos morais* (1759), São Paulo, Martins Fontes, 1999; BIZIOU, Michaël, *Adam Smith e l'origine du libéralisme*, Paris, PUF, 2003; DERMANGE, François, *Le Dieu du marché. Éthique*, économie et théologie dans l'oeuvre d'Adam Smith, Genebra, Labor et Fides, 2003.

Ⓞ **Capitalismo**; darwinismo; deísmo; economia; Hume; Mandeville; natureza; utilitarismo

SMITH, Wilfred Cantwell (1916-2000)

Nascido em Toronto, Wilfred Cantwell Smith recebeu sua formação no Canadá e na Europa. Pastor de origem presbiteriana, entrou para a igreja do Canadá. Foi sucessivamente missionário na Índia (1940-1946), professor de religião comparada (1949-1963) e diretor do Instituto de Estudos Islâmicos na Universidade McGill em Montreal, diretor do Centro de Estudos das Religiões Mundial de Harvard (1964-1973), professor de história comparada da religião na Universidade de Dalhousie, de Halifax (1973-1976), e novamente em Harvard (1978-1984). Sua influência nos Estados Unidos foi comparada à de Mircea Eliade (1907-1986).

De início, islamólogo influenciado pelo marxismo, mostrou-se conhecido em 1963 por sua obra intitulada *The Mean and End of Religion* [O sentido e o fim da religião] em que formulou uma crítica radical da noção de religião, rejeitando o plural e propondo uma distinção entre fé pessoal (*faith*) e tradição acumulada, que ele retomaria na oposição entre fé e crença (*belife*). A ele, se devem tanto a criatividade de propostas originais e audaciosas para renovar a compreensão da diversidade religiosa quanto minuciosos estudos de termos islâmicos e conceitos-chave, como fé, verdade e Escritura. Convencido de uma "história religiosa unitária da humanidade", desenvolveu a ideia de uma teologia na escala do mundo e propôs uma interpretação do papel da Escritura em cada diferente tradição, em uma visão que unifica história e teologia.

Jean-Claude Basset

▶ SMITH, Wilfred Cantwell, *L'islam dans le monde moderne* (1957), Paris, Payot, 1962; Idem, *O sentido e o fim da religião* (1963), São Leopoldo, Sinodal, 2006; Idem, *Religious Diversity* (1976); org. por Willard C. OXTOBY, New York, Crossroad, 1982; Idem, *Faith and Belief*, Princeton, Princeton University Press, 1979; Idem, *Towards a World Theology. Faith and the Comparative History of Religion* (1981), Londres, Macmillan, 1989; Idem, *What Is Scripture? A Comparative Approach*, Minneapolis, Fortress Press, 1993; Idem, *Reconsidérer l'Écriture à la lumière de la théologie et de l'étude de la religion*, RThPh 124, 1992, p. 369-388; GRÜNSCHLOSS, Andreas, *Religionswissenschaft als Welt-Theologie. Wilfred Cantwell Smiths interreligiöse Hermeneutik*, Göttingen, Vandenhoeck & Ruprecht, 1994; HUGHES, Edward John, *Wilfred Cantwell Smith. A Theology for the World*, Londres, SCM Press, 1986.

Ⓞ **Islã; religião e religiões**

SMITH, William Robertson (1846-1894)

Educado fora da escola por seu pai até os 15 anos, William Robertson Smith empreendeu estudos em matemática e teologia, respectivamente em Aberdeen e Edimburgo — onde encontrou um dos fundadores da antropologia, John Ferguson MacLennan (1827-1881) —, e por fim em Bonn e Göttingen, onde se aprofundou no árabe e no Antigo Testamento, ao mesmo tempo que frequentava as aulas de Julius Wellhausen. Tornou-se professor de hebraico e de Antigo Testamento no *Free Church Divinity College*, em Aberdeen, no ano de 1870, pedindo demissão de sua cadeira após um longo processo litigioso de heresia, intentado contra ele pela Igreja Livre da Escócia, devido às posições críticas, históricas e antropológicas que ele defendeu ao redigir os artigos "Bíblia" e "anjos" da nona edição da *Enciclopédia Britânica*. Em 1883, foi nomeado professor de árabe no *Trinity College* na Universidade de Cambridge. Orientou os estudos do jovem George Frazer. A obra mais conhecida de Robertson Smith, *Lectures on the Religion of the Semites* [Preleções sobre a religião dos semitas], desenvolveu uma hipótese revolucionária sobre as origens da religião, cuja forma mais arcaica seria uma condenação coletiva à morte e a consumação pelo clã do animal totêmico: destinado a reatar o laço social ao partilhar o sangue do ancestral, esse rito de comunhão e transgressão se baseia em uma definição do interdito (tabu), correlacionado a um sistema de restrições que ditam "regras de santidade" (*Roles of Holiness*). Essa obra exerceu grande influência sobre os leitores privilegiados e atentos: o próprio Frazer, Émile Durkheim e Sigmund Freud, que difundiriam suas principais teses muito além dos círculos dos iniciados.

Philippe Borgeaud

▶ SMITH, William Robertson, *The Old Testament in the Jewish Church. Twelve Lectures on Biblical Criticism*, Edimburgo, Black, 1881; Idem, *Kinship and Marriage in Early Arabia*, Cambridge, Cambridge University Press, 1885; Idem, *Lectures on the Religion of the Semites. First series: The Fundamental Institutions*, Edimburgo, A. and C. Black, 1889; BEIDELMAN, Thomas Owen, *W. Robertson Smith and the Sociological Study of Religion*, Chicago-Londres, University Press of Chicago, 1974; BLACK, John Sutherland e CHRYSTAL, George, *The Life of William Robertson Smith*, Londres, A. and C. Black, 1912; FRAZER, James George, "William Robertson Smith", *The Fortnightly Review* 55, 184, p. 800-807.

◉ Religião e religiões

SMYTH, John (?1570-1612)

Com o apelido de "autobatizado" (*se-baptist*) por causa de seu autobatismo em 1608, John Smyth, fundador da primeira igreja batista dos tempos modernos, estudou no *Christ College* de Cambridge. Foi nomeado pregador da Catedral de Lincoln em 1600, mas foi exonerado dois anos depois por suas convicções puritanas. Após um período de hesitação, Smyth se uniu aos separatistas, tornando-se pastor em Gainsborough. A perseguição dos dissidentes na Inglaterra obrigou Smith e toda a sua assembleia a fugir para Amsterdã em 1608. Pouco tempo depois, Smyth e sua comunidade, convencidos da necessidade de reconstituir sua igreja com base no batismo do cristão, e não somente em uma aliança de tipo separatista, constituíram-se em igreja do tipo batista (1608). Através do contato dos menonitas Hans de Ries (1553-1638) e Lubbert Gerritsz (1534-1612) em Amsterdã, Smyth logo se convenceu de ter finalmente encontrado neles a "verdadeira igreja", solicitando em 1610 uma associação com ela. A maior realização de Smyth foi ter fundado uma igreja como resultado de uma síntese de duas dinâmicas: a ala radical puritana separatista e o anabatismo. É considerado o primeiro inglês a ter defendido a liberdade de consciência.

John Stauffacher

▶ *The Works of John Smyth, Fellow of Christ's College 1594-8*, 2 vols., org. por William Thomas WHITLEY, Cambridge, University Press, 1915; BURGESS, Walter Herbert, *John Smyth the Se-Baptist, Thomas Helwys and the First Baptist Church in England, with Fresh Light upon the Pilgrim Fathers' Church*, Londres, James Clarke, 1911; COGGINS, James Robert, *John Smyth's Congregation. English Separatism, Mennonite Influence, and the Elect Nation*, Waterloo-Scottdale, Herald Press, 1991; STAUFFACHER, John E., *La vie et l'oeuvre de John Smyth, 1570 ?- 1612*, tese de doutorado da Universidade de Estrasburgo, 1987.

◉ Anabatismo; batismo; Batista, Igreja; dissidente; liberdade de consciência; menonismo; puritanismo

SOCIALISMO RELIGIOSO

O movimento do socialismo religioso (literalmente, "religioso-social", do alemão *religiössozial*) foi fundado em 1906 por Leonhard Ragaz (1868-1945), então pastor em Basileia, e por Hermann Kutter (1869-1931), pastor em Zurique, durante o lançamento da revista *Neue Wege* (1906-1945). O movimento tem suas raízes no século XIX, quando cristãos se conscientizaram de que a situação do proletariado deveria causar na igreja um arrependimento radical. Entre eles estavam, na França, Claude Henri de Rouvroy, conde de Saint-Simon (160-1825), Philippe Buchez (1796-1865) e, mais tarde, o cristianismo social; na Alemanha, Johann Hinrich Wichern (1808-1881) e Christoph Blumhardt (1842-1919); e, na América, Walter Rauschenbusch (1861-1918) e o evangelho social. Nessa ótica, o socialismo é considerado um sinal do Reino de Deus por vir, mas, se faz parte da história do reino de Deus, não é mais o Reino escatológico.

"Os socialistas não discorrem sobre Deus, mas agem religiosamente" (cf. C. Blumhardt). Para Kutter, o socialismo é o instrumento (inconsciente) do julgamento de Deus sobre a sociedade capitalista e seu "mamonismo" (a adoração do deus dinheiro): os socialistas são levados por Deus, sem o saberem, a fazer sua obra (cf. *Dieu les mène. Parole franche à la société chrétienne* [Deus os leva: uma palavra franca à sociedade cristã], 1903, Saint-Blaise-Roubaix, Foyer solidariste de librairie et d'édition, 1907). Deus e a "religião" institucional são opostos radicalmente. Hagaz, por sua vez, considera o movimento socialista como uma promessa em vista da transformação do mundo. Enquanto Kutter insiste em Deus e na "Palavra" (em uma ótica teocêntrica que influenciou o jovem Karl Barth em sua fase socialista), Hagaz prefere enfatizar o engajamento humano no Reino e o exemplo não violento de Jesus Cristo (tema da *Nachfolge*). Ambos romperiam quando Hagaz, por "solidariedade com o proletariado", aderiu à social-democracia em 1913. Em 1916, Kutter legitimou o nacionalismo alemão.

A Primeira Guerra Mundial desmentiria de modo cruel o pacifismo dos "socialistas religiosos", tais como Hagaz, enquanto a influência crescente da "teologia dialética" começou a se fazer sentir após a conferência "religiosa-social" de Tambach em 1919, em que Karl Barth se opôs a esta concepção histórica e evolutiva do reino de Deus. A partir de então, os intérpretes modernos tenderam a considerar positiva a orientação escatológica do movimento, sobretudo com o conceito de *Kairós*, que Paul Tillich desenvolveu em sua fase socialista (1926-1933), fundando seu ideal de paz na *Nachfolge* (que influenciou o Movimento Internacional pela Paz). Enfatizou assim o engajamento dos cristãos na economia e, paradoxalmente, sua intuição de uma ação secular dos cristãos na sociedade, pontos que reencontraríamos no "cristianismo não religioso" de Dietrich Bonhoeffer.

Henry Mottu

▶ BARTH, Karl, "Le chrétien dans la société" (1919), em *Parole de Dieu et parole humaine*, Paris, Les Bergers et les Mages, 1966, p. 43-88 (e notas p. 275-277); BIÉLER, André, *Chrétiens et socialistes avant Marx*, Genebra, Labor et Fides; 1982; BOSS, Marc, LAX, Doris e RICHARD, Jean, orgs., *Éthique sociale et socialisme religieux. Actes du XVᵉ Colloque international Paul Tillich, Toulouse 2003*, Münster, Lit, 2005; KORSCH, Dietrich, "La modernité comme crise. Stratégies conceptuelles en philosophie sociale et en théologie au sortir de la première guerre mondiale", em Pierre GISEL e Patrick ÉVRARD, orgs., *La théologie en postmodernité*, Genebra, Labor et Fides, 1996, p. 33-63; MATTMÜLLÉR, Markus, *Leonhard Ragaz und der religiöse Sozialismus. Eine Biographie*, 2 vols., Zollikon, Evangelischer Verlag, 1957-1968; RAGAZ, Leonhard, *Le message révolutionnaire. Entretiens sur le Royaume de Dieu et notre monde* (1942), Neuchâtel, Delachaux et Niestlé, 1945; Idem, *Nouveaux cieux, Terie nouvelle* (1927-1936), Aubervilliers, La Réconciliation, 1936; THURNEYSEN, Eduard, *Théologie et socialisme dans ses lettres de jeunesse* (1973), em Pierre GISEL, org., *Karl Barth. Genèse et réception de sa théologie*, Genebra, Labor et Fides, 1987, p. 117-147; TILLICH, Paul, *Christianisme et socialisme. Écrits socialistes allemands (1919-1931)*, Paris-Genebra-Quebec, Cerf-Labor et Fides-Presses de l'Université Laval, 1992.

◉ Ação social; Biéler; Blumhardt C.; **capitalismo**; cristianismo social/socialismo cristão; Eugster-Küst; evangelho social; Fallot; Humbert-Droz; Kutter; paz; **política**; Ragaz; Rich

SOCINO, Lelio (1525-1562) e Fausto (1539-1604)

Original de Siena (Itália), a família Socino legou ao movimento reformador do século XVI duas personalidades de monta, que deram nome à corrente teológica do socinianismo, difundida nos meios cultos europeus até o século XVIII e ainda conservada no unitarismo.

Lelio Socino concluiu seus estudos em direito em Pádua, onde, em meio ao radicalismo religioso de Veneza, ele amadureceu seu interesse pelas questões teológicas que o acompanhariam por toda a vida. Em 1547, ele optou definitivamente pelo exílio. Uma busca incansável pela compreensão da revelação o levou a uma longa série de viagens, sobretudo para a Alemanha e a Polônia, com o fim de travar contato com as personalidades do mundo religioso e cultural. No entanto, volta constantemente para a suíça, em geral hospedando-se em Zurique, onde desfruta da estima de Heinrich Bullinger. Os raros e curtos textos que mandou imprimir reivindicam também a necessidade de uma investigação racional dos dogmas cristãos, atestando sua adesão à fé reformada. Por outro lado, em notas e fragmentos inéditos, expõe opiniões heterodoxas, sobretudo antitrinitárias.

Fausto, sobrinho de Lelio e herdeiro de seu patrimônio literário, trabalhava para o grão-duque Cosme I da Toscana, de 1563 a 1574.

Em seguida, instalou-se em Basileia, onde passou a se dedicar ao estudo da teologia durante três anos. Em 1579, estabeleceu-se na Polônia até o final da vida, prosseguindo com sua obra como missionário do unitarismo. Através de seu paciente trabalho, obteve sucesso em consolidar uma *ecclesia minor*, anabatista e antitrinitária, estável tanto do ponto de vista doutrinário quanto organizacional. Mantendo o princípio escriturístico da Reforma, a concepção sociniana do cristianismo é radicalmente ética, rejeitando os dogmas tradicionais e fundando-se na obtenção da salvação através da observância dos preceitos divinos revelados ao homem Jesus Cristo. Fausto Socino é um partidário da liberdade de consciência. Seus ensinamentos constituíram o fundamento doutrinário do *Catecismo racoviano* (1605).

Emidio Campi

▶ SOCINO, Lelio, *Opere*, org. por Antonio ROTONDÒ, Florença, Olschki, 1986; CANTIMORI, Delio, *Eretici italiani del Cinquecento e altri scritti*, Turim, Einaudi, 1990; KOT, Stanislas, *Socinianism in Poland. The Social and Political Ideas of the Polish Antitrinitarians in the Sixteenth and Seventeenth Centuries* (1932), Boston, Starr King Press, 1957; MARTINI, Magda, *Fausto Socino et la pensée socinienne. Un maître de la pensée religieuse (1539-1604)*, Paris, Klincksieck, 1967; OSIER, Jean-Pierre, *Faust Socin ou le christianisme sans sacrifice*, Paris, Cerf, 1996; SZCZUCKJ, Lech (org., com a colaboração de Zbigniew OGONOWSKI e Janusz TAZBIR), *Socinianism and Its Role in the Culture of XVI*[th] *to XVII*[th] *Centuries*, Varsóvia, PWN, 1983; WILLIAMS, George Huntston, *The Radical Reformation* (1962), Kirksville, Truman State University Press, 2000.

◉ Antitrinitarismo; Dávid; Le Cène; liberdade de consciência; Polônia; *racoviano (Catecismo)*; Reforma radical; unitarismo

SÖDERBLOM, Nathan (1866-1931)

Após estudar em Uppsala e na Sorbonne, Nathan Söderblom se tornou professor de história das religiões em Uppsala em 1901 e professor convidado de história das religiões em Leipzig de 1912 a 1914. Nomeado arcebispo luterano em Uppsala em 1914, lançou apelos pela paz e pela comunhão cristã às igrejas dos países beligerantes (1914, 1917 e 1918). Após o fim das hostilidades, continuou a prover uma ação comum das diferentes igrejas pela justiça econômica, pela moral social e pela paz. Apesar da persistência de tensões entre os antigos adversários, muitas igrejas protestantes e algumas igrejas ortodoxas aceitaram entrar para o movimento ecumênico do cristianismo prático, "Vida e Ação", cuja assembleia constitutiva foi realizada em Estocolmo, em 1925. Söderblom recebeu o Prêmio Nobel da Paz em 1930. Com sua morte, o "cristianismo de ação", que para ele traria uma nova pertinência social ao atualizar a pregação do evangelho em uma sociedade secularizada, é questionado pela nova geração. Seria necessário esperar até os anos 1960 para que Söderblom fosse *redescoberto*.

Jean Baubérot

▶ BAUBÉROT, Jean, "L'archevêque luthérien Nathan Söderblom et la création du mouvement oecuménique", *Revue historique* 262, 1979, p. 51-78; SUNDKLER, Bengt, *Nathan Söderblom. His Life and Work*, Lund, Gleerup, 1968.

◉ Catolicidade evangélica; **ecumenismo**; Heiler; paz; religião e religiões; Van der Leeuw; "Vida e Ação"

SOFRIMENTO

Por muito tempo prevaleceu a interpretação estoica do sofrimento, de acordo com a afirmação de Santo Agostinho: "Todavia, a paciência de Deus convida os maus à penitência, assim como o chicote de Deus ensina aos bons a paciência" (*A cidade de Deus* [413-427], Petrópolis, Vozes, 2012, I, VIII, 1). Para Calvino, o sofrimento, quando não é um castigo (*IRC* III, IV, 31), ensina-nos a submissão à vontade de Deus na renúncia (III, VIII), na oração (III, XX, 46) e na humildade (III, XII, 6-7). Ainda que o sofrimento tenha seus riscos, como o de nos cortar de toda esperança e finalmente nos cortar de Deus (III, XX, 46), em geral é positivo, já que nos conforma com o Cristo sofredor (III, VIII, 1; III, XVII, 7). Comparado à sua época, esse discurso não tinha nada de original. O próprio Montaigne diz o mesmo: "Basta que o cristão creia que todas as coisas vêm de Deus, recebendo-as com o reconhecimento de sua divina e inescrutável sapiência" (*Essais* [Ensaios], 1588, em *Oeuvres completes* [Obras completas], Paris, Gallimard, 1962, I, XIV). A única ênfase verdadeiramente característica do cristianismo decorre do princípio *sola gratia*; se a paixão de Cristo basta para a salvação, nosso sofrimento não tem um valor redentor, nem para nós mesmos nem para outros. Retornando a fontes mais bíblicas, o protestantismo contemporâneo é sensível à dissociação operada pelo evangelho entre sofrimento e pecado; o sofrimento não é uma punição, mas, sim, uma prova cuja resposta não é metafísica em primeiro lugar, mas ética: trabalhar ao máximo para reduzi-lo e manifestar a quem sofre sua proximidade. Somente o sofredor pode tentar atribuir sentido a isso, através de sua própria busca. O sofrimento permanece sempre um brado que se exprime por livre vontade, de Drelincourt a Bonhoeffer, nas palavras do Saltério, que expressam incompreensão e confiança, revolta e submissão.

François Dermange

▶ BONHOEFFER, Dietrich, *Resistência e submissão: cartas e anotações escritas na prisão* (1951), São Leopoldo, Sinodal, 2003; CHOPP, Rebecca S., *The Praxis of Suffering. An Interpretation of Liberation and Political Theologies*, Maryknoll, Orbis Books, 1986; DRELINCOURT, Charles, *Consolations de l'âme fidèle contre les frayeurs de la mort* (1652), Lausanne, Vincent, 1792; DUBIED, Pierre-Luigi, *L'angoisse et la mort*, Genebra, Labor et Fides, 1991; MOTTU, Henry, *Les "Confessions" de Jérémie. Une protestation contre la souffrance*, Genebra, Labor et Fides, 1985; PANTILLON, Claude, "Paroles d'un malade. Lettres à des amis", *Les cahiers protestants*, Lausanne, 1972/2, p. 3-58; RICOEUR, Paul, *O mal: um desafio à filosofia e à teologia* (1986), Campinas, Papirus, 1988; SÖLLE, Dorothee, *Souffrances* (1973), Paris, Cerf, 1992; TOURNIER, Paul, *Face à la souffrance* (1981), Genebra, Labor et Fides, 1985.

◉ Alegria; cura; doença; Griffin; *kenósis*

SÖLLE, Dorothee (1929-2003)

Teóloga alemã nascida em Colônia, estudou filosofia e filologia clássica, em seguida teologia e literatura alemã, em Friburgo em Brisgóvia e em Göttingen. Em 1972, defendeu sua tese na universidade de Colônia com um estudo sobre as relações entre literatura e teologia na fase pós-*Aufklärung*. Seus posicionamentos políticos e teológicos em relação à Guerra do Vietnã e após 1968 (cf. as famosas *Politische Nachtgebete* e vários trabalhos em torno de *Atheistisch an Gott glauben* [Ateus acreditam em Deus]) barraram seu acesso ao professorado na Alemanha. De 1975 a 1994, foi professora do *Union Theological Semminary* em Nova York, ao mesmo tempo que mantinha uma intensa atividade na Alemanha. Suas inúmeras obras testemunham uma trajetória fascinante através da teologia política, da mística e do feminismo, combinados por Sölle em uma teologia da libertação que se ofereceu como terceira posição diante do liberalismo e da (neo)ortodoxia.

Klauspeter Blaser

▶ SÖLLE, Dorothee, *Atheistisch an Gott glauben* (1968), Olten, Walter, 1969; Idem, *La représentation. Un essai de théologie après la mort de Dieu* (1965), Paris, Desclée, 1970; Idem, *Imagination et obéissance. Réflexions pour l'éthique chrétienne à venir* (1968), Tournai, Casterman, 1970; Idem, *Politische Theologie* (1971), Stuttgart, Kreuz-Verlag, 1982; Idem, *Souffrances* (1973), Paris, Cerf, 1992; Idem, *Die Hinreise. Zur religiösen Erfahrung* (1975), Stuttgart, Kreuz-Verlag, 1986; Idem, *Sympathie. Theologisch- politische Traktate*, Stuttgart, Kreuz-Verlag, 1978; Idem, *Lieben und Arbeiten. Eine Theologie der Schöpfung*, Stuttgart, Kreuz-Verlag, 1985; Idem, *Gott denken. Einführung in die Theologie*, Stuttgart, Kreuz-Verlag, 1990; Idem, *Teshouva ou comment quitter les cathédrales de la mort* (1989), Bienne, Michel Servet, 1995; Idem, *Gegenwind. Erinnerungen*, Hamburgo, Hoffmann und Campe, 1995; Idem, *Mystik und Widerstand. Du stilles Geschrei*, Hamburgo, Hoffmann und Campe, 1997; Idem e STEFFENSKI, Fulbert, orgs., *Politisches Nachtgebet in Köln*, 2 vols., Stuttgart-Mayence, Kreuz-Verlag-Matthias-Grünewald-Verlag, 1969-1970.

◉ Feminismo; teologia feminista; teologias da libertação; teologias da morte de Deus

SOMBART, Werner (1863-1941)

Figura controversa, Werner Sombart nasceu em Ermsleben (Harz). Estudou economia política na Universidade de Berlim junto a Adolf Wagner e Gustav Schmoller, dois eminentes representantes da escola histórica em economia política. Foi professor extraordinário em Breslau, a partir de 1890, precisando aguardar até 1918 para conseguir o posto de professor ordinário, como sucessor de Gustav Schmoller. Morreu em Berlim.

O jovem Sombart se engajou em debates sobre socialismo que agitaram as elites burguesas após a ab-rogação das disposições legais que proibiram as organizações socialistas em 1890. Diante da compreensão ética e geralmente paternalista das tarefas da política social, como defendidas por seus professores, Sombart chamava a atenção para a necessidade de reformas econômicas, recorrendo às análises econômicas de Karl Marx e Friedrich Engels. Reconheceu a legitimidade histórica de uma organização específica das classes operárias, ao mesmo tempo que rejeitava a estratégia das lutas de classes. Suas atividades visavam a uma colaboração entre os representantes das elites burguesas partidários de uma reforma social e os funcionários políticos e sindicais do Partido Social Democrata Alemão, favoráveis a uma linha revisionista. Essa tentativa de colaboração fracassou por causa da resistência da linha ortodoxa do partido (Karl Kautsky, August Bebel), mas encontrou um eco literário com sua obra *Le socialisme et le mouvement social au XIXe siècle* [O socialismo e o movimento social no século XIX] (1896, Paris, Giard et Brière, 1898).

Em 1902, publicou a primeira versão de sua principal obra, dedicada à gênese e à estrutura do capitalismo moderno (*Der moderne Kapitalismus* [O capitalismo moderno], 2 vols., Leipzig, Duncker, und Humblot). Foi essa obra que introduziu o termo "capitalismo" na língua científica. Para defini-lo, Sombart criou a categoria de "sistema econômico". Tal como Marx, Sombart considera a questão da organização econômica como a chave essencial para compreender a modernidade. Porém, em oposição a Marx, mostrou que a compreensão das estruturas econômicas deve recorrer a motivações psicológicas. Assim, o capitalismo não se limita a uma forma de organização da produção, mas remete a um "espírito do capitalismo" (questão retomada por Max Weber em sua obra *A ética protestante e o espírito do capitalismo*, 1904-1905). Dessa forma, *Der moderne Kapitalismus* participa dos questionamentos que presidiram o surgimento das ciências sociais na Alemanha, confrontadas com a perda de plausibilidade dos teoremas implícitos da historiografia historicista (Leopond von Ranke, Johann Gustav Droysen etc.). Sombart, aliás, juntamente com Ferdinand Tönnies, Max Weber, Ernst Troeltsch e Georg Simmel, fundou a *Deutsche Gesellschaft für Soziologie*; em 1904, assumiu com Edgard Jaffé e Max Weber o *Archiv für Sozialwissenschaft und Sozialpolitik* [Arquivo de ciências sociais e política social], para o qual já colaborava desde 1889.

Porém, Sombart não se contentou em traçar a gênese econômica da modernidade. A partir de 1903 (*Die Deutsche Volkswirtschaft im 19. Jahrhundert*, Berlim, Bondi, 1913), suas análises históricas do capitalismo passaram a adquirir a forma de uma crítica radical da civilização moderna. Sombart se tornou assim o apologeta de um "anticapitalismo romântico" (F. Lenger): o progresso destrói a cultura e priva o homem moderno da possibilidade de se realizar como personalidade. As estruturas econômicas e sociais do capitalismo moderno alimentam um profundo pessimismo cultural: diante da técnica moderna, do americanismo e do urbanismo, Sombart defende uma "humanidade harmoniosa", arraigada nas estruturas pré-modernas da comunidade.

Essa orientação dupla dominou o essencial das obras posteriores de Sombart. Em *Les juifs et la vie économique* [Os judeus e a vida econômica] (1911, Paris, Payot, 1923), Sombart acoplou à crítica cultural da modernidade a questão da gênese religiosa do capitalismo, e o resultado é uma obra ambígua, cheia de preconceitos raciais e antissemitas, que foi, no entanto, saudada positivamente por muitos críticos judeus, assim como pela imprensa filossemita. *Le bourgeois. Contribution à l'histoire morale et intellectuelle de l'homme économique moderne* [O burguês: contribuição à história moral e intelectual do homem econômico moderno] (1913, Paris, Payot, 1966) traz a mesma ambivalência. Porém, esse texto também marcou uma virada metodológica. Sob a influência de Max Scheler, Sombart adotou um método que considerou fenomenológico: recorrendo à "intuição das essências", pretendeu ganhar uma conceitualidade que permitia *a priori* organizar um material empírico. A contribuição de Sombart à confrontação ideológica que acompanhou a Primeira Guerra Mundial (*Händler und Helden. Patriotische Besinnungen*, Munique, Duncker und Humblot, 1915) demonstrou os riscos de desvio: o mundo anglo-saxão é denunciado nessa obra como regido pela ideologia individualista do comércio, diante da qual se ergue o heroísmo nacional alemão.

Assim, não é de espantar que Sombart tenha participado do movimento da Revolução Conservadora. A segunda edição de *Der moderne Kapitalismus. Historisch-systematische Darstellung des gesamt-europäischen Wirtschaftslebens von seinen Anfängen bis zur*

Gegenwart (1916-1927, Munique, Deutscher Taschenbuch Verlag, 1987) é concluída com prognósticos que preveem a superação do capitalismo por uma política orientada pela ideia de comunidade. Defendendo a autarquia e a reagrarização da economia, essa concepção preside as últimas obras de Sombart. *O socialismo alemão* (1932) esboçado por ele promove uma economia planificada, orientada pela ideia do Estado nacional, uma concepção mercantilista articulada sobre a ideia do bem comum. Admirador do fascismo italiano e próximo da ala socialista (Georg Strasser) do Partido Nacional Socialista, Sombart recusou-se a adotar as teses racistas e étnicas do movimento hitlerista, mas nada fez para defender seus colegas e estudantes que foram vítimas da política antissemita estabelecida em 1933. Seus últimos textos deixam entrever uma distância cada vez maior em relação ao regime nazista.

Jean-Marc Tétaz

▶ SOMBART, Werner, *Le socialisme allemand. Une théorie nouvelle de la société* (1932), Puisseaux, Pardès, 1990; BRUHNS, Hinnerk e HAUPT, Heinz-Gerhard, orgs., *Werner Sombart*, Paris, Centre de recherches historiques, 1990; LE RIDER, Jacques, *Sionisme et antisémitisme : le piège des mots... De Karl Kraus à Hannah Arendt, avec un détour par Robert Hamerling, Börrie von Münchhausen, Werner Sombart et quelques autres*, em Gilbert KREBS e Gérald STIEG, orgs., *Karl Kraus et son temps*, Asnières, Institut d'allemand, 1989, p. 67-83; LENGER, Friedrich, *Werner Sombart 1863-1941. Eine Biographie*, Munique, Beck, 1994; RAPHAËL, Freddy, *Judaïsme et capitalisme. Essai sur la controverse entre Max Weber et Werner Sombart*, Paris, PUF, 1982.

◉ Antissemitismo; **capitalismo**; indivíduo; **modernidade**; Revolução Conservadora; Simmel; Troeltsch; Weber M.

SOUTTER, Louis (1871-1942)

Artista autodidata, suíço valdense, primo do arquiteto Le Corbusier (1887-1965) e amigo do escritor Jean Giono (1895-1932), Louis Soutter foi um dos maiores representantes do que se considera a "arte bruta". Doente mental para uns, antissocial ou simplesmente original para outros, escapa a todas as normas sociais, o que resultou em sua internação de 1923 até o fim da vida em um asilo de Ballaigues (Vaud).

Fugia dessa solidão forçada executando desenhos estranhos em seus cadernos ou em folhas rasgadas. Quando sua vista começou a falhar, pôs-se a pintar com os dedos figuras dançantes de negro, muitas vezes ao redor de crucificações. Seus desenhos mostram lado a lado figuras estranhas, geralmente femininas, e cenários obscuros, até mesmo indecifráveis. A maioria dos desenhos de Soutter é construída com base em episódios bíblicos que o artista retraduz em seu imaginário. A produção artística de Soutter, celebrada internacionalmente depois de sua morte, constitui um acervo importante de desenhos bíblicos contemporâneos, mostrando que a Bíblia continua a inspirar a criação artística contemporânea.

Jérôme Cottin

▶ GAUVILLE, Hervé e NOVARINA, Valère, *Louis Soutter. Si le soleil me revenait*, Paris, Biro-Centre culturel suisse, 1997; THÉVOZ, Michel, *Louis Soutter*, t. I: *Louis Soutter ou l'écriture du désir* e t. II: *Catalogue de l'oeuvre*, Lausanne-Zurique, L'Âge d'Homme-Institut suisse pour l'étude de l'art, 1974-1976; Idem e SIMOND, Anne-Marie, *Louis Soutter. Crayon, plume & encre de Chine*, Lausanne, Héron, 2002.

◉ Arte

SPENER, Philipp Jacob (1635-1705)

Nascido em Ribeauvillé (Alsácia), Spener empreendeu em 1651 estudos em filosofia e teologia na Universidade de Estrasburgo. Após uma *peregrinatio academica* que o levou a Basileia, Genebra (onde encontrou Jean de Labadie), Lyon, Stuttgart e Tübingen, obteve seu doutorado em teologia (1664) e se tornou pregador na Catedral de Estrasburgo, além de, a partir de 1666, *Senior ministerii Evangelici* em Frankfurt. Foi nessa cidade que, a partir de 1760, o pietismo luterano, preparado há muito na Alemanha por Johann Arndt (1555-1621), começou a tomar forma nos traços visíveis de um *collegium pietatis* particular em inúmeros conventículos frankfurtianos. Publicada em 1675, a obra *Pia desideria, ou désir sincère d'une amélioration de la vraie Église évangélique* [Pia desideria, ou desejo sincero de um melhoramento da verdadeira igreja evangélica] se tornou o texto programático do movimento, defendendo a reforma do pastorado, uma firmeza maior dos leigos e da comunidade, a prática da piedade e um espaço maior para a Bíblia nos estudos de teologia. Essa exigência de reforma se imbuía da dinâmica da "esperança de tempos melhores para a igreja de Deus na terra". Apesar dos ataques massivos que esta doutrina lhe valeu, Spener se manteve fiel a essa forma de quiliasmo moderado. Após 1680, o movimento pietista de Frankfurt sucumbiu às tendências separatistas.

Em 1686, Spener foi nomeado grande pregador da corte em Dresden, a posição mais elevada no luteranismo alemão. Depois de um conflito, Spener deixou a Saxônia e foi para Berlim, onde se tornou membro do consistório e pastor de Saint-Nicolas, em 1691. Foi em Berlim que chegou ao auge de sua influência (também pela fundação da Universidade de Halle em 1692-1694 e por sua enorme correspondência), o que não deixou de suscitar conflitos, tais como o da confissão individual, com Johann Kaspar Schade (1666-1698). Muitas vezes combateu o socinianismo e o catolicismo.

O núcleo da teologia de Spener é o novo nascimento, que para ele traduz uma concepção fundamentalmente individualista do cristianismo, com a compreensão da igreja como ajuntamento daqueles que nasceram novamente. Seu aluno mais importante foi August Hermann Francke (Halle). Dificilmente se pode exagerar a importância de Spener para o cristianismo dos tempos modernos.

Dietrich Blaufuß

▶ *Die Werke Philipp Jakob Speners. Studienausgabe*, Gießen, Brunnen, 1996ss (publicação em andamento); SPENER, Philipp Jacob, *Schriften*, Hildesheim, Olms, 1979ss (publicação em andamento) ; Idem, *Briefe aus der Frankfurter Zeit. 1666-1686*, Tübingen, Mohr, 1992ss (publicação em andamento); Idem, *Pia desideria, ou désir sincère d'une amélioration de. la vraie Église évangélique* (1675), Paris, Arfuyen, 1990; BLAUFUß, Dietrich, *Spener-Arbeiten. Quellenstudiein und Untersuchungen zu Philipp Jacob Spener und zur frühen Wirkung des lutherischen Pietismus* (1975), Berna, Lang, 1980; Idem, *Reichsstadt und Pietismus. Philipp Jacob Spener und Gottilieb Spizel aus Augsburg*, Neustadt an der Aisch, Degener, 1977; Idem, *Korrespondierender Pietismus. Ausgewählte Beiträge*, Leipzig, Evangelische Verlagsanstalt, 2003; BRECHT, Martin, "Philipp Jacob Spener, sein Programm und dessen Auswirkungen", em Idem, org., *Geschichte des Pietismus*, t. I: *Der Pietismus vom siebzehnten bis zum frühen achtzehnten Jahrhundert*, Göttingen, Vandenhoeck &. Ruprecht, 1993, p. 278-389; GRÜNBERG, Paul, *Philipp Jakob Spener* (1893-1906), 3 vols., Hildesheim, Olms, 1988; HIRSCH, Emanuel, *Geschichte der neuern evangelischen Theologie im Zusammenhang mit den allgemeinen Bewegungen des europäischen Denkens*, t. II, Gütersloh, Bertelsmann, 1951, p. 91-155: *Die Grundlegung der pietistischen Theologie durch Philipp Jacob Spener*; STEIN, K. James, *Philipp Jakob Spener. Pietist Patriarch*, Chicago, Covenant Press, 1986; WALLMANN, Johannes, *Philipp Jacob Spener und die Anfänge des Pietismus* (1970), Tübingen. Mohr, 1986.

▸ Avivamento; Berlim; Francke; Halle; pietismo

SPIRA (dietas de)

Duas dietas de Spira marcaram sua época. A primeira, em 1526, marcou o surgimento do princípio *cujus regio ejus religio* (a cada região, a religião de seu príncipe), e as circunstâncias forçaram o imperador a deixar os príncipes livres em relação à religião. Quando, na segunda (1529), o imperador quis desfazer a concessão e proibir a propagação da Reforma, dezenove estados, liderados por Felipe de Hesse e João da Saxônia, protestaram no dia 19 de abril, afirmando que as questões de fé não poderiam ser decididas por voto. Esse protesto, feito por leigos, valeu aos adeptos da Reforma o nome "protestantes". A partir de então, a divisão confessional passou a se sobrepor à divisão política.

Albert Greiner

▶ BÖTTCHER, Julius, "Die Protestation vom 15. April 1529 gemeinrechtlich behandelt", *Zeitschrift für historische Forschung* 29, 2002, p. 39-56; KÜHN, Johannes, *Geschichte des Speyrer Reichstags von 1529*, Leipzig, Heinsius Nachfolger, Eger und Sievers, 1929; NEY, Julius, *Die Appellation und Protestation der evangelischen Stände auf dem Reichstage zu Speier 1529*, Leipzig, Deichert, 1906; STÉPHAN, Raóul, "La protestation de Spire", *BSHPF* 106, 1960, p. 87-101.

▸ Alemanha; Carlos V; Felipe de Hesse

SPONDE, Jean de (1557-1595)

Oriundo de uma família calvinista do País Basco, humanista movido por uma ampla curiosidade (Homero, comentado por ele, foi um de seus principais interesses), acompanhou

Henrique IV na abjuração do protestantismo, mas fracassou em suas ambições sociais. Sua obra voltou a ser valorizada no século XX, classificada como literatura e poesia "barrocas", rótulo que permitiu essa redescoberta. Essa obra é composta por, entre outros, uma coletânea de *Amores* e um livro chamado *Meditações sobre os salmos* em prosa (cf. nesse gênero, Beza e Duplessis-Mornay), com um *Ensaio de alguns poemas cristãos* (como as calvinianas "Estâncias da ceia" e doze sonetos "da morte"). Esses textos propõem ao leitor um itinerário espiritual cristão marcado pelo desejo de conquistar, acima das vicissitudes do mundo e da carne, uma constância interior que se confunde com a via celeste. Sponde leva suas antíteses ao máximo, utiliza redes de imagens simbólicas e constrói seus textos para tornar perceptível essa aspiração veemente à paz.

Olivier Millet

▶ SPONDE, Jean de, *Oeuvres littéraires, suivies d'oeuvres apologétiques avec des Juvénilia*, Genebra, Droz, 1978; LARDON, Sabine, *L'écriture de la méditation chez Jean de Sponde*, Paris, Champion, 1998; RIEU, Josiane, *Jean de Sponde ou la cohérence intérieure*, Paris, Champion, 1988.

◉ Capieu; Jeanneret; **literatura**

SPURGEON, Charles Haddon (1834-1892)

Spurgeon assumiu o pastorado com a idade de 18 anos. Seus dons oratórios, o fervor de seus apelos à consciência humana, a firmeza de suas convicções calvinistas, uma pregação ao mesmo tempo bíblica e atual, seu humor, tudo isso conquistou milhares de ouvintes. Foi pastor da Capela do Tabernáculo em Londres, construída para ele, com capacidade para seis mil pessoas sentadas. Pastoreou essa igreja desde o ano de 1861 até sua morte. Várias instituições surgiram no Tabernáculo: um colégio para futuros pastores, uma associação de vendedores ambulantes para "difundir a sã literatura em todas as classes da população".

Charles Spurgeon foi um dos maiores pregadores de todos os tempos. Mais de dois mil sermões de sua lavra foram publicados e traduzidos para as principais línguas europeias (*Sermons of Rev. C. H. Spurgeon* [Sermões do reverendo C. H. Spurgeon], 20 vols., New York, Funk and Wagnalls, 1892). Dentre as obras de Spurgeon, podem ser citadas: *The Saint and His Saviour, or the Progress of the Soul in the Knowledge of Jesus* [O santo e seu Salvador, ou o progresso da alma no conhecimento de Jesus] (New York, Sheldon, Blakeman, 1857); *Les rendez-vous du matin. Méditations quotidiennes* [Os encontros matinais: meditações cotidianas] (*Morning by Morning* [Manhã após manhã], 1866, Chalon-sur-Saône, Europress, 1995); *Dans le calme du soir. Méditations quotidiennes* [Na calma da noite: meditações cotidianas] (*Evening by Evening* [Noite após noite], 1869, Chalon-sur-Saône, Europress, 1997); *Lições aos meus alunos* (3 vols., 1875, São Paulo, PES, 2001); *Commenting and Commentaries. Two Lectures Addressed to the Students of the Pastor's College, Metropolitan Tabernacle. Together with a Catalogue of the Biblical Commentaries and Expositions* [Os comentários e o ato de comentar: duas preleções dirigidas aos alunos do Colégio de Pastores, no Tabernáculo Metropolitano, juntamente com um catálogo de comentários e exposições bíblicos] (New York, Sheldon, 1876); *The Treasury of David* [O tesouro de Davi] (7 vols., Londres, Passmore and Alabaster, 1870-1885).

André Péry

▶ *The Autobiography of Charles H. Spurgeon Compiled from His Diary, Letters and Records by His Wife and His Private Secretary*, 4 vols., Chicago, Fleming H. Revell, 1898-1900; BRUNEL, G., *Spurgeon et son oeuvre, 1834-1892*, Cahors, Coueslant, 1924; DRUMMOND, Lewis A., *Spurgeon, Prince of Preachers*, Grand Rapids, Kregel Publications, 1992.

◉ Evangelização

STAËL, Germaine de (1766-1817)

Em matéria de religião, Germaine de Staël seguiu, do seu jeito próprio, uma trajetória bastante comum no século XIX. Era muito apegada ao protestantismo da família e, no começo, definia a religião sem dúvida alguma da mesma forma que seu pai adorado, Jacques Necker: uma religião razoável e liberal, apreciada por seu valor moral e social. Discípula de Rousseau, pregava a religião do vigário de Savoia, enfatizando as ações de caridade. Houve dificuldade de encontrar para ela um marido protestante; por fim, o sueco Éric de Staël, luterano e francomaçom, ocupou esse lugar. Em seguida conheceu Benjamin Constant, que havia sido discípulo de

Helvetius, mas já tinha empreendido seus estudos da evolução das religiões comparadas. Madame de Staël leu e fez a crítica de seus textos, sem dúvida partilhando sua tese principal: o sentimento religioso faz parte da natureza humana, é inato, mas suas formas variam através dos séculos, e o sacerdócio tende a preservar as formas antigas, gerando assim uma alienação e a necessidade de criar uma nova forma. Madame de Staël acreditava na perfectibilidade da religião, mas concluiu que a forma atual do protestantismo genebrino (o liberalismo teológico) não correspondia às necessidades da época, sobretudo por causa da experiência trágica da Revolução e dos males de sua própria vida. Ela abandonou a moral do interesse do Século das Luzes para substituí-la pela moral transcendente de Kant. A partir disso, abriu-se para o misticismo e as experiências religiosas, e passou até mesmo por uma fase de retorno à ortodoxia teológica, com certa abertura para o catolicismo. Na querela genebrina de 1816, entre, de um lado, o consistório (que era tão liberal que nem mesmo exigia a crença na divindade de Cristo) e, de outro, os anunciadores do avivamento, como Henri-Louis Empaytaz (1790-1853), ela preferiu apoiar os segundos, e além disso Empaytaz era seu conhecido. Seu filho Auguste e sua filha Albertine de Broglie se tornaram bastante ativos no movimento do avivamento em Paris. Em seus dissabores com Benjamin Constant, ela se voltou durante algum tempo para o quietismo, mantendo boas relações com a mística madame de Krüdener e também com Charles de Langallerie, apóstolo do quietismo e ecumênico o suficiente em suas práticas religiosas. Essa fase durou pouco, mas fez com que Germaine de Staël experimentasse a oração. Para ela, a religião oferecia em primeiro lugar consolo, dando um sentido para o sofrimento. Em seus últimos dias, dedicou-se à leitura de Fénélon.

Seus textos refletem essa trajetória. *Delphine*, de 1802 (2 vols., Genebra, Droz, 1987-1990), defende o cristianismo liberal e ataca o catolicismo, posicionando-se a favor do divórcio e contra os votos monásticos, um ponto de vista admiravelmente argumentado por M. D. Lebensei. Em *Corinne*, de 1807 (Paris, Gallimard, 1985), há um verdadeiro debate entre o protestantismo e o catolicismo; a heroína defende a religião católica adotando principalmente termos estéticos, um procedimento que lembra a apologética de Chateaubriand, mas também evoca a fé dos humildes. O herói, escocês, defende o protestantismo, religião do dever, religião de seu pai. Nenhum dos dois fala de Cristo, nem madame de Staël, em nenhum momento. Mas é precisamente o protestantismo que impede a ambos de conhecer a felicidade. Seu texto mais influente nessa área foi sem dúvida *De l'Allemagne* [Da Alemanha], publicado em Londres em 1813 e em Paris em 1814 (2 vols., Paris, Flammarion, 1998-1999). Inclui um capítulo sobre o entusiasmo (a consciência de Deus em nós) como necessário tanto para conduta moral quanto para a criação artística; muitos autores românticos fizeram eco a essa visão. Assim, partindo do racionalismo, ela chega a um culto à inspiração, constantemente rejeitando o abandono da liberdade individual e a submissão a qualquer sistema dogmático. Quanto à religião, permaneceu fiel às teses do Século das Luzes, mas, junto a Chateaubriand e muitos outros, defendia as virtudes da experiência transcendente.

Frank Paul Bowman

▶ BALAYÉ, Simone, *Madame de Staël. Lumières et liberté*, Paris, Klincksieck, 1979; BOWMAN, Frank Paul, *Le Christ des barricades, 1789-1848*, Paris, Cerf, 1987.

● Constant; liberalismo teológico; **literatura**; Necker; quietismo; Revolução Francesa; romantismo

STÄHLIN, Wilhelm (1883-1975)

Stählin foi sucessivamente pastor, professor de teologia e bispo da Igreja Luterana da Alemanha, além de, nos anos 1920, um dos principais líderes do movimento de Berneuchen, e, em 1931, um dos fundadores da Confraria Evangélica Saint-Michaël, marcada por ele de um modo determinante. Em suas relações com a confraria, exerceu uma influência certeira no protestantismo alemão. Trabalhando pela renovação e pela unidade da igreja, afirmou a relação fundamental entre o culto (*leitourgia*), o testemunho (*marturia*) e o serviço (*diakonia*) da igreja. Restaurador do ano litúrgico e da vida sacramental, atento aos problemas éticos no nível do pensamento e da cura da alma, é autor de numerosos textos sobre as perícopes e os temas dos domingos, sobre a compreensão das Santas Escrituras, sobre a igreja, o culto, a doutrina, a vida, assim como a corporeidade do ser humano e o mistério de Deus. Para seu pensamento simbólico, o real é uma parábola, e sua teologia trinitária é ao mesmo tempo aberta para toda cultura e de um grande poder criativo.

Gérard Siegwalt

▶ STÄHLIN, Wilhelm, *Le mystère de Dieu* (1936), Paris, Cerf, 1991; Idem, *La communauté fraternelle* (1940), Paris-Estrasburgo, Cerf-Oberlin, 1980; Idem, *Predigthilfen*, 5 vols., Kassel, Stauda, 1958-1971; Idem, *Symbolon*, t. I: *Vom gleicknishaften Denken*, t. II; *Erkenntnisse und Betrachtungen*, t. III: *Wissen und Weisheit*, t. IV: *Freiheit und Ordnung*, Stuttgart, Evangelisches Verlagswerk, 1958-1980; KELLNER, *Hans Eduard, Das theologische Denken Wilhelm Stählins*, Berna, Lang, 1991; MEYER-BLANCK, Michael, *Leben, Leib und Liturgie. Die praktische Theologie Wilhelm Stählins*, Berlim, Walter de Gruyter, 1994.

◉ Liturgia; São Miguel (Confraria Evangélica)

STANTON, Elizabeth Cady (1815-1902)

Autora de um livro apimentado feminista sobre a Bíblia, *The Woman's Bible*, ela também editou *The Revolution*, jornal militante pelos direitos da mulher, com destaque para o voto, cuja história ela escreveu ao colaborar com os primeiros volumes de *History of Woman Suffrage* [História do sufrágio feminino] (1881-1922, 6 vols., Salem, Ayer, 1985). Lembremos que as pioneiras feministas americanas primeiro se mobilizaram em favor da abolição da escravatura.

The Woman's Bible se apresenta como um comentário sobre o Pentateuco (parte 1) e sobre "o Antigo Testamento e o Novo Testamento, de Josué a Apocalipse" (parte 2). O livro propõe três suspeitas: os homens e principalmente as mulheres veem na Bíblia a Palavra de Deus; a influência da Bíblia na política é central; os homens usam as Escrituras para impedir a emancipação das mulheres.

Anne Marie Reunen

▶ STANTON, Elizabeth Cady, *The Woman's Bible* (1895-1898), Boston, Northeastern University Press, 1993; RUETHER, Rosemary Radford e KELLER, Rosemary Skinner, orgs., *Women and Religion in America*, t. I: *The Nineteenth Century*, San Francisco, Harper and Row, 1982; SCHÜSSLER FIORENZA, Elisabeth, *En mémoire d'elle. Essai de reconstruction des origines chrétiennes selon la théologie féministe* (1983), Paris, Cerf, 1986.

◉ Feminismo; Grimké ; **mulher**; Shaw; teologia feminista; Willard

STAPFER, Edmond-Louis (1844-1908)

Neto do teólogo de origem suíça Philippe-Albert Stapfer (1766-1840), primeiro presidente da Sociedade Bíblica Francesa e Estrangeira (1833), Edmond-Louis Stapfer nasceu em Paris e estudou teologia em Montauban e na Alemanha. Foi pastor da Igreja Reformada da França e ensinou de 1877 em diante filologia do Novo Testamento na Faculdade de Teologia Protestante de Paris. Dentre suas publicações, cumpre mencionar principalmente a obra *La Palestine au temps de Jésus-Christ d'après le Nouveau Testament, l'historien Flavius Josèphe et les Talmuds* [A Palestina na época de Jesus Cristo segundo o Novo Testamento, o historiador Flávio Josefo e os talmudes] (Paris, Fischbacher, 1885) e os dois volumes de *Sermons* [Sermões] (Paris, Fischbacher, 1904 e 1909). É reputado sobretudo por seu *Nouveau Testament traduit sur le texte comparé des meilleures éditions critiques* [O Novo Testamento traduzido com base no texto comparado das melhores edições críticas] (Paris, Fischbacher, 1889), um trabalho que inspirou D. Lortsch a comentar: "Raramente as Escrituras foram traduzidas com tanta elegância".

Jean-Claude Margot

▶ DELFORGE, Frédéric, *La Bible en France et dans la francophonie. Histoire, traduction, diffusion*, Paris-Villiers-le-Bel, Publisud-Société biblique française, 1991; LORTSCH, Daniel, *Histoire de la Bible française* (1910), Saint-Légier, PERLE, 1984; MARGOT, Jean-Claude, *Traduire sans trahir. La théorie de la traduction et son application aux textes bibliques* (1979), Lausanne, L'Âge d'Homme, 1990.

◉ Traduções francesas da Bíblia

STAUFFER, Richard (1921-1984)

Historiador e teólogo, Richard Stauffer foi pastor sufragâneo (1950-1952) e pastor titular (1954-1960) da Igreja Reformada Francesa de Basileia. Em 1960, assumiu o cargo de professor de história da igreja na Faculdade Livre de Teologia Protestante de Paris. Encarregou-se das funções de diretor de estudos (1964-1967) e, em seguida, diretor de estudos na Escola Prática de Altos Estudos, na Seção de Ciências

Religiosas, cuja presidência assumiu de 1978 a 1982. Sua área de pesquisa era história e teologia da Reforma. Especialista em Calvino e na teologia protestante dos séculos XVI e XVII, enfatizou novos aspectos do reformador de Genebra a partir de suas pregações e de um penetrante estudo de sua humanidade. Interessou-se pelos esforços dos protestantes para afirmar a especificidade da Reforma, assim como por algumas de suas tentativas ecumênicas, apegando-se à transformação da posição católica em relação a Lutero, desde o ano de 1904 até o Vaticano II, e a muitas outras questões que hoje são controversas, tais como as famosas teses de Lutero pregadas na porta da Catedral de Wittenberg no dia 31 de outubro de 1517 ou a opinião dos reformadores sobre o geocentrismo. Todos esses estudos se caracterizaram pela exatidão e pela amplitude das informações trazidas, assim como pela objetividade das análises.

Jean-Louis Leuba

▶ STAUFFER, Richard, *Le catholicisme à la découverte de Luther. L'évolution des recherches catholiques sur Luther de 1904 au deuxième Concile de Vatican*, Neuchâtel, Delachaux et Niestlé, 1966; Idem, *La Reforme (1517-1564)* (1970), Paris, PUF, 1998; Idem, *Dieu, la création et la Providence dans la prédication de Calvin*, Berna, Lang, 1978; Idem, *Interprètes de la Bible. Études sur les Réformateurs du XVIᵉ siècle* (coletânea de artigos publicados entre 1965 e 1980), Paris, Beauchesne, 1980.

◉ Calvino; **história**

STEELE, Richard (1629-1692)

Os pastores não conformistas que rejeitaram o Ato de Uniformidade (1662) que reestabelecia a Igreja Anglicana foram expulsos da igreja e perderam seus *status* de funcionários públicos. Obrigados a viver de um modo bastante precário, engajaram-se na aplicação de "diretivas cristãs" para a vida cotidiana das camadas sociais produtivas, que alimentavam as comunidades dissidentes. Pastor presbiteriano em Armourers Hall, no coração da cidade de Londres, Richard Steele desenvolveu a ética profissional puritana nos passos do *Treatise of the Vocations* [Tratado das vocações] (Cambridge, John Legatt, 1603) de William Perkins. O primeiro breviário sobre a vida do agricultor (*The Husbandman's Calling* [O chamado do lavrador], Londres, 1668) foi acompanhado do livro *The Tradesman's Calling* [O chamado do comerciante] (Londres, 1684), dedicado aos comerciantes e artesãos, proprietários de ateliês e lojas. Esse texto é um exemplo impressionante do "triunfo das virtudes econômicas" no protestantismo da época liberal.

Mario Miegge

▶ MIEGGE, Mario, *Vocation et travail. Essai sur l'éthique puritaine*, Genebra, Labor et Fides, 1989; SCHLATTER, Richard B., *The Social Ideas of the Religious Leaders (1660-1688)* (1940), New York, Hippocrene Books, 1970; TAWNEY, Richard Henry, *La religion et l'essor du capitalisme* (1926), Paris, Rivière, 1951.

◉ Anglicanismo; **capitalismo**; dissidente; Perkins; puritanismo; vocação

STIMMER, Tobias (1539-1584)

Nascido em Schaffhouse, onde pintou a famosa fachada da casa *zum Ritter*, Tobias Stimmer foi um dos pintores reformados mais importantes de seu século. Era um retratista e um ilustrador de talento, além de pintor e gravador. São de sua autoria as pinturas do relógio astronômico da Catedral de Estrasburgo e uma série de retratos que figuram na *Elogia virorum literis ilustrium* (Basileia, 1577), de Paolo Giovio. Em 1576, editou em Basileia *Neue künstliche Figuren biblischer Historien* (Munique, Hirth, 1923), volume de 170 gravuras sobre episódios bíblicos, cada uma acompanhada de um texto em versos de Johann Fischart (1546-1590) que, em relação ao Antigo Testamento, comporta uma referência tipológica ao Novo Testamento. Essas ilustrações bíblicas de Stimmer serviram como modelo para muitos outros ilustradores. O próprio Rubens não hesitou em recopiar alguns personagens para seu uso. Pela amplitude e qualidade de sua produção, Stimmer desmentiu a reputação de iconoclasta que muitos se apressaram a atribuir-lhe na Reforma do século XVI.

Bernard Reymond

▶ BENDEL, Max, *Tobias Stimmer. Leben und Werke*, Zurique, Atlantis, 1840; *Spätrenaissance am Oberrhein. Tobias Stimmer, 1539-1584*, Basileia, Kunstmuseum, 1984 (catálogo de exposição).

◉ **Arte**; ilustradores da Bíblia

STORCH, Nicolas (?1490-?1540)

Nicolas Storch era um comerciante de tecidos que pertenceu, por volta de 1520-1521, ao grupo de iluminados que Lutero chamou de "profetas de Zwickau". Pregador leigo bastante apreciado por sua corporação, assim como por alguns membros da magistratura da cidade, Storch fez parte de uma fraternidade de Corpus Christi, que pode ter sido influenciada pelas ideias dos valdenses e dos taboritas da Boêmia, que enfatizavam o Espírito, a Palavra interior revelada em visões e sonhos e, para alguns, a iminência do surgimento do anticristo. Familiarizado com a Bíblia, Storch estava convencido de que Deus ainda hoje entrava em relação direta com os cristãos. Thomas Müntzer (?1490-1525), nomeado pregador em Zwickau no ano de 1520, teve um contato estreito com Storch, sendo provavelmente influenciado por ele.

Constrangido a deixar Zwickau em dezembro de 1521, Storch foi para Wittenberg em companhia de Thomas Drechsel e de Markus Thomae, dito Stübner, outros profetas de Zwickau e antigos companheiros de Thomas Müntzer em Praga no outono de 1521. Enquanto Melâncton ficou impressionado com o argumento de Storch sobre a negação do batismo infantil, Lutero se viu desconfiado (setembro de 1522). Depois disso, é difícil retraçar o itinerário de Storch: antes de refugiar-se na Baviera, ele teria ido à Silésia e à Polônia.

Os polemistas tendem a exagerar bastante a influência de Nicolas Storch, tanto buscando estabelecer laços entre os reformadores de Wittenberg e a Revolta dos Camponeses quanto considerando Storch o iniciador da sedição e até o líder da "seita dos anabatistas".

Claude Baecher

▶ BENDER, Harold S., "Die Zwickauer Propheten, Thomas Müntzer und die Täufer", *Theologische Zeitschrift* 8, 1952, p. 262-278; HOYER, Siegfried, *Die Zwickauer Storchianer. Vorläufer der Täufer?*, em Jean-Georges ROTT e Simon L. VERHEUS, orgs., *Anabaptistes et dissidents au XVIe siècle*, Baden-Baden-Bouxwiller, Koerner, 1987, p. 65-84; LEFEBVRE, Joël, "Luther, Melanchthon, Thomas Müntzer et les origines saxonnes de l'anabaptisme", *Ethnopsychologie. Revue de psychologie des peuples* 32, 1977, p. 237-257; STAYER, James, "Saxon Radicalism and Swiss Anabaptism: The Return of the Repressed", *The Mennonite Quarterly Review* 67, 1993, p. 5-30; WAPPLER, Paul, "Thomas Müntzer in Zwickau und die 'Zwickauer Propheten'" (1908), *Schriften des Vereins für Reformationsgeschichte* 71/182, 1966.

◉ Anabatismo; entusiasmo; iluminismo; Müntzer; Reforma radical; Zwickau (profetas de)

STOTT, John R. W. (1921-2011)

John Stott foi um dos mais influentes pensadores evangélicos do século XX. Pastor anglicano, permaneceu sua vida inteira ligado à mesma igreja local, a *All Souls Church*, Langham Place, em Londres (primeiro como membro, depois como pastor e pastor emérito).

Teve atuação importante no "Congresso de Lausanne", oficialmente chamado de Congresso Internacional sobre Evangelização Mundial, realizado na cidade de Lausanne (Suíça), em 1974, em que foi responsável pela elaboração do documento que ficou conhecido como o "Pacto de Lausanne".

Seus livros tiveram grande aceitação e foram traduzidos para diversas línguas. Entre suas principais obras podemos citar "Cristianismo básico" (Ultimado), "A Cruz de Cristo" (Vida) e "Questões que desafiam os cristãos hoje" (Ultimato), entre outros. John Stott também é conhecido como expositor e comentarista bíblico.

Foi capelão da rainha da Inglaterra, fundador e diretor do *London Institute of Contemporary Christianity* e organizador da *Langham Partnership International*, esta última com o objetivo de conceder bolsas de estudo para a formação de futuros professores de teologia de convicção evangélica e de distribuir livros para pastores de países em desenvolvimento. Em 2005 foi considerado "uma das 100 pessoas mais influentes no mundo" pela revista Time.

John Stott definia-se como um "evangélico" (em inglês, *evangelical*) e rejeitou tanto o fundamentalismo quanto o liberalismo teológico, contra o qual lutou desde os tempos de estudante em Cambridge. Aos 78 anos escreveu o livro *A verdade do evangelho: um apelo à unidade* (Encontro e ABU), que chamou de "uma espécie de legado espiritual" (p.10). Nesta obra John Stott resume suas principais convicções e desafia os evangélicos a buscarem uma maior unidade.

Suas principais contribuições para o pensamento evangélico foram a defesa da autoridade e da veracidade da Bíblia, a urgência da evangelização mundial, a importância fundamental da responsabilidade social da igreja, o testemunho cristão por meio de uma vida de humildade e obediência a Cristo e a unidade entre os evangélicos.

John Stott também enfatizava a necessidade de uma "dupla audição": o cristão deve ouvir atentamente tanto a mensagem original das Escrituras quanto os clamores, dúvidas e opiniões do mundo contemporâneo. Dessa maneira, a igreja estaria em condições de cumprir seu duplo objetivo, de levar ao mundo uma mensagem fiel à Bíblia e ao mesmo tempo relevante para a sociedade atual.

Olavo J. A. Ribeiro

▶ DUDLEY-SMITH, Timothy, *John Stott, the making of a leader: a biography: the early years*, IVP, Downers Grove, 1999. DUDLEY-SMITH, Timothy, *John Stott: a global ministry*, IVP, Downers Grove, 2001. STEER, Roger, *Inside story: the life of John Stott*, Nottingham, 2009. STOTT, John, *A verdade do evangelho: um apelo à unidade*, Curitiba e São Paulo, Encontro e ABU, 2000. STOTT, John, *The Contemporary Christian*, Downers Grove, IVP, 1992.

◉ Evangélicos; Lausanne (movimento de)

STRAUß, David Friedrich (1808-1874)

Teólogo alemão nascido e morto em Ludwigsburg (Wuttemberg), David Friedrich Strauß estudou no Seminário Protestante de Tübingen e na Universidade de Berlim. Foi aluno de Ferdinand Christian Baur, além de fortemente influenciado por Hegel, sem nunca ter sido seu aluno direto. Sua obra *Vida de Jesus* (1835-1836) propôs a primeira interpretação consequentemente "mítica" dos evangelhos. Para Strauß, os mitos são "vestimentas pseudo-históricas" das ideias do cristianismo primitivo, que tomam forma no interior da lenda que cegamente faz uma obra poética" (I, p. 75 da primeira edição alemã); para ele, os mitos glorificam Jesus recorrendo a motivos veterotestamentários (I, p. 72ss). Essa visão aniquila o pressuposto partilhado tanto pelo supranaturalismo quanto pelo racionalismo: a historicidade dos milagres de Jesus. Porém, sem poupar reconstruções especulativas, visa sobretudo a posição de Schleiermacher, que se esforçava em fazer uma mediação entre os dois campos. Da vida histórica de Jesus, só subsistem então alguns dados superiores e os discursos. Orientada pela obra *Vorlesungen über die Methode des akademischen Studiums* (1803, Hamburgo, Meiner, 1974) de Schelling e voltada contra Hegel, a conclusão, muito logicamente, é que o Espírito do universo (*Weltgeist*) não se manifesta exclusivamente em uma única figura histórica, mas é toda a humanidade que é Deus tornado homem (II, p. 734).

Essa tese tornou Strauß o iniciador da crítica radical que, na Alemanha, o hegelianismo de esquerda dirigiu ao cristianismo e à religião (Bruno Bauer, Ludwig Feuerbach e Karl Marx). Ele mesmo levou mais adiante essa crítica em sua obra *Glaubenslehrer*, em que expôs a história do dogma como sua destruição (I, p. 71). Por fim, em *A antiga e a nova fé* (1872), ele se despede do cristianismo e se volta para um monismo positivista — digno de nota é o fato de que Friedrich Nietzsche lhe dedicou a primeira de suas *Considerações intempestivas* (1873, São Paulo Abril Cultural, 1981).

A Vida de Jesus de Strauß lhe custou a carreira universitária: sua nomeação em 1839 para a Universidade de Zurique foi pretexto para um levante popular por um governo liberal. Ele foi aposentado antes mesmo de ocupar o cargo e precisou ganhar a vida com suas obras literárias (cf. suas biografias de *Ulrich von Hutten*, 3 vols., Leipzig, Brockhaus, 1858-1860, e de *Voltaire. Six conférences* [Voltaire: seis conferências], 1870, 1872, Paris, Reinwald, 1876).

Dietz Lange

▶ STRAUß, David Friedrich, *Gesammelte Schrtften*, 12 vols., org. por Eduard ZELLER, Bonn, Strauß, 1876-1877; Idem, *Vie de Jésus, ou examen critique de son histoire* (1835-1836, 1837, 1838), tradução francesa da 3ª ed., 2 vols., Paris, Ladrange, 1839-1840; Idem, *L'ancienne et la nouvelle foi, Confession* (1872), Paris, Schleicher, 1909; Idem, *Die christliche Glaubenslehre in ihrer geschichtlichen Entwicklung und im Kampfe mit der modernen Wissenschaft dargestellt* (1840-1841), 2 vols, Frankfurt, Minerva, 1984; BIEDERMANN, Alois Emanuel, *Strauß et la théologie contemporaine* (1875), *RThPh* 15, 1882, p. 252-268; GRAF, Friedrich Wilhelm, *Kritik und Pseudo-Spekulation. David Friedrich Strauß als Dogmatiker im Kontext der positionellen Theologie seiner Zeit*, Munique, Kaiser, 1982; Idem, "La théologie critique au service de l'émancipation bourgeoise: David Friedrich Strauß (1808-1874)", *RThPh* 130, 1998, p. 151-172; LANGE, Dietz, *Historischer Jesus oder mythischer Christus. Untersuchungen zu dem Gegensatz zwischen Friedrich Schleiermacher und*

David Friedrich Strauβ, Gütersloh, Mohn, 1975; PAUL, Jean-Marie, *D. F. Strauβ (1808-1874) et son époque*, Paris, Les Belles lettres, 1982.

▶ Baur; Biedermann; dogmática; dogma; Hegel; hegelianos de esquerda; **história**; história dos dogmas; **Jesus (imagens de)**; *Kulturprotestantismus*; **modernidade**; mito; Schleiermacher

STRINDBERG, August (1849-1912)

Dramaturgo sueco, August Strindberg nasceu e morreu em Estocolmo. Desde a infância, parecia mal adaptado a seu meio e mais à vontade no mundo de ficção que no mundo real — o romancista sueco Per Olov Enquist atribuiu-lhe a máxima "tudo é teatro, a vida é teatro" (p. 249). Sua obra seria como uma vasta autobiografia. Adolescente, foi perpassado por muitas crises morais e religiosas: durante algum tempo foi pietista, decepcionado pela confirmação na Igreja Luterana do Estado, que não lhe trouxe os arrebatamentos místicos esperados. Com dificuldades financeiras durante seus estudos, tentou trabalhar como professor e timidamente como ator teatral. Mas somente uma vocação se confirmou: a de autor dramático.

Sua obra se caracteriza por três fases. A primeira é de um naturalismo exacerbado, com uma violenta denúncia da sociedade e uma ênfase em seus aspectos sombrios. Essa fase é posta sob o signo do ateísmo, do cientificismo e do positivismo, e foi a fase em que a obra de Strindberg provocou escândalo com o livro de novelas *Mariés* [Casados] (1884, Arles, Actes Sud 1986), que trata das instituições suecas, do casamento e da religião estabelecida (sua irreverência em relação à ceia lhe valeu a acusação de blasfemo). Com as peças de teatro *O pai* e *Senhorita Júlia*, Strindberg encarnou com perfeição o radicalismo escandinavo que, em seu ódio ao absoluto, manifesta o desejo de levar teorias e aplicações até as últimas consequências. São testemunhas de sua fé positivista a obra *Confissões* (só existe de fato o autoconhecimento; além disso, Strindberg reconhece em Rousseau uma filiação espiritual) e a série autobiográfica *O filho da serva*, *Fermentação*, *No quarto vermelho* e *O escritor*, todos redigidos em 1886, mas publicados entre 1886 e 1909. Em uma segunda fase, de um misticismo apaziguado, tingido de ocultismo, ele relê Swedenborg e encontra conforto ali, o que lhe permite superar suas crises de "inferno", essas temíveis dores psíquicas designadas dessa forma por ele, descritas com gosto em *Inferno* (redigido em francês no ano de 1897). Foi uma fase de intensa produção, com peças que poderiam ser qualificadas impropriamente como expressionistas, escritas como em uma "itinerância" (os personagens, intercambiáveis e anônimos, estão perpetuamente em marcha, deslocando-se de estação em estação), com a trilogia *O caminho de Damasco* (t. I e II: 1898, t. III: 1904), os "mistérios" *Advento* (1898) e *Páscoas*, e sobretudo *O sonho* (literalmente, "Um jogo de sonho", 1901). Como um todo, essas obras estão atravessadas pela busca de si mesmo, pela recriação, por metamorfoses, desdobramentos, transposições, movimentos de criação, atos de (pro)criação, pelos quais o autor chega ao autoconhecimento. Recorrendo a procedimentos relacionados ao onírico (diluição dos limites espaçotemporais, errâncias angustiadas em um universo absurdo, falta de estabilidade etc.), essas peças, para além das aparências, deixam entrever uma espécie de surrealidade que seria o fundamento de nossa pessoa. Uma terceira fase foi dedicada a um humanismo lúcido, em que Strindberg liderou um teatro de vanguarda, o Teatro Íntimo, escrevendo muitas peças de câmara, pequenas obras-primas explosivas como *Tempestade*, *A sonata dos espectros*, *A ilha dos mortos*, *O pelicano*, todas de 1907.

Malsucedido em sua vida, seus três casamentos foram fracassos que alimentaram seu antifeminismo; as numerosas errâncias não passam de um reflexo de sua instabilidade. No entanto, em vez de abater-se por tantos dissabores e excessos, Strindberg toma nisso tudo sua inspiração, encontrando o que seria a força de sua arte e de seu gênio. Essa obra tão ampla, tão variada, tão heteróclita, declinação em modos infinitos de alguns temas centrais, continuamente os mesmos mas sempre renovados, apresentam tal unidade que sua coerência surpreende: não há nenhum traço da desagregação que ameaça os sofredores de doenças mentais, tal como Strindberg foi considerado. Denunciando o artifício da sociedade, constatando o fracasso de uma civilização que chegou ao tempo de sua decadência, escrutinando os mistérios do inconsciente, a obra de Strindberg é de fato a obra de alguém que busca a si mesmo, a do eu em um eterno processo consigo.

Lucie Kaennel

▶ STRINDBERG, August, *Samlade skrifter*, 55 vols., Estocolmo, Bonnier, 1912-1920; Idem, *Samlade verk [nationalupplaga]*, Estocolmo, Norstedt, 1981ss (publicação em andamento); Idem, *Théâtre complet*, 6 vols., Paris, L'Arche, 1982-1986; Idem, *Oeuvre autobiographique*, 2 vols., Paris, Mercure de France, 1990; BALZAMO, Elena, *August Strindberg: visages et destin*, Paris, Viviane Hamy, 1999; Idem, org., *August Strindberg*, Paris, L'Herne, 2000; ENQUIST, Per Olov, *Strindberg. Une vie* (1984), Paris, Flammarion, 1985.

◐ Bergman; literatura

STURM, Jean (1507-1589)

Nascido em Schleiden (ducado de Luxemburgo), estudou com os Irmãos da Vida Comum em Liege (1521-1524) e em Louvain (1524-1529), tornando-se professor no Colégio de França em Paris (1530-1537). Foi convidado pelo magistrado de Estrasburgo para organizar um ginásio em 1538, constituindo-se reitor da instituição até 1581. Expôs suas concepções pedagógicas em duas obras, retomadas mais tarde em *Classicae epistolae, sive scholae Argentinenses restitutae* (1565, org. por Jean ROTT, Paris-Estrasburgo, Droz-Fides, 1938). Tomando a defesa dos calvinistas, foi presa dos ataques de teólogos luteranos estritos, como Jean Marbach (1521-1581) e Jean Pappus (1549-1610), que obtiveram sua destituição.

Émile M. Braekman

▶ MELCZER, William, "La pensée éducative de Jean Sturm dans les *Classicae epistolae*", em Jean BOISSET, org., *La Réforme et l'éducation*, Toulouse, Privat, 1974, p. 125-141; ROTT, Jean, "Bibliographie des oeuvres imprimées du recteur strasbourgeois Jean Sturm 1507-1589", em *Actes du 95ᵉ Congrès national des Sociétés savantes, Reims, 1970, Section de philologie et d'histoire jusqu'à 1610*, t. I, Paris, Bibliothèque nationale, 1975, p. 319-404; SCHINDLING, Anton, *Humanistische Hochschule und freie Reichsstadt. Gymnasium und Akademie in Straßburg 1538-1621*, Wiesbaden, Steiner, 1977; SCHMIDT, Charles, *La vie et les travaux de Jean Sturm* (1855), Nieuwkoop, De Graaf, 1970; SOHM, Walter, *Die Schule Johann Sturms und die Kirche Straßburgs in ihrem gegenseitigen Verhältnis, 1530-1581*, Munique-Berlim, Oldenbourg, 1912.

◐ Academias; Alsácia-Lorena; **educação**; Marbach

STURM, Leonhard Christoph (1669-1719)

Leonhard Christoph Sturm foi um dos principais teóricos alemães da arquitetura que buscou se adaptar aos cultos protestantes. Partidário de um dispositivo litúrgico centrado no púlpito e na mesa da comunhão, examinou as diferentes maneiras de fazer direito a essa exigência em seu tratado *Architectonisches Bedencken von protestantischer kleinen Kirchen. Figur und Einrichtung* (Hamburgo, Schiller, 1712), obra de referência para toda a construção protestante da época barroca.

Bernard Reymond

▶ VEREINIGUNG BERLINER ARCHITEKTUR, org., *Der Kirchenbau des Protestantismus von der Reformation bis zur Gegenwart*, Berlim, Toeche, 1893.

◐ Arquitetura

STYRON, William (1925-2006)

Por muito tempo considerado herdeiro de William Faulkner, esse escritor do sul dos Estados Unidos nasceu em Newport News, no estado da Virgínia. Interrompeu seus estudos para engajar-se no exército. Em 1951, surgiu seu primeiro romance, *Un lit de ténèbres* [Um leito nas trevas] (Paris, Gallimard, 1963). Ganhou em 1968 o Prêmio Pulitzer por seu romance histórico dedicado à figura do escravo revoltado Net Turner, antes de obter um grande sucesso por *A escolha de Sofia* (1979), adaptado para o cinema. Em 1952, tornou-se o cofundador da *Paris Review*. "Percebeu Jean-François Fogel que, da escravatura ao nazismo, a obra de Styron toma um caminho único, esmagado pela fatalidade, carregado no peso do remorso, convencido de que a dor existe e que fundamenta até mesmo a mais verdadeira das razões de viver" (em *Magazine littéraire*, 281,1990, p. 121). Essas características, sem dúvida, são as marcas de uma educação rigorosa e puritana do velho Sul onde ele passou toda a sua infância.

Serge Molla

▶ STYRON, William, *Les confessions de Nat Turner* (1967), Paris, Gallimard, 1969; Idem, *Le choix de Sophie* (1979), Paris, Gallimard, 1981; Idem, *Cette paisible poussière et autres récits* (1953-1982), Paris, Gallimard, 1985; Idem, *Face aux ténèbres. Chronique d'une folie* (1989), Paris,

Gallimard, 1990; CLARKE, John Henrik, org., *William Styron's Nat Turner. Ten Black Writers Respond*, Boston, Beacon Press, 1968.

⊙ Faulkner; **literatura**; Turner

SUCESSÃO APOSTÓLICA

Trata-se do princípio que estabelece uma continuidade nas missões recebidas por Cristo aos apóstolos e a igreja de hoje. Esse é o princípio da apostolicidade da igreja.

É necessário compreender de qual natureza essa sucessão é constituída. Para a Igreja Católica Romana, a continuidade é em primeiro lugar de ordem institucional, manifestando-se pela corrente ininterrupta da consagração de bispos, desde os apóstolos até hoje. A isso se soma o princípio de permanência de comunhão com o papa, sucessor de Pedro (cf. Vaticano II, Constituição dogmática *Lumen gentium* sobre a igreja, 1964, 18).

A natureza apostólica da igreja foi atestada pelos reformadores. Afirma Calvino: "Os apóstolos [...] foram enviados [...] para deitar os fundamentos da igreja em todo o mundo, como os primeiros e principais construtores do edifício". Mas trata-se de um "ofício extraordinário" (IRC IV, III, 4). Assim, "os pastores têm um cargo semelhante ao que os apóstolos tinham, exceto pelo fato de que cada um deles tem sua igreja limitada" (IRC IV, III, 5). O critério de apostolicidade dos bispos, respectivamente dos pastores, não reside em uma sucessão de tipo jurídico, mas, sim, no cumprimento sem negligência da pregação do evangelho e da administração dos sacramentos. Calvino conclui "que aqueles que negligenciam a ambos pretendem falsamente estar no estado apostólico" (IRC IV, III, 6).

Ligada às doutrinas do ministério da igreja e dos ministérios particulares exercidos nela, a noção de sucessão apostólica permanece como pedra de tropeço nos diversos diálogos ecumênicos empreendidos com a Igreja Católica Romana. Ninguém nega a existência de um episcopado histórico, mas, para os luteranos, anglicanos e reformados, essa sucessão apostólica é secundária em relação à apostolicidade de toda a igreja: "É significativo que esse reconhecimento mútuo se baseie nos critérios da Palavra e dos sacramentos, e não na preservação nem na aceitação da sucessão apostólica no episcopado" (A. BIRMELÉ, p. 395). A partir de então, a sucessão apostólica, enquanto tal, não poderia constituir o critério primeiro e único da validade dos ministérios da igreja: "Propomos [...] à Igreja Católica Romana que seja reconhecida a consistência real do ministério suscitado nas igrejas oriundas da Reforma: [...] Deus, sempre fiel a sua igreja, deu a essas comunidades, que continuaram a viver de uma sucessão apostólica na fé, o ministério da palavra e dos sacramentos cujo valor é atestado por seus frutos" (Grupo de Dombes), "por uma reconciliação dos ministérios" ([1972], p. 657).

Antoine Reymond

▶ BIRMELÉ, André, *Le salut en Jésus-Christ dans les dialogues oecuméniques*, Paris-Genebra, Cerf-Labor et Fides, 1986; GRUPO DE DOMBES, *Pour la communion des Églises. L'apport du Groupe des Dombes 1937-1987*, Paris, Centurion, 1988.

⊙ Apostolado; catolicismo; **ecumenismo**; Espírito Santo; **igreja**; igrejas episcopais

SUÍÇA

A situação religiosa da Suíça se caracteriza por uma grande diversidade relacionada às tradições particulares das quatro regiões linguísticas e culturais do país. Alguns cantões são de tradição protestante, outros de tradição católica, outros, ainda, de regime misto. Além disso, as relações entre igreja e Estado dependem de disposições constitucionais cantonais e variam de um cantão para outro, desde um regime de união (Vaud) até um regime de separação que lembra o da França (Genebra). Em 2002, com uma população de 7,2 milhões de pessoas, 41,8% declararam pertencer à Igreja Católica Romana, 33% à Igreja Reformada e 11,1% não pertencer a nenhuma igreja ou comunidade religiosa; os aderentes de igrejas evangélicas livres e outras comunidades protestantes representam 2,2%, sendo 1,8% de igrejas ortodoxas, 4,3% de muçulmanos e 0,2% de judeus. As igrejas reformadas cantonais, a Igreja Metodista e a Igreja Evangélica Livre de Genebra estão reunidas na Federação de Igrejas Protestantes da Suíça. Há seis faculdades de teologia protestantes (três de língua francesa: Lausanne, Genebra e Neuchâtel, coordenadas em uma federação desde 2004, e três de expressão alemã: Basileia, Berna e Zurique).

As igrejas advindas da reforma zwingliana (Zurique) e calviniana (Genebra) se uniram sob o *Consensus Tigurinus* (1549) e a *Segunda confissão helvética* (1566). No século XVI, o protestantismo helvético conheceu uma grande expansão, principalmente no mundo de língua inglesa, mas também na França, na Holanda, na Hungria, na Polônia etc. No século XIX, a ortodoxia reformada, até então imposta pelos governos cantonais, foi contestada pela teologia liberal de um lado e pelo avivamento de outro. Os governos democráticos oriundos do partido radical suprimiram um após o outro a obrigação de subscrever as confissões de fé oriundas da Reforma. Graves crises sacudiram as igrejas, principalmente no cantão de Vaud, onde, em 1847, sob a influência de Alexandre Vinet, a igreja livre se separou da igreja nacional, que naquele momento era totalmente regida pelo Estado. Na mesma época, os cantões protestantes, geralmente mais urbanizados que os cantões católicos, de maioria montanhesa, passaram por grandes transformações políticas e culturais, que geraram as tensões que atingiram seu ponto culminante na guerra do *Sonderbund* ("aliança separada", constituída de cantões católicos). Em 1848, a paz foi assegurada pela nova Constituição federal. Nos cantões protestantes, as relações estreitas entre as comunidades civis e as comunidades cristãs, características da reforma zwingliana, foram mantidas, mas, se o desacordo entre os "positivos" (ortodoxos) e os "liberais" se perpetuou até meados do século XX e mesmo depois, desde os anos 1950 havia fortes tensões tanto nos sínodos quanto nas paróquias, desde os meios desejosos de ação social até o engajamento político e os partidários de posturas mais reservadas e conservadoras. Entre as duas guerras mundiais e nos anos do pós-guerra, a "teologia dialética" (Karl Barth, Emil Brunner), o socialismo religioso (Leonhard, Hagaz, Hermann, Kutter) e o ecumenismo (Jean-Jacques von Allmen, Jean-Louis Leuba) exerceram grande influência, mas sempre contrabalançada, de modo variável de acordo com as regiões, pelo protestantismo de tradição liberal, influenciado principalmente pelo pensamento de Paul Tillich ou Albert Schweitzer, seguido por Martin Werner. Atualmente, todas as igrejas da Suíça se veem confrontadas por novos movimentos religiosos, correntes místicas e esotéricas, problemas apresentados pelos estudos de gênero ou reivindicações dos meios homossexuais, e a necessidade de estabelecer um diálogo com os representantes do islã e demais religiões não cristãs. Além disso, a desafeição crescente de parte da população que se considerava de origem protestante os obrigou a reavaliar sua relação com a sociedade civil e com as instâncias políticas (várias constituições cantonesas estão em reexame, inclusive sobre o capítulo das relações com a igreja e o Estado) e a rever sua organização e seu modo de funcionamento para buscar responder melhor às exigências da hora.

Robert Leuenberger e Bernard Reymond

▶ CAMPICHE, Roland J. et alii, *Croire en Suisse (s)*, Lausanne, L'Âge d'Homme, 1992; Idem (com a colaboração de Raphaël BROQUET, Alfred DUBACH e Jörg STOLZ), *Les deux visages de la religion. Fascination et désenchantement*, Genebra, Labor et Fides, 2004; LEIMGRUBER, Stephan e BÜRKI, Bruno, orgs., *Theologische Profile. Schweizer Theologen und Theologinnen im 19. und 20. Jahrhundert. Portraits théologiques. Théologiens et théologiennes suisses des 19e et 20e siècles*, Friburgo, Universitätsverlag- Paulusverlag, 1998; Idem e SCHOCH, Max, orgs., *Gegen die Gottvergessenheit. Schweizer Theologen im 19. und 20. Jahrhundert*, Basileia, Herder, 1990; PFISTER, Rudolf, *Kirchengeschichte der Schweiz*, 3 vols., Zurique, Zwingli Verlag-Theologischer Verlag, 1964-1984; REYMOND, Bernard, *Le protestantisme en Suisse romande. Portraits et effets d'une influence*, Genebra, Labor et Fides, 1999; SCHWEIZER, Paul, *Freisinnig, positiv, religiössozial. Eine Beitrag zur Geschichte der Richtungen im Schweizerischen Protestantismus*, Zurique, Theologischer Verlag, 1972; VISCHER, Lukas, SCHENKER, Lukas, DELLSPERGER, Rudolf e FATIO, Olivier, orgs., *Histoire du christianisme en Suisse. Une perspective oecuménique*, Genebra-Friburgo, Labor et Fides-Saint-Paul, 1995; VUILLEUMIER, Henri, *Histoire de l'Église réformée du Pays de Vaud sous le régime bernois*, 4 vols., Lausanne, La Concorde, 1927-1933.

◐ Ajuda mútua protestante às igrejas arruinadas; Amiel; Ansermet; Basileia; Berna; Biedermann ; Bührig; Bullinger; Chessex; Dufour; Dürrenmatt; Farel; Federação das Igrejas Protestantes da Suíça; Frisch; Genebra; Giacometti; Gotthelf; Hodler; imprensa protestante de língua francesa; Jeanneret; Keller; Lausanne (Disputa de); Manuel Deutsch; Meyer; Muralt; museus protestantes no mundo de língua francesa; Myconius; Neuchâtel; Oecolampadius; Pestalozzi; Ramuz; Reto-romana (Reforma); Rivier; Roud; Rougemont; *Segunda confissão helvética*; Soutter; Vadian; Vinet; Viret; Werner; Zurique; Zwinglio

SUICÍDIO

Ainda que o protestantismo tenha se mostrado bastante liberal em sua prática do enterro dos suicidas, a reflexão teológica permaneceu por muito tempo centrada em temas clássicos: o suicídio é um atentado à soberania de Deus, que é o Senhor da vida, constituindo também uma fuga da responsabilidade para com os homens etc. Karl Barth e Dietrich Bonhoeffer confirmaram essa leitura.

Hoje a reflexão foi lançada novamente, dando conta da complexidade do gesto do suicida e da necessidade de uma escuta apropriada. Afastando-se da tradicional rejeição (com exceção de algumas igrejas de tendência evangélica), analisam-se "as ambiguidades dos suicidas", especifica-se a noção de "responsabilidade" como resposta e apela-se para uma renovação do acompanhamento pessoal das fraquezas (cf. Pierre Bühler).

De minha parte, entendo que o gesto do suicídio pode ser compreendido como uma "supressão identitária" pela impossibilidade de assumir a deficiência das imagens ideais, antítipos da identidade que é somente recebida pela fé. Podemos pôr em evidência a dimensão coletiva do ato: o suicida é identificado como o lado fraco de um grupo, seja familiar, seja profissional, seja de algum outro tipo. Uma perspectiva protestante pode assim indicar uma homilética preventiva e um acompanhamento pastoral que ataquem em duas frentes: evitar a tentação de "fazer seu nome" conformando-se com modelos e convidar a "receber o nome" gratuitamente pela fé.

Jean Ansaldi

▶ ANSALDI, Jean, *Saül et Judas: suicides 'réussis' et justification par la foi 'manquée'*, em Daniel DEJARDIN et alii, *Le suicide*, Genebra, Presses bibliques universitaires, 1994, p. 142-153; BARTH, Karl, *Dogmatique* III/4** (1951), Genebra, Labor et Fides, 1965; BONHOEFFER, Dietrich, *Éthique* (1949), Genebra, Labor et Fides, 1997, p. 133-138; BÜHLER, Pierre, "Le suicide: quelle liberté? Une approche éthique", *Tout comme vous*, número especial 7, Lausanne, 1994, p. 6-11; "Suicides et pratique médicale (I)", *Les cahiers médico-sociaux* 30/2, Genebra, 1986; "Suicide et société II" *Les cahiers médico-sociaux* 31/1, Genebra, 1987; "Suicide et droit à la mort", *Concilium* 199, 1985; MÖSLI, Pascal e PETER, Hans-Balz, orgs., *Suicide. La fin d'um tabou?*, Genebra, Labor et Fides, 2003; MÜLLER, Denis, "Assistence au suicide: une question legitime ou un pretexte ambigu?" *Médecine et Hygiène* 2507, 1° de dezembro de 2004, p. 2432-2434.

◉ Bioética

SULLY (1559-1641)

Maximiliano, barão de Rosny, tornou-se duque de Sully e foi alçado ao pariato com Henrique IV, com quem ele participou dos primeiros combates. Com 12 anos, já pajem do rei de Navarra, só escapou do Massacre de São Bartolomeu (1572) porque recebeu ajuda de seus professores do Colégio de Borgonha, que o mantiveram escondido. Mesmo ferido na Batalha de Ivry (1590), conseguiu capturar a insígnia e a bandeira dos participantes da Liga. No exército protestante, que se tornaria o exército real, tornou-se rapidamente um grande especialista no uso da artilharia, o que lhe proporcionou o cargo de grão-mestre da artilharia, um cargo superior em dignidade aos marechais da França. No arsenal de Paris, iniciou a produção de mais de quatrocentos canhões de todos os calibres, úteis para a redução rápida de Savoia e de Sedan (no pequeno exército protestante, Sully iniciou apenas com três canhões!). Tornou-se governador do Poitou, governador da Bastília, encarregado de estradas e pontes, superintendente de construções e superintendente de finanças, e seu papel foi decisivo na reconstrução da França agrícola, estimulando posteriormente as obras de Olivier de Serres.

Seu Grande Desígnio teria sido apresentado pela primeira vez por Sully, como um verdadeiro visionário da Europa unida, ao rei Jaime I da Inglaterra, em uma importante embaixada (1603) para decidir a sorte dos Países Baixos. Sully organizou um programa de um "conselho da Europa" constituído de seus conselhos provinciais e um conselho geral (com quarenta membros), reunindo delegados de cinco monarquias eletivas, seis monarquias hereditárias e quatro repúblicas europeias. As decisões do conselho geral foram executórias e definitivas. A liberdade do comércio e a supressão de barreiras alfandegárias foram uma condição dessa federação. A arbitragem foi prevista para toda divergência. A Rússia foi excluída da organização. Munido de uma lealdade perfeita à monarquia, Sully empregou toda a sua autoridade, ainda maior por ser ele firmemente protestante, para convencer seus correligionários franceses de nada fazer contra a autoridade real.

Sua obra *Mémoires des sages et royalles oeconomies d'Estats, domestiques, politiques et militaires d'Henry le Grand* [Memórias de sábias e reais economias de Estado, domésticas, políticas e militares de Henrique, o Grande], compilação com vários milhares de páginas, foi publicada de 1638 a 1662 e reeditada com o título *Les oeconomies royales de Sully* [As economias reais de Sully] (2 vols., Paris, Klincksieck, 1970-1988). O abade Pierre Mathurin de l'Écluse des Loges (1715/16-1783) tornou essa publicação conhecida através de um elegante resumo em 1745.

Christophe Calame

▶ CARRÉ, Henri, *Sully*, Paris, Payot, 1932; ROUGEMONT, Denis de, *Vingt-huit siècles d'Europe* (1961), em *Oeuvres complètes* III/1, Paris, La Différence, 1994, p. 485-777.

● França; Henrique IV; Serres O. de

SULLY (Associação)

Dentre os grupos protestantes de direita que se estruturaram no entreguerras, a Associação Sully, fundada em 1930, ocupa um lugar à parte. De tendência fortemente monarquista, seus membros pretenderam restabelecer no protestantismo francês essas tradições, que para eles constituem o melhor representante político e religioso dos princípios herdados da Reforma para assegurar o pleno desenvolvimento da nação francesa. A oposição ao regime democrático republicano é um dos traços recorrentes do pensamento dos militantes dessa "união", cujo líder e articulador, o pastor Noël Vesper (pseudônimo de Noël Nougate, 1882-1944), afirmava-se como maurrassiano em vários aspectos. Durante a Segunda Guerra Mundial, boa parte dos sullystas apoiou o marechal Pétain, demonstrando um antissemitismo tão grande que culminou na publicação de teses contrárias às de Pomeyrol (1941). As teses de Pomeyrol condenavam a perseguição aos judeus e apelavam para a resistência espiritual contra desvios totalitários e idólatras (o texto completo está presente na obra de Henry MOTTU, org., *Confessions de foi réformées contemporaines et quelques autres textes de sensibilité protestante* [Confissões de fé reformadas contemporâneas e alguns outros textos de sensibilidade protestante], Genebra, Labor et Fides, 2000, p. 68-69). A queda do regime de Vichy e a morte de Vesper, fuzilado em 1944, anunciaram o declínio da associação, cuja influência se enfraqueceu e por fim se extinguiu ao longo dos anos 1950.

Laurent Gambarotto

▶ CHABER, Alfred-Henri, *L'Association Sully, sa doctrine, son but*, s.l., Groupe du Bas-Languedoc de l'Association Sully, 1932; DAVIE, Grace, *Right Wing Politics among French Protestants (1900-1944) with Special Reference to the Association Sully*, Londres, University of London, 1975 (tese); FREYCHET, Yves, "Sully (1933-1944). Analyse politique d'un périodique protestant et monarchiste", em André ENCREVÉ e Jacques POUJOL, orgs., *Les protestants français pendant la Seconde Guerre mondiale. Actes du colloque de Paris, Palais du Luxembourg, 19-21 novembre 1992*, Paris, Société de l'histoire du protestantisme français, 1994, p. 469-478; NGUYEN, Victor, "L'Action française devant la Réforme", em Philippe JOUTARD, org., *Historiographie de la Réforme*, Neuchâtel, Delachaux et Niestlé, 1977, p. 239-266.

● Antissemitismo; calvinismo (neo); guerras mundiais; Lecerf

SUPERSTIÇÃO

A superstição se define de modo geral como uma crença que se opõe às doutrinas científicas e religiosas dominantes. De modo mais específico, Calvino opunha a "verdadeira religião", ou seja, a fé cristã, às superstições. Enquanto a fé está consciente de seus limites e se contenta com aquilo que é dado e ordenado por Deus, a superstição se caracteriza por seu recurso a um "acúmulo supérfluo de coisas vãs" (IRC I, XII, 1). Incapaz de se concentrar no Deus único revelado nas Escrituras, a superstição se dispersa em deuses múltiplos. O culto aos santos praticado pelo catolicismo fazia parte, para Calvino, da mesma dispersão: a distinção entre latria e dulia, criada para legitimar o culto a Deus (latria, do grego *lateria*, "culto") e o culto aos santos (dulia, literalmente "serviço") só confundia ainda mais as coisas. Se a verdadeira religião nos "religa" ao verdadeiro Deus, não há motivo para que nos tornemos escravos de santos através do culto de dulia (no qual Calvino detecta uma servidão, *douleia*). Prosseguindo na mesma lógica teológica, Calvino denuncia a desaprovação da superstição tanto em relação à astrologia judiciária (preditiva) quanto ao culto dos santos, entendido como escravidão. Ainda que o manejo da categoria de superstição nos pareça hoje muito mais delicado, dados nossos conhecimentos modernos sobre o religioso, não parece pouco razoável pensar que a distinção calviniana traz um esclarecimento singularmente pertinente sobre os possíveis desvios das crenças religiosas. Algumas formas de exaltação ou de iluminismo facilmente perceptíveis no campo cristão não escapam dessa exigência de discernimento.

Denis Müller

▶ ASKEVIS-LEHERPEUX, Françoise, *La superstition*, Paris, PUF, 1988; CALVINO, João, *Advertissement contre l'astrologie qu'on appelle judiciaire, et autres curiositez qui regnent aujourd'huy au monde* (1549), Genebra, Droz, 1985; HOLTZ, Gottfried, *Die Faszination der Zwänge. Aberglaube und Okkultismus*, Göttingen, Vandenhoeck & Ruprecht, 1984; MÜLLER, Denis, *Fascinante astrologie*, Genebra, Labor et Fides, 1990.

◉ Astrologia; demonologia; **Deus**; magia; **religião e religiões**; santos (culto dos)

SUPRANATURALISMO

A teologia "supranaturalista" privilegia crenças que escapam à "razão natural": revelação, milagres, ressurreição, Trindade, divindade de Jesus Cristo etc. No entanto, ao contrário da postura "sobrenaturalista medieval", por exemplo, preserva na natureza e na história certa autonomia e uma consistência própria. Podemos distinguir três fases de supranaturalismo. A primeira é a das ortodoxias protestantes e do século XVII, em que o regime teológico dominante é o supranaturalista. A segunda inclui os séculos XVIII e XIX, em que o pietismo e principalmente o avivamento se chocam com o antissupranaturalismo dos teólogos protestantes que se caracterizaram por uma radicalidade crítica. A terceira é a do século XX, em que Tillich rejeita aquilo que considerou um "neossupranaturalismo" em Karl Barth, e Bultmann desenvolve seu programa de demitologização como uma forma de afastar os falsos escândalos de todo supranaturalismo para dar lugar ao verdadeiro escândalo da justificação pela fé. Todavia, apesar desses esforços permanece aberta a seguinte questão: o pensamento totalmente reconciliado com as Luzes "naturais" não seria teologicamente menos apto à resistência e à coragem? Isso se daria sobretudo em torno dos problemas da escatologia, mas geralmente de tudo o que se refere ao *status* das "representações".

Bernard Hort

▶ BULTMANN, Rudolf, *Foi et compréhension* (1933-1965), 2 vols., Paris, Seuil, 1969-1970; GISEL, Pierre, *Vérité et histoire. La théologie dans la modernité: Ernst Käsemann* (1977), Paris-Genebra, Beauchesne-Labor et Fides, 1983; TILLICH, Paul, *Aux confins. Esquisse autobiographique* (1936), Paris, Planète, 1971; Idem, *Dogmatique. Cours donné à Marbourg en 1925*, Quebec-Paris-Genebra, Presses de l'Université Laval-Cerf-Labor et Fides, 1997.

◉ Demitologização; **Deus**; fé; milagre; mito; natureza; neologia; **razão**; racionalismo teológico; Tübingen

SWEDENBORG, Emanuel (1688-1772)

Filho de um eclesiástico sueco que em 1703 se tornou bispo de Skara, Swedenborg primeiro chamou a atenção por suas pesquisas científicas, que chegaram ao conhecimento do rei da Suécia, Carlos XII. Preocupações espirituais não lhe eram estranhas e se desenvolveram cada vez mais. Por volta de 1742, o Senhor teria se revelado a ele e lhe concedido a faculdade de encontrar-se simultaneamente no mundo natural e no mundo espiritual. Em 1749, publicou anonimamente em Londres o primeiro tomo dos *Arcanos celestes*, monumental explicação versículo por versículo do sentido interno de Gênesis e do Êxodo, seguido de muitos outros tratados teológicos. Os textos de Swedenborg reconhecem Jesus Cristo como o único Deus e reiteram a noção de três pessoas divinas; afirmam que o sentido literal das Escrituras contém um sentido interno; e declaram que a segunda vinda do Senhor "na palavra" já se deu: na igreja cristã sucede uma nova dispensação, a "Nova Igreja" (ou "Igreja da Nova Jerusalém"), significada pela Nova Jerusalém no Apocalipse. Swedenborg jamais abandonou sua igreja de origem; alguns anos depois de sua morte, em 1787, leitores ingleses de seus textos lançaram as bases de uma igreja independente com várias extensões hoje, sobretudo nos países de lngua inglesa.

Jean-François Mayer

▶ SWEDENBORG, Emanuel, *Arcanes célestes de l'Écriture sainte ou Parole du Seigneur dévoilés, ainsi que les merveilles qui ont été vues dans le monde des esprits et dans le ciel des anges* (1749-1756), 16 vols., Saint-Amand, Porte, 1841-1854; BENZ, Ernst, *Emanuel Swedenborg, Naturforscher und Seher* (1948), Zurique, Swedenborg Verlag, 1969; LAMM, Martin, *Swedenborg* (1915), Paris, Stock, 1936; MAYER, Jean-François, *La Nouvelle Église de Lausanne et le mouvement swedenborgien en Suisse romande, des origines à 1948*, Zurique, Swedenborg Verlag, 1984; ROSE, Jonathan S., SHOTWELL, Stuart e BERTUCCI, Mary Lou, orgs., *Scribe of Heaven. Swedenborg's Life, Work and Impact*, West Chester, Swedenborg Foundation, 2005; SIGSTEDT, Cyriel Odhner, *The Swedenborg Epic* (1952), Londres, Swedenborg Society, 1981.

◉ **Espiritualidade**; Espiritualismo; **seitas**

SWEELINCK, Jan Pieterszoon (1562-1621)

Nascido em Deventer e morto em Amsterdã, Sweelinck desenvolveu uma grande atividade como compositor, organista virtuoso, regente de coral e pedagogo. Originou a escola nórdica de cravo e órgão e teve muitos alunos no norte da Alemanha, tais como Heinrich Scheidemann (1596-?1663) e Samuel Scheidt (1587-1654). Aluno de seu pai, Pieter Swibbertszoon (morto em 1573), foi organista da Igreja São Nicolau (*Oude Kerk*) em Amsterdã. Tinha certa cultura alemã, mas também esteve em contato com os virginalistas ingleses, como John Bull (?1562-1528), e foi influenciado pela música italiana.

Calvinista, compôs *Salmos para órgão* e explorou amplamente as melodias tradicionais genebrinas (1562), mas essas peças de fato não são destinadas ao culto. São de sua autoria quatro livros de *Salmos de Davi de 4 a 8 vozes* (entre 1604 e 1621), também adaptados para o alemão. Escreveu igualmente cinco *Salmos para alaúde*. Suas obras vocais incluem ainda *Cantiones sacrae* (1619) com baixo contínuo, um livro de *Rimas francesas e italianas* (1612) e 18 canções (1592). Sua música instrumental (órgão e cravo) compreende 24 corais, 19 fantasias, 15 tocatas (três com atribuição incerta), 16 ciclos de variações sobre canções seculares e peças de circunstância. Redigiu um grande tratado de composição. Preconiza o estilo fugado, o eco e uma escritura mais erudita. Seus manuscritos foram dispersos por toda a Europa. Com seu estilo herdado do século XV, apega-se ainda ao passado, mas sua sensibilidade musical e sua estética já anunciam a obra do *cantor* de Leipzig. Pode ser considerado o último representante da escola franco-flamenga e um dos precursores de Johann Sebastian Bach.

Édith Weber

▶ SWEELINCK, Jan Pieterszoon, *Opera omnia* [Obra completa], Amsterdã, Vereniging voor Nederlandse Muziekgeschiedenis, 1957ss; BREIG, Werner, "Die Claviermusik Sweelincks und seiner Schüler im Lichte neuerer Forschung und Editionen", *Die Musikforschung* 30, 1977, p. 482-492; DIRKSEN, Pieter, *The Keyboard Music of Jan Pieterszoon Sweelinck. Its Style, Significance and Influence*, Utrecht, Koninklijke Vereniging voor Nederlandse Muziekgeschiedenis, 1997; Idem, org., *Sweelinck Studies. Proceedings of the International Sweelinck Symposium Utrecht 1999*, Utrecht, STIMU, 2002; NOSKE, Frits, *Forma formans, Een structuuranalytische methode, toegepast op de instrumentale Muziek van Jan Pieterszoon Sweelinck*, Amsterdã, Knuf, 1969.

◉ Musicais (formas); **música**

T

TAIZÉ

Fundada em 1940 pelo pastor suíço Roger Schutz, a Comunidade de Taizé, na Borgonha, é hoje uma comunidade ecumênica de fama internacional. A partir de 1969, passou a incluir irmãos católicos. Hoje, conta com mais de noventa irmãos de origem protestante e católica de mais de vinte países. Preocupada com a busca da reconciliação entre cristãos, entre os seres humanos, entre o Norte e o Sul, Taizé deseja ser uma "parábola de comunhão". Assim, alguns irmãos vivem em pequenas fraternidades dos bairros pobres da América, da África e da Ásia. Depois da fase de ecumenismo institucional, que se concentrou em questões teológicas e eclesiásticas, a comunidade evoluiu no sentido das preocupações espirituais da juventude. O Concílio dos Jovens (1970) desempenhou aqui um papel determinante, não sem ter obrigado a comunidade a reavaliações difíceis. Taizé acolhe milhares de jovens e peregrinos de todo o mundo (p. ex., em 1994 recebeu de quatro a seis mil jovens por semana durante o verão). Há mais de trinta anos, os irmãos não deixaram de tecer laços com os países do Leste Europeu, efetuando visitas regulares, muitas vezes clandestinas, para apoiar os cristãos. A partir da abertura de fronteiras em 1989, os jovens do Leste passaram a frequentar Taizé por milhares; além disso, a comunidade também está presente por toda parte no mundo e organiza regularmente peregrinações internacionais.

O *slogan* lançado por Roger Schutz, Ação e Contemplação, revela muito bem a dupla vocação social e espiritual de Taizé. Porém, o amplo reconhecimento internacional de Taizé e os inegáveis atrativos que exerce sobre os jovens protestantes e católicos não devem obliterar as dificuldades de sua situação ecumênica. Em 1987, o irmão Max Thurian, pastor da Igreja Reformada e especialista de Fé e Constituição, converteu-se ao catolicismo e se tornou padre, em oposição à comunidade. Aos olhos de muitos protestantes, a prática eucarística da comunidade está sujeita a caução: os pastores protestantes, ainda que membros de pleno direito da comunidade, não estão autorizados a celebrar plenamente a santa ceia. Roma exigiu como condição para a entrada de irmãos católicos na comunidade a celebração exclusiva do rito romano durante as celebrações comunitárias. Ao não suspender essa ambiguidade, Taizé obscurece o imenso valor de sua vocação ecumênica.

Após o assassinato de Roger Schutz em agosto de 2005, o irmão Alois Löser (1954-), católico de origem alemã, tomou posse como o novo prior da comunidade, já que havia sido previamente designado pelo irmão Roger como seu sucessor em 1998.

Denis Müller e Antoine Reymond

▶ BEUVE-MÉRY, Hubert et alii, *Le Concile des jeunes, pourquoi?*, Taizé, Presses de Taizé, 1975; CAREY, George, *Spiritual Journey. The Archbishop of Canterbury's Pilgrimage to Taizé with Young People*, Londres, Mowbray, 1994; CLÉMENT, Olivier, *Taizé, un sens à la vie*, Paris, Bayard-Centurion, 1997; EDWARDS, David L., *Signs of Radicalism in the Ecumenical Movement*, em Harold E. FEY, org., *A History of the Ecumenical Movement*, t. II: *The Ecumenical Advance 1948-1968* (1970), Genebra, CMI, 1986, p. 378-381; PAUPERT, Jean-Marie, *Taizé et l'Église de demain*, Paris, Fayard, 1975; RICOEUR, Paul et alii, *Taizé au vif de l'espérance*, Paris, Bayard, 2002; SCHUTZ, Roger, *Amour de tout amour. Les sources de Taizé*, Taizé, Presses de Taizé, 1990; SPINK, Catherine, *Frère Roger et Taizé*, Paris, Seuil, 1986.

◉ Comunidades religiosas; diaconisas; **ecumenismo**; juventude (movimentos de); ordens monásticas; Schutz; Thurian; votos

TALLIS, Thomas (?1505-1585)

Possivelmente nascido em Kent, morto em Greenwich, esse compositor inglês foi primeiro organista e regente de coral até a dissolução das abadias em 1540, em seguida membro e organista da Capela Real. Sob os reinos de Eduardo

VI (1547-1553), Maria Tudor (1553-1558) e Elizabeth I (1558-1603), compôs para a Igreja Anglicana, a Igreja Católica e, novamente, para a Igreja Anglicana, permanecendo católico. William Byrt (1542/43-1623) talvez tenha sido seu aluno; ambos partilharam o monopólio da edição musical. Para o rito anglicano, compôs *anthems*, salmos, serviços em estilo homofônico; para Maria Tudor, uma missa *Puer natus est nobis* (a sete vozes, por volta de 1554), hinos, nove responsórios, dois *Magnificat*, motetos (três a quarenta vozes). Praticou um contraponto imitativo que ecoa as escolas inglesa e franco-flamenga. São atribuídas a ele cerca de trinta peças litúrgicas tradicionais para cravo. Juntamente com William Byrd, foi um dos primeiros a escrever para a liturgia anglicana.

Édith Weber

▶ TALLIS, Thomas, *Vocal Music*, Londres, Oxford University Press, 1928; DOE, Paul, *Thomas Tallis* (1967), Londres, Oxford University Press, 1976; ELLINGWOOD, Leonard, "T. Tallis' Tunes and Tudor Psalmody", *Musica disciplina* 2/3-4, 1948, p. 189-203.

◉ Byrd; **música**; musicais (formas)

TAMEZ, Elsa (1950-)

Mexicana de origem, Elsa Tamez reside em Costa Rica. É professora da *Universidad Bíblica Latinoamericana* em San José, uma importante instituição de formação teológica na América Central, presidida por ela de 1995 a 2001. Recebeu nessa instituição sua educação teológica e obteve na universidade nacional do mesmo país uma licença em literatura e linguística. Seu doutorado em linguística na Universidade de Lausanne tratou do problema da justificação como um lugar bíblico-teológico na América Latina. Suas numerosas publicações se distinguem por um sólido trabalho bíblico na linha da teologia da libertação e pela atenção para com as mulheres sofredoras. Original em sua leitura da Bíblia, Elsa Tamez é hoje uma das teólogas e biblicistas mais conhecidas nos meios das teologias da libertação e do feminismo.

Klauspeter Blaser

▶ TAMEZ, Elsa, *La Bible des opprimés* (1979), Paris, Lethielleux, 1984; Idem, *Against Machismo. Rubem Alves, Leonardo Boff, Gustavo Gutiérrez, José Míguez Bonino, Juan Luís Segundo... and Others Talk about the Struggle of Women. Interviews* (1986), Yorktown Heights, Meyer Stone Books, 1987; Idem, *The Scandalous Message of James Grace. Justification by Faith from a Latin American Perspective* (1991), Nashville, Abingdon Press, 1993; Idem, *When the Horizons Close. Rereading Ecclesiastes* (1998), Maryknoll, Orbis Books, 2000; Idem, *Bajo un cielo sin Estrellas. Lecturas bíblicas*, San José, DEI, 2001.

◉ **Mulher**; teologia feminista; teologias da libertação

TAYLOR, James Hudson (1832-1905)

Médico inglês originário de Yorkshire, Hudson Taylor chegou à China em 1853 sob a égide da *Chinese Evangelization Society*. Seu objetivo foi levar a mensagem da salvação para o interior do país. Voltou para a Inglaterra em 1860 para fundar em 1865 uma missão interdenominacional, a *China England Mission*. Retornando à China, tentou conformar-se aos hábitos chineses. No final do século XIX, sua missão já era a mais importante de todas no país. Quando morreu em Changsha, a fundação contava com 828 missionários.

Em 1951, a *Chinese England Mission* deixou a China e se estendeu para o sudeste da Ásia. Chama-se hoje *Overseas Missionary Fellowship*. Em 1984, contava com novecentos missionários em 27 países.

Michel Baumgartner

▶ LYALL, Leslie T., *Passion pour l'extraordinaire. Histoire de la Mission à l'interieur de la Chine 1865-1965*, Thoune, Union missionaire d'Outre-mer, 1965; TAYLOR, Howard e Geraldine, *Vie de Hudson Taylor, fondateur de la Mission à l'interieur de la Chine actuellement Union missionaire d'Outre-mer* (1918), La Côte-aux-Fées-Romanel-sur-Lausanne, Groupes missionnaires-Tema, 1979; Idem, *L'aventure de la foi. Biographie abrégée de Hudson Taylor*, La Côteaus-Fées, Groupes missionnaires, 1986.

◉ Ásia; **missão**

TAYLOR, Marc C. (1945-)

Filósofo e teólogo americano nascido em Nova Jersey. Estudou na *Wesleyan University*, na Universidade de Harvard (onde obteve o doutorado em religião) e em Copenhague, onde obteve o doutorado em filosofia. A partir de 1973, Taylor ensinou no *Williams College*, em Massachusetts. Também é professor de religião e arquitetura na Universidade de Colúmbia.

A partir de seus primeiros trabalhos sobre a crítica do sistema hegeliano por Kierkegaard, Taylor teria sido levado a pensar a conjunção teorética e teológica que funda a razão ocidental, em suas mínimas dimensões. Próximo de teólogos como Thomas J. J. Altizer, que teriam buscado identificar as consequências da "morte de Deus" para a economia do pensamento, no início dos anos 1980 Taylor reconheceria nas obras de Jacques Derrida uma problemática semelhante à sua. Para ele, a "desconstrução" derridiana é a "hermenêutica da morte de Deus". Em seu livro *Errância*, Taylor trabalha com a implicação da "desconstrução" para quatro noções-chave da rede teológico-filosófica, a saber, "Deus, o eu, a história e o livro", solicitando destas noções "a instabilidade e as contradições veladas". Ele estima que, a partir de então, a "desconstrução" deve pôr em operação uma teologia radical, secular e pós-eclesial: uma "ateologia" que não mais manteria os sinais costumeiros e tradicionais da teologia acadêmica. Esse programa — que combina uma posição teológica "construtiva" com uma "filosofia criativa da cultura" — levou Taylor a enfatizar a complexidade da dimensão religiosa que opera em *todas* as manifestações de nossa cultura pós-moderna. Para ele, se queremos compreender as ricas implicações da religião, é "necessário ir além de suas formas manifestas com o objetivo de examinar os caminhos mais sutis e complexos com que a religião influi no desenvolvimento pessoal, social e cultural". Nesse sentido, a religião é inseparável da arte, da filosofia, da literatura, da arquitetura, mas igualmente da tecnologia, da economia capitalista, dos lazeres, da realidade virtual e da mídia. Em outras palavras, para ele, a religião é "bem mais interessante quando está menos visível". Por isso, sem dúvida, a obra de Taylor se tornou em muitos aspectos algo desorientador nos últimos anos: seus textos parecem *errar* em áreas e amalgamar muitos materiais que normalmente não fazem parte dos "lugares comuns" da pesquisa religiosa ou teológica. Sem dúvida, também é por isso que o reconhecimento de seu trabalho geralmente foi obtido fora dos círculos teológicos. No entanto, a obra de Taylor, ao mesmo tempo que pode parecer paradoxal, não deixa de demonstrar uma continuidade e uma coerência profundas, permanecendo com toda evidência altamente original e estimulante.

Patrick Évrard

▶ TAYLOR, Mark C., *Kierkegaard's Pseudonymous Authorship. A Study of Time and the Self*, Princeton, Princeton University Press, 1975; Idem, *Journeys to Selfhood. Hegel & Kierkegaard* (1980), New York, Fordham University Press, 2000; Idem, *Deconstructing Theology*, New York-Chico, Crossroad-Scholars Press, 1982; Idem, *Errance. Lecture de Jacques Derrida. Un essai d'a-théologie postmoderne* (1984), Paris, Cerf, 1985; Idem, *Altarity*, Chicago, University of Chicago Press, 1987; Idem, *Tears*, Albany, State University of New York Press, 1990; Idem, *Disfiguring. Art, Architecture, Religion*, Chicago, University of Chicago Press, 1992; Idem, *Nots*, Chicago, University of Chicago Press, 1993; Idem, "La dénégation de Dieu" (1994), em Pierre GISEL e Patrick ÉVRARD, orgs., *La théologie en postmodernité*, Genebra, Labor et Fides, 1996, p. 331-352; Idem, *Hiding*, Chicago, University of Chicago Press, 1997; Idem, *About Religion. Economies of Faith in Virtual Culture*, Chicago, University of Chicago Press, 1999; Idem, *The Moment of Complexity. Emerging Network Culture*, Chicago, University of Chicago Press, 2001; Idem, *Confidence Games. Money and Markets in a World without Redemption*, Chicago, University of Chicago Press, 2004; Idem e SAARINEN, Esa, *Imagologies. Media Philosophy*, Londres-New York, Routledge, 1994; Idem, org., *Deconstruction in Context. Literature and Philosophy*, Chicago, University of Chicago Press, 1986; Idem, org., *Critical Terms for Religious Studies*, Chicago, University of Chicago Press, 1998.

◉ Arte; Altizer; **Deus**; **modernidade**; **religião e religiões**; teologias da morte de Deus

TEATRO

1. **Nas origens de uma tradição de recusa: Tertuliano e Agostinho**
2. **O inevitável retorno do teatro sob os auspícios da igreja**
3. **Os teatros da Reforma na égide francófona**
4. **Outros países da Europa**
5. **O protestantismo rumo ao teatro contemporâneo**
6. **Da utilidade do teatro hoje**
7. **Um teatro "protestante"?**

No sentido em que compreendemos hoje o teatro, não há menções a essa arte na Bíblia, mas suas origens são predominantemente gregas. De modo mais amplo, relaciona-se com o próprio fato religioso; aliás, muitas vezes é impossível, nas civilizações e nas formas de cultura mais ancestrais, separar aquilo que para nós é da ordem do culto e aquilo que faz parte da representação teatral.

1. Nas origens de uma tradição de recusa: Tertuliano e Agostinho

O cristianismo surgiu em um contexto cultural determinado, de Grécia e Roma, onde o teatro era estritamente tributário de formas de religiões consideradas "idolátricas". Tertuliano (155-220) deu o tom ao acusar o teatro de seu tempo de encenar falsos deuses que, por seus comportamentos licenciosos, davam exemplo de condutas bastante condenáveis: incesto, estupro, assassinatos, traições etc. Outro argumento de Tertuliano foi fortemente ecoado por Agostinho de Hipona (354-430): o teatro é perigoso porque obriga os atores a se travestirem: dissimulando-se por trás de máscaras ou encarnando personagens totalmente fictícios, constituem uma ofensa à natureza tal como Deus a quis. Agostinho acrescenta a isso uma crítica que foi bastante retomada ao longo dos séculos: o teatro apresenta o desencadear de paixões devoradoras que despertam sentimentos de culpa nos espectadores e os incitam a comportamentos repreensíveis.

Essa censura reprovadora se perpetuou bem depois que as religiões da Grécia e de Roma desapareceram do horizonte europeu. Em 1543, Calvino tentou se opor, sem sucesso, à representação de uma peça chamada *Mystère des Actes des Apôtres* [Mistério dos Atos dos Apóstolos]. Em 1560, o Sínodo Nacional de Poitiers ordenou expressamente aos consistórios que "proibissem com zelo todas as danças, passes de mágica e comédias", ou seja, tudo o que aparentava teatro. A mesma postura foi assumida pelo teólogo genebrino Bénédict Pictet (1655-1724) em sua obra *Morale chrétienne ou l'art de bien vivre* [Moral cristã ou a arte de viver bem] (1693): "Todas as peças de teatro não passam de vivas representações de paixões do orgulho, do ciúme, da vingança e principalmente dessa virtude romana que não passa de um furioso amor por si mesmo [...]. As poucas ideias que temos das virtudes de uma atriz ou de um ator destroem os belos exemplos que eles apresentam". A soma de todas essas repreensões foi manifesta sob a pluma de um teólogo inglês, William Prynne (1600-1669), com uma obra de cerca de mil páginas, intitulada *Histriomastix* (1633). Em contexto católico, o jansenista Pierre Nicole (1625-1695) desenvolveu a argumentação mais completa do ponto de vista da moral e da espiritualidade para pôr seus contemporâneos em guarda contra o próprio fato do teatro, em *Traité de la comédie* [Tratado da comédia] (1667).

2. O inevitável retorno do teatro sob os auspícios da igreja

De fato, os textos de Tertuliano e Agostinho, apesar de seu prestígio, não puderam impedir que o teatro progressivamente ressurgisse sob os auspícios da própria igreja. Se isso ocorreu, podemos imaginar se não foi porque a celebração do culto cristão supõe certa encenação em que, queiramos ou não, os celebrantes assumem um papel independente de sua personalidade. Seja com a suntuosidade romana, seja com a austeridade huguenote, todo culto, nesse sentido, denota um coeficiente de teatralidade. Sabemos também que, bem no início da Idade Média, momentos propriamente teatrais foram inseridos no desenrolar da missa; por exemplo, eram encenados episódios que se inseriam, com ênfases variadas, na sequência pascal. Um dos exemplos mais conhecidos é o das mulheres que, na manhã de Páscoa, vendiam os perfumes que, para elas, foram necessários para embalsamar o corpo de Cristo. No entanto, o teatro só encontrou toda a sua amplitude com os milagres, mistérios e outras moralidades dos séculos XIV e XV, além das farsas às vezes picantes que eram encenadas junto a essas representações mais solenes. Espetáculos como *La Passion* [A Paixão] de Oberammergau ou o *Théâtre du monde* [Teatro do mundo] de Einsiedeln resgataram novamente para nós essa grande tradição dos mistérios medievais.

3. Os teatros da Reforma na égide francófona

Apesar das reticências de Calvino, a Reforma deixou espaço para o teatro logo no começo, ainda que fosse somente para se fazer ouvir. Em 1523, na França, concebida com base no modelo medieval de peças com personagens alegóricos, *Farce des Théologastres* [Farsa dos teologastros] (Genebra, Droz, 1989) colocou em cena uma mulher muito doente, a "Fé", que é curada pelo "Texto da Santa Escritura". Em Berna, no ano de 1522, o pintor Niklaus Manuel Deutsch encenou em pleno carnaval uma peça intitulada *Die Totenfresser* ("Os comedores de cadáveres") para denunciar a exploração das funerárias pelo clero e insistir na gratuidade da salvação. A experiência foi reiterada com *Von Papsts und Christi Gegensatz* ("Sobre a oposição entre o papa e Cristo", 1524) e *Der Ablaßkrämer* ("O vendedor de indulgências", 1525), que também preparou o terreno para o edito da Reforma em 1528. Uma vez que a Reforma foi adotada ou estava se expandindo, constatou-se por toda parte na Europa o recurso constante ao teatro, tanto em contexto protestante quanto em contexto católico. Muitas vezes, tratava-se de um teatro polêmico. Em contexto protestante, podemos citar *Der Eislebische christliche Ritter* ("O cavaleiro cristão de Eisleben", 1613) de Martin Rinckart (1586-1649), *Science et Ânerie* [Ciência e estupidez] ou *Église, Noblesse et Pauvreté qui font la lessive* [Igreja, nobreza e pobreza lavam a roupa], ou ainda *Le Ministre de l'Église, Noblesse, le Laboureur et le Commun* [O ministro da igreja, a nobreza, o lavrador e o comum], três moralidades datando dos anos 1530-1540. O mesmo tema, como por exemplo o do filho pródigo, às vezes pode ser utilizado por uma das partes contra a outra: assim, o filho mais velho, em sua postura de recusa para com o mais novo, encarna a Igreja Católica Romana aos olhos dos protestantes, enquanto os católicos veem na casa para onde volta o pródigo o próprio símbolo da Igreja Romana. Porém, esse teatro também foi um teatro de edificação, encenando personagens bíblicos para demonstrar melhor a exemplaridade de seu destino, ou, ainda, inspirou-se em personagens bíblicos para renovar a própria substância da dramaturgia.

De Teodoro de Beza, *Abraham sacrificant* [O sacrifício de Abraão] foi encenada pela primeira vez por estudantes em 1550 na nave da Catedral de Lausanne, que se tornou Grande Templo em 1536. Em seguida, foi reapresentada na Suíça romanda, na França e até nos Países Baixos. Isso marcou uma etapa importante nessa trajetória geral do teatro, tanto por sua língua quanto pela maneira de entrar nas deliberações íntimas de um personagem-tipo do Antigo Testamento. Preenchendo conscientemente as lacunas do texto bíblico, Beza pateticamente amplificou o sofrimento paternal de Abraão, mas também sua obediência à vontade de Deus, pois, conforme explicou na introdução à peça, "é a vontade que Deus que determina aquilo que é razoável". Com relação à língua e às qualidades propriamente dramáticas do texto, Beza supera bastante as peças ainda muito alegóricas do pastor Mathieu Malingre (também chamado Thomas), morto em 1572. Por outro lado, também parece ter aberto caminho para Louis Des Masures (1523-1574) e suas três *Tragédies saintes* [Tragédias santas] que foram editadas em Genebra no ano de 1566: *David combattant* [O combate de Davi], *David triomphant* [O triunfo de Davi] e *David fugitif* [A fuga de Davi]. Digno de nota é o fato de tanto Beza quanto Des Masures terem permanecido fiéis a um teatro próximo da celebração, que evidencia a fé do personagem principal acima de suas dúvidas.

Em 1576, André de Rivaudeau (1538-1580) franqueou mais uma etapa com sua primeira tragédia, *Aman*, que pode ser considerada de fato a primeira tragédia religiosa de forma regular. Ao fixar a atenção não sobre Ester, mas em seu perseguidor, ele evocou de modo mais forte, em um efeito de espelho, a condição dos huguenotes que eram presa das arbitrariedades dos tenentes do Rei. Por fim, Jean de La Taille (1540-1608) prefaciou *Saül le furieux, tragédie prise de la Bible, faicte selon l'art et à la mode des vieux autheurs tragiques* [Saul, o furioso: tragédia da Bíblia, realizada de acordo com a arte e a moda dos velhos autores trágicos] (1572), formulando algumas regras que anunciavam o que se tornaria o teatro clássico. A recorrência assídua aos textos bíblicos e aos personagens que figuram nesses textos, portanto, fez com que o teatro passasse de um modo totalmente alegórico e medieval para o teatro de personagens e destinos que vigorou no período moderno.

4. Outros países da Europa

Ao mesmo tempo, a Alemanha, os Países Baixos e a Inglaterra tiveram uma produção de tipo protestante também fecunda e variada. A peça mais conhecida dessa produção é o *Mercator* (1540) de Thomas Kirchmeyer (1511-1563), também chamado Naogeorgus. A peça foi traduzida para o francês, entre outras línguas, com o título *Tragédia do mercador convertido*

(1558). Também certamente precisamos mencionar Hans Sachs (1494-1576), que dominou a cena protestante alemã pela abundância de sua produção (em torno de 130 peças de teatro) e por sua criatividade dramática (mas nem sempre inspirada na Bíblia).

A contribuição do teatro protestante para a cultura também se verificou na prática do teatro escolar, com fins pedagógicos, representado pelos alunos de latim clássico ou neoclássico, como era imposto nos usos da época. Assim como no Renascimento, os pedagogos protestantes geralmente partiam do princípio de que Terêncio era um modelo a ser seguido e muitas vezes não hesitaram em encenar suas peças de um modo totalmente fiel ou apenas com alguns ajustes, com seus alunos. Neste ponto, Lutero tinha a mesma visão de Melâncton, que considerava Terêncio "um mestre de retórica e vida", e isso apesar da grande presença, em suas comédias, de situações licenciosas ou expressamente imorais: a representação de personagens dados a vícios e paixões adúlteras deveria justamente pôr os alunos em guarda contra tais atitudes e fazer com que apreciassem mais ainda o exercício das virtudes. Mas nem todos os reformadores sancionaram esse raciocínio acrobático. De qualquer forma, Lutero preferia que a inspiração se baseasse em personagens bíblicos ou episódios neotestamentários, e os estrasburguenses Jacques Sturm (1489-1553) e Martin Bucer (1491-1551) pediram que fossem compostas em latim peças de acordo com as exigências da moral cristã, o que originou *Lazarus redivivus*, de Johannes Sapidus (1490-1561), encenada no ginásio humanista de Estrasburgo em 1538.

A Inglaterra também conheceu um teatro de inspiração deliberadamente protestante, com autores como Nicolas Grimald (1519-1562), John Fosse (1516-1587) ou John Bale (1495-1563). Porém, o teatro logo se tornou alvo da hostilidade aberta dos puritanos. Sofreram com isso William Shakespeare (1564-1616) e Christopher Marlowe (1564-1593). Nada permite determinar se eles eram protestantes ou católicos. Mas não imaginamos um teatro como o deles surgindo nas regiões que não foram marcadas pela Reforma e pelos sobressaltos que ela originou. Quanto aos puritanos, nem todos foram tão teatrofóbicos quanto sua reputação sugere: John Milton (1608-1674) se contrapôs a essa opinião geral com a peça *Samson Agonistes* [Sansão guerreiro] (1671), um tema bíblico, sobre a qual George Steiner observou: "Nenhum outro teatro depois do teatro de Dionísio ouviu música semelhante a esta".

5. O protestantismo rumo ao teatro contemporâneo

Com Jean de La Taille, Hans Sachs e esses últimos autores, já alcançamos plenamente, ou quase, o teatro na forma que conhecemos: não mais como uma atividade que depende, em graus variados, de uma igreja, a medieval, a de Roma ou as da Reforma, mas, sim, como uma arte autônoma, que voa com as próprias asas e basta, por assim dizer, a si mesma. Desde o século XVII, seu problema foi ter se tornado cada vez mais elitizado. Niklaus Manuel Deutsch, Teodoro de Beza e até mesmo Shakespeare encenavam suas peças para um público o mais amplo possível, um público que podemos classificar como popular. A partir de então, o teatro tendeu a pertencer aos meios "cultos", de pessoas com tempo e meios para frequentar salas de teatro. O povo ficou com as festas populares e os artistas de feira para se distrair, e as igrejas pareciam não mais ter se preocupado, até o início do século XX, com um teatro para ela ou ao seu alcance. A preocupação mais importante da igreja passou a ser a celebração do culto ou da missa. Mas não nos enganemos, essas celebrações também são locais ou momentos de teatralidade: a missa católica por seu ritual bastante demonstrativo (um fenômeno particularmente sensível na Contrarreforma), e o culto protestante, na medida em que o púlpito se tornava a cena em que o pregador quase representa ou dramatiza o sermão (um fenômeno perceptível sobretudo no período romântico). Aliás, trata-se de algo normal: nem o pregador nem o padre precisam propriamente encenar aquilo que não são, mas seu serviço está correlacionado a um fenômeno de comunicação do qual o teatro é o modelo mais próximo do ponto de vista de suas qualidades intrínsecas.

O teatro de sala também tem um componente de sangue azul, sobretudo na perspectiva das interações entre o cristianismo e a cultura. Uma das peças mais importantes do século XVIII nesse sentido é *Nathan, o Sábio* (1779), de Gotthold Ephraim Lessing (1729-1781). Muitas vezes em conflito com os representantes da ortodoxia protestante de seu tempo, Lessing considerava o teatro como o seu púlpito. Com *Nathan*, é a primeira vez que um autor europeu coloca em cena um judeu e um muçulmano sem desconsiderá-los ou apresentá-los como ridículos, mas, sim, valorizando-os e evidenciando o lado positivo e respeitável de sua espiritualidade. Lessing não inventou a famosa parábola dos três asnos que é um dos momentos-chave de seu drama, mas atribuiu a ela uma reviravolta que a torna uma lição não somente de tolerância, mas de respeito entre as religiões. O estabelecimento de inúmeros muçulmanos na Europa ocidental confere hoje uma nova atualidade a essa peça programática, sobretudo na Alemanha, onde está sendo novamente encenada.

Uma vez dado esse passo, hesitamos em citar mais autores pelo receio de omitir nomes importantes. Ainda na Alemanha, há evidentemente Johann Wolfgang von Goethe (1749-1832), com destaque para o segundo *Fausto*, cujas ênfases bem pouco ortodoxas continuam, porém, a denotar uma influência claramente protestante, citada por muitos teólogos; e Friedrich von Schiller (1759-1805), que em suas peças não deixou de se indagar sobre a influência que indivíduos de exceção exercem sobre o curso da história: um problema totalmente teológico. Mais perto de nós, se não consideramos nem fronteiras nem nacionalidades, a presença do espírito protestante transparece com muita clareza na obra de autores como Henrik Ibsen (1828-1906), Friedrich Dürrenmatt (1921-1990) ou Samuel Beckett (1906-1989).

6. Da utilidade do teatro hoje

O teatro, porém, só seria uma função de autores? No início do século passado, Henry Becque acreditava que "o verdadeiro teatro é um teatro de biblioteca" (*Oeuvres complètes* [Obras completas] VII, Paris, Crès, 1926, p. 118). Ciente do peso da experiência que para ele constitui o fato religioso, o protestante deveria responder que esse tipo de teatro não é de fato teatro — não mais que um sermão impresso seria propriamente um sermão. Afinal, ambos, teatro e sermão, são feitos para serem ditos e ouvidos. O teatro, assim como o culto, só existe no momento em que ocorre: quando há atores em presença de espectadores (ou espectadores em presença de atores) e a peça é realmente encenada, com todas as implicações de uma representação ao vivo. Em uma sociedade cada vez mais condicionada pelo uso de aplicativos tecnológicos que diminuem o fator pessoal na comunicação com o outro e às vezes até mesmo com Deus, o teatro, assim como o culto, torna-se o lugar privilegiado em que o fator humano desempenha um papel essencial — o humano que está ali com toda a sua fragilidade e toda a sua força (opostos que caminham juntos): os atores, os espectadores, os operadores de máquinas, os autores, os cenógrafos, ou seja, todos os que possibilitam a existência do teatro. Não é por pouca coisa que, desde as origens, está correlacionado à religião.

7. Um teatro "protestante"?

Permanece uma questão: O teatro pode ou deve ser "protestante"? É preciso esclarecer o sentido desta expressão. Trata-se de dramas cuja trama está relacionada ao contexto confessional protestante, assim como Paul Claudel e outros encenaram dramas oriundos de conflitos com as regras próprias à Igreja Católica romana, esse teatro existe — ou pode existir (o modelo poderia ser *A sinfonia pastoral* de André Gide, mas se trata de um romance). Por outro lado, se compreendemos por protestante um teatro de testemunho, militância ou propaganda confessional, podemos e devemos nos indagar se esse teatro ainda é teatro. Uma cultura protestante não deveria desejar que o teatro fosse apenas teatro? O teatro exige reconhecimento profundo de sua autonomia, como um elemento constitutivo da cultura em que estamos inseridos.

O teatro militante representa a forma mais perigosa para o teatro. Confundir a cena com um púlpito ou uma tribuna é convidar o teatro a uma cópia da arte oratória, não somente em seus efeitos, mas também em sua vocação. O teatro imita totalmente seu modelo — arriscando-se a não mais ser teatro — ou, sem ir até o final, permanece sendo teatro e só é militante por acidente ou acréscimo. "Militar é combater e, quando o autor escolhe o combate, aceita suas exigências: ele se engaja com todo o coração e todas as forças; a vitória da causa passa a ser, por definição, superior ao sucesso da arte. O valor estético e a qualidade dramática importam menos que a tese" (Henri GOUHIER, *L'essence du théâtre* [A essência do teatro], 1943, Paris, Vrin, 2002, 166).

Todo projeto apologético introduz na obra dramática uma tese. Ora, se a tese pode ser considerada a alma da pregação, do discurso político ou do jurídico, permanece sempre exterior ao drama. Uma tese protestante comunicará à obra uma intenção protestante; ela não a tornará protestante "por dentro".

O que se aplica ao teatro também se aplica a todas as artes: a arte pode ser protestante, mas no espírito, e não na letra ou na forma. Não lhe basta para merecer esse adjetivo encenar Marie Durand, Martinho Lutero ou Albert Schweitzer ou apresentar durante a peça um salmo huguenote cantado. O teatro mais protestante nesse sentido não é o que se apresenta como tal, nem necessariamente produto de um autor protestante, mas, sim, o que aborda a vida, a morte, as relações entre os seres e também com Deus no estado do espírito do protestantismo, ou seja, em primeiro lugar, observando a realidade tal como é e atracando-se com o problema totalmente espiritual do sentido de nossa existência ou de seu absurdo. É o que acontece ou deveria acontecer quando encenamos Teodoro de Beza, Lessing, Dürrenmatt ou Beckett.

Bernard Reymond,
com a colaboração de Jean Chollet

▶ **Fontes:** BEZA, Teodoro de, *Abraham sacrifiant*, Genebra, Droz, 1967; DES MASURES, Louis, *Tragédies saintes. David combattant, David triomphant, David fugitif*, Paris, Droz, 1932; LA TAILLE, Jean de, *Oeuvres*, org. por René de MAULDE, 2 vols., Genebra, Slatkine, 1968; Idem, *Saül le furieux; la famine, ou les Gabéonites. Tragédies*, org. por Elliot FORSYTH, Paris, Société des textes français modernes, 1998; LESSING, Gotthold Ephraim, *Nathan le Sage* (1779), ed. bilíngue, Paris, Flammarion, 1997; *Niklaus Manuel*, org. por Jakob BAECHTOLD, Frauenfeld-Leipzig, Huber, 1917; *Niklaus Manuels Spiel evangelischer Freiheit. Die Tottenfresser "Vom Papst und seiner Priesterschaft" 1523*, Leipzig, Haessel, 1923; MILTON, John, *L'Allegro, Il Penseroso et Samson Agonistes*, ed. bilíngue, Paris, Aubier Montaigne, 1937. **Estudos:** BECK, Jonathan, *Théâtre et propagande aux débuts de la Réforme*, Genebra, Slatkine, 1986; FRAGONARD, Marie-Madeleine, org., *"Par Ta colère nous sommes consumés". Jean de La Taille auteur tragique*, Orléans, Paradigme, 1998; JONKER, Gerard Dirk, *Le protestantisme et le théâtre de langue française au XVIe siècle*, Groningen, Wolters, 1939; KUSCHEL, Karl-Josef, *Jud, Christ und Musselmann vereinigt? Lessings "Nathan der Weise"*, Düsseldorf, Patmos, 2004; LE HIR, Yves, *Les drames bibliques de 1541 à 1600. Études de langue, de style et de versification*, Grenoble, Presses universitaires de Grenoble,

1974; MICHAEL, Wolfgang W., *Das Deutsche Drama der Reformationszeit*, Berna, Lang, 1984; PARENTE, James A., *Religious Drama and the Humanist Tradition. Christian Theater in Germany and in the Netherlands, 1500-1680*, Leiden, Brill, 1987; REYFF, Simone de, *L'Église et le théâtre. L'exemple de la France au XVIIe siècle*, Paris, Cerf, 1998; REYMOND, Bernard, *Théâtre et christianisme*, Genebra, Labor et Fides, 2002; SMITS-VELDT, Mieke B., *La Bible et le théâtre aux Pays-Bas*, em Jean-Robert ARMOGATHE, org., *Le Grand Siècle et la Bible* (Bible de tous les temps VI), Paris, Beauchesne, 1989, p. 495-503; STEINER, George, *A morte da tragédia* (1961), São Paulo, Perspectiva, 2006; WEBER, Édith, *Musique et théâtre dans le pays rhénans*, t. II: *Le théâtre humaniste et scolaire dans le pays rhénans*, Paris, Klincksieck, 1974.

▶ Bergman; Beza; Chiampel; Dürrenmatt; Ibsen; La Taille; Lessing, **literatura**; Manuel Deutsch; Strindberg

TÉCNICA

1. A técnica entre o homem e a natureza
2. A dessacralização da natureza e a santificação do mundo
3. Desafiar o mundo da técnica: por uma aculturação feliz
4. A técnica como fator de democratização
5. A técnica como lugar da libertação do homem
6. Ser responsável pela criação

Vida e morte estão nas mãos da linguagem.

1. A técnica entre o homem e a natureza

A intenção do argumento proposto aqui é identificar o que representa a técnica para a fé cristã. Durante séculos, enquanto a técnica se utiliza da natureza sem provocá-la ou se tornar objeto da menor suspeita, apreciamos seu alcance e até mesmo somos resolutamente otimistas quanto a ela. Há nem tanto tempo assim, ainda a apreciávamos. Mas eis que de repente a técnica passou a inspirar temor, até pavor. As técnicas proliferam, e seu alcance parece sem freios, tão sem freios que se torna ameaçador. Tememos suas recaídas. No entanto, basta que nos indaguemos se é necessário ser "contra" ou "a favor" da técnica e, como observou Jacques Ellul (1912-1994), logo percebemos que a questão tem tanto sentido quanto indagar se é preciso ser contra ou a favor das avalanches. Não é aí que se situa o problema.

O problema surge do fato de que, contrariamente às aparências, a técnica não consiste em opor o homem à natureza, mas, sim, em impedir que haja imposições de um em relação ao outro, ou seja, reconciliar um com o outro. A técnica de fato compõe com a natureza, assim como a natureza compõe com o homem, pelo menos até que retome seus direitos.

O homem e a natureza não são seres complementares, mas na melhor das hipóteses são compatíveis um com o outro. Entre eles a diferença é da mesma ordem que entre o pensamento e o cérebro, entre o olho que *reflete* aquilo que vê e a mão que *apreende* aquilo que pega. Em cada uma dessas duplas, em nenhum caso podemos afirmar que seus elementos formam uma complementaridade. Para isso, seria necessário que fossem organicamente diferentes um do outro, assim como o macho e a fêmea. A complementaridade depende da estrutura, enquanto a compatibilidade tem a ver com a função, revelando-se na autoridade. Enquanto a diferença é da ordem da quantidade, a autoridade é da ordem da qualidade. A natureza opõe a quantidade e a qualidade quando não exclui uma em prol da outra, ao contrário da técnica, que busca torná-las compatíveis. Da mesma forma, a natureza ignora o mal. Em vez de eliminar os monstros que cria, acaba assimilando-os. Já a técnica não tem esse privilégio. Isso gera o seguinte problema: nesse fato, estão tanto a oportunidade da técnica quanto o temor que inspira, tanto sua promessa de um mundo melhor quanto a ameaça de desencadear um apocalipse, não pela ira de Deus, mas pela vaidade e pelo orgulho dos homens.

Isso ocorre porque a técnica não imita a natureza, seja qual for o modo da natureza das coisas à natureza dos homens: o rato que come o queijo não elimina a armadilha, mas precisa comer o queijo ou, se quiser evitar a armadilha, deve renunciar a sua natureza e não comer o queijo. O mesmo com o homem: se ele quer voar, precisa imitar o pássaro? Na verdade, não precisa de fato evitar imitar o pássaro? A natureza sempre termina por colocar o homem que se mira nela em uma armadilha. Assim, a natureza seria diferente e bem mais que apenas um espelho para o homem. Criado à imagem de Deus, o homem teria como vocação não imitar a natureza, e sim protegê-la, ao mesmo tempo que a torna propícia a ele, pelo trabalho. Porém, o trabalho deve santificar acima de tudo, sem culpabilizações — como costumamos facilmente crer depois da condenação de Adão (Gn 3.17-19) —, edificando tanto o trabalhador quanto o fruto de seu trabalho, já que, à luz dessa mesma condenação, o trabalho não deve esgotar nem o homem nem a natureza, já que ambos devem respeito ao *Shabat* (Êx 20.8-11; 2.17).

Ora, não existe trabalho sem técnica, assim como não existe técnica que não seja humana. Assim, compreendemos "técnica" como a vocação do homem para a humanização do que lhe é estranho, a começar pelo próprio homem. Ao submeter-se a essa tarefa — por necessidade, como Hércules, o herói do trabalho, se não for por vocação, como a Bíblia deixa entrever —, o homem faz seu aprendizado em primeiro lugar na escola da natureza e, em seguida, na escola da sociedade (ou da história) e do intelecto, de modo que a natureza e o intelecto fixam a moldura dessa aculturação manifestada pela realidade humana como vetor de um destino que lhe permitirá assumir sua natureza ao mesmo tempo que a transcende. Disso resulta, no entanto, que não é ao intelecto que opomos a natureza, mas, sim, à técnica, como testemunham certos mitos que ainda seduzem o inconsciente dos povos: nacionalismo, etnicismo, tribalismo ou qualquer outra forma de integrismo em voga atualmente. Esses mitos certamente são evocados para confortar identidades particulares, mas na verdade só conseguem determinar arbitrariamente nos efeitos da técnica o perigo que pretensamente ameaça essas identidades. É verdade que a técnica não é favorável aos atavismos, não importa de que ordem. Choramos então sua extinção mais do que, talvez, tememos a técnica. Mas é bem mais fácil denunciar sua torpeza, ainda mais quando pensamos que, como se diz, a técnica não é mais o que era. Em certo sentido, isso não está totalmente errado.

Com efeito, desde o martelo até a biologia molecular, a técnica nos confronta menos com a natureza quanto com a própria realidade humana; menos com a promessa de um mundo melhor quanto com o perigo mortal ao qual se expõe o homem que não mais se contenta em decodificar a natureza, mas também codificá-la, ainda que seja derrubando o mito de que até então a natureza se *impunha* ao homem. "A técnica não se contenta em rodear o homem moderno, mas penetra em sua carne e seu sangue", escreveu Arnold Gehlen (*Anthropologie et psychologie sociale* [Antropologia e psicologia social], 1986, Paris, PUF, 1988, p. 118), ecoando a expressão ainda mais devastadora de Ellul: a técnica não elimina o homem, mas "o assimila". Fazendo-nos trocar as bolas, proporciona a ilusão de dominar aquilo com o que acreditamos tê-la dominado, enquanto só buscamos enganá-la, como afirmou Hegel, e ela mesma nos submete à ideia de tê-la dominado. Haveria algo de mais enganador que a natureza?

Mas então não seria necessário ou que a natureza fosse fundamentalmente malévola em relação ao homem, ou que o homem fosse obrigatoriamente mau, ou ainda ambos ao mesmo tempo? Esse pessimismo radical, conforme os temores de Hans Jonas (1990;1980, p. 80 e 105), só é capaz de engendrar um vazio ético sem precedentes, tão total que podemos nos perguntar se não pode ser enfrentado a não ser com o retorno ao naturalismo, já que qualquer outro recurso está sujeito a um humanismo — conforme percebeu Emil Brunner (*Christianity and Civilisation* [Cristianismo e civilização], 2 vols., Londres, Nisbet, 1948-1949) — que arrancaria o mato de sob os próprios pés, considerando a reivindicação do homem pelo homem algo relacionado a uma operação que o arranca do império da natureza. Teologicamente, em vez de se localizar entre o homem e a natureza ou entre o homem e a sociedade, a linha de demarcação estaria entre o homem e Deus, enquanto (e este é o mérito da tradição bíblica, como enfatiza de modo particular uma vertente protestante) na verdade se situa entre Deus e o ídolo. Sem isso, a própria ideia da bondade original da criação seria apenas uma mentira piedosa e um enorme *trompe l'oeil*. Além disso, já que a linha está entre Deus e o ídolo, a relação do homem com Deus é fundamentalmente relacionada a uma vocação: o homem que Deus chama para seu serviço não é uma abstração, mas um ser no limiar entre a natureza e o espírito, entre o indivíduo e a sociedade. A serviço de Deus, a vocação do homem se reveste então de uma dimensão ao mesmo tempo cósmica e social. O jesuíta Jean Daniélou escreveu sobre isso: "Deus colocou o cosmos nas mãos do homem para que o homem faça o inventário e o coloque a seu serviço. A técnica é a expressão dessa vocação do homem. Nada é mais bíblico que a técnica. Devemos dizer que é boa não somente a natureza em seu estado original, mas a natureza tal como o homem a transforma"

(em Michel de CERTEAU et alii, *Le mépris du monde. La notion de mépris du monde dans la tradition spirituelle occidentale* [O desprezo do mundo: a noção de desprezo do mundo na tradição espiritual do Ocidente], Paris, Cerf, 1965, p. 191).

Das duas, uma: considerando a técnica como a expressão da vocação do homem ao humano, ou nós divagamos, ou estamos no próprio cerne do assunto, ainda que até aqui não tenha sido feita nenhuma referência à ferramenta nem à máquina, nem à engenharia genética. É o caso de afirmar: assim como não se deve colocar a carroça na frente dos bois, convém não colocar aqui a ferramenta na frente do homem. Oswald Spengler (1880-1936) e Nicolas Berdiaeff (1874-1948), entre outros, já nos tinham alertado sobre isso. Sem dúvida, esse alerta foi em vão, já que se continuou a tratar da máquina como uma ferramenta sofisticada. Ora, tal coisa não mais é possível hoje: como demonstram tanto a *técnica ou o desafio do século* quanto a *questão da técnica*, não mais se trata da máquina e menos ainda da ferramenta. Da "operação técnica" até a "essência da técnica", a questão da técnica não é mais de ordem técnica — se é que foi um dia. A isso voltaremos mais tarde.

Em primeiro lugar, no entanto, um esclarecimento é necessário. Sem excluir o fato de que possa haver outras opções para delimitar a questão da técnica, considero que tal questão é de ordem eminentemente religiosa, por duas razões — que retomam o pensamento formulado por Daniélou (entre outros) ao mesmo tempo que o corrigem. Não importa quanto a técnica seja tributária da tradição judaico-cristã, foi no Ocidente, em uma terra semeada por essa tradição, que se produziu sua eclosão, tendo sido programado seu desenvolvimento antes mesmo da Revolução Industrial, um desenvolvimento cujas premissas já podem ser observadas na Idade Média. É claro que isso poderia ter ocorrido em outros locais, como na Grécia ou na China. Mas, ao "declarar-se" no Ocidente, a técnica extraiu de sua tradição religiosa tanto o supranaturalismo quanto o naturalismo, até parecer abolir essa tradição, enquanto na verdade a desafiou a uma mutação: não estamos nos tornando cada vez menos religiosos; pelo contrário: estamos cada vez mais religiosos. De um universo de dominante sacra, estamos passando para um universo de dominante utópica, onde paradoxalmente somos confrontados com o tema ilustrado pela Bíblia, desde o jardim do Éden até a nova Jerusalém, desde a terra prometida até o corpo de Cristo.

2. A dessacralização da natureza e a santificação do mundo

Precisamos partir de considerações totalmente diferentes daqueles que consideram o problema da técnica algo que decorre de um princípio que necessariamente desgasta a dimensão religiosa e a retira da existência humana, ou daqueles que consideram o problema da técnica algo que ultrapassa qualquer problemática religiosa e tendem nem tanto a banalizá-la, mas sobretudo a neutralizá-la.

Aqui, e principalmente em relação à tradição judaico-cristã, convém lembrar o iconoclasmo do princípio que opera tanto na concepção de religião quanto na noção da natureza, e que é ressaltado pelos diversos roteiros humanos que são a criação, a encarnação e o pleroma. Subvertendo a religião pela religião, esse princípio tem como efeito em cada um desses roteiros a substituição da abordagem naturalista da religião por uma abordagem religiosa da natureza. Assim, pela religião que correlaciona o homem com a natureza, a tradição bíblica substitui a religião que correlaciona a mulher exclusivamente a Deus. Um Deus que cria o homem e a mulher a sua imagem e que, portanto, não é a personificação das forças da natureza. Mais que isso: um Deus que só é Deus na medida em que não é Deus sem o mundo. É por isso que ele confia o jardim ao homem para que o homem o cultive e também (algo que tendemos a esquecer) o santifique: tal como a ausência de templo na nova Jerusalém, o jardim do Éden não comporta nenhuma marca sagrada.

A dessacralização da natureza implicada aqui pela abordagem não religiosa da natureza não tem por objetivo torná-la um objeto entregue à hegemonia do homem e sua devoradora paixão por conquista e anexação de território (Emil BRUNNER, op. cit.). Essa dessacralização tem como objetivo a *santificação* do mundo. Ignorando a dicotomia pagã do profano e do sagrado, como enfatiza Martin Buber, a Bíblia se refere a uma distinção de ordem bem diferente e, ao que é "santo", correlaciona aquilo que é chamado para ser santo: como nada em si é profano, a Bíblia substitui a dialética sacra, que caracteriza a abordagem naturalista, pela dialética sabática da santificação: *Pois fará aliança com as pedras do campo, e os animais selvagens estarão em paz com você* (Jó 5.23) (Abraham HESCHEL, *Deus em busca do homem*, 1955, São Paulo, Arx, 2005). A Bíblia substitui o fatalismo das religiões da natureza pelo "escatismo" da fé: simbolizando o reino de Deus, o *Shaba*t faz com que o homem passe do reino da natureza para o reino de Deus. Nesse sentido, pode ser oportuno lembrar aqui a importância e o significado bastante particular do papel bem desempenhado pela noção de santificação na elaboração da piedade protestante clássica, contrastado com certo dolorismo sacrificial que às vezes se origina da piedade da *imitatio Christi*. Sem dificuldade alguma, pelo menos no nível da ética, podemos captar a dinâmica que está no cerne dessas divergências: a *imitatio Christi* gera uma aversão pelo mundo que por sua vez o afirma, enquanto o ascetismo de tendência católica deixa lugar à frugalidade protestante como um princípio que está na base do gozo de Deus e de suas benevolências.

Por ser ancorada no escatismo do reino de Deus — um Deus que cria e salva por sua palavra e que, portanto, não é Deus em razão de alguma evolução natural ou social —, a tradição bíblica lança um olhar sobre o homem que o convida não a se desencarregar do mundo, mas, sim, a tomá-lo sob sua responsabilidade: afinal, o homem é responsável, ainda mais se pensamos que, ao vir ao mundo sob a mão de Deus, vem não culpado, mas inocente; se pensamos que a afirmação bíblica da bondade original da criação vem antes de tudo, inclusive antes da noção do pecado original e de queda; se pensamos, ainda, que não há homem no estado da natureza, mas em uma *criação* permanente. O homem não é um dado da natureza, mas um mandatário de um dom de Deus, de uma herança que ele deve fazer frutificar (Mt 25.28), de uma confiança que ele deve *ousar* viver, que ele deve experimentar com audácia, e não na mornidão dos atavismos sagrados (Ap 3.16). Assim, o homem é uma esperança do homem: é perfectível, e suas imperfeições não se devem principalmente às recaídas do passado nem a suas remanências, mas, sim, à antecipação de sua plenitude por vir, se é que é verdade que jamais é pecador somente diante de Deus, um Deus que é gracioso para com ele e assume o risco descrito pelo prólogo de João: *No princípio era aquele que é a Palavra. Ele estava com Deus, e era Deus. Ele estava com Deus no princípio. Todas as coisas foram feitas por intermédio dele; sem ele, nada do que existe teria sido feito. Nele estava a vida, e esta era a luz dos homens. A luz brilha nas trevas, e as trevas não a derrotaram* (Jo 1.1-5).

Com a abordagem religiosa da natureza e a afirmação do mundo que decorre dela, assim como a ética da frugalidade que a mantém, produziu-se uma reviravolta de paradigmas: passou-se do mito do homem à técnica do homem, da sacralidade da natureza ao escatismo da fé e ao utopismo da realidade humana que é seu par (Hb 11).

Será preciso chamar a atenção para isso? Está claro que do Antigo ao Novo Testamento, da eleição de Israel à agregação ao corpo de Cristo, lidamos ainda continuamente com essa mudança de paradigmas que consiste em substituir a abordagem naturalista do religioso por uma abordagem religiosa da natureza, ou melhor, substituir a natureza como princípio de evolução social pela *aliança* de Deus com a mulher e dos homens com Deus, como princípio ao mesmo tempo de iconoclasmo religioso e de revolução social. Israel substitui a hierarquia dos seres pela igualdade de todos diante de Deus. Criados à imagem de Deus, todas as mulheres são únicas diante de Deus e esperam que, em Cristo, não haja homem nem mulher, assim como não há nem judeu nem grego (Gl 3.28). Se a partir disso o homem se reconhece em Cristo, é no homem que Deus deve ser reconhecido. Para o próprio Deus, esse é um desafio colocado por ele, e que na tradição bíblica se chama a fidelidade de Deus, um Deus tão fiel que renova e não deixa de renovar sua aliança, até porque sua fidelidade não consiste em imobilizar o homem, muito pelo contrário. O próprio Deus é um Deus que fala e fala conosco, não um ídolo mudo (Hb 2.18; 1Co 12.2; Pv 31.8; Lc 1.20). O Deus vivo é a própria vida e não se confunde com a vida, mas se implica nela, a partir do momento em que dá vida aos homens e que, por sua vez, o homem também é um homem que fala. De modo que o próprio Deus, assim como o homem, e a morte tanto quanto a vida, de acordo com uma tradução literal, estão nas mãos de uma língua (Pv 18.21). Dito de outra forma, a morte e a vida repousam no poder dessa técnica das técnicas que é a linguagem, em cujo desafio são avaliadas tanto a fidelidade de Deus quanto a audaciosa esperança da mulher.

Nisso reside a originalidade da tradição bíblica em comparação com as demais tradições religiosas e seus cortejos de sacralidade, exemplificados claramente nos paganismos limítrofes do antigo Israel. Além do mistério da natureza ou das astúcias da história, a originalidade bíblica consiste em levar em consideração a realidade da linguagem: a ordem do mundo é uma ordem das palavras. Trata-se de uma ordem simbólica que, do campo da analogia, leva o homem para o campo da metáfora: "da *analogia entis*" à metáfora do Verbo. Abandonando a dialética sacra da presença e da ausência de Deus, a Bíblia opta pela dialética carismática do pecado e da graça, uma dialética da alteridade radical de Deus e do homem. Deus não é Deus sem o mundo, mas o mundo não é Deus. Deus é vida, mas a vida não é divina. O mundo e a vida são metáfora, assim como Israel só efetua sua eleição ao realizar a criação de todos à imagem de Deus, um Deus sem imagem, sem outra imagem além da que é enfatizada pelo homem quando, ao fazer passar o mundo para a ordem das palavras, toma consciência de sua natureza e assume o destino de sua história, por meio de uma técnica da linguagem, e enobrece o mito do homem por meio de uma técnica do humano, o livro da natureza com a escritura do Verbo.

Como resultado, uma religião bíblica não é nem uma religião da natureza nem uma religião da "técnica" do livro. A escritura é apenas o rosto do livro diante da palavra ou o rosto da palavra diante do livro, ou ainda o da natureza diante da técnica e da técnica diante da natureza. Da mesma forma, não podemos subtrair nada das Escrituras, mas o mundo não bastaria para contê-las em totalidade (Ap 22.18s; Jo 21.25; 2Tm 3.16). As Escrituras são o símbolo da aliança que Deus renova toda vez que são cumpridas por novas Escrituras. Assim, o próprio Adão se renova, denominando-se ao nomear os animais. A técnica passa pela linguagem, passa pelo crivo da linguagem, se é necessário que o homem, passando pelo homem, ultrapasse-o pelo novo homem. E não existe atividade humana que não seja investida dessa esperança, incluindo-se nisso as mais ritualizadas, e até mesmo a magia, ancestral da técnica.

Nós classificamos, recenseamos, calculamos, construímos tabelas e até mesmo as tábuas da lei são transmitidas por meio de ordenanças e preceitos, e seu objetivo certamente não é confinar o homem, mas precisamente alargar seus limites. Resultam disso revoluções sociais que são todas de origem religiosa. É verdade que hoje elas parecem movidas sobretudo pelo fenômeno técnico e trata-se de um fenômeno ao mesmo tempo dessacralizante por excelência e nivelador de toda transcendência. Porém, por que deveríamos confiar nas aparências? À luz do argumento apresentado aqui, o próprio fenômeno não seria portador de um novo tipo de religiosidade? E, mais ainda, não seria um reflexo último do paradigma religioso que deu origem ao Ocidente, que a tradição bíblica atribui a si?

3. Desafiar o mundo da técnica: por uma aculturação feliz

Aqui, a sobriedade nos impõe o refrear de todo o entusiasmo e nos pede que nos concentremos novamente em nosso propósito. Pois, se existe uma área que a reflexão teológica negligenciou, essa área é a da técnica. Seja qual for a confissão, a teologia continua a se portar em relação à técnica exatamente como o fez em relação à ciência ou ainda à proletarização das massas e, em nossos dias, à profissionalização da sociedade no nível econômico e sua neutralização no nível político e moral. A teologia se comporta de um modo parecido com a reação da igreja no caso de Galileu. Diante do desenvolvimento da ciência, a teologia percebeu que as verdadeiras questões não eram tanto as de ordem científica, mas, sim, teológica, e que, na ocasião, foi Galileu que as apresentou. Da mesma forma, acreditou que poderia ignorar as explicações espirituais e morais advindas da instauração da economia moral ligadas à urbanização da sociedade e à secularização dos abandonados tanto pela igreja quanto por essa mesma sociedade. A igreja se recusou a levar em consideração o fato de que a busca do Bem não exclui necessariamente a satisfação dos bens materiais; que o bem pode em suma acompanhar o bem-estar ou que, ao contrário, o bem-estar não traz necessariamente um atentado ao Bem, nem ao ser (principalmente quando pensamos que a missão do homem diante de Deus não é somente de ordem material). Pior ainda, parece que até mesmo a igreja prefere que se cave um fosso entre a verdade e a realidade, entre a fé e a ciência, entre o além e este mundo.

Mas será que haveria algo a dividir mais os homens que o além?

Cada um faz uma ideia diferente do outro mundo, à sua medida e à sua maneira. São testemunhas disso todas as religiões do mundo, sem falar das seitas que tiram seus recursos do profundo poço que é a credulidade humana — que nada, nem mesmo a técnica, consegue quebrar —, aproveitando-se impunemente desse sentimento na medida em que o encobrem com uma vestimenta sacerdotal que (obrigatório paradoxo nestes tempos de carência teológica) na verdade *sacraliza* a ciência depois de ter transformado o saber em uma *nova crença*. Trazendo o crer para o saber, cremos ainda mais espontaneamente que só cremos no que sabemos. Isso ocorre porque, como toda racionalização, a ciência também não escapa de fato à crença. Assim como a ciência não poupa a religião, a mística também não poupa a ciência. E a racionalização, que por sua vez não poupa nem a religião nem a ciência, é invulnerável à medida que é carregada por uma crença, tal como uma estátua de bronze com pés de argila. Isso equivale a dizer que o questionamento da fé cristã não provém de seitas ou religiões mundiais, e ainda menos da autoridade de que aparentemente essas religiões continuam a gozar, bem mais no nível político que no nível econômico ou sociocultural, ainda que em detrimento delas mesmas. Afinal, não é a vitalidade dessas religiões nem sua rivalidade que ameaçam o cristianismo. O que o corrói também não é o rebaixamento de seu prestígio no Ocidente e fora dele, e eu ainda acrescentaria que, em relação a isso, há coisas muito piores que a secularização do cristianismo em seu território. O perigo que o cristianismo corre não reside no *front* da secularização, nem mesmo no do pluralismo religioso. A ameaça que pesa sobre o cristianismo não vem do exterior, mas do interior: não de um mundo desencantado pelo cristianismo, mas de um cristianismo que não mais encanta o mundo — seja desejando-o e não conseguindo, seja buscando sentir-se bem ao abrigar-se sob o guarda-chuva do ecumenismo ou do diálogo inter-religioso. Desse modo, se o cristianismo se fecha em si mesmo, em pouco tempo se fossilizará, enquanto em escala mundial está ocorrendo uma mutação *antropogênica* inigualável na história. Tal mutação não afeta o homem em sua racionalidade ou dignidade, nem mesmo em sua consciência de que morrerá (aquele que vai morrer sabe que não é o primeiro a passar por isso); mas consiste em tomar consciência do fato de que o homem pode ser o último a quem isso acontecerá. Por isso, na situação global em que se encontra hoje o cristianismo, o mais grave é a recusa de confrontar-se com a questão apresentada pela técnica. Sobretudo porque tal questão, por sua novidade, não encontra consolação nas respostas elaboradas a partir de pressupostos cuja articulação se baseava tanto na noção da natureza que morre para renascer (eterno retorno, análise, mística do Um) quanto na da história que, de geração em geração, é sempre resgatada (apocatástase, salvação, mística da totalidade ou do grande Todo).

A causa do cristianismo também não será ajudada pela comemoração de um passado que, por mais glorioso que tenha sido, não seja considerado algo varrido pela onda da tecnociência, ainda que nem a técnica nem a ciência devam ser consideradas responsáveis pelo enfraquecimento do cristianismo em matéria de ética e de cultura. Porém, precisamos repetir que, também nessa área, não devemos buscar no exterior as causas da marginalização sociocultural que corrói a fé cristã. Essas causas são internas ao cristianismo e se devem ao fato de que hoje o cristianismo deparou com o beco sem saída de uma tradição que não se sente interpelada por esse fundo cultural que rapidamente se delineia na paisagem religiosa de todo o planeta. Não que não tenhamos visto a coisa acontecer: não ousamos reconhecer sua importância e não pudemos evitá-la. Não percebemos que a fé não dependa somente de um assentimento a uma tradição, mas que também e principalmente dependa de uma ousadia, como a demonstrada por Abraão ao orar por Sodoma e por Jacó na luta com o anjo. Pelo contrário: logo antes de Auschwitz, de Hiroshima e do Sputnik, e do primeiro homem a pisar na Lua, comentávamos, como Otto Dibelius, que o século XX seria o século da igreja...

Ainda que fosse somente por seu passado.

Contudo, não percebemos nem soubemos perceber que, diante da técnica, uma igreja que busca seu passado também não tem futuro.

Com efeito, nesse monumento do pensamento cristão que é a obra de Karl Barth (1886-1968) — e que gravita em torno de sua dogmática *eclesial* —, quantas páginas foram dedicadas à técnica? Quedamo-nos perplexos, e essa perplexidade que sentimos não é atenuada pelo fato de que, tanto antes quanto depois de Barth, a questão foi realmente abordada por outros teólogos, tais como Albert Schweitzer (1875-1965), Emil Brunner (1889-1966), Rudolf Bultmann (1884-1976), Joseph Houldsworth Oldham (1874-1969), Hendryk Kraemer (1888-1965) e, principalmente, Paul Tillich (1886-1965). E perplexos permanecemos, ainda que, em sua primeira assembleia mundial em Armsterdã, o Conselho Mundial de Igrejas (precisamos fazer-lhe essa justiça) tenha incluído em seu programa trabalhos e oficinas de reflexão sobre a técnica. Mas, sendo em geral abordada somente sob o ângulo da secularização ou da aculturação do cristianismo, a técnica foi percebida como um fator de desfertilização do homem ou de desumanização da sociedade, essas duas fontes de alimentação da crítica sociorreligiosa ao fenômeno tecnológico. Como exemplo disso, podemos citar os atos da assembleia de Amsterdã ou, entre outros, a obra de Carl Gustav Jung *Le problème psychique de l'homme moderne* [O problema psíquico do homem moderno] (1928, em *Problèmes de l'âme moderne* [Problemas da alma moderna], Paris, Buchet/Chastel, 1996, p. 165-193). Nada foi oferecido como reflexão teológica sobre o objeto tecnológico! Nem mesmo uma reflexão que tivesse como modelo a reflexão teológica sobre o dado natural ou do objeto cultural. De fato, buscou-se empurrar para longe o problema em vez de confrontá-lo. Sem saber direito onde o cristianismo está sensível, apressou-se a enxergar na técnica uma variante ou até um vetor desse mal que se acredita ter identificado, relacionando-o à secularização da tradição cristã. De fato, esse procedimento é um bom exemplo do ato de serrar o galho em que estamos sentados. Afinal, a secularização é apenas um dos efeitos da aculturação do cristianismo — nem que seja somente por sua ambiguidade, o termo "aculturação" foi mantido para receber aqui o sentido que o Vaticano e o Conselho Mundial de Igrejas atribuem hoje à *inculturação*, neologismo que na verdade parece uma alusão à infiltração de tipo ideológico-militar em um território estrangeiro; para a fé cristã que não está correlacionada ao Ocidente, não há cultura que lhe seja por definição "estrangeira". Assim, não podemos denunciar a secularização sem atingir com isso a aculturação, a menos que consideremos o cristianismo em correlação estreita com a mentalidade ou as concepções de mundo que estavam em curso na época de seu surgimento.

Tudo indica, portanto, que não podemos pensar o cristianismo sem apresentar o princípio de sua aculturação, o mesmo princípio do levedo que não se dissolve sem *transformar* a massa. Nessa perspectiva, nada impede que consideremos a técnica como a manifestação de uma oportunidade (e, por que não dizer, de um *kairós*, cf. Paul Tillich) facilitada ou tornada possível pela aculturação do cristianismo, e até mesmo um rebento dessa aculturação. Isso equivale a afirmar que a secularização não é necessariamente a maldição que nos apressamos a denunciar sob as vestimentas de um cristianismo puro. Afinal, o cristianismo precisou e conseguiu se aculturar ao mundo da natureza, uma natureza que nem sempre é bondosa para com o homem; da mesma forma, não vejo o que poderia hoje impedir o cristianismo de aculturar-se ao mundo da técnica, ao mesmo tempo *humanizando-o*.

No entanto, nós tememos a técnica, por causa dos golpes que ela desfere em nossos atavismos tanto religiosos quanto culturais. Nós a tememos por que ela considera adquirida uma das características mais essenciais para a fé cristã, da qual ela se desembaraça por causa de sua aculturação. Se não, como poderíamos louvar suas virtudes, por exemplo, na África e, no Ocidente, desejarmos ser preservados dela como se fosse um desvio? Será que a religião cristã só seria eficaz em uma civilização pré-industrial e rural, em uma economia de penúria? Não poderia existir em uma economia do bem-estar, da abundância? Será que precisamos deduzir disso que a cultura só consegue refletir sobre si mesma à medida que colhe os efeitos de um comércio com a natureza e que seu único objetivo é reforçar os poderes naturais sobre o homem em vez de minimizá-los e humanizá-los? A cultura, no entanto, é o que o homem acrescenta ao homem. E o que pensar quando Ellul (1988, p. 175) declara que "a cultura técnica é impossível"? O homem não é um ser cultural por natureza, como nos lembram Edgar Morin e Arnold Gehlen (op. cit), além de Robert James Forbes (*The Conquest of Nature. Technology and Its Consequences* [A conquista da natureza: a tecnologia e suas consequências, New York, Mentor Books, 1969, p. 90]). Pior ainda, o que pensar quando Ellul é logo substituído e traído por Michel Henry? Henry escreveu: "A técnica é a natureza sem o homem, a natureza abstrata, reduzida e devolvida a si mesma [...]. É a barbárie, a nova barbárie do nosso tempo, no lugar da cultura". Imperturbável e implacável, acrescenta: "Enquanto tira a vida do jogo, com suas prescrições e sua regulação, a técnica não é somente a barbárie sob sua forma exterior e a mais desumana que o homem tem conhecido, mas é a própria loucura" (*A barbárie*, 1987, São Paulo, É Realizações, 2012).

Ora, Michel Henry sabia tanto quanto Jacques Ellul que não existe cultura sem técnica. Ambos sabiam também que, no máximo, podemos tentar mostrar que, entre elas, as relações estão invertidas, quando em particular nós as consideramos do ponto de vista da tradição, assim como hoje parecem também invertidas as relações entre o religioso e o cultural, o cultural englobando o religioso; a menos, é claro, que essas mesmas relações sejam objeto de outra leitura. Se de fato parecem invertidas, essas relações reforçam a noção tillichana da cultura como forma da religião e da religião como substância da cultura, deixando, todavia, compreender que a partir de então se trata de outro tipo de religiosidade e, além disso, de outro tipo de atividade cultural.

Quando o coração de um homem serve como uma bateria para outro, evidentemente não mais podemos falar do homem como antes. Às margens dos rios da Babilônia, não mais podemos cantar o Eterno como antes. O mesmo ocorre diante da técnica. Afirmar que suas relações com a cultura estão invertidas equivale a reconhecer a inversão das relações do religioso com o cultural e admitir que a partir disso estamos lidando com o surgimento de um novo tipo de religiosidade, assim como de uma nova aventura cultural. E, na medida em que, nesse contexto, a técnica continua a ser necessária para a cultura, a cultura, sempre por sua forma, é a expressão da religiosidade que lhe serve como pano de fundo, com o risco de que as práticas tradicionais percam seu público.

Toda religião oculta outra. Por mais chocante que pareça essa afirmação, permite observar que uma religião que não quer negar a história só pode torná-la irreversível, e só a torna irreversível se e somente se ela mesma não tiver futuro, como atesta a Jerusalém celestial em que não há templo algum ou, como dizia Feuerbach de um modo todo particular: "O que hoje vale como ateísmo, valerá amanhã como religião" (*A essência do cristianismo*, 1841, 1843, Campinas, Papirus, 1997). Entre ambos não se produzem desvios ou mudanças do religioso, nem sua abolição pura e simples. Mas se produz uma *retomada* do religioso, assim como uma retomada que a cultura não derrubou nem aniquilou pela técnica, como queria Ellul quando escreveu: "Até o século XVIII no Ocidente, as tecnologias se integraram em uma cultura geral, enquanto, a partir do século XVIII, foi a cultura que se viu dominada e marginalizada pela técnica" (1988).

4. A técnica como fator de democratização

Diferentemente da cultura, e até mesmo da ciência, a técnica é um fenômeno de massa. Não devemos de modo algum ignorar seus inconvenientes. Fora disso, foi por querer ouvir sua música preferida que o CEO da Sony inventou o *walkman*. Podemos sorrir diante do fato, mas isso não impede que a técnica, não importa em que escala avaliemos seu alcance, ab-rogue, se não a oligarquia do saber científico ou cultural, além do sacerdotal, pelo menos a pretensão de tais oligarquias ao monopólio das recaídas desse saber. Para isso, a técnica se beneficia de um preconceito ainda incontestado: o de ter sido um fator de democratização. Às vezes, foi dito que ela fomenta e até mesmo populariza a democracia. A música se instala em praça pública; a livraria invade os salões das garagens e dos supermercados. Mas, assim como não acendemos uma lâmpada para colocá-la embaixo do alqueire, também não fabricamos eletricidades para alguns *happy few*. Como observou Lynn White Jr., a crise ecológica sem dúvida alguma está infinitamente menos correlacionada ao desenvolvimento tecnológico que à democratização e ao novo *leque* de valores e do bem-estar que proporciona. Odeio a mim mesmo por pensar: é porque a técnica dessacraliza a cultura ao democratizá-la que estimamos que a técnica é incompatível com a cultura. Evidentemente, para fazer uma omelete é preciso quebrar os ovos, e a própria ideia de uma democratização da cultura só pode se afigurar algo aberrante e quimérico. Mas não passa da noção do sacerdócio universal. Além disso, não depende da quadratura do círculo, a menos que, inconscientemente ou secretamente ou por atavismo, nós nos instalemos na fascinação atiçada, em forma residual, por uma concepção sacra do clero, por falta de uma concepção abertamente clerical do sagrado.

Ora, a técnica não se contenta com dessacralizar a natureza, mas populariza as hierarquias assim como *vernaculariza* a linguagem. Com a técnica, nem mesmo a salvação depende do poder ou do saber, do poder que sozinho detém o saber ou do saber que sozinho detém o poder (Dietrich BONHOEFFER, Ética, 1949, São Leopoldo, Sinodal, 2001). Sim, a técnica tende a nivelar tudo, mas sua ação não atinge tanto a própria transcendência, mas principalmente seus representantes constitucionais conceituais. Trata-se de um fenômeno de massa que não é hostil à transcendência, mas, sim, propícia à partilha, ou seja, à comunicação entre iguais do poder e do saber, como aliás está implícito em toda comunhão social e espiritual, quando não é sustentada por uma hierarquia das estruturas, mas se localiza em um contexto de solidariedade das funções, cujos critérios não consistem em opor qualidade a quantidade nem o indivíduo à massa, tampouco o cristão à multidão dos pecadores. Conforme escreveu Martin Heidegger, "quando nos abrimos plenamente para a essência da técnica, de modo inesperado somos presas de um apelo libertador" (*Essais et conférences* [Ensaios e conferências], 1954, Paris, Gallimard, 1958). A técnica nos dá acesso à solidariedade dos homens entre si e à solidariedade dos homens com a natureza. Karl Jaspers afirma com justeza: "A solidariedade nos dá acesso a essa natureza invisível que a ciência descobriu para nós" (*Origine et sens de l'histoire* [Origem e sentido da história], 1949, Paris, Plon, 1954, p. 145).

Isso não significa, como pretendeu Gerhard Ebeling, que com a técnica estejamos assistindo a uma depreciação do mistério da natureza ou da realidade (*Gott und Wort* [Deus e a Palavra], Tübingen, Mohr, 1966) e, portanto, a uma depreciação da dependência do homem em relação à natureza, depreciação que Jaspers contestou e temeu (op. cit., p. 124; cf. tb. Bernard Ronze). Uma coisa parece certa: se com a técnica a natureza não mais se impõe ao homem, e o homem dispõe da natureza, como resultado o homem, ao responder a esse apelo libertador da técnica, está *exposto* a nossas escolhas: "A aventura tecnológica exige do homem a invenção de novos estilos de vida, a descoberta de um novo sentido para a vida, e tanto as invenções quanto as descobertas, em um nível prático, implicam escolhas" (Georges FRIEDMANN, *La puissance et la sagesse* [O poder e a sabedoria], 1970, Paris, Gallimard, 1977, p. 404; cf. Nicolas BERDIAEFF, *Le sens de l'histoire* [O sentido da história], 1923, Paris, Aubier, 1948). São escolhas que, no nível religioso, traduzem e traem menos o desencanto com o mundo ou a dessacralização da natureza que a expressão do desencanto dos dogmas e a dessacralização de certos lugares-comuns da fé (Gilbert SIMONDON, *Du mode d'être des objets techniques* [Sobre o modo de ser dos objetos técnicos], Paris, Aubier, 1958, p. 9s; Emmanuel MESTHENE, *Technology and Humanistic Values* [Tecnologia e valores humanistas], em *Technology, Human Values and Leisure* [Tecnologia, valores humanos e lazer], Nashville, Abingdon Press, 1971, p. 53; Guenter HOWE, *Gott und die Technik. Die Verantwortung der Christenheit für die wissenschaftlich-technische Welt*, Hamburgo-Zurique, Furche-Theologischer Verlag, 1971, p. 85).

Simondon já havia percebido o seguinte: "A mais forte causa de alienação no mundo contemporâneo reside nesse desconhecimento da máquina, que não é uma alienação causada pela máquina, mas ocorre no não conhecimento de sua natureza e de sua essência, pela ausência do mundo dos significados e pela omissão no quadro de valores e conceitos que fazem parte da cultura" ou do discurso religioso. Conforme afirmam Ilya Prigogine e Isabele Stengers, para ser compreendida, "a técnica precisa de conceitos bastante diferentes dos conceitos dessa ciência clássica que ajudou a criá-la" (*A nova aliança: metamorfose de ciência*, 1979, Brasília, UnB, 1984), sobretudo por ter raízes na tradição filosófica e religiosa do Ocidente (William BARRETT, *The Illusion of Technique. A Search for Meaning in a Technological Civilization*, Garden City, Anchor Press, 1978, p. 25s). É por isso que o privilégio que cabe ao cristianismo em sua relação com a técnica (e que *hoje* só pode fragilizá-lo) é algo que o confronta com a mais urgente necessidade de um sobressalto que não exceda suas possibilidades: o cristianismo só pode contar consigo para que, questionando-se, entreveja o *kairós* e perceba a oportunidade para uma renovação, ou até uma *revolução*, tanto no nível eclesial quanto no nível conceitual da fé.

5. A técnica como lugar da libertação do homem

O homem está ligado à natureza. No entanto, precisa se libertar dela, se é necessário que assuma sua liberdade. Certamente é grande para ele a tentação de atravessar os limites da natureza (se é que podemos dizer assim). Torna-se ainda maior à medida que, de fato, o homem se torna um instrumento para esse fim pela própria natureza: é um ser que fala. Não se contenta com *pegar* a ferramenta "natural" que lhe impõe a natureza, mas *empreende* a busca da própria realização, atravessando limites. Diferentemente da ferramenta que se ajusta na mão, a linguagem não é uma ferramenta, mas um *empreendimento*, com que o homem toma consciência e toma a si mesmo através daquilo que é outro além de si, como sugere Adão ao nomear tudo o que é vivo e, no mesmo momento, ele se des-nomeia, tornando-se apenas um instrumento da linguagem. Assim como ocorre com Deus, para o homem não é a natureza que está no início, mas "no início há a linguagem" (Jean GROSJEAN, *L'ironie christique. Commentaire de l'évangile selon Jean* [A ironia crística: comentário do evangelho segundo João], Paris, Gallimard, 1991, p. 11). Disso se multiplicam todas as outras técnicas que a desenvolverão e afinarão, mas sobretudo revelarão o processo de complexificação da linguagem. Isso significa que, exposto às aleias da biologia molecular, se estiver atordoado, o homem se vê sub-rogado em sua humanidade, tal como (sem esquecer a locomotiva de Zola) o indiano que, à mãe terra que ele labora com o instrumento rudimentar, pede perdão por tê-la violado. Ou seja: se, no ponto de vista da técnica, nada justifica os meios, o fim que justifica qualquer meio só pode ser alcançado através de um desvio da técnica, que por sua vez, como o reconhece Ellul (1990), sem deixar de queixar-se dela, não passa de um conjunto de meios e, por assim dizer, está virgem de toda suspeita de finalidade. Em comparação às finalidades que, desde Aristóteles até Hegel, foram atribuídas à natureza ou à história, essa afirmação parece contar pontos para a técnica, não fosse o peso das ideias preconcebidas e dos preconceitos dirigidos a ela em oposição a sua neutralidade em matéria de ética. A finalidade cabe ao homem ou, no caso, ao cristão, e não à técnica. Ao impedir-se de defini-la em substituição ao homem, a técnica chega a prestar ao homem um elogio que ele não merece.

Da técnica como ferramenta (o martelo) à técnica como método (cibernética, biologia molecular, empresa), passando pela máquina, assistimos ao que poderia parecer uma evolução. No entanto, tratar-se-ia de uma evolução das funções da técnica, não tanto de sua estrutura ou da técnica em si. Especialmente quando a adjudicação dessa evolução presumida da técnica em si não faz apelo à mesma norma. Por exemplo, quando se avalia a novidade sob o critério da tradição e da antiguidade, a norma não é a mesma que quando se avalia a tradição e a antiguidade sob o critério da novidade. Em outra ordem de ideias, o mesmo ocorre na história: o resultado muda se for escrita por vencidos ou por hereges. Evidentemente, os fatos estão aí e são teimosos, mas podemos contá-los *de outra forma*, se é verdade que em todo estado de causa os fatos só têm sentido em virtude de seu futuro, como observou Rudolf Bultmman. Do mesmo modo, se é verdade que, pela técnica, pouco importa que médico eclipsou Hipócrates, o que importa é que, se Hipócrates estivesse vivo hoje, ele não seria qualquer médico. Não importa quanto as técnicas tenham mudado todo esse tempo, o instrumento continuaria o mesmo: Hipócrates seria Hipócrates hoje.

Nessa perspectiva admito que exista uma diferença entre a ferramenta (técnica A) e a cibernética ou inteligência artificial, os sistemas *experts* ou a engenharia genética (técnica B). Diferentemente da técnica A, que diz respeito a atividades humanas determinadas, a técnica B engloba todas as atividades humanas. A ferramenta prolonga a mão, trata-se de uma extensão do corpo; isso quer dizer que é no nível do corpo que o homem deve compor com a natureza. Paradoxalmente, ao prolongar a mão, ele *vê* mais longe e de mais alto (como ocorre na cirurgia a distância). Não só deixa de ser reduzido a um aglomerado de ordem fisiológica, submetido aos caprichos da natureza, mas o que conta para ele não é tanto o corpo que ele habita, mas a alma que o habita. Ele toma corpo e exerce esse controle do corpo, que o anima, tanto através dos músculos quanto pela força moral, pela ascese. Disso resulta uma espiritualidade centrada na penúria (tanto a do bem-estar quanto a do ser), de olhos fixos em um outro mundo, se é que não se trata de um mundo além do mundo.

Por outro lado, a técnica B se ergue não na força física e seu domínio, mas, sim, na força psíquica. É com isso que o homem deve "compor": nem tanto com a natureza, mas sobretudo com sua natureza. À imagem de Ulisses que só volta para Itaca com o objetivo de logo ir embora, a técnica B faz com que o homem se volte para si mesmo, mas não sem antes tê-lo feito "vir": o fundo de seu ser é lido em seu rosto; de mistério, transformou-se em problema. O mistério através do qual a natureza se impunha a ele se transforma em um problema que o expõe tanto em seu psiquismo quanto em sua fisiologia. Parece que Apolo cedeu a Dionísio, desde o *Bodybuilding* até algumas práticas ocidentais de ioga; mas não porque a alma foi expulsa, mas porque foi fundida com o corpo — porém, como portamos esse corpo, como o usamos? De fato, falta ainda *desvelar* o real, ainda que não seja mais relacionado ao mistério, mas, sim, à aparência. E às vezes nada é mais urgente que, assim como salvamos os móveis, salvar as aparências, principalmente as que são objetivamente emblemáticas de uma identidade, como sempre, em plena mutação. A técnica não diz respeito somente às atividades do homem, não mais diz respeito ao homem somente do exterior, mas cada vez mais participa da própria natureza do homem (R. J. FORBES, op. cit., p. 91). A técnica não se contenta com prolongar essa natureza: ela a altera.

Quando o coração de um homem serve como bateria para outro, a questão "quem sou eu?" toma de repente uma nova dimensão. A antinomia tradicional do ser e do nada é, neste contexto, rejeitada. Apesar de Hamlet, a alternativa não é tanto ser ou não ser, mas se encolhe diante da questão de saber ser *onde* não se é, como sugere Jacques Prévert em um trocadilho na língua francesa (as palavras *ou* e *onde* só diferem por um acento) que deixa entrever quanto o *homo credens* pode sozinho transcender a dialética que opõe o *homo ludens* em desacordo com o *homo loquens* e vice-versa. Criada à imagem de Deus, como Deus, a mulher transita pela linguagem, e está na linguagem por toda parte e em lugar algum.

O Antigo Testamento chamava esse homem de nômade (Dt 26.5), um nômade que, fugindo como todos os nômades da escassez, define fundamentalmente sua busca como a busca da abundância, e não da errância pela errância; uma busca pelo não dito — do inédito — através do que foi dito e quando tudo foi dito: a vida é um roteiro que exige ser encenado para que se adapte à cena do mundo.

6. Ser responsável pela criação

Por maior que seja, quantitativamente, a distância entre A e B, a técnica só consegue libertar o homem do poder exercido sobre ele pela ferramenta — à qual ele precisa emprestar sua força — e o traz de volta para o colo da natureza. Enquanto se esvai o mito do homem, o homem no estado da natureza, a técnica encontra a concepção bíblica do homem, a concepção de que o homem, enquanto criatura, ou seja, homem novo, é responsável pela criação em geral e, em particular, responsável pelo homem como esperança do homem, uma esperança que não é explicada pelo dualismo da carne e do espírito, mas pelo fato de que o cérebro biologicamente é feito para pensar e que da mesma forma a mulher é feita para esperar: ela dá à luz. E a criança, mais que um ser privado de palavra, é um ser que vem ao mundo para ser captado por ela, para ser órgão dela.

Seja A, seja B, a técnica não é o instrumento do homem: é o homem que é o instrumento da técnica, esse conjunto de meios graças aos quais o homem pode enfim assumir a dignidade que lhe cabe por dever provar-se responsável por toda a criação. Ele não saberia se desencarregar disso sem a natureza; é quando extrai dela ainda menos essa dignidade.

Evidentemente, o homem não pode ser a palavra final da criação. E talvez a natureza tenha coisa melhor com que se ocupar. Porém — e é concebível que seu invólucro físico deva um dia desaparecer —, não se situa aí o problema do homem: moralmente, isso não muda nada. Prova disso é o terror que inspira a submissão da tecnologia molecular aos caprichos de uma manipulação ainda bem pouco controlável para que suas consequências sejam totalmente imprevisíveis. Melhor ainda: contrariamente às aparências, nem a genética nem a técnica encobrem a moral. Na verdade, encobrem sobretudo a fronteira que separa a moral e o patológico, como foi o caso com a proibição do incesto ou da lei de talião: hoje, a exigência ética está em um novo patamar. O homem não é mais o animal sem penas de Platão, mas ainda lhe falta saber novamente *onde* está, no que se baseia para ser o que é. Então, de quem é a culpa se ele está onde o sal perdeu o sabor?

A partir de Hiroshima e sobretudo do surgimento da ovelha Dolly, a própria ciência, reduzida à técnica, nos faz tomar consciência disso: a moral, mesmo liberta do campo religioso, depende ainda menos somente da técnica ou da ciência. O homem é cada vez mais confrontado com decisões sem precedentes diante das inovações tecnológicas ou do alargamento do campo científico, que ganha novas dimensões da natureza própria ao homem. São decisões que, em consequência, ele deve tomar sem ter sido preparado pela experiência de sua realidade. Até mesmo o "pai" de Ian Wilmut reconheceu isso implicitamente (revista *Time* 150/26, 1997, p. 63): em longo prazo, não será suficiente apenas mostrar-se desgostoso diante da ideia da clonagem humana. Contra ou a favor, será necessário tomar uma decisão e, em ambos os casos, seja qual for a autoridade à qual apelamos para tomar essa decisão, a "de-cisão" equivalerá a romper com a experiência acumulada das eras. A ética cristã não é a esse preço? Pois supera a questão que colocamos há pouco: "De quem é a culpa?". Mas, ainda assim, na ausência da igreja e de uma reflexão teológica apropriada, os gurus e outros especuladores de toda sorte não deixarão de apresentar-se, tal como Jacó com as mãos de seu irmão mais velho Esaú, como os herdeiros legais (Gn 28.6).

Em resumo, seja qual for a distância entre a técnica A e a técnica B, há somente uma só técnica: essa é minha primeira tese. A segunda: rudimentar ou científica, a técnica é neutra (cf. P. Tillich: "A técnica é neutra e propõe meios"). E é exatamente por isso, apesar do que afirma Ellul, que a técnica desafia o homem — terceira tese —, como aliás paradoxalmente afirma o mesmo Ellul depois de ter descrito a lista das seis ou sete características novas do perigo que corre uma civilização envolvida pela técnica: racionalidade, artificialidade, automatismo, autodesenvolvimento, impecabilidade, universalismo, autonomia (1990, p. 73-134; a lista só tem seis itens na obra de Carl F. STOVER, org., *The Technological Order* [A ordem tecnológica], Detroit, Wayne State University Press,

1963, p. 86). Dessa terceira tese decorre uma quarta: a questão da técnica é uma questão de ordem religiosa (cf. Lynn WHITE JR., *Dynamo and Virgin Reconsidered. Essays in the Dynamism of Western Culture* [Dínamo e virgem reconsiderados: ensaios sobre o dinamismo da cultura ocidental], Cambridge, MIT Press, 1968; Nicolas BERDIAEFF, *L'homme et la machine* [O homem e a máquina], Paris, "Je sers", 1933). Dessacralizante, a técnica passa a fazer parte da função demitologizante da fé como existência escática (cf. R. Bultmann). Desse modo, a técnica substitui o sagrado (em que só é moralmente possível aquilo que é necessário) pela utopia (em que tudo o que é possível *não é obrigatoriamente necessário*). Com a técnica, todas as utopias passaram de irrealizáveis a realizáveis, teoricamente, mas isso não quer dizer de modo algum que, a partir de então, o realizável deva ser confundido com o inevitável, nem que a utopia deva ser tomada pela *solução final*. Ao contrário, a utopia consiste mais que nunca na recusa de todo tipo de visão de mundo dominada pela ideia da solução final. Diferentemente do sagrado, que convida o homem a mudar de mundo, a utopia o convida a mudar o mundo. Assim, reunindo as teses precedentes, minha última tese será minha conclusão.

Não é a técnica que é instrumento do homem, mas o homem é instrumento da técnica. Ele está para a técnica assim como a boca está para a palavra ("é por falar que o homem tem boca", dizia com muita razão um dos Pais capadócios) ou a mão para a ferramenta; como lemos no livro de Provérbios, ele é a mão da linguagem, o instrumento da técnica das técnicas. E é necessário enfatizar que essa última tese nos é preparada pelo próprio Ellul (se é que ele não nos leva até lá), quando afirma: "Tratei da autonomia da técnica e também do autodesenvolvimento: não é por motivos externos que a técnica 'progride', mas por sua lógica específica. Nela, o homem desempenha um papel reduzido; ele não mais é o inventor, mas o catalisador do meio técnico em um ponto" (*Technique et économie* [Técnica e economia], em André JACOB, org., *L'univers philosophique* [O universo filosófico], *Encyclopédie philosophique universelle* [Enciclopédia filosófica universal] I, Paris, PUF, 1989, p. 283). Será que esse ponto poderia, de algum modo, ser definido por aquele ocupado por Arquimedes? Ou, melhor ainda, por aquele ocupado pelo homem que, liberto do Egito, e talvez participando de um novo tribalismo, rende-se à evidência de um Deus que, sendo não o Deus de um só povo mas de todos os povos, só pode salvar Israel se for também o Deus que cria e reina, implicando-se ao ponto de esperar louvor das mãos do homem?

Gabriel Vahanian

▶ ELLUL, Jacques, *A técnica e o desafio do século* (1954), Rio de Janeiro, Paz e Terra, 1968; Idem, *Le système technicien*, Paris, Calmann-Lévy, 1987; Idem, *Le bluff technologique*, Paris, Hachette, 1988; JACOB, François, *Le jeu des possibles. Essais sur la diversité du vivant* (1981), Paris, Fayard, 1989; JONAS, Hans, *Philosophical Essays. From Ancient Creed to Technological Man* (1974), Chicago, University of Chicago Press, 1980; Idem, *O princípio responsabilidade: ensaio de uma ética para a civilização tecnológica* (1979), Rio de Janeiro, Contraponto-PUC Rio, 2006; LEROI-GOURHAN, André, *Le geste et la parole* (1964-1965), 2 vols., Paris, Albin Michel, 1995-1998; ONG, Walter J., *Orality and Literacy. The Technologizing of the Word* (1982), Londres, Routledge, 1988; ROUGEMONT, Denis de, *L'aventure occidentale de l'homme*, Paris, Albin Michel, 1957; SPENGLER, Oswald, *O homem e a técnica* (1931), Porto Alegre, Meridiano, 1941; TILLICH, Paul, *The Spiritual Situation in Our Technical Society*, org. por Mak THOMAS, Macon, Mercer University Press, 1988; VAHANIAN, Gabriel, *Dieu et l'utopie. L'Église et la technique*, Paris, Cerf, 1977; Idem, *L'utopie chrétienne*, Paris, Desclée de Brouwer, 1992; WEBER, Max, *Essai sur la théorie de la science* (1922), Paris, Presses Pocket, 1992; WEYEMBERGH, Maurice, *Entre politique et technique. Aspects de l'utopisme contemporain*, Paris, Vrin, 1991.

▶ **Bioética**; **comunicação**; Cox; criação/criatura; **ecologia**; Ellul; **modernidade**; mundo; Monod T.; Revolução Industrial; secularização; sincretismo; teologia da secularização; teologias da morte de Deus; **utopia**; Vahanian; **vocação**

TEÍSMO

O termo "teísmo" tem quatro sentidos diferentes. Primeiro: todo pensamento ou toda postura que implica um laço existencial com Deus e, portanto, certa religiosidade. Nessa acepção, é o oposto do deísmo, que é uma afirmação puramente intelectual de Deus como o princípio explicativo exigido pela existência do mundo. Nesse sentido, Voltaire era deísta e Rousseau era teísta. Em segundo lugar, é um modo determinado, dentre outros possíveis, de conceber e representar o ser de Deus. O teísmo enxerga em Deus uma pessoa que tem diante de si e fora de si coisas e outras pessoas. Aqui, o teísmo é oposto ao panteísmo e ao panenteísmo. Na terceira acepção, representa todo discurso sobre Deus que se faz de modo independente de Cristo e da cruz. Esse sentido é encontrado principalmente nos textos de correntes teológicas influenciadas pelo luteranismo e sua recusa de uma teologia da glória. Finalmente, diz respeito a um pensamento que não vê contradição nem incompatibilidade entre a onipotência de Deus e a liberdade humana, enquanto o deísmo os opõe e os coloca em concorrência. Esse sentido é comum entre as obras dos neocalvinistas.

André Gounelle

▶ BEATY, Michael D. (org.), *Christian Theism and the Problems of Philosophy*, Notre Dame, University of Notre Dame Press, 1990; JÜNGEL, Eberhard, *Dieu mystère du monde. Fondement de la théologie du Crucifié dans le débat entre théisme et athéisme* (1977), 2 vols., Paris, Cerf, 1983; LECERF, Auguste, *Du fondement et de la spécification de la connaissance religieuse*, Paris, "Je sers", 1938; TILLICH, Paul, *A coragem de ser* (1952), Rio de Janeiro, Paz e Terra, 1977.

◉ Deísmo; **Deus**; Trindade; Weischedel

TELEMANN, Georg Philipp (1681-1767)

Telemann nasceu em Magdeburgo e morreu em Hamburgo. Era filho de Heinrich Telemann, diácono que pertencia a uma linhagem de pastores. Iniciou-se como autodidata na música e estudou em Magdeburgo, Zellerfeld e Hildesheim, ao mesmo tempo que estudava as obras de Jean-Baptiste Lully (1632-1687) ou André Campra (1660-1744). Em 1701, conheceu Georg Friedrich Haendel em Halle; assistiu a aulas de direito em Leipzig e compôs cantatas para a Igreja de Saint-Thomas. Em 1702, tornou-se organista da *Neue Kirche* e fundou o *Collegium Musicum*, formado por estudantes com o objetivo de favorecer concertos públicos. Foi mestre de capela do conde Erdmann de Promnitz em Sorau, *Konzermeister* com Eisenach e padrinho de Carl Philipp Emanuel Bach (1714-1788). Em 1702, assumiu o cargo de diretor de música na Igreja Santa Catarina de Frankfurt an der Oder, mestre de capela do margrave de Beirute e ativo na *Barfüßerkirche*. Em 1721, instalou-se em Hamburgo como *cantor* no *Gimnasium Johanneum* e como diretor de música das cinco igrejas da cidade. Interessou-se por ópera (*Don Quixote*, 1762) e pelo *Singspiel* (peça de teatro divertida com intermédios musicais), e também pelas Paixões. Compositor prolífico, trabalhou com todos os gêneros existentes no século XVIII: música instrumental de teclado, música de câmara, música vocal. Em sua obra, podemos destacar livretos de corais luteranos, oratórios (*Der Tod Jesu*, ?1755) um ciclo anual de cantatas (por volta de 1400) e motetos. Além disso, compôs 46 Paixões, das quais 22 se perderam (*Paixão segundo São João* foi criada em Hamburgo, no ano de 1745).

Telemann se tornou mais conhecido por sua antologia *Fast allgemeines evangelisch-musicalisches. Lieder-Buch*, publicada em Hamburgo no ano de 1730 (Hildesheim, Olms, 1977), com mais de dois mil textos cantados em mais de quinhentas melodias. Nesse livreto de cantos, na medida do possível, Telemann recuperou as melodias originais (que tinham sido adulteradas) e registrou inúmeras variantes.

A notoriedade de Johann Sebastian Bach acabou obscurecendo o compositor, e sua obra foi esquecida. Sua música teve influências polonesas e francesas. Compôs para a igreja, a corte, a cidade. Sua produção está correlacionada ao estilo galante (e não barroco). A obra de Telemann recebeu um novo interesse a partir de século XX.

Édith Weber

▶ TELEMANN, Georg Philipp, *Singen ist das Fundament zur Music in allen Dingen. Eine Dokumentensammlung*, org. por Werner RACKWITZ, Leipzig, Reclam, 1981; CANTAGREL, Gilles, *Georg Philipp Telemann ou le célèbre inconnu*, Drize, Papillon, 2003; MATTHESON, Johann, *Grundlage einer Ehrenpforte* (1740), Graz-Kassel, Akademische Druck- und Verlagsanstalt-Bärenreiter, 1994 (com uma autobiografia de TELEMANN datada de 1739); RUHNKE, Martin, *Georg Philipp Telemann. Thematisch-systematisches Verzeichnis seiner Werke*, 3 vols., Kassel, Bärenreiter, 1984-1999.

◉ **Música**; musicais (formas)

TEMPLE, William (1881-1944)

Filho de Frederick Temple, arcebispo de Cantuária de 1896 a 1902, William nasceu em Exeter. Foi muito bem-sucedido em seus estudos em Oxford, o que lhe permitiu ensinar filosofia e entrar para o serviço da Igreja Anglicana, onde sua trajetória eclesiástica seria notável. Iniciando-se como cônego de Westminister, Temple foi nomeado bispo de Manchester (1921) e arcebispo de York (1929) antes de se tornar arcebispo de Cantuária (1942). Herdeiro da teologia liberal (cf. seus artigos em *Foundations* [Fundações], Londres, Macmillan, 1912), evoluiu para posições mais moderadas no entreguerras e se estabeleceu como uma figura eminente do diálogo ecumênico. Principal articulador da conferência de Fé e Constituição de Edimburgo (1937), foi eleito presidente do comitê provisório encarregado de estabelecer a estrutura do Conselho Mundial de Igrejas (Utrecht, 1938). Até sua morte, que foi prematura, inquietou-se profundamente com os problemas sociais. Foi principalmente sua ética social que provocou uma conscientização ampla das responsabilidades da igreja na área controversa da justiça econômica e política.

Laurent Gambarotto

▶ TEMPLE, William, *Christ and His Church*, Londres, Macmillan, 1925; Idem, *Nature, Man and God*, Londres, Macmillan, 1934; Idem, *Christianity and Social Order*, Harmondsworth, Penguin, 1942; KENT, John, *William Temple*, Cambridge, Cambridge University Press, 1993; SUGGATE, Alan M., *William Temple and Christian Social Ethics Today*, Edimburgo, T. & T. Clark, 1987.

◉ Anglicanismo; Cantuária; Carey G.; cristianismo social/socialismo cristão; Conselho Mundial de Igrejas; **ecumenismo**; "Fé e Constituição"; Runcie; Williams, Rowan

TEMPLO

No sentido rigoroso do termo, "templo" designa um edifício sagrado em que se imagina residir a divindade (ou o símbolo da divindade, como o Santo dos Santos no templo de Jerusalém). Trata-se exatamente do oposto do que é compreendido pelos protestantes quando pensam em uma construção reservada para a celebração do culto (para eles, só há lugar de culto no momento em que o culto é celebrado). Em francês e em várias outras línguas (italiano, húngaro etc.), convencionou-se que o termo designaria as construções em que os protestantes de tradição reformada celebram o culto. Muitas vezes, constatamos o resultado de um desvio: os polemistas católicos teriam utilizado o termo para ressaltar o caráter pretensamente "pagão" do culto protestante, enquanto os reformados veem nisso uma virtude. Porém, nos séculos XVI e XVII, a palavra "templo" não tinha essa conotação e, com base em uma tradição que remonta à alta Idade Média, poderia designar também o santuário católico. Aliás, na polêmica da época, o termo depreciativo era "sinagoga" como em, por exemplo, "sinagoga de Satanás".

Grandes leitores do Antigo Testamento, os reformados preferiram a palavra em uma alusão direta ao templo de Jerusalém. Essa referência bíblica lhes permitia observar que, como o sacrifício de Cristo pôs fim ao culto sacrificial da antiga aliança, todo local em que é celebrado o culto em espírito e em verdade da Nova Aliança é um equivalente do templo de Salomão. Eles confirmavam a legitimidade do culto como algo que ocorre em um lugar pelo fato de que sua referência fundadora é anterior à da missa, invenção sacerdotal, celebrada nas "igrejas" (nesse sentido, a palavra não encontra o mesmo uso no Novo Testamento). As formas diversas atribuídas aos primeiros templos huguenotes, fossem eles circulares ou ovais (Lyon-Paradise), fossem retangulares e alongados (Charenton), também se deviam provavelmente às representações populares no primeiro caso e eruditas no segundo, existentes nessa época em relação ao templo de Salomão. Na Suíça romanda, a tendência há duas ou três décadas é o resgate do uso da palavra "igreja" para designar locais de culto protestante, assim como são as designações alemãs e inglesas. Mas isso tem sido feito no esquecimento da referência teológica para o uso do termo "templo".

Bernard Reymond

▶ REYMOND, Bernard, *L'architecture religieuse des protestants*, Genebra, Labor et Fides, 1996; Idem, *Temples de Suisse romande*, Yens sur Morges, Cabédita, 1997; RICHARD, Willy, *Untersuchungen zur Genesis der reformierten Kirchenterminologie der Westschweiz und Frankreichs*, Berna, Francke, 1959; ROSENAU, Helen, *Vision of the Temple. The Image of the Temple of Jerusalem in Judaism and Christianity*, Londres, Oresko, 1979.

◉ **Arquitetura**; Brosse; Cambridge (movimento de); culto; edifícios religiosos

TEODICEIA

A palavra "teodiceia" pertence ao contexto de um questionamento moderno oriundo do conflito entre o paradigma moderno da ciência da natureza e as representações teológicas e metafísicas da tradição. Do grego *theos* ("Deus") e *dikè* ("justiça" ou "processo jurídico"), significa "processo jurídico sobre Deus". Esse processo está correlacionado com a possível injustiça divina (cf. Rm 3.5; 9.14), junto à indagação sobre de que modo Deus pode ser justificado diante do mal e do sofrimento.

Por que existiria o mal moral e físico se é verdade que Deus é pensado e conhecido como bondade e onipotência? Esse "por que" (cf. Sl 22.2), com sua queixa, denota um ferimento e uma grande dor. É tendência fundamental do ser humano curar esse ferimento, seja com uma teodiceia contemplativa (p. ex., Platão, Agostinho, Leibniz e Hegel), em que o pensamento demonstra a coerência boa do universo, seja com uma teodiceia ativa (Kant), graças ao agir moral e ao engajamento solidário; ou, ainda, com as tentativas de correlacionar ambos, um momento contemplativo e um momento ativo (p. ex, Hans Jonas).

Porém, ao fazê-lo, o homem não se tornaria como Atlas, que se dobra sob o peso do mundo quando se esforça para justificar Deus? O ferimento do qual é testemunha a teodiceia não pode ser cicatrizado em um processo jurídico contra Deus diante do fórum da razão, seja ela teoria, seja prática, que se arroga os poderes necessários para tal. Durante todo o tempo em que estamos caminhando na fé, e na medida em que não contemplamos (cf. 2Co 5.7), esse ferimento permanece aberto em um "processo em que nos opomos a Deus" (cf. Jó).

Oswald Bayer

▶ BAYER, Oswald, "Die offene Frage der Theodizee", em *Autorität und Kritik. Zur Hermeneutik und Wissenschaftstheorie*, Tübingen, Mohr, 1991, p. 201-207; JANSSEN, Hans-Gerd, *Gott, Freiheit, Leid. Das Theodizee-problem in der Philosophie der Neuzeit* (1989), Darmstadt, Wissenschaftliche Buchgesellschaft, 1993; SPARN, Walter, *Leiden, Erfahrung und Denken. Materialien zum Theodizee-problem*, Munique, Kaiser, 1980; Idem, "Mit dem Bösen leben. Zur Aktualität des Theodizeeproblems", *Neue Zeitschrift für systematische Theologie und Religionsphilosophie* 32, 1990, p. 207-225.

○ Apologética; Bayle; **Deus**; Leibniz; liberdade; **mal**; metafísica; Monod W.; **predestinação e Providência**

TEOLOGIA

1. Introdução
2. A tarefa da teologia
   2.1. Regulação, e não adição
   2.2. Quatro pontos
   2.3. O campo da teologia: o fluxo da palavra e da igreja
   2.4. Uma complexidade inevitável
   2.5. O "princípio protestante"
3. Os agentes sociais da teologia
   3.1. As disciplinas da teologia
   3.2. As instituições de ensino
   3.3. A teologia na casa da ciência
   3.4. A doutrina como sinal de identidade
4. A utilidade da teologia
   4.1. Perguntas e respostas
   4.2. Teologia e fé
   4.3. Uma ética útil
   4.4. Teologia e cultura
5. Os tipos de teologia
   5.1. Visões gerais e teologias "monotemáticas"
   5.2. "Teologias bíblicas" ou da "história da salvação"
   5.3. Sistematização dos *loci*
   5.4. Teologia mística
   5.5. Teologia do historicismo
   5.6. Teologia da Palavra de Deus
   5.7. Teologias existenciais
   5.8. "Teologia bíblica"
   5.9. Método analítico
6. A verdade da teologia
7. Os temas centrais da teologia
   7.1. A igreja
   7.2. Deus
   7.3. Jesus Cristo
   7.4. O homem
8. O objetivo da teologia
9. O futuro da teologia

1. Introdução

A teologia não se correlaciona com o discurso dos que creem em Deus sobre Deus e o mundo da mesma maneira que a musicologia se correlaciona com a música. Evidentemente, à primeira vista, a comparação parece correta, pois a teologia também tem um propósito explicativo. Porém, a teologia não se esgota na explicitação do que outros afirmaram. Para explorar mais adiante a comparação escolhida aqui, podemos dizer que a teologia também faz música, ou seja, ela não se contenta com a interpretação e o controle, mas também compõe e toca aquilo que compôs. A comparação com a musicologia, portanto, é conveniente para a ciência da religião: de fato, seu propósito se esgota na descrição, na explicação e na comparação entre enunciados de fé (enunciados religiosos), costumes, ritos e tradições. A teologia também lida com essas tarefas, mas as ultrapassa.

Aliás, será que podemos mesmo falar de teologia, no singular? Os laços que unem a teologia cristã com os três grandes ramos da igreja — ortodoxia oriental, catolicismo romano e igrejas protestantes (sem mencionar os inúmeros grupos e confissões no interior desses ramos) — não significam que *a* teologia, no sentido próprio do termo, não exista, mas podemos nos perguntar sobre o que difere as teologias uma das outras. Seria o caso se a teologia sempre estivesse ligada à última forma ou à última expressão de uma confissão ou um grupo. A teologia seria então porta-voz de posições, confissões e ideias atuais de determinado grupo. Na história da igreja, podemos observar que por vezes caiu a esse nível, limitando-se a repetir a suma das convicções de determinado grupo. No entanto, se a teologia não se desloca em uma pluralidade de opiniões, expressas por diversos grupos de confissões, é porque sua tarefa não é somente explicitar a fé, as convicções e as ações dos grupos em causa. De fato, deve-se examinar a origem desses grupos, bem como suas raízes bíblicas e sua verdade, indagando-se ainda de que forma a teologia pode contribuir para levar em consideração novas tarefas na igreja e na sociedade. A origem *una* que os múltiplos grupos eclesiásticos e confissões têm na história de Israel e no testemunho apostólico, bem como sua esperança comum na finalidade da igreja e da humanidade em geral, são as razões pelas quais podemos entrever *uma* teologia, e não somente uma pluralidade de teologias. Mas isso não se limita a uma simples visão: empiricamente, podemos constatar que a compreensão teológica e a pesquisa comum são possíveis acima das fronteiras confessionais. Essa é a grande experiência positiva da unidade da igreja, que sempre existiu ao longo dos séculos, apesar das inúmeras divisões. Essa é uma característica especial do século XX, que poderíamos chamar de "século do ecumenismo".

Logo se impõe a questão: essa visão e essa experiência de unidade também se estenderiam ao trabalho teológico dos *judeus*, e talvez ao dos adeptos de outras grandes *religiões universais*? Quem sabe, até mesmo, ao de outras tradições religiosas, na medida em que aderem também a uma "teologia"? Em algumas dessas tradições, como por exemplo o islamismo e o hinduísmo, pratica-se a "teologia", evidentemente, em um sentido completamente diferente do que podemos perceber na tradição dos judeus e dos cristãos. Porém, o laço entre judeus e cristãos é tão específico que não poderíamos estabelecer um paralelo entre eles e as religiões extrabíblicas.

A seguir, falaremos sobre a teologia cristã e suas relações específicas, mas bastante conturbadas, com o judaísmo. Deixaremos de lado a importante questão das relações entre essas duas religiões e as religiões não bíblicas. Nossa atenção se concentrará nos esclarecimentos das tarefas da teologia (item 2) e em uma reflexão sobre seus protagonistas na igreja, no mundo universitário e na vida dos cristãos (item 3), assim como em sua utilidade para as comunidades concretas, a igreja e a sociedade, além dos indivíduos (item 4). Em seguida, consideraremos os diversos tipos de teologia que se desenvolveram e resistiram à prova do tempo (item 5). Também examinaremos a questão da verdade da teologia (item 6) e rapidamente passaremos em revista os temas que, ao longo dos séculos, tiveram ou devem ter tido uma importância central (item 7). Por fim, concluiremos com reflexões sobre as tarefas futuras da teologia (item 8).

Esses sete temas serão tratados em uma perspectiva protestante. Assim, será preciso constantemente indagar-se sobre a marca específica dessa perspectiva. As reflexões subsequentes, além disso, serão traçadas à luz da espantosa assimetria entre o peso e a riqueza de uma tradição eclesial com mais de dois milênios de idade, de um lado, e a consciência de que hoje os cristãos são uma minoria na sociedade moderna, de outro, pelo menos no hemisfério norte.

2. A tarefa da teologia

Para responder à pergunta "O que é teologia?", não nos é de muita valia questionar a origem etimológica da palavra — o que, aliás, também vale para a explicação de outros conceitos

TEOLOGIA

importantes como "ética", "fé" e "igreja". As etimologias não oferecem ajuda alguma para mostrar o significado real e a função de um conceito. Devemos nos indagar qual é a *função* atual de um conceito. A descrição dessa função fornece mais informações que a derivação etimológica e a tentativa artificial de, com uma *definição*, dar conta de uma realidade tão complexa quanto a teologia.

A descrição dessa função se dará em cinco etapas.

2.1. Regulação, e não adição

Parece pouco sábio designar de forma geral o termo "teologia" como *todo discurso que obedece a regras*, e que fala de Deus ou das coisas do mundo relacionadas a Deus, um discurso produzido por aqueles que creem. Essa seria uma compreensão ampla demais da teologia. Não podemos designar em bloco, como teologia, todo discurso relativo a Deus ou à Bíblia, tal como encontramos, por exemplo, em um aconselhamento na igreja local, no entoar dos cânticos durante o culto, na pregação ou nas decisões acerca de problemas éticos ou políticos. A teologia não é a soma das afirmações dos que creem. A cada vez em que a palavra "teologia" foi empregada nesse sentido amplo demais, o resultado foi o surgimento de confusões e mal-entendidos. A teologia trata da *regulação* dessas afirmações, dos cânticos, pregações e posições éticas. Essa é a primeira observação importante que devemos fazer. Concretamente, isso significa que não vamos "pregar teologia", mas recorrer a conceitos teológicos para nortear a preparação da pregação.

Essa compreensão mais estreita da teologia também nos faz declarar que os livros bíblicos enquanto tais não são teologia. Poucos deles contêm capítulos e versículos que transparecem uma verdadeira "organização" teológica. Isso ocorre principalmente nas epístolas do Novo Testamento, como nas de Paulo ou na epístola aos Hebreus, em que estão presentes frases tipicamente teológicas. Naturalmente, também ocorre nos livros proféticos da Bíblia hebraica. Mas, em seu todo, se caracterizamos a Bíblia como uma coleção de "textos teológicos", semearemos confusão.

No entanto, em grande parte, os livros bíblicos contêm implicitamente aquilo que tempos depois, após cuidadosas interpretações, tornou-se uma teologia em germe. Isso pode ser observado mais claramente na pessoa de Jesus Cristo: o que nos é contado pelos evangelhos sobre sua vinda, sua vida, seus ensinamentos, sua paixão e sua morte já contém implicitamente traços daquilo que, após sua morte, seria dito dele "teologicamente", como seu poder sobre os maus espíritos, a legitimidade do perdão dos pecados que ele concede e sua estreita relação com Deus. Tudo isso, tempos depois, foi formulado em afirmações e regras que organizaram teologicamente tudo o que foi dito sobre ele.

2.2. Quatro pontos

Qual seria a tarefa organizadora da teologia? Em um primeiro sentido, diz respeito à compreensão dos textos bíblicos antigos e da tradição da igreja que se seguiu; em um segundo sentido, diz respeito às declarações e interpretações com que os cristãos se exprimem, quando discutem e justificam suas tarefas atuais, seus planos e seus projetos. Para designar esse complexo de reflexões, afirma-se com frequência que os cristãos "interpretam o mundo", o que não é uma expressão ruim. Os cristãos interpretam as coisas do mundo na perspectiva de sua fé. A teologia deve fornecer ajuda para compreender tais interpretações. Essa é a primeira de suas tarefas. Outra tarefa consiste no exame dos diversos enunciados que estão tanto na Bíblia quanto na tradição posterior, assim como em diversas expressões contemporâneas: São coerentes? Concordam uns com os outros? E o que fazer quando percebemos contradições? Examinar a coerência dos enunciados religiosos é também uma importante tarefa que a teologia tenta nortear. Ao fazê-lo, a teologia não se comporta como uma professora escolar nem como uma última instância; ao oferecer interpretação crítica e organização, ela ajuda a encontrar um modo responsável de administrar tensões, diferenças e conflitos. Além disso, a teologia também tem como tarefa discernir uma correspondência genealógica, enunciados e ações dos cristãos em relação com a mensagem bíblica e a mensagem posterior. A teologia se indaga se são expressões da fé bíblica ou se recebem sua orientação de outras fontes. Por fim, a tarefa da teologia consiste em buscar perspectivas totalmente novas e oferecer novas ideias que talvez não tenham sido pensadas para responder às necessidades do futuro.

Como um breve resumo, temos quatro pontos importantes a observar na tarefa da teologia. Primeiro, um *esclarecimento*, para a compreensão de textos antigos e recentes para posições e ações; esse esclarecimento também favorece a comunicação entre os cristãos. Segundo, o *exame* da coerência, da concordância e das tensões entre diferentes textos bíblicos e posições representadas nas igrejas, incluindo-se nisso as diferenças confessionais. Terceiro, o exame da correspondência genealógica e o arraigamento do discurso e do agir atuais dos cristãos na mensagem bíblica, ou seja, a percepção de que o alcance da mensagem bíblica foi tomado em consideração o suficiente por aqueles que se referem a ele. Aqui, a teologia é requerida principalmente em sua função crítica, tanto autocrítica (da igreja) quanto de uma crítica sociopolítica. Quarto, a elaboração de novas ideias ou o estímulo para tal, com a invenção de novas referências, não somente em prol da igreja, mas também da sociedade em seu todo, não somente do presente, mas também na preparação do futuro.

Esse roteiro mostra claramente que a teologia não tem diante de si apenas uma tarefa de análise e interpretação a cumprir, mas também uma tarefa de construção e criação. Veremos que é necessário igualmente atribuir-lhe uma tarefa "terapêutica", voltada para a cura de muitos conflitos e tensões, assim como para a libertação das prisões que constituem o enrijecimento das afirmações, das regras e das posturas dogmáticas.

2.3. O campo da teologia: o fluxo da palavra e da igreja

Ainda que insistamos no significado decisivo da dimensão material do mundo e da corporeidade do homem no mundo, de suas necessidades materiais e saúde física e psíquica, não é menos importante dar-se conta de que a teologia cuida sobretudo do fluxo da palavra, que desde o Israel antigo até hoje, passando pela igreja apostólica, correu no seio da história, deixando nela suas marcas, criticando-a e dando-lhe forma. Evidentemente, não podemos reduzir o evangelho ao "discurso", porém o peso formidável que a Bíblia atribui à palavra e ao significado dominante da força do discurso é de importância capital. Naturalmente, os cristãos devem evitar dissociar "palavra" e "ato" para mantê-los na unidade tão típica do modo que a Bíblia se refere a eles. No entanto, é correto falar da igreja como uma "comunidade de interpretação" que exprime, através da língua, o modo com que compreende Deus e compreende a si mesma em referência a Deus e no seio do mundo. Aqui, o pertencer recíproco fundamental entre judeus e cristãos surge com bastante clareza. Para ambos, a articulação da linguagem tem duas direções: eles contam de que modo experienciaram Deus ao longo de sua história e falam com Deus em oração, louvor e doxologia. As "figuras de linguagem" são tanto a narração quanto a doxologia, ainda que possamos perceber, na Bíblia, até que ponto essas duas figuras se interpenetram.

A narração da história (*story*) de Deus com Israel, e em seguida com os discípulos de Jesus e os primeiros membros das comunidades apostólicas, tem consequências importantes: está claro que tanto Israel quanto, tempos depois, a igreja cristã só podem dizer quem é Deus narrando sua história, e é dessa narração que advém continuamente o louvor de Deus, invocação dirigida a Deus. Aí estão duas "formas primordiais" da língua dos cristãos, a retomada narrativa e a invocação. Ao longo dos anos 1950-1970, nós nos acostumamos, no contexto da teologia dos Estados Unidos, com as referências à história contada (*story*) para designar a autoproclamação da identidade entre Israel e a igreja. O termo é mais amplo que as expressões "relato" e "narração", visando a fenômenos exclusivamente da linguagem, e é mais adequado que o simples termo "história", muito carregado de controvérsias.

Visivelmente, nos deparamos aqui com um aspecto fundamental da vida: quando quero dizer quem sou, o melhor meio é contar minha história. Isso vale tanto para indivíduos quanto para grupos. Várias pessoas, membros de um mesmo grupo, podem participar da mesma história, mesmo quando não a contam da mesma maneira — assim como cada um dos quatro evangelistas contou a história de Jesus com seus discípulos de uma forma diferente. Na narração que judeus e cristãos efetuam de sua história, o que é decisivo é o fato desta história ser uma história *com Deus*. O *Credo* original diz respeito a tudo o que Israel e os judeus disseram sobre si e tudo o que a igreja cristã constantemente tentou articular, sob a forma de pregações e livros, música e arte religiosa, diálogos, aconselhamentos pastorais e acompanhamento de pessoas à beira da morte: temos uma *história com Deus*.

Essa narração reiterada da história, assim como as orações que estão tecidas nela (as pequenas e grandes doxologias da igreja), culminaram na referência a uma "teologia narrativa". Oriundo da teologia americana, o conceito de *story* também foi utilizado na Europa, pelo menos em relação ao conteúdo, e alguns autores defenderam a tese de que a teologia inteira seria narrativa. Aqui, preferimos nos distanciar dessa tese, pois nos pareceu melhor considerar as narrações e as doxologias não como a teologia propriamente dita, mas como o *campo* ou o objeto do exame e das interpretações teológicas. Se é verdade que a teologia tem uma função reguladora, dificilmente consistiria em narrações. Ainda que a expressão possa parecer um tanto deslocada, é judicioso afirmar que as narrações dos cristãos são o "material bruto" da teologia. No sentido em que já descrevemos aqui, a teologia não pode simplesmente ser compreendida como a soma das proposições sustentadas pelos cristãos, mas deve ser a regulação de sua compreensão e de sua narração que hoje continua a existir, a regulação do falar e do agir atuais.

A imagem de um fluxo da palavra não é ruim, ainda que o evangelho não se esgote na linguagem. A igreja é como o delta de um rio: o que ela diz, canta e ora (assim como tudo o que ela faz) provêm de uma corrente única que prossegue em seu curso em braços amplos de início, que vão se afinando com o tempo. Os braços do rio são as diversas confissões, cujas primeiras origens já surgem implicitamente nos livros bíblicos. Não era totalmente falsa a designação da teologia oriental como uma forma "joanina" e as igrejas protestantes como "paulinas". Com isso, compreendemos que os braços posteriores do rio já encontram na Bíblia suas primeiras origens. O delta fluvial é o "campo" da teologia em sua quádrupla tarefa. No entanto, nós nos manteremos atentos aos limites de nossa metáfora: não podemos ignorar que as confissões também resultam de outros rios além do rio principal da Bíblia.

2.4. Uma complexidade inevitável

Vários fenômenos totalmente inevitáveis representam uma dificuldade para a retomada narrativa da história dos judeus e cristãos ou a transmissão da tradição. São os fenômenos seguintes:

a) Assim como na vida cotidiana, é possível resumir uma história com, por exemplo, um relato de viagem, da mesma forma que podemos resumir uma história bíblica, tais como a saída do Egito e a conquista da terra prometida, a vinda ou o nascimento de Jesus ou a Paixão. Essas histórias podem ser contadas em uma versão mais curta ou resumidas em uma asserção tão breve que seriam incompreensíveis para ouvintes que não tivessem antes ouvido a história em seu todo. "Sou o Senhor, teu Deus, que te fez sair do Egito, da casa da servidão", "sofreu sob Pôncio Pilatos, foi crucificado, morto e sepultado" e "ele foi sacrificado por nossos pecados" são resumos possíveis e certamente adequados, mas somente compreensíveis para ouvintes que sabem o que está por trás deles.

b) No Israel antigo e na igreja, resumos deste tipo se tornaram afirmações de fé. Assim, são encontrados nas confissões de fé e nas liturgias da igreja, condensando brevemente aquilo que os cristãos também seriam capazes de contar e explicar mais longamente.

c) Enquanto não há nada a objetar ao fato de que relatos relativamente longos sejam resumidos em curtas frases, precisamos lamentar que muitas vezes essas frases tenham se tornado independentes. Podemos designar esse fenômeno pela expressão "autonomia dos resumos". Na expressão oral e especialmente na liturgia da igreja, esses resumos com frequência empreenderam uma espécie de viagem autônoma, fora de seu contexto original. Dessa forma, o relato da Paixão não foi somente resumido, mas gerou derivadas (como conhecemos na matemática) tais como "o sangue de Jesus nos salva" ou "a cruz é nossa salvação". Essas derivadas, extraídas dos resumos dos relatos propriamente ditos, oneram a linguagem da fé de um modo verdadeiramente perigoso. Quem não é capaz de reconduzir à origem essas expressões que se tornaram autônomas, explicando-as, está ameaçado de manipulá-las de um modo quase supersticioso.

Essa observação também nos permite explicar o surgimento de confissões ou encaminhamentos teológicos diferentes uns dos outros. Quando, por um motivo ou outro, em dado momento, o fluxo das palavras dos cristãos se congela e se exprime em resumos ou derivadas dos resumos, isso pode fazer surgir uma nova orientação ou uma nova confissão. A tarefa da teologia aqui é, principalmente, uma tarefa de discernimento. Assim, podemos também nos referir a uma tarefa terapêutica, pois a teologia pode ajudar a apontar desenvolvimentos errôneos ou sujeitos a mal-entendidos, permitindo aos cristãos encontrar uma relação mais clara e menos equívoca com as realidades fundamentais de sua fé.

2.5. O "princípio protestante"
Se a teologia ajuda a discernir as concepções solidificadas e fixas, que aliás muitas vezes estão em contradição, na perspectiva protestante isso não é feito de um modo puramente interpretativo. A teologia protestante não deseja apenas explicar as cristalizações, os enrijecimentos e os bloqueios que se produzem na tradição, mas também busca ajudar na sua superação. Assim como, na tradição protestante, a igreja é uma *Ecclesia semper reformanda* (uma "igreja sempre se reformando"), a teologia protestante não almeja somente conservar e interpretar o que é antigo, mas, mesmo com todo o respeito pela tradição, tende para algo novo. Em última análise, tende para o novo por estar convencida de que o caráter vivo de Deus e sua graça não pode se correlacionar permanentemente a enunciados humanos, determinados pelo tempo ou pelas instituições. Por definição, essa perspectiva protestante é crítica e se dirige para o novo, para a intuição profética dos novos passos de Deus na história com os cristãos. Paul Tillich se referiu ao "princípio protestante" em oposição à ideia católica (e não somente católica romana) de uma penetração dos sacramentos, do sistema doutrinário e das instituições eclesiásticas como tais através da graça e, portanto, em sua substância.

Essa oposição entre o pensamento profético-dinâmico e o pensamento substancialista ilustra as coisas bastante bem, ainda que de um modo um tanto esquemático. Tillich considerava, aliás, que esses dois princípios deveriam se equilibrar, sem que a fronteira entre eles fosse apagada. Uma postura de pura espera profética do sempre novo poderia culminar em uma igreja exclusivamente crítica e unicamente ocupada com protestos; uma postura puramente substancialista poderia culminar em uma manipulação de Deus por uma igreja que pretende dispor dele como quer. O famoso arcebispo luterano sueco Nathan Söderblom, arauto do ecumenismo, visava a essa polaridade e ao equilíbrio entre os dois polos, que ele chamava de "catolicidade evangélica", um ideal que se manteve até a teologia ecumênica de hoje, representado, por exemplo, por Hans Küng. Respectivamente, podemos perceber hoje que os reformadores, ou pelo menos Calvino, também experienciaram essa tensão entre os dois extremos e conceberam sua teologia dentro dessa tensão.

3. Os agentes sociais da teologia
É mais simples distinguir as profissões de químico, médico ou músico profissional em relação aos leigos nessas áreas que definir o que caracteriza o teólogo ou a teóloga como *expert* profissional. Isso permanece verdade ainda que, além do químico, haja o auxiliar, e além do médico, o enfermeiro, e além do músico profissional o amador ativo e experimentado. Na profissão de teólogo, dificilmente enxergamos essas relações. É evidente que os teólogos formam uma "corporação" específica, mas não há sentido em falar de uma segunda classe de teólogos, mais seculares, ou em distinguir em definitivo o teólogo profissional dos leigos. Na igreja, tradicionalmente é ao clero que se opõe o laicato, e não ao teólogo profissional. De acordo com a compreensão cristã universal, especialmente no protestantismo, admitimos que quem quer que se engaje pessoalmente pode de pleno direito participar da discussão teológica. Em última análise, essa é uma herança do judaísmo.

A relativização das fronteiras entre a teologia praticada profissionalmente e as ideias e os argumentos teológicos dos demais membros da comunidade é um reflexo do fato de que, segundo a compreensão cristã, a verdade teológica não é produto de um esforço universitário e de um serviço humano, mas, em última análise, deve sua eficácia ao Espírito de Deus, que para a igreja é seu verdadeiro mestre. Essa é uma reivindicação que convida os teólogos a uma radical humildade: ao longo da história da igreja, muitas vezes eles se esqueceram dessa postura humilde e sucumbiram a uma glória pessoal, atribuindo a sua posição profissional um caráter absoluto.

Mestres teológicos que não pertenceriam à igreja são, propriamente falando, inconcebíveis; seria necessário que se tratasse de um especialista de uma área específica cujos resultados são explorados pela teologia ou que lhe é especialmente útil. No entanto, isso não significa que os especialistas da teologia ou do ensinamento teológico se contentem com a reprodução ou a propagação da posição confessional de suas igrejas. Seu engajamento eclesiástico é ao mesmo tempo crítico e solidário.

3.1. As disciplinas da teologia

Na Antiguidade e na Idade Média, as diferentes "disciplinas teológicas" ainda não se haviam cristalizado no ensinamento teológico. Claro, não era indiferente que um Pai da igreja ou um teólogo medieval escrevesse um *comentário bíblico* ou empreendesse uma grande revisão sistemática, uma *suma*; porém, o mesmo indivíduo podia produzir ambos. Foi somente após a Reforma, com a influência do humanismo e em paralelo à lenta formação da ciência histórica moderna, que as ciências bíblicas histórico-exegéticas se separaram do trabalho sistemático, filosófico e dogmático da teologia. Esse foi um processo muito lento, cujos efeitos só se fizeram sentir plenamente no século XIX. Nas ciências bíblicas, os contatos com o orientalismo e as ciências da Antiguidade produziram um aumento do saber indispensável, a tal ponto que um só erudito podia cada vez menos se dedicar ao mesmo tempo às ciências veterotestamentárias e neotestamentárias. Foi assim que surgiram as cadeiras de teologia do Antigo Testamento e do Novo Testamento. Da mesma forma, a investigação da história da igreja em seus diferentes períodos (igreja antiga, Idade Média, Reforma, tempos modernos e época contemporânea) se desenvolveu ao ponto de tornar-se uma tarefa gigantesca, confrontada com a massa infinita de textos eclesiásticos e teológicos, assim como aos documentos das áreas conexas. Nenhum representante da teologia histórica pode pretender dominar essa matéria em todos os detalhes. Aqui, também tornou-se necessária a especialização. Isso vale igualmente para o desenvolvimento da teologia sistemática, ou seja, a reflexão sobre as conexões e a função de regulação própria à teologia, sobre os pontos de contato e as diferenças entre, de um lado, a teologia, e de outro a filosofia ou as ciências humanas, e por fim sobre o fundamento da ética. A teologia prática, que deve correlacionar os resultados de todas essas áreas da teologia para sua utilização nas comunidades eclesiais, viu-se diante da difícil tarefa de transpor esses resultados para orientações práticas. De tudo isso se originou a seguinte divisão das disciplinas teológicas (principalmente após Schleiermacher) cujas estruturas, de pouco tempo para cá, são semelhantes tanto na teologia protestante quanto na católica:

a) *ciências* bíblicas, com seus dois ramos, *Antigo Testamento* (hoje, às vezes referido como Bíblia hebraica) e *Novo Testamento*, além das disciplinas históricas e filológicas vizinhas, como também a arqueologia;

b) *teologia histórica*, incluindo as disciplinas vizinhas que são a história da filosofia, a história econômica e a história da arte, assim como a ciência histórica geral;

c) *teologia sistemática*, com seus dois campos, *dogmática* e ética, além dos vários recortes temáticos com a filosofia, as ciências da religião, a linguística, a psicologia, a sociologia etc.;

d) *teologia prática*, com seus principais campos: a doutrina da pregação (homilética), do ensino religioso (catequética), da relação de ajuda (psicologia pastoral), assim como a litúrgica, o direito eclesiástico e outros campos adjacentes das ciências da comunicação e das ciências humanas.

Tudo isso realmente pertence ao âmbito da teologia? Sim e não! No sentido estrito do termo, a teologia designa o exame do falar e do agir dos cristãos no passado e no presente, a organização dos enunciados assumíveis e, principalmente, a questão de sua verdade. Nesse sentido, muitos elementos das disciplinas evocadas são teológicos à sua maneira; por outro lado, muitos outros não o são, sobretudo as seções puramente descritivas. Nem mesmo a teologia sistemática — que na esfera anglo-saxã é simplesmente chamada "teologia" (como no catolicismo) — se ocupa de modo exclusivo da teologia no sentido estrito do termo, mas também abarca exposições, resumos e análises descritivas que não são teológicos propriamente ditos.

3.2. As instituições de ensino

As instituições de ensino presentes nos diversos países costumam seguir, em geral, o modelo das faculdades de teologia clássicas da antiga Europa; o mesmo vale para instituições menores, sem *status* acadêmico. Atualmente, o quadro mínimo de uma faculdade de teologia protestante abarca pelo menos uma cadeira para cada uma das disciplinas fundamentais:

Antigo Testamento, Novo Testamento, história do cristianismo, teologia sistemática e teologia prática. Com frequência há duas cadeiras por disciplina; mais raramente, três. Esse mínimo é o mesmo de Budapeste a Edimburgo e de Uppsala a Genebra. Nas faculdades católicas, a divisão em disciplinas é geralmente mais detalhada que nas faculdades protestantes: nas católicas, são distintas na teologia sistemática tanto a dogmática quanto a teologia fundamental. O mesmo modelo básico costuma ser encontrado na América do Norte, assim como, em menor medida, nos demais países fora do continente europeu e nas escolas teológicas do Terceiro Mundo. Porém, cabe aqui apontar para algumas especificidades.

a) Na Europa, as faculdades de teologia estão estritamente ligadas à história das universidades, e muitas vezes são as faculdades de teologia que originam as universidades. Foi somente por motivos históricos determinados que existem altas escolas de teologia independentes das universidades, permanecendo organizadas no modelo das faculdades universitárias. A situação francesa é um caso particular na Europa, na medida em que, com exceção de Estrasburgo, nenhuma faculdade de teologia faz parte das universidades estatais desde 1905. As faculdades de teologia nas universidades estatais estão presentes por toda parte no continente europeu, inclusive na reestruturação universitária em curso nos atuais Estados do Leste Europeu.

São motivos sobretudo históricos que explicam por que as faculdades universitárias conservaram até nossa época sua identidade confessional, protestante ou católica romana. Trata-se de uma herança tipicamente europeia. Claro, o trabalho está historicamente centrado na formação de pastores para as igrejas (e de professores de religião nos países que contam com o ensino religioso na escola secundária), mas a maioria dos professores da universidade se considera fundamentalmente pesquisadores, o que às vezes os leva a um distanciamento da tarefa de formação do pastorado.

b) Nos Estados Unidos, na América colonial até 1776, as escolas teológicas foram igualmente responsáveis pela fundação dos *Colleges* e das universidades, desde que não fossem financiadas pelo Estado (a separação entre igreja e Estado era estritamente respeitada, principalmente na área financeira). As universidades estatais não tinham faculdade de teologia, até porque o ensino religioso não era autorizado nas escolas estatais. Porém, as grandes universidades e, aliás, as mais famosas, não pertenciam ao Estado, podendo ter faculdades de teologia, chamadas *Divinity Schools*. Como altas escolas teológicas (*seminaries*), a maior parte das faculdades tinha uma aparência confessional. Embora nelas também fosse praticada a pesquisa com seriedade, era atribuída uma importância bem maior que na Europa à formação prática dos estudantes que almejavam profissões eclesiásticas. Os estudos para profissões práticas eram mais curtos que na Europa, mas não os estudos que conduzem à pesquisa e a títulos de pós-graduação. O modelo básico para as faculdades americanas protestantes era o sistema de formação escocês: após quatro anos de formação universitária geral (que na tradição escocesa abarcava línguas antigas, história e filosofia), eram cursados mais três anos de teologia.

c) Nas instituições de formação do Terceiro Mundo, com muita frequência foi o sistema escocês que serviu de modelo. Geralmente não há formação básica de quatro anos, de modo que os três ou quatro anos de teologia recebem uma carga adicional de uma massa de saber factual. No entanto, os *Colleges* teológicos da África, da Ásia e do Pacífico oferecem possibilidades para uma formação pastoral espantosamente sólida. Aqui, nós nos limitaremos a evocar o dilema quanto à necessidade, após tal formação, de convidar os candidatos para a Europa ou para a América, arrancando-os de sua cultura e, muitas vezes, de sua família.

A colaboração interconfessional em várias faculdades de teologia americanas e australianas é algo com que nos alegramos de modo especial. Nessas faculdades, os estudantes protestantes de diversas tradições podem estudar com católicos e fazer exames em comum. Práticas ecumênicas parecidas são também vistas na Inglaterra e na Escócia. Na Europa continental, seria necessário oferecer pelo menos aos doutorandos tal possibilidade, a fim de evitar que, em um nível alto de trabalho teológico, seja perpetuado o isolamento confessional.

3.3. A teologia na casa da ciência

É de interesse das igrejas protestantes, tanto quanto da Igreja Católica Romana, que seus pastores gozem de uma sólida formação teológica. As igrejas protestantes, e dentre elas justamente as que precisaram sofrer perseguições e atravessaram tempos difíceis, realizaram coisas impressionantes na área da formação teológico-científica de seu corpo pastoral. Exemplos do passado, tais como a Igreja dos Irmãos Morávios, o protestantismo francês e os primeiros colonos protestantes na América, assim como o exemplo das igrejas de países que foram comunistas no século XX, nos espantam com razão. Mas são ainda mais impressionantes as contribuições dos autores teológicos dos séculos passados: sem seus trabalhos, dificilmente seriam concebíveis as universidades dos países europeus, assim como sua cultura.

Contudo, a teologia seria de fato uma ciência? Não há dúvidas de que a teologia deve utilizar-se dos métodos e dos instrumentos científicos para assumir as tarefas da interpretação bíblica, da pesquisa histórica e das disciplinas sistemáticas e práticas. Não podemos nem imaginar nem defender uma interpretação não científica dos textos bíblicos, um procedimento não científico na pesquisa sobre problemas históricos ou na exposição de problemas teológicos, filosóficos ou éticos. Isto é assim pela simples e boa razão: além da igreja, os homens de nosso tempo abordam os grandes problemas com os meios da ciência, pelo menos na medida em que procedem de modo responsável. A igreja não pode se distanciar deles. Aqui, há uma pressão do ambiente cultural que não temos o direito de subestimar. Mas esta não é a única razão. O modo com que a história (*story*) de Deus com os homens é tecida na trama dos acontecimentos, das ideias e dos desenvolvimentos é tão complexa que não podemos isolar essa história compreendendo-a como autônoma ou como "história santa". Motivos internos também exigem que a teologia use os métodos da ciência. Porém, é justo afirmar que, em última análise, de modo fundamental, a teologia não é uma ciência propriamente dita, mas, sim, uma *sabedoria*. Trata-se de uma sabedoria receptiva, que se questiona acerca da sabedoria de Deus para nós, tentando aplicá-la e transmiti-la. Essa também é a razão última e decisiva que não permite que, na teologia, seja estabelecida uma distinção entre *experts* e leigos. Com efeito, a sabedoria de Deus está aberta a todos os cristãos, compreensível e aplicável por todos eles. Evidentemente, esses desenvolvimentos contêm uma grande quantidade de tensão, e está claro que uma resposta unilateral à questão da cientificidade da teologia não é possível.

Na "casa da ciência", por exemplo, na universidade, a teologia goza de uma posição especial na medida em que não se vê como prisioneira de um ideal de cientificidade: considerando em alta estima esse ideal, não o enxerga como objetivo último. Por isso, é capaz de relativizar o que afirma e considerar com grande liberdade os seus resultados como resultados provisórios. Isso permite à teologia não somente aprender com curiosidade com as outras ciências, mas também questioná-las de modo crítico, sem que para isso desempenhe o papel de professora primária. Esses são os motivos que continuamente fazem com que os responsáveis clarividentes pelas univesidades observem que uma universidade sem faculdade de teologia sofre de certa incompletude: falta-lhes sal.

3.4. A doutrina como sinal de identidade

Retornemos à metáfora do rio e do delta (cf. item 2.3). Não pode haver uma doutrina cristã pura, independente de qualquer desenvolvimento cultural ou histórico. Do mesmo modo, é impossível renunciar totalmente a toda doutrina. Algumas das novas igrejas independentes da África negra tentaram assumir sua identidade sem doutrina: um esforço malsucedido. A *story* que cada grupo ou cada confissão conta sobre si mesmo é marca de uma *identidade*, apesar de todas as autocríticas e de todos os esforços de relativização. O evangelho não pode nos atingir sem "resumo", sem uma formação doutrinária ou uma inserção na língua e na cultura em que vivemos.

O verdadeiro objetivo ecumênico não pode ser nem a supressão de toda doutrina nem a uniformização de todas as doutrinas. Por outro lado, é de importância capital uma constante abertura teológica que vise a uma comunicação diferente com as doutrinas, uma *tradução* dos termos de outras doutrinas para a língua de nossa doutrina, e vice-versa. Os esforços teológicos e ecumênicos visam à *unidade* dos cristãos *na diversidade*, não a uma uniformização. Mesmo que a revogação das condenações doutrinárias do século XVI entre protestantes e católicos tenha feito com que a controvérsia se tornasse mais amena, o objetivo não é uma uniformização da doutrina. E mesmo se fosse possível atingir uma união institucional, não somente das igrejas protestantes, mas de todas as igrejas cristãs, com o reconhecimento recíproco dos ministérios, uma hospitalidade recíproca na eucaristia ou na santa ceia, isso não significaria ainda uma fusão de todas as diferenças doutrinárias em uma formulação única e uniforme. Evidentemente, os enunciados fundamentais, já formulados na época da igreja antiga pelos concílios (como, p. ex., o *Credo apostólico* e os credos de Niceia e de Constantinopla), conservam sua importância como pilares das diversas enunciações da doutrina, ainda que sejam interpretados de modo diferente. Acima de todas as diferenças, há de fato temas centrais e que nenhuma formulação da doutrina cristã pode ignorar. São temas comuns acima das inevitáveis diferenças doutrinárias entre as tradições confessionais.

Em uma perspectiva protestante, é necessário especificar que a doutrina tem um caráter instrumental, não importa quão importante é seu papel como sinal identitário. Sua função é instrumental por auxiliar os cristãos a articularem a fé, nada mais. A doutrina não é "o que creem os cristãos". Como resumos e diretrizes para doutrinas complexas, os *dogmas* não são *objeto* da fé, mas conceitos que servem para a compreensão e a organização entre os cristãos, indicando também de que modo o diálogo entre os cristãos pode ser estruturado materialmente. São, portanto, "regras de diálogo". Esse aspecto é de suma importância na medida em que é objeto de muitos mal-entendidos a função das doutrinas e dos dogmas. Doutrinas e dogmas acompanham os cristãos, não são o objeto da fé. De modo concreto e a título de exemplo, poderíamos dizer: os cristãos não creem na doutrina da Trindade, mas no Deus vivo que preferencialmente é descrito por meio da doutrina da Trindade, caso se queira descrevê-lo.

É importante distinguir credo, doutrinas e dogmas. No credo, os cristãos não articulam conteúdos doutrinários, mas confessam aquilo que, na história de Deus com os homens, sempre tocou e marcou sua própria história. É por isso que, na origem, o credo era recitado durante o batismo dos catecúmenos, e não ensinado por professores.

4. A utilidade da teologia

Na filosofia pragmática americana, foi defendida a seguinte tese: só é verdadeiro aquilo que tem uma utilidade prática. Ainda que tal tese pareça chocante, não é desprovida de certa dose de sabedoria, principalmente em relação àquilo que deve ser a tarefa da teologia. Não se trata, de modo algum, de uma radicalidade deslocada indagando-se sobre a *utilidade direta* da teologia. Claro, ao provar a utilidade da mensagem bíblica, tal mensagem não ganha autenticidade; por outro lado, para a teologia, compreendida como um meio auxiliar que nos ensina a entender a mensagem e pode organizar nossa doutrina e nossa vida, isso pode ser pertinente. "Por si mesma", talvez a teologia não seja nem verdadeira nem falsa, mas deve preencher um papel útil para a comunidade e os cristãos, e talvez, também, seja útil para os que duvidam e para os descrentes que percebem do exterior a atividade da igreja. Vamos explicar esse ponto em algumas teses.

4.1. Perguntas e respostas

Opor perguntas a respostas é algo que vem da matemática e só pertence de modo indireto à área teológica. Em todo caso, a teologia não está apta a fornecer simplesmente respostas para as grandes questões que são colocadas diante dos cristãos; no melhor dos casos, pode guiar o questionamento e a pesquisa, de modo que os próprios cristãos encontrem suas respostas. No campo da ética, costuma-se fazer a seguinte pergunta: "o que a teologia afirma sobre isso?". Eis uma pergunta infeliz e deslocada. No máximo, em relação a uma igreja de tradição doutrinária bastante homogênea, como a Igreja Católica Romana, nós poderíamos perguntar: "o que a igreja afirma sobre isso?", mas não podemos dirigir esse tipo de pergunta às igrejas protestantes, menos ainda à teologia.

Essa observação também aponta para grandes problemas. O protestantismo se distanciou tanto da ideia de um magistério central — instância que proclama o certo e o errado — que muitas vezes acaba deixando para os cristãos um peso esmagador: em questões centrais, os cristãos é que devem tomar uma decisão. No início, essa não era a intenção, naturalmente: o solipsismo religioso, em que cada um é a última instância para si mesmo quanto às suas grandes questões, jamais foi o objetivo do protestantismo. Infelizmente, isso não foi empecilho para que tal problema tomasse forma. Trata-se de algo trágico, já que os cristãos apresentam questões sérias e existenciais, tais como o sentido da morte de uma pessoa próxima, da queda de um avião, o motivo para injustiças, crimes, guerras e destruição, com o questionamento como pano de fundo: por que Deus permite tudo isso? Além disso, sobre as questões do sentido da vida, do significado da mensagem bíblica, da pertinência das grandes doutrinas cristãs, da vida após a morte, os cristãos costumam ser deixados por conta de si mesmos, por parte dos teólogos e das autoridades eclesiásticas. A teologia trata e classifica os temas, auxiliando a organizar e orientar teses defensáveis. Ora, a comunidade não quer que temas sejam tratados, mas que questões sejam respondidas. Será que ela quer algo que a teologia não pode fornecer? Muitos elementos levam a pensar que este é o caso.

4.2. Teologia e fé

Fundamentalmente, não estaria errado afirmar que a fé cristã pode se virar sem a teologia. A princípio, os cristãos não precisam de teologia para confiar em Deus, para amar o próximo, para se alegrar e permitir ser guiados pelos grandes temas da Bíblia. No entanto, por causa da irredutível e obrigatória historicidade, por causa dos inúmeros problemas irresolvidos, surgidos do contato com um sem-números de edifícios conceituais, de influências e tarefas novas a cada dia, a comunidade cristã não poderia — concretamente! — abandonar a teologia. Sem teologia, a comunidade ficaria muito vulnerável, e muitos seriam os desvios que trilharia ao buscar respostas apressadas para questões, ou desejando honrar as tarefas com que se vê confrontada. A necessidade prática da teologia é manifesta. Isso vale de modo particular para os pastores e professores que se encarregam das comunidades eclesiásticas: quanto menos estiverem "armados" teologicamente, mais tenderão a repetir de modo unilateral as ideias às quais são apegados, mais serão vítimas de clichés. Porém, não são os únicos implicados aqui: o mesmo vale para todos os cristãos que refletem de modo responsável. Sem reflexão teológica, correm o risco de dissociar, de um lado, a fé e, de outro, o saber de todo dia e o entendimento, tornando a fé uma espécie de ilha preservada no meio de um oceano do saber. A teologia ensina que não é assim. Dessa maneira, compreendem que não podem crer e pretender algo sobre o qual não refletiram. Fé e reflexão não mais são inimigos ou irmãos distantes. Evidentemente, não podem *provar* a fé com a reflexão; porém, podem *acompanhar* a fé da reflexão, apreendendo-a de modo compreensível, vivendo-a com seus filhos e explicando-a para eles, alegrando-se com sua clareza e sua verdade. É uma verdadeira tragédia que, sobretudo nas igrejas ocidentais, alguns processos tenham culminado na dissociação entre fé e reflexão, entre oração e teologia. Nisso, a teologia precisa cumprir uma importante tarefa de reparação e cura.

4.3. Uma ética útil

A teologia não ajuda somente a examinar e ordenar os conteúdos e os enunciados da fé, mas também do agir, de um modo parecido e paralelo. Chamamos de ética teológica a reflexão sobre os amplos contextos normativos em que fundamentamos nossas decisões éticas. Nesses contextos, há um grande número de motivações diferentes, mais restritas, para cada ação. Nisso também não há uniformidade fundamental. É evidente que os cristãos, ainda que orientados pelo evangelho, muitas vezes terão julgamentos diferentes sobre uma mesma tarefa ética ou uma mesma questão. O importante é que eles não se decidam unicamente em função do hábito, sem outras reflexões, mas que examinem as diretrizes que, fundamentadas, em última análise, no evangelho, devem ser seguidas para que haja uma decisão responsável e suas consequências sejam avaliadas. Trata-se de um procedimento teológico que pode e deve ser exigido de todo cristão.

Infelizmente, por temor do estabelecimento abusivo de regras éticas para cada caso particular (uma "casuística"), o protestantismo muitas vezes deixa os fiéis muito sozinhos também nas questões éticas. Evidentemente, é correto observar que os cristãos devem elaborar para si mesmos suas decisões como cristãos. Porém, o lugar dessa elaboração não é o indivíduo isolado, mas a comunidade. Nas grandes questões de ética política, inclusive na área médica, elaboram-se hoje perspectivas que podem encontrar um amplo consenso e que visam sobretudo tornar os cristãos atentos às consequências dos seus atos. No protestantismo, é colocada mais ênfase hoje na ética de responsabilidade que na ética de convicção tradicional.

4.4. Teologia e cultura

Até mesmo os críticos da cultura entre os protestantes reconhecerão que tanto a igreja quanto a teologia têm valor para a sociedade e a cultura em que operam como instrumento de discernimento e legitimação. Esse valor pode ser traduzido por uma postura crítica e até uma oposição franca. Nisso, seu valor para a sociedade e a cultura em seu todo não será diminuído. Claro, teologia e cultura jamais coincidirão, como o desejava o islã tradicional e como ainda busca novamente esse resultado hoje. Entre a teologia cristã e a cultura que o circunda sempre haverá uma tensão que, em algumas épocas, objetivará sobretudo a harmonia, enquanto em outras tomará a forma de uma relação extremamente crítica. Claro, a fase da grande acomodação do cristianismo à cultura, enquanto no século IV o cristianismo se tornava a religião do Estado, pertence irrevogavelmente ao passado. Da mesma forma, um total isolamento e uma concentração introspectiva somente preocupada com os consumidores eclesiásticos não mais podem ser um caminho sério e defensável para a teologia.

5. Os tipos de teologia

A teologia pode apresentar uma forma escrita ou oral. A forma oral talvez seja a mais viva e dinâmica. A teologia pode portar um selo bastante pessoal, mas também pode surgir da comunidade; pode ser exposta como defesa ou polêmica, pode ser um ensinamento autoritário ou se apresentar como meditativa e especulativa. Quanto ao conteúdo e ao objetivo, pode permanecer próxima da Bíblia e da tradição ou se afastar de ambas, concentrando-se nas questões do presente. A enumeração dos tipos de teologia pode ilustrar tal diversidade.

5.1. Visões gerais e teologias "monotemáticas"

Algumas teologias pretendem ser *visões gerais*: tratam de todos os temas teológicos possíveis, como a doutrina da criação, a eleição, a aliança de Deus com Israel, a vinda de Jesus, a reconciliação e a redenção, a igreja e o Espírito Santo etc. Professores e livros que expõem os temas desse modo são tentados a esboçar uma "perspectiva total", um *sistema* que abarque tudo. A intenção não é apenas não deixar de lado nenhum tema, integrando todas as questões no sistema, por mais específicas que sejam; mas também compreender e explicar a totalidade formada por Deus e o mundo, a história e a humanidade. Evidentemente, trata-se de um objetivo extremo e ambicioso, que não se pode atribuir apressadamente a todos os teólogos que propuseram uma visão geral. Mas a tendência a apresentar uma "perspectiva total" é comum na obra de grandes teólogos, tais como os autores das *sumas* medievais ou de João Calvino (1509-1564) e Karl Barth (1886-1968).

A isso se opõem as teologias "monotemáticas", que sempre apresentam uma tese central e enxergam todos os problemas e todas as tarefas na perspectiva dessa tese principal. Sem dúvida, é o caso do que chamamos "teologias da libertação", que abordam Deus, a história, a tarefa da igreja e o sentido da existência humana em função das ações libertadoras de Deus em relação a Israel e aos oprimidos de nossos dias. A "teologia feminista" também pode ser classificada muitas vezes como uma teologia monotemática: buscando superar as velhas estruturas patriarcais que considera obsoletas há muito tempo, tal teologia reinterpreta os conteúdos da Bíblia, a tradição anterior e as tarefas atuais. Porém, as teologias conservadoras também podem ser monotemáticas, como as teologias sacramentais do tipo *High Church*, que abarcam quase todos os temas da Bíblia e da fé cristã, da igreja e da vida contemporânea, em função da experiência da presença de Deus na eucaristia.

Vale a pena indagar se alguns dos teólogos famosos da história da igreja também não podem ser considerados teólogos "monotemáticos". Não sem algumas boas razões, poderíamos demonstrar que Agostinho de Hipona (354-430) abordou toda a riqueza da mensagem bíblica e da tradição da igreja da perspectiva da relação da alma com Deus. O mesmo poderia ser dito de Martinho Lutero (1483-1546), que, atribuindo tão grande importância à questão "como posso obter um Deus que me faça graça?" e à doutrina da justificação, poderia ser classificado entre os teólogos "monotemáticos". Sem dúvida, a justificação do homem pecador e ímpio somente pela graça de Deus em Cristo é o tema central de sua teologia. É característico que esses dois grandes teólogos, Agostinho e Lutero, não tenham redigido uma "teologia sistemática". No entanto, deixaram uma obra impressionante e influenciaram a igreja e a sociedade em muitas áreas e nos temas mais diversos. Seu grande tema era o *cantus firmus* de uma teologia de grande envergadura que não se expressou sob a forma de um sistema.

5.2. "Teologias bíblicas" ou da "história da salvação"

As teologias dos pais da igreja antiga eram, em sua maioria, teologias da "história da salvação", guiadas pela Bíblia. Essas teologias consideravam o caminho de Deus, desde a criação do mundo até a vinda de Jesus e o fim do mundo, passando pela queda do homem e pela história de Israel, como o contexto em que se encontra tudo o que deve ser objeto de reflexão da teologia. Tal concepção já está bastante clara na obra de Ireneu (?130-?200), teólogo oriental que se tornou bispo de Lyon em 177. Posteriormente, outros Pais da igreja integraram suas ideias no amplo quadro da história da salvação traçada por Ireneu. Descobre-se, assim, essa estrutura da história da salvação até mesmo nos imponentes sistemas dos teólogos medievais que, à primeira vista, parecem filosóficos e a-históricos, como, por exemplo, a *Suma teológica* de Tomás de Aquino (1224/5-1274). A mesma estrutura também é encontrada na concepção calviniana da aliança de Deus com os homens. Da mesma forma, essa moldura pode ser reconhecida na *Dogmática* de Karl Barth.

5.3. Sistematização dos loci

O método que consiste em articular os conteúdos doutrinários da teologia cristã em uma rede de temas, chamados *loci*, não necessariamente se opõe a uma teologia da história da salvação, ainda que, nos fatos, tenha geralmente sido o caso. Aqui, a ênfase está claramente no estabelecimento de um *sistema*. Os grandes temas da Bíblia formam categorias gerais cuja sucessão pode parecer uma "sequência da história da salvação". Porém, a isso se acrescenta uma infinidade de temas e problemas secundários que, por assim dizer, levam uma existência lógica autônoma, mesmo quando estão correlacionados. Distingue-se, assim, a justificação da santificação, a *providentia* de Deus da *praescientia* e da *praedestinatio*, com a intenção de uma maior clareza e aproximação da verdade. A Idade Média foi o período preferencial desse tipo de teologia, mas também esteve presente ao longo das gerações que se seguiram imediatamente à Reforma de Lutero e Calvino, e na Igreja Católica Romana, como reação à Reforma. Desse modo, a fé cristã foi apreendida inteiramente em sistemas doutrinários. Evidentemente, também houve protestos contra esse procedimento. Essas teologias não visavam somente a um entorpecimento da mensagem viva da Bíblia em um sistema do tipo dogmático, mas também a uma ética que sistematizasse todas as questões possíveis, de modo que a teologia eclesiástica chegasse a propor uma rede de respostas para todas as questões da vida e para todo tipo de problema moral.

5.4. Teologia mística

A mística existiu durante toda a história da igreja, inclusive na tradição judaica. Assim, seria falso compreendê-la *somente* como um protesto contra os sistemas escolásticos. Alguns místicos também incluíam em sua alta estima o método escolástico. Um exemplo dessa postura é o do Mestre Eckhart (?1260-?1327), o grande escolástico dominicano medieval. Também houve místicos protestantes que não rejeitaram de modo algum a doutrina oficial da igreja. No entanto, quando consideramos a mística um protesto contra a frieza da doutrina, tocamos em uma verdade importante. Com efeito, se na mística não renunciamos ao entendimento, a função do entendimento é relativizada na medida em que os místicos creem experienciar um agir divino, algo que se produz no cerne da alma e que não pode ser limitado aos emaranhados da doutrina. No protestantismo, a teologia mística de fato não tem direito de cidadania, pois suspeita-se de que trai a clareza da *palavra* e da *doutrina* fundamentada biblicamente, apelando para o *coração*, a alma e os sentimentos. Porém, isso não foi empecilho para o ressurgimento de movimentos místicos, como, por exemplo, cânticos, alguns elementos na tradição do pietismo e movimentos carismáticos contemporâneos nas igrejas da América e da Europa.

5.5. Teologia do historicismo

O termo "historicismo" designa a perspectiva desenvolvida no século XIX e no início do século XX, que não se contenta com uma interpretação puramente histórica dos acontecimentos e das personalidades da história, mas trata também de uma forma exclusivamente histórica as grandes questões filosóficas e teológicas. A teologia, sobretudo protestante, foi profundamente influenciada pela perspectiva historicista, e poderíamos até afirmar que foi uma das instigadoras do historicismo do século XIX. A teologia recebeu um teor fortemente universitário e distinto das comunidades eclesiais, tornando-se uma disciplina científica que, em geral, só poderia se apresentar como estrangeira aos membros não universitários da igreja. Ao mesmo tempo, porém, foram propostas muitas explicações históricas com vistas a atingir o grande público. Tais obras foram bastante lidas, limitando-se, porém, a suscitar a impressão de que um grande problema poderia ser compreendido caso fosse explicado historicamente, a partir de suas origens. Em nossos dias, podemos passar pela seguinte experiência: em discussões sobre a Bíblia e em pregações eruditas e plenas de boas intenções, são propostas explicações históricas e filológicas à guisa de solução para as grandes questões da fé. Por trás desses esforços, que geralmente resultam de uma mistura de ingenuidade e grande erudição, se desenha uma questão severa que o grande *Aufklärer* Gotthold Ephraim Lessing (1729-1791) apresentou à teologia de sua época: como os acontecimentos e os personagens históricos, "contingentes", podem ser o fundamento de "verdades eternas"? Trata-se, sobretudo, da questão da pertinência dos acontecimentos e das ideias do passado para as épocas posteriores, uma questão que não mais abandonou a teologia moderna, tanto na América quanto na Europa. Além disso, quando lembramos o naufrágio da pesquisa histórica erudita sobre o Novo Testamento, deixando claro que os evangelhos não forneciam material suficiente para redigir uma verdadeira biografia de Jesus, houve uma percepção dos problemas que o historicismo apresentava para a teologia. Em 1906, Albert Schweitzer (1875-1965) resumiu esses esforços na obra *Von Reimarus zu Wrede. Geschichte der Leben-Jesu-Forschung* [De Reimarus a Wrede: história da pesquisa sobre a vida de Jesus] (cuja edição de 1913 seria consideravelmente modificada) e chegou à conclusão de que tais esforços haviam fracassado: não se pode reconstruir uma biografia verdadeira de Jesus por meio da Bíblia. O método do historicismo tinha chegado a seus limites; porém, as questões que buscava tratar permaneceram. Após a Primeira Guerra Mundial, enquanto desmoronavam muitos valores e ideias da cultura europeia, a teologia também tentou se libertar do historicismo: o resultado foi a "teologia dialética".

5.6. Teologia da Palavra de Deus

Ainda que a teologia da Palavra de Deus, desenvolvida por Karl Barth e seus inúmeros adeptos em oposição ao historicismo, tenha sido considerada nova, não se pode negar que pertence à tradição da teologia da Palavra dos reformadores e da igreja antiga. O resultado das pesquisas históricas de muitas gerações não foi rejeitado, mas recebeu uma nova função. De forma geral, os textos da Bíblia são interpretados como um ato interpelador de Deus, como mensagem, e não como um elemento para possíveis biografias ou documento para reconstruções históricas. O fluxo da palavra da tradição cristã e eclesiástica não foi negado ou banalizado, mas a tese central é que o próprio Deus falou nesse fluxo e que os conteúdos propriamente teológicos (a mensagem) têm sua fonte na *revelação* de Deus. A ênfase posta nessa origem é tão grande que as formas mais tardias dessa teologia da Palavra de Deus se viram rotuladas pelo nome crítico "neo ortodoxia". A reprovação veio principalmente da teologia americana. Certamente existe nisso algum fundamento, mas passa longe daquilo que forma o núcleo desse grande movimento teológico que renovou antigos motivos da "história da salvação" e tornou a doutrina da Trindade o contexto geral da teologia (uma doutrina, aliás, totalmente determinada, materialmente, pela cristologia). Essa teologia marcou profundamente o movimento ecumênico, convocando todos para uma grande vigilância sobre os movimentos políticos e apelando a um engajamento sociopolítico. Foi crítica em relação à sociedade e à cultura, contrastando a Palavra da Revelação e as palavras dos homens.

5.7. Teologias existenciais

Também é na perspectiva da renovação teológica, após a Primeira Guerra Mundial, que se deve compreender a *teologia simbólica* de Paul Tillich (1886-1965) e a teologia, devedora do *existencialismo*, de Rudolf Bultmann (1884-1976) e seus alunos. No início, o desenvolvimento da teologia de Bultmann foi paralelo ao da teologia dialética de Karl Barth.

Algum tempo depois, tornou-se claro quanto, em dependência da filosofia existencialista, esse método teológico "transpunha" para a interpelação pessoal a dimensão da "história da salvação", portanto do caminho de Deus com os homens. É no coração do homem que ouve a mensagem (o querigma) que se supera o que é antigo e surge o que é novo. O novo ressurge quando se ouve a mensagem libertadora. Parece evidente que aqui o interesse não mais é o desenrolar "objetivo" da história salvadora de Deus com os homens; o essencial ocorre na renovação da *existência do indivíduo*, do cristão. Essa teologia traz, de um modo bastante marcado, os traços do pensamento e da cultura de meados do século XX, ainda que se refira aos interesses fundamentais de Kierkegaard, Pascal e, principalmente, Lutero e Agostinho. Para todos eles, o confronto pessoal, a destruição e a renovação do eu humano se revestem de uma importância central. Essa teologia não desenvolveu uma ética específica, embora, acerca da responsabilidade ético-política, muitos de seus representantes partilhassem as concepções dos representantes da teologia dialética de Karl Barth. Costuma-se, geralmente, qualificar o método dessa teologia como uma "hermenêutica", compreendendo-se pelo termo o método da arte de compreender, que permite correlacionar textos antigos à compreensão atual da existência.

5.8. "Teologia bíblica"

O termo está entre aspas porque toda teologia cristã é "bíblica", na medida em que considera a Bíblia como sua base e sua referência. No entanto, o termo foi utilizado duas vezes a partir da Reforma para designar um tipo específico de teologia. No século XVIII, designava a "verdadeira" ou "pura" teologia bíblica, que almejava cristalizar, com o trabalho exegético, claros conceitos bíblicos, designando os temas que perpassam toda a Escritura (*sacrae notiones* como elementos fundamentais da dogmática). Ressurgiu sob uma nova forma pouco antes e, principalmente, depois da Segunda Guerra Mundial, quando, sob a influência de grandes eruditos da pesquisa do Antigo e do Novo Testamento, começou a se formar uma nova espécie de teologia "bíblica", não somente entre os exegetas, mas também em círculos mais amplos. Essa teologia estava parcialmente de acordo com a teologia de Karl Barth e seus alunos, mas também era partilhada por círculos conservadores. Tornou-se comum a redação de comentários eruditos e populares, estes dirigidos às comunidades. Nas igrejas locais, os "estudos bíblicos" obtiveram grande sucesso. Problemas éticos, políticos e teológicos eram tratados, de início, pela consulta e pela interpretação de passagens bíblicas pertinentes (ou que pareciam pertinentes) sobre temas tais como o poder, a violência, o direito à pátria, a guerra, a doença e a morte, a família e o casamento, a igreja local e a igreja pura e simples, o direito e a justiça etc. Tal procedimento pressupunha, de um lado, no todo da Bíblia, uma concepção unitária para a solução desses problemas e, de outro, a renúncia pelo menos parcial a uma elaboração verdadeiramente *teológica* (ou teológico-sistemática) das questões na ordem do dia. Depois de algum tempo, essa "teologia bíblica" passou a dominar o trabalho dos órgãos ecumênicos e das escolas teológicas do hemisfério sul. Sob uma forma mais exigente, esteve também presente nas faculdades de teologia da América do Norte e entre os pregadores que delas saíam. Sob essa forma, tal teologia quase não existe mais hoje. Nos Estados Unidos, o protesto que suscitou abriu caminho para o desenvolvimento de uma nova forma de fazer teologia, que geralmente se livrava da base bíblica, chamada *Constructive Theology* [teologia construtiva]. Essa nova forma só se considera "bíblica" no sentido mais geral da palavra, buscando seus temas primordialmente entre os inúmeros problemas e tarefas que hoje oprimem nosso mundo. Uma variante dela foi fornecida pelo atual "processo conciliar" do mundo ecumênico, em que *oikoumene* é compreendido no sentido originário do lar comum em toda a terra habitada. É quando surgem referências às passagens bíblicas que tratam do senhorio de Deus sobre a "casa" e a vida que ele deseja e abençoa. Trata-se, portanto, de uma teologia que usa seletivamente os textos bíblicos, e é nesse sentido que é "construtiva"; aliás, todas as teologias bíblicas foram levadas a trabalhar de modo seletivo, ainda que isso não estivesse expressamente dito em seu programa.

5.9. Método analítico

Hoje, expande-se um modo prudente de interpretar os temas centrais do cristianismo, inspirado nas várias filosofias da linguagem. Essa nova maneira se distancia tanto do método hermenêutico (como textos antigos podem se tornar pertinentes para nós hoje?) quanto da teologia da Palavra de Deus de Karl Barth.

Os esboços totalizantes se tornaram raros; desistir de uma "visão total" é algo que parece se impor à maioria dos autores. Essas novas perspectivas, no entanto, apresentam certo aspecto radical, na medida em que os questionamentos críticos — vindos tanto das ciências sociais e humanas quanto da teoria da ciência e da filosofia analítica da linguagem — constituem um desafio para a teologia como um todo, pressionando-a a apegar-se a novas questões e a buscar novas concepções. É a linguagem em geral que se encontra sob várias formas no centro do trabalho teológico e também das trocas ecumênicas; a linguagem com seu conteúdo simbólico, a função da metáfora, as relações entre palavra e ação ou demais questões da mesma ordem, que na Baixa Idade Média já eram temas da teologia.

Muitos autores não mais se sentem atrelados ou limitados a antigas alternativas. Essa constatação também vale para os teólogos católicos romanos que, ao mesmo tempo que desejam demonstrar respeito pela tradição eclesial, compreendem as expressões formuladas de outro modo, diferente do passado, e buscam trabalhar por uma nova abertura ecumênica. Sem abandonar a precisão do pensamento, essa tendência teológica mostra hoje maior tolerância e maior abertura de espírito que muitas teologias tradicionais.

6. A verdade da teologia

Já afirmamos aqui (cf. item 4) que, em si, a teologia pode ser nem verdadeira nem falsa; essa tese arriscada precisa de alguma explicação complementar. Se a teologia tem exclusivamente uma função de organização para a compreensão e o exame das proposições escritas ou enunciadas por outros e para o exame de ações ou decisões institucionais, será sobretudo necessário saber se é útil para essa tarefa de compreensão e discernimento, e não se é "verdadeira", ainda que opere discernimento, portanto algo diferente da simples eficácia pragmática. Se a teologia retoma, pela própria conta, proposições confessantes da Bíblia ou da tradição eclesial, a questão de sua *verdade* se torna mais urgente. Isso também vale para a tarefa que consiste em examinar tais proposições: assim, a teologia não deve mostrar que essas proposições são verdadeiras? É por isso que, nesses últimos anos, muito se afirmou que a teologia tinha uma tarefa de *verificação* das proposições centrais da fé.

Como a teologia pode cumprir essa tarefa? Há pelo menos três concepções de verdade que desempenham um papel aqui. Primeira, o modelo de verdade como *correspondência*: os enunciados são verdadeiros se concordam com a coisa que designam. Aristóteles e Tomás de Aquino são os principais representantes desse modelo a serem citados habitualmente. Segunda, o modelo da verdade *coerência*: as proposições que enuncio devem concordar com outras proposições, tais como axiomas, premissas ou princípios. Obedecem a essa compreensão da verdade os sistemas racionais tais como produzidos pela dogmática clássica e também pelo marxismo. Terceira, o modelo da verdade como *consenso*: deve ser considerado verdadeiro aquilo que a maioria presente ou a totalidade dos estudiosos admite sobre uma questão aberta. Charles Sanders Peirce e Jürgen Habermas fundaram teoricamente essa concepção pragmática.

Incontestavelmente, a teologia cristã está correlacionada a essas três concepções de uma teoria da verdade. O primeiro tipo pode ser correlacionado, entre outros, aos textos bíblicos; o segundo, principalmente a sistemas e grupos de proposições teológicas; e o terceiro, por exemplo, aos sínodos ou demais assembleias de pessoas reconhecidas como especialistas naquilo que falam. Mas essa constatação não resolve de modo algum a questão decisiva quanto à verificação das proposições de fé centrais. Isso ocorre porque, na fé fundada biblicamente, não se trata de uma "coisa" do modo com que Aristóteles concebia ao afirmar que os enunciados devem concordar com aquilo de que falam; também não se trata de algo idêntico a um sistema de enunciados aos quais posso reunir minhas proposições de modo adequado, assim como se exige no postulado da coerência; por fim, a decisão de uma comissão, de um sínodo ou de um concílio também não pode produzir a verdade por decreto, tal como proposto no modelo do consenso.

Assim, será que a teologia seria incapaz de *provar* as verdades das proposições de fé centrais? Efetivamente, em última análise, não pode de fato. Só pode tornar inteligíveis e compreensíveis as reflexões apresentadas sobre essas verdades, reflexões que as interpretam e as levam ao agir, de modo que outros também possam torná-las suas. Uma prova da justeza da teologia supera as possibilidades da teologia; mas, de fato, é possível estabelecer ou demonstrar a lógica interna das proposições de fé.

É útil lembrar que a teologia não é a única a ser limitada dessa maneira. De fato, existem outras áreas em que o questionamento científico não pode apresentar provas últimas. Por exemplo, os juristas não podem provar o sentido e a bondade da justiça, mas devem também partir de axiomas e, só depois disso, argumentar de um modo inteligente e racionalmente compreensível. Claro, essa comparação tem seus limites, pois, em relação à justiça, pelo menos podemos dizer que se trata de uma convenção ou de uma formação ideal que faz sentido quando seres humanos querem conviver. Já falar de Deus tem outro sentido, pois os cristãos não podem compreendê-lo como uma convenção visando ao bom resultado de uma vida comum, ainda que, em sua história concreta, possam interpretar como "obra de Deus" uma vida abençoada e bem-sucedida.

Confrontada com a questão da verdade dos enunciados, a teologia não pode evitar referir-se ao *Espírito de Deus*, que a conduz na verdade. A teologia organiza e examina um discurso, um objeto que, para ela, prova a sua verdade: Deus. Essa "verificação pelo Espírito" é um elemento fundamental de toda teologia que não pode ser deixado de lado; é o que distingue a teologia da ciência. O local onde finalmente são verificados os enunciados de fé é o culto. Ali, na presença do Espírito de Deus, experienciamos não só enunciados tradicionais, mas também visões formuladas de um modo novo, projetos e esperanças que se mostram "verdadeiros". Com certeza, nenhuma outra ciência diria o mesmo sobre si.

No âmbito dessa questão, a teologia recente, tanto a protestante quanto (dentro de certos limites) a católica referem-se com frequência às *perspectivas*. Toda verdade resulta de uma perspectiva, e não há ponto de vista por meio do qual possamos examinar nossas temáticas e fixá-las objetivamente. Estamos no fluxo da palavra daqueles cuja perspectiva é a de sua história (*story*) dirigida para Deus. Certamente sabemos que também há outras perspectivas, mas consideramos Deus, o mundo e nós mesmos de acordo com *essa* perspectiva, e estamos atentos às similaridades e aos paralelos com as perspectivas daqueles que se encontram conosco nesse fluxo de linguagem. É com base nessa posição, permanecendo nela, que argumentamos de um modo racionalmente inteligível e compreensível para outrem, sem, no entanto, "provar" que nossa visão é correta. A perspectiva correta se mostra a nós na medida em que constitui a comunidade dos cristãos, em que festejamos e oramos Àquele para quem buscamos dirigir nossos olhares. É nesse sentido que o culto é principalmente o local da verificação da fé.

7. Os temas centrais da teologia

Se entendemos a teologia como a regulação e o exame do discurso e do agir dos cristãos do passado e do presente, *cada* questão pode potencialmente tornar-se um problema *teológico*. É assim porque quase todo acontecimento e quase todo problema, na perspectiva de uma interpretação do mundo orientada em função de Deus, pode se tornar objeto de uma regulação e de um exame teológicos. O leque dos acontecimentos e dos problemas vai desde questões abertas sobre o texto bíblico até posições históricas quanto à discriminação racial; desde questões legislativas até as grandes questões existenciais do indivíduo; desde as diferenças teológicas que separam cada confissão até os problemas concretos da ética na medicina; desde o exercício da responsabilidade para com a natureza inorgânica até o acompanhamento pastoral em um conflito familiar. A massa de sistemas teológicos possíveis não se nos apresenta desprovida de ordem e estrutura. É possível fazer uma distinção entre, de um lado, as questões urgentes da atualidade e, de outro, os temas que gozam de importância permanente. *O que é urgente hoje* de acordo com o local ou país pode exigir prioridade, enquanto em outros lugares a mesma questão não é um problema tão grave. Do mesmo modo, os problemas que dizem respeito à humanidade como um todo podem ter atualmente um caráter de urgência que pode ser perdido dentro de algumas décadas. É preciso distinguir, dentro desses problemas que surgem em um caráter de urgência, aquilo que *permanece* importante: os temas que preocuparam os cristãos de todas as épocas. São as grandes questões sobre Deus, a vida em geral, o sentido e o propósito da igreja, a mudança que ocorreu ou deve ocorrer com a vinda de Jesus Cristo e, por fim, o lugar do homem na história e no cosmos. Aqui, a regra é relativamente simples: as questões atualmente urgentes devem ser examinadas e interpretadas à luz dos temas cuja importância é duradoura; mas será somente em um confronto com as questões atualmente urgentes que teremos acesso aos temas tradicionalmente importantes da teologia. Essa relação de dependência recíproca coloca a teologia e aqueles que se dedicam a ela em uma viva tensão. Quem só cuida das questões atualmente urgentes perde de vista o horizonte necessário para julgar as ações e resolver problemas; quem só se dedica aos temas de importância permanente se isola e perde o contato com a realidade da vida e da história.

Indicar os temas centrais significa também nomear campos temáticos. Sempre foram, e ainda serão no futuro, os seguintes campos:

7.1. A igreja

É o próprio tema da *eclesiologia* o grupo daqueles que se encontram no fluxo da palavra da tradição bíblica. Tratamos na eclesiologia da aliança de Deus com Israel e da problemática, ainda irresolvida, da relação entre judeus e cristãos. Também são abordados a explicação e o exame teológico dos enunciados acerca da tarefa confiada à igreja, suas possibilidades e seus limites, a ética de seus membros, sua influência sobre aqueles que não são membros, suas orações e seus cultos, suas obras simbólicas caritativas. Esse campo temático contém inúmeros enunciados de fé e uma importância permanente, que podem ser fundamentados e explicados teologicamente.

7.2. Deus

Ainda que o "objeto" da teologia não seja (diretamente) Deus, mas o *discurso* sobre Deus, logo se compreende que esse discurso, tanto no Israel antigo quanto na comunidade apostólica que se formou em torno de Jesus e nas eras que se seguiram, referia-se, e ainda se refere, ao mesmo Deus. A doutrina da *Trindade* forma, aqui, um laço entre os diversos enunciados, declarando que o Deus que criou o mundo e elegeu Israel é idêntico ao Deus que estava presente em Jesus e que, no Espírito, oferece sua presença aos homens. A compreensão desse laço — a explicação da doutrina da Trindade — é um campo temático permanente do trabalho teológico. Também nisso, a questão ainda irresolvida das relações entre judeus e cristãos se manifesta em toda a sua radicalidade. O desenvolvimento de uma doutrina da Trindade que não a leva em conta acaba resultando em uma especulação a-histórica.

7.3. Jesus Cristo

Naquilo que chamamos *cristologia*, a teologia busca saber em que medida e legitimidade os seguidores falaram sobre Jesus bem mais coisas *após* sua morte que o próprio Jesus havia dito, *antes* de sua morte, sobre si mesmo. Eles o glorificaram como o cumprimento das promessas de Deus e das expectativas humanas, como o Messias, o Senhor e o Salvador, não somente de Israel, mas de toda a humanidade. Com ele, o muro que separava os judeus das nações é derrubado, e a amizade de Deus não mais é destinada apenas aos judeus, mas a todos os homens. Essa inacreditável extensão da pretensão de Jesus ao longo de sua existência ao significado de Cristo para toda a humanidade é tema da cristologia. Também é a questão em que a tensão entre judeus e cristãos é mais forte, pois os judeus de todos os séculos que se seguiram à vinda de Jesus só poderiam considerar os cristãos como usurpadores das promessas de Deus. Que direito tinham os "cristãos dentre as nações" de aplicar a si mesmos as promessas do Deus de Israel? Que justificativas teológicas eles podem apresentar para vislumbrar em Jesus Cristo a amplificação da eleição de Israel aos não judeus, considerando-se "povo de Deus"?

7.4. O homem

A tarefa do que chamamos *antropologia* teológica é examinar e ordenar teologicamente o discurso sobre a posição do homem diante de Deus, na natureza, na sociedade e na história. Isso é feito levando-se em consideração os condicionamentos biológicos e históricos do homem, assim como as diferenças de idade ou sexo, portanto, como homem ou mulher, criança ou velho, doente ou são. Essa antropologia não concorre com as antropologias das ciências da natureza, das ciências humanas ou da filosofia.

É evidente que a antropologia teológica questiona de modo crítico as demais antropologias, mas também aprende com elas e busca assimilar seus resultados. Nesse contexto, são tratadas as grandes questões da ética, dos direitos universais do homem, da paz entre os povos e no seio da estrutura social do mundo, do trabalho e da economia, assim como a responsabilidade pelo futuro de toda a humanidade.

8. O objetivo da teologia

Descrever os campos temáticos da teologia não é algo que apresenta grandes dificuldades. Por outro lado, surgem diferenças e tensões na elaboração e no tratamento dos diversos problemas relacionados a esses campos temáticos. É quando ressurge nossa questão inicial quanto à unidade da teologia. Com frequência, o grande número de abordagens divergentes dos problemas teológicos e das tentativas de resolvê-los oferece uma imagem tão confusa que a unidade da teologia parece perder-se. É onde se aplica concretamente a tarefa terapêutica de uma teologia assumida ecumenicamente. Essa teologia deve aprender a analisar enrijecimentos, encurtamentos e afastamentos; deve estudar as concepções reguladoras por trás dos enunciados divergentes e buscar a possibilidade ou a presença de uma intenção semelhante; desse modo, exercerá uma atividade amplamente terapêutica, visando a minimizar as divisões interiores da igreja para finalmente curá-las. Isso não será possível somente por meio de citações bíblicas, pois a maior parte dos textos bíblicos pode servir para vários encadeamentos argumentativos, em que cada uma funciona como justificação. No entanto, uma teologia terapêutica que tenha em vista a unidade da igreja sempre será bíblica em sua orientação fundamental. Nunca terá fim o diálogo vivo, tanto o científico quanto o prático e ecumênico. De igual modo, o contato interconfessional jamais cessará. Só será possível uma aproximação de posições (ou, pelo menos, uma compreensão e uma aceitação recíprocas com base em uma busca incessante por traduzir uma posição na linguagem da outra) em uma relação constante no contexto de uma discussão teológica confiante. Simples citações ou *slogans* de nada servem. Assumir essa tarefa é algo que confronta com grandes desafios a teologia de todas as igrejas e confissões.

Entretanto, a esperança de unidade da teologia não deve assumir a forma de uma visão uniformizadora de concepções e respostas. A unidade também pode se manifestar na pluralidade e na diversidade, desde que sejam amparadas por uma confiança e uma devida consideração recíproca.

9. O futuro da teologia

Também no futuro, a teologia não será praticada somente por *escrito*, mas também *oralmente*. Não se sentirá em casa somente nas universidades e faculdades de teologia, mas igualmente no exterior, em comissões e órgãos das igrejas, nas conferências sobre os propósitos e os problemas concretos, no diálogo com judeus religiosos e no contato com os adeptos de outras religiões. Sobretudo, porém, deverá continuar a originar comunidades. No futuro, a teologia não terá um lugar legítimo somente na esfera *euro-americana*, mas também no *hemisfério sul*. O incremento da diversidade resultante disso não será prejudicial para o movimento ecumênico, mas o ajudará a dar uma forma mais viva e concreta a seu propósito. No futuro, a teologia não continuará simplesmente a ser definida confessionalmente, mas, sim, na base de uma identidade confessional dada, assumirá mais ainda sua responsabilidade ecumênica.

Essas previsões não são difíceis de ser realizadas, resultando, por assim dizer, de uma extrapolação da dinâmica hoje visível. O estabelecimento dos conteúdos das tarefas futuras da teologia é mais difícil; podemos nos arriscar a enunciá-los assim:

a) O reforço do *movimento ecumênico* é um objetivo imediato do trabalho teológico. As instituições do movimento ecumênico estão atualmente em crise, o que é também, em parte, o caso do próprio movimento. Surge um novo confessionalismo e um esgotamento evidente da pesquisa da unidade ou da realização de projetos comuns. Será necessário pensar e elaborar algo novo, que tenha como base o estabelecimento de uma confiança. É preciso também mencionar aqui as relações com as outras religiões, tema cuja elaboração teológica ainda está no início. De modo especial, é na relação entre judeus e cristãos — objeto de discussões permanentes e de uma constante autocrítica — que podemos enxergar o tema central do trabalho teológico-ecumênico. Saber se uma "teologia pós-Auschwitz" é possível não é uma questão apenas universitária nem a expressão poética de um desespero. Toda teologia futura está sob o signo do extermínio do povo judeu.

b) A relação entre *reflexão* e *oração*, entre a retomada da história de Deus com os homens e a doxologia, assim como a relação entre razão e pensamento, entre princípios jurídicos (direito eclesiástico), dogmas (confissões de fé e a doutrina da igreja) e piedade, devem ser objeto de uma nova elaboração teológica, sobretudo na medida em que as três grandes tradições da igreja cristã ainda não trabalharem o suficiente sobre esses pontos de um modo crítico, principalmente em relação à sua dependência do pensamento greco-romano.

c) Chegar a uma nova compreensão dos *símbolos*, das *imagens* exteriores e das *metáforas*, tanto nos livros bíblicos quanto para o homem atual, eis ainda uma tarefa importante para o futuro. Aqui, certamente o protestantismo, tão pobre em símbolos, deverá aprender com os outros ramos da igreja cristã.

d) Seria necessário utilizar plenamente os efeitos desenvolvidos pelas novas filosofias da linguagem e outros métodos para a *interpretação de textos*, com o fim de auxiliar na tarefa "terapêutica" da teologia para libertá-la de seus enrijecimentos e tornar possível a compreensão de novas conexões que até então permaneceram fechadas teologicamente. As três grandes tradições da igreja (ortodoxia, catolicismo romano e protestantismo) têm à frente um bom caminho rumo a uma interpretação zelosa e moderna de sua tradição, assim como de outras confissões.

e) Será necessário libertar a ética teológica das alturas de sua generalização universitária e trazer-lhe maior concretude. A ciência, a tecnologia, a medicina, assim como a estrutura social dos Estados industriais modernos e a tensão entre esses Estados e os países em vias de desenvolvimento originaram toda uma série de problemas para os quais a ética teológica das diversas igrejas cristãs ainda está mal adaptada.

f) As trocas *interdisciplinares* entre a teologia e as diferentes ciências da natureza devem ser reforçadas, não somente para libertar a teologia de toda espécie de gueto, mas também para se tornar apta a fornecer uma contribuição crítica e útil à aplicação dos resultados científicos na sociedade.

Dietrich Ritschl

▶ BARTH, Karl, *Introdução à teologia evangélica* (1962), São Leopoldo, Sinodal, 2007; Idem, *Saint Anselme. Fides quaerens intellectum. La preuve de l'existence de Dieu* (1931), Genebra, Labor et Fides, 1985; BAYER, Oswald, *Was ist das: Theologie? Eine Skizze*, Stuttgart, Calwer, 1973; CRESPY, Georges, *Essais sur la situation actuelle de la foi*, Paris, Cerf, 1970; DUMAS, André, *Nommer Dieu*, Paris, Cerf, 1980; FISCHER, Hermann, *Protestantische Theologie im 20. Jahrhundert*, Stuttgart, Kohlhammer, 2002; GISEL, Pierre, *Croyance incarnée. Tradition, Écriture, canon, dogme*, Genebra, Labor et Fides, 1986; Idem, *La théologie face aux sciences religieuses. Différences et interactions*, Genebra, Labor et Fides, 1999; Idem, "Tâche et fonctions actuelles de la théologie. Déplacements et perspectives dans le contexte contemporain", *Revue théologique de Louvain* 35, 2004, p. 289-315; LINDBECK, George A., *La nature des doctrines. Religion et théologie à l'âge du postlibéralisme* (1984), Paris, Van Dieren, 2003; PANNENBERG, Wolfhart, *Teologia sistemática* (1988-1993), 3 vols., Santo André, Academia Cristã, 2003; PIGUET, J.-Claude e WIDMER, Gabriel-Ph., *Le renversement sémantique. Dialogue d'un théologien et d'un philosophe*, Lausanne, RThPh (Cahiers de la RThPh 16), 1991; RITSCHL, Dietrich, *Zur Logik der Theologie. Kurze Darstellung der Zusammenhänge theologischer Themen* (1984), Munique, Kaiser, 1988; Idem, *Konzepte: Ökumene, Medizin, Ethik. Gesammelte Aufsätze*, Munique, Kaiser, 1986; SCHLEIERMACHER, Friedrich, *Le statut de la théologie. Bref exposé* (1811-1830), Paris-Genebra, Cerf-Labor et Fides, 1994; SIEGWALT, Gérard, *Dogmatique pour la catholicité évangélique*, Paris-Genebra, Cerf-Labor et Fides, 1986ss; TILLICH, Paul, *Teologia sistemática* (1951-1963), São Leopoldo, Escola Superior de Teologia-Sinodal, 2005; WAGNER, Falk, *Was ist Theologie? Studien zu ihrem Begriff und Thema in der Neuzeit*, Gütersloh, Mohn, 1989; WIDMER, Gabriel-Ph., "La théologie comme science ou comme sagesse?", *Freiburger Zeitschrift für Philosophie und Theologie* 23, 1976, p. 42-67; YANNARAS, Christos, *La foi vivante de l'Église. Introduction à la théologie orthodoxe*, Paris, Cerf, 1989.

◉ **Bíblia**; confissão de fé; **Deus**; dogma; dogmática; doutrina; **espiritualidade**; existencial; filosofia da religião; hermenêutica; historicismo; **judaísmo**; metafísica; **razão**; **religião e religiões**; teologia da cruz; teologia da mediação; teologia da secularização; "teologia dialética"; teologia do processo; teologia especulativa; teologia evangélica; teologia feminista; teologia negra (afro-americana); teologias africanas; teologias contextuais; teologias da Ásia; teologias da libertação; teologias da morte de Deus; teólogo

TEOLOGIA DA CRUZ

Inspirando-se na ênfase paulina sobre a "palavra da cruz" (p. ex., em 1Co 1.18-25), Lutero, em alguns textos de juventude (cf. o comentário das 95 teses sobre as indulgências, de 1518, *Resolutiones disputationum de indulgentiarum virtute* [Resoluções sobre a virtude das indulgências] — *WA* 1, 522-628, em especial 605-614; tradução francesa parcial em René Henri ESNAULT, *Les 95 thèses du 31 octobre 1517 sur les indulgences commentées et expliquées par Martin Luther dans les 'Resolutiones'* [As 95 teses de 31 de outubro de 1517 sobre as indulgências comentadas e explicadas por Martinho Lutero nas "Resoluções"], *ETR* 43, 1968, p. 5-44, principalmente p. 34-36; "O debate de Heidelberg", em Martinho *Obras selecionadas — Os primórdios: escritos de 1517 a 1519*, vol. 1, São Leopoldo-Porto Alegre, Sinodal-Concórdia, 1987), definiu sua teologia como "teologia da cruz", em oposição à "teologia da glória" de seus adversários. De modo paralelo, outros textos enfatizam a cruz, sem utilizar a fórmula diretamente, como critério decisivo de toda teologia ("somente a cruz é nossa teologia!", declarou ele no segundo comentário de Salmos, *Operationes in Psalmos* [1519-1521], em *MLO* 18, 141). A distinção entre teologia da cruz e teologia da glória não marca simplesmente nuances nos conteúdos teológicos. Assim, seria inadequado querer reduzi-la a uma simples alternativa entre cruz e glória futura, ou entre cruz e ressurreição. Trata-se de algo que está implicado na própria constituição do proceder teológico: seja qual for o tema trabalhado, o teólogo deve buscar Deus, não na glória e na majestade, mas no rebaixamento e na ignomínia da cruz. O fundamento de toda teologia é o Deus que está oculto nos sofrimentos, na fraqueza, na loucura da cruz de Cristo. Um acesso direto à glória de Deus, como, por exemplo, através de suas obras, também coloca o ser humano em uma situação de glorificação, de justificação pelas próprias obras, pervertendo a relação com Deus. A distinção também pode ser utilizada por Lutero em controvérsias com outros movimentos, como o entusiasmo iluminista. Retomar hoje essa distinção e concretizá-la nos debates atuais é uma tarefa que permanece aberta. A distinção chegou a incrementar razoavelmente algumas discussões sobre teologias políticas.

Pierre Bühler

▶ BAYER, Oswald et alii, "Kreuz", em *TRE*, t. XIX, 1990, p. 712-779; BÜHLER, Pierre, *Kreuz und Eschatologie. Eine Auseinandersetzung mit der politischen Theologie, im Anschluss an Luthers theologia crucis*, Tübingen, Mohr, 1981; DETTWILER, Andreas e ZUMSTEIN, Jean, orgs., *Kreuzestheologie im Neuen Testament*, Tübingen, Mohr Siebeck, 2002; LIENHARD, Marc, *Luther témoin de Jésus-Christ. Les étapes et les thèmes de la christologie du Réformateur*, Paris, Cerf, 1973; MOLTMANN, Jürgen, *Le Dieu crucifié. La croix du Christ, fondement et critique de la théologie chrétienne* (1972), Paris, Cerf, 1999.

⊙ Alegria; cruz; **Deus**; Erlangen; Grünewald; **Jesus (imagens de)**; justificação; *kenósis*; Lutero; **predestinação e Providência**; razão; ressurreição; **salvação**; Thomasius

TEOLOGIA DA LIBERTAÇÃO

As teologias chamadas da libertação se originaram da prática libertadora do povo latino-americano em um contexto sobretudo católico (cf. Leonardo Boff, Gustavo Gutiérrez, Juan Luis Segundo, Jon Sobrino etc.). Com base em uma tradição que remonta a Bartolomeu de las Casas (1474-1566), o povo defende sua cultura e sua religião contra as ameaças da sociedade rica. A partir de 1968, as teologias da libertação fazem ouvir a voz dos oprimidos e, nesse sentido, utilizam-se da revelação bíblica e da contribuição de algumas teorias críticas da sociedade para interpretar sua situação histórica. As minorias protestantes (morávios, metodistas, luteranos, valdenses), resultado da emigração europeia do século XIX, deitam raízes nesse povo e defendem sua causa. A análise induzida desse contexto diagnostica, então, uma série de "patologias", correlacionadas à pobreza material e antropológica crescente e a um domínio do tipo neocolonial dos países pobres. Disso advém a necessidade de reafirmar o caráter libertador do cristianismo: Deus liberta seu povo, e seu Filho toma partido pelos sem poder! A categoria universal da teologia seria, a partir de então, o pobre, identificado concretamente nas populações autóctones, na população negra etc.

Na Ásia e na África, podemos observar fenômenos análogos aos ocorridos na América Latina. No entanto, como os contextos eram diferentes, as teologias têm, cada uma, sua ênfase específica. A teologia da libertação parece, porém, designar atualmente um método de reflexão (ver, julgar, agir) que não é específico da América Latina, mas que também deixa marcas características na teologia feminista e na teologia negra. Historicamente falando, tem certo paralelo com as teologias políticas que se levantam contra a expulsão da fé cristã do domínio público e da sociedade, uma expulsão operada pela própria igreja e pela própria teologia. Essa corrente ataca a privatização da fé, o abismo entre o discurso e a ação. Está atenta às dimensões coletivas da vida, às questões da justiça e da paz. A luta não se concebe sem contemplação, e vice-versa.

Um novo desafio se apresenta à teologia da libertação, principalmente na América Latina: o crescente sucesso das igrejas neopentecostais. Iniciadas por um movimento missionário recente, vindo dos Estados Unidos, essas igrejas logo foram assimiladas ao imperialismo norte-americano. Uma análise da realidade mostra que a questão é bem mais complexa: implantado entre os pobres e levando em consideração a religião popular, o pentecostalismo, em algumas de suas formas, é vislumbrado como uma espiritualidade e uma prática de libertação análogas às dos avivamentos evangélicos. Com o desejo de libertar os pobres daquilo que os oprime, o pentecostalismo pode se unir às lutas sociais sem encerrar esses pobres nos determinismos sociais de sua condição.

Klauspeter Blaser e Jean-François Zorn

▶ BOFF, Leonardo, *Igreja: carisma e poder* (1981), Rio de Janeiro, Record, 2005; Centro Tricontinental (Louvain-la-Neuve), *Théologies de la libération*, Paris, L'Harmattan, 2000; ELLACURÍA, Ignacio e SOBRINO, Jon, *Mysterium liberationis. Fundamental Concepts of Liberation Theology* (1990), Meryknoll, Orbis Books, 1993; GUTIÉRREZ, Gustavo, *Teologia da libertação: perspectivas* (1972), São Paulo, Loyola, 2000; Idem, *A força histórica dos pobres*, Petrópolis, Vozes, 1981; HENNELY, Alfred T., org., *Liberation Theology. A Documentary History*, Maryknoll, Orbis Books, 1990; SCHÄFER, Klaus, "Les Églises de Pentecôte et les mouvements néopentecotîstes: un défi pour les Églises du Tiers-monde", *Perspectives missionnaires* 35, 1998, p. 23-39; TAMEZ, Elsa, *A Bíblia dos oprimidos: a opressão na teologia bíblica* (1979), São Paulo, Paulinas, 1981; Idem, *The Amnesty of Grace. Justification by Faith from a Latin American Perspective* (1991), Nashville, Abingdon Press, 1993.

▷ Alves; América Latina; Casalis G.; Conselho Mundial de Igrejas (Assembleias do); inculturação; **Jesus (imagens de); liberdade**; Míguez Bonino, **missão**; Russell; Sölle; Tamez; teologia feminista; teologia negra (afro-americana); teologias africanas; teologias contextuais; teologias da Ásia

TEOLOGIA DA MEDIAÇÃO

Em meados do século XIX, os representantes da teologia da mediação, no sentido estrito do termo, tentaram desenvolver a posição esboçada por Schleiermacher, na intenção de fazer uma mediação entre os grandes partidos teológicos da época, os racionalistas e os supranaturalistas. Seus representantes principais são Carl Ullmann (1796-1865) e Carl Immanuel Nitzsch (1787-1868). Seu órgão literário era *Theologische Studien und Kritiken* [Estudos e críticas teológicos] (a partir de 1828).

Nesses textos, Ullmann descreve como se segue o programa de uma mediação harmoniosa entre ciência e fé: "A mediação consiste em reconduzir a uma unidade originária, através de uma abordagem científica, das oposições relativas; desse modo, obtém-se uma reconciliação interna dessas oposições, além de um ponto de vista mais elevado em que os opostos são anulados [*aufgehobe*n]" (p. 57). Isso conduz ao "verdadeiro e são meio" entre os extremos, que não se deve compreender como uma meia medida, mas, pelo contrário, como a expressão de uma plena e total verdade da fé cristã, fundamentada na unidade de Deus e do homem em Jesus Cristo, que é o próprio "verdadeiro meio" (p. 58). Via-se nessa perspectiva um progresso em relação às escolas teológicas da época (p. 48 e 56).

Os teólogos da mediação se consideravam livres tanto de uma submissão legalista à doutrina quanto de uma traição do cristianismo ao espírito do tempo. Mas, sob a influência do movimento avivalista e das tendências restauradoras da igreja protestante da época, assim como sob a pressão da crítica radical exercida por David Friedrich Strauß e Ludwig Feuerbach, eles acabaram retornando a um ponto abaixo de Schleiermacher, ou seja, um supranaturalismo moderado que fundamentava a teologia sobre o sentimento e um conhecimento objetivo advindo da Bíblia. August Twesten (1789-1876) reintroduziu a doutrina da Trindade imanente; Friedrich Lücke (1791-1855) fez uma ponte entre a cristologia de Schleiermacher e alguns elementos da "doutrina das duas naturezas". Cabe-lhes o mérito de uma fidelidade fundamental à honestidade intelectual da pesquisa crítica diante da crescente influência de uma teologia luterana confessional (neoluteranismo).

Em um sentido mais amplo, compreende-se por teologia da mediação o trabalho de teólogos que pretendiam fazer uma mediação entre Schleiermacher e o idealismo especulativo. Julius Müller (1801-1878) se tornou famoso por sua "doutrina do pecado", em que, sob a influência de Tholuck, recusou-se a ver no mal somente o momento do processo espiritual cósmico, opondo-se, assim, à concepção idealista do mal, para ele anódina demais. Isaak August Dorner (1809-1874) buscou estabelecer especulativamente Cristo como "indivíduo central". Por fim, Richard Rothe (1799-1867) uniu, em seu sistema teológico (*Theologische Ethik* [Ética teológica], 1845-1848, 5 vols., Wittenberg, Zimmermann-Koelling, 1869-1871), motivos especulativos, teosóficos e avivalistas. Nessa obra, a passagem para um protestantismo livre (*Kulturprotestantismus*) é claramente visível; por outro lado, assim como Dorner, em relação à Bíblia e à dogmática, Rothe adota uma posição média entre o supranaturalismo e o racionalismo.

Dietz Lange

▶ HIRSCH, Emanuel, *Geschichte der neuern evangelischen Theologie*, t. V, Gütersloh, Bertelsmann, 1954, p. 375-387 e 392-414; MÜLLER, Julius, (1838-1844), Breslau, Max, 1867; NITZSCH, Carl Immanuel, *System der christlichen Lehre* (1829) Bonn, Marcus, 1851; ULLMANN, Carl, "Über Partei und Schule, Gegensätze und deren Vermittlung. Andeutungen", *Theologische Studien und Kritiken* 9, 1836, p. 5-61.

◉ Dorner; Göttingen (Universidade de); *Kulturprotestantismus*; mediações; racionalismo teológico; Rothe; Schleiermacher; Schweizer; supranaturalismo; Tholuck

TEOLOGIA DA SECULARIZAÇÃO

De maneira geral, o termo "secularização" assume duas acepções bastante diferentes, aplicando-se nas relações entre o religioso e o secular (do latim vulgar *saeculum*, mundo).

De um lado, o termo pode designar a passagem de noções intelectuais ou espirituais, de pessoas ou coisas, do campo religioso, principalmente cristão, portanto relacionado à fé em Deus, ao campo secular, independente de toda caracterização ou conotação religiosa. Por exemplo, aplicaremos a palavra "secularização" quando a liberdade, a fraternidade, a justiça etc., tais como as conhecem as Santas Escrituras, são isoladas de sua origem e se constituem grandezas racionais autônomas, quando construções destinadas ao culto são utilizadas para outros fins, às vezes pelo Estado, ou quando pessoas consagradas a Deus, no catolicismo, renunciam a seus votos e voltam para o mundo. Nesse sentido, a secularização qualifica uma postura filosófica ou sociológica que, mais precisamente, chamamos de secularismo, por dar conta somente do mundo, e não de Deus.

De outro, inspirando-se no cristianismo primitivo e nos reformadores, vários teólogos protestantes contemporâneos (seguidos por alguns teólogos católicos) se utilizam do termo — aqui, porém, em uma oposição a todo secularismo fechado em si mesmo — para expressar o fato de que a fé cristã, ao "desdivinizar" o mundo, tornou o cristão livre em relação a este mundo, onde pode assumir a responsabilidade que Deus lhe confia. Assim, é somente existindo em plena secularidade que o homem pode cumprir sua vocação como filho de Deus (Max Weber e Ernst Troeltsch já haviam enfatizado a afinidade profunda entre o protestantismo e essa posição diante do mundo). Nessa perspectiva, o "século" e a existência cristã não estão em oposição, mas, pelo contrário, o "século" é o lugar providencial por excelência em que a igreja e os cristãos podem se engajar para mostrar, pela palavra e pela ação, a eficácia da mensagem evangélica.

Jean-Louis Leuba

▶ COX, Harvey, *La cité séculière*] (1965), Tournai, Casterman, 1968; GOGARTEN, Friedrich, *Destin et espoir du monde moderne* (1953), Tournai, Casterman, 1970; VAN BUREN, Paul, *The Secular Meaning of the Gospel*, New York, Macmillan, 1963.

◉ Altizer; autonomia; Cox; criação/criatura; fé; Gogarten; **modernidade**; mundo; reinos (doutrina dos dois); **religião e religiões**; secularização; **técnica**; teologias da morte de Deus; Troeltsch; Van Buren; **vocação**; Weber M.

"TEOLOGIA DIALÉTICA"

O movimento chamado "teologia dialética" se desenvolveu na Alemanha imediatamente após a Primeira Guerra Mundial e a crise cultural que o período representou. Embora possam ser considerados dialéticos entre os teólogos, os precursores Lutero, Pascal e Kierkegaard, consideram-se Karl Barth (1886-1968), Friedrich Gogarten (1887-1967), Eduard Thurneysen (1888-1974), Emil Brunner (1889-1966) e Rudolf Bultmann (1884-1976) os principais líderes do movimento. A dialética é constituída de uma absoluta oposição *e* de uma recíproca implicação dos polos que põe em relação. Sua "resolução" só pode ser escatológica. Ela deve ser posta em operação quando se deseja falar de Deus e este se revela como o paradoxo absoluto. Ela também qualifica a existência cristã vivida diante de Deus entre o julgamento e a graça, a terra e o céu, a promessa e o cumprimento, o espírito e a carne, o antigo e o novo etc. A "teologia dialética" se caracteriza, portanto, por uma ruptura tanto com os teólogos positivos quanto com os teólogos liberais então dominantes. Criticando nos primeiros uma ausência de sentido de apropriação e nos segundos uma busca de continuidade entre o evangelho e a história, a cultura ou a existência, a "teologia dialética" busca articular continuidade e ruptura. Este também foi o ponto fraco do movimento: Gogarten (cf. *Ich glaube an den dreieinigen Gott. Eine Untersuchung über Glauben und Geschichte*, Iena, Diederichs, 1926), Bultmann (*La signification de la 'théologia dialétique' pour la science du Nouveau Testament* [O significado da "teologia dialética" para a ciência do Novo Testamento], 1928, em *Foi et compréhension* [Fé e compreensão], t. I, p. 130-151, e *Briefwechsel 1922-1966. Karl Barth, Rudolf Bultmann*, Zurique, Theologischer Verlag, 1971, p. 80ss) e Brunner (cf. a obra *Natur und Gnade*, Tübingen, Mohr, 1934, e a resposta de Barth, *Nein!* [Não!], Munique, Kaiser, 1934) se distanciaram de Barth, que lhes parecia acentuar a única ruptura entre a revelação e o humano demasiado humano.

Jean-Denis Kraege

▶ BARTH, Karl, *Palavra de Deus e palavra de homem* (1924), São Paulo, Fonte, 2001; BULTMANN, Rudolf, "Le 'Römerbrief' de Barth", em Pierre GISEL, org., *Karl Barth. Genèse et* réception de sa théologie, Genebra, Labor et Fides, 1987, p. 75-103; Idem, *Foi et compréhension* [Fé e compreensão], t. I, Paris, Seuil, 1970, p. 9-151; GESTRICH, Christof, *Neuzeitliches Denken und die Spaltung der dialektischen Theologie. Zur Frage der natürlichen Theologie*, Tübingen, Mohr, 1977; MOLTMANN, Jürgen, org., *Anfänge der dialektischen Theologie*, 2 vols., Munique, Kaiser, 1962-1963.

▶ Barth; barthismo; **Bíblia**; Brunner; Bultmann; demitologização; **Deus**; Ebeling; existencialismo; Gogarten; Lehmann; liberalismo teológico; Macquarrie; neoprotestantismo; Overbeck; Rad; ritschliana (escola); Thurneysen; Tillich

TEOLOGIA DO PROCESSO

Esse termo designa uma corrente teológica geralmente anglo-saxã que busca pensar a fé cristã utilizando-se de noções e categorias elaboradas por Alfred North Whitehead (cuja principal obra é *Processo e realidade: ensaio de cosmologia*, 1929, Lisboa, Centro de Filosofia da Universidade de Lisboa, 2010). Para essa corrente, a realidade apresenta duas características: primeira, é feita de acontecimentos que se sucedem e se encadeiam em um movimento contínuo, e não de objetos estáveis; segunda, é feita de relações e encontros que criam "entidades", e não de entidades existentes por si mesmas para quem as relações seriam secundárias. Disso resulta uma visão dinâmica e interativa de Deus, do ser humano e do mundo. Dessa corrente fazem parte, entre outros, Daniel Day Williams (1910-1973), William Norman Pittenger (1905-1997), Schubert Miles Ogden (1928-), John B. Cobb (1925-), David Ray Griffin (1939-), Lewis S. Ford (1933-), Marjorie Suchocki (1933-).

André Gounelle

▶ COBB, John B. e GRIFFIN, David Ray, *Process Theology. An Introductory Exposition*, Filadélfia, Westminster Press, 1976; GOUNELLE, André, *Le dynamisme créateur de Dieu. Essai sur la théologie du Process* (1981), Paris, Van Dieren, 2000.

▶ Chicago (escola de); Cobb; evolucionismo; Griffin; **razão**; Whitehead

TEOLOGIA ESPECULATIVA

Carl Daub (1763-1836), fundador da teologia especulativa, buscou fundamentar racionalmente a teologia em uma época pós-metafísica.

Sob a influência da crítica de Kant formulada por Schelling e Hegel, rejeitou, para essa finalidade, todo tipo de fundamento antropológico, inclusive Kant. Sim, o homem pensa Deus, mas Deus não depende desse pensar; pois, em seguida ao processo trinitário da autorrevelação de Deus, o pensar do homem não passa de uma posição intermediária de Deus, e não seu princípio. Logo, o pensamento especulativo deve suprimir (*aufheben*) a diferença entre o espírito humano e o espírito divino).

Na obra de Philippe Konrad Marheineke (1780-1846) — que foi aluno de Daub, assim como Karl Rosenkranz (1805-1879), Isaak Rust, Richard Rothe (1799-1867) e Ludwig Feuerbach (1804-1872) —, a fundação especulativa já pressupõe a aceitação religiosa dos dogmas. Ao mesmo tempo, e contra sua intenção original, a teologia especulativa se articulou mais em torno de Schleiermacher que em torno de Hegel (com efeito, buscou-se preservar a consciência religiosa da assunção sem resto no conceito). Wilhelm Vatke (1806-1882), Eduard Zeller (1814-1908) e Alois Emanuel Biedermann (1819-1855) permaneceram fiéis a essa linha. No entorno de Hegel, o programa de uma reconciliação especulativa entre fé e pensamento foi retomado por Georg Andreas Gabler (1786-1853), Karl Friedrich Göschel (1784-1861) e Hermann Friedrich Wilhelm Hinrichs (1794-1861). Referindo-se a Ferdinand Christian Baur (1792-1860), mas também distinguindo-se dele, David Friedrich Strauß (1808-1874) pretendeu unir afirmação especulativa e crítica histórica do dogma (aqui, uma crítica desconstrutiva). Passando da autocrítica do dogma operada pela teoria especulativa à crítica da religião, Bruno Bauer (1809-1882) marcou o fim da teologia especulativa. Após essa ruptura, foram retomados apenas elementos isolados, abandonando-se toda pretensão à realidade do sistema especulativo. O mesmo pode ser dito tanto sobre a doutrina de Deus de teístas especulativos como Christian Hermann Weiße (1801-1866), Immanuel Hermann Fichte (1796-1879), Hermann Ulrici (1806-1884) quanto sobre a recepção de elementos advindos da teologia especulativa na doutrina da Trindade e da cristologia de, por exemplo, Isaak August Dorner (1809-1884), Karl Theodor Albert Liebner (1806-1871) e Hans Lassen Martensen (1808-1884).

Folkart Wittekind

▶ AXT-PISCALAR, Christine, *Der Grund des Glaubens. Eine theologiegeschichtliche Untersuchung zum Verhältnis von Glauben und Trinität in der Theologie Isaak August Dorners*, Tübingen, Mohr, 1990; KRÜGER, Klaus, *Des Gottesbegriff in der spekulativen Theologie*, Berlim, Walter de Gruyter, 1970; LÄMMERMANN, Godwin, *Kritische Theologie und Theologiekritik. Zur Genese der Religions- und Selbstbewußtseinstheorie Bruno Bauers*, Munique, Kaiser, 1979; RUPRECHT, Eva-Maria, *Kritikvergessene Spekulation. Das Religions- und Theologieverständnis der spekulativen Theologie Ph. K. Marheinekes*, Frankfurt, Lang, 1993; STÜBINGER, Ewald, *Die Theologie Carl Daubs als Kritik der positionellen Theologie*, Frankfurt, Lang, 1993; WAGNER, Falk, *Die vergessene spekulative Theologie. Zur Erinnerung an Carl Daub anläßlich seines 150. Todesjahres*, Zurique, Theologischer Verlag, 1987.

▶ Baur; Biedermann; **Deus**; dogma; dogmática; Dorner; Feuerbach; Hegel; hegelianos de esquerda; **liberdade**; Marheineke; metafísica; Rothe; Schleiermacher; Strauß

TEOLOGIA EVANGÉLICA

A teologia "evangélica" se percebe em continuidade direta em relação aos reformadores do século XVI. Porém, a fidelidade em um contexto transformado confere-lhe uma fisionomia própria. Essa teologia se distingue por uma resistência à modernidade que se seguiu às Luzes, que, no entanto, não deixa de influenciá-la. Seu traço mais perceptível é o apego à autoridade infalível das Escrituras, associado a uma hermenêutica que desconfia dos pressupostos do espírito do tempo e busca arraigar o sentido no fato histórico. Esse conflito com as tendências dominantes da cultura faz com que a culpa e a conversão sejam enfatizadas como um elemento de ruptura, o que explica a importância das categorias jurídicas e históricas; isso favorece a ênfase na escatologia, não sem ressonâncias modernas (individualismo e historicismo).

Um modelo teológico herdado de Calvino predomina dentre a diversidade "evangélica", com a soteriologia no centro, a cruz como substituição penal e um equilíbrio entre justificação e santificação. Os calvinistas estritos mantêm a supremacia augustiniana da graça, enquanto os arminianos reintroduzem na teologia o livre-arbítrio; nesses dois ramos, duas tradições se afastam do modelo principal: o luteranismo pietista, principalmente o germânico e o escandinavo, menos dogmático, muito apegado ao tema do novo nascimento; e o anabatismo (menonita), pacifista, que privilegia o exemplo de Cristo. De resto, os "evangélicos" diferem principalmente pela eclesiologia, que geralmente é de tipo reformado ou de tipo batista. O grau de abertura para pensamentos exteriores também varia; uma interpretação em graus variados de literalismo do Gênesis e das profecias por vezes divide, assim como os debates sobre o feminismo, os milagres hoje, com permissão para a ousadia quando se "recontextualiza" o evangelho em uma situação nova. Dentre os teólogos em vista, cabe citar James Innell Packer (1926-), anglicano calvinista; Donald A. Carson (1946-), batista; I. Howard Marshall (1934-), metodista; Charles Caldwell Ryrie (1925-), em relação ao dispensacionalismo. Na apologética, o destaque é dos neocalvinistas e empiristas, tais como John Warwick Montgomery (1931-) e Clark Pinnock (1937-2010).

Henri Blocher

▶ CARSON, Donald A. e WOODBRIDGE, John D., orgs., *Scripture and Truth* (1983), Grand Rapids, Baker Book House, 1992; Idem, org., *Hermeneutics, Authority and Canon* (1986), Carlisle-Grand Rapids, Paternoster Press-Baker Books, 1995; EDWARDS, David e STOTT, John, *Essentials. A Liberal-Evangelical Dialogue*, Londres, Hodder and Stoughton, 1988; "Intégrismes, fondamentalismes, évangelisme", *Fac-Réflexion* 24, Vaux-sur-Seine, Faculté libre de théologie évangélique, setembro de 1993; JOHNSTON, Robert K., org., *The Use of the Bible in Theology. Evangelical Options*, Atlanta, John Knox Press, 1985; KRAEGE, Jean-Denis, *Les pièges de la foi. Lettre ouverte aux "évangéliques"*, Genebra, Labor et Fides, 1993; WENHAM, Gordon et alii, *Verité historique et critique biblique* (1976), Lausanne, Presses bibliques universitaires, 1982.

◉ Avivamento; calvinismo (neo); dissidente; evangélicos; expiação; Henry; inspiração; pietismo

TEOLOGIA FEMINISTA

Desde o surgimento da teologia feminista, há mais de 35 anos nos Estados Unidos, tornou-se um movimento global e ecumênico. Não é mais uma teologia para complementar um quadro já bastante lotado, embora seja justo o desejo de acrescentar elementos esquecidos e abordar questões teológicas com um olhar de mulher. A teologia feminista vai bem mais longe. Como afirma Dorothee Sölle: "Não queremos a nossa parte do bolo; queremos preparar outro bolo!" (disso advém a recusa constante de levar em consideração as diferenças confessionais, herdadas). O debate teológico feminista inclui uma diversidade de disciplinas e perspectivas, abordando de modo crítico temas tão variados quanto o ministério, a ordenação, a linguagem, a hermenêutica bíblica, a ética e a sistemática (Ann Loades, Anne Carr, Catharina Hawkes, Daphne Hampson, Isabel Carter Heyward e Elisabeth Moltmann-Wendel). Essas discussões têm sensibilizado as igrejas e as teologias para a exclusão histórica das mulheres da tradição, mas também para a unilateralidade do sexo masculino nas atividades correlacionadas ao ministério pastoral, à linguagem da experiência religiosa e do discurso teológico e à importância do simbolismo religioso na formação das representações predominantes ligadas ao sexo masculino na cultura ocidental (Elaine Graham e Ursula King).

Ao longo de suas primeiras etapas, a teologia feminista se concentrou em duas tarefas-chave: primeira, o questionamento e a denúncia da exclusão histórica e do descrédito das mulheres na teologia e na prática cristãs; teólogas como Rosemary Radford Ruether afirmaram que, em vez de representar a codificação da experiência humana universal do divino, a teologia se limitou a perspectivas patriarcais, parciais e ideológicas; a teologia foi relida como "androcentrada", ou dominada pelo sexo masculino, e se desenvolveu um trabalho com o fim de corrigir essa tendência. A segunda é uma tarefa de reconstrução, que identificou aspectos da experiência das mulheres antes vividas em silêncio ou marginalizadas; teólogas e críticas bíblicas restituíram a voz e as atividades das mulheres nas Escrituras, propondo-as como exemplos de fé e libertação (Phyliss Trible, Letty Mandeville Russell, Elisabeth Schüssler Fiorenza, Bernadette Brooten). Muitos trabalhos bíblicos feministas recorreram às ferramentas críticas da antropologia, da sociologia e da crítica textual. Foram realizados trabalhos similares para buscar as contribuições das mulheres através da história cristã, identificando santas, profetisas e místicas cuja compreensão oferecesse novas perspectivas para as tradições espirituais "androcentradas" (Grace Jantzen). Hoje, essas exegetas feministas evoluíram em um sentido bem mais radical: parece-lhes que a Bíblia é um texto fundamentalmente patriarcal e que de nada serve querer "salvá-la" (Mieke Bal, Cheryl Exum e Esther Fuchs).

A ética cristã feminista também enfatiza a necessidade de integrar experiências de mulheres nas normas convencionais da verdade e da virtude. Isso implica o surgimento de uma "voz" moral feminina distinta. Desafiando os modelos patriarcais de identidade, virtude e vocação, e ainda demonstrando no que diferem as aspirações e as experiências das mulheres, autoras como Kathleen R. Fischer, Beverly Wildung Harrison e Sharon D. Welch oferecem novas interpretações de formação cristã, critérios morais, comunidade e identidade, tanto para as mulheres quanto para os homens cristãos. Além disso, foram trabalhados temas fundamentais para as mulheres, tais como violência, sexualidade, procriação e maternidade e condição social e econômica (Elaine Graham e Margaret Halsey).

A teologia feminista também desafiou a invisibilidade das mulheres em muitas áreas da prática pastoral cristã e questionou muitos critérios para o ministério eficaz, estabelecidos de acordo com normas masculinas e clericais. Ainda que a maior parte das tradições protestantes já tenha tomado a decisão de admitir a ordenação de mulheres no ministério, o processo não se acompanhou necessariamente de discussões sobre se as mulheres trazem qualidades diferentes e distintas para as funções tradicionais da palavra dos sacramentos. Trabalhos recentes sobre a pregação das mulheres sugerem que tanto o conteúdo quanto a estrutura da homilética feminista representam um novo ponto de partida para a prática e a teologia cristãs (Heather Walton e Susan Durber).

As experiências do divino por que passam as mulheres e a linguagem que usam para exprimi-las são outro debate importante. Sallie McFague observa que nossa linguagem sobre Deus é metafórica, e a experiência e o contexto sempre mediatizam a realidade divina. Assim, algumas imagens e noções de Deus são um reflexo das sociedades patriarcais que as criaram; ao considerar as imagens do rei, do senhor e do pai como fundamentais e definitivas, os cristãos estariam correndo o risco de incorrer em idolatria ao confundir o termo com a própria realidade. A linguagem religiosa deve servir como um modelo, e não como um ídolo.

As teólogas feministas buscaram ampliar o vocabulário teológico, muitas vezes revisando conscientemente as tradições clássicas ou bíblicas que falam de Deus em termos "femininos" ou de gênero indeterminado (Virginia Mollenkott). Teólogas mais radicais, como Mary Daly, originaram o grupo das pós-cristãs.

As teólogas feministas também começaram a explorar as ideias de neopsicanalistas feministas francófonas, tais como Luce Irigaray e Julia Kristeva, principalmente em relação à compreensão da linguagem para a formação da subjetividade associada ao sexo masculino ou feminino. Vários comentadores afirmam que as relações do inconsciente com a identidade são análogas à posição das mulheres na ordem sociolinguística, uma fonte energética elementar, reprimida, mas poderosa. As experiências religiosas das mulheres foram recebidas com silêncio pelo patriarcado, mas representam fontes potencialmente subversivas e proféticas daquilo que Kristeva chamava "loucura, santidade e poesia". Esse fato promete liberar novos campos da imaginação religiosa, agindo como uma renovação não racional da tradição, apofática, na espiritualidade e na mística (Grace Jantzen e Caroline Walker Bynum). Outras teólogas se inspiraram em Jung (Naomi Goldenberg).

A vitalidade da teologia feminista do Terceiro Mundo é cada vez mais evidente. Um bom número dessas teólogas emergiu sob os auspícios da Associação Ecumênica dos Teólogos do Terceiro Mundo, principalmente das assembleias de mulheres organizadas a partir de 1976, e também dos inúmeros projetos do Conselho Mundial de Igrejas, tais como o departamento "Cooperação entre homens e mulheres na igreja e na sociedade" e a Década Ecumênica das Igrejas em Solidariedade com as Mulheres (1988-1998). Foram ocasiões para que a teologia feminista questionasse o neocolonialismo que também afeta a vida das mulheres. O significado das figuras de Maria e Jesus como libertadores assumiu uma pertinência particular para as mulheres, e foi objeto de debate a relação entre a tradição cristã e as espiritualidades indígenas (que, nessas culturas, geralmente são praticadas e observadas pelas mulheres; cf. a abordagem africana, com Mercy Oduyoye e Musimbi Kanyoro, entre outras; a asiática, com Chung Hyun-Kyung; a latino-americana, com Elsa Tamez; a *womanist* [teologia feminista afro-americana], com

Jacquelyn Grant, Kelly Brown Douglas e Delores S. Williams). O papel das mulheres nas comunidades eclesiais de base também provocou discussões, assim como a relativa importância das tradições protestantes e católicas para a teologia da libertação.

Ainda que os projetos de crítica e reconstrução sejam fundamentais para o trabalho das teólogas feministas em todo o mundo, também é possível discernir questões metodológicas mais profundas. Assim como muitas teologias da libertação, a teologia feminista desafia muitos pontos nodais da teologia ocidental: a natureza da investigação teológica, a relação entre tradição histórica e experiência contemporânea, novas vias de interpretação das Escrituras, a natureza da igreja e a identidade de Deus (Susan Frank Parsons). Os fundamentos tradicionais da teologia protestante (razão, experiência, tradição e Escrituras) devem sobretudo ser reexaminados na teologia feminista. Assim, os trabalhos sobre a linguagem religiosa e a espiritualidade levantam a questão da verdadeira natureza do discurso religioso e teológico, inclusive a do lugar privilegiado da racionalidade filosófica no conhecimento de Deus. Quando lidam com a interpretação e as melhorias da tradição (história, doutrina e Escrituras), as críticas feministas precisam articular os critérios que consideram autênticos esses elementos do passado para a fé e a prática contemporâneas. Uma questão central para a teologia feminista é a relação da tradição herdada com a consciência e a prática contemporâneas, e a questão sobre quais seriam os fundamentos com que as marcas patriarcais da tradição poderiam ser rejeitadas, ao mesmo tempo que se conserva e prolonga a "boa tradição" que proclama a plena humanidade de homens e mulheres (Rosemary Radford Ruether). Essas questões estão no cerne de todo o esforço de compreensão e prática da fé cristã em cada geração.

Elaine Graham

▶ "À la découverte de la théologie féministe", *Bulletin du Centre protestant d'études* 42/5-6, Genebra, 1990; CARR, Anne E., *La femme dans l'Église. Tradition chrétienne et théologie féministe* (1988), Paris, Cerf, 1993; CHUNG, Hyun-Kung, *Struggle to Be the Sun Again. Introducing Asian Women's Theology* (1990), Maryknoll, Orbis Books, 1991; DALY, Mary, *Beyond God the Father. Toward a Philosophy of Women's Liberation*, Boston, Beacon Press, 1973; DURBER, Susan e WALTON, Heather, orgs., *Silence in Heaven. A Book of Women's Preaching*, Londres, SCM Press, 1994; FISCHER, Kathleen R., *Women at the Well. Feminist Perspectives on Spiritual Direction*, New York, Paulist Press, 1988; GOLDENBERG, Naomi, *Changing of the Gods. Feminism and the End of Traditional Religions*, Boston, Beacon Press, 1979; GÖSSMANN, Elisabeth, org., *Wörterbuch der feministischen Theologie*, Gütersloh, Mohn, 1991; GRAHAM, Elaine, *Making the Difference. Gender, Personhood and Theology*, Londres, Mowbray, 1995; Idem e HALSEY, Margaret, orgs., *Life Cycles. Women and Pastoral Care*, Londres, SPCK, 1993; GRANT, Jacquelyn, *White Women's Christ and Black Women's Jesus. Feminist Christology and Womanist Response*, Atlanta, Scholars Press, 1989; HARRISON, Beverly Wildung, *Making the Connections. Essays in Feminist Social Ethics*, Boston, Beacon Press, 1985; JANTZEN, Grace, *Julian of Norwich, Mystic and Theologian* (1987), Londres, SPCK, 2000; Idem, *Power, Gender and Christian Mysticism*, Cambridge, Cambridge University Press, 1995; KING, Ursula, org., *Feminist Theology from the Third World*, Maryknoll, Orbis Books, 1994; Idem, org., *Religion and Gender*, Oxford Blackwell, 1995; LOADES, Ann, *Feminist Theology*, Londres-Louisville, SPCK-Westminster-John Knox Press, 1990;MCFAGUE, Sallie, *Metaphorical Theology. Models of God in Religious Language*, Filadélfia, Fortress Press, 1982; MOLLENKOTT, Virginia Ramey, *Dieu au féminin. Imagens féminines de Dieu dans la Bible* (1983), Montreal-Paris, Paulines-Centurion, 1990; PARMENTIER, Élisabeth, *Les filles prodigues. Défis de théologies féministes*, Genebra, Labor et Fides, 1998; PARSONS, Susan Frank, org., *The Cambridge Companion to Feminist Theology*, Cambridge, Cambridge University Press, 2002; PLASKOW, Judith, *Sex, Sin and Grace. Women's Experience and the Theologies of Reinhold Niebuhr and Paul Tillich*, Washington, University Press of America, 1980; Idem e CHRIST, Carol P., orgs., *Weaving the Visions. New Patterns in Feminist Spirituality*, San Francisco, Harper and Row, 1989; RUETHER, Rosemary Radford, *Sexism and God-Talk. Toward a Feminist Theology*, Boston, Beacon Press, 1992; Idem, *Women and Redemption. A Theological History*, Londres, SCM Press, 1998; RUSSELL, Letty M. e CLARKSON, J. Shannon, orgs., *Dictionary of Feminist Theologies*, Louisville, Westminster John Knox Press, 1996; SCHÜSSLER FIORENZA, Elisabeth, *En mémoire d'elle. Essai de reconstruction des origines chrétiennes selon la théologie féministe* (1983), Paris, Cerf, 1983; Idem, *Searching the Scriptures*, 2 vols., New York, Crossroad, 1993-1994; TAMEZ, Elsa, org., *Through Her Eyes. Women's Theology from Latin America* (1986),

Maryknoll, Orbis Books, 1989; TRIBLE, Phyllis, *God and the Rhetoric of Sexuality* (1978), Londres, SCM Press, 1992; WATSON, Natalie K., *Feminist Théologie*, Grand Rapids, Eerdmans, 2003; WELCH, Sharon D., *A Feminist Ethic of Risk*, Minneapolis, Fortress Press, 1990; WESSINGER, Catherine, org., *Religious Institutions and Women's Leadership. New Roles inside the Mainstream*, Columbia, University of Carolina Press, 1996.

▶ Bührig; **ecologia**; feminismo; Harrison; **Jesus (imagens de)**; **mulher**; Quéré; Russell; sabedoria; Shaw; Sölle; Stanton; Tamez; teologias contextuais; Willard

TEOLOGIA NATURAL → Religião e religiões

TEOLOGIA NEGRA (afro-americana)

Essa corrente de reflexão teológica se originou em 1966 das igrejas negras do movimento dos Direitos Civis e do Poder Negro [*Black Power*], que agitaram os Estados Unidos nos anos 1960, em paralelo ao surgimento dos *Black Studies*. Rompendo com as reflexões teológicas brancas, mostrou a que veio ao ousar afirmar, com ira, que a linguagem da negritude é a melhor linguagem simbólica sobre Deus no contexto norte-americano. A confissão de um Deus *negro* levanta inúmeras questões e instiga os teólogos a repensar o problema da revelação. Desenvolve-se, assim, o tema da negritude de Deus, que gera reflexões tanto cristológicas quanto antropológicas negras. Os principais autores dessa corrente são James H. Cone, Gayraud S. Wilmore, Deotis Roberts, William Ronald Jones, Major J. Jones e Robert C. Williams. Na década de 1980, surgiu uma segunda geração de teólogas e teólogos, como Jacquelyn Grant, Delores S. Williams, Katie Kannon, Dwight N. Hopkins, George C. L. Cummings e Cornel West. Seu tom e seus objetivos são diferentes: enquanto seus pares denunciavam teologicamente o racismo, eles ampliaram esse olhar para toda injustiça e analisaram sua tradição. Foi dessa maneira que a "instituição invisível" (a igreja negra debaixo da escravidão) e a cultura afro-americana se tornaram uma fonte importante dessa reflexão teológica que convida, de modo mais geral, a repensar as relações entre particularidade e universalidade.

Serge Molla

▶ CHENU, Bruno, *Théologies chrétiennes des tiers-mondes*, Paris, Centurion, 1987, p. 55-90; CONE, James H. e WILMORE, Gayraud, orgs., *Black Theology. A Documentary History*, 2 vols., Maryknoll, Orbis Books, 1993; FELDER, Cain Hope, org., *Stony the Road We Trod. African American Biblical Interpretation*, Minneapolis, Fortress Press, 1991; MOLLA, Serge, *Au pays de la Black Theology*, RThPh 114, 1982, p. 277-283.

▶ Beecher Stowe; Cone; Direitos Civis (movimento dos); DuBois; igreja negra (afro-americana); **Jesus (imagens de)**; King; Lehmann; **missão**; *negro spiritual*; teologia feminista; teologias contextuais; Thurman

TEOLOGIAS AFRICANAS

Assim como muitas comunidades no Terceiro Mundo, a comunidade cristã africana é fortemente marcada pela realidade simbólica das religiões ditas tradicionais com que convive. Buscando permanecer cristã e africana ao mesmo tempo, essa comunidade afirma a quase identidade do Deus tradicional com o Deus de Jesus Cristo. Além disso, diremos também que o respeito devido aos mortos se insere na simbólica da vida, da participação, da comunhão e da harmonia relacional. Mas a maior preocupação para a teologia africana hoje é a pobreza e a ausência de democracia.

Os teólogos africanos contemporâneos analisam criticamente os projetos herdados das teologias missionárias (tábula rasa cultural, implantação da igreja, adaptação). A busca de identidade cultural e negra, no discurso teológico africano, com frequência desembocou em teologias de inculturação que, por muito tempo, determinaram a abordagem da teologia africana. No entanto, o esquecimento dos desafios materiais fundamentais para o continente africano provocou uma crítica bastante severa do paradigma teórico da identidade cultural. Isolada, essa teologia é vista hoje como um culturalismo lírico e verborrágico. Foi substituída pelo surgimento de uma teologia contextual da libertação na África contemporânea, com o fim de desenvolver uma análise concreta do que o povo vive na África. Com a preocupação de superar um discurso utópico da libertação, alguns teólogos da África, e de outros locais também, defendem agora uma teologia da reconstrução que, sem negar os paradigmas anteriores, teria a tarefa de arrancar a

África de seus sonhos e fantasias para reconstruí-la com a base dos direitos humanos, da democracia e da colaboração.

Klauspeter Blaser

▶ BLASER, Klauspeter, *Le conflit Nord-Sud en théologie*, Lausanne, Soc, 1990; CHENU, Bruno, *Théologies chrétiennes des tiers-mondes*, Paris, Centurion, 1987; ELA, Jean-Marc, *Ma foi d'Africain*, Paris, Karthala, 1985; KÄ Mana, *Théologie africaine pour un temps de crise. Christianisme et reconstruction de l'Afrique*, Paris, Karthala, 1993; Idem, "L'Église africaine et la théologie de la reconstruction. Réflexions sur les nouveaux appels de la mission en Afrique", *Bulletin du Centre protestant d'études* 46/4-5, Genebra, 1994; Idem, *La nouvelle évangelisation en Afrique*, Paris-Iaundê, Karthala-Clé, 2000; KARAMAGA, André, *L'évangile em Afrique. Ruptures et continuité*, Morges, Cabédita, 1990; MARTEY, Emmanuel, *African Theology. Inculturation and Liberation*, Maryknoll, Orbis Books, 1993; MUZOREWA, Gwinyai H., *The Origins and Development of African Theology*, Maryknoll, Orbis Books, 1985.

◉ África tropical; Harris; inculturação; **Jesus (imagens de)**; Kimbangu; Madagascar; Mbiti; **missão**; teologias contextuais

TEOLOGIAS CONTEXTUAIS

O termo designa, ao mesmo tempo, um método e um gênero recentes de teologia, particularmente presentes nos meios do Conselho Mundial de Igrejas, mas também entre os teólogos católicos que utilizaram a linguagem de inculturação: "Uma teologia correta reflete a experiência da comunidade cristã em dado local e em dada época. É, portanto, necessariamente, uma teologia contextual. É uma teologia válida e viva que se recusa a deixar-se universalizar superficialmente por falar em vista de uma situação específica e a partir dessa situação" (Conferência Missionária Mundial de Bangcoc, 1973).

As teologias contextuais tornam o contexto cultural, social, político e religioso o princípio metódico de toda reflexão teológica e toda leitura interpretativa do evangelho. Inserem-se no esforço de sair do colonialismo eclesiástico e teológico induzido pelo movimento missionário anterior à autonomia política dos países do Terceiro Mundo. As tentativas de teologias contextuais se inserem, portanto, em uma busca de identidade que ultrapassa a simples indigenização e adaptação. Se a igreja e sua teologia não se tornarem locais, não sobreviverão. Por isso, além de uma política eclesiástica de independência, há um esforço de produzir uma teologia própria, chamada do genitivo: "teologia da reconstrução" na África, "do búfalo do arrozal" na Ásia, "do coco" no Pacífico. O orgulho dos teólogos ocidentais os levou a considerar sua teologia como universal. Agora, a teologia é mais negra que branca; libertadora, e não opressiva; comunitária, e não individualista; indutiva, e não dedutiva. Na maioria dos casos, essas teologias são mais orais (cantos, orações, poemas, provérbios) antes de se articular em livros e teorias.

A especificidade dessas teologias na África, na América Latina e na Ásia é incontestável. No entanto, parecem ter o mesmo elemento em comum: cristalizam-se em torno de dois polos, o da pobreza e o da religião "tradicional", anterior em relação ao cristianismo trazido pelos missionários. Assim, a questão da universalidade surge em outro ângulo, pois a pergunta que é feita, então, pela teologia do Sul (e do Oriente) é a seguinte: nesse processo, será que a teologia pode evitar uma ruptura fundamental com o cristianismo do Norte, suas tradições, seus interesses e seus modos de pensar? Parece que somente uma reflexão teológica concebida como um processo conciliatório, em que se busque a unidade na diversidade, estará apto a responder aos imperativos da situação. Estarão excluídas as formas totalitárias e imperialistas da comunicação universal para fundar, no Cristo libertador, a opção comum para o reino de Deus. Pois, se a verdade não é uniforme, também não é relativa. Para todos nós, é dada no evangelho.

Klauspeter Blaser

▶ ASSOCIAÇÃO ECUMÊNICA DE TEÓLOGOS DO TERCEIRO MUNDO, *Théologies du Tiers-monde. Du conformisme à l'indépendance. Le colloque de Dar es-Salaam et ses prolongements*, Paris, L'Harmattan, 1977; Idem, *Libération ou adaptation? La théologie africaine s'interroge*, Paris, L'Harmattan, 1979; BEVANS, Stephen B., *Models of Contextual Theology*, Maryknoll, Orbis Books, 1992; BLASER, Klauspeter, *La théologie au XXe siècle. Histoire — Défis — Enjeux*, Lausanne, L'Âge d'Homme, 1995, cap. 7; COLLET, Giancarlo, org., *Theologien der Dritten Welt. EATWOT als Herausforderung westlicher Theologie und Kirche*,

Immensee, Neue Zeitschrift für Missionswissenschaft (Supplementa 37), 1990; "Théologies du tiers-monde. Convergences et différences", *Concilium* 219, 1988; SCHREITER, Robert J., *Constructing Local Theologies*, Maryknoll, Orbis Books, 1985; STACKHOUSE, Max L., *Apologia. Contextualization, Globalization and Mission in Theological Education*, Grand Rapids, Eerdmans, 1988; ZORN, Jean-François, *La contextualisation: un concept théologique?*, RHPhR 77, 1997, p. 171-189.

▸ Inculturação; **Jesus (imagens de)**; **missão**; teologia da libertação; teologia feminista; teologia negra (afro-americana); teologias africanas; teologias da Ásia; Ting

TEOLOGIAS DA ÁSIA

O contexto institucional em que a religião asiática opera é composto de dois elementos cósmico-soteriológicos que não deixam de influenciar a teologia cristã, sobretudo quando pensamos que os cristãos, na Ásia, formam uma ínfima minoria: por volta de 2%. O contexto da Ásia força seus teólogos a um diálogo com as demais religiões, e o pluralismo religioso constitui um tema importante para a teologia asiática. Em vez de alimentar o interesse da instituição, sua tarefa é proclamar que Deus trabalha no mundo, que Cristo é o libertador de todos e que a igreja é chamada a participar dos desígnios salvíficos de Deus. O "Cristo universal e ôntico" e a "universalidade histórica da nova criação em Cristo" apontam para uma superação do cristianismo, das religiões e das ideologias ateias, superação que deve ser operada através de uma transformação do interior.

O conflito entre a teologia dos inculturacionistas (o Cristo das religiões) e a teologia dos liberacionistas (Cristo contra as religiões) fez com que Aloysius Pieris propusesse considerar a religião e a pobreza como os dois ambientes de uma mesma elipse. "A libertação da pobreza como objetivo da tecnocracia ocidental pode ser uma busca escravizante, terminando no hedonismo, se não for temperada pela libertação que advém da pobreza." Assim, a teologia asiática busca encontrar seu caminho diferenciando-se tanto da teologia clássica europeia quanto da teologia da libertação latino-americana. O evangelho deve ser lido no contexto das dificuldades e dos fracassos asiáticos; inversamente, esse lugar é esclarecido pelo evangelho e por suas tradições. Foi o caso da teologia do *minjung* (ou seja, as camadas baixas, oprimidas e exploradas do povo, o *ochlos* do evangelho de Marcos) na Coreia do Sul. A identificação do Crucificado com o povo pobre foi bastante acentuada nessa teologia. Recentemente, a proposta de identificar o Espírito Santo com os espíritos da cultura tradicional (Chung Hyun-Kyung) reavivou o debate sobre evangelho e cultura. Na Índia, a teologia dos *dalits* (sem casta) se apresenta como uma teologia da libertação.

No contexto asiático, o discurso *sobre* Deus é um contrassenso. O que é determinante é a experiência com Deus, do povo de Deus que vive além da igreja e no qual a igreja emerge em uma total participação.

Dentre os teólogos da Ásia mais representativos, protestantes ou não, cabe assinalar Kosuke Koyama (1929-2009, Japão), Song Choan-Seng (1929-, Taiwan), Daniel Thambyraj Niles (1908-1970, Sri Lanka) ou, na Índia, Madathilparampil Mammen Thomas (1919-1996), Raimundo Panikkar (1918-2010) e Stanley Samartha (1920-2001).

Klauspeter Blaser

▸ ASSOCIAÇÃO ECUMÊNICA DE TEÓLOGOS DO TERCEIRO MUNDO, *Dieu en Asie. Chrétiens et théologiens du tiers-monde* (1980), Paris, Karthala, 1982; CHENU, Bruno, *Théologies chrétiennes des tiers-mondes*, Paris, Centurion, 1987; COMISSÃO DE PREOCUPAÇÕES TEOLÓGICAS DA CONFERÊNCIA CRISTÃ NA ÁSIA, org., *Minjung Theology. People as Subjects of History*, Maryknoll, Orbis Books, 1984; "Le Christ en Asie", *Concilium* 246, 1993; KRÖGER, Wolfgang, *Die Befreiung des Minjung*, Munique, Kaiser, 1992; MOLTMANN, Jürgen, org., *Minjung. Tehologie des Volkes Gottes in Südkorea*, Neukirchen-Vluyn, Neukirchener Verlag, 1984; PANIKKAR, Raimundo, *Le Christ et l'hindouisme. Une présence cachée* (1964), Paris, Centurion, 1972; Idem, *Le dialogue intrareligieux* (1978), Paris, Aubier, 1985; PIERIS, Aloysius, *Une théologie asiatique de la libération* (1986), Paris, Cerf, 1986; SAMARTHA, Stanley Jedidiah, *One Christ, many Religions. Toward a Revised Christology*, Maryknoll, Orbis Books, 1991; THOMAS, Madathilparampil Mammen, *Risking Christ for Christ's Sake. Towards an Ecumenical Theology of Pluralism*, Genebra, CMI, 1987.

▸ Ásia; inculturação; **Jesus (imagens de)**; **missão**; Newbigin; Niles; **religião e religiões**; teologias contextuais

TEOLOGIAS DA MORTE DE DEUS

Se a negação da existência de Deus foi um tema constante do "humanismo ateu" ao longo dos anos 1960, a afirmação da "morte de Deus" foi um ato de teólogos protestantes americanos que buscaram exprimir, em uma perspectiva que se queria teológica, uma contemporaneidade profundamente secularizada, em que Deus havia perdido toda realidade. No entanto, longe de ser um movimento homogêneo, a teologia da morte de Deus precisa ser compreendida de um modo diferenciado, ainda que algumas temáticas sejam comuns a todos esses teólogos: necessária consideração da cultura contemporânea, necessidade de efetuar um trabalho teológico que fosse isento de laços com o cotidiano da igreja e reconhecimento da centralidade da figura de Jesus Cristo para a reflexão teológica.

Para um primeiro grupo de teólogos, a morte de Deus só significa a morte do Deus da religião ou da cristandade. De acordo com Gabriel Vahanian (1927-), a cultura ocidental perdeu sua dimensão transcendente e seu significado sacramental. Em um mundo "desencantado" e dessacralizado, o homem "pós-cristão" vive cultural e teologicamente a morte de Deus. A partir disso, só subsiste um "imanentismo radical de nossa religiosidade cultural", que torna Deus simplesmente desnecessário. Todavia, para Vahanian, se a "era pós-cristã" pressupõe a "morte de Deus" enquanto acontecimento cultural, isso não significa que tal acontecimento tenha afetado o Deus Totalmente Outro. A tarefa do teólogo não deve se definir em termos de "avivamento" ou retorno a qualquer fonte da tradição, mas, pelo contrário, deve ser cultural, iconoclasta, fora da instituição eclesial, visando a uma transfiguração da vida a partir do Deus Totalmente Outro. Embora jamais tenha reivindicado ter pertencido ao movimento da teologia da morte de Deus, Harvey Cox (1929-) esboçou uma constatação similar sobre as mutações que afetam a religião na sociedade tecnológica e pós-industrial. Se o pragmatismo e a profanidade radical da "cidade secular" devem ser aceitos, a tarefa teológica poderia ser definida de acordo com os termos do Bonhoeffer das cartas da prisão: "falar de Deus de modo secular" em um mundo capaz de viver sem Deus. Mas, se "a morte de Deus significa a dissolução da influência religiosa da época da dominação ocidental", não é simplesmente nem um fato religioso nem um fato cultural, mas deve implicar uma dimensão política. Em vez de se preocupar ainda com a deliquescência da cultura ocidental e da morte de seu Deus, a "teologia radical" deveria se voltar, em uma consideração afirmativa, para a religião popular e a cultura que emergem nos países do Terceiro Mundo.

Com o segundo grupo de teólogos, representado por Thomas Altizer (1927-) e Wiliam Hamilton (1928-2012), a "morte de Deus" adquire um sentido mais radical, originando um empreendimento teológico específico e original. Para ambos, o Deus que morreu "não é o Deus da idolatria, ou da falsa piedade, ou da 'religião'; é o Deus da igreja cristã". Para Altizer, essa morte significa "o naufrágio de todo significado ou realidade que se encontra além [...] da imanência radical do homem moderno". Nessas condições, como a fé seria ainda possível? Se Altizer concorda com Tillich quando afirma que "um Cristo que não é contemporâneo não é o verdadeiro Cristo", por outro lado, estima que a teologia se tornou ambivalente, já que nunca pôde fazer por completo seu luto da transcendência. Nesse sentido, a teologia, até aqui, tem se recusado a arriscar-se a ser plenamente dialética. Da mesma forma, Altizer toma os caminhos da dialética hegeliana, em que, através da negação da negação, deve ser superada a oposição entre identidade e diferença, sagrado e profano. Para ele, é somente ao aceitar o "destino da história" e abrir-se para a "forma contemporânea radicalmente profana do *Existenz*" que se pode descobrir "uma nova realidade da encarnação". Pela encarnação do Verbo, Deus entrou em um processo de autoalienação. Esse movimento, cuja realização se busca progressivamente ao longo de toda a história humana, é cumprido de acordo com uma perspectiva escatológica. Enquanto *coincidentia oppositorum*, a encarnação deve reunir o sagrado e o profano de tal modo que "a expressão mais radical do profano coincidirá com a expressão mais alta do sagrado". A morte de Deus se torna, assim, a condição de possibilidade da presença total do divino na imanência ou, dito de outra forma, da parusia em cada aqui e agora. Enquanto o pensamento de Altizer é teológico, apocalíptico e místico, o de Hamilton encontra sua expressão em uma teologia fragmentária dominada por uma ênfase ética. Para ele, a forma que a fé toma em condição de afirmação da morte de Deus indica, sobretudo, "o lugar em que é preciso se manter": não mais diante do altar, mas no mundo da cidade, junto ao próximo. Nesse sentido, para Hamilton, a figura do Jesus "histórico" é a que mais importa. A vida cristã deve ser compreendida como o discernimento de Jesus por trás das máscaras mundanas, um Jesus que só é encontrado no sofrimento do menor de seus irmãos. A parábola do julgamento final (Mt 25.34ss) define igualmente o tipo de teologia do pós-morte de Deus, que buscou elaborar Dorothee Sölle (1929-2003). Ao falar primordialmente de uma ausência de Deus, e não tanto de sua morte, sustenta ela que somente Jesus, em um mundo pós-metafísico, pode representar ainda um Deus vivo, assim como cada um é chamado a "representar Deus para o outro" em uma época em que Deus não é mais diretamente presente.

Embora tenha negado sua filiação à teologia da morte de Deus, Paul Van Buren (1924-1998) define uma terceira tendência dessa teologia. Pela constatação de que o homem contemporâneo se caracteriza primordialmente por seu empirismo, Van Buren se lançou em busca de um discurso teológico compreensível ao homem secular. Com base em uma análise linguística (inspirada na filosofia analítica) da linguagem tradicional da teologia, Van Buren chegou a considerar desprovida de significado toda proposição sobre "Deus". Para ele, a linguagem teológica não é um discurso de conhecimento sobre uma transcendência qualquer, mas deve ser compreendida como uma perspectiva particular sobre a vida e o comportamento humanos. Assim como Hamilton, Van Buren estimou que a fé cristã, em sua versão "secular", só deve ter em vista a figura de Jesus e a dimensão ética do evangelho. Em um sentido próximo, o teólogo alemão Herbert Braun (1903-1991), ainda que não rejeitasse o termo "Deus", acreditava que "Deus" não se refere a nada além de uma definição específica, cristã, das relações humanas, em que cada um encontra a experiência da obrigação para com seu semelhante.

No início dos anos 1980, alguns teólogos americanos retomaram a reflexão das implicações da "morte de Deus", correlacionando-a à desconstrução de Jacques Derrida (1930-2004), enquanto para Carl Allan Raschke (1944-) a desconstrução "é a morte de Deus posta na escrita", para Mark C. Taylor (1945-) a desconstrução é sua "hermenêutica". Para ele, os teólogos da morte de Deus não foram capazes de pensar "até o final as implicações radicais da morte de Deus". A perda de toda transcendência não somente leva à "morte de Deus" e a um novo tipo de fé secular, mas também implica o dever de desconstruir toda a "rede conceitual" filosófico-teológica da tradição ocidental, já que, nessa rede, a estrutura hierárquica do pensamento, a constituição do ser, o conceito de "presença", a compreensão da história e nosso sistema semiótico sempre foram ligados de modo inextricável a "Deus".

Patrick Évrard

▶ ALTIZER, Thomas J. J., *The Gospel of Christian Atheism*, Filadélfia, Westminster Press, 1966; Idem e HAMILTON, William, *Radical Theology and the Death of God* Indianápolis, Bobbs-Merrill, 1966; BISHOP, Jourdain, *Les théologiens de la mort de Dieu*, Paris, Cerf, 1967; BRAUN, Herbert, *Die Problematik einer Theologie des Neuen Testaments*, Tübingen, Mohr, 1961; CAREY, John J., org., *The Death of God Debate*, Filadélfia, Westminster Press, 1967; CORVEZ, Maurice, *Dieu est-il mort?*, Paris, Aubier, 1970; COX, Harvey G., *La séduction de l'esprit. Bon et mauvais usage de la religion populaire* (1973), Paris, Seuil, 1976; HAMILTON, William, *The New Essence of Christianity*, New York, Association Press, 1961; ICE, Jackson L. e MURCHLAND, Bernard, orgs., *The Meaning of the Death of God. Protestant, Jewish and Catholic Scholars Explore Atheistic Theology*, New York, Random House, 1967; OGLETREE, Thomas W., *La controverse sur la "mort de Dieu"* (1966), Paris, Casterman, 1968; RASCHKE, Carl A., "The Deconstruction of God", em Thomas J. J. ALTIZER, org., *Deconstruction and Theology*, New York, Crossroads, 1982; SÖLLE, Dorothee, *La représentation. Un essai de théologie après la "mort de Dieu"* (1965), Paris, Desclée, 1970; SPERNA WEILAND, Jan, *La nouvelle théologie* (1966), Paris, Desclée de Brouwer, 1969; TAYLOR, Mark C., *Errance. Lecture de Jacques Derrida. Un essai d'a- théologie postmoderne* (1984), Paris, Cerf, 1985; VAHANIAN, Gabriel, *La mort de Dieu. La culture de notre ère post-chrétienne* (1961), Paris, Buchet/Chastel, 1962; Idem, *Wait without Idols*, New York, Braziller, 1964; VAN BUREN, Paul M., *The Secular Meaning of the Gospel, Based on an Analysis of Its Language*, New York, Macmillan, 1963.

◉ Altizer; ateísmo; Bonhoeffer; Cox; crítica da religião; **Deus**; encarnação; *kenósis*; **religião e religiões**; Robinson; sagrado; secularização; Sölle; Taylor M. C.; **técnica**; **teologia**; teologia da secularização; Tillich; Vahanian; Van Buren

TEÓLOGO

Em uma acepção geral, o teólogo é aquele que se ocupa da teologia, ou seja, das coisas divinas, na medida em que são formuladas. No campo do cristianismo, o papel do teólogo é definido através da relação com a revelação divina, tal como a testemunham as Santas Escrituras do Antigo e do Novo Testamento, e da relação com o testemunho, que a igreja, como comunidade dos cristãos, e cada cristão, em particular, dão a essa revelação.

A partir de agora, especificaremos as modalidades desse papel. A vocação da igreja e dos cristãos é falar de Deus, "dizer" Deus, portanto, no sentido amplo, fazer "teo-logia". Se a palavra tem um lugar central e decisivo na atividade do teólogo, é porque Deus não *penetrou no coração humano* (1Co 2.9), mas se manifestou em uma história específica, a história de Cristo, anunciado aos profetas e atestado aos apóstolos. Ora, é pela palavra, e somente pela palavra, que uma história pode ser atestada em uma época diferente daquela em que se produziu. De modo mais fundamental, já que Deus não é o mundo, é somente pela palavra que ele pode ser atestado em um mundo totalmente diferente dele. É por isso que, de acordo com o prólogo de João (Jo 1.1-14), Cristo, epifania de Deus no mundo, é chamado Palavra — de acordo com a expressão do teólogo João, já que, segundo o autor do quarto evangelho, Cristo é Palavra, e essa Palavra é Deus. Assim como Deus se comunicou aos homens por sua Palavra eterna, que é Cristo, é pela palavra que a igreja e os cristãos podem comunicar Deus para o mundo (cf. Rm 10.17) e erigir no mundo, por seus atos, os sinais do reino de Deus.

Contudo, a igreja como tal e os cristãos como tais são fracos, podem enganar-se. Assim, importa que constantemente se indaguem: quando falamos de Deus, nossa palavra está conforme à Palavra testemunhada na Escritura? E também: quando falamos de Deus, será que o fazemos repetindo como uma lei os vocábulos das Escrituras, ou rogamos para que Deus, através do seu Espírito, nos dê discernimento para exprimir o sentido vivo, espiritual e real da letra, único capaz de dar testemunho do Deus vivo, persuadindo corações e inspirando as vontades? Apresentar essas duas questões à igreja e aos cristãos, propondo-lhes respostas, é o objeto da teologia e a tarefa do teólogo.

Isso não significa, de modo algum, que o teólogo seja infalível, mas somente que ele torna a igreja e os cristãos atentos às duas questões e às duas respostas que lhes propõem, em virtude dos elementos de informação e crítica que possui a partir de sua formação específica: conhecimento da Escritura e da tradição cristã, assim como condições de inteligibilidade e comunicação da fé cristã. A teologia é uma função da igreja, e o teólogo é um ministro da igreja, chamado para a igreja e os cristãos conscientes de sua responsabilidade quanto à sua vocação cristã como testemunha de Cristo, Palavra viva pelo Espírito.

Entre o catolicismo no sentido amplo (Igreja Romana e Igreja Ortodoxa) e o protestantismo há uma diferença quanto ao lugar do teólogo em relação à igreja. Segundo a doutrina católica, o magistério é exercido pela hierarquia episcopal (em comunhão com o papa na Igreja Romana), única habilitada para definir a verdadeira doutrina. Trata-se de um magistério institucional. Já segundo a doutrina protestante, são os fiéis como um todo que exercem a função magisterial. Trata-se de um magistério eventual: é reconhecido como verdadeiro aquilo que, no espaço e ao longo do tempo, impõe-se à igreja como tal. Essa diferença implica que o ministério teológico não seja aplicado à igreja da mesma maneira em ambos os casos, nem quanto a seu objeto preciso, nem quanto às condições de seu exercício.

Para o catolicismo, o teólogo só pode ser crítico respeitando como ponto de partida as posições doutrinárias já definidas pelo magistério. No protestantismo, o ministério teológico consiste em um duplo exame crítico, o da tradição submetida à crítica das Escrituras e o da letra das Escrituras submetida à crítica de uma leitura que extrai o sentido espiritual oculto na letra. Sem dúvida, o teólogo protestante poderá, e até deverá, reconhecer que tal tradição (p. ex., as definições dos quatro primeiros concílios) está conforme às Escrituras. Mas é somente após esse exame que ele poderá propor à igreja que o reconheça de novo, dando conta do contexto histórico em que tal tradição foi formulada, a autoridade, uma autoridade sempre secundária, jamais primordial. Além disso, ele não poderia reduzir as Escrituras a um conjunto de verdades definitivamente formuladas. Constantemente deverá buscar de que forma o conteúdo das Escrituras pode e deve ser compreendido de um modo vivo no mover sucessivo da história sem, no entanto, se fundir com essa história. Por isso, no campo protestante, floresceram teologias que os teólogos ofereceram à igreja para que as experimentasse e para que, em caso de fracasso, a experiência pudesse culminar em definições magisteriais que, no entanto, sempre são suscetíveis de revisão e reformulação. Já o catolicismo submete desde o início as proposições de seus teólogos ao critério de uma tradição cuja autoridade é definitivamente garantida pelo magistério.

Ambas as posições, católica e protestante, apresentam dificuldades. A posição católica torna difícil que a igreja deixe o teólogo lhe propor suas pesquisas, já que ela limita *a priori* o objeto das buscas teológicas. A posição protestante torna difícil, para os cristãos, saber o que devem viver e experimentar diante da massa variada e às vezes contraditória do que lhes é proposto pelos teólogos. É em uma complementaridade viva, a ser buscada de modo permanente entre a asserção e a crítica, que a cristandade pode caminhar durante o tempo de sua peregrinação terrena.

Jean-Louis Leuba

▶ BARTH, Karl, "La Parole de Dieu, tâche de la théologie" (1922), em *Parole de Dieu et parole humaine*, Paris, Les Bergers et les Mages, 1966, p. 201-230 (e notas p. 280); Idem, *Introdução à teologia evangélica* (1962), São Leopoldo, Sinodal, 2007; RENDTORFF, Trutz, *Kirche und Theologie* (1966), Gütersloh, Mohn, 1970; WETH, Rudolf, GESTRICH, Christof e SOLTE, Ernst Lüder, *Theologie an staatlichen Universitäten?*, Stuttgart, Kohlhammer, 1972; WILLAIME, Jean-Paul, *Profession: pasteur. Sociologie de la condition du clerc à la fin du XXe siècle*, Genebra, Labor et Fids, 1986.

◉ Catolicismo; doutrina; **pastor**; **teologia**

TEOPNEUSTIA

A palavra *teopneustia* deriva do adjetivo grego *theopneustos*, "inspirado por Deus" ou, mais exatamente, "produzido pelo sopro divino", aplicado "a toda a Escritura" em 2Timóteo 3.16. Em 1840, Louis Gaussen (1790-1863), doutor do avivamento, dogmático da Faculdade de Teologia Livre do Oratório, em Genebra, publicou, com o título *Teopneustia*, um tratado de bibliologia, em que defende as convicções ortodoxas.

Desde então, a palavra passou a ser considerada sinônima de "inspiração total" ou "verbal". A ala "evangélica" do protestantismo mantém uma doutrina próxima retrabalhada por Benjamin Breckinridge Warfield (1851-1921), de Princeton, e, mais recentemente, por James Innell Packer (1926-) e Roger R. Nicole (1915-2010).

Henri Blocher

▶ CARSON, Donald A. e WOODBRIDGE, John D., org., *Scripture and Truth* (1983), Grand Rapids, Baker Book House, 1992; Idem, org., *Hermeneutics, Authority and Canon* (1986), Carlisle-Grand Rapids, Paternoster Press-Baker Books, 1995; GAUSSEN, Louis, *La pleine inspiration des Saintes Écritures ou théopneustie*, Saint-Légier, PERLE, 1985 (reeditado de *Théopneustie ou pleine inspiration des Saintes Écritures*, 1840, 1842); WARFIELD, Benjamin Brenckinridge, *A inspiração e a autoridade da Bíblia* (1948), São Paulo, Cultura Cristã, 2010.

◉ Avivamento; Bíblia; Espírito Santo; Gaussen; hermenêutica; inspiração; Warfield

TEOSOFIA

Literalmente, teosofia significa sabedoria de Deus e sabedoria sobre Deus. É preciso distinguir aqui a teosofia clássica, corrente importante da mística cristã, da teosofia moderna, que surgiu no século XIX. Na primeira, Valentin Weigel (1533-1588), pastor luterano, é considerado seu precursor; outros nomes importantes dessa corrente são: Jakob Böhme (1575-1624); Friedrich Christoph Oetinger (1702-1782); Franz Xaver von Baader (1765-1841); Friedrich Schelling (1775-1854); os sofiólogos russos Vladimir Soloviev (1853-1900), Nicolas Berdiaeff (1874-1948) e Serguei Bulgakov (1871-1944). Nicolas Berdiaeff, Ernst Bloch (1885-1977) e René Guénon (1886-1951) se distanciaram resolutamente da segunda.

A teosofia moderna foi fundada em 1875, na cidade de Nova York, pela russa de origem alemã Helena Petrovna Blavatsky (1831-1891). A Sociedade Teosófica se baseia em *A doutrina secreta* (1888, 6 vols., São Paulo, Pensamento, 1997), ampla obra de compilação sincretista em que Helena Blavatsky desenvolve sua visão de um ocultismo e um espiritismo universais. Antes de qualquer espécie de religião positiva, a teosofia inclui a crença na existência de uma religião primeira, concebendo a criação do mundo de um modo monista e panteísta. Cristo é considerado um ser superior entre outros, além de ser o avatar da era de aquário. Entre todas as correntes que origiou, não sem disputas (cf. a ruptura com a antroposofia de Rudolf Steiner), a teosofia gerou a criação da Escola do Arcano, em 1923, por Alice Anne Bailey (1880-1949), uma das principais inspiradoras da *New Age*. O teólogo protestante Adolf Köberle percebeu no idealismo da teosofia um dos motivos para sua atratividade. De fato, a teosofia representa uma mistura de espiritualismo, moralismo e milenarismo que não deixa de lembrar algumas seitas que brotaram do solo protestante.

Denis Müller

▶ CORSETTI, Jean-Paul, *Histoire de l'ésotérisme et des sciences occultes*, Paris, Larousse, 1992; FAIVRE, Antoine e NEEDLEMAN, Jacob, org., *Modern Esoteric Spirituality*, Londres, SCM Press, 1993; GORCEIX, Bernard, *La mystique de Valentin Weigel 1533-1588 et les origines de la théosophie allemande*, Serviço de Reprodução das Teses da Universidade de Lille 3, 1972; KÖBERLE, Adolf, *Theosophie*, em *RGG* t. VI, 1962, col. 845-847; RUPPERT, Hans-Jürgen, *Theosophie*, em Hans GASPER, org, *Lexikon der Sekten. Sondergruppen und Weltanschauungen* (1990), Friburgo, Herder, 1991, col. 1028-1033.

◉ Anges; antroposofia; Bodin; **espiritualidade**; Mondrian; Oetinger; seitas

TESTEMUNHAS DE JEOVÁ

Essa seita milenarista e antitrinitária constitui o ramo mais importante dos Estudantes da Bíblia, que, por sua vez, vieram do adventismo. Com a morte de Charles Taze Russell (1852-1916), fundador dos Estudantes da Bíblia, Joseph Franklin Rutherford (1869-1942) assumiu o controle da sede central de Brooklyn. Os membros que não aceitaram sua liderança criaram pequenos grupos que pretendiam, em níveis variados, permanecer na linha russelita. Rutherford estabeleceu progressivamente um sistema "teocrático" centralizado e escolheu o nome Testemunhas de Jeová em 1931. A palavra "Jeová", nome de Deus, era resultante da vocalização do tetragrama divino YHWH com as vogais de Adonai, "meu Senhor". A propaganda se tornou, cada vez mais, a atividade fundamental do movimento, cujos membros ativos atingiram, em 2004, o número de 6,5 milhões: "ativos" porque participavam do trabalho de proselitismo.

A Bíblia é apresentada como fonte única de autoridade, mas na prática a interpretação dada pela organização não pode ser questionada. Embora seja de natureza divina, Cristo não é considerado Deus, mas subordinado ao Pai. Ele instaurou seu reino no céu em 1914; o "dia de Jeová" se aproxima rapidamente, mas hoje as testemunhas de Jeová se abstêm de especular sobre a data da "vitória completa do Reino messiânico". Igrejas e sistemas político-sociais humanos são condenados: de acordo com as testemunhas de Jeová, a Reforma prosseguiu com os "mesmos ensinamentos apóstatas" da Igreja Romana, e sua única utilidade histórica foi quebrar a onipotência de Roma para permitir a liberdade de pensamento e ação necessária para a pregação jeovista.

Jean-François Mayer

▶ BLANDRE, Bernard, *Les Témoins de Jéhovah*, Turnhout, Brepols, 1991; FRANZ, Raymond, *Crise de consciência: o conflito entre a lealdade a Deus e a lealdade a uma religião* (1983), São Paulo, Hagnos, 2002 (o autor é um ex-membro do Corpo Governante das testemunhas de Jeová); INTROVIGNE, Massimo, *Les Témoins de Jéhovah*, Paris-Montreal, Cerf-Fides, 1990; PENTON, M. James, *Apocalypse Delayed. The Story of Jehovah's Witnesses*, Toronto, University of Toronto Press, 1985.

◉ Adventismo; milenarismo; objeção de consciência; seitas

TESTEMUNHO

O testemunho é uma das categorias centrais do debate protestante entre tradição e modernidade, ou da articulação entre a convicção do testemunho e a tolerância do pluralismo, pois na ideia de dar testemunho existe a aceitação implícita da pluralidade dos testemunhos. Evidentemente, a testemunha não duvida: atestar é acompanhar o discurso de um "eu respondo por aquilo que digo, sou responsável pelo que afirmo". No entanto, o testemunho diz respeito a algo que a testemunha não controla e não pode repetir quanto quiser: ela precisa dos testemunhos de outros. De que valeria uma testemunha que negasse o valor de todas as outras testemunhas? O estilo protestante consiste, portanto, em apontar para dois indícios indissociáveis da autenticidade do testemunho: a aceitação da pluralidade dos testemunhos e a firmeza e a coerência existencial com que a testemunha atesta a verdade. Por fim, esse pluralismo resoluto não é um acidente exterior, mas, sim, o desenvolvimento de uma estrutura interior ao testemunho dos evangelhos. O procedimento literário surpreendente que consiste em contar a mesma coisa várias vezes a partir de meios de linguagens diferentes carrega em si o germe de um pluralismo que ainda não assumiu sua verdadeira dimensão.

Olivier Abel

▶ BAYLE, Pierre, *De la tolérance* (1686, 1737), Paris, Presses Pocket, 1992; RICOEUR, Paul, *A hermenêutica do testemunho* (1972) e *Emmanuel Lévinas, pensador do testemunho* (1989), em *Leituras 3: nas fronteiras da filosofia* (1994), São Paulo, Loyola, 1996; Idem, *O si-mesmo como um outro* (1990), Campinas, Papirus, 1997.

THEISSEN, Gerd (1943-)

Teólogo alemão nascido em Rheydt. Estudou literatura alemã e teologia protestante, concluindo uma tese de doutorado em 1968 e um trabalho de habilitação em 1972 (*Urchristliche Wundergeschichten. Ein Beitrag zur formgeschichtlichen Erforschung der synoptischen Evangelien*, Gütersloh, Mohn, 1974) em Bonn, assumindo o cargo de *Privat-Docent*. Em 1978, tornou-se professor de Novo Testamento em Copenhague e, em 1980, em Heidelberg. Sua notoriedade surgiu de seus inúmeros trabalhos em que conjugou o procedimento exegético clássico com outras abordagens, sociológicas, psicológicas e até mesmo biológicas. Sua obra *Le christianisme de Jésus. Ses origines sociales en Palestine* (*Soziologie der Jesusbewegung. Ein Beitrag zur Entstehungsgeschichte des Urchristentums*, 1977, Paris, Desclée, 1978), assim como um ensaio narrativo sobre Jesus, *L'ombre du Galiléen. Récit historique* (1986, Paris, Cerf, 2000), obtiveram um sucesso que ultrapassou a esfera do público de teólogos profissionais. Theissen recebeu o título de doutor *honoris causa* das universidades de Neuchâtel (1989), Glasgow (1990), Saint Andrews (1997) e Lund (2002).

Pierre-Luigi Dubied

▶ THEISSEN, Gerd, *Argumente für einen kritischen Glauben oder: Was hält der Religionskritik stand?*, Munique, Kaiser, 1978; Idem, *Psychologische Aspekte paulinischer Theologie*, Göttingen, Vandenhoeck & Ruprecht, 1983; Idem, *Biblischer Glaube in evolutionärer Sicht*, Munique, Kaiser, 1984; Idem, *Localkolorit und Zeitgeschichte in den Evangelien. Ein Beitrag zur Geschichte der synoptischen Tradition* (1989), Friburgo-Götingen, Universitätsverlag-Vandenhoeck & Ruprecht, 1992; Idem, *Le langage de signes de la foi. Réflexions en vue d'une doctrine de la prédication*, em HenryMOTTU e Pierre-André BETTEX, orgs., *Le défi homilétique. L'exégèse au service de la prédication*, Genebra, Labor et Fides, 1984, p. 15-118; Idem, *Histoire sociale du christianisme primitif. Jésus — Paul — Jean* (1973-1992), Genebra, Labor et Fides, 1996; Idem, *La religion des premiers chrétiens. Une théorie du christianisme primitif* (1999 e 2000), Paris-Genebra, Cerf-Labor et Fides, 2002; Idem, *Zur Bibel motivieren. Aufgaben, Inhalte und Methoden einer offenen Bibeldidaktik*, Gütersloh, Kaiser/Gütersloher Verlagshaus, 2003; Idem e MERZ, Annette, *Der historische Jesus. Ein Lehrbuch* (1996), Göttingen, Vandenhoeck & Ruprecht, 2001.

THÉVENAZ, Pierre (1913-1955)

Pierre Thévenaz foi um filósofo suíço romando. Seu pensamento se caracteriza sobretudo pela fenomenologia (que ele contribuiu para tornar conhecida em seu país) e pela análise reflexiva (em que se firmaram seus trabalhos mais antigos e que permaneceu até o final um de seus métodos fundamentais). Sua obra é uma meditação sempre mais premente da contingência da razão filosófica, uma meditação ativada pela Palavra da cruz. São perceptíveis em seus livros tanto a influência de Maurice Merleau-Ponty e Karl Barth (teologia da crise) quanto uma resistência a Barth enquanto contestatário da própria legitimidade da filosofia. Também está presente em seus escritos uma relação com o plotinismo e o augustianismo, que varia de acordo com cada fase. A contribuição mais importante de Thévenaz foi ter ensinado aos filósofos e teólogos suíços romandos vislumbrar as relações entre suas respectivas disciplinas em termos de diálogo, e não de síntese. Exerceu uma influência considerável sobre uma geração de pastores, teólogos e professores da Suíça romanda.

Bernard Hort

▶ THÉVENAZ, Pierre, *L'homme et sa raison*, 2 vols., Neuchâtel, La Baconnière, 1956; Idem, *De*

Husserl à Merleau-Ponty. Qu'est-ce que la phénoménologie?, Neuchâte, La Baconnière, 1966; Idem, *La condition de la raison philosophique*, Neuchâtel, La Baconnière, 1960; HORT, Bernard, *Contingence et intériorité. Essai sur la signification théologique de l'oeuvre de Pierre Thévenaz*, Genebra, Labor et Fides, 1989; MURALT, André de, *Philosophes en Suisse Française*, Neuchâtel, La Baconnière, 1966.

> Fenomenologia; filosofia; filosofia da religião; revistas protestantes

THIELICKE, Helmut (1908-1986)

Thielicke nasceu em Wuppertal e estudou teologia em Greswald, Marburgo. Foi professor em Heidelberg e destituído do cargo pelos nazistas em 1940, tornando-se, no entanto, pastor luterano em Wurtemberg, onde sua pregação obteve um eco extraordinário. Em 1945, exerceu o magistério em Tübingen e Hamburgo. Suas principais obras são *Der evangelische Glaube. Grundzüge der Dogmatik* (3 vols., Tübingen. Mohr, 1968-1978), em que parte do problema da identidade cristã na modernidade, e *Theologische Ethik* [Ética teológica] (4 vols., Tübingen, Mohr, 1951-1964). Rejeitando toda espécie de moral casuística dedutiva, quer extraída da Bíblia, quer do direito natural, assume a tarefa não de prescrever ao homem o que deve ser feito, mas, sim, o que pode ser feito (e não pode ser feito!) na história em que se engaja. Esse método indutivo pressupõe não apenas a análise das situações conflitivas, mas também a referência à imagem de Deus no homem, à sua alienação que transcende o indivíduo, à Lei que a desmascara e à fé que liberta. O esforço teológico de Thielicke se deu sobretudo na articulação da mensagem da salvação com a antropologia e a ontologia. Isso representou uma posição original no luteranismo, renovando as problemáticas da relação entre Lei e Evangelho, das mediações na ordem da existência do cristão e dos dados da encarnação. A obra de Thielicke foi traduzida para cerca de doze línguas.

Louis Rumph

▶ THIELICKE, Helmut, *Geschichte und Existenz. Grundlegung einer evangelischen Geschichtstheologie* (1935), Gütersloh, Mohn, 1964; Idem, *Offenbarung. Vernunft und Existenz. Studien zur Religionsphilosophie Lessings* (1936), Gütersloh, Bertelsmann, 1967; Idem, *Fragen des Christentums an die moderne Welt. Eine christliche Kulturkritik*, Genebra, Oikoumène, 1945; Idem, *Theologisches Denken und verunsicherter Glaube. Eine Einführung zur modernen Theologie*, Friburgo, Herder, 1974; Idem, *Zu Gast auf einem schönen Stern. Erinnerungen* (1984), Munique, Piper, 1997; BENNAHMIAS, Richard, *De la Parole à l'être. Helmut Thielocke. Une approche protestante de l'éthique*, tese da Faculdade de Teologia Protestante da Universidade de Estrasburgo, 1994; QUEST, Hans-Jürgen, "Helmut Thielicke", em Hans Jürgen SCHULTZ, org., *Tendenzen der Theologie im 20. Jahrhundert. Eine Geschichte in Porträts*, Stuttgart-Olten, Kreuz-Verlag-Walter, 1967, p. 549-555.

> Dever; Lei; moral

THOLUCK, Friedrich August Gottreu (1799-1877)

Tholuck nasceu em Breslau e começou a estudar na universidade dessa mesma cidade em 1816, logo deixando-a para mudar-se para Berlim. Ávido pelo saber e bastante dotado para os idiomas, dedicou-se, de início, às línguas orientais, antes de voltar-se para a teologia. Em Berlim, foi profundamente influenciado por Hans Friedrich von Diez (1751-1817) e pelo barão Hans Ernst von Kottwitz (1757-1843), que o conquistaram para o movimento do Avivamento. Após ter passado, não sem dificuldades, pelo processo de seleção em Berlim, ensinou ali até 1826, ano em que recebeu um convite para ensinar na Universidade de Halle, ocupando também a função de pregador em 1833.

Entre as publicações de Tholuck nos diversos campos da teologia, dignas de nota são as seguintes: *Auslegung des Briefes Pauli an die Römer, nebst fortlaufenden Auszügen aus den exegetischen Schriften der Kirchenväter und Reformatoren* (1824, e, a partir da quarta edição, recebe o título de *Kommentar zum Briefe Pauli an die Römer*, Halle, Anton, 1842) e *Die Lehre von der Sünde und vom Versöhner oder die wahre Weihe des Zweiflers* (Hamburgo, Perthes, 1823, anônimo até 1829, nona edição em 1871; tradução francesa da quinta edição alemã: *Guido et Julius ou Lettres de deux amis sur le péché et le Rédempteur* [Guido e Julius, ou cartas de dois amigos sobre o pecado e o Redentor], Neuchâtel, J.-P. Michaud, 1842). As diferentes obras que dedicou posteriormente à história da igreja buscam identificar as raízes do racionalismo até a ortodoxia protestante dos séculos XVII e XVIII, em que Tholuck demonstra uma compreensão afetuosamente crítica. De modo geral, Tholuck busca menos convencer pela coerência sistemática que ganhar o leitor pelo caráter interpelador de seus textos. A personalidade de Tholuck exerceu grande influência sobre a juventude universitária, enquanto o pregador conseguia se dirigir a pessoas vindas dos horizontes mais diversos. Apesar de uma vida bastante pacata em Halle, Tholuck, que viajava muito, era um homem de amplos horizontes e um virtuose da amizade. Engajou-se em várias associações dedicadas, entre outras causas, à missão entre os judeus. Depois de sua morte, sua segunda mulher, Mathilde von Gemmingen (1816-1894), filha de Julius von Gemmingen-Steinegg-Hagenschieβ, converteu-se à fé evangélica no avivamento de Baden em torno da figura de Aloys Henhöfer (1789-1862). Ela prosseguiu a obra do marido no *Tholuck komvikt* em Halle.

Entre as Luzes e o romantismo, Tholuck representou uma forma de teologia que soube introduzir a teologia do Avivamento na teologia universitária. Com seu engajamento pessoal, exerceu uma forte influência na vida eclesial de sua época.

Dietrich Blaufuβ

▶ KIM, Sung-Bong, *"Die Lehre von der Sünde und vom Versöhner". Tholucks theologische Entwicklung in seiner Berliner Zeit*, Frankfurt, Lang, 1992; KRUMWIEDE, Hans-Walter, "August G. Tholluck", em Martin GRESCHAT, org., *Gestalten der Kirchengeschichte*, t. IX/1: *Die neueste Zeit I*, Stuttgart, Kohlhammer, 1985, p. 281-292; LOHMEYER, Ernst, "August Tholuck", em Friedrich ANDREAE, org., *Schlesier des 17. Bis 19. Jahrhunderts* (*Schlesische Lebensbilder* III), Breslau, Korn, 1928, p. 230-239; SCHELLBACH, Martin, *Tholucks Predigt. Ihre Grundlage und ihre Bedeutung für die heutige Praxis*, Berlim, Evangelische Verlagsanstalt, 1956; WENZ, Gunther, *Erweckte Theologie. Friedrich August Gottreu Tholuck 1799-1871*, em Friedrich Wilhelm GRAF, org., *Profile des neuzeitlichen Protestantismus*, t. I, Gütersloh, Mohn, 1990, p. 251-264; WITTE, Leopold, *Das Leben D. Friedrich August Gottreu Tholuck's*, 2 vols., Bielefeld, Velhagen und Klasing, 1884-1886.

◉ Avivamento; Halle; Kähler; teologia da mediação

THOMAS, Frank (1862-1928)

Nascido em Genebra e morto em Ragaz, Frank Thomas veio de uma família do Pays-de-Gex no século XVI. Estudou na Escola de Teologia da Sociedade Evangélica de Genebra, onde se tornou professor, trabalhando ali de 1902 a 1921. Em 1891, foi chamado pelo movimento da evangelização popular para pregar em Genebra no Victoria Hall, sala de concerto com 1.800 lugares, por ocasião da Exposição Nacional Suíça de 1896. O sucesso (uma multidão foi recusada) o levou a reassumir esse ministério que alcançava muitos não praticantes, sob a égide da Associação Cristã Evangélica desde 1899. O calor de sua palavra, seu sentido de atualidade e suas visões sociais (defendeu o voto feminino) explicam a ampla influência de sua pregação.

Gabriel Mützenberg

▶ THOMAS, Frank, *Vingt sermons*, Genebra, Jeheber, 1913; Idem, *Les heureux*, Neuchâtel, Attinger, 1916; Idem, *Guerre et foi*, Genebra. Société générale d'imprimerie, 1917; NAVILLE, Hélène, *Frank Thomas. Sa vie, son oeuvre*, Lausanne-Paris, La Concorde-Fischbacher, 1932.

◉ Evangelização

THOMASIUS, Gottfried (1802-1875)

Thomasius estudou teologia em Erlangen, Halle e Berlim (1821-1825), assumindo o pastorado e, em 1842, tornando-se professor de teologia em Erlangen. Desde a juventude, foi influenciado pelo ramo francófono do movimento de Avivamento. Foi "luterano" na exata medida em que pensou encontrar nas confissões de fé luteranas da Reforma a expressão de sua piedade. Seu trabalho se concentra no estudo histórico e na exposição sistemática da doutrina da Igreja Luterana, recorrendo, para esse fim, a empréstimos de Schleiermacher, Schelling e Hegel. Sua dogmática *Christi Person und Werke* [A pessoa e a obra de Cristo] (1853-1859) é uma exposição eminente da doutrina chamada da *kenósis*: a fim de exprimir, nas condições intelectuais dos tempos modernos, a verdadeira humanidade de Cristo, recorrendo a meios conceituais dos dogmas trinitário e cristológico, Thomasius afirmou que o Logos divino se "despojou" (Fp 2.6) de certas qualidades no momento da encarnação, como onipotência, onipresença, onisciência. Até então, ninguém na história da teologia havia se engajado por essa via, que conduz a graves aporias no campo da teologia trinitária. A história dos dogmas de Thomasius se articula na doutrina luterana, onde se percebe o princípio que estrutura toda a história dos dogmas.

Martin Ohst

▶ THOMASIUS, Gottfried, *Origenes. Ein Beytrag zur Dogmengeschichte des drutten Jahrhunderts*, Nuremberg, Schrag, 1837; Idem, *Beiträge zur kirchlichen Christologie*, Erlangen, Bläsing, 1845; Idem, *Christi Person und Werk. Darstellung der evangelisch-lutherischen Dogmatik von Mittelpunkte der Christologie aus* (1853-1859), 3 vols., Erlangen, Bläsing, 1856-1863; Idem, *Die christliche Dogmengeschichte als Entwicklungsgeschichte der kirchlichen Lehbergriffs*, 2 vols., Erlangen, Deichert, 1874-1876; BREIDERT, Martin, *Die kenotische Christologie des 19. Jahrhunderts*, Gütersloh, Mohn, 1977; FAGERBERG, Holsten, *Bekenntnis. Kirche und Amt in der dutschen konfessionellen Theologie des 19. Jahrhunderts*, Uppsala, Almqvist & Wiksell, 1952; GÜNTHER, Ernst, *Die Entwicklung der Lehre von der Person Christi im 19. Jahrhundert*, Tübingen, Mohr, 1911, p. 165-200; HIRSCH, Emanuel, *Geschichte der neuern evangelischen Theologie im Zusammenhang mit den allgemeinen Bewegungen des europäischen Geistes*, t. V, Gütersloh, Bertelsmann, 1954, p. 164-178; LOOFS, Friedrich, *Kenosis*, em *Realencyklopädie für protestantische Theologie und Kirche*, t. X, Leipzig, Hinrichs, 1901, p. 246-263; STÄHLIN, D. von, *Thomasius*, em *Realencyklopädie für protestantische Theologie und Kirche*, t. XIX, Leipzig, Hinrichs, 1907, p. 739-745.

◉ Dogma; Erlangen; história dos dogmas; kenósis; Schelling; Schleiermacher

THOREAU, Henry David (1817-1862)

Thoreau nasceu em Concord, Massachusetts, cidade que se tornaria o lugar privilegiado do transcendentalismo americano. Essa corrente filosófica, da qual Thoreau, junto com Ralph Waldo Emerson (1803-1882), foi uma figura central, apesar da morte prematura por tuberculose, pode ser definida como uma reflexão sobre a natureza, mais especificamente sobre o lugar do homem e da civilização na natureza. Em vez de buscar uma mítica relação transparente com uma natureza já perdida, Thoreau e Emerson a reinventam, simbolizando-a no território americano, uma terra jovem e, para eles, já caracterizada pela perda e pela melancolia.

Descobrir e encontrar a voz original da América equivale a encontrar em si mesmo uma linguagem e uma Escritura autênticas, reatribuindo sentido às palavras da língua comum: não é necessário levar ao pé da letra o nome "transcendentalismo", pois, tanto para Thoreau quanto para Emerson, é no imanente, no cotidiano, que o homem encontra, ao mesmo tempo, sua redenção e a redenção da natureza.

Foi Emerson quem mostrou a Thoreau os clássicos gregos, a poesia inglesa e a filosofia oriental. Também foi Emerson quem o autorizou a construir uma cabana em um terreno que lhe pertencia, à beira da lagoa de Walden, para onde Thoreau se retirou após o choque com a morte de seu querido irmão John, em 1842, para escrever a elegia *The Week* [A semana]. Ali morou quase totalmente isolado desde o verão de 1845 até setembro de 1847, uma experiência fundamental para sua filosofia e para o transcendentalismo em seu todo, que originaria seu texto filosófico mais famoso, *Walden*, que descreve o cotidiano de Thoreau na floresta.

A obra de Thoreau, depois que ele voltou para a vida civil, define-se de acordo com duas orientações fundamentais, que também estão profundamente relacionadas: a reflexão sobre a natureza e a redenção pelas Escrituras, principalmente nas versões sucessivas de *Walden*, e a crítica política do Estado americano, imperialista e colonialista, sobretudo contra a instituição da escravatura (diante do *Fugitive Slave Act* [Ato do escravo fugitivo], de 1850, que indignou tanto Thoreau quanto Emerson) e as deportações massivas de índios.

A radicalidade política e uma escrita bastante literária explicam tanto a recusa ou o "recalque" (Stanley Cavell), que tornou o objeto do transcendentalismo de Thoreau na filosofia americana, quanto sua sedução permanente, seja durante o movimento *hippie* nos anos 1960, seja, mais recentemente, no ressurgimento poítico do conceito de desobediência civil.

Sandra Laugier

▶ THOREAU, Henry David, *Walden* (1854), Porto Alegre, L&PM, 2010; Idem, *A desobediência civil* (1849), Porto Alegre, L&PM, 2011; CAVELL, Stanley, *The Senses of Walden*, San Francisco, North Point Press, 1980; Idem, *Une nouvelle Amérique encore innaprochable. De Wittgenstein à Emerson* (1989), Combas, L'Éclat, 1991; Idem, *Statuts d'Emerson. Constitution, philosophie, politique* (1992), Combas, L'Éclat, 1992 (em apêndice, tradução de três ensaios de Ralph Waldo EMERSON,

Destin, Expérience e *La loi sur les esclaves fugitifs*); GRANGER, Michel, org., *Henry D. Thoreau*, Paris, L'Herne, 1994; LAUGIER, Sandra, *Une autre pensée politique américaine. La démocratie radicale d'Emerson à Stanley Cavell*, Paris, Michel Houdiard, 2004; Idem, org., "Ralph Waldo Emerson. L'autorité du scepticisme", *Revue française d'études américaines* 91, 2002.

◉ Emerson; **literatura**; objeção de consciência; transcendentalismo; **violência**

THURIAN, Max (1921-1996)

Max Thurian foi um irmão de Taizé, pastor e ordenado padre em 1987, autor de inúmeras obras e artigos de alcance ecumênico.

Quando estudava teologia em Genebra, Max Thurian leu, em 1941, o opúsculo de Roger Schutz, *La Communauté de Cluny* [A comunidade de Cluny], e decidiu encontrá-lo. Em setembro de 1942, aproveitou o encontro do Grupo de Dombes para acompanhar Roger Schutz e, de lá, visitar Taizé. Em 1945, passou a morar lá definitivamente. Thurian trabalhou em torno de questões da teologia e da vida espiritual em um espírito resolutamente ecumênico. Suas obras tratam tanto da vida litúrgica e da comunhão quanto de Maria e da vida espiritual. Com Pierre-Yves Emery, foi um dos teólogos mais prolíficos da comunidade. Ambos colaboraram ativamente para a revista *Verbum Caro*, fundada pelos professores Jean-Louis Leuba e Jean-Jacques von Allmen, da Universidade de Neuchâtel. Max Thurian se tornou observador do Concílio Vaticano II e membro da comissão "Fé e Costituição" do Conselho Mundial de Igrejas.

Em maio de 1987, Max Thurian foi ordenado discretamente padre em Nápoles. Ainda era conhecido como pastor reformado e acabava de participar como pastor das conferências da Quaresma, ainda que não mais tivesse uma função oficial, nem no Conselho Mundial de Igrejas, nem no Grupo de Dombes. Um ano depois, um jornalista católico descobriu a ordenação, e então Max Thurian anunciou publicamente o acontecimento. Isso levanta diversas questões, das quais a mais importante é a seguinte: quando é que Max Thurian se converteu ao catolicismo? Essa conversão certamente não data do dia de sua ordenação. Não está excluída a possibilidade de que Max Thurian já fosse católico durante os últimos anos de seu trabalho para "Fé e Constituição". Por outro lado, as razões pessoais alegadas pelo interessado para justificar o que ele chamou de "discrição" quanto à sua ordenação, não poderiam, para muitos protestantes, legitimar uma dissimulação que apresenta o problema da estratégia, consciente ou não, do teólogo de Taizé na busca ecumênica. Em 1992, foi nomeado membro da Comissão Teológica Internacional pelo papa João Paulo II.

Jean Baubérot e Willy-René Nussbaum

▶ THURIAN, Max, *La confession* (1953), Neuchâtel, Delachaux et Niestlé, 1966; Idem, *Mariage et célibat* (1955), Taizé, Presses de Taizé, 1977; Idem, *L'homme moderne et la vie spirituelle* (1961), Taizé, Presses de Taizé, 1973; Idem, *L'essentiel de la foi. Amour et vérité se rencontrent* (1964, 1966), Taizé, Presses de Taizé, 1972; Idem, *Tradition et renouveau dans l'Esprit*, Taizé, Presses de Taizé, 1977; Idem e WAINWRIGHT, Geoffrey, orgs., *Baptism and Eucharist. Ecumenical Convergence in Celebration*, Genebra-Grand Rapids, CMI-Eerdmans, 1983.

◉ Schutz; Taizé

THURMAN, Howard (1900-1981)

Poeta, filósofo, teólogo, orador e pregador afro-americano nascido em Daytona Beach, na Flórida, Thurman começou a ensinar teologia na Universidade Negra de Howard em 1932. De 1953 a 1964, foi decano da *Marsh Chapel*, da Universidade de Boston. Ministrou inúmeras conferências, nos Estados Unidos e no estrangeiro, sendo considerado um dos maiores pregadores americanos. Seus diálogos na Índia com Gandhi influenciaram profundamente sua fé na resistência não violenta. Além disso, foi autor de mais de vinte obras, que enfatizam a unidade da vida em uma compreensão de correlações e interdependências. Sua reflexão cristã se exprime sobretudo em seus dois livros sobre a cristologia e os *negro spirituals*. Nesse sentido, foi um dos primeiros a interpretarem teologicamente esses cânticos.

Serge Molla

▶ THURMAN, Howard, *With Head and Heart. The Autobiography of Howard Thurman*, New York, Harcourt Brace Jovanovich, 1979; Idem, *Deep River* (1945 e 1955) e *The Negro Spiritual Speaks of Life and Death* (1947), Richmond, Friends United Press,

1975; Idem, *Jesus and the Disinherited* (1949), Richmond, Friends United Press, 1981; STEWART, Carlyle Fielding, *God, Being and Liberation. A ComparativeAnalysis of the Theologies and Ethics of James H. Cone and Howard Thurman*, Lanham, University Press of America, 1989.

◉ Igreja negra (afro-americana); **Jesus (imagens de)**; *negro spiritual*; teologia negra (afro-americana)

THURNEYSEN, Eduard (1888-1974)

Pastor em Leutwil (Argóvia, 1913-1920), Bruggen (Saint-Gall, 1920-1927) e na Catedral de Basileia (1927 até sua aposentadoria, em 1959), *privat-docent* (1930) e professor extraordinário de teologia prática na universidade (1940). Fundou a "teologia dialética" com Karl Barth e Friedrich Gogarten e desenvolveu os desdobramentos práticos dessa teologia. Enquanto a teologia liberal, e mesmo positiva, partia do homem, de seus problemas, suas angústias e suas esperanças para chegar, se possível, a Deus, Thurneysen mostrou que só se pode partir de Deus, de sua revelação em Cristo atestada pelas Escrituras e confirmada pelo Espírito Santo. Esse ponto de partida eminentemente "querigmático", implica que a pregação, desde o início, é uma proclamação do evangelho que ilumina as trevas do mundo e do homem, e que a cura da alma também é um anúncio do evangelho, mas dirigida ao indivíduo em sua situação particular. Thurneysen considerava também importante a psicoterapia, que, para ele, impacta o homem com a Palavra do perdão e da esperança.

Jean-Louis Leuba

▶ THURNEYSEN, Eduard, *La doctrine de la cure d'âme* (1946), Neuchâtel, Delachaux et Niestlé, 1958; Idem, *Théologie et socialisme dans ses lettres de jeunesse* (1973), em Pierre GISEL, org., *Karl Barth. Genèse et réception de sa théologie*, Genebra, Labor et Fides, 1987, p. 117-147.

◉ Barth; cura das emoções; Gogarten; "teologia dialética"

TIAGO I (1566-1625)

Filho de Maria Stuart e Henrique, conde de Darnley, tornou-se primeiro Tiago VI da Escócia, no dia 29 de julho de 1567. Seu bisavô, Tiago IV, se casara com a filha de Henrique VII da Inglaterra, Margarida, em 1503, o que tornou possível o acesso dos Stuarts ao trono da Inglaterra. Tiago VI, da Escócia, sucedeu a rainha Elisabeth I e adotou o nome de Tiago I em 25 de julho de 1603, junto à sua esposa, Ana da Dinamarca. Conhecido por sua erudição, escreveu inúmeras obras: tratados políticos como *The True Law of Free Monarchies* [A verdadeira lei das monarquias livres] (1598) e *Basilikon doron ou présent royal de Jacques premier, roy d'Angleterre, Escoce et Irlande, au prince Henry, son fils, contenant une instruction de bien régner* (1599, Paris, em G. Auvray, 1603); textos críticos contra o papado, como *Triplice nodo, triplex cuneus, ou Apologie pour le serment de fidélité contre les deux brefs du pape Paul V et la lettre du cardinal Bellarmin n'aguères escrite à G. Blacwell, archiprestre* (1607, Leiden, J. Le Fevre, 1608) e *The Premonition*; estudos teológicos e textos sobre assuntos diversos, como o tabaco e a feitiçaria, como *Daemonologie* (1597, Edimburgo, Edinburgh University Press, 1966). É conhecido como o tradutor da famosa Bíblia *King James Version*, também chamada de *Authorized Version* (1611), impondo esse modelo à Igreja Anglicana, decisão que apenas ampliou o movimento de dissidência. Admirado em um primeiro momento, foi criticado por sua vaidade, seus gastos excessivos, seu gosto por favoritos (Buckingham) e pela caça. Seu projeto de paz universal e sua concepção da monarquia absoluta de direito divino comprometeram suas relações com o Parlamento. No dia 27 de março de 1625, seu filho Carlos I o sucedeu.

Valérie Dewalle

▶ ASHTON, Robert, org., *James I by His Contemporaries. An Account of His Career and Character as Seen by Some of His Contemporaries*, Londres, Hutchinson, 1969; BOURDIN, Bernard, *La genèse théologico-politique de l'État moderne. La controverse de Jacques Ier d'Angleterre avec le cardinal Bellarmin*, Paris, PUF, 2004; DUCHEIN, Michel, *Jacques Ier Stuart. Le roi de la paix* (1985), Paris, Fayard, 2003; KENYON, John Phillips, *Stuart England* (1978), Harmondsworth, Penguin Books, 1985; LOCKYER, Roger, *James VI and I*, Londres, Longman, 1998; WILLSON, David Harris, *King James VI and I* (1956), Londres, Jonathan Cape, 1966.

◉ Anglicanismo; Buchanan; Casaubon; dissidente; Escócia; Inglaterra; Knox; Melville

TILLICH, Paul (1886-1965)

A vida e o pensamento desse filósofo e teólogo foram marcados pelo choque da Primeira Guerra Mundial, na qual ele combateu no *front* francês, e pela chegada de Hitler ao poder, que o obrigou a exilar-se nos Estados Unidos em 1933. Na fase alemã, elaborou os conceitos básicos que desenvolveria e tornaria mais acessíveis ao longo da fase americana; o exílio o fez sair daquilo que mais tarde chamaria de "provincianismo europeu" para adquirir uma visão mais ampla das coisas. Sua pesquisa é motivada pela preocupação de correlacionar a mensagem cristã com a situação humana (cf. os títulos de cada uma das cinco partes de sua teologia sistemática: "A razão e a revelação", "O ser e Deus", "A existência e Cristo", "A vida e o Espírito", "A história e o Reino de Deus"), o que o levou a duas análises. Primeira, uma análise da mensagem evangélica. Tratava-se, aqui, de repensar e reformular a doutrina cristã, cujas expressões antigas, até no fundamental, não são mais compreendidas hoje. De acordo com Tillich, o evangelho anuncia o surgimento, em nosso mundo, de um ser novo (Cristo) e de uma nova realidade (a graça), que superam a alienação existencial do ser humano. Segunda, uma análise da cultura para decifrar, em suas múltiplas manifestações (arte, política, filosofia, religiões), as questões que estimulam o ser humano e constituem sua humanidade. O ser humano está constantemente confrontando com o não-ser, devendo-se compreender por "não-ser" as potências negativas da culpa, da morte, do absurdo e também da opressão socioeconômica e sociopolítica. Essas potências agridem, deformam e ameaçam seu ser, tentando coisificá-lo e aniquilá-lo, alienando-o de uma existência autêntica em comunhão com Deus.

Tillich distingue a "substância católica" (a presença real de Deus nos lugares "sacramentais") e o "princípio protestante" (a recusa "profética" de localizar Deus, pois ele se situa além até mesmo daquilo que o manifesta). Ambos os elementos são igualmente necessários: a "substância" dá um conteúdo à fé; o "protesto" a preserva da idolatria. Sua tensão culmina na cruz: o encarnado sacrifica sua personalidade histórica para que ela não mascare o transcendente que ela torna presente. Essa polaridade (em que os dois polos ao mesmo tempo se opõem e se atraem) é constitutiva de uma fé autêntica, não devendo desaparecer, mas, ao contrário, desenvolver-se com o ecumenismo.

André Gounelle

▶ TILLICH, Paul, *Teologia sistemática* (1951-1963), São Leopoldo, Sinodal, 2005; Idem, *Oeuvres*, Quebec-Paris-Genebra, Presses de l'Université Laval-Cerf-Labor et Fides, t. I: *La dimension religieuse de la culture. Écrits du premier enseignement (1919-1926)*, 1990, t. II: *Christianisme et socialisme. Écrits socialistes allemands (1919-1931)*, 1992, t. III: Écrits contre les nazis (1932-1935), 1994, t. IV: *Substance catholique et principe protestant (1929-1965)*, 1996, t. V, *Dogmatique. Cours donné à Marbourg en 1925*, 1997, t. VI: *Le courage d'être* (1952), 1999, t. VII: *Documents biographiques*, 2002; Idem, *Teologia da cultura* (1959), São Paulo, Fonte Editorial, 2009; BOSS, Marc, LAX, Doris e RICHARD, Jean, orgs., *Mutations religieuses de la modernité tardive. Actes du XIVᵉ Colloque international Paul Tillich, Marseille, 2001*, Münster, Lit, 2002; DANZ, Christian, org., *Theologie als Religionsphilosophie. Studien zu den problemgeschichtlichen und systematischen Voraussetzungen der Theologie Pal Tillichs*, Münster, Lit, 2004; DUMAIS, Alfred e RICHARD, Jean, orgs., *Ernst Troeltsch et Paul Tillich. Pour une nouvelle synthèse du christianisme avec la culture de notre temps*, Quebec-Paris, Presses de l'Université Laval-L'Harmattan, 2002; Idem, org., *Philosophie de la religion et théologie chez Ernst Troeltsch et Paul Tillich*, Quebec-Paris, Presses de l'Université Laval-L'Harmattan, 2002; VAHANIAN, Gabriel, *Tillich and the New Religious Paradigm*, Aurora, Davies, Group Publishers, 2004.

● **Arte**; autonomia; Barth; *Bauhaus*; **Deus**; expressionismo alemão; Gilkey; Jung; kantismo (neo); **liberdade**; paradoxo; São Miguel (Confraria Evangélica); **teologia**

TIMPLER, Clemens (1563/64-1624)

Filósofo reformado alemão, Timpler nasceu em Stolpen (Saxônia) e morreu em Steinfurt (Westfália). De origem luterana, Timpler estudou na Escola Eleitoral de Pforta, na Universidade de Leipzig, assim como, provavelmente, na Itália. Ensinou na Universidade de Leipzig, de onde foi expulso em 1592, junto com outros criptocalvinistas, após ter recusado sua adesão à *Fórmula de concórdia*. Encontrou asilo na Universidade de Heidelberg até 1595, época em que foi nomeado professor no *Gymnasium illustre Arnoldinum* de Steinfurt.

Timpler foi um dos mais notáveis metafísicos calvinistas alemães do século XVII. Seu manual *Metaphysicae systema methodicum* [Sistema metódico de metafísica] (1604) foi considerado o mais bem acabado e o mais abrangente da época. Nessa obra, Timpler buscou dar à metafísica — cujo objeto próprio é "tudo o que é inteligível" (*omne intelligibile*) — um método e uma sistematicidade que lhe permitissem adquirir uma universalidade capaz de captar o ser em sua totalidade. Nesse sentido, "Timpler radicalizou do modo mais resoluto o projeto da metafísica de Suarez, dando, assim, à ontologia geral sua marca clássica" (J. F. COURTINE, p. 424). A obra de Timpler, juntamente com a do filósofo reformado Rodolph Goclenius, o Velho (1547-1628), contribuiu de modo decisivo para o desenvolvimento da metafísica no mundo acadêmico reformado. Entre seus discípulos, digno de nota é Bartholomaeus Keckermann (1572-1609), que ensinou em Heidelberg e em Gdansk.

Patrick Évrard

▶ TIMPLER, Clemens, *Metaphysicae systema methodicum*, Steinfurt, 1604; Idem, *Philosophiae practicae systema methodicum*, Hanau, 1607; Idem, *Logicae systema methodicum*, Hanau, 1612; COURTINE, Jean-François, *Suarez et le système de la métaphysique*, Paris, PUF, 1990, p. 265-267 e 418-432; FREEDMAN, Joseph S., *European Academic Philosophy in the Late Sixteenth and Early Seventeenth Centuries. The Life, Significance and Philosophy of Clemens Timpler (1563/4-1624)*, 2 vols., Hildesheim, Olms, 1988; PETERSEN, Peter, *Geschichte der aristotelischen Philosophie in protestantischen Deutschland* (1921), Stuttgart, Frommann, 1964, p. 287-294 e 527-530; SCHEPERS, Heinrich, *La philosophie allemande au XVIIe siècle*, em Yvon BELAVAL, org., *Histoire de la philosophie*, t. II: *De la Renaissance à la révolution kantienne*, Paris, Gallimard, 1973, p. 422-425 e 430s; SPARN, Walter, *Wiederkehr der Metaphysik. Die ontologische Frage in der lutherischen Theologie des frühen 17. Jahrhunderts*, Stuttgart, Calwer, 1976; WUNDT, Max, *Die Deutsche Schulmetaphysik des 17. Jahrhunderts*, Tübingen, Mohr, 1939.

◐ Deus; metafísica

TING, Kuang Hsun (1915-2012)

Ting nasceu em Xangai. No centro das turbulências da história da China, o bispo Ting, educado na tradição anglicana, é, desde os anos 1950, uma figura fundamental do protestantismo chinês. Estudou engenharia e teologia, e trabalhou com as associações cristãs de estudantes (China, Canadá, Federação Universal); em 1951, com sua mulher e colaboradora Kuo Siu May, integrou a nova República Popular da China e uniu-se a cristãos privados de todo apoio estrangeiro. Firmado na Bíblia, animado por um profundo senso de pastoreio, desejoso de desenvolver uma igreja "plenamente cristã e plenamente chinesa", buscou o diálogo com base em um respeito mútuo tanto com o governo quanto com as diversas expressões protestantes da fé. Trabalhou pelo Movimento Patriótico das Três Autonomias (autogestão, autofinanciamento, autonomia da atividade missionária), ao qual a maioria dos protestantes aderiu, buscando zelar pelo respeito à liberdade religiosa legal. A partir dos anos 1980, dirigiu o Seminário de Teologia Unida de Nanquim e, no Conselho Cristão da China (protestante), acompanhou as igrejas em situação pós-denominacional em seu rápido crescimento rumo à sua unidade constitucional. Foi o pioneiro da Fundação Amizade, orgaização não governamental que, com a ajuda de não cristãos e colaboradores estrangeiros, contribuiu para o desenvolvimento do país e engajou o Conselho Cristão da China no Conselho Mundial de Igrejas (1991). Aposentado desde 1997, reconhecido por sua sabedoria, Ting continuou a inspirar um protestantismo chinês em plena expansão. Eclesiástico e teólogo, a partir de 1998 suscitou uma reflexão que, ao dar conta de cinquenta anos de experiência pós-denominacional em uma sociedade socialista, visou a aprofundar e estruturar, em torno da noção do amor, uma teologia contextual chinesa e uma eclesiologia ecumênica (teologia *Jianshe*: [re]construir, [re]organizar, desenvolver). Membro do Comitê Nacional da Conferência Consultiva do Povo Chinês desde 1959, foi um de seus vice-presidentes, sendo reeleito por cinco anos em 2003. Ting foi doutor *honoris causa* das universidades de Toronto (com sua mulher, falecida em 1995) e de Debrecen, da *Yonsei University*, de Seul, e da *Philippine Christian University*, de Manila.

Simone Frutiger Bickel

▶ TING, Kuang Hsun, *No Longer Strangers. Selected Writings*, org. por Raymond L. WHITEHEAD, Maryknoll, Orbis Books, 1989; Idem, *Love Never Ends*, Nanquim, Yilin Press, 2000; Idem, *A Chinese*

Contribution to Ecumenical Theology. Selected Writings, org. por Janice e Philip WICKERI, Genebra, CMI, 2002; Idem et alii, *Chinese Christians Speak Out. Addresses and Semons*, Pequim, New World Press, 1984; ROSSEL, Jacques, *Chrétiens en Chine populaire*, Basileia, Mission de Bâle, 1987; "Tribute to Bishop K. H. Ting on His Eightieth Birthday", *The Chinese Theological Review* 10, 1995; WANG, Aiming, "Understanding Theological Reconstruction in the Chinese Church", *The Chinese Theological Review* 16, 2002, p. 102-109.

○ Ásia

TOLERÂNCIA

A noção de tolerância está correlacionada a formas diversas de pensamento e ação humanos que, na área da religião e da história das religiões, poderíamos reduzir às quatro seguintes: psicológica, com a tolerância como uma amplitude de visões, clemência e indulgência para com os erros do outro; nessa modalidade, há uma postura de "condescendência" por parte daqueles que, no plano doutrinário e disciplinar, dispõem-se a fazer concessões para chegar a um acordo e há o sentimento daqueles que defendem a moderação nas penalidades infligidas aos hereges. A segunda é a jurídica, em que a tolerância civil depende do príncipe ou do magistrado que, em algumas circunstâncias, pode autorizar o exercício de um culto diferente do culto oficial sem que o primeiro seja necessariamente posto no mesmo plano que o segundo. A terceira é teológica, com a tolerância dos garantidores da ortodoxia, que, sem aprová-la, permitem a profissão de uma religião diferente da religião deles, desde que essa religião diferente respeite os pontos fundamentais da fé. Por fim, a tolerância eclesiástica, que depende da igreja dominante, que, em caso de necessidade (diante de um bem a ser atingido ou com o fim de evitar um mal maior), pode admitir, sob certas condições, o exercício de cultos diferentes ou dissidentes.

Na história do cristianismo, a finalidade da tolerância religiosa oscila entre duas prioridades: a espiritual, que decorre da mensagem evangélica de caridade, e a temporal, que depende dos interesses do Estado. As preocupações religiosas dominantes na época em que a igreja foi perseguida e tolerante combinaram-se com os interesses políticos quando a religião cristã, tolerada assim como as outras pelo Edito de Milão (313), tornou-se uma religião do Estado (380), intolerante para com as demais religiões. Essa mudança se manifestou, na mesma época, no pensamento de Agostinho, que, depois de pregar a clemência em relação aos maniqueus e a indulgência para com os hereges, justificou certo uso da força para levar ao arrependimento os desviados e converter os fiéis. A propagação do evangelho se confunde, então, com a supressão do paganismo, contra o qual já se começa a exigir a intervenção do braço secular. A partir de então, a legislação imperial contra os hereges passou a fornecer armas jurídicas aos seus perseguidores, até mesmo chegando a prescrever, em alguns casos, a pena de morte. A Idade Média associou o sagrado e o profano em uma concepção em que a concórdia política (o Império) se viu indissociável da concórdia religiosa (a Igreja), e a unidade da fé era uma garantia da soberania. No entanto, apesar das cruzadas e da Inquisição, a tolerância buscou caminho para a liberdade de consciência na obra de teólogos e demais autores que defenderam que a fé era do âmbito da vontade, e não passível de constrangimento: Alcuíno (?735-804), Abelardo (1079-1142), Tomás de Aquino (1224/25-1274), Raimundo Lúlio (1233-1316) e outros. A própria tolerância eclesiástica, conforme atestado pelo decreto de Graciano (por volta de 1140), surgiu com frequência. Já a tolerância religiosa manifestada através da coexistência de diferentes religiões era pouco concebível, embora pudessem ser atestadas nessa época trocas islamo-cristãs e judaico-cristãs, assim como islamo-judaicas; pois todo atentado à unidade da fé fragmentaria o *corpus christianum* e fragilizaria os poderes soberanos.

Esse era o estado da questão no século XVI. Quando a Reforma se manifestou, as noções de heresia e herege se enrijeceram mais que nunca. Após uma primeira fase de tolerância e clemência (demandada do poder secular e eclesiástico em relação aos reformadores), a postura de Lutero, Calvino, Melâncton e outros reformadores se tornou inflexível contra aqueles que, para eles, representavam hereges passíveis de sofrer a pena capital, fossem eles anabatistas ou antitrinitários. Além dessa intolerância para com as seitas, os reformadores testemunharam um firme rigor doutrinário e disciplinar e, no todo, de exigência de unidade confessional. Da mesma forma, no nível político, a tolerância não se constituía em uma coexistência de religiões, mas, sim, de uma concórdia e uma unidade, pois da uniformidade religiosa dependia, entre outros fatores, o exercício do poder do príncipe. Assim, na Inglaterra, onde o rei decretou a Reforma através do Ato de Supremacia (1534), Henrique VIII e Maria Tudor recorreram às perseguições e às fogueiras para impor a unidade religiosa aos súditos, uma unidade protestante para o primeiro e católica para a segunda. No Sacro Império Germânico, a uniformidade religiosa requeria que, em cada principado, os súditos seguissem a confissão do príncipe, fosse ele católico ou luterano. A solução temporária adotada pelo Ínterim de Augsburgo (1548) foi renovada com a Paz de Augsburgo (1555: *ubi unus dominus, ibi una sit religio*, "onde há um só soberano, que haja uma só religião), para em seguida se tornar estável. Na França, também não havia um tipo de tolerância-coexistência, nem sob Francisco I, nem sob Henrique II. Mas, a partir de 1560, a questão da tolerância adquiriu uma importância capital no debate religioso e político, pois o estado de guerra civil mudou os dados do problema. Em 1562, Castellion apresentou a ideia da coexistência das religiões nos reinos, ou seja, a ideia da tolerância civil: à primeira vista, os votos dos huguenotes deveriam ser suprimidos, mas não foi o caso, pois, para os responsáveis pela Reforma, a adoção do princípio castellioniano equivaleria a uma abertura enorme de portas para todas as seitas. No entanto, como a guerra civil se prolongava, os huguenotes restringiram seu programa: no início, pretendiam converter todo o reino à verdadeira e única religião, mas depois passaram a desejar que fosse outorgada uma tolerância tão segura e estável quanto possível. Seus adversários papistas moderaram também suas aspirações: enquanto a concórdia-unidade religiosa dificilmente podia ser mantida, a solução provisória de uma tolerância-coexistência parecia a única vislumbrada, tanto para a sobrevida dos súditos quanto para a sobrevida da monarquia.

Fora dos campos de batalha e das mesas de negociação, a tolerância percorreu um longo caminho nas discussões dos panfletários. Mas, se a liberdade de consciência parecia, então, amplamente adquirida, a liberdade de culto só parecia se impor através das armas. A guerra foi legitimada por um princípio ao mesmo tempo teológico e político, que se tornou o pivô de toda argumentação nesse sentido: *Antes, importa obedecer a Deus do que aos homens* (At 5.29). Isso não justifica a revolta, mas, sim, a resistência ao príncipe iníquo, tanto na França quanto nas Províncias Unidas. Além disso, a tolerância civil progrediu em algumas regiões da Europa, como Brandenburgo, Boêmia, Transilvânia e, principalmente, na Polônia. Na França, o destino dos reformados estava ligado às vicissitudes do Edito de Nantes (1598), pois a tolerância que o documento outorgava se prestava a mal-entendidos. A ambiguidade dessa ordenança se revelaria de fato dramática ao longo do século XVII, diante da ascensão do absolutismo, e se veria em um total fracasso com a nova onda de perseguições e com o ato final da Revogação (1685). Enquanto isso, medidas de tolerância civil surgiam na Nova Inglaterra (Maryland e Rhode Island) e na velha Inglaterra (Ato de Tolerância, 1689), em que o debate sobre a questão é engajado no mais alto nível com John Locke (1632-1704). Da mesma forma, em outros locais, principalmente nos Países Baixos, terra escolhida do Refúgio, os reformados firmaram a tolerância no direito natural: a maioria prefere a "tolerância branda", como Élie Saurin (1639-1703), Jacques Philipot (morto após 1685), um meio caminho entre as posições extremas dos "tolerantes universais", como Pierre Bayle (1647-1706) e Noël Aubert de Versé (1642-1714), e dos "intolerantes indignados", como Pierre Jurieu (1637-1713).

Com Voltaire (1694-1778), o século XVIII contribuiu para desenvolver e aperfeiçoar os termos do problema, mas sem acrescentar à discussão argumentações verdadeiramente originais, a não ser para reconhecer que era necessário separar a unidade religiosa da unidade política. A tolerância começou a perder sua conotação negativa para se revestir de uma forma fundamental de liberdade, tal como surgiu nas declarações dos direitos humanos que apareceram em 1776 na Virgínia. São introduzidas reformas relacionadas aos direitos civis sob a forma de "editos de tolerância" por parte de alguns soberanos esclarecidos da Europa. Os mais famosos foram os de José II e de Luís XVI. O primeiro, promulgado em outubro de 1781 e aperfeiçoado em janeiro de 1782, garantia os direitos civis dos grupos religiosos minoritários, com restrições em relação aos judeus. O segundo, Edito de Versalhes, de 1787, garantia os "direitos do estado civil" aos súditos franceses e aos estrangeiros domiciliados no reino que não professavam a religião católica, no entanto, em princípio, sem o acesso aos cargos públicos. No século XIX, enquanto se consumava a separação entre igreja e Estado, os defensores das ortodoxias, tanto protestantes quanto católicos, inquietaram-se com a diversificação das crenças que, até mesmo dentro das igrejas oficiais, passavam a produzir diversos liberalismos protestantes, evangélicos e católicos. No século XX, a tolerância religiosa se afirmou como liberdade religiosa e, como um princípio de direito natural, passa a integrar a Constituição de vários Estados. Proclamada, a partir de então, como um valor positivo, tanto na teologia quanto em toda a vida social (no catolicismo, somente com o Concílio Vaticano II: Declaração sobre a Liberdade Religiosa *Dignitatis humanae*, do dia 7 de dezembro de 1965), a tolerância reencontrou o vigor original de uma das acepções da palavra: a da compreensão, elevando-se acima das diversidades e associada ao esforço considerável de reunificação religiosa operada pelo movimento ecumênico desde o início do século XX, como exemplifica o diálogo inter-religioso.

Mario Turchetti

▶ BERENGER, Jean, *Tolérance ou paix de religion en Europe centrale (1415-1792)*, Paris, Champion, 2000; CHRISTIN, Olivier, *La paix de religion. L'autonomisation de la raison politique au XVIe siècle*, Paris, Seuil, 1997; LECLERC, Joseph, *Histoire de la tolérance au siècle de la Réforme* (1955), Paris, Albin Michel, 1994; MÉCHOULAN, Henry, POPKIN, Richard H., RICUPERATI, Giuseppe e SIMONUTTI, Luisa, org., *La formazione storica dell'alterità. Studi di storia della tolleranza nell'età moderna offerti a Antonio Rotondò*, 3 vols., Florença, Olschki, 2001; RUFFINI, Francesco, *La libertà religiosa come diritto pubblico subiettivo*, Bolonha, Il Mulino, 1992; TURCHETTI, Mario, "Une question mal posée: Érasme et la tolérance. L'idée de *sygkatábasis*", *Bibliothèque d'humanisme et Renaissance* 53, 1991, p. 379-395; Idem, *Une question mal posée: la qualification de 'perpétuel et irrévocable' appliquée à l'Édit de Nantes (1598)*, BSHPF 139, 1993, p. 41-78.

⊙ Aconcio; Bayle; Bodin; Calas; Castellion; Cavour; Constant; Court de Gébelin; Dávid; deísmo; direitos humanos; Duplessis-Mornay; Edito de Nantes (e Revogação do); Estado; Grotius; guerras de religião; indivíduo; irenismo; Jaucourt; Jurieu; La Beaumelle; **laicidade**; latitudinarismo; Le Cène; **liberdade**; liberdade de consciência; Locke; Luzes; Ochino; paz; Penn; **política**; Pufendorf; **religião e religiões**; Revolução Americana; Revolução Francesa; Revoluções da Inglaterra; Serveto; Turrettini J.-A.

TÖPFFER, Rodolphe (1799-1846)

Filho do pintor e caricaturista genebrino Wolfgang-Adam Töpffer (1766-1847), abandonou a ideia de tornar-se pintor por problemas de vista. Após uma estada de oito meses em Paris, entre 1819 e 1820, em que se dedicou ao estudo das letras, voltou a Genebra, casou-se e, em 1824, abriu um pensionato que rapidamente alcançou grande sucesso. Desenhista virtuose, criou "álbuns de estampas", formados de desenhos acompanhados de texto, contando de modo humorístico as aventuras de diversos personagens, os senhores M. M. Jabot, Crépin, Vieux-bois, Pencil, Festus, Cryptograme e Trictrac. Esses álbuns logo foram copiados em Paris, na Inglaterra e na América, caracterizando Rodolphe Töpffer como o inventor da história em quadrinhos. Suas ideias sobre esse novo gênero foram expostas na obra *Essai de physiognomonie* [Ensaio sobre a fisiognomonia] (1845). Em 1832, foi nomeado professor de retórica e belas letras na Academia de Genebra, escrevendo novelas (as futuras *Nouvelles genevoises* [Novelas genebrinas]), críticas de arte (que integrariam os *Menus propos d'un peintre genevois* [Modestos propósitos de um pintor genebrino]), assim como relatos ilustrados das excursões que empreendeu uma ou duas vezes por ano com seus alunos (publicados com o título *Voyages en zigzag* [Viagens em zigue-zague]). Sua obra preferida era um romance de cartas, *Le presbytère* [O presbitério], que apresenta um pastor genebrino, obra admirada por Alexandre Vinet e Xavier de Maistre. Em 1841, Sainte-Beuve dedicou um longo e elogioso artigo a Rodolphe Töpffer. Representou tão bem a cidade de Calvino na época da Restauração que Philippe Monnier intitulou seu estudo *La Genève de Töpffer* [A Genebra de Töpffer] (Genebra, Jullien, 1914).

Jacques Droin e Gabriel Mützenberg

▶ TÖPFFER, Rodolphe, *Oeuvres completes*, 26 vols., Genebra, Skira-Cailler, 1942-1958; Idem, *Correspondance complete*, Genebra, Droz, 2002ss (publicação em andamento); Idem, *Nouvelles genevoises* (1841),

Lausanne, L'Âge d'Homme, 1986; Idem, *Voyages en zigzag* (1844), Genebra, Slatkine, 1996; BLONDEL, Auguste e MIRABAUD, Paul, *Rodolphe Töpffer. L'écrivain, l'artiste et l'homme* (1886), Genebra, Slatkine, 1998; GROENSTEEN, Thierry e PEETERS, Benoît, orgs., *Töpffer, l'invention de la bande dessinée*, Paris, Hermann, 1994; KAENEL, Philippe, *Le métier d'illustrateur, 1830-1880. Rodolphe Töpffer, J.-J. Grandville, Gustave Doré* (1996), Genebra, Droz, 2005; KUNZLE, David, *The History of the Comic Strip*, t. II: *The Nineteenth Century*, Berkeley, University of California Press, 1990, p. 28-71; MAGGETTI, Daniel, org., *Töpffler*, Genebra, Skira, 1996.

◉ **Literatura**

TORRANCE, Thomas Forsyth (1913-2007)

Torrance nasceu na China em uma família de missionários escoceses. Foi um dos líderes mais marcantes e mais prolíficos da teologia reformada do século XX. Professor de dogmática na Universidade de Edimburgo de 1952 a 1979, foi detentor de sete doutorados *honoris causa*, além de moderador da Assembleia Geral da Igreja da Escócia de 1976 a 1977 e membro da Academia Britânica.

Os principais influenciadores de seu pensamento foram Atanásio, João Calvino e Karl Barth, assim como o cientista e filósofo Michael Polanyi. Sua obra pode ser dividida em três áreas. A primeira é a da história, com *The Doctrine of Grace in the Apostolic Fathers* [A doutrina da graça nos Pais apostólicos] (Edimburgo, Oliver and Boyd, 1948), *The Trinitarian Faith. The Evangelical Theology of the Ancient Catholic Church* [A fé trinitária: a teologia evangélica da antiga igreja católica] (Edimburgo, T. & T. Clark, 1988) e *The Hermeneutics of John Calvin* (Edimburgo, Scottish Academic Press, 1988); a segunda é ecumênica e dogmática, com *Conflict and Agreement* [Conflito e concordância] (2 vols., Londres, Lutterworth Press, 1959-1960), *Theology in Reconciliation. Essays towards Evangelical and Catholic Unity in East and West* [Teologia em reconciliação: ensaios em direção à unidade evangélica e católica no Oriente e no Ocidente] (1975, Grand Rapids, Eerdmans, 1976) e a edição de *Theological Dialogue between Orthodox and Reformed Churches* [Diálogo teológico entre igrejas ortodoxas e reformadas] (Edimburgo, Scottish Academic Press, 1985); a terceira é o diálogo entre teologia e ciências naturais, com *Science théologique* [Ciência teológica] (1969, Paris, PUF, 1990), *Space, Time and Incarnation* [Espaço, tempo e encarnação] (Oxford, Oxford University Press, 1969), *Christian Theology and Scientific Culture* [Teologia cristã e cultura científica] (1980, Oxford, Oxford University Press, 1981), *Reality and Scientific Theology* [Realidade e teologia científica] (Edimburgo, Scottish Academic Press, 1985) e *The Christian Frame of Mind* [A disposição mental cristã] (1985, Colorado Springs, Helmers and Howard, 1989). Além disso, Torrance trabalhou como editor do *Scottish Journal of Theology* [Revista escocesa de teologia] (publicado a partir de 1948), da tradução inglesa da *Dogmática* de Barth (1956-1969) e da série de monografias "Theology and Science at the Frontiers of Knowledge" [Teologia e ciência nas fronteiras do conhecimento] (Edimburgo, Scottish Academic Press, 1985ss).

Alasdair I. C. Heron

▶ TORRANCE, Iain R., "A Bibliography of the Writings of Thomas F. Torrance 1941-1989", *Scottish Journal of Theology* 43, 1990, p. 225-262; ACHTNER, Wolfgang, *Physik, Mystik und Christentum. Eine Darstellung und Diskussion der natürlichen Theologie bei T. F. Torrance*, Frankfurt, Lang, 1991; COLYER, Elmer M., org., *The Promise of Trinitarian Theology. Theologians in Dialogue with T. F. Torrance*, Lanham-Oxford, Rowman and Littlefield, 2001; HARDY, Daniel W., "Thomas F. Torrance", em David F. FORD, org., *The Modern Theologians. An Introduction to Christian Theology in the Twentieth Century*, t. I, Oxford, Blackwell, 1989, p. 71-91; MCGRATH, Alister E., *Thomas F. Torrance. An Intellectual Biography*, Edimburgo, T. & T. Clark, 1999; MCKINNEY, Richard W. A., org., *Creation, Christ and Culture. Essays in Honour of T. F. Torrance*, Edimburgo, T. & T. Clark, 1976.

TORRE PELLICE

Cidade de cinco mil habitantes situada às margens do rio Pellice, nos vales valdenses do Piemonte. Torre Pellice é a sede institucional da Mesa Valdense (órgão executivo do sínodo), que ainda conserva ali seus arquivos. Na cidade, também está presente a biblioteca da Sociedade de História Valdense e a dos pastores, ambas, hoje, sob a direção do centro cultural que foi recentemente criado pelo sínodo, assim como o museu histórico e uma série de serviços unificados para toda a Igreja Valdense. Em Torre Pellice também foi instituída a

Faculdade Valdense de Teologia (1855), que primeiro se mudou para Florença (1860) e depois para Roma (1921).

Hermanno Genre

○ Faculdades de teologia latinas europeias; Igreja Valdense; Itália; revistas protestantes; Valdo

TORTURA

Institucionalizada por todo poder absoluto, praticada pelos tribunais e pela Inquisição, a tortura reduz, pelo medo, os oponentes políticos e religiosos. Às vezes tem como causa o antissemitismo, as ideologias e o nacionalismo. A condenação da tortura faz parte dos direitos humanos (artigo 5 da Declaração Universal da ONU). Denunciada pelo Conselho Mundial de Igrejas (Genebra, 1977) e pela Aliança Reformada Mundial (Ottawa, 1982), após o colóquio teológico com Moltmann (Londres, 1976), é combatida pelas igrejas. Doutor *honoris causa* da Faculdade de Teologia de Lausanne (1985), o banqueiro protestante genebrino Jean-Jacques Gautier (1912-1986) tomou a iniciativa de abrir uma Convenção Internacional contra a Tortura, que foi adotada pelas Nações Unidas no ano de 1984. Em 1974, foi criada em Paris a Ação dos Cristãos pela Abolição da Tortura (ACAT), inspirada pelo pastor Tullio Vinay. Organismo ecumênico ligado à Anistia Internacional, a ACAT originou uma federação internacional pela erradicação total da tortura.

Jacques Galtier

▶ ANDRÉ, Jacques, *L'interdit ou la torture en procès*, Paris, Cerf, 1994; AURENCHE, Guy, org., *Chrétiens contre la torture*, Paris, Cana, 1979; COLLANGE, Jean-François, *Théologie des droits de l'homme*, Paris, Cerf, 1989; FUCHS, Éric e STUCKI, Pierre-André, *Au nom de l'Autre. Essai sur le fondement des droits de l'homme*, Genebra, Labor et Fides, 1985; FUCHS, Éric e GRAPPE, Christian, *Le droit de résister. Le protestantisme face au pouvoir*, Genebra, Labor et Fides, 1990.

○ Direitos humanos; Vinay; **violência**

TOURNIER, Paul (1898-1986)

Médico, ensaísta e pensador genebrino, Paul Tournier inspirou o que ele mesmo chamou de *medicina da pessoa*, que designava uma nova disciplina para integrar à clínica geral não somente um diagnóstico científico e psicossomático, mas também as dimensões espirituais do encontro entre o médico e o paciente. Convencido do impacto dos problemas da vida sobre a saúde, estimava que nenhuma doença surge por acaso. Portanto, o médico deveria levar ao paciente uma ajuda em que estivessem presentes o saber da medicina, a escuta psicológica e um encontro *pessoal* em que pudessem ser abordadas as questões mais profundas da vida, pois aqueles que mais melhoram são os que conseguem atribuir um sentido à sua doença e, quando a doença não tem sentido, comporta simplesmente um sofrimento a mais. A fim de que haja um aspecto relacional no encontro, o médico deve trabalhar com suas emoções, mas também aprofundar em si mesmo o silêncio interior do recolhimento, pois somente assim estaria livre dos entraves que paralisam sua disponibilidade interior e espiritual para com seus pacientes. A medicina da pessoa é também, e talvez em primeiro lugar, uma medicina da pessoa do médico. Podemos caracterizar a obra de Paul Tournier como uma síntese da prática dos grupos Balint e da inspiração dos Grupos de Oxford, que originaram o Rearmamento Moral. Sua influência está longe de ser negligenciável. A Associação Médico-Social Protestante de Língua Francesa entrega regularmente o Prêmio Paul Tournier.

Marc Faessler

▶ TOURNIER, Paul, *Médecine de la personne* (1940), Neuchâtel, Delachaux et Niestlé, 1983; Idem, *Os fortes e os fracos* (1948), São Paulo, ABU, 1999); Idem, *Le personnage et la persone* (1954), Neuchâtel, Delachaux et Niestlé, 1989; Idem, *Vraie ou fausse culpabilité* (1958), Neuchâtel, Delachaux et Niestlé, 1985; Idem, *L'homme et son lieu* (1966), Neuchâtel, Delachaux et Niestlé, 1985; Idem, *Apprendre à vieillir* (1971), Neuchâtel, Delachaux et Niestlé, 1981; Idem, *Violence et puissance*, Neuchâtel, Delachaux et Niestlé, 1977; Idem, *Face à la souffrance* (1981), Genebra, Labor et Fides, 1985; Idem, *Vivre à l'écoute*, Montreux, Éditions de Caux, 1984; COLLINS, Gary R., *The Christian Psychology of Paul Tournier*, Grand Rapids, Baker Book House, 1973; ROCHE, Charles de e REINHARDT, Ernst, orgs., *Paul Tournier. Ein Leben, eine Botschaft*, Basileia, Reinhardt, 1987.

○ Cura; doença; **saúde**

TRABALHO (e legislação do)

O trabalho foi fortemente valorizado pela Reforma em seu duplo intento: colocar todos os cristãos em pé de igualdade e exaltar a dignidade das "atividades comuns" (Charles Taylor). Assim, o trabalho deixou de ser considerado uma atividade profana e passou a ser reconhecido como "vocação" divina, pois permite a ajuda mútua. No entanto, em pouco tempo o critério passou a ser compreendido em termos de utilidade econômica, o que levou a uma exaltação excessiva do trabalho. Afinal, é comum encontrar, em alguns túmulos, à guisa de epitáfio, "o trabalho foi sua vida". Max Weber identificou, com isso, a importância que o trabalho assumiu nas sociedades secularizadas marcadas pelo espírito do protestantismo: organização racional do trabalho, o lucro como um alvo, não para gastar, mas para o reinvestimento etc. Com a degradação das condições de trabalho devida à Revolução Industrial, também houve protestantes que iniciaram notáveis esforços para estabelecer as bases para limites normativos relacionados ao trabalho. Inauguraram um longo combate em prol da promoção dos trabalhadores através da legislação do trabalho o economista genebrino Simonde de Sismondi (1773-1842; cf. sua *Nouveaux pincipes d'économie politique ou de la richesse dans ses rapports avec la population* [Novos princípios de economia política ou da riqueza de suas relações com a população], 1819, 1827, 2 vols., Genebra-Paris, Jeheber, 1951-1953), o industrial alsaciano Daniel Legrand (1783-1859) — assim como o meio protestante da Sociedade Industrial de Mulhouse, criada em 1826 — e o inglês Anthony Ashley Cooper, sétimo conde de Shaftesbury (1801-1885). Daniel Legrand foi o primeiro a lançar a ideia de uma organização internacional do trabalho para elaborar tratados internacionais com o fim de proteger os mais desfavorecidos. Na virada do século XX, o movimento do Cristianismo Social prosseguiu com tais ideias. Em 1908, um grupo de igrejas protestantes — *Federal Council of the Churches of Christ in America* [Conselho Federal das Igrejas de Cristo na América] — exigiu das autoridades americanas um conjunto de disposições revolucionárias: direito dos operários, salário mínimo garantido, seguros, partilha igualitária de benefícios, instauração de um regime de conciliação e arbitragem etc. Da mesma forma, desempenhou um papel determinante no movimento de opinião para a adesão dos Estados Unidos à recente Organização Internacional do Trabalho. Ao longo do século XX, os protestantes passaram a atribuir um espaço cada vez maior à justiça social nos debates organizados pelo Conselho Mundial de Igrejas, chegando até mesmo a mencionar, como na Assembleia de Uppsala (1968), o "direito ao emprego". Hoje, a maioria das igrejas defende a visão de que o trabalho, não necessariamente assalariado, é parte do projeto de Deus para o ser humano, e lutam por novos desafios: trabalho decente nos países ricos e nos países pobres, igualdade entre homens e mulheres, luta contra a precariedade e o desemprego.

François Dermange

▶ BIÉLER, André, *Chrétiens et socialistes avant Marx*, Genebra, Labor et Fides, 1981; COLLANGE, Jean-François, "Le travail: pour quoi faire? Perspectives bibliques et éthiques", *Positions luthériennes* 38/1, 1990, p. 3-14; CRÉTÉ, Liliane, *Le protestantisme et les paresseux. Le travail, les oeuvres et la Grace*, Genebra, Labor et Fides, 2001; DERMANGE, François, "La vocation, source ou horizon du travail?", em Mark HUNYADI e Marcus MÄNZ, orgs., *Le travail réfiguré*, Chêne-Bourg, Georg, 1998, p. 29-57; Idem e CHRISTIAENS, Louis, orgs., *Les Églises protestantes et la question sociale. Positions oecuméniques sur la justice sociale et le monde du travail*, Genebra, Bureau international du travail, 1996; TERRIER, Jean e POLTIER, Hugues, org., *Vers de nouvelles dominations dans le travail? Sur le sens de la crise*, Lausanne, Payot, 2001; VITOUX, Marie-Claire, "Éthique protestante et philantropie libérale: le cas mulhousien au XIXe siècle", *Histoire, économie et société* 14, 1995, p. 595-607; WEBER, Max, *L'éthique protestant et l'esprit du capitalisme, suivi d'autres essais* (1904-1905, 1920), Paris, Gallimard, 2003; WILLAIME, Jean-Paul, *Les reformes protestantes et la valorisation religieuse du travail*, em Daniel MERCURE e Jan SPURK, orgs., *Le travail dans l'histoire de la pensée occidentale*, Quebec, Presses de l'Université Laval, 2003, p. 61-87.

● Ação social; **capitalismo**; Conselho Mundial de Igrejas (Assembleias do); cristianismo social/socialismo cristão; domingo; ofício; operário (mundo); pobreza; Revolução Industrial; salário; socialismo religioso; **vocação**

TRADIÇÃO

A raiz etimológica da palavra "tradição" é o verbo latino *tradere*, "transmitir", "propagar". Essa noção é essencial e caracteriza a vida eclesiástica como um todo: a missão da igreja é comunicar o evangelho. Fundamentada em um acontecimento histórico cujo alcance se considera universal, o advento de Jesus Cristo, a fé cristã deve ser proclamada e transmitida constantemente. A tradição tem como conteúdo a revelação de Deus, sua autodoação em Cristo e sua presença na igreja. Essa tradição (divina) é acolhida em um contexto comunitário correlacionado à história e ao local (a tradição da igreja) e só é expressa através das tradições (humanas).

A tradição é um fenômeno complexo que acompanha toda inserção da Palavra de Deus na história dos seres humanos. Ela surge do testemunho bíblico. Os trabalhos dos exegetas protestantes, com destaque para Rudolf Bultmann, contribuíram amplamente para mostrar que as próprias Santas Escrituras são fruto da tradição, que exige uma busca constante da tradição que é transmitida e solicita essa transmissão, acima das tradições da igreja primitiva.

O protestantismo jamais rejeitou a tradição, mas se esforçou por atribuir o lugar correto a todos os elementos que constituem esse processo, tomando o máximo cuidado para que o evangelho a ser transmitido não fosse aprisionado nem desfigurado por tradições humanas prestes a absolutizarem-se.

A polêmica se tornou especialmente acirrada no século XVI, quando os reformadores se opuseram à concepção católica romana que atribuía à tradição eclesiástica (história da igreja, dogmas e instituições dos concílios e do magistério) uma autoridade análoga à das Escrituras. O Concílio de Trento se referiu a duas fontes da verdade (Heinrich DENZINGER, *Symboles et définitions de la foi catholique*. *Enchiridion symbolorum* [Símbolos e definições da fé católica: Enchiridion Symbolorum], ed. bilíngue latim-francês por Peter HÜNERMANN e Joseph HOFFMANN, Paris, Cerf, 1996, 1501s), que se complementariam. A Reforma rejeita radicalmente tais tendências, efetuando uma distinção entre a norma original, que são as Escrituras (*norma normans*), e as referências derivadas (confissões de fé, credos, que são chamados de *norma normata*), que sempre são relativas. A tradição histórica da igreja só tem valor quando é referida à autoridade das Santas Escrituras, às quais nada pode ser acrescentado nem delas pode ser subtraído.

Essa postura mais crítica em relação à tradição não significa que o protestantismo é desprovido de tradições. Ao contrário: toda expressão histórica da igreja de Cristo necessariamente incorpora traços de tradições. Não há comunidade sem tradições espirituais, confessionais, teológicas e litúrgicas. Essas formas ou essas expressões particulares de identidade e continuidade, porém, não podem ser absolutizadas nem pretender-se uma autoridade última.

Ao enfatizar que a tradição da igreja só pode exprimir a tradição apostólica testemunhada nas Escrituras, o Concílio Vaticano II permitiu algumas convergências no diálogo ecumênico contemporâneo. No entanto, permanece difícil a questão da autoridade dos dados da história da igreja (dogmas, ministérios e instituições).

André Birmelé

▶ GISEL, Pierre, *Cryance incarnée. Tradition, Écriture, Canon, dogme*, Genebra, Labor et Fides, 1986; WARE, Kallistos, *Tradition and Traditions*, em Nicholas LOSSKY et alii, orgs., *Dictionary of the Ecumenical Movement* (1991), Genebra, CMI, 2002, p. 1143-1148.

◉ **Autoridade**; **Bíblia**; cânon e cânon dentro do cânon; evangelho; hermenêutica; **história**; santos (comunhão dos); Vaticano II (Concílio)

TRADUÇÕES EM PORTUGUÊS DA BÍBLIA

A invenção da imprensa no século XV, a Reforma no século XVI e, principalmente, a fundação das sociedades bíblicas do século XIX favoreceram o prodigioso desenvolvimento da atividade de tradução bíblica no mundo moderno.

Enquanto, no início do século XIX, a Bíblia tinha sido traduzida para quarenta línguas; em 2013, esse número chegou a 513; sendo que 2.800 das 6.918 línguas conhecidas possuíam alguma porção bíblica em sua própria língua.

Foi o trabalho de um reformado, João Ferreira de Almeida, que possibilitou a publicação da Bíblia na língua portuguesa. Ele foi o primeiro a traduzir mais de 90% do texto bíblico: todo o Novo Testamento e o Antigo

Testamento até o livro de Ezequiel 48.21. O rev. Jacobus Op de Akker, pastor holandês, finalizou a tradução.

Antes da tradução de Almeida, existiram apenas traduções parciais de partes da Bíblia, realizadas a partir da *Vulgata*, mas foi somente com seu trabalho persistente e contínuo, de 1644 a 1691, que a Bíblia completa em português pôde ser publicada.

Segue-se uma cronologia das principais traduções e versões em português:

1261-1325:	No reinado de D. Dinis I de Portugal, houve uma tradução ou uma narrativa bíblica de Gênesis 1-20, e a tradução do livro de Atos, pelos monges do Mosteiro de Alcobaça.
1385-1433:	tradução do livro de Salmos, pelo rei D. João I de Portugal e de partes do Novo Testamento pelos monges de Alcobaça.
1435-1497:	tradução dos evangelhos, do idioma francês, por D. Filipa, neta do rei D. João I.
1495:	*De Vita Christi*, harmonia dos evangelhos, pelo cronista Valentim Fernandes, com o patrocínio da rainha D. Leonora, esposa de D. João II.
1505:	publicação dos Atos dos Apóstolos e das epístolas gerais, traduzidos do latim pelo frei Bernardo de Brinega, por ordem de D. Leonora.
1681:	publicação do Novo Testamento, tradução de João Ferreira de Almeida, em Amsterdam, Holanda.
1693:	Segunda impressão do Novo Testamento, revisada por Almeida e outros.
1753:	Tradução de João Ferreira de Almeida, dos originais, em 2 volumes.
1790:	Tradução do padre Antônio Pereira de Figueiredo, a partir da *Vulgata*, em 23 volumes.
1819:	1ª impressão da tradução de João Ferreira de Almeida, em um único volume.
1835:	Fundação da Sociedade Bíblica de Portugal.
1840:	Almeida revista e emendada, Sociedade Bíblica Americana.
1875:	Almeida revista e correcta, Sociedade Bíblica Americana.
1898:	Almeida revista e corrigida, Sociedade Bíblica de Portugal.
1917:	Tradução brasileira, a partir dos originais, elaborada por uma comissão de especialistas.
1932:	Tradução de Matos Soares da *Vulgata*, Portugal.
1940:	Fundação da Imprensa Bíblica Brasileira (IBB).
1942:	Almeida revista e corrigida da Imprensa Bíblica Brasileira.
1948:	Fundação da Sociedade Bíblica do Brasil (SBB).
1956:	Almeida revista e atualizada da Sociedade Bíblica do Brasil.
1959:	Bíblia Ave-Maria, a partir da versão francesa dos monges beneditinos, de Maredsous, Bélgica, que traduziram dos originais.
1957-1970:	Bíblia Ilustrada ou Bíblia Monumental, publicação em fascículos, tradução realizada por uma equipe de biblistas católicos.
1967:	Versão revisada de acordo com os melhores textos no hebraico e grego da Imprensa Bíblica Brasileira.
1968:	Fundação da Sociedade Bíblica Trinitariana do Brasil.
1981:	Bíblia de Jerusalém, edição brasileira da francesa *Bible de Jérusalem* traduzida dos originais pela Escola Bíblica de Jerusalém. Comissão de tradução coordenada por Ivo Storniolo, Edições Paulinas. Bíblia Viva, paráfrase de Kenneth Taylor, Editora Mundo Cristão.
1982:	Bíblia Vozes, traduzida dos originais por uma comissão coordenada pelo franciscano Ludovico Garmus.
1988:	Bíblia na Linguagem de Hoje, a partir dos originais pela comissão de tradução da Sociedade Bíblica Brasileira.
1990:	Bíblia Pastoral, coordenada por Ivo Storniolo e publicada pela teologia da libertação para usos dos leigos. Almeida edição contemporânea, eliminação de arcaísmos e ambiguidades, Editora Vida.
1993:	Bíblia "A Boa Nova", tradução dos originais por uma equipe de biblistas interconfessionais, Sociedade Bíblica de Portugal.

1994:	Almeida corrigida e revisada fiel ao texto original, Sociedade Bíblica Trinitariana.
	Bíblia ecumênica, traduzida do francês, coordenada pela Federação de Sociedades Bíblicas (*Alliance Biblique Universelle*), Editora Loyola.
1995:	Almeida revista e corrigida, 2ª edição, Sociedade Bíblica Brasileira.
2000:	Nova tradução na Linguagem de Hoje, texto mais coloquial.
2001:	Nova Versão Internacional, tradução a partir dos originais com a coordenação de Luiz Sayão, Sociedade Bíblica Internacional/ Editora Vida.
	Tradução comemorativa dos 50 anos da CNBB, por 7 editoras católicas.
	O Livro: a Bíblia para Hoje, em linguagem corrente e atual, a partir da tradução inglesa *Living Bible*, comissão de tradução coordenada pelo Dr. João Aníbal Pinheiro. Sociedade Bíblica de Portugal em parceria com o Núcleo: Centro de Publicações Cristãs.
2002:	Nova Bíblia de Jerusalém, revisão completa, Edições Paulinas.
	Bíblia do Peregrino, tradução da versão espanhola de Luís Alonso Schökel, Editora Paulus.
2008:	Bíblia Almeida século 21, revisão e atualização de acordo com os melhores textos no hebraico e grego, publicação conjunta da Imprensa Bíblica Brasileira/Junta de Educação Religiosa e Publicações, Edições Vida Nova, Editora Hagnos e Editora Atos.
2009:	Versão Reina-Valera em português, tradução brasileira a partir da versão espanhola, Editora Unipro e Sociedade Reina-Valera.
2009:	A Bíblia para todos, versão interconfessional, Sociedade Bíblica de Portugal.

Muitas revisões e correções foram feitas nas traduções bíblicas em português para eliminação de anacronismos e atualização em relação às mudanças de significados das palavras ao longo dos tempos.

Existem atualmente cerca de 22 traduções da *Bíblia* em língua portuguesa, sem contar com mais de uma dezena de versões e revisões. Novas edições bíblicas continuam surgindo a cada ano: temáticas, de estudos ou para grupos específicos, como: Bíblia *Teen*, Bíblia da Mulher, Bíblia do Obreiro, Bíblia Apologética, A Bíblia em Esboços etc.

É um fator positivo essa diversidade e disseminação da Bíblia, pois "a maior dádiva e o mais precioso tesouro" deve ser publicada em todas as línguas para que o evangelho de Cristo seja conhecido em todas as nações.

Rute Salviano Almeida

▶HALLOCK, Edgar F.; SWELLENGREBEL, J. L. *A maior dádiva e o mais precioso tesouro*. Rio de Janeiro: JUERP; Imprensa Bíblica Brasileira, 2000. <http://pt.wikipedia.org/wiki/Tradu%C3%A7%C3%B5es_da_B%C3%ADblia_em_l%C3%ADngua_portuguesa> Acesso em 24/09/2014, às 09h30.
<http://www.sociedade-biblica.pt/canais_pagina.php?id_canais_new=3&id_canais_menu_new=9&id_canais_menu_sub_new=41&id_canais_menu_sub2_new=26> Acesso em 25/09/2014, às 11h40.
<http://www.wycliffe.net/resources/scriptureaccessstatistics/tabid/99/language/pt-BR/Default.aspx#sthash.MA2FDuwh.dpuf> Acesso em 27/09/2014, às 16h35.
<http://www.sociedade-biblica.pt/canais_pagina.php?id_canais_new=3&id_canais_menu_new=9&id_canais_menu_sub_new=41&id_canais_menu_sub2_new=24> Acesso 01/10/2014, às 10h15.
<http://pt.wikipedia.org/wiki/B%C3%ADblia_Sagrada_(editora_Ave_Maria)> Acesso em 01/10/2014, às 10h40.

TRANSCENDENTALISMO

Movimento religioso, literário e filosófico cujo programa se delineou entre 1836 e 1840, por ocasião dos encontros informais de um círculo de discussão batizado de *Transcendental Club* [Clube Transcendental], em Boston e Concórdia. Ralph Waldo Emerson (1803-1882), que frequentou assiduamente o círculo, foi seu representante mais influente. Escreveu o ensaio *Nature* [Natureza] (1836), que, em geral, foi descrito como "o evangelho do transcendentalismo"; um discurso de Harvard que ficou conhecido pelo nome *Divinity School Address* [Discurso da Escola de Divindade] (1838); e uma primeira série de *Ensaios* (1841), com o texto *A confiança em si mesmo*. Os três estão entre suas contribuições mais decisivas para o movimento. Além disso, foi um dos redatores-chefes da revista trimestral *The Dial*, órgão difusor das ideias transcendentalistas para o grande público durante os quatro anos em que foi publicado, de 1840 a 1844.

Além de Emerson, o *Transcendental Club* teve entre seus primeiros membros cinco pastores unitaristas, Frederic Henry Hedge (1805-1890), George Ripley (1802-1880), Orestes Augustus Brownson (1803-1876), James Freeman Clarke (1810-1888) e Francis Convers (1765-1863), assim como o pedagogo autodidata Amos Bronson Alcott (1799-1888). Esse grupo inicial logo recebeu outros ministros unitaristas, tais como Theodore Parker (1810-1860), Caleb Stetson (1793-1870) e Chandler Robbins (1810-1882), sucessor de Emerson na *Second Church* [Segunda Igreja] de Boston, e intelectuais ativos no meio artístico e literário, como a ensaísta e crítica literária Margaret Fuller (1810-1850), o escritor Henry David Thoreau (1817-1862), a pedagoga Elizabeth Palmer Peabody (1804-1894), o poeta Jones Very (1813-1880), o crítico musical John Sullivan Dwight (1813-1893), o pintor e poeta Christopher Pearse Cranch (1813-1892) e o escultor Shobal Vail Clevinger (1812-1843). A esses nomes estreitamente ligados ao *Transcendental Club* é necessário acrescentar o do velho William Ellery Channing (1780-1842), o pai fundador do unitarismo americano, bem como os de seus dois sobrinhos, o poeta homônimo William Ellery Channing (1817-1901) e o pastor unitarista William Henry Channing (1810-1884). Por fim, dentre os transcendentalistas considerados tardios, devemos mencionar o editor James Elliot Cabot (1821-1903), assim como os pastores unitaristas John Weiss (1818-1879), Samuel Longfellow (1819-1892) e Moncure Daniel Conway (1832-1907).

Em um discurso pronunciado em Boston no ano de 1842, Emerson definiu o transcendentalismo como um "idealismo" oriundo da filosofia transcendental de Kant. "Trata-se de um fato bastante conhecido por meus ouvintes", escreveu ele, "que o idealismo de hoje deve o nome 'transcendental' ao uso que Immanuel Kant, de Königsberg, adota do termo em sua réplica à filosofia cética de Locke" (*The Transcendentalist* [O transcendentalista]). Na verdade, a apropriação da filosofia de Kant passou pelo filtro complexo de suas releituras do idealismo alemão (principalmente Fichte e Schelling), do romantismo inglês (Coleridge e Carlyle) e do ecletismo francês (uma tradução inglesa da obra *Introduction à l'histoire de la philosophie* [Introdução à história da filosofia], 1828, de Victor Cousin [1792-1867], surgiu em Boston no ano de 1832). Sob a pena de Emerson, o transcendentalismo se desenha como uma metafísica da natureza que amplia para a razão teórica as prerrogativas que Kant acreditava reservar somente à razão prática. Concebidas como intuições do próprio espírito, as "formas transcendentais" aqui abrem para uma apreensão imediata das realidades suprassensíveis. Conforme observou J. A. Saxton em *The Dial*, "o transcendentalismo é o reconhecimento, no ser humano, da capacidade de conhecer a verdade intuitivamente ou alcançar o conhecimento científico de uma ordem de existência que transcende o domínio dos sentidos e da qual não podemos ter nenhuma experiência sensível" (*The Dial*, 2, 1841, p. 90).

Se os transcendentalistas parecem concordar com essas premissas epistemológicas de sua doutrina, é mais difícil produzir um discurso comum sobre seus conteúdos especulativos. Sobre isso, comentou-se que eles eram não tanto os teóricos de um sistema, mas sobretudo os "filhos de uma atmosfera" (Perry Miller). Os autores que escreveram para *The Dial* de fato formavam um grupo heterogêneo demais para expressar a adesão coletiva a um sistema rigorosamente definido. O prospecto em que Ripley anunciou o primeiro número da revista mostrou que os autores tinham uma consciência aguda desse fato: "as páginas dessa revista são redigidas por contribuidores que não têm tanto assim em comum, a não ser o amor pela liberdade intelectual e a esperança pelo progresso social; estão unidos por uma comunidade de alma, não por uma concordância em suas especulações" (*The Dial*, 1, 1840, p. *sans folio* antes da introdução).

A reivindicação de uma "liberdade intelectual" sem restrições reuniu os transcendentalistas em torno de uma rejeição aos postulados exegéticos dos teólogos unitaristas da geração anterior, bem como de uma recusa da postura defensiva desses teólogos diante de questões levantadas pela crítica histórica da Bíblia.

Nesse sentido, Andrews Norton (1786-1853), professor de crítica e hermenêutica escriturística que recebeu a maioria deles como alunos em Harvard, é seu adversário mais declarado: denunciando neles a "última moda da infidelidade", depois de ter condenado com termos similares a alta crítica alemã, reprovou neles não somente a rejeição dos milagres como provas sensíveis das verdades reveladas, mas também o fato de terem desqualificado o próprio conceito de revelação externa, ao mesmo tempo que advogavam uma abordagem intuitiva das realidades religiosas. A controvérsia implicou sobretudo Hedge, Emerson e Brownson, mas sem dúvida foi Parker quem, na quarta edição de sua obra *Discourse on Matters Pertaining to Religion* [Discurso sobre assuntos pertinentes à religião] (1855), formulou as teses mais radicais sobre as implicações teológicas da crítica histórica. Conhecedor das discussões suscitadas na Alemanha pela obra de David Friedrich Strauß, Parker apresentou a Bíblia como um livro humano que a crítica histórica pode submeter a seu julgamento para distinguir entre mito e história. Por exemplo, ele afirmou que, sobre questões como o iminente fim do mundo, a existência de demônios e o julgamento divino, Jesus pode ter se enganado, mas que isso não o impediu de dar testemunho da verdade religiosa universal.

A controvérsia com Norton parece ter representado, para Emerson, um ponto de não retorno em seu afastamento progressivo da igreja unitarista. Partilhava com Thoreau uma verdadeira fascinação pelos textos sagrados da Índia, da Pérsia e da China, algo que poderia levar a pensar uma orquestração do transcendentalismo quanto a uma saída do cristianismo, além da ruptura com o unitarismo. Essa visão do transcendentalismo corrobora as definições dogmáticas do cristianismo e do unitarismo tais como defendidas por Norton, mas de modo algum era unânime entre os teólogos do *Transcendental Club*. Para Hedge e Parker, por exemplo, o transcendentalismo não passava de um cristianismo bem compreendido; além disso, acreditavam que o cristianismo era uma espécie de aprofundamento, e não uma dissidência, do unitarismo. O apadrinhamento do velho Channing pareceu lhes dar razão, pois sua postura contrastava com a de Norton: Channing acompanhou com uma curiosidade amigável os projetos de uma geração mais radical que a dele. Reciprocamente, os transcendentalistas saudaram Channing como um grande antecessor, um "bispo", como dizia afetuosamente Emerson.

O "progresso social", descrito por Ripley como um segundo valor consensual transcendentalista, era parte fundamental, para eles, de uma reforma moral do indivíduo, o que explica a grande ênfase que atribuíam às práticas pedagógicas e às experiências de vida comunitária.

Emerson dedicou vários estudos importantes ao tema da educação, como a conferência *The American Scholar* [O acadêmico americano] (1837), mas foi na *Temple School*, fundada por Alcott nos arredores de Boston em 1834, que os princípios educacionais do transcendentalismo encontraram sua expressão concreta mais inovadora. Com a ajuda de Peabody e Fuller, Alcott desenvolveu ali um modelo pedagógico com base na "conversação", em que a livre troca de ideias é mais importante que a transmissão de um saber predeterminado.

Alcott também participou da criação de Fruitlands, uma das duas experiências comunitárias principais do movimento transcendentalista. Fundada em 1842, Fruitlands era uma versão mais radical de Brook Farm, comunidade cooperativa fundada em 1841 por George Ripley, tanto em relação aos costumes quanto aos princípios econômicos. Os membros dessas comunidades rurais almejavam uma utopia microcósmica cujas experiências pudessem servir como modelo para uma reforma do macrocosmo social. Reunir em cada indivíduo as contribuições complementares do trabalho braçal e das atividades do intelecto deveria permitir a supressão das próprias raízes da alienação decorrente da divisão do trabalho e seu mal corolário, o antagonismo das classes sociais. Se Fruitlands preconizava a abolição da propriedade privada, Brook Farm manteve a propriedade privada como um elemento constitutivo da integridade individual, evoluindo progressivamente para o fourierismo. A comunidade de *Fruitlands* também se distinguia de Brook Farm pela importância moral que atribuía aos hábitos alimentares (era praticado ali um vegetarianismo estrito) e, sobretudo, ao respeito à vida animal. A eficácia social dessas experiências comunitárias tão características da América jacksoniana não foi uma unanimidade entre os transcendentalistas. Emerson, por exemplo, que era um visitante ocasional de Brook Farm, não acreditava na pertinência de uma visão coletivista do progresso social.

A tensão interna do movimento transcendentalista, porém, não impediu que seus protagonistas se unissem na luta contra as instituições escravagistas nos estados do Sul ("a maior calamidade do mundo", de acordo com Emerson) e contra as medidas legislativas objetivando proibir que os estados do Norte e seus cidadãos oferecessem asilo aos escravos fugitivos. Os sermões de Parker fizeram dele uma espécie de campeão da causa abolicionista a partir de 1841, mas a contribuição mais especificamente transcendentalista para a luta proveio de Thoreau, que, na obra *Resistance to Civil Government* (1849; tradução brasileira: *A desobediência civil*, Porto Alegre, L&PM, 2011), erigiu a desobediência civil como uma estratégia política. Emerson retomaria o mesmo tema na obra *Address to the Citizens of Concord on the Fugitive Slave Law* [Discurso aos cidadãos de Concord sobre a lei dos escravos fugitivos] (1851): "Como poderíamos promulgar uma lei que condena a piedade e aprisiona a caridade? Enquanto os homens tiverem tripas, eles desobedecerão".

O direito das mulheres também fez parte das causas transcendentalistas, principalmente por causa dos trabalhos de Margaret Fuller. Redatora-chefe da revista *The Dial* entre 1840 e 1842, ela defendeu que limitar as mulheres a papéis estritamente definidos ameaçava entravar o desenvolvimento da sociedade. Sem rejeitar de modo radical a ideia da responsabilidade doméstica das mulheres na organização e na partilha das tarefas sociais, Fuller sugeriu que homens e mulheres fossem vistos como parceiros iguais na vida pública.

A importância do transcendentalismo para a história da literatura americana é atestada na influência imediata que exerceu sobre autores fundamentais como Walt Whitman (1819-1892), Emily Dickinson (1830-1886) e Nathaniel Hawthorne (1804-1864), que participou da experiência de Brook Farm como membro residente. Na área política e social, a acolhida mais fecunda do transcendentalismo parece se evidenciar no século XX, com a influência direta de Thoreau sobre Mahatma Gandhi e o movimento dos Direitos Civis nos Estados Unidos, o destaque que dado a Fuller na historiografia feminista e a posteridade tardia de Brook Farm e Fruitlands nos movimentos de contestação nos anos 1960 e 1970. O lugar decisivo do transcendentalismo na história da filosofia americana — e, de modo singular, na tradição pragmatista — é hoje ressaltado pelas obras de Stanley Cavell (1926-) e Cornel West (1953-).

Marc Boss

▶ **Fontes:** BROWNSON, Orestes A., *Selected Writings*, org. por Patrick W. CAREY, New York, Paulist Press, 1991; *The Dial. A Magazine for Literature, Philosophy, and Religion* (1840-1844), 4 vol., Nova York, Russell & Russell, 1961; *Emerson's Prose and Poetry. Authoritative Texts, Contexts, Criticism* org. por Joel PORTE e Saundra MORRIS, NewYork, Norton, 2001; FULLER, Margaret, *Woman in the Nineteenth Century* (1845), New York, Norton, 1971; *Theodore Parker. An Anthology*, org. por Henry Steele COMMAGER, Boston, Beacon Press, 1960. **Estudos:** ALBANESE, Catherine, *Corresponding Motion. Transcendental Religion and the New America*, Filadélfia, Temple University Press, 1977; Idem, *La religion de la nature en Amérique. L'ambiguïté cosmologique et morale chez les transcendentalistes de la Nouvelle-Angleterre*, em Danièle HERVIEU-LÉGER, org., *Religion et écologie*, Paris, Cerf, 1993, p. 111-125; BOLLER, Paul F., *American Transcendentalism, 1830-1860. An Intellectual Inquiry*, New York, Putnam, 1974; CAPPER, Charles e WRIGHT, Conrad Edick, orgs., *Transient and Permanent. The Transcendentalist Movement and Its Contexts*, Boston, Massachusetts Historical Society, 1999; FRANCIS, Richard, *Transcendental Utopias. Individual and Community at Brook Farm, Fruitlands, and Walden*, Ithaca, Cornell University Press, 1997; GITTLEMAN, Edwin, org., *The Minor and Later Transcendentalists. A Symposium*, Hartford, Transcendental Brooks, 1969; GRUSIN, Richard A., *Transcendentalist Hermeneutics. Institutional Authority and the Higher Criticism of the Bible*, Durham, Duke University Press, 1991; MILLER, Perry G., org., *The Transcendentalists. An Anthology* (1950), Cambridge, Harvard University Press, 1978; Idem, org., *The American Transcendentalists. Their Prose and Poetry* (1957), Baltimore, Johns Hopkins University Press, 1981; MOTT, Wesley T., org., *Biographical Dictionary of Transcendentalism*, Westport, Greenwood Press, 1996; Idem, org., *Encyclopedia of Transcendentalism*, Westport, Greenwood Press, 1996; MYERSON, Joel, *The New England Transcendentalists and the Dial. A History of the Magazine and Its Contributors*, Rutherford, Fairleigh Dickinson University Press, 1980; Idem, org., *American Transcendentalists*, Detroit, Gale, 1988; ROSE, Anne C., *Transcendentalism as a Social Movement, 1830-1850*, New Haven, Yale University Press,

1981; SIMON, Myron e PARSONS, Thornton H., orgs., *Transcendentalism and Its Legacy*, Ann Arbor, University of Michigan Press, 1966; VERSLUIS, Arthur, *American Transcendentalism and Asian Religions*, New York, Oxford University Press, 1993.

● Channing; Emerson; **literatura**; Thoreau; unitarismo

TREITSCHKE, Heinrich von (1834-1896)

Historiador e ensaísta político alemão, Heinrich von Treitschke foi professor de história na Universidade de Friburgo em Brisgóvia a partir de 1863, sendo nomeado para Kiel em 1866 e ensinando em Heidelberg de 1867 a 1874. A partir de então, foi professor na Universidade de Berlim. Embora tenha participado, de início, do movimento democrático liberal de 1848, tornou-se um defensor apaixonado da política de unificação alemã encabeçada por Otto von Bismarck sob a égide prussiana. Deputado no Reichstag pelo Partido Nacional Liberal de 1871 a 1888 e diretor (1866-1889) da importante revista constituída pelos *Preußischen Jahrbücher* [Anuários Prussianos], Treitschke exerceu por várias gerações uma grande influência sobre o pensamento político da burguesia alemã. Ele percebia a especificidade do Estado alemão em seu caráter de instância de poder, inevitavelmente em conflito com a cultura e a moralidade.

Na história da historiografia, Treitschke é como o historiador da era de Bismarck: é com *páthos* que expõe, de acordo com o ponto de vista prussiano, os acontecimentos da história alemã do século XIX. Distante do objetivismo histórico de Leopold von Ranke, Treitschke foi um dos representantes de uma historiografia engajada politicamente; sua história visou a legitimar o presente, marcando de modo nítido a diferença entre amigos e inimigos da nação, sem repudiar o antissemitismo. A ideia central dessa concepção de história é uma crença providencial na continuidade e na orientação teleológica da história alemã.

Hartmut Ruddies

▶ TREITSCHKE, Heinrich von, *Die Gesellschaftswissenschaft. Ein kritischer Versuch* (1859), Darmstadt, Wissenschaftliche Buchgesellsschaft, 1980; Idem, *Historische und politische Aufsätze* (1865-1897), 4 vols., Leipzig, Hirzel, 1915-1921; Idem, *Deutsche Geschichte im neunzehnten Jahrhundert* (até 1848) (1879-1894), 5 vols., Königstein/Taunus--Düsseldorf, Athenäum-Droste, 1981 (índice: Leipzig, Hirzel, 1921); Idem, *Politik* (1897-1898), 2 vols., Leipzig, Hirzel, 1919; Idem, *Briefe*, 3 vols., org. por Max CORNICELIUS, Leipzig, Hirzel, 1913-1919; Idem, *Reden im Deutschen Reichstage 1871-1884* (1896), org. por Otto MITTELSTÄDT, Leipzig, Hirzel, 1918; Idem, *Bilder aus der deutschen Geschichte*, 2 vols., Leipzig, Hirzel, 1922; BOEHLICH, Walter, org., *Der Berliner Antisemitismusstreit* (1965), Frankfurt, Insel, 1988; BUβMANN, Walter, *Treitschke. Sein Welt- und Geschichtsbild* (1952), Göttingen, Musterschmidt, 1981 (bibliografia); DORPALEN, Andreas, *Heinrich von Treitschke*, New Haven, Yale University Press, 1957; HALTERN, Utz, "Geschichte und Bürgertum. Droysen-Sybel-Treitschke", *Historische Zeitschrift* 259, 1994, p. 59-107 (bibliografia); IGGERS, Georg, "Heinrich von Treitschke", em Hans-Ulrich WEHLER, org., *Deutsche Historiker*, t. II, Göttingen, Vandenhoeck & Ruprecht, 1971, p. 66-80.

● Antissemitismo; Berlim (universidades de); Bismarck; historicismo; kantismo (neo); Prússia; Ranke

TRENTO (Concílio de)

Quando Lutero apelou para Leão X por um concílio em 1518, o papa acabava de concluir o Quinto Concílio de Latrão, que certamente não havia lidado com o problema da reforma da igreja. Pouco importava: ele não cogitava de modo algum a ideia de realizar um novo concílio. Mas a ideia seguiu caminho. Na Dieta de Nuremberg, em 1523, todos os Estados do império, católicos e luteranos, rogavam por um "concílio comum, livre e cristão nos países alemães". No entanto, só haveria um concílio em dezembro de 1545, alguns meses antes da morte de Lutero. Esse longo atraso foi considerado uma "grande infelicidade" para a igreja.

"Por que tão tarde quando tudo clama 'concílio, concílio'?", escreveu Hubert Jedin. Três fatores intervieram: a situação política da Europa, com a luta entre Carlos V (a favor do concílio) e Francisco I (contra o concílio); o papa Clemente VII, que com seus temores titubeou ao longo de doze anos (1523-1534) buscando fugir do concílio; certas exigências "conciliaristas" dos protestantes, que atemorizaram Roma ao dar a impressão de que haveria transtornos como os que ocorreram no Concílio de Basileia. Quanto mais o tempo passava, mais o apelo ao concílio perdia a seriedade e se tornava um pretexto: eram exigidas condições que já se sabia inaceitáveis. Porém, Paulo III (1534-1549) estava firmemente decidido pelo concílio: como era requerido contra o papado, o melhor meio era deixar que o papado assumisse a frente. A escolha da cidade de Trento foi resultado de um acordo bom para ambas as partes: ao mesmo tempo que era uma cidade do império (portanto, alemã), à qual tanto católicos quanto protestantes alemães consentiriam em vir, era também uma cidade italiana ainda aceitável para Roma.

Indagava-se, então: seria um concílio de reconciliação para uma reforma geral e comum da igreja ou se tornaria um primeiro passo para a Contrarreforma católica? No início, nada parecia se delinear. Durante a primeira fase do concílio (1545-1547, sob a liderança de Paulo III), desejava-se a presença dos protestantes. O concílio não se apressou e abordou, de modo conjunto, as questões doutrinárias e a reforma da igreja. Votou decretos sobre o pecado original, a justificação, os sacramentos, o batismo e a confirmação. É conhecido o julgamento de Harnack: "Mesmo sendo uma obra artificial, o decreto sobre a justificação não deixa de ser, em muitos aspectos, um excelente trabalho, de modo que podemos nos indagar se a Reforma teria se desenvolvido caso esse decreto tivesse sido lançado no Concílio de Latrão, no início do século, e se realmente tivesse sido adotado por carne e sangue na igreja" (*Dogmensgeschichte* [História do dogma], t. III, Tübingen, Mohr, 1910, p. 711). Porém, por diversos motivos ambíguos, o concílio foi transferido para a Bolonha e emperrou ali, pois os alemães não queriam comparecer.

O papa Júlio III retomou o Concílio de Trento na segunda fase (1551-1552). Emissários protestantes vieram negociar sua participação eventual, mas nas seguintes condições: com a concordância dos dois lados, constituir juízes ou árbitros que pudessem decidir as questões de acordo com as Escrituras (já que o papa e os bispos eram uma das partes); considerar que os decretos de Trento, a partir de 1546, não seriam definitivos, e que a discussão sobre tais assuntos deveria continuar ("não fomos ouvidos"); em relação aos erros e às coisas estranhas às Escrituras que fossem confirmadas pelo concílio, seria necessário submetê-los a árbitros. No entanto, naquele momento, ninguém mais estava disposto ao diálogo: nem os legados do papa nem os emissários protestantes. Ainda assim, um primeiro salvo-conduto foi dado aos protestantes (para vir livremente) em 1551; um novo salvo-conduto *amplioris formae* foi assinado em 1552, por causa do que ocorrera com Jan Hus no Concílio de Constança. Melâncton se preparou para ir a Trento junto com uma delegação oficial. Enquanto isso, o concílio lidava com as questões dos sacramentos da eucaristia, da penitência e da extrema-unção. No entanto, uma campanha militar de Maurício da Saxônia ameaçou a cidade de Trento, e o concílio foi interrompido.

Foi apenas dez anos depois que, sob o papa Pio IV (1562-1563), o concílio foi retomado. Dessa vez, o convite aos protestantes e a confirmação do salvo-conduto foram apenas uma formalidade. Estavam definidos os contornos da Contrarreforma católica. O concílio concluiu seu trabalho sobre sacramentos, passou por uma grave crise em relação ao primado romano e ao episcopado, instaurada sobre o sacramento da ordenação, e acabou abandonando qualquer posição sobre o assunto. Também votou decretos importantes da reforma da igreja, principalmente acerca da pregação e do ensino das Escrituras, da residência dos bispos e da abertura de seminários. Na Igreja Católica, o papa se comprometeu pessoalmente com a acolhida dessas mudanças e a execução dos decretos, que levaram a uma forte liderança clerical da igreja. Seus decretos dogmáticos estão na origem da teologia de controvérsia e dominaram toda uma época da teologia católica, até meados do século XX.

Bernard Sesboüé

Em que consiste a autoridade do concílio da igreja? Precisamos nos indagar se esse acontecimento deve ser lido e avaliado à luz da interpretação que permaneceu na história ou sua pertinência decorre somente de seus conteúdos objetivos. O Concílio de Trento pode ser considerado um exemplo típico dessa problemática. A Igreja Romana pós-tridentina é a igreja da Contrarreforma. Assim foi percebida pelas tradições que remontam à Reforma: uma igreja que se caracterizou pela retomada, pela redefinição e por uma radicalização de sua identidade, as quais a marcaram por séculos a fio.

Essa interpretação não foi somente uma visão protestante, mas comum dentro da própria Igreja Romana. Essa tradição tomou o Concílio de Trento como referência e passou a aplicar os anátemas que denunciavam as heresias dos reformadores, ainda que os reformadores não fossem nominalmente citados. Em referência a Trento, a Igreja Romana afirmou a autoridade equivalente da tradição escrita e da tradição oral, as "duas fontes", Escritura e Tradição. Quanto à justificação somente pela fé, foi confirmada a prioridade da graça de Deus ao mesmo tempo que se ensinava uma cooperação ativa do homem, uma fonte de méritos da qual o justificado pode se prevalecer com vistas à salvação. Em relação à eucaristia, insistiu-se não apenas na doutrina da transubstanciação, mas também no caráter sacrificial e propiciatório da missa, que é oferecida por um ministro dotado de um poder particular conferido a ele pelo sacramento da ordenação. Também em outras áreas — compreensão da fé, da penitência, do casamento, da certeza da salvação, da institucionalização eclesiástica e do peso crescente da hierarquia —, mostrou-se evidente a oposição em relação às igrejas oriundas da Reforma, e os argumentos passaram a ser oferecidos junto com a citação das decisões tridentinas.

Essa interpretação de Trento, que se impôs a todos os níveis da Igreja Romana e nas igrejas oriundas da Reforma, impediu todo diálogo e cristalizou uma oposição radical entre as tradições cristãs ocidentais. Pesquisas católicas e ecumênicas contemporâneas mostram hoje que essa interpretação do concílio não é a única leitura possível e que tal visão, em alguns aspectos, está até mesmo em contradição em relação aos próprios textos. Na atmosfera de apaixonada oposição da época, houve numerosos mal-entendidos, e muitas condenações, tanto de um lado quanto do outro, passaram ao largo das identidades eclesiásticas que acreditavam atingir. Mais importantes ainda são os resultados do estudo histórico e da releitura teológica detalhada dos textos conciliares, mostrando que muitas afirmações fundamentais do concílio estão mais próximas das inquietações da Reforma do que se supunha ao longo dos séculos. É sobretudo o estudo dos anátemas que indica esse fato acerca das Escrituras, do evangelho e da justificação, enquanto as oposições se tornam mais vívidas na teologia sacramental e na teologia dos ministérios. Quanto às estruturas eclesiais, os muitos elementos institucionalizados após o século XVI não são consequências diretas e necessárias do concílio. Na Igreja Romana, a verdadeira acolhida do Concílio de Trento só se deu, finalmente, no Concílio Vaticano II. Em muitas áreas, o Concílio Vaticano II retomou as intenções iniciais de Trento e finalmente lhe atribuiu seu verdadeiro sentido.

André Birmelé

▶ **Para os textos doutrinais do Concílio de Trento:** ALBERIGO, Giuseppe, org., *Les conciles oecuméniques*, t. II**: *Les décrets. De Trente à Vatican II*, Paris, Cerf, 1994, 660-816; DENZINGER, Heinrich *Symboles et définitions de la foi catholique. Enchiridion symbolorum*, ed. bilíngue latim-francês por Peter HÜNERMANN e Joseph HOFFMANN, Paris, Cerf, 1996. **Para a história e a teologia do concílio:** JEDIN, Hubert, *Geschichte des Konzils von Trient*, 5 vols., Friburgo, Herder, 1949-1975 (parcialmente traduzido em francês: *Histoire du Concile de Trente*, Paris, Desclée, 1965); Idem, *Crise et dénouement du Concile de Trente 1562-1563* (1964), Paris, Desclée, 1965. **Para a interpretação contemporânea:** LEHMANN, Karl e PANNENBERG, Wolfhart, orgs., *Les anathèmes du XVIe siècle sont-ils encore actuels? Les condamnations doctrinales du concile de Trente et des Réformateurs justifient-elles encore la division de nos Églises?* (1986), Paris, Cerf, 1989.

◐ Catolicismo; concílio; **ecumenismo**; Reforma (Contra); Vaticano II (Concílio de)

TRINDADE

Seria Deus triúno (Pai, Filho e Espírito Santo)? Ou melhor, será que é necessário pensar de modo trinitário? Com todos os protestos ortodoxos dos reformadores sobre o assunto, a questão ainda pode se afigurar controversa no protestantismo, assim como, de modo mais geral, é controversa na modernidade. Já na Reforma radical, espiritualista ou anabatista, havia um plano em que o fundamento era um e a relação com o fundamento era potencialmente simples e direta. O liberalismo protestante do século XIX, além do deísmo e das Luzes do século XVIII, também privilegiou a unidade do princípio último, Deus, enquanto o movimento evangélico, doutrinal e eclesialmente oposto ao liberalismo, alimenta-se de uma confissão que enfatiza a categoria reiterada do senhorio: a invocação de Cristo e do Espírito operando como um prolongamento das manifestações de poder do Deus uno.

A dificuldade que se experimenta diante da temática do Deus triúno pode ser lida como o sintoma de uma posição cultural geral. A modernidade clássica de fato chegou espontaneamente à conclusão de que o monoteísmo representava um progresso em relação ao politeísmo; de modo mais profundo, havia se alimentado de uma busca de unidade e simplicidade (sem contar com a perda de plausibilidade do motivo trinitário e o racionalismo que afetaram o discurso teológico), que não deixou de exercer seus efeitos sobre a vida social (com a tendência a reduzir a diferença), a política (o surgimento dos Estados-nações e dos projetos laicistas) e a razão (redução analítica e instrumental). Não é por acaso que, como reação, hoje se fale de uma "pós-modernidade" policentrada, de direito à diferença, de "retornos" do recalcado (o corpo, o cosmos, o afetivo etc.) e do "gênio do paganismo" (na obra de Nietzsche, a "morte de Deus" se correlaciona, entre outras coisas, com a afirmação perversa de sua unidade, cf. *Assim falava Zaratustra*, III [1884], "Dois renegados", 2).

A retração do pensamento trinitário sobre Deus também pode estar correlacionada a mal-entendidos; logo, precisamos esclarecer algumas questões. Em primeiro lugar, afirmar o Deus triúno não equivale a abrir espaço para um triteísmo, mas, sim, a uma forma de monoteísmo que pode ser compreendida como um aprofundamento da radicalidade de seu absoluto (seu caráter não ligado): Deus não está em associação direta, nem com o mundo (a criação tem sua consistência em diferença), nem com o ser humano (que tem sua autonomia, sua singularidade e sua complexidade próprias, a começar pela dualidade sexual), tampouco com a ordem da crença (que é irremediavelmente humana, inserida nas mediações sociais e culturais que caracterizam nossas relações com o mundo, com nós mesmos e com o outro). "Triplicidade de pessoas" (Pai, Filho e Espírito) e "unidade essencial" compõem a afirmação clássica da Trindade no cristianismo. Deus é uno, mas é recebido, evocado e pensado através da mediação das realidades do Pai, do Filho e do Espírito (pessoas "subsistentes") e através do quadro trinitário que faz com que cada um remeta ao outro: o acesso a Deus é indireto, passando pela meditação e pelo aprofundamento de figuras, portanto por um trabalho interior.

Acredito que o pensar trinitário sobre Deus é paralelo a um pensar radical da encarnação; nesse sentido, no protestantismo, esse pensar deveria ser retomado e desenvolvido de um modo particular. Concretamente, esse pensar se distingue de qualquer tipo de redução de Deus a um princípio ou a um ponto de partida, a uma causa primeira ou última no sentido moderno desses termos (cronológico ou de explicação final), com suas alternativas daninhas: dependência ou liberdade, heteronomia ou autonomia etc. Assim, articula a realidade e a verdade de Deus ao mesmo tempo — de um modo firme, mas diferente: o Filho não é nem substituto nem duplo do Pai, o Pai não é um modelo do Filho, o Espírito não é nem o Filho nem o Pai, e vice-versa — com a temática da origem (Deus Pai), da determinação (Deus Filho) e da efetuação (Deus Espírito). Essa articulação é sempre indireta: não faz uma economia das positividades e pluralidades do mundo, mas permanece sendo uma articulação ao permitir a vida, o desenvolvimento e a realização própria além da disseminação possível.

A inserção de uma figura do Filho em Deus mostra que receber o amor só pode ser algo perfeito em Deus, assim como dar amor. O pensar trinitário acrescentaria imediatamente que a mesma perfeição do amor pressupõe ou requer um terceiro que escape à relação dual (a do que ama e a do que é amado), o que aponta, aqui, para a realidade do Espírito, diferente do Pai e do Filho, assim como o Pai e o Filho são diferentes, estando os três em "igualdade de honra": em outras palavras, juntos e da mesma maneira, eles afirmam o que é o que significa a palavra "Deus", a "essência" divina una. Aqui, o Espírito é uma marca de exterioridade, representando simbolicamente, em Deus, a consistência e o desdobramento da existência; além disso, é um sinal de realização, representando, ainda simbolicamente e em Deus, uma recapitulação interna de sua riqueza de vida. Assim, o homem está distante de Deus e se insere em sua positividade própria e na contingência de seu *status* de criatura: constitutivamente, ele não está submetido à dependência ideal unilateral (potencialmente sacrificial e culpabilizante), mas é trabalhado interiormente para si mesmo e segundo Deus; da mesma forma, Deus triúno tem sua realidade e sua verdade para si mesmo, pairando acima de todas as suas obras sem ser contado com elas. Nisso está a parte de verdade da diferença clássica que compõe o discurso teológico entre "Trindade imanente" (as obras *ad intra*, no próprio

Deus) e "Trindade econômica" (suas obras *ad extra*, em uma relação com a criação, com a história e com a ordem da existência cristã e eclesiástica). Em profundidade, sempre lidamos com o mesmo Deus, que cria de acordo com o eixo de sua triplicidade de Pai, Filho e Espírito, que opera uma reconciliação em Cristo segundo o mesmo eixo, irredutivelmente complexo e profundamente unitário, que por fim trabalha na intimidade do cristão de acordo com o mesmo eixo: segundo a verdade que ele é (no modo clássico, as obras de Deus *ad extra* são "indivisíveis"). A condição do ser humano diante de Deus é constitutivamente marcada por essa característica.

Por fim, cabe assinalar que, no século XX, a teologia protestante reencontrou de modo particular o sentido do pensar trinitário de Deus. Barth incluiu esse pensar no cerne de seus prolegômenos (*Dogmática* I), como posição originária, assim como é originário, em sua obra, o fato da revelação, corretamente associado à determinação trinitária de Deus. Uma "concentração cristológica" radical, em minha opinião, impediu-o de desenvolver todas as potencialidades disso, levando-o, ao contrário, a um retorno da categoria suprassumente[1] e insuficientemente diferenciada de "senhorio"; logo, de uma dependência direta demais. A partir dos anos 1960, Jüngel, Moltmann e Pannenberg retomaram conscienciosamente o pensar trinitário, não sem diferenças significativas entre eles; um dos pontos que foi alvo de debates me pareceu ser de que modo se articularia a riqueza de vida marcada metaforicamente em Deus pelo sistema trinitário, de um lado, e a pluralidade histórica e humana no nível da criação, do outro (cf. o motivo frequente de uma "história em Deus": de que história se trata e em que sentido?).

Pierre Gisel

▶ BARTH, Karl, *Dogmatique* I/1** (1932), Genebra, Labor et Fides, 1953; GISEL, Pierre, *La subversion de l'Esprit. Réflexion théologique sur l'accomplissement de l'homme*, Genebra, Labor et Fides, 1993; Idem e EMERY, Gilles, orgs., *Le christianisme est-il un monothéisme?*, Genebra, Labor et Fides, 2001; JÜNGEL, Eberhard, *Dieu mystère du monde. Fondement de la théologie du Crucifié dans le débat entre théisme et athéisme* (1977), 2 vols., Paris, Cerf, 1983; MOLTMANN, Jürgen, *Trinité er Royaume de Dieu* (1980), Paris, Cerf, 1984; PANNENBERG, Wolfhart, *Subjectivité de Dieu et doctrine trinitaire*, em Louis RUMPF et alii, *Hegel et la théologie contemporaine. L'absolu dans l'histoire?*, Neuchâtel, Delachaux et Niestlé, 1977, p. 171-189; WIDMER, Gabriel-Ph., *Gloire au Père, au Fils, au Saint-Esprit. Essai sur le dogme trinitaire*, Neuchâtel, Delachaux et Niestlé, 1963.

◉ Amor; antitrinitarismo; deísmo; **Deus**; *filioque*; Hegel; encarnação; Espírito Santo; **Jesus (imagens de)**; liberalismo teológico; Marheineke; mediações; pessoa; Reforma radical; unitarismo

TRINTA E NOVE ARTIGOS

Os *Trinta e nove artigos* são a base doutrinária da Igreja da Inglaterra. Elaborados no ano de 1563 com base nos *Quarenta e dois artigos* que foram definidos no reinado de Eduardo VI, os *Trinta e nove artigos* assumiram uma forma definitiva em 1571, não constituindo uma confissão de fé. Os cinco primeiros são "universais" (a Trindade, a natureza de Cristo, o Espírito Santo) e o último aprova os três grandes credos da igreja. Quanto ao restante, os artigos se posicionam no debate da Reforma no século XVI: quase a metade representa uma distância em relação à Igreja de Roma, enquanto oito deles condenam vários ensinamentos anabatistas. De modo mais positivo, os artigos aprovam uma postura amplamente protestante sobre as Escrituras como única fonte de revelação, a justificação pela fé, o uso da língua vernacular na igreja, a comunhão sob as duas espécies; assumem uma posição mais reformada que luterana sobre o pecado original, o livre-arbítrio, o *status* do Antigo Testamento, a predestinação e a presença espiritual de Cristo na ceia. Especificamente anglicanos são: a menção das tradições eclesiásticas (desde que não fossem contrárias à Palavra de Deus) e o ministério de bispos, sacerdotes e diáconos. Todo membro do clero anglicano deve subscrever os *Trinta e nove Artigos*. Na verdade, estão longe de representar uma unanimidade entre o clero e os fiéis e evita-se falar demais deles, o que permite que a Igreja Anglicana mantenha sua frágil ambiguidade.

Francis Higman

---

[1] [NT] Esse termo é um neologismo hegeliano que o tradutor de Hegel para o português, Paulo Meneses, seguindo o francês "sursumer", traduziu dessa maneira.

▶ O texto dos *Trinta e nove artigos* figura em todas as edições do *Book of Common Prayer* (Oxford, Oxford University Press, 1969, tradução francesa: *La liturgie, c'est-à-dire le formulaire des prières publiques de l'administration des sacrements et des autres cérémonies et coutumes de l'Église, selon l'usage de l'Église anglicane*, Londres, SPCK, 1886); GIBSON, Edgar Charles Sumner, *The Thirty-Nine Articles of the Church of England*, 2 vols., Londres, Methuen, 1891-1897.

◉ Anglicanismo; Eduardo VI; Elizabeth I; Simbólicos (Escritos)

TROELTSCH, Ernst (1865-1923)

Troeltsch estudou teologia em Erlangen, Berlim e Göttingen. Em Erlangen, foi influenciado sobretudo por Gustav Claβ (1836-1908), representante do idealismo tardio; em Göttingen, Albrecht Ritschl (1822-1889) exerceu sobre ele uma forte influência, participando do círculo da escola da história das religiões, em surgimento naquela época. Professor extraordinário de teologia sistemática em Bonn de 1892 a 1894, Troeltsch ocupou, de 1894 a 1915, uma cadeira de teologia sistemática em Heidelberg, onde, a partir de 1910, passou a ensinar também na Faculdade de Filosofia. Desde suas primeiras publicações, percebe-se uma linha programática: a diferença fundamental entre o veteroprotestantismo e o neoprotestantismo implica, para a teologia protestante, a tarefa de refletir sobre seu lugar histórico, em que a teologia deve reconhecer um problema teologicamente pertinente. Ao longo dos anos em que foi professor em Heidelberg, Troeltsch desenvolveu um programa teológico amplo, rico e variado, cuja preocupação comum era garantir a comunicabilidade cultural dos conteúdos teológicos no mundo moderno.

Em 1915, Troeltsch encarregou-se da cadeira de filosofia em Berlim, que era, então, a mais importante da Alemanha; ao fazê-lo, transpôs as intenções que presidiam sua teologia para o espaço mais livre de uma ciência desprovida de entraves eclesiásticos. Os anos berlinenses fizeram de Troeltsch o filósofo alemão mais importante desde Hegel. Em Berlim, ele também conferiu uma nova intensidade às atividades políticas e culturais que desenvolvia, sobretudo depois do início da guerra. Junto a intelectuais engajados como Max Weber (1864-1920), Walther Rathenau (1867-1922), Friedrich Naumann (1860-1919) e Friedrich Meinecke (1862-1954), Troeltsch defendeu uma reforma estrutural do império wilhelmiano. Com a revolução de novembro de 1918, apresentou uma concepção de democracia que brotava do solo da reflexão histórica: ele enfatizou a necessidade de orientação para as transformações históricas, ao mesmo tempo que refletia na situação da Alemanha em uma Europa que, à sombra de Versalhes, sempre estivera sob o signo de um antagonismo entre os Estados Unidos e a União Soviética. Membro da Assembleia Constituinte Prussiana e subsecretário de Estado, parlamentar no Ministério Prussiano dos Cultos, em 1919-1920 Troeltsch era engajado no Partido Democrático Alemão e contribuiu para formular a política eclesiástica da Prússia. Em primeiro lugar, porém, sua contribuição foi a questão da autocompreensão do liberalismo político.

Troeltsch concluiu sua obra teórica com uma ampla filosofia da história, que permaneceu inacabada. De um lado, ele demonstra que, acima das confissões, a religião cristã é um valor fundamental da história europeia; de outro, após as catástrofes da Primeira Guerra Mundial e da revolução, faz um apelo para que os europeus empreendam uma reflexão sobre sua herança em comum. Os trabalhos que Troeltsch dedicou à teoria do cristianismo, à filosofia da história e à sociologia da religião exerceram uma influência parcial duradoura fora do campo da teologia. Pela importância que atribuiu à exigência moderna de verdade e por seu sentido da realidade, levou a teologia protestante para os vastos espaços de uma disciplina correlacionada às ciências sociais e culturais, conduzindo a teologia a buscar renovar a religião para o aprofundamento da consciência da situação cultural e a estabilizar a cultura e a sociedade europeias através de uma religião viva.

Hartmut Ruddies

▶ TROELTSCH, Ernst, *Gesammelte Schriften* (1912-1925), Aalen, Scientia, t. I: 1977, t. II: 1981, t. III: 1977 e t. IV: 1981; Idem, *Kritische Gesamtausgabe*, Berlim, Walter de Gruyter, 1998ss (publicação em andamento); Idem, *Glaubenslehre. Nach Heidelberger. Vorlesungen ans den Jahren 1911 und 1912* (1925), Aalen, Scientia, 1981; Idem, *Die Fehlgeburt einer Republik. Spektator in Berlin 1918 bis 1922*, org. por Johann H. CLAUSSEN, Frankfurt, Eichborn, 1994; Idem, *Histoire des religions et destin de la théologie. Oeuvres* III, org. por Jean-Marc

TÉTAZ, Paris-Genebra, Cerf-Labor et Fides, 1996; Idem, *Religion et histoire. Esquisses philosophiques et théologiques*, org. por Jean-Marc TÉTAZ, Genebra, Labor et Fides, 1990; Idem, *Protestantisme et modernité (1909-1913)*, Paris, Gallimard, 1991; BERNHARDT, Reinhold e PFLEIDERER, Georg, orgs., *Christlicher Wahrheitsanspruch – historische Relativität. Auseinander setzungen mit ErnstTroeltschs Absolutheitsschrift im Kontext heutiger Religionstheorie*, Zurique, Theologischer Verlag, 2004; CLAYTON, John Powell, org., *Ernst Troeltsch and the Future of Theology*, Cambridge, Cambridge University Press, 1976; DRESCHER, Hans-Georg, *Ernst Troeltsch. Leben und Werk*, Göttingen, Vandenhoeck & Ruprecht, 1991; *Mitteilungen der Ernst-Troeltsch-Gesellschaft*, Augsburgo, Ernst-Troeltsch-Gesellschaft, 1982ss; GISEL, Pierre, org., *Histoire et théologie chez Ernst Troeltsch*, Genebra, Labor et Fides, 1992; GRAF, Friedrich Wilhelm e RUDDIES, Hartmut, *Religiöser Historismus. Ernst Troeltsch 1865-1923*, em Friedrich Wilhelm GRAF, org., *Profile des neuzeitlichen Protestantismus*, t. II/2, Gütersloh, Mohn, 1993, p. 295-333; Idem, org., *Ernst Troeltsch Bibliographie*, Tübingen, Mohr, 1982; "Science des religions ou théologie. Pourquoi relire Ernst Troeltsch aujourd'hui?", *Recherches de science religieuse* 88/2, 2000, p. 167-251; "Troeltsch ou la religion dans les limites de la conscience historique", *Revue de l'histoire des religions* 214/2, 1997, p. 131-266; RUDDIES, Hartmut, "Acceptation de la modernité et reformulation des tâches de la théologie: Ernst Troeltsch (1865-1932)", *RThPh* 130, 1998, p. 193-212; SCHLUCHTER, Wolfgang e GRAF, Friedrich Wilhelm, org., *Asketischer Protestantismus und der "Geist" des modernen Kapitalismus. Max Weber und Ernst Troeltsch*, Tübingen, Mohr Siebeck, 2005; SÉGUY, Jean, *Christianisme et société. Introduction à la sociologie de Ernst Troeltsch*, Paris, Cerf, 1980; *Troeltsch-Studien*, 12 vols., Gütersloh, Mohn, depois Gütersloher Verlagshaus, 1982-2002, nova série a aparecer; VERMEIL, Edmond, *La pensée réligieuse de Troeltsch* (1921), org. por Hartmut RUDDIES, Genebra, Labor et Fides, 1990.

▶ Barthismo; Berlim (universidades de); **Deus**; Dilthey; direito natural; dogmática; essência do cristianismo; Eucken; filosofia da religião; Hartmann; **história**; historicismo; indivíduo; kantismo (neo); *Kulturprotestantismus*; liberalismo teológico; **liberdade**; Meinecke; metafísica; **modernidade**; Naumann; neoprotestantismo; Niebuhr, Richard; Prússia; religiões (escola da história das); Rendtorff; Ritschl; ritschliana (escola); Schleiermacher; **seitas**; Simmel; Sombart; virtude; Weber M.

TRONCHIN, Louis (1629-1705)

Nascido em Genebra, Louis Tronchin foi o último filho do pastor e professor Théodore Tronchin e de Théodora Rocca, filha adotiva de Teodoro de Beza. Estudou teologia na Academia de Genebra e foi ordenado pastor em julho de 1651. Partiu para uma viagem de estudos que o levou a Londres e Leiden em 1652 e, em seguida, à Academia de Saumur, onde foi pensionário de Moisés Amyraut de 1653 a 1654. Foi nomeado pastor em Lyon em 1654. Em 1657, Louis Cappel e Moisés Amyraut lhe solicitaram que sucedesse a Josué de la Place na Academia de Saumur, mas ele não correspondeu ao pedido. Em dezembro de 1661, foi nomeado professor de teologia na Academia de Genebra e, em janeiro de 1662, professor associado na Companhia de Pastores. Foi reitor da Academia de 1663 a 1668. Em 1669, entrou em conflito com seu colega François Turrettini ao recusar-se a assinar um documento que condenava a doutrina da graça universal que era ensinada em Saumur. De 1675 a 1679, junto a seu colega Philippe Mestrezat, empreendeu uma luta tenaz, mas por fim inútil, contra a assinatura do *Consensus Helveticus* pela igreja de Genebra, em cuja elaboração François Turrettini havia ocupado um lugar importante. Isso evidenciou que Louis Tronchin, ex-aluno de Amyraut, ocupou em Genebra uma posição difícil em relação à ortodoxia dominante, uma situação que o levou à prudência; em grande parte, isso explica por que não publicou quase nada e que, para conhecer seu pensamento, fosse necessário se referir à massa considerável de seus documentos: cursos, sermões, discursos acadêmicos e políticos e correpondência. No entanto, Tronchin era um professor de prestígio aos olhos dos alunos, que se reuniam em sua casa para receber aulas que eram uma crítica de um dos famosos manuais de teologia reformada, o *Compendium Christianae Theologiae* (Hanau, 1634) de Markus Friedrich Wendelin (1584-1652). Os dois alunos mais célebres dentre seus estudantes, Pierre Bayle e Jean Leclerc, o descreveram como um teólogo aberto e tolerante, desejoso de ensinar uma teologia liberta tanto do princípio de autoridade quanto do peso da escolástica. Porém, isso não significa que Tronchin fosse um teólogo das Luzes, pois permaneceu ortodoxo, mas de uma teologia imbuída de uma inspiração moderadamente racionalista, em que se mesclam influências de Saumur e ecos cartesianos. Essa abertura seduziu um bom número de estudantes que, como Jean-Frédéric Ostervald, viram em Tronchin o confidente de sua rejeição da escolástica calviniana e de sua inclinação pelas novas ideias que anunciavam as Luzes. Vários textos de Tronchin passaram a circular na Europa reformada sob a forma de cópias manuscritas, atestando a influência importante desse teólogo de transição entre ortodoxia e racionalismo. Em 1702, foi nomeado membro correspondente da Sociedade Inglesa pela Propagação da Fé. De 1698 em diante, assumiu o cargo de decano da Companhia de Pastores.

Olivier Fatio

▶ FATIO, Olivier, *L'Église de Genève et la Révocation de l'Édit de Nantes*, em Jérôme SAUTIER et alii, *Genève au temps de la Révocation de l'Édit de Nantes, 1680-1705*, Genebra-Paris, Droz-Champion, 1985, p. 159ss; GARDY, Frédéric, *Catalogue de la partie des Archives Tronchin acquise par la Société du musée historique de la Réformation*, Genebra, Jullien, 1946; GROHMAN, Donald David, *The Genevan Reaction to the Saumur Doctrine of Hypothetical Universalism 1635-1685*, dissertação do Knox College de Toronto, 1971; PITASSI, Maria-Cristina, *De l'orthodoxie aux Lumières. Genève 1670-1737*, Genebra, Labor et Fides, 1992; REX, Walter, *Pierre Bayle, Louis Tronchin et la querelle des donatistes*, BSHPF 105, 1959, p. 97-121; SOLÉ, Jacques, *Rationalisme chrétien et foi réformée à Genève autour de 1700: les derniers sermons de Louis Tronchin*, BSHPF 128, 1982, p. 29-43; STAUFFENEGGER, Roger, *Église et société. Genève au XVIIᵉ siècle*, 2 vols, Genebra, Droz, 1983-1984.

● Cartesianismo; Genebra; ortodoxia protestante; Saumur; Tronchin T.

TRONCHIN, Théodore (1582-1657)

Nascido e morto em Genebra, Théodore Tronchin era filho de Rémi, capitão da região de Champagne que escapou do Massacre de São Bartolomeu. Com 24 anos, tornou-se professor de hebraico. Casou-se com Théodora Rocca, filha adotiva de Teodoro de Beza, herdando os arquivos do reformador. Estudou em Franeker e Leiden, travando conhecimento dos grandes teólogos holandeses Jacó Armínio e Francisco Gomarus, tornando-se, junto com Giovanni Diodatti, representante de Genebra no Sínodo de Dordrecht (1618-1619). Em 1620, respondeu à obra do padre jesuíta Pierre Coton, *Genève plagiaire, ou vérification des dépravations de la Parole de Dieu, qui se trouvent ès Bibles de Genève* [Genebra plagiadora, ou verificação das depravações da Palavra de Deus que se encontram nas Bíblias de Genebra] (Paris, Claude Chappelet, 1618), com um texto de mais de mil páginas. Firme na doutrina de seus mestres, dedicou-se por completo ao ensino da teologia, distinguindo-se por um pensamento rigoroso e claro em sua ênfase na autoridade das Santas Escrituras, na graça e, por extensão, na eleição, mais que na reprovação. Em 1632, o duque de Rohan, que na época havia sido enviado a Grison, fez dele seu capelão.

Gabriel Mützenberg

▶ TRONCHIN, Théodore, *Coton plagiaire, ou la vérité de Dieu et la fidélité de Genève maintenue contre les dépravations et accusations de P. Coton, jésuite, contre le traduction de la Sainte Bible, faite à Genève, contenues en un livre intitulé Genève plagiaire*, Genebra, Pierre et Jacques Chouët, 1620; Idem, *Harangue funèbre faite à l'honneur de très-haut et très-illustre Prince Henry Duc de Rohan, pair de France, Prince de Léon...* (1638), Genebra, Jean de Tournes, 1638; MCCOMISH, William A., *The Epigones. A Study of The Theology of the Genevan Academy at the Time of the Synod of Dort, with Special Reference to Gioavnni Diodatti*, Allison Park, Pickwick Publications, 1989.

● Arminianismo; Diodatti; Dordrecht (Sínodo e *Cânones de*); Gomarus; ortodoxia protestante; Tronchin L.

TÜBINGEN

Cidade de Baden-Wurtemberg, no sudoeste da Alemanha. Essa velha cidade pitoresca é dominada pelo Castelo de Hohentübingen (séculos XI-XIV). A Igreja Saint-Georges (1470-1483) abriga os túmulos dos condes de Wurtemberg. Em 1477, o conde Eberhard, o Barbudo, de Wurtemberg (1445-1496), fundou a Universidade Eberhard-Karl, inspirando-se no modelo das universidades de Friburgo em Brisgóvia e de Basileia. Ali, a Reforma foi estabelecida em 1534, no reinado do duque Ulrico (1487-1550), tendo como figura de destaque Johannes Brenz (1499-1570); antes disso, a universidade e a região estiveram sob a influência de Gabriel Biel (1414-1495) e, em seguida, Filipe Melâncton

(1497-1560). A universidade manteve o predomínio de um caráter conservador até o século XIX; atualmente, seu ponto forte na pesquisa universitária são as ciências biológicas.

A Faculdade de Teologia Protestante se tornou conhecida muito além das fronteiras de Wurtemberg por duas escolas chamadas "de Tübingen": a escola supranaturalista (Gottlob Christian Storr, 1746-1805) e a escola histórico-crítica (Ferdinand Christian Baur, 1792-1860). Fundado pelo duque Ulrico em 1536, o *Stift* (Faculdade de Teologia e Seminário Protestantes) ainda hoje é uma instituição importante para a formação de teólogos protestantes: formaram-se ali Johannes Kepler, Georg Wilhelm Friedrich Hegel, Friedrich William Joseph Schelling e Friedrich Hölderlin, dentre outros. Fundada em 1817, a Faculdade de Teologia Católica de Tübingen também se tornou conhecida por toda a Alemanha, a partir de sua própria escola de Tübingen, destacando-se nela Johann Adam Möhler (1796-1838).

Christoph Wassermann

▶ BRECHT, Martin, org., *Theologen und Theologie an der Universität Tübingen. Beiträge zur Geschichte der Evangelisch-Theologischen Fakultät*, Tübingen, Mohr, 1977; HARRIS, Horton, *The Tübingen School. A Historical and Theological Investigation of the School of F. C. Baur* (1975), Grand Rapids, Baker Book House, 1990; KLÜPFEL, Karl, *Die Universität Tübingen in ihrer Vergangenheit und Gegenwart*, Leipzig, Fues, 1977; KÖPF, Ulrich, org., *Historisch-kritische Geschichtsbetrachtung. Ferdinand Christian Baur und seine Schüler*, Sigmaringen, Thorbecke, 1994.

◉ Alemanha; Baur; Heim; **história**; supranaturalismo

TURENNE, Henri de la Tour d'Auvergne, visconde de (1611-1675)

Henri de la Tour d'Auvergne, visconde de Turenne, pertencia à mais alta nobreza principesca, a família dos duques de Bouillon, que tinha uma terra soberana, o principado de Sedan. Neto de Guilherme, o Taciturno, Turenne iniciou-se nas armas a serviço do príncipe de Orange, antes de servir à monarquia dos Bourbons, de quem recebeu a dignidade de marechal da França em 1660, assim como o comando da cavalaria ligeira, o governo do Limousin e o *status* de ministro de Estado. Tornou-se famoso tomando Turim dos espanhóis (1640) e pelas vitórias de Nördlingen (1640), Arras (1654) e das Dunas (1658), todas contra os espanhóis. Durante a Guerra da Devolução (1667), tomou Flandres da Espanha em três meses. Contra todos os costumes da época, durante a Guerra da Holanda, fez campanha em pleno inverno contra os imperiais na Alsácia (vitória de Turckheim, 1675). Madame de Sévigné narrou sua morte brutal em Sasback e concluiu seu relato da seguinte maneira: "Como eu enxergo em tudo a Providência, vejo esse canhão carregado desde a eternidade; vejo que tudo levou o senhor de Turenne a isso, e não percebo nada de funesto em sua história, supondo que sua consciência se encontrava em bom estado. O que lhe falta? Morreu em meio à glória. Sua reputação não podia mais ser aumentada: até mesmo naquele momento, ele gozava do prazer de ver seus inimigos baterem em retirada e estava vendo os frutos de sua conduta há três meses" (carta a Bussy-Rabutin, 6 de agosto de 1675). Luís XIV, que havia sido instruído militarmente por ele, mandou que seu corpo fosse exumado na Basílica de Saint-Denis, e seus restos mortais foram transportados para o Monumento aos Inválidos por Napoleão, que o considerava seu mestre na guerra de movimento. Costuma-se atribuir ao marechal de Turenne a seguinte frase diante do perigo: "Estás tremendo, carcaça; tremerias muito mais se soubesses para onde vou levar-te".

Christophe Calame

▶ BÉRENGER, Jean, *Turenne*, Paris, Fayard, 1987 (bibliografia p. 581-589).

TURNER, Nat (?1800-1831)

Nat Turner foi um escravo negro da Virgínia que fomentou, em 1831, uma das maiores revoltas de escravos junto às de Gabriel Pressner em 1800 e de Denmark Vesey em 1822. Em 1820, fugiu da plantação onde trabalhava, mas voltou, segundo ele mesmo, em razão de uma inspiração divina. Batista, começou a pregar um Deus de justiça e libertação. Sem hesitar, pôs-se a preparar uma insurreição que afirmou ser inspirada pelo Espírito. A revolta teve fim em 1831, em um banho de sangue com 51 vítimas brancas mortas, o que lhe valeu uma condenação à morte. Desde então, passou a ser considerado pelos negros, inclusive teólogos, uma figura profética, quase mítica, sinônimo de resistência e exigência de justiça. O escritor sulista branco William Styron lhe dedicou um romance bastante controverso entre a comunidade negra, inspirado nas confissões do próprio Turner, redigidas pouco antes de sua execução.

Serge Molla

▶ STYRON, William, *As confissões de Nat Turner* (1967), Rio de Janeiro, Expressão e Cultura, 1968; CLARKE, John Henrik, org., *William Styron's Nat Turner. Ten Black Writers Respond*, Boston, Beacon Press, 1968 (em apêndice, o texto das verdadeiras "confissões" de Turner); OATES, Stephen B., *The Fires of Jubilee. Nat Turner's Fierce Rebellion*, New York, Harper and Row, 1975; WILMORE, Gayraud S., "Nat Turner, Baptist Prophet of Rebellion", em *Black Religion and Black Radicalism. An Interpretation of the Religious History of Afro-American People*, Maryknoll, Orbis Books, 1984, p. 62-73.

▶ Escravidão; igreja negra (afro-americana); Styron

TURRETTINI, François (1623-1687)

Turrettini era descendente de uma antiga família de Luca, na Toscana, que se estabeleceu em Genebra no ano de 1592 por motivos religiosos. Nessa cidade, Turrettini se tornou pastor das igrejas italiana e francesa (1648-1652). A partir de 1653, tornou-se professor de teologia na Academia. Defensor infatigável da ortodoxia de Dordrecht, durante trinta anos foi a personalidade mais representativa da vida religiosa genebrina e de sua cultura teológica. Combateu sem concessões a teologia de Saumur (Moisés Amyraut e Louis Cappel) e foi o articulador do *Consensus Helveticus* (1675). Em 1661-1662, empreendeu uma importante missão diplomática na Holanda em prol da República e se esforçou por ajudar os huguenotes e os valdenses refugiados pelas perseguições que precederam a Revogação do Edito de Nantes. Turrettini deixou diversos livros de sermões e inúmeras obras teológicas, dentre as quais *Institutio theologiae elencticae* [Institutas de teologia elênctica] (1679-1685), tradução inglesa: *Institutes of Elenctic Theology* [Institutas de teologia elênctica], 3 vols., Phillipsburg, P&R Publishing, 1992-1997; tradução francesa parcial: "De la loi de Dieu. Onzième *locus* de l'*Institutio theologicae* [sic] *elencticae* [questions 1 à 6]", *La Revue réformée* 227, 2004, p. 7-28), considerada uma das melhores fontes da ortodoxia reformada.

Emidio Campi

▶ CAMPI, Emidio e SODINI, Carla, *Gli oriundi lucchesi di Ginevra et il cardinale Spinola*, Nápoles-Chicago, Prismi-The Newberry Library, 1989; KEIZER, Gerrit, *François Turrettini, sa vie et ses oeuvres et le Consensus*, Lausanne, Bridel, 1900; MULLER, Richard A., *Scholasticism Protestant and Catholic: Francis Turretin and the Object and Principles of Theology*, em *After Calvin. Studies in the Development of a Theological Tradition*, Oxford, Oxford University Press, 2003, p. 137-145; SAUTIER, Jérôme et alii, *Genève au temps de la Révocation de l'Édit de Nantes, 1680-1705*, Genebra-Paris, Droz-Champion, 1985; STAUFFENEGGER, Roger, *Église et société. Genève au XVIIe siècle*, 2 vols., Genebra, Droz, 1983-1984.

▶ Amyraut; Cappel; *Consensus Helveticus*; Dordrecht (Sínodo e *Cânones de*); Genebra; ortodoxia protestante; Saumur; Tronchin L.

TURRETTINI, Jean-Alphonse (1671-1737)

Pastor e teólogo nascido e morto em Genebra, era filho de François Turrettini, representante da ortodoxia estrita (1623-1687). Estudou teologia em Genebra, acompanhado de Louis Tronchin (1629-1705). Depois de algum tempo em Leiden e uma viagem para a Inglaterra, onde conheceu Isaac Newton (1642-1727), e para a França, onde se encontrou com Jacques Bénigne Bossuet (1627-1704), Pierre Nicole (1625-1695), Bernard Le Bovier de Fontenelle (1657-1757), Richard Simon (1638-1722) e Nicolas Malebranche (1638-1715), foi admitido na Companhia dos Pastores com a idade de 22 anos. Em 1697, encarregou-se do ensino de história da igreja na Academia, ocupando o cargo de reitor de 1701 a 1711. Em 1705, sucedeu Tronchin em uma das três cadeiras de teologia, sem abandonar o ensino que já ministrava. Foi considerado o representante da "ortodoxia esclarecida", junto a Jean-Frédéric Ostervald (1663-1747) em Neuchâtel e Samuel Werenfels (1657-1740) em Basileia, compondo com eles o grupo que passou a ser chamado de triunvirato helvético. Assim como seus amigos, acreditava que a revelação era necessária para complementar a religião natural, mas diferenciava-se deles por atribuir mais ênfase à apologética e à tolerância que à moral.

Muito diferente do pai, opôs-se à teologia do Sínodo de Dordrecht e, no ano de 1725, contribuiu para a supressão do *Consensus Helveticus*. Esforçou-se principalmente para que o essencial da fé cristã se concentrasse nos artigos fundamentais que a caracterizam, evitando tanto as opiniões controversas dos teólogos sobre pontos secundários desnecessários para a salvação (tais como a predestinação) quanto o autoritarismo doutrinário do catolicismo; para ele, esses artigos fundamentais deveriam promover uma unidade entre reformados e luteranos. Era bastante conhecido na Europa por suas inúmeras publicações, tratados doutrinários, comentários de Paulo e sermões. Em 1708, foi eleito membro da Sociedade Real de Ciências da Prússia e, durante toda a vida, se correspondeu com um número considerável de eruditos, teólogos, filósofos e homens de ciência protestantes, anglicanos e católicos, na Suíça e no estrangeiro.

Jean-Louis Leuba

▶ TURRETTINI, Jean-Alphonse, *Opera omnia theologica, philosophica et philologica*, 3 vols., Leuwarden-Franeker, Chalmot e Romar, 1774-1776; BUDÉ, Eugène Guillaume Théodore de, *Vie de J.-A. Turrettini, théologien genevois (1671-1737)*, Lausanne, Bridel, 1880; HEYD, Michael, *Un rôle nouveau pour la science: Jean-Alphonse Turrettini et les débuts de la théologie naturelle à Genève*, RThPh 112, 1980, p. 25-45; KLAUBER, Martin I., *Between Scholasticism and Pan-Protestantism. Jean-Alphonse Turrettin (1671-1737) and Enlightened Orthodoxy at the Academy of Geneva*, Selinsgrove-Londres, Susquehanna University Press-Associated University Presses, 1994; MIEGGE, Giovanni, *Il problema degli articoli fondamentali nel Nubes Testium di Giovanni Alfonso Turrettini*, em Delio CANTIMORI, org., *Ginevra e l'Italia*, Florença, Sansoni, 1959, p. 505-538; PITASSI, Maria-Cristina, *L'apologétique raisonnable de Jean-Alphonse Turrettini*, em *Apologétique 1680-1740. Sauvetage ou naufrage de la théologie?*, Genebra, Labor et Fides, 1991, p. 99-118; Idem, *De la controverse anti-romaine à la théologie naturelle: parcours anti-sceptiques de Jean-Alphonse Turrettini*, em Gianni PAGANINI, org., *The Return os Scepticism from Hobbes and Descartes to Bayle*, Dordrecht, Kluwer, 2003, p. 431-447; TURCHETTI, Mario, *Le idee di 'toleranza' e di 'concordia' nel pensiero irenico di Jean Alphonse Turrettini*, em *I Lucchesi a Ginevra da Giovanni Diodati a Jean Alphonse Turrettini. Atti del convegno internazionale Lucca, Villa Bottini, 16 giugno 1990*, Lucca, Istituto Storico Lucchese, 1996, p. 81-110.

◉ Dordrecht (Sínodo e *Cânones de*); Genebra; latitudinarismo; Le Clerc; Locke; Luzes; ortodoxia protestante; Ostervald; racionalismo teológico; Saumur; tolerância; Tronchin L.; Turrettini F.; Werenfels

TUTU, Desmond Mpilo (1931-)

Nascido em Klersdorp, no Transvaal. Recebeu o Prêmio Nobel da Paz em 1984. É conhecido no mundo inteiro por sua incansável luta pela reconciliação e contra o *apartheid* na África do Sul. Em 1961, foi ordenado sacerdote anglicano após terminar seus estudos de teologia em Rosettenville, em Johannesburgo. Membro da equipe dos capelães da Universidade Fort Hare de 1967 a 1969, assumiu cursos nos departamentos de teologia das universidades de Botsuana, Lesoto e Suazilândia de 1970 a 1972. Engajou-se a serviço do Conselho Mundial de Igrejas antes de ser chamado para a Catedral de Johannesburgo como decano, de 1975 a 1976. Bispo de Lesoto de 1976 a 1978, tornou-se secretário-geral do Conselho Sul-Africano de Igrejas, cargo que ocupou de 1978 a 1985. Durante esse período, o *apartheid* era aplicado com extremo rigor; o governo buscou prejudicar Tutu de várias maneiras, pois sua personalidade incomodava pela sinceridade no falar; além disso, a unidade e a visão das igrejas do Conselho dirigido por ele constituíam uma contestação do governo. Bispo de Johannesburgo em 1985, foi o primeiro africano a instalar-se na Cidade do Cabo como arcebispo da província anglicana da África do Sul, ocupando o posto até 1996. De 1987 a 1997, presidiu a Conferência das Igrejas de Toda a África, com sede no Quênia. Durante a Conferência Episcopal Anglicana Mundial de Lambeth (1988), foi um dos ardentes defensores do direito à consagração da mulher ao ministério pastoral.

Até a libertação de Nelson Mandela, em 1990, os vibrantes defensores de Tutu por uma justiça social econômica para todos os moradores do país o tornaram uma personalidade ao mesmo tempo respeitada e contestada. Em 1995, o presidente Mandela o nomeou líder da comissão "Verdade e Reconciliação", que assumiu o pesado encargo de investigar os casos de violação dos direitos humanos de 1960 a 1994, início de seu mandato. A comissão apresentou um relatório em 1998, após mais de dois anos de um intenso trabalho. Os membros da comissão tiveram que ouvir tanto os carrascos quanto as vítimas sobre os horrores perpetrados ou sofridos, sempre buscando partir da confissão rumo à reconciliação em prol de um futuro baseado não na vingança, mas na construção comum da nova África do Sul.

De 1998 a 2000, Tutu ocupou uma cadeira de teologia na *Candler School of Theology*, em Atlanta. É doutor *honoris causa* de várias universidades americanas, como Harvard, Oxford, Cambridge, Colúmbia e Yale, e europeias, como Friburgo, na Suíça, e também na África e na Austrália.

Ao mesmo tempo que mantém sua vocação pastoral no centro de sua vida, Tutu conserva, em qualquer circunstância, uma imensa benignidade para com todos os seres humanos, que são reflexo da imagem de Deus. A firmeza de suas intenções e a clareza de sua visão se fortalecem em sua fé profunda e em uma espiritualidade que é vivida no cotidiano.

Nicole Fischer-Duchâble

▶ TUTU, Desmond, *Eu, prisioneiro da esperança* (1973-1983), São Paulo, Loyola, 1986; Idem, *Il n'y a pas d'avenir sans pardon* (1999), Paris, Albin Michel, 2000; BOULAY, Shirley du, *Desmond Tutu. La voix de ceux qui n'ont pas la parole* (1988), Paris, Centurion, 1989.

◐ África do Sul; *apartheid*

TYCHO BRAHE (1546-1601)

Oriundo da nobreza dinamarquesa e formado nas universidades luteranas de Copenhague, Leipzig, Wittenberg e Rostock, Tycho Brahe se tornou famoso principalmente por suas pesquisas sobre a estrela Nova (1572-1574) e sobre o cometa de 1577, arruinando definitivamente a astronomia aristotélica. Instalado na ilha de Hven pelo rei Frederico II da Dinamarca, mandou construir o Castelo Uraniborg e o observatório Stjerneborg. Cercou-se de assistentes e investiu rendas e fortuna na construção da famosa coleção de instrumentos de medição, bastante convencido do valor inigualável da observação. Também se dedicou à astrologia (e à alquimia), ao mesmo tempo que insistia, por causa de sua educação protestante, no fato de que o exercício do livre-arbítrio podia modular os efeitos dos astros sobre o destino do homem. Autoritário e às vezes até mesmo tirânico, gastador e negligente quanto aos deveres de seu cargo de cônego na Catedral de Roskilde, Tycho Brahe se viu empurrado para o exílio. Terminou seus dias em Praga, como matemático imperial de Rodolfo II de Habsburgo, sendo enterrado na cidade com grande pompa. Com seu modo heterodoxo de viver sua condição de aristocrata e por seu modelo planetário híbrido de geocentrismo e heliocentrismo, Tycho Brahe atestou a lenta transição da Idade Média para a modernidade.

Clairette Karakash

▶ THOREN, Victor E., *The Lord of Uraniborg. A Biography of Tycho Brahe*, Cambridge, Cambridge University Press, 1990.

◐ Astrologia; Kepler; **razão**

UNÇÃO DOS ENFERMOS

As igrejas católicas, luteranas e ortodoxas, bem como a maior parte das igrejas do Terceiro Mundo, apresentam o ministério da unção dos doentes. Na Igreja Católica, que até o Concílio Vaticano II chamava a prática de "extrema-unção", a unção dos doentes só pode ser exercida pelo padre; nas demais igrejas, pode ser aplicada por leigos designados pela comunidade paroquial. O fundamento bíblico para esse ato é Tiago 5.13-15 e Marcos 6.13. A prática tem se estendido cada vez mais às igrejas ocidentais, paralelamente ao desenvolvimento dos movimentos evangélicos. Parece-me, no entanto, que deve ser exercida em um contexto litúrgico escrupuloso, não somente junto ao leito do doente, mas também por ocasião do culto público, sem que sejam proferidas promessas nem apresentadas condições. De acordo com o exemplo da Igreja Anglicana, parece-me também indicada a inclusão de médicos nesse ministério. A Igreja Anglicana exerce o ministério primordialmente em numerosos hospitais, antes das intervenções cirúrgicas, em presença do corpo médico (não cristãos). Observa-se que, ou há cura espontânea, e a intervenção se torna inútil, ou a operação é bem-sucedida, e paciente e cirurgião ficam aliviados, ou, por fim, o paciente morre durante a operação ou pouco tempo depois; nesse caso, a unção dos enfermos pode ser compreendida como um rito de adeus.

Walter J. Hollenweger

▶ "Les cultes pour fatigués et chargés", *Cahiers de l'Institut romand de pastorale* 17, Lausanne, 1993; HOLLENWEGER, Walter J., "Guérissez les malades", *Perspectives missionnaires* 20, 1990, p. 49-61; LIECHTI-GENGE, Manuela, *"Die Guttat zu ölen". Von der Wiederentdeckung der Salbung als Segenshandlung in ev.-ref. Gottesdiensten*, Kindhausen, Metanoia, 1996.

● Cura; doença; **ritos**; saúde

UNITARISMO

O movimento surgiu no século XVI, na Europa central, de dentro da Reforma radical (Transilvânia e Polônia), desenvolvendo-se nos Países Baixos e nos países anglo-saxões. É parente do protestantismo liberal posterior. As igrejas que hoje se nomeiam unitaristas o fazem por três motivos, mas geralmente um dos motivos predomina sobre os demais, o que cria certa diversidade entre os unitaristas. Primeiro, creem afirmar a unidade de Deus contra a tese da Trindade (ou de sua triunidade). Muitos unitaristas se referem ao Pai, ao Filho e ao Espírito, mas para eles essa forma não implica, de modo algum, as definições de Niceia-Constantinopla (325 e 381) e da Calcedônia (451). Segundo, afirmam a unidade da revelação sobrenatural (da mensagem bíblica) e da razão humana, pois, como ambas procedem de Deus, só podem concordar entre si. Na mesma linha da filosofia das Luzes e do deísmo, os unitaristas são partidários de uma religião razoável e esclarecida. Terceiro, postulam a unidade fundamental das religiões da humanidade, que devem superar as particularidades para encontrar uma essência comum. Os unitaristas buscam os cruzamentos e as associações com diversas religiões e, às vezes, chegam ao sincretismo. Muitas vezes, se afirmam como universalistas, ou seja, construtores de uma religião universal. Um bom exemplo disso é a *Unitarian Universalist Association* [Associação Unitária Universalista], nos Estados Unidos, que reúne cristãos e não cristãos.

André Gounelle

▶ HOSTLER, John, *Unitarianism*, Londres, Hibbert Trust, 1981; ROBINSON, David, *The Unitarians and the Universalists*, Westport, Greenwood Press, 1985; *Unitarianism and Related Movements. Papers Read at the Colloquium on the Study of the 16th Cent. Radical Reformation, Amsterdam 14 May 1985*, Utrecht, Bibliotheca Unitariorum, 1986; WILBUR, Earl Morse, *A History of Unitarianism*, 2 vols., Boston, Beacon Press, 1945.

▶ Antitrinitarismo; Biandrata; Channing; Dávid; deísmo; Emerson; Hungria; **Jesus (imagens de)**; liberalismo teológico; Polônia; racionalismo teológico; *racoviano (Catecismo)*; Reforma radical; **religião e religiões**; Socino; transcendentalismo; Trindade

UNIVERSIDADES PROTESTANTES

No mundo todo, existe certo número de universidades confessionalmente protestantes em que os saberes são transmitidos não sob a ótica de uma cultura "neutra" e leiga, mas em virtude de uma visão teocêntrica do mundo, que visa a afirmar, através da diversidade de ensinamentos, o caráter universal da fé cristã. Os fundadores consideraram que o cristão não se deve limitar a um discurso teológico, e pretenderam que o conhecimento humano em seu todo se beneficiasse de um esclarecimento amplo: não queriam limitar o exercício do pensamento à constatação dos fenômenos do mundo, mas, sim, estendê-lo a uma explicação cristã do universo em que nos desenvolvemos.

Nessas universidades da fé, não há a clássica oposição entre espiritualismo e racionalismo. Parte-se de um princípio que hoje se chama *apriorismo*, segundo o qual não existe ciência sem pressupostos: já que os que se identificam com o racionalismo optaram pelo espírito do livre exame, o homem de fé escolhe explicar todas as coisas tomando como ponto de partida Deus e sua revelação.

Essas universidades são mais recentes e ligadas ao neocalvinismo. Estão presentes nos Países Baixos, na África do Sul, no Canadá de língua inglesa, na Indonésia e nos Estados Unidos, onde a diversidade das confissões contribuiu para seu desenvolvimento. A mais antiga delas é a Universidade Livre de Amsterdã, fundada em 1880 por Abraham Kuyper (1837-1920), personalidade de uma trajetória notável e singular: foi doutor em teologia, pastor, jornalista e até mesmo, de 1901 a 1905, primeiro-ministro dos Países Baixos. Nessa instituição, todas as disciplinas foram ensinadas de acordo com a soberania de Cristo: como todo poder lhe foi dado, ele deve reinar sobre tudo e em tudo. Kuyper afirmou: "Não há área da vida humana da qual Cristo não possa dizer: 'É minha'". Com o tempo, a orientação da universidade se afastou parcialmente do princípio que presidiu sua fundação.

Outro exemplo notório é a Universidade de Potchefstroom para a Educação Superior, fundada em 1905 na África do Sul. Até hoje, permanece mais reformada e confessional que a de Amsterdã. Tendo como lema "Em tua luz vemos a luz", teve como alunos eminentes estudiosos como os filósofos Hendrik Gerhardus Stoker (1899-1993) e Jan Taljaard (1915-1994), primeiro presidente da Sociedade de Filosofia da África do Sul.

Esses estabelecimentos de ensino, bastiões da fé protestante, creem contribuir para a educação dos povos unindo o ensino da ciência ao ensino da Palavra de Deus, a segunda esclarecendo a primeira.

Jean-Marc Daumas

▶ DU PLESSIS, Jacobus Stephanus, *Geskiedenis van die Potchefstroomse Universiteitskollege vir Christelike Hoer Onderwyns, 1919-1951*, Potchefstroom, Potchefstroomse Universiteitskollege vir Christelike Hoer Onderwyns, 1975; STELLINGWERFF, Johannes, *De Vrije Universiteit na Kuyper. De Vrije Universiteit van 1905 tot 1955. Een halve eeuw geestesgeschiedenis van een civitas academica*, Kampen, Kok, 1987.

▶ Academias; África do Sul; Amsterdã; calvinismo (neo); **educação**; faculdades de teologia latinas europeias; Kuyper; Van Til

UPPSALA

Cidade da região central da Suécia, principal cidade do condado de Uppsala, às margens do rio Fyrisan. Originalmente situada no norte da cidade atual, a antiga Uppsala é o centro do país e, no século IX, tornou-se um importante lugar de culto pagão. Em 1164, foi estabelecido um arcebispado ali, o qual, após o incêndio de 1274, foi transferido para a nova Uppsala, onde uma catedral gótica foi consagrada em 1435, tornando-se lugar de coroação de muitos reis da Suécia. Em 1477, o arcebispo Jacob Ulfsson fundou a Universidade de Uppsala.

Após a adoção das ideias da Reforma na Suécia, por ocasião da Dieta de Västerås, em 1527, um arcebispo luterano foi nomeado em Uppsala no ano de 1531. Coube a esse arcebispo ordenar outros bispos do reino e presidir o sínodo geral da Igreja da Suécia, assim como as principais organizações eclesiásticas. Desse modo, a cidade se tornou o centro da Igreja

Luterana da Suécia; no Sínodo de Uppsala, em 1593, a *Confissão de Augsburgo* foi reconhecida pela Igreja da Suécia.

Ao longo do século XVII, a universidade se desenvolve bastante com sua faculdade de teologia de confissão luterana. No século seguinte, alguns cientistas a tornaram famosa, como o botanista Carlos Lineu (1707-1778) e o físico Anders Celsius (1701-1744); no início do século XIX, o historiador, poeta e autor Erik Gustav Geijer (1783-1847) foi nomeado professor da instituição. Foi quando a faculdade de teologia conheceu um novo período de brilho, com os representantes de um pietismo de traços fortemente luteranos. No início do século XX, as ciências naturais passaram por uma fase de prosperidade. Na mesma época, Nathan Söderblom se tornou professor de história das religiões na faculdade de teologia, sendo nomeado arcebispo em 1914. Em 1993, a faculdade de teologia contava com doze cadeiras e ao mais mantinha relações oficiais com a Igreja da Suécia. Sede da Igreja da Suécia, Uppsala também tem a maior biblioteca da Suécia, e sua própria biblioteca, *Carolina Rediviva*, é a mais prestigiosa do país.

Harry Lenhammar

▶ TEIJLER, Börje, *Bibliographia Upsaliensis*, 2 vols., Uppsala, Lundequist, 1974-1975; UPPSALA STADS HISTORIE-KOMMITÉ, org., *Uppsala stads historia*, 24 vols., Uppsala, Almqvist & Wiksell, 1953-2002.

◉ Escandinavos (países)

USOS DA LEI

O bom uso do evangelho é a fé; por sua ambiguidade, a Lei remete a vários usos — a questão é saber quantos. Todos os sucessores de Lutero concordam com ele ao reconhecer o uso teológico (ou espiritual, *elenchticus*) da Lei, que manifesta o pecado do homem (Rm 7.7ss) e o uso civil (ou político) da Lei, que serve como uma proteção contra as consequências do pecado; alguns vão além e, de acordo com Melâncton e Calvino, acrescentam à lista um terceiro uso: o didático (que se tornou o uso principal). De acordo com esse ponto de vista, o cristão regenerado encontra na operação da Lei um meio de viver em grata obediência a Deus, experimentando e até verificando a veracidade de sua fé.

Jean-Denis Kraege

▶ PINCKAERS, Servais e RUMPF, Louis, orgs., *Loi et Évangile. Héritages confessionnels et interpellations contemporaines*, Genebra, Labor et Fides, 1981; EBELING, Gerhard, "Zur Lehre vom triplex usus legis in der reformatorischen Theologie", em *Wort und Glaube*, t. I, Tübingen, Mohr, 1962, p. 50-68; Idem, *Luther. Introduction à une réflexion théologique* (1964), Genebra, Labor et Fides, 1983; FUCHS, Éric, *La morale selon Calvin*, Paris, Cerf, 1986, p. 49-56; "Morale catholique et morale protestante", *Le Supplément* 147, 1983.

◉ Antinomismo; Calvino; disciplina; evangelho; fé; justificação; **Lei**; Lutero; Melâncton; **moral**; **política**; santificação; Thielicke

UTILITARISMO

Herdeiro do empirismo de David Hume e Adam Smith, o utilitarismo é uma doutrina filosófica das Luzes inglesas, que pretendeu buscar, na análise científica dos comportamentos humanos, uma base objetiva para a moral. O utilitarismo rejeitou toda e qualquer definição de bem, acusando-as de parcialidade, e limitando-se a uma simples constatação: cada um busca o prazer e evita a dor. Porém, o utilitarismo só é científico nas aparências, pois não se contenta com a descrição de como *são* as coisas, descrevendo como *devem ser* e como devem ser transformadas pelo direito, conforme as declarações da primeira obra propriamente utilitarista, publicada em 1789: *Uma introdução aos princípios da moral e da legislação* (Coleção Os Pensadores, São Paulo, Abril Cultural, 1984), de Jeremy Bentham (1748-1832).

Nessa transformação do mundo, Bentham rejeita todo princípio de justiça *a priori*, fundamentado na antropologia, na razão ou nas intuições; somente importa o interesse de todos aqueles que estão submetidos a uma legislação comum. Ao redefinir o alcance do bem em termos consequencialistas, Bentham chega a uma definição simples: o objetivo da moral é o maior bem para o maior número de pessoas possível, entendido como a maximização da soma aritmética das utilidades pessoais. O alcance prático do utilitarismo manda, então, que seja simplificada a complexidade das aspirações individuais para reter somente o gozo material egoísta, enxergando no dinheiro o único critério objetivo de comparação. Não é de espantar que o utilitarismo tenha servido como base filosófica para o desenvolvimento da economia clássica e neoclássica.

Tal perspectiva se afigurava frontalmente oposta ao cristianismo; de fato, Bentham não ocultava sua aversão pela Igreja da Inglaterra e por suas ideias. O utilitarismo tinha a vocação de substituir o cristianismo, e sem dúvida não foi por acaso que o mais zeloso divulgador de Bentham no continente tenha sido Étienne Dumont (1759-1829), ex-pastor genebrino.

De início, os cristãos rapidamente acusaram no utilitarismo sua antropologia sumária. Assim, novos utilitaristas se esforçaram para enriquecer o modelo de Bentham, tornando-o mais compatível com o cristianismo. Desse modo, John Stuart Mill (1806-1873), por exemplo, acreditava que o utilitarismo fosse a doutrina filosófica mais apropriada para o cristianismo. Com efeito, Mill prioriza a bondade de todos e combate a ideia do sacrifício, a não ser que esse sacrifício objetivasse a felicidade de outrem. Nesse caso, conforme estimava Mill, a moral da utilidade é paralela à regra áurea ensinada por Jesus, sendo, portanto, para Mill, uma moral profundamente religiosa. Aqui, de certa forma, Mill dá continuidade às ideias do teólogo utilitarista William Paley (1743-1805), adepto teísta da doutrina do mandamento divino.

Como compreendeu Mill, a objeção principal contra o utilitarismo era seu caráter potencialmente sacrificial. Ao focar-se na soma da utilidade, e não na partilha, o utilitarismo não estaria justificando que alguns fossem preteridos se outros vissem alguma vantagem nisso?

Numerosas versões do utilitarismo buscaram reformulá-lo para se contrapor à crítica, com graus variados de sucesso. A discussão contemporânea chegou a distinguir entre utilitarismo da ação (J. J. C. Smart) e utilitarismo da regra (Richard B. Brandt, *Morality, Utilitarianism, and Rights* [Moralidade, utilitarismo e direitos], Cambridge, Cambridge University Press, 1992). O utilitarismo da regra tenta responder às objeções que enxergam no utilitarismo uma pura moral do interesse. John Rawls demonstrou que o utilitarismo da regra não pensa a prioridade dos direitos do indivíduo sobre o interesse social. Em sua época, Mill havia analisado as diversas concepções de justiça, propondo um método ético em relação com os valores fundamentais, tais como a liberdade e a justiça, método que, em seguida, foi desenvolvido por Henry Sidgwick (1838-1900), que, aliás, era filho de pastor.

De modo inverso, Nietzsche denunciou no utilitarismo uma forma secularizada de cristianismo. Para ele, o juiz utilitarista partilhava dos mesmos valores fundamentais dos medíocres ingleses: altruísmo, busca do ponto de vista do maior número e exaltação das virtudes burguesas (*Além do bem e do mal*, 1886, São Paulo, Companhia das Letras, 1992). Paradoxalmente, é verdade que, ao enfatizar as consequências de nossos atos e o dever para com todos os pobres do mundo, além do fato de que nossa obrigação passa primeiro por uma transferência monetária, as igrejas, e principalmente o calvinismo, às vezes apresentaram uma linguagem muito parecida com a de Bentham.

A ética teológica cristã também é hostil ao modo com que o pensamento utilitarista submete e sacrifica o ser humano por fins unicamente econômicos e de lucro, assim como à maneira com que erige o sofrimento (humano ou animal) em critério único da ética (cf. as teses controversas do filósofo utilitarista Peter Singer).

François Dermange e Denis Müller

▶ AUDARD, Catherine, org., *Anthologie historique et critique de l'utilitarisme*, 3 vols., Paris, PUF, 1999; MILL, John Stuart, *A liberdade / Utilitarismo* (1859 / 1863), São Paulo, Martins Fontes, 2000; Idem, *Essais sur Bentham* (1838), Paris, PUF, 1999; MÜLLER, Denis, *Utilitarisme et christianisme: une triple mise em perspective* (1998), em *Les passions de l'agir juste. Fondements, figures, épreuves*, Friburgo-Paris, Éditions universitaires-Cerf, 2000, p. 69-80; POLTIER, Hugues, org., *L'utilitarisme en débat*, RThPh 130/4, 1998; SMART, John Jamieson Carswell e WILLIAMS, Bernard, *Utilitarisme. Le pour et le contre* (1973), Genebra, Labor et Fides, 1997; VAN PARIJS, Philippe, *Qu'est-ce qu'une société juste? Introduction à la pratique de la philosophie politique*, Paris, Seuil, 1991.

◉ Economia; felicidade; Hume; justiça; **moral**; Nietzsche; Rawls; Smith A.

UTOPIA

1. Utopia e pensamento utópico
2. Escatologia e pensamento escatológico
3. Esperar e pensar claramente

1. Utopia e pensamento utópico

A vida humana é uma vida na *história*, estando em tensão entre o futuro e o passado. O futuro é o domínio do possível; o passado é o domínio do real; quanto ao presente, é a linha de frente em que as possibilidades podem ser realizadas.

Através da *lembrança*, tornamos presentes experiências passadas e, através da memória, ligamos a nossa realidade presente à realidade passada. Através da lembrança, asseguramos para nós mesmos uma continuidade retrospectiva. Tanto individual quanto coletivamente, encontramos e confirmamos a nossa identidade graças a uma identificação que rememora nosso passado. De um lado, a lembrança que marca nossa memória carrega a datação temporal de nossa experiência passada e a distanciação que a torna uma experiência do passado; de outro, a lembrança também é a origem da rememoração dessas experiências passadas, através da qual elas se tornam experiências presentes de um passado. Evidentemente, acima de tudo, lembramo-nos de nossas experiências dilacerantes, dolorosas ou opressoras, pois ainda não estão liquidadas e ordenadas, e não sabemos como acabar com elas. Ao mesmo tempo, sabemos que não podemos mudar os acontecimentos que vivemos e que lembramos. Afinal, o que aconteceu não pode ser nem devolvido, nem anulado. Mas, porque tornamos presente, através da lembrança, aquilo que passou, esse passado pode influenciar o nosso presente e o nosso futuro, de tal modo que sempre voltamos a esses acontecimentos, reconhecendo que fazem parte de nossa história.

Diante do futuro, tornamos presentes experiências futuras possíveis da *espera*. Quando temos medo, tornamo-nos "previdentes", ou seja, representamos os perigos que nos ameaçam e os antecipamos para, na medida do possível, evitá-los a tempo. Nosso medo é como um sismógrafo, graças ao qual percebemos as catástrofes possíveis que virão. Sem o medo, nos tornaríamos imprudentes e cairíamos de cabeça baixa no futuro. É a espera das catástrofes que se exprime nas imagens apocalípticas do fim do mundo. Para elas, não há continuidade entre este mundo e o mundo por vir. Em nossas esperanças, antecipamos também o futuro e imaginamos como seria o devir das coisas se nossas expectativas e nossos desejos se realizassem. Através da esperança, compomos mentalmente um futuro desejável, concebendo planos e projetos para realizá-lo. Sem esperanças, nem planos, nem projetos, não aproveitaríamos nossas melhores possibilidades, tanto individuais quanto coletivas, pela simples razão de que não as perceberíamos. Sem as imagens da esperança que nós formamos, nada poderíamos encontrar.

A antecipação de uma experiência futura possível pode assumir várias formas: sonho, visão, utopia, projeto ou planejamento são representações que ainda não encontraram o seu lugar (*u-topos*). Diferentemente da lembrança, cujo contexto é a realidade passada, o domínio da esperança é a possibilidade ainda não real. Aos modos temporais do passado e do futuro correspondem os modos de ser do real e do possível. Evidentemente, confrontado com o futuro de um presente histórico determinado, tudo não é possível, mas somente as possibilidades abertas pelo passado específico desse presente. Mas, diferentemente do passado, essas possibilidades não estão fixadas; enquanto possibilidades futuras, elas sempre comportam um fator de acaso, de surpresa ou de decepção. Isso não vem somente do fato de que é impossível dominar, com um olhar, todas as possibilidades do presente, mas também do fato de que o "impossível" (além da espera possível) pode se tornar possível.

Para a experiência do presente como tal, é importante tanto representar-se o futuro quanto lembrar-se do passado. As esperas futuras marcam a experiência do presente e o agir atual. Quem só consegue vislumbrar um futuro obscuro, aproveitará o presente e fará dívidas. Quem contempla o futuro com serenidade, investirá nele. Nós vivemos ou a expensas de nossos descendentes ou em prol deles, de acordo com o futuro que lhes damos. Para a vida na história, a orientação para o futuro é de importância vital. É por isso que experimentamos uma grande variedade de modalidades com que olhamos para o futuro: do medo à esperança, da espera ao planejamento. Enquanto a história nos trouxer novas possibilidades, a esperança nos fará viver. Se, ao contrário, não há "nada de novo debaixo do sol", só nos resta a resignação. Enquanto os sistemas políticos e econômicos em que vivemos são "sistemas abertos", a esperança nos faz viver. Nos "sistemas fechados", só nos resta a morte. Nossa esperança subjetiva depende da abertura do mundo objetivo, no qual essa esperança se engaja, zelando por ele. O pensamento que espera é um pensamento das possibilidades. Nós praticamos esse pensamento dos possíveis com o planejamento e a utopia.

Pelo termo "planejamento", compreendemos uma disposição antecipadora para o futuro.

O aumento da massa de possibilidades na sociedade científica e técnica, assim como o número crescente das transformações sociais em jogo, tornam mais significante o planejamento em médio e longo prazo, para evitar "surpresas desagradáveis". Disposições antecipadoras desse tipo podem tentar definir a realidade futura e o campo do possível de um modo determinista. Como os efeitos resultam de causas, necessariamente deve ser possível prever os efeitos futuros a partir das causas atuais, pressupondo que nada de imprevisível ocorra antes.

Previsões causais são efetivamente possíveis em fenômenos isolados. No entanto, não podem ser aplicadas a "sistemas abertos", cujo futuro ainda é parcialmente indeterminado. Todos os sistemas materiais e vivos que conhecemos são "sistemas abertos". Seu comportamento futuro só pode ser predito por meio de cálculos de probabilidade. Um sistema probabilista não transforma o futuro em necessidade como efeito de uma causa, mas em probabilidade. A probabilidade é uma quantificação de possibilidades. Por fim, também podemos assumir disposições quando não se trata de relações de causa e efeito, mas de um autor e de suas decisões livres. Com base em jogos de estratégia e simulações, podemos analisar ações e reações, desenvolvendo estratégias sensatas.

É somente em um nível primário que os planejamentos se contentam em ser previsões causais. Referidas a realidades mais complexas e a possibilidades múltiplas, os planejamentos sempre estão em uma reação dialética com a história feita e vivida. Os planejamentos modificam o curso dos acontecimentos, e o curso dos acontecimentos os corrige. A simples publicação de planejamentos já pode modificar o curso dos acontecimentos: existem as *self-fulfilling prophecies* ("profecias que se realizam por si") e as *self-destroying prophecies* ("profecias que se autodestroem"). Previsões negativas muitas vezes são consideradas *self-destroying prophecies*.

A relação dialética entre planificação e história por fim levanta a questão das escolhas de valores que intervêm na determinação dos objetivos e das possibilidades, portanto na questão das prioridades. De ano em ano, estamos mais equipados para atingir o que desejamos. Mas o que desejamos, exatamente? Não há planejamento independente da escolha dos valores. Todo planejamento engaja desejos e valores de sociedade para o futuro.

Somente aquele que tem o poder de realizar seus planos e suas disposições pode fazer projetos e assumir disposições para o futuro. É por isso que, em nossa sociedade, os grandes planejamentos pressupõem o poder econômico e político e servem para ampliar e consolidar esse poder. O estado atual deve ser conservado e melhorado. O futuro deve ser realizado como progresso do presente. Assim, os grandes planejamentos sempre servem ao "desenvolvimento" dos processos concebidos no passado e realizados no presente. Esses planejamentos estão a serviço de uma imagem de futuro retirada das *trends* ("tendências") e dos *facts* ("fatos") do *status quo*.

A mentalidade planificadora é, de parte a parte, articulada sobre a conservação do poder. Essa mentalidade não percebe o futuro como a chegada de novas possibilidades, mas, sim, como a continuação do presente. Não se trata de tornar real o futuro, mas de estender o presente. O método da futurologia e do prognóstico científico é a extrapolação. Os desenvolvimentos são analisados e suas chances de futuro são estimadas. Mas, dessa maneira, será que se percebe o que de fato é o futuro, ou se está recalcando-o?

Com o termo "utopia", designamos imagens de um futuro desejável que ainda não encontrou outro lugar de realização, a não ser os sonhos ou desejos humanos. É ao longo das crises da história humana e entre os oprimidos excluídos do gozo do presente que essas imagens se tornam vivazes. Antigamente, eram simplesmente as comparações ideais para a sociedade contemporânea, focalizadas alhures: cf. a *República* de Platão (428-348 a.C.), a idade de ouro de Hesíodo (séculos VIII e VII a.C.) ou a Atlântida. Ou então, essas imagens eram uma resposta a uma crise histórica: cf. *A cidade de Deus* (413-427, Bragança Paulista, Universitária São Francisco, 2006), de Agostinho (354-430), escrita em paralelo à queda de Roma. Por fim, tais imagens de um futuro desejável são uma característica dos novos tempos às portas da modernidade, contemporâneos da Reforma: cf. *A utopia* (1516, São Paulo, L&PM, 1997), de Thomas Morus (1478-1535), a "Abadia de Thelema", no *Gargântua e Pantagruel* (1534, Belo Horizonte, Itatiaia, 2003), de François Rabelais (1483/94-1553) ou *A cidade do sol* (1623, São Paulo, Escala, 2008), de Tommaso Campanella (1568-1639). Podemos, portanto, afirmar que a Reforma radical se alimentou de um pensamento utópico ou de uma busca utópica.

Desde a Revolução Francesa de 1789 e ao longo das Luzes europeias e além, a "Utopia" não mais se encontra além dos mares ou nos céus, mas, sim, no futuro da história, em um porvir a ser cumprido. Com a experiência moderna da realidade como história e a experiência da história como crise permanente de todas as instituições, o pensamento utópico se tornou pertinente para o futuro, assumindo a forma de uma relação revolucionária com o *status quo*. O método da utopia revolucionária consiste em *antecipar* as possibilidades de alternativas futuras. As esperanças são projetadas em uma vida no futuro e são confrontadas no presente portador de morte ou prisioneiro de alienações. As utopias da felicidade e da liberdade se tornam a esperança do futuro daqueles que sofrem e são prisioneiros, mobilizando-os para a luta pela realização de seus objetivos.

Nesse contexto, convém distinguir entre utopia abstrata, que surge de um desejo irreal, e utopia concreta, relacionada de modo realista às possibilidades objetivas da história. Além disso, podemos distinguir entre os objetivos realmente possíveis e os fatores de esperança que necessariamente os ultrapassam. Sem o "sonho" de liberdade e igualdade, os negros oprimidos dos Estados Unidos não teriam descido para a rua com um movimento dos Direitos Civis de Martin Luther King. Sem o sonho de sua dignidade, o povo da Nicarágua não se teria rebelado contra a ditadura sandinista. O debate sobre a aliança entre a esperança subjetiva e as possibilidades históricas objetivamente calculáveis foi o tema principal das discussões internas ao marxismo entre o "vermelho quente" do entusiasmo pelo sonho da humanidade e o "vermelho frio" da análise de suas possibilidades históricas (Ernst Bloch).

O mapa topográfico das utopias humanas desposa os contornos das dores e dos sonhos humanos. Nos tempos modernos europeus, duas formas de utopia adquiriram importância. A primeira é a *utopia social* de um futuro em que não mais haverá homens *cansados e sobrecarregados* (Mt 11.28). A segunda é a *utopia jurídica* de um futuro em que não mais haverá "humilhados e ultrajados". São as utopias do bem-estar e da felicidade, de um lado, e as utopias da liberdade e da dignidade humana, do outro, ou seja, as utopias socialistas e as utopias democráticas. Evidentemente, em nome da humanidade dos homens, uma não ocorre sem a outra; mas, na história dos tempos modernos, até o dia de hoje, não foi possível realizar juntas a "liberdade" e a "igualdade", mas uma sempre ocorre a expensas da outra. No entanto, esse é o problema da sobrevida de uma humanidade dividida e privada de seus direitos: não há liberdade sem justiça, e não há justiça sem igualdade.

No mundo do "socialismo realmente existente" da Europa oriental, não somente foi praticada uma economia planificada fixa e a-histórica perfeitamente ineficiente, mas também foi realizada a igualdade a expensas da liberdade. É por isso que essa utopia "socialista realmente existente" soçobrou nesses últimos anos. Tomou-lhe o lugar a utopia capitalista da "comercialização geral de todas as coisas" e da "democracia liberal". Não é mais a "sociedade sem classes" de Marx e Engels, mas a sociedade do mercado global que deve ser "o fim da história" (F. Fukuyama). Mas, enquanto o livre mercado recompensar os fortes e punir os fracos, haverá utopias opostas que manterão viva a esperança do povo. Pois essa "utopia universal do *status quo*" só é desejável para o "Primeiro Mundo". Em longo prazo, essa utopia destrói a humanidade e destrói o planeta.

Todas as utopias que nós conhecemos são utopias parciais para áreas limitadas da vida. O conteúdo último do desejo humano sempre foi chamado de "Bem Supremo" e identificado com uma realidade totalmente nova, que suprimiria essa realidade secular enferma e danificada. Foram as religiões e, dentre elas, sobretudo as religiões de esperança abraâmicas (judaísmo, cristianismo, islã) que esperaram do futuro da história essa alternativa total. Onde há esperança, manifesta-se como religião, e a verdade da religião é a luz dessa utopia *alternativa* e *total*: "esperança em totalidade e finalidade". No judaísmo, essa esperança é representada como o reino de Deus, do qual a *Torah* prepara o caminho; no cristianismo, é representada como "a vida eterna" e a "nova criação de todas as coisas", antecipada no reino do Messias crucificado e ressurreto; no islã, essa esperança é encontrada na teocracia, cujo início histórico é o próprio islã.

A utopia total do reino de Deus não traz um novo futuro histórico, mas um novo futuro de toda a história. Com ele termina o tempo histórico e se abre a eternidade. É por isso que, nesse reino de Deus, não somente acabam a fome e a escravidão, mas também desaparece todo o "esquema" deste mundo invertido: pecado, morte e diabo. Esse cumprimento não é somente esperado pelo mundo humano que ainda não foi resgatado, mas também pela criação, que *geme e suporta angústias* (Rm 8.19ss). Deve ser a superação de toda derrota e o cumprimento de todos os desejos. Como todo agir humano produz novas derrotas, essa utopia total foi ligada à esperança religiosa e reportada à presença da transcendência, ou seja, a Deus.

Ernst Bloch, a quem devemos a análise filosófica do pensamento utópico, paradoxalmente, esperava um "reino de Deus sem Deus" e inaugurava uma esperança "sem fé"; mas, desse modo, ele só conseguia uma definição da perfeição como "pátria da identidade", em que as alienações dos homens pelos homens deveriam ser suprimidas. Para ele, também, não se poderia conceber uma "habitabilidade da existência" sem mudança no próprio fundamento do ser; e nenhuma superação da morte é possível sem que o núcleo indestrutível do existir não venha à existência.

2. Escatologia e pensamento escatológico

O termo "escatologia" designa, de modo geral, a doutrina das "últimas coisas", ou seja, a doutrina dessa "esperança em totalidade e finalidade", que reúne, inaugura, anima e produz continuadamente as esperanças limitadas e as utopias parciais. A escatologia cristã procede de Cristo e de seu futuro, esperando as "últimas coisas" da pausia de Cristo, de seu "advento" ou de sua "vinda em glória". Em relação à vida pessoal, essa escatologia fala da morte e da vida eterna; em relação à vida histórica, fala do julgamento e do reino de Deus; em relação aos cosmos, anuncia o fim "deste mundo" e a "nova criação de todas as coisas"; por fim, em relação ao próprio Deus, essa escatologia fala de sua glorificação em todas as coisas e por todas as coisas, tanto no céu quanto na terra.

A escatologia cristã tem raízes na experiência israelita de Deus: se experimentamos Deus como o Deus que age na história, assim como o primeiro mandamento abarca os acontecimentos do Êxodo, então também esperamos, inseridos na história, o "dia do Senhor", dia em que esse agir histórico atingirá sua finalidade. Experimentamos Deus como o "Deus que vem", e é por isso que cremos nesse Deus como "o Deus da esperança". Israel também espera o "dia" da vinda dos portadores históricos da esperança. O "dia do Senhor" também é o "dia do Messias" ou os "dias do Filho do homem". A espera da parusia é um elemento constitutivo próprio à fé israelita em Deus.

No Novo Testamento, a esperança no "dia" de sua manifestação em glória pertence, substancial e inseparavelmente, à fé em Cristo Jesus. Esse "dia do Senhor" pode vir de um modo tão inesperado quanto *um ladrão na noite* (Mt 13.8); deve ser anunciado pela *trombeta de Deus* que despertará os mortos (1Co 15.52); mas já começa, aqui e agora, com a escuta do evangelho de Cristo e com a experiência da fé: *Vai alta a noite, e vem chegando o dia* (Rm 13.12).

Portanto, a escatologia cristã não atribui ao fim uma data indeterminada, mas faz com que o futuro entre no presente, de modo que os cristãos comecem a viver na aurora do "dia de Cristo" e a lutar contra os poderes das trevas. A escatologia cristã não é de forma alguma um fim longínquo da história, mas, sim, um contexto de esperança para o "novo ser" sob as condições da alienação (Paul Tillich). Para a verdadeira vida, em meio a uma vida de contrassenso, ou simplesmente para o ressurgir da vida neste mundo de violência e morte. A escatologia cristã se distingue dos prognósticos do futuro na medida em que não extrapola o "futuro de Cristo" a partir das experiências da história, mas o antecipa, de acordo com as *promessas* das quais essa escatologia produz *memória*. Não fala de um futuro que vem e passa, mas do advento de um mundo novo e de um tempo novo "que não terá fim", portanto que não "passa", mas permanece. A escatologia cristã se distingue do pensamento utópico por confiar em Deus, o Criador transcendente desse futuro, e também porque suas exigências não ultrapassam as forças humanas e naturais. Essa escatologia "transcende" o presente, o olhar fixado em um futuro não "sem transcendência" (Ernst Bloch), mas "com transcendência"; é por isso que não se resigna diante da morte individual, nem diante de um possível "fim do mundo".

O debate protestante sobre a escatologia cristã se iniciou na Alemanha, com a descoberta do caráter "consequentemente dirigido para o futuro" e "apocalíptico" da mensagem de Jesus, que devemos a Johannes Weiβ (1892) e a Albert Schweitzer (1906). Para eles, Jesus esperava o reino de Deus do final dos tempos para um futuro próximo, e nisto foi vítima de uma ilusão. Ao subir para Jerusalém, Jesus teria tentado forçar Deus a intervir, mas foi crucificado em meio ao silêncio de Deus. Os discípulos superaram essa segunda decepção de Jesus através das aparições pascais, esperaram novamente sua vinda no tempo próximo e foram novamente decepcionados. A escatologia cristã, portanto, é uma história de esperanças muitas vezes contrariadas, esperanças de parusia. Prosseguindo seu caminho, a história as invalidou. Com essa tese, a escola da escatologia consequente, nomeada assim por Schweitzer, tornou-se a escola da supressão consequente da escatologia cristã. Seu erro foi identificar a parusia de Cristo com o futuro no tempo, como fazem as testemunhas de Jeová. Porém, se o futuro de Cristo se insere no curso do tempo e, de acordo com a necessidade, é localizado em um futuro mais ou menos longínquo, não podemos pensar esse futuro como o fim dos tempos: ele se torna passageiro, pois tudo o que se insere no tempo é efêmero.

É por esse motivo que logo surgiu, em oposição a essa escola, a *escola da escatologia presente*, com Charles Harold Dodd, Paul Althaus, Karl Barth, Rudolf Bultmann e outros. Essa escola contrapõe a parusia temporalizada com uma parusia eternizada: cada tempo é o "tempo último" (P. Althaus), cada instante pode ser "agora escatológico" (R. Bultmann). Já que, na espera da parusia, trata-se da vinda no tempo do Deus eterno, tal espera não visa de modo algum ao futuro, mas, sim, à eternidade. E, diante da eternidade, há somente um único tempo: o "presente". Althaus afirmou: "No mar do tempo, cada onda vem quebrar-se na praia da eternidade". Da mesma forma, Barth declarou: "O instante eterno, incomparável, lida com todos os instantes, justamente por ser o sentido transcendente de todos os instantes". Consequentemente, a parusia de Cristo não se insere no tempo, mas é idêntica à eternidade supratemporal de Deus. Diante da eternidade de Deus, as distâncias temporais desaparecem. No presente da eternidade, o tempo é suprimido. Assim, não há ponto temporal particular ao longo do qual se possa produzir a parusia de Cristo. Não há um "último Dia". Não há final dos tempos, mas somente a limitação de todos os tempos da história humana pela presença eterna de Deus. Por essa razão, é necessário abandonar toda expectativa de parusia em um futuro real, pois se trata de uma espera falsamente orientada para o futuro, e não presente. A esperança do cristianismo das primeiras gerações — "Maranata, vem sem demora" (Ap 22.20) — é vista como um erro. A "escatologia presente" é, de fato, uma escatologia da eternidade, mas seu foco no "instante" como "átomo da eternidade" (Søren Kierkegaard) pertence sobretudo à tradição da mística, e não à esperança cristã.

Na área da escatologia, claramente se impôs um sistema que conciliava os aspectos relacionados a uma escatologia do futuro e a uma escatologia do presente: na mensagem de Jesus, o reino de Deus está simultaneamente presente e por vir. No evangelho, a justiça de Deus gera fé e esperança. As "últimas coisas" são, ao mesmo tempo, "já e ainda não". Como reconciliação do mundo, o reino de Deus já está presente, mas, como redenção do mundo, ainda não está presente. A libertação do poder do pecado é para agora (Rm 7), enquanto a libertação do poder da morte (Rm 8) está por vir.

Encontramos uma versão específica dessa conciliação entre escatologia presente e escatologia futura na *escatologia da história da salvação*, fundada por Oscar Cullmann. Para ele, Cristo é o "meio do tempo". Corretamente contamos os anos assumindo como ponto de origem o nascimento de Cristo. Após Jesus Cristo, o tempo é "preenchido, mas não ainda cumprido": trata-se do tempo do Espírito e da igreja. Cristo não se submeteu ao tempo do passado, assim como também não suprimiu o tempo na eternidade, mas o qualificou de um modo novo, como "tempo intermediário", "tempo do fim". A partir do "meio do tempo", temos uma visão de conjunto do plano de salvação de Deus, que se inicia com a criação do mundo, passa por Israel, leva a Cristo e, de Cristo, por intermédio dos apóstolos e da igreja, visa à nova humanidade e à nova criação. Essa escatologia da história da salvação foi bastante difundida, mas, com a forma que assume, não mais tem o menor contato com a história universal e a experiência secularizada do tempo. Recorrendo à fé nas promessas históricas de Deus, tal escatologia conduz à inteligência superior de um "plano de salvação" de Deus, de acordo com o qual se desenvolve a história, permitindo prever o futuro.

A escatologia da história da salvação foi, e ainda é, bastante difundida no meio pietista protestante. A partir da *Aufklärung*, buscaram-se na Bíblia as leis da história, e ela era lida como "o comentário divino da história universal", de acordo com Gottfried Menken (1768-1831). Esse tipo de leitura da Bíblia era chamado "exegese profética", termo de Johannes Coccejus (1603-1669), destinando-se a revelar ao homem o conceito correto dos caminhos e dos desígnios de Deus (Cornelius Van Til [1895-1987]). O "número" se tornou a chave dessa história universal plena de mistérios. Se uma leitura histórica dos textos bíblicos revela sucessivamente o plano salvífico de Deus, isso significa que o Apocalipse de João, que a Reforma havia posto de lado, deveria ser elevado ao posto de "príncipe dos textos", e o apocalipse histórico descrito por esse livro deveria ser interpretado em função do presente. A ideia de um plano salvífico de Deus para a história universal, revelado na Bíblia, foi secularizada por Gotthold Ephraim Lessing (1729-1781), que o considerava uma "educação do gênero humano", e por Georg Wilhelm Friedrich Hegel (1770-1831), que concebeu um sistema da história em que o Espírito Absoluto realiza a si mesmo. Como tal, a ideia não é bíblica, mas é devedora da *Aufklärung* moderna, embora surja em trajes piedosos e represente uma retomada modificada da ideia bíblica.

Nos Estados Unidos, a discussão sobre a escatologia se concentra no "reinado de mil anos" de Cristo (milênio). A razão deve ser buscada no messianismo político da religião civil dos Estados Unidos, fundada pelos *Pilgrim Fathers*, que haviam abandonado o "Velho Mundo" na Europa para construir um "Novo Mundo" no continente americano: haviam abandonado Babilônia para construir a nova Sião, o reino de Deus no deserto. Abraham Lincoln descreveu o "sonho americano" como "uma nova nação concebida em liberdade". Essa nação, posta debaixo de Deus, estava destinada "a salvar o mundo para a democracia" (Fraklin Delano Roosevelt). Era uma "nação redentora" eleita (cf. Ernest Lee TUVESON, *Redeemer Nation. The Idea of America's Millennial Role* [A nação redentora: a ideia do papel milenial da América], Chicago, University of Chicago Press, 1968), e deveria encontrar sua tarefa no "reino milenar de Cristo" e para esse reino. Em seus discursos presidenciais, os presidentes americanos muitas vezes evocaram essa missão messiânica universal dos Estados Unidos.

Por esse motivo, a questão central das discussões americanas sobre a escatologia é: estaríamos vivendo antes do milênio ou durante o milênio? O *pré-milenarismo* se alimenta de Apocalipse 20: o advento de Cristo será precedido do anúncio do evangelho eterno a todos os povos e de sinais aterrorizantes na história. Então, Cristo despertará os verdadeiros cristãos e reinará com eles durante mil anos para julgar os povos. Durante esse tempo, Satanás será preso. Jerusalém será a capital do milênio. Ao final desses mil anos, Satanás será posto em liberdade e haverá o combate final com Gogue e Magogue. O *pós-milenarismo* considera a era e o mundo cristãos como o milênio e nisso adota a interpretação milenarista do *corpus christianum* e do *sacrum imperium* a partir de Constantino, o Grande. O final do milênio cristão se aproximará quando não mais for possível, aos povos cristãos, manter o controle sobre o mal e sobre seus inimigos.

Ainda nos Estados Unidos, o *dispensacionalismo* adquiriu uma importância particular, originando-se da escatologia da história da salvação do século XVII. Foi difundido na América e na Inglaterra por John Nelson Darby (1800-1882). Trata-se de uma doutrina das fases ou "dispensações" do plano de salvação de Deus, propagada principalmente pela Bíblia Scofield (*Bíblia de referência Scofield*, 1967, São Paulo, Imprensa Batista Regular, 1983). Hal Lindsey (*A agonia do grande planeta Terra*, 1970, São Paulo, Mundo Cristão, 1976) e o presidente Ronald Reagan (outubro de 1984) especularam sobre um possível "Armagedom nuclear em nossa geração".

"Ser levado" aos ares pelo Senhor que virá, "após a primeira tribulação", mas pouco antes da segunda e mais dolorosa "tribulação", escapando, assim, da destruição do mundo: essa surpreendente esperança era bastante difundida no movimento da Maioria Moral de Jerry Falwell. Após o desaparecimento do "anticristo" comunista, essa expectativa iminente perdeu algo de sua intensidade.

O milenarismo foi rejeitado e reprovado pelas confissões de fé da Reforma como "doutrina judaica" (*Confissão de Augsburgo*, art. 17) e "sonho judaico" (*Segunda confissão helvética*, art. 11). No entanto, foi reintroduzido pelo puritanismo e pelo pietismo como pressuposto e condição de base em vários aspectos. Primeiro, o *movimento missionário* protestante: a missão não é nem uma extensão do *imperium* cristão, nem uma propaganda para a fé, mas uma preparação do caminho para o reino de Deus, pois "é necessário que o evangelho seja anunciado a todos os povos, e depois virá o fim". Segundo, um novo *diálogo com os judeus*, com a sinagoga e com Israel. Se a parusia de Cristo traz redenção não somente aos cristãos, mas também a Israel (Rm 11.26), os cristãos reconhecem a eleição permanente de Israel e seu apelo para a salvação. Terceiro, uma ativa *libertação dos oprimidos* e uma cura dos doentes neste mundo invertido. O milenarismo também é a "religião dos oprimidos" (cf. Vittorio LANTERNARI, *Les mouvements religieux de liberté et de salut des peuples opprimés* [Os movimentos religiosos de liberdade e de salvação das pessoas oprimidas], 1960, Paris, La Découverte-Maspero, 1983), pois aqueles "que sofrem aqui com ele reinarão lá com ele". Toda boa teologia da libertação é, assim como toda diaconia cristã, uma teologia do reino de Deus. O verdadeiro milenarismo não tem nada a ver com especulações sobre a história da salvação nem com cinismo apocalítico, mas foi, e hoje ainda é, a esperança dos mártires, conforme atesta o Apocalipse de João. A escatologia cristã fala da finalidade e do final da história. O milenarismo é a face da escatologia voltada para a história, descrevendo sua pertinência para este mundo.

3. Esperar e pensar claramente

Albert Camus coloca na boca de Sísifo as seguintes palavras: "Pensar claramente e não esperar". No entanto, não se trata de desespero, mas da esperança que lega sua clareza ao pensamento, pois a esperança não dirige o pensamento sobre os fatos existentes — *rebus sic stantibus* ("as coisas tais como são") —, mas, sim, sobre seu poder-ser no processo do devir, *rebus sic fluentibus* ("as coisas na medida em que passam"), de acordo com Ernst Bloch. O realista que só conta com a realidade existente é um utópico do *status quo*, um estado que, na verdade, não existe, já que tudo está em devir. As possibilidades lhe escapam, e ele não sabe que as realidades não passam de possibilidades realizadas. De fato, a possibilidade é mais que a realidade, pois uma possibilidade pode se tornar realidade, mas uma pura realidade não poderia se tornar novamente possibilidade. O caminho da realização é irreversível.

A esperança cristã é uma esperança escatológica, ou seja, uma "esperança em totalidade e finalidade", visando a uma "nova criação de todas as coisas" pelo Deus que ressuscitou Cristo dentre os mortos e desvelando um horizonte de um futuro universal e final, que abarca até mesmo a morte, em vista da experiência e da prática da vida presente. Nesse horizonte, as esperanças utópicas de mais liberdade, de uma vida bem-sucedida e da dignidade do homem, assim como a reconciliação com a natureza, tornam-se esperanças penúltimas e utopias parciais, que perdem a rigidez das utopias e, *a fortiori*, o terror ideológico de que às vezes se revestem quando a chantagem substitui a convicção; é quando se tornam visões de futuro provisórias e, portanto, flexíveis. A escatologia cristã despoja os sonhos utópicos da humanidade de seu caráter divino, ao mesmo tempo que os corrobora como objetivos humanos e terrenos para a libertação dos oprimidos e a melhoria do mundo. Aquele que espera na ressurreição dos mortos amará desde agora a vida e resistirá aos poderes da morte que a destroem. A esperança cristã não é um ópio do além, mas uma força dinâmica para transformar este mundo. É por isso que sempre haverá alianças entre a esperança escatológica e as esperanças utópicas.

Se a ideologia preserva e conserva a realidade, a utopia a questiona de modo fundamental. Nesse sentido, a utopia é a expressão de todas as potencialidades de um grupo que se encontram recalcadas pela ordem existente. A utopia é um exercício da imaginação para pensar uma "outra forma de ser" do social. A história das utopias nos mostra que nenhuma área da vida em sociedade é poupada pela utopia, pois a utopia é o sonho de outro modo de existência familiar, de outra maneira de se apropriar das coisas e consumir bens, de outra maneira de viver a vida religiosa. Não é preciso se espantar, então, com o fato de que as utopias não cessaram de produzir projetos que se opõem uns aos outros; [...] o que ocorre é que a unidade do fenômeno utópico não resulta de seu conteúdo, mas de sua função, que é sempre propor uma sociedade alternativa. É por essa proposta que a utopia constitui a réplica mais radical à função integrativa da ideologia.

[...] a utopia faz esvanecer o próprio real em prol de esquemas perfeccionistas que, no limite, são irrealizáveis. Uma espécie de lógica enlouquecida do tudo ou nada substitui a lógica da ação, que sabe sempre que o desejável e o realizável não coincidem e que a ação engendra contradições inelutáveis [...]. A lógica da utopia se torna, assim, uma lógica do tudo ou nada que faz com que uns fujam para a escrita, outros para a reclusão nostálgica do paraíso perdido e leva outros ainda a matar sem discriminação. Mas eu não gostaria de me limitar a uma visão negativa da utopia. Pelo contrário, gostaria de reencontrar a função libertadora da utopia que se dissimula em suas caricaturas. Imaginar o não-lugar é manter aberto o campo do possível. [...] A utopia é o que impede que o horizonte de espera se funda com o campo da experiência. É o que mantém a distância entre a esperança e a tradição.

[...] Parece [...] que sempre precisamos da utopia em sua função fundamental de constestação e projeção em um alhures radical para conduzir de modo bem-sucedido uma crítica igualmente radical das ideologias. Mas a recíproca é verdadeira. Para curar a utopia da loucura em que o tempo todo ela se arrisca a afundar, tudo ocorre como se fosse preciso apelar para a função sã da ideologia, a sua capacidade de dar a uma comunidade histórica o equivalente do que poderíamos chamar de identidade narrativa. [...] Para que seja possível sonhar com um alhures, é necessário já ter conquistado, através de uma interpretação sempre nova das tradições das quais procedemos, algo como uma identidade narrativa; por outro lado, as ideologias em que essa identidade se dissimula apelam a uma consciência capaz de olhar a si mesma sem reagir a partir de lugar nenhum.

Paul RICOEUR, *L'idéologie et l'utopie: deux expressions de l'imaginaire social* [A ideologia e a utopia: duas expressões do imaginário social] (1976), em *Du texte à l'action* [Do texto à ação], p. 388-392.

Por outro lado, não poderia ocorrer uma aliança entre a esperança escatológica e o cinismo que destrói o futuro terreno com a afirmação: "Depois de mim, o dilúvio". Enquanto permanecer cristã, a esperança escatológica não terá nada em comum com essa apocalíptica cínica. A esperança universal e final da fé cristã se torna, em vez disso, a fonte inesgotável de uma fantasia criadora, provocando e produzindo esse pensamento que antecipa, por amor pelos homens e pela terra, para dar forma às novas possibilidades da história à luz do futuro prometido por Deus e para criar a realidade que corresponde melhor a esse futuro.

É na fé que se produz a experiência da paz de Deus; logo, surge nela o desejo ardente da "paz na terra". É da fé que se produz a experiência da justiça de Deus, que põe as coisas em ordem; logo, é dela que surge a esperança de um mundo justo. Quem crê desse modo em Deus está confiante no futuro da terra e não se desespera, mas enxerga "através do horizonte", de acordo com o termo indonésio para a palavra "esperança". Em temor por este mundo, quem crê desse modo em Deus intui os perigos econômicos, tecnológicos e ecológicos cada vez maiores; mas, através dos mais temíveis futuros possíveis, consegue ver o novo mundo de Deus e age, aqui e agora, de uma forma que corresponda a isso. Os homens que são presa da esperança cristã antecipam, com suas forças subjetivas e suas possibilidades objetivas, o futuro do reino de Deus, engajando-se por aqueles que se encontram privados de seus direitos, pela cura dos doentes e pela salvaguarda da natureza.

Isso pode levar a um agir paradoxal que se opõe às aparências e se engaja em caminhos aparentemente sem sucesso. Esses homens não agem dessa maneira por serem otimistas ou por confiarem no poder de um "pensamento positivo", mas, sim, por crerem na fidelidade e na promessa de Deus, que não abandonará sua criação. *A esperança no olho do furacão* é algo bem diferente de um entusiasmo juvenil pelas possibilidades da vida. Manter as boas expectativas e a mente clara e, ao mesmo tempo, estar consciente dos perigos atuais que ameaçam o mundo: eis o que fornece uma base sólida para a esperança. Em meio aos perigos, as lembranças podem nos salvar e consolidar nossa esperança. Desde Abraão até Cristo, a história bíblica trata da esperança em Deus nos momentos em que nada mais havia a esperar. Na Palavra e nos sacramentos, a memória cristã evoca os sofrimentos e a morte de Cristo ao mesmo tempo que, na presença do ressuscitado, suscita a esperança de um futuro do mundo em Deus. Esse é o fundamento último da esperança cristã: por surgir sob a cruz de Cristo, torna-se uma esperança universal que não exclui nada nem ninguém, e uma esperança final que supera até mesmo a morte. A ressurreição do Cristo cruficicado é o fundamento do renascimento para uma esperança viva e também o critério de distinção entre uma esperança falsa e uma esperança verdadeira.

Jürgen Moltmann

▶ ALTHAUS, Paul, *Die letzten Dinge* (1922), Gütersloh, Bertelsmann, 1970; BARTH, Karl, *Die Auferstehung der Toten. Eine akademische Vorlesung über I. Kor. 15* (1924), Zollikon, Evangelischer Verlag, 1953; BLOCH, Ernst, *O princípio esperança* (1954-1959), Rio de Janeiro, Contraponto, 2005; Idem,

Droit naturel et dignité humaine (1961), Paris, Payot, 1976; BRUNNER, Emil, *Das Ewige als Zukunft und Gegenwart*, Zurique, Zwingli Verlag, 1953; BULTMANN, Rudolf, *Histoire et eschatologie* (1955), Neuchâtel, Delachaux et Niestlé, 1959; CHÂTELET, François e MAIRET, Gérard, org., *Histoire des idéologies*, 3 vols., Paris, Hachette, 1978; CULLMANN, Oscar, *Cristo e o tempo: tempo e história no cristianismo primitivo* (1947), São Paulo, Custom, 2003; DESROCHE, Henri, *Dieux d'hommes. Dictionnaire des messianismes et des millénarismes de l'ère chrétienne*, Paris-Haia, Mouton, 1969; Idem, *Sociologie de l'espérance*, Paris, Calmann-Lévy, 1973; DUQUOC, Christian, *Messianisme de Jésus et discrétion de Dieu*, Genebra, Labor et Fides, 1984; FUKUYAMA, Francis, *O fim da história e o último homem* (1992), Rio de Janeiro, Rocco, 1992; GILSON, Étienne, *Les métamorphoses de la cité de Dieu*, Louvain-Paris, Publications universitaires-Vrin, 1952; HOLMSTRÖM, Folke, *Das eschatologische Denken der Gegenwart* (1933), Gütersloh, Bertelsmann, 1936; JUNGK, Robert, org., *Der Griff nach der Zukunft: Planen und Freiheit. Neunzehn Beiträge internationaler Wissenschaftler, Schriftsteller und Publizisten*, Munique, Desch, 1964; KEHL, Medard, *Eschatologie*, Würzburg, Echter, 1986; MARCEL, Gabriel, "Esquisse d'une phénoménologie et d'une métaphysique de l'espérance", em *Homo viator. Prolégomènes à une métaphysique de l'espérance*, Paris, Aubier, 1944, p. 39-91; MOLTMANN, Jürgen, *Teologia da esperança: estudos sobre os fundamentos e as consequências de uma escatologia cristã* (1964), São Paulo, Teológica, 2003; Idem, *A vinda de Deus: escatologia cristã* (1995), São Leopoldo, Unisinos, 2003; RICOEUR, Paul, *L'idéologie et l'utopie: deux expressions de l'imaginaire social* (1976), em *Du texte à l'action. Essais d'herméneutique II*, Paris, Seuil, 1986, p. 379-392; SAAGE, Richard, *Politische Utopien der Neuzeit*, Darmstadt, Wissenschaftliche Buchgesellschaft, 1991; SCHWEITZER, Albert, *Geschichte der Leben-Jesu-Forschung* (1913, 1951), 2 vols., Hamburgo, Siebenstern Taschenbuch Verlag, 1972 (a edição de 1913 é uma versão fortemente aumentada do *Von Reimarus zu Wrede* de 1906; tradução francesa de passagens da versão de 1913: do cap. 1: *Le problème*, Études schweitzeriennes 4, 1993, p. 102-112, do cap. 13: "Ernest Renan", Études schweitzeriennes 3, 1992, p. 191-201. De um extrato do cap. 23: *Les positions de Troeltsch et de Bousset dans la controverse sur l'historicité de Jésus*, Études schweitzeriennes 11, 2003, p. 79-84, da *considération finale*, *ETR* 69, 1994, p. 153-164); SECRÉTAN, Charles, *Mon utopie. Nouvelles études morales et sociales*, Lausanne, Payot, 1892; TILLICH, Paul, "Die politische Bedeutung der Utopie im Leben der Völker", em *Gesammelte Werke* VI, Stuttgart, Evangelisches Verlagswerk, 1963, p. 157-210; WEIβ, Johannes, *Die Predigt Jesu vom Reiche Gottes* (1892), Göttingen, Vandenhoeck & Ruprecht, 1964.

▶ Anticristo; apocalíptica; apocatástase; **comunicação**; dispensacionalismo; esperança; fim do mundo; **história**; Jurieu; **liberdade**; **mal**; messianismo; milenarismo; **missão**; **modernidade**; **morte e vida eterna**; Müntzer; parusia; profetismo; recapitulação; ressurreição; **técnica**; teologia da libertação; Vahanian; viagens e descobertas; Weiβ; Werner

UYTENBOGAERT, Jan (1557-1644)

Uytenbogaert nasceu em Utrecht, onde estudou direito. Em 1582, estudou teologia em Genebra, onde fez amizade com Jacó Armínio. Foi pastor em Utrecht (1584, deposto em 1589) e em Haia (1590, sendo destituído em 1618 no sínodo provincial de Delft). Também foi pastor valão (1591-1604) e capelão de Maurício de Nassau (1601-1617). Com vários outros, escreveu para o movimento "Remonstrância" (1610), oposto à doutrina calviniana da predestinação. Foi banido e se refugiou em Anvers em 1618, onde foi cofundador da Fraternidade dos Remonstrantes. No final da trégua de Doze Anos (1609-1621), o desenvolvimento de um catolicismo intransigente e o surgimento de núcleos da Contrarreforma obrigaram Uytenbogaert a se mudar para Paris e Rouen. Sob a proteção de Frederico Henrique de Nassau, porém, pôde voltar para Roterdã (1626) e ir para Amsterdã (1629). Morreu em Haia.

Émile M. Braekman

▶ UYTENBOGAERT, Jan, *Tractaet van t'ampt ende authoriteyt eener hoogher christelicker overheydt in kerckelike saecken*, Haia, Hillebrant Jacobsz, 1610; Idem, *De kerckelicke historie, vervatende verscheyden gedenckwaerdige saecken in de Christenheyt voorgevallen*, Amsterdã, 1646; *Johannis Wtenbogaerts leven, kerckelijcke bedieninghe ende zedighe verantwoordingh*, Roterdã, 1646; *Brieven em onuitgegeven stukken van Johannes Wtenbogaert*, 7 vols., org. por Hendrik Cornelis ROGGE, Utrecht, Kemink, 1868-1875; HARRISON, Archibald Walter, *The Beginnings of Arminianism to the Synod of Dort*, Londres, University of London Press, 1926; ROGGE, Hendrik Cornelis, *Johannes Wtenbogaert em zijn tidt*, 3 vols., Amsterdã, Rogge, 1874-1876.

▶ Arminianismo; Armínio; **predestinação e Providência**; Remonstrantes

V

VADIAN, Joachim von Watt, dito (1484-1551)

Vadian nasceu e morreu em Saint-Gall. Estudou em Viena de 1501 em diante. Poeta laureado por Maximiliano em 1514, tornou-se reitor da universidade em 1517 e, em 1518, deixou as margens do Danúbio para voltar a Saint-Gall, tornando-se o burgomestre da cidade de 1526 até sua morte. Humanista, editor de velhos autores, historiador e geógrafo apaixonado, aberto para os novos ventos que sopravam nas ciências e na igreja daquela época, tornou-se o médico da cidade e, embora leigo, seu principal reformador junto a Johannes Kessler (1502-1574), explicando a Bíblia em sua loja de seleiro. Em 1529, o primeiro culto protestante ocorreu na igreja da abadia, purificada das imagens, com quatro mil fiéis. Porém, o desastre da segunda guerra de Cappel (1531) fez com que o convento começasse a ser reconstituído. No entanto, com a firmeza de Vadian, a cidade foi totalmente reformada até 1798.

Zeloso pela estrutura física e pelos hábitos do doente, inimigo das especulações e discípulo de Hipócrates, Vadian se esforçou por colaborar com as forças da natureza aplicando em seus pacientes banhos, compressas e regimes, tudo isso envolto em uma vívida solicitude. Foi dessa maneira que ganhou a confiança da população, que o tornou seu burgomestre e o pranteou como a um pai. Na segunda edição de seus "Escólios" sobre Pomponius Mela (1522), Vadian afirmou o novo princípio da observação direta da natureza.

Gabriel Mützenberg

▶ WATT, Joachim von, *Deutsche historische Schriften*, org. por Ernst GÖTZINGER, 3 vols., Saint-Gall, Zollikofer, 1875-1879; MILT, Bernhard, *Vadian als Arzt*, Saint-Gall, Fehr, 1959; NÄF, Werner, *Vadian und seine Stadt Sankt Gallen*, 2 vols., Saint-Gall, Fehr, 1944-1957.

▶ Humanismo; **saúde**; Zurique; Zwinglio

VAHANIAN, Gabriel (1927-2012)

Gabriel Vahanian nasceu em Marselha. Diplomou-se na Escola Prática de Altos Estudos e na Faculdade de Teologia Protestante de Paris; doutorou-se em teologia no *Princeton Theological Seminary* e na Universidade de Estrasburgo. Foi professor de teologia na Universidade de Princeton e de Siracusa, e em seguida foi professor de ética na Faculdade de Teologia Protestante de Estrasburgo.

Ao publicar, em 1961, sua obra *La mort de Dieu. La culture de notre* ère post-chrétienne [A morte de Deus: a cultura de nossa era pós-cristã], Gabriel Vahanian criou o acontecimento teológico com uma expressão cujo sucesso não impediu o surgimento de contrassensos. Ao contrário daqueles para os quais a morte de Deus significa que o homem deve ser salvo de Deus, e não por Deus, o autor rejeita os soteriologismos e afirma que o cristianismo não é uma religião de salvação, pois "Jesus proclama não a salvação, mas o reino de Deus" e "o corpo de Cristo substitui, para a igreja, a Terra Prometida". Assim como, em Cristo, que é palavra de Deus que se torna corpo junto com o homem, não há mais "judeu nem grego, homem nem Deus", da mesma forma, em Cristo, que é medida de todas as coisas, o homem é "condição de Deus". A morte de Deus significa, portanto, o desmoronamento tanto do teísmo clássico (que torna Deus o "tampão do ontoteísmo") quanto do ateísmo.

Gabriel Vahanian fundou sua teologia com base em uma concepção "utópica e escática" da fé bíblica que, buscando não a vida após a morte, mas "uma nova terra e um novo céu", faz-nos passar do sagrado à utopia e do mito à técnica. Linguagem, mito e técnica são tão antigos quanto o homem; portanto, entre eles possuem fortes conhecidos em comum. Para Vahanian, a técnica é hoje o fenômeno dominante de nossa sociedade. Trata-se de uma força neutra que liberta o homem da natureza e da história e que, assim como a palavra bíblica, dessacraliza, "desfataliza" e transforma tudo o que toca. Como "o homem é instrumento da técnica", a técnica deve passar pelo homem, e não o homem submeter-se à técnica. Evidentemente, a técnica é dessacralizante; resta que seja também dessacralizada. Ao sagrado, que adia a salvação para uma vida após a morte, no "outro mundo", Vahanian opõe a santidade de Deus; o nome de Deus, assim como o *Shabat* é santificado, e isso ocorre através da *secularização* da fé: não há outro mundo além do nosso onde possamos viver pela fé.

Sendo um contraponto da técnica, a utopia é uma das chaves fundamentais do pensamento de Vahanian. Princípio de iconoclasmo social oposto a toda "solução final", a utopia consiste em "mudar *o* mundo, e não mudar *de* mundo". Assim, a ética cristã se articula no "secular", assim como a fé se articula na descrença. A aculturação do cristianismo, portanto, não é um fracasso, mas uma chance para a igreja, desde que ela proclame a palavra que se tornou carne partindo do ponto de vista do descrente e retomando sem cessar o conteúdo e a formulação dessa proclamação. Com seu estilo literário denso, ao modo do século XVI e próximo a Kierkegaard; sua preferência acentuada por palavras e declarações cinzeladas em ourives; seu gosto pelo paradoxo e sua preocupação quase pastoral (re)vividos pela teologia e pela igreja, Vahanian se dispôs para essa tarefa até o ponto em que, bastante logicamente, decidiu redigir uma nova confissão de fé.

Sylvain Dujancourt

▶ VAHANIAN, Gabriel, *La mort de Dieu. La culture de notre ère post-chrétienne* (1961), Paris, Buchet/Chastel, 1962; Idem, *La condition de Dieu* (1966), Paris, Seuil, 1970; Idem, *Dieu et l'utopie. L'Église et la technique*, Paris, Cerf, 1977; Idem, *Dieu anonyme, ou la peur des mots*, Paris, Desclée de Brouwer, 1989; Idem, *L'utopie chrétienne*, Paris, Desclée de Brouwer, 1992; Idem, *La foi, une fois pour toutes. Méditations kierkegaardiennes*, Genebra, Labor et Fides, 1996; "Technique, utopie et théologie", *Foi et Vie* 95/3, 1996.

◉ Técnica; teologias da morte de Deus; **utopia**

VALDENSES (Glorioso Retorno dos)

No dia 31 de janeiro de 1686, o duque da Savoia, Vitor Amadeu II, seguiu o exemplo de Luís XIV (Revogação do Edtito de Nantes, 1685) e proibiu aos seus súditos não católicos o exercício do culto. Por recusarem submeter-se à proibição, foram vítimas de uma impiedosa repressão e tiveram de exilar-se massivamente na Suíça — onde foram acolhidos três mil sobreviventes graças à intervenção de diplomatas helvéticos — e na Alemanha.

Diferentemente dos huguenotes, esses montanheses valdenses não puderam integrar-se nas terras em que foram recebidos. Fortemente apegados a seus vales, fizeram de tudo para retornar: duas tentativas fracassaram, e a terceira só foi bem-sucedida por causa de dois fatores, uma organização impecável e um contexto internacional favorável. A Revolução Gloriosa e o coroamento de Guilherme III de Orange-Nassau reabriram o conflito entre o Império e a França; foi vislumbrada uma segunda frente contra os franceses, com o desembarque no Languedoc e a insurreição dos huguenotes. O plano envolvia um exército com cerca de mil valdenses e huguenotes, recrutados pelo pastor Henri Arnaud (1641-1721), cujo objetivo era reaver o Piemonte, submetido à França.

Financiada por Guilherme III, a expedição ganhou os vales valdenses após quinze dias de uma extenuante caminhada através das gargantas da Savoia, em que o grupo se desembaraçou de perseguições e travou um duro combate no vale de Susa (1689). Durante nove meses, os valdenses lutaram sozinhos em uma guerrilha que poderia ter culminado em um massacre, caso Vitor Amadeu II não tivesse declarado guerra à França em junho de 1690. Foi quando, de hereges e rebeldes, os valdenses se transformaram em indispensáveis guardiões da fronteira. Seu restabelecimento no território foi garantido com o tratado de Haia.

Essa epopeia foi integrada à memória coletiva com a obra *Histoire de la glorieuse rentrée des Vaudois dans leurs valées* [História do glorioso retorno dos valdenses aos seus vales] (Turim, Meynier, 1988), publicada por Henri Arnaud em 1710. A expedição suscitou uma violenta polêmica no Refúgio huguenote. Enquanto Pierre Bayle a considerou um levante ilegítimo contra o soberano, Pierre Jurieu sublinhou sua importância. Para as igrejas valdenses do século XIX, o Glorioso Retorno se tornou um importante aspecto de sua identidade, um símbolo para sua missão: a marcha da Europa protestante na Itália católica.

Giorgio Tourn

▶ DE LANGE, Albert, org., *Dall'Europa alle valli valdesi*, Turim, Claudiana, 1990; *"La Glorieuse Rentrée" 1689-1989. Toute l'histoire des Vaudois du Piémont*, Lausanne, Couchoud, 1989 (catálogo de exposição); TOURN, Giorgio, *Les Vaudois. L'étonnante aventure d'un peuple-Église* (1980), Turim, Claudiana, 1999.

◉ Edito de Nantes (e Revogação do); Igreja Valdense; Itália; Valdo

VALDÉS, Juan de (1509-1541)

Espanhol de nascimento e educação, Valdés exerceu uma profunda influência na vida religiosa italiana no início do século XVI. Suspeito de heresia pela Inquisição espanhola, abandonou seu país em 1531 e se retirou para a Itália, morando, em um primeiro momento, em Roma, mas mudando-se para Nápoles, onde permaneceu durante toda a década seguinte. Apesar da saúde frágil, Valdés foi o líder de toda uma geração de teólogos, pregadores e leigos que aderiram às ideias da Reforma: Pietro Carnesecchi (1508-1567), Bernardino Ochino (1487-1564), Pietro Martire Vermigli (1499-1562), Marcantonio Flaminio (1498-1550), o marquês Galeazzo Caracciolo (1517-1586), Caterina Cibo (1501-1557) e Vittoria Colonna (1492-1547).

Foi em Nápoles que Valdés compôs suas obras principais. Além de vários comentários bíblicos, *L'alfabeto Cristiano* [O alfabeto cristão] e *Cento e dieci divine considerazioni* [Cento e dez considerações divinas] passaram para a posteridade. *Cento e dieci divine considerazioni* foi traduzido do espanhol para o italiano e publicado em Basileia no ano de 1550 por Celio Secondo Curione (1503-1569).

Emidio Campi

▶ VALDÉS, *Le dialogue sur la doctrine chrétienne* (1529), Paris, PUF, 1995; BAKHUIZEN VAN DEN BRINK, Jan Nicolaas, *Juan de Valdés, réformateur en Espagne et en Italie 1529-1541* (1962), Genebra, Droz, 1969; CAPONETTO, Salvatore, *La Riforma protestante nell'Italia del Cinquecento* (1992), Turim, Claudiana, 1997; FIRPO, Massimo, *Tra alumbrados e "spirituali". Studi su Juan de Valdés e il valdesianesimo nella crisi religiosa del '500 italiano*, Florença, Olschki, 1990; KINDER, A. Gordon, "Juan de Valdés", em Idem, Daniel LIECHTI e Claudio MADONIA, *Oswald Glaidt, Simone Simoni, Juan de Valdés (Bibliotheca Dissidentium* IX), Baden-Baden-Bouxwiller, Koerner, 1986, p. 111-195; NIETO, Jose C., *Juan de Valdes and the Origins of the Spanish and Italian Reformation*, Genebra, Droz, 1970.

◉ Curione; Itália; Ochino; Vermigli

VALDO

O movimento valdense foi batizado a partir do nome de seu fundador, certo Valdo (ou Valdés ou Vaudes) de Lyon, que viveu no final do século XII e no início do século XIII. Apenas no final do século XIV é que lhe foi atribuído o primeiro nome, "Pedro". Negociante rico, impressionado com alguns textos do evangelho e escandalizado com a riqueza ostentatória, converteu-se por volta de 1170 e vendeu todos os seus bens para viver em meio à pobreza e dedicar-se à pregação. Logo começou a ser seguido por um grupo de homens que, no início, foram chamados de "pobres de Lyon". Foi para Roma em 1179 para pedir ao papa autorização para pregar, que de início foi concedida, mas rapidamente recusada a esse grupo de leigos. Suas sandálias provocavam escândalo.

A maior parte das fontes de que dispomos sobre o movimento, desde as origens e ao longo da Idade Média, são atas dos julgamentos da Inquisição. De fato, a partir dos anos 1180, os valdenses foram acusados de rejeitar a submissão à hierarquia, de cisma e heresia, enquanto, alguns anos depois, desenvolveu-se a ordem de São Francisco de Assis, com propósitos muito parecidos.

Fiel às suas duas vocações — pobreza e divulgação de textos da Escritura em língua vulgar —, o movimento passou por uma expansão relativamente rápida no sul da França, na Itália, nos países germânicos e na Boêmia (antes de Jan Hus). Na época da Reforma, os valdenses decidiram unir-se ao novo movimento durante o Sínodo de Chanforan (1532), porém não sem hesitação, aceitando algumas posições dogmáticas que para eles eram novidade. Apesar das repetidas perseguições, os valdenses permaneceram em alguns vales alpinos. Atualmente, constituem uma das principais igrejas protestantes da Itália, sempre privilegiando a evangelização.

Marjolaine Chevallier

▶ AUDISIO, Gabriel, *Les Vaudois. Histoire d'une dissidence (XIIe-XVIe siècles)* (1989), Paris, Fayard, 1998; MARTINI, Magda, *Pierre Valdo, le pauvre de*

Lyon. L'épopée vaudoise, Genebra, Labor et Fides, 1961; PAPINI, Carlo, Valdo de Lione e i "poveri nella spirito". Il primo secolo del movimento valdese (1170-1270), Turim, Claudiana, 2002; PARAVY, Pierrette, "Vaudois", em Dictionnaire de spiritualité ascétique et mystique, t. XVI, Paris, Beauchesne, 1993, col., 308-329; TOURN, Giorgio, Les Vaudois. L'étonnante aventure d'un peuple-Église (1980), Turim, Claudiana, 1999.

● Federação Protestante da Itália; Hus; Igreja Valdense; Itália; Reforma (pré-); Torre Pellice; Valdenses (Glorioso Retorno dos)

VALORES

A ética contemporânea discorre sobre valores ao mesmo tempo que desconhece o que são. Alguns consideram valores fundamentais a liberdade, a justiça, a solidariedade, a verdade. Outros designam como valores tudo o que lhes é caro: a família, o trabalho, a nação, o dinheiro, o amor etc. Às vezes, é feita uma distinção entre valores materiais e valores imateriais ou espirituais. No início do século XX, o filósofo católico Max Scheller (1874-1928), opondo-se a Kant, desenvolveu uma ética material dos valores. Em seu pensamento, os valores são evidentes e se organizam de acordo com uma rigorosa hierarquia. No alto da pirâmide estão os valores religiosos, relacionados à categoria do sagrado. Karol Wojtyla, que se tornou o papa João Paulo II, inspirou-se no modelo schelleriano.

Na ética protestante, tende-se a privilegiar o respeito pela pessoa acima de um sistema hierarquizado de valores. Gabriel-Ph. Widmer e Roger Mehl buscaram atribuir ao universo dos valores um fundamento teológico. Em oposição a isso, Eberhard Jüngel considera que o discurso dos valores é fundamentalmente tirânico, incompatível com a tese protestante central da justificação pela fé.

Hoje, parece que a questão sobre os valores se concentra na reflexão sobre a contribuição que a fé cristã pode oferecer para a busca humana, sempre relativa, dos valores que podem fundamentar um acordo social razoável.

Denis Müller

▶ JÜNGEL, Eberhard, Wertlose Wahrheit, Munique, Kaiser, 1990; KRESS, Hartmut, Ethische Werte und der Gottesgedanke, Stuttgart, Kohlhammer, 1990; MEHL, Roger, De l'autorité des valeurs, Paris, PUF, 1957; MÜLLER, Denis, Les valeurs et leur signification théologique, em Joseph DORÉ e Christoph THEOBALD, org., Penser la foi. Recherches en théologie aujourd'hui. Mélanges offerts à Joseph Moingt, Paris, Cerf-Assas éditions, 1993, p. 881-894; Idem, Valeurs éthiques et justification par la foi (1993), em Les passions de l'agir juste. Fondements, figures, épreuves, Friburgo-Paris, Éditions universitaires-Cerf, 2000, p. 50-66; WIDMER, Gabriel-Ph., Les valeurs et leur signification théologique, Neuchâtel, Delachaux et Niestlé, 1950; Idem, La mise em question des valeurs en théologie, RThPh 123, 1991, p. 131-146.

● Burnier; kantismo (neo); **moral**; Reymond; Troeltsch; virtude; vitorianos (época e valores)

VAN BUREN, Paul Matthews (1924-1998)

Teólogo americano nascido na Virgínia, Van Buren estudou no *Harvard College*, na *Episcopal Theological School* de Massachusetts e na Universidade de Basileia, onde, orientado por Karl Barth, doutorou-se em teologia no ano de 1957. De 1966 a 1986, foi professor da *Temple University*, na Filadélfia. Era ministro ordenado da Igreja Episcopal.

Em 1963, Van Buren publicou a obra *The Secular Meaning of the Gospel* [O significado secular do evangelho], em que tentou explorar a lógica da linguagem especial que é a linguagem da teologia cristã. Ao fazê-lo, seu foco foi investigar se a fé cristã era capaz de exprimir uma realidade que fosse compreensível pelo homem moderno, cristão ou não, um homem que, para ele, se definiria sobretudo por seu caráter secular e por um modo de pensar puramente *empírico*. Através da análise linguística da linguagem teológica (fundamentalmente do Novo Testamento e das doutrinas tradicionais da cristologia), Van Buren acreditou identificar no evangelho seu "significado secular". Essa análise se propunha a uma aplicação tanto dos procedimentos da filosofia dos "positivistas lógicos" britânicos quanto de Wittgenstein, conduzindo Van Buren a considerar sem saída toda proposição sobre "Deus". Assim, a fé cristã não seria do domínio da transcendência, mas deveria ser compreendida como uma perspectiva particular sobre a vida e o comportamento humanos. Nesse sentido, em sua versão "secular" e puramente "empírica", a fé cristã se concentraria unicamente na pessoa de Jesus e na dimensão ética do evangelho, eludindo toda dimensão transcendente ou metafísica do cristianismo. Por causa desse livro, Van Buren foi considerado (apesar de tê-lo negado) um defensor da teologia da "morte de Deus", ainda que, na verdade, em seu trabalho, apenas o "termo *Deus*" está morto.

Na obra *The Edges of Language* [As fronteiras da linguagem] (1972), prosseguiu com seu estudo da linguagem teológica do ponto de vista da filosofia analítica e das *Investigações lógicas* (escritas entre 1937-1945 e 1947-1949, Paris, Gallimard, 1992) de Ludwig Wittgenstein (1889-1951). Depois disso, Van Buren se concentrou nas relações entre o judaísmo e o cristianismo, bem como na elaboração de uma teologia informada tanto pelas tradições judaicas quanto pelas cristãs.

Patrick Évrard

▶ VAN BUREN, Paul Matthews, *Christ in Our Place. The Substitutionary Character of Calvin's Doctrine of Reconciliation*, Grand Rapids, Eerdmans, 1957 (tese); Idem, *The Secular Meaning of the Gospel. Based on an Analysis of Its Language*, New York, Macmillan, 1963; Idem, *Theological Explorations*, New York, Macmillan, 1968; Idem, *Qu'est-ce que c'est l'analyse du langage théologique?*, em Enrico CASTELLI, org., *L'analyse du langage théologique. Le nom de Dieu*, Paris, Aubier, 1969, p. 107-120; Idem, *The Edges of Language. An Essay in the Logic of a Religion*, New York, Macmillan, 1972; Idem, *The Burden of Freedom. Americans and the God of Israel*, New York, Seabury Press, 1976; Idem, *A Theology of the Jewish Christian Reality*, 3 vols., New York, Seabury Press, 1980-1983; GILKEY, Langdon, "Critical Review of Paul M. Van Buren, *The Secular Meaning of the Gospel*", *The Journal of Religion* 44, 1964, p. 238-243; OGLETREE, Thomas W., *La controverse sur la "mort de Dieu"* (1966), Tournai, Casterman, 1968.

◉ Teologia da secularização; teologias da morte de Deus

VAN DER LEEUW, Gerardus (1890-1950)

Holandês, teólogo e historiador das religiões, Gerardus van der Leeuw ocupou a cadeira de história e fenomenologia da religião na Universidade de Groningen de 1918 a 1950. Pastor da Igreja Reformada (*Nederlands Hervormde Kerk*) dos Países Baixos, empreendeu pesquisas em áreas tão diversas quanto liturgia reformada, sacramentos, arte e música, além de religião egípcia (área de seu doutorado) e religião grega. De 1945 a 1946 foi ministro da Educação e, em 1950, tornou-se o primeiro presidente da Associação Internacional da História das Religiões.

Junto ao holandês Pierre Daniel Chantepie de la Saussaye (1848-1920), ao norueguês William Brede Kristensen (1867-1953), ao sueco Nathan Söderblom (1866-1931) e ao alemão Rudolf Otto (1869-1937), todos teólogos protestantes e professores de história da religião, seu nome está estreitamente associado à fenomenologia da religião, ilustrada por sua obra maior, *A religião em sua essência e suas manifestações* (1933). Van der Leeuw sempre se preocupou com a complementaridade entre teologia e ciências da religião, como ele próprio declarou em sua "Confissão científica", feita na Universidade de Masaryk de Brno no dia 18 de novembro de 1946: "Jamais senti necessidade de esquecer que sou teólogo [...]. A fenomenologia deve ajudar a teologia a reunir os fatos, a penetrar em seu sentido, a encontrar sua essência, antes que ela os avalie e os empregue para seus fins dogmáticos" (p. 13).

Jean-Claude Basset

▶ VAN DER LEEUW, Gerardus, *La religion dans son essence et ses manifestations. Phénoménologie de la religion* (1933), Paris, Payot, 1948; Idem, "Confession scientifique", *Numen* 1, 1954, p. 8-15; HERMELINK, Jan, *Verstehen und Bezeugen. Der theologische Ertrag der "Phänomenologie der Religion" von Gerardus van der Leeuw*, Munique, Kaiser, 1960; WAARDENBURG, Jacques, *Reflections on the Study of Religion*, Haia, Mouton, 1978, p. 186-253: *Gerardus van der Leeuw as a Theologian and Phenomenologist*; Idem, *Classical Approaches to the Study of Religion*, t. II, Haia, Mouton, 1973, p. 149-156 (bibliografia).

◉ Fenomenologia; Otto; **religião e religiões**; Söderblom

VAN GOGH, Vincent (1853-1890)

Pintor holandês nascido em Groot-Zundert (Brabante), filho de pastor, Van Gogh interrompeu seus estudos de teologia para se dedicar ao ministério de evangelista no Borinage (1878-1879). Porém, logo a vocação artística o arrebatou. A evolução fulgurante e caótica de sua obra mostra uma fascinação pelo mito solar e pelas formas gnosticizantes de religiosidade. Ao longo de sua busca dilacerante, como atestam também as cartas que enviou ao irmão Theo, a questão religiosa se tornou onipresente, associada a uma paixão pela dimensão extática da natureza e a um olhar lúcido e fraterno sobre os seres. Paisagens convulsionadas e (autorretratos) apontam para a impossível unidade de uma humanidade dilacerada e torturada.

Denis Müller

Creio cada vez mais que não é necessário julgar o bom Deus neste mundo, pois trata-se de um estudo seu que é inadequado. [...] Este mundo evidentemente foi malfeito, concluído às pressas em um desses momentos ruins em que o autor não sabia mais o que estava fazendo, não tinha mais a cabeça no lugar.

O que a lenda nos conta do bom Deus é que ele trabalhou muito duramente nesse estudo do mundo.

Sou levado a crer que a lenda diz a verdade, mas que, então, o estudo se esgotou de todas as suas forças. Somente os mestres se enganam dessa forma: eis, talvez, a melhor consolação, já que assim estamos prontos a esperar que a mesma mão criadora faça uma reviravolta. E assim esta vida, tão criticada por motivos tão bons e até mesmo excelentes, não deverá ser confundida com algo além do que ela é, e permanecerá conosco a esperança de ver melhor que isto em uma outra vida.

Vincent Van GOGH, Cartas a Theo

▶ VAN GOGH, Vincent, *Cartas a Theo*, Porto Alegre, L&PM, 2002; KODERA, Tsukasa, *Vincent Van Gogh. Christianity versus Nature*, Amsterdã, John Benjamins, 1990; NIGG, Walter, *Vincent Van Gogh. Der Blick in die Sonne. Ein biographischer Essay* (1948, 1961), Zurique, Diogenes, 2003.

● Arte

VAN RULER, Arnold Albert (1908-1970)

Teólogo reformado holandês, Van Ruler foi professor de dogmática na Universidade de Utrecht de 1947 a 1970. Com suas visões originais sobre as relações entre o Antigo e o Novo Testamentos, sobre a igreja e a política, sobre a cristologia e a pneumatologia, estimulou a reflexão teológica em autores como, por exemplo, Jürgen Moltmann. Com base em sua tese de doutorado sobre o cumprimento da lei (*De vervulling van de wet. Een dogmatische studie over de verhouding van openbaring en existentie*, Nijkerk, Callenbach, 1947), buscou ultrapassar o eclesiocentrismo da teologia reinante, afirmando que foi o Antigo Testamento (com suas visões sobre a ordem política e social), a Escritura Santa dos primeiros cristãos, enquanto o Novo Testamento se desenvolveu como um "pequeno léxico explicativo" do Antigo. Contra o cristocentrismo de Barth, considerou que a encarnação era apenas um *intermezzo*: o Espírito é aquele que habita o *corpus christiani* (o corpo do cristão como um indivíduo), o *corpus Christi* (a igreja) e o *corpus christianum* (a sociedade cristianizada).

Adriaan Geense

▶ VAN RULER, Arnold Albert, *Die christliche Kirche und das Alte Testament*, Munique, Kaiser, 1955; Idem, *Theologisch Werk*, 6 vols., Nijkerk, Callenbach, 1969-1973.

● Bíblia; Espírito Santo; Moltmann

VAN TIL, Cornelius (1895-1987)

Apologeta calvinista, Van Til ensinou primeiro no *Princeton Theological Seminary* — onde foi influenciado por Benjamin Breckinridge Warfield (1851-1921) e Geerhardus Vos (1862-1949) — antes de, em 1929, tornar-se professor no *Westminster Theological Seminary* da Filadélfia, onde permaneceu até sua morte. Autor prolífico, tornou-se conhecido por suas críticas à epistemologia da "teologia dialética", do catolicismo romano e do "evangelicalismo arminiano" em voga no mundo anglo-saxão.

Van Til se insere na tradição do *credo ut intelligam*. A exemplo dos holandeses Abraham Kuyper (1837-1920), Herman Bavinck (1854-1921) e Herman Dooyeweerd (1894-1977), ele desenvolveu uma apologética em ruptura com o método "evidencialista", influente na "velha" Princeton e corrente, no protestantismo, sob a influência do anglicano William Paley (1743-1805) e do escocês Thomas Reid (1710-1796), com sua filosofia do "senso comum".

Para Van Til, a teologia e a apologética só são coerentes caso desistam de "provar" Deus e tomem como ponto de partida a pressuposição da existência do Deus trino, radicalmente independente, que atesta a si mesmo e se revelou na Bíblia. A teologia é uma reinterpretação analógica, feita de elementos "pró-sistemáticos" e "antissistemáticos" (portanto, paradoxais para a razão humana limitada), daquilo que Deus já interpretou em sua revelação. A partir da queda, o homem natural tem certo conhecimento de Deus, um *sensus divinitatis* que constitui para ele um "ponto de contato", ainda que, em sua autonomia, busque suprimi-lo. A regeneração se estende ao homem como um todo e lhe permite tanto reencontrar sua verdadeira natureza como imagem de Deus quanto conformar-se a seu Criador, inclusive no domínio da razão, que se torna teônoma. Isso esclarece o famoso lema de Van Til: a teologia busca "pensar os pensamentos de Deus, depois dele".

Paul Wells

▶ VAN TIL, Cornelius, *The Defense of the Faith*, Filadélfia, Presbyterian and Reformed, 1955; Idem, *Mon Credo* (1971), *La Revue réformée* 232, 2005, p. 1-24; *Cornelius Van Til 1895-1987*, *La Revue réformée* 167, 1991; PERRON, Raymond, *Plaidoyer pour la foi chrétienne. L'apologétique selon Cornelius Van Til*, Montreal, FTE, 1996.

● Calvinismo (neo); Dooyeweerd; Kuyper; Warfield

VATICANO II (Concílio)

Quando o papa João XXIII (Angelo Roncalli), no dia 25 de janeiro de 1959, anunciou sua intenção de convocar um concílio, foi uma surpresa geral. De fato, muitos pensavam que, por causa da definição da infalibilidade papal no Vaticano I, a Igreja Católica Romana não mais recorreria aos concílios. Três objetivos foram traçados para essa assembleia: a renovação (*aggiornamento*) da igreja, a abertura ecumênica e a abertura para o mundo. Depois de um primeiro período de consulta e preparação, o concílio ocorreu em quatro sessões de dois meses cada uma, de 1962 a 1965.

A primeira sessão, no outono de 1962, foi a de uma conscientização de uma nova maioria, bastante diferente daquela do Vaticano I, e do início da elaboração de planos. Logo de início, o concílio se recusou a proceder à eleição das comissões com base nas listas preparadas pela cúria, manifestando, assim, uma independência em suas decisões. Da mesma forma, rejeitou certos planos doutrinários que lhe foram apresentados na perspectiva da teologia adquirida, tridentina e escolástica. Os trabalhos passaram a concentrar-se na liturgia, na revelação e na igreja. Porém, a tensão que se manteve entre a cúria e a maioria conciliar foi uma fonte de vários incidentes processuais, em um andar aos solavancos que tornou impossível a conclusão de qualquer documento. O concílio ratificou por completo a orientação ecumênica proposta por João XXIII. O Secretariado pela Unidade dos Cristãos, sob a presidência do cardeal Bea, foi elevado ao nível de comissão conciliar. Ao trabalho da assembleia o Secretariado associou estreitamente os observadores não católicos, cujas observações feitas sob os projetos que lhe foram comunicados foram levadas bastante a sério pelos redatores dos documentos.

No final da primeira sessão, pareceu necessário restringir consideravelmente o programa do concílio. Dos setenta planos originais, foram mantidos cerca de quinze, mas também foi acrescentado mais um, que correspondia quase em totalidade à intenção primordial de João XXIII acerca da abertura para o mundo. Essa seria a futura Constituição Pastoral sobre a Igreja no Mundo Desta Época, *Gaudium et spes*. João XXIII morreu no dia 3 de junho de 1963; seu sucessor foi o cardeal Montini, que assumiu o nome Paulo VI e logo manifestou a intenção de prosseguir com o propósito do concílio.

A segunda sessão (outono de 1963) foi bastante tensa, mas nela foram feitas opções decisivas. Tratou sobretudo do estudo do plano sobre a igreja. Um voto histórico decidiu que o tema da Virgem Maria seria tratado no contexto da constituição sobre a igreja, e não em separado. A assembleia também abordou o plano sobre o ecumenismo. Ao final dessa sessão, ainda foram votados e promulgados somente dois documentos: a Constituição sobre a Liturgia *Sacrosanctum concilium* e o Decreto sobre os Meios de Comunicação Social *Inter mirifica*.

A terceira sessão (outono de 1964) foi laboriosa e eficaz, adiantando o trabalho dos documentos mais importantes, sobretudo os sobre a igreja e a revelação, assim como um bom número de decretos. Porém, foi assombrada no final pelo acréscimo, imposto pelo papa, de uma *nota praevia* à Constituição Dogmática sobre a Igreja e das últimas correções no Decreto sobre o Ecumenismo. Por outro lado, o plano sobre a liberdade religiosa não chegou a escapar ao automatismo das contradições. A sessão foi concluída com a promulgação da Constituição sobre a Igreja *Lumen gentium* e dos Decretos sobre o Ecumenismo *Unitatis redintegratio* e sobre as Igrejas Orientais Católicas *Orientalium ecclesiarum*.

A última sessão (outono de 1965) foi mais serena, de uma última maturação dos frutos conciliares. Os planos mais importantes concluídos aqui foram o da liberdade religiosa, o da revelação e o da igreja no mundo desta época. Os bispos votaram, em três etapas, uma longa série de documentos: as constituições sobre a revelação divina *Dei verbum* e sobre a igreja no mundo desta época *Gaudium et spes*; os decretos sobre o cargo pastoral dos bispos *Christus dominus*, sobre o ministério e a vida dos padres *Presbyterorum ordinis*, sobre a formação dos padres *Optatam totium*, sobre a renovação e adaptação da vida religiosa *Perfectae caritatis*, sobre o apostolado leigo, *Apostolicam actuositatem* e sobre a atividade missionária da igreja *Ad gentes*; as três declarações sobre a liberdade religiosa *Dignitatis humanae* sobre a igreja e as religiões não cristãs *Nostra aetate* e sobre a educação cristã *Gravissimum educationis*.

Antes de ser um *corpus* de textos a serem trabalhados, o Vaticano II foi sobretudo um acontecimento. Houve algo profundo e irreversível na Igreja Católica Romana, que antes disso parecia encerrada em uma camisa de força doutrinária e disciplinar rigorosa e por demais centralizada. Em muitos aspectos, como declarou o padre Congar, o Vaticano II operou uma volta ao primeiro milênio, e com isso foi fruto de renovações bíblicas, patrísticas e litúrgicas da Igreja Católica na primeira metade do século XX. Seu alcance ecumênico é, em grande medida, um resultado dessa opção.

Primeiro, o concílio operou uma virada eclesiológica. A apresentação do mistério da igreja não seguiu uma exposição piramidal e exclusivamente hierárquica, mas foi dada prioridade à consideração do "povo de Deus", com o sacerdócio universal e os carismas recolocados em um lugar de honra — uma realidade fundamental em que está inserida a estrutura ministerial da igreja. A referência cristológica da igreja foi equilibrada pela referência ao Espírito Santo. O ministério não mais era tratado com base na categoria prioritária do sacerdócio (ainda que a diferença entre "sacerdócio comum" e "sacerdócio ministerial" fosse afirmada "de acordo com a essência"), mas com base na categoria de missão. Sua referência básica não foi o padre, como no Concílio de Trento, mas, sim, o bispo, cuja ordenação foi considerada sacramental. A colegialidade episcopal, que deve sua origem ao colégio ou grupo dos Doze, foi alvo de uma verdadeira redescoberta. Da mesma forma, os padres formam um *presbyterium* colegial em torno do bispo. O princípio da igreja "sempre a reformar-se" foi estabelecido. Em suma, a virada que se realizou foi a passagem de uma eclesiologia primordialmente societária ("sociedade perfeita") para uma eclesiologia de comunhão.

Também houve uma virada tão importante quanto essa em relação à revelação: a Igreja Católica se pôs à escuta da Palavra de Deus e apresentou a revelação como uma comunicação amigável que Deus realiza de si mesmo aos homens; seu ápice, localizado ao termo de uma economia histórica, foi Cristo, "Verbo feito carne" (*Dei verbum*, 4), "mediador e plenitude de toda a revelação" (ibid., 2). Essa revelação só pode ser recebida pela fé. Sobre a relação entre Escritura e Tradição, o documento não ensina a teoria (abusivamente extraída de certa interpretação do Concílio de Trento) das "duas fontes de revelação". A Escritura, atestação do evangelho, está inserida no grande movimento de tradição viva que se origina com os apóstolos e se prolonga na igreja. Ao magistério é confiada a interpretação da Palavra de Deus. As convergências entre a constituição do Vaticano II e as proposições da conferência "Fé e Constituição", de Montreal, sobre as relações entre Escritura e tradição foram muitas vezes enfatizadas.

O alcance ecumênico do concílio foi evidente. A assembleia realizou a conversão oficial da Igreja Católica ao diálogo ecumênico, em relação ao qual, até então, a instituição havia demonstrado uma profunda reticência, quando não um julgamento negativo. Tal conversão não se limitou à redação de um decreto sobre o ecumenismo, mas teve como primeiro fruto a "colaboração" discreta, indireta, mas bastante real, dos observadores, que foram consultados sobre todos os pontos importantes. O diálogo iniciado se institucionalizou a partir disso graças ao trabalho intenso do Secretariado (hoje Conselho Pontifício) pela Unidade dos Cristãos. O Decreto sobre a Liberdade Religiosa, resultado de muita luta, também assumiu a feição de um compromisso ecumênico. Pela primeira vez, a Igreja Católica reivindicava o direito à liberdade religiosa para as demais confissões cristãs e as demais religiões, não mais do ponto de partida dos direitos da consciência em erro, mas em nome da dignidade da pessoa humana.

Por fim, em *Gaudium et spes* foi lançado um olhar benevolente e otimista sobre o mundo e os valores humanos. Esse pequeno tratado de antropologia cristã, pessoal e social, foi concluído com um estudo sobre a família, a cultura e as relações econômicas e políticas. Ainda que as consequências do concílio tenham se revelado mais difíceis que o previsto, sua obra se constitui, para a Igreja Católica Romana, um passo que foi dado de modo irreversível.

Bernard Sesboüé

A abertura ecumênica anunciada na convocação do concílio suscitou certo ceticismo por parte das igrejas oriundas da Reforma do século XVI engajadas em um esforço ecumênico que já havia sido oficialmente condenado por Roma em 1928 por meio da encíclica de Pio XI *Mortalium animos*. Essas igrejas descobriram, porém, que havia chegado a hora de um *aggiornamento*; o convite aos observadores e o estabelecimento de um secretariado para a unidade dos cristãos foram os sinais tangíveis desse fato.

Os trabalhos desse concílio formam três círculos concêntricos. O primeiro círculo foi dedicado à própria Igreja Católica Romana e encontrou sua tradução nas três importantes constituições sobre a igreja, sobre a revelação divina e sobre a liturgia, bem como em vários decretos sobre o cargo pastoral dos bispos, a formação dos padres, o apostolado dos leigos etc. Na constituição sobre a igreja, foi posta ênfase na igreja como povo de Deus e em uma distinção que se verificou ecumenicamente fundamental: a igreja de Cristo "subsiste na" Igreja Católica Romana (*Numen gentium*, 8). A identificação tradicional foi relativizada, e hoje vislumbra-se o fato de que a igreja de Cristo possa existir também fora dos limites romanos. Nessa mesma constituição, Maria não mais é compreendida em uma analogia direta com Cristo e a obra salvífica de Cristo, mas, sim, como uma figura ou um modelo da igreja, uma compreensão que novamente permite o diálogo.

A constituição sobre a revelação divina atribui uma nova importância ao estudo da Palavra de Deus testemunhada, em primeiro lugar, nas Santas Escrituras. Retomando o ensino clássico sobre a eucaristia, a constituição sobre a liturgia enfatizou o sacrifício único que foi cumprido de uma vez por todas por Cristo e exigiu que fosse posto um fim à falsa separação entre o sacrifício da missa e a comunhão dos fiéis (*Sacrosanctum concilium*, 55), que fosse atribuído à pregação um lugar novo e que fosse utilizada na língua dos fiéis.

O segundo círculo diz respeito às igrejas cristãs não católicas romanas. Nele se originou o importante decreto sobre o ecumenismo que inaugurou relações novas com as igrejas orientais "ortodoxas" e "as igrejas e comunidades eclesiásticas separadas no Ocidente". A abertura ecumênica não era somente uma possibilidade, mas uma exigência para a Igreja Romana, "pois numerosos elementos e bens através dos quais a igreja é construída e vivificada [...] podem existir fora dos limites visíveis da Igreja Católica" (*Unitatis redintegratio*, 4). Ao mesmo tempo que permaneceu reservado quanto ao valor das celebrações eucarísticas, em vista de certo déficit no nível do sacramento da ordenação ministerial em outras tradições, esse decreto reconheceu a validade do batismo das demais comunidades cristãs. O decreto clama por um diálogo sem "falso irenismo", mas observando que pode haver uma diversidade legítima devida a "hierarquias de verdades" diferentes (ibid., 11) e que as "igrejas" ou "comunidades eclesiais" não gozam da mesma plenitude que é a da Igreja Romana (ibid., 3).

Por fim, o terceiro círculo incluiu as outras religiões e toda a humanidade. Concretizou-se na Constituição Pastoral sobre a Igreja no Mundo Desta Época e em diversas declarações. Dignas de especial menção são a declaração sobre as relações entre a igreja e as religiões não cristãs que não são desprovidas de verdade e a declaração sobre a liberdade religiosa que enfatiza os direitos invioláveis da pessoa humana.

As opções ecumênicas e a abertura para o mundo são somente a aplicação de novas orientações que foram interrompidas no primeiro dos círculos concêntricos. Esclarecimentos doutrinais longamente desejados pelas igrejas oriundas da Reforma intervieram no processo e suscitaram uma nova identidade eclesiológica que, em muitos aspectos, relativizou a identidade romana pós-tridentina. No entanto, é preciso enfatizar que esse concílio foi difícil e que algumas tensões permaneceram no interior dos próprios textos conciliares, como, por exemplo, a igreja como comunhão de igrejas locais e uma forte reafirmação do primado petrino, ou a afirmação da autoridade das Escrituras e a autoridade do magistério e da tradição, entre outras.

É inegável que esse concílio foi um momento importante para todas as igrejas cristãs, contribuindo para a renovação da reflexão teológica, sobretudo eclesiológica, no protestantismo. Inaugurou um período de trocas ecumênicas densas e frutíferas, ainda que os riscos de restauração e os reflexos identitários ressurgissem regularmente de ambas as partes.

André Birmelé

▶ **Textos e comentários do Concílio:** *Le concile Vatican II (1962-1965). Édition integrale définitive* (1972), Paris, Cerf, 2003; ALBERIGO, Giuseppe, org., *La réception de Vatican II (1959-1965)*, 5 vols., Paris-Louvain, Cerf-Peeters, 1997-2005; CONGAR, Yves, org., *Vatican II. Textes et commentaires des décrets conciliaires*, 23 vols., Paris-Montreal, Cerf-Fides, 1966-1970. **Leituras protestantes do Concílio:** BARTH, Karl, *Réflexion sur le deuxième Concile de Vatican* (1963), Genebra, Labor et Fides, 1963; BIRMELÉ, André, *Le Concile Vatican II vu par les observateurs des autres traditions chrétiennes*, em Joseph DORÉ e Alberto MELLONI, orgs., *Volti di fine Concilio. Studi di storia e teologia sulla conclusione del Vaticano II*, Bolonha, Mulino, 2001, 225-264; *Le dialogue est ouvert. Les trois premières sessions du Concile Vatican II* (*Le Concile vu par les observateurs luthériens* 1), Neuchâtel, Delachaux et Niestlé, 1965; *Rome nous interpelle* (*Le Concile vu par les observateurs luthériens* 2), Neuchâtel, Delachaux et Niestlé, 1967.

⊙ Berkouwer; catolicismo; concílio; Cullmann; Du Plessis; **ecumenismo**; **igreja**; liberdade de consciência; Maria; tradição; Trento (Concílio de)

VAUCHER, Édouard (1847-1920)

Édouard Vaucher nasceu em Mulhouse, em uma família de posses, de origem suíça. Em 1868, entrou para a Faculdade de Teologia de Estrasburgo, onde defendeu uma tese de conclusão de curso em teologia sobre as missões evangélicas (1872). Estabelecido em Paris por causa da perda da Alsácia e da Lorena para a França, apresentou sua licença em teologia no ano de 1878. No ano seguinte, foi nomeado mestre de conferências em teologia prática na Faculdade de Teologia Protestante que foi transferida de Estrasburgo para Paris. Participou da redação da *Encyclopédie des sciences religieuses* [Enciclopédia das ciências religiosas] de Frédéric Lichtenberger (13 vols., Paris, Sandoz e Fischbacher, 1877-1882), em que se destaca o artigo "Missões", de grande erudição. Em 1893, defendeu uma tese de doutorado sobre teologia prática; em 1908, foi nomeado decano da faculdade e, em 1909, titular da cadeira de dogmática luterana, um novo campo de estudos que eclipsou suas pesquisas sobre missões. Ocupou ambos os cargos até sua morte.

Jean-François Zorn

▶ VAUCHER, Édouard, *Étude sur les Missions évangéliques parmi les peuples non chrétiens*, Estrasburgo, 1872 (tese de bachalerado); Idem, *De la théologie pratique*, Paris, Fischbacher, 1893; Idem, *Introduction psychologique et expérimentale à la dogmatique luthérienne*, Paris, Fischbacher, 1921; ROBERT, Daniel, *La Faculté de théologie de Paris de 1877 à 1906, essai d'aperçu général*, BSHPF 123, 1977, p. 554-616; SPINDLER, Marc, *The Forgotten Legacy of Edouard Vaucher (1847-1920) to French Protestant Missiology*, em Cornelis AUGUSTIJN et alii, org., *Kerkhistorische opstellen aangeboden aan Prof. Dr. J. van den Berg. Essays on Church History Presented to Prof. Dr. J. van den Berg*, Kampen, 1987, p. 173-187.

VELHICE

Não há um modo especificamente protestante de considerar o envelhecimento e o idoso. Porém, podemos observar que, em suas origens, a Reforma atribuiu à mensagem do Antigo Testamento um novo vigor, uma mensagem que contém uma forte ênfase no papel dos anciãos na civilização patriarcal de Israel. A identificação da comunidade fiel e por vezes perseguida ao "remanescente" de Israel favoreceu a imagem do idoso como um sábio rodeado de respeito por ser portador da memória do povo de Deus. De forma geral, é em nome dessa concepção que se escolhem os "anciãos" da igreja (conselheiros presbiteriais) dentre os membros de mais idade. Trata-se de uma perspectiva que caracteriza o modo com que o protestantismo concebe a pastoral do idoso, principalmente em casas especializadas.

Claude Bridel

▶ REBOUL, Hélène, *Vieillir dans la Bible*, Paris, Chalet, 1990; TOURNIER, Paul, *Apprendre à vieillir* (1971), Neuchâtel, Delachaux et Niestlé, 1981; TRITSCHLER, Jean, *"Tu honoreras la personne du viéillard"*, Genebra, Labor et Fides, 1987.

VERMEIL, Edmond Joachim (1878-1964)

De família protestante liberal do Languedoc, Edmond Vermeil cresceu em Congenies e frequentou os liceus de Montpellier e Nîmes, onde foi aluno de Isaac Rouge (1866-1952), tradutor de Schleiermacher e conhecedor do romantismo alemão. Estudou língua e literatura alemãs com Charles Andler (1866-1933) e se tornou leitor de francês na Universidade de Göttingen. Em 1912, sob a orientação de Charles Andler, defendeu sua tese de doutorado, *Jean Adam Möhler et l'École catholique de Tubingue (1815-1840). Étude sur la théologie romantique en Wurtemberg et les origines germaniques du modernisme* [Jean Adam Möhler e a Escola Católica de Tübingen (1815-1840): estudo sobre a teologia romântica em Wurtemberg e as origens germânicas do modernismo] (Paris, Armand Colin, 1913). Até o início da guerra, Vermeil ensinou na Escola Alsaciana de Paris. Após um grave ferimento no *front*, passou a trabalhar no "segundo escritório" em Paris, onde foi concebido o programa de uma "missão cultural da França", encabeçada por germanistas franceses. Em 1919, foi nomeado professor de história da literatura e cultura alemãs na Universidade de Estrasburgo, que havia voltado a ser francesa. Participou de modo decisivo no estabelecimento da política francesa de ocupação na Renânia. Durante suas turnês de conferências na Alemanha e na França, assim como por seus contatos científicos e políticos nos dois países, Vermeil se tornou um dos intérpretes mais importantes da cultura alemã na França. A partir dos anos 1920, alertou contra um *Sonderweg* alemão na Europa, ou seja, contra o risco de ver a Alemanha seguir uma evolução política e cultural que a isolaria do restante da Europa. A Reforma luterana (principalmente em sua recepção prussiana), certas particularidades do romantismo alemão e o modo com que tais particularidades foram retomadas na política cultural após a derrota alemã de 1918: eis os ingredientes que caracterizaram as dificuldades da República de Weimar, que foi analisada por Vermeil com grande perspicácia em *L'Allemagne contemporaine (1919-1924). Sa structure et son évolution politique, économique et sociale* [A Alemanha contemporânea (1919-1924): sua estrutura e sua evolução política, econômica e social] (Paris, Alcan, 1925). Suas observações passaram a constituir a matéria das aulas ministradas por ele em 1930 como professor convidado da *Deutsche Hochschule für Politik*, em Berlim. Seu conteúdo foi publicado no mesmo ano com o título *Démocratie française et démocratie allemande* [Democracia francesa e democracia alemã] (*Dotation Carnegie pour la paix internationale. Bulletin* [Fundo Carnegie pela paz internacional: boletim] 6, 1930, p. 55-107). Professor brilhante e cientista amplamente reconhecido, Vermeil foi nomeado, em 1933, professor na Sorbonne; chegou a ser proposto para a eleição no *Collège de France*, mas sem sucesso.

Após uma viagem para a Alemanha, no final do ano de 1933, Vermeil analisou a "Revolução Hitlerista" como a convergência e a intensificação de algumas linhas de força da cultura e da política alemãs; ele apresentou ao público francês os protagonistas alemães do movimento, evidenciando os meios católicos e protestantes de onde se originaram.

Após 1933, Vermeil passou a acolher em seu apartamento em Paris muitos imigrantes alemães; em 1940, publicou sua grande obra *L'Allemagne. Essai d'explication* [A Alemanha: ensaio de explicação] (Paris, Gallimard). Após a ocupação da França pela Alemanha, o governo de Vichy demitiu Vermeil de suas funções. Ele fugiu para a Inglaterra, onde, em colaboração do governo no exílio de Charles de Gaulle e em um diálogo com os representantes do governo inglês, ajudou a elaborar a política alemã que deveria ser estabelecida após a derrota da Alemanha nazista. Nesse contexto, Vermeil se opôs ao desmembramento do território alemão; defendendo uma "reeducação" dos alemães, rejeitou o estereótipo do alemão identificado com o nazista e enfatizou a necessidade de uma relação com a "nova Alemanha".

Como professor de história da cultura alemã na Sorbonne, professor no Instituto de Estudos Políticos, membro do Conselho da Universidade e diretor do Instituto de Estudos Germânicos, depois da Segunda Guerra Mundial, Vermeil se tornou um dos especialistas da Alemanha mais influentes da França. Desempenhou novamente um papel decisivo na criação da política de ocupação em zona francesa; após os tratados de Roma, esforçou-se por exercer sua influência na política alemã da França na Comunidade Econômica Europeia. Com sua grande obra *L'Allemagne contemporaine sociale, politique, culturelle, 1890-1950* [A Alemanha contemporânea social, política e cultura de 1890 a 1950] (2 vols., Paris, Aubier Montaigne, 1952-1953), formou um importante círculo de alunos, do qual fizeram parte Robert Minder, Pierre Grappin, Joseph Rovan, Alfred Grosser e François-Georges Dreyfus. Ao longo de mais de cinquenta anos, Vermeil definiu de maneira decisiva a imagem da Alemanha na França e, principalmente, a imagem do protestantismo alemão.

Hartmut Ruddies

▶ VERMEIL, Edmond, *La pensée religieuse de Troeltsch* (1921), Genebra, Labor et Fides, 1990; GRUSON, Pascale, *Edmond Vermeil (1878-1964)*, em Michel ESPAGNE e Michael WERNER, orgs., *Histoire des études germaniques en France (1900-1970)*, Paris, CNRS Éditions, 1994, p. 171-193; MARMETSCHKE, Katja, "Edmond Vermeil et Robert Minder: essai de comparaison entre deux grandes figures de la germanistique française de l'après-guerre", *Allemagne d'aujourd'hui* 165, 2003, p. 35-48.

VERMIGLI, Pietro Martire (1499-1562)

Nascido em Florença, cônego agostiniano da congregação de Latrão, Pietro Martire Vermigli se tornou abade de São Julião de Spoleto (1533-1536) e de São Pedro as Aram de Nápoles (1537-1540), onde entrou em contato com o círculo de Juan de Valdés. Nomeado prior do Convento de São Frediano de Luca (1541), fundou ali uma escola teológica de tendência reformada, assegurando o apoio a seus confrades Celso Martinengo (morto em 1557) e Girolamo Zanchi (1516-1590), assim como de humanistas tais como Immanuel Tremellius (1510-1580) e Celio Secondo Curione (1503-1569). Por meio de seu ensinamento, inúmeras foram as famílias da aristocracia de Luca (os Diodati, Turrettini) que acolheram as ideias da Reforma e logo emigraram para Genebra. Ameaçado pela Inquisição, Vermigli abandonou a Itália no verão de 1542. Encontrou asilo como professor de Santas Escrituras na Alta Escola de Estrasburgo (1542-1547) e, em seguida, como professor de teologia em Oxford (1547-1553). Ali, junto com Martin Bucer (1491-1551), contribuiu para a revisão do *Livro de oração comum*. Após a subida ao trono de Maria Tudor, ele voltou a Estrasburgo para ensinar (1553-1555), mas, não suportando mais o predomínio do confessionalismo luterano, instalou-se no ano de 1556 em Zurique, onde passou os últimos anos de sua vida como professor de teologia. Em 1561, participou ainda do Colóquio de Poissy como representante da igreja de Zurique.

Vermigli deixou inúmeras obras, comentários bíblicos, tratados, e todas elas testemunham sua enorme capacidade intelectual e sua erudição filológica, adquiridas na escola dos humanistas florentinos. Porém, sua decisão teológica foi pela Reforma: passou de uma fase inicial luterana-zwingliana a um calvinismo zwingliano.

Emidio Campi

▶ ANDERSON, Marvin W., *Peter Martyr. A Reformer in Exile (1542-1562). A Chronology of Biblical Writings in England & Europe*, Nieuwkoop, De Graaf, 1975; CAMPI, Emidio, org., *Peter Martyr Vermigli. Humanism, Republicanism, Reformation. Petrus Martyr Vermigli. Humanismus, Republikanismus, Reformation*, Genebra, Droz, 2002; CAPONETTO, Salvatore, *La Riforma protestante nell'Italia del Cinquecento* (1992), Turim, Claudiana, 1997; DONNELY, John Patrick, *Calvinism and Scholasticism in Vermigli's Doctrine of Man and Grace*, Leiden, Brill, 1976; JAMES, Frank A., *Peter Martyr Vermigli and Predestination. The Augustinian Inheritance of an Italian Reformer*, Oxford, Clarendon Press, 1998; Idem, org., *Peter Martyr Vermigli and the European Reformations. Semper Reformanda*, Leide, Brill, 2004; MCLELLAND, Joseph Cummings, orgs., *Peter Martyr Vermigli and Italian Reform*, Waterloo, Wilfrid Laurier University Press, 1980; MCNAIR, Philip, *Peter Martyr in Italy. An Anatomy of Apostasy*, Oxford, Clarendon Press, 1967; STURM, Klaus, *Die Theologie Peter Martyr Vermiglis während seines ersten Aufenthalts in Straβburg 1542-1547*, Neukirchen-Vluyn, Neukirchener Verlag, 1971.

◉ Bucer; Curione; Ochino; Poissy (Colóquio de); *Livro de oração comum*; Valdés; Zanchi.

VERNES, Maurice (1845-1923)

Maurice Vernes nasceu em Nauroy (Aisne), filho do pastor Louis Vernes. Estudou teologia em Montauban e em Estrasburgo de 1864 a 1869. Ocupa um lugar singular na história do protestantismo francês pela originalidade que demonstrou em dois aspectos. Primeiro, reprovou os exegetas de tendência liberal por insistirem demasiadamente na interioridade e na espiritualidade do reino de Deus anunciado por Jesus, mostrando quanto Jesus era judeu e, portanto, tributário da escatologia de seu povo. Segundo, lutou para que a história das religiões fosse incluída no programa do ensino público em um espírito conforme com a laicidade. Foi o primeiro diretor da *Revue de l'histoire des religions* [Revista da história das religiões], fundada por ele em 1880; foi diretor adjunto de estudos e, por fim, diretor de estudos no Departamento de Ciências da Religião da Escola Prática de Altos Estudos de 1886 até sua morte.

François Laplanche

▶ VERNES, Maurice, *Histoire des idées messianiques depuis Alexandre jusqu'à l'empereur Hadrien*, Paris, Sandoz et Fischbacher, 1874; Idem, *Mélanges de critique religieuse*, Paris, Sandoz et Fischbacher, 1880; Idem, *L'histoire des religions. Son esprit, sa méthode et ses divisions. Son enseignement en France et à l'étranger*, Paris, Leroux, 1887; CABANEL, Patrick, *L'institutionalisation des 'sciences religieuses' en France (1879-1908). Une enterprise protestante?*, BSHPF 140, 1994, p. 33-80; Idem, *Un fils prodigue du protestantisme: Maurice Vernes (1845-1923) et l'histoire des religions*, BSHPF 149, 2003, p. 481-509; DESPLAND, Michel, *Histoire et science sociale des religions. Maurice Vernes et Ernst Troeltsch*, em Pierre GISEL, org., *Histoire et théologie chez Ernst Troeltsch*, Genebra, Labor et Fides, 1992, p. 195-212; TOUTAIN, Jules, *Rapport sur l'exercice 1922-1923*, Annuaire 1923-1924. École pratique des hautes études. Section des sciences religieuses, p. 25-32.

▶ Goblet d'Alviella; liberalismo teológico; **religião e religiões**; Réville

VIAGENS E DESCOBERTAS

No século XVI, poucas viagens foram desprovidas de uma dimensão alegórica. Os relatos do desastre da Flórida, quando uma colônia huguenote foi liquidada pelos espanhóis ao mesmo tempo que um ciclone tropical no final do verão de 1565, a *Histoire notable* [História notável] de René de Laudonnière e, sobretudo, o testemunho do carpinteiro Nicolas Le Challeux, o *Discours de l'histoire de la Floride* [Discurso sobre a história da Flórida], inseriram na aventura dos homens a ação da Providência, terrível e sobretudo incompreensível. A obra *Histoire véritable* [História verdadeira], do capitão protestante Bruneau de Rivedoux (1599), uma coleção de oito relatos de perigos e naufrágios que entraram para a categoria das "histórias trágico-marítimas", insistiu na lição moral da viagem por mar. Nada mostra melhor o contraste entre a fragilidade do homem e a onipotência de Deus, conforme a lição do livro de Jó e de Salmos. O navio que erra pelo oceano representa a inconstância e a fraqueza do ser humano, tragado pelas tempestades deste mundo.

O que, então, caracteriza a singularidade da viagem protestante? Para Jean de Léry, sapateiro que se tornou pastor e escreveu, em 1578, *Histoire d'un Voyage faict en la terre du Brésil* [História de uma viagem feita à terra do Brasil], a Bíblia aflora na imagem degradada do Éden que o Brasil oferece, com os tupinambás comedores de homens. O relato da criação e da queda pode ser lido na natureza luxuriante do Novo Mundo e na sociedade dos índios cujos costumes brutais contrastam com ela. É possível que essa história, no sentido etimológico de "testemunho", tenha inaugurado o relato da viagem moderna. A narração, nessa obra, é unificada através de uma subjetividade cuja aventura psicológica e espiritual se torna o próprio assunto do livro. Diante dessa pessoa que é descoberta em sua odisseia austral, o outro brilha com uma presença desacostumada e ambígua: o mito do bom selvagem remonta, na literatura francesa, a esse relato de conversão.

O testemunho bastante moderno de Léry, em que Claude Lévi-Strauss percebeu "o breviário do etnólogo", conclui-se com uma confissão inaudita: "Com frequência, lamento não estar entre os selvagens". Porém, é com surpresa que o leitor descobre na obra um quadro do inferno segundo o arquétipo medieval: demônios com rosto de macaco e porco, com pernas de bode ou grifo, atormentam os índios que se dobram debaixo dos golpes. Ora, esse quadro não é somente um vestígio de um imaginário que se foi, mas faz parte integrante do projeto literário de Jean de Léry e mostra que os povos novos não são poupados das consequências do pecado original, sofrendo-as, na verdade, de modo ainda mais violento que as nações do mundo antigo resgatadas pela graça.

Léry havia adotado o lema "ver e depois saber", o que o autorizava a colocar em dúvida as afirmações de seus predecessores. Mas o triunfo da autópsia ("visão por si mesmo") não implicava o reinado da razão experimental. Era necessário ainda um método, que por muito tempo fez falta. Esse método é o da "conferência das histórias" ou "confrontação dos testemunhos". O relato de viagem segue uma evolução comparável à do gênero histórico, do qual é, de saída, um componente. *Methodus ad historiarum cognitionem* ou *Méthode de l'histoire* [Método da história] (1566), de Jean Bodin, e *Les six livres de la république* [Os seis livros da república] (1576), do mesmo autor, bem como *L'histoire des histoires, avec l'idée de l'histoire accomplie* [A história das histórias, com a ideia da história realizada] (1599), de Lancelot Voisin de La Popelinière, tomam amplamente seus exemplos da literatura de viagem e, em retorno, impõem a essa literatura novas regras.

A cultura reformada de Léry o mantinha alerta diante das verdades recebidas e das certezas admitidas. A prática do exame de consciência o levou a levar em consideração os aspectos de erro e subjetividade inerentes a toda observação. Essa apresentação de uma subjetividade que analisa foi uma grande novidade do relato de viagem no século XVI. O progresso metodológico é impensável sem essa recorrente autocrítica, que a cada etapa repassa o rumo anterior da aventura e, de lugar em lugar, controla e revisa o relato experimental. O último elemento dessa "revolução do crível" é a crise por que passa a comunidade huguenote em luta pela sobrevivência, sem dúvida uma experiência histórica dolorosa, mas incomparável do ponto de vista das consequências intelectuais, infinitamente preciosa para a cruel lucidez que ela permite acessar. Léry, jovem sapateiro protestante que fugiu de sua Borgonha natal para Genebra, e de Genebra para o Brasil, era um observador privilegiado do rompimento de valores que sacudia a velha Europa. Dessa crise moral e espiritual surgiram uma distância crítica e um "olhar afastado" sobre a sociedade e sobre si mesmo, de onde nasceriam, ao longo da idade clássica, com as utopias, as robinsonadas e os sonhos de primitivismo, os fermentos de uma nova "crise da consciência europeia", a mesma que compôs a modernidade europeia. Se o século XVI formou o sonho tão forte do homem livre e nu do Novo Mundo, é por ter contemplado nesse homem algo como um duplo, ao mesmo tempo desejado e temido. A viagem se abre para uma experiência de alteridade; ao inverter as perspectivas, finalmente desemboca em relativismo. A barbárie é daqui, não de lá. No tempo das guerras de religião,

Léry testemunhou brevemente essa inversão de certezas. Em 1578, evocou "a humanidade dessas pessoas que, no entanto, chamamos de bárbaras". Dois anos depois, Montaigne ecoou essas palavras ao declarar, em "Canibais", que "cada um chama de barbárie aquilo que não é de seu uso".

A viagem como arma de guerra anticatólica

Vamos pular um grande século e passar do crepúsculo da Renascença ao tempo das Luzes. É cômodo, mas um tanto rápido, ver no século XVIII o triunfo da razão niveladora após um lento processo de desencantamento do mundo. Entre outros ramos da história, o relato de viagem é um esforço para desfazer os laços falaciosos que atam as consciências e as submetem à tirania da autoridade. Os autores da *Enciclopédia* bem o sabem: a geografia, próxima ou longínqua, é uma das partes mais consideráveis da obra. A partir do tomo VI, o cavaleiro de Jaucourt, protestante, faz de seus artigos geográficos — tais como "Noyon", pequena pátria de Calvino, e "West-Morland", local de nascimento de Thomas Barlow, apóstolo da tolerância — verdadeiros brulotes lançados contra a Igreja Católica. Diderot reivindicou o procedimento ao declarar, no artigo "Dicionário", que "a verdade pode entrar em um livro por todas as portas, e deve fazê-lo porque pode fazê-lo".

Na literatura de viagens, cada etapa, cada nome de lugar, é como uma entrada de dicionário que permite divisar uma miríade de falsos milagres e maravilhas denunciados como triste superstição. Escrita nos anos que se seguiram à Revogação do Edito de Nantes, a obra *Nouveau Voyage d'Italie* [Nova viagem da Itália] (1691), de Maximilien Misson, refugiado huguenote vivendo no exílio na Inglaterra, apresenta-se como um guia de viagem ao mesmo tempo prático e pitoresco, ancestral de Baedeker e Joanne. Na verdade, trata-se de um brulote anticatólico dos mais eficazes, uma antiperegrinação que lista até dar vertigem as provas da superstição popular e inaugura um turismo de relíquias em que a meticulosa atenção do antropólogo substitui a admiração beata do peregrino. É por isso que os viajantes iluministas, a começar por Montesquieu e o presidente de Brosses, tomam-no como guia. Um exemplo entre outros é a carta sobre Nossa

Senhora de Loreto. À primeira leitura, é uma visita guiada bastante meticulosa da *Santa Casa*, a casa que abrigou a sagrada Família e que os anjos teriam transportado milagrosamente, através dos ares, da Galileia para a Itália, com escala na Dalmácia. Além do texto, cinco tábuas dobráveis representam as quatro faces externas do magnífico escrínio e o interior da *Santa Casa*, além da estátua miraculosa de Nossa Senhora colocada no mesmo local.

Misson denuncia três tipos de impostura: em primeiro lugar, de modo mais evidente, sua fria ironia estigmatiza as superstições populares, relíquias e milagres, lenda de ouro e relatos hagiográficos; mas essa ironia também toma como alvos as construções eruditas dos sábios, como o elogio tradicional de Veneza e de seu senado à reputação de sabedoria usurpada. A isso se acrescenta o que deveria chamar-se a miragem turística, ou seja, o culto dos vestígios do passado, essa idolatria da era nova, espécie de idolatria arqueológica. Misson é um racionalista, mas não um cético: ele percebe o perigo de um ceticismo sistemático que acabaria questionando os ensinamentos da Bíblia. As convicções de Misson são as de um historiador esforçando-se por objetividade e as de um protestante que busca salvar o fundamental da mensagem cristã. *Nouveau Voyage d'Italie* define um método da história, e só combate o catolicismo por ter este tomado a forma onipotente da impostura.

Em uma segunda parte de sua vida, Misson, instalado em Londres, vai informar-se em um combate duvidoso em favor dos profetas cevenenses. Esse viajante e testemunha, pondo em risco a própria reputação, luta pelos camponeses iluminados sobreviventes da Guerra dos Camisardos. Com o objetivo de provar a autenticidade do profetismo cevenense, Misson reúne o máximo de testemunhos, acrescentando às declarações dos próprios inspirados e de seus partidários trechos de relações de tempo frequentemente hostis aos profetas. O conjunto foi publicado em Londres no ano de 1707, intitulado *Le Théâtre sacré des Cévennes* [O teatro sagrado das Cevenas] e traduzido no mesmo ano para o inglês com um título de ecos bíblicos, *A Cry from the Desert* [Um clamor do deserto]. Apesar da mudança de contexto e de objeto, o alvo permanece o mesmo: a obra, conforme explica Misson, destinou-se a combater "as falsas ideias da barulhenta multidão louca e cega". O relato de viagem, portanto, permitiu que o autor criasse para si mesmo uma filosofia do testemunho e elaborasse um sistema de provas. Os contemporâneos de Misson foram sensíveis à distância que separava o viajante mundano, autor de um *best-seller* viático, e o torcedor desacreditado dos visionários cevenenses. Eles esqueceram que foi na viagem que Misson conseguiu criar para si uma solidão que anunciava Rousseau e que, tal como a solidão do ermitão de Ermenonville, era partilhada entre a crítica da sociedade e uma inabalável certeza interior.

O desabrochar da utopia narrativa na época da Revogação

Às portas do Renascimento, a *Utopia* (1516) de Morus, na declamação, esboçava qual seria a república ideal, fundamentada nas leis da razão e da natureza. Após exatamente um século, a primeira utopia francesa é protestante: em 1616, foi publicada em Saumur a obra *Histoire du grand et admirable royaume d'Antangil* [História do grande e admirável reino de Antangil]. Essa utopia, que escolhe como sítio o continente austral entre o trigésimo e o quinquagésimo paralelo e enumera suas potenciais riquezas, foi dedicada aos "Senhores Estados das Províncias unidas do país baixo". A carta que a acompanhava tomara de empréstimo sua toponímia fantástica de um léxico malaio e javanês, incluído no diário de viagem do almirante holandês Jacob Corneliszoon Van Neck.

Após *Antangil*, os caminhos que se abriam para a utopia, sobretudo a utopia protestante, são ao mesmo tempo mais radicais e mais desesperados: o proscrito busca asilo em outro continente, o marginal ou deslocado cria para si mesmo um universo compensatório. No primeiro caso, a dinâmica utópica é encontrada nos projetos de colonização que se desenvolveram na época da Revogação, quando os protestantes perseguidos na França e buscando um Refúgio em outros lugares obedecem à injunção bíblica quanto a fugir da "perversa Babilônia" para fundar no deserto a nova Jerusalém, conforme o ideal evangélico. Nessa linhagem se situam os prospectos de propaganda colonial que convidavam os huguenotes a vir povoar a Carolina, ou ainda, em 1689, o projeto de Henri Duquesne, filho mais velho do almirante, "para o estabelecimento da ilha do Éden", na realidade a ilha Bourbon, hoje Reunião. Foi uma perspectiva bastante semelhante que, a partir dos anos 1650, principalmente na América do Norte, são implantadas colônias protestantes não conformistas, menonitas do Delaware, quacres da Pensilvânia e fraternidades morávias. Em relação a Henri Duquesne, o projeto fracassou, mas seu resultado se revelou um idílio para Rodrigue, narrado por François Leguat, abandonado durante dois anos com sete companheiros na menor das ilhas Mascarenhas, que até então eram vazias de presença humana e tinham sua fauna e sua flora preservadas. A utopia se transforma em uma robinsonada, e o "romance verdadeiro" de Leguat, formatado por Misson, não é estranho à obra de Daniel Defoe, sendo uma de suas prováveis fontes. A sociedade ideal, cuja constituição e economia haviam sido planificadas por Duquesne, é simplificada em uma volta às origens adâmicas, em uma ilha da Cocanha em que a própria presa se oferece ao caçador.

Da utopia elitista, passa-se para a utopia primitivista e da utopia primitivista para a teoria pastoral, inspirada em *L'Astrée* [A Astreia], uma evolução bastante comparável à que havia ocorrido um século e meio antes, também em um refúgio insular, quando a minoria huguenote foi para o Brasil durante a breve experiência da França Antártica, de 1555 a 1560. Jean de Léry, principal testemunha da aventura, narrou que, após alguns meses de convivência difícil com Villegagnon (o líder católico da colônia), ele mesmo e seus correligionários devem ter preferido a vida selvagem e a liberdade entre os índios canibais, em vez da civilização com sua servidão.

O outro caminho aberto para a utopia reformada foi o da marginalidade e da ruptura. Já em *Antangil*, o calvinismo se desviou e até mesmo foi contradito em um ponto essencial, o benefício das obras, que restaura a confiança no homem e no mundo, justificando ainda o papel tutelar do clero. Porém, essa utopia ainda se insere em um projeto coletivo. Ainda que promova desvio em relação ao dogma, acompanha a expansão colonial dos países protestantes e é paralela ao sonho de um Refúgio em terras longínquas. Tudo muda com Foigny e Vairasse, ao declinar do século XVII. A partir de então, sob o pretexto de uma volta à natureza, a utopia demonstra a operação de uma perversão de um modelo impraticável no mundo real. A distorção do modelo é acentuada até ao ponto de engendrar, com os Hermafroditas de Foigny, uma inquietante contranatureza.

A Revogação do Edito de Nantes, no ano de 1685, marcou o fim, para um grande século, da existência do protestantismo na França. Ali, a comunidade reformada não tinha mais lugar: assim como o Deserto, a utopia era uma resposta trazida ao escândalo da história, que tornou a Reforma em um não lugar. Em *Les Entretiens des voyageurs sur la mer* [Entrevistas dos viajantes no mar], de 1715, o pastor Gédéon Flournois escolheu a ponte instável de um navio como o único lugar possível para o livre debate. No mesmo livro, que é uma espécie de mistura entre controvérsia e romance, percebe-se o engenhoso empréstimo da tradição do catolicismo piedoso sob a forma de um protestante solitário que se retira para uma caverna e vive de acordo com sua consciência, longe da sociedade.

Na verdade, as utopias precedem o acontecimento. *La Terre australe connue* [A Terra Austral conhecida], de Gabriel de Foigny, data de 1676; *Histoire des Sévarambes* [História dos Sévarambes], de Denis Veiras d'Alès (ou Varaisse d'Allais), de 1678-1679. Somente *Les Voyages et aventures de Jacques Massé* [As viagens e aventuras de Jacques Massé], de Tyssot de Patot, é uma obra posterior. A obra traz a data de 1710, mas foi publicada entre 1714 e 1717. É a menos original das três, com a utopia propriamente dita ocupando o lugar mais restrito, situada, como se deve, no hemisfério austral, próxima aos Kerguélen que estavam para ser descobertos. A república ideal desenvolve ali sua organização geométrica em um terreno rigorosamente plano que faz pensar no *polder* holandês.

Na obra de Foigny e Vieiras, a utopia surge da ausência de esperança histórica. A liberdade concedida aos protestantes é restringida. São impedidos de exercer a carreira militar e os ofícios jurídicos, o que lhes deixa somente uma escolha entre a conversão e o exílio. A Reforma não é mais um partido, mas ainda, por pouco tempo, uma igreja que luta pela sobrevivência, uma comunidade sem um líder carismático, dividida entre os imperativos contraditórios da obediência ao príncipe e da fidelidade a Deus. Repetidas à exaustão durante um século, a controvérsia religiosa e as recíprocas fulminações favorecem a indiferença, a incredulidade e até o livre-pensamento.

A reivindicação compensatória é particularmente visível na obra de Denis Veiras, um obscuro soldado e advogado sem causa que, valendo-se de um anagrama de Sévarias, se autoproclamou um legislador genial e um fundador de utopias. A obra *Histoire des Sévarambes* é a mais bem acabada das utopias romanescas. É o paradigma da "utopia narrativa" (J.-M. Racault) em um hábil equilíbrio entre a estatística fictícia e a viagem imaginária. A obra tem cinco partes: a primeira narra uma aventura marítima com um naufrágio nas terras austrais e uma robinsonada; a segunda conta o episódio habitual de turismo utópico e a chegada de "Siden", anagrama de Denis, e de seus companheiros entre os Sévarambes com quem conviveriam por quinze anos; as três últimas partes exploram a história e os costumes dos Sévarambes. O herói civilizador dessa utopia, Sévarias, de origem persa e de religião parsi, é um adorador do sol e do fogo. Ele estabelece na Terra Austral uma monarquia "heliocrática", da qual ele é apenas o vice-rei e o grande sacerdote, assim como Moisés entre os hebreus e Calvino como lugar-tenente de Deus na República de Genebra. A heliocracia dos Sévarambes é uma espécie de somatório do prestígio do Rei Sol e da liberdade de consciência.

O mesmo pessimismo antropológico já estava presente no livro *La Terre australe connue* [A Terra Austral conhecida], publicado em Genebra com o endereço falso em 1676. Ainda mais marginal que Veiras, Foigny passou por várias fases: foi monge franciscano, protestante heterodoxo e, por fim, voltou ao catolicismo para morrer católico. Esse perpétuo desertor, influenciado pelos *Préadamites* [Pré-adamitas] de Isaac La Peyrère, caracterizou, por sua vez, a quarta e última das *Viagens de Gulliver*. À sua imagem, Jacques Sadeur, herói de *La Terre australe connue*, busca, até mesmo em um mundo imaginário, uma impossível quietude, traspassado, ferido na alma e na carne, perseguido por uma inexplicável maldição; no final de sua odisseia, ele morre afogado.

Sadeur passou 32 anos de sua vida de aventuras entre os habitantes da Terra Austral, que são hermafroditas, multiplicando-se em uma das mais misteriosas partenogêneses. O esperma e o sangue estão ausentes desse tipo de procriação, processo que, na verdade, lhes inspira somente repugnância. Essa aversão é tão grande que, só de ouvir falar desses "inícios", eles preferem dizer que as crianças saem de suas entranhas como o fruto cai das árvores. Eles vivem nus, mas essa nudez comum não desperta nenhum desejo. Eles têm os dois sexos, mas, sem abertura e sem protuberância, o corpo deles é um corpo perfeito, um corpo fechado. Ainda que o próprio narrador seja hermafrodita, ele está longe de partilhar dessa impassibilidade, e logo trai sua natureza essencialmente diferente com seus transbordamentos. Suas repetidas fraquezas fazem com que receba reprimendas; em seguida, é afastado e, por fim, condenado à morte: cedendo aos encantos de uma jovem cativa que ele viola, é flagrado em pleno ato, convencido de que é um "inventor de crimes".

O mesmo fechamento e as mesmas reservas se revelam em relação aos alimentos. Os austrais são exclusivamente frugívoros e ignoram o cozimento, que desnaturaliza. Da mesma forma, eles se escondem para comer a pequena quantidade que comem, como se fosse um ato vergonhoso. Em suma, eles odeiam todo ato que os aproxima dos animais, especialmente a alimentação carnívora. O contágio seria inevitável, levando-os a devorar seus semelhantes. Por isso, também não fazem nenhum sacrifício às divindades, nem mesmo de culto público, reproduzindo em seu modo de vida a proibição de Levítico sobre o sangue.

Recalcado da Terra Austral, o sangue reflui para as fronteiras da região. Corre largamente em terras onde não são poupados nem mulheres, nem velhos, nem crianças, mas onde, de acordo com a proibição frequentemente decretada no Antigo Testamento, em caso de vitória sobre o inimigo, é exterminado todo ser vivente, até mesmo o gado. Separada da animalidade ao preço do extermínio sempre presente dos intrusos que surgem em sua periferia, a utopia austral aparentemente ignora a servidão do corpo. Seus habitantes são "homens inteiros", ou seja, semideuses que, por não poderem envelhecer, nem ficarem doentes, suicidam-se por puro tédio. Essa "humanidade sem pecado, sem redenção e sem salvação" expulsa de si os vestígios do pensamento sacrificial, o que gera essa paródia da eucaristia situada em Ausicamt ou Oscamt, ilha do arquipélago vizinho, da qual Jacques Sadeur é vítima quando volta do continente austral.

A sociedade austral expulsa ou aniquila o corpo indesejável que por nada no mundo consumiria, já que, a seus olhos, esse corpo representa a impureza primitiva e o vil horror do animal. Em oposição a isso, os habitantes de Oscamt acreditam apropriar-se da carne e do sangue de uma vítima caída do céu até o menor pedaço e até a última gota. Nesse antagonismo de costumes alimentares e religiosos, encontramos a oposição paradigmática que, em *Tristes trópicos*, Claude Lévi-Strauss estabelece entre antropofagia e antropemia, e que se verifica, a partir das origens da Reforma, no divórcio duradouro entre católicos e protestantes. Se *La Terre australe connue* pode ser lido como alegoria, é bastante fácil reconhecer, na primeira de suas sociedades, "o rigor do calvinismo genebrino" e, na segunda, uma clara alusão ao catolicismo. Transposição de sua situação histórica, entre Roma e Genebra, o doloroso destino do herói é semelhante ao de Gabriel de Foigny, sapateiro e ex-clérigo convertido ao calvinismo, que voltou para morrer em um convento da Savoia depois de ter sido expulso de Genebra por má conduta. Porém, o alcance de tal relato paradigmático deve ser ampliado. A sobre-humanidade austral, que censura em si mesma a parte animal do ser, tende para a desumanidade. A apresentação crítica da utopia, tanto na obra de Foigny como, tempos depois, na obra de Swift (*Viagem ao país dos Houyhnhnms*), não traz, de modo algum, a reabilitação do real; muito pelo contrário.

Protestantismo e sentimento da natureza

O desenvolvimento do sentimento da natureza no século XVIII é relacionado à cultura protestante. A grande metáfora do livro do mundo, já presente na Bíblia, ganhou maior dimensão na obra de Nicolau de Cusa, sendo retomada por Calvino logo no início de suas *Institutas da religião cristã* e resgatada por Jean-Jacques Rousseau na *Profession de foi du vicaire savoyard* [Profissão de fé do vigário de Saboia], inclusa no Livro IV de *Emílio* (1762). Essa metáfora, que assimila o mundo ou a natureza a um livro que se folheia com os pés, na obra de Rousseau, é posta em defesa da religião natural. Seu porta-voz declara: "É nesse grande e sublime livro que eu aprendo a servir e a adorar seu divino autor: ninguém pode ser desculpável por não lê-lo, pois ele fala a todos os homens uma língua inteligível a todas as mentes". "Ninguém pode ser desculpável": essa expressão de condenação é diretamente herdada de Calvino. Porém, em vez de exaltar os méritos da revelação cristã, Rousseau prefere a religião da razão e do coração, e não a revelação em nenhuma de suas formas. Com um otimismo e uma confiança nas capacidades humanas bastante estranhos ao reformador, Rousseau fundamenta na razão todo o ensino da teologia e da moral, encontrando no coração a única fonte da revelação.

A tábula rasa, cuja figura eloquente é a ilha de Robinson (e conhecemos o prestígio de que goza esse romance na obra *Emílio*), não serve para promover o livro por excelência que é a Bíblia, mas, ao contrário, rejeita o ensinamento de todos os livros em nome da natureza. *A nova Heloísa* (VI, 3), sob a pluma de Milorde Eduardo dirigindo-se a Wolmar, exprime o mesmo anti-intelectualismo: "Mas o que vós encontrareis de novo nos livros? Ó Wolmar, falta-vos somente aprender a ler no livro da natureza para ser o mais sábio dos mortais".

No entanto, a lembrança do modelo cristão, e mais precisamente reformado, na "profissão de fé" não para aí. Certamente, Rousseau suspeita das doutrinas humanas e declara sua desconfiança em relação aos dogmas: para ele, é nos dogmas que reside a obscuridade. Enquanto para Calvino o livro da revelação superava todos os obstáculos para a salvação, para Rousseau esse livro os multiplica e os torna "insuperáveis para a maior parte do gênero humano". Ao formular essas reservas, Rousseau logo reencontra a ordem tradicional do discurso apologético.

Após lançar suspeitas sobre a doutrina, essa segunda certeza explode de modo irreprimível, tão vívida quanto o entusiasmo diante do inesgotável espetáculo da natureza: "Confesso-vos, também, que a majestade das Escrituras me espanta, a santidade do evangelho fala a meu coração". Majestade e santidade são vocábulos aplicados com a mesma pertinência ao livro da natureza, tal como exposto ao olhar do vigário e de seu jovem interlocutor em uma manhã de verão nos arredores de Turim "em uma alta colina" que domina o Pó, tendo ao longe "a imensa cadeia dos Alpes coroando a paisagem". A profissão de fé do vigário se apoia na paisagem assim como o sermão do pregador no púlpito se baseia no "texto" do evangelho que ele acabou de ler.

Portanto, Rousseau tem em comum com Calvino as mesmas premissas, mas recusa-se a humilhar seu coração e sua razão diante da verdade transcendente. Partindo da mesma certeza do foro interior para levantar-se contra as autoridades mundanas e exteriores, ele só recorre à própria sensibilidade e à autoridade de seu julgamento pessoal informado pela consciência. Com esse retorno a si mesmo, ele livra o homem de toda sujeição alienante. Assim, o homem somente passa a ser indesculpável caso se submeta ao preconceito, do qual pode libertar-se sozinho diante da natureza — sua natureza, graças a ela.

Esse sentimento do divino exaltando-se através dos espetáculos grandiosos da natureza não é fomentado somente pela tradição teológica, mas se vale, na obra de Rousseau, da experiência vivida. Rousseau viajou por toda a sua vida, geralmente a pé. Atravessou os Alpes em sua juventude, percorreu de Annecy a Friburgo, passando por Genebra e pelas margens do lago Léman. Trinta anos depois, deixou Paris, onde foi decretada sua tomada de corpo logo após a publicação de *Emílio*, chegando ao Jura para refugiar-se em Môtiers-Travers nas montanhas de Neuchâtel. Expulso de Môtiers pela população amotinada contra ele, experimentou uma curta felicidade na ilha São Pedro, no lago Bienne, e depois retomou sua errância — *homo viator* — pela Europa antes de fracassar incógnito em Paris e morrer em Ermenonville. Essas paradas e essas viagens são abundantes em sua obra, a começar por *Julie ou la Nouvelle Héloïse* [Júlia ou a nova Heloísa], onde Saint-Preux esboçou, em sua descrição do Valais, um mito que promete um belo futuro. Na obra, o espaço real da viagem se transforma em um espaço de ficção, o cotidiano ideal de uma vida simples e feliz, entre o céu, os Alpes e as geleiras. O quinto passeio de *Rêveries du promeneur solitaire* [Sonhos do andarilho solitário] (1776-1778) refaz os passos da estada na ilha São Pedro; a quinta parte da *Nova Heloísa* descreve a utopia realizada de Clarens, essa "ilha do fim do mundo", no sopé dos Alpes e às margens do lago Léman, demarcando lugares fechados e protegidos em que vivem pequenas comunidades patriarcais e agrícolas ao abrigo da corrupção das cidades. Essas comunidades se unem por um amor mútuo e pela comunhão com as forças benevolentes da natureza. Definitivamente, como observa Claude Reichler, "Rousseau apresenta a natureza como uma origem perdida, pela qual o homem deve guiar-se, mas à qual não pode desejar reunir-se, a não ser pela graça momentânea de uma figuração ao mesmo tempo promissora e enganadora". Essa figuração é oferecida tanto pelo romance quanto pelo sonho retrospectivo.

A delinquência e a busca

O amor pelas montanhas, mais especificamente pelas montanhas alpinas, seria algo típico do protestantismo. Pelo menos foi o que declarou André Gide em seu diário no dia 27 de janeiro de 1912: "A admiração pelas montanhas é uma invenção do protestantismo". E acrescentou esse comentário ao mesmo tempo lapidar e pouco ameno: "Estranha confusão de cérebros incapazes de arte, entre o altaneiro e o belo". Opondo-se à estética vertical dos Alpes suíços, símbolo de ascese e rigor moral, Gide se insurge contra uma espécie de rousseauísmo abastardado que percebe nas altas montanhas um "admirável reservatório de energia" e extrai das escuras florestas de verdor perene "uma moralidade de coníferas". A conclusão é implacável: "Se da árvore a montanha faz um pinheiro, julgamos o que pode fazer do homem". Gide compara o pinheiro reto com a palmeira flexível; em vez da neve e do gelo do vilarejo de La Brévine, no Jura suíço, onde ele se retirou para escrever *Pântanos* e onde situou, algum tempo depois, a intriga de *Sinfonia pastoral*, ele prefere o oásis de Biskra e de *O imoralista*.

Com base nisso, poderíamos afirmar que a literatura de viagem originária da cultura protestante no século XX coloca em cena duas posturas contraditórias: de um lado, em uma traição aparente, está a renúncia ao rigor e aos esforços para desfrutar do instante e de cada fase, em um perpétuo inacabar. Esse é o caminho epicurista "aos trancos e barrancos" que, como discípulo de Montaigne, Gide passa a trilhar sobre os rastros da África negra em seu périplo de 195-196, ou, uma década depois, nos rastros da União Soviética, sendo aclamado por multidões, felicitado por Stálin e Molotov, entre visitas a colcós e encontros proletários, sempre em busca da presa fácil e da felicidade fugaz. Esse já era mais ou menos o ritmo adotado por Julien Viaud (1850-1923), na literatura Pierre Loti, dado a escapadas pelos bazares de Istambul e do Cairo, assim como dos périplos longos pelo Arquipélago do Pacífico. Seria também o ritmo de Roland Barthes, trazendo do Japão *L'Empire des signes* [O Império dos Signos].

A outra postura é, sem dúvida, mais fiel ao espírito do protestantismo: é a da busca ou do apelo do espaço. Não que seja necessário ver nisso uma espécie de retorno à tradição da peregrinação, tão condenada pela Reforma desde suas origens, com Erasmo, Lutero e Rabelais. Trata-se, principalmente, da resposta trazida a uma injunção de ordem espiritual, que só se desenvolve na partida e na fuga, com a busca do que é preciso chamar de "transcendência horizontal". Esse foi o apelo do deserto sentido pelo naturalista Théodore Monod, caminhante pelo Saara, ou o apelo do Oriente, que o contemporâneo exato do americano Jack Kerouac (1922-1969), Nicolas Bouvier (1929-1998), pôs em obra em *L'Usage du monde* [O uso do mundo] (1963) e nas continuações *Chronique japonaise* [Crônica japonesa] (1975) e *Le Poisson-scorpion* [O peixe-escorpião] (1982).

Nesse sentido, não há nada mais revelador que o encontro inesperado de André Gide e Théodore Monod nos altos platôs de Camarões, no calor tórrido de uma bela manhã de abril no ano de 1926. Cheio de um ardor evangélico e da sede por descobrir o mundo, o filho do pastor Wilfred Monod foi estudar os peixes do lago Chade, enquanto Gide, acompanhado do jovem Marc Allégret, aprendiz de cineasta, apressa-se para voltar à França pelo caminho de Duala. É flagrante a incompreensão entre os dois personagens, embora viessem do mesmo meio. Para Gide, Monod não passa de um "preparador de museu", enquanto Monod vê em Gide "o homem-que-não-crê-mais-no-pecado" (com a abreviatura, em francês, HQNCPAP) ou, dito de outro modo, a encarnação da perversidade ateia, além de um renegado. Durante aquele breve contato, porém, ambos comungaram do mesmo maravilhamento diante das riquezas das formas animais e vegetais oferecidas pela África central. Em seguida, ambos voltam as costas um para o outro, resolutamente. Em uma análise superficial, os dois viajantes, dois protestantes, apenas cruzaram seus caminhos. No entanto, apesar de escolhas éticas opostas, para ambos a viagem representa a mesma curiosidade inquieta, refletindo, acima das felicidades e dos sofrimentos do dia, o mesmo descontentamento secreto. Assim como para Jean Léry quatro séculos antes, os textos de viagem são mais que uma sedução do pitoresco: representam uma descida em águas profundas, ao mais íntimo do ser. Um seriíssimo *bathyfolage*, como diria Théodore Monod.

Frank Lestringant

▶ **Coleção de textos:** *Recueil de voyages et de documents pour servir à l'histoire de la géographie depuis le XIIIe jusqu'à la fin du XVIe siècle* (1882-1917), org. por Charles SCHEFER e Henri CORDIER, 23 vols., Genebra, Slatkine, 1977; *Les Classiques de la colonisation. Les Français en Amérique au XVIe siècle*, 3 vols., org. por Charles-André JULIEN, Paris, PUF, 1946-1958 (incluindo especialmente os textos de viagens de Giovanni da VERRAZANO, André THEVET, Jean RIBAULT, René de LAUDONNIÈRE e Nicolas LE CHALLEUX); REICHLER, Claude e RUFFIEUX, Roland, orgs., *Le Voyage en Suisse. Anthologie des voyageurs français et européens de la Renaissance au XXe siècle*, Paris, Robert Laffont, 1998. **Edições particulares:** Anônimo, *Histoire du grand et admirable royaume d'Antangil [...]. Par I.D.M.G.T.*, Saumur, Thomas Portau, 1616 (reeditado por Frédéric LACHÈVRE sob o título *La Première Utopie française. Le Royaume d'Antangil [inconnu jusqu'à présent] reimprimé sur l'unique édition de Saumur*, Paris, La Connaissance, 1933); BOUVIER, Nicolas, *L'Usage du monde*, Genebra, Droz, 1999; Capitão BRUNEAU DE RIVEDOUX, *Histoire véritable de certains voyages périlleux et hasardeux sur la mer* (1599), org. por Alain-Gilbert GUÉGUEN, Paris, Éditions de Paris, 1996; FLOURNOIS, Gédéon, *Les Entretiens des voyageurs sur la mer*, Colônia, Pierre Marteau, 1715; FOIGNY, Gabriel de, *La Terre australe connue* (1676), org. por Pierre RONZEAUD, Paris, Société des textes français modernes, 1990; GIDE, André, *Souvenirs et voyages*, org. por Pierre MASSON (com a colaboração de Daniel DUROSAY e Martine SAGAERT), Paris, Gallimard, 2001; LEGUAT, François, *Voyage et aventures de François Leguat et de ses compagnons en deux iles desertes des Indes orientales* (1690-1698), seguido de Henri DUQUESNE, *Recueil de quelques mémoires servant d'instruction pour l'établissement de l'île d'Eden*, org. por Jean-Michel RACAULT e Paolo CARILE, Paris, Éditions de Paris, 1995; LÉRY, Jean de, *Histoire d'un Voyage faict en la terre du Brésil* (1578, 1580), org. por Frank LESTRINGANT, Paris, Librairie générale française, 1994; MONOD, Théodore, *Maxence au désert; Méharées; L'Émeraude des Garamantes; Le Fer de Dieu; Majâbat al-Koubrâ*; Désert libyque; Plongées profondes, Arles, Actes Sud, 1997; VAIRASSE D'ALLAIS (ou VEIRAS D'ALÈS), Denis, *L'Histoire des Sévarambes*, Genebra, Slatkine, 1979. **Estudos críticos:** CARILE, Paolo,

Huguenots sans frontières. Voyage et écriture à la Renaissance et à l'âge classique, Paris, Champion, 2001; CERTEAU, Michel de, *L'Écriture de l'histoire*, Paris, Gallimard, 1975; CHINARD, Gilbert, *L'Exotisme américain dans la littérature française au XVIe siècle* (1911), Genebra, Slatkine, 1978; CONCONI, Bruna, "Echi della *République des Lettres* nel *Nouveau Voyage d'Italie* di Maximilien Misson", em Paolo CARILE et alii, org., *Parcours et rencontres. Mélanges de langue, d'histoire et de littérature française offerts à Enea Balmas*, t. I, Paris, Klincksieck, 1993, p. 787-819; Idem, *'Ils ne connoisent non plus nostre Religion. [...] qu'on la connoist chez les Topinamboux': l'Italia di Maximilien Misson tra vecchio e nuovo paganesimo*, em *Letteratura identità culturali e immagini nazionali. XXI convegno della Società universitaria per gli studi di lingua e letteratura francese* (*Pisa, 26-28 ottobre 1995*), Pisa, Edizioni ETS, 1997, p. 89-111; JULIEN, Charles-André, *Les voyages de découverte et les premiers établissements* (*XVe-XVIe siècles*), Paris, PUF, 1948; LESTRINGANT, Frank, *Le Huguenot et le sauvage* (1990), Genebra, Droz, 2004; Idem, *L'Expérience huguenote au Nouveau Monde* (*XVIe siècle*), Genebra, Droz, 1996; Idem, *Jean de Léry ou l'invention du sauvage* (1999), Paris, Champion, 2005; Idem, *Huguenots en Utopie ou le genre utopique et la Réforme* (*XVIe-XVIIIe siècles*), BSHPF 146, 2000, p. 253-306; Idem, "Entre Jonas et Robinson, le voyage contrarié de Jean de Léry au Brésil, *ETR* 80, 2005, p. 385-395; RACAULT, Jean-Michel, *L'Utopie narrative en France et en Angleterre, 1675-1761*, Oxford, Voltaire Foundation, 1991; Idem, *Nulle part et ses environs. Voyage aux confins de l'utopie littéraire classique* (*1657-1802*), Paris, Presses de l'Université de Paris-Sorbonne, 2003; REICHLER, Claude, *La Découverte des Alpes et la question du paysage*, Chêne-Bourg, Georg, 2002; "Immobiles à grands pas. Écriture et voyage", *Revue des sciences humaines* 214, 1989: *Homo viator. Le Voyage de la vie* (*XVe-XXe siècles*), *Revue des sciences humaines* 245, 1997; VRAY, Nicole, *Monsieur Monod. Scientifique, voyageur et protestant*, Arles, Actes Sud, 1994.

◐ Anticatolicismo; Gide A.; Léry; **literatura**; Monod T.; natureza; Pensilvânia; *Pilgrim Fathers*; Rousseau; **utopia**

"VIDA E AÇÃO"

"Vida e Ação" (*Life and Work*, traduções possíveis: "cristianismo prático" ou "cristianismo social") é um dos três componentes do movimento ecumênico que precedeu a fundação do Conselho Mundial de Igrejas no ano de 1948. Sua razão de ser só pode ser compreendida em relação aos outros dois: a cooperação na missão (Conferência Mundial de Edimburgo, 1910) e a fundação dogmática da unidade (Conferência Mundial "Fé e Constituição" de Lausanne em 1927). Os cristãos sociais, com a iniciativa do movimento "Vida e Ação", orientaram-se deliberadamente para a ação como motor da reunificação das igrejas, de acordo com o *slogan* da época: "A doutrina divide; a ação une". A convocação do dia 19 ao dia 29 de agosto de 1925 em Estocolmo da conferência constitutiva de "Vida e Ação", dois anos antes de "Fé e Constituição", revelou a dificuldade que os episcopais americanos sofreram para organizar "Fé e Constituição" e a urgência das questões sociopolíticas que deveriam estar presentes na Conferência de Estocolmo.

A Conferência de Estocolmo foi concebida, preparada e presidida pelo arcebispo luterano de Uppsala, Nathan Söderblom. O evento reuniu seiscentos representantes de 31 igrejas, cuja grande maioria era protestante anglicana e a minoria era ortodoxa. A Igreja Católica foi convidada, mas recusou-se a comparecer; porém, alguns observadores oficiais assistiram às sessões. A conferência canalizou inúmeras iniciativas de paz e renovação da sociedade por parte de meios eclesiásticos e associativos, durante e após a Primeira Guerra Mundial, em um movimento de catolicidade evangélica, expressão cunhada por Söderblom. As questões sociais, morais, políticas e econômicas dominaram a conferência, mas a compreensão da natureza do reino de Deus opôs os defensores da "teologia dialética", para os quais o Reino é um horizonte escatológico fora do mundo, e os cristãos sociais (como os franceses Wilfred Monod, Élie Gounelle e Henri Monnier), para os quais esse Reino é uma realidade que pode chegar à terra. Ao longo da segunda conferência, em Oxford, no ano de 1937, o tema do reino de Deus passou para segundo plano, enquanto a igreja foi vista como um poder de reação contra os totalitarismos, uma igreja em tensão com a sociedade, não encarregada de estabelecer a paz e a justiça, mas de anunciar um evangelho que pode exigir essa paz e essa justiça do Estado.

Em 1938, o movimento "Vida e Ação" se une ao movimento "Fé e Constituição" para constituir o Conselho Mundial de Igrejas. Mas, contrariamente ao CMI, que conta com encontros a cada dez anos, ele desapareceu, sem dúvida vítima da maneira com que a teologia barthiana concebia a ação social. No entanto, "Vida e Ação" ressurgiu através do departamento do CMI "Igreja e Sociedade", criado na Assembleia de Evanston, em 1954, para tratar das questões sociais em um mundo em plena evolução, dominado pela secularização no Norte e pela pauperização no Sul. A conferência "Igreja e Sociedade" de Genebra em 1966 foi marcada por certa radicalização política, tanto pelo surgimento de teologias da revolução no Norte quanto pelas teologias da libertação no Sul. Ao longo das reestruturações por que passou o Conselho Mundial de Igrejas nos anos 1990, "Igreja e Sociedade" desaparece, por sua vez, para fundir-se em uma ampla unidade: "Justiça, Paz e Criação", reunindo programas tais como vencer a violência, fé cristã e economia mundial hoje, direitos da pessoa humana, ações de solidariedade para com a África, sociedade civil e globalização.

Jean-François Zorn

▶ MONNIER, Henri, *Vers l'union des Églises. La conférence universelle de Stockholm*, Paris, Fischbacher, 1926; OLDHAM, Joseph Houldsworth, *Les Églises en face de leur tâche actuelle. Rapport de la Conférence d'Oxford 1937*, Paris, "Je sers", 1938; CHRISTIAENS, Louis e DERMANGE, François, orgs., *Les Églises protestantes et la question sociale. Positions oecuméniques sur la justice sociale et le monde du travail*, Genebra, Bureau international do travail, 1996; WEISSE, Wolfram, *Praktisches Christentum und Reich Gottes. Die ökumenische Bewegung Life and Work 1919-1937*, Göttingen, Vandenhoeck & Ruprecht, 1991.

◉ Conselho Mundial de Igrejas; cristianismo social/ socialismo cristão; Fallot; "Fé e Constituição"; **ecumenismo**; Gounelle; missionárias (sociedades); Monod W.; socialismo religioso; Söderblom

VIÉNOT, John (1859-1933)

Nascido em 1859 em Asnières, perto de Bourges, onde seu pai era evangelista, John Viénot estudou teologia na Faculdade de Paris, tornando-se bacharel em 1884. Ordenado ao ministério pastoral, passou a ocupar um cargo na Igreja Luterana de Montbéliard até 1901. Continuou sua formação e obteve sua licença em teologia em 1895, e em seguida o doutorado (1900), com a tese *Histoire de la* Réforme dans le Pays de Montbéliard depuis les origines jusqu'à la mort de P. Toussain 1524-1573 (2 vols., Montbéliard, Imprimerie montbéliardaise, 1900). Foi nomeado professor de história eclesiástica na Faculdade Protestante de Paris, onde ensinou por trinta anos. Também foi chamado, em 1901, para a Paróquia do Oratório do Louvre, permanecendo ali até 1932 como um dos pastores. Autor de inúmeras obras e artigos históricos que lhe valeram uma inegável notoriedade, John Viénot também foi jornalista: primeiro, fundou com Gédéon Jaulmes (1861-1933) a *Vie nouvelle* [Vida nova] (1886) e assumiu a direção da famosa *Revue chrétienne* [Revista cristã] de 1904 a 1926. Além de suas responsabilidades eclesiásticas e universitárias, foi presidente da Sociedade de História do Protestantismo Francês de 1922 a 1933, ano de sua morte em Paris.

Laurent Gambarotto

▶ VIÉNOT, John, *Histoire de la* Réforme française, t. I: *Des origines à l'Édit de Nantes* e t. II: *De l'Édit de Nantes à sa Révocation*, Paris, Fischbacher, 1926-1934; DARTIGUE, Henry, *John Viénot*, Revue du christianisme social 47/1, 1934, p. 193-202; DEBARD, Jean-Marc, *Viénot John Emmanuel*, em André ENCREVÉ, org., *Les protestants* (*Dictionnaire du monde religieux dans la France contemporaine* V), Paris, Beauchesne, 1993, p. 493-495.

VINAY, Tullio (1909-1996)

Pastor da Igreja Valdense, Tullio Vinay lançou, logo após a guerra, o projeto do centro ecumênico Ágape, na parte italiana dos Alpes ocidentais. Liderou a construção e as atividades do centro de 1947 a 1960. Em seguida, deslocou sua iniciativa para o sul do país, onde fundou o "Serviço Cristão de Riesi", na Sicília. Durante a Segunda Guerra Mundial, Vinay se pôs a serviço dos perseguidos do regime fascista, principalmente os judeus. A mesma motivação o levou a realizar no Vietnã, em 1973, uma missão secreta em prol dos prisioneiros políticos de Saigon. Fez amizade com os antigos líderes da resistência italiana (tais como Ferruccio Parri) e aceitou se tornar candidato ao Senado da República no final dos anos 1970, sendo eleito duas vezes nas listas do Partido Comunista Italiano, liderado, na época, por Enrico Berlinguer, homem de grande estatura moral. Vinay trabalhou pregando e dando seu testemunho cristão, continuando o trabalho do Ágape e do Riesi, que marcou profundamente duas gerações de jovens na Itália e em toda a Europa, não somente protestantes.

Mario Miegge

▶ VINAY, Tullio e Gio, *Le soleil se lève au Sud. Une ville en Sicile: Riesi*, Paris, Cerf, 1968; VINAY, Tullio, *L'utopie du monde nouveau*. Écrits *et discours au Sénat italien* (1984), Amstelveen, IMPROPEC, 1988; Idem e RICHARD-MOLARD, Georges, *Riesi ou la force de l'agapê*, Paris, Buchet/Chastel, 1976.

Ágape; centros de encontro; Igreja Valdense; Itália; Riesi; tortura

VINCENT, Jacques Louis Samuel (1787-1837)

Samuel Vincent foi pastor em Nîmes, tomando parte importante na renovação do pensamento protestante na França após a Revolução. No início, trabalhou como tradutor de William Paley (1743-1805) e de Thomas Chalmers (1780-1847), sendo notado em 1818-1820 por suas réplicas aos ataques de Félicité Robert de La Mennais (1782-1854) contra o protestantismo. De 1820 a 1825, publicou dez volumes de *Mélanges de religion, de morale et de critique sacrée* [Miscelâneas de religião, de moral e de crítica sacra], a primeira revista teológica protestante de expressão francesa; em 1830-1831, publicou quatro volumes alentados de outra revista, *Religion et christianisme* [Religião e cristianismo]. Seu objetivo foi colocar ao alcance dos correligionários informações e textos, geralmente de origem estrangeira, para fomentar a reflexão teológica. Condensou seu pensamento em dois volumes de *Vues sur le protestantisme en France* [Visões sobre o protestantismo na França], cuja ideia dominante é resumida na seguinte frase, muitas vezes citada: "O conteúdo do protestantismo é o evangelho; sua forma é o livre exame" (t. I, p. 19). Sem dúvida alguma, Vincent ajudou o protestantismo francês a manter-se firme no clima intelectual do século XIX.

Bernard Reymond

▶ *Actes du colloque Samuel Vincent, 21-22 novembre 2003, Carré d'art de Nîmes*. [*Le pasteur Samuel Vincent à l'aurore de la modernité 1787-1837*], Nîmes, Société d'histoire du protestantisme de Nîmes et du Gard, 2004; GROSSI, Roger, *Samuel Vincent, témoin de l'Évangile (1787-1837)*, Nîmes, Société d'histoire du protestantisme de Nîmes et du Gard, 1994; REYMOND, Bernard, *Redécouvrir Samuel Vincent*, ETR 54, 1979, p. 411-423.

Autoridade; liberalismo teológico; Nîmes

VINET, Alexandre Rodolphe (1797-1847)

Alexandre Vinet nasceu em Lausanne. Foi professor de língua e literatura francesa em Basileia de 1817 a 1837, cidade em que conviveu com Wilhelm Martin Leberecht De Wette (1780-1849), além de professor de teologia prática na Academia de Lausanne de 1837 a 1846. Formou os fundamentos de seu pensamento ao longo de seus trabalhos de crítica literária, principalmente sobre Pascal e Chateaubriand (cf. *Études sur Blaise Pascal* [Estudos sobre Blaise Pascal], 1848; *Études sur la littérature française au dix-neuvième siècle* [Estudos sobre a literatura francesa do século XIX], 1849-1851). Mais ensaísta que sistemático, escreveu inúmeros artigos sobre problemas de espiritualidade, moral, filosofia social e religiosa, reunidos, após sua morte, nos diversos volumes publicados pela Sociedade das Edições Vinet. Recebeu certa influência do Avivamento, mas não aderiu ao movimento, chocando-se profundamente quando, em 1824, o governo valdense implementou medidas repressivas contra os chamados *mômiers* [bufões], adeptos do grupo; como resultado, tornou-se um dos principais teóricos protestantes a defender a separação entre a igreja e o Estado (cf. *Mémoire en faveur de la liberté des cultes* [Memória em favor da liberdade de culto], 1826; *Essai sur la manifestation des convictions religieuses et sur la séparation de l'Église et de l'État envisagée comme conséquence nécessaire et comme garantie du principe* [Ensaio sobre a manifestação das convicções religiosas e sobre a separação entre igreja e Estado, considerado como consequência necessária e como garantia do princípio], 1842). Opôs-se ao modo com que o governo de Henri Druey buscou enquadrar os pastores da Igreja Nacional Valdense recalcitrantes na revolução radical de 1845, o que fez dele um dos fundadores e primeiros líderes da Igreja Livre do Cantão de Vaud. Exerceu em todo o protestantismo francófono uma

VIOLÊNCIA

fecunda influência, comparável à de Schleiermacher na Alemanha. Em pleno século XX, tanto ortodoxos quanto liberais ainda demonstram ter bebido em suas fontes.

Enquanto vivia, boa parte de seu renome se deveu às suas atividades como crítico literário: colaborou para o semanário protestante *Semeur* [Semeador], fundado em Paris no ano de 1831. Nessa publicação, comentava os novos lançamentos em uma ótica que fazia eco à sua reflexão religiosa e moral, sendo um complemento a seus ensinos sobre os autores do passado. A coerência e a fineza de sua abordagem também lhe valeram a estima dos principais escritores de seu tempo, e vários deles foram seus correspondentes.

Bernard Reymond

▶ VINET, Alexandre, *Oeuvres*, 30 vols., Lausanne-Paris, Bridel-Fischbacher, 1910-1964; BRIDEL, Philippe Louis Justin, *La pensée de Vinet*, Lausanne, Payot, 1944; MAGGETTI, Daniel e LAMAMRA, Nadia, org., *"Jeter l'ancre dans l'éternité". Études sur Alexandre Vinet*, Lausanne, Bibliothèque historique vaudoise, 1997; MAISON, Jean-Jacques, *La direction spirituelle d'Alexandre Vinet*, 2 vols., Le Mont-sur-Lausanne, Ouverture, 1989; REYMOND, Bernard, *À la redécouverte d'Alexandre Vinet*, Lausanne, L'Âge d'Homme, 1990; Idem e JACUBEK, Doris, orgs., *Relectures d'Alexandre Vinet*, Lausanne, L'Âge d'Homme, 1992.

● **Autoridade**; Bovon; Cavour; Druey; Frommel; igreja e Estado; igrejas livres; multitudinismo; Pascal; **pastor**; Pressensé; Secrétan

VIOLÊNCIA

1. Introdução
2. O que é a violência?
3. Referências históricas
   3.1. Martinho Lutero (1483-1546)
   3.2. Ulrico Zwinglio (1484-1531)
   3.3. Os anabatistas
   3.4. João Calvino (1509-1564)
   3.5. John Knox (?1513-1572)
   3.6. As guerras de religião e os monarcômacos
   3.7. Séculos XVII e XVIII
   3.8. Séculos XIX e XX
4. Algumas posições protestantes no século XX
   4.1. Igrejas e paz
   4.2. Reinhold Niebuhr (1892-1971)
   4.3. Jacques Ellul (1912-1994)
   4.4. Robert McAfee Brown (1920-2001)
   4.5. A questão das armas nucleares
5. A contribuição da resistência não violenta
   5.1. Fins e meios
   5.2. Lei e leis
   5.3. A resistência não violenta
   5.4. O risco do sofrimento
6. A ampliação do conceito de violência
   6.1. Uma violência contra todo o ser
   6.2. Rememorar a violência

1. Introdução

A Bíblia mal começa e já está presente a violência. Os capítulos 3, 4 e 11 de Gênesis expõem essa realidade que dilacera o ser humano: as relações difíceis entre Adão e Eva, o assassinato de Abel e a violência da linguagem prefiguram a violência das nações no episódio da torre de Babel. No entanto, a ênfase que a Bíblia atribui a esses acontecimentos se deve menos a seu caráter histórico que a seu caráter simbólico. Nisso há a expressão do desejo de refletir não somente na violência, mas, de modo mais profundo, trabalhar a questão do mal, e isso juntamente com a confissão de um Deus necessariamente bom e de uma criação boa. É significativo que a Bíblia não atribua a Deus o termo "violência" no sentido de uma força a serviço de um (mau) querer, ao mesmo tempo que evoca inúmeras vezes sua (santa) ira contra o mal trazido pela violência.

As primeiras páginas da Bíblia meditam sobre o enigma do mal e o confessam como pecado; se esse termo surge no singular, é porque não se reduz, de forma alguma, a uma lista de ações consideradas más do ponto de vista moral. A "figura" de Satanás tanto acompanha quanto provoca a meditação, sem reduzir-se a isso. De parte a parte, na Bíblia e na reflexão teológica, aquele que simboliza a oposição radical a Deus jamais liberta o homem de suas responsabilidades e da violência que ele exerce. Com ou sem Satanás, a meditação segue caminho, concernindo a uma "realidade" muito mais complexa que habita e possui o ser humano, a tal ponto que chega a confessar: *não faço o que prefiro, e sim o que detesto* (Rm 7.15). Há um desvelamento, a revelação de uma cegueira, que Jesus observa ao interceder: *Pai, perdoa-os, pois não sabem o que fazem* (Lc 23.34). O pecado está diretamente relacionado com o fato de que o ser humano é incapaz de receber e responder à bondade primeira de Deus e, como resultado, "perde conhecimento" de seu Deus, de si mesmo, do outro e do mundo.

O conhecimento relacional do ser humano teria se dissolvido, em prol de um conhecimento intelectual? O relato do Gênesis sugere isso ao relacionar a aquisição do conhecimento do bem e do mal à saída do jardim do Éden. De que serviria esse saber, se não é assumido pessoalmente? Essa questão ainda ressoa, enquanto já se inicia a história dos acontecimentos, tragicamente ritmada por essa violência que demonstra a ruptura da criatura com seu Criador, com a criação, com o outro e consigo mesmo.

> Ao homem pertence a violência no sentido do mau uso da força. A Deus pertence a ira, ou seja, uma forte reprovação do mal. No entanto, como explicar isso? A rejeição do mal, sua oposição, decorre da total generosidade da criação, que deu ao ser criado, ainda que ser segundo, a totalidade do ser, da liberdade e do destino, fazendo com que Deus, criador de todas as coisas, possa ter dado tudo sem ter desejado o mal. [...]
>
> A ira de Deus é santa e sem pecado, pois é livre de toda contingência (Os 2.9), exercendo-se contra o pecado que é o acidente do mal. O Senhor Jesus Cristo tem essa ira, que é uma ira santa, ela mesma expressão de uma santa violência, ao contemplar os ouvintes de coração duro (Mc 3.5) e, ao desafiar a reprovação dos bem-pensantes, opera a cura do homem da mão ressequida no dia de sábado, pois a ira de Deus tem como motor o amor, a paixão de Deus por aqueles que ama (Dt 6.15; Sl 79.5). Uma leitura cursiva da vida demonstra que a ira de Deus pode se manifestar a cada dia ao longo da história, já que é na história que se manifesta a presença do Deus judaico-cristão; diferente de todas as demais divindades, ele está, ao mesmo tempo, totalmente fora e totalmente presente, sendo o Criador *ex nihilo* de uma criação perfeitamente autônoma e... uma Providência presente a cada instante na sequência do tempo. Mas a ira divina se situa fundamentalmente no final dos tempos, no último dia: *Haverá, porém, um dia específico, reservado para a manifestação da ira divina; é o dia de Javé, o dia do julgamento, dia de ira e furor* (Ez 7.19; Sf 1.15,18; Mt 3.7; Lc 21-23; Rm 2.5; 1Ts 1.10; Ap 6.17; 11-18).
>
> Porém, Deus está atrelado à promessa que fez de não mais irar-se. De fato, o mistério da ira é o mistério da Salvação e do Amor.
>
> Pierre CHAUNU, *La violence de Dieu* [A violência de Deus], p. 70-73

2. O que é a violência?

A violência pertence à história humana, pois é uma história de conflitos. A religião se imiscui nisso e, enquanto deveria (poderia?) ser um fator de resolução de conflitos, muitas vezes tende a tornar o problema ainda mais inextricável.

"A violência tem isto de horrível e fascinante: oferece a possibilidade de instituir, em nome do mais forte, relações vantajosas fazendo economia do trabalho e da palavra", escreveu Jean-Marie Domenach (p. 34). Para Yves Michaud, a violência é tão difícil de definir quanto é fácil de identificar. Se ontem eram principalmente sons (do grito, do dobre de sinos) que evocavam seus efeitos, hoje são as imagens que traduzem suas áreas de atuação: sobretudo as que pululam na telinha, imagens tão fortes que não precisam necessariamente de comentário, som ou palavra. Elas gritam sem voz; mudas, elas falam. E podemos até nos indagar se, por vezes, de imagens de violência, elas se tornam violência de imagens, ao sabor das técnicas de violência que engendram uma violência da técnica. Tanto de perto quanto de longe, a violência está por toda parte, revestindo todos os rostos da humanidade, todas as suas expressões, todas as suas formas. Dessa maneira, a violência é visível e oculta, reveladora e cega, exprimindo-se física, psíquica, econômica, institucional e estruturalmente. É privada e coletiva, pessoal e comunitária, local, nacional e internacional, industrial, revolucionária e estatal. Implica o Norte e o Sul, o Leste e o Oeste. É exercida contra todos: homens, mulheres, crianças, gerações, classes, povos, ricos, pobres, civis, militares. Apelo ou réplica, variada em suas formas, remete a seu oposto, aquilo que ela radicalmente não é: a paz. Isso explica os diferentes olhares que os protestantes lançam sobre ela e que são expressão das diversas concepções de paz e dos meios para estabelecê-la.

Primeiro, uma imagem, a das fivelas de cinto utilizadas pelos soldados alemães durante a Primeira Guerra Mundial, em que se lia a inscrição *Gott mit uns*, "Deus conosco". Essa imagem de um tempo (findo?) em que guerra e cristandade, sobretudo o protestantismo, aliavam-se menos para o melhor que para o pior, permanece gravada na memória. Essa lembrança, podemos nos indagar, não colocaria imediatamente em dúvida todas as afirmações sobre uma guerra "justa", quando o inimigo afirmava, às vezes, também confessar a fé cristã? Essa guerra, assim como as anteriores e as posteriores, revelava a variedade de posições defendidas pelas igrejas e seus teólogos, postulando (se é que havia necessidade) que a questão da violência, pelo menos em grande escala, minava toda pretensão de recuperar Deus para um dos lados.

Essa imagem, assim como a que mostrou um jovem chinês sozinho em frente a um tanque de guerra no dia 4 de junho de 1989, enquanto outros ocupavam a Praça Tianamen, em Pequim, aponta para o papel da memória. A violência deixa marcas, tanto no sentido concreto quanto no figurado, e as ciências humanas, principalmente a psicologia e a psicanálise, não deixam de ler seus traços. Os efeitos da violência duram mais que o tempo necessário para golpear alguém ou administrar-lhe a morte; eles se inserem na duração. Assim, será talvez útil e até mesmo necessário rememorar a violência para extirpá-la ou curar-se dela.

3. Referências históricas

A violência atravessa a história, sendo, de alguma forma, sua trama e revestindo-se de várias formas, com várias etapas que queremos aqui brevemente lembrar com a ajuda de Jean-Claude Chesnais e Yves Michaud. Na época da sociedade agrária e tradicional, a violência era exercida sobretudo de grupo sobre grupo, de localidade sobre localidade, sem esquecer toda a violência inerente à vida rude, precária. Esse tipo de violência predominou na Europa até o advento da sociedade industrial, caracterizada pela concentração urbana e pela atomização dos indivíduos; aos poucos, os conflitos se institucionalizaram enquanto a violência privada se individualizou. Em seguida, veio a fase da sociedade terciária, em que a violência social passou a ser mediada e se concentrou nas mãos do Estado. Todavia, não percamos de vista o fato de que, no mundo de hoje, coabitam esses três tipos de violência, misturando-se e complexificando-se.

A época contemporânea se caracteriza pela quantidade e pela importância dos problemas trazidos pela violência, visto que se tornou possível o aniquilamento total da terra e de seus habitantes desde o século passado. Isso equivale a dizer que as questões debatidas pelos reformadores diferem sensivelmente das questões com as quais se confronta o protestantismo hoje.

Quando é permitido aos cristãos participar da guerra? É desse modo que a questão da violência tem sido debatida no cristianismo ao longo dos séculos. Em geral, três respostas a essa pergunta foram propostas, todas elas apoiando-se, com graus variados de força, em uma ou outra passagem da Escritura em que não se ausentava a linguagem da guerra (santa). A teóloga Rosemary Radford Ruether escreveu que a linguagem bíblica "se presta ao fanatismo por nos convidar a olhar 'o inimigo' como constituído de inimigos de Deus e até mesmo demônios que perderam toda afinidade humana. Também se presta à violência extrema ao sugerir que a eliminação completa dos outros eliminará o próprio mal" (*Guerre et paix dans la tradition chrétienne* [Guerra e paz na tradição cristã], *Concilium* [Concílio] 215, 1988, p. 29).

Denis Crouzet demonstrou convicções semelhantes em relação às guerras de religião. Segundo ele, essas guerras "teriam atuado como um escape para a fobia do apagamento da identidade do eu, reconfortantes e semelhantes a uma certeza, por serem reunificantes. Afinal, não foram elas que permitiram aos católicos (e também aos reformados, talvez em uma perspectiva bastante diferente) recalcar e expulsar o Outro no outro?" (t. I, p. 303). Podemos nos indagar se essa recusa da alteridade não seria justamente a constante de todas as guerras, inclusive as mais recentes, em que a religião se imiscui na argumentação: afinal, não foram justificadas teologicamente guerras e conquistas coloniais na América do Norte e do Sul, e também na África do Sul? Até hoje, a maioria dos protestantes e católicos estima que a guerra é justificável sob certas condições e com certas restrições para que sejam restabelecidas as modalidades da paz e/ou para que se responda a uma missão de Deus. De modo inverso, outra corrente da tradição cristã recusa toda violência e apresenta o pacifismo como uma norma absoluta, enquanto uma terceira opção, defendida antigamente, defendia a tese da guerra santa. Mas, antes de retomar essa questão da violência, pretendemos investigar as posições dos teólogos sobre o assunto.

3.1. Martinho Lutero (1483-1546)

O reformador de Wittenberg não apresenta a questão da violência em termos diretos. É principalmente ao falar sobre o assassinato e a guerra que Lutero revela suas posições sobre o assunto. Isso é feito de modo particular no tratado *Da autoridade temporal e da obediência que lhe é devida* (1523, em *MLO* 4, 13-50), um opúsculo de 1526, em que ele responde longamente à questão "Os soldados podem se encontrar em um estado de graça?" (em *MLO* 4, 227-260) e no *Catecismo maior* (1529, em *MLO* 7, 23-153), quando comenta o mandamento "Não matarás". Em geral, para ele, há um elemento fundamental que é o respeito à intenção divina, que consiste nisso: "que não façamos mal a ninguém, mas que façamos prova de toda bondade e amor" (*MLO* 7, 63). Isso significa que toda violência, mesmo justificada (e, às vezes, até teologicamente), será considerada um mal necessário. Notemos que Lutero atribui uma acepção ampla à expressão "não matarás", especificando que a compreende do seguinte modo: "Primeiramente, que não se faça mal a ninguém, direta ou indiretamente; em seguida, que não nos deixemos usar da língua para o mal através de palavras ou conselhos [...]. Em segundo lugar, também transgride esse mandamento não somente quem faz o mal, mas quem pode fazer o bem ao próximo e não faz, deixando de retê-lo, defendê-lo, protegê-lo e socorrê-lo para que não se abata sobre seu corpo nenhum mal e nenhum dano" (*MLO* 7, 62s). O segundo ponto permite pensar que Lutero denuncia as violências contra os pobres por seu senhor, bastante consciente de que a economia e o poder podem levar às piores exações. No entanto — e aqui suas diferenças em relação a Thomas Müntzer (?1490-1525), em 1525, servem como exemplo —, ele não apela para que esse mal seja confrontado, já que "o cristão não deve portar a espada nem brandir a arma para si mesmo e seus assuntos; mas, quando se trata de outra pessoa, ele pode e deve portá-la, utilizando-a para que a maldade seja reprimida e a piedade, protegida" (*MLO* 4, 29). Essa autorização é compreendida no contexto da doutrina luterana dos dois reinos, um espiritual, que depende somente de Deus, e o outro temporal, que depende das autoridades e é exercido pela espada. De modo concreto, o ensino luterano no meio religioso proíbe a violência ao cristão, enquanto, no meio político, a violência é vista como lícita e até necessária. Há, portanto, uma forte tensão entre um ideal de paz e uma realidade em que a guerra é bastante presente, uma guerra na qual o teólogo tenta colocar todo tipo de limites, negando principalmente às guerras de religião o direito de serem guerras justas.

Esses aspectos mostram que Lutero compreende a violência como fato da humanidade, mas que não a justifica como tal, já que todo homem é chamado a confessar a fé e a afirmar, com seu comportamento, que o reino de Deus, espiritual, estendeu-se sobre si mesmo em totalidade. A violência revela para todos quem é o senhor do ser humano, incapaz de discernir espontaneamente a bondade da vontade divina: Deus ou Satanás. O reformador explicita esse pensamento ao comparar a vontade humana a um burro de carga: "Quando Deus monta nele, o burro vai aonde Deus quer que vá [...]. Quando Satanás monta nele, o burro vai aonde Satanás quer que vá. E ele não está livre para escolher entre os dois cavaleiros, mas ambos lutam entre si para apoderarem-se dele e possuí-lo" (*Du serf-arbitre* [A escravidão da vontade], 1525, em *MLO* 5, 53).

O drama da Guerra dos Camponeses, que perturbou o sul e o centro da Alemanha do verão de 1524 à primavera de 1525, forçou um questionamento concreto das posições do reformador. É importante lembrar que esse levante popular, que uniria até trezentas mil pessoas, não era alheio à mensagem de Lutero, muito pelo contrário. De modo particular, dois elementos de seu pensamento foram conservados, a começar pela autonomia do leigo e da comunidade local, e a exigência de um novo direito laico mais de acordo com as Escrituras. É evidente que houve revoltas populares muito antes da Reforma, mas Lutero e seus ataques institucionais desempenharam um papel revelador. E se, ainda em 1520, Lutero admitia o recurso à violência, em 1522 ele publicou um texto chamado *Sincera admoestação a todos os cristãos para que se guardem da revolta e da sedição*, em que deparamos com as seguintes palavras: "Por meio da violência, não podemos lhe causar [ao papismo] nenhum mal; pelo contrário, só o reforçaríamos, conforme a experiência de muitos no passado. Por outro lado, se evidenciamos que, pela luz da verdade, o papismo está em oposição a Cristo e sua doutrina está em oposição ao evangelho, eis que o papismo desmoronará e será aniquilado sem dificuldade e sem labor" (em *Oeuvres* [Obras] I, Paris, Gallimard, 1999, p. 1139). Além disso, entre abril e julho de 1525, Lutero publicou cinco textos sobre essa guerra para alertar os protagonistas sobre o uso político do evangelho, suspeitando de que Thomas Müntzer estava por trás disso. Foi dessa forma que, aos poucos, o reformador passou de uma admoestação apostólica a uma ferrenha oposição. Ele chegou até mesmo a considerar os camponeses como desordeiros, a ponto de escrever: "Não pode haver nada mais venenoso, mais daninho e mais diabólico que um insurreto. [...] até mesmo a autoridade pagã tem o poder e o direito de punição; e mais, tem o dever de punir esses patifes. É para isso que porta a espada e é serva de Deus contra os que praticam o mal" (*Contre les hordes criminelles et pillardes de paysans* [Contra as hordas de camponeses criminosos e saqueadores], em *MLO* 4, 176s).

Os dois reinos estão bem separados: as posições de Lutero não são isentas de coerência, ainda que choquem por sua virulência. Para ele, os camponeses não deveriam nem rebelar-se contra a autoridade regular nem usar do evangelho para suas reivindicações políticas e econômicas. É por isso que, de modo definitivo, o reformador clamou por uma intervenção forte e firme das autoridades civis. O esmagamento decorrente disso (cerca de cem mil vítimas) fez com que ele perdesse o apoio desse setor.

3.2. Ulrico Zwinglio (1484-1531)

Entre os reformadores do século XVI, sem dúvida Zwinglio foi quem mais relacionou as realidades da igreja e do Estado. Isso é importante para nosso objetivo, pois foi o que levou o reformador de Zurique a conjugar patriotismo e fé cristã. Embora tenha sido influenciado pelo humanismo de Erasmo, nunca se opôs radicalmente à guerra, ou pelo menos nunca se opôs a guerras que tinham como causa a defesa do patrimônio nacional; o que condenou, foram seus motivos: dinheiro e saques. Porém, o teólogo mudou: nas obras *Exortação da parte de Deus aos anciãos, honoráveis, respeitáveis e sábios confederados de Schwyz, para que se guardem dos senhores estrangeiros e se libertem deles* (1522) e *Fiel e séria exortação aos piedosos confederados para que se apeguem aos usos e costumes de seus antecessores, a fim de que não lhes sobrevenha algum dano por causa da infidelidade e das armadilhas que lhes faz o inimigo* (1524) (tradução francesa *Deux exhortations à ses confédérés* [Duas exortações a seus confederados], Genebra, Labor et Fides, 1988), por exemplo, não hesitou em pregar a defesa armada, comparando analogicamente a história de seu país, a Suíça, com a história do povo de Israel, liberto do Egito pelo próprio Deus, tanto em seus textos posteriores quanto em *Plan zu einem Feldzug*, presumivelmente de 1524, em que se mostrava mais agressivo. Teria sido porque, antes de 1524, a situação política (isolamento de Zurique) o impedia de elaborar um plano de ataque? Talvez; no entanto, limitamo-nos a observar que Zwinglio não legitimou a guerra, mas ofereceu uma reflexão que se caracterizou tanto pelo realismo político quanto pela vontade de prevenir seus leitores contra a intoxicação do poder. A igreja, com sua pregação, tem a desempenhar um papel profético e até mesmo social. Com a ajuda de um Estado quase teocrático, a igreja deve operar com toda a força para limitar a violência, compreendida como expressão do pecado humano.

Esse realismo ecoa profundamente a vívida controvérsia do reformador zuriquense com os anabatistas. Tratava-se, acima de tudo, de chegar à conclusão sobre quem compunha a verdadeira igreja. Para Zwinglio, a questão da unidade da igreja era fundamental, já que, para ele, existe na Bíblia uma só aliança e um só povo de Deus. Assim, seja evocando em um contexto político o mercenarismo, seja mencionando em um contexto religioso o *status* da igreja, sua preocupação não difere: a igreja universal visível é uma igreja mista, composta tanto de verdadeiros cristãos quanto de infiéis. É na relação com Cristo que se define a igreja verdadeira: "A primeira consequência é que todos os que vivem na cabeça são membros e filhos de Deus; quer se trate da igreja quer da comunhão dos santos, a esposa de Cristo, a Igreja Católica". Zwinglio estava mais atento que seus adversários anabatistas ao princípio de realidade ou, melhor ainda, de temporalidade: o tempo presente não é o do Reino, pois ainda está marcado pelo pecado do homem e exige a limitação da violência, física ou espiritual. Como observa de modo bem-humorado, "se todos os homens devem a Deus aquilo que lhe devem, não precisaríamos nem de príncipes nem de dirigentes, e de fato nem sequer teríamos de deixar o paraíso" (citado por W. Peter

STEPHENS, *Zwingli le théologien* [Zwinglio, o teólogo], 1986, Genebra, Labor et Fides, 1999, p. 365). Por isso há a necessidade do governo e das instituições, que, como expresso em Romanos 14, são postos sob a égide de Deus.

3.3. Os anabatistas

> Aquele que não quer se consertar e crer, mas resiste à Palavra e à ação de Deus, endurecendo o coração [no pecado] quando lhe é pregado Cristo, sua Palavra e sua lei (Mt 18.15-18), tendo sido advertido em presença de três testemunhas e da Assembleia, esse homem [...] não deve ser morto, mas é necessário que seja visto como publicano e pagão, e que seja deixado de lado.
>
> Também não é necessário proteger o evangelho e seus adeptos por meio da espada. Do mesmo modo, eles também não devem se defender dessa maneira. Soubemos por nosso irmão que essa também é a tua opinião e a tua postura. Os verdadeiros e fiéis cristãos são ovelhas no meio de lobos, ovelhas para o matadouro. Eles devem ser batizados na angústia, na aflição, na tribulação, na perseguição, no sofrimento e na morte; devem passar pela prova de fogo e alcançar a pátria do repouso eterno não estrangulando seus inimigos de carne, mas, sim, matando seus inimigos espirituais. Do mesmo modo, eles não empunham a espada deste mundo nem fazem guerra, pois renunciaram totalmente à ideia de matar, e sem isso ainda estaríamos ligados à antiga Lei. Mas mesmo na lei antiga, aliás, se não nos enganamos, a guerra havia se tornado uma praga, até que eles conquistaram a Terra Prometida.
>
> Trecho de uma carta de 1524, de Conrad Grebel e seus amigos a Thomas Müntzer (citado por Jean SÉGUY, *Les Assemblées anabaptistes-mennonites de France* [As assembleias anabatistas-menonitas da França], Paris-Haia, Mouton, 1977, p. 303).

Rejeitando o papel predominante deixado ao poder civil, o zuriquense Conrad Grebel (?1498-1526) se distanciou de Zwinglio ao mesmo tempo que não aderiu às posições de Thomas Müntzer, o reformador radical que se tornou conhecido por participar da Guerra dos Camponeses. Grebel acusou Müntzer de não respeitar a Palavra de Deus ao pregar uma violência revolucionária. O engajamento dos anabatistas suíços (chamados assim por sua prática de rebatismo), sob a influência de Grebel, enveredou por um caminho resolutamente pacifista. A *Confissão de Schleitheim* (1527) carrega profundos traços desse pacifismo e se insere em um contexto de reflexão sobre o batismo, a separação do mundo e a rejeição de toda violência. É interessante observar que suas convicções se baseiam na teologia (o pacifismo é consequência do batismo em Cristo), em vez de ser fruto de argumentos estratégicos ou humanistas. Após o sangrento episódio do Reino de Münster (1535), em que se buscou estabelecer o reino de Deus na terra, ainda que por meio de violência, Menno Simons (1495/6-1561) fez um apelo com vistas ao fim da violência e a um rigor ético fundamentado no Sermão do Monte e expresso de modo exemplar no Servo sofredor, Jesus, o Messias. Imitar esse exemplo foi considerado primordial, não importavam as consequências possíveis, como, por exemplo, o sofrimento.

3.4. João Calvino (1509-1564)

Embora Calvino, de acordo com sua época, esteja bastante consciente do caráter dramático da existência humana, as questões levantadas pela violência humana não lhe pareceram de primeira importância, o que explica o fato de que não tenha questionado a doutrina da guerra (justa) da qual Tomás de Aquino, depois de Agostinho, especificou as três condições: *justa causa, auctoritas principis* e *intentio recta*. Em toda a sua obra *Institutas da religião cristã*, raras são as páginas que evocam essas questões. Talvez o motivo para tal esteja no fato de que toda a sua ética é bíblica, e a própria Bíblia não aborda muito os temas da violência e da guerra, mesmo quando os testemunha. Assim, em um parágrafo sobre os direitos dos cristãos quanto a fazer guerra, Calvino escreve que não é necessário buscar na Bíblia os fundamentos para uma doutrina sobre esse ponto, já que a intenção dos apóstolos foi "ensinar qual o reino espiritual de Cristo, não ordenar as polícias [governos] terrenas". Por fim, respondo que, de acordo com o Novo Testamento, podemos afirmar que a vinda de Jesus Cristo não mudou nada nesse sentido" (*IRC* IV, XX, 12).

No entanto, ao realizar a exegese neotestamentária, Calvino se indaga em que medida é lícito utilizar-se de violência para responder a uma violência injusta. "Portanto, para que o homem possa defender-se de modo correto e lícito, será necessário despojar-se de ira, ódio, desejo de vingança e todo tipo de afeição desregrada, a fim de que a defesa não tenha nada de tempestuoso. Mas, como isso não ocorre com frequência e, quando ocorre, é com grande dificuldade, Cristo lembra os seus da regra geral, que se abstenham de ferir com a espada" (*Comentários* Mt 26.52). Todo assassino, portanto, deve ser punido, e cabe ao juiz fazê-lo. Calvino não deseja confundir fé e política: "De acordo com Lutero e todo o movimento reformador, para desclericalizar a política", escreve Éric Fuchs, Calvino preferirá "especificar a responsabilidade cristã em relação à política" (*La morale selon Calvin* [A moral segundo Calvino], Paris, Cerf, 1986, p. 63). Logo, será que, com isso, ele não se estaria arriscando a deixar que a violência estrutural se instale no coração do Estado?

Em todo caso, a execução de Miguel Serveto, condenado em terras católicas e refugiado em Genebra, é um exemplo disso. Com a aprovação de Calvino, esse homem, filósofo, teólogo, geógrafo e médico, nascido na Espanha por volta de 1511, foi condenado e queimado em Champel, na cidade de Genebra, no dia 27 de outubro de 1533. No entanto, uma alta voz se levantou contra o reformador genebrino, a do humanista Sébastien Castellion (?1515-1563): "O que pode ter inspirado Calvino para tais descrições [a de Serveto diante do aviso da sentença], se não a inveja e a má-fé? Esse é o estilo de um acusador, não o da verdade. Mas, ainda que fosse verdade, não vejo ali nada de 'estúpido' nem de 'bestial'. A bestialidade estúpida está entre os soldados ou os seres desumanos que são tão agitados pelo medo quanto as bestas. Porém, as emoções de um homem são humanas, e não bestiais" (*Contre le libelle de Calvin. Après la mort de Michel Servet* [Contra o libelo de Calvino: depois da morte de Miguel Serveto], 1555, Carouge, Zoé, 1998, p. 302). Assim, se Calvino *permitiu* a execução de um homem como Miguel Serveto, foi porque, para ele, a tolerância (e aqui o termo não é forte demais) pregada por alguém como Castellion comportava o risco extremamente grave de quebrar a unidade do *corpus christianum*, o que era especificamente intolerável. Mais uma vez, a violência foi considerada um mal menor inserido em um processo de defesa de Deus, enquanto para seu adversário começava a surgir o valor único do indivíduo; desse modo, o braço secular veio socorrer o eclesiástico. Mas a que preço?

3.5. John Knox (?1513-1572)

Autor, entre outras obras, de *Confessio Scotica*, o último dos reformadores da segunda geração submeteu todas as suas reflexões à autoridade das Escrituras. Interrogado pela rainha Maria Stuart acerca do direito de resistência dos súditos contra os príncipes, Knox respondeu: "Se os príncipes excederem seus mandatos, senhora, e contrariarem os princípios em virtude dos quais lhes é devida obediência, sem dúvida alguma podemos resistir-lhes, mesmo com a força, pois não existe maior honra nem maior obediência devidas aos reis ou aos príncipes que aquelas que Deus previu para com os pais" (*John Knox's History of the Reformation in Scotland* [A história da Reforma na Escócia, de John Knox], org. por William Croft DICKINSON, t. II, Londres, Thomas Nelson, 1949, p. 16s, citado em Pierre JANTON, *Voies et visages de la Réforme au XVIe siècle* [Caminhos e faces da Reforma no século XVI], Paris, Desclée, 1986, p. 138).

3.6. As guerras de religião e os monarcômacos

Entre 1562 e 1598, oito guerras (e editos de pacificação) nas quais a religião teve um papel importante se sucederam no reino da França, enquanto a nobreza francesa era dividida em dois partidos, o católico (a Liga, fiel aos Guise) e o protestante, ambos pretendendo a grandeza da Coroa. Os protestantes chegaram a resistir, inclusive militarmente, àquilo que Hubert Bost chamou "normalização do reino". Depois de longas negociações, em que teve parte o teólogo e diplomata protestante francês Philippe Mornay-Duplessis (1549-1623), somente o Edito de Nantes, promulgado pelo rei Henrique IV em abril de 1598, poria de fato fim a esses conflitos, já que foi majoritariamente aplicado até o ano de 1629. No entanto, seria reduzido a partir do reinado de Luís XIV, sofrendo muitas emendas que culminaram em sua revogação, conhecida pelo nome de Edito de Fontaine-Bleau, de outubro de 1685. Esse documento findou tragicamente uma experiência de convivência confessional e desencadeou a emigração em massa de protestantes.

Em paralelo, uma corrente reformada com uma tradição de resistência à monarquia se desenvolvia, principalmente após o Massacre de São Bartolomeu, em 1572. François Hotman (1524-1590), Eusébio Filadelfo (pseudônimo de Nicolas Barnaud [1538/9-?]), Teodoro de Beza (1519-1605) e Stephanus Junius Brutus (pseudônimo do autor de *Vindiciae contra tyrannos* [Vindicação contra os tiranos], 1579, traduzido para o francês dois anos depois com o título *De la puissance légitime du Prince sur le peuple, et du peuple sur le Prince* [Sobre o poder legítimo do príncipe sobre o povo e do povo sobre o príncipe] e reeditado com o título latino, Genebra, Droz, 1979) foram as personalidades marcantes que fizeram parte dessa corrente. O novo movimento inaugurou vários aspectos novos, como a noção de aliança e o conceito de lei como instância crítica do poder. Ambos os aspectos caracterizaram uma ampliação dos conteúdos recobertos pelo termo "violência", não mais reduzido ao assassinato e ao homicídio ou à violência contra o poder, mas passou a englobar a violência do poder (suscetível de romper a aliança) que a lei permite revelar e denunciar. Além disso, era importante estruturar uma resistência possível contra os abusos do poder, que deve ser posta sob a responsabilidade de instituições criadas para esse fim.

O esfacelamento confessional na Europa, portanto, não ocorreu sem choques profundos que os diversos editos de pacificação, com dificuldade, buscaram conter. Alguns desses editos, como a Segunda Paz de Cappel, na Suíça (1531), serviram como modelo para países às voltas com guerras de religião. Olivier Christin observou: "De modo geral, os acordos de paz baseados em um princípio único (concessão de uma liberdade relativa pelo soberano ou puro compromisso mútuo dos signatários) parecem ter sido mais ameaçados que os acordos que combinaram princípios gerais, arranjos institucionais pontuais e equilíbrio político duradouro" (em M. GRANDJEAN e B. ROUSSEL, orgs., p. 490).

3.7. Séculos XVII e XVIII

O termo "tolerância", que havia aparecido no início do século XVI, começa a ter sua definição ampliada progressivamente, sobretudo na literatura relativa ao Edito de Nantes. Quando Castellion empunhou armas verbais contra Calvino sobre a condenação de Serveto, a tolerância ainda dizia respeito somente à esfera pública. Porém, isso começou a mudar e, como escreveu Philippe Sassier, "De uma abstração do agir, a tolerância começou a tornar-se uma abstenção do pensamento, uma disposição de espírito preexistente à tolerância em atos. [...] A ideia da tolerância seguiu simetricamente essa transformação: enquanto primeiro era a interrupção de um ato (não matar os hereges), passou a ser a interrupção de um julgamento" (p. 10s). Houve, assim, uma passagem da esfera pública para a esfera privada; o indivíduo aos poucos se tornava sujeito: de negativo, o conceito de tolerância se tornou positivo. Baruch Spinoza (1632-1677), Pierre Bayle (1647-1706) e John Locke (1632-1704, autor, em 1689, de uma *Carta sobre a tolerância*) escreveriam os capítulos fundamentais desse conceito.

À margem da Guerra dos Trinta Anos (1618-1648), ocorria a guerra da Contrarreforma entre, de um lado, os Habsburgos da Espanha e da Áustria e, de outro, os protestantes (ameaçados cada vez mais pelo Sacro Império); as grandes intuições dos monarcômacos foram retomadas, acentuadas e corrigidas por sua posteridade protestante nos séculos XVII e XVIII, na Holanda, na Inglaterra e na França. As obras de Hugo Grotius (1583-1645), jurista calvinista, influenciaram profundamente, tanto em sua época quanto ainda hoje, as reflexões sobre a guerra e o direito internacional. Sua obra *Droit de la guerre et de la paix* [Direito da guerra e da paz] (1625, traduzido por P. Pradier-Fodéré em 1867; reeditado: Paris, PUF, 1999) se tornou uma referência ao distinguir entre "o que era *permitido* ao beligerante pelo próprio fato da natureza da guerra e o que era *desejável* se fossem levados em conta a moralidade, a humanidade e o interesse comum de ambas as partes" (P. E. CORBETT, p. 1038). Pierre Jurieu (1637-1713) especificou os limites do poder em sua décima sexta e décima sétima cartas a alguns irmãos (*Lettres pastorales adressées aux fidèles de France qui gémissent sous la captivité de Babylon* [Cartas pastorais endereçadas aos fiéis da França que gemem sob o cativeiro da Babilônia], 1686-1695, Hildesheim, Olms, 1988): "Parece-me [...] que, sem nos arriscarmos muito, podemos dizer que esses limites estão justamente onde cessam a salvação e a conservação do povo que é a soberana lei. Quando um príncipe assola um povo com massacres e atos violentos, elevando-se acima de todas as leis da razão e da igualdade, atentando contra os direitos de Deus e violentando a consciência, é mais que certo que não somos obrigados a obedecer a ele, nem mesmo de sofrer aquilo que lhe agrada fazer" (p. 133). A influência de Jurieu e de Grotius foi notável nas reflexões de Samuel Pufendorf (1632-1694), pensador alemão que se debruçou sobre a concórdia política e religiosa. O filósofo inglês John Locke valorizou a instituição política ao publicar a obra *Deuxième traité du gouvernement civil* [Segundo tratado sobre o governo civil] (1690, Paris, Vrin, 1977), onde lemos uma declaração que traz a palavra "tirania" como sinônima de violência: "Onde o direito acaba, a tirania começa" (§ 202, p. 193). Assim, o campo é delimitado em uma relação com a lei, um limite público que exerce autoridade sobre todos os seres, não importa sua posição social.

Todavia, o reconhecimento público de um direito oficial de resistência foi enunciado primeiro nos Estados Unidos, na *Declaração de direitos da Virgínia*, do dia 12 de junho de 1776, e na *Declaração de independência*, de 4 de julho de 1787, textos fundamentais que antecederam a *Declaração dos direitos do homem e do cidadão*, proclamada na França em 1789. Nesses textos, a violência é como que circunscrita e limitada pelo direito, e a ênfase recai sobre o indivíduo, pois a ele são dirigidas as múltiplas exigências éticas subentendidas nos artigos. Mas a tortura continuou a ser praticada correntemente, assim como as execuções capitais e os suplícios, até à época das Luzes, em que tolerância e razão pareciam invadir as almas.

Além disso, não podemos evocar rapidamente esses dois séculos sem mencionar a Sociedade dos Amigos (quacres), que surgiu na Inglaterra do século XVII sob a influência de George Fox (1624-1691), que desejou recuperar a pureza primitiva do cristianismo. Os quacres foram perseguidos tanto na Inglaterra quanto nos Estados Unidos, mas neste país eles se desenvolveram, sob a liderança de William Penn (1644-1718), que empreendeu a constituição de um Estado em que reinaria uma perfeita liberdade de consciência: a Pensilvânia. Reticentes diante de toda doutrina, instituição ou liturgia, esses homens consideravam que somente a consciência individual deveria servir-lhes como guia, tornando-se conhecidos por sua extrema tolerância e seu profundo engajamento pacífico, com sua recusa ao serviço militar e sua participação importante no humanitarismo. De alguma maneira, eles ecoaram a ala esquerda da Reforma, composta, por exemplo, de menonitas.

3.8. Séculos XIX e XX

A violência recuava à medida que avançava o direito. No entanto, a violência da escravidão — sustentada e mesmo estimulada e desenvolvida pelos meios econômicos protestantes, às vezes eclesiásticos, sobretudo na América do Norte e nessa direção — continuou bem estabelecida, até que foi abolida na Europa, assim como o tráfico, em meados do século XIX. Porém, precisamos lembrar os homens e as mulheres que combateram a escravidão sob todas as suas formas: Thomas Clarkson (1760-1846) e William Wilberforce (1759-1833) fundaram na Grã-Bretanha a *Anti-Slave Trade Society* [Sociedade Contra o Comércio de Escravos]; na França, o autor de *La cause des esclaves nègres et des habitants de la Guinée* [A causa dos escravos negros e dos habitantes da Guiné] (1789, Genebra, Slatkine, 1978), Benjamin-Sigismond Frossard (1754-1830) e Guillaume de Félice (1803-1871); Harriet Beecher Stowe (1811-1896), autora do romance antiescravagista *A cabana do pai Tomás*; o presidente Abraham Lincoln (1809-1865), que proclamou a emancipação dos negros nos Estados Unidos no dia 22 de setembro de 1862; membros da igreja negra (afro-americana), que desde as origens apresentou uma vívida resistência à escravatura e também à segregação.

No entanto, se o direito se desenvolve, afinando-se e complexificando-se ao longo das décadas, principalmente até a *Declaração universal dos direitos humanos* (1948), a violência não está tão circunscrita a seus limites, mas apenas mudou de rosto e escala, assim como as sociedades nas quais está presente, com seus novos meios de comunicação e suas novas tecnologias. As guerras recentes não mais se desenrolam como na Antiguidade ou até mesmo no início do século XIX, mas promovem mais mortes, implicando mais os civis e mobilizando as populações. As reformas políticas têm sido muitas vezes acompanhadas de violência, com frequência recorrendo ao desenvolvimento e até à hipertrofia do aparelho policial. Basta pensar, por exemplo, no século XX, no terror soviético, no nazismo, na Revolução Cultural chinesa, no Camboja de Pol Pot, nas torturas da América Latina, no sistema do *apartheid* etc. E se, após a guerra fria e mais de vinte anos depois da queda do Muro de Berlim e da Guerra do Golfo, não é mais aplicável o otimismo, é porque os novos fatores que regem o mundo, como a globalização da economia e da informação, trazem consigo muitas ameaças, a tal ponto que o jornalista Ignacio Ramonet constatou: "Ao contrário dos que se apressaram a declarar o 'fim da história', parece que a história está voltando com força, trazendo do passado hordas obscuras que acreditávamos estar domadas" (*Un monde sans boussole* [Um mundo sem bússola], em Idem e Alain Gresh, orgs., *Le* désordre *des nations* [A *desordem* das nações], Paris, Le Monde diplomatique [*Manière de voir 21*], 1994, p. 7).

4 Algumas posições protestantes no século XX

No século XX, a questão do estabelecimento da paz adquiriu mais agudeza nas igrejas, sobretudo as protestantes. Isso fez com que inúmeros pensadores empreendessem novas reflexões sobre o mal e a violência.

4.1. Igrejas e paz

Ao mesmo tempo que geralmente se implicavam em conflitos, o que levou alguns pensadores como Grotius e Pufendorf, após guerras de religião que opuseram católicos e protestantes, a pregarem tolerância e a preconizarem um direito político forte, junto a um direito natural que superasse as rivalidades religiosas, as igrejas também sempre suscitaram, em seu interior, correntes de resistência à violência e de instauração da paz em nome dos princípios evangélicos. Leigos, teólogos e pastores não deixaram de unir suas convicções a um engajamento pela paz: Charles-Édouard Babut (1835-1916), "o venerado pastor de Nîmes"; o professor de história das religiões que se tornou arcebispo luterano, Nathan Söderblom (1866-1931); Théodore Ruyssen (1868-1967), ardente defensor do pacifismo jurídico; o educador japonês Toyohito Kagawa (1888-1960); um dos fundadores e primeiro presidente da Conferência Cristã da Paz, Josef Lukl Hromádka (1889-1969); o pastor Martin Niemöller (1892-1984); Mvimbi Luthuli (1898-1967), que pregava a não violência em uma sociedade multirracial sul-africana; o naturalista Théodore Monod; o secretário-geral da ONU Dag Hammarkjöld (1906-1961); a combativa Madeleine Barot (1909-1995); o pastor Henri Roser (1899-1981), secretário do Movimento Internacional da Reconciliação. O mesmo pode ser dito de certas comunidades ou ramos das igrejas: os quacres, o grupo de protestantes alemães que se constituiu em 1933 na igreja chamada "confessante", sob o regime nacional-socialista, e a ala militante da igreja negra americana, que se engajou com Martin Luther King (1929-1968) pelo movimento dos Direitos Civis nos Estados Unidos. Na África do Sul, enquanto várias igrejas protestantes apoiavam aberta ou tacitamente a política do *apartheid* por muitos anos, muitas vezes com argumentos teológicos, outras, de linha reformada e anglicana, lutaram contra essa política que figurava na Constituição, representadas por homens como os pastores Frank Chikane, Allan Boesak e Christiaan Frederik Beyers Naudé e o arcebispo Desmond Tutu; seu engajamento culminou na denúncia do *apartheid* pela Aliança Reformada Mundial, considerado "heresia", bem como na condenação das igrejas que o apoiavam. Isso significa que, ao compreender seu papel como mediadoras, as igrejas, buscaram favorecer o diálogo em meio às crises, fossem elas raciais, sociais ou políticas. Como exemplo, podemos citar o papel que, em 1988, a Igreja Reformada da França desempenhou em relação à Nova Caledônia.

Em um movimento análogo, as igrejas protestantes passaram a se apresentar como objetoras de consciência, apoiando os homens que decidiam recusar a participação no serviço militar armado, uma exigência da lei de seus países, com o objetivo de servir eficazmente à paz. Deve-se notar que essa recusa é, desde 1967, um direito reconhecido pelo Conselho Europeu, e os motivos da desobediência podem ser de ordem política, ética ou religiosa. Em suas origens, as igrejas proibiam os fiéis de participarem da violência militar, nos primeiros séculos; tudo mudou quando o Estado se tornou "cristão". A questão da objeção de consciência passou a ser considerada em novos termos. Nas igrejas oriundas da Reforma, a lealdade ou a submissão às autoridades voltou a ser debatida, conduzindo a posições bastante diferentes. Os quacres, as testemunhas de Jeová e algumas comunidades menonitas rejeitam sistematicamente todo tipo de engajamento militar, já que a decisão é considerada somente da esfera da consciência do indivíduo. Esse tipo de desobediência civil, que atravessa as fronteiras confessionais e até mesmo religiosas, foi inspirado em Henry David Thoreau (1817-1862), em Mahatma Gandhi (1869-1948) no pastor Martin Luther King e nos irmãos Philip (1923-2002) e Daniel (1921-) Berrigan. De modo geral, todas as igrejas cristãs defendem a instauração de um verdadeiro *status* para os objetores. Ainda que o fenômeno permaneça minoritário, sua função crítica em relação à defesa armada e seu aspecto profético merecem atenção. Além disso, nessa postura é oferecido um testemunho moral que pode suscitar uma nova reflexão das relações entre a igreja e a violência. Porém, cabe assinalar que os primeiros países a reconhecerem um *status* aos objetores de consciência, antes da Segunda Guerra Mundial, foram os de forte tradição protestante.

Por fim, vários teólogos protestantes dedicaram parte de suas reflexões ao fenômeno da violência, sobretudo em suas manifestações guerreiras e totalitárias. Alguns até mesmo foram pegos na tormenta que culminaria na Segunda Guerra Mundial, como Paul Tillich (1886-1965; *Écrits contre les nazis* [1932-1935] [Escritos contra os nazistas, 1932-1935], Genebra-Paris-Quebec, Labor et Fides-Cerf--Presses de l'Université Laval, 1994), Dietrich Bonhoeffer (1906-1945) e Karl Barth (1886-1968), que envolveram seus nomes na luta contra o nazismo, testemunhando sua recusa radical a esse sistema. Suas respectivas posturas — que levaram um ao exílio, o outro ao complô e o último à volta para a Suíça — refletem o engajamento de suas teologias, que, embora de modos diferentes, colocam uma ênfase na alteridade e na primazia de Deus. De certa maneira, eles anunciaram o desejo de conjugar de uma nova forma os temas do amor e da justiça de/em Deus, um desejo que foi desenvolvido posteriormente pelos teólogos da libertação (dentre os quais podemos citar, entre os protestantes, o brasileiro Rubem Alves e o afro-americano James H. Cone) e pelos teólogos sul-africanos (como Desmond Tutu, Frank Chikane, Allan Boesak).

Outros reexaminaram a questão da justificação da guerra, como o eticista Paul Ramsey, que não hesitou em defender a opção da guerra justa (*War and the Christian Conscience* [A guerra e a consciência cristã], Durham, Duke University Press, 1961) até tomar partido a favor do engajamento militar dos Estados Unidos no Vietnã, enquanto John Howard Yoder, historiador e teólogo menonita, opôs-se com vigor a esse tipo de tese (*When War Is Unjust. Being Honest in Just-War Thinking* [Quando a guerra é injusta: sendo honesto com o pensamento da guerra justa], 1984, Maryknoll, Orbis Books, 1996), e o imitou seu colega metodista Stanley Hauerwas.

Vamos agora examinar mais de perto alguns pensadores que ampliaram essas reflexões antes de abordar a questão das armas nucleares.

4.2. Reinhold Niebuhr (1892-1971)

O teólogo americano Reinhold Niebuhr dedicou ao tema da violência várias páginas de sua importante obra *Moral Man and Immoral Society* [O homem moral e a sociedade imoral] (1932-1960), em que o leitor depara com o constante desejo de não avaliar os problemas isoladamente, mas sempre em contexto. São testemunhas disso sua ênfase na história, seu estudo aprofundado do exemplo de Gandhi e seu manifesto apoio a Martin Luther King. Da mesma forma, foi um dos primeiros sistemáticos a estudar de modo sério a violência e a não violência, negando a asserção de que a primeira é tão imoral quanto a segunda é moral. Para ele, era preciso ser realista e não se refugiar em ideais inerentes a uma visão maniqueísta da realidade. Por exemplo, ele escreve que "o que distingue principalmente a violência da não violência não é o potencial de destruição (ainda que essa diferença seja considerável), mas reside no caráter agressivo da primeira e negativo da segunda, já que a não violência é essencialmente uma não cooperação" (p. 240). Não se trata de arvorar um otimismo que não tem razão de ser. O engajamento cristão, caso se pretenda sério, deve levar em consideração a política e abandonar a crença de que se pode passar, sem mediação alguma, do comportamento de Jesus Cristo à elaboração de um programa ético. Pelo contrário, pensa Niebuhr, para quem esse tipo de atalho abre portas para os piores julgamentos, pouco construtivos. Ele lembra que, para a fé cristã, o pecado marcou a história humana e somente a graça de Deus pode livrá-lo, sendo ele incapaz de livrar-se por qualquer outro meio, ainda que pacífico. Em consequência, é necessário, ao mesmo tempo, mostrar-se bastante atento ao engajamento profético daqueles que defendem posturas pacíficas radicais e lembrar-lhes que seu testemunho só tem a ganhar em influência (e eficácia) se não se propuser como melhor nem acusador de outros que se apresentam de outro modo, indivíduos ou instituições: "o idealista deve reconhecer que também está em rebelião contra Deus e compreender que essa rebelião é grave demais para ser vencida por qualquer sermão sobre o amor pelos inimigos ou qualquer desafio de obediência a Cristo (*Why the Christian Church Is not Pacifist* [Por que a igreja cristã não é pacifista], 1940, em Robert McAfee Brown, org., *The Essential Reinhold Niebuhr* [O essencial de Reinhold Niebuhr], New Haven-Londres, Yale University Press, 1986, p. 119).

4.3. Jacques Ellul (1912-1994)

A violência é inevitável, mas, na sociedade, é da mesma natureza que a lei da gravitação universal: não é de modo algum a expressão do amor de Deus em Jesus Cristo, nem da vocação cristã. Quando tropeço e caio, obedeço à lei da gravidade, e isso não tem nada a ver com a fé e a vida cristã. É preciso compreender que a violência é da mesma ordem. E, na medida em que compreendemos que a totalidade da obra de Cristo é nossa libertação (do pecado, da morte, da concupiscência, da fatalidade, dos Poderes... e de nós mesmos!), que entendemos que falar da violência *não é uma simples opção ética*: ou aceitamos a ordem da necessidade, inserindo-nos nela e obedecendo a ela sabendo que não tem estritamente nada a ver com a obra de Deus e a obediência a Deus, sejam quais forem os motivos, a seriedade e a profundidade de nossas reflexões e nossos engajamentos, ou aceitamos a ordem de Cristo, e isso nos leva a rejeitar a violência com o último dos rigores. Pois o papel do cristão na sociedade, em meio aos homens, consiste precisamente em quebrar as fatalidades e as necessidades. Essa ruptura não pode ser feita por meios violentos, justamente porque a violência é da ordem do mundo. Utilizar-se de violência é *ser do* mundo. A cada vez em que os discípulos quiseram usar de alguma violência, depararam com a recusa de Cristo: o episódio do fogo do céu sobre as cidades que rejeitaram Cristo, a parábola do joio e do trigo, a espada de Pedro...

[...] A oposição entre a ordem da necessidade e a ordem de Cristo não permite nenhuma escapatória. Mas também compreendemos por que era necessário começar pela constatação da realidade da violência, naquilo em que a violência é totalmente *do* mundo, uma ordem da necessidade: pois justamente o cristão deve reconhecer a violência em todas as suas dimensões, em toda a sua importância, *para* contestá-la. Quanto mais a concebemos como essencial, natural, indispensável, inevitável, mais temos de recusá-la e contestá-la. Se somos livres em Cristo, isso nos levará a rejeitar toda violência justamente porque a violência é necessária! É justamente por ser uma necessidade que precisamos dizer-lhe *não*, e não apenas porque é uma violência.

Jacques ELLUL, *Contre les violents* [Contra os violentos], p. 164-166.

Em 1972, o historiador, sociólogo e teólogo Jacques Ellul escreveu um ensaio estimulante sobre os temas do reino da violência, da guerra (justa), da não violência, da sedução revolucionária e daquilo que ele chamou "a verdadeira luta do cristão". Seu título é sem equívoco: *Contre les violents* [Contra os violentos]. O autor se opõe àqueles que estimam existir dois tipos de violência, "uma que liberta e outra que submete", de acordo com a frase do teólogo Georges Casalis (1917-1987). Como cristão, Ellul não considera a violência "boa, legítima ou justa, mas, sim, compreensível e não condenável nessas duas grandes hipóteses: a do homem a quem resta somente o desespero e que não enxerga outra saída e a de uma situação hipocritamente justa e pacífica que precisa ser rompida com a revelação do que de fato é" (p. 169). Quando a violência é assim compreensível e aceitável, resta a questão da associação do cristão a essa violência; todavia, aos olhos do teólogo, se a violência é inevitável e pertence à ordem da necessidade, jamais será legítima diante de Deus. Por esse motivo, Ellul desenvolveu uma reflexão sobre o que chamou a violência do amor, "para obrigar o outro a viver como homem". Essa violência bastante particular só é possível e aceitável sob três condições: exclui todo homem para a vitória da eficácia; exclui radicalmente a violência física; implica uma fé verdadeira na eventualidade do milagre, no senhorio de Jesus Cristo e na vinda do Reino a partir da ação divina, e não pelo esforço humano. Essa concepção está de acordo com a ordem do apóstolo Paulo quanto a responder o mal com o bem (Rm 12.17-21) e generaliza os ensinamentos de Jesus no

Sermão do Monte. Essas propostas são fortes, mas talvez examinem de modo insuficiente os exemplos práticos da resistência não violenta.

4.4. Robert McAfee Brown (1920-2001)

Discípulo de Reinhold Niebuhr, Robert McAfee Brown nunca deixou de meditar sobre a questão da violência em suas relações com a religião, sendo influenciado nisso por sua amizade com o escritor judeu Élie Wiesel, bem como por seu vivo interesse nas correntes teológicas que se desenvolveram na América Latina. Sua obra *Religion and Violence* [Religião e violência] (1976) oferece uma contribuição importante ao ampliar o campo das questões levantadas pelos teólogos. De fato, ele não se contenta com a apresentação do problema da guerra e da participação ou não dos cristãos no conflito, nem com a reflexão nas possibilidades de justificar tal repressão, mas associa o tema da violência ao tema da justiça, e não somente a justiça de Deus (a ser defendida), mas verdadeiramente a justiça dos seres humanos. Em uma conclusão nuançada, ele estima que é impossível (e simples demais) defender a não violência de um modo absoluto, e isso por dois motivos: o primeiro é a tentação de mostrar-se pouco sensível ao mal ou às injustiças quando não se é confrontado pessoalmente, o que geralmente ocorre com os que julgam as ações do Terceiro Mundo, e o segundo é o fato de que, *em última instância*, uma escolha moral pode se exprimir de modo violento (e aqui o autor alude a Dietrich Bonhoeffer, que participou do complô contra Hitler). A violência serve, portanto, como uma última escolha. Compreendida de modo apropriado, essa advertência não leva a uma bancarrota moral, de grandes comportas para a justificação da violência, nem à má compreensão da não violência como desengajamento de conflitos. Pelo contrário, "aqueles que sustentam tal posição não buscarão sofrer, mas se arriscarão a isso caso seja necessário" (p. 88).

4.5. A questão das armas nucleares

A questão das armas nucleares entra para a história no final da Segunda Guerra Mundial, em agosto de 1945, com Hiroshima e Nagasaki, relativizando a distinção entre civis e militares. Para uns, esse meio é apenas o resultado de uma "progressão" tecnológica do armamento, e não modifica de modo fundamental o princípio que reza que a defesa da sociedade pertence às prerrogativas do Estado, que permanece como o responsável pelo uso da bomba atômica e de qualquer outro meio dissuasivo. Para outros, como o teólogo alemão Helmut Gollwitzer (cf. *Les chrétiens et les armes atomiques* [Os cristãos e as armas atômicas], 1957, Genebra, Labor et Fides, 1958), essa arma apresenta características específicas: trata-se de um atentado grave ou irreversível (inclusive nos testes) à criação de Deus (natureza e humanidade), com a possibilidade de destruição total do globo terrestre; nessa segunda posição, não se trata somente de uma oposição ao uso dessa arma, mas também ao uso como política de dissuasão e à pesquisa nesse campo, o que também significa o questionamento da produção nuclear de energia. Durante a sexta assembleia do Conselho Mundial de Igrejas, em Vancouver (Canadá), do dia 24 de julho ao dia 10 de agosto de 1983, sobre o tema "Jesus Cristo, a vida do mundo", foi adotada uma declaração sobre a paz em que se lia: "Cremos que chegou o momento de as igrejas afirmarem claramente que a produção e o desenvolvimento de armas nucleares, bem como sua utilização, são um crime contra a humanidade, e que essas atividades devem ser condenadas por motivos éticos e teológicos". O tom direto desse texto reflete a reação do protestantismo do Terceiro Mundo e do norte da Europa, sem mencionar o protestantismo alemão (pré--unificação); ali se manifestou uma semelhança de visões com as posições da Igreja Reformada da França, que muitas vezes denunciou, em sínodos nacionais, "o engajamento neste país para a formação de uma força nuclear". Tudo isso não ocorreu sem suscitar alvoroço e debate em torno da questão sobre o que justificaria um tratamento diferente das armas nucleares em relação a outras armas de destruição em massa. Também é interessante observar que as opiniões de católicos romanos e protestantes sobre o tema foram muito próximas, ainda que o tom diferisse e estivesse presente outro tipo de relação com a comunidade civil.

5. A contribuição da resistência não violenta

Ao trabalhar o tema da violência, alguns iniciam com uma ampla releitura bíblica, escrutinando o comportamento e as palavras de Jesus e buscando extrair disso uma ética programática. Porém, precisamos nos indagar se tal esforço não sofreria de certo alcance a-histórico, submetendo os textos a um questionamento anacrônico. Da mesma forma, em vez de enveredar por esse caminho, preferimos examinar atentamente o exemplo de um homem engajado, Martin Luther King. Esse pastor batista utilizava frequentemente uma expressão interessante: "Onde quer que esteja, a injustiça representa, por toda parte, uma ameaça para a justiça". Com isso, King mostrava que a injustiça é sempre violência, impregnada de reações violentas. A injustiça é violência no sentido de que impede um ser, uma comunidade ou um povo de ser quem são, de responder a uma vocação, como diria o teólogo. No cerne da violência, grassa a questão antropológica, a da humanidade de tal ser ou tal grupo social. Para King, o problema maior não reside em optar pela violência ou pela não violência, mas em compreender que o verdadeiro dilema está entre a não violência e a não existência.

Por ocasião do boicote dos ônibus em Montgomery, foi registrada a resposta de uma mulher negra a um policial branco que lhe ofereceu carona: "Meus pés estão cansados, mas minha alma está no descanso". Essa resposta enfatiza o caráter espiritual do engajamento e mostra que o fim desejado já estava sendo percebido. Ela chama a atenção para os meios prévios, que não somente ela não denigre, mas, ao contrário, valoriza ao reorientá-los, convertendo-os (no sentido etimológico do termo). A transparência dos meios deve ser total, pois neles está o processo da verdade e a enunciação de toda falsa ou contraverdade. Senão, seria fácil demais sustentar um discurso ético perfeito, mas desconectado da realidade concreta, totalmente separado da corrente e da violência do real. O momento ético é primordial, no sentido de que atesta o final buscado. Uma ética crível precisa de uma coerência em que a verdade seja discernida, menos nos enunciados que nas lutas e nos engajamentos, através dos quais os seres confessam sua identidade e suas profundas convicções.

5.1. Fins e meios

Quando muitos pensadores buscaram operar uma distinção entre os meios legítimos e os meios ilegítimos de violência aos quais o cristão pode recorrer, o pastor negro preferiu estimular que se retomasse a delicada questão dos meios e dos fins. Desse modo, ele nunca confunde o curto prazo com sua visão escatológica: o fim está enunciado em todo ato e, consequentemente, não pode ser separado da reflexão sobre os meios. Afinal, os meios desempenham o papel de sinais do fim que desejam preparar. Igualmente, não podem ser reduzidos à condição de estratégias, pois o fim já diz respeito ao presente, e o presente diz respeito ao fim. O resultado de uma ação, portanto, será julgado não somente em termos de ter ou poder, mas também em termos antropológicos e até teológicos, pois há algo de uma dignidade encoberta pelos seres humanos ao longo das lutas que não é fácil discernir. Surge aqui uma tensão constante entre a história, em que se inserem os meios, e o fim, que pertence à escatologia. Nessa perspectiva, o fim não justifica os meios: não pode fazê-lo, pois preexiste nos meios. Pelo contrário, são os meios que anunciam o fim, já que são eles que preparam e elaboram o fim "último" que os fundamentam.

5.2. Lei e leis

Para o cristão que interpreta toda injustiça em termos de violência, uma questão se coloca quando a violência é ordenada, estrutural, inscrita no próprio funcionamento do Estado, como no caso da igualdade racial na África do Sul, quando o *apartheid* estava inserido na Constituição, diferentemente dos Estados Unidos, onde os negros puderam denunciar o caráter anticonstitucional das práticas e das leis que regiam a segregação, ainda que o cotidiano dos negros sofresse de perturbadoras analogias. A questão é: poderíamos obedecer a algumas leis e não a outras? E, se consideramos que algumas são justas e outras injustas, como discernir entre os dois grupos? Apoiando-se nas reflexões de muitos teólogos, Martin Luther King sugeriu que "uma lei justa é uma prescrição estabelecida pelo homem em conformidade com a Lei moral ou a Lei de Deus" (que não é uma lei injusta). A lei justa representa a vontade de Deus, que escolheu revelar-se através dela, e mais ainda, talvez, revelar o homem a si mesmo. A Lei ("moral" ou "de Deus") revela a condição humana, tão pronta a afundar-se em violência e a desrespeitar o outro, em que o homem não mais sabe quem é e quem é chamado a ser. Consciente de que nem todo mundo subscreve esse fundamento teológico, King propôs uma segunda definição: "Uma prescrição que a maioria impõe à minoria, sem submeter-se a ela, é uma lei injusta, estabelecendo a desigualdade diante da lei. [...] Uma prescrição imposta a uma minoria que não participou de sua elaboração por não dispor do direito de votar livremente é uma lei injusta" (p. 35). Esse novo formato demonstra quanto é necessário que todos sejam iguais diante da lei, ou seja, que a lei seja, de algum modo, exterior a cada um, sem servir aos interesses de uns em detrimento de outros.

Encontramos aqui, novamente, uma ênfase na alteridade da lei, que, de modo fundamental, é associada, entre os teólogos, à alteridade de Deus: não se trata nem de confundir, nem de interpor-se entre Lei e leis, e menos ainda de pervertê-las. Afinal, existe o nível do fundamento, outro, exterior, o da Lei, e também existe o nível das leis, das aplicações, das *implementações*. Essa última expressão lida teologicamente e, com uma sensibilidade protestante, enuncia bastante bem a impossibilidade de interpretar-se um conjunto de leis como um meio, um caminho, para chegar até Deus e ser reconhecido por ele: Lei e "implementação" não podem ser confundidas sem que haja o risco de não mais reconhecer, receber e pensar a instância exterior. Portanto, o teólogo não defende o antinomismo nem a anarquia, mas insiste em uma "descentralização" para que a própria definição da Lei seja repensada em nome do Outro excluído. Assim, o que importa, em primeiro lugar, é "a *oikodomein*, a edificação da comunidade" civil, da sociedade. Todas as leis devem remeter à "necessidade absoluta do direito do outro à existência", de acordo com as palavras de Éric Fuchs.

A recusa do cumprimento de uma lei para valorizar a Lei, com o apelo a seu fundamento, foi uma ideia longamente desenvolvida por Henry David Thoreau em seu ensaio *A desobediência civil* (1849, Porto Alegre, L&PM, 2011). A mesma ideia foi retomada por Gandhi, que, em 1909, escreveu: "Se eu não obedeço a uma lei e pago o castigo pela infração, utilizo a força da minha alma, que implica o autossacrifício" (citado por Homer Alexander JACK, org., *The Gandhi Reader* [O leitor de Gandhi], Madras, Samata Books, 1983, p. 112). King leu e trabalhou com esses pensadores, mas também encontrou uma tradição de resistência na história da igreja e na história da igreja afro-americana. Muitos textos bíblicos — desde o exemplo de Sadraque, Mesaque e Abede-Nego, em Daniel 3.18, até as palavras de Jesus sobre o sábado, em Marcos 2.27 — alimentaram sua reflexão: contra todo tipo de legalismo, mas não contra toda legislação, é importante privilegiar o "destino" do ser humano, o que, à sua maneira, lembram os objetores de consciência.

5.3. A resistência não violenta

> É por isso, repito aqui hoje, que eu continuo apegado à não violência. E ainda estou convencido de que essa é a arma mais poderosa de que o negro dispõe em sua luta pela justiça no nosso país. Por outro lado, também me preocupo quanto a tornar o mundo melhor. Anseio por justiça. Anseio por fraternidade. Anseio pela verdade. E quem anseia por essas coisas não pode jamais pregar a violência. Através da violência, você pode matar um assassino, mas não pode matar o assassínio. Através da violência, você pode condenar o mentiroso à morte, mas não pode estabelecer a verdade. Através da violência, você pode condenar à morte quem professa ódio, mas não pode acabar com o ódio. As trevas não podem pôr fim às trevas. Somente a luz pode fazê-lo.
>
> Digo-lhes que decidi igualmente manter-me fiel ao princípio do amor. Pois eu sei que o amor é a única resposta para os problemas da humanidade. E falarei disso por onde quer que eu vá. Sei que em alguns meios de hoje em dia não é de bom tom falar dessas coisas. Não quero provocar nenhum arroubo emocional quando falo de amor; falo de um amor forte e exigente. Já presenciei ódio demais. Já presenciei ódio no rosto de xerifes do Sul. Já presenciei ódio no rosto de muitos membros da Ku Klux Klan e do White Citizen Council (Conselho dos Cidadãos Brancos) no Sul para desejar odiar também; pois, a cada vez em que presencio isso, sei que a expressão deles e a personalidade deles são afetadas por esse ódio e digo a mim mesmo que o ódio é um fardo pesado demais. Decidi amar. Se você está buscando o soberano bem, acredito que poderá encontrá-lo graças ao amor. E o mais belo disso tudo é que assim lutamos contra o mal, pois João estava certo: Deus é amor. Aquele que odeia não conhece Deus, mas aquele que ama tem a chave que abre a porta para o sentimento da realidade final.
>
> Martin Luther KING, *Et maintenant, où allons-nous?* [E agora, aonde iremos nós?] (1967), em *Je fais um rêve* [Eu tenho um sonho], p. 167s.

A escolha das palavras "resistência não violenta" em lugar de "não violência" enuncia, de saída, que esse meio de luta é rico de uma dinâmica que não o apresenta como um sinônimo de pacifismo. Além disso, ainda que Gandhi e Martin Luther King às vezes se refiram à não violência, escreve Henry Mottu que "na verdade, nenhum dos dois estava satisfeito com esse conceito, que peca pela negação do prefixo e pelo possível mal-entendido com uma espécie de ricochetear mórbido da violência contra si mesmo" (*Bulletin du Centre protestant d'études* [Boletim do Centro Protestante de Estudos] 39/8, Genebra, 1987, p. 17). Sem entrar em todos os detalhes dessa resistência e de seus aspectos técnicos, é preciso observar que é compreendida como um meio que verdadeiramente anuncia o fim almejado, uma comunidade humana em que cada um é plenamente reconhecido, seja indivíduo, seja grupo. Por isso é tão importante o caráter *revelador* dos atos de resistência não violenta. Se devem incluir algum sofrimento para os participantes, esse sofrimento é limitado no tempo e se afigura sem comparação com o preconceito sofrido até então, mesmo que não se possa subestimar a necessidade de encontrar uma saída para isso. Quanto à questão da autodefesa, podemos nos indagar se ela se distingue o suficiente da violência agressiva. O risco de sucumbir à violência parece grande demais, qualquer que seja ela. Recorrer à violência sempre equivale a escolher a facilidade, a fazer definitivamente o jogo do adversário, que em seguida apreciará multiplicar por dez sua violência repressiva. Além disso, a resistência não violenta permite desmascarar e revelar plenamente situações problemáticas ao recusar-se a cooperar com o mal. Esse tipo de oposição à violência pode revelar-se um método eficaz ao transformar não somente as situações, mas talvez, e mais ainda, os seres.

5.4. O risco do sofrimento

A resistência não violenta não é para os covardes; assim como Gandhi, Martin Luther King não cessava de repetir isso. No entanto, o sofrimento que pode engendrar deve ser levado em consideração; é necessário encontrar uma saída para tal, como a espiritualidade, para que esse meio não conduza seu usuário a uma atitude suicida ou a uma exacerbação de seus ressentimentos. Por isso são tão importantes os jejuns de purificação de Gandhi ou as horas passadas em oração e culto nas comunidades negras antes de todas as manifestações. Para o resistente cristão não violento, indivíduo ou grupo, a religião e o pertencer a uma comunidade são determinantes, por oferecerem um lugar de reabastecimento, em que o insuportável poderá não ser aceito ou suportado, mas expresso, dito, confessado diante de Deus, e até mesmo ser interpretado teologicamente; em uma analogia com o sofrimento de Cristo, por exemplo, o discípulo é chamado a seguir o mesmo caminho do mestre. King não hesitava em utilizar o termo "sofrimento redentor". Seria o mesmo que afirmar que eles repetem, de algum modo, a ação redentora de Cristo? E a tornam manifesta? Nisso há não somente uma insistência na analogia entre o caminho do discípulo e o caminho de seu Senhor, mas o adjetivo "redentor", ao lado da palavra "sofrimento", aponta para o fato de que o discípulo participa da salvação através de uma retomada do pecado de seu próximo.

Todavia, não podemos esquecer que esse sofrimento vivido, atravessado, experimentado, *não é* imerecido; a vítima, presa ou sacrificada, *não é* inocente, mas um indivíduo que decidiu desmascarar, com seu ato, uma lei ou um sistema que considerou injustos. Porém, o ato não se situa somente no nível antropológico, no sentido que, por exemplo, René Girard apresenta em sua pesquisa nas obras *A violência e o sagrado* (1982, São Paulo, Paz e Terra/Unesp, 2000) e *O bode expiatório* (1972, São Paulo, Paulus, 2004). A vítima compreende seu gesto como uma *pro-vocação*: é verdade que esse gesto revela processos sociais que erigem leis destinadas a prolongar a injustiça (como o *apartheid*) ou "preparar a guerra para construir a paz" (como declarou um general americano durante a Guerra do Vietnã: "Precisamos destruir essa cidade para salvá-la"); mas também é verdade que realiza mais que isso. O impacto é mais profundo ao colocar em questão o outro e o sentido de sua vida. As considerações implicadas não são somente estratégicas, mas parte de uma denúncia dos "poderes". O nível antropológico tem sua importância, mas não afirma tudo; senão, conforme pensa Girard, o saber livraria o homem da violência, o conhecimento dos processos reais desvelaria a vaidade dos ritos vitimários. Mas isso não ocorre, o que permite a Hyam Maccoby, sociólogo judeu da religião, mostrar que o cristianismo precisa do sacrifício para consertar o mal que o indivíduo se revela incapaz de administrar. Para Maccoby, "o executor sagrado assume a responsabilidade pelo sacrifício, mas deve ser considerado como a representação do mal, a fim de que a entidade seja absolvida da culpa por esse sacrifício" (*L'éxécuteur sacré. Le sacrifice humain et le legs de la culpabilité* [O executor sagrado: o sacrifício humano e o legado da culpa], 1982, Paris, Cerf, 1999, p. 237).

Dessa maneira, o conhecimento parece ser tão insuficiente para pôr fim à autossuficiência do ser humano que parece necessário levar em consideração o caráter religioso/ritual da violência. Não é por acaso que, em nossa reflexão, ressurgem termos de significado teológico, como salvação, pecado, poderes: todos eles enfatizam que ninguém pode verdadeiramente compreender a violência, seja qual for sua face, enquanto não perceber que a rejeição do outro trai a exclusão de um Outro. De fato, a violência expressa o mal que nenhum saber consegue frear, já que essa realidade permanece um mistério que nem mesmo a mais fina análise dos mecanismos sociais pode desvendar. E, se a resistência não violenta dá lugar a alguma esperança, é por abandonar as margens do saber para arriscar-se à exposição ao sofrimento, que alguns perceberão como fracasso, enquanto aqueles que o escolhem conseguem inseri-lo em sua confissão de uma superação em Jesus Cristo.

Por isso, toda a reflexão realizada por King deve levar a um questionamento do próprio sentido da paz, que muitas vezes é compreendida como um objetivo a ser alcançado, enquanto para ele era apenas um meio para realizar seu objetivo; portanto, não se deve (ou não se deverá) falar tanto das condições de paz, mas, sim, da paz como condição. Desse modo, o momento ético se reveste de um caráter essencial ao expor todo discurso ao real, ao mesmo tempo que atesta o fundamento naquele que deu sentido à palavra "encarnação". Aqui, essa reflexão ecoa o pensamento de Dietrich Bonhoeffer, que, em uma Alemanha onde se instalava o nacional-socialismo, no ano de 1934, ergueu a voz para que a igreja não fizesse confusão entre *paz* e *segurança*.

> A paz deve existir porque Cristo está no mundo; deve existir porque há uma igreja de Cristo e o mundo inteiro só vive por causa dela. E essa igreja de Cristo vive simultaneamente em todos os povos e, no entanto, além de todas as fronteiras nacionais, políticas, sociais e raciais; e, através do mandamento de Cristo, do único Senhor ao qual esses povos obedecem, os irmãos dessa igreja estão unidos de um modo mais indissolúvel que os laços que podem existir na história, no sangue, nas classes e nas línguas. Se todos os laços terrenos certamente não são indiferentes, mas, sim, válidos, nem por isso são definitivos, em presença de Cristo. Por isso, sua Palavra e seu mandamento são mais santos e mais invioláveis que as palavras e as obras mais sagradas do mundo natural para os membros do movimento ecumênico, na medida em que permanecem apegados a Cristo, pois eles sabem que todo aquele que não pode odiar seu pai e sua mãe por causa de Cristo não é digno dele, e mente ao qualificar-se como cristão. Os irmãos em Cristo obedecem à Palavra sem duvidar e sem fazer perguntas; eles mantêm seu mandamento da paz e não se envergonham de falar da paz eterna, não importa o que pensa o mundo. Não podem apontar armas uns para os outros, pois sabem que assim estariam apontando-as também contra o próprio Cristo. Em todas as angústias e todos os fracassos, não há escapatória do mandamento de Cristo que ordena a existência da paz.
>
> Como suscitar a paz? Por meio de um sistema de tratados políticos? Por investimentos de capital internacional nos diversos países, ou seja, através dos grandes bancos, através do dinheiro? Ou com armamentos pacíficos recíprocos para assegurar a paz? Nada disso vale, porque por toda parte se confunde *paz* com *segurança*. O caminho da paz não é o caminho da segurança, pois a paz deve ser audaciosa: é o único grande risco a ser assumido, e jamais poderá ser assegurada. A paz é o contrário de uma garantia. Exigir segurança significa desconfiar, e a segurança engendra guerra. Buscar segurança significa buscar proteger-se. A paz significa o completo abandono ao mandamento de Deus, sem pedir segurança, mas, na fé e na obediência, confiar ao Deus onipotente a história dos povos, sem querer dispor deles de modo egoísta. As lutas não são ganhas através de armas, mas com Deus. São ganhas, ainda que o caminho leve à cruz.
>
> Dietrich BONHOEFFER, trecho de *L'Église et le monde des peuples* [A igreja e o mundo das pessoas], dirigido à Conferência Ecumênica de Fanø, em 1934, em *Textes choisis* [Textos escolhidos], Paris-Genebra, *Centurion-Labor et Fides*, 1970, p. 187s.

6. A ampliação do conceito de violência

Hoje, são principalmente as teólogas feministas e os teólogos da libertação (América Latina, Ásia, Estados Unidos e África do Sul) que denunciam o individualismo da ideologia moderna e da sociedade burguesa ou a primazia dos valores de uma raça (branca) e de um sexo (masculino), retomando com vigor as questões da justiça e da integridade. A crítica que eles fazem da sociedade (capitalista) é severa e merece ser ouvida, principalmente por causa da denúncia das violências cometidas contra os pobres e os rejeitados pela cor de sua pele ou explorados por seu sexo. Veja que a argumentação dos teólogos e das teólogas não mais se limita a responder se o cristão pode ou não participar de um movimento (seja ou não revolucionário) ou se tem o direito de pegar em armas, mas diz respeito a um problema mais complexo; desvela-se aqui uma violência mais oculta, em que o recurso às leis e ao direito se revela, muitas vezes, insuficiente para resolver as dificuldades.

A denúncia dessa violência endêmica, inserida no cerne das sociedades e do funcionamento da economia mundial, revela, em paralelo, um tipo de violência particularmente grave, sofrido pelas mulheres pela simples e única razão de serem mulheres. Longa é a lista das torturas levantadas e analisadas em todo o mundo, sofridas por milhões de mulheres, uma violência de múltiplas formas que atinge mulheres de todas as idades e condições. Teologicamente, o cristianismo tem, muitas vezes, autorizado e até apoiado uma política de subordinação, tornando-se inconscientemente um cúmplice dessa opressão ao não denunciá-la com vigor, perpetuando também um tipo de ensinamento que sutilmente prescreve "posturas femininas" (de submissão).

6.1. Uma violência contra todo o ser

As teólogas feministas, principalmente afro-americanas como Delores Williams, Jacquelyn Grant e Kelly Delaine Brown-Douglass, partilham da mesma opinião de James H. Cone, que estima que jamais se deve aconselhar uma vítima a ser não violenta, a menos que se partilhe com ela de sua condição e suas dores, e que as igrejas não têm o direito de incitar à resistência não violenta a não ser que manifestem a reconciliação de Cristo, "carregando a cruz" em verdadeira solidariedade com todos aqueles que lutam pela justiça. Para Cone, há violência onde há injustiça, ou seja, onde a vida recua: "A violência de uma personalidade é a transformação de uma pessoa em uma coisa pelos interesses de outrem. Essa violência é institucional e estrutural, muitas vezes oculta. A violação de sua personalidade significa que a sua identidade, a história e a cultura de seu povo não têm valor nenhum para quem administra a sociedade" (p. 68). Reconhecemos aqui a influência do líder muçulmano negro Malcolm X (1925-1965), que declarou que o pior crime cometido pelos brancos foi ensinar o ódio por si mesmo. O teólogo guardou a lição, que o fez não mais considerar a violência somente como uma questão ética, mas como um problema que atinge várias áreas da teologia.

Com base nisso, teólogas feministas e teólogos da libertação lutam pela ampliação da questão da violência, que não mais se reduz ao porte ou ao uso de armas: para eles, o ser humano por inteiro é atingido pela violência. Com eles, reencontramos as implicações desveladas na fornalha do sofrimento e abandonamos os limites restritos da ética para questionar a memória que está por trás de toda reflexão teológica.

6.2. Rememorar a violência

Seria simples demais reduzir a memória da violência a golpes e feridas, o equivalente a uma preocupação apenas com a aparência (por mais grave que seja), e não com a realidade evidenciada. A grande contribuição das teólogas feministas e dos teólogos da libertação foi a lembrança de que a questão da violência está presente no cerne do ser humano e de sua história. Memória da violência, então, quando a teologia cristã não pode deixar passar em silêncio as causas sociopolíticas da morte de Jesus (e talvez fosse preciso aplicar ao fato o termo *assassinato* para enfatizar seu caráter *violento*), como se essa morte tivesse sido fruto do acaso ou de uma incompreensão banal. Se um julgamento foi realizado e a ele se seguiu uma condenação, é porque a vida de Jesus não tinha somente um sentido espiritual ou religioso, mas comportava elementos considerados *subversivos*. A política e a religião foram implicadas nesse fato: a morte foi decidida no momento em que os absolutos religiosos da sociedade judaica e a perversidade do imperialismo romano agiram em concerto. Por ter denunciado e desmascarado todo poder com seu engajamento, Jesus logo se viu condenado à morte e executado precisamente por essas mesmas instâncias religiosas e políticas.

Diante da cruz, o ser humano se revela na violência que o leva a crucificar aquele que não é reconhecido, esse outro a quem é negado o direito de existir, esse outro que ameaça a segurança de seus julgamentos e de suas interpretações. Esse Jesus condenado não era o inocente por excelência: seu engajamento total, seu caminho difícil, por suas implicações, atraíam riscos de sofrimento, ainda que ele não o buscasse. Nesse aparente fracasso se desenrolava a libertação. Assim, esse sofrimento se revelou necessário para que a obediência fosse manifesta até o final: a libertação não dependia do sofrimento, mas, sim, o sofrimento da libertação. A morte violenta de Jesus, compreendida como um processo jurídico, acusa o ser humano, sua vida, sua morte, seus deuses, instaurando um julgamento, e somente nesse sentido é que pôde tornar-se um sinal de graça. O processo jurídico está em relação estreita com a história, com aquilo que é específico, com o espaço e o tempo, com conflitos presenciais.

O rosto do condenado revela sua identidade e não pode ser negligenciado, na medida em que dá sentido a tudo o que se desenvolve. Esse rosto, conhecido e especificado, insere o engajamento divino na carne do mundo, atestando que Deus não paira acima da cena nem se situa em uma resposta *exterior* ao grito do crucificado: "Deus meu, Deus meu, por que me desamparaste?". A escolha de Deus se encarna em um homem que é julgado, condenado e pregado em uma cruz, a quem Deus só responde com o silêncio, um sinal de seu sofrimento e de sua vontade de sofrer até o final as consequências do mal e da cegueira da violência (teologicamente: do pecado) dos seres humanos. Lembrar que houve uma morte violenta lança uma luz ofuscante no caráter problemático de todos os tipos de meio-termo em que muitas igrejas, há muito tempo, se acomodaram. Esse procedimento implica uma verdadeira provocação contra todo poder religioso que ainda pretenda designar um lugar e um espaço a Deus e ao que lhe diz respeito, assim como contra todo poder político que sofre a tentação de confundir a justiça com a ordem, a coragem com o consenso fácil. A conversão do mundo não pode ocorrer sem sofrimento, sem paixão, sem crise (no sentido etimológico de decisão, julgamento, momento-chave).

Propor essa memória é algo que incomoda, mas tal coisa é essencial: memória de violência, de sofrimento e de morte, mas também memória de ressurreição: a segunda não pode se desdobrar sem a primeira. Nelas reside a promessa de que o mesmo Deus que revelou seu rosto de modo inesperado continua a agir, a livrar e a libertar. Libertação e liberdade são, paradoxalmente, oferecidas a todos os que confessam que, nessa morte violenta de alguém chamado Jesus, ocorreu *uma vez por todas* um processo jurídico e um processo histórico que atingiram o ser humano. Essa expressão estabelece uma polaridade interna entre um particular (uma vez) e um universal (todas as vezes), dois termos que devem ser lidos em conjunto, já que só fazem sentido dessa maneira.

Fazer memória é um ato não violento fundamental. Com relação a isso, podemos assinalar o exemplo da África do Sul, que, impulsionada por seu ex-presidente Nelson Mandela e pelo arcebispo Desmond Tutu, estabeleceu a comissão "Verdade e Reconciliação", pouco após o fim do apartheid. Evidentemente, nem tudo foi dito ali, mas deu-se um passo gigantesco: as vítimas, negras em sua maioria, foram amplamente ouvidas, seus sofrimentos foram verdadeiramente reconhecidos e os responsáveis pelas exações também foram ouvidos. Somente tal procedimento poderia estabelecer os fundamentos necessários para uma verdadeira cura das mentalidades e para que antigos ódios não brotassem, nem feridas nunca reconhecidas fossem infeccionadas.

A tarefa da memória, tanto pessoal quanto comunitária, não é fácil, mas é essencial. A necessária criação de um tribunal penal internacional em Haia — a investigação de massacres em Ruanda (1994), a guerra na ex-Iugoslávia, em Serra Leoa ou talvez, em breve, das exações cometidas na Chechênia e na Rússia — lembrou dolorosamente desse fato, assim como as obras cinematográficas de Claude Lanzmann, que filmou, em 1985, *Shoah*, sobre o extermínio sistemático dos judeus da Europa, e de Reni Mertens e Walter Marti, que, com o filme *Requiem* (1992), fazem memória das vítimas dos dois conflitos mundiais, conduzindo o espectador por inúmeros cemitérios militares. O revisionismo ameaça toda memória, sobretudo a memória da violência, mas também não ameaça toda história de violência em que, sob a capa de uma variedade de interpretações, dissimula-se a mentira? Seja obliterando, seja interpretando falsamente a violência, um risco se revela constante: sacralizar os poderes religiosos ou políticos e abrir grandes portas para exclusão, rejeição, genocídio, Holocausto, ou seja, toda essa violência em que o ser humano "não sabe o que faz" e perde sua humanidade. Fortemente marcado pela cultura batista, o escritor afro-americano James Baldwin (1924-1987) exprimiu isto de modo magnífico: "Estamos submetidos àquilo que nossa memória recusa. Aquilo que esquecemos determina o que amamos e aquilo que somos impotentes para amar. [...] O esquecido é a serpente do jardim de nossos sonhos. O que esquecemos jamais nos abandona, nem em nossas esperanças, nem no perigo, nem no amor que é inexorável: somente o amor pode nos ajudar a reconhecer aquilo que queremos esquecer. A memória faz uma irrupção na cena da vida — e de verdade! — no momento em que a vida acaba. É quando a memória se torna o último guia para uma condição de existência" (*Meurtres à Atlanta* [Assassinatos em Atlanta], 1985, Paris, Stock, 1985, p. 12 s).

Serge Molla

▶ BAINTON, Roland H., *Christian Attitudes toward War and Peace. A Historical Survey and Critical Re-Evaluation*, Nashville, Abingdon Press, 1960; BANGERTER, Olivier, *La pensée militaire de Zwingli*, Berna, Lang, 2003; BROWN, Robert McAfee, *Religion and Violence*, Filadélfia, Westminster Press, 1976; CHAUNU, Pierre, *La violence de Dieu*, Paris, Robert Laffont, 1978; CHESNAIS, Jean-Claude, *Histoire de la violence en Occident de 1800 à nos jours*, Paris, Robert Laffont, 1981; CHRISTIN, Olivier, *La paix de religion. L'autonomisation de la raison politique au XVIᵉ siècle*, Paris, Seuil, 1997; "La violence envers les femmes", *Concilium* 252, 1994; CONE, James H., *Speaking the Truth. Ecumenism, Liberation and Black Theology*, Grand Rapids, Eerdmans, 1986, p. 61-79; CORBETT, Percy Ellwood e WRIGHT, Quincy, "Guerre (Droit de la)", em *Encyclopaedia Universalis*, t. X, Paris, 1990, p. 1036-1041; CRÉTÉ, Liliane, *Le protestantisme et les femmes. Aux origines de l'émancipation*, Genebra, Labor et Fides, 1999; CROUZET, Denis, *Les guerriers de Dieu. La violence au temps des troubles de religion (vers 1525-vers 1610)*, 2 vols., Seyssel, Champ Vallon, 1990; DOMENACH, Jean-Marie *et alii*, *La violence et ses causes*, Paris, Unesco, 1980; ELLUL, Jacques, *Contre les violents*, Paris, Centurion, 1972; FUCHS, Éric e GRAPPE, Christian, *Le droit de résister. Le protestantisme face au pouvoir*, Genebra, Labor et Fides, 1990; FUCHS, Éric e OSSIPOW, William, orgs., *L'homme respecté. État, identités, économie et droits de l'homme*, Genebra, Labor et Fides, 1994; GRANDJEAN, Michel e ROUSSEL, Bernard, orgs., *Coexister dans l'intolérance. L'Édit de Nantes (1598)*, Genebra-Paris, Labor et Fides-Société de l'histoire du protestantisme français, 1998; KING, Martin Luther, *"Je fais un rêve". Les grands textes du pasteur noir* (1986), Paris, Centurion, 1987; LORENZ, Eckehart, org., *Risquer la paix. Guerre sainte ou paix juste?*, Genebra, Labor et Fides, 1992; LYND, Staughton e Alice, orgs., *Nonviolence in America. A Documentary History* (1966), Maryknoll, Orbis Books, 1995; MALKANI, Fabrice, *Luther et le problème de la violence*, em Jean-Paul CAHN e Gérard SCHLNEILIN, orgs., *Luther et la Réforme, 1519-1526*, Paris, Éditions du Temps, 2000, p. 132-154; MICHAUD, Yves, *La violence*, Paris, PUF, 1986; MOLLA, Serge, *Les idées noires de Martin Luther King*, Genebra, Labor et Fides, 1992; NIEBUHR, Reinhold, *Moral Man and Immoral Society* (1932), New York, Scribner, 1960; NIVAT, Georges, *Mémoire de l'inhumain*, em *Encyclopaedia Universalis. Symposium. Les enjeux*, Paris, 1990, p. 115-129; PIQUE, Nicolas e WATERLOT Ghislain, orgs., *Tolérance et Réforme. Éléments pour une généalogie du concept de tolérance*, Paris, L'Harmattan, 1999; PONS, Sophie, *Apartheid. L'aveu et le pardon*, Paris, Bayard, 2000; QUELQUEJEU, Bernard e VAILLANT, François, org., *Les Églises contre la bombe? Les Églises chrétiennes et les armements nucléaires*, Paris, Cerf, 1985; SASSIER, Philippe, *Pourquoi la tolérance*, Paris, Fayard, 1999; VAILLANT, François, *La non-violence. Essai de morale fondamentale*, Paris, Cerf, 1990; VIAUD, Pierre, org., *Les religions et la guerre. Judaïsme, christianisme, islam*, Paris, Cerf, 1991, p. 285-354; VILLA-VICENCIO, Charles, org., *Theology and Violence. The South African Debate*, Grand Rapids, Eerdmans, 1987.

▶ Brown; Duplessis-Mornay; Ellul; Grotius; Hauerwas; Kagawa; King; **mal**; Niebuhr, Reinhold; objeção de consciência; paz; **política**; Rawls; resistência; Thoreau; tortura; Yoder; Zwinglio

VIRET, Pierre (1511-1571)

Pierre Viret foi o único reformador de monta que nasceu na atual Suíça romanda, mais exatamente em Orbe. Estudou no Colégio Montaigu, de Paris, de 1527 a 1530, antes de voltar para Vaud. Levado por Farel, pregou em Orbe em 1531, e também em Payerne, em Neuchâtel e em Genebra, inaugurando, assim, um ministério de quarenta anos. Em 1536, foi um dos principais participantes da Disputa de

Lausanne e se tornou pastor da cidade Valdense. Após a polêmica de 1537 com Pierre Caroli (?1480-após 1545), Viret foi o primeiro pastor de Lausanne, e isso até 1559. Além de Farel, Calvino foi outro amigo com quem ele partilhou visões teológicas e eclesiológicas. Calvino e Viret nutriam o mesmo interesse pela disciplina eclesiástica, concedendo aos ministros o direito à excomunhão da ceia. Calvino foi expulso de Genebra em 1531 por causa dessa exigência; vinte anos depois, Viret foi expulso de Lausanne pelo mesmo motivo. No entanto, havia sido o braço forte da igreja na região de Vaud, além de professor de teologia na Academia de Lausanne, fundada em 1537, e um autor prolífico.

Sua ampla produção literária privilegia a forma do diálogo, que é voltada para a instrução popular. *Disputations chrestiennes* [Disputas cristãs] (1544) e *Instruction chrestienne* [Instrução cristã] (1556, fortemente aumentada em 1559 e 1564) são as obras mais conhecidas e mais reeditadas, sem, no entanto, atingir o estilo e a concisão de Calvino. Expulso pelos berneses, Viret voltou a Genebra em março de 1559, onde permaneceu por dois anos, às vezes pregando e escrevendo bastante; em setembro de 1561, partiu de repente. Sempre se repetiu, de acordo com o que Calvino havia dito, que Viret deixou Genebra por motivo de saúde. Na verdade, a convivência com Calvino e Beza nem sempre era fácil, ainda mais porque Viret passou a defender uma concepção mais colegial, e até democrática, do poder eclesiástico. Viajou, então, para Nîmes, Montpellier e, depois, Lyon, de junho de 1562 a agosto de 1565, presidindo o sínodo nacional das igrejas reformadas de agosto de 1563. Expulso de Lyon, Viret encontrou um refúgio ativo no Béarn no início de 1567, para onde havia sido chamado por Joana de Albret, rainha de Navarra. Morreu naquela região no início da primavera de 1571.

Max Engammare

▶ BARNAUD, Jean, *Pierre Viret, sa vie et son oeuvre (1511-1571)*, Saint-Amans, Carayol, 1911 (bibliografia das obras de Viret, p. 677-696); BAVAUD, Georges, *Le réformateur Pierre Viret*, Genebra, Labor et Fides, 1986; DENIS, Philippe, "Viret et Morély: les raisons d'un silence", *Bibliothèque d'humanisme et Renaissance* 54, 1992, p. 395-409; LINDER, Robert Dean, *The Political Ideas of Pierre Viret*, Genebra, Droz, 1964.

◉ Béarn; Calvino; Caroli; disciplina; Farel; Herminjard; Jeanne d'Albret; Lausanne (Disputa de); Olivétan; Orthez; Reforma/Reformação

VIRTUDE

O conceito de virtude não tem boa fama no pensamento protestante comum. Geralmente enxergam-se na "virtude" restos de um puritanismo ultrapassado e de um catolicismo de inspiração aristotélica. Em nome da justificação pela fé somente, Martinho Lutero criticou a tese aristotélica da virtude compreendida como um *habitus*. Por outro lado, Melâncton buscou atribuir um novo lugar à problemática das virtudes no edifício da ética teológica. No século XIX, sobretudo com base em Platão, Friedrich Schleiermacher reconstituiu a ética filosófica de um modo firme e original, em torno da tripla noção de bens, virtudes e deveres, sendo seguido, nesse aspecto, por Richard Rothe. Ernst Troeltsch conseguiu operar, na mesma linha, a distinção entre a ética objetiva dos bens e a ética subjetiva das virtudes. Voltando a centralizar-se na fé, a "teologia dialética" rompeu com esses desenvolvimentos. Na segunda metade do século XX, a ética protestante voltou a interessar-se pelo *status* e pelo significado das virtudes. André Dumas privilegiou a virtude no plural, ou seja, em sua relatividade e racionalidade constitutivas, em comparação com a virtude necessariamente totalitária e moralizante. Nos Estados Unidos, Stanley Hauerwas, seguindo o filósofo, Alasdair MacIntyre, reinterpretou a virtude com base na noção de caráter.

Denis Müller

▶ DUMAS, André, *Les vertus... encore* [As virtudes... de novo], Paris, Desclée de Brouwer, 1991; HAUERWAS, Stanley, *Virtue and Character* [Virtude e caráter], Notre Dame, Notre Dame University Press, 1987.

◉ Hauerwas; justificação; **moral**; Schleiermacher; Troeltsch; valores; virtudes teologais

VIRTUDES TEOLOGAIS

O tomismo distinguia entre as virtudes cardeais, herdadas de Platão e, principalmente, de Aristóteles, e as virtudes teologais, especificamente relacionadas a Deus, que são a fé, a esperança e o amor (cf. 1Co 13.13). Os reformadores, com especial destaque para Lutero e Calvino, estabeleceram uma distância não somente em relação à problemática das virtudes, mas também contra a supremacia da caridade (ou amor) sobre a fé (*fides caritate formata*, "a fé que recebe sua forma da caridade"), tal como expressa no catolicismo.

Foi somente com a revalorização das virtudes na ética protestante moderna (Schleiermacher) e contemporânea que o tema das virtudes teologais voltou à baila. Jürgen Moltmann buscou vigorosamente restabelecer a prioridade da virtude cristã da esperança; Paul Tillich e Arthur Rich debruçaram sobre as relações éticas entre o amor e a justiça. Se admitimos que o amor constitui o princípio último da ética cristã e sua realização histórica está sempre submetida a uma reserva do tipo escatológico, a questão do significado exato da fé para a ética subsiste. Aqui, precisamos permanecer atentos ao fato de que a fé, como virtude teologal irredutível, transcende toda moral.

Sem dúvida, é o primado doxológico da fé, afirmado apesar da prioridade ontológica do amor, que explica a hesitação do protestantismo quanto a traduzir a tríade paulina de 1Coríntios 13.13 para a linguagem tradicional das virtudes teologais.

Denis Müller

▶ FREY, Christofer, *Theologische Ethik*, Neukirchen-Vluyn, Neukirchener Verlag, 1990; MOLTMANN, Jürgen, *Teologia da esperança: estudos sobre os fundamentos e as consequências de uma escatologia cristã* (1964), São Paulo, Teológica/Loyola, 2005; RICH, Arthur, *Éthique économique* (1984-1990, 1987-1991), Genebra, Labor et Fides, 1994; TILLICH, Paul, *Le fondement religieuse de la morale*, Neuchâtel-Paris, Delachaux et Niestlé--Centurion, 1971.

○ Amor; esperança; fé; justiça; virtude

VISCHER, Wilhelm (1895-1988)

Pastor e teólogo da Basileia, Vischer trouxe um novo impulso à abordagem cristã do Antigo Testamento. Em uma época em que era dominante a escola histórico-crítica, seu livro *O Antigo Testamento, testemunha de Cristo* resgatou, em pleno século XX, uma leitura cristológica da Bíblia, mas sem trair a história em benefício da alegoria. Professor em Bethel, precisou deixar a Alemanha em 1934 por causa de seu posicionamento sobre a perseguição dos judeus. Voltou à Basileia, onde passou a exercer o ministério pastoral. Em 1947, foi convidado a trabalhar na Faculdade de Teologia de Montpellier, onde se fixou até sua morte. Intérprete das Escrituras e bardo da graça do Deus que só tem uma palavra, seu Filho Jesus Cristo em pessoa, exerceu uma enorme influência, que ultrapassou em muito os limites da faculdade. Habitado pelo mistério de Israel, imbuiu-se, tal como o apóstolo Paulo, de uma total solidariedade aos judeus e sem a menor adesão ao legalismo. Percebia na eleição do povo judeu o dedo de Deus plantado no coração da história. Militante socialista desde a juventude, dotado de grande cultura, músico, caminhou como homem livre em todas as áreas da vida.

Michel Bouttier

▶ VISCHER, Wilhelm, *L'Ancien Testament témoin du Christ*, t. I: *La loi ou les cinq livres de Moïse. De la Genèse au Deutéronome* (1934) e t. II: *Les premiers prophètes* (1942), Neuchâtel, Delachaux et Niestlé, 1949-1951; Idem, *Valeur de l'Ancien Testament. Commentaires des livres de Job, Esther, l'Ecclésiaste, le second Ésaïe*, Genebra, Labor et Fides, 1957; Idem, *L'Écriture et la Parole*, Genebra, Labor et Fides, 1986; FELBER, Stefan, *Wilhelm Vischer als Ausleger der Heilingen Schrift. Eine Untersuchung zum Christuszeugnis des Alten Testaments*, Göttingen, Vandenhoeck & Ruprecht, 1999.

VISSER'T HOOFT, Willem Adolf (1900-1985)

De origem holandesa, pastor da Igreja Reformada dos Países Baixos, Visser't Hooft viveu toda a sua vida profissional em Genebra, de onde se tornou cidadão honorário. Foi secretário-geral das Uniões Cristãs de Jovens (1924-1932), em seguida da Federação Universal das Associações Cristãs de Estudantes (1932-1937) e, por fim, do Conselho Mundial de Igrejas, primeiro do comitê provisório (1938-1948) e depois do comitê definitivo (1948-1966). Durante a Segunda Guerra Mundial, Visser't Hooft desenvolveu uma intensa atividade em favor dos refugiados, da Igreja Confessante na Alemanha e da preparação para o pós-guerra. Dotado de uma ampla experiência internacional, de energia para administrar, de diplomacia e de conhecimentos linguísticos, munido de uma posição teológica clara e refletida (influenciada por Karl Barth e pela tradição reformada), seu maior mérito foi ter traduzido o desejo ecumênico da época na formação do Conselho Mundial de Igrejas, tornando-se conhecido como o arquiteto do movimento. É autor de um bom número de publicações que, assim como o próprio movimento ecumênico, têm como referência o seguinte tripé: a igreja inteira, o mundo inteiro, o evangelho inteiro. Enfatizava o senhorio de Cristo sobre tudo, a missão como vocação da igreja e o debate necessário com formas de sincretismo e paganismo. Seu foco na eclesiologia jamais culminava em um eclesiocentrismo, mas integrava de forma crítica fenômenos da cultura moderna, como, por exemplo, a emancipação.

Klauspeter Blaser e Adriaan Geense

▶ VISSER'T HOOFT, Willem Adolf, *La royauté de Jésus-Christ*, Genebra, Labor et Fides, 1948; Idem, *L'Église face au syncrétisme* (1963), Genebra, Labor et Fides, 1964; Idem, *Le temps du rassemblement. Mémoires* (1973), Paris, Seuil, 1975; Idem, *La paternité de Dieu dans un monde émancipé* (1980), Genebra, Labor et Fides, 1984; *W. A. Visser't Hooft, pionnier de l'oecuménisme*. Genève-Rome, org. por Jacques MAURY, Paris, Cerf-Les Bergers et les Mages, 2001; BENT, Ans J. van der, org., *Voices of Unity. Essays in Honour of Willem Adolf Visser't Hooft on the Occasion of His 80th Birthday*, Genebra, CMI, 1981; BLASER, Klauspeter, *Willem A. Visser't Hooft*, em Martin GRESCHAT, org., *Gestalten der Kirchengeschichte*, t. X/2: *Die neueste Zeit IV*, Stuttgart, Kohlhammer, 1986, p. 244-256.

○ Conselho Mundial de Igrejas; **ecumenismo**; Koechlin

VITORIANOS (época e valores)

A rainha Vitória regeu a Inglaterra de 1837 a 1901, deu seu nome não apenas à época, mas também, de modo mais específico, à moral e aos valores que dominaram durante seu reinado e dos quais ela mesma oferecia uma encarnação exemplar. Embora a época vitoriana propriamente dita tenha terminado com a morte da soberana, os valores vitorianos sobreviveram a ela por muito tempo, só conhecendo um declínio decisivo longas décadas depois.

Na história britânica, poucas fases foram tão importantes quanto a época vitoriana. De fato, foi durante esse período que o Reino Unido se tornou a oficina do mundo, graças à Revolução Industrial, cujos primórdios já se discerniam no final do século anterior; em meados do século, a partir de 1851, o número de habitantes das cidades ultrapassou pela primeira vez o número de habitantes do interior. Esse fato tornou a Inglaterra a primeira civilização urbana que o mundo conheceu; e foi a partir dos anos 1870 que se iniciou em grande escala a expansão imperial que permitiu que Vitória, coroada imperadora da Índia em 1876, fosse a soberana de um império sobre o qual o sol jamais se poria. A fase também foi decisiva no nível da política, já que o poder da aristocracia diminuiu para consolidar a base democrática do sistema, graças às leis eleitorais de 1867 e 1884-1885.

Em uma época marcada por tantas reviravoltas de todo tipo, teria sido de espantar que as crenças tradicionais não fossem ameaçadas; tudo parecia indicar que os britânicos se tornavam cada vez menos religiosos e que o indiferentismo fazia progressos, principalmente na classe operária. Em um domingo, dia 31 de março de 1851, a Câmara dos Lordes solicitou um recenseamento religioso, que revelou a amplitude do desapego. No total, somente a metade dos fiéis em potencial havia se deslocado para o culto (anglicano ou não conformista) ou para a missa (a Igreja Católica havia sido restabelecida em sua organização eclesiástica no ano anterior); e, fato mais grave, nas cidades industriais do norte e das *Midlands*, os templos estavam quase desertos, com menos de um quarto dos praticantes em potencial. O protestantismo inglês havia se fragmentado em uma miríade de seitas e comunidades, enquanto a Igreja Anglicana só conseguia atrair metade da população. Embora os *Primitive Methodists* tivessem sido bem-sucedidos, sob certa medida, em deter o progresso da descristianização entre a massa operária, também era verdade que o Reino Unido estava novamente se transformando em um país de missão. Da mesma forma, as décadas seguintes foram caracterizadas por um imenso esforço de recristianização: as diversas igrejas se lançaram na construção de novos locais de culto e na reorganização de seu modo de pregar. Surgiram novas igrejas (como o Exército de Salvação, em 1878), mas sem que se pudesse realmente verificar um avivamento. Em meio a isso tudo, ocorreu um dos paradoxos mais impressionantes da época: a intensa atividade evangelística e missionária que a caracterizou não era tanto um novo avanço da fé, mas, sim, em primeiro lugar, um esforço para conter seu encolhimento e seu declínio. No final do século, novas pesquisas mostraram que, apesar dos esforços engajados, a renovação se afigurava relativa, e a indiferença religiosa se mantinha tenaz. Da indiferença à incredulidade, há somente um passo, que foi dado por leitores de David Friedrich Strauβ, cuja *Vida de Jesus* (1835-1836) foi traduzida para o inglês e publicada em 1846, e de Charles Darwin (*A origem das espécies*, 1859). É claro que não nos podemos apressar em concluir que a sociedade vitoriana estava profundamente descristianizada; no entanto, é de notar-se que estava menos piedosa do que se podia imaginar.

Porém, se existe uma área na qual podemos discernir uma indiscutível marca religiosa, é a da moral que se convencionou chamar vitoriana. Mas é preciso reconhecer que, nessa acepção, o adjetivo costuma ser malvisto, já que, geralmente, está associado à noção de "moral vitoriana" um misto particularmente desagradável de puritanismo (no sentido vulgar) e hipocrisia. Não que essa associação seja, de fato, falsa: o puritanismo vitoriano era um fato que recorria, por exemplo, a vários eufemismos para se referir ao corpo e suas funções; ao mesmo tempo, era evidente a hipocrisia de uma sociedade que, enquanto exaltava o papel do "anjo do lar" atribuído à mulher, de acordo com a expressão do poeta Conventry Patmore, fechava os olhos para a existência de inúmeras casas de tolerância londrinas. Na verdade, não foi de espantar que, nessa mesma sociedade marcada por uma clivagem entre conformismo moral e recalque da sexualidade, um autor como Robert Louis Stevenson (1850-1894) tenha inventado o personagem duplo do Dr. Jekyll e Sr. Hyde (1886, *O médico e o monstro*, Porto Alegre, L&PM, 2002). Porém, seria um tanto sucinto, e também injusto, parar nessas considerações.

Em uma entrevista de televisão, no ano de 1983, Margaret Thatcher, então primeira-ministra do Reino Unido, declarou que "os valores vitorianos estavam em curso quando nosso país atingiu sua grandeza". Ora, não é incorreto afirmar que, apesar da enorme variedade de denominações religiosas às quais se apegavam, os britânicos da época vitoriana partilhavam entre si uma espécie de "catecismo social" (F. Bédarida), ou de moral comum, que cimentava a sociedade. Os componentes dessa moral são bem conhecidos: sentimento do dever, exigência de um trabalho benfeito, valor da disciplina e da poupança, respeito por si mesmo e pelos outros, probidade estrita. Esse código de comportamento era um aspecto notável daquela época e, se inicialmente era característico das classes médias e da burguesia, acabou por estender-se a toda a sociedade. Adotaram-no tanto a aristocracia, que, no entanto, era de obediência anglicana em geral, quanto a camada mais cristianizada da classe operária, de obediência metodista. No alto da pirâmide social, a própria rainha dava exemplo de uma vida que era vivida de acordo com os valores vitorianos, em franca oposição a alguns de seus predecessores, cuja vida dissoluta acabou colocando em descrédito a própria instituição monárquica. Assim, foi todo um conjunto de valores de inspiração protestante que deu à sociedade vitoriana sua inimitável identidade; ao longo das décadas, um bom número de obras contribuiu para popularizá-los. A mais conhecida (e a mais vendida) é, sem dúvida, *"Self-Help", ou Caractère, conduite et persévérance illustrés à l'aide de biographies* ["Autoajuda", ou caráter, conduta e perseverança ilustrados com a ajuda de biografias] (1859, Paris, Plon et Nourrit, 1886), do bastante conceituado Samuel Smiles (*smiles* significa "sorrisos" em inglês) (1812-1904), cujo voluntarismo otimista era o traço mais marcante. Porém, ao mesmo tempo que uma expressão da ética protestante, os valores vitorianos eram perfeitamente compatíveis com a total ausência de fé: na trilogia "Deus, a imortalidade e o dever", George Eliot (pseudônimo de Mary Ann Evans, 1819-1880) julgava o primeiro termo inconcebível e o segundo impossível de se acreditar, mas reconhecia no terceiro um valor absoluto. Nessa emancipação dos valores em relação ao substrato religioso que os fundou, a época vitoriana se afigura bastante moderna.

Pierre Lurbe

▶ BÉDARIDA, François, *La société anglaise du XIXᵉ siècle à nos jours*, Paris, Seuil, 1990; BRIGGS, Asa, *Victorian People* (1954), Londres, Folio Society, 1996; Idem, *Victorian Cities* (1963), Londres, Folio Society, 1996; CHADWICK, Owen, *The Victorian Church*, Londres, SCM Press, vol. I: *1829-1859* (1966), 1987, e vol. II: *1960-1901* (1970), 1997; GILBERT, Alan D., *Religion and Society in Industrial England. Church, Chapel and Social*

Change, 1740-1914, Londres, Longman, 1976; HOUGHTON, Walter E., *The Victorian Frame of Mind, 1830-1870* (1957), New Haven, Yale University Press, 1985; MARX, Roland, *Religion et société en Angleterre de la Réforme à nos jours*, Paris, PUF, 1978; Idem e CHARLOT, Monica, *La société victorienne* (1973), Paris, Armand Colin, 1997; SNELL, Keith D. M. e ELL, Paul S., *Rival Jerusalems. The Geography of Victorian Religion*, Cambridge, Cambridge University Press, 2000; THOMPSON, Francis Michael L., *The Rise of Respectable Society. A Social History of Victorian Britain, 1830-1900*, Londres, Fontana, 1988; WALKER, Pamela J., *Pulling the Devil's Kingdom Down. The Salvation Army in Victorian Britain*, Berkeley, University of California Press, 2001.

O Inglaterra; valores

VOCAÇÃO

1. Introdução
2. Fontes históricas do conceito de vocação
   2.1. A vocação antes da Reforma
   2.2. Martinho Lutero (1483-1546)
   2.3. Releitura de Lutero por Max Weber (1864-1920)
   2.4. João Calvino (1509-1564)
   2.5. A teologia reformada posterior
   2.6. A teologia contemporânea
3. A vocação: avaliação crítica das proposições protestantes
   3.1. Uma vocação particular articulada à vocação geral de todo homem
   3.2. O discernimento da vocação particular
   3.3. Pertinência social da vocação hoje
   3.4. A vocação entre promessa e santificação
   3.5. Quando a vocação se conjuga à ascese
   3.6. Superar uma visão utilitária da vocação

1. Introdução

A tradição protestante estendeu o conceito de vocação a todas as atividades humanas. Esse termo mantém plenamente sua atualidade caso, logo de início, rejeitemos alguns modos inadequados de compreendê-lo:

a) Elitismo. Alguns podem atribuir-se uma vocação que os afasta da massa dos homens. Em oposição a esse desvio, é necessário constantemente lembrar o protesto de Lutero contra os monges de seu tempo. A vocação é, antes de tudo, algo geral, sendo dirigida a todo homem, antes de ser particular, quando se trata de uma realização singular e livre da vocação comum.

b) Alguns podem restringir o conceito e identificar a vontade divina com a estrutura social. Aqui, é necessário defender, junto com Calvino, não apenas a legitimidade de uma possível mudança de função, mas também o uso crítico da vocação em um enfrentamento do estado social.

c) Romantismo. Sob uma forma religiosa ou leiga, há romantismo quando há imediatez no conhecimento da vocação, sem que se recorra à razão nem à confirmação ou acolhida pelos demais. Ao restaurar a distinção clássica entre "vocação interna" e "vocação externa", podemos afirmar que o desejo ou o gosto não constituem, sozinhos, a vocação.

d) Utilitarismo. Evidentemente, a vocação comporta a ideia de uma utilidade social, já que situa o indivíduo entre outros homens. Mas é preciso haver cuidado para que o discernimento da vocação não seja reduzido à utilidade e o reconhecimento da vocação não seja medido em termos exclusivamente econômicos. Aqui, é importante lembrar que a vocação não se identifica somente com as atividades profissionais e permanece sempre aberta à santificação e à escatologia.

2, Fontes históricas do conceito de vocação

2.1. A vocação antes da Reforma

A vocação permite ao teólogo qualificar a existência humana. Na área do direito, o termo "estado" (*status*) buscou dar conta da mesma realidade. Durante séculos, a teologia se esforçou por conciliar, no conceito de vocação, os argumentos bíblicos e essa herança do direito romano, que era recebida de modo tão unânime que se passava por "natural".

No direito romano, o estado de um homem é sua condição estável, que se traduz em direitos e deveres para com a cidade. Assim, três tipos de estado eram identificados: o homem livre ou escravo; o homem casado (*pater familias*) em oposição às mulheres e crianças; o magistrado ou o cidadão comum. Esses estados não eram excludentes, e o mesmo homem podia pertencer a vários, como, por exemplo, um homem livre, *pater familias* e magistrado.

No século XIII, a teologia foi renovada e retomou essas classificações dos estados, harmonizando-as com os dados da Escritura. Foi nessa época que se começou a distinguir entre "vocação geral" (ou universal, em que Deus se dirige a Israel e, posteriormente, a todos os homens em Jesus Cristo) e "vocação particular" (exposta especificamente em 1Coríntios 7.17-24). A primeira é do âmbito da economia da salvação, enquanto a segunda reflete teologicamente sobre a situação social do ser humano. O texto de Coríntios era especialmente bem-vindo para articular a vocação particular aos estados, já que, com a distinção entre circuncisos e incircuncisos, alude à do senhor e do escravo, que pertencem às classificações do direito. "Cada um permaneça na vocação em que foi chamado. Foste chamado sendo escravo? Não te preocupes com isso": a exegese medieval compreendeu esse texto como o dever de permanecer em cada condição, observando que o texto substitui o termo "estado" por seu equivalente teológico "vocação" e concluindo que a classificação dos estados não era somente de natureza jurídica, mas correspondia aos desígnios da Providência. Assim, vocação se tornou um sinônimo de estado. No entanto, é fundamental observar que a vocação-estado não prenuncia em nada a salvação; pelo contrário, o texto de 1Coríntios afirma, acima de tudo, que a salvação não pode ser reduzida à tipologia dos estados. Mas o pensamento medieval sobre a vocação particular se esforçou por articular a responsabilidade que, para alguns, resulta de suas obrigações com a vocação geral, comum a todos os cristãos, e que somente ela diz respeito à salvação. Desse modo, a obrigação que faz do cidadão um magistrado, conferindo-lhe direitos e deveres, não é somente civil, mas o obriga a não ir de encontro à vocação geral que é sua e dos demais cristãos. Ao retomar a tripartição dos estados originado no direito romano e qualificá-la de vocação, a teologia escolástica tentou refletir sobre os laços entre o civil e o teológico sem dissolver um no outro.

A teologia medieval também estendeu a vocação além dos limites herdados pelo direito romano. Afinal, existe uma analogia entre o estado do magistrado, que é separado para o serviço da cidade e responsável pelo sermão que o responsabiliza diante de seus concidadãos e a condição religiosa que torna o homem encarregado de interceder pelo mundo, atado por seus votos. Assim, a tripartição jurídica dos estados é complementada com um quarto nível em que se distinguia a condição do religioso e a condição do leigo. Obtêm-se, assim, quatro tipos de estados ou vocações: mestre ou escravo, pai de família (que passa a ser oposto, sobretudo, ao do solteiro, e nem tanto ao da criança ou da esposa), magistrado/príncipe ou súdito, religioso ou leigo. Todos esses estados são expressões da vontade de Deus e se destinam a ordenar o mundo.

O direito romano pressupunha uma escala de valores entre os diferentes estados, pois pertencer a um estado conferia direitos específicos e diferentes dos demais. A teologia medieval não contestou essa hierarquia, mas a confirmou pondo a condição do clérigo em seu ápice. A diferença qualitativa do estado de perfeição dos religiosos e dos estados civis nada deve à soteriologia (os religiosos não são nem mais salvos nem menos salvos que qualquer outra pessoa), mas, na pura linha do direito romano, deve-se à natureza da obrigação inerente ao estado: "o estado de perfeição é aquele em que o homem oferece, por meio de um voto, toda a sua vida a Deus" (TOMÁS DE AQUINO, *De perfectione spiritualis vitae* [A perfeição da vida espiritual], *Opera omnia* [Obra completa] III, Stuttgart-Bad Cannstatt, Frommann-Holzboog, 1980, cap. XV, p. 563). Portanto, o estado de perfeição nada declara sobre a salvação e sobre a perfeição moral de seus membros, mas existe uma superioridade na vocação do clérigo, que se deve à radicalidade da obrigação que a fundamenta; assim, todas as vocações civis lhe são qualitativamente submetidas.

A partir do final da Idade Média, alguns desvios teológicos passaram a associar a obrigação religiosa a uma obra meritória para a salvação, reduzindo a vocação à sua acepção religiosa. O risco era tão grande que a função do leigo não podia ser considerada uma vocação, por motivos formais. Se lembrarmos que, para o direito romano, o estado de um homem é sua condição estável ligada a deveres para com a cidade, compreenderemos facilmente que nem toda condição social entra nessa definição, seja ela instável, seja não responsabilizadora. Na verdade, a questão foi tratada explicitamente por Tomás de Aquino. Em sua obra, o estado é tradicionalmente definido como uma condição de vida estável que provém de uma obrigação ou de uma isenção de obrigação: "O que há de facilmente variável e exterior nos homens não poderia constituir seu estado. Por exemplo, a riqueza e a pobreza não são suficientes. Nem o fato de ter sido educado dignamente ou de ser oriundo de uma baixa condição" (*Somme théologique* [Suma teológica], Paris, Cerf, 1985, IIa-IIae, q. 183, a. 1, resp.). Mas se consideramos que o clérigo possui uma vocação e o artesão não, não estaríamos sugerindo, com isso, a existência de religiosos de primeira categoria e de segunda categoria?

2.2. Martinho Lutero (1483-1546)

Com base na obra de Max Weber, comumente se atribui a Lutero o mérito de estender o conceito de vocação às atividades profissionais. A partir daí, esse novo uso do termo logo passou para a língua profana dos países protestantes. Porém, a sociologia constata um fato histórico pouco contestável, mas não explica as motivações que levaram o reformador a essa inovação. Para compreender o que Lutero considerava vocação, é preciso lembrar uma dupla polêmica.

2.2.1. A polêmica luterana contra os monges

Ao atribuir às profissões o *status* de vocação, Lutero deliberadamente nadou contra a corrente de todos os que acreditavam que engajar-se em um novo estado teria consequências para a salvação. Agindo assim, o reformador podava os excessos da teologia escolástica de seu tempo que, às vezes, deixava entrever um caráter soteriológico na obrigação constitutiva dos estados. "O outro fundamento da incredulidade deles consiste em dividir a vida cristã entre estado de perfeição e estado de imperfeição. À multidão eles atribuem um estado de imperfeição, e a si mesmos um estado de perfeição. E a diferença não está na medida do espírito, da fé e da caridade, que se encontra sobretudo no povo comum, mas, sim, na ostentação e na afetação de obras exteriores e votos, nos quais não há sequer traços, nem do espírito da fé, nem da caridade; na verdade, muitas vezes eles extinguem o espírito da fé e da caridade. [...] Constata-se [...] que esses que colocam sua confiança em votos e obras extinguem a fé" (*MLO* 3, 103). Alguns religiosos, portanto, prevaleciam-se de seus votos como se fossem uma garantia da salvação. Que seria, então, do agricultor e do artesão? Para Lutero, não é o voto, mas, sim, a fé que salva o homem. Ele até poderia ter defendido uma reforma desses desvios declarando que a vocação-estado não determina a salvação do homem, mas está relacionada à sua responsabilidade. No entanto, ele preferiu romper com uma teologia ambígua demais para ele e operar uma dissociação entre vocação e estados, colocando-os em dois níveis distintos. Os estados dizem respeito à ordem natural da criação e incluem disparidades e hierarquias neste século. Mas "em Cristo, todos os estados, ainda que estabelecidos por Deus, nada mais são" (*MLO* 16, 64). A vocação está em um âmbito espiritual, enquanto os estados pertencem a um registro puramente secular. A vocação pertence a Cristo, cujo convite gratuito coloca todos os cristãos em uma situação de igualdade sem julgar sua condição social. Portanto, a hierarquia das vocações não mais tem lugar, e todos os homens são chamados a viver a mesma radicalidade na fé. Todas as vocações se equiparam, pois todas elas têm como único fundamento a graça que foi recebida. A vida religiosa não é superior à função social.

Para Lutero, a vocação é a expressão visível do reconhecimento cristão da graça recebida. O cristão deve, em sua condição, servir a Deus e ao próximo sem pretensão meritória alguma. O reformador se refere à liberdade que há no Espírito para argumentar a existência de uma grande diversidade: "Deus [...] atravessa as épocas, os lugares, as obras e as diferentes pessoas, guiando-as sempre pelo mesmo espírito e pela fé" (*MLO* 3, 108). Lutero se contrapõe ao "estado de perfeição" — que, no início do século XVI, sugeria a existência de duas categorias entre os cristãos, os que servem a Deus em suas atividades e os demais — objetando que cada atividade pode se tornar um lugar de serviço a Deus e ao próximo para o cristão. "Que o magistrado, o chefe de família, o servidor, o aluno etc. permaneçam em sua vocação e cumpram seus deveres com zelo e fidelidade, sem se preocupar com o que não pertence a essa vocação [...]; desse modo, eu sei que, sendo cumprida na fé e na obediência a Deus, essa obra agrada a Deus" (*MLO* 16, 301). Não há motivo algum para excluir as atividades profissionais da vocação; pelo contrário, a função profissional é o terreno privilegiado para a vocação geral, e por isso há uma associação entre a profissão (*Beruf*) e a vocação (*Berufung*). Em um tratado intitulado *Sobre a autoridade temporal* (1523), Lutero responde à objeção de que haveria uma superioridade nas funções exercidas pelo próprio Cristo. Cristo somente buscou assegurar o governo de seu reino, o que não requeria dele "as funções de marido, sapateiro, alfaiate, agricultor, príncipe, carrasco ou porteiro. [...] Cristo exerceu sua função e sua profissão, mas isso não significa que tenha condenado a profissão de outros. [...] Cada um deve cumprir sua vocação e sua tarefa" (*MLO* 4, 27). Um homem pode servir a Deus sendo casado, sendo agricultor ou em qualquer outra função. Para Lutero, portanto, o cristão pode ser um soldado, um sapateiro, um camponês. É necessário restaurar a vocação em sua simplicidade evangélica e, em oposição aos monges, devolver a todos a exigência e a dignidade de uma vida cristã plena e perfeita.

A ampliação da vocação às profissões traduz, assim, a polêmica do reformador contra a teologia escolástica de seu tempo, que pressupunha uma associação estreita entre vocação e salvação. Ao fazê-lo, Lutero intentou devolver aos fiéis a salvação, que havia sido monopolizada indevidamente pelos clérigos. Mas em parte esse era um julgamento de intenção, já que a teologia escolástica, no início, não pretendeu, de modo algum, discriminar as profissões para a salvação. Quando Lutero afirmou que todos os homens são chamados por Deus em Cristo para uma nova vida, não contradisse as propostas da teologia escolástica. Na verdade, o que distingue as duas perspectivas reside, sobretudo, no que se quer dizer com o termo "vocação". Na teologia medieval, alguns homens, sem que seja julgada sua salvação, contraem, em relação a seu semelhante, obrigações que incluem a responsabilidade de agir de acordo com a vocação geral. Para o reformador, porém, a vocação representa o apelo, em dada condição, e o dever de responder onde ele estiver. Portanto, é perfeitamente independente de todo compromisso ou obrigação que, na verdade, são suspeitos de iludir o homem com a impressão de uma obra meritória.

2.2.2. A polêmica luterana contra os camponeses

Lutero não foi o único a desejar uma reforma da vocação em um sentido mais evangélico. Havia outros que defendiam que a perfeição da vida cristã deveria ser devolvida a todos: nem a estrutura dos estados, originada no direito pagão, nem as doutrinas dos teólogos medievais deveriam se opor a uma aplicação do modelo bíblico. Eles haviam ouvido da própria boca de Lutero que a hierarquia das vocações deveria ser questionada e que o caráter radical da vocação evangélica conferia a todos, independentemente de sua condição, uma igualdade fundamental diante de Deus. Assim, esse caráter radical deveria transparecer nas estruturas sociais. Diante da constatação de que "em Cristo, os estados não são nada", seria preciso arriscar um passo a mais e abolir a hierarquia dos estados, reformando a organização social. Afinal, qual era a razão de ser dos estados, já que apenas conta a vocação e toda vocação é equivalente?

Diante dessa contestação básica, o reformador preferiu agir com prudência, pois temia a desordem o suficiente para renunciar tão rápido aos estados. Inúteis para a teologia, os estados eram fundamentais para assegurar a paz civil. Dissociados da vocação, porém, asseguravam a ordem natural do mundo. Era por isso que Lutero abominava a ideia de abolir a hierarquia dos estados, assim como havia abolido a hierarquia das vocações. Essa decisão lhe pareceu ainda mais legítima na medida em que era alheia à salvação: "Ao olhar do mundo, esses estados de vida e suas incumbências são desiguais, mas essa desigualdade exterior não contraria, de modo algum, a unidade do espírito" (*MLO* 16, 239). Apesar dos conselhos de Lutero, os camponeses buscaram realizar sua Reforma radical, que seria afogada em sangue com pleno consentimento do reformador. O sapateiro não podia se tornar príncipe como em Münster. Contra a exaltação do estado de perfeição pelos monges, Lutero objetou vigorosamente, declarando que a obrigação constitutiva do estado dos monges não era uma garantia de salvação. Sobre os camponeses, dá um passo para trás em sua posição ao dirigir-se aos príncipes. No calor do momento, incita-os a massacrar os revoltosos em nome de uma teologia que faz uma associação entre a obrigação inerente ao estado e o apelo à salvação da vocação. Se os príncipes não reprimissem a insurreição, não somente se arriscariam a faltar com o dever de seu ofício, que era salvaguardar a paz, mas também comprometeriam a própria salvação (*MLO* 4, 178). Lutero lança mão da vocação tradicional do príncipe de modo a tornar pior a opinião dos camponeses. Mas a polêmica o levou a retomar a distinção entre vocação e estado, a primeira pertencendo ao espiritual e a segunda ao secular. Já que certos "sectários" chegavam a ponto de contestar a ordem estabelecida em nome de uma vocação recebida por Deus, ele acabou subordinando-os. Para dar ao poder os meios de lutar contra os transbordamentos da vocação, ele preferiu despojar a vocação de toda função crítica sobre a organização social. A vocação dos próprios ministros se viu submetida à boa vontade do príncipe. "Deus nos chama, a todos, hoje, para o ministério da Palavra por vocação mediada, ou seja, uma vocação que ocorre através de um intermediário, por meio de um homem [...]. Quando o príncipe ou algum outro magistrado me chama, posso prevalecer com segurança e confiança contra o diabo e os inimigos do evangelho, por ter sido chamado por Deus por meio de uma voz humana, [...] tais são as verdadeiras vocações" (*MLO* 15, 33s).

A revolta dos camponeses permitiu que Lutero elaborasse sua doutrina das "ordens de criação" se opondo à volta ao caos e se acautelando contra toda interpretação abusiva da liberdade cristã. De um lado, estão a vocação e a liberdade espiritual; de outro, as ordens e a paz social assegurada por essas ordens. Ele identificou quatro ordens (*Ordnungen*) que condicionam o estado (*Stand*), ou seja, o lugar de cada um nessas ordens: trabalho, família, política e igreja. Lutero acreditava que as quatro ordens eram instauradas por Deus e não julgava necessário desenvolver com vagar o fundamento delas. As "ordens de criação", na verdade, retomaram a antiga divisão dos estados medievais, sem a associação com as obrigações que fundava sua existência em uma definição quase jurídica: o trabalho correspondia ao estado de senhores/escravos; a família correspondia ao de *pater familias*, mulheres e crianças; o político, à de magistrados/cidadãos; e a igreja, à divisão entre clérigos e leigos. Seu conteúdo foi apenas adaptado à estrutura social do século XVI. Assim, a escravidão havia quase totalmente desaparecido, e a política era pensada fundamentalmente na divisão entre príncipe e súdito. Mesmo no nível civil, as obrigações foram postas de lado, e nada as substituiu, a não ser o "estado de fato" que, em caso de necessidade, passava a ampliar a tétrade clássica dos estados. Com base nisso, o casamento é resultante da união física dos esposos, e não de seu engajamento mútuo. Chega-se até a atribuir a Deus as disparidades relacionadas à riqueza, algo que a teologia escolástica sempre havia evitado. Em sua fase luterana, Bucer chegou a declarar que os estados de senhor e escravo, assim como as condições de rico e pobre, são igualmente desejadas por Deus (*Enarratio in Evangelion Johannis* [Exposição do evangelho de João], 12, seção 1, *Opera latina* [Obras latinas] II, Leiden, Brill, 1988, p. 376). A única justificativa que Lutero podia dar para endossar o estado de fato era um motivo "sociológico". Em sua obra *Commentaire du livre de la Genèse* [Comentário sobre o livro de Gênesis], ele distinguiu três classes sociais: os oficiais do Estado, os que ensinavam na igreja e uma terceira compreendendo os camponeses, os proprietários e os fazendeiros. Para justificar que a terceira pertence a uma fileira inferior e deve garantir o sustento das duas primeiras, ele "constatou" que os magistrados e os doutores "trabalham e suam em um só dia mais que os agricultores em um mês" (*MLO* 17, 185).

O abandono da obrigação como fundamento dos estados tem consequências inesperadas para a mobilidade social. Enquanto a tradição medieval afirmava que se poderia mudar de estado ao mudar de obrigação, a condição social de um indivíduo não mais podia ser questionada, e toda veleidade de mudança profissional passou a ser desencorajada. A indiferença dos estados em relação à salvação tornou a mobilidade social não apenas vã, mas perigosa para a paz civil. Assim, não era de espantar a interpretação de 1Coríntios 7.20, em que Lutero admoestava cada um a permanecer em sua condição, sem aspirar a outra função. Para ele, era necessário acolher essa condição como uma disposição da Providência e buscar liberdade em outro nível, em Cristo. De pouco valeria mudar de estado, pois somente a liberdade interior da fé é que contava. "A profissão-vocação é o que o homem deve *aceitar* como um decreto divino, ao qual deve 'submeter-se' [*sich schicken*]", resumiu-o corretamente Max Weber (p. 82-84). A condição de um homem é paradoxalmente valorizada como vocação e ao mesmo tempo depreciada ou, no mínimo, considerada indiferente como estado. A doutrina das ordens de criação fez com que a vocação fosse interpretada como uma inserção em uma ordem prescrita e imutável das coisas. Assim, a abertura do conceito de vocação para as atividades profanas acabou se traduzindo, paradoxalmente, em um maior conservadorismo social.

A questão do discernimento da vocação, para Lutero, limita-se à obediência social em conformidade com as Escrituras: "Escuta primeiro a Palavra de Deus na igreja, para depois atentar para aqueles que têm autoridade sobre ti, teus superiores ou teus pais, e obedece; isto é o que significa servir a Deus do modo correto" (*WA* 52, 471, 37-39). Anteriormente, Lutero havia apresentado um exemplo que resume sua posição: "É desse modo que uma pobre serva pode, de repente, ter seu coração cheio de alegria e dizer: 'Eu arrumo a cozinha, arrumo as camas, varro a casa. Quem me ordenou isso tudo? Meu senhor e minha senhora. E quem deu a eles essa autoridade sobre mim? Somente Deus. Assim, é verdade que não sirvo somente a eles, mas sirvo a Deus no céu, e isso é agradável a Deus. Como poderei ser mais feliz? Na verdade, é para Deus, que está no céu, que eu cozinho'" (*WA* 52, 471, 7-13).

2.2.3. Avaliação crítica

Como caracterizar a contribuição de Lutero em relação à vocação medieval? Podemos resumir sua posição em três pontos: ele dissocia vocação e estado, que até então estavam associados; retira a vocação do âmbito espiritual, deixando os estados no secular; e rejeita, tanto para a vocação quanto para os estados, o fundamento tradicional da vocação.

Vantagens da posição luterana

a) Em primeiro lugar, a posição luterana mostra claramente que todo cristão justificado deve servir a Deus e ao próximo no mundo, aceitando a vocação que Deus lhe dá. Leigos e monges têm vocação. A vocação particular é apenas uma apropriação, no nível individual, da graça que se expressa na vocação geral (cabe lembrar que a tradição escolástica mais autêntica não negava esse ponto).

b) Essa posição suprime a hierarquia tradicional das vocações, já que todas elas resultam da ação da graça. Porém, esse ganho é apenas aparente, pois a hierarquia só é derrubada em relação à salvação, mas continua sendo mantida na sociedade civil por meio da doutrina dos estados.

c) Essa postura atribui às tarefas seculares uma nova dignidade ao estender a vocação às profissões. Isso representou um progresso potencial e fundamental, na medida em que significasse que não somente o engajamento deve ser considerado em função da vocação geral, mas também todo dever social ou profissional, fosse contingente, fosse não reconhecido socialmente, como as antigas obrigações jurídicas. A vocação permitirá, assim, pensar a responsabilidade devida a cada um, e não somente a responsabilidade daqueles que estão atados a uma obrigação.

Inconvenientes da posição luterana

a) A diferença fundamental entre os "estados" tradicionais e as "ordens de criação", pelas quais Lutero os substituiu, reside no abandono de seu fundamento tradicional. A nova concepção dos estados continuou a servir como regulador social, mas não mais era legitimada pelas obrigações. Isso ilustra a dificuldade que Lutero experimentava em pensar positivamente o engajamento, por um temor constante de uma teologia das obras. Os estados não mais têm como objetivo estruturar a responsabilidade, ou seja, direitos e deveres, mas justificam unicamente a ordem estabelecida.

b) Na concepção luterana dos estados, a responsabilidade do particular deixa de ser legitimada pela vocação geral. Desconectada da vocação, essa responsabilidade foge de todo julgamento teológico. Ao aplicar sua doutrina dos dois reinos, que aqui podemos perceber em filigrana, Lutero corta as asas de toda crítica da política e do social através da teologia. Apesar da valorização das profissões como vocação, o surgimento do espaço puramente secular dos estados não deveria ser compreendido como uma desistência de atribuir às atividades humanas em seu todo um *status* positivo e articulado diante de Deus?

c) Se desistimos de fundar os estados na obrigação, como diferenciá-los de um estado de fato? Se é vantajoso integrar as atividades profissionais aos estados, será que poderíamos legitimamente assimilar a condição de propriedade a um estado? A questão parece ainda mais importante na medida em que a posição luterana defende um estatismo de fato de cada um em seu estado. Será que teríamos de dizer ao pobre que ele precisa aguentar firme sua situação, assim como é dito ao escravo que ele precisa encontrar uma liberdade interior em Cristo?

d) Ainda que o conceito de vocação não desempenhe um grande papel fora do duplo contexto polêmico em que surgiu, é preciso reconhecer que Lutero teve o grande mérito de dar base bíblica às reivindicações leigas. Aliás, ele não foi o único a alimentar essas intenções, fossem ou não expressas na problemática da vocação. Em 1518, Erasmo descreveu a sociedade sob a forma de três círculos concêntricos em torno de Cristo: o clero, as autoridades civis e o povo. Retomando a analogia do corpo de Cristo, Erasmo afirma que a gente do povo, "embora grosseira, pertence ao corpo de Cristo. Não são somente os olhos que fazem parte do corpo, mas as panturrilhas, os pés e as vergonhas também são membros [...]. No corpo, aquilo que foi somente o pé pode se tornar olho". Essa passagem, que em alguns aspectos é mais inovadora que a vocação luterana, demonstra um esforço para atualizar a concepção medieval e seus desvios, sem recorrer aos estados nem à vocação (Introdução ao *Enchiridion militis christiani*, 1504, Paris, Vrin, 1971, carta 858).

2.3. Releitura de Lutero por Max Weber (1864-1920)

Weber evidenciou o papel de Lutero na "invenção" do termo *Beruf*. A palavra foi forjada inteiramente por Lutero em sua tradução alemã da Bíblia. A originalidade do reformador consiste em ter concentrado sentidos diferentes no mesmo vocábulo. Os dois sentidos tradicionais da *klesis* do Novo Testamento encontrada na *vocatio* da Vulgata são naturalmente retomados aqui: o apelo divino para a salvação eterna e a vocação mencionadas em 1Coríntios 7.20 "corresponde mais ou menos, nas palavras do próprio Weber, ao latim *status* e à palavra [alemã] *Stand*" (p. 69). Assim, não há nada que se afaste, aqui, do conceito tradicional de vocação. Mas Lutero inova em sua tradição dos deuterocanônicos gregos. O texto de Sirácida 11.20s diz: "Mantém-te em tua aliança e dedica-te a ela, envelhece em tua obra [*Septuaginta*: ergon; *Vulgata*: opus], não te espantes com as obras [*Septuaginta*: ergon; *Vulgata*: operis] do pecador, confia no Senhor e persevera em tua tarefa [*Septuaginta*: ponos; *Vulgata*: mane in loco tuo]". Lutero foi o primeiro a traduzir *ergon* (trabalho) e *ponos* (rude labor) por *Beruf*, em vez de *Werk* (obra), como nas traduções anteriores, ou em vez de *Arbeit* (trabalho): *Beharre in deinem Beruf* e *Bleibe in deinem Beruf*. A partir disso, o conceito de vocação passou a escapar à estrita limitação dos estados para entrar no campo das atividades profissionais.

Max Weber pensa que Lutero foi não somente influenciado pela semelhança do versículo com 1Coríntios 7.20, que também exorta os homens à estabilidade, mas pela *Confissão de Augsburgo* (1530), que ecoa a concepção tradicional da vocação como estado (arts. 26 e 27), mas parece estender a vocação a toda atividade humana ao prescrever, no artigo 27, que "a mortificação não deve ser um obstáculo ao que é exigido de cada um de acordo com sua vocação [*einem nach seinem Beruf; juxta vocationem suam*]". Segundo Max Weber, esse artigo visa não somente aos conflitos entre a ascese cristã e as responsabilidades próprias aos antigos estados, mas também às responsabilidades próprias às profissões. Foram postos em um nível idêntico as obrigações dos estados e os simples deveres profissionais, e assim a profissão foi alçada ao mesmo *status* que os estados.

Com base nessa nova compreensão da vocação, Max Weber chega a consequências fundamentais para a apreciação das tarefas seculares. "Em todos os casos, algo estava em um nível absolutamente *novo*: passou-se a estimar o cumprimento do dever no âmbito das profissões seculares como o conteúdo mais elevado de que pode se revestir, em absoluto, a atividade moral do indivíduo. Como uma consequência inevitável, criou-se a ideia de que o trabalho cotidiano no mundo se revestia de uma vocação religiosa, produzindo-se a noção da profissão-vocação" (p. 71). Reconhecendo-se em Max Weber o mérito de ter evidenciado a originalidade de Lutero na mudança semântica do termo vocação, é preciso confessar que nem o conceito nem a prática desempenharam, na ética e na espiritualidade luteranas, o papel que Weber desejou lhes atribuir. Pelo contrário, todo o esforço de Lutero se concentrou em afirmar que a profissão é indiferente para a salvação.

2.4. João Calvino (1509-1564)

Após Lutero, a ideia de que as profissões se correlacionam à vocação foi um acréscimo definitivo à cultura e à teologia protestantes. Outra transformação marcante foi que os estados passaram a não mais ser associados estritamente às obrigações, como era o caso no direito romano ou na tradição escolástica. Nem por isso os estados se tornaram menos vivazes na cultura ocidental. Passou-se a pensar que decorrem de uma ordem natural do mundo ou de uma disposição divina. Ninguém imaginaria contestar a hierarquia dos estados, assim como não era questionada a divisão medieval entre artes mecânicas e artes liberais. Nesse contexto cultural e teológico, Calvino elaborou sua teologia da vocação. Como seus contemporâneos, pensou nos estados como "graus" de "excelência" e os atribuiu à Providência (cf. *Com.* 1Co 7.21). Porém, Calvino se distingue fortemente de Lutero por seu esforço de pensar conjuntamente vocação e estado, acessando, assim, a tradição medieval mais nobre. Ele definiu a vocação como "um estado e um modo de viver" (*Com.* 1Co 7.20; *IRC* III, X, 6). Assim como para os escolásticos, a vocação encontra sua plena dimensão quando se abre para a vocação geral, que faz com que seja "vocação", e não somente estado. "Esse nome se origina de uma palavra que significa chamar; há uma correspondência com o Deus que nos chama" (cf. *Com.* 1Co 7.20). Calvino resgata a tradição teológica que considera o lugar do homem na sociedade como vocação, e articula em torno do tema a promessa feita aos homens por Deus e a vida civil. A distinção tradicional entre "vocação geral" e "vocação particular" reencontra toda a sua pertinência.

2.4.1. Vocação geral e vocação particular

Como compreender a vocação geral? Como teologia da palavra, a teologia reformada se vê atenta às fontes escriturísticas e ao fato de que Deus se revela no enunciado de uma palavra. Assim, não nos surpreenderemos com o lugar da vocação geral, Palavra de Deus que se dirige aos homens. Calvino a define precisamente como a escolha divina de comunicar sua palavra a Israel e, depois, aos pagãos no anúncio da paz em Jesus Cristo tanto para os que estão longe quanto para os que estão perto (*IRC* II, XI, 11-12; cf. Ef. 2.14 s). A vocação geral, portanto, anuncia e manifesta a salvação. É um movimento de Deus em direção a todo homem, e não ético por princípio. No entanto, nem todos respondem ao apelo ouvido e, no século XVI, não se podia admitir que Deus salva todos os homens na vocação geral (*IRC* III, XXII, 10). Assim, Calvino precisou atenuar seu alcance ao isolar, em uma perspectiva agostiniana, dois sentidos da vocação geral. De um lado, a "vocação universal", "que subjaz na pregação exterior do evangelho, pela qual o Senhor convida para si mesmo todos os homens de modo indiferente", e, de outro, a "vocação especial", própria aos eleitos, que compreende a graça de ouvir o evangelho, crer e perseverar na fé (III, XXIV, 8). Não entraremos nos detalhes dessa distinção problemática, mas chamaremos a atenção para o fato de que, no sentido mais forte, a vocação geral não é meramente hipotética, mas é imperativa, gratuita, afirmativa da primazia da promessa sobre a exigência. A vocação geral afirma a aliança, e Deus "declara, por sua vocação, a graça que antes ele mantinha oculta em si mesmo" (III, XXIV, 1).

A vocação particular é um "modo de viver" essa vocação geral que é ouvida de modo pessoal. Na medida em que o cristão reconhece participar do apelo universal que é dirigido a ele, sua vocação particular se torna um meio de realizar aquilo para o qual foi chamado. Os dois níveis da vocação especificam a exigência infinita de Deus e a resposta responsável do homem. Por isso, a vocação particular tem um lugar central na ética do reformador. "Toda a nossa vida é inútil e corretamente somos culpados de ociosidade até que cheguemos a esboçar nossa vida de acordo com o mandamento de Deus e sua vocação" (*Com.* Mt 20.7). Para Calvino, a vocação particular é "princípio e fundamento da vida cristã". Quando conhecemos o peso dessa expressão na teologia do contemporâneo de Calvino, Inácio de Loyola, percebemos a importância que Calvino atribui à vocação. Inácio identifica esse princípio com o ato de "louvar e servir a Deus e, através disso, salvar sua alma". Para Calvino, quem tem uma "vocação justa e aprovada" também servirá a Deus (*IRC* IV, XIII, 16; III, X, 3). Mas precisamos notar uma diferença de sentido: em um caso, trata-se do desenvolvimento de uma atividade que leva à salvação; no outro, trata-se de um apelo que nos precede. Quando Calvino determina que a primeira tarefa da vocação é que haja "firme continuidade e correspondência entre as partes de nossa vida" (III, X, 6), é preciso entender que o cristão deve, prioritariamente, buscar a unidade de sua vida ordenada à glória de Deus. Na vocação, se define o que deve ser a ética: séria, mas livre de toda pretensão, pois tudo o que o homem pode fazer está sempre aquém do apelo que foi ouvido. Não é de espantar, portanto, que o reformador tenha, de início, decidido terminar o primeiro capítulo das *Institutas* de 1539, sobre a vida do

VOCAÇÃO

homem cristão (III, VI-X), com um parágrafo sobre a vocação, uma perfeita conclusão das próprias *Institutas*.

2.4.2. A vocação particular, a razão sob os auspícios da vocação geral

A vocação particular não é uma constituição ética com uma lista de exigências para a vida do cristão, mas define apenas um campo em que poderão ser exercidos livremente a especificidade e a responsabilidade do cristão. Calvino rejeita vigorosamente a ideia luterana de que a vocação consiste simplesmente em tomar posse de seu estado para viver nele as exigências evangélicas. Quando comenta 1Coríntios 7.20s, o texto com o qual Lutero fundamentou sua afirmação de que não é lícito mudar de estado e que o estado é indiferente para viver a fé, Calvino escreveu: "Seria rigoroso demais que um sapateiro não pudesse contemplar o aprendizado de outra profissão, ou que o mercador não pudesse passar a cultivar terras". A intenção do apóstolo certamente foi mostrar que a condição de escravo não impede o serviço a Deus e que não é indigna de um cristão, mas que, se tivesse a possibilidade, o escravo deveria emancipar-se não porque o evangelho o manda fazê-lo, mas porque "o estado dos que estão em liberdade é muito melhor e mais desejável se podemos escolher". Ao apresentar a ideia de uma "escolha" do estado, Calvino se distancia de Lutero: uma "justa razão" pode requerer que alguém deseje legitimamente mudar de estado (*Com.* 1Co 7.24). Dessa maneira, reconhece-se no homem uma grande autonomia na escolha de sua vocação.

Porém, Calvino não está alheio ao paradoxo que identifica a liberdade do homem, ainda que razoável, à vontade de Deus. Sempre se correrá o risco de esquecer que a vocação só é uma vocação em relação à vocação geral. "Todos aqueles que temerariamente empreendem o exercício de algum estado e não esperam o querer de Deus, nem esperam que ele os chame, nada fazem sem muita dificuldade e expondo-se a sofrimento" (*Com.* Mt 20.7). Não podemos contar somente com a razão para corresponder à vontade de Deus, pois esta muitas vezes estima "algo diferente do que está ao alcance do julgamento da razão humana ou filosófica" (*IRC* III, X, 6). O reformador apresenta um exemplo dessa postura com a figura do tiranicida. "Não somente o homem comum, mas também os filósofos reputam que o ato mais nobre e excelente que pode ser realizado é livrar o país da tirania. Em oposição a isso, todo homem que, individualmente, atenta contra a vida de um tirano é abertamente condenado pela voz de Deus" (III, X, 6). Para julgar a conformidade da vocação particular à vocação geral, é necessário um critério de discernimento. Calvino encontra esse critério na Lei de Deus revelada nas Escrituras. A vocação geral é, assim, reconhecida ao mesmo tempo como promessa e como exigência à luz da Lei. A proibição do assassinato no Decálogo e a injunção paulina da submissão às autoridades desqualificam a vocação do tiranicida. Será propriamente "legítima" toda "vocação da qual Deus é o autor e que ele aprova" (*Com.* 1Co 7.18), ou seja, toda vocação particular que está conforme à Lei. Sem esse fundamento, a vocação nada mais será além de "aparente". O tema surge nas *Institutas* não apenas sobre os monges (*IRC* IV, XIII, 16), mas qualquer um que não se submeta à Lei no governo de si mesmo. "Ele até pode realizar atos por vezes louváveis na aparência exterior, mas não será aceito no trono de Deus, ainda que seja estimado diante dos homens" (III, X, 6). Por isso, sempre suspeitamos de que a vocação unicamente aparente é "má" ou "viciosa" (*Com.* 1Co 7.20).

Assim, a vocação libera um campo em que se exerce a responsabilidade do homem. Toda vocação deve ser alimentada com uma dupla exigência para conformar-se à vocação geral: primeira, a razão reconhecida em sua nobreza; segunda, a da fé referida ao texto bíblico. Nesse espaço, toda inventividade e toda singularidade do homem poderão ser exercidas livremente. Nenhuma vocação deve ser excluída *a priori*, e a pluralidade não deve ser temida, já que "tal diversidade não rompe o consentimento na religião nem o temor de Deus" (*Com.* 1Co 7.24). A vocação somente se oporá à reivindicação humana de uma total autonomia de seu destino, algo que, afinal, só pode ocorrer contra o próprio homem.

2.4.3. Os critérios de discernimento da vocação

Como podemos reconhecer nossa vocação? Foi dito que isso seria feito através do exercício da razão submetida ao imperativo da Lei, o que é suficiente para definir o campo da vocação particular. Porém, Calvino está consciente de que o homem exige critérios mais específicos para guiá-lo em seu discernimento.

A polêmica contra os monges forneceu a Calvino o primeiro critério de discernimento da vocação. "É algo de bela aparência que um homem se abstenha das companhias em comum para filosofar em secreto; mas não convém às afeições cristãs que o homem, como que por ódio do gênero humano, fuja para o deserto com o objetivo de buscar a solidão, abstendo-se das coisas que nosso Senhor requer, em primeiro lugar, de todos nós: que auxiliemos uns aos outros" (*IRC* IV, XIII, 16). Colocar-se a serviço do outro é, assim, mais importante que edificar a si mesmo. Calvino especifica que a exigência deve, sobretudo, recair sobre aqueles com quem convivemos no cotidiano, em família, na profissão ou na cidade. Nesse sentido, pouco importa que nosso próximo seja um superior, como um senhor cujo servo não pode zombar dele, ou inferior, como uma família que o *pater familias* não pode tratar de modo desumano. "Aquele que não cumpre o dever inerente à sua vocação servindo aos outros, na verdade retém aquilo que lhes pertence" (II, VIII, 45).

O serviço mútuo é o primeiro critério que deve guiar a escolha em relação às vocações. Porém, uma vez escolhido o estado, esse critério deve guiar a ação o tempo todo. Definitivamente, é considerada a finalidade da vocação particular, assim como seu principal critério de discernimento. Para ilustrar esse fato, Calvino chega a estabelecer um paralelo com as trocas econômicas, cuja interdependência ilustra a ajuda mútua da vocação. "Aqueles que utilizam corretamente as graças que receberam de Deus fazem trocas, pois a vida dos fiéis é propriamente comparada a um trem de mercadorias, devendo eles trocar uns com os outros para manter a companhia. Além disso, a habilidade com que cada um exerce sua tarefa e sua vocação, a destreza na liderança e outras graças são como que bens, pois se destinam à comunicação entre os homens" (*Com.* Mt 25.20). Mas não se trata somente de uma analogia, pois a própria profissão é uma vocação. Na prática, o trabalho e as trocas implicadas nele são meios privilegiados para ajudar uns aos outros, de acordo com o reformador. "As pessoas agradáveis a Deus são as que trabalham para proporcionar alguma utilidade aos seus irmãos" (*Com.* Mt 20.7). Sem dúvida, temos aqui a origem do tema da utilidade como finalidade da vocação. Na obra de Calvino, a utilidade é conexa à relação de pessoa a pessoa, mas veremos adiante todas as consequências que alguns de seus sucessores extraíram disso. A mesma constatação pode ser feita sobre o bem comum, compreendido como algo para lucro de todos: "O fruto ou o ganho a que Cristo faz menção é o lucro ou o avanço de toda a companhia dos fiéis em comum, que se volta para a glória de Deus" (*Com.* Mt 25.20).

É somente ao tratar de um tipo de vocação específica, a vocação pastoral, que Calvino explicita outros critérios de discernimento. Para isso, ele faz uma distinção entre a "vocação interior", em que o proponente deseja o ministério, e a "vocação exterior", em que a igreja confirma a aspiração do candidato. Para que haja uma vocação verdadeira, os dois elementos devem vir juntos. Cada candidato "deve testemunhar em sua consciência diante de Deus" sua vocação interior e, para isso, deve examinar suas motivações. Como ministros, "devemos ter no coração uma boa certeza de que não foi por ambição nem por avareza que assumimos esse estado, mas por um verdadeiro temor a Deus e por zelo para com a edificação da igreja" (*IRC* IV, III, 11). Mas a vocação interior pode permanecer secreta, e a igreja não deve buscar julgá-la. Quanto à vocação exterior, pertence ao âmbito da igreja. Em que a igreja fundamentará sua decisão? "Eles são chamados ao ministério quando vemos que estão aptos" (IV, III, 11). Assim, são critérios razoáveis de competência que, de início, são incorporados à avaliação. Calvino acrescenta ainda uma segunda exigência, a eleição: "A vocação ordenada pela Palavra de Deus é esta: aquele que é idôneo passa a ser preparado com o consentimento e a aprovação do povo" (IV, III, 15), sob a égide dos outros ministros. Portanto, na vocação exterior, há mais que a exigência de ajudar o próximo: o outro se torna aquele que ajudará a discernir a vocação através de seu chamado. Mantiveram-se, desse modelo, vários critérios, como, sobre a vocação interior, o fato de que as motivações do candidato não devem submeter-se a nenhuma tentativa de investigação. Mesmo se lhe é exigido que suas motivações passem pelo crivo da abnegação, ainda pertencem somente à sua consciência. Em relação à vocação exterior, será observado que a igreja só pode julgar capacidades objetivas (dons e formação). Quanto ao restante, a adequação do candidato ao cargo será estimada através da eleição livre pelo povo, ou seja, pelos principais interessados.

Nada impede, na teologia do reformador, que esse modelo seja aplicado a outras vocações. Mas é preciso reconhecer que o próprio Calvino só explicitou esses critérios para a situação bastante particular dos ministros, e parece que nunca buscou estendê-las a outras situações. É com isso em mente que afirmamos os quatro critérios que podem ajudar no discernimento de uma vocação particular: a utilidade reconhecida no serviço ao outro, a motivação pessoal, as capacidades objetivas e a confirmação dos outros.

2.4.4. A vocação como aceitação dos limites

Se Deus chama todo homem para uma vocação particular, conforme pensa Calvino, é porque precisamos de uma condição estável para exercer cada atividade. Em princípio, Calvino não se opõe à mobilidade social, mas tem o cuidado de lembrar, a cada vez em que fala da vocação, que sua finalidade mais importante é atribuir-nos um lugar determinado. Deus, que "sabe quanto o entendimento do homem queima de inquietude da ligeireza que aplica aqui e ali e da ambição e cupidez com que pode abraçar várias coisas diversas ao mesmo tempo" (III, X, 6), "condena essa inquietude que impede que cada um permaneça em sua vocação em paz e com consciência tranquila" (*Com.* 1Co 7.20). E mais, Deus reprime na fonte aquilo que pode nos "perturbar com uma inquietude contínua" (*Com.* 1Co 7.24). Ora, a raiz do mal tem uma face dupla: uma religiosa, a "superstição", e a outra existencial (cf. *Com.* 1Co 7.20).

A "superstição" se baseia em uma falsa imagem de Deus que pretende que algumas condições sociais sejam mais aptas para seu serviço, o que leva à depreciação de outros. O supersticioso é devorado por uma perpétua inquietude acerca do valor de suas atividades. Ele acaba desesperando-se ou desistindo de tudo para chegar a um lugar em que, enfim, encontrará graça diante de Deus. Calvino acredita que esse esforço é vão, pois o homem não compreendeu que aquilo que agrada a Deus não é uma condição particular, mas um modo de viver essa condição. Encontramos aqui a polêmica luterana contra os monges. Sobre aqueles que entravam para as ordens, Calvino escreve: "Havia uma louca afetação e uma louca cupidez em imitar uns aos outros" (*IRC* IV, XIII, 16). Aqui ocorre cupidez não no sentido do apetite por ganhos, mas no sentido de uma afetação que, na língua do século XVI, corresponde à busca e ao desejo. Esse desejo é louco sob o olhar de Deus, já que, em nome daquilo que o atrai para Deus, chega-se a crer que outra maneira de viver poderia "impedir alguém de servir a Deus" (*Com.* 1Co 7.20). Assim, a vocação não consiste em determinar uma estrutura que nos permita melhor responder ao apelo divino, mas, em qualquer condição, permitir que o Espírito Santo reforme nosso modo de viver para que corresponda à vocação geral. Tanto para Calvino quanto para Lutero, nenhum estado *a priori* seria menos propício ao serviço a Deus.

Porém, a versatilidade do homem não é somente de ordem religiosa; a inquietude é existencial. Calvino sabe que os homens são tentados o tempo todo a escapar de suas tarefas, sonhando com outra vida ou cobiçando a onipotência. Em ambos os casos, os limites inerentes à sua condição são recusados como contrários à sua dignidade. Se, para encontrar-se, o homem deseja escapar àquilo que lhe resiste, ele fugirá em vão. Toda condição o confrontará a um limite que será necessário aceitar. A vocação "deve nos servir como rédea para nos manter sob o jugo de Deus, ainda que cada um de nós não a ache agradável" (*Com.* 1Co 7.17). Seu objetivo é justamente "dar-nos uma regra certeira que não nos permita errar por toda parte, nem nos desviarmos ao instituir nossa vida" (*IRC* III, VI, 2). Cada ser humano criado à imagem de Deus é limitado e deve suportar seu quinhão das dificuldades inerentes à sua condição de criatura. Somente a convicção de que aquilo que nos limita não nos aliena, mas encontra seu sentido na vontade boa de Deus para conosco, torna esse processo possível e aceitável. Reconhecer a própria vocação nos limites que lhe são constitutivos permite sofrê-la não como uma coação, mas dando-lhe sentido com vistas à promessa que está na vocação geral. "Cada um de nós agirá com mais paciência em seu estado e superará as dificuldades, inquietudes, dores e angústias que são inerentes à sua situação, até que todos estarão convictos de que o fardo que se leva é o que Deus coloca sobre os ombros" (III, X,

6). A regra geral é demonstrar circunspecção em todos os casos em que se pretende mudar de vocação. Há situações em que essas mudanças são legítimas, mas Calvino não se delonga nesse assunto. As mutações sociais evocadas em seus comentários a 1Coríntios 7.20 deixam entrever que são bastante livres nas atividades econômicas. Em relação aos ofícios públicos não econômicos de pastor ou magistrado, parece óbvio declarar que é sempre legítimo abraçá-los abandonando uma função. Os estados tradicionais mantêm todo o prestígio, apesar do pleno reconhecimento das profissões como vocação, e, na escala de valores do reformador, são mais estimados. Não se poderia proceder inversamente, ou seja, sair do ofício para a função, assim como não se pode divorciar e tomar uma segunda esposa.

2.4.5. A vocação e a santificação

Para Calvino, a vocação pertence ao âmbito da ética, já que exige que traduzamos em atos responsáveis a vocação geral. Porém, seu alcance verdadeiro está em fazer surgir "o homem de acordo com Deus" a partir do homem natural. O apelo último da vocação é a semelhança com Deus e a conformidade com Cristo, exigências infinitas, bastante além das possibilidades naturais do cristão. Aqui, Calvino retoma o tema tradicional da imitação de Cristo, "que nos é dado como um exemplo de inocência, cuja imagem deve ser representada em nossa vida" (*IRC* III, VI, 3). As dificuldades inerentes à nossa vocação adquirem, assim, um sentido cristológico: "É necessário que a afeição do homem fiel suba mais alto: ou seja, para onde Cristo chama todos os seus, em que cada um carrega sua cruz. Pois todos aqueles que o Senhor adotou e recebeu como seus filhos devem ser preparados para uma vida dura, laboriosa, cheia de trabalhos e infinitos tipos de males. O Pai celestial se agrada em proceder deste modo para exercitar seus servos com o fim de experimentá-los" (III, VIII, 1). A ética da vocação propõe ao homem um caminho pessoal de santificação. Mas Calvino não está alheio ao investimento, em tempo e energia, que tal radicalidade requer. Responder a isso será o próprio sentido da vida do cristão até sua morte, agora que ele foi liberto de toda inquietude quanto a ser salvo através de sua justificação e, quanto a si mesmo, através da aceitação de seus limites.

Nesse caminho, que muitos chamarão "ascético", o cristão não está sozinho, mas pode contar com a ajuda que Deus proporciona "àqueles que seguem em seus caminhos, ou seja, sua vocação" (II, VIII, 42); com isso, a "liberalidade" divina aumenta "cada vez mais" (III, XVII, 5). De modo particular, o cristão pode contar com a regeneração operada pelo Espírito Santo em seu interior; em certa medida, é o Espírito que produz no homem aquilo que agrada a Deus. "Os fiéis que prosseguem em sua vocação são agradáveis a Deus, mesmo em relação às suas obras, pois não há a possibilidade de que Deus não goste dos bens que ele mesmo conferiu ao homem através de seu Espírito" (III, XVII, 5). "Assim como os elegeu como instrumento de honra, o Senhor também quer orná-los de uma verdadeira pureza" (III, XVII, 5). Se as obras produzidas pelo homem se originam no próprio Deus, os santos não podem se orgulhar: "Assim, quando os santos confirmam sua fé com sua inocência ou são levados ao regozijo, estão apenas atestando, pelos frutos de sua vocação, que Deus os adotou como filhos" (III, XIV, 19). A "medida de graça" que Deus oferece não objetiva, em primeiro lugar, a satisfação do cristão, mas que se realize a injunção da ajuda mútua que está no cerne de seu chamado. É por isso que Calvino não hesita em dizer que, na vocação, "Deus nos constitui ministros de sua graça para a salvação de nossos irmãos", o que "não deve servir-nos como pequeno aguilhão" (*Com.* 1Co 7.17). Ao afirmar que uma bênção é inerente à vocação, ele não está preconizando a passividade. Mesmo com o benefício dessa ajuda divina, a amplitude da tarefa é sob medida em relação ao chamado. Para atingir a inocência, o cristão deve "manter-se no caminho correto e cumprir do modo devido seu ofício" (*IRC* III, X, 6). Essa retidão exige dele toda a energia e todo o rigor. Tal proposta será austera sem que seja suspeita de restauração de uma teologia meritória, nem de uma tentativa de autopersuasão da salvação pelas obras, como supunha Max Weber. O cristão sabe que, em sua vocação, está sempre aquém da perfeição para a qual é chamado, mas não tem motivo algum para duvidar de sua salvação, pois a vocação também significa que Deus se dirige a ele através de uma palavra de graça. Além disso, os esforços empreendidos na vocação não serão estéreis diante de Deus. Se o cristão se esforça por reformar os diversos aspectos de sua vida que são tocados por sua vocação, é por simples reconhecimento. E, ainda, o que o cristão faz não é nem ínfimo nem insignificante, e suas dificuldades jamais serão vãs. Seu modo de viver em família, no trabalho ou na cidade testemunhará, diante dos homens, a própria vocação deles; e a perspectiva do julgamento, desprovida de todo questionamento sobre a salvação, continuará a questioná-lo acerca da recompensa por seus atos. Para Calvino, a escatologia critica e motiva a vocação cristã.

2.4.6. A vocação: legitimação da política?

A vocação tem efeitos sociais: valoriza novamente as tarefas seculares, permite as mudanças sociais, leva cada homem a empregar o melhor de suas forças em suas competências, chama os homens ao serviço em prol de seus semelhantes, exorta à disciplina e ao rigor. Ao mesmo tempo que deixa de dar crédito ao mendigo que não pode reivindicar nenhuma vocação, atribui dignidade ao trabalho, ainda que modesto, de todo aquele que o recebe de Deus. Assim, nenhuma profissão é desprezível. "Disso nos advém uma singular consolação: não existe tarefa que, de tão desprezada e tão baixa, deixe de reluzir diante de Deus, sendo bastante preciosa caso com essa tarefa estejamos servindo à nossa vocação" (III, X, 6). Mas a vocação suscita mais que um dinamismo profissional individual. A vocação geral também exerce sua crítica das instituições, ao menos quando exige que todos possam encontrar lugar na sociedade: "Se desejamos extrair disso [a parábola dos trabalhadores da última hora] que os homens são criados para fazer alguma coisa, e que Deus proporciona a todos algum cargo e algum exercício a fim de que não permaneçam ociosos, isso não significará levar longe demais as palavras de Cristo" (*Com.* Mt 20.7). A proibição da mendicância, para Calvino, é paralela à responsabilidade social de encontrar emprego.

As repercussões políticas da vocação são mais problemáticas. Em sua hierarquia das vocações, Calvino não questiona a superioridade dos estados herdados da Idade Média. Essas vocações, em primeiro lugar, estão associadas a funções de ordem que unem responsabilidade e obediência. Portanto, não é de surpreender que essas vocações mais legitimem que critiquem a política. "Que cada um, de acordo com sua vocação, cumpra seus deveres para com os outros: que as crianças voluntariamente se submetam aos pais, os servos aos senhores, e que uns agradem e gratifiquem os outros de acordo com as regras da caridade, visto que Deus mantém em suas mãos o soberano controle, em que tudo o que é devido aos homens é subalterno, como se diz, ou seja, é dependente. Assim, a suma é: como todos os que perturbam a ordem política são rebeldes para com Deus, que a obediência para com os príncipes e magistrados seja conforme ao serviço de Deus" (*Com.* Mt 25.20). Calvino permanece apegado ao fato de que a política garante a ordem social contra todas as forças do caos, demonstrando um conservadorismo próximo da tradição luterana mais fiel: "Não se deve concluir, com isso, que seja necessário perturbar a ordem política [...]. Essas coisas tendem, sobretudo, à confirmação da ordem política, quando se demonstra que o incômodo que é segundo a carne é recompensado com um bem espiritual" (*Com.* 1Co 7.20). No entanto, os próprios magistrados certamente devem conformar-se à exigência da vocação geral, pois, como "vigários de Deus", exige-se deles que "representem, diante dos homens, [...] algo como uma imagem da providência" (*IRC* IV, XX, 6). A crítica, portanto, será ou individual, na consciência do magistrado, ou escatológica, mas não essencialmente política. Somente uma circunstância justificaria uma intervenção mais direta: "Se os príncipes usurparem algo da autoridade de Deus" (*Com.* Mt 25.20). Mas nem isso autorizaria o tiranicídio, que é condenado explicitamente nas Escrituras (III, X, 6). Assim, é preciso confessar que as consequências políticas da vocação permanecem bastante limitadas na obra de Calvino.

2.4.7. Avaliação crítica

Vantagens da posição calviniana

a) Com base em sua leitura das Escrituras, Calvino renova as contribuições mais preciosas da teologia da vocação medieval, que distinguia dois tipos de vocação: a vocação particular, que corresponde a uma divisão de tarefas, e a vocação geral, que justifica ou critica essa divisão. Assim, dois níveis se articulam na vocação: um nível de regulação, que assume a tipologia dos antigos estados (que passam a abarcar mais atividades profissionais) e o nível da legitimação, que julga o tempo inteiro a realidade ou a aparência da vocação. Esse esquema reconhece tanto a dignidade quanto os limites da razão. Escolhe-se livremente a vocação, que será assumida por Deus, sem mais fazer uma identificação, como em Lutero, entre estado de fato e vontade divina. Por outro lado, a razão deve aceitar submeter-se à vontade de Deus, que é expressa nas Escrituras.

b) A vocação, inclusive em sua contingência mais particular, diz respeito à relação entre Deus e o homem. Não existe um hiato entre a vocação espiritualizada e o estado secular. Na vida do homem, tudo deve tender para a coerência. A vocação se insere na responsabilidade humana quanto a tornar tangível, em sua vida, a graça que lhe foi oferecida. Dessa maneira, a ética retoma sua dignidade como expressão de reconhecimento.

c) No cerne da vocação estão articuladas a promessa e a exigência. A vocação geral, vocação universal, afirma o primado da promessa sobre toda resposta do homem e a igualdade fundamental de todo homem diante da verdade. A vocação assegura ao homem que ele pode encontrar coerência e sentido em sua vida, servindo a Deus em qualquer condição, e que a bondade de Deus sempre o precederá, assim como o receberá de modo último. A exigência é a da Lei que rejeita toda falsa imagem de Deus, chama o homem a reconhecer e aceitar sua condição limitada de criatura e o convida a amar o próximo como a si mesmo. O cristão sabe que, em sua vocação, sempre está aquém da conformidade com Cristo, para a qual foi chamado, o que enfatiza o tempo todo a exigência. Ao mesmo tempo, o chamado é, para ele, uma palavra de graça e uma promessa de vocação.

d) Calvino foi o primeiro a esboçar, na tradição protestante, os critérios de discernimento da vocação. Vimos que ele considerava quatro deles, além da submissão às Escrituras: a utilidade reconhecida no serviço ao outro, a motivação, a aptidão e o reconhecimento do outro.

Inconvenientes da posição calviniana

a) Calvino continua a valorizar as vocações oriundas dos antigos estados em relação às profissões. Ele não mais fundamenta essa diferença na obrigação que os distingue, como o faz a teologia medieval, mas em uma representação do mundo que privilegia as funções da ordem que estruturam a sociedade em relação às atividades de troca. Os ofícios de pai de família, ministro ou magistrado têm, para ele, mais prestígio que as funções econômicas. Porém, nessas últimas, o modelo da vocação sugere que cada homem pode encontrar seu lugar na ordem social, ainda que não mais lhe seja designada por outrem, como na obra de Lutero. Tal representação funcional do mundo certamente tem vantagens para nós, modernos; de fato, esse é o melhor fundamento para afirmar que todo homem deve ser capaz de realizar sua vocação em uma profissão, e deve também questionar a organização social caso fracasse nisso; no entanto, será que ainda podemos aceitar isso a partir do momento em que o consenso religioso no qual se baseava foi aniquilado?

b) Calvino só desenvolve seus critérios de discernimento acerca da vocação pastoral, e não os estende às demais profissões. Não nos podemos impedir de suspeitar que, ao fazê-lo, Calvino supervaloriza o ministério pastoral em detrimento das demais vocações, entre as quais a dos magistrados, que não parece exigir procedimento análogo. De modo mais geral, constata-se sua dificuldade em extrair todas as consequências de suas intuições. Calvino considera legítimo mudar de vocação, mas não desenvolve os critérios que justificam essa mudança. Se descartamos toda forma de inquietude associada às convicções, há o risco de que seja mantida como único critério a vantagem pessoal que se pode tirar disso, o que, paradoxalmente, contribui para fazer surgir uma forma secular e não crítica da vocação.

2.5. *A teologia reformada posterior*

Após a morte de Calvino, os teólogos reformados passaram a considerar a problemática da vocação como um dos temas mais específicos de sua teologia. Eles utilizaram, para o tema, as mesmas categorias do reformador e, através de um esforço de sistematização, buscaram elaborar uma verdadeira doutrina reformada da vocação. Porém, como homens de seu tempo, também procuraram adaptar sua concepção de vocação a contextos e culturas diferentes daqueles da Genebra do século XVI. Aqui nós vamos nos ater a duas personalidades da época: o francês Pierre du Moulin e o inglês

William Perkins. Ambos representam a passagem de Calvino pelo puritanismo no final do século XVII.

2.5.1. Pierre du Moulin (1568-1658)

Pierre du Moulin, pastor em Charenton e professor de teologia em Sedan, foi uma das grandes personalidades do protestantismo francês de sua época. Alimentou a controvérsia anticatólica com seu pequeno tratado *De la vocation des pasteurs* [Sobre a vocação dos pastores], de 1618, onde buscou justificar o fato de que os pastores não ordenados segundo a sucessão apostólica possuem vocação.

O tratado lhe permitiu retomar a distinção entre vocação interna e externa, que havia sido esboçada por Calvino nas *Institutas* (IV, III, 11). De modo mais explícito ainda que na obra do reformador genebrino, a vocação interna foi identificada com o desejo: "A vocação interior é aquela na qual Deus toca o coração com o desejo de dedicar-se ao serviço de sua casa" (*De la vocation des pasteurs* [Sobre a vocação dos pastores], livro I, cap. I). Porém, a vocação interna não é, por isso, puramente subjetiva, e Du Moulin faz com que esse desejo se submeta ao crivo de uma série de critérios: "A fim de que ninguém se vanglorie de uma vã persuasão e que a temeridade não seja confundida com zelo, nem que o desconhecimento de suas forças não se torne presunção, aquele que se sente solicitado interiormente pelo desejo deve examinar sua consciência; se ele não é instigado por um desejo de parecer, ou se não é levado pelo lucro, ou ainda se não é forçado pela pobreza ou outra necessidade, mas tem somente o objetivo da glória de Deus e da edificação da igreja" (ibid.). Aqui encontramos os critérios da capacidade (força), mas, de modo mais fundamental, a exigência da vocação geral, expressa pelo serviço a Deus e ao próximo, que é também uma lembrança das duas tábuas da Lei. É de notar-se a severidade do teólogo, que rejeita a ambição e o aspecto financeiro do cargo, que poderia atrair os candidatos sem fortuna. É de notar-se, sobretudo, que esse julgamento crítico da vocação geral sobre a vocação particular só diz respeito ao secreto da consciência: "Ninguém é obrigado a dar conta de sua vocação interior aos outros. Ela serve para dar segurança à consciência do pastor e estimulá-lo ao amor, mas não para autorizar sua vocação diante do povo. Aquele que não sente esse testemunho interior não deve lançar-se ao cargo, e aquele que o sente não deve vangloriar-se disso" (ibid.). Por outro lado, o que torna a vocação pública e a autoriza é o julgamento das capacidades "de que Deus se utiliza para chamar os homens ao santo ministério" (ibid.). Evidentemente, aqui não se trata apenas da vocação pastoral em um contexto apologético, mas, *mutatis mutandis*, percebe-se quanto se pode aplicar esse esquema a toda vocação, e quanto o papel crítico da vocação geral é, aos poucos, associado somente à interioridade. Na solitude de sua consciência, cada um deve indagar-se se está de fato na vocação que Deus lhe deu. E, se quiser evitar os tormentos da consciência, suas capacidades reconhecidas pelos outros lhe fornecerão uma base segura de que aquilo que ele faz realmente corresponde ao que Deus lhe ordena.

A conjunção das vocações interna e externa fornece a segurança de que a vocação vem de Deus. Enquanto, na etapa anterior, se podia mudar de vocação, uma vez a vocação reconhecida, não mais se pode resistir a ela sem rebelião. "Se ele quiser esquivar-se e fugir tal como Jonas, Deus lhe mandará tempestades. Se ele se apoderar de outra vocação, não experimentará a bênção de Deus" (ibid.). Ao contrário, é preciso entender que a vocação será reconhecida nos frutos da bênção. Sabemos que o tema foi associado por Max Weber à busca do sucesso profissional e, pelos ouvintes de Du Moulin, ao desenvolvimento do capitalismo. Por fim, observa-se que, ao falar de "outra vocação" manifestamente não desejada por Deus, Du Moulin tendeu a secularizar o termo. Ele mesmo não procedeu desse modo, mas o caminho foi aberto para seus sucessores.

2.5.2. William Perkins (1558-1602)

William Perkins, contemporâneo de Pierre du Moulin, é seu par inglês. Em 1603, um ano após sua morte, foi publicada a obra *A Treatise of Vocations* [Um tratado das vocações], que tinha como tema não somente a vocação pastoral, mas todo tipo de vocação. Perkins escreveu em um contexto bastante diverso do contexto do teólogo francês. A situação das reformas na época da rainha Elizabeth era mais invejável que a de seus vizinhos dalém canal da Mancha. Menos polêmico, seu tratado se dirigia principalmente aos próprios fiéis. Ele empreende alguma controvérsia; quando o faz, porém, não é tanto contra os católicos, mas, sobretudo, para defender as consequências sociais das grandes mutações do final do reinado dos Tudor.

Vocação geral e vocação particular

Perkins assume plenamente a distinção calviniana entre vocação geral e vocação particular. Referindo-se à primeira, afirma que "o homem é chamado para fora do mundo com o objetivo de ser filho de Deus, membro do corpo de Cristo e herdeiro do reino dos céus" (*A Treatise of Vocations* [Um tratado das vocações], p. 752 b). A vocação geral, aqui, é o que diferencia o cristão do não cristão, tornando-se sinônimo de *calling in christianity* e caracterizando o particularismo "cristão" em uma sociedade que tendia para o pluriconfessionalismo. Em vez de ser universal, como para Calvino, paradoxalmente acaba por privatizar-se. Para Perkins, "a invocação do nome de Deus em Cristo" (ibid.), a participação do indivíduo no bom estado da igreja (p. 753 b) e a ajuda mútua cristã (p. 754 a) dependem da vocação geral, e não, como afirmava Calvino, da tarefa de santificação da vocação particular.

Se a vocação particular ou pessoal é a expressão singular da vocação geral, isso se realiza no terreno propriamente secular da visibilidade social. Não mais é a realização individual de um chamado universal, mas a vertente secular de uma convicção religiosa. O homem agirá no templo ou em sua moralidade individual em nome da vocação geral, mas, como cidadão, pai de família ou mercador, em nome da vocação particular. A finalidade última da vocação particular permanece religiosa, e Perkins não hesita em declarar que "a grande finalidade da nossa vida é servir a Deus servindo aos homens com as obras de nossa vocação" (p. 757 b) e agir para sua glória; mas a vocação particular passará a traduzir-se, prática e principalmente, na atividade profissional. Porém, Perkins continua a pensar a vocação particular em função da vocação geral, mas a segunda perde todo o seu vigor crítico. Os únicos casos em que Perkins reconhece nela ainda uma função de legitimação são a obediência a ordens que "se opõem à vocação cristã", o que pode ocorrer ao servo protestante de um senhor católico (p. 756 b), ou, em menor medida, quando é aconselhado, aos que têm vocações públicas (magistrados e pastores), que "comecem por reformar a si mesmos em sua vida privada" (p. 757 b). Mas o que pensar da regra universal da diligência que Perkins extrai da vocação geral? A necessidade de "cumprir os deveres da vocação com zelo e diligência" (p. 752 a) é ilustrada pela figura do comerciante que se levanta cedo para os negócios no temor de que a noite o surpreenda" (ibid.). Em relação à perspectiva escatológica da vocação, fundamental na obra de Calvino por sua associação com a santificação, Perkins retém somente um traço marginal desse aspecto. No final de seu tratado, ele o evoca não como aquilo que define o espaço vocacional, mas como um simples fruto da vocação. No dia do julgamento, as vocações desaparecerão, e cada homem será convidado a dar conta de sua vida. Assim, seria desejável que cada um pesasse, neste mundo, o ativo e o passivo de sua vida, assim como os homens de negócios que mantêm em dia a contabilidade. Mas esse exercício só nos servirá para convencer-nos de que nossas obras sempre nos condenarão. De modo inverso em relação a Calvino, Perkins nega que a abertura escatológica, em nome de uma teologia da graça, tenha qualquer função crítica sobre nossas ações. A distinção entre justificação e santificação não é mais determinante aqui.

Em geral, a vocação é definida como "certa maneira de viver, ordenada e imposta ao homem por Deus para o bem comum" (p. 750 a). Essa definição retoma a de Calvino quase literalmente, mas, ao direcionar a vocação para o bem comum, há o risco de que seja reduzida a um benefício somente social. Constata-se o mesmo achatamento da finalidade quando Perkins atribui à causa eficiente da vocação, ou seja, a seu autor, a analogia de um relógio cuja lógica mecanicista já anuncia o racionalismo iluminista. "Em um relógio, construído por arte e maestria dos homens, há um grande número de engrenagens; cada roda tem seu movimento particular; algumas rodam em um sentido, e outras no sentido oposto, devagar ou rápido, e todas elas se organizam de acordo com o movimento do relógio. Aqui é necessário ver uma analogia com o relógio que é esse grande universo, a providência especial de Deus para a humanidade, que distribui a cada um seu movimento e sua vocação" (p. 750 b). A exigência da vocação geral expressa por Calvino com o dever de "ajudar uns aos outros" é substituída por Perkins pelo bem comum. O que podemos depreender desse termo? Não a interdependência cuja relação pessoa a pessoa daria conta perfeitamente, mas, sim, uma nova "causa final" que Perkins atribui à vocação: "o benefício e o bom estado do gênero humano" (p. 751a). A "utilidade" calviniana foi progressivamente redefinida em termos que se aproximavam dos utilitaristas do século seguinte, "a felicidade e o bem-estar de todos os homens em todo lugar, quanto for possível" (ibid.). Em nome desse critério, certamente se poderão contestar algumas vocações. Na ética de Perkins, a vocação não produtiva daqueles que vivem de rendas é tachada de impiedade e imoralidade, assim como a do monge e a do vagabundo. Todos esses se veem privados da reivindicação de uma vocação por não serem de nenhuma utilidade social. São ociosos e indolentes, vícios que impedem qualquer pretensão vocacional. Assim, não é de espantar que, após a enunciação de tal princípio, a vocação tenha se concentrado quase exclusivamente nas funções profissionais. Perkins oferece como ilustração da vocação particular não somente as três figuras tradicionais do chefe de família, do pastor e do magistrado, mas acrescenta a do médico (p. 754 b). Ao longo de sua exposição, a figura do chefe de família é, aos poucos, marginalizada, enquanto os ofícios tradicionais do pastor e do magistrado passam a ser considerados simples ocupações. A exegese de Perkins visa, sobretudo, a uma base para a valorização do trabalho; ele se refere a Adão, com sua vocação para o cultivo antes da queda, e ao próprio Cristo, que trabalhou como carpinteiro. Acrescenta também que o mandamento do repouso sabático deve ser compreendido como um imperativo para que se trabalhe nos outros seis dias...

A escolha da vocação particular

"Toda pessoa, de todos os níveis, estados, sexos e condições, sem exceção, deve ter uma vocação pessoal e particular, na qual deve seguir" (p. 755 a). "Como cada um pode reconhecer sua vocação?" é uma questão central no tratado de Perkins. Além disso, ele assume plenamente o paradoxo calviniano de que a vocação é "um tipo de vida ordenado e imposto por Deus" (p. 750 a), mas que é necessário escolhê-la. Na verdade, o paradoxo é apenas aparente. Uma vez escolhida a vocação, será necessário manter-se nela, a menos que a pessoa seja chamada para funções mais altas. Deve-se escolhê-la de acordo com quais critérios? Perkins retoma elementos esparsos na obra de Calvino e chega a uma tipologia que de fato é paralela à de Du Moulin, com a diferença de que passa a ser aplicada ao discernimento de todas as vocações. Com sua terminologia, Perkins distingue entre fazer uma escolha (vocação interna) e assumir uma vocação (vocação externa).

Essa escolha é resultado de um exame de consciência de acordo com três critérios: afeição, dons e utilidade. Se cada um dos critérios for satisfeito, o indivíduo poderá afirmar "que está diante de sua vocação, aquela que mais o agrada e para a qual possui mais aptidão" (p. 759 a). A "afeição" corresponde ao gosto inspirado pela vocação contemplada, os "dons" correspondem à capacidade de exercê-la e a "utilidade" corresponde ao bem social resultante. Na prática, esse critério seria considerado satisfeito se a vocação contribuísse para o sustento da igreja, da república e da família. Aqui reencontramos os critérios que Du Moulin identificou com o "desejo" e com a "força", subentendendo-se que a vocação pastoral seja, por definição, legítima e útil. Porém, o leitor poderá perceber que a perspectiva de Perkins é menos restritiva que a de seu colega francês: Du Moulin excluía toda motivação associada a uma ambição social ou financeira. O que distingue de modo mais fundamental ambas as perspectivas é a redução, por Perkins, daquilo que Du Moulin reservava somente ao discernimento pessoal e íntimo. Perkins observa, na teologia prática, que nessa fase os bons conselhos exteriores são bem-vindos, pois "os homens são parciais quando precisam avaliar suas inclinações e seus dons" (ibid.). Sua preocupação prática, de modo primordial, leva-o a considerar desejável que as crianças deleguem aos pais a escolha de sua vocação, em uma preocupação com a eficácia não muito bem disfarçada; dessa forma, segundo ele, as crianças poderiam se preparar através da educação para sua tarefa futura (ibid.). Assim, a vocação não seria imposta por um estado de fato, tal como nos escritos de Lutero, mas por escolha familiar. Aqui adivinhamos a nova importância atribuída à família pela ética puritana. Da mesma forma, assumir uma vocação não mais dependia da vontade do candidato, mas da aprovação pública daqueles que se encarregam de orientar pessoas para os ofícios públicos e as atividades profissionais. Encontramos aqui o modelo da agregação do proponente por uma companhia pastoral. Após o exame objetivo das aptidões, todos os ministros expressam por voto sua escolha do novo pastor. Perkins parte desse paradigma para estendê-lo a todos os cargos públicos, contrapondo-o a toda forma de nepotismo ou venalidade em relação aos cargos em funções públicas. Também nas atividades profissionais, Perkins julga necessário sempre preconizar o reconhecimento da vocação dos candidatos através do exame das capacidades e de uma livre eleição. Ele faz um paralelo entre as formas de admissão a uma profissão e à "ordem" do corpo pastoral, mas isso não significa que as vocações tenham a mesma graça a seus olhos. Os ofícios públicos do pastor e do magistrado são objetivamente melhores por visarem a "uma riqueza, um prazer e um progresso maiores" (p. 776 a). Assim, não é de espantar que Perkins defenda que as inteligências mais ativas sejam orientadas tanto para a política quanto para a igreja (p. 759 b).

A mudança de vocação

"Está dito em Hebreus 11.6 que sem fé é impossível agradar a Deus, e que tudo o que não é fé é pecado. Tudo o que não for feito nos limites da vocação não é fé. [...] Mas, enquanto os homens permanecerem em suas vocações, terão a promessa de que Deus os protegerá (Sl 91.11)" (p. 751 b). Uma vez reconhecida a vocação, será necessário "manter-se no espaço, nos limites e nas cercanias da sua vocação" (ibid.). Por exemplo, um novo desejo não poderia justificar uma mudança de vocação. Porém, Perkins contempla dois casos em que a mobilidade social é legítima. O primeiro demonstra um realismo econômico: se uma profissão não mais alimenta o homem ou se a situação familiar o coloca diante de responsabilidades financeiras maiores, ele será naturalmente autorizado a mudar de função. O segundo caso é o que justifica a passagem de uma vocação profissional determinada para uma "maior vocação" (p. 759 b). Aqui é necessário compreender as duas vocações públicas: o ministério e a magistratura. Nos textos de Perkins, os antigos estados ainda se beneficiam de um prestígio que a integração das funções profissionais nas vocações não destruiu. Ele conhecia a antiga divisão dos estados e a citava à medida que sentia necessidade, mas prefere referir-se às três grandes "ordens" que estruturam a sociedade: a família, a igreja e a república. Na família, encontramos a divisão entre homem e mulher, pais e filhos e também "senhor" e "servo"; na igreja, há a divisão que distingue os ministros do povo; e, na república, a que distingue entre magistrado e súdito (p. 758 a). Em relação aos "estados", as ordens, portanto, não indicam somente uma estratificação da sociedade em hierarquias e posições sociais, mas um desejo de fixar esquemas sociais em uma época de profundas mudanças. Isso demonstra a tendência conservadora de seu pensamento, o que explica também por que a esfera econômica tradicional (senhor/servo) não mais é reconhecida como autônoma, mas é atrelada à família. Assim, existem vocações que visam à "essência da sociedade" e "sem as quais a sociedade não poderia subsistir" (ibid.). Porém, em paralelo aos antigos estados, essa perspectiva conservadora abre outro campo para atividades econômicas. Consideradas menores por só visarem ao "estado bom, feliz e calmo de uma sociedade", nem por isso as profissões de médico, jurista, soldado e mercador deixam de ser plenamente reconhecidas como vocações. Dessa maneira, Perkins não pode deixar de manter certa superioridade dos papéis relacionados à ordem herdados dos antigos estados, mas ao mesmo tempo valoriza as atividades econômicas no mesmo nível que as demais vocações em relação à sua articulação com a vocação geral ou aos procedimentos de determinação da escolha.

Avaliação crítica da vocação na obra de Perkins

O mérito de Perkins está na demonstração de critérios simples para o discernimento da vocação. Ainda que, essencialmente, tenha retomado as intuições de Calvino, que também foram partilhadas por outros teólogos reformados, Perkins de fato foi original ao isolar e sistematizar essas intuições e ao estender a vocação pastoral às demais vocações. De tudo isso, foram extraídas consequências fecundas. Esses critérios práticos forneceram, a todos aqueles que se indagavam sobre o discernimento de seu chamado, uma ajuda nada negligenciável. Mas exerceram uma influência mais decisiva ao questionar as estruturas sociais, opondo-se vigorosamente à valorização medieval da mendicância, à "ociosidade" da nobreza da terra e à venalidade dos cargos públicos, buscando combatê-las com o julgamento das competências dos candidatos seguido de uma livre eleição.

Perkins realizou um esforço considerável para adaptar a doutrina da vocação à economia em surgimento. Isto o levou a avançar mais que os reformadores na valorização das atividades econômicas, ainda que com dificuldades para extrair disso todas as consequências, e embora tenha sido o último a pensar que essas atividades são de um nível inferior em relação aos antigos estados. Ainda é necessário reconhecer em Perkins o mérito de ter buscado traduzir a preocupação com a interdependência das vocações que Calvino exprimia pela injunção quanto a "ajudar uns aos outros" em uma perspectiva mais ampla que a microeconomia e as relações de vizinhança dos artesãos. Isso o fez manter seu conceito de bem comum, que deve menos a uma herança aristotélica que aos balbucios de uma ciência econômica.

No entanto, dois riscos parecem pesar sobre a posição de Perkins: a ausência de legitimação da vocação e a tendência para o utilitarismo.

a) Lembramos que os dois níveis distinguidos por Calvino na vocação lhe permitiram articular a regulação e a legitimação. A regulação parte da constatação da pluralidade das vocações particulares na ordem social. A legitimação justifica e critica cada vocação particular em nome da vocação geral. Desse modo, Calvino pode reconhecer que uma vocação está "aprovada" ou se é apenas "aparente", sendo ou não legítima. Para Perkins, a regulação tende a reduzir à sua porção correspondente toda instância crítica da vocação particular. A vocação geral perde sua universalidade e se privatiza em cada indivíduo cristão; a imagem mecânica do relógio substitui a economia da salvação; a perspectiva da escatologia e da recompensa dos cristãos se achata em nome de uma teologia sumária da graça; a razão não é mais limitada pelas exigências da Lei. Tudo o que, na teologia do reformador, tinha como objetivo circunscrever a autonomia do homem pelo imperativo de um chamado tende a ser atenuado. Não é de espantar que o aspecto ascético da vocação com vistas à santificação tendesse a desaparecer em prol da busca da felicidade, ainda que Perkins tenha mantido desse aspecto alguns traços, como a diligência do homem de negócios ou sua hesitação quanto a permitir uma mobilidade social grande demais. Por fim, a única perspectiva que Perkins ainda reconhece como exigência é a conformidade com o "bem comum". No entanto, quem poderia estimá-lo? Nem Deus pode se pronunciar sobre essa categoria não escriturística. O próximo, que era necessário servir de acordo com a exigência de "ajudar uns aos outros", desaparece aqui e não mais tem voz. Permaneceram somente o político e, principalmente, o economista.

b) Essa última observação expressa nossa desconfiança quanto a um utilitarismo ao qual Perkins teria aderido progressivamente. A utilidade social, em sua obra, reveste-se de uma importância que era inexistente na obra de Calvino, assumindo vários níveis. É em nome da utilidade social que Perkins desnaturaliza a vocação interna, propondo que seja delegada aos pais para que as crianças possam preparar-se melhor para suas vocações. Também é em seu nome que Perkins atribui um espaço tão amplo às atividades econômicas que a vocação por vezes se reduz somente ao trabalho. A vocação externa é ampliada corretamente por Perkins a toda vocação; porém, no processo, talvez se arrisque a tornar-se uma simples sanção da competência técnica. Além disso, se não existisse vocação externa formalmente, será que isso significaria que o mercado, o salário ou o sucesso passariam a valer plenamente como reconhecimento social?

2.5.3. A teologia puritana

William Perkins às vezes é considerado o iniciador da escola puritana de Cambridge, que formou os principais líderes puritanos do século XVII. Em todos os casos, é inegável que sua obra *Treatise of the Vocations* [Tratado das vocações] exerceu uma profunda influência sobre eles. Somos gratos a Mario Miegge por ter chamado nossa atenção para esses autores (*Vocations et travail* [Vocações e trabalho], p. 73-86). Aqui nos ateremos a Richard Steele (1629-1692), que aborda a problemática da vocação em um pequeno tratado de 1668, *The Husbandman's Calling* [O chamado do lavrador] e, principalmente, na obra de 1684 *The Tradesman's Calling* [O chamado do negociante], para comerciantes e artesãos. Esse livro retoma o de Perkins na estrutura e no conteúdo, mas por vezes apresenta de modo significativo uma teologia modificada e é acrescido em cerca de 50% de considerações sobre as qualidades morais necessárias aos comerciantes e artesãos. Sem examinar mais detidamente o livro, nós analisaremos aquilo que faz a distinção entre ambos os teólogos.

Depois de definir a vocação geral ou "espiritual" através do chamado de Deus para que o cristão "creia e [...] obedeça ao evangelho", Steele apresenta ao leitor a seguinte definição da vocação particular: "A vocação particular ou secular é um emprego estabelecido em uma ocupação específica que nos é designada por Deus tanto para o nosso bem quanto para o de outros" (p. 3).

Assim como nos demais teólogos puritanos do final do século XVII, a distinção entre vocação geral e vocação particular é mantida na obra de Steele. Porém, a vocação geral é progressivamente identificada com a conduta religiosa individual, e não, como para Calvino, ao reconhecimento pessoal de um chamado gratuito universal. A *religiousness* de Steele consiste em atos de piedade privados, e não no absoluto de um chamado que ultrapassa o ser humano.

Constatamos a mesma alteração na articulação dos dois níveis da vocação. Para Calvino, a vocação particular é uma resposta responsável do homem ao chamado que é ouvido em cada uma das esferas da existência: família, trabalho, cidade. A vocação particular define a tarefa de uma "ética cristã" que une as atividades do cristão como um todo. Para Steele, a vocação particular é claramente distinta da vida de piedade, sem que haja interação entre as duas, pois a primeira se reduz à ocupação profissional. De fato, aqui, a estrutura dos antigos estados é abandonada, e a vocação do pai de família não mais é objeto de consideração. Já os ofícios do pastor e do magistrado são interpretados como simples funções, no mesmo nível que as demais. Desse modo, Steele esboça uma tipologia de seis tipos de funções por ramo que, para ele, dão conta de todas as atividades profissionais: pastores, teólogos e professores; profissões da área médica; agricultores, comerciantes e artesãos; artistas; militares; príncipes e magistrados. Nessa tentativa de classificação que já anunciava a divisão em setores econômicos, Steele profissionaliza os antigos estados que, a partir de então, não mais teriam motivo para reivindicar uma superioridade de função. Em 1668, Steele volta a afirmar em *The Husbandman's Calling*: "Devemos atribuir prioridade ao magistrado e ao ministro, por causa da autoridade de Deus que reveste o primeiro e da obra de Deus que é cumprida pelo segundo, e também porque a magistratura diz respeito diretamente ao bem público, e a alma pela qual trabalha o ministro vale mais que o corpo" (p. 20). No entanto, essa perspectiva é abandonada por ele na obra *The Tradesman's Calling*, de 1684. No máximo, as vocações pastorais se tornam mais "ricas" vocacionalmente, como uma compensação para o fato de que são "funções pobres" materialmente. Se toda vocação é profissional, sua justificação não mais precisa ser fundamentalmente bíblica, mas deve à natureza e à razão tanto quanto às Escrituras. A conduta racional do homem continua a ser fortemente valorizada por Steele, assim como era na obra de Calvino, mas a "reta razão" de Steele não mais conta com o contrapeso da fé e, aos poucos, se torna perfeitamente autônoma.

Pela definição de Steele, podemos apontar uma segunda modificação em relação a Perkins. O que era uma tendência na obra de Perkins, considerar o bem comum como único critério de legitimação da vocação particular, torna-se evidente em Steele. Toda vocação deve encaminhar-se para esse objetivo, e Steele se esforça para refinar esse imperativo distinguindo o tipo de bem para o qual cada vocação contribui, de acordo com sua natureza. Assim, as categorias de profissões descritas aqui correspondem a bens diferentes: a primeira diz respeito à alma e à cultura "científica"; a segunda, à saúde; a terceira, à subsistência; a quarta, ao prazer; a quinta, à defesa; e a última, à segurança e à paz. Não é contemplada a necessidade de outros critérios de legitimação da vocação além da utilidade "para o nosso bem e o de outros". A finalidade da vocação tende a tingir-se de utilitarismo. Dificilmente se considerará no que tal perspectiva pode dever ainda ao pensamento bíblico e ao teocentrismo calviniano. No que Steele ainda é teólogo? Ele mesmo responde ao demonstrar que a "glória de Deus", finalidade última da vocação, é indissociável da felicidade dos homens. Partindo da constatação de que "nosso Deus infinitamente benfeitor não instituiu vocação alguma que não seja para o bem-estar de suas criaturas", ele extrai um tanto afoitamente a recíproca dessa implicação: "Se a vocação tende ao bem do gênero humano, sem dúvida agrada a Deus e lhe rende glórias" (p. 26). A utilidade glorifica a Deus e o bem-estar se confunde com as ações de graças. Dessa maneira, a vocação permite que, progressivamente, o utilitarismo substitua a ética reformada, e tal ideia é reforçada pelo fato de que Steele coloca no mesmo nível o bem pessoal e o bem dos outros. Ao buscar lucro, o negociante terá, portanto, um comportamento perfeitamente moral, já que os produtos de seu negócio são necessários ao mercado. A problemática do preço justo não tem mais razão de ser se os dois critérios que orientam sua ação são a contribuição para a subsistência dos outros e a realização pessoal. Desse modo é abolida a tensão, ainda forte na obra de Du Moulin, entre a busca do lucro e a glória de Deus.

2.6. A teologia contemporânea

Após sofrer um eclipse de mais de um século na teologia, o tema da vocação reaparece no final do século XIX graças à sociologia e à história. Além de Max Weber e Ernst Troeltsch (1865-1923), é necessário citar aqui Richard Henry Tawney (1880-1962), Michael Walzer (1935-). Suas obras buscam principalmente demonstrar a importância política, social e econômica do conceito de vocação nos meios protestantes, sobretudo entre os puritanos. Poucos teólogos se arriscaram a retomar criticamente o termo, sem dúvida por medo de se perder na abundante controvérsia pós-weberiana. No entanto, é preciso mencionar as sessenta páginas que Karl Barth dedicou à vocação na obra *Dogmatique* [Dogmática] (III/4**, § 56, p. 298-357) e indagar no que essa obra se distingue da tradição reformada sobre a vocação e no que é inspirada nessa tradição.

Ecoando Lutero, Barth faz um trocadilho com as palavras *Beruf* e *Berufung*. A condição humana é definida pela profissão e pela vocação divina, que se situam em dois níveis diferentes, mas se correlacionam. De fato, a vocação encontra o homem em dada situação, a profissão, da qual Barth toma o cuidado de dizer que é mais que a função e chama o cristão para uma nova exigência através do mandamento de Deus. "A vocação sempre comportará, para o homem, algo novo: uma ampliação ou uma redução, uma mudança ou uma determinação mais específica dos limites nos quais ele viveu [...]. Em suma, implica uma modificação da existência humana que ultrapassa os aspectos que essa existência teve até então." Enquanto a profissão é reconhecida como "o lugar da responsabilidade", a vocação permite escapar ao estado (*status*) que é a profissão. Podemos colocar em paralelo essa visão e o modelo da conversão do cristão que, em dado momento de sua existência, é tocado e levado a mudar de vida de acordo com o chamado. A vocação consiste em escolher a obediência em liberdade. A imediatez do chamado recebido, portanto, parece fazer com que o homem transite da profissão à vocação.

Contudo, após tê-las distinguido, Barth alude à sua profunda articulação. Deus não intervém somente no momento da vocação. Tudo o que constitui o homem, no momento em que Deus lhe apresenta suas exigências, vem daquilo que Deus já fez por ele. "Como Criador, Deus quis que o homem fosse de tal maneira e, como Senhor, guardou-o, acompanhou-o, dirigiu-o e guiou-o tal como é." Na profissão se exprime também a vontade de Deus, assim como na vocação; a profissão "vem totalmente de Deus". Assim, a escolha expressa na vocação não é abandonar uma condição estranha a Deus por uma nova condição, submetida à sua autoridade, mas reconhecer o que Deus fez pelo cristão e escolher aquilo que Deus escolheu para ele de acordo com seu mandamento. E nessa escolha divina é necessário levar em conta a limitação própria a cada ser humano, da qual aquele que foi chamado não deverá buscar fugir, mas, sim, reconhecer como uma marca de sua particularidade. Desse modo, a vocação ao mesmo tempo confronta a profissão e lhe corresponde. A novidade para a qual Deus chama o homem está como que "esboçada" na profissão. "A vocação da qual o homem é objeto em virtude do mandamento de Deus é, diferentemente de tudo o que ele deve à criação e à Providência, um convite para cumprir sua história através de uma decisão e uma ação pessoais."

Em tudo isso, a posição de Barth é marcada pela originalidade: abertura da vocação para o mundo secular das profissões, igualdade de todas as vocações diante de Deus, aceitação dos limites, escolha da profissão assumida por Deus, critério de legitimação da escolha no mandamento de Deus etc. Sem restaurar a antiga concepção dos estados, Barth toma o cuidado de estender a profissão à atividade das crianças, das donas de casa, dos aposentados, dos doentes e dos desempregados, opondo-se, assim, à teologia puritana, que assimila a profissão à função profissional e a vocação à profissão. "A atividade intensa e inteligente exercida no contexto da profissão foi confundida com a obediência imposta por Deus à vocação." Porém, a principal inovação do teólogo de Basileia está na dialética entre a profissão e a vocação. A especificidade de sua posição está na ênfase na soberania de Deus. Barth articula a escolha da vocação humana com uma teologia da Providência, com aquilo que precede a escolha humana. Essa escolha é apenas o reconhecimento daquilo que Deus faz. Trata-se de uma dinâmica que certamente pode comportar elementos novos, mas que permanecerá na continuidade daquilo que o homem sempre foi. Todos os critérios de discernimento da vocação são, portanto, relativizados, e basta lembrar que o mandamento de Deus ao homem em particular deve estar conforme o mandamento de Deus em geral. A função de legitimação da vocação, portanto, não corre o risco de soçobrar em utilitarismo nem no bem comum. Porém, os riscos manifestos inerentes a essa posição consistem na ausência de mobilidade social. Mudar de condição seria não somente algo vão, mas em tal atitude se suspeitaria do desejo de escapar da condição limitada de tal caso particular, desejada por Deus. Para salvar a coerência do plano divino, talvez nos arriscaríamos a pregar, tal como Lutero, um conservadorismo pouco estimulante. Mas Barth estava consciente desse perigo, chegando a afirmar, em outro momento, que "a profissão não deve ser considerada uma prisão em que o homem esteja impedido de novas possibilidades que lhe pareçam inauditas e ausentes em seu momento". No entanto, ele se mostra pouco à vontade ao tentar apresentar critérios para legitimação da mudança da condição: "Mudar de condição nos é permitido quando somos levados a isso, quando somos postos, mais uma vez e de modo novo, diante do mandamento de Deus, que não temos o direito de contradizer e ao qual não podemos nos opor". Resta saber de que modo, concretamente, tal critério pode ser aplicado.

François Dermange

3. A vocação: avaliação crítica das proposições protestantes

3.1. Uma vocação particular articulada à vocação geral de todo homem

A doutrina protestante da vocação pode ser interpretada como um poderoso motor de desenvolvimento social, como um legitimador religioso do conservadorismo ou como um fator determinante para a secularização moderna. De certo modo, as três interpretações estão corretas. De fato, podemos enxergar nessa doutrina a causa de efeitos sociais diferentes, caso consideremos a vocação como um chamado para encarregar-se responsavelmente da realidade em todos os aspectos, como o reconhecimento de uma ordem prévia e intentada por Deus, em que é necessário inserir-se no lugar correto, ou ainda como a valorização das atividades seculares em detrimento da santificação religiosa.

De fato, na história do protestantismo, as três interpretações foram defendidas. Isso equivale a dizer que a própria doutrina da vocação depende de fatores externos, teológicos ou não, que determinam as diferentes interpretações. Assim, como vimos, a doutrina das ordens da criação na obra de Lutero fez com que a vocação fosse interpretada como uma inserção em uma ordem prescrita e imutável das coisas; do mesmo modo, a doutrina dos dois reinos fixou de maneira rígida demais os limites para a responsabilidade especificamente cristã nos campos social e político, reduzindo o alcance da vocação. Ao mesmo tempo, a importância atribuída à Lei por Calvino deu à vocação uma série de objetivos concretos, seja na vida familiar, seja na vida profissional, seja na vida pública. Assim, a vocação significava um poderoso chamado à responsabilidade e, consequentemente, um possível motor de desenvolvimento social e econômico. Por fim, a exaltação burguesa do trabalho e suas virtudes contribuiu bastante para que o trabalho fosse visto como a expressão privilegiada da vocação humana, reduzindo ao papel de coadjuvante facultativo tudo o que pertencia ao âmbito da vida espiritual.

Compreende-se, então, que o tema da vocação particular, no sentido em que o consideravam os reformadores, exige que sejam especificados os laços entre as consequências propriamente religiosas que decorrem da vocação (sacramentos

VOCAÇÃO

e compromissos na igreja) e suas consequências seculares (engajamento civil e profissonal). Desqualificar as atividades seculares e sobrevalorizar a religiosa é algo que forçosamente culmina em um conservadorismo de fato. De modo inverso, o interesse exclusivo pela vocação como engajamento profissional faz com que a vocação seja desprovida de suas raízes religiosas e se torne equivalente ao sucesso nas atividades seculares. No segundo caso, a vocação é facilmente confundida com o exercício satisfeito e eficaz de uma função profissional, sem outra finalidade além da satisfação pessoal ou da utilidade social.

Para especificar esses laços, que são fundamentais no pensamento e na doutrina protestante, afirmaremos que hoje a vocação deve se inserir no âmbito da realização de todas as potencialidades da vida humana para a glória de Deus e para o serviço ao próximo. Interpretamos a vocação particular (especificação da vocação geral) como a possibilidade que é oferecida ao homem pela graça de Deus e recebida pela fé para a realização de todas as potencialidades humanas, orientando-as, por meio de uma livre escolha, para o serviço ao próximo e para a honra de Deus. De acordo com toda a tradição cristã, de fato o homem se realiza plenamente quando adere ao amor de Deus e se reconhece responsável pelo próximo. Assim, a valorização da vocação como engajamento profissional e social de cada indivíduo se torna possível porque ele pode e deve representar a realização concreta da vocação. Toda atividade, qualquer que seja ela, deve ser empreendida com a intenção de servir ao próximo e honrar a Deus.

Dessa maneira, não há nenhuma atividade humana que seja *a priori* proibida ou condenada em nome da vocação particular, ao contrário do que pensavam os cristãos da igreja primitiva, que excluíram os soldados de suas comunidades, ou os cristãos da igreja medieval, que excluíram os atores. Tudo pode ser valorizado através da inserção do que se faz no âmbito da vocação particular. Se o único critério de validade é a concordância de nossa ação com o desejo de responder do modo mais leal possível ao chamado da vocação divina, a consequência disso evidentemente será a impossibilidade moral de que tal ação culmine no desprezo a Deus e ao outro. Mais adiante, nós nos deteremos nessa importante questão dos critérios de avaliação da verdade da vocação.

3.2. O discernimento da vocação particular

A questão de que trataremos agora é a do discernimento da vocação particular. De que modo podemos reconhecer aquilo para o qual somos chamados particularmente a realizar, cumprindo de maneira pessoal a exigência da vocação geral? Parece-nos que quatro critérios podem ser aqui propostos.

O primeiro é o dos *dons naturais*. A confiança em Deus também significa que os dons que recebemos no nascimento não nos chegam por acaso, nem são para nosso aproveitamento pessoal somente, mas nos são confiados para ser desenvolvidos, valorizados e postos a serviço dos outros. Nisso há um dever de reconhecimento, ou seja, discernimento e gratidão. Junto ao dever de reconhecimento dos dons, está a responsabilidade por seu desenvolvimento como um sinal de gratidão, não só a Deus, mas também a todos aqueles que, a começar pelos pais, ajudaram nessa conscientização. Está claro que compreendemos por dons naturais não somente os dons inatos, mas também aqueles que são percebidos e descobertos aos poucos, através das circunstâncias da vida e das transformações pessoais. Respeitar a si mesmo, que é uma condição para respeitar outrem, é algo que passa por essa compreensão ampla das possibilidades objetivas de cada um.

Compreende-se com facilidade que esse primeiro critério não é independente do segundo, o *reconhecimento do outro*. Com muita frequência, é no olhar ou na aprovação do outro que conseguimos discernir nossas capacidades e nossos dons pessoais. De modo negativo, o ceticismo ou desprezo do outro, principalmente na infância e na adolescência, são a causa frequente para a incapacidade que tantos experimentam de reconhecer seu real valor. É por isso que a vocação está sempre associada à promessa que nos vem do outro ou, melhor ainda, do Outro (Deus). Aquilo que tu és é o possível daquilo que tu és chamado a tornar-te. Diante de ti há um futuro aberto pela promessa que está contida nos dons de que tu já dispões para fazê-los frutificar. Essa promessa é reiterada sempre que o homem ou a mulher são reconhecidos em suas competências específicas. Ao longo da vida, precisamos reescutar essas palavras de confiança que nos permitiram crescer e viver.

O reconhecimento do outro pode assumir diversas formas. Na fase de formação, exprime-se nos diplomas que são obtidos, e em seguida pela responsabilidade familiar, social, civil, econômica etc. Um dos critérios bastante valorizados é o do salário, que é um sinal da importância social do indivíduo. Mas será que o salário realmente corresponde à importância da responsabilidade social, à utilidade da profissão exercida? Em uma sociedade que privilegia o desempenho econômico e cobre de ouro um jogador de tênis enquanto oferece quantias modestas a uma enfermeira, podemos duvidar disso. Certamente o fator da retribuição não deve ser avaliado como critério do reconhecimento da vocação particular. Mas um índice cuja importância não podemos negligenciar é o terceiro critério do discernimento da vocação: a *utilidade social*.

De saída, devemos confessar que esse critério é de manejo delicado. O artista é menos ou mais "útil" que o padeiro? Porém, o artista pode ajudar na escolha de várias possibilidades ao privilegiar um trabalho ou um modo de vida que manifestam mais claramente a solidariedade que nos une a todos. Nessa perspectiva, será "útil" aquele que responder a uma necessidade real da sociedade, e a utilidade variará de acordo com o grau de evidência da necessidade à qual responder. Nisso, também, com frequência nos sentimos incomodados quanto à hierarquização das necessidades, ainda que nossa sociedade o faça implicitamente, sobretudo por meio da importância do papel social que confere a alguns; mas tal exercício será preciso, já que enfim consistirá na definição do que seja a ordem hierárquica dos valores em causa e daquilo a que atribuímos maior coeficiente de utilidade social, no sentido nobre do termo "utilidade".

Finalmente, um quarto critério pode ser proposto: o do *desejo* e do *gosto* na prática das atividades. Diferentemente dos dons, que têm algo de objetivo (pois nos são dados sem mérito inicial), o desejo e o gosto são a expressão subjetiva do prazer inerente à resposta a um chamado, em que sentimos a realização latente das potencialidades pessoais. Se realizar os dons a serviço do outro é um dever, não é proibido experimentar prazer nisso; pelo contrário, há prazer em sentir-se confortável interiormente e explorar com mais profundidade os dons pessoais. Esse prazer é narcísico, sem dúvida, mas é uma condição para a verdadeira felicidade que está em sentir-se solidário em relação ao outro através do trabalho e da vida.

O critério do desejo e do gosto é importante, ainda que não seja o único, nem o mais evocado (pois até mesmo na atividade cumprida com a maior alegria haverá momentos de questionamento e provação). O reconhecimento de uma vocação particular deve suscitar em nós o contentamento e também o prazer de responder-lhe concretamente.

Os quatro critérios de discernimento da vocação estão em interação, e nenhum se impõe de modo absoluto sobre os demais. Juntos, formam um sistema em que nenhum pode ser excluído sem que o todo se depare com a impossibilidade de continuar funcionando. Além disso, cada um deles exerce sobre os demais um efeito limitativo que contribui para o equilíbrio do conjunto. A vocação particular deve ser legitimada diante de cada um desses critérios.

Podemos ainda notar que esses quatro critérios formam duas duplas: a primeira enfatiza o reconhecimento social da vocação (critérios 2 e 3), e a segunda diz respeito ao discernimento pessoal (critérios 1 e 4). Encontramos aqui o que a tradição reformada chamava de vocação externa e vocação interna. Como vemos, é necessária uma concordância entre a vocação externa e a vocação interna para que a vocação particular possa ser reconhecida de modo pleno. Quando dizemos "concordância", isso significa uma interação dinâmica e mutuamente crítica dos dois polos; nunca deixamos de questionar essa relação, que é constantemente confrontada pela existência humana: aquilo que eu faço realmente corresponde ao que eu desejo fazer? Aquilo que minhas disposições naturais me levam a viver realmente suscita o reconhecimento do outro?

3.3. Pertinência social da vocação hoje

Como vimos, o protestantismo reformado insistiu grandemente na questão da vocação para valorizar a responsabilidade pessoal no cumprimento das atividades seculares, que são chamadas à santificação através do exercício do serviço a Deus e ao próximo. Essa valorização da atividade secular pelo recurso ao tema religioso da vocação ainda teria sentido hoje? Aparentemente, a resposta é negativa: em uma sociedade secularizada como a nossa, as atividades seculares (que, aliás, não mais são qualificadas dessa maneira) não precisam mais ser valorizadas, pois representam o essencial e até mesmo o todo da ação humana. Na verdade, o que deveria ser valorizado é a dimensão espiritual e religiosa, que parece ser amplamente desprezada por nossos contemporâneos, pelo menos no Ocidente. A objeção é grande, mas logo percebemos que o tema da vocação é capaz de atribuir novamente sentido à dimensão espiritual ao permitir uma reavaliação do sentido das atividades seculares. Pois a secularização da sociedade não impede de modo algum que formas quase religiosas se manifestem, como por exemplo a exaltação, muito próxima à idolatria, da eficácia, da rentabilidade e do desenvolvimento (pelos quais nos virá a salvação!).

Por isso, não nos parece obsoleto propor hoje à nossa sociedade que reconsidere positivamente a questão da vocação. Dois argumentos mais importantes podem ser levados em consideração: a utilidade geral e o respeito pelos direitos da pessoa.

a) É manifestamente útil para o benefício de toda a sociedade que cada um de seus membros possa realizar o máximo de seu potencial. Ainda que, em curto prazo, tal programa possa chocar-se com as exigências de uma planificação que queira responder a necessidades imediatas, em longo prazo uma sociedade que confia na liberdade individual possuirá uma potencialidade de desenvolvimento muito maior que a sociedade que pretende determinar pelo indivíduo qual deverá ser sua situação na organização social.

Isso não significa que a sociedade esteja isenta de sua responsabilidade, que será sobretudo expressa no ato de colocar à disposição, através da educação, os meios necessários para que cada um possa discernir suas possibilidades. Não poderíamos, sem hipocrisia, falar da vocação sem fornecer a cada um os meios adequados para mensurar suas possibilidades e desenvolver suas potencialidades. Há nisso um dever social da máxima importância. Na perspectiva protestante, a educação desempenha um papel primordial justamente por encarregar-se de fornecer a cada um os meios de realizar sua vocação. Portanto, o critério de utilidade social deve ser especificado com o de responsabilidade social; sem isso, a utilidade em curto prazo sempre será posta acima de uma visão mais ampla, e a sociedade perderá ao sacrificar o desenvolvimento futuro (que passa pelo desenvolvimento de cada um de seus membros) em prol de interesses imediatos. De acordo com esse ponto de vista, seria necessário resistir à pressão da economia, o que exige constantemente que a educação pública prepare homens e mulheres adaptados às necessidades do mercado de trabalho. O verdadeiro benefício social advirá de pessoas capazes de exprimir livremente todas as suas possibilidades, colocando-as a serviço da sociedade com uma criatividade que evitará a esclerose e o conformismo da sociedade.

Podemos ainda acrescentar que hoje há muito desperdício no uso das forças e das capacidades, assim como muitas limitações sociais que impedem o serviço dos dons particulares. Sem dúvida, o desemprego é uma das formas mais desastrosas de desperdício, mas não é a única. A partir da noção de vocação, portanto, é preciso retrabalhar a noção de utilidade social para arrancá-la da visão estreita de curto prazo na qual com frequência ela se imiscui.

b) O argumento da utilidade social não é o único. De modo ainda mais fundamental, é preciso, aqui, associar a vocação ao direito de realização individual e livre das potencialidades. Dentre os direitos fundamentais da pessoa, esse não é o menor deles, já que representa de modo concreto a exigência do reconhecimento de igualdade de direitos, portanto igualdade de oportunidades objetivas de realização das possibilidades. Recusar-se a reconhecer a vocação particular equivale a rejeitar a justiça devida a cada um. É evidente que as pessoas não têm os mesmos dons nem as mesmas capacidades, mas a justiça exige que cada um possa receber meios para desenvolvê-los. E mais, a justiça exige que ninguém seja impedido de realizar sua vocação por ser ela menos conforme à utilidade social que outra atividade.

Por outro lado, aquele que foi beneficiário desse respeito deve aceitar o dever da solidariedade. Trata-se do sentido profundo da vocação, que sempre consiste em colocar o que recebemos a serviço dos outros e, portanto, de Deus. É impossível a exigência de respeito pessoal sem a contrapartida do serviço à coletividade humana, quando os dons e capacidades são recebidos e autenticados pelo reconhecimento social.

Assim, tanto por motivos de utilidade social quanto por motivos de justiça, a vocação de cada um para realizar suas potencialidades particulares deve ser respeitada pela sociedade. E esse respeito se traduz de início no esforço educativo de que cada indivíduo deve poder participar; em seguida, pelo estabelecimento de uma organização social mais flexível e mais aberta, menos planificada somente por exigências econômicas, que permita uma acolhida e uma utilização melhores das capacidades de cada um. Como vemos, a reflexão sobre a vocação leva ao questionamento das motivações de nossa organização social e da escolha dos valores que subjaz a ela.

3.4. A vocação entre promessa e santificação

Na tradição reformada, a vocação é sempre descrita como a expressão de uma dupla realidade, a de um dom e a de uma exigência. Originando-se com base em uma *promessa*, a vocação desemboca na exigência da *santificação*. Vamos explorar melhor esses dois termos.

O que o reconhecimento da vocação implica é que o homem só se torna homem quando é chamado e nomeado por um Outro, ou seja, quando uma palavra lhe abre espaço pela promessa que lhe faz de um futuro possível. Não se pode confundi-lo com aquilo que o instinto natural da sobrevivência lhe prescreve, cujo sentido sempre é o egoísmo, que o leva até mesmo a desejar a morte do outro caso a sobrevivência esteja em jogo; não, esse futuro autorizado por uma palavra de confiança é a entrada no mundo dos seres humanos com reconhecimento e respeito. Por confiar, a palavra ouvida suscita confiança: o outro não mais é o inimigo que ameaça, mas aquele com quem é possível, e até mesmo bem-vinda, uma relação positiva. A Palavra de Deus desempenha esse papel mais que qualquer outra palavra para quem a ouve e nela coloca sua fé; ela é uma atestação da confiança absoluta de Deus, gratuita, sem condição prévia, que possibilita ao homem a entrada no amor e na vida. Falar de vocação é remeter a essa Palavra inauguradora e afirmar que aquilo que fundamenta o homem não é o instinto natural, mas essa promessa. É por isso que, até mesmo em seus momentos de desumanidade mais cruel, o homem não está totalmente entregue a seus instintos de sobrevivência, mas por vezes decide considerar "que existe algo mais precioso que a própria vida: permanecer humano é mais importante que permanecer vivo" (Tzvetan TODOROV, *Face à l'extrême* [Diante do extremo], Paris, Seuil, 1991, p. 47).

Essa palavra suscita e aguarda resposta. Sem isso, permanece estéril. Evidentemente, todo o risco da liberdade humana consiste em ter a capacidade negativa de desviar-se da promessa em uma autoafirmação orgulhosa do direito ao egoísmo. Contra esse risco, a tradição protestante buscou alertar os cristãos ao insistir no dever da santificação. Lembremos aqui brevemente as grandes linhas do ensinamento de Calvino sobre o tema. A santificação comporta dois elementos indissociáveis: um momento de negatividade (o que Calvino chama de "a mortificação de nossa carne") e um momento positivo de acolher o Espírito de Deus (a "vivificação do Espírito").

O primeiro é um tempo de ruptura: julgamento de si sobre si mesmo, sobre a vida para mensurar a distância que a separa daquilo que a vocação ouvida na fé abre como perspectiva de vida. É um tempo de "penitência", termo pelo qual Calvino traduz a palavra bíblica *metanoia* ("conversão") e que define da seguinte forma: "A suma da penitência é que, retirando-nos de nós mesmos, sejamos convertidos a Deus; e, tendo abandonado nossos conselhos e nossa primeira vontade, tomemos uma nova. Por isso, em meu discernimento, podemos defini-la propriamente deste modo: "Trata-se de uma verdadeira conversão de nossa vida para seguir Deus e o caminho que ele nos aponta a partir de um temor a Deus reto e não fingido, que consiste na mortificação da carne e do nosso velho homem e na vivificação do Espírito" (*IRC* III, III, 5). Essa ruptura não é de um momento, mas de toda a vida; a santificação é um trabalho interior: "Os filhos de Deus são libertos da servidão do pecado através da regeneração: não para deixar de irritar-se contra a carne, como se já estivessem de plena posse de sua liberdade, mas para que se exercitem em uma batalha constante" (III, III, 10). Portanto, não se pode, em momento algum, deixar de lado essa atenção crítica sobre si mesmo, essa lucidez para com as estratégias sempre novas de autossatisfação. Porém, se queremos evitar que esse autocontrole se torne obsessivo e paralisante, precisamos que seu objetivo seja a realização positiva daquilo que a vocação pressupõe e permite, "a saber, as obras que são realizadas para servir a Deus em sua honra e as obras de caridade; em suma, uma verdadeira santidade e inocência de vida" (III, III, 16).

Essa vontade de realizar os dons recebidos por Deus deve ser orientada pela intenção de submeter a vida à vocação de servir a Deus e ao próximo. É o que lemos nas Santas Escrituras, e essa leitura é, sem dúvida, um dever primordial e uma condição primária para a santificação na tradição reformada. As Escrituras afirmam duas coisas: "Essa ordem das Escrituras, de que falamos, consiste em duas partes. Uma é imprimir em nosso coração o amor pela justiça, para o qual nossa natureza não é inclinada. A outra, fornecer-nos uma regra clara que não nos deixe errar aqui e ali, nem nos desviar ao instituir nossa vida" (III, VI, 2). Traduzindo isso para a linguagem de hoje, a vocação não somente se baseia na promessa de Deus, em sua "justiça" no sentido de justificação que atribui sentido à vida humana acima do absurdo e da morte, mas ainda deve se alimentar concretamente dos ensinamentos da Palavra de Deus transmitidos pelas Escrituras. É necessário, então, ir até as Escrituras com assiduidade, a fim de encontrar sem cessar tanto a fonte de nossa vocação (o dom da justificação) quanto as regras para nosso comportamento (a Lei de Deus), para nos guiar na multiplicidade das escolhas concretas e das ações possíveis.

Sem dúvida, é essa relação circular entre a atenção crítica às obras a serem realizadas para honrar a Deus e servir ao próximo, de um lado, e um "desinvestir" em si mesmo através do recebimento de uma graça imerecida e sempre renovada, de outro, que caracteriza a santificação. A responsabilidade é valorizada, mas, se fosse tentada pelo orgulho ou pelo desespero diante da tarefa a ser cumprida, seria remetida à fonte, que é a bondade perdoadora e a justiça criadora de vida de Deus. Do contrário, se a graça se tornasse um travesseiro de preguiça, uma espécie de seguro em que todos os riscos são pagos por outra pessoa, ela mesma lembraria que a promessa apela justamente para a responsabilidade humana e para a vocação da realização das potencialidades, para a honra de Deus. Essa tensão é difícil, e muitas vezes é rompida: é quando a vocação se torna uma prescrição moralizante ou um conforto espiritual ilusório e mentiroso.

Se a santificação é a busca dos meios concretos para viver cada momento da vida como uma oportunidade de glorificação de Deus e de serviço ao próximo, a vida, em todos os seus aspectos (políticos, econômicos, culturais, educativos etc.), adquire um sentido "religioso", ou seja, religado a Deus. Encontramos aqui aquilo que constitui, ao mesmo tempo, o fim da distinção entre realidade religiosa e realidade secular e atividades seculares assumidas como serviço religioso. Já sublinhamos a importância disso, mas podemos ainda observar que essa proposta tem como consequência a renovação do *interesse ético*. Com efeito, como o próprio alcance da santificação é buscar de que maneira, na situação em que nos encontramos e de acordo com as circunstâncias, podemos glorificar a Deus com nossas atividades e servir ao próximo, a seguinte pergunta deve ser feita: como fazer para estar de acordo com essa vocação; como agir do modo correto? Questionar-se sobre a *justeza* de uma ação também significa questionar-se sobre sua *justiça*, compreendida, aqui, como aquilo que pode fazer o bem ao outro e honrar a Deus. Ora, se cremos no evangelho, ninguém pode pretender amar a Deus (honrá-lo) caso despreze e se recuse a ajudar o próximo. Assim, o critério de justiça em relação ao outro se torna primordial em todas as relações mediadas pelas instituições: servir ao próximo pode significar aproximar-se pessoalmente do outro para ajudá-lo ou ir ao seu encontro pela mediação de instituições sociais, políticas, econômicas, culturais, educativas etc., para realizar, com ele e com outros implicados pela mesma instituição, um projeto "justo", ou seja, que respeite os direitos de cada um. Assim, a santificação, no sentido mais religioso do termo, desemboca inevitavelmente na reflexão ética. A boa vontade na intenção de servir deve se alimentar de reflexões sobre a justiça nas instituições e através delas. Senão, ela não cumprirá tudo o que a vocação pressupõe e permite. O amor ao próximo deve levar a atos concretos, em que o sujeito se engaje de modo pessoal; da mesma forma, deve levar à participação de projetos de prazos maiores, quando a justiça é posta em primeiro lugar e há a decisão coletiva de respeitar cada um dos membros da coletividade. Dessa maneira, a doutrina da vocação implica uma reflexão ética sobre a justiça, e não somente sobre a caridade.

3.5. Quando a vocação se conjuga com a ascese

Quando, ao tratar da santificação, Calvino afirmou que seu primeiro momento era a "mortificação da carne", que deve ser constante ao longo de toda a vida, podemos temer que essa proposta acabe desembocando em comportamentos algo masoquistas ou no desprezo pela vida real, uma retenção da tendência para a alegria e a felicidade — em suma, tudo o que foi denunciado ferozmente por Nietzsche no cristianismo. Acredito que tal interpretação está bastante distante do pensamento do reformador de Genebra. Para Calvino, a escolha positiva que implica o reconhecimento da vocação é necessariamente acompanhada de uma escolha negativa: é preciso abandonar tudo o que tal vocação torna impossível ou proibido. Existe um laço necessário entre *vocação* e *ascese*, por pelo menos três motivos.

Primeiro, é evidente a exigência implicada pela vocação (realizar todas as potencialidades) é objetivamente impossível. Ninguém é capaz de conhecer todas as suas possibilidades nem, dentre as que são reconhecidas ou pressentidas, realizá-las por completo. Assim, é preciso enfatizar que o sentido da vocação está na realização das possibilidades, mas sempre dentro dos limites impostos pela realidade de nossa condição. Quanto mais coisas sabemos na vida, mais sabemos que as coisas que não conhecemos são ainda mais numerosas; da mesma forma, quanto mais desenvolvemos múltiplas possibilidades, mais nos frustramos por todas as que não poderemos explorar. Isso pode levar a duas posturas falsas: preguiça e culpa. Por não podermos fazer tudo, não fazemos nada ou nos sentimos culpados por não realizarmos nossa vocação. Nos dois casos, enganamo-nos totalmente. A vocação é um chamado para a responsabilidade, excluindo, portanto, o laxismo e a preguiça; mas também é a expressão de uma promessa: viver livremente sem precisar provar o tempo todo com ações nosso direito de existir. Essa liberdade também deve ser aplicada a nós mesmos e às escolhas que precisamos ou desejamos fazer dentro dos muitos possíveis que se nos abriram. Se essas possibilidades procederam do desejo positivo de viver para a honra de Deus e para o serviço ao outro, não há nada para se lamentar. A responsabilidade não deve se transformar em uma tensão voluntarista, algo como uma fuga sem tréguas nem descanso, sem a alegria de desfrutar a vida tal como Deus a dá. Como nos lembra a Lei de Deus, temos seis dias para cumprir nossas tarefas, fazendo o melhor que podemos, e também temos o sétimo dia para aproveitar a vida que Deus nos dá e agradecer por ela, tomando (porque o recebemos) o tempo de viver.

O segundo aspecto dessa ascese que se associa à vocação é o dever de não confundir as potencialidades pessoais com os desejos. Como vimos, a vocação é reconhecida duplamente, em uma instância interna dos gostos e dos dons e em uma instância externa, o reconhecimento do outro. O reconhecimento do outro é importante aqui: nossos sonhos, ou nossas ilusões sobre nós mesmos, nossas fantasias não são ainda potencialidades reais de nossa natureza, dons que precisaríamos desenvolver. Aqui, evocando Freud, o princípio da realidade deve intervir como um critério importante. E a realidade é tanto a capacidade efetiva de realizar um desejo quanto o reconhecimento dos outros diante desse ato. Certamente há casos, porém raros, em que a segurança interior da vocação afronta e vence todas as rejeições exteriores; mas não podemos tornar isso uma regra sem cair sob o julgamento da psiquiatria: de fato, a paranoia não está longe desse tipo de comportamento!

Porém, o elemento mais interessante da reflexão sobre a relação entre vocação e ascese está na constatação de que não se pode realizar algo sem aceitar abrir mão de outra coisa. Essa observação banal leva a uma reflexão não tão banal, ou seja, a aceitação dos limites nos torna capazes de agir sobre as coisas. Aqui, o limite não é aquele que a realidade nos impõe, mas aquele que nós mesmos nos impomos por livre escolha, com a finalidade de realizar os objetivos visados. Assim, a exigência universal do amor só adquire realidade para mim quando aceito limitar esse amor a algumas pessoas, pelas quais eu me engajo total e eficazmente. Pois sabemos quão hipócrita é o discurso generalista e vago sobre o amor ao próximo proferido por pessoas incapazes de respeitar o vizinho ou o colega. No nível pessoal, só podemos amar, no sentido real do termo, alguns seres; é por isso que a seriedade com que se encara a vocação deve abranger a reflexão sobre a justiça, que é o substituto institucional do amor. Da mesma forma, a exigência de realizar todas as possibilidades no campo profissional requer que não estejamos ocupados com dez coisas ao mesmo tempo.

É por isso que a escolha, ainda que não seja irreversível, sempre tem algo de doloroso e até dramático; sabemos intuitivamente que, ao nos engajarmos em determinada tarefa, determinada relação afetiva, determinada instituição, teremos de renunciar a muitos outros possíveis.

Mas aquele que não ousa escolher é rapidamente condenado à impotência, ou seja, a não mais ter poder sobre a realidade, nem sobre si mesmo. O âmbito da vida conjugal, lugar privilegiado da vocação de acordo com os Pais da Reforma, é uma ilustração típica da escolha que só poderá realizar todas as suas potencialidades se ao mesmo tempo aceitar o reconhecimento dos limites. Ao escolher fazer uma aliança mútua, o homem e a mulher que se casam decidem, ao mesmo tempo, renunciar à mesma realidade com outros homens ou outras mulheres, ainda que haja desejo de fazê-lo. Esse é o sentido profundo da virtude da fidelidade, que sabe que os limites estruturam; dito de outra forma, a recusa de trair a aliança feita com esse ser em particular é a condição necessária para realizar todas as potencialidades dessa forma de vocação. A vocação permite, e até exige, essa ascese para desenvolver todas as suas riquezas.

3.6. Superar uma visão utilitária da vocação

Resta uma última observação. Como vimos na parte histórica deste artigo, o protestantismo evoluiu para uma limitação da vocação somente no campo do trabalho, ou pelo menos atribuiu a esse campo uma importância considerável. Nossas sociedades modernas se reconheceram naturalmente nesse modelo: o trabalho, condição para o desenvolvimento econômico e social, é visto como a virtude mais importante, a mãe de todas as virtudes, assim como a ociosidade é o pai de todos os vícios. Assim, na ordem dos valores sociais, o trabalho ocupa o ponto mais alto da escala, em oposição ao que pensavam os antigos e os medievais, para quem os valores da contemplação eram muito superiores aos do trabalho, reservado às classes inferiores. Isso torna o problema do desemprego bastante doloroso: trata-se de uma desqualificação social, um fracasso. Mas a evolução das técnicas, assim como a do mercado econômico, tende a reduzir cada vez mais a quantidade disponível de trabalho. Assim, abrem-se para nós duas possibilidades: ou prosseguir nessa tendência e se deparar com uma camada cada vez maior da população, principalmente jovens, mulheres e homens em fim de carreira, condenada ao desemprego, ou seja, a um nível social inferior, marginal, desqualificado e, acima dessa massa, condenada à insignificância, uma elite ocupando todas as responsabilidades e sobrecarregada de trabalho e de recursos; ou então operar uma conversão mental que permita uma nova divisão do trabalho, que deixe ao indivíduo bem mais tempo livre em um trabalho que só ocupe uma parte mínima da existência. Tal conversão só é possível se o sentido profundo da vocação voltar ao seu lugar. A vida não é realizada somente através do trabalho remunerado. Ser "bem-sucedido" é de outra ordem, como nos lembra a tradição cristã; e, de acordo com a tradição protestante, está em um acordo entre os dons e um chamado que abre para a dimensão do outro. Para muitos, o trabalho representou, e ainda representa, um meio privilegiado de concretizar esse chamado, mas esse tende a ser cada vez menos o caso. Atualmente, toda a nossa organização social ainda está fundamentada na valorização do trabalho e na remuneração, mas não seria porque ainda não nos livramos de uma visão estreita e utilitária da vocação? Assim, ao retomar consciência da riqueza do tema que abarca a vida em sua totalidade, em todas as suas dimensões, poderemos, talvez, transformar as imagens simbólicas que organizam nossa sociedade.

Éric Fuchs

▶ BARTH, Karl, *Dogmatique* III/4**, § 56 (1951), Genebra, Labor et Fides, 1965, p. 298-357; BIÉLER, André, *O pensamento econômico e social de Calvino* (1959), São Paulo, Casa Editora Presbiteriana, 1990; DU MOULIN, Pierre, *De la vocation des pasteurs* (1618), Genebra, 1624; FUCHS, Éric, *La morale selon Calvin*, Genebra, Labor et Fides, 1986; HILL, Christopher, *Society and Puritanism in the Pre-Revolutionary England*, Londres, Secker and Warburg, 1964; HOLL, Karl, "Die Geschichte des Wortes Beruf" (1924), em *Gesammelte Aufsätze zur Kirchengeschichte*, t. III: *Der Westen*, Darmstadt, Wissenschaftliche Buchgesellschaft, 1965, p. 189-219; MIEGGE, Mario, *Vocation et travail. Essai sur l'éthique puritaine*, Genebra, Labor et Fides, 1989; PERKINS, William, *A Treatise of the Vocations* (1603), em *The Works of that Famous and Worthy Minister of Christ in the Universitie of Cambridge, Mr. William Perkins*, t. I, Londres, John Legatt, 1616, p. 747-779; TAWNEY, Richard Henry, *A religião e o surgimento do capitalismo* (1926), São Paulo, Perspectiva, 1971; WAGNER, Falk, "Berufung", em *TRE*, t. V, 1980, p. 688-713; WEBER, Max, *A ética protestante e o espírito do capitalismo* (1904-1905, 1920), São Paulo, Pioneira, 1967; WINGREN, Gustaf, "Beruf", em *TRE*, t. V, 1980, p. 657-671.

○ Ascese; Baxter; **capitalismo**; dever; Du Moulin; ministérios; mundo; ofício; **pastor**; Perkins; responsabilidade; santificação; Steele; **técnica**; trabalho (e legislação do); votos; Weber M.

VOETIUS, Gisbert (1589-1676)

Teólogo e orientalista holandês, Gisbert Voetius nasceu em Heusden e morreu em Utrecht. Foi aluno de Franciscus Gomarus e participou do Sínodo de Dordrecht (1618-1619), onde combateu o arminianismo. Fiel à concepção calviniana da graça e da predestinação, inimigo resoluto da teologia católica, participou de um bom número de controvérsias, como o conflito com Johannes Coccejus, cuja concepção sobre a história da salvação ele reprovava, e que durou 25 anos. Voetius não fundou uma escola, mas caracterizou o apogeu do que foi chamado escolástica reformada de tipo aristotélico. Sua obra mais importante, *Disputationes theologicae selectae* [Disputas teológicas selecionadas] (5 vols., Utrecht, apud Joannem a Waesberge, 1648-1669), é um testemunho importante da ortodoxia reformada. Nunca foi místico e, na verdade, se opôs ao quietismo, mas seu interesse por uma ciência de mãos dadas com a piedade e pela noção de conversão pode caracterizá-lo como um precursor do pietismo.

Michel Grandjean

▶ DE GROOT, Aart, "Pietas im Vorpietismus (Gisb. Voetius)", em Johannes VAN DEN BERG e Jan Pieter VAN DOOREN, orgs., *Pietismus und Reveil*, Leiden, Brill, 1978, p. 118-129; VAN OORT, Johannes et alii, org., *De onbekende Voetius*, Kampen, Kok, 1989.

○ Arminianismo; cartesianismo; Coccejus; Dordrecht (Sínodo e *Cânones de*); Gomarus; ortodoxia protestante; pietismo; **predestinação e Providência**

VOTOS

Três votos são pronunciados nas ordens monásticas: o celibato, a pobreza e a obediência, que são três níveis da humildade e do sacrifício. Os votos foram combatidos pela Reforma pelos seguintes motivos: Lutero não via neles nenhum fundamento bíblico; pronunciar votos é colocar-se debaixo da Lei e tomar, em consequência, um caminho diferente de Cristo; a mudança de nome no momento dos votos é uma afronta ao caráter único do batismo; os votos são considerados meritórios e salvíficos; os votos estabelecem uma hierarquia entre os cristãos. De modo geral, os votos e a vida monástica alimentam um imaginário (ideal de pureza) que parece contrário ao evangelho. Em vez de voto, Lutero e Calvino preconizam uma vocação comunitária de serviço no mundo e de oração, associada ao único voto eminente do batismo. Porém, Lutero afirma que "alguns particularmente qualificados para o estado monástico preferem viver em colégios, uma vez que as opiniões e os cultos foram corrigidos; se eles utilizarem os votos como algo indiferente, não lhes atribuímos culpa; pelo contrário, sabendo que muitos homens santos e notáveis viveram como cristãos nos monastérios, imbuídos desses sentimentos desejamos que existam esses colegiados de homens".

Nos séculos XIX e XX, o debate relativo à possibilidade de pronunciar votos é retomado, sobretudo quando são inauguradas casas de diaconisas. Para a maioria dos protestantes da época, era proibida toda possibilidade de votos: as ordens monásticas eram vistas como fruto de um erro capital cometido desde a origem. Assim, a igreja cristã teria recusado penetrar no mundo como o fermento da parábola, e a ascese seria uma consequência do dualismo entre a carne e o espírito. O monaquismo, nessa visão, é apresentado como rejeição e condenação do mundo. De modo inverso, alguns desejaram lutar contra o individualismo contemporâneo que também está presente na igreja, reconhecendo um ministério de vida comunitária para vivificar e intensificar buscas espirituais e intelectuais em comum. Admitindo que a Reforma ensina que a fé deve ser posta em praça pública, esses estimaram que a supressão dos monastérios não constituiu uma condenação da vida em comunidade.

Antoine Reymond

▶ CALVINO, João, *IRC* IV, XIII; ESNAULT, René Henri, *Luther et le monachisme aujourd'hui. Lecture actuelle de "De votis monasticis judicium"*, Genebra, Labor et Fides, 1964; LUTERO, Martinho, *Le jugement de Martin Luther sur les voeux monastiques* (1521), em *MLO* 3, 87-219; STROEHLIN, Ernest, "Moines et ordres monastiques", em Frédéric LICHTENBERGER, org., *Encyclopédie des sciences religieuses*, t. IX, Paris, Sandoz et Fischbacher, 1880, p. 261-289.

○ Ascese; celibato; comunidades religiosas; diaconisas; mundo; ordens monásticas; pureza; **vocação**

W

WAGNER, Charles (1852-1918)

Nascido em Wiberswiller e morto em Paris, Charles Wagner foi um pastor francês que, de início, trabalhou em Remiremont, nos Vosges (1878), e em Paris a partir de 1882. Na capital francesa, fundou, em 1907, a paróquia do *Foyer de l'Âme* [Lar da Alma], cujo templo, de arquitetura típica do estilo de 1900, comportando 1.200 pessoas sentadas, é uma evidência da reputação considerável desse pregador, que na verdade se estendeu aos meios mais diversos. Depois de ler sua obra *La vie simple* [A vida simples] (Paris, Armand Colin, 1895), o então presidente dos Estados Unidos Theodore Roosevelt o convidou, no ano de 1904, para visitar a Casa Branca, assim como para uma turnê triunfal no país. Suas muitas obras sobre espiritualidade são as de um místico independente e representam o pensamento do protestantismo liberal, de que ele foi arauto. As mais conhecidas são *L'ami* [O amigo] (Paris, Fischbacher, 1903) e *Devant le témoin invisible* [Diante do testemunho invisível] (Paris, Fischbacher, 1933). O pensamento teológico de Charles Wagner é articulado de modo significativo em um livro que é um diálogo com Ferdinand Buisson, *Libre pensée et protestantisme libéral* [O livre pensamento e o protestantismo liberal] (1903), reeditado com o título *Sommes-nous tous libres croyants?* [Somos nós todos livres crentes?] (Paris, Le Foyer de l'Âme, 1992).

Laurent Gagnebin

▶ MARCHAL, Georges, *Charles Wagner et le problème de la laïcité*, Paris, Berger-Levrault, 1957; WAUTIER D'AYGALLIERS, Alfred, *Un homme. Le pasteur Charles Wagner*, Paris, Fischbacher, 1927.

◐ Buisson; igreja e Estado; Jarnac (Assembleia de); liberalismo teológico

WARFIELD, Benjamin Breckinridge (1851-1921)

Ocupou a cadeira de teologia didática e polêmica no *Princeton Theological Seminary* de 1887 até sua morte. Sua inteligência penetrante, seus conhecimentos enciclopédicos, as notáveis competências linguísticas e uma grande clareza de expressão lhe permitiram suceder Archibald Alexander (1772-1851), Charles Hodge (1797-1878) e Archibald Alexander Hodge (1823-1886), que, no século XIX, haviam tornado o instituto de New Jersey um lugar de renome. A obra de Warfield é o pilar dessa tradição.

Sua pluma elegante foi bastante produtiva: metade de seus textos constitui os dez volumes póstumos de sua obra. Ainda que não tenha produzido nenhuma *magnum opus*, como Charles Hodge, Warfield se mostrava à vontade tanto na exegese quanto na teologia bíblica e histórica. Sua obra se articula em torno de três grandes eixos. O primeiro é a Escritura conjugada com o método teológico. A teologia sistemática é uma ciência que tem Deus como objeto e a Escritura como norma, dedicando-se a evidenciar, histórica e cientificamente, através do estudo dos textos, os fatos que atestam a confiabilidade das Escrituras, assim como a natureza de sua autoridade e de sua inspiração (*International Standard Bible Encyclopaedia* [Enciclopédia bíblica padrão internacional, 1915, 1929, t. II, Grand Rapids, Eerdmans, 1990, p. 839-848). O segundo é formado de religião e razão. Recusando-se a confundir a razão enquanto capacidade com o racionalismo autônomo, junto com os questionamentos críticos justificados e a legitimidade das conclusões antissupranaturalistas, Warfield afirma que a revelação bíblica e o pensamento de que o cristianismo não passa de uma forma superior de religião humana são incompatíveis. Engajou-se num diálogo cortês com seus contemporâneos célebres, como

Charles Augustus Briggs (1841-1913), Adolf von Harnack (1851-1930), Wilhelm Bousset (1865-1920), Johannes Weiβ (1863-1914), Albrecht Ritschl (1822-1889), Reinhold Seeberg (1859-1935) e outros, para mostrar o caráter inadequado de suas metodologias, que para ele eram tributárias de uma *Weltanschauung* estranha à fé cristã. O terceiro eixo é a experiência religiosa. Para Warfield, o objetivo da teologia é conduzir o homem à mudança das disposições do coração, de modo que os "fatos cristãos", que também são doutrinas, inspirem uma obediência em reconhecimento. Se uma boa teologia deve ser científica, nem por isso deixa de ser litúrgica. A harmonia buscada por Warfield entre o estudo das Escrituras como norma, a teologia como ciência e a experiência religiosa é como uma corda de três dobras que serve como amarra para um cristianismo autêntico, destacando-o do anti-intelectualismo dos movimentos perfeccionistas de sua época, contra os quais tanto escreveu.

Warfield era um fundamentalista? Embora tenha redigido um artigo sobre a "deidade de Cristo" para *The Fundamentals. A Testimony to the Truth* [Os fundamentos: um testemunho da verdade] (t. I, Chicago, Testimony, 1910, p. 21-28) e sua doutrina das Escrituras tenha influenciado o movimento evangélico de língua inglesa, Warfield criticou fortemente o biblicismo, a hermenêutica literalista, o livre-arbítrio arminiano, com sua doutrina da regeneração, e a escatologia pré-milenarista. Seu famoso aforismo — "O calvinismo é apenas a religião em seu estado puro" — fornece a medida da distância que o separa do fundamentalismo americano.

O sistemático de Princeton foi acusado de praticar uma apologética "evidencialista" pela escola "pressuposicionalista" de Abraham Kuyper (1837-1920), Herman Bavinck (1854-1921) e Cornelius Van Til (1895-1987), além de ser hostilizado por aqueles que eram contra a inerrância da Bíblia. Porém, os livros de Warfield continuaram a ser reeditados no final do século XX. Amplamente desconhecido na Europa continental, Warfield ainda tem uma importante audiência em outras regiões.

Paul Wells

▶ *The Works of Benjamin B. Warfield* [As obras de Benjamin B. Warfield] (1927-1932), 10 vols., Grand Rapids, Baker, 1981; MEETER, John E. e NICOLE, Roger R., *A Bibliography of Benjamin Breckinridge Warfield, 1851-1921*, Nutley, Presbyterian and Reformed, 1974; NOLL, Mark A., org., *The Princeton Theology, 1812-1921. Scripture, Science and Theological Method from Archibald Alexander to Benjamin Breckinridge Warfield* (1983), Grand Rapids, Baker Academic, 2001; WELLS, David F., org., *Reformed Theology in America*, Grand Rapids Eerdmans, 1985.

▶ Calvinismo (neo); evangélicos; Princeton (escola de); *teopneustia*; Van Til

WARNECK, Gustav (1834-1910)

A partir do final do século XIX, desenvolveu-se, em paralelo com a atividade missionária, uma nova disciplina acadêmica, a missiologia, cujo pioneiro foi o pastor Gustav Warneck, nascido em Naumburg e morto em Halle. Confrontado com problemas práticos da missão ao longo de seu ministério como pastor, Warneck foi o fundador e redator de *Allgemeine Missions--Zeitschrift. Monatshefte für geschichtliche und theoretische Missionskunde*, publicado de 1874 a 1923; além disso, foi o titular da primeira cadeira alemã de *Missionswissenschaft*, em Halle, de 1896 a 1908. Sua ciência missionária é sinônimo de uma teologia da missão, desenvolvida nos três volumes de *Evangelische Missionslehre* (Gotha, Perthes, 1892-1903). Warneck buscou fundar a missão de um ponto de vista bíblico, histórico, dogmático, prático, antropológico e cultural. A missão se firmou na vinda de Jesus e, de modo mais amplo, na Trindade divina. A história da prática missionária está profundamente associada ao Espírito Santo e demonstra quão bem fundamentados são a missão e seus métodos, algo que a aponta como um fator decisivo na história mundial. Quando pastores e o grande público se mostram desprovidos de um interesse maior pela missão, isso só pode ser explicado pela ausência de conhecimento do assunto, razão pela qual Warneck criou conferências missionárias regionais com a finalidade de tentar remediar a situação. Warneck se situa nas antípodas da teoria liberal de Troeltsch, que para ele surtiria consequências desastrosas para o trabalho da cristianização mundial.

Klauspeter Blaser

▶ BALZ, Heinrich, "Gewährenlassen, Eingreifen, Anknüpfen, Ernst Troeltsch und Gustav Warneck in der Auseinandersetzung über Religion und Mission

1906-1908", *Berliner Theologischer Zeitschrift* 13, 1996, p. 159-183; BOSCH, David J., *Dynamique de la mission chrétienne. Histoire et avenir des modèles missionnaires* (1991), Lomé-Paris-Genebra, Haho-Karthala-Labor et Fides, 1995; GENSICHEN, Hans Werner, "Christentum, Mission und Kultur. Ein Kapitel aus Gustav Warnecks Missionsdenken nach 100 Jahren", *Evangelische Mission. Jahrbuch* 16, 1984, p. 57-73; KASDORF, Hans, *Gustav Warnecks missiologisches Erbe*, Giessen-Basileia, Brunnen Verlag, 1990; SPINDLER, Marc, *La mission. Combat pour le salut du monde*, Neuchâtel, Delachaux et Niestlé, 1967; ZORN, Jean-François, *La missiologie*. Émergence d'une discipline théologique, Genebra, Labor et Fides, 2004.

● Missão

WEBER, Max (1864-1920)

Max Weber nasceu em uma família protestante (huguenote por parte de mãe) e era jurista de formação. Filho de um político liberal, que ocupou o cargo de deputado no parlamento federal a partir de 1869, Max Weber estudou direito em Heidelberg e Göttingen. Durante o serviço militar em Estrasburgo, ficou bastante próximo do primo Otto Baumgarten, um estudante de teologia de futuro profissional promissor como professor de teologia e representante do protestantismo liberal. De volta a Berlim, sua formação universitária foi influenciada pelo historiador do direito romano Theodor Mommsen, uma das maiores personalidades intelectuais do liberalismo alemão durante o século XIX, universalmente admirado por sua obra *História romana*, pela qual foi o primeiro alemão a receber o Prêmio Nobel de Literatura. Especialista em história do direito econômico, o interesse demonstrado por seus trabalhos sobre *Économie et société dans l'Antiquité* [Economia e sociedade na Antiguidade] (1897-1909, Paris, La Découverte, 1998, 2001), entre outros, Weber trabalhou em várias investigações econômicas e sociológicas (ainda que a palavra não fosse, então, utilizada mais), no âmbito do *Verein für Socialpolitik* e do Congresso Evangélico Social. Em 1893, foi nomeado professor de economia política em Friburgo em Brisgóvia, onde estabelece relações estreitas com o filósofo Heinrich Rickert, que ele conhecia desde sua juventude em Berlim. Em 1897, foi chamado para suceder, em Heidelberg, o famoso economista Karl Knies, dedicando, mais tarde, à sua obra um importante estudo epistemológico (*Roscher und Knies und die logischen Probleme der historischen Nationalökonomie* [Roscher e Knies e o problema lógico da economia nacional histórica], 1903-1906). Foi forçado a abandonar o ensino no ano seguinte por causa de uma grave depressão nervosa. Em 1903, renunciou à sua cadeira, mantendo somente o título de professor honorário. Em 1918, ensinou durante algum tempo em Viena, e só reaveria uma cadeira em 1919, quando aceitou suceder Lujo Brentano na Universidade de Munique, cujo curso gerou a publicação póstuma de *Histoire économique* [História econômica] (Paris, Gallimard, 1991). Esses quinze anos de ausência da universidade foram um tempo de uma impressionante produtividade intelectual, em que Weber elaborou sua metodologia, participou da fundação de *Deutsche Gesellschaft für Soziologie*, redigiu os famosos estudos sobre *A ética protestante e o espírito do capitalismo*, realizou um grandioso panorama sociológico sobre as interações entre a economia e "as ordens e os poderes sociais" (cujos manuscritos formaram a segunda parte da edição alemã da obra que se tornou conhecida pelo título póstumo *Economia e sociedade*) e indagou-se acerca da influência das concepções religiosas na ética econômica (*Die Wirtschaftsethik der Weltreligionen*). Essa liberdade também foi aproveitada junto com os recursos financeiros de que dispunham as famílias de sua mãe e de sua esposa para empreender numerosas viagens; em uma delas, no ano de 1904, conheceu a América em companhia do teólogo Ernst Troeltsch, entre outros. Porém, Weber não era somente um erudito dotado de um excepcional poder de síntese: era também um contemporâneo engajado, apaixonado por política. A partir dos últimos anos do século XIX, apoiou os esforços de Friedrich Naumann para modernizar o liberalismo alemão através de uma abertura rumo à social-democracia. Durante a Primeira Guerra Mundial, opôs-se às políticas de anexação dos que acalentavam o sonho da Grande Alemanha e defendeu uma democratização e uma parlamentarização da Alemanha que integrasse os social-democratas. Após a derrota de 1918, passou a participar ativamente dos debates sobre a reorganização política e econômica do Reich, tomando parte decisiva na elaboração da Constituição de Weimar e criticando as concepções econômicas que buscavam uma terceira via entre capitalismo e socialismo (cf. *Oeuvres politiques [1895-1919]* [Obras políticas, 1895-1919], Paris, Albin Michel, 2004). No entanto, não consegue ser eleito para o parlamento federal. Max Weber morre de pneumonia no dia 14 de junho de 1920, em Munique.

Em seu estudo de 1904-1905, publicado em *A ética protestante e o espírito do capitalismo* (São Paulo, Pioneira, 1967), Weber trabalha sobre uma tese que, desde Karl Marx, era objeto de um amplo consenso: os laços entre protestantismo e capitalismo. O estudo de Weber não buscou provar mais uma vez a existência desses laços, mas, sim, questionar-se acerca de sua exata natureza. Pois, para Weber, não há dúvidas de que nem Lutero nem Calvino tenham sido defensores de uma racionalização capitalista das práticas econômicas. Essa associação entre protestantismo e capitalismo, portanto, é indireta, da ordem de uma "afinidade eletiva". A tarefa teórica que Weber se atribui visava determinar em que consistia essa "afinidade". Para Weber, responder a essa pergunta exigia atenção ao modo com que uma crença religiosa poderia motivar a escolha de uma postura de vida ou de uma ética. Assim, o protestantismo, especificamente em suas formas calvinistas e puritanas, estimularia uma postura de um ascetismo intramundano, ou seja, da recusa, motivada religiosamente, de gozar dos bens deste mundo. Sob condições econômicas adequadas (que não são nem as do início do século XVI nem as do século XVII puritano), essa ética leva a investir o dinheiro ganho mais que a gastá-lo, criando os elementos mentais necessários para que se desenvolvesse o capitalismo moderno, caracterizado pela exploração racional dos meios de produção que constituem uma empresa. Com essa tese, Weber evidenciou a força de motivação das ideias religiosas. Contra toda tentativa de explicação monolítica das relações entre religião e economia, Weber observa que cada tipo de ideia religiosa induz a efeitos sociológicos e econômicos específicos. Por fim, ele mostra que, de todo modo, o efeito das ideias religiosas é indireto, passando pela capacidade dessas ideias de motivarem um tipo de conduta, atribuindo a essas condutas valores especificamente religiosos.

Podemos considerar *A ética protestante e o espírito do capitalismo* o núcleo seminal dos trabalhos de Weber a partir de 1911 sobre as interações entre a economia e "as ordens e os poderes sociais", sobre a sociologia comparada das religiões e a genealogia da modernidade ocidental. Com efeito, as ideias religiosas são um exemplo paradigmático do que Weber chamou de "ordem social": elas determinam a orientação e as regras de comportamento dos membros de um grupo social, dando-lhe um sentido específico; são um fator que confere ao agir individual uma determinação social que torna possível a coordenação das expectativas individuais, dotando as ações dos indivíduos de significado social. O modelo esboçado em filigrana em *A ética protestante e o espírito do capitalismo* seria refinado e diferenciado por Weber para tornar-se a matriz de uma teoria sociológica geral, a ser aplicada a todas as ordens sociais (direito, família, poder etc.) em uma série de estudos que proporiam toda uma exposição da sociologia com o título *Die Wirtschaft und die gesellschaftlichen Ordnungen und Mächte*, reunidos postumamente na segunda parte de *Economia e sociedade*.

A mesma lógica preside os estudos de Weber a partir de 1913, *Die Wirtschaftsethik der Welreligionen* (*Confucianisme et taoïsme* [Confucionismo e taoísmo], Paris, Gallimard, 2000; *Hindouisme et bouddhisme* [Hinduísmo e budismo], Paris, Flammarion, 2003; *Le judaïsme antique* [O judaísmo antigo], Paris, Plon, 1971; estudos complementares sobre o islamismo e o cristianismo estavam previstos, mas não puderam ser feitos). Nesses textos, Weber expressa sua compreensão das religiões como sistemas de interpretação do mundo que se esforçam para dar sentido a uma realidade que, em si, é desprovida de sentido. Desde 1904, Weber havia definido "cultura" como "um segmento finito dotado de sentido e significado", destacado da infinitude do curso do mundo pelo "posicionamento" do homem (*Essais sur la théorie de la science* [Ensaios sobre a teoria da ciência], Paris, Plon, 1965, 1992, p. 160). Considerar as religiões como interpretação que confere sentido ao mundo é, de acordo com algumas intuições de Nietzsche (cf., p. ex., *A gaia ciência*, § 353; *Além do bem e do mal*, § 59), fazer da religião a origem da cultura e fazer da cultura uma herdeira da religião. Nessas bases, Weber esboça toda uma taxonomia complexa das religiões, atento tanto à determinação social das ideias religiosas quanto aos efeitos das ideias religiosas no comportamento dos indivíduos e na regulação social. Sua atenção se manteve de modo particular nos processos complexos da racionalização religiosa que, a partir de um "jardim encantado" pela magia, transformam o mundo em um cosmos desencantado, privado de sentido e abandonado à racionalidade técnica. A longa história desse desencantamento se inicia com a aparição dos profetas judeus e é concluída com o prosaísmo dos puritanos. O calvinismo e o puritanismo marcam, assim, a culminação de um longo processo de sublimação dos bens da salvação, em que no final o mundo surge despojado de todo sentido intrínseco e, portanto, pode receber seu significado somente pela atividade cultural do homem. Aqui, novamente, Weber vai ao encontro das intuições fundamentais do niilismo nietzschiano para propor uma genealogia da racionalidade ocidental, que compreende a secularização do mundo moderno como uma consequência não intencional, mas perfeitamente coerente, da resposta racional à questão do sentido do mundo fornecida por Calvino e pelo calvinismo com a doutrina da dupla predestinação.

Essa genealogia culmina em um impiedoso diagnóstico do mundo moderno. O mundo não tem sentido objetivo e, por esse motivo, está aberto às interpretações conflitantes que resultam dos posicionamentos axiológicos dos indivíduos. Já que é ilusória toda busca de uma perspectiva de integração, o conflito dos valores é uma última perspectiva de sentido. Assim, toda tentativa para resgatar uma dogmática religiosa do sentido seria necessariamente desonesta, na medida em que não aceita o "sacrifício do intelecto" implicado no *credo quia absurdum* (cf. *La profession et la vocation de savant* [A profissão e a vocação de cientista], conferência de 1917, que foi publicada em 1919 em *Le savant et le politique. Une nouvelle traduction* [O cientista e o político: uma nova tradução], Paris, La Découverte, 2003, p. 107; pode ser comparado com Nietzsche, *Além do bem e do mal*, § 46). Esse desgostoso diagnóstico remete o indivíduo às suas responsabilidades: ao ser confrontado com o conflito dos valores, o homem é obrigado por sua honestidade intelectual a esclarecer o sentido axiológico das opções que se abrem para ele, identificando os valores que estão ali, esclarecendo suas consequências lógicas e medindo os efeitos empíricos das escolhas que são possíveis a cada vez. Essa exigência de lucidez refletida é o núcleo do que, em sua conferência "A profissão e a vocação do político", Weber chamou de "ética de responsabilidade" (ibid., p. 182ss; comparar com *Essais sur la théorie de la science* [Ensaios sobre a teoria da ciência], p. 393ss). Tal exigência é o oposto exato do compromisso frouxo que Weber identifica no "politeísmo" dos valores preconizado pelo "velho Mill" (ibid., p. 389). Na responsabilidade fundamentada na análise lúcida e na honestidade intelectual, Weber identifica a herança normativa da noção protestante de *Beruf* (ao mesmo tempo vocação e profissão) e o último refúgio possível do ideal moral da personalidade livre. Suas reflexões sobre a reorganização política da Alemanha após 1918 visam a estabelecer um sistema político que favorece esse tipo de homem, em contraposição ao funcionário público e ao burocrata, que, por definição, não assumem pessoalmente a responsabilidade por suas ações e decisões.

Jean-Marc Tétaz

▶ WEBER, Max, *Gesamtausgabe*, org. por Horst BAIER et alii, Tübingen, Mohr, 1984 ss; Idem, *Die protestantische Ethik*, org. por Johannes WINCKELMANN, Gütersloh, Mohn, t. I: *Eine Aufsatzsammlung*, 1981, t. II: *Kritiken und Antikritiken*, 1978; Idem, *Economia e sociedade* (1922), Brasília, UnB, 2009; "Société moderne et religion: autour de Max Weber", *Archives des sciences sociales des religions* 61/1, 1986; "Max Weber, la religion et la construction du social", *Archives des sciences sociales des religions* 127, 2004; COLLIOT-THÉLÈNE, Catherine, *Le désenchantement de l'État. De Hegel à Max Weber*, Paris, Minuit, 1992; Idem, Études wébériennes. Rationalités, histoires, droits, Paris, PUF, 2001; DISSELKAMP, Annette, *L'éthique protestante de Max Weber*, Paris, PUF, 1994; FREUND, Julien, Études sur Max Weber, Genebra, Droz, 1990; HENNIS, Wilhelm, *La problématique de Max Weber* (1987), Paris, PUF, 1996; KAESLER, Dirk, *Max Weber. Sa vie, son oeuvre, son influence* (1995), Paris, Fayard, 1996; KALBERG, Stephen, *La sociologie historique comparative de Max Weber* (1994), Paris, La Découverte-MAUSS, 2002; MOMMSEN, Wolfgang J., *Max Weber et la politique allemande 1890-1920* (1974), Paris, PUF, 1985; Idem e OSTERHAMMEL, Jürgen, orgs., *Max Weber and His Contemporaries* (1987), Londres, Unwin Hyman, 1989; RAYNAUD, Philippe, *Max Weber et les dilemmes de la raison moderne* (1987), Paris, PUF, 1996; SCHLUCHTER, Wolfgang,

Religion und Lebensführung (1988), 2 vols., Frankfurt, Suhrkamp, 1991; Idem, org., *Max Webers Sicht des okzidentalen Christentums. Interpretation und Kritik*, Frankfurt, Suhrkamp, 1988; Idem e GRAF, Friedrich Wilhelm, org., *Asketischer Protestantismus und der "Geist" des modernen Kapitalismus. Max Weber und Ernst Troeltsch*, Tübingen, Mohr Siebeck, 2005; SÉGUY, Jean, *Conflit et utopie, ou réformer l'Église. Parcours wébérien en douze essais* (1971-1993), Paris, Cerf, 1999; ZNEPOLSKI, Ivaylo, org., *Max Weber. Relectures à l'ouest, relectures à l'est*, Sofia, Maison des sciences de l'homme et de la société, 1999.

▶ Ascese; **capitalismo**; **comunicação**; Congresso Evangélico Social; historicismo; indivíduo; kantismo (neo); *Kulturprotestantismus*; **liberdade**; Meinecke; **modernidade**; **moral**; Naumann; ofício; **predestinação e Providência**; puritanismo; **razão**; responsabilidade; Revolução Industrial; **seitas**; secularização; Simmel; Sombart; Troeltsch; **vocação**

WEBER, Otto (1902-1966)

Nascido em Colônia-Mülheim e de confissão reformada, Weber ensinou na *Theologische Schule* [Escola Teológica] de Wuppertal-Elberfeld desde sua criação, em 1928, até que se tornou o diretor da instituição. Em 1934, foi nomeado professor de teologia reformada em Göttingen, onde concluiria seu doutorado somente em 1938, sob a orientação de Emanuel Hirsch, com um trabalho sobre a *Bibelkunde* do Antigo Testamento. Sucedendo Hirsch como decano da Faculdade de Teologia de 1939 a 1945 (com uma interrupção em 1943 por motivos militares), Weber foi reitor da Universidade de Göttingen de 1958 a 1959 e dirigiu a criação da Universidade de Bremen entre 1964 e 1966. Morreu em Saint Moritz, durante um curso de férias.

Desde antes de 1933, Weber era um crítico severo do liberalismo teológico e político no qual identificava o princípio deletério dos tempos modernos. Contra o ideal de autonomia individual, Weber valorizava a necessidade de um arraigamento nas "ordens de criação" (povo, raça etc.) que, no entanto, não podiam ser reconhecidos como tais à luz da Revelação. Essa crítica da modernidade liberal motivou seu engajamento nos conflitos do *Kirchenkampf*: "O homem nunca foi tão escravo da sociedade desde 1789, desde o ano da Revolução Francesa, o ano em que, em nome da razão, foi colocada no trono a *soi-disant* liberdade. Sempre quando compreendemos a liberdade como ausência de laços, não conhecemos justamente liberdade alguma [...]. O pensamento liberal nos arrancou a Bíblia das mãos e tornou o homem o senhor daquilo que ele amavelmente se dispôs a reconhecer como Palavra de Deus e daquilo que ele não pode conciliar com sua honra e sua liberdade" (*Das reformierte Bekenntnis und die kirchlichen Umbaupläne der Gegenwart. Vortrag gehalten in Rheydt am 17. April 1933*, em *Um die neue Gestalt der Kirche. Ein Wort zur Lage vom reformierten Bekenntnis her*, Wuppertal-Elberfeld, Köhler, 1933, p. 11s). Na primavera de 1933, Weber se tornou membro da *Nationalsozialistische Deutsche Arbeitepartei* (Partido Operário Nacional-Socialista Alemão) e dos Cristãos Alemães. Próximo ao bispo do Reich Ludwig Müller (enquanto todos os reformados alemães se recusaram a utilizar o título de bispo), representou os reformados, a partir do verão de 1933, no órgão colegial que foi chamado a assumir a direção da Igreja Protestante Alemã (*Deutsche Evangelische Kirche*, DEK), sob a presidência de Ludwig Müller. Após o escândalo do Palácio dos Esportes de Berlim em 13 de novembro de 1933, ele deixou os Cristãos Alemães, mas sem unir-se à Igreja Confessante. Representante dos reformados na *Geistliche Vertrauensrat* da DEK de 1940 a 1945, participou de uma carta que justificava teologicamente a exclusão dos cristãos não arianos da *DEK*. Após 1945, Weber reconheceu seus erros e desvios diante de Karl Barth e outros representantes da Igreja Confessante, como Martin Niemöller; mas não se distanciou publicamente de seus compromissos passados.

A participação de Weber na política eclesiástica do período nazista não foi obstáculo para sua carreira universitária. Além de um pensador original, Weber foi o autor de uma série de manuais e de traduções que marcaram várias gerações de estudantes, como, por exemplo, uma *Bibelkunde des Alten Testaments* (1935, Bielefeld, Luther-Verlag, 1983), que reconhecia o lugar do Antigo Testamento utilizando vários estereótipos antissemitas; uma tradução para o alemão das *Institutas da religião cristã*, de Calvino; e um magistral manual de dogmática, *Grundlagen der Dogmatik* (1955-1962, 2 vols., Neukirchen-Vluyn, Neukirchener Verlag, 1987). Também foi um dos pioneiros da

Evangelisches Kirchenlexikon [Enciclopédia da igreja evangélica] (4 vols., Göttingen, Vandenhoeck & Ruprecht, 1956-1961), dirigindo a primeira edição com Heinz Brunotte. Nas regiões de fala francesa, Weber se tornou mais conhecido por seu resumo da *Dogmática* de Barth, que fornece um acesso facilitado e preciso à obra de Barth sem arriscar-se a propor uma interpretação crítica.

Jean-Marc Tétaz

▶ WEBER, Otto, *Versammelte Gemeinde. Beiträge zum Gespräch über Kirche und Gottesdienst* (1949), Neukirchen-Vluyn, Neukirchener Verlag, 1975; Idem, *La dogmatique de Karl Barth* (1950), Genebra, Labor et Fides, 1954; Idem, *L'unité de l'Église chez Calvin*, RThPh 91, 1959, p. 153-165; Idem, "Compétences de l'Église et compétences de l'État d'après les Ordonnances écclésiastiques de 1561", *RHPhR* 44, 1964, p. 336-347; BÜLOW, Vicco von, *Otto Weber (1902-1966). Reformierter Theologe und Kirchenpolitiker*, Göttingen, Vandenhoeck & Ruprecht, 1999; LEKEBUSCH, Sigrid, *Die Reformierten im Kirchenkampf. Das Ringen des Reformierten Bundes, des Coetus reformierter Prediger und der reformierten Landeskirche Hannover um den reformierten Weg in der Reichskirche*, Colônia, Rheinland-Verlag, 1994.

▶ Barth; barthismo; "Cristãos Alemães"; enciclopédias protestantes; Göttingen (Universidade de); Hirsch; *Kirchenkampf*; Müller L.

WEISCHEDEL, Wilhelm (1905-1975)

Filósofo protestante, alemão, Wilhelm Weischedel nasceu em Frankfurt. Foi aluno de Heidegger e Bultmann em Marburgo. Tornou-se professor em Tübingen e em Berlim. É mais conhecido como o autor de uma síntese monumental, *Der Gott der Philosophen* [O Deus dos filósofos] (1975), em que ultrapassa o simples estágio de exposição histórica e análise textual para questionar-se acerca do *status* da teologia filosófica. Em um debate constante com a teologia protestante (Karl Barth, Rudolf Bultmann, Helmut Gollwitzer, Gerhard Ebeling, Wolfhart Pannenberg, Eberhard Jüngel) e levando a sério os desafios do niilismo moderno (Friedrich Nietzsche), Weischedel acreditou-se preparado para pensar Deus como "a origem da interrogação radical" (*das Vonwoher der radikalen Fraglichkeit*), abandonando a categoria da revelação somente na teologia. Na mesma linha, defendeu a hipótese estimulante de uma "ética cética", oposta a todo dogmatismo moral. Um dos paradoxos de tal ética é que de fato culminou nas noções de responsabilidade, solidariedade, justiça e fidelidade, noções existenciais que podiam superar, a partir do interior, as objeções do niilismo e do ceticismo.

Denis Müller

▶ WEISCHEDEL, Wilhelm, *Der Gott der Philosophen. Grundlegung einer philosophischen Theologie im Zeitalter des Nihilismus*, 2 vols., Darmstadt, Wissenschaftliche Buchgesellschaft, 1975; Idem, *Skeptische Ethik*, Frankfurt, Suhrkamp, 1976; SCHWAN, Alexander, org., *Denken im Schatten des Nihilismus. Festschrift für Wilhelm Weischedel zum 70. Geburtstag am 11. April 1975*, Darmstadt, Wissenschaftliche Buchgesellschaft, 1975; MÜLLER, Denis, *Dieu caché et révélé. Un défi pour notre temps*, RHPhR 64, 1984, p. 345-364; Idem, *Les lieux de l'action*. Éthique et religion dans une société pluraliste, Genebra, Labor et Fides, 1992, p. 37-39.

▶ Ateísmo; Berlim (Universidades de); **Deus**; existencialismo; filosofia da religião; metafísica; **moral**; teísmo

WEIZSÄCKER, Carl Friedrich von (1912-2007)

Nascido em Kiel. Estudou física com Werner Heisenberg (1901-1976) e participou do desenvolvimento de uma arma nuclear alemã durante a Segunda Guerra Mundial. Astrofísico em Göttingen, presidiu o debate político contra o armamento nuclear do exército da República Federal da Alemanha. Deu uma guinada brusca em sua carreira e dedicou-se à filosofia, fundando em 1971 o *Max-Planck- Institut zur Erforschung der Lebensbedingungen der wissenschaftlich-technischen Welt*. Leigo fortemente engajado na Igreja Protestante Alemã, interessou-se fundamentalmente pela interpretação da física moderna e pelos princípios filosófico-religiosos da manutenção da paz. Participou da origem do processo ecumênico "pela justiça, pela paz e pela preservação da criação" (cf. seu texto *Le temps presse* [O tempo está acabando], 1986).

Christoph Wassermann

▶ WEIZSÄCKER, Carl Friedrich von, *Le monde vu par la physique* (1943), Paris, Flammarion, 1956; Idem, *Der Garten des Menschlichen*, Munique, Hanser, 1977; Idem, *Der bedrohte Friede*, Munique,

Hanser, 1981; Idem, *Aufbau der Physik*, Munique, Hanser, 1985; Idem, *Le temps presse. Une assemblée mondiale des chrétiens pour la justice, la paix et la préservation de la création* (1986), Paris, Cerf, 1987; Idem, *Bewußtseinswandel*, Munique, Hanser, 1988; WASSERMANN, Christoph, *Struktur und Ereignis. Interdisziplinäre Studien de Physik, Theologie und Philosophie*, Genebra, Faculté autonome de théologie protestante, 1991, p. 225-243; WEIN, Martin, *Die Weizsäckers. Geschichte einer deutschen Familie*, Stuttgart, Deutsche Verlags-Anstalt, 1988, p. 411-463.

○ **Ecologia**

WEIß, Johannes (1863-1914)

Teólogo e exegeta neotestamentário, Johannes Weiß, filho de Bernhard Weiß, também exegeta do Novo Testamento, nasceu em Kiel. Estudou teologia em Marburgo, Berlim e Göttingen, onde se tornou *privat-docent* em 1888 e professor extraordinário de Novo Testamento em 1890. Em 1895, foi nomeado professor ordinário em Marburgo e, em 1908, em Heidelberg, onde morreu.

Weiß foi um dos principais representantes da escola da história das religiões. Incluindo entre suas referências fontes extrabíblicas, enfatizava o caráter escatológico da pregação do reino de Deus por Jesus, com base no pensamento apocalíptico judaico. Após vivas discussões com seus amigos do círculo da escola da história das religiões, porém, desistiu de tentar buscar uma síntese entre essa compreensão e a compreensão imanente e presente do conceito de reino de Deus, tal como na teologia de seu sogro Albrecht Ritschl. Sua obra como um todo se firmou em uma compreensão psicológica da religião.

Gerd Lüdemann

▶ WEIβ, Johannes, *Die Predigt Jesu vom Reiche Gottes* (1892, 1900), Göttingen, Vandenhoeck & Ruprecht, 1964; Idem, *Das älteste Evangelium. Ein Beitrag zum Verständnis des Markus-Evangeliums und der ältesten evangelischen Überlieferung*, Göttingen, Vandenhoeck & Ruprecht, 1903; Idem, *Das Urchristentum*, 2 vols., Göttingen, Vandenhoeck & Ruprecht, 1917; BULTMANN, Rudolf, "J. Weiβ zum Gedächtnis", *Theologische Blätter* 18, 1939, p. 242-246; LANNERT, Berthold, *Die Wiederentdeckung der neutestamentlichen Eschatologie durch Johannes Weiβ*, Tübingen, Francke, 1989 (bibliografia); SCHÄFER, Rolf, "Das Reich Gottes bei Albrecht Ritschl und Johannes Weiβ", *Zeitschrift für Theologie und Kirche* 61, 1964, p. 68-88.

○ **Bíblia**; exegese; Göttingen (Universidade de); historicismo; método histórico-crítico; parusia; religiões (escola da história das); Reino de Deus; Ritschl; **utopia**

WELLHAUSEN, Julius (1844-1918)

Filho de pastor, Julius Wellhausen nasceu em Hameln e morreu em Göttingen, onde estudou teologia. Em 1872, tornou-se professor de Antigo Testamento em Greifswald. Suas pesquisas provocaram reações hostis por parte das autoridades eclesiásticas e também de seus colegas. Em 1882, Wellhausen pede demissão de seu cargo na Faculdade de Teologia e se torna professor de filologia semítica em Marburgo e, depois, em Göttingen. A importância de Wellhausen para a exegese do Antigo Testamento é imensa. Ele estabeleceu uma teoria pertinente sobre a constituição dos primeiros livros da Bíblia. Para ele, o Hexateuco (de Gênesis a Josué) foi o resultado de uma reunião de vários documentos provindos de diferentes épocas da história de Israel. Em paralelo, elaborou uma história do pensamento religioso de Israel, que descreveu com a ajuda de categorias hegelianas. Em sua valorização das origens, seu desprezo pelo judaísmo tal como se desenvolveu a partir do século VI a.C., permaneceu influenciado pelo romantismo. Embora a pesquisa atual tenha modificado o paradigma wellhausiano, suas obras permanecem uma referência incontornável.

Thomas Römer

▶ WELLHAUSEN, Julius, *Die Composition des Hexateuchs und der historischen Bücher des Alten Testaments* (1899), Berlim, Walter de Gruyter, 1963; Idem, *Prolegomena zur Geschichte Israels* (1878), Berlim, Reimer, 1927; NICHOLSON, Ernest, *The Pentateuch in the Twentieth Century. The Legacy of Julius Wellhausen* (1998), Oxford, Clarendon Press, 2002; PURY, Albert de e RÖMER, Thomas, "Le Pentateuque en question: position du problème et brève histoire de la recherche", em *Le Pentateuque en question. Les origines et la composition des cinq premiers livres de la Bible à la lumière des recherches récentes* (1989), Genebra, Labor et Fides, 2002, p. 9-80; VAN SETERS, John, "An Ironic Circle: Wellhausen and the Rise of Redaction Criticism", *Zeitschrift für alttestamentliche Wissenschaft* 115, 2003, p. 487-500.

○ **Bíblia**; exegese; Göttingen (Universidade de); Humbert; Kittel R.; método histórico-crítico

WERENFELS, Samuel (1657-1740)

Samuel Werenfels nasceu e morreu em Basileia. Originou-se de uma família de teólogos de Nuremberg, que integraram a burguesia de Basileia no início do século XVI. Estudou nas academias de Zurique, Berna, Lausanne e Genebra. Ensinou grego e retórica e, após uma viagem para a Alemanha e os Países Baixos, tornou-se, em 1696, professor de dogmática e controvérsia na Faculdade de Teologia de Basileia, disciplinas às quais se acrescentaram sucessivamente Antigo Testamento e Novo Testamento. Suas obras e suas inúmeras publicações, frequentemente reeditadas e traduzidas, o tornaram famoso em toda a Europa. Tornou-se membro da Sociedade Inglesa para Difusão do Evangelho em 1707 e da Sociedade Real das Ciências da Prússia em 1708. Abandonou prematuramente, antes dos 60 anos, seus cargos e honras acadêmicas para dedicar-se à santificação pessoal e a uma atividade de cura da alma, sobretudo junto a seus alunos de teologia. Sua posição teológica se caracterizou pela ênfase na piedade e na prática da moral cristã. Com Jean-Frédéric Ostervald (1663-1747) em Neuchâtel e Jean-Alphonse Turrettini (1671-1737) em Genebra, três amigos que com ele compunham o que passou a ser chamado de "triunvirato helvético", representou eminentemente a "ortodoxia esclarecida", para a qual a revelação bíblica era indispensável para complementar as verdades da razão (postura que se distinguia da neologia, na qual a revelação só era válida na medida em que era confirmada pela razão). Além disso, Werenfels se opunha a todo tipo de doutrinarismo autoritário e insistia na necessidade de manter-se nas verdades fundamentais da religião e promover um acordo entre os diversos ramos do protestantismo.

Jean-Louis Leuba

▶ WERENFELS, Samuel, *Opuscula theologica philosophica et philologica*, 2 vols., Lausanne-Genebra, Marc-Michel Bousquet et Cie, 1739; Idem, *Sermons sur des véritez importantes de la religion, auxquels on a ajouté des Considérations sur la réunion des protestans* (1715), Genebra, Fabri et Barrillot, 1720; BARTH, Karl, *La théologie protestante au dixneuvième siècle. Préhistoire et histoire* (1946), Genebra, Labor et Fides, 1969, p. 80-82; Idem, "Samuel Werenfels (1657-1740) und die Theologie seiner Zeit" *Evangelische Theologie* 3, 1936, p. 180-203.

◯ Ortodoxia protestante; Ostervald; Turrettini J.-A.

WERNER, Martin (1887-1964)

Martin Werner nasceu em uma família de tendência pietista. De início, estudou para tornar-se professor primário, em seguida adquirindo as competências necessárias para integrar a Faculdade de Teologia de Berna e preparar-se para o pastorado. Durante um semestre na Faculdade de Teologia de Tübingen, no inverno de 1912-1913, a leitura de *Geschichte der Leben-Jesu-Forschung* [A história da pesquisa sobre a vida de Jesus], de Albert Schweitzer, logo o conquistou e determinou toda a orientação futura de seu pensamento. Após dez anos de pastorado em Krauchthal (Berna), foi convidado, em 1927, para ocupar, na Universidade de Berna, uma cadeira de teologia histórica e sistemática que anteriormente havia sido proposta a Karl Barth. Em sua obra mais importante, *Die Entstehung des christlichen Dogmas* (1941), ampliou a tese schweitzeriana da escatologia consequente, tornando-a uma chave de interpretação para a formação e a evolução da doutrina cristã ao longo dos primeiros séculos. Foi bastante original ao considerar que essa formação e os desvios que a caracterizaram não se deveram, como normalmente se acreditava, a uma má compreensão da pregação de Jesus pelas primeiras gerações de cristãos, mas, sim, a essa própria pregação e à expectativa escatológica radical que a caracterizou. Assim, não bastava resgatar as palavras autênticas de Jesus, mas era preciso transpor sua pregação, de acordo com o modelo de Schweitzer, para a ética do respeito pela vida. Adversário convicto da teologia de Karl Barth, muito engajado socialmente, Martin Werner se tornou uma espécie de líder da teologia liberal na Suíça de fala alemã.

Bernard Reymond

▶ WERNER, Martin, *Der Einfluß paulinischer Theologie im Markusevangelium*, Giessen, Töpelmann, 1923; Idem, *Das Weltanschauungsproblem bei Karl Barth und Albert Schweitzer. Eine Auseinandersetzung*, Berna, Haupt, 1924; Idem, *Thesen zum Christusproblem, Ein Beitrag zur Kritik der Theologie de Geegnwart*, Berna, Haupt, 1934; Idem, *Die Entstehung des christlichen Dogmas, problemgeschichtlich dargestellt* (1941), Berna-Tübingen, Haupt-Katzmann, 1954 (versão abreviada: *Die*

Entstehung des christlichen Dogmas, Stuttgart, Kohlhammer, 1959); Idem, *Der protestantische Weg des Glaubens*, t. I: *Der Protestantismus als geschichtliches Problem* e t. II: *Systematische Darstellung*, Berna, Haupt, 1955-1962; Idem, *Glaube und Aberglaube*, Berna, Haupt, 1957; Idem, *Mystik in Christentum und in den ausserchristlichen Religionen. Ein Überblick*, Tübingen, Katzmann, 1989; FLÜCKIGER, Felix, *Der Ursprung des christlichen Dogmas. Eine Auseinandersetzung mit Albert Schweitzer und Martin Werner*, Zollikon, Evangelischer Verlag, 1955; SCIUTO, Francesco, org., *Weg und Werk Martin Werners. Studien und Erinnerungen*, Berna, Haupt, 1968.

◐ Liberalismo teológico; Schweitzer; **utopia**

WESLEY, Charles (1707-1788)

Nascido em Epworth, na Inglaterra, Charles Wesley se tornou clérigo da Igreja Anglicana como seus dois irmãos mais velhos e permaneceu firmemente apegado à igreja durante toda a sua vida. As trajetórias de Charles e John, seu irmão quatro anos mais velho, foram traçadas em um paralelo, sendo bastante parecidas: estudos em Oxford, missão na América, encontro com os Irmãos Morávios, experiência da salvação pela graça, participação no avivamento metodista desde o início, incansável pregador da salvação por toda a Inglaterra. Porém, Charles foi feliz no casamento e se tornou cada vez mais sedentário. Poeta, compôs mais de seis mil cânticos, geralmente com melodias populares, que passaram a integrar a espiritualidade metodista. Foi um amigo e confidente para muitos, assim como para seu irmão John. Seus filhos e netos se tornaram músicos.

Patrick Streiff

▶ *The Journal of the Rev. Charles Wesley (1736-1756)*, 2 vols., Londres, John Mason, 1849; *The Unpublished Poetry of Charles Wesley*, org. por S. T. KIMBROUGH, Jr. e Oliver A. BECKERLEGGE, Nashville, Kingswood Books, 1988ss; GILL, Frederick Cyrill, *Charles Wesley, the First Methodist*, Londres, Lutterworth Press, 1964; KIMBROUGH, S. T., Jr., *Charles Wesley. Poet and Theologian*, Nashville, Kingswood Books, 1992; TYSON, John R., org., *Charles Wesley. A Reader*, Oxford, Oxford University Press, 1989.

◐ Anglicanismo; metodismo; Morávios (Irmãos); Wesley J.; Whitefield

WESLEY, John Benjamin (1703-1791)

Nascido em Epworth, na Inglaterra, John Wesley seguiu o caminho do pai e do irmão mais velho e se tornou clérigo anglicano da High Church. Estudou em Oxford (*Christ Church*) e, em 1725, decidiu que "a religião [seria] o caso de sua vida". Foi eleito *fellow* do Lincoln College em 1726, dividindo-se entre carreira universitária e pastorado, misticismo e ação. Frequentou um círculo de estudantes chamado *holy club*, que ficou caracterizado pela busca de uma vida de disciplina e santificação, originando o termo "metodistas". Em viagem à Geórgia, em 1735, conheceu os Irmãos Morávios, que, de volta para Londres em 1738, ajudaram-no a descobrir que a justificação pela graça é o fundamento de toda vida santificada. O avivamento metodista começou um ano depois. Wesley organizou grupos de ajuda, as "classes", para as pessoas que buscavam a salvação. Em oposição a seus princípios iniciais, ele descobriu e passou a valorizar os ministérios leigos, inclusive femininos. Conseguiu manter o avivamento metodista no interior da Igreja da Inglaterra; porém, após sua morte, esse movimento ancorado e ativo na evangelização e na ação social aos poucos se tornou uma igreja à parte.

Teólogo sério, Wesley soube aliar uma fé "esclarecida" à experiência religiosa, a discordância da doutrina da predestinação à convicção da salvação pela graça. Erguendo-se contra tanto a escravatura quanto as riquezas, Wesley perseguiu o grande ideal de uma vida transformada que culmina na perfeição cristã, a saber, o amor a Deus e ao próximo.

Patrick Streiff

▶ *The Works of John Wesley*, org. por Frank BAKER, Oxford-Nashville, Clarendon Press-Abingdon Press, 1975ss; COTTRET, Bernard, *Histoire de la réforme protestante. Luther, Calvin, Wesley, XVIe-XVIIIe siècle*, Paris, Perrin, 2000, IIIe parte: "John Wesley. La loi de la grâce", p. 191-266 e notas p. 349-365; HEITZENRATER, Richard P., *Wesley and the People Called Methodists*, Nashville, Abingdon Press, 1995; *John Wesley. Actes du colloque à l'occasion du tricentenaire de la naissance du fondateur du méthodisme. Faculté de théologie de l'Université de Lausanne, 12-13 juin 2003*, Lausanne, Centre méthodiste de formation théologique, 2003; RACK, Henry D., *Reasonable Enthusiast. John Wesley and the Rise of Methodism*, Londres, Epworth Press, 1989; RATABOUL,

Louis J., *John Wesley. Un anglican sans frontières 1703-1791*, Nancy, Presses universitaires de Nancy, 1991; RUNYON, Theodore, *The New Creation. John Wesley's Theology Today*, Nashville, Abingdon Press, 1998.

● Anglicanismo; Avivamento; Edwards; graça; La Fléchère; metodismo; Wesley C.; Whitefield

WESTFÁLIA (tratados de)

Os tratados de Westfália assinados em Münster (potências católicas) e Osnabrück (potências protestantes) em 1648 puseram fim à Guerra dos Trinta Anos (1618-1648). Além das cláusulas políticas, constitucionais e territoriais, as cláusulas religiosas foram importantes. A França se mostrou como protetora dos católicos, e a Suécia como protetora dos protestantes. A confissão reformada foi reconhecida como a terceira confissão oficial do império. A manutenção da união confessional de cada território foi confirmada, bem como a possibilidade de emigrar para os partidários de ambas as confissões reconhecidas, mas, a partir de então, eles passaram a contar com a possibilidade de ficar, desde que se limitassem à realização de um culto privado. A geografia confessional foi fixada no dia 1º de janeiro de 1624. A partir de então, se mudasse de confissão, o príncipe não mais poderia obrigar os súditos a seguirem sua confissão; estava, enfim, assegurada a estabilidade confessional. Foi estabelecido um regulamento paritário confessional para Augsburgo e quatro cidades da Suábia, mistas e menos importantes: Biberach, Dinkelsbühl, Kaufbeuren e Ravensburg. Somente os Habsburgos permaneceram livres para administrar as questões confessionais nos Estados hereditários e na Boêmia. Por fim, os tratados confirmaram a secularização dos bispados e dos conventos realizada desde 1552. Para tratar com a Dieta do Império as questões confessionais, os tratados também previram a criação de um *corpus evangelicorum* que reunisse todos os príncipes e cidades protestantes, e de um *corpus catholicorum* correspondente, duas instituições que desempenhariam um papel ativo de conciliação.

Bernard Vogler

▶ BÉLY, Lucien, org., *L'Europe des traités de Westphalie. Esprit de la diplomatie et diplomatie de l'esprit*, Paris, PUF, 2000; CHRISTIN, Olivier, *La paix de religion. L'autonomisation de la raison politique au XVIe siècle*, Paris, Seuil, 1997; DICKMANN, Fritz, *Der Westfälische Frieden* (1959), Münster, Aschendorff, 1977; GANTET, Claire, *La paix de Westphalie (1648). Une histoire sociale, XVIIe-XVIIIe siècles*, Paris, Belin, 2001.

● Alemanha; **Europa**; Guerra dos Trinta Anos; Gustavo II Adolfo; Reforma (Contra)

WESTMINSTER (Assembleia e *Confissão de*)

Em 1643, o Longo Parlamento, então em conflito com o rei Carlos I, convocou a Assembleia de Westminster com o objetivo de reformar a Igreja da Inglaterra com base em uma revisão dos *Trinta e nove artigos*. Esse concílio consultivo foi, de início, composto de episcopais (que logo se retiraram), presbiterianos e independentes (ou congregacionais). Com o *Solemn League and Covenant* [Solene Liga e Pacto] de 1643, pacto entre a Escócia e a Inglaterra cujo objetivo era estruturar a forma escocesa do presbiterianismo como religião dos dois reinos, a Assembleia de Westminster tomou uma direção claramente presbiteriana.

Ao longo das sessões, a Assembleia adotou o *Directory for the Public Worship of God throughout the Three Kingdoms of England, Scotland and Ireland* [Diretório de culto público de Deus em todos os três reinos da Inglaterra, da Escócia e da Irlanda] (1645), liturgia que substituiu o *Livro de oração comum*. O *Catecismo maior* e o *Catecismo menor* de Westminster foram aprovados pelo Parlamento em 1648; o *Catecismo menor* deixou marcas não somente no presbiterianismo anglófono, mas foi também utilizado por muitos congregacionais e batistas. Na tradição protestante, teria seu lugar ao lado dos catecismos de Lutero e dos catecismos de Heidelberg. A Assembleia também adotou a *Confissão de Westminster*, ratificada em 1648 pelo Parlamento, e que se propunha a conciliar a teologia reformada clássica (Calvino, Zwinglio, Bullinger) com o puritanismo inglês. Isso a tornou a confissão mais influente e, durante séculos, a única autoridade confessional entre os presbiterianos de língua inglesa. Declarando a Escritura como norma, o documento afirma o senhorio e a soberania de Deus, ao mesmo tempo que reconhece a liberdade de consciência ("somente Deus é o Senhor da consciência"). Na controvérsia com o arminianismo, a *Confissão de Westminster* desenvolveu uma teologia da aliança (efetuando uma distinção entre a aliança das obras, com Adão, e a aliança da graça, entre Cristo e os cristãos), e, sobre a questão da predestinação, manteve-se fiel aos *Cânones de Dordrecht*. Ao estabelecer que a finalidade da existência humana não era o perdão dos pecados, mas a transformação do pecador perdoado à imagem de Cristo, o documento enfatiza a santificação e a responsabilidade do cristão no mundo. Também identifica o *shabat* judaico com o domingo cristão, considerado como o dia sabático cristão — uma das extensões dessa identificação seria a proibição da venda de álcool no domingo, tanto na Grã-Bretanha quanto nos Estados Unidos.

Lucie Kaennel

▶ *A confissão de fé de Westminster* (1648), São Paulo, Cultura Cristã, 2011; *O breve catecismo de Westminster* (1648), São Paulo, Cultura Cristã, 2010; *The Constitution of the Presbyterian Church (U.S.A.)*, parte I: *Book of Confessions*, Louisville, Office of the General Assembly, Presbyterian Church, 1999; GERSTNER, John H., KELLY, Douglas F. e ROLLINSON, Philip, *A Guide to the Westminster Confession of Faith*, Signal Mountain, Summertown Texts, 1992; HERON, Alasdair I. C., org., *The Westminster Confession in the Church Today*, Edimburgo, Saint Andrews Press, 1982; LEITH, John H., *Assembly at Westminster. Reformed Theology in the Making*, Richmond, John Knox Press, 1973.

◉ Aliança; anglicanismo; catecismo; Channing; confissão de fé; dissidente; Dordrecht (Sínodo e *Cânones de*); Escócia; Inglaterra; Londres; presbiterianismo; puritanismo; santificação; Simbólicos (Escritos)

WESTPHAL, Alexandre (1861-1951)

Pastor reformado francês de tendência evangélica, Alexandre Westfal exerceu alternadamente o ministério pastoral e doutoral que, de 1891 a 1895, foi interrompido por um período de estudos na Alemanha. Foi pastor em Vauvert (Gard) de 1887 a 1891 e professor de teologia bíblica e história das religiões na Faculdade de Teologia de Montauban de 1895 a 1908. De 1908 a 1920, foi pastor de Lausanne na Igreja Livre de Terreaux e, por fim, de 1920 a 1929, foi diretor da Escola de Teologia da Sociedade das Missões Evangélicas de Paris. Aposentado, dirigiu a publicação do *Dictionnaire encyclopédique de la Bible* [Dicionário enciclopédico da Bíblia] (1932-1935, Nîmes-Paris, Vida-Empreintes, 2003). Em seus trabalhos teológicos, e também em suas atividades pastorais e professorais, são evidentes duas ênfases: a popularização da teologia e a reconciliação, tanto entre ciência e fé quanto entre teologia crítica e teologia evangélica, mas sem concessões, nem à escola da história das formas (em exegese bíblica), nem à missiologia liberal.

Jean-François Zorn

▶ WESTPHAL, Alexandre, *Les sources du Pentateuque. Étude critique et d'histoire*, 2 vols., Paris, Fischbacher, 1888-1892; Idem, *Le charpentier de Nazareth*, Lausanne, Ouverture, 1986 (edição revisada de *Jésus de Nazareth d'après les témoins de sa vie*, 1914).

◉ Evangélicos; **missão**; missionárias (sociedades); Montauban

WETTSTEIN, Johann Jakob (1693-1754)

De uma famosa família de eruditos de Basileia, Johann Jakob Wettstein começou a estudar filosofia aos 13 anos de idade (Johann Buxtorf [1663-1732] foi seu professor de hebraico) e teologia. Interessou-se pela diversidade de manuscritos do Novo Testamento, que conheceu durante uma de suas várias viagens de estudos. Considerando pouco confiável o *textus receptus*, Wettstein buscou empreender uma edição crítica do Novo Testamento. Sua convicção de que as variantes textuais não contradiziam a origem divina das Escrituras foi mal recebida pela ortodoxia protestante. Em 1730, foi demitido de suas funções como pastor e professor na Universidade de Basileia. Refugiou-se, então, em Amsterdã, onde mandou imprimir *Prolegomena ad Novi Testamentum Graeci editionem* [Prolegômenos à edição grega do Novo Testamento]. Em 1733, tornou-se professor de hebraico no Seminário dos Remonstrantes, cargo que não mais deixaria até sua morte. Em 1751-1752, foi publicada sua edição crítica do Novo Testamento. O sistema de abreviações dos manuscritos e suas listas impressionantes de paralelos entre a literatura grega e judaica e os textos neotestamentários fazem dessa edição um instrumento de trabalho útil ainda hoje.

Thomas Römer

▶ WETTSTEIN, Johann Jakob, *Novum Testamentum Graecis editionis receptae cum lectionibus variantibus codicum mss., editionum aliarum, versionum et Patrum nec non commentario pleniore ex scriptoribus veteribus Hebraeis, Graecis et Latinis historiam et vim verborum illustrante* (1751-1752), Graz, Akademische Druck- und Verlagsanstalt, 1962; HORST, Pieter, Willem van der, "Johann Jakob Wettstein nach 300 Jahren: Erbe und Auftrag", *Theologische Zeitschrift* 49, 1993, p. 267-281; HULBERT-POWELL, Charles Lacy, *John James Wettstein 1693-1754. An Account of His Life, Work and Some of His Contemporaries*, Londres, SPCK, 1938.

◉ Basileia; **Bíblia**; Buxtorf; exegese; Países Baixos; Remonstrantes

WHITEFIELD, George (1714-1770)

Nascido em Glowcester, George Whitefield entrou para o *Pembroke College* em 1732 como estudante-servo (o menor nível dos estudantes de Oxford). Charles Wesley o convidou para um círculo de estudantes que se autodenominavam "metodistas" por sua aspiração a uma vida de disciplina e santificação. Após uma fase de doença, Whitefield descobriu a justificação somente pela fé e se orientou para um calvinismo moderado. Assim como os irmãos Wesley, foi para a Geórgia. Voltando à Inglaterra para ser ordenado ministro anglicano, Whitefield conheceu um imenso sucesso como pregador, atraindo dezenas de milhares de espectadores ao ar livre e suscitando, de 1739 em diante, um verdadeiro movimento de avivamento. Tornou-se o grande pregador do avivamento metodista de uma parte a outra do Atlântico. Apesar das diferenças teológicas, permaneceu amigo de John e Charles Wesley.

Patrick Streiff

▶ WHITEFIELD, George, *The Works of the Reverend George Whitefield*, 6 vols., Londres, Edward and Charles Dilly, 1771-1772; Idem, *Selected Sermons of George Whitefield*, Londres, Banner of Truth Trust, 1958; Idem, *George Whitefield's Journals*, Londres, Banner of Truth Trust, 1960; Idem, *Letters of George Whitefield, for the Period 1734-1742*, Edimburgo, Banner of Truth Trust, 1976; LAMBERT, Frank, *"Pedlar in Divinity". George Whitefield and the Transatlantic Revivals, 1737-1770*, Princeton, Princeton University Press, 1994; STOUT, Harry, *The Divine Dramatist. George Whitefield and the Rise of Modern Evangelicalism*, Grand Rapids, Eerdmans, 1991.

◉ Avivamento; metodismo; Wesley C.; Wesley J.

WHITEHEAD, Alfred North (1861-1947)

Matemático, físico e filósofo inglês, Alfred North Whitehead fundou a filosofia do processo. Em Cambridge, trabalhou por 25 anos no estabelecimento de um fundamento lógico para a matemática. De 1914 em diante, desenvolveu uma epistemologia e uma teoria da gravitação relativistas. Filósofo em Harvard, criou, após 1924, um dos sistemas filosóficos mais completos do século XX: uma teoria pós-moderna do mundo que buscou integrar elementos das ciências modernas, da filosofia ocidental, do senso comum e da consciência religiosa. Sua obra constitui o fundamento direto para a teologia do processo.

Christoph Wassermann

▶ WHITEHEAD, Alfred North, *O conceito de natureza* (1920), São Paulo, Martins Fontes, 1993; Idem, *A ciência e o mundo moderno* (1927), São Paulo, Paulus, 2006; Idem, *Processo e realidade: ensaio de cosmologia* (1929), Lisboa, Centro de Filosofia da Universidade de Lisboa, 2010; Idem, *Le devenir de la religion* (1930), Paris, Aubier Montaigne, 1939; Idem, *A função da razão* (1927-1934), Brasília, UnB, 1988; Idem, *Aventures d'idées* (1933), Paris, Cerf, 1993; Idem, *Modes de pensée* (1938), Paris, Vrin, 2004; Idem e RUSSELL, Bertrand, *Principia mathematica* (1910-1913), 3 vols., Cambridge, Cambridge University Press, 1978; HURTUBISE, Denis, *Relire Whitehead. Les concepts de Dieu dans "Process and Reality"*, Quebec, Presses de l'Université Laval, 2000; LOWE, Victor, *Alfred North Whitehead. The Man and His Work*, 2 vols., Baltimore, Johns Hopkins University Press, 1985-1990; PARMENTIER, Alix, *La philosophie de Whitehead et le problème de Dieu*, Paris, Beauchesne, 1968; SAINT-SERNIN, Bertrand, *Whitehead. Un univers en essai*, Paris, Vrin, 2000; STENGERS, Isabelle, *Penser avec Whitehead. "Une libre et sauvage création de concepts"*, Paris, Seuil, 2002; Idem, org., *L'effet Whitehead*, Paris, Vrin, 1994;

WAHL, Jean, *Vers le concret. Études d'histoire de la philosophie contemporaine: William James, Whitehead, Gabriel Marcel* (1932), Paris, Vrin, 2004, p. 119-184.

○ Cobb; Griffin; teologia do processo

WICHERN, Johann Hinrich (1808-1881)

Nascido em Hamburgo, Wichern estudou teologia em Göttingen e Berlim, onde Friedrich Schleiermacher (1768-1834) e August Neander (1789-1850) exerceram sobre ele uma profunda influência. De volta para Hamburgo, em 1831, a direção da escola dominical da Igreja de São Jorge o colocou em contato com crianças muito pobres, o que o levou a fundar, em 1833, a obra do *Rauhe Haus* (1833) para a educação de jovens delinquentes abandonados. Desenvolveu uma diaconia fortemente marcada pela piedade do Avivamento, mas não pretendia transformar as estruturas da sociedade, e sim combater certos males sociais. Durante o primeiro *Kirchentag* em Wittenberg, no ano de 1848, Wichern obteve a criação do Comitê Central da Missão Interior, cuja ação pretendia não só melhorar a condição das classes operárias, mas também favorecer a regeneração da igreja protestante, tornando-a uma verdadeira *Volkskirche* (igreja do povo). Embora tenha sido apoiado pelo rei Frederico Guilherme IV, Wichern viu fracassarem seus esforços para reformar o sistema penitenciário prussiano. A partir de 1866, problemas de saúde o forçaram a reduzir suas atividades. Em 1872, atribuiu ao filho Jean a direção do *Rauhe Haus*. Na época de sua morte, centenas de "irmãos" formados em seu seminário teológico já haviam entrado para o serviço de organizações diaconais e sociais.

Laurent Gambarotto

▶ WICHERN, Johann Hinrich, *Die Innere Mission der evangelischen Kirche. Eine Denkschrift an die deutsche Nation*, Hamburgo, Agentur des Rauhen Hauses, 1849; BRAKELMANN, Günter, *Johann Hinrich Wichern*, em Klaus SCHOLDER e Dieter KLEINMANN, orgs., *Protestantische Profile. Lebensbilder aus fünf Jahrhunderten*, Königstein/Taunus, Athenäum, 1983, p. 239-252; LEENHARDT, Franz J., *La mission intérieure et sociale de l'Église d'après Wichern* (*1808-1881*), Paris, "Je sers", 1931.

○ Ação social; Avivamento; Missão Interior

WILBERFORCE, William (1759-1833)

Nascido em Hull, em uma rica família rural de Yorkshire, na Inglaterra, William Wilberforce entrou para o Parlamento em 1780, onde se tornou conhecido por trabalhar pela reforma dos costumes da classe política e também pela abolição da escravatura. Em 1786, passou do anglicanismo para o metodismo, e fundou, no ano segunte, com o filantropo quacre Thomas Clarkson (1760-1846), a *Anti-Slave Trade Society* [Sociedade contra o Comércio de Escravos], cuja causa foi levada por ele ao Parlamento pela primeira vez em 1788. Foi um fracasso, mas sua reputação cresceu e se estendeu para a Europa, sobretudo para a França. Em 1807, o Parlamento proibiu o tráfico de escravos nas colônias britânicas, e, fortalecido por esse sucesso, Wilberforce chamou a si a tarefa de abolir a escravatura. A lei da abolição foi votada em 1833, semanas após sua morte.

Jean-François Zorn

▶ BOLT, Christine e DRESCHER, Seymour, orgs., *Anti-Slavery, Religion and Reform*, Folkestone-Hamden, Dawson-Archon Books, 1980; COUPLAND, Reginald, *Wilberforce* (1923), Londres, Collins, 1945; COWIE, Leonard W., *William Wilberforce, 1759-1833. A Bibliography*, New York-Londres, Greenwood Press, 1992; WEMYSS, Alice, *Histoire du Réveil 1790-1849*, Paris, Les Bergers et les Mages, 1977.

○ Escravidão; Inglaterra; metodismo; quacres

WILLARD, Frances Elizabeth Caroline (1839-1898)

Pedagoga, reformadora e militante, Frances Willard nasceu em uma família puritana da Nova Inglaterra. Graduou-se na *Northwestern University*, no Illinois, em 1859. Foi profundamente marcada pela leitura de *A sujeição das mulheres* (1869, São Paulo, Escala, 2006), de John Stuart Mill (1806-1873), depois que seus interesses pela "questão feminista" foram atiçados por uma visita à Europa, em 1868. Com sua volta, abandonou a carreira acadêmica para lutar pela emancipação das mulheres, dirigindo-se a grupos femininos da igreja.

Em 1873, surgiu um movimento moderado de mulheres que, no ano de 1874, constituiu-se na União Moderada Cristã das Mulheres. A moderação era um ponto fundamental para o zelo reformador das mulheres na igreja, e Willard viu nas potencialidades do movimento uma plataforma para a questão mais ampla do direito ao voto feminino. Em 1874, ela pediu demissão de seu cargo como presidente do Colégio para Jovens Mulheres de Evanston para se tornar secretária (e, posteriormente, a presidente nacional) da União Moderada Cristã das Mulheres. Apesar da oposição de muitas igrejas à causa, Willard persuadiu a União a defender o direito do voto feminino em 1880, acreditando que a influência política das mulheres permaneceria sempre limitada caso elas não pudessem votar.

Por sua associação com o Partido Proibicionista, Willard foi levada a defender outras causas e outros movimentos. Embora sua política fosse mais reformista que socialista, ela se associou à organização dos trabalhadores, os Cavaleiros do Trabalho, fundada em 1869, e à União Universal pela Paz, da qual foi nomeada vice-presidente em 1889. Seu interesse se estendeu também às áreas mais esotéricas da frenologia, da astrologia, da clarividência e dos fenômenos psíquicos.

A sagacidade de Willard, sua perspicácia política e sua aptidão para a organização e a palavra pública a tornaram modelo para muitas mulheres na igreja que pertenciam ao movimento do Evangelho Social. Contribuiu para convencer a maioria dos partidos políticos americanos ao reconhecerem a contribuição política das mulheres.

Elaine Graham

▶ WILLARD, Frances Elizabeth, *Woman and Temperance, or the Work and Workers of the Woman's Christian Temperance Union* (1883), New York, Arno Press, 1972; Idem, *Woman in the Pulpit* (1888), Washington, Zenger, 1978; EARHART, Mary, *Frances Willard. From Prayers to Politics*, Chicago, University of Chicago Press, 1944.

◉ Feminismo; **mulher**; Shaw; Stanton

WILLIAMS, George (1821-1905)

Filho de um fazerdeiro de Somerset, foi aprendiz de fabricante de tecidos com a idade de 16 anos. A partir de 1841, começou a trabalhar em Londres, na empresa de George Hitchock, casando-se com sua filha e sucedendo o sogro. Criado no anglicanismo, Williams foi fortemente influenciado pelo Avivamento. Organizou reuniões de oração para os funcionários da empresa, criando com alguns amigos a Sociedade dos Jovens Cristãos para a evangelização dos cerca de 150 mil funcionários do comércio da cidade de Londres, uma organização que, algum tempo depois, seria denominada Associação Cristã de Moços. Com a morte de George Williams, as associações cristãs de moços e moças já estavam presentes em mais de oitenta países. Nas últimas décadas, as atividades da instituição se expandiram para as áreas social, cultural e esportiva, abrindo-se para o ecumenismo e as demais religiões.

André Péry

▶ BINFIELD, Clyde, *George Williams and the Y.M.C.A. A Study in Victorian Social Attitudes*, Londres, Heinemann, 1973; HODDER-WILLIAMS, John Ernest, *The Life of Sir George Williams Founder of the Young Men's Christian Association*, Cincinnati-New York, Jennings and Graham-Eaton and Mains, 1906.

◉ Avivamento; juventude (movimentos de)

WILLIAMS, Roger (?1603/04-1684)

Teólogo de origem gaulesa, Roger Williams nasceu provavelmente em Londres e morreu na cidade de Providence, em Rhode Island. Foi fundador do primeiro estado que inseriu a liberdade religiosa total na Constituição e da primeira igreja batista na América. Graças à proteção de *sir* Edward Coke, pôde estudar em Cambridge e entrou para o ministério anglicano. Muito cedo, convenceu-se de que o evangelho exclui a interferência do poder político nos compromissos da consciência e se indignou com a perseguição religiosa. Ameaçado, parte para a Nova Inglaterra (1630-1631) para reunir-se aos *Pilgrim Fathers*. Embora tenha feito amigos ali, a colônia puritana estava impregnada demais do ideal teocrático para acolher suas ideias radicais. Em janeiro de 1636, precisou fugir de Massachusetts. Sua amizade com os índios, com quem aprendeu idiomas e cujos direitos defendeu, proporcionou-lhe um presente, um pedaço de terra que ele mesmo limpou, onde fundou Providence. Em 1638, adotou uma carta, juntamente com doze companheiros, especificando que as leis se aplicariam "unicamente no âmbito civil". No ano seguinte, os batistas o convenceram de seus pontos de vista, e ele foi batizado, fundando uma igreja, da qual se afastou amigavelmente pouco depois. A colônia cresceu e se tornou o estado de Rhode Island. Williams obteve, em 1643, uma carta real e, durante sua viagem a Londres (1651-1654), o apoio de Oliver Cromwell, que assegurou a perenidade de sua obra.

Henri Blocher

▶ WILLIAMS, Roger, *Complete Writings*, 7 vols., New York, Russell and Russell, 1963; COVEY, Cyclone, *The Gentle Radical. A Biography of Roger Williams*, New York, Macmillan, 1966; FARELLY, Robert, "Roger Williams (1603-1683). Pionnier de la liberté de conscience", *Carnets de Croire et Servir*, 1989; GAUSTAD, Edwin Scott, *Liberty of Conscience. Roger Williams in America*, Grand Rapids, Eerdmans, 1992; MORGAN, Edmund Sears, *Roger Williams, the Church and the State*, New York, Harcourt, Brace and World, 1967; SPURGIN, Hugh, *Roger Williams and Puritan Radicalism in the English Separatist Tradition*, Lewiston, E. Mellen Press, 1989.

▷ Batismo; democracia; dissidente; Estados Unidos; liberdade de consciência; *Pilgrim Fathers*; puritanismo; Winthrop

WILLIAMS, Rowan (1950-)

Antes de ser nomeado para o arcebispado de Cantuária, em 2003, Rowan Williams era conhecido como acadêmico. Autor prolífico, ensinou de 1980 a 1986 na Universidade de Cambridge e na Universidade de Oxford. De origem gaulesa, foi ordenado bispo de Monmouth (País de Gales) em 1991 e arcebispo da Igreja de Gales em 2002. Sua partida para a Cantuária ocorreu em um momento decisivo para a Igreja da Inglaterra e para a comunidade anglicana. O papel do arcebispo é crucial em uma igreja de muita diversidade teológica, já que o arcebispo é a expressão visível tanto da unidade quanto das tensões. Atualmente, o debate se concentra no reconhecimento ou na condenação da homossexualidade entre clérigos e leigos e, na Igreja da Inglaterra, na consagração de mulheres como bispas, uma decisão já tomada por outras províncias anglicanas.

Grace Davie

▶ WILLIAMS, Rowan, *The Wound of Knowledge. Christian Spirituality from the New Testament to St. John of the Cross*, Londres, Darton, Longman and Todd, 1979; Idem, *Resurrection. Interpreting the Easter Gospel*, Londres, Darton, Longman and Todd, 1982; Idem, *The Trace of God*, Londres, Fount, 1983; Idem, *Arius. Heresy and Tradition* (1987), Londres, SCM Press, 2001; Idem, *Teresa of Avila*, Londres, Geoffrey Chapman, 1991; Idem, *Open to Judgement. Sermons and Addresses* (1994), Londres, Darton, Longman and Todd, 2002; Idem, *Christ on Trial. How the Gospel Unsettles Our Judgement*, Londres, Fount, 2000; Idem, *Lost Icons. Reflection on Cultural Bereavement* (2000) Edimburgo, T & T Clark, 2002; Idem, *On Christian Theology*, Oxford, Blackwell, 2000; Idem, *Ponder These Things. Praying with Icons of the Virgin*, Norwich, Canterbury Press, 2002; Id., *Writing in the Dust. Reflections on 11th September and Its Aftermath*, Londres, Hodder and Stoughton, 2002; HIGTON, Mike, *A Difficult Gospel. The Theology of Rowan Williams*, Londres, SCM Press, 2004.

▷ Anglicanismo; Cantuária; Carey G.; Runcie; Temple W.

WILSON, Thomas Woodrow (1856-1924)

Presidente dos Estados Unidos de 1913 a 1921, Woodrow Wilson nasceu na Virgínia, onde seu pai foi pastor presbiteriano. Exercia a profissão de advogado antes de optar pelo ensino acadêmico na Universidade de Princeton (1890-1902), da qual se tornou reitor (1902-1910). Sua carreira política lhe granjeou o cargo de governador pelo Partido Democrata de Nova Jersey (1911), levando-o às eleições presidenciais de 1912. Sua ação política se caracterizou pelo progressismo democrático e por uma preocupação com a paz mundial, algo que em muito devia a seus princípios calvinistas. Enquanto os Estados Unidos entravam em guerra ao lado dos Aliados no dia 2 de abril de 1917, Wilson expôs ao Congresso, no dia 8 de janeiro de 1918, um programa em catorze pontos para acabar com o conflito mundial, imbuído de uma concepção idealista do direito. O programa levou à criação da Liga das Nações. No entanto, sofreu a mais severa rejeição quando o Senado americano recusou-se a ratificar o Tratado de Versalhes, em 1919. Doente, acometido de paralisia, Wilson precisou se afastar da vida política e morreu em 1924, recebendo, em 1920, o Prêmio Nobel da Paz.

Laurent Gambarotto

▶ LINK, Arthur Stanley, *Wilson*, 5 vols., Princeton, Princeton University Press, 1947-1965; MULDER, John M., *Woodrow Wilson. The Years of*

Preparation, Princeton, Princeton University Press, 1978; SCHULTE, NORDHOLT, Jan Willem, *Woodrow Wilson. A Life for World Peace* (1990), Berkeley, University of California Press, 1991.

● Estados Unidos; **política**; Ruyssen

WINCKELMANN, Johann Joachim (1717-1768)

Arqueólogo e teórico da arte, Johann Joachim Winckelmann nasceu em Stendal (Brandenburgo) e morreu assassinado em Trieste. Estudou línguas antigas, matemática e medicina em Halle e Iena (1738-1741), tornando-se professor de escola (1742-1744) e bibliotecário em Nöthenitz (Saxônia), antes de dedicar-se aos estudos sobre a arte e frequentar os meios artísticos de Dresden (1748-1754). Através do núncio apostólico em Dresden, foi empregado em Roma como bibliotecário (1755), o que implicava a obrigação de converter-se ao catolicismo. Em Roma, prosseguiu com suas pesquisas dos tesouros da Roma antiga e manteve contato com artistas como o pintor Anton Raphael Mengs (1728-1779). Como bibliotecário e conservador da coleção de arte antiga do cardeal Albani (1756-1763) e, em seguida, como conservador geral dos monumentos antigos em Roma e nos arredores (1763-1768), estudou mais profundamente as antiguidades de Roma, Florença e Nápoles, sobretudo as ruínas de Pompeia e Herculano.

A abordagem de Winckelmann se caracterizou por uma combinação entre a contemplação artística dos monumentos e um profundo conhecimento da literatura e da poesia antigas. Com base nesse conhecimento, esboçou pontos de referência para uma história estilística da arte figurativa. As obras de Winckelmann (sobretudo *Sendschreiben von den herculanischen Entdeckungen*, 1762, tradução francesa: "Lettre de M. L'Abbé Winckelmann à M. Le Comte de Brühl sur les découvertes d'Herculanum", em *Recueil des lettres de M. Winckelmann, sur les découvertes faites à Herculanum, à Pompeii, à Stabia, à Caserte et à Rome* [Coleção de cartas do sr. Winckelmann acerca das descobertas feitas em Herculano, em Pompeia, em Stabia, em Caserta e em Roma], Paris, Barrois l'aîné, 1784, p. 1-150; *Histoire de l'art chez les anciens* [História da arte entre os antigos, 1764, Genebra, Minkoff Reprint, 1972; *De l'allégorie* [Sobre a alegoria], 1762, New York, Garland, 1976; *Monuments inédits de l'Antiquité*, 1767, 3 vols., Paris, David, 1808-1809) fundaram um novo método estético, que se opunha à pura erudição que dominava sua época (cf. *L'antiquité expliquée et représentée en figures* [A Antiguidade explicada e representada em figuras], 5 t., Paris, Delaulne, 1719, de Bernard de Montfaucon, 1655-1741; o *Recueil d'antiquités égyptiennes, étrusques, grecques et romaines* [Coleção de antiguidades egípcias, etruscas, gregas e romanas], 7 vols., Paris, Dessaint et Saillant, 1752-1767] do conde Anne Claude Philippe de Tubières de Caylus, 1692-1765). Esse método rapidamente atraiu o interesse do mundo inteiro.

A contemplação da arte — de sua "verdade", de sua expressão, de sua simbólica — levou Winckelmann a uma nova apreciação de um "sentido pagão", como a autoconfiança, as ações centradas no presente e a admiração do religioso somente como objeto artístico. Essa visão influenciou de modo decisivo, por muitas gerações, a arqueologia.

Friedrich Wilhelm Hamdorf

▶ WINCKELMANN, Johann, Joachim, *Sämtliche Werke* (1825-1829), 12 vols. e um volume de estampas de gravuras, Osnabrück, Zeller, 1965; Idem, *Kleine Schriften und Briefe*, Weimar, Böhlau, 1960; Idem, *Briefe*, 4 vols., org. por Walther REHM, Berlim, Walter de Gruyter, 1952-1957; Idem, *Schriften und Nachlaß*, 5 vols., Mayence, Philipp von Zabern, 1996-2004; JUSTI, Carl, *Winckelmann und seine Zeitgenossen* (1866-1872), 3 vols., Colônia, Phaidon, 1956; SCHIERING, Wolfgang, *Zur Geschichte der Archäologie*, em Ulrich HAUSMANN, org., *Allgemeine Grundlagen der Archäologie*, Munique, Beck, 1969, p. 11-22; HÄSLER, Berthold, org., *Beiträge zu einem neuen Winckelmannbild*, Berlim, Akademie Verlag, 1973; VAISSE, Pierre, "Winckelmann aujourd'hui", *Ramage* 2, 1983, p. 135-138.

● Estética; Füssli; Goethe

WINTHROP, John (1588-1649)

Originário de uma família de ricos comerciantes tornados nobres do Suffolk, John Winthrop estudou em Cambridge e se tornou profissional do direito em Londres. Ainda na juventude, entrou para o Partido Puritano. A crescente repressão sob o reinado (1625-1649) de Carlos I Stuart (1600-1649) levou muitos puritanos dotados de sólidas fortunas a unirem-se no projeto de emigração para a Nova Inglaterra. Uma carta real assegurou ampla autonomia administrativa à Companhia da Baía de Massachusetts. Winthrop foi eleito governador da cidade em 1629 e assumiu a liderança dos cerca de mil colonos que embarcaram no ano seguinte. A cidade de Boston se tornou o centro da colônia, que logo enfrentaria um povoamento acelerado e as primeiras dissidências internas por parte de Roger Williams (?1603-04/1684) e Anne Hutchinson (1591-1643). Reeleito várias vezes governador de Massachusetts, Winthrop privilegiava o poder de uma elite "santa", solidamente organizada nos limites eclesiais do congregacionalismo. No entanto, precisou ajustar seu projeto político às demandas de ampliação do direito de cidadania para além do círculo dos fundadores puritanos.

Mario Miegge

▶ *Winthrop Papers*, org. por Malcolm FREIBERG, 6 vols., Boston, The Massachusetts Historical Society, 1929-1947; WINTHROP, Robert C., *Life and Letters of John Winthrop* (1864-1867), 2 vols., New York, Da Capo, 1971; MORGAN, Edmund Sears, *The Puritan Dilemma. The Story of John Winthrop*, Boston, Little Brown, 1958.

◉ Congregacionalismo; Estados Unidos; *Pilgrim Fathers*; puritanismo; Williams, Roger

WITTENBERG

Na aurora do século XVI, os monges, os burgueses e o príncipe-eleitor Frederico, o Sábio, concorriam para assegurar por mais cem anos o desenvolvimento dessa cidade saxã nas áreas econômica, tecnológica (imprensa), artística (Cranach) e intelectual. Lutero, que ensinava desde 1508 na universidade (fundada em um espírito humanista no ano de 1502 por Frederico, o Sábio), passa por sua "descoberta reformadora" em Wittenberg, tornando públicas, no dia 31 de outubro de 1517, suas 95 teses. É quando Wittenberg se torna o laboratório, o bastião e o principal lugar de formação da Reforma. A cidade vive as dificuldades desse momento (crise iconoclasta de 1521-1522, controvérsias teológicas) e contribui para a busca de uma unidade, principalmente com a Concórdia de Wittemberg, de 1536. Seus protagonistas eram, de um lado, Bucer e os representantes das cidades do sul da Alemanha, de tendência zwingliana, e, de outro, Lutero, Melâncton e os teólogos saxões. O segundo grupo reconhecia que, na ceia, o corpo e o sangue de Cristo estavam real e substancialmente presentes, sendo oferecidos e recebidos com o pão e o vinho em virtude da união sacramental.

Albert Greiner

▶ CHAIX, Gérald, "*Cujus universitas ejus theologia*. Martin Luther, professeur de théologie à Wittenberg", em Jean-Marie VALENTIN, org., *Luther et la Réforme. Du commentaire de l'*Épître aux Romains à la Messe allemande, Paris, Desjonquères, 2001, p. 133-147; FRIEDENSBURG, Walter, *Geschichte der Universität Wittenberg*, Halle, Niemeyer, 1917; JUNGHANS, Helmar, *Wittenberg als Lutherstadt*, Göttingen, Vandenhoeck & Ruprecht, 1979; TREU, Martin, *Martin Luther in Wittenberg. Ein biographischer Rundgang*, Wittenberg, Stiftung Luthergedenkstätten, 2003.

◉ Alemanha; Cruciger; Frederico da Saxônia; Lutero; Saxônia

WITTICH, Christoph (1625-1687)

Christoph Wittich nasceu na Silésia e morreu em Leiden. Iniciou seus estudos em jurisprudência e, em seguida, em teologia nas cidades de Bremen, Groningen e Leiden, onde seu professor Johannes de Raei (1618-1702) o conquistou para a causa da filosofia de Descartes. Em 1650, tornou-se professor de filosofia em Herborn; em 1652, assumiu o pastorado em Duisburgo; em 1655, trabalhou como professor de teologia em Nimegue e, em 1671, em Leiden. Seus esforços para conciliar a dogmática reformada e o cartesianismo lhe valeram repetidos conflitos com as autoridades eclesiásticas. Suas obras *Theologia pacifica* [Teologia pacífica] (1671, 1683) e *Theologia pacifica defensa* [Teologia pacífica defendida] (publicação póstuma em 1689) se ergueram contra o domínio exercido pela escolástica aristotélica na dogmática reformada, tal como ele a conhecia, através da obra de seu professor em Groningen, Samuel Maresius (1599-1673). Já em 1654, em *Dissertationes duae de s. scripturae in philosophicis abusu*, defendeu a aceitação da cosmologia copernicana. Contrapondo-se às várias críticas que recebeu, justificou tal posição em 1656 em *Consideratio theologica de stylo scripturae, quem adhibet cum de rebus naturalibus sermonem institut*, argumentando que, nas questões da física, a Bíblia não poderia ser uma autoridade para nós, já que se expressa utilizando as visões habituais da época em que foi escrita.

Christoph Strohm

▶ ALTHAUS, Paul, *Die Prinzipien der deutschen reformierten Dogmatik in Zeitalter der aristotelischen Scholastik*, Leipzig, Deichert, 1914, p. 109-125; BIZER, Ernst, "Die reformierte Orthodoxie und der Cartesianismus", *Zeitschrift für Theologie und Kirche* 55, 1958, p. 306-372; CUNO, "Wittich", em *Allgemeine Deutsche Biographie*, t. XLIII, Leipzig, Duncker und Humblot, 1898, p. 631-635.

◉ Cartesianismo; dogmática; metafísica

WOLFF, Christian (1679-1754)

Originário de uma modesta família de curtidores, Christian Wolff assistiu às aulas do ginásio luterano de Breslau (Silésia) e da Universidade de Leipzig, onde também ensinou matemática, filosofia e teologia de 1703 em diante, tendo sido recomendado por Leibniz, seu professor, com quem manteve uma correspondência sobre todos os temas filosóficos do momento, principalmente a discussão das ideias empiristas de John Locke. Expulso do território prussiano em 1723 "sob pena de enforcamento" pelo rei Frederico Guilherme I, seria chamado de volta por um dos primeiros atos do governo do jovem Frederico II, em 1740. O jovem rei escreveu a Voltaire (que não era nem um pouco leibniziano): "Coloco-me entre os partidários de Wolff e do bom senso".

A *Metafísica alemã*, subtítulo de uma obra de 1719 cujo título completo era nada mais, nada menos, que *Vernünftige Gedancken von Gott, der Welt und der Seele des Menschen auch allen Dingen überhaupt*, definia a essência de uma coisa como sua possibilidade e sua existência como o cumprimento, e não o aumento, da possibilidade. Assim, nosso mundo é uma coisa contingente, logo possível, cuja existência se deve à vontade de um ser necessário que é sua razão suficiente, de acordo com a teologia natural. Essa demonstração metafísica é silogística, no sentido da escolástica tardia, mas sua psicologia é cartesiana e se inicia com a consciência de si, ainda que sua definição da alma seja apenas hipotética. Aliás, Wolff expõe e discute sucessivamente o naturalismo aristotélico, o ocasionalismo cartesiano e a monadologia leibniziana como possibilidades teóricas entre as quais a psicologia empírica não consegue decidir.

Autor de muitos manuais escolares em alemão e latim, Wolff propôs, em seus trabalhos (mais de 321), o sistema completo da *Schulphilosophie* da *Aufklärung*, em que a filosofia teórica se divide em lógica, metafísica e física (a metafísica se dividindo em ontologia, cosmologia, psicologia empírica e racional; a física, em física experimental e dogmática eficiente e teleológica); e a filosofia prática, em filosofia prática universal e particular (ética, economia, política), sem falar do ensino do direito natural, em que a influência política de Wolff foi muito grande sobre as sociedades de pensamento, secretas ou não. Wolff sempre declarou que o direito positivo só podia se basear legitimamente no direito natural, que, por sua vez, deveria se fundamentar na psicologia de modo a identificar as necessidades fundamentais do homem, sua "felicidade", e sua destinação na terra, sua "perfeição". Esse leibnizianismo prático visava sobretudo a conciliar o empirismo e a racionalidade, a escolástica e o cartesianismo, a política e a moral, o catolicismo e o protestantismo. No mundo intelectual germânico, a grande solidão de Leibniz foi, talvez, redimida pela inacreditável influência de Wolff.

Christophe Calame

▶ WOLFF, Christian, *Gesammelte Werke*, Hildesheim, Olms, 1962ss; BISSINGER, Anton, *Die Struktur der Gotteserkenntnis. Studien zur Philosophie*, Bonn, Bouvier, 1970; ÉCOLE, Jean, *La métaphysique de Christian Wolff*, 2 vols., Hildesheim, Olms, 1990; GERLACH, Hans-Martin, org., *Christian Wolff – seine Schule und seine Gegner*, Hamburgo, Meiner, 2001; SCHNEIDERS, Werner, org., *Christian Wolff 1679-1754. Interpretationen zu seiner Philosophie und deren Wirkung* (1983), Hamburgo, Meiner, 1986.

◉ Baumgarten A. G.; Baumgarten S. J.; **Deus**; Leibniz; metafísica

WORMS (Dieta de)

Excomungado no dia 3 de janeiro, Lutero precisou comparecer nos dias 17 e 18 de abril de 1521 diante da dieta presidida por Carlos V, em vez de ser entregue ao braço secular, por causa do apoio do príncipe eleitor da Saxônia, da simpatia do povo e das intrigas políticas. Apesar do risco e das pressões que sofria, recusou-se a retratar-se, pois, para ele, sua consciência "está cativa às palavras de Deus". Foi, então, posto fora da lei, e o Edito de Worms, de 26 de maio de 1521, o baniu do império, junto com seus adeptos. A postura de Lutero em Worms tem sido considerada uma das primeiras manifestações da liberdade de consciência na aurora dos tempos modernos.

Albert Greiner

▶ BORTH, Wilhelm, *Die Luthersache* (*causa Lutheri*) *1517-1524. Die Anfänge der Reformation als Frage von Politik und Recht*, Lübeck, Matthiesen, 1970, p. 99-129; BRECHT, Martin, *Martin Luther*, t. I: *Sein Weg zur Reformation 1483-1521*, Stuttgart, Calwer, 1981, p. 413-453; ESCAMILLA, Michèle, *Le face-à-face de Worms. La place de la Réforme dans la trajectoire spirituelle de Charles Quint*, em Jean-Marie VALENTIN, org., *Luther et la Réforme. Du commentaire de l'*Épître aux Romains à la Messe allemande, Paris, Desjonquères, 2001, p. 51-107; Martin, *Le discours de Worms* (1521), em *MLO* 2, 311-316; REUTER, Fritz, org., *Der Reichstag zu Worms von 1521. Reichspolitik und Luthersache* (1971), Colônia, Böhlau, 1981.

◉ Alemanha; Carlos V; Lutero

WREDE, Mathilda (1864-1928)

Ainda bem jovem, Mathilda Wrede observava os detidos que vinham, com cadeias de ferro nos pés, realizar serviços na casa de seu pai, o barão Charles-Gustave Wrede, governador da província de Vaasa, na costa do golfo da Bótnia, Finlândia. A última de onze filhos, ficou órfã de mãe com poucos meses de idade. Foi educada na atmosfera piedosa e tranquilizadora da boa sociedade. Em março de 1883, em um dia em que se inaugurava uma estrada de ferro em Vaasa, ouviu um pregador, discípulo de Dwight L. Moody (1837-1899), que anunciava a mensagem de um Jesus que não condena, mas, sim, salva os homens. Com as palavras de sua época e de sua idade, ela repetiu a mensagem para um detento, que lhe respondeu que seus companheiros precisavam ouvir aquilo. Então, ela se propôs a vir em pessoa anunciar-lhes. Depois de alguma hesitação, seu pai consentiu naquele pedido. Foi assim que, acompanhada de um guarda, a jovem baronesa entrou pela primeira vez em uma penitenciária e iniciou um ministério de visitação às prisões, que manteve praticamente até sua morte. Em 1885, a família dela se instalou no sul do país, na propriedade de Rabbelugn, onde, dois anos depois, junto com o irmão, ela abriu um lar para acolher e reinserir na sociedade os recém-libertos, chamado *Toivola* ("esperança"). O procurador imperial lhe concedeu autorização para visitar todas as prisões do distrito de Helsinque, principalmente a penitenciária de Kakola, em Turku, com seus quinhentos detentos, sendo a metade formada de condenados à prisão perpétua. Estava presente quando foram embarcados homens deportados para a Sibéria. Em 1888, obteve gratuidade nas estradas de ferro de todo o território, o que lhe permitiu visitar a prisão de mulheres de Tavastehus e viajar à Lapônia para ver famílias de detentos e libertos. Mathilda Wrede denunciou as condições degradantes da detenção (mistura de tipos diferentes de detentos, promiscuidade, condição indigna das instalações etc.) e, como resultado, teve sua liberdade limitada nas visitas às celas e passou a ser acompanhada de um capelão. No Congresso Penitenciário Internacional de São Petersburgo, em 1890, ela se opôs publicamente à proposta do representante francês que defendeu o desterro dos delinquentes criminais.

Ao manifestar interesse pelos detentos que a sociedade rejeita e despreza, Mathilda Wrede valorizou sua humanidade. Fiel à sua herança religiosa, tanto luterana quanto avivalista, ela anunciava aos detentos que o perdão de Deus lhes era oferecido incondicionalmente, mas os ajudava a expressar sua culpa (inclusive o crime) e os guiava no caminho do arrependimento. A amizade que lhes demonstrou, o acolhimento que lhes ofereceu até mesmo em sua casa e as doações em dinheiro que lhes ofereceu criaram dificuldades em sua vida, aspecto que todo capelão conhece quando é reduzida a esse ponto a distância entre o ajudador e o ajudado.

Jean-François Zorn

▶ *Le testament de Mathilda Wrede* (1938), org. por Ester STÅHLBERG, Neuchâtel, Delachaux et Niestlé, 1942; FOGELBERG, Evy, *Ténèbres et lumières. Nouveaux souvenirs de Mathilda Wrede* (1922), Neuchâtel-Paris, La Baconnière-Éditions pitoresques, 1929; KOCHER, Hélène J., *Mathilda Wrede. Lumière des geôles finlandaises* (1951), Genebra, Labor et

Fides, 1957; LOCHEN, Axel e LÉVI, Carmen, *Mathilda Wrede*, Lingolsheim-Flavion, Éditions du Signe-Le-Phare, 1989 (história em quadrinhos); SICK, Ingeborg Maria, *Mathilda Wrede. L'amie des prisonniers finlandais* (1922), Paris, Attinger, 1925.

▶ Ação social; diaconia e diácono

WREDE, William (1859-1906)

Exegeta do Novo Testamento, William Wrede foi pastor em Bücken (1887-1889), *privat-docent* em Göttingen (1891) e professor em Breslau a partir de 1893. Formado na escola da história das religiões, Wrede reconheceu nas teologias que o Novo Testamento abarca um caráter necessariamente histórico, recomendando que a pesquisa retraçasse a gênese dessas teologias na história que precedeu sua fixação literária. Ele descreve Paulo como o segundo fundador do cristianismo, com uma pregação centrada na redenção, ao lado da qual o tema da justificação é um motivo polêmico secundário (*Paulus*, 1904). Sua obra mais importante, *Das Messiasgeheimnis in den Evangelien* [O segredo messiânico nos Evangelhos], retira todo o crédito histórico da confissão messiânica de Jesus; a teoria do segredo messiânico era, para Wrede, um artifício literário do evangelho de Marcos, que, ao ocultar do relato a fé no Jesus Messias, expressava o caráter tardio dessa convicção que teria surgido na fé dos primeiros cristãos. Wrede foi o primeiro a chamar a atenção para o trabalho literário e teológico dos evangelistas.

Daniel Marguerat

▶ WREDE, William, *Über Aufgabe und Methode der sogenannten neutestamentlichen Theologie*, Göttingen, Vandenhoeck & Ruprecht, 1897; Idem, *Das Messiasgeheimnis in den Evangelien. Zugleich ein Beitrag zum Verständnis des Markusevangeliums* (1901), Göttingen, Vandenhoeck & Ruprecht, 1969; Idem, *Paulus* (1904), Tübingen, Mohr, 1907.

▶ Bíblia; Jesus (vidas de); método histórico-crítico; religiões (escola da história das)

WREN, *sir* Christopher (1632-1723)

Arquiteto inglês, Wren reconstituiu 52 igrejas, sendo uma delas a Catedral Saint-Paul, após o grande incêndio que devastou Londres em 1666. Foi uma personalidade marcante com sua influência estilística na arquitetura religiosa anglicana e com suas reflexões sobre as exigências das construções destinadas ao culto protestante (acústica, visibilidade do pregador etc.). A maioria das igrejas que construiu seguia uma estrutura retangular e basilical, com um sino "de boas proporções acima das casas vizinhas". Influenciado por Palladio (1508-1580) e Gian Lorenzo Bernini (1598-1680), realizou "o equivalente, na arquitetura, a um meio-termo anglicano entre a austeridade calvinista e o esplendor da Roma barroca" (Peter MURRAY, *Wren and His Place in European Architecture* [Wren e seu lugar na arquitetura europeia], Londres, Faber and Faber, 1956, p. 197).

Bernard Reymond

▶ DOWNES, Kerry, *The Architecture of Wren* (1982), Reading, Redhedge, 1988.

▶ Arquitetura; Gibbs; Inglaterra

WRIGHT, Frank Lloyd (1867-1959)

Frank Lloyd Wright é uma personalidade singular, longamente ocultada pelo "Movimento Moderno" e posta de lado por seus teóricos. Por fim, tem sido redescoberta a importância de sua obra na gênese da arquitetura moderna. Conforme declarou Bruno Zévi, a obra de Frank Lloyd Wright, por seu arraigamento bíblico, testemunha um "espírito protestante". De fato, suas construções rompem com uma concepção estática da arquitetura (como a da Grécia antiga e da arquitetura clássica), que visava à harmonia dos volumes no espaço, preferindo uma visão mais dinâmica de uma interpenetração dos espaços interior e exterior, uma criação de espaços em um mundo em tensão e evolução.

Uma de suas principais obras foi o templo unitarista (1906) de Oak Park (Illinois), o melhor exemplo do que deveria ser o local de culto protestante, que, para Paul Tillich, "serve à comunidade que se une ali para ouvir a mensagem do Ser Novo". Da igreja unitarista (1949) de Madison (Wisconsin), "em postura de oração", emana um profundo sentimento religioso que se deve não tanto à abertura para uma transcendência inacessível, mas, sobretudo ao recolhimento do homem consigo mesmo e ao acolhimento do outro. A última obra de Frank Lloyd Wright foi a sinagoga Beth Sholom (1959), de Elkins Park (Pensilvânia), um impressionante exemplo de uma arquitetura que manifesta ao mesmo tempo a presença e a ausência de Deus, criando aquilo que Tillich chamou "o vazio sagrado".

Tomando por base Frank Lloyd Wright, a arquitetura não mais era o reflexo na terra de um espaço absoluto, mas algo mais humilde, um modo de ser no mundo diante de Deus: a criação do espaço do homem no espaço da criação.

Daniel Gehring

▶ SECREST, Meryle, *Frank Lloyd Wright*, New York, Knopf, 1993; SMITH, Norris Kelly, *Frank Lloyd Wright. A Study in Architectural Content* [(1966), Watkins Glen, American Life Foundation and Study Institute, 1979; STORER, William Allin, *The Frank Lloyd Wright Companion*, Chicago, University of Chicago Press, 1993; SIRY, Joseph M., *Unity Temple. Frank Lloyd Wright and Architecture for Liberal Religion*, Cambridge, Cambridge University Press, 1996; TREIBER, Daniel, *Frank Lloyd Wright*, Paris, Hazan, 1986; ZÉVI, Bruno, *Frank Lloyd Wright* (1979), Zurique, Artemis, 1980.

◉ Arquitetura; Tillich

WYCLIFFE, John (entre 1320 e 1330-1384)

John Wycliffe foi um dos maiores mestres da Universidade de Oxford. De início, produziu obras de filósofo (na controvérsia dos universais, encarnou o realismo contra o nominalismo) e, depois, de teólogo. Concebia a verdadeira igreja como a comunidade invisível dos predestinados para a salvação, independentemente de qualquer laço com a instituição pontifícia, à qual, aliás, atacou violentamente quando houve o Grande Cisma do Ocidente, que, em 1378, dilacerou o papado e o dividiu entre Roma e Avignon. Wycliffe afirmava a autoridade das Escrituras, que deveriam ser postas ao alcance de todos, mas é de um modo bastante indireto que a tradução da Bíblia para o inglês pode ser associada ao seu nome. Quanto aos sacramentos, ele admitia a presença real, mas denunciou a doutrina da transubstanciação. No campo social, condenou a escravidão e preconizou a partilha de todos os bens materiais. Ao mesmo tempo que desfrutava de grande fama na Inglaterra, Wycliffe se tornaria conhecido como um notório herege. Mas só foi condenado postumamente, pelo Concílio de Constança, em 1415.

A influência de Wycliffe logo se estendeu para a Boêmia, inspirando Jan Hus quanto à eclesiologia. Às vezes considerado "a estrela da manhã" ou "o João Batista" da Reforma, Wycliffe, cujos textos eram quase desconhecidos no século XVI, na verdade só exerceu uma influência indireta e tênue sobre os reformadores, que não o mencionaram. Algumas de suas obras ainda estão inéditas.

Michel Grandjean

▶ *Wyclif's Latin Works*, 36 vols., Londres, Wyclif Society, 1883-1922; KENNY, Anthony, *Wyclif*, Oxford, Oxford University Press, 1985; THOMSON, Williell R., *The Latin Writings of John Wyclif. An Annotated Catalog*, Toronto, Pontifical Institute of Mediaeval Studies, 1983.

◉ Hus; Reforma (pré-)

WYCLIFFE (Associação)

A Associação Wycliffe para a Tradução da Bíblia (*Wycliffe Bible Translators*) deve sua origem ao americano William Cameron Townsend (1896-1982). Enviado para a Guatemala com o objetivo de vender Bíblias, Townsend constatou que a população rural não lia nem entendia o espanhol, e começou a estudar a língua local e a estabelecer sua escrita. Ao final de dez anos, em 1928, o Novo Testamento foi publicado no idioma dos índios cakchiqueis.

A partir de então, Townsend assumiu a vocação de promover a tradução da Bíblia em línguas não escritas, sobretudo na América Latina. Seu método consistia em uma imersão na população para captar os sons da língua e encontrar os termos apropriados.

Em 1934, Townsend abriu no Arkansas uma escola de linguística, *Summer Institute of Linguistics* [Instituto de Verão de Linguística], para iniciar os futuros missionários na tradução da Bíblia. De 1953 em diante, a Associação Wycliffe desenvolveu seu trabalho em outros continentes, colaborando com os governos dos países onde se engajava e com todas as missões e igrejas favoráveis à tradução e à difusão da Bíblia nas línguas locais, inclusive a Igreja Católica. Alguns colaboradores da associação adquiriram uma reputação mundial por suas inovações, por exemplo, no campo da fonética, estando entre os linguistas que mais contribuíram para o desenvolvimento dessa ciência no século XX. Um deles foi Kenneth Lee Pike (1912-2000), que, em 1954, introduziu na linguística e na antropologia os conceitos êmico (valorização do discurso dos atores sociais ou ponto de vista interior) e ético (discurso e saber cientificamente fundados ou ponto de vista exterior).

No final de 2004, a Associação Wycliffe contava com 5.250 colaboradores vindos de cerca de sessenta países. A metade deles se engajou diretamente em 1.375 projetos de tradução em todo o mundo. Chegou a 610 o número de idiomas, utilizados por 76 milhões de pessoas, em que as traduções da Bíblia ou do Novo Testamento foram realizadas com a ajuda dos colaboradores da Associação Wycliffe.

Jacques Blandenier

▶ BENNETT, Mary Angela e WALLIS, Ethel Emily, *Two Thousand Tongues to Go. The Story of the Wycliffe Bible Translators* (1959), Londres, Hodder and Stoughton, 1966; HEFLEY, James e Marti, *Uncle Cam. The Story of William Cameron Townsend, Founder of the Wycliffe Bible Translators and the Summer Institute of Linguistics*, Waco, Word Books, 1974.

◐ Aliança Bíblica Universal; traduções francesas da Bíblia

Y

YODER, John Howard (1927-1997)

Professor na Universidade de Notre Dame (Indiana), John Howard Yoder foi historiador e teólogo menonita americano. A partir de suas pesquisas sobre o anabatismo suíço do século XVI (cf. sua tese de doutorado da Universidade da Basileia, *Die Gespräche zwischen Täufern und Reformatoren in der Schweiz, 1523-1538*, Karlsruhe, Schneider, 1962), Yoder desenvolveu uma teologia cristocêntrica e comunitária da não-violência, mantendo um diálogo com as igrejas que afirmavam sua identificação com a teologia da guerra justa. Seu trabalho se insere em um momento de renovação da teologia menonita na América do Norte, demonstrando a atualidade de uma ética social que se funda nos ensinamentos de Cristo e na realidade social da igreja.

Neal Blough

▶ YODER, John Howard, *The Christian Witness to the State* (1964), Scottdale, Herald Press, 2002; Idem, *Täufertum und Reformation im Gespräch. Dogmengeschichtliche Untersuchung der frühen Gespräche zwischen schweizerischen Täufern und Reformatoren*, Zurique, Evangelischer Verlag, 1968; Idem, *The Original Revolution. Essays on Christian Pacifism*, Scottdale, Herald Press, 1971; Idem, *Jésus et le politique. La radicalité éthique de la croix* (1972), Lausanne, Presses bibliques universitaires, 1984; Idem, *The Priestly Kingdom. Social Ethics as Gospel*, Notre Dame, University of Notre Dame Press, 1984; Idem, *For the Nations. Essays Evangelical and Public*, Grand Rapids, Eerdmans, 1997; Idem, *Une paix sans eschatologie?* (1971), em Neal BLOUGH, org., *Eschatologie et vie quotidienne*, Cléon d'Andran, Excelsis, 2001, p. 114-138; Idem, *The Jewish-Christian Schism Revisited*, Londres, SCM Press, 2002; CARTER, Craig A., *The Politics of the Cross. The Theology and Social Ethics of John Howard Yoder*, Grand Rapids, Brazos Press, 2001.

◉ Hauerwas; menonismo; **moral; violência**

Z

ZANCHI, Girolamo (1516-1590)

Girolamo Zanchi nasceu em Alzano, perto de Bérgamo, em uma família de longa tradição de dedicação ao direito. Concluiu estudos humanistas e teológicos no Mosteiro do Espírito Santo. Em 1541, foi nomeado pregador da ordem dos cônegos regulares de Latrão e chamado para o Convento de San Frediano de Luca. Ali, sob a influência de Vermigli, familiarizou-se com as ideias da Reforma e, em um estudo renovado da Escritura, preparou sua conversão para o protestantismo. Com o objetivo de professar livremente sua nova fé, deixou a Itália em outubro de 1551 e se refugiou, de início, nos Grisons, e depois em Genebra, onde conviveu com Calvino. Em 1553, foi nomeado professor de Escritura Santa na Alta Escola de Estrasburgo. Seu ensino era apreciado e se prolongou por dez anos, entremeado com a controvérsia extenuante que o opôs ao luterano Jean Marbach (1521-1581) sobre a ceia e a predestinação. Após um período pastoral na comunidade reformada de Chiavenna, na Lombardia (1563-1567), retomou suas atividades acadêmicas na Universidade de Heidelberg. Foi ali que se forjou sua sólida reputação como teólogo, cujas erudição e acuidade intelectual se conjugavam a um vivo interesse pelos problemas práticos da igreja. Com base em um método aristotélico, Zanchi propôs um esclarecimento conceitual que influenciou de modo determinante o laborioso processo de sistematização da teologia reformada que precedeu o Sínodo de Dordrecht (1618-1619).

Emidio Campi

▶ *Hieronymi Zanchii operum theologicorum*, 3 vols., Genebra, Samuel Crespin, 1619; BURCHILL, Christopher J., "Girolamo Zanchi: Portrait of a Reformed Theologian and His Work", *The Sixteenth Century Journal* 15, 1984, p. 185-207; CAPONETTO, Salvatore, *La Riforma protestante nell'Italia del Cinquecento* (1992), Turim, Claudiana, 1997; FARTHING, John L., "Patristics, Exegesis and the Eucharist in the Theology of Girolamo Zanchi", em Carl R. TRUEMAN e R. Scott CLARK, orgs., *Protestant Scholasticism. Essays in Reassessment*, Carlisle, Paternoster, 1999, p. 79-95; GRÜNDLER, Otto, *Die Gotteslehre Girolami Zanchis und ihre Bedeutung für seine Lehre von der Prädestination*, Neukirchen-Vluyn, Neukirchener Verlag, 1965; KITTELSON, James M., "Marbach vs. Zanchi: The Resolution of Controversy in Late Reformation Strasbourg", *The Sixteenth Century Journal* 8, 1977, p. 31-44; ZUCCHINI, Giampaolo, *Riforma e società nei Grigioni*, Coire, Bibliothèque cantonale des Grisons, 1978.

▶ Curione; Dordrecht (Sínodo e *Cânones de*); Itália; Marbach; Vermigli

ZELL, Matthieu (1477-1548) e Catherine (1497/98-1562)

Originário de Kayserberg, cura da paróquia da Catedral de Estrasburgo, Matthieu Zell foi o primeiro a pregar a Reforma em Estrasburgo para um auditório de duas a três mil pessoas. Ele se interessava menos pelas grandes afirmações dogmáticas que por suas consequências eclesiológicas, e foi o primeiro líder do movimento protestante. Quando Bucer assumiu a frente da Reforma, em 1523, fez com que Zell levasse adiante o estabelecimento das novas instituições. Zell não era um teólogo brilhante, nem um grande articulador, mas era apreciado por sua simplicidade e sua fala direta. Próximo aos artesãos, contribuiu para arraigar a Reforma em Estrasburgo, ainda que, na querela dos sacramentos, tenha demonstrado seu irenismo, um espírito conciliatório e uma amplitude de visão o preservaram das lutas teológicas da época. Deixou poucos textos, entre os quais se destacam uma explicação do Pai-nosso e um catecismo (1534).

Catherine Schütz se casou com Matthieu Zell em 1523 e colaborou estreitamente com o trabalho do marido, exercendo um verdadeiro ministério diaconal. Visitava os doentes, acolhia as vítimas da Guerra dos Camponeses e os não conformistas que buscavam refúgio em Estrasburgo, como Caspar Schwenckfeld, que ficou hospedado na casa deles de 1531 a 1533. Seus textos demonstram um pensamento independente que se alimenta de uma leitura pessoal da Bíblia, buscando consolar e exortar os cristãos. Fundamentava-se em uma compreensão luterana da justificação pela fé e também se envolvia em polêmicas, como a *Entschuldigung* de 1524, em que tomou a defesa do marido, criticando o clero católico romano, principalmente acerca do casamento dos sacerdotes. Permaneceu apegada a uma compreensão reformada em uma cidade que se luteranizava cada vez mais. Sua visão pessimista do ser humano e sua compreensão dualista de Deus e do mundo a aproximam, em muitos aspectos, do espiritualismo de Schwenckfeld. Demonstrou uma segurança e uma liberdade espantosas para a época.

Bernard Vogler

▶ ERICHSON, Alfred, *Matthäus Zell, der erste elsässische Reformator und evangelische Pfarrer in Strassburg*, Estrasburgo, Heitz, 1878; HAAG, Eugène e Émile, "Zell", em *La France protestante*, t. IX, Paris-Genebra, Cherbuliez, 1859, p. 555-558; HOLVECK, Florent, *Catherine Zell, la rebelle de Dieu*, Estrasburgo, Oberlin, 1993; LIENHARD, Marc, *La percée du mouvement évangélique: le rôle et la figure de Matthieu Zell (1477-1548)*, em Georges LIVET, org., *Strasbourg au coeur religieux du XVIe siècle*, Estrasburgo, Istra, 1977, p. 85-98; MCKEE, Elsie Anne, *Katharina Schütz Zell*, t. I: *The Life and Thought of a Sixteenth-Century Reformer* e t. II: *The Writings. A Critical Edition*, Leiden, Brill, 1998.

◐ Alsácia-Lorena; Bucer; Hedion; Marbach; **mulher**; Schwenckfeld

ZINZENDORF, Nikolaus Ludwig von (1700-1760)

Nascido em Dresden, conde alemão e "criado de Jesus Cristo", acolheu nas terras da Lusácia pessoas perseguidas, principalmente os Irmãos da Boêmia, estabelecendo-se em Herrnhut. Tendo sido criado como luterano e pietista, Zinzendorf firmou toda a doutrina em um amor ardoroso por seu Salvador. Poeta, profeta, grande viajante, organizador, místico, iluminado em certas horas, Zinzendorf foi uma personalidade marcante do protestantismo no Século das Luzes. Junto a colaboradores notáveis, tal como o carpinteiro Christian David (1691-1751), de Watteville, criou em Herrnhut uma comunidade cristã em que, em um mesmo culto, foram integradas as ações de toda a vida. Esse lar poderia ter se tornado um conventículo, mas Zinzendorf abriu suas portas para o mundo inteiro, dirigindo-se a "pagãos", "sobretudo aqueles de quem ninguém cuida": em 25 anos, os Irmãos se expandiram por toda parte, incluindo a Groenlândia, o sul da Geórgia (entre os índios), a Ilha de São Tomé, Argélia, Pérsia, Malásia e Suriname. Também se dirigiu para os "cristãos", sem proselitismo, para "reunir filhos de Deus de toda parte", "batizando com o sangue de Cristo todas as igrejas". Nenhuma rejeição impediu Zinzendorf de buscar comunhão de coração e fé junto a qualquer pessoa que se dizia discípula de Cristo: luteranos, reformados, pietistas da Europa ou dos Estados Unidos, anglicanos, católicos, coptas ou ortodoxos. Constatando repetidos fracassos, Zinzendorf concluiu que havia deparado com "um mistério da Providência" mais poderoso que o próprio pecado. Diante da impossibilidade concreta de integrar-se em confissões já existentes, contra a própria vontade, admitiu a estruturação de comunidades eclesiais independentes, que passaram a ser chamadas Irmãos Morávios. Eles seriam os pioneiros do Avivamento que se seguiu no século seguinte.

Michel Bouttier

▶ ZINZENDORF, Nikolaus Ludwig von, *Hauptschriften in sechs Bände*, org. por Erich BEYREUTHER e Gerhard MEYER, Hildesheim, Olms, 1962-1963; Idem, *Ergänzungsbände zu den Hauptschriften*, 14 vols., org. por Erich BEYREUTHER e Gerhard MEYER, Hildesheim, Olms, 1964-1985; BEYREUTHER, Erich, *Nicolas-Louis de Zinzendorf, l'apôtre de l'unité* (1965), Genebra, Labor et Fides, 1967; BOVET, Félix, *Le comte de Zinzendorf* (1860), Paris, Librairie française et étrangère, 1865; DEGHAYE, Pierre, *La doctrine ésotérique de Zinzendorf (1700-1760)* (1700-1760), Paris, Klincksieck, 1969; PIETSCH, Roland, "Zinzendorf", em *Dictionnaire de spiritualité ascétique et mystique*, t. XVI, Paris, Beauchesne, 1994, col. 1642-1646; SALOMON, Annette, *La catholicité du monde chrétien d'après la correspondance inédite du comte de Zinzendorf avec le cardinal de Noailles et les évêques appelants 1719-1728*, Paris, Alcan (Cadernos da RHPhR 17), 1929.

◐ Avivamento; **espiritualidade** Morávios (Irmãos); pietismo

ZURIQUE

Atualmente um grande centro econômico da Suíça, Zurique é a capital do cantão de mesmo nome e a maior aglomeração helvética, com 1.326.775 de habitantes em 2007[1]. Associada à Confederação desde 1351, a cidade livre de Zurique, na aurora da Reforma, viu-se isolada em sua política exterior e em plena conquista das prerrogativas territoriais. O Grande Conselho (212) e o Pequeno Conselho (cinquenta) eram, então, dominados pelas diversas guildas da cidade. A má situação do bispado de Constança proporcionou a Ulrico Zwinglio a oportunidade de influenciar as negociações eclesiásticas e políticas. O território de Zurique também foi o berço do anabatismo pacífico: a primeira comunidade de irmãos suíços surgiu perto de Zurique, em 1525, liderada por antigos discípulos de Zwinglio, como Conrad Grebel (?1498-1526) e Feliz Mantz (1498-1527). A Reforma permitiu à cidade tigurina libertar-se de sua dependência eclesiástica, mas inaugurou um período de conflito entre Zurique e os cantões católicos vizinhos. Assim, Zurique aprofundou laços com os cantões e os territórios protestantes da Suíça e da Alsácia. Zwinglio fundou uma escola teológica chamada *Prophezei*, que acolheu um bom número de professores notáveis e logo se tornou uma das grandes escolas teológicas reformadas, ancestral da atual Faculdade de Teologia e da Universidade de Zurique. A chegada de um grande número de refugiados huguenotes após a Revogação do Edito de Nantes, em 1685, foi um ganho econômico inesperado. Apenas em meados do século XX a igreja cantonal perdeu o controle do ensino no cantão. Seu peso econômico e político, assim como seus notáveis pastores, asseguraram a Zurique uma influência eclesiástica importante, que não se limitou somente ao território suíço.

Paul Sanders

▶ BÜSSER, Fritz, *Théorie et pratique de l'éducation sous la Réforme à Zurich*, in Jean BOISSET (org.), *La Réforme et l'éducation*, Toulouse, 1974, p. 153-170; SCHINDLER, Alfred e STICKELBERGER, Hans (org. com a colaboração de Martin SALLIMANN), *Die Zürcher Reformation: Ausstrahlungen und Rückwirkungen. Wissenschaftliche Tagung zum hundertjährigen Bestehen des Zwinglivereins (29. Oktober bis 2. November 1997 in Zurich)*, Berna, Lang, 2001; WIDMER, Sigmund, *Zürich. Eine Kulturgeschichte*, 13 vols., Zurique, Artemis, 1975-1985.

◉ Bibliander; Biedermann; Brunner; Bullinger; *Consensus Tigurinus*; Grebel; Jud; Lange; Mantz; Ochino; Retorromana (Reforma); Schweizer; Suíça; Vermigli; Zwinglio

ZWICKAU (profetas de)

A expressão "profetas de Zwickau" era utilizada por Lutero para designar um grupo de iluminados ativos em Zwickau (sul da Saxônia) nos anos 1521-1525. Em torno dos artesãos Nicholas Storch (?1490-?1540) e Thomas Drechsel, esses iluminados, influenciados pela mística hussita, permaneceram desconhecidos em grande medida. Destacavam-se por seu anticlericalismo desmedido e seu anti-intelectualismo e acreditavam acolher, além das Escrituras, revelações permanentes do Espírito Santo por meio de sonhos e visões. Thomas Müntzer (1490?-1525), que foi pastor em Zwickau no ano de 1520, inspirou-se diretamente nessa espiritualidade, enquanto Lutero a combateu vigorosamente. Embora os profetas de Zwickau também rejeitassem o batismo das crianças, de um ponto de vista histórico nada os aponta como pioneiros do anabatismo.

Michel Grandjean

▶ BENDER, Harold S., "Die Zwickauer Propheten, Thomas Müntzer und die Täufer", *Theologische Zeitschrift*, 1952, p. 262-278; GOERTZ, Hans Jürgen, *Träume, Offenbarungen und Visionen in der Reformation*, em Rainer POSTEL e Franklin KOPITZSCH, orgs., *Reformation und Revolution. Beiträge zum politischen Wandel und den sozialen Kräften am Beginn der Neuzeit. Festschrift für Rainer Wahlfel zum 60. Geburtstag*, Stuttgart, Steiner, 1989, p. 171-192.

◉ Anabatismo; entusiasmo; hussismo; iluminismo; Lutero; Müntzer; Reforma radical; Storch

ZWINGLIO, Ulrico (1484-1531)

Após sólidos estudos humanistas em Basileia, Berna e Viena, Zwinglio foi pároco de aldeia em Glarus de 1506 a 1516, fase em que acompanhou seus paroquianos engajados nas trocas

---

[1] [NE] Censo em 31/12/2007. Fonte: http://pt.wikipedia.org/wiki/Zurique_(cant%C3%A3o) Acessado em 27/05/14.

suíças e assistiu às batalhas de Novara (1513) e Marignan (1515), o que fez dele um adversário convicto do serviço mercenário no estrangeiro. Em 1516, foi pregador na peregrinação de Einsiedeln. Em 1519, o conselho do burgo (portanto civil) de Zurique o nomeou *Leutpriester* (pároco) do *Grossmünster*, a principal igreja da cidade. Suas pregações cotidianas sobre o evangelho de Mateus levaram os tipógrafos a romper publicamente, em 1522, o jejum da Quaresma. Seguiu-se a isso, em 1523, uma "disputa de religião", convocada pelo conselho do burgo, tendo como única referência admitida as Santas Escrituras; essa disputa marcou o início da Reforma propriamente "reformada". Em 1524, as autoridades mandaram retirar as imagens das igrejas e fecharam os conventos; Zwinglio se casou. Na Páscoa de 1525, a missa foi abolida, e Zwinglio organizou a primeira celebração da ceia de acordo com o evangelho; também iniciou a *Prophezei*, em que, a cada manhã, um grupo de teólogos e leigos sob sua liderança realizava uma tradução da Bíblia independentemente da tradução de Lutero (*Froschauer Bibel*, 1531). Zwinglio morreu em combate na segunda guerra de Cappel (1531), que opôs os zuriquenses, decididos a defender a liberdade da pregação do evangelho, aos cantões do centro da Suíça, que permaneceram fiéis à fé romana.

A vida de Zwinglio foi marcada por vários conflitos. Os mais importantes foram três: com a igreja tradicional, com Lutero e com os anabatistas. Ele contestou a igreja tradicional porque seus ensinamentos diferiam dos ensinamentos da Bíblia, lidos por ele com métodos humanistas; sua reforma se apoiou em um estudo sistemático e erudito da Bíblia. A oposição a Lutero se deveu a divergências sobre a ceia; no ano de 1529, em Marburgo, os dois homens se confrontaram de modo violento. Zwinglio desenvolveu uma concepção original da ceia: para ele, Cristo estava presente nos corações por meio de seu Espírito, e não nos elementos, e o sacramento tem a função de testemunhar essa presença, tornando visível a igreja invisível. Os anabatistas o acusaram de não se mover nem tão rápido nem indo tão longe quanto eles gostariam. Para eles, somente os adultos convertidos deveriam ser batizados, enquanto Zwinglio manteve o batismo de crianças em virtude da aliança (pois a escolha de Deus precede a resposta humana) e porque não pertence aos homens fazer a triagem entre os cristãos e aqueles que não o seriam.

Confrontado nesses debates, Zwinglio desenvolveu suas teses geralmente em pequenos textos escritos às pressas. No entanto, seu pensamento é forte e original, e ali se esboça o verdadeiro pai da corrente reformada. Em sua obra, encontramos a maioria dos temas fundamentais que Calvino retomou e desenvolveu: a soberania absoluta de Deus, a predestinação (interpretada sobretudo em termos da Providência divina), a diferença radical entre Criador e criatura, a aliança, a importância do Espírito, a teologia compreendida como conhecimento de Deus e do homem, a necessidade de uma leitura erudita da Bíblia de acordo com os métodos humanistas, a organização ministerial da igreja e as críticas ao anabatismo. Sua teologia e sua pregação estão indissociadas da preocupação com a cidade em seu todo, que ele jamais abandona. Diferentemente de Calvino, ele não buscava (não ainda) dotar a igreja de conselhos distintos do poder civil, mas lutou para que o poder civil reconquistasse as prerrogativas e as competências eclesiásticas das quais o papa e os bispos haviam privado os magistrados seculares. Por outro lado, seu pensamento tem um forte acento social e político cujas ênfases nos fazem lembrar os autores da teologia da libertação, principalmente quando ele combate o costume dos notáveis suíços que faziam dinheiro engajando seus jovens compatriotas no serviço mercenário. Também se deve a ele a formação de tribunais matrimoniais para abrir a possibilidade do divórcio, contrapondo-se aos costumes. Esses tribunais inspiraram Calvino a preconizar a formação dos consistórios.

André Gounelle e Bernard Reymond

▶ ZWINGLIO, Ulrico, *Sämtliche Werke*, org. por Emil EGLI e Georg FINSLER, Berlim-Zurique, Schwetschke-Verlag Berichthaus, 1905ss; Idem, *De la parole de Dieu* (1522), Paris, Beauchesne, 1989; Idem, *De la justice divine et de la justice humaine* (1523), Paris, Beauchesne, 1980; Idem, *Le berger* (1523), Paris, Beauchesne, 1984; Idem, *La foi réformée*, Paris, Les Bergers et les Mages, 2000 (tradução de *Fidei ratio*, de 1530, e *Expositio fidei*, de 1531); BANGERTER, Olivier, *La pensée militaire de Zwingli*, Berna, Lang, 2003; BÜSSER, Fritz, *Das katholische Zwinglibild. Von der Reformation bis zur Gegenwart*, Zurique, Zwingli

Verlag, 1968; Idem, org., *Zwingli und die Zürcher Reformation, 1484-1984*, Zurique, Theologischer Verlag, 1984; COURVOISIER, Jaques, Genebra, Labor et Fides, 1947; Idem, *Zwingli, théologien réformé*, Neuchâtel, Delachaux et Niestlé, 1965; JENNY, Markus, *Zwinglis Stellung zur Musik im Gottesdienst*, Zurique, Zwingli Verlag, 1966; KÖHLER, Walther, *Huldrych Zwingli* (1954), Zurique, Benziger, 1984; Idem, *Zwingli und Luther. Ihr Streit über das Abendmahl nach seinen politischen und religiösen Beziehungen*, Gütersloh, Bertelsmann, 1953; LOCHER, Gottfried W., *Huldrych Zwingli in neuer Sicht. Zehn Beiträge zur Theologie der Zürcher Reformation*, Zurique, Zwingli Verlag, 1969; Idem, *Die Zwinglische Reformation im Rahmen der europäischen Kirchengeschichte*, Göttingen, Vandenhoeck & Ruprecht, 1979; POLLET, Jacques V., *Huldrych Zwingli et le zwinglianisme. Essai de synthèse historique et théologique mis à jour d'après les recherches récentes*, Paris, Vrin 1988; SCHMIDT-CLAUSING, Fritz, *Zwingli als Liturgiker. Eine liturgiegeschichtliche Untersuchung*, Göttingen, Vandenhoeck & Ruprecht, 1952; STEPHENS, W. Peter, *Zwingli le théologien* (1986), Genebra, Labor et Fides, 1999; ZELLER, Eduard, "Das theologische System Zwinglis in seinen Grundzügen dargestellt", *Theologische Jahrbücher* 12, 1853, p. 94-143, 245-293 e 445-559.

> Aliança; Berna; Bibliander; Bullinger; ceia; Jud; justiça; Lausanne (Disputa de); Lutero; Mantz; Marburgo (Colóquio de); Myconius; Suíça; Zurique

CRONOLOGIA

Acontecimentos políticos	Data	Acontecimentos religiosos e culturais
	1170	Valdo começa a pregar
	1378	John Wycliffe: *De veritate Scpripturae* [A verdade das Escrituras]
	1415	Jan Hus é queimado em Constança
	1431-1449	Concílio de Basileia
	1433	*Compactata*: acordo entre o concílio e os hussitas
	1434	Destruição dos taboritas na Morávia
Queda de Constantinopla	1453	Nicolau de Cusa: *A paz da fé*
	1456	Gutemberg imprime, em Mayence, a primeira Bíblia
	1460	Bula *Exsecrabilis* contra os pedidos por um concílio
	1478	Bula instituindo a Inquisição espanhola
	1482	Marsílio Ficino: *Teologia platônica da imortalidade das almas*
	1483-1546	Martinho Lutero
	1484-1531	Ulrico Zwinglio
	1485	Tratado de Kutná Hora reconhece a igreja utraquista na Boêmia
Frederico, o Sábio, eleitor da Saxônia	1486-1525	
Tomada de Granada	1492	Expulsão dos judeus da Espanha
Cristóvão Colombo descobre ilhas na costa da América		
	1497	Leonardo da Vinci: *A Ceia*
Viagem de Vasco da Gama às Índias	1497-1498	
	1497-1560	Filipe Melâncton
	1498	Savonarola é queimado em Florença
		Albrecht Dürer: *Apocalipse*
	1499	Michelângelo, *Pietà*
	1506	Júlio II publica uma indulgência para a reconstrução da Basílica de São Pedro de Roma
Henrique VIII, rei da Inglaterra	1509-1547	

	1509-1564	João Calvino
	1511	Dürer: Grande e pequena *Paixão*
		Desidério Erasmo: *Elogio da loucura*
	1512-1516	Matthias Grünewald: retábulo de Issenheim
	1512	Jacques Lefèvre d'Étaples: comentário sobre as epístolas de Paulo
	?1513-1572	John Knox
	1514	Renovação da indulgência para a Basílica de São Pedro de Roma
Francisco I, rei da França	1515-1547	
	1516	Erasmo: *Novum instrumentum*
		Thomas Mórus: *Utopia*
	1517	Lutero: as 95 teses contra as indulgências
Conquista do México por Hernán Cortés	1519	Zwinglio se ergue contra as indulgências em Zurique
		Disputa de Leipzig
Fernão de Magalhães e Juan Sebastián Elcano fazem a volta ao mundo	1519-1522	
Carlos V, imperador	1519-1556	
	1519-1605	Teodoro de Beza
	1520	Lutero: os grandes textos da Reforma
Tomada de Belgrado pelos turcos	1521	Excomunhão de Lutero
		Dieta de Worms
	1523	Reforma em Zurique por Zwinglio
	1523-1528	Tradução francesa da *Vulgata* por Lefèvre d'Étaples
Guerra dos Camponeses	1524-1525	Ruptura entre Erasmo e Lutero
Tropas de Carlos V saqueiam Roma	1527	Dieta de Västerås
		Confissão de Schleitheim
	1528	Disputa de Berna
Derrota dos turcos em Viena	1529	Reforma em Basileia
Início do processo de divórcio de Henrique VIII		Colóquio de Marburgo
		Dieta de Spira
		Catecismo Maior e *Menor* de Lutero
	1529-1530	Paracelso: *Paragranum*
	1530	*Confissão de Augsburgo*
		Confessio Hafniensis
		Guilherme Farel inicia a Reforma em Neuchâtel

Liga de Smalkalde	1531	
	1532	Sínodo de Chanforan
	1533	Calvino adere à Reforma
	1534	Lutero realiza a tradução alemã da Bíblia
		Ato de supremacia na Inglaterra
		Caso dos cartazes em Paris e no Castelo de Amboise
		Excomunhão de Henrique VIII
	1534-1535	Anabatistas em Münster
	1535	Inicia-se a Reforma em Genebra
	1536	Primeira edição das *Institutas da religião cristã*, de Calvino
		Reforma na Dinamarca e na Noruega
		Primeira fase de Calvino em Genebra
		Disputa de Lausanne
		Concórdia de Wittenberg
	1537	Criação da Academia de Lausanne
	1539	Supressão dos conventos na Inglaterra
	1540	Fundação da Companhia de Jesus
	1541	Colóquio de Regensburg
		Volta de Calvino para Genebra
	1543	Nicolau Copérnico: *Das revoluções dos orbes celestes*
	1545-1563	Concílio de Trento
Guerra de Smalkalde	1546-1547	
Eduardo VI, rei da Inglaterra	1547-1553	
	1548	Ínterim de Augsburgo
		Tradução latina da obra *Exercícios espirituais*, de Inácio de Loyola
	1549	*Consensus Tigurinus*
	1552	Segunda edição do *Book of Common Prayer* [Livro de oração comum]
	1553	Execução de Miguel Serveto em Genebra
Maria Tudor, rainha da Inglaterra	1553-1558	
	1555	Paz de Augsburgo
		Sebastián Castellion: *Sobre os hereges*
	1557	Knox inicia a Reforma na Escócia
		Pregação calvinista na Polônia
Elizabeth I, rainha da Inglaterra	1558-1603	
	1559	Volta de Knox para a Escócia
		Sínodo nacional reformado (clandestino) de Paris

	1560	*Confessio Scotica*
Maria Stuart volta para a Escócia	1561	Colóquio de Poissy
		Confessio Belgica
	1562	*Saltério huguenote*
		Teresa d'Ávila reforma o Carmelo
Guerras de religião na França	1562-1598	
	1563	*Catecismo de Heidelberg*
		Trinta e nove artigos da Igreja da Inglaterra
Ato de uniformidade da Igreja Anglicana	1559	
	1564	*Confissão de fé tridentina*
		Index dos livros proibidos
	1566	*Catecismo romano*
		Iconoclasmo e organização da igreja calvinista nos Países Baixos
		Segunda confissão helvética
	1570	Excomunhão de Elizabeth I
	1571	*Confissão de La Rochelle*
Massacre de São Bartolomeu	1572	
	1580	*Fórmula de Concórdia*
Declaração de Independência das Províncias Unidas	1581	
	1582	Introdução do calendário gregoriano
		Chegada do missionário jesuíta Matteo Ricci à China
Execução de Maria Stuart	1587	
Henrique IV, rei da França	1589-1610	
Edito de Nantes	1598	
	1603	Johannes Althusius: *Politica methodice digesta*
Tiago I, rei da Inglaterra	1603-1625	
	1604	William Shakespeare: *Macbeth*
	1605	*Catecismo racoviano*
	1607	Leis de exceção contra os católicos na Inglaterra
	1608	Francisco de Sales: *Introdução à vida devota*
	1611	*King James Version* [Versão do rei Tiago]
Gustavo II Adolfo, rei da Suécia	1611-1632	
	1612	Primeira comunidade batista fundada por Thomas Helwys
	1618-1619	Sínodo reformado de Dordrecht
Guerra dos Trinta Anos	1618-1648	
	1619	Johannes Kepler: *A harmonia do mundo*

Batalha do Monte Branco	1620	Os primeiros *Pilgrim Fathers* se instalam em Plymouth
	1623	Jakob Böhme: *Mysterium magnum*
	1623-1662	Blaise Pascal: *As provinciais*
	1625	Hugo Grotius: *Direito da guerra e da paz*
Richelieu, principal ministro de Luís XIII	1628-1642	
	1629	Édito de Graça de Alès
	1632	Galileu: *Diálogo sobre os dois grandes sistemas do mundo*
	1633	Galileu é forçado a abjurar
	1637	René Descartes: *Discurso do método*
	1640	Jansênio: *Augustinus*
Primeira Revolução Inglesa	1642-1649	
Tratados de Westfália	1648	*Confissão de Westminster*
	1651	Thomas Hobbes: *Leviatã*
	1652	Sociedade dos Amigos (quacres) fundada por George Fox
Protetorado de Oliver Cromwell	1653-1658	
	1667	John Milton: *O paraíso perdido*
	1670	Baruch Spinoza: *Tratado teológico-político*
	1675	*Consensus Helveticus*
		Philipp Jacob Spener: *Pia desideria*
Fundação da cidade de Filadélfia pelo quacre William Penn	1682	
Revogação do Edito de Nantes	1685	
	1686	Pierre Jurieu: *L'accomplissement des prophéties* [O cumprimento das profecias]
Revolução Gloriosa da Inglaterra	1688-1689	
	1689	*Ato de tolerância* na Inglaterra
		"Glorioso Retorno" valdense
	1690	Batalha do Boyne
		John Locke: *Ensaio acerca do entendimento humano*
	1695	Locke: *The Reasonableness of Christianity* [A razoabilidade do cristianismo]
	1696	John Toland: *Christianity Not Mysterious* [O cristianismo sem mistérios]
	1696-1697	Pierre Bayle: *Dicionário histórico e crítico*
Tratado de Ryswick	1697	
	1702-1704	Guerra dos Camisardos
	1710	Gottfried Wilhelm Leibniz: *Ensaio de teodiceia sobre a bondade de Deus, a liberdade do homem e a origem do mal*

	1714	Leibniz: *Monadologia*
	1719	Christian Wolff: *Vernünftige Gedancken von Gott, der Welt und der Seele des Menschen auch allen Dingen überhaupt*
		Daniel Defoe: *Robinson Crusoé*
	1721	Montesquieu: *Cartas persas*
	1727	Nikolaus Ludwig von Zinzendorf estabelece a comunidade dos Irmãos Morávios em Herrnhut
		Johann Sebastian Bach: *Paixão segundo São Mateus*
	1730	Matthew Tindal: *Christianity as Old as the Creation* [O cristianismo tão antigo quanto a criação]
	1749-1832	Johann Wolfgang Goethe: *Fausto* 1808, versão final
	1751-1772	Denis Diderot e Jean Le Rond d'Alembert: *Enciclopédia*
	1753	Condenação das obras de Voltaire
	1757	David Hume: *História natural da religião*
	1761	Jean-Jacques Rousseau: *A nova Heloísa*
	1762	Rousseau: *O contrato social* e *Emílio*
	1764	Voltaire: *Dicionário filosófico*
	1770-1790	Movimento pré-romântico *Sturm und Drang*
	1774-1778	Hermann Samuel Reimarus: *Apologie oder Schutzschrift für die vernünftigen Verehrer Gottes*
	1775-1778	Johann Caspar Lavater: *Essai sur la physiognomonie* [Ensaio sobre a fisiognomonia]
Revolução Americana	1775-1783	
Declaração de Independência dos Estados Unidos	1776	
	1779	Gotthold Ephraim Lessing: *Natã, o Sábio*
Edito de tolerância do imperador José II	1781	Immanuel Kant: *Crítica da razão pura*
	1784	Surge o metodismo sob o impulso de John Wesley
	1784-1791	Johann Gottfried von Herder: *Idées sur la philosophie de l'histoire de l'humanité* [Ideias sobre a filosofia da história da humanidade]
	1785	Friedrich Heinrich Jacobi: *Cartas a Moses Mendelssohn sobre a doutrina de Spinoza*
Edito de tolerância na França	1787	
	1788	Kant: *Crítica da razão prática*
Revolução Francesa	1789	
Declaração dos direitos do homem e do cidadão	1793	Kant: *A religião nos limites da simples razão*
	1793-1795	Friedrich Schiller: *Cartas sobre a educação estética do homem*
	1795	Criação da Sociedade Missionária de Londres

Frederico Guilherme III, rei da Prússia	1797-1840	
	1799	Friedrich Daniel Ernst Schleiermacher: *Sobre a religião*
		Novalis: *A cristandade ou a Europa*
	1807	George Wilhelm Friedrich Hegel: *A fenomenologia do espírito*
	1809	Friedrich Wilhelm Joseph Schelling: *Investigações filosóficas sobre a essência da liberdade humana*
	1811	Schleiermacher: *Le statut de la théologie* [O estatuto da teologia]
	1812-1816	Hegel: *A ciência da lógica*
Tratado de Viena	1815	Criação da Missão de Basileia
	1818	Arthur Schopenhauer: *O mundo como vontade e como representação*
	1821-1822	Schleiermacher: *Der christliche Glaube*
	1822	Criação da Sociedade das Missões Evangélicas de Paris
	1824-1831	Benjamin Constant: *De la religion considerée dans sa source, ses formes et ses développements* [Da religião considerada em sua fonte, suas formas e seus desenvolvimentos]
O Parlamento inglês abole a escravatura	1833	Início do movimento de Oxford
	1834	Heinrich Heine: *Alemanha*
	1835-1836	David Friedrich Strauß: *Vida de Jesus*
	1835-1840	Alexis de Tocqueville: *Da democracia na América*
	1836	Surgimento de diaconisas impulsionado por Theodor Fliedner
	1841	Ludwig Feuerbach: *A essência do cristianismo*
	1843	Søren Kierkegaard: *L'alternative* [A alternativa] e *La répétition* [A repetição]
	1844	Criação da Associação Cristã de Moços por George Williams
	1845	John Henry Newman se converte ao catolicismo
	1846	Fundação da Aliança Evangélica Universal
Derrota do Sonderbund na Suíça	1847	
	1849	Kierkegaard: *O desespero humano: doença até a morte*
	1850	Alexandre Vinet: *Théologie pastorale ou théorie du ministère évangélique* [Teologia pastoral ou teoria do ministério evangélico]
	1852	Auguste Comte: *Catecismo positivista*
	1854	Pio IX: dogma da Imaculada Conceição da Virgem

	1859	Charles Darwin: *A origem das espécies por meio da seleção natural*
Guerra da Secessão	1861-1865	
Fundação da Cruz Vermelha	1863	Ernest Renan: *Vida de Jesus*
	1864	*Syllabus* de Pio IX
Décima terceira emenda da Constituição americana, abolindo a escravatura	1865	*China Inland Mission* [Missão para o Interior da China] fundada por James Hudson Taylor
Criação da Ku Klux Klan	1866	
	1867	Karl Marx: *O capital*
	1869	Eduard von Hartmann: *Philosophie de l'inconscient* [Filosofia do inconsciente]
	1869-1870	Concílio Vaticano I: proclamação do dogma da infalibilidade papal
	1871-1878	*Kulturkampf* iniciada por Bismarck
	1872	Robert MacAll funda a Missão Popular Evangélica
	1875	Fundação da Aliança Presbiteriana
	1877-1882	Frédéric Auguste Lichtenberger: *Encyclopédie des sciences religieuses* [Enciclopédia das ciências religiosas]
	1878	William Booth funda o Exército de Salvação
	1883	Wilhelm Dilthey: *Introdução às ciências humanas*
	1883-1885	Friedrich Nietzsche: *Assim falava Zaratustra*
	1887	Nietzsche: *Genealogia da moral*
	1888	Quadrilátero de Lambeth
		Nietzsche: *O Anticristo*
	1890	Fundação do Congresso Evangélico Social
Caso Dreyfus	1894-1906	
	1895	Criação da Federação Universal das Associações Cristãs de Estudantes
	1896	Theodor Herzl: *O Estado judeu: ensaio de uma solução da questão judaica*
	1898	Élie Gounelle funda a Solidariedade de Roubaix
	1899-1900	Adolf Harnack: *A essência do cristianismo*
		Sigmund Freud: *A interpretação dos sonhos*
	1902	William James: *Variedades da experiência religiosa: um estudo sobre a natureza humana*
	1904-1905	Max Weber: *A ética protestante e o espírito do capitalismo*
Lei de separação entre igreja e Estado na França	1905	Fundação da Aliança Batista Mundial
	1905-1914	Movimento do expressionismo alemão

	1906	Movimento do socialismo religioso
		Início do pentecostalismo
		Albert Schweitzer: *Von Reimarus zu Wrede. Geschichte der Leben-Jesu-Forschung* [De Reimarus a Wrede: história da pesquisa sobre a vida de Jesus]
	1907	Encíclica *Pascendi* contra o modernismo
	1908	George Simmel: *Sociologia*
	1910	Conferência Missionária Mundial de Edimburgo
		Dilthey: *A construção do mundo histórico nas ciências humanas*
	1912	Ernst Troeltsch: *Die Soziallehren der christlichen Kirchen und Gruppen*
	1913	Edmund Husserl: *Ideias para uma fenomenologia pura e uma filosofia fenomenológica*
	1914	Criação do Movimento Internacional da Reconciliação
Primeira Guerra Mundial	1914-1918	
	1917	Criação dos Grupos de Oxford
	1918	Oswald Spengler: *A decadência do Ocidente*
República de Weimar	1918-1933	
Tratado de Versalhes	1919	Fundação da *World's Christian Fundamentals Association* [Associação Mundial dos Cristãos Fundamentalistas]
Décima nona emenda da Constituição americana, concedendo o direito de voto às mulheres	1920	Manifesto inaugural do Bauhaus
	1922	Karl Barth: segunda edição da *Carta aos Romanos*
	1925	Assembleia do Cristianismo Prático de Estocolmo
	1927	Conferência Mundial "Fé e Constituição" de Lausanne
		Martin Heidegger: *Ser e tempo*
	1928	Encíclica *Mortalium animos* contra o ecumenismo
		Carl Gustav Jung: *Dialética do eu e do inconsciente*
Crise econômica norte-americana	1929	Alfred North Whitehead: *Processo e realidade*
Acordo de Latrão		Husserl: *Meditações cartesianas*
	1932-1967	Barth: *Kirchliche Dogmatik* [Dogmática eclesiástica]
	1933	Paul Tillich é suspenso da universidade alemã
		Gerhardus Van der Leeuw: *A religião em sua essência e suas manifestações*
	1934	Declaração de Barmen
	1938	Fundação do Rearmamento Moral
Segunda Guerra Mundial	1939-1945	

	1940	Roger Schutz funda a Comunidade de Taizé
	1941	Rudolf Bultmann: *Novo Testamento e desmitologização*
	1942	Fundação da *National Association of Evangelicals* [Associação Nacional de Evangélicos]
	1944	Jung: *Psicologia e alquimia*
	1946	Fundação da Aliança Bíblica Universal
	1947	Fundação da Federação Luterana Mundial
Criação do Estado de Israel	1948	Criação do Conselho Mundial de Igrejas
		Criação do *International Council of Christian Churches* [Conselho Internacional de Igrejas Cristãs]
	1950	Pio XII: dogma da assunção da Virgem
	1951-1963	Tillich: *Teologia sistemática*
	1954	Sun Myung Moon funda a Igreja da Unificação
	1959	Fundação da Conferência das Igrejas Europeias
Construção do Muro de Berlim	1961	
	1962-1965	Concílio Vaticano II
	1967	Início do movimento carismático nos Estados Unidos
Assassinato de Martin Luther King	1968	
	1973	Concórdia de Leuenberg
	1975	Tradução ecumênica da Bíblia
	1978	Fundação da Comissão Ecumênica Europeia para a Igreja e a Sociedade
	1979	Jerry Falwell a Maioria Moral
	1984	George A. Lindbeck: *A natureza das doutrinas*
	1986	Encontro dos responsáveis pelas grandes religiões do mundo em Assis
	1988	Cisma de Monsenhor Lefebvre
Queda do Muro de Berlim	1989	Dissolução da Maioria Moral, substituída pela Coalizão Cristã de Pat Robertson
Primeiras eleições gerais na África do Sul: fim do *apartheid*	1994	
	1999	Assinatura da "Declaração comum acerca da doutrina da justificação" entre a Igreja Católica Romana e a Federação Mundial Luterana

Lucie Kaennel

TABELA DE EQUIVALÊNCIAS E DE LOCALIZAÇÕES

Aculturação	Inculturação
Ato de Supremacia	Elizabeth I
Ato de Tolerância	Dissidente
Ato de Uniformidade	Dissidente
Adams, Henry	**Literatura**
Adorantismo	Dávid
Agricola, Johann	Antinomismo
Agricola, Martin	**Música**
Agricola, Michel	Escandinavos (países)
Alcott, Amos Bronson	Transcendentalismo
Além	**Morte e vida eterna**
Alexander, Archibald	Princeton (escola de)
Alexander, James Waddell	Princeton (escola de)
Alexander, Joseph Addison	Princeton (escola de)
Allen, Richard	Igreja negra
Almqvist, Carl Jonas Love	**Literatura**
Altdorfer, Albrecht	**Arte**
Alternative Service Book	*Livro de oração comum*
Ammann, Jacob	*Amishs*
Anciãos	Conselheiros, presbíteros e anciãos
Andersen, Hans Christian	**Literatura**
Andreae, Jacob	*Fórmula de Concórdia*
Andreae, Johann Valentin	Rosa-cruz
Andrewes, Lancelot	**Literatura**
Angelus Silesius (Johannes Scheffler, dito)	**Literatura**
Anglocatolicismo	Anglicanismo
Ansbacher Ratschlag	Declaração de Barmen
Antists	Bispo
Arnaud, Henri (Hinsch)	Igreja Valdense
Arnisaeus, Henning	Martini
Arnold, Gottfried	Pietismo
Atwater, Lyman H.	Princeton (escola de)
Aubrac, Lucie	Cavaillès
Bad Boll	Blumhardt J. C.
Baden (escola de)	Kantismo (neo)
Bailey, Alice Anne	Teosofia
Baldung, Hans, dito Baldung Grien	**Arte**

Barclay, Robert	Quacres
Barlach, Ernst	**Literatura**
Barrow, Henry	Dissidente
Basedow, Johannes Bernhardt	**Educação**
Basnage de Beauval, Henri	Refúgio
Baudrillard, Jean	**Comunicação**
Bäumlin, Richard	Semana de Oração pela Unidade Cristã
Bavinck, Herman	Kuyper
Becker, Carl Heinrich	**Islã**
Béguin, Albert	Conversão
Bél, Mátyás	Eslováquia
Bell, Andrew	**Educação**
Bellamy, Joseph	Edwards
Benoist, Élie	**História**
Bentham, Jeremy	Utilitarismo
Bergman, Hjalmar	**Literatura**
Berneuchen (movimento de)	São Miguel (Confraria Evangélica)
Berthoud, Dorette	**Literatura**
Bijlefeld, Willem Abraham	**Islã**
Birck, Sixt	**Literatura**
Bitzius, Albert	Gotthelf
Biville, Raoul	Passy
Blake, William	**Literatura**
Blavatsky, Helena Petrovna	Teosofia
Blondel, David	**História**
Bobrowski, Johannes	**Literatura**
Bocskai, István	Hungria
Bolingbroke, Henry Saint John, primeiro visconde de	Deísmo
Bonivard, François	**Literatura**
Bonstetten, Charles-Victor de	**Literatura**
Book of Common Prayer	*Prayer Book*
Bouvier, Nicolas	Viagens e descobertas
Bouyer, Louis	Conversão
Bradford, William	*Pilgrim Fathers*
Bradstreet, Anne	**Literatura**
Braun, Herbert	Teologias da morte de Deus
Brenz, Johannes	Ordenanças eclesiásticas
Bridel, Philippe Louis Justin	Sécrétan
Brieger, Theodor	Ritschliana (escola)
Broad Church	Anglicanismo
Brockes, Barthold Heinrich	**Literatura**
Brontë (irmãs)	**Literatura**
Brownson, Orestes Augustus	Transcendentalismo
Bruck, Arnold von	**Música**
Brun, Jean	Filosofia
Brunswick, Anton Ulrich, duque de	**Literatura**

Bryan, William Jennings — Fundamentalismo
Buber, Martin — **Judaísmo**
Buchman, Frank — Oxford (Grupos de)
Buddeus, Johann Franz — Dogmática
bureau d´hygiène — Ação social
Busch, Wilhelm — Juventude (literatura para a)
Butte, Antoinette — Comunidades religiosas

Cabot, James Elliot — Transcendentalismo
Calixt, Georg — Ortodoxia protestante
Calov, Abraham — Ortodoxia protestante
Campbell, Alexander — Discípulos de Cristo
Campbell, Thomas — Discípulos de Cristo
Campe, Joachim Heinrich — **Educação**
Campus para Cristo — Aliança Evangélica
Carpov, Jakob — Ortodoxia protestante
Carroll, Lewis — Juventude (literatura para a)
Carson, Donald A. — Teologia evangélica
Case, Shirley Jackson — Chicago (escola de)
Caso Dreyfus — Scheurer-Kestner
Casual — Atos pastorais
Cassirer, Ernst — Kantismo (neo)
Católica Apostólica (Igreja) — Irving
Causse, Antonin — Revistas protestantes
Cérésole, Pierre — Movimento Internacional da Reconciliação
Chandieu, Antoine de la Roche — **Literatura**
Channing, William Henry — Transcendentalismo
Charrière, Isabelle de — **Literatura**
Chouet, Jean-Robert — Cartesianismo
Christentumsgesellschaft — Basileia
Ciência — **Razão**
Cristianismo Prático (Movimento do) — "Vida e Ação"
Cristologia — **Jesus (imagens de)**
Clarke, James Freeman — Transcendentalismo
Claudius, Matthias — **Literatura**
Cleage, Albert — **Jesus (imagens de)**
Clevinger, Shobal Vail — Transcendentalismo
Clonagem — Genéticas (manipulações)
Coalizão Cristã — Maioria Moral
Cohen, Hermann — Kantismo (neo)
Collins, Anthony — Deísmo
Comander, Johannes — Retorromana (Reforma)
Comitê ou Pacto de Lausanne — **Ecumenismo**
Comunhão — Ceia
Comte, Auguste — Positivismo
Confessio Hafnienses — Escandinavos (países)
Confissão — **Culpa**

ENCICLOPÉDIA DO PROTESTANTISMO

Confissão de Sandomierz	Polônia
Conrart, Valentin	*Saltério huguenote*
Constance (Tour de)	Durand
Consubstanciação	**Ritos**
Contrarreforma	Reforma (Contra)
Convers, Francis	Transcendentalismo
Conway, Moncure Daniel	Transcendentalismo
Cook, Jean-Paul	Escola dominical
Courcelles, Étienne de	Arminianismo
Coverdale, Miles	**Literatura**
Cragg, Kenneth	**Islã**
Cranch, Christopher Pearse	Transcendentalismo
Crane, Stephen	**Literatura**
Cranmer, Thomas	*Livro de oração*
Crassot, Richard	**Música**
Crisinel, Edmond-Henri	**Literatura**
Dachstein, Wolfgang	**Música**
Dagues, Pierre	**Música**
Daillé, Jean	**História**
Dannhauer, Jean Conrad	Alsácia-Lorena
Daub, Carl	Teologia especulativa
Davantès, Pierre	*Saltério huguenote*
De Felice, Fortunato Bartolomeo	Enciclopédias protestantes
Deferre, Étienne	Béarn
Defoe, Daniel	**Literatura**
Derham, William	Físico-teologia
Descartes, René	Cartesianismo
Desconstrução	Teologias da morte de Deus
Des Marets, Samuel	Ortodoxia protestante
Des Masures, Louis	**Teatro**
Deuterocanônicos (livros)	Apócrifos
Diáspora	Dispersão
Dickens, Charles	**Literatura**
Dickinson, Emily	**Literatura**
Dinamarca	Escandinavos (países)
Diggers	**Seitas**
Direito eclesial	Disciplina
Distler, Hugo	**Música**
Dodgson, Charles Lutwidge (nome verdadeiro de Lewis Carroll)	Juventude (literatura para a)
Dollfus, Jean	Ação social
Donne, John	**Literatura**
Doumergue, Paul	Ação social
Drummond, Henry	Irving
Dryden, John	**Literatura**
Dubuisson, Pierre	**Música**

Duhm, Bernhard	Religiões (escola de história das)
Dumont, Étienne	Utilitarismo
Dwight, John Sullivan	Transcendentalismo
Dwight, Timothy	Edwards
Eccard, Johannes	**Música**
Escola Alsaciana	**Educação**
Edifício sagrado	Templo
Edito de Fontainebleau	Edito de Nantes
Edwards, Jonathan, Jr.	Edwards
Eichhorn, Albert	Religiões (escola da história das)
Elert, Werner	Judaísmo
Eliot, George	**Literatura**
Eliot, Thomas Stearns	**Literatura**
Enciclopédia de Verdon	Enciclopédias protestantes
Emmons, Nathaniel	Edwards
Ernesti, Johann August	Neologia
Escatologia	**Morte e vida eterna**
Ética	**Moral**
Eucaristia	Ceia
Evans, Marian (pseudônimo de T. S. Eliot)	**Literatura**
Fabricius, Johann Albrecht	Físico-teologia
Faith and Order	"Fé e Constituição"
Falta	**Culpa**
Falwell, Jerry	Maioria Moral
Febvre, Lucien	**História**
Filipistas	Luteranismo
Finlândia	Escandinavos (países)
Fischart, Johann	**Literatura**
Fletcher, John William	La Fléchère
Flournois, Gédéon	**Literatura**
Foigny, Gabriel de	Viagens e descobertas
Forbesius, Johannes	**História**
Forster, Charles	**Islã**
Foxe, John	Martírio
Franc, Guillaume	**Música**
Francillon, Clarisse	**Literatura**
Frederico, o Sábio	Frederico da Saxônia
Fries, Karl	Juventude (movimentos de)
Froment, Antoine	Dentière
Frossard, Benjamin-Sigismond	Escravidão
Frothingham, Octavius Brooks	Transcendentalismo
Froude, Richard Hurrell	Oxford (movimento de)
Fuchs, Ernst	Existencialismo
Fuller, Margaret	Transcendentalismo

Gabrielli, Giovanni	Schütz
Gadamer, Hans-Georg	Existencialismo
Gairdner, Temple	**Islã**
Gallicus, Filip	Chiampel
Garrettson, Catharine Livingston	**Mulher**
Gaskell, Elizabeth	**Literatura**
Gautier, Jean-Jacques	Tortura
Gemeinschaftsbewegung	Paul
Germond, Louis	Diaconisas
Gesius, Bartholomaeus	**Música**
Gibbon, Edward	**História**
Gnadauer, Verband	Paul
Gnesioluteranos	Luteranismo
Goes, Albrecht	**Literatura**
Golding, William	**Literatura**
Gonesius, Pierre	Polônia
Goss, Jean	Movimento Internacional da Reconciliação
Gottschick, Johannes	Ritschliana (escola)
Goulart, Simon	**História**
Grandchamp (Comunidade de)	Comunidades religiosas
Green, William Henry	Princeton (escola de)
Greiter, Mathias	**Música**
Greßmann, Hugo	Religiões (escola da história das)
Grimm (irmãos)	Juventude (literatura para a)
Groen Van Prinsterer, Guillaume	Calvinismo (neo)
Grupos bíblicos nas escolas	Juventude (movimentos de)
Grupos bíblicos nas universidades	Juventude (movimentos de)
Grynaeus, Johann Jacob	Beza
Gryphius, Andreas	**Literatura**
Gualther, Rudolf	Beza
Guillon, Charles	Chambon-sur-Lignon
Haeckel, Ernst	Darwinismo
Haerter, François	Alsácia-Lorena
Haetzer, Ludwig	Antitrinitarismo
Haller, Albrecht von	**Literatura**
Hamilton, Anna	Nightingale
Hamilton, Wiliam	Teologias da morte de Deus
Hamsun, Knut	**Literatura**
Hansen, Martin A.	**Literatura**
Hassler, Hans Leo	**Música**
Hausmann, Manfred	**Literatura**
Hauter, Charles	Revistas protestantes
Hawthorne, Nathaniel	**Literatura**
Haynes, Lemuel	Edwards
Heck, Barbara Ruckle	**Mulher**
Hedge, Frederic Henry	Transcendentalismo

Heidanus, Abraham	Cartesianismo
Heidegger, Jean-Henri	**História**
Heidegger, Martin	Existencialismo
Heiseler, Bernt von	**Literatura**
Helwys, Thomas	Dissidente
Heraclides, Jacobus Basilicus	Romênia
Herbert, George	**Literatura**
High Church	Anglicanismo
Hilgenfeld, Adolf	**História**
Hinsch, Coraly	Hinschismo
Hindermith, Paul	Bach
Hoburg, Christian	Pietismo
Hodge, Archibald Alexander	Princeton (escola de)
Hodge, Charles	Princeton (escola de)
Hofmann, Johann Christian Konrad von	Erlangen
Holberg, Ludvig	**Literatura**
Hooker, Richard	Elizabeth I
Hopkins, Gerard Manley	**Literatura**
Hopkins, Samuel	Edwards
Horning, Frédéric	Alsácia-Lorena
Hottinger, Johann Heinrich	**História**
Huber, Max	Cruz Vermelha
Huber, Victor Aimé	Cristianismo social/socialismo cristão
Huch, Ricarda	**Literatura**
Humbert, Amélie	Prostituição
Hurgronje, Christiaan Snouck	**Islã**
Husserl, Edmund	Fenomenologia
Huszgen, Johannes	Oecolampadius
Hut, Hans	Anabatismo
Hutcheson, Francis	Princeton (escola de)
Huterianos	**Seitas**
Hutter, Jakob	Anabatismo
Igreja dos Santos dos Últimos Dias	Mórmons
Igreja e Liturgia	Paquier
Ilanz (*Artigos de*)	Retorromana (Reforma)
Imortalidade	**Morte e vida eterna**
Indulgências	Justificação
Inferno	**Morte e vida eterna**
Infralapsariano	**Predestinação e Providência**
Iniciativas de mudança	Rearmamento Moral
Intercomunhão	Hospitalidade eucarística
Ínterim de Augsburgo	Augsburgo
International Council of Christian Churches	Fundamentalismo
Inter-Varsity Christian Fellowship	Juventude (movimentos de)
Islândia	Escandinavos (países)

Jaccottet, Philippe	**Literatura**
Jacob, Henry	Dissidente
Jambe de Fer, Philibert	**Música**
James, Henry	**Literatura**
Janavel, Josué	Igreja Valdense
Jansen, Cornelis	Jansenismo
Jaspers, Karl	Existencialismo
Jean-Paul (Johann Paul Friedrich Richter, dito)	Romantismo
Jerusalem, Johann Friedrich Wilhelm	Neologia
Johnson, James Weldon	**Jesus (imagens de)**
Jonas, Hans	Responsabilidade
Jonson, Ben	**Literatura**
Juízo final	**Morte e vida eterna**
Jung-Stilling, Johann Heinrich	**Literatura**
Jovens com Uma Missão	Juventude (movimentos de)
Juventude para Cristo	Juventude (movimentos de)
Kalley, Robert	Portugal
Karolyi, Gaspar	Hungria
Kattenbusch, Ferdinand	Ritschliana (escola)
Keble, John	Oxford (movimento de)
Keckermann, Bartholomeus	Metafísica
Kerygma	Evangelho
Kingsley, Charles	Cristianismo social/socialismo cristão
Kipling, Rudyard	Juventude (literatura para a)
Klepper, Jochen	**Literatura**
Kliefoth, Theodor	Dogma
Klopstock, Friedrich Gottfried	**Literatura**
Knipperdolling, Bernhard	Münster (Reino de)
Köberle, Adolf	Heim
Köstlin, Karl Reinhold von	**História**
Koyama, Kosuke	Teologias da Ásia
Krafft, Johann Christian	Erlangen
Lagerkvist, Pär	**Literatura**
Lagerlöf, Selma	**Literatura**
La Haye, Tim	Maioria Moral
La Place, Josué de	Saumur
Larkin, Philip	**Literatura**
Laski, João	Polônia
Lasource, Marie David Alba, dito	Jean-Bon Saint-André
Law, William	Santidade (movimento de)
Laxness, Halldor	**Literatura**
Lee, Jarena	**Mulher**
Levellers	**Seitas**
Life and Work	"Vida e Ação"
Lilly, William	Astrologia

Lobwasser, Ambrosius	**Música**
Longfellow, Samuel	Transcendentalismo
Löscher, Valentin Ernst	Ortodoxia protestante
Lovy, René-Jacques	Revistas protestantes
Low Church	Anglicanismo
Lücke, Friedrich	Teologia da mediação
Ludlow, John Malcolm Forbes	Cristianismo social/socialismo cristão
Lusitana (Igreja)	Portugal
Lutherrenaissance	Holl
Macdonald, Duncan Black	**Islã**
Machen, John Gresham	Princeton (escola de)
Macintosh, Douglas Clyde	Chicago (escola de)
Mahu, Stephan	**Música**
Malan, Daniel François	*Apartheid*
Malvesin, Caroline	Diaconisas
Marburgo (escola de)	Kantismo (neo)
Marcel, Pierre Charles	Calvinismo (neo)
Maresius, Samuel	Ortodoxia protestante
Maritain, Jacques	Conversão
Marlowe, Christopher	**Literatura**
Marshall, I. Howard	Teologia evangélica
Marsillac, Jean de	Quacres
Marti, Kurt	**Literatura**
Martini, Jacobus	Metafísica
Martyn, Henry	**Islã**
Mathews, Shailer	Chicago (escola de)
McIntire, Carl	Fundamentalismo
Méjan, Louis	**Laicidade**
Meland, Berbard Eugene	Chicago (escola de)
Melius, Peter	Hungria
Melville, Herman	**Literatura**
Michaelis, Johann David	Neologia
Mill, John Stuart	Utilitarismo
Miller, William	Adventismo
Mirbt, Carl	Religiões (escola da história das)
Misson, Maximilien	Viagens e descobertas
Mística	**Espiritualidade**
Monaquismo	Ordens monásticas
Monnier, Jean-Pierre	**Literatura**
Monod, Sarah	**Mulher**
Montgomery, John Warnick	Teologia evangélica
Montolieu, Isabelle de	**Literatura**
Moreton, Hawkey	Portugal
Morley, Thomas	**Música**
Morrison, Robert	Ásia
Morrison, Toni	**Literatura**

Müller, Julius	Teologia da mediação
Munk, Kaj	**Literatura**
Münster, Sebastian	Hebraizantes cristãos
Nabert, Jean	**Culpa**
Natorp, Paul	Kantismo (neo)
Neander, Joachim	**Literatura**
neoapostólicos (Igreja)	**Seitas**
New Divinity	Edwards
Nitzsch, Carl Immanuel	Teologia da mediação
Niveleurs	**Seitas**
Nominalismo	Mediações
Norton, Andrews	Transcendentalismo
Noruega	Escandinavos (países)
Nösselt, Johann August	Neologia
Nougate, Noël	Sully (Associação)
Obrigação	Dever
Ofertas	Coleta
Ogden, Schubert M.	Chicago (escola de)
Olevianus, Caspar	*Heidelberg (Catecismo de)*
Operação Mobilização	Juventude (movimentos de)
Opitz, Martin	**Literatura**
Ordenação	Consagração
"Ordens da criação"	Brunner
Paz de Augsburgo	Augsburgo
Paraíso	**Morte e vida eterna**
Park, Edwards Amasa	Edwards
Parker, Theodore	Transcendentalismo
Peabody, Elizabeth Palmer	Transcendentalismo
Peirce, Charles Sanders	Pragmatismo
Pellikan, Konrad	Hebraizantes cristãos
Penitência	Confissão de pecados
Pepping, Ernst	Bach
Petri, Olaus	Escandinavos (países)
Pettavel, Paul	Humbert-Droz
Pfander, Carl Gottlieb	**Islã**
Piguet, Jean-Claude	Filosofia
Pike, Kenneth Lee	Wycliffe (Associação)
Pinnock, Clark Harold	Teologia evangélica
Pjetursson, Hallgrímur	Escandinavos (países)
Planck, Gottlieb Jakob	**História**
Platter, Thomas	Basileia
Pomeranus	Bugenhagen
Pomeyrol (Comunidade de)	Comunidades religiosas
Pomeyrol (Teses de)	Sully (Associação)

Pourtalès, Guy de	**Literatura**
Powell, Adam Clayton, Jr.	Igreja negra
Pragmatismo	James
Pré-Reforma	Reforma (pré)
Presença	**Comunicação**
Primeira confissão helvética	Basileia
Províncias Unidas	Bélgica
Pseudepígrafes (livros)	Apócrifos
Purgatório	**Morte e vida eterna**
Pusey, Edward Bouverie	Oxford (movimento de)
Quiliasmo	Milenarismo
Quinet, Edgar	Michelet
Radical Orthodoxy	"Ortodoxia radical"
Radziwill, Nicolas	Polônia
Raikes, Robert	Escola dominical
Ray, John	Físico-teologia
Reconciliação	Perdão
Redenção	**Salvação**
Reeves, Hannah Pearce	**Mulher**
Reid, Thomas	Princeton (escola de)
Reinhard, Franz Volkmar	Neologia
Reitz, Johann Heinrich	Pietismo
Representação	**Comunicação**
Resinarius, Balthasar	**Música**
Reuilly (Comunidade)	Diaconisas
Revista de Estrasburgo	Revistas protestantes
Richter, Johann Paul Friedrich, dito Jean-Paul	Romantismo
Rickert, Heinrich	Kantismo (neo)
Rinckart, Martin	**Teatro**
Ripley, George	Transcendentalismo
Rittelmeyer, Friedrich	Antroposofia
Robbins, Chandler	Transcendentalismo
Robert, André de	Bosc
Roberts, Deotis	**Jesus (imagens de)**
Robertson, Pat	Maioria Moral
Robinson, John	Dissidente
Rod, Édouard	**Literatura**
Rosenzweig, Franz	**Judaísmo**
Rotch, William	Quacres
Rothmann, Bernhard	Münster (Reino de)
Rowlandson, Mary	**Literatura**
Ruether, Rosemary Radford	Teologia feminista
Russell, Charles Taze	Testemunhas de Jeová
Rutherford, Joseph Franklin	Testemunhas de Jeová
Ryrie, Charles Caldwell	Teologia evangélica

Sachs, Hans	**Literatura**
Saint-Loup (Comunidade de)	Diaconisas
Salzmann, Jacob	Retorromana (Reforma)
Sanger, Margaret	**Mulher**
Saravia, Adrien	**Missão**
Satanás	**Culpa**
Scaliger, Joseph Juste	**História**
Scheffler, Johannes, dito Ângelo Silésio	**Espiritualidade**
Scheppler, Louise	Oberlin
Schlegel (irmãos)	Romantismo
Schleitheim	*Confissão de Schleitheim*
Schmidt, Karl Ludwig	Dibelius M.
Schnorr von Carolsfeld, Julius	Ilustradores da Bíblia
Schröckh, Johann Matthias	**História**
Schröder, Rudolf Alexander	**Literatura**
Schultz, Hermann	Ritschliana (escola)
Schumpeter, Joseph Alois	**Capitalismo**
Schütz, Catherine	Zell
Schwegler, Albert	**História**
Scofield, Cyrus	Dispensacionalismo
Scott, Walter	Discípulos de Cristo
Seabury, Samuel	Igrejas episcopais
Seidel, Ina	**Literatura**
Senfl, Ludwig	**Música**
Sexton, Lydia	**Mulher**
Seymour, William James	Pentecostalismo
Shakers	**Seitas**
Shakespeare, William	**Literatura**
Shoah	**Violência**
Siegfried, Jules	Ação social
Sieveking, Amalie	**Mulher**
Simmons, William Joseph	Ku Klux Klan
Sleidan, Johann	**História**
Smalley, John	Edwards
Smiley, Sarah	**Mulher**
Smith, Gerald Birney	Chicago (escola de)
Soberania	Bodin
Socialismo cristão	Cristianismo social/socialismo cristão
Sociedade Religiosa dos Amigos	Quacres
Sociedades bíblicas	Aliança Bíblica Universal
Sola fide / sola gratia / sola scriptura	**Protestantismo**
Song, Choan-Seng	Teologias da Ásia
Spalding, Johann Joachim	Neologia
Spanheim, Frederico II	**História**
Spencer, Herbert	Darwinismo
Spring, Samuel	Edwards
Stade, Bernhard	Ritschliana (escola)
Starina, Mihajlo	Iugoslávia (repúblicas da ex-)
Steeg, Jules	**Laicidade**

Steiner, Rudolf	Antroposofia
Stetson, Caleb	Transcendentalismo
Steward, Rebecca Gould	**Mulher**
Stoecker, Adolf	Congresso Evangélico Social
Storr, Gottlob Christian	Tübingen
Strohl, Henri	**História**
Stuber, Georges	**Educação**
Substancialista	**Comunicação**
Suécia	Escandinavos (países)
Sullerot, Évelyne	**Mulher**
Superintendentes	Bispo
Supervisores eclesiásticos	Bispo
Superville, Daniel de	**Literatura**
Supralapsarianista	**Predestinação e Providência**
Süss, Théobald	Revistas protestantes
Sweetman, James W.	**Islã**
Swift, Jonathan	**Literatura**
Tausen, Hans	Escandinavos (países)
Taylor, Edward	**Literatura**
Taylor, Jeremy	Santidade (movimento de)
Taylor, Nathaniel William	Edwards
Teller, Wilhelm Abraham	Neologia
Teologia germânica	Coornhert
Teologia natural	**Religião e religiões**
Teonomia	Autonomia
Tersteegen, Gerhard	**Espiritualidade**
Theis, Édouard	Chambon-sur-Lignon
Thomas, Madathilparampil Mammen	Teologias da Ásia
Tindal, Matthew	Deísmo
Tissot, Samuel Auguste	Masturbação
Todt, Rudolf	Cristianismo social/socialismo cristão
Toland, John	Deísmo
Töllner, Johann Gottfried	Neologia
Townsend, William Cameron	Wycliffe (Associação)
Transilvânia	Hungria
Trocmé, André	Chambon-sur-Lignon
Trubar, Primos	Iugoslávia (repúblicas da ex-)
Twain, Mark	**Literatura**
Twesten, August	Teologia da mediação
Tyler, Bennet	Edwards
Tyndale, William	**Literatura**
Ullmann, Carl	Teologia da mediação
Undereyck, Theodor	Pietismo
União de Oração de Charmes	Dallière
Urlsperger, Johann August	Basileia
Ursino, Zacarias	*Heidelberg (Catecismo de)*

Vaughan, Henry	**Literatura**
Veiras d'Alès, Denis	Viagens e descobertas
Velan, Yves	**Literatura**
Verdade	Mentira
Vergerio, Pietro Paolo	Retorromana (Reforma)
Vermeil, Antoine	Diaconisas
Vesper, Noël	Sully (Associação)
Veteroprotestantismo	Protestantismo (neo)
Viau, Théophile de	**Literatura**
Vigilantes (terceira ordem dos)	Monod, Théodore; Monod, Wilfred
Villegagnon, Nicolas Durand de	Léry
Vincent, Isabeau	**Mulher**
Volkmar, Gustav	**História**
Vorstius, Conrad	Armínio
Vos, Geerhardus	Princeton (escola de)
Waardenburg, Jacques	**Islã**
Walaeus, Antonius	Ortodoxia protestante
Walch, Johann Georg	**História**
Walter, Johann	**Música**
Watt, William Montgomery	**Islã**
Weigel, Valentin	Teosofia
Weismann, Christian Eberhard	**História**
Weiss, John	Transcendentalismo
Weizsäcker, Karl Heinrich von	**História**
Wendel, François	**História**
White, Ellen Gould	Adventismo
Whitman, Walt	**Literatura**
Whittier, John Greenleaf	**Literatura**
Wiechert, Ernst	**Literatura**
Wiemer, Rudolf Otto	**Literatura**
Wieman, Henry Nelson	Chicago (escola de)
Wigglesworth, Michael	**Literatura**
Windelband, Wilhelm	Kantismo (neo)
Wolleb, Johannes	Ortodoxia protestante
Woods, Leonard	Edwards
Woolman, John	**Literatura**
Yale (escola de)	Liberalismo (pós-)
Young, Brigham	Mórmons
Zelivsky, Jan	Hussismo
Zeller, Eduard	**História**
Zizka, Jan	Hussismo
Zwemer, Samuel	**Islã**